Thieme/Becker
Allgemeines Lexikon der bildenden Künstler
von der Antike bis zu Gegenwart

Allgemeines Lexikon der bildenden Künstler von der Antike bis zur Gegenwart

Band 1
van der Aa – Antonio de Miraguel

Band 2
Antonio da Monza – Bassan

Herausgegeben von
Ulrich Thieme und Felix Becker

Deutscher Taschenbuch Verlag

Unveränderter Nachdruck der Originalausgaben Leipzig 1907 und 1908

Oktober 1992
Deutscher Taschenbuch Verlag GmbH & Co. KG,
München
Lizenzausgabe der E.A. Seemann Verlag GmbH,
Leipzig
Umschlaggestaltung: Klaus Bäulke
Papier: Rikaprint S der Papierfabrik Schoeller & Hoesch,
aus chlorfrei gebleichtem Zellstoff
Gesamtherstellung: C.H. Beck'sche Buchdruckerei,
Nördlingen
Printed in Germany
ISBN 3-423-05908-7 (Thieme/Becker)
ISBN 3-423-05907-9 (Thieme/Becker und Vollmer)

ALLGEMEINES LEXIKON DER BILDENDEN KÜNSTLER

VON DER ANTIKE BIS ZUR GEGENWART

UNTER MITWIRKUNG VON 300 FACHGELEHRTEN
DES IN- UND AUSLANDES

HERAUSGEGEBEN VON

DR. ULRICH THIEME UND DR. FELIX BECKER

ERSTER BAND

Aa — Antonio de Miraguel

WILHELM ENGELMANN VERLAG LEIPZIG

VERZEICHNIS DER MITARBEITER.

D'Achiardi, Dr. P., Pisa.
Aleandri, V. E., Camerino.
Altmann, Dr. W., Marburg.
Alvin, Fr., Conservateur à la Bibliothèque Royale, Brüssel.
Amelung, Dr. W., Rom.
D'Ancona, Dr. P., Pisa.
Anselmi, A., Arcevia.
Ansidei, Conte Dr. V., Perugia.
Aubert, Dr. A., Christiania.
Azzi, Dr. Marchese G. Degli, Florenz.

Bacci, P., R. Ispettore della Galleria dell'Accademia, Florenz.
Bach, Max, Stuttgart.
Baer, Dr. L., Frankfurt a. M.
Baes, E., Ixelles-Bruxelles.
Ballmann, H., Feldkirch (Vorarlberg).
Barreira, Dr. J., Lissabon.
Bartynowski, L., Krakau.
Batowski, S., Lemberg.
Behncke, Dr. W., Berlin.
Bellucci, Prof. A., Perugia.
Bénédite, L., Directeur au Musée du Luxembourg, Paris.
Benezé, Dr. E., Hamburg.
Bergmans, Dr. P., Gent.
Beringer, Dr. J. A., Mannheim.
Berling, Prof. Dr. K., Vorstand des K. Kunstgewerbe-Museums, Dresden.
Bernardini, Dr. G., Rom.
Bertaux, Prof. E., Lyon.
Binyon, Laurence, B. A., London.
Board, Dr., Kustos der Sammlungen der K. Kunstakademie, Düsseldorf.
Bock, Dr. E., Berlin.
Bock, Dr. Fr., Marburg.
Bode, Dr. W., Generaldirektor der Kgl. Museen, Berlin.
Boehlau, Dr. J., Cassel.
Boehn, Max von, Charlottenburg.
Boloz Antoniewicz, Prof. Dr. J. von, Lemberg.
Bombe, Dr. W., Florenz.
Brandt, Dr. G., Direktor des Thaulow-Museums, Kiel.
Braun, Dr. E. W., Direktor des Kaiser Franz Joseph-Museums in Troppau.
Bredius, Dr. A., Direktor der Kgl. Gemälde-Galerie, Haag.
Bredt, Dr. E. W., München.
Briganti, Dr. Fr., Perugia.
Brinckmann, Prof. Dr. J., Direktor des Museums für Kunst und Gewerbe, Hamburg.
Bruck, Prof. Dr. R., Dresden.
Bruel, François L., Paris.
Bruinvis, C. W., Archivar in Alkmaar.
Brunelli, Dr. E., Rom.
Buchwald, Dr. C., Breslau.
Burgemeister, Dr. L., Provinzialkonservator, Breslau.
Buschmann, Paul jr., Antwerpen.

Calzini, Prof. E., Ascoli-Piceno.
Castracane, Conte Emilio (†), Urbino.
Ceci, Gius., Andria (prov. di Bari).
Ciaccio, Dssa L., Rom.
Clemen, Prof. Dr. P., Bonn.
Cohen, Dr. W., Berlin.
Cornelius, Prof. Dr. K., Basel.
Cristofani, Prof. G., Perugia.
Curman, Carl S., Architekt, Stockholm.

Daun, Dr. B., Braunschweig.
Demiani, Dr. H., Oberregierungsrat, Dresden.
Deutsch, Dr. O. E., Graz.
Diez, Dr. E., Wien.
Dimier, Dr. L., Paris.
Dülberg, Dr. Fr., München.
Durrieu, Comte P., Paris.
Dvořák, Professor Dr. M., Wien.

Emler, Dr. J., Prag.
Enlart, C., Directeur au Musée du Trocadéro, Paris.

Fabriczy, Dr. C. von, Stuttgart.
Fahey, A. E., London.
Falke, Dr. O. von, Direktor des Kunstgewerbe-Museums, Köln.
Ferro, Dr. L., Venedig.
Firmenich-Richartz, Prof. Dr. E., Bonn.
Fischel, Dr. O., Berlin.
Flechsig, Dr. Ed., Braunschweig.
Fogolari, Dr. G., Venedig, R. Galleria.
Frey, Prof. Dr. K., Berlin.
Friedlaender, Dr. M. J., Direktor am Kaiser Friedrich-Museum, Berlin.
Fumi, Conte L., Ponte a Mariano bei Lucca.

Ganz, Prof. Dr. P., Direktor der Kunstsammlungen, Basel.
Geffroy, Gustave, Neuilly s. Seine.
Geisberg, Dr. M., Dresden.
Geisenheimer, Dr. H., Florenz.
Gensel, Dr. W., Berlin.
Gerola, Dr. G., Direttore del Museo Civico, Verona.
Giglioli, Dr. O. H., R. Ispettore della Galleria Pitti, Florenz.
Glück, Dr. G., Wien.
Goethe, Dr. G., Nationalmuseum, Stockholm.
Goldschmidt, Prof. Dr. A., Halle a. S.
Golubew, Dr. V. von, Paris.
Gorski, Dr. K., Krakau.
Gottschewski, Dr. A., Florenz.
Granger, A., St. Etienne (Loire).
Graul, Prof. Dr. R., Direktor des Kunstgewerbe-Museums, Leipzig.
Gray, B. K., London.
Gronau, Dr. G., San Domenico bei Florenz.
Groot, Dr. C. Hofstede de, Haag.
Guibert, J., Paris.
Guiffrey, J., Administrateur des Manufactures des Gobelins, Paris.
Gumowski, M., Krakau.

Haack, Dr. Fr., Erlangen.
Habich, Dr. G., Kustos am Kgl. Münzkabinet, München.
Haeghen, V. van der, Stadtarchivar, Gent.
Haendcke, Prof. Dr. B., Königsberg.
Haenel, Dr. E., Stellv. Direktor am Kgl. Histor. Museum, Dresden.
Hammer, Dr. H., Innsbruck.
Hampe, Dr. Th., Konservator am Germanischen Museum, Nürnberg.
Hartmann, Dr. P., Bonn.
Haupt, Prof. Dr. A., Hannover.
Haverkorn van Rijsewijk, P., Direktor des Museum Boymans, Rotterdam.
Head, A., London.
Hermanin, Prof. Dr. F., Direttore della Galleria Corsini, Rom.
Hintze, Dr. E., Breslau.
Holmes, Prof. C. F., London.
'tHooft, E., Direktor des Museums Fodor, Amsterdam.
Hymans, Prof. H., Conservateur en chef de la Bibliothèque Royale, Brüssel.

Jessen, Dr. P., Direktor der Bibliothek des Kunstgewerbe-Museums, Berlin.

Innerhofer, Dr. Fr., Direktor des Städt. Museums, Meran.

Kaemmerer, Prof. Dr. L., Direktor des Kaiser Friedrich-Museums, Posen.
Kautzsch, Prof. Dr. R., Darmstadt.
Keller-Dorian, G., Lyon.
Kern, Dr. J., Berlin.
Kisa, Dr. A., Godesberg a. Rh.
Klement, G., Wien.
Knapp, Prof. Dr. Fr., Würzburg.
Koechlin, R., Paris.
Koetschau, Dr. K., Direktor der Großherz. Sammlungen, Weimar.
Kolbenheyer, Baurat, Czernowitz.
Kristeller, Dr. P., Berlin.
Kruse, Dr. J., National-Museum, Stockholm.
Kühn, Dr. P., Leipzig.
Kümmel, Dr. O., Berlin.
Kurzweliy, Dr. A., Stellv. Direktor am Kunstgewerbe-Museum, Leipzig.
Kurzwelly, J., Leipzig.

Lafond, P., Direktor des Museums in Pau.
Lami, St., Bildhauer, Paris.
Langevin, H., Paris.
Lazzarini, Prof. V., Padua.
Lehrs, Prof. Dr. M., Direktor des Kgl. Kupferstichkabinets, Berlin.
Leisching, Dr. E., Direktor am K. K. Österr. Museum, Wien.
Leitschuh, Prof. Dr. Fr., Düdingen.
Lemoisne, P. A., Paris.
Lepszy, L., Krakau.
Longnon, H., Paris.
Loose, H., Leipzig.

Lorenzen, V., Kopenhagen.
Lottici, St., Parma.
Loubier, Prof. Dr. J., Berlin.
Lyka, K., Budapest.

Mach, Dr. Edmund v., Cambridge Mass.
Mackowsky, Dr. H., Berlin.
Maffii, Dr. M., Florenz.
Magherini-Graziani, G., Poggitazzi. (Città di Castello).
Magni, Prof. B., Rom.
Malaguzzi-Valeri, Dr. Conte Fr., Ispettore al Palazzo Brera, Mailand.
Mandach, C. von, Paris.
Martin, H., Administrateur de l'Arsenal, Paris.
Martin, Dr. W., Haag.
Masner, Prof. Dr. K., Direktor des Schles. Museums, Breslau.
Matthaei, Prof. Dr. A., Danzig.
Mauceri, Dr. E., Direttore del Museo, Syrakus.
Maybaum, Dr., Konservator am Großh. Museum, Schwerin.
Mayer, Dr. A., Berlin.
Meier, Prof. Dr. P. J., Direktor des Herz. Museums, Braunschweig.
Menadier, Prof. Dr. J., Direktor des K. Münzkabinets, Berlin.
Michel, A., Conservateur au Musée du Louvre, Paris.
Migeon, G., Conservateur au Musée du Louvre, Paris.
Modigliani, Dr. E., R. Ispettore della Galleria Borghese, Rom.
Moes, E. W., Direktor am K. Kupferstichkabinet, Amsterdam.
Monod, Fr., Paris.
Mont, Professor P. de, Konservator des Museums in Antwerpen.
Moschetti, Prof. A., Direttore del Museo Civico, Padua.
Müller-Kaboth, Dr. K., Breslau.
Muñoz, Dr. A., Rom.
Mycielski, Dr. Graf G., Krakau.

Neumann, Dr. W., Direktor des Museums in Riga.
Nicola, Dr. G. De, Rom.
Nordensvan, G., Stockholm.
Nützel, Prof. Dr. H., Berlin.

Oberziner, Dr. L., Direttore del Museo Communale, Trient.
Oechelhäuser, Prof. Dr. A. v., Karlsruhe.
Ohlsen, Dr. Franz Yonas, Rom.
Orbaan, Dr. J. A. F., Rom.
Ozzola, Dr. L., Rom.

Palascheff, Prof. G., Sophia.
Pallmann, Dr. H., Direktor der Graphischen Sammlung, München.
Pauli, Dr. G., Direktor der Kunsthalle, Bremen.
Pazaurek, Dr. G. E., Vorstand des Landesgewerbe-Museums, Stuttgart.
Peacock, Miß N., London.
Peartree, S. M., London.
Peelen, Frl. J. C. E., Amsterdam.
Peltzer, Dr. A., Heidelberg.
Pernice, Prof. Dr. E., Greifswald.
Pica, V., Mailand.
Pilcher, Prof. L. F., New York.
Pinder, Dr. W., Würzburg.
Pit, A., Direktor des Niederl. Museums, Amsterdam.
Poggi, Dr. G., Florenz.
Pollak, Dr. O., Prag.
Poppelreuter, Dr. J., Köln.
Posse, Dr. H., Berlin.

Rauch, Dr. Chr., Gießen.
Rée, Prof. Dr. P., Nürnberg.
Ricci, C., Direttore Generale per le Antichità e Belle Arti, Rom.
Richter, E., Curator of Print Department, Museum, Boston.
Ricketts, Ch., London.
Riggenbach, R., Basel.
Rintelen, Dr. Fr., Göttingen.
Röder, Dr. A., Kustos d. Kunstakad. Bibliothek, Kopenhagen.
Romdahl, Dr. A. L., Gothenburg.
Rooses, M., Konservator des Museums Plantin-Moretus, Antwerpen.
Rosenberg, Prof. Dr. M., Karlsruhe.
Rowlands, W., Boston.
Russell, A. G. B., London.

Sauer, Prof. Dr. Br., Gießen.
Sauerland, Dr. M., Hamburg.
Scatassa, Prof. E., Triest.
Schaeffer, Dr. E., Berlin.
Scherer, Prof. Dr. Chr., Braunschweig.
Schirek, C., Kustos des Mähr. Gewerbe-Museums, Brünn.
Schlosser, Dr. J. Ritter v., Direktor an d. K. K. Hofmuseen, Wien.

Schmerber, Prof. Dr. H., Prag.
Schmid, Prof. Dr. H. A., Prag.
Schmid, Prof. Dr. M., Aachen.
Schmidt, K. E., Paris.
Schmidt-Degener, F., Paris.
Schnitler, Dr. C. W., Christiania.
Schram, Dr. W., Landesbibliothekar, Brünn.
Schrey, R., Frankfurt a. M.
Schubert-Soldern, Dr. F. von, Direktor des Kupferstichkabinets Friedrich August II., Dresden.
Schubring, Prof. Dr. P., Berlin.
Schwally, Prof. Dr. F., Gießen.
Seger, Dr. H., Direktor am Schles. Museum f. Kunst u. Gewerbe, Breslau.
Seidlitz, Dr. W. v., Geheimer Oberreg.-Rat, Dresden.
Semper, Prof. Dr. H. Ritter v., Innsbruck.
Semrau, Prof. Dr. M., Breslau.
Serra, Dr. L., Rom.
Seyboth, Dr. A., (†) Direktor des Kunst-Museums, Straßburg.
Siebert, Dr. K., Freiburg i. Br.
Sievers, Dr. J., Berlin.
Sikora, A., Innsbruck.
Simon, Dr. K., Posen.
Singer, Prof. Dr. H. W., Dresden.
Sirén, Dr. O., Nationalmuseum, Stockholm.
Sokolowski, Prof. Dr. M. von, Krakau.
Sponsel, Prof. Dr. J. L., Direktor des Kgl. Kupferstichkabinets, Dresden.
Springer, Prof. Dr. J., Berlin.
Starcke, E., Melle (Hannover).
Stein, H., Archiviste aux Arch. Nat., Paris.
Steinacker, Dr. K., Braunschweig.
Steinmann, Prof. Dr. E., Direktor des Großherz. Museums, Schwerin.
Stengel, Dr. W., Nürnberg.
Stettiner, Dr. R., Hamburg.
Stiassny, Dr. R., Wien.
Strong, Mrs. E., London.
Suida, Dr. W., Wien.
Supino, Prof. J. B., Bologna.
Swarzenski, Dr. G., Direktor des Städelschen Instituts, Frankfurt a. M.
Swieykowski, Dr. E., Krakau.

Taeye, E. L. de, Inspecteur des Académies etc., Brüssel.
Tarchiani, Dr. N., Florenz.
Teige, Dr., Stadtarchivar, Prag.
Thiersch, Prof. Dr. H., Freiburg i. Br.
Tietze, Dr. H., Wien.
Tikkanen, Prof. Dr. J. J., Helsingfors.
Tomkowicz, Dr. St., Krakau.
Tschudi, Prof. Dr. H. von, Direktor der National-Galerie, Berlin.
Tua, Dr. P. M., Direttore del Museo Civico, Bassano.
Tutino, Dr. G., Florenz.
Tutino, Dr. M., Florenz.
Tzigara-Samurcaş, Prof. A., Bukarest.

Urbini, Prof. G., Perugia.

Valentiner, Dr. W., Berlin.
Venturi, Prof. A., Rom.
Venturi, L., Rom.
Verga, Dr. E., Ispettore del Castello Sforzesco, Mailand.
Veth, Dr. J., Bussum bei Amsterdam.
Vial, E., Publiciste, Lyon.
Vitzthum, Dr. Graf G., Leipzig.
Voege, Dr. W., Berlin.
Vogel, Prof. Dr. J., Kustos am Städt. Museum, Leipzig.
Vogelsang, Dr. W., Amsterdam.
Volkmann, Dr. L., Leipzig.
Vollmer, Dr. H., Leipzig.
Voß, Prof. Dr. G., Berlin.

Walker, E., London.
Warburg, Dr. A. M., Hamburg.
Weber, Prof. Dr. P., Jena.
Weigmann, Dr. O., München.
Weil, Prof. Dr. L., Berlin.
Weinitz, Prof. Dr. Fr., Berlin.
Weisbach, Dr. W., Berlin.
Weissman, A. W., Architekt, Amsterdam.
Whiting, F. A., Boston.

Zimmermann, Dr. E., Dresden.
Zimmermann, Prof. Dr. M. G., Berlin.

A

Aa, Dirk van der, geb. im Haag 1731, wurde 1755 Schüler der dortigen Akad. und lernte bei Johann Heinrich Keller und bei dem Kutschenmaler Gerrit Mes, mit dem er sich später assoziierte. Aus ihrer Werkstatt gingen künstlerische Arbeiten hervor, da van der Aa geschmackvolle Komposition mit sicherer Zeichnung vereinte; namentlich seine Kindergruppen zeigen, daß er nicht ohne Erfolg seine großen französ. Zeitgenossen studiert hat. Auch malte er Kaminstücke, Tapeten usw. Ein von ihm vorzüglich gemaltes Zimmer befindet sich im Hause des Barons van Heeckeren van Kell, Voorhout, Haag. Sein Entwurf der Ehrenpforte, 9. 11. 1768 im Haag errichtet bei dem Einzug Wilhelms V., ist im Amsterdamer Kupferstichkabinett (S. Fokke sc.), wie auch einige Zeichnungen. Bis zu seinem 23. 2. 1809 im Haag erfolgten Tode war er Mitregent der Stiftung Renswoude. Daselbst wurde 25. 7. 1809 sein künstlerischer Nachlaß versteigert. Abr. Delfos hat zwei seiner Kompositionen gestochen. Schüler von ihm waren sein Neffe Jacob van der Aa, Evert Morel, Louis Moritz und der Glasradierer Wolff.

v. Eynden u. v. d. Willigen II 211 bis 213. — Obreens Archief IV 141. *E. W. Moes.*

Aa, Hillebrand van der, geb. in Leiden 1659/60, Sohn des Boudewyn Pietersz. und Bruder der Verleger Pieter und Boudewyn van der Aa, war anfangs wie sein Vater Bildhauer. 15. 5. 1683 heiratete er Maria Bodde und 23. 6. 1684 Catharina Oessinger. 16. 7. 1698 schrieb er sich noch als „Caelator" in die Matrikel der Leidener Universität, als er aber 1706 „Hoofdman" der dortigen Gilde war, wurde er „plaatsnijder" genannt. Später zog er nach Indien, und im Nov. 1722 schickte die Waisenkammer in Batavia einen Wechsel von 60 Gld. 3 St. als Betrag seines Nachlasses. Er hinterließ 3 Kinder, von welchen der 1688/89 in Leiden geborene Balduinus Pfarrer der lutherischen Gemeinde in Leiden wurde. Somit war er der Stammvater der noch jetzt in wissenschaftlicher Hinsicht rühmlich bekannten Familien van der Aa. Als Kupferstecher hat Hillebrand wohl fast ausschließlich für den Verlag seiner Brüder gearbeitet. Mehrere seiner recht mittelmäßigen Leistungen, meistens nicht signiert, sind in Meyers Kstlerlex. genannt.

Mitt. von Dr. J. C. Overvoorde, Archivar von Leiden. — Meyer, Kstlerlex. *E. W. Moes.*

Aa, Hillebrand van der, kam 28. 9. 1707 in die Gilde zu Leiden, nachdem er seine Lehrjahre im Buchhandel durchgemacht hatte. Wahrscheinlich war er der H. van der Aa, nach dem J. van Aveele 1724 den Titel zu einer Ausgabe des Cicero gestochen hat. Er ist gestorben vor dem 4. 1. 1742, wo seine Witwe requestrierte. *E. W. Moes.*

Aa, Jacob van der, Schüler seines Oheims Dirk, kam 1769 in die Confrerie im Haag, nachdem er eine Kunstreise durch Italien gemacht hatte. Er hatte als Maler keinen Erfolg und starb 1776.

Kramm, De Levens etc. *E. W. Moes.*

Aa, Jan van der, bekam 1559 300 Kronen „für ain mappa oder carten, so er unserm bevelh nach durch des künigs von Hispaniens geographe habe machen lassen".

Jahrb. der Kstsl. des österr. Kaiserh. V No. 4231. *E. W. Moes.*

Aaberli, Goldschmiedefamilie in Zürich im 16. und 17. Jahrh. Nur urkundlich bekannt.

Brun, Schweiz. Kstlerlex. **

Aaberli, s. auch *Aberli.*

Aabye, s. *Olsen-Aabye.*

Aachen, J. G., Kalligraph in Köln, fertigte kunstvolle Namenschriften auf Pergament und bezeichnete ein von Merlo erwähntes Blatt derart mit: J. G. Aachen penna fecit 1767.

Merlo, Köln. Künstler. **

Aachen, Reinhard von, Bildhauer in Köln, bloß urkundlich erwähnt 1649 und 1651.

Merlo, Köln. Künstler. **

Aadnäs, Peder Pedersen, norweg. Maler, geb. auf dem Hof Odnäs im Kirchspiel von Land, getauft 16. 8. 1739, † 1792 in Ringerike, begann mit rein handwerksmäßiger, aber kräftiger und geschmackvoller Dekoration des Mobiliars der Bauern. Auf Betreiben der einflußreichen Männer des Kirchspiels kam er nach Christiania (Januar 1770) zu dem unbedeutenden Porträt- und Dekorationsmaler Chr. Tonning und wurde bald der tüchtigste unter den sonst rein handwerksmäßigen Porträtisten des Landes. In demselben Frühling noch kehrte er in seine Heimat zurück. Eine bisher angenommene Reise nach dem Ausland (nach Kopenhagen, London, Sachsen) 1770—73 hat seinen eigenhändigen Rechnungsbüchern zufolge nicht stattgefunden. Er heiratete und übernahm den Hof des Vaters 1773, wo er seine Kunst neben der Bewirtschaftung seines Hofes pflegte. Er reiste umher auf den Höfen längs des Rands-Fjords (Ringerike, Hadeland, Land) und malte Wanddekorationen (Figuren mit Landschaft), von denen eine Reihe erhalten sind, z. B. in den Sandvigschen Sammlgn., Lillehammer, in Glatveds Hotel, Hönefos. War auch sehr gesucht als Porträtmaler; so malte er 1770 Justizrat Hammer, cand. theol. A. O. Hammer (gestochen von J. Haas 1771) und 1791 Professor Hans Ström (gestochen von S. A. Seehuusen). — Er kopierte ein Altarbild für Hoffs Kirche in Toten; auch eine Kopie nach Hogarth ist bekannt. — Er ist der interessanteste Maler Norwegens im 18. Jahrh. Die derbe und primitiv volkstümliche Begabung vereinigt sich bei ihm mit dem zierlichen und überkultivierten Rokokogeschmack (in der Auffassung von Landschaften und Menschen, in der allegorischen Darstellung, in den Moden) und bringt ein tief nationales und nicht zum wenigsten kulturhistorisch interessantes Produkt hervor, wo die natürliche Begabung und die frische Ursprünglichkeit und Laune des Bauern den Dilettantismus reichlich aufwiegen. Sein Kolorit hat eine Schönheit, Frische und einen robusten nationalen Charakter, die die Mängel in der Formgebung wieder wett machen.

W e i n w i c h, Kunsthistorie. — Ders., Kunstnerlex. — S t r u n c k, Beskrivende Catalog over Porträtter af Danske, Norske og Holstenere. Kopenhag. 1865. — Norsk Skillingsmagazin 1879 S. 717. — A n k e r u. H u i d t f e l d t, Katalog over norske malede Porträtter, Christiania 1886. — D i e t r i c h s o n, in Nordisk Tidskrift 1892 (Stockholm). — W e i l b a c h, Nyt dansk Kunstnerlex. (II 587). — A n k e r, Kammerherre Bernt-Anker, Christiania 1884. — Beschreibender Katalog der kulturhistor. Ausstell. in Christ. 1901 (Kapitel: Drammen S. 24, 36). — M e y e r, Kstlerlex. — S a l o m o n s e n, Nordisk Konverslex. — D i e t r i c h s o n, A. Tidemand. Christ. 1878 S. 5. — T h o m m e s s e n, Norsk Billedkunst. Christ. 1904 S. 15—17. Eigenhändige Rechnungsbücher des Künstlers in Drontheims Archiv. *C. W. Schnitler.*

Aae, A r v i d, dän. Maler, geb. in Johannishus, Blekinge (Schweden) 1. 7. 1877, lernte als Dekorationsmaler, besuchte die Kunstakad. in Kopenhagen 1896—1901. Er malt Bildnisse, besonders Kinderbildnisse. *A. R.*

Aagaard, C a r l F r e d e r i k, dän. Maler, geb. in Odense 29. 1. 1833, † in Kopenhagen 2. 11. 1895, kam 1852 nach Kopenhagen, besuchte die Kunstakad. und arbeitete als Xylograph und Radierer unter seinem älteren Bruder, Johan Peter A. (s. d.). Gleichzeitig wurde er unter G. C. Hilker als Dekorationsmaler ausgebildet und hat mit diesem Dekorationen im Universitätsgebäude und in der landwirtschaftlichen Hochschule, mit Heinr. Hansen in der Kapelle des Königs Christian IV. im Roskilder Dome, und selbständige Arbeiten im Gebäude des Studentenvereins, im kgl. Theater, Dagmartheater (Kopenhagen) und im Grafensitze Frijsenborg ausgeführt. 1857 hat A. zum erstenmal als Landschaftsmaler ausgestellt. Bei weitem nicht so bedeutend als sein Lehrer P. C. Skovgaard, hat er doch in seiner etwa 40jährigen Wirksamkeit als solcher eine große Popularität erworben. Seine Bilder haben gute Motive, sind flott und sicher gemalt, leiden aber oft an einem Mangel an Innigkeit und Tiefe in der Auffassung; am bedeutendsten sind die Waldlandschaften, welche er mit Vorliebe im Frühling oder im Frühsommer malte, und seine Strandbilder (Motive von Möen und Hellebäk). Auf Reisen in der Schweiz und in Italien (1869—70, 1875—76) hat er auch dortige Motive gemalt. Seine Bilder sind hauptsächlich in Privatbesitz. Die kgl. Gemäldegalerie in Kopenhagen hat „Partä aus Jiegersborg Tiergarten", „Herbstmorgen" (1865) und „Motive aus Saltholmen, Sommermorgen" (1890) erworben. — A. wurde 1874 Mitglied der Kunstakad., 1892 Titular-Professor.

Verzeichnis seiner ausgestellten Arbeiten bis zu 1882, siehe R e i t z e l, Forten over Charlottenborg-Udst. 1883. — B r i c k a, Dansk Biograph. Lex. I 1. — S a l m o n s e n s Lex. I 12. — Illustr. Tidende. 1893, No. 9. — S i g. M ü l l e r, Nyere dansk Malerkunst, p. 3. — W e i l b a c h, Nyt dansk Kunstner-Lex. I 1, II 619. — B e n n u. H a n n o v e r, Danmarks Malerkunst II 14, 84. — T r a p, Danmark (3. Aufl.) I 102, 256, II 574, V 44, 202. — M e y e r, Kstlerlex. — B ö t t i c h e r, Malerwerke d. 19. Jahrh. *A. R.*

Aagaard, J o h a n P e t e r, dän. Xylograph, Bruder Carl Frederik A.s, geb. in Odense 3. 5. 1818, † in Kopenhagen 22. 5. 1879, wurde von Flinch (s. d.) ausgebildet. 1849 gründete er mit A. Th. Kittendorff ein Atelier für Xylographie und Chemitypie. 1876 wurde ihm die goldene Verdienstmedaille für künstlerische Wirksamkeit verliehen. 1842—47 hat A. einige xylographische Blätter ausgestellt.

B r i c k a, Dansk Biogr. Lex. I 3. — W e i l b a c h, Nyt dansk Kunstnerlex. I 2. — S a l m o n s e n s Lex. I 3. *A. R.*

Aagaard, Z a c k a r i a s M a r t i n i, norweg. Marinemaler, geb. in Levanger 13. 10. 1863, ausgebild. a. d. techn. Abendschule in Trondhjem, der kgl. Zeichenschule in Christiania, und an den Malerschulen von Chr. Krohg und Harriet Backer in Christiania. War auch Seemann und hat sich in Kopenhagen und anderen europäischen Städten aufgehalten. Er hat in den 90er Jahren des vorigen Jahrh. in Christiania u. auf der Pariser Welt-Ausstellung 1900 ausgestellt.

Nach Mitteilungen des Künstlers. *C. W. Schnitler.*

Aakrann, O l a f, norweg. Maler, geb. in Elverum 3. 9. 1856, † 1. 5. 1904. Als Ingenieur und Lithograph ausgebildet, später Schüler der Maler Werenskjold und Gerhard

Munthe in Christiania (um 1890) und von Zartmann in Kopenhagen (um 1895). Studienreisen nach Wien, Berlin und (1898) Paris. Seine Spezialität waren Landschaften.

Private Mitteilungen. *C. W. Schnitler.*

Aalmis, s. *Aelmis.*

Aalst, s. *Aelst.*

Aanonsen, Sveinung, norweg. Maler und Bildhauer, geb. 24. 12. 1854 in Rauland im oberen Telemarken, 1874—77 an der Malerschule von Bergsliens (Christiania) in Genremalerei ausgebildet, studierte 1877—79 die Genremalerei in München unter O. Seitz. Lebte 1879—99 in seinem Heimatsort, seit 1899 in Christiania und übt die Genre- und Porträtmalerei aus. Kopierte Altarbilder. Auch eine Statue von ihm steht in Bergens Bildergalerie (1903).

Mitteilungen des Künstlers. — Kataloge der Christianiaer Kunstausstell. 1887, 1899, 1901. *C. W. Schnitler.*

Aap, der Spitzname von François Beeldemaker in der Malerbent zu Rom.

Houbraken II 352. *E. W. Moes.*

Aardenburgh, Jan van, Patronenmaler in Haarlem, 1714 daselbst gestorben.

v. d. Willigen 32. *E. W. Moes.*

Aardewyn, Anthony, geb. in Amsterdam, kaufte dort 4. 8. 1723 das Bürgerrecht und war Maler.

Aemstels Oudheid V 67. *E. W. Moes.*

Aarestrup, Marie Helene, norweg. Malerin, geb. in Flekkefjord 27. 5. 1826, ausgebildet bei dem Maler Reusch in Bergen. Sie studierte 1859 in Paris unter B. Tissiers Anleitung, stellte zum erstenmal 1863 in Christiania einen „Italienischen Hirtenknaben" aus, bekam im selben Jahre ein Staatsstipendium und ging nach Düsseldorf, wo sie sechs Monate unter Vautier arbeitete. Ging wieder nach Paris, wo sie unter Tissier und später unter Chaplin arbeitete. Sie malte Porträts und Genrebilder. Ihr bestes Porträt stellt die Sängerin Christina Nilsson dar (Salon Paris 1865, skandinav. Ausstellg. Stockholm 1866). Ihre künstlerische Tätigkeit ist oft durch andere Beschäftigungen unterbrochen worden, so hielt sie sich z. B. viel im Ausland auf, besonders in England (z. B. 1871, 1888) als Sprachlehrerin und in Paris. Sie wohnte abwechselnd in Bergen und im Ausland. (Stellte 1886 in Bergen aus auf der staatlichen Kunstausstellung und auf der Fischereiausstellung in London 1883.) In den späteren Jahren hat sie sich besonders mit der Tiermalerei (Pferde) beschäftigt (nach einem Aufenthalt in Polen 1872). Dafür erhielt sie auf einer Ausstellung in Paris 1904 eine silberne Medaille. Lebt jetzt in Paris. Ihre Porträts finden sich in Schweden, Dänemark, Frankreich.

Meyer, Kstlerlex. — Bögh, Bergens Kunstforening (Bergen 1888). — Schriftliche Mitteil. *C. W. Schnitler.*

Aarhuus, Anders Ottesen, dänischer Kupferstecher, wahrscheinlich in Aarhus (Jütland) in der 1. Hälfte des 17. Jahrh. geb. Weinwich nennt von ihm 3 Kupferstiche: Bildnis Johan Brockenhuus (sign. 1650) — Die Ahnen Ingeborg Kruses — „Alles kommt von Gott" (sign. 1650). — Ferner werden genannt: 8 Bildnisse von Edelleuten in der genealogischen Sammlung E. A. Bertouchs (s. Auktionskatalog. Odense 1816).

Weinwich, Kunsthistorie 1811. — Neue Zus. z. Füssli. 1824. — Nagler, Kstlerlex. I. — Meyer, Kstlerlex. — Weilbach, Nyt dansk Kunstnerlex. 1896. *A. R.*

Aaron, Abraham, Medailleur, Stempel- und Edelsteinschneider, 1764 in Schwerin, 1774—76 in Stockholm, sodann wieder in Schwerin, wo er 1798 starb. Einige Medaillen auf die Herzöge Friedrich und Friedrich Franz I. von Mecklenburg-Schwerin. Sign. auf den Münzen A. A., auf den Medaillen A. Aaron.

Meyer, Kstlerlex. *N.*

Aaron, s. auch *Aron.*

Aars, Harald, norweg. Architekt, geb. in Christiania 31. 5. 1875, ausgebildet an der Technischen Schule in Christiania und am Royal Coll. of Art in London. Bauingenieur 1895. Reise in Italien, Griechenland, Deutschland mit Stipendium 1896, später in Frankreich und England (London 1897—98). Lebt in Christiania und widmet sich in erster Linie dem Villenbau und dem Kunstgewerbe (Möbel).

Mitteilungen des Künstlers. *C. W. Schnitler.*

Aarsleff, Carl Wilhelm Oluf Peter, dänischer Bildhauer, geb. in Nyborg (Fünen) 14. 8. 1852, arbeitete als Bildschnitzer bei V. Fjeldskov, besuchte die Kunstakademie 1872—1876 unter J. A. Jerichau; 1879 hat er die kleine Goldmedaille (Statue: „Telemachos", in Museum Odense), 1830 die große Goldmedaille (Relief: „Dolon wird von Diomedes und Odysseus eingeholt") gewonnen, und erhielt dann das große Reisestipendium. Auf seiner Reise (1881—83) hat er Paris, Italien und Griechenland besucht, 1886 und wieder 1891 hielt er sich längere Zeit in Rom und Florenz auf. Auf seiner ersten Reise hat A. die Statue „Der verlorene Sohn" (kgl. Skulptursamml.) und „Vaterfreude" (d. h. ein Faun, der mit seinem Kinde spielt) vollendet. Von anderen Werken wird genannt: „Die gefundenen Eroten" (Ny Carlsberg-Glyptothek) und „Abel" (Statue, 1893, kgl. Skulptursamml.), 2 kolossale Reliefs für die Fassade des neuen Kunstmuseums, 12 „Tugenden" (weibliche Köpfe in Medaillon) für Soldenfeldts Stiftung, 5 Wächter für d. Brüstung des neuen Rathauses, 2 Reliefs für d. Fassade der Ny Carlsberg-Glyptothek (antike Abteilung).

Grabrelief in griechischem Stile, Relief „Riesenkinder", Büsten u. a. Besonders hervorzuheben sind seine kleinen feinen Statuetten: Ein Jüngling (1889, kgl. Skulptursamml.), „Der kleine Centaur, der mit seinem Schwanze spielt" (1895) und Eva (1900). Gegenwärtig ist ihm die Restaurierung des gotischen Grabmales der Königin Margrethe († 1412) im Roskilder Dom aufgetragen. A., der einer der bedeutendsten dänischen Bildhauer der Gegenwart ist, wurde 1890 Mitglied der Akademie, 1901 Professor der Kunstakademie und 1906 Vorsteher des Schulrates derselben.

Salmonsens Lex. I 51. — Bricka, Dansk Biograph. Lex. I 27. — Trap, Danmark (3. Aufl.) I 58, 88, 173, 241, 298 u. II 175. — Weilbach, Nyt dansk Kunstnerlex. I 3. — „Kunst" (dän. Zeitschr.) II, 1900—1901: Lützhöft, Danske Billedhuggere. — Kunstchronik, XXIV 530. N. F. IX 18. *A. R.*

Aart, Isaac Frans v. d., Fayencemaler in Delft, heiratete am 10. 11. 1694 Maria Jansz. Sas, Witwe des Anthony Bree, und wurde in den Registern des Standesamtes als „Plateelschilder" eingeschrieben.

Havard, Fayence de Delfft. 314 No. 569. *J. C. E. Peelen.*

Aart oder **Aartgen** v. Leiden, s. *Claeszoon.*

Aartman, Nicolaas, geb. 5. 12. 1713, wahrscheinlich in Amsterdam, als Sohn von Matthys A., und † 5. 3. 1793, zeichnete allerhand Darstellgn. in kleinem Format als Buchillustrationen. Zwei von ihm gezeichnete farbige Interieurs sind im Amsterdamer Kabinett, ein anderes ist gestochen von J. Körnlein, und eine Bauernkirmes von J. Schoute.

v. Eynden u. v. d. Willigen II 138. *E. W. Moes.*

Aarts, A., belg. Bildhauer, stellte 1897 auf der Brüsseler Weltausstellung eine Elfenbeinskulptur „Lachendes Kinderköpfchen" aus.

Zeitschr. f. bld. Kst. N. F. VIII 283. **

Aarts, Johann Joseph, jüngerer moderner Graphiker im Haag, der namentlich tüchtige Holzschnitte herausgegeben hat.

Onze Kunst, 1902, II. Halfjaar. p. 183 ff. mit Abbildungen. **

Aartsen, Aartsz etc., s. *Aertsen* etc.

A-ATTO OLIBATO SM. So viel las Mutius Phöbonius von dem Namen des Bildhauers, der 1292 eine Tafel mit dem kgl. Wappen an dem Turme von Castrum Cellae bei Carsoli in den Abruzzen ausgehauen hat.

Mutius Phöbönius, Hist. Marsor. Neap. 1678 p. 206 (mit Abb.). — Graevii thes. ant. et hist. It. 9, 4 p. 152. — Schulz, Denkm. d. K. in Unterital. II 81.

Abacco, Allazio de, ital. Zeichner in Rom, wird ohne Zeitangabe von Zani angeführt.

Zani, Encicl. I 285. *

Abacco, Antonio dall' (oder da Labacco), italien. Architekt, geb. in Vercelli um 1495, nach E. Müntz vielleicht als Sohn des Architekten Giov. Maria dall' Abacco, mit dem er um 1507 nach Rom gekommen sein mag. Nachdem er dort in der Werkstatt des jüngeren Antonio da San Gallo Aufnahme gefunden hatte, war er unter dessen Leitung seit 1526 an der Ausführung von Befestigungsbauten in Parma und Piacenza beteiligt. 1550 war er im Verein mit seinem Landsmanne Bart. Baronino für das Konklave des Papstes Julius III. tätig und 1559 mit Vignola und zwei anderen Meistern wiederum für das Konklave Pius IV. 1567 erhielt er eine Zahlung von 500 Scudi für Bauarbeiten in der Kirche und dem Baptisterium des Laterans. Nach Titi und anderen römischen Guiden gilt Antonio dall' A. als Schöpfer des vornehmen Portales des Palazzo Sciarra-Colonna in Rom, sowie nach Vasari auch als Verfertiger des Modelles für S. Peter nach dem Plane seines Meisters Antonio da Sangallo d. j. Besonders bekannt wurde der Meister als Verfasser des Architekturwerkes „Libro appartenente all' architettura", einer Sammlung von ihm selbst gezeichneter und von seinem Sohne Mario dall' A. in Kupfer gestoch. Restitutionen antik-römischer Bauten, die er 1552 im eigenen Verlage zum ersten Male herausgab, um schon 1559 eine zweite Auflage nachfolgen zu lassen (1576 in Venedig nachgedruckt). Nach Vasari soll er außerdem auch Antonios da Sangallo Modell und Grundplan für S. Peter in Kupferstichreproduktionen herausgegeben haben, von denen jedoch heute kein einziger Abdruck mehr existiert.

Vasari, Vite. — Zani, Encicl. I 285, 343. — Titi, Descr. d. pitt. etc. in Roma 1763. — Bottari, Raccolta di lettere (Roma 1757), 377 bis 78. — Bertolotti, Art. Subalp. in Roma (1884) p. 46 ff., 75, 254; Art. Modenesi (1882) p. 20, 27. — Gandellini-De Angelis, Not. d'Intagl. — Nagler, Monogr. Bd. I. — Gazette des B. Arts, II. Per. XX 508, 519, Anm. 1; XXII 311. — Arch. stor. d' Arte I 143. — C. Facio, Di Antonio Labacco archit. Vercellese nel sec. XV, Vercelli 1495. *E. Scatassa.*

Abacco, Antonio di Mario dell' (oder de Labacchis), ital. Maler, geb. in Rom als Sohn des Kupferstechers Mario und Enkel des Architekten Antonio dell' Abacco. Wird in römischen Prozeßakten aus den Jahren 1595 und 1609 als Maler erwähnt; über seine künstlerische Tätigkeit selbst liegt keinerlei Nachricht vor.

Bertolotti, Artisti Subalpini in Roma (Mantova 1884) p. 50—51. *

Abacco, Francesco dall', italien. Architekt der zweiten Hälfte des 15. Jahrh. in Bologna, wird mehrfach als Sachverständiger bei Begutachtungen bedeutender Bologneser Bauten erwähnt, wie z. B. der Kirche S. Michele in Bosco, des Oratorio della Madonna di Galliera, des Palazzo del Podestà etc. Mit ihm ist augenscheinlich identisch jener Maestro da l'Abacho, der von 1460 ab den Bau der von Giovanni di Pietro dal Lago di Como entworfenen Cappella Guidotti (jetzt Capp. del Rosario) zu Bologna leitete und überwachte.

Repertor. f. Kstwissensch. XX 182.
F. Malaguzzi-Valeri.

Abacco, Giovanni Maria dell', ital. Architekt, der um 1507 von Florenz aus nach Rom gekommen sein mag. Laut urkundlichen Nachrichten war er 1513—1514 am Bau der Peterskirche in Rom tätig. Nach E. Müntz war er vielleicht der Vater des Architekten Antonio und der Großvater des Kupferstechers Mario dell' Abacco, demnach also seiner eigentlichen Herkunft nach gleichfalls Vercellese.

Gaz. des B.-Arts, II. Per., XX 508, 519, Anm. 1. *

Abacco (Labacco), Mario dell', ital. Kupferstecher, geb. in Rom als Sohn des Architekten Antonio dell' Abacco. Dieser berichtet in der Vorrede zu seinem 1552 in Rom im Druck erschienenen, 1559 und späterhin wiederholt neu aufgelegten „Libro appartenente all' architettura", daß er seine in diesem Werke veröffentlichten Architekturzeichnungen durch seinen Sohn Mario habe in Kupfer stechen lassen. Außerdem kennt man von Marios Hand noch einige Kopien nach Kupferstichen anderer Meister, so nach Martin Schongauers „Versuchung des heiligen Antonius" und nach Beatrizets Stichreproduktion von Giottos Navicella-Mosaik in der Peterskirche zu Rom. 1572 war Mario Sekretär der römischen Congregazione de' Virtuosi al Pantheon unter der Präsidentschaft des Federigo Zuccari. Nach römischen Prozeßakten war er nicht nur 1582, sondern auch 1587 noch am Leben. Von seinen Söhnen Giovanni Battista und Antonio wird der Letztere um 1595 als Maler erwähnt.

Zani, Encicl. I 285, 344. — Bryan, Dict. of Painters etc. 1904. — Bertolotti, Art. Subalpini in Roma (1884) p. 49—51; Art. Lomb. in Roma (1881) I 212 f., 366. — C. Faccio, Antonio Labacco, Vercelli 1894. *

Abad y Navarro, Mariano, span. Maler, geb. in Andalusien, starb in jungen Jahren vor 1856; Mitglied der Kunstakad. zu Granada und Professor der Anatomie bei der ökonomischen Gesellschaft dieser Stadt.

Ossorio y Bernard, Galeria biogr. de artistas españoles del siglo XIX. Madrid 1883/4.
P. Lafond.

Abadía, Juan de la, span. Maler aus Huesca, erhielt 1473, 1495 u. 1496 verschiedene Zahlungen für den Altar der H. Orosia und den Hauptaltar der Kathedrale in Jaca.

Viñaza, Adic. I 7. *M. v. B.*

Abadias de Santolarios, Leon, span. Maler, geb. zu Huesca anfangs des 19. Jahrh., Schüler von Federico de Madrazo, Carlos Mugico und Bernardino Montanes; tätig als Zeichenlehrer am Institut de segunda enseñanza seiner Geburtsstadt 1866; später an das Institut von Cordova gerufen. Er führte zahlreiche Gemälde aus, deren Sujets den aragonischen Sitten entlehnt waren; er malte Porträts, Landschaften, Marinebilder, Jagdstücke und stellte verschiedene Gemälde der Madonnenkirche del Pilar zu Zaragoza wieder her; außerdem führte er den künstlerischen Schmuck für die Salons des Ayuntamiento zu Huesca aus.

Ossorio y Bernard, Galeria biogr. de artistas españoles del siglo XIX. Madrid 1883/4.
P. Lafond.

Abadie, Paul d. Ä., Architekt, geb. zu Bordeaux 22. 7. 1783, † daselbst 3. 12. 1868, Schüler von Bonfin in Bordeaux und Percier in Paris. 1818—1854 in Angoulême ansässig als Architekt des Departements der Charente, erbaute er daselbst u. a. den Justizpalast, das Präfekturgebäude, das Schlachthaus und die an das Seminar anstoßende kleine gotische Kirche.

Lance, Dict. d. Archit. Franç. *H. V.*

Abadie, Paul d. J., Sohn des Vorigen, Architekt, geb. zu Paris 9. 11. 1812, † daselbst 3. 8. 1884, Schüler von A. Leclerc und der Pariser Akad., 1856 zum Architekten der Departements der Charente, Gironde und Dordogne ernannt, in welchen Bezirken er zahlreiche Kirchen-Neubauten — meist in romanisch-byzantinischem Stil — und -Restaurierungen ausführte. (Neubauten: Angoulême, Bergerac, Mussidan, Bordeaux etc.) Er restaurierte u. a. die Kathedrale zu Perigueux und war seit 1845 bei der Restauration der Notre-Dame-Kirche zu Paris unter Viollet-le-Duc beschäftigt, dessen Nachfolger im Amt des Architekten der Diözese Paris er 1874 wurde. Wichtige Profanbauten von ihm sind die Stadthäuser zu Angoulême und Jarnac. Sein Hauptwerk, den ihm 1874 übertragenen Bau der Herz-Jesukirche auf dem Montmartre in Paris, mußte er unvollendet zurücklassen, da die Mittel zum Weiterbau ausgingen. Ein ausführliches Verzeichnis seiner zahlreichen Bauten findet sich bei Bellier.

Bellier-Auvray, Dict. gén. u. Suppl. — Kunstchronik XIX 709 (Nekrolog). — Chronique d. Arts 1874 p. 263. *H. V.*

Abäsch, s. *Abesch.*

Abaisi oder **da Baisio,** berühmte Holzschnitzer-Familie aus der Provinz Modena, die von den letzten Jahrzehnten des 14. Jahrh. ab bis zur Mitte des 15. sich in Ferrara aufhielt und sich von dort aus auch nach Florenz und Venedig ausbreitete.

Giovanni da Baisio schnitzte 1384 den Chor der alten Kirche S. Domenico in Ferrara. 1390 bereits verstorben.

Tommasino da Baisio, Sohn des Giovanni, verpflichtete sich 1390 2 Schränke für die Sakristei des Klosters San Bartolo bei Ferrara auszuführen. 1405 schnitzte er den Chor der Kirche dei Servi in Ferrara (1598 zerstört). 1406 arbeitete er noch daran. 1408 wurde er zusammen mit anderen Künstlern für die Statue der Madonna bezahlt, die auf dem Altar De Silvestris im Episkopat aufgestellt wurde. 1423 bereits verstorben.

Arduino da Baisio, Sohn des Tommasino, einer der berühmtesten Holzschnitzer Norditaliens seiner Zeit. 1406 fertigte er ein Lesepult für den Chor des Domes von Ferrara. 1420 schloß er mit Palla di Nofri Strozzi einen Vertrag zur Lieferung von 11 geschnitzten und eingelegten Nußbaumstühlen für die Kirche S. Trinità in Florenz. Schiedsrichter über den Preis waren Ghiberti und Cola Spinelli. 1423 wohnte er in Ferrara und hatte schon die Bezahlung für den von ihm geschnitzten Chor der Kirche S. Francesco erhalten. Zwischen 1434 und 1435 arbeitete er an einem Arbeitszimmer für Leonello d'Este. Arduino wohnte auch in Modena u. wurde dort in die „compagnia dei Battuti" eingetragen; vor Dezember 1440 arbeitete er in Mantua. Von da an wurde er, als Nachfolger des Holzschnitzers Agostino delle Nevole, der bevorzugte „Maestro di legname" des Herzogs Leonello. In dieser Eigenschaft begann er 1441 die durchbrochenen Schränke der Sakristei Belfiore in Ferrara. Ferner fertigte er für dieselbe Kirche oder für das Kloster Belfiore mit Goldschmiedewerkzeugen ein Lesepult und einen Tisch in feinster Arbeit. Innerhalb 1442 bis 1445 erhielt er Zahlungen für die Schränke des Domes von Ferrara, die er 1447 oder 1448 reparieren mußte, da sie durch eine Feuersbrunst Schaden erlitten hatten.. 1447 erhielt er eine Besoldung, um an dem Arbeitszimmer des Leonello in Belriguardo zu arbeiten. Ein Jahr später schnitzte er ein anderes Arbeitszimmer in Belfiore. 1450 fertigte er, zusammen mit seinem Bruder Alberto, zwei Halbfiguren in Holz, S. Pietro und S. Paolo, die über der Tür der Sakristei des bischöfl. Palastes aufgestellt wurden. 13. 5. desselben Jahres verpflichteten sich Alberto und Arduino zu neuen Werken für dieselbe Sakristei. Da Arduino von der schweren Luft Ferraras leidend war, suchte er 1451 Arbeit in Florenz, um dorthin überzusiedeln. Aber es scheint, daß dieser Wunsch sich nicht erfüllte, denn wir wissen, daß er bereits 1454 zu Ferrara gestorben ist. Arduino war am Hofe Ferraras sehr geachtet; in den Ausgabe-Büchern heißt's von ihm sogar: „maestro subtilissimus ac nobilissimus" und „faber lignaminis prestantissimus et eximius". Borghi (Sulla scuola modenese di Tarsia, in Atti e mem. delle R. Dep. di St. pat. per le Prov. Mod. e Parm. 1870, Seite 61) vermutet, daß er Lehrer der Brüder Lendinara gewesen sei, und Venturi hat ein Dokument von 1449 aufgefunden, in dem Lorenzo und Cristoforo da Lendinara als Gehilfen (lavoranti) des Arduino genannt werden. Aber in keinem andern Dokument sind die beiden Brüder zusammen mit Arduino genannt, sondern treten von Anfang an unabhängig auf, so daß die Mutmaßung Borghis nicht annehmbar erscheint. Arduino muß auch Bildhauer gewesen sein, denn er hat sich einmal angeboten, Arbeiten in Stein am Dom auszuführen, die dann zwei venezianischen Steinmetzen übertragen wurden.

Alberto da Baisio, anderer Sohn des Tommasino, übte seine Kunst in Venedig aus, wo er von 1436 bis wenigstens 1451 wohnte; er entfernte sich von dort nur einige Male, um Arduino bei seinen Arbeiten in Ferrara zu helfen, wie 1450, wo die beiden Brüder zusammen an der Sakristei des bischöfl. Palastes arbeiteten.

Cittadella, Not. rel. a Ferrara I 62—64, 81, 49; III 240—42. — Ders., Doc. ed ill. Ferr. 240—242. — Meyer, Kstlerlex. — Milanesi, La scrittura degli art. I 23. — Venturi in Riv. stor. ital. 1884 p. 620—623. — Paoletti di Osvaldo, L'Arch. e la Scult. del Rinasc. a Venezia I 84. *Lisetta Ciaccio.*

Abaisi (?), Biagio und Nicolo, aus Modena, Holzschnitzer, schnitzten 1454 die Chorstühle von S. Michele in Bosco in Bologna. Malaguzzi-Valeri vermutet, daß sie zur Familie Abaisi gehören, aber höchstwahrscheinlich der erstere kein anderer ist, als jener Biagio, der in Ferrara „da Bologna" genannt wurde und der 1442 als Lehrling von Arduino Abaisio an dem Arbeitszimmer des Herzogs Leonello in Belfiore in Ferrara arbeitete.

Venturi in Riv. stor. ital. 1884 p. 622, 1885 p. 735. — Malaguzzi-Valeri in Rassegna d'arte 1901 p. 26. *Lisetta Ciaccio.*

Abano, Pietro, Holzbildhauer und Intarsiator in Bergamo um 1548, s. *Isabelli,* Pietro. **

Abanti, Michelangelo di Vincenzo, geschickter Goldschmied in Bologna um 1648, nach Zani, Enciclopedia I. **

Abaquesne, Laurent, Sohn des Masséot, Töpfer wie dieser, erst unter dessen Leitung, später in seiner eigenen, in Rouen errichteten Werkstatt von 1548 ab tätig. Eine glasierte Vase im Hospitale zu Bayeux trägt sein Monogramm.

Gosselin, Les potiers et émailleurs de terre à Rouen. *L. Dimier.*

Abaquesne, Masséot (Matthaeus), Töpfer, 1542—1557 in Sotteville bei Rouen tätig. Seine Werkstatt scheint im Vergleich zu der von S. Porchaire und Palissy zu den blühendsten des 16. Jahrh. gehört zu haben. Die Arbeiten erinnern an italien. Majoliken. Von A. befinden sich 2 glasierte Fliesen im Schlosse Chantilly mit den Darstellungen von Mucius Scaevola und Curtius, 1542 datiert. Ferner sind authentische Arbeiten von ihm: ein Fußboden in Ecouen, von dem mehrere Stücke sich im Cluny-Museum in Paris befinden, und der Fußboden im Schlosse La Bastie d'Urfé. Im Vergleich mit diesen beiden Arbeiten darf man ihm auch den Fußbodenbelag in Polisy zuschreiben. Hauptsächlich hat er Apothekergefäße verfertigt. — Er starb kurz vor 1564.

Gosselin, Les potiers et émailleurs de terre à Rouen. — Réun. des Soc. des B. A. XXII 392. *L. Dimier.*

Abarca, Donna Maria de, span. Malerin in Madrid, Mitte des 17. Jahrh. Garçia Hidalgo rühmt ihre Miniaturen und Bildnisse.

Hidalgo, Principios para estudiar el arte de la pintura 1691 p. 4. — Cean Bermudez, Dicc. △

Abarca, Miguel de, span. Baumeister zu Besain in Guipuzcoa, † 1683. Baute dort 1657 bis 1663 eine Kapelle des S. Martin de la Ascension y Loináz gegenüber dem Geburtshause des Heiligen. Der nicht unbedeutende Bau wurde durch den Mangel an Geldmitteln unterbrochen und erst nach dem Tode des Abarca zu Ende geführt.

Llaguno y Amirola, Noticias III 93; IV 52. △

Abaria, Esteban, span. Archit., baute 1610 den Turm der Pfarrkirche Sta. Maria de Oxirondo in Vergara, Provinz Guipuzcoa.

Llaguno y Amirola, Noticias II 19. △

Abart, Franz, Bildhauer, geb. 22. 12. 1769 zu Schlinig im Vintschgau, † zu Kerns, Kanton Unterwalden, Schweiz, 10. 9. 1863. Er lernte seine Kunst beim Bildhauer Matthias Punt in Schlinig, kam dann in jungen Jahren nach Straßburg, wo er sich besonders anatomische Kenntnisse verschaffte und nahm dann später seinen Aufenthalt in der Schweiz. Zuerst ließ er sich in Luzern nieder und verfertigte dort sehr schöne Kruzifixe, welche Aufsehen erregten und in den kathol. Urkantonen reißenden Absatz fanden; später ließ er sich zu Kerns im Kanton Obwalden nieder und fand an der Tochter des Landammans aus Imfeld eine treue Lebensgefährtin. Auf der Ausstellung in Bern 1804 war er durch einen prächtigen „Bruder Klaus" (Nikolaus von der Flühe) vertreten, auch im Jahre 1810 beschickte er die Ausstellung in Bern mit 3 Stücken, die allgemeine Anerkennung fanden und ihm als Preis eine gold. Medaille einbrachten. Den Höhepunkt seines Künstlerruhmes erreichte er zwischen 1810—1812. Seine Arbeiten gingen selbst nach Frankreich, Deutschland und England. 1812 verfertigte er im Auftrage der Stadt Zoffingen drei Grazien, welche einen silbernen Becher trugen, als Geschenk der Stadt an die Gesellschaft schweizerischer Künstler. Sehr gerühmt werden auch seine in Stein gehauenen Bären für das Murtentor der Stadt Bern 1828, jetzt am Eingang des Historischen Mus. Im Rathause zu Sarnen befinden sich von ihm 2 schöne Basreliefs in Alabaster: Arnold v. Melchthal, dem die Augen ausgestochen werden, und ein Bruder Klaus. In mehreren Kirchen der Schweiz, besonders in den Urkantonen, findet man seine Werke, z. B. in der Dorfkapelle zu Sarnen: eine „Mater dolorosa".

Eine eigentümliche Meisterschaft bekundete A. in der Anfertigung von Hirten und Ringern, ferner von Statuen hervorragender Schweizer. Die Wallfahrtskirche des Klosters Einsiedeln in der Schweiz besitzt von ihm mehrere Marmorstatuen.

Meyer, Kstlerlex. — Mitteil. des Hrn. P. Martin Kièm, Benediktiner im Stifte Gries bei Bozen. — Brun, Schweiz. Kstlerlex.

Dr. Franz Innerhofer.

Abary, Marie Mathilde, Malerin und Bildhauerin, geb. in Paris, Schülerin von Chaplin, Jacquet, Ul. Buttin und Mme Bertaux, stellte Porträtgemälde und Porträtmedaillons im „Salon" 1880—1892 aus. **

Abarzuza y Rodriguez de Arias, Felipe, span. Maler, geb. in Cadiz 22. 5. 1871, Schüler des Don Joaquin Sorolla, Hilfsprofessor an der Kunst-Akad. seiner Vaterstadt, erlangte auf den Ausstellungen zu Madrid zwei ehrenvolle Erwähnungen (1887 und 1890); zwei Medaillen 2. Klasse (1892 und 1895) und eine Medaille auf der Internat. Kunstausstellung in München 1901. Er widmete sich speziell der Genremalerei. Im Mus. für moderne Kunst zu Madrid befindet sich von ihm ein Gemälde: Illusionen und Wirklichkeit. Weiterhin sind folgende Gemälde von ihm anzuführen: Das Orangenblüten-Bukett der jung Vermählten; Die Gaukler; Die Neuvermählte; Die Kulissen; Die Landung des Fischers; Der Rosenkranz; Die Königin des Glücks.

P. Lafond.

Abate, Giuseppe, italien. Maler, entdeckte und restaurierte 1860 die Fresken der Kapelle des Castel Capuano, die sich jetzt im großen Saale des Appellationshofes in Neapel befinden.

Napoli Nobilissima II 115. *G. Degli Azzi.*

Abate, Luigi dell', Maler in Neapel, vereinigt sich 1498 zu gemeinsamer Arbeit mit Franc. Pappalettere für das Kloster von S. Giovanni in Capua.

Filangieri, Indice d. artefici II 250. **

Abate, Pier Antonio dell', da Modena (beim Anonymus Morellianus p. 4 und p. 92 fälschlich Pier Ant. d'Allaban genannt), Bildschnitzer und Intarsiator, arbeitete 1462 bis 69 mit den Gebrüdern Lorenzo und Cristoforo Canozi da Lendinara am Chorgestühl von S. Antonio zu Padua, und zwar speziell an den Rücklehnen. Selbständig verfertigte er 1481—88 das Chorgestühl von S. Maria in Monte zu Vicenza, sowie 1486 laut einer Inschrift (mitgeteilt bei Burchelati, Comment. hist. Tarv. p. 272) dasjenige in S. Francesco zu Treviso. Außerdem arbeitete er noch in Parma, Ferrara und wahrscheinlich auch in Verona.

Gonzati, S. Antonio di Padova I 65, 263. — Federici, Mem. Trevigiane I 251. — Cittadella, Doc. ed Illustr. etc. Ferrar. — Campori, Art. Ital. etc. negli Stati Estensi p. 231 f. — Arch. stor. d. Arte Ital., Ser. II, vol. III, p. 143 (mit nota 1). — Arch. stor. Ital., Ser. III, vol. X, parte I, p. 178 ff. *E. Scatassa.*

Abate, s. auch *Abbate.*

Abati, s. *Abbati.*

Abattini, s. *Abbattini.*

Abattucci, Pierre, Maler und Radierer, geb. in Molenbeek St. Jean (Brüssel) 20. 5. 1871, Schüler der École des Arts décoratifs daselbst und dann der Acad. des beaux-arts zu Brüssel besonders unter Portaels und Stallaert. Er ist Landschafter, gelegentlich auch Porträtist u. Professor an der École des Arts décor. in Molenbeek. Von seinen Hauptwerken seien hervorgehoben: Le château désert 1901 (in der Sammlung Ophoven in Lüttich), Porträt des Kunstkritikers Sander Pierron 1901, Les Gerbes (Sammlung Stock in Gent), Palais Royal de Laeken 1904, Matinée de Juin, 1906, Vers le Soir 1906.

Er hat auch Radierungen zu den Albums der Société des Aquafortistes Belges (1901, 1903, 1904) beigesteuert.

Eigene Notizen. *H. H.*

Abbal, André, französ. Bildhauer, geb. in Montech (Tarn-et-Garonne) 16. 11. 1876, Schüler von Falguière u. von Mercié, stellte zuerst im Salon 1896 aus und erhielt eine III. Medaille 1900 für das Gipsrelief „Le Labour". 1903 stellte er ein Marmorporträt des Admirals Sallandrouze de Lamornaix aus.

Kat. d. Salons. *Lami.*

Abbanti, Giovanni Andrea, italien. Miniaturist des 17. Jahrh. in Bologna. Er malte Miniaturen für Choral-Codices, sowie für die „Insignia degli Anziani" einige Szenen aus der Geschichte der Stadt Bologna, wie Turniere, Wettläufe, Fürsteneinzüge etc. (jetzt im Archivio di Stato zu Bologna aufbewahrt).

Archiv. stor. Ital. Ser. V vol. XVIII. („La miniatura in Bologna dal XIII al XVIII secolo".) *F. Malaguzzi-Valeri.*

Abbart, Franz, s. *Abart.*

Abbate, Camillo dell' s. d. Artikel *Abbate,* Giulio Camillo.

Abbate, Cristoforo, s. *Abbé,* Christophe l'.

Abbate, Ercole, italien. Maler, Ende 16. und Anfang 17. Jahrh. in Modena tätig, geb. wahrscheinlich in Frankreich als Sohn des Giulio und Enkel des Niccolò Abbate; neben letzterem nach Lanzi das begabteste Mitglied dieser Künstlerfamilie. Er war ein sehr fruchtbarer Maler, mußte jedoch infolge seines wilden und unregelmäßigen Lebenswandels viele seiner rasch und nachlässig heruntergemalten Bilder unvollendet lassen. Nach Vedriani hat er für die Kirchen Modenas mehrere Madonnenbilder gemalt, sowie auch ein „Noli me tangere" und einen „Herkules im Kampfe mit dem Nemäischen Löwen" für den Cavaliere Marino, der dafür emphatische Lobeshymnen auf ihn dichtete. Sein Hauptwerk sind die Freskomalereien, die er in Gemeinschaft mit Bartolomeo Schedone im großen Rathaussaale des Palazzo Communale zu Modena zur Ausführung brachte, und die zum Teil noch heute erhalten sind (Menoikeus, Herkules und andere Darstellungen aus der Antike). Zu seinen besten Werken zählt ferner eine Darstellung der „Hochzeit zu Kana" in der Pinakothek zu Modena; ebenda auch drei Gemälde aus dem Marienleben (Darstellung im Tempel, Vermählung und Verkündigung) sowie eine „Geburt Johannes des Täufers" (letzteres Bild zweifelhaft, vielleicht von Pier Paolo Abbate). Endlich zählt Vedriani eine große Anzahl von Freskomalereien auf, die Ercole A. in Modena wie in den umliegenden Ortschaften ausgeführt haben soll. Der Künstler starb 20. 1. 1613. Sein Sohn Pier Paolo d. J. wurde ebenfalls Maler. — In seinem Malstil zeigt sich Ercole A. gleich seinem Großvater Niccolò A. hauptsächlich von Correggio beeinflußt, ohne jedoch an den Adel und an die dekorative Großzügigkeit dieses Meisters heranzureichen; auch venezianische Einflüsse machen sich bemerkbar, namentlich bei der oben erwähnten Darstellung der Hochzeit zu Kana.

Galvani u. Valdrighi in G. Guizzardis und G. Tombas Tafelwerk „Le Opere di G. Mazzoni, A. Begarelli, B. Schedoni, Nicc. ed Erc. Abati" (Modena 1823). — Vedriani, Pittori etc. Modenesi, 1662 p. 103. — Tiraboschi, Bibl. Mod. VI 219. — Rosini u. Lanzi, Storia d. Pittura. — Boni, Biogr. d. Artisti. — Orlandi-Guarienti, Abecedario pittorico. — Meyer, Kstlerlex. *P. d'Achiardi.*

Abbate, Gaetano Zumbo Siciliano, Wachsbossierer, Dilettant in Bologna 1695, besonders geschickt in der Nachbildung von Skeletten. Er starb in Frankreich 1702.

Orlandi, Abecedario. **

Abbate, Gennaro, neapol. Maler, 1702 in der Liste der Korporation der Maler verzeichnet.

Napoli Nobilissima VII 11. *G. Degli Azzi.*

Abbate (oder Abati), Giovanni dell', italien. Maler u. Stucco-Modelleur der ersten Hälfte des 16. Jahrh., stammte aus Abbate Reggiano (Emilia), Vater des 1512 in Modena geborenen Niccolò di Abbate, † in Modena 1. 1. 1559. Nach der Chronik des Lancilotto genoß Giovanni di A. einen ausgezeichneten Ruf als Verfertiger von Kruzifixen, deren Christusfiguren mit vorzüglicher Kenntnis aller anatomischen Details in Stuck modelliert sein sollten. Die Überlieferung, daß Giovanni di A. nicht nur seinen Sohn Niccolò, sondern auch den Meister Antonio Begarelli in der Kunst des Stuccomodellierens unterrichtet habe, ist neuerdings durch Venturi widerlegt worden, der als Begarellis Lehrmeister vielmehr den Alfonso Lombardi nachgewiesen hat.

Zani, Encicl. I 288. — Tiraboschi IV 29. — Vedriani, Raccolta dei Pitt. etc. Modenesi p. 93. — Rosini-Lanzi, Stor. d. Pitt. — Boni, Biogr. d. Artisti.

F. Malaguzzi-Valeri.

Abbate, Giovanni, s. *Abbé,* Jean l'.

Abbate, Giulio Camillo dell', italien. Maler, Sohn des Niccolo, kam mit diesem um 1552 nach Frankreich. Von 1561—1577 war er in Fontainebleau tätig. — Jal, Dict. crit. irrt in der Angabe von A.s Todesjahr, das nicht 1571 ist. Er lebte vielmehr bis kurz vor 1582 und hatte das Amt eines Verwalters der Malereien im Schlosse. — Von einem Camillo, verschieden von Giulio Camillo, findet sich, außer bei Laborde, in den Quellen keine Spur.

De Laborde, La Renaissance d. arts à la Cour de France, 218, 525, 771, 772, 775. — Réunion d. Soc. d. b. arts d. Départ. XXIII. 154. — Dimier, French painting in the XVI century, 218.

L. Dimier.

Abbate, Niccolo dell', gewöhnlich Messer Niccolo oder Nicolo genannt, Maler, Sohn des Giovanni, geb. um 1512 in Modena, Schüler seines Vaters und des Bildhauers Begarelli. Auch die Werke Correggios in Modena werden ihm Vorbilder gewesen sein. 1537 arbeitete A. unter Alberto Fontana an der Ausmalung der Schlachtbänke seiner Vaterstadt (dazu gehörig der hl. Gimignano im Museum zu Modena). 1540 entstanden die Wandmalereien im Palazzo del Commune, dann folgte die Marter Petri und Pauli für die Kirche San Pietro in Modena, jetzt in der Dresdener Galerie. Seine bedeutenden Arbeiten für die Servitenkirche sind leider zerstört, ebenso wie zahlreiche Wand- und Fassadenmalereien in Modena und Umgegend. Diejenigen aus dem Schlosse Scandiano sind zwar erhalten und auf Leinwand übertragen, wirken jetzt aber nicht mehr recht (Museum zu Modena). Sein Ruf verbreitete sich bald auch über die Grenzen seiner Vaterstadt. 1547 findet man ihn in Bologna, im Palazzo Torfanini tätig, der leider im 18. Jahrh. niedergerissen wurde. Im Palazzo Poggi, jetzt Universität, hat sich wenigstens ein Fries von ihm: Jünglinge und Frauen in gesellschaftlicher Unterhaltung, erhalten. Im Palazzo Leoni erhielt sich noch, aber leider sehr beschädigt, eine Geburt Christi. — Auf wessen Einladung und wann er nach Frankreich kam, ist nicht bekannt, aber es steht fest, daß er am 25. 5. 1552 seit kurzem dort tätig war. In Fontainebleau half er, wie auch Vasari bestätigt, dem Primaticcio bei der Dekoration der Ulysses-Galerie und des Ballsaales (der jetzt mit Unrecht „Galerie Heinrichs II." genannt wird). Im übrigen hat er hier nur noch im Zimmer der Madame d'Estampes 1570 2 Bilder an die Stelle von damals zugemauerten Fenstern gemalt. Daß er bei den schon genannten Fresken in Fontainebleau Entwürfe Primaticcios ausführte, wird durch dessen Handzeichnungen bewiesen; für die Fensterbilder im Ballsaale dürfte er nur die Akte von Primaticcio erhalten und die weiteren Details selbst hinzugefügt haben. Freier in der Erfindung hat er sich bei anderen Arbeiten gezeigt. Derart waren gewiß die Bildnisse des Königs und der Königin, die er gleich nach seiner Ankunft malte, ferner vielleicht das Kaminbild des kgl. Zimmers im Ofenpavillon und 12 andere Bilder in einem noch nicht genau bestimmten kgl. Zimmer und 4 Landschaften in der Schatzkammer u. a. — Die Kapelle im Schlosse Fleury-en-Bière, deren Dekoration auf älteren Kupferstichen als ein Werk Primaticcios angegeben wird, muß nach dem Stil eine Arbeit Abbates sein. Aber ein unter seinem Namen gehendes Miniaturbildnis des Königs Franz I. im Pariser Kupferstichkabinett ist gewiß nicht von seiner Hand und auch nicht eine im Louvre fälschlich für Diana von Poitiers erklärte Diana. Dagegen dürfte ihm die daselbst (als von unbekannter Autorschaft) ausgestellte: Enthaltsamkeit Scipios zuzuschreiben sein, ebenso wie: Achilles mit Lykomedes Töchtern, im Wilton-House bei Graf Pembroke. Der Raub Proserpinas beim Herzog Sutherland in Stafford-House gilt lange schon als eins seiner besten Werke. Von seiner kunstgewerblichen Tätigkeit müssen zuerst seine Teppichentwürfe genannt werden. Eine Handzeichnung von ihm im British Museum bildet die Schablone für eine Figur des Kybeleteppichs in den Gobelins zu Paris, und im Louvre befindet sich von ihm der Entwurf zu einem Merkurteppich. Solche Arbeiten wurden damals in Fontainebleau ausgeführt. Auch für Emailmalereien hat er Entwürfe gezeichnet. Ein sicheres Werk dieser Art ist das sog. Heilige-Kapelle-Email, 1553 datiert, jetzt im Louvre, zu dem der kürzlich verstorbene H. Valton in Paris die Originalmuster besaß. — Für den Straßenschmuck beim festlichen Einzug Karls IX. und seiner Gemahlin in Paris machte A. zusammen mit Germain Pilon die Modelle für in Holz geschnittene Darstellungen. Von den meisten seiner Arbeiten, die er in 20jähriger Tätigkeit in Frankreich ausführte, vermitteln nur noch die im Louvre aufbewahrten Handzeichnungen eine Vorstellung. Darin zeigt er einen ganz eigentümlichen und leicht wiederzuerkennenden Stil, der übrigens durch einen von Delaune mit: Nicolo Labati unterzeichneten Stich gesichert ist. Es ist dies Delaunes Stich: Apoll auf dem Parnaß, und die Originalzeichnung dazu hat sich in 5 Repliken im Louvre, in der Petersburger Ermitage u. a. O. erhalten. Einige Zeichnungen z. T. in Stockholm, z. T. in Chantilly bilden die Teile eines Spazierritts, über dessen Ausführung nichts bekannt ist. Auch Kostümbilder sind erhalten, nach denen man annehmen kann, daß 6 ihnen ähnliche Kupferstiche des Ducerceau von Niccolo vorgezeichnet sind. Eine reizende Miniatur, Tempera auf Pergament, Madonna mit Kind und S. Johannes, mit dem Namen bezeichnet und 1569 datiert, befindet sich im Museum des Herzogs von Martina (Notiz von G. degli Azzi). — Abbate starb 1571, nur ein Jahr nach Primaticcio und mit diesen beiden Künstlern erlosch auch die erste Schule in Fontainebleau. Nach ihm begegnet man noch Söhnen oder Verwandten von ihm, über die wir die Notizen unter Abbé geben. Niccolos Stil ist nicht hervorragend, aber doch schätzenswert. Sowohl in Zeichnung wie in Komposition zeigt er sich als pünktlichen Nachahmer Primaticcios und zwar mit mehr Manier und weniger Verständnis für die Naturformen, aber seine Erfindung ist leicht und sein Geschmack vortrefflich. Kein anderer hätte wie er auf Primaticcios Spuren in dem Gebiete des Kunstgewerbes wirken können. Ihm verdankt man besonders die weite Verbreitung, die Primaticcios Stil erreichte, und folglich nimmt er teil an dem Ruhme der französ. Zierkunst dieser Zeit, die in ganz Europa mustergültig wurde.

De Laborde, La Renaissance des Arts à la Cour de France (Reg.). — Derselbe, Comptes des Bâtiments du roi. — Dimier, Le Primatice. — Ders., French painting in the XVI century. — Rassegna Bibliografica III. 7—9. — Napoli Nobilissima II 52. — Jahrb. d. Kstsl. d. österr. Kaiserhauses XII, 2. T. No. 8484 p. CCLXXXI. *L. Dimier.*

Abbate, Pietro Paolo d. Ä., Bruder des Niccolò Abbate, † um 1575 in Modena. Soll nach Angabe seines Zeitgenossen Lancilotto mit bemerkenswertem Talent Schlachtenbilder in monochromer Ausführung gemalt haben. Nach Venturi ist es jedoch zweifelhaft, ob dieser ältere Pier Paolo überhaupt Maler gewesen ist.

Tiraboschi, Bibl. Mod. VI 232. — Vedriani, Pittori etc. Modenesi p. 106. — Venturi im Arch. stor. dell' Arte II 160. *P. d'Achiardi.*

Abbate, Pietro Paolo d. J., italien. Maler in Modena 1592—1630, das jüngste Mitglied der Künstlerfamilie der Abbate, Sohn und mittelmäßiger Nachahmer seines genialeren Vaters Ercole Abbate. Nach Vedriani malte er in S. Margherita zu Modena einige der Grotteskendekorationen des Chores sowie auch einige der besseren Altarbilder dieser Kirche; ferner in S. Bartolommeo zu beiden Seiten der Cappella di S. Ignazio zwei Gemälde mit Szenen aus der Geschichte des Jesuitenordens; endlich für S. Giorgio ein Madonnenbild und für den Dom ein Altarbild mit dem Martyrium des hl. Bartholomaeus etc. Er starb jung und arm wie sein Vater.

Tiraboschi, Bibl. Mod. VI 233. — Vedriani, Pittori etc. Modenesi p. 106. — Rosini u. Lanzi, Stor. d. Pitt. — Venturi im Arch. Stor. dell' Arte II 160. *P. d'Achiardi.*

Abbate, s. auch *Abate.*

Abbati (Abati), Goldschmiedfamilie aus Bologna, zweite Hälfte des 15. und erste Hälfte des 16. Jahrh., nur bei Zani (Enc. met. I 290, 291) erwähnt; deren Vertreter: Jacopo d. Ä., Antonio, Benedetto, Carlo, Floriano, Francesco, Giovanni, Jacopo d. J. und Vincenzo. *H. V.*

Abbati, Giuseppe, Sohn des Vincenzo, tüchtiger Maler der neueren italien. Schule, geb. zu Neapel 1836, † 20. 2. 1868 zu Florenz. Den ersten Unterricht empfing er von seinem Vater, seine weitere Ausbildung vom 14. Jahre an bis 1852 in der Akad. zu Venedig. Einige Jahre darauf nach Neapel zurückgekehrt, malte er zunächst architektonische Innenansichten, davon die Kapelle von S. Domenico in Neapel Anerkennung fand Doch wurden 1860 seine Arbeiten durch den Krieg unterbrochen; er ging unter die Freiwilligen Garibaldis und verlor am Volturno ein Auge. In der Ausstellung zu Florenz 1861 trat er dann mit zwei schönen Interieurbildern der Kirche S. Miniato al Monte auf, von denen das eine der Staat erwarb. Einen entschiedenen Erfolg hatte er 1865 mit einem kleinen Bilde, Singender Dominikaner im Chor von S. Maria Novella (gemalt in Florenz; jetzt in der Pinakothek von Capodimonte zu Neapel). Nachdem er wieder an dem Kriege des Jahres 1866 als Freiwilliger in Tirol teilgenommen, zog er ganz aufs Land, an die toskanische Küste, um sich nur der Schilderung des Natur- und Bauernlebens zu widmen. In der Wahl wie in der ernsten Auffassung dieser Stoffe nahm er eine ähnliche Richtung wie Jules Breton. Hierher gehören die Bilder: zwei Innenansichten einer Hütte von Holzhauern; Rauchender Bauer unter einer Weinlaube; „Der Chilo", Bauernfamilie in der Siestastunde, letzteres namentlich bemerkenswert durch die Charakteristik wie die Feinheit des Tons. Kaum hatte A. mit diesem Bilde eine der ersten Stellen in der modernen italienischen Malerei eingenommen, als er auf traurige Weise umkam: Selbstmord, um den Folgen des Bisses eines tollwütig gewordenen Hundes zu entgehen. — Von seinen Werken sind noch zu erwähnen: kleines Interieurbild vom Bargello (1863); Das Gebet (1865, beide in der Galleria Moderna zu

Florenz); Dominikaner (1865, in der Galleria Moderna zu Mailand). In manche Bilder des jungen Meisters ist etwas von der traurigen Stimmung seines unglücklichen Lebens übergegangen.

Meyer, Kstlerlex. — A. Franchi, Arte e Artisti Toscani dal 1850 ad oggi, Florenz 1902, p. 81 fg. **

Abbati, Pietro Giovanni, Architektur- und Dekorationsmaler aus Parma, tätig um 1700 in Turin und Bologna und in der ersten Hälfte des 18. Jahrh. in Wien. 1733 war er noch am Leben. Er war Schüler von Ferdinando Galli gen. Bibbiena und entwickelte eine ähnlich vielseitige Tätigkeit wie sein Lehrer als Festdekorateur, Architekt und Maler. Mehrfach führte er Entwürfe Bibbienas praktisch aus (vgl. Meyer, Kstlerlex.). Erwähnt werden Theaterdekorationen von ihm für das Theater von Urbania und für das Neue Herzogl. Theater in Parma und zwar für die Oper „Carlo Re di Alemagna" 1714. Er gab die: Varie opere di Prospettiva inventate di F. Galli raccolte da Pietro Abbati et intagliate da Carlo Ant. Buffagnotti, Bologna 1707. Fol., sowie nach Bibbienas Tode († 1743) dessen Entwürfe von Leichengerüsten heraus. — Abbatis Schüler im Stechen waren Giuseppe Pellezzoli und Agostino Filippi. — Auch Bilder finden sich in einigen Galerien von ihm.

Meyer, Kstlerlex. — Ilg, Fischer v. Erlach, p. 526. — Mit Notizen v. Stef. Lottici in Parma. *Ernst Diez.*

Abbati, Vincenzo, italien. Maler, geb. in Neapel, lebte um 1843 in Graz, war dann in Florenz, Venedig und Neapel tätig. Seine Bilder, besonders Kircheninterieurs mit schönen Lichtwirkungen, und auch Landschaften, wurden seinerzeit sehr geschätzt. „Das Grabmonument des Don Pedro in der Schloßkapelle in Palermo" befand sich im Besitz der Herzogin von Berry, als deren Hofmaler A. genannt wird, die „Unterirdische Kapelle des S. Gennaro in Neapel" im Besitz des Grafen Chambord.

Meyer, Kstlerlex. — Schorns Kunstblatt 1845, 236. *R.*

Abbati, Vincenzo di San Pietro, italien. Kupferst. Von ihm ist nur ein Blatt, Apollo auf dem Sonnenwagen nach Guido Reni, bekannt. *P. K.*

Abbatini, Guido Ubaldo, Maler, geb. um 1600 in Città di Castello, † zu Rom 1656. Kam jung nach Rom, wo er eine Zeitlang Schüler des Cav. d'Arpino war. Geschickter, aber wenig selbständiger Künstler, seit Beginn von Urbans VIII. Pontifikat Gehilfe Berninis, mit dem er während seines ganzen Lebens eng verbunden gewesen ist. Tätig in Rom. Mitarbeiter Berninis bei dessen künstlerischen Unternehmungen als Malerdekorateur. Von seiner Hand in S. Peter: Chiaroscurmalereien in den Kapellen unter den Kuppelpfeilern (1630—33); im Vatikan: Sala di Carlo Magno (1635—37); ebenda in einem anderen Raume: Freskodarstellungen aus dem Leben der Markgräfin Mathilde (1637), als Gehilfe Romanellis; in S. Agostino, Cap. des A. Pio: Himmelfahrt Mariä mit Engelsglorie (Öl); in S. Pietro in Montorio, Cap. Raimondi: Freskomalereien (1636); in S. Maria della Vittoria, Cap. Cornaro: Glorie des Gewölbes (1646), A.s effektvollstes Hauptwerk, in dem als einem der ersten Werke der Art, einzelne Teile zur Erhöhung der Wirkung in wirklichem Relief heraustreten. Auch tätig als Mosaizist in S. Peter: Kuppel der Sakramentskapelle (nach Cortonas Kartons); Restaurierung der „Navicella" (1649); Gewölbezwickel der Cap. der Madonna della Colonna (1645—48) nach eigenem Karton; Mosaikfries in der Kuppel der Kap. des hl. Sebastian (1654) nach Cortonas Kartons. Für Bernini führte er viele architektonische Entwürfe in Öl aus u. a. die Fassade des Palazzo di Monte Citorio (jetzt im Palazzo Doria-Pamphilj zu Rom).

Meyer, Kstlerlex. (mit Verz. d. nach A. gestochenen Blätter). — Passeri, Vite de' Pittori etc. Roma 1772. — Fraschetti, Il Bernini. — L'Arte V (1902) 110. — Bertolotti, Artisti subalpini 186. *Hans Posse.*

Abbatt, Agnes Dean, amerikan. Malerin, geb. 23. 6. 1847 in New York, erhielt den ersten Unterricht im Cooper Institute und Nat. Acad. of Design in New York und später von R. Swain Gifford und James D. Smillie. Am besten in ihren Aquarellbildern (Landschaften und Blumen). Sie zeichnete auch öfters Illustrationen, z. B. zu einer History of Westchester N. Y. Mitglied der American Watercolor Society. *Edmund von Mach.*

Abbayne, C., Landschaftsmaler in London, stellte 1857 in der Roy. Acad. of Arts das Bild: The Two Windmills aus.

Graves, Roy. Acad. Exh. I 1. *H. V.*

Abbé, Christophe l', vielleicht ein Sohn von Niccolo dell' Abbate, dessen Namen so übersetzt wurde, Maler wie dieser, tätig in Fontainebleau 1560—1561, später in Paris 1567 und 1585.

De Laborde, Comptes des Bâtiments du roi, II 58. — Revue de l'art franç. ancien et moderne 1885 p. 86, 1886 p. 310. — Dimier, French painting in the XVI Century p. 218. *L. Dimier.*

Abbé, Hendrik, Architekt, Maler und Zeichner, gebürtig aus Antwerpen, getauft 28. 2. 1639. Über sein Leben sind nur wenige Data bekannt geworden. Er war der dritte Sohn des Kunsthändlers Claude Abbé, der zwischen 1652 und 1653 verstarb.

Die erste Spur, welche sich von seiner künstlerischen Tätigkeit findet, ist die Zeichnung zu dem Bildnisse des Malers Peter van Bredael, welche von Conrard Lauwers für das „Gulden-Kabinett" von Cornelis de Bie gestochen wurde; dieses Werk erschien zu Antwerpen 1662. Das Porträt ist, wie Siret mit Recht bemerkt hat, in der breiten Weise van Dycks behandelt.

Sonderbarerweise kommt der Name Hendrik Abbé in dem Liggere und den Rechnungen der Antwerpener Lukasgilde nicht vor, obwohl nach Füssli 1670 zu Antwerpen Stiche von ihm erschienen sein sollen. Das Einschreiberegister erwähnt nur 1673—1674 einen Miniaturmaler (verlichter) Heinrich, ohne dessen Familiennamen beizufügen. Nicht unmöglich, daß damit unser Abbé gemeint ist; doch ist jener Heinrich als „Freimeister" verzeichnet, während Abbé „Meisterssohn" ist.

A. ist auch Maler und Architekt gewesen. Alex. Pinchart hat in den Akten des Rates von Brabant (aufbewahrt in den allgemeinen Archiven des Königreichs Belgien) gefunden, daß Heinrich Abbé, Maler und Architekt (schilder ende architect) 1671 ein Modell für die Leuchter verfertigte, welche das Kapitel der Kirche der hl. Gudula unter den Statuen der Apostel aufstellen wollte. A. befand sich demnach schon damals zu Brüssel. In den Einschreiberegistern der Brüsseler Künstler hat fernerhin Alex. Pinchart schon früher die Aufnahme des Malers Abbé (ohne Angabe des Vornamens) unter dem 13. Juli 1676 notiert gefunden. Daß dieser Abbé derselbe Meister mit unserem A. ist, dafür spricht auch der Umstand, daß die Ausgabe der Metamorphosen Ovids, an deren Illustration A. mitgewirkt hat, 1677 zu Brüssel erschienen ist. In dieses Jahr gehört auch eine Plafondskizze in der Albertina zu Wien, bezeichnet H. A. F. 1677, auf die A. v. Wurzbach aufmerksam machte; andere Zeichnungen aus demselben Jahre mit historischen Entwürfen befanden sich nach Brulliot I No. 337 in der Sammlung des Kunstsammlers J. Hazard.

Register der Antwerpener Pfarrkirchen. — Ph. Rombouts und Théod. van Lerius, De Liggeren en andere historische archiven der Antwerpsche St. Lukasgilde II 155 und 161. — Ders., Biogr. d'artistes anvers. I 1. — Biographie nationale de Belgique. — Meyer, Kstlerlex. — Notizen von Pol de Mont.

Abbé, Jean l', vielleicht ein Verwandter von Niccolo dell' Abbate, dessen Namen so übersetzt wurde, Maler wie er, 1585—1587 in Paris tätig. Vielleicht identisch mit *Jean Labbé,* der 1593 umfangreiche Glasfenster für St. Nicaise in Reims ausführte.

Revue de L'Art français ancien et moderne 1885 p. 86. — Dimier, French painting in the XVI. century, p. 224. — Réunion des Soc. des beaux-arts XXVIII 524. *L. Dimier.*

Abbé, Maximilien l', Bildhauer in Mecheln um 1629, Stiefvater des Lucas Fayd'herbe und erster Lehrer desselben, bevor er Rubens Schüler wurde.

Gaz. d. b. arts II Per. II 512. **

Abbé, s. auch *Labbé.*

Abbema, Leo von, Architekt in Düsseldorf, geb. 12. 8. 1852 in Düsseldorf, ausgebildet unter Prof. Aug. Rincklake 1870—75. — Baute Schloß Drachenburg bei Königswinter, Schloß Ahrenthal (Graf Spee) bei Sinzig, die deutsch-reformierte Kirche in Magdeburg, die kathol. Kirche an der Hardt in Elberfeld und u. a. Geschäftshäusern, Villen und Wohnhäusern das Haus der Bürgergesellschaft in Düsseldorf.

Über Entwürfe der Firma Tüshaus u. v. Abbema: Kunst-Chr. XV 501; XX 606. Kunst-Chr. N. F. III 498/99. *Board.*

Abbema, Louise, französ. Malerin, geb. 30. 10. 1858 in Etampes, lebt in Paris. Schülerin von Chaplin, Henner und Carolus Duran. Sie hat zahlreiche Porträts, darunter das Bildnis der Schauspielerin Sarah Bernhardt, und viele dekorative Gemälde geliefert, bei denen allegorische Frauengestalten und Blumen die Hauptrollen spielen. Auch als Radiererin hat sie sich betätigt, und obschon sie kein Talent ersten Ranges ist, verdient doch ihre gefällige Komposition, ihre glatte Zeichnung und ihr zuweilen an Vorbilder aus dem 18. Jahrh. erinnerndes Kolorit alle Anerkennung. Ihr Bestes hat sie in Plafonds und dekorativen Wandgemälden geleistet. — Von ihren Radierungen (mit trockener Nadel), meist Porträts, findet man eine ziemlich vollständige Sammlung in der Bremer Kunsthalle (Sammlung J. J. Meier).

Bellier-Auvray, Dict. gén. Suppl. — G. Lecocq, Peintres et sculpteurs, notices. Avec dessins orig. d'artistes, I livr. L. Abbema 8vo 20 pp. Paris (1879). — L'Art V, 253. — Jules Martin, Nos peintres et sculpteurs, Paris 1897. — P. Lasinio, Luisa Abbema, pittrice parigiana, in Natura ed Arte I pp. 424—428. — Gaz. d. b. arts, Table alphab. II Pér. I—XXII, XXV 590. *K. E. Schmidt.*

Abbema, Wilhelm von, Kupferstecher und Radierer, geb. 15. 1. 1812 in Krefeld, † 8. 11. 1889 in Düsseldorf. Besuchte 1830—33 die Akad. zu Düsseldorf, wo er sich unter J. W. Schirmers Leitung der Landschaftsmalerei widmete; ging aber bald zur Kupferstechkunst über und stach (zum Teil nach eigenen Zeichnungen, wie „Der Dom zu Köln") vorzugsweise Landschaften nach A. Achenbach, Lessing, Scheuren u. a.

Meyer, Kstlerlex. (mit ausführl. Verzeichn. der Stiche). — Kunstchronik. N. F. I 88 (Nekrol.). — Zeitschr. f. bild. Kst. N. F. III 95. *Board.*

Abbesteech, Barth. Wilhelmsz. und Willem Barthoutsz. van, Goldschmiede in Gouda. Der erstere fertigte im Auftrage der Bürgermeister silberne Buchstaben auf Talaren, die gewisse Mitglieder des Gerichts jährlich von der Stadt erhielten, und erhielt am 13. 7. 1560 Bezahlung für Silber und Arbeitslohn. — Der zweite heiratete am 14. 2. 1586.

Obreen, Archief III. — Heirats-Proklamationsbuch von Gouda. *J. C. E. Peelen.*

Abbey, Edwin A. (Austin), berühmter amerikan. Maler und Illustrator, geb. 1. 4. 1852 in Philadelphia, studierte auf der Philadelphia Academy of Fine Arts und begann 1871 eine sehr bedeutende Tätigkeit als Illustrator, besonders für Harpers Magazine; auch für neue Ausgaben von englischen Dichtungen, z. B. von Herrik und Shakespeare. Zu den letzteren machte er die Studien an Ort und Stelle, denn 1883 hatte er sich zu dauerndem Aufenthalt in England niedergelassen. Seine Shakespeare-Illustrationen galten als seine vorzüglichsten, zeigen ihn aber bei Darstellung dramatischer Vorgänge und komplizierter Charaktere doch nicht auf voller Höhe. Schon in seinen Illustrationen betonte er nicht die Linie sondern eine malerische Gesamthaltung. So wurde ihm der Übergang von der Schwarz-Weißkunst zur Aquarell- und Ölmalerei leicht und er sollte bald auf dem Gebiete der modernen Historienmalerei seine größten Triumphe feiern. Ein schönes Frühwerk dieser Art ist The Penance of Eleanor, Duchess of Gloucester; 1895 malte er das prächtig dekorative Bild: Pavane, mit herrlichen Frauengestalten in reichsten Kostümen. Seine bekanntesten Werke sind die Krönung König Eduards VII. u. The Quest of the Holy Grail, ein Fries in der Bostoner Public Library, dessen hohe formalen und koloristischen Reize freilich dadurch beeinträchtigt werden, daß sie den ungünstigen örtlichen Lichtverhältnissen nicht recht angepaßt sind. — Man hat von dem Künstler auch einige interessante Versuche auf dem Gebiete der Lithographie. A. ist Mitglied der Royal Academy of Arts, Royal Watercolor Society, Société Nationale des Beaux Arts, kgl. Bayerischen Akad., der Nat. Academy of Design und American Watercolor Society.

Ch. H. Caffin, American masters of painting. London 1903. — S. Isham, American painting p. 418—427. — The Art Journal an vielen Stellen. — The Studio, Winter Number 1900—01 und XXXI 151. — Graal, The quest and achievement of the holy Grail (Montly Bull. of books added in the Public Library of Boston VII 127—131). — The Quest of the Holygrail cont. full-page pictures of the all 15 paintings of Edwin Abbey; Boston, Curtis & Cameron. — Graves, Roy. Acad. Exh. I 1.

Edmund von Mach.

Abbeyson, M., engl. Seemaler, stellte 1828 in der Suffolk Street-Ausstellung in London 2 Seestücke aus. **

Abbiati, Alessandro, Landschaftsmaler aus Mailand, 18. Jahrh. (nach Zanis unvollständiger Angabe in der Enc. met. I 292).

H. V.

Abbiati, Filippo, Maler, geb. zu Mailand 1640, † daselbst 1715. Schüler des Carlo Francesco Nuvoloni in Mailand und wie dieser ein Maler der breiten dekorativen Manier. Sein Hauptwerk sind die Fresken der Kuppel von S. Alessandro Martire zu Mailand, die er gemeinsam mit Federigo Bianchi ausführte. Altarbilder in Padua, Pavia, Bergamo, Turin, Mailand; in Saronno eine bez. „Predigt Johannes d. T.". Zwei seiner besten Schüler und Nachahmer waren Pietro Maggi und Gius. Rivola.

Orlandi, Abecedario, Firenze 1778. — Lanzi, Stor. Pitt. Firenze 1834 IV 204. — Orloff, Hist. de la peint. en It. II 319. — Zanetti, Pitt. Venez. p. 526. — A. Czerny, Kunst und Kunstgew. im Stifte St. Florian p. 168.

Hans Posse.

Abbiati, Fra Fortunato (Benediktiner), italien. Kupferst., erwähnt ohne Näheres von Zani, Enc. I 292.

P. K.

Abbiati, Giuseppe, Zeichner und Kupferst., tätig in Mailand um 1700. Von ihm werden aufgeführt das Zueignungsblatt in: Le scelte pitture di Brescia 1700, ein Feuerwerk, bez.: Jos. Franc. Baroncellus Del. Jos. Abbias sculp. und einige kleine Blätter mit Schlachten.

Meyer, Kstlerlex. — Heinecken, Dict. — Ottley, Notices. — De Boni, Biogr. d. art. p. 2.

P. K.

Abbiati, Paolo Maria, italien. Kupferst., geb. in Mailand, tätig um 1686. Von ihm ist nur ein Bildnis des Prokurators von S. Marco Girolamo Cornaro bekannt.

Zani, Enc. I 292 und Heinecken, Dict.

P. K.

Abbon, der älteste französ. Bildhauer und Goldschmied, dessen Name bekannt geworden, lebte in Limoges um 600—630; er soll der Lehrmeister des hl. Eligius gewesen sein.

Lami, Dict. des sculpt. franç. au moy. âge et à la renais.

Lami.

Abbondi, Antonio di Pietro, genannt Scarpagnino, Baumeister u. Steinmetz des 16. Jahrh. in Venedig, geb. in Mailand, † in Venedig 1549. Die ersten Nachrichten über ihn reichen bis 1505 zurück. 1527 wurde er als Ordensbruder bei der Scuola grande von S. Marco eingeschrieben, für welche er mit Sansovino das Modell für den Hauptaltar des Hauptsaales ausführte. Er war der Lehrer des Antonio da Ponte. Am 27. 7. 1548 machte er sein Testament. Unter seinen Erben erscheint auch sein Sohn Marco, der ebenfalls Steinmetz war, und ihm bald eine Hilfe wurde. Wenn Antonio auch nicht große Berühmtheit in der Kunstgeschichte erlangte, so beweisen seine vielfältigen Arbeiten doch sein künstlerisches Talent. Seine Hauptarbeiten sind: Der Wiederaufbau des Fondaco dei Tedeschi nach Entwurf des Gerolamo Tedesco (1505—1508). Die Erbauung und wahrscheinlich auch der Entwurf der Kirche und des Glockenturmes S. Sebastiano (1506—1549), Entwurf und Erbauung alter Gebäude und Restaurierung der Rialtobrücke nach dem Brande von 1513 (1514—1523), die Wiederherstellung der Brücke della Pietra in Verona

(1520), die Erbauung der Kirche S. Giovanni Elemosinario (1523—1538) und wichtige Arbeiten an S. Andrea del Lido (1526). An der Scuola grande von S. Rocco schuf er den oberen Teil der Fassade, die künstlerische Treppe und den großen Saal (1527—1549). Am Palazzo Ducale führte er verschiedene sehr interessante Restaurierungen aus (1525 bis 1549). Man schreibt ihm auch die Entwürfe für die Kirche S. Fantino, und die Figur des S. Samuele für den Palazzo Contarini zu.

P. Paoletti, L'archit. e scult. del Rinasc. in Venezia II 116, 122, 123, 127, 154, 177, 228, 261, 280—292, 294. — T. Temanza, Vite d. più cel. archit . . . 1778, 50, 73, 106—108. — Selvatico e Lazzari, Guida di Venezia, 1881, 121—124. — P. Selvatico, Sulla archit. e scult. 1847, 208—213. — Milanesi, Le vite dei più eccell. pittori . . . . 1879 IV 96. — B. Lorenzi, Monumenti per servire alla storia d. Palazzo Ducale di Venezia 1896, 362. — E. Cicogna, Inscrizioni Veneziane 1827 II 179, 298 und 1834 IV 130, 230. — M. Sanudo, Diarii. Venezia 1897 XVIII 233. — Fabbriche di Venezia, 1856 II 81. — Müntz, Histoire de l'art pendant la Renaiss. II 426, 435. — Romanin, Storia di Venezia, 1857 VI 419. — Nuovo Dizionario storico, Bassano 1796 XVIII 248. — Italia artistica: Venezia di Molmenti 1905 III 50. — Burckhardt, Cicerone II.
L. Ferro.

Abbondi, Marco, Sohn des Antonio, Steinmetz in Venedig, † 1578 daselbst. Wir haben nur wenige Notizen über ihn, aus denen es sich ergibt, daß er seinem Vater bei Erbauung der Kirche und des Glockenturmes S. Sebastiano half und bei den Arbeiten für die scuola grande von S. Rocco.

P. Paoletti, L'archit. e la scult. d. Rinasc. in Venezia 1893 I 122, 126, 284, 292. — Selvatico e Lazzari, Guida di Venezia 1881, 352. — E. Cicogna, Inscrizioni Veneziane, 1834 IV 230. *L. Ferro.*

Abbondio, Antonio (Scarpagnino), s. *Abbondi.*

Abbondio, s. auch *Abondio.*

Abbot, Henry, Architekturmaler in London, gab das Foliowerk heraus: Antiquities of Rome, compr. 24 select views of the principal ruins of Rome, London 1820.

Schorns Kunstblatt 1820 p. 336. **

Abbot, Katherine G., s. *Cox,* Frau Katherine G. Abbott.

Abbott, Edward, engl. Maler des 18. Jahrh. in Long Acre, renommiert als Wappen- und Kutschenmaler, aber auch geschickt in Landschaften. Er starb im 54. Jahre 11. 11. 1791 in Hereford.

Redgrave, Dict. of artists. **

Abbott, Frau Eleonore Plaisted, amerikan. Malerin und Illustratorin, geb. 1875 in Lincoln (Maine), Schülerin der Philadelphia School of Design und von Simon und Cottet in Paris. Lieferte hauptsächlich Illustrationen für Zeitschriften und Bücher.
Edmund von Mach.

Abbott, George, Bildhauer in London, ein erfolgreicher und regelmäßiger Aussteller bei den wichtigeren Ausstellungen in der Royal Academy usw. von 1829—1867. Im ganzen zeigte er hier 24 seiner Arbeiten, Herren- und Damenporträtbüsten, auch einzelne figürliche Kompositionen (Alexander der Große am Granicus) und Statuen. Besonders genannt seien davon die Statue des Herzogs von Wellington (1843) und eine Büste des High Priest Dr. Salomon Herschell.

Graves, Dict. of Artists 1895; derselbe, The Royal Acad. 1905. *K. Gray.*

Abbott, John White, engl. Amateur im Malen und Radieren, geb. 1763, † nach 1827, tätig zu Exeter, Ehren-Aussteller in der Royal Academy 1793—1822. Sein Darstellungskreis sind Landschaften mit Viehstaffage oder idyllischen und mythologischen Figuren. Er gab auch ein illustriertes Werk über amerikan. Insekten heraus. 7 seiner Federzeichnungen datiert von 1796 — 26. 11. 1827 im British Museum. Viel gerühmt wurde ein 1794 ausgestelltes Ölgemälde von ihm, eine Landschaft mit Tierstaffage.

Redgrave, Dict. — Graves, Roy. Acad. I. — Binyon, Catal. of drawings. *R.*

Abbott, Lemuel Francis, englischer Porträtmaler, geb. 1760 in der Grafschaft Leicestershire, † zu London 1803, Schüler von Frank Hayman. Um 1780 ließ er sich in London nieder und zeigte in der Roy. Academy 1788, 1789, 1798 und 1800, insgesamt 15 Herrenporträts, darunter ein Porträt Nelsons, der ihm mehrmals gesessen hat. Ein unvollendetes Nelsonporträt (1798) in der Galerie des Greenwich-Hospitals galt sogar als eins der besten des großen Seehelden. Ein zweites seiner Nelsonporträts befindet sich in der Nat. Portrait Gallery, die auch noch 6 weitere Bildnisse von ihm bewahrt. Meist fand man an seinen Männerporträts nur die Köpfe ausdrucksvoll; als Damenmaler aber fand er keinen Beifall. Sein Selbstporträt wurde von V. Green in Schwarzkunst, folio, 1805 gestochen; auch zahlreiche andere seiner Porträts, meist Admiräle, Ärzte und Künstler, wurden durch Stich und Radierung vervielfältigt.

Redgrave, Dict. — Meyer, Kstlerlex. (Stiche nach ihm). — Graves, Roy. Acad. Exh. I 2. — Nat. Portrait-Gallery. **

Abbott, Richmond, engl. Tiermaler, tätig in Liverpool, stellte 1861—66 Tierbilder in der British Institution und in der Suffolk Street in London aus.

Graves, Dict. of artists 1895. **

Abbt (Abb), Joh. Jos., Wiener Goldschmied und Ornamentenstecher 1690—1726, war 1722 Meister in der Goldschmiedezunft. Kabdebo erwähnt Ornamentstiche von ihm, die aber jetzt unauffindbar sind.

Kabdebo, Handlex. österr. Kstler., Wien,

1880 p. 15. — E. Leisching, Wiener Goldschmiedekst. S. A. 1904, 41. *E. W. Braun.*

Abbt, s. auch *Abt.*

Abd-el-Fakir El Hadjaj-Mohammed, arabischer Künstler um 1309. Sein Name und das Jahr 709 nach d. Hedschra auf einer Kanne, die 1878 im Trocadero ausgestellt war.

Gaz. d. b. arts II Per. XVIII 785. **

Abdalla, Intarsiator des 13. Jahrh. Ein sarazenischer Sklave, der zur Zeit Friedrichs II. in Süditalien lebte und mit den Worten „Abdalla servo nostro tarrasiatori" aufgeführt wird in einem von 1240 datierten „Mandatum de expensis et necessariis dandis tappetario et tarrasiatoribus". — Vielleicht identisch mit jenem „*Abdolla* (oder Abdalà) servo camere qui mictitur ad discendum legere et scribere licteras Saracenicas" aus einem Mandat Friedrichs II. vom Jahre 1239.

Huillard-Bréholles, Hist. diplomatica, V, I 603; II 905. — Bertaux, L'art dans l'Italie mérid., p. 739. *A. Muñoz.*

Abdallah Ben Batù, oberster Palastdiener, und Said Ben Ajjùb, Baumeister des Abdallah Ben Abderrahman, bauten 957 (346 der Hedschra) den Orangenhof der Kathedrale von Córdova. Inschrift daselbst.

Llaguno y Amirola, Noticias I 240. △

Abdallah Ben Kalib (nicht Abdalha Ben Klaib) baute 947 (335 der Hedschra) im Auftrage des Kalifen Abderrahman ein Minaret zu Tortosa. Inschrift am Hause des Sakristans hinter der Kathedrale bei Laborde, Voy. pitt. en Espagne. I. 39. pl. 68. S. folg. Art. △

Abdallah Ben Kolaib war 944 (333 der Hedschra) Gehilfe des Abderrahman Ben Hamid bei dem Bau eines Hauses in Tortosa. Da Kolaib Diminutivform des Namens Kalib ist, so kann er eine Person mit dem gleichzeitigen Abdallah Ben Kalib sein.

Llaguno y Amirola, Noticias I 239. △

Abdallah Ben Kolaib Ben Thabita und Gáfar (Dschafar) Ben Muhasin bauten 835 (220 der Hedschra) für den Emir Abderrahman Ben Alhaken das Kastell von Mérida an der Quadiana. Arabische Inschrift daselbst.

Llaguno y Amirola, Noticias I 239. △

Abdallah Ben Said ben Mohammed ben Batri, unter Almansor (Mohammed II.) oberster Baumeister der Moschee und des kgl. Hauses in Córdova, und zugleich Präfekt der Stadt. † 1023 (401 d. H.).

Conde, Hist. de la dominacion des los Arabes in Esp. I 579. △

Abdallah ben Yunus, nach einigen der Erbauer des Palastes, den Abderrahman III. 936 unweit Córdova in Medinet Az-zahrá errichten ließ. Nach andern war der Baumeister Maslama ben Abdallah (Caveda schreibt irrig Muslimaton ben-Abd-Allah).

Caveda, Gesch. der Baukunst in Spanien, herausg. von Fr. Kugler 99. △

Abderrahman, arab. Baumeister aus Segovia, war Obermeister bei dem Baue der jetzt sog. Kapelle der Könige in der Karthause del Paular, welche König Juan I. 1390 in dem Lozoya-Tale gründete, und zu der Rodrigo Alfonso, der Baumeister der Kathedrale von Toledo, den Plan machte. Die Hauptkirche der Karthause wurde von 1433 bis 1440 erbaut. Die Karthause ist nicht mehr in dem früheren Zustande.

Llaguno y Amirola, Noticias I 77, 78. △

Abderrahman Ben Hamid baute mit Hilfe des Abdallah Ben Kolaib (wohl richtiger Kalib) 944 (333 der Hedschra) zu Tortosa ein Haus für den Fürsten Abdallah Ben Abderrahman. Inschrift in Tortosa.

Llaguno y Amirola, Noticias I 239. △

Abecci, Niccolo dell', Maler, Rom. Sonst unbekannter, nur bei Zani, Enc. I 293 erwähnter Name. **

Abeel, Jacob van, Maler in Mecheln, geb. in Morcourt (Hennegau), nur urkundlich genannt 29. 4. 1477.

Neeffs, Histoire de la Peinture et de la Sculpture à Malines, 1876, I 122. *H. V.*

Abeele, Christian van den, Töpfer („Plateelbakker"), nur bekannt durch seine Heiratsakte vom 27. 10. 1584. Vermutlich ist er identisch mit einem van den Abeele, plateelbakker in Amsterdam, der am 4. 8. 1596 ein Kind taufen ließ.

Oud Holland I 53, 61. *J. C. E. Peelen.*

Abeele, Cornelis van der. Holländ. Zeichner und Maler (?) in den Jahren 1726 und 1727 als Schüler an der Akad. genannt, am 3. 10. 1731 Mitglied der Lukasgilde in Alkmaar.

Obreen, Archief II. IV. ***

Abeele, Cornelis van den, Delfter Fayencier („Plateeldrayer"), ohne Zweifel Bruder des Johannes v. d. A. (siehe dort), nur urkundlich genannt.

Havard, p. 312 No. 559. *J. C. E. Peelen.*

Abeele, Jodocus Sebastiaen van den, Maler, geb. zu Gent 21. 1. 1797, † daselbst 23. 2. 1855. Er machte seine ersten Studien unter van Huffel und in der Akad. seiner Vaterstadt. Darauf ging er 1819 nach Paris und trat daselbst in das Atelier von J. A. Gros ein. Er eignete sich hier die Weise der Davidschen Schule an, zu der ja auch Gros nach seinen historischen Darstellungen der Napoleonischen Zeit zurückkehrte, und entnahm seitdem mit Vorliebe seine Motive der griechischen Mythe und Geschichte. Von dem klassisch-akademischen Wesen dieser Schule ist er auch fernerhin nie ganz frei geworden. 1824 begab sich der Künstler nach Italien, wo er sich bis 1836 aufhielt und neben mancherlei Studien nach alten Meistern auch religiöse Bilder malte. In Rom hatte er als Schüler den Prinzen Louis Napoléon, den späteren Kaiser von Frankreich. Zu seinen Hauptwerken gehören Sokrates, vom Orakel zu Delphi für den Weisesten erklärt, und Orpheus nach dem Tode der Eurydike. Van den Abeele malte bisweilen auch Landschaften, Porträts und Genrebilder; ein solches, Familie im Abendgebet, ist im Besitze des Königs von Belgien. Seine Aquarelle waren sehr verbreitet. 1836 wurde er Professor der Akademie in Gent; seitdem ist wenig mehr von ihm bekannt geworden. Beachtenswerte Gemälde von ihm befinden sich noch im Ara-Coeli-Kloster in Rom, und in Gent.

Meyer, Kstlerlex. — Notizen von Pol de Mont.

Abeele, Johannes van der, Fayencier in Delft, heiratete am 11. 9. 1692 Annetje Hendricks Dorré. In der Heiratsurkunde wird er Plateeldrayer genannt.

Havard, p. 308 No. 532. *J. C. E. Peelen.*

Abeele, Melchior van den, Verfertiger der kunstvoll gepunzten Lederfutterale, die 1483 von den Schöffen zu Gent bestellt wurden, um den Pfeifenspielern (pypers) der Stadt als Aufbewahrung für ihre silbernen Ehrenzeichen zu dienen. Letztere waren von dem berühmten Goldschmied Corneille de Bont ausgeführt worden.

Der Hauptschmuck dieser Futterale stellt die Jungfrau von Gent dar, zwischen zwei Rittern unter einem Baldachin, darunter die Wappen der Stadt. — Die Originale werden im Musée d'Archéologie zu Gent (No. 1007 u. 1008) aufbewahrt. Photographie im Inventaire archéologique zu Gent (1905) No. 385, und in der französ. Übersetzung (1905) der Memoiren des Marc van Vaernewyck p. 393.

Rechnungen der Stadt Gent, Zahlung vom 9. 10. 1483, fol. 146v. *Victor van der Haeghen.*

Abeele, Pieter van, Medailleur, geb. in Amsterdam, † nach 1677. Seine Werke, datiert von 1622—1677 und mit seinem vollen Namen oder den Initialen P V A. bezeichnet, sind zahlreich und in künstlerischer Beziehung beachtenswert. Er war Schüler von Jurriaen Pool, übertraf diesen aber als Medailleur und gebrauchte seinen Griffel, um die Züge der hohen Persönlichkeiten wiederzugeben, welche nacheinander die Niederlande regierten, so z. B. die Fürsten von Oranien: Wilhelm der Schweiger, Moritz, Friedrich Heinrich, Wilhelm II., Wilhelm III. und dessen Mutter. Eine seiner Medaillen, welche das Datum 1658 trägt u. Karl Gustav, König von Schweden darstellt, läßt vermuten, daß er dieses Land besuchte. Seine Medaillen wie die seines Zeitgenossen O. Muller (s. dort) sind getrieben und ziseliert, die beiden Flächen dann nach dem Schlag durch Lötung verbunden. Van Abeele war einer der besten Medailleure der holländischen Schule des 17. Jahrh. Seine Porträts von Karl Gustav von Schweden, Jean Wolfert von Brederode, Wilhelm dem Schweiger, Wilhelm II. und III. von Oranien, sind sehr fein und charakteristisch. Man glaubt, daß er auch Maler gewesen ist, denn auf einer seiner Medaillen mit dem Bilde des jungen Wilhelm III. von Oranien, kann man die Abkürzung: pin. (pinxit) hinter seinem Monogramm lesen. Von seinen besten Werken sind folgende Medaillen zu erwähnen: Entsatz von Berg-op-Zoom durch die Spanier 1622, Medaillen mit der Büste von Moritz von Oranien und von Friedrich Heinrich von Oranien 1646, ferner auf die Regelung der Streitigkeiten zwischen Wilhelm von Oranien und Holland 1650 (2 Varianten des Revers); Admiral Martin Tromp († 1653); Marie, Prinzessin von Oranien 1654 und ihr Sohn 1654; Wilhelm II. und III. von Oranien 1654; Karl I. und II., Könige von England 1660 (2 Var.); Einschiffung Karls II. und seines Hofes in Scheveningen zu seiner Wiedereinsetzung in England 1660 (3 Var.); Ernennung Wilhelms III. in den Ritterorden de la Jarretière 1661; Karl II. von England und Wilhelm III. von Oranien (3 Var.); Admiral Michel de Ruyter, 1674; Belagerung Amsterdams durch Wilhelm II.; Wilhelm III. von Oranien; Wilhelm III. zum stadhouder von Overyssel ernannt 1657 etc.

Van der Aa, Biogr. Woordenboek d. Nederland. — Bizot, Hist. métallique d. la Républ. de Hollande. — Van Loon, Hist. métal. d. Pays-Bas t. II. — Immerzeel, Levens en Werken d. Schilders etc. — Bolzenthal, Skizzen z. Kstgesch. d. mod. Med.-Arb. — Meyer, Kstlerlex. — Nagler, Monogr. — Wurzbach, Niederl. Kstlerlex. — Pinchart, Recherches s. les grav. de méd. t. I 227. — Forrer, Dict. of Med. *Fréd. Alvin.*

Abeets, François-Alexandre, Bildhauer der vläm. Schule, geb. in Brüssel 21. 9. 1727 als Sohn des Jean-Baptiste Abeets und der Marguerite van den Briessche, starb unverehelicht, 12. 4. 1767. Der Tradition gemäß, ließ er sich 13. 5. 1761 in die Zunft des Quatre- Couronnés in Brüssel aufnehmen. Die Zahl der Werke, die man ihm mit Sicherheit zuweisen kann, ist beschränkt. Im Musée royal f. Malerei und Bildhauerei zu Brüssel ist er mit einem Medaillon-Bildnis in Terrakotta (H. 0,44 m) vertreten, das Kaiser Joseph II. im Alter von 19 Jahren darstellt. Eine reizende und hinsichtlich der Persönlichkeit des Künstlers bedeutungsvollere Arbeit, befindet sich in der Kirche Notre-Dame-de-la-Chapelle in Brüssel. Sie besteht im wesentlichen aus einer Gruppe von Engeln oder Genien (aus weißem Marmor), die das Chorpult stützen. Die eine der Engelsgestalten hält einen Schild, auf dem man die folgende Inschrift liest: F. ABEETS · BRVXELL · INV. ET FECIT 1762. Das Ganze ist im Rokokogeschmacke gehalten.

Pinchart, Archives, Vol. I. — Chevalier Edm. Marchal, La sculpture et les chefs-d'oeuvre de l'orfèvrerie belges, p. 614. —

H. Hymans, Catalogue des sculptures du musée de Bruxelles p. 17. — Meyer, Kstlerlex.
E. de Taeye.

Ab Egg, Bildschnitzer, Schweiz, 18. Jahrh., verfertigte den Palmesel in der Pfarrkirche zu Schwyz.

Brun, Schweiz. Kstlerlex. **

Abegk, Hans, Glasmaler, erhielt 1480 vom Rate in Bern den Auftrag, die Glasfenster in der Kirche und in der Propstei in Zofingen zu machen.

Brun, Schweiz. Kstlerlex. **

Abeille, französ. Architekten des 18. Jahrh., deren Vorname unbekannt ist, und die öfters verwechselt worden sind. Es lassen sich mit Sicherheit zwei unterscheiden.

1. *Abeille,* der in der Schweiz tätig war. Er lieferte schon 1711 dem Schultheiß Hieronymus v. Erlach die Pläne zum Schlosse Thurnstetten, wurde 1732 nach Bern berufen, um mit dem Architekten Schiltknecht die Pläne zum großen Bürgerhospital auszuarbeiten und erhielt 1735 ein Anerkennungsschreiben des Rates. Die kantonale Baudirektion in Bern besitzt von diesem A. zwei datierte Pläne zum großen Inselspital von 1715 und zum neuen Rathaus von 1726.

Brun, Schweizer Kstlerlex.

2. *Abeille,* vielleicht der Sohn des obigen, der als Nachfolger Mousseuxs seit 1750 den Aufbau der hauptsächlichsten Gebäude der niedergebrannten Stadt Rennes leitete und dort 1779 noch eine Zahlung erhielt.

Bauchal, Dict. des Archit. franç.

Vielleicht identisch mit dem unter 1 genannten ist der *Abeille,* der die Place du Peyrou in Montpellier umgestaltete, auf derselben 1717 die Errichtung der Reiterstatue Ludwigs XIV. leitete und später in Toulouse tätig war. (Bauchal, Dict. des arch. franç.) Sowie der *Abeille,* der nach Dussieux, Artistes franç. à l'étranger um die Mitte des 18. Jahrh. die Pläne zur Maison Lullin (jetzt De Saussure) in Genf lieferte.

Auch in Nantes kommen im 18. Jahrh. ein *Abeille des Fontaines* und sein Sohn *Louis-Paul' A.* als Ingenieure und Architekten vor, doch haben sie sich nicht künstlerisch betätigt. (Nouv. Arch. de l'art franç. 3. sér. XIV. [1898] 1.) *H. Stein.*

Abel, „Monsieur Abel", so nennt Malvasia einen französischen Maler, der um 1650 in Rom arbeitete. M. berichtet, daß derselbe für eine Kopie der Kommunion des hl. Hieronymus von Domenichino, für welche dieser selber nur fünfzig römische Scudi empfangen, deren hundert erhalten habe.

Meyer, Kstlerlex. **

Abel, Arnold, s. d. Art. *Abel,* Bernhard und Arnold.

Abel, August, s. unter *Abel,* Leopold August.

Abel, Bernhard und Arnold, Bildhauer aus Köln, übernahmen nach dem Vertrag vom 28. 4. 1561 die Ausführung von 24 Marmorreliefs für das Grabmal des Kaisers Maximilian I. in der Hofkirche zu Innsbruck. Ihr Bruder Florian, Maler zu Prag, lieferte Zeichnungen für die Kompositionen, welche Szenen aus dem Leben des Kaisers schilderten. Juni 1561 trafen Bernhard und Arnold in Innsbruck ein. Zunächst hatten die Brüder dafür Sorge zu tragen, den farbigen Marmor zu beschaffen und darauf zu sehen, daß nur „tauglich, guete schön stain der rechten farb und mass" zur Verwendung kamen. Sie bereisten zu diesem Zweck Oberitalien und Arnold ging auch nach Rom, um „allda etliche kunstliche arbaiten und antiquiteten" zu studieren. Oktober 1561 waren beide wieder in Innsbruck, dachten aber nicht daran, das Werk zu fördern, sondern ergaben sich einem ausschweifenden Leben. Die Behörde hielten sie durch Ausflüchte, Versprechungen, Forderungen hin. Zuletzt gelang es Arnold auf einer Reise in die Niederlande Alexander Colin aus Mecheln zu bewegen, die Ausführung der Reliefs zu übernehmen. Beide Brüder waren „Zitterns halber in den Händen" unfähig, die übernommene Arbeit selbst zu leisten. Bernhard starb c. 13. 10. 1563, Arnold 14. 2. 1564 am Delirium tremens. Nur 3 Reliefs waren damals vollendet und auch diese „drei stuck histori" sind nach Angabe des A. Colin nicht von den Brüdern „ausgemacht". Nach der Ausführung ist nur eine Tafel No. 21 ganz ihr Werk.

Dr. David Ritter von Schönherr: Allg. deutsche Biogr. I. 1875. — Schönherr in Meyers Kstlerlex. I. — Schönherr: Erzherzog Ferd. v. Tirol als Archit. Repert. f. K. W. I. 1875 p. 36. — Kopl: Urkunden, Akten und Regesten der Schatzkammer des AH. Kaiserhauses. Jahrb. d. ksth. Samml. X 1889. — Schönherr: Geschichte des Grabmals Kaiser Maximilians I. und der Hofkirche zu Innsbruck. Jahrb. der kunsth. Samml. d. AH. Kaiserhauses XI. Wien 1890 p. 204, XIV. 1893. — Schönherr: Urkunden u. Regesten des Statthalterei-Archivs in Innsbruck. Dass. XVII. 1896. — Lüer-Creutz: Gesch. d. Metallkunst I. 421.
Firmenich-Richartz.

Abel (d'Abele, d'Abelle), E. H., Bruder des Folgenden, war ebenfalls als Bildnismaler und Zeichner tätig. Bald nach 1770 scheint er sich in Bremen niedergelassen zu haben, wo sich einzelne Bildnisse von ihm im Privatbesitz und eine aquarellierte Porträtzeichnung des Dr. Aug. Heymann vom Jahre 1773 in der Kunsthalle befinden.

Litt. s. unter E. A. Abel. *Pauli.*

Abel (d'Abele oder d'Abelle), Ernst August, Miniaturmaler, geb. zu Zerbst um 1720, arbeitete in der 2. Hälfte des 18. Jahrh. an verschiedenen Orten, namentlich in London, Paris und Hamburg; 1778 in Köln,

Frankfurt und am Hofe des Landgrafen von Hessen-Homburg. Beinahe 60 Jahre alt heiratete er in Darmstadt ein junges Mädchen und ließ sich um 1780 in Hamburg nieder, wo er starb. Bildnisse seiner Hand, in verschiedenen Techniken, Öl, Pastell, Aquarell, gemalt und gezeichnet, namentlich Miniaturen, finden sich im Privatbesitz, vorzugsweise in Hamburg. Von ihm radiert: Ein satyrisches Blatt, Aufzug einer Hamburgischen Bürgerwehr.

Meusel, Misc. 13 Heft 39. — Füssli, Kstlerlex. 2 Abt. I 2. — Hamburg. Kstlerlex. — Meyers Kstlerlex. I 20. — Lichtwark, Bildnis in Hamburg II 16. — Kat. d. Jahrh.-Ausst. Berlin 1906, No. 3332. *Pauli.*

Abel, Florian, Maler aus Köln, in Prag ansässig, wird als der Urheber der Kompositionen zu den Reliefs des Kaiser-Maximilian-Denkmals in der Hofkirche zu Innsbruck durch einen Brief des Kaisers Ferdinand I. an die Statthalterei zu Innsbruck vom 22. 11. 1561 bestätigt. Auch in Schreiben der kaiserl. Kanzlei vom 7. 7. 1561, 3. 1. 1562 und 28. 2. 1562 werden seine Vorlagen für diese Historien erwähnt. Er empfing für solche Zeichnungen insgesamt 249 fl. 40 Kr.. Andere Arbeiten von ihm sind unbekannt. Schönherr möchte ihm vermutungsweise auch die Vorlage zu Colins Grabmal Ferdinands I., seiner Gemahlin und Max' II. zuweisen. Florian A. schrieb am 14. 5. 1565 in Prag seinen letzten Willen, der am 16. 8. desselben Jahres publiziert wurde (Handschr. Urkunde des Prager Stadtarchivs No. 2120 f. 15. Mitteilung von Dr. Teige).

David Ritter von Schönherr im Jahrb. der ksthist. Samml. des AH. Kaiserhauses Wien XI. 1890, 204 und XIV. 1893. Urkunden und Regesten des Statthalterei-Archivs in Innsbruck. — Kunstchronik N. F. I. 66 Alexander Colin und seine Werke und in Meyers Kstlerlex. *Firmenich-Richartz.*

Abel, François, Gießer, Bildhauer und Ziseleur in Metz 1596, goß in Gemeinschaft mit 4 renommierten Gießern, Hutinet, Dubois, Sonois und Voitié, die Glocke La Mutte für die dortige Kathedrale.

Begin, La cathédrale de Metz. **

Abel, François Barthélemy-Marius, französ. Maler, geb. 28. 2. 1832 in Marseille, † 11. 9. 1870 in Paris. Besuchte die École des Beaux-arts in Paris und war von 1866 bis zu seinem Tode als Zeichenlehrer an der städt. Zeichenschule des dritten Pariser Arrondissements tätig. Als Maler hat er besonders historische und religiöse Bilder geliefert, darunter die heiligen Frauen am Kreuz, Christus in der Hölle, die Reue des Judas, Herr und Frl. von Sombreuil vor dem Revolutionsgerichte 4. 9. 1792, der Tod des Herzogs von Anjou, Giotto und Cimabue. Diese Arbeiten sind tüchtige Schulbilder ohne besonders ausgeprägten persönlichen Charakter.

Bellier-Auvray, Dict. gén. u. Suppl. *K. E. Schmidt.*

Abel, Gottlieb Friedrich, seit 1786 k. württemb. Hofkupferstecher, geb. zu Stuttgart 1763, Schüler der hohen Karlsschule vornehmlich unter J. G. von Müller. Von ihm der schöne Plan von Stuttgart 1794. Andere Arbeiten noch erwähnt bei:

Meusel, Kstlerlex. 1808. — Füssli, Neue Zusätze zum Kstlerlex. 1824. — Bach, Stuttgarter Kunst. *M. Bach.*

Abel, Gregorius, Maler von Ulm. 1493 im Frankfurter Rechenbuche erwähnt.

Gwinner, Kunst und Künstler in Frankf. Nachtrag 103. *—y.*

Abel, Hans, Maler aus Ulm, in Frankfurt a. M. um 1500 tätig, lieferte wohl nur bessere handwerkliche Arbeiten; so erhielt er für das Bemalen einer Fahne mit dem Adler 6 Gulden und verzierte nach Lersner 1502 die Sonnenuhren an drei Stadttoren.

Gwinner, Kunst und Künstler in Frankf. 27, Nachtrag 106. *—y.*

Abel, Jacob, Steinmetz, Köln, urkundlich 1534 erwähnt; er muß um 1565 gestorben sein.

Merlo, Köln. Künstler 1893/5. **

Abel, John, der ausgezeichnetste englische Holzbaumeister des 17. Jahrh., geb. 1577, † 97jährig, 1674. Seine besten Werke wurden leider abgebrochen, so zuerst (1858) das Rathaus in Leominster, dann (1861) das Rathaus in Hereford, um modernen, massiven Gebäuden Platz zu machen. Indes hatte der Architekt John Clayton noch in den vierziger Jahren seine Sammlung „Alter Holzbauten" veranstaltet, in welcher auch die Werke Abels durch allgemeine Ansichten und Detaildarstellungen gründlich erläutert werden.

Das Bestreben, den damals herrschenden Tudorstil den Bedingungen des Holzmaterials anzupassen, zeigt sich in diesen Werken erfolgreich durchgeführt. Das Rathaus in Hereford wurde getragen von drei Reihen Säulen 9 Säulen in jeder Reihe, und hatte eine Länge von 84 Fuß bei einer Breite von 34 Fuß. Es bestand aus zwei Stockwerken, deren oberes in 14 Gemächer eingeteilt war, zur Benutzung der 14 Gilden der Stadt, während das untere die große Sitzungshalle der städtischen Behörden enthielt. An den 4 Ecken des oberen Stockwerkes waren Erker angebracht; die offene Halle unter den Säulen diente zu Kaufläden. Schnitzwerk und reiche Ornamentik jeder Art zierten die Fassaden wie die inneren Räume. Als wahrscheinliche Zeit dieses Baues nennt Duncumb 1625. Das Rathaus von Leominster wurde, nach Price, 1633 vollendet. Derselbe Schriftsteller nennt Abel als den Erbauer der Rathäuser von Brecknock und Kington. Clayton gibt außerdem Abbildungen eines noch erhaltenen Landsitzes in der Nähe von Weobly, eines Schulhauses in Weobly und eines Armenhauses in Hereford.

In seinem 90. Jahre verfertigte Abel sein

eigenes Grabmal auf dem Kirchhofe von Sarnesfield und schnitzte darauf die knienden Figuren seiner selbst und seiner zwei Frauen, nebst den Symbolen seiner Kunst: dem Richtscheit, dem Zirkel und dem Winkelmaß.

J. Price: An historical and topographical account of Leominster and its vicinity, 1795. — J. Duncumb, History and antiquities of the County of Hereford, 1804 I 414. — J. Clayton: Ancient Timber Edifices of England, London 1846. Fol. — Illustrated London News, 27. 3. 1858 (daselbst eine Abbildung des Rathauses zu Hereford). — The Builder, 1861 p. 59. **

Abel, Josef, Historienmaler und Radierer, geb. 22. 8. 1764 zu Aschach in Ober-Österr., † zu Wien 4. 10. 1818, seit 1783 Schüler der Wiener Akad., widmete sich auf Fügers Rat, dessen getreuer Schüler er blieb, der Historienmalerei. 1794 erhielt sein Bild, Dädalus und Ikarus, die goldene Medaille. In weiteren Kreisen hatte sich A. bereits durch seine Porträts einen Namen erworben. 1795 bestimmte Fürst Adam Czartoryski den Künstler, mit ihm nach Polen zu reisen. Er kehrte jedoch noch 1796 nach Wien zurück und blieb hier, mit Ausnahme von kurz dauernden Reisen, bis 1801. Im letzteren Jahre Romreise. Dort zeichnete er nach Raffael und Michelangelo, tat sich neben Schick als Historienmaler hervor, und wurde mit dem Landschaftsmaler Reinhart nahe befreundet. Mehrere seiner Gemälde sind dort entworfen, zum Teil auch vollendet. Dazu gehören: Antigone auf den Knien vor dem Leichnam des Bruders, welches noch in Abels Nachlasse vorhanden war; Klopstock wird geleitet von einer Muse, empfangen von Homer an der Spitze der berühmtesten Dichter aus alter und neuer Zeit, in das Elysium eingeführt (1807; mit 23 halblebensgroßen Figuren; die Landschaft ist von Reinhart), gegenwärtig im kais. Hofmuseum; Hektors Abschied von Andromache; Andromache in Ohnmacht, als sie Hektors geschleiften Leichnam vom Turme erblickt; beide im Auftrage des Grafen Fries ausgeführt. — In Rom entwarf er noch das erst später in Wien ausgeführte Bild: Cato von Utika, dem der Sklavenknabe das Schwert zum Selbstmorde reicht, gegenwärtig in der Gemäldesammlung der Akademie der bildenden Künste.

1807 kehrte A. nach Wien zurück und verblieb hier bis zu seinem Tod. Den 8. 2. 1815 erfolgte seine Ernennung zum Mitgliede der Akademie der bildenden Künste. In den Zeitraum von 1807—1818 fällt die Vollendung der folgenden Werke: Orestes, der sich seiner Schwester Elektra zu erkennen gibt; Gefesselter Prometheus; Sokrates, der seinen Schüler Theramenes im Areopage rettet; Theramenes, die drei Grazien vollendend; Flucht nach Ägypten; Der hl. Ägidius, Hauptaltarblatt in der Pfarrkirche zu Gumpendorf in Wien; Die Taufe Christi, in der Pfarrkirche zu Gainfarn bei Baden, und Der hl. Vitus, Hauptaltarblatt in der Pfarrkirche zu Krems. Auch malte Abel den Hauptvorhang für das Pester Schauspielhaus und führte nach Fügers Zeichnung den figürlichen Teil des Hauptvorhanges für das alte Burgtheater in Wien aus; der landschaftliche Teil desselben ist das Werk des Malers Schönberger. Seine letzte Arbeit war ein lebensgroßes Porträt des Kaisers Franz im Kaiserornate.

Abel gehört zu jenen Künstlern vom Anfang des 19. Jahrh., welche sich mit Vorliebe der Antike und ihrer Stoffwelt zuwandten. Er ist kein bedeutendes Talent, wohl tüchtig in der Komposition, aber kühl in der Erfindung und im Kolorit. Recht tüchtig waren seine zahlreichen Porträts, z. B. sein Selbstporträt und andere Bildnisse in der Liechtensteingalerie. Sein Ruf ist weniger durch seine Bilder, als durch seine Radierungen in weitere Kreise gedrungen. Dieselben sind leicht und frei behandelt und übertreffen an geistvoller Darstellung diejenigen seines Lehrers Füger.

Meyer, Kstlerlex. (Verzeich. s. Radierungen und der Stiche nach ihm). — Heller-Andresen, Handbuch f. Kupferstichsammler I 2. — Andresen, Die deutschen Malerradierer d. 19. Jahrh. III 70—79. — O. Baisch, Johann Christian Reinhart und seine Kreise, Leipzig, E. A. Seemann, 1882. — Monatsblatt des Alt.-Ver. zu Wien, X. Jahrg. IV. Bd. No. 4 (1893), Mitt. von Th. v. Frimmel über Jos. Abel. — Erneuerte vaterländische Blätter für den österr. Kaiserstaat, Wien 26. 12. 1818 No. 103 (Nekrolog). — Katal. d. Münchener N. Pinakothek, des Rudolphinum in Prag etc. — Mit Notizen von O. E. Deutsch. **

Abel, Leopold August, geb. zu Zerbst 1714. Bruder d. E. H. Abel, Miniaturmaler und Geigenspieler. Nachdem er eine Zeitlang an der Kgl. Porzellanmanufaktur in Berlin tätig gewesen war, wendete er sich mehr der Musik zu und wurde 1770 als erster Geigenspieler in Schwerin angestellt, wo er 1782 noch lebte. Seine Söhne, *Wilhelm August Christian* (s. dort) und *August,* wurden als seine Schüler genannt.

Litt. s. unter E. A. Abel. Ferner: Meusel, Teutsches Kstlerlex. 2. Ausg. 3. *Pauli.*

Abel, Louis, Miniaturmaler, Frankreich, 18. Jahrh. Nur dem Namen nach bekannt durch Zani, Enc. I 294. **

Abel, Matthaeus, Hofbaumeister zu Mainz im 17. Jahrh., nur dem Namen nach erwähnt bei Füssli, Neue Zusätze 1824. **

Abel (Appel), Michael, Maler in der Frankenthaler Porzellanfabrik 1765, 1773 und 1782 dort genannt. Von ihm ein bemaltes und signiertes Frühstückservice erwähnt im Katalog der Ausstellung Frankenthaler Porzellans in Mannheim 1899, No. 354.

J. Kraus, Die Marken d. Porzellanfabr. in Franktenthal 1899 p. 20 u. 24. *E. W. Braun.*

Abel, Richard, Londoner Goldschmied, wurde 1243 durch William Fitz Otho den Baronen von Exchequer als Münzstempelschneider empfohlen. Sein Name erscheint auf einigen Pennies, die in London unter der Regierung Heinrichs III. geschlagen worden sind.

Forrer, Biogr. Dict. of Medallists. **

Abel, Wilhelm August Christian, geb. zu Zerbst 1748, kam 1776 nach Kopenhagen, „wo er gute Bildnisse und niedliche Landschaften gemalt hat".

Weinwich, Kunsthistorie 1811. — Meusel Miscell. 13. Heft, p. 39. — Füssli, Kstlerlex. II 2. — Hamburgisches Kstlerlex. 1854. — Meyer, Kstlerlex. I. — Weilbach, Nyt dansk Kunstnerlex. I 1896. *A. R.*

Abel de Pujol, Alexandre Denis, s. *Pujol.*

Abelie, Carl l', s. *Belye,* Ch. Dangeau de la.

Abelin, Johann. Nach diesem sonst unbekannten Meister stach Hans Rogel 1569 eine Abbildung der Stadt Kempten.

Heller-Andresen, Handb. f. Kpfst.-Sl. II 390. ***

Abella, Francisco, Maler oder Modelleur in der Fayencefabrik zu Alcora bei Valencia 1750.

Riaño, Industr. arts in Spain S. 195. *M. v. B.*

Abella y Garaulet, José, span. Maler, geb. in der Gegend von Valencia anfangs des 19. Jahrh., machte sich 1845 in Valencia durch Malereien von Jagdstücken bekannt; im Mus. von Valencia auch ein Christus von ihm.

Ossorio y Bernard, Galeria biogr. de artistas españoles del siglo XIX. Madrid 1883/4. — Alcahali, Dicc. biogr. de artistas valencianos, Valencia 1897. *P. Lafond.*

Abellard. Fayencier in Marseille in der 2. Hälfte des 18. Jahrh. i. F. Vve Perrin fils et Abellard, s. *Perrin.*

Abelle, Ernst August, s. *Abel.*

Abello, Juan de, span. Goldschmied, arbeitete 1417 gemeinsam mit Fernando Diaz (o. Diez Caro) in Daroca. Eine seiner Arbeiten ist im South Kensington Museum.

Viñaza, Adic. I 7. *M. v. B.*

Abellon, Andreas, Dominikanerprior in S. Maximin (bei Marseille), geb. um 1375, † im Mai 1450, soll auch gemalt haben. In den Ausgabebüchern des Dominikanerklosters in Aix findet sich nach den Forschungen des Dr. J. H. Albanès in Marseille unter dem 10. 8. 1450 der Vermerk: „Pro restauratione retauli magistri Andree, 8 den.", wobei es sich höchstwahrscheinlich um eine ältere Arbeit Abellons handelt. Am 27. 11. 1444 kaufte das Dominikanerkloster in Aix: trois pièces de tapisserie historiée von ihm, die er vielleicht selbst gemalt hat. Vermutlich war auch der in den Jahren 1419—30 errichtete Chor im Kloster St. Maximin in seinen gemalten Teilen Abellons Werk. Teile dieses Chors sind erhalten und zeigen gemalte Einzelfiguren von Heiligen.

Marchese, Memorie IV (1878) p. 528 fg. — P. A. Pradell, Le bienheureux A. Abellon, Paris 1869. — Nouv. Arch. de l'art franc. III. sér. X 246. — Notizen von P. Durrieu. **

Abeloos. Diesen Namen führen verschiedene belgische Bildhauer des 19. Jahrh., die sich hauptsächlich der religiösen Bildhauerei gewidmet haben.

1. Michel A., geb. 28. 1. 1828 zu Löwen, † daselbst 19. 4. 1881, ist im Mus. dieser Stadt durch die Büste des Bildhauers Charles Geerts vertreten. Er hat zahlreiche Werke im Geiste der mittelalterlichen Skulptur hinterlassen, die übrigens zum größeren Teile nach den Zeichnungen des Barons Jean Béthune (siehe dort) ausgeführt sind. Sie beruhen, wie die meisten aus der Zeit, auf den Prinzipien der École-Saint-Luc, die hinsichtlich ihres ästhetischen Wertes bestreitbar sind. Zu erwähnen sind von seinen Werken: der Hauptaltar mit einer Altartafel in Stein der Kirche Saint-Basile in Brügge (1858) und der Hauptaltar der Kirche Sint Cruus, bei Brügge (1861). Sieben kleine Statuen, die in dreifächerigen Nischen aufgestellt sind, schmücken den vorderen Teil dieses Werkes, das gleich dem zuerst genannten, nach den Zeichnungen des Barons Béthune ausgeführt wurde. Über zahlreiche andere Arbeiten des Meisters in Belgien, Nordfrankreich und England s. Meyers Kstlerlex.

2. Jean-François A., gehört ebenfalls der Schule von Löwen an. In dieser seiner Vaterstadt machte der Künstler seine bildhauerischen Studien, wurde Schüler von Charles Geerts (siehe dort), dann Lehrer f. Skulptur an der dortigen Kunstakad. 1855, nach dem Tode seines Lehrers, übernahm er die Leitung des Bildhauer-Ateliers, das ersterer zu Löwen begründet hatte und aus dem zahlreiche Werke, welche heute noch verschiedene belgische Kirchen schmücken, hervorgegangen sind. Der künstlerische Wert dieser Arbeiten ist im allgemeinen nur relativ. 1854 sandte J.-F. A. zur Brüsseler Salonausstellung eine Gruppe der hl. Jungfrau mit dem Jesuskinde, ebenso eine Statuette der hl. Cäcilia. Weiterhin nennt man unter seinen Werken: einige Büsten des Hôtel-de-ville zu Löwen, und in der Kapelle du petit séminaire in Mecheln eine Grablegung Christi (Hauptaltar), ebenso einen Kreuzweg.

Chevalier Edm. Marchal, La sculpture, p. 704. — James Weale, Bruges et ses environs, pages 165, 249, 250. *E. de Taeye.*

Abeloos, Victor, Landschafts- und Tiermaler, geb, in Brüssel (St. Gilles) 25. 12. 1881, Schüler von Alfr. Cluysenaar, hat seit 1901 ausgestellt und zwar im Royal Institute in Glasgow: Le roi de la Prairie flamande; in Paris, Société nationale (1903): Le reveil de Diane und La grève; 1904 ebenda: Tigre déchirant un serpent. Im selben Jahre veranstaltete er eine Kollektivausstellung von 21 Gemälden und von Studien in der Galerie Royale in Brüssel. Darunter waren auch 2 Porträts.

Eigene Notizen. *H. H.*

Abels, Jacobus Theodorus, Landschaftsmaler, geb. 1. 9. 1803 zu Amsterdam, † zu Abcoude den 18. 6. 1866, Schüler des Tiermalers Jan van Ravenzwaay. Im Jahre 1826 machte er eine Reise nach Deutschland, und ließ sich nach der Heimkehr im Haag nieder, wo er eine Tochter des Malers P. G. van Os heiratete. Besonders sind seine Mondscheinlandschaften wegen des natürlichen Kolorits und Lichteffekts hervorzuheben. Seine Aquarelle und Zeichnungen waren gesucht. Das Ryksmuseum in Amsterdam besitzt von ihm eine waldige Landschaft aus Gelderland mit Staffage von seinem Schwiegervater von 1833. Die Hamburger Kunsthalle eine Mondscheinlandschaft von 1840.

Immerzeel, De Levens. — Bötticher, Malerwerke. — Mit Notizen von E. t'Hooft. **

Abels, Simon, Bildhauer, Böhmen. Der von Meyer im Kstlerlex. unter diesem Namen angeführte Altar in der Prager Theinkirche ist noch an Ort und Stelle. Es ist ein Triptychon mit großem Mittelrelief, Predella, Aufsatz und zwei Flügeln, die innen je zwei Reliefs, außen das Gemälde je eines Heiligen tragen. Aufbau, Ornamentik und Figuren weisen ihn zweifellos in die Mitte des 16. Jahrh., nicht aber, wie Meyer schreibt, in das Jahr 1744. Überdies sind die Motive zu den Flügelreliefs bis auf eines dem Marienleben Dürers entlehnt. Wenn die Namengebung, die sonst nirgends zu finden ist, auf verläßlichen Quellen beruht, so muß man wohl 1544 lesen.

Meyer, Kstlerlex. *Oskar Pollak.*

Aben Mahomad Aben Cencind, soll nach einer Inschrift des Löwenbrunnens in der Alhambra als Verfertiger desselben genannt sein (Llaguno y Amirola I 239), doch scheint diese Angabe auf einem Irrtum zu beruhen; vergl. Meyers Kstlerlex. △

Abendschein, Albert, amerikan. Maler, geb. 13. 2. 1860 in New York, studierte in seiner Heimatstadt, in München und Italien. Porträts, besonders Miniaturen, sind seine Spezialität. *Edmund von Mach.*

Abent, Leonhard, Zeichner, um 1576 in Passau tätig. Nach ihm stach Fr. Hogenberg den Plan von Passau für G. Brauns „Civitates orbis Terrarum".

Meyer, Kstlerlex. ***

Abercromby, John B. (R. S. A.), Genremaler in Edinburgh, stellte 1873—1896 in der Roy. Acad. aus, 1904 auch im Glasgow-Institute of Fine Arts. **

Abercromby, Lady Julia Janet Georgia, Hofdame der Königin Victoria, malte 1883 die vortreffliche Kopie des Porträts der Königin von H. von Angeli (1875). Diese Kopie (Aquarell) befindet sich in der National Portrait Gallery (No. 708). **

Aberegno, Jacobello, s. *Alberegno.*

Aberell, Johann Sigmund, Goldschmied in Augsburg. † 1733. 1699 und 1713 Beschaumeister. Von ihm mehrere Becher und Leuchter erhalten z. B. vergoldete Becher mit Rocailleornamenten im Schloß in Weimar.

Marc Rosenberg, Der Goldschm. Merkz. u. handschriftl. Mitt. ***

Aberer, Jörg, s. *Aberlin.*

Åberg, Emil, schwed. Zeichner, geb. 1864, lieferte Zeichnungen für Zeitungen. Auch Radierer und Landschaftsmaler.

G. Nordensvan.

Aberg, Fredrik Ulrik, schwed. Bildhauer. Um 1760 geb., lebte noch 1809. Sohn eines Formers bei dem kgl. Schlosse zu Stockholm. Schüler J. T. Sergels und der Akad. der schönen Künste zu Stockholm. Seine Originalkompositionen sind mittelmäßig, seine Porträtmedaillons und -Büsten besser. Beispiele: Medaillon des S. Sjöbohms (Gips) von 1809 und Büste des Dichters C. J. Hallman (Gips), die letztere im Nationalmus. zu Stockholm. Nach ihm gestochen ist das Bildnis des schwed. Dichters C. J. Hallman in der Stjernstolpeschen Ausgabe von dessen Schriften. Stockholm 1820.

Kataloge des Nationalmus. in Stockholm. — Looström, Den Svenska Konstakad. Stockholm 1887. — Göthe, Johan Tobias Sergel. Stockholm 1898. *G. Göthe.*

Åberg, Henrik, schwed. Archit., geb., 1841 in Linköping, studierte an der Kunstakad. in Stockholm, begab sich 1869 nach Buenos Aires, war 1874—84 „Nationalarchitekt" und Chefinspektor des Zivilingenieurdepartements in Argentina, baute die Reichspost, den Regierungspalast u. a. in Buenos Aires, die Akad. der Wissenschaften in Cordova, das naturhistor. Mus. in La Plata, mehrere Hospitäler, Schulhäuser, Bahnhöfe und Privathäuser. Seit 1886 hat Å. sich in Italien aufgehalten.

Nordisk Familjebok, Stockholm.

G. Nordensvan.

Åberg, Ulrika Victoria, Landschaftsmalerin, Finnland, geb. 23. 2., 1824 in Lowisa. Seit 1846 Lehrerin an der höheren Mädchenschule zu Helsingfors, betrieb sie zugleich Kunststudien in Helsingfors, seit Anfang der sechziger Jahre in Düsseldorf (unter H. Gude), Dresden und Weimar. Lebte seit 1865 fast ausschließlich in Deutschland und Italien. Starb 15. 7. 1892 zu Weimar. Malte finnländische, deutsche und italienische Landschaften mit romantischer Idealisierung, eine Zeitlang unter dem mehr realistischen Einfluß Gudes.

„Biografinen Nimikirja" u. „Finsk biografisk handbok". *J. J. Tikkanen.*

Aberkios, griechischer Kupferstecher und Mönch, der Mitte des 19. Jahrh. in einem Kloster des Athosgebirges lebte. Von ihm ein 1862 in Gemeinschaft mit dem Priestermönch Charalambos in Kupfer gestochenes Doppelblatt (Plattengröße 72×98 cm) mit der Darstellung der thronenden Panagia (Madonna), umgeben von der Wurzel Jesse mit den Propheten sowie von 24 Bildchen zum „ἀκάθιστος ὕμνος“ (einem alten Marienliede, dessen 24 Strophen von der Kirchengemeinde „stehend“ abgesungen werden).

H. Brockhaus, Die Kunst in den Athos-Klöstern, (Leipzig 1891) pag. 261, Anm. 1. *

Aberli, Hans Felix und Hans Thomann, Züricher Goldschm. des 17. Jahrh. und nur urkundlich bekannt.

Brun, Schweizer Kstlerlex. ***

Aberli, Jakob Friedrich. Schweizer Med. und Steinschn., geb. 24. 9. 1800 in Winterthur, † das. 19. 12. 1872. Schüler seines Vaters Johannes A. Auf seinen Wanderjahren 1821 in Lyon, 1823 in Paris. 1825—1828 in Winterthur, 1829—1845 in Zürich und dann wieder in Winterthur ansässig. Als seine beste Arbeit gilt die Medaille zum 400jähr. Stiftungsfeste „der Böcke“ in Zürich (1844).

C. Brun, Schweizer Kstlerlex. — Forrer, Biogr. Dict. of Med. 1904 (mit Verz. d. Werke). ***

Aberli, Johann Ludwig. Schweizer Zeichner, Maler und Radierer, geb. 14. 11. 1723 in Winterthur, † 17. 10. 1786 in Bern. Schüler des Landschaftsmalers Heinrich Meyer und, seit seinem 18. Jahre, in Bern des Zeichenlehrers Joh. Grimm. Er malte dann mittelmäßige Porträts und Landschaften (12 der letzteren von Adr. Zingg gestochen). Erst die Bekanntschaft mit dem Frankfurter Maler Schütz, der ihn zu Naturstudien veranlaßte, rief eine Wandlung in der Kunst A.s hervor. Nachdem er 1759 zur weiteren Ausbildung 9 Monate in Paris gewesen war, kehrte er nach Bern zurück und begann jetzt die in Umrissen radierten und getuschten oder (mit nur drei Farben) kolorierten Schweizerprospekte herauszugeben (nach seiner Erfindung Aberlische Manier genannt), die ihm seinen Ruf verschafften und in der Folge vielfach nachgeahmt wurden. Als bestes Blatt gilt die Ansicht von Wimmis (Verz. der Rad. s. Jul. Meyers Kstlerlex., doch fehlt dort die Folge von 10 kleinen Ansichten zu der Beschreibung einer Reise an den Lac de Joux). In der Kunsthalle in Winterthur ein Album mit zehn großen Originalblättern; zahlreiche Radierungen und Zeichnungen auch in der Kupferstichsamml. des dortigen Polytechnikums. Auch einige Ölbilder entstanden in den letzten Lebensjahren A.s (1781 Ansicht von Thun [jetzt im Mus. in Bern], noch später das Stettlerische Landgut in Könitz).

Biogr. im Helvet. Journal f. Lit. u. Kst. I. Zürich 1802 u. im 13. Neujahrsst. d. Künstlerges. in Zürich auf das Jahr 1817. — C. Brun, Schweizer Kstlerlex. — Meyer, Kstlerlex. ***

Aberli, Johannes. Schweizer Med. und Edelsteinschn., geb. 5. 1. 1774 in Murten, † 24. 4. 1851 in Winterthur. Neffe des Joh. Ludw. A. und Schüler des B. Vorster in Diessenhofen und (1794) des Friedr. Huber in Basel. Seit 1796 in Winterthur. Im Morgenblatt 1809 p. 906 fälschlich Franz A. genannt, wodurch ein besonderer Künstler dieses Namens in die Literatur eingeführt wurde. Von den zahlreichen tüchtigen Arbeiten Joh. A.s sind die Denkmünzen auf Pestalozzi und Zwingli die bekanntesten. Das bedeutendste Siegel ist das Staatssiegel der Eidgenossenschaft v. 1815 (Karneol mit dem Rütlischwur) Forrer rühmt als hervorragend den Dukaten von Zürich von 1819 mit Zwinglis Bildnis. 1814 bis 1821 wurde Joh. A. in seinen Arbeiten von seinem Sohne Jakob Friedrich unterstützt. Joh. A.s Siegelsammlung befindet sich im Museum in Winterthur.

Biogr. im Neujahrsblatt d. Künstlerges. in Zürich f. 1853. — Brun, Schweizer Kstlerlex. — Forrer, Dict. of Med. (mit weiteren Werken u. ausf. Lit.). ***

Aberli, s. auch *Aaberli.*

Aberlin, Hans. Schweizer Maler, 1531 in Brugg urkundlich erwähnt.

C. Brun, Schweizer Kstlerlex. ***

Aberlin (Aberer), Jörg, Goldschmied in Ulm, seit 1489 zünftig, fertigte 1498 die silbernen Statuetten des hl. Martin und des hl. Vincentius, auch ein großes Agnus Dei in zierlich durchbrochenem Tabernakel und ein silbernes Marienbild, letzteres für die Krafftsche Familie.

Grüneisen u. Mauch, S. 32. — Stuttgarter Kunstblatt 1833, p. 409. — Klemm, Württ. Baumeister und Bildhauer, S. 83. — Journal d. Goldschmiedekst. 1883, III 22. — Württemberg. Landesausstellung, Stuttgart 1881 p. 57. *M. Bach.*

Abernethie. Amerikan. Kupferstecher. In Charleston, S. Carolina um 1785 tätig. *E. Richter.*

Aberry, J., Kupferstecher, um 1753 in London tätig.

Bildnis des Sir Watkin Williams Wynne. T. Hudson pinxit. — J. Aberry fecit Aquaforti 1753. In Worlidges Manier. Für den Verlag von Boydell gest. kl. Fol.

Ottley, Notices. **

Abesca, Lucas à San Carlo, Piarist, war als Maler in Brünn tätig, wo er 10. 8. 1722 geboren wurde und 12. 5. 1793 starb. *W. Schram.*

Abesch (ab Esch, Abäsch, Vonesch), Anna Barbara, von Sursee. Schweizer Glasmalerin, geb. 23. 3. 1706, † 1760 (?). Das letzte Glied der bekannten Glasmalerfamilie. Sie pflegte besonders die Hinterglasmalerei (églomisé) und zeichnete ihre Arbeiten meist mit dem Monogramm A. B. V. E. Ein Verzeichnis ihrer bekannten Werke mit biblischen und historischen Stoffen in Bruns Schweizer Kstlerlex. ***

Abesch, Johann Peter (auch „Joan Petrus von esch"). Schweizer Glasmaler und Maler, geb. 15. 8. 1666 in Sursee, † um 1740. Sowohl durch seine reichen Kompositionen, verschiedenartige Sujets und wirkungsvolle Farben der bedeutendste dieser Familie. Bezeichnete Glasgemälde von ihm mit religiösen und historischen Darstellungen, sowie Genreszenen befinden sich im Kollegium von Sarnen, im Kunst-Verein in St. Gallen und im Rathause von Sursee. Das letztere besitzt von A. auch 4 große Ölgemälde mit Darstellungen aus dem Alten Testament. Ein Verzeichnis der sicheren Werke und der Literatur s. C. Brun, Schweizer. Kstlerlex. ***

Abesch, Peter Anton (auch „Hans Peter Antonius von Esch"). Schweizer Glasmaler, geb. in Sursee 13. 6. 1670, † 1740 (?). Bruder des Johann Peter A. und der Barbara A., mit denen er gemeinsam Hinterglasmalereien ausführte.

C. Brun, Schweizer Kstlerlex. ***

Abesmaister, Hans, Maler in Augsburg, † 1505, aufgeführt mit dem Todesdatum im Handwerksbuche des Augsburger Stadtarchivs.

R. Vischer, Studien z. Kstgesch. 566. *Friedländer.*

Abfalterer, Martin, s. *Apfalterer.*

Abfelder, Christoph, Goldschmied in Breslau, Sohn des gleichnamigen Stadtuhrmachers daselbst, wird 1674 Meister, † vor 1709. Stempelt: C A in rechteckigem Felde mit gerundeten Kanten. Von ihm ein silberner, teilweise vergoldeter Becher mit barockem Dekor im Schlesischen Museum für Kunstgewerbe und Altertümer in Breslau.

Erwin Hintze, Die Breslauer Goldschmiede, 37. *E. Hintze.*

Abfelterer, Sebastian, Maler des 17. Jahrh. von Hall in Tirol. — Von ihm sind auf dem städtischen Friedhof in Hall in Arkade 27 mehrere Gemälde und in Arkade 33 ein Gekreuzigter.

Tiroler Nationalkalender 1826 S. 73. — Pfaundler, Lex. der bild. Künstler etc. in Tirol 1863 (Ms. im Ferdinandeum Innsbruck). *H. S.*

Abfolter, Pancrazio, Goldschmied in Parma, wurde 1654 von der Compagnia dell' SS. Sacramento beauftragt, einen silbernen Leuchter für die Kapelle der Compagnia in der Kathedrale zu fertigen.

Scarabelli-Zunti, Ms. in d. Bibl. Palat. zu Parma. *St. Lottici.*

Abhardt, Franz, s. *Abart.*

Abiell, Guillermo, 1416 in Barcelona Werkmeister bei den Kirchen N. S. del Pino, Sta. Maria de Monte Carmelo, Monte Sion, St. Jago und dem Hospital von Sta. Cruz, und wurde mit andern von dem Bischof und Kapitel zu Gerona berufen, um über die Fortsetzung des Baues der dortigen Kathedrale sein Gutachten abzugeben.

Llaguno y Amirola, Noticias I 92, 267. △

Abildgaard, Nicolai Abraham, dänischer Maler, Sohn des Zeichners Sören A., geb. 1743 (getauft 11. Sept.) in Kopenhagen, † bei Frederiksdal 4. 6. 1809. Er wurde zum Dekorationsmaler unter J. E. Mandelberg ausgebildet, besuchte zugleich die Kunstakademie in Kopenhagen, erhielt 1764—67 verschiedene Medaillen, 1772 das große Reisestipendium und ging nach Italien, wo er sich bis 1777, besonders in Rom, aber auch einige Zeit in Neapel (Pompeji) aufhielt. Er studierte nach den Antiken und Raffael, kopierte nach Michelangelo (das Weltgericht) und Tizian (Madonna di San Niccolo de' Frari). Die erste Frucht seiner klassischen Studien war das Gemälde: „Der verwundete Philoktet" (1775, kgl. Gemäldegalerie, Kopenhagen). 1777 reiste er über Paris zurück nach Kopenhagen, wurde Mitglied der Akad. 1778 („Die dänischen Frauen, ihrem Könige Svend Tveskaeg ihr Geschmeide anbietend, um ihn aus der Gefangenschaft zu erlösen") und in demselben Jahre (nicht wie bei Meyer 1786) Professor der Akad. und kgl. Historienmaler. 1780—91 entstanden seine Hauptwerke, die Ausschmückung des Schlosses Christiansborg: im „Potentatgemache" vier Szenen aus verschiedenen Kulturzeiten Europas (Urzeit, Roms Weltherrschaft, das Papsttum, das moderne Europa) im Rittersaale historisch-allegorische Gemälde mit Verherrlichung des dänischen Königshauses (Beschreibung bei Ramdohr, s. unten). Die Zeitgenossen bewunderten in diesen Werken A. als „einen höchst genialen Allegorienmaler" und schätzten besonders die Gelehrsamkeit des Meisters, seine Bewandertheit in griechischen und römischen Antiquitäten. 1794 verbrannte das Schloß. Aus Skizzen (u. a. in kgl. Gemäldegalerie, Kopenhagen) kennen wir seine Kompositionen, welche trotz aller allegorischen Spitzfindigkeiten eine klare, monumentale Bildwirkung haben und von dem feinen koloristischen Gefühl des Meisters zeugen. — Die Vernichtung seiner Hauptwerke war ein harter Schlag für A. „Nun brennt mein Name", soll er ausgerufen haben. Einige Jahre hat er seine Pinsel niedergelegt und hauptsächlich als Architekt und Dekorateur gewirkt (Haus auf Gammel Torv, Dekorationsmalereien in Levetzaus Palais, Zeichnung für „Frihedsstötten", Pläne für die Wiederaufführung des Schlosses u. a.). Mit dem neuen Jahrhundert beginnt seine neue malerische Tätigkeit; die Hauptwerke seiner letzten Periode sind die vier Szenen aus Terenz's Andria und die Bilder nach Apulejus' goldenem Esel, alle in der kgl. Gemäldegalerie,

Kopenhagen. Ferner nennen wir aus derselben Sammlung: „Papirius und seine Mutter" und die (früheren) Bilder mit Motiven von „Die unterirdische Reise Niels Klims" von Holberg (1789 von Clemens gestochen) und Ossian zur Harfe singend (1787 gestoch. von Clemens). — Es ist schon erwähnt, daß A. als Architekt und Dekorateur tätig war. Er hat ferner modelliert (kleine, dekorative Bronzen im Kunstindustrimuseum, Kopenhagen, wo auch die von ihm gezeichneten „antiken" Möbel sind) und Zeichnungen für Medaillen ausgeführt, wahrscheinlich auch in Kupfer gestochen. Ferner hat er kunsttheoretische und anatomische Studien getrieben und hat verschiedene gelehrte Abhandlungen verfaßt. A. ist der dänische Vertreter des Klassizismus der letzten Hälfte des 18. Jahrh. Er ist Eklektiker, aber nicht ohne ausgeprägten, individuellen Charakter in seiner energischen Formensprache (die nicht ohne Manierismus ist) und in seiner Farbengebung, welche in seinen früheren Bildern mehr von venetianischer, in seiner letzteren mehr von französischer Schule (Poussin) hat. Als Professor der Kunstakad. (Direktor derselben war er 1789—91 und 1801 bis zu seinem Tode) hat er großen Einfluß auf seine Schüler ausgeübt, vor allen auf Thorvaldsen. Über sein Verhältnis zu Carstens s. Fernow.

Ramdohr, Reise nach Dänemark 1792, S. 93—101. — Fernow, Leben des A. J. Carstens 1806, S. 36—42. — J. M. Thiele, Thorvaldsen. — Meyer, Kstlerlex. — Raczynski, Gesch. d. mod. Kunst III 546. — Weilbach, Nyt dansk Kunstnerlex. (mit ält. dänischer Literatur) I 1896. — Woltmann u. Woermann, Gesch. d. Malerei. — Zeitschr. f. b. Kunst VI 318. — Jul. Lange, Nutidskunst (1873), S. 18 ff. und 49. — Ude og Hjemme 1883 (= Jul. Lange: Udvalgte Skrifter I 121). — Illustreret Tidende 1887 (= Jul. Lange, Udvalgte Skrifter I 101). — Bricka, Dansk Biogr.-Lex. I 38 (= Jul. Lange, Udv. Skr. I 88). — Löffler, Tidsskr. for Kunstindustri III (1887) S. 90 ff. — Tidsskr. for Kunstindustri VIII (1892) S. 115 ff. (= Jul. Lange, Udvalgte Skr. I 107). — Salmonsens Lex. I 92. — Hannover: Juel og de samtidige („Kunst"). — K. Madsen: Kunstens Historie i Danmark, S. 132—147. (= „Kunst" V Heft 3—4). — Been u. Hannover, Danmarks Malerkunst I 4, 13—18. — Oppermann, Kunsten i Danmark under Fr. V og Chr. VII (1905) S. 107—132. — E. F. S. Lund, Danske malede Portraeter I 1895 S. 1. — Trap, Danmark (3 Ausg.) I, II, III (s. Namenregister). — Hannover, Dän. Kunst des 19. Jahrh. (Lpz. 1907) S. 2. *A. R.*

Abildgaard, Sören, norweg., antiquarischer Zeichner und Miniaturporträtmaler, geb. in Flekkefjord, im Stift Christiansand, 18. 2. 1718. Student 1737. Widmete sich in Kopenhagen früh der Zeichenkunst und heiratete jung Ane Magrethe Bastholm. Der Altertumsforscher Langbäk wurde auf sein Talent aufmerksam gemacht und mit ihm besuchte Abildgaard auf einer zweijährigen Reise (1753—54) Schweden und die Ostseeprovinzen, wo er eine Menge Altertümer für Langbäk zeichnete. — 1756—63 bereiste er auf Staatskosten Norwegen und Dänemark als „Archivzeichner" an dem kgl. geheimen Archiv (1755) und brachte eine große Sammlung Abbildungen von bleibendem Wert mit; besonders Abbildungen von Grabsteinen und Epitaphien (Verzeichnis in den Antiquarischen Annalen I 147), die in der antiquarisch-topographischen Abteilung des Altnordischen Mus. in Kopenhagen aufbewahrt werden. Er malte 1751 ein Miniaturporträt von Langbäk. — Er beschäftigte sich auch eifrig mit nationalökonomischen Studien und gab auf diesem Gebiet mehrere kleine Schriften heraus. † 2. 7. 1791. Sein Sohn war der Maler Nicolai Abraham A.

Weinwich, Kunsthist. (S. 168) und Lex. — Meyer, Kstlerlex. — Weilbach, Nyt dansk Kunstnerlex. 1896. — Salomonsen, Nordisk Konv.-Lex. — Bricka, Dansk Biogr. Lex. I. — Kraft u. Nyerup, Litrlex. — Nyerup, Suhms Levned S. 241. — Langbaekiana S. 123. — „Gaea" 1847 S. 177. — Antiquariske Annal. I 147. — Worm, Lex. over Lärde Männd. — Langbäks Briefe in der Kgl. Biblioth. in Kopenhag. — Luxdorphiana S. 329. — Archiv der Akad. in Kopenhag. — Personalhist. Tidskr. 2 Räkke I. *C. W. Schnitler.*

Abion, Georg, Glockengießer von Horrheim (O. A. Vaihingen), goß 1442 die Glocke der Martinskirche zu Roßwag.

Kst.- u. Altertumsdenkmale i. Königr. Württemberg, Neckarkreis 478, 483. *H. V.*

Abita, Gaetano. Italien. Goldschmied aus Catania, war mit mehreren anderen 1781 bis 1783 in Noto an der Wiederherstellung des Reliquienschreines des S. Corrado beschäftigt.

G. Di Marzo, I Gagini e la scult. in Sic. I 632. ***

Ablasser, Ignaz, Maler, geb. zu Wien 9. 12. 1739, † 8. 3. 1799, malte ein Altarblatt für die alte Pfarrkirche in Altlerchenfeld (Wien) und eines für die Kirche zu Passeck in Mähren.

Bodenstein, Hundert Jahre Kunstgesch. Wiens 1788—1888 S. 1. *W. Schram.*

Ableger, Hans, Maler und Glasmaler in Wiener-Neustadt, 1460—67 Geselle des dortigen Malers Konrad Herer, der ihn auch in seinem Testamente bedachte. Später Hofmaler Kaiser Friedrichs III., wie aus einem Briefe hervorgeht, den der Kaiser am 22. 2. 1478 von Graz aus an ihn richtete, und worin der Künstler mit der Beaufsichtigung von Glaser- und Glasmalerarbeiten in der St. Georgskirche der ehemal. Kaiserburg zu Wiener-Neustadt bezw. an dem in dieser Kirche befindlichen Reliquienschreine Kaiser Friedrichs betraut wird.

Jahrb. der Kstslgn. des österr. Kaiserh. I, 2. Tl., No. 147. — W. Boeheim in Mitteilgn. der österreich. Zentr.-Komm., N. F., XIV 23; u. in „Maler etc. in Wiener-Neustadt im 15. Jahrh." *

Ableitner, Balthasar, kurfürstlich bayrischer Hofbildhauer, geb. zu Miesbach 1613, † zu München 1705 (nach Nagler, handschr. Nachr.). Mehrere noch von Lipowsky, Bayer. Kstlerlex. erwähnte Werke von ihm sind verschwunden und nur erhalten: 4 kolossale Evangelistengestalten neben dem Choraltare der Kirche St. Cajetan in München und die Engelsfiguren, welche die Oratorien des Chores tragen, ebenda. Im Nationalmus. ein großes Holzrelief darstellend den Pfalzgrafen Heinrich von Neuburg und seine Gemahlin. Für die Peterskirche in München fertigte er 1682 einen Entwurf für den neuen Choraltar „nach dem Muster des römischen Hochaltares": in der Mitte Petrus, links und rechts die 4 Kirchenväter, oben die Taube, dieselben Figuren, welche sich auch in der späteren Ausführung (1730) vorfinden. Von seiner Hand die Figur des Apostels Paulus an einem Pfeiler des Mittelschiffes. In der kgl. graphischen Sammlung in München eine Handzeichnung: Heimsuchung Mariae.

Meyer, Kstlerlex. *O. Weigmann.*

Ableitner, Franz, Bildhauer in München, † 1728, Sohn des Balthasar A. Von ihm: die sitzende Madonna über dem Portal des Bürgersaals in München und der Altar der hl. Theresia mit den Figuren des hl. Elias und des Johannes vom Kreuz in der Dreifaltigkeitskirche ebenda.

Meyer, Kstlerlex. *O. Weigmann.*

Ableitner, Jacob, s. *Alleitner.*

Ableitner, Johann, Bildhauer zu München, tätig in den ersten Dezennien des 17. Jahrh. Werke von ihm nicht mehr nachzuweisen. Die ihm früher zugeschriebene Holzfigur des Apostels Paulus in der St. Peterskirche in München ist nach dem Inventar von B. Ableitner; ein Christus an der Säule, früher in der Herzogspitalkirche, ist dort nicht mehr vorhanden. *O. Weigmann.*

Ableitner, Johann Blasius, Sohn des Balth. A. Lebensdaten unbekannt. Nach des Vaters Tod Hofbildhauer in München. Nach K. Trautmann sind die Wandleuchter im Bürgersaal in München von ihm gefertigt. *O. Weigmann.*

Ablett, Th. Robert, Landschaftsmaler in London, stellte 1882—99 in der Roy. Acad., in den letzten Jahren in dem Roy. Institute of Painters in Water Colours aus. **

Ablett, William A. F., engl. Maler in Paris, stellte 1900 und 1901 im Pariser Salon Damenporträts und ein Genrebild: Le Roman défendu, ferner in der Roy. Acad. in London 1901 „Peacefulness", 1902 Porträt der Mme St. Marceaux und 1904 ein unbenanntes Damenporträt aus. **

Ablitzer, Charles, Stecher, geb. Pest 1793, Schüler von Baron Gros und M. Ruhière, tätig in Paris um 1831. Stach nach Devéria ein Porträt Philipps des Guten von Burgund.

Gabet, Dict. d. art. **

Aboldt, Lorenz, s. *Appel.*

Åbom, Anna C., s. *Hasselgren.*

Åbom, Johan Fredrik, schwed. Archit., geb. 30. 7. 1817, † 20. 4. 1900, studierte an der Technischen Hochschule und der Kunstakad. in Stockholm, war dann 45 Jahre im Oberintendantamte in derselben Stadt tätig. Hat zu einer Menge öffentlicher Gebäude in Stockholm und an anderen Orten Schwedens Zeichnungen geliefert, z. B. der Münze, dem Südtheater, Berns Salon, sowie zu Lazaretten, Schulen, Waisenhäusern, Fabriken, Bankgebäuden, Hotels u. a.

Nordisk Familjebok, Stockholm.
G. Nordensvan.

Åbom, Margaretha H., s. *Holmlund.*

Abondio, Alessandro, Wachsbossierer und Medailleur, Sohn des Antonio A. d. J. Ein Autograph des Künstlers im Österr. Mus. für Kunst und Industrie in Wien nennt seinen Namen mit dem Adelsprädikat als Sohn des Antonio und bezeichnet ihn als „nobilis Tridentinus". Da seine Medaillenarbeiten etwa um 1600 beginnen, muß er spätestens um 1580 geboren sein. Seine Schaumünzen reihen sich an den niederländischen Medaillenstil; deshalb aber einen Jugendaufenthalt des Künstlers in den Niederlanden anzunehmen, ist bei der allgemeinen internationalen Verbreitung von niederländischer Kunst und Künstlern um 1600 nicht nötig. Anfangs arbeitet Alessandro Abondio in Wien. Von 1602 ab sind es bürgerliche und Adelspersonen des Prager Hofes, die seine Schaumünzen darstellen. 1606 wird er von Kaiser Rudolf II. mit einem Monatsgehalt von 20 Gulden als Hofbildhauer angestellt. 1607 wohnt er im Makoffskyschen Hause zu Prag. 1616 heiratete er dort die Witwe des 1615 verstorbenen Hofmalers Hans von Achen, mit Namen Regina, eine Tochter des berühmten Münchener Komponisten Orlando di Lasso. 1625—1630 scheint er sich öfter des längeren in Wien aufgehalten zu haben. Noch 1631 arbeitete er dort für Erzherzog Leopold Wilhelm. 1632—1645 stand er in Diensten Kurfürst Maximilians I. von Bayern. In München, der Vaterstadt seiner Frau, fand er eine zweite Heimat; auch ein Haus nannte er hier sein eigen. Bei dem kunstliebenden Kurfürsten war er wohlgelitten. Unter „Hofschutz" arbeitete er frei von aller zunftmäßigen Beschränkung: „er ist," so schreibt der ihm nahe befreundete Sandrart, „bei Hof nicht anders wie ein ander Adelsperson gehalten worden, weil teils seine edle Kunst und Herkommen, teils aber sein sittlich und geschickter Wandel dem Herzog sonders beliebt, wobei dann seine freundliche Beredsamkeit nicht vorbei zu gehen". Später scheint er wieder an den

Kaiserhof zurückgekehrt zu sein. Nach Jos. Bergmann wäre er erst 1675 zu Prag gestorben (?). Schon 1635 darf er sich „Divis Imperatoribus Rudolpho, Matthiae et Ferdinando nec non Maximiliano Electori Principi a consiliis“ nennen. Für Rudolph II. scheint er, gemäß dessen Liebhaberei für keroplastische Spielereien, nur in farbigem Wachs bossiert zu haben; eine Medaille des Kaisers ist von ihm nicht bekannt. Dagegen hat er den Kaiser Matthias und die Kaiserin Anna in charakteristischen Enface-Bildnissen festgehalten, König Ferdinand III. von Ungarn zweimal porträtiert und auch sonst vielfach für den Hof gearbeitet. In München fertigte er hervorragende Schaustücke mit dem Bildnis Maximilians I. und dessen Brüdern, des Herzogs Albrecht von Leuchtenberg, des Kölner Erzbischofs Ferdinand. Im ganzen zählt *Fr. Kenner,* der zuerst sein Werk zusammenstellte, 36 Medaillenarbeiten, vorwiegend österr. und böhm. Provenienz von ihm auf, wozu noch einige andere kommen dürften, wie die Schaumünze des Fürsten Friedrich IV. von Fürstenberg (Dollinger Taf. T. 1.) oder das elegante Bildnis des Joachim Sandrart und ein feines Schaustück auf den Münchener Mandl. Was Alessandro A. mit seinem Vater gemeinsam hat und was ihn als unmittelbaren Fortsetzer von dessen Tradition erscheinen läßt, ist das sichere Arrangeurtalent, mit dem er der Büste den rechten Platz in dem engen Raum des Medaillenrunds anweist, die Schriftzeichen zu geschlossener ornamentaler Wirkung bringt und die Kehrseiten durch Embleme und Heraldik gefällig zu füllen versteht. Was Eleganz und fürstlichen Habitus der Erscheinung anlangt, so überbietet er noch die väterliche Fähigkeit für höfisches Auftreten. Ein feiner goldschmiedmäßiger Zug zum subtilen Detail zeichnet seine besten Sachen aus, die in ihrer geschickten, auf die Metallwirkung berechneten Modellierung über die Wachstechnik des Antonio Abondio entschieden hinausgehen. Sämtliche Medaillen Al. A.s sind unsigniert. Von eigentlichen Wachsbildnissen, „darinnen Angesichter, Hände und Kleinode, jedes nach seiner Art so lebhaft, natürlich und wohlgebildet, auch koloriert war, daß sie das Leben fast beschämten“, werden die beiden „Contrafäte“ des Dr. Paul Frehers und seiner Hausfrau genannt, die noch Stetten in Augsburger Privatbesitz sah, jetzt aber unbekannt sind. Dagegen befindet sich das schöne Wachsporträt von Abondios Augsburger Kunstgenossen Joh. Manlich (mit eigenhändiger Dedikation des Verfertigers aus dem Jahr 1635) im Österr. Mus. für Kunst und Kunstgewerbe. Die Gruppe einer Venus mit Kupido aus Wachs (vielfach mit dem gen. Marmorwerk des „l'Ascona“ verwechselt) sah Hainhofer, der Alessandro kannte und 1636 in München „salutierte“, 1616 am Stuttgarter Hof. 1640 schuf der Künstler in München eine fast lebensgroße Pietà aus Wachs, bemalt, deren Komposition er dem Bilde des Quentin Matsys in der Pinakothek entlehnte. Er erhielt dafür 150 Gulden. Das Werk befindet sich noch gut erhalten in der Heilig-Geistkirche in München.

Dlabacz, Böhm. Kstlerlex. — Lipowsky, Bayr. Kstlerlex. — Jahrb. der ksthist. Samml. d. Allerh. Kaiserh. IV 1. T. p. 68, V 1. T. 70, VII 2. T. (Reg. s. Abundi), X 5652, XII 155 ff., XIII 92, XVI 2. T. (Reg.), XX 2. T. (Reg.). — Rassegna d'arte II 5. — Ilg, Mitteil. der k. k. Zentralkomm. 1876 p. 71. — G. Habich, Med. und Münzen des Hauses Wittelsbach XXXI f. und Helbingsche Monatsber. (1901) und Beil. z. Allgem. Zeitg. 1901 No. 78. — Forrer, Dict. of Med. — Domanig, Die Deutsche Medaille, S. 40. *G. Habich.*

Abondio, Antonio, der Ältere, Bildhauer in Mailand, s. den folgenden Artikel.

Abondio, Antonio, der Jüngere, Medailleur, Bildhauer und Maler, geb. vermutlich 1538 zu Mailand, wohl Sohn des gleichnamigen, nach seinem am Lago Maggiore gelegenen Geburtsort „l'Ascona“ genannten älteren Antonio Abondio, der von C. Torre (Ritratto di Milano 1674 S. 71) als Statuarius des Mailänder Doms und Verfertiger zweier Atlantenhermen in La Madonna di San Celso genannt wird, ferner auf Grund von Morigia (Nobilità di Milano [1619] S 472) als Schöpfer der kolossalen Stützfiguren am Leoni-Hause in Mailand (erbaut 1565) und einer in Besitz Franz' I. von Frankreich gelangten Marmor-Gruppe Venus und Kupido gilt. Das Datum der Geburt des jüngeren Antonio Abondio, des Medailleurs, ergibt sich aus der Unterschrift eines gleichzeitigen Porträt-Kupferstichs: „Antonius Abundus A(ntonii) F(ilius) Anno suae aetatis XXXVI · MDLXXIIII Martinus Rota fecit“. Auf die Lombardei als Geburtsland deuten die frühesten Medaillen des Antonio Abondio, die sich an den reichen, bisweilen überladenen Stil der Leoni, Trezzo und Bombarda (Cremona) anschließen (vgl. die Medaille der Catharina Riva mit der für die lombardische Medaillistik charakteristischen Büstenform). Auch eine Medaille auf Trezzo von Abondios Hand deutet auf Verbindung mit Mailand.

In den 60er Jahren finden wir Antonio Abondio diesseits der Alpen und zwar am Hofe Kaiser Maximilians II. in Wien und Prag. Mit einer festen Besoldung von 20 fl. monatlich stand er seit 1566 in Hofdiensten, und dieses Verhältnis wurde auch unter Maximilians Nachfolger gewahrt. Rudolf II., dessen Vorliebe für jene bemalte Wachsbossierungen bekannt ist, in denen Abondio Meister war, bestätigte dem Künstler 1574 den Adel und besserte sein Wappen, zahlte gelegentlich die nicht unbedeutenden Schulden, die er auf ein Haus in Wien aufgenommen hatte, und ließ ihm selbst während längerer Abwesenheit vom Hof sein rückständiges Gehalt ausbezahlen. Reiche Dotierungen deuten auf besondere Gunst, die der welsche, aus vornehmer Familie stammende Künstler, der Typus eines echten Hofkünstlers, vortrefflich auszunützen verstand. Noch im ersten Jahre seiner Anstellung trat er eine Reise nach den Niederlanden an und erhielt 100 Gulden als Zuschuß „aus Gnaden" bewilligt. Vom Juni 1571 bis März 1572 weilt er in Spanien, ohne daß ihm der Hofsold gestrichen wurde. In die siebziger Jahre fällt dann ein längerer Aufenthalt an den mitteldeutschen Höfen und in Bayern. In München porträtiert er Herzog Wilhelm V. und dessen Bruder Herzog Ernst, Bischof von Freising. Medaillen auf bürgerliche Personen deuten ferner auf Augsburg und Würzburg. 1582 wird er wieder in Prag mit Ehren aufgenommen. 1583 ist er wiederum mit einem ansehnlichen Reisezuschuß auf einer Fahrt in Italien, im folgenden Jahr dann aber ständig in Diensten seines kaiserl. Herrn. Zuletzt wohnt er in Wien. Noch 1590 wird ihm eine Arbeit gezahlt. Nach dem Wiener Totenbuch starb er 22. 5. 1591. (Eine Notiz in den Prager Hofzahlungsrechnungen, wonach noch 1596 „dem Anton Abundi, irer kais. maj. g e w e s t e n Contrefetter zu Handen des Francesco Moscon 85 Gulden 35 Kreuzer ausbezahlt werden", widerspricht jener Angabe nur scheinbar. Eine aktenmäßige Darstellung seines Lebensganges wird von österreichischer Seite [E. Fiala] vorbereitet.) Außer dem erwähnten Stich von Rota ist sein Bildnis aufbewahrt in einer in mehreren Exemplaren verbreiteten Medaille (k. Münzkabinett München, Brit. Mus., S. Löbbecke in Braunschweig und h. Münzkabinett in Gotha), die einen eleganten Kopf im Typus des höfischen Kavaliers mit kurzem Lokkenhaar und spitz zugeschnittenem Vollbart zeigt. Abondio war in erster Linie Medailleur. Seine Tätigkeit füllt die Zeit 1563—1587. Die Mehrzahl seiner Medaillen ist signiert. Sein Monogramm (A. A. oder AN: AB.) ward zuerst von Bergmann richtig gedeutet, der ihm bereits Medaillen zuweisen konnte. Armand zählt deren 48 auf (wobei indes das Selbstbildnis [No. 1] als eine Schülerarbeit zu streichen ist). Diese fast durchweg signierten Arbeiten lassen sich noch vermehren, zumal wenn man die unsignierten, aber durch den Stil gesicherten Stücke hinzunimmt. Vorwiegend sind es die Mitglieder des Kaiserhauses, vor allem Maximilian II. und seine Gemahlin Maria, die Erzherzöge Karl, Ernst, Maximilian, Matthias, Albert und Wenzeslaus, ferner Kaiser Rudolf II., dann vornehme Personen des Kaiserhofes, die Antonio Abondio beschäftigten. Den Herzog Johann Friedrich II. von Sachsen-Gotha und seine Gemahlin Elisabeth porträtierte er, während der Herzog, den die Medaille „captivus" nennt, in Wiener Neustadt gefangen saß (1576). Die bayerischen Medaillen wurden bereits erwähnt. Eine besonders sorgfältige Arbeit stellt das Medaillonbildnis des berühmten Zauberers und Alchymisten Hieronymus Scotti dar. Ausnahmsweise kommen auch einige bürgerliche Personen vor. Zahlreiche italienische Namen auf seinen späteren Medaillen weisen darauf hin, daß der Künsler die Beziehungen zu seiner Heimat keineswegs abgebrochen hatte. Noch ist hervorzuheben ein ovales Schaustück mit dem Brustbild Christi und dem Schmerzensmann auf der Rückseite (k. Münzkabinett München) und eine größere Medaille, darstellend die Madonna mit dem Kinde (Basel. Histor. Mus.); beide Arbeiten signiert. Vielfach in Bleiabgüssen verbreitet ist eine ovale Komposition, die in flachstem Relief mit Übernahme des Frauenkopfes der sogenannten Lukrezia-Medaille von Dürer und unter Hinzufügung zweier Putten die „Toilette der Venus" darstellt. Signiert ist das Stück mit einem Monogramm, das aus Dürers Initialen und denen des Abondio zusammengesetzt ist: (Von Molinier No. 355 irrtümlich dem älteren Ant. Abondio, genannt l'Ascona zugeschrieben.)

Repräsentable Noblesse in der Auffassung und ruhige Ausgeglichenheit in der plastischen Wirkung sind die Hauptvorzüge seiner Porträts. Sein angenehm pastoser Vortrag, der sich auch malerischen Problemen gewachsen zeigt, bewährt sich in den figürlichen und landschaftlichen Darstellungen auf den stets allegorisch bedeutsam ausgestalteten Kehrseiten seiner Medaillen. Sein Reliefstil ist nicht zu trennen von seiner Technik. Antonio Abondio ist Wachsbossierer. Nicht als erster hat er sich dieser Technik in Deutschland bedient, aber er hat sie zu fast ausschließlicher Herrschaft geführt. Aus dem Wachsoriginal der Medaille entwickelt sich dann das bemalte Wachsbildnis in Medaillenform, worin Abondio sich zum besonderen Wohlgefallen Rudolfs II. hervortat. Ein Meisterwerk dieser Art ist das große Rundmedaillon Kaiser Maximilians II. im Wiener Hofmus., ferner derselbe Kaiser und seine Gemahlin Maria, naturalistisch bemalt und kostümlich reich ausgestattet, in ovalem Gehäuse im k. Münzkabinett zu München. Das bemalte Wachsmodell zu der Medaille des Hieronymus Scotti befindet sich im herzogl. Mus. zu Gotha. Von einer größeren figürlichen Komposition aus Wachs in Krippenform, „einer Geburt Christi mit denen Hirten, als worinnen viel Bilder und allerlei Thier, Gebäude und Landschaft gewesen, die vorderen Bilder eine Spanne hoch" berichtet Sandrart (der indes den Vornamen Antonios vertauscht) als in der Schatzkammer Kaiser Rudolfs befindlich. Anderes dieser Art befand sich zu Sandrarts Zeiten im Besitz des Großherzogs Cosimo in Florenz. Eine Gelegenheitsarbeit wohl nur war die „silberne Sau" die Abondio 1568 als Preis für ein von Kaiser Matthias II. im Wiener Prater veranstaltetes Schießen zu gießen hatte.

Antonio Abondio figuriert in den Akten bisweilen als „Hofmaler". Das mag sich darauf beziehen, daß seine keroplastischen Erzeugnisse bemalt waren. Wenigstens sind die gemalten Bildnisse, die ihm nach unkontrollierbaren Quellen zugeschrieben werden: Porträts des Herzogs Wilhelm V. von Bayern und dessen Gemahlin Renata, ferner ein Selbstporträt, das sich bei Nachkommen in München befunden haben soll, gegenwärtig völlig unbekannt. (Eine Stelle in einem Paßgesuch des Abondio für Transport seines Gepäcks, gelegentlich seiner Reise nach Italien 1583, wobei auch „gemelt auf thuecher sambt ieren ramen" genannt werden, bezieht wohl sich nur auf den Hausrat des Künstlers, kaum auf Werke seiner Hand).

Meyer, Kstlerlex. — Nagler, Monogr. I. — Jos. Bergmann, Wiener Jahrb. d. Lit. CXII, Anzeigebl. p. 1—25 und CXIV 43—45. — Schlager, Arch. österr. Gesch.-Quellen (III) V 701. — Wastler, Steir. Kstlerlex. S. 1. — Jahrb. d. ksthist. Samml. des Allerh. Kaiserh. IV 1. T. p. 15 ff., VII 2. T. (Reg.), X (Reg.), XIII 1. T. (Reg.), XV 2. T. (Reg.), XIX 2. T. No. 16145. — S. Ambrosoli, Riv. ital. di Num. III. 391. — G. Habich in d. Helbingschen Monatsber. I. Heft 10 und in Münzen und Med. des Hauses Wittelsbach p. XXXI. — Brun, Schweiz. Künstlerlex. — Grande Encycl. I 104. — v. Schlosser, Album ausgew. Gegenstände d. Kstsammi. Taf. XXXVI. — Fabriczy, Med. der Ren. p. 103. — Armand, Méd. ital. I 267—274, III 127—129 und ders. Repert. XXXX 237. — Forrer, Dict. of Med. — Domanig, Die Deutsche Medaille, S. 40. *G. Habich.*

Abondio, Antonio (Scarpagnino), s. *Abbondi.*

Aborn, John (R. B. A.), Landschaftsmaler in Milford, Surrey, stellte 1885—1899 meist Winterlandschaften in der Roy. Acad. in London und noch häufiger in der Suffolk Street aus.

Graves, Dict. of artists 1895 und Royal Academy Exh. I 2. **

Abot, Glasmalerfamilie, gebürtig aus Argentan, von der wir mehrere Mitglieder in der 2. Hälfte des 16. Jahrh. und in der 1. Hälfte des 17. Jahrh. kennen. Die genealogische Reihe ist folgende:

Geoffroy I., „peintre-vitrier", geb. um 1530, Bürger von Argentan, hatte drei Söhne:

1. Jean, verheiratete sich 1585 und ließ sich in Alençon nieder, wo er zwischen 1599 und 1604 verschiedene Teile der großen Fenster der Notre-Dame-Kirche ausbesserte und malte. Er hatte einen Sohn Nicolas, der weiter unten folgt.

2. Geoffroy II., wird in seinem Ehevertrag, von 1593 aus Alençon datierend, als Maler bezeichnet.

3. Guillaume, Glasmaler, wie sein Vater in Argentan ansässig, wo er 1632 die fünf Seitenfenster des Chors der Kirche Saint-Germain ausführte.

Nicolas, Sohn des Jean, in Alençon tätiger Glasmaler, stellte die großen gemalten Fenster der Notre-Dame-Kirche und die Kirchenfahne wieder her. Er starb 1659 in Alençon und hinterließ 2 Söhne:

1. Charles, „peintre vitrier", in Alençon ansässig, arbeitete 1640 an der Wiederherstellung der Glasfenster der Kapelle du Rosaire in der Notre-Dame-Kirche. † 1662.

2. Pierre, Maler, in Alençon.

Réunion des Sociétés des Beaux-Arts des Départements XV 485/6. *H. Longnon.*

Abot, Eugène Michel Joseph, französ. Kupferst. u. Radierer, geb. in Mecheln 1. 1. 1836, † in Paris 1. 4. 1894, Schüler von Gaucherel, führte Porträts aus, sowie Illustrationen zu Daudets Sappho, Flauberts Madame Bovary, Dantes Hölle usw., Kupferstiche nach verschiedenen Malern oder Bildhauern, wie Chapu, Paul Dubois (Le Courage militaire), Clouet, Liotard (Schokoladenmädchen), Fragonard (Le baiser), Cabanel, Lynch, Madel. Lemaire, usw. Tätig auch für die „Gazette des Beaux-Arts" u. „l'Art".

Bellier-Auvray, Dict. gén. Suppl. — Chronique d. a. 1894 p. 111. — Béraldi, Les Grav. du XIXe siècle. *J. Guibert.*

Abot, François, französ. Bildhauer in Argentan, tätig 1647—48 im Schloß Carrouges (Orne) bei der Ausschmückung der Kapelle, schnitzte die Boiserie, die noch heute in einem Zimmer des Schlosses existiert. Er starb in Argentan 1670.

Lami, Dict. d. sculpt. franç. sous Louis XIV. *Lami.*

Abot, Jean, Maler, führte 1605 für die Kirche von Bérus drei nicht näher bekannte Gemälde aus. Es sind keinerlei Beweise vorhanden, um diesen Künstler mit *Jean Abot,* Glasmaler zu Alençon um 1590, zu identifizieren ebensowenig mit einem anderen *Abot* ohne Vornahme, der, ebenfalls in Bérus, 1630, dann 1650 beschäftigt war, den Altar und das Tabernakel der Kirche St. Paterne neu zu malen.

Esnault, Dictionnaire des artistes manceaux. *H. Longnon.*

Abraham, französ. Architekt, baute den Glockenturm von St. Martin in Cambrai und erhielt 1733—34 eine Abzahlung von 5200 f. dafür.

Bauchal, Nouv. Dict. d. arch. franç. **

Abraham de Nimègue, Maler in Lyon 1422—1439 (Réun. d. S. d. b. a. XI. 459). **

Abraham, Frater von Wettelbrunn und Kunstschreiner, verfertigte 1761 die Reliquiarien der Kapuzinerkirche zu Bezau (Bregenzer Wald).

Diözes.-Arch. v. Schwaben Jahrg. XVII p. 27. *Hs. Loose.*

Abraham, Frère, s. *Gilson,* Jean Henri.

Abraham, Guillaume, Bildhauer in Rouen, unterzeichnete 1631 das Statut der Maler- u. Bildhauergilde daselbst, arbeitete 1639 an einer Statue der Jungfrau, die in der Kathedrale zu Rouen unter der Orgelempore aufgestellt ist.

Lami, Dict. des sculpt. franç. au moy. âge et à la renais. *Lami.*

Abraham, Henry Rober, s. *Abraham,* Robert.

Abraham, J. C., span. Bildhauer in der 2. Hälfte des 16. Jahrh.

Zani, Enc. I 295. *M. v. B.*

Abraham (Abram), Jakob, Medailleur und Steinschneider russischer Abstammung. Geb. in Strelitz 1723 (oder 1722), † in Berlin 17. 6. 1800. Arbeitete über 50 Jahre an den Münzstätten zu Stettin (1752), Königsberg (1757) und Berlin und brachte es, ohne zeichnen und modellieren zu können, doch zu Arbeiten, so gut sie in der damals mangelhaften Stempelschneidekunst überhaupt möglich waren. Er signierte A. J. A. Unter seinen Denkmünzen sind als die besseren zu nennen: diejenigen auf die Siege Friedrichs des Großen im siebenjährigen Krieg, besonders die auf die Schlacht bei Torgau (nach Ramlers Erfindung und Meils Zeichnung); die Medaille auf die Anwesenheit des Großfürsten Paul Petrowitsch in Berlin (1776); die Medaille auf die Einnahme der Festung Otschakow mit dem Porträt des Fürsten Potemkin; die Medaille zum Jubelfest der französ. Gemeinde in Berlin (1772, nach Chodowieckis Entwurf); die Medaille mit dem Bildnisse von Sigm. v. d. Heyde, dem Verteidiger von Kolberg 1760. — Als Steinschneider ist er nicht bedeutend gewesen und scheint auch nicht viel gearbeitet zu haben. Bekannt ist eine J. Abraham bez. Onyx-Kamee mit dem Brustbild der Kaiserin Maria Theresia (vgl. Sacken u. Kenner, Die Sammlungen des k. k. Münz- und Antikenkab. Wien 1866 p. 473 No. 111).

Bolzenthal, Skizzen etc. S. 274. — Schlickeysen, Erkl. d. Abkürz. S. 144. — Meyer, Kstlerlex. — Ю. Иверсенъ, Словарь медальеровъ etc. (Jul. Iversen, Lex. d. Medailleure etc., St. Ptsbg. 1874.) — Forrer, Biogr. Dict. of Medallists, 1904.

Abraham, Joseph. Französ. Maler in den Jahren 1767—1787 in Toulon erwähnt.

Nouv. Arch. de l'art franç. 1888 p. 159. ***

Abraham, Nicolas, Bildhauer in Rouen, arbeitete 1594 an der Kirche Saint-Maclou; für die Kathedrale führte er 1607 einen Weihkessel aus, sowie für die Kirche Saint-Laurent vier Lettnerpfeiler und eine kleine Statue des hl. Laurentius, die später in Silber gegossen wurde.

Lami, Dict. des sculpt. franç. au moy. âge et à la renais. *Lami.*

Abraham, Pierre, Kalligraph in Angers, verkaufte 1488 ein Livre d'heures an König Charles VIII.

Jal, Dict. critique p. 681. **

Abraham, Pierre, Maler oder Bildhauer von Rouen, findet sich bei den Unterzeichnern der Brüderschaft der Maler und Bildhauer dieser Stadt 17, 9. 1631.

Archives de l'art VI 209. **

Abraham, R. F., Historien- und Porträtmaler in London, stellte 1846—51 in der Roy. Acad. und auch in der British Institution (bis 1853) Porträts und Kirchenbilder aus.

Graves, Roy. Acad. Exh. I 3 u. Diction. of artists 1895. **

Abraham, R. J., Landschaftsmaler in London, stellte 1877—1891 in der Roy. Acad. und in der New Water Colour Society aus. Häufig entnahm er seine Motive auch der burgundischen und holländischen Landschaft. — Seit 1901 versagen die Nachrichten über den Künstler. **

Abraham, Robert, Londoner Architekt, geb. 1774, † 11. 12. 1850, vielfach und nicht ohne Verdienst in jener lebhaften Bauepoche tätig, die nach dem Frieden 1815 in London einsetzte. Unter seinen Arbeiten sind zu nennen: County Fire Office (1819), College of Heralds (1826), Western Synagogue (1827) und New Western Bridewell (1822). Seine Frau stellte 1814 in der Royal Academy ein Blumenstück aus.

The Art Journal 1851. 44 (Nekrolog). — Redgrave, Dict. 1878. **

Abraham, Salomon P., Edelsteinschneider, vielleicht Sohn des Jakob A., zu Ende des 18. Jahrh. In den Kunstsammlungen des kaiserl. Hauses zu Wien befindet sich von ihm: Mit Lorbeer bekränzter Kopf Kaiser Leopolds II., Chalcedon-Kamee. Bez.: Salomon P. Abraham.

Arneth, Verzeichnis etc., Wien 1838 S. 14 No. 98. — Sacken und Kenner, Die Samml. des k. Münz- und Antikenkab., Wien 1866 S. 475 No. 131. — Ms. H. Rollett.

Abraham, Tancrède, Landschaftsmaler und -Radierer, geschickter Aquarellist, Konservator des Mus. von Château-Gontier, geb. zu Vitré (Dép. Ille-et-Vilaine) 7. 1. 1836, Schüler von J. Noël und Nazon, † 5. 4. 1895 Zum erstenmal stellte er 1863 eine Radierung: Bords de l'Oudon aus und hat im ganzen gegen 200 Radierungen, meist nach eigenen Gemälden oder Zeichnungen geschaffen, von denen die: Trente eaux-fortes für das Album de Château-Gontier et de ses environs (1872) hervorgehoben seien. Von ihm auch die Radierungen in: Sonnets et Eaux-fortes, Brindilles d'Albert Lemarchand, Poésies d'Achille Milliers, Chroniques craonnaises de Bodard etc. und verschiedene Landschaften für die Société des Aqua-fortistes.

Als ein Kenner alter Kunst und gewandter Literat bewährt er sich in einem Artikel über die Retrospektive-Ausstellung in Mans 1880 (Gaz. d. b.-arts, II. Per. XXII 275 fg.

Bellier-Auvray, Dict. gén. Suppl. — Béraldi, Les grav. d. XIX.ᵉ *R.*

Abraham, s. auch *Awram.*

Abrahams, Anna, holländ. Stillebenmalerin der Gegenwart im Haag, geb. 16. 6. 1849 zu Middelburg. Schülerin von J. F. Schütz, macht aus ihren Blumenstücken ausgesprochen moderne und wirksame Farbenarrangements, die in Paris (1899, 1900) Anerkennung fanden und die man auch auf deutschen Ausstellungen, Berlin 1896 und Düsseldorf 1904, bemerkte.

G. H. Marius, De Holl. Schilderkunst. — J. Gram, Onze Schilders in Pulchri Studio 1904. **

Abrahams, Charles Julius Sophus, dänischer Architekt, geb. 2. 6. 1838, † 12. 4. 1893. Seine Hauptarbeiten sind: Die Sparbank in Hilleröd und das Hauptgebäude des Guts Mullerup (Fühnen) 1884—87. Außerdem von größeren Privatgebäuden: „Gurrehus" (Seeland). Keins von diesen Werken zeichnet sich durch Monumentalität im Aufbau aus, in den Details aber hat er künstlerisches Vermögen gezeigt.

Weilbach, Nyt dansk Kunstnerlex. 1896. *V. Lorenzen.*

Abrahamsz., Claes, ein Glasmaler in Haarlem, lieferte von 1599 bis 1613 mehrere mit Wappen bemalte Gläser für Rechnung der Regierung von Haarlem im Haag, Leiden, Haastrecht und Lekkerkerk. Am 6. 12. 1615 vereinbarte er mit den Kapitänen der alten Bürgerwehr zu Alkmaar, in den Fenstern des großen Saales im Schützenhause die 31 Grafen von Holland abzubilden. Am 22. 5. 1618 war diese Arbeit vollendet. 22 Mitglieder der Regierung und des Kriegsrates zahlten jeder 15 Gld. (für ihre Wappen?); der Maler empfing 264 Gld. — 1616 war er Korporal der Schützen.

v. d. Willigen, Les Artistes de Harlem. — Nederl. Kunstbode II 12. *C. W. Bruinvis* und *E. W. Moes.*

Abrahamsz., Cornelis, geb. in Amsterdam, kaufte dort 8. 9. 1734 das Bürgerrecht, und war Maler.

Aemstels Oudheid V 67. *E. W. Moes.*

Abrahamsz., Jacob, war 1648 in Amsterdam Vertreter von Jan Miense Molenaer und wird dabei Maler genannt.

Obreens Archief VII 246. *E. W. Moes.*

Abrahamsz., Roelof, Maler, geb. in Amsterdam, kaufte 26. 1. 1695 dort das Bürgerrecht.

Aemstels Oudheid IV 63. *E. W. Moes.*

Abram. Französ. Bildhauer, kommt als „imagineur" 1418—1423 in Lyon vor.

Nat. Rondot, Les sculpteurs de Lyon p. 18. ***

Abram (Monsieur), s. *Abramo* (Monsù).

Abram, Charles Frédéric, Landschaftsmaler in Besançon, geb. in Belfort, Schüler von Demesmay, stellte in den Pariser Salons 1879—1888 wiederholt aus.

Bellier-Auvray, Dict. gén. Suppl. — Kat. d. Salon 1887, 1888. *H. V.*

Abram, Jacob s. *Abraham.*

Abram, Paul, Genremaler in Paris, stellte in den Salons seit 1885 fast alljährlich aus.

Kat. d. Salon (meist mit Abbldgen.). *H. V.*

Abramo, Monsù gen. Scozzese, führt Zani, Enc. I 295 ohne nähere Angaben als Landschaftsmaler in Verona auf. ***

Abramo, Monsù, aus dem Kanton Tessin gebürtiger Schweizer Maler, der sich um 1650 in Rimini aufhielt. Marcheselli (Pitture delle Chiese di Rimini) nennt von ihm drei biblische Gemälde in dem Oratorio della Gomma und historische Gemälde in den Häusern Bianchelli und Nanni.

Füssli, Allg. Kstlerlex. — Brun, Schweizer Kstlerlex. ***

Abramo da Montorfano, italien. Maler, war 1430 am Dome in Mailand tätig.

Malaguzzi-Valeri, Pitt. Lombardi (1902) p. 208. — Arch. Stor. Ital. ser. III, tom. XVII p. 363 ff. ***

Abramowicz, Bronislaw von, poln. Maler, geb. 1837 in Zaluchów (Wolynien), studierte 1858—61 an der Warschauer Kunstschule, dann an den Akad. zu München und Wien (bei v. Engerth), endlich in Matejkos Meisterschule in Krakau, wo er seit 1868 ausstellt und jetzt lebt. A. malt hauptsächlich Szenen aus der Geschichte, zumeist der polnischen, auch Typen in historischer Tracht, Jagd- und Waldszenen, Porträts, wie das Ludwigs II. von Bayern (1867). Sein Vortrag ist ganz besonders glatt, seine Farbe kühl. Das bekannteste seiner Bilder (1876) stellt den Krakauer Bürgermeister Nikolaus Wierzynek dar, wie er 1363 in seinem Hause den Kaiser Karl IV., den poln. König Kasimir den Großen und drei andere Könige empfängt. (Krakau, Nat.-Mus.) A. ist Ehrenkorrespondenzmitglied des W. Kunstvereins.

Bötticher, Malerwerke d. 19. Jahrh. — Mycielski, Sto lat dziejów malarstwa w Polsce, Krakau 1897 p. 643. — Swieykowski, Pamietnik Towarzystwa Prz. S. P. w Krakowie 1854—1904. *C. M. v. Górski.*

Abrams, Willem, geb. in Amsterdam, kaufte dort 9. 3. 1701 das Bürgerrecht, und war Maler.

Aemstels Oudheid VII 67. *E. W. Moes.*

Abramson, Abraham, Sohn des Medailleurs Jakob Abraham, geb. 1754 in Potsdam, † 1811 in Berlin. Er scheint eine Zeitlang gemeinschaftlich mit seinem Vater gearbeitet zu haben, da eine Denkmünze auf den Schauspieler Brockmann als das gemeinsame Werk der beiden bezeichnet wird. Während seine

Porträtdarstellungen vielfach gut gelungen sind, zeigen die Kehrseiten immer eine dürftige und kalte allegorische Erfindung. Bis zu seiner Kunstreise, welche er 1788 bis Ende 1792 unternahm, arbeitete er übrigens nur nach fremder Angabe und Zeichnung; erst seitdem sind seine Gepräge größtenteils auch von ihm selber erfunden. — Von seinen zahlreichen Medaillen sind folgende hervorzuheben: auf die Ausrüstung der preuß. Truppen 1778, auf den Teschener Frieden 1779, auf den Tod des in der Oder ertrunkenen Herzogs Leopold von Braunschweig, Frieden mit Rußland 1762, Besitznahme des Netzedistriktes 1772, des Königs 71. Geburtstag 1782, Einführung des Seidenbaues 1783, Zusammenkunft der Monarchen in Tilsit, die Rückkehr des königlichen Paares 1808, Tod der Königin Louise 1810, Erteilung des Bürgerrechts an die Juden im damaligen Königreiche Westfalen, Befreiung der Juden vom russischen Joche unter Alexander. Die beiden letzteren sind sogen. Geschichtstaler. Vortrefflich ist auch die Medaille auf den Tod der Königin Marie Antoniette (zu einer Folge von D. F. Loos: Les six victimes). Sein größtes Gepräge ist die Denkmünze mit der Büste Friedrichs des Großen auf einem die Sphinx erdrückenden Felsen mit der Legende: Fridericus Legislator, 1785. Außerdem fertigte Abramson eine Reihe von Medaillen mit Bildnissen berühmter Männer seiner Zeit, so von Moses Mendelssohn, Kant, Lessing, Wieland, Ramler, Sulzer, Euler, Spalding, D. Bernoulli, Overbeck, Roloff, Marggraff, Formey, Martini, Gall, Burg, Gebhardi, Weiße, Spiegel, Theden etc. Er schrieb „Versuch über den Geschmack auf Medaillen und Münzen". Berlin 1801.

Meyer, Kstlerlex. — Ю. Иверсенъ, Словарь медальеровъ etc. (Jul. Iversen, Lex. der Medaillere etc.) St. Petersburg 1874. — Forrer, Biogr. Dict. of Medallists, 1904.

Abramson, M. Kupferstecher, wohl in Berlin Ende des 18. Jahrh. tätig. Er stach 1798 nach S. A. Krüger das Porträt des Hirsch Löbell, Oberrabbiner in Berlin.

Meyer, Kstlerlex. ***

Abramson, Michel Jacob, stellte auf den Ausst. der kgl. Akad. in Berlin 1787 u. 1788 mehrere Zeichnungen und Kupferstiche (Bauernjunge und Köpfe von Flußgöttern nach Leclerc) aus. Wohl mit dem vorigen identisch.

Kat. d. Ausst. d. Berliner Akad. 1787 No. 351 bis 353, 1788 No. 329, 330. ***

Abramsz, Arien, Fayencemaler („platielschilder") in Delft, wurde am 27. 6. 1637 in der Oude Kerk begraben.

Auszug aus dem IV. Register der Toten, die in den alten und neuen Kirchen begraben wurden (1. Aug. 1593—21. Sept. 1602).
J. C. E. Peelen.

Ábrányi, Ludwig, ungar. Porträtmaler, geb. zu Pest 1849, † 1901. Studierte zuerst in München, dann in Paris bei Bonnat, wirkte dann in Siebenbürgen und Budapest. Seine Werke sind zumeist repräsentative Porträts, so jenes des Franz v. Pulszky, Paul Sennyey, Arthur Görgey. *K. Lyka.*

Abrek, Coenraed, Kupferstecher, heiratete in Amsterdam 11. 12. 1698 (erstes Aufgebot) Elisabeth Papineau. *E. W. Moes.*

Abrel, Joh. Jakob, Maler, aus Kempten gebürtig, tätig in Ulm, lebte noch daselbst 1812.

Neue Zusätze zu Füssli 1824. *M. Bach.*

Abrel, Joh. Siegm., s. *Aberell.*

Abreo, Gil de, span. Bildhauer in Sevilla. Sein Name erscheint 1530 im Ausgabenbuch der Kathedrale.

Gestoso, Artif. Sevill. I 171. *M. v. B.*

Abresch, Franz, Schüler von Frommel, geschickter Stahlstecher, namentlich von Landschaften und Marinen, besonders als Illustrator tätig. Blätter von ihm in: W. Tomblesons Views of the Rhine. London, 1832. — Das malerische und romantische Deutschland. Leipzig 1836 ff. — Wiesbaden und Umgebg. 18 Ansichten von F. Abresch, J. Poppel und C. Wittmann. 1841.

Meyer, Kstlerlex. ***

Abret, Pierre, als Maler in Troyes 1513 bis 14 erwähnt.

Nouv. Arch. de l'art franç. 1887 p. 150. ***

Abreu, Gebrüder, Holzschnitzer von Evora (Portug.), bis 1750. Werke in Karthause und Kloster S. José daselbst.

Raczynski, Dict. hist.-artist. p. 1. — Derselbe, Arts en Portugal 1847 p. 442 *A. Haupt.*

Abreu, João Nunes de, gen. Abreu do Castello, Maler, Lissabon, † 1738. Mitglied der Lukasgilde seit 1710. Vorwiegend Perspectivmaler und Ornamentist. Plafonds in der Kirche Menino Deos und Vorhalle der Graça zu Lissabon, letzterer mit Figuren. Kann identisch sein mit Abreu Gorgão. — Schüler: Feliciano Narciso.

Cyrillo Machado, Colleccao de mem. p. 183, 195. — Raczynski, Dict. hist.-artist. p. 1.
A. Haupt.

Abreu, Juan, span. Maler und Bildhauer des 19. Jahrh., geb. in Sa. Cruz de Tenerife, stellte in den „Canarias" Ölgemälde, Miniaturbilder, Zeichnungen und Skulpturen aus, deren Motive er seinem Vaterlande entlehnte.

Ossorio y Bernard, Galeria biogr. de artistas españoles del siglo XIX. Madrid 1883/4.
P. Lafond.

Abréu, Simão de, portug. Maler. Malte mit Domingos Vieira und anderen 1592—95 im Christuskloster zu Thomar insbesondere 7 Altarblätter für die „Charola" (Umgang) der Kirche.

Sousa Viterbo, Not. de alguns pintores portuguezes 1—4. *A. Haupt.*

Abri, s. *Abry.*

Abril, Bartolomé, Bildhauer, aus Valencia, ließ sich 1607 in Toledo nieder, und wurde dort Obermeister der Kirche Johann Baptist Monegro. Als solcher hatte er die Marmorarbeiten in der Kapelle Sta Maria del Sagrario zu vollenden und aufzustellen. Mit zwei andern Künstlern verfertigte er 1618 die Marmorarbeiten an den Wänden und Brüstungen des Chors (capilla mayor) des Klosters von Guadelupe und die Grabmäler Heinrichs IV. und seiner Mutter in demselben. Dann arbeitete er 1620 mit anderen nach dem Plane des Gomez de Mora an dem obern Teile des kgl. Pantheons des Eskorial. Auch führte er mit Juan Baut. Semerio in dem Colegio de Corpus Christi oder del Patriarca in Valencia den Brunnen im Kreuzgang aus.

Cean Bermudez, Dicc. I 1. — Llaguno y Amirola, Noticias IV 69, 180. — Viñaza, Adic. II 5. — Alcahali, Art. Valenc. 343. △

Abril, Juan Alfonso, span. Bildhauer in Madrid am Anfang des 18. Jahrh. Der von Ponz erwähnte Kopf des hl. Paulus ist heute im Museum zu Valladolid und trägt die Inschrift: Ino. Alo. Va. Abrille y Ron f. at. Matritis 1707. Stilverwandt in ihrer packenden Realistik ist dieser Skulptur der Johanneskopf im Camarin der Hospitalkirche S. Juan de Dios zu Granada.

Ponz, Viage de España, XI 60. — Cean Bermudez I 2. — Martí y Monsó, Estud. S. 644. *M. v. B.*

Abril, Pascual, span. Goldschmied in Palencia. Am 15. 1. 1586 verpflichtet er sich mit Domingo de Medina Mondragon für die Pfarrkirche S. Maria in Curiel den Fuß eines Kreuzes zu machen, am 28. Januar 1586 mit demselben ein Kreuz für die Kirche S. Tomé zu Ravano zu fertigen. 1594 schätzen er und Juan Perez Quijano das Prozessionskreuz von Francisco und Bernabé de Soria.

Martí y Monsó, Estud. hist. artist. S. 196, 542—43. *M. v. B.*

Abril, Pedro de, span. Baumstr., übernahm mit Pedro de Aguirre die Vollendung des Kreuzganges bei der Kathedrale von Cuenca, als der Erbauer desselben, Juan Andrea Rodi, 1585 die Direktion niederlegte.

Llaguno y Amirola, Not. III 30. △

Abril y Blasco, Salvador, span. Maler, geb. 1862 zu Valencia, Schüler der dortigen Kunstakad., war Hilfsprofessor an der Kunstakad. von Granada, dann Direktor der Schule „de Artes e industrias" in Valencia, widmete sich hauptsächlich der Malerei von Marinebildern und Landschaften, in welchem Genre er eine wirkliche Berühmtheit erlangte. 1879 und 1880 debutierte er auf den Ausstellungen von Valencia, dann trat er 1881 auf der Ausstellung zu Madrid hervor, mit einer Ansicht des Hafens von Valencia (vom Staate für das Mus. moderner Kunst in Madrid erworben). Von dieser Zeit an nahm er fortgesetzt und mit Auszeichnungen an den Ausstellungen von Madrid teil. Unter seinen Hauptwerken sind zu nennen: Im weiten Meere (Mus. zu Valencia); Der Zusammenstoß (Mus. zu Puerto Rico); In Babord (Mus. zu Bilbao); Die Küste von Nazareth (Marine-Mus.); Die Sierra Nevada; Cyr de Palos; Ruhe; Die Gasse San Juan de Dios; Die Netze; Con alas y arrastraderas; Wogendes Meer. Er reproduzierte auch in Aquarell unter dem Titel „Ceramica de la Alhambra" alle die „azulejos", die sich in dem berühmten maurischen Palast zu Granada befinden. Diese Reproduktionen sind tüchtige und sehr geschätzte Arbeiten.

Ossorio y Bernard, Galeria biogr. de artistas españoles del siglo XIX. Madrid 1883/4. — Larousse, Grande Encyclopédie, Paris. — Alcahali, Dicc. biogr. de artistas valencianos, Valencia 1897. *P. Lafond.*

Abrille, s. *Abril.*

Abriot, David Nicolaus, Zeichner und Architekt, Stuttgart, geb. zu Mömpelgard 1757, trat 14jährig in die mit der hohen Carlsschule in Stuttgart verbundene Kunstakad. ein, wo er sich so auszeichnete, daß er 14. 5. 1779 Kabinettsdessinateur in Mömpelgard u. 16. 11. 1787 zum Lehrer an der Akad. mit 100 Fl. Gehalt ernannt wurde. 1786—93 war er zugleich Zeichner beim Stuttgarter Schloßbau. Er lebte noch 1810.

Neue Zusätze zu Füssli 1824. — Wagner, Geschichte der hohen Karlsschule 1857. *M. Bach.*

Abroe oder **Abroh,** Andreas, geb. 1694, † Mai 1763, dänischer „Schilderer", d. h. Bildnismaler. Vielleicht war er ein Sohn des Malers Joh. Abroh († 2. 5. 1709), der am Hofe angestellt war. Ferner wird erwähnt: Johan Christian Abroe, welcher 1720 einen kgl. Paß für Reisen ins Ausland erhielt.

Weilbach, Nyt dansk Kunstnerlex. I. 1896. *A. R.*

Abroe, Willem Domien, Maler in Antwerpen. 1676/77 als Lehrjunge, 1688/89 als Meister angeführt.

Liggeren II, Reg. ***

Abroock, Torys, Glasmaler in Antwerpen, beendete 1495 seine Lehrzeit bei Jan Hack (Ac), dem berühmtesten Antwerpener Glasmaler seiner Zeit.

Liggeren I 51. **

Abrusati, Diomede, Goldschmied, 1557 in Rom tätig.

Bertolotti, Art. Modenesi etc. in Roma. — Ders., Artisti Bologn. in Roma. ***

Abrusca, Carlo Antonio, Cavaliere. Italien. Zeichner und Maler (?), der um 1650 bis 1690 wahrscheinlich in Rom tätig war. Barend Bailliu stach nach seiner Zeichnung ein Blatt mit Minerva und einem Genius, der auf ein Kardinalswappen weist.

Zani, Enc. I 297. — Le Blanc, Manuel I 131. — Meyer, Kstlerlex. ***

Abry, G a b r i e l, „architecte des Bâtiments du Roi" im 17. Jahrh., † vor 1679, da in diesem Jahre seine Witwe in einem Dokument genannt wird.

Nouv. Arch. de l'art franç. 1895 p. 25, 26. ***

Abry, L é o n E u g è n e A u g u s t e, Maler, Zeichner und Radierer, geb. in Antwerpen 6. 3. 1857, † daselbst 6. 11. 1905. Er malte historische Sujets, Porträts, Genre- und besonders militärische Szenen. Aus einer Militärfamilie stammend (sein Vater war General), gab er mit Talent die Physiognomie des belgischen Soldaten im Manöver und in der Ruhe. Sehr exakt in den Einzelheiten vermied er nicht die Kälte der Ausführung. Mehrfach stellte er Reiterporträts von Offizieren aus. 1903 erschien von ihm im Salon in Brüssel ein großes Reiterporträt König Leopolds II. im Manöver. Sonst haben seine Figuren meist ein mittleres Format. Seine Arbeiten erscheinen seit 1877 in fast allen belgischen Salonausstellungen. Er war Mitglied der Gesellschaft der Aquarellisten (1886) und des Cercle des XIII in Antwerpen. Von seinen Historienbildern seien genannt: Bourgmestre Laruelle de Liège assassiné (1878); le lion de Flandre (1881); Gilbert à l'Hôtel de Dieu (1884). — Das Museum zu Antwerpen hat von ihm das Bild: le Passage. — Auch als Radierer hat er sich bewährt und man findet seine ansprechenden Blätter wie: De Garde, Le cheval, qui gagne l'avoine, Lancier en vedette, Cantine, Brigadier d'artillerie etc. in der II.—IV. Lieferung der „Antwerpsche Etsers". — Auch auf außerbelgischen Ausstellungen wie München (1901), Dresden (1887), Berlin (1886, 1896), Wien (1888) und Paris (1888, 1895) sah man seine Arbeiten. Er war Ritter des Leopoldordens. *H. H.*

Abry (Abri), L o u i s, Kupferstecher u. Radierer, aber interessanter als Geschichtsschreiber und Genealog, geb. Lüttich 28. 7. 1643, † daselbst 18. 7. 1720, Schüler des Ren. de Lairesse, mit dem er mehrere Reisen unternahm. Er führte den Titel eines Fürstbischöflichen Graveurs, hat indes nur wenige, seltene, aber mittelmäßige Blätter gestochen, z. B. eine hl. Familie nach Berth. Flemaelle 1673 fol. und eine These von 1677, rechts das Wappen einer Äbtissin qu. 4. — Unter dem Namen des Juristen J. G. Loyens veröffentlichte er noch 1720 einen „Recueil héraldique des Bourguemestres de la noble cité de Liège"; ein zweites Werk auch mit interessanten Künstlernotizen, „Hommes illustres de la nation liég." wurde zum ersten Male 1867 von der Soc. des Bibl. liégeois herausgegeben.

J. H e l b i g, La Peinture au pays de Liège p. 358. *Pol de Mont.*

Abry, P a u l, Bildhauer, Zürich, geb. 28. 12. 1865 in Hüningen (Elsaß), Schüler von E. Dogg in Straßburg, schuf außer dekorativen Skulpturen (z. B. am schweiz. Landes-Mus.) den Monumentalbrunnen am Utokai in Zürich.

B r u n, Schweiz. Kstlerlex. **

Abry, S i m o n J o s e p h, Sohn des Louis A., Wappenherold des Fürstentums Lüttich 1720 und Maler in titulo der Lütticher Hauptkirche 1739. Arbeiten von ihm nicht bekannt.

J. H e l b i g, La Peinture au pays de Liège. *Pol de Mont.*

Absalon, Mönch und Bronzegießer des 12. Jahrh. Nach einem Bericht der Chronik von St. Maximin in Trier (Hontheim, prodronus I 1003), arbeiteten zwei Künstler, Gozbert und Absalon ein Bronzegefäß (vas cupreum) für das dortige Sommerrefektorium, dasselbe stand in Verbindung mit einem Brunnen und zeigte Darstellungen von Tieren, besonders von Wassertieren (Frösche usw.). Die Arbeit ist leider zugrunde gegangen, doch ist in der genannten Chronik wenigstens die Künstlerinschrift erhalten, deren Sinn trotz einiger Lesefehler unzweifelhaft ist:

Frater Gosbertus est istud vas operatus
artis quem socius iuvit par nominis huius
Absalon, juncto sint illis praemia coelo
hic quia qui monachi fuerant . . .

Daraus ergibt sich, daß A. Mönch von St. Maximin in Trier war und bei der Arbeit als Gehilfe des Gozbert (s. d.) tätig war. Eine (spätere) Zeichnung dieses Brunnens ist von F. X. Kraus in der kgl. Bibliothek in Brüssel gefunden worden. Nach dieser ergibt sich, daß derselbe nicht im 9. oder 10. Jahrh. entstanden sein kann, wie man früher annahm, sondern erst im 12. Jahrh., also etwa in der Epoche, der das berühmte Bronzetaufbecken in St. Barthélémy in Lüttich angehört.

F i o r i l l o, Gesch. d. zeichn. Kste. in Deutschland u. d. Niederl. I 386. — F. X. K r a u s, D. christl. Inschr. d. Rheinlande II No. 378. — Bonner Jahrb. XLIX (1870) p. 94 ff. *Swarzenski.*

Abschrot, H e i n r i c h, Steinhauer (= Bildhauer?), wird 1415 in Nürnberg Bürger und zahlt dabei einen Gulden (Bürger- und Meisterbuch von 1370—1429 im kgl. Kreisarchiv Nürnberg. Bl. 155b). *Th. Hampe.*

Abshoven, s. *Apshoven.*

Absiel, F., holl. Bildhauer im 18. Jahrh., fertigte eine Marmor-Madonna in der französ. kath. Kirche in Amsterdam.

W i t s e n G e y s b e e k, Tableau d'Amsterdam 1809 S. 116. *A. W. Weissman.*

Absile, französ. Ornament-Bildhauer, war Mitglied der Pariser Acad. de St. Luc zur Zeit ihrer Auflösung i. J. 1776.

Rev. univ. des arts. XVI 304. *Lami.*

Absille, R e m y, französ. Bildhauer, Paris, 18. Jahrh. Er wohnte 1764 in der Rue du Faubourg-Saint-Martin, paroisse St. Laurent und wird gelegentlich des Nachlasses des Malers Michel-Ange Slodtz notariell wiederholt genannt. Vermutlich ist er identisch mit obengenanntem Absile.

Nouv. arch. de l'art franç. 1884 p. 347 ff. *R.*

Absire, P. N., Kunsttöpfer in Rouen im 18. Jahrh.

A. Pottier, Hist. d. la faience de Rouen, Rouen 1870. **

Absolon, John, engl. Aquarellmaler, geb. in Lambeth am 5. 5. 1815, † 26. 6. 1895, Schüler von Ferrigi, studierte 1835—36 in Paris und wandte sich nun vorwiegend der Aquarellmalerei zu. 1838 wurde er Mitglied der New Water Colour Society und stellte hier 1839 als seine ersten Bilder aus: The Savoyard Boy und The first Sup, und ließ hier in den nächsten Jahrzehnten noch viele (660 Num.!) ansprechende Genrebilder folgen. Eins davon, The Vicar of Wakefield in Prison, 1842, wurde von der Kritik und dem Publikum viel besprochen und durch Abbildungen populär. Auch in der Royal Academy erschienen von 1834—74 eine lange Reihe Bilder, darunter auch Ölgemälde, von ihm. 1850 malte er zusammen mit T. Grieve, Telbin u. a. das erste Diorama: The Route of the Overland Mail to India, und zwar malte er die Figuren in die Landschaft.

J. Meyer, Kstlerlex. (Biogr. v. Sidney Colvin). — Clement and Hutton, Dictionary. — Graves, Roy. Acad. — The Art Journal 1862, 201—202 (mit Abbildungen), 1895, 256 (Nekrolog). *R.*

Absolon (Stumme), s. *Stumme.*

Absolon, s. auch *Absalon.*

Abspoel, Jan, 1808 Hoofdman der Gilde in Leiden.

Oud Holland XXII 194. *E. W. Moes.*

Abt, Bonaventura, Maler in Meiningen, gebürtig aus Braunschweig, erhielt laut erhaltener Quittung 1594: 8 fl. für die Deckengemälde der Meininger Kirche. Er fand mit seinem Sohne ein tragisches Ende durch einen Sturz vom Turm der Stadtkirche, an dem beide gearbeitet und starb am 3. Tage danach, den 28. 10. 1595.

Neue Beitr. z. Gesch. d. Altert. . . . Meiningen Lf. 19. — Güth, Poligr. Meiningens n. A. p. 228 (Irrt. d. 27. als Todestag). *Hs. Loose.*

Abt, Christoph, Augsbg. Goldschmied des 16. Jahrh., der ganz ohne Grund am Schlusse des 19. Jahrh. zu einer gewissen Berühmtheit gelangt ist. Authentisch wissen wir nur, daß ein Christoff Aptt als Goldschmied in Augsburg 1587 gestorben ist. Berlepsch S. 79 nennt ihn zwar in einem Athemzuge mit den berühmten David Attemstetter und Balduin Drentwett, aber dennoch will es nicht gelingen, weitere Nachrichten über ihn oder Werke von ihm aufzufinden. Man muß die Zuschreibungen zurückweisen, welche Leitner im Kat. der österreich. Schatzkammer Wien 1882, S. 88 No. 1, S. 92 No. 4, S. 93 No. 8, S. 96 No. 24 gemacht hat und zwar mit großer Entschiedenheit, weil die Sicherheit, in welcher Leitner seine falschen Angaben vortrug, schon andere verführt hat. Er hat einen österreichischen Kontrollstempel sowohl falsch gelesen als auch falsch interpretiert. Den österreichischen Repunzierungsstempel von 1806, der ein abnehmendes Mondviertel und ein A zeigt (Rosenberg, Merkzeichen 1890, No. 2257), hat er für CA angesehen. Diese Initialen hält er für die des Meisters und beachtet nicht, daß die Werke, die er ihm zuschreibt, etwa ein Menschenalter nach seinem Tode entstanden sind.

Bolzenthal, Skizzen zur Kunstgesch. der mod. Med.-Arbeit, Berlin 1840, S. 178. — Berlepsch, Chronik der Gold- und Silberschmiedekunst, St. Gallen s. a., S. 79. — Hist. Cat. d. Bayr. Schatzkammer, München 1879, S. 30. — Mitteil. d. Mähr. Gew.-Mus., Brünn 1887, No. 9. — Weiss, Handwerk der Goldschmiede in Augsburg, Leipzig 1897, S. 319. *R.*

Abt, Johann Christian. Schweizer Kunstschlosser aus Bünzen. Geb. 2. 3. 1721, † 22. 12. 1798. Tätig im Kloster Muri. Fertigte 1775—1777 im Auftrage des Fürstabtes Bonaventura Buocher das schöne im Rigi-Klösterli befindliche Chorgitter.

Brun, Schweizer Kstlerlex. ***

Abt (Apt), Malerfamilie in Augsburg, deren Stammbaum anscheinend in folgender Art aufzustellen ist:

Peter Abt (um 1460)

Ulrich Abt d. Ält. (1486/1532)

Jacob A. (1510/18)	Ulrich A. d. Jüng. (1512)	Michael A. (1520/27).

Siehe auch unter den einzelnen Namen.

Abt (Apt), Jacob, Maler in Augsburg, Sohn Ulrich A. d. ält., 1510 Meister, † 1518 (R. Vischer, Studien z. Kstgesch. 514, 519, 548, 566). Auf den Fresken, der nur in schwachen Spuren erhaltenen Dekoration, eines Hofes des Fuggerhauses in Augsburg hat Waagen das Monogramm A gesehen. Danach wurde das Werk mit Unrecht Altdorfer zugeschrieben. Später ward die bessere Vermutung geäußert, daß ein Glied der Familie Abt diese von 1516 datierten Wandmalereien geschaffen hätte. Falls das Monogramm so aussah, wie Waagen angibt, käme Jacob A. am ehesten in Frage.

Waagen, Kstw. u. Kstler. in Deutschland, II 76. *Friedländer.*

Abt (Apt), Michael, Maler in Augsburg, tätig nachweisl. 1520—1527.

R. Vischer, Studien z. Kstgesch. 518, 556, 567. Die Eintragung von 1493 (Vischer 536) „Norlich Appt stellt einen Lehrling vor", ist nicht auf Michael, sondern auf den älteren Ulrich zu beziehen. — Jahrb. d. ksthist. Sl. d. österr. Kaiserh. XX, 1. T. p. 81, 82, 94, 100. *Friedländer.*

Abt (Apt), Peter, Maler in Augsburg, um 1460, aufgeführt im Handwerksbuche d. Augsburger Stadtarchivs (R. Vischer, Studien z. Kstgesch. 489). *Friedländer.*

Abt (Apt), Ulrich, d. ält., Maler in Augsburg, tätig schon vor 1486, stellt 1486 und 1493 Lehrlinge vor, erwähnt auch 1490, 1497, 1498, 1501, 1509, 1510, 1517, † 1532 („der Alte"). Der ält. U. A. malte 1496 in der Kapelle der hl. Afra auf dem Lechfelde das Martyrium dieser Heiligen und 1496 für das Augsburger St. Ulrichskloster eine Kreuzesfahne auf Leinwand, die auf beiden Seiten die hl. Afra und ihr Martyrium zeigte (Steichele, Archiv f. d. Geschichte der Bistümer Augsburg II).

1506 wird U. A. für Arbeiten im Rathause bezahlt, 1517 anderer Auftrag (mündliche Mitteilung v. Dr. Hofmann an H. A. Schmidt, s. Repert. f. Kstw. XIV 227).

Im Augsburger Rathaus malte 1516 U. A. (außer dem ält. käme hier auch der jüngere in Betracht) mit Jörg Breu dem kaiserl. Geschlecht gewidmete Darstellgn., Kriegsszenen und Ahnenbilder (Jahrb. d. Ksts. d. allerh. Kaiserh. XX 97).

Von einem Gliede der Familie A., vielleicht von dem ält. Ulrich, rührt eine Gruppe von Bildern her, die früher Albrecht Altdorfer zugeschrieben wurden. Das Hauptwerk in dieser Gruppe, auf dem die Bezeichnung „APT" gelesen wird, ist der von der Augsburger Familie Rehlinger 1517 gestiftete Flügelaltar mit der Kreuzigung Christi innen und der Verkündigung Mariae außen in der Augsburger Galerie (H. A. Schmid, Beilage der Allgem. Zeitung 1889 No. 325, Repert. f. Kstw. XIV 226; gegen die Zuschreibung W. Schmidt, Repert. f. Kstw. XIII 273, der die Bildergruppe Jan van Scorel zuschrieb).

Friedländer.

Abt (Apt), Ulrich, d. jüng., Meister 1512 (R. Vischer, Studien z. Kstgesch. 516).

Friedländer.

Abt, s. auch *Abbt.*

Abts, Wauter (Gautier), Maler, geb. wahrsch. in Antwerpen und um 1582, wurde 1604—5 als Freimeister in die Antwerpener Gilde aufgenommen, heiratete 1605 Cornelia de Mellelo und wird in dem betr. Akte Valerius mit Vornamen genannt. Im Taufakt seines vierten Kindes 12. 2. 1624 wird als seine Wohnung angegeben: zum Schild des hl. Quentin in der Schuttershofstraat, wahrscheinlich das Haus, das ehemals Quentin Massys gehörte. Die Archive der Lukasgilde nennen 8 seiner Schüler: Mathias Machielsen, Leonh. Coymans, Fred. van Gelder, Mich. Giskeir, Alex. Pourre, Egid. van Haelbeeck, Phil. Garibaldo, Corn. Bocx, die sämtlich unbekannt geblieben sind. Mehr Ehre machte ihm Adrian de Bie, der nach H. de Poorters Lobrede auf Adrian im „Gulden-Kabinett" von Corn. de Bie Abts Schüler genannt wird. Wauter starb zwischen dem 18. 9. 1642 und dem 18. 9. 1643.

Meyer, Kstlerlex. Artikel von Th. v. Lerius; derselbe auch in: Biographies d'artistes anversois 1880. *Pol de Mont.*

Abtshoven, s. *Apshoven.*

Abu Alayth (richtiger Abul-Leith, d. i. der Vater des Löwen), der Sizilianer (el Sikeli), vollendete in Sevilla 1196 (593 der Hedschra) auf Befehl des Almanzor Jacob die große Moschee und den berühmten Turm derselben, die Giralda.

Abdel Kalin (richtiger Ibn Abd-el Kerim), Gesch. von Fez, nach Cean Bermudez, descr. artist. de la catedral de Sevilla, apend. p. V. △

Abu Bekr Ben Abu Barbustar, Alfakih Alcadi, d. h. der Rechtsgelehrte und Richter, baute 1187 (566 der Hedschra) einen Turm zu Mertola in Portugal für Abu Abdallah, den Sohn des regierenden Fürsten.

Llaguno y Amirola, Noticias I 240. △

Abu-Bekr-Mohammed-ben-Hassan. Berühmter arabischer Maler, der 997 (365 d. Hedschra) starb. Von seinen Werken ist nichts bekannt.

Gaz. des b. a. 1869 I 445. ***

Abyberg, Eva, Malerin aus Schwyz, geb. 21. 8. 1588, † 2. 2. 1669. Man kennt von ihr das in der Kapuzinerkirche in Arth befindliche Bild „der marianische Psalter".

Brun, Schweizer Kstlerlex. ***

Abyngton, Alexander de, s. *Alexander* d. A.

Abys-Lotz, Anna. Schweizer Malerin, Frau des Arthur A.-L., geb. 1861 in Basel, lernte dort und in Paris. Lebte eine Zeitlang in St. Galmier in Frankreich, dann in Basel und seit ihrer Verheiratung 1891 in Bern. Sie malte Porträts in Pastell und Öl und stellte wiederholt aus.

Brun, Schweizer Kstlerlex. ***

Abys-Lotz, Arthur, Schweizer Architekt und Maler, geb. 15. 12. 1861 in Bern, † 23. 9. 1901 in Muri bei Bern. Schüler des Architekten v. Rütte sen. in Bern und der techn. Hochschule in München. Trat dann bei Boldt u. Frings in Düsseldorf in Stellung und siedelte 1888 nach Bern über, wo er im eidgen. Baudep. als Architekt tätig war. Beschäftigte sich auch mit Aquarellmalerei (Architektur und Marine) und stellte auf der Schweizer Landesausstellung in Genf aus.

Brun, Schweizer Kstlerlex. ***

Acacciati, falsche Lesart f. *Scacciati* (s. d.).

Acaia, Giovanni Giacomo dell', neapol. Architekt, ein Nachkomme der französ. Familie De-la-Haye, die im 13. Jahrh. mit den Anjou nach Italien gekommen war. † 1570. 1535 baute er am Castello di Seccine bei Vernole. Um 1545 trat er in den Dienst des Hofes und arbeitete an den Befestigungen Neapels (1546 S. Elmo), seit 1549 befestigte er das Kastell von Lecce, dann die von Cosenza, Capua und Cotrone und erbaute in Lecce den Palazzo della R. Udienza und das Ospedale di Santo Spirito.

Napoli Nobilissima XIII 16, 57, XIV 94. — Rivista Stor. Salentina 1903 (Ago.-Sett.). *G. Degli Azzi.*

Acar, Charles Louis, Maler, geb. 1804 zu Oudenaarde, wo er Schüler der Akad. wurde. Er setzte dann seine Studien zu Brüssel fort, ebenfalls an der Akad., sowie unter Odevaere. Mitte der zwanziger Jahre waren von ihm verschiedene Bildnisse in den Genter Ausstellungen; etwas später einige Bilder in den Ausstellungen von Haag und von Amsterdam; 1842 ein Genrebild (Der Zeichenunterricht) im Salon zu Brüssel. Hier hatte er sich zu dieser Zeit niedergelassen. Gegen 1848 malte er ein großes Gemälde, Martyrium der hl. Barbara, für den Hochaltar der Kirche des hl. Hermas zu Ronse oder Renaix und eine kleine Darstellung der Jungfrau im Tempel für die Kirche von Lootenhulle bei Gent.

Meyer, Kstlerlex. — Notizen von Pol de Mont.

Acario, Giovanni, italien. Mönch und Maler zu Bologna, war 1352 und auch späterhin noch mehrfach im dortigen Dominikanerkloster tätig, wo er mehrere Altargemälde ausführte, darunter auch dasjenige auf dem Hochaltare von S. Domenico.

Repertor. f. Kstwissensch. XX 177. *F. Malaguzzi-Valeri.*

Acart, Guillaume, burgund. Maler, nur bekannt durch eine Zahlungsanweisung Philipps von Burgund vom 28. 9. 1345 auf „14 livres parisis".

Dehaisnes, Documents concernant l'hist. de l'art dans la Flandre etc. II 350. ***

Acart, Jean, Maler in Arras, 1307—1320, war hauptsächlich für die Comtesse Malrant d'Artois tätig und führte für sie Wandmalereien im Schloß Lens und in Arras aus.

Mgr. Dehaisnes, Hist. de l'art dans la Flandre . . . Lille 1886. — Réunion des Soc. d. beaux-arts XIII 226. *P. Durrieu.*

Accama, Bernardus, geb. zu Leeuwarden 1697, aus einer vornehmen Familie, starb dort 1756. Er war ausschließlich Porträtmaler und hatte die sonderbare Gewohnheit, seine vielen Bilder auf der Rückseite zu nummerieren. Sein jüngerer Bruder Matthys war sein Schüler. Im Rathaus zu Franeker sind zwölf Professorenporträts von ihm und im Mus. zu Leeuwarden 24 Bildnisse von Stabsoffizieren des Prinzen Wilhelm IV., gemalt 1731 und 1732. Übrigens findet man seine Werke, deren einige von J. Houbraken und P. Tanjé gestochen sind, fast ausschließlich in friesischem Privatbesitz. Sein Selbstbildnis war in der Sammlung van der Marck, Amsterdam 1773.

v. Eynden u. v. d. Willigen II 90. *E. W. Moes.*

Accama, Bernardus, Maler, geb. 1747, † 1768, war Sohn und Schüler von Matthys A. Werke von ihm sind nicht bekannt.

v. Gool II 493. — v. Eynden u. v. d. Willigen II 92. *E. W. Moes.*

Accama, Matthys, Maler, geb. in Leeuwarden 1702, und dort † 1783, war der jüngere Bruder und Schüler von Bernardus A. Er hat Italien besucht und malte auch historische Darstellungen, z. B. für das Rathaus in Leeuwarden. Er war der Vater und Lehrer von Simon und Bernardus A., sowie 1778 von Dirk Jacob Ploegsma. Sein Selbstbildnis war in der Sammlung H. Aarentz, Amsterdam 1770.

v. Gool II 493. — v. Eynden u. v. d. Willigen II 91. *E. W. Moes.*

Accama, Simon, Maler, geb. 1735, † 1752, war Sohn und Schüler von Matthys A. Werke von ihm sind nicht bekannt.

v. Eynden u. v. d. Willigen II 92. *E. W. Moes.*

Accard, Eugène, französ. Maler, geb. 1824 in Bordeaux, † im August 1888 in Paris, Schüler von Abel de Pujol. Er hat zahlreiche historische Genrebilder gemalt, die bei dem Publikum großen Anklang fanden. Sein Hauptgebiet ist der französ. Hof im 17. und 18. Jahrh., den er zum Schauplatz für seine gefällig erzählten Anekdoten wählt. Außerdem hat er einige glatte Bildnisse gemalt.

Bellier-Auvray, Dict. gén. u. Suppl. — Chronique d. arts 1888 p. 231. — Pariser Salon 1885—1887. *K. E. Schmidt.*

Accard (de Chauny), Simon. Hofbuchbinder der Herzogin von Orléans in Blois. 1475 tätig.

Bérard, Dict. des Art. franç. ***

Accardi, Michelangelo. Sonst unbekannter Maler in Rom um 1727.

Zani, Enc. I 298. ***

Acceptant, François, Goldschmied in Paris, erhält 1391/2 mit anderen Goldschmieden Zahlung für verschiedene wertvolle Gegenstände, die sie für Philipp den Kühnen von Burgund fertigten.

Dehaisnes, Doc. concernant l'hist. de l'art dans la Flandre etc. II 687. ***

„Acceptus peccator archidiaconus" nennt sich laut Inschrift der Verfertiger der Marmor-Kanzel in der Kirche zu Canosa in Unteritalien. Die Kanzel mit ihrer byzantinisierenden Ornamentik gehört dem Ausgang des 11. Jahrh. an.

Schulz, Denkm. in Unterital. I 59. Abbild. auf Taf. 9, Fig. 1—5. — Bertaux, L'Art dans l'Italie mérid. I 444 (mit Abb.). *Swarzenski.*

Accer (Accfer, Accker), Ces. Ant., s. *Accius.*

Acchini, Angelo, s. *Achini.*

Acciaccaferri, Antongiacomo, aus S. Severino, italien. Maler, Schüler d. Bernardino di Mariotto aus Perugia und nicht des Pinturicchio wie man öfters annahm. 1519 malte er mit seinem Lehrer Wappen für seine Vaterstadt; zwei Jahre später vollendete er ein Bild des Gekreuzigten für die Kirche S. Francesco in S. Severino. Er ist in den Dokumenten erwähnt bis 1545.

V. Aleandri in Nuova Rivista Misena 1891 No. 11. — Ricci: Mem. stor. II 112, 131.
V. Aleandri.

Acciaccaferri, Pierantonio und Francesco (Vater und Sohn) aus S. Severino, Intarsiatoren und Holzschnitzer. Schüler des berühmten Domenico Indivini aus S. Severino, wo sie 1513 die Chorstühle für die städtischen Oberbehörden im Chor der Hauptkirche (einem Werke des D. Indivini) ausführten. Sie bezeichneten dieselben mit der Inschrift: = HOC · CHORI · LATVS · NICOLAVS / INDIVINI · P · PERANTONIVM · ACCIAC / HAFERRI · ET · FILIVM · FACIENDVM / CVRAVIT · 1513 =. Man schreibt ihnen auch einen anderen Chor zu, der sich noch in S. Severino im Kloster S. Chiara befindet und 1511 beendet wurde. Wahrscheinlich halfen sie ihrem Lehrer bei dem Chor für S. Francesco in Assisi, dem für die Kathedrale in Jesi und dem für die Kirche der Klarissinnen in Camerino. Pierantonio schnitzte 1526 eine Tür und ein Tabernakel für den Palazzo comunale seiner Vaterstadt, und lebte noch 1529.

V. Aleandri, Nuova Guida stor.-art. di S. Severino-Marche 1898. — Anibaldi, M° Domenico Indivini da Sanseverino in Jesi 1878. — Ricci, Mem. stor. I 237, 242. — Valentini, Il forastiere in Sanseverino-Marche 1868.
V. Aleandri.

Acciaccaferri, Orazio aus S. Severino, Holzschnitzer und Intarsiator des 16. Jahrh. Er führte die Werkstatt des Vaters Francesco und des Großvaters Pierantonio fort ohne über die Mittelmäßigkeit hinauszukommen.

Archivio communale di S. Severino, Consigli 1538—40 c. 36. Camerling: id. c. 145.
V. Aleandri.

Acciajo, Paris. Italien. Holzschnitzer des 16. Jahrh., wird von Landinelli (Storic di Sarzana) und Soprani (vite de' pittori ecc. genovesi p. 54) mit Lob genannt. Als 1584 der Bischof von Sarsina, Angelo Peruzzi, die Diözese Sarzana-Luni besuchte, fand er das Tabernakel des Hochaltars im Dom von Sarzana zu klein. Daraufhin gaben die Operai des Doms dem Paris den Auftrag auf ein neues Tabernakel, das er zusammen mit anderen Künstlern ausführte. 1592—93 haben Niccolo und Bastiano „pittori francesi" das fertiggestellte Tabernakel bemalt, Paolo di Bartolommeo Milanese hat Reliefs dafür geschnitzt, Bastiano del Bosco hat Vergoldungen daran gemacht. Das Werk ist nicht erhalten, da es 1680 einem neuen Tabernakel Platz machen mußte. Von Paris wissen wir noch, daß er 1603 den Beichtstuhl des Mons. Salvago in Sarzana schnitzte, der ebenfalls nicht mehr nachweisbar ist. Die (ziemlich schwache) Bildnisbüste dieses bedeutenden Prälaten, welche man in der großen Cappella della Purificazione des Domes sieht, ist von Domenico Sarti da Carrara angefertigt worden.

A. Neri, Noterelle artistiche, Giornale Ligustico IV (1877) 304—5. — Zani, Encicl. II.
W. Suida.

Accius, Cesare Antonio (auch Accer, Accker oder Accfer gen.), italien. Landschaftsmaler und Radierer, tätig im Anfange des 17. Jahrh. Von ihm werden drei feine Radierungen aufgeführt, eine, den Fang von Wildenten mit Hilfe von Laternen darstellend, ist bezeichnet: Cesare Antoni Accius fecit et inv. A. D. 1609. Eine zweite Landschaft gleicher Größe, die mit der Nummer 2 bezeichnet ist, also wohl mit der ersten zu einer Folge gehört, und eine dritte kleinere Darstellung mit einem Wasserfall und 2 Männern in Kähnen, sind nur Ant° bezeichnet.

Meyer, Kstlerlex. *P. K.*

Accolti, Pietro. Italien. Gelehrter, Prospektzeichner und Malerdilettant, bekannt durch sein mit vielen Holzschnitten ausgestattetes Werk „Lo inganno degl' occhi, prospettiva pratica etc." Firenze 1625.

Meyer, Kstlerlex. ***

Accolto, Maestro. Sonst unbekannter Architekt in Siena um 1230.

Zani, Enc. I 298. ***

Accolto, Cione d' s. *Cione d' A.*

Accorsuccio, „Maestro di legname", war nach Notizen im Libro del Camerlengato und in den Riforme des Stadtarchivs zu Gubbio, die G. Mazzatinti publiziert hat, in den Jahren 1377, 1383 und 1384 in Gubbio tätig. Von seinen Arbeiten ist nichts bekannt.

Mazzatinti, Doc. per la Stor. d. Art. a Gubbio in Arch. stor. per le Marche e per l'Umbria Vol. III 16. *W. Bombe.*

Accou von Middelburg, holl. Zeichner und Aquarellist im Anfang des 19. Jahrh. Siehe *Haccou,* Johannes Cornelis und Lodewijk Gillis. **

Accravi, Andrea, Sienesischer Maler des 18. Jahrh., malte im Chore der Chiesa dei S. S. Apostoli Pietro e Paolo zu Monticiano zwei Fresken aus dem Leben des Beato Antonio Patrizi, die in allerdings ziemlich ruinösem Zustande noch jetzt erhalten sind.

F. Brogi, Invent. gen. etc. della Prov. di Siena (1897) p. 366. *

Accursii, Giovanni degli, italien. Architekt, nach Orettis Manuskript in der Bibl. communale zu Bologna ebenda um 1450 tätig.

Arch. stor. dell' Arte ital., ser. II, fasc. II p. 79. — Amorini, Vite dei pitt. Bolognesi I 25. — Malaguzzi-Valeri, L'Archit. a Bologna nel Rinasc. p. 149. *F. Malaguzzi-Valeri.*

Accursio di Ciolo. Sonst unbekannter Ornamentbildhauer in Orvieto. 1345.

Zani, Enc. VI 211. ***

„**Accursio** notario" ist urkundlich bekannt als sienesischer Miniator aus einer Zahlung vom Jahre 1248 „pro miniis ab eo factis in quadam cedula". In erhaltenen Denkmälern ist der Künstler nicht nachweisbar.

Borghesi e Banchi, Nuovi Doc. Senesi, Append. al Milanesi 1898 p. 206. *Swarzenski.*

Accursus de Petro Baldinelli ist einer der sienesischen maestri di pietra, die als Unterzeichner eines breve der dortigen Zunft aus dem 13. Jahrh. bekannt sind, ohne daß weitere Spuren seiner Tätigkeit nachweisbar sind.

Borghesi e Banchi, Nuovi Doc. Senesi, Append. al Milanesi 1898 p. 3. *Swarzenski.*

Accusani, Girolamo, Goldschmied des 17. Jahrh. in Modena, in dessen Werkstatt der deutsche Goldschmied Sig. Müller (s. d.) zwischen 1680/6 tätig war.

G. Campori, Art. Ital. e Stran. negli Stati Estensi 1855 p. 328. ***

Acebedo, Cristobal de, span. Maler, geb. zu Murcia gegen Ende des 16. Jahrh., Schüler des Bart. Carducho. Zu den bedeutendsten seiner durch Korrektheit ausgezeichneten Bilder gehören folgende in verschiedenen Klöstern von Murcia: der hl. Fulgencio, die Jungfrau anbetend; der hl. Andrès Corsino, gegen die Mauren kämpfend; der hl. Pedro Nolasco, Gefangene einlösend. Acebedo soll gegen die Mitte des 17. Jahrh. in Murcia gestorben sein.

Cean Bermudez, Dicc. I 2. △

Acebedo, Gonzalo de, span. Baumstr., dekorierte 1591 mit Tomé de Cavano im gotischen Stil die erste Sala de Despacho im Archiv zu Simancas.

Llaguno y Amirola, Not. II 328. △

Acebedo, Manuel, Maler, geb. zu Madrid 1744, † ebenda 1800. Schüler des mittelmäßigen Jose Lope. Bermudez nennt von ihm zwei Kirchenbilder: Johannes den Täufer und den hl. Franziskus, in der Kapelle der Nonnen der Latina (in Madrid).

Cean Bermudez, Dicc. VI 55. △

Acebedo, s. auch *Acevedo.*

Acedo, Francisco, Schreibmeister der Kathedrale von Burgos, für die er von 1559 bis 65 Chorbücher ausführte.

Rico y Sinobas, caligr. españ. S. 1. *M. v. B.*

Acellino, Francesco, Holzbildhauer aus Merlara bei Padua, tätig in Rovigo um 1640.

P. Zani, Encicl. I 299. — F. Bartoli, Le pitture etc. in Rovigo p. 92. *A. Moschetti.*

Acerbi, J. Sonst unbekannter Vedutenzeichner und Landschaftsmaler in England um 1800.

Zani, Enc. I 299. ***

Acero, Vicente, span. Archit., begann 1720—22 den Neubau der Kathedrale in Cadix (der erst 1838 beendigt wurde) und übernahm den Weiterbau der kgl. Tabakmanufaktur in Sevilla. Nach seinen Plänen errichteten 1724—56 José Bada und Antonio Ramos die Fassade der Kathedrale in Malaga.

Llaguno y Amirola, IV 99, 100, 108. — Caveda, Bauk. in Sp. 287. *M. v. B.*

Acerra, Domenico dell', italien. Maler und Kupferst., tätig besonders in Neapel in der 2. Hälfte des 18. Jahrhunderts. Er stach Porträts, Ansichten und Landkarten. Besonders zu nennen sind: 1. Porträt des Königs Stanislaus August von Polen; 2. Carta topographica del Regno di Polonia; 3. Die Okkupation Chocims durch den russ. Feldmarschall Galitzin.

Zani, Enc. I 299. — Kraszewski, Catalogue des Estampes. *Marian Gumowski.*

Acevedo, José, span. Maler, geb. zu Castrapol (Prov. Oviedo), in der 1. Hälfte des 19. Jahrh., Schüler der Akad. San Fernando, nahm an verschiedenen Kunstausstellungen von Madrid teil; besonders trat er auf derjenigen von 1860 hervor mit einem „jungen Wasserträger, der seinen Krug zerbrochen hat". Er lieferte zahlreiche Illustrations-Zeichnungen und auch Lithographien. Von ihm ein Teil der Stiche aus der „Historia del Escorial" (veröffentl. v. Antonio Rotondo) und ein Teil der „viaje a Oriente de la fragata Arapiles". Er ist auch der Autor einer Anzahl für medizinische Werke bestimmter anatomischer Bilder.

Ossorio y Bernard, Galeria biogr. de artistas españoles del siglo XIX. Madrid 1883/4. *P. Lafond.*

Acevedo, s. auch *Acebedo.*

Aceves, Manuel, span. zeitgen. Goldschmied, geb. in Andalusien. Man verdankt dem Künstler zahlreiche, fein modellierte und zieselierte Metallgegenstände, z. B. eine silberne Krone, die dem Dramatiker Don Enrique de Cisneros 1868 verehrt wurde.

Ossorio y Bernard, Galeria biogr. de artistas españoles del siglo XIX. Madrid 1883/4. *P. Lafond.*

Ach, Hans von. Maler, 1477 in Basel urkundlich erwähnt (vielleicht identisch mit dem 1487 genannten Hans v. Och).

Brun, Schweizer Kstlerlex. ***

Ach, Heinrich von (oder von Oche), wahrscheinlich Heinrich Kalteisen aus Aachen, als Maler 1502 in Breslau erwähnt, † vor 1520. Andere Mitglieder der Familie gleichfalls in Breslau und Schlesien als Maler tätig. *C. Buchwald.*

Ach, Johann, s. *Achen,* J. v.

Achamer, J. (Aichamer), Glockengießer in Wien, goß 1711 die reichverzierte große Glocke im Hauptturme der Stephanskirche aus dem Metall eroberter türkischer Kanonen.

Tschischka, Kunst- u. Altertum im österr. Kaiserst. p. 8. **

Achard. Bruder im Kloster Clairvaux, vielleicht auch als Architekt tätig. 12. Jahrh.

Schnaase, Kunstgesch. V 321. ***

Achard. Französ. Architekt, 1772—1795 in Lyon erwähnt. 1780—1783 Professor der Architektur an der Zeichenschule. 1772 entwarf er einen Plan für die neue Reitschule in der rue Bourgelat, der aber nicht zur Ausführung kam.

Réun. des Soc. des b. a. XXVIII 436. ***

Achard. Fayence-Fabrikant in Moustiers in der Provence, 1775 erwähnt.

Gaz. des b. a. XV 255. ***

Achard, François, französ. Bildhauer, hatte sich um 1761 in Grenoble niedergelassen.

Maignien, Les artistes grenoblois 1887. *Lami.*

Achard, Jacques, in der Malerliste von 1767 in Toulon genannt.

Nouv. Arch. de l'art franç. 1888 p. 159. ***

Achard, Jean, französ. Bildhauer, geb. in Saint-André-en-Royans (Dauphiné), übte seine Kunst gegen Ende des 17. Jahrh. in Grenoble aus. Ein zweiter Jean A., ebenfalls Bildhauer, wohnte in ders. Stadt um 1705.

Lami, Dict. d. sculpt. franç. sous Louis XIV. *Lami.*

Achard, Jean, französ. Maler und Radierer, geb. in Voreppe (Isère) 18. 6. 1807, † in Grenoble 6. 9. 1884. Er stellte seit 1831 im Salon in Paris und in der Provinz zahlreiche Bilder aus, welche er in Ägypten, in der Dauphiné, an den Ufern der Oise und im Tal von Chevreuse gemalt hatte. Seine besten Bilder zeichnen sich durch reiche saftige Wiesen, schöne Herbst- und Sommertag-Stimmungen aus. Sein „Blick auf die Umgegend von Grenoble" (Salon de Paris 1845), früher im Luxembourg, ist heute im Palais von Compiègne. Die Mus. von Grenoble und Besançon besitzen Bilder von ihm. Er hat auch viele Landschaften radiert (s. Meyer, Künstlerlex.).

Bellier-Auvray, Dictionnaire. — Béraldi, Les graveurs du XIX siècle. — La grande encyclopédie. — M. Reymond, Catalogue de l'Exposition des oeuvres de J. Achard.

Achard, Jean Baptiste, französ. Maler religiöser Sujets, geb. in Correns (Var), tätig in der 1. Hälfte des 18. Jahrh. Er führte 1718 für die Kapelle Corpus Domini in Toulon ein Bild aus: Melchisedech segnet Abraham, und dekorierte 1725 24 Deckenfelder derselben Kapelle.

Nouv. arch. de l'art franç. III sér. III (1887) 325. X (1894) 199. — Réunion d. sociét. d. b. arts 1895, 199. *F. L. Bruel.*

Achard, Jean Georges Pierre, französ. Bildhauer, geb. in Abzac (Gironde), Schüler von Falguière, stellt seit 1894 aus. 1903 erhielt er eine III. Medaille. Seine Hauptwerke: „Kaiser Nikolaus II. empfängt unter dem Schutze der Friedensgöttin die Huldigungen der französ. Industrie und des Handels", eine allegor. Gruppe, die sich jetzt in der Syndikats-Kammer des Handels und der Industrie zu Paris befindet (1898); ferner „Der Präsident Krüger", Gipsstatue (1901); endlich „Lui", Gipsstatue (1903).

Kat. d. Salons. *Lami.*

Achard, Pierre, französ. Holzschnitzer, übte seine Kunst in Grenoble um 1750 aus.

Maignien, Les artistes grenoblois 1887. *Lami.*

Acharius, s. *Scholander,* J. W.

Achbauer, Franz, als Maler in Prag um 1812 genannt.

Füssli, Kstlerlex. (neue Zus.) 1824. ***

Achbauer (Aichbauer, Aychbauer oder Aichpam), Johann Georg, Baumeister in Prag, tätig in der 1. Hälfte des 18. Jahrh., war der Sohn des Georg Aichbauer (Euchbaur). Sein Vater war Maurer und erwarb 1656 das Bürgerrecht in Prag. 1673 heiratete er Anna Marie Lang, die Tochter eines Leitmeritzer Bürgers. Nach dem Tode ihres Gatten vermählte sich diese mit dem Baumeister Christoph Dintzenhofer, der seinem Stiefsohn in seinem Testament vom 7. 1. 1722 ein Legat zukommen ließ. Seinem Stiefvater hat Johann Georg Achbauer es wohl zu verdanken, daß er bei dem Baue der Lorettokirche in Prag (Hradschin) beschäftigt wurde. Er war Leiter des Umbaues der Kapelle der Geburt Christi (1734—1735).

Urkunden: Lib. civ. 568, fol. 123 v. und lib. civ. 570, fol. 227. Stadt-Archiv in Prag (Altstädter Rathaus). — *Lit.*: Ant. Baum, Beiträge zur Biogr. einiger in Prag tätig gewesener Baumeister in den Mitt. des Archit.- und Ingenieur-Vereins in Böhmen XVI. — Dlabacž, Kstlerlex für Böhmen, Prag 1815. — Max Dvořák, Maria Loretto am Hradschin, Prag 1883, p. 87 f. — Hugo Schmerber, Beiträge zur Gesch. d. Dintzenhofer, Prag 1900. *H. Schmerber.*

Achbé, s. *Azbé.*

Ache, Caran d' (Poiré, Em.), s. *Caran d'Ache.*

Achen, Georg Nicolaj, dänischer Maler, geb. in Frederiksund (Seeland) 23. 7. 1860, ausgebildet unter N. Chr. Kierkegaard und Vilh. Kyhn, besuchte die Kunstakademie 1876—1883 und die folgenden Jahre die Studienschule P. S. Kröyers. Er hat viele Reisen ausgeführt (Rußland [1883], Frankreich und Deutschland [1886], Italien [1888], Holland, Belgien und England [1893]). Seine Hauptgebiete sind Bildnisse, Interieurs und Landschaften. Von seinen bedeutendsten Bildern seien erwähnt: Kranke am Grabe St. Helenas (1888), die Mutter des Künstlers (1890, Ausstellungsmedaille s. Thorvaldsens Med. — Die kgl. Gemäldegalerie), Waldsee (1890, Samml. Graf K. Lanskoronski, Wien), Bildnis des Malers Karl Jensen (1892, Samml. H. Hirschsprung), Bauernstube, Refnäs (1892, Museum Aarhus), Interieur (1893, kgl. Gemäldegalerie), Gewitterregen am Sonnenuntergang (1894, Museum Crefeld), Bildnisse (1895, Museum Frederiksborg), Bildnis des Organisten Rasmussen (1896, Museum Stockholm), Bäkkelund, Landschaft (Mus., Aalborg). In den letzten Jahren hat A. eine

Reihe Bilder von Möen gemalt, besonders Interieurs des alten Schlosses Liselund (Museum, Aarhus u. Randers). Er wurde 1893 Mitglied der Kunstakademie.

Ausstellungskatal. von 1883—1907 (1896—1901 „Die freie Ausstellung"). — Weilbach, Nyt dansk Kunstnerlex. 1896 I 19. — Salmonsens Lex. I 133. — Illustr. Tidende „Af Samtidens Kunst" Heft 12, p. 263. — „Kunst" (dän. Zeitschr.) II (1900—01) V (1903—04), VII (1905 —1906). — Kunst für Alle V (1890), VII (1892). *A. R.*

Achen (Aken), Johann von, Historien-, Genre- und Bildnismaler, geb. zu Köln 1552, führte den Namen nach der Heimat seines Vaters. Seine Begabung erwies er nach K. van Mander schon früh durch flotte Naturaufnahmen. Er wurde in Köln Schüler des E. Jerrigh, begab sich 1574 nach Venedig, wo er bei Caspar Rem erst Aufnahme fand, nachdem er sein lachendes Selbstporträt als Probestück vorgelegt hatte. In Venedig begeisterte ihn der Reichtum und Schwung der Kompositionen und die Farbenpracht der Werke Tintorettos. Er hielt sich dann in Rom auf und malte für die Kirche „il Gesù" eine „Anbetung der Hirten" (Stich von Egidius Sadeler 1588). Dort entstand auch sein eigenes Bildnis neben der Lautenspielerin Donna Venusta. In Florenz porträtierte er den Großherzog Franz und die Dichterin Donna Laura Terracina und kehrte 1588 nach Köln zurück. Hier entstand u. a. das große Altarblatt „Die Kreuzigung" in der Antoniterkirche und ein Flügelaltar für die Kirche Sta. Maria im Kapitol. Er folgte sodann einer Aufforderung des Grafen Otto Heinrich von Schwarzenberg und kam nach München an den Hof des Herzogs Wilhelm V. von Bayern. Für die gräfl. Begräbniskapelle in der dortigen Kapuzinerkirche malte er die Auffindung des hl. Kreuzes durch die Kaiserin Helena (die Tafel wurde 1882 in Berlin verkauft). Zu seinen berühmtesten Leistungen gehören: der Crucifixus, Maria und Johannes in der Kreuzkapelle der Jesuitenkirche (Stiche von E. Sadeler, B. a Bolswert, G. A. Wolfgang), das Martyrium des hl. Sebastian ebendort (Stiche von R. Sadeler, J. Müller, Spirinx), die Pietà mit zwei Engeln wiederum in der Michaelshofkirche und in der Kapelle der Max-Burg (Stich von R. Sadeler). Besondere Gunst und reiche Geschenke erlangte er durch Bildnisse des Herzogs, seiner Gemahlin und Familie (München und Schleißheim). Ein Porträt des Bildhauers Giovanni da Bologna von Hans von A., in Florenz gemalt, bestimmte den Kaiser Rudolf II. dazu, ihn 1. 1. 1592 zu „Sr. Majestet Camer Maller" zu ernennen; 1594 wurde dem Künstler ein Gehalt von 200 fl. bewilligt, das später noch erhöht wird. Der Kaiser verlieh ihm 1. 11. 1594 den Adel und 14. 5. 1605 weitere Privilegien (Jos. Bergmann in Mitt. der k. k. Zentralkommiss. II. 143). Zu der Hochzeit des Künstlers mit Regina, der Tochter des Musikers Orlando di Lasso 19. 5. 1596 sandte Rudolf II. ein „silbern vergult Trinkgeschirr" als „Verehrung". 1592 malte H. v. A. 12 Bildnisse der Fugger, die von Domenic. Custos gestochen zu dem Werk Icones Fuggerorum gehören. Für das Porträt des Kaisers nebst Prudentia empfing der Künstler von Herzog Christian II. von Sachsen 100 Kronen. Ein Beschluß vom 7. 6. 1599 (Kgl. Sächs. Hauptstaatsarchiv Kammersachen II. Loc. 7309 Bl. 123) verbietet dem Maler hinfüro ein Bild des Kaisers ohne dessen Vorwissen zu verschenken (Kst.-Chronik 1885/86 XXI, 137). Im Auftrag Rudolfs II. reiste er 18. 8. 1600 nach Augsburg und Freiburg; 4. 11. empfängt er durch den Reichspfennigmeister Zacharias Geizkofler von Geilenbach eine Zahlung. 1602 entwarf H. v. A. für Adriaen de Vries die Zeichnung des Herkulesbrunnens (Kupferstich von Jan Muller mit latein. Inschrift). (Konrad Buchwald: Adriaen de Vries, Leipzig 1899 S. 19.). Ebenso fertigte er Vorlagen für Augsburger Waffenschmiede (Wendelin Boeheim im Jahrbuch der kunsthist. Samml. Wien XIII 1892 S. 221). Zu dauerndem Aufenthalt war der Maler 1601 nach Prag übergesiedelt, aber schon 23. 10. 1603 wurde er nach Italien entsandt, um für den unvermählten Kaiser eine Reihe schöner Fürstinnen zu porträtieren und daneben Kunstwerke aller Art, besonders Nuditäten, wie sie Rudolf liebte, zu erwerben oder unerreichbare Gemälde zu kopieren. Zuerst begab sich H. v. A. nach Venedig, im Nov. war er in Turin, um Margareta die Tochter Karl Emanuels zu porträtieren. In Mantua malte er die Tochter des Vincenzo di Gonzaga, in Modena die schöne Giulia d'Este. Überall war er mit Geschenken von hohem Werte überhäuft worden. „Der estensische Gesandte empfahl seinem Fürsten, ihn ehrenvoll zu behandeln, da er einer der größten Günstlinge des Kaisers und der einflußreichste unter den ‚camerdieneri' wäre, ein Mann, der durch seine guten Beziehungen und ein schönes Porträt imstande sei, den Este ihr in der Politik verlorenes Gebiet wieder zu verschaffen. Er ist ein Mann von größerer Einfachheit als Klugheit; er tut nichts, spricht nicht, gibt nicht und nimmt nicht das Geringste, es sei dann, daß er sofort seinen Herrn bei Heller und Pfennig von allem benachrichtige; er ist katholisch, spricht ein wenig italienisch und ist ein wahrheitsliebender Mann, der den Wein und die Fröhlichkeit liebt." (Adolfo Venturi: Zur Gesch. der Kunstsamml. Kaiser Rudolfs II. Repert. VIII 1885 S. 10.) Im Januar 1605 war H. v. A. wieder in Mantua. 1608 porträtierte er für Rudolf die junge Erzherzogin Anna, später Gemahlin Mathias I. in Innsbruck. Er starb zu Prag Beginn 1615. (Der 6. Jan. kann nicht der Sterbetag sein, da ein Schreiben des Künstlers vom 10. 1. 1615 [Franz Kreyczi 11775] vorliegt.) Vom 25. 4. 1615 datiert ein Gesuch inbetreff „sperr und inventur in weilend Hansen von Achs Verlassung" (a. a. O. 11778). Sein Grab im Dom St. Veit zu Prag trug nach Gottfried Joh. Dlabacz (Künstlerlex. f. Böhmen I 25) die Inschrift: D. O. M. — CLARISSIMO · ET · EXCELLENTISSIMO · ROMANOR · IMPERATOR · RVDOLPHI II. · ET · MATHIAE I. · PICTORI · CVBICVLARIO · JOANNI · AB · ACH · MARITO · DESIDERATISSIMO · ANN : CHRISTI · MD · C · XV · AETATIS : LXIII · DIE · VI · (?) JAN · FVNCTO : CONIVX · MOESTISS · REGINA · DE · LASSO · MONVMENTVM · HOC · MEMORIAE · CAVSA · P · C.

Die ausgezeichnetsten Stecher der Zeit Lucas Kilian, Jan Saenredam, Jan Muller, Cornelius Galle, Egidius, Johann und Raphael Sadeler, Domenic. Custos arbeiteten nach seinen Gemälden und Zeichnungen. Seine früher hochgeschätzten Gemälde (1758 wurden solche auf 1500 fl. bewertet) finden sich namentlich zahlreich in den alten Inventaren der Wiener Samml. (K. u. K. Schatzkammer und Gemälde-Galerie des Erzherzog Leopold Wilhelm; Th. v. Frimmel: Gesch. der Wiener Gemäldesamml. I Leipzig 1898 S. 212; Bredius: Kunstchronik XXI 218); ebenso in alten Verzeichnissen der Galerien zu München, Düsseldorf, Mannheim, Aschaffenburg, Salzthalen. Er signierte sie manchmal mit einem aus H V A gebildeten Monogramm (Faks. bei Nagler, Monogr. III No. 647 und 1614).

Hans v. A. gehört zu den Hauptvertretern des Manierismus in Deutschland und übt als flotter Virtuos eine Kunst, die nicht aus eigenem Empfinden und strengem Naturstudium hervorging, sondern sich in ganz äußerlicher Routine an fremde Vorbilder anschloß. Mit der wuchtigen Körperbildung und dem Pathos des Michelangelo trachtet er die Grazie des Correggio und das Kolorit der Venezianer zu vereinen, aber seine Formengebung bleibt schwulstig, die Gebärden seiner Figuren sind gespreizt und erzwungen, der Ausdruck der kleinen Köpfe erscheint nichtssagend; die Farbengebung wirkt kalt und glasig, der Ausführung fehlt die persönliche Anteilnahme, die Frische. Seine Erfindungsgabe innerhalb der angelernten Ausdrucksformen war übrigens sehr ergiebig; er komponierte bibl. Szenen und mytholog. Darstellungen, er entwarf Allegorien und malte Genrebilder humorist. und obscönen Inhaltes. Am meisten befriedigen seine Bildnisse.

Gemälde von ihm befinden sich in *Amsterdam*: bei Herrn van Leeuwen: Urteil des Paris. Stich von Raph. Sadeler. Kopie im Mus. zu Stockholm. *Augsburg* Kgl. Gemälde-Galerie No. 191. Anbetung der Hirten. Bezeichnet 1591 HVA (verbunden) inv. Oval. *Bonn* im Münster, Magdalenen-Altar: Die Grablegung Christi, vorn Halbfigur des Stifters Stiftsscholaster Leonhard Mestorff, oben der Auferstandene erscheint Maria Magdalena. (Merlo und Pick. Annalen des histor. Vereins f. Niederrhein XXVI, 430. P. Clemen: Kunstdenkmäler der Rheinprovinz V. 1905 S. 378). *Brüssel*, Gal. des Herzogs v. Arenberg: Die Anbetung der Hirten nach Spruyt Catalogue 1829 (Th. v. Frimmel in Mitteil. der k. k. Zentralkommiss. N. F. XXII. 1896 S. 93 und Kl. Galeriestudien N. F. I. S. 70). *Florenz*, Galeria Corsini No. 35 Bildnis des Vaters des Malers Johann Philibert. (Th. v. Frimmel in Mitteil. der k. k. Zentralkommiss. N. F. XIX 1893 S. 158). *Hamburger* Kunsthalle No. 1. Pietà. *Hannover*, Prov.-Mus. No. 1. Anbetung der Hirten. *Hermannstadt*, Gymnasium, Galerie Baron Samuel v. Brukkenthal No. 174. Der Raub der Proserpina. No. 374. Halbfigur der Diana. (Th. v. Frimmel: Kl. Galeriestudien N. F. I 1894 S. 70. Reber: Sitzungsber. der bayer. Akad. 1892 I. 156 f.) *Karlsruhe*, Großherzogl. Mus. No. 162 Alter Mann sucht ein Mädchen durch einen Schmuck zu verführen, eine Frau zeigt ihm einen Ring. Lebensgr. Brustbilder. *Kempen*, Samml. Kramer: Bildnisse des Kölner Ratsherrn Matthaeus Duisterloo und seiner Gattin Katharina Jabach. Lebensgr. Brustbilder mit Wappen, 1588 bezeichnet. (Merlo Annalen des histor. Vereins f. Niederrhein IX 14, P. Clemen: Kunstdenkmäler der Rheinprovinz I 103.) *Köln*, Antoniterkirche: Die Kreuzigung Christi. (Kugler: Kl. Schriften II 1854 S. 317. Helmken: Köln und seine Sehenswürdigk. 1889 S. 104.) S. Maria im Kapitol: Flügelaltar Sta. Anna selbdritt. Auf den Flügeln innen St. Joh. Ev., Maria außen Petrus und Caecilia nebst Stiftenpaar. Mus. Wallraf-Richartz. No. 327 Anbetung des Kindes und Stifter Bez. aetatis 37—1600. No. 328 die Erweckung des Lazarus. No. 329 Flügel: die Madonna und betender Karthäuser. No. 330 Bildnis des Bürgermeisters Joh. Broelmann in Amtstracht. *München*, Michaelshofkirche. Das Martyrium des hl. Sebastian, Kreuzkapelle: Crucifixus, Maria und Johannes, der Leichnam Jesu auf dem Schoße der Mutter dolorosa von zwei Engeln beweint. — Residenzschloß. Reiche Kapelle. Kußtafel (Pax) mit zwei Miniaturgemälden (Kunstchronik X 663). *Maxburg*, Schloßkapelle: Pietà mit 2 Engeln. National-Mus. Saal 25. Bildnis des Kurfürsten Wilhelm V. u. seiner Gemahlin Renata von Lothringen. *Pommersfelden*, Sammlung Schönborn-Wiesentheid No. 1 Schlafender

Amor. *Prag,* Stift Strahow. Bildnis des Kaiser Rudolf II. *Schleißheim,* Kgl. Galerie. No. 617 Sieg der Wahrheit. Bez. HANS V. ACH. FEC. 1598. No. 618 Christus erweckt den Sohn der Witwe. No. 619 Die Verkündigung. Ahnengalerie. No. 21 Anna, Gemahlin Albrechts V. No. 22 Ferdinand, Sohn Albrechts V. No. 23 Maria, Tochter Albrechts V. No. 25 Wilhelm V. No. 26 Renata seine Gemahlin. No. 27 Maria Anna seine Tochter. No. 28 Philipp, Bischof von Regensburg, sein Sohn. No. 29 Ferdinand, Erzbischof von Köln, sein Sohn. No. 30 Carl, sein Sohn. No. 31 Albrecht VI. der Leuchtenberger, Herzog von Bayern. *Wien,* Hofmus. No. 1507 Die Anbetung der Hirten. No. 1508 Ein Mann und zwei Frauen mit Schmuckstücken, Halbfiguren, hinter einem Tisch mit Früchten, Karten, Gold usw. No. 1509 Bacchus und Ceres. Bez. mit dem Monogramm. No. 1510 Bethsabe. No. 1511 Junges Paar. Halbfiguren. No. 1512 Bacchus. Venus und Kupido. Brustbilder. Bez. mit Monogramm. No. 1513 Martyrium des hl. Georg. Kopie nach P. Veronese. No. 1514 Ein scherzendes Paar. Kniestück. No. 1515 Jupiter umarmt Antiope. — K. K. Akad. No. 266. Dort Neapol. Schule des XVII. Jahrh. ben.: Der schlafende Amor, Psyche und ihre Schwestern. Nach Th. v. Frimmel: Kl. Galeriestudien I 66 und 305 und Gesch. der Wiener Sammlg. I 213. Sammlg. Remi van Haanen: Die Anbetung der Hirten. Stich von G. Sadeler, (Th. v. Frimmel: Chronique des Arts 1891 p. 124).

Zeichnungen, von Descamps (Vies des Peintres I 251) wegen der Reinheit und Eleganz der Umrisse gerühmt, in Dresden kgl. Kupferstichkabinett (Woermann, Mappe III Taf. 22), Prag, Rudolphinum. No. 1 u. 2, Wien, Albertina. (F. Wickhoff: Ital. Handzeichnungen der Albertina. Jahrb. d. ksthistor. Sammlg. XIII 1892. S. R. 8 und 130.)

Die *Kupferstiche* nach Vorlagen des Hans von Achen hat zuerst Heinecken (Dict. des artistes I 19—27) zusammengestellt. Ferner W. Schmidt in Meyers Kstlerlex. und J. J. Merlo, Kölnische Künstler 2. Aufl. 1895. Sp. 15—23.

Lit. s. Text, ferner: Karel van Mander „Schilderboeck“ Haarlem 1604 u. 1617 p. 203. — Edition H. Hymans II. 1885 cap. 32 p. 223. Deutsche Ausgabe von H. Floerke (München u. Leipzig) II. 1906, 279—293 nebst Anm. — Joachim v. Sandrart: Teutsche Akad. 2. T. III 285/86. — Baldinucci: Delle notizie dei professori del disegno etc. 1770 VIII 40. — Schlager, Materialien z. österr. Kunstgeschichte in Archiv f. Kunde österr. Geschichtsquellen V. 1850, 661 f. — Waagen: Handbuch I 328. — Clément de Ris: Galerie du Belvédère à Vienne. Gazette d. b. arts 1873 p. 108/09. — Woltmann-Woermann: Gesch. d. Malerei III 100. — Janitschek: Gesch. d. deutsch. Malerei p. 540/41. — Jahrbücher d. ksthistor. Samml. des AH. Kaiserhauses Wien I 1883. — Ilg: Adrian de Fries 121 und 2. T. — Berger: Inventar der Kunstsamml. des Erzherzog Leopold Wilhelm. Fürstl. Schwarzenbergisches Zentralarchiv IV 1886. — Ilg: Giovanni da Bologna 1. T. 50. VII 1888 2. T. — H. Zimermann: Urkunden, Akten u. Regesten aus dem Archiv des K. K. Ministerium des Innern X 1889, 5557 f. XV 1894 1. T. u. XV 2. T. — Haendcke: Josef Heintz, Hofmaler des Kaisers Rudolf II. und Modern: Paulus van Vianen 65—67, 75—78, 81. (Bildnis des H. v. A. in dem Relief: Triumph des Ruhmes.) 2. T. — Kreyczi: Urkunden und Regesten des K. K. Reichs-Finanzarchivs 11690 f. XX 1899. — H. v. Voltelini: Urkunden und Regesten aus dem K. K. Haus-, Hof- und Staatsarchiv in Wien 17337 fg. *Firmenich-Richartz.*

Achenbach, Andreas, Prof. Dr., Landschaftsmaler in Düsseldorf, geb. 29. 9. 1815 in Kassel. — Sein Vater ließ sich nach vorübergehendem Aufenthalte in Mannheim und Petersburg 1823 als Kaufmann in Düsseldorf nieder, wo Andr. im Alter von 12 Jahren die Akad. bezog. Obschon sein großes Zeichentalent sofort in die Erscheinung trat, hatten seine Studien, selbst unter Schadows und Schirmers Leitung keinen sonderlichen Erfolg, weshalb er sich frühzeitig selbständig ans Malen gab. Das Glück war ihm hold, so daß bereits ein Bild des Vierzehnjährigen vom „Kunstverein für die Rheinlande und Westfalen“ angekauft wurde. Auch die nächsten Jahre brachten Erfolge, so daß dem jungen Künstler eine Studienreise an die Ost- und Nordsee ermöglicht wurde. Diese unternahm er in Begleitung seines Vaters 1832—33 über Rotterdam, Scheveningen, Amsterdam durch die Nordsee nach Hamburg und von da nach Riga. Auf dieser Reise fand er auch die ersten Berührungspunkte mit den alten holländischen Landschaftern, zu denen er sich lebhaft hingezogen fühlte. Nach Düsseldorf zurückgekehrt, trat er, trotz der sich mehrenden Erfolge, wieder in die Schirmersche Landschafterklasse ein, doch wandte er mit mehreren anderen rheinischen Kunstbeflissenen, die sich gegen Berliner Kollegen an der Akad. zurückgesetzt glaubten, (Schaarschmidt, Zur Gesch. d. Df. Kunst, S. 106) Düsseldorf 1835 den Rücken und siedelte zunächst nach München, dann mit seinem Freunde Alfred Rethel nach Frankfurt über, wo er das bereits in München begonnene Bild „Seesturm an der norwegischen Küste“ vollendete. Bald darauf entstand auch das Werk, das ihn mit einem Schlage zum berühmten Manne machte, der „Untergang des Präsidenten“ (Gal. Karlsruhe), und das „Hardanger Fjord“ (Gal. Düsseldorf). das in Farbe und Auffassung deutliche Anlehnung an Lessing zeigt, zu dem A. ohnehin in der ersten Zeit mehr hinneigt als zu Schirmer. — Die zweite Hälfte der 30. und die erste Hälfte der 40. Jahre füllen zahlreiche Studienreisen aus. 1835 ging er über Dänemark nach Norwegen und Schweden.

1836 finden wir ihn in Süddeutschland, im bayer. Gebirge und in Tirol, 1839 wieder in Norwegen, wo er diesmal durch gründliche Studien sich vollständig in die Eigenart des Landes einlebte und vom Herbst 1843 an unternahm er eine fast zweijährige Reise durch Italien. Hier war es die südliche Campagna, die ihn besonders festhielt, wie auch Capri mit seinen pittoresken Felsen und Sizilien mit seinen landschaftlich schönsten Punkten. Eigenartige und dekorative Arbeiten, wie die Aquarelle vom Ätna und Monte Pellegrino entstammen dieser Zeit, doch vermochten ihn die italien. Motive nicht lange festzuhalten. Zurückgekehrt in die Heimat, lebte A. seit 1846 in Düsseldorf. Er wandte sich jetzt wieder den Stoffen zu, die ihm die heimische Landschaft bot, und vornehmlich den nordischen Meeren, deren Schilderer par excellence er wurde. Auf diesem Gebiete hat er sich in einer Weise betätigt und einen Einfluß gewonnen, daß fast alle deutschen Marinemaler bewußt oder unbewußt von ihm abhängig gewesen sind. Aber zu keiner Zeit hat er ausschließlich Seestücke gemalt. Der Vielseitigkeit seines Talentes und der Leichtigkeit seines Schaffens, die sich mit einem immensen Fleiße paarten, ist kaum ein Gebiet der Landschaftsmalerei verschlossen geblieben. Neben anspruchslosen Motiven aus der niederrheinischen Flachlandschaft (1866 die schöne Erftlandschaft, Gal. Düsseldorf) stehen Architekturen mit reicher Staffage (Lambertuskirche, Gal. Düsseldorf) und belebte Straßenszenen. Aber am meisten hat ihn die Schilderung des menschlichen Lebens in der Natur, sei es im beschaulichen Genusse, sei es in der Not des Kampfes mit dem Aufruhr der Elemente, gefesselt. Eine fast unübersehbare Reihe von Seestücken, Strand- und Küstenbildern zeigt den eminenten Schwung seiner Darstellung und immer die gleiche persönliche und kraftvolle Auffassung. — A. A. war der erste Landschafter der Düsseldorfer Schule, der den energischen Bruch mit der romantischen Empfindungsweise, die lange Zeit diese Schule beherrscht hatte, vollzog. Er gab die landschaftliche Erscheinung um ihrer selbst willen und das Natürliche ohne jede Nebenbedeutung. Auch hat er sich den Wandlungen der Malerei und ihren Errungenschaften durchaus nicht verschlossen. Bei absoluter Treue gegen sich selbst, eignete er sich eine immer kühnere Malweise an, die ihn von der miniaturenartigen Feinheit seiner ersten Bilder zu einer immer breiteren Technik und zu einem starken Impasto führte. — So vielseitig wie sein stoffliches Gebiet, waren auch seine Ausdrucksmittel. In allen Techniken der zeichnenden und malenden Künste war er zu Hause, wie die große Zahl seiner Aquarelle und Zeichnungen, worunter sich auch originelle Karikaturen befinden, und seine Lithographien und Radierungen zeigen. Obschon der Einfluß, den A. A. mit seinen Werken ausübte, ein ungeheurer war, hat er, wohl abgehalten durch die nie rastende, seine ganze Zeit in Anspruch nehmende, eigene schaffende Tätigkeit, doch nur ganz wenige direkte Schüler gebildet. Als solche sind eigentlich nur anzusprechen sein jüngerer Bruder Oswald und Albert Flamm.

A. ist in fast allen öffentlichen und privaten Galerien vertreten, besonders in der Nationalgalerie zu Berlin, der neuen Pinakothek in München, in der Gem.-Gal. zu Dresden und in der Kunsthalle zu Düsseldorf. Außerdem in den Galerien zu Köln, Frankfurt, Darmstadt, Leipzig, Karlsruhe, Wiesbaden, Stuttgart, Breslau, Hannover Danzig, Königsberg, Bremen und Hamburg.

Meyer, Kstlerlex. — Schaarschmidt, Zur Gesch. d. Düsseldorfer Kunst, Düsseldorfer Kunstverein, 1902, S. 207 ff. — Wiegmann, Die Kunstakad. zu Düsseldorf 1856, S. 346 ff. — Hermann Becker, Deutsche Maler, Leipzig 1888, S. 349 ff. — Rosenberg, Aus der Düsseldorfer Malerschule, Leipzig 1890, S. 58. — Pietsch in Westermanns Monatsheften 1895. — Pecht in Deutsche Künstler des 19. Jahrh., Bd. 3. — G. Voß in Die Graph. Künste 19, S. 1. — R. Muther, Gesch. d. Mal. im 19. Jahrh. II 267. — Die deutsche Jahrhundertausstellung, Berlin 1906. — Außerdem zahlreiche Not. u. Bespr. in der Zeitschr. f. bild. Kunst, Kunstchronik (s. Reg.) und Kunst für Alle.
Board.

Ouevreverzeichnis der Gemälde s. Boetticher, Malerw. des 19. Jahrh. *der Rad. u. Lithogr.*, s. Meyers Kstlerlex. Dem letzteren Verzeichnis sind noch hinzuzufügen: a) *Radierungen*: Holländische Staffage (II. Blatt) — Fischauktion am Strande — Das Wehr mit der Sägemühle — Sturmlandschaft mit Wasserfall — Ausruhendes Fischervolk — Die beiden Angler — Das Schloß am Meere (Porto Venere) — Ostende — Wassermühle mit oberschächtigem Rad. — b) *Lithographien*: Der 24. Mai — 12 Blatt „Reiseabenteuer aus Rußland" — Karnevalsverein 1843 — Der Gefangene — Eulenspiegel und die drei Blinden — Küste von Capri — Herberg in der Mühle — Die Narren des Grafen v. d. Lippe — und 5 Blatt im Düsseldorfer Künstleralbum (1851, Februar — 1852, Der kleine Schiffsmann — 1855, Altes Kastell bei Porto Venere — 1857, Scheveninger Fischer — 1858, Blankenberger Schiffer). *R.*

Achenbach, Oswald, Prof. Dr., Landschaftsmaler in Düsseldorf, geb. 2. 2. 1827, † 1. 2. 1905 in Düsseldorf. Kam mit 12 Jahren auf die Akad. zu Düsseldorf, wo er zwei Jahre lang an den Übungen in der Zeichenklasse teilnahm, um dann bei seinem damals schon in großem Ansehen stehenden Bruder Andreas das Malen zu erlernen. Sehr früh entzog sich sein eigen geartetes Talent allen fremden Einflüssen; lediglich auf Naturstudien, die er seit 1845 fortgesetzt betrieb und die ihn zunächst ins bayer. Gebirge, in die Schweiz und nach Oberitalien führten, fußte seine durchaus selbständige Kunst. Das Studiengebiet seiner späteren Jahre war hauptsächlich die Gegend von Neapel, sowie Venedig und Rom, wenn auch hier und da die Schweiz und der Niederrhein ihm Motive zu seinen Schöpfungen boten. Aber vorwiegend behandeln die zahlreichen Werke des sich bis in seine letzten Tage einer ungewöhnlichen Produktivität erfreuenden Meisters die süditalien. Landschaften, denen er durch eine wirkungsvolle reichbelebte Staffage den Schein wirklicher, im modernen Sinne zwar immerhin idealisierter, Naturausschnitte zu geben verstand. Gern hielt er originelle Siuationen des südlichen Volkslebens in ihrer eigenartigen Vermischung von Eleganz und Ärmlichkeit fest. Aufzüge, Kirchfeste, Prozessionen, Kavalkaden und Volksgewühl beleben in breit hingesetzten Flecken, die erst beim Zurücktreten des Beschauers auf der Leinwand Leben und Form annehmen, seine Bilder. In allen Stimmungen des Tages und der Nacht, bei Abendglühen und Sonnenaufgang, in Mondscheinschimmer und praller Mittagsglut, hat er die kräftigen Kontraste, die in allen seinen so überaus farbigen Bildern auftauchen, beobachtet, aber nie hat der Respekt vor der Wahrheit unter der Virtuosität des Vortrags gelitten, selbst dann nicht, wenn er zur Aussprache seiner farbigen Empfindungen Feuerwerk und Funkenregen, Lavaglühen und Meeresleuchten heranzog. Seine Bedeutung für die Kunst liegt darin, daß er eine völlig neue Auffassung der italien. Landschaft in sie hineintrug und daß er, entgegen der in der Düsseldorfer Schule seinerzeit üblichen Gepflogenheit, durch die Charakteristik der Details zu wirken, auf die große Bildwirkung, auf die Charakteristik des Ganzen ausging. Seine Kunst beruhte eben auf einer durchaus bewußten, naturalistischen Anschauung, die im vollen Gegensatze zur Herrschaft der strengen Linie, die vor ihm das Feld der italienischen Landschaft behauptete, eine Erlösung zur Wirklichkeitskunst bedeutete. Zwar hat er die sonnige Schönheit seiner Schöpfungen mit starken Mitteln herausgestrichen, aber gerade diese lassen doch die frische Natürlichkeit seiner Werke, die immer einen Hauch poetischer Verklärung ausstrahlt, um so liebenswerter erscheinen, ohne der überzeugenden Wahrscheinlichkeit Abbruch zu tun. Seine Kunst war eine Bravourkunst, die andere zur Nachahmung reizen mußte, aber keiner seiner Nachbeter hat die Poesie und den berauschenden Farbenduft der südlichen Landschaft so gekostet und so zu schildern gewußt, wie er, der sie entdeckte. — Etwa 10 Jahre lang hat O. A. dem Lehrkörper der Düsseldorfer Akademie angehört, bis er 1872 von Eugène Dücker in der Leitung der Landschafterklasse abgelöst wurde. — Wie die Werke seines Bruders sind auch die seinigen über die ganze Welt verbreitet, in Deutschland ist er in jeder größeren öffentlichen oder privaten Sammlung vertreten.

Meyer, Kstlerlex. — Schaarschmidt, Zur Gesch. d. Düsseldorfer Kunst, S. 209 ff. — Rosenberg, Aus der Düsseldorfer Malerschule, S. 62 ff. — Herm. Becker, Deutsche Maler, S. 367 ff. — Wiegmann, Die Düsseldorfer Kunstakad., S. 377 ff. — W. v. Oettingen in der Kunst für Alle 12, 1897. — Jahrhundertausstellung, Berlin 1906. — Außerdem in der Zeitschr. f. bild. Kunst, der Kunstchr. (s. Reg.) in der Kunst für Alle, in der Gazette des beaux-arts (s. Reg.) und in The art journal 1859. *Board.*

Verzeichnis der Gemälde s. Boetticher, Malerw. des 19. Jahrh. — Kat. der Oswald A.-Ausstellung, Kunsthalle in Düsseldorf 1905 — der *Lithographien* s. Meyers Kstlerlex. Dem letzteren Verzeichnis sind folgende Lithographien hinzuzufügen: Düsseldorfer Künstleralbum: 1853 Waldszene, 1854 Monte Cenere, 1855 Mittags im Klostergarten, Abends am Waldesrand, 1856 Tempel der Vesta, 1857 Morgen, 1859 Villa Conti in Frascati.

Achenbach, Philippine, Blumenmalerin, † um 1900, Mitglied der Münchener Kstler.-Genossenschaft. Von ihr auf der Münch. Glaspalast-Ausstellung 1900 ein Bild: Mohnblumen. **

Achenbach, Rosa, Malerin, Karlsruhe, geb. um 1817. Auf der Karlsruher Ausst. 1837 war ihr Selbstporträt (im 20. Jahre) und das Porträt des Bürgermeisters Stephan Metz in Mainz.

Schorns Kunstblatt 1838, 26, 70. **

Achener, Maurice, Landschaftsmaler und Radierer in Paris, geb. 1881 zu Mühlhausen im Elsaß, studierte in Straßburg und München, behandelt mit Vorliebe Motive seiner Heimat (Straßburg), Tirols, der Umgebung Münchens (Dachau) etc., stellte in Berlin, München, Straßburg, Mühlhausen und im Salon de la Société Nationale zu Paris aus.

Revue de l'Art ancien et mod. 1906, XIX 416. *H. V.*

Achenoncourt, Belin d', französ. Werkmeister, erwähnt 1382—1384 als Begutachter eines Turmneubaues am Schlosse zu Pontailler (Côte d'Or).

Bauchal, Dict. des Archit. *C. Enlart.*

Acher, M. Wolfgang, Steinmetz, lieferte 1674 den noch an Ort und Stelle befindlichen Taufstein für die Kirche zu Thamm in Württemberg (O. A. Ludwigsburg).

Kst.- u. Altertumsdenkmale i. Königr. Württemberg, Neckarkreis p. 376. *H. V.*

Acher, Wolfgang Ulrich, Steinmetz und Maurer, wahrscheinlich Sohn des Vorigen, † 1729, war am Bau des Stuttgarter Waisenhauses (1705—1714) beschäftigt; ist nur urkundlich bekannt.

Kst.- u. Altertumsdenkmale i. Königr. Württemberg, Neckarkreis p. 568. *H. V.*

Achermann, Johann. Schweizer Maler des 19. Jahrh. Sohn des Joh. Jos. A. Sicheres über ihn nicht bekannt.

Brun, Schweizer Kstlerlex. ***

Achermann (Akermann), Johann Joseph. Schweizer Porträt- und Historienmaler, geb. 25. 11. 1790 (1794?) in Escholzmatt (Kt. Luzern), † 6. 3. 1845. Hielt sich in seiner Jugend in München, Wien und Paris auf und lebte dann in Luzern. Altarbilder seiner Hand befinden sich in zahlreichen Kirchen der Schweiz und Süddeutschlands. 1821 stellte er in Zürich „Julia Alpinula vor Aulus Cäcina kniend" aus, 1828 malte er das Porträt des Bischofs Salzmann, 1844 eine Entführungsszene.

Brun, Schweizer Kstlerlex. ***

Achermann (Akermann), Michael, gen. Bruder Michael, Tonmodelleur, geb. in Toffers (Kt. Freiburg), um 1850 als Eremit in St. Theodol bei Menzberg (Kt. Luzern) ansässig. Er stellte auf verschiedenen Ausstellungen in der Schweiz in Ton modellierte Figuren (Heilige und Genre) aus.

Brun, Schweizer Kstlerlex. ***

Achermann, s. auch *Ackermann* und *Akermann.*

Achert, Jo., deutscher Maler. Sein Name findet sich auf einem der Spätrenaissance-Gemälde, welche die Seitenaltäre der Dominikanerkirche zu Rottweil schmücken.

Kst.- u. Altertumsdenkm. i. Königr. Württemberg, Schwarzwaldkr. p. 318. *H. V.*

Achi, Ercole, italien. Architekt in Bologna, der 1497—1520 im Auftrage der dortigen Stadtverwaltung mannigfache Bau-Arbeiten ausgeführt hat an den Bologneser Befestigungsmauern und Stadttürmen (besonders an den Fundamenten der Torre degli Asinelli), an den hölzernen und eisernen Turen derselben, am Palazzo degli Anziani und an verschiedenen jetzt nicht mehr existierenden Gebäuden Bolognas. Schließlich wurde A. zum „Copertore" der öffentlichen Paläste ernannt, deren Bedachungen beständiger Reparaturen bedurften. Außerdem war A. wahrscheinlich beteiligt am Bau der Zitadelle von Bologna, am Einbau von Verkaufshallen in das Erdgeschoß des Palazzo del Podestà und an der Restaurierung des großen Sitzungssaales dieses Palastes, sowie am Bau eines neben dem letzteren Palaste errichteten Gildenhauses der Bologneser Kaufleute; diese „Casa dei Merciai" ist noch heute erhalten geblieben, und zwar zeigt sie neben Resten der alten Fassadendekoration von außen namentlich ein prächtiges Renaissance-Portal, sowie in dem im ersten Stockwerke gelegenen Cortiletto die Arkadenreste der ehemaligen „Loggia interna".

F. Malaguzzi-Valeri, L'Architettura a Bologna nel Rinascimento p. 106 f., 147.
F. Malaguzzi-Valeri.

Achi, Giacomo, gen. Matola, italien. Architekt zu Bologna; erhielt am 25. 2. 1473 von den Canonici der dortigen S. Salvatore-Kirche den Auftrag, diese Kirche mit einer Kassettendecke zu versehen, die dann vom Ferraresen Giacomo Filippo Tealti farbig bemalt und vergoldet wurde, bei einem späteren Umbau der Kirche jedoch durch eine neue ersetzt wurde. Giacomo A. wird auch weiterhin noch vielfach als Architekt der Bologneser Stadtverwaltung erwähnt und schließlich zum „Copertore dei palazzi pubblici" ernannt.

Rassegna d'Arte 1901 p. 26.
F. Malaguzzi-Valeri.

Achille, französ. Formschneider des 19. Jahrh., arbeitete für das Magazin pittoresque und das Mémorial de Sainte-Hélène in Paris 1841.

Le Blanc, Manuel. *J. Guibert.*

Achille-Fould, Georges, französ. Malerin, geb. 24. 8. 18 . . in Asnières bei Paris, Schülerin von Léon Commerre und Antoine Vollon, stellt seit 1890 im Pariser Salon aus, wo ihre Bildnisse und Genrebilder mit lebensgroßen Figuren um ihres anekdotischen und zum Teil pikanten Inhaltes willen Liebhaber finden. Ihre Stoffe wählt sie um des Kostüms willen aus dem 16., 17. und 18. Jahrh. Von ihren durch Vervielfältigung in den illustrierten Blättern besonders bekannt gewordenen Bildern seien genannt: Die lustigen Weiber von Windsor (1898), Blindekuh (1901), Die Kitzlige (1903), Madame Satan (1904), Der feierliche Einzug der Herzogin von Montpensier (La grande Demoiselle) in Orléans (1906).

Katal. des Pariser Salon 1885, 1888—1901.
K. E. Schmidt.

Achilles, A., Zeichner und Lithograph der 1. Hälfte des 19. Jahrh. Lithographierte, meist nach eigener Zeichnung, Porträts des Mecklenburg-Schweriner Hofes (Großherzog Friedrich Franz, Großherzogin Auguste Wilhelmine, Herzog Friedrich Wilhelm Nikolaus), sowie von Schweriner Künstlern und Künstlerinnen. Diese Blätter sind von 1829 bis 1841 datiert und tragen meist die Bezeichnung „Schwerin", doch ist dort nichts über die näheren Lebensumstände A.s zu ermitteln, so daß er sich wohl nur vorübergehend dort aufgehalten hat.

Meyer, Kstlerlex. (mit Verz. von 13 Lithogr.). ***

Achilles, Heinrich, deutscher Maler, wird unter den Künstlern genannt, die um 1700 im Schlosse Salzdahlum (Herzogt. Braunschweig) tätig waren.

Bau- u. Kunstdenkm. d. Herzogt. Braunschweig, III. Bd., II. Abt. p. 82. ***

Achilli, Giuseppe, Architekturzeichner in Cesena, nach Zani Enciclop. I 301, ohne nähere Angaben. **

Achillino Bolognese, italien. Maler, nach Zani um 1324 in Bologna als Porträtist tätig.

St. Verci berichtet, „Achillino Bolognese, studioso dell' antichità, habe das Bildnis des Can Grande della Scala, Tyrannen von Verona († 1329), mit hervorragender Meisterschaft auf eine Holztafel gemalt".

Z a n i, Encicl. I 1. — V e r c i, Storia Trevigiana. *F. Malaguzzi-Valeri.*

Achinger, s. *Aechinger.*

Achini, A n g i o l o, Mailänder Historien- und Landschaftsmaler, auch Aquarellist, geb. daselbst, war in den 80er und 90er Jahren des 19. Jahrh. auf vielen italien. Ausstellungen vertreten. Auch auf der Jubiläums-Ausstellung in Wien 1888 sah man 2 Aquarelle („Junges Mädchen" und „Mutter und Kind") und im gleichen Jahre in München in der Kunstausst. von H. L. Neumann (Maximilianstr.) Aquarelle von ihm, deren frische, flotte Malweise von der Kritik hervorgehoben wurde.

G u b e r n a t i s, Dizion. d. art. ital. viventi p. 263. — Katal. der Jubiläumsausst. Wien 1888 N. 255, 261. — Kunstchronik XXIV 250. — Kat. d. Künstlerhaus-Ausst. Wien 1894. — Rassegna Nazionale VI 480—527. **

Achino, G i u s e p p e, Steinmetz in Rom 1648.

B e r t o l o t t i, Art. Bolog. in Roma, 1885. **

Achleitner, s. *Achtleitner.*

Achman, F r i e d r i c h, Wappenmaler von Laufenburg, nach erhaltenen Rechnungen 1598 im Schlosse Lenzburg, wo die Berner Landvögte residierten, mit dekorativen Arbeiten beschäftigt.

B r u n, Schweiz. Kstlerlex. **

Achman, G., Porträtmaler um 1714, nach unvollständigen Angaben in der Enciclop. von Zani I 301. Wahrscheinlich *W. Aikman.* **

Achmiller, F r a n z X a v e r, Steinmetz und Bildhauer in München, tätig in der 1. Hälfte des 18. Jahrh. Von ihm in der kgl. graphischen Sammlung in München eine Federzeichnung: Fassade eines Hauses.

O. Weigmann.

Achmüllner, G e o r g oder J o r i g, einer der sechs Steinmetzen, welche die reich geschmückte, höchst zierlich gearbeitete Kanzel des Stephansdoms in Wien fertigten; Achmüller war daran 1430 unter Hans von Brachezitz beschäftigt. Siehe auch Andreas Grabner.

Der St. Stephansdom in Wien und seine alten Denkmale der Kunst etc. etc., beschrieben von Franz Tschischka. Wien 1832 p. 4. **

Achsmann, s. *Axmann.*

Acht, J a k o b, Porträt- und Stillebenmaler in München, tätig um 1857. Er monogrammierte mit einer 8, durch die das J. seines Vornamens vertikal gezogen ist.

N a g l e r, Monogr. III No. 1755. **

Achten, C o r n e l i u s J a n s z. van, Maler, wurde in Rotterdam 12. 6. 1593 als Vormund ernannt, zweifelhaft, ob er Kunstmaler war. *Haverkorn van Rijsewijk.*

Achten, G o w e r t, s. *Gowert* v. A.

Achten, J o s e p h, Porträtzeichner und Grisaillemaler, geb. 1822 in Graz, ausgebildet im Städelschen Institut in Frankfurt a. M., im Carolinum zu Braunschweig, dann (seit 1839) in München und Düsseldorf, seit 1862 in Berlin tätig, später in Graz, † 10. 11. 1867 in Meran. Seine Porträts in Kreidezeichnung oder in grauer Ölmalerei, bisweilen mit einem Schimmer natürlicher Farben beim Schmuck und Haar, fanden ihrer scharfen Ähnlichkeit und Charakteristik wegen Beifall. Auch Genrebilder malte er in dieser grauen Manier, zu der ihn Farbenblindheit veranlaßt haben soll. Durch Ausstellungen in Berlin und Graz (1866 und 1867) bekannt gewordene Gemälde von ihm sind: Die Verlassene, Die Verschämte, Die Freundinnen, und die Genreszene: Wer kommt da? — In der landschaftlichen Galerie zu Graz waren früher 2 weibliche Idealgestalten, eine davon auf der kultur-histor. Ausst. in Graz 1883.

W a s t l e r, Steirisches Kstlerlex. 1883. — Kunstchronik I 51. — Notizen von Dr. E. Deutsch. **

Achtenhagen, A u g u s t, Maler und Kunstgewerbler in Charlottenburg, geb. 22. 8. 1865 in Berlin, Schüler der dortigen Akad. unter Bracht und Kampf, dann Lehrer an der k. Kunstgewerbeschule. 1893 lieferte er Entwürfe für die von der k. Porzellanmanufaktur für die Weltausstellung in Chicago bestimmten Ausstellungsstücke; in den nächsten Jahren stellte er in den Kunstsalons von Keller und Reiner und von Schulte Figurenstücke aus. Manche seiner Bilder verraten Einflüsse von Corinth und Slevogt, so auch das in der Münch. Glasp.-Ausst. 1906 ausgestellte humoristische Satirbild: Waldleben. Das Gemälde Am Waldessaum kam in das Mus. zu Freiburg i. B. **

Achtermann, (Theodor) W i l h e l m, Bildhauer, geb. zu Münster i. W. 15. 8. 1799, † zu Rom 26. 5. 1884. Sohn eines Schreinermeisters, war er bis zu seinem 28. Lebensjahre Landmann auf dem Hofe seines Oheims in der Nähe von Münster. Er erlernte dann noch das väterliche Handwerk und förderte nebenbei seine von Kind auf geübte Fähigkeit im Schnitzen. Vom westfälischen Oberpräsidenten v. Vincke an Rauch nach Berlin empfohlen, von einem kleinen Stipendium des Königs unterstützt, kam A. erst an die Berliner Akad., dann zu Fr. Tieck und zu Rauch selbst. In Berlin verweilte er 1833—1839. Doch fühlte er sich wenig angezogen von der klassischen Richtung und dem aufgeklärten Protestantismus, weil er als gläubiger Katholik zum romantischen Nazarenertum neigte. Werke streng religiösen Charakters, Kruzifixe, Madonnen, Heiligenfiguren, sind die künstlerische Signatur dieser ersten Berliner Zeit. Als umfangreichere Arbeit entstand 1837 das Gipsmodell zu einer Anbetung der Könige für das Giebelfeld der kath. Hedwigskirche in Berlin. Mit dem bescheidenen Erlös eines Kruzifixes für Bethmann-Hollweg trat er 1840 die Fahrt nach Italien an. In Rom hat er für den Rest seines Lebens eine zweite Heimat gefunden. Nur von seiner kirchlichen Gesinnung bewegt, folgte er in der Plastik derselben Richtung, die Overbeck und seine Nachfolger in der Malerei eingeschlagen haben. 1842 kam ein Christus am Kreuz in den Besitz des Herzogs von Aremberg. Es folgte eine große Pietà, die im Chor des Domes zu Münster i/W. Aufstellung fand. Ebendahin gelangte 1858 das berühmteste seiner Werke, die Kolossalgruppe einer Kreuzabnahme, bestimmt als Monument für den Erzbischof Clemens August von Köln. Im Dom zu Prag sieht man eine spätere 1873 vollendete Arbeit, einen Marmoraltar mit drei Reliefs aus dem Leben Christi.

Raczynski, Gesch. d. mod. Kunst III 176. — H. A. Müller, Künstler der Gegenwart. — O. Raggi, La deposizione di croce e la Pietà, sculture di G. Achtermann, Roma 1850. — Bergau, Bau- und Kunstdenkmäler Brandenburgs S. 301. — Eggers, Chr. Dan. Rauch III 183 f., IV, xv 181, 337. — Kunstblatt 1838 S. 136. — Kirchenschmuck 1884 Heft 6 (Nekr.). — Archiv f. Kirchl. Kunst 1884 Heft 7 (Nekr.).

Hans Mackowsky.

Achtleitner, Simon, Dombaumeister in Wien, setzte den Bau des Turmes von S. Stephan fort, nach Tschischka, Kst. u. Altertum p. 327 in den Jahren 1478—1481. Im letzteren Jahren wird A. in einem Beschaubriefe genannt: „diezeit paumaister Allerheiligen tumbkirchen zu sand Steffan hie zu Wienn".

Tschischka, Gesch. d. Stadt Wien p. 225. — Jahrb. d. ksthist. Samml. d. österr. Kaiserh. XVII, II. T., No. 15455. **

Achtschellinck (Achtschellinckx), Luc(as), Landschaftsmaler, geb. in Brüssel, 16. 1. 1626 getauft und daselbst begraben 12. 5. 1699, Schüler des Pieter van der Borcht (seit 1639). Da er erst 1657 zur Meisterschaft zugelassen wurde, wird er sich längere Zeit vorher im Ausland aufgehalten haben. Er ist ein Maler von namhaftem Verdienst; seine Bilder haben einen großen Zug und einen kräftigen Vortrag, sein Kolorit ist klar und harmonisch. Seine Behandlungsweise ist sehr leicht und gewandt, bisweilen etwas dekorativ; seine Bilder, der niederländischen Natur entnommen, haben doch öfters einen idealen Zug, der an den Süden erinnert. Charakteristisch ist das intensive Grün seiner Vegetation. Er hat viel für Kirchen und Klöster gearbeitet, Bilder — oft von größerem Umfange — mit Szenen aus dem Neuen Testamente oder aus der Heiligenlegende staffiert. Aber die Auflösung der Klöster hat die Mehrzahl seiner Gemälde, die in alten Verzeichnissen aufgeführt werden, verschwinden lassen.

Von noch heute vorhandenen Gemälden des A. läßt sich nur eine kleine Anzahl aufweisen. In den Kirchen zu Brüssel sieht man noch einige von den Bildern, welche sich schon im 18. Jahrh. dort befanden; zwei sind in einem Saal des Rathauses zu Brügge; das Mus. daselbst besitzt deren drei, wovon das eine dasjenige aus der Abtei der Dünen ist und ein anderes, staffiert von G. Van Oost, aus dem Dominikanerkloster von Brügge stammt. Nach diesem Gemälde, sowie jenem andern von L. de Deyster staffierten, das Descamps anführt, zu schließen, hätte sich der Brüsseler Meister ziemlich lange in Flandern aufgehalten, da einerseits G. Van Oost 1686 starb und andererseits de Deyster erst 1688 zur Meisterschaft zugelassen wurde. Auch das Genter Mus. hat eine Landschaft von ihm mit dem Gang nach Emmaus; früher war es dem Jacques d'Artois zugeschrieben. Die Dresdener Galerie besitzt zwei, auch durch ihren klaren Ton ansprechende Landschaften, niederländische Walddörfer, staffiert von Peter Bout. Ein Bild von kleinem Maßstab findet sich im Göttinger Mus.; drei sind noch in der Galerie zu Pommersfelden, wovon das eine ebenfalls von Bout staffiert ist. In der k. k. Galerie zu Wien befindet sich ein Bild, dessen Figuren von Gonzales Cocques gemalt sind, während die Landschaft von A. herrührt. Zu den Figurenmalern, die ihm seine Landschaften staffierten, gehörte auch Jacques van der Heyden, wie aus einer von Jul. Finot (Réunion d. b.-arts XIV 441) mitgeteilten urkundl. Notiz hervorgeht. Der Gouverneur de Castanaga sagte 1690 den Malern Jacques van der Heyden und L. A. 201 livres 7 sols zu: „pour avoir peint la famille de Michel Cafmeyer et le village de Boitsfort".

A. hat auch den Brüsseler Tapissiers Kartons geliefert, wofür ihn der Magistrat 1689 mit einer Biersteuerfreiheit belohnte. — Als Schüler hatte er: Frans Volders, Pieter Bedet, Simon Bijean, Pieter Hendrickx, Jacob van Hattem und Theobald Michaux.

Alex. Pinchart in Meyers Kstlerlex. (mit älterer Lit.). — Repert. f. K. W. XIII 299, XV 192. — Réunion d. beaux-arts XIV 441.

Achtschellinck, Pieter, Maler, Bruder des Lucas, trat 1643 in die Werkstatt des Brüsseler Malers Philipp van der Elst und wurde 1651 Meister in der Brüsseler Gilde.

Alex. Pinchart, Messager d. sciences histor.: Registres aux inscriptions des maitres Bruxelles.

Acier, Michel Victor, französ. Bildhauer, geb. 20. 1. 1736 zu Versailles, zuerst in Paris tätig, wo er mehrere große Werke, z. B. verschiedene Statuen für eine Kapelle in Burgund ausführte, ward Ende 1764 nach Meißen an die kgl. Porzellanmanufaktur berufen zur

Belebung der namentlich durch Kändler ins Leben gerufenen Porzellanplastik u. war dort bis zum 1. 1. 1781 als plastischer Künstler tätig, in welchem Jahre er auf seinen eigenen Wunsch pensioniert wurde. Er zog nach Dresden und hat vielleicht von dort aus noch, da er sich dazu erbot, Arbeiten für die Manufaktur geliefert. 1780 war er zum Mitglied der Dresdener Akad. ernannt worden. Er starb in Dresden im Jahre 1795. — Von A. dürfte der größte Teil der in dieser Zeit geschaffenen, durchaus einen einheitlichen Stil zeigenden Figuren und Gruppen sein, wenn auch freilich keines dieser Werke bisher mit seinem Namen bezeichnet gefunden ist. Diese kommen hinsichtlich der Grazie, der Klarheit der Silhouette, der Geschlossenheit der Gruppierung nicht den klassischen Porzellanschöpfungen Kändlers gleich, zumal auch die etwas kleinliche, zerrissene Malerei nicht mehr so mit der Plastik zusammengeht, wie bei jenem. Immerhin gehören sie noch zu den reizvollsten Porzellanschöpfungen dieser Zeit. Die Zahl derselben ist ziemlich groß, es befinden sich darunter Einzelfiguren und Gruppen. Ihre Motive gehören im Gegensatz zu denen der Kändlerschen Schöpfungen, die vor allem dem Reiche der Mythologie, der Erotik oder der Prosa des Lebens entnommen waren, dem veränderten Geschmack der Zeit entsprechend, mehr dem natürlichen Leben, dem Bürgerkreise an und zeigen bisweilen eine kleine moralische Tendenz. Als Hauptwerke dieser Gattung, die seiner Hand angehören dürften, müssen genannt werden: die Gruppen: der glückliche Vater, die glückliche Mutter, die glücklichen Eltern, die Liebesbrücke, die Schule der Liebe, das Winzerfest usw., als Figuren: die Folge der fünf Sinne, der zerbrochene Spiegel, die Federballspieler usw. Besonders zahlreich sind auch Kinderfiguren, die an die Stelle der Amoretten der Kändlerschen Zeit treten. Von anderen plastischen Werken A.s ist nur ein mit seinem Namen bezeichnetes Relief in der Bohrauer Kirche in Schlesien bekannt, das eine Allegorie auf den Tod des Grafen Schwerin darstellt, und von Friedrich dem Großen einem Nachkommen desselben, dem Oberstallmeister Graf Schwerin im Jahre 1783 geschenkt ward, der es in dieser Kirche aufstellen ließ. Es stellt Friedrich den Großen vor, wie er trauernd vor dem auf dem Schlachtfelde hingesunkenen, von allegorischen Gestalten umgebenen Feldherrn steht. Das Relief „von Herrn Acier in Dresden" war 1788 in der Akad. in Berlin ausgestellt (Kat. p. 46).

Berling, Das Meißner Porzellan und seine Geschichte. Leipzig. Brockhaus 1900. S. 135 ff. — J. S. Wille, Mém. et Journ. publ. par Duplessis II 264. — Dussieux, Les artistes franç. à l'étranger 1876 p. 232. — Lutsch, Kunstdenkm. Schlesiens V 513. *E. Zimmermann.*

Acillo, s. *Azilo.*

Ack, Hans, s. *Hack,* Jan.

Ackaert, Mauris, Maler in Antwerpen 1604, nur dem Namen nach wegen einer Schuld an die Lukasgilde erwähnt.

Liggeren I 425. **

Acke, Johan Axel Gustaf (Anderson), schwed. Maler, geb. in Stockholm 1. 4. 1859, studierte an der dortigen Kunstakad. 1876—81 und später in Paris und Italien. Er malte anfangs realistische Genrebilder aus dem Bauernleben auf Åland, wo er sich eine Zeitlang aufhielt (Winterjäger 1887, Winterfischfang), fertigte Radierungen mit Motiven ähnlicher Art an, ging später zu phantastischen Kompositionen über, wie das Mittsommerfest in der Metallstadt (1898) und das in seiner Farbenwirkung schöne, aber inhaltlich unverständliche dekorative Bild, der Waldtempel (E. Thiels Galerie, Stockholm). Das Aquarell „Gustavianisches Interieur" (1900, Göteborgs Mus.) hat eine bezaubernde Sagastimmung. Eine naive u. originelle Phantasie zeigen auch seine Zeichnungen zu Topelius' Sagensammlg. (Aufl. v. 1902—3). In der künstlerischen Einrichtung von Wohnungen hat er Vortreffliches geleistet, benutzte geschickt stilisierte schwedische Pflanzenmotive als Wanddekoration und schmückte 1905 ein Zimmer in E. Thiels Villa im Tiergarten in Stockholm mit einem anziehenden und originellen Fries in Basrelief, Phantasien über die Sehnsucht des Menschen nach oben und seine Gebundenheit an die Erde. In phantastischen Kompositionen dieser Art kommt seine sehr originelle Künstlernatur am besten zu ihrem Recht. Er hat auch mehrere Porträts gemalt, darunter eins von Z. Topelins (1897) und sein humoristisches Selbstporträt (Spiegelbild, 1903) beide in Thiels Galerie. A. hat auch Entwürfe für Möbel, Kachelöfen und dergl. gemacht. — Er wohnt jetzt in Vaxholm. *G. Nordensvan.*

Acken (oder Aecken), Lenaerd van, „Antieksnyder", wird 1626—27 als Freimeister in der Antwerpener Lukasgilde und noch mehrfach, aber nur dem Namen nach, erwähnt.

Liggeren I 637, II 8. **

Acken, Petrus v., s. *Aeke.*

Acker, Malerfamilie von Ulm. Von ihr sind im 15. Jahrh. mehrere Mitglieder urkundlich bekannt, so der Glasmaler *Jacob* seit 1417; *Peter* von 1426—1442, vielleicht derselbe, der um 1450 in Nördlingen als Glasmaler erscheint; *Michel* um 1446 und ein zweiter Glasmaler *Jacob* 1478—84 als „unser Frawen Glaser" bezeichnet. Aber erst von einem dritten des Namens, von:

Acker, Jacob, Maler um 1483, ist ein sicher beglaubtigtes Werk erhalten. Es ist dies ein Flügelaltar, den er für die St. Leonhardskapelle zu Risstissen, O/A. Ehingen, lieferte. Der 1859 leider stark restaurierte Altar enthält im Schrein die geschnitzten Figuren der Hl. Maria, Barbara, Dorothea und Leonhard. Auf den Flügeln auf blumigem Grund vor goldenem Teppich die hl. Barbara, Agnes, Magdalena und Katharina, außen Antonius, Martin, Georg und Benedict, schlanke, edle Gestalten. Auf der Predella Christus und die Apostel. Inschrift: „Ich Jacob Acker maler von Ulm hon diese Dafel gemacht uf des hailigen Kruitz Tag am Herbst anno dni MCCCCLXXXIII jar". Ein weiteres Werk, welches dem Meister zugeschrieben wird, ist der Altar in dem benachbarten Ersingen mit den Hl. Erasmus und Nikolaus, Martin und Georg. Restauriert 1785, 1870, 1891 (vergl. Christl. Kunstblatt 1892 S. 101), ferner 8 Tafeln vom ehemaligen Hochaltar in der Kirche zu Munderkingen von 1473 Passionsszenen, restauriert 1833. Einen erheblichen Anteil hat der Meister zweifellos an dem Hochaltar zu Blaubeueren (Predellaflügel). Ein *Jacob Acker,* der wohl mit dem ebengenannten identisch ist, malte 1486 die Orgeltüren im Münster zu Ulm.

Acker (Aekerle), Hans, 1430—1460 malt im Auftrag des Probsts Ulrich Fresken in der Krypta des Klosters Wengen; 1441 wurde ihm das Gemälde am Gögglinger Tor verdingt.

Weyermann, Neue Nachr. — Meyer, Kstlerlex. — Nagler, Monogr. — Verhandl. d. Ver. f. Kunst und Altert. in Ulm 1844. — Haßler, Ulms Kunstgesch. S. 119. *M. Bach.*

Acker, Ernest, Architekt, geb. in Brüssel 1852, Schüler der dortigen Akad., der École d. b. arts in Paris und von Wynand Janssens, ist Mitglied d. k. Belg. Akad. und Offizier des Leopoldordens. Er führte besonders in Brüssel zahlreiche Privathäuser aus, baute auch das Dépôt mortuaire von Brüssel (1897) und entwarf die Dekorationen der Place Poelaert für das patriotische Fest 21. 7. 1905. Im selben Jahre übernahm er die Kunstausstellung und den Saal für die Meunierausstellung. *H. H.*

Acker, Florimond („Flori") Marie van, belg. Maler, geb. in Brügge 6. 4. 1858 und tätig daselbst, Schüler der Akad. in Antwerpen unter Verlat und in Brüssel unter Portaels. Sein Stoffgebiet ist sehr weit, denn man begegnet unter seinen Werken religiösen, historischen und Genre-Stoffen, Porträts, Landschaften und Städteansichten. Nacheinander war er auf den Ausstellungen in Brüssel, wo er mehrere Jahre lebte, in Antwerpen und Gent seit 1882 mit verschiedenartigen Werken vertreten, z. B. Vue de l'Escaut, Christ sur la pierre de l'onction (1883, Expos. Universelle in Amsterdam, und jetzt im Justice de Paix in Brügge); L'Eté à la campagne (1885, in der Art von Bastien Lepage, Weltausstellung in Antwerpen). 1884 hatte er für die Kirche von Bassevelde die Auferstehung Christi gemalt. Andere kirchliche Bilder von ihm in der Kirche von Hollebeke, von Boitshoucke, in der Jesuitenkirche zu Brügge (Darstellung im Tempel und Reinigung, 1898), in der Kirche von Harlebeke dekorative Friese (1899), in der Kapelle der Xavéristen zu Brügge 7 Wandmalereien aus dem Leben des Franciscus Xaverius (1899). Unter seinen Porträts seien folgende hervorgehoben: Kommandant L. Ensor (1892); Mad. Serruys und ihre Tochter; Bischof von Brügge de Brabander; Graf Charles d'Ursel, Gouverneur von West-Flandern, 1904 (im Provinzial-Gebäude in Brügge); Jean Hubert Serruys und André van Iseghem, im Mus. zu Ostende; Eeckman, I. Präsident des Appellationshofes in Brüssel, für die Galerie der Präsidenten; die engl. Generale Lambert und Lullman Johnson. — Das Museum von Brügge besitzt von ihm ein Panorama des alten Brügge (gemalt 1900). Die stille und eindringliche Poesie seiner alten Vaterstadt hat er noch in zahlreichen Bildern wiederzugeben versucht. Neben der Ölmalerei pflegt er auch die Pastell- und Aquarellmalerei und schafft gelegentlich Affichen und Exlibris und zeigt sich dabei als ein Zeichner von viel Talent.

La Verreine, Journal ill. III. Jahrg. No. 28. — De Vlaamsche School (No. 1—3, 1900). — Studien over Brugsche Kunstenaars, door M. Verkest. — Les dessinateurs d'exlibris par Sander Pierron; Bruxelles, Havermans. — Nos Contemporains. — Eigene Notizen. *H. H.*

Acker, Johannes Baptista van, Miniaturmaler, geb. zu Brügge 1. 11. 1794, † daselbst 15. 6. 1863, Sohn von Laurentius van Acker und Johanna Aspeslagh, empfing den ersten Unterricht bei Ducq. Schon in der Heimat zu Ansehen gekommen, begab er sich (empfohlen an die Miniaturmaler Saint, Isabey und Augustin) 1834 nach Paris, wo er bald zu den bessern Künstlern seines Faches zählte. Er hat eine sehr große Anzahl von Miniaturbildnissen, über 300 in Paris und 1100 zu Brügge nach seiner Rückkehr, gemalt. Er wurde dann an den Hof des Königs Leopold berufen und malte zu Brüssel mehrere gute Porträts des Königs und der kgl. Familie. Nach einem kurzen Aufenthalte in England kehrte er nach Brügge zurück, um dort zu bleiben. — Neben großer Leichtigkeit zeichnete er sich durch sein wahres und leuchtendes Kolorit aus.

Meyer, Kstlerlex.

Ackerbach, Johann, Kölner Kachelbäcker, 1484 in den Schreinsbüchern der Stadt erwähnt.

Jahrb. d. preuß. Kstsamml. XIX 200 Anm. 1. **

Ackerl, Joannes Christoph, Maler von Villach 1735, bezeichnete sich auf einem Veronika-Bilde in der Filialkirche St. Peter im oberen Rosentale (Kärnten).

Mitt. d. Zentral-Komm. N. F. X, XXIV. **

Ackerman, Pauwels, „antycksnydere", 1529 in der Antwerpener Lukasgilde als Meister aufgenommen.

Liggeren I 112. **

Ackermann, Hofbildhauer in Hannover, 18. Jahrh., lieferte für die 22. 7. 1736 geweihte Kirche in Grasdorf die reiche, in Holz gearbeitete. farbig behandelte und vergoldete Altarwand mit Kanzel und 2 seitlichen rundbogigen Durchgängen.

Kstdenkmäler d. Provinz Hannover I. Regierungsbez. Hannov. p. 3, 20 (Abb. Taf. II). *H. V.*

Ackermann, Christoph, Goldschmied aus Zeitz, seit 1606 Meister und seit 1607 Bürger von Freiberg. 1625 bekleidete er das Ehrenamt eines Fähnrichs der Defensioner, wird als solcher noch 1624 genannt und ist vermutlich 1636 gestorben. — Er war von 1623 bis anscheinend zu seinem Tode Obermeister der Freiberger Zunft. 1620—21 wurden ihm 43 Gld. 6 Gr. für einen Pokal, ein Geschenk des Rates an den Kammermeister Chr. Felgenhauer, verrechnet, 1627—28 für Goldschmiedearbeiten 47 Gld. 10 Gr., 1628—29 mehrere Becher und in den folgenden Jahren verschiedentlich Pokale für den Rat. Außerdem erhielt seine Witwe 1636 noch 30 Gld. rückständige Bezahlung.

Mitt. d. Fbg. Alt.-Ver. H. 31 p. 48 f. *Hs. Loose.*

Ackermann, Conrad, Porträtmaler (in Halle oder in Leipzig?) um 1689. Nach ihm stach C. Romstedt das Porträt des Hallenser Theologen A. C. Schubart.

Füssli, Neue Zusätze. **

Ackermann, Franz, arbeitet 1620 als Werkmeister unter Heinrich Schickhardts Oberleitung in Brackenheim.

Kst.- u. Altertumsdenkmale i. Königr. Württemberg, Neckarkreis 566, 579. *H. V.*

Ackermann, Georg Friedrich, geb. in Mainz 1787, † in Frankfurt a. M. 1843. Jüngerer Bruder des Joh. Ad. A. Hat sich mit geringem Erfolg der Landschaftsmalerei gewidmet und radierte nach Huet und Dirk Stoop Tiergruppen. Von ihm auch eine Radierung „Landschaft mit zwei Mädchen". Im Städelschen Institut befindet sich eine Sepiazeichnung A.s Porträt des Großherzogs Carl (v. Dalberg).

Meyer, Kstlerlex. — Gwinner, Kunst und Künstler in Frankf. —y.

Ackermann, Gerald, Londoner Landschaftsmaler der Gegenwart, stellte seit 1893 häufig in der Suffolk-Street und in der R.-Academy aus. Sein preisgekröntes Bild A Path through Trees ist im Studio XIX 120 abgebildet.

Graves, Royal Acad. Exh. I 3. **

Ackermann, Joh. Adam, Landschaftsmaler zu Frankfurt a. M., hatte in Mainz, wo er 1780 geboren, den ersten Unterricht empfangen. Schon früh war er nach Paris gegangen, um sich auf Anraten seines Mäcens, des Kurfürsten-Erzkanzlers von Dalberg, unter Davids Leitung der Geschichtsmalerei zu widmen, aber sehr bald in die Heimat und zu der ihm liebgewordenen Landschaft zurückgekehrt. Anfangs lebte er in der Nähe seines Beschützers zu Aschaffenburg, seit 1804 aber in Frankfurt. Ein zweimaliger längerer Aufenthalt in Rom förderte seine Ausbildung. Ackermann bekundete in seinen Arbeiten richtiges Gefühl für die landschaftliche Natur und guten Geschmack, womit jedoch die technische Ausführung nicht immer gleichen Schritt hielt. Am meisten Anerkennung fanden seine mit besonderer Vorliebe behandelten Winterlandschaften. Seine Motive schöpfte er in der nächsten Umgebung, im Taunus, Spessart und Odenwalde. In der Galerie zu Darmstadt von ihm „Auerbach an der Bergstraße" und eine Ansicht der Gegend von Borghetto. Von dem höchst interessanten 1813 zum Abbruch gekommenen mittelalterlichen Kaufhause zu Mainz hat er eine gute Aquarellzeichnung, in gleicher Weise verschiedene innere Kirchenansichten u. Klosterhallen geliefert. Ackermann starb 27. 3. 1853 in Frankfurt a. M.

Meyer, Kstlerlex. — Gwinner, Kunst und Künstler in Frankf.

Ackermann, Otto, Landschaftsmaler, geb. 14. 2. 1872 in Berlin. Erhielt seine erste Ausbildung im Atelier des Marinemalers Prof. H. Eschke in Berlin; ließ sich später in Düsseldorf nieder, malt vorzugsweise Motive vom Niederrhein und von holländischen und belg. Küstenplätzen. A. stellte 1904 in Düsseldorf, Berlin und Dresden, 1906 in Berlin und in München aus. *Board.*

Ackermann, R., Bildhauer in Brighton, stellte 1854 in London in der Suffolk-Street aus. **

Ackermann, s. auch *Akermann* und *Achermann.*

Ackherghem, Marc Antoine, Kalligraph in Gent 1504. Ein Manuskr. der: Flores musice artis, datiert 1504, in der Universitätsbibl. zu Gent trägt die Schreibersignatur, die man für die des Ackherghem ansieht: Scriptus Gandavi per me M. Anthonium de Aggere Sancti Martini.

Bradley, Dict. **

Ackrell, W., engl. Maler der Gegenwart, stellte 1898 in der Roy. Academy A Devonshire Farm und 1899 A Relic of a Bygone Age aus. **

Acland, Hugh Dycke, Landschaftsmaler und Zeichner von London, bereiste 1828 den

Kontinent, besonders die Schweiz; nach seinen Zeichnungen wurden die Illustrations of the Vaudois von Edw. Finden gestochen (London 1831 gr. 8). **

Aclin, französ. Zeichner in London um 1860, der die dekorativen Entwürfe für Mr. Crace, den Dekorateur des Parlaments, anfertigte.

Dussieux, Artistes franç. à l'étranger, 1876 p. 307. **

Aclocque, Paul Léon, französ. Maler der Gegenwart, geb. 19. 1. 1834 in Montdidier, Schüler von Picot und Bluhm. Hatte zuerst die militärische Laufbahn eingeschlagen, die er um der Kunst willen verließ, und wurde dann Großindustrieller und Gründer der Société métallurgique, sowie Deputierter. Als Maler verdient er Erwähnung wegen einiger Bildnisse von politischen Persönlichkeiten, darunter der General Borel und der Vize-Admiral Pothuau, und wegen seines „Rauchsalons der Nationalversammlung in Versailles", einem figurenreichen Bilde mit den Porträts zahlreicher bekannter Politiker jener Zeit.

Bellier-Auvray, Dict. gén. Suppl. — Gaz. d. b. arts VII 241. — Katalog d. Pariser Salon 1885, 1887. *K. E. Schmidt.*

Aclocque-de-Saint-André, Louis-Victor, französ. Maler, geb. 12. 8. 1811 in Paris, Schüler von Eugène und Achille Devéria. Hat gefällige Genreszenen aus dem italien. Volksleben, Bildnisse und moderne französ. Genrebilder gemalt.

Bellier-Auvray, Dict. gén. *K. E. Schmidt.*

Acock, W. W., engl. Stillebenmaler in Croydon, stellte 1870—71 2 Fruchtstücke in London in der Suffolk Street aus.

Graves, Dict. of art. 1895. **

Acon, John, engl. Stahlstecher, tätig in London 1832. Von ihm: W. Tomblesons Views of the Rhine. Edited by W. G. Fearnside, 2 Vols. London 1832. Roy. 8. Tomblesons Views of the Thames. London. Roy. 8. **

Acosta, Don Cayetano, portug. Bildhauer, geb. 1710, † 1780 zu Sevilla, wo er mit dürftiger Vorbildung sich dem wildesten Manierismus der Pedro Cornejo, Geronimo Barbas u. Donoso angeschlossen hatte, ungemein fruchtbar. Barockes Portal in S. Salvador vor dem Sagrario, 1770 daselbst Altartabernakel mit kolossaler Figur; verdrängte bei den barnab. Barfüßer-Brüdern 3 Statuen des Montañez, selbst mehrere des A. Cano durch eigene Arbeiten.

Cean Bermudez, Dicc. I 2. — Llaguno y Amirola, Not. IV p. 70. — Ford, Handb. p. 198. — Caveda, Bauk. p. 271. — Raczynski, Dict. p. 1. *A. Haupt.*

Acosta, Luis de, span. Goldschmied, † 21. 5. 1684. Sein Name erscheint 1664 in den Ausgabebüchern der Kathedrale von Sevilla.

Gestoso, Artif. Sevill. II 127. *M. v. B.*

Acosta, Manuel, span. Maler u. Bildhauer, geb. 1787 in Sevilla, † dortselbst 1800 im Alter von 13 Jahren. Dieser Wunderknabe hinterließ verschiedene Gemälde, darunter eine Episode aus der Passionsgeschichte, Zeichnungen und Gruppen in Ton modelliert, die sich ebenfalls auf die letzte Lebenszeit Christi beziehen. Diese Werke sollen, nach den Aussagen seiner Zeitgenossen und nach einer Rede, die im Januar 1801 in der Kunstakad. zu Sevilla gehalten wurde, einen großen Meister versprochen haben.

Ossorio y Bernard, Galeria biogr. de artistas españoles del siglo XIX. Madrid 1883/4. *P. Lafond.*

Acosta, Pedro de, Maler in Sevilla im 18. Jahrh. Das Museo provincial in S. besitzt von ihm das Porträt des D. Manuel Jos. de Licht bez. 1732.

Gestoso, Artif. Sevill. II 8. *M. v. B.*

Acqua, Ambrogio dall', Maler in Genua, † vor 1447; urkundlich erwähnt als Vater des Gasparo dall' A.

Alizeri, Not. dei Prof. del Dis. in Liguria II 338. *

Acqua, Andrea di Vanni dall', Steinmetz in Siena in der 2. Hälfte des 14. Jahrh., Bruder des Giacomo.

Milanesi, Doc. Sen. I 249. **

Acqua, Baptista dell', italien. Maler, Schüler des Migliara, hatte auf der Kunstausst. in der Brera in Mailand 1824 2 kleine Bilder: Souterrain eines Klosters und das Innere einer Eremitengrotte, beide im Besitz der Vizekönigin von Italien.

Schorns Kunstblatt 1825, No. 65, 259; 1827 p. 236. **

Acqua, Bartolomeo dall', Maler, Professor der Akad. zu Mantua, 18. Jahrh.

Coddè, Memorie biogr. p. 59. **

Acqua, Cesare (Félix-Georges) Dell', Maler (historisches Genre und Porträt), geb. zu Pirano unweit Triest am 22. 7. 1821, † 1904 zu Brüssel. Seit 1842 bildete sich Dell' Acqua auf der Akad. zu Venedig zum Maler aus. Eines seiner ersten Bilder, das bemerkt wurde und in den Besitz des Erzherzogs Johann von Österreich kam, war das Zusammentreffen Cimabues mit dem jungen Giotto (1847). Bald darauf begab sich der Künstler zu seiner weiteren Ausbildung nach Paris, und da dort 1848 seines Bleibens nicht war, nach Brüssel, wo sein Bruder Eugène sich angesiedelt hatte. Hier lernte er Gallait kennen, der dann auch auf den jungen Maler, der sein Schüler wurde, von bestimmendem Einfluß war.

In den ersten Jahren seines Brüsseler Aufenthaltes brachte Dell' Acqua zur Ausstellung: die letzten Augenblicke des Niccolò Macchiavelli; Provenzano Silvani, das Lösegeld eines Freundes auf dem Platze von Siena erbettelnd; Cromwell auf dem Schlachtfelde. Bald darauf malte er zwei größere Bilder für die griechisch-orientalische Kirche zu Triest, deren eines, Predigt des Johannes in der

Wüste, solchen Beifall fand, daß ihn die Stadt zu ihrem Bürger ernannte (1851). Das andere, Jesus ruft die kleinen Kinder zu sich, fand sich auf der Brüsseler Ausstellung von 1854. In den folgenden Jahren entstanden: Die Brüder Degli Uberti in der Schlacht von Monte Aperto (1851); Maria Stuart, vom Volke verhöhnt in Edinburgh (1854); Ferruccio bei der Verteidigung von Volterra (1854); Erklärung Triests zum Freihafen und Ugon da Duino mit der Regierung von Triest betraut (1855).

Seine größten Erfolge errang er dann insbesondere wieder mit historischen Sittenbildern, die er von 1857—1868 in Antwerpen, Brüssel, Gent, Rotterdam, Lüttich und Paris ausstellte. Er wußte immer anziehende oder interessante Situationen aus Nebenvorgängen der Geschichte zu wählen, seine Figuren gut zu charakterisieren und durch die malerische Behandlung des Kostüms eine ansprechende Wirkung zu erzielen. Von jenen Werken heben wir hervor: Aufnahme der Mailänder nach Zerstörung der Stadt durch die Einwohner von Brescia 1162 (1857); Beichte Ludwigs XI. (1858); Cornelia, Mutter der Gracchen mit ihren Kindern; Tintoretto und seine Tochter; die letzten Augenblicke des Dogen Marino Faliero; Anna Erizzo, die Liebe Mahomets zurückweisend; Erasmus trifft bei Bologna auf Studenten, welche seine Werke lesen; Jugend Spinozas (im Museum von Spa); Dante zu Verona von Cane della Scala empfangen; Ausfall der Mailänder gegen Barbarossa (1863). Die meisten dieser Bilder sind in Belgien geblieben, andere nach London gekommen.

Auch in Aquarellen hat sich Dell' Acqua hervorgetan (eine große Anzahl derselben im Besitze der Gräfin Duval de Beaulieu zu Brüssel); in dieser Gattung hat er außer geschichtlichen Vorgängen auch Stoffe aus dem täglichen Leben der Gegenwart behandelt. Zwei dieser Darstellungen sind durch die Lithochromie — die damit ihre ersten Versuche in Belgien machte — verbreitet worden.

Eine Reihe von größeren Werken führte der Künstler 1858—1866 in einem Saale des Palastes Miramar für den verst. Kaiser Maximilian aus. Die Darstellungen beziehen sich auf die Geschichte des Ortes: Die Kelten als die ersten Bewohner der Felsen von Miramar; Ein römisches Fest; Kaiser Leopold I. besucht das Kloster von Grignano; Erzherzog Maximilian von Österreich empfängt die Deputation, welche ihm die Krone von Mexiko anbietet; Abfahrt des kaiserlichen Paares von Miramar; Ankunft der Kaiserin Elisabeth von Österreich in Miramar bei ihrer Rückkehr von Madeira. Außerdem eine allegorische Darstellung an der Decke des Saales: der Erzherzog mit dem Gedanken beschäftigt, auf dem Vorgebirge Grignano Miramar zu erbauen.

Außer dieser reichen Anzahl verschiedenartiger Werke hat Dell' Acqua viele Bildnisse sowie weibliche Halbfiguren in den malerischen Trachten des Orients und der slavischen Stämme an den Ufern des adriatischen Meeres gemalt; anmutige Frauengestalten, an deren Darstellung der Künstler namentlich in späteren Jahren Gefallen fand. Dell' A. hat auch radiert, das Amsterdamer Kupferstichkabinett besitzt eine Originalradierung seiner Hand, eine junge Türkin darstellend.

Meyer, Kstlerlex. — Hippert und Linnig, P.-Gr. — Notizen von Pol de Mont.

Acqua, Cristoforo dall' Acqua (ab Aqua), Zeichner und Kupferst., geb. zu Vicenza 1734, † daselbst 1787. Ein mittelmäßiger, aber geschickter Stecher, der sich mit der französ. Technik vertraut gemacht hat, aber seine Herkunft aus der venezianischen Schule noch deutlich erkennen läßt, besonders in der Behandlung der Lichteffekte. Es werden 80 Bll. von ihm beschrieben, die er nach verschiedenen Meistern ausgeführt hat. Hervorzuheben sind die Geißelung Christi nach Guercino, Romulus und Remus und Caesars Scheidung von Pompeia nach Pietro da Cortona, vier Karnevalszenen nach Tiepolo, Genredarstellungen nach Cipriani und Huel, 6 Ansichten von Häfen nach Jos. Vernet, dann eine Reihe architekt. Zeichnungen von G. M. Galli-Bibiena, drei Ansichten von S. Anastasia in Verona, Theaterdekorationen nach Gioli und Juvara und die Illuminazione fatta nel Teatro Olimpico di Vicenza 1761.

Meyer, Kstlerlex. *P. K.*

Acqua, Domenico di Vanni dall', Bildhauer in Siena, „Rettore" der Dom-Opera 1359, 1361, 1363, 1369. Er starb am 16. 8. 1383 und hinterließ ein reiches Erbe.

Milanesi, Doc. Sen. I 134, 249, 277—78, 328—29. **

Acqua, Gasparo dall', Maler, Waffenschmied und Goldschmied in Genua, urkundlich erwähnt 1442—1492 als Sohn des Malers Ambrogio dall' A., dessen Werkstatt in Via della Maddalena zu Genua er erbte und weiterführte. Von Natur äußerst streitsüchtig, wird der Künstler in genuesischen Prozeßakten besonders häufig erwähnt; so 1444 in einem Rechtshandel mit den Malern Giov. da Nervi, Domen. da Firenze, Boniforte und Giletto da Pavia, und 1452—61 in Zwistigkeiten mit der genuesischen Truhenmacherzunft. Die künstlerische Tätigkeit A.s scheint ziemlich vielseitig gewesen zu sein, wie schon aus den mannigfaltigen urkundlichen Standesbezeichnungen dieses Meisters hervorgeht. 1454 dekorierte A. den Schaft einer von Antonio da Bologna gemalten St. Georg-Fahne für die genuesische Kolonie Caffa (Caiffa?), für die er gleichzeitig eine Anzahl kunstvoll getriebener Rüstungsstücke lieferte. 1461 führte er sodann dekorative Malereien im Palazzo des Ambrogio de' Marini aus, desgleichen 1466 in demjenigen des Baldassare Lomellino zu Genua. 1482 stiftete er die Hinterlassenschaft seiner in diesem Jahre verstorbenen Mutter den Suore di S. Sebastiano, woraus zu schließen ist, daß Gasparo in Ausübung seiner Kunst zu bedeutendem Wohlstande gelangt sein muß.

Alizeri, Not. dei Prof. del Dis. in Liguria I 236, 269; II 337 ff., 411 ff. *

Acqua, Giacomo dall', Maler in Venedig. Aus einem Aktenstück vom 22. 9. 1477 des venezianischen Notars Grasselli weiß man, daß er in S. Eufemia della Giudecca gemalt hat.

Archivio Veneto XXXIII parte II (1887) 403. *L. Ferro.*

Acqua, Giacomo di Vanni, Ingenieur in Siena, † 1348, Erbauer der Wasserleitung zur Fonte Gaja.

Milanesi, Doc. Sen. I 134, 248—49. — Brach, Nic. u. Giov. Pisano, Straßb. 1904 p. 99. **

Acqua, Giovanni dall', Truhenmaler in Genua, urkundlich erwähnt 1467—69.

Alizeri, Not. dei Prof. del Dis. in Liguria II 413 ff. *

Acqua, Giovanni Battista dell'. Italien. Maler, geb. in Mailand 1790, † 1845. Schüler des G. Migliara. Besonderen Erfolg hatten seine architektonischen Interieurs und seine Mondscheinlandschaften. Seine reich staffierten Gemälde sind in der Färbung meist etwas steif und hart.

Meyer, Kstlerlex.

Acqua, Giuseppe dall', (Dallacqua, ab Aqua), Kupferst., geb. in Vicenza als Sohn des Cristoforo, tätig gegen das Ende des 18. Jahrh. Er hat vornehmlich Landschaften in der Art der französ. Stecher ausgeführt und zwar nach Joseph Vernet (18 Blätter), nach Pillement (z. B. vier Ansichten von Frascati), nach Perelle und Aberli. Nach Cipriani, Angelica Kauffmann (z. T. mit Testolini), G. R. Ryley und nach S. Shelley hat er Gestalten der alten und modernen Dichtung, allegorische Darstellungen u. dgl. gestochen, nach Teniers vier Bauernszenen in Schwarzkunst gearbeitet.

Meyer, Kstlerlex. *P. K.*

Acqua, Pietro dell', Baumeister in Mailand und als Ingenieur beim Dombau angestellt, wurde 1399 und 1402 bei den Verhandlungen zugezogen, welche durch die Ausstellungen des Joh. Mignothus (s. d.) veranlaßt waren. Seine Berichte ließ er von andern unterschreiben, da er selbst nicht schreiben konnte.

Franchetti, Duomo di Mil. p. 141. — Nava p. 83, 133. — Meyer, Kstlerlex. *R.*

Acqua, s. auch *Agua.*

Acqualagna, Pierleone da, Maler des 16. Jahrh. in Rom, genoß zu seiner Zeit Ruf als Verfertiger geschnittener und bemalter Ledertapeten. Nach Bellori soll dieser Meister der erste Lehrer des Federigo Barocci gewesen sein.

E. Conti, Cenni stor. di Monte Falcone etc. (Cagli 1899). *E. Scatassa.*

Acquarelli, namhafter Ornamentist u. Prospektmaler des 17. Jahrh. Von ihm rührt ein Teil der dekorativen Ausstattung in S. Paolo Maggiore zu Neapel her. Mit Scoppa malte er Theaterdekorationen und Ornamente in Palästen.

Meyer, Kstlerlex. **

Acquarone, L., italien. Maler um 1800. (Palermo?) Von ihm in der National Portrait Gallery in London No. 785 eine Kopie des Porträts Nelsons aus dem Jahre 1799 von Leon. Guzzardi.

Kat. der Nat. Portr. Gall. (1902) II p. 78. ***

Acquaroni, Antonio, italien. Stecher, in den ersten Jahren des 19. Jahrh. in Rom geb. War an der Calcografia Camerale angestellt und lieferte für diese ganze Serien mit Ansichten von Rom. Unter seinen größeren Blättern sind besonders bemerkenswert: La Fontana al Quirinale, La Fontana alle Terme Diocleziane und Veduta alla Fontana di Trevi.

Le Gallerie Naz. IV. Doc. V 5, 6, 8. *H.*

Acquaroni, Giuseppe, italien. Zeichner und Kupferstecher, geb. in Rom 1780, † 1847. Stach meist reizlose Ansichten der Ruinen und Sehenswürdigkeiten Roms für größere Werke. Seine relativ besten Arbeiten sind noch die Blätter für „Le Quattro Principali Basiliche di Roma, descritte per cura di Ag. Valentini". Roma, Tom. I—III 1832—1855.

Meyer, Kstlerlex. (mit Verzeichnis der Kupferstichwerke). *H.*

Acquasparta, . . . da, Maler in Rom, nach Zani um 1590 tätig. In einem der alten römischen Guiden des Filippo Titi soll nach Füssli ein Gemälde dieses Künstlers angegeben sein, das ein unter Papst Paul V. im Hofe des vatikanischen Belvedere abgehaltenes Turnier darstellte und zur Zeit Titis in der Villa Borghese zu sehen war.

Zani, Encicl. I 303. — Füssli, Kstlerlex. I 11. *R.*

Acquaviva, Pietro Paolo, Bildhauer und Porzellanmodelleur in Neapel. 1802 Professor der Bildhauerkunst. Führte mit anderen den figürlichen Schmuck der Festdekoration aus gelegentlich der Rückkehr des Erbprinzen und dann des Königs. Als Modelleur der kgl. Porzellanmanufaktur fertigte er vier Biskuitmedaillons mit Napoleons I. Bildnis, die sehr gerühmt wurden.

Napoli Nobilissima III 186, X 2. *G. Degli Azzi.*

Acquaviva, Vincenzo, Neapoletanischer Maler, geb. in Foggia 1832. Schon in früher Jugend in seiner Vaterstadt Schüler des Domenico Caldara, seit 1848 des Istituto di belle arti zu Neapel. 1856 malte er für seine Heimatstadt Foggia ein größeres Bild, „Illuminato". 1864 ließ er sich in der neapoletanischen Vorstadt Santa Lucia nieder und vollendete daselbst sein Gemälde „Preghiera", das auf der Esposizione Nazionale zu Florenz Beifall fand. Wenige Jahre später erhielt A. auf der Ausstellung zu Utrecht die große goldene Medaille für ein Gemälde „Il carattere delle donne italiane". Seit 1877 widmete er sich ausschließlich der auch vorher schon eifrig gepflegten Bildnismalerei. Besondere Anerkennung erwarb er sich mit seinen Porträts des commendatore Minervini, des Kardinal-Vikars La Valletta, des Grafen Michele Tondi. In seinen Werken offenbart sich der Einfluß seiner Jugendlehrer Caldara und Altamura, sowie späterhin derjenige Morellis und Palizzis.

De Gubernatis, Diz. d. Artisti ital. viventi (Firenze 1889). — Napoli Nobiliss. XIV 94. *H.*

Acquel, Paul, französ. Porträtmaler, geb. 14. 6. 1825 in Besançon, Schüler von Staal, stellte in den sechziger Jahren Porträtköpfe in Pastell aus. 1870 wohnte er in Paris.

Bellier-Auvray, Dict. **

Acquerman, Pierre, französisch-vlämischer Maler, 1663 als Gehilfe des Jean de Reyn bei Wappenmalereien in Dunkerque urkundlich erwähnt.

Nouv. Arch. de l'art franç. 3 sér. (1885) 148. **

Acquistabene di Brescia, italien. Maler, laut einer Zahlungsurkunde auf 10 Soldi imperiali (gebucht im „Liber receptionum factarum per Dominum Cazonum de Capriolo Cleri Camerarium Ven. Pal. Dni. Berardi") um 1295 in Brescia tätig. Nach Zambonis Vermutung ist A. vielleicht als der Schöpfer des Entwurfes zum Denkmale des 1308 verstorbenen Berardo Maggi, Fürstbischofs von Brescia in der dortigen alten Kathedrale zu betrachten.

Zani, Encicl. I 303. — Fenaroli, Artisti Bresciani. — Zamboni, Mem. int. alle pubbl. fabriche di Brescia p. 103 No. 41. — Cristiani, Della Vita di Batt. Gambara, 1807. *F. Malaguzzi-Valeri.*

Acquisti, Luigi, italien. Bildhauer, geb. 1745 in Forli, † 1823 in Bologna, wo er schon 1788 erwähnt wird. In den dortigen Kirchen und Palästen zahlreiche seiner Werke, und unter ihnen die besten: der Skulpturenschmuck des Oratoriums von S. Giobbe und die vier großen Statuen in den Zwickeln der Kuppel von Sta. Maria della Vita. Später arbeitete er lange Zeit in Rom und war Mitglied der Accad. di S. Luca. Seine besten Arbeiten in Rom sind die Stuckdekorationen am Altar des S. Giuseppe Colasanzio in S. Pantaleo und die Reliefs mit Darstellungen aus dem Homer und der römischen Geschichte für die Prachttreppe des Palazzo Braschi (jetzt Ministerium des Innern); auch eine Vestalin und eine Atalante werden genannt. Eine Spezialität A.s waren Venusstatuen nach dem Vorbild der mediceischen Venus mit Veränderungen des Oberkörpers und der Arme. Eine Gruppe „Mars von Venus besänftigt", genannt „der Friede", wurde 1805 vom Grafen Sommariva für seine Villa (jetzt Villa Carlotta) am Comersee erworben. 1806 ging A. nach Mailand und arbeitete dort für den Arco della Pace zwei Statuen (Geschichte und Poesie) sowie zwei Reliefs (Einzug Franz I. in Wien und Kongreß in Prag). Auch im Mailänder Dom befinden sich verschiedene Werke des Künstlers. Für den Dom zu Orvieto schuf er 1821 die Statuen der Päpste Nikolaus IV. und Pius VI., sowie als Ersatz für das verschwundene Werk Donatellos eine Täuferstatue für den Taufbrunnen des Domes. A. zählte zu den namhaftesten Meistern der Mailändischen Schule seiner Zeit und besaß auch große technische Geschicklichkeit, doch fehlt ihm die Originalität und seine Werke machen einen kalten Eindruck.

Meyer, Kstlerlex. — Natura ed Arte 1893/4 II 141—149; 239—251; 532—542; 577—592; 815—827; 1005—1016. — Marte e Venere, rappres. la Pace, gruppo del L. Acquisti, scultore Bolognese. Roma 1807. — Magni, Storia dell' Arte III, 737. — Caimi, Le Arti del disegno, p. 174. — Guida di Forlì p. 22, 99. — L. Fumi, Il Duomo di Orvieto (Roma 1891) p. 102, nota 1; 313. *H.*

Acraman, Miß Edith, Malerin in London, stellte 1847—1852 5 Gemälde in der Royal Acad. aus.

Graves, R. Acad. Exhib. I 3. **

Acraman, W. H., engl. Landschaftsmaler in Hastings, stellte 1856—1868 5 Landschaften in London in der Suffolk Street und eine in der R. Acad. (1856) aus.

Graves, A Dictionary of artists. 1895. **

Acres, E., Miniaturmaler in London, der 1797—1823 häufig in der Royal Acad. ausstellte.

Graves, Roy. Acad. Exh. I 4. **

Acres, J., Londoner Porträtmaler, stellte 1800—1813 8 Porträts in der R. Acad. aus.

Graves, Roy. Acad. Exh. I 4. **

Acret, John F., Porträtmaler der Gegenwart in London, stellte 1884—93 wiederholt in der Roy. Acad. und in der Suffolk Street aus.

Graves, Roy. Acad. Exh. I 4. **

Acton, S., Architekt in London, der 1791 bis 1802 Entwürfe für Kirchen, Villen und Museumsgebäude in der Royal Acad. ausstellte.

Graves, Roy. Acad. Exh. I 4. **

Acuña, Antonio de, span. Bildhauer, geb. in Puerto Santa Maria, war auf der Kunstausstellung zu Madrid von 1860 mit einem Flachrelief-Porträt in Wachs vertreten. Man verdankt ihm zwei Büsten von Alphons XII. und eine Reiterstatue desselben. A. widmete sich der Tiermalerei, der Wiedergabe von

Jagdszenen und Zirkus-Episoden. Unter seinen Werken dieser Art sind zu nennen: eine Gruppe engl. und span. Pferde und Hunde; ein engl. Jäger zu Pferd; ein span. Reiter; ein Picador zu Pferd; span. Gerichtsdiener, den Schlüssel zum Stierkäfig empfangend; eine andalusische Szene (Flachrelief).

Ossorio y Bernard, Galeria biogr. de artistas españoles del siglo XIX. Madrid 1883/4. — Sanchez de Neira, El toreo 2 vol. Madrid, 1879. *P. Lafond.*

Acuña, Sebastian de, span. Maler, arbeitete mit Antonio Portugués und Franc. Hernández 1542 im Alcazar von Sevilla.

Gestoso, Artif. Sevill. II 81. *M. v. B.*

Acunto, Giuseppe d', Jurist und Bildhauer in Neapel im 17. Jahrh. Der Dichter Giov. Batt. Basile lobt in einem langen Gedicht (1627) eine seiner Arbeiten.

Napoli Nobilissima VI 109. *G. Degli Azzi.*

Acuriola, Francisco, span. Baumstr., der in Andalusien zahlreiche Bauten ausführte und 1585 in Antequera ein schönes Stadttor baute.

Llaguno y Amirola, Not. III 53. △

Acutus, Bildhauer, inschriftlich genannt als Verfertiger der Kanzel in S. Angelo zu Pianella in Unteritalien aus der 2. Hälfte des 12. Jahrh. „Magister Acutus fecit hoc opus". Der Stil der Kanzel ist verwandt mit anderen Werken der Abbruzzesischen Plastik, besonders den Skulpturen von S. Clemente in Casauria.

Schulz, Denkm. d. Kunst in Unterital. II 22. — Bertaux, L'Art dans l'Italie mérid. I 566. *Swarzenski.*

Acyer, Jehan, französ. Gießer 1508, tätig für Schloß Gaillon.

Champeaux, Dict. d. fondeurs, Paris 1886. **

Adalbaldus, Miniator des 9. Jahrh. in Tours. Unter den kalligraphischen Meisterwerken der Schule von Tours aus früh-karolingischer Zeit sind einige als Werke des Mönches Adalbald bezeichnet. Abgesehen von einem bereits von Bradley erwähnten Codex in Quedlinburg sind folgende Hsn. als Arbeiten von A. bezeichnet: Paris, Bibl. Nat. Ms. lat 17227, ein zum Teil in Paris (Ms. lat. nouv. acq. 445) z. T. in Tours (Ms. 281) bewahrter Kodex, ein Einzelblatt aus einem verlorenen Ms., aus Tours in Paris (nouv. acq. lat. 405) und eine große unbeachtete Bibel in Berlin (K. Bibl. Hamilton 82). All diese Hsn. zeigen künstlerischen Dekor im Charakter der Schule von Tours, aber von verschiedener Qualität und Art, so daß es zweifelhaft ist, ob A. für all diese von ihm signierten Hsn. zugleich als Miniator und Schreiber anzusehen ist. Vielleicht sind aber die Differenzen auch durch die Entwicklung zu erklären, die sich während der Entstehungszeit der einzelnen Hsn. Adalbalds in der Schule vollzog. A. ist auch urkundlich als Mönch von S. Martin in Tours beglaubigt; er arbeitete unter Abt Fredegis (807—834).

Bradley, Dict. of Min. — Delisle, L'école calligr. de Tours 20. — S. Berger, L'Hist. de la Vulgate 243 f. *Swarzenski.*

Adalbero (oder Albero), Chorherr in St. Florian bei Linz und Erbauer der beiden Türme der dortigen Kirche um die Mitte des 12. Jahrh.

A. Czerny, Kunst u. Kunstgew. im Stifte St. Florian. 1886. ***

Adalbert, Mönch in Tegernsee, Illum. 10. Jahrh. A. ist als Schreiber und Maler eines verschollenen, künstlerisch ausgestatteten Psalteriums überliefert, für welches Froumund von Tegernsee die Dedikationsverse, die in einer Münchener Hs. erhalten sind, fertigte. Der Psalter war für eine vornehme Dame, namens Heilwich, geschrieben. Daß Tegernsee bereits im 10. Jahrh. ein Zentrum künstlerischer Tätigkeit war, ist nach den Quellen zweifellos. Erhaltene Denkmäler Tegernseer Miniaturmalerei finden sich häufig erst im 11. Jahrh. Eine Evangelienhandschrift aus dieser Zeit in der Hof- und Staatsbibl. zu München (Clm. 826 c. p. 23), die — wenn nicht in T. selbst entstanden — sehr enge Beziehungen zu der dortigen Schule aufweist, nennt in der Umschrift einer ihrer Miniaturen einen Adalpertus:

Cognoscant cuncti fidei sub Federe iuncti
quod dat Adalpertus larga pietate refertus.

Es ist zwar nicht gerade ausgeschlossen, daß der hier genannte A. zugleich der Miniator der Hs. ist, aber höchst unwahrscheinlich, daß er mit dem unter Froumund literarisch nachweisbaren A. identisch ist, da die Hs. bereits dem vorgeschrittenen 11. Jahrh. angehört.

Bradley, Dict. of Min. — Pez, Thesaurus VI 1 p. 189. — Wattenbach, Schriftwesen 3. Aufl. p. 369. — Oberbayr. Arch. f. vaterländ. Gesch. I 26. *Swarzenski.*

Adalbert, Baumeister in Lorsch. Nach einer nicht ganz sicheren literarischen Quelle baute ein gewisser A. einen Erweiterungsbau der Klosterkirche zu Lorsch um die Mitte des 12. Jahrh. (1144—52). Die in dem Codex diplomaticus Laureshamensis I, 248 abgedruckte Stelle meldet des Näheren: Quidam dei famulus Adalbertus nomine ex laico monachum induens templum Laureshamense tum parvitate tum vetustate dignitati sua minime respondens, Deo cooperante renovavit et augmentavit et . . . . fornicibus, absidibus, fenestris, laquearibus, tecto plumbeo venustavit.

Meyer, Kstlerlex. I 55. — Dohme, Kunst und Kstler I 1 p. 55. *Swarzenski.*

Adalbert, Schreiber und Miniator, welcher einen Teil der Initialen einer vierbändigen Bibel in der Bibliothek der Certosa in Calci bei Pisa ausgeführt hat, wie sich aus der Eintragung einer Zahlung an ihn am Schluß der Hs. ergibt: A. scriptori de litteris maioribus de auro et de colore, sol. VII et dim. Die Hs. ist 1169 vollendet worden. Da sie auch figürliche Darstellungen enthält, gehört sie zu den wertvollsten Denkmälern der toskanischen Malerei des Mittelalters. Der Stil der Miniaturen steht unter stärkstem byzantinischem Einfluß, wie er in der toskanischen Malerei des 12. Jahrh. sonst nicht wieder vorkommt, aber gerade für die pisanische Schule im Unterschied zur florentinischen von charakteristischer Bedeutung ist. — S. Alberto da Volterra.

Bandini, Memorie ined. 87. — Bradley, Dict. of Min. *Swarzenski.*

Adalbert, Diakon in Bamberg, anfangs des 13. Jahrh. Die durch ihre Miniaturen bekannte vita S. Heinrici et Cunigundae der kgl. Bibl. zu Bamberg (Ed. III. 25) ist angeblich von einem Diakon A., Sohn des Grafen Wolfram von Abensberg, geschrieben. Bei dem engen Zusammenhang der Miniaturen dieser Hs. mit dem Text ist es möglich, daß auch die Miniaturen auf A. zurückgehen. Diese zeigen den charakteristischen süddeutschen Stil vom Beginn des 13. Jahrh.

Abbildungen bei Leitschuh, Aus den Schätzen der Kgl. Bibl. zu Bamberg, Taf. XI f. — Hefner-Alteneck, Trachten usw. I 49; II 81. *Swarzenski.*

Adalbert II., Erzbischof von Magdeburg, Sohn des Grafen Günther III. von Käfernburg, studierte in Hildesheim und Paris, wurde 1200 Dompropst in Magdeburg, 1205 zum Erzbischof gewählt, 1206 geweiht. Nachdem seine Metropolitankirche, der Dom Ottos I., 1207 abgebrannt war, begann er den Neubau 1208. Der Grundplan, nach dem er dabei anfänglich bauen ließ, ist nach den Ausgrabungen von 1902 festzustellen: es war eine regelmäßige dreischiffige Basilika gebundenen Systems mit Umgang und fünf ausstrahlenden Kapellen. Umgang und Kapellenkranz weisen nach Frankreich. Goldschmidts Ermittelungen haben auch für die ältere Plastik am Magdeburger Dom (die Zeit des ersten oder zweiten Baumeisters) den Zusammenhang mit der französ. Kunst erwiesen. Darnach sind Hasaks Ausführungen zu berichtigen und zu ergänzen. Ob der Bauherr selber, oder sein Baumeister den Gedanken gehabt hat, beim Neubau in Magdeburg von der französ. Chordisposition auszugehen, läßt sich nicht mehr feststellen. In jedem Falle scheint Adalbert nicht Baumeister, sondern nur Bauherr gewesen zu sein. Er erlebte die Vollendung des Doms nicht, da er schon 1232 starb.

Allgem. dtsche. Biographie I 184. — Hasak, Zur Gesch. des Magdeburger Dombaus, Z. f. Bauwesen 46, 1896, 337. — Harms, Ausgrabungen im Dome in Magdeburg. Die Denkmalpflege IV, 1902, S. 26. — Goldschmidt, Französ. Einflüsse in der frühgot. Skulptur Sachsens I im Jahrb. der preuß. Kst.-Sammlgn. XX, 1899. S. 285. *Kautzsch.*

Adalbert, vergl. auch *Adalpert* u. *Adelbert.*

Adalpert, ein Mönch von St. Emmeram in Regensburg, war gemeinsam mit Aripo (s. das.) tätig bei der Renovation des Codex aureus von St. Em., jetzt in der Münchener Hofbibl. (Clm. 14000. Cim. 55). Die Spuren der Renovation aus dem Ende des 10. Jahrh. sind noch heute an dem Kodex zu verfolgen; ihr gehört vor allem das große ganzseitige Bild mit der Darstellung des Abtes Ramwold an, auf dessen Veranlassung die Renovation des karolingischen Kodex durch A. und seinen Genossen erfolgte. Die Inschrift, die dies meldet, lautet: Domini abbatis Ramuoldi iussione hunc librum / Aripo et Adalpertus renovaverunt . . . . . Der künstlerische Charakter der genannten Miniatur läßt in A. (und seinem Genossen Aripo) Repräsentanten der ersten Stilstufe der Regensburger Malschule erkennen, die unter Abt Ramwold zu erblühen begann. Die Tätigkeit der Künstler an der Goldschmiedearbeit des Prachteinbandes dieser Hs. zu suchen, ist nicht angängig.

Meyer, Kstlerlex. II 251. — Bradley, Dict. of Min. — W. M. Schmidt, Eine Goldschmiedeschule in Regensburg um das Jahr 1000 (s. Rep. f. K. W. XXIII 198). — Swarzenski, Regensb. Buchmalerei 30 ff. *Swarzenski.*

Adalricus, Geistlicher und Glockengießer zu Freising, den sich Gozbert, seit 982 Abt von Tegernsee, vom Bischof Godescalch erbat, da seit drei Jahren Form und Metall zu der Glocke bereit lagen.

Meichelbeck, Hist. Frising I 471, n. 2. **

Adam, französ. Werkmeister, dessen Signatur sich auf dem Schlußsteine des letzten südöstlichen Gewölbejoches der Kathedrale zu Poitiers findet. Das nächstanstoßende Gewölbejoch trägt das Jahresdatum 1067, das jedoch wahrscheinlich richtiger 1167 zu lesen ist, da der Grundstein erst 1162 gelegt wurde. Die Kathedrale ist merkwürdig durch ihren geradlinigen Chorabschluß, aus dessen mächtigem Mauerwerke drei Altarabsiden ausgespart sind, sowie durch die nach Osten zu fortschreitende Verengung ihres Grundrisses und ihrer Lichtweite, durch die ein eigenartiger perspektivischer Effekt erzielt ist. Dem Herkommen gemäß als dreischiffige Hallenkirche angelegt, präsentiert sich die Kathedrale als eines der ältesten Monumente des frühgotischen Baustiles.

Auber, Cathédr. de Poitiers. — Bellier-Auvray, Dict. gén. et suppl. — Lance, Dict. des Arch. — Bauchal, Dict. des Archit. *C. Enlart.*

Adam, Steinmetz der Kölner Domhütte, wurde als erfahrener Meister 1487 nach Xanten berufen, um mit anderen Werkmeistern zu beraten, wie der romanische Westbau der St. Viktorskirche mit der neuen gotischen Anlage zu verbinden sei.

Köln. Domblatt 1845 No. 11.—Organ f. chr. K. 1852, 158. — Scholten: Auszüge aus den Baurechnungen der Viktorskirche zu Xanten. Berlin 1852, 48/49. — Beissel: Bauführung des MA. Freiburg 1889 I 181—189. — Merlo: Bonner Jahrbuch LXXV 124. — Clemen: Kunstdenkmäler der Rheinprovinz I 339. — Merlo: Kölnische Künstler 2. Aufl. 1895, 27. *Firmenich-Richartz.*

Adam, Maler in Krakau, tätig 1499—1521.

Grabowski, Skarbniczka p. 41. — Rastawiecki, Slownik mal. pol. I 2 und III 104. *L. Lepszy.*

Adam, Maler in Warschau, wo er seit 1588 bekannt ist und 1596 auch starb. Aus dem Gemälde-Verzeichnis seines Testamentes ersieht man, daß er vorwiegend religiöse Bilder malte.

Rastawiecki, Slownik mal. pol. III 105. *L. Lepszy.*

Adam, Steinmetzmeister in Sterzing, fertigte 1523 den Grabstein des Wilhelm von Wolkenstein.

„Kunstfreund" (Innsbruck) 1889 S. 26. *H. S.*

Adam, Mester, Steinmetz aus Braunschweig, errichtete 1578 für 50 Taler auf der oberen Rathaushalle zu Bremen das von Herzog Julius v. Braunschweig der Stadt geschenkte Alabasterportal („Doergerade").

Focke, Bremische Werkmeister (1890) p. 1. *Hs. Loose.*

Adam, Maler in Neuhaus (Böhmen), malte 1630 für die Propstkirche „Maria Himmelfahrt" (1801 verbrannt).

Böhm. Kunsttopographie XIV. *Teige.*

Adam. Wird 1772 als Poussierer an der Fayence- und Porzellanfabrik in Kelsterbach a. M. genannt.

Kunstgewerbeblatt II 31. ***

Adam, französ. Porzellanmaler. 1807 an der Porzellanmanufaktur in Petersburg angestellt. Im Museum der Ermitage von ihm eine hl. Familie auf Porzellan.

Dussieux, Les Art. franç. à l'étr. 2. Aufl. p. 562. ***

Adam l'aîné, s. *Adam,* Lamb. Sigisb.

Adam le jeune (le cadet), s. *Adam,* Nic. Seb. u. *Adam,* Carle.

Adam, Albrecht, der Stammvater einer in 4 Generationen tätigen bayerischen Künstlerfamilie, Pferde- und Schlachtenmaler, geb. den 16. 4. 1786 zu Nördlingen, † den 28. 8. 1862 zu München. Sohn eines Konditors, lernte im Geschäfte seines Vaters, 1804—1806 in Nürnberg als Gehilfe, wandte sich dort, veranlaßt durch den Direktor der Zeichenschule, Christoph Zwinger, der Malerei zu. Aus dem letzteren Jahre einige Folgen von Radierungen: Hirschjagden, Militär- und Reiterszenen. 1807 in München, Studium und Kopieren in der Gemäldesammlung. 1809 im Gefolge des bayerischen Generalmajors Grafen von Froberg-Montjoye Teilnehmer an dem Feldzuge gegen Österreich. In Wien malte er zahlreiche Reiterbildnisse mit kleinen kriegerischen Darstellungen. Von Eugène Beauharnais, dem Vizekönige von Italien, zu dess. Hofmaler ernannt, befand sich Adam vom Herbste 1809 bis Frühjahr 1812 in Mailand, wo u. a. die beiden großen Bilder der Schlachtten von St. Michael bei Leoben und von Raab entstanden. 1811 Hochzeit in Mailand, 1812 in Begleitung des Vizekönigs Augenzeuge aller Gefechte und Schlachten des russischen Feldzuges. Nach dem Brande von Moskau Rückkehr nach Mailand bis 1815, dann in München. Hier wieder, wenn auch nicht ausschließlich, in Diensten des Fürsten Eugène, des nunmehrigen Herzogs von Leuchtenberg. Für ihn malte Adam ein Tagebuch des russischen Feldzuges, bestehend in 83 Blättern in Öl auf Papier gemalt, außerdem war er für König Max I., für den Fürsten Wrede und andere Kunstfreunde tätig. 1827—1833 gab er mit Hilfe seiner Söhne Franz und Benno, unter Zugrundelegung seiner Originalskizzen aus dem russischen Feldzuge, eine Sammlung von 100 lithographierten Blättern heraus: „Voyage pittoresque et militaire de Willenberg en Prusse jusqu'à Moscou, fait en 1812 etc." 1829/30 im Auftrage des Königs Wilhelm von Württemberg in Stuttgart, 1838 einige Zeit lang in Mecklenburg und auf der Insel Alsen bei dem Herzoge Christian August von Schleswig-Holstein-Sonderburg-Augustenburg. An ersterem Orte einige Reiterbildnisse des Königs und Pferdebildnisse, an letzterem Orte nur Pferdestudien, die von den Söhnen Franz und Benno lithographiert wurden. Zu derselben Zeit Aufträge von König Ludwig I. von Bayern (die Schlacht bei Borodino für den Festsaalbau der Residenz) und von dem Herzog Maximilian von Leuchtenberg (12 große Schlachtenbilder, die Siege seines Vaters Eugen in den Jahren 1809—12 für sein neues Palais in St. Petersburg). 1848 mit seinem Sohne Eugen im Hauptquartier des Feldmarschalls Radetzky in Mailand und auf den Schlachtfeldern von Custozza, Santa Lucia und Vicenza. Daraus entstanden in den folgenden Jahren ein großes Reiterbildnis von Radetzky, dann für den Kaiser Franz Josef von Österreich: die Erstürmung der Höhen des Monte Berico bei Madonna del Monte in der Schlacht bei Vicenza und die Schlacht bei Novara, ferner für König Ludwig I: die Schlacht bei Custozza und die von Novara. Außerdem noch um dieselbe Zeit für den ersteren Fürsten die Schlachten von Szöregg und Temesvar, und für letzteren die Erstürmung der Düppeler Schanzen. Bei allen diesen Bildern waren ihm seine Söhne behilflich, ein neues großes Bild der Schlacht von Novara zum fünfzigjährigen Dienstjubiläum des Feldzeugmeisters Freiherrn von Heß (im Dezember 1855) führte er ohne deren Beihilfe aus. Vom Dezember 1855 bis Juli 1857 in Wien mit seinen Söhnen Franz und Benno, aus dieser Zeit mehrere größere und kleinere Reiterbildnisse des Kaisers, eines des Grafen Grünne und verschiedene Pferdebildnisse. Nach seiner Rückkehr nach München entstand die Schlacht bei Landeshut in Schlesien (23. Juni 1760) im Auftrage des Erzherzogs Karl Ludwig. Den letzten großen Auftrag erhielt Adam 1859 von König Max II.: „die Schlacht bei Zorndorf" für das Maximilianeum in München. Mit der Vollendung dieses Bildes, Januar 1862, waren die Kräfte des Hochbetagten erschöpft, er begann zu kränkeln, am 28. 8. vollendete er sein tatenreiches Leben.

Adams Verdienst besteht in der Vielseitigkeit und in der Naturwahrheit seiner Schilderungen; in der malerischen Behandlung erhebt er sich nicht über seine Zeitgenossen, doch ist sein Vortrag eher breit als ängstlich und spitz zu bezeichnen. Mit Recht gilt er als einer der besten Schlachten- und Pferdemaler seiner Zeit.

Er hinterließ eine Menge von Zeichnungen und Studien, von denen ein großer Teil, besonders die aus den Jahren 1809 und 1812, in das Münchener kgl. Kupferstichkabinett (jetzt Graphische Sammlung) übergegangen ist. Seine zahlreichen Bilder sind überall zerstreut, u. a. befinden sich solche in Berlin (kgl. Nationalgalerie), Hamburg (Kunsthalle), München (kgl. neue Pinakothek und im Besitze der kgl. Familie), Schloß Seeon und St. Petersburg (Herzog von Leuchtenberg), Stuttgart (im Besitze der kgl. Familie), Schloß Tegernsee (Herzog Karl in Bayern), Wien (im Besitze der kaiserl. Familie). Von seinen Radierungen und Lithographien sind in Meyers Kstlerlex. und in Maillingers Bilder-Chronik der Stadt München eine Menge aufgeführt, doch dürften diese Zusammenstellungen kaum Anspruch auf Vollständigkeit machen.

Albrecht Adam, Aus dem Leben eines Schlachtenmalers. Selbstbiographie. Herausgeg. von H. Holland, Stuttgart 1886. 8°. — Das Werk der Künstlerfamilie Adam. 84 Lichtdrucke nach Originalen der Maler Albrecht, Benno, Emil, Eugen, Franz u. Julius Adam. Mit Text von H. Holland. Nürnberg (1892) qu. gr. Fol. — Meyer, Kstlerlex. — Bötticher, Malerwerke des 19. Jahrh. — Katalog der Sammlung von Kupferstichen, Holzschnitten etc. des Hofmalers Albrecht Adam. Versteigerung 8. 4. 1863, München. — Raczynski, Geschichte der modernen Kunst. II 419/20. — Kugler, Kleine Schriften. III 548, 674. — Maillinger, Bilder-Chronik d. k. Haupt- und Residenzstadt München. II 87—89, IV 94/5. — C. A. Regnet, Münchener Künstlerbilder. Bd. I. Leipzig 1871. S. 1—10. — Fr. Pecht, Gesch. d. Münchener Kunst im 19. Jahrh. München 1888. 4°. S. 34 bis 36, 138/9. — A. Rosenberg, Gesch. d. modernen Kunst. III 8—11. — Beilage d. Allgem. Zeitung 1886 S. 224 ff. — Kunstchronik III 126, X 429, XIII 689, XIV 715, XXI 503, 652, XXII 1.
P.

Adam, André, Goldschmied in Tours 1493, lieferte Charles VIII. in diesem Jahre für Schloß Amboise für 498 livres Goldwaren.

Giraudet, Art. Tourangeaux 1. **

Adam, Andreas, s. *Adam,* Hans.

Adam d'Anvaing, Graveur von Messing-Grabplatten, in Tournai 1441—1466 erwähnt.

Pinchart, Artistes de Tournai. **

Adam de Arogno (Adamo da Arogno), in der Diözese Como, Architekt und Baumeister, geb. in der 2. Hälfte des 12. Jahrh., † zu Trient gegen 1230. Unter Bischof Friedrich von Wangen (1207—1218) und dessen unmittelbaren Nachfolgern vollendete er den bereits unter Bischof Ulrich II. (1022—1055) begonnenen und vom Bischof Altmann (1120 bis 1149) fortgesetzten Bau des Trienter Domes, indem er selben in einen Gewölbbau umwandelte und mit Motiven lombardisch-romanischer Kunst reichlich schmückte. Wohl möchte mancher Forscher, so O. Mothes, dem Adamo d'Arogno und seinen Söhnen und Neffen, die sich nach ihm durch ein halbes Jahrhundert bei dem großen Werke betätigten, nur das Rundfenster an der Hauptfassade, das Löwenportal an der Ostseite, und einige von den Galerien zuschreiben; allem Anscheine nach jedoch dürften jene Recht behaupten, die, wie P. Selvatico, ihnen einen viel größeren Anteil an dem Bau zuweisen. Aus einer Grabschrift, die aus dem Ende des 13. Jahrh. stammt, und welche am Sockel eines Eckpfeilers im Äußern des Chores sich befindet, erfährt man, daß Adam sein Werk 1212 am letzten Tage des Monats Februar begonnen hat, und daß nach ihm eben seine Söhne und Neffen (ablatici) am Dome in Trient weiter arbeiteten, sowie daß sie alle nach ihrem Tode im nächstliegenden Grabe beigesetzt wurden. Von den Nachfolgern des Adamo di Arogno, welche gleich diesem am Bau der Trienter Kathedrale tätig waren, werden in den Urkunden dessen Sohn Enrico di Fono d'Arogno, und des Letzteren Söhne Zanibono (1207, 1282, 1295[?]) und Adamo erwähnt.

N. Toneatti, Saggio d'illustr. del Duomo di Trento (Trento, 1872) p. 8, 58. — C. Cipolla, Sui recenti restauri del Duomo di Trento (Abdr. aus „Arte e Storia", 1886) p. 10 u. ff. — G. Merzario, I maestri comacini I 133 u. ff. — V. Zanolini in „Atti della i. r. Accad. degli Agiati in Rovereto", Ser. III, Vol. V (1899) p. 106 u. ff. — P. Selvatico, Le arti del disegno in Italia, P. II 283 u. ff. — Bianchi, Artisti ticinesi, 4. — Brun, Schweizer Kstlerlex. — O. Mothes, Die Bauk. des Mittelalters in Italien p. 383 u. f., 433 u. f., 724. — Henry Gally Knight, The ecclesiastical architecture of Italy (London 1834) II nr. XV. — Fr. v. Reber, Kunstgesch. des Mittelalters (Leipzig 1885) p. 283. — Ferner die von Meyer, Kstlerlex., angeführte Literatur.
L. O.

Adam d'Aubelmer, Holzbildh. in Troyes,

leitete 1524/5 die Arbeiten an den Chorschranken der Kathedrale.

L a m i, Dict. d. sculpt. 1898 (mit Literat.). **

Adam d'A v e s n e, Maler in Arras, malte 1501 für die Kirche Ste-Croix Chorfahnen u. stellte die Tafel des Hauptaltars wieder her.

R é u n i o n d. beaux-arts XIII 235. **

Adam, B e n n o, der älteste Sohn von Albrecht A., Tiermaler, geb. 15. 7. 1812 zu München, † 9. 3. 1892 zu Kelheim. Im Atelier seines Vaters herangebildet, lithographierte er schon frühe dessen Studien und Bilder. Als Maler trat er zuerst 1835 mit zwei Bildern im Münchener Kunstverein auf: „Kühe am Brunnen" und „Hunde an der Kette". Sein hauptsächlichstes Gebiet sind Haus- und Jagdtiere in Verbindung mit Menschen, dann die Hochjagd und der Fuchssport mit der Meute. In letzterer Richtung vielfach für den Herzog Adolf von Nassau beschäftigt. Dazwischen auch als Illustrator von landwirtschaftlichen Werken über Rindviehzucht tätig. Seine anfänglich trockene und harte Farbengebung wurde später frisch und lebhaft. Gemälde von ihm u. a. in der neuen Pinakothek zu München, im Besitze des Großherzogs von Luxemburg, der Nachkommen des Erzherzogs Karl Ludwig, des Fürsten von Fürstenberg und im Privatbesitz in Hamburg.

Literatur s. unter Albrecht Adam, außerdem: M e y e r, Kstlerlex. — B ö t t i c h e r, Malerwerke des 19. Jahrh. 1891. — S c h o r n s, Kunstblatt f. 1837 S. 148. — R a c z y n s k i, Geschichte d. modernen Kunst. II 435/6. — M a i l l i n g e r, Bilder-Chronik d. k. Haupt- und Residenzstadt München. II 228/9. — H. A. M ü l l e r, Biographisches Kstlerlex. der Gegenwart. 1882. — Fr. P e c h t, Gesch. der Münchener Kunst im 19. Jahrh. 1888. 4°. S. 170. — A. R o s e n b e r g, Gesch. d. mod. Kunst. III 1889, S. 15. — Kunstchronik IV 41, XII 260, XVII 211, N. F. III 314. — Allgem. Deutsche Biographie. XLV 688/9. *P.*

Adam, C., Kupferstecher zu Augsburg in der zweiten Hälfte des 18. Jahrh., lieferte mehrere Prospekte, u. a. einen von Dresden (sehr geringe Arbeit), den er nach einem Bl., das C. G. Werner 1768 zu Thieles Sammlung Meißner Gegenden fertigte, kopierte. **

Adam, C., Nach Füssli, Neue Zusätze, studierte ein sonst unbekannter Maler dieses Namens 1819 in Dresden und stellte 1820 6 Landschaften aus. **

Adam, C a r l e, nennt sich „Adam le jeune", Sohn des Nicolas-Sebastien, und widmete sich, wie aus einer Denkschrift von ihm an den Grafen von Angiviller 1787 hervorgeht, der Malerei. Arbeiten von ihm nicht bekannt.

Nouvelles Arch. de l'art franç. VIII (1880/1) 180. **

Adam, C h a r l e s, Direktor der Porzellanmanufaktur in Vincennes, hatte am 24. 7. 1745 das Privileg zur Errichtung einer kgl. Porzellanmanufaktur „Façon de Saxe" erhalten, das 1748 bestätigt, aber 8. 10. 1752 zugunsten des Eloi Brichard ihm entzogen wurde.

B e l l i e r - A u v r a y, Dict. gen. — Gaz. d. b. arts. XXV 157—59; 161. — Nouv. Arch. d. l'art franç. III sér. V 211, 212. **

Adam le Cigne (Cygne), Holzbildhauer und Holzschnitzer, 1516 im herzogl. Palaste in Nancy beschäftigt. 1517—18 wird ihm ein Feldbett mit Flachschnitzereien in „italien. Mode" bezahlt.

L a m i, Dict. d. sculpt. I 333. — B é r a r d, Dict. biogr. d. art. franç. 3. **

Adam, C l a u d e, lothr. Bildhauer, lebte um 1650 in Rom, wo er, nach Abbé Titi, eine Statue in der Kirche S.-Prudenziana ausgeführt haben soll. Man schreibt ihm auch Flachreliefs in der Capella Corsini von S.-Giovanni in Laterano zu. Endlich soll er, nach Baldinucci, der Schöpfer der Marmorfigur des Ganges sein, welche mit drei anderen Statuen, Werken des Bernini, den Brunnen auf der Piazza Navona schmückt. Dussieux irrt sich, indem er ihn als Vater der Bildhauer Lambert-Sigisbert, Nicolas-Sébastien und François-Gaspard Adam bezeichnet. Von Bertolotti wird die Existenz dieses Künstlers überhaupt angezweifelt.

L a m i, Dict. d. sculpt. franç. sous Louis XIV. *Lami.*

Adam, C l é m e n c e, Porzellan- und Miniaturmalerin in Paris, tätig um 1870.

B e l l i e r - A u v r a y, Dict. gén. **

Adam Courtois, Architekt in Compiègne 1450, wurde 1458 vom Kapitel der Kathedrale zu Noyon als Sachverständiger berufen.

L a n c e, Dict. des arch. **

Adam, D i e t r i c h, Goldschmied in Celle, fertigte 1655 für 34 rthlr. einen silbernen Kelch für die Kirche in Schwarmstedt an.

Kstdenkmäler d. Provinz Hannover, Regierungsbez. Lüneburg, 1. Kreis Burgdorf u. Fallingbostel pag. 148. *H. V.*

Adam, E l i a s, bekannter Rokoko-Goldschmied in Augsburg, tätig schon 1718, † 1745. Von ihm führt Rosenberg, der Goldschm. Werkzeichen p. 104/5 17 Nummern erhaltener und z. T. sehr geschmackvoller Arbeiten an, wie die vergoldeten resp. gravierten Trinkgefäße aus Rhinozeroshorn (Kgl. Schatzkammer, München und Mus. zu Gotha), aus Porzellan (C. von Rotschild, Frankfurt; früher Sammlung Joh. Paul, Hamburg; Schloß in Karlsruhe), aus Glas (Schloß in Karlsruhe), aus gravierter Muschel (früher Sammlung Joh. Paul, Hamburg), ferner zwei vergoldete Dosen, getrieben mit Landschaften und Ornamenten (Ermitage) und eine Schale (im Winterpalais in Petersburg). Datierte Stücke: zwei Zuckerbüchsen 1718 in der Hofsilberkammer in Dresden und eine mit Halbedelsteinen besetzte silbervergoldete Schmuckflasche im Schlosse zu Detmold. — Sein Meisterzeichen EA in breitovaler Umrahmung.

R o s e n b e r g, D. Goldschm. Merkzeichen 104/5. — Kstgewerbebl. N. F. II 45. — Jahrb.

d. preuß. Kstsammlgn. XIV 27. — Versteigerungskatalog d. Sammlg. George Agath, Breslau, bei Lepke, Berlin, 22. 11. 06 No. 143. **

Adam, Emil, ältester Sohn von Benno Adam, Pferde- und Jagdmaler, geb. 20. 5. 1843 zu München. Von seinem Vater und seinem Oheim Franz als Maler herangebildet, malte er bereits 1860 für den Erzherzog Karl Ludwig einige Pferdebildnisse und ein Jahr nachher wurde sein erstes öffentlich ausgestelltes Bild: „Österreichische Lagerszene" auf der großen Kölner Kunstausstellung (nach Holland) verkauft. Bald darauf begab er sich für längere Zeit nach Hohenheim bei Stuttgart, um dort sich theoretisch und praktisch im Studium des Pferdes auszubilden. 1864 malte er in Böhmen, eingeladen von dem Fürsten Max zu Fürstenberg auf Schloß Lána und von dem Prinzen Egon Taxis nach Pardubitz, seine ersten Sportbilder. Im folgenden Jahre ging er dann zu seiner weiteren Ausbildung, hauptsächlich in figürlichen Studien, nach Brüssel zu Portaels. 1867 war er wieder in Pardubitz, um die ganze dortige Jagdgesellschaft, 60 Reiterbildnisse mit Meute usw. zu malen. Obgleich auf diesem Bilde, wie auf dem 1870 im Auftrage des Herzogs von Nassau gemalten „Lippspringer Jagdbilde" die Landschaft und die Hunde noch von der Hand seines Vaters sind, so war doch mit diesen beiden Bildern sein Ruf als Pferde- und besonders als Sportmaler begründet, der sich auch außerhalb seines Vaterlandes verbreitete. 1885 ging er nach mehrfachen Aufforderungen zum ersten Male nach England, wo er nun alljährlich mehrere Monate verweilt; nicht minder wird er von französischen Sportsmännern geschätzt, so daß er jetzt als der erste Pferdemaler, besonders von edeln Rassepferden betrachtet werden kann. Bilder von ihm befinden sich u. a. im Besitze des Grafen Tassilo von Festetics, des Herzogs von Westminster, des englischen Jockey-Klubs zu Newmarket, des Barons A. de Rothschild, des Herrn Edmond Blanc, des Barons Schickler, des Herrn J. de Bremond und der Kunsthalle in Kiel.

Literatur s. unter Albrecht Adam, außerdem: Meyer, Kstlerlex. — H. A. Müller, Biograph. Kstlerlex. der Gegenwart 1882 S. 5. — Bötticher, Malerwerke des 19. Jahrh. — Allgemeine Kunstchronik IX No. 19. Wien 1885. — Das geistige Deutschland I 1898. — Kunstchronik IV 202, IX 241, 500, XII 260, XVII 293, XVIII 109, XIX 466, XX 279, 705, XXI 317, XXII 53, 128, 322, XXIII 178, 653. — Kunst für Alle 1888 S. 95/96, 1889 S. 30, 1895 S. 185, 1901 S. 183. — Meister-Archiv. Berlin 1902. — Allgem. Sportzeitung. Wien 1903. Sonderbeilage zur Derby-Nummer. *P.*

Adam, Eugen, der dritte Sohn von Albrecht A., Schlachten- und Genremaler, geb. 22. 1. 1817 zu München, † 4. 6. 1880 daselbst. Schüler seines Vaters, dessen Bilder er zum Teil in seiner Jugend lithographisch vervielfältigte. Um dieselbe Zeit nahm er Ansichten der Stadt Salzburg und ihrer Umgebungen nach der Natur auf, die 1837 von Th. Hellmuth lithographiert wurden. 1843—47 hielt er sich verschiedene Male in Ungarn, Kroatien und Dalmatien auf, angeregt durch das dortige malerische Volksleben. 1848 begleitete er seinen Vater auf den Kriegsschauplatz nach Italien, wo er mit seinem Bruder Franz eine Reihe von Terrainskizzen und militärischen Figurenstudien geschaffen hat, die teilweise als Grundlage von Schlachtenbildern für Albrecht und Franz A. dienten, teilweise, in 24 Blättern, von seinem Bruder Franz auf Stein gezeichnet und unter dem Titel: „Erinnerungen an die Feldzüge der österreichischen Armee in Italien, 1848 und 1849" herausgegeben wurden. Eugen blieb dann noch bis 1853 in Italien; seine Hauptwerke aus jener Zeit sind das figurenreiche „Manöver des Kaisers auf der Heide von Malpeusa 1851" (im Besitze des Grafen Giulay in Wien) und „Die Einnahme von Forts von Malghera" (im Besitze des Kaisers von Österreich). Die kriegerischen Ereignisse des Jahres 1859 riefen ihn als Zeichner der Zeitschrift „Über Land und Meer" wieder nach Italien, wo u. a. sein Bild „Auf dem Schlachtfelde von Solferino" (in der neuen Pinakothek zu München) entstand. In den folgenden drei Jahren nahm er alljährlich an den Truppenübungen der Schweiz teil, 1863 erschien hiervon: „Bildliche Erinnerungen an den eidgenössischen Truppenzusammenzug im August 1861. Nach der Natur gezeichnet von Eugen Adam, lithographiert von Julius Adam." Der deutsch-französische Krieg führte ihn auf die dortigen Schlachtfelder, zuerst nach Sedan, dann nach Orléans und zuletzt vor das belagerte Paris, in das er 1. 3. 1871 mit den siegreichen Truppen einzog. Nach München zurückgekehrt, entstanden in rascher Folge die Ölbilder: „Bazeilles am Abend des 1. Sept. 1870", „Ulanenbiwak vor Paris", „Die deutsche Batterie 17 vor Paris", „Das 1. bayer. Armeekorps und die 22. preuß. Division bei Artenay am 10. Okt. 1870", „Die nördliche Bastion am Fort Vanves vor Paris", „Während des Waffenstillstandes vor St. Cloud" u. a. m. Dazwischendurch kamen „Ein Schiffzug am Inn", „Touristen in der Schweiz", „Eine Requisition aus dem italien. Feldzug", mehrere Aquarelle aus dem deutsch-französ. Kriege und im Frühjahr 1880 sein letztes Bild: „Ein Schäfer vor einem Kruzifix betend." Aus seinem Nachlasse wurde die über 200 Blätter umfassende Sammlung von Handzeichnungen aus dem deutsch-französischen Kriege vom bayerischen Staate für das kgl. Kupferstichkabinett (jetzt kgl. graphische Sammlung) angekauft.

Literatur s. auch unter Albrecht Adam, ferner:

Meyer, Kstlerlex. — Fr. v. Bötticher, Malerwerke des 19. Jahrh. — Beilage der Allgem. Zeitung 1880 S. 274/5. — Kunstchronik X 170, XII 609, 707, XVI 736. — Allgem. Deutsche Biographie XLV. Leipzig 1900 8°. S. 689—693.
P.

Adam, F., geringer Augsburger Prospektenstecher der 2. Hälfte des 18. Jahrh. **

Adam de France, Maler in Amiens, arbeitete für diese Stadt seit 1389 u. a. 60 Heiligenfiguren für die Türmchen der Festung. Eine Quittungsnotiz (48 l.) über diese Arbeiten vom Jahre 1416 ist im Archiv von Amiens: Comptes de ville, année 1416, erhalten.

H. Dusevel, Recherches histor. sur les ouvrages exécutés dans la ville d'Amiens. — Nouv. Arch. de l'art franç. III sér. tome I. (1885) 68.
P. Durrieu.

Adam, François Gaspard Balthasar, französ. Bildhauer, der jüngste Sohn von Jacob-Sigisbert A. und Sébastienne Le Léal, geb. 23. 5. 1710 in der Pfarrei Saint-Sébastien zu Nancy. 1729 verließ er seine Geburtsstadt, blieb einige Zeit in Barrois und suchte seine Brüder in Rom auf, wo er 1730 anlangte. Nachdem er sich dort mit der Restaurierung antiker Statuen beschäftigt hatte, ging er im Jan. 1733 mit seinem älteren Bruder Lambert-Sigisbert von Rom fort, nahm einen kurzen Aufenthalt in Lothr. und kam im selben Jahre nach Paris. Dort erlangte er 1740 den II. Skulpturenpreis und 1741 den I. Preis mit einem Flachrelief, das „die Heilung des Tobias" darstellte. Dann kehrte er 1742 nach Rom zurück und wurde als Pensionär des Königs Schüler der dortigen Acad. française. Daselbst führte er die Kopie eines „antiken Fauns mit der Weintraube" aus. Am Ende des Jahres 1746 hielt er sich in Paris auf, begab sich aber bald darauf nach Berlin, wo er zum ersten Bildhauer Friedrichs d. Großen, mit 4000 livres Pension, ernannt wurde. Er blieb 13 Jahre in Preußen und schuf dort zahlreiche Kunstwerke in Marmor, die heute noch die Schlösser und Gärten zu Potsdam und zu Sanssouci schmücken. Diese sind: Die Poesie (1748), Apollo (1749), Lucrezia und Flora (1749), Kleopatra (1750), Der Triumph der Galathea, Diana (1753), Juno (1753), Jupiter mit dem Stier (1754), Vulkan und Venus (1756), Cybele und Triptolemus (1758), Minerva (1760) und endlich Mars (1764 von seinem Neffen Sigisbert-Michel vollendet). Ebenfalls in Berlin entstanden die Büste des Kanzlers Cocceji († 1755) und die Statue des Marschalls von Schwerin, der 1757 in der Schlacht von Prag fiel, auch diese Statue wurde von Sigisbert-Michel vollendet, der seinen Onkel als Bildhauer des Königs von Preußen ersetzte, als der Künstler 1759 Deutschland verließ. Alle seine Arbeiten zeigen eine ausgezeichnete technische Geschicklichkeit; aber im eigentlich Künstlerischen, in der Erfindung und Formengebung, Stellung und Haltung, ist er der schwächste unter den 3 Brüdern. A. starb 1761 zu Paris.

Dussieux, Les artistes franç. à l'étranger. — Thirion, Les Adams et Clodion. — Seidel, Die Ausstellg. von Kstw. aus dem Zeitalter Friedrichs d. Großen. Berlin 1893. *Lami.*

Adam, Franz, zweiter Sohn von Albrecht A., einer der besten deutschen Schlachten- u. Pferdemaler des 19. Jahrh., geb. 4. 5. 1815 in Mailand, † 30. 9. 1886 in München. Schüler seines Vaters, den er 1829 nach Stuttgart, 1837 auf die Insel Alsen, 1848 nach Oberitalien, 1851 nach Wien und Ungarn und 1856 nochmals nach Wien begleitete, und dem er seit ungefähr 1830 bis zu dessen Tode als treuer und selbstloser Mitarbeiter zur Seite stand, sei es, daß er dessen Zeichnungen und Gemälde lithographisch vervielfältigte, oder daß er bei dessen Ölbildern mit Hand anlegte. Unter seinen ersten selbständigen Bildern sind zu nennen: „Eine Schiffsfähre an der Theiß", „Kroatenquartier in der Villa Mestre", „Reiterbildnis des Fürsten Wrede" (1843), „Französische Kürassiere während des Brandes von Moskau" (1847), (neue Pinakothek, München). Später entstanden dann noch kleine Pferde- und Genrebilder für Liebhaber und Kunsthändler, ferner ein „Reiterbildnis des Herzogs Philipp von Württemberg", ein „Walachisches Mittagsmahl" (1863) und 1867 ein größeres Schlachtenbild, „Der Rückzug von Solferino", das ihm endlich die langverdiente Anerkennung brachte, aber lange Zeit keinen Käufer fand, bis es zuletzt vom Sultan Abdul-Aziz erworben wurde. 1869 vollendete er einen „Rückzug aus Rußland", der in der Berliner Nationalgalerie seine Heimstätte fand. Der deutsch-französische Krieg bot ihm dann weitere Stoffe zu größeren Schlachtenbildern: „Reiterangriff bei Sedan (Floing)", zuerst für den Herzog von Meiningen gemalt, dann in anderen Ausführungen (Nationalgalerie, Berlin und neue Pinakothek, München), „Das 13. bayerische Infanterie-Regiment vor Orléans am 11. Okt. 1870" (neue Pinakothek, München), „Reiterangriff bei Mars-la-Tour" (ebenda), „Schlacht bei Sedan" (Städelsches Kunstinstitut, Frankfurt a. M.). Außerdem sind noch aus seinen letzten Lebensjahren zu nennen: „Gefangenentransport nach der Schlacht bei Sedan" (1880), „Pferdemarkt am Ufer der Donau in Ungarn" (1881) und „Mazeppa" (1881) (im Besitze des Prinzregenten Luitpold von Bayern).

Literatur s. unter Albrecht Adam, außerdem: Meyer, Kstlerlex. — Müller, Biographisches Kstlerlex. der Gegenwart 1882. — Rosenberg, Gesch. der modernen Malerei III 11—15. — Bötticher, Malerwerke des 19. Jahrh. — Zeitschr. für bild. Kunst I 57, II 98, IV 115, VI 24, VII 290, XVII 346, N. F. III 275. — Kunstchronik II 198, III 100, IV 86, 214, V 122, 148, VI 62, 87, 118, IX 562, X 33, 238, 475,

492, 553, XI 13, 517, 799, XIII 400, XIV 481, XV 516, 541, XVII 59, 654, XVIII 418, XIX 430, XX 175, 277, XXI 756, XXII 19, 127, 331, XXIII 178, 653, N. F. II 405, III 454, IV 49. — Kunst für Alle 1887 S. 29, 120/1, 276; 1888 S. 144. — Nekrologe, Allgemeine Kunstchronik X No. 41. — Allgemeine Militärzeitung 1886 S. 97 u. ff. — Allgemeine Zeitung 1886. — Courier de l'art VI No. 42. — Kunstchronik 1886/7 No. 2. — Kunst für Alle 1887. *P.*

Adam, Friedrich, zweiter Sohn von Benno Adam, Architekt, geb. 18. 7. 1847 in München. Nach vollendetem Studium an der polytechnischen Schule seiner Vaterstadt erhielt er 1869 eine Anstellung bei der Arsenal-Direktion in dem österreichisch-ungarischen Kriegshafen Pola, wo nach seinem Entwurf das Offizierskasino der Marine ausgeführt wurde. 1872/3 kam er nach Wien zu Karl von Hasenauer als Hilfsarbeiter zu den Bauten der Weltausstellung. Später war er bis 1885 an verschiedenen Orten in Oberösterreich, Böhmen und Tiròl als Architekt tätig. 1886 bis 1896 betrieb er in München ein eigenes Baugeschäft und erbaute viele bessere Privathäuser und Villen, seit 1896 ist er dort beim Stadtbauamte beschäftigt.

Nach Mitteilungen des Künstlers. *P.*

Adam, Gaspard Louis Charles, französ. Bildhauer, geb. um 1760, Sohn des Nicol. Sébastien und letztes Glied der berühmten lothring. Künstlerfamilie. Er ist nicht durch Werke sondern nur durch ein Bittgesuch an König Louis Philippe 1837 bekannt.

Nouv. Arch. de l'art franç. IX 335. **

Adam, Georg, Zeichner, Kupferätzer und Landschaftsmaler in Gouache, geb. 1784, † 1823 in Nürnberg, bildete sich unter A. W. Küffner. Ein längerer Aufenthalt in München, der Umgang mit den besten Landschaftmalern entwickelten seine Anlagen rasch; auf wiederholten Reisen nach Tirol und dem Salzkammergute füllte er seine Mappen mit Studien und Zeichnungen, die er später bei seinen landschaftlichen Radierungen benutzte.

Er war ein fruchtbarer und begabter Meister, geistreich in der Führung der Radiernadel; aber oft, da er viel produzierte, zu eilfertig und flüchtig. Wenige Künstler haben eine so große Anzahl Radierungen hinterlassen; gewöhnlich ätzte er sie auf einmal, ohne sich der nachhelfenden kalten Nadel zu bedienen. Am besten gelangen ihm die Bll. nach seinen eigenen Zeichnungen. Sie bestehen zum größten Teil in Landschaften und Ansichten.

Meyer, Kstlerlex. I 63 (mit Oeuvreverzeichnis). — J. Maillinger, Bilder-Chronik I 232 (mit Ergänzungen zum Oeuvreverz. v. J. Meyer). **

Adam, Grégoire Joseph, französ. Bildhauer, geb. 1737 zu Valenciennes, † daselbst 1820. Der Künstler übernahm die plastische Ausschmückung eines Salons im Hôtel Merghelynck zu Ypern; er führte dort die Medaillons Ludwigs XV. und der Marie Leczinska und ein Medaillon Voltaires aus. Es ist unbekannt, ob der Künstler zur Familie der A. aus Nancy gehörte.

Réun. des soc. des b.-a. 1897 p. 658. *Lami.*

Adam, H., französ. Emailmaler. Von ihm eine bemalte Tabatière von 1798 im Louvre.

Molinier, Dict. d. Emailleurs. *E. W. Braun.*

Adam, Hans, Buchdrucker oder wohl richtiger Schriftsetzer, Briefmaler, Formschneider und Kunsthändler in Nürnberg. Er heiratet 1535 und wird bei dieser Gelegenheit als Briefmaler bezeichnet (Ehebuch zu St. Sebald in Nürnberg 1524—43). Am 9. 8. 1536 erscheint er bei seiner Bürgeraufnahme, bei der er 4 fl. Stadtwährung zahlte, als „puchsetzer" (Bürgerbuch 1534—1631 im kgl. Kreisarchiv Nürnberg, Bl. 9b). Ein anderer H. A. kommt in den Bürgerbüchern von 1496 bis über die Mitte des 16. Jahrh. nicht vor. 1550 wird ihm vom Rat erlaubt, „die zu Augspurg getruckt vierfissig tauben" in Nürnberg feilzuhalten. Aus den Jahren 1553 und 1554 stammen die datierten unter seinen bezeichneten Holzschnitten. Zum Jahre 1555 kommt er in der Theatergeschichte Nürnbergs vor. Noch 1560 wird er unter den Setzern des Buchdruckers Johann vom Perg gen., 1564 unter den Briefmalern aufgezählt, wo dann 1568 an seiner Statt seine Witwe *Els Adamin* erscheint. Gestorben ist „H. A., briefmaler beym Wildenmann" zwischen Lucie (13. 12.) 1567 und Reminiscere (14. 3.) 1568, doch mehr gegen den Schluß dieses Zeitraums, also wahrscheinlich in den ersten Monaten des Jahres 1568 (Sebalder Totengeläutbuch im German. Mus. Bl. 213a). Ein später — zu den Jahren 1571 und 1572 — vorkommender Briefmaler *Endres Adam* war vermutlich sein Sohn.

An sicheren Werken besitzen wir von H. A. nur eine kleine Anzahl mit seinem Namen („Bey Hans Adam", „Gedruckt durch Hans Adam" usw.) bezeichneter Holzschnitte, die sich nicht eben durch hohen Kunstwert, aber durch energischen Schnitt, wirkungsvolles Kolorit und daneben durch große Seltenheit auszeichnen. Bei Nagler, Monogrammist. III 599 und in Meyers Kstlerlex. finden sie sich aufgezählt; doch bedarf auch letzteres Verzeichnis einer erneuten Revision. Es ließ sich z. B. trotz aller Bemühungen meinerseits nicht mit Sicherheit ermitteln, ob es sich in dem unter No. 7 angeführten Blatte in der Tat um die Darstellung eines Elefanten nach einer Zeichnung Melchior Lorchs oder um die Wiedergabe einer „Giraffe, welche von einem Orientalen gehalten wird" (Nagler, Monogr. IV 2163 unter No. 7) handelt. Übrigens war H. A. für eben dieses Blatt (oder Blätter?) lediglich als Drucker und Verleger tätig, als Formschneider dagegen der Monogrammist M. S., dessen Zeichen außer der Adresse des H. A. auf dem Blatte erscheint. Gewissermaßen als das Zeichen H. A.s begegnet gelegentlich ein Schild, worin Adam mit dem Apfel dargestellt ist; zu den beiden Seiten die Buchstaben H und A. So auf seinem umfangreichsten Blatt, der Schlacht bei Sievershausen (9. 7. 1553).

Meusel, Neue Miscellaneen 12. Stück (1800) 484. — Heller, Gesch. der Holzschneidekunst 124 f. — Derselbe, Prakt. Handbuch f. Kupferstichsammler 2. — Nagler, Monogrammisten III No. 599 u. IV No. 2163. — Börner in Naumanns Archiv IX 157 f. — Baader in Zahns Jahrb. f. Kunstwissenschaft I 230, 238. — Schmidt in Meyers Kstlerlex. II 56 f. — Hampe, Entwicklung des Theaterwesens in Nürnberg II No. 68. — Derselbe, Nürnberger Ratsverlässe I No. 3262. *Th. Hampe.*

Adam, Heinrich, Bruder von Albrecht A., Landschaftsmaler und Radierer, geb. 27. 3. 1787 zu Nördlingen, † 15. Febr. 1862 zu München. Wie sein Bruder ursprünglich zum Konditor bestimmt, wandte er sich 1808 in Augsburg der Kunst zu und zwar zuerst der Radierung, die er sein ganzes Leben lang pflegte. Neben eigenen Arbeiten radierte er Bilder seines Bruders und solche älterer, besonders niederländischer Meister. 1811, als er sich mit seinem Bruder am Comersee aufhielt, versuchte er sich zuerst in Aquarellmalerei, acht Jahre später, während seines dritten Aufenthaltes in Italien, entwarf er am Comersee Zeichnungen und Skizzen zu Ölbildern, und seitdem bildete die Landschaftsmalerei sein eigentliches Gebiet. Die Vorwürfe zu seinen Bildern nahm er aus den bayerischen Alpen, aus Oberitalien und aus der Schweiz, ferner malte er in seiner letzten Zeit eine große Anzahl von bayerischen Städteansichten, besonders von München und Umgebung. Seine Bilder sind fleißige und naturgetreue Arbeiten, aber in nüchterner und trockener Manier ausgeführt, ebenso wie seine Radierungen.

Lit. s. unter Albrecht A. außerdem: Meyer, Kstlerlex. — Bötticher, Malerwerke des 19. Jahrh. — Nagler, Monogr. I No. 696, III 596. — Maillinger, Bilder-Chronik der Stadt München II S. 89—91, IV S. 95. *P.*

Adam, Heinrich, Architekt, geb. in Dierbach (bair. Pfalz) 18. 3. 1839, † 29. 1. 1905, studierte am Polytechnikum und der Akad. in München und ließ sich dann in Wien nieder. Von ihm das Schloß des Herzogs Philipp von Württemberg in Gmünden, das Palais des Grafen Csáky Vidor in Preßburg, das Rathaus in Groß-Kanizsa, mehrere Villen, Privat- und Zinshäuser in Wien, von denen das Wohngebäude von E. Wahliss und der Habighof besonders zu nennen sind.

Das geistige Deutschland 1898. **

Adam, Hippolyte Benjamin, Maler, geb. zu Paris 28. 9. 1808, † 1853, Schüler von Langlois, dann von P. Delaroche, zählte zu jenen Kleinmeistern, welche von der klassischen zur romantischen Schule sich herüberwendend, insbesondere das geschichtliche Sittenbild pflegten. Derartige Kostümbilder hat er vornehmlich zwischen 1830 und 1840 gemalt; sie sind von geringem Wert. Später beschäftigte er sich mit Bildnissen und dekorativen Arbeiten.

Meyer, Kstlerlex. — Bellier-Auvray, Dict. gén. *R.*

Adam, J., Zeichner und Kupferst. am Ende des 18. Jahrh. in Ostgalizien und Podolien. Adam scheint eine Verkürzung des Namens Adamski zu sein, es finden sich nämlich zwei roh bearbeitete Blätter, das eine mit Adam, das andere mit Adams unterzeichnet. Es sind: 1. Der hl. Anton in dem Franziskanerkloster zu Kamieniec in Podolie. 2. Der hl. Jakobus Strepa, Erzbischof von Halicz.

Rastawiecki, Lex. der poln. Kupferst. — Kraszewski, Ikonotheka. — Kolaczkowski, Lex. *Marian Gumowski.*

Adam, Jacob, Zinngießer in Breslau, wird Ende 1611 Meister, † am 1. 12. 1633, 48 Jahre alt. Arbeitet vom 2. 2. bis 1. 4. 1617 einen kunstreichen Zinnsarg für die Gebeine Herzogs Karl II. von Münsterberg-Öls und Bernstadt in die Pfarrkirche in Öls („Schlesiens Vorzeit" IV 618). Meisterzeichen: Adler, darüber die Buchstaben I A. *E. Hintze.*

Adam, Jakob, Zeichner und Kupferstecher, geb. zu Wien 9. 10. 1748, † daselbst 16. 9. 1811, studierte auf der Wiener Akad. zugleich mit J. E. Mansfeld. Er arbeitete viel für Druckwerke, hat sich aber namentlich bekannt gemacht durch eine große Anzahl meist kleiner Bildnisse (in Medaillon), welche besonders fürstliche Personen des österr. Hauses und österr. Notabilitäten darstellen. Sie sind meistens in den zwei letzten Jahrzehnten des 18. Jahrh. bei Artaria & Co. erschienen und in derselben Weise wie diejenigen von Mansfeld, Kl. Kohl und anderen mit wenig Geist, aber sehr zart und miniaturartig mit punktierten Fleischteilen ausgeführt.

Er hat bei diesen Arbeiten offenbar die Kunstweise französ. Stecher wie Ficquet, Savart, Le Mire, Gaucher und Choffard zum Vorbild genommen und wurde auch manchmal der „Wiener Ficquet" genannt, den er freilich an Klarheit und Sicherheit nicht erreichte. Nach Portalis-Béraldi nutzten sich seine Platten rasch ab und nur die Abdrücke vor der Adresse Artarias zeigen die Vorzüge unvermindert. Das Feinste bot er in dem Porträt der Maria Theresia zu Pferd und besonders in den Porträts der beiden Erzherzoginnen Marie Christine (Schwester der Marie Antoinette) und der Marie Clementine, Gemahlin des Erbprinzen von Neapel.

Meyer, Kstlerlex. (über 100 seiner Stiche). — Portalis-Béraldi, Les Graveurs du XVIII s. I. **

Adam, Jacob Sigisbert, französ. Bildhauer, Sohn des Gießers Lambert A., geb. zu Nancy 28. 10. 1670, arbeitete zuerst zwölf Jahre lang in Metz, dann ließ er sich 1699 in seiner Vaterstadt nieder, wo er sich später ein Haus baute, dessen plastische Ausschmückung er selbst ausführte. Dieses Haus, von 1718, steht noch heute (rue des Dominicains). Als Bildhauer des Herzogs Leopold von Lothr. übernahm er zahlreiche Arbeiten, unter denen zu nennen sind: ein Cupido von Fröschen umgeben, für den Tafelaufsatz des Herzogs hergestellt (1701); vier Tierfiguren; zwei Statuetten von Musikanten, ein Christuskopf und eine Gruppe für das Schloß von Luneville (1715). Auf der Exposition rétrospective zu Nancy (1875) sah man von ihm einen hl. Christoph, eine Madonna und die Fragmente einer Geburt Christi. Auf derselben Ausstellung schrieb man ihm noch Terrakotten zu, die einen Brotverkäufer, ein Kind mit einem Ziegenbock und anbetende Hirten darstellten. Nachdem er sich dann 6 Jahre in Paris aufgehalten hatte, kehrte er nach Nancy zurück, wo er am 7. 5. 1747 starb. Sein eigentlich nur mittelmäßiges Talent reichte nur für wenig umfangreiche Arbeiten in Terrakotta oder in Holz aus. Er hatte am 23. 6. 1699 Sébastienne Le Léal geheiratet; aus dieser Ehe gingen Lambert-Sigisbert, Nicolas-Sébastien und François-Gaspard A. hervor. Eine seiner Töchter war die Mutter Michel Clodions.

Lami, Dict. d. sculpt. franç. sous Louis XIV. *Lami.*

Adam, Jacques-Felix, französ. Marmorbildhauer, sonst unbekannt, dessen Witwe 1787 erwähnt wird. Er ist vielleicht identisch mit einem Bildhauer Jacques Adan, der 1737 als Mitglied der Acad. St. Luc in Paris erwähnt wird.

Arch. d. l'art franç. XII 205 u. III sér. VI 313. **

Adam, James, ein jüngerer Bruder des Robert (s. auch dort), Hofarchitekt in London. James war ohne selbständige Bedeutung; er arbeitete immer gemeinschaftlich mit dem Bruder und scheint auch so nur an dessen Entwürfen einen untergeordneten Anteil gehabt zu haben. Gewöhnlich werden ihm die Entwürfe von Bauten am Portland Place zugeschrieben. In seinen letzten Lebensjahren war er mit der Abfassung einer Geschichte der Architekten beschäftigt, die er aber unvollendet hinterließ. Dagegen ist (nach Redgrave) ein Treatise of Architecture vorher von ihm erschienen. — Er starb 20. 10. 1794.

Über beide Adam: Bibliothek der neuen Wissenschaften XII, T. I 90. — Neue Bibliothek LIII, T. I 108 f. — Dallaway, Anecdotes of the arts in England etc. London 1800 p. 150 bis 152. — Redgrave, Dict. **

Adam, Jan (?) van, vlämischer Maler des 17. Jahrh. in London (?), erwähnt in den Tagebüchern des Genfer Turquet de Mayerne, Arztes am Hofe Karls I. von England.

Gaz. d. b. arts XXII 258. **

Adam, Jean, Glasmaler in Troyes 1420; nur dem Namen nach bekannt.

Nouv. Arch. de l'art franç. III sér. III 235. **

Adam, Jean, Bildhauer (?), Sohn Lamberts I., geb. in Nancy 31. 10. 1630, wird wahrscheinlich identisch sein mit dem 1657 erwähnten Hoftischler (menuisier en ébène de la maison du Roi).

Réunion d. Soc. d. b. arts XXIV 310. — Nouv. Arch. d. l'art franç. 1872, 87. **

Adam, Jean, Marmorbildhauer in Paris, 1757 urkundlich erwähnt und wahrscheinlich identisch mit dem Marmorbildhauer Jean Baptiste Adam, dessen Siegel von 1766 in den Tabellen der Archives des Commissaires aufgeführt wird.

Nouv. Arch. d. l'art franç. II sér. V 173, VI 296. **

Adam, Jean, französ. Architektur-Kupferstecher um 1820, Schüler von Sellier père und von van Mechel. Er hielt ein Kupferstecher-Atelier und arbeitete mit an dem bekannten Monumentalwerke, das auf Befehl Napoleons I. veröffentlicht wurde „La description de l'Egypte", und an anderen ähnlichen Publikationen.

Meyer, Kstlerlex. — Bellier-Auvray, Dict. gén. Suppl. — Gabet, Dict. — Le Blanc, Manuel. — Béraldi, Grav. du XIXe s. *J. Guibert.*

Adam, Jean, Jean Baptiste und Jean Félix, s. *Adam,* Nicolas-Félix.

Adam, Jean Nicolas, Kupferst., geb. 1786 zu Paris, † um 1840, arbeitete mit an der Illustration der „Histoire de Napoleon" (von Norvins) sowie der „Histoire des antiquités de Paris" (von Dulaure).

Le Blanc, Manuel. — Gabet, Dict. — Béraldi, Grav. du XIXe s. — Bellier-Auvray, Dict. gén. Suppl. *J. Guibert.*

Adam, Jehan, Tapissier (de haute lice) in Paris, wurde 1508 vom Kardinal v. Amboise auf Schloß Gaillon mit vielen Aufträgen betraut.

Bérard, Dict. biogr. d. art. franç. **

Adam, Jehan, französ. Medailleur und Stempelschneider. Von ihm ein Jeton von 1566 mit dem Brustbilde Charles IX.

Forrer, Dict. of medallists. I. **

Adam, Johann, Formenschneider in Hanau, tätig um 1620—40, findet sich nur erwähnt bei Nagler, Monogr. I No. 724. **

Adam, Joh. Gottfr. Benjamin, Steinschneider, Dresden, starb daselbst 1813, 42 Jahre alt.

Füssli, Neue Zusätze, 1824. *R. Bruck.*

Adam, Johann Jacob, Goldschmied in Augsburg, Beschaumeister 1762, † 1792, von dessen Arbeiten M. Rosenberg 10 Nummern: Becher, Dosen und Tafelgerät nachweist. Ein vergoldeter Münzbecher von ihm im Berliner Kunstgewerbemus.; eine kleine Schale in der

Silberkammer zu Darmstadt; ein Plat de ménage, vergoldet mit Rocailleornamenten, in der Silberkammer in München. Er bezeichnete I I A in breitovaler Umrahmung.

M. Rosenberg, Goldschmiede-Merkz. 115. **

Adam, John, Kupferstecher in London gegen Ende des 18. Jahrh., stach Bildnisse für liter. Werke, meist in Kreidemanier und wenig verdienstvoll. Einige derselben finden sich in den drei ersten Bänden von Caulfields History of remarkable characters from the time of Henry VIII. to James II. und in Herberts Biography of Scottish personages of distinction. Außerdem von ihm: Die Bildnisse der Königin Elisabeth und des Robert Dudley, Earl von Leicester, in Crayonmanier nach F. Zucchero. Fol.

Ottley, Notices. — Redgrave, Dict. — Meyer, Kstlerlex. **

Adam, John (Schott. Arch.), s. *Adam,* William.

Adam, Joseph, engl. Landschaftsmaler, stellte von 1858—1880 häufig in der Royal Acad. in London aus.

Graves, Roy. Acad. Exh. I. **

Adam, Joseph Denovan, hervorragender schottischer Tier- und Landschaftsmaler, geb. in Glasgow 1842, † daselbst 22. 4. 1896, Schüler seines Vaters, eines Landschaftsmalers in London und der South Kensingtonschule, ließ sich 1871 in Schottland nieder. In der Royal Academy stellte er von 1860 bis 1892 im ganzen 26 seiner schottischen Landschaften mit kräftigen Morgen-, Abend- oder Herbststimmungen und vortrefflicher Tierstaffage, auch einige Fruchtstücke, aus, und in der Royal Scottish Academy erschien sein erstes Werk 1868. 1887 eröffnete er eine Schule für Tiermalerei in Craigwell House, Stirling. Die National Gallery of Scotland besitzt sein preisgekröntes Werk Evening-Strathspey. Seine Gemälde fanden auch im Ausland Anerkennung, so im Pariser Salon 1894 und im Münchener Glaspalaste 1894, wo er die I. goldene Medaille erhielt.

Bryan, Dict. — Graves, Roy. Acad. *R.*

Adam, Julius, vierter Sohn von Albrecht A., Landschafts- und Tiermaler und Lithograph, geb. 26. 1. 1826 zu München, † 24. 2. 1874 daselbst, Schüler seines Vaters, malte er in seiner früheren Zeit Landschaften mit Figuren und Tieren, wandte sich aber dann der Lithographie zu, vervielfältigte Bilder seines Vaters und seiner Brüder und gab mit letzteren die „Erinnerungen an die Feldzüge der k. k. Armee in Italien" heraus. Später wurde er Photograph und als solcher Leiter der damals neu gegründeten Lichtdruckanstalt von Jos. Albert in München.

Lit. siehe Albrecht A. außerdem: Bötticher, Malerwerke des 19. Jahrh. — Meyer, Kstlerlex. — Nagler, Monogr. III No. 1773. *P.*

Adam, Julius, Sohn seines gleichnamigen Vaters, Genre- und Tiermaler, geb. 18. 5. 1852 zu München. Nach Besuch der Realschule trat er in das photographische Geschäft seines Vaters ein. Bald darauf erhielt er eine Stelle als Retoucheur in Rio de Janeiro, wo er nahezu sechs Jahre verweilte. Nach seiner Rückkehr in seine Vaterstadt, 1872, war er zuerst Schüler von Prof. Echter in der Kunstgewerbeschule, besuchte dann zu seiner weiteren Ausbildung die Akad., erhielt dort als Schüler der Natur- und Malklasse die ersten Auszeichnungen und wurde hierauf Schüler von Wilhelm Diez, bei dem er sechs Jahre verblieb. Während dieser Zeit entstanden verschiedene Bildnisse, sein erstes größeres Bild: „Mittelalterlicher Maitanz", bald darauf „Märchenerzählerin" und „Kinder im Himbeerenschlage". Nach seinem Austritte aus der Akad., 1882, widmete er sich der Tiermalerei, und zwar war es die Hauskatze, die durch ihn meisterhafte Darstellungen gefunden hat, so daß er wohl jetzt als der erste Katzenmaler Deutschlands gelten kann. Seine bedeutendsten Bilder sind sein „Selbstbildnis, umgeben von Katzen" (neue Pinakothek, München), „Mutterglück" (Galerie des Kunstvereins München), „Katzen im Heuboden" (Kunstvereinsgalerie Barmen), „Wärmstube" (1905 in der Internationalen Kunstausstellung zu München mit der goldenen Medaille ausgezeichnet). Die meisten seiner Bilder kamen in Privatgalerien nach Amerika.

Bötticher, Malerwerke des 19. Jahrh. — Zeitschrift für bildende Kunst XV 383, XXI 280. — Kunstchronik XVI 186, 614, XIX 364, XXII 128, XXIV 75. — Kunst für Alle 1886 S. 344, 1887 S. 278, 1888 S. 324, 1890 S. 222, 340, 1891 S. 358, 1894 S. 338, 1895 S. 49, 1901 S. 151, 1903 S. 338. *P.*

Adam, Lambert (Bruder des Jacob Sigisbert), Bronzegießer, Frankreich 17.—18. Jahrh. **

Adam, Lambert Sigisbert, gen. Adam l'aîné, französ. Bildhauer, Sohn des Jacob-Sigisbert A., wurde 10. 10. 1700 zu Nancy geb. und am selben Tage in der Pfarrei Saint-Epore getauft. Nachdem er zunächst bei seinem Vater Studien gemacht, ging er im Winter 1718, dem Dom. Calmet zufolge, nach Metz; im folgenden Jahre begab er sich nach Paris. 1723 trug er den großen Preis für Skulptur davon und reiste bald darauf als Pensionär des Königs nach Rom. Dort wurde er vom Kardinal von Polignac protegiert, der ihn damit betraute, die Figuren seiner Antikensammlg. zu restaurieren, und 1724 die Marmorbüsten eines Neptun und einer Amphitrite von ihm erwarb, die der Künstler soeben vollendet hatte. Diese Büsten befinden sich heute in Potsdam im Schlosse Sanssouci.

Während seines Aufenthaltes in Rom, fertigte Lambert-Sigisbert, im Wettbewerb mit anderen Bildhauern und Archit., ein Modell der Fontana Trevi, das bei der von Clemens XII. eröffneten Konkurrenz den Preis erhielt; aber dieses Modell wurde nicht ausgeführt, da der Künstler vom Herzog d'Antin nach Frankreich zurückgerufen wurde. Bevor er Rom verließ, schuf er für eine der Kapellen der Kirche S. Giovanni in Laterano ein Flachrelief in Marmor, das die hl. Jungfrau darstellt, die dem hl. Andreas Corsini erscheint, und für die Accad. di S. Luca, zu deren Mitglied er ernannt worden war, eine Büste des Schmerzes, in Gestalt eines Greises, der von einer Schlange in die Brust gebissen wird.

Bei seiner Ankunft in Paris (1733) erhielt er vom Herzog von Orléans den Auftrag auf eine große Gruppe in Stein, die die Vereinigung der Seine und der Marne verkörpern sollte. Diese Gruppe schmückt heute den oberen Teil der Kaskade im Park von Saint-Cloud. Zu gleicher Zeit bestellte der Herzog d'Antin für das Schloß von Grosbois die Statue eines Jägers, der einen Löwen im Netz fängt; diese beiden Werke wurden 1734 vollendet. Er führte dann, unterstützt von seinem Bruder Nicolas-Sébastien eine Gruppe in Blei aus, den Triumph Neptuns und der Amphitrite darstellend, welche im Bassin des Neptunbrunnens zu Versailles aufgestellt und 1740 datiert ist. Am 25. 5. 1737 wurde er in die kgl. Akad. für Malerei und Bildhauerei aufgenommen, mit einer Marmorgruppe geringen Umfangs, „Neptun, die Wogen beruhigend", jetzt im Louvre befindlich. Am 31. 1. 1744 wurde er Professor.

Von seinen Werken nennt man außerdem: eine Statue des ruhenden Mars, die in Rom nach einer antiken Statue aus der Villa Ludovisi kopiert ist, und zwei Gruppen in Marmor, Fischerei u. Jagd darstellend (diese 3 Werke, die sich in Potsdam befinden, wurden 1752 Friedrich d. Großen von Ludwig XV. zum Geschenk gemacht); mehrere Flachreliefs in den Gemächern des Hôtel Soubise zu Paris; „Die lyrische Poesie", Marmorstatue, früher im Vestibül des Schlosses von Bellevue, jetzt im Louvre; ein Flachrelief, das die hl. Adelheid darstellt, wie sie den hl. Odilon verläßt, in der Kapelle des Schlosses von Versailles; 4 Marmorbüsten (Darstellg. der 4 Elemente), die nach dem Tode des Künstlers nach Berlin gesandt wurden; eine Marmorstatue der Abundantia für das Schloß von Choisy; eine Marmorbüste Ludwigs XV. als Apollo, jetzt in der Sammlung des Barons Edmond de Rothschild in Paris; und endlich eine Statue des hl. Jérome, welche anfangs in der Invalidenkirche aufgestellt war und nach der Revolution der Kirche Saint-Roch übergeben wurde, wo sie sich noch befindet.

Lambert-Sigisbert starb am 13. 5. 1759; er wohnte damals in Paris in der Parochie der Madeleine. 1754 hatte er eine Sammlung von Abbildungen antiker griechischer und römischer Skulpturen veröffentlicht, die nach seinen Zeichnungen gestochen waren. Diese Antikensammlg. hatte er seit seinem Aufenthalt in Rom zusammengebracht; mehrere von ihnen stammten aus der Sammlung des Kardinals von Polignac. — Lamb. Sig. A. hatte eine ausgezeichnete Technik und eine Geschicklichkeit, die sich auch im feinsten Detail bewährte. In einer Jagdgruppe, einem seiner besten Werke, befreite er sich von Berninis Vorbild, unter dem er in Italien gearbeitet hatte, und zeigte sich völlig original.

Calmet, Bibliothèque lorraine. — D'argenville fils, Vies des fameux sculpteurs. — Cousin, Revue univers. des arts. 1864, 215. — Thirion, Les Adam et Clodion. 1885. Siehe auch Lit. unter Adam, Franç.-Gasp. *Lami.*

Adam, Laurent, französ. Bildhauer, geb. in Auxerre, kam nach Rouen, wo er von 1465 bis 1469 die erzbischöfl. Kanzel der Kathedrale in Holzschnitzerei ausführte; diese Kanzel ist zur Revolutionszeit verschwunden.

Lami, Dict. des sculpt. franc. au moy. âge et à la renais. *Lami.*

Adam de Merry, Pariser Goldschmied, tätig 1412, Syndikus der Korporation 1419.

Bérard, Dict. biogr. d. art. franç. **

Adam de Mesplan, französ. Kunstschlosser in Bethune, führte dort 1532 eiserne Gitter aus, deren getriebene Ornamente gerühmt wurden.

Bérard, Dict. biogr. d. art. franç. **

Adam, Michel, französ. Architekt und Bildhauer, geb. in Jargeau (Loiret) um 1513. Ausgebildet in Italien unter dem Einflusse Michelangelos, ließ er sich später in Orléans nieder als Architekt von Wohnhäusern. Als Hauptwerk wird ihm das sogenannte „Haus der Diana von Poitiers" zugeschrieben, das 1542 errichtet wurde und eines der vornehmsten Monumente der französ. Renaissancebaukunst darstellt.

Herluison, Artistes Orléanais. — Bellier-Auvray, Dict. gén. suppl. — Lance, Dict. des Archit. — Bauchal, Dict. des Archit. — Lami, Dict. des Sculpt. 1898. *C. Enlart.*

Adam, Nicolas Félix, französ. Bildhauer, geb. 1707, † in Paris 19. 7. 1759 in der Pfarrei St.-Nicolas-du-Chardonnet. Im Totenregister ist er als ehem. Leiter der St. Lucas-Akad. bezeichnet. Sein Sohn Jean-Félix und seine Brüder Jean und Jean-Baptiste A., gleichfalls Bildhauer, wohnten seiner Beerdigung bei. Alle diese Künstler gehörten nicht zu der in Nancy ansässigen Familie A.

Herluison, actes d'état civil d'artistes franc. *Lami.*

Adam, Nicolas Sébastien, gen. A. le Jeune, französ. Bildhauer, Sohn des Jacob-Sigisbert A., wurde 22. 3. 1705 im Kirchspiel Saint-Epvre zu Nancy geb. Er arbeitete zuerst mit seinem Vater, um sich dann in Paris mit seinem Bruder Lambert-Sigisbert zu vereinigen. Nach der Abreise des letzteren nach Rom, begab er sich nach Montpellier (1724), wohin ihn M. de Bornier, Schatzmeister der Staaten von Languedoc, gerufen hatte, der ihm die Ausführung von Modellen für die Fassaden seines Schlosses de la Mosson übertrug. Er reiste dann auf eigne Kosten nach Rom, da er nicht an dem Wettbewerb der Akad. teilgenommen hatte, und kam 1726 dort an. Zunächst war er hier mit seinem Bruder zusammen beschäftigt, im Auftrage des Kardinals von Polignac antike Statuen zu restaurieren, und erlangte 1728 einen Preis der Akad. di S. Luca. Am Ende des Jahres 1734 kam er nach Paris zurück. 1736 begann er mit der Ausführung des Flachreliefs „Das Martyrium des hl. Viktor", jetzt in der Schloßkapelle von Versailles. Im selben Jahre arbeitete er mit an der Innendekoration des Hôtel de Soubise, des heutigen Palais des Archives Nationales; er führte dort im Schlafzimmer der Prinzessin von Rohan 4 Gruppen in Stuck aus, die Merkur und Minerva, Diana und Endymion, Bacchus und Ariadne, Mars und Venus darstellten. 1738 erhielt er Auftrag, 2 Figuren großen Umfangs, allegor. Darstellgn. der Gerechtigkeit und der Klugheit, für die Fassade der ehem. Chambre des Comptes, im Hofe der Sainte-Chapelle, herzustellen; diese Figuren sind 1871 bei einer Feuersbrunst zerstört worden. Zeitweilig half er seinem Bruder Lambert-Sigisbert bei der Ausführung der großen Gruppe: Triumph Neptuns und der Amphitrite, welche 1740 im Bassin des Neptunbrunnens zu Versailles Aufstellung fand. 1745 arbeitete er an der plast. Ausschmückung des Portals der Pères de l'Oratoire in der Rue Saint-Honoré in Paris, und am Neubau der Abtei Saint-Denis.

1747 ernannte Friedrich d. Große, der Nicolas-Sébastien für sein Land zu gewinnen wünschte, den Künstler zu seinem ersten Bildhauer mit einer Pension von 4000 livres; allein der Beamte, der nach Frankreich gesandt wurde, um sich mit ihm zu verständigen, wandte sich irrtümlich an François-Gaspard, den jüngsten der Brüder A., und dieser letztere reiste nach Berlin ab, wo er 13 Jahre im Dienste des Königs v. Preußen blieb. Um diese Zeit wurde Nicolas-Sébastien vom König Stanislaus nach Nancy berufen. Er mußte dort in der Kirche de Bon-Secours das Mausoleum der Königin Catherina Opalinska ausführen, die soeben gestorben war. Während seines Aufenthaltes in Lothr. schuf der Künstler noch 2 weinende Engel für das Grab der Prinzessin Opalinska und die Büste des Königs Stanislaus. Letztere war bei ihm vom Pater Menou, Superior des Jesuitenklosters, bestellt worden. Gegen Ende 1752 nach Paris zurückgekehrt, übernahm er die plast. Ausschmückung der Kapelle des Collège de Grammont und schuf eine Gruppe von Kindern, die mit einem Löwen und einem Tiger spielen, für den Giebel des ehem. Hôtel de Choiseul; ebenso lieferte er Flachreliefs für das Haus des Monsieur de la Bouescière in der Rue de Clichy.

Von anderen Werken seien gen.: „Die Religion, von einem jungen amerikanischen Neophiten begleitet", eine Gruppe, die sich früher in einer Kapelle der Jesuitenkirche in der Rue St. Antoine befand; ein Entwurf zum Grabmal des Kardinals Fleury; ein silberner Christus für den König von Portugal; eine Madonna und der Altarbaldachin im Chor der Kathedrale zu Beauvais; eine Marmorvase für den Park von Choisy; eine Gruppe in Stein: Angelika und Médor; endlich eine Isis-Statue, welche der Künstler unvollendet ließ und die von seinem Neffen Michel Clodion vollendet wurde. 1737 bei der kgl. Akad. für Malerei und Bildhauerei zugelassen, wurde er 16. 6. 1762 Akademiker mit einer Marmorgruppe „Prometheus", die sich jetzt im Louvre befindet; 30. 1. 1778 wurde er Professor. Er erblindete und starb 27. 3. 1778 in Paris. Nic. Séb. A. war ein mäßiges Talent, ganz im Fahrwasser seines Bruders Lambert-Sigisbert. Am meisten Selbständigkeit zeigte er noch in dem Mausoleum der Cath. Opalinska. Das Porträt des Künstlers (von Aubry gemalt) befindet sich in der Ecole des Beaux-arts zu Paris.

Calmet. Bibliothèque lorraine. — Bellier-Auvray, Dict. gén. — Thirion, Les Adam et Clodion. *Lami.*

Adam, Noël, französ. Architekt. Vorfahre der berühmten Bildhauerfamilie, geb. 30. 7. 1605 in Nancy. 1658 Bürger in Nancy.

Réun. des Soc. des b. a. XXV 300. ***

Adam, P., unbedeutender, engl. Stecher, um 1090, der Landschaften stach, bisweilen in der Manier von Cl. Mellan, ohne Kreuzstriche.

Bryan, Dict. **

Adam, Philipp, Landschaftsmaler und Radierer von Neumarkt an der Etsch in Südtirol, dessen Tätigkeit in die zweite Hälfte des 17. Jahrh. fällt. Er hielt sich lange Zeit zu Rom und sonst in Italien auf. Seine seltenen Blätter sind mit Punkten beendigt und ganz roh ausgeführt, noch schlechter ist die Staffage. Seine Radiermanier ist der Perelles verwandt. (Verz. seiner Blätter [12 Landschaften] s. Meyers Kstlerlex.)

Ottley, Notices. — Tirolisches Kstlerlex. 1830. — Heineken, Dict. I 41.

Adam, Pierre, Neffe d. Jean A., französ. Kupferst., geb. 29. 5. 1799 zu Paris, Schüler von Pierre Guérin u. von Oortman, und später Lehrer für den Kupferstich am kgl. Taubstummen-Institut. Er führte Kupferstiche mit mytholog., histor. und militär. Motiven aus, nach Steuben, Hersent, Ch. Langlois, E. Deveria, ferner Porträts und Vignetten. Sein Hauptwerk besteht in 80 Porträts nach

Gérard, 1826 veröffentlicht unter dem Titel: Oeuvre du baron François Gérard 1789—1836. Gravures à l'eau forte, Paris 1852—1853.

Meyer, Kstlerlex. — Le Blanc, Man. — Béraldi, Grav. du XIXe siècle. *J. Guibert.*

Adam de La Porte, französ. Bildhauer, arbeitete 1305 am Schlosse von Hesdin (Pas-de-Calais).

Lami, Dict. des Sculpt. 1898. ***

Adam, Richard Benno, ältester Sohn von Emil A., Tiermaler, geb. 5. 3. 1873 zu München, besuchte zuerst das Gymnasium, wurde hierauf (1887) Schüler von Nikolaus Gysis, dann (1888) der Münchener Kunstgewerbeschule unter Sigmund Strähuber und Ludwig von Langenmantel. Im Herbste 1889 trat er in die Privatschule von Heinrich Knirr ein, in der er drei Jahre verblieb. Von hier aus kam er dann als Schüler von Hermann Baisch an die Karlsruher Akad., die er nach dessen Tode im Frühjahr 1894 verließ. Nach München zurückgekehrt, bildete er sich unter Anleitung seines Vaters zum Pferdemaler aus, arbeitete nebenher selbständig, so führte er einen bereits 1893 erhaltenen Auftrag des Grafen Hans Wilczek, fünf Bilder: „Die Sagen des Schlosses Moosham im Lungau" aus. Seit 1896 entstanden dann Reiterbildnisse, u. a. die des Grafen Artur von Schönborn-Wiesentheid, des Fürsten Franz J. von Auersperg und des Prinzen Alfons von Bayern. 1899 wurde er nach Budapest berufen, um ein großes Bild der dortigen Jagdgesellschaft mit 47 Reiterbildnissen zu malen. Im Januar 1900 folgte er dem Rufe des Erzherzogs Friedrich nach Preßburg, dessen fünf Töchter zu Pferde er auf einem großen Bilde und dann den Erzherzog selbst malte. In demselben Jahre entstanden dann noch verschiedene Einzelbildnisse ungarischer Magnaten zu Pferde. Im Herbste 1900 und im Sommer 1901 malte er die Reiterbildnisse der Familie des Herzogs Karl Theodor in Bayern und der Herzogin Elisabeth in Bayern. In den letzten Jahren folgten dann mehrere Pferdebildnisse für den ungarischen Jockey-Klub und eine Reihe von Gelegenheitsbildern, Ernteszenen u. a. aus dem ungarischen Volksleben.

Nach Mitteilungen des Künstlers. *P.*

Adam, Robert, zweiter Sohn des William A. of Maryburgh, geb. zu Edinburgh 1728, gelangte zu weit größerem Ruf als der Vater. Seine Studien machte er seit 1754 in Italien, wo ihn besonders die Thermen in Rom und die Ruinen von Diocletians Palast in Spalato interessierten. Nach England zurückgekehrt, (1758) radierte er seine Zeichnungen und gab sie 1764 in einem eigenen Werke heraus. 1761 wurde er zum Architekten des Königs Georg ernannt, 1762 in diesem Amt von der Königin Charlotte bestätigt; er bekleidete dasselbe bis 1768. Sein Werk brachte ihn rasch zu Ansehen und in Verkehr mit den bedeutendsten Männern seiner Zeit, so mit Hume, Robertson und Adam Smith. Nun kam auch die Zeit für ihn, da er eine reiche architektonische Tätigkeit, die ihn berühmt gemacht hat, entfalten sollte. Die Studien jenes Palastes aus der spätesten Zeit der römischen Kunst, gemischt mit den Einflüssen der italien. Renaissance und Barockarchitektur, haben seinen eigenartigen und reizvollen Stil neuklassischer Richtung gebildet. Namentlich die Raumdisposition und die dem französ. Louis XVI-Stil verwandte Dekorationsweise bieten wertvolles Neues. Er beschränkte sich übrigens nicht auf die Architektur, sondern suchte seine Reformen auch auf Einrichtung, Möbel und Ausstattung der Gebäude auszudehnen, und die Tüchtigkeit und Feinheit seiner Dekorationsweise haben dem Adamstile mehr als modische Bedeutung gegeben. So erlebte sie am Ende des 19. Jahrh. eine Art Renaissance.

Während einer solchen 25jährigen Tätigkeit hat R. Adam mit Beihilfe seines Bruders James in allen Teilen Englands eine große Anzahl von Privat- und öffentlichen Bauten ausgeführt. In London selber entstanden nach seinen Entwürfen ganze Häuserreihen, die damals als architektonische Werke von neuer und großer Pracht gepriesen wurden. So insbesondere (außer Fitzroy Square und Stratford Place) die Häusermasse der „Adelphi": eine Reihe einförmig nach derselben Zeichnung durchgeführter Fassaden. Andere Bauten sind Shelburne House (jetzt Lansdowne House) Kenwood, Lutton House (1767), Rangers Lodge im Green Park (zerstört). Als sein bestes und größtes Werk wird Keddleston Hall, die Besitzung Lord Scardales bei Derby genannt. — R. Adam hat auch Landschaften mit Architektur gezeichnet und aquarelliert, die meist von A. Zucchi staffiert wurden. Vier von diesen kleinen Aquarellen im Printroom des Brit. Mus.

Von 1773 bis 1778 veröffentlichte er mit seinem Bruder James eine umfassende Reihenfolge von Zeichnungen und Entwürfen zu Bauten und Hausgeräten, Möbeln usf., darunter auch diejenigen zu den neuen Universitätsgebäuden von Edinburgh (1778). — R. Adam starb 3. 3. 1792 in London.

1. Ruins of the palace of the Emperor Diocletian at Spalatro in Dalmatia, by Robert Adam. London 1764. 61 Bll. gr. Fol. Das oben erwähnte Werk. — 2. The Works in Architecture of Robert and James Adam. 3 Vols. Mit 105 Taf. gest. von T. Vivares und Jos. Zucchi. Lond. 1773. 1779. 1822. gr. Fol. — Neue Ausg. London 1902 und The Decorative Work of Rob. and Jam. Adam. Being a reprod. of the plates ill. Decoration a. Furniture from

their „Works in Architecture" fol. Ratsford 1901.

Nach seiner Zeichnung gestochen: 1. Ländliches Fest des Grafen Derby zu Oaks in Surry 1774, gest. v. Caldwall und Grignon in 2 Bll. 1780. gr. qu. Fol. — 2. Ein Pavillon, darin 1774 ein ländliches Fest gegeben wurde, gest. von J. Roberts.

P. Fitzgerald, The life and work of Rob. Adam. (The Architectural Review VII 1900 p. 147 u. 273.) — R. Blomfield, A history of Renaissance architecture in England II 1897. — H. Muthesius, Das Englische Haus. Berlin I 1905. Mit Notizen v. R. Graul.

Adam de Saint-Quentin, Goldschmied in Brügge. Erhält 1326—1350 Zahlungen für Arbeiten (Reliquiarien etc.), die er für Louis de Nevers, die Gräfin de Hainot und Louis de Male anfertigte.

Dehaisnes, L'hist. de l'art dans la Flandre etc. p. 402, 446, 478 und Documents p. 270, 273, 274, 298, 303, 371. ***

Adam, Sigisbert, französ. Bildhauer, zu Nancy im 17. Jahrh. tätig, war der Bruder des Gießers Lambert A. und Onkel des Bildhauers Jacob-Sigisbert A.

Lami, Dict. d. sculpt. franç. sous Louis XIV. *Lami.*

Adam, Stephen, and Son, Verfertiger kunstvoller Glasmosaiken für Kirchenfenster u. dgl., tätig in Glasgow, stellte Entwürfe in der Roy. Acad. in London 1892—1899 aus. Abbildungen und Besprechung ihrer geschmackvollen Verglasungen in The Studio XX 116—119. **

Adam, Thomas, Antwerpener Maler. 1495 Lehrling des Bildschnitzers Lenaert van Bergen, 1499 Freimeister der Lukasgilde, 1516 noch erwähnt.

De Liggeren, I 50, 54, 86. ***

Adam, Victor Vincent, französ. Maler und Lithograph, geb. 28. 1. 1801 in Paris, † 30. 12. 1866 in Viroflay, Schüler von Meynier und Regnault, trat schon im Alter von 13 Jahren in die Kunstschule ein und hatte sehr früh schon Erfolge in den Ausstellungen und beim Publikum. Eine große Anzahl seiner Historienbilder sind durch lithographische und andere Vervielfältigung allenthalben bekannt geworden. Er hat besonders viele Schlachten gemalt und ist in Versailles mit einer ganzen Reihe von Darstellungen aus den napoleonischen Kriegen vertreten. Seine Arbeiten traten nicht aus der Menge der mittelmäßigen Historienbilder der 30er und 40er Jahre hervor.

Meyer, Kstlerlex. (hier Liste s. Stiche u. Lithogr.). — Béraldi, Les graveurs du 19. siècle. — Bellier-Auvray, Dict. gén. — Gaz. d. beaux-arts, Table alphab. XVI—XXV; II. Pér. III 570. *K. E. Schmidt.*

Adam, Walter Mac, s. *Mac Adam,* W.

Adam, William, der Stammvater der schottischen Architektenfamilie, von Maryburgh bei Kinross, arbeitete in Schottland gegen Ende des 17. und in der 1. Hälfte des 18. Jahrh. Als seine bedeutendsten Arbeiten gelten das königliche Krankenhaus zu Edinburgh und die Entwürfe für die Seitenflügel von Hopetown House. A. war Baumeister des Königs von Schottland und in dieser Eigenschaft begann er den Bau von Fort George, den sein ältester Sohn John vollendete.

Nach seiner Zeichnung: William Adam, Vitruvius Scoticus, a Collection of plans, elevations and sections of public buildings etc. in Scotland. 160 T. gest. von Cooper. Edinb. s. d. (1750.) Fol. **

Adam, William Patrik (R. S. A.), namhafter schottischer Figuren- und Landschaftsmaler, geb. 12. 10. 1854 in Edinburgh, studierte auf der R. Scottish Academy unter G. P. Chalmers und W. Mac Taggart. Sein preisgekröntes Werk „Morning" in der Nat. Gal. zu Edinburgh, ein anderes Hauptwerk von ihm „Venice" in der Aberdeen Art Gallery. Von 1878—1896 stellte er häufig in der Royal Academy aus.

Graves, Royal Acad. I 5. *R.*

Adam von Wiltbach, Steinmetz in Straßburg, wird Bürger 1481.

Gérard, Les art. de l'Alsace II 304. **

Adam von Wurmbs (Worms), Maler, wird schon 26. 11. 1408 als im Besitze eines Panzers („Harnischbuch" im k. Kreisarchiv Nürnberg fol. 14b) und dann 1421 als auf der Sebalder Seite in Nürnberg wohnhaft (Murr) erwähnt. Zum 7. 1. 1423 kommt er im „Salzbüchlein" vor, am 10. 7. 1423 gibt er sein Nürnberger Bürgerrecht auf (Bürger- und Meisterbuch 1370—1429 im kgl. Kreisarchiv Nürnberg, Bl. 199b). Murr glaubte ihm — lediglich auf Grund der zeitlichen Übereinstimmung — zwei Wandgemälde in der St. Sebalduskirche, Abendmahl samt Fußwaschung und Christus am Ölberge darstellend, zuschreiben zu dürfen, auf deren ersterem Hans Stark († 1423) als Stifter genannt wird.

v. Murr, Journal z. Kunstgesch. 15, 30. — Gümbel im Repertorium f. Kunstwiss. XXIX 331. *Th. Hampe.*

Adam, Zéphirin, französ. Bildhauer, trug 1685 mit einem Flachrelief, das die Erbauung der Arche Noahs darstellte, den I. Preis für Skulptur an der ehem. Ecole Acad. in Paris davon. Im selben Jahre wurde er als Pensionär des Königs nach Rom geschickt. Dort blieb er 5 Jahre und führte 1688 eine Kopie der Statue des Augustus aus. 1691 nach Paris zurückgekehrt, arbeitete er mit an der plast. Ausschmückung des Chors der Invalidenkirche und war ebenso in Versailles und in Narly tätig. Er lebte noch 1703, aber von dieser Zeit an wird er nicht mehr erwähnt.

Lami, Dict. d. sculpt. franç. sous Louis XIV. *Lami.*

Adam-Laurens, Nanny, Landschaftsmalerin, geb. in Crest, Schülerin von J. Laurens, stellte seit 1883 aus. Im Salon und in Ausstellungen der Femmes artistes war sie in den letzten 10 Jahren fast regelmäßig vertreten und das warme gelbliche Kolorit ihrer Landschaften, Straßen- und Hafenbilder wird gerühmt. 1902 wurde ihr Gemälde im Salon durch Medaille ausgezeichnet und dann vom Staat für das Mus. in Valence angekauft.

Salon-Katal. 1885, 1887, 1888, 1892, 93, 95, 96, 98, 99, 1900, 01. — Chronique d. arts 1901, p. 11. 1902 p. 12. — Hirsch, Die bild. Künstlerinnen der Neuzeit, 148. **

Adam-Salomon, Antony Samuel, französ. Bildhauer und Photograph, geb. 1818 in la Ferté-sous-Jouarre (Seine-et-Marne), † in Paris im April 1881, Schüler von Vercelli, stellte zuerst 1844 im Pariser Salon aus, unter dem Pseudonym d'Adama. Er machte hauptsächlich Büsten und Medaillons, die sehr häufig nach photogr. Aufnahmen und nicht nach der Natur modelliert waren. Von seinen Werken seien erwähnt: Das Medaillon Lamartines, im Mus. zu Orléans; die Büste Lantaras, in der Bibliothek zu Fontainebleau; die Büste Leopold Roberts im Louvre; le Génie de la Musique et l'Etude, Figuren, die zur Ausschmückung des Louvre gehörten; die Marmorbildnisse des Professors Serres und Eugène Scribes, auf dem Kirchhofe Père-Lachaise; ein Bronzemedaillon Levasseurs, auf dem Montmartre-Kirchhofe; die Bronzemedaillons des Félicien Mallefille u. von Niepce de Saint-Victor, auf dem Montparnasse-Friedhofe; die Büsten des Generals Poncelet und des François Ponsard, im Institut-de-France, und die Büste des Auguste Serres, im Mus. d'histoire naturelle. Weiterhin verdankt man dem Künstler: die Büsten des Admirals Rigny (1853) und die von Lamartine (1859), Rossini und der Madame Delphine de Girardin (1859), Léon Faucher (1861), Alexis de Toqueville (1863), Halévy (1865), Alexandre Bixio (1869), Orfila (1870), Jules Janin (1872), Garnier Pagès (1872), Michel Lévy, Ferdinand de Lesseps (1873), Augustin Cochin (1874), Pius IX. (1874), Thouvenel (1875), des Präsidenten Royer (1880), Odilon-Barrot und Victor Cousin (1881).

Bellier-Auvray, Dict. gén. — Richesses d'art de la France: Paris. Mon. civ. I. II. III. u. Prov. Mon. civ. I. *Lami.*

Adam-Vidard, Jeanne (nicht Adam-Vivard), französ. Holzschneiderin, geb. zu Saint-Pierre-le-Moutier (Nièvre), Schülerin der Fachschule in der Rue de Laval und von M. Perrichon, stellte 1877 und 1878 zuerst im Salon aus.

Bellier-Auvray, Dict. gén. Suppl. *J. Guibert.*

Adama, d', s. *Adam-Salomon,* Ant. Sam.

Adamas, athen. Bildhauer aus dem Ende des 2. Jahrh. v. Chr., Sohn eines A.; er hat nach einer auf Delos gefundenen Inschrift gemeinsam mit seinen Brüdern Dionysodoros und Moschion eine Statue (der Isis?) gearbeitet, die in Delos aufgestellt war (nach Homolle, Bull. de corr. hell. 1894 S. 337 Anm. 5, geweiht 113 v. Chr.).

CIGr II 2298. — Brunn, Gesch. d. gr. Kstlr. I 555. — Overbeck, Schriftq. 2248. — Löwy, Inschr. gr. Bildh. 243. — Pauly-Wissowa, Realenc. I 344, 3 u. Suppl. 10 (Robert). *Amelung.*

Adamek, Johann, Miniaturmaler in Wien, † 1840. Schüler der dortigen Akademie, malte Porträts, mythologische und genreartige Darstellungen. Bezeichnete Miniaturen von ihm: Katal. d. Wiener Miniaturenausst. No. 2337, 2506 u. 2765 (letztere von 1831) und Katal. der Miniaturenausst. in Troppau, Kais. Franz Joseph-Museum No. 102 (vom Jahre 1814).

Meyer, Kstlerlex. (mit Verz. einiger nach A.s Bildern gestochenen Blättern). — E. Leisching, Die Miniaturmalerei in Österr. 176 ff. mit Abb. *E. W. Braun.*

Adami, Filippo, Architekt in Venedig, 1704 geb., um 1739 tätig, nur von Zani, Enc. I 305 erwähnt. *L. Ferro.*

Adami, Pietro. Nach Bryans Dict. Maler in Rom, der um 1730 Seestücke malte. ***

Adami, Pietro, neapolitanischer Mosaicist des 18. Jahrh., Schüler des Fil. Cocchi aus Rom, mit dem er nach Zeichnungen Franceschinis und Trevisanis in der Peterskirche in Rom in den Chor- und Taufkapellen Mosaiken ausführte. Von ihm in der Sakristei der Peterskirche auch ein Musivgemälde, nach dem Bilde des Roncalli delle Pomarance, Tod des Ananias und der Sapphira, das sich in der Certosa zu Rom befindet. 1710 arbeitete er mit seinem Lehrer auch an der Restaurierung der Fassadenmosaiken des Domes von Orvieto (im Assuntamosaik Apostel Thomas neu gemacht).

Nibby, Roma nell' anno MDCCCXXXVIII. Roma 1839. Parte Mod. I. 633. — L. Fumi, Il Duomo di Orvieto p. 112. ***

Adami, Salomon, dänischer Miniaturmaler in der Mitte des 18. Jahrh, malte auch Ölgemälde. Möglicherweise hat er auch in Schweden gewirkt.

Neue Zusätze zu Füssli 1824. — Meyer, Kstlerlex. — Weilbach, Nyt dansk Kunstnerlex. 1896, I 20 u. II 619 (nach Sandvig: Collectanea. S. 3.) — Carlander, Miniatyrmålare i Sverige (1897) S. 1. *A. R.*

Adamini, in Rußland tätig gewesene aus der italien. Schweiz stammende Baumeisterfamilie.

Leo A., geb. 18. 9. 1789 in Bigogno, † 9. 9. 1854 in Petersburg, Sohn des Thomas A. d. ält., stand von 1817—1828 im russischen Staatsdienst in Pawlowsk, später in Petersburg. Er war beschäftigt beim Bau des neuen Theaters 1828, beim Wiederaufbau des Winterpalais 1838—40, beim Palais der Großfürstin Maria Nikolajewna, beim Bau der Isaakskirche, des Marmorpalais und anderer Bauten.

Anton A., Sohn des Justin A., geb. 25. 2. 1792 in Bigogno, † 16. 6. 1846 in Petersburg, war beim Bau der Isaakskirche, der Alexandersäule und der kaiserl. Bank beschäftigt und ist seit 1817 bis zu seinem Tode im Staatsdienst in Petersburg nachweisbar.

Dominik (Dementii) A., Sohn des Thomas A. d. ä., war bis 1827 bei kaiserl. Bauten tätig. Von da an verschwindet jede Spur von ihm. Vielleicht ist es deshalb Dominik A. und nicht Anton, der nach Brun (Schweizer Kstlerlex.) in Kalkutta, Madras und Bengalen tätig gewesen sein soll.

Thomas A. d. jüng., geb. 21. 3. 1823 in Petersburg, Schüler des Prof. Thon und der Petersburger Akad., später Gehilfe des Architekten Prof. Alex. Brülow.

N. P. Sobko, Russ. Kstlerlex. — Русск. бибд. словарь I 58 (Russ. Bibliogr.). — Deutscher Petersburger Kalender 1841. *W. Neumann.*

Adamini, Giuseppe, Baumeister, tätig in Lissabon im Dienste der Königin Maria, Italiener von Geburt (aus Bigogno), † 1756 in Bengalen.

Brun, Schweizer Kstlerlex. — Bianchi, Art. Ticinesi 4. *A. Haupt.*

Adaminus de Sco. Georgio, Bildhauer und Architekt. Nennt sich inschriftlich als Verfertiger der ersten Säule links am Eingang zur Krypta von S. Zeno in Verona aus dem 12. Jahrh.

Meyer, Kstlerlex. — A. Springer, De artificibus. 14. *Swarzenski.*

Adamo, magister, Steinmetz (und Architekt?), Mailand, 11./12. Jahrh. Am Hauptportale von S. Ambrogio in Mailand befindet sich an einem Zierstück der Portalumrahmung die Inschrift „Adam magister“, die nach der epigrafischen Form auf das 11./12. Jahrh. weist. Daraus folgt, daß dieser A. am Portale tätig war, sei es als einfacher Steinmetz, der nur den betreffenden dekorativen Teil gearbeitet hat, oder als Meister des ganzen Portals. Auf Grund dieser Inschrift A. zum Architekten des ganzen Baues von S. Ambrogio zu machen, ist kaum zulässig, da in solchen Fällen die Inschriften eine anspruchsvollere Fassung zu erhalten pflegen. Man hat versucht, diesen A. mit einigen anderwärts bekannten Persönlichkeiten dieses Namens zu identifizieren. Am unwahrscheinlichsten ist seine Identität mit einem A., der in einer Inschrift am äußeren des Atriums von S. Ambrogio vom Jahre 1198 genannt ist. Mit größerer Wahrscheinlichkeit könnte er identisch sein mit einem urkundlich genannten A., der sich ausdrücklich magister nennt und 1094 ein Grundstück in der Gegend von Comabbio erwirbt. Er erscheint hier als „A. magister de Sancto Sepolcro“. Trotz dieses Zusatzes „de S. Sepolcro“ wäre es nicht ausgeschlossen, in dem hier Genannten dieselbe Persönlichkeit zu sehen, die in einer anderen Urkunde „Adamo fu Alberto qui dicitur Melanese de loco Comabbia“ genannt wird. Doch ist es unmöglich, in diesen Fragen über Vermutungen herauszukommen, oder gar aus ihnen Schlüsse auf die Baugeschichte von S. Ambrogio zu ziehen.

Archivio storico lombardo XXXI 1904, fasc. 4. — L'Arte VIII 1905 p. 304 ff. — Venturi, Storia dell' arte ital. III 198. *Swarzenski.*

Adamo, Albert, Genre- und Porträtmaler in München, geb. 1850, † 8. 2. 1887. Schüler seines Bruders Max A. Mehrere Jahre Zeichenlehrer am Wilhelmsgymnasium. Ahmte in seinen Genrebildern mit Erfolg den alten Niederländern nach. Von ihm „Niederländisches Atelier“, „Morgentoilette“, „Adept im Laboratorium“ etc. Von seinen wenig zahlreichen Bildnissen befinden sich Porträts Ludwigs II. in der Aula des Wilhelmsgymnasiums und in der kgl. Pagerie.

Nekrolog: Allg. Zeit. 1887. Beil. p. 1882 u. Kunstchronik XXII 328. — Bötticher, Malerwerke des 19. Jahrh. ***

Adamo di Arcidosso, s. *Adamo di Colino.*

Adamo da Arogno, s. *Adam de A.*

Adamo di Colino, Maler (vielleicht nur Tüncher?) in Siena, malte 1419 das Dom-Gewölbe, 1420 das Gebälk des Krankenhauses und kommt noch in einer Urkunde aus dem Jahre 1441 vor. Er ist mit Adamo di Arcidosso, der in der Sieneser Malerliste von 1428 aufgeführt ist, identisch.

Milanesi, Doc. Sen. I 47. — Borghesi e Banchi, Nuov. Doc. Sen. p. 135. ***

Adamo Mantovano, s. *Scultore,* Ad.

Adamo, Marchese, s. *Marchese* d'Adamo.

Adamo, Max, Maler und Illustrator, geb. in München 3. 11. 1837, † 31. 12. 1901, Schüler der Münchener Akad., zuerst unter W. v. Kaulbach, dann unter K. v. Piloty. Als Werke seiner Sturmperiode bezeichnete er selbst die Fresken im alten Nationalmus. in München und einen gezeichneten Roman: Aus dem Leben eines Staatsmanns, in der Weise Hogarths. 1868 entstand das in Wien prämiierte und in die National-Galerie in Berlin gekommene Historienbild: Robespierres Sturz im Nationalkonvent. 1870 war er in Paris und stellte im Salon aus, kehrte dann nach München zurück und arbeitete mit seinem Bruder Albert zusammen. Damals entstanden eine Reihe von Historienbildern, z. B. Karl IV. von Frankreich; Audienz der Generale des Parlaments bei Karl I. von England; Auflösung des Parlaments durch Oliver Cromwell; Letzte Unterredung Oraniens mit Egmont. — Zum Jubiläum der Münchener Universität malte er ein Gedenkblatt und illustrierte viel, hauptsächlich für die Fliegenden Blätter unter der Redaktion von Caspar Braun. Erwähnt sei auch eine Zeichnung für das Goldne Buch der Stadt München, den bayer. Reitergeneral

Joh. von Werth in der Gefangenschaft in Paris darstellend.

Das geistige Deutschland, Leipzig u. Berlin 1898. — F. v. Bötticher, Malerwerke d. 19. Jahrh. — Kunstchronik a. vielen Stellen. — Pecht, Gesch. d. Münch. Kst. **

Adamo di Perino, Bildschnitzer in Orvieto, wo er 1330—35 unter der Oberleitung des Giov. Ammannati da Siena an der Ausführung des reichen Dom-Chorgestühles mit arbeitete.

L. Fumi, Il Duomo di Orvieto (Roma 1891) p. 275, 283, 286—288. *

Adamo Scultore, s. *Scultore,* Ad.

Adamowicz, Thomas. Maler, 1647—1671 in Krakau tätig; 1660 war er Innungsältester der Krakauer Malerzunft.

Rastawiecki, Slownik mal. pol. I 2; III 106. *L. Lepszy.*

Adams, Werkmeister an der Kathedrale zu Reims, nur bekannt durch die literarisch überlieferte Inschrift auf seinem jetzt zerstörten Grabmale: „Cy gist maistre Adams qui fut maistre de l'oeuvre." A. scheint im 13. Jahrh. gelebt und sein Werkmeisteramt nur ganz kurze Zeit verwaltet zu haben.

L. Demaison, Les archit. de la cathédr. de Reims (Bulletin archéologique 1894). *C. Enlart.*

Adams, A., Porträtmaler, London (?), stellte 1815 als „Honorary Exhibitor" das Porträt von A. Oldham in der Roy. Acad. aus.

Graves, Roy. Acad. Exh. I 4. **

Adams, A. J., Architekt in London, stellte Entwürfe für die Municipal Offices in Bradford, die Residence von J. Mc. Cullock in Bayswater und die Kirche des Oratory in Brompton 1874—1879 in der Roy. Acad. aus.

Graves, Roy. Acad. Exhib. I 5. **

Adams, Albert G., engl. Landschafts- u. Genremaler, stellte 1854—1887 häufig in der Roy. Acad. und in der British Institution in London aus.

Graves, Roy. Acad. Exhib. I 5. **

Adams, Beal, englischer Marine- und Landschaftsmaler der Gegenwart, Mitglied der Royal Society of British Artists. Er studierte auf der Oxford University. Er wohnt in Ives, Cornwall und malt die Küsten dieser Insel. *R.*

Adams, Bernard, engl. Architekt zur Zeit der Königin Elisabeth, öfter genannt, aber Werke von ihm nicht bekannt.

Redgrave, Dict. **

Adams, C., Aquarellmaler, England um 1830. Unter diesem Namen ein Aquarell, Strand szene mit Fischern, im Print Room des British Mus. — Vielleicht von Charlotte Adams?

Binyon, Catal. of drawings in the British Mus. **

Adams, Carl, schwed. Ziseleur, geb. 1751, † 1811, studierte zuerst unter dem Medailleur Fehrmann und dem Bildhauer Larchevesque. Nachdem er 1774 die große Medaille der Akad. für eine modellierte Figur erhalten, ging er nach Paris. 1780 wurde er wieder nach der Heimat berufen, um die Statue Gustav Adolfs von Larchevesque zu ziselieren. Von J. T. Sergel sehr geschätzt.

Nya Lärda Tidningar 1774 p. 96. — Fehrmans Resedagbok (Handschr. der kgl. Bibl. zu Stockholm). — Stockholm Lärda Tidningar 1780 p. 594. *G. Göthe.*

Adams, Caroline u. Charlotte, engl. Landschaftsmalerinnen, tätig in Billericay, wohl Verwandte. Charlotte stellte 1829–43 in der Roy. Acad. in London als „Honorary Exhibitor" und in der Suffolk Street aus; die erstere nur in der Suffolk Street.

Graves, Dict. of artists u. The Royal Acad. Exhib. I. **

Adams, Charles, engl. Kupferstecher, der nach Heinecken ein Reiterporträt von Karl Stuart von England um 1660—80 gestochen haben soll. Sonst unbekannt.

Heinecken, Dict. I 42. — Ottley, Notices. **

Adams, Charles J., engl. Maler der Gegenwart, früher in Leicester, zuletzt in Midhurst, malte Stimmungslandschaften, auch Tierstücke und gelegentlich auch genrehafte und historische Stoffe. 1882—1903 stellte er häufig in der Roy. Acad. in der Suffolk Street und in der New Water Colour Society in London aus.

Graves, Dict. of artists 1895 und Roy. Acad. Exh. I 5. **

Adams, Charles L., amerikan. Maler, geb. 26. 11. 1857 in New York, Schüler von A. Oudinot. Entfaltet rege Tätigkeit als Lehrer in Boston. *Edmund von Mach.*

Adams, Charles Partridge, amerikan. Landschaftsmaler, geb. 12. 1. 1858 zu Franklin, Mass. Erhielt seinen ersten Unterricht von Frau J. A. Chain, einer langjährigen Schülerin von George Innes. Da sich Zeichen von Schwindsucht einstellten, ging er 1876 nach Denver, Colo., wo er jetzt lebt. Vier Jahre später besuchte er Boston und New York und studierte dann in den Hauptstädten Europas. Seine Bilder erscheinen in allen bedeutenden amerikan. Ausstellungen, so auf der Pan-American Exhibition, Buffalo, sein schönes „Autumn in the San Juan Mountains", und auf der National Mining and Industrial Exposition, Denver, sein noch bedeutenderes „The Last of the Leaves". Mehrere seiner Bilder befinden sich in Privat- und öffentlichen Sammlungen in Denver und Chicago.

Brush and Pencil, November 1900. *Edmund von Mach.*

Adams, Charlotte, s. *Adams,* Caroline.

Adams, Clarissa M., Bildhauerin in London, stellte 1870—75 in der Royal Acad. das Porträt der Königin Victoria und mehrere andere Marmorbüsten von Herren und Damen aus.

Graves, Roy. Acad. Exh. I 6. **

Adams, Clayton (J. Clayton), engl. Landschaftsmaler in Ewhurst Hill bei Guildford, geb. 1840, † 20. 6. 1906, stellte seit 1863 bis 1904 fast Jahr für Jahr seine sorgfältig gemalten, schlichten aber anheimelnden Wiesen- und Waldlandschaften in der Londoner Royal Academy aus. Er liebt besonders die Sommerwiesen mit üppigem, für die Sense reifen Rispen- und Blumenflor und spiegelnde Flußläufe und reichbelaubte Baumgruppen. Bei leichtbedecktem Himmel und zerstreutem Licht sieht man klar und scharf bis in weite Fernen. Häufig gibt er keinerlei Staffage, bisweilen sehr gut aufgefaßte Kühe oder Schnitter bei der Heuernte. Wenn die moderne Landschaftsmalerei mit anderen Tendenzen und Mitteln arbeitet, so haben diese etwas altertümlichen Landschaftenbilder Adams doch noch ihren weiten Verehrerkreis. — Auch im Münchener Glaspalaste 1890 sah man 2 Gemälde von ihm.

Graves, Roy. Academy Exhib. I 10 (hier eine lange Reihe seiner Gemälde). — Abbild. in: Royal Acad. Pictures, Suppl. of the Magazine of Art 1891—96. **

Adams, Cole A., Architekt in London, stellte 1873—1902 Entwürfe für die St. Peters-Kapelle in Torquay und für Innenausstattungen von Privaträumen aus.

Graves, Roy. Acad. Exh. I 6. **

Adams, Dacres, moderner englischer Maler in London, Schüler der Birmingham School, dann 3 Jahre in Bushey mit Herkomer zusammen, stellte seit 1892 in der Roy. Acad. und dann auch in der New Gallery und im New English Art Club aus. Seine Porträts wie Genrebilder und Landschaften fanden wohlverdienten Beifall. Besonders die Aquarelle und Ölgemälde aus den letzten Jahren: The Outcast (Öl, 1902), The Village Street (Aquarell), The Owl (Aquar. 1903), The Widower (Aquar.), Fair Helena (Aquar. 1905), The Golden Mermaid (Aquar. 1905) und Entrance to the Precincts, Canterbury (Aquar. 1906), verraten eine Künstlerpersönlichkeit von sinniger Phantasie, feinem Geschmack und Humor und vielseitiger Meisterschaft.

Art Journal 1905, 196. — Graves, Roy. Acad. Exh. I 6. — The Studio XXXIX 127 ff. **

Adams, Douglas, engl. Landschaftsmaler der Gegenwart in London, stellte seit 1880 regelmäßig in der Roy. Acad., gelegentlich auch auch in der Suffolk Street und der New Gallery aus.

Graves, Dict. of artists 1895 und Roy. Acad. Exh. I 6. **

Adams, Eduard, Architekt von London, machte seine Studien in Italien und beschäftigte sich namentlich mit der ornamentalen Ausstattung der Innenräume. Von ihm das Werk: The polychromatic Ornament of Italy: a Series of Examples of the Interior Decorations and Frescoes of the Sixteenth Century. London 1846. Nach den Originalen auf Stein gez. von E. Adams, in Farben gedr. von O. Jones. **

Adams, F., Radierer, Montreal (Kanada), fertigte um 1860 eine Reihe von Exlibris mit Wappen.

Fincham, Art. a. Engr. of brit. a. americ. book plates., London 1897. **

Adams, Frances Matilde, engl. Blumenmalerin in Aquarell, Hofmalerin der Kögin Adelaide, stellte 1806—1832 wiederholt in der Roy. Acad. in London aus. Sie starb 24. 10. 1863, 79 Jahre alt.

Redgrave, Dict. — Graves, Roy. Acad. Exh. I 11. **

Adams, Francis E., engl. Kupferstecher in Schwarzkunst, tätig in der 2. Hälfte des 18. Jahrh., erhielt 1760 eine Prämie von der Soc. of Arts. 1773 gab er ein satyrisches Blatt: Heyday! is this my daughter Anne! (gr. 4) heraus und 1774 mehrere Porträts in Mezzotinto, in denen allen er aber keine eigentliche Meisterschaft erreichte. Zu erwähnen wäre noch das Schwarzkunstblatt „Air" nach dem Gemälde von Raoux.

Ottley, Notices. — Redgrave, Dict. **

Adams, G. Louis, französ. Zeichner und Radierer, 19. Jahrh., war Inspektor bei den Arbeiten der Sainte-Chapelle in Paris. Er führte 192 Radierungen aus, die vereinigt sind unter dem Titel: Recueil de sculptures gothiques dessinées et gravées à l'eau forte d'après les plus beaux monuments construits en France. Paris 1856. Dann folgten 1861: Décorations intérieures etc., 100 Platten nach niederl. u. französ. Ornamentstechern, und: Album du Marbrier, 2 Teile mit 48 lithogr. Tafeln, obl. 8vo.

J. Guibert.

Adams, George Gammon, engl. Bildhauer und Medailleur, geb. in Staines 21. 4. 1821, † zu Acton Green Lodge (Chiswick) 4. 3. 1898, Schüler von Will. Wyon in der kgl. Münze. Er schnitt als eine seiner ersten Arbeiten nach einer Miniatur von Sir Will. Ross das Porträt der Königin Viktoria für die Halfcrown-Stempel; 1851 erhielt er den Preis für seinen Entwurf der Juror-Medaille mit den Porträts der Königin Viktoria und des Prinzgemahls. Diese Medaille begründete seinen Ruf und bezeichnete den Anfang einer langen Reihe von ähnlichen Arbeiten. Auf dem Gebiete der Großskulptur führte er 8 Porträtstatuen aus, z. B. Napier auf Trafalgar Square, Sir Wm and Sir Chas. Napier in St. Pauls, Lord Seaton in Devonport, Wellington in Norwich, Cobden in Stockport, Dean of Ripon in St. Georgs Hall, Liverpool. Eine seiner letzten Büsten ist die von W. E. Gladstone für Eton College. Seit 1841—1885 stellte er regelmäßig in der Roy. Acad. und zwar 119 verschiedene Arbeiten aus. Eine Reihe seiner Büsten (z. B. Palmerston) in der National Portrait Gallery.

Forrer, Dict. of. medallists (Verzeich. s. Medaillen). — G r a v e s, Royal Academy. — Art Journal 1873 p. 176. **

Adams, H. I s a b e l, modern. engl. Radierer und Illustrator, lieferte z. B. die reizenden Illustrationen in dem Kinderbuch Little Red-Riding Hood in der Banburg Cross Serie, ferner auch geschmackvolle Exlibris (z. B. für Nellie Heaton). **

Adams, H a r r y P e r c y, Architekt in London, stellte Entwürfe für Hospitäler und Sanatorien seit 1888 in der Roy. Acad. aus.

G r a v e s, Roy. Acad. Exh. I 8. **

Adams, H a r r y W., engl. Landschaftsmaler der Gegenwart, stellte seit 1896 in der Roy. Acad. Winterlandschaften aus. In der Tate Gallery von ihm das Bild: Winter's Sleep.

G r a v e s, Roy. Acad. Exh. I 8. **

Adams, H e r b e r t, hervorragender amerikan. Bildhauer, geb. 28. 1. 1858 in West Concord (Vt), Schüler der Normal Art School in Boston und später von Mercié in Paris. Dort blieb er 5 Jahre (bis 1890) und vollendete 1887 seine erste bedeutende Marmor-Porträtbüste, die von Miß Adeline V. Pond (später seine Gemahlin). Die Porträtbüsten schöner Frauen blieben auch in Zukunft seine am meisten gerühmten Arbeiten, so viel er auch sonst an Statuen, Reliefs und anderen plastischen Werken schuf. Besonders erwähnt seien davon: 2 Bronzetüren am Vanderbilt Memorial in St. Bartholomew's Church; das Hoyt Memorial in der Judson Memorial Church in New York und der Pratt Memorial Angel in der Baptist Emmanuel Church in Brooklyn; die Bulfinch Memorial Tablets im State House und die Statue von William Ellery Channing, beide in Boston; die Statue von Rich. Smith in Philadelphia; die Statue von Prof. Joseph Henry und andere in der Congressional Library in Washington und das Jonathan Edwards Memorial in Nordhampton, Mass. Neben diesen Hauptwerken trugen auch seine Kolossalstatue „Light" auf dem elektrischen Turme in der Buffalo Exhibition und seine „Victories" für den nur zu kurzem Bestande errichteten Dewey Arch in New York zu seiner Popularität bei. Mitglied der National Academy of Design.

L. T a f t, American Sculpture, New York, 1903 p. 385 fg. mit Abb. — Mass. Hist. Soc. Proc. 2nd Series vol. 15 p. 198. — American Hist. Assoc. Rep. 1901 vol. 1 p. 197. — Westermanns Monatshefte 1904 No. 10 p. 493.

Edmund von Mach.

Adams, J., Stecher in Exeter (Nordamerika?), stach um 1770—1810 mehrere Exlibris, die Fincham, the artists a. engr. of bookpl., London 1897, p. 2 verzeichnet. **

Adams, J. S e y m o u r, engl. Landschaftsmaler der Gegenwart, stellte 1885 in der Roy. Acad. und in der Suffolk Street aus.

G r a v e s, Roy. Acad. Exh. I 10 u. Diction. 1895 p. 2. **

Adams, J a m e s, engl. Architekt, Schüler von J. Soane und der Roy. Acad., die ihm 1809 die goldne Medaille verlieh. 1818—19 war er in Portsmouth tätig und stellte Entwürfe für Privatbauten und ein Kircheninneres (St. Thomas in Portsmouth) aus.

R e d g r a v e, Dict. — G r a v e s, Royal Acad. I (unter J. Adams jun.). **

Adams, J a m e s L., engl. Maler in Leeds, stellte 1880 in der Roy. Acad. in London das Gemälde: Deserted aus.

G r a v e s, Roy. Acad. Exhib. I 8. **

Adams, J a n e, Malerin in London, stellte 1822—31 Genrebilder in der Roy. Academy, in der British Institution und in der Suffolk Street aus.

G r a v e s, Roy. Acad. Exh. I 8 und Dictionary (1895) p. 2. **

Adams, J o a n, engl. Malerin, in Ewhursthill bei Guildford, stellte 1893 in der Roy. Acad. das Bild: The Labourers Larder aus.

G r a v e s, Roy. Acad. Exh. I 8. **

Adams, J o h a n n R u d o l p h, Porträtmaler, geb. 1820 in Düsseldorf, ausgebildet in München und auf Reisen in Italien, Frankreich und Belgien. Lebte dann in Köln, wo er um 1847/48 ausstellte.

M e r l o, Köln. Kstler. ***

Adams, J o h n, Maler in London, stellte 1869 in der Roy. Acad. das Gemälde: Thunder Storm aus.

G r a v e s, Roy. Acad. Exh. I 8. **

Adams, J o h n, s. *Adams-Acton,* John.

Adams, J o h n C l a y t o n, s. *Adams,* Clayton.

Adams, J o h n O t i s, amerik. Landschaftsmaler, geb. 8. 7. 1851 in Amity, Indiania, studierte in London und München; ist Vizepräsident der Society of Western Artists. Auf der Ausstellung in St. Louis 1904 erwarb er sich die Bronze-Medaille. *Edmund von Mach.*

Adams, J o h n Q u i n c y, österreich. Porträt-, Genre- und Landschaftsmaler, geb. in Wien 21. 12. 1874. Studierte an den Akad. in Wien (bei L'Allemand und Eisenmenger), München (bei Marr und Herterich) und in Paris (Acad. Julien bei J. B. Laurens und Benj. Constant). A. ist vorwiegend Porträt- und Genremaler und als Porträtist besonders in den kommerziellen Kreisen Wiens beliebt. Er zählt zu den tüchtigsten jüngeren Künstlern Wiens. Zu seinen Hauptwerken gehören „Totengebet im Trauerhause zu Volendam" (Holland) 1903, 1906 auf der österr. Ausstellung in London verkauft, „Bildnis der Frau des Künstlers", 1906 für die Moderne Galerie in Wien angekauft, „Wir müssen durch viele Trübsale in das Reich Gottes eingehen" (holländisches Motiv, Triptychon 1905, 1906 in Wien mit der großen goldenen Staatsmedaille ausgezeichnet) und das ausgezeichnete „Porträt der Frau Gretl Urban", für das der Künstler 1905 die Erzherzog Karl Ludwigs-Medaille erhielt.

Nach persönl. Mitt. des Kstlers. durch G. Klement. *R.*

Adams, J o h n T a l b o t, Landschaftsmaler, London, tätig 1861—1877, stellte meistens in der Suffolk Street und in den British Instit., 1862 auch in der Roy. Acad. (The Gardeners Daughter) aus.

G r a v e s, Dict. 1895, p. 2 und Roy. Acad. Exh. I 10. **

Adams, J o s e p h A l e x a n d e r, amerikan. Holzstecher, geb. New Germantown, N. J. 1803. Bis 1821 im Druckerfach tätig, wandte sich dann dem Holzstich zu, den er aus eigener Kraft meistern lernte. Es halfen ihm dabei später die Ratschläge und Weisungen des Stechers Alex. Anderson. Eine kurze Reise nach England (1831), spornte ihn zu neuen Anstrengungen an, die in den nächsten Jahren zu seinen schönsten Arbeiten führten. Das große Werk, durch welches er weiterleben wird, die Harper Bible, ist fast ausschließlich dem Stichel seiner Schüler und Mitarbeiter zuzuschreiben. Mit Abschluß dieses Unternehmens, dessen glücklicher Ausgang ihn allen Nahrungssorgen überhob, wandte sich A. anderen Beschäftigungen zu. Zu seinen besten Holzstichen zählen: The last Arrow, nach Chapman und zwei Illustrationen zur Cottage Bible, der Kindermord nach Coignet und der Traum des Jacob, nach einem Gemälde von W. Allston. Letzteres gehört, vom Standpunkte des Stechers aus, zu dem Vollendetsten, dessen der Holzstich fähig ist.

W. J. L i n t o n, History of Wood-engraving in America. *E. Richter.*

Adams, L. B., Genremaler in London, stellte 1828—1844 in der Roy. Acad., besonders aber in der Suffolk Street und in der British Institution aus.

G r a v e s, Roy. Acad. Exh. I 11 und Dictionary (1895) p. 2. **

Adams, Miß L u c y, engl. Malerin, tätig in Billericay, Essex, stellte in der Roy. Acad. u. in der Suffolk Street Galleries 1815—43 aus.

In der Handzeichnungssammlung des British Mus. ist ein Vignette-Porträt der Schriftstellerin Mrs. Trollope (Aquarell) von ihr.

B i n y o n, Catal. of the drawings . . . in the British Mus. — G r a v e s, Royal Academy. **

Adams, M a u r i c e B., Architekt in London, stellte seit 1876—1903 regelmäßig in der Roy. Acad. Pläne monumentaler Bauten, Kirchen, Bibliotheken, Schulen und auch von einigen Landhäusern aus.

G r a v e s, Roy. Acad. Exh. I 11. **

Adams, P i e t e r, Architekt im 19. Jahrh., geb. in Utrecht, starb Juni 1846 in Rotterdam, wo er das Rathaus baute.

K r a m m, De Levens etc. I 4.
A. W. Weissman.

Adams, R., engl. Landschaftsmaler, stellte 1820—24 in der Roy. Acad. in London Landschaften mit Motiven aus der Schweiz. von der Themse, aus Rom und Tivoli aus.

G r a v e s, Roy. Acad. Exh. I 11. **

Adams, R i c h a r d, wird am 13. 5. 1669 urkundl. in Amsterdam als Maler und Siegelstempelschneider (Medailleur), 24 J. alt, genannt. *A. B.*

Adams, R o b e r t, engl. Architekt und Oberaufseher des Bauwesens unter der Königin Elisabeth, auch Kupferstecher, geb. 1540 zu London. Von seinen architektonischen Werken ist keines bekannt; aber einige von seinen Plänen und Stichen sind noch vorhanden. Er starb 1595 und wurde in der Kirche zu Greenwich begraben, wo ihm 1601 ein Simon Basil ein Denkmal setzte, mit der Inschrift: Egregio Viro, Roberto Adams, operum regiorum supervisori, architecturae peritissimo. ob. 1595.

Von und nach ihm gestochen und radiert: 1) Großer Grundriß von Middleburgh, 1588. 2) Thamesis descriptio (zur Verteidigung des Flusses), 1588. 3) Zwölf Darstellungen, welche sich auf die span. Armada beziehen, darunter der Untergang derselben; gestochen und veröffentlicht von A: Ryther, 1589. Gr. qu. Fol.

H. W a l p o l e, Anecd. of Paint. 4. ed. London 1786 I 275, V 27. — O t t l e y, Notices. **

Adams, S t e v e n, Maler, geb. 1629/30 in Tours als Sohn des Anthony A., wohnte 27. 1. 1656 zu Amsterdam in der „Nes“, als er Maria Bos heiratete (erstes Aufgebot).

Oud-Holland III 57. — Aemstels Oudheid IV 63. *E. W. Moes.*

Adams, T., engl. Maler der ersten Hälfte des 18. Jahrh., uns nur bekannt geworden durch das von Ch. Spooner nach ihm gestochene Porträt des Sir Will. Johnson, **

Adams, T h o m a s, Fruchtmaler, London, stellte 1835—79 Fruchstücke in der Suffolk Street und in der British Institution aus.

G r a v e s, Dictionary (1895) p. 2. **

Adams, W. D a c r e s, s. *Adams,* Dacres.

Adams, W i l l i a m, of Greengates, engl. Töpfer, Sohn von Edward und Martha Adams of Bagnall (Staffordshire), geb. 1745, heiratete 1771 Mary, die Tochter von John Cole von Turnhurst (Tunstall bei Burslem), † 1805. Er ist bekannt als der hervorragendste Staffordshire Töpfer und Verfertiger der Adams Jaspers. Nach Chaffers soll er der Lieblingsschüler des großen Josiah Wedgwood gewesen sein. Da sein Vater noch vor Williams Geburt starb und seine Mutter ihm in seiner Jugend entrissen wurde, so soll er bei seinen Vettern gewohnt und dann die Adams Free School in Stanley besucht haben. Frühzeitig erkannte er, daß die Töpferei das Hauptprodukt des heimatlichen Distrikts lieferte und besonders die Kunstarbeit seiner Vorfahren gewesen war. So begann er also seine Lehre unter Josiah Wedgwood, dem er bald mehr als Schüler war, und blieb in „Etruria" noch bis um 1780—82. 1786 begann er die Werkstätten zu Tunstall zu bauen, denen er dann die zu Newfield bei Greengates folgen ließ. Er erfand eine besondere Nuance von Blau mit violetter Schattierung, bekannt als „Adams Blue", das in Tunstall hergestellt wurde, während die Töpferei in Greengates in einer vollkommenen Weise für die Manufaktur von Blaudruck, Jasper, Basalt, feinem Steinzeug und anderen Spezialitäten eingerichtet wurde. Die Materialien, Feuerstein und Farben, mußten zum mahlen nach Greenfield gebracht werden, wo die einzige Steinmühle von Tunstall war. Da bei den wachsenden Aufträgen die Greengates Fabrik sich bald zu klein erwies, so wurde die Newfield Töpferei eine Viertelmeile davon gepachtet und der Betrieb daselbst fortgeführt. Neben Jasperwaren machte William A. gemaltes und bedrucktes Blaugeschirr, letzteres in großer Menge. Seine Blaudruckwaren wurden hergestellt bald nachdem das Verfahren des Kupferstichdrucks in den Werkstätten zu Cobridge Hall zum ersten Male angewandt worden war. Seine Erzeugnisse dieser Art erscheinen ebensosehr wegen der schönen Tinte des Blau als wegen der außerordentlichen Leichtigkeit und der feinen Zeichnung bemerkenswert. Der Betrieb in Greengates deckte den Bedarf der meisten der damals begehrten Sorten von Poterien, zu denen auch neben dem Hauptprodukt, dem Jasper und feinem Steinzeug, eine emaillierte Ware: „cream ware", „mocha ware" gehörten.

Die gewöhnliche Marke des Jasper und des feinen Steinzeugs war: ADAMS, vereinzelt bei frühen Stücken: ADAMS & CO., sehr selten: W. ADAMS & CO. Die Zeichen: M. 5, O, I, L und X, die man bisweilen bemerkt, sind Arbeitermarken.

Die Hauptmodelleure waren William Adams selbst und Joseph Monglott. Der letztere, ein Schweizer, kam 1785 nach England und entwarf die Vorzeichnungen für die Flachreliefs: Opfer für Apoll von Belvedere; Diana und Pomona; die Embleme der Künste und Wissenschaften; die beiden Gruppen der Frauen, die mit Kupido sprechen; tanzende Nymphen; Aphrodite in ihrem Schwanengespann durch die Wolken fahrend (nach Le Brun) und viele andere. Er zeichnete auch die zierlichen Darstellungen der Kameen und des dekorativen Laubwerks. Von Entwürfen, die sicher von William A. selbst modelliert worden sind, seien genannt: Die Jahreszeiten; Verschiedene Szenen von Venus und Amor; Die Embleme der Skulptur, Malerei und Astrologie; Pandora mit ihrer Büchse und Amoretten; Apollo krönt die Tugend (nach Angelica Kauffmann); Priamus erbittet den Leichnam Hektors von Achill; Die Musen; Lotte am Grabe Werthers; Lesendes Mädchen; Zwei Frauen in Umarmung. Die Einfassungen werden meist dem Monglott zugeschrieben mit Ausnahme jener einfachen und charakteristischen Bordüren aus verschlungenen Kreisen, die A. selbst erfunden hat. Sie sind besonders klar im Umriß und Detail und zeigen große Sorgfalt und Erfahrung in der Technik. Die Formen und Figuren der Jasper Ware sind gewöhnlich rein und streng in der klassischen Zeichnung. Viele Jagdszenen auf dem Steinzeug sind ebenfalls von A. selbst.

Als 1802 die Manufaktur der Turner Potteries geschlossen wurde, kaufte A. einige Modelle für das feine Steinzeug und seitdem sehen wir manchmal dieselben Relieffiguren auf seinem Fabrikat. Sein feines Steinzeug wurde übrigens immer mit braunen oder schwarzen Bändern fertig gemacht.

Die meisten Figuren auf A.s Jasper und feinem Steinzeug sind in Wirklichkeit original, d. h. man findet sie gewöhnlich nicht auf altem Wedgwood oder auf den Neale- und Palmerstücken, obwohl einige allen gemeinsam sind. Bei genauer Betrachtung wird übrigens die Manier der verschiedenen Modelleure sichtbar. Die Greengates Verzierungen sind oft reizvoller als jene seines großen Zeitgenossen Josiah Wedgwood. Adams folgte mehr der römischen Fahne als der griechischen. Seine Jaspergefäße wurden auch in Silber und in Sheffield Plate montiert. Die meisten der alten Silberfassungen von Jasper und Steinzeug tragen den Stempel T L oder T. L & Co von seiten des Beschauamts.

Adams hatte auch einen großen Handel in Jasper-Cameos für Ringe, Broschen, Schnallen etc.

Die Herstellung des „Adams Blue", der beliebten und charakteristischen Farbe seiner eigenen Erzeugnisse, ist sein Geheimnis geblieben. Es gibt zahlreiche Schattierungen davon, und zwar bis zu einer ganz fahlen Tinte. Die anderen Farben waren: dunkelblau, graublau, bleiches grün, olivengrün, nelkenrot, pflaumenblau und lila. Die letzteren fünf Farben sieht man nur als Deckfarben angewandt, nicht auf dem soliden farbigen Jasper. Es findet sich auch eine schwarze Deckfarbe (die wie poliert erscheint) und gelbe und schwarze Basaltfarbe. Die gelb kolorierte Ware hat oft Reliefs in olivgrün oder graublau. Wohl zu beachten bleibt, daß es 2 Sorten von Jasper gibt: den „colour dip" oder Oberflächen-Jasper und den echten Jasper. Der erstere ist eine weiße Jaspermasse und durch Übermalung dem bunten Jasper ähnlich gemacht. — Hervorragende Proben von William Adams Erzeugnissen findet man im Tunstall Museum, im Victoria- and Albert- und im British Museum.

W. Turner, William Adams, an old english potter; with some account of his family and their present productions, London, Chapman & Hall 1904. *N. Peacock.*

Adams, William, von Burslem & Cobridge Hall, englischer Töpfer, einer der ersten Einführer des Blaudrucks in der Keramik, Sohn des John und der Dorothea Adams, geb. 1748, † 13. 2. 1831. Er verheiratete sich 1769 mit Mary, Tochter von John Bourne aus Newcastle-under-Lyme. Sein Vater hinterließ bei seinem Tode 1757 der Familie das Brick House und die Töpferei daselbst, aber die Hinterbliebenen waren nicht imstande, den Betrieb weiterzuführen. Sie zogen deshalb nach Bagnall Hall und die Brick House Töpferei wurde noch im selben Jahre dem Jos. Wedgwood überlassen. Nach seiner Verheiratung 1769 übernahm nun William A. wieder den väterlichen Betrieb. Er war ein erfolgreicher Mann und ein Freund vom Reisen. Aus seinem erhaltenen Tagebuche erfährt man, daß er 1797 nach Deutschland reiste. In seiner frühen Zeit machte A. „cream colour" und bemalte glasierte China-Ware. Der Dekorationsstil dieser Zeit, mit seinen orientalischen Motiven mag roh erscheinen, war aber wirksam und Proben davon sind jetzt eifrig gesucht.

Der interessante Punkt im Leben Adams sind seine Experimente von Kupferplatten auf keramische Produkte zu drucken. — Auch rote Ware wurde in der Brick House Töpferei hergestellt, ferner eine Zeitlang Porzellan in Cobridge und „Mocha Ware" in großen Mengen gemacht. Diese Sorte wurde zuerst in den Tunstall Adams Potteries eingeführt; eine ungemarkte Probe davon befindet sich im Tunstall Museum.

Lit. s. vorhergeh. Artikel. *N. Peacock.*

Adams, William, von Stoke, engl. Töpfer, Sohn Richards A. von Bank House Bag nall und Cobridge Gate (Fabrikant von salzglasiertem Emailgeschirr), geb. 1772, † 1829, verheiratet seit 1793 mit Sarah, der ältesten Tochter von Lewis Heath von The Hadderidge, Burslem. Obwohl sein Vater Töpfereien besaß, lernte William in der Hadderidge Manufaktur (Burslem) und arbeitete dann bei Lewis Heath. Er erlangte hier bald einen Anteil an dem Betriebe, von dem er sich 1804 zurückzog, um die Cliff Bank Pottery in Stoke zu eröffnen.

Lit. s. oben. *N. Peacock.*

Adams, William, von Greenfield, engl. Töpfer, Sohn von William und Sarah Adams, geb. 1798, † 1865, verheiratet seit 1827 mit Jesse Breeze von Greenfield bei Tunstall. Er wurde Teilhaber in der väterlichen Firma, die sich seit seinem Eintritt: William Adams & Sons of Stoke nannte. Bald nachdem er die Südstaaten von N.-Amerika und Mexiko besucht hatte, wo er einen ausgedehnten Export von Irdenwaren und Porzellan für seine Firma einrichtete, eröffnete er auch in New York ein Haus unter der Firma Adams Brothers. Auf der Rückreise richtete er noch in Liverpool weitere Vertretungen ein und zog dann selbst nach Liverpool, um von hier aus sein rapid sich vergrößerndes Geschäft mit Amerika, Ostindien, West-Indien, Straits Settlements, Java, Brasilien und den Küsten Südamerikas zu leiten. 1847 mußte er aus Gesundheitsrücksichten seinen Brüdern die Zügel der Leitung überlassen und 1853 hob er die Partnerschaft mit seinen Brüdern auf, die die Faktorien in Stoke übernahmen, während er selbst das Greenfield Werk weiterführte. Hier wurde in dieser Zeit (1834 bis 1865) meist Exportware hergestellt. Ein populärer Dekor „the Columbus design", von William Adams erfunden und zuerst in Stoke verwertet, fand nun in Greenfield vielfach Verwendung.

Die wichtigste unter seinen frühen Marken ist: ADAMS (für alle Sorten von Geschirr mit Ausnahme des tiefen Blue Transfer) und die von ihm eingeführte Stag Trade mark ist noch heute im Gebrauch. Ein Kennzeichen seiner feinen, alten, dunkelblauen Stücke ist, daß die nicht verzierte Unterseite einen bläulichen Ton in der Glasur hat. Viele Proben seiner Kunst kann man in der Trumbull-Princeton Collection im Museum des Princeton College in New Jersey und fast in allen größeren Staatsmuseen finden. Die eingepreßte Adlermarke erscheint auf allem seinem reichen Dunkelblaugeschirr von 1804 bis 1840, und von 1820 werden auch ein gedruckter Adler oder andere gedruckte Marken hinzugefügt zugleich mit dem Namen der Ansicht (mit Ausnahme der Serien mit den „Trees and Rocks" Rändern und weniger vereinzelter Stücke). Die Hauptmuster in dem alten Dunkelblaugeschirr sind die historischen Ansichten von Londoner Plätzen 1820 bis 1835 und die Ansichten hervorragender englischer Bauten und Landhäuser, umgeben von Blumenrändern.

Lit. s. oben. *N. Peacock.*

Adams, William, Landschaftsmaler in London 1822.

Graves, Dictionary (1895) p. 2. **

Adams-Acton, John, engl. Bildhauer, geb. 11. 12. 1834 zu Acton (Middlesex), Schüler der Roy. Acad., dann von John Gibson in Rom. Seit seinem 20. Jahre bis 1892 war er regelmäßiger Aussteller in der Roy. Acad. und sein Werk umfaßte Porträtmedaillons, Büsten, Statuen, Idealfiguren und Monumente. Von seinen Statuen sind hervorzuheben: Gladstone in der St. Georgs Hall in Liverpool, Fabrikant Titus Salt in Bradford, Eyre Powell in Madras; von seinen Büsten: Lord Brougham (in Reform Club), J. Bright, Cobden, Cruikshank, John Gibson, Ch. Dickens; von seinen Monumenten: das Mausoleum von John und Charles Wesley in der Westminster-Abtei und das Denkmal des Bischofs Waldegrave in der Kathedrale zu Carlisle.

Clement-Hutton, Artists of the XIX century. — Graves, Royal Academy. — Art Journal 1874, 124; 1876, 168, 244. **

Adamski, J., s. *Adam,* J.

Adamson, Miß, Blumen- und Früchtemalerin in London, stellte 1845—1858 in der Roy. Acad. aus. **

Adamson, Amandus Heinrich, Bildhauer und Holzschnitzer, geb. 31. 10. (12. 11.) 1855 zu Hunkas bei Baltischport in Estland, Schüler der Petersbgr. Akad. und des Prof. von Bock. 1886—1891 in Paris, seitdem in Petersburg. Hauptwerke: die Welle, Marmorstatue für die Pariser Ausstellung; Leukothea, Statuette in Privatbes.; der Hunger (Mutter und Kind), tendenziöses Zeitbild auf die Hungersnot in Rußland 1892; der Tod des Hyazinth, beide für die Ausstellung in Chicago; in Erwartung (Fischersfrau mit ihrem Sohne am Meeresufer), Holzstatuette im Mus. zu Reval; Schiffsuntergang, Statuette in Biskuitmasse, von der kaiserl. Porzellanmanufaktur in fünf Exemplaren ausgeführt, davon 1 Expl. im Mus. zu Riga; der befreite Genius und der Sieg der Wahrheit, Kolossalstatuen für die Ausstellung in Nishnij-Nowgorod 1895.

Neumann, Balt. Maler und Bildhauer des 19. Jahrh. *W. Neumann.*

Adamson, David Comba, engl. Genre- und Porträtmaler, stellte 1889 und 1893 in der Roy. Acad. in London und 1891 und 1894 im Pariser Salon aus. **

Adamson, John, in London, geb. August 1865, Schüler der Roy. Acad., stellte daselbst seit 1890 Porträts und Genrebilder aus. **

Adamsz., Adam, Maler, kam 13. 10. 1653 in die Leidener Zunft.

Obreens Archief V 215. *E. W. Moes.*

Adamsz., Adam, Maler, geb. in Amsterdam, kaufte dort 15. 5. 1721 das Bürgerrecht.

Aemstels Oudheid V 67. *E. W. Moes.*

Adamsz, Matthys, Maler in Amsterdam, kaufte dort 22. 4. 1564 ein Haus an der Oude Zijds Voorburgwal bei der Varkenssluis, das er 30. 6. 1602 wieder verkaufte an Adrian Cornelisz., den Vater des bekannten Dichters Gerbrand Adriaensz. Brederoo. Nachdem schon 8. 3. 1566 ein Kind von ihm in der Alten Kirche begraben war, heiratete er in zweiter Ehe etwa zwischen 1580 und 1590 Tryn Dircxdr., die Witwe von Maerten Aep. 1609 kommt er urkundlich noch in Amsterdam vor.

Oud-Holland II, Brederoo-Album 79, III 57. *E. W. Moes.*

Adamsz., Scholte, wird 1611 als Kupferstecher in Amsterdam erwähnt.

Obreens Archief VII 266. *E. W. Moes.*

Adamsz., Seger, Maler, wird 1621 Schüler von Joost Cornelisz Droochsloot in Utrecht.

Muller, Portr. 115. *E. W. Moes.*

Adamsz, Tonis, Fayencier, in Delft 1634, gelegentlich des Begräbnisses einer Tochter erwähnt.

Obreen, Archief VI 22. *J. C. E. Peelen.*

Adamus, Fr., Goldschmied des 17. Jahrh. Auf der kirchlichen Ausstellung in Wien befand sich ein von ihm gefertigtes Ciborium in vergoldetem Silber mit Email und teils getriebenen, teils aufgelegten Reliefs (Bes. Herr Cubasch in Wien).

(Nach Not. von Marc Rosenberg.) ***

Adan, J. Louis, französ. Dekorationsmaler, geb. in Paris 1789. War seinerzeit viel beschäftigt. Zu seinen besten Arbeiten gehört „die Einnahme des Trocadero", Deckengemälde im großen Saal Angoulême im Pariser Stadthause, ferner die dekorativen Malereien des Théâtre du Cirque-Olympique, des Hôtel Schickler (place Vendôme) und der Rothschildschen Paläste.

Gabet, Dict. des Art. ***

Adan, Juan, span. Bildhauer, geb. zu Taragona in Arragonien, um die Mitte des 18. Jahrh. Schüler von José Ramirez, bildete sich in Rom weiter aus. 1778 nach Spanien zurückgekehrt, lieferte er Arbeiten im Auftrage der Regierung. 15. 8. 1814 zum Direktor der Akad. von S. Fernando in Madrid ernannt; † 14. 6. 1816.

Von seinen Werken sind hervorzuheben: ein Brunnen in Aranjuez mit der Gruppe des Herkules und Antaeus; Madonna in der Kathedrale von Malaga; im Eskorial Reiterstatue von Karl IV.; Heiligenstatuen in den Kathedralen zu Granada und Jaen; in der Akademie von S. Fernando eine Pietà und mehrere Büsten; endlich die Skulpturen an den Altartabernakeln der Kathedrale von Lerida. Seine Arbeiten bekunden ein ernstes Studium nach klassischen Mustern, bleiben aber in dem akademischen Charakter befangen, der dem Ende des 18. Jahrh. eigen ist.

Ossorio y Bernard, Gal. Biogr. de Art. Esp. Δ

Adan, Louis Emile, französ. Maler, geb. 20. März 1839 in Paris. Schüler von Cabanel und Picot, stellt seit 1863 aus und hat neben Bildnissen besonders moderne Genreszenen mit eleganter Staffage und starker Betonung der Landschaft gemalt. Seine besten Arbeiten dieser Art sind Soir d'Automne (1882), La Fille du Passeur (1883), vom französ. Staate angekauft und im Luxembourg untergebracht, und l'Abondonnée (1884). Adans Gemälde zeichnen sich durch delikates

Kolorit, gefällige Komposition und sehr elegante Durchführung aus.

Bellier-Auvray, Dict. gén. u. Suppl. — Jules Martin, Nos peintres et sculpt. — Pariser Salon 1885, 1887—90. *K. E. Schmidt.*

Adan, Miguel, span. Bildhauer in Sevilla. Quittiert am 14. 3. 1593 dem Miguel Arias Salvador, Mayordomus der Kirche Santiago in Alcalá de Guadaira den Empfang von 30 Dukaten als Abschlagszahlung von 500, die er für Schnitzereien des Altars dieser Kirche zu bekommen hat. Er lebte noch 1598.

Gestoso, Artif. Sevill. I 218. — Viñaza, Adic. II 5. *M. v. B.*

Adanisio, Paolo, italien. Maler aus Amalfi, ging am 5. 7. 1485 einen Kontrakt ein zur Ausführung eines Altarbildes mit Predella in Tempera für die Kirche S. Giovanni di Padova in Cerreto.

Filangieri, Indice degli Artefici. ***

Adaro, Eduardo de, span. Architekt, † 1906; sein Hauptwerk ist das prächtige Gebäude der „Banco Hispano-Americana", das er 1884—1891 unter Mitarbeit des Severiano de la Lastra in Madrid aufführte.

P. Lafond.

Adcock, G., Kupferstecher in London, tätig im ersten Drittel des 19. Jahrh., stach Porträts berühmter Gelehrter, Schauspieler, Dichter nach Reynolds, Saunders, Lawrence und anderen.

Meyer, Kstlerlex. (hier 15 seiner Arbeiten aufgeführt). **

Adcroft, Stecher, England (?), nur bekannt geworden durch ein Exlibris für Rich. Harrison, bez.: Adcroft sculp. (um 1780). **

Adderton, C. W., engl. Landschaftsmaler in Sandside, Scarbourough, stellte in der Roy. Academy in London seit 1895 Stimmungslandschaften (Mittags- und Abendbeleuchtungen, Vorfrühling und Wind auf See) aus.

Graves, Roy. Academy Exh. I 12. **

Addey, Joseph Poole, Maler in Dublin, stellte 1897 in der R. Acad. in London ein Blumenstück aus; seither findet man seine Bilder nur in den Ausstellungen der Roy. Hibernia Academy vertreten. **

Addiers, Jacop. Wird als „antycsnider" 1540 Freimeister der Antwerpener Lukasgilde.

De Liggeren I 137. ***

Addington, Sarah, Miniaturmalerin, stellte in der Roy. Acad. 1778 2 Miniaturporträts aus. Sonst unbekannt. **

Addir, Cornelius, Porträtm. in Nürnberg, möglicherweise identisch mit einem Maler Cornelius von Antwerpen, dem 1564 vom Nürnberger Rat erlaubt wird, „seine gemehl under dem rathhaus fail zu haben". 1594 bittet C. A.s Witwe Susanna, des verstorbenen Wardeins Hans Werner Tochter, noch zwei Jahre ohne das Bürgerrecht in Nürnberg wohnen zu dürfen. Bei dieser Gelegenheit wird C. A. als „Conterfetter" bezeichnet. 1604 heiratet „Lienhard Walg. Flachmaler, Sebastian Walgs, Goldschmids sel. Sohn, Jungfrau Barbara Cornelii Addirs, Flachmalers sel. Dochter" (Ehebücher zu St. Lorenz in Nürnberg). Aus dieser deutlich geschriebenen Notiz ergibt sich einmal die richtige Namensform (nicht Addies, Addie) und sodann die Unhaltbarkeit der von mir in den Mitteilungen aus dem german. Nationalmus. 1903 S. 172 aufgestellten Vermutung, es möchte unser Conterfetter etwa mit dem Medailleur „C. A." eine und dieselbe Person sein. Werke kennt man von A. bisher nicht.

Hampe, Nürnberger Ratsverlässe I No. 3996 u. II No. 1335. *Th. Hampe.*

Addis, Miß E., engl. Malerin, stellte 1773 ihr Selbstporträt in der Roy. Acad. aus. **

Addison. G. H. M., Maler in Adelaide (Australien), stellte 1883 in der Roy. Academy in London das Gemälde „Norman Porch, Canterbury" aus.

Graves, Roy. Acad. Exh. I 12. **

Addison, Julia de Wolf (Mrs. D. D.), amerikan. Kunstgewerblerin in Brookline, Mass. Geb. in Boston, Mass., 24. 2. 1866, erzogen in England und in Boston. Mitglied der Copley Society und der Society of Arts and Crafts in Boston. Nach ihren Entwürfen sind die Abendmahlskelche der Epiphanienkirche in Winchester, Mass., und der Kathedrale in Hankow in China gefertigt worden. Auch entwarf sie die Dekorationen für die Kirche „All Saints" in Brooklyn, die „Grace Church" in Providence R. I. Mrs. A. hat auch viele ausgesucht feine Stickereien entworfen und ausgeführt, in denen sie mittelalterliche Muster mit Erfolg verwertete. Sie ist auch als Kunstschriftstellerin tätig. („The Art of the Pitti-Palace". „The Art of the National-Gallery, London". „The Art of the Dresden Gallery" usw.) *F. A. Whiting.*

Addison, William Grylls, engl. Landschaftsmaler, † 3. 10. 1904, stellte von 1876 bis 1895 häufig in der Royal Academy aus. Gelegentlich radierte er auch z. B. das kleine Blatt „Salisbury".

Graves, Roy. Acad. Exh. I 12. **

Ade, Mathilde, ungar. Illustratorin, geb. 1877 zu Sárbogárd, Ungarn. Begann ihre Studien in München und ist auch jetzt daselbst illustrativ tätig. Von ihr: „Überkinder-Bilderbuch" (1902). *K. Lyka.*

Adel, Cäcelie, deutsche Miniaturmalerin in der zweiten Hälfte des 18. Jahrh. Ihr Selbstporträt bei Jaffé, Katal. seiner Miniaturen-Sammlung, Taf. 13. *E. W. Braun.*

Adelaide, Gemahlin des französ. Königs Hugo Capet. Kunststickerin, 10. Jahrh. Stickte reiche mit zahlreichen Figuren geschmückte Meßgewänder für die Kirche von St. Martin in Tours und die Abtei von St. Denis, die von zeitgenössischen Schriftstellern beschrieben und gerühmt werden.

J. Helbig, La Peinture au pays de Liège. 42.

Adelaide von Epfig, Nonne im Kloster Unterlinden (Elsaß) im 13. bis 14. Jahrh., soll der Tradition nach als Kalligraphin und Miniaturistin Hervorragendes geleistet haben.

Gérard, Les art. de l'Alsace I 274—276. **

Adelard II., Abt von Sint Truiden (S. Trond) 1055—82, hatte Ruf als Architekt und Miniator. Er ließ die Liebfrauenkirche und die St. Gangulfskirche daselbst erbauen; aber von den angeblich von ihm ausgeführten Miniaturen ist keine bekannt.

Meyer, Kstlerlex. — Helbig, La Peinture au pays de Liège p. 13. *Pol de Mont.*

Adelard, Abt in La Hasbaye, soll im 11. Jahrh. zahlreiche Bauten ausgeführt haben.

Champollion-Figeac, Docum. paléographiques. — Bauchal, Dict. des Archit. *C. Enlart.*

Adelardi, Guglielmo degli, s. *Guglielmo* degli A.

Adelasia in Frazzano (Sizil.) 12. Jahrh. (?), beteiligt am Bau von San Filippo di Fragalà (Sizilien), der bemerkenswert ist durch eine technische Neuerung: Plattendekoration statt der bisherigen Lava- und Tuffintarsia.

Venturi, Storia dell' arte III 514. **

Adelbert. Ein praepositus Adelbertus in Corvey ist bekannt als Miniator eines Kodex, dessen Titelbild die Überreichung des Buches durch A. an den Patron des Klosters, den Heiligen Vitus, darstellt. Die Entstehung des Kodex — und mithin die Tätigkeit des A. — fällt in die Zeit des kunstsinnigen Abtes Wibald um die Mitte des 12. Jahrh.

Bradley, Dict. of Min. — Archiv der Ges. f. ae. d. Gk. IV 350. *Swarzenski.*

Adelbert, Miniaturmaler, 18. Jahrh., vielleicht in Petersburg tätig, wenigstens finden sich in der Winter-Palais-Sammlung Arbeiten von ihm, darunter eine reizende goldene, reliefierte und mit Brillanten besetzte Schnupftabakdose, die das fein gemalte Miniatur-Bildnis eines russischen Fürsten auf dem Deckel trägt. Abgebildet bei Williamson, Portr. Miniat. II Taf. CII No. 4. **

Adelbert, s. auch *Adalbert.*

Adelborg, Maria, schwed. Musterzeichnerin, geb. in Karlskrona 6. 12. 1849, studierte in Paris und London. Hat für Selma Giöbels Kunstgewerbeausstellung 1886—99 und danach für die „Freunde der Handarbeit" in Stockholm verdienstvolle Musterzeichnungen für Textilarbeiten ausgeführt.

G. Nordensvan.

Adelborg, Ottilia, schwed. Zeichnerin, geb. in Karlskrona 6. 12. 1855, bildete sich an der Kunstakad. in Stockholm aus (1878—84) und hat mehrere illustrierte Bücher für Kinder herausgegeben: Das Blumenalphabet der Prinzen, Pelle Snygg und die Kinder in Snaskeby, Draußen weht Sommerwind u. a. A. hat auch kunstgewerbliche Muster gezeichnet und sich mit Spitzenklöppeln beschäftigt. Wohnt jetzt in Gagnef (Dalekarlien) und hat dort eine Schule für die Kunst des Spitzenklöppelns eingerichtet.

G. Nordensvan.

Adelcrantz, Carl Fredrik, schwedischer Architekt, geb. in Stockholm 3. 1. 1716, † daselbst 1. 3. 1796. Sohn des Folgenden. Wurde gegen seinen Willen vom Vater für die Beamtenlaufbahn bestimmt; studierte an der Universität in Upsala, wurde Auskultant in der Kammerrevision 1735—39, nahm aber dabei an dem Abendunterricht der von C. G. Tessin neugebildeten „Zeichen-Akademie" teil. Nach dem Tode des Vaters (1739) widmete sich A. ganz der Baukunst, machte 1739—44 eine Studienreise nach Italien und Frankreich, wurde 1741 „Conducteur" bei dem großen Stockholmer Schloßbau, 1750 Hofintendant. Als solcher reiste A. 1750—51 nach Italien und Frankreich, um Künstler für die innere Dekoration des Schloßbaues zu engagieren. Von dieser Reise ist ein interessantes Notiz- u. Skizzenbuch erhalten. 1753 neue Reise nach Frankreich, um Modelle für das Schloßmobiliar einzukaufen. 1757 Oberintendant der Bauten (1757—67 mit C. J. Cronstedt zusammen). 1766 Freiherr; 1767 Präses der schwed. Kunstakad. 1795 legte A. sämtliche Ämter nieder. A. leitete die äußere und innere Vollendung des kgl. Schlosses in Stockholm, teils nach den Plänen Nic. Tessins d. J., teils selbständig (besonders bei der Innendekoration). Erbaute das Schlößchen „China" bei Drottningholm, eine fürstliche Baukaprize in chinesisierendem Rokokostil. Die Adolf-Friedrichskirche, eine schöne, einfache Zentralkirche, 1768—74 (Kuppel 1776—83) erbaut, bildet den Übergang zu dem späteren Stil A.s, dem Neuklassizismus, als dessen Hauptwerk das kgl. Opernhaus in Stockholm anzusehen ist (1774—82 erbaut, 1892 niedergerissen). A. hat mehrere Umbauten entworfen, wie das Schloß Fredrikshof, die Kirche zur hl. Klara, die Fassade des jetzigen Kanzleigebäudes, alle in Stockholm, und Privatbauten und dekorative Arbeiten ausgeführt, sowie den ersten Plan (1781) der großen Steinbrücke (Norrbro) zwischen dem Schlosse und dem Gustav-Adolfs-Platze gemacht, von dem man aber bei der Ausführung abgewichen ist. Er war eine reichbegabte, tatkräftige, hochgebildete Persönlichkeit, die in die vaterländischen Kunstverhältnisse sowohl durch eigene Bautätigkeit, wie durch seine organisatorische Wirksamkeit eingegriffen hat. Durch ihn wurde die neuklassische Richtung in Schweden heimisch und die obengenannte Zeichen-Akademie zu einer wirklichen „Maler- und Bildhauer-Akademie" umgebildet (1768), deren unermüdlicher Leiter und Förderer er bis 1795 blieb. Dadurch wurde er auch für die spätere Kunstentwicklung Schwedens von Bedeutung.

G a h m - P e r s s o n, Konstnärssaml. (Handschr. in d. Univ.-Bibl. Upsala). — Th. W e n n b e r g, Minne af Adelcrantz. — S k j ö l d e b r a n d, Adelcrantz's minne (Vitt. Hist. o. Ant. Akad. Handl. Bd. XII). — B i o g r. L e x. Bd. I. — L o o s t r ö m, Den svenska konstakad. 1735 till 1835. — U p m a r k, Architektur der Renaissance in Schweden. — C. R. N y b l o m, Carl Fredrik Adelcrantz (größere Monographie). — O r i g. Z e i c h n. in d. Arch. d. National-Mus. u. d. Oberintendantsamtes, Stockholm.

S. Curman.

Adelcrantz, G ö r a n J o s u a, schwedischer Architekt, geb. in Stockholm 15. 11. 1668, † daselbst 26. 2. 1739. Sein Name urspr. Törnquist; den Namen Adelcrantz erhielt er 1712, als er geadelt wurde. Als Student in Upsala stiftete er mit anderen Studenten das erste schwed. Theater in Stockholm, die sog. „Löwenhöhle", für welche er als Verfasser und Übersetzer wirkte. Widmete sich später der Baukunst. Wurde 1697 Kopist im Schloßbauamt, 1702 „Conducteur" bei dem großen Stockholmer Schloßbau, kurz vorher unter der Leitung des genialen Nic. Tessin d. J. begonnen. Mit kgl. Stipendium besuchte A. 1704—07 Deutschland, Italien und Frankreich, wo er beim Hofe Ludwigs XIV. durch ein Modell nach Tessins Entwurf zur Vollendung des Louvre Aufmerksamkeit erweckte. 1707 nach Schweden zurückberufen, um Tessin beim Schloßbau beizustehen. 1707 Hofarchitekt; 1715 Stadtarchitekt, 1718 „Bau-Bürgermeister" in Stockholm. 1727 aus politischen Gründen von seinen Ämtern als Hof- und Stadtarchitekt abgesetzt. Als die Katharinenkirche in Stockholm, von J. de la Vallée im 17. Jahrh. ausgeführt, 1723 abbrannte, hat A. dieselbe mit Benutzung der alten Mauern, aber mit vollständig selbständiger Behandlung des Übrigen wieder aufgebaut; eine Zentralanlage, mit besonders schöner Silhouette. Die Jakobikirche hat nach dem Brande 1723 ihre äußere Gestalt von A. bekommen. Die Hedwig-Eleonorakirche, um 1660 nach Zeichnungen von J. de la Vallée begonnen, wurde 1730—37 unter A.s Leitung nach revidierten Plänen vollendet. (Die Kuppel erst 1868 nach Zeichnungen von Scholander.) Mehrere dekorative Arbeiten, wie Altaraufsätze für die Hedwig-Eleonora- u. die Katharinen-Kirchen, von A. entworfen. Er war ein tüchtiger, maßvoller Barockkünstler aus Nic. Tessins d. J. Schule.

G a h m - P e r s s o n, Konstnärssaml. (Handschr. in d. Univ.-Bibl. Upsala). — R ü d l i n g, I flor stående Stockholm. Suppl. p 613. — B i o g r. L e x. Bd. I. — B i o g r. L e x. Ny följd. — U p m a r k, Die Architektur der Renaissance in Schweden. — O r i g. Z e i c h n. in d. Arch. d. National-Mus. u. d. Oberintendantsamtes in Stockholm. *S. Curman.*

Adelha, F i r m i n, französ. Glasmaler. Führte um 1358 für die Kathedrale von Montpellier zahlreiche Arbeiten aus. Besonders hervorgehoben wird seine gute Komposition und treffliche Perspektive.

A. B é r a r d, Dict. Biogr. ***

Adelhauser, H a n s. Ein deutscher Maler oder Zeichner, der sich vermutlich um 1567 in Polen aufhielt und eine Zeichnung mit der Ansicht von Grodno lieferte, wie das aus dem folgenden dem poln. König Sigismund August gewidmeten Stich zu entnehmen ist: Große, aus 2 Blättern bestehende Ansicht von Grodno mit der Darstell. des Einzuges russischer, türkischer, tatarischer und wallachischer Gesandten und der Aufschrift: vera designatio · vrbis · in · Littavia · Grodnae. Rechts am Schlusse . . haec facta a. 1567 mense Julio et primo a Johanne Adelhausero consignata ac deinde Matheo Zunthio Nurmbergae perfecta. A. D. 1568.

R a s t a w i e c k i, Slownik mal. pol. I, 2. — K r a s z e w s k i, Ikonotheka p. 5. *L. Lepszy.*

Adelholzen, s. *Zugalli.*

Adelhot, C l a u s, Gießer in Erfurt. Goß um 1430 eine Glocke für die Kirche von Seebach bei Langensalza, sowie mehrere Kanonen für Langensalza.

O t t e, Glockenkunde. ***

Adeline, L o u i s J u l e s, französ. Schriftsteller, Zeichner und Radierer, geb. in Rouen 28. 4. 1845. Sein erstes Blatt ist 1872 datiert. Er illustrierte eigenhändig seine zahlreichen kunstgeschichtlichen und archäolog. Schriften, in denen er namentlich seine Heimatprovinz, die Normandie, und seine Vaterstadt Rouen behandelt hat: „Rouen disparu et Rouen qui s'en va." — „Les quais de Rouen autrefois et aujourd'hui." — „Rouen illustré" etc. Sein radiertes Oeuvre umfaßt mehr als 400 Platten. Dazu kommen noch zahlreiche Zeichnungen, die A. durch andere Radierer in Kupfer ätzen ließ. Unter seinen kunstkritischen Schriften sind hervorzuheben: „L. H. Brévière, notes sur un graveur normand" (1876). — „H. Bellangé et son oeuvre" (1880). — „Le Lexique des termes d'art."

B e l l i e r - A u v r a y, Dict. gén. — B é r a l d i, Grav. du XIXe siècle. *J. Guibert.*

Adeline, N i c o l a s. Nur 1687 urkundlich als „enlumineur" in Paris erwähnt.

H e r l u i s o n, Actes d'état-civil d'art. franç. ***

Adelkirchen, s. *Aldenkirchen.*

Adelmann, J o h a n n C h r i s t i a n W i l h e l m, Kupferstecher, geb. um 1780 in Nürnberg, Schüler des Ambrosius Gabler. War hauptsächlich für den Buchhandel tätig. Von ihm auch zwei in Punktiermanier ausgeführte Profilbildnisse (Margarete Reizammer und Nanette Kuhn).

M e y e r, Kstlerlex. ***

Adelmodus, ein sächsischer Priester, kam um 1030 nach Monte Cassino, wurde dort Mönch und verfertigte für das Kloster aus eigenen Mitteln ein silbernes größtenteils vergoldetes Kreuz, etwa 70 Pfund schwer.

Leo Ostiensis II. 55 bei Pertz, Mon. hist. Germ. IX. — Schulz, Denkm. d. K. d. M. A. in Unterit. II. 112. ***

Adelr(ich), Steinmetz, frühmittelalterlich. An der Westwand der zum Dom in Worms gehörenden St. Annakapelle ist ein altertümliches Steinrelief angebracht, das laut Inschrift „Daniel in lacu leonum" darstellt. Auf Rücken und Schenkel des einen Löwen findet sich die Bezeichnung ADELR · ME · EM · Die Entstehungszeit des höchst primitiven, romanischen Bildwerkes ist nicht angebbar.

Kunstdenkmäler i. Großherzogt. Hessen, Bd. I, Kreis Worms, p. 157, 191 ff. *De.*

Adels, Gerrit, Maler, geb. in Amsterdam, kaufte dort 15. 12. 1744 das Bürgerrecht.

Aemstels Oudheid V 67. *E. W. Moes.*

Adelsköld, Karl Gabriel, schwed. Maler, geb. 6. 10. 1830 in Alingsås, Offizier in der Armee und später an der mechanischen Abteilung der Flotte, nahm 1860 seinen Abschied. Landschafts- und Marinemaler.

G. Nordensvan.

Adelsvärd, Gustave, schwed. Maler, geb. 1843 in Lyon von schwed. Eltern, Schüler von Bonnat. Ingenieur, Landschaftsmaler mit Motiven aus Frankreich, Italien, Süddeutschland. Hat in Schweden und in den Pariser Salons von 1885—91 ausgestellt. † 17. 11. 1895.

Chronique des Arts 1895 p. 368 (Necrol.).

G. Nordensvan.

Adelus, Jean Baptiste, französ. Landschafts- und besonders Marinemaler, geb. in Agon (Manche) 28. 10. 1801, Schüler von Jugelet und Ferd. Perrot, stellte im Pariser Salon von 1839—1848 aus. Sein letztes Bild dort war eine Marine, betitelt Ansicht des Schlosses Elisabeth in Jersy. Auch ein Kirchenbild wird von ihm erwähnt, nämlich der 1841 für die Marienkirche in Batignolles gemalte Christus am Kreuz.

Bellier-Auvray, Dict. gén. — Richesses d'art. Paris. Mon. rel. II 345. *F. L. Bruel.*

Ademar, Miniaturmaler in Limoges. Sein Name begegnet als Monachus Sci Marcialis (Limoges) in einer Hs. dieses Klosters in der Bibl. Nat. zu Paris (Ms. Lat. 1121). Die Hs. erweist sich in ihren zahlreichen ornamentierten Initialen als eine charakteristische Arbeit der Schule von Limoges, deren Eigenart besonders in dem Stil ihrer Initialornamentik liegt. S. Aimardus.

Bradley, Dict. of Min. *Swarzenski.*

Ademollo, Carlo, toskan. Landschafts- u. Schlachtenmaler, geb. 1825 in Florenz. Neffe des Historienmalers Luigi Ademollo u. durch Bezzuoli an der Akad. seiner Vaterstadt hauptsächlich zum Landschafts- und Tiermaler ausgebildet, ging Carlo A. 1859 mit einer im Auftrage der toskanischen Regierung ausgeführten großen Darstellung der Schlacht von San Martino zur eigentlichen Schlachtenmalerei über, in der er sich dann mit seinen zahlreichen Schilderungen von Episoden aus den italienischen Freiheitskriegen Ruf erwarb. Seine Hauptwerke dieser Art sind: „Der Tod der Anna Cuminello" (dreiteiliges Gemälde, gleich der erwähnten „Schlacht bei San Martino" jetzt in der Modernen Galerie der Florentiner Akad.), „Cairolis Tod im Treffen von Varese" (Florentiner Ausstellung 1861), „Begegnung Garibaldis und Victor Emanuels am Volturno". Als Porträtmaler leistete A. gleichfalls Hervorragendes, so besonders mit seinem Reiterbildnis des Lord Napier of Magdala (1869) und mit einem Porträt des Advokaten Serbatisti. Endlich wird auch seinen Landschaftsveduten aus dem toskanischen Apennin rühmende Anerkennung gezollt.

Meyer, Kstlerlex. — De Gubernatis, Diz. d. art. ital. viventi (Rom 1889). — Magni, Storia dell' arte III 795. — Rassegna d'arte 1905 p. 26. — Kunstchronik V 145. *H.*

Ademollo, Luigi, italien. Maler und Kupferstecher, geb. in Mailand 30. 4. 1764, † in Florenz 11. 2. 1849. Besuchte die Akad. in Mailand und Rom und war in verschiedenen Städten als Freskomaler tätig. In Florenz im Palazzo Pitti, malte er für Ferdinand III. die Palastkapelle aus und schmückte die Decken mehrerer Säle mit großen allegorischen und historischen Darstellungen (darunter Befreiung Wiens). Im Dome von Arezzo setzte er die von Benvenuti und Sabatelli begonnene Dekorationsmalerei fort und führte Szenen aus dem Alten und Neuen Testament aus. Im Palazzo Ducale (jetzt Provinciale) in Lucca malte er im „Saal der Wachen" die Geschichte des Trajan und anfangs der dreißiger Jahre biblische Darstellungen an den Wänden, der Decke und im Chor von S. Ambruogio in Florenz. Zu seinen besten Arbeiten gehören aber die Fresken in einer Kapelle der Annunziata in Florenz, sowie die dekorativen Malereien im Theater dei Floridi in Livorno und im dortigen Kasino. A. besaß bei großer Leichtigkeit der Ausführung eine oberflächliche Geschicklichkeit, doch ist seine Zeichnung besonders des Nackten und der Gewänder ziemlich schwach. Er hat auch nach eigner Zeichnung gestochen: „Triumph des Scipio", „Einschiffung karthagischer Geißeln", 4 Blatt Friese, Prozessionen und Festlichkeiten, 18 Tafeln in Bister zu Ag. Ademollos „Spettacoli dell' antica Roma" (Florenz 1837), sowie einen Teil der Illustrationen zur Florentiner Ausgabe des Dante (4 Bde. 1817 bis 1819).

Meyer, Kstlerlex. *H.*

Adenet, französ. Glasmaler. 1375—1379 für die Kathedrale in Troyes tätig, als Gehilfe des Guill. Brisetout, aber auch 1377—1378 für eigene Rechnung.

Nouv. Arch. de l'art franç. 1887 p. 227/8. ***

Adenet, französ. Maler von Kirchenbildern, erhielt 1710 einen 2. Preis für eine „Anbetung Abrahams" und 1711 für einen „Tobias".

Archives de l'art franç. — Siret, Dict. d. peintres. *F. L. Bruel.*

Adenet, französ. Kupferstecher, tätig in Paris um 1825.

Le Blanc, Manuel. *J. Guibert.*

Adenet, Michel, französ. Maler, in Angers 1660 (Heiratsdatum) bis 1681 urkundlich erwähnt.

C. Port, Les Art. Angevins. ***

Adenis, Thomas, französ. Architekt in Sens, entwarf 1726 mit Joineau ein Projekt zur Wiederherstellung der Kathedrale, das aber erst 1765 zum Teil zur Ausführung kam, wodurch leider viele alte Teile (auch Chorstühle und der Altar) zerstört wurden. Derselbe hat auch zahlreiche andere Kirchen der Diözese restauriert und leitete 1765 den Bau des neuen erzbischöflichen Schlosses in Noslon bei Sens.

Bauchal, Dict. des Archit. franç. *H. Stein.*

Adenot, Illuminator in Angers, arbeitete um 1457 für die Königin Jeanne de Laval, die Gemahlin des Königs René d'Anjou.

Delisle, Le Cabinet des Manuscrits I 56, III 338. — Jahrb. der Kstsammlgn. des österr. Kaiserhauses XI. 1. Teil 135. **

Adeodatus. Bildhauer des 12. Jahrh. in Toskana. Bruder des Gruamons (s. d.), mit dem er gemeinsam arbeitete. Am Architrav des Hauptportals von S. Andrea in Pistoja befindet sich die Inschrift: Fecit hoc op. Gruamons magist. bon. et Adeodatus frater eius. — Der Architrav zeigt ein Relief mit der Darstellung der Reise und Anbetung der drei Könige in dem charakteristischen Stil der pisanischen Steinmetzenschule der Zeit. Nach Morrona soll das Relief 1166 bereits bestanden haben.

Morrona, Pisa Illustrata II 33. — Schmarsow, S. Martin von Lucca p. 36. — A. Venturi, Storia dell' arte ital. III 490. — O. H. Giglioli, Pistoja 1904. *Swarzenski.*

Adeodatus, s. auch *Deodatus.*

Aderer, Mlle Camille, Porträtmalerin in Paris, geb. in Metz, † 33jährig zu Paris 1. 1. 1892, Schülerin von Mme Thoret, von Henner und Carolus-Duran, stellte wiederholt in den Salons 1879—1889, meist Damenbildnisse aus.

Bellier-Auvray, Dict. gén. Suppl. — Chronique d. Arts 1892 pag. 13 (Nekrolog). — Kat. d. Salon. *H. V.*

Aderer, Johann, geb. 1746 in Haid, † 25. 9. 1825, war als Stukkateur im Kloster Wessobrunn tätig.

Hager, Bautätigk. u. Kst.-Pflege im Kloster Wessobrunn. München 1894 p. 297. *Hs. Loose.*

Aders, Mrs. Eliza, Tochter des englischen Malers und Radierers Raph. Smith, trat schon 18jährig im Jahre 1805 mit gelungenen Versuchen in der Malerei hervor (Hektors Abschied von Andromache). Später heiratete sie den reichen Kunstfreund Aders, der aber 1836 sein Vermögen verlor. Sie ist als geschickte Dilettantin im Zeichnen und Miniaturmalen mehrfach an die Öffentlichkeit getreten, so 1830 auf der Akademie-Ausst. in Berlin mit einem Marienbild nach van Eyck und 1841 auf der Roy. Academy-Ausst. in London mit dem Miniaturporträt einer Dame.

Clayton, English Female Artists 1876 I 408. — Graves, Roy. Acad. Exh. I. 12 (hier unter C. u. E. Aders). **

Aders, Sebastian, Kriegsbaumeister und Oberst der poln. Artillerie zur Zeit Sigismund III. (1587—1632).

Kraszewski, Ikonotheka p. 5. *L. Lepszy.*

Adesso, Francesco d', Bildhauer in Rom. 1664 Vorsteher der „scalpellini".

Arch. Stor. Artist. di Roma III 225. *G. Degli Azzi.*

Adet, Jean, Glasmaler und Maler, „maistre victrier et painctre", in Nantes ansässig, verheiratete sich 1579. Er arbeitete an den „tableaux, chapeaux de triumphes, escussons, armoyries" etc., die für den feierlichen Einzug des Dauphin ausgeführt wurden.

Nouvelles Archives de l'Art Français, t. XIV. *H. Longnon.*

Adhémar, Bellanger, s. *Bellanger-Adhémar, P.*

Adhémar de Monteil, Bischof von Metz 1327—1361; war angeblich selbst Werkmeister des 1332 von ihm angeordneten Umbaues des Hauptschiffes in der Kathedrale zu Metz.

Bérard, Dict. des Artistes. *C. Enlart.*

Adigherius condam Ugolini de Castagnolo soll einer der gesuchtesten italien. Schreiber des 15. Jahrh. gewesen sein. Bradley nennt ihn als Schreiber einer *Gratiani Collectio S. S. Canonum,* ehemals in der Sammlung Perkins, aber eine Nachprüfung läßt das gewiß als irrtümlich erscheinen. So fand man auch am Schluß eines Decretum Gratiani der Pariser Nat. Bibliothek (Nouv. acq. lat. 2508) den Namen Adigherius zusammen mit dem des Bartolomeo di Bartoli di Bologna, der den Codex kollazionierte: „Frater Adigherius condam Ugolini de Castagnolo scripsit". — Jetzt ist Castagnolo ein Platz in der Gemeinde S. Giovanni in Persiceto, Prov. Bologna.

Bradley, Dict. of miniat. I 198. — L. Dorez, La Canzone delle Virtù e delle Scienze di Bart. Bartoli, Bergamo 1904 p. 12. *P. d'Ancona.*

Adimari, P. Pagano degli, Dominikaner und Baumeister zu Florenz in der 2. Hälfte des 13. Jahrh., erweiterte mit P. Pasquale dall' Ancisa auf Betreiben des P. Aldobrandini die alte Kirche S. Maria Novella; baute ferner das Hospiz S. Domenico zu Figline an der Straße nach Arezzo, sowie mehrere andere in Toscana.

Marchese, Domenic. I 39, 60. ***

Adin, Jacques, Goldschmied in Tournai, 1497 Bürger. Fertigte 1489 zwei „hourdoires et des estaques".

A. de la Grange et L. Cloquet, L'Art à Tournai II 337. ***

Adlard, Alfred, Stecher in London um 1850. Von ihm 3 Exlibris erwähnt bei: Fincham, The artists and Engravers of british a. american book plates. London 1897. **

Adlard, Henry, Kupferstecher in London, 19. Jahrh., besonders durch seine geschickt gearbeiteten Stahlstiche bekannt, meistens nach engl. Gebäuden, Kirchen und Schlössern, doch auch nach Bildnissen. Zu seinen besten Stichen gehören diejenigen nach Hogarth.

Le Blanc, Manuel. — Meyer, Kstlerlex. (hier zahlr. Arbeiten genannt). **

Adler. Vorname und Lebensumstände unbekannt. Versuchte sich anfangs des 19. Jahrh. als Radierer, wohl unter Anleitung Nothnagels in Frankfurt. Das Brustbild eines Mannes mit Federbarett zeugt von wenig Begabung.

Gwinner, Kunst und Künstler in Frankf. 465. —y.

Adler, Andreas, ungar. Blumenmaler, geb. 1782 zu Pozsony (Preßburg). *K. Lyka.*

Adler, Bror Viktor, schwed. Archit. und Lehrer, geb. 20. 6. 1848 in Vestergötland, studierte an dem Chalmerschen Institut in Göteborg sowie 1870—75 an der Kunstakad. in Stockholm und ließ sich nach einer Studienreise ins Ausland in Göteborg nieder. Dort wurde er Lehrer an der Chalmerschen Schule und an der Schule des Gewerbevereins. 1866 wurde er Vorsteher der technischen Schule in Stockholm und in dieser Stellung hat er eine rege und energische Wirksamkeit entfaltet. Er hat auch als Inspektor über die technischen Gewerbeschulen im Land und den Zeichenunterricht an den öffentlichen Lehranstalten des Staates die Aufsicht geführt. Als Archit. hat er für mehrere Gebäude in Göteborg die Zeichnungen geliefert: für die Filiale der Reichsbank, die Freimaurerloge, Markthalle und für viele Arbeiterwohnungen u. a.

Nordisk Familjebok. Tom I. Stockholm 1904.
G. Nordensvan.

Adler, Christian, Porzellanmaler, geb. zu Triesdorf bei Ansbach 6. 5. 1786, † zu München 1842. Nachdem er den ersten Kunstunterricht bei Prof. Naumann in Ansbach erhalten hatte, arbeitete er von 1811 an in der k. Porzellanmanufaktur zu Nymphenburg bei München und wurde 1815 zum Obermaler und Inspektor derselben ernannt. In Deutschland gehörte er bald zu den ersten Meistern seines Fachs und brachte es in der damals beliebten Schmelzmalerei, insbesondere in der Nachbildung alter Meisterwerke, zu großer Geschicklichkeit. Das tiefere Erfassen der alten Meister in ihrem Charakter darf man freilich von ihm ebensowenig erwarten wie von den andern gleichzeitigen Künstlern seines Fachs. Dieser Mangel tritt denn auch in den Porzellangemälden zutage, die er von 1827 an auf Anordnung des Königs Ludwig I. als Kopien nach hervorragenden Bildern der alten Pinakothek zu München ausführte (die Sammlung befindet sich im Erdgeschosse der neuen Pinakothek). Zu den besten Arbeiten des Künstlers gehören mehrere große Luxusvasen mit Bildnissen der bayrischen Königsfamilie, sowie die Vase mit einer Darstellung der Huldigung der Künste und Wissenschaften nach M. Wagners Entwurf, welche dem König Max Joseph zu seinem Jubiläum 1825 überreicht wurde.

Meyer, Kstlerlex. — Verzeichnis seiner Werke in: Naglers Geschichte der k. Porzellan-Manufaktur, in den Bayer. Annalen 1834. — Kat. d. k. Neuen Pinakothek in München 1905 p. 177, 178. *H. V.*

Adler, Dankmar, deutsch-amerikan. Architekt, geb. 3. 7. 1844 in Sachsen-Weimar, † 1900 in Chicago, kam mit 10 Jahren nach Amerika, wo er in Detroit erzogen wurde, auf der University of Michigan studierte und dann sich in Chicago weiterbildete. 1857—62 machte er den Bürgerkrieg mit und ließ sich 1869 dauernd in Chicago nieder. Seine bedeutendsten Gebäude sind in Chicago: Mc Vickers Theatre, Central Music Hall, Auditorium, Stock Exchange, die Synagogen von Sinai und von Zion, Grace Methodist Episcopal-Kirche usw., in St. Louis die Wainwright und Union Trust-Gebäude und das St. Nicholas-Hôtel, in New Orleans der Union-Bahnhof, in Buffalo das Guarantee-Gebäude und in Pueblo, Colorado, das Opernhaus: in New York war er einer der Architekten der Carnegie Music Hall. Er war Präsident der Western Association of Architects und Sekretär des American Institute of Architects.
Edmund von Mach.

Adler, Emerich, Keramiker („Habaner") zu Dejthe, Ungarn, tätig daselbst seit 1689. Einer der Stammväter der daselbst wirkenden Habaner.

Jedlicska, „Kiskárpáti emlékek" II 1891.
K. Lyka.

Adler, Friedrich, Baumeister, Berlin. Geb. 15. 10. 1827 zu Berlin, studierte an der Kunstakad., Hochschule und Bauakad. ebenda, wurde 1850 Bauführer und 1854 Baumeister. Hierauf wirkte er als Lehrer an der Bauakad., wurde 1861 Professor für Baugeschichte, 1877 Geh. Baurat und vortragender Rat im Ministerium für öffentl. Arbeiten, zuletzt Wirkl. Geh. Oberbaurat. 1903 trat er in den Ruhestand. A. ist Mitglied der kgl. preuß. Akad. der Künste sowie des deutschen archäolog. Instituts in Rom und Athen; ferner Mitglied und Ehrenmitglied mehrerer ausländ. gelehrter Gesellschaften, D. (theol.) und Dr. Ing. h. c. Ausgedehnte Studienreisen führten ihn bis nach Griechenland, Kleinasien und Palästina. 1874—81 nahm er an den Ausgrabungen von Olympia teil.

Er baute u. a.: die Christuskirche in Berlin

1862—68, Thomaskirche ebenda 64—69, Elisabethkirche in Wilhelmshaven 69—72, Paulskirche in Bromberg 74—79, Erlöserkirche in Jerusalem, außerdem kleinere Pfarrkirchen an verschiedenen Orten der Mark und in Pommern. Weiter das Mus. in Olympia, Privathäuser, Villen, Schlösser.

Als Archäologe und Kunsthistoriker veröffentlichte er: Mittelalterl. Backstein-Bauwerke des preuß. Staates, 12 Lieferungen 1859—98. Baugeschichtliche Forschungen in Deutschland 1870—79. Zu nennen sind weiter sein Anteil (Baugeschichte) am Olympia-Werk, außerdem zahlreiche Aufsätze in verschiedenen Zeitschriften, bes. in der Zeitschrift für Bauwesen (vgl. Registerband der Jahrgänge 1851—1900). Eine Sammlung von Reden und Aufsätzen erschien unter dem Titel: Zur Kunstgeschichte 1906. Selbstbiographie in: Das geistige Deutschland 1898.

Deutsches Zeitgenossenlex. 1905. Wer ist's? 1906. — Kürschners Deutscher Lit. Kalender 1906. *Kautzsch.*

Adler, Friedrich, Bildhauer (Architekturplastik) und Kunstgewerbler, geb. 24. 4. 1878 in Laupheim bei Ulm, ausgebildet in der kgl. Kunstgewerbeschule und in den Lehrateliers von Herm. Obrist und W. v. Debschitz in München. Bei den letzteren dann auch als Lehrer tätig. Hat sich besonders durch originelle Stuckverzierungen und Architekturplastik (Vorraum der Württemberger Landesgruppe in der Turiner Ausstellung 1902) sowie Metallarbeiten (z. B. Zinngeräte) bekannt gemacht.

Deutsche Kst. u. Dekoration (Koch) VII 130, 131; XI 47, 60, 61; XII 561—564; XVI 431 ff. — Die Kunst (Bruckmann) IX 235. — Kunst u. Handwerk, 51. Jahrg. p. 22 f. ***

Adler, Friedrich Gottlob, kurfürstl. sächs. Hofmaler zu Dresden, woselbst er 1787, 53 Jahre alt, starb.

Magazin der Sächs. Gesch. IV 192. *R. Bruck.*

Adler, Georg Gottfried, Innungsmaler in Leipzig um die Mitte des 18. Jahrh., 1752 Oberältester der Leipziger Malerinnung, geb. 1700, † 1755. Er scheint vorwiegend Dekorationsmaler gewesen zu sein, dürfte sich aber auch auf figürliche Malerei verstanden haben, da er 1740 die von Jan de Perre gemalten lebensgroßen Superintendentenbildnisse der Thomaskirche in Leipzig erneuerte. Dekorative Malereien lieferte er nach 1740 für den Neubau des Leipziger Gewandhauses, 1733/4 für die Nikolaikirche in Leipzig, 1740—42 für die Thomaskirche ebendaselbst. 1741 führte er für diese die Neubemalung eines 1614—1616 von dem Dresdener Kunstschreiner Hans Schieferstein gearbeiteten, schmuckreichen, hölzernen Taufsteindeckels aus.

Leipzig. Adreßkalender der angegebenen Zeit. — Füssli, Neue Zusätze 1824 S. 21. — Geyser, Gesch. d. Mal. in Leipzig S. 75 Anm. 65. — Gurlitt, Bau- u. Kunstdenkm. d. Kgr. Sachsen XVII S. 14, 51, 55, 57, 80, 350. *A. Ky.*

Adler, Jerg, Steinmetz, † 1512. An der Kirche zu Metzingen (Württemb.) findet sich ein Grabstein, nach dem dort an St. Jörgen Abend (22. 4.) 1512 Jerg Adler Steinmetz verstarb. Derselbe ist wahrscheinlich der Meister dieses Baues, der, nach der Jahreszahl 1500 am Turmfenster, um jene Zeit hergestellt wurde.

Klemm, Württemberg. Baumeister und Bildhauer, No. 316. *M. Bach.*

Adler, Johann Carl, s. *Adler,* Johann Georg.

Adler, Johann Georg, Bildhauer zu Dresden, wo er schon 1729 genannt wird. Er war bei der plastischen Ausschmückung der kathol. Hofkirche zu Dresden tätig, führte Kapitäle und Ornamente nach Chiaveris Zeichnung und Modellen Lorenzo Matiellis aus und starb 1741.

Magazin der sächs. Gesch. II 626 fg. — Gurlitt, Bau- u. Kunstdenkmäler, Dresden, p. 210. (p. 34 u. 179 wird ein Johann Carl erwähnt, der wohl mit Obigem identisch ist.) *R. Bruck.*

Adler, Johann Gottlob, Maler in Dresden, nur dem Namen nach bekannt durch den Dresdener Adreßkalender von 1812. *R. Bruck.*

Adler, Jules, französ. Maler, geb. 8. 7. 1865 in Luxeuil, Schüler von Bouguereau. Robert-Fleury und Dagnan-Bouveret. Hat sich besonders durch seine lebendigen und kraftvollen Schilderungen aus dem Arbeiterleben schnell einen geachteten Namen gemacht. Seine bekanntesten Gemälde sind realistische Darstellungen der Hüttenarbeiter von Creusot, aber auch die Fischer u. Bauern der Bretagne, sowie die arbeitende Bevölkerung von Paris hat ihm Stoff zu ausgezeichneten Werken gegeben. Zahlreiche französ. Museen besitzen Arbeiten von Adler. Zwei Bilder von ihm hängen im Luxembourg, zwei andere im Petit Palais in Paris. Außerdem befinden sich Gemälde A.s in den öffentlichen Sammlungen von Avignon, Besançon, Macon, Pau, Remiremont, New York, Pest und Warschau. Seine bedeutendsten Werke sind: „Der Streik von Creusot“ (1900); „La Descente du Faubourg“ (Die am frühen Morgen aus den Pariser Vorstädten zur Arbeit nach der Stadt eilenden Arbeiter) (1905); „Vor der Armenküche“ (1906).

La Revue des Revues 1903 (Camille Mauclair). — L'Art décoratif, Februar 1906. — Zeitschr. f. bild. Kunst, N. F. XI 243. — Katal. d. Pariser Salon 1889, 1892—1901. *K. E. Schmidt.*

Adler, Marie, Präsidentin des Radierklubs Wiener Künstlerinnen, Schülerin des Professors Michalek. Von ihr in der I. Jahresmappe des Klubs (1903) eine Radierung: Rankensteingasse in Wien. **

Adler, Moritz, ungar. Maler, geb. 1826 zu Altofen, † zu Budapest 1902. Seine akad.

Studien begann er 1842 bei Gsellhofer, Kupelwieser und Ender in Wien, ging dann nach München zu Schnorr, 1846 nach Paris zu Horace Vernet und Delaroche. Seit 1848 in Budapest tätig, woselbst er 1852 mit seinem „Memento mori" Aufsehen erregte (jetzt beim Grafen Saint-Genois in Wien). Die „Apotheose des Baron Joseph Eötvös" wurde fürs ungar. Nationalmus. angekauft. Die meisten Werke sind äußerst sauber, mit einer gewissen Pietät gemalte Porträts. So jenes seiner Mutter.

„Müvészet" 1902 S. 422—424. *K. Lyka.*

Adler, Philipp, Goldschmied (?) in Augsburg um 1515 und 1518. 29. 10. 1515 kaufte Kaiser Maximilian I. von seinem „Rath" Philipp Adler einen Demantring, und ferner trägt ein Kupferstich von Dan. Hopfer, 2 Bll. mit der Darstellung eines Sakramentshäuschens mit dem Christkind unter Kindern die Notiz: Hoc opus fecit Philippus Adler Patricius 1518. — Ob der Patricius u. Kais. Rat als Goldschmied tätig war, bleibt zweifelhaft und ganz unbegründet ist die von älteren Autoren versuchte Zuweisung von anonymen Stichen und Holzschnitten an diesen Namen.

Jahrb. d. Kstsamml. d. öst. Kaiserh. I Regesten. — Meyer, Kstlerlex. **

Adler, Tobias, deutscher Miniaturmaler. In der Sammlung des Freiherrn Rolas du Rosey befand sich eine „Tobias Adler, Regensburg 1647" bezeichnete Miniaturlandschaft. Über den Künstler sonst nichts bekannt.

Meyer, Kstlerlex. ***

Adler-Mesnard, Eugène Edouard, Radierer und Kupferst., geb. zu Paris, † 1884 im Alter von 39 Jahren, Schüler von Willmann und von J. Sulpis, stach eine Landschaft nach Poussin und radierte eine Serie von Ansichten antiker Denkmäler Griechenlands und Italiens nach W. Klose.

Bellier-Auvray, Dict. gén. Suppl. — Béraldi, Grav. du XIXe s. *J. Guibert.*

Adlerberg, Bror Beinhold, schwed. Bildhauer, geb. 1791, † 1834, stellte hauptsächlich handwerksmäßig gehaltene Porträtbüsten her.

Boye, Målerelex. Suppl. *G. Nordensvan.*

Adlerflycht, (Susanna Rebekka) Elisabeth von, geb. v. Riese, geschickte Dilettantin in Frankfurt a. M., geb. 23. 9. 1775, † 15. 3. 1846. Malte in Öl und Aquarell Blumen, Landschaften, Porträts und Genrebilder. Während einer Rheinfahrt 1811 hat sie das Rheintal von der Mündung der Nahe bis zur Mosel aufgenommen und in Farben ausgeführt. Dieses erste Rheinpanorama wurde nach ihrer Zeichnung lithographiert und 1823 in Stuttgart vervielfältigt.

Gwinner, Kunst und Künstler in Frankf. *—y.*

Adlersparre, Rolf, schwed. Bildhauer, geb. in Karlskrona 1859. Schüler der Kunstakad. in Stockholm, stellte die Statue „die Woge" im Pariser Salon 1892 aus, hat viele dekorative Arbeiten ausgeführt, 4 Statuen an der Tiergartenbrücke in Stockholm, Statuen an der Opernterrasse daselbst u. a.

G. Nordensvan.

Adlersparre, Sofia Adolfina, schwed. Malerin, geb. 8. 3. 1808 auf Öland, † 23. 3. 1862 in Stockholm, war in Stockholm die Schülerin des Bildhauers Zvarnström u. des Malers Ekman, studierte in Paris von 1838 an bei Cogniet, später in Dresden und München und hielt sich 3½ Jahre in Rom auf. Sie machte sich durch gute Kopien von Murillo, Raffael bekannt, malte auch Genrebilder, Tier- und Blumenstücke, auch einige Porträts, darunter Pius IX. (Ganzfigur), das Schloß Drottningholm, die Königin Josephine u. a.

Biogr. Lex. — Tidskrift för hemmet: Eine biogr. Artikelserie von Esselde (K. S. Adlersparre) 1863—64. *G. Nordensvan.*

Adloff, Karl, Landschafts- und Architekturmaler, geb. 12. 1. 1819 in Düsseldorf, † 15. 4. 1863 daselbst. In seinen Landschaften, bei denen holländ. Kanalansichten, Strand- und Architekturbilder stark überwiegen, ist das Spiel farbiger Lichter und ihr Wiederschein im Wasser allerdings mit Feinheit und Präzision behandelt, doch fehlt ihnen die Markigkeit der Farbe und die persönliche Note. — „Ansicht von Dordrecht" und „Morgenlandschaft vom Zuydersee" in der Galerie zu Düsseldorf.

Verz. seiner Werke bei Boetticher, Malerw. des 19. Jahrh., Meyer, Kstlerlex., Singer, Kstlerlex. — Ferner H. Becker, Deutsche Maler, S. 372. — Wiegmann, Die Kunstakad. zu Düsseldorf, S. 368. *Board.*

Admiral, s. *Ladmiral.*

Admirant (oder Admiraut?), Werkmeister zu Montpellier, wird 1419 zum Konsul seiner Korporation ernannt.

Renouvier, Des maitres de pierres de Montpellier. — Bauchal, Dict. des Archit. *C. Enlart.*

Admon, angeblicher Gemmenschneider, wahrscheinlich ehemaliger Besitzer einer Gemme des 2.—1. Jahrh. v. Chr. mit dem Bilde eines stehenden, etwas archaisierenden Herakles. Alle übrigen Steine mit diesem Namen sind gefälscht. (S. auch Akmon.)

Brunn, Gesch. d. gr. Kstler. II 533 f. — Archäol. Jahrb. IV 64 f. — Pauly-Wissowa Realenc. I 382 (Rossbach). Vgl. auch Artikel Akmon. — Furtwängler, Die ant. Gemmen II 137, 60, Taf. XXVII 60. *Pernice.*

Admont, Nic. v., s. *Velbacher,* Nic.

Adnet, französ. Kunstschlosser, seit 1401 an der Kathedrale von Troyes mit bedeutenden Arbeiten beschäftigt.

Bérard, Dict. Biogr. ***

Adney, Edwin Tappau, amerikan. Illustrator und Maler, geb. 13. 7. 1868 in Athens, Ohio. Erhielt seine Erziehung in New York und North Carolina. Seine bekanntesten Arbeiten sind seine Illustrationen zu Chapmans Handbook of the Birds of Eastern North America. Als das Goldfieber Tausende von Menschen nach dem Klondike rief, war er dort 1897—98 Berichterstatter für Harpers Magazine und hat durch seine illustrierten Artikel über den Klondike das Land am meisten bekannt gemacht. *Edmund von Mach.*

Adolf, Heinrich, Goldschmied. 1500 Bürger in Luzern. Mitglied der Lukasbruderschaft. 1522 Münzmeister (s. *Melchior Adolf*).

Brun, Schweizer Kstlerlex. ***

Adolf, Melchior, Schweizer Goldschmied und Münzmeister. Mitglied der Lukasbruderschaft in Luzern. Fertigte 1523 mit Heinrich A. (seinem Vater oder Bruder) eine Monstranz, die zu den Hauptstücken des Kirchenschatzes von Sursee gehört. 1545—1549 Münzmeister. Nach Brun wohl identisch mit „Melchior Adolf genannt von Moos", der 1561 bis 1562 als Münzmeister aufgeführt wird und am 24. 8. 1573 starb.

Brun, Schweizer Kstlerlex. ***

Adolf, s. auch *Adolph.*

Adolfi, Benedetto, Maler in Bergamo, geb. 1640, † 1720. Vater des Giacomo, Ciro und Nicola A., lernte in Venedig. Bilder seiner Hand befanden sich früher in Privathäusern in Bergamo.

F. M. Tassi, Pittori etc. Bergamaschi II 129. — Storia di Bergamo. *E. Scatassa.*

Adolfi, Ciro, Maler in Bergamo, zweiter Sohn des Benedetto A., geb. 1683, † 1758. Malte Freskobilder in den Kirchen von Bergamo (z. B. del Carmine) und dessen Umgebung. Auch in Venedig gibt es zwei bezeichnete Bilder seiner Hand.

Literatur s. Adolfi, Benedetto. *E. Scatassa.*

Adolfi, Giacomo, Maler in Bergamo, ältester Sohn des Benedetto A., geb. 1082, † 1741. Verschiedene Bilder seiner Hand in der Pinakothek in Bergamo. Sein Hauptwerk ist die Anbetung der Könige in der Kirche S. Alessandro della Croce. Er malte auch die Decke der Kirche delle Monache del Paradiso.

Literatur s. Adolfi, Benedetto. *E. Scatassa.*

Adolfi, Giovanni, Holzschneider oder Kupferst. in Rom 1695, erwähnt von Bertolotti, Art. subalp. in Roma 1884 p. 210. *P. K.*

Adolfi, Nicola, Maler in Bergamo, dritter Sohn des Benedetto A., malte weniger kirchliche Bilder als Jagd- und besonders Schlachtenbilder. In S. Alessandro della Croce in Bergamo von seiner Hand eine Fußwaschung der Apostel.

Literatur s. Adolfi, Benedetto. *E. Scatassa.*

Adolfsz., Crist., s. *Adolfzoon.*

Adolfsz., Harmen, Kunstverleger in Haarlem, hat 1607 Lotterie-Karten für das Hospiz für alte Männer daselbst ausgemalt.

v. d. Willigen 66, 67. *E. W. Moes.*

Adolfus, Baumeister zu Bremen, wurde mit 4 Gesellen 1244 beim Bau der Anschariikirche durch einen einstürzenden Chorbogen erschlagen.

Brem. Urk.-B. I 224, Anm. 1. *Hs. Loose.*

Adolfzoon, Christoffel, holländ. Medailleur der 2. Hälfte des 17. Jahrh. Man besitzt keine Nachricht über das Leben dieses Künstlers, dessen beste Werke in die Jahre 1666—1676 fallen und die C. A. und C. AD. signiert sind. Unter den wenigen Stücken, die man von ihm kennt, sind hervorzuheben: Medaille auf den Frieden von Breda 1667, für deren Stempel ihm aus politischen Gründen von Holland und Zeland 1000 Dukaten bezahlt wurden; eine Medaille mit dem Bilde Wilhelms III. von Oranien 1672; eine Medaille zu Ehren des Kapitäns Zweerts 1673; eine Medaille mit der Büste des Admirals Michel de Ruyter usw. — Dem Stichel Adolfzoons mangelt es hauptsächlich an Feinheit, aber er charakterisiert gut die Medaillenkunst seiner Zeit in Holland.

Van der Aa, Biogr. Woordenboek d. Nederlde. — Bolzenthal, Skizzen z. Kstgesch. d. mod. Med.-Arb. p. 229. — Pinchart, Recherches sur la vie et les travaux des grav. de méd. etc. p. 299, Revue belge de numism. 1854. — Immerzeel, Levens en Werk. d. Schild. — Nagler, Monogr. I 2201. — Meyer, Kstlerlex. — Forrer, Biogr. dict. of med. — Wurzbach, Niederld. Kstlerlex. *Fréd. Alvin.*

Adolph, Carl, Kammerdiener beim Olmützer Fürsterzbischof Maximilian Grafen Hamilton, welcher 1776 starb. Er war ein guter Tiermaler und malte u. a. 6 Stück Tiere für das Gemäldezimmer seines Herrn im Schlosse zu Kremsier.

Cerroni, Gesch. d. bild. Künste in Mähren und Schlesien III (Ms. des Mähr. Landes-Archivs). *W. Schram.*

Adolph, Johann Samuel, Formschneider in Breslau, Sohn des Leinwanddruckers Johann David Adolph, heiratet am 26. 8. 1765. *E. Hintze.*

Adolph, Jos. Ant., von Freenthal, Maler, geb. zu Nikolsburg in Mähren 8. 10. 1729, ging an die Wiener Kunstakad., sodann nach Paris und von da 1750 nach London, wo er vorzügliche Porträts schuf und wegen seiner Verdienste in den Adelstand erhoben wurde. Von London nach Kremsier berufen, malte er in der fürsterzbischöflichen Residenz die obere Decke des großen Saals (1849 Sitzungssaal des österr. Parlaments) mit saftigem Pinsel in 3 Abteilungen auf Leinwand; für die Reitschule zu Kremsier schuf er ein Porträt des Fürsterzbischofs auf seinem Lieblingspferde. Aus der Zeit des Aufenthaltes in England stammt das schöne 1755 gemalte Porträt, welches den König Georg III. zu Pferde und im Hintergrunde eine Schlacht darstellt. Dieses Bild wurde von Bernard Baron in gr. Fol. in Kupfer gestochen. Der ersten Zeit der künstlerischen Tätigkeit A.s gehören 3

Altargemälde, darunter das Hochaltarblatt „Der hl. Wenzel", der Collegiatkirche zu Nikolsburg an. Unser Maler starb 17. 1. 1762 zu Wien.

Cerroni, Gesch. d. bild. Künste in Mähren und Schlesien III (Ms. im Mähr. Landes-Arch.). — Österr. Blätter f. Lit. u. K. 1844 S. 596. — Schriften der hist. Sekt. der m. schl. Ackerbauges. IX 367. — Meyer, Kstlerlex. *W. Schram.*

Adolph, Jos. Franz, Maler, Vater des Carl u. Jos. Ant., geb. 1671, † 2. 11. 1749 zu Nikolsburg, war ebendaselbst Hofmaler des Fürsten Carl Max von Dietrichstein. Er erwarb sich besonders als Tiermaler einen guten Namen und malte u. a. für seinen Herrn die schönsten Pferde des Gestütes zu Kuprowitz. Einige seiner Bilder sind im Nikolsburger Schlosse und im Stifte Neureisch zu sehen.

Cerroni, Gesch. d. bild. Künste in Mähren und Schlesien III (Ms. im Mähr. Landes-Arch.) Ders., Sammlung von Kunstsachen in Mähren und Schlesien I (Ms. im Mähr. Landes-Arch.). — Meyer, Kstlerlex. *W. Schram.*

Adolphe, Albert Jean, amerikan. Maler, geb. 17. 2. 1865 in Philadelphia, studierte an der Ecole des Beaux-Arts und unter Gerôme in Paris, an der Eole Nat. de Belgique, Antwerpen unter A. Devriendt, später noch in Pennsylvania Acad. of Fine Arts und in München. A. ist sehr vielseitig, er malt Landschaften und Genrebilder in Aquarell und Öl und Porträts sowie dekorative Malereien. Am meisten gerühmt werden seine Arbeiten in Aquarell. Auf den Pariser Salons 1899 und 1901 befanden sich von ihm eine Damenbildnis und zwei Selbstporträts.

Edmund von Mach.

Adolphi, Crist., s. *Adolfzoon.*

Adolpho, F. R., Radierer in London, tätig im Anfang des 19. Jahrh., bekannt geworden durch mehrere Exlibris mit Wappen. Er zeichnete meist Adolpho oder F. R. Adolpho, 134 Oxford Street. Auch das Exlibris für Lord Henry Murray, bez.: Adolphus sculp. ist wohl von ihm.

Fincham, Artists and Engravers of British and American Book Plates, London 1897. **

Adolski, Grigori, Maler, tätig in Moskau Ende des 17. und Anfang des 18. Jahrh., von 1712—1725 in Petersburg mit Ossip Kolugin und Maxim Wirowski für den Palast Peters I. in St. Petersburg beschäftigt.

N. P. Sobko, Russ. Kstlerlex. — Russ. Bibliogr. I 81. *W. Neumann.*

Adolski, Iwan, genannt der Große, russischer Maler und Kupferstecher, wurde 1711 aus Moskau nach Petersburg an die bei der kaiserl. Druckerei bestehenden Kupferstecherschule als Lehrer berufen. Er arbeitete als Stecher in Tuschmanier und mehrfach in Gemeinschaft mit dem Kupferstecher Alexei Subow, wobei er bei den Porträts die Gesichter, Subow das Beiwerk ausführte. Die auf solchen Stichen vorkommenden Bezeichnungen A. S. T. bedeuten von A. und Subow getuscht. Sein Hauptblatt ist das Porträt der Kaiserin Katharina I. in der Sammlung des Generalstabs in Petersburg. Es gibt von ihm auch Emailporträts des Kaisers Peter I., Katharina I., Peters II., der Buturlin, Strojew, Neledinsky, Turgenjew u. a. 1727 malte er das Porträt der österreichischen Kaiserin und wurde mit diesem nach Moskau berufen, doch hatte er zuvor die Ikonostasis der Peter-Paulskathedrale mit dem Bilde von Mariä Tempelgang zu verzieren. Er kehrte 1728 nach Moskau zurück und seit jener Zeit fehlen Nachrichten über ihn.

N. P. Sobko, Russ. Kstlerlex. — Русск. библ. словарь I 81 (Russ. Bibliogr.). — Gaz. des. b. a. 1905. II 412. *W. Neumann.*

Adolski, Iwan d. J., russ. Maler, in Moskau; von 1706—1745 nachweisbar. Von ihm die Bilder der Erzengel Michael und Gabriel in der Kirche zu Mariä Kirchgang in Moskau und Gemälde in der Hofkirche zu Peterhof.

N. P. Sobko, Russ. Kstlerlex. — Русск. библ. словарь I 81 (Russ. Bibliogr.). *W. Neumann.*

Adolus, Joannes, Maler aus Nicosia auf Cypern. Ein von unbekannter Hand gestochenes Porträt des hl. Epiphanias, Bischof von Constantia auf Cypern und Kirchenschriftsteller (4. Jahrh.), (enthalten in der „Phisiologia" desselben, Antwerpen 1588 und in der späteren Ausgabe der Werke von Dion. Petavius, Köln 1682) trägt die Unterschrift, daß „Joannes Adolus Leucosiensis, haud intelligens pictor" dieses Bild des hl. Epiphanias nach einem uralten Gemälde in Konstantinopel gemalt habe.

Zani, Enc. I 352 Not. 13. — Füssli, Allg. Kstlerlex. Neue Zusätze v. 1824. ***

Adone (dei Doni) d'Assisi, s. *Doni.*

Adoni, Edelsteinschneider zu Rom im Anfang des 17. Jahrh., wo er Steine zu Bischofsringen gravierte und für junge Eheleute verschlungene Hände in Relief arbeitete.

Vettori, Dissertatio glyptographica etc., Romae 1739 p. 89. — Giulianelli, Memorie degli intagliatori moderni. Livorno 1753 p. 59 bis 60. — Ms. H. Rollett.

Adonis, der Spitzname von Cornelis de Bruyn in der Malerbent zu Rom.

Houbraken II 353. *E. W. Moes.*

Ador St. Petersburg. Bezeichnung einer silbernen Dose (oval mit blauer und gelber Emaille und 2 Putten in Grisaille) in der Ermitage in St. Petersburg.

Notiz v. Marc Rosenberg. ***

Adorne de Tscharner, Mlle Louise-Eglé, französ. Malerin, geb. in Straßburg. Stellte 1848—1851 unter dem Namen *Eglée* in den Pariser Salons Porträts und Pastellstudienköpfe aus, und erhielt 1848 eine Medaille.

Bellier-Auvray, Dict. gén. ***

Adorni, Francesco, Maler in Parma, Schüler des Lanfranco (?). In der Kirche

S. Catterina waren von ihm 2 Altarwerke: eine Kreuzigung und der Tod der hl. Martha. Er nahm auch 1627 an den malerischen Dekorationen teil beim Besuche der Margaretha de' Medici als Braut bei Odoardo Farnese. Nach Dokumenten im Archiv der Kathedrale (in denen er übrigens Giovanni und zusammen mit Gianfrancesco Frambati genannt wird) war er bei derselben Gelegenheit beauftragt, die Fassade der Kathedrale mit Holzschnitzereien und Stukkofiguren nach dem Entwurf von G. B. Magnani zu schmücken.

Scarabelli-Zunti, Ms. in d. Bibl. Palat. zu Parma. *St. Lottici.*

Adorni, Francesco, Holzschnitzer in Parma, 1710 als Sachverständiger bei der Abschätzung von Schnitzarbeiten für ein „Lotto di fortuna" erwähnt. 1727 schnitzte er den Katafalk für den Herzog Francesco Farnese und 1741 machte er Ziergerät für den Katafalk Kaiser Karls VI.

Scarabelli-Zunti, Ms. in d. Bibl. Palat. zu Parma. *St. Lottici.*

Adorno da Varese, in Genua tätiger Schild- und Truhenmaler „scutarius", machte 1357 sein Testament, in dem erwähnt wird, daß ihm der Maler Francesco di Oberto eine Summe schulde.

F. Alizeri, Not. dei Prof. del disegno in Liguria II. *W. Suida.*

Adouby, Jehan, französ. Maurermeister, 1402—1414 erwähnt als Bewerber bei der Submission von Bauarbeiten in den Gemächern und an den Kaminen des Schlosses von Montils (Loire et Chere).

Comte de Laborde, Ducs de Bourgogne III 196. — Bérard, Dict. des Artistes. — Bauchal, Dict. des Archit. — Meyer, Kstlerlex. *C. Enlart.*

Adovasio, Ferdinando, italien. Kupferstecher, tätig um 1751. Von ihm: Ausbruch des Vesuvs, bez.: N. Menzela del. Ferd. Adovasio sc. 1751.

Meyer, Kstlerlex. *P. K.*

Adréan, Jehan, Werkmeister von Béthune, tätig in Saint-Florent und Le-Plessis-du-Parc 1478—1481.

Bauchal, Dict. d. archit. **

Adreante, Vincenzo, s. *Adriaensz,* Vincent.

Adriaansz., Willem, geb. in Amsterdam, kaufte dort 4. 9. 1739 das Bürgerrecht und war Maler.

Aemstels Oudheid V 67. *E. W. Moes.*

Adriaens, Claes, holl. Steinmetz im 17. Jahrh., kam aus Delft nach Amsterdam und lieferte 1611 von dort aus Skulpturen für die wahrscheinlich von Hendrik de Keyser entworfene Stadtwaage in Nymegen.

Galland S. 555. *A. W. Weissman.*

Adriaens, Lucas, s. *Ariaens.*

Adriaens, Michiel, holl. Holzschnitzer im 17. Jahrh., arbeitete 1604 am Rathause zu Arnheim.

Galland S. 564. *A. W. Weissman.*

Adriaensen Dondari, Claes, Maler in Antwerpen, wird 1561 Freimeister der Lukasgilde.

De Liggeren I. ***

Adriaensen, Jasper, Maler in Antwerpen, 1620 unter den Freimeistern der Lukasgilde genannt 1632 †. Nach dem Tode des Landschaftsmalers Abraham Goyvaerts wurde er mit mehreren anderen Malern aufgefordert, dessen unvollendete Gemälde fertig zu malen.

De Liggeren I. II. — v. d. Branden, Antw. Schilderschool p. 462. ***

Adriaensen, Jean, Maler, Antwerpen, ist nur aus den Liggeren der Antwerpener Lukasgilde bekannt; 1544 hatte er einen Schüler Lodewijk van Dale; 1545 war er Dekan und hatte als Schüler Cornelis v. Dalem; 1549 war er wieder Dekan und hatte als Schüler Cornelis Priers. 1585—6 wird er als Oudt-Deeken genannt (Liggeren I, 302). Er wird noch 1622 als „volle meester" erwähnt und ist nicht zu verwechseln weder mit Jan Adriaensen, aus Weert, der 1596 Schüler des Glasmachers Rombout van der Veken in Antwerpen war, noch mit dem bei Karel van Mander erwähnten Jan Adriaensz (Arents, Ariaensz), der 1604 Landschaftsmaler in Leiden war, aber vor 1641 ebenda starb.

Mander, Ed. Hymans II 124 Fußnote. *Pol de Mont.*

Adriaensen, Lucas, s. *Ariaens.*

Adriaenssen, Alexander, Maler, geb. 1587 in Antwerpen, † 30. 10. 1661 daselbst, seit 1597/8 Schüler des A. van Laeck, wird als Freimeister mit der Bezeichnung „Waterschilder" 1610/11 in die Antwerpener Zunft aufgenommen. Die Unterschrift seines Bildnisses — Kupferstich von A. van der Does nach einem angeblichen Original von van Dyck — nennt ihn den ausgezeichneten Blumen-, Vogel- und Fischmaler. Aber er malte auch Gartenfrüchte, metallene Gefäße, Vasen, Krüge, Gläser und all dies mit feinem Verständnis des Helldunkels, mit sehr leichtem und sicherem Pinsel in einem zarten silbernen Ton; doch tat er sich vor allem in der Darstellung der Fische hervor. Die Wirkung seines Kolorits wird noch gehoben durch eine korrekte und geistreiche Zeichnung. Begreiflich, daß von einem solchen Meister Rubens zwei Bilder besaß: das eine Vögel vorstellend, das andere einen Korb mit Früchten. Das Antwerpener Museum besitzt ein Stillleben, das alle seine Lieblingsmotive vereinigt zeigt. In der Sammlung des Grafen Toerring-Jettenbach in München ein Stilleben bez. Alex. Adrieanssen fe. A. 1632; ein Fruchtstück in der 1903 in Paris verkauften Sammlung Paclly trug die Bezeichnung Alex. Adrieanssen (sic!) fe. Ao 1634. (Abbildung im Katalog.) In der ehemaligen Sammlung Hoech in München (verkauft 1892) ein Fruchtstück, bez.: Alex. Adrieanssen fe. A. 1639. In der ehemaligen Sammlung Th. v. Lerius in Antwerpen befand sich ein Fruchtstilleben bez.: Alex. Adriansen (sic!) ft. 1647, und eine Studie auf Papier (tote Vögel) bez.: Alex. Adrieanssen fecit. (Er schrieb also seinen Namen in verschiedener Weise.) Weitere Bilder besitzen von ihm die Galerien in Pommersfelden, Berlin (kürzlich nach Erfurt als Leihgabe fortgegeben), Madrid, Budapest (von 1640), Schleißheim (von 1656), Leipzig und Amsterdam (von 1660), sowie die Jägersche Sammlung in Wien.

Th. v. Lerius in Meyers Kstlerlex. (mit älterer Lit.). — Ders., Biographies d'artistes anvers. Antwerpen 1880 I 12. — Van den Branden, Antwerpsche Schilderschool. — Frimmel, Kl. Galeriestud. I. 287. — Notizen von H. Hymans.

Adriaenssen, Antoon od. Anthoni, vlämischer Maler, 1605 Schüler des Hendrik von Balen I. in Antwerpen; 1614 Meister der dortigen Lukasgilde, später in den Liggeren nicht wieder erwähnt. Wohl identisch mit dem Maler Antonio Adriani, der nach einer Urkunde im Archivio di Santa Maria in Campo Santo dei Tedeschi im März 1649 in Rom starb: („A di 9 di Marzo 1649 Antonio Adriani pittore della nazione fiammingha fu sepelito in S. Lorenzo in Lucina") und, nach Untersuchungen im Liber mortuorum im Parochialarchiv von San Lorenzo in Lucina (Notiz von Dr. Noack), in der Via Paolina wohnte und 60 Jahre alt geworden ist (nach Mitteil. des Herrn Dr. J. Orbaan in Rom). Der Künstler wäre demnach 1589 geboren.

De Liggeren I. *Pol de Mont.*

Adriaenssen, Gerard, s. *Adriaensz.*

Adriaenssen, Lucas, s. *Ariaens.*

Adriaenssens, Regnier der Junge, Glasmaler und Glaser, Sohn des Regnier A. des Alten, wurde 1689—1690 als Meisterssohn aufgenommen; 1702—1703 war er Dekan der Antwerpener St. Lukasgilde. Ob er in Öl gemalt oder gestochen, wie angegeben wird, ist zweifelhaft. Zwischen dem 18. 9. 1723 und dem 18. 9. 1724 muß er gestorben sein.

Meyer, Kstlerlex. — De Liggeren II. Reg. *Pol de Mont.*

Adriaensz., Adriaen, Glasmaler in Delft, lieferte 1615 sechs Fensterscheiben, welche die Städte Dordrecht, Haarlem und Gouda dem Schultheiß von Soetermeer Gerrit Oltshoorn verehrten.

Obreen III 52. *E. W. Moes.*

Adriaensz, Alexander, s. *Adriaenssen.*

Adriaensz, Cornelis, Maler, 1630 noch am Leben, doch vor 1634 in Amsterdam gest. 1607 kauft er Zeichnungen in der Auktion von Gillis v. Conincxloo. *A. B.*

Adriaensz., Floris, Maler, war 1621 Schütze in Haarlem. (Vielleicht Floris v. Dyck).

v. d. Willigen 45. *E. W. Moes.*

Adriaensz., Gerard, holl. Maler. 1658 Schüler des Cornelis de Gilde in Alkmaar.

Obreens Archief II 45. *E. W. Moes.*

Adriaensz., Gerard, holl. Maler, mit dem vorhergehenden wohl kaum identisch. Nur bekannt durch einen anonymen Stich von 1630 mit dem Porträt des Pfarrers in Leeuwarden Rippertus Sixtus, auf dem er als Maler (Gerardus Adriani pinx.) genannt wird. *E. W. Moes.*

Adriaensz, Henrick, holl. Maler, machte am 16. 12. 1573 in Leiden sein Testament. *A. B.*

Adriaensz, Jan, Maler, Antwerpen (in den Liggeren wird sein Name immer Ariaenssens oder Ariaenssone geschrieben), war 1531 Schüler des Philipp van Atrecht. Weitere von Siret und anderen auf ihn bezogene Liggerennotizen sind zweifelhaft oder betreffen den weiter oben erwähnten Jan Adriaensz.

De Liggeren I 117. *Pol de Mont.*

Adriaensz., Jan, holländ. Maler, 1586 in Leiden erwähnt. *A. B.*

Adriaensz., Jan, ist 1569 als Maler Mitglied der Zunft in Utrecht. Vielleicht war er der Maler eines Christus am Kreuz, 1599 von dem vormaligen katholischen Pfarrer in Amsterdam Jacob Buyck dem St. Caecilien-Kloster in Calcar vermacht.

Muller, Portr. 60. — Kramm, De Levens etc. *E. W. Moes.*

Adriaensz., Jan, ist 1611 als „Cleedtschryver" Mitglied der Zunft in Utrecht.

Muller, Portr. 124. *E. W. Moes.*

Adriaensz de Man, Jan, s. *Man.*

Adriaensz., Nicolaes, Maler, geb. in Leiden etwa 1599, wurde 10. 6. 1613 in der literarischen Fakultät der Leidener Universität immatrikuliert und kommt 18. 3. 1648 in die Leidener Zunft, wo er 1649 noch erwähnt wird.

Album studios. Leid. 111. — Obreens Archief V 207. *E. W. Moes.*

Adriaensz., Pieter, Glasmaler in Amsterdam, von dem 23. 5. 1557 zwei Kinder in der Alten Kirche begraben wurden. Er wohnte dort 1572 in der Pijlsteeg und hatte Lucie Simonsdr. zur Frau. Seine Tochter Magdalena war verheiratet mit dem bekannten Maler Pieter Pietersz.

Oud-Holland III 59, VII 9, 11. *E. W. Moes.*

Adriaensz., Vincent, Antwerpener Maler in Rom in der 2. Hälfte des 17. Jahrh. Aus Dokumenten in Römischen Archiven (deren Mitteilung ich dem Unterarchivar des Kapitolinischen Archivs Herrn Moretti verdanke) geht hervor, daß ein „Vincenzo Adriansen da Anversa pittore" am 5. 6. 1675 sein Testament machte. Er starb in seiner Wohnung in „Via recta tendente a Platea Hispanica ad Babuinum Regionis Campis Martii", vor dem 16. 8. 1675, dem Datum des Inventars „del detto quondam Adriansen" (Atti del Not. Simoncellus). In den Procure fuori di Stato Tom. 10 fol. 217. Procura N. 1139 dies Nähere: „Dna Susanna Van Dyck fil. q. Andreae et Elisabetthae Adriansen constituit Procuratorem D. Nicolaum Vanheringhen ad exigendum et respective recipiendum scuta mille monetae et tres tabulas pictas sibi relictas a q. D. Vincentio Adriansen eius avunculo, quietandum etc. et consignandum in manibus D. Antonii Verpeere ad effectum etc. Actum Antverpiae per D. Jo. Baptam Claus Not. Publ. die 26 Martii 1676." — Möchte einerseits sein Name bei Bertolotti („Agostino Tasso suoi scolari e compagni pittori", Perugia 1876 und „Artisti subalpini", Mantova 1884) zu Adriant verstümmelt sein, so ist er anderseits wahrscheinlich zu identifizieren mit einem Vincenzo Fiammingo, dem Titi, Kramm, Nagler, Lanzi und Wurzbach zurückgehend auf die Autorität einer alten Guida di Roma ein Bild in der Chiesa Nuova (Santa Maria in Vallicella-Rom) darstellend: die Ausgießung des hl. Geistes (Pentecosta) zuschreiben. Das weichlich gemalte, trübe Bild (in der 4. Kapelle rechts) ist an sich wenig interessant, könnte aber ein Beweisstück abgeben, ob Vincenzo Adriaensz, Vincenzo Fiamingo und Vincenzo Malo nicht ein und dieselbe Person sind. *Dr. J. A. F. Orbaan.*

Adriaensz, W o u t e r, Goldschmied in Harlem, † 1537. Sonst unbekannt.

W i l l i g e n, Artistes de Harlem I 56 (II. Aufl.). *J. C. E. Peelen.*

Adrian, Maler, Hamburg, für 1588 bezeugt.

Hamb. Zeitschr. II 334. — M i t h o f f, Mittelalt. Kstler. und Werkmstr. Nieders. und Westf. 2. Ausg. *E. Benezé.*

Adrian „v a n n B r o k e" in Braunschweig erhält 1571 für Schneiden des Wappens für das „doergerichte" des Haupteinganges im kleinen Sitzungssaale des Neustadt-Rathauses 5 f. 8 g.

Jahrb. d. Ver. f. Gesch. d. Hzt. Braunschw. II. Jahrg. p. 154. *Hs. Loose.*

Adrian, J e a n, Glasmaler und Dekorationsmaler des 16. Jahrh., in Rennes ansässig. 1526 ging er auf einen Vertrag ein, betreffend die Ausführung eines großen Glasfensters für die Kathedrale. 1532 wurde er beauftragt, die Festlichkeiten zu leiten, welche von der Stadt gelegentlich des Einzuges und der Krönung des Dauphin François, Herzog v. Bretagne, gegeben wurden. 1565 wurde er abermals mit der Anordnung der Feste beauftragt, die beim Einzug des Königs Charles IX. ausgerichtet wurden.

V i l l e n e u v e, Mélanges d'archéologie bretonne. *H. Longnon.*

Adrian, L a u r e n t i u s, Bildschnitzer um 1531, bei der Täfelung und Ausschmückung des Artushofes in Danzig tätig. Leider ist das meiste seiner Arbeiten, die im Geschmack der von den Niederlanden nach Danzig eingeführten zopfigen Renaissance gehalten waren, 1813, als der Artushof den Franzosen als Lazarett diente, zugrunde gegangen oder bei der Restauration 1848 verändert worden. Auch die von Hirsch (die Oberpfarrkirche St. Marien in Danzig I 209) als (1843) noch vorhanden erwähnte Einfassung der Reinholdsstatue existiert nicht mehr und der Relieffries mit dem Triumphzug der Danziger nach der Marienburg wurde ebenfalls schon 1813 zerstört.

Preuß. Provinzialbl. 1857 XII 195—203. — M e y e r, Kstlerlex. ***

Adrian v a n P e g h e m. Wird in Oudenaarde als Maler von Bannern und Wappen 1496/7 in Rechnungen genannt.

D e L a b o r d e, Les Ducs de Bourgogne II 398. ***

Adrian, S t e f a n o d e, Baumeister, baut um 1555 in Graz im Admonterhof und beendigt daselbst 1564—65 Bauten, wofür er 420 fl. erhält.

W i c h n e r, Kloster Admont, p. 32. — W a s t l e r, Handschriftl. Nachtr. z. s. Steier. Kstlerlex. (im Besitz d. Techn. Hochschule in Graz). *R.*

Adrian du Trait, französ. Holzschnitzer und Ornamentbildhauer zu Rouen, führte 1507 für das Schloß von Gaillon, das dem Kardinal d'Amboise gehörte, verschied. Möbel-Schnitzarbeiten aus.

B é r a r d, Dict. biogr. *Lami.*

Adriani, G e r a r d u s, s. *Adriaensz.*, Gerard.

Adriani, V i n c e n z o, s. *Adriaensz.*

Adriano, span. Maler, Schüler von Pablo de Cespedès, Karmelitermönch in Cordova, wo er gegen 1630 in vorgerücktem Alter starb. Pacheco nennt ihn einen tüchtigen Künstler. In der Karmeliterkirche zu Cordova eine Magdalena von seiner Hand, eine Kreuzigung im Museo prov. daselbst.

R a m i r e z, Artist. Cordob. S. 63. — V i ñ a z a, Adic. II 6. *M. v. B.*

Adriano d a B o l o g n a, Maler, 1583 in Rom urkundlich erwähnt.

B e r t o l o t t i, Art. Bolognesi in Roma p. 57. *

Adriano F i a m m i n g o. Nach Füssli ein geschickter Landschaftsmaler in Florenz, anfangs des 17. Jahrh. unter dem wohl *Vincenzo Malo* gemeint ist.

F ü s s l i, Kstlerlex. Suppl. ***

Adriano Fiorentino, Bronzegießer und Medailleur, Florenz, 15. Jahrh. Schüler Bertoldos. Adriano di Giovanni de' Maestri oder de Magistris muß zwischen 1440 und 50 in Florenz geboren sein, da er vom Anonymus des Morelli als Schüler Bertoldos genannt wird. 1486—88 stand er als Stückgießer in Diensten des Condottiere Virginio Orsini, den er wahrscheinlich bei Übernahme des Oberbefehls über die Truppen König Ferdinands I. von Neapel mit nach Neapel begleitete. Dort verfertigte er nach C. v. Fabriczy die Büste Ferdinands I., heute im Nationalmus. zu Neapel. Bald nach dem Tode des Königs muß A. Neapel verlassen haben. Anfang 1495 befand er sich in Urbino. In einem Empfehlungsschreiben der Elisabetta von

Urbino an ihren Bruder Gianfrancesco, Markgrafen von Mantua wird er als „bon scultore e ha qui facte alchune medaglie molto belle" empfohlen, ferner werden seine Fähigkeiten als Sonettendichter, Lautenschläger und Improvisator gelobt. Von Mantua aus, wo offenbar alles durch die Unruhen des Krieges der Liga gegen Karl VIII. bedrängt war, begab er sich nach Deutschland. Das wichtigste künstlerische Dokument seines dortigen Aufenthaltes ist die Bronzebüste Friedrichs des Weisen im kgl. Albertinum zu Dresden, dat. 1498 und mit der Künstlerinschrift an der Innenfläche in erhabenen Lettern. HADRIANVS FLORENTINVS ME FACIEBAT. Die Mangelhaftigkeit des Gusses und das Fehlen feiner Ziselierungen machen es wahrscheinlich, daß A. nur das Tonmodell ausgeführt hat, daß aber der Guß von deutscher Hand besorgt wurde. Anfang 1499 spätestens wanderte A. wieder über die Alpen. Wir finden ihn am 24. 5. in Florenz. Am 12. 6. 1499 ist er dort gestorben. Außer genannten Werken, von denen nur das letzte laut Bezeichnung absolut sicher auf seine Hand zurückgeht, ist uns noch eine andere bezeichnete Bronze, die Fabriczy vor Jahren im Besitz des Antiquitätenhändlers G. Sambon fand, bekannt. Es ist eine Statuette, Venus mit Amorin darstellend, welche auf der inneren Bodenplatte die Bezeichnung HADRIANVS MEF. trägt. Eine Wiederholung ohne Amorin befindet sich in der Sg. Foulc, Paris. Weiterhin stellt Fabriczy auf Grund von stilistischen Ähnlichkeiten folgende Liste von Medaillen seiner Hand auf:

1. Degenhard Pfeffinger (Gotha, Münzkabinett u. Dresden Sg. Erbstein).
2. Prinz Ferdinand von Neapel, Sohn Alfons VI., späterer König Ferdinand II.
3. Giovanni Pontano, Geheimschreiber Ferdinands I. und Gründer der Neapolitaner Akademie.
4. Kardinal Raffael Riario.
5. Elisabetta da Montefeltre.
6. Emilia Pio, deren Schwägerin.

Alles in allem erscheint der Künstler ziemlich nüchtern und kleinlich in seinem übertriebenen Detailrealismus. Wenn die Büste Ferdinands I. wirklich von seiner Hand ist, was immerhin fraglich erscheint, so wäre sie unbedingt seine beste Leistung.

C. v. Fabriczy, Jahrbuch d. preuß. Kunstsammlungen XXIV, 71—98. — Sitzungsbericht VII 1901 der Berliner Kunstgesch. Gesellsch. — Medaillen der italien. Ren. p. 66 f. — Forrer, Biogr. dict. of Medallistes 1905. — Napoli Nobilissina XII 79—80, XIII 48. *Fr. Knapp.*

Adriano da Norcia, Maler in Rom, laut urkundlicher Nachricht tätig um 1561.

Bertolotti, Art. Subalpini (1884) p. 78. — Missirini, Stor. d. Rom. Accad. di S. Luca (1823) p. 461. *E. Modigliani.*

Adriant, Vinc., s. *Adriaensz.*

Adrich, Chr. Der von J. G. A. Frenzel verfaßte Katalog der Kupferstichsammlung Graf von Sternberg-Manderscheid (Verst. Dresden 1845) verzeichnet Bd. V No. 1359 ein Chr. Adrich bezeichnetes Blatt mit Plan und Ansicht des alten Jerusalem, offenbar eine Gelegenheitsarbeit des Geographen Adrich. **

Adrichhem, Filps van (oder Adrichem, Philips Claesz), Glasmaler und Fayencier in Delft, wird 1620 in der St. Lukasgilde in der Liste der „Glaseschryvers ende Maeckers" genannt. — Die Familie van Vredenburg van Adrichem war von edeler Geburt, aber der Stammbaum der Familie (k. Bibliothek im Haag) nennt den Philips Claes v. A. nicht unter den Familienmitgliedern.

Havard, Fayence de Delfft 214, No. 44. *J. C. E. Peelen.*

Adrieanssen, Alex., s.. *Adriaenssen.*

Adrien, Mme Caroline, französ. Blumenmalerin, geb. in Paris, stellte seit 1834 bis zu ihrem Tode 1845 wiederholt in den Salons Aquarelle aus.

Bulletin d. Beaux-Arts I 94. *H. V.*

Adrien le Flamand, Maler in Quiers, schuf 1475 drei Gemälde wilder Tiere, die als Dekoration bei einem Fest zu Ehren des Prinzen von Tarente in Turin dienten.

Mém. et Docum. de la Société Savoisienne, Chambéry 1870, T. XII, p. 107. *De.*

Adrien de Monceau, Dekorationsmaler, im 16. Jahrh. in Amiens ansässig. 1518 zeichnete er auf Pergament für den Marschall v. Châtillon eine aus der Vogelschau gesehene Generalansicht der Stadt Amiens. 1520 malte er die Oriflammes für die Schiffe, welche die Fourage ins Feldlager von Drap-d'Or beförderten.

Dusevel, Ouvrages exécutés dans Amiens. *H. Longnon.*

Adrien de Tours, französ. Bildhauer und Goldschmied, in Tours ansässig, erhielt 1492 431 livres 10 sols für die Ausführung einer „Jagd des hl. Eutropius".

Bérard, Dict. biogr. *Lami.*

Adriensen, Johannes Baptista, wird mit der Bezeichnung „Bruxellensis" am 14. 12. 1759 als Maler in Leiden aufgeführt.

Obreen, Archief V 277. ***

Adrighetti, Jean Baptiste, Maler (Dilettant), geb. 21. 6. 1796 in Prato del Val-di-Maggia (Tessin), † 6. 3. 1872 in Freiburg i. d. Schweiz. Stellte 1832 in Zürich aus.

Brun, Schweizer Kstlerlex. ***

Adron, Henry, wenig bekannter Porträtbildhauer in London, der in der Royal Academy von 1852—57 8 Herren- und Damenporträtbüsten, darunter auch die eigene und die seiner Frau, ausstellte.

Graves, The Roy. Academy I 12 (1905). *K. Gray.*

Adshead, Joseph, Landschaftsmaler in Manchester, stellte 1864—77 drei Landschaften (Garten im Herbst, Früher Frühling, By the Sand Hills) in der Roy. Acad. in London aus.

Graves, Roy. Acad. Exh. I 13. **

Adshead, Stanley D., Londoner Architekt, baute 1903 die Technical Schol, Ramsgate, und in Firma: Adshead & Sloper dic Carnegie Library, Hawick.

Graves, Roy. Acad. Exh. I 13. **

Advinent, Etienne Louis, französ. Maler und Radierer, geb. in Lyon, getauft daselbst 12. 7. 1767, † in Marseille 1831. Vor 1818 scheint er sich in Marseille niedergelassen zu haben. 1818 stellte er hier eine „Ansicht von Vaucluse" aus und 1819 in Paris die beiden Gemälde „Provençalisches Milchmädchen" und „Junge Bäuerin aus der Gegend von Nizza". Er malte Landschaften mit Tierstaffage, ähnlich wie sein Landsmann Jean Pillement, ferner Figurenbilder, Stilleben (besonders mit totem Geflügel). Im Mus. von Lyon „Hirt mit Herde", im Mus. von Marseille „Tote Vögel" (1809). Er hat auch in Radierung und Schabkunst gearbeitet, etwa 12 Blätter, die selten sind. Der Radierer Raynaud von Aix hat mehrere seiner Werke reproduziert.

Archives de la Ville de Lyon, Etat civil (St. Pierre et St. Saturnin). — Le Blanc, Manuel. — Bellier, Diction. — Meyer, Kstlerlex. — Katal. der Museen von Lyon u. Marseille. *E. Vial.*

Adye, Thomas, Bildhauer in London, führte 1737—44 kleine Elfenbeinarbeiten aus.

Redgrave, Dict. **

Adzara, Francesco, italien. Bildhauer des 15. Jahrh. Wird in zwei Dokumenten von 1458 unter den 6 Bildhauern genannt, die in Neapel für die Skulpturen am Triumphtor bei dem Castel Nuovo Zahlung empfingen. Der Künstler ist sonst unbekannt und nicht mit dem bekannten Francesco Laurana „da Zara" zu identifizieren.

Jahrb. d. Kgl. Preuß. Kstsl. XX 12, 27 29, 149, 153. *G. De Nicola.*

Adzer, Daniel Jensen, dänischer Medailleur, geb. in Kopenhagen 1731, † daselbst 1808, war Goldschmiedgesell und bildete sich auf eigene Hand als Medailleur. Als er ein Stipendium zur Reise ins Ausland erhielt, studierte er in Paris besonders die Kunst Hedlingers und du Viviers; später besuchte er Italien. Nach seiner Heimkehr (1764) wurde er Mitglied der Kunstakademie (1766). Seine besten Medaillen und Wachsmodelle waren in „Salonen" der Kunstakademie 1769, 1778 und 1794 (siehe Kataloge) ausgestellt, davon sind zu nennen: Medaille (1767) mit dem Bildnisse des Grafen A. G. Moltke (Präses der Akad.), Medaillen bei der Grundsteinlegung zum Reiterstandbild des Königs Friedrich V., bei Gelegenheit Friedrichs V. Tod und Christians VII. Thronbesteigung (1766), diejenige für Suhm, Hjelmstjerne, A. G. Wedell (1781), J. H. und A. P. Bernstorff u. a.

Beskrivelse over danske Mynter og Medailler (1791). — V. Bergsöe, Danske Medailler og Jetons (1893). — Weinwich, Kunsthist. (1811) S. 176. — Dänisches Journal I 135. — Nagler, Kstlerlex. I 212 (nennt ihn fehlerhaft Aze). — Nagler, Die Monogram. I 2525 u. II 1158. — Nouv. Archiv de l'art français, 3 ser. XI 1895. Bricka, Dansk Biograph. Lex. I 115. — Salmonsens Lex. I 198. — Weilbach, Nyt dansk Kunstnerlex. (1896) I 20. — Thiele, Kunstacademiet og Heststatuen (1860) S. 142. — F. J. Meier, Wiedewelt S. 17. — Th. Oppermann, Kunsten i Danmark under Fred. V. og Christ. VII. (1906) S. 97. *A. R.*

Adzuara, Domingo, Buchmaler in Valencia. Dokumente der Advokaten Miguel Bataller und Juan Carcino aus den Jahren 1438 und 1467 belegen seine Lebenszeit urkundlich.

Viñaza, Adic. I 7. *M. v. B.*

Aeberhard, Jakob, Schweizer Maler, geb. vor 1552 in Zürich, Sohn des Thomann Ae., wird 1570 noch urkundlich erwähnt und ist wahrscheinlich mit Hans Jakob Ae. identisch, der 1596 vorkommt. Künstlerische Tätigkeit unbekannt.

Brun, Schweizer Kstlerlex. ***

Aeberhard, Thomann, Schweizer Maler. Kauft 1537 das Zunftrecht zur Meise in Zürich und darf als Hans Aspers Schüler angesehen werden, mit dem er öfters zusammen gearbeitet hat. Er führte den Beinamen Trumeter und kommt noch 1559 vor.

Brun, Schweizer Kstlerlex. ***

Aebi, Urs Jakob, Maler in Solothurn 1685—1726.

Aebi, Wolfgang, Maler in Solothurn. 1038—1094.

Brun, Schweizer Kstlerlex. ***

Aebli, Matthaeus, Schweizer Medailleur, Stempel- und Petschaftschneider, geb. um 1720 in Glarus. Autodidakt. † bereits 1750. Von seinen Arbeiten wird sein in Stahl gestochenes Porträt genannt, das er als Petschaft benutzte.

Brun, Schweizer Kstlerlex. (mit Lit.). ***

Aeby, Hans Ulrich u. Peter, Schweizer Glasmaler aus Sursee, Brüder, die beide 1641 Mitglieder der Lukasbruderschaft in Luzern wurden.

Brun, Schweizer Kstlerlex. ***

Aechinger, Jakob, auch Achinger und Aichinger, Zeichner und Radierer um die Mitte des 18. Jahrh. in Österreich. Von ihm folgende seltene Radierung: Maria mit dem Kinde, nach F. Sigrist. 4. Von Füssli mit Unrecht dem G. Ehinger zugeschrieben.

Kabdebo, Handlex. österr. Kstler. etc. Wien 1880. **

Aeck, Johannes van der, geb. in Leiden etwa 1636, Sohn des Weinhändlers Niclaes van der A., wird am 30. 4. 1659 in einem Dokument eines Leidener Notars als „Constschilder" erwähnt. Am 9. 5. 1650 wurde er an der Leidener Universität immatrikuliert und trat 17. 4. 1658 in die Leidener Zunft, wo er bis 1700 erwähnt wird. 1673 und 1674 war er Deken und Hoofdman, 1676 Hoofdman.

Album studios. Leid. 404. — Obreens Archief V 216, 217. — Urkundl. Notiz von A. Bredius. *E. W. Moes.*

Aecken, Hans Pietersz van, kommt 1648 in die Leidener Zunft und wird als Maler noch bis 1651 erwähnt.

Obreens Archief V 203. *E. W. Moes.*

Aecken, Jacob van, holl. Architekt im 16. Jahrh., begann 1529—1532 den Turm Oldehove in Leeuwarden. Er empfing als Oberbaumeister einen Tagelohn von 8 Stuivers sowie freie Wohnung und jährlich ein Festkleid.

Galland S. 589. *A. W. Weissman.*

Aecken, Peter van, Maler, wird Freimeister in der Antwerpener Lukasgilde 1701 bis 1702. — Einen etwas späteren Leidener Maler ähnlichen Namens siehe unter Aeke, Petrus van.

Liggeren II 630. **

Aeckeren, Johannes van, Delfter Fayencemaler, nur dem Namen nach durch seine Heiratsurkunde vom 27. 11. 1672 bekannt.

Havard, p. 268 No. 297. *J. C. E. Peelen.*

Aegemann, Sim. Sev. Mit dieser Bez. findet sich eine Radierung mit der Unterschrift: Keyserliche Execution vber die Aechter vnd Malefitz Personen — (zu Frankfurt a. M.) ergangenn. 1616. Sim. Sev. Aegemann fec. qu. Fol.

Meyer, Kstlerlex. —y.

Aegeri (häufig Egeri), Carle oder Carolus von, berühmter Schweizer Glasmaler, wahrscheinlich zwischen 1510/15 in Zürich geboren, wo sein Geschlecht seit dem 14. Jahrh. vorkommt und auch sein Vater ansässig war. Da Carle Ae. sich als „Neubürger" 1536 in Zürich einkauft, hat er vorher wahrscheinlich in einer anderen Stadt seinen Wohnsitz gehabt. 1537 tritt er in die Zunft der Meise ein, heiratet 1538 die Tochter des Glasers und späteren Bürgermeisters H. R. Lavater, und vertritt seit 1547 die Zunft im großen Rat. Er starb 14. 6. 1562 in dürftigen Verhältnissen. Die künstlerische Tätigkeit Ae.s läßt sich erst seit 1536 verfolgen. Eines der frühesten Werke ist nach Rahn (Schweizer Kstlerlex.) die prächtige Scheibe mit dem Schilde des Probstes Felix Frei, Kaiser Karl d. Gr. und Herzog Burckhardt von Schwaben im Gotischen Hause in Wörlitz bei Dessau, zwar ohne Monogramm, „aber nach Stil und Technik unverkennbar" dem Ae. zuzuschreiben. Bis 1540 sind nur private Bestellungen urkundlich bekannt. 1541 entstand eine Scheibe für das Schützenhaus in Schaffhausen und die Folge von Glasgemälden für das Rathaus in Weesen, mit der die Hauptaufträge und bedeutenden Werke Ae.s beginnen. 1542/3 malte er die noch an Ort und Stelle befindlichen Standes- und Städtescheiben für das Rathaus zu Stein a. Rh. Von 1552 an war er für das Kloster Wettingen tätig, und in die letzte Periode seines Schaffens 1557—1562 fällt sein Hauptwerk, die Folge von Glasgemälden für den Kreuzgang des Klosters Muri (bis 1841 dort, jetzt im kant. Museum in Aarau). Vorzügliche Arbeiten Ae.s befinden sich auch im Landesmuseum in Zürich, sowie Schweizer Privatbesitz (Engel-Gros in Basel, Usteri und Dr. Angst in Zürich). Seine Monogramm besteht in einem Falle (Scheibe von 1554 bei Engel-Gros) aus den getrennten Initialen K. V. Æ., sonst aus den ligierten Buchstaben C V E. — Ae. gehört zu den hervorragendsten Schweizer Glasmalern, seine Werke bezeichnen den Höhepunkt der „Kabinettmalerei". Rahns ausführlichem Artikel im Schweizer Kstlerlex. entnehmen wir zur Charakteristik, daß Ae. über die ganze Skala zartgebrochener Töne, eine raffinierte Schmelz- und Überfangtechnik und große Virtuosität in der Modellierung verfügte. Die Radierung ist bei ihm mit großer Delikatesse behandelt. Besonders erkenntlich sind seine Werke an den zarten und duftigen, bald schwarzen, bald halbbraunen Schatten, erst in den späteren Werken bedient er sich ausnahmsweise eines warm braunen, fast ans Ziegelrote streifenden Tones zur Modellierung des Nackten. Seltener und zwar ebenfalls erst in seiner letzten Periode hat Ae. bunte Schmelzfarben verwendet, sich auch der Hinterglasmalerei (églomisé) bedient, wie eine bezeichnete Scheibe von 1555 mit der Verklärung Christi im Schweizer Landesmus. beweist. Seine späteren Werke (1554 zum ersten Male und besonders die Muri-Scheiben) zeichnen sich durch die anmutigen und stimmungsvollen Landschaften aus, während er früher Blumen- und Flammendamast als Hintergrund verwendet.

Brun, Schweizer Kstlerlex. (mit Lit.). ***

Aegeri (Egeri), Hans Rudolf von, Glaser und Glasmaler in Zürich. Sohn des Carle von Ae., geb. 1550, † 1593, erneuerte 1572 die Zunftgerechtigkeit zur Meise und erhält nach den Säckelamtsrechnungen 1579 bis 80 für zehn Scheiben mit dem Züricher Standeswappen (Depot im Rathause) 50 Pfd.

H. Meyer, Fenster-Schenkung etc. p. 206. — Brun, Schweizer Kstlerlex. ***

Aegeri, Jakob von, Maler von Baden (Schweiz), nach seiner im Chor der Stiftskirche zu Zurzach erhaltenen Namensbezeichnung mit dem Datum 1565 dort wahrscheinlich an den Deckenmalereien beteiligt und nach Rechnungsvermerken des ehemaligen

Klosters Wettingen 1583/4 mit „etlichen Bildern zu malen" beschäftigt gewesen.

Meyer, Fenster-Schenkgn. 205, Anmerkg. 17. — Brun, Schweizer Kstlerlex. **

Aegeri, Johannes Heinrich von, schweizer Glasmaler, nennt sich auf seiner eigenen Wappenscheibe im nördl. Kreuzgang des ehemaligen Klosters Wettingen (Schweiz) „dess Gotts huss Wettingen hoff Maller 16 . ." Es ist dies die einzige von ihm bekannte Arbeit. Er starb 31. 10. 1633.

H. L. v. Berlepsch, Die Glasgem. des ehemal. Klosters Wettingen (Kstgewerbebl. II 115). — Rahn in Brun, Schweiz. Kstlerlex. **

Aegeri, Ursus von, Maler in Baden (Schweiz), urkundlich 1560 und 1563 erwähnt; 1565 in der Stiftskirche zu Zurzach tätig (Deckenmalerei von ihm?) und 1571/2 im ehemaligen Kloster Wettingen.

Meyer, Fenster-Schenkgn. 205, Anmerk. 17. — Rahn in Brun, Schweiz. Kstlerlex. **

Aegery, Johannes von, schweiz. Maler. Von ihm im Mus. Unterlinden zu Colmar 2 Diptychen (Öl, Goldgrund) beide datiert 1582, von geringem künstlerischen Wert. Sie stellen die Verkündigung Mariae und Szenen aus dem Leben Johannes des Täufers dar.

Kraus, Kunst u. Altert. in Els.-Loth., Bd. II. Ober-Elsaß, p. 376 ff. — Brun, Schweiz. Kstlerlex. *De.*

Aegid, D. Fr. Mit diesem Namen und dem Zusatze Traixegnie findet sich ein Blatt, die Maria von der guten Hoffnung darstellend. in: Les plaintes amoureuses de Jesu et de Marie, par Auguste de Felleries. Mons 1661. Kopie nach einem anonymen Blatt in einem Buche von 1653. — Der Stecher ein Frater Aegidius von der Abtei der Bonne-Espérance in Belgien?

Meyer, Kstlerlex. **

Aegidius, Glockengießer zwischen 1464 bis 1489 in Böhmen. Von ihm haben sich folgende Glocken erhalten: zwei in der Stadtpfarrkirche zu Pilsen aus den Jahren 1464 und 1479 und eine Glocke zu Potworow in Böhmen aus dem Jahr 1489. Auf der letzteren nennt er sich Egidius de pr, also wahrscheinlich von Prag.

Dlabacz, Böhm. Kstlerlex. 1815.

Aegidius von Wiener - Neustadt, österr. Bildhauer, um 1420 in Padua tätig. Schöpfer einer lebensgroßen Kalksteinstatue des Erzengels Michael (mit Wage und Lanze als Überwinder des Luzifer dargestellt) in der Pfarrkirche zu Montemerlo bei Padua. Früher in dem neuerdings säkularisierten Kirchlein S. Leonino al Prato della Valle zu Padua aufgestellt, scheint das Bildwerk ursprünglich für dieses letztere Sanctuarium gearbeitet worden zu sein, und zwar — laut der lateinischen Versinschrift auf dem gotisch ornamentierten Sockel der Statue — 1425 im Auftrage der paduanischen Edeldame Benigna dei Baziola. In derselben Sockelinschrift bezeichnet sich der für diese frühe Entstehungszeit außerordentlich hochstehende Künstler als *Egidius de Urbe Novella in Austria.* Urkundliche Notizen über diesen bedeutenden paduanischen Meister deutscher Herkunft, der in der Sicherheit und Freiheit der plastischen Durchbildung der ganzen Gruppe, wie namentlich in der Feinheit der Beseelung und Individualisierung des Michaelkopfes nach C. v. Fabriczy einem Donatello und Ghiberti ebenbürtig an die Seite gestellt werden kann, waren bisher leider nicht auffindbar.

C. v. Fabriczy in Rassegna d'Arte 105 p. 40—41 (mit Abbildg.). *

Aegry, s. *Aegeri.*

Aeke, Petrus van, kommt 17. 8. 1751 als fremder Kunstmaler in die Zunft in Leiden. — Im Haus Benzelrath (Landkr. Köln) befindet sich eine Bauernmahlzeit, bez. Petrus van Aeken 1772, wahrscheinlich eine Arbeit des obigen Malers, von dem sonst nichts bekannt ist.

Oud-Holland XXII 191. — Kstdenkm. der Rheinprov. IV 15. *E. W. Moes.*

Aeken, Hieronym., s. *Bosch.*

Aeken, s. auch *Aken.*

Ael, Töpferin (pottenbakster) in Amsterdam, urkundlich erwähnt 1537.

Oud Holland I 57. *J. C. E. Peelen.*

Aelberts, Marcus, Architekt im 16. Jahrh., hat 1564 am Rathaus in Herzogenbusch gebaut.

Galland S. 615. *A. W. Weissman.*

Aelberts, s. auch *Alberts.*

Aelbertsz., Egbert, wurde 1615 Schüler von Paulus Moreelse in Utrecht.

Muller, Utr. Arch. 102. *E. W. Moes.*

Aelbertsz., Jan, war 1611 als „Cleedtschryver" Mitglied der Zunft in Utrecht.

Muller, Utr. Arch. 127. *E. W. Moes.*

Aelbrechts, Peter, Sohn des Nicolaus, wird als Freimeister in die Malergilde von Antwerpen 19. 9. 1601 eingeschrieben.

Liggeren I 390. **

Aelbrechtse, Hendrick, holl. Architekt im 15. Jahrh., hat das Rathaus in Gouda entworfen, das 1449 angefangen ist.

Galland S. 420. *A. W. Weissman.*

Aelbrechtsen, Michiel, holl. Architekt im 16. Jahrh., hat in Utrecht Stadttore entworfen. (Galland p. 73.) Kramm I 56 nennt nur das Tolsteeg-Tor als nach seinen Plänen erbaut. *A. W. Weissman.*

Aelbrechtsz, Aelbrecht, holl. Maler, als wohnhaft in Leiden erwähnt 1593—1595. Aus not. Urkunden erhellt, daß er ein Schüler des bekannten Leidener Malers Ysaac Claesz. van Swanenburch war. Sein Vater wohnte seinerzeit in Oudewater. 1. 8. 1595 sagt er „omtrent" 20 J. alt zu sein. *A. B.*

Aelflaed, Gemahlin König Eduards d. ä. von England, soll die Stola gestickt haben, die noch in der Kirche zu Durham aufbewahrt wird.

Kronthal, Lex. d. techn. Kste. **

Aelfvine, engl. Miniaturmaler, 10.—11. Jahrh. Der Name A. begegnet als Inschrift in einer Miniatur der bekannten Caedmon-Paraphrase der Bodleiana in Oxford und eines Kodex des Brit. Mus. (Cott. Titus D. 27). Da in beiden Fällen nur der Name, ohne alle weiteren Angaben genannt ist, bleibt es zweifelhaft, ob damit der Name eines Künstlers oder des Bestellers, Besitzers usw. gemeint ist.

Meyer, Kstlerlex. — Bradley, Dict. of Min. *Swarzenski.*

Aelgiva, auch Emma genannt, die Gemahlin Kanuts des Großen und Witwe Ethelreds von England, war geschickt in kunstvoller Stikkerei. Außer anderen weniger kostbaren Arbeiten verfertigte sie um 1016 einen purpurnen Altarvorhang mit goldgestickter Borde (aurifrisum) und besetzte ihn mit Gold und kostbaren Steinen, so daß er einem wundervollen Mosaikmuster glich.

Acta S. Etheldredae 2, 3. in Act. Sct. Junii IV 529. **

Aelius, P. Aelius Harpokration, genannt Proclus, Mosaikarbeiter (ψηφοδέτης), aus zwei Inschriften der Kaiserzeit bekannt C. I. G. 2024. 2025. Er schmückte den Tychetempel in Perinth am Marmarameer.

Brunn, Gesch. d. gr. Kstler. II 313. *Sauer.*

Aelius, angeblicher Gemmenschneider. Die Steine, auf denen der Name erscheint, sind sämtlich verdächtig.

Brunn, Gesch. d. gr. Kstler. II 536. *Pernice.*

Aelmis, Johannes, Fayence-Former und Maler, Sohn von Pieter Jansz. Aelmis, Rotterdam, geb. 1675, † 4. 2. 1755. Er führte das Geschäft des Vaters; war Mitglied des Vorstandes der St. Lucasgilde als Hauptmann der Ziegelbrenner und Ziegelmaler, von 9. Okt. 1717 bis Okt. 1739.

Aelmis, Johannes jr., Fayence-Former und -Maler, Sohn von Johannes Aelmis. Rotterdam, geb. 1714, † 30. 9. 1799; war Mitglied des Vorstandes der St. Lucasgilde als Hauptmann der Ziegelbrenner und Ziegelmaler von 5. Okt. 1740 bis Okt. 1753. Er führte das Geschäft des Vaters mit seinem Bruder (s. u.) und verkaufte es 10. 6. 1790. Seine Spezialität waren große zusammenhängende Wandbilder in Manganviolett. Das Hamburg. Mus. f. Kst. und Gew. besitzt von ihm eine Fliesendekoration aus einem Altonaer Bürgerhause, deren größtes Feld (aus 234 Fliesen bestehend) bezeichnet und 1764 datiert ist (J. Brinckmann, Kat. v. 1894). Ein Bild von 30 Fliesen, manganviolett, mit Porträt von Friedrich dem Großen, Randschrift: „Fredericus Rex Borussiae, S. R. I. Elector" etc. in seiner Ausstellung zu Rotterdam 1878.

Aelmis, Johan Bartholomeus, Fayence-Former und -Maler, Sohn von Johannes Aelmis, Rotterdam, geb. 26. 10. 1723, begr. 6. 9. 1786. Kompagnon seines Bruders J. Aelmis jr., Mitglied des Vorstandes der St. Lucasgilde als Hauptmann der Ziegelbrenner und Ziegelmaler von 8. Okt. 1753 bis Okt. 1789.

Aelmis, Pieter Jansz., Fayence-Bäcker und Fayence-Maler, Rotterdam, geb. 1649, † Ende Okt. 1707. Er kaufte 19. 5. 1692 eine Ziegelbrennerei und 9. 5. 1685 ein Haus.

Faiences von Aelmis, Ausstellg., Delft. 1863. — Demmin, Guide de l'Amateur de Faiences et Porcelaines, Paris, 1873 (4me éd.) No. 906, die Faksimilen von zwei Fabrikmarken des J. Aelmis. — Rotterdamsche Historiebladen v. J. H. Scheffer en F. D. O. Obreen, Rotterdam, 1876 p. 518—547. *Haverkorn van Rijsewijk.*

Aels, N., kommt auf in Italien erschienenen Kupferstichen vor; auch Aels. f. auf einer Radierung mit dem Jesusknaben und dem hl. Joseph. S. *Elsheimer.* **

Aelsin (Aelsinus), engl. Miniaturmaler. Sein Name begegnet als Verfertiger (zum mindesten eines Teiles) des minierten Cod. des Brit. Mus. (Cott. Nero D 27). Die Hs. ist mit ihren 2 Miniaturen ein typisches Werk der Winchester-Schule des 10. Jahrh.

Bradley, Dict. of Min. — Meyer, Kstlerlex. (Aelsinus). — Springer, De artificibus 32. *Swarzenski.*

Aelst, Evert van, geb. in Delft 1602 als Sohn des Anwalts Willem van Aelst, kam dort 15. 4. 1632 in die Zunft, † 19. 2. 1657. Sein Neffe Willem van Aelst und vielleicht Emanuel de Witte waren seine Schüler. Er malte Stilleben in der Art des Pieter Claesz., welche in alten Inventaren häufig genannt werden, jedoch jetzt nur vereinzelt im Kunsthandel vorkommen. Was ihm zugeschrieben wird, ist meistens von seinem Neffen Willem.

Houbraken I 228. — Obreens Archief I 27. — Oud-Holland VI 291. — Bode, Studien z. holl. K.-G. 227. *E. W. Moes.*

Aelst, Guiliam van, Kupferstecher, Antwerpen, 1668 Freimeister in der Gilde; 1688 war er verstorben.

Liggeren II 384, 528. **

Aelst, Jan van, „Bordürwirker", Antwerpen, in der Gilde 1628 als Lehrling, 1630 als Meister erwähnt; 1633 nimmt er einen Lehrling an.

Liggeren I 663, II 15, 40. **

Aelst, Isaeck van, Kupferstecher, der 1629 einige Titel nach Vorlagen von David Vinckboons für den Verlag von Jan Jansz. in Amsterdam (Arnhem) gestochen hat. 1658 und 1663 kommt er noch in Amsterdamer Aktenstücken vor. Er war verheiratet mit Maria van Zel.

Kramm, De Levens etc. Suppl. — Meyer, Kstlerlex. I 100. *E. W. Moes.*

Aelst, Nicolaus van, Kupferstichverleger und Kupferstecher (?), geb. in Brüssel um 1526 (?), tätig in Rom. Auf dem Stiche des A. Brambilla, der die Fassade der 1575 erbauten Jesuskirche zu Rom darstellt, findet sich eine lange Widmung van Aelsts an Ranuccio Farnese vom Jan. 1589 datiert. Diese Widmung erwähnt die letzten Unruhen in Flandern; daraus glaubt Ottley schließen zu können, daß Van Aelst kurz zuvor aus seiner Heimat gezogen sei.

Sein Kunsthandel in Rom hatte eine bedeutende Ausdehnung. Bei ihm erschienen Bll. von Cher. Alberti, Vesp. Strada, A. Brambilla u. a. und besonders von A. Tempesta. Die bei ihm herausgekommenen Abdrücke gehören nicht immer zu den besten, da er öfters schon ausgedruckte Platten wieder abziehen ließ. Nach seinem Tode, der ihn erst in hohem Alter erreichte (noch 1613 gab er eine Folge von 24 Stichen Tempestas, Kriegsereignisse aus dem Alten Testament, heraus), ging sein Verlag in die Hände von Thomassin, Joh. de Rubeis d. j., V. Cenci zu Rom und Stef. Scolari zu Venedig über. — Kramm, De Levens I 6, nennt ihn „den Ouden" und unterscheidet von ihm einen Nicolaus van Aelst den Jongen, der ihm durch die Signatur: N. van Aelst fecit auf einem Titelblatt zu dem Foliowerke: Perspective dat is: de Doorsichtige van Sam. Marolois . . . in de Nederlandsche Taal overgeset . . . te Amsterdam by J. Jansson 1638 bekannt geworden ist.

Meyer, Kstlerlex. (dort auch eine Liste der Verlagswerke). — Kramm, De Levens. **

Aelst, Pierre van Edinghen oder d'Enghien vlämischer Teppichwirker. Seit 1497 leitete er ein Atelier und verkaufte eine Teppichfolge „à bergers et bergères et une salette à personnages de boquillons". Aber sein Hauptwerk, das ihm einen der ersten Plätze unter den Teppichwirkern seiner Zeit sichert, das ist die noch heute im Vatikan aufbewahrte Serie der Taten der Apostel, nach den Kartons von Raffael ausgeführt, von denen ebenfalls 7 erhalten sind und sich im South Kensington Museum befinden. Diese Arbeit, welche 1515 oder 1516 unter der Direktion von Bernard van Orley begonnen worden war, wurde 1519 für sieben Stücke vollendet. Diese sieben bedeckten die Wände der sixtinischen Kapelle bei der Weihnachtsfeier 1519. Sie hatten 1600 Dukaten pro Stück gekostet. Obwohl die Teppichwirker nach ihren Jahrhunderte alten Überlieferungen die Modelle, die von Rom gesandt wurden, abgewandelt hatten, obwohl die Farben sich merklich von dem Ton der Kartons unterschieden und obwohl gewisse Einzelheiten der ursprünglichen Zeichnung hinzugefügt worden waren, so hat doch diese Serie jederzeit einen außerordentlichen Ruf genossen und gilt noch für eines der glänzendsten Werke der Webkunst. Dennoch wirft man diesem Kunstwerk mit Recht vor, daß es nur eine in Stoff umgewandelte Freske sei, die den dekorativen Gesetzen der Teppichwirkkunst nur unvollkommen entspricht. Die vollständige Folge umfaßt elf Sujets: den wunderbaren Fischfang, die Berufung des hl. Petrus, die Heilung des Gelähmten, den Tod des Ananias, das Opfer zu Lystra, den mit Blindheit geschlagenen Elymas, die Predigt des hl. Paulus, die Bekehrung Sauls, die Steinigung des hl. Stephanus, die Gefangenschaft des Paulus und das Erdbeben; diese beiden letzten Stücke zeigen jedoch eine merkbare Minderwertigkeit im Vergleich zu den vorhergehenden. Als Gehilfen des Meisters nennen sich in einer Quittung des van Aelst „tappeziere del Papa" vom 18. 6. 1526: Giovanni Gabriele Bonconte, Agostino Turchi und Bernardino Minutoli (Archivio di Stato di Firenze, Carte Strozziane, filza 337, carta 101; Notiz von A. Degli Azzi). In den Museen von Berlin, Dresden, Wien und Paris, im kgl. Palaste zu Madrid, im Palazzo Apostolico in Loreto usw. befinden sich übrigens mehr oder weniger vollständige Wiederholungen dieser Tapeten Raffaels. — Aus demselben Atelier stammt auch die gleichfalls im Vatikan aufbewahrte Folge mit Szenen aus dem Leben Christi, die von Leo X. bei den Schülern Raffaels bestellt worden war und erst 1530 unter der Regierung Clemens VII. vollendet wurde. In ihrer Schönheit durch Seide und Gold gehoben, aber von mittelmäßiger Zeichnung und minderwertiger Ausführung, wurden diese Teppiche mit 20750 Golddukaten bezahlt. Man vermutet, daß van Aelst ebenfalls der Schöpfer der Folge der „Kinderspiele" nach den Kartons von Giulio Romano u. von Francesco Penni ist, die im Besitz der 1903 verstorbenen Prinzessin Mathilde, der Schwester des Prinzen Jérôme Napoléon, waren.

Eine andere Folge, die die Hauptszenen aus der Lebens- und Leidensgeschichte Christi darstellt, wurde von Bernardo Clesio, Kardinal von Trento zum Schmucke seines neuen Palastes daselbst (erbaut 1528—1537) verwendet; er soll sie übrigens in Köln 1531 für 1000 Dukaten gekauft haben. Die ganze Folge dieser Teppiche umfaßte 7 Stück, und zwar jedes mit 3 Darstellungen: 1. Anbetung der Hirten zwischen der Verkündigung und Anbetung der Weisen aus dem Morgenlande; 2. die Fußwaschung, überragt von einem Fries, der durch Säulen in drei Abteilungen eingeteilt ist: Jesus auf dem Ölberg zwischen einer Gruppe von zwei schlafenden Aposteln und die Heimsuchung Mariä; 3. Jesus vor Kaiphas; rechts Christus vor Gericht, links Christus vom Volk beschimpft; 4. Christus vor Pilatus; in den oberen Ecken die Geißelung und das Ecce Homo; 5. Christus als Kreuzträger; im Hintergrunde die Kreuzigung; 6. die Kreuzabnahme zwischen der Grablegung (links) und der Niederfahrt zur Hölle (rechts); 7. die Auferstehung zwischen Christus und Magdalena (rechts), und Christus mit dem hl. Thomas (links). Auf der letzten Szene trägt eine der Personen auf der Bordüre des Mantels eine Inschrift: Peeter de Aasettl, die man als Signatur Pierre van Aelsts ausgelegt hat. Bis 1796 verblieben diese Teppiche im Palast zu Trient. Später wurden sie nach Frankreich gebracht, dann dem Kaiser von Österreich wiedergegeben, welcher sie der Kathedrale in Trient 1818 zum Geschenk machte.

E. Müntz, Les tapisseries de Raphael au Vatican. Paris 1897, 4°. — E. Müntz, La tapisserie, Paris, Quantin, 12°. — Lodovico Oberziner, Les Gobelins de la cathédrale de Trento, Rassegna d'Arte (Milano) 1901 p. 114 bis 116. — Pier Andrea Mattioli, Il magno palazzo del Cardinale di Trento, Venezia 1539. — Le pitture di Trento, Ms. 1207 der Biblioth. Municipale di Trento, p. 24. — Girolamo Guaziardei, Memorie historiche di Trento dal 1776 al 1824. Bibl. Municipale di Trento, Ms. 73; 12. 2. 1818. — Bertolotti, Artisti Urbinati in Roma, p. 54. — A. Springer, Raffael u. Michelangelo II. *J. J. Guiffrey.*

Aelst, Willem van, geb. in Delft 1625/26 nach eigener Angabe, welche aber vielleicht etwas zu spät angesetzt ist, als Sohn des Notars Jan van Aelst, war der Schüler seines Onkels Evert van Aelst. 9. 11. 1643 kam er in die Delfter Zunft, und 1645 unternahm er eine große Reise, erst bis 1649 durch Frankreich, dann bis 1656 durch Italien, wo er in Florenz bei Otto Marseus van der Schrieck für den Großherzog von Toskana tätig war, der ihn mit einer goldenen Kette mit Medaille beschenkte. Heimgekehrt ließ er sich bald in Amsterdam nieder, denn schon 1657 wird er dort erwähnt. 1662 wohnt er „op de bloemgracht" (Notiz von A. Bredius). 15. 1. 1679 heiratete er dort seine Magd Helena Nieuwenburgs aus Wetter (Westfalen?) Wahrscheinlich starb er in Amsterdam, jedenfalls nicht vor 1683, in welchem Jahre er dort an der Prinsengracht nahe dem Wallonischen Waisenhaus wohnte. Seine Witwe zog mit drei Kindern wieder nach Deutschland. Schüler von ihm waren in Delft Maria van Oosterwyk, um deren Hand er vergebens geworben haben soll, und in Amsterdam etwa 1669 Isaac de Nys, etwa 1676 Ernst Stuven und zuletzt Rachel Ruysch. Da seine Arbeiten schon seinerzeit sehr geschätzt wurden, erwarb er sich ein großes Vermögen. Beinahe ausschließlich hat er Stillleben gemalt, zusammengesetzt aus Wildbret, Fischen, Früchten, Blumen und Tischgerät. Diese sind ausnahmslos geschmackvoll arrangiert und in der Wiedergabe von Stoff und Metall hat keiner ihn übertroffen. Seit seinem Aufenthalt in Italien zeichnete er seine Bilder meistens mit zierlich gezogenen Buchstaben: Guillmo van Aelst, aber vereinzelt auch mit: W. v. Aelst. So ist ein Stilleben von 1651 im Museum zu Kopenhagen und ein anderes von 1653 im Berliner Museum bezeichnet; dagegen hat er ein Bild mit toten Hähnen in der Sammlung James Simon in Berlin, vom Jahre 1651 schon mit dem italienischen Vornamen bezeichnet. In den meisten Museen, namentlich in deutschen, finden sich gute Exemplare von seinen meistens datierten Bildern in Holland, in Amsterdam, Haag und Rotterdam. Sein letztes datiertes Bild, das wir kennen, ist ein Fruchtstück von 1683 im Museum zu Hannover. Professor Bertinaria in Genua war im Besitz seines gemalten Selbstporträts.

Houbraken I 228–230. — Hofstede de Groot, Quellenstudien 42, 152. — Obreens Archief I 38. — Oud-Holland III 58, VI 292. — Moes, Iconographia Batava. *E. W. Moes.*

Aeltlin, Lienhard, Steinmetz von Kelheim, kommt 1493 als Ballier des Meisters Burkhard Engelberg nach Ulm zum Münsterbau. Urkundlich erscheint er aber erst 1504 bis 1517 als „Meister Lienhard" der Steinmetz. Er ist stets Ballier oder eigentlich Amtsverweser für den gewöhnlich abwesenden Kirchenmeister. Nach Jäger erhält er aus der Kirchenbaukasse wöchentlich, „sei er krank oder gesund", auf Lebenszeit einen Lohn von 1 Fl. rheinisch. Nach dem Tode Engelbergers 1512 führte er mit Meister Bernhard den Bau weiter, so daß unter ihm 1513 das Oktogen begonnen wurde.

Klemm, Württemberg. Baumeister und Bildhauer, No. 43. — Grüneisen und Mauch, Ulms Kunstleben, p. 197. — Kunstblatt 1833, S. 406. *M. Bach.*

Aeltre, Cornelis van, Bürger von Brügge, Zimmermeister (artis carpentariae magistrum) und Holzbildhauer (houtsnyder), lebte hier um 1401. Zu dieser Zeit arbeitete er mit dem Zimmermann Gilles van der Houtmeersch an den Skulpturen des Hôtel-de-ville zu Brügge, besonders an der herrlichen Deckenwölbung in Holzschnitzerei, sowie am Portal und den eleganten Türen des großen Schöffensaales, der heutzutage als städt. Bibliothek dient. Diese Arbeiten waren 1397 von Pierre van Oost begonnen worden. Die Darstellungen auf den Gewölbe-Schlußstücken sind dem Alten und dem Neuen Testamente entlehnt. Das hohe Ansehen, welches die belg. Künstler besonders im 15. Jahrh. genossen, verschaffte van Aeltre einen Ruf nach Schottland, wo er, unterstützt von seinem Holzschnitzer, um 1441 die wunderschönen Chorgitter der Abtei von Melrose ausgeführt haben soll, welche im 12. Jahrh. von David I. gegründet wurde. Diese Bildhauerarbeiten erinnern im Charakter an diejenigen, welche sich damals im berühmten Kloster des Dunes in Flandern befanden. Es existiert ein Aktenstück, vom 7. 10. 1441 datierend, in dem es sich um diese Arbeit handelt, derentwegen die Schöffen von Brügge, der Künstler Cornelis van Aeltre und Jean Crawfort, ein Mönch des Klosters zu Melrose, in einen Rechtsstreit verwickelt waren.

James Weale, Bruges et ses environs. — Chevalier Edm. Marchal, La sculpture belge, p. 156, 275. — Annales de la Société d'émulation à Bruges, tome III. *E. de Taeye.*

Aemilius, K(aeso) Aemilius K. f. Quirina Varrius architectus exercitator etc. . . . Römischer Architekt nach einer Votivinschrift an Hercules Servator aus Ardea.

Promis 132, 37 (Memorie d. Accad. di Torino, Ser. 2 XXVII 1871). *H. Thiersch.*

Aemilius, Gemmenschneider, s. *Midias.*

Aeneae, Petrus, Kupferstecher, der vermutlich am Ende des 17. Jahrhs. in Franeker oder Leeuwarden gearbeitet hat. In Schabkunst lieferte er eine Anzahl tüchtiger Blätter, u. a. Porträts von Professoren der Franeker Universität, 1693 Bildnisse des Statthalters Hendrik Casimir II und dessen Gemahlin und das Porträt von Lieven Willemsz. Graaf nach Sterrenbergh. Außerdem hat er in Linienmanier in drei Ansichten den Sarkophag des 1696 verstorbenen obengenannten Statthalters gestochen.

Meyer, Kstlerlex. I 101. *E. W. Moes.*

Aensinger, s. *Ensinger.*

Aenvanck, Theodor van, Maler, Antwerpen, getauft daselbst in der Liebfrauenkirche am 30. 11. 1633, begann seine Kunststudien 1647 wahrscheinlich bei Jan de Heem, dessen Technik er sich aneignete, und wurde dann nach längeren Reisen 1670 Freimeister in Antwerpen. Nach dem 16. 3. 1686 verließ er sein Vaterland für immer und soll nach dem 19. 4. 1690 gestorben sein.

Von seinen ziemlich seltenen Arbeiten besitzt das Museum zu Antwerpen ein schönes, aber an Leuchtkraft dem de Heem doch nicht gleichkommendes Fruchtstilleben bezeichnet: Theodoor Aenvanck 1653.

Van den Branden, Gesch. der Antw. Schildersch. 1123. — Th. v. Lerius, Biogr. d'Art. Anvers. (publiées par P. Génard) I 25. *Pol de Mont.*

Aepolianus, angeblicher Gemmenschneider. Sein Name in lateinischer Schrift (Aepoliani) findet sich unter einem bärtigen, dem Marc Aurel einigermaßen verwandten Kopfe, bezeichnet aber wahrscheinlich nicht den Künstler, sondern den Besitzer des Steines. Auf einigen anderen Steinen ist der Name gefälscht.

Brunn, Gesch. d. gr. Kstler. II 591. — Pauly-Wissowa, Realenc. I 596 (Rossbach). *Pernice.*

Aeps, Jan, Sohn des Jan, übte zu Ende des 15. Jahrh. in Löwen das Glaserhandwerk aus. In den Urkunden ist sein Name bisweilen Abs oder Van Aeps geschrieben. 1490 lieferte er 12 verzierte Scheiben für das „Haus St. George". 1499 brachte er, auf Kosten der Stadt Löwen, „Einfassungen" in gemalten Scheiben im Zufluchtshause der Abtei von Gembloux an. Sehr wahrscheinlich wurde diesem Meister 1525 die Ausführung der grau in grau gemalten Randfelder mit farbigen Einfassungen übertragen, welche das eine Fenster des Seitenschiffs in der Kirche des großen Beginenklosters zu Löwen schmücken sollten; sicher ist wenigstens, daß dieselben unter der Leitung von Aeps eingesetzt wurden. Zwölf der Beginen teilten sich in diese Ausgabe. Sechs dieser Randfelder sind noch vorhanden: die Darstellungen sind entweder aus dem Neuen Testamente oder die Schutzheilige der Donatorin mit dem Bildnisse der letzteren in kniender Figur im Vordergrunde und mit ihrem mit der Jahrzahl 1526 verbundenen Namen in einem weißen Felde darunter. „Diese Randfelder, sagt Van Even, der diese Mitteilungen machte, sind in einem bräunlichen Grau gemalt, gehöht mit Schwarz u. Gelb u. mit Talent behandelt. Die Gewänder haben noch das gotische Gepräge; allein schon fühlt man im Nackten die korrekte Linie der Renaissance sich Bahn brechen."

Jan Aeps starb zwischen 1527 und 1530. 1498 nahm er als Schüler Jan Van Papenhoven bei sich auf, der Meister wurde und 1511 noch lebte.

Meyer, Kstlerlex. — Messager des sciences historiques. Gand 1869 p. 44. **

Aera, Lorenzo de, Bildhauer 1473 urkundlich in Rom genannt.

Bertolotti, Art. Lomb. a Roma II 284. ***

Aerde, J. P. van, malte das Porträt des Middelburger Arztes Paulus de Wind (gestorben 1771), im Besitz des Herrn Tak in Middelburg. *E. W. Moes.*

Aerde, Johannes Baptista van, wird als Constschilder 1764 in der Antwerpener Malergilde erwähnt.

Liggeren II 820. **

Aerdenborch, Jacob van, Maler, Antwerpen, wird in der Gilde mehrfach erwähnt. Er lernte 1650 bei Joh. Popels, wurde aber erst 1662/3 Meister

Liggeren II. **

Aeren, Jan van, Bildhauer von Mecheln, erhielt 1594 Bezahlung für die Aufstellung einer Sonne hinter der Marienstatue („Notre Dame du Soleil") in der Kirche Notre-Dame jenseits der Dyle.

E. Neeffs, Histoire de la peinture etc. à Malines 1876, II 139. *H. V.*

Aerents (Arents oder Aerendts), Ghysbrecht, vläm. Bildhauer und Rahmen-Fabrikant (Lystmaker), geb. zu Audenaerde, † 14. 5. 1641 daselbst. Künstler italien.-vläm. Richtung, führte er um 1635 zahlreiche Arbeiten für die Kirche des Hospitals Notre-Dame zu Audenaerde aus. Unter diesen Werken nennt man: ein Tabernakel, eine Altartafel (die mit 336 livres parisis bezahlt wurde), ferner ein Portal, zwei Engelsgestalten und verschiedene Rahmen für die Gemälde, welche von diesem Hospital erworben worden waren.

Archives de l'hôpital de Notre-Dame à Audenaerde. — Chevalier Edm. Marchal, La sculpture belge, p. 376. *E. de Taeye.*

Aeriense, Joris, Maler zu Rotterdam, verheiratete sich als Witwer 12. 6. 1643. In dem Inventar seines Vermögens, von dem Notar G. v. d. Hout vor seiner zweiten Heirat werden seine fertigen Bilder taxiert zu Fl. 170. Er verzierte das Portal und die Orgel der Großen Kirche mit Vergoldung und empfing für diese Arbeit 10. 6. 1645, Fl. 34, 10. Er starb vor 3. 3. 1653. *Haverkorn van Rijsewijk.*

Aerithae, Arnold, offenbar ein Dilettant in der Malerei und 1681 „25 Jähriggewesener Vorsinger" bei der Gottesacker-Kirche zu St. Johannis in Nürnberg, der in dem genannten Jahre ein Bildnis Martin Luthers in diese Kirche stiftete, das er selbst „illuminieret" hatte. Das betr. Bild, möglicherweise nur ein kolorierter Kupferstich, ist heute nicht mehr mit Sicherheit nachzuweisen.

Trechsel, Verneuertes Gedächtnis des Nürnbergischen Johannis Kirch-Hofs etc. (1735) 791 f. — Danach Füssli, Neue Zusätze (1824) 23. *Th. Hampe.*

Aermontsz, Dirck, Delfter Fayencier („Plateeldraijer") aus Tongeren (Belgien) gebürtig, ist nur durch seine Heiratsurkunde vom 19. 6. 1689 bekannt.

Havard, p. 298 No. 475. *J. C. E. Peelen.*

Aernhofer, Balthasar, Porträtmaler, München, um 1610. Nagler, Monogr. I No. 1658 schreibt ihm ein in schwarzer und roter Kreide ausgeführtes Knabenporträt zu, signiert B. A. 1612, in der kgl. graphischen Sammlung in München. *O. Weigmann.*

Aernhofer (auch Airenhofer, Ernhofer), Hans, Bildhauer in München unter Herzog Wilhelm V., Schüler von Hans Aesslinger, arbeitete als Geselle bei Arnold Abel am Grabmal Kaiser Maximilians I. und erhielt 1564 nach Abels Tod 16 Gulden für diese Arbeiten ausgezahlt. 1571 trat er als Meister auf, arbeitete im Auftrage des Hofes für die Herzog Max-Burg Büsten nach dem Leben in verschiedenen Steinarten, die aber an Ort und Stelle nicht mehr vorhanden sind. Einige seiner Arbeiten sollen in die Kunstkammer gekommen sein. Sein Tod fällt in das Jahr 1621.

Meyer, Kstlerlex. — Jahrb. d. Kstsammlgn. d. österreich. Kaiserh. XI 2. T. No. 7773. *O. Weigmann.*

Aerni, Franz Theodor, schweizer Landschaftsmaler in Rom, geb. in Aarburg 19. 10. 1853, Schüler Malatestas auf der Akad. zu Modena. Er begleitete Herm. Corrodi auf einer Reise nach Ägypten und Cypern und brachte von dort (1879) Studien mit; vorwiegend aber stellte er in seinen Landschaftsbildern Motive aus Neapel und Rom (auch lebhafte Straßenszenen) dar.

Brun, Schweiz. Künstlerlex. **

Aerntsz, Jan, Töpfer („pottenbakker"), kam aus Harlem und kaufte sich das Bürgerrecht in Amsterdam 31. 12. 1562.

Oud Holland I 58. *J. C. E. Peelen.*

Aerschodt, Severeyn Willem van, belg. Bildhauer und Glockengießer, geb. 7. 2. 1819 zu Löwen als Sohn des Thomas Guillaume van A. und der Anne Maximilienne van den Gheyn, † 13. 11. 1885 daselbst. Nachdem er auf der Kunst-Akad. zu Löwen seine Studien bis 1846 betrieben hatte, ging er zu seiner weiteren Ausbildung nach Paris, wo er die École des Beaux-Arts und das Atelier von Antoine Etex besuchte, das er erst 1848 verließ, als er, infolge der Revolution aus Frankreich vertrieben, nach Löwen zurückkehrte. Inzwischen hatte er schon seit 1842 verschiedene Arbeiten ausgestellt. Eine Statue „L'Amour" datiert aus diesem Jahre und eine andere „La Prière" wurde 1845 im Brüsseler Salon ausgestellt. In seine Vaterstadt zurückgekehrt, führte er nacheinander die Werke aus, welche vor allen anderen seinen Ruhm begründeten: einen Teil der Steinstatuen, die die Fassade des Hôtel-de-ville (1849—50) schmükken, besonders Pierre Coutherel, Erasmus und Dirk Bouts; verschiedene Büsten hervorragender belgischer Persönlichkeiten, wie die des Malers A. Verhaghen, des Professor Baud, des Domherrn de Ram, etc.; ferner eine Marmorstatue, Gott-Vater darstellend (in der Kirche Saint-Quentin aufgestellt), eine Marmorbüste, die Bescheidenheit symbolisierend, eine Gruppe „Die Kreuzabnahme" etc. — 1851 gab der Künstler die Bildhauerei auf, um als Glokkengießer die Traditionen des Metiers wieder aufzunehmen, die seit dem Tode seines Großvaters mütterlicherseits vernachlässigt worden waren. Dieser, Van den Gheyn, war der letzte Vertreter einer berühmten Gießer-Familie, die seit dem 14. Jahrh. in Mecheln etabliert gewesen war. Hunderte von Glocken gingen aus den Ateliers von S. W. v. A. hervor. Unter den schönsten kann man erwähnen: das Glokkenspiel der Kathedrale zu Lüttich und das der Kirche Saint-Paul zu Antwerpen.

Pinchart, Archives, vol. I. — James Weale, Belgium, p. 279. — Chevalier Edm. Marchal, La sculpture belge, p. 704. *E. de Taeye.*

Aerssen, Théophile, Landschaftsmaler, 6. 3. 1852 jung zu Löwen gestorben. Von ihm auf der Brüsseler Ausstellung von 1848 Deutsche Gegend, auf derjenigen von 1851 Landschaft aus den Ardennen.

Meyer, Kstlerlex. *Pol de Mont.*

Aerssinger (Aerstinger), Michael, Maler in München um 1530—46. Näheres nicht bekannt.

Meyer, Kstlerlex. **

Aert, Jan Gerrits van, Delfter Fayencemaler („plateelschilder"), nur durch seine Heiratsurkunde vom 6. 1. 1692 bekannt.

Havard, p. 306 No. 521. *J. C. E. Peelen.*

Aert, Jehan, Arnold de Maestricht oder Aert van Tricht sind verschiedene Abweichungen eines Namens, mit denen man einen der besten Gießermeister, Metall-Bildhauer und Messingwarenhändler des alten Landes Lüttich am Ende des 15. Jahrh. bezeichnete. Die größte Dunkelheit umgibt noch das Leben dieses Künstlers, den man logisch einfach Arnold de Maestricht oder Aert van Tricht nennen sollte. Der Name Jean Aert soll ihm mit Unrecht gegeben worden sein, besonders durch das Jahrbuch von Limbourg, das freilich erst von 1830 datiert. Meister Arnold de Maestricht, Metallbildhauer, darf andererseits nicht verwechselt werden mit Arnold Tricht aus Kalkar, Steinschneider und Holzbildhauer, der in Xanten tätig war, wie Arnold de Maestricht, nur ein wenig später als dieser letztere, dessen Sohn er wohl sein könnte. Der Künstler führte zahlreiche Arbeiten in verschiedenen Städten aus, die ehemals der bischöfl. Herrschaft von Lüttich unterstanden. Unter den Werken, welche noch erhalten sind, nennen wir: 1. den Taufstein in der Notre-Dame-Kirche zu Maestricht, der zwar verfallen, aber durch die Tatsache interessant ist, daß er den Namen seines Schöpfers trägt (AERT VAN TRICHT); 2. das kupferne Taufbecken der Kathedrale Saint-Jean zu Hertogenbosch; 3. die Leuchter-Balustrade, die den Chor der Kirche Saint-Victor zu Xanten abgrenzt. In letzterer Stadt arbeiteten mehrere vlämische Künstler oder solche vlämischen Ursprungs, die der naturalistischen burgundischen Kunst treu geblieben waren. Das Taufbecken zu Hertogenbosch (Bois-le-Duc) datiert von 1492; obgleich seiner wichtigsten Figuren beraubt, bildet es noch eine schöne Messingarbeit. Es wurde wahrscheinlich nach den Zeichnungen des Architekten und Graveurs Allard Duhamel (oder du Hamel) ausgeführt, der damals „maître des ouvrages" der Kathedrale war, ehe er sich 1495 in Löwen niederließ. Das Sujet, den Teich zu Bethesda darstellend, zeigt ein von sechs gebrechlichen Männern getragenes Becken; diese erinnern an die kranken Judäer, welche in den geweihten Wellen Heilung suchten. Den Deckel des Beckens bildet ein Baldachin-Aufbau, mit Figurengruppen aus der Geschichte. 1640 wurde dieses Taufbecken durch die Leiter des Kirchenbaues seines hauptsächlichsten Figurenschmuckes beraubt, weil dieser die maßgebenden Gemeindemitglieder in ihrem religiösen Empfinden verletzt hatte! Die Leuchterbalustrade der Kirche Saint-Victor in Xanten ist das Hauptwerk unseres Meisters. Sie datiert aus dem Jahre 1501, hat eine Länge von 13 m und besteht bei einer Gesamthöhe von 5,40 m, aus drei übereinander sich hinziehenden, in spätgotischen Vorhangsbögen geschlossenen Arkaden, deren mittelste auf Säulenbündeln ruht und die weiteste Bogenspannung aufweist. Die oberste Arkade trägt die 24 Kerzenhalter dieses „Luchters". Reihen von ca. 1 Meter hohen Statuetten über den Arkaden-Säulchen, eine Statue der hl. Jungfrau, die sich über der mittelsten Kreuzblume erhebt, verschiedene sonstige Figuren und blattähnlicher Zierat bilden den plastischen Schmuck des Meisterwerkes. Auf einem der Balustraden-Pfeiler findet sich die Inschrift: „Desen Luchter is gemacht toe Maystricht. a. d. m. MVe en eyn."

Chevalier Edm. Marchal, La sculpture belge, p. 219. — Jules Helbig, La sculpture au pays de Liège, p. 147. — Dr. W. Bode, Geschichte der deutschen Plastik (Deutsche Kunstgeschichte, t. II p. 218). — King, Orfèvrerie et ouvrages en métal, t. II pl. 100.

E. de Taeye.

Aert, Willem Thysz. van der, Delfter Fayencemaler („plateelschilder"), nur durch den urkundlichen Vermerk seiner Heirat am 10. 7. 1666 bekannt.

Havard, p. 254 No. 236. *J. C. E. Peelen.*

Aertgen von Leiden, s. *Claeszoon,* Aert.

Aerts, Arts, Aertsen, oder **Aertsens,** ein Name, der vom 15. bis zum 18. Jahrh. von verschiedenen, noch nicht klar geschiedenen Familien von Bildhauern, Steinschneidern, Architekten, Druckern, Glasmalern etc. geführt wurde, die in Brügge und in Antwerpen ansässig waren. Von Bildhauern finden sich folgende:

1. Guillaume A., lebte um 1450 zu Löwen und arbeitete dort mit an der bildhauerischen Ausschmückung des Hôtel-de-ville. Es ist schwierig zu entscheiden, welche von diesen Arbeiten man ihm zuschreiben kann, da sich in den Baurechnungen Fehler finden, aber man hat ihm die Reliefs der „Salle des pasperdus" um 1450 wieder zuweisen können, die gute Linienführung und Charakter zeigen. Besonders das Flachrelief „Verstoßung Hagars" ist von großem malerischem Reiz.

2. Jean A. (oder Aertsen), „beeldsnyder", wird als freier Meister der St. Lukasgilde zu Antwerpen (1507) aufgenommen u. in den Rechnungen der Korporation mit Arbeiten aufgeführt, die er 1515—16 in Lierre ausführte.

3. Willem A., aus Brügge, Bildhauer und Architekt, war ein Meister von größerer künstlerischer Bedeutung. Ende des 15. Jahrh. zu Brügge geb., † daselbst 8. 4. 1537. Seine Kunst gehört den glänzenden Überlieferungen der span.-fläm. Schule an. Er stellte 1525 mit dem Bildhauer Jacques Dodekin die Pläne zusammen für das alte Rathaus, die „Galerie du Franc" (*het vrie Brugsche, het land van den Vrien*). 1528 erbaute er den noch vorhandenen Sockel der Kupfer-Balustrade, welche die hl. Kreuz-Kapelle in der Kirche Sainte-Walburge zu Furnes abgrenzt. Fast zur selben Zeit (1528—29) arbeitete der Künstler an den Zeichnungen für die typische Fassade der Chapelle du St.-Sang. Die prächtige Balustrade der Kapelle des Charrons in der Erlöserkirche muß ihm zugeschrieben werden. Als Architekt ist er, unter Mitarbeit des Dixus van den Kerchove, der Schöpfer des Portals der oberen Kirche Saint-Basile auf der „Burg", die 1529

bis 1533 erbaut, aber 1832 restauriert u. um einige Fuß eingerückt wurde. Endlich nennt man von seinen Werken noch die Statuen Moses und Arons, die allegorischen Figuren der Billigkeit, der Gerechtigkeit, der Treue, die Porträtbüsten u. die Wappen, welche die Fassade der ehemaligen Stadtkanzlei schmückten, Arbeiten, die beinahe alle 1792 zur Revolutionszeit zerstört wurden.

4. Pierre A. Ein anderer Vertreter des schönen vläm. Renaissance-Stils zu Brügge war der Bildhauer und Maurermeister Pierre A. (vielleicht ein Bruder des Joos A., (s. dort). Er hatte seine Blütezeit um 1540; 1542 erbaute er das monumentale Tor an der Ostseite der „Burg". Der Kamin aus blauem Stein von Ecaussines und aus weißem Brabanter Stein, ein Schmuckstück des Arbeitszimmers des Bürgermeisters im Hôtel-de-ville, datiert von 1544 und ist ebenfalls sein Werk.

5. Joos A., ebenfalls Bildhauer zu Brügge, arbeitete mit dem Gießer Jacques Jonghelinck und dem Steinschneider Jean de Smet am Grabmal Karls des Kühnen (Kirche Notre-Dame). Die Zeichnungen zu diesem Grabmal hatte Philipp II. dem Meister Cornelis Floris zu Antwerpen anvertraut. Joos A. führte mit de Smet den steinernen Teil dieses herrlichen Mausoleums aus, das 1562 vollendet wurde, aber noch ganz und gar dem gotischen Stil angehört. Der Künstler starb 1577.

6. Jean A., Sohn des Vorhergenannten, lebte ebenfalls in Brügge, woselbst er „vinder" der Maurer war. † 29. 6. 1620. 1584 führte er mit Gilles de Witte die Wappen Philipps II. aus, die über der Eingangspforte der „Cour des Princes" zu Brügge angebracht sind. Um 1600 lieferte er für die Kirche Notre-Dame eine Reihe von Werken: einen Christus, eine Madonna, einen hl. Johannes, Szenen aus dem Leben der Propheten etc. 1602 schuf er die Statue Philipps II. (in einer der Nischen des Hôtel-de-ville aufgestellt), und eine andere Statue der hl. Jungfrau für eines der Tore der „Burg". Von 1603—4 arbeitete er mit Ferri Aerts an der künstlerischen Ausschmückung des neuen Saales im Hôtel-de-ville und wurde Lehrer von Jérôme Stalpaert, dem hervorragendsten Bildhauer-Architekten Brügges anfangs des 17. Jahrh.

Jean A. wird wohl außerdem noch der Schöpfer des prächtigen Tabernakels der Hauptkirche zu Nieuport sein, wie aus den Kirchenrechnungen (1598—1599) hervorgeht. Diese Arbeit kann als eines der schönsten Meisterwerke der vläm. Skulptur des 16. Jahrh. angesehen werden. Das Tabernakel setzt sich zusammen aus vier Etagen, die mit Statuen (den Evangelisten, allegorischen Figuren etc.) geschmückt sind, und aus Flachreliefs, die sich auf das hl. Abendmahl beziehen. Die Türen des Tabernakels bestehen aus ziseliertem Kupfer und die Bekrönung bildet ein kleiner Kuppelaufbau, der von einem die Flügel ausbreitenden Adler überragt wird.

7. Ferri A., † 1614 zu Brügge, war mit dem Vorhergenannten verwandt, mit dessen Unterstützung er die Bildhauerarbeiten des neuen Saales im Hôtel-de-ville ausführte.

8. Jacob A., „beeltsnyder", wird als Lehrling in den „Liggeren" der Sankt-Lukas-Gilde zu Antwerpen, in den Rechnungen von 1674 bis 1675 erwähnt.

9. Roch A., Urenkel von Josse A., † zu Brügge 7. 1. 1739 (nach den Angaben Weales) oder 1721 (nach den Angaben Kramms). Er dürfte der Schöpfer des Monumentes sein, das zum Gedächtnis des Geschichtsschreibers Ollivier Vredius (de Wree) errichtet und gegen die Pfeiler des südlichen Schiffes der Kirche Notre-Dame gestellt wurde.

Chevalier Edm. Marchal, La sculpture belge, p. 220, 330, 336, 366, 505 etc. — James Weale, Bruges et ses environs, p. 30, 33, 122, 227 etc. — Joseph Destrée, Annales de la Société d'archéologie de Bruxelles, 1895 — Les Liggeren de la Gilde de Saint-Luc d'Anvers. — Kramm, Leven der Kunstschilders, t. I. *E. de Taeye.*

Aerts. Familie von vlämischen Teppichwirkern, war zu Anfang des 17. Jahrhunderts tätig. *Nicolas Aerts* erscheint 1613 in einer Reklamation, die von der Korporation der Teppichwirker an den Magistrat zu Brüssel gerichtet war, um gewisse Vorrechte zu erlangen. *Jean Aerts,* sein Sohn oder Erbe, erlangt 1629 die Verlängerung des Privilegiums von 1613. *Josse Aerts* figuriert 1657 unter den Ältesten des Metiers. Unter den Ältesten der Körperschaft findet man weiterhin erwähnt: *Antoine Aerts* 1637—38 und auch 1665 und 1669; *Michel Aerts* 1672 und 1686 bis 87; endlich *Michael Aerts der Jüngere* 1699 und 1707. Das Atelier dieser Künstlerfamilie hat also mehr als ein Jahrhundert überdauert.

Die Kathedrale zu Salzburg besitzt eine Folge von 6 Gobelins, die Szenen aus der Genesis darstellen: Adam und Eva im Paradies; Erschaffung Evas; Adam bei der Arbeit; das Opfer Kains und Abels; Abels Tod; Kains Flucht. Alle 6 tragen die Brüsseler Marke, außerdem findet sich auf mehreren die Signatur Jan Aerts f. — *Jean Aerts* arbeitete um 1629, aus welcher Zeit diese Folge zu Salzburg stammen wird. Bis jetzt ist dieses das einzige bekannte Werk dieser zahlreichen Kunsthandwerkerfamilie.

Wauters, Les tapisseries bruxelloises. — Th. v. Frimmel in der Chronique des Arts 1888 p. 238. Sur les Tapisseries à l'Exposition de Salzbourg. *J. J. Guiffrey.*

Aerts, Gregorius, wird in Meyers Künstlerlex. als Bildhauer von Verdienst (um 1600) genannt, da er aber sonst ganz unbekannt ist, scheint eine Verwechslung mit Guillaume Aert oder Aerts vorzuliegen. *E. de Taeye.*

Aerts, Gustave, Blumenmaler, geb. zu Antwerpen 1839. Bilder von ihm auf den Ausstellungen zu Antwerpen 1864 und Gent 1865. † an der Cholera 24. 10. 1866 zu Brüssel.
Meyer, Kstlerlex. *Pol de Mont.*

Aerts, Hendrik, Fayencemaler aus Utrecht, wird am 8. 6. 1683 Bürger in Gouda.
Obreen, Archief II. ***

Aerts, Jean François, soll nach Drugulin in Meyers Kstlerlex. Stecher zu Antwerpen gewesen und am 6. 4. 1741 geb. sein; 1761 soll er in der Gilde aufgenommen sein, aber die Liggeren verzeichnen diesen Namen nicht. Drugulin weist ihm folgende Blätter zu: St. Severus, Votivblatt für die Weberzunft von Antwerpen und eine Folge von 22 allegor. Vorstellungen zu Pomeys Pantheum Mythicum. **

Aerts, Joannes, Kupferstecher, 1752 in der Antwerpener Gilde erwähnt. Von ihm wahrscheinlich der Stich: Satyr mit einem Korb Bücher auf dem Rücken, bez.: Joa. Aerts sc. (12.°).
Liggeren II. **

Aerts mit verschiedenen Vornamen, s. die obigen Gruppenartikel *Aerts,* sowie auch unter *Ards, Aertsz* und *Artsens.*

Aertsen, Antoon, Illuminator, Antwerpen, wurde 1463 Freimeister und nahm 1469 als Schüler Jan Dictus an.
Liggeren I 15, 19. **

Aertsen, Dierk, Maler aus Holland, wird 1607 Freimeister in der Antwerpener St. Lukasgilde. — Vielleicht identisch mit Aertsz, Dirck; s. dort.
Liggeren I 442. **

Aertsen, Johan, lieferte 1630/31 der Regierung der Stadt Utrecht ein mit dem Stadtwappen bemaltes Glas.
Obreens Archief II 248. *E. W. Moes.*

Aertsen, Nicolas, vläm. Maler, Schüler des Abraham Gouvaerts (der selbst Schüler Jan Brueghels d. ä. war), wird 1625 Freimeister in der St. Lukasgilde in Antwerpen. Nach Bredius, Kat. d. Mauritshuis, bei Govaerts, soll Aertsen mit an der Fertigstellung der von Govaerts unfertig hinterlassenen Bildern beteiligt gewesen sein.
Liggeren I 596, 610, 1617. **

Aertsen, Pieter, wegen seiner Körpergröße oft der „Lange Pier" gen., holländ. Stilleben- u. Figurenmaler. Geb. 1508, wahrscheinlich in Amsterdam, gest. ebendort und in der Oude-Kerk 3. 6. 1575 bestattet. Schüler des Allart Claesz. in Amsterdam, mit etwa 18 Jahren auf der Wanderschaft durch die Niederlande. Eine Italienreise ist nicht nachweisbar. 1535 wird er in die Antwerpener Lukasgilde aufgenommen, 1542 wird er als „poorter" (Vollbürger) in Antwerpen eingetragen. Im gleichen Jahr heiratet er Kathelijne Beuckelaer, die Tante seines Schülers Joachim Beuckelaer. Zahlreiche Aufträge seiner Vaterstadt Amsterdam scheinen den Künstler um das Jahr 1555 veranlaßt zu haben, dorthin überzusiedeln. Seine Aufnahme in die Amsterdamer Bürgerschaft erfolgte erst 1563. Die meisten seiner Bilder sind mit der Hausmarke, einem Dreizack signiert, oft unter Beifügung der Anfangsbuchstaben des Namens P und A, seltener nur mit einem A. Häufig ist das genaue Datum der Entstehung, Jahr, Monat und Tag beigesetzt.

Die Technik durchweg Ölmalerei, das Material der Bilder Holz. Frühestes bisher bekannt gew. Bild eine alte Bäuerin mit ihren Waren, Halbfigur, bez. Dreizack, dat. 1543, im Mus. von Lille als Werk eines unbekannten Meisters. 1546, urkundl. belegt ein Flügelaltar, Stiftung des Antwerpener Seifensieders Jan van der Biest, jetzt im Stift Bogaerts-Torfs zu Antwerpen; Sign. A. Von 1550 das „Bauernfest" in Wien, Hofmus., dat. 1550, ferner dem A. aus stilistischen Gründen zuzuweisen, ein großes Stilleben, die Auslage eines Fleischers darstellend, in der Universität-Smlg. zu Upsala; dat. 1551, 10. März. Wichtiges Bild, da das Stilleben dominiert, nur im Hintergrund kleine Figuren. Im Berliner Mus. eine „Kreuztragung" mit zahlreichen kleinen Figuren, sign. P A, Dreizack, dat. 1552, Dezember 22. Eine sehr verwandte Komposition, Darstellung Christi vor dem Volk, bei de Volder in Brüssel; Sign. A. — Während des Bildersturmes 1566 wurden die Altarwerke A.s in der Oude- und Nieuwe-Kerk zu Amsterdam zerstört. Von diesen Werken dürften Fragmente stammen, wie z. B. im Schloß Nieuwenbroek bei Beesel (Limburg): Maria mit dem Kind und Hirten, im Vordergrund der Kopf eines Ochsen, bez. A, dat. 1554. Wahrscheinlich aus dem Hochaltar der Oude-Kerk. Ein anderes Fragment im Rijksmuseum von Amsterdam, gleichfalls aus einer Anbetungsszene, zeigt zwei Hirten, die sich über den Kopf eines Ochsen herabbeugen. Der Ochsenkopf stimmt mit dem Kopf auf dem Nieuwenbroeker Bild bis auf Kleinigkeiten vollständig überein. Das Amsterdamer Stück reifer, es mag aus dem später entstandenen Nieuwe-Kerk-Altar stammen. Ein weiteres Bruchstück aus einer großen religiösen Komposition im Berliner Mus.: eine Frau ihr Kind auf der Schulter tragend. Ein vollständig erhaltenes Beispiel einer „Anbetung" im Deutzen-Hofje zu Amsterdam. Wohl einst Mittelstück eines Flügelaltares.

Im Amsterdamer Rijksmus. ein doppelseitig bemalter Altarflügel, aus Delft stammend und angeblich von einem für diese Stadt gemalten Altar. Wohl nicht eigenhändig. In der Oude-Kerk zu Amsterdam, drei große stark restaurierte und veränderte

Glasfenster, deren Entwurf von A. stammen soll. Dat. 1555. Eine Anzahl seiner Bilder zeigt lebensgroße Figuren, zum Teil mit Nebenpersonen. Lebensgr. Figur einer Köchin, Genua, Palazzo Bianco (als Werk von G. Wencktoer!) sign. P A Dreizack, dat. 1559. Ihr nahe verwandt Halbfigur einer Köchin, Brüssel Mus., sign. P A Dreizack, dat. 16 Cal. Aug. 1559. Ebendort eine Köchin, lebensgr., in ganzer Figur und zwei Nebenpersonen. Annähernd lebensgr. Figur eines alten Bauern, neben ihm ein junges Mädchen, in Budapest, Mus. d. schön. Kste., sign. Dreizack, dat. 1561. Mehrfigurige, große Komposition, „Christus bei Maria und Martha", Brüssel, Mus., sign. P A Dreizack, dat. 1559. Einige Bilder zeigen im Vordergrund eine Gruppe von Markthändlern, im Hintergrund eine bibl. Szene: „Christus und die Ehebrecherin", Frankfurt, Städelsches Institut, sign. P A Dreizack, dat. 1559. Dass. Thema bedeutend reifer, in der Samml. Delarow zu Petersburg. Im Anschluß an das obengenannte Wiener „Bauernfest" von 1550, behandeln das Leben und Treiben der Bauern: der „Eiertanz" Amsterd. Rijksmus., dat. 1557, und eine „Bauernmahlzeit" im Mus. Mayer van den Bergh in Antwerpen, sign. P A, dat. 1556, 17. April. Stilleben mit Figuren aus der letzten Zeit des Meisters: Kopenhagen Mus., Antwerpen, Samml. Spruyt-Queveauvillers, sign. P A Dreizack, dat. 16. Aug. 1567 und Stockholm, Samml. Graf Hallwyl, dat. 1569. — Zeichnungen in Amsterdam, Berlin, Dresden, Hamburg. Stiche, z. T. nach unbekannten Werken A.s von Jakob Matham, Bartsch 164—168 und von Hendrik Bary.

A.s Bedeutung beruht in erster Linie darauf, daß er in der Zeit des niederländischen Romanismus stärker als alle anderen Zeitgenossen an dem National-Holländischen festhält. Ebenso in den speziell aus dem Leben des Bauernvolkes geschöpften Motiven, als auch in seinen künstlerischen Ausdrucksmitteln. Er bewahrt sich eine kraftvolle Zeichnung und Modellierung, und, von wenigen Ausnahmen abgesehen, eine Farbengebung, die von der stark dekadenten Koloristik seiner Zeit angenehm absticht. Seine Schilderungen aus dem Bauernleben zeugen von feiner Beobachtung und von Verständnis für das Volkstümliche. Sie sind im Gegensatz zu Brueghel rein deskriptiv und ohne Ironisierung gehalten; pikante Züge im Sinne Hemessens oder des Pieter Pietersz (ältester Sohn A.s), fehlen vollständig.

A. wurde in Amsterdam zu seiner Zeit ungemein geschätzt; auch für andere holländ Städte schuf er große, meist im Bildersturm zerstörte Werke.

Die Söhne des Pieter A. Arend, Dirk und Pieter s. unter *Pietersz*.

Urkundl. Nachr.: van Mander, het nederl. Schilderboek und dessen Übersetzungen von Hymans und Floerke. — Vasari, le vite de' più eccellenti pittori etc. — van den Branden, Geschiedenis der Antwerpsche Schilderschool 1883.

Weitere Lit.: de Roever, „Pieter Aertsz, gezegd Lange Pier, vermaard schilder", Oud-Holland VII. — J. Six, „T'hoogh Altaer-Taefel van de Nieuwe-Kerk t'Amsterdam" in „De nederlandsche Spectator" 1886, 20. März No. 12. — Weissman, „Zestiende-Eeuwsche Glasschilderkunst". Publikation der „Koninklijk Oudheidkundig Genootschap te Amsterdam". (Für die Glasfenster.) — J. Sievers, „Pieter Aertsen, ein Beitrag zur Gesch. der niederländ. Kunst im XVI. Jahrh.". Dissertat. Halle a. S. 1906. *I. S.*

Aertsens (Aertssens), Jeronimus, Maler, Antwerpen, wird 1654 als Meister u. „Constschilder" in der Gilde erwähnt und 1683 werden Kosten seines Begräbnisses verbucht.

Liggeren II 259, 262, 501. **

Aertssens, Egide Emile, Bildhauer geb. zu Etterbeek bei Brüssel den 30. 3. 1833. Er machte seine Studien an der Akad. daselbst und wurde dann Schüler von Guillaume Geefs und P. Puyenbroeck. 1852 ging er nach Paris und trat dort in das Atelier des belgischen Künstlers B. Frison ein. 1857 schickte er dann auf die Brüsseler Ausstellung sein erstes Werk (in Gips), ein junges Mädchen mit der Bezeichnung: Frühlingsblume. 1860 kehrte er nach Belgien zurück. Von ihm sind die Skulpturen an der neuen Hl. Kreuzkirche zu Ixelles bei Brüssel: das Tympanon der Eingangstüre (mit einem segnenden Engel) und die Verkündigung, große Gruppe in einer Nische über dem Altar der Jungfrau; ferner in der Kirche des Dames de Berlaymont zu Brüssel ein großes Basrelief in Stein in einem Giebel von mehr als 15 m Breite, die unbefleckte Empfängnis. A. hat auch zur Ausstattung der Fassade des Stadthauses von Brüssel mitgewirkt; von seiner Hand sind die steinernen Bildwerke des Karloman, Sohnes des Karl Martell, des Arnold von Kärnthen, natürlichen Sohnes des Kaisers Ludwig II., und seiner Gemahlin Itta (am rechten Flügel). Er hat auch Bildnisbüsten gefertigt und ein großes marmornes Denkmal für die Familie Van de Wiele, mit Basreliefs und Statuetten (Friedhof von Kortrijk).

Meyer, Kstlerlex. *Pol de Mont.*

Aertssens, Jan Baptist, Maler in Antwerpen, wird 1720 Meister und 1734 als verstorben in den Gildbüchern vermerkt.

Liggeren II. **

Aertsz, Anthonis, Maler im Haag, Ende des 16. Jahrh., nur dem Namen nach in der Gilde erwähnt.

Obreen, Archief IV 11. **

Aertsz, Dirck, Landschafts- u. Historienmaler, 1644 in Amsterdam verstorben. In seinem Nachlaß kommen sehr viele Bilder vor „von dem Verstorbenen selbst gemalt". Dabei

Landschaften, das Urteil des Paris, Actaeon (auf Kupfer gemalt), Jesus in der Wüste, Elias, eine Bacchusmahlzeit, eine Christnacht, der Turm von Babel, Fruchtstilleben, Diana auf der Jagd, Cimon und seine Tochter, Piramus und Thisbe, Pan usw. Ferner sechs Köpfe von Jan Lys, 54 Radierungen von Rembrandt und eine reiche Sammlung anderer Kunstwerke. Der Maler Petrus van Hattich unterschreibt den interessanten Nachlaß (über 200 Bilder). (Notar Spithoff, Amsterdam.) Er wohnte „op de hoeck van de Voorburchwal tegenover de Sleutelsbrugge". *A. B.*

Aertsz, Hendrik, s. *Arts.*

Aertsz oder **Aertszoon,** Lambert Rycx, Maler in Antwerpen, wurde 1555 Meister in der St. Lukasgilde in Antwerpen, heiratete 1555 Catharine, die Tochter Rogiers van der Weyden, eines Enkels des berühmten Rogier. Schüler arbeiteten bei ihm und er wird 1561 zum letzten Male erwähnt. Seine künstlerische Tätigkeit wird aber nicht hervorstechend gewesen sein, da K. van Mander keine Kenntnis mehr von ihm hatte. — Er scheint den Beinamen „Robbesant" angenommen zu haben.

K. v. Mander, Het schilderboek, Edit. H. Hymans I 374. — De Liggeren I 193, 194, 228. **

Aertsz., Ryck, gen. „met de Stelt", Sohn eines Fischers, geb. zu Wijk-aan-Zee etwa 1482, war Schüler von Jan Mostaert in Haarlem, wo er die Türe der Altartafel der „Zakkendrager" in der St. Bavo-Kirche malte. Später zog er nach Antwerpen, wo er 1520 in die Zunft kam und Catharina Dircksdr. heiratete. Er soll namentlich Nacktfiguren in die Bilder von anderen gemalt haben, zeichnete aber auch Kartons für Fenster. Der mit ihm sehr befreundete Frans Floris malte sein Porträt als St. Lucas (Museum in Antwerpen, abgebildet in de Jonghs van Mander-Edition). Er starb im Mai 1577.

van Mander ed. Hymans. — van den Branden 85. — Bull. de l'Acad. Roy. de Belgique, 2e Serie, XIX (1865) 361, 362. *E. W. Moes.*

Aertsz., Teunis, kam als Glasmaler 15. 7. in die Zunft zu Dordrecht.

van Mander, ed. Hymans II 348. *E. W. Moes.*

Aertszoon, s. *Aertsen* und *Aertsz.*

Aerttinger, Karl August, Schlachtenmaler, geb. zu München 17. 4. 1803, † 30. 4. 1876. Er besuchte zuerst die Kunstschule in Augsburg unter Klemens Zimmermann, bildete sich dann von seinem 20. bis 25. Jahre in der Münchener Akademie und weiterhin (1830—31) in Paris aus. Er hatte anfangs als Porträtmaler einen gewissen Ruf, malte aber später fast ausschließlich militärische Vorgänge und Paradestücke. 1846 begab er sich auf längere Zeit nach Wien, wo er u. a. die österreichische Kaiserfamilie zu Pferde (1848) und den Erzherzog Karl samt allen österreichischen Generalen aus dem Jahr 1809 in großen Bildern darstellte. Nach dem Jahre 1848 kam er mit einem Empfehlungsbriefe des Feldmarschalls von Welden nach Ungarn und schloß sich bei Komorn der russischen Armee an. Mit dieser ging er nach dem Feldzuge nach Polen, wo er fünf Jahre beim Fürsten Paskiewitsch als dessen Maler blieb und große Aufträge für ihn ausführte. So entstanden mehrere Bilder aus dem persisch-russischen Feldzuge des Fürsten (Einnahme von Eriwan. Einzug des Fürsten in Tebris), dann der Empfang der ungarischen Magnaten-Deputation, welche dem Fürsten das Diplom des Ehrenbürgerrechts für die Stadt Pest überreicht, und Revue der russischen Armee in Powonsk bei Warschau. 1854 kehrte A. nach Deutschland zurück; seitdem malte er namentlich Genrebilder und Landschaften. Die Kunsthalle zu Karlsruhe hat eine Lotterieszene von ihm.

Meyer, Kstlerlex. — F. v. Bötticher, Malerwerke. **

Aeschlimann, Karl Eduard, schweiz. Architekt, geb. in Burgdorf 1808, † 1893, seit 1828 in der Krim für den russ. Hof und Adel tätig.

Brun, Schweiz. Kstlerlex. **

Aesgo, ein Laienbruder der Abtei von Lidlum (Prov. Friesland), malte dort zwischen 1386 und 1422 die Hochaltartafel.

Kramm, De Levens etc. Suppl. *E. W. Moes.*

Aesinas, Andreas, s. *Andrea* da Jesi d. J.

Aesslinger (auch Asslinger und Esslinger), Hans, Bildhauer, in München um die Mitte des 16. Jahrh., galt als einer der besten „Contrafeiter" seiner Zeit. Nach handschriftl. Notizen Naglers fertigte A. für den Erzbischof Michael von Salzburg dessen Grabmal im Dom (vollendet um 1588). Ein mit seinem Monogramm und der Jahreszahl 1550 bezeichnetes, technisch sehr vollendetes Relief in Solnhofener Stein, darstellend das Parisurteil nach M. Raimondis Stich, ist aus der Kunstkammer des Herzogs Albrecht V. in das bayr. Nationalmus. gekommen. — Wahrscheinlich war er auch Medailleur, denn eine im bayer. Nationalmus. befindliche silberne und vergoldete Medaille des Herzogs Albrecht V. in Bayern zeigt die dem Künstler eigene treffliche Modellierung u. sein Monogramm 15 HA 54. — Er wird auch als Lehrer Ärnhofers 1571 genannt; sein Porträt in der Sammlung des Erzherz. Ferdinand von Tirol.

Meyer, Kstlerlex. — Jahrb. d. ksthistor. Sammlg. d. österr. Kaiserhauses XV 216. — M. G. Zimmermann, Die bild. Kste. am Hofe Herzog Albrechts V. von Bayern, 1895, p. 26, 35. **

Aesslinger, Hans u. Lienhardt, s. *Aesslinger,* Ulrich.

Aesslinger, Ulrich, Maler in München, tätig 1500. Nagler (Monogr. II 611) bezieht irrtümlich ein aus H N E zusammengesetztes Monogramm, das in einem Münchener Druck von 1516 vorkommt, auf einen Maler dieses Namens. Aus derselben Künstlerfamilie stammt anscheinend der Maler *Hans Aesslinger* und die Bildhauer *Hans* und *Lienhardt Aesslinger,* die in Bayern um 1560 tätig waren.

Zimmermann, Die bild. Künste am Hofe Herzog Albrechts II. v. Bayern. (Straßburg 1895) 26, 35. *Friedländer.*

Aethelwold. Angeblich soll A., Bischof von Lindisfarne (724—740) die Miniaturen einer der ältesten und berühmtesten altenglischen Hsn. gearbeitet haben, des sog. „Durhambook" (auch „gospels of St. Cuthbert" und „Lindisfarne-gospels" genannt) im British Museum (Cotton. Nero D. IV.). Die besten Abb. dieses kunstgeschichtlich ungemein wichtigen Buches: Westwood, Facsimiles, pl. 12 ff. Catalogue of ancient Mss. in the brit. Mus. II, pl. 8—11. Kennyon, Facsimiles Pl. XI. So sicher die Entstehung der Hs. im 8. Jahrh. ist, so zweifelhaft ist die Zuschreibung ihrer Miniaturen an A. Dem Stile nach zeigen die dekorativen Blätter der Hs. den typischen sog. irischen Geschmack, während in den figürlichen Darstellungen der Einfluß der kontinentalen Malerei sichtbar ist. S. Billfrith und Eadfrith.

Bradley, Dict. of Min. *Swarzenski.*

Aethelwold, Bischof von Winchester 963 bis 984, soll nach den literarischen Nachrichten, wie so viele Kirchenfürsten, selbst ausübender Künstler gewesen sein. Tatsächlich war unter ihm Winchester das bedeutendste künstlerische Zentrum Englands. Das sog. Aethelwold-Benedictionale im Besitz des Duke of Devonshire, das Hauptwerk der Miniatorenschule des Klosters Newminster in Winchester des 10. Jahrh., ist eine Arbeit des Mönches Godemann (s. das.).

Bradley, Dict. of Min. — Meyer, Kstlerlex. *Swarzenski.*

Aethericus, engl, Miniaturmaler. In einer Eintragung des Kalenders der Hs. Cotton. Tit. D. 272 im British Museum ist der Tod des A. mit den Worten: „obitus Aetherici mo(nachi) pictoris" verzeichnet. Nach dem Charakter der Handschrift und anderen in ihr befindlichen Einträgen ist die Tätigkeit dieses Malermönches in der Abtei Newminster in Winchester, der bedeutendsten engl. Malschule des 10. und 11. Jahrh., zu suchen.

Meyer, Kstlerlex. — Bradley, Dict. of Min. *Swarzenski.*

Aëtion (oder Eëtion), bedeutender griechischer Maler, der in der 2. Hälfte des 4. Jahrh. als (etwas älterer?) Zeitgenosse des Apelles blühte. Seine Heimat wird nicht genannt, doch deutet der Name auf Ionien. Er malte die 327 v. Chr. vollzogene Hochzeit Alexanders und der baktrischen Prinzessin Rhoxane und gewann durch die Ausstellung des Bildes (oder einer Kopie?) in Olympia die Hand der Tochter des Hellanodiken Proxenidas. Von diesem Bilde gibt Lukian eine ungewöhnlich genaue und geschmackvolle Beschreibung: Rhoxane saß, von Eroten umspielt und bedient, auf dem bräutlichen Lager; der König, dem als Brautführer mit brennender Fackel sein Freund Hephaistion, auf Hymenaios gestützt, zur Seite stand, reichte dem Mädchen einen Kranz hin; mit den Waffen des Königs spielten andere Eroten. Außer diesem wegen seines Liebreizes hochgerühmten Bild, das der Beschreibung Lukians Raffael u. Soddoma (s. d.) nachzuschaffen versucht haben, werden genannt: Tragödie und Komödie, ein Dionysos, Semiramis, die aus dem Stande der Magd zur Königin erhöht wird, eine (bei einer Hochzeitsfeier) die Fackeln vortragende Alte und eine durch ihre Schamhaftigkeit bemerkenswerte Neuvermählte, wobei nicht ganz ausgeschlossen ist, daß die letztere eben Semiramis war und die Alte zu demselben Bild gehörte, das man sich als Gegenstück der Alexanderhochzeit zu denken hätte. Man hat bei der Neuvermählten an das erhaltene Bild der aldobrandinischen Hochzeit erinnert, das in der Tat ein solches Lob rechtfertigen würde und dieselbe Mischung göttlicher und menschlicher Wesen aufweist wie die Alexanderhochzeit, also sehr wohl geeignet ist, uns eine Ahnung von der Kunst des Aëtion zu geben, der in der Überlieferung stets mit den größten Meistern zusammen genannt wird. Auch als Erzbildner war A. tätig nach Plinius, der ihn N. H. 34, 50 in dieselbe Zeit (ol. 107 = c. 350) setzt wie 35, 78. Hat Plinius recht, so kann dieser Aëtion oder Eëtion aus chronologischen Gründen mit einem bei Theokrit epigr. 8 genannten Eëtion, dem Verfertiger eines Asklepiosbildes von Zedernholz, nicht identisch sein; fraglich bleibt dann auch, ob ein in Syrakus befindlicher Helios auf dem Wagen (Phlegon, mirabilia S. 71 Keller) von unserem oder einem jüngeren Eëtion herrührte.

Stark, Arch. Studien S. 40. — Brunn, Gesch. d. gr. Kstler. II 243 ff. — Förster, Arch. Zeit. 32, 89 ff. — Furtwängler, Plinius und seine Quellen S. 21. — v. Rohden bei Baumeister, Denkm. II 871. — Robert, Arch. Märchen S. 77. — Pauly-Wissowa, Realenc. I 700, 1 (Robert. Rossbach). *Sauer.*

Aëtion, Gemmenschneider (?). Sein Name findet sich auf einem prächtig geschnittenen, vielleicht noch im 4. Jahrh. v. Chr. entstandenen Stein der Sammlung Devonshire, der einen bärtigen Phrygerkopf darstellt. Jedoch wird die Inschrift als ein Zusatz des 16. Jahrh. erklärt, wie es scheint, nicht mit Unrecht. Alle übrigen Steine mit dem Namen des A. sind gefälscht oder noch nicht genügend untersucht.

Brunn, Gesch. d. gr. Kstler. II 537. — Archäol. Jahrb. III, Taf. 11, 12, IV 67. — Pauly-Wissowa, Realenc. I 700, 2 (Rossbach). *Pernice.*

Aetterli (Etterli), Gylian, schweiz. Steinmetz, Bildhauer und Architekt, tätig in Freiburg (i. Üchtlande) 1498—1509 (an der Grabkapelle von St. Nicolaus und am Stadthaus), 1501 machte er den Taufstein in der Kirche von Guin (Kanton Freiburg).

J. Schneuwly in Brun, Schweiz. Kstlerlex. **

Afanassjeff, Afanassi Afanássjewitsch, russ. Kupferstecher, geb. 16. 2. 1758, † um 1800; kam 1764 in die Petersburger Akad., wo er Schüler von B. L. Henriquez, später von S. F. Iwanoff wurde. Seine erste Arbeit war „Mädchen mit Puppe" nach Greuze, 1774; ferner von ihm eine Frau nach einem Pastell von Greuze und ein sitzender Greis nach dessen Ölgemälde, 1778; Bildnis der Schwester Peters I., Sophie Alexejewna nach einem Stich von Tarassewitsch; russischer Zar umgeben von 7 kleinen allegorischen Szenen. Nach seiner Entlassung aus der Akad. diente er in der Expedition der Staatspapiere 1783—84, von 1786—1791 als „Hoflakai".

N. P. Sobko, Russ. Kstlerlex. — Русск. библ. словарь II 380 (Russ. Bibliogr.). — Fiorillo, Kleine Schriften S. 88. — Kunstchronik VII 2. *W. Neumann.*

Afanassjeff, Afanasii, russ. Kupferstecher, von 1809—1826 in Moskau tätig. Er gehörte zu der aus Leibeigenen gebildeten Kupferstecherschule des Moskauer Buchdruckers und Sammlers P. P. Beketoff und arbeitete unter der Leitung von J. Rosanoff, N. J. Sokoloff und dessen Schüler A. J. Ossipoff gegen 300 Porträts berühmter Russen, die 1821—1824 und 1844 in 3 Bänden erschienen. Außerdem schuf er Porträts für das Werk: Das Leben der Gründer des altgläubigen Armenhauses in Moskau von S. A. Kawilin († 1809), für die „Taten der Feldherren und Minister Peters d. Gr." 1812, für die „russ. Geschichte" von D. Pochorsky 1819, für „russ. Erzählungen" von A. Semjen 1820; für „biograph. Skizzen aus dem Leben des Augustin Winogradski" 1824. Ferner von ihm die Porträts des Kaisers Alexander I., der Kaiserin Elisabeth Alexejewna (in verschiedenen Stellungen), der Kaiserin Maria Feodorowna, der Kaiser Nikolaus I. und Peter I. Diese von 1814—1829.

Русск. библ. словарь II 380 (Russ. Bibliogr.). — N. P. Sobko, Russ. Kstlerlex. *W. Neumann.*

Afanassjeff, Alexander Gawrilowitsch, russ. Kupferstecher und Kupferdrucker, zwischen 1816 und 1856 in Moskau tätig. Von ihm Porträts des Generals der Kav. A. P. Tormasoff, † 1819, des Universitätskurators A. A. Pissareff, 1823, gegen 200 Modekupfer und gegen 30 Landschaften nach ausländischen Künstlern für das Journal „Moskauer Telegraph", 1825—28 und 1830 bis 34. Außerdem lieferte er viele Arbeiten für die Publikationen der Gesellsch. f. Gesch. und Altertum 1830, für „Das Leben der Heiligen", für die „Beschreibung der Klöster und Einsiedeleien". In seiner Druckerei erschienen ferner die 66 russ. Herrscher von Rurik bis Nikolai I. 1847.

Русск. библ. словарь II 375 (Russ. Bibliogr.). — N. P. Sobko, Russ. Kstlerlex. *W. Neumann.*

Afanassjeff, Konstantin Jakowlewitsch, russ. Kupferstecher, geb. 31. 5. 1793, † 3. 10. 1857, Sohn eines Petersburger Münzmeisters, trat 1801 in die Petersburger Akad., wo er anfangs Schüler von Klauber, seit 1814 von Utkin war. Er lebte 7 Jahre in Pawlowsk, wo er für die verwitwete Kaiserin Maria Feodorowna viele Aquarelle ausführte. Neben dem Kupferstich beschäftigte er sich mit der Lithographie und war der erste Künstler in Rußland, der in Stahl stach. Sein Werk ist auf 448 Tafeln geschätzt. Zu seinen bedeutendsten Arbeiten gehören außer einer namhaften Anzahl Porträtstiche in Kupfer und Stahl: der hl. Hieronymus nach Jegoroff 1818, die 77 Umrißstiche zum alten Testament nach Alex. Agin; 24 Umrißstiche zu „Antiquités du Bosphore Cimmerien conservées au Musée de l'Ermitage Imperial" nach Picard, die 4 Evangelisten zu einer Ausgabe des neuen Testaments in Stahlstichen nach Solnzeff. Ein vollständiges Verzeichnis seiner Stiche gibt N. P. Sobko im Russ. Kstlerlex.

N. P. Sobko, Russ. Kstlerlex. — Русск. библ. словарь II 381 (Russ. Bibliog.). — Deutscher Petersburger Kalender 1859, S. 282. — Deutsche St. Petersburger Ztg. 1839 16./28. April. *W. Neumann.*

Afanassjeff, Konstantin Semjénowitsch, russ. Architekt, geb. 1821, † 5. 2. 1871 in Petersburg, besuchte die Akad. als freier Zuhörer, dann die Bauschule bis 1843. Anfangs bei der Regierung in Poltawa tätig, wurde er seit 1850 in verschiedenen Departements in Petersburg beschäftigt und schließlich als Architekt des Justizministeriums zum Studium von Justizgebäuden ins Ausland geschickt. Nach seiner Rückkehr arbeitete er Normalpläne für russ. Justizgebäude aus. Von 1867—1869 gehörte er dem Baukomitee im Ministerium des Innern an.

Русск. библ. словарь II 380/81 (Russ. Bibliogr.). — N. P. Sobko, Russ. Kstlerlex. *W. Neumann.*

Afanassjeff, Peter, russ. Maler des 17. Jahrh. in Nischnij-Nowgorod, wurde 1666 mit anderen Malern nach Moskau berufen, um die Wandmalereien in der Erlöserkirche auszuführen. Auf dem Rückwege in die Heimat, 1668, half er 6 Wochen lang mit kaiserl. Erlaubnis den beiden Markoff bei der Ausführung von Heiligenbildern für den Patriarchen Markarius von Antiochien.

Русск. библ. словарь II 380 (Russ. Bibliogr.). — N. P. Sobko, Russ. Kstlerlex. *W. Neumann.*

Afanassjeff, Wassilii, russ. Maler des 17. Jahrh., war bei der Moskauer Rüstkammer angestellt und wurde 1668 als Führer einer Anzahl von Heiligenmalern zur Ausführung der Wandmalereien ins Sarwinski-Kloster geschickt; 1669 ins Kolomnische. Später beteiligte er sich an den dekorativen Arbeiten in den zarischen Gemächern in Moskau.

Русск. биогр. словарь II 380 (Russ. Bibliogr.). — N. P. Sobko, Russ. Kstlerlex. *W. Neumann.*

Afdruck, der Spitzname von Jacob de Heusch in der Malerbent zu Rom.

Houbraken II 356. *E. W. Moes.*

Afesa, Pietro, Maler aus der Provinz Basilicata, arbeitete um 1650. In der Kirche der Konventualen von Marsico Nuovo zu Neapel befindet sich von ihm eine Mariä Himmelfahrt, in der Stadt Sala war die nun verfallene Kirche Sta. Sofia von ihm in Fresko ausgemalt, ebenso die Kapelle S. Prisco außerhalb derselben Stadt. Dominici rühmt die Frische und Anmut der Farbe.

B. de Dominici, Vite dei pittori etc. napoletani. Nap. 1840—46, II 398. **

Aff, Jerg, Baumeister, 1569 am Bau der Kilianskirche zu Heilbronn beschäftigt, nur urkundlich bekannt.

Kst.- u. Altertumsdenkmale i. Königr. Württemberg, Neckarkreis 576. *H. V.*

Affaità, Isidor, s. *Affeità.*

Affanni, Garibaldo, Bildhauer, geb. in Parma 1862. Als kaum 15jähriger stellte er in Rom bereits zwei Statuettenkompositionen aus (einen Putto, der lesen lernt und einen zweiten beim Studium der Bildhauerkunst), die von der Kritik sehr günstig beurteilt wurden. 1887 schuf er sodann für den Friedhof zu Parma das Grabmal der Annetta Ceresini mit dem trefflichen Reliefbildnis der Verstorbenen. 1888 siedelte er nach Buenos Aires (in Argentinien) über, wo er 1891 eines vorzeitigen Todes starb.

Bettoli in „Fanfulla di Roma" vom 15. 4. 1877. — Scarabelli-Zunti, Mscr. fasc. X in der Bibl. Palatina zu Parma. *St. Lottici.*

Affanni, Ignazio, Maler, geb. in Parma 22. 3. 1828; ausgebildet an der dortigen Akad. unter Callegari, Gaibazzi und Scaramuzza, schuf der äußerst fruchtbare Künstler mehr als 400 Gemälde mit Darstellungen religiösen, historischen und allegorischen Charakters. In öffentlichen Galerien: Gebet für die Lebenden und für die Toten (Pal. Municipale zu Borgo S. Donnino); — Rebecca und Selbstbildnis (Pinakothek zu Parma). — Für sein Gemälde „Raffael wird durch Ferrante dem Papst Julius II. vorgestellt" erhielt A. den Rom-Preis der Akademie zu Parma; für sein Gemälde „Ultima cadenza della nota" wurde er zum „Accademico d'onore" der Stadt Neapel ernannt. — 1885 schmückte er die unterirdische Kapelle des hl. Bernhard im Dom zu Parma mit vier Szenen aus dem Leben dieses Heiligen; jedoch war seine künstlerische Schaffenskraft zu dieser Zeit bereits im Sinken begriffen. Nach einem mehrjährigen Aufenthalte in Mailand starb A. im Armenhause zu Borgo S. Donnino bei Parma am 29. 7. 1889.

Scarabelli-Zunti, Mscr. fasc. X in der Bibl. Palatina zu Parma. — Pariset, Diz. biogr. etc. parmigian. (Parma 1905). — Arch. Stor. d. Arte Ital. II 392. *St. Lottici.*

Affarosi, Antonio, italien. Architekt und Musiker, geb. um 1600 in Reggio d'Emilia. Zeichnete 1640 die Pläne zum Bau der Kirche S. Maria del Gonfalone in seiner Vaterstadt. Als Musiker komponierte er viele treffliche Kirchenmotetten, deren Manuskripte noch heute erhalten sind.

Zani, Encicl. I 316. — Boni, Biogr. d. Artisti, 1840. *F. Malaguzzi-Valeri.*

Affeità oder **Affaità,** Isidor, Zeichner um 1657. Er stand im Dienste des Königs von Polen und nahm als Ingenieur teil an den Kriegen Polens mit Schweden und Rußland. Italiener aus dem Mailändischen von Geburt, lebte er längere Zeit in Polen und erhielt 1673 das polnische Indigenat, scheint aber auch in Deutschland sich aufgehalten zu haben. Von ihm befindet sich im Reichsfinanzarchiv zu Wien ein Belagerungsplan von dem von den Schweden eingenommenen Krakau 1657 (wahrscheinlich Originalzeichnung), mit italien. Text, unterschrieben: Isidoro Affeità, während unter dem Dedikationsschreiben oben auf demselben Blatte „Isidoro Affaità, architetto regio" zu lesen ist. Nach ihm: „Belägerung Cracau, von den Polen und Österreichischen vorgenommen und im Augusto 1657 vollführt worden". Fliegendes Blatt mit den Akkordspunkten in Typendruck. Frankfurt bei C. Merian. Gr. Fol.

Dr. St. Tomkowicz.

Affert, Louis Antoine Théodore, französ. Architekt, geb. in Laqueue 26. 9. 1796, Schüler von Douville und Petit, tätig in Paris. Er baute mehrere Palais in Paris und einige Schlösser in der Umgegend.

Bellier-Auvray, Dict. Suppl. **

Affleck, William, Maler in London, stellte 1890 zuerst im R. Institute of Painters in Water Colours, dann seit 1891 bis in die letzten Jahre fast regelmäßig in der Roy. Acad. aus. Meist waren es Frühlings- und Herbstlandschaften, blumige Wiesen und Blumenstücke.

Graves, Roy. Acad. Exh. I 13. **

Affmuth, s. *Aufmuth,* Bernhard.

Affonso, Anes (oder Eanes), portug. Baumeister 1399, s. *Eanes.*

Affonso, Jorge, portug. Maler, seit 1508 Hofmaler des Königs D. Manoel und 1529 des João III. (mit 10 000 Reis jährlich); lebte noch 1540; wohnte zu Santos-Domingos; Schwager des Malers Francisco Henriques.

Raczynski, Dict. p. 5, 6. — Derselbe, Arts en Portugal p. 222. *A. Haupt.*

Affonso, L o u r e n ç o, Bildhauer, Lissabon, tätig am Bau des Karmeliterklosters (do Carmo) im Dienste des Connetable Pereira um 1399, wird als hervorragend gerühmt.

R a c z y n s k i, Dict. p. 6. *A. Haupt.*

Affry, A d è l e d' (Pseudonym *Marcello*), s. *Castiglione-Colonna,* Ad.

Affry, Graf L o u i s A u g u s t A u g u s t i n d', französ. Gesandter, Schweizer von Geburt, Kunstfreund, 1713—1793, machte einige kleine Radierungen mit landschaftlichen Motiven.

B r u n, Schweizer Kstlerlex. **

Afine, J o h a n n e s, Glockengießer, signierte eine mit Laubwerk und Arabesken elegant ziselierte kleine Glocke (im Schloß Brugny bei Epernay): Me fecit Johannes Afine 1555.

T e x i e r, Dict. de l'orfévrerie. **

Afinger, B e r n h a r d, Bildhauer, geb. zu Nürnberg 6. 5. 1813, † zu Berlin 25. 12. 1882. Als Sohn eines armen Webermeisters mußte er sich, unerachtet der künstlerische Trieb früh in ihm erwachte, zum Handwerk bequemen. Nach 4jähriger Lehre bei einem Spengler und nach sieben Jahren Gesellenzeit auf der Wanderschaft fand er, der seine Muße immer zum Zeichnen, Schnitzen und Metalltreiben benutzt hatte, 1838 Zutritt in eine Nürnberger Silberplattierfabrik. Daneben konnte er die Kunstschule besuchen und erhielt Unterstützung vom Magistrat. Seinen Formensinn und seinen Geschmack bildete er an der mittelalterlichen Holz- und Steinplastik seiner Vaterstadt. Als Rauch 1840 von Berlin zum Dürerfeste nach Nürnberg kam, wurde er auf A. aufmerksam und bestimmte ihn, in Berlin unter seiner Leitung zu arbeiten. Die Überwindung der angelernten, von den alten Meistern übernommenen Formensprache machte zunächst Mühe. Doch eignete sich A. unter der Einwirkung der großen Lehrfähigkeit Rauchs bald die plastische Norm auf antiker Grundlage an, die in Rauchs Atelier maßgebend war. Als erste Arbeit dieser neuen Schule fertigte A. eine Kopie nach der Sarkophagstatue der Königin Luise. Er wurde dann beschäftigt an der dekorativen Ausstattung des Neuen Mus. in Berlin und konnte 1846 sich eine eigene Werkstatt gründen.

Die lange Reihe seiner Arbeiten eröffnet ein kolossaler Christus, Hochrelief, halbe Figur in Sandstein, 1842 für die Kirche in Dinkelsbühl ausgeführt, noch im Stile der altnürnberger Plastiker. Sein Bestes gab A. 1850 in der Statuette der Schauspielerin Rachel, ein Auftrag Fr. Wilhelms IV. für die Pfaueninsel bei Potsdam bestimmt. Ferner in einigen Medaillons mit Gelehrten- und Künstlerbildnissen (Humboldt, Rauch, Cornelius, Kaulbach 1854—56) und in den Reliefbildnissen des Prinzen von Preußen, des Generals von Wrangel etc. Heiligengestalten in einer Reihe von Sandsteinfiguren enthält die Schloßkirche zu Sagan. Bemerkenswert das für die Grafen Pourtalès geschaffene Familiengrab in der Kirche des Gutes Laasow (Niederlausitz). Zu seinen größeren Werken gehören: Das Denkmal für die Universität Greifswald mit den Statuen von Buggenhagen, Mevius, Berndt und E. M. Arndt (1855—56), das Kolossalstandbild E. M. Arndts in Erz zu Bonn (1865). Zu erwähnen: eine Marmorstatue der Penelope für eine Villa bei Elberfeld, Grabmal mit einer Trauernden (1869) auf dem Invalidenkirchhof zu Berlin, das Dahlmannsche Grabmal auf dem alten Friedhof zu Bonn, die Statuen der Wissenschaften an der Universität zu Königsberg.

Von A. stammen auch historische Statuetten (Luther, Melanchthon, Washington), die eine Tonwarenfabrik in Neuhaldensleben für den Handel vertrieb. Erst 1873 besuchte der Künstler Italien. 1874 wurde er zum Mitglied des Senats der kgl. Akad. der Künste zu Berlin und zum Professor ernannt.

K u g l e r, Kleine Schriften passim. — E g g e r s, Chr. Daniel Rauch IV 344. — Kunstchronik 1883 S. 272 (Nekrolog A[dolf] R[osenberg]). — F o n t a n e, Wanderungen III (Havelland) 208 ff. *Hans Mackowsky.*

Afinger, N i k o l a u s, Kupferstecher, Bruder des Vorigen, geb. zu Nürnberg am 20. 12. 1818, † am 10. 10. 1852, von Verwandtenhand ermordet. Als Stecher lieferte er in der letzten Zeit besonders Bll. für Volkskalender und andere illustrierte Schriften. Sie sind ohne jede Bedeutung. Ein N. Afinger war 1850 in New York als Kupferstecher tätig; vermutlich der Obige.

M e y e r, Kstlerlex. — Notiz von E. Richter. **

Africano, B a l d i s s e r a, s. *Tassoni,* B. de'.

Afrin, B a r t o l o m m e o, italien. Maler des 17. Jahrh. in der Matrikel der Paduanischen Malergilde aufgeführt.

M o s c h i n i, Della Pittura in Padova Mem. 1826 p. 92. *P. d'Achiardi.*

Agabiti, P i e t r o P a o l o, Maler, Terrakottabildner und Architekt, geb. um 1470 als Sohn des Maestro Agabito Agabiti zu Sassoferrato in der Mark Ancona, † um 1540 in Cupramontana. Daß er in Sassoferrato geboren, geht unzweifelhaft aus Urkunden im dortigen Archiv hervor. In dem Testamente, darin sein Vater ihn, den Pietro Paolo, 1476 zum Universalerben einsetzt, erklärt derselbe von der „unteren Vorstadt" von Sassoferrato zu sein. — Marchese Ricci sieht in A. einen Nachfolger des Carlo Crivelli. In der Tat zeigt A. deutlich die Einwirkung der venetianischen Schule, indessen mehr noch den Einfluß des Lorenzo Lotto als jenes älteren Meisters. Als frühestes Werk des Künstlers ist ein Gemälde in der Pinakothek zu Padua anzusehen, darstellend eine thronende Madonna zwischen dem Apostel Petrus und dem hl. Sebastian, signiert und datiert „Petri

Pauli Saxiferrati opus MCCCCLXXXXVII". Besonders charakteristisch ist hier die an die Umgebung von Sassoferrato erinnernde Hintergrundlandschaft. — 1502 malte A. sodann für eine Bruderschaft zu Jesi ein Madonnenbild mit zwei Heiligen und 1511 ein ähnliches Altarbild für die Pfarrkirche zu Catubaie bei Sassoferrato. In Sassoferrato selbst sind die nachfolgenden Altargemälde von der Hand des A. erhalten geblieben: in der Kirche S. Maria del Piano eine Geburt Christi von 1511 mit prächtigem Architektur- und Landschaftshintergrund und ein reichgeschnitzter Altaraufsatz von 1518 mit der thronenden Madonna zwischen Johannes d. Täufer und der hl. Katharina und mit einer Reihe von Passionsszenen auf der Predella; in der Pfarrkirche von S. Fortunato eine Madonna mit Johannes d. Täufer und dem hl. Fortunatus und mit einer interessanten Darstellung der Stadt Sassoferrato im Hintergrunde (gemalt 1519 bis 1521); endlich in der Klosterkirche von S. Croce ein Altarbild von 1524, darstellend den hl. Benedictus als Beschützer der Mönche seines Ordens. — 1522—24 war A. hauptsächlich in Jesi tätig. Für die Kapelle des dortigen Palazzo Communale malte und vergoldete er ein Madonnentabernakel; außerdem führte er in demselben Stadtpalaste eine Reihe von Freskomalereien aus, und zwar in der Sala della Cancelleria, in der Sala dell' Udienza und (in Gemeinschaft mit dem einheimischen Maler Andrea da Jesi d. j.) auch in den oberen und unteren Loggien dieses Palastes. — Für Jesi schuf A. fernerhin 1528 eines seiner Hauptgemälde, signiert: petrus paulus agabito pinsit. Es befindet sich heute noch am Hochaltar der Kirche der Padri Riformati, außerhalb Jesi und stellt Maria mit dem Kinde zwischen Johannes d. T. und dem hl. Antonius dar. Den Hintergrund bildet eine sehr reiche Landschaft, ein Hügelkranz mit Wasser, Gebäuden, wohl der dortigen Gegend entnommen. Ganz vorn rechts ist eine abgebrochene rote Marmortafel mit „HOC OPUS F. F. IOVANNES BATISTA FRANCIOLINs. M. D. XXVIII"; also der Name des Bestellers. Die unten angefügte Predelle enthält vier Abteilungen: 1. Der hl. Hieronymus in der Wüste; 2. Madonna und Joseph das Kind im Stalle anbetend; 3. Die Anbetung der Könige; 4. Der hl. Sebastian und der hl. Rochus. Der Stil dieses Bildes zeigt eine Mischung von Lorenzo Lottos und von Marco Palmezzanos Einfluß; die Behandlung ist trocken, und in der Nähe besehen namentlich Hände und Füße von schwacher Zeichnung. Die Predelle aber ist liebenswürdig, von frischem und glänzendem Kolorit. — Sodann besitzt die Pinacoteca civica zu Jesi von A.s Hand ein aus der dortigen Chiesa degli Osservanti stammendes Madonnenbild mit den Heil. Antonius und Franciscus von 1531, sowie einen früher im Oratorium neben S. Floriano befindlichen lebensgroßen hl. Hieronymus mit dem Löwen vor seiner Felsenhöhle (Signatur unleserlich geworden). Endlich sieht man in Jesi noch einige Terrakottabildwerke A.s, so namentlich in der Chiesa dei Padri Riformati die Statuen Mariae und Josephs als Reste eines Presepio-Altares; ähnliche glasierte Terrakotta-Praesepien befinden sich noch in Nocera, Umbra und Arcevia. Dieser Kunst der Terrakottabildnerei hatte sich A. vorzugsweise seit seiner Übersiedelung nach Cupramontana gewidmet, wo er nach 1516 für das Kloster dell' Eremita eine Anzahl von Terrakottastatuen zu liefern hatte. Von derartigen Arbeiten des Meisters ist insbesondere der Altar hervorzuheben, den er 1513 für die Kapuzinerkirche von Arcevia (Diözese Sinigaglia) ausgeführt hat. Derselbe, durch Kompositpilaster in drei Nischen geteilt, zeigt in der mittleren die Jungfrau mit dem Kinde, zu den Seiten den hl. Hieronymus u. Johannes den Täufer und in der Predelle zwischen Arabesken und Fruchtgehängen Szenen aus dem Leben des hl. Abts Antonius. Das Werk, in glasierter Terrakotta wie die Arbeiten Lucas della Robbia, kommt denselben sehr nahe, und fast scheint es, wie wenn sich der Künstler auf solche Plastik in Ton besser verstanden hätte, als auf die Malerei. — Ebenfalls von 1513 ist die schöne Madonnenstatue im Palazzo Communale zu Cupramontana; die unbemalte Statue der Madonna Lauretana erscheint daneben als ein ziemlich mittelmäßiges Bildwerk. Bis in seine letzten Lebensjahre war der Künstler in Cupramontana noch als Maler tätig. So lieferte er 1536 für das dortige Convento dell' Eremita mehrere Bildnisse und noch 1539 für die Kirche dieses Klosters das Bildnis des Beato Giovanni Righi da Fabriano. — Als Architekt soll A. speziell in seiner Vaterstadt Sassoferrato tätig gewesen sein, und zwar sollen die Loggien im Hofe der ehemaligen Casa Saporiti daselbst auf A.s Entwurfzeichnung zurückzuführen sein. Leider sind heute nur noch wenige Arkadenbögen dieser an die besten Vorbilder der Renaissancezeit sich anschließenden Cortile-Anlage erhalten geblieben.

Meyer, Kstlerlex. (mit ält. Lit.). — A. Anselmi, Pittori Marchigiani (Firenze 1904), sowie in „Arte e Storia" V 1. — M. Morici in „Florentia", Nov. 1904. — Arch. stor. d. Arte ital. I 369. — Nuova Rivista Misena I 38, II 73 ff., 109, IV 11, 15, 91, V 44, 95 f., 116, IX 104. — A. Anselmi, Miscell. Stor. Art. di Sassoferrato (Firenze 1905) p. 15—23 (mit weiterer Lit.). *E. Scatassa.*

Agabito, Andreas, s. *Agapito.*

Agabito, Veit (Vitto) Agabito oder Agapito, Maler, aus Italien oder Dalmatien gebürtig, lebte um 1731—1740. In der Galerie des Kardinals Fesch befand sich von ihm ein

Gemälde, Die Anbetung der Hirten, bez. und mit Rom 1732 datiert. Bei der Versteigerung der Galerie wurde es mit 155 fr. verkauft.

Meyer, Kstlerlex. **

Agabitus, Sohn des Gentilis, 1315 Baumeister von Sta. Maria inter vineas zu Ascoli in Unteritalien. Inschrift um den Fensterbogen des Chors, bei Schulz, Denkm. d. K. der Ma. in Unterit. II 6. **

Agache, Alfred Pierre, französ. Maler, geb. 29. 8. 1843 in Lille, Schüler von Pluchart und Colas an der Kunstschule zu Lille. A. malt mit Vorliebe allegorische Frauengestalten und verfolgt dabei gern dekorative Zwecke. Obschon nicht zu den dekorativen Meistern ersten Ranges gehörig, besitzt er doch ein starkes Talent, und seine Arbeiten sind immer mit sicherem Verständnis für die dekorative Wirkung entworfen und ausgeführt. Von seinen Arbeiten nennen wir: Fortuna im Museum zu Lille; das Rätsel im Museum zu Rouen; den Alten Eroberer im Luxembourg.

Bellier-Auvray, Dict. gén. Suppl. — F. v. Bötticher, Malerwerke d. 19. Jahrh. Nachträge zu Bd. I. — Jules Martin, Nos peintres et sculpteurs, Paris 1897. — Gaz. d. b. arts (Table alphab. II. Pér. XXIII—XXXVIII, III. Pér. I—VIII). — Katal. d. Pariser Salon 1885, 1888, 1889; d. internat. Kunstausst. Düsseldorf 1904; der Münchener Sezession 1899.
K. E. Schmidt.

Agafonoff, Gregor Micháilowitsch, russ. Mosaikmaler, geb. 19. 1. 1819, † 2. 9. 1869 in Wologda, Schüler der Petersburger Akad., wandte sich seit 1853 der Mosaikmalerei zu und war vorherrschend an der Herstellung der Mosaiken in der Isaakskirche beschäftigt, die er größtenteils nach Entwürfen von K. T. Neff und Beidemann ausführte.

N. P. Sobko, Russ. Kstlerlex. — Θ. Булгаковъ, Наши художники. Пбгъ 1889 (Th. Bulgakoff, Unsere Künstler). *W. Neumann.*

Agaia irrtümlich gelesen für Agata, s. dort.

Agamedes und **Trophonios,** mythische Baumeister der griechischen Urzeit, Söhne des Erginos, Königs von Orchomenos. Ihr eigentlicher, gesicherter Wirkungskreis ist Phokis und Böotien, wo auch ihr Geburtsort (Anchoe), ihr Tod und Grab (Lebadea) angesetzt wurden. Die spätere Zeit sah in ihnen die Schöpfer der durch ihre technische Vollendung hervorragenden Bauten der mykenischen Epoche, besonders der Kuppelgräber, welche sie als Schatzhäuser auffaßte. Gerade diese mit ihrem vorzüglich gefügten Quaderbau, dem abnehmbaren Deckstein im Scheitel und dem in späteren Zeiten unbekannt gewordenen Zugang gaben wohl Veranlassung, das bekannte Märchen vom Schatz des Rhampsinit auf die beiden zu übertragen. Diese Grabbauten wurden vielleicht Veranlassung zu den durch die Sage überlieferten Beziehungen von A. und Tr. zur Unterwelt. Für ihre Verdienste, besonders um Delphi, wird ihnen von Apollo der sanfteste Tod, ein schmerzloses Entschlummern beschert. Zugeschrieben wurden ihnen folgende Werke: 1. Der älteste steinerne Tempel in Delphi auf Grund der von Apollo selbst gelegten Fundamente, als Ersatz für die Reisighütte der ältesten Zeit. Ein Grund, das tiefliegende Adyton analog den gleich zu nennenden Bauten in Form eines Kuppelgrabes anzunehmen, liegt nicht vor. — 2. Das „Schatzhaus" des Hyrieus (bei Aulis). In ihm sei Agamedes beim Stehlen gefangen und von Trophonios enthauptet worden. — 3. Das „Schatzhaus" des Augeias in Elis, mit derselben Legende. Trophonios ist hier der Sohn des Agamedes, Kerkyon sein Bruder. Offenbar nur eine Übertragung der etwas veränderten böotischen Tradition. — 4. Das unterirdische Heiligtum bei Lebadeia, die „Opfergrube des Agamedes", das berühmte „Orakel des Trophonios", den man sich an dieser Stelle in die Erde versunken und in der Tiefe fortan als Orakelgott hausend dachte. Nach den antiken Beschreibungen („Backofen"-Form!) unverkennbar ein altes Kuppelgrab von kleinen Maßen (c. 2 m Höhe) mit einer Öffnung im Scheitel, durch welche man herabgelassen wurde. Die Zisterne im mittelalterlichen Kastell von Liwadia, in der man die „Trophonioshöhle" wieder zu erkennen glaubte, hat damit nichts zu tun. Sie lag vermutlich oben, beim Tempel des Zeus Basileus (ebenfalls Trophonios?). — 5. Der „Thalamos" der Alkmene in Theben, der Rest eines mykenischen Palastes (?) in Theben; als ein noch in späterer Zeit erkennbarer Teil des in Trümmern liegenden Palastes des Königs Amphitryon am „Elektrator" gezeigt und nach Aussage der Thebaner durch eine alte Inschrift in seiner Bedeutung gesichert. — 6. Der älteste Tempel des Poseidon vor dem Südtor von Mantineia, noch ganz von Holz, aus Eichenstämmen gezimmert. Einer der alt-peloponnesischen dorischen Holztempel wie das älteste Heraion von Olympia; wohl nur wegen seines hohen Alters mit A. und Tr. in Beziehung gebracht. Die Stelle des in späterer Zeit in Stein erneuerten Heiligtums ist wiedergefunden worden bei dem Dorfe Kalywia (Bull. de corr. hell. 1890, 80 ff.).

Roscher, Myth. Lex. I 89 ff. (Bernhard). — Rhode, Psyche S. 107/8, 111/112, 193. — Pauly-Wissowa, Realenc. I 719 ff. (Kern). — Frazer, Pausanias IV 216 ff., V 45, 176 ff., 201 ff., 239 ff. *H. Thiersch.*

Agamemnone di Francesco, Maler in Perugia, 15. Jahrh. Aufgeführt in der Matrikel der dortigen Malergilde.

Rassegna Bibliograf. d. Arte ital. II 219. *

Agapic oder Gapic, Maler, um 1540 auf der

Insel Cherso geb., 1562—76 in Rom nachweisbar. Von seinen Gemälden scheint sich nur ein lebensgroßer hl. Hieronymus erhalten zu haben, den er um 1563 für das illyrische Kollegialhaus gemalt hatte, und der Ende der 60er Jahre des vorigen Jahrh. als im Depot des Kollegialhauses befindlich erwähnt wird.

Meyer, Kstlerlex. **

Agapiti, Pietro Paolo, s. *Agabiti.*

Agapito, Graf Andreas, Maler und Architekt, aus Buzel in Istrien gebürtig, † 1817 in Triest. 1810 trat er in die Militärdienste des Königreichs Italien, kam in demselben Jahre nach Laibach und wurde dort zum kaiserl. Baubeamten ernannt. In dieser Eigenschaft wirkte er in Krain viel zur Verschönerung von Gebäuden mit. Seine letzten Jahre verlebte er in Triest, wo er mehrere Christus- und Marienbilder malte.

Stankovich, Bibliografia degli uomini distinti dell' Istria III 69. **

Agar, Charles d', französ. Maler, Sohn des Jacques d'A., geb. 1669 in Paris, kam bereits in jungen Jahren nach England und malte zahlreiche Porträts, welche von John Simon, John Smith, George White u. a. in schönen Schabkunstblättern gestochen sind, wie das Porträt von Francesco Cornaro, 1705 bis 1709 venetianischer Gesandter in London (J. Smith i.) und von Thomas Earl of Strafford, der erst seit 1711 diesen Namen führte (J. Simon i.). Somit war Agar 1711 jedenfalls noch in London tätig. Im Mai 1723 soll er gestorben sein.

Zani, Enc. — Dussieux, Art. franç. à l'étr. 275, 348. — Redgrave, Dict. — Mit Notizen von E. W. Moes. *H. Stein.*

Agar, Jacques d', französ. Maler, geb. 1640 in Paris. Gehört der Schule Ferdinand Vouets an, unter dessen Leitung er mit der Darstellung historischer Stoffe begann. Er wandte sich jedoch bald ganz der Porträtmalerei zu. Am 3. 8. 1675 wurde er auf Grund zweier Porträts von Girardon und Anguier Mitglied der Akad. Jacques d'A. war mit einer Tochter des Malers Michel Picart vermählt, die am 5. 5. 1673 starb. In den Sterbeverzeichnissen zweier Kinder (1671 bis 72) wird d'Agar „peintre ordinaire du Roi" genannt. Nach dem Widerruf des Edikts von Nantes wurde er als Protestant von der Akademie ausgeschlossen (31. 1. 1682) und muß bald darauf Frankreich verlassen haben. 1684 wahrscheinlich kam A. nach Dänemark, wo ihn der König (Christian V.) zum Hofmaler u. Kammerjunker (gentilhomme de la cour et premier peintre du roi) ernannte. In dieser Stellung verblieb er bis zu seinem Tode, 16. 11. 1715 (nicht wie bei Meyer 1716). Nach engl. Quellen sollte er erst 1723 und in London gestorben sein, doch ist das eine Verwechslung mit seinem Sohne Charles d'Agar. — Von seinen Bildern in Dänemark werden genannt: 6 Bildnisse der kgl. Familie im Apartementsaale des (abgebrannten) Schlosses Christiansborg, Bildnisse des Königs Christian V. (mehrere Exempl.) und der Königin Charlotte Amalie, des Königs Friedrich IV. und der Königin Louise (Schloß Rosenborg); früher waren in der kgl. Gemäldegalerie die Bildnisse Friedrichs I. und der Königin Sophie von Preußen. In der Gemäldesamml. der Uffizien ist sein eigenes Bildnis von 1693. Mit d'Agar (u. Coffre) wird die französ. Hofkunst in Dänemark eingeführt und die frühere gesund-realistische niederländische Richtung in der Bildnismalerei wird ganz von der neuen eleganten und bestechenden Manier verdrängt.

Fiorillo, Gesch. d. Malerey V 535. — Vitet, L'acad. royale (Paris 1861) S. 341. — Clément, Not. sur l'église réformée franç. de Copenhague (1870) S. 5. — Jonge, Kjöbenhavns Beskriv. (1783) S. 509. — Spengler, Det Kgl. Billedgalleri paa Christiansborg. Nr. 814—815. — Weinwich, Kunsthist. (1811) S. 87. — Minerva (dän. Zeitschr.) 1816. — Nyeste Skilderie af Kjöbenhavn (1830) Sp. 896 bis 97. — Walpole, Anecdotes of paint. in England IV (1782) S. 22. — Friis, Saml. t. dansk. Bygn. og Kunsthist. (1872—78) S. 94. — Meyer, Kstlerlex. — Stouenberg, Merkwürdigkeiten des k. Schlosses Rosenborg zu Kopenhagen. 1828. — Dussieux, Artistes franç. à l'étranger (1858) s. Namenregister. — Bricka, Dansk Biograph. Lex. I 115. — Salmonsens Lex. I 304. — Weilbach, Nyt dansk Kunstnerlex. I 22. — K. Madsen, Kunstens Hist. i Danmark S. 102 (= „Kunst" IV Heft 8—9). — Trap, Danmark (3. Aufl.) I 159. — E. F. S. Lund, Danske malede Porträtter II (1897) s. Namenregister; III (1902) S. 1, 8; VII (1900) 24, 37; VIII (1902) 69, 71. — E. Piot, Etat civil. — Mit Notizen v. H. Stein. *A. R.*

Agar, John Samuel, hervorragender engl. Stecher in Punktiermanier und Miniaturmaler, geb. um 1770, stellte 1796—1806 in der Royal Academy aus, meist Porträts. Er war 1803 Governor der Society of Engravers und war nach Redgrave noch 1820, nach anderen noch 1835 am Leben. — Von 1836—51 finden sich unter dem gleichen Namen wieder ähnliche Arbeiten in der Royal Academy ausgestellt (vgl. Graves, Royal Acad. Exhib. I), die aber einem jüngeren Künstler dieses Namens angehören müssen.

Le Blanc, Manuel. — Ottley, Notices. — Redgrave, Dict. — Graves, The Roy. Acad. Exh. I. — Meyer, Kstlerlex. (hier 50 seiner Arbeiten genannt). *R.*

Agar (auch Agaut und Hagard), Robert, französ. Kanonengießer, von 1574 bis 1595 mehrfach urkundlich erwähnt.

Champeaux, Dict. d. fondeurs, 1886. **

Agard, Antoine, Goldschmied in Arles, bekannt durch den (nur in einem Exemplar erhaltenen) Katalog seiner Sammlung von Medaillen und Antiquitäten 1611. Er muß auch gemalt haben. denn Zinzerling erwähnt eine Ansicht von Arles „ipsius Agardi manu eleganter factam" in einer Sammlung in Arles.

E. B o n n a f f é, Les collectionneurs de l'anc. France, Paris 1870—73. **

Agard, C h a r l e s, französ. Maler, der zuerst im Pariser Salon 1900 und 1901 mit den Artistes indépendants ausstellte, erwies sich als ein Pleinairist von Kraft und feinsinniger Eigenart und fand sowohl in Paris als auch bei einer Kollektivausstellung bei Baillie in London lebhaften Beifall. Zu seinen in Komposition und delikater Farbenwirkung besten Bildern gehören wohl: Soleil d'Automne und Le petit Village de Bennecourt.

Chronique des arts 1901 p. 139, 1904 p. 170. — The Art Journal 1904, 269/70. **

Agarrat, J e a n, Maler in Toulon 1705.

Nouv. Arch. d. l'art franç. 1894, 201. **

Agas, s. *Aggas.*

Agasias I, Bildhauer, Sohn eines Dositheos, aus Ephesos, bekannt durch zwei Inschriften. Die eine findet sich an dem Stamm einer Statue, die unter Paul V. (1605—21) bei Antium gefunden wurde und sich heute im Louvre befindet. Nach den ehemaligen Besitzern heißt sie „der borghesische Fechter". Dargestellt ist ein nackter Krieger, der sehr lebhaft ausfällt und sich dabei mit dem Schilde gegen einen Angriff von oben deckt, wohin er auch den unbehelmten Kopf wendet. Nach den Buchstabenformen hat man die Inschrift in das letzte Jahrh. der römischen Republik oder den Beginn der Kaiserzeit datiert. Löwy (s. unten) weist sie mit guten Gründen in den Beginn des 1. Jahrh. v. Chr. Früher hielt man die Statue für ein charakteristisches Werk aus der Zeit des Agasias. Jetzt hat man erkannt, daß es sich nur um eine Kopie nach einem bronzenen Original handelt, dem der Stamm natürlich gefehlt hat, und das aus einer Kampfgruppe stammte, augenscheinlich einem Werke der lysippischen Schule. Ferner hat sich eine Basis mit der Signatur desselben Künstlers in Thessalien im Gebiet von Halos gefunden; sie stimmt in den Schriftzügen mit der an der Pariser Statue überein.

CIGr III 6132. — B r u n n, Gesch. d. gr. Kstlr. I 571, 577. — O v e r b e c k, Schriftq. 2278. — Ders., Gesch. d. gr. Plastik II⁴ 457 ff. — L ö w y, Inschr. gr. Bildh. 292. — R a y e t, Monuments de l'art III No. 64/65 pl. V/VI. — C o l l i g n o n, Hist. de la sculpt. gr. II 672 ff. — B r u n n - B r u c k m a n n, Denkm. 75. — P a u l y - W i s s o w a, Realenc. I 737, 3 u. Suppl. 21 (Robert). — H o m o l l e, Bull. de corr. hell. 1894 S. 338. *Amelung.*

Agasias II, Bildhauer, Sohn eines Menophilos, ebenfalls aus Ephesos. Bekannt durch vier Inschriften, die auf Delos zutage gekommen sind, und nach denen er im Beginn des 1. Jahrh. v. Chr. beschäftigt gewesen ist, für die Agora von Delos drei (vielleicht vier) Ehrendenkmäler (Porträtstatuen) zu liefern. Das eine galt dem römischen Legaten C. Billienus (vgl. Cic. Brut. 175); es ist nach einer Beschädigung, wahrscheinlich im mithridatischen Kriege, von einem Parier Aristandros, Sohn des Skopas, wiederhergestellt worden (eine zweite Inschrift wiederholt diese Angabe, während die des Geehrten fehlt: sie stammt also vielleicht von demselben Monument). Das zweite Denkmal galt dem Konsul Qu. Pompeius Rufus (88 v. Chr.). Besteller waren in beiden Fällen die in Delos Handel treibenden Römer. Aus der Inschrift des dritten Denkmals erfahren wir nur, daß es von den in Alexandreia ansässigen Italikern einem verdienten Manne gesetzt war. Man hat fälschlich mit dieser Inschrift die in der Nähe gefundene Statue eines stürzenden Kriegers in Zusammenhang gebracht, vielmehr ein Werk der zweiten pergamenischen Schule. Dargestellt war auch hier der Geehrte, und zwar überlebensgroß. Fragmente einer derartigen Figur haben sich tatsächlich in der Nähe der Inschriften gefunden. Endlich sind zwei von A. signierte Basen in einem Heiligtum des Poseidon auf der Insel Tenos gefunden worden; sie trugen den Inschriften nach jede eine Bronzegruppe, die den Kampf des Eros und Anteros im Beisein der Nike darstellte, und zwar müssen sich die beiden Gruppen, soweit man aus den Befestigungsspuren schließen kann, in der Komposition genau entsprochen haben. Die Basen sind an den beiden dem Tempel zugekehrten Ecken des großen Altars gefunden worden, müssen also zu dessen künstlerischer Ausschmückung gehört haben. Der Weihende ist unbekannt, bekannt aber der Prokonsul P. Servilius Isauricus, der nach den ersten Zeilen der Inschrift — es ist nicht gesagt, was — wiederhergestellt hat; man kann nur schwanken, ob er die Inschrift allein oder auch die Gruppen hat erneuern lassen, doch wäre in letzterem Fall wohl auch der Künstler der ursprünglichen Werke genannt worden. Da P. Servilius 46 v. Chr. Prokonsul von Asien war, werden die Schäden, die er ausbessern mußte, einem General des Mithridates zur Last fallen (vgl. Aristandros II). Wahrscheinlich ist eben dieser Agasias auch genannt in der Künstlerinschrift eines Menophilos, Sohn des A., die ebenfalls auf Delos zutage kam. Mit dem A. I wird ihn Verwandtschaft verbunden haben.

CIGr II 2285 b. — B r u n n, Gesch. d. gr. Kstlr. I 571. — O v e r b e c k, Schriftq. 2277. — S. R e i n a c h, Bull. de corr. hell. 1884 S. 178 ff. — H o m o l l e, ebd. 1887 S. 269 f. — M o m m s e n, Ephem. epigr. 1884 S. 600 ff. — W o l t e r s, Athen. Mitt. 1890 S. 180 ff. — P a u l y - W i s s o w a, Realenc. I 736, 2 (Robert). — G r a i n d o r, Musée Belge 1906 S. 326, 339 ff. Ein Knabenkopf aus parischem Marmor, der sich bei einer der beiden Basen gefunden hat, kann, da die Gruppen des A. aus Bronze waren, nicht von einem der Eroten des A. stammen. *Amelung.*

Agasikrates, Architekt, Sohn des Agathon, wie sein Vater offizieller Tempelbaumeister in Delphi nach der Inschrift Dittenberger Syll.[2] 248, in der 1. Hälfte des 3. Jahrh. vor Chr., also während der Herrschaft der Ätoler. Die technische Tradition war demnach in Delphi stärker als der Wechsel der politischen Machtverhältnisse.

Pauly-Wissowa, Realenc. Suppl. I 23 (Fabricius). *H. Thiersch.*

Agasse, Gilles, französ. Maurermeister, arbeitete 1550—1559 unter Philibert de l'Orme an der Fortführung des Schloßbaues von Villers-Cottenets.

Comte de Laborde, Comptes des bâtiments. — L. Palustre, Renaissance en France. — Bauchal, Dict. des Archit. *C. Enlart.*

Agasse, Jacques Laurent, Tiermaler, geb. in Genf 24. 3. 1767, † London 27. 12. 1849. Seine ersten Bilder malte er in Gemeinschaft mit A. W. Töpffer und F. Massot und zwar so, daß Töpffer die Landschaften, Massot die Figuren übernahm. Gegen Ende des 18. Jahrh. war A. Schüler Davids in Paris, vielleicht auch des Hor. Vernet. Um 1800 ging er nach London, wo er bis zu seinem Tode im 82. Jahre unermüdlich tätig war. 1801—45 stellte er 30 Bilder in der Roy. Acad. aus. Er war ein hervorragend tüchtiger Darsteller der großen Vierfüßler, besonders der Pferde, Hunde, Löwen; ein unausgesetztes Studium seiner Lieblinge, der Tiere, ließ ihn jede Nuance in der Erscheinung und im Wesen der Tierindividuen erfassen und eine energische und geschickte Technik sicherte seinen Tierbildern und Tierporträts den Beifall seiner Zeitgenossen. Bilder von ihm in Windsor-Castle. Er hat auch einige Blätter radiert, während andere z. B. N. Schenker zahlreiche seiner Bilder gestochen (resp. lithogr.) haben.

Baud-Bovy, Peintres genevois; ders. in Brun, Schweiz. Kstlerlex. u. Gaz. d. b. arts 1902, II 357. — Graves, Roy. Acad. Exh. I. *F. Becker.*

Agassis, Joseph, französ. Zeichner, geb. in Lyon 30. 1. 1811, † daselbst 9. 6. 1889, erhielt seinen ersten Unterricht von Trimolet, begann dann Porträts (in Bleifeder und gewischt) von Lyoner Künstlern zu zeichnen; seit 1864 versuchte er sich an Landschaften in Kohlezeichnung und debutierte 1873 im Salon von Lyon mit Ansichten aus dem Lyonnais und dem Jura, und im Salon von Paris 1874 mit zwei Kohlezeichnungen: „Ufer der Brévenne" und „Gehölz bei Civrieux d'Azergues". Seinen Kohlezeichnungen fehlt bei aller guten Zeichnung doch manchmal die Kraft und das Relief.

Über seine Tochter Louise, die Porträtmalerin, siehe unter *Collomb-Agassis.*

Bellier-Auvray, Dict. supplém. — Lyoner Zeitungen vom Juni 1889. — Catal. d. ventes de la coll. d. J. M. Agassis, Lyon 1891, 1892. *E. Vial.*

Agassis, Louise, s. *Collomb-Agassis.*

Agast, Peter, Glockengießer. Von ihm die Glocke in Biedenkopf (Hessen-Nassau) 1440.

Otte, Glockenkunde. **

Agata, Antonio dell', italien. Radierer, tätig im 18. Jahrh., wahrscheinlich in Venedig und Schüler Balestras. Man kennt von ihm nur zwei Radierungen: Caritas nach Balestra (Rosalba Carriera gewidmet) und Venus mit Kupido.

Meyer, Kstlerlex. (unter Agaia). — Vesme, P.-Gr. italien p. 509. *P. K.*

Agata, Bonaventura dell', Abt von S. Clemente, Maler in Arezzo im 17. Jahrh., nach Zani, Encicl. metod. I 319. **

Agate, Alfred T., amerikan. Maler, geb. nach 1807, jüngerer Bruder des Frederick S. A. Erwarb sich einen gewissen Ruf durch seine Miniaturporträts. Mitglied der Akademie New York. Dunlap (Hist. of the Rise and Progress of the Arts etc. II 435) nennt ihn einen vielversprechenden Künstler. Todesdatum unbekannt. *Edmund von Mach.*

Agate, Frederick S. amerikan. Maler, geb. in Sparta N. Y. 1807. Er gehörte zu den ersten 15 Mitgliedern der Akademie in New York, jetzt National Acad. of the Arts of Design und genoß seinerzeit einen gewissen Ruf als Maler von historischen und religiösen Bildern. Seine Pietà, Mariae Himmelfahrt, Kolumbus mit dem Ei und Graf Ugolino verraten Talent für Komposition. 1835 ging A. auf 2 Jahre nach Italien und scheint bald darauf gestorben zu sein.

Dunlap, Hist. of the Rise and Progress of the Arts etc. II 435. — Tuckerman, Book of the Artist 399. — Isham, Americ. Painting 199. — Knickerbocker Vol. 24 S. 157 fg. *Edmund von Mach.*

Agathangelos, Gemmenschneider (?). Der Name findet sich auf einer Gemme mit dem vorzüglich gearbeiteten Porträt des Sextus Pompeius im Berliner Antiquarium und bezeichnet wahrscheinlich den Künstler, möglicherweise aber auch den ehemaligen Besitzer des um 40 v. Chr. geschnittenen Steines.

Brunn, Gesch. d. gr. Kstler. II 539 ff. — Archäol. Jahrb. III 123 f. Taf. III 9. — Pauly-Wissowa, Realenc. I 738, 2 (Rossbach). — Furtwängler, Die ant. Gemmen II 227, 40, III 355, Taf. XLVII 40, XLIX 26. *Pernice.*

Agathanor, Metöke aus dem attischen Demos Alopeke, einer der Arbeiter am Erechtheionfries. Nach den Fragmenten einer Baurechnung aus der 93. Olympiade (406 v. Chr.) hat er eine weibliche Gestalt und zwei Maultiere, das Gespann eines Wagens, ausgeführt. Dann wird er als Wachsbossierer architektonischer Ornamente genannt.

CIGr I 324. — Stephani, Ann. d. I. 1843 S. 295. — Löwy, Inschr. gr. Bildh., S. 526. — Pauly-Wissowa, Realenc. I 739, 2 (Robert). — Robert, Hermes 1890 S. 439 ff. — Jahn-Michaelis, Arx Athenarum S. 106 f. *Amelung.*

Agatharchos, Maler aus Samos, Sohn des Eudemos, tätig in Athen zur Zeit des Perikles. Er wird als Autodidakt bezeichnet, stand also nicht in Zusammenhang mit der herrschenden thasischen (polygnotischen) Schule. Er malte schnell und wurde dadurch befähigt, seine Kunst im Dienste des Theaters zu üben; noch in jungen Jahren malte er für Aischylos eine Bühnendekoration, über die er auch eine Schrift veröffentlichte. Es ist anzunehmen, daß er dabei perspektivische Wirkungen versuchte u. auf Illusion hinarbeitete, einerseits im Gegensatz zu Polygnot (s. d.), andererseits als Vorläufer der Kunst des Zeuxis und Parrhasios (s. d.). In seine späteren Jahre fällt das Abenteuer, daß Alkibiades ihn in sein Haus einsperrte und es auszumalen zwang.

Brunn, Gesch. d. gr. Kstler. II 51 f. — Meyer, Kstlerlex. (Brunn). — Woermann, Gesch. d. Mal. im Alt. — Klein, Arch. epigr. Mitt. 12, S. 87 (der mit Unrecht die Szenenmalerei des A. bezweifelt). — Girard, Peint. ant. 198 ff. — Pauly-Wissowa, Realenc. I 141, 14 (Rossbach). *Sauer.*

Agatharchos, Bildhauer, Sohn eines Dionysios, aus Böotien. Bekannt durch eine Basisinschrift, die sich 1884 im Amphiareion bei Oropos gefunden hat und in die Mitte des 2. Jahrh. v. Chr. gehört. Wahrscheinlich stammt von seinem Vater eine ebendort gefundene Inschrift, nach der dessen Vater Ariston hieß, und von einem Bruder, der nach dem Großvater genannt war, eine Inschrift in Theben.

Löwy, Inschr. gr. Bildh. 275 b. — CIGr VII 428/9. — Pauly-Wissowa, Realenc. I 742, 15 (Robert). *Amelung.*

Agatharchos, byzantin. Maler, 10. Jahrh. (mit Meister Andreas Maler am Hofe des Constantinus Porphyrogenetos).

A. Venturi, Storia d. Arte. Ital. II 456. *

Agathemeros, Künstler oder ehemaliger Besitzer einer antiken Gemme mit dem vortrefflich gearbeiteten Kopf des Sokrates.

Brunn, Gesch. d. gr. Kstler. II 592. — Archäol. Jahrb. III Taf. XI 25, IV 73. — Pauly-Wissowa, Realenc. I 743, 6 (Rossbach). — Furtwängler, Die ant. Gemmen II 240, 2, III 358, Taf. L 2. *Pernice.*

Agathinos, Bildhauer, beschäftigt bei den Arbeiten am Asklepios-Tempel in Epidauros (Kabbadias vermutet, am Giebel); also aus der 1. Hälfte des 4. Jahrh. v. Chr. Genannt in einer Inschrift, der Baurechnung des Tempels.

IGP I 1484, 103. — Kabbadias, Fouilles d'Epidaure S. 85, 89. — Pauly-Wissowa, Realenc. I Suppl. 22, 9 (Robert). *Amelung.*

Agathokles, Architekt, Sohn des Agasikrates, Enkel des Agathon und Nachfolger beider als offizieller Tempelbaumeister in Delphi. Um die Mitte des 3. Jahrh. v. Chr., also ebenfalls zur Zeit der Ätolerherrschaft tätig.

Dittenberger, Syll. 2², 248. — Pauly-Wissowa, Realenc. Suppl. I 22 (Fabricius). *H. Thiersch.*

Agathon, attischer Vasenmaler (oder Atelierinhaber) der Mitte des 5. Jahrh., von dem nur ein einziges signiertes Werk, eine zierliche rotfig. Pyxis (Darstellung: Zeus u. Hera beim Opfer, Iris u. Nike, beide flügellos, als Ministrantinnen, alle durch Inschriften bezeichnet) bekannt ist. Die Zeichnung ist noch etwas streng, aber freier als bei dem sehr ähnlichen Meister Megakles.

Furtwängler, Arch. Anz. X (1893) 38, Fig. 12, 13. — Furtwängler-Reichhold, Gr. Vasenmalerei I 290. *Sauer.*

Agathon, Sohn des Neoteles, Architekt und offizieller Tempelbaumeister in Delphi, als solcher Nachfolger des Xenodoros. A. vollendete den nach dem Erdbeben von 373 notwendig und durch eine 371 in ganz Hellas veranstaltete Kollekte möglich gewordenen völligen Neubau des Apollotempels, das große mit reichen Giebelgruppen (Apollo und die Musen im Osten, Dionysos und die Mänaden im Westen) gezierte Werk, das Pausanias noch sah und beschrieb. Die Bauzeit belief sich auf 3 Jahrzehnte (ca. 360—330), der Bau (ὁ καινὸς νεώς) war ein dorischer Peripteros von 6×15 Säulen, 58 m lang und 23 m breit; hinter der dreischiffigen Cella mit 10 Innensäulen lag das tieferliegende Adyton mit dem goldenen Dreifuß der Pythia über dem Felsspalt. 339 wurden die vergoldeten Schilde aus der Beute von Platää außen am Architrav befestigt. Die Spuren eines neuen Erdbebens (347) wurden durch Ausbesserungen in der Vorhalle und der Südwestpartie des Baues eiligst wieder entfernt. Erhalten ist in situ heute nur noch der Unterbau des Tempels. Als Lohn erlangte A. 334/3 mit seinen ebenfalls beim Bau tätig gewesenen Brüdern für Thurioi, wahrscheinlich seine Vaterstadt, das Ehrenrecht der Promanteia. Noch die spätere Zeit verehrt ihn als **den** Tempelarchitekten, den Schöpfer des großen Tempels (ὁ ἀρχιτέκτων τοῦ ναοῦ). Seine Veranlagung vererbte sich in seiner Familie weiter bis in die 3. Generation; s. *Agasikrates* und *Agathokles.*

Pauly-Wissowa, Realenc. Suppl. I 24 (Fabricius) IV 2695 ff. (Pomtow). — Bull. corr. hell. 1896 p. 677—701 (Homolle), 1902 p. 64, 22, cfr. p. 72, 88, 89 (Homolle). — Archäol. Anzeiger 1897, p. 83 ff. (Pomtow). — Reisch, Österr. Jahresh. 1906, 199 ff. *H. Thiersch.*

Agathon, Gemmenschneider unbestimmter Zeit. Sein Name findet sich auf einem geschnittenen Steine der Sammlung Algernon Percy mit dem Bilde des Dionysos. Vielleicht bezeichnet der Name den ehemaligen Besitzer.

Brunn, Gesch. d. gr. Kstler. II 543. — Pauly-Wissowa, Realenc. I 762, 15 (Rossbach). *Pernice.*

Agathopus, Gemmenschneider des 2. Jahrh. v. Chr. oder später. Der einzige echte Stein von seiner Hand, in Florenz, zeigt einen vortrefflich gearbeiteten Porträtkopf, vielleicht eines Römers republikanischer Zeit.

Brunn, Gesch. d. gr. Kstler. II 470. — Archäol. Jahrb. III 115 f., 211 f. Taf. III 4, VIII 15. — Pauly-Wissowa, Realenc. I 763, 2 (Rossbach). — Gaz. des beaux arts XV 341. — Furtwängler, Die ant. Gemmen II 161, 9, III 163, Taf. XXXIII 9. *Pernice.*

Agatia di Benedetto, wird 1495 mit seinem Bruder Battista und seinem Vater Benedetto als Bolognesischer Maler erwähnt.

Gualandi, Memorie orig. ital. III 31—32. *F. Malaguzzi-Valeri.*

Agauos, s. *Herakleides.*

Agazzani, G., Maler in Modena, 18. Jahrh.? Nach seinem Gemälde des hl. Rochus im Dome von Mirandola machte Ign. Sarti einen Stich. Vielleicht ist dieser G. Agazzani identisch mit Giulio Agazzini.

Campori, Gli artisti estensi 435. **

Agazzi, Carlo, Mailänder Maler der Gegenwart, machte sich zuerst auf einer Ausstellung in der Brera Ende der 80er Jahre des vorigen Jahrh. durch ein gutgemaltes Stilleben bekannt.

Spätere Arbeiten erwähnt in Natura ed Arte 1893/4 II 673—87; 1896/97 II 61—71, 129—43. **

Agazzi, Ermenegildo, Mailänder Porträtmaler, geb. in Bergamo 24. 7. 1866. Seit 1893 findet man seine Bildnisse auf italien. Ausstellungen besprochen. Auf der Dezenalausstellung in Paris 1900 war er mit einem Porträt vertreten und im nächsten Jahre ebenso auf der internat. Kunstausst. in Dresden.

Natura ed Arte 1893/4 II 673—87; 1896/97 II 61—71, 129—43. **

Agazzi, Rinaldo, Maler in Bergamo, stellte 1884 in Turin die Bilder: Pensieri allegri und Casa rustica aus, 1888 in Bologna: Giornata serena, Gli schiavi bianchi und Il calzolaio, 1889 ein fein ausgeführtes Herrenporträt in der Brera. Seit 1893 muß er wenig mehr an die Öffentlichkeit getreten sein, da dann die Nachrichten über ihn versagen.

Gubernatis, Dizion. d. Art. ital. viventi p. 564. — Natura ed Arte 1893/94 II 673—87. **

Agazzini (Agazzino), Alessandro (di Giov. Pietro), Maler aus Mailand, tätig in Rom, wo er gemeinsam mit dem spanischen Maler Juan Cocquoid und zwar gleich diesem als Gehilfe des urbinatischen Malers Giovanni di Maria Girardo 1609 zum ersten Male urkundlich erwähnt wird. Auch späterhin kehrt sein Name mehrfach in den römischen Archivnachrichten wieder, zum letzten Male 1619.

Bertolotti, Art. Urbinati in Roma (1881) p. 32; Art. Lombardi in Roma (1881) II 92; Art. Bolognesi etc. in Roma (1886) p. 184. — Missirini, Mem. stor. dell' Accad. Rom. di S. Luca (1823) p. 461. *E. Modigliani.*

Agazzini, Giulio, Maler (Oberitalien, 18. Jahrh.?) Von ihm sah Gualandi (Mem. Orig. Ital. I 85) im Jahre 1840 bei einer Familie zu Bologna eine hl. Familie bez.: Di Giulio Agazzini D'Ameno Del Capno. Vielleicht derselbe wie der obengenannte G. Agazzani. **

Ageladas, s. *Hageladas.*

Agelli, Paolo, Maler aus Forlì, 1778 geb., Sohn des Giacomo. Er studierte in Rom 10 Jahre unter Landi und wurde nach seiner Rückkehr in die Heimat zum Professor für Zeichnen und Malerei am Gymnasium seiner Vaterstadt ernannt. Aus seiner Schule gingen die Maler Pompignoli, Pasquale Bargossi, Giovanni Giuliani und Zauli Saiani Francesco hervor, tüchtige Zeichner, von denen sich aber keiner durch malerische Talente über den Durchschnitt erhob. A. starb wahnsinnig 12. 1. 1841. Seine Hauptwerke werden in Forlì aufbewahrt. In der sala degli angeli des Palazzo provinciale befindet sich ein großes Gemälde in klassischem Stil, gemalt 1818. Es stellt die Leena dar, welche sich die Zunge abbeißt, um dem Hippias nicht die Verschwörung des Harmodios und des Aristogeiton zu verraten. In der Kirche S. Nicolò alla Rotta bei Forlì ist das Hauptaltarbild von Agelli und ebenso in Meldola in der Kirche S. Andrea Avellino. Viele Porträts von ihm befinden sich besonders in Forlì. Eine hl. Clara, breit gemalt und mit bewundernswürdig leuchtendem Fleischton sieht man in der Galerie von Forlì, es befand sich früher in der Kirche S. Sebastiano.

G. Casali, Guida per la città di Forlì 1838, p. 37, 66. — Calzini e Mazzatinti, Guida di Forlì 1893, p. 7. — Calzini in L'Arte VIII. fasc. I 52. *E. Calzini.*

Agellio, Giuseppe, Maler aus Sorrent, wo er um 1570 geboren war; Schüler des Cristoforo Roncalli dalle Pomarancie, blieb er zeitlebens ein mittelmäßiger Nachahmer dieses Manieristen. Gemeinsam mit seinem Lehrmeister und mit Cristoforo Casolani, auf deren Bildern er in der Regel die landschaftlichen Hintergründe gemalt zu haben scheint, war er hauptsächlich in Rom tätig; so soll er als Gehilfe dieser beiden Künstler an der Ausmalung der Kirchen S. Silvestro delle Monache al Quirinale und S. Maria delle Grazie beteiligt gewesen sein. Nach Zani soll er 1650 noch am Leben gewesen sein.

G. Baglione, Vite dei pittori etc. (Napoli 1733) p. 180, 204. — B. de Dominici, Vite dei pittori etc. Napoletani (Napoli 1743) II 242. — F. Titi, Descriz. delle pitture etc. di Roma (Roma 1763) p. 206, 280. — Lanzi, Stor. d. Pittura (Milano 1825) II 201. — Boni, Biogr. d. Artisti (Venezia 1840) p. 6. *E. Modigliani.*

Ageminus, Paulus, s. *Rizzo,* Paolo.

Agénois, Le Comte A. d', französ. Dilettant im Radieren und Zeichnen um 1730. Er radierte Landschaften mit Personen, z. B. „la scène grivoise près d'une chapelle" und „les Maraudeurs".

Le Blanc, Manuel. *P. A. Lemoisne.*

Agerskov, Kathinka Hedwig, dänische Malerin, geb. in Flensburg am 8. 8. 1859, verheiratet 1889 mit Arzt Bildsted in Kopenhagen, † daselbst 23. 11. 1890. Sie war Schülerin von V. Kyhn, Carl Thomsen und

Thörrestrup und hat die mit der Kunstakademie verbundene Frauenschule besucht. Sie malte Genrebilder, besonders mit Kindern, Interieurs und einige Landschaften.

Ausstellungskataloge (Charlottenborg) 1884 bis 89. — Weilbach, Nyt dansk Kstnerlex. I (1896) 23. *A. R.*

Agersnap, Hans (Mortensen), dänischer Maler, geb. in Ansager bei Vejle (Jütland) 19. 11. 1859, hat P. S. Kröyers Studienschule besucht und ist auf eigene Hand weitergebildet. Er hat einige Figurenbilder gemalt, u. a. einige Altarbilder, hauptsächlich aber Landschaften aus der jütländischen Heide, besonders Schneelandschaften.

Ausstellungskataloge (Charlottenborg) seit 1889. — Weilbach, Nyt dansk Kstnerlex. I (1896) 23. — Benn u. Hannover: Danmarks Malerkunst II 257. — Trap, Danmark (3. Aufl.), V 414, 431, 607, 742—43, 795. *A. R.*

Agesandros s. *Alexandros* und *Hagesandros.*

Agescy, Bernard d', französ. Porträtist, geb. in Niort (Deux Sèvres) 1757, † 1828, bekannt hauptsächlich durch sein Porträt des Abbé Maury (1791), welches dann von Verité und A. Tardieu gestochen wurde. D'Agescy ist auch der Verfasser des „Projet d'organisation d'une nouvelle direction générale des arts", Paris 1805.

Bellier-Auvray, Dict. gén. unter D'Agescy I 328. *F. L. Bruel.*

Aggas, Ralph, engl. Kartenzeichner, Aufscher der kgl. Bauten zur Zeit der Königin Elisabeth, geb. zwischen 1540 u. 1545 in Stoke-by-Nayland in Suffolk, † um 1617, nach anderen 1621 in seiner Heimat, bekannt durch seine großen Stadtpläne in Vogelschau genommen. Zuerst erschien der von Cambridge 1578, dann 1588 der von Oxford (Radulpho Agaso autore Ano Domi 1578. Augustanus Ryther Anglus delinlavit 1588). Während diese beiden Pläne in Kupfer gestochen sind, erschien der dritte, ein großer Plan von London und Westminster, in Holzschnitt. Auch eine Karte von Dunwich wird noch als sein Werk genannt. Alle diese Karten, die von Aggas nur gezeichnet waren, erfuhren wegen ihrer hohen Wertschätzung später mehrfache Nachdrucke.

Ottley, Notices. — Walpole, Anecdotes of painting 1786 I 267, V 16 f. — Redgrave, Dict. **

Aggas, Robert, engl. Maler, geb. um 1616, † zu London 1679. Aggas wird von Graham und Walpole als ein guter Landschafts- u. Architekturmaler erwähnt. Gleich geschickt in der Behandlung der Öl- wie der Wasserfarben hat er kaum etwas anderes gearbeitet als Theaterdekorationen. Man führt von ihm nur ein Bild an, eine Landschaft, die noch in London in der Painter Stationers Hall vorhanden ist. Aggas war der Lehrer von Thomas Stevenson.

Graham, English School, p. 398. — H. Walpole, Anecdotes of Painting in England. London 1786, I 267. — Redgrave, Dict. *R.*

Aggházy, Julius, ungar. Genremaler, geb. 1850 zu Dombovár, studierte anfangs an der Wiener, dann an der Münchener Akad. bei Alex. v. Wagner, von wo er nach Paris zu Munkácsy kam. Mit 24 Jahren sandte er sein erstes Gemälde „Manövergeschichten" zur Ausstellung nach Budapest, gewann 1881 mit seinem „Dorfklatsch" (jetzt ungar. Nationalmus.) den Ráth-Preis, 1885 auf der Budapester Landesausstell. eine große Medaille mit den „Wäscherinnen". Ein größeres Altarwerk, die Legende des hl. Egidius und der ungar. Heiligen, ein Zyklus von 36 Bildern, malte er für die Hauptkirche zu Bártfa. Zurzeit Professor an der Kunstgewerbeschule zu Budapest. A. erfreute sich in den 80er Jahren in den breiteren Schichten des Publikums großer Popularität durch das Anekdotische in seinen heiteren Dorfszenen, welche er im Stil der Münchener Genrebilder der 80er Jahre malte.

Ezredéves orszagos kiállítás 1896. — A képzömüvészeti csoport képes tárgymutatója. Budapest 1896. *K. Lyka.*

Aghaudo, Ignazio, von Zani, Enc. met. I 323 erwähnter, sonst unbekannter Architekt in Turin im 18. Jahrh. **

Aghinetti, Guccio, s. *Guccio* A.

Agias, Bildhauer, Sohn eines Aristomenes aus Messene (s. d.), aus dem Ende des 2. Jahrh. v. Chr. Bekannt durch die Inschrift einer in Olympia gefundenen Basis, auf der eine Porträtstatue gestanden hatte.

Löwy, Inschr. gr. Bildh. 273. — Collignon, Hist. de la sculpt. II 626. *Amelung.*

Agin, Alexander Alexejéwitsch, russ. Zeichner und Illustrator, geb. 1818, † um 1870, in Kiew Schüler von K. Brüloff und F. Bruni. Von ihm die Illustrationen zu Gogols „Tote Seelen" und die Zeichnungen zum alten Testament, gestochen von K. J. Afanassjeff.

N. P. Sobko, Russ. Kstlerlex. — Русск. библ. словарь I 56 (Russ. Bibliogr.). *W. Neumann.*

Aginulfi, Bartolomeo de, italien. Maler, gehörte 1451 zur Körperschaft der 12 Anziani von Piacenza.

F. Malaguzzi-Valeri, Pitt. Lombardi del Quattrocento p. 210. *F. Malaguzzi-Valeri.*

Agiout, Antonio d', Bildhauer in Neapel 1883. Von ihm die bronzene Grabstatue einer ruhenden jungen Frau mit einem Rosenstrauß in der Linken, auf dem Père-Lachaise, Paris, signiert: Vo Antonio d'Agiout, Naples 1883.

Nouv. Arch. de l'art franç. 1897, 104. **

Aglaophon I, Maler aus Thasos, Vater und Lehrer der berühmteren Maler Polygnotos (s. d.) und Aristophon (s. d.) und wahrscheinlich Großvater des jüngeren Aglaophon (s. A. II) den die antike Überlieferung nicht bestimmt von ihm scheidet, Brunn jedoch mit Unrecht als identisch mit ihm hingestellt hat. Nach einem Scholion zu Aristophanes Vögeln (573) soll dieser Aglaophon (unter den Malern zuerst) die Siegesgöttin geflügelt dargestellt haben, was so zu verstehen sein wird, daß von ihm eine auch verwöhnte Augen befriedigende Darstellung der fliegenden Nike bekannt war, über deren Auffassung uns Vasenbilder der 1. Hälfte des 5. Jahrh. (besonders gut Studniczka, Siegesgöttin Fig. 20, 21) belehren.

Brunn, Gesch. d. gr. Kstler. II 13 f. — Bursian, Fleckeisens Jahrb. 73, S. 517 ff. — Kroker, Gleichnam. gr. Künstler 23 ff. — Robert, Arch. Märchen S. 66, 2. — Pauly-Wissowa, Realenc. I 824 f. (Rossbach). — Studniczka, Siegesgöttin S. 14. *Sauer.*

Aglaophon II, Maler aus thasischer Familie, nach der geläufigen Annahme Sohn des Aristophon (s. d.), Neffe des Polygnotos (s. d.) und Enkel des älteren Aglaophon I, in der 2. Hälfte des 5. Jahrh. in Athen tätig. Die antike Malergeschichte reiht ihn den ersten bedeutenden Tafelmalern an, und Tafelgemälde waren in der Tat zwei ausdrücklich ihm zugeschriebene Werke, Olympias und Pythias den Alkibiades bekränzend und Alkibiades in den Armen der sitzenden Nemea, Votivbilder, die um 415 entstanden sein müssen. Gerühmt wird außerdem bei Aelian (Nat. anim. epil.) ein schönes Pferd von seiner Hand. Sein Stil wird von Quinctilian als primitiv, sein Kolorit als einfach bezeichnet.

Brunn, a. a. O. — Kroker, a. a. O. S. 24 f. — Robert, Arch. Märchen S. 67, 73. — Klein, Arch. epigr. Mitt. 12 S. 89 ff. — Pauly-Wissowa a. a. O. (Rossbach, der die von Brunn versuchte Gleichsetzung der beiden A. ohne überzeugende Gründe wieder aufnimmt). *Sauer.*

Aglianis, Domenico, neapol. Bildhauer, fertigte 1813 die marmornen Weihwasserbecken für die Kirche della Trinità e delle Monache in Neapel.

Napoli Nobilissima VI 125, VIII 186. — Archiv. del Mus. Naz. di Napoli, categ. G, fasc. 5 (1813). *G. Degli Azzi.*

Agliati, Luigi, Bildhauer von Mailand, Mitglied der Akademie, geb. 1816 und † daselbst in den ersten Tagen des Dezember 1863. Von ihm in Venedig und anderen oberitalien. Städten Grabmonumente und Büsten. Auf der Mailänder Ausstellung von 1845 befand sich von ihm die Statue eines weinenden Mädchens, den Rosenkranz betend; von seinen sonstigen Arbeiten seien noch die Statuen „Meleager" und „Vestalin" genannt.

Meyer, Kstlerlex. — Revue univers. d. arts XVIII 358. **

Agliaudo, Ignazio, span. Archit. u. Vedutenzeichner, lebte zu Turin um 1737. Heineken nennt ihn fälschlicherweise Agliandus. Ant. Belmondus stach nach seiner Zeichnung die Illumination des Schlosses La Vigna bei Turin 1737.

Meyer, Kstlerlex.

Aglietti, s. *Agliati.*

Aglio (Allio), Agostino, ital. Maler, über 50 Jahre in England tätig, geb. 15. 12. 1777 in Cremona, † 30. 1. 1857 in England. Er bildete sich auf der Akad. der Brera in Mailand, übte seit 1797 die Landschaftsmalerei in Rom, bereiste mit dem Architekten William Wilkins Griechenland und Ägypten und folgte dessen Einladung 1803 nach England. Er half Wilkins bei der Publikation „Magna Graecia", die 1807 erschien. Die Lithographien, die A. in den zwanziger Jahren des 19. Jahrh. in England machte, galten damals für die besten im Lande. Schon 1804 war er für das Opera House in London, 1806 für das Drury Lane Theatre beschäftigt und übernahm dann die Dekorationen in vielen Landhäusern. 1811 dekorierte er das Pantheon in der Oxford Street, und 1819 malte er für die Roman Catholic Chapel in Moorfields die Decke in Fresko und die Altartafel. Eine seiner spätesten Dekorationen ist die des Olympic Theatre. 1807—1846 stellte er oft in der Royal Academy in London aus, aber auch in der Suffolk Street (1825—1856). Er malte auch 2 Porträts der Königin Victoria. — Sein Porträt von Sthroehling lithographiert. Von ihm radiert: 1. Flußlandschaft mit breiter steinerner Bogenbrücke. qu. 4. Von ihm lithographiert: 2. Bildnis König Georgs IV. in der Tracht des Hosenbandordens. 1823. Fol. 3. Charles Vanschorel ou le Fualdes Belge! Inneres des Antwerpener Münsters mit vielen Fig. Schandbild auf einen Kirchenältesten des Münsters wegen Unterschlagung, in London gefertigt 1821. A. Aglio del. gr. qu. Fol. 4. Views in Switzerland (Ansichten aus der Schweiz). Nach G. Bourgeois. 5 Hefte zu 4 Bll. 1823. Fol. 5. 6 Ansichten der Abtei Bolton. Fol. 6. 1050 Taf. in: Lord Kingsborough, Antiquities of Mexico, comprising facsimiles of ancient mexican paintings and hieroglyphics, preserved in the royal librairies of Paris, Berlin, Dresden etc. London 1831 bis 1848. Fol. max. Die von Aglio lith. Tafeln (sämtlich von ihm) sind in den 4 ersten Bänden,

Fr. Sacchi, Cenni sulla vita e le opere di Agostino Aglio, Cremona 1869. — Ilg, Mitteil. des Wiener Altertumsvereins XXIII. — Meyer, Kstlerlex. — Redgrave, Dict. — Graves, Roy. Acad. Exhib. I 14. *Ernst Diez.*

Aglio, Andrea Salvatore, Marmorsteinmetz und Maler auf Marmor, geb. in Arzo 1736, † 1786, ein erfinderischer Kopf, der verbesserte Maschinen zum Marmorschneiden und Mittel zum Färben des Marmors erfunden haben soll. Er kopierte auch mit Geschick berühmte Gemälde auf Marmor. Hauptarbeiten von ihm sind ein Tisch mit Puttini und Maeandern für den König von Sardinien und das Marmoraltarwerk im Rokokogeschmack in der Kirche zu Borna in Sachsen (Kreis Pirna) vom Jahre 1756. Er war damals auch als sächs. Hofmarmorierer angestellt und hatte die Aufsicht über die Marmorstatuen im Großen Garten zu Dresden.

Bau- und Kunstdenkmäler Sachs. Kr. Pirna, Heft I 8. — Brun, Schweiz. Kstlerlex. **

Aglio, Augustine, Landschaftsmalerin, London, stellte 1836—1875 aus und zwar meist in der Suffolk Street, nur 5 Nummern in der British Institution und 2 Bilder in der Roy. Acad.

Graves, Roy. Acad. Exh. I. **

Aglio, Claudio gen. *Dagli.* Nach Zani (Enc. I 326) Maler und Stecher deutschen Ursprunges, in Rom tätig um 1641. Heinecken (Dict. IV 476) erwähnt ein von Claudio Dagli gestochenes und dem Kard. Montalti gewidmetes Blatt mit der Madonna in Halbfigur mit dem Kinde. *P. K.*

Aglio, Daniel dall', Architekt und Maler, Habana 1838.

Ramirez, La Habana artistica, Habana 1891, 229. **

Aglio, Domenico, italien. Maler, um 1670 in Carpi tätig. Nur erwähnt in den Büchern der Confraternita di S. Rocco zu Carpi als Kopist eines in der gleichnamigen Kirche befindlichen Rochus-Altares von Guido Reni.

Campori, Art. Estensi, Modena 1855. *F. Malaguzzi-Valeri.*

Aglio, Domenico, gen. il Gobbo, italien. Bildhauer, geb. in Vicenza und ausgebildet daselbst in der Werkstatt der Bassaneser Bildhauer Orazio und Angelo Marinali, lebte er später mit seiner Familie in Verona, woselbst er 1710—1718 seine Haupttätigkeit entwickelte. Seine besten Werke in Verona sind: Ein Kruzifix aus carrarischem Marmor mit zwei Seitenfiguren im Oratorio di S. Maria della Disciplina, die Statuen der beiden Veroneser Gelehrten Onofrio Panvinio und Kardinal Noris im Kloster S. Eufemia, die Büste des letzteren Kardinales im Dom, die Himmelfahrt Mariae in S. Maria in Organi und der Hochaltar in S. Stefano. Bei Zani ist dieser „Domenico Aglio detto il gobbo vicentino, op. 1714" offenbar nur infolge eines Druckfehlers als „pittore" bezeichnet.

Bart. dal Pozzo, Pitt. etc. Veronesi (1718) p. 210. — Zani, Encicl. I. — Campori, Art. negli Stati Estensi. — Meyer, Kstlerlex. I 122 bis 123. — Ilg, Mitteilungen des Wiener Altert.-Vereines XXIII (unter „Allio, Dom."). *F. Malaguzzi-Valeri.*

Aglio, Miß Mary Elisabeth, Malerin, London, stellte 1851 das Gemälde Christi Einzug in Jerusalem und im selben Jahre in der Old Water-Colour Society ein Bild aus.

Graves, Roy. Acad. Exh. u. Dict. of artists. **

Aglio, P. B. Marmorierer, tätig um 1751 bei den bildhauerischen Arbeiten am Neubau des Schlosses Hubertusburg.

Bau- und Kstdenkm. d. Kgrchs. Sachsen, 27. Heft p. 128. **

Aglio, Paolo d', italien. Stuccator im 18. Jahrh., in Österreich tätig. Er verzierte in Kremsmünster die neue Sakristei und war 1717 im Stifte St. Florian beschäftigt.

A. Czerny, Kst. u. Kstgew. im Stifte St. Florian. 1886. ***

Aglio, s. auch *Allio.*

Aglot, Jean, französ. Werkmeister, brachte 1363 in Gemeinschaft mit dem Bildhauer Simon Dron in St. Vaast zu Toul einen Altaraufbau zur Ausführung.

Réunion des Soc. des B.-Arts XXV 301. *C. Enlart.*

Agnaptos, griech. Architekt, Erbauer einer nach ihm benannten Halle in Olympia, die den Abschluß der Ablaufvorrichtung und damit offenbar auch die eigentliche Front, die festliche Einfahrtsfassade des Hippodroms bildete, welche in späterer Zeit keiner Rennbahn fehlen durfte. Das Gebäude lag wie der ganze Hippodrom s.-ö. von der Altis, s. vom Stadion. Es ist uns völlig verloren, da der Alpheios das ganze Gelände dort im Mittelalter mit fortgerissen hat. Die Zeit des A. ist unbekannt. Vermutlich gehört er schon der römischen Periode an.

Brunn, Gesch. d. gr. Kstler. II 227. — Wernicke, Jahrb. d. Inst. 1894, 201. — Hitzig-Blümner, Pausanias II 380 und Tafel VI. — Pauly-Wissowa, Realenc. I 830 (Fabricius). *H. Thiersch.*

Agneesens, Edouard, Maler, geb. in Brüssel 24. 8. 1842, † in Uccle (Brabant) 20. 8. 1885, Schüler der Brüsseler Akad. (mit verchiedenen Auszeichnungen), trat dann in das „Freie Atelier" von Portaels, zu dessen ersten und ausgezeichnetsten Schülern er zählte. Bei der Konkurrenz um den Rompreis 1863 fiel er zwar durch, machte sich aber bald darauf durch eine ausgezeichnete Figur der büßenden Magdalena und durch 2 Porträts bekannt, die 1866 im Salon ausgestellt waren. „Java", eine feine Studie einer jungen Frau, „Bravo" (angekauft für den Grafen von Flandern) bestätigten sein Talent. Das Porträt des Bildhauers Marchand (1868) kam ins Brüsseler Museum und hatte 1873 auch in Wien eine Medaille erhalten. 1869 ging er nach Petersburg und malte dort bemerkenswerte Porträts, z. B. die Ganzfigur des Tragöden Somoïloff und die Kinder desselben in einem Gruppenbilde. Durch den drohenden Tod seines Vaters nach Brüssel zurückgerufen, ließ er sich dann dort nieder und entfaltete eine reiche Porträtistentätigkeit, die aber um 1880 plötzlich durch unheilbar geistige Störungen unterbrochen wurde. Eine Ausstellung des Werkes Agneesens ließ in vollem Umfange den Verlust würdigen, den die belgische Schule durch seinen Tod erfahren hatte. Die hinterlassenen Arbeiten waren zum größeren Teile Porträts und Einzelfiguren. — Bei seiner Rückkehr aus Rußland (1870) hatte er den Plan, einen großen Sklavenmarkt zu malen; man hat aber nur den Entwurf dazu. Ebenso hatte er zahlreiche Studien gemacht für ein Bild „Ziegelbrenner an der Arbeit" in der Art von Meunier, der damals an der Schwelle seines Rufes stand. Als kraftvoller Kolorist und lebensprühender Zeichner war Agneesens ein tüchtiger Vorkämpfer für die Befreiung der belgischen Schule von veralteten Formeln. — Unter seinen Porträts sei noch besonders genannt das des Bildhauers van der Stappen (1868) und dasjenige der Diana Vernon (1876, Mus. zu Gent).

Gaz. d. b. arts II Pér. XII 362—364. — Chronique d. arts 1885 p. 227. — L'Art III 154. — Lemonnier, Ec. Belge. — Hymans, Belgische Kunst im 19. Jahrh., Leipzig 1906. — Exposition Agneesens, Catalogue (Vorrede von E. Verhaeren). *H. H.*

Agneessens, s. auch *Anneessens.*

Agnelello di Puccio, Ornamentmaler in Orvieto, wo er 1339 mit Cola Prefetti und anderen Meistern die dekorativen Malereien am Deckengebälk des Domes ausführte.

L. Fumi, Il Duomo di Orvieto (Roma 1891) p. 255. *

Agnelli, Bartolommeo de, italien. Kupferst., tätig im Anfang des 19. Jahrh. (?). Ein Kupferstich mit Blattverzierungen der Sammlung zu Kopenhagen ist bezeichnet: Bartolommeo d'Agnelli inventò e fece. Fünf andere Blätter ungleicher Größe sollen dieselbe Hand zeigen.

Meyer, Kstlerlex. nach Rumohr u. Thiele, Gesch. d. Kupferstichsamml. in Kopenhagen p. 917. *P. K.*

Agnelli, Federico, Kupferst. und Verleger in Mailand, tätig in der 2. Hälfte des 17. und im Beginne des 18. Jahrh. Die Angabe Zanis (Enc. I 326) und de Bonis, daß er 1604 geb. sei, muß deshalb auf Irrtum beruhen. Er hat einige Bildnisse, z. B. der Kaiser Ferdinand I. und II., des Papstes Innozenz XI., ferner Thesen und Ansichten u. Pläne der Stadt Mailand und des Domes, auch für Carlo Torres Ritratto di Milano (1674 und 2. Aufl. 1714) gestochen.

Heinecken, Dict. — Ricci, Architettura in Ital. II 393. — Meyer, Kstlerlex. *P. K.*

Agnelli (oder Angelli), Giacomo, da Patrignone, Maler in den Marken, von dem bisher drei erhaltene, signierte und datierte Temperagemälde bekannt geworden sind: In S. Francesco zu Acquaviva Picena eine Madonna in Engelglorie mit vier Heiligen von 1561, in der Kirche zu Collina eine thronende Madonna mit zwei Heiligen von 1565 und in der Pfarrkirche zu Polesio ein Crucifixus mit Johannes, Maria und Magdalena von 1568. In diesen Altarbildern bekundet sich A. als ein bescheidener Provinzkünstler aus der Schulnachfolge des Pagani.

C. Astolfi in Le Marche 1905, fasc. IV—V. — C. Grigioni u. V. Paoletti in Rassegna bibliograf. d. Arte ital. X 61 f. *

Agnelli, Gianantonio, Kupferst. in Mailand, im 16. Jahrh. tätig, erwähnt von Zani, Enc. I 326. *P. K.*

Agnelli (Angelli), Giovan Battista, da Patrignone, Maler in den Marken (vielleicht Sohn und Schüler des Giacomo A.), der sich 1617 (freilich ohne Erfolg) beim Gemeinderate von Ripatransone um den Auftrag bewarb, für die Cappella di S. Carlo im dortigen Dome ein Altarbild zu malen.

C. Grigioni in Rassegna Bibliograf. d. Arte ital. X 59 ff. *

Agnelli, Jacopo, Ornamentstecher (Intérieurs) zu Ferrara um 1740.

Kronthal, Lex. d. techn. Kste. **

Agnelli, Marino, italien. Maler um 1500, von dem A. Schneider 1875 eine Madonna mit Kind bez. „Opus Marino Agnelli 1501" in der Sl. Fol in Genf sah. Schneider hält ihn für einen Sienesen und gibt an, daß sich in der Akad. in Siena ein zweites Bild des A. befinde. Im Katalog der Sammlung ist jedoch der Maler nicht verzeichnet und auch Milanesi hat keine Urkunde über ihn beigebracht.

Gaz. des B.-A. 1875, I p. 371, 372. *G. De Nicola.*

Agnelli, N. Nach Lanzi ein Maler aus Rom, meist in Turin tätig, soll in der Art des Pietro da Cortona und des Carlo Maratta gemalt haben. Sonst nicht bekannt. **

Agnello, Niccolò, Zeichner, der nach R. Weigel (Kunstkatalog No. 8561) zu Brauns Civitates orbis Terrarum libri VI (Colon. Agripp. 1578 u. f.) Zeichnungen geliefert hat. Auf den Blättern des Werkes selber sind übrigens fast nirgends die Namen der Zeichner angegeben. **

Agneni, Eugenio, italien. Maler, geb. 1819 in Sutri bei Rom, wurde er 1832 Schüler des Franc. Coghetti in Rom. Von Papst Pius IX. erhielt er 1847 den Auftrag, den Thronsaal im Quirinal auszumalen; für Don Marino Torlonia hatte er gleichzeitig dessen Villa mit mythologischen Darstellungen zu schmücken und für den Fürsten Aless. Torlonia verschiedene kleinere Bilder zu malen; endlich hatte er noch in demselben Jahre die Kapelle S. Vincenzo di Paola auf Monte Citorio mit 16 Szenen aus dem Leben des Heiligen auszustatten. 1852 kam er auf Anregung des Louvre-Architekten Lefluel nach Paris, um an der malerischen Ausschmückung des Louvre-Neubaues mitzuwirken und ein großes Gemälde „Die Schatten der großen Florentiner protestieren gegen die Fremdherrschaft" (jetzt im Turiner Museo Civico) zu vollenden. Von Paris siedelte er nach London über, wo er den Saal der Königin in Covent Garden mit mythologischen Wandbildern schmückte und außerdem für die Königin selbst ein großes Ölbild malte, auf dem die kgl. Familie mit ihrem Hofstaate auf einem Maskenballe dargestellt ist. 1859 ließ er sich in Florenz nieder und siedelte 1871 wieder nach Rom über, wo er 1888 starb.

Meyer, Kstlerlex. — A. de Gubernatis, Dizion. degli art. viventi. — Graves, Roy. Acad. Exhib. I. *R.*

Agner, Melchior, Baumeister von Büren, bei Stans (Schweiz), baute 1559/60 das Beinhaus in Stans und machte die Pläne zur alten Kapelle in Büren, die nach seinem Tode 1593 sein Sohn Bartli ausführte.

R. Durrer, Kst.- u. Architdenkm., Unterwalden p. 75. **

Agnes, Tochter des Markgrafen Arnold von Meißen, Äbtissin zu Quedlinburg 1184—1203, wird von Schriftstellern des 18. Jahrh. (wie z. B. Wennigstadius bei Abel, Sammlung etlicher alter Chroniken, p. 493), als Künstlerin gepriesen, indem man ihr einerseits ein mit gemalten Initialen geziertes Evangelienbuch, anderseits die schönen Überreste eines in Wolle gewebten Teppichs zuschreibt, die in dem Zitter (Secretarium) der S. Servatii Stifts- und Schloßkirche zu Quedlinburg aufbewahrt werden. Das Evangeliarium gehört jedoch seiner Schrift nach dem Ende des 15. Jahrh. an, und der mit Silber überzogene Deckel enthält die Jahreszahl 1515. Der Teppich dagegen ist nach dem Stil der darauf gewebten Darstellungen allerdings in die Zeit der Äbtissin Agnes zu setzen, und es läßt sich kaum zweifeln, daß wir in ihm die Dorsalia für den Chor und die tapete ante summum altare besitzen, welche Agnes nach einer von ihr selbst herrührenden Aufzeichnung (Erath, cod. dipl. Quedl. p. 109. n. 40) dem Kloster schenkte. Daß sie dieselben selbst gewebt habe, ist wohl nicht anzunehmen, und noch weniger, daß sie die Zeichnungen dazu verfertigte.

Meyer, Kstlerlex. (mit älterer Literatur). **

Agnès d'Avion. Erhält 8. 1. 1390 Zahlung für Teppiche, die sie für Yolande de Flandre gefertigt hatte.

Dehaisnes, Doc. concernant l'hist. de l'art dans la Flandre etc. II 673. ***

Agnès, Louis, französ. Maler, nur im Geburtsregister der Kirche St. Sulpice in Paris 1668 genannt.

Herluison, Actes d'Etat-Civil d'Artistes franç. *H. Stein.*

Agnès, Philippe, Dekorationsmaler aus Turin, tätig in Grenoble, daselbst erwähnt 1622—1676.

Maignien, Les artistes grenoblois. 1887. *H. V.*

Agnese, Francesco Maria, nach Zani, Encicl. metod. I 327 ein Bildhauer in Genua (ohne nähere Angaben). **

Agnese, Gian Battista, venezianischer Miniator des 16. Jahrh. Von ihm ein Atlas mit Figuren der Konstellationen, mit Schiffen u. a. Das Museum Correr besitzt von ihm auch ein Seehandbuch (Portolano).

Bratti, Miniatori Venez. in Nuovo Archivio Veneto, nuova ser. 1901, tom. II, parte 1. u. 2. p. 80. *P. d'Ancona.*

Agnesia, Benedetto und Giambattista. Der erstere wird als Glasmaler im 15. Jahrh., der zweite als Verfertiger von Ledertapeten im 16. Jahrh., beide in Ligurien, erwähnt.

Alizeri, Not. dei Prof. d. disegno in Liguria II, III. **

Agnesini, Francesco, Bildhauer aus Carrara, geb. 1616. Schüler Aless. Algardis. Tätig in verschiedenen Orten Italiens: in Bologna, Palazzo Bargellini (P. de' Giganti): eine der beiden Kolossalstatuen am Portal (um 1650); in der Kathedrale zu Sarzana: zwei kleine Statuen der heil. Lorenz und Andreas neben dem Altar der Reliquienkapelle; in Verona und Umgebung, wo seinerzeit namentlich ein „Adonis" im Garten des Conte Verità in Lavagna gerühmt wurde; in Ferrara, S. Paolo: Büste eines Conte Manfredi (1659); in Carrara; in Neapel (am 11. 4. 1637 urkundlich in der Korporation der Marmorarii e Scultori); und im Dienste des Herzogs von Mantua (um 1661) und des Conte Alfonso II. Gonzaga di Novellara.

B. dal Pozzo, Pittori etc. Veronesi p. 205. — Campori, Artiste Estensi. — Ders., Mem. biogr. di Carrara. — Ricci, Archit. in Ital. III 604. — Napoli Nobil. X 93. *Hans Posse.*

Agnesius, Jacobus, nennt sich der Verfertiger einer dem Mus. von Albi gehörigen, stark realistisch aufgefaßten, aber virtuos geschnitzten Elfenbeingruppe, welche die Schindung des hl. Bartolomäus durch zwei Henkersknechte darstellt (Abgeb. Gazette des beaux-arts 1900 I 493). Die volle Bezeichnung lautet: „Jacobus Agnesius Caluensis sculp. 1638." Der Künstler scheint daher aus Calw in Württemberg gebürtig und in der ersten Hälfte des 17. Jahrh. tätig gewesen zu sein.

Chr. Scherer, Elfenbeinplastik seit der Renaissance S. 74. *Chr. Scherer.*

Agnessens, Ed., s. *Agneesens.*

Agnetis, Francesco, Maler aus Savona, in Rom 1677.

Bertolotti, Art. Subalpini, 2. Ausg. 1884. **

Agnew, Caroline, Malerin in Manchester, stellte 1874 in der Roy. Acad. in London „Early Morning" und „Light" aus.

Graves, Roy. Acad. Exh. I. **

Agnew, Constance, Malerin in Edinburgh, stellte in der Roy. Scottish Acad., in dem Glasgow Institute of Fine Arts und 1904 in der Roy. Acad. in London („Old Age") aus. **

Agni, Zanino, Glasmaler aus der Normandie, wird in Urkunden des Mailänder Doms unter den Glasmalern genannt, die 1416 zur Vollendung der Fenstermalereien daselbst angenommen wurden.

Am. Ricci, Archit. in Italia II 387. **

Agniletto (oder Angeletti), Nicola de', di Vetrella, italien. Architekt um 1341, von Zani, Enc. met. I 327 erwähnt. **

Agniolus, laut Namensinschrift an der inneren Seite des linken Türflügels an St. Peter in Rom, Gehilfe des Antonio Filarete. Der Künstler ist sonst nicht bekannt.

H. v. Tschudi im Repertorium f. Kstwissensch. VII 293/4. **

Agnolino d'Andreuccio (Agnolinus Andrutij), Maler in Perugia, 15. Jahrh. Aufgeführt in der Matrikel der dortigen Malergilde.

Rassegna Bibliograf. d. Arte ital. II 221. *

Agnolino di Gentile, italien. Maler. Genannt im „Breve dell' arte dei pittori" in Siena vom Jahre 1355.

Milanesi, Doc. I 36. *G. De Nicola.*

Agnolo, Sohn des Niccolò degli Ociroli, Goldschmied in Florenz, arbeitete 1440 für S. Giovanni daselbst ein Paar silberner und vergoldeter Leuchter. Die Angabe Goris (Thesaurus veterum diptychorum, Flor. 1759), daß ein Angelo di Niccolò mit Pollajuolo an den großen Kandelabern des Silberaltars derselben Kirche gearbeitet habe, beruht offenbar auf einer Verwechslung mit jener Tatsache. Diese Kandelaber wurden erst 1465 bestellt und 1470 vollendet.

Labarte, Arts industriels etc. II 496, 497. — E. Müntz, Les Arts à la Cour d. Papes I 55, 56 ff., 314. **

Agnolo, italien. Holzschnitzer, wird mit Giovanni und Paolo Pasquini erwähnt, die 1450 den Chor von Monte Oliveto Maggiore schnitzten. Dieser Chor, der bereits im Anfang des 16. Jahrh. in Verfall war, wurde auf Veranlassung des Generalabts Tommaso de' Pallavicini (1502—1505) von dem berühmten Fra Giovanni da Verona restauriert.

Odescalchi in Rivista stor. Bened. I fasc. 1 u. 2, p. 31—53 u. 196—225. — P. Lugano, Di fra Giovanni da Verona etc. (Siena, 1905) p. 107. *G. Degli Azzi.*

Agnolo, päpstlicher Goldschmied in Rom 1507.

Bertolotti im Archivio stor. art. di Roma I 31, 78. **

Agnolo, päpstlicher Sticker, Rom 1527.

Missirini, Stor. d. rom. Accad. (1823) p. 14, 461. **

Agnolo, Andrea d', s. *Sarto,* A. del.

Agnolo d'Arezzo, Architekt in Arezzo um 1435, nur von Zani, Enc. met. II 186 erwähnt. **

Agnolo Baglioni, s. *Baglioni.*

Agnolo di Baldino, Maler, 1404 in der Lukasgilde in Florenz genannt.

Gualandi, Memorie VI 176. **

Agnolo il Cosentino, Stein- und Holzbildhauer in Neapel um 1230.

Erculei, Catal. etc. d'Intaglio etc., Roma 1885 p. 16. *

Agnolo di Domenico di Donnino mazziore, Maler, Florenz, geb. 1466, † ca. 1513 (1. 5. 1513 macht er sein Testament). Vasari erwähnt ihn in der Vita des Cosimo Rosselli, mit dem er sehr befreundet war. Er lobt ihn besonders als Zeichner und nennt zwei in seiner Zeichnungssammlung befindliche Porträts des Cosimo Rosselli und Benedetto da Rovezzano, nach denen wahrscheinlich die Holzschnitte der betreffenden Künstlerporträts in seinen Viten gefertigt sind. A. soll alle Zeit auf das Zeichnen verwendet haben, so daß er nicht zum Malen gekommen sei. Dem widersprechend erwähnt Vasari selbst Fresken im Hospital von S. Bonifazio (eine Trinità), ferner daß ihn Michelangelo nach Rom gerufen zur Erlernung der Freskotechnik. 1503 malte er mit Domenico di Marco zusammen eine Madonna und Heilige im Palazzo del Podestà zu Florenz, 1504 in chiaroscuro fünf Fresken der Passion in der Compagnia di Gesù Pellegrino. Diese wie andere von Baldinucci genannte Fresken im Dorfe Calcinaja bei Florenz, sowie die von A. und seinem Bruder Donnino in Pistoja ausgeführten Malereien sind verloren gegangen.

Vasari-Milanesi III 190; IV 536; VII 175. — Baldinucci, Notizie de' Professori del Disegno. Mail. 1808—12, V 483. — Richa, Not. Ist. delle Chiese Fiorentine. 1754. V 327. — Rivista d'Arte IV 1—12. *Fr. Knapp.*

Agnolo Gaddi, s. *Gaddi.*

Agnolo di Giovanni, Sieneser Töpfer und Majolikamaler, hatte seine Werkstadt in der contrada di Pantaneto und fertigte mit Girolamo di Marco Gioschi da Galeata 1600 Majolikaplatten für das Oratorio di S. Caterina in Fontebranda in Siena an. Er kommt auch in den Registern der Compagnia di S. Giovanni Batt. in Pantaneto vor.

Miscell. Stor. Senese V p. 149—152. — „Libro della Compagnia di S. Giov. Batt. in Pantaneto, cc. 56." (R. Arch. di Stato in Siena.) *G. Degli Azzi.*

Agnolo del maestro Giovanni, 1334 in der Florentiner Malerrolle genannt.

Gaye, Carteggio II 36. **

Agnolo, Giovanni Vincenzo d', Bildhauer zu Neapel, wahrscheinlich ein Nachkomme des Gabriele d'Agnolo, doch eher der Enkel als der Sohn, seinerzeit sehr geschätzt. Er war auch Bildschnitzer in Holz und fertigte um 1570 die Kanzel in der Kirche St. Agostino zu Neapel, genannt alla Zecca (bei der Münze).

Dominici, Pittori etc. Napoletani. Nap. 1840—1846 II 139. — Erculei, Catal. etc. d'Intaglio etc. Roma 1885 p. 92. ***

Agnolo da Imola, italien. Maler, tätig in Ferrara für die Festdekorationen bei der Hochzeitsfeier der Eleonora von Aragonien. Nach 1473 wird sein Name nicht mehr erwähnt, falls der Künstler nicht etwa identisch sein sollte mit einem Maler namens Agnolo, der um 1500 noch für den Hof der Este zu Ferrara tätig war.

A. Venturi in Atti e Mem. d. R. Deput. di Stor. Patr. per la Romagna, Ser. III, vol. VI, p. 393. *F. Malaguzzi-Valeri.*

Agnolo di Masolo, Maler, der 1351, 1370, 1384 und 1391 in Gubbio tätig war und 1399 gestorben ist. Er erhielt 1351 eine Zahlung von 10 Soldi für die Restauration eines Madonnenbildes in der Fraternita dei Bianchi zu

Gubbio (Congregazione di Carità) und malte kurz vor seinem Tode in der Kapelle der Confraternita di S. Maria dei Laici (jetzt Krypta), wahrscheinlich gemeinsam mit anderen Künstlern Fresken, die von geringer Bedeutung und schlecht erhalten sind.

Brousolle, la jeunesse du Pérugin p. 126 Note 2, p. 461. — Crowe u. Cavalcaselle, Hist. of Paint. in Italy II 191. — Gualandi, Memorie etc. Serie IV 48. — Lucarelli, Bibliografia artistica di Gubbio in seiner Guida u. p. 441. — Mazzatinti, Doc. per la Stor. d. Arti a Gubbio in: Arch. stor. per le Marche e l'Umbria Vol. III fasc. 9—10 p. 12.
W. Bombe.

Agnolo, Micheli, Maler, Florenz, Ende des 14. Jahrh.

Gaye, Carteggio II 36. **

Agnolo del Moro, s. *Angolo.*

Agnolo di Nalduccio Marretti, Sieneser Maler des 14. Jahrh. Verzeichnet im „Libro delle Capitudini delle arti" von 1363, und in der Malerrolle von 1389 zugleich mit seinem Sohne Sano und seinem Bruder Fede, die gleichfalls Maler waren. Am 28. 10. 1369 erhält er Bezahlung für geringfügige Malereien.

Milanesi, Doc. Sen. I 31, 40, 42, 50, 309.
G. De Nicola.

Agnolo di Pietro, Truhenmaler in Siena 14. (?) Jahrh.

Milanesi, Documenti Senesi. **

Agnolo di Polo, Florentiner Bildhauer, geb. 1470 in Florenz als Sohn des Polo d'Angelo de Vetri und Bruder des Edelsteinschneiders und Medailleurs Domenico di Polo. Noch in der Werkstatt des Verrocchio ausgebildet, soll er nach Vasari viele Terrakotta-Bildwerke für Florentiner Kirchen etc. geschaffen haben. Urkundlich nachweisbar ist nur seine Tätigkeit in Pistoja, woselbst er 1495 für das Oratorium des Spedale della Morte eine Terrakotta-Statue der hl. Magdalena schuf, die 1496 von Bernardino del Signoraccio neu bemalt und 1498 (wie auch späterhin wiederholt) vom Bildner selbst restauriert wurde, heute jedoch nicht mehr erhalten ist. 1498 modellierte dann A. für das Empfangszimmer des Provveditore e Camarlingo der Sapienza zu Pistoja eine Halbfigur des segnenden Heilandes. Diese von Tommaso di Talento Laini bemalte Terrakottabüste befindet sich noch heute an ihrem ursprünglichen Bestimmungsorte (jetzt „Liceo Forteguerri") und läßt ihren Schöpfer als einen geschickten Modelleur, aber nach der Seite des geistigen Ausdruckes ziemlich unbedeutenden Künstler erkennen.

Vasari-Milanesi, III, 371, 372 nota 1. — Bacci in Rivista d'Arte III 159 (mit Abb.). — Rassegna Naz., vol. 109 p. 215. *Fr. Knapp.*

Agnolo da S. Apollinare, venezian. Miniator des 17. Jahrh., nur urkundlich bekannt.

Bratti, Miniatori Venez. in Nuovo Archivio Veneto, nuova ser. 1901, tom. II, parte 1. u. 2. p. 74. *P. d'Ancona.*

Agnolo da Siena (oder di Ventura), s. Artikel *Agostino* di Giovanni.

Agnolo di Vanni, 1358 in der Florentiner Malerrolle genannt.

Gaye, Carteggio II 36. **

Agnolo di Ventura, s. Artikel *Agostino* di Giovanni.

Agnolo Zotto (gen. Angelo Aloisio da Padova), italien. Maler aus der Schule des Squarcione, tätig in Padua in der zweiten Hälfte des 15. Jahrhunderts. Im Manuskript des Anonymus Morellianus wird er erwähnt als Maler einer jetzt nicht mehr erhaltenen Figur des hl. Paulus auf dem 3. Pfeiler zur Rechten des Einganges von S. Antonio zu Padua, und zwar mit dem kritischen Zusatze „ignobile pittore". Laut urkundlichem Nachweis war dieser Maler 1469 in das Paduaner Zunftregister eingetragen; 1472 arbeitete er mit anderen Schülern Squarciones in der Gattamelata-Kapelle zu Padua, und 1489 malte er im alten Refektorium von S. Giustina zu Padua ein noch heute existierendes, aber vom Rauch sehr geschwärztes Kreuzigungsfresko, das allerdings in seinen geringen künstlerischen Qualitäten die kritische Bezeichnung seines Schöpfers als „ignobile pittore" ziemlich gerechtfertigt erscheinen läßt. Auch einige der früher dem großen Florentiner Giotto zugeschriebenen Malereien im „Salone" zu Padua stammen wahrscheinlich von der Hand dieses geringen paduanischen Squarcione-Schülers Agnolo Zotto.

Vasari, Vite (ed. Le Monnier). — Notizie etc. da un Anonimo (ed. Morelli) p. 8. — Scardeone, Antiqu. Patav. p. 373. — Brandolese, Pitt. etc. di Padova p. 99. — Gonzati, La Basilica di Padova I 58. — Moschini, Vicende della pittura etc. p. 25; Guida di Padova p. 134. — Boni, Biogr. d. Art. — Ticozzi, Diz. d. Art. (unter „Angelo da P."). — Lanzi, Stor. d. Pitt. (Indice unter „Angelo da P."). — Zani, Encicl. II 64 (unter „Aloisio, Angelo"). — Crowe und Cavalcaselle, Gesch. der ital. Mal. II 411, V 363. — Meyer, Kstlerlex. I 126 (unter „Agnolo"), II 50 (unter „Angelo"). *F. Malaguzzi-Valeri.*

Agnolo, s. auch *Angelo, Angelus* und *Angolo,* eventuell auch damit verbundene Vornamen, Patronymika oder Ortsbezeichnungen.

Agnus, neapol. Architekt des 12. Jahrh. Über der südlichen Tür der Kirche S. Nicola e Cataldo bei Lecce kommt in einer Inschrift der Name eines Agnus vor, der wohl als Erbauer der aus dem 12. Jahrh. stammenden Kirche gelten muß.

Schulz, Denkm. d. Kunst d. Mittelalt. in Unterital. I 291. — Napoli Nobilissima III 40.
G. Degli Azzi.

Agnus, Odo, französ. Maler, 1564—68 in Gray, zugleich als Einnehmer, tätig.

Gauthier, Dict. d. artist. franc-comt. *De.*

Agocchia s. *Agucchi.*

Agocchiari, Barnaba, s. *Barnaba* da Modena.

Agonac, Raymond d', Illuminator in Bordeaux im 16. Jahrh.

Réunion d. Soc. d. Beaux-Arts d. depart. XXI 820. **

Agorakritos aus Paros, Bildhauer; Schüler des Pheidias. Er muß seinem Lehrer in künstlerischer Beziehung besonders nahe gestanden haben, was dazu führte, daß zwei bedeutende Werke seiner Hand geradezu dem Pheidias zugeschrieben wurden und daß man allerlei müßige Klatschereien über das Verhältnis der beiden bis in späte Zeiten weitertrug. Die berühmteste seiner Schöpfungen war das Kultbild der Nemesis in Rhamnus (Overbeck, Schriftqu. 834—43), aus parischem Marmor. Die Göttin stand aufrecht, bekrönt mit einem metallenen Stephanos, den figürlicher Schmuck überragte: geflügelte weibliche Gestalten und Hirsche nach der Beschreibung, augenscheinlich Bilder der alten großen Naturgöttin, die mit jeder Hand einen anspringenden Hirsch emporhielten (vgl. Furtwängler, Beschreibung d. Glyptothek S. 197). Aus Metall waren auch die Attribute der Hände: in der Rechten eine Schale mit Darstellungen von Aethiopen (wohl schwarz auf goldnem Grunde; der Gegenstand ohne tiefere Bedeutung), in der Linken ein Apfelzweig, an dem ein Täfelchen mit der Signatur des Agorakritos befestigt war (Antigonos von Karystos hat es entdeckt, aber vergeblich versucht, mit dem Hinweis darauf die populäre Tradition von der Urheberschaft des Pheidias aus der Welt zu schaffen; ob Polemon diese Tradition mit seiner Autorität gestützt hat, ist zweifelhaft; vgl. Wilamowitz, Ant. v. Kar. S. 10 ff. und dagegen Pallat s. u.). Erhalten ist von der Statue nur ein Fragment des Kopfes (r. Wange mit Auge, Hälfte der Stirn und ein großer Teil der Haare; Six, Numism. Chron. 3. Ser. 2, 100 f. und Rossbach in den Athen. Mitteil. 1890 S. 64 f. mit Abb.); man erkennt noch die Einsatzspuren des metallenen Stephanos und an der Art der Haarbehandlung den Schüler des Pheidias. Aus den Maßen (H. 0,37 m, Br. 0,32 m) ergibt sich, daß die Angabe, das Bild sei 10 Ellen hoch gewesen, übertrieben ist; die Figur war etwa doppelt-lebensgroß. Über weitere, jetzt verschollene Fragmente vgl. Welcker, Tagebuch einer griech. Reise I 143; Stephani, Rh. Mus. 1846 S. 16. Ein Abbild der Statue ist uns wahrscheinlich auf einer kyprischen Silbermünze erhalten (Six, Numism. Chronicle 3. Serie 2, 89 f., Taf. 5.; P. Gardner, Types of greek coins Taf. X 25; E. Babelon, Monn. grecques de la Bibl. nat. 2 S. 143 f.). Eine Adorantin, wie Rossbach a. unten a. O. 150 behauptet, kann die Figur auf der Münze unmöglich darstellen; auch ist die Gewandung nur bei einer Schöpfung des 5. Jahrh. möglich. Danach trug die Göttin einen Peplos, über dem Apoptygma gegürtet, und einen Mantel, der mittels großer Spangen auf den Schultern befestigt war (man erkennt auf der rechten Schulter etwas, wie einen Greifenkopf). Die Figur stand fest auf dem rechten Bein; der linke Fuß war mit erhobener Ferse zurückgesetzt; der Kopf scheint bekränzt zu sein. Im ganzen eine Erscheinung ähnlich der Parthenos des Pheidias, aber reicher und bewegter. Danach und auf Grund der Vergleichung mit dem Kopffragment hat Furtwängler (Meisterw. S. 119) behauptet, daß uns eine römische Kopie in einer Kolossalstatue im Vatikan erhalten sei; doch widerspricht seiner Annahme die verschiedene Armhaltung (Helbig, Führer I^2 193) und der Stil der vatikanischen Statue, deren Original aus der Zeit der Parthenos stammt, während die Nemesis, wie wir sehen werden, erst nach Vollendung des Parthenon entstanden sein kann. Die Basis der Nemesis war mit einer Reliefdarstellung geschmückt, von der uns eine Beschreibung und Fragmente erhalten sind (die bekannten Fr. stammen von einer Ausgrabung im Jahr 1890; andere, früher gefundene — vgl. Svoronos a. unten a. O. 171 f. — sind verschollen). Nach Paus. I 33, 7. 8 wäre dargestellt gewesen, wie Helena von Leda, ihrer Pflegemutter, Nemesis, ihrer wahren Mutter, zugeführt wird; an Leda hätten sich geschlossen ihr Gatte Tyndareos, die Dioskuren und ein Knappe, Hippeus genannt, mit einem Pferde; auf der anderen Seite nennt Pausanias Agamemnon, Menelaos, Pyrrhos, den Sohn des Achill, endlich zwei Jünglinge, einen mit Namen Epochos. Allein aus dem mütterlichen Verhältnis der Göttin zur Helena kann sich unmöglich die Deutung dieser Darstellung ergeben; Agamemnon kann mit seinem Bruder nicht nur als Verwandter gegenwärtig sein. Sicherlich hat Reisch (bei Pallat S. 8 Anm. 17) die richtige Lösung gefunden: dargestellt war die Vermählung der Helena mit Menelaos; der Brautführerin Leda entspricht der Brautführer Agamemnon. Im Beginn der Kyprien des Stasinos beschließt Zeus mit Themis den troischen Krieg zu erregen, um die Erde von der Überzahl frevelnder Menschen zu befreien; als Werkzeug seines Willens zeugt er dann mit Nemesis Helena, deren Vermählung mit Menelaos der erste entscheidende Akt zur Erfüllung dieses Willens ist. Befremdlich ist die Gestalt des Pyrrhos. Keinesfalls aber kann A. mit diesem Pyrrhos den Sohn des Achilleus gemeint haben, der im 5. Jahrh. durchweg Neoptolemos genannt wird. Auf Grund dieser Beschreibung und mit Hilfe der Fragmente hat Pallat (s. unten) eine Rekonstruktion versucht, die keinen glücklichen Eindruck macht, ebensowenig wie die korrigierten Wiederherstellungen Roberts u. Rossbachs (a. unten a. O.). Sicher ist Pallats

Nachweis von drei weiblichen Figuren; davon ist Nemesis am wahrscheinlichsten die mit hocherhobenem linken Arme, nur wird sie nicht mit leerem Gestus das Himation erhoben, sondern ein Szepter gehalten haben; ihr Kopf war geradeaus gewendet (die Kopfwendung, die ihr P. gibt, ist hypothetisch). Die Braut ist die Verhüllte und die Brautmutter die dritte, die sehr wohl die Linke wie drängend auf die Schulter Helenas legen konnte; die Braut wendet sich noch einmal, bevor die Vermählung vollzogen wird, schüchtern zur Pflegemutter. Links neben Leda, seiner Gattin, folgte zweifellos Tyndareos, und zwar stand er, wie P. erkannt hat, an der Ecke der Basis, das Dioskurenpaar und der Hippeus mit dem Pferde also auf der Nebenseite. Rechts von Nemesis stand dann der Bräutigam mit dem Bruder, Helena und Leda entsprechend, und an der Ecke jener Pyrrhos, auf der Nebenseite ein anderer Jüngling und Epochos, wohl wiederum mit einem Pferde. So ergibt sich eine Komposition, die lebhaft an die des Ostgiebels vom Zeustempel in Olympia erinnert (das von Pheidias mehrfach angewendete Kompositionsschema mit der dreiteiligen Mittelgruppe konnte natürlich nur Anwendung finden, wo es der Gegenstand erlaubte) und eine Breite von ca. 1,35 m, ausreichend für eine Figur von ca. 1 m Standbreite. Der Stil der Fragmente ist entwickelter als die spätesten Skulpturen vom Parthenon; deutlich äußert sich darin ein Streben nach größerer Zierlichkeit und Weichheit; Parallelen finden sich z. B. an den Fragmenten vom Fries des Erechtheion. Jedenfalls hat also Agorakritos die Nemesis nach der Vollendung des Parthenon (zwischen 430 und 20) geschaffen. — Sein zweites bedeutendes Werk war das Kultbild der Göttermutter im Metroon zu Athen (Overbeck, Schriftqu. 831—33). Die Göttin thronte feierlich und hielt mit der einen Hand — es kann nur die linke gewesen sein — das Tympanon; unten lag rechts und links von ihrem Throne je ein Löwe. Daß das Bild von kolossaler Größe war, ergibt sich aus Paus. VIII 37, 1, wo die Größe der Götterbilder des Damophon in Lykosura der des athenischen Bildes der Göttermutter gleichgesetzt wird; von den Werken des Damophon sind Fragmente und vor allem die Köpfe erhalten (Kabbadias, Fouilles de Lycosoure Taf. I—IV). Von dem Aussehen der Statue geben uns kleine Votivbilder, vor allem wohl ein schönes Relieffragment in Berlin (Verz. d. ant. Skulpt. 691) eine allgemeine Vorstellung. Die Kybele Pamphili, die Furtwängler, Über Statuenkopien (Abh. d. Münch. Akad. d. Wissensch. 1896) S. 53 ff., 577 ff. Taf. X 2, für eine Kopie nach der Statue des Agorakritos erklärt, stammt zwar sicher aus dem Kreise des Pheidias, kann aber hier nicht in Frage kommen, da sie das Tympanon nicht hält, sondern den Arm daraufstützt (das Motiv kommt, wie F. selbst hervorhebt, unter einer großen Anzahl von attischen Votiven nur einmal vor, während bei den andern allen das Tympanon von der Linken gehalten wird; dieses würde bei einer Kolossalstatue nicht „häßlicher" sein, als der Schild am Arme der Athena; bei Arrian [Peripl. Pont. eux. 9] ist statt κύμβαλον, das sich niemals in der Hand der Göttin findet, zweifellos τύμπανον zu lesen); endlich geht die pamphilische Statue auf ein Original aus der Mitte des 5. Jahrh. zurück, und die ganze Kette von Hypothesen, nach der A. ein älterer Künstler gewesen wäre, der sich erst im Lauf seines Lebens an Pheidias angeschlossen und dann von Grund aus geändert hätte, hängt doch nur an der trügerischen Vorstellung, daß eine uns erhaltene Kybele pheidiasischen Stiles notwendig die des Agorakritos sein müsse, eine Athena des 5. Jahrh., die man nach ihrer Kopfbedekkung Itonia nennen darf, keine andere als die des Agorakritos sein könne. Denn auf dieses dritte Werk des A. — das Bild stand neben einem Zeus-Hades in einem Heiligtum der Athena zu Koroneia; beide Statuen waren von der Hand des A. (Overbeck, Schriftqu. 830) — führt Furtwängler ebenda die Athena mit dem Wolfshelm in Villa Albani zurück (früher glaubte man, eine Nachbildung der Kultgruppe auf einer Gemme zu besitzen, auf der die beiden Gottheiten nebeneinander thronend dargestellt sind; vgl. zuletzt Furtwängler Meisterwerke 114 Anm. 1 am Schluß). Dagegen ist die Verwandtschaft einer mehrfach kopierten, künstlerisch sehr wirkungsvollen, Aphroditestatue mit einem Fragment von der Nemesisbasis so auffallend, daß wir hier mit größerer Sicherheit an Agorakritos als ihren Schöpfer denken können (Furtwängler, Meisterw. S. 654 f. Die beste Kopie bei Arndt-Amelung, Einzelaufn. No. 1169). Die große Athena im kapitolinischen Museum (Furtwängler 119 Anm. 4; Masterpieces Fig. 37) würde im allgemeinen künstlerischen Charakter wohl zu den Resten der Basis stimmen; dagegen stammt der Apoll in der Münchener Glyptothek (die sogen. barberinische Muse; Furtwängler a. a. O. u. Beschr. d. Gl. No. 211) aus der Generation nach A.; ein Apoll, der wohl im Kreise des A. entstanden sein könnte und augenscheinlich dem Künstler des Münchener Apolls als Vorbild gedient hat, ist in einer Kopie im Konservatorenpalast erhalten (Bullettino comun. 1887 Taf. XX). Sehr zweifelhaft ist endlich die Zuteilung von zwei Karyatiden an A. (Kopien in Mantua, Venedig, Petersburg; Furtwängler Statuenkop. 55 [579]). Pausanias berichtet I 8, 4, im Arestempel zu Athen habe neben dem Ares des Alkamenes eine Athena gestanden, das Werk eines Pariers Lokros; diesen verdächtigen Namen hat man in den des Agorakritos verbessern wollen (Robert a. unten a. O. und Reisch in den Österreich. Jahresh. 1898 S. 58).

Brunn, Gesch. d. gr. Kstlr. I 239 ff. — Overbeck, Gesch. d. gr. Plastik I4 373 u. 382 f. — Collignon, Hist. de la sculpt. gr. II 112 ff. — Posnansky, Nemesis u. Adrasteia S. 40 ff. — Pallat, Jahrb. d. Inst. 1894, S. 1 ff., Taf. I—VII. — Pauly-Wissowa, Realenc. I Sp. 882 f. u. Nachträge 30 f. (Robert). — Robert, 21. Hallisches Winckelmannsprogr. 25 ff. — Roscher, Mythol. Lexikon III 147 ff. (Rossbach). — Frazer, Pausanias II 68, 455 ff. — Hitzig-Blümner, Pausanias I 143, 337 ff. — Svoronos, Das Athenische Nat. Mus. 167 ff. (hier weitere Lit.). *Amelung.*

Agordino, Angelo, Maler aus Treviso, arbeitete im 15. Jahrh. und war Schüler und Mitarbeiter der Vivarini.

Rassegna d'arte, Milano 1901 p. 140. *L. Ferro.*

Agorreta, Garcia de, span. Bildschnitzer, arbeitete 1534 die Verzierungen für das Gewölbe der Vorhalle der casas capitulares der Kathedrale in Sevilla.

Gestoso, Artif. Sevill. I 171. *M. v. B.*

Agosti (oder Agosta), Giovanni di Cristoforo, Maler aus Casal Maggiore, ausgebildet in Cremona unter Malosso, tätig um 1600 in den Städten der Lombardei, wo noch heute eine Anzahl tüchtiger Gemälde von seiner Hand erhalten sein sollen; † in jungen Jahren.

Zani, Encicl. I 329. — Boni, Biogr. d. Artisti. — Perini, Encicl. I. *E. Scatassa.*

Agosti (Agustin), Juan, Maler in Valencia, bestätigt am 11. 2. 1497 dem Martin Méndez den Empfang von 42 sueldos für Malereien im Hospiz und Hospital der Pfarrei von S. Andrés.

Alcahali, Art. Valenc. 44. — Viñaza, Adic. I 7. *M. v. B.*

Agostin, Clemente di, Architekt in Venedig, befand sich 1553 unter den Bewerbern für die Stellung des ersten Architekten des Palazzo Ducale in Venedig, die seit dem Tode von Antonio Rossi unbesetzt war. Er war auch schon bei anderen Bauten in Venedig Hauptarchitekt gewesen.

B. Lorenzi, Monumenti per servire alla storia del palazzo Ducale di Venezia. 1869, No. 601. *L. Ferro.*

Agostini, Francesco, da Fabriano, Bildhauer (?) in Rom 1566, erwähnt als Sachverständiger in dem Kontrakt für die Anfertigung einer Statue des Papstes Paul IV. durch Jac. Cassignola.

Bertolotti, Art. Subalpini 2. Ausg. 1884. 100/1. **

Agostini, Giacomo degli, Architekt in Piacenza um 1680, nach Zani, Enc. met. I 329. **

Agostini, Johannes Paulus, Maler in Padua um 1400, nach Zani, Enc. met. I 329. **

Agostini, Vincenzo, gen.: Capitano Maccione, Medailleur in Gubbio um 1534.

Zani, Enc. met. I 329. **

Agostiniello, s. *Beltrano,* Agostino.

Agostino, Steinmetz in Venedig, 1488 beteiligt an den Arbeiten der Kapitäle und der Fenstereinfassungen an der Kirche S. Zaccaria und von 1499—1500 beschäftigt an den Häusern der Mensa Patriarcale in S. Bartolomeo.

P. Paoletti, Archit. e scult. d. Rinasc. in Venezia II 149, 174. *L. Ferro.*

Don **Agostino,** Miniaturmaler, in Gubbio tätig, erhielt 30. 6. und 3. 1. 1500 Bezahlungen für Miniaturen in einem Psalmbuch der Benediktinermönche zu Gubbio.

Mazzatinti, Doc. per la stor. d. arti a Gubbio in Arch. stor. per le Marche e l'Umbria Vol. III fasc. 9—10 p. 46. *W. Bombe.*

Agostino, Holzschnitzer in Bologna. Eine von ihm 1463 geschnitzte Madonnenstatue an der Fassade des Palazzo pubblico wurde schon 1478 durch eine vergoldete Terrakottastatue von der Hand Niccolos dall'Arca ersetzt.

Malaguzzi-Valeri, Repertorium für Kstwissensch. XXII 288. **

Agostino, italien. Maler, tätig um 1530 in Ferrara. Nach Ausweis der Bücher der Arciconfraternita della Morte zu Ferrara malte er eines der zahlreichen Freskogemälde an der Obermauer der dortigen Chiesa della Morte.

Baruffaldi, Vite dei pitt. e scult. ferranesi II 390. *F. Malaguzzi-Valeri.*

Agostino d'Andrea, Maler, Siena um 1470.

Zani, Enc. met. XVII 257. **

Agostino d'Antonio di Duccio, s. *Agostino* Ducci.

Agostino di Basilio, Steinmetz in Venedig. Wurde 1484 Mitglied der Scuola grande von S. Giovanni Evangelista. Er arbeitete an der architektonisch. Ausschmückung des Hofes der genannten Scuola (wahrscheinlich unter Leitung des Pietro Lombardo) und an der Fassade der Kirche S. Zaccaria unter Leitung des Mauro Coducci.

P. Paoletti, Archit. e scult. d. Rinasc. in Venezia II 183, 222. *L. Ferro.*

Agostino da Bergamo, Steinmetz in Venedig, war 1477 bei dem Bau des Palazzo Giustinian bei S. Moisè (jetzt Hotel Europa) beschäftigt.

P. Paoletti, Archit. e scult. d. Rinasc. in Venezia I 44. *L. Ferro.*

Agostino di Betto, Maler, nach Zani 1349 in Bologna tätig, wo sein Vater maestro Betto 1320 gleichfalls als Maler erwähnt ist.

Zani, Encicl. IV 28. *

Agostino dal Borghetto, Gießer, erneuerte die Glocken von S. Francesco in Massa 1548.

Campori, Mem. biogr. di Carrara 263. **

Agostino da Cesena, umbrischer Maler, 1467 mit Pietro Giacomo da Forlì im Palazzo del Tesoriere zu Cesena tätig.

Bertolotti, Art. Bolognesi in Roma p. 8. *

Agostino d a C o m o, s. *Silva,* Ag.

Agostino d a C r e m o n a, Architekt und Holzschnitzer in Rom, wo er 1496—97 mit Lione da Cremona den Glockenstuhl von S. Agostino zu reparieren hatte und 1503 mit der Ausführung der Holzbekleidung, der Fensterumrahmungen etc. im Appartamento Borgia des Vatikanischen Palastes beauftragt war.

E. M ü n t z, Les Arts à la Cour des Papes Innocent VIII etc. (1898), p. 169, 176, 193, 203. *

Agostino d i D o m e n i c o, Steinmetz, tätig in Rom 1471.

B e r t o l o t t i, Art. Modenesi, Parmensi . . . a Roma. **

Agostino D u c c i (oder exakter Agostino d'Antonio di Duccio oder di Guccio; nach seiner eigenen Signatur Agostino da Firenze), Bildhauer und Architekt, geb. 1418 in Florenz als Sohn eines Tuchwebers Antonio di Duccio gen. il Mugnone. Auf Grund einer irrtümlichen Angabe Vasaris hielt man den Agostino lange Zeit für ein Mitglied der Robbia-Familie, und zwar speziell für einen Bruder des Luca della Robbia. In der Tat jedoch ist er weder als direkter Schüler, noch auch nur als Nachahmer des Luca mit Sicherheit nachweisbar, obwohl er neben seinen Marmorskulpturen auch Terrakotta-Arbeiten in der Art der Robbia geschaffen hat. Die frühesten Arbeiten des Meisters, die man bis jetzt kennt, sind vier kleine Flachreliefs mit Darstellungen aus dem Leben des hl. Geminianus an der Fassade der Kathedrale zu Modena; sie zeigen außer der Namenssignatur des A. das Jahresdatum 1442 und lassen den Einfluß des Donatello erkennen. 1446 befand sich A. in Florenz, wurde jedoch wegen eines Diebstahls unter Anklage gestellt und mußte nach Venedig flüchten. 1447 wurde er in Rimini von Leon Battista Alberti mit der inneren Ausschmückung des Tempio Malatestiano betraut, an der er bis 1454 gearbeitet hat. Da gleichzeitig mit Agostino — oder vielmehr unter seiner Oberaufsicht — auch andere namhafte Bildhauer, wie namentlich Bernardo Ciuffagni und Simone di Giovanni Ferrucci da Fiesole, im Tempio Malatestiano gearbeitet haben, bildet die Sonderung der Skulpturen A.s von denjenigen seiner Mitarbeiter erhebliche Schwierigkeiten. Jedenfalls aber ist dem A., wo nicht der bildnerische Gesamtentwurf, so doch der Hauptanteil an der plastischen Innendekoration jener Kirche zuzuschreiben, so daß man wohl alle vornehmeren Skulpturteile dieser Dekorationsanlage auf ihn wird zurückführen dürfen. In Rimini, wo er auch 1455 noch nachweisbar ist, führte A. außerdem noch ein jetzt im Museo Lapidario des Mailänder Brera-Palastes befindliches Flachrelief aus, auf dem die Erscheinung eines Engels über einer Reitergruppe dargestellt ist, sowie wahrscheinlich auch ein im Museo Civico zu Rimini aufbewahrtes Marmor-Medaillon mit einem Augustuskopfe, das lange Zeit für ein altrömisches Originalbildnis dieses Kaisers gehalten wurde. 1457 ging er nach Perugia, um daselbst den Fassadenbau der Kirche S. Bernardino zu übernehmen. Für die Architektur dieser Fassade nahm er sich Leon Battista Albertis Fassade von S. Andrea zu Mantua zum Muster. Der künstlerische Hauptwert der Fassade von S. Bernardino beruht jedoch auf ihrem reichen Skulpturenschmucke, der die bedeutendste bildnerische Leistung A.s überhaupt darstellt. 1461 gaben Bonfigli und Angelo di Baldassarre ihre lobenden Gutachten über dieses Werk ab, und dieselbe Jahreszahl ist auch hinter der ungefähr in der Mitte der ganzen Fassade angebrachten Namenssignatur ihres Schöpfers zu lesen. Obwohl die Fassade keineswegs als ein besonders hervorragendes Kunstwerk gelten kann und in einzelnen Teilen sogar ziemlich fehlerhaft und manieriert erscheint, kann ihr doch eine gewisse Originalität der Gesamtwirkung und namentlich eine äußerst graziöse Delikatesse in der Erfindung und plastischen Durchbildung der Engelsgestalten und Seraphimköpfe nicht abgesprochen werden. Schon 1459 war ihm ferner ein großes Altarwerk für eine Kapelle der Kirche S. Domenico zu Perugia in Auftrag gegeben worden, das er zum Teil in bemalter, aber unglasierter Terrakotta, zum anderen Teile in einer die Wirkungen der farbigen Majolika anstrebenden Steinbildnerei zur Ausführung brachte. Sodann erhielt A. 1463 von seiten der Florentiner Dom-Opera Auftrag auf Lieferung einer Gigantenstatue, für die ihm noch im gleichen Jahre Zahlung geleistet wurde, sowie 1464 auf Lieferung einer zweiten derartigen Statue, deren Ausführung er jedoch seinerseits dem Bartolomeo di Piero da Settignano, gen. Baccellino, übertrug. Den von dem letzteren „verhauenen" prachtvollen Marmorblock übernahm später Michelangelo, um aus ihm seine berühmte David-Statue hervorzuzaubern. Ferner schuf A. in Florenz das Tabernakel der Ognissanti-Kirche, eine Auferstehung Christi in Terrakotta für eine Kapelle der Annunziaten-Kirche, ein Madonnenrelief (jetzt in der Opera del Duomo) und wahrscheinlich auch eine im Florentiner Museo nazionale aufbewahrte Kreuzigung Christi (unbestimmt). In Rom stammt von seiner Hand das Tabernakel der Kirche S. Agostino. 1473 verpflichtete sich A. der Dom-Opera zu Perugia zum Bau einer Kapelle aus pietra paesana, die bereits 1474 von Sachverständigen als vollendet begutachtet wurde. 1475 arbeitete er an einer „Maestà" für das Deckengewölbe derselben Kathedrale, von der einige Bruchstücke erhalten geblieben sind, und zwar einerseits in der Kathedrale selbst, andererseits in dem anstoßenden Chiostro della Canonica und im Universitätsmuseum zu Perugia. Noch in demselben Jahre übernahm A. den Bau der im prächtigsten Renaissancestil entworfenen Porta di S. Pietro (alias „Porta alle due porte"), und zwar in Gemeinschaft mit dem Peruginer Steinmetz und Werkmeister Polidoro di Stefano, nach dessen 1480 erfolgtem Ableben er den Torbau unter Beihilfe eines anderen Werkmeisters zu Ende führte. Im Frontaufriß dieses Peruginer Stadttores gab A. eine freie Nachbildung der Fassade des Tempio Malatestiano zu Rimini; gleich diesem ist auch A.s Torbau unvollendet geblieben und entbehrt noch heute des ursprünglich geplanten Giebelaufsatzes. Werke wie die kleine Marmorskulptur unbekannten Darstellungsinhaltes in der Sammlung Aynard zu Lyon u. a. m. werden dem Meister ohne jeden stichhaltigen Grund zugewiesen. Das Todesjahr A.s ist nicht bekannt; wir wissen nur, daß seine Witwe Francesca 1498 in einer neuen Ehe lebte.

Vasari, ed. Milanesi. — Gaye, Carteggio I 196, II 454, 465, 466. — Mariotti, Lett. pitt. perugine (Perugia 1788), p. 97—101. — Rumohr, Italien. Forschungen (Berlin 1872), I 31, II 278, VI 372 ff. — Campori, Art. ital. stran. negli stati Estensi (Modena 1855), p. 207. — Perkins, Tuscan Sculptors I 200. — Yriarte, Agostino di Duccio, Paris 1883. — Ad. Rossi, Prospetto cronol. d. vita e d. opere di Agostino d'Antonio (aus dem Giorn. di Erudiz. artist.), Perugia 1874. — Burmeister, Der bildn. Schmuck des Tempio Malatestiano, Breslau 1891. — Malaguzzi-Valeri, Il tempio Malatestiano, Milano 1903. — L'Art XXIII 42, 289—98. — Gazette des B.-A. 2. sér. XIII 240, XIX 137, 459—62, 471, XXXVIII 370; 3. sér. VIII 132, 135—6. — Zeitschrift f. bild. Kunst XV 293. — Repert. f. K.-W. VII 150, XII 104, XV 83. — Kunstchronik XIII 754. — J. Burckhardt, Cicerone. — Burckhard u. Lübke, Neuere Baukst. p. 56, 107, 180. — M. Reymond, La sculpture florentine du 15 siècle. — Arch. stor. dell' Arte II 91, IV 307. — L'Arte V 274, IX 379—81 usw., X 144. — Revue de l'art anc. et mod. XIX (1906) p. 81 f. — W. Bode, Florent. Bildhauer der Renaiss. Berlin 1902. *G. Urbini.*

Agostino di Elemosina di Omodeo, Miniaturist in Perugia, im Quartier Porta Eburnea wohnhaft. In einem Dokument vom 18. 12. 1323 wird er als Camerarius der Zunft der Miniatori zitiert (Arch. comunale Perugia, Liber Camer. et Rect. Art. anno 1323 c. 18t.).

L'Arte dei Miniatori in Perugia, Giorn. di Erud. art. II 1873 fasc. 11—12 p. 350. *W. Bombe.*

Agostino di Falco, Baumeister in Florenz, baute zusammen mit Ciapino di Piero eine Mauer im Dom (vor der Tribüne).

H. v. Semper in Zahns Jahrb. III 42. **

Agostino-Filippo, Maler in Parma um 1766 nach Zani, Enc. met. I 330. **

Agostino da Firenze, s. *Agostino* Ducci.

Agostino da Forlì. Dieser Künstlername ist nur durch eine kurze handschriftliche Notiz des Giovanni Casali bekannt und scheint auf einem Lesefehler zu beruhen. Ich glaube sicher, das Casali den Namen Agostinus unter der Figur dieses Heiligen gelesen und für den Malernamen gehalten hat. Wahrscheinlich spricht übrigens Casali von denselben Malereien, deren Bruchstücke jetzt in der Galerie von Forlì sind, und die ich dem Baldassare Carrari il Vecchio zuweisen konnte.

Archivio particolare del conte Filippo Guarini di Forlì; Ms. di Giovanni Casali. — Calzini, Marco Palmezzano e le sue opere (Estratto dall' arch. stor. d. arte 1895 p. 87). *E. Calzini.*

Agostino di Francesco aus Pratovecchio, Töpfer, tätig im ersten Viertel des 15. Jahrh. in Città di Castello, erhielt 1409 das Bürgerrecht von Castello „ad omnes honores".

E. Calzini in Rivista d'Italia II. fasc. 2, p. 277. *E. Calzini.*

Agostino da Gari, Glasmaler in Ligurien um 1490.

Alizeri, Not. d. Prof. d. Dis. in Liguria III. **

Agostino di Giovanni und **Agnolo** di Ventura, Bildhauer und Architekten aus Siena. Ausgebildet in der Schule der Pisani, wählten sie namentlich die Städte Umbriens und Toskanas zum Schauplatze ihrer Tätigkeit. Als frühestes Werk dieser beiden Meister betrachtete man ehedem das Grabmal des 1286 verstorbenen Giovanni di Gherardino Ammanati in S. Francesco zu Pistoja; neuerdings jedoch hat man die an verschiedene Orte versprengten Skulpturfragmente dieses Grabmales dem Frate Guglielmo, einem weit älteren Schüler des Niccolò Pisano, zugewiesen. — Inschriftlich als gemeinsame Hauptschöpfung unserer beiden Künstler beglaubigt ist das reich komponierte und skulpierte Grabmal des Bischofs Guido Tarlati in der Kathedrale zu Arezzo, signiert „Hoc opus fecerunt magister Augustinus et magister Angelus de Senis 1330" Der in erheblicher Höhe auf Konsolen ruhende Wandsarkophag läßt durch eine weite Öffnung in seiner Vorderwand das Bildnis des ausgestreckt ruhenden Verstorbenen erblicken; Engelgestalten zu beiden Seiten ziehen die Vorhänge vom Sarkophag zurück, um den hinter ihnen sich nahenden Klerikern die Gestalt ihres Bischofs zu zeigen. Die Rundbogenöffnung des bekrönenden gotischen Baldachins ist mit schweren Vorhangsdraperien verkleidet. An der Mauerfläche unterhalb des Sarkophages sind in 4 Reihen von je 4 Reliefs, die durch Bildnisstatuen heiliger Bischöfe voneinander getrennt werden, Szenen aus dem Leben des Verstorbenen zur Darstellung gebracht. So präsentiert sich das Tarlati-Grabmal als eine kompositorische Neuerung von großer Kühnheit und reichster Wirkung. Gewisse Schwächen in der plastischen Durchbildung der figürlichen Details dürften in der Hauptsache auf das Konto des weit schwächeren Gehilfen der beiden Meister zu setzen sein, nämlich des Giovanni di Agostino (Sohnes des Agostino di Giovanni), der auch an einer im Museum zu Arezzo befindlichen Heiligenstatue mitgearbeitet zu haben scheint, die von den Aretiner Lokalhistorikern fälschlich für eine aus karolingischer Zeit stammende Bildnisstatue des Kaisers Lothar ausgegeben wird. — In Arezzo sind schließlich noch die Lünettenstatuen über dem Seitenportale der Kathedrale (thronende Madonna zwischen zwei Engeln und zwei hl. Bischöfen, früher dem Nicola d'Arezzo zugeschrieben) als Arbeiten unserer beiden Meister und ihres Gehilfen Giovanni zu betrachten, und ebenso auch das im Inneren der Kathedrale aufgestellte Wandgrabmal des bereits 1276 verstorbenen Papstes Gregor X. (Sarkophag mit der ausgestreckt ruhenden Gestalt dieses Papstes unter gotischem Baldachin, früher dem Margaritone d'Arezzo zugeschrieben). In der Kathedrale zu Pistoja schufen sodann die beiden Sienesen wiederum gemeinsam die Grabmäler des Rechtsgelehrten Cino de' Sinibaldi (unter gotischem Baldachin im Kreise seiner Schüler dozierend dargestellt, früher dem Cellino di Nese zugeschrieben, ausgeführt 1337 gleichzeitig mit der nur in einem Relieffragment erhalten gebliebenen Arca des hl. Atto) und des Bischofs Ricciardi († 1343, über dem Epitaph Hochreliefdarstellung der Madonna zwischen zwei anbetenden Stiftern und deren Schutzpatronen). — In Volterra sind beiden Meistern nach Venturi die trefflichen, jetzt in die innere Frontmauer des dortigen Domes eingelassenen Relieffragmente von der 1320 entstandenen Arca des hl. Octavianus zuzuweisen (Darstellungen aus dem Leben dieses Heiligen u. a. m.). — In Orvieto sind vielleicht die Entwürfe zur Domkanzel, wie sie in drei in Orvieto selbst, im Berliner Kupferstichkabinett und im British Museum aufbewahrten Handzeichnungen auf uns gekommen sind, auf unsere beiden Meister zurückzuführen. Nach Vasari sah Giotto 1326 die beiden Meister in Orvieto bei der Arbeit an einigen Prophetenstatuen der Domfassade, doch können hiermit nicht die erst später von anderer Hand gefertigten Prophetenstatuen an der Rose gemeint sein, sondern die Reliefdarstellungen an der Basis des 3. Fassadenpfeilers (s. Fumi). — In ihrer Vaterstadt Siena werden den beiden Künstlern noch zahlreiche weitere Bildwerke zugeschrieben, so im Museum der dortigen Dom-Opera die Statuen eines Propheten, eines Diakonen, eines Engels und einer Maria Annunziata, sämtlich wohl von verschiedenen ehemaligen Statuengruppen stammend; ferner Fragmente von Propheten- und Heiligenstatuen, sowie von einer Madonnengruppe. — In Florenz endlich wird als Werk des Agostino di Giovanni allein das Grabmal des Gastone della Torre, Patriarchen von Aquileja, im Klosterhofe von S. Croce bezeichnet, ein prächtiger, mit Auferstehungs-Reliefs, Prophetenstatuen und der ruhenden Figur des Verstorbenen geschmückter Wandsarkophag, der jedoch von Venturi dem Tino da Camaino zugewiesen ist. — Die von Vasari als eine Schöpfung unserer zwei Sienesen angegebene Arca des hl. Augustinus in S. Pietro in Ciel d'oro zu Pavia (früher im dortigen Dome) ist jedenfalls als Arbeit eines weit jüngeren lombardischen Pisani-Schülers zu betrachten, da sie erst 1362—70 entstanden ist, während doch Agostino di Giovanni bereits 1350 als verstorben erwähnt wird, und auch von Agnolo di Ventura über die Mitte des Trecento hinaus keinerlei beglaubigte Werke oder urkundliche Nachrichten vorliegen. — Die urkundlichen Nachrichten über die beiden Künstler laufen von 1310 bis 1350 und betreffen hauptsächlich deren Architektentätigkeit. *Agnolo di Ventura* lieferte 1325 die Baupläne zur Porta S. Agata oder de' Tufi und 1327 diejenigen zur Porta Romana oder di S. Martino zu Siena; 1333 erstattete er mit mehreren anderen Meistern ein Gutachten über den Sieneser Dombau und 1334 erbaute er mit Guidone di Pace das Castello di Grosseto. Nach 1349 wird er nicht mehr erwähnt. — *Agostino di Giovanni* verheiratete sich 1310 in Siena mit Lagina di Nese, von der ihm zwei Söhne Giovanni und Domenico geboren wurden, die dann 1338 und 1348 am Sieneser Dombau als Capomastri angestellt waren. Agostino selbst arbeitete 1330 in Gemeinschaft mit seinem Sohne Giovanni und mit Agnolo di Ventura in der Kathedrale von Arezzo am Grabmale des Bischofs Guido Tarlati, 1331 an den Gewölben des Palazzo Communale zu Siena, 1331—32 in Gemeinschaft mit seinem Sohne Giovanni am Bau einer Kapelle für Simone und Jacopo Ghini in der Pieve di S. Maria zu Arezzo, 1336 am Bau der sienesischen Veste Massa di Maremma, 1339 wiederum am Sieneser Palazzo Communale, und zwar am Bau der bereits 1325 begonnenen Torre del Mangia. 1339 übernahm er außerdem in Gemeinschaft mit Lando di Pietro und Giacomo di Vanni den Bau der Wasserleitung für die Fonte Gaja auf dem „Campo" zu Siena, die dann am 5. 1. 1343 eröffnet wurde. Endlich war er 1340 in Gemeinschaft mit Agostino di Rosso di Grazia und Cecco di Casino an der Fassade des Palazzo Sansedoni zu Siena tätig. 1340 und 1343—48 noch mehrfach in Urkunden über Sieneser Grundstückstransaktionen figurierend, wird Agostino in einem Dokumente vom 18. 11. 1350 bereits als verstorben aufgeführt; wahrscheinlich hatte der Künstler während der Sieneser Pestepidemie des Jahres 1348 seinen Tod gefunden.

Meyer, Kstlerlex. I 146 ff., II 49 (mit ält. Lit.). — Milanesi, Docum. Sen. I 200—206. 231 f. — Borghesi e Banchi, Nuovi Doc. Sen. p. 17; Arte Toscana p. 19. — Milizia, Mem. II. — Petrocchi, Massa Marittima (Firenze 1900). — Albert Brach, Nic. u. Giov. Pisano (Straßb. 1904) p. 96—100. — A. Venturi, Stor. d. Arte ital. IV 66, nota 1, p. 367 ff. — L'Arte III 308, VII 220 ff., VIII 150. — Gaz. d. B. Arts 2. pér., XV 432. — Bullett. Senese di Stor. Patr. I 77 ff. — Miscell. Stor. Sen. II 129 ff. 145 ff. — Atti e Mem. etc. per le prov. Modenesi e Parmensi, ser. III, vol. I, p. I, 1—70. — L. Fumi, Il Duomo di Orvieto p. 92—94. *E. Scatassa.*

Agostino di Guccio, s. *Agostino* Ducci.

Agostino di Jacopo, Maler in Padua, urkundlich erwähnt 1316.

Gloria, Doc. ined. intorno al Petrarca p. 39. *A. Moschetti.*

Agostino di maestro Manno (irrtümlich von Verci: Agostino di maestro Martino genannt), italien. Maler, wird in einem Dokument in Bassano vom 23. 11. 1290 erwähnt: „. . magistris Marcho et Agustino pictoribus q. magistri Manni de Padua."

G. B. Verci, Notizie intorno alla vita de' pittori di Bassano, Venezia 1775 p. 11. — Derselbe, Marca trivigiana IV, doc. p. 5. *Gerola.*

Agostino da Mantova, Maler in Venedig in der 2. Hälfte des 15. Jahrh. Er malte in dem Hause des Pietro Priuli, das im Besitz der Prokuratoren von S. Marco war. Diese Notiz ergibt sich aus einigen eigenhändigen Quittungen von 1488 im Staatsarchiv in Venedig.

P. Paoletti, Archit. e scult. d. Rinasc. in Venezia II 119. *L. Ferro.*

Agostino di Marsiglio, aus Bologna, durch Jahrzehnte lang viel beschäftigter Maler in Siena. Seit 1442 machte er dekorative Malereien an verschiedenen Bögen im Dom und in den Kapellen S. Giovanni und San Crescenzio. Gelegentlich (wie 1443) malte er auch Fahnen und Standarten. 1464 malte er einen Crucifixus mit zwei Figuren als Altarbild für die Cappella Nuova und das Tabernakel für das Zimmer des „Spedaliere". Schon 1462 hatte er sein (im Original erhaltenes) Testament abgefaßt, lebte aber danach noch 7 Jahre.

Milanesi, Doc. Sen. II 318 fg. — Rothes, Blütezeit d. sien. Malerei p. 137. **

Agostino di Martino di Viviano in Siena, als Steinmetzmeister im Libro delle arti 1363 aufgeführt, saß 1371 im Rate der Stadt und war bis 1381 bei kirchlichen und städtischen Bauten beschäftigt.

Milanesi, Doc. Sen. I 133, 275, 283. **

Agostino da Massa, Maler in Lucca. 1578 erhielt er den Auftrag, die Decke der Kapelle della Libertà im Dom von Lucca zu malen und 1582 wurden ihm von der Opera S. Croce die Malereien des Gewölbes über dem Altar S Regolo in derselben Kirche übertragen. Er malte auch verschiedene Fresken in Palästen Lucheser Herren, z. B. des Nicolao de' Nobili, des Boccella alla Tratta, Poggi alla Rosa, Puccetti a Porta S. Pietro, Cenanni und Burlamacchi al Suffragio. Nur weniges ist davon noch vorhanden. Das beste erhaltene Werk, das so vorzüglich war, daß einige Kritiker es dem Tizian zuschrieben, ist das große Bild — jetzt im Besitz des Sign. Carlo Orsucci in Lucca —, Hannibal in Capua darstellend.

Trenta in „Memorie e docum. per servire all' ist. del ducato di Lucca" VIII 87—207. *G. Degli Azzi.*

Agostino da Milano, s. *Busti*, Ag.

Agostino di Mimiliano, aus Faenza stammender Töpfer, der in Siena seine Werkstatt hatte, und in Prozeßakten vom 26. 10. 1530 erwähnt ist.

Miscell. Stor. Senese V 149—152. — Archivio del Concistoro di Siena: Cause Delegate in R. Arch. di Stato di Siena. *G. Degli Azzi.*

Agostino da Montebello, italien. Maler, um 1491 in Pavia tätig, geb. in Pavia. Schüler des Leonardo Vidolenghi, heiratete späterhin dessen Tochter, schloß sich jedoch als Künstler mehr an Borgognone an. Von den mancherlei weiteren Beinamen des Künstlers — de Fratribus, de Pictoribus, de Comite — ist der letztere vielleicht als sein eigentlicher Familienname (dei Conti) zu betrachten, da sein vierter Beiname „da Montebello" nur den Ursprungsort seiner Familie anzugeben scheint. Laut urkundlichem Nachweis malte A. 1491 das große Freskobild der Krönung Mariae in der Halbkuppel der Altarapsis von S. Michele zu Pavia.

F. Malaguzzi-Valeri, Pittori Lombardi del Quattrocento, Milano 1902 (sowie in Rassegna d'Arte 1905 p. 88). — R. Maiocchi, I migliori dipinti di Pavia (1903). *F. Malaguzzi-Valeri.*

Agostino de Mozanega, Maler, malte 1528 10 Bilder in der Stanza dei Venti oder dello Zodiaco im Palazzo del Tè in Mantua.

L'Arte II 253. **

Agostino del Mugello, s. *Agostino* di Paolo.

Agostino di Niccolò da Siena, Steinmetz in Orvieto, 1407 als „laborans lapides" für den Dombau engagiert „pro salario 5 flor. in auro"; und zwar arbeitete er damals als Gehilfe des Sano di Matteo da Siena an der marmornen, gotischen Tempietto-Bekrönung des Taufbeckens der Kathedrale. 1412 wurde A. von neuem für die Dom-Opera verpflichtet mit dem erhöhten Gehalte von 6 flor. auri pro Monat, „cum ipse sat competenter est bonus magister foliarum, prout asseruit caputmagister, et adiscerit plus quam sciebat tempore quo jam ipse stetit." 1412 wird er zugleich auch als Mitarbeiter an einem neuen Weihwasserbecken für den Dom erwähnt, das jedoch mit keinem der beiden erhalten gebliebenen

Becken (am mittleren Hauptportale des Domes und im Museo dell' Opera) identisch zu sein scheint. Auch 1413—1415 wird A. als magister lapidum in den Gehaltsregistern der Dombauverwaltung aufgeführt. Zum letzten Male finden wir ihn am 13. 5. 1415 erwähnt, und zwar mit einer mehrwöchentlichen Urlaubsbewilligung für eine Reise nach seiner Vaterstadt Siena zur Erledigung von Privatgeschäften; jedoch wird er beauftragt, bei dieser Gelegenheit mit dem Sieneser Architekten Domenico Del Coro zu unterhandeln und diesen Meister von Ruf zur Übernahme der Bauleitung bei der Dachkonstruktion des Domes zu Orvieto zu veranlassen. Diese Unterhandlungen blieben freilich resultatlos, da Maestro Domenico der Bauverwaltung des Palazzo Pubblico zu Siena noch für längere Zeit fest verpflichtet war. — In seiner Vaterstadt fertigte Agostino di N. mit Bastiano di Corso an dem Mosaikfußboden des Doms, in der Mitte des Chors, die Einfassungen zu den Geschichten Davids, zu denen Domenico di Niccolò 1423 die Zeichnungen machte.

G. Milanesi, Documenti per la stor. dell' Arte Senese I 178 u. Arte Toscana (1873) p. 84. — L. Fumi, Il Duomo di Orvieto (Rom 1891) p. 254, 264, 313, 322, 329, 331, 485. *

Agostino di Niccolo, Kanonengießer und Ingenieur aus Piacenza, tätig für Papst Pius II. und in Siena seit 1447 vielfach für die Stadtverwaltung beschäftigt. Zum letztenmal wird er 1462 urkundlich erwähnt.

Borghesi e Banchi, Nuov. Doc. Sen. — Müntz, Les arts à la cour d. papes I 235 ff. — Champeaux, Dict. d. fondeurs. **

Agostino di Oddolo aus Rom, Goldschmied des 15. Jahrh. in Camerino, daselbst mit seinem Bruder Nardo, ebenfalls Goldschmied, in einer Notariats-Urkunde vom 13. 3. 1447 erwähnt. In derselben verpflichteten sich beide, ein silbernes Kreuz mit Figuren für einen gewissen Bartolomeo da Visso zu fertigen.

V. Aleandri in „Rassegna bibliogr. dell' arte ital." 1905 No. 8—10. *V. Aleandri.*

Agostino da Padova, Bildhauer, Padua um 1540.

Zani, Encicl. XIV 210. ***

Agostino di Paolo, frate, aus Mugello, Maler, Florenz, 16. Jahrhundert. Gehilfe des Fra Bartolommeo. Anhänger des Savonarola, trat 1495 in den Dominikanerorden von S. Marco zu Florenz ein. Wahrscheinlich ist er es und nicht ein anderer frate Agostino aus Pistoja, der als Gehilfe Fra Bartolommeos in Pian di Mugnone arbeitete und dem Fra Paolino bei der Ausführung seines Freskos in S. Spirito zu Siena half.

Crowe-Cavalcaselle, Ital. Mal. IV, 443, 482, 467, 487. — Marchese, Memorie dei più insigni pittori, scultori, e architetti Domenicani. 4. Aufl. II 249 fg. *Fr. Knapp.*

Agostino di Paolo (Augustino) da Bologna, italien. Maler, Kupferst. und Formschneider des 15. Jahrh., erwähnt von Zani, Enc. IV 138. *P. K.*

Agostino di Pasquino, Sieneser Maler, figuriert als Angeklagter in einer Florentiner Gerichtsurkunde des Arch. Medic., filza 551, carta 239. Ein Künstler gleichen Namens wird um 1511 in einer Urkunde in Pesaro genannt. (B. Feliciangeli, Sull' acquisto di Pesaro fatto da Cesare Borgia. Camerino 1900.) *G. Degli Azzi.*

Agostino da Pavia, Gehilfe des Lionardo, aus Vaprio gebürtig und lange in Pavia tätig, diente dem Lionardo zeitweise als Gehilfe und ist von dem Meister selbst auf Fol. 15 verso des Pariser Manuscr. C. erwähnt. Als der Herzog Lodovico von Mailand im Dez. 1490 zahlreiche Maler zur Dekoration der Sala della Palla aufforderte, wurde unter jenen auch „mgro augustino de magro. leonardo" genannt.

Müller-Walde im Jahrb. d. preuß. Kunstsammlungen XVIII 106. **

Agostino da Piacenza, Architekt in Rom, urkundlich erwähnt 1460 in den vatikanischen Archiven mit einer Gehaltszahlung von 50 Goldgulden. 1450—1454 war A. in Siena tätig, und scheint dort auch später gestorben zu sein.

Giorn. d'Erudiz. Artist. VI 202. — Ambiveri, Artisti Piacentini (1879) p. 58 f. *A. Bellucci.*

Agostino di Piermatteo, mit dem Beinamen della Nonna, Sohn des Peruginer Malers Piermatteo di Angelo di Giovanni, war Camerlengo der Peruginer Malerzunft im 2. Semester 1485. Werke unbekannt. *W. Bombe.*

Agostino delle Prospettive, italien. Maler, um 1525 in Bologna tätig. Wurde von Masini als sehr geschickter Maler architektonischer Prospekte geruhmt; Menschen und Tiere sollen sich durch seine gemalten Scheintüren, Scheinfenster und Scheintreppen haben täuschen lassen. In Malvasias „Felsina Pittrice" ist dieser Künstler nicht erwähnt, woraus man geschlossen hat, daß er vielleicht gar kein Bolognese gewesen ist. Jedenfalls darf er nicht verwechselt werden mit dem Mailänder Maler Agostino di Bramantino.

Masini, Bologna perlustrata, I 612. — Rosini u. Lanzi, Stor. d. Pitt. — Boni u. Ticozzi, Diz. d. Art. bezw. d. Pitt. — Orlandi, Abecedario. — Meyer, Kstlerlex. *P. d'Achiardi.*

Agostino da Recanati, Kunsttöpfer in Ancona, woselbst er 1421 eine Werkstatt besaß.

Nuova Rivista Misena VI 37. *E. Scatassa.*

Agostino da Rimini, Bronzegießer, wurde 1522 beauftragt, die große Glocke des Palazzo communale von Todi umzugießen.

Guardabassi, Indice-Guida dell' Umbria. **

Agostino di Ristoro, Maler, Florenz, 1358 in der Malergilde erwähnt.

Gualandi, Memorie VI 176. **

Agostino di maestro Rosso di Grazia, Sieneser Architekt des 14. Jahrh. Übernahm 1339 mit Agostino di Giovanni und Cecco del maestro Casino die Ausführung der nach der Straße gelegenen Fassade des Palazzo de' Sansedoni in Siena, der 1216 gegründet und 1778 restauriert wurde. Romagnoli hat mit Unrecht geglaubt, Agostino di Rosso mit dem bekannten Agostino da Siena identifizieren zu können, der mit maestro Angelo im Dome von Arezzo das Grabmal des Bischofs Tarlati ausführte, doch hieß dieser Agostino di Giovanni.

Milanesi, Doc. Sen. I 232—240. — Meyer, Kstlerlex. *G. De Nicola.*

Agostino di San Agostino, italien. Stecher am Ende des 16. Jahrh. Er hat u. a. die Zingara und den Joh. den Evang. nach Correggio gestochen.

Heinecken, Dict. I 55. — De Boni, Biogr. d. artisti. *P. K.*

Agostino da Siena, s. *Agostino* di Giovanni u. *Agostino* di Niccolò.

Agostino Veneziano, s. *Musi.*

Agostino da Verona, Maler in Venedig, Sohn des Schnellmalers Maffeo, tätig um 1647.

Zani, Enc. met. XIX 137. **

Agostino di Vettore, Architekt in Venedig, † 17. 9. 1495. Er war das Oberhaupt der Scuola grande von S. Maria della Carità. Im Staatsarchiv von Venedig ist ein notarielles Dokument vom 31. 1. 1488 erhalten, in dem er sich als Zeuge unterschrieben hat.

P. Paoletti, Archit. e scult. d. Rinasc. in Venezia II 200. — Archivio Veneto XXXIII parte II 1887, 418. *L. Ferro.*

Agostino di Vivalo, Camerlengo der Peruginer Malerzunft im 1. Semester 1398. Werke nicht bekannt. *W. Bombe.*

Agostino Zoppo, s. *Zoppo.*

Agostinucci, Agostino di Bastiano, Bildhauer aus S. Ippolito, tätig im 18. Jahrh. in verschiedenen Städten der Urbinatischen Mark.

Vernarucci, Di S. Ippolito e degli scalpellini del luogo (Fossombrone 1900). *E. Scatassa.*

Agosto, Carlo, Baumeister in Padua, geb. 29. 11. 1761, † 29. 3. 1841. Er stellte u. a. 1826 die Kuppel des Doms, die am 12. 6. 1822 durch Blitz zerstört worden, nach den Zeichnungen und unter der Leitung des Giuseppe Bisacco wieder her.

Pietrucci, Biografia degli artisti Padovani. *R.*

Agosto (Agostino) Decio da Milano, Miniator des 17. Jahrh., sehr geschickt in seiner von Lomazzo vielbewunderten Kunst. Er arbeitete für Kaiser Rudolph und den Herzog von Savoyen und wurde zusammen mit seinem Sohne Ferrante, der ebenfalls Miniator war, von Papst Gregor XIV. nach Rom gerufen. Großen Einfluß hatte Raffels Kunst auf sein Schaffen. Miniierte Codices von ihm sind erhalten in der Bibl. Ambrosiana in Mailand wie in der Certosa und mehreren anderen Orten.

Mongeri, L'arte del minio nel ducato di Milano, im Archivio Storico Lombardo XII 782. *P. d'Ancona.*

Agosto, Joachim, Stukkateur, Prag, um 1684, hat 1684 die äußere Stuckverkleidung (Statuen, Reliefs u. ornamentale Ausschmükkung) der fürstl. Lobkowitzschen Kapelle im Hofe des Loretoklosters auf dem Hradschin zu Prag gearbeitet. Die Kapelle ist eine Kopie der Santa Casa zu Loreto aus dem Jahre 1626. Renoviert 1878.

Dlabacz, Kstlerlex. für Böhmen 1815. — Schottky, Prag wie es war und wie es ist 1830. — Ekert, Die hl. Orte von Prag I (čechisch; „Posvátná místa") 1883/84. *Oskar Pollak.*

Agoston von Stawetin, Jakob, Baumeister aus Pilsen. Zur Zeit Kaiser Rudolfs II. († 1612) als k. k. Baumeister im Prager Schlosse und in Pilsen tätig. Urkundlich als Bürger der Kleinseite erwähnt.

Rulik, Včena Cechya (Das gebildete Böhmen) 1808. — Dlabacz, Kstlerlex. für Böhmen 1815. — Mitt. d. Arch.- u. Ing.-Ver. Böhmen 1881. *Oskar Pollak.*

Agostone, s. *Agustone.*

Ágotha, Johann, ungar. Maler in Siebenbürgen, hauptsächlich 1830—1840 als Porträtmaler tätig. Sein „König Ferdinand V." in Marosvásárhely, Ungarn. Später siedelte er nach Nagyszeben über. *K. Lyka.*

Agoty, Gautier d', s. *Gautier-Dagoty.*

Agoty, Lud. d', französ. Porträtmaler der 2. Hälfte des 18. Jahrh. Von ihm nichts bekannt als das Porträt eines seinerzeit renommierten Arztes Joseph Gastaldy im Mus. Calvet in Avignon, bez.: Lud. d'Agoty pinxit an. 1787.

Handschriftl. Notiz von Alex. Pinchart. **

Agrano, J., siehe *Ziarnko,* Jan.

Agrasot y Juan, Joaquin, span. Maler des 19. Jahrh., geb. zu Orihuela, Schüler der Akad. San Carlos in Valencia und von Francisco Martinez. Er vervollkommnete dann seine Ausbildung in Rom. 1860 stellte er zum ersten Male auf einer Ausstellung in Alicante 6 Gemälde aus, unter ihnen: Das Opfer Abrahams, und die Erziehung der Jungfrau; ferner das Porträt des Don Juan Alfonso de Albuquerque, Bischofs von Cordova, sowie Landschaften. 1864 sandte er zur National-Ausstellung in Madrid zwei Gemälde, Erinnerungen aus den päpstl. Staaten, welche größten Erfolg hatten; eine Landschule, und die Wäscherinnen der Scarpa, welche ihm eine 3. Medaille einbrachten, sowie die Erwerbung des ersteren Gemäldes für das Mus. von Barcelona und die Erwerbung des zweiten für das Mus. moderner Kunst in Madrid. 1867 stellte er abermals in Madrid aus: Josua, die Sonne anhaltend; Eine Fontäne im Palais Julius II. in Rom u. Die beiden Freunde (heute im Mus. f. mod. Kunst in Madrid befindlich). Er durchstreifte Italien, Frankreich und England und zeigte sich bei verschiedenen Salon-Ausstellungen von Paris, besonders bei denjenigen von 1877, 1878, 1881 mit: Zigeunern und Bauern auf dem Jahrmarkt; Vor dem Rennen; Ein Sonntag auf dem Lande in Valencia. Auf der Weltausstellung von 1889 erlangte er eine ehrenvolle Erwähnung mit einer Schäferin der Campagna von León.

Von seinen anderen Werken sind noch zu nennen: Ein Taschenspieler; Der Einzug Karls V. in Juste; Der Tod des Marschalls Concha in Montemuro; Der erste Enkelsohn; Die Weinernte; Im Garten; Das Dreschen des Getreides; Die Schafschur; Bäuerin aus Valencia; Andalusierin, die Gitarre spielend; Die Predigt in der Wüste; Ein Putzmagazin des 18. Jahrh.; Meine Schüler; endlich verschiedene Porträts, u. a. diejenigen des Königs Amédeo v. Savoyen, des Don Eduardo Atard, sein Selbstporträt und das seiner Gattin.

Ossorio y Bernard, Galeria biogr. de artistas españoles del siglo XIX. Madrid 1883/4. — Alcahali, Dicc. biogr. de artistas valencian. Valencia 1897. — Clement and Hutton, Artists of the XIX century, London 1879.
P. Lafond.

Agrate, Antonio, s. *Agrote.*

Agrate, Antonio Ferrari da (oder da Grado), lombard. Bildhauer aus der Familie der Ferrari aus Agrate, tätig in Parma, wo er laut notarieller Urkunde von 1503 nach den Zeichnungen des Architekten Bernardino Zaccagni die dorischen Säulen und die Fensterumrahmungen für die Fassade des Ospedale della Misericordia in Marmor auszuführen hatte. Ebenso schuf er 1505 die neuen, mit prächtigen Ornamentkompositionen geschmückten Kompositpilaster an der Fassade der alten Kirche S. Sepolcro.

Scarabelli-Zunti, Mscr. in der Bibl. Palat. zu Parma. *St. Lottici.*

Agrate, Castore Ferrari d' (oder da Grado), Steinmetz der 1. Hälfte des 15. Jahrh. in Parma, Sohn des Gian Francesco d'Agrate, mit dem er gemeinschaftlich am Bau der Kirche Madonna della Steccata arbeitete.

Merzario, I Maestri Comacini (Milano 1893) II 128. *

Agrate, Gian Francesco Ferrari da (oder da Grado), Architekt und Bildhauer in Parma, Sohn des Antonio Ferrari d'Agrate; zum ersten Male erwähnt 1515 als Verfertiger der Säulen für die Libreria und das Studio des dortigen Domkapitels. Eine bedeutsamere Tätigkeit entwickelte der Künstler als Gehilfe und späterer Nachfolger des Bernardino Zaccagni in der Leitung des um 1521 begonnenen Baues der prächtigen Renaissancekirche Madonna della Steccata zu Parma, für die er gemeinsam mit seinem Bruder Marco und mit seinem Sohne Custore sowie mit dem Veronesen Paolo Sanmicheli zahlreiche Marmorarbeiten ausführte. So schuf er 1532 in Gemeinschaft mit dem letzteren Künstler den zierlichen Säulenumgang um den Kuppeltambur dieser Kirche, 1537 den vom großen Antonio Allegri da Correggio nach A.s Entwurfzeichnung zur Ausführung empfohlenen, späterhin leider im Barockstil umgebauten Hochaltar, 1541 Fensterumrahmungen, Säulen etc., 1547 die Laterne über der Kuppel. Ferner schmückte er das Innere dieser Kirche mit einer ganzen Anzahl beachtenswerter marmorner Grabdenkmäler: 1527 mit dem reichen Grabmal des Beltrando Rossi, 1528—36 mit demjenigen des Sforzino Sforza, Conte di S. Fiora (Sarkophag mit der ruhenden Bildnisfigur des Verstorbenen), 1547 mit demjenigen der Familie Carissimi (im südl. Seitenschiffe); auch das Grabmal des Guido da Correggio wird ihm zugeschrieben. In der Krypta des Domes zu Parma erscheint nach Burckhardts „Cicerone" die Statue des hl. Agapito über dem Seitenaltare zur Rechten den Grabskulpturen des Meisters stilistisch so nahe verwandt, daß diese Figur gleichfalls als eine eigenhändige Arbeit desselben gelten kann. Endlich schuf Gian Francesco d'A. 1547 noch die Marmordekorationen des Ponte di Mezzo zu Parma.

Il parmigiano servitor di piazza, p. 54. — A. Ronchini in Atti e Mem. etc. per le prov. Modenesi e Parmensi I 185 ff. — G. Merzario, I maestri Comacini (Milano 1893) II 127 ff. — J. Burckhardt, Cicerone (Ausg. 1901) II 150, 522, d—e. — Campori, Lett. artist. — Gualandi, Nuova raccolta di Lett. art. III 5 — Scarabelli-Zunti, Mscr. in der Bibl. Palatina zu Parma. *St. Lottici.*

Agrate, Marco d', italien. Bildhauer des 16. Jahrh. Stammte aus Agrate (auch Gra, Grate, Grado) bei Monza, und zwar aus der dort ansässigen Künstlerfamilie der Ferreri oder Ferrari. Geb. vermutlich um 1500, als Sohn des Antonio und Bruder des Gianfrancesco Ferrari d'Agrate, war der junge Künstler nach Torres Angabe neben Agostino Busti, genannt il Bambaja, Cristoforo Solari, gen. il Gobbo und anderen bereits an der Ausführung der Fassadenskulpturen der Certosa von Pavia mit beteiligt, ohne daß sich sein Sonderanteil an diesen Skulpturen des näheren feststellen ließe. Ferner war er nach Merzario bis um 1540 als Gehilfe seines Bruders Gianfrancesco am Bau der Kirche Madonna della Steccata zu Parma tätig. Zwischen 1541 und 1566 war er dann laut urkundlichen Nachweisen beständig mit plastischen Arbeiten für die Fabbriceria des Mailänder Domes beschäftigt, und noch 1571 meißelte er im Auftrage der Mönche von S. Francesco für den Dom eine heute nicht mehr existierende Statue des hl. Franciscus de Paula. Dagegen wird seine Autorschaft für die ihm durch Vasari zugeschriebene Reliefdarstellung der Hochzeit zu Kana (im Chore des Mailänder Domes, gegenüber der nördlichen Sakristeitüre) durch keinerlei urkundliches Zeugnis bestätigt.

Bis vor wenigen Jahren kannte man nur ein einziges Bildwerk, das dem Marco d'Agrate mit voller Sicherheit zugeschrieben werden konnte, nämlich die 1562 entstandene berüchtigte Marmorstatue des geschundenen hl. Bartholomäus im Chore des Mailänder Domes, auf deren Sockel die stolze Hexameter-Inschrift zu lesen ist: „Non me Praxiteles sed Marcus finxit Agrates". Auf einen geläuterten Geschmack kann dieses Werk nur abstoßend wirken, da der geschundene Heilige in vollkommen gleichgültiger Stellung ein Buch in der Hand haltend und seine abgezogene Körperhaut über der Schulter tragend dargestellt ist. Von den Zeitgenossen des Künstlers dagegen wurde die Statue aufs höchste gerühmt wegen der raffinierten Exaktheit, mit der hier jedes anatomische Detail plastisch durchgebildet war, — ein Beweis, welchen Wert man damals auf gewisse realistische Neuerungen legte, und wie sehr das feinere künstlerische Empfinden nachließ, je anspruchsvoller das anatomische Verständnis des menschlichen Körpers sich geltend machte. Immerhin ist das Werk kunstgeschichtlich interessant genug als Beispiel einer zu bloßen Formengeschicklichkeit entarteten Virtuosenplastik.

Künstlerisch weit bedeutender ist ein Skulpturwerk, das erst durch neuere Urkundenfunde als eine Schöpfung des Marco d'Agrate hat nachgewiesen werden können. Es ist dies jenes großartige marmorne Grabmonument des 1522 verstorbenen Mailänder Senators Giov. del Conte in der Cappella di S. Ippolito zu S. Lorenzo in Mailand, das bis vor wenigen Jahren noch als ein Werk des Bambaja-Schülers Cristoforo Lombardo gegolten hat. Das Grabmal zeigt uns in einer schweren, nach-michelangelesken Architekturumrahmung (bestehend aus dorischen Säulen und Pilastern mit verkröpftem Gebälk und geschwungener Giebelbekrönung) die auf einem Sarkophage ausgestreckt ruhende Gestalt des Verstorbenen. In einen langen Talar gehüllt und mit der Linken den fein gearbeiteten Griff seines Degens umfassend, stützt Giovanni del Conte mit der Rechten sein gleichsam in tiefes Sinnen versunkenes Senatorenhaupt. An der Rückwand über dem Sarkophage ist in einem kreisrunden Medaillon die Madonna mit dem Christkinde sichtbar, während an den beiden Ecken des Krönungsgiebels zwei sitzende nackte Kindergenien mit gesenkten Fackeln die Totenwache halten und auf der Spitze des Giebels ein Ruhmesgenius in die Posaune stößt. Nach Ausweis der von Arturo Faconti im Archiv der Mailänder Congregazione della Misericordia aufgefundenen und von Diego Sant' Ambrogio im „Politecnico" von 1898 publizierten Vertragsurkunde ist dieses Grabmonument auf gemeinsame Kosten der genannten Genossenschaft und der Erben des Giovanni del Conte von Marco d'Agrate 1556—1558 in Marmor ausgeführt worden, und zwar nach einer schon 1550 an die Misericordia eingelieferten Entwurfzeichnung des Mailänder Dombaumeisters Vincenzo Seregni.

Vasari, Vite VI 517. — Torre, Ritratto di Milano (1714) p. 129, 377. — Cicognara, Stor. d. Scult. II 183 und Taf. LXXX. — Zani, Encicl. VIII 253. — D. Sant' Ambrogio, Marco d'Agrate, Milano 1898 (auch publiziert im „Politecnico XLVI 39, vgl. Repertor. f. Kstwissensch. XXII 82). — Gazette des B.-Arts 2. Per. XIV 496. — Mariette, Abecedario, Vol. I. — Merzario, I Maestri Comacini (Milano 1893) I 537 ff., II 128 ff. — F. Malaguzzi-Valeri, Milano (Bergamo. Arti Grafiche. 1906. II). *F. Malaguzzi-Valeri.*

Agrath (Agarath, Agarag, Agirack, Abarack), Johann Carl, Zinngießer in Neiße, heiratete 15. 2. 1683 und wurde zur selben Zeit Meister. Sein Meisterzeichen ein laufender Hirsch, darüber die Buchstaben I C A; Stadtzeichen: Neißer Bistumslilie. Arbeiten von ihm: 1. Ein Willkommenpokal der Neißer Fleischergesellen-Bruderschaft, datiert 1697. 2. Ein Zinngefäß in Form eines Stieres, datiert 1697. Beide Gefäße im Neißer Altertumsmuseum. A. wurde am 31. 3. 1704 begraben. *E. Hintze.*

Agréda, Estéban, span. Bildhauer, geb. 26. 12. 1759 in Logroño. Trat 1775 in die Werkstatt des Roberto Michel ein und dann in die im Palast Retiro errichtete Edelsteinschneiderei, wo er verschiedene Kameen schnitt (darunter die Bildnisse des span. Königspaares) und auch für die kgl. Porzellanmanufaktur modellierte. 1797 wurde er in die Akad. aufgenommen. Er fertigte hier kurz darauf ein Modell zu einer Reiterstatue Philipps V. 1831 wurde er Generaldirektor der Akad., auch hatte ihn Karl IV. zum Hofmaler ernannt. Seit September 1838 scheint er wegen Kränklichkeit nicht mehr tätig gewesen zu sein. 1842 wahrscheinl. gestorben. Außer verschiedenen Arbeiten in Madrid und Burgos sind noch in Aranjuez zu nennen: die Fontänen des Narziß und der Ceres und zwei Kindergruppen an der Fontäne des Apollo.

Ossorio y Bernard, Gal. biogr. — Riaño, Ind. arts p. 224. △

Agréda, Manuel de, Bruder des Estéban A. und gleich diesem Bildhauer, 1773 zu Haro geb., 1827 Mitglied der Akad. S. Fernando zu Madrid. Von ihm in dieser Akad. ein Relief aus der Geschichte Spaniens und ein Bacchus; in der Kirche zu Haro drei Heiligenstatuen.

Von 1805—1808 Modelleur der kgl. Porzellanmanufaktur in Buen Retiro.

Ossorio y Bernard, Gal. biogr. — Riaño, Ind. arts 227. Δ

Agresti, Daniele, Veroneser Maler des 15. Jahrh. Aus einer Bittschrift desselben an den Marchese Niccolò III. d' Este geht hervor, daß er in Verona geboren, aber in Ferrara, wahrscheinlich für die Este, tätig war.

G. Campori in Atti e Mem. d. R. Deput. di Stor. Patr. p. l. Prov. Moden. e Parm. ser. 3, vol. III, pte. II, p. 538. *G. Degli Azzi.*

Agresti, Livio, Maler, geb. zu Forlì, arbeitete von etwa 1550 an. Nachdem er seinen ersten Unterricht von Francesco Menzocchi erhalten und (nach Vasari) zuerst in Narni und Ravenna gemalt hatte, begab er sich nach Rom und bildete sich dort unter Perino del Vaga weiter aus; doch suchte er auch von der Weise Michelangelos manches sich anzueignen. Er malte daselbst in verschiedenen Kirchen, so namentlich in S. Agostino (Martyrium der Jungfrau) in S. Catarina de' Funari (Madonna mit Heiligen) und im Oratorium del Gonfalone ein Abendmahl und eine Aufrichtung des Kreuzes; weiterhin in mehreren Kapellen von S. Spirito in Sassia, sowohl die Altarbilder als Fresken in den Wölbungen (nach Baglione wäre dieses sein letztes Werk in Rom gewesen). Auch von den Päpsten Paul III. und Gregor XIII. wurde er beschäftigt; so war er unter den Künstlern, welche die Ausmalung der Sala regia im Vatikan nach 1560 vollendeten. Häuserfassaden zu Rom hat A. gleichfalls mit dekorativen Malereien versehen. Doch ist allem Anschein nach von seinen römischen Werken weitaus das Meiste verschollen oder zugrunde gegangen. Dagegen ist in seiner Vaterstadt noch manches von ihm erhalten (auch in der dortigen Pinakothek). Er malte daselbst eine Kapelle mit Darstellungen aus der Genesis (1557); ferner ein Abendmahl in einer Kapelle der Kathedrale und (nach Scanelli) in der Jesuiten- und in der Franziskanerkirche. Ein wohl erhaltenes Bild von Agresti mit dem Namen und 1560 bezeichnet, findet sich noch im Dome zu Terni (auf Holz). Es stellt eine Beschneidung Christi mit lebensgroßen Figuren dar. Die Verhältnisse sind schlecht, die Färbung kalt, die Malerei hölzern; die ganze Manier erinnert an Vasari. Eine Originalzeichnung von einem Abendmahl bewahrt noch das britische Mus. in London. Scanelli endlich erwähnt noch als ein Werk A.s die Erzbischöfe in der Kirche S. Spirito zu Ravenna, die schon zu seiner Zeit ganz übermalt waren; und im „Microcosmo" rühmt er endlich den Meister als Erfinder der Kunst, auf Silberstoff zu malen. 7 Bilder dieser Art, die für sehr gelungen galten, hat A. für den Kardinal von Augusta ausgeführt, der sein Gönner war und den Maler vielfach beschäftigte. Dieser Kardinal von Augusta ist Konrad Otto, Truchsess von Waldburg. Agresti soll mit ihm auch nach Deutschland gegangen sein und dort viel gearbeitet haben; doch kommen außerhalb Italiens keine Werke von ihm vor. Er kehrte dann nach Rom zurück und starb dort um 1580.

Meyer, Kstlerlex. (mit ält. Lit.). — Campori, Art. ital. etc. negli Stati Estensi. — Cittadella, Not. relat. a Ferrara. — Bertolotti, Art. Bolognesi in Roma; Art. Subalpini in Roma. — Missirini, Stor. d. Romana Accad. di S. Luca p. 461. 468. — Arte e Storia VIII 30.

Agretti, Giacomo, Mosaikmaler in Perugia, ohne nähere Angaben bei Zani, Enc. met. I 334 erwähnt. **

Agricola (oder Agroecula), Bischof von Châlon sur Saône, gewählt 532, † 17. 3. 580. Nach Gregor von Tours ist er als der Architekt zahlreicher Bauwerke zu betrachten; namentlich soll er in Châlon sur Saône einen Kirchenbau errichtet haben, der um seines Säulen-, Marmor- und Mosaikschmuckes willen von den Zeitgenossen lobend bewundert wurde.

Gregor. Turon. Hist. Franc., lib. V, cap. 46. — Gallia Christiana IV 866. — Lance, Dict. des Archit. — Bauchal, Dict. des Archit. — Meyer, Kstlerlex. *C. Enlart.*

Agricola, Christoph Ludwig, Landschaftsmaler, geb. in Regensburg 5. 11. 1667, † daselbst 1719. Er war fast beständig auf Reisen in Deutschland, England, Holland und Frankreich, hielt sich aber am liebsten in Neapel und in Augsburg auf. Seine Zeitgenossen schätzten ihn als einen großen Meister, aber die Nachwelt sieht in ihm nur einen der vielen Vertreter der heroischen Landschaft unter dem Einfluß Caspar Poussins und Claude Lorrains. Er liebte kräftige Lichtwirkungen und erstrebte eine romantische Stimmung durch Ruinenbeiwerk und orientalische Staffagefiguren. Seine Farben sind vielfach nachgedunkelt. Man begegnet seinen Bildern in vielen Museen. Besonders reich war die Galerie Salzdahlum daran, woher wohl die beiden Landschaften in der Braunschweiger Galerie stammen; ferner findet man 3 seiner größeren Werke in Pommersfelden, 2 in der Dresdener Galerie, 2 in Cassel, eine seiner besten Landschaften im Hofmuseum in Wien, andere in Schwerin, Gotha, Breslau, in den Uffizien in Florenz, in Neapel, Bologna und Turin.

Schüler von ihm waren Christ. Hülfgott Brand, Fabio Ceruti und Joh. Alexander Thiele. Sein Selbstporträt in Braunschweig; das von Rosalba Carriera gemalte Bildnis in seinem 44. Jahre hat Bern. Vogel in Schwarzkunst in Folio 1711 radiert.

Agricola hat auch selbst einige Landschaften radiert, die er mit C. L. A. oder einem aus diesen Buchstaben gebildeten Monogramm bezeichnete.

Meyer, Kstlerlex. — Nagler, Monogr. I 816, II 358. — Heller-Andresen, Handbuch für Kupferstichsammler I. — Zeitschr. für bild. Kst. IV 192. — Kataloge der obengenannten Galerien. *F. Becker.*

Agricola, Eduard, Landschaftsmaler, geb. 1800 zu Stuttgart, Mitglied der weitverzweigten Künstlerfamilie. Nach dem ersten Unterricht an der Berliner Akad. ging er auf Studienreisen, 1825 nach Salzburg, 1830 nach Italien. Ein 18jähriger Aufenthalt meist in Rom und Neapel bildete ihn zum Schilderer der klassischen Landschaft in der Art Franz Catels aus. Nach wechselndem Aufenthalt in München, Berlin, Karlsruhe und wieder in Italien ließ er sich schließlich in München nieder, wo er nur selten und dann Landschaften der nordischen Natur ausgestellt hat.

Katal. d. Berliner Akad. Kstausst. 1828, 1830, 1838, 1839, 1842, 1844. — Raczynski, Geschichte d. mod. Kunst I 229, III 95. — Kunstblatt, Stuttgart 1838, 1841, 1843. — Kugler, Kleine Schriften III 677. — Dioskuren 1860 p. 188, 339. — Bötticher, Malerwerke des 19. Jahrh. III 95. *Hans Mackowsky.*

Agricola, Filippo, deutscher Abkunft und eigentlich „Bauer" genannt, wahrscheinlich der Sohn des Luigi A., Historien- und Bildnismaler, geb. zu Urbino 1776, † zu Rom 3. 12. 1857. A. war im 1. Drittel des 19. Jahrh., neben Camuccini einer der angesehensten Maler Italiens. Er stand eine Zeitlang mit an der Spitze der italien. Schule klassischer Richtung und wurde nach jenem Meister 1843 Direktor der Akad. von S. Luca zu Rom. Die Gegenstände seiner Kunst waren meist religiösen und mythologischen Inhalts. Besonderen Beifall fanden seine hl. Familie (1819) für den Grafen Monticelli; ein Bild der Venus mit Amor, von süßlich akademischer Anmut; dann die Halbfiguren von Petrarca und Laura, Dante und Beatrice (für die Herzogin von Sagan), jedes Paar auf einer Tafel, Bilder, welche der kühlen klassischen Manier mit einem leisen sentimentalen Interesse aufzuhelfen suchten. Nach 1830 ging es übrigens mit dem gefeierten Künstler rasch bergab eine andere, dem Malerischen zugewendete Anschauung, Romantik und Realismus, verdrängten jene mehr akademische Manier, darin sich zudem A. immer einseitiger befestigt hatte. So fanden 1835 sein Torquato Tasso in S. Onofrio und 1839 sein Altarbild in S. Giovanni in Laterano zu Rom, Erlöser in der Glorie mit den beiden Johannes, nur noch geringe Anerkennung. — Zu seinen besten Leistungen gehören einige Bildnisse; insbesondere diejenigen der Kronprinzessin von Dänemark (1822), der Gräfin Perticari, des Dichters Monti und das seiner Tochter. In den letzten Jahren seines Lebens war er vielfach für San Paolo fuori le mura (zu Rom) beschäftigt, indem er die Kartons für die Mosaiken der Fassade zu fertigen hatte.

Meyer, Kstlerlex. — Raczynski, Gesch d. mod. Kst. II. — Missirini, Storia d. rom. Accad. di S. Luca, 1823 p. 462. — C. E. Muzzarelli, F. Mercuri, Pell. Farini und G. Giordani schrieben über einzelne von Agricolas Bilder in den dreißiger Jahren Broschüren, die heute kaum noch Interesse haben. **

Agricola, Gabriel, Maler um 1609. In der Pfarrkirche zu Jägerndorf in Österr.-Schlesien existierte noch 1806 ein 1609 auf Holz gemaltes Bild eines G. Agricola, dessen Bruder Johann damals Superintendent des Herzogtums Jägerndorf war. Nach Mitteilung des Pfarramtes in Jägerndorf ist das Bild nicht mehr vorhanden.

Wolny, Kirchl. Topographie von Mähren. Olmützer Diözese. IV 352. *W. Schram.*

Agricola, Hieronymus, Zeichner, Innsbruck, zeichnete Theaterdekorationen zu Innsbruck im 17. Jahrh. Darnach eine Radierung von 1655, vermutlich von v. Spada. Eventuell ist das Blatt von A. selbst, in welchem Fall das Monogramm A. H. gelesen werden müßte, welches wegen des c-artigen Schnörkels dem des V. Spada von Florenz ähnlich ist.

Nagler, Monogr. I 2219. *H. S.*

Agricola, Joachim, nach Zani, Enc. met. I 334 ein deutscher Maler um 1758—85; sonst unbekannt. **

Agricola, Karl (Joseph Aloys), Maler und Kupferstecher, geb. zu Seckingen (Baden) den 18. 10. 1779, † zu Wien 1852. Er begann seine Studien in Karlsruhe, kam dann gegen 1798 nach Wien und erhielt an der dortigen Akademie, namentlich unter Füger, seine Ausbildung. In Wien blieb er, wo ihm besonders seine Miniaturbildnisse Anerkennung verschafften.

Agricola malte noch in der Weise seines Lehrers Füger, als die am Anfange des 19. Jahrh. entstehende neue Richtung vollkommen zum Siege gelangt war. Seine Ölgemälde (im Hofmuseum zu Wien eine Madonna, in der Akademie daselbst Amor und Psyche) haben ihn weniger bekannt gemacht, als seine in Wasserfarben ausgeführten Miniaturbildnisse, von denen sich eine große Zahl erhalten hat.

War seine Miniaturmalerei mehr in der Wiener Welt beliebt, so verbreiteten seine Kupferstiche sein Ansehen auch in die weiten Kreise der Kunstfreunde. Er radierte vor und beendigte mit dem Stichel, dem Punzen und der kalten Nadel. Auch hierin war er immer noch ein Abkömmling des 18. Jahrh.; weich und zierlich erscheinen seine Radierungen, ohne größeren Stil und strengeren Vortrag. Die größeren Bll. befriedigen am wenigsten; sie sind etwas kraftlos und monoton. Auch lassen seine Porträts eine tiefere Auffassung vermissen. Sehr fein behandelt aber und von hübscher Wirkung sind die kleinen Blätter. Sehr beliebt war seinerzeit der kleine Stich mit dem Herzog von Reichstadt, den man als Ringzierde trug. Sein einziger Versuch in der schwarzen Manier, Bildnis einer Mohrin, ist ihm dagegen nicht recht gelungen. Auch seine Lithographien kommen seinen Stichen nicht gleich. Die Ausführung ist auch bei ihnen zart und weich. Bei der Behandlungsweise des Künstlers sind die ersten Abdrücke den späteren weit vorzuziehen.

Meyer, Kstlerlex. — Bötticher, Malerwerke d. 19. Jahrh. — Bodenstein, Hundert Jahre Kunstgesch. Wiens, 1888, 1 ff. — E. Leisching, Die Bildnisminiatur in Österr. 1906 p. 150 (Biogr. nach den Quellen u. Abb. einiger Miniaturen). — Die Miniaturen-Ausst. in Wien führte gegen 20 seiner Miniat. vor. — Nagler, Monogr. I, No. 2177. — Heller-Andresen, Handbuch für Kupferstichsammler. — Apell, Handbuch f. Kupferstichsammler. — Katal. der Gem.-Galerie, Wien. — Katal. des Rudolphinum in Prag. Mit Notizen von E. W. Braun. **

Agricola, Luigi, geb. zu Rom um 1750, malte Kirchenbilder in der Weise seines Meisters Christ. Unterberger. Auch fertigte er Zeichnungen zur Vervielfältigung durch den Stich. Er war zugleich ein sehr gewandter Gemmenschneider und unter den Arbeiten dieser Art ist besonders die große Intaglie mit dem Raub der Proserpina zu nennen.

Meyer, Kstlerlex. (Liste der Stiche nach s. Zeichn.). — Schorns Kunstblatt 1822 p. 24, 1836 p. 214. — Tommaso Cades „Gemme" etc. Bd. 60, N. 994—97. **

Agrippa, Giovanni Guido, italien. Medailleur des 16. Jahrh. Von ihm 2 Medaillen auf den Dogen Loredano: 1. LEONARDVS · LAVREDANVS · Brustbild des Dogen rechtshin, unten D. V. — Rückseite: Der Doge kniend vor der Venetia; Signatur · AGRIPP · · FACI · Größe: 99 mm. 2. LEONARDVS · LAVREDANVS · Brustbild des Dogen rechtshin. — Rückseite: BERNARDVS · LAVREDANVS · PRINCIPIS · FIL · Brustbild mit Mütze linkshin. Darunter IOANNES · GVIDO · AGRIPP · EQVIT · Größe: 66 mm. — Wenn sich die beiden Medaillen auf die Krönung des Dogen beziehen, so sind sie von 1501. Die Arbeit wenig kunstvoll und in Einzelheiten seltsam.

Jahrb. d. preuß. Kstsamml. II 109. — Armand, Les médailleurs ital. I 112. **

Agrippa, Marco, Architekt, in Mailand erwähnt 1567.

Bertolotti, Art. Lomb. a Roma I 67, 367. **

Agroecula, s. *Agricola.*

Agrolas und **Hyperbios,** als mythische Erbauer der ältesten Burgmauer in Athen genannt. Dies mächtige kyklopische Werk der mykenischen Epoche wurde den „Pelasgern" oder den Giganten zugeschrieben, unter denen eben die Namen A. und H. wiederkehren; daneben auch Euryalos, dessen Name in der lückenhaften Stelle bei Pausanias ausgefallen sein könnte. Euryalos und Hyperbios werden bei Plinius als Brüder und Begründer von Hausbau und Ziegeleien in Athen genannt; vorher hätte man in Höhlen gewohnt. Die Angabe, A. und H. seien aus Sizilien über Akarnanien nach Athen gekommen, ist offenbar wertlos und beruht wohl lediglich darauf, daß auch in den beiden genannten Ländern in späterer Zeit noch kyklopische Mauern zu sehen waren. Eine attische Vase aus der Mitte des 5. Jahrh. mit der Darstellung kyklopischen Mauerbaues, offenbar der athenischen Akropolis, zeigt einen nur allgemein als „Giganten" bezeichneten Kyklopen, der auf Befehl Athenas einen riesigen Felsblock herbeiträgt.

Brunn, Gesch. der gr. Kstlr. II 322. — Mayer, Giganten S. 184 ff. — Hauser, Strena Helbigiana S. 115 ff. — Sauer, sog. Theseion S. 133 ff. *H. Thiersch.*

Agron, Peter, Steinschneider. Brünn 1717.

C. Schirek, Mitteil. des Mähr. Gew.-Mus. in Brünn 1892 p. 190. *—k.*

Agrote, Antonio, Architekturmaler um 1750. Er malte eine Kapelle der Karmeliterkirche in Mailand und die Dekorationen von Sta. Maria in Brescia (mit Figuren von Carloni).

Bryan, Dict. 1903. — Meyer, Kstlerlex. *R.*

Agry. Wappenstecher, Steinschneider und Metallstecher zu Paris. Er führte Exlibris von John Sidney Webb (1870), Francesca Anderton und Carlos Dose Armstrong (1880) aus.

Fincham, Artists and Engr. of brit. and americ. bookplates. *J. Guibert.*

Agthe, Curt, Genremaler in Berlin, geb. daselbst 28. 7. 1862, Schüler der k. Kunst-Akademie besonders bei Prof. Max Michael. Seine Lieblingsmotive sind Nymphen, Najaden, Badende und italien. Volksgenre. Die Galerie zu Rostock hat von ihm „Echo" (lebensgroßer weiblicher Akt). Man sah seine Bilder auf den internat. Kstausst. Berlin 1891, 1896, 1904, 1906 und in Düsseldorf 1902 und 1904.

Nach eignen Mitt. **

Agua, Bernardino del (eigentlich dell' Acqua), venezian. Maler, der mit Pellegrino Tibaldi 1587 nach Spanien kam und unter dessen Leitung an den Fresken im Eskorial arbeitete.

Vic. Carducho, Dialogos dela Pint. — Cean Bermudez, Dicc. I 4. △

Agua, Tommaso d', Architekt in Neapel, wird in Dokumenten häufig als „maestro dell' arsenale" angeführt; diese Stellung wird ihm am 2. 12. 1400 von Ladislao da Durazzo mit dem Titel „magister tarsienatus" bestätigt.

Napoli Nobilissima III 48. — Arch. stor. Napolet. XIII 14. *G. Degli Azzi.*

Aguado, span. Baumstr. im Anfang des 19. Jahrh.

Neue Zusätze zu Füssli 1824 S. 28. *M. v. B.*

Aguado, span. Architekt des 19. Jahrh., nahm an der Weltausstellung von Paris 1878 teil und erlangte dort eine Medaille 2. Klasse.

Unter den hervorragendsten Gebäuden, deren Pläne man diesem Architekten verdankt, ist vor allem die Akad. de la Lengua Española in Madrid zu nennen. *P. Lafond.*

Aguado, L u p u s, Klingenschmied, San Clemente, arbeitete zwischen 1567 und 1600. — Rappier und Dolch, bez., Reitschwert, bez., im Kgl. Histor. Museum, Dresden; andere Stücke in d. Armeria Real, Madrid. *E. Hänel.*

Aguado y Guerra, J o s é, span. Maler, geb. zu Triguero (Provinz Huelva), † 1905, Schüler der Akad. der schönen Künste in Madrid und von M. Dominguez; erlangte seine ersten Auszeichnungen auf den Ausstellungen von Madrid 1892, 1895, 1897, 1899 und 1901. Von seinen Arbeiten sind anzuführen: Ein Kinderporträt; Die Mahlzeit im Garten; Die Herbstsonne; Ein Garten. *P. Lafond.*

Aguado, s. auch *Aquado.*

Aguas, M i g u e l, Baumstr. in Aragon, der 1739 die Kollegiatkirche zu Alcañiz an der portug. Grenze unweit Zamora erbaute.

L l a g u n o y A m i r o l a, Not. IV. 229. △

Aguassa, J e a n, französ. Werkmeister in Cordes, übernahm 15. 4. 1503 den Bau des Glockenturmes zur Kirche St. Jean-Baptiste zu Espalion (Aveyron), eines massigen gotischen Bauwerkes auf achteckigem Grundriß.

B i o n d e M a r l a v a g n e, Cathédr. de Rodez. — L a n c e, Dict. des Archit. — B a u c h a l, Dict. des Archit. *C. Enlart.*

Aguayo, U r b a n d e, Holzbildhauer, um 1623 in Madrid tätig, wo er Kunstschränke verfertigte.

R i a ñ o, Industr. arts in Spain S. 122. *M. v. B.*

Agucchi, G i o v a n n i (Agocchia?), italien. Kupferst., im 16. Jahrh. in Mailand tätig. Der Name „Agucchi fece Milano" findet sich auf einer großen Ansicht des Mailänder Domes (Heinecken). Wahrscheinlich ist dieser Agucchi identisch mit dem Giovanni Agocchia, dessen Erben mit Sforza Certani in Bologna einen Kunstverlag betrieben, und deren Verlagszeichen Agostino Carracci gestochen hat (Bartsch XVIII 155, n. 270). Weniger Wahrscheinlichkeit hat die Vermutung, daß Giovanni Agucchi identisch sei mit dem Monogrammisten G. A., dem sog. „Meister mit der Fußangel" von dem Bartsch (XV 540), Passavant (VI 161) und Nagler (Monogr. II 2679 und 2680) eine große Anzahl von Kupferstichen mit Darstellungen von Architekturstücken beschreiben.

M e y e r, Kstlerlex. *P. K.*

Aguëro, B e n i t o M a n u e l d e, span. Maler, geb. in Madrid 1626, † daselbst 1670. Schüler des J. B. del Mazo. Malte hauptsächlich Landschaften, Festungsansichten und Schlachtenbilder, behandelte aber auch, aber mit wenig Erfolg, religiöse Gegenstände. Einige seiner besten Werke befanden sich in den Palästen Aranjuez und Buen Retiro. In den span. Mus. sind keine Bilder A.s mehr vorhanden, vielleicht gehen sie unter Mazos Namen oder sind in die „Schule des Velazquez" eingeschlossen.

P a l o m i n o, El Museo Pittorico III 555. — C e a n B e r m u d e z, Dicc. I 5.

Aguëro, J u a n M i g u e l d e, span. Baumeister, leitete 1585 den Bau der Kathedrale zu Merida in Yucatan.

L l a g u n o y A m i r o l a, Not. III 67.

Aguëro, M i g u e l d e, span. Bildhauer, verfertigte 1699 mit Fernando de Mazas die Bildsäulen der hh. Augustin, Franciscus und Sebastian am Hauptportal des Hospitals S. Agustin in der Vorstadt von Osma.

L o p e r r a e z C o r v a l a n, Descr. del Obisp. de Osma I 545.

Aguero, P a b l o E m i l i a n o, span. Maler, geb. zu Paris, Schüler von Gérome und von M. Bonnat, widmete sich der Malerei von Stilleben und war seit 1880 auf zahlreichen Ausstellungen der Pariser Salons vertreten. Von seinen Werken nennen wir: Fische; Körbe mit Früchten und Gemüsen; Wildstudien. *P. Lafond.*

Agüesca, J e r ó n i m o, span. Kupferst. aus Huesca, lebte um die Mitte des 17. Jahrh. Hat hauptsächlich Thesenblätter und Heiligenbilder (S. Justo y Pastor; die hl. Jungfrau Hirten erscheinend; S. Lorenzo u. a.) gestochen, sowie die Kupfer zu Juan Franc. Andrés, Monumento de los S. Martires Justo y Pastor. Huesca, J. Nogués, 1644. 8°. Er signierte seine Blätter: Jerónimo Agüesca, Oscoe oder nur Agüesca, zuweilen auch nur Oscoe.

V i ñ a z a, Adic. II 6. *M. v. B.*

Aguesca, L a u r e n z o span. Kupferst., um 1645 tätig, von ihm das Titelbl. zu Museo de las medallas desconocidas españolas por Don Vicenzio Ivan de Lastañosa señor de Figaruelas. Huesca, 1645. 4°.

L e B l a n c, Manuel I 6.

Agüesca, T e r e s a, span. Kupferstecherin, Tochter des Jerón. A., geb. 1654 in Huesca. Stach bereits mit 9 Jahren ein Bild des hl. Antonius.

V i ñ a z a, Adic. II 7. — P a r a d a y S a n t i n, pintoras espan. S. 33 nennt sie „Ahuera".

Aguesseau, d', zeichnete das Porträt des J. R. Boscovich, rad. von de Saxon, reprod. bei *Hamy,* Gal. ill. d. l. Comp. de Jésus, I.

Aguiar, J o ã o J o s é, Bildhauer, Portugal, geb. zu Bellas, studierte zu Lissabon, ging 1785 nach Rom als Regierungspensionär, wurde Schüler des Labruzzi, Gius. Angeli und Canova, kehrte 1798 zurück, wurde Bildhauer der kgl. Erzgießerei, als Nachfolger des Francisco Antonio, goß Chorstühle für Mafra. 1805 Hofbildhauer als Nachfolger des Joaquim Machado. Von ihm Statue des Königs im Saal der Abgüsse des Arsenals, des Herzogs von Wellington und anderer. Seit 1823 für den kgl. Palast von Ajuda tätig.

C y r i l l o M a c h a d o, Collecção de mem. p. 276. — R a c z y n s k i, Dict. p. 2. *A. Haupt.*

Aguiar, Tomas de, span. Maler, Schüler des Velazquez, um 1660 in Madrid tätig. Wird gerühmt wegen seiner geistreichen und eleganten Art, Bildnisse in kleinem Format zu malen. Genannt wird ein Porträt des Dichters Solis.

Cean Bermudez, Dicc. I 5.

Aguila, Baltasar del, span. Maler, führte 1570 den Altar des Hospitals von S. Sebastian in Cordova aus.

Viñaza, Adic. II 8. *M. v. B.*

Aguila, Francisco del, span. Maler aus Murcia, Ende des 16. Jahrh. Wir wissen von ihm nur durch ein Dokument, datiert 6. 10. 1590, worin der Maler um den Auftrag bittet, das Grab des Don Alonso el sabio (in der Kathedrale zu Murcia) malen und vergolden zu dürfen.

Cean Bermudez I 6.

Aguila (od. Aguilar), Luis del, span. Bildhauer zu Jaen und Schüler des Pedro de Valdelviria. Das Domkapitel von Sevilla berief ihn 1553, um die Arbeit an den Seiten des Tabernakels am Hauptaltar zu taxieren.

Cean Bermudez, Dicc. I 6.

Aguila, Miguel del, span. Maler aus Sevilla, Nachahmer des Murillo, † 1736. Am 18. 5. 1692 wurde er in einem Autodafé der Inquisition wegen Zauberei auf 5 Jahre aus Sevilla verbannt.

Cean Bermudez I 6. — Viñaza II 8. *M. v. B.*

Aguilar, Alonso de, Bildhauer in Sevilla, wohnte 1575 in der calle Monteros.

Gestoso, Artif. Sevill. I 179. *M. v. B.*

Aguilar, Alonso de, Goldschmied in Cordova. Am 24. 11. 1709 wird er als Meister in die Goldschmiede-Innung aufgenommen, in der er von 1710—25 verschiedene Ehrenämter bekleidet hat.

Ramirez, Artist. Cordob. S. 65. *M. v. B.*

Aguilar, Bartolomé de, span. Bildhauer, dem 1518 mit Hernando de Sahagun die Dekoration des Paraninfo (Festsaales) in dem Kollegium S. Ildefonso der Universität Alcalà de Henares übertragen wurde. Nur in der Kassettierung der Decke finden sich maurische Reminiszenzen, während die übrige Dekoration im reichen ital. Renaissancestil der Raffaelischen Zeit ausgeführt war. (Abbild. bei Villa Amil II 84a. Fergusson, Mod. Archit. Fig. 57.)

Cean Bermudez, Dicc. I 7.

Aguilar, Diego de, Bildhauer und Maler in Toledo. Er und Sebastian Hernandez von seiten des Kapitels der Kathedrale von Toledo und Estéban Jordan von seiten des Künstlers hatten 20. 2. 1587 den geschnitzten und vergoldeten Rahmen zu schätzen, welchen Dom. Theotocópuli gen. el Greco für sein Gemälde: Christus vor der Kreuzigung der Gewänder beraubt, gefertigt hatte. Es handelte sich nur um den Rahmen, nicht um das Bild selbst, welches bereits 1579 fertig und abgeliefert war.

Martí y Monsó, Estud. hist. artist. 539. — Cean Bermudez, Dicc. I 7. *M. v. B.*

Aguilar, Dionisio de, span. Architekt im 18. Jahrh.

Zani, Enc. I 336. *M. v. B.*

Aguilar, Gonzalo de, span. Maler in Sevilla, bürgte 1509 für den Maler Tomas Fernandez.

Gestoso, Artif. Sevill. II 41. *M. v. B.*

Aguilar, José, span. Maler des 19. Jahrh., geb. in der Provinz Katalonien, beschäftigte sich speziell mit Miniaturmalerei. Unter seinen Arbeiten sind hervorzuheben: die Porträts von Alfons XII. und der Königin Maria Cristina, welche ihm den Titel eines Hof-Miniaturmalers einbrachten.

Ossorio y Bernard, Galeria biogr. de artistas españoles del siglo XIX. Madrid 1883/4. *P. Lafond.*

Aguilar, Juan de, baute 1636 für den Infanten D. Fernando, den Bruder Philipps IV. von Spanien, den Palast Zarzuela, in der Nähe von Madrid. Es ist indessen nicht gewiß, ob er selbst den Plan dazu entworfen hat.

Llaguno y Amirola, Not. IV 27.

Aguilar, Luis de, span. Architekt, beendete 1763 die Restaurierung der durch das Erdbeben von 1755 beschädigten Kathedrale von Cordova.

Viñaza, Adic. IV 75. *M. v. B.*

Aguilar, Manoel d', Marques, portug. Kupferst., geb. zu Porto 1767 (68?), studierte bis 1793 daselbst in der Akad., die die Gesellschaft der Douro-Weine dort seit etwa 1760 unterhielt. Lernte in London bei d. Landschaftst. Thomas Milton, kehrte um 1796 zurück. Stach naturwissenschaftliche Gegenstände, asiatische Kostümbilder und Porträts der Königsfamilie.

Cyrillo Machado, Collecção de mem. p. 297. — Raczynski, Dict. p. 190. *A. Haupt.*

Aguilar, s. *Jaureguy y Aguilar.*

Aguilar Casado, Antonio, span. Maler, geb. zu Madrid. Schüler von Antonio Muñoz Degrain, widmete sich vornehmlich der Landschaftsmalerei und erlangte 1904 auf der Ausstellung von Madrid eine ehrenvolle Erwähnung. Von seinen Werken führen wir an: Höhen der Casa del Campo; Die Adlerspitze zu Cartagena; Galifa-Algerien; Der Hafen von Cartagena. *P. Lafond.*

Aguilera, Diego, s. *Aguilar.*

Aguili, Luigi, de Froly, italien. Bildhauer um 1745, nach Ris-Paquot, Dict. enc. d. marques et monogr. No. 186 p. 9. — Sonst nicht bekannt. **

Aguilles, Boyer d', s. *Boyer* d'A.

Aguillon, César, Architekt in Toulon, baute dort 1686 das Hôpital principal de la marine zusammen mit Pierre Gombert und wird noch 1709 erwähnt.

Nouv. Archiv. d. l'art franç. 1894, 1895. — Richesses d'art; Province, Mon. civ. VI 291. **

Aguillon de Droucs, s. *Aiguillon.*

Aguillon (Aiguillon), François, Jesuitenrektor und Architekt, geb. zu Brüssel 1566, † 20. 3. 1617, bekannt als Philologe und Mathematiker, hat auch 1614 den Plan zu den neuen Gebäuden des Ordens zu Antwerpen entworfen. Die neue, 1718 abgebrannte Kirche war eine der schönsten und reichsten des Ordens. Dem sofort nach dem Brande begonnenen Neubau wurden die alten Pläne zugrunde gelegt; doch traten nun an Stelle der 36 dorischen und jonischen Säulen in karrarischem Marmor, welche in zwei Reihen übereinander den nach der Weise der römischen Basiliken angeordneten Innenraum teilten, Säulen von Stein. Auch der Turm ist eine wirkungsvolle Neuerung. Eine sehr verbreitete Tradition schreibt dem Rubens die Pläne der Jesuitenkirche zu Antwerpen zu; aber der gelehrte Bollandist Papebroch, welcher in der Lage war, den wahren Sachverhalt zu kennen, gab sie dem Aguillon zurück.

Meyer, Kstlerlex. — Biogr. Nat. de Belgique (unter Aiguillon).

Aguillon, Pierre François, Architekt in Toulon, Sohn des César und Mitglied dieser Architektenfamilie in Toulon, war von 1727—1762 hauptsächlich für die Marine als Architekt tätig. Sein Porträt (alte Kopie) im Hospice civil in Toulon.

Nouv. Archiv. d. l'art franç. 1895, 1. — Richesses d'art; Province, Mon. civ. VI 269. **

Aguirre, Domingo de, span. Zeichner, nach ihm wurden um 1773—1775 acht Blatt mit Ansichten des Schlosses von Aranjuez und dessen Umgebung mit reicher Staffage von Fern. Selma, Franc. Muntaner u. a. in Kupfer gestochen.

Meyer, Kstlerlex. △

Aguirre, Francisco de, span. Maler, Schüler des Eugenio Caxès, wurde 1646 von Madrid nach Toledo berufen, um ein altes Bild zu restaurieren und malte dort das Porträt des Infanten Don Fernando für die Galerie der Erzbischöfe von Toledo.

Cean Bermudez, Dicc. I 7. △

Aguirre, Ginés de, span. Maler, 1731 in Yecla geb., kam schon jung nach Madrid. Bekannt sind von ihm außer einigen Kopien nach Velazquez und L. Giordano zahlreiche Bildnisse des Königs Karl III. Auch hat er Fresken in der Kirche Sta. Cruz gemalt. Vielleicht identisch mit dem um 1785 in Mexiko tätigen José Ginés de A.

Ossorio y Bernard, Gal. biogr. — Lamborn, Mexic. Painting and Painters 1891 p. 67. △

Aguirre, Hortuño de, berühmter span. Schwertfeger und Waffenätzer gegen Ende des 16. und im Anfang des 17. Jahrh. Bezeichnete und datierte (1604—1613) Raufdegen in den Waffenmus. zu Madrid, Kopenhagen, Berlin, Stockholm, Petersburg, Wien. *M. v. B.*

W. Böheim, Die Meister der Waffenschmiedekunst p. 2. *M. v. B.*

Aguirre, Juanes, span. Bildhauer in Segovia, Schüler und Schwiegersohn des Mateo Inverto. In der Pfarrkirche von Villacastin arbeitete er mit diesem an dem großen Tabernakel des Hauptaltars und verfertigte 1594 selbständig ein anderes mit den Statuen der Evangelisten und sechs Heiliger.

Cean Bermudez, Dicc. I 8. △

Aguirre, Marcial, span. Bildhauer, geb. zu Vergara (baskische Provinzen) 22. 11. 1841, † in San Sebastian 10. 5. 1900, studierte in Rom unter dem Bildhauer Giuseppe Obici. Von Italien schickte er 1864 die Statue eines Jägers auf die Kunstausstellung von Madrid; 1866 stellte er einen St. Ignazius von Loyola aus (heute in Azpeitia befindlich), der ihm eine Medaille einbrachte. 1875 war er mit einem Morraspieler vertreten (im Mus. von San Sebastian befindlich). Weiter sind von seinen Werken anzuführen: die Statue des Admirals Cosmo Churruca (zu Motrico errichtet): die des Admirals Antonio de Oguendo (in San Sebastian); die Büsten des Papstes Pius IX., des Grafen von Peñaflorida: ein Entwurf der Reiterstatue des Espartero (im Museum von San Sebastian).

Ossorio y Bernard, Galeria biogr. de artistas españoles del siglo XIX. Madrid 1883/4. — F. M. Tubino, El arte y los artistas contemporaneos, Madrid 1871. — Revista Vascongada — Euskal-Erria. *P. Lafond.*

Aguirre, Pedro de, span. Baumeister, übernahm mit Pedro de Abril die Vollendung des Kreuzganges bei der Kathedrale von Cuenca, als der Erbauer desselben, Juan Andrea Rodi, 1585 die Leitung niederlegte.

Llaguno y Amirola, Not. III 30. △

Aguirre, Pedro de, Bildhauer, arbeitete 1537 an den casas capitulares der Kathedrale von Sevilla.

Gestoso, Artif. Sevill. I. 171. *M. v. B.*

Aguirre Hortes de Velasco, Don Josef Maria, Marquis von Montehermoso, Maler-Dilettant, 1756 Mitglied der Akad. von San Fernando. Mehrere Mitglieder dieser angesehenen Familie zeigten Talent zur Kunst; Zeichnungen und Gemälde finden sich von ihnen in der Akad. San Fernando.

Cean Bermudez, Dicc. I 8. △

Aguirre y Monsalbe, Manuel, span. Maler, geb. in Aragonien anfangs des 19. Jahrh., † 1855, Schüler von Vicente Lopez; seit 1846 Professor an der Akademie San Luis zu Zaragoza. Sein Hauptwerk besteht in 25 Bildnissen der ehemaligen Könige Aragoniens, die im Kasino von Zaragoza aufbewahrt werden. Trotz der eifrigen historischen Studien des Künstlers sind das aber doch nur konventionelle Gesichter. Ferner sind von ihm zu nennen die Gemälde: Judith; Die Erscheinung Christi vor Magdalena; Der hl. Ferdinand in der Torrero-Kirche; Kleopatra mit der Natter. Man verdankt ihm auch verschiedene Porträts, z. B. der Königin Isabella II. (stehend) (1847); des General-Kapitäns Cañedo und der Sa. Cañedo; des Intendanten Montero von seiner Familie umgeben; des Don Paulino Sabiron.

Ossorio y Bernard, Galeria biogr. de artistas españoles del siglo XIX. Madrid 1883/4. -- Bryan, Dict. of painters London 1903. — Montaner y Simon, Diccionario hispano-americano, Barcelona. — Revista vascongada — Euskal-Erria. *P. Lafond.*

Aguirre y Rodriguez, Miguel, span. Maler, geb. in Cadiz, studierte in Madrid und war seit 1871 auf den meisten Ausstellungen Madrids vertreten. Von seinen Werken nennen wir: Die Bestrafung eines Fehlers; Eine Partie Karten; Der Krug; ferner verschiedene Porträts, deren eines König Alfons XII. stehend darstellt, ein anderes den Marquis del Duero (in halber Figur).

Ossorio y Bernard, Galeria biogr. de artistas españoles del siglo XIX. Madrid 1883/4. *P. Lafond.*

Agulhon, Pierre, Werkmeister der Stadt Montpellier von 1461—1485, geb. 1425 daselbst und viermal zum Konsul seiner Korporation erwählt. Werke von ihm nicht nachweisbar.

Bauchal, Dict. d. archit. **

Agulló, Francisco, span. Maler, geb. zu Cocentaina und † daselbst 1648; Sohn des Francisco A., vermählt mit Mariana, der Tochter seines Lehrers Jaime Terol, malte und vergoldete 1637 den Hauptaltar des Klosters S. Sebastian, die Arbeit des Bildhauers Domingo Cambra, der gleichfalls von Cocentaina gebürtig war.

Viñaza, Adic. II 8. — Alcahali, Art. Valenc. 46. △

Agulló y Just, Pascual, span. Bildhauer, Schüler von Cloostermans, 1828 Mitglied der Akad. in Valencia, an der er lange Zeit Direktor der Bildhauerklasse war. Arbeiten in den Kirchen von Potries, Almoradi, Orihuela.

Alcahali, Art. Valenc. 343. *M. v. B.*

Agusolli, Vincenzo di Ser Alfonso degli, Maler in Ferrara, tätig um 1550.

L. N. Cittadella, Not. stor. rel. a Ferrara (1868) III 108. *E. Modigliani.*

Agusti, Maese Juan, span. Baumeister, 1471—1479 erster Architekt der Kathedrale von Gerona.

Viñaza, Adic. I 8. *M. v. B.*

Agustin, Don Francisco, span. Architekt. In Gemeinschaft mit Tomás Ortega leitete er 1702 die Wiederherstellung der Guadalquivir-Brücke in Cordova.

Viñaza, Adic. IV 76. *M. v. B.*

Agustin, Juan, s. *Agosti.*

Agustin y Grande, Francisco, span. Maler, 1753 in Barcelona geb., † 1800. Studierte in Rom. Nachahmer des Raph. Mengs. Wurde nach seiner Rückkehr Direktor der Zeichenschule in Cordova und 1799 Mitglied der Akad. S. Fernando in Madrid. A. malte hauptsächlich Kirchenbilder, von denen sich die meisten in Cordova befinden.

Ossorio y Bernard, Gal. biogr. — Füssli, Kstlerlex. Neue Zusätze 1824 p. 26. △

Agustone, Francesco, Stukkateur, tätig 1660 an der Kathedrale von Osimi bei Ancona, ferner in Matelica und in Rom an der Sapienza.

Bertolotti, Art. Lomb. a Roma II 170, 337 und Art. Urbin. a Roma p. 42. — Brun, Schweiz. Kstlerlex. **

Aguttes, G., französ. Porträtbildhauerin, stellte 1887 und 1899 im Pariser Salon aus.

Cat. d. Salon 1887, 1899. **

Aguttes, Jean Georges, französ. Maler, geb. in Paris, Schüler von Barrias und Corot, stellte 1863—65 Landschaften, meist mit Motiven aus Chantilly, aus.

Bellier-Auvray, Dict. gén. **

Aguzio (oder Aguccio) da Cremona, lombard. Architekt und Ingenieur, tätig 1450 bis 75 beim Bau der Kastelle zu Mailand und Sartirana, sowie bei der Stromregulierung des Po bei Casalmaggiore, Lodi Cremona etc.; Erbauer des Kanales von Parma.

F. Malaguzzi-Valeri in Rassegna d'Arte 1902 p. 140. — Scarabelli-Zunti, Mscr. in der Bibl. Palat. zu Parma. — L. Beltrami, Aristotile Fioravante da Bologna al servizio del Duca di Milano (1905). *St. Lottici.*

Aguzzi, Girolamo da Finale, Maler in Modena im 18. Jahrh., ohne nähere Angaben erwähnt bei Zani, Enc. I 337, sonst nicht bekannt. **

Ahaliab, s. *Aholiab.*

Ahammer, Anton, Maler in Jena. Malte um 1597 hinter dem Altare der Johanniskirche laut Inschrift ein großes Kruzifix.

Füssli, Neue Zus. (1824) p. 26 (nach A. Beyer, Architectus Jenensis 1687 p. 593). ***

Ahedo Calderón, Diego, Maler in Sevilla. 1610 wird er mit Miguel Guëlles zusammen Alkalde der Innung. 1613 wird er Mitglied einer Bruderschaft am Profeßhaus der Jesuiten.

Gestoso, Artif. Sevill. II 8. *M. v. B.*

Ahlberg, Arvid Magnus, schwed. Maler, geb. 23. 12. 1851 in Karlskrona, studierte in Düsseldorf bei A. Nordgren, malt Seemotive und schwed. Landschaften.

G. Nordensvan.

Ahlberg, Johan, schwed. Maler, geb. 1752, † in Upsala 1813. Schüler Lorenz Pasch des jüngeren an der Akad. in Stockholm. Zeichenlehrer an der Upsala-Universität 1786. Agréé der Akad. 1791. Seine Bildnisse sind durchaus konventionell ohne persönlichen Stil. Als Beispiele können folgende Bilder in Upsala von ihm genannt werden: Johan Acrel 1792 (Universität), König Gustaf III. (Östgöta Nation), Professor J. A. Lindblom (Östgöta Nation). M. Heland hat das von A. gemalte Porträt der Königin Frederika Dorothea Wilhelmina gestochen.

Looström, Svenska Konstakad. histor. — Sjöberg, Samlingarne vid Upsala Universitet. *O. S.*

Ahlberg, Nils Axel, schwed. Maler, geb. 1840, Ingenieur, malt Porträts. *G. Nordensvan.*

Ahlborn, August Wilhelm Julius, Landschaftsmaler, geb. zu Hannover 11. 10. 1796, † zu Rom 24. 8. 1857. Trat 1819 in die Berliner Kunstakad. ein und schloß sich der Schule von Wach an. Unter dem Vorbilde Schinkels schlug er die klassische Richtung der modernen Landschaftsmalerei ein, die sich insbesondere die südliche Natur und den schönen Zug ihrer Erdbildungen zum Vorwurf nahm. 1829 gründete er seinen Ruf mit einem großen Bilde des Kolosseums in der via sacra. Ihm folgt in den dreißiger Jahren eine lange Reihe von Gemälden, die meist in den Besitz der kgl. Familie (Berliner Schloß, Schloß Bellevue, Potsdamer Stadtschloß) und des preußischen Adels (Fürstin Liegnitz, Graf Redern, Graf Perponcher) überging. Anderes in der Wagenerschen Sammlung, jetzt Nationalgalerie zu Berlin. Den südlichen Landschaften A.s aus den verschiedensten Gegenden Italiens, vom Gardasee bis nach Sizilien, kommen die nordischen weder an Zahl noch in der Eigenart der Beleuchtung gleich. Unter der Herrschaft einer romantisch-religiösen Sinnesrichtung, die ihn auch zum Katholizismus übertreten ließ, entstanden Madonnen und Heilige im Anschluß an quattrocentistische Vorbilder, die er kopierte. Schließlich verdüsterte sich sein Gemüt, und er wandte sich ganz von der Malerei ab. Aus seiner früheren Zeit sind einige historische Porträts, ganze Figuren in Lebensgröße erhalten, Fürst Leopold von Dessau und Blücher, beide im Stadtschloß zu Potsdam. Seit 1833 war A. Mitglied der Berliner Akad.

W. Sander, Das Leben des Malers Wilhelm Ahlborn, dargestellt nach hinterlassenen Tagebüchern. Hildesheim 1892. — Bötticher, Malerwerke des 19. Jahrh. 1891 S. 21 f. (Liste der Werke). — Rosenberg, Geschichte der mod. Kunst II 458 f. *Hans Mackowsky.*

Ahlborn, Karl, s. d. Artikel *Ahlborn,* Lea.

Ahlborn, Lea, geb. Lundgren, schwed. Medaillenschneiderin, geb. 18. 2. 1826 in Stockholm, Tochter des Medaillenschneiders an der kgl. Münze L. P. Lundgren, † 13. 11. 1897. Sie wurde vom Vater unterrichtet und war 1850—51 Schülerin der Kunstakad., studierte dann in Paris 1851—53. Als der Vater in dem zuletztgenannten Jahre starb, erhielt sie den Auftrag, sein Amt bis auf weiteres zu verwalten, und 1855 wurde ihr das Amt eines Medaillenschneiders an der Münze rite übertragen. Dies Amt hatte sie bis zu ihrem Tode inne. Durch ihren Fleiß und ihre große Energie erwarb sie sich eine große Kunstfertigkeit auf ihrem Gebiet. Während einer Reihe von Jahren mußte sie allein die Medaillen-Gravierung in Schweden aufrecht erhalten — hatte im Anfang nicht einmal einen Gehilfen zur Verfügung, der das rein Handwerksmäßige hätte ausführen können, auch nicht bei den ganz einfachen Stempeln. Unter ihren Arbeiten befinden sich Reihenfolgen von neuen schwedischen, norwegischen und finnischen Münzen, Medaillen von Karl XIV., Johan, Karl XV., Oskar II., der Königin Josephine, der Königin Louise, von L. J. Hierta, Nordenskiöld, Palander, Bolinder, Wallenberg u. a., außerdem Medaillen zu dem Jubiläum der Universität Upsala 1877, bei der silbernen Hochzeit Oskars II., die Washingtonmedaille der Stadt New York 1883, die Kolumbusmedaille bei dem 400jährigen Jubiläum der Entdeckung Amerikas, eine Medaille für die Universität in Massachusetts, die Medaillen der schwed. Akad. und der Gesellschaft der Wissenchaften.

Sie heiratete 1854 Karl Ahlborn (geb. in Braunschweig 1819, † 1895), Ornamentbildhauer, und von 1846—70 Lehrer in Ornamentzeichnung und Modellierung an der Schule des Gewerbevereins.

Nordisk Familjebok. Tom I. Stockholm 1904. — Meyer, Kstlerlex. — Forrer, Dict. of Med. *G. Nordensvan.*

Ahlborn, Sophia, schwed. Malerin, war in der Mitte des 19. Jahrh. als Kupferstecherin und Lithographin tätig. *G. Nordensvan.*

Ahlers, Lieder, von Bremen, Glockengießer. Von ihm eine Glocke in Westen bei Werden (1791).

Otte, Glockenkunde. **

Ahlert, Friedrich, (Adolph), Architekt, geb. 1788 in Rathenow. 1821 von der preuß. Regierung zu der Erhaltung und dem Ausbau des Kölner Domes zugezogen. 1824 begann unter seiner Führung, jedoch unter der Oberleitung des Baurats Frank zu Koblenz, die Wiederherstellung, mit welcher A. bis zu seinem Tode, 10. 5. 1833, beschäftigt war. Was er bei der Restauration von größeren Arbeiten vornahm, zeigte ihn übrigens seiner Aufgabe nicht gewachsen. Es waren insbesondere die 14 Strebesysteme des Chors umzubauen; der Umbau aber derjenigen vier, welche noch vor A.s Tode vollendet wurden, ist, obschon das Muster gegeben war, weder in den Verhältnissen, noch in der Durchbildung der Formen gelungen.

Merlo, Köln. Kstler. 2. Aufl. 1895. — Reichensperger in d. Köln. Zeitg. 11. 4. 1882. — Ennen, Der Dom zu Köln (1880 p. 119). *Firmenich-Richartz.*

Ahlgreen, C. A., Goldschmied in Posen 1780 bis 1832. Von ihm in der evang. Pfarrkirche in Neustadt b. P. ein Kelch und Patene, 1816 (im Stadtstempel).

Kohte, Kunstdenkm. von Posen I 128. **

Ahlgrenson, Björn, schwed. Maler, geb.

1872, Sohn von Fritz Ahlgrenson (siehe unten), studierte in Stockholm bei R. Bergh, stellte zum erstenmal 1897 in Stockholm aus. Er malt Stockholmer Stimmungen, Interieurs, Landschaften und ist auch als Zeichner tätig. Wohnt in Arvika (Värmland). In Göteborgs Mus. befindet sich ein Interieur von ihm, die Dämmerung (1902) und im Nationalmus. in Stockholm eine kleine Seelandschaft, Märzsonne (1906). *G. Nordensvan.*

Ahlgrenson, Fredrik August (Fritz), schwed. Dekorationsmaler, geb. 31. 1. 1838 in Stockholm, † daselbst 26. 10. 1902, bildete sich in Paris und Wien in der Malerei von Theaterdekorationen aus und wurde der Mitarbeiter und Nachfolger seines ersten Lehrers Emil Roberg am kgl. Theater in Stockholm. 1868 gab er diese Stellung auf, war dann zweimal am kgl. Theater in Kopenhagen angestellt, darnach hielt er sich bis 1883 in Paris auf. Seine Dekorationen zeugen von einer lebhaften Phantasie und einem ausgeprägten Sinn für Stil; das Kolorit ist glänzend, und er versteht es ausgezeichnet, die Ressourcen der Bühne auszunutzen. Zu seinen hervorragenden Leistungen gehören die Inszenierung der Opern die Afrikanerin, die Jüdin, Rienzi, der fliegende Holländer und in Kopenhagen Trymskviden, Nordische Heerfahrt u. a. A. malte auch kleine Bilder in Öl und Aquarell und zeichnete Karrikaturen.

Nordisk Familjebok. Tom I. Stockholm 1904. *G. Nordensvan.*

Ahlmann, Hans Vilhelm, dänischer Architekt, geb. 14. 2. 1852, hat nach seinen Studien an der Akad. für Herholdt u. Storck mehrere Bauten geleitet. Seine eigenen Werke zeigen ihn als Schüler dieser Künstler und zeichnen sich durch Ernst und kultivierten Geschmack aus, wie z. B. von seinen vielen Kirchengebäuden die Kirche zu Frederikshavn. Von profanen Arbeiten sind hier die technische Schule zu Nästved zu erwähnen. Auch als Restaurator älterer Architektur hat er Wertvolles geleistet (die Kirche des Karmeliterklosters zu Säby, Fachwerkbauten zu Nästved).

Weilbach, Nyt dansk Konstnerlex. 1896. *V. Lorenzen.*

Ahlstedt, August Fredrik, Maler, Finnland, geb. 24. 4. 1839 in Åbo. Studierte daselbst unter Ekman (s. diesen), seit 1866 in Stockholm (Akad.; bes. unter E. Bergh), u. 1869—74 in Düsseldorf (mit Ausnahme der Kriegszeit). Lehrer an den Kunstschulen in Åbo 1874, in Helsingfors 1876, an der Univ. Helsingfors 1893. 1880—81 war er in Paris. † 19. 8. 1901. Malte Landschaften u. Bauern-Genre (z. B. „Rast während der Ernte", 1885 und „Trauer der Neuanbauer", 1892), auch Porträts.

„Finska konstföreningen 1846—96" u. „Finsk biografisk handbok". *J. J. Tikkanen.*

Ahmed-ben-Omar, arabischer Graveur, der sich auf einem reich mit Jagdszenen ornamentierten Bassin (Paris, früher in der Galerie orientale du Trocadéro) bezeichnet hat.

Gaz. d. b.-arts II Pér. XVIII 785. **

Ahmed-Karim, indischer Kanonengießer, goß 1783 für Hyder-Ahmed in Seringapatam 2 Bronzekanonen, die von den Engländern 1799 erbeutet und in das Arsenal von Woolwich gebracht wurden.

Catal. d. Artillerie-Mus. in Woolwich. **

Ahmet-Aly, Maler, geb. in Konstantinopel, tätig in Paris 1870, Schüler von G. Boulanger und Gérome. **

Aholiab, Sohn Ahisamachs, half Bezaleel, dem Erbauer der Stiftshütte Mosis bei den Wirkereien und Stickereien der Innendekoration und wird ein Meister in solchen Arbeiten genannt.

II. Buch Mose XXXV, 34/5, XXXVIII 23. **

Ahorn, Andreas, Maler im 18. Jahrh., Jesuit, später weltlicher Priester und Pfarrer. Er malte mehrere Fresken als Dekoration der Jesuiten-, später Piaristen-Kirche in Piotrków; die Ausführung dieser, Szenen aus dem Leben des hl. Franz Xaver, sowie einen Kampf der Polen mit den Türken darstellend, wurde im Jahre 1741 beendigt.

Rastawiecki, Slownik mal. polskich I 3—4. *Dr. Graf Georg Mycielski.*

Ahorn, Franz, Bildhauer in Schaffhausen, nur urkundlich erwähnt 1465 und 1471.

Brun, Schweiz. Kstlerlex. **

Ahorn, Lukas, Steinmetz, geb. in Konstanz 1789, † daselbst 17. 4. 1856 als einfacher Steinmetz in dürftigen Verhältnissen. Sein Name wurde viel genannt, als ihm die Übertragung des Thorwaldsenschen Modells für das Löwendenkmal in Luzern in kolossale Verhältnisse so wohl gelang (1820/21). Sein Porträt ist mehrfach gemalt worden, auch von Augustin Schmid, und es kommen Lithographien (jetzt selten) nach diesem Porträt vor.

Brun, Schweiz. Kstlerlex. **

Ahrenberg, Johan Jakob, Architekt, Dekorateur, Aquarellist und Schriftsteller, Finnland, geb. 30. 4. 1847 in Wiborg. Student in Helsingfors 1866, architektonische Studien in Stockholm seit 1870 (an der Kunstakad., bes. unter Scholander) und auf Reisen. Seit 1877 Beamter an der öffentl. Bauverwaltung Finnlands, 1886 Staats-(„erster") Architekt. Hat in dieser Anstellung, wie auch privat, vieles gebaut, auch in Schweden und Rußland, z. B. die Gouverneurs-Residenz in Wiborg, Kirchen, Schulgebäude (z. B. die finnische „Normalschule" zu Helsingfors) und Vorschläge zur Wiederherstellung der alten Burgen Finnlands (z. B. Wiborg und Abo, nicht ausgeführt) gemacht, verschiedene alte Kapellen der Kathedrale von Åbo restauriert und gemalt. Publizierte 1878—82 Textilornamente der karelischen Bauern („Finsk ornamentik"). Als Aquarellist ausschließlich Architekturmaler. Erlangte als Novellist seinen größten Erfolg zumeist mit Motiven aus dem Kultur- und Volksleben des östlichen Finnlands in älterer und neuerer Zeit (z. B. „Aus dem Lande der tausend Seen", „Der Stockjunker" 1892, „Neue Bahnen" 1893 usw.; vielfach aus dem Schwedischen ins Dänische, Deutsche, Französische, Englische und Russische übersetzt). Hat außerdem an finnländische und ausländische Zeitungen und Zeitschriften eine große Menge von kunstkritischen und belletristischen Aufsätzen geliefert.

Finsk biografisk handbok. *J. J. Tikkanen.*

Ahrends, Joh. Aug., s. *Arens.*

Ahrendts, Konrad, Maler und Illustrator, geb. 17. 12. 1855 zu Müncheberg (i. d. Mark), † 6. 12. 1901 in Weimar, Schüler von Ferd. Schauß in Weimar, dann von C. Gussow in Berlin; 1879 kehrte er zu dauerndem Aufenthalt nach Weimar zurück, wo er sich Alb. Brendel anschloß. Sein eigentliches Gebiet wurde das Genrebild und Tierstück. 1880 stellte er zum erstenmal in Berlin aus und zwar das Bild „Chausseewalze". 1881 folgte „Schneepflug", 1882 „Dorfschmiede" und mit Frz. Hoffmann-Fallersleben gemeinschaftlich „Sauf qui peut" (flüchtende Sauen im Schnee). Gleichzeitig und bis zuletzt Originalzeichn. für die Leipz. Illustr. Zeitg., Gartenlaube, für das Daheim, den Weidmann u. a. Auch aus Rügen und Thüringen holte er gelegentlich seine Motive. Für die Kirche seiner Vaterstadt führte er eine Auferstehung Christi in lebensgroßen Figuren zugleich mit dem Entwurfe für den gotischen Hochaltar aus. — Zahlreiche tüchtige Radierungen von ihm in der Publikation des Weimarer Radierklubs 1881 fg.

Das geistige Deutschl. 1898 (eigene Notizen d. Kstlers). — Bötticher, Malerwerke des 19. Jahrh. I (12 Werke von ihm). — Jahrb. d. bild. Kst. 1902, 97. **

Ahrens, Ellen Wetherald, amerik. Malerin und Illustratorin, geb. 6. 6. 1859 in Baltimore, Md., studierte in Boston Mus. of Fine Arts, Pennsylvania Acad. of Fine Arts and Drexel Institute. Sie ist in allen größeren Ausstellungen vertreten, und hat in Pittsburg die silberne Medaille und den 1000 Dollar-Preis im Carnegie Institute davongetragen. Auf der Weltausstellung in St. Louis gehörten ihre Miniaturen mit zu den besten. Ihre bekanntesten Illustrationen sind zu L. M. Alcotts Jo's Boys und A. Maid of Bar Harbor.

Edmund von Mach.

Ahrens, Pl., Stahlstecher des 19. Jahrh., tätig besonders für G. G. Lange in Darmstadt.

Ahumada, wahrscheinlich span. Kupferst. des 18. Jahrh. Bekannt durch ein mit seinem Namen bezeichnetes und 1725 datiertes Blatt eines Heiligen in halber Figur mit dem Jesuskind auf dem Arm.

Ottley, Not. — Meyer, Allg. Kstlerlex. △

Ahus, Johann, goß 1547 eine Glocke für die Kirche zu Örlinghausen (Lippe).

Mithoff, Mittelalt. Künstler Nieders. u. Westf. p. 6. **

Aja, Martinez u. Rodriguez de la, nach Zani, Enc. I 340 zwei Brüder, span. Bildhauer und Archit. um 1550 △

Aiala, Tomas, berühmter toledaner Klingenschmied des 17. (?) Jahrh. Bezeichnete Degen von ihm in den Waffensamml. zu Paris, Berlin, Brüssel, Wien. Seinen Namen und seine Marken trägt ein Galadegen mit kugelförmig geschnittenem Knaufe, in der ehemal. Sammlung Max Kuppelmayr in München, Versteig.-Katal. No. 291.

Böheim, Die Meister d. Waffenschm. p. 4. *

Aiala, s. auch *Ayala.*

Aianz, D. H. F. Signatur auf einer Medaille des Papstes Sixtus IV. von 1588.

Forrer, Dict. of Medallists. ***

Aiazzi, G., italien. Zeichner dieses Jahrh. Von ihm: La Cappella de' Rinuccini in S. Croce di Firenze, descritta ed illustrata da G. Aiazzi. Firenze 1841. 4. Mit 5 Kupfertaf.

Meyer, Kstlerlex. *R.*

Aicard, französ. Bildhauer in Marseille, 1773 zum Mitglied der städt. Akad. für Malerei und Bildhauerei ernannt, wurde er 1790 „adjoint à professeur" daselbst.

Réun. des soc. des b.-a. IX 149. *Lami.*

Aicardi, Giacinto, Ornamentradierer in Parma, † um 1667. Seine Signatur: CIAC. AICARD findet man unter einem Stammbaum der Farnese in einem philosophischen Büchelchen von einem gewissen Rosa verfaßt und der Margareta Farnese gewidmet.

Scarabelli-Zunti, Mscr. in der Bibl. Palat. zu Parma. *St. Lottici.*

Aicardo, Giovanni, Baumeister, geb. zu Cuneo im Piemontesischen, † gegen 1625, tätig zuerst in seinem Vaterlande, später in Genua und baute dort zunächst die öffentlichen Kornmagazine bei dem Tore S. Tommaso. Er hatte in Genua Erfolg und eine Reihe von Palästen zu errichten, worunter der Palazzo Serra hervorzuheben ist. Er leitete ferner den Bau des Aquädukts von Calzolo, doch kam derselbe erst durch seinen Sohn zur Vollendung. Nach seinem Modelle wurde endlich auch der Chor von S. Domenico gebaut.

Soprani, Pittori etc. Genovesi. Genova 1674 p. 334. — Milizia, Memorie, Bologna 1827 II 196. **

Aicardo, Giovanni Jacopo, Sohn des Giovanni, Baumeister und Ingenieur, † 1650 ungefähr 70 Jahre alt. Er war der Gehilfe des Vaters und trat dann nach dessen Tode in die gleiche Bautätigkeit zu Genua ein. Er errichtete die Salzmagazine gegenüber der Kirche S. Marco, erweiterte die beiden Brücken „Reale" und „dei Mercanti" und führte auf der ersteren den großen öffentlichen Brunnen auf (aus weißem Marmor mit Statuen der Fama und sie umgebenden Genien).

Soprani, Pittori etc. Genovesi p. 335. — Milizia, Memorie II 196. **

Aichbauer, s. *Achbauer.*

Aichele, Paul, Bildhauer der Gegenwart in Berlin, stellte zum ersten Male auf der Internat. Kstausst. in Berlin 1891 aus und zwar die Statuette: Bacchantin; dann folgte im nächsten Jahre in der Akadem. Kstausst. die Statuette: Gefesselte Sklavin. 1900 sah man von ihm die Gruppe: Kindliche Neckerei und auf der Ausst. im Münch. Glaspalaste: Schnitterin. 1902 war er auf der deutschnat. Kstausst. in Düsseldorf mit dem Werke: Opfer, vertreten, 1904 auf der Groß. Kstausst. in Berlin mit den Statuetten: Verschämt, In Andacht, Jagdbeute, und daselbst 1906 mit den Marmorgruppen: Verwaist und Mutter und Kind. **

Aichelin, Adam, oberschwäb. Maler der Spätrenaissance, malte 1620 f. die Klosterkirche zu Ochsenhausen aus.

Wttbg. Viertelj.-Hefte XII. Jahrg. 1903 H. 1/2 p. 42. *Hs. Loosc.*

Aichemann, Christoph, aus Velden gebürtig, absolvierte 1604—1608 seine Lehrzeit als Maler bei dem Nürnberger „Flach- und Ätzmaler" d. h. Maler und Radierer Hans Dorn. Weiteres ist über ihn nicht bekannt.

Mitteilgn. aus d. Germ. Nat.-Mus. 1899 (die Aufzeichnungen Johann Hauers) 126. *Th. Hampe.*

Aichen, Viktor, Maler in Steyer, erhält 1746 30 fl. für Vergoldung von Knopf und Kreuz der Garstner Kirche.

Mitteil. d. Zentr.-Komm. N. F. X C. XXIV. **

Aichenfelder, Hans, Maler von Salzburg, arbeitete in München von 1530—1537. Werke bis jetzt unbekannt oder verloren.

Notiz von Nagler. **

Aicher, Wolfgang, österr. Steinmetz im 15. Jahrh.

W. Boeheim, Baumeister u. Steinmetzen in Wiener-Neustadt im 15. Jahrh. in: Berichte u. Mitt. d. Altertumsvereins in Wien XXIX. **

Aichhorn, J. B. S., Kupferstecher in Bayern, von dem nur eine Ansicht von Wasserburg (1790 qu. Fol.) bekannt ist.

Meyer, Kstlerlex. ***

Aichinger, Albert, Radierer in München, geb. daselbst 5. 3. 1866. Nach Besuch der Realschule wandte er sich der Kunst zu, zuerst in einer Privatschule, dann seit 1898 Schüler der Akad. unter Peter Halm, wo er verschiedene Auszeichnungen erhielt und bis 1905 verblieb. Seit Ostern 1906 ist er Lehrer für Kupferretusche an der Lehr- und Versuchsanstalt für Photographie. Seine bis jetzt ziemlich zahlreichen Originalarbeiten sind figürliche und landschaftliche Darstellungen mit Architektur, darunter treffliche Ansichten von München.

Nach Mitteilungen des Künstlers. *P.*

Aichinger, s. auch *Aechinger.*

Aichl, Franz Santini, Bildhauer in Prag, Anfang des 18. Jahrh. 1709 fertigte er die Statue des hl. Johannes von Nepomuk am Fuß der Kleinseitner Rathaustreppe; ein Werk von durchschnittlichem Barockcharakter.

Schottky, Prag wie es war und wie es ist 1830. *Oskar Pollak.*

Aichl, Johann Blasius, Sohn des Joh. Santin d. ä., Maler und Architekt in Prag. (Nur urkundlich erwähnt 1705.)

Schmerber, Dintzenhofer 1900. *Oskar Pollak.*

Aichl (Eichel), Johann Santin d. ä. (auch nur „Santini"), Stukkateur und Steinmetz in Prag, Ende des 17. Jahrh. 1681 führte er die Stukkaturauskleidung einer Grotte im Schlosse Neuhaus in Südböhmen aus. 1690 schließt er mit Maderna, dem Baumeister des Palais Czernin auf dem Hradschin in Prag einen Kontrakt betreffs Ausführung von Steinmetzarbeiten im Innern des Palais.

Schmerber, Dintzenhofer 1900. — Hlavka, Topographie der Kunstdenkmäler Böhmens XIV 1901. *Oskar Pollak.*

Aichl, Johann Santin d. j., Architekt in Prag, geb. 1667, † 1723. Nach der Überlieferung ein berühmter und gesuchter Baumeister.

Folgende Bauten lassen sich ihm wohl zuschreiben: 1705—1707: Die reizende Annakapelle in Jungferbřežan (Bez. Karolinenthal, Böhmen). Ein barocker Zentralbau auf dreieckigem Grundriß. 1711—1723: Das Konventgebäude in Plaß, ein groß angelegtes Gebäude von kräftigen Formen, von Kilian Ignaz Dintzenhofer vollendet. 1712—1716: Der Umbau der Kladrauer Klosterkirche, interessant, weil man versuchte, in gotischem Stile zu bauen. 1714: die Probstei des Zisterzienserinnenklosters Frauenthal.

Dlabacz, Kstlerlex. für Böhmen 1815. — Památky archaeol. a místopisné (Zeitschr. II u. III 1856—59). — Schmerber, Dintzenhofer 1900. — Hlavka, Topographie der Kunstdenkm. Böhmens XV 1902. *Oskar Pollak.*

Aichl (Aichlin), Josef, Maler zu Mürzzuschlag, geb. zu Ochsenhausen.

Zahn, M. d. h. V., 37. Heft. — Wastler, Handschriftl. Nachtr. z. s. Steier. Kstlerlex. (im Besitz der Techn. Hochschule in Graz). *R.*

Aickmann, William A., Architekt in London, stellte 1899—1903 Entwürfe für Londoner Geschäftshäuser aus.

Graves, Roy. Acad. Exh. I 14. **

Aid, George C., amerikan. Maler und Radierer, geb. in Quincy, Ill. Schüler von Laurens und B. Constant. Lebt jetzt in Paris. Seine Porträts und Figuren sind rühmlichst bekannt. Hat sich auch als Radierer betätigt.

Am. Art Annual 1903, 1905/6. — Studio 1902 Summer-Number, Americ. Etchers pag. 5 und plat. 12. — Salonkataloge 1900 fg. *Edmund von Mach.*

Ajdukiewicz, Sigismund von, poln. Maler, Vetter des Thadd. A., geb. 21. 3. 1861 zu Witkowice (Westgaliz.), studierte 1880 bis 82 in Wien, 1883—85 in München, lebt in Wien. Stellt in Krakau seit 1883 aus und malt hauptsächlich Genre und genrehaft aufgefaßte histor. Bilder: Zur Klosterschule, Der künftige Ritter 1884, Jüdischer Milchmann mit durchgehendem Gaul 1889, Aus dem Jagdleben 1891, Die ersten Deserteure 1894. Am bekanntesten wurden seine 12 grau in grau 1891 gemalten und in Heliogr. reproduzierten Szenen Zur Geschichte Kosciuskos, denen Durchgeistigung und ein tiefer Zug nachgerühmt wurde. Er malte auch Porträts: 1896 Graf Lud. Wodzicki (Wien, Länderbank), 1895 Minister E. Rittner (Lemberg, Universität), 1901 Minister F. v. Ziemialkowski.

Böttícher, Malerwerke des 19. Jahrh. — Singer, Kstlerlex. Nachtr. 1906. — Swieykowski, Pamietnik Tow. Prz. Sz. P. w Krakowie 1854—1904, wo weitere bibliogr. Angaben. *C. M. v. Górski.*

Ajdukiewicz, Thaddäus von, poln. Maler, geb. 1852 (1853?) in Krakau, studierte anfangs in der Kunstschule seiner Vaterstadt und begab sich nach kurzem Aufenthalte in Wien nach München, wo er sich bei Joseph v. Brandt, in der Akad. unter Seitz und Alex. Wagner weiter ausbildete. 1874 trat er in die Öffentlichkeit mit Szenen aus dem poln. Aufstande von 1863. Nach langen Reisen in Ägypten, Kleinasien und im südl. Rußland, stellt A. seit 1877 Bilder mit orientalischen Motiven aus, wie Karawane, Markt in Kairo 1884 (Prag, Rudolfinum), Ufer des Nils 1885, Gebet in der Wüste 1888. 1879 malte er in Warschau das Porträt der Tragödin Modrzejewska, dem andere Bildnisse poln. Schauspielerinnen und Sängerinnen folgten. Später, besonders nach seiner Niederlassung in Wien, wandte sich A. Militärparaden und Manöverszenen zu: Generalstab des Erzh. Albrecht in Galizien 1880, Kaisermanöver daselbst für Erzh. Rudolf, Revue der rumänischen 1896, 1901 der bulgarischen Armee. Es sind sorgfältige, bisweilen „salonfähig glatte" Bilder, denen ein gewisses Licht, Luft und frohes Kolorit nicht fehlen. A. weiß besonders die farbenprächtigen Uniformen der österr. Kavallerie in der Sonne glänzen und schimmern zu lassen. Diesen Werken inhaltlich und künstlerisch nahe sind die zahlreichen Bildnisse zu Roß, die A. anfangs für das österr. Herrscherhaus und die Wiener Hofkreise, dann für andere europäische Hauptstädte zu liefern hatte; Reiter und Pferd sind mit großer Sorgfalt porträtiert: Feldzeugmeister Graf Pejacevich 1884, Erzh. Rudolf, Kaiser Franz Joseph 1891, Erzh. Albrecht 1891, Prinz Ferdinand von Bulgarien, König Karl v. Rumänien. Vielfache Auszeichnungen. 1893 wurde A. nach London berufen, um das Porträt des Prinzen von Wales (Eduard VII.) zu malen. Jetzt wohnt er in Bukarest.

Bötticher, Malerwerke des 19. Jahrh. — Singer, Kstlerlex., auch Nachträge 1905. — Swieykowski, Pamietnik Towarzystwa Prz. S. P. w Krakowie 1854—1904, wo weitere bibliograph. Angaben. *C. M. v. Górski.*

Aiello, cavaliere, neapol. Archit., stellte 1880 die durch eine Feuersbrunst zerstörte Kirche S. Pietro Martire in Neapel wieder her.

Napoli Nobilissima IX 138. *G. Degli Azzi.*

Aierschettel, s. *Eyerschöttel.*

Aiffre, Raymond René, Maler, geb. zu Rodez (Aveyron) den 29. 7. 1806, † zu Paris am 18. 8. 1867. Er kam 1825 in das Atelier von Guillon-Lethière, der eine ähnliche Richtung wie David eingeschlagen. Von dem akademischen Einfluß, den hier Aiffre erfahren, ist er nie frei geworden, wie seine religiösen und allegorischen Bilder bis in die letzte Zeit bewiesen haben (Martyrtum der hl. Procula, in der Kathedrale zu Rodez). Außerdem arbeitete er viel im Porträtfach (Bildnis des Erzbischofs Affre von Paris im Museum zu Rodez). Sein letztes Bild: Christus jagt die Händler aus dem Tempel im Salon 1867.

Bellier-Auvray, Dict. gén. (Mit Verzeichnis seiner ausgestellten Werke.) — Richesses d'art. Paris. Mon. rel. II. — Chronique d. arts 1867, 253. *R.*

Aigen, Anton Franz, Maler, jüngster Bruder Karls, geb. 20. 9. 1694 in Olmütz und

Aigen, Johann Franz, Maler, Bruder Karls, geb. 1680 in Olmütz, sind als Künstler fast unbekannt geblieben.

Kábdebo, Handlex. österr. Kstler. u. Kstfreunde p. 25. **

Aigen (Eigen), Johann Joachim, Goldschmied zu Olmütz, wo er 5. 1. 1677 mit seinem Meisterstück bestand und sich in die Zunft aufnehmen ließ. Nach der von Füssli zitierten „Ausführlichen Beschreibung des Mariäberges unweit Olmütz" Olmütz, 1679 S. 183 stammte er aus Nürnberg, war 1676 zum Katholizismus übergetreten und fertigte — wahrscheinlich nicht „um 1670", sondern vermutlich erst, nachdem er Meister geworden, also zwischen 1677 und 1679 — Silberarbeiten für die Kirche des Klosters Radisch bei Olmütz. Möglicherweise war er der Sohn oder Enkel eines Wolf A., der 14. 2. 1610 in Nürnberg Bürger wurde, wobei er als „concirer" bezeichnet wird (Bürgerbuch 1534—1631 im Kreisarch. Nürnberg Bl. 151a) und von dem ein Fortsetzer der „Nachrichten" Joh. Neudörfers, wie ich annehmen möchte, der Maler Leonhard Heberlein 1655 berichtet, daß er „im conziren (?) der gefleckten Seidenwahren berühmt und seines gleichen in Italia noch Teutschland dieser Zeit zu finden" sei (Handschrift im Freiherrl. v. Scheurlschen Familienarch. im Germ. Mus.). Von Joh. Joach. A.s 3 Söhnen wurden 2

Maler: Joh. Franz und der bekanntere Karl (Joseph) A. (1684—1762). Siehe diese.

Füssli, Neue Zusätze 29. — Kábdebo im Notizen-Blatt zum Jahrg. 1884 der Mitteilgn. der k. k. Mährisch-Schles. Gesellsch. z. Beförd. des Ackerbaus etc. in Brünn 48. — Meyer, Kstlerlex. *Th. Hampe.*

Aigen, Karl, Maler, geb. zu Olmütz 1684, bildete sich wahrscheinlich in Wien unter P. v. Strudl und in Frankfurt a. M. bei Orient, einem Schüler des Hans Graf. Um 1720 ließ er sich in Wien nieder und wurde am 18. 5. 1754 zum Mitgliede der Akad. ernannt, leitete während der Jahre 1750—1759, als nach dem Tode van Schuppens das Direktorat unbesetzt blieb, abwechselnd mit J. Mülldorfer die Malerschule und starb in Wien am 22. 10. 1762 als Professor der Akad. Von seinen Arbeiten sind noch vorhanden: Zwei Winterlandschaften in der Harrachschen Gemäldegalerie zu Wien; Zwei Altarbll.: St. Joh. von Nepomuk und St. Sebastian in der Kirche zu böhmisch Waidhofen a. d. Thaya und zwei Genrebilder im k. Hofmuseum, von denen das eine einen Jahrmarkt vor dem Tore einer Stadt, das andere ein Kirchweihfest vorstellt. Sein Aufnahmestück, Johannes in der Wüste, in der Akad.-Galerie. Die Landschaften und Genrebilder weisen auf französische und niederländische Vorbilder hin, die kleinen Figuren sind gut gezeichnet, die Beleuchtung der Landschaften ist nicht ohne Reiz. Er malte mit feinem Pinsel und lasierte viel. Seine ziemlich seltenen Bilder sind alle gut erhalten; sie erinnern übrigens an die Arbeiten des Ferg und Canton. Von A. sollen auch die Figürchen in einigen Landschaften von Schinagel herrühren.

Meyer, Kstlerlex. — Kábdebo, Handlex. öst. Kstler. u. Kstverwandten p. 25. — Mit Notizen von O. E. Deutsch. **

Aigen, Wolf: s. *Aigen, Joh. Joachim.*

Aigle, Comte de l', französ. Stecher, bekannt durch das Werk: E. M. de Vogué, Le Portrait au Louvre, Illustrations du comte del' Aigle, 29 Radierungen, Paris 1889.

J. Guibert.

Aiglstorfer, Augustin, bayrischer Maler, führte im Markte Gars die Fresken (5 Felder) im Langhause der Klosterkirche aus (1777).

Lipowsky, Bayr. Kstlerlex. — Halm, Materialien z. bayr. Kunstgesch. (Ms. der kgl. Bibliothek in München). ***

Aiglstorffer, Malerfamilie in Graz:

1. Pallus (Paul), Mitglied der Maler-Konfraternität 1706;

2. Johann Peter, 1724 erwähnt und † 2. 1. 1747;

3. Peter Paul, 1745 Mitglied der Maler-Konfraternität.

Wastler, Steir. Kstlerlex. und handschriftl. Nachträge. **

Aignani, Michele (irrtümlich bei Mazzuchelli, Scritt. Ital. I 2, 780 Angriani, und in einer Inschrift bei Ghirardacci, Stor. di Bologna II 516 Agnanio genannt) war ein berühmter Karmeliter, als theologischer Schriftsteller bekannt unter dem Namen Fr. Michael de Bononia, und nach Ghirardacci auch ein tüchtiger Bildhauer, von dessen Hand die Karmeliter-Kirche S. Martino maggiore daselbst einige Skulpturen besaß. Er war ein Sohn des Stefano Aignani und der Giacoma Buonamici in Bologna, und studierte, nachdem er in den Karmeliter-Orden getreten war, in Paris, erlangte dort die Doktorwürde und wurde von mehreren Kapiteln seines Ordens, besonders von dem 1362 zu Trier abgehaltenen, zum ersten Lektor der Theologie in seinem Kloster zu Paris bestellt. Hier erwarb er sich durch mehrere, zum Teil noch ungedruckte Schriften einen nicht unbedeutenden Namen und stieg bis zur Würde des Ordensgenerals, 1380, in der ihn der Papst 1385 bestätigte. Aber schon 1386 setzte ihn Papst Urban VI., als er sich demselben in Genua vorstellen wollte, ab, wahrscheinlich weil A. im Verdacht stand, es mit der Gegenpartei desselben zu halten. Er zog sich in sein Kloster zu Bologna zurück, und Bonifaz IX. ernannte ihn 1394 zum General-Vikar der Provinz. Hier beschloß er am 6. 11. 1400 sein Leben und wurde in S. Martino begraben. Sein Bildnis war auf dem Grabsteine vor der Kapelle des Hochaltars von ihm selbst eingehauen. Außerdem kannten Solimani, der 1657 die Geschichte des Ghirardacci fortsetzte, und Masini nur noch einen Marmor im Kreuzgange derselben Kirche, der ursprünglich drei Figuren enthielt. Zwei davon waren aber mittelst Erbrechens des schützendes Eisengitters geraubt und nur noch eine Madonna erhalten. Sie scheint nicht mehr bekannt zu sein.

Meyer, Kstlerlex. — Nicéron, Mémoires des hommes illustres V 392. — Masini, Bologna perlustrata. Terza impr. Bologna 1666 I 634. — Tiraboschi, Storia della letteratura Ital. V 115. — Amorini, Vite dei Pitt. Bolognesi I 25. *R.*

Aigner, A. F., Bildhauer in Prag, † 1789. Er fertigte das Monument des Generals Karl Reinhart Freiherrn von Ellrichshausen, das Kaiser Joseph II. auf der Prager Marienschanze aus rotem Marmor errichten ließ. Das Denkmal wurde, da es stark verwittert war, 1829 auf Befehl Kaiser Franz I. aus Syenit neu errichtet und 1899 auf den evangel. Friedhof in Prag-Wolschau übertragen.

Dlabacz, Kstlerlex. für Böhmen 1815. — Schottky, Prag wie es war und wie es ist II 1830. — Meyer, Kstlerlex. — Ruth, Kronika Prahy, 1904. *Oskar Pollak.*

Aigner, Anthoni, Hofsteinmetz aus Leipzig, war zwischen 1733 und 1751 mit den Marmorarbeiten am Schlosse Hubertusburg i. S. beschäftigt.

Bau- u. Kunstdenkm. des Königr. Sachsen. Heft 27 p. 128. ***

Aigner, Conrad, Maler in Ingolstadt und Landshut, tätig 1527 in Ingolstadt, nach 1535 in Landshut.

Meyer, Allg. Kstlerlex.

Aigner, Hans Jakob, Maler in Innsbruck, erscheint 1663 zum erstenmal als Gläubiger eines Bürgers; malt 1674 die Krippen, 1675 das hl. Grab in der St. Nikolauskirche bei Innsbruck, kauft sich 1680 als Wirt in die Wirtsbruderschaft ein und erhält 1683 die Erlaubnis, seine Malereien in einem Laden unter dem Hoftor zu verkaufen. Bei ihm lernte ein Pfisterer die Malerei. Er starb vor dem 11. 3. 1684. *A. Sikora.*

Aigner, Johann, Maler in Innsbruck, wahrscheinlich der Sohn des Malers Hans Jakob A., verheiratete sich 8. 4. 1687. Bei ihm lernte 1695 Eustachius Stipler, der jedoch, weil er bei ihm nicht vorwärts kam, das Glaserhandwerk (vielleicht Glasmalerei) ergriff. *A. Sikora.*

Aigner, Jos. Matthäus, Maler, geb. zu Wien 1818, trat in das Atelier Amerlings und bildete sich zu einem vortrefflichen Porträtmaler. 1848 nahm er an der politischen Bewegung in Wien lebhaften Anteil, wurde Kommandant der akademischen Legion und nach der Einnahme der Stadt durch die kais. Truppen gefangen genommen. Am 23. 11. 1848 zum Tode verurteilt, ward er von Fürst Windischgrätz auf die Fürsprache einflußreicher Freunde begnadigt, worauf er sich wieder der Kunst zuwandte und an Rahl anschloß.

Unter der Menge seiner Bildnisse sind die interessantesten eine Skizze von Lenau und das Porträt des russischen Generals v. Danielos, beide im Irrenhause zu Döbling angefertigt, wo sich die beiden Personen in Pflege befanden. Die mit Lenau vorgefallene Szene hat Aigner in der Schrift des Dr. L. Frankl „Zu Lenaus Biographie" (Wien 1854) eingehend geschildert. Ferner die Porträts des Kaisers Franz Joseph und der Kaiserin Elisabeth in Lebensgröße, der Dichter Grillparzer und F. Halm, der Hofschauspieler Wilhelmi und Löwe, des Komponisten Rubinstein, der Professoren Oppolzer und Dumreicher; die Familie des Schriftstellers Werthner (9 Personen) hat er auf einem Gruppenbilde vereinigt; eines seiner besten Bilder war endlich sein Selbstporträt. Bei seinen Damenporträts findet man häufig einen schwärmerischen Ausdruck der Augen. — Vom Kaiser Max erhielt er den Auftrag, eine Reihe von Kopien nach den besten Meistern des Belvedere für eine in Mexiko anzulegende Galerie anzufertigen, womit der Künstler eben beschäftigt war, als Kaiser Max sein tragisches Ende nahm. In den Jahren 1867 bis 1868 war er damit beschäftigt, für das Künstlerhaus die Porträts der Stifter anzufertigen, welche den großen Saal des Neubaues schmücken sollen. Aigners Porträts sind durch charakteristische Auffassung, einen kräftigen breiten Vortrag und ein warmes Kolorit bemerkenswert. Er gehörte zu den meistbeschäftigten Porträtisten Wiens, führte auch gelegentlich geschickt die Feder bei Aufsätzen über Kunst in Wiener Zeitungen und war in weiten Kreisen angesehen und beliebt. Um so mehr überraschte sein Tod, den er sich durch Erhängen gab, am 19. 2. 1886. Sein Bildnis ist 1848 von Kriehuber lithogr. Fol. — Erwähnt seien auch seine Illustrationen zu Dornröschen und Otto der Schütz, 1877, Verlag Ströfer in München.

Meyer, Kstlerlex. — F. v. Bötticher, Malerwerke d. 19. Jahrh. — Kunst für Alle 1886, 158 (Nekrolog). **

Aigner, Karl, poln. Maler, Bruder des Architekten Peter Aigner; nachweisbar am Ende des 18. Jahrh. König Stanislaus August schickte ihn 1786 nach Rom, wo er sich in der Malerei bildete und dreimal von der Kapitolinischen Akad. belohnt wurde. Jung gestorben.

Rastawiecki, Slownik mal. polskich I 4, 5. — Ciampi, Bibliografia critica II 257. *Dr. Graf Georg Mycielski.*

Aigner, Michael, Kupferstecher, geb. zu Wien den 20. 5. 1805. Nachdem er 1827 die k. k. Kupferstichschule verlassen hatte, verlegte er sich auf die Zeichnung mechanischer, geometrischer, physikalischer Gegenstände. Von ihm die Tafeln in: Technologische Enzyklopädie von Prechtl; — Gerstners Mechanik; — Burgs Mechanik; — Wehrles Probier- und Hüttenkunde; — Baumgartners Naturlehre; — Haustadts Markscheidekunst; — Verhandlungen des neu-österr. Gewerbevereins; — Hofkamms 6 Bde. der „Erloschenen Privilegien".

Außerdem von ihm gestochen:

Beethovens Grabstein auf dem Währinger Friedhofe nächst Wien. 4. — Schuberts Grabstein daselbst. 4. — P. J. Meißner, Chemiker, Technol., geb. 1778. J. B. Bartak del. kl. Fol. — Wenzel Scholz, Schauspieler, 1785—1857, F. Eybl. del. 4. — Maria mit dem Kinde. G. B. Cipriani inv. S.

Meyer, Kstlerlex. **

Aigner, Peter, Archit., geb. in Warschau ca. 1760, wurde von der poln. Regierung mit seinem Bruder Karl nach Rom und Italien gesandt, wo er bis 1788 studierte. Nach seiner Rückkehr verfertigte er viele Entwürfe für Denkmäler und Gebäude, unter denen besonders hervorzuheben sind: 1. Der Sibyllentempel in Putawy; 2. Napoleonsdenkmal in der Gegend von Kalisz, welches im Auftrag des Generals Zajonczek 1808 errichtet wurde, und 3. Entwurf zu einem Kopernikus-Denkmal im Jahre 1810. Als Ingenieur in der poln. Armee und später als Professor der Architektur an der Warschauer Universität beschäftigte er sich auch mit literar. Arbeiten und hinterließ einige Schriften, reich mit Tafeln illustriert, welche er selbst in Kupfer stach oder radierte (s. Meyers Kstlerlex.).

Im Jahre 1825 verließ er Warschau, verweilte einige Zeit in Krakau und begab sich 1827 nach Italien, um sich zu erholen und seine architektonischen Schriften dort herauszugeben. 1841 starb A. in Florenz. Er war Mitglied der römischen Akad. di San Luca.

Kraszewski, Ikonotheka. — Meyer, Kstlerlex. — Neue Zus. z. Füssli 1824. — Missirini, Stor. d. rom. Accad. di S. Luca 1823. S. 462. *Marian Gumowski.*

Aigner, Sándor (Alexander), ungar. Archit., geb. 1854 zu Temesvár. Nach seinen Studienjahren bei Baron Friedr. Schmidt in Wien trat er zuerst 1883 vor die Öffentlichkeit mit seinen Konkurrenzplänen für das Theater zu Arad. 1898 bekam er den I. Preis und Ausführung des Forstdirektions-Palais zu Agram. *K. Lyka.*

Aigremont, Louis Narcisse Jacops d', Marquis, französ. Miniaturmaler (Dilettant), geb. in Lille 1768, † 29. 6. 1829. War Konservator des Museums von Lille. Sein Nachlaß wurde am 16. 11. 1840 in Lille versteigert.

Bellier-Auvray, Dict. gén. ***

Aigremont, d', s. auch *Daigremont.*

Aigroz, Marguerite, geb. Darier, geb. 8. 7. 1862 in Genf, widmete sich erst nach dem Tode ihres Mannes, mit dem sie sich 1881 vermählt hatte, der Kunst. Ihre Spezialität ist die Blumenmalerei.

Brun, Schweizer Kstlerlex. ***

Aiguier, Louis Auguste Laurent, französ. Maler, geb. in Toulon 23. 2. 1819, † in Astouret (Provence) 7. 6. 1865. A. bietet eines der merkwürdigsten Beispiele von selbsterlernter Kunst. Er hat nicht nur nie eine Kunstschule besucht, sondern er war fast bis an sein Lebensende gezwungen, seinen Unterhalt als Barbier zu erwerben, so daß er die Kunst nur in seinen Mußestunden ausüben konnte. Dabei hat er einige Landschaften und Seestücke gemalt, die zu dem allerbesten gehören, was die moderne Zeit hervorgebracht hat. Die intensive Glut seines Lichtes zwingt uns, ihn in eine Reihe mit Claude Lorrain und Turner zu stellen. Im Museum von Marseille ist sein „Sonnenuntergang am Mittelmeer" eine der schönsten Perlen dieser zahlreiche vorzügliche Werke enthaltenden Sammlung. Ziem, der den malenden Barbier in den 50er Jahren in Marseille kennen lernte, gab ihm einige ermutigende Ratschläge, und 1855 wagte A. zum ersten Male, eine Ausstellung zu beschicken. Der „Herbstabend in Catalans", der damals auf der Pariser Weltausstellung erschien, ist jetzt eine der schönsten Zierden des Museums von Toulon, das außerdem noch eine höchst lichtvolle Marine in Abendbeleuchtung von A. besitzt. Andere Arbeiten A.s befinden sich im Museum von Cannes. Erst in den 60er Jahren konnte A. daran denken, ganz der Malerei zu leben, aber wenige Jahre nachdem er seinen Frisierladen geschlossen hatte, starb dieser treffliche Künstler, der unter günstigeren Umständen ohne Zweifel einer der größten Landschafter aller Zeiten geworden wäre.

André Gouirand: Les Peintres provençaux, Paris 1901. — Bellier-Auvray, Dict. gén., — Gaz. d. b. arts I 61, II 296, IV 188, V 342, XI 145, XV 43, XVII 18. — Chronique des arts 1865 p. 236 (Nekrolog). — Nouv. Archives de l'art franç. III sér. X (1894) p. 199. *K. E. Schmidt.*

Aiguilles, s. *Boyer,* Jean Bapt.

Aiguillon de Droues, französ. Bildhauer des 14. Jahrh. Sein Name befindet sich unter der Geschichte Noahs an dem skulpierten Portal der Kathedrale von Bourges mit dem Datum 1356.

Bérard, Dict. biogr. d. art. franç. — Lami, Dict. d. sculpt. **

Aiguillon, François, s. *Aguillon.*

Aiken, W. C. Chetwood, engl. Maler in The Glen, Stoke Bishop bei Bristol, stellte in der Roy. Acad. 1897 A Song to Spring und In the Shadow of the Cross; 1898 A Breton Dance aus. Nach seinem Tode erschien noch 1899 auf der Akad.-Ausst. Le Pardon de Sainte Barbe. Auch in der Walker Art Gallery in Liverpool war 1898 ein Bild von ihm.

Graves, Roy. Acad. Exh. I 14. **

Aiken, William Martin, amerikan. Architekt, geb. 1. 4. 1855 in Charleston, S. C. als Sohn des Advokaten Joseph D. Aiken, der in seinen Musestunden als Maler und Bildhauer tätig war. Im Bürgerkrieg verlor die Familie ihr ganzes Vermögen, so daß A.s Erziehung sehr sporadisch war, erst im Süden und dann oft unterbrochen im Mass. Institute of Technology und in den Studios von H. H. Richardson und Wm. R. Emerson in Boston. 1886 ließ er sich in Cincinnati nieder, nach vielen Reisen, nicht nur im Heimatlande, Kanada und Mexiko, sondern auch in Italien, Frankreich, England, Griechenland und der Türkei. 1895—1897 war A. „Supervising architect" der Vereinigten Staaten, in welcher Stellung er sich als außerordentlich begabter Künstler sowohl in Entwürfen wie deren Ausführung zeigte. Seine Leistungsfähigkeit und feines Gefühl für richtige Proportionen waren erstaunlich. Zahlreiche Regierungsbauten in allen Stilarten wurden von ihm unter Berücksichtigung des praktischen Zweckes ausgeführt. Nennenswert unter diesen Gebäuden sind: die Post, Zoll- und Gerichtsgebäude in New London, Conn., Pueblo, Col.; San Francisco, Col.; Savannah, Ga.; Buffalo, New York; die Münzen in Philadelphia und Denver, und die Regierungsgebäude auf der Nashville, Tenn, und auf der Omaho, Co. Ausstellung. Sonstige öffentliche Gebäude und Privathäuser von A. gebaut, befinden sich in Cincinnati, im südlichen Ohio und nördlichen Kentucky; auch in New York (das Innere des Rathauses und der 23d. Street Bäder) und in Charleston, S. C. Fast ununterbrochen hat A. auch als beratender Architekt bei großen Unternehmungen gewirkt. Er ist Fellow of the American Institute of Architects und vieler Gesellschaften. Die „Reports of the Supervising Architect of the Treasury Department" 1895 und 1896 enthalten viele Stiche nach seinen Bauten; ebenso ist er häufig in allen Architektur-Zeitschriften erwähnt. Er hat selber mehrere wertvolle Artikel geschrieben, u. a. für das Dictionary of Architecture by Russell Sturgis. *L. F. Pilcher.*

Aikin, Edmund, engl. Architekt, geb. in Warrington, 2. 10. 1780, † in Stoke Newington 13. 3. 1820, tätig in Millbank, dann in Liverpool und London. Von 1801—1814 stellte er 12 Entwürfe zu Monumentalgebäuden und Monumenten aus, zuletzt einen Denkmalsentwurf für Rob. Burns. Von seinen architekturwiss. Veröffentlichungen sind die wichtigsten:

Designs for Villas and other rural Buildings. London 1808. Mit 31 Bll. 4. — An Essai on the Doric Order of Architecture. London 1810. Mit 7 Taf. Imp. Fol. 3. Plans, Elevation, Section and View of the Cathedral Church of St. Paul, London. Engraved by J. Le Keux from Drawings by Jam. Elmes, archetect. With an hist. and descript. account by Edm. Aikin, arch. London 1813. Mit 5 Taf.

Redgrave, Dict. — Graves, Royal Acad. Exh. I. **

Aiklidas, angeblicher griechischer Künstler. Der Name erscheint in einer thebanischen Liste, die heute nicht mehr auf Künstler bezogen werden kann.

Brunn, Gesch. d. gr. Kstler. I 293. — Löwy, Inschr. gr. Bildh. 554. — Pauly-Wissowa, Realenc. I 1007 (Robert). *Sauer.*

Aikman, Alexander T., Kupferstecher in London, um 1841 tätig. Er stach folgende Bll. für: The best Pictures of the great masters, engr. by Aikman, Bell, Dick and other eminent artists; with explanatory letterpress. London. Fol.:

„Weide meine Schafe." Nach Raffaels Karton im South Kensington-Mus. gr. qu. Fol. I. Vor der Schr. (The charge to Peter), nur mit den Künstlernamen.

Die Hufschmiede. Ph. Wouwerman p. Fol. I. Vor der Schr. **

Aikman, G., Stecher in Edinburg um 1800. Ein Wappen-Exlibris (Hunter Blair) trägt die Signatur: G. Aikman Sc. Edinr. **

Aikman, George W. (A. R. S. A.), Maler und Radierer in Edinburgh, stellte meist in der Roy. Scottish Acad. aus und war seit 1874 über 20 Jahre lang häufig bei den Ausstell. der Roy. Acad. in London mit Frühlings- und Sommerlandschaften vertreten. Manche seiner Bilder, z. B. For the Good of the Church; Warkworth Castle; Across the Moor hat er auch in kleinen Radierungen wiedergegeben. — Er starb am 8. 1. 1906, 75 Jahre alt.

Graves, Roy. Acad. Exh. I 14. — Eine Sammlung seiner Radierungen in der Bremer Ksthalle (Samml. H. H. Meier). **

Aikman, John, einziger Sohn des William A., geb. 1713, † 1731. Der Vater starb aus Kummer über den frühen Tod seines hoffnungsvollen Sohnes, und beide wurden in einem Grabe bestattet. Er hinterließ ein paar Köpfestudien, qu. 4., nach Van Dyck geätzt, zwei oder mehr auf einem Bl. Ottley (Notices) erwähnt näher bloß das folgende Bl. und nennt es eine ganz achtbare Leistung.

L. Vorsterman und Jak. de Cachopin, doch ohne ihre Namen. Nach Van Dyck. Jo. Aikman fecit aquaforte. qu. 4.

Meyer, Kstlerlex. **

Aikman, Walter M., amerikan. Holzstecher, geb. 1857 in New York, daselbst ausgebildet, studierte Malerei in Paris. Seine fein ausgeführten Stiche brachten ihm Medaillen in den Weltausstellungen Paris 1889, Chicago, Buffalo.

Artists' Year Book 1905/6. *E. Richter.*

Aikman, William, engl. Porträtmaler, geb. in Cairney (Forfarshire), 24. 10. 1682, † in London, Leicester Square 7. 6. 1731, studierte zuerst die Rechte, wandte sich dann der Malerei unter G. B. Medina zu, war 1707—1710 in Rom, kehrte nach weiten Reisen 1712 nach Schottland zurück und malte in Edinburg, begünstigt vom Herzog von Argyle zahlreiche Porträts, bis er 1723 nach London übersiedelte, wo er nach dem Tode Knellers, dem er bisweilen mit Glück nachahmte, ein bekannter Porträtist wurde. Von seinen nicht erfindungsstarken aber durch harmonisches Kolorit ansprechenden Porträts hängen mehrere in Blickling, Norfolk und in der Nat. Portrait-Gallery. Ein großes dreiteiliges Porträt der königl. Familie, bei seinem Tode noch unvollendet, befindet sich beim Herzog von Devonshire. Sein eigenes Porträt hängt in den Uffizien in Florenz, ein zweites Selbstporträt besitzt das Museum in Edinburgh. Viele seiner Porträts wurden gestochen, und man hat auch 2 eigenhändige Radierungen von ihm, nämlich die Bildnisse von Georg Edwards, oval 4, und eines jungen Mannes, angeblich eines Apothekers Harrison. — A. soll nach Molinier, Dict. d. Emailleurs, auch auf Email gemalt haben.

Redgrave, Dict. — Meyer, Kstlerlex. — Edinburgh Exhibition of Scottish Artists 1863, p. VII. *R.*

Aikman, William, Emailglasmaler der Gegenwart in London, stellte seit 1893 Entwürfe und Ausführungen seiner prächtigen, aus farbigen Glasflüssen zusammengesetzten Glasfenster aus. Farbige Abb. davon im Studio XXIV 175.

Graves, Roy. Acad. Exh. I 15. **

Ailandes, Colin d', französ. Werkmeister am Schloßbau zu Mans 1478.

Chardon, Les Artistes du Mans. — Bauchal, Dict. des Archit. *C. Enlart.*

Ailbert, Baumeister, Sohn des Amaury, geb. gegen 1050 in Antoing. Mönch in Tournai. Erbaute dort die frühere Kirche der Abtei von Saint-Médard, begab sich dann in die Maas- und Moselgegend und erbaute dort 1106 eine Kirche in Elsbech und 1107/8 die noch erhaltene Krypta der Abteikirche von Rolduc bei Aachen im lombardischen Stil („scemate Longbardino"). Die beiden ersten auf Löwen ruhenden Säulen dieser Krypta erinnern sehr an ähnliche Säulen in der Kathedrale von Tournai, so daß man A. vielleicht auch mit der Erbauung dieser in Verbindung bringen kann.

Dehaisnes, Hist. de l'art dans la Flandre etc. p. 408. — A. de la Grange et L. Cloquet, L'Art a Tournai p. 2. ***

Aili (Ayli), Lorenzo, Intarsiator in Cremona um 1660.

Archiv. Stor. Ital. ser. 3, t. X, pte. I, p. 138. — Grasselli, Abec. pitt. — Zani, Enc. II 257. *G. Degli Azzi.*

Aillard. Ornamentstecher des 18. Jahrh. in Paris, arbeitete nach P. G. Cauvet.

Kronthal, Lex. d. techn. Kste. ***

Aillaud, Antoine-Alphonse, französ. Maler des 19. Jahrh., geb. in Rouen, Schüler von Langlois und der École Municipale de peinture daselbst. Sein besonderes Kunstgebiet wurden das Militärporträt und Darstellungen militärischer Ereignisse des II. Kaiserreichs. Genannt seien: Die Schlacht bei Magenta (1863), Porträt des Marschall von Magenta und des Colonel B. (1866), Besichtigung der Vorposten durch den Kaiser (1867). Im Pariser Salon stellte er 1863—68 aus.

Bellier-Auvray, Dict. gén. I 9. *François Monod.*

Aillefol, Jacquet (lat. Aquilefago, Jacquet de), Maler in Troyes 1374—1381, arbeitete in der Champagne und war 1380 für die Kirche St. Etienne in Troyes tätig.

De Laborde, Les Ducs de Bourgogne III, n. 7311. — Nouv. Arch. de l'art franç. IX 36 u. 3. sér. III (1887) p. 190. *P. Durrieu.*

Aillet, Claude-Antoine, Architekt in Besançon, war dort 1709—25 mit kirchlichen Bauten beauftragt.

Bauchal, Dict. d. arch. franc. — Dict. d. artist. franc-comt. par Gauthier. *De.*

Aillet (Ayllet, Ailliez, Alluet), Jean, genannt Fréminet. Glasmaler in Troyes, fertigte 1495/96 zwei Glasfenster für die Kirche Sainte-Madeleine, das eine nach dem Karton des Malers Guillemin Passot, 1518 mehrere Fenster für die Kirche Saint-Jean und 1521 bis 22 ein Fenster für die Kirche Notre-Dame-aux-Nonnains.

Nouv. Arch. de l'art franç. 3. sér. III (1887) 241. ***

Ailli, Simon d', französ. Ornamentbildhauer, beschäftigt 1320 am Bau der Kathedrale zu Sens.

Lami, Dict. d. sculpt. 1898. *R.*

Aillot. Französ. Email- und Porzellanmaler des 18. Jahrh.

Kronthal, Lex. d. techn. Kste. ***

Aimardus, französ. Miniaturmaler, 12. Jahrh. Nach einem Eintrag in einer Limusiner Hs. (Paris Ms. Lat. 5239) aus dem 12. Jahrh. arbeitete A. einen „librum floratum", der die Legende des hl. Marcial von Limoges enthielt, d. h. ein Buch, dessen Initialen reiche Pflanzenornamentik zeigten. Das betr. Buch ist nicht mit Sicherheit zu identifizieren, doch findet man unter den Limusiner Hsn. des 11. und 12. Jahrh. einen besonderen, durch die reiche Entwicklung des Pflanzenwerkes auffallenden Stil der Initialornamentik, der hier eine deutlich charakterisierte Schule annehmen läßt, zu deren Repräsentanten A. gehört. cf. Ademar.

Bradley, Dict. of Min. *Swarzenski.*

Aimeric (oder Méric), französ. Werkmeister zu Montauban, arbeitete daselbst 1584 am Baue des Château Neuf, des späteren Stadthauses von Montauban.

Devals, L'Hôtel de Ville de Montauban. — Bauchal, Dict. des Archit. *C. Enlart.*

Aimeric, s. auch *Aymeric.*

Aimerici, Giovanni od. Giovannino, Maler in Rimini, nur bekannt, daß er von 1377—1395 in der Straße S. Silvestro wohnte.

L. Tonini, Atti e Mem. della R. Dep. di Stor. Patr. per la Romagna. ser. I. an. II, p. 159—166. *G. Degli Azzi.*

Aimerico di Severino (Aimeri Sevarin oder Savarin). Nach Bertaux französ. Architekt in Cypern um 1524.

Napoli Nobilissima VIII 3, 44—45. *G. Degli Azzi.*

Aimerio da Como, Maler in Genua, nahm 1261 einen gewissen Tealdino di Rubaldo Casaregio aus Chiavari als Lehrling in seine Werkstatt auf. — Vermutlich identisch mit einem 1280 in Vercelli urkundlich erwähnten Maler namens *Aimerio.*

Alizeri, Not. dei Prof. del Dis. in Liguria I 120. — Colombo, Artisti Vercellesi (1883) p. 40 f. *

Aimi, Kose A. (相見 oder 覧, der Name Sōken bei Anderson ist anscheinend nur die chin. Lesung des Namens Aimi i. d. 1. Form), japan. Maler der Kose-Schule, Sohn und Schüler ihres Begründers Kanaoka (s. d.), lebte um die Wende des 9. und 10. Jahrh. in Kyōto, genauere Daten sind unbekannt. Er wurde Mitglied der Regierungskommission für Malerei (Edokoro), erhielt das Hofamt eines Uneme no shō und den Hofrang VIII b. Gleich seinem Vater pflegte er vor allem das Butsugwa (buddh. Malerei), malte aber auch weltliche Figuren und Pflanzen, besonders Bambus. Als seine Werke werden genannt: Illustrationen zu der fast gleichzeitigen Taketori monogatari, einer Märchenerzählung, dann Bilder von buddh. Heiligen und Gottheiten, Rakan (Arhat), Monju (Manjusri), Amida (Amitabha), Kwannon (Avalokitesvara) am Wasserfall, und Aizen Myōō (Raga Vidyaraja). Erhalten scheint davon nichts zu sein.

Honchō meigwa jimmei jisho 125. — Jimmei jisho 689. — Fusō meigwaden 549. — Anderson, Catalogue 9 u. XV. *O. Kümmel.*

Aimo (auch Lamia oder de Jami), Domenico, gen. il Varignana oder il Vecchio Bolognese, Bildhauer aus Bologna, nahm nach der 1506 erfolgten Auffindung der Laokoongruppe in den Titusthermen zu Rom an einer durch Bramante angeregten Konkurrenz um die beste Wachsnachbildung dieses Meisterwerkes teil, und zwar in Gemeinschaft mit Zaccaria Zacchi aus Volterra, Alonso Berruguete aus Valladolid und Jacopo Sansovino aus Florenz. Dieser letztere ging damals auf Raffaels Urteilspruch als Sieger aus dem historisch so denkwürdigen Konkurrenzkampf hervor, worauf von seiner Wachskopie ein Bronzeabguß hergestellt wurde. — 1514 erhielt Domenico A. vom Senate der Stadt Rom den Auftrag, ein Standbild des Papstes Leo X. auszuführen (wie aus einem an den Marchese Alberico Cibo gerichteten Empfehlungsschreiben des römischen Senates hervorgeht, nach welchem der Künstler in Carrara einen für diese Statue geeigneten Marmorblock aussuchen sollte). Die damals entstandene, für den römischen Konservatorenpalast bestimmte marmorne Kolossalstatue ist noch heute erhalten, und zwar in der Kirche S. Maria in Aracoeli zu Rom, nach Mauceri ein ziemlich schwerfälliges und ausdrucksloses Bildwerk, das den Papst in Tiara und Piviale auf seinem Throne sitzend darstellt. — Hierauf war Domenico A. längere Zeit in Loreto tätig bei der 1512—1529 durch Andrea Sansovino geleiteten bildnerischen Ausschmückung des Bramanteschen Marmorumbaues der Santa Casa in der dortigen Domkirche. Mit Andrea Sansovino, Francesco da Sangallo und Raffaello da Montelupo arbeitete Domenico A. an den Reliefs der Ostseite der Santa Casa mit der Darstellung des Todes der Maria und schuf insbesondere die etwas manierierte Gruppe schwebender Engel über dem Bilde der Jungfrau Maria. — Um 1530 endlich wurde der Künstler nach seiner Vaterstadt Bologna berufen, um zu Jacopo della Quercias Lünettenfiguren (Madonna mit dem Christkinde und hl. Petronius) über dem Hauptportale von S. Petronio die Statue des hl. Ambrosius hinzuzufügen. Nach Nagler soll er sogar einen in der Fabbrica di S. Petronio aufbewahrten Konkurrenzplan zur Herstellung der ganzen Fassade von S. Petronio entworfen haben. — Nach Camporis Angabe wäre der Künstler 1537 in Bologna gestorben.

Nagler, Kstlerlex. (unter Varignano). — Meyer, Kstlerlex. (mit ält. Lit.). — Burckhardt, Cicerone (Ausg. 1901) II 460. — C. Cornelius, Jacopo d. Quercia (Halle 1896). — Ang. Gatti, La fabbrica di S. Petronio (Bologna 1889). — Campori, Art. ital. etc. negli Stati Estensi (1855) p. 4. — Arch. stor. d'Arte II 106, III 153, ser. II vol. III 74. — L'Arte III 251, 258. *F. Malaguzzi-Valeri.*

Aimo, Giovanni de l', italien. Baumeister des 15. Jahrh. in Lecce in Unteritalien. Nach einer Stelle in der Chronik des Antonello Coniger nicht der Stifter, sondern wohl der Baumeister der 1408 vollendeten Dominikanerkirche S. Giovanni Batt. in Lecce („1408 Fo compita la Chiesa de S. Juhanne Baptista . . . constructa per Juhanne de l'Aimo Cetatino de Lecce").

Raccolta di chroniche del R. di Nap. V 2 p. 10. — Zani, Enc. I. 355 Not. 24. — Schulz, Denkm. d. Kst. d. Mittelalt. in Unterital. ***

Aimon. Französ. Baumeister des 12. Jahrh. Von ihm berichtet die Chronik der Abtei Andres (gelegen in dem Dorf dieses Namens bei der kleinen Stadt Guines in der Picardie), eines 1084 gegründeten Benediktiner-Klosters. Die ursprüngliche Kirche desselben ließ 1172 der Abt Pierre niederreißen und an ihrer Stelle eine neue erbauen, deren Architekt Meister Aimon war (magistrum Aimonem, qui ecclesiam praestentum construxerat). Schon 1179 waren der Chor, der Turm und das Querschiff vollendet, und Didier, der Bischof von Marins, konnte die Weihung des Gebäudes vornehmen. Allein die Mittel des Abtes waren erschöpft, und noch war das Langschiff herzustellen. Da bewog Bauduin II., Graf von Guines, Reiche und Vornehme zur Beisteuer, und eine Summe von 100 Mark wurde in Aussicht gestellt. Obgleich dann der Abt nur einen Teil dieser Summe beitreiben konnte, war doch die ganze Steinarbeit nach einigen Jahren fertig. Außerdem war bei der Abtei, außerhalb ihrer Ringmauer, ein Hospital errichtet worden. Auch diese Gebäude wurden unter der Prälatur des Abtes Pierre, nach den Plänen des Meisters Aimon, neu erbaut. Weiterhin erhielt dieser vom Abte den Auftrag, eine Brücke über den Fluß Flem im Dorfe Nord-Ausque (Elceka) zu bauen, um den Verkehr des Klosters mit den Städten Saint-Omer und Térouanne zu erleichtern, doch wurde sie bald darauf von den Bewohnern der Nachbarschaft zerstört. Infolge des Prozesses, der daraus entstand, hat uns Guillaume, der Nachfolger des Pierre, den Namen des Baumeisters Aimon überliefert.

Chronicon Andrensis monasterii in: D'Achery, Spicilegium II 781 ff. u. passim, und in der

Sammlung von dom Bouquet XVIII. — Lamberdi ardensis Chronicon Ghisnense et Ardense. Ausg. des Marquis de Godefroy Menilglaise. Paris 1855 p. 81. — Gallia Christiana. 2. Ausgabe X. 1605. — Meyer, Kstlerlex.

Aimone, V., Bildhauer in Turin, stellte im Pariser Salon von 1897: Le plaidoyer du bouffon aus.

Nuova Antologia anno 35, fasc. 688, p. 711 bis 723. **

Aimonetto da S. Ippolito, italien. Bildhauer (scalpellino), arbeitete um 1370 im päpstlichen Palast in Avignon.

Nuova Rivista Misena VII 102 Anm. — E. Müntz, Le Pape Urbain V (1889) p. 6. ***

Aineades, angeblicher Vasenmaler aus dem Kreise der attischen Kleinmeister, laut Inschrift auf der Berliner schwarzfig. Schale 1780; doch steht der Name in einer sehr fehlerhaften Inschrift, die nur als flüchtige Nachahmung von Meistersignaturen gelten kann, also keine Gewähr für die Existenz dieses Vasenmalers A. bietet.

Brunn, Gesch. d. gr. Kstler. II 654. — Furtwängler, Berl. Vasens. I 297. *Sauer.*

Ainecy, H. A. d', s. *Montpezat.*

Ainemolo, Vinc., s. *Vincenzo* da Pavia.

Ainger, A., Architekt in London, stellte in der Roy. Acad. 1815—34 aus, z. B. die Pläne für Law Courts (1815), für das North London Hospital und für die Front des Konservatoriums (1834).

Graves, Roy. Acad. Exh. I 15. **

Ainhauser, Paul, Historien- und Landschaftsmaler, geb. zu Freising in Oberbayern, Schüler von Egid Schor, vermählte sich 1664 zu Hall in Tirol. In der Pfarrkirche zu Hall in Tirol sind die Fahnenblätter und die Verzierungen der Reliquienskästen von seiner Hand, in der ehemaligen Jesuitenkirche daselbst sind von ihm Porträts. Im Ferdinandeum zu Innsbruck ein großes Gemälde: „Flucht nach Ägypten“ (No. 168).

Tirolisches Kstlerlex. *H. S.*

Ainhölzel, Rupert, Salzburger Maler 1524, im Bürgerbuche erwähnt; Werke nicht bekannt.

Mitteil. d. Zentr.-Komm. Wien 1866 p. 78. **

Ainmiller, Heinrich, Maler und Zeichner, Sohn des Max Ainmüller, geb. 1837, † 7. 10. 1892 in Salzburg. Schüler seines Vaters und von Heinrich Heß. Hauptsächlich tätig in der unter Leitung seines Vaters stehenden kgl. Glasmalereianstalt in München, für die er zahlreiche Kartons für Kirchenfenster gezeichnet hat.

Kunstchronik N. F. IV 40. ***

Ainmiller, Max Emanuel, Architektur- und Glasmaler, geb. zu München 14. 2. 1807, † daselbst 8. 12. 1870. Er trat sehr jung in die dortige Akad. ein, in der er die Schule von Fr. Gärtner für Architektur und Ornamentik besuchte, wurde dann in die kgl. Porzellan-Manufaktur als Zeichner aufgenommen und wandte sich hier der dort gepflegten neu entstandenen Glasmalerei, besonders nach der technischen Seite, zu. König Ludwig I., der durch Gärtner auf ihn aufmerksam gemacht wurde, übertrug ihm dann die Herstellung verschiedener Fenster für den Regensburger Dom und hierauf die für die neuerbaute gotische Kirche in der Vorstadt Au. 1844 ward er Vorstand der von der Porzellan-Manufaktur getrennten, neu errichteten kgl. Glasmalerei-Anstalt, aus der unter seiner Leitung die reichen Fenster für die Dome zu Köln und Speier, für die Universitätskirche zu Cambridge, für die Paulskirche zu London, für eine Kirche zu Glasgow und für die englische Kirche zu Stuttgart hervorgingen. Wie bei seinen früheren Arbeiten war auch hier der ornamentale Teil nach seiner eigenen Erfindung durchaus stilgerecht ausgeführt, während die Figuren von verschiedenen Künstlern wie Fischer, W. Kaulbach, Schnorr v. Karolsfeld, Schraudolph, Schwind u. a. herrühren. Wenn auch alle diese Arbeiten nicht den Vergleich mit den heutigen Münchener Arbeiten auf diesem Gebiete, was die Farbengebung betrifft, aushalten können, so gehörten sie doch immerhin zu den besten ihrer Zeit und trugen dazu bei, daß dieser Kunstzweig in München heimisch werden konnte. Als Architekturmaler zeichnete sich A. besonders durch Darstellungen der Innenräume von Kirchen aus, von denen u. a. die neue Pinakothek und die Nationalgalerie in Berlin mehrere besitzen.

Meyer, Kstlerlex. — Bötticher, Malerwerke des 19. Jahrh. — Raczynski, Gesch. d. modernen Kunst II 426, 469. — Kugler, Kleine Schriften III 493. — Nagler, Monogr. I No. 889. — Kunstblatt, hrsg. von Schorn, Stuttgart 1829 S. 194, 1836 S. 58, 1838 S. 36, 104, 293/4. — Zeitschrift für bildende Kunst II 100. — Kunstchronik II 7, III 4, 126, VI 41. *P.*

Ainolfi, Bartolomeo, Maler aus Piacenza, tätig in Parma, von dem man aber hier nur sein Testament vom 5. 2. 1475 bewahrt.

Scarabelli-Zunti, Mscr. in der Bibl. Palat. zu Parma. *St. Lottici.*

Ainsley, G., engl. Tier- und Landschaftsmaler, stellte als Ehren-Aussteller in den Jahren 1799—1819 Tierstücke und ländliche Szenen aus.

Graves, Royal Acad. Exh. I. **

Ainsley, Samuel James, engl. Zeichner, Radierer und Lithograph, geb. vor 1820, † 1874, arbeitete 1842/3 in Etrurien zusammen mit G. Dennis, dem Autor von The Cities and Cemeteriis of Etruria und machte viele Skizzen von Gegenden und Altertümern von Etrurien, von denen er einen Teil radierte und lithographierte. Im Kupferstichkabinett des British Museum befinden sich hunderte seiner Zeichnungen und eine Reihe seiner Skizzenbücher. — 1836 und 1844 stellte er auch Gemälde in der Roy. Acad. aus.

L. Binyon, Katal. of Drawings by British Artists etc. British Museum, 1898, I 3 ff. — Graves, Roy. Academy Exh. I 15. **

Ainslie, Miß, engl. Dilettantin im Malen, Ehren-Ausstellerin in der Roy. Acad. in London 1823—1835; meist Tier-, Sport-, Blumen- und Fruchtstücke.

Graves, Roy. Acad. Exh. I 15. **

Ainza, Joaquin, wahrscheinl. span. Maler des 18. Jahrh. Nach einem Bilde desselben (nach Bezeichnung auf dem Stich 1784 gemalt) stach Vic. Mariani 1792 das Porträt des D. Carlos Josef de los Rios y Rohan in ganzer Figur.

Meyer, Kstlerlex. △

Ajo, Giovanni Battista del, italien. Stuckateur, der im Stifte Klosterneuburg (Niederösterreich) von 1735 an tätig war. Er führte mit den Brüdern Santino und Antonio Cajetano Bussi die reichen Stuckarbeiten an Öfen und Kaminen nach Felice Donato d'Allios Entwürfen aus, besonders hervorragend sind aber die Stuckaturen dieser drei Künstler in den sog. „Kaiserzimmern" und den darüber gelegenen Stockwerken.

Kunst u. Kunsthandwerk (Wien) II 246, III 216. ***

Ajolfi, Elia, Bildhauer, geb. in Bergamo, tätig in Mailand, Schüler des Fürsten Troubetzkoi, starb 27jährig in Bergamo im Sept. 1906. Auf der Mailänder Ausstellung dieses Jahres von ihm die Statue eines sitzenden Mädchens. Er hatte schon früher Proben eines starken bildhauerischen Talents abgelegt.

Kunstchronik 1906, 538. **

Aira, Giovanni und Bonino d', italien. Bildhauer, arbeiteten 1490 zusammen mit ihrem Bruder, dem bekannteren Bildhauer Michele. Giovanni fertigte im Februar 1490 das Denkmal, das Leonardo della Rovere und Luchina Monleone, den Eltern von Sixtus IV., in der Sistina von Savona errichtet wurde, auch wurde ihm am 11. 2. 1490 ein Grabdenkmal in Savona zur Ausführung übertragen.

Von seinem Bruder Bonino d'A. kennt man kein Werk. Schüler und Gehilfe der d'Aira war Pietro da Carona.

Giorn. Ligust. II, fasc. XI, p. 443—445.
G. Dogli Azzi.

Aira, Michele d', Bildhauer. Geb. in Aira im Val d'Intelvi. Er war der erste, dem in Ligurien Ehrendenkmäler für verdiente Bürger übertragen wurden. 1466 schuf er ein solches für Francesco Vivaldi; 1473 für Anciano Spinola; 1475 für Domenico Pastine und 1490 für Ambrogio di Negro, Kommissar von Corsica. Ihm schreibt man auch das Portal des Palazzo delle Compere in Genua zu und viele Skulpturen und Reliefs im Dom von S. Lorenzo in Genua und an anderen Stellen in und außerhalb Genuas. 1497 und 1501 arbeitete er auch an den Monumenten der Brüder Adorno und des Kardinals Giorgio Fieschi.

Giorn. Ligust. II, fasc. XI, p. 421/2 u. 443/5.
G. Degli Azzi.

Airardus, in St. Denis um 780. Die ehernen Türen mit Figuren in St. Denis tragen die Inschrift:

Hoc opus Airardus caelesti munere fretus,
Offert ecce tibi, Dionysi, pectore miti.

Er wird nicht Donator, sondern Künstler gewesen sein, da der Abt ihm aufträgt, das Turmgerüst abzunehmen, wobei Airardus herabstürzt, ohne Schaden zu nehmen. — Mabillon nennt ihn monachus, ohne Beweis.

Mabillon, Ann. Ord. S. Ben. II (1704) 253. (Notiz von Prof. H. Brockhaus.) **

Aird, Miß Edith, Miniaturmalerin in London, stellte seit 1896 fast jährlich in der Roy. Acad. in London Miniaturporträts von Damen und Kindern aus.

Graves, Roy. Acad. Exh. I 15/16. **

Airdasios (?) (oder Aur. Dasios?), nach einer spät-antiken, bis jetzt nur ungenau bekannten Felsinschrift aus der Nähe des alten Edessa. der berühmte Erbauer (ὁ διάσημος ἀρχιτέκτων) der Mauern der Stadt Batnai und eines großen mit einem Brunnen versehenen Chans an der zu dieser Nachbarstadt Edessas führenden Straße. Der Felsenstall, unter dem die Inschrift steht. gehörte wohl zu den Nebenräumen des Chans, dessen Ruinen unmittelbar davor zu liegen scheinen.

Bull. corr. hell. 1896 p. 395 (Abschrift Pognons).
H. Thiersch.

Aire, Jean d', französ. Ornamentbildhauer, 1324 tätig am Karthäuserkloster zu Gosnay in Artois.

Lami, Dict. d. sculpt. 1898. *R.*

Airenhofer, s. *Aernhofer.*

Airer, s. *Ayrer.*

Airola, Angela Veronica, Malerin, † 1670. Sie war Ordensfrau von S. Bartolomeo dell' Oliveta in Genua, Schülerin des Sarzana (Domenico Fiasella) und führte in ihrem Kloster mehrere Bilder aus sowie eine Altartafel in der Kirche Gesù Maria dei Padri Minimi di S. Francesco di Paola.

Soprani, Pittori etc. Genovesi p. 253. ***

Airoldo da Bissone, italien. Bildhauer, war 1387 am Dome in Mailand beschäftigt.

Merzario, I maestri comacini I 353. — Cervetto, I Gaggini 135. ***

Aischines, Bildhauer aus Rhodos. Nur bekannt aus Diog. Laert. II 64. Raoul-Rochette (Lettre à M. Schorn [1832] S, 54 f.) versucht, den Namen auf einer späteren Künstler-Inschrift aus Gabii zu ergänzen (erhalten nur .....ΓΕΝΗΣ ΚΑΙ ΑΕΣ.........ΟΙ ΕΠΟΙΟΥ.)

Overbeck, Schriftq. 2084. — Pauly-Wissowa, Realenc. I 1063, 22. *Amelung.*

Aischines, attischer Töpfer aus der 2. Hälfte des 6. Jahrh., laut Inschrift eines auf der athen. Akropolis gefundenen architektonischen oder Vasenfragmentes mit schwarzen Figuren. Er war vielleicht der Stifter des Weihgeschenks an Athena, dessen marmorner Träger ein Distichon mit dem gleichen Namen aufweist (Ant. Denkm. I 29, 1. Collignon, sculpt. gr. I 392).

'Eφημ. ἀρχ. 1883, 37, 9 (Mylonas). — Gaz. arch. 13, 170 (Pottier). — Pauly-Wissowa, Realenc. I 1063 (Loeschke). — Die Weihinschrift: CIA IV 2, 337202. — Καταλ. τοῦ ἐπιγρ. μουσ. n. 102. *Sauer.*

Aise, Gustav van, s. *Vanaise.*

Aisericus, Baumeister. Regensburg, 12. Jahrh. In einer Sammlung von Traditionsurkunden von S. Emmeram in Regensburg aus dem 12. Jahrh. ist als Zeuge ein gewisser A. genannt mit dem Zusatz „magister operis", also vermutlich ein Bauführer.

Springer, De artificibus 23. — Pez, Thesaurus I, III 143. *Swarzenski.*

Aison, attischer Vasenmaler der 2. Hälfte des 5. Jahrh., allein bekannt durch die Signatur einer schönen, aus Italien ins Madrider archaeol. Museum gelangten Schale (Ant. Denkm. II 1, Innenbild auch Arndt-Amelung, Einzelaufnahmen 1730), die sieben Taten des Theseus, im Innenbild in Athenas Gegenwart das Minotaurosabenteuer darstellt. Aison schließt sich hier in allem Wesentlichen so genau an zwei bald nach Mitte des Jahrhunderts aus einer und derselben Werkstatt hervorgegangenen Theseusschalen (in London: Journ. of Hell. Stud. 1881 Taf. 10 und Harrow: Sitzungsber. d. bayr. Akad. 1907, Taf. 1) an, daß man, solange weitere Werke von ihm nicht bekannt sind, von seiner Erfindung keinen hohen Begriff haben kann. Dagegen weiß er die alten Typen zu verfeinern und der gesamten Dekoration des Gefässes eine Eleganz zu verleihen, die ihn als nächsten Verwandten des Vasenmalers Aristophanes und als Vorläufer des Meidias erscheinen läßt. Das Werk wird um 430 entstanden sein, also die Stilstufe einer jüngeren Richtung innerhalb der polygnotischen Malerei vertreten. Von nicht signierten Werken gehört dem Aison wohl das zierliche Bild Benndorf, gr. u. sizil. Vasenb. 31, 1, vielleicht auch das bekannte Athena-Marsyasbild, Hirschfeld, Athena und Marsyas 1.

Ant. Denkm. II 1 (dazu auf S. 1 Bethe, der die Künstlerinschrift der schon seit 1874 im Madrider Museum befindlichen Vase entdeckte). — B. Graef, Arch. Jahrb. 13 (1898) 66. — Furtwängler-Reichhold, Gr. Vasenmaler I S. 38. — Wolters, Sitzungsber. d. bayr. Akad. 1907, 126 f. *Sauer.*

Aisopos, griech. Steinmetz, nennt sich und seine Brüder in der Inschrift einer Stele, die am wahrscheinlichsten als Grabstele eines in der gleichen Inschrift genannten Phanodikos erklärt worden ist. Sie wurde bei dem Vorgebirge Sigeion gefunden (jetzt im Britischen Museum) und stammt aus der 1. Hälfte des 6. Jahrh. Ursprünglich hat sie irgendeine Bekrönung getragen, am ehesten eine Palmette.

Löschcke, Athen. Mitt. 1879, 292. — Löwy, Inschr. gr. Bildh. 4 und S. XVII. — Pauly-Wissowa, Realenc. I 1087, 2 (Robert). *Amelung.*

Aita de la Pennuela, Mathilde, Malerin in Paris, geb. zu Havana auf der Insel Cuba, Schülerin von Ary und Henry Scheffer. Stellte von 1859 an im Pariser Salon und in Antwerpen aus: der moderne Alcibiades (1859), die Tochter der Pharaonen, Selbstbildnis, der Glaube (1864), die Leserin (1869). Lèger-Chevelle und B. u. M. Régnier haben nach ihren Zeichnungen 11 Blatt lithographiert (s. Meyers Kstlerlex.). ***

Ajtai, Michel D., Kupferst., um 1775 in Wien tätig, seinem Namen nach wahrscheinlich ungar. Herkunft.

Meyer, Kstlerlex. *K. Lyka.*

Aitchison, George, engl. Architekt klassischer Richtung, Professor der Architektur an der Royal Academy, geb. in London als Sohn des gleichnamigen Architekten, der 1815—43 in der Royal Acad. Entwürfe für Brücken und Bahnhöfe in London ausstellte, baute das Haus Fred. Leightons (mit antikem Atrium, byzantinischem Saal und maurischem Patio), ferner Founders Hall, das Geschäftshaus für den Royal Exchange Assurance Pall Mall. 1898 erhielt er die goldene Medaille der Königin. Von 1847—1892 stellte er zahlreiche seiner Entwürfe in der Royal Academy aus.

Who's who 1906. — Graves, The Royal Academy Exhibitors I. *R.*

Aitherios, byzantin. Architekt (μηχανικός bei Cedrenos, wohl = Ingenieur, Konstrukteur), Erbauer der „Chalke" in Konstantinopel zur Zeit des Kaisers Anastasios (c. 500 n. Chr.). Da das Gebäude schon auf Constantin d. Gr. und Zeno (474 n. Chr.) zurückgeht, kann es sich nur um die glänzende Erneuerung desselben unter Anastasios handeln. Der Bau war eine langgestreckte schmale Vorhalle, welche den Säulenvorhof im S. abschließend den eigentlichen Eingang zum Kaiserpalast bildete, der Stelle also des kirchlichen Narthex hinter dem Atrium entsprechend. Die Mittelpartie war als ein annähernd quadratischer Raum für sich behandelt und mit mosaikverzierter Kuppel überwölbt. In der Mitte des Fußbodens war der „Omphalos" eingelassen, eine kreisrunde Porphyrplatte, auf die der Kaiser beim Verlesen feierlicher Erlasse zu treten pflegte. Die Türe nach vorne gegen den Hof zu war vergittert, der Eingang nach dem Palaste zu, der zunächst in die σχολαί, den Flügel der Leibgarde, führte, war verschließbar durch die berühmte bronzebeschlagene Türe, die dem ganzen Bau den Namen gab (kaum die bronzenen Dachziegel, die vergoldet waren). Rechts und links an diesen Kuppelraum schlossen sich langgestreckte Flügel an, die später als Staatsgefängnis dienten. 553 durch Feuer zerstört wurde der Bau durch Justinian I. glänzend wieder hergestellt. In die Kuppel kamen große Mosaikbilder, die Siege seines Feldherrn Belisar darstellend, die Wände waren bis oben hin mit kostbarsten Marmorintarsien verkleidet. Auch die Kirche, welche im 10. Jahrh. hier eingerichtet wurde, behielt den alten Namen („Enea", die Eherne) bei. Mit dem Blachernenpalast im N. W. der Stadt hat die „Chalke" nichts zu tun. Dagegen gab es nach Agnellus 94,119 eine Nachbildung der Chalke in dem ganz nach byzantinischem Muster erbauten Palast Theodorichs zu Ravenna.

Richter, Quellen z. byzant. Kstgesch. 260 ff. — Reber, Abh. der bayer. Akad. 1891, 735 ff. — Pauly-Wissowa, Realenc. III 2066 ff., IV 990 (Oberhummer). — Diehl, Justinien II 80 ff., 641. *H. Thiersch.*

Aitken, James, engl. Maler in Egremont, Cheshire, stellte seit 1889 bis 1901 wiederholt in der Roy. Acad. Stimmungslandschaften (Retreating Day, September Morning on Welsh Coast, Fine Weather off Whitby) aus.

Graves, Roy. Acad. Exh. I 17. **

Aitken, James Alfred, schottischer Maler (A. R. H. A.) in Glasgow, war seit den 70er Jahren bis 1898 fast regelmäßig in den Ausstellungen der Roy. Scottish Academy in Glasgow vertreten; bisweilen erschienen seine Bilder auch im Glasgow-Institute, in der Roy. Hibernia Acad. und in der Roy. Academy in London (1874). **

Aitken, Peter, amerikan. Holzstecher, geb. Dundas, Kanada, 16. 6. 1858. In New York unter Timothy Cole und in Paris ausgebildet. Medaillen: Weltausstellung Chicago und Buffalo.

Artists' Year Book 1905/6. — Americ. Art. Annual 1903 und 1905/6. *E. Richter.*

Aitken, Robert, amerikan. Kupferstecher, geb. 1734, † 1802 in Philadelphia. Stach Kriegskarten. *E. Richter.*

Aitken, Robert I., amerikan. Bildhauer, geb. 8. 5. 1878 zu San Francisco, wo er jetzt als Nachfolger von Douglas Tilden Professor der Bildhauerkunst am Mark Hopkins Institute ist (verbrannt im großen Feuer 1906). Sein Hauptwerk ist die Riesen-Viktoria aus Bronze auf 100 Fuß hohem Sockel zu Ehren der amerikan. Marine errichtet. Von ihm sind auch die Mc Kinley-Monumente in San Francisco und in St. Helena, Kalifornia. Gerühmt wird auch sein Grabdenkmal „The Gates of Silence". Augenblicklich ist er an einem Denkmal für Bret Harte beschäftigt. *Edmund von Mach.*

Aitkins, J. M., Maler in London, stellte 1824 in der Roy. Acad. das Bild: Hanover Terrace, Regent's Park aus.

Aiudi, Giuseppe, aus Forlì, Marmorarbeiter aus der ersten Hälfte des 19. Jahrh. Von ihm in der Kapelle B. V. del Juoco im Dom zu Forlì der Altartisch und zwei Chorwände in reicher Marmorarbeit, der erstere nach dem Entwurf des Architekten Luigi Mirri ausgeführt, die anderen nach Gaetano Stegani.

C. Cignani, Cenni storici . . . d. città di Forlì 1838, p. 20. — Dom. Brunelli, Cenni storici s. cattedrale di Forlì 1882, p. 86. — Guida di Forlì 1838, p. 7. *E. Calzini.*

Aiwasoffski (Gaiwasoffski), Iwan Konstantinowitsch, russ. Marine- u. Landschaftsmaler, geb. 17. 6. 1817 in Feodosia, † daselbst 19. 4. 1900. Das früh erwachte Talent des jungen A. wurde von dem Architekten Koch, einem Bekannten seines Vaters, entdeckt. Koch erteilte ihm den ersten Unterricht im Zeichnen und lenkte die Aufmerksamkeit des Stadthauptmanns Kasnatschejeff auf den Knaben, der ihn zunächst mit den eigenen Kindern erziehen ließ und nach seiner Ernennung zum Gouverneur des taurischen Gouvernements mit nach Simforopol nahm, wo A. zu weiterer Ausbildung dem Gymnasium übergeben wurde. Eine Zeichnung, Juden in der Synagoge darstellend, die A. für seinen Altersgenossen Naryschkin angefertigt hatte, geriet in die Hände von dessen Mutter, einer geb. Gräfin Rostopschin. Diese sandte die Zeichnung nach Moskau an den Hofmaler Tonci mit der Bitte, sie dem Kaiser vorzulegen. Auf das Gesuch Toncis, den jungen A. nach Rom zur Ausbildung zu schicken, entschied der Kaiser, die Angelegenheit der Akad. zu überweisen. Der Präsident der Akad. Olenin empfahl die Aufnahme des Knaben in die Akad. als Pensionär des kaiserl. Kabinetts und stellte seine Ausbildung in Italien nach sechs Jahren in Aussicht. Am 23. 8. 1833 trat A. in die Akad., wo er Schüler von Worobjeff wurde und arbeitete in seiner freien Zeit nach der Natur oder kopierte in der Ermitage nach Cl. Lorrain. Außerdem hatte er Gelegenheit, im Hause der Fürstin Suworoff-Rimnikski und bei der Frau von Tomiloff sein Auge an schönen Gemälden und Stichen zu bilden. Auf Veranlassung des Kaisers Nikolaus wurde A. dem damals in Petersburg tätigen französischen Marinemaler Philippe Tanneur als Schüler überwiesen; doch dieser benutzte seinen Schüler, dessen großes Talent er bald erkannte, um Studien von ihm aus der Umgebung Petersburgs zu seinen eignen Bildern malen zu lassen und zum Farbenreiben. Ein Versuch Tanneurs, die künstlerischen Fähigkeiten A.s in den Augen des Kaisers herabzusetzen, wurde von dem Dichter Shukoffski und dem Schlachtenmaler Prof. Sauerweid vereitelt. — Nach einer Sommerreise in die finnländischen Gewässer im Gefolge des General-Admirals Großfürsten Konstantin Nikolajewitsch trat A. 1837 eine Studienreise in die Krim an und ging 1839 als Staatspensionär ins Ausland. Nach kurzem Aufenthalt in Berlin, Dresden, Wien, Triest und Venedig besuchte er Florenz und ließ sich dann in Rom nieder. Zwei Gemälde, „Sturm" und „Chaos" brachten dem jungen Künstler große Anerkennung; die französ. Akad. zeichnete ihn durch Verleihung einer goldenen Medaille aus. — Von Rom unternahm A. darauf eine Reise nach England, besuchte Portugal und Spanien, und kehrte über Malta nach Rom zurück. 1844 begab er sich nach Petersburg zurück, nachdem er zuvor noch den Niederlanden einen Besuch gemacht hatte. In Amsterdam veranstaltete er eine Ausstellung seiner Gemälde und wurde durch die Ernennung zum Mitglied der Amsterdamer Akad. ausgezeichnet. Seine in Paris ausgestellten Bilder erwarb Kaiser Nikolaus I. und bestellte außerdem noch sechs Gemälde bei dem jungen Künstler, die die nordischen Haupthäfen des russischen Reichs darstellen sollten. Gleichzeitig ernannte ihn der Kaiser zum Maler des Hauptmarinestabes mit dem Recht, die Marineuniform tragen zu dürfen, und die Akad. erteilte ihm den Rang eines Akademikers. 1846 besuchte er im Gefolge des Großadmirals die Türkei, Kleinasien, den Archipel und das Marmarameer, wobei längerer Aufenthalt in Konstantinopel, auf Chios, Patmos, Samos, Rhodos, in Smyrna und Troja genommen wurde, sowie verschiedene andere Orte der Levante, das anatolische Ufer und der Berg Athos besucht wurden. 1847 wurde er zum Professor ernannt. Er nahm jetzt seinen Wohnsitz in seiner Heimat Feodosia, wo er sich eine Villa erbaut hatte. Hier arbeitete er die auf seinen Reisen gemachten Studien aus, die z. T. in den Besitz des kaiserl. Hauses kamen. 1851 wohnte er im kaiserl. Gefolge den Manövern vor Sewastopol auf dem „Wladimir" bei, was ihm neue Anregung zur Darstellung mehrerer Marineschlachten bot. Den Winter 1857/58 verlebte er in Paris, wo er „Die vier Jahreszeiten" unter dem Namen „Der Reichtum Rußlands" ausstellte. Eines dieser Bilder erwarb Graf Morni für die Kaiserin Eugenie; auch wurde ihm der Orden der Ehrenlegion verliehen. In den nächsten Jahren entstanden mehrere Gemälde aus dem Kaukasus, die in Petersburg, Berlin und London zur Ausstellung kamen; drei von ihnen erwarb Kaiser Alexander II. Im Gefolge der Großfürstin Maria Alexandrowna und des Großfürften Sergius Alexandrowitsch sah er 1867 wieder Konstantinopel und 1869 wohnte er der Eröffnung des Suezkanals bei. Große Ausstellungen seiner Gemälde fanden 1873 und 1875 außer in Petersburg auch im Auslande statt; so in Nizza und in Florenz. Die Akad. zu Florenz erwählte ihn zu ihrem Mitgliede und erbat sich sein Bildnis für die Pittigalerie. Auch vom Sultan, für den er eine Anzahl von Gemälden während eines längeren Aufenthaltes in Konstantinopel schuf, wurde er ehrenvoll ausgezeichnet (1875). 1887 konnte A. die Feier seiner fünfzigjährigen künstlerischen Tätigkeit begehen. Die Petersburger Akad. ernannte ihn bei dieser Gelegenheit zum Ehrenmitgliede und ließ eine goldene Medaille auf ihn schlagen. — Sein Werk gab A. 1887 auf ca. 4000 Nummern an. Seine Hauptwerke befinden sich in den kaiserl. Schlössern, in der Petersburger Akad., im Museum Alexanders III. in Petersburg und im Rumjanzewmuseum in Moskau. Unter seinen Schülern waren Bogoljuboff, Lagorio und Kuindschi die bedeutendsten.

Aus der weitverzweigten Literatur über den Künstler sei verwiesen auf die umfangreichen Nachrichten von N. Sobko, Russ. Kstlerlex. m. 7 Abb. u. Ѳ. Булгаковъ, Наши художники (Th. Bulgakoff, Unsere Künstler) I 1—10 mit Portr. und 8 Abb. *W. Neumann.*

Aix la Chapelle, Jean d', Bildhauer, Elsaß, erhielt das Bürgerrecht in Straßburg 1493, wo er unter dem Architekten Jacop von Landshut die großen Statuen des Nordportals (der sogen. St. Lorenzpforte) am Dome ausführte.

Lami, Dict. d. sculpt. 1898. *R.*

Aixa, José, span. Bildhauer, geb. zu Valencia vor 1850, Schüler der Akad. San Carlos daselbst, später in Deutschland. Sein Hauptwerk ist eine Statue des Philosophen Luis Vives (in der Universität zu Valencia errichtet). Ferner: eine Statue des Pater Jofré (im General-Hospital zu Valencia), eine Büste der hl. Therese; die bildhauerische Wiederherstellung der Lonja dieser Stadt.

Ossorio y Bernard, Galeria biogr. de artistas españoles del siglo XIX. Madrid 1883/4. — Alcahali, Dicc. biogr. de artistas valencianos, Valencia 1897. *P. Lafond.*

Aizelin, Eugène Antoine, französ. Bildhauer, geb. in Paris 10. 7. 1821, Schüler von Ramey und von Dumont, stellte zum ersten Male 1852 im Salon aus. 1859 erhielt er eine III. Medaille für eine Gipsstatue „Nyssia im Bade"; eine II. Medaille (1861) für dieselbe Statue in Marmor; eine II. Medaille auf der Weltausstellung 1878 und eine gold. Medaille auf der Weltausstellung 1889. 1867 wurde er zum Ritter und 1892 zum Offizier der Ehrenlegion ernannt. 1902 starb er.

Seine Hauptwerke sind: „Psyché", Marmorstatue (1863) im Museum von Quimper; „La Danse", Steinstatue (1863) im Théâtre du Chatelet; „Saint Grégoire de Nysse et sainte Cyrille", Steinstatuen (1863) in der Kirche de la Trinité; das Marmorbildnis Boisseaux' (1864) auf dem Montparnasse-Friedhofe; „L'Enfant au sablier", Marmorstatue (1866) im Mus. zu Nantes; „une Suppliante", Marmorstatue (1867), im Mus. in Montpellier; „Horace Vernet", Marmorbüste (1871); im Institut de France; „L'Idylle", Marmorstatue (1874) im Hofe des Louvre-Mus.; das

Bronzemonument Desforges' de Vassers (1874) auf dem Friedhof Père-Lachaise: „Sainte Geneviève et Saint Honoré", Steinstatuen (1875) in der Kirche Saint-Roch; „Orphée descendant aux enfers", Marmorstatue (1876) im Mus. zu Reims; „Pandore", Marmorstatue, 1877 im Salon ausgestellt; „L'Idylle", Steinstatue, im Opernhause; „Mignon", Marmorstatue, 1881 im Salon ausgestellt; ferner Bailly u. Mme de Sévigné, Steinstatuen (1882), sowie ein Bogenschütze, Bronzestatue (1885) im Hôtel de ville; „Le Japon", Marmorstatue (1886) im Mus. d'histoire naturelle; „Agar et Ismaël", Marmorgruppe (1889) und „Judith", Bronzestatue (1890) im Luxembourg-Mus.

Bellier-Auvray, Dict. gén. — Richesses d'art de la France: Paris, mon. relig. I. II; mon. civ. I. II. III; und Prov., mon. civ. I. II. *Lami.*

Aizelin, Sophie, geb. Berger, französ. Malerin, geb. in Dijon, † im April 1882 in Paris. Frau des Bildhauers Eugène-Antonie Aizelin. Schülerin von Devosge und Mme Rude. Stellte 1847—1849 unter ihrem Mädchennamen und 1857—1870 unter ihrem Frauennamen im Pariser Salon Pastellgemälde (Porträts, Genrebilder und Landschaften) aus.

Bellier-Auvray, Dict. gén. I u. Suppl.

Aken, Anthonis van, Glasmaler im Haag, lieferte 1613 ein gemaltes Glas für Rechnung der Regierung von Gouda. 1632 war er Hoofdman, 1633 Deken, 1641, 1642, 1645 und 1646 wieder Hoofdman und 1648 wieder Deken der Gilde im Haag. 1636 war Pieter Pietersz. Swertsenburg sein Schüler.

Obreens Archief III 51; IV 34; V 68—70, 74, 75, 77, 78. *E. W. Moes.*

Aken, Arnold (Arnout) van, Maler und Stecher, Niederländer von Herkunft, tätig in England im Anfang des 18. Jahrh. Er malte kleine Figuren, Landschaften, Gesellschaftsstücke und gab eine Folge von Kupferstichen, darstellend Fische und Seewunder („Wonders of the Deep") heraus. — Ob der 1725/26 in der Antwerpener Malergilde als Meister erwähnte Arnoldus van Aeken identisch mit Obigem ist, läßt sich mit Sicherheit nicht sagen.

Strutt, Biogr. Dictionary. — Fiorillo, Gesch. d. zeichn. Kste. V 575. — De Liggeren II 740, 743. *Pol de Mont.*

Aken, François van, Maler in Antwerpen. 1667 Meister der Lukasgilde und in den Liggeren bis 1713/14 erwähnt. Wohl der „F. van Aken", der nach Brulliot Blumen- und Fruchtstücke in der Art des Horemans gemalt und mit einem aus F. v. A. gebildeten Monogramm, bisweilen auch mit F. v. Aken bezeichnet hat. Kramm nennt ihn unrichtig T. v. Aken.

Brulliot, Dict. des Monogr. I 353. — De Liggeren II 378, 382, 550, 566, 570, 596, 689. ***

Aken, Gabriel von, seiner Schreibweise nach ein echter Niederdeutscher, wahrscheinlich aus Lübeck, entstammte einer Familie, die in Mecklenburg schon 1288 urkundlich nachweisbar ist. Er stand als „Baumeister" 1552 in Diensten des Herzogs Johann Albrecht I. von Mecklenburg, als dieser daran ging, in Wismar für seine Vermählung mit Anna Sophia von Preußen das sogenannte „lange, neue Haus" — einen Teil des später als Fürstenhof bezeichneten Schlosses — zu erbauen. Im Oktober d. J. finden wir ihn beschäftigt, im Auftrage des Herzogs aus den Steinbrüchen von Kull auf Schona Steine zu beschaffen. Mit diesen kehrte er nach Wismar zurück und legte das Fundament zu seinem Bau. Die ausbedungene Arbeit hatte er im Sommer 1553 geleistet. Im November d. J. verließ er infolge eines Zwistes mit dem gleichfalls dort beschäftigten Maurermeister Valentin von Lira den fürstlichen Dienst und ging am 30. d. M. nach Lübeck. Der Herzog versuchte, ihn im nächsten Jahre wieder in seine Dienste zu ziehen, doch lehnte er diese Berufung durch einen Brief vom 4. 4. 1554 wegen Krankheit und reichlicher Beschäftigung in Lübeck ab, empfahl sich jedoch für spätere Arbeiten. Er scheint dann weiter in Lübeck tätig gewesen zu sein; jedenfalls ist er dort noch 1561 nachweisbar; 30. 9. ließ ihn der Herzog nach Ausweis der Schweriner Renterei-Register von Lübeck nach Schwerin kommen. Mit dem Terrakotta-Schmuck des Fürstenhofes kann G. v. A. nicht in Verbindung gebracht werden, auch entbehrt die Vermutung, daß er bei dem Bau der alten Häuser in der Wahmstraße zu Lübeck, die mit Platten aus gebranntem Ton verziert sind, beteiligt gewesen sei, jeder Begründung.

Mecklenb. Urkundenbuch III 1962. — Mithoff, Mittelalt. Künstler Nieders. und Westf. 1883, 6. — Sarre, Fürstenhof zu Wismar 9 ff., 32. — Brehmer in den Mitteil. d. Ver. f. Lüb. Gesch. und Alt. 3, 192. — Hach, Anfänge der Ren. in Lübeck 44. *Maybaum.*

Aken, Hans v., s. *Achen,* Johann v.

Aken, Hieron. v., s. *Bosch,* H.

Aken, Jan van, Pferdemaler, von dem Bilder nicht bekannt, aber dessen gezeichnete und radierte Landschaften nicht selten sind. Einige hiervon, nach Zeichnungen von Herman Saftleven, wurden herausgegeben von Clement de Jonghe. Eine Zeichnung im Museum zu Rotterdam ist 1652 datiert. Es ist nicht sicher, daß er der Jan van Aken ist, der 25. 3. 1661 in Amsterdam begraben wurde. — 30. 1. 1698 wird auch ein Jan van Aken in der Westerk. begraben. (Notiz von A. Bredius.)

Houbraken III 183. — Bartsch I 269. — v. Eynden u. v. d. Willigen I 214. — Oud-Holland III 58. *E. W. Moes.*

Aken, Jan van, Maler, geb. in Herzogenbusch, kaufte 14. 9. 1745 in Amsterdam das Bürgerrecht.

Aemstels Oudheid V 67. *E. W. Moes.*

Aken, Joris van, Maler in Antwerpen. 1558 Schüler eines Nicl. Hermans, 1561 Meister und bis 1589 erwähnt.

De Liggeren I 210, 226, 302, 303, 335. ***

Aken, Jozef van, Maler von Antwerpen, † in London 4. 7. 1749 im Alter von 40 Jahren. Er hatte eine besondere Geschicklichkeit, Seidenstoffe, Samt, Spitzen und Stickerei, sowie Gewandung überhaupt zu malen. Er ließ sich in England nieder, wo er sich dann namentlich damit beschäftigte,, in den Bildern der namhaften Künstler jener Zeit die Bekleidung der Figuren zu malen (woher der „Schneider van Aken" genannt). Sein Tod erregte bei seinen Kollegen lebhaftes Bedauern, weshalb Hogarth ein humoristisches Bl. mit seinem Leichenzug ätzte, worauf er verschiedene Gruppen von verzweifelnden und jammernden Künstlern darstellte.

Meyer, Kstlerlex. — Wurzbach, Niederl. Kstlerlex. — Notizen von Pol de Mont.

Aken, Leo van, belgischer Genremaler, geb. in Antwerpen 30. 11. 1857, † daselbst 11. 1. 1904, Schüler der Antwerpener Akad., hauptsächlich unter P. Beaufaux. Er malte lebensgroße Darstellungen aus dem Volksleben, bisweilen auch Interieurs in trüber Farbe im Geschmacke des Struys. Zwei Bilder von ihm: Bogenschützen (1901) und die Kranke im Antwerpener Museum. *H. H.*

Aken, Sebastiaen van, vlämischer Historienmaler, getauft in Mecheln 31. 3. 1648, † daselbst 21. 11. 1722. Schüler des Luk. Franchoys d. J., soll 28. 12. 1666 Meister geworden sein. Besuchte Italien, wurde Schüler des Carlo Maratta, an den er auch durch sein Kolorit erinnert. 1697 hielt er sich noch in Italien auf, besuchte dann Spanien und Portugal (wo er sich mit Therese Durant vermählte) und kehrte in seine Heimat zurück. Als erstes Werk des A., noch vor seiner italien. Reise, wird eine Himmelfahrt Mariae für die Liebfrauenkirche von Hanswyck bei Mecheln genannt, aus späterer Zeit mehrere Bilder im Kloster zu den armen Klarissinnen in Mecheln (Einweihung der hl. Klara von Assisi und eine Versammlung der Nonnen). Das einzige erhaltene Werk, ein hl. Norbert, der aus den Händen der Maria die Ordenstracht empfängt, befindet sich in der Kapelle von Notre-Dame du Bonvoloir in dem Flekken Duffel bei Mecheln.

Meyer, Kstlerlex. — E. Neeffs, Hist. de la peint. etc. à Malines. ***

Aken, s. auch *Achen, Acken, Aecken, Aeken.*

Akerberg, Knut, Bildhauer der Gegenwart in München, sandte 1901 zum ersten Male (von Florenz aus) auf die Ausstellung im Glaspalast in München das Steinrelief: Flötender Pan und war auf der Münchener Sezessionsausst. 1906 mit den Arbeiten: Weinernte (Steinrelief), Hirtenknabe (Bronzegruppe) und Herkules (Bronzerelief) vertreten. **

Åkerblad, Jeanette, s. *Ankarcrona.*

Akerboom. Niederländischer Landschaftsmaler, nur erwähnt bei Houbraken (III 53), der von ihm eine Ansicht der Stadt Doornik gesehen hat. Nach W. Schmidt (Meyers Kstlerlex.) eine falsche Lesart für A. Verboom. Nach Hofstede de Groot (Quellenstudien z. holl. K. G. I 92) kommt der Name Akerboom tatsächlich in Holland vor und Beziehungen A. Verbooms zu Doornik sind nicht bekannt. Es ist deshalb nicht ausgeschlossen, daß Houbrakens Angabe richtig ist. ***

Akerel, s. *Akrel.*

Akerfeldt (Åkerfeldt), Gotthardt Wilhelm, Bildnismaler, ein geborener Schwede, tätig in Dänemark, Schüler von P. Als, hat nach dem Tode seines Lehrers (1776) das Bildnis des Königs Christian VII. vollendet.

Weilbach, Nyt dansk Kunstnerlex. (1896) I 24. *A. R.*

Åkerland, Erik, schwed. Kupferst., geb. 1754 in der Umgegend Stockholms, fand an der Akad. seine Ausbildung in Flodings Schule und stach gute Porträts und eine Menge Landkarten. Außerdem Blumenstücke, 5 Illustrationen (schlecht) zu Lidners Gedichten 8., worauf seine Bezeichnung später wegradiert wurde, Illustrationen zu Don Sebastian 1825 und Ottar Tralling, 8. Von unermüdlichem Fleiße, arbeitete er noch in seinem 79. Jahre. Todesjahr unbekannt. Sein Hauptblatt: Porträt des Karl Johann (Bernadotte) nach J. Guérin, in Schwarzkst., Fol. — Zu den im Meyerschen Kstlerlex. aufgeführten Porträts sind noch hinzuzufügen: J. C. Haken, Arzt Lowe del., J. Nordenankar und J. L. Wenner, Arzt.

Meyer, Kstlerlex. (Art. von L. Dietrichson und C. Eichhorn). — Kupferstichsammlg. der kgl. Biblioth. u. des Nationalmus. zu Stockholm. Mit Notizen von *J. Kruse.*

Åkerlöf, Augusta Amalia Karolina, schwed. Malerin, geb. 1829, † 1878. Ein paar Figurenbilder von ihr finden sich im Schloß Ulriksdal und im Nationalmuseum. *G. Nordensvan.*

Åkerlund, Erik Johan, schwed. Maler, geb. 7. 5. 1856, † 25. 1. 1902, stellte Genrebilder mit Motiven aus dem Zirkusleben aus und anderes mehr. — Seine Gattin *Emma Matilda Pauline A.,* geb. Neumüller, geb. 4. 11. 1857 hat Porträts in Öl und Pastell ausgestellt. *G. Nordensvan.*

Akerlund, Peter, schwed. Maler, geb. um 1835, † 1871, stellte Genrebilder aus und ist hauptsächlich bekannt durch seine ausgezeichneten Abbildungen in dem großen Werk von Fries über die Pilze. *G. Nordensvan.*

Akerman, Anders, schwed. Kupferst., geb. 1718, † 3. 2. 1778, war eigentlich nur als Lehrer des Kupferstechers Fredrik Akrel von

Bedeutung. Er war namentlich zu Upsala mit Stechen von Globen und Karten beschäftigt, da er Vorstand einer von der k. Gesellschaft der Wissenschaften errichteten Anstalt war. Auch stach er botanische und zoologische Bll. zu akademischen Dissertationen, u. a. Pflanzen in Umrissen zu Linnaei Plant. rar. horti Upsaliensis. Fol., und einige Baupläne, worunter das Gustav-Wasa-Haus in Dalarne. Ferner einige Porträts wie K. von Linné, Erich Benzelius und Pehr Högström.

Meyer, Kstlerlex. (Art. v. L. Dietrichson). — Kupferstichsammlg. d. kgl. Bibliothek und des Nationalmus. zu Stockholm.

Mit Notizen von *J. Kruse.*

Åkerman, Bror Morgan Werner, schwed. Bildhauer, geb. 1. 1. 1854 in Göteborg, † 6. 2. 1903, studierte an der Kunstakad. in Stockholm 1883—86 und in den Jahren 1888—93 hielt er sich größtenteits in Paris, einen Winter in Rom auf. Von seinen Arbeiten sind zu erwähnen: die Frauenstatue Frühlingsfrost (1889 in Gips in der Galerie von Barcelona), Verlassen (Statuette 1890, in Bronze im Nationalmus. in Stockholm), Strandgut (liegende Frauenfigur, 1893, Marmor, im Mus. von Göteborg), Madonna (Hautrelief, Marmor, 1891), Frithjof und Ingeborg (Gruppe 1894), Porträtbüsten, Medaillons u. a.

Nordisk Familjebok. Tom I. Stockholm 1904. *G. Nordensvan.*

Åkerman, Jeanette, schwed. Malerin, Geburts- und Todesjahr unbekannt. Malte um 1817. Landschaften von ihr finden sich auf Schloß Rosersberg. *G. Nordensvan.*

Akermann, s. auch *Achermann, Ackermann* und *Akhermann.*

Akers, Benjamin (gen. Paul oder St. Paul, wegen seiner Frömmigkeit), amerikan. Bildhauer, geb. 10. 7. 1825 in Saccarappa, Maine, Sohn eines Drechslers, bei dem er lernte. † 21. 5. 1861 in Philadelphia. Sein lebhafter Kunsttrieb zeigte sich früh schon darin, daß er ohne Vorbilder eine steinerne Porträtbüste mit dem Werkzeug eines Tischlers meißelte. Später studierte er in Boston die Bildhauerkunst und eröffnete 1850 ein Atelier in Portland zusammen mit dem Maler Tilton. Seine bedeutendsten Büsten aus der ersten Zeit seiner Meisterschaft sind die des Dichters Longfellow, des Gouverneurs Gilman und der Idealkopf der Charlotte Corday. 1852 kam er nach Florenz und dann nach einem Besuch in der Heimat, wo er in Washington Büsten des Präsidenten Pierce, Edw. Everett und anderer bedeutender Männer machte, nach Rom, wo er 1855 sein Atelier eröffnete. In Rom wurde er der Mittelpunkt des ausländischen Künstlerkreises. In Hawthornes berühmtem Roman The Marble Faun erscheint er als der Künstler Kenyon. In dieser Zeit entstand u. a. sein bestes Werk The Pearl Diver. Später bezog er Canovas früheres Atelier und schuf u. a. Peace, Una and the Lion und St. Elizabeth of Hungary und eine Kolossalbüste von Milton. — Auf einer Erholungsreise in die alte Heimat erreichte den reichbegabten Künstler ein früher Tod.

H. T. Tuckerman, Book of the Artists. New Cork 1867 p. 612 fg. — Taft, American Sculpture p. 199. — New England Magazine, N. S. vol. 11 S. 460 fg. *Edmund von Mach.*

Akers, Charles, amerikan. Bildhauer und Zeichner, geb. 15. 10. 1835 nicht weit von Hollis, Maine, † 16. 9. 1906 in New York, lernte die Bildhauerkunst von seinem Bruder Benjamin in Rom 1857—58. Von ihm rühren viele Büsten und Medaillen von berühmten Männern her, z. B. General Neal Dow, Gouverneur Washburne, Ralph Waldo Emerson, Charles Eliot Norton, Henry W. Longfellow, Oliver Wendell Holmes, Bischof Whipple und Lucretia Mott (im Philadelphia Museum). Die Acad. of Fine Arts in Buffalo besitzt zwei schöne Reliefs von ihm „Undine" und „Morning". Schon 1871 gab er die Bildhauerkunst schwacher Gesundheit wegen auf und widmete sich dem Zeichnen. Er lebte in New York, stellte aber schon seit vielen Jahren nicht mehr aus. *Edmund von Mach.*

Akers, John, Maler in Oxford, stellte seit 1826 in der British Institution, 1832 und 1844 in der Royal Academy Landschaften aus.

Graves, Dict. u. Roy. Acad. Exh. **

Akers, S. W., Porträtmaler in London, 1821 tätig.

Graves, Roy. Acad. Exh. I 17. **

Akersdijk, s. *Akkersdijk.*

Akersloot-Berg, Betzy, s. *Berg.*

Akersloot, Cornelis, wird 19. 1. 1677 als Maler in der Zunft in Haarlem erwähnt; 1679 war er „Commissaris" und 1680 „Deken". 4. 5. 1688 war er schon tot, da seine Witwe damals einige Bilder verkaufte. Van der Willigen besaß sein gezeichnetes Porträt. Einige gezeichnete Landschaften im Amsterdamer Kabinett sind vielleicht von ihm.

v. d. Willigen 67, 68. — Houbraken III 53. *E. W. Moes.*

Akersloot, Jacob, kommt 1704 in die Zunft im Haag. Von ihm finden sich in mehreren älteren Auktionskatalogen Handzeichnungen mit Landschaften.

Obreens Archief IV 112, 160. — Kramm, De Levens etc. *E. W. Moes.*

Akersloot, Outgert Arisz., war 1631 „Commissaris" der Zunft in Haarlem. Wahrscheinlich war er der Vater des Kupferstechers Willem Outgertsz. Akersloot.

v. d. Willigen 18. — Obreens Archief I 235, 291. *E. W. Moes.*

Akersloot, Willem Outgertsz., wahrscheinlich der Sohn des Outgert A., ist in Haarlem geb. und war ein tüchtiger Kupferstecher. Sein frühester bekannter Stich ist die Gefangennahme Christi, von 1624. Für Sam. Ampzings Beschryvinge ende Lof van de stadt Haerlem, Haerlem bei Adr. Rooman 1628, lieferte er mehrere Illustrationen und stach im selben Jahre die schönen Porträts des Prinzen Friedrich Heinrich und dessen Gemahlin Amalia von Solms, nach Adriaen van de Venne. Weiterhin kommt namentlich in Betracht: die Befreiung Petri, 1626 nach Pieter Molyn, und Demeter und Keleos, nach Jan van de Velde und in dessen Manier gestochen. Er war verheiratet mit Pieternelle Jansdr. Witges, welche ihn etwa 1632 verließ; zwei Jahre später wohnte er im Haag.

Ampzing, Beschryvinge von Haerlem 373. — Obreens Archief V 39. — Meyer, Kstlerlex. I 161. *E. W. Moes.*

Åkerström, Jonas, schwed. Maler, geb. 1759 in Helsingland, † 1795 in Rom. Als Bauer aus einem sehr abgelegenen Orte in Nord-Schweden kam er erst spät (1782) in die Lehre bei dem Maler Holm in Stockholm und wurde bald nachher Schüler der Akad., wo er infolge seiner Begabung das besondere Interesse seiner Lehrer Pilo und Sergel erweckte. Während dieser Zeit war er auch dem Maler Jean Louis Desprez behilflich bei der Anfertigung der Dekorationen zu Naumanns Oper Gustav Wasa (Text von König Gustav III.). 1788 begab er sich nach Rom, nachdem er die große Medaille der Akad. gewonnen u. eine Unterstützung vom König bekommen hatte. 1794 wurde er zum Mitglied der Akad. gewählt und im selben Jahre sandte er folgende mythologische Gemälde an die Ausstellung: „Bacchus und Ariadne", „Cefalus und Procris", „Endymion und Diana", die sich jetzt in Privatbesitz befinden. Seine Hauptproduktion umfaßt solche erotische Darstellungen mit mythologischen Sujets, die er sehr konventionell und oft etwas schlüpfrig gestaltete. Als gute Beispiele seiner Kunst dürften besonders „Meleager und Kleopatra" in der Akad. wie auch „Kleobis und Biton" in der Säfstaholm-Sammlg. genannt werden.

Looström, Svenska Konstakad. histor. — Thura Wennberg, Minne af Johan Akerström. 1776. *O. S.*

Akesas, berühmter griechischer Teppichweber aus Salamis auf Kypros, nicht bestimmt datiert, aber jedenfalls der altertümlichen Kunst angehörend. Die Legende schrieb dem A. und seinem Sohn Helikon den ersten der Athena Polias dargebrachten Peplos zu, „Werke des A. und Helikon" hießen sprichwörtlich Wunderwerke der Textilkunst. S. Helikon.

Brunn, Gesch. d. gr. Kstler. II 12 f. — Ders. in Meyers Kstlerlex. — Pauly-Wissowa, Realenc. I 1162 f. (Rossbach). *Sauer.*

Akesson, Jonas, schwed. Maler, geb. 1879 in Malmö, war Husar, bis er 1901 ein Schüler der Kunstakad. in Stockholm wurde, studierte seit 1904 in Paris. Hat auf schwedischen Ausstellungen und im Pariser Salon mehrere Porträts mit kräftiger koloristischer Haltung ausgestellt und 1906 in Stockholm das Freilichtgemälde Sommer. *G. Nordensvan.*

Akestor, Erzgießer aus Knossos auf Kreta. Von ihm stammte die Statue eines Alexibios aus Heraia, Siegers im Fünfkampf, die in Olympia aufgestellt war. Alexibios kann Ol. 75 = 480 oder Ol. 80 = 460 gesiegt haben (Robert). — Da nun kürzlich einem Sohn des Akestor, Amphion (s. d.), der berühmte Wagenlenker von Delphi überzeugend zugesprochen worden ist, ein Werk, das zweifellos in der ersten Hälfte des 5. Jahrh. entstanden ist, werden wir eher geneigt sein, den Sieg des Alexibios für 480, die Tätigkeit des Akestor für den Beginn des 5. Jahrh. anzunehmen.

Brunn, Gesch. d. gr. Kstlr. I 105. — Overbeck, Schriftq. 464. — Pauly-Wissowa, Realenc. I 1167, 5 u. Suppl. 43 (Robert). — Robert, Hermes 1900, S. 178. *Amelung.*

Akhermann, Hans Ludwig, Bildhauer in Graz, urkundlich erwähnt 1623 (Heirat) bis 1636, verfertigte den Altar für die Kirche in Toblbad.

Wastler, Steir. Kstlerlex. (hier Irrtum in der Zeitangabe) und handschriftl. Nachträge. **

Akimow, Iwan Akimowitsch, russ. Maler, geb. 22. 5. 1753, † 15. 5. 1814 in Petersburg, wurde 1762 in die Akad. aufgenommen und besuchte sie bis 1772, um dann als Pensionär der Akad. nach Italien zu gehen. Er trat in die Akad. zu Bologna ein, kopierte mehrere große Werke und bildete sich vorherrschend nach Guercino. 1774 ist er in Rom, 1775 wieder in Bologna. Sein Hauptbild, Herkules sich auf dem Scheiterhaufen verbrennend, trug ihm den Rang eines Akademikers ein. 1786 wurde er Inspektor der Tapetenmanufaktur, 1791 Direktor der Anstalt und 1794 Direktor der Kunstakademie. Seine Hauptarbeiten fallen in die neunziger Jahre des 18. Jahrh. Die Ikonostasis des Alexander-Newski-Klosters mit der Dreieinigkeit, der Himmelfahrt Mariä; Peter d. Gr. am Pruth einen Befehl an den Senat erteilend in der Ingenieurakad.; die Rettung der Fahne des Grenadierkorps im Jahre 1806 durch den heldenmütigen Unteroffizier Staritschkoff; die Einsegnung der Landwehr 1812 im Mus. Alexanders III. — Seine Zeichnung ist korrekt, seine Farbe dagegen leblos. Er hinterließ eine bedeutende Kupferstichsammlung und stiftete ein Kapital von 15 000 Rubel zu einem Stipendium für drei mittellose Kunstschüler.

N. P. Sobko, Russ. Kstlerlex. — Русск. библ. словарь I 92/93 (Russ. Bibliogr.). — Энциклоп. словарь (Encyklop. Wörterbuch) II 330. — Deutscher Petersburger Kalender 1840, S. 161. — Н. Андреевъ, Живопись и живописцы etc. (N. Andrejeff, Malerei u. Maler etc.) S. 439 ff. —

Свиньинъ, Достоп. Спб. — Swinjin, Merkwürdigkeiten Petersburgs) 1817, II 74. — Meyer, Kstlerlex. — Fiorillo, Kleine Schriften II 71.
W. Neumann.

Akin, James, amerikan. Kupferstecher, geb. 1773, † 1846. Kam von Süd-Karolina nach Philadelphia. Er hat auch in Newburyport und Salem, Mass., gelebt. Ein Porträt Franklins, Illustrationen und Ex-Libris. *Mrs. Akin,* wahrscheinlich seine Frau, hat sich auch um 1800 mit dem Stichel befaßt.

Mus. of Fine Arts, Boston. Catalogue of an Exhibition of Early Engraving in America 1904.
E. Richter.

Akkeringa, E., Zeichner naturgesch. Gegenstände, Holland 1804.

Immerzeel, De Levens. **

Akkeringa, Johan, holl. Maler der Gegenwart, geb. auf der Insel Banka 17. 1. 1864, Schüler von de Zwart, studierte auf den Akademien im Haag und in Rotterdam, fand mit seinen Strandbildern von Scheveningen, mit seinen sonnigen Blumengärten und farbigen Blumenstücken, die er zu echten Kabinettstücken gestaltete, vielen Beifall. Sein Bild: „Die Netzflickerinnen", sah man auf der Dezenalausstellung 1900 in Paris und 1901 in der Münchener Glaspalast-Ausstellung.

G. H. Marius, De hollandsche Schilderkunst. — J. Gram, Onze Schilders in Pulchri Studio. **

Akkersdijk, Jacob, Maler, geb. in Rotterdam 12. 2. 1815, † 4. 1. 1862. Er malte Interieurs, Bauernkirmessen, Lustige Gesellschaften, Städte- und Dorfansichten und stellte in Rotterdam 1840—1860 aus. Seine Werke sind von geringer künstlerischer Bedeutung. — A. hat auch lithographiert. Im Kupferstichkabinett in Amsterdam befindet sich von ihm eine Originallithographie „Ein Bauer seine Pfeife anzündend", bez. J. Akkersdijk del & lith. (Mitt. von E. W. Moes).

Kramm, De Levens en W. Aanhangsel.
Haverkorn van Rijsewijk.

Aklin, Karl Kaspar, Schweizer Goldschmied und Münzmeister, geb. 4. 6. 1749 in Zug, † das 7. 2. 1814. Fertigte viele gute mit Steinen montierte Schmuckstücke (eins davon im Besitz der Frau Binkert-Keiser in Winterthur). Sein Goldschmiedezeichen ein fünfblätteriger Lindenzweig.

Brun, Schweizer Kstlerlex. ***

Akmon, angeblicher Gemmenschneider. Der Name, vielleicht für Admon (s. d.) verlesen, findet sich auf einem jetzt verschollenen Kameo mit dem Kopf des Augustus, dessen Echtheit angezweifelt worden ist.

Brunn, Gesch. d. gr. Kstler. II 535 f.
Pernice.

Akragas, nach der Überlieferung (Plinius N. H. 33, 155) einer der bedeutendsten Toreuten des Altertums. Erwähnt werden von ihm getriebene Becher mit Jagddarstellungen und solche mit Kentauren und Bacchantinnen. Seine Zeit ist nicht sicher ermittelt, frühestens gehört er dem 4. Jahrh. v. Chr. an, wahrscheinlich lebte er erheblich später.

Brunn, Gesch. d. gr. Kstler. II 401. — Revue archéol. XXIV (1894) 170 (wo die Existenz des Künstlers überhaupt, aber mit Unrecht, von S. Reinach bezweifelt wird). — Bonner Jahrb. 1896 S. 74. — Pauly-Wissowa, Realenc. I 1192, 5 (Rossbach). — Österreich. Jahresh. IX (1906) 227. *Pernice.*

Akrel, Carl Fredrik af, schwed. Kupferst., Sohn Fredrik Akrels, geb. 1779, † zu Stockholm 11. 9. 1868. Er war als tüchtiger Ingenieur in seinem Vaterlande vielfach tätig; namentlich hatte er an der Erbauung des Trollhättakanals um 1797 Teil. Unter Karl Johann machte er die Feldzüge in Deutschland gegen Napoleon mit und wurde in der Schlacht bei Leipzig, 19. 10. 1813, schwer verwundet. Im Jahre 1819 wurde er geadelt, später Generalleutnant und Chef des elektr. Telegraphenwesens. Große Verdienste hat er sich um die militärische Bildung Schwedens erworben. Als Künstler war er besonders durch seine Zeichnungen in Aquatinta bemerkenswert. Außer einer Menge von Landkarten hat er die Platten zu Bergstedts Resa i Propontiden, zu Klinckowströms Bref om förenta staterna, zu Thersners Fordna och närvarande Sverige (mehr als hundert große Foliobll.), verschiedene Bll. in Skjöldebrands Voyage pittoresque au Cap du Nord in den Jahren 1801 und 1802, nach den Zeichnungen Skjöldebrands in Aquatinta, zu J. W. Schmidts Reise durch Schweden (Hamburg 1801), außerdem zu wissenschaftlichen Arbeiten gestochen.

Meyer, Kstlerlex. (Art. v. L. Dietrichson und C. Eichhorn). — Kupferstichsammlg. der kgl. Biblioth. u. des Nationalmus. zu Stockholm. Mit Notizen von *J. Kruse.*

Akrel (Acrel), Fredrik, schwed. Kupferstecher, geb. 1784 in Öja in Södermanland. Sein Vater, ein Pfarrer (Akrelius), ließ den Sohn in Strengnäs studieren; einige Jahre darauf ging dieser nach der Universität Upsala (1766 oder 1768). Hier wurde der Kupferst. A. Åkerman sein Lehrer. Nachdem er zwei Jahre in Stockholm verbracht hatte, ging er 1773 nach Paris. Heimgekehrt, hielt er sich dann bei dem Kupferst. Bergqvist auf, dessen schöne Tochter Christina er 1777 heiratete. Schon 1776 war er Stecher der k. Akad. der Wissenschaften geworden; nach Åkermans Tode wurde er Vorstand der von der kosmographischen Gesellschaft in Upsala errichteten Globusoffizin, welche der Staat 1779 eingelöst hatte. Außer den ihm hier übertragenen Werken stach er viele Porträts, sowie Prospekte von Städten und Gebäuden, Bll. für Sparrmans Mus. Carlsonianum (Holmiae 1786—89. Fol.), für „Journalisten", eine Zeitschrift der 1790er Jahre, die Prospekte zu Wallmarks berüchtigtem Gedicht „Die Hand" und die Bildnisse einiger Ärzte zu Hedins

„Wetenskaps-handlingar för läkare". Allein durch die Notwendigkeit des Erwerbs verfiel er trotz seiner nicht gewöhnlichen Begabung allmählich in handwerksmäßige Auffassung und Darstellung. Er wurde Mitglied der Kunstakad. zu Stockholm und starb daselbst 6. 11. 1804.

A. entwickelte Flodings Manier, die Radierung teils durch den Grabstichel, teils durch die trockene Nadel zu unterstützen. In den Gewändern besitzt er nicht Flodings Weichheit; die Behandlung des Nackten ist selbst in seinen bessern Bildnissen hart und manieriert; dagegen ist seine Modellierung rein und sicher.

Meyer, Kstlerlex. (Art v. L. Dietrichson und C. Eichhorn; Katal. v. 38 Num.). — Kupferstichsammlg. der kgl. Bibliothek und des Nationalmus. zu Stockholm.
Mit Notizen von *J. Kruse*.

Akylos, angeblicher Gemmenschneider, wahrscheinlich ehemaliger Besitzer einer Gemme mit der Darstellung einer badenden Aphrodite.

Brunn, Gesch. d. gr. Kstler. II 592 f.
Pernice.

Ala, Benedetto, Architekt von Cremona aus edler Familie, um 1560. Es soll zu seiner Zeit in Cremona kein großes Gebäude aufgeführt worden sein, zu dem er nicht um die Zeichnung, um seinen Rat oder seine Beihilfe angegangen worden. Doch werden bestimmte Bauten, die er aufgeführt hätte, nicht genannt. Er war zugleich ein geübter Theoretiker und schrieb Bemerkungen zum Vitruv, welche Pierantonio Lanzoni dem Architekten Daniele Barbaro, dem Kommentator und Herausgeber des Vitruv, zur Prüfung übergab.

G. B. Zaist, Notizie Istoriche de' Pittori etc. Cremonesi. Cremona 1774, I 236. — Meyer, Kstlerlex. *R.*

Ala, João dos Santos, portug. Maler um 1735. Schüler des Andrea Gonçalves. Malte S. Domingos em Soriano in einer Kreuzgangkapelle und die Rosenkranzbilder der Prozessionen für S. Domingos; das Deckengemälde für die Kirche der Commendadeiras da Encarnação; Leben der hl. Jungfrau für die Jesuskirche, Heilige für die Karthause. Er malte freier, als sein Meister.

Cyrillo Machado, Collecção de mem. p. 91. — Raczynski, Dict. p. 2. *A. Haupt.*

Ala-Ponzoni, Graf Giuseppe Sigismondo, italien. Sammler, Dilettant, Zeichner und Radierer in Cremona. 18. Jahrh.

Graselli, Abecedario. *P. K.*

Alabardi, Giovanni, Miniaturmaler in Venedig, nur erwähnt im Testament seiner Witwe Antilia von 1627.

Archivio Veneto XXXIV parte I (1887) 203.
L. Ferro.

Alabardi, Giuseppe, genannt Schioppi, Maler in Venedig, machte 1645 sein Testament und starb vor 1650, wie aus dem Testament seiner Witwe Rosanna vom 14. 3. 1650 hervorgeht. Er war ein Prospektenmaler von einigem Wert und schmückte Kirchen und Paläste in Venedig sowohl mit Fresken als mit Ölgemälden. Von ihm sind die Dekorationen des Korridors, der durch den Saal der Banchetti im Palazzo patriarcale in den Palazzo Ducale führte. In demselben Saal malte er über der Tür eine Verkündigung mit Heiligen; am Hauptgesims Darstellungen der Mutter Gottes, und an der Decke Fresken mit allegorischen Städtefiguren. Er arbeitete auch an der Decke der Kirche degl' Incurabili und im Palazzo Ducale. Zanetti versichert, daß zu seiner Zeit (1792) von diesem Künstler nichts mehr vorhanden war, außer zwei Figuren al fresco im Hofe des Palastes Mocenigo. Er malte auch grau in grau das Ende des Marc' Antonio Bragadino.

Meyer, Kstlerlex. — Lanzi, Stor. pitt. d. Italia, 1823 III 280. — Moschini, Guida di Venezia, 1815 I 133. — E. Cicogna, Inscrizioni Veneziane, 1824 I 263 und 1842 V 313. — Archivio Veneto XXXIV parte I (1887) 203. — Ritratto di Venezia, 1705 p. 638, 641.
L. Ferro.

Alabern, Juan, Kupferstecher in Barcelona, stach 1820 drei Blätter, die die letzten Momente des Generals Lacy darstellten.

— Elías de Molins, Dicc. de escrit. y art. catal. del siglo XIX. 1889.

Alabern y Casas, Camilo, span. Stecher, geb. 1825 zu Barcelona, † 14. 9. 1876 zu Madrid; Schüler seines Vaters Pablo Alabern y Moles u. von Antonio Roca. Seit seinem 16. Jahre stach er Heiligenbilder für den Madrider Verleger Romeral; von dieser Zeit ab lieferte er Kupfer für eine große Anzahl von Werken, die in der 2. Hälfte des 19. Jahrh. in Spanien veröffentlicht wurden: z. B. für die „Galeria de cuadros escogidos del Real Museo de pinturas de Madrid" und verschiedene Atlanten. Seit 1858 an den meisten Kunstausstellungen Madrids teilnehmend, wo er Stiche nach alten Meistern, ebenso wie Original-Kupfer ausstellte. Eine Zeitlang nahm er die Stellung des ersten Stechers der Markenfabrik ein.

Ossorio y Bernard, Galeria biogr. de artistas españoles del siglo XIX. Madrid 1883/4. — Elías de Molins, Dicc. de escrit. y art. catal. del siglo XIX. 1889. *P. Lafond.*

Alabern y Moles, Pablo, span. Stecher, geb. 1804 zu Barcelona, Schüler der Zeichenschule „de la Junta" in Barcelona, bereicherte die meisten der illustrierten Publikationen der katalonischen Verleger, die zwischen 1823 und 1850 erschienen, mit seinen Kupferstichen. Besonders anzuführen sind von ihm: ein Porträt des Bischofs von Puerto Victoria, und seine Karte von Spanien, von Flores, die sich aus sechzehn großen Kupfern zusammensetzt. A. starb 1860 in Barcelona.

Ossorio y Bernard, Galeria biogr. de artistas españoles del siglo XIX. Madrid 1883/4.
P. Lafond.

Alacre, J e a n, gen. Amboise, französ. Werkmeister, zu Beginn des 16. Jahrh. an der Kirche St. Regnobert in Auxerre tätig.

B a u c h a l, Dict. des Archit. *C. Enlart.*

Aladreu y Mendivil, A l b e r t o, span. Goldschmied des 19. Jahrh., geb. zu Zaragoza, führte interessante Arbeiten in durchbrochenem Metall aus, u. a.: ein Stück in Silber, das die Jungfrau del Pilar darstellte und sich 1881 auf der Madrider Kunstausstellung befand.

O s s o r i o y B e r n a r d, Galeria biogr. de artistas españoles del siglo XIX. Madrid 1883/4. *P. Lafond.*

Aladron y Mendiri, span. Architekt des 19. Jahrh.; von diesem Künstler, der verschiedene Gebäude Madrids erbaute, erwähnen wir ganz besonders jene Pläne eines Kirchenprojekts, die 1878 zur Weltausstellung nach Paris gesandt wurden. *P. Lafond.*

Alaerts, D i e r i c k, Antwerpener Maler. 1535 unter den Freimeistern der Lukasgilde aufgeführt.

De Liggeren I 124. ***

Alaerts, K a r e l, vlämischer Maler und dadurch bekannt, daß er 1524 nach dem Tode des J. Patenier mit den Malern Quinten Massys und Jan Buyst Vormund der Töchter desselben war.

Liggeren I 83 Anm. 2. — J. H e l b i g, La Peinture au pays de Liège 127. ***

Alagarda y Eisarch, J o s é V i c e n t e, span. Kupferst. und Buchdrucker in Orihuela. 1760 veröffentlichte er ein Werk zum Andenken an die Feste, welche 1759 gelegentlich der Thronbesteigung Carls III. in Orihuela gefeiert wurden, dasselbe enthält Vignetten und Kupferstiche von seiner Hand.

A l c a h a l i, Art. Valenc. 47. *M. v. B.*

Alagna, T a n z i o d', s. *Tanzio.*

Alain, Bildschnitzer, Paris, 1292 nur urkundlich erwähnt.

L a m i, Dict. d. sculpt. 1898. *R.*

Alain (Alein) d e M o n t e n d r e, Goldschmied. 1298—1303 für Graf Robert von Arthois und die Gräfin von Arthois tätig.

D e h a i s n e s, Doc. de l'hist. de l'art I 101, 152. ***

Alains d e C o m p a i n s, französ. Goldschmied in Paris. Führte 1399 für den Herzog von Orléans mehrere Kirchengeräte in vergoldetem Silber von hohem künstlerischen Wert aus, die für die Kapelle des Herzogs in der Kirche der Coelestiner bestimmt waren.

B é r a r d, Dict. biogr. ***

Alais, A l f r e d C l a r e n c e, Stecher in London, stach nach F. Paton und Landseer, z. B. nach des letzteren Bilde: Van Amburgh and the lions (engraved by A. C. and W. J. Alais).

The Art Journal 1879 p. 208. — G r a v e s, The Roy. Academy (1905) I 17. *K. Gray.*

Alais, W i l l i a m W o l f e, Porträtmaler in London, stellte 1829 und 1833 in der Roy. Academy in London 3 Porträts (Dame, Herr und Kind) aus. **

Alais, s. auch *Allais.*

Alaix, P e d r o, Goldschmied in Barcelona. Im Innungsarchiv eine Zeichnung von ihm zu einem Deckelpokal aus dem Jahre 1590.

D a v i l l i e r, Orfévr. p. 250. *M. v. B.*

Alamagna, G i o v a n n i d e (auch „Johanes Alamanus", „Zuane da Murano" usw. genannt). Maler deutscher Abstammung in Venedig und Padua in der ersten Hälfte des 15. Jahrh. tätig, † in Padua 1450. Ist unzertrennlich von Antonio (Vivarini) da Murano, seinem Schwager, da von ihm nur solche Bilder auf uns gekommen sind, die er mit diesem Meister gemeinsam gemalt hat (die Inschriften der Bilder, die des Giovanni d'A. Namen allein tragen u. ihm deshalb früher zugewiesen wurden, haben sich als Fälschungen erwiesen). Aus der beiden Künstler Werkstatt, als deren Haupt wohl Giovanni anzusehen ist, gingen große Altarwerke hervor, an deren reichem Rahmenwerk mehrere Bildschnitzer, wie Cristoforo da Ferrara und Lodovico da Forlì, beschäftigt waren. Mehrere davon sind noch erhalten. Daß Giovanni d'Alamagna wirklich deutscher Herkunft war und daß er mit „Zuane da Murano", von dem man ihn unterscheiden wollte, identisch ist, geht aus einer uns erhaltenen Urkunde aus dem Jahre 1447 hervor (s. Repert. f. K.-W. XXII 433), in der der Maler des „Zuane et Antonio de Murano" bezeichneten Altarwerkes von 1444 in S. Pantaleone in Venedig ausdrücklich als Deutscher bezeichnet wird („per manus ser Johannis theotonici pictoris"). — Das von Crowe und Cavalcaselle den beiden Künstlern als frühestes bekanntes Werk zugeschriebene Altargemälde mit der Krönung Mariae (Galerie in Venedig No. 33) von 1440 ist nur eine freie Wiederholung der gleichen Darstellung der beiden Meister in S. Pantaleone. Bezeichnung und Datierung sind Fälschungen des 18. Jahrh. Nach stilkritischer Vergleichung ist es wohl von der Hand des Michele Zambono und wahrscheinlich das Bild, das Michele Zambono nach der obenerwähnten Urkunde von 1447 für die Kirche S. Agnese malen sollte. F. Sansovino (Venetia. Ed. 1581 cta. 50a) beschreibt eine *Altartafel mit dem hl. Hieronymus und der Jahreszahl* 1441 *in S. Stefano in Venedig* als ein Werk der beiden Muranesen, das Schnitzwerk von Gasparo Moranzone, doch ist dieses Gemälde verschollen. Die frühesten uns erhaltenen Arbeiten sind die drei großen bezeichneten *Altäre in der Cappella di S. Tarasio in S. Zaccaria,* die zwei Seitenaltäre von 1443, der Hauptaltar von 1444. (Crowe und Cavalcaselle berichten nach Cicogna und Zanotto ausführlich über deren Schicksale und die Deutungen der darauf befindlichen Inschriften, P. Paoletti, L'Architettura e la Scultura del Rinasc. III 6 gibt interessante Dokumente über die Geberinnen und Kosten.) Der linke Seitenaltar besteht aus mehreren Teilen, das Hauptbild in der Mitte zeigt die hl. Sabina mit vier schwebenden Engeln. Der rechte Seitenaltar besteht in der Hauptsache aus Flachreliefs in Holz, links und rechts befinden sich je zwei gemalte Tafeln mit Heiligen (S. Gaius und ein hl. Krieger, die Heiligen Nereus und Achilleus). Der Hauptaltar, neuerdings umgestellt, ist reich mit Statuen und Holzreliefs geschmückt, doch gehören den beiden Meistern nur die schönen Tafeln mit den Hl. Anna und Petrus an, die Madonna und die zwei Bischöfe in der Mitte stammen aus der Scuola dei Fornai; dagegen sind die Malereien des Reliquienschreines hinter dem Altar wohl sicher in der Werkstatt des Giovanni und Antonio entstanden. Für die *Cappella degli Ognisanti in S. Pantaleone* malten die beiden Künstler 1444 in Tempera *die Tafel mit dem Paradies oder der Krönung Mariae* mit zahlreichen Engeln und Heiligen. Das Gemälde ist leider stark restauriert und trägt auf einem Cartellino (Reprod. in Rep. f. K.-W. XXII 428) die Bezeichnung „zuane et antonio de murano pinx. 1444", während Cristoforo da Murano an erster Stelle als Schnitzer des Rahmenwerkes genannt wird. (Über die Wiederholung dieses Bildes von Mich. Zambono in der Venez. Galerie s. o.) Nach Cicogna haben die beiden Meister 1445 im Auftrage des Abtes Paolo Caselli die *Orgeltüren in S. Giorgio maggiore mit den Hl. Georg und Stefanus* gemalt. Die mit den Namen der Maler bezeichneten Tafeln gelangten bei einer Erneuerung der Orgel 1612 in die Sakristei, wo sie Zaneti 1771 noch sah; 1773 sind sie jedoch gelegentlich des Einsturzes des Campanile von S. Giorgio zugrunde gegangen. 1446 entstand das Hauptwerk der beiden Genossen, *die Madonna mit den vier Doktoren der Kirche* (Hieronymus, Gregor, Ambrosius u. Augustin) *für die Scuola della Carità,* die jetzt wieder an ihrer ursprünglichen Stelle in dem Albergo der Scuola in den Räumen der Galerie (No. 625) zur Aufstellung gekommen ist. Das Gemälde trägt die Bezeichnung (Reprod. Rep. f. K.-W. XXII 429) „1446 Johanes Alamanus — Antonius de Muriano pinx" und ist die letzte uns bekannte datierte Arbeit der beiden Künstler. In naher Verwandtschaft mit ihm stehen die allerdings nicht bezeichnete *Madonna mit Bambino in der Sl. Poldi-Pezzoli in Mailand* und die dazu gehörigen *Tafeln mit zwei Paaren von Heiligen in der Nat. Gall. in London* (No. 768 und 1284), die Crowe u. Cavalcaselle noch als Triptychon bei dem Händler Molteni in Mailand sahen und von dem sie annahmen, daß es mit dem Bild identisch sei, das Boschini als in der Kirche S. Moisè in Venedig befindlich erwähnt. — Die beiden Künstler haben nach 1446 Venedig verlassen und sind nach Padua übergesiedelt, wo wir ihren Namen (1448?) in der Liste der Fraglia dei Pittori verzeichnet finden (Archiv. Veneto VIII 122). Brandolese beschreibt in der *Klosterkirche S. Francesco in Padua eine Ancona in fünf Abteilungen mit der Geburt Christi und vier Heiligen,* die nach seiner Angabe bezeichnet war „MCCCCXLVII Cristofalo de Ferrara itaia Anton de Muran e Zoane Alamanus p." (der Anonymus des Morelli gibt in bezug auf Inschrift und Standort falsche Angaben); die beiden Künstler wären demnach 1447 bereits in Padua tätig gewesen. Brandolese sah 1807 das Bild noch an seinem ursprünglichen Platz, seit der Aufhebung des Klosters 1810 sind wir aber über seine weiteren Schicksale nicht unterrichtet. Der Paduaner Zeit, etwa 1448/9 gehört auch das schöne, zwar nicht signierte, aber zuerst von Crowe und Cavalcaselle mit vollem Recht den beiden Malern zugeschriebene aus 14 Teilen bestehende *Altarwerk der Brera in Mailand* an (No. 162), das aus der Benediktinerabtei von Praglia bei Padua stammt. V. Lazzarini hat neuerdings wichtige Urkunden gefunden (s. Rassegna d'arte VI No. 9 Umschlag), die berichten, daß am 16. 5. 1448 Mantegna und Nic. Pizolo beauftragt wurden, die eine Hälfte der Cappella Ovetari agli Eremitani in Padua mit Fresken zu schmükken, während die Ausmalung der anderen Hälfte dem Giovanni d'A. und Antonio da Murano anvertraut wurde. Doch konnte nur ein Teil dieser Arbeit, der vordere Kreuzgang mit den Figuren der Evangelisten, von den beiden Muranesen ausgeführt werden, da Giovanni 1450 starb. Noch in demselben Jahre kehrte sein Genosse Antonio Vivarini wieder nach Venedig zurück und arbeitete gemeinsam mit seinem Bruder Bartolommeo, wie das Altarbild der Certosa zu Bologna (jetzt in der dortigen Galerie No. 205) von 1450 beweist, das „perfectum Venetiis ab Antonio et Bartholomeo fratribus de Murano" bezeichnet ist. — Giovanni d'Alamagna und Antonio Vivarini sind als die frühesten Vertreter der Schule von Murano von besonderem Interesse. Der Einfluß des Gentile da Fabriano und des Pisanello ist in ihren Werken unverkennbar. Wenn sie auch keine großen Umwälzungen in der Kunst hervorgerufen haben, so gebührt ihnen doch das Verdienst, ein helleres und ein milderes Kolorit an Stelle der starken Gegensätze in der Farbengebung eingeführt und ihren Figuren ein innigeres Gefühl verliehen zu haben. Die feine und sorgfältige Ausführung des mit besonderer Liebe behandelten Beiwerkes in den Bildern der beiden Meister ist wohl auf Rechnung des Giovanni zu setzen, da die späteren Werke des Antonio Vivarini diese Vorzüge nicht aufweisen. Vielleicht ist diese Vorliebe für Kleinmalerei, sowie auch die häufige Verwendung vergoldeter Reliefornamente auf nordische Einflüsse zurückzuführen, wie überhaupt in mancher Beziehung deutsche Eigenart sich in Giovannis Kunst geltend macht. Schon Mündler macht darauf aufmerksam, daß die hl. Sabina vor der Rosenhecke in dem einen Altarwerk in S. Zaccaria von 1443 unverkennbar von der Kölner Schule hergenommen sei (Zahns Jahrb. f. K.-W. II 262). — Als Schüler der Werkstatt der beiden Muranesen sind die Crivelli und Quirizio (di Giovanni) da Murano zu betrachten.

Crowe u. Cavalcaselle in Meyers Kstlerlex. (mit Verz. d. ält. Lit.). — Crowe u. Cavalcaselle, Gesch. d. ital. Mal. V 18 ff. — Repert. f. K.-W. XXII 427 ff. (P. Paoletti u. G. Ludwig mit wichtigen Dokumenten etc.) — P. Paoletti, Arch. e Scult. del Rinasc. in Venezia I 80. — Jahrb. d. preuß. Kstsl. XXIII. Beiheft p. 56. G. Ludwig veröffentlicht hier das Testament eines Johannes de Auspurgo v. 1457/58 und vermutet, daß dieser mit dem Maler Giov. d'A. identisch sein könnte, doch ist diese Annahme durch das festgestellte Todesjahr 1450 des Meisters widerlegt.). — V. Lazzarini, Rassegna d'arte VI. Umschlag des 9. Heftes. (Wichtige Urkunden über Paduaner Zeit und Todesjahr) u. Nuov. Arch. Veneto. XII (1906) p. 163. — L. Venturi, Le Origini della Pittura Veneziana. Venezia 1907. *G. Fogolari.*

Alamagna, Giovanni d'. Nach L. N. Cittadella machte ein Maler dieses Namens („Giovanni d'Alemagna pittore del fu Romano") 23. 3. 1467 in Ferrara sein Testament. Dieser sonst unbekannte Maler ist jedenfalls nicht mit dem bekannten Venezianer Giovanni d'Alamagna (s. d.) identisch, da dieser 1450 bereits gestorben ist.

L. N. Cittadella, Not. rel. a Ferrara I 567, II 108, 155. ***

Alamagna, Justus d', s. *Allamagna.*

Alamagna, Pietro d', s. *Alamanno.*

Alamagna, s. auch damit verbundene Vornamen.

Alaman, Henri, französ. Maler oder Bildhauer, vielleicht deutscher Herkunft. 1331 bis 1365 in Montpellier nachweisbar.

Alaman, Jean, d. Ä., französ. Bildhauer oder Maler, vielleicht deutscher Herkunft, in Montpellier 1331 zuerst erwähnt, 1354—1388 achtmal Konsul der Korporation.

Alaman, Jean d. J., französ. Bildhauer oder Maler, vielleicht der Sohn des vorgergehenden. 1413 in Montpellier genannt.

Meyer, Kstlerlex. — Lami, Dict. des Sculpt. 1898. ***

Alamandini, Girolamo, italien. Radierer, tätig im 17. Jahrh. Der Name Girolamo Alamandini ist nach Ottley (Notices) zweimal mit der Feder auf den Rand einer Radierung geschrieben, die den hl. Isidorus die Messe hörend darstellt und die Bezeichnung: Al merito dell' Illmo Sigr Co. Giuseppe Filippo Caldarini. G. A. D. D. D. und die Inschrift: Vera effigie di S. Isidoro Agricoltore nebst einem Gebete trägt.

Meyer, Kstlerlex. *P. K.*

Alamanni, s. damit verbundene Vornamen.

Alamanno, Pietro, de Ghoetbei (Stift Göttweih, Österreich), Maler zu Ascoli in der zweiten Hälfte des 15. Jahrh., Schüler des Carlo Crivelli, dessen Stil für ihn bestimmend wurde. Alamanno war, ehe er mit Crivelli in Berührung kam, in der Schule der Mark groß geworden, in welcher die veralteten Formen einesteils von Benozzo Gozzoli, andrerseits von den Paduanern eine leichte Änderung erfahren hatten. Er ist ein Meister von kleinem Talent, mit einer Neigung zu schlanker und sorgfältig umrissener Gestaltung der Figuren. Seine Zeichnung ist mangelhaft, denn seine Kenntnis der Form verdankt er nicht sowohl dem Naturstudium als der Nachahmung anderer Meister. Er malt flach und hell wie ein Miniaturist, in einer zarten und schwächlichen Manier.

1471 und 1474 wirkte er zu Macerata; kurz nach 1482 malte er für Sa. Annunziata in Ascoli eine Verkündigung und 1485 ein noch erhaltenes Gemälde für die Kapelle der Madonna del Soccorso in Sanginesio. Für S. Maria della Rocca in Offida malte er eine hl. Lucia; für die Kollegiatkirche zu Cupra-Marittima ein großes Triptychon mit der hl. Jungfrau und den Hl. Bassus und Sebastian. In Monterubiano bewahrt man eine Predella mit Christus, den Evangelisten und einem Jünger, mit der Beischrift: Petrus Alm. de Ghoetbei; in Montefortino 4 Täfelchen mit den Passionsemblemen. Von seiner Hand ist eine Jungfrau mit dem Kinde zwischen zwei anbetenden Engeln, zu Wooton Hall in England. Dieses trockene und nicht bedeutende Werk ist bezeichnet: Opus Petri Alamani discipulus Karoli Crivelli Veneti 1488. Ein bedeutenderes Bild ist die Jungfrau mit dem Kinde zwischen vier in Nischen stehenden Heiligen in der Sakristei von S. Maria della Carità zu Ascoli, bezeichnet: Opus Petri Alamani 1489. Es ist ein wohl erhaltenes Beispiel von der Kunst des Meisters, auf Goldgrund und mit erhaben aufgetragener Musterung der Gewänder. Weiterhin findet sich von ihm ein großes monumentales Altarwerk bei den Capuccini del Sasso in Montefalcone im Bezirk Fermo: in dem unteren Teil die Jungfrau mit dem Kinde zwischen Franziskus und drei Heiligen, in dem oberen „der Mensch des Leidens" mit der Jungfrau und den Evangelisten zwischen Halbfiguren von Heiligen. Zu den Füßen des hl. Franziskus kniet ein Mönch (Porträtfigur), ohne Zweifel der Donator des Altars. Die Gestalten sind schlank und gestreckt, wie gewöhnlich, von dürftiger Form, in der

Linie ohne Gefühl, flach durch den Mangel der Schattengebung und von heller Färbung.

Entschiedener im Stile Crivellis als die vorhergehenden ist ein Altarwerk von einem gelben Temperaton in der Bibliothek des Seminars zu Ascoli (früher in S. Croce daselbst). Es stellt die Jungfrau mit dem eine Frucht haltenden Kinde auf ihrem Schoße vor, zwischen vier Heiligen in rundbogigen Feldern zu den Seiten. Hier finden sich nicht bloß die erhabenen Ornamente, sondern auch die Blumengewinde Crivellis. Eine andere manierierte Madonna von derselben Art wird in den Amtszimmern der Ingegneri Provinciali zu Ascoli aufbewahrt; ein Teil von einem Altarbilde, dessen obere Tafeln, den „Leidensmenschen", die Hl. Sebastian und Rochus darstellend, sich an ihrem ursprünglichen Platze, in S. Margherita dell' Ospedale in Ascoli befinden. In einem viel weniger sorgfältigen Stile als diese Bilder sind die folgenden: in S. Giacomo Apostolo in Ascoli die Jungfrau mit dem Kinde zwischen vier Heiligen, über der Madonna ein Ecce homo und in der Predella vier Heilige, bezeichnet Petrus Alamanus pinsit; in der Kirche Dell' Angelo Custode daselbst, getrennt aufgestellt in verschiedenen Teilen des Gebäudes, eine thronende Madonna mit dem auf ihren Knien stehenden Kinde zwischen den Hl. Leonhard, Maria Magdalena, Nikolaus, Johannes dem Täufer und S. Lucia, gezeichnet opus Petri Alamani. Auch in S. Giuliano eine Jungfrau mit dem auf ihrem Schoße stehenden Kinde von A.s Hand, und im Palazzo del Comune von einem Schüler desselben die Figur eines Richters in Tempera. Orsini erwähnt noch ein Gemälde in der Sakristei der Dominikaner di Lombardia, bezeichnet Opus Petri Alamanni discipuli Caroli Crivelli. In Venedig war 1899 ein großes Triptychon mit der Madonna, Heiligen und Mönchen und einem Krieger ausgestellt.

M e y e r, Kstlerlex. (Artikel von Crowe u. Cavalcaselle). — R i c c i, Memorie storiche etc. I 218, 219, 229, 230. — O r s i n i, Guida di Ascoli p. 45, 61. — C a n t a l a m e s s a, Memorie intorno ai Letterati ed Artisti Ascolani, Ascoli 1839, p. 115. — Rassegna Bibliografica d. arte ital. II 129, III 9, V 5. — Nuova Riv. Misena V 67. — L'Arte IV, V, VI. — Bollettino storico Monterubbiano, marzo 1903. — Arte e Storia, Juli 1904. — Mit Notizen von E. Scatassa. *R.*

Alamanno, s. auch damit verbundene Vornamen.

Alamannus, A n t. „Ant. Alamannus delineavit" ist ein von unbekannter Hand gestochenes Blatt mit dem Kapitol und den angrenzenden Bauten des antiken Roms bezeichnet, das sich in den Werken A. Donatus, Roma vetus et recens (Ausg. v. 1639, 1695, 1725) und Descrizione di Roma antica (1727) befindet.

F ü s s l i, Neue Zus. 1824. ***

Alamannus, s. auch damit verbundene Vornamen.

Alamant, E n r i k, s. *Heinrich* der Deutsche.

Alaminas, J u a n, span. Maler des 19. Jahrh., geb. zu Baeza (Provinz Jaen), Schüler der Akad. der schönen Künste in Madrid, zeichnete sich besonders durch seine Porträt- und Genremalerei aus. 1871 war er auf der Kunstausstellung mit einem Porträt des Königs Amedeo v. Savoyen vertreten. Weiterhin sind von seinen Werken zu nennen: eine große Anzahl von Stierkampfszenen (Ölgemälde und Aquarelle). Er illustrierte auch verschiedene Werke, z. B.: El Gorro frigio; la Vida Madrilena; la Flaca; ebenso arbeitete er an verschiedenen Journalen Madrids mit.

O s s o r i o y B e r n a r d, Galeria biogr. de artistas españoles del siglo XIX. Madrid 1883/4. *P. Lafond.*

Alanci, F r a n c i s c o, Maler in Sevilla um 1738.

G e s t o s o, Artif. Sevill. II 8. *M. v. B.*

Alanis, D. V i c e n t e, Maler in Sevilla, geb. 1723, lebte noch 1803. War 25 Jahre lang Professor an der Kunstakad. Unter seinen Werken werden die Dekorationsmalereien gerühmt, mit denen beim Einzug Carls IV. die Fassade der Casas Capitulares der Kathedrale verhängt wurde.

G e s t o s o, Artif. Sevill. II 8—9. *M. v. B.*

Alano, Abt des Klosters Farfa u. Anachoret auf dem Berge Motilla, lebte im 8. Jahrh. und schmückte mehrere Codices auf die reizvollste Weise.

P. T o e s c a, Reliquie d'arte di S. Vincenzo al Volturno, im Bull. d. Istit. Stor. Ital. No. 25 p. 13. — Constructio Farfensis, ediz. d. U. Balzani tra le Fonti per la storia d'Italia, Roma 1903, I 18. — J. S c h u s t e r, Della Basilica di S. Martino, in N. Bullettino d'arch. crist. 1902 p. 47 f. *P. d'Ancona.*

Alanta, s. *Alcantara,* F.

Alantsee, G e o r g, s. unter *Alantsee,* Lucas.

Alantsee, L e o n h a r d (Lienhard), Verlags- und Sortimentsbuchhändler. Geb. in Schongau bei Augsburg. 1500 erwarb er das Bürgerrecht von Wien und setzte dort seine schon in Augsburg begonnene Tätigkeit als Buchhändler fort. Er starb 7. 1. 1518. Als Künstler ist er nicht tätig gewesen. *L. Baer.*

Alantsee, L u c a s. Geboren in Schongau. Bruder des Leonh. A. 1498 in Basel immatrikuliert. 1501 dürfte er nach Wien gekommen sein. Nach Vollendung seiner Studien wurde er Teilhaber an der Handlung seines Bruders; und ohne Zweifel verdankt das Geschäft seinen Aufschwung und seine geistige Bedeutung diesem wissenschaftlich gebildeten Manne. Nach dem Tode seines Bruders (1518) führte Lucas das Geschäft allein weiter. Er selbst starb 1522. Sein Sohn Urban übernahm die Buchhandlung. Nagler behauptet, daß Lucas Schriftsetzer und

Formschneider der Druckerei des Johannes Weissenburger in Landshut gewesen sei und weist ihm die L(verkehrt)A bezeichneten Holzschnitte der 1516 dort erschienenen „Vita Vuolfgangi" zu. Auch soll er nach Nagler mit seinem Bruder Georg zusammen die 1520 in Ingolstadt von Apian herausgegebene Karte gefertigt haben. Diese Behauptungen entbehren jeder Begründung. Denn, abgesehen davon, daß es höchst unwahrscheinlich ist, daß der große Verleger, der nie selbst gedruckt hat, Schriftsetzer und Formschneider bei anderen kleinen Verlegern gewesen sein soll, ist Lucas in diesen Jahren immer in Wien nachweisbar; auch hat er sich nie, wie Nagler behauptet, von Leonhard getrennt. — Ebensowenig ist ein *Georg Alantsee,* den Nagler fälschlich einen Bruder des Lucas nennt, und den er in Ingolstadt und Thierhaupten arbeiten läßt, als bildender Künstler nachweisbar.

Denis, Wiens Buchdruckergesch. S. XVII ff. — Nagler, Monogrammisten I 1499; II 2676, III 139, 692; IV 896, 902. — Meyer, Allgem. Kstlerlex. I 165 ff. — Mayer, Wiens Buchdruckergeschichte. Wien 1883. I 25 ff., 44, 155 ff., II 394. — Hartmann-Franzenshuld, in d. Mitteil. d. Zentralkommission f. Kunst- und histor. Denkmale XIX 85. — Hase, Die Koberger. Leipzig 1885. S. 63, 165, 211. — Uhlirz im Zentralblatt f. Bibliothekswesen IX 385 ff. — Heitz und Barack, Elsässische Büchermarken. Straßburg 1892. S. XIV.
L. Baer.

Alanus von Walsingham, Sub-Prior 1321, Prior 1341 an der Kathedrale von Ely in England, ein ingeniöser gotischer Architekt und Gold- und Silberarbeiter, ein „vir venerabilis et artificiosus frater". Als 1322 der große viereckige aus normannischer Zeit stammende Mittelturm dieser Kirche einstürzte, und dabei auf der Ostseite die drei ersten Joche des Chores zertrümmerte, reparierte er den Schaden auf eine ebenso originelle als glänzende Weise, indem er den Mittelraum mit Hinzunahme der Seitenschiffe zu einem Oktogon erweiterte, von dessen mächtigen Eckpfeilern Pendentifs aufsteigen, an welchen die schlanken Dienste sich zu einem Fächergewölbe entfalten; letzteres trägt in der Mitte eine ebenfalls achteckige Laterne.

Ferguson, History of Archit. II 16, 18, 34, 47, 51. — Schnaase Gesch. d. bild. Kste. — Meyer, Kstlerlex. **

Alaphilippe, Camille, französ. Bildhauer, geb in Tours, Schüler von Barrias, trug 1898 den Rompreis davon. In den Pariser Salons stellte er aus: La consolatrice, Flachrelief in Gips (1901); le lanceur d'épervier, Gipsstatue (1903); les Mystères douloureux, Marmorgruppe (1905).

Kat. d. Salons. *Lami.*

Alappio, Tommaso, neapol. Architekt, † um 1658. Schüler des berühmten Ferrareser Architekten Bart. Picchiatti.

Napoli Nobilissima VIII 164. *G. Degli Azzi.*

Alar, Charles, als „maître peintre en tapisserie" 1764 in Paris erwähnt.

Nouv. Arch. de l'art franç. XI (1884) 339. ***

Alarcon, Felix, span. Maler des 19. Jahrh., geb. in Andalusien. Man nennt von ihm einen „Wasserträger", der 1867 auf der Provinzial-Ausstellung von Sevilla figurierte, außerdem Porträts und Blumenstücke. Auf den Ausstellungen der „Société Nationale des Beaux-Arts" von Paris war er seit 1895 mit verschiedenen Porträts und mehreren Gemälden vertreten: D'après ma concierge; und A la porte de l'église.

Ossorio y Bernard, Galeria biogr. de artistas españoles del siglo XIX. Madrid 1883/4.
P. Lafond.

Alarcon-Suarez, José, span. Maler, geb. zu Madrid, Schüler der Akademie der schönen Künste in Madrid, stellte zum ersten Male 1871 auf der Madrider Kunstausstellung zwei Gemälde aus: Im Vorzimmer; und Die Altartafel von Maese Pedro (Episode aus Don Quixote). Ferner führen wir von dem Künstler folgende Gemälde an, in denen er ein besonders geistvolles und glänzendes Talent entwickelt: Der Einzug Karls V. in Just; Gitarre-Spielerin; Majas in einem Patio; Der Ausgang der Stierkämpfe; Die Ankunft der Toreadores auf dem Kampfplatz; Ein ländliches Fest; Die Stiergefechts-Lehrstunde.

Ossorio y Bernard, Galeria biogr. de artistas españoles del siglo XIX. Madrid 1883/4.
P. Lafond.

Alard, französ. Stecher um 1776. Man kennt von ihm Stiche für die Fabeln La Fontaines nach den Bildern Oudrys, 1776.

Portalis et Béraldi, Appendice.
P. A. Lemoisne.

Alard du Moret, Bildhauer, von Tournay gebürtig, führte 1440 für die Kathedrale von Cambrai den Grabstein eines Domherrn, genannt Toussaint le Mercier aus, welcher zwischen den Kapellen der Dreieinigkeit und der hl. Elisabeth aufgestellt wurde. 4 Jahre später führte er für einen anderen Domherrn einen ähnlichen Grabstein aus.

Lami, Dict. d. sculpt. 1898. *R.*

Alard, Pierre Nicolas, Maler in Paris. Nur gelegentlich des Todes seines Vaters Nicolas A. († 17. 9. 1734) erwähnt.

Nouv. Arch. de l'art franç. X (1883) 307. ***

Alard, s. auch *Alart* u. *Allard.*

Alardin Parquet, Ornamentenmaler in Bourges, leitete 1576 die Festlichkeiten, die von der Stadt bei Gelegenheit des Einzugs des Herzogs v. Alençon veranstaltet wurden.

Girardot, Artistes de la ville de Bourges.
H. Longnon.

Alardo, Holzschnitzer in Venedig, erhielt 2. 7. 1503 den Auftrag, ein paar Engel für die Scuola grande von S. Rocco zu machen.

Arch. di Stato in Venezia; Sc. gr. di S. Rocco; libro +, parti di scole vecchie, c. 54. *L. Ferro.*

Alardo de Popma, s. *Popma.*

Alards, Nicolas, Figurenmaler (pictor

ymaginum) des 14. Jahrh. in Löwen. Im Juni 1363 wird seine Witwe urkundlich erwähnt.

Van Even, L'anc. école de peint. de Louvain 440. — Messager des sciences hist. 1869 p. 327. ***

Alari-Bonacolsi, P. J., s. *Antico.*

Alart, Jacquemart, französ. Goldschmied, geb. in Artois, um 1478 in Douai tätig, seine geschmackvollen Werke werden gerühmt.

Bérard, Dict. biogr. ***

Alart, Jean, französ. Goldschmied. Bruder des Jacquemart A. Um 1482 in Amiens tätig.

Bérard, Dict. biogr. ***

Alart le Parisien (oder de Paris), französ. Maler, um 1450 in Valenciennes nachweisbar, beteiligt sich 1468 an den „entremets de Bruges" gelegentlich der Hochzeit des Herzogs von Burgund.

Bérard, Dict. biogr. — De Laborde, Les Ducs de Bourgogne I p. LXXIX. II p. 345. ***

Alart, s. auch *Allart.*

Alasonière, Fabien Henri, französ. Radierer, geb. in Amboise (Indre et Loire), stellte seit 1881 alljährlich im Salon aus. Von ihm zahlreiche Porträtstiche, insbesondere die Porträts der Künstler: Desboutin, J. F. Millet, Corot, Th. Rousseau, Daubigny, Diaz, Courbet, Ingres, Delacroix, Ch. Courtry, O. de Rochebrune; ferner Radierungen nach J. P. Laurens, Manet, Meissonier, J. F. Millet u. a.

Béraldi, Grav. du XIXe s. — Bellier-Auvray, Dict. — Livrets annuels des expos. des artistes franç. *J. Guibert.*

Alato di Bonaccorso, italien. Maler, um 1300 in Florenz tätig, erwähnt in einer Archiv-Urkunde der Florentiner Dom-Opera unter dem 11. 11. 1302.

Bonaini, Mem. di F. Traini, p. 93. *P. d'Achiardi.*

Alaus, Déodate, französ. Werkmeister am Kirchenbau von Salles-Curan (Aveyron) 1552—1554.

Bauchal, Dict. des Archit. *C. Enlart.*

Alaux, Mlle Aline, französ. Malerin, geb. in Bordeaux, vielleicht Tochter des Malers Jean A., stellte 1833—1843 in den Pariser Salons Stilleben, Tierstücke, Architekturbilder und Landschaften in Aquarell aus.

Bellier-Auvray, Dict. gén. Suppl. ***

Alaux, Daniel, französ. Maler, geb. in Bordeaux. Schüler von Galland und Bonnat, stellte 1881—1885 im Pariser Salon aus.

Bellier-Auvray, Dict. gén. Suppl. ***

Alaux, Mme Vve Fanny, französ. Malerin, stellte 1839—1841 im Pariser Salon Pastellporträts aus. Von ihr im Mus. von Versailles das Porträt des Lanneau de Marey, des Gründers des collège Sainte-Barbe.

Bellier-Auvray, Dict. gén. ***

Alaux, Guillaume, französ. Maler, geb. in Bordeaux, Schüler von Bonnat. Hat sich in den 90er Jahren des 19. Jahrh. als tüchtiger Porträtist bekannt gemacht und gehört seitdem zu den am meisten beschäftigten Pariser Bildnismalern. Neben seinen bei aller Eleganz der Haltung und der technischen Ausführung der Wahrheit und Kraft keineswegs entbehrenden Bildnissen von Damen und Herren aus der vornehmen Gesellschaft hat A. einige Volksszenen aus der Bretagne gemalt und den Chor der Kirche von Arcachon in der Gironde mit dekorativen Malereien ausgeschmückt. Auch als Pastellist hat A. zahlreiche hübsche Arbeiten geliefert.

Katal. des Pariser Katalogs 1885, 1887—89. — Expos. décenale, Paris 1900. *K. E. Schmidt.*

Alaux, Jean, französ. Maler, geb. 15. 1. 1786 in Bordeaux, † 2. 3. 1864 in Paris, Schüler von Lacour, Vincent und Guérin. A. ist besonders durch die Vorliebe bekannt geworden, die der König Ludwig Philipp für seine Arbeiten hatte. Als der König das Schloß von Versailles als nationales Ruhmesmuseum herrichten ließ und fast alle französischen Maler jener Zeit ihr Schlachtenbild liefern mußten, wurde A. mit Aufträgen überschüttet, und er hat einige hundert Bilder für Versailles gemalt. Außerdem hat er einige Säle im Schlosse von Fontainebleau restauriert und die Kuppel im Palaste des Senats mit einer dekorativen Malerei geschmückt. Alle diese Arbeiten zeigen ihn als einen frostigen Akademiker ohne ausgesprochene Individualität und ohne irgendwie hervorragende malerische Eigenschaften.

Meyer, Kstlerlex. — Bellier-Auvray, Dict. gén. — E. Guillaume, Notices et Discours . . . Jean Alaux, Paris 1896. — Gaz. d. beaux-arts (Table alphab. I—XXV). — Chronique d. arts 1864 p. 86 (Nekrolog). — Lavigne, Etat Civil, Paris 1881 p. 64. *K. E. Schmidt.*

Alaux, Jean Paul, französ. Maler und Lithograph, gen. Gentil, geb. in Bordeaux 4. 10. 1788, † das. 24. 1. 1858 (nach Bellier-Auvray, Dict. gén. und Catal. du Mus. de Bordeaux, doch dürfte diese Angabe vielleicht auf einer Verwechslung mit dem Todestag des Jean Pierre Alaux beruhen, der am 26. 1. 1858 in Vanves bei Paris starb, zumal sich in dem „Billet de faire part du décès de Pierre Alaux" „Mme veuve Paul Alaux" mit unterzeichnet, s. Lavigne, Etat civil). A. war ein Schüler des älteren Lacour und des H. Vernet und wurde Direktor der Zeichenschule in Bordeaux. Er malte zumeist Architekturbilder und Landschaften, auch einige Genrebilder und stellte von 1827—1841 im Pariser Salon aus. Drei Landschaftsbilder aus der Umgebung von Bordeaux besitzt das Museum in Bordeaux, ein großes Gemälde mit der Verzückung des hl. Paul (um 1830 gemalt) befindet sich dort in der Kirche S. Paul. A. hat auch eine Ansicht des Kolosseums in Rom und das Innere des Klosters de la

Chartreuse (bei Bordeaux) für das Werk Musée d'Aquitaine III 176 lithographiert.

Bellier-Auvray, Dict. gén. — Meyer, Kstlerlex. ***

Alaux, Jean Pierre, französ. Maler, geb. in Lautrec (Dep. Tarn) 1783, † in Vanves bei Paris, 26. 1. 1858. Schüler des älteren Lacour. War an den Dekorationsmalereien der Theater Feydeau, der großen Oper und der Gaité tätig, besonders bekannt aber seinerzeit durch die Erfindung des „Neoramas", einer neuen Anwendung der Architekturmalerei auf das Panorama, welche Rundgemälde vom Innern von Gebäuden belebt mit Figuren und mit wechselnder Beleuchtung darstellte. Seine 1828 aufgestellten Ansichten der inneren Peterskirche und der Westminsterabtei erregten die größte Bewunderung.

Ch. Gabet, Dict. des Art. — Bellier-Auvray, Dict. gén. — Lavigne, Etat civil. ***

Alava, Juan de, span. Baumtsr., aus Vitoria. Anfang des 16. Jahrh. Oberbaumeister an der Kathedrale von Plasencia, hat namentlich 1498 den Plan zu der Hauptkapelle gemacht, die Diego de Siloe und Alonso de Covarrubias vollendeten. Auch in Sevilla wurde er mit Pedro Lopez und Henrique de Egas zu Rate gezogen, als 1511 die Kuppel eingestürzt war, und nach ihrer Angabe führte Juan Gil de Hontañon die Reparatur aus. Als dann 1515 der König den Bau einer kgl. Kapelle befahl, ließ das Kapitel von Álava und Egas Entwürfe zu derselben machen, wandte sich aber zugleich auch nach Rom, Florenz, Mailand und anderen Städten Italiens, sowie nach Flandern, und darüber blieb die Sache liegen, bis 1541 Martin Gainza einen neuen Plan zeichnete. Wahrscheinlich genügten Álava und Egas dem veränderten Geschmack nicht mehr, da beide noch Anhänger des gotischen Stiles waren, obgleich sie schon zu der in Spanien sogen. plateresken Manier der Renaissance hinneigten. Auch nach Salamanca wurde Juan de Álava 1512 zu einer Beratung der berühmtesten Architekten über den beabsichtigten Bau der Kathedrale berufen. Hier baute er 1524 bis an seinen Tod das Kloster und die Kirche S. Estéban. Wahrscheinlich ist er auch derselbe Juan de Alba, Steinmetz, der dort 1516 den Bau des Chores (capilla mayor) für das Kloster S. Agustin übernahm.

Llaguno y Amirola, Notic. I 293. — Cean Bermudez, Descr. de la catr. de Sev. p. 22, 103. — Caveda, Bauk. in Spanien p. 158, 235. △

Alavall, Antich, Silberschmied in Barcelona. Aus dem Jahre 1601 ist im dort. Innungsarchiv eine Zeichnung von ihm zu einem Halsschmuck, der eine Sirene darstellt, erhalten.

Viñaza, Adic. II 10. *M. v. B.*

Alavisetti, Giulio, Mosaizist in Mailand, um 1810 Schüler Giacomo Raffaelis an der 1804 von Eugène Beauharnais in Mailand gegründeten Scuola del Musaico.

Rassegna d'Arte 1903 p. 156; cf. p. 138. *

Alavoine, französ. Bildhauer in Bourges, arbeitete 1661 am Portal des dortigen Hospitals.

Lami, Dict. d. sculpt. franç. sous Louis XIV. *Lami.*

Alavoine, Georges, Maler in Paris, † 9. 3. 1772. Wird „maître peintre" genannt, ist aber wohl nur als Kutschenmaler tätig gewesen.

Nouv. Arch. de l'art franç. XII (1885) 35. ***

Alavoine, Jean Antoine, französ. Architekt, geb. 1776 (nach Lance 1778) in Paris, † daselbst 13. 11. 1834. A. widmete sich zuerst der Skulptur, dann der Architektur, nahm am Feldzug in Italien teil, und studierte nach seiner Rückkehr (1804) an der École d'architecture in Paris, dann zwei Jahre in Italien. 1807 erbaute er mit dem Architekten Cellerier das Théâtre des Variétés, 1810 les bains Montesquieu. 1811 wurde er architecte du gouvernement und mit der Errichtung einer Elefanten-Fontäne auf der Place de la Bastille beauftragt, doch wurde nur das Modell (die Elefantenfigur von P. Ch. Bridan) vollendet, die Ausführung in Bronze durch den Sturz des Kaiserreichs verhindert. 1815—1823 war A. mit Restaurationsarbeiten an der Kirche von Saint-Denis, der Kathedrale von Séez und nach 1824 der Kathedrale von Rouen beschäftigt und erbaute auch das Postament zum Denkmal Ludwigs XIV. auf der Place des Victoires. 1830 erhielt er den Auftrag, ein Denkmal für die Julirevolution auf der Place de la Bastille zu errichten, doch kam A. nicht über den Unterbau hinaus, nach seinem Tode führte J. L. Duc die „Julisäule", der A. die Gestalt einer einfachen dorischen Säule geben wollte, in reicherem korinthischen Stil aus. A. hat auch radiert (Projekt des Elefantendenkmals und Hütte im Park, s. Meyers Kstlerlex.) und zahlreiche Zeichnungen mit architektonischen Ansichten in Tusche und Aquarell hinterlassen, von denen einige in den Jahren 1808—1814 im Salon ausgestellt waren. (Bellier-Auvray, Dict. gén.)

Magasin pittoresque I 14, II 160. — Journal des Artistes XVI 334 f. (Nekrol.). — Meyer, Kstlerlex. — Lance, Dict. des archit. — Richesses d'art: Paris, Mon. civ. I. ***

Alavoyne, französ. Werkmeister, geb. 1522, † 1582, als vereidigter Sachverständiger der Stadt Bourges erwähnt 1553.

Girardot, Artistes de Bourges. — Bérard, Dict. des Artistes. — Bauchal, Dict. des Archit. *C. Enlart.*

Alba, Emilia, span. Malerin des 19. Jahrh., geb. zu Valencia. Schülerin von Don Eduardo de Solar; sie widmete sich der Malerei von Stilleben, die meistens in ihrer vaterländischen Provinz verblieben sind.

A l c a h a l i, Dicc. biogr. de artistas valencianos, Valencia 1897. *P. Lafond.*

Alba, E t t o r e d', lombardischer Bildhauer vom Ende des 15. Jahrh. Er ist einer von den vielen geschickten Meistern, welche an der reichen plastischen Ausstattung für die Fassade der Certosa bei Pavia mitgewirkt haben. Keine weiteren Nachrichten.

C i c o g n a r a, Storia della Scultura II 178. — M e y e r, Kstlerlex. *R.*

Alba, J u a n d e, s. *Alava,* Juan de.

Alba, M a c r i n o d', s. *Macrino* d'A.

Alba, P i e t r o d', Maler in Pinerolo. Von ihm weiß man nur, daß im letzten Jahrhundert noch ein von ihm bezeichnetes und 1511 datiertes Bild existierte.

Bollett. Stor.-Bibliogr. Subalpino II no. 1—2 p. 40—73. — G. C h i a n t o r e, Illustr. stor. di Pinerolo etc. *G. Degli Azzi.*

Alba, T h e o d o r, Maler in Lixheim bei Pfalzburg (Lothr.), arbeitete 1630 auf Bestellung des Prinzen Ludwig von Lothringen mehrere religiöse Gemälde, besonders das große Altarbild für die Kirche von Heringen, darstellend den hl. Veit.

Réunion d. Soc. d. b. arts XXIII 400. *H. Stein.*

Alba y Rodriguez, E n r i q u e d e, span. Stecher, geb. zu Madrid, Schüler der Akad. der schönen Künste, war mit Holzschnitten auf den Madrider Ausstellungen von 1876, 1878, 1881 und den folgenden Jahren vertreten.

O s s o r i o y B e r n a r d, Galeria biogr. de artistas españoles del siglo XIX. Madrid 1883/4. *P. Lafond.*

Albaccini, F i l i p p o, nur dem Namen nach bekannter römischer Bildhauer um 1800.

M i s s i r i n i, Storia d. rom. Accad. di S. Luca, 1823 p. 462. **

Albacini, A c h i l l e, italien. Bildhauer, geb. 19. 4. 1841, ausgebildet an der Accad. di S. Luca zu Rom, tätig daselbst. Schuf hauptsächlich Büsten und Statuetten historischen und genrehaften Charakters, wie Rebekka (Melbourne), Andromache, Thamar, Pompejanische Wasserträgerin, Ciocciarenbäuerin etc. Als virtuose Leistungen realistischer Plastik werden genannt eine Statue des S. Giuseppe Labre (Römische Ausstellung 1890) und ein verschleierter Mädchenkopf (Römische Ausstellung 1896).

A. D e G u b e r n a t i s, Diz. d. Artisti ital. viv. (Florenz 1889). — Kunstchronik XV 365; N. F. VIII 413. — Kunst f. Alle V 312. *H.*

Albacini, C a r l o, italien. Bildhauer des 18. Jahrh., Professor an der Accad. di San Luca in Rom, besonders bekannt als Restaurator antiker Bildwerke (z. B. der Farnesischen Statuen s. Goethe, Phil. Hackert [Gesamtausgabe] XXX 180). 1780 führte er im Auftrage der Kaiserin Katharina von Rußland das Grabdenkmal für Raphael Mengs in der Peterskirche in Rom aus, sowie das des G. B. Piranesi für die Prioratskirche in St. Petersburg. A. war 1807 noch am Leben, da er in diesem Jahre Testamentvollstrecker der Ang. Kauffmann war und mit anderen Mitgliedern der Accad. von S. Luca deren Leichenfeier veranstaltete.

M e y e r, Kstlerlex. ***

Albacini, C a r l o, d. J., italien. Bildhauer, geb. in Rom 1777, † daselbst 1858. Arbeitete in Anlehnung an Canova, suchte jedoch seinen klassizistischen Vorwürfen einen etwas realistischeren Ausdruck zu verleihen, wobei er in ziemlich gewaltsame Übertreibungen verfiel. So wurde seinem sterbenden Achill (in der Devonshire - Sammlung zu Chatsworth) von den Zeitgenossen eine dem Geiste der klassischen Antike widersprechende Heftigkeit des Ausdrucks und der Bewegung vorgeworfen. Dieser grobe Realismus der Auffassung soll sich bis zur unbändigen Wildheit gesteigert zeigen in den Statuen A.s im Oratorio dei Pescivendoli zu Rom. Besonders bekannt wurde der reichbegüterte Künstler durch die großen Vermächtnisse, die er der römischen Akad. zur Verteilung von Künstlerstipendien und -Pensionen hinterließ.

M e y e r, Kstlerlex. — W a a g e n, Treasures of Arts in Great Britain III 367. — Kunstblatt 1825 p. 156. — Revue Univers. des Arts V 553. *H.*

Albaghini, C a r l o (Albacini), italien. Bildhauer, verfertigte in St. Petersburg zur Zeit Peters des Großen eine Büste des Zaren (jetzt im Generalstabe) und 1724 im Auftrage des Zaren eine Marmorgruppe auf den Frieden Rußlands mit Schweden.

Знцикл. Слов. (Encyklop. Wörterb.) III 418.

Albanasi, s. *Albanesi.*

Albane, französ. Radierer, in Lille Ende des 18. Jahrh. Von ihm: „La Fédération des Departements du Pas-de-Calais, du Nord et de la Somme du 6 juin 1790" und „le Banquet civique donné à Lille, le 27 et 28 juin 1790".

L e B l a n c, Manuel. *P. A. Lemoisne.*

Albaneder, J o h., s. *Albani.*

Albanell, P e d r o, katalan. Maler, um 1504 tätig.

S a n p e r e y M i q u e l, Cuatroc. catal. I 8. *M. v. B.*

Albanese (oder Albanesi), F r a n c e s c o, Bildhauer in Vicenza, Sohn des Gerolamo, tätig um 1665.

C. M o l i n i, Lacrime di Parnaso in morte di Ger. Albanese, Vicenza 1663. *L. Ferro.*

Albanese, G e r o l a m o, Bildhauer in Vicenza, † 1660. Er war der Bruder des Giov. Battista und hatte 2 Söhne, Don Giov. Battista, der Schriftsteller, und Francesco, der Bildhauer war. Nach den Angaben in den Lacrime di Parnaso war er Bildhauer, Maler, Baumeister, und Zani erwähnt ihn auch als sehr tüchtigen Goldschmied und vielseitigen Künstler. Er hinterließ viele Werke, darunter eine Statue des auferstandenen Christus und diejenigen von Johannes dem Täufer, dem gekreuzigten Christus, der Jungfrau

Maria und der B. Vincenza (in Silber in der Kirche des Monte Berico in Vicenza); eine Medusa; Seneca sterbend vor Nero; Herkules spinnend; und einige heidnische Gottheiten.

C. Molini, Lacrime di Parnaso in morte di Gerolamo Albanese, Vicenza 1663. — Meyer, Kstlerlex. *L. Ferro.*

Albanese, Giov. Battista, Bildhauer und Baumeister in Vicenza und Venedig, Bruder des Gerolamo, tätig in der 1. Hälfte des 17. Jahrh., besonders in Vicenza und Venedig. Er gehörte zu den ersten, die sich von Palladio abwendeten, als dieser sich mit Scamozzi entzweite, und früher als alle seine Zeitgenossen verfiel er in die wildeste und schwerfälligste Barockarchitektur. Ein Beispiel davon ist das Leihhaus (Monte di Pietà) in Vicenza. Er überlud seine Gebäude mit Bildhauerarbeiten, die er selbst gemacht hatte, und die wenig Wert hatten. Von ihm sind auch fünf Marmorstatuen an der Fassade der Kirche S. Giorgio Maggiore auf der Insel S. Giorgio in Venedig, die er nach dem Entwurf von Palladio ausführte.

C. Molini, Lacrime di Parnaso in morte di Ger. Albanese, Vicenza 1663. — E. Cicogna, Inscrizioni Veneziane 1834 IV 270, 354, 648. — Moschini, Guida di Venezia 1815 II 362. — Meyer, Kstlerlex. *L. Ferro.*

Albanese, Modesto, Benediktiner in Padua, † 1700. Er war Bibliothekar im Kloster der Benediktiner S. Giustina und ist der Verfasser einer Beschreibung der genannten Kirche, die aber erst 1752 veröffentlicht wurde. Von ihm ist der Entwurf dieser Kirche und des Klosters, in Kupfer gestochen von Francesco Malpiero Sassonia 1690 (sehr seltenes Blatt), aufs neue 1694 von Franc. Bertini gestochen.

Meyer, Kstlerlex. *L. Ferro.*

Albanesi, Angelo (fälschlich auch Albanasi oder Albanetti gen.), italien. Stecher, tätig in Italien und in England in der 2. Hälfte des 18. Jahrh. Er hat einige Radierungen nach römischen Gebäuden angefertigt und eine Reihe von Stichen in Punktiermanier ausgeführt, z. B. die Magdalena nach Reni, Nymphen nach Angelica Kauffmann und Bildnisse, wie das der Tänzerin Giovanna Bacelli nach J. Roberts.

Zani II 7. — Meyer, Kstlerlex. *P. K.*

Albanesi, Domenico, italien. Holzschnitzer und Intarsiator, tätig in Bologna um 1420. In letzterem Jahre arbeitete er in Gemeinschaft mit Bartolommeo und Giacomo de'Capelli und Domenico di Gozzoli an der Möbelausstattung für den Palazzo degli Anziani zu Bologna, sowie auch an dem reichgeschnitzten Gestühl für den Sitzungssaal der 16 Riformatori, das dann in den Bologneser Stadtfarben weiß, rot und blau bemalt wurde.

Rassegna d'Arte 1901 p. 25.

F. Malaguzzi-Valeri.

Albanesi, M., italien. Miniaturmaler in Österreich in der ersten Hälfte des 19. Jahrh. Von ihm eine signierte Miniatur von 1839 auf der Wiener Miniaturausstellung 1906, No. 1110 und auf der Troppauer Miniaturausstellung eine von 1838, No. 501. *E. W. Braun.*

Albanetti, Ang., s. *Albanesi.*

Albani, Bildhauer aus Rom, stand zuerst im Dienste des Königs von Polen und war dann in St. Petersburg als Konservator der Antikensammlung in dem Taurischen Palais angestellt. Er arbeitete mit vielen anderen Künstlern an der Ausschmückung des auf Befehl des Kaisers Paul in den Jahren 1797 bis 1800 gebauten Michailowschen Palastes.

Meyer, Kstlerlex. **

Albani, Concezio. Von Zani, Enc. II um 1775 als Bildhauer in Rom angeführt. ***

Albani, Francesco, Bildhauer in Rom, 1591 daselbst urkundlich erwähnt.

Bertolotti, Art. Lombardi a Roma I 228. *

Albani, Francesco, einer der Hauptschüler der Carracci, geb. zu Bologna den 17. 3. 1578, † daselbst 4. 10. 1660. A. trat — angeblich erst, nachdem sein Vater, ein wohlhabender Seidenhändler, der ihn der vornehmeren gelehrten Laufbahn bestimmt hatte, gestorben war — zunächst in die Werkstatt des Dionys Calvaert ein, eines Manieristen von niederländischer Abstammung, der sich damals in Bologna gerade als Lehrer eines besonderen Rufes erfreute. Dort trat er in nähere Beziehungen zu dem um drei Jahre älteren Guido Reni, mit dem zusammen er Calvaert verließ und in die Werkstätte der Carracci überging. Das mag kurz bevor Annibale Carracci nach Rom ging (1594/95), geschehen sein; einige Jahre später (ca. 1596/97) folgte ihm sein Bruder Agostino, der den Hauptanteil an der künstlerischen Ausbildung A.s gehabt zu haben scheint. 1598 erscheint A. bereits als fertiger Meister und als Repräsentant der Carracciwerkstatt gegenüber dem frondierenden Guido Reni, mit dem er bei jeder Gelegenheit in direkten Wettstreit getreten sein soll.

Als Reni trotz der Mitbewerbung Lodovico Carraccis und Cesis anläßlich der Anwesenheit Papst Clemens VIII. in Bologna 1598 den Auftrag erhielt, die Dekorationen am Palazzo Pubblico zu malen, soll A., um den Nebenbuhler auszustechen, über einem gegenüberliegenden Laden eine Himmelfahrt Mariae gemalt haben und in ähnlicher Konkurrenz seien A.s andere Frühwerke entstanden, was bei der Unzuverlässigkeit der Quelle (Malvasia) dahingestellt bleiben muß. Als früheste Werke A.s in Bologna werden außer dem erwähnten folgende genannt: Der reuige Petrus im Oratorium S. Colombano, Christus erscheint seiner Mutter in der Confessio von S. Michele in Bosco, ein Freskenzyklus im Palazzo Fava, die Geburt der Jungfrau in S. Maria del Piombo. Die letzten beiden Arbeiten sind erhalten und bieten ausreichende Zeugnisse für A.s früheste Arbeitsweise. Die Fresken in einem Hofzimmer des Palazzo Fava bilden gleich denen der anstoßenden Räume einen Fries mit Darstellungen aus dem Leben des Aeneas; die dekorativen Glieder, die die einzelnen Darstellungen trennen, zeigen stark bewegte Putten, die als Karyatiden fungieren und reiche Konsolen auf den Schultern tragen. Nach der Zusammengehörigkeit mit dem anstoßenden von Cesi ausgemalten Zimmer ist diese Arbeit A.s 1598 entstanden. Reifer zeigt er sich in dem Bild für S. Maria del Piombo, das sich jetzt in der Galerie des Konversatorenpalastes in Rom befindet. Kräftiger als sonst äußert sich der Einfluß, den Agostino Carracci auf den Werdenden ausgeübt hatte. Der Bologneser Frühzeit A.s gehört auch das Bild No. 1 der Pinakothek in Bologna an — die hl. Jungfrau mit dem Kinde und der hl. Katharina und Maria Magdalena —, das ins Jahr 1599 gesetzt wird und in dessen schillerndem Kolorit noch Erinnerungen an die Malweise seines ersten Lehrers Calvaert nachklingen.

Die näheren Umstände der Übersiedelung A.s nach Rom sind uns in höchst ungenügender Weise überliefert. In einem Sitzungsprotokoll der neugegründeten Bologneser Malerzunft vom 5. 12. 1599 (Bologna, Staatsarchiv) werden u. a. auch Reni und Albani in den Dreißigerausschuß gewählt. Jedenfalls waren damals noch beide in Bologna und scheinen an eine Übersiedelung nach Rom nicht gedacht zu haben, die etwa ein Jahr später angesetzt werden kann. Vielleicht gab Annibale Carraccis Bruch mit seinem Bruder und dessen Eintritt in den Dienst des Herzogs von Parma den unmittelbaren Anstoß zur Reise A.s nach Rom, der von nun an in Annibales Werkstätte eine der Hauptpersonen wird. Er malte dort eine Reihe von Bildern, die unter dem Namen des Meisters gehen, so eine Himmelfahrt Mariae und Johannes den Täufer in der Wildnis im Besitz von Captain Holford in Dorchesterhouse in London, zwei kleine Bilder mythologischen Inhalts: Pan lehrt Apollo die Flöte blasen und Silen von zwei Faunen in die Höhe gehoben, beide jetzt in der National-Gallery in London, früher im Palazzo Lancelotti in Rom und nach Ramdohr zur Verzierung eines Clavecins verwendet, weiter eine Lunette mit Engeln im Mus. in Neapel, endlich wahrscheinlich die Geburt der hl. Jungfrau in Loreto, von der nur noch eine Mosaikkopie an Ort und Stelle Kunde gibt etc. An dem Lunettenzyklus aus dem Leben der Jungfrau, den Annibale Carracci mit mehreren seiner Schüler für die Kapelle des Palazzo Aldobrandini ausführte (jetzt in der Galerie Doria in Rom) war auch A. beteiligt und verfertigte zwei Bilder, die Heimsuchung und Himmelfahrt Mariae. In all diesen Bildern sehen wir den Einfluß Agostinos gegenüber dem Annibales immer mehr zurücktreten; als persönliche Note bewahrt sich A. in dieser Zeit größter Abhängigkeit von Annibale eine fröhliche Buntheit der Farbengebung und eine gewisse liebliche Anmut; daneben aber verrät ihn auch die geringe Standfestigkeit seiner Figuren, die sklavische Art, wie er z. B. in dem erwähnten Bild Apollo und Pan in London beide Gestalten von zwei verschiedenen Antiken entlehnt, endlich die mehr schematische Landschaftsbehandlung. Trotzdem ist A. zu dieser Zeit von seiner späteren Schleuderhaftigkeit und Manieriertheit weit entfernt, die Zeichnung ist korrekt und die Kompositionen sind sorgfältig vorbereitet, wie das unter Annibales Schülern Sitte war.

So kommt A. seinem Meister stellenweise sehr nahe, besonders in der Hauptarbeit, die er für den arbeitsunfähig Gewordenen ausführte und bei der er schon fast selbständig auftrat, der Ausmalung der Kapelle des S. Diego in S. Carlo degli Spagnuoli in Rom (jetzt Sacro Cuore di Maria) mit Szenen aus dem Leben des hl. Diego und mit Einzelgestalten von Heiligen. Joannes Enriquez de Herera hatte die Kapelle 1602 erworben und die Ausschmückung dem Annibale übertragen, die 1607 vollendet war. Bei der Umwandlung der Kirche im Jahre 1879 wurden die Fresken abgelöst und kamen ins Mus. von Barcelona, nur das Altarbild gelangte in die spanische Nationalkirche S. Maria di Monserrato in Rom. Bellori macht bei seiner Beschreibung dieses Gemäldezyklus Unterschiede zwischen eigenhändigen Bildern Annibales, zwischen selbständig von A. ausgeführten und von A. nach Skizzen seines Meisters gemalten Bildern. Diese Unterschiede sind ziemlich willkürliche; daß Annibales Anteil ein sehr geringer war, erhellt daraus, daß der Besteller sich zunächst weigerte, den bedungenen Preis zu zahlen, weil Annibale die Arbeit nicht selbst ausgeführt habe und daß dann zwischen Annibale und A. ein edler Wettstreit ausbrach, wer die Bezahlung bekommen solle; beides wäre nach den damaligen Werkstattgepflogenheiten nicht der Fall gewesen, wenn A. nur der Ausführer der Ideen des Meisters gewesen wäre. Mancini, der früheste Biograph A.s, nennt in seinem handschriftlichen Ragguaglio della vita di alcuni Pittori (Rom Vatican. Bibl. Cod. Barb. lat. 4315) den Anteil Annibales sehr gering und spricht nur von „minimi schizzi"; dasselbe Resultat ergibt die Betrachtung der Bilder selbst. Die beiden großen Wandbilder: S. Diego heilt einen Blinden und die wunderbare Verwandlung von Brot in Blumen, sowie die beiden Lunetten: S. Diego erscheint über seinem Grabe schwebend einer Gruppe von Betenden und die Predigt des Heiligen (letzteres nach Bellori von Sisto Badalocchio begonnen und von A. übergangen) zeigen deutlich alle Eigenheiten A.s. Aber nicht nur diese Bilder in Barcelona, bei denen auch Bellori den Hauptanteil A.s anerkennt, sind von diesem, auch das in Rom gebliebene Bild: S. Diego empfiehlt dem Himmel ein Kind, ist von ihm ausgeführt.

Denselben unmittelbaren Anschluß an Annibale wie die Bilder aus S. Diego zeigen auch die anderen großen Arbeiten, die A. in und um Rom ganz selbständig ausführte. Ihre Reihenfolge hat er in einer Randglosse zu einer auf ihn bezüglichen Stelle in Scanellis Microcosmo della Pittura angegeben. Danach folgt auf die Diegokapelle die Ausschmückung eines Saales in einem damals der Familie Giustiniani, jetzt dem Principe Ladislao Odescalchi gehörenden Schloß in Bassano de Sutri. A. arbeitete dort zusammen mit Domenichino, von dem ein 1609 aus Bassano datierter Brief sich in Grottaferata befindet; um diese Zeit dürften die beiden Freunde dort tätig gewesen sein. Das Mittelfeld der Decke des Saales, den A. ausgemalt hat, nimmt der Sturz des Phaëton ein, während an dem wolkenumsäumten Rande die olympischen Götter thronen und dem Schauspiel beiwohnen. An den Wänden sind mythologische Szenen gemalt, die klagenden Schwestern des Phaëton, der Zug der Galathea, die ruhende Ceres etc.; über den Türen sind Rundnischen mit Büsten und Bronzeschilde mit weiteren mythologischen Erzählungen angebracht. Auffassung und Kompositionen schließen sich eng an die Galerie der Carracci im Palazzo Farnese in Rom an.

Die nächste große Arbeit aus dieser Zeit ist die Ausmalung des Plafonds eines Saals im Pal. Verospi in Rom; im Mittelfeld sehen wir den jugendlichen Apollo als Sonnengott durch den Reifen des Tierkreises fliegen (in deutlichen Anschluß an einen Marc-Antonschen Stich); links und rechts lagern je zwei Gestalten, die die Jahreszeiten repräsentieren; bei der Anordnung der beiden vorderen haben sicher römische Sarkophagfiguren einen Einfluß geübt. An den Schmalseiten dieses rechteckigen Mittelbildes schließt sich je ein Knabengenius in einem Rundmedaillon, Morgen- und Abendstern, an. Auch die Auswahl der mythologischen Gestalten in den einspringenden Zwickeln ist mit Rücksicht auf dieses astronomische System getroffen: an den Stirnseiten des Saales ist Aurora und die Nacht, an den Langseiten sind je drei Gottheiten gemalt, denen die Wochentage gewidmet sind: Diana (Luna), Mars, Merkur, Jupiter, Venus, Saturn; kleine halb genrehafte, halb mythologische Szenen vervollständigen das System (eine Skizze zum Ganzen im XXXI. Band der Dominichinozeichnungen in Windsor).

Ob A. tatsächlich an den Arbeiten im Quirinalpalast, für die Reni 1608/9 Zahlungen empfing, beteiligt war, muß mangels zuverlässiger Berichte darüber dahingestellt bleiben. Ebenso ungenügend sind wir über kleinere Arbeiten unterrichtet, die doch wahrscheinlich neben jenen Freskenzyklen entstanden. Mit einiger Bestimmtheit kann eine Madonna mit dem Kinde und anbetenden Engeln, die in der Galerie des Konservatorenpalastes in Rom den Namen Cav. d'Arpino führt, für diese Jahre A.s in Anspruch genommen werden; ebenso das Bild, das als die „Beatrice Cenci" Guido Renis zu den populärsten Bildern Roms gehört. Als letztes dieser Gruppe kann noch Apollo und Daphnis im Louvre genannt werden.

In die letzte Zeit von A.s damaligem Aufenthalt in Rom gehört die Ausmalung der Chorkapelle von S. Maria della Pace; die Entstehungszeit meldet die dort angebrachte Inschrift: Gaspar. Rivaldus Romanus sacellum a fundamentis extruxit et ornavit etc. Anno salutis 1614. Im Mittelfeld ist die Himmelfahrt der Jungfrau dargestellt (in Anlehnung an Annibale Carraccis schönes Bild in S. Maria del Popolo), in den Zwickeln schweben kleine nackte Putten, in den Lunetten sitzen große musizierende Engel; das Ganze, das infolge der ungünstigen Beleuchtung kaum sichtbar ist, ist eine der anmutigsten Schöpfungen A.s.

Nach dem Tode seiner ersten Frau Anna Rusconi, einer Römerin, die ihm eine ansehnliche Mitgift in die Ehe gebracht hatte, 1616 nach Bologna zurückgekehrt, heiratete er bald darauf Doralice aus der Familie der Fioravanti; aus dieser Ehe gingen 10 Kinder hervor. Die Biographen rühmen die Schönheit der Kinder, die dem Vater bei seinen zahllosen Amorettenbildern als Modelle gedient hatten und erzählen, die Mutter habe sie zu grazlösen Stellungen angeleitet. Mit seiner großen Familie führte A. teils in Bologna selbst, teils in den in der Nähe befindlichen Villen Querzuola und Meldola ein glückliches Leben, dessen Gemächlichkeit ihn nach und nach größeren Aufgaben entfremdete und seine Malweise mehr und mehr zur Schablone herabsinken ließ. Allerdings hat er auch jetzt noch eine ziemliche Anzahl großer Altarbilder ausgeführt, aber sie sind von geringer Bedeutung und entlehnen, was ihnen an Reiz bleibt, den kleinen genrehaften und mythologischen Kompositionen, die A. jetzt massenhaft produziert. Die meisten jenerAltarbilder befinden sich jetzt in Bologna, das A. mit Ausnahme kleiner Reisen nach Rom und Florenz nicht mehr verließ. Die Pinakothek besitzt eine Taufe Christi, die aus S. Giorgio stammt, wo sich in der Sakristei noch eine Skizze zu dem Bilde befindet, und eine hl. Jungfrau mit den Heiligen Johannes der Täufer, Matthäus und Franciscus, die aus S. Giovanni in Persiceto dahin gelangt ist. Beide Bilder, die etwa den 30er Jahren angehören, sind gute Beispiele für A.s Bologneser Stil. Überall sehen wir die römischen Lernjahre nachwirken und die morphologischen Details sind gleich geblieben; die Standfestigkeit der Figuren aber ist eine noch geringere geworden, die Umrisse sind unsicher und zaghaft und an Stelle der Formendurchbildung, die A. in Rom angestrebt hatte, machen sich wieder die oberitalienischen mehr dem Malerischen zugewandten Interessen geltend. Von weiteren Werken A.s besitzt Bologna noch: In S. Maria de Servi die Marter des hl. Andreas, 1639—41 für Bonifazio Gozzadini gemalt und ein Noli me tangere, wofür A. 1000 Lire erhielt (Gualandi) und von dem viele Wiederholungen existieren; in S. Bartolomeo eine Verkündigung, eines der schönsten und reifsten Werke A.s, das wegen der Schönheit des Verkündigungsengels in Bologna unter dem Namen „del bell' angelo" populär ist. In der Madonna di Galliera das Jesuskind, das zwischen Josef und Maria stehend dem oben schwebenden Gott Vater seine künftige Passion anbietet; auch dies ist eines der besten Werke des Künstlers, der die Hauptfigur mehrfach wiederholt hat. Das von Simone Cantarini begonnene Bild mit S. Philippus Benizi in S. Giorgio hat A. nach seiner eigenen Angabe beendigt. Für eine Kirche in Forlì malte A. 1636 eine Kirchenfahne mit dem hl. Sebastian, die nach vielen Wanderungen in die Pinakothek von Forlì (No. 79) gelangt ist und in der Erinnerungen an Annibale stärker nachklingen als sonst in Werken dieser Zeit. Ein anderes Bild aus Forlì, die hl. Familie mit den hl. Andreas und Thomas aus der dortigen Dominikanerkirche, in den wesentlichen Teilen eine Wiederholung des Bildes in der Madonna di Galliera in Bologna, befindet sich jetzt in der Brerasammlung in Mailand. Die Vertreibung aus dem Paradies hat A. 1647—49 für Cesare Leopardi gemalt; das Bild kam nach England, wo es zuerst bei M. Park, dann bei Lord Wensleydale war. Zahlreicher als die großen Altarbilder, von denen einige in Rom und Bologna verloren gegangen sind, sind die kleinen religiösen Bilder, die dem Geschmack A.s ja viel besser entsprachen. Die wichtigeren sind: Die Vertreibung aus dem Paradies (Dresden No. 342), ein ziemlich frühes Bild; Hl. Familie (Dresden No. 346), und ein ganz ähnliches im Louvre; eine Ruhe auf der Flucht in Dresden und im Louvre. Christus erscheint der Jungfrau, im Palazzo Pitti und daselbst eine hl. Familie. Letztere fast gleich mit einem Bild in der Galleria Corsini in Rom; Rom besitzt außerdem ein Ecce Homo in der Galleria Colonna. In den meisten dieser Bilder ist der religiöse Stoff gänzlich seines Ernstes entkleidet und in derselben anmutigen und zierlichen Weise behandelt, die A. gleichzeitig in den zahllosen mythologischen Gemälden zur Schau trägt.

Den Grund zu A.s Ruf in diesem Genre scheinen vier Rundbilder der Galleria Borghese in Rom gelegt zu haben, die mythologische Liebesgeschichten darstellen: 1. Venus in der Schmiede des Vulkan, in der Amoretten ihre Pfeile bereiten und schärfen, oben schwebt Diana, die wegen des Todes des Hippolytos Rache sinnt. 2. Die Toilette der Venus. 3. Adonis nimmt Abschied von Venus, um zur Jagd zu ziehen; hoch in den Lüften fährt Mars durch die Wolken und blickt eifersüchtig auf das Paar herab. 4. Diana überfällt mit ihren Nymphen die schlafenden Amoretten und läßt sie deren Pfeile zerbrechen und verbrennen. Diese Bilder, die von zeitgenössischen Schriftstellern wie Scanelli unter die besten Schöpfungen des Künstlers gezählt werden, haben durch eine Restaurierung viel von ihrer einstigen Lieblichkeit eingebüßt, lassen aber trotzdem noch die Anmut in Formen und Farbe erkennen, die die alten Berichterstatter entzückten. Diese Bilder stehen Albanis römischer Zeit noch sehr nahe und zeigen viel Zusammenhang mit Dominichinos Nymphen und Putten. Dieser Zyklus erregte solches Gefallen, daß Albani ähnliche Folgen für den Kardinal Moritz von Savoyen, für Ferdinand Gonzaga von Mantua und für einen Grafen von Caronge malen mußte (letztere jetzt im Louvre?); die berühmteste von ihnen ist die 1635 für den Kardinal gemalte, die 1692 in den Besitz des Herzogs von Savoyen überging und sich jetzt in der Galerie in Turin befindet. Sie ist durchaus keine Wiederholung des Borghese-Zyklus, sondern stellt die vier Elemente in figurenreichen Rundbildern dar, deren Einzelheiten wie bei jenem der Mythologie entlehnt sind. Malvasia bringt über den Inhalt dieser Bilder zwei lange von dem Arzt Zamboni verfaßte Beschreibungen, die alle sinnreichen Beziehungen und verborgenen Gedanken dieser „Catena d'amore" in höchst umständlicher und preziöser Weise erläutern. Außer diesen Zyklen hat A. eine sehr große Anzahl mythologischer Bilder gemalt, deren man nun in allen Sammlungen findet. Sie waren der eigentliche Hauptartikel von Albanis Werkstätte, der in ihnen eine geringe Menge von Ideen und Typen in schematischer Weise immerwährend wiederholt. Dazu kommt, daß Schüler und Gehilfen einen ziemlich breiten Anteil an der Bilderproduktion der Werkstätte hatten und entweder seine Kompositionen selbständig wiederholten oder an seinen Bildern mitarbeiteten; so malte ihm Gio. Maria Galli-Bibiena das Wasser, Pianoro die Architekturen, Filippo Menzani und Filippo Veralli die landschaftlichen Gründe. Unter diesen Umständen sind Wert und Bedeutung dieser mythologischen Idyllen und Amorettenspiele sehr verschieden. Von den zahlreichen Darstellungen der Salmacis und des Hermaphrodit ist die beste, die in zwei Bildern um 1633 für den Kardinal Moritz von Savoyen gemalte, jetzt in Turin befindliche (No. 492 oder 493); dieselbe Galerie besitzt eine Wiederholung desselben Gegenstandes (No. 498), ebenso der Louvre, die Galerie in Oldenburg, das Bridgewaterhouse in London. Ein anderes beliebtes Sujet ist die Entführung der Europa; wir finden es in den Uffizien in Florenz, in der Eremitage in Petersburg usw. Endlich seien ein Apollo in Halbfigur in der Galerie in Forli, Merkur und Apollo in der Galerie Corsini in Rom, der Triumph der Galatea in der Ambrosiana in Mailand und ein anderer in Dresden, von den Amorettenbildern der Erotentanz mit dem Raub der Proserpina im Brera, der mit der Statue des Amor in Dresden, zwei Venusbilder in der Galerie Corsini in Rom, die ruhende Venus in den Uffizien, der Triumphwagen des Amor im Palazzo Bianco in Genua als gute Durchschnittsbeispiele von Albanis Art hervorgehoben; eine kritische Sichtung des großen Materials ist beim dermaligen Stand der Forschung noch unmöglich.

A. galt seinerzeit für einen der ersten Maler, und besonders seine Erfindungen werden einstimmig gepriesen; dieses Urteil hat die Nachwelt nicht zu dem ihrigen gemacht. Seine Phantasie verfügt nur über eine recht beschränkte Anzahl anmutiger Motive, die er immer wieder variiert. Innerhalb des engen Ideenkreises, der ihn interessiert, hat er viele reizende Einzelbilder geschaffen, die erst bei einer Vergleichung durch ihre Einförmigkeit langweilig wirken. Die Schwächen der Zeichnung, die Flauheit der Landschaftsbehandlung, die ihm von Anfang an in gewissem Maße anhaften, nehmen in den späteren Jahren beträchtlich zu; er sucht breiter zu malen, wird aber nur schematischer und gibt statt der sorgsam durchgearbeiteten Hintergrundlandschaften seiner besten Zeit eintönige verblauende Hügelketten.

Viele Jahre lang lebte A. unter den günstigsten Verhältnissen in Bologna; nur der Groll gegen Reni, der im Kunstleben ihrer Heimatstadt die unzweifelhaft erste Rolle spielte, scheint A.s Wohlbehagen getrübt zu haben. Das machte ihn mürrisch und reizbar und ein langwieriger Prozeß, den er in Rom wegen der Mitgift seiner ersten Frau zu führen hatte, trug ebenfalls zu seinem Ärger bei. Gegen das Ende seines Lebens erlitt A. ein schweres Unglück durch den Verlust seines ganzen Vermögens, mit dem sein Bruder Domenico übel gewirtschaftet hatte; er mußte auch noch eine für den Bruder geleistete Bürgschaft zahlen und eine Schuldenmasse von 70 000 Lire übernehmen. Diese zu tilgen mußte er angestrengt arbeiten und dieser Zwang trug viel dazu bei, daß seine späteren Arbeiten so schleuderhaft und handwerksmäßig ausgefallen sind.

Auch mit der Kunsttheorie beschäftigte sich A. und wollte zusammen mit seinem Freunde Orazio Zamboni einen Trattato della Pittura herausgeben. Es kam nicht dazu; Bruchstücke von A.s kunsttheoretischen Ansichten sind uns nur in den von Malvasia veröffentlichten Briefen des Künstlers erhalten, aus deren Verworrenheit kaum etwas Persönliches und Interessantes zu entnehmen ist. Wichtiger ist, daß er Belloris Viten der Carracci durch seine Mitteilungen stark beeinflußt hat, so daß wir die beste Biographie der Carracci in A.s Beleuchtung besitzen.

Von seinen zahlreichen Schülern sind zu nennen: Pier Francesco und Gio. Battista Mola, Gio. Maria Galli-Bibiena, Stefano und Gio. Battista Speranza, Girolamo Bonini, Antonio Cattalini, Carlo Cignani, Emilio Taruffi, Bartolomeo Morelli, genannt Pianoro, Pietro Antonio Torri, Francesco Ghelli, Filippo Veralli, Filippo Menzani, Antonio dal Vole.

Malvasia, Felsina pittrice, Bologna 1678, II 222 ff. — Bolognini-Amorini, Vita del celebre Pittore Francesco Albani, Bol. 1837, wieder abgedruckt in desselben Vite dei Pittori ed Artefici Bolognesi, Bol. 1841—43, III. — Meyer, Kstlerlex. I 171. — Scanelli, Microcosmo 1657, 363. — Passeri, Vite dei Pittori etc., Rom 1772, p. 275—298. — Gualandi, Mem. Orig. Ital. etc., Bol. 1840—46. — Guhl, Künstlerbriefe II 90—101. — G. F. Waagen, Treasures of Art in Great Britain 1854. — G. F. Waagen, Galleries and Cabinets of Art in Great Britain 1857. — G. F. Waagen, Gemäldesammlung der Eremitage zu St. Petersburg 1864. — Fréd. Villot, Notice des Tableaux I. — Nagler, Monogr. II. — Bode, Galerie zu Oldenburg. — Baldinucci, Not. dei Prof. del disegno 1847, IV 51. — H. Janitschek in Dohmes Kunst und Künstler Abt. II, B. III. — Campori, Lettere und Raccolta di cataloghi. — Bertolotti, Artisti Bolognesi in Roma. — Lermolieff, Galerien Borghese und Doria Pamfili. — Gualandi, Nuova raccolta di Lettere II. — Lanzi, Storia V. — Bartsch, P.-Gr. XVIII 342. — Heller-Andresen, Handb. für Kupferstichsammler I. — C. P. Landon, The Works of Raffaelle, Dominichino, Poussin and Albano, consisting of Engravings, London 1819. — Schmerber, Betrachtungen über die italien. Malerei im 17. Jahrh. 1906, 9 ff. — Hans Tietze, Annibale Carraccis Galerie im Jahrb. der Kunstsammlungen des Allerh. Kaiserhauses 1906. — *Stichwerke*: Picturae Francisci Albani in aede Verospia (Romae)

Frezza, Rom 1704. Gr.-Fol. — Galeria Giustiniania Bassano. Roma Calcografia camerale. Gr.-Fol. *H. Tietze.*

Albani, Johann (eigentlich Albaneder), Keramiker und Plastiker, geb. im letzten Viertel des 18. Jahrh. zu Schwaz im Unterinntal (Tirol) als ältester Sohn eines gleichnamigen Töpfermeisters. Lernte zuerst bei seinem Vater die Töpferei, kam dann als Töpfergeselle nach Innsbruck in Arbeit, wo er in der Sonntagszeichenschule sich einen Preis erwarb. Von da ging er nach München und erhielt nach einer Probearbeit Anstellung als erster Geselle beim kgl. Hoftöpfer. In derselben Eigenschaft fand er darauf in St. Gallen (Schweiz) Anstellung und wurde darauf vom dortigen Abt als Hofpossierer angestellt. A. hatte nämlich von Anfang an keine rechte Freude am Töpferhandwerk und verlegte sich schon früh auch auf das Modellieren in Wachs, Porzellan- und Tonerde, besonders von Porträts. Diese Richtung erhielt von da an die Oberhand in seiner Tätigkeit und verschaffte ihm viel Anerkennung und Erfolg. Er trat nacheinander als Hofpossierer in die Dienste des Fürstbischofs von Kempten, sowie des Fürsten von Thurn und Taxis in Regensburg, der ihm auch einen festen Jahresgehalt aussetzte. Hier heiratete er und die fürstliche Prinzessin Taxis leistete ihm bei einer Kindstaufe Gevatterschaft. Er schuf dort hauptsächlich Porträtbüsten in Porzellan. Von dort begab er sich mit fürstlichem Urlaub nach Wien, wo er die Familie des Kaisers Leopold porträtierte und dafür die größere goldene Verdienstmedaille erhielt und auch sonst zahlreiche fürstliche und hohe Personen porträtierte. Ähnliche Aufträge führte er darauf in München für die kurfürstliche Familie und zahlreiche Personen vom Adel und der Bürgerschaft aus.

Als infolge der napoleonischen Kriege und der Mediatisierung vieler fürstlicher und geistlicher Reichsstände die Kunstpflege an den deutschen Höfen nachließ, beschloß A., um sich einen sicheren und dauernden Erwerb zu verschaffen, mit Erlaubnis seines fürstlichen Gönners in seiner Heimatstadt Schwaz seine Ersparnisse zur Gründung einer Steingutfabrik, nach dem Vorbild derjenigen des 1795 verstorbenen Wedgwood zu verwenden, wozu er besonders durch die Auffindung einer anscheinend geeigneten Tonerde von seiten eines englischen Technikers in der Nähe von Schwaz bei Maurach ermutigt wurde. Er erwarb zu diesem Zweck das Anwesen Oberweidach in der Reichengasse zu Schwaz, wo er die Fabrik erbaute. Zu seinem Schaden waren ihm jedoch andere in der Erwerbung des Tonlagers zu Maurach zuvorgekommen, so daß er das Material aus zweiter Hand beziehen mußte. Am 14. 10. 1802 erhielt er die k. k. Konzession für den Betrieb seiner Fabrik, allerdings mit gewissen Einschränkungen. Trotz eifriger Bemühungen gelang es ihm jedoch nicht, sein Unternehmen zu einer gedeihlichen Blüte zu bringen, teils weil ihm die genügenden Mittel fehlten, um die besten Kräfte anzustellen und die großen Betriebskosten und Defizits länger zu bestreiten, teils weil das Mauracher Material sich als mangelhaft (zu eisenhaltig) erwies, teils weil es ihm an technischen (chemischen) Kenntnissen und praktischem Sinn gebrach. Die Qualität seiner Waren fiel mangelhaft aus, für den plastischen Empirestil, den er verfolgte, hatte das Land kein Verständnis. Er geriet in Schulden und mußte froh sein, als 1804 die Gräfin Maria Rosa von Wolkenstein-Rodeneck unter einem Pseudonym (Kryptogramm) sich mit ihm assoziierte, um ihm am 23. 2. 1805 die Fabrik ganz abzukaufen. Auch unter ihr gedieh sie nicht, sondern erst seitdem sie 1809 an Aloys Hussl überging, unter dessen Erben sie noch heute blüht. — Im Fabriksmuseum sind noch einige Erzeugnisse aus A.s Zeit erhalten, u. a.: Ein Schreibzeug in Form eines antiken Sarkophags mit einer Urne, um welche eine auf dem Sarkophag ruhende weibliche Figur den Arm schlingt, ein Tafelleuchter in Gestalt einer Karyatide, ein Relief der Geburt Christi u. a. m. Mit dem, nach Abzug seiner Schulden, geringen Reinerlös aus dem Verkauf seiner Fabrik soll sich A. darauf wieder auf die Modellierung von Porträtbüsten sowie lebensgroßer, natürlich gefärbter Wachsfiguren mit beweglichen Augen und Gliedern verlegt haben. Er schuf u. a. eine wie tot daliegende Frauenfigur aus Wachs, welche plötzlich Augen und Arme zu bewegen anfing. Mit dieser soll er „über Meer" gereist sein und viel verdient haben, was ihm aber auf der Rückreise wieder geraubt wurde. Er habe darauf noch ähnliche Figuren, so einen lebensgroßen, Augen und Hände bewegenden Christus, eine Muttergottes mit dem Kind und Joseph und ähnliches geschaffen. 1808 soll er eine Fayencegeschirrfabrik in München angelegt haben; nach einem Bericht seines Schwagers von 1824 hat dort seine Frau in der Tat ein Steingut- und Fayencegeschäft geleitet, während zwei seiner Töchter dort gut verheiratet waren. Nach dem Tirol. Künstlerlex. von 1830 soll er noch im nämlichen Jahre eine Pension von der Familie Thurn und Taxis bezogen haben, die ihn allerdings auch bei seinem Fabrikunternehmen in Schwaz pekuniär unterstützte. Sein Todesjahr ist unbekannt. Er war offenbar eine jener abenteuerlichen Naturen, welche sich zu Ende des 18. Jahrh., besonders auch als Porzellanerfinder an den deutschen Fürstenhöfen herumtrieben; durch seinen Verkehr an solchen hatte er sich ein hochfahrendes, stolzes Wesen angeeignet, welches seine bürgerlichen Landsleute abstieß und verletzte. Um sich hoffähiger zu machen, hat er wahrscheinlich auch die Legende erfunden, wonach seine Familie von in Schwaz zurückgelassenen Knaben eines in Kriegszeiten dort durchreisenden Herzogs Albani von Rom abstammen sollte.

Brief seines Schwagers Leopold Steinlechner, Zinngießer in Schwaz vom 12. 4. 1824. (Bibl. Tirol. Ferd. CCCXCIV 865. — Nachrichten über die Steingutfabrik zu Schwaz. Handschrift des Aloys Hussl vom 10. 4. 1825. (Bibl. Ferd. 3701. II.) — Franz Wieser: Zur Geschichte der Schwazer Majolika-, Steingut- und Tonwarenfabrik 1801—1902. Schwaz 1903. *H. S.*

Albani, Lodovico, Florentiner Bildhauer in Rom, 1577 als bereits verstorben erwähnt in einer seine Witwe betreffenden Urkunde.

Bertolotti, Art. Francesi in Roma p. 45. *

Albani, Malatesta, italien. Zeichner (Dilettant), zeichnete für Franc. Barberinos „Documenti d'amore" (Rom 1640) die allegorische Figur der Gerechtigkeit (gest. v. C. Bloemaert).

Baglione, Vite de' Pittori. 251. ***

Albani, Santo di Cristoforo, Maler in Perugia 1743, aufgeführt in der Matrikel der dortigen Malergilde.

Rassegna Bibliograf. d. Arte ital. II 215. *

Albani, Sigismondo, Maler in Urbino, wo seine Signatur auf einigen im Palazzo Clemens XI. (—1690) befindlichen Gemälden zu lesen ist.

P. Zani, Mscr.-Notizen zur Encicl. in der Bibl. Palat. zu Parma. *St. Lottici.*

Albanil, Nach Zani, Enc. II 8. Architekt in Spanien um 1390. *M. v. B.*

Albanis de Beaumont, Jean François, Zeichner, Stecher in Aquatintamanier und Landschaftsmaler aus Piemont, in England naturalisiert. Veröffentlichte 1787—1806 eine große Anzahl von Ansichten aus Südfrankreich, dem Alpengebiete und Italien, die anfangs von ihm selbst, nach seiner Assoziierung mit Thom. Gorland in London durch Cornelis Apostool gestochen wurden. Später widmete sich A. auch der Malerei und stellte 1806 einen Seesturm und eine Ansicht des Sees von Albano aus. Um 1810 soll er gestorben sein.

Meyer, Kstlerlex. (mit Verz. s. Werke). ***

Albano, Giovanni d', Miniator des 16. Jahrh., nur dem Namen nach in Dokumenten des Archivio di S. Luca in Rom erwähnt.

A. Bertolotti, Artisti Bolognesi, Ferraresi etc. a Roma (Bologna 1885) p. 11. *P. d'Ancona.*

Albano, Pietro, Intarsiator in Bergamo um 1530.

Zani, Enc. I 286 (unter Albano), II 9. ***

Albano, Salvatore, Florentin. Bildhauer, geb. 29. 5. 1841 in Oppido Mamertino (Calabrien), † in Florenz 13. 10. 1893. Schon in früher Jugend als Holzschnitzer von Weihnachtskrippen etc. tätig, ging er 1860 nach Neapel, um dort zunächst in der Werkstatt seines Landsmannes Sorbille und später an der Akad. unter Tito Angelini die Bildhauerkunst zu studieren. Noch als Akademieschüler erzielte er 1864 einen Erfolg mit seiner Marmorgruppe „Conte Ugolino" (im Besitze des Marchese Agostino Sergio zu Neapel), sowie mit einer Grabstatue „Lagrime e Fiori" und mit einem marmornen „Moses, die Gesetzestafeln zerschmetternd" (jetzt in Capodimonte). 1865 erhielt A. den I. Preis der Akad. für einen „Christus am Ölberg", und von der Provinz Reggio di Calabria eine Studienpension auf drei Jahre für seine „Calipso abbandonata da Ulisse" (jetzt im Präfekturpalaste zu Neapel). Sein „Masaniello" von 1866 ist im Besitze der Akad. zu Neapel verblieben, ebenso seine Kainstatue, mit der A. 1867 den Rompreis gewann. Seit 1869 war er in Florenz; von seinen dort entstandenen Arbeiten seien genannt: Eine „Arianna abbandonata" für den Marchese della Cava de' Tirreni (1870); „Il Genio di Michelangelo" für den Baron de Talleyrand (Wiederholung in der Sammlung Oppenheim zu London); und eine kleine „Venus als Bettlerin" für den Duca di Dino (1872). 1873 schuf A. das Grabmal für den Deputierten Frascara in Sezzè bei Alessandria, sowie einen mehrfach wiederholten „Genius der Erinnerung" (die eine dieser Repliken in der Londoner Tate-Gallery). Für das letztgenannte Museum entstand damals außerdem die Gruppe „Il Sonno e l'Amore" (nach den „Orientales" des Victor Hugo), sowie die Wiederholung einer für Herrn Horn in Breslau gearbeiteten Marmorfigur „Il sogno felice". Bekannt wurde A. durch sein Hauptwerk „Vanni Fucci" (nach Dantes „Inferno"), das im Pariser Salon 1878 mit der goldenen Medaille ausgezeichnet wurde und jetzt im New Yorker Metropolitan-Art-Museum ausgestellt ist. Unter den späteren Arbeiten des Künstlers sind noch hervorzuheben: eine Rebecca-Statue für Philadelphia, das Bigatto-Monument auf dem Mailänder Cimitero Monumentale, eine Engelsfigur für das Grab der Mutter des Künstlers auf dem Friedhofe zu Oppido Mamertino, sowie das Grabmonument für den General Mac Gregor in der St. Pauls-Kathedrale zu London. Aristokratische Auffassung und virtuose Eleganz der Ausführung sind die vornehmsten Eigenschaften, die den bildnerischen Schöpfungen A.s nachgerühmt werden.

Gubernatis, Diz. d. Art. ital. viventi, 1889 (mit „Aggiunte"). — Kunst für Alle IX (1894) p. 73. — Graves, The Royal Academy of Arts, London 1905. — Pariser Salon-Kataloge 1878, 1887. — Natura ed Arte I 121 ff., 197 ff., II 1111. *H.*

Albano, Vincenzo, Dekorationsmaler in Ferrara, 1748 †.

Zani, Enc. II. ***

Albanus, Hans, Steirischer Maler, tätig 1612 am Mausoleum des Erzherzogs Karl II. zu Sekkau; 1631 malte er zu Knittelfeld einen Taufstein.

Wastler, Handschriftl. Nachtr. z. s. Steirischen Kstlerlex. (im Besitz der Techn. Hochschule in Graz). *R.*

Albarati, Raff., s. *Albarini.*

Albareda, Francisco, catalan. Maler, 1328 an der Kathedrale zu Palma tätig.

Majorque artistique S. 23. *M. v. B.*

Albareda, Lorenzo, Maler in Valencia. Im Archiv z. Valencia befindet sich ein Schuldschein, den er und seine Frau Ursula 1501 einem gewissen Angel Pardo ausgestellt haben.

Alcahali, Art. Valenc. 48. *M. v. B.*

Albaregno, s. *Alberegno.*

Albarella, Enrico, Architekt in Neapel. Auf der dortigen Kunstausstellung 1879 wurde sein Regulierungsplan für die Stadt preisgekrönt und in den folgenden Jahren ausgeführt. Er restaurierte auch mehrere Kirchen (S. Giorgio Maggiore und Sta Maria del Pianto) und Paläste, und erbaute mehrere Paläste in Neapel, Majori u. Torre del Greco.

A. De Gubernatis, Diz. d. Art. ital. viventi. *R.*

Albarella, Guglielmo, neapolitanischer Architekt und Ingenieur, geb. 1853 in Neapel, ausgebildet und tätig daselbst, namentlich als Restaurator alter Bauwerke.

A. De Gubernatis, Diz. d. art. ital. viventi. *H.*

Albarelli, Genesio, italien. Holzschnitzer und Intarsiator, fertigte 1599 zusammen mit Federico Facci ein Schreibpult „halb eingelegt und halb geschnitzt" für das Arbeitszimmer des Nicolò Collevati in Mirandola und im Dezember 1599 zusammen mit Facci einen Untersatz für den Altar des Collevati in der Abteikirche S. Maria Maddalena in Mirandola. Dieser Altar, auf dessen unterem Teil das von Albarelli geschnitzte Wappen des Bestellers Collevati angebracht war, wurde 1858 zerstört.

F. Ceretti in Mem. Stor. Mirand. vol. XIII bis XVI (T. I delle Biogr.) p. 8 u. 218. *G. Degli Azzi.*

Albarelli (Alberelli, Alborello), Giacomo, Venezianer Maler und Bildhauer, seit 1550 nachweisbar und vor 1630 †. Er arbeitete in der Art des jüngeren Palma, dem er überdies sehr nahe stand und der ihn auch in seinem Testament bedachte (s. Gaz. des b. a. XXII 296, 297, Testament Palmas, in dem „Alborello" 100 Dukaten, 2 große Gemälde und 30 Zeichnungen vererbt werden). 34 Jahre lang war A. als Gehilfe gemeinschaftlich mit Palma tätig und es ist möglich, daß A.s Werke unter Palmas Namen gehen, so daß sich keins derselben mit Sicherheit nachweisen läßt. Zanetti schreibt ihm eine „Taufe Christi" in der Kirche Ognissanti zu und Ridolfi behauptet, daß die Büste des jüngeren Palma über der Sakristeitür der Kirche S. S. Giovanni e Paolo sein Werk sei, er läßt ihn also auch als Bildhauer tätig gewesen sein.

Zanetti, Della Pitt. Venez. 1792 II 467. — Ridolfi, Le Maraviglie dell' Arte (2 ed.) II 428. — Selvatico e Lazzari, Guida di Venezia (ed. Fulin e Molmenti) 1881 p. 288. *L. Ferro.*

Albarini (oder Albarati, Albaretti), Raffaello, ital. Maler des 15.—16. Jahrh. Schüler des Andrea Mantegna in Mantua, in dessen Testament vom Jahre 1504 er aufgeführt wird mit den Worten „Teste Raphaele pictore filio quondam Jacobi de Albaratis, cive et habitatore Mantuae in contrata bovis". Schon 1496—98 wird Raff. Albarini in den Totenregistern Mantuas als dort ansässig aufgeführt. 1496 stirbt seine 50jährige Gattin Agnese, 1497 seine Tochter und 1498 sein Sohn. Nach dem Alter seiner Gattin zu schließen, müßte auch A. 1496 bereits mindestens 50 Jahre alt gewesen sein. Nach Coddè, Gualandi und Carlo d'Arco soll A. zu den Gehilfen des Giulio Romano bei dessen Arbeiten im Palazzo del Tè zu Mantua gehört haben; danach müßte er also bis nach 1525 gelebt haben. Vielleicht ist er identisch mit jenem *Albareti,* der das dem Giulio Romano zugeschriebene Gemälde der Pinakothek zu Parma, darstellend Christus in einer Engelglorie, signiert haben soll.

Coddè, Mem. biogr. — C. d'Arco, Arti ed artefici di Mantova I 45; II 50. — Gualandi, Mem. orig. ital. III 5. *A. Muñoz.*

Albaris, Baldassare, Maler in Spanien um 1707.

Zani, Enc. II 9. *M. v. B.*

Albarrán, Tomas Miguel, oberster Baumstr. der Kathedrale von Segovia, ersetzte die Turmspitze, die 1740 vom Blitz herabgeworfen war, durch eine Laterne, die nicht übel konstruiert, aber für die Höhe zu klein ist.

Llaguno y Amirola, Notic. IV 231.

Albasi, Gaetano, Maler, geb. in Piacenza 2. 1. 1770; 1789 kam er nach Parma und wurde Schüler der dortigen Akad., die ihm für ausgezeichnete Aktstudien einen Preis verlieh. Der Kunstler lebte sodann dauernd in Parma, wo er sich 1818 mit Margherita Visconti und 1832 mit Rosa Pietralunga verheiratete.

Zani, Encicl. II 9. — Scarabelli-Zunti, Mscr. in der Bibl. Palat. zu Parma. fasc. VIII. — Ambiveri, Art. Piacentini (1879) p. 196 ff. *St. Lottici.*

Albati, Johannes Antonius, Bildhauer und Stuckateur in Neiße und Reichenstein, tätig um 1700. *E. Hintze.*

Albazzi de Kwiatowska, Comtesse J. R., Bildhauerin und Medaillistin der Gegenwart in Paris, stellte im Salon 1896 5 Porträts aus, 1897 ein Porträt von Alfr. Darcel, 1898 von J. A. Ponsin.

Salonkataloge. — Mazerolle, Gaz. numismatique franç. 1898. **

Albé, Giacomo, italien. Porträtmaler,

geb. in Viadana, ausgebildet in Venedig, tätig in Mailand. Man sah seine Bildnisse, besonders auch Kinderporträts, in den achtziger Jahren des vorigen Jahrh. auf mehreren italien. Ausstellungen z. B. 1881 in Mailand, 1888 in Bologna.

Gubernatis, Dizion. d. art. ital. viventi p. 564. — Zeitschr. f. bild. Kst. XVI 387. **

Albe, Bacler d', s. *Bacler d'Albe.*

Albe, D. Joaquin, Maler um 1850/59, in Habana tätig. Vielleicht mit Giacomo Albé identisch.

Ramirez, La Habana artistica. Habana 1891 p. 229. ***

Albear, Juan de, aus dem Bezirke Merindad, von Trasmiera, war nach seiner Grabschrift vom 6. 12. 1592 in der Kathedrale zu Astorga Baumstr. an dieser Kirche, die 1471 begonnen war, aber an der noch 1553 gearbeitet wurde.

Llaguno y Amirola, Notic. III 83. △

Albecci, Giuseppino. Von Zani, Enc. II um 1650 als Maler in Rom angeführt. ***

Albegés, Arnaldo, Archit. in Barcelona um 1390.

Viñaza, Adic. I 8. *M. v. B.*

Albegg, Michele, neapol. Maler, nur in einem Zeugnis vom 6. 2. 1777 unterzeichnet

Napoli Nobilissima IX 111. *G. Degli Azzi.*

Alben, Michael, Steirischer Maler in Knittelfeld, malte 1673 4 Bilder für die Kirche und 2 Sonnenuhren zu St. Stefan ob Leoben.

Wastler, Handschriftl. Nachtr. z. s. Steirischen Kstlerlex. (im Besitz der Techn. Hochschule in Graz). *R.*

Alben, Volguerto van, kaiserl. Kammermaler, malte 1685 die „Stadt Graz" für die Landschaft für den Preis von 150 fl.

Wastler, Handschriftl. Nachtr. z. s. Steirischen Kstlerlex. (im Besitz der Techn. Hochschule in Graz). *R.*

Albenga, Domenico, neapol. Bildhauer, arbeitete um 1667 mit Michelangelo Zaccardo und Fabrizio Candato an den schönen polychromen Marmorverzierungen der Kirche der Certosa di S. Martino.

Napoli Nobilissima XI 118. *G. Degli Azzi.*

Albenga, Giorgio de, Bronzegießer, aus S. Albano bei Mondovì (Piemont) gebürtig. 1586—1595 finden wir ihn zunächst in den Diensten des Herzogs von Mantua, und zwar hauptsächlich als Kanonengießer und als Leiter der Fonderia Ducale zu Mantua. So wird in einem Turiner Inventar-Manuskript über die Ferraresischen Arsenale eine von A. signierte und 1588 datierte Kanone aufgeführt, auf der außerdem der Name des Herzogs Vincenzo von Mantua und Monferrato zu lesen war; jedoch wird A. auch in dieser Zeit bereits als Gießer von Kunstwerken erwähnt, und zwar goß er 1589 die Cherubinfiguren und Festons für ein eisernes Gitter (wahrscheinlich dasjenige des Hauptportales der Zitadelle zu Ferrara), sowie 1590 und 1593 große Kirchenglocken. 1598—1600 erscheint Giorgio A. dann in Ferrara als „Capo bombardiere" des Papstes. 1601 goß er das wohl von ihm selbst modellierte bronzene Reliefbildnis des Papstes Clemens VIII. an der Fassade des Domes zu Ferrara. Zum letzten Male findet er sich 1605 erwähnt. Damals trat der Magistrat von Ferrara mit ihm und mit Giovanni Bologna in Unterhandlungen ein bezüglich einer von dem letzteren zu modellierenden und von A. in Bronze zu gießenden lebensgroßen Statue des inzwischen verstorbenen Papstes Clemens VIII.; A. lehnte jedoch den Auftrag ab, indem er erklärte, für den angebotenen Preis von 3000 Scudi diese Arbeit nicht liefern zu können.

Angelucci, Documenti inediti. — Bertolotti, Art. Subalpini a Roma; Art. Bolognesi a Roma; Figuli etc. alla Corte di Mantova; Art etc. in relazione coi Gonzaga. — Cittadella, Not. relat. a Ferrara. — Champeaux, Dict. des Fondeurs. — Meyer, Kstlerlex.

F. Malaguzzi-Valeri.

Albenga, Giovanni Andrea, 1633 Geschützgießer des Herzogs von Savoyen; vielleicht war dieser Meister ein Sohn des Giorgio Albenga von Ferrara.

Bertolotti, Artisti Subalpini in Roma p. 207. *

Albenga, Tibaldo, Glockengießer in Mantua, vielleicht Bruder des Giorgio Albenga; goß 1582 zwei Glocken für die Gemeinde zu Volta und beaufsichtigte 1591 Gußarbeiten zu Castelcorno.

Bertolotti, Figuli etc. in relaz. con la Corte di Mantova p. 53 *

Albengue, Pierre und Jean, Glockengießer in Lyon und Grenoble, 1726—1745. Bezeichnete Glocke von ihnen in Communay (1732).

Maignien, Les Artistes grenobl. 1887.

H. V.

Albeniz, José, Silberschmied in Zaragoza im 18. Jahrh. Von ihm rührt das Kruzifix her, welches an hohen Festen auf dem Hauptaltar der Kirche S. Miguel de los Navarros in Z. ausgestellt wird.

Viñaza, Adic. II 10. *M. v. B.*

Albeñiz, Laura, span. Malerin, geb. 16. 4. 1890 zu Barcelona, stellte verschiedene ihrer Werke auf der Exposition de la libre esthétique zu Brüssel 1906 aus; ihre ersten Arbeiten sagen der jungen Künstlerin eine glänzende Zukunft voraus. *P. Lafond.*

Alber, Caspar d. J., Freiberger Goldschmied, wird von 1475—1502 mehrfach als Ratsmitglied genannt und war von 1467—89 wiederholt Obermeister der Freiberger Zunft. — Sein Siegel: ein Schild mit einem Greifenkopf, einer Rose und der Umschrift: S. Caspar Olber findet sich noch an einer Urkunde vom 29. 9. 1485 (Freibg. U. 1. 324 u. U. 1, XXXV).

Mitt. des Fbg. Alt.-Ver. H. 31 p. 13.

Hs. Loose.

Alber, Johann Nepomuk, Kupferstecher in Nürnberg, 18. Jahrh., fertigte mittelmäßige Titelkupfer und Landkarten zu S. J. Baumgartens Allgemeiner Welthistorie, Halle 1744 ff.

Meyer, Kstlerlex. ***

Alber, Lukas, Bildschnitzer, gehört mit seiner Frau Barbara vom 17. 12. 1507 bis 1519 der St. Barbarabruderschaft zu Innsbruck an.

A. Sikora.

Alberegno, Jacopo (oder Albaregno), Maler in Venedig, 1397 bereits †, von wenig Bedeutung. Es existiert von ihm in der Academia delle Belle Arti in Venedig ein Triptychon: Christus am Kreuz, mit der Jungfrau und S. Johannes, und an den Seiten die hl. Hieronymus und Augustinus. Bez. „Jacobus Alberegno Pinxit".

Meyer, Kstlerlex. (s. Aberegno). — Selvatico Lazzari, Guida di Venezia 1881, p. 386. — Rassegna d'arte 1903 p. 65, 131. — Archivio Veneto XXXV parte I 1888 p. 70. — Cat. delle R. R. Galleria di Venezia. — L. Venturi, Le Origini della Pittura Veneziana (1907) p. 49. *L. Ferro.*

Alberelli, s. *Albarelli.*

Alberes, Antonio, neapol. Maler, 1686 in der Liste der Malerkorporation in Neapel verzeichnet.

Napoli Nobilissima VII 11. *G. Degli Azzi.*

Alberganti, Alessandro, Zeichner und Maler in Parma, Schüler der R. Accademia di B. A. daselbst unter Benigno Bossi, wurde 1783 für die Komposition: Hektor und Andromache, 1788 für die Bilder: Die Geißel der Pest und Achilles im Styx gebadet, durch Preise ausgezeichnet. Er machte auch die Zeichnung für den von Gugl. Silvestri ausgeführten Stich: Die Taufe Christi.

Scarabelli-Zunti, Mscr. in der Bibl. Palat. zu Parma. *St. Lottici.*

Alberghetti (auch Albergeti), Kanonengießer aus Massa-Fiscaglia. Der Stammvater der bekannten Künstlerfamilie. War in der zweiten Hälfte des 15. Jahrh. in Ferrara tätig, trat 1484 in die Dienste der Stadt Florenz und wurde 1487 vom Herzog von Ferrara zum Leiter seiner Geschützgießerei ernannt. 1497 war er bereits tot.

Angelucci, Doc. ined. — Champeaux, Dict. des Fondeurs. ***

Alberghetti di Dandoli, Alberghetto I, Bronzegießer in Venedig, Sohn des Sigismondo I. und Bruder des Fabio, mit denen er 1524 im Arsenal arbeitete. 1529 wurde festgesetzt, daß er die Stellung seines Vaters nach dessen Tode haben sollte. 1541/42 goß Alberghetto drei schöne Feldschlangen für den Herzog Guidobaldo II. von Urbino, welche sich jetzt im Artilleriemus. in Turin befinden.

P. Paoletti, Archit. e scult. d. Rinasc. in Venezia 1893 II 132, 133. — Champeaux, Dict. des fondeurs (unter Sigismondo A.).

L. Ferro.

Alberghetti, Alberghetto II, venezian. Erzgießer der 2. Hälfte des 16. Jahrh., Sohn des Giulio und Bruder des Giovanni Alberghetti. Über ihn berichtet Giovanni Bologna in einem Briefe an den Sekretär des Großherzogs Ferdinand; auch wird im Archivio Mediceo zu Florenz ein an den Mediceer-Hof gerichtetes Bittgesuch dieses Künstlers aufbewahrt.

Jodoco del Badia, Per le nozze Bellini e Magnani. Firenze 1868. — J. Meyer, Kstlerlex. Leipzig 1872 I 183. — Milanesi, Spogli dell' Archivio Mediceo di Firenze (Handschriftl. Notizen im Archivio di Stato zu Florenz). *

Alberghetti, Alfonso, Bronzegießer aus Ferrara, tätig in Venedig in der 2. Hälfte des 16. Jahrh. Von ihm der eine der beiden schönen Bronzebrunnen im Hofe des Dogenpalastes zu Venedig, innen bezeichnet „Alberghetti 1559", und das bronzene Tintenfaß für den Rat der Zehn (1585). Eine reizvolle Arbeit ist auch die gehenkelte Bronzevase in Kantharosform, über und über ornamentiert mit Delphinen, Füllhörnern etc. mit der Bezeichnung „Alfonso Albergeti Ferrariensis me Fecit Anno Domini MDLXXII" im Museo Artistico Industriale in Rom. Nach Cicognara, Stor. d. scult. befanden sich in der Galeria Costabili zu Ferrara (um 1846) 2 solcher Vasen. Von ihm auch ein Galeerengeschütz im k. Heeresmus. in Wien.

B. Lorenzi, Monumenti per servire a. stor. d. Palazzo Ducale di Venezia (1869) No. 952. — Selvatico e Lazzari, Guida di Venezia 1881, p. 119. — Moschini, Guida di Venezia 1815 I 402. — Rassegna Nazionale, vol. 113 p. 15. — Archivio Stor. Ital. ser. V tom. XV 316 fg. (C. v. Fabriczy, Fonditori fior. a Ragusa). — Cicognara, Stor. d. scult. III 343. — Kunstgewerbeblatt N. F. II 94. — Miscellanea Stor. Ital. ed. dalla R. Deput. Piemont. di Stor. Patr. XXX 16. — R. Deput. Veneta di Stor. Patr. Miscell. ser. IV vol. III 64. — Mitteil. der Zentral-Komm. N. F. X 39. *L. Ferro.*

Alberghetti, Antonio, Bildhauer und Medailleur in Florenz nach Zani (Enc.) um 1626, nach anderen erst in der zweiten Hälfte des 17. Jahrh. in Florenz tätig. Wahrscheinlich gleichfalls zu der bekannten Künstlerfamilie gehörig. Von seinen Werken nichts bekannt.

Bolzenthal, Skizzen z. Kstgesch. d. mod. Medaillenarb. — E. Müntz, Hist. de l'art pendant la Ren. III. — Forrer, Dict. of Med. 1904. ***

Alberghetti, Antonio Orazio, Bildhauer und Bronzegießer am Arsenal in Venedig in der zweiten Hälfte des 17. Jahrh. In der Waffensammlung des Tower in London befindet sich eine reich ziselierte Kanone (die Lafette von zwei Figuren gebildet) mit der Inschrift „Antonius Horatius Alberghetus publ. 1684".

Champeaux, Dict. des Fondeurs. ***

Alberghetti, Carlo (?), Bronzegießer am Arsenal in Venedig, nur bekannt durch zwei mit den Initialen C. A. 1669 und 1671 bezeichnete Kanonen mit dem Wappen Venedigs im Arsenal von Tunis.

Champeaux, Dict. des Fondeurs. ***

Alberghetti, Domenico, Kanonengießer in Florenz, Sohn des Alberghetti, stand (Ende des 15. Jahrh.) im Dienste der Stadt Florenz.

Champeaux, Dict. des Fondeurs (p. 9 unter Albergeti). ***

Alberghetti di Dandoli, Fabio, Bronzegießer in Venedig, Sohn des Sigismondo und Bruder von Alberghetto, mit denen er 1524 im Arsenal arbeitete.

P. Paoletti, Archit. e scult. d. Rinasc. in Venezia 1893 II 132, 133. *L. Ferro.*

Alberghetti, Galeazino, ein bisher unbekannter Stückgießer dieser Familie, bezeichnete ein 12pfündiges Kanonenrohr im Arsenal zu Venedig mit: Galeacino Albergeti me fecit.

W. Boeheim, Meister d. Waffenschmiedekunst, 1897 p. 8. **

Alberghetti, Gian Francesco, renommierter Bronzegießer aus Ferrara in Venedig am Ende des 17. Jahrh. Von ihm ist der Bronzepfeiler, der den Querbalken (Antenna) in der Mitte des Arsenals stützt (bez. J. F. Albergeti 1693) und zwei künstlerische Kandelaber in Bronze in der Kirche S. Giorgio Maggiore mit dem Datum 1698.

Selvatico e Lazzari, Guida di Venezia 1881, 191, 431. — Moschini, Guida di Venezia 1815 II 368. *L. Ferro.*

Alberghetti, Giovanni I, Gießer aus Ferrara in Venedig. Zusammen mit Pier Giovanni dalle Campane goß er nach den Modellen der Lombardi den Bronzealtar mit drei Statuen und einem Sarkophag aus demselben Metall mit der liegenden Figur des Kardinals Zeno in der Mitte der Kapelle gleichen Namens in S. Marco. Das Werk wurde 1505 angefangen und 1515 beendet, zur Zeit als Pietro Lombardo Dombaumeister war.

Selvatico e Lazzari, Guida di Venezia 1881, 93. — Temanza, Vite di architetti e scult. Venez., Venezia 1778, 89. *L. Ferro.*

Alberghetti, Giovanni II (Zuanne), Venezianer Bronzegießer um 1600. Sohn des Giulio A. War an den Arsenalen in Venedig, Florenz und Pisa tätig. Zwei mit seinem Namen bezeichnete Kanonen mit dem Wappen der Medici für den Großherzog Ferdinand I. gegossen, befinden sich im Arsenal von Tunis. Seine Hauptbedeutung liegt aber darin, daß er für Giovanni da Bologna tätig war und außer anderen Werken desselben vor allem die Reiterstatue Cosimos I. auf der Piazza della Signoria in Florenz gegossen hat. Jodoco del Badia (s. u.) wies das zuerst nach und veröffentlichte interessante Dokumente über den schwierigen Guß, der in Giovannis da Bologna Haus in Florenz Ende September 1591 glücklich von statten ging.

Jodoco del Badia, Della Statua di Cosimo I (per le Nozze Bellini e Magnani) Firenze 1868 (s. auch Zahns Jahrb. f. K. W. II 83). — Tanfani, Not. di Artisti Pisani p. 237. — Champeaux, Dict. des Fondeurs. — Meyer, Kstlerlex. . ***

Alberghetti, Giovanni Battista, Bronzegießer am Arsenal in Venedig, Enkel des Sigismondo A. II. Sein bedeutendstes Werk ist die große Prachtkanone, welche zur Erinnerung an den Besuch des Königs von Dänemark in Venedig 1708 im Auftrage des Senats gegoßen wurde. Sie ist jetzt im Vorgarten des Hôtel des Invalides in Paris aufgestellt und trägt die Wappen Friedrichs IV. und der venezianischen Republik mit der Inschrift: „Attento Daniae et Norv. rege paratum, adveniente fusum, conspiciente perfectum s. c. anno salutis MDCCVIII — J. B. Alberghetti opus“. Ein zweites Werk des Künstlers war eine reich verzierte Haubitze, die er nach dem Modell seines Großvaters Sigismondo A. goß, mit der Inschrift: Sigismondi Albergeti inventum. — Io. Baptista nepos perficiebat MDCCI.

Champeaux, Dict. des Fondeurs. ***

Alberghetti, Giulio, venezian. Kanonengießer des 16. Jahrh., von dem eine ausgezeichnete Kanone in Gasperonis Werk über die venetianische Artillerie mit der Bezeichnung: Julii Albergeti opus 1566, abgebildet ist.

Champeaux, Dict. des Fondeurs. ***

Alberghetti, Ranieri. Von Zani, Enc. II um 1600 als Maler in Pisa aufgeführt. ***

Alberghetti di Dandoli, Sigismondo I, Bronzegießer in Venedig. Wurde 4. 3. 1487 von der Republik in Dienst genommen. Zwei mit seinem Namen und der Zahl 1497 bezeichnete schöne Kanonen sind in Gasperonis Werk über die Venezianische Artillerie abgebildet. Am 22. 6. 1500 wurden 15 Stück Geschütze, gegossen von „Sigismondo Albergeto e Alexandro di Leompardi“, am Lido probiert. 1514 war er Gießer im Arsenal und 1524 hatte er 200 Dukaten Gehalt jährlich und 10 Dukaten für jedes Tausend, das er goß. Er arbeitete mit seinen Söhnen Fabio und Alberghetto und erwarb 1524 eine Besitzung in Massa Fiscaglia im Ferraresischen Gebiet, die er 1530 noch besaß.

P. Paoletti, Archit. e scult. d. Rinasc. in Venezia 1893 II 132, 133, 268. — M. Sanudo, Diarii, t. III 414, Venezia 1880. — Archivio Veneto, tom. XXXIV parte I 1887, 208. — Citadella, Not. rel. a Ferrara I. — Angelucci, Doc. ined. — Champeaux, Dict. des Fondeurs. *L. Ferro.*

Alberghetti, Sigismondo II, venezian. Geschützgießer, vermutlich ein direkter Nachkomme des berühmten gleichnamigen Künstlers, machte den Entwurf für eine reichreliefierte Haubitze, die (nach Champeaux, Dict. d. fondeurs) die Inschrift trägt: Sigismondi Albergeti inventum. — Jo. Baptista nepos perficiebat MDCCI. — Das Arsenal von Tunis bewahrt eine Kanone mit dem Markus-Löwen und den Initialen S. A. (1671). Er ist wohl auch der Verfasser des seltenen, durchaus von Kupfertafeln abgezogenen Werkes: Nova Artilleria Venetia Sigismundi Albergeti —. Opus posthumum. (Auf dem Titel zu den Tafeln findet sich: Venetiis MDCCIII. Alberghetti widmete das Werk dem Papste Klemens. Auf dem Titelbl. liest man die verschlungenen Buchstaben S A und Inv.), sowie zweier anderer artilleristischen Werke (s. Cicogna, Bibliogr. Venez. 1847, p. 206 und 207).

Champeaux, Dict. d. fondeurs, Paris 1886 p. 13. **

Alberghetti, Virginio, Bronzegießer in Ragusa. Mitglied der bekannten Gießerfamilie und wahrscheinlich Bruder des Alfonso A. und Sohn des Zuanne A. Seit 1545 Vorstand der Gießerei des Arsenals der venezianischen Republik in Ragusa. Erhielt 1546 Bestellung auf 3 Bombarden, eine ebensolche, 1566 datiert, war bezeichnet Opus Virgini Albergetti. Er war lange in Ragusa tätig und gab 1570 seines hohen Alters wegen sein Amt auf.

C. v. Fabriczy im Archivio Stor. Ital. ser. 5, t. XV, p. 316—319. — Mitteil. der Zentralkomm. N. F. XVII 163. *G. Degli Azzi.*

Alberghi, Pietro Paolo, Maler aus Fornello bei Casale di Monferrato, der längere Zeit in Spanien (Barcelona) gelebt und dort mit seiner Kunst ein Vermögen erworben zu haben scheint. Später in Rom ansässig, wo er am 20. 3. 1584 sein Testament machte.

Bertolotti, Art. Subalpini (ed. 1884) p. 83—85. *

Alberi, Clemente, italien. Maler, geb. 1812 in Ferrara als Sohn des Francesco Alberi. Bildete sich nach dem Vorbilde der bolognesischen Manieristen des 17. Jahrh. Die Engelchöre, mit denen er 1844 die Kuppel von S. Domenico in Bologna schmückte, sind ähnlichen Kompositionen von Guido Reni nachempfunden. Die Accademia di S. Luca in Rom ernannte ihn zum ordentlichen Mitgliede. Er war Professor an der Kunstakademie zu Bologna.

Missirini, Storia della romana accademia di San Luca p. 478. — Baruffaldi, Vite dei pittori e scultori ferraresi p. 483. — La Farfalla (nº. vom 7. Aug. 1844). — Malvasia, Felsina Pittrice, II. Bd. — D. G. Mugnoz, Di un nuova dipinto di Alberi, Bologna 1844. *H.*

Alberi, Francesco, italien. Maler, geb. 3. 3. 1765 zu Rimini als Sohn des Odoardo A., † in Bologna 24. 1. 1836. Er begab sich 1785 nach Rom, um sich durch Corvi zum Maler ausbilden zu lassen. 1790 kehrte er nach Rimini zurück und führte in den Häusern Battaglini, Garampi, Ganganelli u. Spina Malereien in Öl, Tempera und Fresko aus. 1799 zum Zeichenlehrer am Lyceum zu Rimini ernannt, wurde er 1803 als Professor für Malkunst an die Bologneser Akad. berufen und 1806 weiterhin an die Akad. zu Padua, wo er gleichzeitig im erzbischöflichen Palaste malte. 1810 nach Bologna zurückberufen, verblieb er daselbst bis zu seinem Tode. — Aus seiner Jugendzeit ist bemerkenswert ein Altargemälde in der Marienkirche zu Forlì, aus seinen späteren Jahren eine hl. Familie (seinerzeit vom König von Holland angekauft); unter seinen Porträtmalereien ein Bildnis des Papstes Pius VII. Seine Haupttätigkeit jedoch entwickelte der Künstler auf dem Gebiete der klassizistischen Historienmalerei Davidscher Richtung: Sterbende Dido, Tod des Cato, Rhadamistus und Zenobia, Erkennung des jugendlichen Achill (in der Villa Sommariva am Lago di Como) etc. Über seine kunsttheoretischen Schriften vgl. den Universal Catalogue of books on Art (London 1870); auch eine Kunstzeitschrift „Ricreazione“ hat der Künstler herausgegeben.

Meyer, Kstlerlex. — Boni, Biografia degli Artisti. — Moschini, Della Pittura in Padova (1826) p. 127. *H.*

Alberi, Giovanni, Historienmaler, geb. um 1790, machte seine Studien in Rom und trieb seine Kunst mit Beifall in Bologna. Er malte Gemälde für Kirchen und Paläste, Porträts und Genrebilder.

Meyer, Kstlerlex. *R.*

Alberi, Marco, Italien. Zeichner, soll nach Zani (Enc. II) 1722 in Gaeta geboren sein. Nach ihm stach der Marquis von Montmirail sechs Landschaften. Falls Basans Angabe, daß diese Blätter 1733 gestochen seien, richtig ist, müßte A.s Geburtsjahr früher angesetzt werden.

Meyer, Kstlerlex. ***

Alberi, Michele dagli, Maler, Venedig, nur bekannt durch zwei Zeugenaussagen in 2 notariellen Akten im Staatsarchiv in Venedig vom 11. 5. 1470 und 26. 11. 1485 datiert.

P. Paoletti, Archit. e scult. d. Rinasc. in Venezia I 100. *L. Ferro.*

Alberi, Tomaso dagli, Maler in Venedig. Die einzige Notiz über ihn findet sich in dem Testament der Graziosa, Tochter des Holzschnitzers Antonio di Marco, wo am 11. 5. 1470 unter den Zeugen ein „Magistro Michele ab arboribus qm ser Thome pictoris de confinio sancti Juliani“ genannt wird.

P. Paoletti, Archit. e scult. d. Rinasc. in Venezia I 100. *L. Ferro.*

Albericci, s. *Albrizzi* u. *Almericci.*

Alberich, Luis, Goldschmied in Barcelona. Im dort. Innungsarchiv eine Zeichnung von ihm zu einem schönen Medaillon aus dem Jahre 1563.

Davillier, Orfévr. p. 223. *M. v. B.*

Alberich, s. *Albericus.*

Alberici, Augusto, italien. Maler und Kunstsammler, geb. im Sept. 1846 zu Rom, wo er von Toglietti und an der Accademia di S. Luca zum Historien- und Landschaftsmaler ausgebildet wurde. Als seine besten Werke werden genannt: „Julius Cäsars Übergang über den Rubicon“, „Die Schlacht von Crescentino“.

A. De Gubernatis, Diz. d. art. ital. viventi (Roma 1889). *H.*

Alberici, s. *Albrizzi* u. *Almericci.*

Albericus presbyter. Mosaikmaler, St. Denis, 12. Jahrh. Unter den aus St. Denis stammenden Fragmenten von Mosaikmalereien im Musée Cluny, Paris, trägt eins die Bezeichnung: „hoc presbyter Albericus nobile fecit opus". Als Beispiel für die Verwendung von Glasmosaik für Monumentaldekoration, stehen diese Fragmente in den Ländern nördlich der Alpen für diese Zeit einzig da. Wenn auch dem Stile nach die Entstehung des Mosaiks in St. Denis nicht ausgeschlossen ist, so ist doch anzunehmen, daß das Material für die Arbeit aus Venedig bezogen wurde. Die erhaltenen Fragmente zeigen Darstellungen der Monatsbilder und der Madonna mit dem knienden Albericus. *Swarzenski.*

Albericus, Steinmetz, Bologna. Arbeitet 1159 laut Inschrift (Petrus Alberici me fecit cum patre) gemeinsam mit seinem Sohne Petrus (s. das.) eines der Steinkruzifixe in S. Petronio zu Bologna. Die Arbeit zeigt den charakteristischen Stil der lombardischen Plastik des 12. Jahrh.

M. G. Zimmermann, Oberital. Plastik 73. *Swarzenski.*

Albericus, magister lapicida, erhält 1299 eine Zahlung für den Bau des Ohlauer Tores und des Rathauses in Breslau.

Henricus Pauper, Rechnungsbuch der Stadt Breslau, herausg. von Grünhagen in Codex diplom. Silesiae III (1860) 3. *C. Buchwald.*

Albericus (Aubri) von Chalons war ein Geistlicher im Gefolge des Karl von Anjou, dem dieser die oberste Leitung anvertraute, als er beschlossen hatte, auf dem Schlachtfelde bei Benevent, wo Manfred gefallen war, eine Kirche zu erbauen. Urk. vom 24. 7. 1269, bei Schulz, Denkm. d. K. d. Mittelalters in Unterit.II 332. Er ist wohl derselbe Albericus Burgundus, der 1278 die Oberaufsicht über die Bauten am Schlosse zu Brundusium führte; Urkunde ebenda IV 69, vergl. I 299.

Meyer, Kstlerlex.

Albericus de Vaucellis, italien. Schreiber, beendigte 1332 die prächtige Abschrift der Decretalien Georgs IX. in der öffentlichen Bibliothek zu Laon. Am Schlusse des I. Bandes die Notiz: In nomine Domini, amen. Incipiunt Rubrice super Decretales scripte per magistrum dominum Albericum de Vaucellis, anno domini MCCCXXXII in die beati Cosme. Als Autor für die prächtigen Miniaturen in dem Codex kommt er, nach Bradley, nicht in Betracht. — Zwei weitere, durchaus ähnliche Abschriften von seiner Hand, aber ohne seine Bezeichnung und undatiert befinden sich ebenfalls in der Bibliothek von Laon (No. 357, 378, 382).

Bradley, Dict. of miniat. III 363. **

Alberighi, Maestro Angelo. Von Zani, Enc. II als Miniaturmaler um 1655 in Florenz aufgeführt. ***

Alberii, Antonio degli, Bronzegießer in Orvieto; lieferte 1489 für eine von Giacomo Bolognese mit Intarsien geschmückte Tür im Chore des dortigen Domes zwei bronzene Türringe.

L. Fumi, Il Duomo di Orvieto (Roma 1891) p. 278, 299. *

Alberino, Giorgio, Maler von Casale (Piemont), geb. um 1606, Schüler und Gehilfe des Guglielmo Caccia, genannt Moncalvo.

Franc. Negri, G. Alberini pittore (Rivista di storia, arte, archeol. d. provincia di Alessandria anno IV (1895) fasc. 9). **

Alberio, Vitruvio, Maler in Rom, 1585 mit Giulio Cesare Mascarino an der Herstellung der Trauerdekoration für das Leichenbegängnis Papst Gregors XIII. beteiligt.

Bertolotti, Art. Bolognesi in Roma p. 53. *

Alberis, Stefano (di) aus Crema, Maler in Venedig, tätig in der 2. Hälfte des 16. Jahrh. Er wird im Testament seiner Frau Bona am 12. 2. 1587 (nach venezian. Zeitrechnung) erwähnt.

Archivio Veneto, tom. XXXIV parte I 1887 p. 207. *L. Ferro.*

Albermann, Wilh., Denkmalplastiker, geb. 28. 5. 1835 zu Werden a/Ruhr. Trat als Holzbildhauer in Elberfeld in die Lehre, besuchte dann mehrere Jahre die Kunstakad. in Berlin und arbeitete bis zum 30. Jahre unter Leitung des Prof. Fischer und später Hagens. 1865 ging er nach Köln. Hier entfaltet er eine rege künstlerische Tätigkeit. 25 Jahre, 1871—1896, auch Lehrer der Modellierklasse an der gewerblichen Zeichenschule in Köln. Werke: Kriegerdenkmäler zu Elberfeld, Bielefeld, Neuß (1877), Solingen, Kettwig, Burtscheid und Werden a/Ruhr, hier noch die Denkmäler Kaiser Wilh. I., Bismarcks und Moltkes, alle drei auf der Ruhrbrücke aufgestellt, Denkmäler Kaiser Wilh. I. in Hilde, Bismarcks in Freiberg i. S. und Zweibrücken, Moltkes in Krefeld. Baudekorationen, bildnerischer und ornamentaler Schmuck an vielen Privatgebäuden in Köln und an Monumentalbauten, Rathauslaube in Köln, Ständehaus in Düsseldorf, Theater und Rathaus in Barmen, Karyatiden an der Kunsthalle in Düsseldorf. Viele Grabdenkmäler, zahlreiche Porträtbüsten, allegorische Gestalten, Gruppe „Weltpost" auf dem Postgebäude in Hannover. Brunnen für Mühlheim a/Ruhr, Brunnen „Märchen" für Elberfeld, Monumentalbrunnen des Jan von Werth (1883) und Hermann Joseph in Köln, diese beiden seine bedeutendsten Schöpfungen. Ersteres, ganz im Stil der Renaissance, baut sich in drei Hauptteilen auf, in schlanker emporstrebender Form (Kunstchronik 18, 432), Hauptfiguren die Statue des Jan v. Werth, die sitzenden Figuren des Köln.

Bauern und der Jungfrau, drei Kindergestalten auf Delphinen, Relieftafeln: Jans Wegzug und Einzug, Löwenköpfe und Delphine als Wasserspeier, lebendig gegliederte Silhouette von angenehmen Verhältnissen; in Oberkirchener Sandstein ausgeführt. Kaiser Wilhelm-Denkmal für Köln (1890), Brunnenmotiv, langweiliger architektonischer Aufbau mit leichtem plastischen Schmuck, zwei Sockel mit freien allegorischen Figuren auf den Ecken eines großen Bassins. Auch kirchliche und religiöse Plastik, Altäre, Stationsbilder, Madonnen- und Heiligenfiguren.

J. J. Merlo, Köln. Künstler in alter u. neuer Zeit. Hsg. von Ed. Firmenich-Richartz. 2. Aufl. Düsseld. 1905. — Das geistige Deutschland am Ende des 19. Jahrh. Bd. I. Lpz. Berl. 1898. *P. Kühn.*

Albero, Baumeister in Köln, errichtete nach einer alten Urkunde (Mering, Geschichte der Cuniberts- und Apostelkirche in Köln, p. 36) 1219 die Gewölbe der Apostelkirche.

Merlo, Kölner Kstler. 1895. ***

Albero, Schallo, s. *Albert,* gen. Schallo.

Alberola, Francisco, span. Bildhauer, Direktor und Lehrer an der Akad. der schönen Künste von S. Carlos in Valencia, starb 1822. Von ihm eine Statue des S. Jaime und zwei Basreliefs in der Akad. von S. Fernando in Madrid (Nero befiehlt den Tod des Seneca, Jael tötet den Sisara).

Alcahali, Art. Valenc. S. 344. *M. v. B.*

Alberola, Rafael, span. Maler des 19. Jahrh., geb. in Novelda (Prov. Alicante), Schüler der Akad. der schönen Künste zu Madrid und von Federico Ruiz, widmete sich besonders der Aquarellmalerei und zeigte seine Werke auf den Ausstellungen der Gesellschaft der Madrider Aquarellisten seit 1878, ebenso auf verschiedenen öffentlichen Ausstellungen von 1871 ab.

Ossorio y Bernard, Galeria biogr. de artistas españoles del siglo XIX. Madrid 1883/4. — F. M. Tubino, El arte y los artistas contemporaneos españoles, Madrid 1871. *P. Lafond.*

Alberoni, Giovanni Battista, Maler, geb. am Beginn des 18. Jahrh., Schüler des Ferdinando Galli Bibbiena, Mitglied der Bolognesischen Akad. Todesjahr unbekannt. Theater-Perspektive- und Architekturmaler in Fresko zu Bologna, Rovigo, Modena und anderen Städten tätig.

Crespi, Felsina pittrice III Roma 1769 p. 88. — Pitture etc. della citta di Bologna. Bologna 1792 p. 50. — Fr. Bartoli, Le Pitture etc. della città di Rovigo. Venezia 1793 passim. — Meyer, Kstlerlex. — Hofstäter, Nachrichten v. Kunstsachen in Italien II 436. *Ernst Diez.*

Albers, A., Landschaftsmaler in London, stellte 1819 in der Roy. Academy das Gemälde: Mont Blanc und der Genfer See, ferner noch eine nicht näher bezeichnete Landschaft aus. — Vermutlich identisch mit dem Folgenden.

Graves, Roy. Acad. Exh. I 17. **

Albers, Anton, der ält., Landschaftsmaler, wurde als Sohn eines begüterten Kaufmanns, des Ältermanns Joh. Christian A. 1765 zu Bremen geboren. Anfänglich im Kaufmannsberufe gebildet und tätig, wandte er sich später der Malerei zu, die er autodidaktisch erlernt hatte. Längere Zeit lebte er in Paris und bereiste die Niederlande, England, Spanien und Italien bis er sich 1816 in Lausanne niederließ. Dort starb er 1844. — Seine Gemälde, zumeist Landschaftsveduten aus Italien und der Schweiz mit figürlicher Staffage, befinden sich in ihrer Mehrzahl in bremischem Privatbesitz. — In der Kunsthalle in Bremen eine italien. Landschaft vom Jahre 1842. — In der Samml. des Fürsten v. Hohenzollern-Hechingen zu Löwenberg 2 Gemälde. — Im Herzogl. Braunschweig. Schlosse zu Blankenburg eine große italien. Landschaft mit einem See im Hintergrunde.

Hurm, Beschreib. Verzeichnis der Gemälde d. Kunstvereins zu Bremen, 1892. 3. — Meyers Kstlerlex. I 184. *Pauli.*

Albers, Anton, der jüng., Maler u. Holzschneider, entfernter Verwandter des Vorigen. Geb. 23. 11. 1877 als Sohn eines Kaufmannes zu Bremen. Von 1897 an besuchte er die Akad. zu Karlsruhe, wo er als Schüler Schönlebers arbeitete. Später hielt er sich eine Zeitlang in Paris auf. Gegenwärtig lebt er in Rönnebeck an der Weser. Außer einigen Gemälden (Landschaften und Bildnissen) hat er vortreffliche Farbenholzschnitte geschaffen, von denen zwei („Frau an der Nähmaschine" und „Die Rhede") im Bd. XXV der graphischen Künste nebst einem kurzen Artikel abgedruckt wurden. *Pauli.*

Albersdorf, Johann, Goldarbeiter „bei Ihro Durchlaucht dem Herrn Deutschmeister" Breslau 1703.

E. Hintze, Die Breslauer Goldschm. S. 37. *E. Hintze.*

Albert, Abt des Klosters Gembloux in Belgien, erwählt 1012, soll sich als Architekt bei der Wiederherstellung der Abteikirche und auch als Goldschmied betätigt haben.

Jul. Helbig, L'Art mosan, p. 31. **

Albert, Architekt, Salzburg, 12. Jahrh. In einem Salzburger Nekrolog ist der Tod des A. unter dem 28. 2. — ohne Angabe des Jahres — verzeichnet, und zwar von einer Hand des 12. Jahrh. Er wird hier bezeichnet als Laienbruder und zugleich wohl als seine Hauptleistung der Bau einer Wasserleitung durch einen Berg hindurch gerühmt. Der Eintrag lautet: Albertus co. et fr. n. qui fecit aqueductum per montem.

Necrologia Germaniae II, 1. Dioec. Salisburg, p. 110. *Swarzenski.*

Albert. Meister Albert und Peter nennen Chroniken aus dem Jahre 1271 zwei lombardische Künstler, welche um jene Zeit nach Ungarn berufen wurden, um das Grabmal der hl. Margarethe, Tochter des Königs

Béla IV. von Ungarn, auf der zwischen Pest und Ofen befindlichen Margaretheninsel auszuführen. Das Grabmal, welches jedenfalls ein sehr hervorragendes Kunstwerk gewesen sein muß, bestand aus rotem Marmor, einzelne Teile desselben, wie Statuen und Reliefs, welche das Leben und die Wunder der hl. Prinzessin darstellten, scheinen aus weißem Marmor gewesen zu sein.

Ipolyi in Magyar akadémiai évkönyvek (Jahrbücher der ungarischen Akademie) Band X, 13. Stück p. 62. — Meyer, Künstlerlex. *

Albert, Maler im Kämmereibuch von Lübeck 1316/38 erwähnt.

Mithoff, Mittelalt. Kstler. u. Werkm. Nieders. u. Westf. 1885. ***

Albert, Meister, Baumeister in Deutschland im 15. Jahrh. Ein Magister Albertus Lapicida nennt sich unter der Inschrift, die den Baubeginn der Stiftskirche zu Römhild angibt. Die Inschrift, über dem westl. Haupteingang der Kirche, besagt: „Anno Domini MCCCCL... inchoatum est istud Collegium et structura in honorem gloriose Virginis Marie atque Johannis Baptiste. Magister Albertus Lapicida." Meister Albert mag darnach die keineswegs gewöhnliche Kirche, eine Stiftung des Grafen Georg I. von Henneberg und seiner Gemahlin Johannet von Nassau gebaut haben. Der Bau wurde 1470 vollendet.

Döbner, Die Kirche zu Römhild etc. — Anzgr. f. Kunde d. deutschen Vorzt. XVII, 1870, 161 ff., 199 ff., 229 ff., 268 ff. *Kautzsch.*

Albert, Maler, Kanonikus zu Sekkau, † 1. 1. 1472.

Wastler, Handschriftl. Nachtr. z. s. Steirischen Kstlerlex. (im Besitz der Techn. Hochschule in Graz). *R.*

Albert, Zinngießer in Hamburg, arbeitet 1474 Kleinodiengefäße usw. *E. Benezé.*

Albert, Meister, rheinischer Maler, malte 1523 ein Bild der Madonna und zweier Engel für die Kirche in Friemersheim.

Kunstdenkm. der Rheinprov. I 270. ***

Albert (le frère), Kapuziner, kam 1597 nach Bar-le-Duc. Von ihm das Gemälde, das die Kapelle du Tiers-Ordre der Kapuzinerkirche von Bar-le-Duc schmückte.

Réunion des Sociétés des Beaux-Arts des Départements, t. XXIII. *H. Longnon.*

Albert, Maler, arbeitete um 1754 im Lustschlosse Rheinsberg des Prinzen Heinrich von Preußen.

Hennert, Beschreibung des Schlosses. Berlin 1778 p. 29. ***

Albert, französ. Bildhauer, war von 1768 bis 1774 bei den Arbeiten beschäftigt, die in Paris im Hôtel de Lassay und im Palais Bourbon auf Befehl des Prinzen v. Condé unternommen wurden. Er restaurierte 10 Kindergruppen, die auf der Dach-Balustrade des Palais Bourbon aufgestellt waren; 2 solche Gruppen fertigte er neu; die eine stellte die „Ruhe nach der Jagd", die andere „Ruhe des Mars" dar. Er schuf unter Mitarbeit seines Genossen V. Auger, für die Fassade desselben Palais Wappen, Trophäen, Sphinxe, und in der Kapelle ein Flachrelief, das den hl. Ludwig, das Kreuz anbetend, darstellte. Ebenso erbaute er mit Auger in den Gärten der Petits-Appartements einen Pavillon, der mit dem Namen Freundschaftstempel bezeichnet wurde.

Macon, Les arts dans la maison de Condé, 126, 128, 130. *Lami.*

Albert, französ. Bildhauer in Marseille. wurde 1788 Mitglied der städt. Akad. für Malerei und Bildhauerei.

Réun. des Soc. des b.-a. IX 150. *Lami.*

Albert, Prinz v. Braunschweig (1725—1745), gefallen bei Soor. Sohn des Herzogs Ferdinand Albrecht II., hat sich als Stecherdilettant betätigt und ist als solcher durch eine Radierung „Landschaft mit kl. Schloß am Wasser", sign. „Albrecht Dux B. et L. fecit 1737" erwähnenswert. Das Blatt ist auf weißes und braunes Papier gedruckt, von letzteren existieren weiß gehöhte Abzüge. Nach Steinacker scheint er auch der Urheber einer Ansicht des Schlosses Salder gewesen zu sein, die Vasel Prinz Ferdinand Albrecht I. zuschreibt.

Braunschw. Magazin Bd. X 1904 p. 51. — K. Steinacker, Die Graph. Kste. in Braunschw. u. Wolfenb. (Braunschw. Jahrb. 1906). *Hs. Loose.*

Albert, Prinz von Sachsen-Koburg, Gemahl der Königin Victoria von England, geb. 1819, † 1861, als Dilettant Dichter, Maler und Komponist. Die Königin Viktoria radierte nach seiner Zeichnung eine „Nonne mit Rosenkranz" (1841) und ein Studienblatt mit Ritterkampf und zwei Köpfen (1840).

Meyer, Kstlerlex. ***

Albert Kasimir, Herzog von Sachsen-Teschen, Sohn des Königs August III. von Polen, geb. 11. 7. 1738 zu Moritzburg bei Dresden, † 1822 zu Wien, ist der Gründer der berühmten Handzeichnungs- und Kupferstichsammlung zu Wien, die unter dem Namen der Albertina allgemein bekannt ist. Er versuchte sich auch selbst in der Kunst. Nach ihm wurden gestochen:

1. Prinz Moriz von Isenburg, Oberstleutnant in kursächsischen Diensten. Pr.: Albert del. ad vivum. 1763. C. F. Holzmann sc. 8. 2. Ein Pole mit einem Stock. Karikatur. Nach einer Skizze gest. von C. F. Boetius. 1768. gr. 8. 3. Ulysse enlevant le fils d'Andromaque. Nach dem Gemälde Calabresses zu Preßburg. Albert Prince de Saxe Teschen del. J. L. Schmutzer sc. 1778. Fol.

Meyer, Kstlerlex. **

Albert, s. auch *Alberto* u. *Albertus.*

Albert, Alfred, Schauspieler am Théâtre de l'Ambigu in Paris. Stach (um 1833) einige Vignetten und war 1856—1876 Kostümzeichner an der Oper.

Béraldi, Les Grav. du XIX. s. — Richesses d'art: Paris, Monum. civ. I. ***

Albert, A z., französ. Radierer in Punktier-Manier, arbeitete 1824 in Paris.

Le Blanc, Manuel. *J. Guibert.*

Albert von Brüssel (Alberto de Brucelles), vlämischer Teppichwirker in Italien, erhielt 1551 gleichzeitig mit einigen anderen vlämischen Arazzieri vom Dogen Ottaviano Grimaldi ein Privileg auf zehn Jahre zur Eröffnung einer Arazzi-Werkstatt in Genua; jedoch scheint A. ebenso wie die übrigen in den betr. Urkunden genannten vlämischen Künstler von jenem Privileg keinen Gebrauch gemacht zu haben.

Alizeri, Not. dei Prof. del Dis. in Liguria II 491, nota †; 492. *

Albert, C. G., der hervorragendste Vertreter der Vogel- und Geflügelmalerei an der Fürstenberger Porzellanmanufaktur, nachweisbar 1768—1772. Arbeiten von ihm, meist auch nach seinen eigenen Entwürfen, im herzogl. Mus. zu Braunschweig und im kgl. Mus. zu Kassel. *Chr. Scherer.*

Albert, Charles, in Wirklichkeit: *Charles,* Albert, Maler, geb. in Brüssel 1821, † daselbst 1889. Er nahm lebhaften Anteil an der Bewegung der 70er Jahre für Wiedererweckung alter Industrien (besonders unter dem Einfluß der Werke von Leys). A. hatte sich bei Brüssel in Boitsfort ein „Castel" im Stile des 16. Jahrh. erbaut, dessen Möbel und Dekoration nach alten Vorbildern imitiert und dessen Teppiche, durch Malerei hergestellt waren. Diese Mode war sehr stark, dauerte aber nicht lange. Auch die Arbeiten A.s sind heute vergessen, nur eine Bronzebüste im Musée des Arts décor. in Brüssel erinnert noch an ihn.

Fêtes Nationales de 1880: Exposition de Charles Albert, artiste décorateur; Notice explicative, Bruxelles 1880. — H. Hymans, Belgische Kunst des 19. Jahrh. Leipzig 1906 p. 244. *H. H.*

Albert vonme Crane aus Soest, Maler seit 1353 in Lübeck. 1354 als civis Susatensis dort erwähnt. Seine Bürgermatrikel ist 1355/56 ausgestellt, ihm gehörte in Lübeck das Haus Breitenstraße 808; 1359 war er verstorben.

Goldschmidt: Lübecker Malerei u. Plastik bis 1530. Leipzig 1889. *Firmenich-Richartz.*

Albert, Friedrich Wilhelm Ferdinand Theodor, Landschaftsmaler und Lithograph, geb. 28. 6. 1822 zu Magdeburg. Schüler der kgl. Akad. zu Berlin 1841—46, wandte er sich dem Landschaftsfache zu. 1853 bis 1855 Studienreise nach Rügen, an den Rhein und in die Taunusbäder. Seit 1856 selbständig tätig als Aquarellist und vor allem als Lithograph, der seine Spezialität in mehrfarbigem Steindruck ausbildete. S. „Die ländlichen Wohnsitze, Schlösser etc. in der preuß. Monarchie", herausg. von Alexander Duncker in Berlin. Seine Original-Aquarelle sind in Privatbesitz zerstreut.

Meyer, Kstlerlex. *Hans Mackowsky.*

Albert le Grand, Goldschmied und Emailleur in Paris, führte 1416 für den Herzog von Orléans einen goldenen mit Email, Smaragden und Rubinen verzierten Kelch aus, der als hervorragende Arbeit gerühmt wird.

Bérard, Dict. biogr. ***

Albert der Große, s. *Albertus Magnus.*

Albert, Gustaf, schwed. Maler, geb. 30. 10. 1866 in Eskilstuna, † in Paris 1905. Studierte an der Kunstschule in Göteborg 1887, hielt sich 1887—90 in New York auf und war von 1891 an in Paris oder auf dem Land in Frankreich ansässig. Malte Landschaftsstimmungen, meist von der Bretagne und vom Oise-Tal: Landschaft mit Schafen (Göteborg, Mus.), Gargilesse (1897, vom französ. Staat gekauft), Nacht an der Küste (1900), Ansicht vom Oise-Tal (1904, Nationalmus. in Stockholm). *G. Nordensvan.*

Albert, Heinrich, Miniatur- und Bildnismaler in Dresden, wurde zu Dresden (nach N. Zusätze zu Füssli 1824) im Jahre 1768, (nach Kläbe, Neuestes gelehrtes Dresden, Leipzig 1796) im Jahre 1766 geboren. Er studierte zuerst bei Schenau, dann bei Casanova und war vorzüglich mit Miniaturmalerei beschäftigt. Von seinen Bildern werden genannt: Saturn, wie er dem Amor die Flügel beschneidet, und eine neben Cupido liegende Danae. Dann die Bildnisse des kgl. sächs. Hofkupferstechers Raspe und des Russen Sobolew. Er starb 1820.

Meyer, Kstlerlex. — Meusel, Miscellaneen III. *R. Bruck.*

Albert (Alberth, Albrecht), Johann Franz, Silberarbeiter-Geselle (als solcher kommt er bloß mit dem Vornamen Franz vor), dann Silberarbeiter und Silberstecher, geb. zu Brünn, vier Jahre Geselle des Anton (Ignaz) Anderle, dessen Tochter er später heiratete, suchte hier 1742 und 1752 um das Bürger- und Meisterrecht an und wurde auch Meister. 1753 (13. 1.) wird von ihm ausgesagt, daß er „mit arbeyten überhäufet" sei, 1765 daß er aus Mangel an Verdienst nebst vier anderen Goldschmieden „seit einer Zeit von 5 Jahren" dermaßen in Verfall geriet, daß er mit Hinterlassung von Schulden anderwärts seine Nahrung als Geselle zu suchen bemüßigt war. In Wirklichkeit muß sein Abgang früher erfolgt sein, da wir an anderer Stelle von ihm hören, daß er schon um 1756 nach Breslau übersiedelte und hier „zierlich getriebene Arbeiten" fertigte. Hier erwarb er 14. 2. 1757 das Bürgerrecht, warb 27. 9. 1765 in das Goldschmiedemittel ein und wurde, da er in Brünn bereits Meister gewesen ist, ohne nochmalige Anfertigung des Meisterstückes nach Erlegung der üblichen 100 fl. Rezeptionsgebühr sofort aufgenommen. In der Meisterliste von 1778 wird er zum letzten Male erwähnt.

C. Schirek, Mitteil. des Mähr. Gew.-Mus. in Brünn 1898 p. 157. — E. Hintze, Die

Breslauer Goldschmiede 1906 p. 37. — K. k. Statthalterei-Archiv Brünn, Faszikel A 35 und S 189. *—k.*

Albert, Pierre, französ. Bildhauer, verheiratete sich 1743 zu Grenoble; 1750 verließ er die Stadt und ließ sich in Bellay nieder.

Maignien, Les artistes grenobl. 9. *Lami.*

Albert, Rafael, span. Maler des 19. Jahrh., geb. zu Agullent (Prov. Valencia), Schüler der Akad. San Carlos in Valencia, stellte zum ersten Male 1884 auf der Madrider Ausstellung ein Gemälde aus: See und Fischer.

Alcahali, Dicc. biogr. de artistas valencianos, Valencia 1897. *P. Lafond.*

Albert, genannt Schallo, Steinmetz in Köln, 1285—1336 urkundlich erwähnt. Über die glänzende Stellung, die dieser Albertus oder Albero Schallo eingenommen haben soll und seine angeblichen Beziehungen zur Adelsfamilie Schall v. Bell (A. Fahne, Diplomat. Beiträge z. Gesch. d. Baum. des Kölner Domes etc.) siehe Merlo, Köln. Kstler. 1895, p. 754, wo Richtigstellung dieser Irrtümer erfolgt. ***

Albert von Soest, Bildhauer und Bildschnitzer in Lüneburg. Sein Geburtsjahr und Geburtsort sind unbekannt. Er ist nur von 1567 bis zu seinem Tode, der zwischen 1587 und 1590 fällt, ununterbrochen in Lüneburg nachzuweisen. Vorher muß er dort oder in Nordwestdeutschland seine Lehrjahre durchgemacht haben. Seine Hauptarbeit, die sich 1567—1584 hinzog, bilden die reichen figürlichen und ornamentalen Holzschnitzereien im Sitzungszimmer des Rathauses. Die eigentliche Wandtäfelung ist von Gertt Suttmeier, der sog. Ratsstuhl, eine lange Bank an den beiden Wangen mit bibl. und allegor. Schnitzereien verziert, von Suttmeier und A. v. S. gemeinsam. Der bildhauerische Schmuck der Türen rührt aber von letzterem allein her. An den Pilastern derselben stehen allegor. und ornamentale Figuren, wie die Zeit sie liebte, oben drüber befinden sich in reicher Umrahmung Reliefs mit bibl. und histor. Darstellgn., nämlich das Jüngste Gericht, das Opfer Noahs, Titus Manlius Torquatus läßt seinen Sohn hinrichten, die Großmut Scipios, der Opfertod des Marcus Curtius und der Martertod des Regulus. Auf einigen sind die Figuren fast frei geschnitzt, andere sind flach gehalten. Die verschiedenen Bezeichnungen und Datierungen werden durch zahlreiche Zahlungseintragungen in den Kämmereibüch. des Rates ergänzt, so daß sich die Vollendung der Türen in der Reihenfolge der obengenannten Darstellungen ergibt. Die Erhaltung der Schnitzereien ist vortrefflich.

Andere Arbeiten in Holz sind bisher nicht sicher nachgewiesen. Die im Besitz von Laporte-Hannover befindlichen Stücke stammen wohl aus Lüneburg, aber nicht von der Hand des A. v. S., ebenso schwerlich die Täfelung aus dem Hause Neue Sülze 27, jetzt im Mus. für Kunst und Gewerbe in Hamburg. Sie ist bis auf die einfachen Friese durchaus die Arbeit eines Tischlers, während A. v. S. Bildhauer war.

Eine größere Anzahl von teilweise umfangreichen Sandsteinepitaphien, mehrere bezeichnet, befindet sich in der Johanniskirche in Lüneburg, in der Michaeliskirche ebendort, im Dom zu Bardowiek, in der Stadtkirche zu Celle und im Kloster Wienhausen. Weiter verbreitet sind farbig bemalte Papierreliefs, die bildartig gerahmt als Zimmerschmuck und dergl. dienten. Es sind in ganz flacher Arbeit Christusköpfe, bibl. Szenen und Porträts der bekannten Führer der Reformation, mit Rahmen ziemlich übereinstimmend etwa 50×60 cm groß. Die einzelnen Darstellungen kommen in mehreren Exemplaren vor, die nur in der Bemalung voneinander abweichen. Die Herstellung erfolgte aus Hohlformen. Das hölzerne Modell zu einer solchen besitzt das Mus. in Schwerin in dem Porträt Luthers, ein aus einer Abformung desselben hergestelltes Papierrelief das Nordische Mus. in Kopenhagen. Die meisten sind Eigentum des Mus. in Lüneburg. Ebendort auch eine Reihe von Ofenkacheln, zu denen A. v. S. wahrscheinlich das Modell lieferte.

A. ist in der sauberen Ausführung und dem Formenreichtum seiner Arbeiten bewundernswert, aber seine künstlerische Begabung ist schwach. Ihm fehlt die eigene schöpferische Kraft. Für die meisten figürlichen Kompositionen sind fremde Vorbilder nachgewiesen. Seine Ornamentik ist, allgemein betrachtet, eine merkwürdige Mischung von Früh- und Spätrenaissancemotiven zu einer Zeit, wo jene anderswo verschwunden sind; im einzelnen finden sich Einflüsse von den verschiedensten Seiten und wie bei seinen szenischen Arbeiten zahlreiche direkte Entlehnungen. Stilistisch heterogene Formen werden ohne Bedenken nebeneinandergestellt. Die größeren Kompositionen sind im Aufbau und in den Verhältnissen überladen und unklar. Erscheinungen, die bei den Holzschnitzereien schärfer hervortreten als bei den Epitaphien. Eine künstlerische Entwickelung ist nicht zu konstatieren.

W. Behncke: Albert von Soest. Ein Kunsthandwerker des 16. Jahrh. in Lüneburg, Straßburg 1901. Heitz und Mündel (Studien zur deutschen Kstgesch., Heft 28). *Behncke.*

Albert von Straßburg (Albertus Argentinus), Mönch und Architekt, eine nicht urkundlich nachweisbare, sondern nur durch die Tradition der Bauhütten bekannte Persönlichkeit. Er soll um 1250 tätig gewesen sein.

Gérard, Les art. de l'Alsael I 154—63, 195, 216, 234. **

Albert, Wenzeslaus, Maler in München, vielleicht identisch mit J. Wenzelaus

Albrecht aus Plan in Böhmen, der 1770 Mitglied der Münchener Kunstakad. war.

Lipowsky, Bayer. Kstlerlex. — Dlabacz, Böhm. Kstlerlex. — Die Kstdenkm. d. Kgr. Bayern I 718. **

Albert-Durade, (Alexandre-Louis) François d', Schweizer Maler, geb. 2. 12. 1804 in Lausanne, heiratete 1834 die Blumenmalerin Julie Covelle und lebte ungefähr seit 1853 in Genf, wo er 27. 6. 1886 starb. A.-D. studierte zuerst Theologie, trat aber dann als Schüler in das Atelier des Malers Jos. Hornung ein. Er malte zuerst Szenen aus der Geschichte Genfs und Porträts, widmete sich aber später besonders der Darstellung des alten Genf.

Brun, Schweizer Kstlerlex. ***

Albert-Durade, Julie d', geb. Covelle, Schweizer Blumenmalerein, heiratete 23. 1. 1834 den Schweizer Maler François d'A.-D. und stellte auf Schweizer Ausstellungen gute Blumenstücke aus.

Brun, Schweizer Kstlerlex. ***

Albert-Lefeuvre, Louis Etienne Marie, französ. Bildhauer, geb. in Paris, Schüler von Dumont und von Falguière, stellte zuerst 1875 im Salon aus. 1875 erhielt er eine II. Medaille u. 1878 eine III. Medaille. 1881 wurde er Ritter der Ehrenlegion. Seine bekanntesten Werke sind: „Jeanne d'arc enfant", Marmorstatue im Mus. von Sens (1875); „L'Adolescence", Marmorstatue im Mus. zu Montpellier (1876); „Après le travail", Gruppe im Mus. zu Perpignan (1878); „Joseph Bara", Bronzestatue 1881 in Palaiseau (Seine-et-Oise) errichtet; „Le pain", Marmorgruppe zu Parthenay (Deux-Sèvres) (1886); „Armand Carrel", Statue in Rouen (1886); „Au Paturage", Gruppe in den Schlachthäusern von La Villette zu Paris (1889); „L'amiral Jacob", Statue in Livry (Seine); „Corneille", Marmorstatue im Odéon-Theater zu Paris (1895); „La Muse des bois", Marmorstatue im Mus. zu Nantes (1896); „Les Sylphes", ein dekoratives Flach-Relief in Sandstein (1898); „La Vérité et la Fantaisie", Ziergiebel in Stein an der großen inneren Pforte des kleinen Palais in den Champs-Elysées; „Paul-Louis Courrier" und der „Maréchal de Boucicaut" im Hôtel de ville von Tours (1901); „L'ouvrier et son oeuvre", Gipsgruppe (1904).

Bellier-Auvray, Dict. gén. — Kat. d. Salons. — Notizen vom Künstler. *Lami.*

Albertaccio da Firenze, Bildschnitzer u. Intarsiator in Pisa, arbeitete 1470 mit Antonio di Leonardo da Bologna als Gehilfe des Maestro Francesco di Giovanni da Firenze (gen. il Francione) am Chorgestühl des Domes zu Pisa, das im nächstfolgenden Jahre vollendet wurde, nachdem es von dem 1462 verstorbenen Maestro Leonardo di Checco de' Marti da Lucca begonnen worden war.

Arch. stor. d. Arte ital. VI 161. *

Albertal, (Alberthal[er]), Johann, Baumeister u. Bildhauer, geb. in Treffen in Krain, Erbaute von 1610 an die Jesuitenkirche in Dillingen und 1627 den Portaltrakt des Schlosses in Sigmaringen. Vor 1630 ging er nach Kroatien und wurde Bürger von Agram. 1630 bis 1647 war er mit dem Wiederaufbau des dortigen Domes beschäftigt. Laut erhaltenen Verträgen stellte er 1630—1632 die vom Blitz getroffene Wölbung des Sanktuariums und Presbyteriums wieder her, erbaute 1633—1643 den durch eine Belagerung zerstörten Turm vom 5.—8. Stockwerk, und restaurierte 1647 den Chor. Auch die Zeichnung zu dem jetzigen schönen Hauptportal des Domes rührt von A. her. 1655 wird er in den Stadtprotokollen noch als Untertan des Klosters von Sittich in Krain erwähnt.

Kukuljevic, Slovnik umjetnikah jugoslavenskih. — Brun, Schweizer Kstlerlex. (mit weiterer Lit.). ***

Albertazzi, Girolamo, italien. Bildhauer, 1605 mit Ambrogio Zarron (vom Luganer See) am Bau der Chiesa dei Canonici Lateranensi zu Bologna beschäftigt.

F. Malaguzzi-Valeri, L'Archit. a Bologna nel Rinasc. p. 219. *F. Malaguzzi-Valeri.*

Alberthal(er), Joh., s. *Albertal.*

Alberthal, Josephine, Zeichnerin vom Anfang des 19. Jahrh. in Berlin. Nach ihr stach Ludw. Buchhorn das Porträt des Philologen G. L. Spalding (1762—1811).

Meyer, Kstlerlex. ***

Alberti, Strassburger Goldschmied, tätig 1763—1780. Von ihm ein vergold. Löffel in der Silberkammer in Wien und eine silberne Kasserole in der Silberkammer in München.

Rosenberg, Goldschm. Merkz. *Seyboth.*

Alberti, Achille, bekannter Mailänder Bildhauer der Gegenwart, geb. in Mailand im März 1860, Schüler der Kunstakad. der Brera, dann vielfach auf Ausstellungen, auch in München, Wien, Paris, durch Ehrenpreise ausgezeichnet. Von seinen Werken, meist Bronzen in realistischer, lebensvoller Auffassung, sind besonders zu nennen: Le odi di Pindaro (Pindar besingt die Sieger, Relief, sehr malerisch gehalten, im Gipsabguß ausgestellt auf der Münch. Ausst. 1892); L'ignavia („Der Träge", nach Dante, Inf. IV, Bronze, auf der Wiener III. Internat. Ausst. 1894 mit der kleinen Medaille ausgez.); Emanuele Filiberto di Savoia; L'ilota; das Grabmonument der Familie Bruzzesi auf dem großen Friedhofe in Mailand: eine Bronzestatue „La Bassesse" (Pariser Weltausstellg. 1900) und die Grabfigur eines zum Kampfe antretenden Gladiatoren, die bei ihrer Ausstellung in Mailand 1901 Aufsehen erregte. Von öffentlichen Monumentalarbeiten A.s sind zu erwähnen: Das Denkmal für Antonio Quaglino auf dem Mailänder Cimitero Monumentale, dasjenige für Alessandro Rossi in Schio, die Marmorstatue Gregors des Großen in S. Gregorio zu Mailand und die Kolossalbüste des Königs Umberto I. in Monza.

A. de Gubernatis, Diz. d. artisti viv. Suppl. — Kunst für Alle 1901 p. 367. — Mareschotti im Emporium 1904 November. — Natura ed Arte I 2, 312 ff. *F. H.*

Alberti, Alberto, italien. Architekt, Ingenieur und Bildhauer. Nach Coleschi geb. 1526 als Sohn des Giovanni di Giuliano di Alberto A., † in Rom am 2. 6. 1599 (nach anderer Version geb. um 1525 in Borgo Sansepolcro [?] als ältester Sohn des 1553 verstorbenen Metallgießers Giovanni di Berto u. † in Rom am 1. 11. 1598). A. war zunächst hauptsächlich als Festungsbaumeister für die Medici in Florenz tätig, so 1548 für Cosimo I. u. auch fernerhin für den florentinischen Staat bis um 1563. In letzterem Jahre entwarf er dann das Hauptportal für die Kirche Madonna delle Grazie in Borgo San Sepolcro. 1564—1586 war er in Rom beschäftigt, und zwar mit Arbeiten für die Medici, sowie für die Kardinäle Buoncompagni und Di San Sisto. Er leitete dort den Bau der Villa Medici auf dem Monte Pincio und machte für diese Villa den Fassadenentwurf, der irrtümlicherweise gewöhnlich dem Michelangelo zugeschrieben wird. Dieser Bau besteht aus einem erhöhten Mittelteile mit eigentümlichen turmartigen Aufsätzen und aus zwei etwas niedrigeren Seitenteilen; er stellt sich dar als ein Mittelding zwischen Villenanlage und fürstlichem Palazzo und ist noch im echten Renaissancegeiste durchgeführt. Höchst elegant und von exquisitem Geschmacke ist die nach dem Piazzale der Villa zu gelegene Rückfront der Villa: Zu ebener Erde ein Portikus mit einem Bogen in der Mitte; unter diesem Portikus in vornehmer Verteilung eine Anzahl antiker Statuen und Gruppen; über ihm, in symmetrischer Verteilung in die Mauerwände eingesetzt, eine Anzahl altrömischer Reliefs, die der Anmut der architektonischen Linienführung keinerlei Abbruch leisten, sondern diese letztere sogar höchst harmonisch betonen und ergänzen. Obwohl diese prächtige Rückfassade der Villa erst in dieser späteren Zeit entstanden ist, steht sie doch den köstlichen Bauschöpfungen vom Anfange des römischen Cinquecento in keiner Weise nach. — In Borgo San Sepolcro lieferte der Künstler am 5. 5. 1587 Pläne für das Kloster S. Chiara und am 4. 7. 1589 für die Kirche und das Kloster S. Bartolommeo. Am 26. 6. 1594 lieferte er Pläne und Zeichnungen für das Kloster S. Lorenzo in S. Sepolcro. Am 18. 7. 1594 erhielt er von den Prioren von S. Maria delle Laudi den Auftrag, einen Entwurf für die dem Palazzo municipale zugewandte monumentale Loggia zu fertigen (jetzt Palazzo Franceschi-Marini). Für den Bau, der auch Antonio Cantagallina zugeschrieben worden ist, wurden A. 2000 Scudi bezahlt (nach einem libro di ricordi, das bis vor kurzem noch im Besitz der Familie Alberti war). Für S. Petronio in Bologna fertigte A. einen Fassadenentwurf, der an Raffaels Fassadenentwurf für S. Lorenzo in Florenz erinnerte, und dem unter allen eingesandten Entwürfen das höchste Lob gespendet wurde. Auch als Holzschnitzer ist Alberto Alberti tätig gewesen, und zwar sind aus seinen Händen kunstvoll in Nußbaumholz geschnitzte Möbel, Gesimse, Bettstätten, sowie Truhen mit ornamentalen und figürlichen Schnitzereien hervorgegangen. Gualandi zählt eine ganze Reihe solcher Möbelschnitzwerke Albertos auf, mit denen des Künstlers Bruder Girolamo Alberti in Venedig Handel trieb. Als Bildschnitzer war Alberto auch 1554 von Vasari im Namen der Werkführer des Bistums von Arezzo aufgefordert worden, das Chorgestühl für den dortigen Dom auszuführen. Aber von allen derartigen Holzarbeiten läßt sich heute nichts mehr mit Sicherheit dem Alberto zuschreiben. Ein Bildnis des Künstlers befindet sich in Borgo San Sepolcro in einem Hause, das noch heute Eigentum der Familie Alberti ist.

Gualandi, Mem. orig. ital. VI 50—61 (Reichliches Notizenmaterial aus Dokumenten und eigenhändigen Briefen des Alb. Alb. und seiner Nachkommen, sowie auch ein vollständiges Verzeichnis der Werke des Meisters von 1548—1593). — Coleschi, Storia di Sansepolcro 1886. *A. Muñoz.*

Alberti, Alberto d. j., s. Schluß des Artikels *Giovanni Alberti.*

Alberti, Alberto d'Andrea, Maler und Miniaturist zu Bologna 1513, findet sich unter dieser Jahreszahl in die Malerliste der Bologneser „Società delle quattro arti" eingetragen, und zwar unter dem Namen „Albertus magistri Andree Alberti pictoris".

Archivio stor. dell'Arte VII 16.

F. Malaguzzi-Valeri.

Alberti, Alessandro, italien. Maler, geb. in Borgo San Sepolcro 9. 3. 1551 als Sohn des Alberto Alberti, † in Rom 10. 7. 1596. Sein Lehrer war Gasparo di Silvestro aus Perugia, ein sonst fast unbekannt gebliebener Maler. Mit seinem Oheim Ludovico begab sich Alessandro 1566 nach Rom, wo er infolge seiner Geschicklichkeit von verschiedenen römischen Fürsten bald mit reichlichen Aufträgen betraut wurde; jedoch ist über diese ersten Arbeiten des Künstlers heute nichts mehr bekannt. Dagegen finden wir ihn 1577 wiederum in Borgo San Sepolcro, wo er eine hl. Susanna für die gleichnamige Kirche malte, ebenso auch einige Gemälde für die Kirche S. Francesco. Nach Coleschi soll er in S. Sepolcro gemeinsam mit seinen Brüdern auch die Lünetten des Oratorio della Providenza in der Kirche S. Rocco gemalt haben. Sodann siedelte er nach Neapel über, wo er bei eifriger Tätigkeit bis 1586 blieb, um in diesem Jahre einem Rufe des Herzogs Vespasiano Gonzaga nach Mantua Folge zu leisten. Daselbst brachte er zwei Jahre zu, um mit seinem Bruder Giovanni die Villa Sabionetta mit Malereien zu schmücken. 1588—1592 war er von neuem in Neapel tätig und ging dann nach Rom, wo er mit seinem Bruder Giovanni den Auftrag erhielt, die Sakristei von S. Giovanni in Laterano al fresco auszumalen. Seiner perspektivischen Wirkung wegen, die jener Sakristei den Anschein einer größeren Höhe verlieh, als sie wirklich besaß, erregte dieses Werk nach seiner Vollendung allgemeine Bewunderung. Der Betrag, den Alessandro A. für seine Arbeit ausgezahlt erhielt, nachdem sie von Pomarancio und anderen bedeutenden Künstlern Roms auf ihren Wert hin abgeschätzt worden war, wird auf 1594(?) Scudi angegeben. Bald nach seiner Rückkehr nach Neapel, seiner Lieblingsstadt, wurde Alessandro nochmals nach Rom berufen, um mit seinen Brüdern die große Sala Clementina des Vatikans mit malerischem Schmucke zu versehen; jedoch wurde er kurze Zeit nach seiner Ankunft von schwerer Krankheit befallen, an der er am 10. 7. 1596 gestorben ist. Unter den Kupferstichen des Cherubino Alberti befindet sich auch eine Wiedergabe des oben erwähnten Susannenbildes von Alessandro Alberti.

Gualandi, Mem. orig. ital. VI 61—64. — Mariette, Abecedario. — Coleschi, Storia di Sansepolcro 1886 p. 251. *A. Muñoz.*

Alberti, Andreas, s. *Albrecht,* A.

Alberti, Antonio, di Urbino, Architekt und Ingenieur der 2. Hälfte des 16. Jahrh., studierte in seiner Vaterstadt, wo die Baukunst damals in hoher Blüte stand, und wo namentlich die bedeutendsten Kriegsingenieure Italiens ansässig waren. Er veröffentlichte mehrere theoretische Schriften, leistete dem Herzog Alessandro Farnese Ingenieurdienste bei dessen kriegerischen Unternehmungen, ging später nach Flandern, um dort verschiedene Festungsbauten auszuführen, und nahm zu dem gleichen Zwecke in mehreren deutschen Staaten vorübergehenden Aufenthalt. Seine Tätigkeit fällt in die Jahre 1570—1585.

Archivio Communale zu Urbino, Mscr. No. 33. — Zani-Manuscr. in der Bibl. zu Parma. — Lazzari, Uomini illustri di Urbino. — Vernaccia, Alberi di famiglie illustre Urbinati. — Rosa, Memorie. — Fra Agostino, Dei illustri omini. — Campori, Lettere. *Scatassa.*

Vielleicht haben wir hier jenen *Antonio Alberti* vor uns, der 1580 das Rathaus zu Sommerfeld (Prov. Brandenburg) erbaut haben soll, ein schlichtes Bauwerk in Renaissanceformen mit einfachen, durch Gesimse belebten Giebeln.

Bergau, Bau- u. Kstdenkm. der Prov. Brandenburg p. 713. **

Alberti, Antonio, Holzbildhauer in Reggio, nach Zani, Enc. II um 1713 tätig. Von ihm einige Werke in Ferrara erwähnt: in S. Girolamo eine kolossale Statue des hl. Hieronymus (1770 schon nicht mehr vorhanden), zwei Standbilder von Heiligen in S. Giuseppe, zwei andere in S. Silvestro.

Barotti, Pitt. e Scolt. di Ferrara 117, 155, 163. ***

Alberti, Antonio di Guido, s. *Antonio* da Ferrara.

Alberti, Bartolomeo Ridolfo degli, s. *Fioravanti,* Aristotile.

Alberti, Camillo, Bronzegießer, Venedig, 1520. Seinen Namen und obiges Jahr tragen zwei reichornamentierte und mit zierlichen Reliefs geschmückte Bronzeleuchter in San Marco vor dem Altare der Madonna. Der geschickte Künstler, der Riccios Vorbilde folgt, ist sonst nicht bekannt.

Selvatico, Archit. e Scult. in Venezia 1867, p. 224. **

Alberti, Carl, Porträt- u. Schlachtenmaler, geb. zu Anf. d. 19. Jahrh. in Darmstadt (?), malte als Hofmaler des Grossherzogs von Hessen für diesen und für den russischen Hof Schlachtenbilder. Später arbeitete er als Retoucheur bei Albert in München.

Meyer, Kstlerlex. **

Alberti, Carlo Filippo, piemontesischer Architekt und Maler von Scheinarchitekturen (prospettivi) und Theaterdekorationen; blühte um 1736.

Zani, Enc. II 17. *W. Suida.*

Alberti, Cesare, Maler und Stecher, geb. 6. 1. 1562 in Borgo S. Sepolcro als Sohn des Girolamo di Giovanni A. Der Maler Raffaelo del Colle war sein Pate. Er soll sich in Rom, wohin er schon 1568 kam, auch viel mit Kupferstechen beschäftigt haben. Von seinen Blättern, die Gualandi wertvoll und selten nennt, scheint sich aber keines erhalten zu haben.

Meyer, Kstlerlex. — Coleschi, Storia di Sansepolcro 1886 p. 253. *P. K.*

Alberti, Cherubino (Zaccaria Matteo), Maler u. Kupferst., geb. 24. 2. 1553 zu Borgo S. Sepolcro als 2. Sohn des Alberto di Giovanni A., tätig vornehmlich in Rom, wo er von Papst Clemens VIII. geadelt und zum Direktor der Akad. von S. Luca ernannt wurde. 1593 war er in Neapel, um das Bildnis des Königs zu stechen. Die Nachricht, dass er sich auch mit Architektur beschäftigt und als Zivil- u. Militäringen. in den Diensten Heinrichs III. von Frankreich gestanden habe, ist schlecht beglaubigt und beruht wahrscheinlich auf einer Verwechselung mit seinem Vater Alberto. A. starb zu Rom 18. 10. 1615 u. wurde in S. Maria del Popolo begraben. Erst in späteren Jahren wandte er sich der Malerei zu, brachte es darin aber zu keiner Bedeutung. In Borgo S. Sepolcro malte er im Dom (Dreieinigkeit mit drei Heiligen), im Oratorio di S. Rocco (mit seinen Brüdern: Passionsszenen in den Lunetten), im bischöfl. Palaste und an anderen Orten. Seine Haupttätigkeit als Maler hat er in Rom entfaltet, wo er in S. Maria sopra Minerva, im Quirinalpalaste, in der Sala Clementina des Vatikan (mit seinem Bruder Giovanni) u. a. a. O. arbeitete. Ein Fresko, die Bundeslade, in S. Maria in via ist 1614 datiert u. bezeichnet.

Seine Berühmtheit verdankt A. aber ausschließlich dem Kupferstich, dem er sich besonders in den ersten Jahrzehnten seiner Tätigkeit eifrig gewidmet hat. Mit Unrecht ist er als Schüler Agostino Carraccis bezeichnet worden, der 4 Jahre jünger war als er; A. hat sich schon seit 1568, als Carracci erst im zwölften Jahre stand, selbständig im Kupferstich betätigt. Ebensowenig kann er deshalb sich an Villamena gebildet haben, vielmehr verdankt er, wie viele andere italien. Meister, auch die Carracci, seine Technik dem Vorbilde und vielleicht sogar dem Unterrichte des Niederländers Cornelis Cort, nach dessen Stichen er zwei Blätter kopierte. Cort, der für Tizian arbeitete und in Rom eine Stecherschule gründete, hat in Italien die für die Wiedergabe grosser, plastisch gebildeter Gestaltungen bestimmte Linienmanier eingeführt. Er modelliert die Formen mit stark genährten, an den Enden zugespitzten und lebhaft aber regelmäßig bewegten, gekreuzten Taillen, die stark plastisch wirken und zugleich kräftige Tonabstufungen gestatten. A. ist in der Formgebung viel weichlicher und unsicherer als die Carracci u. Cort, seine Tonbildung ist viel unruhiger u. weniger kontrastreich. Seine Stichelführung ist aber elegant und fliessend u. füllt den Raum mit dekorativem Geschick. Er hat seine Stiche wohl ausschliesslich mit dem Grabstichel ausgeführt, nur ein Blatt, seine früheste datierte Arbeit, die Madonna von 1568 (B. 31) ist radiert. Die meisten datierten Stiche stammen aus den 70er u. 80er Jahren, nur wenige aus dem letzten Jahrz. des 16. oder aus dem Beginne des 17. Jahrh. Abdrücke einiger Platten wurden 1602 von Orlandi in den Handel gebracht u. auch andere Blätter in der Folge mit späteren Jahreszahlen versehen. Eine Reihe von Platten ist 1628 von seinen Erben neu herausgegeben worden. Die meisten Stiche sind mit seinem Monogramm aus C A B (Cherubinus Alberti Burgensis) bezeichnet. Bartsch (P.-Gr. XVII 45 ff.) beschreibt 172 seiner Stiche; Heineckens, Ottleys, Naglers u. Schmidts (Meyer, Kstlerlex.) Nachträge bringen das Verzeichnis seiner Arbeiten auf 189 Nummern. A. hat außer nach eigenen Erfindungen vornehmlich nach Polidoro da Caravaggio (die Sgraffitto-Malereien, Gegenstände des alten Testamentes, mythol. Darstellungen und allegor. Gestalten, Vasen u. a. m.), nach Michelangelo (Figuren aus dem jüngsten Gericht und Teile der Deckengemälde der Sixtin. Kap.), nach Raffael (Madonna „la Perla“, die Plafonds u. andere Gemälde der Farnesina), nach A. del Sarto, nach den beiden Zuccari (Anbetung der Hirten, Geisselung Christi nach Taddeo, Eustachius und Johannes d. T. nach Federico), ferner nach Rosso, Pelegrino Tibaldi, Antonio Tempesta, Fr. Vanni u. a. m. und nach Antiken gestochen. Zu seinen besten und selbständigsten Arbeiten gehören einige Bildnisse, z. B. des Dichters P. A. de Barga, des Archit. Vignola, des Papstes Gregor XIII. und einige allegor. Gestalten (B. 135—142). Nach seinen Erfindungen sind zwei Engel u. Passionsdarstellgn. von Ciamberlano und das Wappen der Familie Camus von Ch. Audran gestochen worden. A.s Selbstbildnis in den Uffizi ist von Pazzi für das Mus. Florentinum und von G. P. Lasinio für die Gal. imp. de Florence gestochen worden.

Meyer, Kstlerlex. — Nagler, Monogr. II. 159. — Campori, Racc. di cataloghi 169. — Repert. f. K.-W. V 42. — Gualandi, Nuova raccolta di lettere I. — Guilmard, Les maîtres ornem. — Missirini, Stor. d. Rom. Accad. di S. Luca (1823) 461. — Coleschi, Stor. di S. Sepolcro. 1886 passim und 251. *P. K.*

Alberti, Chiara, Malerin, Tochter des Malers Durante A. Sie starb als Äbtissin des Klosters delle Principesse in Rom 1660. Ihr wird die Pietà auf dem Hauptaltar der Kirche del Buon Gesu in Sansepolcro zugeschrieben (s. Elisabetta Alberti).

Coleschi, Stor. d. Città di Sansepolcro, 1886 p. 253. — Gualandi, Mem. Orig. Ital. Ser. VI 82. — Meyer, Kstlerlex. *W. Bombe.*

Alberti, Cosimo, Maler und Bildhauer, zweiter Sohn des Romano di Giovanni A., † in Rom 17. 2. 1596. Über seine künstler. Tätigkeit ist nichts Sicheres bekannt. Nach Gandellini ist er auch Kupferst. gewesen. Man hat wohl irrtümlich vermutet, daß er das Bildnis Heinrichs IV. von Frankreich (nach Cherubino Albertis Zeichnung?), welches mit „C. Albert 1585“ bezeichnet ist, gestochen habe.

Coleschi, Stor. d. Città di Sansepolcro. 1886 p. 254. — Gandellini, Not. stor. d. intagl. I. 2. — Gualandi, Mem. Orig. Ital. Ser. VI 77. — Lanzi, Stor. pitt. 252. — Meyer, Kstlerlex. *W. Bombe.*

Alberti, Desiderio (vielleicht identisch mit Didier Aubert), französ. Werkmeister, beschäftigt in Rom 1469 bei den Arbeiten am apostolischen Palaste S. Marco.

Bertolotti, Art. franc. in Roma 11. — E. Müntz, Les Arts à la Cour des Papes (1878) II 326. *C. Enlart.*

Alberti, Donato, italien. Maler, nach Goracci ein Mitglied der Künstlerfamilie A. aus Sansepolcro. (Figuriert nicht im beigegebenen Stammbaum.) Lanzi erwähnt ihn, weiß aber nichts über ihn zu berichten.

Lanzi, Storia pitt. (5. Ausg. Florenz 1834) I 185. — Goracci, Storia di Sansepolcro. Cap. 47. — Coleschi, Storia di Sansepolcro 1886 p. 254. *W. Bombe.*

Alberti, Durante gen. del Nero, italien. Maler, geb. 1538 in Borgo S. Sepolcro als

Sohn des Romano Alberti. Von ihm besitzt die Familie Alberti noch heute ein kleines Tagebuch, in welchem der Künstler alle im Zeitraume 1587—1607 für die Stadt Borgo S. Sepolcro und die umliegenden Ortschaften von ihm ausgeführten Arbeiten aufgezeichnet hat, ebenso auch die Namen seiner Auftraggeber sowie die gezahlten Geldbeträge. Meist sind es religiöse Gemälde für Kirchen und Klöster, für die Durante durchschnittlich 90—150 Scudi erhielt. Auf dem Hauptaltare der Arcipretura zu Borgo S. Sepolcro sehen wir von seiner Hand ein Bild von 1591, darstellend den greisen Simeon, der das Christkind auf seinen Armen hält; außerdem soll Durante nach Lanzi auch eine Geburt Christi in der Domkirche derselben Stadt gemalt haben. 1583 scheint der Künstler in Rom gewesen zu sein, da er in dem von dort datierten Testamente des Bildhauers Tommaso della Porta zum Testamentsvollstrecker ernannt wird; außerdem erbte er aus dem Nachlasse desselben Künstlers ein Bett, zwei Koffer und ein hölzernes „studiolo" mit einigen „Handzeichnungen auf Papier". Nach Vasari soll Durante bereits 1560 mit seinem Landsmanne Lionardo Cungi zusammen mit Malerarbeiten im päpstl. Quirinal-Palaste zu Rom beschäftigt gewesen sein. Baglione dagegen schreibt, der Künstler habe sich kurz vor der Papstwahl Gregors XIII. nach Rom begeben und habe daselbst für viele Kirchen religiöse Bilder gemalt. In S. Girolamo della Carità besorgte er die Ausmalung einer ganzen Kapelle. Ferner malte er: in der Kirche della Pietà dei Pazzarelli eine Pietà-Darstellung; in S. Bartolommeo dei Bergamaschi eine Madonna mit Heiligen; in der Kirche del Gesù eine Verklärung Christi; in der Kirche della Madonna dei Monti eine Verkündigung Mariae; in S. Maria in Vallicella eine Geburt Christi, eines seiner besten Werke; in S. S. Apostoli eine zweite Verkündigung; in der Trinità-Kirche einen Gott-Vater mit dem toten Heiland auf den Armen, sowie mit Engeln und Heiligen; endlich führte er auch Freskomalereien aus in der Kirche und im Kloster der Kapuziner. In seiner Vaterstadt Sansepolcro ist nach Coleschi von ihm eine Darstellung der Hl. Andreas und Nikolaus in der Sakristei zu S. Francesco. — Nach Gandellini soll Durante auch Holzschneider und Kupferstecher gewesen sein, jedoch muß diese Angabe ernsthaft bezweifelt werden, da sich kein einziges Werk einer solchen Tätigkeit des Künstlers nachweisen läßt. Vielleicht hat er Zeichnungen für den Holzschnitt geliefert, aber sicherlich hat er selbst niemals in Holz geschnitten. Ein einziges Blatt ist ihm zugeschrieben worden mit der Signatur „Nero" (Bartsch IX 48); jedoch haben wir es hier keinesfalls mit einem Werke Durantes zu tun. Missirini zitiert den Künstler unter den Lehrern der Accademia di S. Luca in Rom, woselbst er 1613 gestorben ist.

Vasari, ed. Le Monnier XII, 119. — Baglione, Vite dei pittori 111. — Lanzi, Stor. pitt. I, 186. — Gandellini, Notizie I 2. — Bartsch, P.-Gr. IX 48. — Gualandi, Mem. VI 73. — Missirini, Mem. dell'Accad. di S. Luca 15, 461, 481. — Bertolotti, Art. Lomb. I 194, 197. — Arch. stor. d. Arte, Ser. II, vol. III 32. — Coleschi, Storia di S. Sepolcro 1886 p. 118, 170, 254. *A. Muñoz.*

Alberti, Elisabetta, Malerin, Tochter des Alberto di Giovanni A. Geb. 21. 6. 1555. Nach Coleschi hat sie für den Hauptaltar der Kirche del Buon Gesù eine Pietà gemalt, ein nicht unbedeutendes Werk, das aber von anderen für Chiara A. in Anspruch genommen wird.

Coleschi, Stor. d. Città di Sansepolcro, 1886 p. 183, 253. — Gualandi, Mem. orig. Ital. Ser. VI 82. *W. Bombe.*

Alberti, Francesco (prete da Carpineto), venetianischer Goldschmied in Rom, arbeitete 1451 ein Gefäß von Kristall mit emailliertem Silber verziert, das er für 300 Duk. an Nikolaus V. verkaufte.

R. Deput. Veneta di St. Patria; Miscell. ser. IV. vol. III 12. — E. Müntz, Les Arts à la cour des Papes. I 174. *L. Ferro.*

Alberti, Francesco, 1526 als Maler in Rom erwähnt, vielleicht mit dem folgenden identisch.

Bertolotti, Art. Subalpini. 1884. ***

Alberti, Francesco. Nach Boschini ein in Venedig um 1550 tätiger Maler, der ein Nachahmer des Battista del Moro gewesen sein soll. Boschini schreibt ihm eine früher in der Kirche S. Maria Maggiore (jetzt in der Accademia di Belle Arti No. 555) befindliche Madonna mit Johannes dem Täufer und dem hl. Marcus und anbetenden Mitgliedern der Familie Marcella zu, die Ridolfi und andere für ein Werk des Battista del Moro selbst halten.

Boschini, Le ricche minere etc. Venezia 1674. D. D. p. 50. — Meyer, Kstlerlex. — Selvatico e Lazzari, Guida di Venezia 1881 p. 392. — Cat. delle R. Gallerie di Venezia. *L. Ferro.*

Alberti, Francesco, gen. Fiumana. Wird von Malvasia (s. u.) als Maler in Bologna aufgeführt. Es werden dort verschiedene seiner Werke in der Sakristei von S. Petronio (Szenen aus dem Leben des Heiligen) und in S. Giovanni in Monte angeführt. Schwerlich mit dem Venezianer Maler gleichen Namens identisch, da die Bologneser Bilder später als 1550 entstanden zu sein scheinen.

Malvasia, Pitture etc. della città di Bologna 1792 p. 256, 257, 258, 340, 343. — Meyer, Kstlerlex. — Bianconi, Guida di Bologna.

Alberti, Francesco, Sohn des Girolamo di Giovanni A., Festungsbaumeister, geb. am 14. 8. 1566, † am 18. 6. 1646 als Kastellan der Zitadelle von S. Sepolcro.

Coleschi, Storia d. Città di Sansepolcro, 1886 p. 254. *W. Bombe.*

Alberti, Francesco, Maler, Rimini, 18. Jahrh. Nur erwähnt von Zani, Encicl. II. **

Alberti, Gasparo, Kunsthändler und Verleger (nicht Stecher!) in Rom gegen Ende des 16. Jahrh. Geschäftsnachfolger des Palumbus.

Meyer, Kstlerlex. *P. K.*

Alberti, Gianfrancesco, Architekt und Ingenieur in Florenz um 1480, zeichnete nach Ladvocat Architekturskizzen und erfand viele Instrumente.

Coleschi, Stor. d. Città di Sansepolcro. — Zani, Enc. II 14. — Ladvocat, Dizionario portabile. *Walter Bombe.*

Alberti, Giocondo, Mailänder Architekt, um 1810 tätig und als Dekorationskünstler gerühmt. Von ihm dekorative Malereien in einem Toilettezimmer des kgl. Schlosses in Mailand.

Füssli, Neue Zusätze, 1824. *F. H.*

Alberti, Giorgio, Maler und Festungsbaumeister. Sohn des Malers, Holzschnitzers und Militärarchit. Girolamo A., geb. in Rom 5. 1. 1572. Sein Taufpate war Giorgio Vasari. Er leitete 1597 die Befestigungsarbeiten im Hafen von Gaeta und wurde vom Kaiser Rudolf II. zum Generalingenieur des Reiches ernannt.

Coleschi, Stor. d. Città di Sansepolcro, 1886 p. 253—4. — Gualandi, Mem. orig. Ital. Ser. VI 80—81. — Meyer, Kstlerlex. — Gandellini, Not d. intagl. I 2. *W. Bombe.*

Alberti, Giorgio, da S. Ambrogio, venezianischer Marmorario, 1797 nach Ferrara berufen, um einen Marmoraltar für die Kathedrale auszuführen, den er im Vereine mit drei veronesischen Marmorarbeitern bis zum Weihnachtsfeste desselben Jahres vollenden sollte.

Cittadella, Not. relat. a Ferrara (1864) p. 666. *

Alberti, Giovanni, italien. Maler, geb. 19. 10. 1558 in Borgo S. Sepolcro als vierter Sohn des Alberto Alberti, arbeitete häufig in Gemeinschaft mit seinem Bruder Alessandro. Er siedelte frühzeitig nach Rom über, wo seine künstlerischen Fähigkeiten sich frei entfalten konnten, und wo er auch reichliche Arbeit fand. Er war auch in Borgo S. Sepolcro und in Mantua tätig, sowie zusammen mit seinem Bruder Cherubino in Perugia und mit seinem Neffen Francesco in Florenz. Im Auftrage des Herzogs Vespasiano Gonzaga rief ihn sein Bruder Alessandro 1586 nach Mantua, wo er mit diesem, sowie mit Giulio Romano und Bernardino Campi an der malerischen Ausschmückung der Villa Sabionetta mitarbeitete. Demselben Bruder Alessandro war er 1592 auch bei der Ausmalung der Sakristei von S. Giovanni in Laterano in Rom behilflich; hierauf führte er auch die Deckenmalereien in der großen Sala Clementina des Vatikans aus, die Papst Clemens VIII. damals soeben hatte erbauen lassen. Der Kontrakt für die Bemalung dieses Deckengewölbes wurde 3. 2. 1596 unterzeichnet, und 1598 erhielten die drei Brüder Alberti für das vollendete Werk den Betrag von 3050 Scudi ausgezahlt. Alle Zeitgenossen waren einig im Lobe dieses Wunderwerkes perspektivischer Kunst, und Baglione erklärt die Deckenmalereien der Sala Clementina für eine der größten Kunsttaten ihrer Zeit! Wahrscheinlich hat Giovanni Alberti für Gregor XIII. auch im päpstl. Quirinal-Palaste gearbeitet; jedoch steht nicht fest, welchen Anteil er an den dortigen Malereien gehabt hat. Jedenfalls war Giovanni zu bedeutendem Künstlerrufe gelangt, und als er 10. 8. 1601 starb, wurde er allgemein betrauert, und drei berühmte Bildhauer stritten sich um die Ehre, seine Totenmaske abzunehmen. Sein Bildnis befindet sich in der Accademia di S. Luca zu Rom, ein zweites in der Uffiziengalerie zu Florenz; es wurde mehrfach in Stichen reproduziert, so in Gregoris „Museo Fiorentino", in Benvenutis „Galerie de Florence" und anderwärts. Unter den „Prospektmalern" seiner Zeit war Giovanni Alberti sicherlich einer der bedeutendsten. Seine dekorativen Malereien ermangeln nicht einer gewissen Feinheit der Formengebung, namentlich in den figürlichen Darstellungen, mit denen er seine Phantasiearchitekturen zu schmücken wußte. Von seinen Zeitgenossen wurde er außerordentlich hochgeschätzt und häufig zur Begutachtung der Malerwerke anderer bedeutender Künstler herangezogen (Bertolotti, Artisti subalpini, 1884, pag. 87). Er hinterließ einen Sohn Alberto, der Architekt, Holzschnitzer und Modelleur gewesen ist.

Baglione, Vite de' pittori 66—67. — Gualandi, Mem. VI 68. — Rosini, Stor. d. pitt. ital. VI 192. — Rob. d'Azeglio, Stud. stor. e archeol. sull'arte del disegno § 9. — Graziani, De scriptis invita Minerva Lib. I. — Lanzi, Stor. pitt. — Coleschi, Storia di Sansepolcro 1886 p. 252 (auf p. 165, 168, 172, 179, 184, 191 sind die dem Giovanni A. in seiner Heimatstadt zugeschriebenen Werke erwähnt). *A. Muñoz.*

Alberti, Giovanni oder Giovannibattista di Bartolommeo, sienesischer Maler, geb. um 1466, kam 14jährig in die Werkstatt Neroccios, bei dem er bis zu seinem 32. Jahre blieb. 1508 vollendete er ein von seinem Meister unvollendet hinterlassenes Gemälde für die Kirche S. Giuliano in der Gemeinde Gavorzano. In seinem Testamente von 1517 setzte er zum Erben Giovanni di Tedaldo, der sein Genosse unter Neroccio gewesen war. Er lebte indessen noch über 1532 hinaus.

Milanesi, Doc. Sen. III 38 ff., 41. *G. de Nicola.*

Alberti, Giovanni di Borghese, italien. Maler des 13. Jahrh. Er ist der älteste Maler aus der Künstler-Familie der Alberti, die in Borgo S. Sepolcro ansässig war und bis in das 17. Jahrh. hinein eine bedeutende Anzahl von Architekten, Bildhauern, Malern und Stechern hervorgebracht hat. Von Giovanni di Borghese wissen wir nur, daß er um 1275 gelebt hat und in Bologna als Maler tätig gewesen ist.

Gualandi, Mem. orig. ital. VI 50—61. — Malvasia, Felsina Pittrice, pag. 70.
A. Muñoz.

Alberti, Giovanni di Giuliano di Alberto (gen. Liso), Maler u. Bildhauer, geb. 1483, † 1553. Tätig in Rom, wo er unter anderem in S. Lorenzo in Damaso das Martyrium dieses Heiligen malte. Von seinen Söhnen sind Lodovico, Alberto, Girolamo und Romano als Künstler bekannt, letzterer auch als Schriftsteller. Siehe Stammbaum.

Coleschi, Stor. d. Città di Sansepolcro, 1886 p. 249. *W. Bombe.*

Alberti, Giovanni Battista, von Zani, Encicl. II 14, als Archit. in Florenz um 1450 erwähnt. Da er sonst nicht bekannt ist, liegt möglicherweise eine Verwechslung mit Leon Battista A., der in älteren Werken auch Leon Giovannibattista genannt wird, zugrunde. **

Alberti, Girolamo, Maler, Holzschnitzer und Militärarchit. aus Sansepolcro, Sohn des Malers und Bildhauers Giovanni di Giuliano di Alberto A. (gen. Liso), † in Rom 16. 2. 1582. Er malte in Rom und Perugia gemeinsam mit seinen Neffen Cherubino und Giovanni und half seinem Bruder Alberto bei der Wiederherstellung des Kastells und der Mauern von Sansepolcro. 1566 ging er mit Alberto für längere Zeit nach Rom. Im Palazzo Alberti zu Sansepolcro wird sein Bildnis bewahrt.

Coleschi, Stor. d. Città di Sansepolcro, 1886 p. 250. — Meyer, Kstlerlex. *W. Bombe.*

Alberti, Girolamo d. J., Maler, Sohn des Militärarchitekten Francesco A., † 1623.

Zani, Enc. II 16. *Walter Bombe.*

Alberti, Giuseppe, Maler, geb. 3. 10. 1640 zu Tesero im ehemaligen Fürstentume Trient, † 3. 2. 1716 unweit davon in Cavalese; Gründer einer Künstlerschule, aus der die Fleimser Michelangelo und Francesco Unterberger und Domenico Bonora, sowie die Tiroler Paul Troger und Joh. Georg Grasmair hervorgegangen sind. Er studierte anfangs zu Padua die Medizin, verließ aber bald diese, um sich ganz den bildenden Künsten zu widmen. Sein Lehrer in der Malerei war Pietro Liberi in Venedig; später begab er sich nach Rom, wo er sich auch auf die Baukunst verlegte. Hierauf ließ er sich in Trient nieder, wo er 1682 im Auftrage des Fürstbischofs Francesco Alberti Poja die Kruzifix-Kapelle in der Domkirche erbaute und mit Freskogemälden ausschmückte. In Trient empfing er auch die Priesterweihe. Seit dieser Zeit ungefähr beschränkte er seine Tätigkeit ausschließlich auf die Malerei, und die vielen religiösen Bilder, die von ihm noch erhalten sind, zeugen von seinem großen Fleiße. Die gediegensten darunter sind der hl. Vigilius zwischen vier Engeln in der Trienter Kathedrale und die Marter des hl. Knaben Simon von Trient, die ursprünglich im Schlosse daselbst aufbewahrt und jährlich zur Zeit des Fronleichnamsumzuges zur Schau ausgestellt wurde (jetzt im Ferdinandeum zu Innsbruck). Beide sind bezeichnet, und tragen das Jahr 1673. Besonders reich an Bildern von ihm ist das alte Franziskanerkloster von S. Michele (Ecce Homo, Die theologischen und moralischen Tugenden, Die vier Kirchenväter) und die Kirchen von Cavalese. Ferner sind zu nennen von ihm ein Altargemälde in der Franziskanerkirche zu Cles, ein solches in der Pfarrkirche zu Magrè und eines in jener zu Dietenheim bei Bruneck. Auch in Rom, wo er nach einer handschriftl. Nachricht von A. Roschmann, als er zum zweiten Male dort war, sich etwa 20 Jahre aufgehalten hat, sind zwei Altargemälde von ihm, wovon das eine in der Kirche S. Maria Trans-

Stammbaum der Künstlerfamilie Alberti von Sansepolcro.

Giovanni, gen. Liso, Maler
- Beatrice
- Diomira
- Lodovico (Maler)
- Alberto oder Berto (Maler)
  - Alessandro (Maler)
  - Cherubino (Maler)
  - Suor Elisabetta (Malerin)
  - Michele (Maler)
  - Giovanni (Maler)
    - Alberto oder Berto (Archit. u. Ingenieur)
      - Benedetta
      - Cesare (Kupferst.)
      - Virginia
      - Cleopatra
      - Francesco (Festgsbaumstr. 1566—1646)
        - Christofano
        - Giuliano, Gonfaloniere 1643
        - Girolamo d. J. † 1623
      - Giorgio (Maler, Ingenieur etc.)
- Girolamo d. Ä. (Maler)
- Lodovico † als Kind
- Niccola
- Francesca
- Romano (Maler u. Schriftsteller)
  - Cosimo (Maler u. Bildh.)
    - Andrea
  - Durante (Maler)
    - Suor Chiara (Malerin)
    - Pier Francesco (Maler)
    - Suor Maria Ancella
  - Raniero * 13. Dez. 1540

pontina, mit seinem Namen bezeichnet ist. Trotz einer gewissen Schwerfälligkeit in der Zeichnung und einiger Manieriertheit in der Auffassung malte unser Künstler flott und zugleich gewissenhaft. Seine Farbengebung ist stark und etwas leuchtend, aber in der letzteren Zeit wird sie eintönig und etwas dunkel, bei allzubräunlicher Karnation.

Jos. Ant. v. Riccabona im *Sammler für Geschichte und Statistik von Tirol* III. — Tirolisches Kstlerlex. — N. Toneatti, *Saggio d'illustrazione del Duomo di Trento.* Trento 1872 S. 83. (Richtigstellung der Lebensdaten.) *L. O.*

Alberti, Giuseppe Antonio, Bolognes. Architekt, geb. 1705 (nach anderen 1716). Schon von frühester Jugend an studierte er mit leidenschaftlichem Eifer Mathematik, Architektur, Hydraulik und Feldmeßkunst. Aus der großen Anzahl der von ihm verfaßten theoretischen Werke sind als die wichtigsten zu nennen: Istruzioni pratiche per l'ingegnere civile ossia perito agrimensore e perito d'acque (Venezia 1747; mit wichtigen Zusätzen neu herausgegeben daselbst 1768); — Trattato della misura delle fabbriche (Venezia 1757); — Nuova diopra monicometra da usarsi sopra le tavelotte pretoriane per misurare qualsivoglia distanza (Venezia 1768). — In allen diesen Schriften sind viele in wissenschaftlicher, wie in praktischer Hinsicht gleich wertvolle Angaben enthalten. Noch brauchbarer würden sie sein, wenn sie in besserer literarischer Fassung und übersichtlicherer Anordnung gegeben wären. Alberti hat fast sein ganzes Leben in Bologna zugebracht. Im August des Jahres 1768 starb er in Perugia (oder nach anderen in Ferrara), wohin er sich damals zur Ausführung hydraulischer Arbeiten begeben hatte.

Brun, Schweizer Kstlerlex. 1902. — Boccardo, Encicl. 1870. *Scatassa.*

Alberti, H., französ. Genremaler der Gegenwart, seit 1894 regelmässig im Salon mit vielfigurigen, aber etwas im alten Stil komponierten Bildern vertreten. Zu erwähnen: Die Loge der Yvette Guilbert, Daphnis und Chloe, Rückkehr vom grossen Fischzug und vielleicht eins seiner besten Bilder: Eine Hauptprobe in den Folies-Bergère.

Salon-Kataloge 1894 ff. **

Alberti, Jean-Eugène-Charles, Maler u. Lithogr. von wenig Bedeutung, geb. 1781 in Maastricht als Sohn eines italien. Advokaten, lernte in Amsterdam u. erhielt dort 1805 für eine Zeichnung „Marius auf den Trümmern Karthagos" die goldne Medaille von der Gesellschaft Felix Meritis. Dann besuchte er in Paris das Atelier Davids und danach die Akad. in Rom. Zurückkehrend liess er sich in Paris nieder, wo er noch 1843 als Lithogr. tätig war. Lithographien nach seinen Bildern sind: La Sieste mit dem Gegenstück Le Lever; La jeune Veuve mit dem Gegenst. La jeune Dame; La Fileuse. — Er publizierte in Paris einen „Cours complet théorique et pratique de l'art du dessin".

Meyer, Kstlerlex. — Immerzeel, De Levens en Werken. **

Alberti (auch Albrecht), Ignaz, Zeichner u. Kupferst. zu Wien, tätig um 1780—1801, nach Bartsch Schüler des Landschaftsmalers Brand, hatte eine grosse Offizin und beschäftigte um 1787 noch 20 andere Stecher namentlich für Landkarten und botanische Tafelwerke. Auf den Titelblättern zu Spalarts Versuch über das Kostüm (Wien 1796 ff.) findet man seinen Namen bis 1801; im nächsten Jahre soll er gestorben sein.

Meyer, Kstlerlex. — Gandellini, Not. degli Intagl. V 86 (erwähnt nach Basan viele Porträt-Stiche von ihm). **

Alberti, (auch Albrecht), Johann, renommierter Steinmetz in Naumburg a. S., wird 1539 nach Nürnberg berufen. Der betr. Ratsverlass vom 31. 7. 1539 lautet: „Hanssen Albrechten, den steinmetzen, dweil er für ein künstner berümpt, zu bürger annemen und ime das bürgerrecht schenken. Seiner gsellen halben aber ime sagen, man stells auf ine, diselben her ze pringen oder nit . . . ." — Er soll schon 1541 gestorben sein.

Meyer, Kstlerlex. — Hampe, Nürnberger Ratsverlässe, N. 2430.

Alberti, Juliette, französ. Miniaturmalerin, zeichnete 1849—63 für die Sammlung von Pflanzen- und Tierbildern in der Bibliothek des Jardin des Plantes in Paris 82 Miniaturen.

Richesses d'art: Paris. Monum. civ. II. 186 bis 190. **

Alberti, Leon Battista degli.

I. *Lebensschicksale.* Die Familie der Alberti, eine der vornehmsten in Florenz, besaß schon seit 1210 das Recht, das Konsulat zu bekleiden, und eine Reihe hervorragender Glieder wußte im Laufe der nächsten beiden Jahrh. Reichtum und politischen Einfluß immer höher zu steigern. Ungewöhnlich heftig und hart waren dann auch die Gewaltmaßregeln, die seit 1387 von Neidern und Rivalen in Szene gesetzt wurden. Lorenzo di Benedetto, der Vater Leone Battistas, war im politischen Leben kaum hervorgetreten. Dennoch trafen ihn wie Benedetto und Cipriano degli Alberti in diesem Jahre die Verbannung für 5 Jahre, sodann die Edikte von 1393 und 1400 und die Verweisung aus Florenz im Januar 1401. Wir sind über seinen Aufenthalt in den folgenden Jahren nicht mit Sicherheit unterrichtet. Erst 1408 ist seine Anwesenheit in Genua, 1414 in Venedig gesichert.

Am 18. 2. 1404 wurde der glaubwürdigsten Überlieferung zufolge dem Lorenzo in Genua ein Sohn geboren, der den Namen Leone Battista erhielt. Dieses Geburtsdatum enthält ein handschriftlicher Vermerk in einem Exemplar der Florentiner Ausgabe von 1485 des Buches „De re aedificatoria libri X" in der Klosterbibliothek von S. Francesco in Urbino. Allerdings schwanken die Angaben über das Geburtsjahr zwischen 1398, 1404, 1408 und 1414, über die Geburtsstadt zwischen Genua und Venedig. Von seiner Mutter wissen wir nichts Näheres. Er war einer freien Verbindung entsprungen, so wie sein nur wenig jüngerer Bruder Carlo. Erst 20.—22. 5. 1408 fand in Genua die Hochzeit Lorenzos mit der aus vornehmer florentinischer Familie stammenden Margherita di Messer Pietro Benini statt. Sie ist nicht die Mutter Battistas gewesen. Nur an einer Stelle seiner Schriften scheint Battista eine Erinnerung an seine Mutter auszusprechen, indem er ihre Wohltätigkeit, Güte und Bescheidenheit rühmt; die Stelle ist aber sehr unbestimmt gehalten. (Alberti, Canis, in L. B. Alberti opera edita a Massaino [Florentiae 1499?] fo 12).

Die Erziehung des Knaben ist eine äußerst sorgfältige und harmonische gewesen. Geistige und körperliche Fähigkeiten wurden gleich entwickelt. Über seine Geschicklichkeit im Turnen, Fechten, Reiten, Springen und im Gebrauche der verschiedensten Waffen weiß der dem Meister jedenfalls persönlich nahegestandene Verfasser der fragmentarischen Lebensbeschreibung Albertis ganz fabelhaftes zu berichten. Die genannte Biographie, welche Janitschek für das Fragment eines Briefes, in dem Alberti geschildert werden sollte, hält, ist uns besonders auch durch ihren ganzen Ton interessant, da sie uns den Eindruck dieser übergewaltigen, dämonischen Persönlichkeit auf die Mitlebenden vergegenwärtigt. Jede Beschäftigung führte Battista mit staunenswerter Energie, rücksichtslos gegen sich selbst durch, seine Selbstbeherrschung bei körperlichen Schmerzen konnte man schon in früher Jugend bewundern. Den elementaren Unterricht in den Wissenschaften erhielt er in Padua, während der Vater Lorenzo nachweisbar seit 1414 als Leiter der Bank der Alberti in Venedig ansässig war.

Zwei von Mancini, dem unermüdlichen Erforscher aller auf Alberti bezüglichen Nachrichten, in der Riccardiana in Florenz aufgefundene Briefe bezeugen, daß Battista die Gymnasialausbildung durch den bekannten Pädagogen Gasparino Barsizia aus Bergamo erhielt, der von 1407—1419 eine Erziehungsanstalt in Padua besaß. Battista war zwischen 1412—14 in Gasparinos Hause, da ein Brief des letzteren an Lorenzo Alberti die besorgte Bitte des Sohnes an seinen Vater enthält, während der Pest Venedig zu verlassen und in Padua Aufenthalt zu nehmen.

Laut eigenen Zeugnisses erwarb Battista in 8 Jahren die volle Herrschaft über die lateinische, griechische und italienische Sprache. Daß er auch das Griechische beherrschte, was oftmals in Zweifel gezogen wurde, darf nach Mancinis Ausführungen als sicher gelten. Wäre es doch bei der sehr beschränkten Zahl von Übersetzungen unmöglich gewesen, sich jene fabelhafte Belesenheit der antiken, speziell auch griechischen Autoren zu erwerben, die wir aus allen Schriften des Meisters entnehmen und zu der er gewiß in seiner Paduaner Zeit schon den Grund gelegt hat.

Nach solchen Elementarstudien bezog Battista die Universität Bologna, damals die berühmteste ganz Italiens, um den Doktorhut des kanonischen Rechts zu erwerben. Da traf ihn, als er im Beginn seiner Studien stand, das Unglück, seinen Vater zu verlieren, der am 24. 5. 1421 nach kurzer Krankheit in Padua starb, und dessen treue und weise Fürsorge und Erziehungskunst der Sohn bis in seine späten Jahre nicht müde wurde zu rühmen. Die beiden unmündigen Jünglinge, Battista und Carlo, beide Studenten an der Universität Bologna, blieben der Obhut eines Oheims Riccardo Alberti anvertraut, machten aber mit der Familie desselben die trübsten Erfahrungen. An anderen Verwandten indes konnte Battista in Bologna eine Stütze finden, an dem Professor der Algebra Antonio Alberti († 1424) und dem päpstlichen Quästor Alberto Alberti, dessen der Meister mit rühmlichen Worten gedenkt (Op. volg. II 102). (Letzterer später zum Kardinal erhoben durch Eugen IV.)

Die durch die Sorge um den Lebensunterhalt hervorgerufene Überanstrengung warf Battista aufs Krankenlager, von dem er sich nur langsam und schwer erholte. In der Rekonvaleszenz schrieb er die Komödie Philodoxeos im Alter von 20 Jahren. Er erkrankte von neuem, so daß die Ärzte ihm rieten, die Studien aufzugeben, wozu der Lernbegierige sich aber nicht verstehen konnte, wenn ihm auch die Wissenschaften selbst gespensterhaft gleichsam über den Kopf wuchsen (Op. volg. I 90, 94). Endlich erwarb er das Doktorat der Rechte im Alter von 24 Jahren. In dem Kreise der Humanisten erwarb sich Battista damals viele Freunde, den Panormita (der ihm einen Gesang seines im Jahre 1425 verfaßten Hermaphroditen widmete), Lapo da Castiglionchio (der wenige Jahre später eine Übersetzung der Sacrifizien des Lucian dem Freunde widmete), vermutlich auch Tomaso da Sarzana, der damals als armer Hauslehrer in Bologna lebte, später als Nikolaus V. der größte Papst seines Jahrhunderts wurde; endlich Filelfo, der 1428 in Bologna als Lehrer des Griechischen sich ansiedelte.

Unterdessen hatten die Alberti Mittel und Wege gefunden, in Papst Martin V. einen Fürsprecher zur Aufhebung ihrer Verbannung aus Florenz zu erlangen (Schreiben des

Papstes vom 8. 12. 1424). Tatsächlich gab die Signorie dem Drängen des Papstes nach, hob die Verbannung 1426 und 1427 für einzelne Mitglieder der Familie auf, widerrief endlich am 22. 10. 1428 die grausamen Verfügungen gegen die Alberti völlig. Auch die Zulassung zu öffentlichen Würden wurde am 6. 10. 1434 den Alberti wieder gewährt. Auch der Meister wird Florenz jetzt aufgesucht haben, und die Freundschaft mit Filippo Brunelleschi schloß er wohl in jener Zeit (denn 1435 gedenkt er ihrer schon als lange bestehend). Den Frauen gegenüber scheint schon damals in Battista jenes äußerste Mißtrauen in ihren Charakter Platz gegriffen zu haben zugleich mit der Überzeugung, es lasse sich angespannt intensive Geistesarbeit mit Minnedienst nicht vereinigen. So besitzen wir auch nur aus der frühen Zeit Battistas einige Eklogen, sowie die kleineren Schriften Ecatomfilea und Deifira, in welchen man wohl mit Recht den Niederschlag von Erinnerungen an zarte Erlebnisse mit Frauen sehen darf. Wenn er später moralische Fehler und Modetorheiten der Frauen mit bitteren Worten geißelt, so war er doch keineswegs ein Weiberfeind. Mit wundervollen Worten hat er (wohl als erster) der sittlichen Würde und des hohen Berufes der Hausfrau in der Schrift „de Familia" gedacht. Die schon in Bologna von Battista neuerwählten Studien der Mathematik und der Naturwissenschaften führten ihn in Florenz sogleich zu Paolo Toscanelli, dem großen Arzt, Physiker und Astronomen. In Briefen an ihn soll Battista künftige Schicksale der Vaterstadt und Italiens vorher verkündigt haben, die später eintrafen (vita des Anonymus), die Intercoenalien waren dem Freunde gewidmet. Zwischen den Jahren 1428—1432 hat Battista ausgedehnte Reisen gemacht, über die wir jedoch nur wenig sicheres sagen können. Er kam nach Frankreich, Belgien, sah im Winter in Deutschland Schlittschuhläufer und bewunderte die herrlichen großen Öfen in deutschen Stuben. Daß er damals im Gefolge des Albergati reiste, ist eine wohlgegründete Vermutung. Im Jahre 1432 finden wir Battista schon als Sekretär bei Biagio Molin, dem Patriarchen von Grado (bekleidete diese Würde 1427—1434, gestorben 1447 als Patriarch von Jerusalem). Battista war päpstlicher Abbreviator und Prior von S. Martino a Gangalandi (in Toscana), woraus er eine jährliche Rente von 160 Goldgulden bezog. Erst dadurch war der Meister vor Entbehrungen geschützt. Eine Bulle Eugens IV. vom 7. 10. 1432 sicherte Battista solche Vergünstigungen und stellte ihm trotz seiner außerehelichen Geburt das Vorrücken in geistlichen Würden bis zum Episkopat exklusive in Aussicht. Mit Molin, der zugleich Reggente della Cancelleria apostolica Eugens IV. war, weilte Alberti von 1432—34 zunächst in Rom.

Dieser erste Aufenthalt in Rom aber war für Alberti entscheidend. Die Größe der antiken Bauten, die hier auf ihn einwirkten, und deren konstruktive wie ästhetische Gesetze er durch eifriges Messen zu ergründen sich bestrebte, gab seinem eigenen Drang nach künstlerischer Betätigung eine feste Richtung. Mit den edelsten Geistern der Zeit beklagte er bitter die damals wütende sinnlose Zerstörung der geheiligten Ruinen Roms. Nach Vollendung seiner juridischen Studien hatte sich Battista der Mathematik und den Naturwissenschaften zugewendet, bildende Künstler waren in Florenz seine Freunde geworden, und so begann er in den Mußestunden das Studium der Baukunst; daneben versuchte er sich auch in Malerei und Skulptur.

Die politischen Ereignisse, Eugens IV. Flucht aus Rom nach Florenz (wo er am 23. 6. 1434 ankam), haben gewiß auch Battista wieder nach der Arnostadt gebracht. Talent und Schicksal erwiesen auch hier ihren unlösbaren Bund. Der durch Roms Trümmer zum Künstler erweckte Humanist trat sogleich in den Kreis der Schöpfer der neuen Kunst ein, lernte sich als ihnen zugehörig erkennen, ward durch den Gedankenaustausch mit ihnen, vornehmlich Brunelleschi und Donatello, zum einflußreichsten Theoretiker der neu erstandenen Kunst, der das Streben der Größten in klare, feste Bahnen leitete. Die Schriften „Elementi di pittura", „La Statua", „Della pittura libri III" entstanden in rascher Folge. Die geistvollsten Erfindungen zur Messung, zum perspektivischen Zeichnen (Fadennetz) u. a., deren kein Künstler der Folgezeit mehr entbehren konnte, wurden damals von dem genialen Manne gemacht. Am nächsten scheint ihm persönlich Filippo Brunelleschi gestanden zu haben, dem er den Traktat über die Malerei widmete. Die Vorrede (datiert vom 26. 8. 1435) ist, wie man wohl sagte, der Heroldsruf einer neuen Kunstepoche, menschlich ein herrlicher Gruß aus den hohen Sphären, in denen wahrhaft große Menschen sich begegnen. Daß Alberti in Florenz auch mit den Humanisten in Verkehr gestanden sei, darf man wohl glauben, wenn auch bestimmtere Nachrichten fehlen. Nur für den Barbier und Schwankdichter Burchiello besitzen wir in einigen Briefen den sicheren Anhalt einer näheren Bekanntschaft mit Battista.

Am 18. 4. 1436 begab sich Papst Eugen IV. von Florenz nach Bologna, wohin mit Molin auch Alberti folgte. Eine sehr rege literarische Tätigkeit entfaltete er daselbst in der nächsten Zeit. Die Jugendarbeit, die Komödie Philodoxeos, widmete er in neuer Bearbeitung, von einem Brief des Poggio Bracciolini begleitet, dem Leonello d'Este, Sohn des Marchese von Ferrara. Der „Brief an Codagnello" vom 10. 1. 1437, „Sofrona", ein Trostbrief über die Religion, entstanden; in 20 Stunden diktierte Battista am 30. 9. 1437 die bedeutsame „Abhandlung über das Recht", in der schon völlig der Geist der Aufklärung des 18. Jahrhunderts zu sprechen scheint. Noch fällt die Abfassung der „100 Apologe" und eine kurze Reise nach Venedig mit dem Patriarchen Molin in dieses Jahr. Im Januar 1438 aber erfolgte die Übersiedlung nach Ferrara, wohin Eugen IV. das Konzil berufen hatte.

Dort veranlaßte der Kardinal Molino den Alberti, an eine Darstellung des Lebens der Märtyrer zu gehen, während der Camaldulenser Ambrogio für Eugen IV. die Lebensbeschreibungen der Heiligen verfaßte. Alberti vollendete nur die erdichtete Lebensbeschreibung des hl. Potitus, eines Jünglings, der schon mit 15 Jahren umkam. (Vielleicht ist diese Schrift aber auch schon viel früher, vor 1434 verfaßt.) Hier sei auch eines Anschlages auf Battistas Leben, von dem der anonyme Biograph berichtet, Erwähnung getan. Haben wir auch keine sichere Kunde, so ist doch die Vermutung erlaubt, es sei der Urheber des Attentats jener Vetter Benedetto di Bernardo Alberti gewesen, von dem auch die schmähliche Ausbeutung Battistas und Carlos früher hauptsächlich ausging. Es scheint sogar, daß nach dessen Tode (1437) Battista einen Teil der väterlichen Erbschaft erlangte. Das bedeutsamste Erlebnis dieser Zeit in Ferrara war aber die persönliche Bekanntschaft, bald innige Freundschaft mit Leonello d'Este, dem edlen und hochbegabten zweiten Sohn des Marchese Niccolò, der nach des Vaters Tode am 26. 12. 1441 zur Herrschaft in Ferrara kam. Ihm widmete Alberti nun auch den „Teogenio" und trat ihm persönlich nahe. Wir haben Kunde, daß Leonello den Meister mit ganz besonderer Auszeichnung behandelte. 1442 weilte er von neuem in Ferrara, wo Leonello seinen Rat betreffs des Reiterstandbildes, das er dem Vater Niccolò errichten wollte, begehrte. In einer Schrift „De equo animante" hat Alberti seine damals betriebenen Studien über Pferde niedergelegt. Ein Modell für das Denkmal haben 1444 Antonio di Cristoforo und Niccolò di Giovanni Baroncelli (ersterer den Reiter, letzterer das Pferd) angefertigt, die Statue selbst kam erst nach Leonellos frühzeitigem Tode († 1. 10. 1450) zur Aufstellung (1451), um bei den revolutionären Wirren im Jahre 1796 zertrümmert zu werden. Als Seitenstück zum Teogenio entstand in den genannten Jahren die wundervolle Schrift „Della Tranquillità dell' animo".

Unterdessen war auf dem nach Florenz verlegten Konzil die von Eugen IV. erstrebte Vereinigung der römischen und griechischen Kirche zustande gebracht worden. Der Papst, der Stadt Florenz zu Danke verpflichtet, hatte einen Florentiner zum Kardinal erhoben (18. 12. 1439): Alberto degli Alberti, den Oheim Battistas. Wie hoch man ihn als Humanisten stellte, dafür spricht die nach dem Tode des Ambrogio Traversari (19. 10. 1439) ergangene Aufforderung, die Lebensbeschreibung dieses Mannes zu verfassen. Battista übernahm die ehrenvolle Aufgabe, über ihre Ausführung fehlt aber jede Kunde. Noch mehr charakterisiert sein Ansehen in Literatenkreisen die Tatsache seines entschiedenen Eintretens für die Verwendung der italienischen Sprache für dichterische und wissenschaftliche Werke, wofür ihn Leonello d'Este lobte. Alberti stellte sich an die Spitze der nationalen Reaktion gegen den Gebrauch der lateinischen Schriftsprache und veranstaltete zur Propagierung dieser Idee einen feierlichen literarischen Wettkampf. Der 18. 10. 1441 wurde als Schlußtermin für die Einlieferung von italienischen Gedichten über das Thema der Freundschaft festgestellt, am 20. 10. fand im Dom zu Florenz in Anwesenheit der höchsten Würdenträger die öffentliche Verlesung der eingelieferten Gedichte statt. Der Preis, ein aus Silber gearbeiteter Lorbeerkranz, wurde, da man vier Gedichte gleich gut fand, dem Domschatz von S. Maria del Fiore übergeben. Ursprünglich hatte Alberti den Preis stiften und die Kosten der Veranstaltung aus seinen Mitteln decken wollen, Piero Medici aber hatte dann gewünscht, die ganze Veranstaltung unter seinem Protektorate vor sich gehen zu lassen. Das Lob der Zeitgenossen aber galt dem geistigen Urheber des Ganzen, an den Michele del Gigante ein Lobgedicht richtete. Battista hatte selbst ein kurzes Gedicht in Hexametern über die Freundschaft rezitiert und dem Volk das vierte soeben vollendete Buch „Della Famiglia" vorgewiesen. Ein zweites Dichterturnier, für welches Alberti als Thema „den Neid" in Vorschlag brachte, kam nicht mehr zustande. Von dem Werke „Della Famiglia" waren die drei ersten Bücher schon 1432—34 in Rom entworfen, jedoch nicht veröffentlicht worden (Biographie des Anonymus). Erst im Lauf des Jahres 1443 dachte Alberti an deren Publizierung und legte seinen Freunden Leonardo Dati und Tomaso Cefi das Manuskript vor. Diese äußerten ihre Ansicht in einem nach Siena gerichteten Briefe. Denn mit Eugen IV., der am 7. 3. 1443 infolge der politischen Konstellation Florenz verlassen hatte, war auch Alberti nach Siena gegangen, wo er mit dem Papst bis zum Herbste weilte und erst dann nach Rom zurückkehrte nach neunjähriger Abwesenheit. Daß im November Alberti schon in Rom war, bezeugt ein indirekt an ihn gerichteter Brief des Leonardo Dati. Damals plante auch Cristoforo Landino seine 1443 verfaßte Dichtung Xandra dem Alberti zu widmen. Die ursprüngliche Fassung derselben mit der Widmung hat Mancini in einer vom Jahre 1449 datierten Abschrift in Lucca aufgefunden. Aus Landinos Worten erhellt, daß Alberti vorher schon die beiden Schriften „Canis" und „Musca" verfaßt hatte. Auch des „Momus" darf hier Erwähnung geschehen, obwohl wir sicher seine Existenz erst 1451 voraussetzen können, da man, wie es scheint nicht ohne Grund, Anspielungen auf den Papst Eugen IV. († am 23. 2. 1447) darin hat finden wollen. Filelfo war begierig, diese merkwürdige Schrift kennen zu lernen, sandte 1451 Ende September eine Elegie an Alberti, wiederholte die Sendung, da er glaubte, sie sei in Verlust geraten, bald darauf. Über Albertis äußere Umstände wissen wir aus jener Zeit, daß er sich einer größeren Wohlhabenheit erfreute; die in frühen Schriften häufig wiederholten Klagen über bedrängte finanzielle Situationen verschwinden in späteren Jahren.

Außer in dem Papste besaß Battista einen eifrigen Gönner auch in dem Kardinal Prospero Colonna. Dieser übertrug ihm die Aufgabe, ein großes römisches Schiff, das am Grunde des Nemisees liegt, zu heben und wieder flott zu machen. Alberti ließ Taucher aus Genua kommen, konstruierte gewaltige Hebemaschinen, förderte auch mehrere Gegenstände zutage, mußte den Schiffskörper aber endlich am Grunde des Sees lassen, und dort liegt er noch heute. Trotz des Scheiterns des Unternehmens steigerte doch die gigantische Bemühung (vermutlich 1448) Battistas Ruhm. Eine damals verfaßte Schrift „Navis" ist jetzt verschollen. Erinnern wir uns im Zusammenhange damit der „Ludi matematici", in denen Alberti ein Mittel zur Messung der Tiefe des Meeres ausfindig gemacht hat.

Battistas äußere Stellung am päpstlichen Hofe mag noch an Ansehen gewonnen haben, als der aus der Zeit der Studien in Bologna ihm schon wohlbekannte Tomaso da Sarzana unter dem Namen Nikolaus V. den päpstlichen Stuhl bestieg. Es ist sehr wahrscheinlich, daß Alberti den großartigen Bauprojekten des Papstes sehr nahe gestanden hat, wenn uns auch für die Details bestimmte dokumentarische Belege fehlen.

In diesen Jahren können wir nun auch schon eine sehr reiche, gewiß viel weiter zurückreichende Tätigkeit Albertis als Architekt nachweisen. Einen bedeutsamen Auftrag erteilte der Herr von Rimini, Sigismondo Malatesta, dem Künstler: Die Umwandlung der älteren gotischen Kirche S. Francesco in einen Renaissancetempel. Die Arbeiten daran begannen schon 1446, Albertis Teilnahme erfolgte wohl etwas später. Vor 1450 schrieb er dann auch der Hauptsache nach die zehn Bücher „De re Aedificatoria". Hat Battista für den Kardinal Prospero Colonna die Restaurierung antiker Bauten geleitet? Er soll den Brunnen mit drei Schalen übereinander entworfen haben, an dessen Stelle Papst Clemens XII. später die Fontana Trevi setzte, soll die Vorhalle von S. Stefano rotondo al monte Celio restauriert, eine Bedachung des Ponte di S. Angelo entworfen haben (für letzteres Werk will sogar Vasari den Entwurf des Meisters besessen haben). Den Traktat über die Architektur plante Alberti dem Federigo di Montefeltro von Urbino zu widmen später dem Lorenzo Magnifico de' Medici. Mit seinem Namen an der Spitze ist das Buch 13 Jahre nach dem Tode Battistas gedruckt worden (1485). Die Schrift De Triviis senatoriis, deren älteste Abschrift in das Jahr 1454 zurückgeht, hatte Battista ebenfalls dem jungen Lorenzo Medici, den er väterlich liebte, gewidmet.

Unterdessen trafen eigentümliche Schicksalsschläge Albertis päpstlichen Beschützer. Die Verschwörung des Stefano Porcari, deren Beschreibung Alberti entwarf (Ausbruch am 5. Jan. 1453), umdüsterte das Gemüt Niccolòs V., der Fall Konstantinopels (29. 5. 1453) in die Hände der Türken war ein furchtbarer Schlag für den zeitlebens die Idee eines Kreuzzuges nährenden Papst, der es vergebens versucht hatte, die Fürsten der Christenheit zu vereinigen, um dem bedrohten Byzanz Hilfe zu bringen, bevor es zu spät war.

Über Albertis Lebensumstände unter dem Pontifikat Calixtus III. sind wir nicht näher unterrichtet. Erst aus der Zeit Pius II., des Enea Silvio Piccolomini, haben wir wieder Nachrichten. Mit ihm, dem Humanisten, war Battista schon seit früher Zeit befreundet, sein reicher Geist, sowie die adlige Abstammung konnten ihm gleicherweise beim Papste als Empfehlung dienen. Pius nennt den Freund in mehreren seiner Schriften und erwählte ihn zum kundigsten Führer auf seinen Ausflügen zur Besichtigung der antiken Überreste in der Umgebung Roms. Pius nahm den Kreuzzugsgedanken Nikolaus V. wieder auf und berief deshalb eine Versammlung der italienischen Staatsoberhäupter nach Mantua. Am 22. 1. 1459 reiste er von Rom ab, hielt sich in Florenz auf, wo prächtige Feste zu seinen Ehren veranstaltet wurden, und gelangte am 27. 5. nach Mantua. So ergebnislos diese Versammlung für den Papst und seine Pläne verlief, so bedeutsam sollte die persönliche Berührung mit dem Marchese Lodovico Gonzaga für Battista werden. Zahlreiche Briefe der folgenden Jahre geben uns den Hinweis auf ein Freundschaftstverhältnis zwischen beiden Männern, bei dem die Standesunterschiede gänzlich verschwanden. Ein Traum, den Lodovico in der Zeit der Anwesenheit des Papstes hatte, veranlaßte den Bau der Kirche S. Sebastiano. Und Battista gab den Plan zu dem Werke. Er blieb auch in Mantua zurück, als der Papst am 19. 1. 1460 von da abreiste. Nach einem kurzen Aufenthalte in Rom finden wir den Meister im Januar 1463 wieder in Mantua, wohin die Arbeiten an S. Sebastiano den Leiter riefen. Von 1463—1470 wissen wir dann nichts von einer Anwesenheit Battistas am Mincio. Als Weihnachtsgabe für die Freunde entstanden 1463 die „Sentenzen", auch die „Cena di famiglia" gehört in jene Zeit, sowie die „sieben Briefe", die dem Epimenides zugeschrieben wurden.

Der Tod Pius II. brachte eine große Veränderung für die Humanisten Roms. Paul II. bestieg am 30. 8. 1464 den päpstlichen Stuhl, am 3. 12. erhielten alle apostolischen Abbreviatoren ihren Abschied. Auch Battista verlor damit die reichen Bezüge, die ihm seine Stelle am päpstlichen Hofe gewährt hatte. Während andere Humanisten, besonders Platina, pochend auf die Macht des Humanismus, mit offenen Drohungen dem Papste entgegentraten, rief Battista die Verwendung seines Freundes und Gönners Lodovico Gonzaga an. Aber seine, sowie seines Sohnes, des seit seinem 17. Lebensjahre zum Kardinal erhobenen Francesco Gonzaga dringende Vorstellungen beim Papste, scheinen die gewünschte Wirkung nicht erreicht zu haben. Alberti selbst hat bei seiner weisen Mäßigung, die er in allen Lebenslagen bewahrte, und bei der Lauterkeit und Aufrichtigkeit seines Wesens an den Umtrieben gegen Paul II. nicht teilgenommen, die damals im Kreise der römischen Akademie ihren Herd hatten. So lebte er unbehelligt in Rom, selbst als die grausame und vielfach ungerechte Humanistenverfolgung im Jahre 1468 einsetzte. Wir erfahren von äußeren Lebensschicksalen aus diesen Jahren wenig. Die Enthebung vom Amte hatte eine erhöhte Tätigkeit als Schriftsteller und besonders als Architekt zur Folge.

Das rege Interesse für die Buchdruckerkunst bezeugen die Schriften „De componendis cifris" und der Dialog mit Leonardi Dati in den vatikanischen Gärten (um 1466). Aus einem Briefe Albertis an Giovanni Andrea, den Bischof von Aleria (gegen 1470) erfahren wir den Plan, die drei Kunsttraktate drucken zu lassen (de statua, de pictura und de re aedificatoria). In Florenz fand Alberti einen Bewunderer seiner Kunst in Giovanni Rucellai, für den er (gegen 1450 wahrscheinlich) den Palast in der via della vigna nuova, das hl. Grab in der Kirche S. Pancrazio und endlich die Fassade von S. Maria Novella (laut Inschrift 1470 vollendet) erbaute. Lodovico Gonzaga übertrug dem Meister die Erbauung der Tribuna rotonda der Kirche S. Annunziata (seit 1470) und hielt treu an dem Projekte des Freundes fest trotz der Anfeindung und Verleumdungen einiger florentinischer Bürger und Künstler. Ob in diese Zeit auch die Ausführung künstlerischer Aufträge von seiten des Federigo von Urbino und des Königs Alfonso von Neapel fällt, muß dahingestellt bleiben. Die persönlichen Beziehungen zu beiden sind zweifellos erwiesen. 1470 scheint Alberti geplant zu haben, sich in der Nähe von Mantua anzusiedeln. Er bat damals den Marchese Lodovico, ihm über Kaufpreis und Güte einiger Ländereien, die er ins Auge gefaßt hatte, Auskunft zu verschaffen — gewiß ein trefflicher Beleg für das ungezwungene freundschaftliche Verhältnis zwischen beiden Männern. Schon vorher war eine neue künstlerische Aufgabe an Battista herangetreten. Lodovico, wünschte die alte (aus dem 9. Jahrh. stammende) baufällige Kirche S. Andrea zu erneuern. Einen Plan hierfür, den ein Architekt Manetti vorgelegt hatte, sandte Lodovico dem Freunde zur Begutachtung, und Alberti setzte einen neuen an dessen Stelle und bot am 19. 2. 1469 an, persönlich bald nach Mantua kommen zu wollen. Dieser Plan Albertis wurde nach Abbruch der alten Kirche im Jahre 1472 von Luca Fancelli verwirklicht. Inzwischen hat der betagte Meister in seinem um 1470 verfaßten Dialog „De Iciarchia" seine tiefsten moralisch-philosophischen Ideen niedergelegt. Wenige haben dieses Meisterwerk kennen gelernt, wenige kannten die wahre Größe des einsamen Mannes, dessen Auftreten in den „Disputationes camaldulenses" des Cristoforo Landino (verfaßt 1468) immerhin von der Wirkung der genialen Persönlichkeit auf die Zeitgenossen einiges erzählt. Als Ende September 1471 Donato Acciaiuoli, Lorenzo de Medici und Bernardo Rucellai als Gesandte von Florenz nach Rom kamen zur Begrüßung des neuen Papstes Sixtus IV., baten sie Alberti, in der Ruinenwelt Roms ihr Führer zu sein.

Von den vielen, die ihn kannten, hat nur einer, so viel wir wissen, Matteo Palmieri, dürftige Kunde von dem Tode dieses großen Mannes hinterlassen in den kurzen Worten: „1472 Leon Battista Alberti, ein Mann von auserwähltem Geiste und Gelehrsamkeit, starb in Rom und hinterließ ein hervorragendes Werk über die Architektur." Aus der Tatsache, daß sich der florentinischen Kirchenbehörde am 25. 4. 1472 ein neuer Inhaber der Pieve von S. Martino a Gangalandi vorstellte, der dem „kürzlich verstorbenen ehrwürdigen

Herrn Battista degli Alberti" gefolgt war, darf man den Todestag des Meisters vermutungsweise in den Anfang des April versetzen.

II. *Alberti als bildender Künstler.*

Battista ist nicht in einem Künstler-Atelier erzogen worden, sondern auf der Universität. Es ist bemerkenswert, daß der anonyme Biograph in seiner allerdings fragmentarischen Vita einer künstlerischen Betätigung Albertis überhaupt gar nicht Erwähnung tut. Er ist Schriftsteller, Theoretiker der Künste in erster Linie, stellt als solcher Forderungen auf, denen er in seinen Werken dann zu genügen sucht. Und zu diesen Werken gibt er nur die Pläne und Anweisungen, das Bemühen um die Ausführung selbst hält er für unwürdig eines großen Künstlers. Daher treten als Bauleiter der von Alberti entworfenen Bauten dann Matteo de' Pasti, Matteo Nuti, Luca Fancelli und Bernardo Rosselino auf. Während sich der Meister in der Frühzeit mit der Malerei, wenn auch nur als Dilettant, eingehender beschäftigte, fällt seine Hinwendung zur Architektur, so weit wir wissen, erst in die letzten 25 Jahre seines Lebens. Nennt man ihn wohl einen Dilettanten, so darf es nicht im tadelnden Sinne geschehen, als ob für ihn die Ausübung der Kunst ein Zeitvertreib gewesen wäre. Im Gegenteil, er stellte die höchsten Anforderungen, weil er die hohe Bedeutung speziell der Baukunst für die Menschheit erkannte. Er nahm keine Bezahlung für seine künstlerische Tätigkeit; er sah in dem Plan, in dem Modelle die seinem Geiste entsprechende Aufgabe. Die technische Ausführung, über die er nicht nur wohl informiert war, sondern für die er auch eingehende Gesetze aufstellte, wie der Traktat über die Architektur beweist, glaubte er anderen, ihm Untergeordneten überlassen zu dürfen, indes sein Geist sich anderen Dingen, neuen Aufgaben zuwendete; — das war Albertis Dilettantismus. Aus der literarisch-humanistischen Bildung Albertis erklärt sich wohl auch zum Teile, daß er sich enger an antike Vorbilder anschloß, als Brunellesco und die anderen seiner Zeitgenossen. Niemals ist Battista aber in eine platte Nachahmung der Antike verfallen.

1. Malerei und Skulptur.

Eine Betätigung als Maler wird für A. nicht nur von den älteren Autoren bezeugt, sondern er selbst spricht von derselben in seinem Traktat auch klar genug. Der Anonymus beschreibt die rätselhaften „demonstrazioni", die indes wohl nicht durch Malerei, sondern durch optische Vorrichtungen (die camera obscura, wie man glaubt) vielleicht auch durch Spiegel zustande gebracht wurden. A. malte zu seinem Vergnügen in den Mußestunden, wie er selbst sagt. Vasari will noch einige seiner Bilder gekannt haben, beschreibt auch eine gemalte perspektivische Ansicht von Venedig mit der Markuskirche und einigen kleinen Figuren. Dazu bemerkt Paoletti, daß um 1880 ein Antiquar Giarizzo bei der Madonna dell' orto in Venedig ein mit der Beschreibung stimmendes Bild, das aus der 1. Hälfte des 15. Jahrh. datiert gewesen sei, nach Berlin verkauft habe. Einige allgemeine Hinweise auf Battistas eigene Malereien darf man wohl auch dem Traktat entnehmen. Stoffe aus der Antike, die er als Motive aufstellt, wurden von Einfluß auf Spätere (so besonders „die Verleumdung" des Apelles).

Daß Battista sich als Bildhauer oder Medailleur betätigt habe, scheint allerdings aus seinen Worten hervorzugehen („me qui pingendo fingendoque nonnihil dilector", op. ined. Flor. 1890 p. 238). Ganz willkürlich aber ist die Zuschreibung einiger Medaillen mit dem eigenen Bildnis an ihn selbst. Das bedeutendste dieser Profilbildnisse ist auf der Plakette der Sammlung Dreyfus in Paris erhalten (200 × 135 mm, oval) mit der Inschrift L. B A P. Ohne jede Inschrift ist die Plakette des Louvre (155 × 115 mm, oval), ein kleineres Stück mit Lorbeerkranz bewahrt das Cabinet de France (36 × 27 mm, oval) mit der Inschrift LEO · BAPT · ISTA · AL—. Am bekanntesten ist die als Werk des Matteo de' Pasti inschriftlich beglaubigte Medaille (93 mm Durchmesser) mit dem Profil Albertis nach links und einem, wie es scheint, von ihm selbst erwählten Emblem auf der Rückseite, einem geflügelten Auge innerhalb eines Lorbeerkranzes.

2. Architektur.

a) Der Tempio Malatestiano.

Sigismondo Malatesta bestimmte die kleine gotische Kirche S. Francesco in Rimini dazu, ein Denkmal seines Ruhmes und seiner Liebe zu der schönen Isotta zu werden. Im Jahre 1446 soll der Umbau der Kirche begonnen haben. Am letzten Oktober, um die 17. Stunde, als Bartolommeo Malatesta Bischof war, wurde der Grundstein gelegt, wahrscheinlich zur Kapelle des hl. Sigismund. Aus den vorhandenen Dokumenten darf man mit F. Seitz den Schluß ziehen, daß die Ausstattung der Kapellen zunächst ohne weitere Änderung an der Kirche begonnen und im Jahre 1450 auch bis zu einem gewissen Grade vollendet war, und daß Alberti erst nach 1450 ein Modell geliefert hat. Wahrscheinlich haben wir ein getreues Abbild von Albertis Entwurf auf der 1450 gegossenen Denkmünze des Matteo de' Pasti erhalten. Im Jahre 1454 erfahren wir dann, daß außer Alberti noch Matteo de' Pasti, Pier de' Gennari und Matteo Nuti an der Ausführung der Kirche beteiligt sind. Damals hatte Alberti ein Modell für den Bau eingesandt, welches er durch Zeichnungen ergänzte. Sein Einfluß auf die Ausführung war ein sehr intensiver, auch die Details gab er an, wie die Einsendung des Modells zu einem Kapitell beweist. An der Ausführung des plastischen Schmuckes des Innern scheinen vornehmlich Ciuffagni und vor allem Agostino di Duccio tätig gewesen zu sein. Wahrscheinlich ist Alberti im Jahr 1449 persönlich in Rimini gewesen. An der Ausstattung des Innern, so wie es heute besteht, hat er keinen Teil, denn die Bedachung des Langhauses mit einem Tonnengewölbe, die Erbauung von Querschiff, Chor und Kuppel unterblieben. Schon nach 1454 scheint der Bau nur langsam vorwärts gegangen zu sein; 1455 beschaffte man größere Mengen von Marmor, wohl für den Schmuck einiger Kapellen, 1461 glaubte Sigismondo durch Privilegien, die er den Förderern des Baues zusicherte, diesen beschleunigen zu können. Und verzweifelnd, ihn selbst vollenden zu können, hoffte er die Weiterführung durch Bestimmungen in seinem vom 23. 4. 1466 datierten Testamente sichern zu können. Sigismondo starb am 7. 10. 1468; der Tempel, den er für sich und Isotta erbaut, blieb unvollendet.

Als Werk Albertis interessiert uns hier nur die Außenbekleidung der Kirche an Fassade und Seitenwänden. Ein Sockel mit friesartigem Abschlusse umzieht das ganze Gebäude. Derselbe ist nur durch den triumphbogenartig sich öffnenden Haupteingang unterbrochen. Diese Mittelnische ist in ihrem oberen Teile ausgefüllt und mit Marmorinkrustation verziert und enthält die viel kleinere mit auserlesenem Geschmack und äußerst maßvoll verzierte Türe, mit geradem Sturz und Spitzgiebel. Vier Halbsäulen aus Porphyr, die über dem Sockel sich erheben und ein prächtiges Gesimse tragen, bewirken eine kräftige Gliederung der Fassade und schließen an den Seiten des Mittelbogens etwas kleinere Rundbogen ein, deren Weiten jetzt durch Quadern gefüllt, ehemals Nischen aufnehmen sollten, die wahrscheinlich für die Grabmale des Sigismondo und der Isotta bestimmt waren. Über dem Mittelbogen, dessen Verwandtschaft mit dem Augustusbogen in Rimini man wohl allzusehr betont hat, sollte sich das Motiv des Triumphbogens wiederholen, doch blieb dieser Teil unvollendet. Flachgiebel sollten die Vermittlung herstellen von dem höheren Mitteltrakt nach den Ecken zu. Vor die alten Seitenfronten, denen spitzbogige Fenster belassen wurden, stellte Alberti gewaltige Bogen, die auf schweren Pilastern ruhen. Durch deren Vortreten vor die alten Fronten um 60—80 cm entstanden Nischen, in die einfach massive Steinsarkophage gestellt wurden. Sie sollten zur Aufnahme der Gebeine jener berühmten Männer dienen, die Sigismondo Malatesta an seinem Hof zu versammeln gewußt hatte. Dieser allerdings nur fragmentarisch zur Ausführung gekommene Bau ist als Werk Albertis am besten beglaubigt, wie auch seine persönliche Einflußnahme auf die Detailausführung bewiesen ist.

b) Die Bauten für Giovanni Ruccellai.

Daß es dem Meister vergönnt wurde, in der Heimat seiner Ahnen, in Florenz, seinem eigenen Ruhme unvergängliche Denkmale zu setzen, verdanken wir der leidenschaftlichen Bewunderung, die seine Kunst bei dem Kaufherrn Giovanni di Paolo Ruccellai fand. Daß dieser all seinen Bauten Pläne Albertis zugrunde legte, bezeugt uns allerdings kein Dokument, besagt nur die durch Vasari aufgezeichnete Tradition, zu deren Gunsten allerdings stilistische Momente sehr vernehmlich sprechen. Es handelt sich um den Palast des Giovanni Ruccellai in der Via della Vigna, das hl. Grab in der Kirche S. Pancrazio und die Fassade von S. Maria Novella.

Der Palazzo Ruccellai wurde nach dem Jahre 1446 begonnen und war 1451 schon im wesentlichen vollendet, wie aus den Steuereinbekenntnissen ersichtlich ist. (1455 malte dann Neri di Bicci einige Fresken in dem Palaste.) Über einem mäßig hohen Sockel erheben sich drei Geschosse, die voneinander durch Gesimse getrennt werden und deren oberstes von wenig ausladendem, auf Konsolen ruhenden Kranzgesimse bekrönt wird, über dem sich eine Balustrade erhebt. Zu einem lebendigen Organismus wird die Fassade durch die Anwendung von Pilastern erhoben, dorische im Erdgeschoß, jonische im mittleren, korinthische im obersten. Mag auch Brunelleschi in einem Geschosse des Palazzo di Parte Guelfa schon die Pilastergliederung eingeführt haben, durch Alberti wurde doch erst die Bedeutung dieses Elementes für die organische Durchbildung einer Fassade erkannt. Ein Ausgleich zwischen lastenden und stützenden Bauteilen wird dadurch erzielt, der an Wirkungen der griechischen Architektur gemahnt. Der ausführende Architekt ist möglicherweise Bernardo Rossellino gewesen, den Billi als Erfinder nennt, dessen beglaubigter Palazzo Piccolomini in Pienza aber nur als eine sehr viel schwächere Variante des Palazzo Ruccellai sich darstellt, in der bei gleichen Formelementen die wunderbare Musik der Verhältnisse geschwunden ist.

Die Autorschaft Albertis an der dem Palaste gegenüber befindlichen 1464—1466 erbauten Loggia degli Alberti ist dagegen sehr zweifelhaft. Weder die Verhältnisse des Ganzen, noch die Details deuten auf ihn hin. Die Arkaden sind heute zugemauert und haben ein Postamt aufgenommen.

Ein wahres Juwel der Architektur, das in kleinsten Verhältnissen den edelsten

Geschmack und die reichste Erfindungsgabe offenbart, ist das hl. Grab in der neben dem Palaste gelegenen Kirche S. Pancrazio. Das kleine Gebäude mit rechteckiger Basis und halbkreisförmiger Apsis ist außen mit feinster Marmorinkrustation verziert und durch kanellierte Pilaster gegliedert, auf denen gerades Gebälk ruht. Über Gesims und Balustrade ragt ein von schlanken Säulchen getragener Baldachin empor. In dem durch eine ganz niedere Pforte zugänglichen Inneren dieses Zierbaus befindet sich ein Fresko der Auferstehung Christi von Alessio Baldovinetti. Laut Inschrift ist das hl. Grab für Giovanni Ruccellai 1467 erbaut worden.

Eine viel größere Aufgabe war die Vollendung der Fassade von S. Maria Novella, an der man im 13. Jahrh. zu bauen begonnen hatte. Die spitzbogigen Bekrönungen der Seitenportale und sechs Nischengräber waren damals hergestellt worden. Seit 1448 widmete Giovanni Ruccellai den Gewinn aus seinen Besitzungen in Poggio a Cajano dem Neubau der Fassade, zunächst mit dem Plan, die älteren Bestandteile abzubrechen, um ein einheitliches neues Werk an deren Stelle zu setzen. Nur der Widerstand der Besitzer der alten Grabstätten nötigte zu einem Kompromiß. So konnte am unteren Teile der Fassade Alberti nicht schalten und walten wie er wollte. Er brachte aber doch durch die vier großartigen korinthischen Säulen aus grünem Marmor von Prato einen festen Rhythmus auch in diesen Teil. Ein Meisterwerk seiner Erfindung ist dann das Hauptportal, dessen innere Umrahmung mit Fruchtgewinden von Giovanni di Bertino ausgeführt wurde. Über dem von den Säulen getragenen Gesimse ruht eine Attika, deren Schmuck überaus einfach und streng erscheint, u. über derselben erhebt sich im Mittelteile eine von einem Spitzgiebel bekrönte Pilasterordnung. Die Überleitung dieses erhöhten Mittelbaues, der sich mit der Vorderansicht eines griechischen Tempels vergleichen läßt, zur breiteren Attika vermitteln Voluten, die zugleich die Pultdächer der Seitenschiffe zu verbergen haben; das erste Beispiel ihrer Verwendung in der Renaissancekunst. Sie erscheinen von Alberti gleichsam als melodische Vereinigung der zur Disharmonie neigenden Elemente der Fassade gefunden worden zu sein. Die Fassade wurde 1470 vollendet, wie die Inschrift im Friese meldet: Johannes Oricellarius Pauli Filius Ann. Sal. MCCCCLXX. Bei der Form der prachtvollen Maiuskelbuchstaben sei an Albertis konstruiertes Alphabet erinnert.

Von einer Villa, welche Alberti für Giov. Ruccellai in Quaracchi (zwischen Peretola und Brozzi) erbaute, sind nur wenige Reste der ursprünglichen Anlage erhalten geblieben. Ob hier oder an anderen Stellen etwas von den Projekten zu weitläufigen architektonisch gegliederten Gartenanlagen etwa mit Wasserkünsten, wie sie im Traktat entworfen sind, verwirklicht war, wissen wir nicht.

c) Die Bauten für Lodovico Gonzaga.

Der erste Bau, den Alberti für den Herrn von Mantua entwarf, war die *Kirche S. Sebastiano in Mantua*. Wir sind durch Braghirollis Forschungen über deren Baugeschichte gut unterrichtet. 22. 2. 1460 war das Modell vollendet und schon im März ward mit der Ausführung begonnen. Leider aber wird das Tempo der Tätigkeit im weiteren Verlaufe immer langsamer. 1463 begann man den Portikus, der noch 1466 nicht beendet war, ja über dessen Form 1470 von neuem beraten wurde. Im November dieses Jahres scheinen dann Versprechungen einer raschen Vollendung von seiten Lodovicos den Meister von neuem heiterer gestimmt zu haben. Wie weit aber eine solche Vollendung überhaupt erfolgt ist, läßt sich nach dem heutigen traurigen Zustande schwer entscheiden. S. Sebastiano ist der erste Zentralbau mit dem Grundrisse eines griechischen Kreuzes in der italienischen Renaissance. An der Seite des Einganges ist dem Kreuzarme ein Portikus vorgelegt; hinter denselben sollten zwei Türme treten, von denen nur einer existiert. Die Kuppel ist eingestürzt und wurde durch ein einfaches Dach ersetzt. Um die Ansehnlichkeit des ganzen in seinen Dimensionen kleinen Baues zu steigern, konstruierte Alberti zunächst einen Unterbau, auf den er die Kirche stellte. Eine außerordentlich zierliche von Säulen begleitete Treppe führt vom Platze aufwärts in die Kirche. Über die Fassade läßt sich nach dem heutigen Zustande schwer etwas Abschließendes sagen. Der ausführende Architekt ist hier wie bei den folgenden Bauten Lodovicos Hofarchitekt Luca Fancelli gewesen. Von diesem stammt auch wahrscheinlich der Plan, nach dem die Kapelle der Madonna im Dom zu Mantua 1480 vollendet wurde, ein kleiner Kuppelbau, der sich sehr eng an Albertis S. Sebastiano anschließt, aber durch spätere Zutaten stark verändert wurde.

An Stelle der altehrwürdigen *Kirche S. Andrea* einen Neubau zu setzen, beschloß Lodovico Gonzaga 1470. Er sandte einen von Antonio Manetti dafür vorgelegten Plan dem Alberti zur Beurteilung und gab damit Veranlassung, daß auch Alberti einen Plan entwarf, der sowohl dem Meister selbst besonders gelungen schien, als auch die Bewunderung seines fürstlichen Freundes erregte. Die Verzögerung der päpstl. Erlaubnis zum Abbruch der alten Kirche und die Knappheit der Geldmittel schoben den Beginn der Arbeit bis in den November 1472 hinaus; der Meister sollte selbst den Beginn der Verwirklichung seines grandiosen Planes nicht mehr erleben. Erst 1782 ist der Bau vollendet worden; das Gebäude wurde im wesentlichen bis 1597 errichtet, die Kuppel erst von Filippo Juvara (im 18. Jahrh.) hinzugefügt. In allen Zeiten scheint man sich aber ziemlich getreu an Albertis Plan gehalten zu haben. Nur die Dekoration richtete sich nach dem Geschmacke späterer Zeiten. Der Grundriß ist der eines lateinischen Kreuzes, einschiffig (mit Tonnengewölbe) mit Reihen von alternierenden kleineren und größeren Kapellen, letztere nach dem Hauptschiffe zu in großen Bogen sich öffnend, erstere für sich abgeschlossen und durch niedrigere Türen mit dem Schiffe verbunden. An der Fassade geht das Motiv der Dreiteilung durch korinthische Pilaster, die riesige triumphbogenartige Mittelöffnung und der bekrönende Giebel gewiß schon auf Alberti zurück, wenn auch die Verhältnisse ein wenig verändert worden sein mögen. Südwestlich von Rom in der Campagna im Tale Caffarella befindet sich ein Backsteinbau, das Grabmal eines römischen Privatmannes, fälschlich Tempel des Deus rediculus genannt. Die Vorderseite ist schlecht erhalten, die besser erhaltene Rückseite hat die größte Ähnlichkeit mit der Fassade von S. Andrea, gab also möglicherweise unmittelbar das Vorbild für Alberti ab, von dem wir wissen, daß er die antiken Bauten in Roms Umgebung mit größtem Eifer maß. Eine vorbildliche Bedeutung für manche Bauten Bramantes (z. B. in Abbiate grasso) sowie für die späteren Pläne zur Peterskirche in Rom muß diesem Werke Albertis zuerkannt werden.

Außer den beiden Kirchen in Mantua begehrte Lodovico Gonzaga von dem Meister noch Pläne für die Tribuna der *SS. Annunziata in Florenz.* Schon Gian Francesco Gonzaga hatte in seinem Testament 23. 9. 1444 die Summe von 200 Dukaten für den Bau der Annunziata geschenkt. Die Servitenmönche hatten sich zuerst von Michelozzo dann von Ant. Manetti Pläne für die Tribuna anfertigen lassen. Nach des letzteren Plane begann man auch die Fundamente zu einem Rundbau zu setzen (1460). Aber es gingen die Mittel aus. Da ließ sich der Marchese Lodovico Gonzaga bereit finden, seines Vaters Schenkung auf 2000 Dukaten zu erhöhen und sein Bevollmächtigter Pietro del Tovaglia schloß 7. 9. 1470 mit dem Konvent der Annunziata einen Vertrag, daß nach einem von Lodovico bestimmten Plan entweder auf den vorhandenen oder neu zu errichtenden Fundamenten der Chorbau aufgeführt werde. Daß dieser dritte Plan, welchen Lodovico festgehalten wissen wollte und dessen Ausführung schon 25. 10. 1470 begonnen wurde, ein Werk Albertis war, ist mit Sicherheit anzunehmen. Denn gegen ihn richtete sich die Opposition einzelner florentinischer Künstler, die bald nach Beginn die Arbeiten ins Stocken brachte, und in Briefen des Giovanni Aldobrandini vom 2. 2. und 3. 3. 1471 an Lodovico Ausdruck fand. Tovaglia aber trat aufs entschiedenste für Alberti ein, und Lodovico antwortete, wenn die Florentiner Schwierigkeiten machten, so werde er sein Geld für Bauten in Mantua verwenden. Als dem ungeachtet Aldobrandini ein andres Holzmodell dem Marchese einsandte, riß diesem die Geduld und er stellte die Signoria in Florenz vor die Alternative, entweder Albertis Plan mit allen Mitteln zu fördern oder das Geschenk zu verlieren. Das wirkte. Am 5. 6. 1471 erfolgte der Auftrag zur Weiterführung des Baues, der am 28. 3. 1476 der Vollendung nahe, am 18. 9. 1476 vollendet war. Eine Inschrift im Innern gibt das Datum 1477 an. So liegt die Bauzeit fast ganz nach Albertis Tode. Und das ist zu erwägen bei Beurteilung des heute bestehenden Werkes. Dem Pantheon entnahm Alberti den Plan des Kuppelbaus, in dessen Grundmauern kapellenartige Nischen sich vertiefen. Vielleicht aber hatte er dem Raume das Licht aus einer Laterne der Kuppel zuzuführen die Absicht. In dem Mangel des Oberlichtes liegt der Hauptfehler des heutigen Baues. Eine Eigentümlichkeit dieser Kuppel liegt darin, daß die Schutzkuppel vollständig der inneren Wölbung folgt (so wie später in Bramantes Bauten), wogegen Brunellesco und später Michelangelo die Schutzkuppel unabhängig von der inneren Wölbung nach der Rücksicht auf die perspektivische Wirkung des Äußeren hochführen.

d) Zugeschriebene und zweifelhafte Werke.

Die Apsis der kleinen Kirche *S. Martino a Gangalandi* in Signa bei Florenz, eine zierliche Nische von einem auf kanellierten Pilastern ruhenden Rundbogen begrenzt, geht höchstwahrscheinlich auf einen Entwurf Albertis zurück. Hatte er doch das Priorat der Kirche als geistliche Pfründe (mit dem Ertrag von 160 Goldgulden) von 1432 an bis zu seinem Tode, begegnet doch auch sein Wappen an der Apsis von S. Martino.

Die weitgehende Übereinstimmung zwischen den *Bauprojekten des Papstes Nikolaus V.*, deren eingehende Beschreibung uns Gianozzo Manetti erhalten hat, und den Darlegungen Albertis in seinem Hauptwerke hat Dehio hervorgehoben und daraus den Schluß gezogen, Alberti gebühre selbst ein großer Anteil an den Plänen des Papstes, wenn auch sein Name in den Dokumenten der Zeit fehle, u. nur der des ausführenden Bauleiters Bernardo Rossellino sich finde. Umbauten am päpstl. Palast (nicht erhalten), die Eindeckung von S. Maria Maggiore (grandioso soffitto a lacunario) und eine Restaurierung des Aquaeducts von Aqua Vergine sind mit Wahrscheinlichkeit auf unseren Meister zurückzuführen. Ob er auch der erste war, der die Absicht des Papstes statt auf Restaurierung auf völligen Neubau der Peterskirche bestimmte? Ob in einem in der Biblioteca Barberini in Rom vorhandenen Plane (Abb. bei Londi S. 92) uns noch Albertis Idee des Neubaus erhalten ist? Am Chorabschluß der Basilica ist dann zur Zeit Nikolaus V. gebaut worden.

Die von Bernich versuchte Zuschreibung des ursprünglichen Planes zum Triumphbogen des Königs Alphons in Neapel läßt sich kaum irgendwie stützen, wenn auch eine persönliche Beziehung Albertis zu dem König nach dem Passus in dem 4. Buche della Famiglia (Bonucci, op. volg. II 395), wo Battista erzählt, er habe dem König das durch einen Bären bedrohte Leben gerettet, nicht zu bezweifeln sein dürfte. Auf zahlreiche weitere Zuschreibungen Bernichs glauben wir hier nicht eingehen zu sollen, da nicht einmal Gründe, deren Widerlegung notwendig erschiene, für sie geltend gemacht werden konnten.

III. *Die kunsttheoretischen Schriften Albertis.*

1. Della Pittura Libri III.

Als Basis der Darstellung im Bilde braucht der Maler Vertrautheit mit der Geometrie und der Lehre vom Sehen. Das Sehen bedingt einerseits die Linienperspektive, anderseits die Farben, die von der Beleuchtung abhängig sind. A. unterscheidet vier Grundfarben, entsprechend den vier Elementen: Rot, blau, grün und grau. Weiß und Schwarz sind Lichtintensitäten. Die Malerei erklärt A. für die vollkommenste Kunst, stellt sie über die Skulptur und glaubt sogar, daß von ihr die Architektur gelernt habe. Die Darstellung zerfällt in drei Teile, Umrißzeichnung, Komposition der Figuren (also räumliche Anordnung) und Beleuchtung (Farbengebung, die eben von der Beleuchtung abhängig ist).

Für die richtige Zeichnung der Konturen bedient sich Alberti des Fadennetzes (Schleiers) als Kontrolle der richtigen perspektivischen Zeichnung. Die Komposition erstreckt sich auf die Flächen, Glieder, Körper, Gruppenaufbau. Richtige Darstellung der Körper gewinnt man aus der Kenntnis des Nackten. Der Istoria (dem Geschichtsbilde) sei Reichtum und Mannigfaltigkeit eigen, beide aber durch die Würde des jeweiligen Gegenstandes in Schranken gehalten. Auch Sittsamkeit und Anstand sei in der Kunst bewahrt. Nur emsigstes Naturstudium befähigt den Maler zur richtigen Wiedergabe aller Gemütsbewegungen, aller Körperwendungen, sowie dazu alle Teile an einem Körper mit Alterstufe, Charakter, Aktion des ganzen in Einklang zu setzen. Es folgen wertvolle Beobachtungen zur Statik des Körpers. Was A. über die Darstellung der Haare, Zweige, der Gewanddrapierung sagt, läßt sich eher mit den Übergangsmeistern als mit der Kunst Masaccios in Einklang bringen. Aus dem, was A. über Beleuchtung und Modellierung sagt, spricht das plastische Gefühl des Florentiners. Er empfiehlt die Wahl heller Farben, in rosa, grün und himmelblau findet er die entzückendste Harmonie. Der Glanz des Goldes ist durch andere Farben nachzuahmen.

Wie einerseits das technische Können, so ist anderseits wichtig die sittliche Güte des Künstlers; und wenn er sich in der Geometrie bildet, so strebe er nicht weniger danach in der Dichtkunst. Ihr verdankt der Maler die Motive (Beispiel: Die Verleumdung des Apelles, welche seit dem Bekanntwerden von A.s Schrift von den Renaissancekünstlern häufig dargestellt wurde). Die Schönheit ist in der Malerei nicht nur wohlgefällig, sondern gefordert. Durch beständiges Naturstudium nähre der Maler in sich die Idee der Schönheit, die völlig realisiert in keinem von der Natur geschaffenen Einzelwesen sich findet. Endlich empfiehlt A. auch dem Maler, bereitwillig das Urteil anderer zu hören und daraus Nutzen zu ziehen.

Den Traktat über die Malerei vollendete A. am 26. August 1435 in Florenz und widmete ihn dem Filippo Brunelleschi. — Die Widmungsepistel ist das bedeutsamste Zeugnis für A.s Stellung im künstlerischen Leben seiner Zeit. Er jubelt in dem Freunde und in Donatello, Ghiberti, Luca della Robbia und Masaccio die Schöpfer der neuen Kunst vor sich zu haben, deren Gesetze zu formulieren er sich selbst berufen fühlte.

Der Traktat ist in italienischer Sprache verfaßt. Ausgaben: a) De pictura praestantissima et nunquam satis laudata arte libri tres absolutissimi, Leonis Bapt. de Albertis, viri in omni scientiarum genere et praecipue mathematicarum disciplinarum doctissimi. Jam primum in lucem editi. Basil. MDXL. 8. b) Wiederabdruck mit Vitruv, Leyden, Elzevir 1649. c) La pittura, trad. per Lud. Domenichi, Vinegia 1547. 8°. d) Wiederabdruck, Florenza 1568. 8°. e) Ital. Übertragung von L. Domenichi vereint mit Cos. Bartolis Ausgabe der Architettura: nel Monteregale, per Lion. Torrentino 1565. Fol. f) Dei tre libri della pittura und der Trattato della statua in der Übertragung von Cos. Bartoli, herausgegeben mit dem Trattato della pittura von Leonardo da Vinci, von Raffaello du Fresne, Paris 1651, Fol. g) Trattato della pittura di Lionardo da Vinci, nuovamente dato in luce, colla vita dell' istesso autore, scritta da Raffaello du Fresne. Si sono giunti i tre libri della Pittura ed il trattato della Statua di Leon Battista Alberti colla vita del medesimo. E di nuovo ristampato, corretto, ed a maggior perfezione condotto. Mit Taf. Napoli 1733. Fol.

h) Dasselbe Werk. Mit von Pio Panfili radierten Vignetten. Bologna 1782 und 1786. Fol. i) Die Schrift über die Malerei, zugleich mit dem Trattato Leonardos da Vinci ins Spanische übersetzt von Diego Antonio Rijon de Silva. Madrid 1784. gr. 4. k) Della architettura di L. Alberti Lib. X, della pittura L. III, e della statua L. I, trad. in lingua ital. da Cos. Bartoli, nuov. ediz. da Giac. Leoni, con aggiunta di varj suoi disegni di edificj publici e privati. Londra 1726. 3 voll. Fol. mit engl. Übersetzung. Die Tafeln von Leoni gez., gest. von Picart und Harris. l) Wiederabdruck London 1739, 3 voll. Fol. m) Della pittura e della statua. Mit dem Bildnisse Albertis nach G. Rossi gest. von G. Benaglia und 4 Taf. Milano 1804. 8. n) Leone Battista Albertis kleinere kunsttheoretische Schriften. Im Originaltext herausgegeben, übersetzt, erläutert mit einer Einleitung und Exkursen versehen von Dr. Hubert Janitschek, Wien 1877. (Quellenschriften für Kunstgeschichte XI.) o) In Bonucci, op. volg. vol. IV. p) S. unter 6. l). q) S. unter 6. m). r) S. unter 6. n).

2. De punctis et lineis apud pictores.

Eine kurze Bemerkung über den Unterschied zwischen dem Mathematiker und dem Maler in der Auffassung der Punkte und Linien. Als Exkurs zu dem Trattato della pittura.

Publ. in Mancini, op. ined. pag. 66.

3. Elementi di Pittura, enthält eine Reihe von Definitionen und die flüchtige Aufzählung der geometrischen Probleme, die der angehende Künstler beherrschen muß, ohne die nach A.s Versicherung eine Betätigung als Maler nicht möglich ist.

Ital. verfaßt und von A. selbst für einen Teodoro (vielleicht Gaza) ins Lateinische später übertragen.

Ausgaben: a) Latein. L. B. A. Gli elementi di pittura per la prima volta pubblicati con un discorso sulla parte avuta dall' Alberti nel rimettere in onor la lingua italiana nel secolo XV. Per Nozze cav. Guglielmo Mori Ubaldini dei Conti degli Alberti — Giuseppina de Rosas, G. Mancini, Cortona Tip. Bimbi 1864. b) In G. Mancini, opera inedita pag. 47. Ital. Text.

4. Prospettiva, nach dem Zeugnis des Ignazio Danti, Razzi und Vasari hat Alberti über Perspektive geschrieben, Bonucci hat dann in vol. IV. der opere vulgari einen Traktat nach einer Abschrift des XVI. Jahrh., der ohne Namen des Autors überliefert ward, publiziert, Mancini zweifelt aber an der Richtigkeit der Zuschreibung an Alberti.

5. De statua (Breve compendium de componenda statua) enthält die Proportionslehre Albertis. Er teilt die ganze Körperlänge in 6 Fuß zu je 10 Zoll, und jeden Zoll in 20 Minuten — also die gesamte Körperlänge in 600 Minuten. Die Länge jedes Gliedes im Verhältnis zu dem Ganzen läßt sich daher leicht in Zahlen ausdrücken und A. versucht demgemäß einen Kanon der menschlichen Gestalt festzustellen. Maßstab und Winkelmaß dienen dem Meister zur Bestimmung der festen Verhältnisse der Dimensionen der einzelnen Glieder, das Doppelwinkelmaß zur Ermittelung der Dicke der Glieder, der Definitor aber, eine höchst geistreiche mechanische Erfindung A.s zur Definition der temporären Veränderungen, wie sie durch Bewegungen entstehen.

Die Schrift scheint lateinisch verfaßt worden zu sein und wurde dem Giovanni Andrea Bussi, Bischof von Aleria, gewidmet. Fiele die Widmung mit der ursprünglichen Abfassung zeitlich zusammen, so müßte diese die späteste der kunsttheoretischen Schriften A.s sein. Denn Gio. Andrea wurde erst von Paul II. (also nach 1464) zum Bischof von Aleria ernannt.

Ausgaben: a) Breve compendium de componenda statua, Paris 1651. b) Andere Ausgabe, Napoli 1735. 8. c) S. unter 1. g). d) S. unter 1. h). e) S. unter 1. k.) f) S. unter 1. l). g) S. unter 1. m). h) S. unter 1. n) kleinere kunsttheoretische Schriften, herausgegeben von Janitschek, Wien 1877 mit deutscher Übersetzung und Einleitung. i) S. unter 6. l). k) S. unter 6. m). l) S. unter 6. n).

6. De re aedificatoria Lib. X.

Zur Errichtung eines Bauwerkes bedarf es einerseits des vom Erfinder, vom „Architector“ entworfenen Planes, anderseits der Tätigkeit des die technische Ausführung überwachenden Bauleiters. Die eigentlich künstlerische Aufgabe fällt dem Architector zu. Die erste Sorge des Architectors wird die Wahl eines gesunden und gegen Elementarereignisse sicheren Bauplatzes sein. Sodann mache er sich genaue Zeichnungen und ein Modell in Holz. Besondere Sorgfalt walte dann bei der Wahl des Materials, an Bauholz, an Ziegeln, Kalk und Stein, über welche A. ausführlich spricht. Im 3. Buch spricht A. von den Fundamenten, Mauern, Dach und Balken und mahnt den Architector, einen Bau nach dem Muster der Lebewesen als Organismus durchzubilden. Dem Rundbogen erkennt er allein Berechtigung zu und verwirft die anderen Formen, besonders auch den Spitzbogen. Er wendet sich sodann der Besprechung der möglichen Formen von Gebäuden für verschiedenste öffentliche und private Bedürfnisse zu. Auch über die Anlage von Städten, Straßenzüge, Brückenbau, Befestigungen, Kanal- und Hafenbauten handelt der Traktat. Die Paläste der Staatsoberhäupter seien verschieden je nachdem volkstümliche Fürsten oder Tyrannen sie gebrauchen; für Anlage von Unterrichtsanstalten, Palästen, Spitälern werden wertvolle Winke gegeben. Und es beweist seine tiefe und echte Humanität, wenn er über Krankenhäuser, Krankenpflege ja sogar Irrenpflege detaillierte, für die Zeit ganz neue und später vorbildliche (für das Hospital von S. Spirito in Rom) Anweisungen gibt. Auch für die menschliche Behandlung der Gefangenen erhebt er seine Stimme. Endlich ist vom Villenbau die Rede. Das 6. Buch handelt von der Ausschmückung der Gebäude. Das Ornament sei von solcher Gesetzmäßigkeit, daß nichts hinzugefügt noch weggenommen werden könne, ohne den Eindruck des Ganzen zu stören. Denn in der Natürlichkeit und inneren Notwendigkeit liegt die Schönheit. Und wir verehren Gott mehr wegen der Schönheit der Welt als wegen ihrer Zweckmäßigkeit. Von der Verzierung durch Statuen, Reliefs, Stuccaturen und Malereien ist die Rede. Wandmalereien werden auf die trockene oder nasse Mauer aufgetragen. „Aber man fand jetzt," daß Ölfarben auf die ganz trockene Mauer aufgetragen ihre Leuchtkraft besonders bewahren. (Das glaubte auch Leonardo.) Im 7. Buche spricht A. vom Tempelbau, dem er größte Sorgfalt und Vollendung gewidmet wünscht. Dabei kommt er auf die Formen der Säulen zu sprechen, die er auf drei Grundformen, die dorische, jonische und korinthische zurückführt. Die dorische Säule hat die 7fache Höhe des unteren Durchmessers, die jonische die 8fache, die korinthische die 9fache. Die italische Ordnung (sonst toskanische genannt) reiht er an. Er wünscht in der Kirche einen einzigen Altar angebracht, an dem eine Messe gelesen werde — denn die Überzahl der Funktionen vermindert deren Würde. Den Schmuck des Gotteshauses mögen vor allem Marmorstatuen bilden, deren Haltung dem heiligen Orte angemessen sei. A. tadelt den Gebrauch der Bestattung in Kirchen und auf Friedhöfen innerhalb der Städte, wodurch die sanitären Verhältnisse der Städte verschlechtert werden. Er lobt den Gebrauch der Römer, die Anlage von Gräberstraßen am Lande und erkennt den sanitären Vorteil der Feuerbestattung. In den Städten empfiehlt er die Anlage von Bogengängen, tadelt die zahllosen Verteidigungstürme der mittelalterlichen Städte und stellt selbst eine Idealform des Rundturmes auf, der mit Säulen und Statuen in Nischen verziert, oben mit einem Tempietto und einer Statue bekrönt sei. Im Ornamente des Privathauses darf sich der Künstler bizarre Einfälle und anmutige Erfindungen erlauben, die der Würde des öffentlichen Gebäudes unangemessen erscheinen. Der Charakter des Stadtpalastes sei ernst und würdig, der der Villa fröhlich und anmutig. Die Schönheit aber beruht in bestimmten Maßverhältnissen, für sie lassen mathematische Gesetze sich ergründen, die uralte Zahlensymbolik tritt auch hier in ihr Recht. Auch die Anlage von Gärten beschäftigt ihn. Der heute sog. engl. Gartenstil war schon im 15. Jahrh. dem Prinzipe nach in Italien bekannt. Der in Arithmetik, Geometrie und Zeichenkunst wohlbewanderte Architector verfertige den genauen Plan für das zu schaffende Gebäude. Erst nach langem Studium und Durchdenken aller Details übergebe er ihn als abgeschlossen dem die technische Ausführung überwachenden Werkmeister, dem (oder denen) irgendwelche Änderungen daran vorzunehmen nicht erlaubt sei. Nur infolge späterer Veränderungen habe man die schönsten Bauten verunstaltet. Das 10. Buch handelt endlich von der Natur des Wassers, von der Weise es aufzufinden, der Trockenlegung von Sümpfen, der Anlage von Schleusen bei Kanälen, zum Schlusse von der Vertreibung des Ungeziefers aus Häusern und der Restaurierung ruinöser Bauten.

Die eigentliche Redaktion des Werkes, für das A. jedenfalls jahrelange Studien betrieb, fällt in die Jahre 1451 und 1452. Hoffmann hat nachgewiesen, daß unter den zahlreichen Zitaten aus antiken Autoren sich solche nach der Theophrastübersetzung des Theodorus Gaza (die 1450—51 entstand) finden. Dem Papst Nikolaus V. zeigte Alberti das vollendete Werk, ohne daß aber eine eigentliche Widmung stattfand. Bart. Fazio und Filarete kannten das Buch nur vom Hörensagen, da dasselbe vom Autor nicht publiziert wurde. Erst im Jahr 1485 gab Bernardo Alberti dasselbe im Drucke heraus und widmete es dem Lorenzo Magnifico, mit dem Hinweise, daß diese Widmung schon die Absicht Leon Battistas gewesen sei. Die Wirkung des Buches auf weitere Kreise beginnt erst mit diesem Zeitpunkte. Aus dem die Widmung begleitenden Briefe des Angelo Poliziano erfahren wir auch, daß der Tod Battista gehindert habe, die letzte Ausfeilung seines Werkes vorzunehmen.

Ausgaben: a) Erste Ausgabe mit folgendem Titel: Laus Deo Honos et Gloria. Leonis Baptistae Alberti Florentini viri clarissimi de re Aedificatoria opus elegantissimum et quam maxime utile: Florentiae accuratissime impressum opera Magistri Nicolai Laurentii Alamani: Anno salutis Millesimo octuagesimo quinto: quarto Kalendas Januarias. Fol. b) Wiederabdruck Paris 1512, 4. c) Wiederabdruck Straßburg 1541. d) Wiederabdruck Paris 1553, 4. e) Dieci libri d'Architettura trad. da P. Lauro. Vinegia, Valgrisio 1546. 8°. f) L'Architettura, tradotta in lingua fiorentina da Cos. Bartoli, Firenze 1550. Fol. Mit dem Bildnisse A.s und Holzschnitten. g) Wiederabdruck, Venedig 1565, 4. h) Wiederabdruck, mit der Übersetzung Domenichis vom Traktate über Malerei: nel Monteregale per Lion. Torrentino 1565, Fol. i) S. unter 1. k). k) S. unter 1. l). l) Della architettura, della pittura e della statua trad. da Cos. Bartoli. Mit 69 Tafeln gest. von Pio Panfilii, pittore Fermano. Bologna 1782. Fol. m) Wiederabdruck, Mailand 1803, 2 voll. 8°. n) Wiederabdruck, Ausg. von Perugia 1804, 2 voll. 8°. o) L'architecture et l'art de bien bastir en X livres trad. de latin en franç. par J. Martin. Mit Holzschn. Paris 1553. Fol. p) Los diez libros de Arquitectura, traducidos de latin en romance (von Francisco Lozano) (Madrid) 1582. 4. q) Wiederabdruck, Madrid 1640. Fol. r) Teile einer ital. Version, welche Bonucci für eine ursprüngliche Fassung Albertis hielt, was von anderen bezweifelt wird, finden sich abgedruckt in den op. volg. vol. IV.

7. I cinque ordini architettonici. Eine kurze Schrift über die fünf Säulenordnungen, die toskanische, dorische, jonische, korinthische und lateinische. Eine äußere Beglaubigung für die Authentizität der Schrift fehlt. Und die Gründe, welche Hoffmann (Studien pag. 52) gegen die Zuschreibung an A. geltend gemacht hat, sind wohl so schwerwiegend, daß man den Traktat aus den sicheren Werken des Meisters ausscheiden muß.

Ausgaben: a) Bei Bonucci op. volg. vol. IV. b) Bei Janitschek, kl. kunsttheoret. Schriften des L. B. A. Wien 1877.

IV. *Leone Battista Albertis übrige Schriften.*

I. Poetische und moralisch-philosophische Werke:

1. *Philodoxeos.* Komödie. Ausgaben: a) Lepidi comici veteris Philodoxios fabula ex antiquitate eruta ab Aldo Manuccio, Lucae 1588. kl. 8°; b) A. Bonucci, opere volgari di L. B. Alberti, I., Firenze 1845.

2. *De commodis atque incommodis litterarum.* Ausgaben: a) Opera sive de commodis atque incommodis litterarum ad Carolum fratrem ..... s. l. et a. 4° 52 Bl. (Florenz 1496). b) Opuscoli morali .... tradotti da C. Bartoli, Venezia 1568, mit Bildnis u. Holzschn.: Delle comodità ed incomodità delle lettere.

3. *Ecatomfilea.* Ausgaben: (Bapt. de Albertis poetae laureati) De amore liber optimus (s. l. u. ohne Namen des Druckers) 1471, 4°; dasselbe wie die Hecatomphila; italienisch, nur der Titel lateinisch. b) Ecatonphyla. Finisce Ecatonphila la quale insegna a amare. Stampata in Venetia per Bernardino de Cremona nel MCCCCXCI. 8°. c) Hecatomphila che ne insegnia l'ingeniosa arte d'amore: Deiphira che ne mostra fuggir il mal principiato amore, Vineggia, Sessa 1528 und 1534. s. l. 1545. d) Ecatomphila di Giov. Boccatio. Vineg. Fr. Bindoni 1524. 8°. (Hier fälschlich Boccaccio zugeschrieben.) e) Hecatomphile, de vulgaire italien tourne en langaige francoys .... Paris, Galliot du Pré, 1534. kl. 8°. f) Hecatomphile. MDXXXVI. Auf der Rückseite des Titels: Hecatompie, ce sont deux dictions grecques ...., ohne Druckort, kl. 8° mit Holzschnitten, Ausgabe von Lyon 1534, 2. Ausg. von Lyon 1537, Ausgabe von Paris, Sergent 1539, 16°, Ausgabe Paris, Alain Latrian 1540, 16°, Holzschnitte. g) Concetti amorosi ne' quali sotto il nome di Hecatomfila s'insegna la bella e ingegnosa arte d'amore con un dialogo intitolato Deifira .... Genova 1572. 8°. h) Opere volgari d. L. B. Alberti, ed. A. Bonucci, vol III. i) Opuscoli morali, ed. Cos. Bartoli.

4. *Deifira,* Dialog, italienisch. Ausgaben: a) Siehe unter 3 c). b) Siehe 3 i). c) Siehe unter 3 h). d) Opus praeclarum de amoris remedio s. l. 1471, 4°, italienisch, nur der Titel lateinisch; dasselbe wie die Deifira. e) La Deiphire de M. L. B. Albert, französ. und italien., Paris, G. Corrozet 1547. f) In Opuscoli morali, ed. Cos. Bartoli.

5. *Eklogen.* Opere volgari ed. Bonucci, vol. V.

6. *Intercoenalia,* ehemals angeblich in 10 Bücher eingeteilt; einige vom Autor selbst vernichtet. Im Kodex zu Oxford, der 17 derselben bewahrt, findet sich auch die Widmung dieser kleinen Schriften an Paolo Toscanelli. Ausgaben: In Mancini, Opera inedita, Florenz 1890. — Uxoria, ein Intercoenale, das Alberti später, am 9. 12. 1439 schrieb und dem Piero de' Medici widmete, ist nicht gedruckt; cod. magliab. 119 cl. XXI Florenz; Inhalt bei Mancini, Vita pag. 176.

7. *Sofrona.* Op. volg. ed. Bonucci, vol. I.

8. *Pontifex.* Opera inedita ed. Mancini, Florenz 1890.

9. *De Iure,* Dialog. Ausgaben: Unter 2 a). Opera (Florenz 1496).

10. *Lettera consolatoria.* Op. volg. ed. Bonucci vol. V.

11. *Apologi.* Hundert Fabeln. Ausgaben: a) Siehe unter 2 a). b) Op. morali ed. Cos. Bartoli. c) Fables diverses de L. B. Alberti, Paris 1693, 12.

12. *Il Teogenio,* lib. II. Ausgaben: a) Teogenio, dialogo morale, Venezia 1545. 8°. b) In op. volg. ed. Bonucci. vol. III.

13. *Della Tranquillità dell' animo,* lib. III. Ausgabe: Op. volg. ed. Bonucci I.

14. *Della Famiglia* libri IV. Ausgaben: Das III. Buch als Arbeit des A. Pandolfini herausgegeben von Manni 1734 unter dem Titel Governo d. Famiglia. Dasselbe dann 1844 von Franc. Palermo in Neapel unter dem Titel Padre di Famiglia (2. Aufl. Florenz

1872) schon als Werk d. Alberti publiziert. Alle 4 Bücher dann von A. Bonucci op. volg. vol. II u. vol. V herausgegeben.

15. *Cena di Famiglia.* Ausgaben: a) Op. volg. ed. Bonucci vol. I. b) Neue Ausgabe durch Conte Mario Alberto, Florenz 1873.

16. *Momus* sive de Principe, libri IV. Ausgaben: De Principe, Romae apud Steph. Guilteretum Kal. Nov. MDXX fol. b) Momus s. de Principe B. I—IV. Romae in aed. Jac. Mazochii 1524. 4°. c) El Momo, graciosa historia, compuesta en latin e trasladada en Castellano por Aug. de Almaçan. Alcala de Henares 1553 Fol. Wiederabdruck Madrid 1598 8vo. d) Momus, des L. B. Alberti, Wien, Verlag Fr. Jac. Kaiserer, gedr. bey Ign. Alberti 1790. e) Opuscoli morali ed. Cos. Bartoli, Ven. 1568.

17. *Mosca.* Opuscoli morali ed. Cos. Bartoli, Ven. 1568.

18. *Canis.* (Fingierte Grabrede auf einen treuen Hund, wichtig für die Biogr. Albertis wegen darin enthaltener autobiogr. Notizen.) Ausgaben: a) Alberti, Opera etc., Florenz 1496 s. 2. a. b) in Opuscoli morali ed. Cos. Bartoli. c) Il cane, opuscolo di L. B. Alberti voltato di latino in volgare da Piero di Marco Parenti, Ancona 1847, stampato per cura di S. Camerini.

19. *Trivia.* Ausgaben: a) in Alberti, Opera etc. (Florenz 1496) s. 2. a. b) in Opuscoli morali trad. da Cos. Bartoli. c) Trivia s. de causis senatoriis, Basileae 1538. 4°. d) Wiederabdruck in Acad. Veneta 1558. 4°.

20. *Psalmi* praecationum. Ausgabe: Mancini, L. B. A. opera inedita, Florentiae 1890.

21. *Epistolae septem Epimenidis Diogeni inscriptae.* Ausgabe: Mancini, opera inedita, Florenz 1890.

22. *De Iciarchia.* Ausgabe: in op. volg. ed. Bonucci vol. III.

23. *Amator.* Gedruckt in Mancini, opera inedita, Florenz 1890.

24. *Frottola.* a) unter dem Titel „Serventese" enthalten in Trucchi: Poesie ital. ined. di dugento autori, Prato 1846. b) bei Mancini, op. ined. Florenz 1890.

25. *Madrigal,* gedr. bei Mancini op. ined.

26. *d'Amicitia,* gedr. bei Mancini op. ined.

27. *L'Efebie,* gedr. bei Bonucci op. volg. vol. V. Eine andere Schrift „L'Efebie" von Carlo Alberti verfaßt, ist eine Nachahmung von Battistas Amator.

28. *Lettere amatorie,* gedr. bei Bonucci op. volg. vol. III.

29. *Avvertimenti matrimoniali.* Op. volg. ed. Bonucci vol. I.

30. *Intorno a tor donna,* ebenda.

31. *Sentenze Pitagoriche,* ebenda.

32. *Istorietta amorosa fra Leonora dei Bardi e Ippolito Buondelmonti,* ebenda vol. III.

33. *Dell' amministrar la ragione,* op. mor. trad. da Cos. Bartoli.

34. *Della republica, vita civile et rusticana et della fortuna.* Ausgaben: a) Opera de republica, de vita civile e rusticana e de fortuna, am Ende: Finita l'opera di Misser B. Alberti (Florenz gegen 1490) in 4° 44 Bl. b) Op. mor. trad. de Cos. Bartoli. c) Della republica, della vita civile e rustic. e della Fortuna Dialogo, Venezia 1543. 8°.

35. *Epistola ad Cratem,* gedr. bei Mancini, op. ined.

36. *Epistolae,* gedr. ebenda, andere bei Guhl-Rosenberg Künstlerbriefe, bei Seitz (S. Francesco in Rimini), Pini (La scrittura degli artisti), endlich Bonucci op. volg.

37. *Vita Potiti.* Ausgabe: Della vita di S. Potito in op. mor. trad. da Cos. Bartoli.

II. Historische und topographische Abhandlungen.

1. *Descriptio Urbis Romae,* gedr. bei Mancini, op. ined. p. 36.

2. *De Porcaria coniuratione.* Ausgaben: a) Commentarius de coniuratione . . . . . in lucem ex ms cod. ab Laur. Mehus ed. bei Muratori, Script. rerum Ital. XXV 293 ff. b) durch G. Mansi in Testi di lingua inediti, Roma 1816 in ital. Version. c) bei Mancini, op. ined. p. 287.

3. *Nota de casu ad pontem Aelium Romae anno* 1450 *successo,* gedr. bei Mancini, op. ined. p. 308.

III. Abhandlungen naturwissenschaftlich-technischen Inhalts.

1. *Ludi matematici.* Ausgaben: italien. als „Piacevolezze matematiche" in op. mor. trad. da Cos. Bartoli.

2. *Navis.* Diese noch im 16. Jahrh. verbreitete Schrift ist jetzt verschollen; vgl. Mancini, op. ined. p. 238.

3. *De equo animante.* Drucke: a) De equo, Basileae (Mich. Stella) 1556. b) bei Mancini, op. ined. p. 309.

4. *De componendis cifris.* Op. mor. trad. da Cos. Bartoli. Vorwort, lateinisch, bei Mancini, op. ined. p. 309.

5. *Delle lettere e degli altri principii di grammatica,* verschollen, vgl. Mancini vita pag. 418.

6. *Dell' arte monetaria,* ein verschollener Traktat, von dem sich nur eine kurze Erwähnung erhalten hat, vgl. Mancini, vita pag. 148.

7. *De lunularum quadratura,* gedr. bei Mancini, op. ined. pag. 305.

8. Traktat über Hydraulik, speziell über Mühlen, vgl. Mancini, Arch. stor. ital. 1885.

Literatur über Leben und Bauten des Alberti.

Vita in Muratori Script. rer. Ital. XXV 295 ff. — Vasari ed. Milanesi (Sansoni, Florenz, IV). — Leo Bapt. Alberti a Pompilio Pozzetti etc. in solemni studiorum instauratione laudatus. Acc. Comm. italicus, quo vita eiusdem et scripta compluribus adhuc ineditis documentis illustrantur. Florent. 1789. 4. — G. Niccolini, Elogio dell' Alberti, Firenze 1819. — Piacenza in Baldinucci, Opere Milano (1808 bis 12) V. — Gaye, Carteggio I 345 ff. — Jacob Burckhardt, Kultur der Renaissance, Leipzig 1896. 5. Aufl. I 151. — A. Springer, Bilder a. d. neueren Kstgesch., 2. Aufl., Bonn 1886 p. 257 ff. — Cl. Popelin in Gazette des beaux-arts XXV. — J. Meyer, Aufsatz im Kstlerlex. 1869 (woselbst ältere Literatur angegeben). — A. Neri, La nascità di L. B. Alberti, Giornale Ligustico IX 5 (1882). — Jacob Burckhardt, Geschichte der italien. Renaissance, 4. Aufl., Stuttgart 1905. — Rud. Redtenbacher, Die Architektur der italien. Renaissance, Frankfurt a. M. 1886. — Marcel Reymond, La sculpture Florentine, Sec. moitiée du XV. siècle, Florence 1899. — Hub. Janitscheck, Alberti-Studien, Repertorium für Kunstwissenschaft VI 1883. — A. Heiss, Les médailleurs de la Renaissance, 4. Bd. Paris 1883 pag. 7 ff. — Fr. Schumacher, L. B. Alberti und seine Bauten (in „Die Baukunst" von Borrmann und Graul 2. Serie, Heft 1). — C. Neuschloß, Bruneleschi und Alberti, Dissertation, Budapest 1903. — Rud. Redtenbacher, L. B. Alberti, in Rob. Dohme, Kunst und Künstler des Mittelalters und der Neuzeit II 1. Leipzig 1878. — Girol. Mancini, Vita di L. B. Alberti, Firenze (Sansoni) 1882. Ausführliche, grundlegende Arbeit, in der alles ältere Material verwertet ist. — Derselbe, Nuovi documenti e notizie sulla vita e sugli scritti dell' Alberti, Firenze 1887 (Estratto dall' Arch. stor. ital. IV. Serie Tom. XIX). — Guhl-Rosenberg, Künstlerbriefe, 2. Aufl. 1880. — H. v. Geymüller, Aufsatz in „Die Architektur der Renaissance in Toskana" (München 1888). — G. L. Scipioni, L'anno della nascità di L. B. A. in Giorn. stor. d. letterat. ital. vol. XVIII 1891, pag. 313—319. — Felice Barnabei, Delle antichità scoperte nel lago di Nemi Roma 1895. — Corrado Ricci, L. B. Alberti, discorso tenuto in Rimini nel V. Centenario dalla sua nascità, Bologna 1905. — Emilio Londi, L. B. Alberti Architetto, Firenze 1906.

Literatur über Albertis Schriften.

Bandini, Specimen literaturae Florentinae seculi XV. Florenz 1748. II 108 ff. — Derselbe, Catal. codd. lat. Biblioth. Mediceae Laurent. II 618 und Biblioth. Leopold II 83. — Tiraboschi, Stor. d. Letterat. Ital. Romae 1782—1785 VI 1. 360 ff. — Mazzuchelli, Dizionario degli Scritt. d'Ital. I 1. 310. — O. Hoffmann, Studien zu Albertis zehn Büchern „De re aedificatoria". Frankenberg i. S. 1883. — H. Janitschek, Einleitung zu „Albertis kl. kunsttheoret. Schriften". Wien 1877. — Steigmüller, Kannte Alberti den Distanzpunkt? Repertorium f. Kunstwissenschaft 1891. XIV. — Memorie e documenti inediti per servire alla vita letteraria di L. B. Alberti s. l. e I a. 4°.

Literatur über Albertis Bauten.

Über S. Francesco in Rimini.

Raffaele Adimari, Sito Riminese, Brescia 1610. — Gior. Batt. Costa, Il tempio di S. Francesco di Rimini, in Miscellanei di Varia letteratura Tom. V. Lucca 1765. — Carlo Tonini, Guida illustrata di Rimini 1879 und 1893. — Charles Yriarte, Rimini, 1882. — Fritz Seitz, S. Francesco in Rimini, Berlin 1893, ausführliches Hauptwerk mit bestem Abdruck der auf den Bau bezüglichen Briefe und vorzüglichen Aufnahmen des Baus. — Le Temple de Malateste de Rimini, de L. B. Alberti, Fulgineo 1740 (Foligno 1794). — Luigi Nardi, Descrizione antiquario-architettonica dell' arco di Augusto, del Ponte di Tiberio e del Tempio Malatestiano di Rimino, Rimino 1813. — F. Malaguzzi-Valeri, Il tempio Malatestiano, „Secolo XX" 1903.

Über die florentinischen Bauten.

Richa, Chiese Fiorentine III 23, 314. — Jodoco del Badia, Raccolta delle migliori fabbriche antiche e moderne di Firenze, Firenze 1876. — Luigi Passerini, Gli Alberti di Firenze, Firenze 1870. — Wood Brown, The dominican church of S. Maria Novella, 1902. — P. Vincenzo Fineschi, Lettera sulla facciata di S. Maria Novella, Novelle Litterarie 1779. — J. Durm, Die Baukunst der Renaissance in Italien, pag. 148 ff. Stuttgart 1903.

Über die Bauten des Lodovico Gonzaga.

W. Braghirolli, Alberti a Mantova, Doc. e not. ined. Firenze 1861, Archivio Storico Italiano, serie III Tom. IX. — Ders., Die Baugeschichte der Tribuna der S. Annunziata in Florenz, Repertorium f. Kunstwissenschaft II (1879). — E. Ritscher, Die Kirche S. Andrea in Mantua, Berlin 1899. — R. Bellodi, La basilica di S. Andrea in Mantova, Emporium 1901. — Vittorio Matteucci, Le chiese artistiche del Mantovano, Mantova 1902. — Paolo Orioli, Arte ed inscrizioni nella basilica di L.-B. Alberti Fiorentino o S. Andrea in Mantova, Mantova 1892. — Gaet. Susani, Nuovo prospetto della pitture, sculture architetture ecc di Mantova, Mantova 1830. — Carlo d'Arco, Delle Arti e degli Artefici di Mantova Notizie, Mantova 1857 I 110, II 12, 208. — Eckstein-Zittau, Zu Albertis Fassade von S. Andrea in Mantua, Kunstchronik N. F. III 151.

Über Projekte, zugeschriebene und zweifelhafte Werke.

G. Dehio, Die Bauprojekte Nikolaus V. und L. B. Alberti, Repertorium für Kunstwissenschaft III 1880. — Guido Carocci, La chiesa di S. Martino a Gangalandi, Arte e Storia, aprile 1901. — Ettore Bernich, Aufsätze in Napoli nobilissima XII, XIII, Arte e Storia XX, Rassegna Pugliese, Maggio 1894, Rassegna d'Arte 1902. — W. Rolfs, L'architettura Albertiana e l'arco Trionfale di Alfonso d'Arragona, Napoli nobilissima XIII. — Ders., Der Baumeister des Triumphbogens in Neapel, Jahrbuch der k. preuß. Kunstsammlungen 1904, XXV.

W. Suida.

Alberti, Lodovico, Maler, Bildhauer und Holzschnitzer, Sohn des Malers und Bildhauers Giovanni di Giuliano di Alberto A. (gen. Liso). Von ihm wird berichtet, dass er für den Maler Raffaellino dal Colle († 17. 11. 1566) den Sarg fertigte.

Libro dei Morti del Comune di Sansepolcro. 1886 p. 249, 255. — Coleschi, Stor. di Sansepolcro, 1886 p. 249, 255. — Meyer, Kstlerlex.

W. Bombe.

Alberti, Maria Agatha, Malerin, geb. zu Hamburg 14. 11. 1767, † zu Münster um 1810. In Dresden 1801—3, in Münster Nonne. Porträtierte und kopierte (meist Madonnen). Goethes Anerkennung ihrer Sorgfalt beim Kopieren s. Lieboldt, Mitt. d. Ver. f. Hamb. Gesch. XI 215.

Hamburger Kstlerlex. *E. Benezé.*

Alberti, Graf Matteo, Architekt aus Venedig. Oberbaudirektor des Kurfürsten Johann Wilhelm von der Pfalz (1690—1716). Erbauer des Schlosses Bensberg im Kreise Mühlheim a. Rh.; Schöpfer von Idealplänen zu einem Schloßneubau in Düsseldorf (im histor. Mus. in Düsseldorf) und zu einer neuen Residenz in Heidelberg.

G. M. Raparini, Le portrait du vrai mérite dans la personne ser. de monseign. l'électeur palatin, Handschrift aus dem Jahre 1709 im Besitze des Herrn Max Pflaum auf der Fahnenburg bei Düsseldorf. — Clemen, Kunstdenkmäler der Rheinprov. Bd. V. Kreis Mülheim a. Rhein S. 66. — Th. Levin, Beitr. z. Gesch. der Kunstbestrebungen in dem Hause Pfalz-Neuburg. (Jahrb. d. Düsseldorfer Gesch. Vereins Bd. XX.) *Dr. Board.*

Alberti, Michele, ital. Maler der zweiten Hälfte des 16. Jahrh. Von Vasari als Florentiner bezeichnet, nach Coleschi aber der aus Borgo S. Sepolcro stammenden Familie angehörend. Die Angabe Coleschis, daß Michele A. der Sohn des Alberto A. (1526 bis 1592) und jüngerer Bruder von Alessandro, Cherubino und Elisabetta A. gewesen sei, muß auf einem Irrtum beruhen. Da Elisabetta 1555 geboren ist, könnte man Micheles Geburt nicht früher als 1556 ansetzen, und er könnte dann nicht bereits um 1560 tätig gewesen sein, wie Vasari berichtet! Michele A. war ein Schüler des Daniele Ricciarelli da Volterra (geb. um 1509, † 1566). In der Kirche S. S. Trinità dei Monti zu Rom hat Michele Alberti nach den Cartons des Daniele da Volterra im Verein mit Giov. Paolo Rossetti, einem anderen Schüler des letztgenannten Meisters, die Wandmalereien der dritten Kapelle zur Rechten ausgeführt, und zwar gehört seiner Hand speziell das sehr zerstörte und übermalte Freskobild mit der Darstellung des Bethlehemitischen Kindermordes an. Der Künstler war ein Lieblingsschüler des Daniele da Volterra, der ihn zusammen mit Feliciano da San Vito zu seinem Testamentsvollstrecker und zum Erben seines künstlerischen Nachlasses ernannte. Michele und Feliciano erboten sich auch nach dem Tode des Daniele da Volterra († 1566) die bronzene Reiterstatue Heinrichs II. von Frankreich, zu der ihr Meister von Caterina de Medici Auftrag erhalten hatte und von der nur das Pferd fertig gegossen worden war, zu vollenden. Jedoch kam es nicht dazu, das Pferd wanderte allein nach Frankreich, wo dann Kardinal Richelieu an Stelle Heinrichs II. die Statue Ludwigs XIII. darauf setzen ließ, um das Monument in dieser Fassung endlich 1639 in Paris zur Aufstellung zu bringen.

Vasari-Milanesi, VII 61, 69. — Orlandi, Abecedario 377, 378. — Coleschi, Stor. di S. Sepolcro 1886 p. 253. *A. Muñoz.*

Alberti, Pierfrancesco, italien. Maler und Radierer, geb. zu Borgo S. Sepolcro 1584, † zu Rom 1638, Schüler seines Vaters Durante. Lanzi erwähnt von ihm unter anderen Gemälden eine Himmelfahrt Mariae in S. Bartolomeo in Borgo S. Sepolcro, andere Werke in S. Giovanni und im Dome desselben Ortes. Ein h. Franziskus, der den Indern predigt, in der Casa Alberti daselbst ist bezeichnet. Von A. sind auch einige Radierungen bekannt, die meist mit seinem aus P F A zusammengesetzten Monogramm bezeichnet sind. Seine grösste und beste Radierung ist die amüsante Darstellung einer Malerschule (Acad. de' Pitori, B. XVII 313). Sieben andere, Genredarstellgn. und Allegorien, werden von Nagler (Monogr. II, 2324 u. IV. 2930) aufgeführt. Zwei von Bartsch (P.-Gr. XVIII 272) Facini zugeschriebene, unbezeichnete Blätter sind von Nagler u. Schmidt (Meyers Kstlerlex.) mit Unrecht für A. in Anspruch genommen worden.

Meyer, Kstlerlex. — Coleschi, Stor. di Sansepolcro 1886 p. 168, 184, 188, 254. *P. K.*

Alberti, Pietro, italien. Architekt des 15. Jahrh., arbeitete in Gemeinschaft mit dem später zum Capomastro von Bologna ernannten Maestro Bartolommeo da Novellara am Bau des Bologneser Bentivoglio-Palastes. Nach Oretti würde die Haupttätigkeit des Meisters in die Zeit um 1459 fallen, und zwar soll er längere Zeit in Bologna gearbeitet haben.

Repert. f. K.-W. XVIII 246.
F. Malaguzzi-Valeri.

Alberti, Ridolfo degli, s. *Fioravanti,* Aristotile.

Alberti, Romano, gen. Nero, italien. Holzschnitzer des 16. Jahrh., Bruder des Giovanni di Berto und Oheim d. Alberto, wird gleich diesem als tüchtiger Holzschnitzer genannt.

Meyer, Kstlerlex. *A. Muñoz.*

Alberti, Romano, Maler, Holzschnitzer u. Bildhauer, in Rom, ein zweiter Bruder des Alberto, war 1593—99 Sekretär der Accad. rom. di S. Luca und publizierte 1585 in Rom einen „Trattato sopra la nobilità della pittura" und 1604 in Pavia „Origine e progresso dell' Accad. del disegno de' pittori, scultori ed architetti di Roma", ein Werk, welches beim Mangel an Originaldokumenten und alten Registern eine Hauptquelle für die Geschichte der Akad. ist. Von ihm ein Fresko im Ex-Convent der Minori Osservanti in S. Sepolcro, die Stadt vom hl. Franziskus gesegnet darstellend.

Missirini, Mem. d. rom. accad. di S. Luca 26. — Coleschi, Stor. di Sansepolcro 1886 p. 184, 250. — Ladvocat, Diz. portatile.
A. Muñoz.

Alberti, Urbano, Miniaturmaler in Perugia, 10. 5. 1671 in die Zunft der Miniaturisten zu Perugia aufgenommen. Werke nicht bekannt.

Giornale di Erud. artist. II (1873) fasc. XI bis XII 310. *Walter Bombe.*

Alberti, Vitruvio, Maler des 17. Jahrh. in Rom.

Missirini, Stor. della rom. Accad. di San Luca 1823 p. 461. *Ozzola.*

Alberti y Barcelo, Fernando, span. Maler und Illustrator, geb. 17. 4. 1870 zu Madrid, Schüler der dortigen Kunstakademie, debutierte 1892 auf der Madrider Ausstellung mit einem Aquarell, stellte 1901 das Gemälde „L'Atalaya", 1904 „Erste Zusammenkunft" aus und 1906 „Herbstsonne", „Die Tochter Venedigs", „Sauersüß", „Die Schülerin", außerdem ein Selbstporträt. Als Illustrator lieferte er zahlreiche Zeichnungen für Zeitungen und Revuen, besonders für „Blanco y negro". *P. Lafond.*

Albertin, A., französ. Maler in Grenoble, stellte in den Pariser Salons von 1895, 1896 und 1899 Landschaften aus der Umgebung von Grenoble aus.

Salonkataloge. ***

Albertin, Heinrich, Goldschmied in München 1599. Führte als Meisterzeichen Lilie im runden Felde.

M. Rosenberg, Der Goldschm. Merkzeichen No. 1144. ***

Albertinelli, Mariotto di Bigio di Bindo, Maler, geb. zu Florenz 13. 10. 1474, † ebenda 5. 11. 1515.

Aus der alten florentinischen Familie der Albertinelli stammend, sollte er wie sein Vater Goldschläger werden, wandte sich jedoch bald der Malerei zu und trat bei Cosimo Rosselli in die Lehre. Dort lernte er den etwas älteren Bartolommeo della Porta kennen. Sie befreundeten sich und mieteten sich, als sie etwa 1493 aus der Lehre traten, eine gemeinsame Werkstatt. Eine kurze Trennung im Jahre 1494, wo Albertinelli für sich in den Gärten der Medici nach den Antiken zeichnete, änderte nichts am freundschaftlichen Verhältnis. Als Bartolommeo 1500 ins Kloster eintrat, überwies er seinen jüngeren Bruder Piero Albertinellis Obhut, der ihn in der Malerei unterrichten sollte und ließ sein unvollendet gebliebenes Fresko in S. Maria Nuova von ihm fertig malen. Als dann nach Jahren der Entsagung der Frate Bartolommeo sich der Malerei wieder zuwandte und 1508 zurückgekehrt von einer Reise nach Venedig eine größere Werkstatt auftat, da zog er wieder Albertinelli heran. Dieser hatte in den bis dahin vergangenen Jahren für sich weitergearbeitet. Nicht dem Beispiel des Freundes folgend, hatte er sich mit Antonia d'Amadore d'Ugolino verheiratet. Aber seine Werke zeigen deutlich, daß er andauernd in Beziehung zum Frate gestanden. 1509—1512 arbeitete er mit dem Frate zusammen in der Werkstatt von S. Marco, überall mittätig und nach den Entwürfen Bartolommeos ausführend. Das gemeinsame Werkstattzeichen bildet sich aus zwei in sich verschlungenen Ringen mit einem Kreuz. Ende 1512 kam es dann zu einem ernstlichen Bruch zwischen den beiden Freunden. Albertinelli verließ die Werkstatt Bartolommeos. Aber allzubald fühlte er, was ihm an dem Freund verloren gegangen war. Nun plötzlich mußte er all das, was der Frate ihm vorgezeichnet und weiter durchgebildet hatte, wie die Perspektiven, Verkürzungen und Lichtführungen selbst berechnen und mühsam durchbilden. Verzweifelnd an seinem Können gab er die Malerei auf und um sich und seiner Familie das Brot zu verdienen, eröffnete er eine Schenkstube oder übernahm wohl vielmehr die seines Schwiegervaters, der Weinhändler war. Vasari nennt eine Taverna an Porta San Gallo und eine an Ponte Vecchio al Drago; heute noch befindet sich eine „Taverna di Mariotto Albertinelli" nicht weit vom Palazzo Buonarotti. Dann erzählt Vasari von Albertinellis Romreise, wie er in S. Maria della Querica Halt gemacht hatte, um dort ebenso wie in Rom malerisch tätig zu sein, wie er dann in Rom erkrankte, und im Korb nach Florenz gebracht wurde, um kurz nach seiner Ankunft in Florenz 5. 11. 1515 zu sterben.

Die Werke Albertinellis, die zumeist datiert und oft auch mit dem Namen des Künstlers versehen sind, beweisen deutlich seine intimen Beziehungen und die weitgehende Abhängigkeit von Fra Bartolommeo. Frühe Bilder seiner Hand, wie das Porträt der Alfonsina, der Gemahlin des Piero de' Medici, deren Gönnerschaft sich Albertinelli erfreute, u. a. sind verloren gegangen. Zuerst begegnen wir ihm auf der 1497 datierten Verkündigung im Dom von Volterra, die er offenbar in Gemeinschaft mit Bartolommeo ausführte. Während die Gestalt des Engels sicher auf den Frate zurückgeht, sind Maria, Gottvater und der Hintergrund von Albertinelli. Weiterhin vollendete A. das von dem Frate 1498 in S. Maria Nuova begonnene Fresko des jüngsten Gerichtes (heute in den Uffizien). Der ganze untere Teil, ferner die drei Engel sind von ihm. Seine Leistung tritt hinter der des Freundes bedeutend zurück. Gewiß haben genaue Vorzeichnungen des Frate vorgelegen, aber an der Plumpheit der Bildung, Ungeschicklichkeit der Bewegung u. Schwäche der Zeichnung erkennt man seine Hand.

Nun folgt ein Jahrzehnt ziemlich eigner Tätigkeit. Freilich Zeichnungen und Anregungen scheint er vielfach vom Frate erhalten zu haben. So will die große und vornehme Auffassung seines schönsten Bildes, das der

Visitation in den Uffizien undenkbar erscheinen ohne die veredelnde Einwirkung des Frate. Die Pilasterhalle hinten ist peruginesk, wie überhaupt Peruginos stille Harmonie der Stimmung, wie dessen glatte Malweise unbedingt Einfluß auf die beiden Freunde gehabt hat. Sehr durchempfunden ist die Auffassung der Frauen in ihrer feinen Gegenüberstellung, bei Elisabeth die starke Verbeugung und das beschattete Profil mit der ausdrucksvollen Gebärde der Linken, bei Maria das hoheitsvoll ergebene leichte Sich-Verneigen. Beide Profile scharf vor den hellen Horizont gestellt, haben in dieser Härte noch viel Quattrocentistisches, aber die geschickte Verbindung der Figuren zur Gruppe, die Massigkeit der körperlichen Bildung in breit und groß geworfenen Gewändern, die große Auffassung, welche alles Detail einer geschlossenen Gesamtwirkung opfert, all das ist ganz cinquecentistisch. Jedenfalls steht das Bild am Beginn der neuen Zeit, wie die Datierung auf den Pilastern — MDIII — beweist. In dieselbe Zeit gehört auch ein Tondo im Pitti, welches von gleicher an Lorenzo di Credi erinnernder Schwere der Formgebung und Härte der Lichtführung, von gleicher Stille der Empfindung ist. Die Landschaft erinnert in ihrer breiten Gruppierung ebenfalls an Credi, während Einzelheiten, wie der Baum, eher an Perugino gemahnen. Aus dem J. 1505, bez. Mariocti florentini opus pro quo patres Deus orandus est A. D. MCCCCCV, stammt ein Fresko in der Certosa bei Florenz: die Kreuzigung mit Johannes, Maria und der am Fuße des Kreuzes knienden Magdalena: eine im Ausdruck empfundene, in der Einzeldurchführung jedoch schwächliche Leistung. Bezeichnet und datiert Mariotti Debertinellis opus A. D. MDVI ist dann das Madonnenbild mit den Hl. Hieronymus und Zenobius im Louvre. Hier tritt er einmal in Gemeinschaft mit Filippino auf (s. d.). Dieser hat das Werk begonnen und es bei seinem Tode 1504 unvollendet hinterlassen. Albertinelli erhielt den Auftrag, es fertigzustellen. Im Typus der Madonna und des hl. Hieronymus erkennen wir die Hand Filippinos, Zenobius ist ganz in der Art Albertinellis. Interessant ist das Relief unter der Maria mit Adam und Eva, letztere starke Reminiscenzen an die mediceische Venus zeigend.

1509 trat dann Mariotto wieder in direkte Beziehung zum Frate, indem er sich ganz in dessen Werkstatt in S. Marco begab. Es beginnt eine außerordentlich fruchtbare Tätigkeit beider. Abgesehen davon, daß Albertinelli einige von Fra Bartolommeo begonnene Bilder vollendete, so die Verklärung der beiden Heiligen im Mus. von Lucca (Gottvater und die Engel sind nach Zeichnungen des Frate ganz von A. ausgeführt), ferner große Altarbilder, wie das schöne Bild der Madonna in Glorie im Dom zu Besançon (der obere Teil der Krönung, heute im Mus. von Stuttgart, ebenfalls ganz von A.), hat A. auch eine ganze Reihe eigener Bilder geschaffen. Das früheste ist vielleicht eine Madonna mit vier Heiligen in der Akad. zu Florenz, etwas starr in der Haltung und ausgeklügelt in den Stellungen und im Aufbau an Frates Madonna in S. Marco von 1509 erinnernd. Reizvoller ist die Trinità, ebenfalls in der Akad., Gottvater verwandt dem Bild im Mus. von Lucca, von 1509, liebenswürdig im Ausdruck, in der Ausführung außerordentlich weich und von einem besonderen Farbenschmelz. In die gleiche Zeit und auch an das gleiche Bild des Frate gemahnend, gehört der entzückende kleine Klappaltar im Mus. Poldi-Pezzoli zu Mailand Das MD in einem kleinen gemalten Schildchen am Rahmen unter der Maria soll offenbar nicht 1500 bedeuten, sondern ist als „Mater dei" zu lesen, denn ganz abgesehen davon, daß die beiden liebreizenden Heiligenfiguren auf den Flügeln, Barbara und Katharina kniend, ohne Fra Bartolommeos Verklärungsbild von 1509 undenkbar sind, deutet auch die Ausführung mit dem feinen Farbenschmelz besonders im Karnat auf diese spätere Zeit Albertinellis. Aber die liebenswürdige Behandlung sowie der zarte Schmelz der Farbe, der den beiden letztgenannten Bildern mit den unter Einwirkung der venezianischen Schule enstandenen Werken Fra Bartolommeos von 1508 und 1509 in Lucca gemein ist, müssen bald offenbar wieder unter Frates Führung einem kräftigen Helldunkel und einer mehr statuarisch realen Auffassung der Figuren weichen. Die Verkündigung von 1510 in der Akad. zu Florenz — bez. 1510 Mariotti Florentini opus — will nur das, was auch der Frate damals erstrebte, die plastische Erscheinung der Gestalten in einer kraftvollen, den Venezianern entnommenen Lichtführung und in lionardesker Helldunkelbehandlung zu einer möglichst frappanten illusionistischen Wirkung vereinen. Der Lichteinfall, die Augenhöhe, die perspektivischen Verkürzungen sind darum genau nach dem Standort des Bildes, dereinst für die Bruderschaft des hl. Zenobius gemalt, berechnet. Ganz abgesehen von einer gewissen Starrheit der Haltung und der trotz aller Sorgfalt nicht gelungenen Lichtbehandlung liegt das Fehlerhafte der Behandlung in dem noch quattrocentistischen Mangel an Zusammenschluß der Figuren mit dem Raum. Die Gestalten, die sich schon in ihrer statuarischen Haltung und plastischen Schärfe sehr isolieren, sind allzusehr als Relief empfunden. An den vorderen Bildrand herausgeschoben, stehen sie vor u. nicht in der sich stark verkürzenden Architektur, das ist der alte Fehler der Raumbildung der Frührenaissance; Vordergrund und Hintergrund stehen unvermittelt hintereinander. Eine wirklich malerische Auffassung wird immer einen Mittelgrund zu gewinnen suchen und die Gestalten in diesen Mittelgrund hineinrücken. Es wäre nun ein Leichtes gewesen, diesen Fehler durch geschicktes Hineinschieben des auf Wolken schwebenden Gottvaters in den Raum hinein wieder gut zu machen. Aber auch dieser schwebt in seiner schwächlichen Gestalt umgeben von musizierenden Engeln vor der Architektur. Bei dem von strahlendem Lichtglanz umfluteten Gottvater und den Engelsputten zu seinen Füßen möchte man entfernt an Raffaels Sistina erinnert werden. Leider ist das Bild stark nachgedunkelt, so daß es von der dereinstigen Wirkung viel verloren hat. Neben der Visitation hat es als Hauptwerk Albertinellis zu gelten.

Von den übrigen Bildern seiner Hand sei die ganz verwandte Verkündigung im Mus. zu Genf genannt, die als in Gemeinschaft mit dem Frate ausgeführt bezeichnet ist: FRIS · BARTHO · OR · P · ET · MARIOTTI · FLORETINOR · OPVS · 1511 und dem Werkstattzeichen. Es ist hart in der Lichtführung und schwer in der Malweise. Das Motiv der Verkündigung hat er dann später noch einmal ziemlich roh auf einem Altaraufbau in der Pinakothek zu München wiederholt. Eine Madonna mit Petrus und Paulus in S. Catarina zu Pisa von 1511 ist nach Bartolommeos Entwurf wohl ganz von A. ausgeführt. Liebenswürdiger sind dann verschiedene kleine Madonnenbilder, die alle mehr oder weniger Bartolommeos Einfluß zeigen. Das früheste ist vielleicht eine hl. Familie im Rund in der Villa Saltocchio bei Lucca, wo wir außer dem üblichen orate pro pictore, einen Ring mit Doppelkreuz, wohl das erste, bald durch die verschlungenen Ringe mit Kreuz ersetzte Werkstattzeichen sehen. Letzteres findet sich auf einem weichen, fast raffaelisch liebenswürdigen Halbfigurenbild der einstigen Gal. Sciarra: Madonna mit dem Kind und Johannes, der eine Schale mit Stieglitz hält (vgl. Raffaels Tempi- und Cowpermadonna). Noch reizvoller ist das Motiv des kindlichen Kosens und mütterlicher Zärtlichkeit auf dem Bildchen im Seminario zu Venedig gegeben, wo Maria auf einer grünen Wiese vor reizvoller Landschaft sitzt. Etwas starrer ist das Halbfigurenbild der hl. Familie in Gal. Borghese. Andere Bilder, wie ein kleiner Flügelaltar in Chartres, verschiedene feingemalte Bildchen in engl. Privatbesitz (Sir Hubert H. Parrey, London; Robert Fox, London; Fitzwilliam-Mus. Cambridge (1509); Schloß Howard u. a.) gehören fast alle dieser gleichen späteren Periode an.

Alles in allem gehört Albertinelli nicht zu den führenden Meistern der Zeit. Er steht vollständig unter dem Bann Bartolommeos und macht dessen Entwickelungsphasen regelrecht mit. Er geht aus der mehr Lorenzo di di Credischen Richtung allmählich zur lionardesken über zugleich von Filippino, Raffael Einflüsse aufnehmend. Auch das, was der Frate aus Venedig mitgebracht, sucht er in sich aufzunehmen, ohne jedoch dessen formbildende und kompositionelle Gestaltungskraft zu besitzen.

Vasari, Vite, ed. Milanesi IV 217—229, V 190, VI 202, 246. — Vinc. Marchese, Memorie dei più insigni pittori . . . Domenicani. Firenze 1845 II 66 f. 144, 365. — O. Mündler in Rezensionen für bild. Kst. 1865 p. 115 und in der Zeitschr. f. bild. Kst. 1867 p. 303 f. — Crowe u. Cavalcaselle, Gesch. der ital. Malerei IV 441 fg., 492 fg. — Meyer. Kstlerlex. (Artikel v. Crowe u. Cavalcaselle). — Lermolieff, Die Galerien Borghese u. Doria Pamfili. — Derselbe, Die Galerie Berlin. — Archivio Storico d. arte IV 123, 308. — L'Arte VII 435. — Gaz. d. b. arts (s. Tables alphab.). — Jahrb. d. preuß. Kstsammlungen (s. Register). — Zeitschr. f. bild. Kst. (s. Register). — Repertorium f. Kstwissensch. XV 555, XXI 283. — C. J. Cavallucci, Distacco dell'affresco repr. il Giudizio Universale nel cimeterio del Spedale di S. Maria Nuova (Firenze) 1871. — G. Gruyer, Fra Bartolommeo della Porta et Mar. Albertinelli, Paris 1886. — Fr. Knapp, Fra Bartolommeo della Porta u. die Schule von Ansano, Halle 1903. *Fritz Knapp.*

Albertini, Allessandro, Florentiner Bildhauer in Rom, urkundlich erwähnt 1591 als Konsul der römischen „Congregatio Lapicidorum".

Bertolotti, Art. Svizzeri in Roma p. 22 u. Indice. *

Albertini, Antonio, italien. Bildhauer, um 1670 in Mailand mit nicht näher zu bestimmenden Arbeiten für den Dom beschäftigt.

Torre, Ritratto di Milano (1714) p. 377. — Zani, Encicl. II 18. — Cicognara, Stor. d. Scult. III 113. *F. Malaguzzi-Valeri.*

Albertini, Cristoforo, Zivilarchitekt in Parma, tätig am Bau der Kirche S. Cristina (1649) und an dem Triumphbogen zu Ehren Ranuccios II. und der Margareta von Savoyen 1660.

Scarabelli-Zunti, Mscr. in der Bibl. Palat. zu Parma. *St. Lottici.*

Albertini, Francesco, d'Acone, gen. Abate Albertini, Kunstschriftsteller und Architekturzeichner in Florenz, bekannt durch sein 1510 in Rom erschienenes und dem Papst Julius II. gewidmetes „Opusculum de Mirabilibus novae et veteris Urbis Romae". In seiner Jugend durch Domenico Ghirlandajo im Zeichnen unterrichtet, versuchte A. sich späterhin wiederholt in architektonischen Entwürfen. So berichtet er selbst in einem Briefe an Baccio da Montelupo über ein von ihm angefertigtes Modell für den Ausbau der Fassade des Florentiner Domes, sowie über ein nach seiner Entwurfzeichnung ausgeführtes Portal im Vatikanischen Palast zu Rom.

Zani, Encicl. II 17 f.; 26, nota 30; 334, nota 181. *

Albertini, Francesco, gen. il Nerone, Bildhauer aus Florenz, laut urkundlicher Nachricht 1591 für den päpstlichen Palast in Rom tätig.

Bertolotti, Art. Bolognesi etc. in Roma p. 30; cf. Art. Subalpini in Roma (Indice). *

Albertini, Giuseppe, Maler in Pesaro, um 1740 Schüler des Giov. Andrea Lazzarini, hauptsächlich als Kopist nach älteren Meistern tätig.

Zani, Appendice zur Encicl. (Mscr. in der Bibl. Palatina zu Parma). *St. Lottici.*

Albertini, Innocenzo, Bildhauer, wird mit anderen Künstlern, so mit Orazio Albrizzi, unter den Gehilfen genannt, welche Francesco Mocchi zur Ausführung zweier großer Reiterstatuen zuzog, die, zwei Herzöge von Ferrara darstellend, 1620 und 1624 in Piacenza aufgestellt wurden.

Cicognara, Storia della Scultura III 184. *R.*

Albertini, Liborio, italien. Maler. Von Zani, Enc. II, ohne Angabe der Lebenszeit genannt. ***

Albertini, Luigi, italien. Maler, geb. 1830 in Padua. Von ihm dort in S. Andrea ein großes Bild „Triumph des Kreuzes". Seine Werke machen meist einen kalten, akademischen Eindruck.

Pietrucci, Biogr. degli Art. Padov. *R.*

Albertini, Pietro, Bildhauer in Rom, urkundlich erwähnt 1606.

Bertolotti, Art. Bolognesi in Roma p. 202. *

Albertino, italien. Maler. Aus den Ausgabe-Registern des Schatzamtes der Herzöge von Acaia geht hervor, daß Albertino 1330 das Audienzzimmer des Herzogs ausmalte.

A. Caffaro, Bollett. Stor.-Bibliogr. Subalpino I, n. 2 u. 3, p. 152. *G. Degli Azzi.*

Albertino, italien. Baumeister. „Magister Albertinus" erbaute nach einer erhaltenen Inschrift 1330 die Kirche S. Maria De Arce in Offida (Marche).

Nuova Rivista Misena V 136, 184. ***

Albertino da Lodi, Baumeister am Mailänder Dom um 1460.

Ricci, Archit. in Italia II 614. *G. Degli Azzi.*

Albertino da Lodi, s. auch *Piazza,* A.

Albertino da Mantova, s. *Rasconi,* A.

Albertino Mazzanti, Fra, Dominikaner in Florenz, leitete seit 1284 mit Fra Borghese den von Fra Sisto und Fra Ristoro 1278 begonnenen Neubau der Klosterkirche Sta. Maria Novella.

Marchese, Memorie dei Pitt. etc. Domenicani I 58.

Albertino da Milano, italien. Bildhauer, nach Zani 1190—1200 in Mailand tätig.

Zani, Encicl. II 18. *F. Malaguzzi-Valeri.*

Albertino di Niccolò, italien. Maler aus der Schule des Giotto, neben Giusto Menabuoi in Padua tätig. 1370 vermietet ihm Jacobo di Obizone auf ein Jahr seine Werkstatt. 1382 arbeitet er gemeinschaftlich mit Ludovico di Jacobello da Venezia (für den Lebensunterhalt und 8 Lire pro Monat). 1400 muß er noch gelebt haben, da sein Sohn, ebenfalls Maler, damals noch Antonio di Albertino ohne den Zusatz „quondam" (weiland) genannt wurde.

Moschini, Origine e vicende della Pittura in Padova p. 8. — Pietrucci, Biogr. d. Art. Padovani. — Zanotto, Pitt. Venez. p. 236 f. *F. Malaguzzi-Valeri.*

Albertino, Pisano, italien. Bildhauer, urkundlich erwähnt um 1300 als Bildhauer im Dienst der Domopera zu Pisa.

Tanfani-Centofanti, Notizie di artisti, tratte dai documenti pisani, p. 94. *Swarzenski.*

Albertino, Vincenzo. Nach Zani, Enc. II, Bildhauer in Piacenza um 1622. ***

Albertinus de Taneto und **Albertinus** de Terentio, italien. Architekten, nach Perkins um 1200 in Parma tätig, vielleicht als Schüler des Benedetto di Antelamo. Nach einer von Zani wiedergegebenen Inschrift wären beide Meister für 1209 in Reggio d'Emilia beglaubigt.

Zani, Encicl. II 18—19. — Perkins, Ital. Sculptors p. 261. *F. Malaguzzi-Valeri.*

Albertis, Eduardo de, Bildhauer der Gegenwart in Genua, war seit 1893 auf italienischen Ausstellungen vertreten und sandte auch in die Münchener Glaspalast-Ausst. 1901 ein Marmorrelief und einen Marmorkopf.

Natura ed Arte 1893/94 II 280 ff., 918 ff.; 1896/97 II 61 ff., 129 ff.; 1899/1900 II 331; 1900/1 II 765 ff.; 1902/3 II 186 ff., 219 ff., 401 ff., 474 ff.; 1904/5 I 713. **

Albertis, Giuseppe De, Maler in Mailand, geb. um 1760, † nach 1828. Er malte vorwiegend Öl- und Miniaturbildnisse; 1828 wird auch ein Madonnenbild (in halber Lebensgröße) von seiner Hand erwähnt.

Meyer, Kstlerlex. *R.*

Albertis (Albertiis), Paolo (de), neapol. Historienmaler des 19 Jahrh. Studierte an der Akad. in Neapel. 1815 erhielt er von der Stadtverwaltung den Auftrag, den Einzug des Königs Ferdinand in Neapel darzustellen. 1822 bewarb er sich mit anderen um den Lehrstuhl für Malerei an der Akad. 1833 stellte er ein sehr gelobtes Bild, den Tod des hl. Andreas, aus. Er lithogr. auch schon 1808.

Napoli Nobilissima X 56, 105—107, 126. *G. Degli Azzi.*

Albertis, Sebastiano De, italien. Schlachtenmaler, geb. in Mailand 14. 6. 1828, † daselbst 1897. Ausgebildet unter dem Einflusse des Domenico Induno, war er doch im wesentlichen ein von direkten Vorbildern unabhängiger Autodidakt, der sein bestes künstlerisches Wissen und namentlich seine vortreffliche Kenntnis des Pferdes seinen persönlichen Erfahrungen und Beobachtungsstudien verdankte, die er als Mitkämpfer in den italien. Unabhängigkeitskriegen gesammelt hatte. Bei früheren Ausstellungen seiner Schlachtenbilder (1872 in Mailand „Masaniello zu Pferde", 1877 in Neapel „Garibaldi in den Vogesen") wurde De Albertis mehr nur als ein geschickter Dilettant beurteilt, bis die Ausstellung seines Gemäldes „Carabinieri-Angriff bei Pastrengo" in Turin 1880 ihm mit einem Schlage den Ruf eines Meisters verschaffte, dessen Name mit Morelli und Michetti in einem Atem genannt wurde. Seitdem brachte ihm jedes Jahr neue Ausstellungserfolge. Gemälde wie „General Medici", „Alte Carabinieri von 1848", „Explosion einer Granate" erregten in der kraftvollen Sicherheit und Leidenschaftlichkeit ihrer Darstellungsweise und in der Unmittelbarkeit ihrer künstlerischen Wirkung überall Bewunderung, wurden sämtlich für die kgl. Paläste und für die öffentlichen Galerien Italiens (Galleria d'arte moderna zu Rom etc.) angekauft und trugen ihrem Schöpfer neben anderen Ehrungen ein Lehramt an der Mailänder Kunstakad. ein. In den letzten Jahren seines Lebens hatte De Albertis sich mehr der feineren Genremalerei zugewandt.

A. De Gubernatis, Diz. d. Art. ital. viventi (Rom 1889). — Grazer „Tagespost" vom 12./XII. 1897. — Gaz. des B.-Arts, IIme pér., XXII 73; XXX 92. — Kunst f. Alle III (1886), XIII (1898). — Rivista d'Italia, anno IV, fasc. VII, pag 540. — Natura ed Arte 1897/98 I 169, 807—813. *R.*

Albertis, s. auch *Alberti.*

Alberto (oder Albertino), maestro. Von Zani, Enc. II 19 als Bildhauer in Bologna um 1285 genannt. ***

Alberto, Maler des 13. Jahrh. in Pisa. Morrona erwähnt von ihm ein Gemälde für den Hauptaltar der Kirche S. Francesco.

A. Da Morrona, Pisa illustr. II (1812) p. 145. ***

Alberto, italien. Maler, war nach Ausweis bolognesischer Gerichtsakten 1347 in Bologna tätig.

Arch. stor. d. Arte ital. VII 370.
F. Malaguzzi-Valeri.

Alberto oder Berto, Maler in Venedig. Nur urkundlich erwähnt seit 1469, † zwischen 7. 6. und 13. 7. 1481. Er hatte zwei Söhne, Francesco und Lodovico, der Priester war.

Archivio Veneto XXXIII parte II 1887 p. 390.
L. Ferro.

Alberto, Bildhauer in Venedig, führte 1491 die Statuen von Vitruv, Catull, Plinius, Aem. Macrus und Cornelius Nepos aus, die auf dem Hauptgesims des Palazzo del Consiglio Comunale in Verona stehen.

P. Paoletti, Archit. e scult. d. Rinasc. in Venezia II 287. *L. Ferro.*

Alberto, Prete, auch Prè Alberto und Zio Alberto genannt, Mosaikmaler in Venedig um 1524. Pietro Saccardo stellt seine verschiedenen Beinamen zusammen und nennt ihn Prè Alberto Zio. Er stammte aus einer venezianischen Bürgerfamilie, nach der eine Straße der Stadt im Bezirk des Castello ihren Namen hat. 29. 10. 1524 wurde er zum Meister der Mosaikarbeiten am Gewölbe der Sakristei von S. Marco mit einem jährlichen Gehalt von 100 Dukaten ernannt. Dort führte er die Halbfiguren der Propheten Zacharias und David aus. Unter ersterer steht die Unterschrift „P. B. R. Albertus F." (Presbiter Albertus fecit) und unter der zweiten „P. BR Alber . . .". — Er führte auch andere Arbeiten am Gewölbe und in den Lünetten der genannten Sakristei aus, aber man weiß nicht genau welche, da er diese Mosaiken zusammen mit Marco Luciano Rizzo und Francesco Zuccato arbeitete. Es scheint indessen, daß er dem Beispiel des Rizzo folgte, der durch seinen Mitarbeiter Zuccato gewonnen, die Arbeiten im Stich ließ. Auch arbeitete er mit dem Priester Grisogono Novello von S. Agnese und mit zwei von dessen Neffen in der Kapelle des Corpus Domini in S. Salvatore. Die Angaben bei Nagler, Monogr. III 748, beruhen auf Irrtum.

Meyer, Kstlerlex. — La Basilica di S. Marco, Venezia 1883, 312, 313. — P. Paoletti, Archit. e la scult. d. Rinasc. in Venezia 1893 II 242. *L. Ferro*

Alberto, lombardischer Steinmetz u. Werkmeister, um 1542 in Gemeinschaft mit Giacomo d'Andrea da Ferrara u. a. in Bologna tätig bei Neubauten im dortigen Dominikanerkloster unter der Leitung des Terribilia.

Repertor. f. Kstwissensch. XX 185.
F. Malaguzzi-Valeri.

Alberto, s. auch *Albert, Albertus* u. *Berto.*

Alberto di Arnoldo, gen. *Alberto Fiorentino,* Architekt und Bildhauer in Florenz, Sohn eines lombardischen Maestro di Pietra namens Arnoldo, der zu Beginn des 14. Jahrh. nach Florenz gekommen war; Alberto selbst scheint in Florenz geboren zu sein, da er in den Novellen des Franco Sacchetti als Alberto Fiorentino bezeichnet wird. 1351 begegnet uns der Name des Künstlers urkundlich zum ersten Male, und zwar war A. damals unter der Leitung des Francesco de Talenti am Bau des Florentiner Dom-Campanile beschäftigt, dessen Marmorbekleidung er gemeinsam mit Neri di Fieravante, Benozzo di Niccolò und Niccolò di Beltrame ausgeführt zu haben scheint. Späterhin taucht er neben Taddeo Gaddi und Andrea Orcagna unter den Marmorarii der Dom-Opera auf, um schließlich 1358 neben Francesco de' Talenti als Capo Mastro beim Dombau zu figurieren. In dieser Zeit hatte er unter anderem die Spitzbogenwölbung über dem Hauptportale der Domfassade zu konstruieren, dessen von ihm geplante Tabernakelbekrönung jedoch nicht zur Ausführung gelangte. Wie hoch der Künstler um diese Zeit in Ansehen stand, ist daraus zu ersehen, daß er mit Taddeo Gaddi und Orcagna zur Begutachtung einer Bildhauerarbeit nach S.

Miniato al Monte berufen wurde (nach der 136. Novelle des Franco Sacchetti, wo A. unter Kunstgenossen eine Spottrede hält über das Maltalent der Florentiner Frauen — im Schminken, Putzerfinden etc.). — 1359 bestellte sodann die Florentiner Confraternità della Misericordia bei A. eine über drei Ellen hohe Madonna in mitleidiger Haltung („in atto di misericordia") mit zwei Kandelaber tragenden Engeln gegen Bezahlung von 280 Goldgulden. A. sollte diese Statuen geziemend mit Goldsäumen und Malerei zieren, und an Güte, Fleiß und Meisterschaft sollte die Arbeit der Madonna in Pisa gleich kommen (Kontrakt vom 13. Juni 1359). Ob die letztere Bestimmung sich auf die an künstlerischer Vollendung allerdings weit höher stehende Madonna della Spina des Nino Pisano oder auf eine unbekannte frühere Arbeit des Alberto bezieht, ist fraglich. Alberto und sein Steinhauer Alesso lieferten die drei Statuen 1364 ab, ein Meister Ambrogio mußte die Postamente dazu machen und Nardo die Decke malen. Die Madonna, das Kind auf dem linken Arme haltend, steht so, wie sie der Kontrakt fordert, in den Seitennischen flankiert von den beiden Kandelaber tragenden Engeln, noch jetzt in der Cappella del Bigallo zu Florenz. Vasari schrieb sie dem Andrea Pisano zu, doch ist der Stil des Alberto steifer, der Ausdruck leerer und der Faltenwurf eckiger, als bei diesem. Sonst ist die Statue eben durch ihre unbewegliche Ruhe nicht ohne Größe. — 1361 lieferte Alberto außerdem noch ein Madonnenrelief, das über der nach dem Baptisterium zu gelegenen Tür der Bigallo-Kapelle eingesetzt wurde. Nach Venturi sind nicht nur auch die übrigen Reliefsculpturen der Loggia del Bigallo (über den Eckbögen) wegen ihrer nahen Verwandtschaft mit den bisher genannten Bildwerken als Arbeiten Albertos zu betrachten, sondern der ganze zierliche Bau des Bigallo (errichtet 1352—58) hätte als ein unter dem Einflusse Orcagnas entstandenes einheitliches Gesamtkunstwerk unseres Meisters zu gelten. — Den Bigallo-Skulpturen A.s nahe verwandt und daher vermutlich gleichfalls von diesem Künstler ausgeführt sind nach Marcel Reymond: ein Madonnenrelief über der Tür der Bargello-Kapelle, eine Madonna in der Engelglorie in S. Croce und ein drittes Madonnenrelief an der Domseite des Campanile. Eine bemalte Stucco-Kopie dieses letzteren Marmorreliefs besitzt das Berliner Kaiser Friedrich-Museum; nach W. Bode ist dieses Stuckrelief als ein eigenhändiges Werk des Alberto d'Arnoldo anzusehen und damit zugleich auch als die früheste Arbeit dieser Art, die bisher überhaupt bekannt geworden ist.

Nach der 229. Novelle des Franco Sacchetti ist A. schließlich noch in Mailand für Galeazzo Visconti (1354—78) tätig gewesen; jedoch hat man über diese Mailänder Arbeiten unseres Künstlers bisher nichts zu eruieren vermocht.

J. Meyer, Kstlerlex. (mit ält. Lit.). — W. Bode, Italien. Plastik (1905) p. 35. — A. Venturi, Stor. d. Arte Ital. IV 478; 680 ff. — M. Reymond in Gaz. des B.-Arts 1893 II 322. — Arch. stor. d. Arte Ital. II 45. — L'Arte VIII 178. — Natura ed Arte I 363, 435. — Nuova Antologia XV 116 ff.; XXXIII 385 ff. *

Alberto da Baisio, s. *Abaisi.*

Alberto, Bartolomé, span. Maler, verzierte am Ende des 17. Jahrh. die Klosterkirche zu Orihuela mit Fresken und Gemälden, welche die Heiligen Thomas, Raimundus, Vincenz, Dominikus, Katharina und Petrus darstellen. Auch in Albaida sollen sich Bilder von seiner Hand finden.

Alcahali, Art. Valenc. S. 47. *M. v. B.*

Alberto di Betto da Assisi, Bildschnitzer in Siena, übernahm laut Urkunde vom 29. 1. 1420 die Ausführung von vier Holzstatuen für die Cappella del Crocifisso im Dom zu Siena.

Milanesi, Doc. Sen. II 101 f. — Arch. Stor. Ital., ser. III, vol. X, parte I, pag. 178 ff. *

Alberto da Bissone, italien. Bildhauer, 1387 am Dombau in Mailand beschäftigt.

G. Merzario, I Maestri Comacini. I. 353. ***

Alberto da Campione I, Architekt und Bildhauer in Modena, Sohn des Anselmo und Oheim des Arrigo I da C., bis nach 1244 am Dombau zu Modena tätig.

Campori, Artisti ital. etc. negli Stati Estensi p. 116. *

Alberto da Campione II., Bildhauer in Mailand, schuf 1404 nach dem Entwurfe des Malers Paolino da Montorfano die Marmorfigur eines „Homo salvaticus" für die Giganten-Gruppe, mit der der Giebelfirst des südlichen Kreuzschiffes des Mailänder Domes bekrönt ist.

Annali del Duomo di Milano, App. I p. 268. — L'Arte VIII 335. *

Alberto da Carona, als Maestro di pietra 1387 am Dome in Mailand beschäftigt.

G. Merzario, I Maestri Comacini. I. 353. ***

Alberto da Carona, Bildhauer, 1545 am Dome in Mailand tätig.

G. Merzario, I Maestri Comacini. I. 536. ***

Alberto da Carrara, s. *Maffioli,* A. dei.

Alberto da Ferrara, Maler u. Goldschmied, Ferrara, 15.—16. Jahrh. Von einem seiner Bilder berichtet eine anonyme Notiz am Anfang eines Manuskriptes von Carlo Brisighella (Bibliothek von Ferrara). Das Bild war in der Kirche della Madonna del Pratello bei Imola und stellte die Begegnung von Joachim mit Anna dar; es war bezeichnet *Albertus ferrariensis aurifex pinxit,* 1502. — Ein anderes, nur mit Namen versehenes, aus Forlì stammendes

Bild wurde 1846 von dem Herausgeber des Baruffaldi gesehen und beschrieben und neuerdings von A. Venturi im Hause des Advokaten Testa in Ferrara wiedergefunden. Bezeichnet ist es: ALBERTVS · DE · FERR P. — Es stellt die Jungfrau und den hl. Joseph, das Kind anbetend, dar, das auf einem roten, über eine Balustrade gebreiteten Tuch liegt. In diesem Werk offenbart sich Alberto als ein guter Maler aus dem Kreise des Costa, mit einigen Anklängen an Panetti und Coltellini. Derselbe Künstler malte wahrscheinlich auch jenes mit: „Albertus aurifex" bezeichnete Bild, ehemals im Besitz des Herrn Taccoli in Parma, von dem Unger in Meyers Lexikon spricht. Bis jetzt war es noch nicht möglich, die Familie zu bestimmen, der unser Alberto angehört. Nur ein Alberto di Beltrandi ist in dem Register der aus Ferrara stammenden Goldschmiede 1476 erwähnt, aber es fehlt jeder Grund, ihn für unseren 1502 arbeitenden Künstler zu halten.

Baruffaldi, Vite de' pitt. etc. II 561–2. — Meyer, Kstlerlex. (Alberto da Ferrara u. Albertus aurifex). — Venturi, Jahrb. d. k. preuß. Kunstsl. 1890 p. 193. — Ders., Arch. stor. dell' arte 1894 p. 106. *Lisetta Ciaccio.*

Alberto Fiorentino, s. *Alberto* di Arnoldo.

Alberto di Giacomo, Peruginer Maler. Als Albertus Domini Jacobi 1463 in die Matrikel eingetragen. War im 1. Semester 1465 Massaio, im 2. Semester 1466 Camerlengo der Peruginer Malerzunft und im 5. Bimestre 1479 Prior. † 1481. Werke nicht bekannt.

Rass. bibl. d. arte ital. II 210. *W. Bombe.*

Alberto di Giovanni da Borgo San Sepolcro, Bildschnitzer und Intarsiator in Todi, wo er 1557 die beiden vom Bischof Filidori gestifteten Kanzeln der Kirche S. Fortunato mit Intarsien und Schnitzreliefs zu schmücken hatte.

Erculei, Catal. d. op. ant. d'Intaglio etc. (Roma 1885) p. 55. *

Alberto di Giovanni da Venezia, Bildhauer in Rom, wo er 1468 gemeinsam mit Ambrogio di Giovanni da Milano Marmorarbeiten im Garten des Palazzo S. Marco auszuführen hatte.

E. Müntz, Les Arts à la Cour des Papes (1878) II 28, 65. *

Alberto di Guglielmo, italien. Miniaturist, im 14. Jahrh. in Bologna tätig, eingetragen in die Matrikel der Società di S. Giacomo di Loreto.

Arch. stor. Ital., ser. V tom. XVIII 243 ff. *F. Malaguzzi-Valeri.*

Alberto de Holanda, Glasmaler in Burgos. Im Jahre 1520 verpflichtete er sich gegenüber dem Kapitel der Kathedrale von Avila die Fenster der Capilla mayor mit der größten Vollkommenheit auszuführen; die Darstellungen derselben zeigen die hl. Jungfrau, Apostel und Märtyrer in ganzen Figuren. Nachdem er 1522 diese Arbeit beendet hatte, begab er sich nach Toledo, wo er ebenfalls Glasfenster für die Kathedrale malte.

Cean Bermudez, Dicc. II 292. *M. v. B.*

Alberto da Lugano, erbaute 1454 das Schloß von Saturnia im Sienagebiete.

Motta bei Brun, Schweiz. Kstlerlex. (unter Lugano). **

Alberto de la Madre de Dios, Karmeliterfrater und angesehener Baumeister in Madrid, begann 1611 den Bau der dortigen Klosterkirche Sta. Isabel la Real nach Zeichnungen des Francisco de Mora, weitere Nachrichten über ihn bei Llaguno.

Llaguno y Amirola, Notic. III 185, 346, IV 6. △

Alberto di Martino da Como, Maestro di pietra in Orvieto, wo er 1448 mit seinem Sohne Martino d'Alberto und anderen Meistern beim Bau der „Cappella Nuova" des Domes beschäftigt war.

L. Fumi, Il Duomo di Orvieto (Roma 1891) p. 171, 489. *

Alberto da Marzolara, italien. Maler, tätig um 1103 in Reggio d'Emilia nach Ausweis von Urkunden im dortigen Archivio di S. Prospero.

G. B. Venturi, Not. di Art. Reggiani in Atti e Mem. etc. per le prov. Modenesi e Parmensi, ser. III vol. II part I. — Rassegna d'Arte 1903 p. 145. *F. Malaguzzi-Valeri.*

Alberto da Milano, gen. Becherio, Maler in Genua, urkundlich erwähnt 1282 als jugendlicher Gehilfe des Malers Accorso Mascarello und des Zinnschlägers Visconte (letzterer wahrscheinlich Werkstattgenosse des ersteren).

Alizeri, Not. dei prof. del dis. in Liguria II 425 f. *

Alberto da Modena, italien. Maler, tätig in Bologna; führte in der 2. Hälfte des 15. Jahrh. in Gemeinschaft mit Gasparo da Modena und Giacomo d'Antonio Glasmalereien aus für das Kloster S. Michele in Bosco zu Bologna. Vermutlich ist er identisch mit jenem Maler gleichen Namens, der in Bologneser Gerichtsakten von 1532 noch als lebend erwähnt wird. Der Künstler gehört anscheinend der Schulnachfolge des Francesco Francia an.

Arch. stor. d. Arte ital. VIII 124. — Rassegna d'Arte 1901 p. 134. *F. Malaguzzi-Valeri.*

Alberto da Montorfano, Mailänder Maler. Mitglied einer zahlreichen Malerfamilie. Sohn des Abramo da M., der 1430 im Mailänder Dome malte. Alberto findet sich nur in einer Liste der Mailänder Maler um 1481 erwähnt.

Archivio Stor. Lombardo, V (1878), p. 82 ff. u. ser. 3, fasc. VI, ann. XXII (1895), p. 408 bis 434. *G. Degli Azzi.*

Alberto da Parma, italien. Maler u. Bildhauer, 1496 tätig. Zani erwähnt ihn (Enc. XIV 286) und Lopez (Il Battisterio di Parma 1864 p. 62) vermutet, daß er ein Schüler des Jacopo Loschi gewesen sei. *Lisetta Ciaccio.*

Alberto da Piacenza, Architekt in Rom, urkundlich erwähnt 1501 in den vatikanischen Archiven mit einer Anzahlung von 100 auf 1000 Dukaten für seine Arbeiten an der Fontäne auf der Piazza S. Pietro. 1516 in Ascoli als Mühlenbauer tätig.

Giorn. d'Erudiz. Artist. VI 205. — E. Müntz, Les Arts à la Cour des Papes Innocent VIII etc. (1898), p. 168 f., 196—199. *A. Bellucci.*

Alberto di Pietro da Grona oder Carona bei Como (in Dokumenten auch de Gronna, de Crona u. de Cuma genannt), Architekt des 15. Jahrh., war der Kompagnon des M° Polidoro di M° Stefano aus Perugia, bei der Erbauung der Kirche S. Venanzio in Camerino, deren Fassade er 1480 zusammen mit seinem Landsmann Baldassare di Paolo beendigte. Als Priore della società dei Lombardi in Camerino gründete er 3 Jahre später in S. Venanzio die Kapelle der genannten Corporazion.

V. Aleandri in Rivista bibliogr. dell' arte ital. 1905. — V. Aleandri u. M. Santoni in Riv. bibl. dell' arte ital. 1906. *V. Aleandri.*

Alberto da Pisa, Bildhauer. Er ist erwähnt in einem Dokument, das zu einer Rechtsache gehörte, die sich im 12. Jahrh. in Pisa zwischen dem Domkapitel und der Familie Gualandi abspielte. Aus dem Dokument geht hervor, daß er das „caput magistrorum" war und sich „in monte pisano" aufhielt, um Marmor zu brechen und zu behauen; dieser Marmor diente wahrscheinlich zu den Arbeiten am Battistero in Pisa. Aus den ihm gemachten Bezahlungen, die im Vergleich zu denen des Giovanni di Nicola und seiner Zeitgenossen, die an der Dom-Opera arbeiteten, sehr beträchtlich waren, kann man entnehmen, daß Alberto einer der geschätztesten Bildhauer seiner Zeit war. Das Dokument, in dem er erwähnt ist, ist undatiert, man kann es aber auf 1183 ungefähr schätzen.

P. Pecchiai, Miscell. di Erudiz. I, fasc. 5, p. 200—205. *G. Degli Azzi.*

Alberto di Sette, Maler in Bologna, blühte um 1196.

Perini, Enciclopedia. *E. Scatassa.*

Alberto Tayapreda (d. i. Tagliapetra, der Steinmetz) von Verona verfertigte 1461 von rotem Marmor die Rose an der Hauptfassade von S. Francesco del Prato in Parma, und bei dieser Gelegenheit ließ Kardinal Antonio degli Oddi in der von ihm gestifteten Kirche des hl. Grabes daselbst, in der Kapelle des hl. Augustin, sein Grabdenkmal mit seinem Bildnis in priesterlicher Kleidung von demselben anfertigen.

Pezzana, Storia di Parma. I 28, II 141. ***

Alberto da Tolmezzo, Maler, geb. in Tolmezzo und † vor dem 15. 5. 1506. Er hatte einen Sohn, Floriano, nach dessen Namen seine Familie späterhin sich dei Floriani oder Floriani nannte. Er malte in Udine gleichzeitig mit seinen Zeitgenossen Domenico und Martino.

R. Deput. Veneta di St. Patria. Miscell. ser. IV, vol. V 61. *L. Ferro.*

Alberto da Troia, Architekt und Priester, arbeitete 1168 mit einem anderen Standesgenossen David in der „fabbrica" der Kirche S. Maria Maddalena in Puglia.

L'Arte VIII 46. — Napoli Nobilissima XIV 176. *G. Degli Azzi.*

Alberto da Ungheria, Maler, verpflichtete sich 1514 durch Notariatsurkunde, für die Kommune von Castro Peticulo in den Marken ein Altarbild mit der Madonna und den Heiligen Nikolaus und Sebastian zu malen, und zwar nach dem Muster desjenigen von S. Giovanni zu Rocca oder Arcevia.

Archivio stor. d. Arte ital. III 206. *

Alberto da Verona, Maler und Miniator in Venedig, unterschreibt sich als Zeuge bei einem Testamente vom 1. 10. 1485 „Ego albertus de Verona miniatori etc." — 1492 und 1505 war er wegen angeblicher Vergehen angeklagt; 1527 arbeitete er in der Capella Zen.

Archivio di St. di Venezia. Cons. X. Misti R. 25 c. 152; Criminal, F. 1; — Proc. di S. Marco da Cifra B. 243 Fol. 2. — Arch. Veneto XXXIII, parte II. 1887 p. 399. *L. Ferro.*

Alberto di Viera, Maler in Udine, 1472 urkundlich als Zeuge genannt.

Crowe u. Cavalcaselle, Gesch. d. ital. Mal. VI 228. ***

Alberto da Vigevano, Architekt in Rom, 1458—63 unter Calixtus III. und Pius II. mit Antonio de Visenem am Baue des vatikanischen Palastes tätig.

Bertolotti, Art. Lombardi a Roma. — E. Müntz, Les Arts à la Cour des Papes (1878) I, 194; 238 f. *

Alberto da Volterra, italien. Miniaturmaler, wird neben anderen Künstlern für seine Mitarbeit an der Bibel von 1169 in der Certosa zu Calci bei Pisa bezahlt, wie sich aus der Eintragung am Schluß der Hs. ergibt: Alberto Vulterrensi sol X et d. II. s. *Adalbert*, wo Näheres über die Arbeit angegeben ist.

Meyer, Kstlerlex. — Bonaini, Not. ined. di Franc. Traini 87. — Bradley, Dict. of Min. (s. Volterra). *Swarzenski.*

Alberto, s. auch *Albert, Albertus* u. *Berto.*

Albertolli, Alberto, Schweizer Stukkaturarbeiter des 18. Jahrh., geb. in Aosta, Sohn des Michele A. aus Bedano. Von ihm die vorzüglichen Stuckarbeiten im großen Saale und im Atrium des erzbischöflichen Palastes in Aosta.

Brun, Schweizer Kstlerlex. ***

Albertolli, Fedele, tessiner Dekorationsmaler, geb. 1789 in Bedano, † im Febr. 1832 in Monza, Schüler der Akad. zu Venedig unter Darsato. Mit Geschick arbeitete er sich in den Raffaelischen Groteskenstil ein und malte nach seiner Übersiedelung nach Mailand 1812 in vielen dortigen Palästen. Im Palazzo di Monza von ihm ein reichverziertes Badezimmer.

Bianchi, Gli artisti ticenesi, Lugano 1900

p. 6. — Stef. Franscini, La Svizzera italiana. — Meyer, Kstlerlex. I 228. *R.*

Albertolli, Ferdinando, italien. Architekt, Dessinateur und Kupferstecher. Geb. 11. 11. 1781 zu Bedano bei Lugano, seit 1795 an der Mailänder Akademie durch Giocondo A. zum Architekten und Ornamentzeichner ausgebildet. 1804 erhielt er eine Berufung an das Lyceum zu Verona, um bald darauf als Lehrer der Ornamentik an die neugegründete Kunstschule zu Venedig überzusiedeln und schließlich 1812 der Nachfolger seines Oheims Giocondo A. an der Mailänder Akad. zu werden. Da er sich inzwischen auch im Kupferstich versucht hatte, zeichnete und stach er in Mailand im Auftrage des napoleonischen Großsiegelbewahrers Duca Melzi d'Evilvenne die Siegel und Insignien der mailändischen Regierung sowie die Wappen der von Napoleon I. geadelten Mailänder Familien (vgl. deren Register im Archivio di S. Fedele zu Mailand). Früchte seiner mehrfach unternommenen Studienreisen nach Rom, Süditalien und Griechenland sind die unten verzeichneten architektonischen und ornamentalen Kupferstichwerke. Als ausführender Architekt war A. bereits in Verona, Venedig und Mailand tätig gewesen. 1824 siedelte er von Mailand nach Genua über, um auch dort mehrere Bauten des klassizistischen Stiles zu errichten. Nach seinen Entwürfen und unter seiner Leitung wurden ferner die reichen Marmoraltäre zu Agno und Sonvico bei Lugano ausgeführt, sowie das Grabmal des Duca di Lodi in der Villa Melfi am Lago di Como. Der Künstler starb hochgeehrt zu Mailand am 24. 4. 1844. Als posthumes Werk ist ein erst 1847 nach seinen Entwürfen ausgeführtes Ehrengeschenk der Stadt Mailand an die Kronprinzessin von Sardinien zu betrachten. Im Verein mit Domenico Moglia wird Ferdinando A. als einer der Begründer der modernen italien. Ornamentik angesehen. Seine Stichwerke: 1. Le solenni Esequie di Monsignor Filippo Visconti arcivescovo di Milano etc. 15. 2. 1802 (Dess. L. Cagnola, sc. Ferd. u. Raff. Albertolli; 4 Blatt in gr. Folio). — 2. Il Tempio di Minerva in Assisi, da Giov. Antolini archit. (Milano 1803, Quart.) — 3. Descrizione delle Feste celebrate in Venezia (7. 12. 1807) per la venuta di Napoleone etc. — data al publico dal Cav. Abbate Morelli (Venezia 1808, 5 Kupfertafeln in Folio, gestochen von F. Albertolli und G. Maina; von A. der Triumphbogen im Canale Grande und die Regatta, letztere in Aquatinta). — 4. Porte di città e fortezze etc. di Mich. Sammicheli, misurate, designate, incise ed illustrate da F. Albertolli (Milano 1815, 30 Foliotafeln in Aquatinta). — 5. Fregi trovati negli Scavi del Foro Trajano, con altri esistenti in Roma, in diverse città d'Italia ed in Atene, disegnati e misurati sul luogo da Ferd. Albertolli (Milano 1824 mit 25 Tafeln in Folio; 2. Ausg. von 1838 mit 28 Tafeln in Folio). — 6. Tritonen und Nereiden nach einem antiken Basrelief und der Zeichnung von Giulio Romano (Querfolio). — 7. Säule mit der Statue Napoleons auf einem Platze in Ferrara (Gez. von C. G.).

Meyer, Kstlerlex. — Brun, Schweizer Kstlerlex. 1902. — Bianchi, Art. Ticinesi, Lugano 1900. — Merzario, Maestri Comacini (Milano 1893) II 154. — Caimi, Le Arti del Disegno. — Arch. stor. lombardo II 851. — The Universal catalogue of books on Art. *R.*

Albertolli, Francesco, Schweizer Architekt, geb. 1701 in Bedano. Vater des Cav. Giocondo A. Erbaute mit seinem Sohne Michele A. den erzbischöflichen Palast, sowie mehrere andere Paläste und Kirchen in Aosta.

Brun, Schweizer Kstlerlex. ***

Albertolli, Giacomo, tessiner Architekt aus Mugena bei Bedano, geb. 1761, † 8. 1. 1805 in Mailand, Neffe des Gioc. Albertolli. Hauptsächlich bekannt durch seine Lehrtätigkeit als Professor der Architektur in Padua und Mailand (als Nachfolger des Gius. Piermarini).

Brun, Schweizer Kstlerlex. ***

Albertolli, Giocondo, italien. Architekt und Ornamentbildhauer, Bruder des Michele, der berühmteste der Familie, geb. zu Bedano 24. 7. 1742, † zu Mailand 15./16. 11. 1839. Ausgebildet von einem Bildhauer in Parma sowie an der dortigen Akad., zeigte er bald eine besondere Fähigkeit zur architektonischen Ornamentation; doch kam er erst nach zehnjährigem Studium zu größeren Arbeiten. 1770 erhielt er vom toskanischen Hofe den Auftrag, in der kgl. Villa Poggio Imperiale nach der Zeichnung eines anderen Meisters die Stukko-Ornamente auszuführen. Giocondo nahm seinen Bruder Grato sowie einige Schüler der Akad. von Parma mit sich, leitete eine Zeitlang in Florenz jene Arbeiten und ging dann nach Rom, indem er die Vollendung derselben seinen Gehilfen überließ. In Rom studierte er gründlich die Denkmäler des Altertums, sowie die Werke der späteren Architektur, insbesondere der Renaissance; er gehörte so zu den Ersten, welche sich am Auslauf der Rokokozeit der Antike wieder zuwandten und war dadurch von bedeutendem Einfluß auf die Kunst seiner Zeit. Auch besuchte er Neapel, wo er dem Architekten Carlo Vanvitelli, dem Sohne des berühmten Luigi V., bei der Ornamentation der Kirche Annunziata hilfreiche Hand leistete; Giocondo modellierte für dieselbe u. a. ein korinthisches Kapitäl, dessen Zeichnung schon den Einfluß seines neuen Studiums bekundete. Durch Familienangelegenheiten 1774 in die Heimat zurückberufen, trat er dort bald mit dem angesehenen Baumeister Giuseppe Piermarini in Verbindung. Derselbe übertrug ihm die innere Ausschmückung des von ihm erbauten Palazzo Reale zu Mailand und war mit den dazu entworfenen Zeichnungen Giocondos so zufrieden, daß er die ganze dekorative Arbeit dessen eigener Erfindung überließ. Die Ausschmückung des „großen Saals" war 1776 vollendet und gab in Oberitalien das erste Beispiel einer Dekoration in rein antiken Formen. Dasselbe fand entschiedenen Beifall, und bald ließen mehrere große Mailänder Familien ihre Paläste in einem ähnlichen Stile herrichten. Auch sonst bewährte sich schon damals der Einfluß A.s auf die Kunst in Italien; an der Gründung und Eröffnung der Mailänder Akad., welche Maria Theresia 1775 stiftete, hatte er einen hervorragenden Anteil. Von 1776 an bis 1812 bekleidete er an derselben die Professur der Ornamentation. Er übernahm dann weiterhin, als Piermarini von 1775—1779 die kaiserliche Villa zu Monza erbaute, auch deren innere Ausstattung; sie ist in derselben streng antikisierenden Weise, zum Teil in Stukko, zum Teil in Malerei, ausgeführt, wie der Mailänder Palast. Nach seinen Entwürfen sind dann eine Anzahl Mailänder Paläste ausgestattet worden: insbesondere diejenigen des Prinzen Belgiojoso, des Marchese Cassendi, des Marchese Arconato und des Grafen Antonio Greppi. Von eigentlichen Bauten hat A. — immer mit Anwendung der antiken Bauformen — die neue Fassade des Palazzo Melzi auf dem Corso di Porta Nuova, sowie den Prachtbau der Villa Melzi am Comer See (nebst dem dazu gehörigen Oratorium) mit sämtlicher Ornamentation ausgeführt. Wie er die Bauwerke auch der Renaissance hochhielt, bewies er an einem Werke für den Grafen Andreani. Bei dessen Villa in Moncucco richtete er mit demselben Material und nach derselben Zeichnung eine Kapelle wieder auf, die man zu Lugano niedergerissen, übrigens fälschlich dem Bramante zugeschrieben hatte. — Nicht minder als durch seine Bauten wirkte Albertolli durch seinen Unterricht an der Akad. und die von ihm herausgegebenen Werke mit ornamentalen Zeichnungen. (Verz. derselben s. Meyers Kstlerlex.) Zum Teil sind dieselben zur Ausbildung der Schüler eigens entworfen, zum Teil der Ornamentation des Palazzo Reale in Mailand und der Villa zu Monza entnommen. Durch diese Werke und seine Schüler erstreckte sich sein Einfluß bald auch auf einen Teil von Deutschland und Frankreich. Sicher hat Albertolli zur Ausbreitung der klassischen Anschauungsweise und der antikisierenden Kunst am Beginne unseres Zeitalters nicht weniger beigetragen, als David und seine Schule unter dem Kaiserreich.

Die Arbeiten Giocondos sind zahlreich; denn bis in sein spätes Alter war er, nachdem er einer längeren Augenkrankheit halber 1812 seine Stelle an der Akad. niedergelegt hatte, unermüdlich tätig. Von ihm ist auch der Entwurf zum Hochaltar in S. Marco in Mailand, sowie ein Teil der ornamentalen Ausstattung des Arco della Pace daselbst; dann eine Menge Zeichnungen zu Möbeln, Kandelabern, Kirchengeräten, alle von klassischer Form, die indessen fast durchweg eine gewisse Gezwungenheit zeigt. Mit Malerei hat er sich gleichfalls abgegeben; eine Madonna von ihm befindet sich in der Rochuskirche zu Mailand (s. Stich von J. Mercoli, 1781).

Meyer, Kstlerlex. (mit ält. Lit.). — Boccardi, Encicl. — Brun, Schweizer. Kstlerlex. — Boni, Biogr. d. Artisti. — Guilmard, Les Maitres Ornem. 1880. — Schorns Kunstblatt 1822 p. 366, 1840 p. 20, 1847 p. 184. — Arch. Stor. Lomb. XII 65 ff. — Missirini, Stor. d. Romana Accad. di S. Luca p. 462. — Belgiojoso Emidio, Guida del Famedio nel Cimitero monumenti di Milano (1888). *R.*

Albertolli, Giocondo, Schweizer Architekt, geb. 28. 9. 1870 in Bedano, wanderte nach Argentinien aus, wo er 1893 eine staatliche Anstellung erhielt.

Brun, Schweizer Kstlerlex. ***

Albertolli, Giocondo, Schweizer Bildhauer des 19. Jahrh. aus Torricella. Stellte auf der Landesausstellung in Zürich 1883 zwei Werke (der „Schlingel" und die „Melancholie") aus.

Brun, Schweizer Kstlerlex. ***

Albertolli, Grato, italien. Stukkator und Ornament-Bildhauer aus Bedano. Arbeitete gemeinsam mit seinem Bruder Giocondo A. 1772—1775 an der großherzogl. Villa al Poggio Reale bei Florenz und führte dann allein die Stuccoarbeiten im Palazzo Reale in Florenz aus. † 1812.

Brun, Schweizer Kstlerlex. — Boccardo, Encicl. ***

Albertolli, Michele, Schweizer Architekt, geb. 29. 9. 1732 in Bedano. Sohn des Francesco A. Erbaute mit seinem Vater den erzbischöflichen Palast in Aosta.

Brun, Schweizer Kstlerlex. ***

Albertolli, Raffaello, italien. Zeichner und Kupferstecher, geb. 1770 zu Bedano bei Lugano als Sohn des Giocondo A., dem er an der Mailänder Brera-Akad. als Lehrer der Ornamentik beigegeben war, und für dessen „Miscellanea per i giovani studiosi del disegno" er eine Anzahl von Studienköpfen nach der Antike radiert hat. Ebenso war er Mitarbeiter seines Vetters Ferdinando A. an dessen Kupferstichfolge „Le solenni esequie di Monsignor Filippo Visconti, Arcivescovo di Milano". Von ihm selbst gestochen: 1. Bildnis des Pietro Moscati (Folio oval 1797), 2. S. Giuseppe, nach Guido Reni (Zuliani inc.).

Meyer, Kstlerlex. — Brun, Schweizer Kstlerlex. (1902). — Boni, Biogr. degli Artisti. — Boll. storico 1884 p. 56. *R.*

Albertollo da Bellinzona, wird 1471 unter den Künstlern genannt, die am Mailänder Dom arbeiteten.

G. Merzario, I Maestri comacini. I 522. ***

Albertoni, Antonio, italien. Bildhauer, nach Zani um 1590 als tüchtiger Dessinateur und Ornamentist in Bologna tätig.

Zani, Encicl. II 22. *

Albertoni, Francesco. Nach Zani (Enc. II) Bildhauer und Architekt in Bologna, geb. 1645, † 1708. ***

Albertoni, Giovanni, italien. Bildhauer, geb. 28. 11. 1806 in Varallo Sesia (Piemont), † 1887 in Gioberti bei Turin. Besuchte zuerst die Kunstakademien in Mailand und Turin und ging dann mit Hilfe des „Thorvaldsenstipendiums" nach Rom, wo er Thorvaldsens Schüler wurde und 16 Jahre lang blieb. Von der Königin Marie Adelaide nach Turin berufen, schuf er das vorzügliche Grabdenkmal der Königin Maria Christine (Cistercienserabtei Haute - Combe, Savoyen). Weitere bedeutende Arbeiten in Turin sind: die Marmorstandbilder des Vinc. Gioberti (1859) auf der Piazza Carignano, des L. Lagrange (1867) auf der Piazza Lagrange, und des Aless. Riberi (in d. Universität) und die marmorne Kolossalstatue des Ackerbaues (1869) auf der Fassade des Palazzo Carignano. Mehrere Grabdenkmäler befinden sich auf dem Campo Santo in Turin, zahlreiche seiner Skulpturen wurden nach England, Amerika und Rußland verkauft.

H. A. Müller, Biogr. Kstlerlex. — L'Arte in Italia, 1869 I 132. — Giornale Euganeo 1841 p. 474. — Magni, Storia dell' arte III 743. — Stella, Pittura e scultura in Piemonte p. 149. — Arte e Storia, 1887, 32. *H.*

Albertoni, Giovanni Battista, Steinmetz, Bildhauer und Baumeister in Bologna. Beteiligte sich 1705 an einer Konkurrenz zur Erbauung eines Viaduktes, war aber namentlich bei plastischen Dekorationsarbeiten tätig. Von ihm z. B. das in Sandstein gearbeitete Wappen der Malvezzi in S. Petronio, das skulpierte Postament der Statue des hl. Petronius (von Gabr. Brunelli) in der Nähe der Kirche Madonna di Porta, sowie einige Puttenfiguren in der Via Pietralata zu Bologna.

Pitture etc. di Bologna. 1792 p. 49, 254, 266, 370, 418. — Rassegna bibliograf. dell' Arte Ital. III 91. ***

Albertoni, Nicolò, Ornamentbildhauer in Bologna um 1596.

Zani, Enc. II. ***

Albertoni, Paolo, römischer Maler um 1670, Schüler und Nachfolger Carlo Marattas. 1695 als Mitglied der Akademie von S. Luca verzeichnet, bald darauf gest. Tätig hauptsächlich in Rom, wo sich Gemälde, namentlich Fresken, in S. Carlo al Corso, in S. Maria in Campo Santo und in S. Marta al Collegio Romano befinden. Nach zwei Briefen von Ces. Gennari und einem von ihm selbst an den Grafen Alfonso II. Gonzaga di Novellara auch für dessen Galerie beschäftigt.

Orlandi, Abecedario pittorico, unter Paolo. — Campori, Artisti negli Stati Estensi. *Hans Posse.*

Albertono, Cecchino, Bildhauer in Rom 1591 urkundlich erwähnt.

Bertolotti, Artisti Lombardi a Roma I 228. ***

Albertrandi, Anton, poln. Maler in Warschau. Geb. in Warschau ca. 1730, als Sohn eines Warschauer Bürgers, dessen Familie ohne Zweifel italien. Herkunft gewesen. Ging nach dem Westen, wahrscheinl. nach Italien, um die Malerei zu lernen. Wurde ca. 1765 Hofmaler des Königs Stanislaus August und hatte eine Malerschule in Warschau. Er schrieb ein Gedicht in 5 Gesängen „Über die Malerei", für die Jugend, welche die Malerei studierte, bestimmt; es erschien bei Gröll in Warschau 1790. Er malte Kirchenbilder, aber vorwiegend Porträts. Sein großes Altarbild, den hl. Karl Borromäus darstellend, befindet sich in der Kreuzkirche in Warschau. Mehrere Porträts des Königs Stanislaus August sind von ihm gemalt worden und eines von denselben wurde von Johann Marsteller gestochen. In der Galerie des Königs befand sich das von ihm gemalte Porträt seines Bruders, des Jesuiten Johann Albertrandi, später Tit. Bischof von Zenopolis, der ein berühmter Historiker war u. als Präs. der Warschauer „Gesellschaft der Freunde der Wissenschaft" im Jahre 1808 starb. Dortselbst war auch ein Porträt von Anton Albertrandi, gemalt von Anton Graff, wahrscheinlich in Dresden. — Seine Porträts waren alle unter dem bedeutenden Einfluß von Bacciarelli gemalt. Das Sterbejahr des Künstlers ist unbekannt.

Rastawiecki, Slownik mal. polskich I 4—6. — Der Katal. der Bilder-Galerie des Königs Stanislaus August Poniatowski. (Manuskript in der Bibliothek des Grafen L. Branicki im Schloß Sucha bei Krakau.) — *Dr. Graf Georg Mycielski.*

Alberts, F., Xylograph in Köln in der ersten Hälfte des 19. Jahrh.

Merlo, Kölnische Kstler. 1895. ***

Alberts, Gerrit, geb. in Nymegen und in hohem Alter in der Mitte des 18. Jahrh. daselbst gestorben, war schon 1690 als Porträtmaler tätig.

Hoet, Anmerkingen op van Gool, 83. — v. Eynden u. v. d. Willigen I 272. *E. W. Moes.*

Alberts, Jacob, deutscher Maler, geb. 30. 6. 1860 in Westerhever bei Garding (Westküste von Schleswig). Ursprünglich für den geistlichen Stand bestimmt, doch veranlaßte das bereits früh hervortretende Zeichentalent die Eltern, den Sohn nach Besuch des Gymnasiums seinen Neigungen zur Kunst folgen zu lassen. 1880—1882 war er Schüler Peter Janssens in Düsseldorf, dann Wilh. Diez' in München. Von hier aus unternahm er

Studienreisen nach Ungarn, wo er Gelegenheit hatte, einige Porträts zu malen, und nach Florenz, wo er kurze Zeit im Atelier Fr. Vineas arbeitete. Vier Winter hindurch (1886 bis 1890) besuchte er dann die Acad. Julian in Paris und genoß dort den Unterricht Jules Lefebvres und Benj. Constants, brachte aber damals schon die Sommerszeit in seiner Heimat zu. Von Paris aus besuchte A. auch London und malte dort wieder einige Porträts. Seit 1890 lebt der Künstler in Berlin, 1894 nahm er dort eine Stellung als Lehrer an der Schule der Künstlerinnen an, doch arbeitete er den größten Teil der besseren Jahreszeit regelmäßig in seiner Heimat. Jac. Alberts ist ein durchaus eigenartiger und selbständiger Künstler. Seine Kunst wurzelt in seiner Heimat und seiner Persönlichkeit. Er ist der Maler der friesischen Halligen, deren Häuser und Bewohner seinen Interieurs und deren baumlose Deiche und nur im Frühjahr auf kurze Zeit mit einer Blütenschicht bedeckte Dünen mit dem Blick auf das graue Wattenmeer seinen Landschaften als Vorwurf dienen. Gesunde Ehrlichkeit und warmes Empfinden zeichnen seine Bilder aus, denen sorgfältigste Naturstudien in zahlreichen Zeichnungen und Skizzen zugrunde liegen. Seine ersten Bilder, die Interieurs, mit der für seine Heimat charakteristischen reichen alten Ausstattung und den ruhigen und bedächtigen Bewohnern als Staffage, sind in glatter Feinmalerei ausgeführt und geben die nüchterne Wirklichkeit bis ins kleinste wieder, zeichnen sich aber durch meist helle Färbung und feine koloristische Wirkungen aus, erst in den stimmungs- und kraftvollen Landschaften der späteren Jahre entwickelt sich A.s Kunst zu einer mehr malerischen Auffassung mit breiter pastoser Behandlung und frischer Freilichtwirkung. Das erste Bild, mit dem der Künstler vor die Öffentlichkeit trat, war die „Beichte auf der Hallig Oland" (jetzt in Privatbesitz in Frankfurt a/M.) auf der allgemeines Aufsehen erregenden Ausstellung der „XI" bei Schulte in Berlin 1892, das Innere einer Dorfkirche darstellend. Ähnliche Interieurs entstanden in den nächsten Jahren, so die „Predigt auf Hallig Gröde" (Mus. in Magdeburg), der „Königspesel" (Inneres eines Hauses auf der Hallig Hooge, das dem Dänenkönig Friedrich VI. einige Tage als Wohnung gedient hatte), vom Mus. in Kiel angekauft, „Die Kapitänswitwe", die „Grüne Stube", „Besuch auf der Hallig" usw. Als Übergangsbild zur neueren Kunstweise kann das Bild „Im Sonnenschein" angesehen werden, dem dann eine ganze Reihe anderer Landschaften wie „Blühende Hallig" (im Besitz von Prof. Fr. Sarre, Berlin), „Meine Heimat", „Abendfriede auf der Hallig", „Am Weiher", „Herbsttag am Ukleisee", „Mühle auf der Hallig" usw. folgten, die meist auf den Ausstellungen der Berliner Sezession der letzten Jahre erschienen. Im Oktober 1904 veranstaltete das Mus. in Altona eine Sonderausstellung der Werke des Künstlers (s. Hamburg. Korrespondent v. 18. 10. 1904). Auch als Lithograph hat sich der Künstler betätigt, ein Blatt „Alte Mühle auf der Hallig" (gr. qu. fol.) war auf der 1. Ausstellung der „Künstlervereinigung für Originallithographie" in Berlin 1902 ausgestellt und gehörte zu den reizvollsten Arbeiten derselben (ein Exemplar in der Sl. H. H. Meier in der Bremer Kunsthalle).

Größere Aufsätze mit Reprod.: Die Graphischen Künste XVII (1894) p. 108 ff. — Die Kunst V (1902) p. 124, 406. — Zeitschr. f. b. Kst. N. F. XV (1904) p. 201 ff. — Westermanns Monatshefte XXXXIV p. 455 ff. — Ausstellungskat. d. Berliner Secession 1900—1906 (mit Reprod.). ***

Alberts, Nikolaus, deutscher Bildhauer, verfertigt laut Inschrift 1698 die reiche Barockkanzel der Klosterkirche (jetzt Annenkirche) in Kleve.

Kunstdenkm. der Rheinprov. I 530. ***

Alberts, s. auch *Aelberts, Aelbertsz* u. *Albertsz.*

Albertsen, Andreas Marius Valdemar, dänischer Maler, geb 1868 in Middelfart (Fünen), besuchte die Kunstakad. 1890 bis 91, hat Landschaften in Öl und Aquarelle gemalt.

Ausstellungskataloge (Charlottenborg) 1892 bis 1894, 1897, 1900. — Weilbach, Nyt dansk Kunstnerlex. I (1896) 25. *A. R.*

Albertshauser, Johann, Maler, geb. zu Wien, doch in Ofen erzogen und tätig, wurde 1740 in die Malerzunft aufgenommen. 1759 erwähnt.

„Archaeologiai Ertesitö, ú. f." III 99. *K. Lyka.*

Albertshauser, Paul, Maler, Sohn des Malers Johann A., in Budapest tätig, 1765 erwähnt.

„Archaeologiai Ertesitö, ú. f." III 99. *K. Lyka.*

Albertshofer, Georg, Bildhauer in München, geb. zu Neuburg a. d. Donau am 19. 10. 1864, studierte auf der Münchener Akad. unter Prof. von Rümann und arbeitete dann mehrere Jahre im Atelier des Erzgießers von Miller. Obwohl dann hauptsächlich mit dekorativen Bauarbeiten beschäftigt, hat er sich an zahlreichen Konkurrenzen mit Erfolg betätigt und als seine Hauptarbeiten das Kneippdenkmal in Wörrishofen (1902), das Kriegerdenkmal in Rosenheim und das Stubäusdenkmal in Regensburg (die letzten beiden zusammen mit dem Archit. Bestelmeyer) ausgeführt. **

Albertsz., Jan, Maler in Amsterdam, dessen Witwe Belye Jans 13. 1. 1520 in zweiter Ehe verheiratet war. *E. W. Moes.*

Albertsz., Jan, Maler, der 27. 5. 1664 in Amsterdam das Bürgerrecht kaufte.

Aemstels Oudheid IV 63. *E. W. Moes.*

Albertsz., Jan, geb. etwa 1611, war ein Kupferstecher in Amsterdam, dessen Frau Lysbetje Lourensdr. 1636 in Akten vorkommt. Möglicherweise ist er der Stecher eines Blattes nach Hendr. Goltzius, Der kleine Johannes mit dem Lamm, am Fuße eines Baumes.

Obreens Archief VII 247. — Oud-Holland III 58. — Meyer, Kstlerlex. I 185. *E. W. Moes.*

Albertsz., Reynier, holländ. Maler, 23. 1. 1638 wird seine Witwe, 70 Jahre alt, in Amsterdam genannt. *A. B.*

Albertsz., Warner, Maler 1616 in Amsterdam wohnend. *A. B.*

Albertsz, s. auch *Aelberts, Aelbertsz* u. *Albertsz.*

Albertus (Monachus), italien. Maler. Inschriftlich genannt als Maler eines romanischen Crucifixus von 1187 im Dom zu Spoleto.

Meyer, Kstlerlex.

Albertus, Maler, Salzburg 13. Jahrh. In einem Salzburger Nekrolog findet sich zweimal der Tod eines Malers A. von einer Hand des 13. Jahrh. verzeichnet; das eine Mal unter dem 17. 12., das andere Mal unter dem 22. 12. — also vermutlich gab es in Salzburg zwei Maler dieses Namens, von deren Tätigkeit im übrigen leider nichts bekannt ist.

Necrologia Germaniae, Dioec.-Salisb. II 1 p. 198. *Swarzenski.*

Albertus. Der Name des A. ist bekannt als Unterzeichner eines breve der sienesischen Zunft der maestri di pietra aus dem 13. Jahrh. Er erscheint hier neben einem anderen Meister dieses Namens, der den Zusatz „de pancole" führt, und mit jenem nicht identisch ist. Weitere Spuren der Tätigkeit dieser Meister sind nicht nachzuweisen.

Borghesi e Banchi, Nuovi Doc. Senesi. Append. al Milanesi p. 3. *Swarzenski.*

Albertus, Illuminator, Mönch der Abtei S. Béningne in Dijon in der 2. Hälfte des 14. Jahrh.

Ducourneau, Histoire de Bourgogne p. 491. **

Albertus (magister), Maler und Bildschnitzer, Bürger von Soest, tätig in Lübeck 1355, † vor 1360.

Matthaei, Holzplastik in Schleswig-Holstein bis 1530 p. 75. **

Albertus, Pictor, schwed. Maler aus der 2. Hälfte des 15. Jahrh. Er hat verschiedene Kirchen in Uppland mit Kalkmalereien dekoriert, von denen wenigstens vier mit seinem Namen bezeichnet sind: Husby-Sjutolft, Kumla (1482), Kalmar (1485) und Ed (1487); die Malereien in den zwei letztgenannten Kirchen sind jedoch zerstört. Mit Wahrscheinlichkeit schreibt man noch ihm oder seiner Schule die Malereien in folgenden Kirchen zu: Herkeberga und Härnevi, beide in Uppland, Dingtuna in Västmanland und vielleicht dazu die Malereien in Floda. Im allgemeinen sind diese Malereien nach üblichen Mustern (Biblia Pauperum und ähnliche Vorlagen) komponiert, aber sie zeigen dabei realistische Einzelzüge und manchmal ein Erzählungstalent, das die legendarischen Motive in fesselnde Märchen umdichtet. Albertus ist jedenfalls eine künstlerische Persönlichkeit, die etwas mitzuteilen hatte, aber seine formale Ausbildung war ziemlich dürftig. Wahrscheinlich ist er von Nord-Deutschland nach Schweden gekommen. Aus dem Erde-Buch der Stadt Stockholm erfahren wir, daß er sich 1473 mit Jungfrau Anna verheiratete. Er wird weiter 1481 und 1488 als Perlenstecher und Maler in Stockholm genannt und lebt wenigstens bis 1509.

Sylwan, Kyrkomålningar i Uppland från medeltidens slut. *O. S.*

Albertus Argentinus, s. *Albert* von Straßburg.

Albertus Aurifex, s. *Alberto* da Ferrara.

Albertus Castelanus Venetus (Frater). Wird in Meyers Kstlerlex. und Naglers Monogr. III irrtümlich als Zeichner der Holzschnitte des in Venedig 1509 von Bernardinus Stagninus herausgegebenen Missale Romanum aufgeführt. In der Schlußschrift dieses Werkes (s. Rivoli, Les Missels imprimés à Venise, Paris 1896 p. 180) wird Frater Albertus aber nicht als Künstler, sondern als der Gelehrte genannt, der dem Texte die Belegstellen aus der Bibel und den Kirchenschriftstellern beigefügt hat. *P. K.*

Albertus de Drea, Maler in Montpellier, soll um 1416—27 verschiedene Male das Amt eines Konsuls der Stadt bekleidet haben.

Bérard, Dict. biogr. **

Albertus, Hans Christoph, Goldschmied (Kupferstecher?), lernte 1611—1622 bei dem Goldschmied Heinrich Preißler in Dresden und lebte wahrscheinlich später in Zwickau. Von 1622 an jedenfalls im Archiv der Dresdener Goldschmiedeinnung nicht mehr erwähnt. Nach Bryans Dict. of Painters soll er erst 1680 gestorben sein. Seine Tätigkeit als Kupferstecher ist zweifelhaft. Das ihm in Meyers Kstlerlex. zugewiesene Blatt (Porträt des Joh. Zechendorf) ist von J. A. Zehwell gestochen.

Meyer, Kstlerlex. ***

Albertus Magnus. Der hochgelehrte Theologe (1193—1280) soll angeblich auch bauverständig gewesen sein. Fest steht nur, daß er sehr zahlreiche Kirchen geweiht hat, namentlich in der Kölner Diözese, in der er das Amt eines Weihbischofs wahrnahm, und daß er den Chorbau der Kölner Dominikanerkirche aus eigenen Mitteln bestritt. Alle weitergehenden Nachrichten über seine Tätigkeit im Gebiet der Baukunst sind spät und unglaubwürdig.

Allgem. dtsche. Biogr. I 186 (Hertling). — J. J. Merlo, Köln. Künstler. 1895. *Kautzsch.*

Albertus de Pancolo. Ein Meister A. mit dem Zusatz „de pancole" ist bekannt als Unterzeichner eines breve der sienesischen Zunft der maestri di pietra aus dem 13. Jahrh., wo zugleich ein zweiter Meister des Namens A. (aber ohne weiteren Zusatz) genannt wird. Weitere Urkunden oder Werke, die mit der Tätigkeit des A. in Verbindung gebracht werden können, sind nicht bekannt.

Borghesi e Banchi, Nuovi Doc. Senesi, Append. al Milanesi 37. *Swarzenski.*

Albertus Pitentinus, einer der bedeutendsten frühmittelalterlichen Brückenarchitekten u. Wasserbau-Ingenieure. Nach Zani schon 1169 in Mantua urkundlich erwähnt, ist A. 1198 inschriftlich beglaubigt als Erbauer des mächtigen, noch heute existierenden Ponte dei Mulini vor der Porta Mulina zu Mantua.

Zani, Encicl. XV 187. — C. d'Arco, Arti e Artefici di Mantova (1857) I 12, 89 f. — Bertolotti, Architetti etc. in Mantova (1889) p. 5. — A. Patricolo in Rassegna d'Arte 1904 p. 100 ff. *

Albertus Sotii, Maler in Spoleto 1187; von seiner Hand im Dom zu Spoleto ein gemalter Crucifixus, signiert: Opus Alberti Sotii, MCLXXXVII. *A. Muñoz.*

Albertus von Trier. Illuminator in Cluny. Ein aus Trier stammender A. wird als Conventuale von Cluny unter den Äbten Pontius (1109—22) und Peter (1122—57) genannt, und zwar schrieb er gemeinsam mit Opizon und unter Mitwirkung des Armarius (Bibliothekars) Peter eine besonders hervorragende Bibel. Die Hs. war mit einem kostbaren, mit Edelsteinen geschmückten Einband versehen und wurde als Cimelie in der Bibliothek von Cluny bewahrt, so daß man annehmen kann, daß sie nicht nur ein Meisterwerk der Kalligraphie darstellte, sondern auch künstlerisch — zum mindesten mit Initialen — ausgestattet war. Die Hs. selbst ist verschollen, aber aus einigen anderen miniierten Codices kann man erkennen, daß in Cluny im 12. Jahrh. eine Schule von ausgesprochenem Charakter arbeitete.

Marrier, Bibl. Cluniacens. p. 1645. — Bradley, Dict. of Min. — Serapeum 1844 p. 139. *Swarzenski.*

Albertus, s. auch *Albert* u. *Alberto.*

Alberty, Jakob, deutscher Holzschnitzer und Bildhauer, geb. 14. 10. 1811 in Berlin. Schüler Ludwig Wichmanns an der Berliner Akad. Hauptsächlich als Holzschnitzer tätig und vom preußischen Königshause beschäftigt. Friedrich Wilhelm III. kaufte ihm 1831 seine erste Arbeit, ein Holzrelief, ab und übertrug dem Künstler seine und der Königin Büsten aus Lindenholz, sowie die des russischen Kaiserpaares Nikolaus und Alexandra Feodorowna (Geschenk für den Fürsten W. Radziwill). A. schnitzte ferner 1836 eine Madonna aus Lindenholz (später als Geschenk Kaiser Friedrichs III. als Kronprinz in das „deutsche Gewerbemus." in Berlin gekommen) und 1838 eine Kreuzabnahme in demselben Material, die der König der Kirche zu Uetz bei Potsdam stiftete. Friedrich Wilhelm IV. bestellte 1840 bei A. für die Kirche in Sakrow bei Potsdam die 12 Apostel (nach Peter Vischer), ernannte ihn zum Hofholzbildhauer und ließ ihn nach Stülers Zeichnungen ein vollständiges Ameublement für die Drap d'or Kammer seines Schlosses schnitzen, sowie Rahmen für das Mus. und die Raffael-Galerie in Potsdam. Nach dem Tode Friedrich Wilhelms IV. führte A. die Marmorbüste desselben (im Sterbezimmer in Sanssouci aufgestellt) nach der Totenmaske aus. Wilhelm I. stiftete die von A. überlebensgroß in Lindenholz ausgeführten Statuen von Moses und Christus (1854 und 1860) in die Johanniskirche in Memel. Auch von dem Fürsten von Hohenzollern-Sigmaringen wurde A. beschäftigt (Marmorbüsten und Schnitzarbeiten für die damals neu erbaute Kunsthalle in Sigmaringen) und für den Erbprinzen von Hohenzollern fertigte er 1864 in Hochrelief das Reiterbild des Fürsten Anton von Hohenzollern-Sigmaringen in Lindenholz in reicher gotischer Umrahmung.

Meyer, Kstlerlex. ***

Albespeyre, französ. Architekt, rekonstruierte zum Teil, unter Direktion von J. G. Soufflot, um 1770 die Abteikirche von St. Germain d'Auxerre und machte 1772 die Pläne für die Wiederherstellung der Kirche Saint-Pierre-en-Vallée in derselben Stadt.

Bauchal, Dict. d. archit. p. 4. **

Albiate, Pietro da, lombardischer Architekt, 1494 mit Bramante in Vigevano tätig, und zwar erbauten daselbst beide Künstler gemeinsam im Auftrage der Franziskanermönche die Cappella della Concezione della Beata Vergine (laut Notiz in einem Briefe des Guglielmo da Camino an Lodovico Sforza).

Repertor. f. Kstwissensch. XXV 55. *F. Malaguzzi-Valeri.*

Albicini, Girolamo, ein angesehener Architekt aus Forlì, beteiligte sich 1521 an einer Konkurrenz der berühmtesten Architekten der Stadt für den Entwurf des Hospitals und der Kirche S. Michele, die aber seit langer Zeit nicht mehr existieren.

S. Marchesi, Supplem. stor. di Forlì, p. 668. — E. Calzini, M. Palmezzano e le sue opere. in Arch. stor. d. arte VII p. 339, nota 5. *E. Calzini.*

Albicus (Albicio), baute 1218 bei Treja, dem jetzigen Montecchio in der Mark Ancona für die Benediktiner von Rambona die nicht mehr vorhandene Kirche S. Savino. Inschrift, jetzt in S. Michele zu Montecchio, bei Colucci, Treja oggi Montecchio illustrata, p. 209.

Ricci, Memorie storiche etc. della Marca di Ancona I 45. — Nuova Antologia vol. 125, fasc. 19 p. 401—432. **

Albiker, Helene, Malerin, zugleich kunstgewerblich tätig in Ettlingen bei Karlsruhe, Frau des Bildhauers Karl Albiker, geb. 14. 11. 1878 in Prag, gebildet in München und Rom. Mehrere ihrer Werke waren auf der Jubiläumsausstellung in Karlsruhe 1906 zu sehen. *W. R. Valentiner.*

Albiker, Karl, Bildhauer in Ettlingen bei Karlsruhe, geb. 16. 9. 1878 in Ühlingen (badischer Schwarzwald), Schüler der Karlsruher Akad. (1898 bei Volz); in Paris (1899) durch Rodin angeregt; Studien in München (1900—02) und Rom (1903—05). Arbeiten von ihm waren ausgestellt im Münchener Glaspalast 1901 (weiblicher Akt, Bronze und Stier, Gips), auf der Berliner Sezession 1904 (Marmorbüste) und auf der Karlsruher Jubiläumsausstellung 1906. Einige seiner Werke: nacktes Mädchen auf einem Polster ruhend (1904); sitzendes Mädchen (1905); Karyatide (1905); Grabrelief mit stehender Frau, die einem sitzenden Mann zum Abschied die Hand reicht, Zürich (1904); Entwurf zu einem Grabmal mit zwei trauernden Mädchen, die eine Girlande halten (1905); Bildnisbüste des Schriftstellers Hollitscher; neugeborenes Kind, Terrakotta (1906); nacktes Mädchen mit Fächer, lebensgroß (1906); Idealköpfe. Die Schöpfungen des Künstlers dürfen den guten zeitgenössischen deutschen Skulpturen zugerechnet werden und wirken eindringlich individuell.

Als Vorbilder hat sich der Künstler gute, aber scheinbar extreme Lehrmeister, die griechischen Plastiker des 5. Jahrh. (Grabreliefs) und unter den Modernen Rodin ausgesucht. Auch schließt er sich in der Art, wie er im Aufbau die Grundlinien, die Horizontalen und Vertikalen betont und einfache, an sich bedeutungslose Motive zur Darstellung wählt, an die Auffassung, die durch Marées und Hildebrand neu begründet wurde, an. Aber die fremden Einflüsse sind innerlich verarbeitet; das Gesetzmäßige der Form tritt vor dem frischen Leben, das die Form beseelt, zurück. An Stelle des Ausdruckes dämonischen Willens bei Rodin tritt der jugendlicher Begeisterung (in den Idealköpfen) und klare Charakterschilderung (in den Porträts); an die Stelle der ruhigen Strenge bei Hildebrand die Schilderung eines bescheidenen, harmonischen Daseins, das vorübergehend von zarter Freude oder mildem Schmerz erschüttert ist. Der Künstler strebt, Größe der Auffassung und Intensität des Gestaltens zu vereinigen. *W. R. Valentiner.*

Albin, Bertha, Malerin von Kirchenbildern, tätig in Mecklenburg in den 90er Jahren des 19. Jahrh. Von ihr in der Kirche von Gielow ein Altargemälde: Christus und der versinkende Petrus; in der Kirche von Blievenstorf ein Kruzifixus (1892).

Kunst- u. Geschichtsdenkm. von Mecklenb.-Schwerin III 301; V 150. **

Albin, Eleazar (Albinus, eigentl. Weiss und von deutscher Herkunft), Zeichner, Aquarellist und Naturforscher, in London tätig 1720—40. Er war namentlich im naturwissenschaftlichen Fache tätig und verfaßte eine Reihe von Werken mit treu nach der Natur gezeichneten, von ihm z. T. auch gestochenen und handkolorierten Tafeln, z. B.: A natural history of english insects. Mit 100 kol. Taf. London 1720. — Natural history of birds. Mit 306 kol. Taf. London 1731—38, 3 vol. — A natural history of spiders and other curious insects. Mit dem Bildnis Albins und 53 kol. Taf. London 1736. — Natural history of english Song-Birds. Mit 22 kol. Taf. London 1837. — The history of esculent Fish. Mit 18 kol. Taf. London 1794. — Im Schlosse Bellevue in Kassel befinden sich von einem Eleazar Albin, der wahrscheinlich identisch mit Obigem ist, 4 Bilder: Eine Darstellung des reichen Mannes und Lazarus; ein männliches Bildnis und 2 Stilleben.

Meyer, Kstlerlex. — Redgrave, Dict. **

Albin, Jean, Bildhauer und Maler in Orléans um 1487.

Herluison, Art. orléannais. **

Albin, John, engl. Maler zur Zeit Tizians, nur bekannt durch das Inventar König Philipps II. von Spanien, publ. von C. Justi im Jahrb. der preuß. Kstsammlgn. X 186 : „Otro retrato en lienço al olleo de la caueza de Juan Albin pintor yngles de mano de Tyciano". **

Albin de Lécluze, Vergolder in Cambrai, führte 1558 verschiedene Vergoldungsarbeiten an den Bleiteilen des Beffroy der Stadt aus.

Réunion des Sociétés des Beaux-Arts des Départements XII 434. *H. Longnon.*

Albina, Gius., s. *Alvino.*

Albini, Stuccator aus Mailand, 1750—64 als „Hof- und Landstuccator" in Diensten des Markgrafen von Anspach und Bayreuth, in welcher Eigenschaft er gemeinsam mit seinem Landsmann Martino Petrozzi in den um das sogenannte obere Bassin errichteten Wohngebäuden in Bayreuth (namentlich im zweiten Zimmer des rechten Flügels) und wahrscheinlich auch am Schloß-Neubau daselbst beschäftigt war.

Studien zur deutschen Kstgesch., Heft 32, F. H. Hofmann, Die Kunst am Hofe der Markgrafen von Brandenburg p. 214, 220. *H. V.*

Albini, Alessandro, Bologneser Maler, Nachfolger der Caracci, 1568—1646. Für das Begräbnis des Ag. Caracci (1602 †) malte er ein kleines dekoratives Bild (chiaroscuro) „Prometheus und Pandora" (v. Guido Reni gestoch.) u. zwischen 1601/4 für das Oratorio del sepolcro in Carpi eine Kreuzigung, die später nach S. Francesco in Carpi gebracht wurde, wo sie sich 1784 noch befand (heute nicht mehr vorhanden). In Bologna malte er Fresken im Kloster S. Michele in Bosco (der hl. Benedict, einen Toten erweckend, und die Kreuzabnahme der Heil. Valerian u. Tiburzio, während das Fresko mit der hl. Caecilia, fast genau nach Raffael kopiert, zugrunde gegangen ist) u. in der Kirche S. Domenico in der Kapelle del Santo Fresken in den Zwickelfeldern unter der Kuppel. In Rom war er mit Guido Reni an den Fresken in der kleinen Kuppel der Kapelle des Quirinals tätig (Malvasia). Titi berichtet, daß einige ihm auch das Fresko mit der Madonna zwischen Pilgern in S. Sebastiano an der via Appia zuschreiben, das andere dem Antonio und Sisto Badalochi zuerteilen. Meyers Angabe (Kstlerlex.), daß Albini auch an den Fresken mit der Aeneide im Pal. Fava in Bologna tätig gewesen sei, beruht auf einer Verwechslung mit Albani. Ein Altarbild Albinis für das Kloster S. Pietro Martire in Bologna, der Heilige mit Katharina, S. Cecilia und S. Agnese wurde in die Galerie von Bologna überführt, ist aber jetzt dort nicht mehr sichtbar.

Masini, Bologna perlustr. I 376, 613. — Malvasia, Fels. pittr. I 414, 494, 555, 581; II 18. — Titi, Ammaestramento di pitt. 58. — Pitture, Scult. etc. di Bologna (1792) p. 228, 297, 421/2. — Zanotti-Cavazzoni e Calvi, Le pitture di L. Caracci etc. nel. chiostro di S. Michele, 69—73. — Baldinucci-Ranalli, Not. dei prof. di dis. III 316. — Campori, Gli art. ital. e stran. negli stati estensi. — Ricci, Guida di Bologna 1900 p. 49, 200/1.
Lisetta Ciaccio.

Albini, Amedeo, da Moncalieri (od. Albin, Aymé), Maler und Miniaturist, war herzogl. savoyischer Hofmaler in Turin und wird als solcher 1470—1492 erwähnt. 1479 schuf er für den Prinzen Charles ein reichgeschmücktes Gebetbuch, das u. a. 12 große Vollbilder, Vignetten und 155 Initialen enthielt.

Mém. de la Société Savoisienne T. XII p. 102 ff. — Archivio storico dell' Arte, 1895, p. 279. — F. Gamba „L'arte antica in Piemonte" (Torino 1880) p. 529, 558 f. — Rondolino, La pittura Torinese nel Medioevo in Atti d. Soc. d'archeol. di Torino vol. VII (1901) fasc. 3, pag. 219 ff. *De.*

Albini, Benedetto di Giovanni, Steinmetz von Rom, verpflichtet sich mit anderen Zunftgenossen in einem Kontrakt vom 1. 3. 1508 eine Anzahl von Kapitellen nach dem Muster derer am Pantheon für den Neubau von St. Peter zu meißeln.

E. Müntz, Les archit. d. Saint-Pierre à Rome. (Gaz. d. b.-arts II Sér. XX 510.) **

Albini, D. M., Ornamentstecher, Italien, um 1744. Von ihm eine Folge: Divary disegni moderni di gioiglieri, Anno 1744, 8 Bl., und eine weitere ähnliche Folge.

Orn.stich-slg. d. Kstgew.-Mus. Berlin No. 572.

Albino di Donato aus Como, Baumstr. in S. Severino, wo er 1446—1482 viele Aufträge empfing, darunter die Ergänzung der Burgmauer, die Wiederherstellung der Brücke bei fonte nuova und der porta di S. Francesco. Er wohnte in der villa fontecupa bei S. Severino.

V. Aleandri in Arch. stor. lomb. 1900.
V. Aleandri.

Albino Lombardo, Bildhauer oder Steinmetz in Rom, wo er 1461 für Pius II. arbeitete; vielleicht war er der Vater des Pietro d'Albino da Castiglione.

E. Müntz, Les Arts à la Cour des Papes (1878) I 261. *

Albino, Pietro d', da Castiglione, lombardischer Architekt und Steinmetz in Rom. 1451 arbeitete er mit Mariano di Tuccio da Sezze und dessen Sohn Paolo di Mariano an zwei Rundkapellen, die Papst Nicolaus V. zur Sühne für eine Brückenkatastrophe am Ponte S. Angelo errichten ließ. 1453 und 1454 wird er urkundlich erwähnt als Unternehmer von Bausteinlieferungen aus altrömischen Tempelruinen für päpstliche Bauzwecke. Nach Bertolotti scheint A. 1466—69 am Bau des Palazzetto di S. Marco beteiligt gewesen zu sein. Endlich hält man ihn auch für identisch mit jenem Maestro Pietro, der unter der Leitung der Architekten Giuliano di Francesco da Firenze und Meo del Caprino da Settignano an dem seit 1470 wieder aufgenommenen Weiterbau der Peterskirche zu Rom beschäftigt war.

Bertolotti, Art. Lomb. a Roma I 30 f., 33. — L'Arte III 87, 91. — Gaz. des B.-Arts, II. per. XIX 358. — Repertor. f. Kstwissensch. IV 435.
F. Malaguzzi-Valeri.

Albino oder Arbino da Pinerolo, italien. Maler des 16. Jahrh. Caffaro identifiziert ihn mit Giovanni Albino Longhi oder Longo oder Giovanni Arbino, dessen Name öfters in Dokumenten in Pinerolo vorkommt. Bertea dagegen unterscheidet einen Giovanni und Albino oder Arbino, die vom Maler Jacobino Longhi abstammten und bezeichnet die Maler Vespasiano und Raffaele Longhi als Söhne des Albino. Caffaros Ansicht, die sich auf Dokumente stützt, dürfte aber wohl vorzuziehen sein. Nach ihm lebte Albino da Pinerolo in der zweiten Hälfte des 16. Jahrh. und malte noch 1602. Wir wissen nur von untergeordneten Arbeiten aus der Zeit 1559 bis 1585, doch muß der Künstler eine geachtete Stellung eingenommen haben, da er 1583 und 1597 dem Consiglio dei Cento in Pinerolo angehörte.

A. Caffaro im Bollett. Stor.-Bibl. Subalpino I no. 2, 3, p. 156/7. — E. Bertea, ebendort II no. 1, 2, p. 40—73. *G. Degli Azzi.*

Albinyana, Antonio, Maler in Barcelona, tätig um 1436. Er versah die länglichen Turnierschilde mit Bildern.

Sanpere y Miquel, Cuatroc. Catal. II 180.
M. v. B.

Albiol-Lopez, J o s é, span. Maler des 19. Jahrh., geb. zu Valencia, Schüler der Akad. San Carlos daselbst, erlangte eine ehrenvolle Erwähnung auf der Madrider Ausstellung von 1897. Von seinen Werken führen wir an: Landungstreppen von Barca; Die Weinernte; Le Coñe du Cabañal (Landschaft); ferner verschiedene Porträts. *P. Lafond.*

Albioli, B e r n a r d i n o, Maler u. Miniator in Rom um 1615.

Z a n i, Enc. met. II 24. — B e r t o l o t t i, Artisti Bolognesi etc. in Roma p. 157; Giornale di Erudizione V 127, VI 33. **

Albioli, G i u s e p p e, Holzschnitzer in Ferrara, schnitzte 1717 den Rahmen um das Altarbild, das Guercino 1634 im Auftrage des Magistrats für die St. Rochuskapelle in der Kathedrale gemalt hatte, und das 1717 durch Parolini einer Restauration unterzogen wurde.

C i t t a d e l l a, Not. rel. a Ferrara 629. **

Albis, C h r i s t i a n, schweizer Maler, nur dem Namen nach als Mitglied der Lux- und Bogenbruderschaft in Zürich (16. Jahrh.?) bekannt.

B r u n, Schweiz. Kstlerlex. **

Albisetti, N a t a l e, schweizer Bildhauer, geb. in Stabio, tätig in Paris. Von ihm in Zürich am Mittelbau des eidgen. Polytechnikums 4 Statuen in Nischen. Von 1890—93 und 1897—99 war er regelmäßiger Aussteller im Pariser Salon und auf der Dezenalausstellung 1900 in Paris war von ihm die Gruppe: Melchthal und sein Sohn.

B r u n, Schweizer Kstlerlex. — Catal. du Salon. **

Albistur, L e o n a r d o, Hofkupferst. Karls IV. in Madrid um 1800. Von ihm „Bildnis Karls IV." und „Nuestra Señora del Carmen" 1802.

M e y e r, Kstlerlex. △

Albites, F e l i c e, Architekt, Rom um 1800.

Z a n i, Enc. met. II 25. — A l i z e r i, Not. d. Prof. d. Disegno in Liguria 1866 III. **

Albitiz (auch Albituz, Albetiz), D o m i n g o d e, Archit. und Bildhauer in Burgos. Gemeinsam mit Luis Gabeo führte er von 1598 bis 1603 den Coro und Trascoro mit Schnitzereien, Figuren, Gemälden, Reja etc. der Kathedrale von S. Domingo de la Calzada aus. Über die Zahlung entstand ein Streit zwischen dem Kapitel und den Künstlern, in welchem von seiten des Kapitels Pedro de Arbulo als Taxator berufen wurde. 1606 scheint ein Vergleich zustande gekommen zu sein.

M a r t i y M o n s ó, Estud. histor. artist. 585—86. *M. v. B.*

Albitiz, P e d r o d e, Bildhauer in Burgos, arbeitete am Chor der Kathedrale von S. Domingo de la Calzada, welchen Domingo de Albitiz u. Luis Gabeo 1598—1603 ausführten.

M a r t i y M o n s ó, Estud. histor. artist. 586.

Albitzky, B., Maler in Paris, stellte 1900 im Salon das Gemälde „Pan tröstet Psyche" aus, das wegen seiner naiven und originellen Auffassung bemerkenswert war. **

Albizi, A n t o n i o, Ornamentzeichner in Florenz um 1600, zeichnete Wappen, Stammbäume u. dgl.

K r o n t h a l, Lex. d. techn. Kste. 1898. **

Albizi, R i n a l d o, Kalligraph und Miniator aus Ancona, tätig in Florenz 1437, signierte nach Zani einen Kodex: Finis. die 15 Novembris 1437. Excripsit Rainaldus Albizius Eques exul Anconae.

Z a n i, Enc. met. II 25, 266. — G a y e, Carteggio, III Indice. **

Albizo, G i o v a n n i, als erster Münzgraveur der Zecca Veneta in Venedig, vom Großen Rat 8. 5. 1308 mit Dekret ernannt. Wahrscheinlich verdanken wir diesem Künstler die erste Prägung der Dukaten, die mit großer Eleganz und Feinheit in dem italien. Geschmack der Frührenaissance entworfen sind.

G e r. Z a n e t t i, Dell'origine di alcune arti princip. appr. i Veneziani 1841, 91. — Archivio Veneto XXXV parte II 1888, 271. — Rassegna Naz. vol. 113, 8. *L. Ferro.*

Albizo d i J a c o p o, wird als Maler 1391 in die Florentiner St. Lukasgilde eingeschrieben.

G u a l a n d i, Memorie VI p. 176. **

Albizo d i P i e r o, Steinmetz, der laut Kontrakt vom 24. 4. 1411 mit Perfatto di Giovanni an Orsanmichele in Florenz die Marmornische arbeitete, darin der hl. Markus von Donatello seinen Platz gefunden. Das Innere der Nische ist mit viereckigen Feldern von schwarzem Marmor, in denen Rosetten von weißem Marmor, eingelegt.

G u a l a n d i, Memorie Originali Italiane S. V. p. 107, 108. Daselbst der Kontrakt abgedruckt. — Archivio stor. d. arte IV 293. — P a o l e t t i d i O s v a l d o, Archit. e Scult. del Rin. in Venezia II 201. **

Albois, französ. Werkmeister in Lyon, leitete 1390—1400 einen Brückenbau über die Saône (in der Vorstadt Vaise).

N a t. R o n d o t, Art. et maitres de métiers de la ville de Lyon. — B a u c h a l, Dict. des Archit. *C. Enlart.*

Albon, W., Architekt in London, stellte von 1817—1852 eine Reihe von bedeutenden Entwürfen für Landhäuser und Kirchen aus; darunter auch einen für ein Operngebäude und für die Front der National Gallery.

G r a v e s, Roy. Acad. Exh. I 18. **

Albonetti, N i c c o l ò, da Cortona, Maler in Perugia, 15. Jahrh. Aufgeführt in der Matrikel der dortigen Malergilde.

Rassegna Bibliograf. d. Arte ital. II 219. — Z a n i, Encicl. II 25. *

Alboni, P a o l o (oder Paolo Antonio), Bologneser Landschaftsmaler, † 1730 (oder 1734). Außer in Bologna arbeitete er in Rom, Neapel und Faenza. 1710 begab er sich nach Wien und blieb mehrere Jahre dort, aber wahrscheinlich nicht hintereinander, denn ein von ihm 1715 zu Bologna gemaltes Bild wird erwähnt; 1725 war er sicher wieder in Bologna (Gualandi), wahrscheinlich von da an dauernd. Nach einem Schlaganfall 1722 malte er mit der linken Hand. A. ahmte die vlämischen und deutschen Landschafter, wie überliefert wird, bis zur Vollendung nach. Er hatte nur 2 Schüler: seine Tochter Rosa und den Mönch Gabriele Giuseppe Patarazzi. Albonis schönste Landschaften waren im Palazzo Pepoli und im Palazzo Fabri in Bologna. Die Albertina in Wien besitzt von ihm eine Landschaft (Zeichnung).

Crespi, Fels. Pittr. III 274. — Lanzi, Stor. Pitt. V 205 u. Ind. — Gualandi, Memorie IV 172. — Wickhoff im Jahrb. d. Kunstsl. des Allerh. Kaiserh. XIII 2. T. p. CCLXXX. *Lisetta Ciaccio.*

Alboni, Rosa (oder Luigia Maria Rosa). Bologneser Landschaftsmalerin, † 8. 3. 1759. Tochter des Paolo, kopierte die Landschaften des Vaters; verheiratet mit dem Prokurator Ludovici Nobili.

Crespi, Felsina Pittr. III 274. *Lisetta Ciaccio.*

Alborello, Giac., s. *Albarelli,* Giac.

Alboresi, Giacomo, Bologneser Maler, geb. 1632, † 9. 2. 1677. Zuerst Schüler des Domenico Santi und später des Agostino Mitelli, dessen Stieftochter er heiratete. Er war fast ausschließlich Dekorationsmaler und arbeitete daher nach dem damaligen Brauch der Bologneser Schule mit anderen Künstlern; zuerst mit Fulgenzio Mondini und nach dessen Tode mit G. C. Milani, A. M. Colonna, Burrini, Canutis. A. war sehr beschäftigt in Bologna in Kirchen und Palästen; seine geschätztesten Werke waren in dem Hause Bertolotti-Buratti. Außerhalb Bolognas malte er im Palazzo Albergati in Anzola, im Palazzo Fiaschi in Ferrara und in der Villa del Colonnato dei Capponi bei Florenz. Er malte auch in verschiedenen Städten Ausschmückungen für Feste; in Parma für die Hochzeit des Herzogs Rinuccio II. und später für die Einkleidung einer Prinzessin; in Florenz für die Hochzeit des Prinzen Cosimo mit Margarethe Louise von Orléans (1661). Zu dieser Gelegenheit malte er zusammen mit anderen Bologneser Malern eine Scheinfassade der Kirche S. Maria del Fiore auf Leinwand. Andere Werke in Bologna: in San Petronio, Cappella di S. Antonio (mit Mondini), in S. Bartolommeo, Decke des Hauptschiffes (mit Colonna), in S. Giacomo Maggiore die Wanddekorationen an der 6. Kapelle rechts (mit demselben) und in der Casa Fabbri die Ausschmückung eines Saales (mit Mondini und Caccioli).

Masini, Bologna perlustr. I 624. — Malvasia-Crespi, Fels. Pittr. II. 422—431; III 61—62. — Pitture etc. delle città di Bol. 1792. — Gualandi, Mem. III 190. — Meyer, Kstlerlex. — Ricci, Guida di Bol. 1900 p. 25, 88, 128, 136. *Lisetta Ciaccio.*

Albornoz, Bernardo, Maler in Sevilla, empfing 21. 5. 1588 eine Zahlung für Malerei und Vergoldung der Türen des Sagrario der Kathedrale.

Gestoso, Artif. Sevill. II 9. *M. v. B.*

Albotti, Francesco. italien. Kupferst., erwähnt von Mariette, Abécédario I 16.

Alboy-Rebouet, Alfred, Maler, geb. in Paris 30. 11. 1841, † 31. 3. 1875 in Gent. Schüler von Gleyre und Gérôme, hatte seit 1864 zuerst unter dem Namen Rebouet Porträts ausgestellt. Das letzte Bild des jung verstorbenen Künstlers: Un parti avanteux hatte einen wirklichen Erfolg.

Bellier-Auvray, Dict. gén. — Chronique des arts 1875, 142 (Nekrolog). — Lavigne, Etat Civil p. 127. **

Albozzi, Pierfrancesco. Maler in Rom um 1696.

Zani, Enc. met. II 25. — Missirini, Stor. d. rom. Acc. di S. Luca 1823, 461. **

Albracht, Willem, Maler, geb. in Antwerpen 1861, Schüler der Akad. daselbst und von Ch. Verlat. Bis 1887 studierte er im Institut des beaux-arts in Antwerpen und malte Genrebilder, Porträts und Landschaften. Seine wichtigsten Arbeiten sind: L'Ancien laboratoire de l'Administration de la Bienfaisance d'Anvers (1902) im Mus. von Antwerpen und L'Ancienne pharmacie, ebenda: Küche des Asyls für Greise in Zandvoort (1905); Flämische und holländische Landschaften. Auch auf den Internationalen Ausstellungen in Berlin 1891 und 1896 sah man Bilder von ihm. *H. H.*

Albraht. Von ihm eine Glocke in Seligenstadt 1296 nach Otte, Glockenkunde. **

Albrec, Peter, Rokoko-Holzbildhauer in Gmünd, französ. Abkunft, † 1777, tätig für die Heiligkreuzkirche und für die Kreuzkirche zu Gmünd.

Kst. u. Altert. Denkmale in Württemberg, Jagstkreis p. 384. **

Albrecht. Baumeister, wird als „der Tuembmaister" (Dombaumeister) zu Regensburg seit 1318 erwähnt. Er wohnte am Klarenanger in R. und war unter Bischof Nikolaus von Stechowitz am Dom tätig. Welche Teile des Baues ihm zuzuschreiben sind, ist gänzlich unsicher, auch wissen wir nicht, wie lange seine Wirksamkeit dauerte.

Schuegraf, Gesch. des Doms von Regensburg I 239. — Adler, Der Dom zu Regensburg, Dtsche Bauztg. 1875, 131, 141, 151, 171 usw. — A. v. Voit, Mitteilgn. über die Gesch. und den Ausbau des Regensburger Doms in Förster, Denkmale deutscher Baukunst, Leipzig 1858 ff. V 34 ff. *Kautzsch.*

Albrecht (Meister), Harnischmeister Kaiser Maximilians in Innsbruck. Dieser Waffenschmied hat auch laut Zahlungsvermerk für Kurfürst Friedrich den Weisen 1496 einen Auftrag auf Waffen ausgeführt.

R. Bruck, Friedrich der Weise, Straßb. 1903 p. 230. **

Albrecht. Illuminator in Leipzig Ende des 15. Jahrh., Sohn eines Illuminators, wird 1495 zum Verwalter („Conservator") der „Meißner Bursa" der Leipziger Universität gewählt. Da er zur Universität gehörte, ist es denkbar, daß die frühen Miniaturen der Universitätsmatrikel (in der Universitätsbibliothek zu Leipzig) zum Teil von ihm herrühren. Hier ist die Initiale A des alljährlich die Inscription einleitenden Wortes „Anno" seit 1488 häufiger mit einer bildlichen Darstellung geschmückt.

Wustmann, Beiträge z. Gesch. d. Mal. in Leipzig S. 28. *A. Ky.*

Albrecht, Meister, von Nürnberg, Bildhauer, tätig in Bern und Umgegend, urkundlich nachweisbar von 1492—1525. In der ersten Hälfte des Jahres 1506 erhielt er 10 Pfund „umb die ofenn zu schniden", d. h. er modellierte eine Serie Wappen der Bernischen Landvogteien für den Ofen in der großen Ratsstube (nicht in der Schneiderzunft). Dieser Ofen wurde dann von einem Basler Meister gegossen. Auch für die große Münsterglocke (schon 1516 zersprungen) lieferte er die Modelle für den Reliefschmuck und 1517 erhielt er Bezahlung „umb ettlich formen zu schniden zu den büchsen". Eine, wenn auch wahrscheinlich nicht ganz eigenhändige Arbeit ist erhalten in dem reliefierten Taufstein, jetzt im Chor des Münsters. Er hatte den Auftrag darauf 4. 11. 1524 und 24. 11. eine Zahlung von 10 Kronen erhalten; 21. 8. 1525 erhielt dann „Meister Andress" (s. Andres Mathis) ebenfalls 10 Kronen für seine Arbeit am Taufsteine.

Brun, Schweiz. Kstlerlex., Artikel von Dr. Fluri und gütige Mitteil. des letzteren. **

Albrecht. Nach der Zeichnung eines so benannten, sonst unbekannten Memminger Künstlers ist 1779 radiert: J. G. Schelhorn, Bibliogr., Historiker, Superintendent zu Memmingen, 1733—1802. J. L. Stahl fec. 8.

Meyer, Kstlerlex. *R.*

Albrecht, Albrecht, Steinmetz in Nürnberg, wurde 1564 daselbst Bürger, besserte 1586 das schadhaft gewordene große Radfenster der Lorenzkirche in Nürnberg aus und starb vermutlich 1593.

Hampe, Nürnberger Ratsverlässe (vgl. das Register). — Gugel, Norischer Christen Freydhöfe Gedächtnis 5. *Th. Hampe.*

Albrecht, Andreas, Bildhauer — auch als Bildschnitzer wird er gelegentlich bezeichnet — in Nürnberg, wurde hier 1549 Bürger (als „kunstner" wird er dabei bezeichnet), lebte 1552—1555 oder 1556 in Frankreich, wohl vorwiegend in Lyon, und starb 1560. Wenzel Jamnitzer schätzte seine Kunst hoch, allein Arbeiten seiner Hand haben sich bisher nicht nachweisen lassen. Denn ihn mit jenem „Meister Albrecht von Nürnberg, bildhöwer" zu identifizieren, der 1492—1525 in Bern erscheint, und von dem eine Anzahl Werke, zumeist allerdings nur urkundlich, bekannt ist, geht aus chronologischen Gründen doch wohl kaum an.

Hampe, Nürnberg. Ratsverlässe I No. 3178. — Frankenburger, Beiträge zur Gesch. Wenzel Jamnitzers No. 29 u. 41. — Mitteilungen aus d. german. Nationalmus. II 278. — Vgl. auch Fluri im Schweizer. Kstlerlex. I (1902) 21 f. *Th. Hampe.*

Albrecht, Andreas, Hofschwertfeger Kaiser Rudolfs II.

Jahrb. d. ksthist. Samml. d. Allerh. Kaiserh. XII, Regesten. **

Albrecht, Andreas, ein Nürnberger Ingenieurhauptmann und Mathematiker des 16. bis 17. Jahrh., der zur Kunst nur durch seine sauber ausgeführten mathem., sowie Architektur- und sonstigen Werkzeichnungen in näherer Beziehung steht. Von anderen in Kupfer gestochen, wurden sie seinen mathemat., perspektiv. usw. Werken beigegeben, die zum Teil wiederholt aufgelegt und nachgedruckt wurden. Es sind dies: „Hippopronia oder Bericht von der Art, Zäumung und Arzney der Pferde" (Frankfurt a. M. 1612), ferner ein „Abriß und Beschreibung eines . . . Instrumentes zur Mechanica" etc. (Nürnberg 1620; 1625; 1673); „Richtige Anweisung und Vorstellung eines . . . Instrumentes zur Architectur" (Nürnberg 1622, 1673 mit perspektivischem Titelkupfer mit mathemat.-ornamentaler Bekrönung, Abbild. der antiken Säulenordnungen, woraus die Form von Kanonen und Mörsern entwickelt wird, usf.) und 2 Bücher von der Perspektive und „dem dazu gehörigen Schatten" (Nürnberg 1623 im Selbstverlage bei Simon Halbmayr, dann noch einmal bei Paul Fürsts sel. Erben erschienen). Einige weitere Stiche, die der Kunstfreund Paulus Beheim in dem 1616 verfaßten handschriftlichen Katalog seiner Kupferstichsamml. unter A.s Namen aufzählt (das nürnberg. Städtchen Velden und Umgebung aus der Vogelschau und die Gegend um Heidelberg und um Uttenheim — es ist doch wohl der Ort bei Bruneck im Pustertal gemeint — im „Grundriß und nach der Perspektive"), gehen wohl ebenfalls lediglich auf Zeichnungen von ihm zurück. Er starb zu Hamburg, wo er sich eben Geschäfte oder Studien halber aufhielt, 1628. Panzer führt ein Bildnis von ihm aus dem Jahre 1623 an.

Doppelmayr, Histor. Nachr. S. 168. — Will-Nopitsch, Nürnberg. Gelehrten-Lex. I 21 f., V 18 f. — Schmidt in J. Meyers Kstlerlex. — Panzer, Verzeichnis von nürnberg. Porträten etc. S. 3. *Th. Hampe.*

Albrecht, Balthasar Augustin, bayr. Hofmaler (später Galerieinspektor), geb. zu Berg am Starnberger See, 1687, † zu München 1. 8. 1765, studierte in Venedig und Rom; seit 1719 in München, wurde er N. G. Stubers Schüler und Schwiegersohn. In der Schleißheimer Galerie von ihm Kindergruppen (die Malerei, die Bildhauerei, die Baukunst, die Weinlese, spielende Kinder, Kinderreigen). Andere, von ihm gemalte Bilder befinden sich dort im Depot. Größere Gemälde führte er laut Inventar vom Jahre 1770 für die kurfürstl. Residenz in München aus. In der kgl. graphischen Sammlung in München 4 signierte Kreidezeichnungen und 15 ihm zugeschriebene Handzeichnungen. Eine Reihe seiner nicht gerade bedeutenden Bilder nennt W. Schmidt im Meyerschen Kstlerlex. Aus seiner Schule ging der spätere Akademieprofessor F. J. Oefele hervor.

Die Kstdenkm. d. Kgr. Bayern I. (an vielen Stellen). *O. Weigmann.*

Albrecht, Bernhard, Maler und Radierer, † 1822 in Wiener Neustadt. Seit 1788 Zeichenlehrer an der dortigen Militärakad. Soll vielseitig künstlerisch gebildet und besonders als Landschafter tüchtig gewesen sein. In den Räumen des kaiserl. Absteigequartiers in Neustadt befinden sich von ihm 13 Gouachebilder mit Szenen aus dem akad. Jugendleben, die er auch in Kupfer zu stechen versucht hatte. Man kennt von ihm zwei Radierungen von 1784 nach Landschaften Chr. Brands und eine Radierung nach Ruisdael.

Böheim, Chron. v. Wiener Neustadt II 188. — Meyer, Kstlerlex. —*y.*

Albrecht, C., zu Berlin tätig, stach, nach Heinecken (Dict.), schlechte Architekturbll. für den Buchhandel. Möglich, daß er mit C. Albrecht, einem Stecher des 18. Jahrh., der das nachstehende Bl. stach, eine Person ist.

Leopold, Fürst von Anhalt-Dessau. Brustbild in Rüstung. Darunter Reitergefecht. Oval. Fol.

Vgl. auch *Albrecht,* Carl.

Meyer, Kstlerlex. — Katal. der Ornamentstichsl. im Berliner Kunstgewerbemus. **

Albrecht, C. G., Maler in Breslau 1749.

Lutsch, Kstdenkm. Schlesiens V 514. **

Albrecht, Carl, Architekt und Stecher, Deutschland, 18. Jahrh., vielleicht identisch mit einem der unter Albrecht, C. genannten Künstler.

Zani, Enc. met. II 26. **

Albrecht, Caspar, Porträtmaler in Leipzig um 1625—1652. Um 1650 arbeitete er nachweislich für die Nikolaikirche und die Thomaskirche in Leipzig. Gurlitt nimmt mit Vorbehalt die im Chor der letzteren befindlichen lebensgroßen Bildnisse der Superintendenten J. Höppner († 1645) und Ch. Lange († 1657) für ihn in Anspruch. Nach Stepners Inscriptiones Lipsienses S. 264 No. 1270 starb seine Frau Margaretha geb. Deuerlein 1632.

Füssli, Neue Zusätze 1824 S. 47. — Geyser, Gesch. d. Mal. in Leipzig S. 36. — Gurlitt, Bau- u. Kunstdenkm. d. Kgr. Sachsen XVII 12, 80, 81. *A. Ky.*

Albrecht, Christian Frederik, dänischer Blumenmaler, geb. 1766, † 22. 12. 1789.

Weilbach, Nyt dansk Kunstnerlex. I (1896) S. 25. *A. R.*

Albrecht, Daniel, ein nur dem Namen nach bekannter Maler in Altenburg, † 1680.

Neue Zusätze zu Füssli, 1824. **

Albrecht, Georg (Aberlen, Auberlen, Eberlin, Jörg) 1447—1492, Baumeister des Grafen Ulrich des Vielgeliebten von Württemberg. Sein Werk ist vor allem der 1436 begonnene, 1459 vollendete Bau der Stiftskirche zu Stuttgart, der Leonhardskirche 1470—74 und der Spitalkirche daselbst 1471—93. Im Lande herum hat er gebaut: die Stadtkirche in Balingen 1443—1510, die Alexanderkirche in Marbach 1450—1481, die Stadtkirche in Cannstatt 1471—1506, die Kirche in Dettingen O/A. Kirchheim, die Enzbrücke bei Bietigheim 1456—1467, die Stadtkirche in Wildberg 1467 ff. Chor und Seitenschiffe der Kirche zu Markgröningen 1472, die Kirche zu Aidlingen und Münchingen, den Kreuzgang des Klosters Lauffen a/N., die Kapellenkirche zu Rottweil a/N. 1478 ff.

Sein eigenartiges Meisterzeichen ist ein Wappen: Sparren mit 3 Sternen. Sein Bildnis wird vermutet an einer Konsole an der Empore des Grafen Ulrich des Vielgeliebten in der Spitalkirche zu Stuttgart.

Klemm, Württemberg. Baumeister und Bildhauer, No. 123. — Paulus, Württemberg. Kunst- und Altertumsdenkm. I S. 554, II 513. *M. Bach.*

Albrecht, Georg, Glasmaler zu Mörsburg am Bodensee um 1615, arbeitete für Kirchen und Private, besonders im Wappenfach.

Meyer, Kstlerlex. *R.*

Albrecht, H., Porträtmaler in Berlin, Schüler von Wach, stellte in der Akademieausstellung in Berlin im Jahre 1839 ein männliches Porträt aus. Sonst nicht bekannt. **

Albrecht, Hans, Maler in Nürnberg, bisher nur urkundl. bekannt. Seine Bürgeraufnahme, bei der er 4 fl. zahlte, erfolgte 3. 8. 1499; weiterhin wird er 1508 und 1511 erwähnt; 18. 4. 1515 kauft er von dem Goldschläger Marx Kol ein Haus in der Egidiengasse „gegen der Tetzel hof über" gegen die Summe von 60 rhein. Gulden und einen an den Eigenherrn des Hauses, Sigmund Örtel, zu entrichtenden jährl. Zins von 5 fl. Rheinisch (Nürnberger Stadtarchiv: Libri literarum XXIX fol 131b). 1526 kommt seine Witwe vor.

Baader, Beiträge I 3; II 59. — Hampe, Nürnberg. Ratsverlässe I No. 785. — Gümbel im Repertorium f. Kunstwiss. XXIX 331. — Neudörfer (Edition Lochner) 135. *Th. Hampe.*

Albrecht, Hans, Steinmetz in Nürnberg, wird hier 1539 „dweil er für ein künstner berümpt", umsonst zu Bürger aufgenommen. Es wurde ihm damals freigestellt, auch seine Gesellen herzubringen. Er kam also von auswärts und scheint identisch mit *Johann Alberti,* Baumeister aus Naumburg a. d. Saale, der nach Andresen (Meyers Kstlerlex. I 217) 1540 nach Nürnberg ging und im folgenden Jahre starb.

Hampe, Nürnberg. Ratsverlässe I No. 2430. *Th. Hampe.*

Albrecht, Henry, Illustrator, geb. 30. 4. 1857 in Memel in Ostpreußen. — Zum Maschinenbauer vorgebildet. Dann Schüler der Berliner Akademie unter Ehrentraut, Thumann, Knille. Diese Studienjahre von 1876 bis 1881 erfuhren öfters lange Unterbrechungen, da A. durch Illustrationen für die Witzblätter Schalk, Ulk u. a. zu lernen und sein Brot sich zu verdienen wußte. Er ist also zu den Autodidakten zu rechnen. 1882 ging er nach München, war dort wenige Monate Schüler von Otto Seitz. Seit 1883 ist er ständiger Mitarbeiter der „Fliegenden Blätter", die ihm eine Fülle von Beiträgen danken. Auch für die „Illustrierte Frauenzeitung", die „Leipziger Illustrierte Zeitung", „Die Gartenlaube", „Schorers Familienblatt" und a. Blätter war A. gelegentlich tätig. 1890 zeichnete er für die kurzlebige New Yorker illustrierte Zeitschrift „The Illustradet American". Folgende Werke hat A. illustriert: Walter Gottheil „Berliner Märchen" (Berlin), Dr. P. Matthes „Im großen Hauptquartier 1870/71" (München), Hackländer, „Eine Rigifahrt" (Stuttgart), Dewall, „Bunte Bilder" (ebenda), „Der schöne Lehmann" (ebenda), „Manöver- und Kriegsbilder" (ebenda), Ferschke, „In Reih' und Glied" (ebenda), „Papa Wrangel" (ebenda), „Fanfara" (ebenda), Duncker, „Ein Leutnant verloren" (ebenda), Erich, „Hurra Couleur" (ebenda), von Schönthan, „Die zwei Grazien" (ebenda), „Die Königin der Luft" (ebenda), Carl Hecker, „Memoiren eines Leutnants" (ebenda), „Im alten Schloß" (ebenda), „Blaue Husaren" (ebenda), Carl Waldmann, „Der Strampelpeter" (Ravensburg), H. Albrecht, „Tier-A-B-C", Bilderbuch (Eßlingen), „Das Oktoberfest" (München). Außerdem Romane in Kürschners Bücherschatz (Berlin). — Die Illustrationen A.s sind fast alle ohne Modell gezeichnet. Durch die Übertragung in ein oft bedeutend kleineres Format verlieren die Illustrationen gegenüber den Originalen meist. A.s immer lustige und scharfe Beobachtung, seine leichte Zeichnung ist deshalb nur aus den Originalen, noch mehr aus seinen zahlreichen Skizzen, Zeichnungen, Aquarellen nach der Natur zu erkennen. Es ist bedauerlich, daß ihm die illustrativen Aufgaben wenig Zeit für das Malen lassen, da sich hier eine Frische der malerischen Beobachtung und Fixierung zeigt, mit denen andere längst erfolgreich paradiert haben würden. — Als Meister der Silhouette ist A. erst kürzlich hervorgetreten. (Vergl. „Kunst unserer Zeit" 1906.) A. besitzt die Große herzogl. Sachsen-Weimarische Goldene Jubiläumsmedaille. Er lebt in München.

„Das geistige Deutschland" 1898. *Bredt.*

Albrecht, J. Wolfgang, Zeichner, um 1741 in Frankfurt a. M. und in Mainz tätig. Nach ihm stach H. Ostertag die „Ausführliche Abzeichnung des Churfürstl. Wahl-Zimmers" während der Kaiserwahl im Römer (20. 11. 1741) sowie Holdenriter und Ostertag den „Einzug des Kurfürsten von Mainz in Frankfurt a. M." bei der nämlichen Kaiserwahl.

Meyer, Kstlerlex. —*y.*

Albrecht, Ignaz, s. *Alberti.*

Albrecht, Johann, Bruder des Balthasar Augustin, soll Maler in Wels gewesen sein.

Meyer, Kstlerlex. in der Biogr. d. Balt. Aug. Albrecht. **

Albrecht, Johann Christoph d. ält., Kalligraph in Nürnberg, lebte 1710—1777 und gehört seiner Kunst nach der Richtung oder Schule Michael Bauernfeinds (1680 bis 1753) an. Er gab ein paar Bücher mit Anweisungen zur Schreibkunst und künstlerischen Schreibvorlagen heraus. Bei einer Folge mit „Versalien" aufs reichste gezierter großer Initialen, seinen trefflichsten Blättern, findet sich in jedem Buchstaben des Alphabets ein Genrebildchen, zumeist einen Handwerker bei der Arbeit darstellend (A: Affen, B: Barbier, C: Cirkelschmied, D: Drechsler usf.) eingefügt. Ein ganz aus kalligraphischen Zügen zusammengesetztes Bildnis Friedrichs d. Großen wurde 1760 nach einer Zeichnung A.s von D. A. Hauer in Kupfer gestochen. Außerdem rühmte man seine „gar fein und natürlich" mit der Feder verfertigten Quodlibete, wie sie ja im 18. Jahrh. besonders beliebt waren und sich noch zahlreich aus jener Zeit in unseren Samml. finden. Ein von A. bezeichnetes ist mir bisher nicht begegnet.

Albrecht, Johann Christoph d. jüng., sein Sohn, war ebenfalls Schönschreiber.

Will-Nopitsch, Nürnberg. Gelehrten-Lex. V 21. — Dugulins Allgem. Porträt-Katalog I (Leipzig, 1860) No. 6753. *Th. Hampe.*

Albrecht, Johann Franz, Holzbildhauer aus Freiburg (?) im Üchtlande, machte 1695 ein Tabernakel für die Kirche des Schlosses St. Denis.

M. v. Diesbach bei Brun, Schweiz. Künstlerlex. **

Albrecht, Joh. Wenceslaus, s. *Albert,* Wenc.

Albrecht, Karl, Porzellanmaler und Kunstgewerbezeichner, geb. 6. 1. 1859 in Znaim, Absolvent der dortigen Fachschule für Tonindustrie (1874—1882), hierauf bis 1881 als Maler in der dortigen Kunsttonwarenfabrik Alois Klammerth tätig, lebt bis heute in seiner Vaterstadt und betätigt sich als Majolikamaler (1884 hatte er für König Ludwig II. von Bayern ein Prunkgefäß auszuführen) und Heraldiker (Stammbaum und Ahnentafel des alten reichsfreiherrlichen Geschlechtes von und zu Aichelburg-Labia).

C. Schirek, Mitteil. des Mähr. Gew.-Mus. 1899 p. 114. —*k.*

Albrecht, Karl, Landschafts- u. Stilleben-

Maler, geb. 2. 4. 1862 in Hamburg, stud. 1884 bis 89 in Weimar, bes. bei Prof. Hagen, lebte dann in Hamburg. 1905 kl. gold. Med. in München für seinen „Bildhauer". 1905 Lehrer an der Akad. in Königsberg. — Werke: In der Münchener Pinakothek 1890 „Norddeutsche Dorfstraße", 1902 „Stilleben", 1906 „Alte Kirche in Segeberg" (Interieur). In der Hamb. Kunsthalle 1899 „Landschaft", 1902 „Stilleben". In der Ehrengalerie zu Weimar „Italien. Landschaft". In Hamb. Privatbesitz „Morgensonne", „Aus einem alten Landhause", „Äpfel" (Stilleben), „Hinter der Großstadt". „Große Sommerlandschaft" vom preuß. Staate gekauft.

Dressler, Kunsthandbuch 1906. — Jahresbericht d. deutsch. Kstvereins 1905. — Kst. f. Alle XVIII, XX. — Ausstellungskatal. Berlin, Intern. 1891, 1896; Gr. Kstausstell. 1904, 1906; Dresden, Intern. 1901; Düsseldorf 1902; München, Glaspalast 1901. *E. Benezé.*

Albrecht, Karl Ludwig, Bildhauer, geb. 1. 10. 1834 zu Leipzig. Seinen ersten Kunstunterricht erhielt er unter dem Bildhauer Knaur und in der Leipziger Kunstakad. Er bildete sich dann weiter aus nach Rietschel und Hänel. Seine ersten selbständigen Werke waren zwei Statuen, Bacchus und Gambrinus, welche in gebranntem Ton zahlreich vervielfältigt wurden. Er hat dann mit Bildnissen von Gelehrten und Künstlern in Statuetten, Büsten und Reliefs, welche sich größtenteils in Leipzig befinden, Beifall erlangt. Er hat auch Kolossal-Büsten von Schiller, Rückert und Beethoven zu deren Jubiläumsfesten gefertigt. Von seinen Arbeiten an öffentlichen Gebäuden ist die in Sandstein ausgeführte Gruppe auf dem Leipzig-Dresdener Bahnhofbau in Leipzig hervorzuheben: Handel und Industrie unter dem Schutze der Saxonia und die Karyatiden (in Gips) im Foyer des Leipziger Stadttheaters. Auch hat der Künstler viele Statuetten zur Ausführung in Silber modelliert.

Meyer, Kstlerlex. **

Albrecht, Lorenz, aus Königsberg gebürtig, Goldschmied in Leipzig, ebenda Bürger 1531, Meister 1535, Obermeister 1544 bis 1550, 1555 noch erwähnt. Er war in einen bemerkenswerten Streit des Leipziger Medailleurs Hans Reinhart mit der Leipziger Goldschmiede-Innung verwickelt. 1540, als dieser noch nicht der Innung angehörte, übernahm es A., eine von R. gearbeitete Dolchscheide fertig zu machen. Die Innung bestrafte diese Ungebührlichkeit durch Zerschlagen der Dolchscheide, mußte aber ihre Strenge schwer büßen: Der Rat der Stadt Leipzig verurteilte sie zu 20 Schock Groschen.

Wustmann, Kunstgewerbeblatt Jg. I und „Aus Leipzigs Vergangenheit" S. 142/3 und 146. *A. Ky.*

Albrecht, Mathias, Maler, wird 1699 in Breslau Meister, † dort 24. 1. 1717. Meisterstück: Kreuzigung Christi (wo?); nach einem Bildnis des Liegnitzer Ratsherrn Anthon Milich ein Schabkunstblatt von Johann Oertl vom Jahre 1705.

Kstdenkm. Schlesiens V 514. *C. Buchwald.*

Albrecht, Nicolaas, eine Radierung (Fahrender Klarinettist, nach Adr. van Ostade, bezeichnet: N. A. fec.) und einige Landschaften, deren eine 1765 datiert ist, werden Nicolaas Albrecht beigelegt, der 1735 als Buchhändler im Haag vorkommt, aus welchem Jahre Fred. Muller sein wahrscheinlich fälschlich Pieter Louw zugeschriebenes Porträt erwähnt. Vielleicht ist er identisch mit einem Nicolaas Albrecht, dessen Sammlung 11. 5. 1772 in Amsterdam zur Versteigerung kam.

Muller, Portr. — Meyer, Kstlerlex. I 235. — Nagler, Monogr. IV 2309 *E. W. Moes.*

Albrecht, Otto, Glockengießer von Landsberg um 1614.

Neue Zusätze zu Füssli 1824. **

Albrecht, P. (?) M., zeichnete für Tobias Beutels Geometr. Lustgarten (I. Aufl. 1660, II. Aufl. 1672 Leipzig) das Titelblatt, das N. Weishun in Kupfer stach.

Meyer, Kstlerlex. **

Albrecht von Soest, Meister, goß 1402 für Göttingen eine große Büchse von 70 Zentnern und erhielt 60 Goldgulden als Lohn.

Mithoff, Mittelalt. Künstler u. Werkmstr. **

Albrecht, Wolfgang, Münzmeister in Saalfeld 1604—24; † 1634.

Nagler, Monogr. V No. 1524. — Neue Zusätze zu Füssli 1824. **

Albrespy, André, französ. Maler, geb. 22. 9. 1833 in Montauban, † ebenda 13. 12. 1887, Schüler von Léon Cogniet. Hat eine Anzahl Landschaften und Stilleben gemalt, ließ aber bald die Malerei beiseite, um sich der Kunstschriftstellerei und der Literatur im allgemeinen zu widmen. Von seinen Fachschriften mögen genannt werden: Influence de la liberté et des idées religieuses et morales sur les beaux-arts (1867) und De l'enseignement des arts dans les écoles primaires de France (1872).

Bellier-Auvray, Dict. gén. *K. E. Schmidt.*

Albricci, s. *Albrizzi.*

Albrier, Joseph, Historienmaler, geb. zu Paris 4. 10. 1791 (nach Mémoires et docum. publ. p. l. Société Savoisienne XII 270 in Chapelles en Tarentaise), † in Paris im März 1863, Schüler von Regnault. Er arbeitete in der gezierten Weise seines Meisters, der mit den entblößten Nymphen und Grazien des 18. Jahrh. die strengere Formenweise Davids zu verbinden suchte. Der Art sind ein Narziss, der sich in der Quelle betrachtet, und ein Cyparissus, eben im Begriff, sich in die Zypresse zu verwandeln. Diesen folgten dann 1822 Amynt, Sylvia befreiend, Daphnis und

Chloe, und 1824 eine am Quell eingeschlafene Nymphe. Auch darin glich Albrier seinem Lehrer, daß er das Verschiedenste mit derselben Leichtigkeit darstellte. So 1828 Ludwig XIV. mit der de la Vallière im Holze von Vincennes, und zwei Szenen aus dem Leben Friedrichs des Großen. In der Galerie von Versailles sind von ihm eine Darstellung der ersten Kapitelversammlung (1430) des Ordens vom goldenen Vließe und viele Kopien nach Bildnissen geschichtlicher Personen. Als dann mit den dreißiger Jahren die romantische Schule und die neue historische Richtung die Oberhand gewannen, hatte es mit seinen kleinen Erfolgen ein Ende. Er verlegte sich nun vorzugsweise auf die Nachahmung von Greuze in einer Weise, welche geeignet war, unerfahrene Liebhaber zu täuschen.

Meyer, Kstlerlex. — Bellier-Auvray, Dict. gén. **

Albright, Adam Emory, amerikan. Maler, geb. 15. 8. 1862, begann sein Studium im Art Institute, Chicago, u. in der Pennsylvania Acad. of the Fine Arts in Philadelphia. Später arbeitete er unter Karl Marr in München und Benjamin Constant in Paris. Nachdem er zuerst Landschaften, Blumen (Chicago 1893) und Porträts (E. M. Haines, Statehouse. Springfield I ll.) gemalt hatte, malt er jetzt Bilder von Bauernkindern. In den letzten 6 Jahren haben 15 große Mus. Ausstellungen von seinen Bildern veranstaltet, darunter die Mus. von St. Louis, Toledo, Detroit, Cincinnati, Indianopolis, Philadelphia, Chicago, Washington, D. C. Bilder von ihm hängen auch in Privat- und öffentlichen Sammlungen in Topeka und Ottawa, Kansas, und in Chicago.

Brush and Pencil, April 1903. — The Rosary Magazine 1904. — The Interior (Chicago) Nov. 1902. *Edmund von Mach.*

Albrion, Domingo de (nicht Albrino), fertigte kurz nach 1586 mit Nicolas Laraut zwei Statuen des Aaron und Melchisedek an den Seiten des Tabernakels der Kapelle del Sagramento im Dom von Tarragona.

Cean Bermudez, Dicc. I 8. — Quandt, Reise durch Spanien 28. *A.*

Albrizio, Charles, französ. Architekt, geb. in Brive (Corrèze), Schüler von Vaudremer, tätig in Paris, stellte 1877 die Pläne und Fassadenansichten zu einer Kirche in der Faubourg St. Pierre von Montsort in Alençon aus und in den nächsten Jahren bis 1882 Projekte für öffentliche Gebäude, Mairien und Privathäuser.

Bellier-Auvray, Dict. gén. **

Albrizzi, Enrico Albrizzi oder Alberici, Maler, geb. 1714 zu Vilminore in der Valle di Scalve in der Nähe von Bergamo, † zu Bergamo 1775. Er lernte bei Ferd. Cairo zu Brescia und malte zuerst Heiligenbilder für Kirchen, namentlich in S. Maria dei Miracoli (mehrere Ölbilder), in der Chiesa della Carità zu Brescia, für Dorfkirchen in Valcamonica und in der Valle di Scalve; außerdem Zimmerdecken in Häusern zu Brescia, sowie in der Bibliothek daselbst. Als er aber 1763 nach Bergamo gezogen war, widmete er sich mit mehr Erfolg einer ganz anderen Gattung von Malerei: den Bambocciaden und grotesk-phantastischen Darstellungen, die damals durch Cerquozzi beliebt geworden waren, in der Art des Everardi und des Bocchi. Er fand namentlich Gefallen an der Schilderung von Pygmäen-Szenen, die indes nur die Mittelmäßigkeit des Meisters bezeugen. Tassi hat ausführlich sein Leben erzählt.

Meyer, Kstlerlex. (mit älterer Lit.). **

Albrizzi (Alberici), Giacomo, Intarsiator, Bergamo um 1530.

Zani, Enc. II 11 (unter Alberici ohne Näheres erwähnt). **

Albrizzi, Giambatista, da Lendinara, Maler in Rovigo um 1656, zeichnete nach Zani Joannes Baptista Albericius.

Zani, Enc. II 11. **

Albrizzi, Nicola, Maler in Brescia, ohne nähere Angaben bei Zani, Enc. met. II 11 unter Alberici genannt. **

Albrizzi (Albrizio, Albritius, Albricci, Alberici), Orazio, Bildhauer und Bronzegießer aus Piacenza, tätig daselbst und in Rom. 1620 und 1624 erwähnt als Gehilfe des Francesco Mocchi bei der Ausführung und Aufstellung zweier großer Reiterstatuen ferraresischer Herzöge in Piacenza. Mit der Jahreszahl 1624 sind ferner einige verkleinerte Bronzenachbildungen antiker Bildwerke (Farnesischer Herkules, Borghesischer Centaur, Capitolinischer Marc Aurel) sowie auch eine Neptunstatuette nach der kolossalen Brunnenfigur des Giov. Bologna datiert, die sämtlich A.s Namenssignatur tragen und um 1870 zum Kunstbesitze des Marchese Spinola di Luigi zu Genua gehörten. Endlich findet sich A. erwähnt als Bronzelieferant für die Cattedra di S. Pietro in einem römischen Briefe des Giov. Lorenzo Bernini vom 10. 3. 1632.

Zani, Encicl. II 11 (unter Alberici). — Cicognara, Stor. d. Scult. III 184. — Varni, Ricordi di alcuni fonditori (1870). — Bertolotti im Giorn. di Erudiz. Artist. V 27, 33. *F. Malaguzzi-Valeri.*

Albrychtowicz, Johann, poln. Maler, tätig in Krakau in der Mitte des XVIII. Jahrh., Meister in der Krakauer Maler-Zunft im Jahre 1745, Zunft-Rat im Jahre 1750. Die Art seiner Kunst ist unbekannt.

Statuten der Krakauer Maler-Zunft vom J. 1747. — Rastawiecki, Slownik mal. polskich III 107. *Dr. Graf Georg Mycielski.*

Albuerne, span. Maler im 19. Jahrh. Ein von Tardieu gestoch. Bild des 1862 † Generals Proust trägt die Bezeichnung *Albuerne p.*

Dieser Maler ist wohl kaum mit dem Ende des 18. Jahrh. tätigen Manuel A. identisch.

Meyer, Kstlerlex. △

Albuerne, Manuel, span. Kupferst. um 1800. Schüler der Akad. von S. Fernando in Madrid und nach Ottley des Manuel Salvador Carmona. Unbedeutender Künstler, stach Bildnisse des Murillo, Ferdinands VII., des Infanten Don Carlos Isidoro v. Bourbon und die Illustrationen zur Ausgabe des Don Quijote v. 1797. Außerdem zahlreiche Heilige in kleinem Format und Blätter nach Goya.

Ottley, Notices. — Meyer, Kstlerlex. △

Alburique oder Alborique, Bildschnitzer und Intarsiator, Spanien um 1474.

Zani, Enc. II 26. *M. v. B.*

Albus, Joh., goß 1553 eine Glocke in der Kirche zu Beesten.

Mithoff, Mittelalt. Künstler und Werkmstr. **

Albuya, J. D., Maler der Gegenwart in Ecuador; von ihm das Porträt des Herrn Gonzales Suarez auf der Dezenalausstellung in Paris 1900. **

Alby, Jules, französ. Genre- und Porträtmaler in Aquarell und Pastell, geb. in Marseille, Schüler von Cabanel, stellte 1877 bis 1888 häufig im Pariser Salon aus.

Bellier-Auvray, Dict. gén. — Katal. d. Salon. **

Alcaide, José, span. Stecher, geb. 1795 zu Valencia, † 1860 in Rom, wohin er sich 1822 begeben hatte, um unter der Leitung des italienischen Stechers Marchetti zu studieren. Unter den hauptsächlichsten Kupferstichen von José A. sind hervorzuheben: ein Porträt des Papstes Leo XII.; die Porträts verschiedener Mitglieder des päpstlichen Hofes; die Büste der Herzogin von Alba nach einem Marmorwerk von José Alvarez; die Statue Sansovinos, die sich in Rom in S. Giacomo degli Incurabili befindet.

Ossorio y Bernard, Galeria biogr. de artistas españoles del siglo XIX. Madrid 1883/4. — Alcahali Dicc. biogr. de artistas valencianos, Valencia 1897. *P. Lafond.*

Alcaide, Mariano, span. Landschaftsmaler, geb. zu Valencia zwischen 1790 und 1794, älterer Bruder von José A., Schüler der Akad. San Carlos in seiner Vaterstadt, später Schüler des italien. Malers Canella zu Madrid; dann verbrachte er 1822—1823 in Rom. Von seinen Werken sind zu nennen: eine Ansicht des Sees von Nemi und des Hafens von Genzano; zahlreiche Landschaften aus den Umgebungen Madrids, Ansichten des Escorial, von Segovia usw.

Ossorio y Bernard, Galeria biogr. de artistas españoles del siglo XIX. Madrid 1883/4. *P. Lafond.*

Alcaini, Domenico, Architekt in Treviso, nur erwähnt bei Federici, Mem. Trev. II 216. **

Alcaini, Francesco, Architekt in Treviso im 18. Jahrh.

Crico, Lettere 317. **

Alcala, Fr. Fernando de, Kunststicker, der um 1603 im Eskorial tätig war.

Riaño, Industr. arts in Spain 264. *M. v. B.*

Alcalá, Hernando de, Maler in Sevilla. Seine Tätigkeit für 1536 belegt.

Gestoso, Artif. Sevill. II 9. *M. v. B.*

Alcala-Galiano, Alvaro, Conde del Real Aprecio, span. Maler, geb. 21. 5. 1873 zu Bilbao, Schüler von J. Aranda und von J. Sorolla. 1897 und 1899 erlangte er Auszeichnungen auf den Madrider Ausstellungen; ebenso beteiligte er sich an mehreren Pariser Salon-Ausstellungen, wie an der Düsseldorfer Ausstellung 1904. Von seinen Werken sind anzuführen: El Rancho (Mus. für moderne Kunst); Orangenschmaus (vom Staate erworben); Auf Deck, Erinnerung an Holland; Segnung des Meeres in der Bretagne (Ausstellung der französ. Künstler 1903); Gitanes (ebendas. 1904); Freudenfeuer in der Bretagne (ebendas. 1905).

Von ihm auch zwei Plafonds in den Sälen des Provinzial-Gesandtschafts-Palais zu Barcelona. Der eine dieser Plafonds stellt die Monarchie dar, umgeben von Gerechtigkeit, Arbeit und anderen Tugenden, der andere: die Morgenröte, die nächtliche Finsternis zerstreuend. *P. Lafond.*

Alcalde, Cristóval del, baute 1456 die Sala de la Media naranja im Alcázar von Segovia.

Llaguno y Amirola, Notic. I 302. △

Alcalde, Francisco, Glasmaler um 1682 in Burgos.

Riaño, Industr. arts in Spain 247. *M. v. B.*

Alcántara, Diego de, span. Baumstr. und Bildhauer, Schüler des Herrera, zuerst in Toledo am Alcázar tätig, 1573 berief ihn Herrera nach Madrid, um ihm bei der Ausführung der Zeichnungen zu der Kirche des Eskorial und zu anderen Bauten behilflich zu sein. Im folgenden Jahre kehrte er zu den Arbeiten am Alcázar zurück. Dann ging er nach Aranjuez, um die dortigen Arbeiten zu besichtigen, deren Leitung 1575 dem Gerónimo Gili genommen wurde. Herrera berief Alcantara noch einmal, um ihm bei der Auswahl der Pfeiler für die Kirche des Eskorial beizustehen, und infolge davon erhielt dieser 1577 die förmliche Bestallung eines Aparejador oder Aufsehers des Alcázar. In den folgenden Jahren erhielt er wiederholt Gnadenbezeugungen vom Könige. Er wurde 1582 auch zum Baumeister der Kathedrale in Toledo ernannt, und erhielt 1583 die Oberaufsicht über den Bau des Klosters und der Kirche von Uclés. Er starb am 11. 4. 1587.

Cean Bermudez, Dicc. I 9. — Llaguno y Amirola, Notic. II 49, 133, 350 III 47, 235. — Caveda, Baukunst in Spanien p. 261. △

Alcantara, F., wohl Spanier, zeichnete nebst Paretius die Kupfer zu der von J. A. Pellicer besorgten Ausgabe des Don Quixote, Madrid 1798 und 1799, die von Moreno Texada und B. Ametller gut gestochen sind. Zuweilen findet sich die Abkürzung Alc.; auch ist der Name einmal verstochen in Alanta.

Füssli, Neue Zusätze 1824 p. 48. △

Alcántara, Juan de, Bildhauer in Sevilla. 1537 und 1538 erhielt er Zahlungen für Arbeiten an den Casas Capitulares der Kathedr.

Gestoso, Artif. Sevill. I 172. *M. v. B.*

Alcantara, Pedro d', portug. Landschaftsmaler, in Öl und Gouache,, auch für Theater. 1747 und 1763 in Lissabon erwähnt; geb. im Königreich Algarve.

Raczynski, Dict. p. 188. *A. Haupt.*

Alcantara y Angulo, Tomás Gonzalo de, Silberschmied, gebürtig aus Montilla. 1677 führte er ein silbernes Kruzifix für die Ermita in Puente Genil aus.

Viñaza, Adic. IV 76. *M. v. B.*

Alcanyis, Miguel de, Maler aus dem Königreich Valencia, Bürger in Mallorca, führte 1434 für die Pfarrkirche von Soller ein Altargemälde aus.

Sanpere y Miquel, Cuatroc. Catal. II S. LXVII. *M. v. B.*

Alcaraz, Gutierre de, Maler in Sevilla. Richtet 1542 mit anderen Künstlern eine Petition an den König, die um Befreiung ihrer Werke von der Alcabala bittet.

Gestoso, Artif. Sevill. II 9. *M. v. B.*

Alcaraz, Rodrigo de, Bildhauer in Sevilla. Wird 1538 in den Rechenbüchern der Kathedrale genannt.

Gestoso, Artif. Sevill. I 172. M. v. B.

Alcardo, Giovanni, Architekt, geb. in Cuneo, tätig in Genua, wo er den Chor von San Domenico und den Palazzo Serra baute. Er starb 1625.

Milizia, Memor. d. archit. II 133. **

Alcayde, José, Kupferst. aus Valencia, lebte in Rom, wo er 1860 starb. Von ihm 2 Blatt für Ag. Valentinis „Le Quattro principali Basiliche di Roma" (1832—1834) und Bildnisse der Päpste Pius VIII. (nach J. Borghini) und Leo XII.

Le Blanc, Manuel. — Alcahali, Art. Valenc. 48.

Alcayde-Montoya, Julia, span. Malerin, geb. zu Gijon, Schülerin von Manuel Ramirez; widmete sich der Malerei von Blumen, Früchten und Stilleben, in welchem Genre sie Ausgezeichnetes leistete. Unter den Hauptwerken der Künstlerin, die zum großen Teil auf verschiedenen Madrider Ausstellungen seit 1878 zu sehen waren, sind anzuführen: Gemälde mit Früchten, Wild, Blumen; Die Fruchthändlerin; Am Fuße einer Hecke; Auf den Höhen; Der Marktplatz meiner Straße; verschiedene Studienköpfe und einige Porträts. Sie malte auch Aquarelle und sehr gesuchte Pastellbilder. *P. Lafond.*

Alcazar, Pedro de, Maler in Sevilla. In den Jahren 1564, 1567 und 1570 erhielt er von der Stadt Zahlungen für gelieferte Arbeiten. Am 11. 1. 1574 erhielt seine Witwe eine Zahlung.

Gestoso, Artif. Sevill. II 9. *M. v. B.*

Alcazar s. *Paret y Alcazar.*

Alcazar y Ruiz, Manuel, span. Maler, geb. zu Albacete, Schüler der Akad. der schönen Künste in Madrid, widmete sich der Genremalerei und der Stecherkunst. Er stellte seit 1876 auf den Madrider Ausstellungen wiederholt mit Auszeichnung aus. Unter seinen Gemälden sind zu nennen: Die Obdachlosen (Episode von einem Erdbeben in Andalusien), Ein Kupferstecher-Atelier; Ein Jagdtag; Die hl. Therese in Ekstase.

Ossorio y Bernard, Galeria biogr. de artistas españoles del siglo XIX. Madrid 1883/4. *P. Lafond.*

Alcazar Tejedor, José, span. Maler, geb. zu Madrid, Schüler der Akad. der schönen Künste daselbst, Schüler von Enrique Jimenes und von Vicente Palmaroli, war 1878 zum ersten Male auf der Madrider Ausstellung mit einem Gemälde vertreten, betitelt: Rückkehr vom Friedhofe, dann mit Auszeichnungen auf den Ausstellungen von 1881, 1884 und 1887. Er beteiligte sich auch an zahlreichen ausländischen Ausstellungen, im besonderen an der internationalen Ausstellung Münchens, auf der er eine 2. Medaille erhielt. Er widmete sich ausschließlich der Genremalerei, worin er Ausgezeichnetes leistete.

Von seinen Werken sind anzuführen: Die Eltern des Priesters nach seiner ersten Messe (1887, Mus. in Sevilla); Die hl. Therese; Die Faulheit (im Mus. für moderne Kunst von Madrid); Die einen kommen, die anderen gehen; Die Kunst und die Koketterie; Lektüre; Das Milchmädchen und der Milchtopf; Arme Waisen; Eine Maja; Der Vater der Armen; Der Morgenstern; Kleines Mädchen, sich schaukelnd.

Ossorio y Bernard, Galeria biogr. de artistas españoles del siglo XIX. Madrid 1883/4. *P. Lafond.*

Alcega, Sebastian de, Goldschmied in Toledo, für dessen Kathedrale er 1567 ein goldenes, reichemailliertes und mit Edelsteinen besetztes Pektoral anfertigte.

Molinier, Dict. des Emailleurs 1885 p. 8. — Viñaza, Adic. II 11. *M. v. B.*

Alcherio, Giovanni, oder Johannes de Alcheriis, Baumeister, empfahl 1399 dem Domkapitel in Mailand den Maler Jacopo Cova aus Brügge, den Normannen Giov. Campamosia und dessen Gefährten Joh. Mignothus, die er in Paris fand, zu Ingenieuren beim Dombau. Bei den Verhandlungen über die Wölbung des Doms nach dem Plane des letzteren 1401 nahm er für diesen Partei (s. den Art. Mignothus).

Auch ein Albertus Alcherius war 1400 Baumeister an dem Dome zu Mailand.

Giulini, Mem. sp. a. stor. di Mil. N. Ed. V 709, 711. — Nava, Duomo di Milano. p. 79, 101, 102. **

Alchimowicz, Hyacinth, poln. Maler, geb. 11. 9. 1841 in Dziembrowo (Gouvernement Wilna), bildete sich unter der Leitung seines Bruders Kasimir und später in der Ecole des Beaux-Arts in Paris. Nach dem poln. Aufstande 1863 wanderte er nach Frankreich aus und ist seit 1876 als Zeichenlehrer in Perpignan angestellt.

Swieykowski, Pamietnik Towarzystwa P. S. P. w Krakowie 1854—1904.

C. M. v. Górski.

Alchimowicz, Kasimir, poln. Maler, geb. 1840 in Dziembrowo (Gouvernement Wilna), studierte in Warschau unter Prof. Gersons Leitung, dann in München und Paris. Nach dem poln. Aufstande 1863 verlebte er sieben Jahre als polit. Verbannter in Wierchotorya, östlich vom Ural. Wohnt jetzt in Warschau, malt hauptsächlich Historien- und Genre-Bilder. Sein wichtigstes Werk, das Begräbnis des litauischen Fürsten Giedymin (XIV. Jahrh.), befindet sich im Krakauer Nat.-Mus. Silb. Medaillen in S. Francisco und Lemberg 1894.

Swieykowski, Pamietnik Towarzystwa P. S. P. w Krakowie 1854—1904, wo weitere bibliogr. Angaben. *C. M. v. Górski.*

Alciati, Ambrogio, Architekt und Ingenieur in Mailand, † um 1590.

Zani, Enc. met. II 28. **

Alciati, Andrea, Ornamentstecher (Embleme) in Mailand um 1530—1550.

Kat. d. Ornamentstichsamml., Berlin. **

Alciati, Pietro Antonio, Maler von Como, tätig in Rom, erhielt 1560—62 685 scudi für Vergoldungen in den Stanzen des Papstes Innocenz und für Gemälde in einer der sechs Stanzen des Boschetto. Noch 1581 wird er in Rom erwähnt und zwar als Prokurator für den Maler Giovanni Venusti.

Bertolotti, Art. Lomb. in Roma I 114, II 296. **

Alckema, Jacop, Goldschm. in Harlem, tätig um 1604. Von ihm ein silberner Pokal mit figuralen Medaillons im Besitz der Stadt Harlem; Meisterzeichen A., datiert 1604, abgeb. bei Ysendyck, Monum. classés Lit. H. No. 6.

M. Rosenberg, Der Goldschmiede Merkzeichen 437. **

Alcobacia, Goldschmied (?), Portugal, 12. Jahrh. Auf der Lissaboner Ausstellung 1882 war ein silber-vergoldeter Kelch, der Academia Real de bellas artes in Lissabon gehörend, mit der Inschrift: Calix iste ad honorem dei et sce Marie de Alcobacia factus est. Ob A. demnach Verfertiger oder bloß Stifter war, wird sich mit Sicherheit nicht entscheiden lassen.

Nach Notizen von M. Rosenberg. **

Alcock, engl. Chirurg und Bildhauer in der ersten Hälfte des 19. Jahrh.; von ihm das Reliefporträt (in Marmor) von Charles Thomas Haden, dem Vater von Francis Seymour-Haden, das der letztere radiert hat.

Gaz. d. beaux-arts XVII 359. **

Alcock, Edward, engl. Porträtmaler, malte um 1750 das Porträt des Dichters William Shenstone, jetzt in der National Portrait Gallery in London. — 1778 stellte ein Maler Alcock (ohne Vornamen) 2 kleine Köpfe in der Roy. Acad. aus, der mit obigem identisch sein könnte, und vielleicht bezieht sich auf ihn auch die Notiz bei Füssli, Zusätze 1824, daß in der zweiten Hälfte des 18. Jahrh. ein Miniaturmaler Alcock, ein Freund des unglücklichen Chatterson, in Bath lebte. **

Alcock, Miß Harriet, später Mrs. Easthead, engl. Porträtmalerin in Dulwich, stellte 1832—35 Porträts von Herren und Damen in der Roy. Acad. in London aus.

Graves, Roy. Acad. Exh. I 18. **

Alcock, John, Bischof von Ely, Amateur in der Baukunst, galt aber für einen der besten Architekten seiner Zeit, geb. in Beverly um 1453, † 1. 10. 1500 in Wisbeach. Er entwarf den Plan zu der weiten Halle am bischöfl. Palast zu Ely und war als „adjoint surveyor" der kgl. Werke und Bauten unter Heinrich VIII. von Einfluß.

Redgrave, Dict. **

Alconiere, Theodor H., Maler, geb. 1798 (nach anderen 1797) in Nagy Marton (Ungarn), † zu Wien 10. 6. 1865. Er war der Sohn jüdischer Eltern und hieß ursprünglich Cohn; später ließ er sich taufen und nahm den Namen Alconiere an. Ausgebildet in Wien, war er dann lange Jahre in Rom, darauf Hofmaler des Herzogs von Parma, später in Papa und Budapest und endlich wieder in Wien tätig. Er starb in tiefster Armut im Spital der barmherzigen Brüder. Er war übrigens nicht nur als Porträtmaler, sondern auch als Zeichner humoristischer Darstellungen bekannt.

Die Wiener Kunstausstellungen der Jahre 1832, 1834, 1835, 1836, 1837, 1840, 1841 u. 1845 enthielten von A. zahlreiche Porträts, darunter das Porträt des Grafen Ladislaus Károlyi zu Pferde. 1832 war von ihm Eine orientalische Szene (das Innere eines Harems) und 1846 Reiseabenteuer — zwei Genrebilder — ausgestellt. Von seinen humoristischen Kompositionen sind zu erwähnen: Ein Harfenspieler; Die Cholera; Der jüdische Jahrmarktwagen und Das getaufte Negerkind.

Meyer, Kstlerlex. — Singer, Nachträge z. Allg. Kstlerlex. 1906. **

Alcott, May (verehel. Ernest Nieriker), amerik. Malerin, geb. in Concord, Mass. 1840, † 1879. Studierte in Boston und Paris und war in beiden Städten sowie auch in London und Amerika durch Ausstellungen sehr bekannt. Sie malte Blumen und Skizzen nach der Natur, besonders gerühmt werden aber ihre vorzüglichen Kopien von Gemälden Turners.

Clement and Hutton, Artists of the 19. Century. *Edmund von Mach.*

Alcoverro y Amoros, José, span. Bildhauer geb. zu Tirenys (Tarragona), Schüler der Akad. der schönen Künste zu Madrid und von José Piquer. 1867 trat er auf der Madrider Ausstellung hervor mit einem Gemälde: Der verdurstende Ismaël, und erhielt hier wie auf der Ausstellung von 1881 u. auf ausländischen Ausstellungen mehrfach Auszeichnungen. Von seinen Werken führen wir an: Johannes der Täufer (für die Stadt Bermeo); Lazarus und der böse Reiche; Mars; Der Kampf; Der hl. Isidor in Priesterkleidung, Kolossalstatue in Bronze im Stil von Berruguete; Alfons der Weise. Diese beiden letzten Stücke schmücken das Perystil des Nationalmus. zu Madrid, das weiterhin von Werken des Künstlers beherbergt: einen hl. wehklagenden Jeremias und einen Christus am Kreuz, in sehr altertümlichem Charakter; verschiedene Büsten, u. a. die von Bellver, Rossini und Castelar.

Ossorio y Bernard, Galeria biogr. de artistas españoles del siglo XIX. Madrid 1883/4. — F. M. Tubino, El arte y los artistas contemporaneos, Madrid 1871. *P. Lafond.*

Alcoverro y Lopez, José, span. Bildhauer, geb. zu Madrid, Schüler der Akad. der schönen Künste daselbst und seines Vaters José A. y A., erlangte Auszeichnungen auf den Madrider Ausstellungen von 1899, 1901, 1904. Von seinen Werken nennen wir: Die Welle, eine liegende Frauengestalt; Die Arbeit; Ein Medaillenbildnis von Castelar und verschiedene Flachreliefs. *P. Lafond.*

Alcozer Crespo, Juan Manuel, Waffenschmied in Madrid, dessen Signatur nebst Datum 1767 auf dem reich ziselierten Degengefäße und dem in einen Negerkopf auslaufenden Degengriffe einer älteren Toledanerklinge in der Madrider Armeria Real (Catal. 1898, p. 242) zu lesen ist. *

Alcuin. Bei den engen Beziehungen des Schriftwesens und der literarisch-philologischen Bestrebungen des Karolingischen Zeitalters zu dem künstlerischen Leben der Zeit lag es nahe, A. eine direkte und produktive Stellung in der Entwicklung der Karolingischen Kunst zuzuschreiben. Das Hauptwerk Alcuins, des großen Philologen, Schriftstellers und Pädagogen aus der Schule von York, welches auch für die Kunstgeschichte wichtig wurde, ist die nach seiner Übersiedelung nach dem Frankenreich auf Veranlassung Karls des Großen unternommene Revision des Bibeltextes (c. 799—801). Unter den erhaltenen karolingischen Prachtbibeln aus der Schule von Tours zeigen einige bestimmte literarische Beziehungen zu Alcuin, und da A. als Abt von S. Martin in Tours der Begründer der dortigen Klosterschule wurde, bezeichnet man jene Bibeln — die tatsächlich in Tours entstanden sind — als „Alcuinbibeln". Es sind dies die Viviansbibel in Paris (Bibl. Nat. Ms. lat. 1), die Bibel von Moutiers-Grandval im British Mus. (add. Ms. 10546), die Bamberger Bibel (Bamberg, K. Bibl. Cod. A. 1, 5) und die Bibel in Zürich (Canton. Bibl. C. 1). Diese Bibeln sind aber von A. weder geschrieben noch gemalt worden, sondern sicher erst nach seinem Tode entstanden, wie überhaupt das künstlerische Leben in Tours nicht bis in die Zeiten Alcuins zurückverfolgt werden kann und auch keinerlei direkte Anregungen durch den großen Gelehrten erfahren haben dürfte. Selbst ein Einfluß A.s auf die künstlerische Reform der Kalligraphie, die wir besonders in der touronischen Halbunziale bewundern, scheint nach dem neuesten Stande der Forschung nicht anzunehmen zu sein. — Über die Viviansbibel vgl. Aregarius. Abb. der Bamberger Bibel bei Leitschuh, aus den Schätzen der Bamberger Bibliothek.

Meyer, Kstlerlex. — Delisle, Mém. sur l'école calligr. de Tours 7 f. — Berger, Histoire de la Vulgate p. 185 ff. — Die Trierer Adahandschrift p. 74 ff. 80. — Leitschuh, Bilderkreis S. 78, 84. *Swarzenski.*

Aldamet, Giacomo, s. *Aliamet,* Jacques. Der Name rührt von einer irrtümlichen Lesung des Namens Aliamet durch Gori-Gandellini V 86 her. s. a. Zani II 30. Die gleichen Lebensdaten zeigen, daß Gandellini keinen anderen Künstler gemeint hat. *P. K.*

Aldana, Amadis de, s. *Aldano Maldo.*

Aldana, Gonzalo de, Maler in Sevilla. 1480 findet sich sein Name in zwei Aktenstücken, welche einen Streit über die Verordnungen der Maler-Innung in Sevilla betreffen.

Gestoso, Artif. Sevill. II 10. *M. v. B.*

Aldana, Hernando de, Maler in Sevilla. 1534 erscheint sein Name im Einwohnerverzeichnis der Pfarrei S. Salvador, 1544 zahlt er Steuer für Häuser in der calle de la Sierpe.

Gestoso, Artif. Sevill. II 10. *M. v. B.*

Aldana Montes, Francisco, span. Maler, geb. zu Malaga, Schüler der Akad. der schönen Künste in Madrid, widmete sich besonders der Landschaftsmalerei, welche er mit starkem Gefühl für naturalistische Beobachtung behandelte. Auf den Madrider Ausstellungen von 1892 und 1894 erhielt er ehrenvolle Erwähnungen. *P. Lafond.*

Aldano Maldo, Amadis de (Aldana?), italien. Maler und Radierer des 18. Jahrh., vielleicht nur Dilettant. Es werden von ihm drei radierte Landschaften mit Staffage, angeblich in Zuccarellis Manier, bez.: Amadis de Aldano Maldo inv. et sc. pro primo, oder: Aldano fec. erwähnt, die z. T. mit sprichwörtlichen Unterschriften in der Art der venezianischen Landschaftsstiche der Zeit versehen sind.

Meyer, Kstlerlex. *P. K.*

Aldaz, Miguel, Maler in Sevilla, 1579 findet sich sein Name als Zeuge in einem Aktenstück des Archivo gen. de Indias.

Gestoso, Artif. Sevill. II 10. *M. v. B.*

Alde, Martin, Steinmetz in Xanten. 1481 wird mit ihm ein Vertrag über die Lieferung einer neuen Säule an der Viktorskirche abgeschlossen.

Kunstdenkm. der Rheinprov. I 339. ***

Alde von Arwylre, Peter, Maler zu Köln, dort in Urkunden seit 1484—1504 erwähnt. Er besaß zwei Häuser in der St. Peterspfarre und ließ mit seiner Frau Metzgyn 14. 4. 1497 eine gemeinsame letztwillige Verfügung in das Vermächtnisbuch eintragen.

Urkunden bei Merlo: Die Meister der altkölnischen Schule 413—419. — Derselbe: Kölnische Künstler 2. Aufl. 1895, 37. — Greving in den Annalen des histor. Vereins am Niederrhein, Heft 69, 123. *Firmenich-Richartz.*

Aldeberg, Linhart von, Baumeister in Böhmen, baute unter anderem das Presbyterium der Marienkirche 1422 in Klattau, nachdem er schon 1410 die Veitskirche in Böhm. Krummau vollendet hatte.

Zeitschr.: Böhmische Altertümer (Památky) XIX 335. *Teige.*

Aldebert, Emile, französ. Bildhauer, geb. zu Millau (Aveyron), ließ sich in Marseille nieder, woselbst er die Wappen und die zwei Löwen ausführte, welche die Fassade des Justizpalastes, die nach der rue Grignan gelegen ist, schmücken. Ebenso fertigte er alle Trophäen und allen plastischen Zierat des Präfekturgebäudes. Außerdem ist er der Schöpfer eines Grabdenkmals in Marmor in der Kapelle des Hôtel-Dieu zu Carpentras (Vaucluse). Von 1868 ab nahm er an mehreren Ausstellungen des Pariser Salon teil und erhielt ehrenvolle Erwähnungen 1883 u. 1886. Seine ausgestellten Hauptwerke sind: „Ariane à Naxos", Marmorstatue (1868); „Faune", Gipsstatue (1869); „Jeune homme apprivoisant un oiseau", Gipsstatue (1870); „Pêcheur à la ligne", Gipsstatue (1874); „La vocation", Gipsstatue (1878); „Enfant jouant avec une chèvre", Gipsstatue (1886); „Jeannette", Marmorbüste (1888).

Bellier-Auvray, Dict. gén. — Katal. d. Salons. — Réun. des soc. des Beaux-arts. VII 91—99; XXIV 193. *Lami.*

Aldebertus, Benediktinermönch, Sohn des Gunsmarus von Maximiaco und seiner Frau Marie, Prior von St. Romain-le-Puy (Loire) 1017. Er war Schüler der Meister, die die Abteikirche von St. Martin d'Ainay in Lyon erbauten. Er gilt als der Erbauer der Kirche St. Romain-le-Puy. Das XVI. Medaillon des äußeren Frieses der Abside trägt seine Signatur und zwar 3 Schriftzeilen über einer Skulptur, die einen Vogel mit gesenktem Kopfe darstellt. Es ist dies ein häufiges Symbol unter Grabinschriften.

Charvet, Lyon artistique, architectes p. 8. — Bulletin de la Diana, I 345. — Nouv. hist. de Lyon par Steyert II 235. — Le Forez pittoresque par F. Thiollier, p. 402. *A. Granger.*

Aldefeld, Ferdinand, Landschaftsmaler in den zwanziger Jahren des 19. Jahrh. zu Berlin, später in Dresden. Mit seinen Landschaften nach eigener Auffassung, deren sich 1826 und 1828 auf den Berliner Ausstellungen befanden, scheint er wenig Erfolg gehabt zu haben, da er schon im letzteren Jahre zugleich Kopien nach früheren und gleichzeitigen Meistern einschickte. **

Aldefeld, Georg Wilhelm, Bremer Goldschmied, 1794—1822 nachweisbar, lieferte 1797 dem Rat für 197 Tlr. 28 Gr. 2 silberne Feuerstübchen und 4 Tabaksteller (sämtlich noch erhalten). Außerdem ist, erkenntlich durch seine Marke, von ihm ein nachträglich vergoldeter Kelch der St. Paulikirche erhalten.

Focke, Brem. Werkmstr. p. 4. *Hs. Loose.*

Aldefeld, Johann Georg, Bremer Goldschmied, erhielt 1797 laut Rhederbuch 375 Tlr. für die vergoldete Siegelkapsel einer Urkunde, welche dem preuß. Minister von Dohm das große Bürgerrecht der Stadt übermittelte.

Focke, Brem. Werkmstr. p. 4. *Hs. Loose.*

Aldefeld, Joh. Philipp, Goldschmied in Bremen, wurde 1761 Meister und lieferte 1788 dem Rate für 437 Tlr. silberne Messer- und Gabelgriffe. Vater des Georg Wilhelm und 1786 Ältester der Zunft.

Focke, Brem. Werkmstr. p. 4. *Hs. Loose.*

Aldeg . . Diese Buchstaben liest man, zusammen mit der Jahreszahl 1517, auf einem Gemälde, Mariae Geburt, gehörend zu einer Folge von zwölf kleinen Bildern, meist aus der Legende des hl. Rochus, in der St. Jakobkirche zu Antwerpen. An Heinrich Aldegrever zu denken, verbietet das frühe Datum. Der Stil ist altertümlich-streng, die reichen Renaissance-Ornamente fallen auf.

Notiz von A. Woltmann in Meyers Kstlerlex. *Pol de Mont.*

Aldegrever, Heinrich (eigentlich *Trippenmeker*), Kupferst., Goldschmied u. Maler, der bedeutendste Künstler Westfalens im 16. Jahrh., wurde 1502 oder einige Monate vor jenem Jahre zu Paderborn geb. Dieses Datum ergibt sich aus den Aufschriften zweier in Kupfer gestochener Selbstbildnisse des Meisters (B. 188 und 189) aus den Jahren 1530 und 1537, in denen er sich als 28jährig und 35jährig bezeichnet. Von seinen äußeren Lebensverhältnissen wissen wir mit Bestimmtheit, daß er der einzige Sohn eines Paderborner Bürgers Hermann Trippenmeker, gen. Aldegrever, und von dessen Ehefrau Katharina gewesen ist, und daß er sich gleich seinem Vater zur evangelischen Konfession bekannte. Wir wissen ferner, daß seine Eltern 1545 gestorben waren, da sich der. Rat von Soest in einer Urkunde vom 29. Sept. jenes Jahres an den zu Paderborn wendete, um zu veranlassen, daß dem Meister Heinrich Aldegrever das Erbe seiner Eltern ausgekehrt werde. In jenem Schriftstück wird A. als Bürger zu Soest bezeichnet. Wann er sich daselbst niedergelassen hat, steht nicht fest, vermutlich schon vor 1527, doch geht aus zwei Spottgedichten des Daniel (Haverland) von Soest gegen die Evangelischen seiner Heimat vom Jahre 1534 wenigstens soviel hervor, daß A. damals in Soest als bekannter Meister gelebt hat. Schließlich wird A. in einem Schreiben des Soester Rates an den Rat zu Straßburg, 1561, in welchem über die Familienverhältnisse seines in Straßburg lebenden Sohnes Auskunft erbeten wird, als verstorben erwähnt. Die letzte Jahreszahl auf seinen Kupferstichen ist 1555. Zu seinen Lebzeiten wird A. als Maler bez., in der zuletzt erwähnten Urkunde als Glasmaler (Glasmeker). Ursprünglich hatte er vielleicht, wie so viele Maler seiner Zeit, das Goldschmiedehandwerk erlernt, das er jedenfalls auch noch in seinem späteren Leben ausgeübt hat. Wir kennen einen Brief A.s vom 28. 6. 1552 an den fürstlich Clevischen Supplikatienmeister Johann Smellinck, in welchem für zwei in Silber geschnittene Petschafte im Werte von 35 Talern Bezahlung erbeten wird, wobei ferner ein Ring erwähnt wird, den der Künstler für seinen gnädigen Herrn anfertigte. Dieser Herr ist der Herzog Wilhelm von Cleve, dessen Bildnis A. auch in Kupfer gestochen hat. — So wäre es denn keineswegs überraschend, wenn wir A. auch als Plastiker kennen lernten. Und in der Tat erscheinen im Kunsthandel und in Sammlungen bisweilen kleine Reliefs und Medaillons, in Speckstein oder Kehlheimer Stein geschnitten, mit A.s Monogr. Allein allen diesen Erzeugnissen gegenüber, welche gewöhnlich Gegenstände seiner Kupferstiche wiederholen, besteht der Verdacht, daß es sich um Kopien von fremder Hand, wenn nicht um bewußte Fälschungen handelt. Verhältnismäßig selten scheint sich A. als Maler betätigt zu haben. Die Zahl der Bilder, die, monogrammiert oder nicht, ihm früher zugeschrieben wurden, war nie sehr beträchtlich und ist durch die neuere Kritik auf wenige reduziert worden. Als das früheste seiner erhaltenen Malerwerke dürfen wir den Marienaltar in der Wiesenkirche zu Soest ansehen, ein Triptychon, dessen mittlere Abteilg. mit Holzskulpturen gefüllt ist (Agathe, Maria, Antonius; in der Predella Brustbilder von Christus und 6 Aposteln). Auf der Innenseite der Flügel hat A. links die hl. Familie, rechts die Anbetung der Könige, auf der Außenseite, den Gegenstand der Skulptur wiederholend, links Maria, rechts Antonius und Agathe dargestellt, dazu auf der Innenseite des Predellenflügels die übrigen 6 Apostel, die der Bildschnitzer weggelassen hatte. Auf dem linken inneren Flügelbild befindet sich das aus H und T (Trippenmeker) gebildete Monogr., ein Zeugnis für die frühere Entstehung des Altars, da sich A. in seinen ersten Kupferstichen von 1527 bereits des bekannten aus A und G zusammengesetzten Zeichens bedient. Der Zeitfolge nach würde sich hier das bezeichnete und 1529 datierte Gemälde des auf seinem Grabe sitzenden Christus im Rudolphinum zu Prag anschließen. Wertvoller als diese Kirchenbilder mit ihren schwerfälligen Figuren erscheinen uns einige Bildnisse A.s, vor allem das prächtige Jünglingsporträt mit reichem landschaftlichen Hintergrund von 1540 in der Liechtensteingalerie zu Wien. Einfacher gehalten mit dunklem Hintergrund ist das Brustbild des Grafen Philipp III. zu Waldeck (1536 dat.), das vor einigen Jahrz. in Breslau auftauchte und seitdem in das fürstliche Schloß zu Arolsen gelangt ist. Als letztes der echten Gemälde A.s nennen wir das unbezeichnete Bildnis eines bartlosen jungen Mannes mit einer Nelke in den Händen (Halbfigur unterlebensgroß), das 1887 von der Londoner Nat. Gal. angekauft wurde. Die hier und da vorkommenden Gemälde kleineren Formates, die, mit A.s Monogr. versehen, Kompositionen seiner Kupferstiche wiederholen, müssen als Kopien von fremder Hand gelten. Zeichnungen A.s finden sich nicht häufig vor. Außer einer Gruppe von sorgsam mit Feder und Tusche ausgeführten Vorzeichnungen für Kupferstiche, von denen sich Beispiele in den Kabinetten zu Leipzig, Bremen und Dresden (Slg. Friedrich August II.) finden, sei nur das in farbiger Kreide ausgeführte Brustbild eines bärtigen Herrn im Berliner Kupferstichkabinett genannt.

Das Gesamtbild der künstler. Entwickelung und Bedeutung A.s, das wir aus seiner bisher erwähnten Tätigkeit nicht entnehmen konnten, gewährt uns in vollem Maße das Studium seiner Kupferstiche. Was auch sonst von seinen Schöpfungen verloren gegangen sein mag, sein gestochenes Werk sichert ihm einen ehrenvollen Platz in der Kunstgeschichte — freilich nicht unter den Größen. Seine Gesichtszüge, wie er sie uns selber in den beiden erwähnten Kupferstichen überliefert hat, scheinen eher Vorzüge des Charakters als des Ingeniums auszudrücken. In der Tat war seine Begabung eine beschränkte. Daß er selber sich über deren Grenzen nicht klar war, dürfte sein größter Fehler gewesen sein. Seine vielfach erneuerten Versuche in einer heroischen Darstellungsweise, zu der ihn ein schwacher mißverstandener Nachhall Michelangelos verleitet haben mag, führten zu ebensoviel grotesken Mißerfolgen. Die täppische Geziertheit in den Bewegungen seiner Figuren, die manierierten Übertreibungen in seiner Zeichnung des Nackten haben ihm manchen Kunstfreund unbilligerweise entfremdet. Denn in einer Hinsicht, als Ornamentiker, gehört er zweifellos zu den stärksten Begabungen seiner Zeit. Mehr als die übrigen deutschen Kleinmeister, zu denen man ihn wegen des Formates seiner Stiche rechnet, hat er in seiner Ornamentik Charakter und Individualität zum Ausdruck zu bringen gewußt. Bei keinem anderen fühlen wir so stark wie bei ihm die innige Verbindung der Konzeption und der stecherischen Technik mit dem Goldschmiedehandwerk. Wie Treibarbeiten sehen seine Ornamentstiche aus, bei denen sich ausnahmslos die pflanzlichen und figürlichen Motive vom dunkelen Grunde hervorheben. Und wenn seine Vorlagen für Metallarbeiten auch nicht die zahlreichsten unter den deutschen Stecherwerken seiner Zeit sind, so eignen sie sich doch am besten für die praktische Verwendung. Kein anderer hat denn auch in der Tat im Handwerk eine solche Nachahmung gefunden wie er, namentlich in dem Jahrzehnt seiner Höhe 1530—1540. Besonders häufig begegnen uns seine Entwürfe in den Kölner und Siegburger Töpferarbeiten. Kopien seiner Stiche finden wir auf Ofenplatten und Goldschmiedearbeiten, in den Erzeugnissen der Vischerschen Gießerei und auf Prunkwaffen, wie auf dem preuß. Reichsschwert von 1541, das der Krontresor zu Berlin bewahrt.

Die frühesten Arbeiten weisen nach Nürnberg. Vermutlich ist er dort in seinen Wanderjahren tätig gewesen. Wenn wir auch natürlicherweise einen gewissen Eindruck Dürers bei ihm verspüren, wie bei jedem, der Dürers Kreisen nahte, so ist doch eine direkte Beziehung zu einigen Meistern der Dürerschule fühlbarer, namentlich zu den Brüdern Beham und zu Pencz. Die stecherische Technik, für die A. besonders veranlagt war, lehnt sich in den ersten Jahren seiner chalkographischen Tätigkeit deutlich an Sebald Beham an. Die Komposition seiner frühen Querfüllungen ist behamisch. Die einzige getreue Kopie, die wir von ihm kennen (B. 233 von 1529), wiederholt einen seltenen Ornamentstich Barthel Behams im Gegensinne. An denselben erinnern Stiche wie die Judith (B. 34) und die Kampffriese (B. 70 und 71); Sebald Beham wird ein paarmal benützt und mehr oder minder frei kopiert in den Stichen B. 44, 180, 230 und 285. Die 6 Marienstiche von 1527, in denen man Dürers Art erkennen wollte, sehen in der Tat viel mehr behamisch aus. Von Pencz scheint A. dann späterhin im Sinne einer italienisierenden Manier beeinflußt worden zu sein. Ein paar Stiche, auf die er außer dem eigenen Zeichen das Monogr. von Pencz gesetzt hat (die Evangelistenfolge und die Überwältigung der Lucretia), sind offenbar nach Zeichnungen des Nürnbergers ausgeführt. Den Charakter einer gelegentlichen vorübergehenden Beeinflussung gewahren wir in den Beziehungen A.s zu Cranach, nach dessen Zeichnungen er Luther und Melanchthon in Kupfer stach und zu Holbein, dessen 1538 zuerst erschienener Totentanz die Anregung zu der Kupferstichfolge B 135—141 aus dem Jahre 1541 gegeben hat. Noch weniger bedeuten bei A. die spärlichen Benützungen italien. Motive, die er den Stichen Marc Antons und Zoan Andreas entnahm.

Allem Anschein nach hat A. bald nach seiner Niederlassung in Soest unter dem frischen Eindruck der Nürnberger Anregungen in Kupfer zu stechen begonnen. Einer seiner frühesten Stiche (B. 61) ist eine freie Kopie nach Dürer (B. 52). Er nimmt sich der neuen Technik mit Eifer an und erreicht bald — 1529 — eine Höhe, zu der er sich in gewissem Sinne nicht wieder erhoben hat. Blätter wie der Fahnenträger (B. 174) und die Hochfüllung mit dem Panzer (B. 232) aus jenem Jahre gehören zu seinen allerbesten Leistungen. In jener frühen Zeit versuchte er sich auch in der Eisenradierung, in welcher Technik wir drei Blätter von ihm kennen, den Orpheus (B. 100), den Fähnrich (B. 176) und den Studienkopf (B. 187). Sehr bald verliert er in seinen figürlichen Kompositionen Natürlichkeit und Frische und erstrebt in Allegorien und antiken Historien einen heroischen Stil in der Darstellung des Nackten. Selbst die Sittenbilder, die er seiner Umgebung entnahm - auch seine bibl. Historien gehören hierher —, werden zusehends manierierter. Am schlimmsten vielleicht die Folge der großen Hochzeitstänzer von 1538. In seiner Qualität als Ornamentiker bleibt er freilich ungeschwächt und schafft beispielsweise gegen Ende der 30er Jahre die Kapitalblätter der drei Dolche (B. 259, 265, 270). Auf die Totentanzfolge vom Jahre 1541 folgt eine auffallende Lücke in der Datierung seiner Stiche bis zum Jahre 1549. Vielleicht war er in der Zwischenzeit vorzugsweise als Goldschmied oder als Maler tätig. In den zahlreichen Stichen seiner letzten Jahre, deren Daten sich bis 1555 verfolgen lassen, ist der Verfall unverkennbar. Die Erfindung ist überall erlahmt, die Komposition von einer gehäuften Fülle (selbst in dem besten Werk dieser Zeit, der Folge vom barmherzigen Samariter), die stecherische Technik überzierlich und flau.

Als chalkographische Leistungen hervorragend, als kulturgeschichtliche Dokumente sehr interessant, als Bildnisse freilich wenig befriedigend sind A.s zum Teil umfangreiche Bildnisstiche, von denen die der beiden Wiedertäufer, des Knipperdollinck und Johann von Leiden die bekanntesten sein dürften.

Neben dem weiten Umfang von A.s gestochenen Werken stehen nur 4 Holzschnitte, die ihm mit Sicherheit zugeschrieben werden können, alle kräftig gezeichnet, von starker Schattenwirkung.

Die Zahl seiner Kupferstiche bemißt Bartsch auf 289, von denen der letzte kritische Bearbeiter A.s W. Schmidt in Meyers Kstlerlex. mit Recht 2 Nummern abstreicht (B. 217 als Kopie und 278 als doppelt beschrieben), um durch Hinzufügung von 3 weiteren Blättern (Schmidt No. 41, 289, 290) die Gesamtzahl auf 290 zu bringen. Hierzu müßte als No. 291 noch die Büste einer nackten Frau gezählt werden (B. app. 2), die von Bartsch und Schmidt ohne Grund bezweifelt, ein echtes Frühwerk von A.s Grabstichel ist. Die Zuschreibungen Passavants lassen sich nicht aufrecht erhalten. Die drei Holzschnitte, die Passavant und Schmidt als echt von A. beschreiben, vermag ich um ein viertes Blatt zu vermehren: *Joseph und Potiphars Weib.* Das Weib, das ein mit Hermelin besetztes Kleid und eine Krone trägt, sitzt links auf einem Bette, das an seinem Kopfende durch eine Nische abgeschlossen ist. Joseph entweicht nach rechts. Ohne Monogr. Auf einer Stufe unten rechts: 1532. Höhe 140 mm, Breite 94. (Bremen, Kunsthalle.) Die Komposition ähnelt dem Kupferstich B. 19 aus dem gleichen Jahre.

Heineken, Dict. 106 ff. — Bartsch, P.-Gr. VIII 362 ff. — Derselbe, Anleitung zur Kupferstichkunde II 1—7, 69. — Heller, Nachträge zu Bartsch. — Le Blanc, Manuel de l'amateur d'estampes I 13. — Nagler, Monogr. I 583 ff. — Passavant, P.-Gr. IV 102 ff. — Meyer, Kstlerlex. I 239. — Dohme, Kunst und Künstler I 1. — Woltmann-Woermann, Gesch. der Malerei II 502. — Janitschek, Gesch. d. deutschen Malerei 529. — Lichtwark, Der Ornamentstich d. deutschen Frührenaissance, Berlin 1888. 183. — Lützow, Der deutsche Kupferstich und Holzschnitt 210. — Gehrke, H. Aldegrever (Zeitschrift für vaterl. Gesch. und Altertumskunde IV 145). — W. Bell Scott, The little masters, London 1880. — Memminger, H. A. als Maler. (Repert. für Kunstwissenschaft VII 267. — Weinitz, Ein verschollenes Gemälde von H. A. (Zeitschr. für bild. Kunst N. F. XI 262.) — Ornamente von A. in photogr. Reproduktionen. 25 Bl. Lichtdrucke. München 1875. *Pauli.*

Aldeguëla (Aldehuëla), Josef Martin de, hervorragender span. Baumstr. 1730 oder 1724 in Manzaneda (Diöz. Teruel) geb., 1802 in Malaga gest., Schüler des Josef Corbinos u. Francisco de Moyo. Sein erstes Werk das Jesuitenkollegium in Teruel. Der Bischof von Cuença berief ihn dann zur Vollendung der Kirche S. Felipe Neri, zu welcher Ventura Rodriguez 1778 die Zeichnung geliefert hatte. Infolge dieses Baues wurde er zum Baumeister der Diözese ernannt und führte mehrere Klosterbauten und Arbeiten an der Kathedrale aus. Vom Bischof von Malaga nach dieser Stadt berufen, erbaute er dort das Kollegium S. Telmo, das Konsulat und die neue Augustinerkirche mit einem Retablo aus Jaspis und Stuck und entwarf noch mehrere Pläne für andere Altäre. 1761 baute er im Auftrage des Rates von Kastilien die berühmte 300 Fuß hohe Brücke und andere öffentliche Werke in Ronda und stellte die Brücke von Loja über den Genil wieder her. 1793 wurde er mit dem Ingenieur Domingo Belestá und seinem Schüler Silvestro Bonilla nach Granada gesendet, um die Pläne des von Karl V. begonnenen Renaissancepalastes in der Alhambra wieder aufzunehmen, der ausgebaut und zu einem Kollegium eingerichtet werden sollte, was jedoch nicht zur Ausführung kam.

Llaguno y Amirola, Notic. IV 296. △

Aldenberg, Stephan, gen. Meister Stephan, 1461—1488 urkundlich in Görlitz nachweisbar, Stadtbaumeister? Erbauer des nicht mehr vorhandenen Frauentores in Görlitz.

Kstdenkm. Schlesiens V 514. *C. Buchwald.*

Aldenburgh, Daniel, Kupferst., arbeitete zu Köln im Anfang des 17. Jahrh., zum Teil für J. Bussemachers und G. Altzenbachs Verlag. Auf einer Kopie der Madonna mit den Kirschen von H. Goltzius nennt sich der Stecher Daniel Aldenborg; es ist dies vermutlich derselbe Meister. Seine Arbeiten sind sehr handwerksmäßig.

Ausführl. Verz. seiner Arbeiten bei Merlo: Kölnische Künstler 2. Aufl. 1895, 38. — Nachtrag von Schaarschmidt in Zeitschrift für chr. K. 1896, 277. *Firmenich-Richartz.*

Aldenfelter, Gottfried Friedrich, Bildhauer in Ohlau, stammt aus Merseburg, heiratet in Breslau am 21. 7. 1739.

E. Hintze.

Aldenkirchen, Heinrich Joseph, Kölner Silber- und Bronzearbeiter, 1798—1882. Sein Hauptwerk der Reliquienschrein des hl. Evergislus in der Kreuzkapelle der St. Peterskirche (1838). A. war auch ein bekannter Münzsammler.

Merlo, Köln. Künstler, II. Aufl. **

Aldenrath, Heinrich Jakob, Miniatur- und Bildnismaler, Lithogr., geb. 17. 2. 1775 in Lübeck, in die Kunst eingeführt durch J. J. Tischbein, dann gefördert durch den 8 Jahre älteren F. C. Gröger, mit dem er einige Jahre in Berlin die Akad. besuchte und dann nach Dresden und Paris ging. Die beiden Freunde arbeiteten dann oft an einem Bilde gemeinsam, so daß der Anteil des einen oder anderen nicht festzustellen ist, und zwar in Hamburg, Lübeck, Kiel, Kopenhagen (d. König 13mal gemalt) und seit 1814 dauernd in Hamburg. Gröger starb 1838, Aldenrath

25. 2. 1844. Viele Bildnisse, z. B. das Klopstocks (in Sepia getuscht), Dr. Jakob Schleidens (Öl 1836), Physikus Dr. A. B. Schleiden (Miniatur), Frau J. G. Hallier geb. Schleiden als Braut (Min.) und andere.

Hamb. Kstlerlex. — M e y e r, Kstlerlex. (mit Verz. v. 16 Lithogr.). — Neue Zus. z. Füssli 1824, ausführlich. — Schorns Kstbl. 1820 S. 68, 300, 411 und 1822 S. 375. — W e i l b a c h, Nyt Dansk Kunstnerlex. 1896 II 588. — H e l l e r - A n d r e s e n, Handbuch für Kupferstichsl. — G a e d e r t z, Kststreifzüge, Lübeck 1889. — L i c h t w a r k, d. Bildnis in Hamburg I und II. — Ders., Hermann Kauffmann S. 26 f. — Jahrhundert-Ausst. Berlin 1906. *E. Benezé.*

Alders, T h o m a s, engl. Fayencemaler zu Stoke, 18. Jahrh., arbeitete kurze Zeit bei Wedgwood.

K r o n t h a l, Lex. d. techn. Kste. 1898. **

Alderson, M. A., engl. Architekt, stellte 1838 Entwürfe für die Parlamentshäuser in der Roy. Acad. in London aus.

G r a v e s, Roy. Acad. Exh. I 18. **

Aldersz, J a c o b, Fayencemaler, wurde als Fremder in Delft am 6. 8. 1657 als „plateelschilder" zugelassen. Noch 1692 wird er dort erwähnt.

H a v a r d, p. 239 No. 182. *J. C. E. Peelen.*

Aldewereld, H e r m a n v a n, Maler, geb. in Amsterdam 1628/29, heiratete dort 30. 8. 1662 (erstes Aufgebot, Wohnung in der Heerenstraat) Fietje Jans. 17. 7. 1669 wurde er in der Neuen Kirche zu Amsterdam begraben. Im Jahre 1677 ging seine Witwe eine zweite Ehe ein. Im Museum zu Schwerin ist von ihm eine „Ausgelassene Gesellschaft" (1651), in der er sich den niederländischen Caravaggisten anschließt. Die Galerie Novák in Prag besitzt die Darstellung eines geschlachteten Schweines von 1657. Seine Werke sind sehr selten. In Holland kennen wir nur noch einige gute Porträts in Privatbesitz.

Oud-Holland III 58. — Urkundl. Notizen von A. B r e d i u s. *E. W. Moes.*

Aldham, Miß K ä t e, Malerin, Islington, stellte 1867—1877 mehrere Bilder in der Roy. Acad. in London aus.

G r a v e s, Roy. Acad. Exh. I 18. **

Aldi, P i e t r o, italien. Maler, geb. 1852 in Manciano bei Grosseto, † das. 18. 5. 1888. Schüler der Sieneser Kunstakad. unter Biringucci und vor allem Mussini, später in Rom sich weiterbildend. 1878 beschickte er die Römische Ausstellung mit dem Bilde „Buova da Doara", seinen Ruf gründete er aber 1883 mit dem großen Bilde „Die letzten Stunden der sienesischen Freiheit" (jetzt in d. Kapitol. Bildergalerie in Rom). Weitere Werke seiner Hand sind: „Die Bestattung des Pompeius", „Gregor VII. und Judith" (1887, schwaches akadem. Bild in der Galerie des Lateran). In den Jahren 1887/8 war er noch mit Cassioli und Ces. Maccari beschäftigt, die Sala Monumentale des Palazzo Pubblico in Siena mit Fresken aus dem Leben Victor Emanuels zu schmücken.

M e l a n i, Pietro Aldi (in Conversazioni della Domenica 1884 p. 34). — C. P a c h e t t i, Commemorazione di P. A. Siena 1888. — M. V a n n i, Onoranze a P. A. in Manciano. Arezzo 1888. — Archivio stor. dell' arte 1888 p. 191. — M a g n i, Storia dell' arte III 794. *H.*

Aldin, A l f r e d, Maler, London, stellte 1868 ein Fruchtstück in der Roy. Acad. aus.

G r a v e s, Roy. Acad. Exh. I 18. **

Aldin, C e c i l (Charles Windsor) R. B. A. moderner engl. Graphiker und Aquarellist, geb. im April 1870 in Slough, Schüler der S. Kensington Schule unter F. W. Calderon, Mitglied des London Sketch Clubs, sehr bekannt und geschätzt wegen seiner lebendigen Sportillustrationen. Ebenso sichere Zeichnung wie feiner Humor entzücken an seinen Aquarellen: „Die alten englischen Wirtshäuser, wo die Diligencen anhielten". Man hat daher mit Recht von ihm gesagt, daß er Caldecotts Traditionen wieder aufleben läßt. Er illustrierte Kiplings Jungle Storjes, Praeds Everyday Characters, Buklands Two little Runaways; ist Mitarbeiter am Punch und lieferte auch schöne kunstgewerbliche Entwürfe und wirkungsvolle Plakate wie zu Colmans Bleu; The Royal Magazin; Land and Water. Eine Ausstellung seiner Arbeiten in Paris bei Georges Petit 1905 fand vielen Beifall.

Who's who 1906. — The Studio, XXX 40, XXXII 345. — Chronique des Arts 1905 p. 147. *R.*

Aldini, G i u s e p p e, Bologneser Architekturmaler, um 1670.

Z a n i, Enc. II 31. *Lisetta Ciaccio.*

Aldis, C. M., Maler in London, stellte 1837 bis 1841 mehrere Landschaften und Porträts in der Roy. Acad. aus.

G r a v e s, Roy. Acad. Exh. I 18. **

Aldis, J o s a p h a t d e, s. *Araldis.*

Aldiverti, A l f o n s o, Maler in Rovigo, wo er 1615 im Auftrage des Franziskaners Fabrizio Aldiverti (seines Oheims?) die kleine Kirche S. Maria della Neve mit Malereien aus dem Leben Christi zu schmücken hatte. Die Darstellung der Verurteilung Christi ist signiert „Alfonsy de Aldivertis opus 1615"; nach Bartoli zeigen die sämtlichen Gemälde dieses Zyklus einen altertümlichen Stil „in der Art der Kupferstiche Dürers". In S. Bartolommeo zu Rovigo malte A. außerdem einen hl. Karl Borromaeus vor dem Kruzifixe. 1617 arbeitete er in Lendinara, wie aus einem von dort aus an Alfonso Pistoja gerichteten Briefe hervorgeht, in dem der Künstler über die Vollendung seiner Malarbeiten in einigen Sälen und Zimmern (des dortigen Schlosses?) berichtet. Gleichzeitig scheint er auch in S. Biagio zu Lendinara als Freskomaler tätig gewesen zu sein.

F. B a r t o l i, Le pitture etc. della città di

Rovigo (1793) p. 28, 123 f., 313. — G. Campori, Lettere artist. ined. (1866) p. 87.
E. Modigliani.

Aldo, ital. Architekt und Mönch des 6. Jahrh. Aldo architectus, Oelintus sculptor und Buleus pictor sollen sich in einer Chronik des Klosters Vivarium bei Squillace erwähnt finden. In Cicognaras „Storia della Scultura" (II, 50) ist der betr. Passus im lateinischen Wortlaute wiedergegeben. Eine Chronik des Klosters Vivarium ist jedoch heute völlig unbekannt. Cicognara gibt an, seine Notiz von dem ital. Geschichtsforscher Angelo Ricci erhalten zu haben; dieser muß sie also entweder aus einer anderen Benediktinerchronik geschöpft haben, oder aus einer gefälschten Vivareser Chronik. Cicognaras Vivareser Notiz erscheint um so verdächtiger, da auch eine zweite von demselben Autor wiedergegebene Notiz über den Bildhauer Oelintus („in Casino ubi thecas fecit marmoreas Olinctus de ossibus sanctorum") in dem hierfür als Quelle zitierten Chronikon des Klosters zu Farfa nicht auffindbar ist (Muratori, Rev. ital. script. II, 2, 291). Vorläufig also ist der von Schnaase (IV, 2, 546) und von De Verneilh (Architecture byzantine en France p. 127) nachgedruckten Notiz Cicognaras nicht der geringste authentische Wert beizumessen. Übrigens versetzt De Verneilh diese drei Künstler ins 11. Jahrh., während sie nach Cicognaras Vivareser Chronikstelle zur Zeit Theodorichs gelebt haben sollen; auch wird Buleus bei ihm zu Baleus und bei Schnaase gar zu Bateus! *A. Muñoz.*

Aldo, s. auch *Aldus.*

Aldobrandini, s. *Aldrovandini.*

Aldoni, Boniforte, italien. Maler. O. Mündler sah in einer Privatsammlung in Vercelli eine große „Bonifortus De aldonibus operabatur anno 1548" bezeichnete Tafel mit Maria, das nackte Kind auf dem Schoße haltend, welches ein ihm von dem jungen Johannes hingehaltenes Lamm liebkost. Zu beiden Seiten knien die Hl. Joseph und Hieronymus, vorn ein Mönch in brauner Kutte. Das Bild verrät nach Mündler die Nachahmung Leonardos, zunächst aber Abhängigkeit von Gaudenzio Ferrari. „Lange Köpfe und überhaupt lange, steife Formen lassen es wenig anziehend erscheinen; dabei ist die Modellierung sehr schön und die Farbe bei Kraft und großem Schmelz vortrefflich."

O. Mündler in Meyers Kstlerlex.

Aldous, W., Maler, London, stellte 1824 ein Porträt in der Roy. Acad. aus.

Graves, Roy. Acad. Exh. I 18. **

Aldovera, Simone, span. Maler um 1754.

Zani, Enc. II 32. *M. v. B.*

Aldred, Erzbischof von York, soll nach Stubbes, Acta Pontif. Eboracens. London 1652 p. 1704, im Jahre 1060 die ganze Kathedrale daselbst vom Presbyterium bis zum Turm neu aufgebaut und die künstlich zusammengesetzte Decke der Kirche mit Vergoldung und Malereien verziert haben.

Fiorillo, Gesch. d. zeichn. Kste. II, Abt. V 39. **

Aldrete, D. Bernardo José, span. Kupferstecher, Anfang des 16. Jahrh.

Viñaza, Adic. II 12. *M. v. B.*

Aldrich, C. E. Lithograph und Maler (?) der Gegenwart in Paris. Von ihm das schöne Plakat zu Hoods Sarseparilla, gr. imp. Fol. — Ein Exemplar in der Sammlung H. H. Meier, Bremer Ksthalle. **

Aldrich, Henry, Dekan der Christ-Kirche zu Oxford um 1689 und Lehrer am Christ-Church-Collegium daselbst, auch als Architekt tätig, geb. 1647 zu Westminster, † 14. 12. 1710 zu Oxford. Er hatte sich lange in Italien aufgehalten und dort viel mit den in der Baukunst sowie in der Musik hervorragenden Männern verkehrt; er selber war in beiden Künsten wohl bewandert. — Nach seinen Plänen sind die Allerheiligenkirche zu Oxford und drei Seiten von Peckwater Court (einem Bau im Christ-Church-College) errichtet, auch hat er die Ausführung dieser Bauten geleitet. Taylor rühmt als sein bestes Werk die Fassade der Kirche Corpus Christi daselbst, nach dem Garten zu, welche sich durch anmutige Einfachheit auszeichne. Auch als Theoretiker hat sich A. durch folgende Schrift über Architektur, erst nach seinem Tode herausgegeben, hervorgetan: Elementa architecturae civilis, ad Vitruvii veterumque disciplinam, Oxon. 1789. 8. Dieser Text findet sich gewöhnlich vereinigt mit der engl. Übersetzung mit 55 Tafeln und Porträt des Verfassers.

Taylor, Fine Arts in Great Britain. London 1841, II 75. — Redgrave, Dict. **

Aldrich, W., Historien- und Genremaler in London, stellte 1819—23 in der Roy. Acad. aus.

Graves, Roy. Acad. Exh. I 18. **

Aldridge, E. W., engl. Porträtmaler, tätig in London, stellte 1775 und 1778 in der Roy. Acad. drei Porträts aus. **

Aldridge, Frederick James, engl. Landschaftsmaler in Worthing, stellte seit 1884 zuerst in der Roy. Inst. of painters in Water-colours aus, in den nächsten Jahren in Liverpool, in der R. Hibernian Acad., in der Society of brit. artists und 1896—1901 in der Roy. Acad. in London. **

Aldrigo Valentino, ital. Maler des 16. Jahrh. aus Udine. Missirini nennt ihn unter den Professoren der Accademia di S. Luca zu Rom. Bertolotti jedoch hat in den römischen Archiven keinerlei Notiz über ihn finden können. Werke von seiner Hand sind nirgends bekannt geworden.

Missirini, Stor. d. rom. Accad. di S. Luca, p. 461. — Bertolotti, Artisti veneti in Roma (Monumenti ed. dalla R. Deput. Veneta di Stor. Patria III 233). *A. Muñoz.*

Aldring, Kupferstecher, tätig im 18. Jahrh. in Paris. Portalis und Béraldi (t. 3 App.) erwähnen von ihm eine Serie von kleinen Stichen in Form von Knöpfen.

P. A. Lemoisne.

Aldrophe, Alfred Philibert, Architekt in Paris, geb. daselbst 9. 2. 1834, † 1895, bekannt hauptsächlich als erfolgreicher Ausstellungs-Architekt. Schon 1855 bei der ersten der großen Weltausstellungen hatte er sich in gemeinsamer Arbeit mit Le Play ausgezeichnet und 1867 hatte er die Oberleitung der Ausstellungsbauten. Man verdankt ihm auch die Synagoge in der Rue de la Victoire; das Hôtel Thiers (Place St. Georges), die Schlösser Laversine (bei Chantilly) und Vallière (bei Survilliers). 1895 erkannte ihm die Société Central des Architectes die große silberne Medaille zu.

Chronique d. arts 1895, 344. **

Aldrovandi, Ulisse (Conte), Zeichner u. Maler, geb. 1772 in Bologna. In Modena Schüler des bekannten Miniaturmalers Ant. Verni. Seine feinen Miniaturbildnisse wurden seinerzeit sehr geschätzt.

Campori, Gli Arstisti ital. e stran. negli stati estensi p. 484. *R.*

Aldrovandini, aus Rovigo stammende Familie, der verschiedene Maler der Bologneser Schule des 17. und 18. Jahrh. angehören.

Stammbaum der Aldrovandini.

Giuseppe			Mauro
Tommaso	Domenico	Giacomo	Pompeo.

Giuseppe A. Schüler von A. Sirani, Zeichner, zweite Hälfte des 17. Jahrh. Das nach einer Zeichnung des Giuseppe von Andrea Rotti 1727 gestochene Blatt, das Feuerwerk im Kapitol darstellend, ist wahrscheinlich nach seinem Tode entstanden, da sein Sohn Tommaso 1727 schon 74 Jahre alt war.

Mauro A. I., geschätzter Dekorationsmaler. In Bologna und anderweitig bemalte er Säle und Theater mit Fresken, u. a. in der Villa des Grafen von Novellara (1669) und im Saal des Palazzo pubblico in Forlì, Verona und Venedig. Baruffaldi berichtet, daß er auch in Wien war, zusammen mit dem Ferrareser Dekorationsmaler Francesco Ferrari. Ist diese Notiz richtig, so fällt sein Aufenthalt in Wien sicher nicht mit dem seines Sohnes Pompeo zusammen, da dieser bei des Vaters Tod ein kleines Kind war.

Man weiß auch nicht genau, ob Mauro wirklich 1680 oder nicht einige Jahre später starb, da ja Orlandi, der Zeitgenosse der Aldrovandini war, berichtet, daß der 1677 geborene Pompeo schon Begabung zur Kunst zeigte, als der Vater starb. Fresken des Mauro A. befinden sich in Bologna in S. Giovanni dei Fiorentini und in der 2. Kapelle des Portico di S. Luca.

Tommaso A. Geb. 12. 12. 1653, † 23. 10. 1736, der berühmteste seiner Familie, und derjenige Maler, der die im 17. und 18. Jahrh. in Bologna in Blüte stehende Kunst der „quadratura" (Perspektivische Architekturmalerei zum Zweck der Dekoration in Palästen und Kirchen) zur höchsten Entwicklung brachte. T. war in dieser Kunst Schüler seines Onkels Mauro, während er die Figurenmalerei bei C. Gennari und Cignani lernte. Schon durch seine frühesten Werke, zwei unter dem Porticus von S. Luca gemalte Wappen, lieferte er den Beweis für sein großes dekoratives Talent, in der nächsten Zeit malte er gemeinsam mit seinen Lehrern verschiedene Häuser und Kirchen in Forlì, Venedig, Verona, Parma und Bologna aus, und sein Ruf wurde bald so bedeutend, daß man ihn in die reichsten Städte Italiens berief. In Parma malte er 1685 in einer Kapelle in S. Giovanni, in Turin in der Kirche der Scalzi (1688) und in der casa Bagnasco (1689), wobei er für die Figuren Burrini als Mitarbeiter hatte. In Ferrara schmückte er gemeinsam mit Maurelio Scannavini den Palazzo Bevilacqua, seine Haupttätigkeit entfaltete er aber in Genua, wo er mit Unterbrechungen fast 20 Jahre lebte und als Gehilfen Carlo Besoli hatte.

Sein dortiges Hauptwerk war die Ausmalung des Saales des großen Rats im Palazzo pubblico, die er mit seinem Landsmann Franceschini nach der Beschießung von 1702 ausführe; 1704 waren sie noch daran tätig. Mit dem Genueser Figurenmaler Dom. Parodi malte er auch den Saal des kleinen Rats, dessen Ausschmückung das Entzücken seiner italien. Zeitgenossen hervorrief, während der Franzose Cochin, obwohl er sie als genial bezeichnet, sie folgendermaßen beurteilt: „de la forme la plus ridicule qu'il soit possible d'imaginer". Beide Säle wurden 1777 durch eine Feuersbrunst zerstört. Außerdem malte er in Genua in den Palazzi Spinola (mit Andrea Carlone), Saluzzo (mit Palmieri), Gentile, Lomellini, Marcello, Durazzo, Pallavicini und in verschiedenen Kirchen. Nachdem er in Parma wieder eine Zeitlang gewesen war, kehrte er 1725 dauernd nach Bologna zurück und lebte von seinem, in einem arbeitsreichen Leben gesammelten Vermögen, ohne weiter zu arbeiten. 1729 wurde er in die Akad. Clementina aufgenommen. Er war auch Architekt, da er Zeichnungen für Gebäude entworfen hatte, die nach Zanotti ausgezeichnet waren. Er war sehr genau in seinen Arbeiten und verwendete bei den Vorarbeiten für seine Prospektmalereien sogar Modelle aus Holz und Terrakotta. Von seinen zahlreichen in seiner Heimat ausgeführten Malereien (in der Cappella delle anime del Purgatorio in S. Bartolommeo, in den Palazzi Grassi und Scarselli, in S. Gabriele, in der Compagnia dei Poveri; die Szenerien für das teatro Malvezzi) sind nur seine Fresken im palazzo Ceneri Bianconcini übrig geblieben. Cignani schreibt ihm auch die gemalte Architektur in einem Bild von Cignani in der Galerie Brera zu, augenblicklich ist aber kein Bild des Cignani dort ausgestellt.

D o m e n i c o A. Malte architektonische Fresken, wie sein Bruder, dessen Schüler er wahrscheinlich war. Hauptsächlich war er in Parma tätig, wo er 1704 und 1719 nachweisbar ist; 1736 beerbte er seinen Bruder Tommaso.

P o m p e o A., Architekturmaler, geb. 1677, † 1735 (oder 1739?). Schüler seines Vaters Tommaso, malte in Öl, sowie Fresken in Palästen, Kirchen und Theatern in Bologna (1. Kloster dei Servi), Turin, Dresden (Opernhaus), Wien, Prag und anderen deutschen Städten. Seine Zeitgenossen rühmen sein kräftiges Kolorit, das einige (Orlandi) dem des Tommaso vorziehen. Er starb in Rom, wo er sich 1719 niedergelassen hatte; er arbeitete viel und entwarf auch Zeichnungen für Stiche, darunter Triumphbögen zu Ehren der Päpste Innocenz VIII. (1721 bis 1724), Benedikt XIII. (1724—1730) und Clemens XII. (1730—1740), von G. Massi und Ar. v. Westerhout gestochen. Seine Schüler waren: Giuseppe Orsoni und Stefano Orlandi.

O r l a n d i, Abeced. pitt. 1704 u. 1719 (Mauro, Tommaso, Domenico, Pompeo A.) — G. P. Z a n o t t i, Stor. dell' Accad. Clementina di Bol. I 89, 143, 261, 421—433). — Passeggiere dising. 1766 p. 113, 204, 303 (Tommaso). — C r e s p i, Fels. Pittr. III 271. — Pitture etc. di Bologna 1792. Indice (Mauro, Tommaso, Pompeo A.). — M. C o c h i n, Voyage d'It. 1773 p. 225 (Tommaso). — C. G. R a t t i, Delle Vite de' pitt. Genov. 1769 (Tommaso). — Ders., Istruzione etc. 1780 p. 58, 108, 129, 136, 161, 203, 271 (Tommaso). — F. A l i z e r i, Not. dei prof. del dis. in Liguria I 18, 324, 377 (Tommaso). — Ders., Guida art. di Genova I. 90/91 (Tommaso). — H e i n e c k e n, Dict. I. — B a r u f f a l d i, Vite dei pitt. etc. ferrar. p. 261 (Mauro, Tommaso). — C a m p o r i, Artisti ital. e stran. negli stati estensi (Mauro). — Ders., Raccolta di cat. 637 (Mauro). — D l a b a c z, Böhm. Kstlerlex. (Mauro). — C. R i c c i, Guida di Bologna 1900 p. 114, 120, 185 (Mauro). *Lisetta Ciaccio.*

Aldrovandini, M a u r o II., aus Budrio, Architekturmaler, Bologna 18. Jahrh. Der Führer von Bologna von 1792 (Pitture, scolt. etc. della città di Bologna p. 222 u. 472) unterscheidet ihn von dem anderen Mauro A. aus Rovigo. Er malte ein Architektur-Fresko um den Hauptaltar in S. Maria degli Angeli in Bologna. *Lisetta Ciaccio.*

Aldus, ital. Architekt des 14. Jahrh. in Rom. Der Name dieses Künstlers ist uns nur bekannt aus der Inschrift einer in die Fußbodenpflasterung der Kirche S. Maria in Aracoeli zu Rom eingelassenen Grabplatte mit der eingravierten Bildnisfigur des Verstorbenen: „Hic requiescit magister Aldus murator qui fuit fundator et principalis super opus istius ecclesie — Cuius anima requiescat in pace. Ammen. Orate pro eo." Nach Promis soll diese Inschrift, deren Anfangsworte jetzt unleserlich geworden sind, erst vom Ende des 15. Jahrh. datieren und sich auf die vom Kardinal Caraffa vorgenommene Restaurierung der Kirche beziehen. Der Schriftcharakter jedoch und der Stil der unter einem gotischen Spitzbogen dargestellten Bildnisfigur lassen keinen Zweifel darüber, daß der Grabstein aus der 2. Hälfte des 14. Jahrh. stammt. Zu dieser Zeit wurden in der Aracoeli-Kirche mannigfache Arbeiten ausgeführt, so daß nicht wohl festzustellen ist, welche derselben durch unseren Aldus als „principalis" ausgeführt wurden.

P r o m i s, Notizie epigrafiche, p. 31. — F o r c e l l a, Iscrizioni I 130. *A. Muñoz.*

Aleander, J o h a n n A b r a h a m, schwed. Maler und Kupferstecher, geb. 1766, † 1853, Hilfslehrer an der Stockholmer Akad. Man hat von ihm einige Blumen- und Fruchtstücke und Stiche, Porträts und einen Prospekt von Cap, nach Gemälden von G. Le Moine, C. A. Bratt.

D i e t r i c h s o n in Meyers Kstlerlex. **

Aleandri, I r e n e o, italien. Architekt, geb. in S. Severino 8. 4. 1795; † in Macerata 6. 3. 1885. — Schüler der berühmten Architekten Raffaele Stern und des Giuseppe Camporese an der Accademia di S. Luca; Architekt des Kardinals Benvenuti, Bischofs von Osimo, Ingenieur und Baumeister der Stadt und der Provinz Spoleto. — Unter seinen zahlreichen Werken verdienen besondere Erwähnung: das Sferisterio in Macerata, eines der größten und elegantesten Gebäude dieser Art in Italien; die Theater in Ascoli-Piceno, Spoleto, S. Severino und S. Elpidio a mare, die Villa Montfort in Porto S. Giorgio; das Krankenhaus in Treia, der Friedhof von S. Severino, Er erbaute auch Wasserleitungen und wichtige Straßen. Der berühmte Viadukt von Ariccia in der Provinz Rom; obwohl er Bertolini zugeschrieben wird, ist in der Tat ein Werk von A., wie aus einem Artikel in der „Gazzetta universale" di Foligno 1885 No. 77 und aus dem „Monitore toscana" 1885 No. 257 hervorgeht.

V. A l e a n d r i, Nuova guida stor. art. di S. Severino-Marche 1898. — C a s t e l l a n o, Specchio Geogr. dello Stato pontificio 1829. — G e n t i l i, Elogio di G. Margarucci 1842 u. Saggio stor. sopra l'ordine serafico 1839. — Giorn. dei lett. pisani 1828 No. 37. — Giorn. rom. 1848 No. 34. — G u i d a (nuovissima) dei viagg. in Italia, 1831. — M a g g i o r i, Itinerario d' Italia, 1832. — M e y e r, Kstlerlex. — M o r o n i, Diz. di erudiz. stor. art. XLI. — Raccolta e parallello delle fabr. class. ecc. del Durand, 1834. — S e r v a n z i - C o l l i o, Il nuovo Tempio di S. Paolo presso S. Severino, 1848. — Sferisterio erretto nella città di Macerata per opera di J. A. 1828. — S t r a f f o r e l l o, La patria-Geografia d'Italia. — Valentini, Il forastiere in S. Severino 1868. *V. Aleandri.*

Aleas Rodriguez, José, span. Maler, geb. zu Madrid, Schüler von Alejandro Ferrant, hatte seine ersten Erfolge auf den Madrider Ausstellungen von 1897 und 1899. Von seinen Arbeiten ist besonders zu erwähnen sein Gemälde: Ein Krankenhaus-Saal. Auch im Aquarell hat er sich hervorgetan. *P. Lafond.*

Aleas Vasco de Troya, Leonardo, Bildhauer zu Toledo, verfertigte 1538 die Wappenschilder des Kardinals Távera und des Kanonikus Diego Lopez de Ayala über dem Eingang zum Turm der Kathedr. von Toledo und war 1539 mit andern Künstlern bei der Ausschmückung der Wand des Querschiffes rückwärts von dem sogen. Löwentor beschäftigt. 1541 arbeitete er mit Diego Copin an den Holzschnitzereien auf der Innenseite der Torflügel des Löwentors.

Cean Bermudez, Dicc. I 9. △

Aleff, Baumeister in Bielefeld, 1566 nach Münster (Westf.) berufen zwecks eines Gutachtens über den Turm der St. Lambertuskirche.

Mithoff, Mittelalt. Kstler. u. Werkmstr., Hannover 1885. *H. V.*

Alefounder, John, engl. Porträt- und Miniaturmaler, Schüler der Royal Academy, erhielt hier 1782 eine silberne Medaille und ging um 1786 nach Indien, von wo er von 1787—93 wiederholt Porträts und Miniaturen in die Ausstellungen der Royal Academy sandte. 1795 soll er in Kalkutta (nach Redgrave) gestorben sein. Nach ihm wurde das Porträt des Schauspielers J. Edwin von C. H. Hodges 1784 geschabt und im gleichen Jahr das Bild des Peter the wild Boy (eines wilden Knaben in Hameln) von Bartolozzi in rotpunktierter Manier gestochen.

Meyer, Kstlerlex. — Redgrave, Dict. — Graves, The Roy. Acad. Exhib. I. *R.*

Alegj, Giuseppe (Alegii), Maler in Perugia, war einer der vier Maler, die 1576 erwählt wurden, um Orazio di Paris Alfani zu ersetzen, der als Stadtbaumeister und Maler des Rathaussaales abgesetzt wurde.

Mariotti, Lett. pitt. Perug. p. 259. *R.*

Alegre, José, span. Bildhauer, geb. zu Calatayud anfangs des 19. Jahrh., † 1865, war Mitglied der Akad. San Luis in Zaragoza, wo er sich niederließ. Er war vielfach tätig für die künstlerische Ausschmückung der Kirchen und Kapellen Aragoniens und Kataloniens. Unter den Hauptwerken des Künstlers sind zu nennen in Zaragoza: eine Tür in Nußbaumholz, mit Flachreliefs geschmückt, die sich auf das Leben der hl. Jungfrau beziehen; die Bildhauerarbeiten der Kapelle San José in der Basilika der Marien-Kirche del Pilar; eine Madonnenstatue, unter dem Namen: Schöne Liebe (im Seminar des Konziliums); die Skulpturen der Marien-Kapelle von Agoine (in der Kirche San Cayetano); verschiedene Figuren aus der Karwoche.

Ossorio y Bernard, Galeria biogr. de artistas españoles del siglo XIX. Madrid 1883/4. *P. Lafond.*

Alegre, Manuel, span. Kupferst., geb. in Madrid 1768. Schüler des Man. Salv. Carmona, seit 1790 Mitglied der Akad. von S. Fernando. Er stach außer einer Anzahl religiöser Bilder ohne großen künstler. Wert eine hl. Magdalene nach M. Cerezo, einen hl. Hieronymus nach A. Pereda, das Selbstbildnis Murillos (1790) und verschiedene Bildnisse berühmter Leute zu der von der kgl. Chalcographie von Madrid veröffentlichten Sammlung. Verzeichnis der Hauptwerke in Meyers Kstlerlex.

Meyer, Kstlerlex. △

Alegre, Ramon, span. Bildhauer, geb. in der Provinz Valencia, Schüler seines Vaters José, den er bei seinen Arbeiten unterstützte. Auf der Madrider Kunstausstellung von 1850 war Ramon mit einem Merkur in Terrakotta vertreten, der mit einer silbernen Medaille ausgezeichnet wurde.

Ossorio y Bernard, Galeria biogr. de artistas españoles del siglo XIX. Madrid 1883/4. *P. Lafond.*

Alegre y Gorriz, Pascual, span. Stecher, geb. zu Valencia, † zu Madrid 2. 10. 1879; wurde Lehrer für Kupferstich an der Kunstschule seiner Geburtsstadt und später an der Kunstschule zu Madrid. 1866 stellte er zum ersten Male auf der Madrider nationalen Kunstausstellung aus: einen Kupferstich nach dem Christus am Kreuze von Velazquez, und einen anderen Stich nach einem Porträt Goyas. Er stach dann eine ganze Anzahl von Kupfern für die „Historia del Escorial" von Don Antonio Rotondo, und verschiedene Reproduktionen von Gemälden der Meister, die der Akademie San Fernando angehörten.

Ossorio y Bernard, Galeria biogr. de artistas españoles del siglo XIX. Madrid 1883/4. — Alcahali, Dicc. biogr. de artistas valencianos, Valencia 1897. *P. Lafond.*

Alegreti, Mathias, (slavisch Radovanov), Baumeister und Bildhauer des 15. Jahrh., geb. zu Zara in Dalmatien. Laut einem Vertrage mit der Stadt Traù vom Jahre 1427 baute er die Wölbung im mittleren Schiffe des Domes in Traù, und 1435 in Gemeinschaft mit dem Architekten Simeon Bulsic aus Zara die schöne Zisterne des Burgturmes in Traù (in turri magna castri Tragurii) so wie die Ringmauer der Stadt auf der nördlichen und westlichen Seite.

Quadernac, Communitatis Traguriensis. Msc. — Meyer, Kstlerlex. **

Alegretti, s. *Allegretti.*

Alegretto, Steinmetz und Bildhauer in Venedig, † vor 1495. 1421 erbte er von seinem Meister Pietro Posdancizio aus Sebenico alle Werkstattgeräte; später mit anderen Künstlern an den Arbeiten der großen Kapitäle im Schiff der Kirche S. Zaccaria beteiligt (angefangen 1476).

P. Paoletti, Archit. e scult. d. Rinasc. in Venezia I 71, 95; II 262. *L. Ferro.*

Alegretto di Marino da Trau, Baumeister und Steinmetz in Venedig, wird im Testament Meladino Prelzenich aus Trau vom 28. 4. 1421 erwähnt.

P. Paoletti, Archit. e scult. d. Rinasc. in Venezia I 95. *L. Ferro.*

Alegretto di Pietro da Spalato, Steinmetz in Venedig, stand im Sold der Signoria von Venedig und arbeitete 1460 in deren Auftrag in Modone.

P. Paoletti, Archit. e scult. d. Rinasc. in Venezia I 44. *L. Ferro.*

Alegretto, s. auch *Allegretto.*

Alegrey, engl Maler oder Zeichner um 1825. Nach ihm stach G. P. Harding das Porträt des M. Sherwill, des Montblanc-Besteigers 1825. **

Alegrini, s. *Allegrini.*

Aleja, Giuseppe, Neapolitaner Stecher des 18. Jahrh., nur von Zani, Enc. II 34 erwähnt, höchst wahrscheinlich nur irrtümliche Lesung des Namens *Aloja.* S. dort. *P. K.*

Aleidarch, Paul, deutscher Goldschmied des 17. Jahrh. Er wurde neben anderen ausländischen Kunsthandwerkern unter der Regierung des Zaren Michael Feodorowitsch (1613—1645) nach Rußland berufen, um bei der Verfertigung von Reichskleinodien mitzuwirken. Von ihm eine Krone und eine Zarenmütze.

Забѣлинъ, О металлич. произвед. въ Россіи, въ зап. Имп. археолог. общ. (Sabelin, Über Metallarb. in Rußland, in den Berichten der Kaiserl. Archäol. Ges.) St. Petersburg 1853, V 20 u. 111. *W. Neumann.*

Alejo, Fernandez, s. *Fernandez,* A.

Alemagna, s. *Alamagna, Allamagna,* sowie damit verbundene *Vornamen.*

Aleman, Alemany. Ein in Spanien häufig vorkommender Künstlername, der darauf hindeutet, daß die Träger desselben Familien angehörten, welche aus Deutschland oder den Niederlanden eingewandert waren. In Barcelona besaß die Malerfamilie der Alemany im 14. und 15. Jahrh. ein Haus in der Straße de la fuente de S. Miguel. (Viñaza, Adic. I 8—9.) *M. v. B.*

Aleman, Alexo Fernandez, s. *Fernandez.*

Aleman, Cristobal, Glasmaler in Sevilla. Ein Dokument in den Archiven des Kapitels berichtet, daß Cristobal 1504 das erste gemalte Fenster mit Figuren in der Kathedrale von Sevilla vollendete. Er erhielt dafür den 30. 10. die Summe von 10 030 Maravedis.

Cean Bermudez, Dicc. I 10. △

Aleman, Jorge Fernandez, s. *Fernandez.*

Aleman, Juan, d. ält., Bildhauer in Toledo. Verfertigte 1462 die Apostel an der Hauptfassade der Kathedrale und 1466 an dem Löwenportal die Bildsäulen der Marien und des Nikodemus und vier anderer männlicher Figuren (nach Justi „von feinem Stilgefühl und Eleganz der Technik"), deren jede mit 3000 Maravedis bezahlt wurde. Auch die meisten Cherubime in den Bögen dieses Portals sind von seiner Hand.

Cean Bermudez, Dicc. I 10—11. — Jahrbuch d. preuß. K.-S. XXII 222. △

Alemán, Juan, der jüng., Bildhauer in Sevilla. Arbeitet 1506 an einem Altar für das Hospital de la Sangre in Xeres. Die Gemälde dieses Altars führte Pedro de Orman aus. 1512/13 arbeitete er an der Silleria des Chors der Kathedrale in Sevilla.

Cean Bermudez, Dicc. I 11. — Gestoso Artif. Sevill. I. 172—73. *M. v. B.*

Aleman, Justo, Maler in Sevilla. 1519 erscheint sein Name in Rechnungen des Archivo gen. de Indias.

Gestoso, Artif. Sevill. II 10/11. *M. v. B.*

Aleman, Louis, Erzbischof von Arles 1424 bis 1450, Erbauer eines neuen Hochaltars in St. Trophime, dessen Entwurf angeblich von A. selbst herrühren soll.

Gallia Christiana I 582. — Bauchal, Dict. des Archit. *C. Enlart.*

Aleman, Mateo, Goldschmied, verfertigte mit Nicolao A. 1515 für die Kathedrale von Sevilla die silberne Custodia, die von Juan de Arfe durch eine neue ersetzt wurde.

Cean Bermudez, Dicc. I 11—12. — Gestoso, Artif. Sevill. II 130—131. △

Aleman, Melchior, Maler niederländ. Herkunft, seit 1492 als Hofmaler im Dienst der Königin Isabella der Katholischen.

Jahrb. d. preuß. K.-S. VIII 157. *M. v. B.*

Aleman, Miguel, Steinschneider in Sevilla. 1534 erscheint sein Name im Einwohnerverzeichnis der calle de la Mar.

Gestoso, Artif. Sevill. I. *M. v. B.*

Aleman, Nicolao, Goldschmied in Sevilla (s. auch unter *Aleman,* Mateo). Empfing 1512, 1514 und 1519 Zahlungen für Arbeiten in der Kathedrale.

Cean Bermudez, Dicc. I 11. — Gestoso, Artif. Sevill. II 130—131. △

Aleman, Pedro, Glasmaler um 1458 in Toledo.

Riaño, Industr. arts in Spain 247. *M. v. B.*

Aleman, Roberto, Bildhauer in Diensten der Königin Isabella, welche unter dem 10. 12. 1500 in Granada Befehl gibt, demselben 1540 mrs. für Bilder U. L. Fr. zu zahlen.

Marti y Monsó, Estud. histor. artist. 303. *M. v. B.*

Aleman, Rodrigo, berühmter span. Holzschnitzer in Plasencia. Fertigte Chor- und Beichtstühle für die dortige Kathedrale und die Kirche von Ciudadrodrigo. An den 1520 entstandenen 65 Chorstühlen der Kathedrale von Plasencia brachte er neben den Heiligen und den bibl. Darstellungen allerlei burleske und selbst erotische Zieraten mit Menschen- und Tierfiguren an. Die Gestalten und Gewänder verraten die deutsche Herkunft des Meisters.

Cean Bermudez, Dicc. I 11—12. △

Aleman, s. auch *Alemany.*

Alemani, Gaetano, Bologneser Architektur- und Dekorationsmaler des 18. Jahrh. Malte hauptsächlich Bühnendekorationen für das Teatro Pubblico (jetzt Comunale, 1763 eingeweiht), für das Teatro Barbieri und die beiden Bühnen des Collegio di S. Luigi. Außerdem führte er Dekorationsmalereien aus für die Kapellen in S. Biagio- und S. Petronio in Bologna. Erhalten ist noch die Ausschmükkung in der 14. Kapelle des Portico von S. Luca (nicht S. Giuseppe, wie Meyers Kstlerlex. angibt).

Pitture etc. della città di Bologna 1792. — Ricci, Guida di Bologna 1900 p. 209. *Lisetta Ciaccio.*

Alemania, s. damit verbundene *Vornamen.*

Alemann, Cordt, Goldschmied in Braunschweig, 1404—1441 genannt. In letzterem Jahre erhielt er 7 Mark für ein silbervergoldetes mit Steinen besetztes Haupt des hl. Martinus.

Mithoff, Mittelalt. Kstler. Niedersachs. u. Westfalens. ***

Alemanni. Von diesem Dekorationsmaler des 17. Jahrhunderts hat man in Forlì in der Kirche S. Carmine im Chor und im Presbiterium verschiedene Freskomalereien.

C. Cignani, Cenni storici . . . d. città di Forlì; Firenze 1838, p. 29. *E. Calzini.*

Alemanni, Pater Giuseppe (Minorit), Maler, von Correggio, † zu Rimini 1739, 64 Jahre alt. Tiraboschi (nach Marcheselli, Pitture di Rimini pp. 29, 79) wußte von ihm nur, daß er Schüler des Cignani war und sich von ihm eine Kopie nach Marattas Empfängnis in der Kirche S. Francesco zu Rimini befand. Dagegen führt Barotti ein Originalgemälde von seiner Hand, das seinen Ordensbruder Andrea Conti vorstellte, in einer Kapelle von S. Francesco zu Ferrara an.

Tiraboschi, Not. de' Pittori etc. Modenesi. — Barotti, Pitture etc. di Ferrara p. 122. **

Alemanni, s. auch damit verbundene *Vornamen.*

Alemannia, s. *Alamagna, Alemagna, Allamagna,* sowie damit verbundene *Vornamen.*

Alemanno della Badia, Bildhauer in Orvieto, wo er 1293 unter Ramo di Paganello da Siena mit Paolo della Badia und anderen Meistern am Skulpturenschmuck der Dom-Fassade mit arbeitete.

L. Fumi, Il Duomo di Orvieto (Roma 1891) p. 309. *

Alemanno, s. auch *Alamanno,* sowie damit verbundene *Vornamen.*

Alemans (Alemanns), s. *Hallemans.*

Alemanus, Sixtus, s. *Riessinger.*

Alemany, Bildhauer, welcher 1389 Kapitäle und Basamente für die Kathedrale in Barcelona arbeitet.

Viñaza, Adic. I 9. *M. v. B.*

Alemany, Maler, wahrscheinlich der gleichnamigen Künstlerfamilie, die im 14. und 15. Jahrh. in Barcelona lebte, angehörig. 1537 fertigt er im Auftrage der Stadt 12 Wappenschilde für die Abgeordneten zu den Cortes von Monzon, 1546 liefert er ein Prozessionskruzifix und 1551 Glasfenster mit dem Stadtwappen.

Viñaza, Adic. II 12. *M. v. B.*

Alemany, Bernardo, Kunstschlosser in Barcelona, bietet 1408 dem Rat der Hundert einen künstler. gearbeiteten Brunnendeckel an.

Sanpere y Miquel, Cuatroc. Catal. I 73. *M. v. B.*

Alemany, Gabriel, Maler in Barcelona, Sohn des Tomás A. und seit 3. 1. 1450 städt. Maler. Am 29. 12. 1451 wird ihm nach dem Tode seines Vaters die Sorge für die Gruppen der Fronleichnamsprozession übertragen. 1458 übernehmen er und Jaime Vergós die Ausführung der Malereien im Ratssaal. 1462 wird er als Verkäufer eines Hauses genannt. 1463 liefert er ein Amtskleid des Landrichters und vergoldet das Diadem eines H. Andreas im Saal der Hundert. Am 19. 8. 1469 schließt er mit D. Huguet Viant, señor de San Ginés, Leutnant des Gouverneurs von Roussillon einen Vertrag behufs Lieferung von 20 Schabracken für Pferde. Am 23. 5. 1478 vermählt er sich (zum zweitenmal) mit Juana, Tochter eines verst. Malers Thomas. 1489 wird er noch einmal genannt. Zum letztenmal erscheint sein Name 1509, in einem Aktenstück, in welchem er darüber Klage führt, daß Nicolas Crehensa, der Nachfolger des Jaime Vergos ihm seinen Anteil vorenthalte für die gelegentlich der Trauerfeier Isabellas der Katholischen ausgeführten Arbeiten.

Viñaza, Adic. I 9. — Sanpere y Miquel, Cuatroc. Catal. II passim. *M. v. B.*

Alemany, Juan (Johan de Alemanya), Bildhauer und Bürger in Barcelona, verpflichtet sich 1401 einen Altar in der Kirche S. Augustin, welchen eine Bruderschaft der Tuchscherer 1489 von Miguel Longuer hatte beginnen lassen, zu beenden.

Viñaza, Adic. I 10, 88. — Sanpere y Miquel, Cuatroc. Catal. II passim. *M. v. B.*

Alemany, Nicolás, Bildhauer und Bürger in Valencia. 1495 erhält er vom Kapitel der Kathedrale in Valencia eine Zahlung für Bildhauerarbeiten an einem der Portale (del cap. de la scala).

Alcahali, Art. Valenc. 344—45. *M. v. B.*

Alemany, Pedro, Maler und Bürger in Barcelona im 15. Jahrh., welcher meist in Gemeinschaft mit Rafael Vergós gearbeitet zu haben scheint. Beide übernehmen am 31. 1. 1492 die Anfertigung der Gemälde des Altars der Rosenkranzkapelle in Vich; am 11. 2.

1497 den Altar der hl. Jungfrau für die Pfarrkirche von S. Martin in Teyà und am 15. 2. 1498 ein Altarbild des Erzengel Michael für die Kirche in Calella. Beide Künstler haben auch einen Altar für die Kirche des Hieronymitenklosters Vall de Hebròn bei Barcelona gearbeitet, am 20. 3. 1497 quittieren sie über die Zahlung. Mit mestre „Francesch" zusammen übernahm P. A. am 15. 8. 1493 das Altarbild der Armenausspeisungskapelle (Almoyna del pa beneyt) der Kirche in Vich, am 31. 3. 1495 werden sie dafür bezahlt. Sanpere y Miquel schreibt diesem Künstler den Altar des hl. Sebastian und der hl. Thekla und den der Heimsuchung im Kreuzgang der Kathedrale von Barcelona zu.

Sanpere y Miquel, Cuatroc. Catal. II passim. *M. v. B.*

Alemany, Tomàs, Maler in Barcelona. 1449 wird ihm eine Gruppe der Fronleichnamsprozession übertragen. Sein Name findet sich auch in Dokumenten der Jahre 1446, 1447, 1448. Vor dem 29. 12. 1451 muß er gestorben sein, da sein Sohn Gabriel wegen seines Todes an diesem Tage mit seinem Amt bei der Prozession betraut wird.

Viñaza, Adic. I 9. *M. v. B.*

Alemany, s. auch *Aleman.*

Alement, Pierre L', Bildschnitzer, tätig in Dijon, fertigte die beiden Figuren an der Turmuhr von Notre-Dame in Dijon. Diese beiden Figuren wurden 1427 von Bellechose in „weiß und rot" bemalt. — Vgl. auch *Lalement,* P.

Gaz. d. b.-arts III Pér. VI 164. **

Alen, Adriaen van, s. *Oolen.*

Alen, Folpert, s. *Ouden-Allen,* F.

Alen, Jan v., s. *Olen.*

Alenis, Tommaso de, Maler aus Cremona, tätig 1500—1515, Freund und Nachahmer des Galeazzo Campi. Das frühste von ihm bekannte Werk, signiert: Opus Tome. Aleni veronsis MCCCCC erwähnen Crowe und Cavalcaselle, Gesch. d. italien. Malerei VI 517 in der Sammlung Bignami, Casal Maggiore. Es stellt die Jungfrau auf einem Throne in einer Landschaft vor, das nackte Kind haltend, das einen Vogel in der Hand hat. Links kniet der Stifter, ein Mönch mit einem Buch unter dem Arm, vom hl. Franziskus empfohlen. Rechts steht der hl. Antonius, mit einem roten Buch in der Linken, einem Lilienstengel in der Rechten. Das Bild ist noch in Tempera, die Behandlung breit und leicht. Hier zeigt sich der Künstler nicht selbständig; sein Bild ist eine Nachahmung von Perugino u. Franc. Francia. Geringer noch ist die Anbetung des Kindes zwischen Johannes dem Täufer und S. Antonius Abbate, bez.: Thomas de alenis cremonesis pinxit 1515, jetzt im Municipio von Cremona. Das Bruchstück eines dritten Werkes, darstellend die Heiligen Petrus und Antonius, weisen Crowe und Cavalcaselle in der Casa Cavalcabò in Cremona nach. — Nach Zaist I 140 soll Alenis auch Fadino genannt worden sein, und die Bezeichnung: Tomas de Fadinus auf einem Madonnenbilde (geringer Qualität) früher bei Signor Baslini in Mailand, scheint diese Angabe zu bestätigen. Urkundlich ist noch seine Mitarbeit an der Ausschmückung der Capella Affaitati in San Domenico in Cremona, laut Kontrakt vom 10. 2. 1505, bekannt geworden.

Meyer, Kstlerlex. — Archivio storico d. arte Ser. II, Vol. III 100. — Rassegna d'Arte 1902, 187. — Nuova Antologia vol. 138 fasc. 21 p. 5—14; vol. 130 fasc. 16 p. 629—653. **

Alenson, Jan Jansz., in einem Dokument vom 27. 4. 1630 wird die Witwe des Jan Jansz. Alenson, in seinem Leben Maler, in Amsterdam erwähnt. *A. B.*

Alenson, Willem, Delfter Fayencier, nur bekannt durch die urkundliche Notiz seiner Heirat am 1. 8. 1695.

Havard, p. 315 No. 576. *J. C. E. Peelen.*

Alentorn, Eduardo B., span. Bildhauer, geb. zu Falset (Prov. Tarragona), Schüler der Kunstschule von Barcelona, war 1881 zum ersten Male auf der Madrider Ausstellung vertreten mit einer Gipsstatue: Der verlorene Sohn, und einer Terrakottabüste. Von diesem mit eigenartigem Talent begabten Künstler nennen wir ferner eine Gruppe: Die Ausgewanderten, sowie das lebensvolle Monument, das dem General Vara del. Rey in Ibiza errichtet wurde.

Ossorio y Bernard, Galeria biogr. de artistas españoles del siglo XIX. Madrid 1883/4. *P. Lafond.*

Alenza y Nieto, Leonardo, span. Maler, geb. 6. 11. 1807 zu Madrid, † 30. 6. 1845 daselbst; Schüler von Juan Rivera und der Akad. San Fernando. Eigentlich aber war Goya sein wirklicher Lehrer, dessen Werke er mit solcher Aufmerksamkeit studierte, daß er sein direkter Jünger, der Erbe seines Stils und seiner Manier zu sein scheint. Seine geistvolle feine Linienführung, seine lebhafte und kräftige Färbung erinnern an den Schöpfer der „Caprichos", aber nur von weitem, was indessen nicht verhindert, daß eine Anzahl seiner Kopien oder Imitationen Goyas als echte Produktionen des letzteren gelten. Die Hauptwerke Alenzas erschienen auf den Ausstellungen der Akad. San Fernando, der er als Ehrenmitglied angehörte, und des Lyceo artistico y literario zu Madrid. Sie bestehen in einigen historischen Schöpfungen und in Genrebildern, deren Motive an Goyas Lieblingssujets erinnern. Unter den historischen Gemälden führen wir an: Der Tod des Daoiz; zwei allegorische Darstellungen: Ferdinand VII. sterbend, und Die Thronbesteigung Isabellas II.; unter den Genrebildern: zwei Manalas auf einem Balkon sitzend, in Gesellschaft zweier alter Frauen und zweier Majas; Ein Meuchelmord; Ein Geizhals, der von seinen Schätzen umgeben stirbt; Ein Messerduell; Das hl. Abenmahl; Ein Almosen verteilender Mönch an der Klosterpforte; Der Kampf; Die Lektüre der Zeitung; Gitana wahrsagend; Ein Karnevalsfest; Eine Wirtschaft; Herabsteigen der Gerechtigkeit (ein Nachtstück); Ein Veteran, der von seinen Feldzügen erzählt (im Mus. f. moderne Kunst zu Madrid); zahlreiche Stierkampf-Szenen. Weiterhin ist zu nennen: das Aushängeschild des Café du Levant in der Calle de Alcala zu Madrid, das eine Schachpartie darstellt. Er malte zahlreiche Porträts, alle sehr interessant, im Charakter derjenigen Goyas, aber mit weniger Charme, mit weniger Gründlichkeit und weniger kräftiger Linienführung. Unter diesen Porträts sind hervorzuheben: sein eigenes und das Passutis, Bevollmächtigten des Herzogs von Osuna. (Mus. f. mod. Kunst, Madrid); die Porträts des Don Alejandro de la Peña, des Don Francisco Romero, des Don Julian Sainz Cortes, des Torero Francisco Montés, sowie verschiedene Kinder-Porträts. Außerdem lieferte er Zeichnungen für Zeitschriften u. illustrierte Sammlungen u. a. für das „Semanario pintoresco", für Reflejo (1843); man verdankt ihm auch die Zeichnungen eines „Gil Blas" (1840 in Madrid herausgeg.), und Werke von Queredo (von Castello veröffentl.); endlich führte er mehrere Radierungen im Geschmack Goyas aus.

Ossorio y Bernard, Galeria biogr. de artistas españoles del siglo XIX. Madrid 1883/4. — J. Sanchez de Neira, El Toreo, 2 vol. Madrid, 1879. — Dicc. biogr. de pintores, Sevilla 1875. — Cruzaada Villaamil, El arte en España, Madrid. *P. Lafond.*

Aleotti, Antonio, aus Argenta, Maler der Ferraresischen Schule, 1498 in Ferrara selbst urkundlich erwähnt in einer Streitsache mit seiner Ehefrau Maddalena. Von 1498 ist außerdem ein aus der Galleria Costabili stammendes, jetzt im Ateneo zu Ferrara befindliches Tafelbildchen datiert, das den toten Christus zwischen zwei Engeln zeigt und im Gegensinne signiert ist: D. P. P. ATNEIGRA. SITOILA. ED. SUINOTNA. — Ein richtig signiertes Madonnenbild dieses Künstlers (mit den Hl. Antonius und Michael) besitzt die Galleria Communale zu Cesena, ein vielteiliges Altarwerk A.s Vaterstadt Argenta. — Dieser Künstler ist nicht zu verwechseln mit dem 1495 zum ersten Male erwähnten *Antonio dall' Argento,* alias Giov. Ant. Dianti dall' Argento, gen. Sansone (s. unter *Argento*).

Baruffaldi, Vite dei pitt. e scult. Ferraresi (1846) II 586. — Laderchi, La pitt. Ferrar. (1856) p. 39. — L. N. Cittadella, Not. relat. a Ferrara (1864) p. 590; Doc. ed Illustr. etc. Ferrar. (1868) p. 44. — Frizzi, Memorie (Ediz. 2) V 329. — Crowe u. Cavalcaselle, Gesch. d. italien. Mal. V 561. — A. Venturi in Archiv. stor. d. Arte VII 106. — E. Jacobsen in Repertor. f. Kunstwissenschaft XXIII 361. — A. Schmarsow in Jahrb. d. kgl. preuß. Kstsammlgn. V 221, nota 1. *E. Modigliani.*

Aleotti, Giacomo, parmigianer Goldschmied, 1449 zuerst erwähnt, arbeitete 1462 einen silbernen Kelch für den Kanonikus Antonio Oddi. In den Notariatsakten wird Aleotti als Nobile bezeichnet. Zum letzten Male wird er 1466 genannt.

Scarabelli-Zunti, Mscr. in der Bibl. Palat. zu Parma. *St. Lottici.*

Aleotti, Giovanni Battista, genannt Argenta (nach seinem Geburtsorte im Gebiete von Ferrara), Baumeister und Ingenieur in Ferrara, geb. um 1546, † zu Ferrara 9. 12. 1636, stand 22 Jahre lang im Dienste des Herzogs Alfonso II. von Este und wurde nach dessen Tode (1597) als Architekt des apostolischen Stuhles in seiner Stellung bestätigt. Zu gleicher Zeit, 4. 5. 1598 ernannte ihn auch der Gemeinderat von Ferrara zum städtischen Baumeister. Abgesehen von seiner umfassenden praktischen und theoretischen Tätigkeit auf dem Gebiete der Hydrostatik und des Festungbaus, wurden in Ferrara nach seinen Zeichnungen gebaut: Die Kirche S. Barbara und San Carlo, das Oratorium S. Margarita, der Turm von San Francesco und der des Palazzo della Ragione, die Fassade und der Turm des Palazzo del Paradiso (Universität, vollendet 1610), das Tor San Paolo und das sog. Festungstor. Von ihm auch der Entwurf des Grabmals für Lod. Ariosto (jetzt im Lesesaal der Bibliothek in Ferrara). Die von ihm 1597 erbaute Kirche S. Maria della Rotonda wurde wegen Festungserweiterungen einige Jahre später wieder niedergelegt. An der Kathedrale der Stadt rührt von ihm der Ausbau des Turmes her. Größeren Beifall als diese seine im durchschnittlichen Zeitgeschmack gehaltenen Bauten fand das Theater, das er 1606 für die Akad. der Intrepidi erbaute. Es galt damals für eins der schönsten in Italien, ging übrigens durch eine Feuersbrunst im Jahre 1679 zugrunde. Erhalten ist dagegen das große Theater Farnese in Parma, eines der geräumigsten in Europa, in der Weise der antiken Amphitheater, 1618—19 auf Befehl des Ranuccio I. Farnese, von A. in Holz gebaut. Wirkliche Berühmtheit genoß er als Flußregulator, und in der Richtung dieser Tätigkeit liegt seine Hauptschrift: La Idrologia ovvero Vaso della Scienza et Arte delle Acque (5 Bücher, mit vielen Figuren), nur im Manuskript vorhanden in einem Exemplar in der herzogl. Bibliothek zu Modena und einem im Stadtarchiv zu Ferrara. An letzterer Stelle und in der Biblioteca Costabiliana daselbst noch weitere Handschriften von ihm. Seine gedruckten Schriften sind: 1) Gli artifitiosi et curiosi moti spiritali di

Herrone, tradotti etc. Aggiuntovi Quattro Theoremi non meno belli et curiosi. Et il modo con che si fa salire un canal d'acqua viva in cima ogn' alta torre con grandissima facilità. Ferrara, per Vitt. Baldini 1589. 4.

Spätere Ausgaben: Urbino 1592. 4. — Bologna, per Carlo Zenero, 1647. — Ins Lateinische übersetzt mit dem Werkchen des Heron. Amsterdam 1680. 4. Mit Fig.

2) Difesa per riparare alla sommersione del polesine di s. Giorgio, et alla rovina dello stato di Ferrara etc. Ferrara, per Vitt. Baldino. 1601. Fol.

Spätere Ausgabe: Ferrara per Alf. Maresti 1687. Fol.

3) Relazione intorno alla Bonifazione Bentivoglio. Ferrara, per Vitt. Baldini 1612. 4.

4) Relazione sui confini, e sul taglio (di Porto Viro) fatto dai signori Veneziani al Po, per cacciarlo nella Sacca di Goro. s. in: Compendiosa Informazione di fatto sopra i confini della Comunità ferrarese d'Ariano con lo Stato Veneto. 1735.

5) Dell' Interrimento del Po etc. s. die Monographie.

6) und 7) Zwei kleine Abhandlungen, den Bau von Mühlen des Kardinals Lodovisio betreffend.

Monographien: L. N. Cittadella, Memorie intorno alla vita ed alle opere dell' architetto Giambattista Aleotti Argentano. Vorgedruckt der Schrift des Aleotti: Dell' Interrimento del Po Ferrara e divergenza delle sue acque nel ramo di Ficarolo. Ferrara 1847, 8. — Pietro de Lama, Descrizione del teatro Farnese di Parma. Mit Taf. (wieder abgedruckt in: Opuscoli letterarj. Bologna 1818. I 193). — Paolo Donati, Gran teatro Farnesiano di Parma. Parma 1817. Mit Taf. — L. Barotti, Memorie istoriche di Lett. Ferraresi. Ferrara 1793. II 221—228. — G. Petrucci, Vite e ritratti di trenta illustri Ferraresi. Bologna 1833. p. 111. — Guarini, Chiese di Ferrara. Ferrara 1621. p. 56. — Alb. Penna, Descrizione della Porta di S. Benedetto de' lunghi delitiosi ch'erano dietro le mura della città, e de' giardini ducali. Padova 1671. p. 8 ff. — Bertoldi, Memorie per la storia del Reno di Bologna. Ferrara 1807. p. 99. — Ricci, Storia dell' Architettura in Italia. III 613, 617, 618. — Arte e Storia 1899, N. 7—8 p. 46. **

Alerdinck, Evert, Maler und Stecher in Münster (Westf.) 17. Jahrh. Von ihm ein gestochener Stadtplan von Münster (1636), gr. Fol., der sich in nur zwei Abzügen erhalten hat. Reproduktion desselben bei Philippi, „Der westfälische Friede", Münster 1898. Taf. 3. Weitere Nachrichten und über Zahlungen an ihn bei Wormstall: Studien zur Kunstgeschichte Münsters in „Quellen und Forschungen zur Geschichte der Stadt Münster" I. 179, 239 und 240. *H. V.*

Aleri, Claude, Werkmeister in Montpellier, war 1353—1367 „consul des peyriers".

Renouvier et Ricard, Des Maitres de pierre de Montpellier. — Bauchal, Dict. des Archit. *C. Enlart.*

Alès, Auguste François, Stahlstecher, geb. 9. 5. 1797 zu Paris, † im Mai 1878, Schüler von Tardieu und von Fortin. Er stach nach Raffael die Madonna della Sedia und die Odaliske nach Ingres; dann 1835 einen Almanach mit einer Vignette nach Raffet; Stiche für das Kupferstich-Album l'Espérance (Paris 1839), ferner für die histor. Galerien Versailles' von Gavard (Paris 1838), für die Encyclopédie universelle d'ornements (Paris 1841), und für das Univers pittoresque. Er führte auch einige Porträts und Heiligenbilder aus, sowie Stiche nach eigener Komposition, Genreszenen und allegorische Figuren in Landschaften: La Vérité (1849); Joies champêtres (1850), Soir d'eté (1851), Fleurs, Fruits (1854), Frayeur, Sécurité, zwei kleine satyrische Szenen: Trop jeune, Trop vieux (1855) und Repos de la Sainte Famille (1854).

Meyer, Kstlerlex. (Katalog seiner Werke). — Heller-Andresen, Handbuch f. Kupferstichsammler 1870. — Béraldi, Grav. du XIXe s. — Chron. d. Arts 1878 p. 171. *J. Guibert.*

Aleš, Nikolaus, böhm Zeichner und Illustrator, geb. 18. 11. 1852 in Mirotic bei Pisek. In Pisek frequentierte er bis zum Jahre 1869 das Gymnasium. Sein früh ausgesprochenes Zeichentalent führte ihn in demselben Jahre an die Prager Malerakademie, wo er bis zum Jahre 1875 verblieb. Schon seine ältesten Bilder verraten eine starke Neigung zu lebhaft bewegten Linien. Ursprünglich zogen ihn Ereignisse aus der Geschichte seiner Heimat an. Seine militärische Dienstzeit aber hinterließ ihm, einem sensitiven Lyriker, für immer ein besonderes Verständnis für Darstellungen dieses regen, bunten Lebens. Bald fängt er an, sehr oft auf Grundlage volkstümlicher Elemente, seine ganz eigenartige, dekorative Ornamentik auszubilden. Im Jahre 1878 entwarf er einen Zyklus (Vlast „Die Heimat") von 12 Lünetten für das Foyer des Nationaltheaters in Prag. Seine Kunst, monumentale Flächen farbig zu dekorieren, dokumentiert sich teils noch durch weitere Lünettenentwürfe (für die Prager städt. Sparkasse, die Landesbank usw.), teils durch Freskengemälde an Privathäusern (Haus Rott, Haus Streybl in Prag, auch in Pilsen eine ganze Reihe) und in zahlreichen Interieurs. Besonders hervorzuheben ist die innere und äußere Ausschmückung (ornamental und figural) der Kirche zu Wodnian. Groß ist die Zahl von Aleš' Sgraffiten, die einfach aber scharf charakterisiert, in markanten Linien gearbeitet sind. Außer zahlreichen Kartons und ganzen Bilderzyklen (z. B. Živly „Die Elemente", erschien auch in Buchform) müssen aber als sein künstlerisch eigenartigstes und erfolgreichstes Schaffensgebiet die unzähligen Schöpfungen für die Illustration bezeichnet werden. Weiche Linie, ungezwungene Bewegung, Ideentiefe und feiner Humor, bilden die Hauptelemente dieser Zeichnungen, welche besonders dort, wo sie Volkslieder und Sprüche begleiten (dieser Leistungen ist eine lange Reihe) ihrer Urwüchsigkeit wegen besondere Beachtung verdienen. Die eigentlichste Bedeutung Aleš' beruht eben in diesen Illustrationen des böhmischen Volksliedes.

In Buchform erschienen von seinem Werke: Vlast (Die Heimat), Bilderzyklus im Nationaltheater in Prag. Prag, Lehmann 1884; Sirotek (Die Waise), Ein Volkslied. Auspitz, Masaryk 1890; Eine Auswahl seiner Werke mit kurzer Biogr. Prag, Verlag „Manes" 1896, 3 Bde; Živly (Die Elemente) Pg., Koči 1902; ferner Praha (Prag) mit Einführungswort von Renata Tyršová 1903, ein Zykluswerk von konzentriertem Ausdruck; schließlich Volkslieder unt. d. Gesamttitel „Špalíček". (Prag, Otto 1906) hg. u. eingeleitet v. Prof. K. B. Mádl. Außerdem viele Umschlagszeichnungen.

K. D. Mràz, Mikoláš Aleš. Prag 1902. 8°. — Kunst f. Alle XII (1897). — Volnè Smèry (Prag) VII 1903 und die oben erwähnte Publikation v. J. 1896. *Emler.*

Alesgret, Simon, französ. Werkmeister in Louviers, leitete 1408—9 die Restaurierungsarbeiten am Amtsgebäude der Prévôté de Normandie.

Bauchal, Dict. des Arch. franç. *C. Enlart.*

Alési, Hugo d', bekannter französ. Maler und Plakatzeichner, † 11. 11. 1906 in Paris im 50. Jahre. Seine bunten Reklameplakate von Rivieraansichten sieht man häufig in den Wartesälen italien. und südfranzös. Bahnhöfe. Auch seine Ölgemälde, die er im Kunstsalon Georges Petit in Paris 1901 zeigte, ähneln den gefälligen Plakatansichten.

Kstchronik N. F. XIII 87. — Ausst. im Wiener Kstlerhaus 1896, Centenaire de la lithographie. — Bulletin de l'art ancien et moderne 1901 p. 276. **

Alessandri, Achille, italien. Architekt, Sohn des Giacomo A. und der Anna Maria Marchesi, geb. 22. 12. 1665, † 1751. In Mailand von den Jesuiten erzogen, empfing er daselbst von dem P. Tommaso Ceva den ersten Unterricht in der Baukunst. In Rom, wohin er sich Anfang des 17. Jahrh. begeben, bildete er sich dann weiter aus. Nach seiner Zeichnung ist die Kirche Santa Grata inter vites erbaut, welche Tassi für eine der schönsten (d. h. der damaligen Zeit) in der Provinz Bergamo erklärt (Neubau an Stelle der alten Kirche).

Meyer, Kstlerlex. — Locatelli, Ill. Bergam. III.

Alessandri, Bernardino di Antonio de', Kunststicker aus Mailand, in Urbino tätig, woselbst er 1533 sein Testament machte.

Rassegna d'Arte 1903 p. 10. *E. Scatassa.*

Alessandri, Filippo, italien. Architekt u. Maler, Sohn des Achille A. und der Vittoria Gräfin Benaglia, geb. 1713, † 9. 2. 1773. Er bildete sich unter seinem Vater. Nach seiner Zeichnung sind die Pfarrkirchen zu Urgnano, Medolago, Dell' Arca und Cassetta, sowie einige in Bergamo selbst erbaut; dann auch mehrere Fassaden zu Palästen daselbst. Auch zeichnete er das Modell zu dem Reliquienbehälter in Form einer Urne über dem Altar der hh. Firma, Rustica und Procula im Dome zu Bergamo; derselbe, aus vergoldetem Kupfer, ist von Ant. Calegari mit Kinderfiguren und jungen Löwen verziert. Als Maler kam er seinem Oheim nicht gleich.

Meyer, Kstlerlex. — Locatelli, Ill. Bergam. III.

Alessandri (Alexandris), Giovanni de, römischer Maler um 1664; nur urkundlich als Zeuge erwähnt.

Bertolotti, Artisti Bolognesi etc. p. 177. **

Alessandri, Giovanni (Alessandro), ital. Stecher, in Rom um 1718 tätig, nach Basan soll er 1679 in Schottland geboren sein. Es werden von ihm 6 Blätter nach Raffaels Loggienbildern, darunter die Jakobsleiter, erwähnt, die Cosimo III. von Toscana gewidmet sind.

Zani I, II 39. — Gandellini I 7 und V 97. — Boni, Biogr. d. art. *P. K.*

Alessandri, Innocente, italien. Kupferstecher in Linien- Aquatinta- und Punktier-Manier, tätig in der 2. Hälfte des 18. Jahrh. in Venedig. Er war ein Schüler Bartolozzis, der eine seiner Platten, den hl. Filippo Neri nach Piazetta, umgestochen (s. Bartsch, Anleitung II 76 f.) und auch andere Arbeiten A.s unter seinem Namen herausgegeben hat. A. arbeitete mit Pietro Scataglia zusammen, z. B. die 200 Tafeln für die „Descrizione d. animali quadrupedi" des Lod. Leschi (Venedig 1771—75). Die beiden Künstler betrieben auch ein gemeinsames Verlagsgeschäft. Als Linienstecher arbeitet A. in Joseph Wagners Manier, er hat nach Paris Bordone (Halbfigur Christi), nach G. B. Piazetta, Sebastiano Ricci, Dom. Maggiotto, nach G. R. Tiepolo (S. Grata Regina und zwei Greisenköpfe), nach Marco Ricci (Landschaften), nach G. B. Pittoni, Fr. Solimena, P. Battoni und nach Franzosen wie P. Mignard und Fr. le Moine (Verkündigung und Flucht nach Ägypten) u. a. m. gestochen.

Meyer, Kstlerlex. — Zanetti, Pittura Veneziana. *P. K.*

Alessandri, Marco, italien. Architekt und Maler, Bruder des Achille A., † 55 Jahre alt am 19. 8. 1719; hatte in Mailand und Padua Theologie studiert, war Anfang des 18. Jahrh. zu seiner künstlerischen Ausbildung nach Rom gegangen und darauf nach Bergamo zurückgekehrt, wo er Kanonikus an der

Kathedrale wurde. Er trieb die Kunst eigentlich nur als Dilettant; doch sind nach seiner Zeichnung die Kirche S. Alessandro in Colonna zu Bergamo, sowie verschiedene Altäre im Dome daselbst gebaut. Mit dem bekannten Architekten C. Fontana, dem die Restauration des Doms zu Bergamo anvertraut war, stand A. in lebhafter Korrespondenz. Als Maler fertigte er seltsamerweise meistenteils Schlachtenbilder, in denen Tassi besonders die gute Zeichnung der Pferde rühmt.

Meyer, Kstlerlex. — Locatelli, Ill. Bergam. III.

Alessandria, Don Antonio, Priester und Freskomaler in Piacenza, wo er um 1755 in S. Alessandro eine Anzahl trefflicher Wandgemälde ausgeführt haben soll.

Ambiveri, Artisti Piacentini (1879) p. 140.

Alessandria, Antonio, einer der späten Porträtminiaturisten in Mailand, nur dem Namen nach bekannt, † um 1840.

Williamson, History of portrait miniat. 1904 p. 108. *Verga.*

Alessandria, Giuseppe, geschickter Turiner Miniaturmaler, malte auch Porträts in Öl und Pastell, seit 1847 in Luzern, wo er noch 1858 tätig war. In der Miniaturenausst. bei Friedmann u. Weber in Berlin 1906 war von ihm die Porträtminiatur einer Dame im Freien, bezeichnet: Alessandria fec. 1836.

Nagler, Kstlerlex. — F. Heinemann bei Brun, Schweiz. Kstlerlex. — Katal. der Miniaturenausst. bei Friedmann u. Weber, Berlin 1906.

Alessandria, s. auch damit verbundene *Vornamen.*

Alessandrini, Gi... Alberto 1694. So die Signatur eines unbekannten Künstlers auf einer Landschafts-Federzeichn. (Pergament) im Amsterdamer Kupferstichkabinett.

Alessandrino, Francesco, Maler in Mailand im 18. Jahrh. Ohne Näheres in Zanis Encicl. metod. II 40 erwähnt; sonst unbekannt. **

Alessandrino, s. *Magnasco,* Alessandro.

Alessandro, Miniaturmaler in Bologna, 1275 bis 87 tätig, wie aus den Datierungen noch vorhandener Verkaufsurkunden aus seiner Werkstatt hervorgeht.

Arch. stor. Ital., ser. V vol. XVIII (La miniatura in Bologna dal XIII al XVIII sec.).
F. Malaguzzi-Valeri.

Alessandro (Prete), Maler in Venedig, führte einige Tafelbilder und Fresken für Rechnung der Mensa Patriarcale in der Kapelle del Corpus Domini in S. Pietro di Castello aus, was seine Quittungen von 1518 und 1519 beweisen.

P. Paoletti, Archit. e scult. d. Rinasc. in Venezia II 243, 244. *L. Ferro.*

Alessandro, Steinmetz in Venedig, unter den Meistern erwähnt, die 1523 an dem Bau der Procuratie vecchie in S. Marco arbeiteten.

P. Paoletti, Archit. e scult. d. Rinasc. in Venezia II 279. *L. Ferro.*

Alessandro, Maler in Venedig, † vor dem 6. 7. 1530. Er übte besonders die Glasmalerei aus.

Archivio Veneto XXXIV parte I 1887, 203.

Alessandro, Goldschmied in Orvieto, arbeitete 1532 mit Baldassarre Birichochi an einem großen Abendmahlskelche für die Sakristei des dortigen Domes.

L. Fumi, Il Duomo di Orvieto (Roma 1891) p. 469, nota 1. *

Alessandro, Bildhauer in Rom, arbeitete 1549 gemeinsam mit Domenico Rosselli und anderen Künstler an einem marmornen Portalbau in der Cappella Paolina des vatikanischen Palastes.

Giorn. d'Erudiz. Artist. VI 228. *A. Bellucci.*

Alessandro di Alessandro, neapol. Bildhauer des 17. Jahrh., nur in einer Liste der neapol. „scultori e marmorarii" genannt.

Napoli Nobilissima VI 125. *G. Degli Azzi.*

Alessandro di Antonio da Caravaggio, Bildhauer und Holzschnitzer in Venedig, bekam 1493 den Auftrag zu einer Holzschnitzarbeit für einen Altar, darstellend den hl. Martin, nach einem gegebenen Modell, für die Kirche S. Martino in Val Brembana de ultra Agugian (Diözese Bergamo); zu gleicher Zeit arbeitete er auch die Holzschnitzarbeiten für das Reliquiar (zugleich Altaraufsatz) für den Leichnam des S. Giovanni Elemosinario in S. Giovanni in Bragora. — Bis 1518 wird er erwähnt.

P. Paoletti, Archit. e scult. d. Rinasc. in Venezia II 111, 114. — Repert. f. K.-W. XXII, 271. *L. Ferro.*

Alessandro da Bergamo, Maler in Venedig, urkundlich erwähnt 1529.

Jahrb. der Kgl. preuß. Kstsammlgn. XXIV Beiheft p. 103. *F. Malaguzzi-Valeri.*

Alessandro di Bernardino, Sieneser Töpfer, fertigte 1547 nach den „Decreti de' Dieci Conservatori di Siena" 70 Gefäße im Auftrage der Balia.

Miscell. Stor. Senese. V 149—152. — „Decreti de' Dieci Conservatori di Siena", anno 1547 cc. 53—58t—71 im R. Arch. di Stato in Siena.
G. Degli Azzi.

Alessandro da Bologna, Maler in Bologna, Sohn des Prazio, nach Zani, Enc. met. IV 137, † 1440. Aber er ist wahrscheinlich identisch mit *Alessandro* di Orazio (s. dort) und lebte demnach noch 1458. **

Alessandro da Bologna, Steinmetz in Rom, wo er 1494—96 an den Chorschranken und am sonstigen Ausbaue des Chores von S. Agostino arbeitete.

E. Müntz, Les Arts à la Cour des Papes Innocent VIII etc. (1898) p. 170, 202. *

Alessandro da Carona, Steinmetz aus Carona (bei Lugano), gegen Ende des 15. Jahrh. Mitarbeiter des Mauro Coducci bei Arbeiten für die Scuola grande von San Marco und anderen Bauten.

P. Paoletti, Archit. e scult. d. Rinasc. in Venezia (1893) II 176. — Brun, Schweiz. Kstlerlex. (mit Lit.). *L. Ferro.*

Alessandro da Carpi, Ferraresischer Maler aus der Schule des Lorenzo Costa. — Vermutlich ist dies jener *Maestro Alessandro,* der 1523 als Gehilfe des Tommaso da Carpi mit anderen Künstlern bei den Deckenmalereien in einem Saale des Palazzo Schifanoja zu Ferrara tätig war.

Malvasia, Felsina Pittrice (Bologna 1678) I 60. — Cesare Cittadella, Catal. istor. dei pitt. etc. Ferraresi (1782) II 52. — L. N. Cittadella, Not. relat. a Ferrara (1864) p. 339 Doc. ed Illustr. etc. Ferrar. (1868) p. 61. — Arch. stor. d. Arte III 294. *E. Modigliani.*

Alessandro da Casale, s. *Casolano,* A.

Alessandro da Como, Miniator in Rom, Schüler des Maximiliano de Monceau, erbte 1578 mit diesem verschiedene Utensilien von Clodio de Massarellis, der ein Schüler des Giulio Clovio gewesen war.

Bertolotti, Art. lombardi II 294/5. **

Alessandro fu Cristoforo da Nembro, Venezianer Holzschnitzer. In einem Testament vom 27. 9. 1534 findet sich seine Unterschrift: „Io alexandro intagiador fo de ser Christofolo bergamascho da nembro al presente existente in monastero di S. Michiel di Muran de Venecia".

Archivio Veneto, tom. XXXIV parte I 1887 212. *L. Ferro.*

Alessandro da Fanano, Bildhauer oder Steinmetz in Rom, wo er 1460 für Pius II. arbeitete.

E. Müntz, Les Arts à la Cour des Papes (1878) I 262. *

Alessandro da Ferrara; nach Zani, Encicl. VIII 239 ein Maler um 1467. Sonst nicht bekannt. **

Alessandro, padre, da Firenze; nach Zani, Encicl. metod. IX 58 Miniaturmaler in Florenz um 1560. Sonst nicht bekannt. **

Alessandro da Foligno, s. *Favazza.*

Alessandro, Francesco d', Bildhauer aus Fiesole. In der Kirche der Madonna di Mongiovino (Perugia), 1524—1526 nach einer Zeichnung des Architekten Rocco da Vicenza erbaut, meißelte er den schönen Hochaltar, dessen Statuen die letzte Vollendung durch Valentino Martelli aus Perugia erhielten.

F. Ravagli, Erudiz. e Belle Arti I no. 6, p. 92/4. *G. Degli Azzi.*

Alessandro, Francesco, neapolitaner Maler des 17. (?) Jahrh. in Rom. Von ihm soll sich in der Kirche Gesù e Maria, am Corso, eine Altartafel befinden.

Bertolotti, Artisti Francesi p. 151. **

Alessandro di Giacomo da Trevizi; nach Zani, Encicl. metod. XVIII 273 ein Maler in Treviso um 1548. Sonst unbekannt.

Alessandro, Giovanni, s. *Alessandri.*

Alessandro dei Leoni, s. *Alessandro* da Milano.

Alessandro fu Michele, Holzschnitzer in Venedig. In seiner Vollmacht der Catterina Papa vom 26. 9. 1544 ist als Zeuge unterschrieben „Magister Alexander intaiator qm ser Michaelis".

Arch. di Stato di Venezia. Not. Atti R. 10639 c. 35. *L. Ferro.*

Alessandro da Milano, eigentlich Alessandro dei Leoni, Mönch, Miniator und Schreiber in Ferrara, illuminierte zusammen mit Ziraldi (Giraldi) ein Missale 1452 und wird in den Libri delle spese Ducali (im Staatsarchiv in Modena) erwähnt. In einem Dokument vom 8. 1. 1477 wird er genannt: Alexander de Leonibus filius Antonii de Leonibus de Mediolano, aminiator et cartularius, habitator Ferrario, in domo dicti ser Gulielmi (Giraldi). Der letztere war Miniator und Alessandros Großvater. In den Jahren 1459 und 1469 finden wir A. in Siena, wo er für Schreiberarbeiten und Miniaturen „da penna e da penello" u. a. auch für Chorbücher, für Monte Oliveto Maggiore Bezahlung erhielt.

A. Venturi, La miniatura ferrarese nel sec. XV, in Gall. Naz. it. IV 194. — Cittadella, Docum. ed illustr. risg. la stor. art. ferrarese, 1868 p. 180—1. — Bradley, Dict. of miniaturists II 193. — Nuovi Documenti p. l. Stor. dell'arte senese, raccolti da S. Borghesi e L. Banchi. — Mongeri, L'arte del minio nel Ducato di Milano, im Archivio storico Lombardo XII 554. — Jahrb. d. Kstsammlgn. d. österr. Kaiserhauses XXI I, Teil. **

Alessandro da Modena, Maler, Bologna, 17. Jahrh. Malvasia erwähnt ihn unter den Schülern Caraccis. Zani nennt ihn als aus der Familie Bagni stammend und um 1620 tätig.

Malvasia, Felsina pittrice I 581. — Zani, Enc. III 25. — Gualandi, Memorie, ser. V (1844) p. 91. *Lisetta Ciaccio.*

Alessandro di Orazio da Bologna, Maler in Bologna um 1458 laut Angabe einer Gerichtsurkunde im dortigen Archivio di Stato.

Arch. stor. d. Arte Ital. VII fasc. 5. *F. Malaguzzi-Valeri.*

Alessandro da Padova, italien. Maler, in Syrakus in den ersten Jahren des 16. Jahrh. tätig, 1529 zum letzten Male in Notariatsakten erwähnt. Das einzige von ihm bekannte Gemälde, die „Santa Casa di Loreto" darstellend, befindet sich im Museum von Syrakus und wurde der Bezeichnung nach 1507 in Gemeinschaft mit Giovan Maria Trevisano gemalt: Alexander Pactavinus et Joannes Maria Trivisanus pinxerunt opus istud deo gratias in anno domini 1507.

Di Marzo, La Pittura in Palermo nel Rinascimento, Palermo 1899 p. 15. — E. Mauceri, Di alcuni pittori vissuti in Siracusa (in l'Arte VII p. 161). *E. Mauceri.*

Alessandro da Parma und sein Sohn Pietro waren zu Anfang des 15. Jahrh. geschickte Goldschmiede, von denen die Kirche S. Antonio zu Parma kostbare Arbeiten besitzt. Ersterer steht noch dem späteren romanischen Stil näher, letzterer dagegen wendet neben byzantinischen Zieraten die gotischen und arabischen Formen an. Bemerkenswert ist das großartige Reliquiarium des hl. Kreuzes. A. begann die Arbeit mit Hilfe seines Sohnes, der sie nach des Vaters Tode fortsetzte, aber unvollendet hinterließ, als er 1440 starb.

Gonzati, Basilica di S. Antonio I 196 bis 220. — Derselbe, Il Santuario delle Reliquie o. il Tesoro della Basil. di S. Ant. in Padova. Pad. 1854 p. 16. **

Alessandro da Rimini, Maler in Modena, 1579 urkundlich erwähnt.

G. Campori, Gli artisti ital. e stran. . . Modena 1855 p. 408. **

Alessandro, Fra, di Sant' Agostino, Glasmaler, Orvieto 1575, nach Zani, Enc. metod. II 41. Sonst nicht erwähnt. **

Alessandro von Saronna, Bildhauer, 1502 bis 1516 an der Kirche S. Antonio zu Padua beschäftigt, namentlich für die dem Heiligen besonders gewidmete Kapelle daselbst, gleichzeitig mit Meister Galeazzo von Lugano. Alessandro führte für diesen Bau namentlich Rosetten, Medusenköpfe, Delphine, Säulenbasen und Pilaster aus.

Gonzati, La Basilica di S. Antonio etc. I 160, Doc. 87 p. XCVI. **

Alessandro da Sesso, Mönch und Miniaturmaler, lebte in der 2. Hälfte des 15. Jahrh. im Olivetanerkloster S. Michele in Bosco bei Bologna. Die von ihm für die Choralcodices dieses Klosters gemalten Miniaturen lassen sich heute nicht mehr identifizieren.

Arch. stor. Ital.. ser. V vol. XVIII (La miniatura in Bologna dal XIII al XVIII sec.).
F. Malaguzzi-Valeri.

Alessandro da Tivoli (Tiburtino), röm. Zimmermeister und Intarsiator, arbeitete für den Vatikan 1486—90 zahlreiche Zimmer- und Intarsiaarbeiten, z. B. ein Fenster aus Nußbaumholz mit Intarsia für die Sacrestia secreta S. D. N. und hatte 1488 eine Forderung von mehr als 192 Dukaten. In Urkunden von 1490—1504 wird er „architectus" genannt.

Bertolotti, Art. Bologn. in Roma 1885. — E. Müntz, Les Arts à la Cour des Papes (1878) III 117; Innocent VIII etc. (1898), Index (unter Cerretano). — Archivio Storico del' arte IV 62, 370. **

Alessandro della Torre, s. *Casolano,* Al.

Alessandro Veronese, s. *Turchi,* Al.

Alessandro da Vicenza, Goldschmied in S. Angelo in Vado bei Urbino, arbeitete daselbst 1537 in der Werkstatt des Maestro Baldassare.

Lanciarini, I Fratelli Nardini (1894) p. 42.
E. Scatassa.

Alessandro, s. auch *Alexander, Alexandro* u. *Sandro.*

Alessi, Chicco, ital. Architekt in Arcevia, wird als Sachverständiger über die Restauration des Turmes am Palazzo del Podestà am 14. Mai 1589 erwähnt.

Nuova Rivista Misena V 190. **

Alessi, Galeazzo, Sohn des Bevignate di Ser Lodovico Alessi, geb. 1512 in Perugia. Das Geburtsdatum erhellt aus dem Elogio, das Filippo Alberti, der Freund Tassos, der bei dem Tode Alessis 24 Jahre alt war, verfaßte. Gio. Batt. Caporali, Architekt und Maler, Peruginos Schüler, der sich durch einen Vitruvkommentar bekannt gemacht hat, wird als sein Lehrer genannt; von anderen auch Giulio Danti. Seine eigentliche Ausbildung hat er, wie berichtet wird, in Rom bei Michelangelo erhalten. Ein Dokument, das Aufenthalt und Tätigkeit des A. in Rom bezeugt, ist aber bisher nicht aufgefunden worden; als selbständiger Meister scheint er also in Rom nicht lange Zeit geweilt zu haben. Vasari berichtet, A. sei als Cameriere des Kardinals von Rimini nach Rom gekommen. Am 20. 3. 1542 fand der Einzug des päpstlichen Legaten Kardinals Parisini in Perugia statt, in dessen Gefolge, wie es heißt, auch A. nach der Heimat zurückkehrte. Im Auftrage dieses Kirchenfürsten baute A. auf der Festung (Citadella Paolina) für den unteren Stadtteil von Perugia (dieselbe war 1540 von Antonio da Sangallo begonnen) die Wohnung des Kastellans, die so schön und bequem ausfiel, daß später oft Päpste (zuerst Paul III.) darin wohnten. Hof, Kapelle und Loggia, deren beide letztere inschriftlich auf das Jahr 1543 datiert gewesen sein sollen, wurden am meisten von Späteren bewundert. Beim Sturz des päpstlichen Regiments im 19. Jahrh. fielen sie der Zerstörung anheim.

Von 1545—1548 war der Kardinal Tiberio Crispo päpstlicher Legat in Perugia. Damals erfolgte eine Stadterweiterung, an der die Tradition dem A. einen sehr wichtigen Anteil gibt. Die Pläne für die kleine Kirche Nostra Donna del popolo soll A. damals gegeben haben, nach denen der Bau 1547 begann. Das Gebäude schließt sich im Säulen- und Architrav-System dem dorischen Stile an. Ein Dokument vom 5. 4. 1548 berichtet, daß A. Plan und Modell für den Bau von S. Chiara gemacht hat, der Niederlassung der Nonnen, welche ihren alten Sitz von S. Giuliana außerhalb der Stadt wegen der Kriegsunruhen verlassen hatten. A. erhielt 13 Scudi und der Maler Cesare, welcher ihm bei der Anfertigung des Modells geholfen hatte, erhielt eine besondere Entlohnung.

Gegen Mitte des Jahres 1549 ist A.s Anwesenheit in Genua zuerst nachzuweisen. Am 7. 9. dieses Jahres schloß er mit der reichen Kaufherrenfamilie Sauli einen Vertrag, betreffend die Anfertigung von Plänen und die Bauleitung der Kirche S. Maria in Carignano. A. soll Kirche mit Spital und Canonica bauen, zu diesem Behufe zwei Jahre lang im Dienste der Sauli bleiben gegen eine jährliche Entschädigung von 160 Goldscudi. Die Beziehung des Künstlers zu den Sauli kam wohl durch den als päpstlichen Schatzmeister in Perugia ansässigen Bartolommeo Sauli zustande und wurde in späterer Zeit nur immer inniger. Die Sauli verliehen dem Meister ihr eigenes Wappen; der Erzbischof Sauli setzte sich 1568 dafür ein, daß A. zum Nachfolger Michelangelos als Baumeister der Peterskirche bestimmt würde. Der Bau von S. Maria in Carignano begann 1552; 1555 war derselbe bereits so weit gediehen, daß die Sauli sich an Giacomo Ponzello und Stefano Gandolfo wandten, damit Stein von Finale besorgt werde zur Verkleidung des Basaments. Erst 1564 dachte man aber an den Bau der großen Kuppel, die durch Giovanni Basso erst im Anfange des 17. Jahrh. vollendet wurde. A. war voll Eifer für den Bau und gab unablässig Skizzen und genaue Angaben in Briefen. Aus diesen (von Santo Varni wieder aufgefunden) erfährt man, daß der Künstler in den folgenden Jahren häufig seinen Aufenthalt zwischen Genua, Mailand und Perugia wechselte wegen der großen Aufgaben, die ihn auch in diesen Städten beschäftigten.

In Genua selbst aber hat A. die Oberleitung über großartige Anlagen zur Stadterweiterung und Befestigung geführt (nach übereinstimmender Aussage älterer Autoren). Der Neubau des Hafens, der die Form eines mit toskanischen Säulen und Nischen geschmückten Halbkreises erhielt, soll die erste Arbeit A.s in Genua gewesen sein. Auf dem Damme, welcher den Hafen gegen die Stadt zu abschloß, legte A. eine große Säulenhalle dorischer Ordnung für die Wache an. Laut Inschrift wurde 1553 die kraftvoll trotzige Porta del molo vecchio vollendet, die nach der Innenseite in drei Torbogen sich öffnet, während das äußere Tor von mächtigen Avantkorps flankiert wird.

Die bedeutendste Aufgabe aber, die A. in Genua fand, war die gelegentlich der Stadterweiterung durchgeführte Anlage der Strada Nuova (jetzt via Garibaldi), nach Ratti 1551 begonnen. Eine Zeichnung zu dieser Anlage besaß nach A.s Tode sein Bruder Camillo. Fast alle Paläste der Strada Nuova sollen von A. ursprünglich entworfen worden sein; nur zwei stammen nach Ratti von anderen Baumeistern (Pal. Doria [Municipio] von Rocco Lurago und Pal. Carega-Cataldi von Gio. Batt. Castello); nur wenige aber erweisen sich in ihrer heutigen Form wirklich als Werke A.s. Viele der vielleicht ursprünglich von ihm stammenden Bauten sind durch spätere Um- und Anbauten völlig verändert. Über ihr früheres Aussehen gibt uns in einigen Fällen des Rubens Werk „Palazzi di Genova" Kunde. Völlige Sicherheit über A.s Autorschaft an den einzelnen ihm zugeschriebenen Genuesischen Palästen werden wir erst nach gründlicher Durchforschung des dokumentarischen Materials gewinnen können. Die bisher bekannten genuesischen Dokumente geben uns nur auf einzelne Fragen Antwort. Für den genuesischen Kaufmann Tommaso Marino begann A. gegen 1553 den prächtigen Palast in Mailand, dessen Fassade nach A.s Entwürfen erst 1888 von Beltrami ausgebaut wurde (jetzt Municipio).

Am 3. 9. 1554 vereinigten sich die fünf Söhne des verstorbenen Bevignate A.: Cesare, Orazio, Galeazzo, Camillo und Alessandro im väterlichen Hause in Perugia (Parr. S. Fiorenzo), um gemeinsam ihre Vermögensangelegenheiten zu ordnen. Am 27. 10. war Galeazzo schon wieder von Perugia abgereist. An diesem Tage schließen seine Brüder Cesare und Camillo als Bevollmächtigte für ihn den Kauf eines Hauses in der via del Sole in Perugia ab. Am 19. 5. 1556 kaufte Galeazzo, wieder unter Vermittlung seiner Brüder, ein daranstoßendes Haus. Am 6. 9. 1560 ließ sich Galeazzo durch Vermittelung seines Bruders Alessandro von Girolamo Manello, dem Vizelegaten für Umbrien, eine Beglaubigung des Adels seiner Familie, deren guten Rufes und der eigenen ehelichen Geburt ausstellen. Wir erfahren daraus, daß die Familie 1409 ein Wappen von Ladislaus, dem König von Sizilien, Neapel und Ungarn, erhalten hatte, und daß sie sich im Besitz eines Turmes in Perugia befand. Von den genuesischen Palast- und Villenbauten soll später die Rede sein. Daß der Meister den verschiedensten Aufgaben sich zuwandte, beweisen Dokumente vom 17. 5. 1557: A. übernimmt die Oberaufsicht über Bestimmung, Anordnung und Abschätzung der Bildhauerarbeiten an einem Grabdenkmal des Gio. Paolo Pinelli, das Giacomo Carlone und Bernardino di Novo ausführen sollen [ungewiß, ob jemals ausgeführt] — und vom 30. 6. 1559: A. hat damals für den Fürsten Andrea Doria die Oberaufsicht und Abschätzung der künstlerischen Leistungen des Giovanni Orsolino und Pier Maria di Novo zur Ausschmückung des Mittelschiffs von S. Matteo übernommen. Der Erzbischof Cipriano Pallavicino ließ durch A. die Kuppel des Doms von S. Lorenzo erbauen und einen Entwurf für den Chor geben.

In Mailand zog man den Meister zu Gutachten am Dombau heran, ließ ihn die später stark veränderte Kirche S. Vittore al Corso erbauen und benutzte seine Ideen vielleicht auch für die Kirche S. Paolo. Für den Marchese Gian Giacomo Medici di Marignano begann A. ebenfalls in Mailand in der Nähe des Palazzo Brera einen Palast zu bauen, dessen Vollendung aber infolge des Todes des Marchese (1555) unterblieb. 1564 entwarf A. den Sarkophag für das Grabdenkmal des Gian-Galeazzo Visconti in der Certosa bei Pavia, dessen Figuren und Reliefs schon 1492 bis 97 von Gian Cristoforo Romano gefertigt worden waren. Bernardino di Novo hat dann die zwei allegorischen Figuren für das Denkmal gemeißelt (Fama und Vittoria). Auch andere dekorative Arbeiten, in der Certosa den kleinen Lavabo in dem Refektorium der Foresteria, in S. Maria presso S. Celso den größeren Lavabo der Sakristei, glaubt man A. zuweisen zu dürfen. Den Bau der Fassade der letztgenannten Kirche begann A. vor 1568, um das Werk bei seiner Abreise aus Mailand 1569 unvollendet zurückzulassen (von Martino Lunghi ausgebaut). Ein Entwurf A.s kam nach 1575 in dem von Martino Bassi vollendeten Chorlettner der Certosa bei Pavia zur Ausführung (ältere Reliefs des Briosco, die ursprünglich für das Portal bestimmt gewesen zu sein scheinen, kamen dort zur Aufstellung).

Auch Bologna rühmt sich, in dem Portal des Palazzo del Comune ein Werk Alessis zu besitzen, dem erst 1580 von Alessandro Minganti der obere Aufbau mit der Statue des bolognesischen Papstes Gregor XIII. hinzugefügt wurde.

Auf den Rat des Barons Bernardino Martirano ließ König Philipp II. Zeichnungen und Modelle für die Kirche des Eskorial anfertigen in Rom von Vignola, in Genua von A., in Mailand von Pellegrino Tibaldi, in Venedig von Palladio, in Florenz von der Akademie und außerdem von Vincenzo Danti. Vignola wurde dann eingeladen, den Bau zu leiten; er nahm aber den Ruf nicht an, und angeblich erging diese Aufforderung sodann an A. Über eine Reise nach Spanien wissen wir aber nichts Authentisches. 1563 unternahm A. zusammen mit Ascanio della Corgna eine Inspektionsreise zur Visitierung der päpstlichen Festungen in Umbrien. Für denselben Kardinal hat A. Paläste in Castiglione am Trasimenischen See und Castello della Pieve gebaut. Die Pracht der Villa in Castiglione machte in ganz Italien von sich reden (nicht erhalten). Dem Kardinal Fulvio della Corgna entwarf A. das Portal für das Collegio del Seminario in Perugia, das schon am Ende des 17. Jahrh. an die Südfassade des Doms übertragen wurde, wo es noch heute existiert.

In den letzten Jahren seines Lebens scheint A. mit kürzeren Unterbrechungen dauernd in Perugia gewohnt zu haben. Dort machte er am 12. 7. 1567 sein Testament, in dem er zu Universalerben seine Brüder Cesare, Orazio und Camillo einsetzte. Am 4. 12. 1568 gab A. ein Gutachten über den baufälligen Zustand der Gewölbe im Dom von Perugia ab. In dieselbe Zeit fallen auch die Vorarbeiten für die Kirche S. Maria degli Angeli bei Assisi. A. fertigte die Pläne, die dann mit gewissen Ergänzungen von Vignola und Giulio Danti vom Papste zur Ausführung bestimmt wurden. Der Bischof von Assisi legte am 25. 3. 1569 den Grundstein der Kirche.

Am 19. 3. 1570 wurde, vielleicht aus Anlaß des Todes Cesare Alessis, eine Verteilung des liegenden Besitzes der Familie unter die Brüder Orazio, Galeazzo, Camillo und die Erben Cesares vorgenommen. Zur Feier des Einzuges des Kardinals Alessandrino in Perugia (Okt. 1570) entwarf A. einen Triumphbogen. Die überragende Bedeutung des Meisters scheint nun schon allseits anerkannt worden zu sein. Am 26. 11. 1570 bestellten die Franziskaner in Assisi ein Tabernakel bei A. Sie erklärten, ihm über dessen Aussehen keine Vorschriften machen zu wollen, sondern sich völlig auf ihn zu verlassen. Ob sie vielleicht in der Lage waren, an dem vom Meister am 22. 11. 1567 für S. Pietro in Perugia entworfenen Tabernakel die hohe Qualität seiner Leistungen auf diesem Gebiete zu erkennen? Durch ein Dokument vom 23. 7. 1571 erfahren wir auch, daß A. Entwürfe für den Klosterhof von S. Pietro in Perugia gegeben hatte. Die Bibliothek des Klosters wurde erst 1578 mit Benützung seiner Entwürfe ausgeführt, die übrigen Klostergebäude stammen von Giulio Danti. Für einen Neubau des Domes von Assisi (S. Rufino) forderte man durch Beschlüsse der Dombaubehörde vom 8. 1. und 17. 2. 1571 Modell und Pläne von A. Am 29. 8. 1571 fand des Meisters Aufnahme in die Arte della Mercanzia statt, am 21. 3. 1572 ward er unter die Prioren seiner Vaterstadt gewählt. Schwer erkrankt machte der Meister am 26. 12. 1572 Nachträge zu seinem Testament; er starb am 30. 12. in seinem Hause bei Porta Sole. Sein Epitaph stimmt wehmütig. Dieser Mann, der rastlos und unermüdlich bis zu seinem letzten Augenblicke dafür gewirkt, das Leben anderer mit Pracht und Größe zu umgeben, hatte für sich selbst nicht einmal ein Grab bereitet.

Paläste und Villen in Genua.

Galeazzo stellte den Typus des Stadtpalastes fest, der noch für spätere Zeiten vorbildlich blieb. Über dem Erdgeschoß ist gewöhnlich nur ein wieder sehr hohes Stockwerk angeordnet, bisweilen ein niedrigerer Zwischenstock zwischen beiden oder ein ebenfalls niedrigeres zweites Stockwerk. Ein mächtig vortretendes Gesims trennt die Stockwerke, während ein kräftiges Kranzgesims den oberen Abschluß bildet, über dem meistens noch eine Balustrade hinläuft. Durch das in der Achse des Baues gelegene Portal gelangt man in ein geräumiges Vestibül, das häufig prächtigen künstlerischen Schmuck erhält, und von dem man gerade weiter in den Säulenhof gelangt, den an das Hauptgebäude angesetzte Flügel und eine diese verbindende Halle begrenzen. Die Haupttreppe, deren Antritt entweder im Vestibül oder in einem der Flügelbauten (insbesondere im linken) gelegen ist, führt in den Piano nobile. Dort betreten wir zunächst wieder ein in der Achse gelegenes Vistibül, aus dem man in den Hauptsaal gelangt (auch dieser liegt in der Achse) und von da in die Nebengemächer. Ein zweiter, dem ländlichen Charakter sich schon nähernder Typus des Palastes entstand durch Anordnung des Säulenhofes vor dem Hauptbau, wodurch ein reiches System von aussichtspendenden Terrassen über den Säulenhallen und von ländlichen Loggien an der dem Hofe zugekehrten Fassade sich ergab, wie es sonst nur die Villa kannte. Auch für diese schuf A. die Grundform. Sie unterscheidet sich vom Stadtpalast in der Disposition des Planes dadurch, daß die Innenräume sich nicht um einen Hof gruppieren, sondern ein geschlossenes, unter einem Dach befindliches Ganzes bilden. In Loggien und Hallen öffnet sich die Villa nach dem Garten zu, der selbst je nach der Terrainbeschaffenheit gegliedert ist, und zu dem das Hauptgebäude in ein bestimmtes, strenges Verhältnis gesetzt erscheint. Grotten, Bassins, Fontänen, Terrassen, Pavillons, Statuengruppen haben gemeinsame Hauptachse mit dem Gebäude, das bei dem ansteigenden Terrain am höchsten oder am Fußpunkte der Anlage steht, und bilden mit ihm ein festgefügtes Ganzes.

Auf A. gehen folgende Paläste und Villen in Genua zurück (wobei über viele Einzelheiten aber erst eine genaue Durchforschung der Dokumente Klarheit schaffen wird):

Palazzo Cambiaso (via Garibaldi = strada nuova 1) um 1565 für die Spinola erbaut, bei Anlage der via Caffaro an der Seitenfassade um die Breite eines Fensters abgeschrägt. Idee A.s wohl von einem Schüler ausgeführt.

Pal. Lercari-Parodi (via Garibaldi 3), seit 1567 erbaut für Franco Lercari. Säulenhof vor der Fassade mit offenen Loggien an der Fassade, hat mit dem gegenüberliegenden von Bergamasco (Castello, G. B.) erbauten Pal. Carega-Cataldi gemeinsame Mittelachse. Anlage sehr bedeutend, Ausführung wegen A.s Abreise nach Mailand einem Schüler überlassen.

Pal. Spinola (Garibaldi 5) gegen Ende des 16. Jahrh. von Schülern A.s erbaut, bemalte Fassade.

Pal. Giorgio Doria und Adorno (Garibaldi 6 und 10) großenteils erneut in späterer Zeit.

Pal. Sauli (via S. Giuseppe, Crosa del Diavolo, Besitz des Ospedale) von A. 1555—1556 für die Grimaldi erbaut; prachtvolle Anlage nach Typus II, wie Pal. Lercari, leider in neuerer Zeit fast ganz zerstört; war ein Hauptwerk A.s, für dessen Beurteilung wir auf die alten Pläne und Zeichnungen (im Pal. Bianco) angewiesen sind. Die Fassade kam hier zu einer größeren Wirkung als am Pal. Lercari, da die Säulenhallen nur Terrassen, aber keine oberen (bei letztgenanntem Bau die Fassade selbst beengenden) Flügelbauten trugen. Für den Hof war die reiche Form der auf zwei Säulen ruhenden, mit Bogen abwechselnden Gebälkstücke, die A. besonders liebte, verwendet. Sie gibt dem Bau eine reiche prächtige Bewegung.

Villa Cambiaso, in S. Francesco D'Albaro, angeblich schon 1548 für Luca Giustiniani begonnen. Prachtwerk, die Gartenanlage leider nicht erhalten, mit offener Loggia im Erdgeschoß, großem Saal und reich verzierter Loggia nach rückwärts im ersten Stocke.

Villa Pallavicini delle Peschiere, 1560—72 für Tobia Pallavicino erbaut. Garten größtenteils verbaut, nur erste Terrasse und Grotte erhalten. Die Villa steht auf dem höchsten Punkte der ganzen Anlage.

Villa Scassi, Sampierdarena, um 1560 nach A.s Entwurf von Domenico Ponzello für Vincenzo Imperiale erbaut. Hinter der Villa der glücklicherweise erhaltene terrassenförmig ansteigende Garten.

Für Werke A.s halte ich in Sampierdarena noch die ehemals den Spinola gehörige Villa (jetzt Collegio dell' Immacolata, via de' Marini) mit den Fresken des Ansaldo; und die kastellartige ehemals den Sauli gehörige grandiose Villa in Via de' Marini, die jetzt als Fabrik verwendet wird.

Zugeschrieben wird dem A. noch die Villa Giustiniani auf dem Wege nach S. Luca d'Albaro, die er angeblich nach Michelangelos Zeichnung schon 1537 erbaut hätte. Die Sache bedarf genauer Prüfung.

Nicht erhalten ist die von Vasari gerühmte Villa Grimaldi mit der märchenhaft prächtigen, genau beschriebenen Badeanlage, die schon zu Rattis Zeit nicht mehr bestand.

Klare, strenge Gliederung und konzentrierte wuchtige Kraft zeichnen A.s Bauten aus; erst seine Nachfolger Rocco Lurago, Vannone und vor allen Bartolommeo Bianco haben die heitere Pracht der offenen Treppenanlagen und die malerischen Reize der Palast- und Villenanlagen voll zur Entwickelung gebracht, immer aber fußend auf A. als dem Schöpfer dieses Zweiges der Barockkunst.

Vasari, Vita di Galeazzo Alessi, 8° Perugia 1873. — Leone Pascoli, Vite de' Pittori, Scultori ed Architetti moderni, Roma 1730 I 279—287. — Soprani-Ratti, Le Vite de' Pittori etc. Genovesi. Genova 1674 p. 284. — Ratti, Istruzione di quanto puo vedersi di piu Bello in Genova etc. Genova 1780 pp. 128. 247 ff. 340, 346, 378. — Nouvelle Description des Beautés de Gênes. Gênes 1819 pp. 126. 155. 216. — Gambini, Guida di Perugia nel 1826 pp. 67. 70. — Milizia, Memorie degli Architetti. Bologna 1827 II 7—19. — Ricci, Stor. dell' Architettura in Italia III 119. 455. 525—530. — Gio. Batt. Vermiglioli, Elogio academico di Galeazzo Alessi, Perugia 1839. — J. Burckhardt, Geschichte der Renaissance in Italien, Baukunst, IV. Aufl. Stuttgart 1906. — Ders., Der Cicerone IX. Aufl. Leipzig 1904. — A. Rossi, Di Galeazzo A. Architetto Perugino, Memorie. Giorn. d'Erud. artist. vol. II 25—56,

236. Perugia 1873. — Ders., Epitaffio dell' Architetto G. A. ebenda vol. III. — P. P. Rubens, Palazzi di Genova, Antwerpen 1612 und 1622, Neuauflagen 1652 und 1755. — Quatremère de Quincy, Vies et Oeuvres des Architetes I (Pal. Sauli). — Paravicini, Der Palazzo Marino, Dresden 1880. — Rob. Reinhardt, Palastarchitektur von Oberitalien und Toskana I. Genua, Berlin 1886. — W. Suida, Genua, Leipzig 1906. — Publicazione a cura del Municipio di Perugia, 1873 (Zeichnungen Alessis). — S. Varni, Appunti su Documenti da lui trascritti nell' archivio della Basilica di Carignano, Giorn. Ligust. IV (1877) 96. — Franc. Cavazza, Il Palazzo del Comune in Bologna, Arch. stor. dell' Arte 1890, III 113. — C. v. Fabriczy, Repert. f. Kunstwissensch. XVIII 492, XIX 84. — Rud. Redtenbacher, Baugeschichtl. Mitteil. aus der Handzeichn.-Samlg. der Uffizien. Zeitschr. f. bild. Kst. X (1875) 222. — L. Beltrami, Un disegno inedito del Palazzo Marino in Milano di Galeazzo Alessi, Archiv. stor. dell' arte I 1888 p. 145 ff. — Erudizione e Belle Arti an. III fasc. 9—12. — Appendice II al Boll. della R. Deput. di St. Patria per l'Umbria 1901. — Commentari del Ateneo di Brescia 1889 p. 60—89. — D. Sant' Ambrogio, Edifizia moderna. Milano. anno IV fasc. VI. *W. Suida.*

Alessi, Orazio, Architekt in Perugia, Neffe und Schüler des Galeazzo A., mit dessen Arbeiten die seinigen häuf.g verwechselt werden. Besonders zahlreich sind seine Bauarbeiten in den Kirchen Perugias. Ganz auf Orazios Pläne zurückzuführen ist der 1639 errichtete Bau der Chiesa del Suffragio.

Giorn. d'Erudiz. Artist. II 557 (mit nota 8). *A. Bellucci.*

Alessi, s. auch *Alessiis, Alessio* u. *Alexii.*

Alessiis, Francesco de, Maler zu Udine in der zweiten Hälfte des 15. Jahrh., von dem noch am Beginne des 19. Jahrh. ein Freskogemälde erhalten war. Es befand sich über der Tür der Confraternità di S. Girolamo, dem Dome gegenüber, bezeichnet mit dem Namen des Künstlers und der Jahreszahl 1494. Das Bild, einen hl. Hieronymus mit Ordensbrüdern in gotischer Architektur vorstellend, war noch in der strengeren Weise der älteren Kunst gehalten, einförmig und abgemessen in der Komposition, hart in der Behandlung. Nicht lange vor 1823 wurde es übertüncht. Über den Maler, einen der wenigen Künstler jener Zeit in Friaul, finden sich sonst keine Nachrichten. Vielleicht darf er als der Schöpfer der Freskomalereien einer kleinen Kapelle bei Contovello (in der Nähe von Triest) betrachtet werden.

Meyer, Kstlerlex. (mit ält. Lit.). — F. Di Manzano, Lett. ed Art. Friulani (1885) p. 11. — Notizen von E. Scatassa. *R.*

Alessio, Adriano, Dominikanerpater in Rom, Maler, nur dem Namen nach erwähnt von Zani, Enc. met. II 44. Sonst unbekannt. **

Alessio, Antonio di, italien. Zeichner und Stecher, nach Zani auch Verleger, des 16. Jahrh. Ottley (Notices) erwähnt als Arbeiten des A. drei Ornamentstiche mit einem Titelblatte, das eine Widmung A.s an den Verleger Ant. Lafreri enthält. Zwei stellen Waffentrophäen mit Sphinxen dar, ein drittes einen violinspielenden Triton, eine Maske und 2 Sphinxe. Eines der Blätter trägt ein (Verleger?-) Zeichen aus einem dreifachen Kreuze zwischen den Buchstaben G, C und M. Nagler, Monogr. II No. 2826 beschreibt eine Waffentrophäe mit dem gleichen Zeichen, die vielleicht mit einem jener Stiche identisch ist, oder wenigstens zu der Folge gehörte.

Meyer, Kstlerlex. *P. K.*

Alessio Arcense (nicht Ariense; offenbar nach der Arx zu Bergamo Arcensis genannt), Architekt aus Bergamo. 1490 in Venedig mit der Regulierung der Brenta-Mündung beschäftigt, erhielt er im gleichen Jahre eine ehrenvolle Berufung nach Mailand, um ein entscheidendes Gutachten hinsichtlich des geplanten Kuppelaufbaues über der Kreuzschiffvierung des Mailänder Domes abzugeben; dieses Gutachten scheint in der Tat zugunsten dieses Kuppelprojektes ausgefallen zu sein, da unmittelbar danach die Architekten und Bildhauer Giov. Giac. Dolcebono und Giov. Ant. Amadeo mit der Ausführung der Kuppelkonstruktion beauftragt wurden. — Dieser Bergamaske Alessio Arcense ist offenbar identisch mit jenem Architekten *Alessio Bergamasco,* der 1493 gleichfalls für die venezianische Signoria tätig war und in diesem Jahre mit seinem Sohne Bonifacio zur Ausführung dringlicher Bauarbeiten nach Mantua und Monferrato berufen wurde, nach deren Vollendung ihm von seiten der Markgrafen beider Staaten das höchste Lob gespendet wurde.

Cicognara, Storia d. Scultura I 226. — Giorn. Ligustico XV 370 f. — Malaguzzi-Valeri im Repertor. f. Kstwissensch. XXIV 98 ff. — Meyer, Kstlerlex. (unter Ariense). — (Mit Notiz von G. Degli Azzi.) *F. Malaguzzi-Valeri.*

Alessio, Benedetto, gen. de' Marchis, Landschaftsmaler aus Neapel im 18. Jahrh. Er malte in der Art Salv. Rosas Feuersbrünste, Marinen, Architekturen u. a. Nach abenteuerlichem Leben in Perugia hochbetagt gestorben.

Meyer, Kstlerlex. — Campori, Racc. d. catal. — Nuova Rivista Misena VIII 122—124. **

Alessio Bergamasco, s. *Alessio* Arcense.

Alessio, Elia, Maler in Neapel; nur dem Namen nach von Zani, Enc. met. II 44 erwähnt. **

Alessio, Filippo, ital. Maler um 1800.

Alizeri, Not. d. Prof. d. disegno in Liguria 1864—66 I, II, III. **

Alessio, Onofrio d', Bildhauer des 17. Jahrh., arbeitete in der Cappella del Tesauro im Dome von Neapel.

Zani, Enc. II 44. — Arch. Stor. Nap. X 448. ***

Alessio, Pietro Antonio, Maler aus Friaul, in der zweiten Hälfte des 16. Jahrh. Von ihm ist nur bekannt, daß er ein Schüler des Pomponio Amalteo war und in der Weise seines Lehrers und der Seccanti malte, die selber nur Nachfolger von Pordenone waren.

Fabio di Maniago, Storia delle Belle Arti Friulane, Ed. sec. Udine 1823 p. 107. — Fr. Zanotto, Storia della Pittura Veneziana (Anhang zu dessen Pinacoteca Veneta), Venezia 1834 p. 81. — Cesarini III 83. — Boni, Biogr. d. Artisti. — Meyer, Kstlerlex. *R.*

Alessio di Stefano Fiorentino, Bildschnitzer in Perugia, 1497—98 bei der Ausführung des hölzernen Gestühls und der Schränke in der Sakristei des Domes beschäftigt.

Giorn. d'Erudiz. Artist. I 105 f., II 260. *A. Bellucci.*

Alessio Taiapedra, Haupt der Bildhauer und Steinmetzen bei der Fabrica des Castello del Buonconsiglio in Trient, 1478 erwähnt. — Vielleicht identisch mit einem zugleich in den Dokumenten genannten *Alessandro* fiorentino.

Archivio storico d. arte ser. II, Bd. I 385. **

Alessio da Verona, Bildhauer und Architekt in Trient, schuf im Auftrage des Vorstehers der dortigen Dom-Opera ein neues Weihwasserbecken, das neben dem jetzt vermauerten, aber noch immer sichtbar gebliebenen Eingange an der Südfront des Domes aufgestellt wurde und erhielt mit anderen Meistern am 10. 4. d. J. 1521 von der Dom-Opera die erste Ratenzahlung für Arbeiten am Bau des großen Dom-Campanile.

Atti dell' Accad. d. Agiati di Rovereto, ser. III vol. V, fasc. 2, p. 97—165. *F. Malaguzzi-Valeri.*

Alessio da Vico, italien. Bildhauer, Gehilfe des Baboccio. 1412 fertigte er einige schöne Engelsfiguren an dem Grabmal der Margherita di Durazzo im Dome von Salerno, ähnlich denen am Grabmonument des Arrigo Minutolo im Dome von Neapel.

Napoli Nobilissima XI 52. *G. Degli Azzi.*

Alessio, s. auch *Alessi, Alessiis* u. *Alexii.*

Alesso d' Andrea, toskanischer Maler, 14. Jahrh., wohl identisch mit dem Alesso Andrea, der 1341 in der Florentiner Malerrolle bei Gaye (Cart. ined. II 36) vorkommt, malte 1347 mit Bonaccorso di Cino und vier Gehilfen im Dom zu Pistoja die Kapelle des hl. Jacobus aus, deren ältere von Coppo di Marcovaldo gemalte Fresken dafür beseitigt wurden. Vasari schrieb diese Gemälde dem Florentiner Stefano zu. Sie wurden 1786 übertüncht.

Ciampi, Notizie ined. della sagristia Pistoj. p. 93. — Crowe u. Cavalcaselle, History of Painting in Italy. I 201, 400, II 228. (Deutsche Ausg. I 166, 333, II 390). ***

Alet, s. *Allet.*

Aleu, Bernardo, Goldschmied in Barcelona. Aus dem J. 1550 existiert eine Zeichnung zu einem Halsschmuck von ihm im Innungsarchiv.

Viñaza, Adic. II 12. *M. v. B.*

Aleu, Jaime, katalan. Maler, tätig um 1460.

Sanpere y Miquel, Cuatroc. Catal. I 290. *M. v. B.*

Aleu y Teixido, Andrés, span. Bildhauer, geb. zu Barcelona, Mitglied der katalonischen Akad., Lehrer an der Kunstakad. seiner Geburtsstadt. 1857 machte er sich mit einer Büste des Capitano generale von Katalonien, Don Juan Zapatero, bekannt. 1867 führte er mit sehr feinem Empfinden an der Fassade des katal. Gesandtschaftspalais eine Gruppe des „hl. Georg mit dem Drachen" aus, die, auf die Kunstausstellung von Madrid geschickt, ihm eine Medaille 1. Klasse einbrachte. Ferner sind von seinen Werken zu nennen: eine Statue der Königin Isabella II.; ein hl. Joseph für die Kirche Sa. Maria von Mataro; die Reiterstatue des Marquis del Duero, in der Marien-Kirche von Atocha, wie die Reiterstatue des Marschall Concha, auf der Promenade der Castillana zu Madrid errichtet.

Ossorio y Bernard, Galeria biogr. de artistas españoles del siglo XIX. Madrid 1883/4. — F. M. Tubino, El arte y los artistas, contemporaneos, Madrid 1871. — Elías de Molins, Dicc. de escrit. y art. catal. del siglo XIX. 1889. *P. Lafond.*

Aleuas, Erzbildner, wird von Plin. N. H. 34, 86 im alphabetischen Verzeichnis als Porträtbildner von Philosophen aufgeführt.

Overbeck, Schriftq. 2094. — Pauly-Wissowa, Realenc. I 1374, 5 (Robert). *Amelung.*

Aleveldt, Wlf, van Aneveld, nennt sich inschriftlich als Verfertiger des 1424 vollendeten Taufkessels der Kirche zu Gettorf bei Kiel. Es ist ein rundes, mit Reliefs geschmücktes Becken, welches von drei Figuren ohne Rücken getragen wird.

Archiv für Gesch. der Herzogt. Schleswig, Holstein, Lauenburg II 12. **

Alevizo, s. *Aloisio.*

Alewis Frjasin, s. *Aloisio.*

Alewyn, A., ist der sonst unbekannte Maler eines unbedeutenden Bildes von 1701, eines Segelfestes, im Amsterdamer Museum. *E. W. Moes.*

Alewyn, Willem und Dirk, Vater und Sohn, beide geschickte Amateure in der Malerei. Der Vater: Jhr. Mr. Willem Alewyn, geb. in Amsterdam 9. 5. 1769, † Utrecht 4. 12. 1839, zeichnete nach Gemälden alter Meister, z. B. nach Ostade und malte auch selbständig, wie das Bild „Der Greis" im Ryksmuseum beweist.

Sein Sohn Dirk, um 1800 in Amsterdam geb., † daselbst 1842, malte ansprechende Landschaften.

Immerzeel und Kramm, De Levens . . . — Kat. d. Ryksmus. **

Alewyn, Willem, Maler, geb. in Amsterdam, kaufte dort 5. 4. 1742 das Bürgerrecht.

Aemstels Oudheid V 67. *E. W. Moes.*

Alex . . ., Miniaturmaler in Österreich (?), signierte und datierte 1836 die Porträtminiatur einer Dame. Das Bildchen war auf der Wiener Miniaturausstellung 1905, No. 1700. *E. W. Braun.*

Alex, Charles, französ. Maler und Architekt, geb. Lyon 20. 6. 1859. Er besuchte von 1879 an die Ecole des Beaux-Arts in Lyon, wurde dann Schüler des Architekten Benoit, darauf der Ecole des Beaux-Arts in Paris und hier des Architekten P. Blondel. Seine architektonischen Arbeiten zeigte er in den Ausstellungen zu Paris; als Maler debutierte er mit „Paysage d'octobre en Bugey" im Salon von Lyon 1886; dann stellte er in Paris und Lyon Landschaften aus dem Lyonnais, der Provence und Ardèche aus. Die Ausführung ist breit und rein und in schöner Harmonie der Töne. Zu nennen sind noch: Carrière de pierre à Brégnier-Cordon (Salon Paris 1900, Société des Art. franç.) und von seinen ausgeführten Werken der Architektur: das Schloß von M. Lumière in Montplaisir bei Lyon. Er malte übrigens auch Landschaften in Aquarell. Seine Signatur ist C. Alex.

Tairig, Nos peintres chez eux, Lyon 1888 p. 101. *E. Vial.*

Alex, Michael, Silberarbeiter in Breslau, wird Meister am 6. 9. 1752, † am 26. 2. 1782, 60 Jahre alt. Stempelt M A in ovalem Felde. Von ihm besitzt die Hofkirche in Breslau ein silbernes Taufbecken mit Rokokodekor in getriebener Arbeit; von 1764.

Erwin Hintze, Die Breslauer Goldschm. S. 38. *E. Hintze.*

Alexander, röm. Architekt, bekannt durch eine Inschrift. CIL VI 9154. *Altmann.*

Alexander, ital. Marmorarius des 13. Jahrh., bekannt durch eine Inschrift am nördlichen Seitenportale der Kirche von S. Giovanni in Venere (Abruzzen): „Anno Domini MCCIIII Magister Alexander hoc opus fecit". Das Portal ist aus alten, zum Teil mit verflochtenen Bandornamenten verzierten Marmorstücken zusammengesetzt, die von älteren Bauten herrühren. Mit Alexander Giliberti, der erst 1278 urkundlich erwähnt wird, dürfte der Alexander von 1204 kaum zu identifizieren sein.

Salazzara, Monum. dell' Italia Merid. II 40. — Bertaux, L'Art dans l'Italie Mérid., p. 529—530. — Bindi, Art. Abruzzesi, p. 25. *A. Muñoz.*

Alexander, Lübecker Bildschnitzer u. Maler, wird im Lübecker Urk.-Buch vom 25. März 1280 genannt „A. D. MCCLXXX in annunciatione domini nostri in Quadragesima, civitas Lubicensis incepit uti sigillo, quod pre manibus habet, quod schulpserat magister Alexander, incisor ymaginum atque pictor." Goldschmidt glaubt ihn nicht mit dem bei Mithoff S. 13 als clipeator bezeichneten *Alexander von Halle* identifizieren zu können.

Goldschmidt, Lübecker Mal. u. Plastik bis 1530 p. 96. — Mithoff, Mittelalt. Kstlr. u. Werkm. Niedersachsens etc. *Hs. Loose.*

Alexander, Sohn des Antonio Simeone aus Florenz, Augustiner-Eremit daselbst, schrieb 1478 ein Gebetbuch für Lorenzo Strozzi, das mit Miniaturen in mantegneskem Stile geschmückt ist und sich in der Fitzwilliam Bibliothek in Cambridge befindet.

Bradley, Dict. of Miniat. I 336. **

Alexander, von Marbach, Baumeister, arbeitete 1481 mit Johann von Gratz, Vater und Sohn, und Andreas Mair in Straßburg, und wurde von dort nach Mailand zu dem dortigen Dombau berufen, aber gleich den meisten Deutschen bald wieder heimgeschickt.

Giulini, Memorie di Milano, V 707. — Description de Milan 1877 par P. S. p. 50. — Repertorium f. Kstwissensch. XXIV 91. — Archivio stor. d. arte III 401. **

Alexander, Maler, lebte in Krakau um 1486.

Rastawiecki, Slownik mal. pol. III 107. *L. Lepszy.*

„Alexander Italus murator" führte 1556 für den Krakauer Wojewoden Stanislaw de Tenczyn einen Bau aus. *L. Lepszy.*

Alexander Severus, M. Aurelius Severus Alexander, römischer Kaiser 222 bis 235, als Maler nicht unbedeutend (pinxit mire Ael. Lampr. Al. Sev. 27, 7), wenn auch gewiß nur Dilettant. *Sauer.*

Alexander de Abyngton (le Imaginator), arbeitete an den Monumenten, welche Edward II., der Bekenner, von England zum Gedächtnis seiner 1290 gestorbenen Gemahlin Eleonore von Kastilien errichten ließ. Er hatte einigen Anteil an der Ausschmückung der Kirche der Predigermönche in London, in welcher das Herz des Königs beigesetzt wurde, indem er nach den vorhandenen Rechnungen eine geringe Bezahlung für Eisenarbeit und für einen gemalten Teppich erhielt. Vorzüglich arbeitete er aber an den zwölf sogenannten Crosses, von denen noch 3 erhalten sind, namentlich an dem schönen Waltham Cross und den nicht mehr existierenden Crosses von Stony-Strafford und Charing, und lieferte insbesondere mit William de Hibernia 15 Statuen für die Crosses. Endlich führte er mit Nich. Dymenge de Legeri in der Marienkapelle des Münsters von Lincoln das Grabmal, in dem die Eingeweide der Königin beigesetzt wurden, bis auf die von William Torell gegossene Statue aus. Der Stil der Figuren an dem Waltham Cross und der ähnlichen an dem Northampton Cross zeichnet sich sehr vorteilhaft vor andern gleichzeitigen englischen Bildwerken, und namentlich vor den Figuren an dem Geddington Cross aus.

Abbildungen in: Vetusta monumenta rer. Brit. III 12—17. Die Statue der Königin am Waltham Cross in: Flaxman, Lectures on sculpture, table 5. — Architecture for 1896, p. 520. — Jos. Hunter in: Archaeologia Britt. XXIX 167 f. — Schnaase, Gesch. d. bild. Künste,

V 774. — Fortnum, Bronzes, p. 147. — Mit Notizen von K. Gray.

Alexander, Antonio, Maler in London, stellte 1776 eine kleine Landschaft in der Royal Acad. aus. **

Alexander, Arthur, österr. Maler, stellte in der Dezenalausstellung, Paris 1900, in der kroatisch-slawonischen Abteilung 2 Gemälde: Salome und Pourquoi? aus. **

Alexander de Bononia, geschickter Schreiber mehrerer reich geschmückter Manuskripte für die Medici. Er war Eremiten-Mönch im Hospital San Paolo in Florenz um 1504, aus welchem Jahre das eine Manuskr.: Leben des hl. Franciscus datiert.

Bradley, Dict. of Miniat. I 148 (ausführl. Besprechung zweier dieser Miniaturhandschriften, aber Druckfehler in der Datierung). **

Alexander de Bruges, vlämischer Maler in Genua, wird dort 1408 als Zeuge in einer Vollmacht des Malers Johannes David de Alba und als Pächter einer Apotheke in Genua erwähnt.

Alizeri, Notizie dei Profess. d. disegno in Liguria I 224. **

Alexander van Brügsal (oder Bruxal „in Beijeren") Goldschmied in Antwerpen. 1516 dort unter den Meistern der Lukasgilde genannt, wahrscheinlich derselbe, den Dürer in seinem Tagebuch der niederländischen Reise 1520/21 erwähnt.

Liggeren I 85. — Leitschuh, A. Dürers Tagebuch p. 53. ***

Alexander, Carl, Genremaler in Berlin in der ersten Hälfte des 19. Jahrh., stellte in den Ausstellungen der kgl. Akad. der Kste. daselbst 1832 und 1834 eine Reihe von Gemälden aus, z. B.: Eine flüchtende Räuberfamilie, Aufstand der Tiroler 1809, Die Erschaffung Adams, Il Riposo, Die Saltarella, Die Fischer.

Katal. d. Akademie-Ausst. 1832, 1834. **

Alexander, Charles, engl. Maler der Gegenwart, stellte 1893 und 1894 in der Roy. Acad. in London 2 Porträts und Frühling in Mentone aus.

Graves, Roy. Acad. Exh. I. **

Alexander, Cosmo, schottischer Porträtmaler, begann seine Tätigkeit in Edinburg, nach Redgrave schon um 1750. Nach urkundlichen Nachrichten (s. u.) erwarb er 1763/4 das Meisterrecht in der Malergilde im Haag. 1766 wurde er Mitglied der Incorporated Society of Artists in London, und wandte sich um 1770 nach Nordamerika, wo er in Newport sein Atelier gründete und als Schüler Ch. Gilbert Stuart hatte. Diesen nahm er später mit sich nach Süd-Karolina und nach Schottland. Kurz nach seiner Rückkehr starb Alexander in Edinburg. Als ein gutes Beispiel seiner Kunst wird das Bildnis eines John Roß gerühmt, früher bei Meredith Read in Albany.

Meyer, Kstlerlex. — Redgrave, Dict. — Oud Holland 1902 p. 171. — S. Isham, American Painting p. 79 und 97. *F. Becker.*

Alexander, Daniel Asher, Architekt, geb. in London 1768, † in Exeter 2. 3. 1846, Schüler der Royal Academy seit 1782. Sechs Jahre später stellte er hier seinen ersten Entwurf „A Temple to Gods" aus. Aber seine Neigung führte ihn zu erfolgreicher Tätigkeit auf dem Gebiete der rapid wachsenden Bedürfnisse für öffentliche Bauten. 1796 wurde er Surveyor bei der London Dock Company, deren wichtigste Gebäude er baute. Ferner ist außer Leuchttürmen und Brücken von ihm das K. Naval Asylum in Greenwich. Auch beschäftigte er sich mehrfach mit Schloßrestaurationen, z. B. von Longford Castle in Wilts. Inmitten seiner reichbewegten Tätigkeit fand er in den Jahren nach dem Sturze Napoleons I. noch Muße zu Reisen nach Frankreich, Holland und Belgien, wovon die in der Roy. Academy ausgestellten Skizzen Kunde geben.

Redgrave, Dictionary 1878. — Graves, The Roy. Acad. I 19. *K. Gray.*

Alexander, Edwin (A. R. W. S. — A. R. S. A.), hervorragender schottischer Tiermaler und Aquarellist, geb. 1870 in Edinburgh, Schüler seines Vaters, dann der Edinburgh School of Art (1886—88), aber hauptsächlich in Paris gebildet. Seine äußerst sensitiven Landschaftsimpressionen wie seine Tierbilder (Hasen, Mäuse, Tauben, Schmetterlinge) entzücken durch die wundervoll delikate Zeichnung und das zarte, vornehme Kolorit. Ein Hauptwerk von ihm „Peacock and Python" in der National Gallery (Tate Gallery) in London; und besonders zu erwähnen seine Aquarelle in dem Album „Water Colour Art", das die Old Water Colour Society dem König Edward VII. gewidmet hat.

The Art Journal 1898 p. 69, 71, 1903 p. 252. — The Studio XXVII 136, 300, XXVIII 204. — Catal. de l'expos. décenale Paris 1900. — Internat. Kst.-Ausst. Düsseldorf 1904. — Who's who 1906. *R.*

Alexander, Esther Frances („Francesca"), amerikan. Zeichnerin der Jetztzeit, Tochter von Francis Alexander, geb. in Boston, erzogen in Florenz. Sie wurde bekannt durch ihre „Roadside Songs of Tuscany", die John Ruskin kaufte und später herausgab, sowie „La Sorellaccia", eine italien. Legende, die in Boston verlegt wurde und deren Text und Bilder von ihr waren.

M. H. Spielmann in Magazine of Art, London, 1895, vol. 18 p. 295—299. *Walter Rowlands.*

Alexander, Francis, nordamerikan. Maler, geb. im Februar 1800 in Windham County, Connecticut, † 1881 in Italien. Nachdem er sich auf der Farm seines Vaters ohne Anweisung im Malen geübt hatte, bildete er sich in New York weiter, besonders durch die Vermittlung von Alexander Robertson, dem Sekretär der Acad. of Fine Arts. Von New York kam er nach Providence, R. J. und dann nach Boston, wo er mehrere Jahre blieb und als Porträtmaler Ruf gewann. Auch Lithographien hat man aus dieser Zeit von ihm. 1831—33 war er im Ausland, besonders in Florenz, wohin er in späteren Jahren zu dauerndem Aufenthalte zurückkehrte und wo er 1881 starb. Da er ziemlich früh zu malen aufgehört hatte, war er bald vergessen worden. — Im Bostoner Mus. von ihm das Porträt der Mrs. Fletcher Webster, im Hermelinmantel. Mitglied der Akad. in New York.

Tuckerman, Book of the artists 1867. — S. Isham, American Painting 1905. *Edmund von Mach.*

Alexander, Fritz, Porträtmaler, geb. Berlin 1. 6. 1870, † Florenz 7. (9.?) 11. 1895. Der so früh verstorbene Künstler hat sich in einer Reihe Porträts, von denen 1896 im Littauerschen Kunstsalon in München 37 zu einer Gedenkausstellung vereinigt waren, als ein selbständiger moderner Porträtist im besten Sinne, besonders als ein feiner Kolorist bewährt.

Kst. für Alle IX, XII. — Singer, Kstlerlex. Nachträge 1906. **

Alexander, G., engl. Architekt, zuerst in Corsham in Wilts und später in London, wo er in der Royal Academy von 1831—1847 im ganzen 17 Entwürfe meist für Kirchen ausstellte. 1840 erschien dort sein Entwurf für die Savings Bank in Bath im Renaissancestile, die dann im nächsten Jahre danach gebaut wurde.

Graves, Roy. Acad. I 19/20. *K. Gray*

Alexander, George, Maler in Greenwich, stellte 1843 und 1846 in der Roy. Acad. in London die Bilder: Newhaven Fisherwoman und Camilla restores Ring to Gil Blas u. a. aus.

Graves, Roy. Acad. I 20. **

Alexander, George E., engl. Maler, stellte 1897—99 in der Roy. Acad. in London zwei Architekturstücke (Kirchenportale) und das Bild: Far from the Madding Crowd, aus.

Graves, Roy. Acad. Exhib. **

Alexander Domini Giliberti, italien. Architekt des 13. Jahrh., erbot sich laut einer von Schulz publizierten Urkunde von 1270 zur Übernahme von Restaurierungsarbeiten an der Kirche von S. Lorenzo in Padula.

Schulz, Denkm. der Kunst des Mittelalt. in Unteritalien II 307; IV 30. *A. Muñoz.*

Alexander, Gottlieb, s. *Alexander,* Johann.

Alexander von Halle, „clipeator" in Lübeck 1282, s. *Alexander,* Bildhauer und Maler in Lübeck.

Mithoff, Mittelalt. Kstlr. u. Werkm. Niedersachsens etc. p. 13. ***

Alexander, Henry, amerikan. Genremaler, geb. 1860 in San Francisco. Studierte erst in der Heimat, dann in München bei Loefftz und Lindenschmidt (stellt 1879 in München zum ersten Male aus) und ließ sich schließlich in New York nieder, wo er 1895 starb.

Champlin-Perkins, Cyclopedia of Painters and Paintings. *Edmund von Mach.*

Alexander, Herbert (A. R. W. S.), engl. Aquarellist der Gegenwart, geb. zu Brighton 8. 12. 1875; studierte in Miß Bertha Herkomers Studio und kurze Zeit in der Slade School und in Florenz, bildete sich aber in der Hauptsache selbst. Sein Lieblingsgebiet sind heimatliche blühende Obstgärten, alte Landhäuser, Winkel dörflicher idyllischer Stimmung, meist in Sommersonnenlicht, aber auch Straßenszenerien aus Italien: Venedig. Rapallo und Florenz. Zur ersteren Gruppe gehören Aquarelle wie Cox's Shop, Rhododendrons, A Judgment of Paris; zur letzteren: The Bronze Horses of San Mark's Venice, Washerwomen in Rapallo, The Fountain und Polonia Trees, Florenz. Seine Aquarelle sind mit außerordentlicher Delikatesse und Frische der Farben und mit liebevoller Detailbehandlung ausgeführt. In Naturauffassung und Stimmung und solidem Können liegen viele seiner Arbeiten in der Richtung der Werke Fred Walkers, aber sie sind doch dabei der Ausdruck einer in sich geschlossenen, feingestimmten Persönlichkeit.

The Art Journal 1904 p. 237. — The Studio XXXI 301 fg. (illustr. Aufsatz von Laurence Housman). — Eigene Notizen des Künstlers. **

Alexander, J., Malerin in London, stellte 1851 und 1853 in der Roy. Acad. 3 Genrebilder aus.

Graves, Roy. Acad. Exh. I 20. **

Alexander, Johann und Gottlieb, der erstere 1756, der zweite 1763 als Maler in Breslau erwähnt.

Kstdenkm. Schlesiens V 514. *C. Buchwald.*

Alexander, John, schottischer Maler und Radierer, tätig 1715—1752, Urenkel mütterlicherseits des Malers G. Jameson, des „schottischen Van Dyck". Von 1715—1718 finden wir ihn in Rom, wo er in einer hölzernen Weise nach Gemälden Raffaels im Vatikan 2 Folgen zu 5 und 2 Bl., geätzt 1718 veröffentlichte. Das Jahr 1715 für seinen römischen Aufenthalt ergibt sich aus der Signatur einer Sepiazeichnung: Ansicht von Santa Croce in Gerusalemme, bez. Alexr. delint. Romae 1715. Um 1820 kehrte er nach Schottland zurück und malte Porträts und histor. Darstellungen. In der Treppenhalle von Gordon Castle (Schottland) malte er einen Raub der Proserpina, wovon eine Beschreibung in Form eines Briefes an einen Freund, Edinburgh 1721 gedruckt wurde. Redgrave, Dict. erwähnt Porträts (oder Kopien) der Maria Stuart von ihm. Das Porträt seines berühmten Ahnen radierte er in klein Fol. mit folgender Unterschrift: Georgius Jamesone Scotus, Abredonensis, patriae suae Apelles, ejusque uxor, Isabella Tosh et filius Geo. Jameson pinxit anno 1623 J. Alexr. pronepos, fecit aqua forte. A. D. 1728. Auf ihn bezieht sich wohl auch das J. Alexander pinxit 1752 auf einem Porträt des Lord George Drummond, das A. Bell in Edinburg in Schwarzkunst gestochen hat.

Meyer, Kstlerlex. — Binyon, Catal. of drawings in the British Mus. *F. Becker.*

Alexander, John White, amerikan. Porträtmaler, geb. in Alleghany City bei Pittsburg, Pa. Früh verwaist u. arm, aber unermüdlich nach Ausbildung ringend, war er zuerst in New York in Harpers Magazine als Illustrator tätig, unternahm dann 1877 eine Studienreise nach Europa, die ihn über München und Venedig nach Holland und Paris führte. In Venedig traf er mit Whistler zusammen, dessen spirituelle und auf aparte Farbenharmonien ausgehende Kunst nicht ohne Einfluß auf Alexander blieb, oder richtiger verwandte Züge bei ihm entwickelte, ebenso wie er Münchener und Pariser Eindrücke selbständig verarbeitete. Als er 1881 nach New York zurückgekehrt war, verbreitete sich rasch der Ruf seiner aparten Porträtkunst. Seine Meisterschaft bewährte sich namentlich in Damenporträts, in denen er die moderne Frau in Stellung, Bewegung und echt weiblicher Grazie mit überraschender Feinheit faßte. Auch seine scheinbar skizzenhafte, aber auf fein koloristische Gesamteffekte ausgehende Behandlung fand, wenn auch anfangs natürlich nicht ohne Widerstand, lebhafte Bewunderung. In New York malte er u. a. Oliver Wendell Holmes, John Burroughs, Henry S. Marquand und Robert Louis Stevenson. In Paris feierte er sein eigentliches Debut und einen großen Erfolg im Salon der Société Nationale 1893 mit den Damenporträts „Noir" und „Gris", denen dann 1894 u. a. das Porträt des Landschaftsmalers Fr. Thaulow und 2 entzückende Phantasien, „La Glace" und „Le Piano" folgten. Auf der Exposition décenale in Paris 1900 waren von ihm „La Mère", „Automme" und das Porträt Rodins, das die goldne Medaille erhielt und 1903 für das Mus. in Cincinnati angekauft wurde. Jetzt besitzen viele große Galerien Bilder von ihm, z. B. das Luxembourg Mus. The green Bow; das Metropolitan Mus. in New York Porträt von Walt. Whitman; das Bostoner Mus. The Pot of Basil; die Philadelphia Acad. In the Café; die Fairmount Park Gall. Philadelphia das Porträt von Fritz Thaulow; die Carnegie Gallery, Pittsburgh, Femme Rose. Auch als Wandmaler großen Stils hat er sich bewährt in seinen Bildern: The Evolution of the Book in der Congressional Library in Washington und hat kürzlich den Auftrag erhalten, das Riesen-Vestibül des Carnegie Institute in Pittsburgh mit Bildern zu schmücken, für die er ein Künstlerhonorar von 1 Million Mark erhalten soll. Mitglied der Nat. Academy of Design.

Gabr. Mourey in The Studio XX 71 fg. mit Ill. — Isham, American Painting. — Catal. d. l'expos. déc. d. b. arts. Paris 1900. *Edmund von Mach.*

Alexander, Josef, Maler in Leipnik in Mähren um 1635. Vergl. Extrakt der in dem Turmknopf in Leipnik gefundenen Denkwürdigkeiten. Ms. des Mähr. Landes-Archiv. *W. Schram.*

Alexander P., Medailleur, lebte in der 2. Hälfte des 16. Jahrh. in Brüssel. Man trifft seine Signatur auf einer Medaille, die 1578 zu Ehren und mit dem Kopfe des Dichters und Historikers Jean Baptiste Houwaert angefertigt wurde, welcher damals eine außerordentliche Berühmtheit erlangt hatte. Man hat fälschlicherweise versucht, diesen Künstler mit dem Goldschmied Alexander d'Anvers zu identifizieren, von dem Albrecht Dürer in dem Tagebuch über seine Reise in den Niederlanden, 1520—1521, spricht, und welcher sich Alexander von Brugsal nannte. Es ist außer Zweifel, daß „Alexander" hier ein Familienname ist, und das „P", hinter den Namen gestellt, nichts anderes als Pater, d. i. der Vater, der Ältere, bedeutet. Es ist gleichfalls unrichtig, daß A. Pinchart dem Alexander eine Medaille mit dem Bilde von Jan Walraveuz, mit dem Titel des Narren einer rhetorischen Gesellschaft in Brüssel zuschreibt. Diese Medaille ist viel wahrscheinlicher ein Werk des Medailleurs Jacques Jonghelinck (s. dort).

Van Loon, Hist. met. des Pays-Bas I 240. — A. Pinchart, Rech. s. l. grav. de méd. I 146. — C. Picqué, Médaillons et méd. d. anc. prov. belg. (in l'art anc. à l'expos. nat. de 1880) p. 124. — Meyer, Kstlerlex. — Forrer, Biogr. Dict. of med. — Simonis, L'art d. méd. en Belg., Nouv. contrib. à l'étude de son hist. Jemeppe-sur-Meuse 1904. *Fréd. Alvin.*

Alexander, Robert, schott. Genremaler in Slateford bei Edinburgh, stellte 1878—88 mehrfach Genre- und Tierbilder in der Roy. Acad. in London; 1900 auch auf der Dezenalausstellung in Paris das Bild: Hunde und Katzen aus. — Seit 1888 Mitgl. d. R. Scottish Acad.

Graves, Roy. Acad. Exh. I 20. **

Alexander de Spina, Dominikaner im Kloster Sta Caterina in Pisa im 14. Jahrh., wird als geschickt in allen mechanischen Handgriffen gerühmt. Besonders war er aber Miniaturmaler, und vielleicht sind ihm sechs Chorbücher zuzuschreiben, die sich noch in dem erzbischöflichen Seminar zu Pisa, jedoch in schlechtem Zustande befinden.

Chron. S. Katharinae bei Marchese, Mem. de Pitt. Domen. I 153. 4. edit. 1878 I 205. — Brunner, Kunstgenossen der Klosterzelle p. 167. — Meyer, Kstlerlex.

Alexander der Wahle, Baumstr., 1568 bis 1574 urkundlich in Brieg erwähnt als Mitglied einer dort am Schloßbau tätigen oberitalienischen Künstlerkolonie.

Kstdenkm. Schlesiens V 514. *C. Buchwald.*

Alexander, William, engl. Zeichner und

Aquarellist, geb. zu Maidstone (Kent) den 10. 4. 1767. Schon 1782, im Alter von 15 Jahren, verließ er seine Vaterstadt und kam nach London, um sich dort zum Künstler auszubilden. Er lernte zuerst zeichnen unter William Parr, kam dann zu dem bekannten Landschaftsmaler Ibbetson und wurde den 27. 2. 1784 als Schüler der kgl. Akad. aufgenommen. 1792 wurde er als Zeichner der Gesandtschaft an dem chinesischen Hof angestellt und begleitete in diesem Amte den Grafen Macartney nach Peking. 1794 kehrte er mit dem übrigen europäischen Gefolge nach England zurück. Bei der Errichtung der kgl. Militärschule von Great-Marlow wurde 1802 dem Künstler der Zeichenunterricht in der neuen Anstalt übertragen; doch legte er am 28. 5. 1808 diese Stelle nieder, um diejenige eines zweiten Konservators der Antiken am britischen Museum anzunehmen und wurde Keeper of Prints and Drawings.

Während jener Reise hatte A. eine Menge von Zeichnungen nach den Trachten, Denkmälern und Landschaften der fremden Länder gefertigt und als der Sekretär des Lord Macartney, George Staunton, die Beschreibung der britischen Gesandtschaftsreise 1797 herausgab, wurden nach jenen Skizzen die darin enthaltenen Kupferstiche ausgeführt. 1797 veröffentlichte er vier Platten: „Ansichten von Vorgebirgen, Inseln usf., aufgenommen während der Reise nach China“ und vollendete er die Zeichnungen nach Daniels Skizzen, welche die Reise des Kapitän Vancouver in den nördlichen stillen Ozean schildern. Seine Zeichnungen zierten auch Barrows Reisen nach China und Cochinchina. Er selbst veröffentlichte 1806 unter dem Titel The Costume of China eine Sammlung von Volkstrachten, Gebräuchen, Genreszenen, Denkmälern und Marinen aus China (mit beigegebenen Beschreibungen der chinesischen Sitten). Hierin zeigte A. größeren Ernst und Treue der Darstellung, als sich sonst in derartigen Werken jener Zeit findet, die bekanntlich in die Schilderung fremder Völker und Sitten einen guten Teil willkürlicher Erfindung einmischten. Dieses Werk wurde so günstig aufgenommen, daß er sich ermutigt sah, über denselben Gegenstand einen zweiten Band mit einer Anzahl ähnlicher Platten herauszugeben.

Während er am britischen Museum angestellt war, wurden dessen Terrakotten und Marmorbildwerke von den Vorständen in 3 Bänden Stichen 1810, 1812 und 1815 herausgegeben; dazu führte A. die Zeichnungen aus, während Taylor Combe, der erste Konservator, die Beschreibung lieferte. A. hat dann selber noch nach seinen Zeichnungen die ägyptischen Altertümer desselben Museums in einem 4. Bande herausgegeben.

Er starb am 23. 7. 1816 in dem Hause seines Oheims zu Rocky Hill bei Maidstone und wurde im Kirchhofe von Boxley begraben. Seine Zeichnungen, deren das Print Room des britischen Museums mehrere hundert besitzt, erzielten früher in London hohe Preise. Seine Aquarelle sind in einer Art gehalten, welche heutzutage matt und blaß erscheint; allein die Färbung ist zart, die Ausführung leicht und geistreich, wobei nicht zu vergessen, daß damals die Aquarellmalerei kaum über ihren ersten Anfang hinaus war.

Sein Bildnis, gezeichnet von H. Edridge, ist von C. Picart gest., aber niemals veröffentlicht worden. Sein Selbstbildnis im Print Room des British Mus.

Von ihm gezeichnet und radiert:

1—51) The Costume of China, or picturesque representations of the dress and manners of the Chinese, illustrated in 48 coloured engravings by Will. Alexander. London, Miller, 1805. gr. 4. Jedes Blatt mit einer Beschreibung von John Barrow.

Mit dem radierten Titelbl. 51 Bll., obwohl der Titel deren nur 48 angibt. Darunter die verschiedenen Volkstrachten des Landes, Fahrzeuge, Gebräuche, Baulichkeiten etc. Alle Bll. sind bezeichnet: W. Alexander fecit.

Dieselbe Sammlüng in 50 Bll. neu aufgelegt London 1844.

52—73) The punishements of China. London, Miller, 1805. 22 kol. Taf. Imp. 4.

74—77) 4 Taf. mit: Views of Headlands, Islands etc. taken during the Voyage to China. Mit 53 Darstellungen.

78) The dinner given by Lord Romney to his Majesty (George III.) and the Volunteers (Festmahl von Lord Romney dem Könige u. den Freiwilligen gegeben). M. Alexander pinx. et fecit. Schönes großes Bl.

79) Verschiedene Skizzen auf einer Platte: Bildnis des Lord Macartney; Chinesisches Denkmal; Höhle des Camoëns zu Macao; Chinesische Figuren etc. Alexander delt. et sculp. Fol.

H. W. Fincham, Artists and Engravers of . . . . book plates, London 1897 erwähnt eine Anzahl Exlibris von W. Alexander, angeblich von 1810—30, die aber wohl Arbeiten des Obigen sind.

Meyer, Kstlerlex. (hier auch ein Verzeichnis der Illustrationen nach s. Zeichn.). — Binyon, Catal. of drawings in the British Mus. (hier mehrere hundert Aquarelle und Zeichnungen). — Graves, Roy. Acad. I. **

Alexander, William, Maler in Salisbury, stellte 1889—1898 in der Roy. Acad. in London Motive aus Salisbury aus.

Graves, Roy. Acad. Exh. I 21. **

Alexander, s. auch *Alessandro, Alexandre* u. *Alexandro.*

Alexandersen, Georg Henrik Gerhard, dänischer Maler, geb. in Kopenhagen 1818, besuchte die Kunstakademie 1831—38 und war gleichzeitig an der kgl. Porzellanfabrik angestellt. Er hat 1837—46 verschiedene Zeichnungen und Blumenstücke ausgestellt.

Reitzel, Fort. over Charlottenborg Udst. 1883. — Weilbach, Nyt dansk Kunstner'ex. (1896) I 25. *A. R.*

Alexandre, französ. Ornamentbildhauer, 1320 am Bau der Kathedrale zu Sens beschäftigt.

Lami, Dict. d. sculpt. 1898. *R.*

Alexandre, schweizer. Tafel- und Wappenmaler, urkundlich erwähnt in Freiburg 1511 bis 1515.

Max de Diesbach bei Brun, Schweiz. Kstlerlex. I 22. **

Alexandre, französ. Bildhauer, war von 1709—1711 mit der plastischen Ausschmükkung der Kapelle des Schlosses von Versailles beschäftigt. 1751 stellte ein Bildhauer desselben Namens in der Acad. de St. Luc. zu Paris ein Marmorkruzifix aus; vielleicht handelt es sich hier um denselben Künstler.

Guiffrey, Comptes des bât. du roi, V. — Livrets de l'acad. de St. Luc. 38. *Lami.*

Alexandre (Demoiselle), stellte in der Expos. de la jeunesse in Paris 1783, 1784, 1786 Stilleben und Porträts aus.

Revue universelle d. arts XIX p. 40. **

Alexandre. Das Handbuch von Le Blanc nennt zwei Künstler dieses Namens, einen Radierer zu Paris um 1830 und einen Radierer in Tuschmanier und Schwarzkunst zu Paris um dieselbe Zeit; der erstere war der Schöpfer von Radierungen russischer Kostüme, der zweite radierte religiöse oder theatralische Szenen. Vielleicht handelt es sich hier nur um einen Künstler. Vielleicht muß man ihm auch einige Szenen politischer Satire zuschreiben, die unter Louis-Philippe lithographiert und mit dem Künstlernamen Alexandre unterzeichnet sind.

Le Blanc, Manuel. *J. Guibert.*

Alexandre, berühmter Fächermacher in Paris während des II. Kaiserreichs. Renommierte Maler arbeiteten für ihn, und seit 1857 waren seine Fächer gesuchte Kunstwerke, die an alle Höfe Europas gingen.

Dussieux, Art. franç. à l'étranger, 1876 p. 308. **

Alexandre, s. *Ubeleski,* Al.

Alexandre, A. C., stach die Façade des Quinconces (Bordeaux, 1830).

Le Blanc, Manuel. *J. Guibert.*

Alexandre de le Cambe (oder de le Cambre), Goldschmied in Arras, 1302—1307 für die Grafen von Artois tätig, von denen er Zahlungen für verschiedene Goldschmiedearbeiten erhielt.

Dehaisnes, Hist. de l'art dans la Flandre etc. p. 436 und Doc. 150, 160, 176, 177. ***

Alexandre, Gaspar Julio, Goldschmied in Barcelona. Aus dem Jahre 1558 existiert eine Zeichnung von ihm zu einem großen Henkelkrug in maurischem Stil. Davillier, der ein Faksimile der Unterschrift gibt, glaubt, daß der Künstler französ. Herkunft sei.

Viñaza, Adic. II 12. — Davillier, Orfévr. p. 213. *M. v. B.*

Alexandre, Jean, Teppichwirker in Tours, wurde 1507 vom Kardinal von Amboise nach Schloß Gaillon gerufen, um ein Paradezimmer auszuführen.

Bérard, Dict. biogr. **

Alexandre, Jean, Stempel- und Schriftschneider zu Paris in der ersten Hälfte des 18. Jahrh.

Kronthal, Lex. d. techn. Kste. **

Alexandre, Julien, Maler in Nantes, † 1679 ungefähr 26 Jahre alt.

Nouv. Archives d. l'art franç. 1898, 4. **

Alexandre, Léon-Désiré, Genre- und Porträtmaler, geb. in Paris 11. 3. 1817, Schüler von Cogniet, debütierte im Salon 1839 mit dem Bilde La Romance. Dann folgten Porträts, Genrebilder und 1851 auch ein Intérieur oriental. Zum letzten Male war er 1877 im Salon mit einer Zeichnung nach Mantegnas totem Christus vertreten.

Bellier-Auvray, Dict. gén. u. Supplém. **

Alexandre, Louis, Maler in Nantes, malte 1625, 1627 und 1628 die Kuppel der Kathedrale.

Nouv. Archives de l'art franç. 1898, 4, 5. **

Alexandre, Louis, Maler, geb. in Reims 1759, † daselbst 1827. Das Mus. seiner Vaterstadt besitzt von ihm mehrere Kartons, das Porträt des Abbé Anot, ferner eine blaue Camaïeu-Malerei auf Pergament (Iole bemächtigt sich der Waffen des Herakles). Auch sein Porträt, gemalt von J. H. Rève, befindet sich jetzt dort.

Bellier-Auvray, Dict. gén. Supplém. — Réunion d. beaux-arts XVIII p. 1128. **

Alexandre, Pierre-Jean-Baptiste, Zeichner in Orléans, geb. 17. 4. 1797, † 25. 2. 1858. Von ihm eine Ansicht des südl. Seitenschiffs der Kathedrale Sainte-Croix und ein Album mit 21 Ansichten von Orléans und Umgebung im Mus. daselbst.

Richesses d'art. Province, Mon. civ. I 141. **

Alexandre, Thomas, französ. Bildhauer, war von 1773—1781 in Valognes (Normandie) tätig; 1787 lebte er nicht mehr.

Réun. d. soc. des beaux-arts. XXII 165. *Lami.*

Alexandre, s. auch *Alexander.*

Alexandresco, Titus, rumän. Maler der Gegenwart, war auf der Dezenal-Ausstellung Paris 1900 mit dem Bilde: Sur le boulevard vertreten. **

Alexandrino, Pedro de Carvalho, s. *Carvalho.*

Alexandris, s. *Alessandri* u. *Ubeleski,* Al.

Alexandro und **Julio,** Freskomaler von italien. Abkunft, und nach den span. Biographen Brüder. Im Anfang des 16. Jahrh. wurden sie von D. Francisco de los Cobos, Sekretär Karls V., nach Andalusien berufen, um seinen Palast in Ubeda und das von ihm dort gegründete Hospital Santiago mit Malereien zu schmücken. Um 1527 waren sie auf Karls V. Befehl in der Alhambra in Granada tätig. Palomino sah ihre dekorativen Malereien dort 1712 noch vollkommen erhalten — jetzt nur noch Reste besonders in dem Tocador de la Reyna — und rühmt die köstlichen Grotesken, welche sie verschwenderisch im ganzen Palaste anbrachten. Über die beiden Künstler fehlen nähere Nachrichten. Pacheco glaubt, daß sie Schüler des Giovanni da Udine waren. Nach Cean Bermudez blieben sie lange in Andalusien (er behauptet auch, daß viele der ihnen zugeschriebenen Grotesken Arbeiten des Granello seien), während Palomino berichtet, daß sie nach Italien zurückgekehrt und dort 1530 gestorben seien; er gibt an, von ihnen auch im Palast der Herzöge von Alba in Madrid Gemälde gesehen zu haben. Cruzada Villaamil hält den Julio identisch mit Julio de Aquiles (s. d.). Der Einfluß dieser beiden Künstler auf die span. Kunst war von großer Bedeutung. Durch die Einführung der italien. Renaissance erhielt die von den Mauren übernommene Dekorationsweise ihre weitere Ausbildung. Zahlreiche Schüler haben sich in Andalusien unter ihnen gebildet, von denen sich Pedro de Raxis, Antonio Arfian, Antonio Mohedano und Blas de Ledesma besonders auszeichneten.

P a l o m i n o, Museo pict. III 397. — P a c h e c o, Arte de la Pintura 360. — C e a n B e r m u d e z, Dicc. II 352 (s. auch unter Granello). — M a r t í y M o n s ó, Est. 189 ff. △

Alexandro, D o m e n i c o, s. *Fancelli.*

Alexandroff, I w á n P e t r ó w i t s c h, russ. Maler, geb. 1780 im Dorfe Iwanowo (Gouvernement Wladimir), † 1822 in Petersburg, war Leibeigner des Grafen N. P. Scheremetjeff, wurde von diesem der Akad. in Petersburg zur Ausbildung übergeben. Seit 1800 Pensionär der Akad. und Schüler von Ugrumoff. 1805 wurde er einer russ. Gesandtschaft nach China als Zeichner beigegeben; er brachte von dieser Reise ein Album mit Zeichnungen heim und das Aufsehen erregende Porträt des Vize-Königs Jun-Dun-Dorshi, eines Verwandten des Kaisers von China, das er 1808 lebensgroß in Öl ausführte (im Mus. Alexanders III. in Petersburg). Ein Porträt des Kaisers Alexander I. von ihm im Orlowschen Gymnasium, an dem er von 1808—1813 als Zeichenlehrer wirkte. Von 1813—1814 in Diensten des Grafen Kamensky als Familienporträtmaler tätig; später in Petersburg.

N. P. S o b k o, Russ. Kstlerlex. — Русск. библ. словарь (Russ. Bibliogr.) I 123. *W. Neumann.*

Alexandroff-Uwaschnij, M i c h a e l P á w l o w i t s c h, russ. Bildhauer, geb. 1758, † nach 1807, besuchte seit 1764 die Petersburger Akad. und ging 1779 als Pensionär ins Ausland. Von ihm eine Kopie des sterbenden Fechters und ein schlummernder Herkules. Für das Relief David über Goliath triumphierend wurde er 1791 zum Akademiker ernannt. Ein Entwurf zu einem Mausoleum für Potemkin kam nicht zur Ausführung. Er geriet in Armut. — Ein jüngerer Bruder von ihm *Wassili Páwlowitsch A.*, geb. 1770, war Porträtmaler.

N. P. S o b k o, Russ. Kstlerlex. — Русск. библ. словарь (Russ. Bibliogr.) I 124. — M e y e r, Kstlerlex. *W. Neumann.*

Alexandros, Maler aus Athen, bekannt nur aus der Künstlersignatur eines 1746 in Herkulaneum gefundenen Gemäldes auf Marmor, das im Stile der Mitte des 5. Jahrh. und in der Auffassung polygnotischer Kunst ein mythisches Thema behandelt: beim Knöchelspiel, in dem Aglaïe und Hileaira noch eifrig begriffen sind, haben Leto und Niobe sich entzweit und widerstreben dem Versöhnungsversuch, den Phoibe unternimmt (Näheres über das Bild s. unter Polygnotos). Man hat danach Alexandros ins 5. Jahrh. gesetzt und die Inschrift als treue Kopie der originalen aufgefaßt; doch erheben sich dagegen entscheidende Bedenken. Es wäre sehr merkwürdig, wenn ein athenischer Maler, der ein psychologisch so feines Gemälde erfinden konnte, ein Geistesverwandter des Polygnot und Zeitgenosse des Agatharchos und Apollodoros (s. diese), von der Überlieferung gar nicht erwähnt würde, und es wäre in jener Zeit und jenem Kreise die Formel: Ἀλέξανδρος Ἀθηναῖος ἔγραψεν, nicht ἔγραφεν zu erwarten. Da die Inschrift in die frühe Kaiserzeit gesetzt wird, und gerade damals mehrere athenische Bildhauer, die sicher nur Kopisten sind, mit ἐποίει signieren, so wird man auch Alexandros in diese Zeit setzen und ihn nur als Kopisten zählen dürfen.

B r u n n, Gesch. d. gr. Kstler. II 308. — P a u l y - W i s s o w a, Realenc. I 1462, 107 (Rossbach). — R o s c h e r, Mythol. Lexikon II 1978 (Sauer). — S a v i g n o n i, Bull. com. di Roma 25, S. 81 f. — R o b e r t, Die Knöchelspielerinnen des Alexandros, wo die einzige völlig genügende Abbildg. *Sauer.*

(Alex)andros, Bildhauer, Sohn eines Menides, aus Antiochia am Maeander. Zugleich mit der Aphrodite von Melos wurde eine fragmentierte Künstlerinschrift gefunden: . . . . ανδρος Μηνίδου (Ἀντ)ιοχεὺς ἀπὸ Μαιάνδρου ἐποίησεν. Man hat den Namen zu Alexandros oder Hagesandros ergänzt; die erste dieser Ergänzungen war augenscheinlich die richtige, da sich in Thespiae eine Inschrift derselben Zeit gefunden hat — beidemal weist der Schriftcharakter auf den Anfang des 1. Jahrh. v. Chr. —, auf der ein . . . xandros, Sohn eines Menides, aus Antiochia am Maeander als Sieger im musischen Agon verzeichnet ist; dieser Alexandros wäre demnach Bildhauer und Dichter gewesen. Die melische Inschrift steht oder stand — sie ist ins Louvre gekommen, aber verschollen — auf der Basis einer Herme, deren Kopf einen jugendlichen Hermes darstellte (Zeichnung von Voutier, reproduziert bei Ravaisson, Vénus de Milo pl. II 4; es liegt kein Grund vor, V. in diesem Fall zu mißtrauen). Eine andere Zeichnung (von Debay, bei Clarac) bringt diese Basis mit der Plinthe der Venus von Milo in Zusammenhang, und Clarac bemerkt dazu, sie habe sich jederseits unmittelbar an die Plinthe angeschlossen. Man hat diese Angabe in Zweifel gezogen, weil man sich nicht erklären konnte, warum dann nicht dieses Stück der Plinthe mit dem übrigen verbunden blieb, sondern im Louvre abhanden kam. Eine Entscheidung läßt sich heute nicht fällen. Zwei Möglichkeiten bleiben: entweder stammt die Inschrift von der Basis der Venus (dann muß diese mit der Herme ergänzt werden), oder sie hat gar nichts mit der Statue zu tun; eine dritte Annahme, nach der die Inschrift von einer antiken Restauration des Werkes stammen würde, können wir, da sie ganz unwahrscheinlich ist, auf sich beruhen lassen. Man kann nicht sagen, daß der Stil der Venus der ersten Möglichkeit widerspräche, zumal wir von den Kunstströmungen jener Zeit sehr wenig wissen. Immerhin läßt sich dieser Stil mit dem eines anderen Werkes aus dem 1. Jahrh. v. Chr., des Torso vom Belvedere, vergleichen (Amelung, Katalog d. ant. Skulpt. im Vatikan II No. 3). Wie dort mischen sich hier Stiltendenzen zweier Epochen. Die Komposition ist einer Schöpfung des 4. Jahrh. entnommen — der Venus von Capua —; andrerseits ist das Bestreben deutlich, es in der Art der Formengebung und der Gewanddarstellung den großartigeren Schöpfungen des 5. Jahrh. gleichzutun. Dabei stellt sich eine gewisse Allgemeinheit und Weichlichkeit ein, die uns den Epigonen verrät. Trotzdem wird sein Werk, ebenso wie das des Apollonios (s. d.), niemals eine große Wirkung verfehlen. Aus dem Gesagten geht schon hervor, daß man nicht anerkennen kann, Furtwängler habe in betreff der Ergänzung — nach ihm hätte sich die Venus mit dem linken Ellenbogen auf einen hohen Pfeiler gelehnt — das erlösende Wort gesprochen.

Brunn, Gesch. d. gr. Kstlr. I 605 f. — Overbeck, Gesch. d. gr. Plastik II4 383 ff. — Löwy, Inschr. gr. Bildh. 298. — Pauly-Wissowa, Realenc. I Sp. 1462 u. Suppl. 55 f. (Robert). — Furtwängler, Meisterwerke, 601 ff. — Ders. in den Sitzungsber. d. bay. Akad. 1897, S. 416 ff.; 1900, S. 708 ff.; 1902, 456 ff. — Michon, Revue des études gr. 1900, S. 303 ff. — Hiller v. Gärtringen, Hermes 1901 S. 305 ff. *Amelung.*

Alexandros, phrygischer Steinmetz aus der römischen Kaiserzeit, bekannt aus der Inschrift an einem Grabstein aus Kotiaion.

Löwy, Inschr. gr. Bildh. 389. *Amelung.*

Alexandrowicz, sein Taufname unbekannt, poln. Porträt-Maler in der zweiten Hälfte des 18. Jahrh., Schüler des Dekorations- und Porträt-Malers Lukas Smuglewicz in Warschau, dann in seinen Porträts unter dem Einfluß von M. Bacciarelli. Malte auch viele Kopien von Bildnissen aus dem 17. Jahrh. Viele poln. Porträts aus der zweiten Hälfte des 18. Jahrhunderts müssen ihm zugeschrieben werden. Er malte Porträts der Mitglieder der Familien Poniatowski, Tyszkiewicz, Radziwill. Seine guten Porträts des Fürsten Karl Radziwill Palatin von Wilna und des Priesters Czyzewski vom Jahre 1794 befinden sich im National-Mus. in Krakau.

Rastawiecki, Slownik mal. polskich I, 6; III 108. — Katal. zabytków XVIII wieku Muzeum Narodowego w Krakowie (1906). *Dr. Graf Georg Mycielski.*

Alexandrowicz, Johann, poln. Maler in Lemberg, im Dienste des Königs Johann Casimir, erwähnt im Jahre 1663; hatte eine Maler-Schule in Lemberg; nähere Nachrichten über seine Tätigkeit fehlen.

Rastawiecki, Slownik mal. polskich III 108, 109. *Dr. Graf Georg Mycielski.*

Alexandrowsky, Stephan Feódorowitsch, russ. Aquarellmaler, geb. 25. 12. 1842 in Riga, Schüler der Petersburger Akad. Er hat sich besonders durch seine in Aquarell ausgeführten Porträts Ruf erworben. Zu seinen größeren Arbeiten im Besitz des kaiserlichen Hauses gehören 30 Porträts von Vertretern der Nationen Mittelasiens und 45 Porträts von Rittern des Kriegsordens. Im Mus. Alexanders III. befinden sich 3 seiner Arbeiten.

N. P. Sobko, Russ. Kstlerlex. — Ѳ Булгаковъ, Наши художники (Th. Bulgakoff, Unsere Künstler). St. Petersburg 1889, I 11. *W. Neumann.*

Alexas, Gemmenschneider der ersten römischen Kaiserzeit, Vater des Aulos und Quintus (s. d.). Von echten Werken besitzen wir das Fragment eines Kameo mit der Darstellung eines Seedrachen nebst einem Ruder (im British Mus.). Andere Steine mit seinem Namen sind gefälscht.

Brunn, Gesch. d. gr. Kstler. II 543. — Archäol. Jahrb. III 137 f. Taf. III 23 (gefälscht), IV 52. — Pauly-Wissowa, Realenc. I 1463, 2 (Rossbach). *Pernice.*

Alexèjeff, Alexander Alexéjewitsch, russ. Maler, geb. 1811, † 8. 9. 1878 in Petersburg, anfangs Schüler des Heiligenbildermalers Krjiloff auf dem Gute des Fürsten Putjätin und seit 1825 Venezianoffs, dann Pensionär des Vereins zur Förderung der Künstler. In der Folge war er Lehrer im Pleskauschen, Archangelschen und Olonetzischen Gouvernement. Von ihm: das Atelier

Venezianoffs 1828, „Aller Leidenden Freude" Heiligenbild für das Obuchoffsche Krankenhaus und mehrere Porträts. Im Mus. Alexanders III. von ihm: die Überschwemmung Petersburgs am 7. 11. 1824.

N. P. Sobko, Russ. Kstlerlex. — Русск. библ. словарь (Russ. Bibliogr.) II 2. *W. Neumann.*

Alexejeff, Alexander Ignatjewitsch, russ. Maler, geb. 1842 in Moskau, Schüler der Moskauer Kunstschule und der Petersburger Akad., bildete sich weiter in Paris. Er malte vorherrschend Frauen- und Kinderköpfe, später Landschaften.

N. P. Sobko, Russ. Kstlerlex. — Θ. Булгаковъ, Наши художники (Th. Bulgakoff, Unsere Künstler), Petersburg 1889, I 13. — Pariser Salon 1890/91. *W. Neumann.*

Alexejeff, Dmitri, russ. Silberarbeiter. verfertigte 1630 einen Sarg für die Reliquien des hl. Dmitri (des Zarewitsch Dmitri, der 1591 auf Anstiften des Boris Godunow in Uglitsch ermordet wurde).

Забѣлинъ, О металлич. произв. въ Россіи, въ зап. Имп. археолог. общ. (Sabelin, Über die Metallbearb. in Rußland, in den Mem. der Kais. Archäolog. Ges.). V. St. Petersburg 1853. *W. Neumann.*

Alexejeff, Feodor, russ. Kupferstecher, arbeitete in Moskau von 1815—1839, anfangs unter A. A. Ossipoff in der Kupferstecherschule, die von P. P. Beketoff bei seiner Druckerei begründet worden war. Von ihm: Porträts des Kaisers Alexander I. (in 4 verschiedenen Stellungen) nach M. Dubrowin (1815) und A. Orlowsky; der Kaiserin Elisabeth Alexejewna (1827); des Kaisers Nikolaus I. auf dem Thron; der Kaiserin Alexandra Feodorowna (1826) und des Moskauer Metropoliten Filaret (1826 und 1833). Ferner gegen 30 Porträts histor. Persönlichkeiten für die Publikationen Beketoffs 1821—22 und 1843. Außerdem stach er auf 4 Blättern den letzten Tag von Pompeji nach K. P. Brülow für die Publikation der Katharina Bjélowa in Moskau, 1834.

N. P. Sobko, Russ. Kstlerlex. — Русск библ. словарь (Russ. Bibliogr.) II 15. *W. Neumann.*

Alexejeff, Feodor Jakoblewitsch, russ. Architekturmaler, geb. 1753 in Petersburg, † daselbst 11. 11. 1824, Schüler der Petersburger Akad., die er 1773 verließ, um seine Studien im Auslande fortzusetzen. Er malte anfangs Stilleben — Blumen und Früchte — wandte sich aber in Venedig unter Giuseppe Moretti der Dekorationsmalerei zu und genoß den Unterricht Gasparis in der Perspektive. Von 1779—85 arbeitete er in Petersburg als Theater-Dekorationsmaler, wandte sich dann aber fast ausschließlich der sog. Perspektivmalerei zu. 1795 hatte er im Auftrage der Kaiserin Katharina die von ihr bereisten Städte Cherson, Bachtschissarai und Nikolajew zu malen. Er lehnte sich in seinen Arbeiten immer mehr an Bernardo Belotto an, was ihm den Namen des russ. Canaletto eintrug. 1803 wurde er als Lehrer an die Akad. berufen. — Die Mehrzahl seiner Bilder befindet sich in russ. Privatbesitz; 3 besitzt das Museum Alexanders III., die Ermitage seine Moskauer Zeichnungen.

N. P. Sobko, Russ. Kstlerlex. — Русск. библ. словарь (Russ. Bibliogr.) II 15 u. 16. — А. Н. Андреевъ, Живопись и живописцы главнѣйш. европѣйск. школъ (A. N. Andrejew, Malerei u. Maler der wichtigsten europ. Schulen) St. Petersb. 1857, S. 496/7. — В. Григоровичъ, Журналъ изящныхъ искусствъ (W. Grigorowitsch, Journal der schönen Künste) St. Petersb. 1823, I 338. — Н. В. Кукольникъ, Картины русск. живописи (N. W. Kukolnik, Bilder russ. Malerei) St. Petersb. 1846, S. 97. — Waagen, Die Gemäldesammlung der Kais. Eremitage zu St. Petersburg. München 1864, S. 316. — Ferd. Hand, Kunst u. Altertum in St. Petersb. Weimar 1827, S. 45. *W. Neumann.*

Alexejeff, Iwan, russ. Heiligenbildmaler des 17. Jahrh., arbeitete 1661 in der Schloßkirche der Märtyrerin Eudoxia, 1666 in der Kathedrale zu Dmitrowa und im Sabbaskloster.

N. P. Sobko, Russ. Kstlerlex. — Ровинскій, Исторія русск. школъ иконоп. въ Зап. Имп. археолог. общ. (Rowinski, Gesch. der russ. Schulen der Heiligenbildmalerei, in den Mitt. d. Kais. archäolog. Ges.) St. Petersb. 1856, VIII 127. — Nagler, Monogr. I 2525. *W. Neumann.*

Alexejeff, Michael Nikolájewitsch, russ. Maler, geb. 1842, Schüler seines Vaters Nikolai M. und der Petersburger Akad. Er hat mehrere Porträts geschaffen.

N. P. Sobko, Russ. Kstlerlex. *W. Neumann.*

Alexejeff, Nikolai, russ. Medailleur des 18. Jahrh., Schüler der Petersburger Akad., wurde 1786 zum Medailleur beim Petersburger Münzhof ernannt und arbeitete bis 1798. Von ihm mehrere historische und der Revers einer Akademiemedaille.

Ю. Иверсенъ, Словарь медальеровъ (Jul. Iversen, Lex. d. Medailleure) St. Petersburg 1874. Forrer, Dict of Med. *W. Neumann.*

Alexejeff, Nikolai Michailowitsch, russ. Maler, geb. 1813, † 30. 5. 1880 in Jaroslaw, war anfangs Schüler von Stupin in Arsamas und bezog dann die Petersburger Akad. Nach Erlangung des Künstlergrades kehrte er nach Arsamas zurück und trat als Hilfslehrer in das Stupinsche Institut. Für das Bild „Stupin im Kreise seiner Schüler" erteilte ihm die Akad. den Rang eines Akademikers. Außer verschiedenen Kirchenmalereien schuf er auch mehrere Miniaturporträts auf Elfenbein. Eine Feuersbrunst im Hause Stupins, die seiner Frau, einer Tochter seines Lehrers, das Leben kostete, veranlaßte ihn zur Übersiedlung nach Petersburg, wo er eine Reihe von Ikonostasisgemälden und mehrere Porträts schuf, darunter die der Kaiser Nikolaus I. und Alexander II. Er wandte sich schließlich der Mosaikmalerei zu und arbeitete an der Ausschmückung der Isaakskirche in Petersburg. Hier schuf er die Bilder des hl. Isaak v. Dalmatien, des Apostel Paulus, der drei Hierarchen, Aller Heiligen, des Erzengels Michael und des hl. Sergius. Am 1. 4. 1873 wurde er pensioniert und zog nach Jaroslaw.

N. P. Sobko, Russ. Kstlerlex. — Русск. библ. словарь (Russ. Bibliogr.) II 9. — St. Petersburger Ztg. 1836, No. 231: Die Kunstausstellung in d. Kaiserl. Akad. d. Künste. — Daselbst: 1846, No. 90: K. Minzloff, Die Gemälde der Kais. Akad. d. K — П. Н. Петровъ, Краткое обозрѣніе мозаичнаго дѣла въ Россіи (P. N. Petrow, Kurze Übersicht über die musivische Kunst in Rußl.) St. Petersburg, S. 78. — В. Серафимовъ и М. Фоминъ, Описаніе Исаакіевскаго собора (W. Serafimoff u. M. Fomin, Beschreibung d. Isaaks-Kathedrale) St. Petersburg 1865, S. 72/3 u. in den Anmerkungen (Примѣчанія) S. 72, 75, 76. *W. Neumann.*

Alexejeff, Samuel Alexéjewitsch, russ. Medailleur, geb. 13. 8. 1764, † 24. 2. 1801, wurde von 1770—1785 in der Petersburger Akad. erzogen und war Schüler von S. W. Wassiljeff, später dessen Gehilfe. Nach Wassiljeffs Tode wurde er Gehilfe des Akad. K. Leberecht an der neu errichteten Medailleurklasse bei der Akad. Von ihm gibt es mehrere Medaillen auf historische Ereignisse.

N. P. Sobko, Russ. Ksterlex. — Русск. библ. словарь (Russ. Bibliogr.) St. Petersburg II 14. — Ю. Иверсенъ, Словарь медальеровъ (Jul. Iversen, Lex. d. Med.) St. Petersburg 1874. — Forrer, Dict. of Med. *W. Neumann.*

Alexejeff, Wassili Wladimírowitsch, russ. Medailleur, geb. 1822, erhielt seine Ausbildung im technologischen Institut, trat 1845 als Medailleur in den Dienst des Münzhofs und wurde 1871 als stellv. Professor der Medailleurkunst an die Petersburger Akad. berufen. Von ihm: Avers einer Med. auf die Teilnahme Rußlands am griechischen Befreiungskriege und den Frieden von Adrianopel 1829 (der Revers ist von Klepikoff). — Revers der Med. auf den Tod der Kaiserin Alexandra Feodorowna (nach Ljalin). — Med. auf die Einweihung der Isaakskirche (mit Ljalin). — Med. zum 50jährigen Jubiläum der Moskauer Handelsakad. — Med. auf die Unterwerfung des Kaukasus 1864 (nicht veröffentlicht). — Med. auf das Jubiläum des Rektors und Professors der Kunstakad. R. A. Thon 1865, modelliert von Reimers. — Med. zur Zentenarfeier des St. Georgenordens — Med. zu Ehren des Prof. Bruni, A. P. Brülows, Tschewkins, die Aversseite der Med. zur Zentenarfeier des Bergkorps, die Med. zur Zentenarfeier der Kunstakad. und viele andere.

N. P. Sobko, Russ. Kstlerlex. — Ю. Иверсенъ, Словарь медальеровъ (Jul. Iversen, Lex d. Med.) St. Petersburg 1874. — Отчетъ акад. худ. (Jahresbericht d. Kunstakad.) 1864 — 1865. — Gaz. d. b. a. XVIII 731. — Forrer, Dict. of Med. — Meyer, Kstlerlex. *W. Neumann.*

Alexejeff, Wladimir Jefrémowitsch, russ. Medailleur, geb. 1784, † 1832, trat 1801 als Lehrling in das Atelier Leberechts im Petersburger Münzhof und wurde schon 1805 zum Medailleur ernannt. Von ihm: die Militärverdienstmedaille von 1806 mit dem Monogr. A. — Die Medaille auf die Ankunft des Königs Friedrich Wilhelm von Preußen in Petersburg 1818. — Die Medaille für die Rettung Verunglückter um 1830 mit poln. Inschrift. — Die Medaille des Katharinen-Gymnasiums mit Devise. — Die Medaille der Seemannsschule. — Die Medaille auf die Einführung der Schutzblattern in Finnland unter Nikolaus I. — Die Medaille auf die Krönung des Kaisers Nikolaus I. — Die Medaille auf den Besuch des Petersburger Münzhofs durch den persischen Prinzen Abas-Mirza 1829. — Die Medaille auf den Frieden mit der Türkei 1829. — Die Medaille „für Treue". — Die Medaille „für Arbeitsamkeit u. Kunst" 1831. Zugeschrieben werden ihm die Med. auf die Großfürsten Wsewolod Jaroslawitsch (1178 bis 1193) mit dem Monogramm A — und Wassili Joannowitsch (1505—1533) mit dem Monogramm W. A. Ferner die Kopien der Med. auf den Feldzeugmeister Grafen Schuwaloff, 1738 nach J. A. Dassier, und auf den Sieg über die Preußen 1759 nach T. Iwanoff mit dem Monogramm K. B. A.

N. P. Sobko, Russ. Kstlerlex. — Русск. библ. словарь (Russ. Bibliogr.) II 3. — Ю. Иверсенъ, Словарь медальеровъ (Jul. Iversen, Lex. d. Med.) St. Petersburg 1874. — Derselbe: Medaillen zu Ehren russ. Männer 1880. — Forrer: Dict. of Med. (Hier Verwechslung mit Wass. Wladim. A.) *W. Neumann.*

Alexi, Joh., wahrscheinlich ein Brünner Maler, malte 1781 das Hochaltarblatt St. Stanislaus für die Kirche in Boskowitz.

Cerroni, Verzeichnis von Malern und ihren Arbeiten in versch. Kirchen Mährens und Schlesiens. (Ms. im Mähr. Landes-Arch.). *W. Schram.*

Alexievic, Spiridion, Maler, geb. im Dorfe Zitomislić in der Herzegovina 1769, † 1841. Er war Mönch in dem griechisch-orientalischen Kloster seines Dorfes, flüchtete sich 1788 vor der Pest nach Dalmatien, wo er sich mit Unterricht beschäftigte und zugleich in der Malerei sich auszubilden begann. Zu weiterem Studium der byzantinischen Kirchenmalerei ging er nach Corfú, von wo er nach Dalmatien zurückkehrte. Dort fertigte er für griechisch-orientalische Kirchen viele Gemälde. Mehrere Altarbilder von ihm befinden sich in der Kirche von Kossovo bei Knin und in Verlicca, ein größeres Gemälde, das letzte Abendmahl, im Kloster Dragović. Er war zuletzt Pfarrer in Zara und bischöfl. Administrator der dalmatinisch-griechischen Diözese.

Meyer, Kstlerlex. **

Alexii, Andreas, Baumeister und Bildhauer des 15. Jahrh., geb. zu Durazzo in Albanien von slavischen Eltern. Er brachte sein ganzes Leben in Dalmatien, zumeist in Spalato zu, wo er um 1504 starb. Als Künstler steht er in der ersten Reihe seiner dalmatinischen Kunstgenossen jener Zeit, und seine noch erhaltenen Bauwerke sind tüchtige Denkmale jener Kunstepoche. Sein erstes uns bekanntes Werk ist die Kapelle der hl. Katharina in der Kirche des hl. Dominik in Spalato. Laut dem am 4. Jan. 1448 mit dem Dominikaner-Prior geschlossenen Vertrage hatte Meister Andreas die genannte Kapelle nach dem Muster jener des hl. Rainerio in Spalato zu bauen, mit gleicher Wölbung und plastischen Verzierungen auf den Wänden der Kapelle und über dem Fenster. Für seine Arbeit erhielt er 105 Dukaten in Gold; nebstdem für ein Grabdenkmal der Familie Lukarich 6 Dukaten. 1452 wird er dann unter den Gehilfen s. Landmanns Giorgio da Sebenico erwähnt.

Sein zweites uns bekanntes Werk ist die Kapelle der hh. Hieronymus und Nikolaus in der gegenwärtig verfallenen Kirche des hl. Johann d. Täufers in der Stadt Arbe, auf der gleichnamigen Insel. Diese Kapelle ist ebenfalls halb verfallen, doch hat sich über dem Eingange derselben folgende Inschrift erhalten:

AD LAVDEM ET HONOREM OĪP. DEI ET STŌR.
COFESSOR. HIERON. ET NICOLAI IN CHA . . . EIM.
HEDIFICARI FECIT DN̄. COLANE . . .
DE CERNOTIS. MAGISTER ANDREAS ALECXI
DE DVRACHIO FECI HOC OPVS MCCCCLIIII.

Aller Wahrscheinlichkeit nach rührt von diesem Baumeister auch die gotische Taufkapelle in der Domkirche von Arbe her, die zu derselben Zeit die Patrizierfamilie Sudenić bauen ließ, welche mit unserem Meister laut gleichzeitigen Urkunden im Verkehre stand. Da Meister A. noch 1460 auf der Insel Arbe verweilte, so ist es möglich, daß er sich auch bei jenen Bauwerken beteiligte, die der kunstliebende Bischof von Arbe, Johann Scafa, in jener Zeit ausführen ließ; unter welchen Farlati (Illyricum Sacrum V. 258) die bischöfliche Residenz, den Altar der hh. Hieronymus und Anastasius, sowie das Mausoleum des Bischofs (aus Marmor) erwähnt.

Um das Jahr 1466 wurde Meister Andreas nach Traù berufen, um in der dortigen Domkirche ein neues Baptisterium zu bauen und die schöne Kapelle des hl. Johann von Traù zu vollenden. Das Baptisterium vollendete A. 1467, wie die innerhalb des Eingangsbogens angebrachte Inschrift bezeugt:

IACOPO TORLONO PONTIFICE
CARLO CAPELLO PRAETORE
ANDREAS ALEXIVS
DYRRACHINVS OPIFEX DCCCCLXVII.

Die Wölbung dieses Baptisteriums ruht auf vier Rundsäulen, während die Wände durch 20 Pilaster gegliedert sind. In erster Reihe oberhalb derselben sind die Wände der ganzen Kapelle mit Blumengewinden, welche von 24 Engeln getragen werden, geziert. Die zweite höhere Reihe bildet gemeißeltes Laubwerk; an der Wölbung endlich Rosengewinde und andere Ornamente. Außen, über dem mit Skulpturen reich verzierten Eingang, in halberhabener Arbeit der hl. Johann der Täufer, wie er im Jordan den Erlöser im Beisein von drei Engeln tauft. Darüber der hl. Geist und Gott-Vater den Sohn segnend. Es ist wahrscheinlich, daß diese Bildhauerarbeiten gleichfalls von dem Meister A. herrühren, da er auch als Bildhauer in den Urkunden genannt wird. Für seine Arbeit erhielt er 4980 Lire, wie sich in den Kirchenbüchern verzeichnet findet.

Im Jahre 1468 am 4. Jan. schloß er in Gemeinschaft mit dem Meister Nikolaus aus Florenz einen Vertrag ab mit dem Domkapitel von Traù zur Erbauung einer neuen Kapelle des hl. Johann von Traù, ebenfalls in der Domkirche. Diese Kapelle, zu der aus dem Innern des Doms ein auf reich verzierten Pfeilern aufsitzender Rundbogen führt, ist mit Arabesken, Ornamenten, Halbpfeilern und Statuetten geschmückt. Rings an der Mauer sind in erster Reihe in hoch erhabener Arbeit 17 Engelsgestalten aus Marmor gemeißelt, die hinter kleinen Pförtchen und Gittern hervorblicken und brennende Fackeln in der Hand halten. In zweiter Reihe stehen in Nischen auf den Langseiten sechs kunstvoll gearbeitete steinerne Statuen der Apostel (in Lebensgröße), von denen besonders die des hl. Paul und hl. Johannes Ev. geschätzt werden. Nur die letztere ist die Arbeit des Meisters Andreas. Hinter dem Altar stehen ebenfalls drei Statuen, zwei Heilige und der Erlöser, der das Grab des hl. Johannes segnet. Sechzehn Genien tragen den verzierten Fries. In der Wölbung Rosen- und Blumengewinde, in ihrer Mitte das gemeißelte Bild des Gott-Vaters. Auch die Kapitelle der rings die Mauer stützenden Pfeiler sind reich mit plastischem Schmuck versehen. Der ganze Bau ist in sehr regelmäßigen Formen im Renaissancestil gehalten und gehört zu den schönsten Bauten des 15. Jahrh. in Dalmatien. Vier Jahre lang wurde daran gearbeitet, und die Meister erhielten dafür die Summe von 2300 Dukaten in Gold. Doch wurde der Altar erst 1648 durch den Meister Nikolaus von Venedig vollendet. Die Statuen in den Nischen, mit Ausnahme jener des hl. Joh. Ev., wurden von anderen Meistern, wie Alessandro Victoria usw. ausgeführt. — 1472 arbeitete Meister Andreas mit seinem Gefährten Nikolaus von Florenz an der Restauration des

Kirchturmes des Domes von Spalato, an dem er laut gleichzeitigen Urkunden auch 1497 beschäftigt war.

Das Grabmal des Meisters befindet sich in der Kapelle der Bruderschaft des hl. Geistes zu Spalato, welches er sich selbst bei Lebzeiten 1503 setzte.

Von den Schülern des Andreas nennen die Quadernen von Traù den Michael Namacić aus der Neustadt von Traù, der 1470 zu ihm in die Lehre trat.

Meyer, Kstlerlex. (Artikel v. J. Kukuljevic). — Archivio stor. d'arte ital. VII 404. **

Alexis, Erzbildner, wird von Plin. N. H. 34, 50 unter den Schülern des Polyklet aufgeführt. Er wird in Familienzusammenhang mit einem späteren Alexis, dem Vater des Kantharos, eines Enkelschülers des Lysipp, gestanden haben.

Overbeck, Schriftq. 978. — Pauly-Wissowa, Realenc. I 1471, 11 (Robert). *Amelung.*

Alexis, stach 1819 zu Lyon eine Ansicht des Kreuzesweges von Lyon, vielleicht führte er auch in Paris die Stiche von militärischen Kostümen für den Herausgeber Basset aus.

Le Blanc, Manuel. *J. Guibert.*

Alexis, Elias, nur von Zani, Enc. als Zeichner und Stecher des 18. Jahrh. in Frankreich genannt. ***

Alexis, François, lothring. Bildhauer, geb. in Nomeny, war 1748 in Nancy ansässig. Ungefähr 1753 wurde er Bürger dieser Stadt. 1788 arbeitete er an der plastischen Ausschmückung der Kirche von Vandelainville.

Réun. d. soc. d. beaux-arts. XXII 312. *Lami.*

Alexis, Johann Gottlieb, Maler, 1639 bis 1641 urkundlich in der Marienkirche in Lübeck tätig.

Bau- u. Kstdenkm. von Lübeck II 447. ***

Alexis, Victor, französ. Maler und Lithograph, geb. in Aix (Bouches-du-Rhône), ging 1820 nach Rom. Der spanische Bildhauer José Alvarez wurde sein Gönner und brachte ihn nach Madrid. Hier hat er zahlreiche Ansichten von kgl. Schlössern gemalt und für die von José Madrazo herausgegebene Sammlung von Lithographien zwei Landschaften nach Poussin und Glauber gezeichnet. 1835 stellte er im Salon in Paris: Vues du Bourbonnais aus; 1836: Vue de la cour des Lions à Granada; 1837: Vue du château de Chillon; 1839 und 1840 Landschaften. In den letzten Jahren war er in Petersburg tätig, wo er um 1840 starb.

Ossorio y Bernard, Gal. biograf. — Bellier-Auvray, Dict. gén. **

Alexius, Andreas, s. *Alexii,* A.

Alexius, Daniel, von Kvietna, Maler, geb. zu Pilsen in Böhmen. 1599 malte er die Fresken in der Kapelle zu St. Johann dem Täufer in der erzbischöflichen Residenz zu Prag. Er brachte dabei auch sein eigenes Bildnis an. In einem geschriebenen, in der Bibliothek des Stifts Strahow aufbewahrten Compendium Historiae Plsnensis findet sich die Stelle: Anno 1599, Daniel Alexius Plsnensis pictor egregius eleganti pictura ornavit laquear Sacelli S. Joannis Baptistae decolato dicati in Palatio Archiepiscopali Pragae, prout hodie videtur, ubi et se ipsum appinxit. 1614 restaurierte er die Bilder der Wenzelslegende in der Wenzelskapelle des Veitsdomes zu Prag (auf Kosten des Zdenko Alb. v. Lobkowitz). Später lebte er in Prag und starb 1619.

Schaller, Topographie des Pilsener Kreises p. 69. — Dlabacz, Böhm. Kstlerlex. — Herain-Jansa, Alt-Prag. — Chytil, Die Kunst in Prag zur Zeit Rudolfs II. 1904. *Emler.*

Alexy, Karl, ungar. Bildhauer, geb. 1823 in Poprád (Ungarn), † um 1880. Begann seine Studien an der Wiener Akad., trat 1841 mit selbständigen Arbeiten auf: einer Porträtbüste und der Reiterstatue der Königin Viktoria, letztere mehrmals in Bronze ausgeführt. 1843 machte er eine Studienreise in Deutschland, 1845 in Italien und Frankreich, 1847 nach Preßburg, überall mit Porträtbüsten reichlich beschäftigt. Wegen Teilnahme am ungarisch. Freiheitskampfe 1848—49 verurteilt, konnte er seine Tätigkeit erst 1852 wieder aufnehmen, er ging nach London, wo er anfangs im Atelier William Behnes', und, nachdem er im Kristallpalast mit den Büsten Raffaels und der Fornarina und einigen auf den ostindischen Krieg bezüglichen Gruppen großes Aufsehen erregt, selbständig arbeitete. 1861 kam er nach Ungarn zurück, wo ihn außer der kolossalen Marmorbüste des Grafen Batthyány auch die plast. Ausschmückung der Budapester Redoute beschäftigte. In Budapest seßhaft geworden, wurde er Zeichenlehrer an der Oberrealschule. A.s in kalt-akad. Stile gearbeiteten Werke befinden sich in Wien, London und Ungarn. Aus der Wiener Periode stammt „Faust und Margarete", „Egmont und Klärchen", das Ehrengeschenk der Wiener Damen für Franz Liszt mit den Büsten Beethovens, Webers und Schuberts, ferner eine Suite von 16 Bronzestatuetten (berühmte Feldherren vom XV. Jahrh. an). Hiervon kamen 18 vollständige Wiederholungen in Guß, zwei davon für den König von Preußen. Für England modellierte er außer den gen. noch u. a.: überlebensgroße Büsten von Kossuth und Batthyány (Kristallpalast), Grabmonument für ein junges Mädchen, Marmor, Highgate-Friedhof; Kolossalstatue des engl. Obersten Collnet, aus parischem Marmor in zwei Exemplaren, eines hiervon in Malta, das andere im Besitze der Familie Collnet in England. Für Ungarn: Bronzebüste des ungarischen Kanzelredners Samuel Hegedüs (Kolozsvár), des

Erzbischofs Lonovics (Preßburg), Denkmal des Baron Johann Jeszenák (prot. Friedhof, Preßburg) u. a.

Meyer, Kstlerlex. *K. Lyka.*

Aleyn, Johannes, Glockengießer in London im 13. Jahrh.

Kronthal, Lex. d. techn. Kste, 1898. **

Alezand, Nicolaus, Fayencemaler zu Nevers in der zweiten Hälfte des 18. Jahrh.

Kronthal, Lex. d. techn. Kste, 1898. **

Alezeh, Georg, Steinhauer. Sein Name findet sich mit seinem Steinmetzzeichen und der Jahreszahl 1680 an dem Portal eines Hauses mit schöner Eckkonsole in Waiblingen.

Kst.- u. Altertumsdenkm. i. Königr. Württemberg, Neckarkreis p. 496, 579. *H. V.*

Alfani, Cesare di Domenico di Paride, Maler zu Perugia. Er ist unehelicher Sohn des Malers Domenico A. und wird 1520 legitimiert. 1533 wird er in die Peruginer Malerzunft aufgenommen, in der er achtmal das Ehrenamt des Camerlengats bekleidete (im 1. Semester der Jahre 1540, 1543 und 1550, im 2. Semester 1554, 1561 und 1567 und im 1. Semester 1571). Im letzten Quartal des Jahres 1568 war er Prior derselben. Er scheint nur als Gehilfe seines Vaters und seines Bruders Orazio tätig gewesen zu sein. Sein Vater Domenico bedang ihn sich ausdrücklich als Gehilfen aus für Malereien, die er in S. Pietro auszuführen hatte. Ein Dokument vom 4. 4. 1548*) ergibt, daß er für die Hilfe, die er Galeazzo Alessi bei der Herstellung einer Figur der S. Giuliana in der Kirche S. Chiara geleistet hatte, 50 Bajocchi erhielt. Nach dem Tode seines Vaters vereinigte er sich mit Gabriele di Tommaso di Bevignate zur Wahrung der Interessen der von den beiderseitigen Vätern gegründeten Sozietät. Am 17. 1. 1565 erhielt er das Bürgerrecht. Am 20. 10. 1571 machte er sein Testament und starb noch in demselben Jahre.

*) publiziert im Giornale scientifico-letterario di Perugia, Nuova Ser. 1864 p. 553.

Mariotti, Lettere pittoriche perugine p. 251. — Lupattelli, Stor. d. pittura in Perugia p. 49, 54. — Orsini, Vita di Pietro Perugino p. 267. *W. Bombe.*

Alfani, Domenico di Orazio, Maler und Stuckateur in Perugia. Am 16. 4. 1574 überträgt ihm sein Vater Orazio A. zeitweilig das Camerlengat der Peruginer Malerzunft. Um 1580 verpflichteten sich Domenico und sein Vater Orazio, ein Altarbild und Stuckverzierungen in S. Emiliano zu Trevi auszuführen. Wahrscheinlich sind aber nur die Stuckaturen von Domenico, das Altarbild, eine Gürtelspende der Maria, dagegen von Orazio A. Im 3. Trimester 1585 wird er zum Prior der Zunft gewählt. Sein Memoriale, das die Biblioteca Comunale zu Perugia bewahrt, ist reich an Kopien von Inschriften und Wappen, wie auch an Skizzen, und berichtet von Reisen Domenicos nach Rom, Urbino, Capo-d'Istria und Udine.

Adamo Rossi, La casa e lo stemma di Raffaello in Arch. stor. dell' arte I fasc. II 4—6. *Walter Bombe.*

Alfani, Domenico di Paride, Maler zu Perugia, Sohn des Goldschmieds Paride A. Geb. wahrscheinlich zwischen 1479 und 1480. Freund Raffaels und dessen Mitschüler unter Perugino. 1509 (?) übersendet ihm Raffael die Zeichnung einer heiligen Familie und bittet ihn in einigen Zeilen auf der Rückseite des Blattes, das sich jetzt in der Sammlung Wicar in Lille befindet, bei Madonna Atalanta (Baglioni, für welche Raffael 1507 die Grabtragung Christi gemalt hatte) die Bezahlung des Honorars zu erwirken. 1510 wird Domenico in die Peruginer Malerzunft aufgenommen. Schon vorher, 1508, werden ihm von den Mönchen in S. Pietro zu Perugia die Auslagen für eine bemalte Totenbahre vergütet. Ähnlich bescheidener Art ist seine Tätigkeit in den nächsten Jahren: 1511 malt er zusammen mit dem Peruginoschüler Berto di Giovanni Trompetenwimpel für die Prioren, 1513 das Wappen Papst Leos X.

Sein frühestes noch erhaltenes und vielleicht schönstes Altarbild malte er 1518 für S. Gregorio della Sapienza (jetzt in der Pinakothek zu Perugia). Es stellt die thronende Madonna zwischen den Heiligen Gregor und Nikolaus dar und zeigt den Künstler ganz unter dem Einflusse Raffaels, mit dessen Madonna Orléans die Komposition Ähnlichkeit hat. Mit Hilfe der erwähnten Zeichnung Raffaels führte er 1520 gemeinsam mit Pompeo d'Anselmo ein Altarbild für S. Simone del Carmine aus. (Die hl. Familie, jetzt in der Pinakothek.) Das Datum 1521 trägt eine Tafel im Dome zu Città della Pieve, welche die Madonna mit 2 knienden Heiligen und 2 Engeln darstellt. 1522 malt er für S. Maria Nuova eine Pietà (jetzt in der Pinakothek). In demselben Jahre verpflichtet er sich, 14 Drapelloni für eine in S. Agostino zu errichtende Kapelle, und eine Altartafel, die Madonna mit S. Nikolaus, Lucia, Sebastian und Franciscus, um den Preis von 240 Gulden zu fertigen. — In der Folgezeit wirken Fra Bartolommeo, Andrea del Sarto und Rosso Fiorentino entscheidend auf ihn ein. Das stark restaurierte Bild der thronenden Madonna mit 4 Heiligen und Engeln in der Pinakothek, von 1524, und das kürzlich aufgedeckte Fresko in Prepo bei Perugia von 1525 zeigen den Übergang zu der Weise der späteren Florentiner. 1527 macht er sein erstes Testament. Nach Mariotti (Lett. pitt. p. 248) malt er 1530 einen S. Andreas für die Kirche S. Fiorenzo in Perugia, der verschollen ist. Die helfende Hand des Rosso erkennt man in der Madonna mit den Heiligen Juliana und Johannes, die Domenico 1532 für die Kirche S. Giuliana malte (jetzt in der Pinakothek). 1534 vollendete er, angeblich mit Hilfe eines Kartons des Rosso, das 1527 bei ihm bestellte Tafelbild für Castel Rigone, von dem an Ort und Stelle nur noch Basis und Tympanon erhalten sind. 1535 erhält er den Auftrag, gelegentlich des Besuches Papst Pauls III., dessen Wappen an die Mauer des Palazzo pubblico in Perugia zu malen. In demselben Jahre heiratet er Maddalena di Filippo, die Mutter seiner unehelichen, aber schon 1520 legitimierten Kinder. 1536 vollendet er ein Presepe für S. Francesco (vielleicht unter Beihilfe seines Sohnes Orazio?) und bemalt er eine Statue des hl. Ludwig daselbst. Für die Kapelle der Fioravanti in S. Agostino fertigte er 1542 ein Altarbild mit der Krönung Mariae (jetzt in der Sakristei). Aus dem Jahre 1545 ist seine Anbetung der Könige in S. Agostino, zu der nach Vasaris Angabe ebenfalls Rosso den Karton gezeichnet hatte. Auf der Rückseite dieses Bildes befand sich ursprünglich eine Heimsuchung, jetzt in S. Pietro? — 1549 hat er gemeinsam mit Pompeo Cocchi und Giambattista Caporali eine Altartafel des Lattanzio Pagani für S. Maria del Popolo in Perugia abzuschätzen. Im gleichen Jahre macht er sein zweites Testament. 1553 werden bei ihm 2 Figuren zur Seite des Presepe in S. Francesco und eine Kreuzigung zwischen den Heiligen Hieronymus und Apollonia bestellt (jetzt in der Pinakothek). An der Ausführung ist sein Sohn Orazio beteiligt, der auch für die 1547 von Domenico übernommenen Arbeiten im Chor von S. Pietro 1556 bezahlt wird.

Von den nicht datierten Werken Domenicos gehören seiner raffaellesken Periode an: Die Madonna mit S. Francesco und Bernardino und die Darstellungen des S. Girolamo und S. Antonio, Freskobilder in der Kirche S. Francesco zu Bettona, ferner ein großes Fresko mit Szenen aus dem Leben des S. Antonio, darunter die Statue des Heiligen mit den zu seiner Seite gemalten Figuren des S. Sebastiano und S. Rocco, in S. Francesco in Città della Pieve eine stark restaurierte Madonna mit 4 Heiligen und Engeln. Sein bedeutendster Schüler war sein Sohn Orazio.

Bonacci Brunamonti, Pietro Perugino e l'arte umbra. — Crowe u. Cavalcaselle, Italien. Malerei IV 383—8. (Engl. Ausg. III 364 bis 368). — Lermolieff, Die Galerien Borghese u. Doria-Pamfili, p. 175. — Lupattelli, Storia della pittura in Perugia, p. 43, 49, 51. — Mariotti, Lettere pittoriche perugine, p. 241 bis 250. — Mezzanotte, Vita di Pietro Perugino, p. 247—254. — Meyer, Kstlerlex. — Orsini, Guida di Perugia, Vita di Pietro Perugino, p. 258. — Pascoli, Vite dei pitt. etc. di Perugia p. 62. — Pungileoni, Vita di Raffaello Santi p. 79, 293. — Passavant, Raphael d'Urbin. — Vasari, Vite etc. Ed. Le Monnier IX p. 73. — Zahns Jahrbücher, Bd. II 274 (Mündler). — Giornale di Erudizione artistica I u. II (Adamo Rossi). — Rassegna d'arte III 1903 p. 113 (O. Scalvanti).

Walter Bombe.

Alfani, Emanuele, Maler in Perugia, tätig um 1730.

Zani, Encicl. met. II 48. *W. Bombe.*

Alfani, Francesco, Edelsteinschneider im 18. Jahrh. zu Rom, wird von Köhler (zugleich mit Flavio Sirletti, Francesco Ghinghi, Felice Bernabé, Torricelli, Girolamo Rossi, Giovanni Costanzi, Antonio Pichler, Giovanni Pichler und Lorenz Natter) unter denjenigen Gemmenschneidern genannt, welche sich dazu hergaben, geschnittene Steine mit Aufschriften von Künstlernamen des Altertums für „gewinnsüchtige Sammler und Steinhändler" herzustellen.

H. K. E. Köhler, Abhandlung über die geschnittenen Steine mit den Namen der Künstler, St. Petersburg 1851 p. 53. — Ms. H. Rollett.

Alfani, Orazio, Maler zu Perugia. Unehelicher Sohn des Domenico A., geb. ca. 1510, legitimiert 1520. Seine frühesten selbständigen Arbeiten, zwei Freskobilder in der Cappella di S. Giacomo in S. Fiorenzo, von 1530, sind zugrunde gegangen. An dem Presepe, das sein Vater Domenico 1536 für S. Francesco malte, ist Orazio beteiligt. Von 1539—1544 ist Orazio in Trapani und in Palermo, wo er sogar das Bürgerrecht erhielt, tätig. Er verpflichtet sich am 23. 5. 1539 in Palermo, zusammen mit dem Maler Francesco Martorana ein hölzernes Gehäuse (Custodia) und den marmornen Bogen des Gagini in der Annunziata zu Trapani zu bemalen und zu vergolden. 1541—44 ist er ferner mit Martorana, Fazio Gagini und dem Bildhauer Scipione Casella beschäftigt, die Stuckdekorationen in der Tribuna des Doms zu Palermo auszuführen. Am. 9. 7. 1541 übernimmt er den Auftrag, für Benedetto Rau die Wände und die Gewölbe der Loggia über der Treppe seines Palastes mit Historien zu bemalen, und am 7. Febr. wird er bezahlt für eine Pietà, die er auf eine Wand der alten Kirche S. Pietro Martire gemalt hatte. (Später Monastero di Valverde.) 1545 wird er in die Peruginer Malerzunft aufgenommen. 1548 malt er eine farbenreiche Auferstehung Christi, ehemals in der Kirche der Universität, jetzt in der Pinakothek zu Perugia. Nach Orsini malte er 1551 für die Confraternita dell' Addolorata (Ex-Parrocchia di S. Valentino) eine Verkündigung in Tempera mit Heiligenfiguren zu den Seiten in Fresko und eine Madonna mit Heiligen. Reste der Fresken sind in der Pinakothek aufbewahrt. Von 1552 ist sein Tafelbild der Enthauptung Johannes des Täufers in S. Pietro u. ein jetzt gänzlich übermaltes Bild auf dem Altar des Rosario in Mongiovino. An den bei seinem Vater 1553 bestellten Figuren zu den Seiten des Presepe in S. Francesco und an der Kreuzigung zwischen den

Heiligen Hieronymus und Apollonia (jetzt in der Pinakothek) ist er stark beteiligt. Die Ölgemälde für den Chor von S. Pietro in Perugia, jetzt an der Eingangswand (Petri Befreiung und Heilung des Lahmen, Paulus auf stürmischem Meer und auf der Insel Melos) wurden urkundlich von Domenico übernommen, die Bezahlung aber erfolgte an Orazio. Ausgeführt sind die sehr mittelmäßigen Bilder größtenteils von Leonardo Cungi aus S. Sepolcro. Gemeinsam mit Raffaele Sozi ist er 1573 Gründer und späterhin Leiter der Peruginer Akad. Von 1576 ist sein S. Sebastian auf dem Altar des genannten Heiligen im Dom. Im gleichen Jahre wird er für Malereien in der Sala grande und für eine Madonna mit Heiligen im Audienzsaal des Palazzo Pubblico bezahlt, und bekleidet er das Amt des Stadtbaumeisters von Perugia. 1580 malt er ein Altarbild für S. Emiliano in Trevi, die Gürtelspende der Madonna. 1581 verpflichtet er sich, eine Tafel für S. Maria dei Servi in Perugia zu malen. Weihnachten 1583 stirbt er in Rom und setzt seinen Sohn Domenico zum Universalerben ein. Außer den genannten Werken können noch folgende nicht datierte Bilder Orazio zugeschrieben werden: 1. Eine Ruhe auf der Flucht nach Ägypten, ehemals in der Casa di Gesù, jetzt in der Pinakothek. 2. Die Himmelfahrt Mariae, welche einst der Kirche del Monastero delle Povere gehörte, von der sie 1673 das Kloster S. Pietro kaufte. 3. Das Rundbild der hl. Familie in der Tribuna der Uffizien, vielleicht sein schönstes Werk.

Morelli, Brevi Notizie etc. 1683. — Pascoli, Vite, p. 73. — Mariotti, Lettere pittoriche perugine, p. 242, 251, 254, 259. — Orsini, Guida di Perugia, p. 262, 303, Vita di Pietro Perugino. — Mezzanotte, Perugino. (Im Appendice degli allievi etc.) — Zahns Jahrbücher II 274 ff. (Mündler). — Crowe u. Cavalcaselle, Italien. Malerei. (Deutsch) IV 388—9. — Lupattelli, Stor. d. pitt. in Perugia, p. 49, 53. — Rotelli, Il Santuario di Mongiovino. — Agostini, Memorie. Mss. nell' Archivio di S. Pietro a Perugia. — Giornale di Erudizione artistica I 1872 (Ad. Rossi). — L Umbria II 29 (Lupattelli). — Di Marzo, La Pittura in Palermo, 1899 p. 276.
Walter Bombe.

Alfani, Paride, Goldschmied u. Architekt in Perugia, geb. um 1440, wird 1462 in die Peruginer Goldschmiedezunft aufgenommen, verheiratet sich 1478 mit Sebastiana, der Witwe des Stefano d'Angelino di Vico, macht am 15. 3. 1520 sein Testament, laut welchem er seinen Sohn, den Maler Domenico Alfani und dessen Kinder zu Universalerben einsetzt, und stirbt bald danach. Nach einem Dokument, das Mariotti angibt, erhielt er 1480 die Aufsicht über Arbeiten im Hospital S. Bernardino zu Perugia.

Mariotti, Lettere pittoriche perugine p. 241. — Crowe u. Cavalcaselle (deutsche Ausgabe) IV 318, 383, (engl.) III 364. — Siepi, Descrizione di Perugia p. 161. — Meyer, Kstlerlex.
W. Bombe.

Alfano, Fabio, neapolitan. Bronzegießer, restaurierte 19. 5. 1491 die Constantinstatue in Barletta und zwar an den Beinen und auch an dem Kreuz und der Kugel in der linken Hand.

Filangieri, Indice degli artefici, Napoli 1891, I 8. **

Alfano, Giovanni d', sizilian. Bildhauer (?), nur in einer Schenkungsurkunde vom 14. 12. 1528 zusammen mit Ant. Gagini und Nic. Tagliante erwähnt.

Filangieri, Indice d. artefici I 9. **

Alfano, Nicola, vortrefflicher neapol. Dekorationsmaler, der 1762 im Kloster von Sant' Andrea delle Dame arbeitete. Vielleicht identisch mit dem Maler *Alfano,* der zwischen 1762 und 1782 die Kapelle des Palazzo Gravina in Neapel ausmalte.

Napoli Nobilissima XIII 59. — R. Archivio di Stato (Neapel): Monasteri Soppressi, vol. 4978 fol. 68. — G. Ceci, Il Pal. Gravina (Napoli Nobilissima VI 4). *G. Degli Azzi.*

Alfano di Piero, portug. Maler, in Italien, XV. Jahrh., s. *Alvaro* di Piero.

Alfano, Vincenzo, italien. Bildhauer in Amerika. Geb. in Neapel 11. 11. 1854, studierte er seine Kunst an der Akad. seiner Vaterstadt unter Domen. Morelli und Fil. Palizzi. Seit Beginn der 80er Jahre erregte er in den italien. Kunstausstellungen Aufsehen und Bewunderung mit seinen raffiniert-realistischen Terrakotten und Bronzen, Typen aus dem neapolitanischen Volksleben darstellend. Seine 1887 in Venedig ausgestellte Bronzestatue des David wurde für die Galleria Nazionale dell' Arte Moderna zu Rom angekauft. 1891 ging A. mit seiner Cicero-Statue aus einer von seiner Vaterstadt ausgeschriebenen Preiskonkurrenz als Sieger hervor. Um 1900 siedelte er nach New York über, wo er namentlich mit einem 1902 von der Sculpture Society ausgestellten Reliefbilde „Tout Danse Devant le Grand Penturbateur (Enos)" rühmende Anerkennung fand.

A. De Gubernatis, Diz. d. Artisti ital. viventi (Roma 1889), Aggiunte p. 564. — L. Taft, The history of American Sculpture, (New York 1903) p. 468. — Gazette des B.-Arts, 2me pér. XXVII 280. — Brush and Pencil, vol. 16 S. 3 fg. *Edmund von Mach.*

Alfanus von Termoli, arbeitete das zerstörte Ciborium über dem Hochaltar des Doms in Bari. 3 erhaltene Kapitelle, die zu den feinsten Arbeiten der apulischen Plastik der Zeit gehören, befinden sich jetzt im Museo provinciale zu Bari. Sie zeigen außer der ornamentalen Arbeit auch figürliche Darstellungen und geben in verschiedenen Inschriften den Namen des Künstlers: Z. B. Alfanus civis me sculpsit Termolitanus. Durch urkundliche Nachrichten ist die Vollendung der Arbeit bis 1233 wahrscheinlich.

Meyer, Kstlerlex. — Filangieri, Indice degli Artefici. 1891. — Bertaux, L'Art dans l'Italie méridionale I 670 f. *Swarzenski.*

Alfanz, Bildhauer, geb. in Wien, Schüler Balthasar Permosers. Tätig zu Berlin unter König Friedrich Wilhelm I. Von ihm die beiden Löwen über der Gittertür des ehemaligen gräfl. Sackenschen Palastes, jetzt Ministerium des kgl. Hauses in Berlin, Wilhelmstr. 73 und die daselbst befindlichen zehn Vasen. Ferner der vergoldete Engel über der Engelapotheke in der Kanonierstraße 44 (ob noch der alte?).

Fr. Nicolai, Beschreibung der kgl. Residenzstädte Berlin und Potsdam, Anhang, Teil IV 1786 S. 121. *Hans Mackowsky.*

Alfarano, Tiberio, Geistlicher und Architekt in Rom um 1605, verfaßte ein Werk über die Peterskirche, das 1590 erschienene Stiche enthielt, die aber keineswegs von A. ausgeführt oder auch nur gezeichnet zu sein brauchen.

Zani, Enc. II 48. — Jahrb. d. k. preuß. Kunsts. IV 176 f. *P. K.*

Alfaro, Anton de, Maler in Sevilla. Im Jahr 1480 findet sich sein Name in Aktenstücken, welche einen Streit innerhalb der Malerinnung Sevillas betreffen.

Gestoso, Artif. Sevill. II 11. *M. v. B.*

Alfaro, Francisco, Goldschmied in Sevilla, fertigte 1574 eine silberne und vergoldete Custodie für die Kirche S. Ana in der Vorstadt Triana; 1578 für die Kirche Sta. Cruz zu Ecija ein silbernes Tabernakel zur Aufnahme der Monstranz; 1586 für die Pfarrkirche S. Juan zu Marchena ein gleiches von vergoldetem Silber, nebst zwei silbernen Lesepulten mit Medaillons; endlich 1593 bis 1596 für den Hochaltar der Kathedrale zu Sevilla ein Tabernakel von vergoldetem Silber und zwei Lesepulte. An Stelle des Fernando de Ballesteros wurde er zum Goldschmied der Kathedrale ernannt. Im Jahr 1601 wird er zum letztenmal genannt, er und ein gewisser Oña erhalten in demselben eine Zahlung für 2 Paxplatten. Auf der Exposition rétrosp. de Rouen 1884 befand sich ein, Mr. Maillet du Boullay gehöriges, silbernes getriebenes Kruzifix mit seiner Marke.

Cean Bermudez, Dicc. I 12—13 und Descript. de la Catedr. de Sev. p. 42. — Llaguno y Amirola, Noticias. III. 106. — Gestoso, Artif. Sevill. II 131. — Gaz. des B. A. II pér. vol. XXX 207. *M. v. B.*

Alfaro, Nicolas, span. Maler, geb. auf den kanarischen Inseln in der ersten Hälfte des 19. Jahrh., Schüler von Carlos de Haës, war zum ersten Male auf der Provinzial-Ausstellung der kanarischen Inseln 1862 mit einer Anzahl von Werken vertreten: Glück und Überfluß, einer Karnevals-Szene, verschiedenen Landschaften, Kinderporträts und einem Aquarell. 1866 zeigte er auf der Madrider Ausstellung: den Abgrund von Jimenes und den Abgrund von Almeida (Erinnerungen an sein Geburtsland). Ferner kennt man von ihm: Erinnerungen an Olot; Umgebung von Comprodon; Ansicht bei Gerona; Ruinen des Castillo de Villaramans; Ansicht von Tenerife; Ansicht von Llavaneras; Angriff auf die kanarischen Inseln durch Nelson 1797 (im Marine-Mus. zu Madrid).

Ossorio y Bernard, Galeria biogr. de artistas españoles del siglo XIX. Madrid 1883/4. *P. Lafond.*

Alfaro y Gomez, Juan de (nach Palomino nur Juan de Alfaro). Span. Maler, geb. 1640 in Cordova, † im Nov. 1680 in Madrid. Schüler des Ant. del Castillo in Cordova, dann des Velazquez in Madrid. In öfterem Wechsel in seiner Vaterstadt und in Madrid tätig. Im Hause des Regidor Don Pedro de Arce kam A. mit hervorragenden Zeitgenossen zusammen (wie Calderon de la Barca), die er porträtierte. Er wurde auch zum Hofmaler des Großadmirals von Kastilien ernannt. In Cordova malte er eine Reihe von Szenen aus dem Leben des hl. Franciscus im Kreuzgang des Franziskanerklosters, eine Darstellung der Schöpfung des Menschen für das Oratorium der Karmeliter, sowie nach alten Originalen die Porträts des Bischofs Juan de Alarcon und einiger seiner Vorgänger, später (1677) das Porträt des Bischofs Fray Alonso Salizano. In S. Isidro el real in Madrid ist noch das Bild eines Schutzengels von A. erhalten, im Nationalmus. befindet sich eine Himmelfahrt Mariae von 1668. A. hat sich auch als Radierer versucht, man kennt von ihm ein gutes Blatt mit dem Bildnis des Don Hernando de Alarcon nach Tizian. A. war ein Nachahmer des Velazquez, doch ist seine Zeichnung ungenügend und seine Werke sind flüchtig und fährlässig ausgeführt, woran sein unstetes Wanderleben zwischen Cordova und Madrid mit die Schuld tragen mag.

Auch auf die Komposition und Erfindung scheint er keine sonderliche Mühe verwendet zu haben. Am besten sind seine Bildnisse kleinen Formats, frei und leicht ausgeführte Miniaturen, die nicht selten für Werke des Velazquez gehalten werden. A. ist auch als Poet und Schriftsteller tätig gewesen, ein Umstand, der Adolfo de Castro wohl dazu veranlaßt hat, ihn zum Herausgeber der untergeschobenen Denkschrift des Velazquez über die Bilder im Eskorial zu machen. (S. Justi, Velazquez II 244 f.) Es wird auch behauptet, daß A. dem Kunstschriftsteller Palomino ein Manuskript mit biogr. Notizen über Becerra, Cespedes und Velazquez hinterlassen habe, die von diesem benutzt wurden.

Ramirez, Artist. Cordob. S. 68—76. — Viñaza, Adic. IV 76 f. — Gaz. des b. a. XXIX 24. — Justi, Velazquez II 270. △

Alfei, Francesco di Bartolomeo, Sieneser Maler, geb. 1421 in Montalcino.

Stand jedoch im Dienste der Stadt Siena. 1454 wurde er bestraft, weil er die Arbeit der Dekoration einer Kapelle unterbrochen hatte. 1456 malte er ein Wappen für das Vikariat des Castel Monzo. 1465 schätzte er einige Gemälde zusammen mit Sano di Pietro. 1473 arbeitete er in Macerata. 1474 malte er eine Sänfte, 1481 wieder Wappen für S. Quirico d'Orcia und im folgenden Jahre solche für Asciano, Lucignano etc. 1483 ist er in Valdichiana an der Grenzregulierung zwischen Siena und Florenz tätig. 1491 war er noch am Leben, aber arbeitsunfähig. Von seinen Arbeiten nichts erhalten.

Milanesi, Doc. Sen. II 299, 327, 329, 355, 396, 421. — Borghesi e Banchi, Nuovi Doc. Sen. 227—229, 239, 260, 261, 350. — Gaye, Carteggio I 277—278. — E. Müntz, Les Arts à la Cour des Papes (1878) I 264 f., 309. — Meyer, Kstlerlex. *G. De Nicola.*

Alfenen, G. van den, Bildwirker zu Brüssel in der zweiten Hälfte des 15. Jahrh. — Ohne nähere Angaben von Kronthal, Lexikon d. techn. Kste. erwähnt. **

Alfenius (M. Alfenius M. f.), antiker Archit., bekannt nur aus seinem Grabstein in Rom.

Muratori, Nov. Thes. vet. inscr. 936,7. *H. Thiersch.*

Alferio, Steinmetzenfamilie in Neapel im 16. Jahrh. Agostino, Conforto und Giovanni de Alferio, vermutlich mehr Handwerker als Künstler, erwähnt bei Filangieri, Indice d. artefici, Napoli 1891. I 9. **

Alfers, Hinrich, Maurer- u. Steinhauermeister zu Hannover, † 1658, führte 1652 die reichskulpierte Fassade des Leibnizhauses zu Hannover aus.

Schuster, Kst. u. Kstler. in Calenberg u. Lüneburg, Hannover 1905 p. 6 u. 7. *H. V.*

Alfian (oder Arfian), Antonio de, Maler und Vergolder in Sevilla. 1554 lieferten er und Antonio Rodriguez zwei Flügel eines retablo des Sagrario der Kathedrale. 1562 lebte er in der Vorstadt Triana in der Pfarrei S. Anna.

Gestoso, Artif. Sevill. II 11. *M. v. B.*

Alfiano, Don Epifanio de, Mönch zu Vallombrosa in Toscana, später Prior von S. Spirito zu Florenz, Kupferst., von 1591—1607 tätig, vielleicht Schüler des Dom. Vitus, der Mönch in demselben Kloster gewesen ist. Zani, Enc. II 48 identifiziert ihn sogar mit Dom. Vitus, mit dem er aber nur zusammen gearbeitet hat, z. B. für Scipione Ammiratos Delle famiglie nobili Fiorentine (Firenze 1615, qu. fol.). In diesem Werke ist von ihm bez. und 1591 dat. der Stammbaum der Familie Ricci. Man kennt von A. noch eine Folge von Festzügen und Dekorationen (5 Bll.?), die bez. und 1592 datiert sind und ein kalligraphisches Buch von 1607: Giuseppe Secaro, Dell' Idea dello Scrivere, intagliato per lo m. rev. D. Epifanio dal Fiano Vallombrosano Priore d. Spirito S. di Firenze. Die Ornamente in diesem Buche sind sehr geschickt und sauber in der Technik der Carraccischule ausgeführt.

Meyer, Kstlerlex. *P. K.*

Alfieri, Edelsteinschneider zu Rom im 18. Jahrh. Ein geschnittener Stein von ihm befand sich in der vom Landschaftsmaler Philipp Hackert hinterlassenen Gemmensammlung, von deren Hauptstücken Goethe in seiner Biographie Hackerts Kunde gibt.

Goethes Werke. Berlin, Gustav Hempel. XXXII 199. — Ms. H. Rollett.

Alfieri, Aurelio, Kupferstecher, geb. den 7. 10. 1800 zu Mailand, Schüler der Akad. der Brera unter der Leitung von Longhi, dem er später im Lehramte des Kupferstichs an der Akad. folgte. 1855 wurde er an die Kunstschule von Pavia berufen, und ihm ist es zu verdanken, daß bei dem tiefen Verfall der Kupferstichkunst von ihm und seinen tüchtigen Schülern noch einiges geleistet wurde. Der allgemeine Charakter seiner besten Erzeugnisse nähert sich der breiten und luftigen Behandlungsweise seines Freundes Pietro Anderloni. Dieser hatte ihn sich zum Mitarbeiter an dem großen Stiche des jüngsten Gerichts erwählt, den Longhi unvollendet zurückgelassen hatte; doch da die Erben die Platte, wie sie war, ins Ausland verkauften, unterblieb die Ausführung. A. hat auch eine Anzahl Zeichnungen für andere Stecher, sowie Aquarelle nach den Meistern der Renaissance gefertigt. Er hat seine Arbeiten, wie es scheint absichtlich, immer nur in der Akad. der Brera ausgestellt.

Meyer, Kstlerlex. (Liste seiner Arbeiten). *H.*

Alfieri, Benedetto Innocente, Architekt, geb. zu Rom 1700, † zu Turin 9. 12. 1767. Ließ sich als Advokat in Asti nieder, trieb aber auch mit besonderem Eifer Architekturstudien. Schon damals wurde nach seiner Zeichnung der Glockenturm der Kirche S. Anna gebaut. Darauf entwarf er um 1730, infolge einer Aufforderung von seiten seines Oheims, des Marchese Ghilini, den Plan zu dem neuen Palast desselben in Alessandria. Der König Karl Emanuel III., durch diese Bauten auf ihn aufmerksam geworden, übertrug ihm den Neubau der kgl. Oper in Turin. Nach dem von A. entworfenen Plane wurde seit 1740 das neue Theater erbaut, damals eines der größten und schönsten in Europa. Karl Emanuel, der ihn schon zu seinem Architekten ernannt hatte, ehrte ihn nun mit dem Titel eines Grafen von Sostegno.

Noch andere Bauten sind in Turin nach den Plänen A.s ausgeführt: so die Paläste Barolo und Marozzo, die in der Form eines großen Theaters gebaute und kühn überwölbte Reitschule in der Militärakademie; die Kirche Providenza und der Neubau von Spirito Santo, letzterer unter Beihilfe von Benedetto Feraggio. Die Kirche Corpus Domini hat A. 1753 mit reichen Stuck-Ornamenten neu ausgestattet. — Auch in den Nachbarstädten von Turin ist Alfieri als Baumeister tätig gewesen. Die von Cristof. Rocchi, einem Schüler Bramantes, entworfene und begonnene Kathedrale von Pavia hat A. vom Architrav bis zum Gesimse der Kuppel 1761 weitergeführt. In Genf ist nach seiner Zeichnung die Fassade von Saint-Pierre erbaut.

A. gehört zu jenen Baumeistern, welche innerhalb der Rokoko-Architektur, als sie dem Verfalle rasch entgegenging, eine größere Strenge und Reinheit des Stils anstrebten, ohne doch zu einer Erneuerung der ganzen Bauweise durchzudringen. In jenem Sinne rühmt ihn auch sein Neffe, der berühmte Dichter Alfieri (in seiner Selbstbiographie).

Meyer, Kstlerlex. — Mina, Palazzo Reale di Alessandria, 1904. — Volkmann, Histor. krit. Nachr. v. Italien. Leipz. 1777, I 194. **

Alfinger, Lucia, geb. Hansen, dänische Bildnisstickerin, geb. 1781 zu Flensburg, 1811 in Kopenhagen tätig. Sie hat Blumen und Bildnisse nach Ölbildern „in einer treuen und schönen Manier" gestickt.

Weinwich, Kunsthistorie (1811) S. 204. — Neue Zusätze z. Füssli (1824). *A. R.*

Alfón, Jaime, span. Architekt. Zusammen mit Pedro Basset erbaute er 1490 auf Kosten des Kardinals della Rovere den alten Kreuzgang auf dem Montserrat.

Viñaza, Adic. I 10. *M. v. B.*

Alfon, Juan, span. Maler in Toledo. Nach einer in dem Domarchive noch erhaltenen Urkunde wurde er 1418 beauftragt, die Altarflügel in der Kapelle der Könige zu malen.

Cean Bermudez, Dicc. I 16. △

Alfon, Juan, Emailmaler in Sevilla. Wohnte 1450 in der Pfarrei S. Salvador.

Gestoso, Artif. Sevill. I 234. *M. v. B.*

Alfonçe, Alexander, Vizedirektor der Geniedirektion in Warschau und Stecher, verfertigte in den Jahren 1811—13 mehrere Stiche in Aquatintamanier und signierte dieselben „Alf. fecit".

Kraszewski, Ikonotheka p. 11. *L. Lepszy.*

Alfonso, Maese, aragon. Maler, welcher im 14. oder 15. Jahrh. Fresken aus dem Leben der hl. Eulalia für die Ermita in S. Fé de Barbastro ausführte. Auf einem derselben (nur Fragmente sind erhalten) las man: .... ister Alfoss de ... ubri depictor. — Ein von Piferrer ebenfalls nur Maesse *Alfonso* genannter Maler führte 1473 die Gemälde des Hauptaltars von S. Cucufate (Cugat) del Vallés aus, wofür er 900 Flor. erhielt. Nur ein Bild ist davon erhalten: das Martyrium des hl. Martin, welches Carl Justi in der ausschließl. Anwendung der Farbe (ohne Gold) und im Landschaftlichen mit der Art des Luis Dalmau übereinstimmend findet. Sanpere y Miquel läßt diesen Alfonso aus der andalusischen Schule hervorgehen, nennt ihn A. de Baena und bringt ihn in Beziehungen zu Jaime *Alfonso* (s. d.).

Viñaza, Adic. I 11. — Sanpere y Miquel, Cuatroc. catal. II 66 ff. *M. v. B.*

Alfonso I., Herzog von Ferrara, geb. 1476, † 31. 10. 1534, hervorragender Förderer der Kunst, soll, wie von verschiedenen Seiten bestätigt wird, eigene künstlerische Tätigkeit im Kunsthandwerk geübt haben. Sein ältester Biograph Paolo Giovio berichtet: „Oft zog er sich in ein geheimes Gemach zurück, das er zu seiner Werkstatt eingerichtet hatte, und dort gab er sich mit ergötzlichen Arbeiten ab, wie mit dem Drechseln von Flöten, Schachspielen und kunstreichen Büchsen. Außerdem fertigte er manchmal sehr schöne Gefäße aus Erde, nach Art des Töpfergeschirrs, welche Beschäftigung ihm dann sehr zugute kam." An derselben Stelle spricht Giovio von seinem Geschick im Kanonengießen; er habe darin, sowohl in der Mischung der Metalle als in der Herstellung ungewöhnlich großer Geschütze, die besten Meister übertroffen.

Paolo Giovio, La vita di Alfonso da Este, Duca di Ferrara (ins Ital. übersetzt von Gio. Batt. Gelli), Venetia 1550 p. 16. — Cittadella, Catalogo Istoricho etc. Ferrara 1782, II 46—50. — Frizzi, Memorie per servire alla storia di Ferrara, Ed. sec. 222. — Barotti, Memorie istoriche di Letterati Ferraresi, Ed. sec. Ferrara 1792, II 67. — Gius. Campori in Gazette des Beaux-Arts, Paris 1864, XVII 154 bis 159, 212—214. — Meyer, Kstlerlex. *R.*

Alfonso de Baena, s. *Alfonso,* Jaime.

Alfonso di Cordova, Miniator 1442—58, illuminierte einige Codices für das Königshaus Aragon in Neapel.

Minieri Riccio, Cenno stor. dell' Acc. Alfonsina, fol. 1. **

Alfonso da Ferrara, s. *Lombardi,* Alf.

Alfonso, Jaime, Steinmetz, Bildhauer und Architekt, erbaute 1468 den Kreuzgang des Hieronymiten-Klosters Vall de Hebrón (bei Barcelona) und führte 1470—71 in Gemeinschaft mit Pedro Baret verschiedene Arbeiten im Hieronymiten-Kloster Belén (bei Barcelona) aus. Sanpere y Miquel identifiziert ihn mit dem von Puiggari erwähnten „Alfonso de Baena", welcher 1494 ein Beinhaus an der Mercenarierkirche in Barcelona errichtete.

Puiggari, Notic. de algunos art. catal. inéd. S. 295. — Sanpere y Miquel, Cuatroc. Catal. II 72—73. *M. v. B.*

Alfonso, Joham, baute für Alfons IV. von Portugal das Kastell Mouraon in Alemtejo. Inschrift bei Llaguno y Amirola (Noticias I 77). Vielleicht identisch mit *Juan Alfonso,* der nach seiner Grabschrift in der Klosterkirche von Guadelupe dieselbe 1389—1402 baute, und 1418 an der Hauptfassade der Kathedrale zu Toledo arbeitete, wo er in den Urkunden des Archivs als Bildhauer und als Sohn eines Ferrand Alfonso erscheint. S. den Artikel Rodrigo *Alfonso.*

Llaguno y Amirola, Notic. I 75—77. — Cean Bermudez, Dicc. I 17. △

Alfonso, Jorge, Maler in Sevilla, wohnte 1518 in der Pfarrei S. Pablo y Geralte. Im selben Jahr ist er Zeuge im Prozeß des Malers Alonso gegen Pedro Sanchez.

Gestoso, Artif. Sevill. II 11, 42. *M. v. B.*

Alfonso da Mantova, Bronzebildner in Mantua, soll um 1528 im Auftrage des Kardinals Ercole Gonzaga eine Statue des 1525 verstorbenen Philosophen Pietro Pomponazzi für dessen Grabmal in der dortigen Franziskanerkirche in Bronze gegossen haben; 1760 dort noch vorhanden, wurde diese Statue in den Kriegsnöten des Jahres 1796 zur Gewinnung des Metallwertes leider eingeschmolzen. Nach Bertolotti wäre A. da Mantova vielleicht mit dem 1537 verstorbenen Bologneser Bildhauer Alfonso Lombardi zu identifizieren, schwerlich jedoch mit jenem Alfonso Mantovano, der nach Carlo d'Arco 1599 im Alter von 80 Jahren in Mantua gestorben sein soll.

Zani, Encicl. II 50. — Coddè, Mem. Biogr. (Mantova 1837). — Gualandi, Mem. III 4. — C. d'Arco, Artefici Mantovani (1857) I 85 f. — Bertolotti, Figoli etc. alla Corte di Mantova (1890) p. 61. — Francesco Fiorentino, P. Pomponazzi (Firenze 1868) p. 67—68. *F. Malaguzzi-Valeri.*

Alfonso, Rodrigo, span. Baumstr., erhielt als Obermeister der Kathedrale von Toledo 1390 den Auftrag, für die von König Juan I. gestiftete Karthause del Paular im Tale Lozoya den Plan zu entwerfen, und nahm mit dem Baumeister Gil Fernandez die Arbeit in Akkord, als nach Juans I. Tode Henrique III. dieselbe fortzusetzen befahl. Den Bau der Klosterkirche leitete der Araber Abderrahman (s. diesen). In der Kathedrale von Toledo kann Rodrigo den Kreuzgang und die Kapelle S. Blas gebaut haben, zu der Erzbischof Pedro Tenorio 1389 den Grundstein legte und in der sich dessen Grabmonument befindet. Vermutlich war Rodrigo ein Bruder des Juan Alfonso, der nach ihm bei derselben Kathedrale beschäftigt war, und sein Sohn nicht gewesen sein kann, da dessen Vater Ferrand genannt wird (s. den Artikel *Alfonso,* Joham).

Llaguno y Amirola, Notic. I 76 △

Alfonso Spagnolo, Messer, span. Goldschmied in Rom, von dem Papst Paul III. 1545 verschiedene Goldschmiedearbeiten und 1546 eine goldene Kette kaufen ließ.

Viñaza, Adic. II 13. — Davillier, Orfévr. p. 204. — Arch. stor.-art. di Roma I 31, 78. — Arch. stor. Lomb. II 121. *M. v. B.*

Alfonso, s. auch *Alonso.*

Alforæ, Nicolo Guglielmi, Kupferst., gebürtig aus Lothringen, hielt sich im 17. Jahrh. (?) in Rom auf. Er fertigte zwölf sehr fein ausgeführte Stiche von Blumen, unterzeichnet: Nicholaus Gulielmus Alforae Lotharingus fecit. Romae.

Bryan, Dict. 1903. *J. Guibert.*

Alford, Leonhard C., Landschaftsmaler in Southhampton, stellte seit 1885 mehrfach in der Roy. Acad. in London und 1904 auch in der Roy. Hibernian Acad. aus. Genannt werden die Bilder: A. Rough Night, Storm Clouds Clearing (1885); Flowing Seaward (1888); The Silent Highway (1900); Off Beachy Head (1904).

Graves, Roy. Acad. Exhib. I 21. **

Alford, Viscountess Marian Margaret, geb. Marian Compton, geschickte Dilettantin im Zeichnen, geb. im Juni 1817 in Italien, † 8. 2. 1888. Arbeiten von ihr waren auf der Ausstellung in Philadelphia und in der Kensington-Gallery.

E. C. Clayton, English Female Artists II 243. — The years art 1889 p. 256. **

Alfori, F. N. Ein zinnernes Taufbecken in der Kirche Saint-Jean-des-Mauvrets in Angers ist bezeichnet: Angers. F. F. N. Alfori, und trägt als Stempel eine Krone und einen zweiköpfigen Adler.

Champeaux, Dict. des Fondeurs. ***

Alfridus. Von A. wird nach nicht zuverlässigen Quellen berichtet, daß er als Kleriker in Salzburg unter den Erzbischöfen Liuphram (859) und Adalwin (859—873) ein magister cuiusque artis gewesen sei. Als solcher wurde er bei der Missionstätigkeit der Salzburger Erzbischöfe unter der slavischen Bevölkerung in Kärnten und auf ungarischem Gebiet verwendet. Da hierbei zahlreiche Kirchengründungen im Gefolge waren, lag es nahe, in diesem A. einen Künstler, und zwar einen der ältesten Künstler Bayerns zu sehen, um so mehr als unter den genannten Erzbischöfen tatsächlich ein reges künstlerisches Leben in Salzburg sich entwickelte. Vermutlich soll aber das „magister cuiusque artis" sich nur auf eine gewisse Erfahrenheit in technischen Dingen beziehen.

Meyer, Kstlerlex. — Jahrb. d. Zentralkomm. II 6. — Springer, De Artificibus 19. *Swarzenski.*

Alftre, Hermann von, Glockengießer; von ihm eine mit seinem Namen und der Jahreszahl 1472 bezeichneten Glocke in der kath. Pfarrkirche in Tetz (Jülich).

Kstdenkm. d. Rheinprovinz VIII 230. **

Algaier, s. *Algöwer* u. *Allgeyer.*

Algardi, Alessandro, Bildhauer und Architekt, geb. zu Bologna 1602 als Sohn eines Seidenhändlers Giuseppe, † 1654 am 10. 6. zu Rom 52jährig (vgl. seine Grabschrift bei Bellori). Gebildet in Bologna unter Lodovico Carracci und dem Bildhauer Giulio Cesare Conventi. Seit etwa 1622 auf Empfehlung des mantuanischen Hofarchitekten Gabrielle Bertazzuoli in Mantua am Hofe Herzog Ferdinands tätig als Kleinkünstler in Elfenbeinschnitzereien und Modellen für Silber- und Bronzearbeiten. Mit Unterstützung des Herzogs ging A. zur weiteren Ausbildung auf einige Monate nach Venedig, dann nach

Rom (1625). Hier, seit dem Tode seines Gönners, des Herzogs, aus Mangel an größeren Aufträgen zunächst viele Jahre tätig als Antikenrestaurator u. a. für Kardinal Ludovisi, an den er empfohlen war (Mercur Ludovisi im Thermenmuseum) und für Mario Frangipani. Für den Kardinal führte er auch sein angeblich erstes Werk in Marmor aus, eine Allegorie der „Sicurezza" (Kind auf einer Schildkröte) als Gegenstück zu einem Kind, das von einer Schlange gebissen wird. Antikenergänzungen dieser Zeit sind der „Herkules mit der Hydra" aus Palazzo Verospi (jetzt kapitolinisches Mus.) und der Rumpf einer antiken Imperatorenstatue für das Standbild Carlo Barberinis mit dem Porträtkopf von Bernini (1630, Kapitol). Daneben verdiente er hauptsächlich mit kleineren Bronzearbeiten, Elfenbeinschnitzereien, Modellen für Goldschmiede und Zeichnungen für Kupferstecher sein Brot. Einen ersten öffentlichen Auftrag, zwei der 4 Stuccostatuen, die heil. Johannes d. T. und Magdalena, in der Kapelle der Bandini in S. Silvestro a Monte Cavallo, verschaffte ihm die Bekanntschaft mit seinem älteren Landsmann Domenichino, der vor seiner Berufung nach Neapel (1630) mit der Ausschmückung dieser Kapelle beauftragt war. Aber A. ist auch weiterhin hauptsächlich als Antikenrestaurator und Kleinkünstler tätig gewesen, und namentlich im letzteren Fach weithin berühmt geworden. Die meisten derartigen Arbeiten sind verstreut oder verloren gegangen wie die in seiner Mantuaner Zeit entstandenen bei der Erstürmung dieser Stadt (1630). Urkundlich genannt werden: Modell und Zeichnungen für eine Silberkassette, die Innocenz X. der Königin von Spanien als Hochzeitsgabe überreichen ließ (1649); ein silberner Reliquienschrein für S. Prospero zu Reggio (1650). Nach alten Kunstinventaren (Campori, Raccolta de' cataloghi) in der Casa Ranuzzi zu Bologna ein Bronzekruzifix; im Besitze des Herzogs von Parma ein Christus an der Säule auf reichverziertem Sockel. In verschiedenen Kirchen von Rom und Bologna befanden sich ehemals viele silberne nach seinen Modellen gearbeitete Heiligenbüsten. Eine Elfenbeingruppe der Pietà (aus Palazzo Rospigliosi stammend) im Berliner Privatbesitz (P. von Liebermann). Eine kl. Elfenbeinstatuette, David als Sieger, 1873 auf der retrospektiven Ausstellung zu Amsterdam. Bei Graf Celoni in Mailand gab es ein Klavier von vergoldetem Holz mit einem Triumphzug der Amphitrite, das als Werk A.s galt (Aus'm Weerth, Kunstbl. 1855 p. 95). In der reichen Kapelle zu München wird ihm ein elfenbeinernes Kruzifix zugeschrieben. In den meisten Handzeichnungssammlungen finden sich zahlreiche Entwürfe A.s für kunstgewerbliche Gegenstände, auch gehen vier Blätter unter seinem Namen, die nach seinen Zeichnungen gestochen und mit seinem Monogramm versehen sind.

Größere öffentliche Aufträge setzen erst seit 1640 ein, in demselben Jahr, in dem A. Principe der Akad. von S. Luca war. 1640 war die von Pietro Buoncampagni bestellte überlebensgroße Marmorgruppe des hl. Filippo Neri mit dem knienden Engel über dem Sakristeialtar in S. Maria in Vallicella (Chiesa Nuova) vollendet, die seinen Ruf begründete. Aus derselben Zeit stammt auch die Bronzebüste Gregors XV. über der Sakristeitür. Bald darauf (1641) entstand im Auftrage des Card. Bernardino Spada in S. Paolo zu Bologna eine ähnliche größere Gruppe, die Enthauptung des hl. Paulus, über dem Hochaltar, dessen Vorderseite A. mit einem vergoldeten Bronzemedaillon schmückte, das Wunder der 3 Brunnen, die aus dem Blute des enthaupteten Apostels entspringen, in Relief darstellend (die Architektur des Altars vollendet 1650 von Dom. Facchetti). Zwei Bronzewerke, ein Kruzifix für S. Ignazio und ein kleiner hl. Michael für S. Michele in Bosco (Sakristei) zu Bologna sind verschollen. Ein lebensgroßes silbernes Kruzifix arbeitete A. für S. Stefano zu Pisa.

Der Höhepunkt von A.s künstlerischer Tätigkeit fällt aber erst in die Regierung Innozenz' X. (1644—1655), unter dem A. als Hofbildhauer an Stelle des in Ungnade gefallenen Bernini trat. Damals sind seine berühmtesten Hauptwerke entstanden. Der Nepot Camillo Pamfili übertrug ihm die Oberleitung des Baues seiner Villa Belrespiro vor Porta S. Pancrazio (Villa Doria-Pamphili). Seine Hauptleistung bei dieser Aufgabe war die Ausschmückung der Fassaden mit ihrem überreichen Schmuck an Statuen und Reliefs, sowie die Stuckdekoration von vier Decken im Innern, in denen er antike Vorbilder, wie er sie z. B. in der Villa Adriana studiert hatte, nachzuahmen suchte. Auch die architektonisch angeordnete Gartenanlage, eine der großartigsten der Zeit, mit ihren figurenreichen Springbrunnen geht auf seinen Entwurf zurück. Besonderen Ruf genoß A. als Porträtist. Der Papst selbst, bei dem er sich durch 2 Silberstatuetten (Johannes, Christus taufend) und ein silbernes Kruzifix einführte, ließ sich mehrere Male von ihm porträtieren. Anläßlich des von Innozenz X. in Angriff genommenen Ausbaues des Kapitols beschloß der römische Senat 1645, dem Papst eine überlebensgroße Bronzestatue daselbst zu errichten. A. gelang es durch seine Gönner, den bereits dem Bildhauer Fr. Mocchi erteilten Auftrag an sich zu bringen. Erst der zweite Guß gelang aber dem Künstler, den der Papst dafür mit dem Kreuze des Christusordens ehrte. Andere Bildnisse des Papstes befanden sich ehemals im Refektorium des Hospitals der Trinità de' Pellegrini zu Rom (Bronzebüste in reich dekorierter ovaler Nische; ausgeführt 1650, während der französ. Invasion eingeschmolzen) und im Palazzo del Confaloniere zu Bologna. Auch mehrere Mitglieder der päpstlichen Familie hat A. porträtiert, wie D. Olimpia Pamfili (Palazzo Doria-Pamphili) und D. Benedetto Pamfili. Er galt damals als der erste Bildhauer Roms. Wie schon einige Jahre früher De Noyers, suchte ihn 1648 Kardinal Mazarin unter den glänzendsten Bedingungen nach Paris zu ziehen.

Ende der 40er Jahre ward das schon viel früher begonnene, aber aus Mangel an Geldmitteln nicht weitergeführte Grabmal Leos XI. vollendet (die beiden allegor. Seitenfiguren von zweien seiner Schüler ausgeführt, Gius. Peroni [Liberalitas] und E. Ferrata [Maiestas]). Um 1649 entstand der große Brunnen unter dem mittleren Bogen des Damasushofes im Vatikan mit dem Papstwappen, den wasserspeienden Delphinen und dem Relief an der Vorderseite des Beckens (eine Wiederholung des Reliefs in vergoldeter Bronze im Louvre). Einen anderen figürlichen Brunnen entwarf A. für den großen Hof des Palazzo Pamfili. Auch ins Ausland gingen Arbeiten A.s, namentlich Werke der Kleinkunst. An größeren Werken werden genannt: die überlebensgroße Bronzehalbfigur eines segnenden Christus mit der Weltkugel in der Linken für den Molo von Malta (Relief); die vergoldete Bronzestatue der hl. Magdalena für die Magdalenenkirche zu St. Maximin in der Provence und ein Marmorrelief der Himmelfahrt der Magdalena mit musizierenden Engeln für die bei St. Maximin gelegene Höhle St. Baume. In Spanien werden A. die Grabmäler des Grafen von Monterey und seiner Gemahlin in dem von ihnen gestifteten Kloster Las Agustinas recoletas zu Salamanca zugeschrieben. Seinen höchsten Ruhm aber verdankte A. dem 1650 anläßlich des Jubiläums in der Kapelle der Madonna della Colonna in S. Peter enthüllten riesigen Marmorrelief, „Attilas Vertreibung durch Papst Leo“ darstellend (aus 5 großen Marmorblöcken zusammengesetzt). Sein tüchtigster Gehilfe bei dieser in dem Zeitraum von 4 Jahren ausgeführten Arbeit war Domenico Guidi, den 1647 der Masanielloaufstand aus Neapel vertrieben hatte. Die Bezahlung des Künstlers für das Relief betrug 10 000 Scudi (Zahlungen der Fabbrica di S. Pietro von 1646—1653). Das Modell wurde über der Treppe im Hause der Kongregation des Oratoriums aufgestellt. Einen silbernen Abguß nach dem Originalmodell schenkte der Papst an Philipp IV. von Spanien. Eine kleine Nachbildung in Wachs in der kgl. Antikensammlung zu Dresden.

Seit Vollendung des Attilareliefs war A. leidend. Zunehmende Korpulenz hinderte ihn an der Führung des Meißels. Häusliche Verhältnisse sollen seinen Tod beschleunigt haben. Die ihm vom Nepoten D. Camillo Pamfili 1653 übertragene Ausschmückung der Kirche S. Nicolò da Tolentino stammt nur noch z. T. von seiner Hand. Nur der Hochaltar mit seiner reichen Architektur, Freifiguren und Reliefs geht auf seine Zeichnungen und Entwürfe zurück, ist aber teilweise erst nach seinem Tode von den Schülern Ercole Ferrata, Domenico Guidi und Francesco Baratta ausgeführt. Zu seinen letzten Arbeiten gehört das Tonrelief (Modell für ein großes Marmorrelief) in der unterirdischen Kapelle von S. Agnese an der Piazza Navona und die Wachsmodelle zu 4 Kaminbekrönungen, die 4 durch die Gottheiten Jupiter, Juno, Neptun und Cybele symbolisierten Elemente darstellend, für den König von Spanien, wahrscheinlich von Velazquez bei dessen Aufenthalt in Rom (1650) bestellt. Die Bildwerke, erst nach A.s Tode von Guidi und Ferrata gegossen, gingen durch Schiffbruch zugrunde. Andere Abgüsse im Garten von Aranjuez.

Auch als Architekt ist A. tätig gewesen. Von ihm stammt der Entwurf der Fassade von S. Ignazio, wo auch die Dekoration über dem Portal im Inneren und der umlaufende Puttenfries in Stucco unter dem Gesims von ihm herrührt.

A. ist begraben in S. Gio. e Petronio de Bolognesi zu Rom (Bildnisbüste von Dom. Guidi). Zu seinen besten Schülern zählen: Ercole Ferrata, Domenico Guidi, Girol. Lucenti, Gius. Peroni, Francesco und Gio. Maria Baratta.

A. ist neben Bernini der bedeutendste und einflußreichste Bildhauer seiner Zeit gewesen. Aber ein kühler, oft kleinlicher Beobachter der Natur, fehlt es ihm an jenem feurigen Temperament und dem weiten Blicke seines größeren Zeitgenossen. Erst spät ist er zu umfangreicheren Aufgaben herangezogen worden. Die Beschäftigung eines halben Lebens als Modelleur und Zeichner für Goldschmiede und als Antikenrestaurator wirkt in allen seinen Schöpfungen nach. Jene an Bernini so bewunderte Weichheit und Lebendigkeit des Marmors hat er selten erreicht. Als Kleinkünstler an Zierlichkeit und strenge Beobachtung des Details gewöhnt, wirkt er im Vergleich zu Berninis breiter Großzügigkeit oft kleinlich und trocken. Schöpfungen wie das Grabmal Leos XI. oder die Dekoration der Franzonikapelle in S. Carlo zu Genua und seine wenigen Versuche als Architekt zeigen deutlich den Mangel an Überblick und malerischer Gesamtanschauung, eine Vorliebe für das Detail und die glatte zeichnerische Linie. Am glücklichsten zeigt sich Algardis künstlerische Eigenart auf dem Gebiet, wo liebevolles Eingehen auf das Vorbild und meisterhafte Technik am ersten zur Geltung kommen konnten, im Bildnis. Auch seine Kinderfiguren und -Gruppen, an denen man der Richtung Berninis gegenüber die größere Reinheit der Verhältnisse und edlere Formen rühmte, waren besonders geschätzt, und ihre Modelle in den römischen Ateliers weit verbreitet. Die Zeitgenossen bewunderten an A.s Werken neben dem Ausdruck seiner Gestalten den Fleiß in der Ausführung und die Feinheit in der Behandlung des Marmors. Alle diese Eigenschaften finden sich am ausgesprochensten in seinen Reliefs, in denen er ganz der Forderung der Zeit nach malerischer Wirkung und starker ausdrucksreicher Bewegtheit folgte. Seine „Vertreibung Attilas", die für lange Zeit das bewundertste Vorbild für alle ähnlichen Schöpfungen gewesen ist, wetteifert mit den Werken des Pinsels jener Tage. Das Relief ist hier zur Wandgruppe geworden. In sorgsamster technischer Durchbildung wird der Vorgang wie auf einer Theaterbühne geschildert, durch kulissenartige Anordnung der Gründe hintereinander und eine Abflachung von den vollrunden Figuren des Vordergrundes bis zum eingezeichneten flachen Umriß des hintersten Grundes eine bildmäßige Tiefenwirkung zu erzielen gesucht.

Außer den bereits erwähnten Werken A.s wären noch zu nennen: In *Rom*: S. Luca e Martina (Unterkirche) Tongruppe von 3 Märtyrern — S. Marta, Bemaltes Stuckkruzifix (Modell für das Bronze-Kruzifix der Kapelle Franzoni in S. Carlo zu Genua) — Villa Borghese, „il sonno" — S. Marcello al Corso (Kap. Frangipani), 3 Büsten — S. Maria del Popolo (Kap. Millini), Grabmal des Kard. G. G. Millini und Büste des Urb. Millini — S. Giovanni de' Fiorentini, Grabmal des Oct. Corsini († 1641) — S. Maria Maggiore, Grabmal des Odoardo Santarelli — S. Maria della Scala, Grabmal des Prosp. Santacroce († 1643). — *Bologna*: S. Maria della Vita, Stuccostatuen der hl. Proculus und Petronius. — *Genua*: S. Carlo, Bronze- u. Marmordekoration der Kap. Franzoni (um 1650). — *Perugia*: S. Domenico, Grabmal der Elisab. Contucci — S. Pietro (Sakristei), Bronzekruzifix. — *Piacenza*: Kloster S. Giovanni di Canale (Kap. S. Caterina), Grabmal des Orazio Scotti, Grafen von Montalto. — *Berlin*: Kaiser Friedrich-Mus., Büste des Kard. Laudivio Zacchia (1626). — *Charlottenburg*: Schloß, Herkules als Kind. — *München*: Glyptothek, kniendes Christkind. — *St. Petersburg*: Gal. Leuchtenberg, Gruppe von zwei kämpfenden Amoren.

M e y e r, Kstlerlex. (mit Verz. der nach A. gestochenen Blätter. — F r a s c h e t t i, Il Bernini. — M a l v a s i a, Felsina pittrice. — B e r t o l o t t i, Artisti Bolognesi in Roma 195. — Jahrb. der preuß. Kunsts. XXVI 169—201. — Erudizione e Belle Arti 1906, April; (Testament A.s). *Hans Posse.*

Algarotti, F r a n c e s c o, als Sohn eines reichen Kaufmanns 1712 zu Venedig geboren, † zu Pisa 1764, ein Mann von universeller, aber etwas oberflächlicher Bildung, hat sich auch lebhaft für Kunst interessiert und außer literarischen Werken über Kunst auch eine Reihe von Radierungen ausgeführt. August III. von Sachsen ließ durch ihn in Italien Ankäufe für die Dresdener Galerie machen, Friedrich d. Große zog ihn an seinen Hof und erhob ihn in den Grafenstand. Seine literarischen Werke wurden gesammelt zuerst 1764 in Livorno in 8 Bänden und dann in mehreren anderen Ausgaben herausgegeben. Von Kunst handeln: Saggio sopra le belle arti. Pisa 1753; Saggio sopra la Pittura, Livorno 1763 (engl. Übers. London 1764, französ. Übers. von Pingeron, Paris 1769); Saggi sull' Architettura e Pittura, Milano 1831 (deutsche Übersetzung: Versuche über die Architektur, Mahlerey und musikalische Oper, übers. von A. E. Raspe. Kassel 1769).

Im Kataloge der Sammlung seines Bruders (1776) werden 120 Handzeichnungen A.s aufgeführt. A.s Radierungen sind zumeist leichte Skizzen von Köpfen und antikisierenden Darstellungen, z. T. vielleicht nach eigenen Erfindungen, z. T. nach Tiepolo (Menschen-, Pferdeköpfe u. a.) und nach Stefano della Bella (die Gefäße). R. Morghen und Fr. Novelli haben einige Vignetten, Amoretten, Köpfe, Vasen u. dergl. (für Zanettis Pinacoteca Veneta 1858) nach seinen Zeichnungen gestochen. Sein Bildnis nach Liotard wurde von Raff. Morghen, andere Bildnisse von ihm von Meil, G. F. Schmidt, M. Tesi, A. Karcher und Rosmaessler sen. gestochen.

M i c h e l e s s i, Mem. int. alla vita d'Algarotti, Venezia 1770. — T i p a l d o, Biogr. d. Italiani illustri. VI 170 ff. — M e y e r, Kstlerlex. *P. K.*

Algarra y Hurtado, C o s m e, span. Maler, geb. zu Caudate (Prov. Alicante), im ersten Drittel des 19. Jahrh., Schüler der Akad. San Fernando zu Madrid und des José Aparicio, zeigte 1840 auf der Ausstellung der Akad. S. Fernando mehrere Porträts, die nicht unbemerkt blieben. Einige Jahre später reiste er nach Paris, aber die politischen Ereignisse 1851 zwangen ihn, nach England überzusiedeln; in London war er genötigt, Theaterdekorationen zu malen, um leben zu können; nichtsdestoweniger führte er in seiner freien Zeit Aquarelle aus, von denen eines: Soldaten Cromwells, die Bibel lesend, die Aufmerksamkeit englischer Liebhaber auf sich zog. 1857 kehrte er in sein Vaterland zurück. Im folgenden Jahre erschienen mehrere Gemälde von ihm auf der Madrider Ausstellung: eine schlafende Frau, ein Porträt und vier Aquarell-Landschaften. Von dieser Zeit ab beteiligte er sich an den meisten Kunstausstellungen. Unter seinen Hauptwerken führen wir an: Die Wäscherinnen; eine Landschaft (im Mus. f. mod. Kunst zu Madrid); eine Ansicht von Schottland, Aquarell (ebenfalls vom Staate erworben); eine Kreuzigung (bestellt für die Kirche der Vorstadt Salamanca zu Madrid); verschiedene Porträts, darunter eines von Manuel Ruiz Zorilla. Cosme Algarra arbeitete mit am Werke Escossuras „La Conquista de Mejico", wofür er zahlreiche Zeichnungen lieferte. Er bekleidete eine Zeitlang die Direktorenstelle des Museo del Fomento, sowie eine Professur an der Zeichenschule zu Minas.

Ossorio y Bernard, Galeria biogr. de artistas españoles del siglo XIX. Madrid 1883/4. *P. Lafond.*

Algeier, Lorenz, Maler (und Bildhauer), Professor am Obergymnasium in Leoben, geb. 1835 zu Wien, Schüler der Akad. d. bild. Kste. daselbst, dann von Fernkorn, Rahl und Kuppelwieser. Er hat eine Reihe von Altartafeln und Porträts gemalt.

J. Wastler, Steirisches Kstlerlex. Graz 1883. **

Algeier, s. auch *Algöwer* u. *Allgeyer.*

Algenstädt, Carl Friedrich (geb. 1788) und Joh. Christ. Ludwig (geb. 1752), nur dem Namen nach bekannte Maler in Landsberg a. d. Warthe. Beide lebten noch 1819.

Füssli, Neue Zusätze, 1824. **

Alger, Vivian C., engl. Maler, früher in London, zuletzt in Bedford, stellte 1882—89 Landschaften und Küstenszenerien in der Roy. Acad. in London aus.

Graves, Roy. Acad. Exh. I 21. **

Algeri, Cebrián, Goldschmied in Barcelona, welcher 1578 der Zunft angehörte. Im Archiv der Innung eine Zeichnung zu einem Medaillon.

Viñaza, Adic. II 13. *M. v. B.*

Algeri oder Algieri, Pietro, Maler in Venedig, ohne nähere Angaben nur bei Zani, Enc. met. II 50 erwähnt. **

Algerius, Goldschmied im Dienste des Grafen Geoffroy und der Gräfin Agnes in Angers um 1040.

C. Port, Artistes Angevins, Angers 1881 p. 2. **

Algermissen, August, Figurenmaler in Düsseldorf, geb. 4. 6. 1872 in Hildesheim, besuchte 1892—1903 die Akademie in Düsseldorf; stellte auf der dortigen Ausstellung 1902 ein Gemälde „Am Feuerherd" aus. *Board.*

Algeyer, s. *Algöwer* u. *Allgeyer.*

Alghisi, Galasso, Architekt u. Festungsbaumeister von Ferrara, geb. zu Carpi, † 1573. Sein Geburtsjahr ist unbekannt, indes bezeugt die Mitteilung seiner Grabschrift in einer alten Chronik von Ferrara, daß er etwa 60 Jahre alt geworden ist. Der Meister, von dem jetzt nur wenig bekannt ist, stand damals, wie aus dieser Gedenktafel hervorgeht, in großem Ansehen.

In den Archiven zu Ferrara hat Cittadella nur eine den Meister betreffende Urkunde vom 1. 5. 1566 gefunden, welche ergibt, daß unter seiner Leitung der Glockenturm der Certosa von Ferrara in jenem Jahre vollendet wurde. Es ist ein Vertrag mit dem Maurermeister Gio. Andrea da Novara zur Vollendung des Baues nach der Zeichnung des Galasso. Es findet sich dann noch die Notiz, daß die Arbeit den 22. 12. 1566 zu Ende kam.

Von weit größerer Bedeutung wäre der Palastbau geworden, welchen A. im Auftrage des Herzogs Alfonso II. von Este, der ihn zu seinem Baumeister ernannt hatte, um dieselbe Zeit auf dem kleinen Platze della Beccaria errichten sollte. Weshalb die Ausführung unterblieb oder doch über den Anfang nicht hinauskam, ist unbekannt. Auch als Theoretiker tätig, hat er ein großes Werk über den Festungsbau 1570 herausgegeben, das in prächtiger Ausstattung zu Venedig erschien und seinerzeit sehr geschätzt wurde. Hier erzählt auch Alghisi, daß er im „Palast zu Rom" (d. h. nach Tiraboschi im Palazzo Farnese) und in S. Maria di Loreto beschäftigt gewesen sei. Es scheint, daß er die Ausführung dieses mit großer Pracht entworfenen Baues eine Zeitlang zu leiten hatte und daß er von hier aus nach Macerata gerufen wurde, um den Plan für die Kirche S. Maria delle Vergini zu liefern. Nach Ricci das schönste Gebäude der Stadt, das 1573 — im Todesjahr des Meisters — vollendet wurde.

Von ihm die Schrift:

Delle Fortificationi di M. Galasso Alghisi da Carpi, Architetto dell' ecc. Signor Duca di Ferrara Libri tre, all' invittissimo Imperatore Massimiliano Secondo, Cesare Augusto. M.D.LXX. (Gedruckt zu Venedig). Fol. Mit in den Text eingedruckten Kupfertafeln.

Nach ihm gestochen:

Korinthische Palastfassade. Oben in einer Kartusche: Galassi Alghisi Carpens. apud Alphonsum II. Ferrariae ducem architecti opus Domenicus Thebaldius Bononicus Graphice in Aere elaboravit. Anno MDLXVI. In 2 Platten. Gest. von Domenico Pellegrini gen. Tibaldi. gr. qu. Imp. Fol. Wahrscheinlich der für den Herzog bestimmte Palastentwurf.

Vasari, Vite, ed. Milanesi VI 479. — Guarini, Chiese di Ferrara. Ferrara 1621. — Tiraboschi, Storia della Lett. Ital. Roma 1785, VII I 492. — Cittadella, Catalogo ist. de' Pittori etc. I 27. — Nap. Cittadella, Notizie relative a Ferrara etc. Ferrara 1868, II 96. — Ders., in der Monographie über Aleotti. — Ricci, Storia dell' Archit. in Italia III 139, 176. — L'Arte VI (Galasso da Carpi). — Giornale di erudizione artist. I 162. — Meyer, Kstlerlex. **

Alghisi, Galasso Galassi, s. *Galasso* Galassi.

Alghisi, Squarzotto, Maler aus Carpi, nur bekannt als der Gemahl der Bernardina Scarsella, einer Tochter des 1551 geb. und 1620 gestorbenen ferraresischen Malers Ippolito Scarsellino.

G. Campori, Art. ital. e stran. negli Stati Estensi (1855) p. 441. *F. Malaguzzi-Valeri.*

Algiani, Domenico, neapol. „marmorario". Nur in einer Liste der Korporation derselben vom 11. 4. 1637 als „maestro" genannt.

Napoli Nobilissima X 93. *G. Degli Azzi.*

Algöwer (gesprochen Algäuer, zuweilen auch geschrieben Algaier und Algeier), eine seit dem 16. Jahrh. in Ulm nachweisbare, noch existierende Familie, zählt auch mehrere Kunst- und Glockengießer. So am Ende des 16. Jahrh. Valentin Algöwer, Büchsengießer in Diensten des Markgrafen Georg von Brandenburg; ferner Hans Diepold A., von welchem die Frühglocke im Ulmer Münster 1644 gegossen ist. Der bedeutendste scheint aber gewesen zu sein: Hans Algöwer, wahrscheinlich ein Bruder des erstgenannten, von welchem außer Glocken zu Geißlingen und dem benachbarten Söflingen ein ausgezeichnetes, noch erhaltenes Gußwerk im Renaissancestil, das Grabmonument des Wolf von Honburg in der Kirche zu Radolfzell vom Jahr 1567 stammt. Es zeigt an der untern Platte des Mittelfeldes eingeritzt die Worte: aus dem Feir flos ich, hans algeir gos mich zu vlm, got sei mit uns alenn amen 1567 jar.

Meyer, Kstlerlex. — Lüer-Creutz, Gesch. d. Metallkst. 442. *R.*

Algöwer (Allgäuer, Algeyer), Valentin, wahrscheinlich ein Nachkomme des vorigen. Rotgießer in Konstanz, geb. zu Ulm, goß 1682 die 10 Fuß hohe Statue der Maria mit dem Kinde, welche auf einer hohen Granitsäule stehend die Südseite des dortigen Münsterplatzes ziert.

Kunstdenkm. d. Großherzogt. Baden I, Kreis Konstanz 128, 221. — Einen früheren Künstler dieses Namens siehe vorhergehenden Artikel. **

Algora, Gabriele de, Gold- und Waffenschmied in Madrid, von dem die Madrider Armeria Real (Catal. 1898, p. 323 f.) ein voll signiertes und von 1739 datiertes reich verziertes Jagdgewehr besitzt. *

Algora, Gabriele de, span. Maler um 1754.

Zani, Enc. II 51. *M. v. B.*

Alguero, Rafael, span. Bildhauer, geb. zu Tortosa, Schüler von Jeronimo Suñol und von Novas, stellte zum ersten Male 1878 auf der Madrider Ausstellung vier Büsten aus, darunter eine des Königs Alfons XII.; auf derjenigen von 1881 erlangte er eine Medaille 3. Klasse. Von seinen Werken nennen wir: Eine Überraschung; Der Dreikönigstag, Gipsfigur; Der Wasserträger, Marmorstatuette; und verschiedene Büsten.

Ossorio y Bernard, Galeria biogr. de artistas españoles del siglo XIX. Madrid 1883/4. *P. Lafond.*

Alhagh, Ali und Alhagh Mohammed Alhafed aus Schiras in Persien, waren ausgezeichnete Goldschmiede am Hofe des Tamerlan um 1400.

Ahmed Arabsiades, Timuri hist. ed. Manger, II 873. **

Alhart, Glasmaler in Klosterneuburg, Sohn des in Urkunden gerühmten Glasmalers Eberhard und zu dessen Nachfolger im „Glasampt" der St. Johanneskapelle von Klosterneuburg 1331 ernannt.

Jahrb. d. Zentral-Kommission II (1857) 186/7. **

Alheidis, Nonne im Kloster Lothen in Westfalen im 13. Jahrh. Die Chronik des Klosters berichtet, daß die Priorin Johanna mit den Schwestern Alheidis und Richeidis Teppiche anfertigte, die die Kriegsschicksale des Klosters in detaillierten Darstellungen zeigten und folgende Inschrift trugen:

Quisquis me calcat, bona me facientibus optat.
Namque Priorissa facies mihi datque Johanna.
Vendicat Alheidis homines sibi nobiliores.
Elisabeth cunctis pietatis amore flagravit.
Richeidis fratres jungit merito sibi caros.

Eine Seidenwirkerin Alheydis wird nach Mithoff, Kstler. Niedersachsens u. Westf. p. 13 in Lübeck 1326 urkundlich erwähnt, die vielleicht mit der obigen identisch ist.

Marchese, Memorie I 537, 582. **

Alheim, Mme Alexandrine, geb. Puschkin, Gattin des Landschaftsmalers Jean d'A., Porträt- und Blumenmalerin, stellt unter dem Pseudonym Jacques Nevers aus. Ein Porträt der Schwester des Malers Breton von ihr ist Jeanne Puschkin signiert.

Kunst-Chronik, XI 381. *H. V.*

Alheim, Jean d' (Daleine), Landschaftsmaler in Paris, Russe von Geburt, † im Oktober 1894, stellte in den Salons 1866, 1875 und 1878 aus. Er behandelte mit Vorliebe Küsten-Motive des mittelländischen Meeres (Provence).

Kunstchronik X 760, XI 377, XIII 684. — Gazette d. Beaux-Arts XXI 52. — Chronique d. Arts 1894, p. 254 (Nekrolog). *H. V.*

Alhoste oder Allotte, Jan, vläm. Maler, unterstützte Hendrick van Cleve bei der Ausführung von Dekorationsmalereien, die 1599 in Gent für den feierlichen Empfang des Erzherzogs Albert und seiner Gemahlin Isabella hergestellt wurden.

Archiv zu Gent, Inhuldingen, Serie 111 bis No. 2. — E. de Busscher, Recherches sur les peintres et sculpteurs Gantois, t. II 93. *Victor van der Haeghen.*

Ali Arrondi, Maese, Architekt in Zaragoza. 1412 führte er in Gemeinschaft mit den Baumstrn. Muza und Chamar die Arbeiten am

Chor und den Kapellen der Seo aus, wobei er zahlreiche maurische Tagelöhner beschäftigte.

Viñaza, Adic. I 11. *M. v. B.*

Ali Rami, Maese, maur. Architekt in Zaragoza. 1447 empfängt er eine Zahlung für die von ihm geleiteten Arbeiten am Bau der Seo.

Viñaza, Adic. I 11. *M. v. B.*

Aliamet, François Germain, französ. Kupferstecher, Schüler von Garet und von R. Strange, jüngerer Bruder Jacques A.s, geb. 1734 in Abbeville, † 1788. Er war hauptsächlich in Paris und London tätig. Seine besten Stiche sind: la Lapidation de St. Etienne, nach Lesueur; la Vénus endormie, nach Le Moine; l'Adoration des Bergers, nach A. Carracci; la Flatterie des Courtisans de Canut le Grand, und la Reddition de Calais. — Er zeichnet viel weniger gut als sein Bruder Jacques; seine Mache ist sehr schwerfällig und wenig angenehm.

Le Blanc, Manuel. — Portalis et Béraldi, Les graveurs d. XIX s. — Singer, Kstlerlex. — Dussieux, Artistes franç. à l'étranger. — Meyer, Kstlerlex. — Jal, Dict. crit. *P. A. Lemoisne.*

Aliamet, Jacques, französ. Radierer und Kupferstecher, geb. 1726 in Abbeville, † 1788, heiratete 1748 Marie-Madelaine Hénot, Nichte des Stechers Hecquet. Er war Schüler von Ph. le Bas und wurde 1763 Akademiemitglied. Stach vornehmlich Landschaften mit Figuren. Seine berühmtesten Kupfer sind nach J. Vernet ausgeführt, den er besonders gut interpretiert hat, z. B.: le Rivage près de Tivoli; les vues du Levant; les Italiennes laborieuses; l'Incendie Nocturne; le Temps de brouillard et le Temps orageux; le Matin, le Midi, le Soir et la Nuit. — Nach Berghem führte er aus: l'Espoir du gain inspire la gaîté et dissipe l'ennui du voyage und l'ancien fort de Gênes. — Nach van de Velde: Die Vergnügungen des Winters. — Nach Wouverman: une garde avancée de Hulans. — A. hat auch beachtenswerte Genre-Szenen gestochen, wie le Départ et l'Arrivée au Sabat, nach Teniers; la place des Halles et la place Maubert, nach Jeaurat; la Bergère prévoyante, nach F. Boucher. Endlich stach er auch Porträts, unter anderen diejenigen Hallés und der Madame Greuze, sowie zahlreiche Vignetten, nach Eisen, Gravelot und Oudry. Seine Technik ist klar; seine Stiche sind leuchtend und im allgemeinen sehr harmonisch im Ton.

Meyer, Kstlerlex. (Verz. zahlr. Werke). — Bellier-Auvray, Dict. gén. — Jal, Dict. crit. — Le Blanc, Manuel. — Singer, Künstlerlex. — Portalis et Béraldi, I. *P. A. Lemoisne.*

Aliani, Lorenzo, Vedutenmaler, geb. 1825 in Florenz, † 1862. Wurde seinerzeit als Landschaftsmaler geschätzt, ist jedoch kalt in den Farben und manieriert in der Komposition und blieb unberührt von den fortschrittlichen Bewegungen seiner Zeit.

Meyer, Kstlerlex. — Cavallucci, Storia dell' arte p. 124. *R.*

Aliardi (Agliardi), Alessio, Vater und Sohn, lombardische Architekten u. Ingenieure, Der erstere, geb. wahrscheinlich um 1443 und eng befreundet mit Bartolommeo Colleoni, leitete 1481 in Bergamo den Kanalbau der „Seriola del Raso" und wurde daraufhin 1488 nach Venedig berufen zur Ausführung von Baureparaturen an S. Marco sowie zur Regulierung der Brenta-Mündung. — Sein Sohn *Alessio Agliardi d. J.* ist als der Schöpfer mehrerer um 1500 in Bergamo entstandener Häuserbauten zu betrachten, sowie insbesondere als Erbauer der mit einem prächtigen Frührenaissance - Säulenhofe geschmückten Casa Casotti (jetzt Marenzi) in Borgo S. Antonio bei Bergamo.

Meyer, Kstlerlex. (mit ält. Literatur). — P. Locatelli, Illustri Bergamaschi (1879) p. 218 ff. *

Alibert, französ. Bildhauer in Marseille, erlangte 1783 an der städt. Akad. für Malerei und Bildhauerei einen III. Preis, 1784 einen II. Preis.

Réun. des Soc. des b.-a. IX 155. *Lami.*

Aliberti, Carlo Filippo, Zivil- und Theaterarchitekt aus Asti. Zuerst Schüler des Ferd. Bibbiena in Bologna, ging dann nach Rom (um 1736) und war später für den König Carl Emanuel III. von Savoyen tätig, doch ist nichts Näheres über seine Werke bekannt.

G. Claretta in Miscell. di Stor. Ital. edita per cura della R. Deput. di Stor. Patr. di Torino XXX 83/84. *G. Degli Azzi.*

Aliberti, Giancarlo, Maler aus Asti (im Piemontesischen), nach Lanzi geb. 1680, † um 1740, einer der vielen geschickten Meister des 18. Jahrh. in der Ausführung umfangreicher, rasch hingemalter Fresken. Lanzi lobt insbesondere seine Perspektive und seine Verkürzungen, die großartige Anlage seiner architektonischen Umgebungen und die feierliche Haltung seiner Figuren. Sein Stil war, wie damals gewöhnlich, eine Mischung von römischer und bologneser Kunstweise. A. hat viel in seiner Vaterstadt Asti gearbeitet. In S. Agostino ist von ihm in der Wölbung der von Engeln aufwärts getragene Heilige, sowie eine andere Darstellung aus dem Leben desselben im Chor; in der Kuppel von S. Martino eine Darstellung des Paradieses, in einer Kapelle daselbst das Altarbild, sowie die Figuren der Freskomalereien, deren Architektur von Laveglia ist. Doch hat er auch außerhalb Astis gemalt; so in Pavia in S. Pietro in Vincoli (Petrus im Gefängnisse, Fresko über dem Hauptaltar) und in SS. Primo e Feliciano; in Alessandria im Dom (Szenen aus dem Leben Josephs und der Maria in einer Kapelle); in Cuneo in S.

Chiara (die Figuren von ihm, die Architektur von P. Ant. Pozzi). — Von ihm ist auch nach Parthey (Deutscher Bildersaal) Eine Frau mit einem Knaben im Schloß zu Arolsen.

Meyer, Kstlerlex. — Lanzi, Stor. pitt. d. Italia, Ed. V, Bd. V 327. **

Aliberti, Gian Giacomo, Maler aus Asti, studierte in Rom, und war Nachahmer von Cignani und Maratta, aber nicht frei von dem damals in Italien herrschenden Manierismus. In Rom wurde ihm von Carl Emanuel III., König von Savoyen, eine Pension überwiesen. Durch den Kardinal Albani dem Marchese d'Ormea empfohlen, konnte er 1793 dem König eines seiner schönen Bilder vorzeigen, infolgedessen er ein Amt am Hof erhielt und dem Regierungsbaumeister Grafen Benedetto Alfieri unterstellt wurde, der damals das Teatro massimo in Turin baute.

G. Claretta in Miscell. di Stor. Ital. edita per cura della R. Deput. Torinese di Stor. Patr. XXX 118—119. *G. Degli Azzi.*

Aliberti, Giuseppe Amedeo, Maler u. Kupferst., geb. in Asti als Sohn des Giancarlo. Ging 1728 als junger Abbé nach Rom, um daselbst auf sardinische Staatskosten die Malkunst zu studieren. Auch während seines späteren Künstlerlebens in Turin bezog er vom König von Sardinien ein festes Jahresgehalt weiter, das ihm erst 1750 endgültig entzogen wurde, nachdem er sich durch ein skandalöses Liebesabenteuer die Achtung des Königs verscherzt hatte. In demselben Jahre hatte A. für die Hochzeitsfeier des Fürsten Vittorio Amedeo von Piemont und der Infantin Maria Antonia von Spanien eine Sammlung von Poesien verfaßt, die er mit eigenhändig gezeichneten und in Kupfer gestochenen Randverzierungen geschmückt hatte. Als Maler ist er namentlich mit einem Bildnis Carlo Emmanueles III. von Sardinien an die Öffentlichkeit getreten, das den König in der für ihn siegreichen Schlacht von Guastalla (September 1734) hoch zu Roß darstellte. In der Karmeliterkirche zu Turin befindet sich ein von A.s Hand gemaltes Altarbild mit der Darstellung der hl. Familie.

Meyer, Kstlerlex. — Heinecken, Dict. — Miscell. di Stor. Ital. dalla R. Deput. Piemontese di Stor. Patr. XXX 118—120; 150—152. *G. Degli Azzi.*

Alibrandi, s. *Aliprandi.*

Alibrando, Bischof von Florenz, erbaute 1013 die Kirche S. Miniato al Monte (zweifelhaft, ob als Architekt und Bauleiter, oder nur als Begründer und Auftraggeber).

A. Venturi, Storia d. Arte ital. III 848. *

Alibrando, Girolamo, genannt „Il Raffaello di Messina", sizil. Maler. Geb. 1470 in Messina, ließ er sich daselbst nach vorausgegangenem Studium der Jurisprudenz in der Schule seines Landsmannes Salvo d'Antonio zum Künstler ausbilden. Nach dem Tode seines Vaters bereiste er das italien. Festland. Auf dieser Reise scheint er zunächst in Venedig von der Kunst Giorgiones, mit dem er sogar eine Zeitlang zusammen gearbeitet haben soll, bleibende Eindrücke empfangen zu haben, wenn auch in seinen Werken venezianische Einflüsse nur schwach zutage treten. Sicherlich ist er damals in Mailand gewesen, wo er den direkten Unterricht des Leonardo da Vinci genossen haben soll. Hierauf begab er sich nach Rom, schloß Freundschaft mit Raffael und widmete sich dem Studium der klassischen Antike. Schließlich scheint er auch noch in Ferrara und Parma geweilt zu haben, wie die in seinen Werken zur Geltung gelangenden speziellen Stileindrücke erkennen lassen. Schon in Mailand war er offenbar in persönliche Beziehung zu Cesare da Sesto getreten, in dessen Begleitung er dann nach Beendigung seiner Festlandreise nach Messina zurückkehrte. — Das Hauptwerk des Alibrando ist eine lebensgroße Darstellung im Tempel, 1519 gemalt für die Compagnia della Candelora zu Messina, jetzt ebenda in der Kirche S. Niccolò dei Cisterciensi aufgestellt, signiert „Jesus-Hieronymus de Alibrando Messanus faciebat 1519". Das Bild zeigt die Jungfrau Maria mit dem Christuskinde, das sie soeben dem Simeon darreicht, inmitten eines zahlreichen Gefolges von Tempelbesuchern; durch die korinthischen Arkaden der Tempelhalle wird die Stadt Jerusalem sichtbar mit prächtigen Gebäuden und einer weiten Hintergrundlandschaft. Eine eigenhändige, aber nur halblebensgroße und sehr schlecht erhaltene Wiederholung dieses Bildes befindet sich in der Sakristei des Domes zu Messina, eine zweite Replik in der Chiesa dell' Adolorata zu Lipari. — Außerdem werden dem A. noch folgende Gemälde zugeschrieben: nach Crowe u. Cavalcaselle eine hl. Lucia in der St. Johannes-Kapelle des Domes zu Messina; nach G. di Marzo 9 Gemälde von 1513 in der Tribuna der Kirche S. Giorgio zu Modica und eine Anbetung der Könige in der Kirche zu Venetico (Sizilien). Das letztere Gemälde ist allerdings mit der Jahreszahl 1532 datiert, während nach Cacopardo A. bereits 1524 gestorben sein soll. — Nach dem Urteile Crowes u. Cavalcaselles zeigen die Werke A.s nur eine „sehr ärmliche Mischung von lionardeskem Stil mit dem ferraresischen des Mazzolino". Dagegen erfreute sich seine „Darstellung im Tempel" bei den Zeitgenossen einer außergewöhnlichen Berühmtheit; so soll zum Beispiel Polidoro da Caravaggio, als er nach Messina kam, von diesem Bilde so entzückt gewesen sein, daß er ihm eine von ihm selbst mit einer Kreuzabnahme Christi bemalte Schutzdecke verlieh. Nach Missirini ist A. Mitglied der Accademia di S. Luca zu Rom gewesen. Vasari nimmt merkwürdigerweise keinerlei Notiz von diesem interessanten sizilianischen Meister.

H a c k e r t, Mem. dei pitt. messinesi (Napoli 1792). — G r o s s o C a c o p a r d o, Mem. dei pitt. messinesi. — M i s s i r i n i, Mem. della rom. Accad. di S. Luca 15; 461. — C r o w e u. C a v a l c a s e l l e, Gesch. der italien. Mal. VI 149. — F i l a n g i e r i, Indice degli artefici napoletani etc. I 10. — G. D i M a r z o, Le Belle Arti in Sicilia III 207, 220. *A. Muñoz.*

Alich, H e i n r i c h v o n, Maler. War Konventuale, später im Peterskloster zu Erfurt und malte 1302 die Kapelle corporis Christi, an der Ostseite der Klosterkirche, gelegentlich einer Restaurierung des Gebäudes mit Gemälden aus.

Bau- u. Kunstdenkmäler d. Prov. Sachsen, III. Heft XIII, p. 273. *De.*

Alich, L e o n h a r d, Baumeister aus Langensalza, erbaute 1611 die Kirche zu Teuchern im Kreise Weißenfels.

Bau- u. Kunstdenkmäler d. Prov. Sachsen, I. Heft 3, p. 60, 90. *De.*

Alicorni, G i o v a n n i, d i N a p o l i, malte 1481—91 die Cappella Salato im Dom zu Amalfi.

M a t t. C a m e r a, Storia di Amalfi p. 662. **

Aliense, A n t o n i o, s. *Vassilacchi.*

Alies, J u a n, Goldschmied in Barcelona, 1543 führte er eine Zeichnung zu einem reich verzierten Gefäß aus.

V i ñ a z a, Adic. II 13. — D a v i l l i e r, Orfèvr. (mit Abbildung). *M. v. B,*

Aligernus, Abt von Monte Cassino (949 bis 985), als Goldschmied sehr tätiger Künstler.

T e x i e r, Dict. 81/82. **

Alighieri, G i o v a n n i. Ein verschollener mit Miniaturen geschmückter Virgilkodex aus der Bibliothek der Karmeliter von S. Paolo in Ferrara, später im Besitz des Grafen Alfonso Alvarotti in Padua, enthielt am Schlusse folgende Inschrift, die in einer Abschrift erhalten ist: . . . . Scriptum per me Ugolinum de Lentio . . . MCXCIII . . . miniaturas fecit elegantissimas egregius magister Johannes de Aligherio monacus . . . Die Jahreszahl muß wahrscheinlich MCXCVIII heißen. Leider ist die Handschrift nicht auffindbar, so daß wir uns von der Kunst des Meisters keine Vorstellung machen können. Auch ist über die Persönlichkeit des Meisters sonst nichts bekannt.

C i c o g n a r a, Ragionamente p. 74. — B a r u f f a l d i, Vite dei pittori I 8. — B r a d l e y, Dict. of Min. — C i t t a d e l l a, Cat. istor. dei pittori di Ferrara I 5. — Jahrb. d. K.-S. d. österr. Kaiserh. XXI 1. T. 121, 122. — C r o w e u. C a v a l c a s e l l e, Gesch. d. ital. M. II 386. *Swarzenski.*

Alignini, A n t o n i o, einer der Bildhauer in Rom, von denen Papst Clemens XI. (1700 bis 1721) die Travertin-Statuen auf den Kolonnaden des St. Peters-Platzes machen ließ. Von ihm ist die 33. in der Reihe.

T i t i, Nuovo Studio di Pittura ecc. nelle Chiese di Roma. Roma 1721, p. 27. Die Ausgabe von 1708 spricht davon in einem Anhange. — M e y e r, Kstlerlex. *H. V.*

Aligny, T h e o d o r e, genannt seit ca. 1860: *Th. Caruelle d'Aligny,* französ. Maler und Radierer, geb. Chaumes (Nièvre) 6. 2. 1798, † Lyon 24. 2. 1871. Schüler von Regnault und Watelet, hielt sich in Rom auf, wo er die Lyoner Maler Orsel und Bonnefond und den Radierer Vibert kennen lernte. Dann ließ er sich in Paris nieder, wo er 1822 zuerst im Salon ausstellte: Daphnis et Chloe und 1831: Die Verfolgung des Druidismus unter Claudius. 1837—1842 stellte er weitere historische Landschaften aus, erhielt 1837 eine erste Medaille in Paris und wurde Mitglied der Ehrenlegion. 1844 wurde er vom Ministerium nach Griechenland geschickt, von wo er Text und Bilder eines Werkes mitbrachte, betitelt: Vues des sites les plus célèbres de la Grèce artistique dessinées sur nature et gravées par T. A. Paris 1845 in Fol. 1860 ließen ihn die Lyoner, welche er in Rom kennen gelernt hatte, zum Direktor der Ecole des Beaux-Arts in Lyon ernennen, welche Stellung er bis zu seinem Tode innehatte. — Er unterlag sehr, wie alle Maler der klassischen Schule, dem Einfluß Ingres. Seine Gemälde, Kohlezeichnungen, seine Bleistift- und Federzeichnungen stellen griechische und italienische Landschaften mit Rekonstruktionen antiker Denkmäler und Szenen dar, die der Mythologie, der hl. Schrift oder Geschichte entlehnt sind. Es mangelt seinen Gemälden an Leben und Naturwahrheit; aber wenn seine Farbe kühl, seine Zeichnung trocken und peinlich ist, haben sie doch Stil u. eine gewisse Vornehmheit. Seine Feder- und Kohlezeichnungen halten sich frei von den Fehlern seiner Malerei und sind das Beste seines Werkes. Sie entzücken durch ihre ruhige Harmonie der Linien, durch die künstliche aber verständige Komposition, und durch die zierlichen Umrahmungen, die den antiken Szenen angepaßt sind. Er hat auch Landschaften aus der Schweiz und aus dem Walde von Fontainebleau gemalt und hat den Ruhm, der Lehrer von Corot gewesen zu sein. Man sieht von Aligny im Louvre: Der gefesselte Prometheus (Pariser Salon 1865) und drei italien. Landschaften; im Mus. von Amiens: Der barmherzige Samariter (Salon 1834), eins seiner besten Werke; Mus. von Besançon: Christus in Emmaus (Pariser Salon 1837); Mus. von Bordeaux: Die Erziehung des Bacchus (1852); Mus. von Caën: Tod des Duguesclin; Mus. von Carcassonne: Kampf des Herkules mit der Hydra (Pariser Salon 1842); Mus. von Lyon zwei Landschaften, eine aus dem Park von Morfontaine bei Paris und drei Federzeichnungen, datiert von Meyringen (1832) und Olevano (1835); im Mus. von Nantes: Landschaften; in dem von Rennes: Betender Mönch (1839). In Paris ferner noch von ihm: Die

Taufe Christi, in der Taufkapelle der Kirche von St. Paul et St. Louis. ferner 2 Landschaften mit Heiligen in St. Etienne du Mont u. Zeichnungen in der Sammlung der Ecole des Beaux-Arts. Er radierte auch, und Le Blanc führt von ihm 13 Platten auf, von denen 10 zu dem obengenannten Werke gehören. Seine Signatur ist: Th. Aligny oder Thre Aligny oder auch T. A. und T. C. A. in Monogrammformen.

G. Planche, Etudes s. l'Ecole franç. (1831 bis 52) Paris 1855 I u. II. — Ch. Clément, Etudes s. l. Beaux Arts en France, Paris 1865 p. 383. — Meyer, Gesch. d. französ. Mal. p. 765 u. Kstlerlex. — Bellier-Auvray, Dict. (mit einer Liste seiner Werke). — Le Blanc, Manuel. — V. Fournel, Artistes contemp. — Gaz. d. Beaux Arts XI 138, XVI 387, XVIII 282. — Invent. d. richesses d'Art: Prov. Monum. civ. I 273, Paris, Monum. relig. p. 306. — The Art Journal 1871 p. 165. — Fabisch, Discours pron. aux funérailles de T. C. d. A (Revue d. Lyonnais 1871, I 190). — Ménard, Aligny et le paysage hist. (l'Art XXVIII 251). — Nouv. Arch. d. l'Art franç. 1897 p. 301; 1900 p. 272. — E. Michel (Gr. Encyclopédie). *E. Vial.*

Alikon, Hans von, gen. „Hensli", Schweizer Glockengießer aus Alikon bei Sins (Kt. Aargau), wurde 25. 10. 1448 Bürger von Luzern. Von ihm eine Glocke für die St. Oswaldkirche in Zug vom Jahre 1480.

Brun, Schweizer. Kstlerlex. *H. V.*

Alimpi, s. *Alipi.*

Alinei, Domenico und Raimondo, neapol. Maler. 1770 Unterzeichner einer Bittschrift.

Napoli Nobilissima IX 75. *G. Degli Azzi.*

Alinei, Salvatore, neapol. Architekt, restaurierte 1858/9 die Kuppel des Tesoro di S. Gennaro.

Napoli Nobilissima XIII 126. *G. Degli Azzi.*

Alinovi, Giuseppe, Landschaftsmaler in Parma, geb. 25. 2. 1811, † 9. 8. 1848. Tüchtiger Schulnachfolger des Giuseppe Boccaccio, brachte er 1837 als sein Erstlingswerk eine Ansicht vom Lago di Como in seiner Vaterstadt zur Ausstellung. 1839 malte er im Auftrage der Erzherzogin Marie Luise von Österreich einen pittoresken Landschaftsblick an der Straße von Parma nach Pontremoli sowie einen prächtigen Bühnenprospekt mit der Ansicht von Ischl. Die Pinakothek zu Parma besitzt von seiner Hand unter anderen Landschaftsgemälden Ansichten des Oratorio delle Grazie zu Parma und der Borgata di Castell' Arquato bei Piacenza.

A. Stocchi, Diario del Teatro Ducale 1829 bis 1840, I 192. — Scarabelli-Zunti, Mscr. in der Bibl. Palat. zu Parma. *St. Lottici.*

Aliome (Alleaume), Jean Baptiste, als Tapissier in der Manufaktur in Aubusson erwähnt.

Réunion d. Beaux-Arts XVIII 558. **

Alione, Giuseppe, italien. Maler. Dekorierte nach den Rechnungsbüchern des Schatzamtes der Prinzen von Acaia, 1602 das Bildnis (icona) des S. Grato in S. Maurizio in Pinerolo.

A. Caffaro in Boll. Stor.-Bibliogr. Subalpino I, no. 2 u. 3, p. 157. *G. Degli Azzi.*

Aliot, Francisco, Maler und Kupferst. in Valencia, 19. Jahrh. Er half seinem Lehrer Vicente Castello bei den Gemälden für die Kuppel der Kirche S. Salvador in Valencia. Bekannter ist er als Stecher, von ihm rühren die Blätter eines Lebens der hl. Filomena und viele Illustrationen im Semanario pintoresco, im Museo de las familias und der Educacion familiar de los niños her.

Alcahali, Art. Valenc. S. 48. *M. v. B.*

Aliot, Marie, Holzschneid. des 19. Jahrh., geb. in Paris, Schülerin der National-Zeichenschule und von Madame Brux, führte Holzschnitte nach Ch. Jacque, Michelangelo und Van Dyck aus.

Bellier-Auvray, Dict. gén. Suppl. — *J. Guibert.*

Aliot, Pierre Louis Charles, Holzschneider des 19. Jahrh., geb. in Villeneuve-Saint-Georges (Seine-et-Oise), Schüler von Trichon und Barbant, arbeitete zu Paris. Er führte Holzschnitte nach Ruisdael, Rembrandt, Murillo, Montbard und Philipoteaux aus.

Livrets des Sal. des Champs-El. 1883—1899. *J. Guibert.*

Aliot de Ligny Embaroy, Nicolao, französ. Maler um 1624. Malte im Auftrage des Adriano Agliata für S. Francesco zu Pisa ein noch jetzt daselbst existierendes häßliches Altarbild, auf dem die Geburt Mariae mit dem in Anbetung knienden Stiftern dargestellt ist. Die Inschrift dieses Gemäldes lautet: „Adriano Agliata pisano etc. . . .l'anno 1624 a fatto fare quest. opera d. Nicolao Aliot d. Ligny Embaroy . . . fatto in Vigone di Piemonte.

Dussieux, Artistes franç. à l'étranger, p. 458. — Zani, Encicl. II 53. *P. d'Achiardi.*

Aliotto. Maestro Aliotto, den der Historiker Sigismondo Marchesi aus Forlì aus unbekanntem Grunde der Familie Pipini zurechnet, ist als der Erbauer des prächtigen Turmes von S. Mercuriale in Forlì erwähnt. Dieses bewunderswerte lombardische Bauwerk wurde in 2 Jahren 1178—80 nach dem Entwurf des Meisters Francesco Deddi aufgeführt. Sonst ist kein Werk von Aliotto bekannt, aber sein Name wird durch folgende Inschrift geehrt, die dem Campanile nach dem Platze zu eingefügt ist: = „1180 cristi nativitatis anno hoc a magistro aliotto / opus cum salsuriis est compositum tempore quo / antistabat domnus qui dictus est abbas petrus." In dem Buch „Biscia", Fol. 100 der Stadtbibliothek von Forlì, ist das Werk des Architekten Deddi folgendermaßen erwähnt: „millo cent LXYVIII alta turris sci mercurialis / furlivis e condida in a francisco daddi architectore / de furlivio ego donus petrus monastery sci mer / curialis abbas manu propria scripsi".

S. Marchesi, Vitae virorum ill. Forlì 1726. — D. Ant. Martini, Del Campanile di S. Mercuriale di Forlì; Forlì 1873. — Calzini e Mazzatinti, Guida di Forlì, 1893, 15. — Rassegna d'arte 1904 p. 24. *E. Calzini.*

Alipi, auch Alimpi u. A. Petschersky nach dem Kiewschen Höhlenkloster genannt, dem er seit 1087 als Mönch angehörte. Ältester russ. Heiligenbildmaler; erlernte die Kunst von byzantinischen Malern, die um 1084 die Kirche des Höhlenklosters mit Gemälden schmückten; † angeblich 17. 8. 1114 und heilig gesprochen. Es werden ihm einige erhaltene Marienbilder zugeschrieben. Sein Leben beschrieb der Mönch Polikarp.

N. P. Sobko, Russ. Kstlerlex. — Патерикъ Печерскій (Paterik Petscherski, Heiligenbuch d. Kiewschen Höhlenklosters). — Ровинскій, Исторія русск. школъ иконоп. въ Зап. Имп. археолог. общ. (Rowinski, Gesch. d. russ. Schulen d. Heiligenbildm. in d. Mitt. d. Kais. archäol. Ges.) St. Petersburg 1856, VIII 128. — Закревскій, Описаніе Кіева (Sakrewski, Beschreibung Kiews) 2. Aufl. II, 606, 639. — Энцикл. слов. (Encykl. Wörterb.) III 289. *W. Neumann.*

Alippi da Cremona (Alipius), Mönch in Mailand, sehr geschickter Zeichner und Fächermaler im letzten Viertel des 18. Jahrh. Er signierte: Alippi da Cremona 1781 und F. Alipius Mediol. 1783.

Catal. der retrospekt. Ausstellung in Mailand 1874. **

Aliprandi, Antonio, Mail. Bildhauer, der, wie Cean Bermudez will, zu Anfang des 18. Jahrh. von Corrado Rodulfo nach Valencia gerufen wurde, wo dieser am Hauptportal der Kathedrale beschäftigt war. A. dekorierte die Kapelle S. Pedro in der Kathedrale, und ebenso die Kapelle der Empfängnis im Profeßhause der Jesuiten. Viñaza teilt das Aktenstück mit, durch welches A. sich 1704 verpflichtet, im Kloster N. S. del Milagro in Cocentaina, Prov. Valencia, eine Kapelle zu machen. 1705 verpflichtet er sich, auf Kosten der Marchesa von Aytona den Hauptaltar einer Kirche in Valencia zu liefern.

Cean Bermudez, Dicc. I 17. — Viñaza, Adic. II 13—14. *M. v. B.*

Aliprandi, Francesco, Architekt in Treviso 1538 tätig.

Federigi, Memor. Trevigiane II 29. **

Aliprandi, Giacomo, italien. Maler, wird in einer Urkunde des Hospitals zu Mantua von 1566 als „pictor" aufgeführt; sein Sohn Giov. Batt. Aliprandi war 1602 noch am Leben.

Carlo d'Arco, Arti e Artefici di Mantova II 137. *F. Malaguzzi-Valeri.*

Aliprandi, Giacomo, italien. Kupferst. in Linien- und Punktiermanier, tätig am Ende des 18. und am Anfange des 19. Jahrh., hauptsächlich als Illustrator. Er hat einige Szenen aus der Revolutionsgeschichte nach Fragonard, Le Barbier u. a., die Bildnisse Ludwigs XVIII., des A. da Morrona (für dessen Pisa illustrata), der Irene da Spilimbergo nach Tizian, ferner Illustrationen für den Almanacco per l'anno 1827, Venezia u. a. m. gestochen.

Meyer, Kstlerlex. *P. K.*

Aliprandi, Johann Baptist (auch Alliprandi, Alibrandi, Alibrandini), Architekt in Prag, geb. in Verona, † vor 1721. Über ihn ist wenig bekannt. 1708 läßt er in Prag ein Kind taufen, 1709 erwirbt er mit seinem Sohne das Kleinseitner Bürgerrecht, 1721 wird an sein hinterlassenes Vermögen eine Schuldforderung gestellt. Er wird teils als Zivil- und Militärbaumeister angeführt, teils als oberster kaiserl. Fortifikationsbaumeister der Prager Burgen. Er lieferte den Entwurf zu der 1715 auf dem Kleinseitner Platze zu Prag errichteten Pestsäule zur hl. Dreifaltigkeit, der in einem Stiche von Stevens erhalten ist. Daß er für den Reichsgrafen Sporck bei dessen Bauten in Kukus tätig war, läßt sich nicht erweisen. Vielleicht ist er identisch mit dem gräfl. Czerninschen Hofarchitekten Aliprandi, der den Bau des Czerninschen Schlosses Kosmanos in Böhmen (1703—1709) leitete. Dieser war gleichzeitig (seit 1699) für die Piaristen in Kosmanos tätig; 1699 lieferte er einen Entwurf zum Portale ihres Gymnasiums und einer Kanzel für die hl. Kreuzkirche; ca. 1700 erbaute er wohl die Loretokapelle bei dieser Kirche (eine Czerninsche Stiftung), eine Kopie der Prager Loretokapelle auf dem Hradschin. 1714—1720 erbaute er die Mutter-der-Gnaden-Kirche des Piaristenkollegiums in Leitomischl auf Kosten des Grafen Franz Wenzel von Trautmannsdorf. Sein bestes Werk soll das Liblitzer Schloß sein.

Dlabacz, Kstlerlex. für Böhmen 1815. — Sommer, D. Königr. Böhmen IV 1836 und V 1837. — Mitt. d. Arch.- u. Ing.-Ver. Böhmen 1881. — Meyer, Kstlerlex. — Herain-Jansa, Alt-Prag 1902. — Pazaurek, Graf Sporck und Kukus 1901. — Hlavka, Topographie d. Königr. Böhmen XIV (1901) und XXI (1905). — Ruth, Kronika Prahy 1904. *Oskar Pollak.*

Aliprandi, Michelangelo, Maler von Verona, dessen Blütezeit um 1560—1582 fällt. Dal Pozzo berichtet, daß er Schüler des Paolo Veronese gewesen; jedenfalls war er dessen Nachahmer und hat ganz in seinem Geschmack gemalt. Dies bezeugt auch das noch erhaltene Altarbild in der Kirche SS. Nazaro e Celso zu Verona: Thronende Jungfrau mit dem Kinde zwischen den hh. Rochus und Sebastian. Immerhin ein tüchtiges Gemälde aus der Zeit der Nachblüte, wenn auch in der matten Färbung die Nachahmung Paolo Veroneses nicht recht gelungen ist. Außerdem sind noch einige spärliche Überreste von Fresken erhalten, welche A. vielfach an Häuserfassaden zu Verona und in der Umgegend malte (Haus des Grafen Miniscalchi; Geschichten des Alten Testaments an einem Hause bei der Kirche degli Scalzi, wo auch Battista del Moro malte; Verkündigung an der Straße des Tores del Palio). Schon zur Zeit, als dal Pozzo schrieb, am Anfange des 18. Jahrh., war vieles davon zugrunde gegangen. Derselbe berichtet auch noch von einem Altarbilde in der Kirche des Gekreuzigten, einer Madonna zwischen den hh. Jakob und Sebastian.

Bart. dal Pozzo, Le Vite dei Pittori etc. Veronesi, Verona 1718 p. 154. — Bernasconi, Studj sopra la Storia della Pitt. Ital. etc. Verona 1864 p. 345. — Meyer, Kstlerlex.

Aliprandi, Aliprando, s. auch *Alibrando*.

Aliprando, Gaspare, span. Maler, wird 1535 unter den Mitgliedern der Akad. von S. Luca in Rom erwähnt.

Missirini, Stor. d. rom. Accad. di San Luca 1823 p. 15. *M. v. B.*

Alis, Marcantonio und Matteo, Bildhauer in Como, schufen 1633 in Monte Belluna den schönen Marmoraltar der B. Vergine dei Battuti.

D. M. Federici, Memorie Trevigiane, Venezia 1803, 1. — Zani, Encicl. II 54. *Ozzola.*

Alisandre, Clément, Buchbinder des Herzogs von Cleve um 1510, bezeichnete die Bände mit seinem Monogramm; ein Exemplar der Pragmatica sanctio, aus der Presse des Phil. Pigouchet mit seinem vollen Namen.

Bilderhefte zur Gesch. d. Buchhandels von Lampertz, Köln, 1861, Taf. V. **

Alischer, Matthes, Goldschmied in Breslau, Sohn des Liegnitzer Goldschmieds Matthes Alischer, wird 1616 Meister, † am 8. 1. 1652, 68 Jahre alt. Stempelt M A ligiert in rundem Felde. Bekannte Arbeiten: 1. Nautiluspokal, um 1630, im Besitze der Stadt Bautzen in Sachsen. 2. Rundfigur des hl. Jacobus aus getriebenem Silberblech, datiert 1651, in der kath. Pfarrkirche St. Jacobi in Neiße.

Erwin Hintze, Die Breslauer Goldschm. S. 38. *E. Hintze.*

Alisen, Jan (um 1400), einer der Baumeister der Kirche von Anderlecht bei Brüssel. Sein Nachfolger wurde Gilles Joes, einer der größten Brüsseler Architekten zu seiner Zeit, im Februar 1434 (neuen Stils). Alisen war wahrscheinlich damals schon gestorben. Er kommt im Einschreibebuche der sogen. Zunft der Quatre-Couronnés von Brüssel vor; doch ist das Datum seiner Aufnahme in dieselbe nicht genau zu ermitteln. Er wird daselbst Jan Alisen van Vorst genannt, von einem Dorfe ganz in der Nähe von Brüssel. Dasselbe Register verzeichnet 1416 die Aufnahme eines Lehrlings dieses Meisters, des Jan van Anderlecht; und 1425 diejenige seines Sohnes (meester Jan Alisensone).

Meyer, Kstlerlex. (Art. von A. Pinchart).

Alison, Miß M., Malerin in Essex Villa, Acton, stellte 1868 (Dogana, Verona) und 1874 (Swansea Garbour) in der Roy. Acad. in London aus.

Graves, Roy. Acad. Exh. I 21. **

Alitenius Gatti (Gattus oder Gatto?). Die Bezeichnung: Alitenij gatti for. Romae tragen einige Ornamentstiche aus dem 17. Jahrh. (s. a. *Gatti*).

Guilmard, Maitres ornem. p. 309. *P. K.*

Alix, Jean, französ. Maler und Kupferst., geb. 1615 zu Paris, war nach Basan ein Schüler von Philippe de Champaigne, aber man kennt keine Gemälde von ihm. Wahrscheinlich war er Schüler des Kupferstechers Jean Morin, dessen Punktiermanier er annahm. Er führte Stiche nach Ph. de Champaigne, Ch. Lebrun und van Mol aus.

Meyer, Kstlerlex. (mit älterer Lit.). — Heller-Andresen, Handb. f. Kupferst.-Slr. *J. Guibert.*

Alix, Jean-Baptiste, französ. Bildhauer, geb. in Paris 20. 6. 1801, Schüler von David d'Angers und von Léon Cogniet, trat 2. 4. 1828 in die Ecole des Beaux-arts ein. 1835 stellte er im Pariser Salon eine Gipsstatue aus „Marius proscrit", und 1836 ebendaselbst eine Gipsstatue „Marcus Brutus consultant l'histoire de Polybe". 1839 steht er zum letzten Male auf der Liste des Salon.

Bellier-Auvray, Dict. gén. *Lami.*

Alix, Mlle Laure Justine Joséphine, Porzellanmalerin in Paris, geb. daselbst, stellte in den Salons 1876—80 wiederholt aus (Genre, Porträts, Blumen).

Bellier-Auvray, Dict. gén., Suppl. *H. V.*

Alix, Pierre Michel, französ. Kupferstecher, geb. 1762, † 27. 12. 1817 zu Paris, arbeitete in Aquatintamanier und farbigem Stich. Er gehört zu den Künstlern, welche die schnelleren und den Zeitbedürfnissen entsprechenderen Verfahrungsarten des Kupferstichs, die Schab-, Punktier-, Tusch- und Krayon-Manieren in Frankreich einheimisch machen halfen und sich derselben für die Abbildung berühmter Personen, Begebenheiten, Moden und anderer Lieblingsdinge des Tages bedienten. Man hat von ihm viel ordinäre Fabrikware, aber auch manches künstlerisch Achtbare und historisch Wichtige. Er lieferte 18 Blätter für die 1789 von Levacher herausgegebene Sammlung von Bildnissen der Abgeordneten der französ. Nationalversammlung in Tuschmanier, und die große Mehrzahl der nach Ph. Cherys Zeichnungen verfertigten farbigen Kupfer für das Werk von Levacher de Charnois über die alten und modernen Theaterkostüme (1790), machte sich aber hauptsächlich bekannt durch eine zahlreiche Folge von Bildnissen namhafter Personen der Revolution, die nach Pastellzeichnungen Davids, Garnereys u. a. gestochen und in Farben mit vier Platten gedruckt sind. Diese Bildnisse zeichneten sich durch einen gewissen revolutionären Zug aus und waren seinerzeit sehr beliebt, besonders die Porträts von Lepelletier, Marat und Chalier, die damals fast jeder echte Patriot in seiner Stube hängen hatte. Zwei andere patriotische Zugstücke waren die Porträts des 13jährigen Husaren

Joseph Barra und des 14jährigen Volontärbataillonskommandanten Agricola Viala, wozu die Phantasie die Originale lieferte, und deren Leben sich sofort zur Legende gestaltete. Bis zum Fieberparoxismus gesteigert erscheint der revolutionäre Geschmack in zwei großen allegorischen Stücken nach Boissieux: der „Triumph der Republik" und der „Sturz des Despotismus". Mäßiger u. glücklicher ist der Künstler bei seinen Stichen für die Galerie der dramatischen Dichter, Musiker, Schauspieler und Schauspielerinnen, deren erste Blätter im Magasin encyclopédique des Jahres IV. (1796) angezeigt sind.

Wie der Domherr Meyer im ersten Teil seiner „Fragmente aus Paris" berichtet, hat der Künstler aus Furcht vor politischer Verfolgung mehrere seiner besten Kupferplatten vernichtet und erst nach dem neunten Thermidor die Porträts Mirabeaus, Baillys und Lavoisiers in seine interessante Folge von Bildnissen berühmter Revolutionsmänner aufzunehmen gewagt. Unter dem Direktorium gingen aus seinem Atelier gefälligere Gegenstände hervor. Besonders merkwürdig darunter sind einige Stiche nach Schall, Mallet, Bosselmann im antikischen Genre. Zu gleicher Zeit stach Alix in Tuschmanier flachreliefartige Kompositionen nach Moitte, mit Szenen aus der altgriechischen Geschichte, und die beiden bekannten Gerechtigkeitsbilder von Gerard David in Brügge. Die farbige Folge von Bildnissen berühmter Persönlichkeiten wurde unter dem Direktorium und Konsulat von Alix ebenfalls fortgesetzt und mit Zelebritäten aus allen Zeiten und Ländern bereichert: Heinrich IV., Frau von Sévigné, Lafontaine, Molière, Linnäus u. a. kamen hinzu. Seine Art zu stechen hat aber nur Wert und Charakter für gleichzeitige Persönlichkeiten, und die bemerkenswertesten dieser späteren Blätter sind drei Bildnisse Napoleons I., der auf dem einen als General der italienischen Armee (1798), auf dem andern als erster Konsul allein (1803) und auf dem dritten als erster Konsul mit seinen zwei Amtskollegen Cambacérès und Lebrun vorgestellt ist.

Zu seinen schönsten, aber auch seltensten Arbeiten gehört der Porträtstich der Marie Antoinette nach Mme Vigée-Lebrun (4°),

E. Koloff bei Meyer, Kstlerlex. (ausführl. Oeuvre-Verzeichn.). — Portalis-Béraldi, Graveurs du XVIII. Siècle, Paris 1880. — Béraldi, Graveurs du XIX. Siècle 1885. *H. V.*

Alix, Simon, Pariser Werkmeister, geb. 1540, † 1584; wurde durch Patent vom 17. 11. 1573 zum „Maitre général des oeuvres de maconnerie du royaume" ernannt, dem die Jurisdiktion über alle Maurer und Steinmetzen Frankreichs zustand. Sein Vorgänger in diesem Amte war Grand-Remy, sein Nachfolger Nicolas Guillot.

Lance, Dict. des Arch. franç. — Bellier-Auvray, Dict. gén. Suppl. — Bauchal, Dict. des Arch. *C. Enlart.*

Alix, s. auch *Allix.*

Alixandre, Guillaume, französ. Illuminator, war vor 1476 lange Zeit für einen sehr bedeutenden Liebhaber schöner Bücher, Jacques d'Armagnac, Herzog von Nemours († 1477) tätig. Der Künstler lebte noch 1495 in Paris.

Unediertes Document aus den Archives Nationales de Paris. *P. Durrieu.*

Alizard, Antoine Julien, Porträtmaler (Pastell) in Paris, geb. zu Buironfosse (Aisne) 24. 3. 1827, Schüler von Léon Cogniet und der Ecole des Beaux-Arts, stellte in den Salons wiederholt (1851—57) aus.

Bellier-Auvray, Dict. gén. *H. V.*

Alizard (Alizart), J. B., französ. Maler religiöser und historischer Vorgänge, tätig in der 2. Hälfte des 18. Jahrh., erhielt 1762 einen 2. Preis für das Gemälde: Tod des Sokrates und 1763 einen 1. Preis für das Bild: Kleobis und Biton. Erhalten von ihm in der Kirche S. Pierre in Douai ein „Kindermord", bezeichnet J. B. Alizart 1776 und die Zeichnung zu diesem Bilde im Museum daselbst. Vielleicht ist Douai die Vaterstadt dieses mittelmäßigen und unbekannten Künstlers.

Nouveau guide de l'étranger dans Douai. 1861. p. 85 (der Name des Künstlers ist hier falsch „Auzard" gelesen). — Catalogue du Musée de Douai. 1869. — Archives de l'art franç. V 299. *F. L. Bruel.*

Alizard, Joseph Paul, Porträt- und Genremaler in Paris, stellte wiederholt in den Salons (1897—1905) sowie auf der Exposition décennale d. Beaux-Arts 1900 aus.

Kat. d. Ausstellgn., meist mit Abbildgn. *H. V.*

Alkamenes, Bildhauer und Erzbildner, jüngerer Zeitgenosse des Pheidias, sein Nebenbuhler und Schüler; in der Geltung des Altertums stand er nächst seinem Lehrer an zweiter Stelle (Plin. N. H. 34, 49. 72; 36, 16; Quintil. Inst. orat. XII 10, 8). Plinius nennt ihn Athener (vgl. auch 36, 17). Eine abweichende Überlieferung findet sich bei Suidas, nach dem A. aus Lemmos stammt (Tzetzes, Chil. VIII 340 nennt ihn νησιώτης). Man hat beide Überlieferungen kombinieren wollen: A. sei der Nachkomme eines attischen Kleruchen auf Lemnos gewesen und habe zum Lohn für seine Leistungen das attische Bürgerrecht erhalten. Die größte Anzahl seiner Werke hat er jedenfalls für Athen gearbeitet, für dessen neuerbaute Tempel er Götterbilder schuf, der wahre Erbe seines Meisters, dem er auch darin gleicht, daß von ihm neben einer großen Reihe von Götterbildern nur eine Athletenstatue bekannt war. Plinius datiert ihn in die 83. Olympiade (448—45). Da Thrasybulos nach dem Sturz der dreißig Tyrannen (403) ein Kolossalrelief seiner Hand nach Theben weiht (Paus. 9, 11, 6), muß er Ende des 5. Jahrh. noch vollkommen leistungsfähig gewesen sein; das Datum des Plinius kann also höchstens den Anfang seiner Tätigkeit bezeichnen. Unverträglich ist damit die Angabe des Pausanias (5, 10, 8), A. habe die westliche Giebelgruppe am Zeustempel in Olympia geschaffen, weil er dann schon um 475 ein vollentwickelter Künstler hätte sein müssen, also Ende des Jahrh. ein Neunziger gewesen wäre. Aber auch die Angabe des Pausanias über Paionios als Künstler des Ostgiebels ist falsch; nur läßt sich in diesem Fall der Grund des Irrtums durchschauen. Noch unverträglicher wäre mit jenem späten Datum die Überlieferung von einem vorpersischen Herabilde des A., wenn sie sich wirklich mit Sicherheit aus P. 1, 1, 5 ergäbe (vgl. Petersen a. unten a. O.). Früher hat man auf die beiden letztgenannten Stellen des Pausanias die Existenz eines älteren A. gegründet (Löschcke an beiden a. O.); s. nachher. Aus der Baugeschichte der Tempel, für die A. Götterbilder schuf, haben sich folgende Daten ergeben: für seinen Hephaistos die Zeit vor 421/20; für seinen Dionysos 420—15. Der Asklepios in Mantinea ist jedenfalls vor 418 entstanden, ehe die Stadt der spartanischen Herrschaft verfiel (Diod. 12, 80). Auf die gleiche Zeit weist die Angabe des Pausanias (8, 9, 1), Praxiteles sei in Mantinea im dritten Menschenalter, also 60—70 Jahre nach Alkamenes tätig gewesen (Mantinea wurde in den Jahren nach 371 wieder aufgebaut; bald nachher wird man P. seinen Auftrag gegeben haben, so daß man seine Tätigkeit dort rund auf 360 festsetzen kann). Will man die Aufstellung des Bildes der Hekate Epipyrgidia des A. (Paus. 2, 30, 2) mit dem Bau des Athena-Nike-Tempels in Zusammenhang bringen, so müßte man es etwa in das Jahr 435 datieren (vgl. Furtwängler am letzten unten a. O. S. 381); aber zweifellos könnte das Bild auch früher entstanden sein. Endlich hat sich in Pergamon eine Herme gefunden, nach ihrer Inschrift die Kopie nach einem Werk des A., einem Hermes, den die Inschrift τὸν πρὸ πυλῶν, also als Propylaios bezeichnet; Conze (s. unten) hat das zuerst, und wohl mit Recht, auf einen bestimmten Propylaios bezogen, der am Eingang der Akropolis von Athen neben dem Relief der Chariten stand. Löschcke bringt (am 2. unten a. O.) die Aufstellung dieses Werkes mit dem Bau der Propyläen in Zusammenhang, den er schon bald nach 460 beginnen läßt; der Hermes sei bald nach 450 entstanden und deshalb und aus stilistischen Gründen eine Schöpfung des älteren Alkamenes, des Künstlers der Giebelgruppen von Olympia. Furtwängler hat (a. a. O. S. 375 ff.) Löschckes Ansichten über den Bau der Propyläen zwar widerlegt, hält aber ebenfalls an dem älteren A. fest, ja er datiert Hermes und Hekate in die Zeit der Chariten, d. h. um 470. Nun geben uns von der Hekate nur kleine Nachbildungen ein ungefähres Bild, das in diese Zeit jedenfalls nicht passen will; seiner Beurteilung des Hermes aber legt Furtwängler nicht das Exemplar aus Pergamon zugrunde, sondern andere Wiederholungen des Typus, von denen wir nicht wissen können, ob ihre Verfertiger getreue Kopien geben wollten, oder eigenmächtig veränderten, was bei derartigen, meist rein dekorativen Skulpturen sehr nahe lag. Wir müssen ausgehen von der inschriftlich beglaubigten Kopie, so unbefriedigend sie auch sein mag; bei ihr mischen sich in das altertümliche Schema der Anlage so unverkennbare Züge der entwickelten Zeit und speziell pheidiasischen Stiles (man beachte auch die Schamhaare), daß wir das Original ohne Zaudern dem Schüler des Pheidias zuschreiben dürfen.

Das berühmteste Werk des A. war eine Aphroditestatue in Athen, nach ihrem Aufstellungsort die Aphr. in den Gärten genannt (Overbeck, Schriftqu. 812—15). Eine Aphrodite, die er im Wettstreit mit Agorakritos gemacht haben sollte, könnte mit ihr identisch sein (Plin. 36, 17). Bedenklich ist die Überlieferung eines anderen Wettstreites zwischen A. und Pheidias (Tzetz. Chil. 8, 353 ff.); jeder von ihnen sollte für Athen eine Bildsäule der Athena liefern; man wollte beide auf hohe Säulen stellen. Alk. hatte sein Bild zart und weiblich gebildet, so daß die Athener ihm, so lange es unten stand, vor dem des Pheidias den Vorzug gaben; als aber beide oben standen, merkte man, daß Ph. auf die Wirkung dieser Aufstellung Rücksicht genommen hatte, Alk. nicht. Man wird wenigstens auf die Existenz einer Athena des Alk. schließen und annehmen dürfen, sie habe im Gegensatz zu denen des Pheidias zartere, weiblichere Züge getragen (für die Überlieferung ist kürzlich Furtwängler, Aegina, I 272 ff. eingetreten). Ebenfalls für Athen hat er das Bild des Ares in seinem Tempel geschaffen (Paus. 1, 8, 4), und aus Gold und Elfenbein das des Dionysos in dem Heiligtum beim Theater (Paus. 1, 20, 3; der Gott war, nach den Resten der Basis zu schließen, thronend dargestellt und hatte eine Höhe von etwa 5,50—6,25 m; sehr wahrscheinlich ist es, daß einige attische Münzen die Statue wiedergeben [Imhoof-Blumer u. Gardner, Numism. comment. on Paus. Taf. CC I—IV]; danach hielt die erhobene Linke den Thyrsos, die vorgestreckte Rechte den Kantharos; ein weites Himation umhüllte die Gestalt; ein Epheukranz ruhte auf dem bärtigen Haupt). In Athen stand auch der Hephaistos des A. (Cic. Nat. deor. 1, 30; Valer. Maxim 8, 11 ext. 3) und wahrscheinlich wieder in seinem Tempel (s. nachher); aus den Worten des Cicero läßt sich schließen, daß der Gott mit beiden Füßen fest auf dem Boden stand und daß er bekleidet war; trotzdem, sagt Cicero, habe sich das Hinken, wenn auch nur leicht, bemerkbar gemacht. Man hat diese Bemerkung mit Unrecht verdächtigt; an der starken Hebung der Ferse oder an der übermäßigen Verschiebung der Hüfte ist der Hinkende, auch wenn er ganz ruhig steht, sofort zu erkennen. Auf die Art der Bekleidung, ob mit Himation oder Exomis, läßt sich aus Ciceros Worten kein Schluß ziehen (s. nachher). Die Hekate auf dem Nikepyrgos war jedenfalls vollkommen dreigestaltig; die drei weiblichen Figuren schlossen sich um einen Pfeiler eng aneinander; wenn wir den zahlreichen kleinen Votivbildern der Gottheit, die sich in Athen gefunden haben, Glauben schenken dürfen (vgl. Furtwängler in den Athen. Mitteil. 1878 S. 194), so waren die Gewänder in archaisierendem Geschmack geordnet (man erinnere sich der altertümlichen Züge im Hermes); die schönste derartige Darstellung der Hekate ist auf einem Votivrelief des 4. Jahrh. aus Aegina erhalten (Petersen in den Archäol. epigr. Mitteil. aus Österr. 4 Taf. 3; Baumeister, Denkm. d. klass. Altert. I 632 Abb. 702). Von der sehr unsicher beglaubigten Hera zwischen Athen und Phaleron (Paus. 1, 1, 5) war schon die Rede. Den Asklepios scheint A. in Mantineia (Paus. 8, 9, 1), nach Münzbildern zu schließen, stehend gebildet zu haben, mit der linken Achsel auf den Stab, den rechten Arm auf die Hüfte gestützt (Imhoof-Blumer und Gardner a. a. O. Pl. S. XV). Im Auftrag des Thrasybulos arbeitete er für das Herakleion in Theben ein Kolossalrelief der Athena und des Herakles aus pentelischem Marmor (Paus. 9, 11, 6). All diesen Götterbildern steht eine einzige Athletenstatue gegenüber: ein Pentathlos aus Bronze mit dem Beinamen Εγκρινόμενος (Plin. N. H. 34, 72). Man hat diesen Namen auf die Statue oder auf den Dargestellten bezogen; nur dies kann richtig sein, da die ἔγκρισις in der Agonistik und speziell im Pentathlon eine wichtige Rolle spielte. Ob man den Namen in Rücksicht auf ein besonderes Motiv der Statue erfunden oder ihrer Inschrift entnommen hatte, können wir nicht sagen. Da der bei Plinius überlieferte Name einen guten Sinn gibt, ist Kleins Konjektur (s. unten), statt encrinomenos sei encriomenos = ἐγχριόμενος zu lesen, unberechtigt; sie wäre nur annehmbar, falls sich eine Statue dieses Motivs als alkamenisch erweisen ließe. — Die einzige Skulptur, die für uns heute zweifellos den Stil des Alkamenes repräsentiert, ist der Hermes Propylaios aus Pergamon (s. die Tafeln zu den unten angeführten Schriften von Conze und Altmann); durch den Vergleich mit ihm sind alle anderen Rückführungen von erhaltenen Werken auf Originale des Alkamenes zu prüfen. Leicht erledigt ist die Frage bei dem Athleten. Kekule (s. unten) hatte bei dem stehenden Diskobolen (Brunn-Bruckmann, Denkmäler 131) an den Encrinomenos gedacht, im Grunde nur, weil dieser als berühmtes Werk eines Attikers jener Zeit auf der Seite der schriftlichen Überlieferung ebenso vereinzelt dasteht, wie der Diskobol auf der Seite der monumentalen Überlieferung. Mit dem Hermes ist er unvereinbar. Klein hat den von ihm konjizierten Enchriomenos in dem Münchener Salber erkennen wollen (Brunn-Bruckmann 132); er hat weder mit dem Hermes noch mit irgend einem der anderen auf Alk. zurückgeführten Werke etwas gemeinsam. Kopien der Aphrodite in den Gärten wären nach Furtwängler (zuerst ausgesprochen bei Roscher, Mythol. Lex. I Sp. 412 f.) in den Wiederholungen der sog. Venus Genetrix erhalten (Brunn-Bruckmann 473; vgl. zuletzt S. Reinach in der Revue archéologique 1905 I 394 ff.); mit ihr würden wir zugleich eine Anzahl anderer Werke des A. gewinnen: Hera oder Demeter im kapitol. Mus. (Brunn-Bruckmann 358); Hera Jacobsen (Arndt-Bruckmann, Coll. Ny-Carlsberg No. 56—58); weibl. Kopf im Berliner Mus. (Furtwängler, Meisterw. Taf. V); ein anderer im Antiquarium zu Rom (Text zu Arndt-Bruckmann); weibl. Kolossalkopf in Pal. Borghese (Arndt-Amelung, Einzelaufnahmen No. 494 mit Nachtrag von Herrmann im Text zu Serie III). So verführerisch aber auch die Annahme Furtwänglers ist und gewirkt hat, so müssen wir doch eingestehen, daß sie an dem neuen Fund des Hermes keine Stütze findet. Auf sichere Spur schienen uns Reisch und Sauer zu führen (s. unten). Sie wiesen auf athenische Inschriften aus den Jahren 421—16 hin, Rechnungsurkunden über die Herstellung einer bronzenen Gruppe von zwei großen Kultbildern; in der einen Inschrift werden zwei Posten Zinn verrechnet, die zur Herstellung eines ἄνθεμον einer Blüte, unter dem Schilde der einen Statue dienen sollten. Zwei Statuen der Athena, bei denen der niedergestellte Schild auf einem Akanthuskelch ruht, geben die erwünschte Erklärung; die eine stammt aus praxitelischer Zeit, die andere — bei ihr fehlt dem Akanthus auch die Blüte nicht — aus der des Alkamenes und der Inschrift. Athena war in Athen kultlich mit keiner anderen Gottheit gepaart, als mit Hephaistos, in dessen Tempel tatsächlich beide nebeneinander standen (Paus. 1, 14, 6). Da aber Alk., wie wir oben sahen, aller Wahrscheinlichkeit nach den Hephaistos geschaffen hatte, mußte er wohl auch der Künstler der Athena sein. Der strenge und feine Kopf jener zweiten Athena (s. Amelung a. unten a. O.) würde wohl zu dem Schüler des Pheidias passen, aber wieder stoßen wir auf die gleiche

Schwierigkeit: mit dem Hermes hat er nichts gemein. Ebensowenig ein durchaus pheidiasischer Typus der angelehnten Aphrodite (Arndt-Amelung, E.-A. No. 512—13), in dem Reisch die Aphrodite in den Gärten erkennen wollte. Den Hephaistos stellen sich Reisch und Sauer im Himation vor, was aus den Worten des Cicero (s. oben) nicht notwendig zu schließen ist, Furtwängler unter Heranziehung eines Torso in Cassel, der aber eher einen Krieger, vielleicht Ares selber, darstellen dürfte, in der Exomis (Meisterwerke S. 120; vgl. Arndt-Amelung E.-A. Text zu No. 331); Furtwängler sucht diesen Torso mit der bekannten Hephaistosherme im Museo Chiaramonti zu vereinen, und hier treffen wir nun wirklich einmal auf ein Werk, das mit dem Hermes vereinbar ist. Noch wahrscheinlicher ist dem Verfasser nach Vergleich mit dem Hermes Furtwänglers Rückführung der Athena Farnese auf Alk., während statt des Ares Borghese im Louvre vielleicht das Oberteil einer kolossalen Aresstatue im Pal. Borghese (Brunn-Bruckmann 335) einzusetzen wäre. Den Asklepios von Mantinea hat Kjellberg (s. unten) in einer Berliner Statue erkennen wollen, die tatsächlich aus der Schule des Pheidias stammen muß und in der Stellung mit dem Münzbilde übereinstimmt (s. oben). Auch hier legt der Hermes sein Veto ein, während der Kopf einer anderen Asklepiosstatue in den Uffizien (Amelung, Führer No. 94) viel verwandte Züge mit ihm aufweist; ein Asklepios dieses Typus hat in Athen gestanden (Imhoof-Blumer und Gardner a. a. O. Taf. EE II—IV), und, da er der älteste seiner Art ist, könnte er sehr wohl das Kultbild wiedergeben, das Asklepios bei seiner Ansiedelung in Athen im Jahr 420 erhielt und dessen Herstellung man zweifellos einem attischen Künstler anvertraute; von allen liegt der Gedanke an A. hier gewiß am nächsten. Auf ganz schwankem Grunde ruht Winters Versuch (s. unten), die mittelmäßige Gruppe einer Frau und eines Knaben auf der athenischen Akropolis, die Michaelis (Athen. Mitteil. I 304) als Prokne und Itys gedeutet (vgl. dagegen Sauer, Aus der Anomia S. 109 Anm. 3) und mit dem von Pausanias (1, 24, 3) erwähnten Weihgeschenk eines Alkamenes identifiziert hat, zum Ausgangspunkt zu wählen, indem er annimmt, der Weihende sei auch der Künstler gewesen, und nun eine der weiblichen Figur ähnliche, in Pergamon gefundene kopflose Statue für ein Werk unseres Künstlers erklärt.

Brunn, Gesch. d. gr. Kstlr. I 234 ff. — Overbeck, Gesch. d. gr. Plastik I⁴ 373 ff. — Kekule, Arch. Zeit. 1866 S. 169 ff. — Robert, Archäol. Märchen S. 41 ff. und 50 ff. — Petersen, Röm. Mitt. 1889 S. 65 ff. und Ant. Denkm. I, Taf. 45 m. Text. — Winter, ebenda, II, Taf. 22 m. Text. — Klein, Arch. epigr. Mitt. 1891 S. 6 ff. — Urlichs, Blätter für bayer. Gymnasialschulwesen 1894 S. 609 ff. — Furtwängler, Meisterwerke S. 117 ff. u. sonst. — Klein, Praxiteles S. 45 ff. — Collignon, Hist. de la sculpture gr. II 114 ff. — Pauly-Wissowa, Realenc. I Sp. 1507, 5 (Robert). — Blake-Sellers, Plinius S. 58. — Reisch, Eranos Vindobonensis S. 1 ff. und Österr. Jahreshefte 1898 S. 65 ff. — Sauer, Das sog. Theseion S. 231 ff. — Amelung, N. Jahrb. für Philol. 1900 S. 1 ff. Taf. I—II. — Kjellberg, Asklepios (aus den Språkvetenskapliga Sällskapets förhandl. 1894—97 Upsala) II 23 ff. — Frazer, Pausanias II 37. 91. 192. 216; III 264 f. 512 f.; IV 206. — Hitzig-Blümner, Pausanias I 162 und 219 f., 229 f.; II 625 f.; III 329 ff. — Conze, Sitzungsber. d. Berl. Akad. 1904 S. 69 ff. Taf. I. — Altmann, Athen. Mitt. 1904 S. 179 ff. Taf. XVIII—XXI. — Winter, ebenda S. 208 ff. — Löschcke im Jahrb. d. I. 1904 S. 22 ff. — Furtwängler, Sitzungsber. d. bayer. Akad. d. Wiss. 1904 S. 378 ff. *Amelung.*

Alkan-Lévy, F., Porträt- und Genremaler in Paris, stellte in den Salons 1894—1905 wiederholt aus.

Kat. d. Salon, meist mit Abbldgn. *H. V.*

Alken, Henry, engl. Maler, Lithograph und Radierer von Sport- und Jagddarstellungen, geb. im letzten Viertel des 18. Jahrh., † um 1850, stellte 1801 und 1802 zuerst 2 Porträts in der Royal Academy aus und veröffentlichte 1816 The beauties and defects in figure of the horse, color. London 8., dem dann 1821 die National sports of Great-Britain, comprised in 50 col. plates und eine Reihe anderer z. T. auch humoristischer Blätter folgten. Sie haben Beifall gefunden, sind aber doch nur mittelmäßige Arbeiten.

Meyer, Kstlerlex. I und The Universal Catal. of books on art geben ein Verzeichnis seiner Arbeiten. — Redgrave, Dict. — Binyon, Catal. of drawings in the British Mus. I (3 Bleistiftzeichn.). *R.*

Alken, Samuel, hervorragender engl. Graphiker in Radiermanier und Aquatinta, arbeitete in London 1780—1798 und stach hauptsächlich Landschaften und Prospekte in Aquatinta für topographische Werke wie Views in Cumberland and Westmoreland (1796) und Views in North Wales (1798). Erwähnenswert ist ferner sein selbstentworfenes Ornamentwerk: A new book of ornaments. Design'd and etch'd by Saml. Alken etc. 4°.

Meyer, Kstlerlex. — Redgrave, Dict. — Graves, Roy. Acad. I (Ausst. eines Entwurfs für ein Monument 1780). *R.*

Alkens, J. M., holl. Maler. Nach ihm stach Th. Koning das Porträt des 1787 verst. Joh. Christ. Mohr. *E. W. Moes.*

Alkimachos, griechischer Maler unbekannter Herkunft zur Zeit Alexanders des Großen, von Plinius unter den „primis proximi" genannt. Er malte das Bild eines olympischen Pankrationsiegers.

Brunn, Gesch. d. gr. Kstler. II 258. — Pauly-Wissowa, Realenc. I 1540, 6 (Rossbach). *Sauer.*

Alkimedon, von Vergil wahrscheinlich erdichteter Name eines Toreuten, dessen zwei hölzerne Becherpaare Eclog. III 36 f. genau beschrieben werden.

Brunn, Gesch. d. gr. Kstler. II 402. — Pauly-Wissowa, Realenc. I 1540, 6 (Rossbach). *Pernice.*

Alkippos, Bildhauer aus Paros, bekannt aus der Inschrift einer Basis, die sich auf Anaphe (bei Thera) gefunden hat; die Basis trug ein Weihgeschenk an Apollon und stammt nach dem Schriftcharakter aus dem Anfang des 4. Jahrh. v. Chr.

IGIns III 257. — Hicks, Journ. of hell. stud. 1888 S. 90. — Pauly-Wissowa, Realenc. I Suppl. 62 (Robert). *Amelung.*

Alkisthene, angebliche griechische Malerin, auf Grund von Plin. N. H. 35, 147, wo man aber besser liest: Calypso . . . (pinxit) Alcisthenen saltatorem. Es war also von einer Malerin Kalypso ein Tänzer Alkisthenes dargestellt.

Brunn, Gesch. d. gr. Kstler. II 300. *Sauer.*

Alkon, Bildgießer unbestimmter Zeit. Er hatte für Rhodos eine Statue des Herakles aus Eisen verfertigt (Plin. N. H. 34, 141). Wenn sein Name nicht auch erfunden ist, hat er mit dem mythischen Toreuten Alkon aus Hyle in Böotien nichts zu tun.

Brunn, Gesch. d. gr. Kstlr. I 466. — Overbeck, Schriftq. 2043. — Pauly-Wissowa, Realenc. I 1579, 8. 15 (Robert). *Amelung.*

Alkuin, siehe *Alcuin.*

Al-Kutâmi, d. i. der von dem Berberischen Stamme Kutâma Abstammende (nicht Al-Kitami), war ein berühmter moslimischer Maler in Ägypten und ein Schüler der Banu el-Muallim, welche die Moschee am großen Karâfa-Berge bei Kairo 976 n. Chr. ausmalten. Er wird ebenfalls dort beschäftigt gewesen sein, beschränkte sich aber nicht auf bloße Dekoration, denn er malte im Hause des El-Numân an demselben Karâfa-Berge einen Joseph im Brunnen, eine nackte Figur auf schwarzem Grunde, die gleichsam eine Öffnung in der Firnißfarbe des Brunnens zu bilden schien.

Makrizi, Gesch. von Ägypten, Ausg. von Bulak. II 318. — Meyer, Kstlerlex. *H. V.*

Alla, Angelo, Maler in Venedig, † vor dem 15. 9. 1560.

Archivio Veneto XXXIV parte I 203. *L. Ferro.*

Alladio, Macrino, s. *Macrino* d'Alba.

Allaert, J. F., ein geschickter belg. Schreiner und Ornament-Bildhauer, war um 1739 in seiner Vaterstadt Gent tätig. In diesem Jahre nahm er mit Laurent Delvaux an einem Wettbewerb teil, der von den Bauleitern der Kathedrale Saint-Bavon eröffnet worden war. Gegenstand dieses Wettbewerbes war eine Predigtkanzel; der Künstler führte bei dieser Gelegenheit eine Serie von Modellen in Terrakotta aus. Er ist in einer der Kapellen der Kirche Saint-Michel in Gent mit einer interessanten Statue des hl. Sebastian vertreten. Er war der Schützling des messire de Coninck, für dessen Rechnung er ausgezeichnete dekorative Bildhauerarbeiten ausführte, die zum Teil noch heute den ehemaligen Palast (Quai aux Pommes) dieses Mäcens schmükken. Ein herrlicher, von dem Künstler ausgeführter Kronleuchter, ist das Eigentum des Herrn N. d'Huyvetter in Gent geworden.

Chevalier Edm. Marchal, La sculpture belge, p. 518, 526 und 548. *E. de Taeye.*

Allai, Antonio, Bildhauer von Reggio, der zu Anfang des 18. Jahrh. am Hofe von Parma viel beschäftigt war. Dann nach Reggio zurückgekehrt, starb er daselbst in vorgerücktem Alter. Vier Statuen von ihm werden in Reggio in der Kirche S. Domenico, andere Arbeiten in S. Francesco daselbst erwähnt.

Tiraboschi, Notizie de' Pittori etc. Modenesi. — Meyer, Kstlerlex. — Campori, Gli Artisti Italiani etc. Modena 1855. *H. V.*

Allain, Jean, Maler von Rouen um 1608, nur urkundlich erwähnt.

Archives de l'Art franç. VI 211. *H. V.*

Allain, Ludger, französ. Radierer, geb. zu Paris, Schüler von Gaucherel, stellte 1880 aus: Le Pont de Saint-Denis, Le canal de l'Ourcq; und 1881 eine Landschaft nach Corot.

Bellier-Auvray, Dict. gén. Suppl. *J. Guibert.*

Allain, Pasquet, Maler und Bildhauer, 1635 in Rouen an der Parochialkirche von St. Éloi beschäftigt, unterschrieb 17. 9. 1631 die Statuten der Maler und Bildhauerinnung.

Lami, Dict. d. sculpt. 1898. — Archives de l'Art français VI 209. *R.*

Allain, Pauline, s. *Jamet,* P.

Allain, Samuel, Maler von Rouen, nur urkundlich erwähnt, unterzeichnet als Erster die Statuten der Malerbrüderschaft daselbst 17. 9. 1631.

Archives de l'Art franç. VI 209. *H. V.*

Allaire, Guillaume, französ. Ornamentmaler in Rennes um 1570, arbeitete häufig gemeinschaftlich mit Robert Godivière.

Bérard, Dict. Biogr. d. Artistes franç. *H. V.*

Allais. Französischer Porträtmaler, stellte in den ersten 4 Salons der Acad. de St. Luc 1751—1756 zahlreiche Porträts in Öl und Pastell aus. Im Jahre 1762 war er tot. Er ist sehr wahrscheinlich der Allais, der 1726 den I. Preis für ein nicht näher bezeichnetes Gemälde erhielt. Er ist vielleicht der Vater des Pierre Allais. Nach Füsslis Angabe soll nach ihm Et. Fessard das Bildnis des Arztes J. A. Peissonnel und P. Aveline ein Titelblatt zu einem Andachtsbuche gestochen haben.

Nouv. Arch. de l'art franç. 1885 p. 114. — Füssli, Kstlerlex. *F. L. Bruel.*

Allais, Mlle., französ. Malerin, welche zwischen 1779—87 im Salon de la Correspondance de Pahin de la Blancherie in Paris ausstellte, ist vielleicht nach Belliers Vermutung Catherine Elisabeth Allais, Tochter des Bildhauers Jean Louis und dann gestorben 22. 8. 1786.

Revue univers. des arts XIX 252. *F. L. Bruel.*

Allais, Angélique geb. Briceau, französ. Radiererin. 18. Jahrh. Tochter des Stechers Alexandre Briceau, Gattin des Stechers Louis-Jean Allais, führte in Paris Radierungen in Tusch- und Crayonmanier aus. Sie arbeitete mit an der Serie von Deputierten-Porträts in der Assemblée Nationale de Levachez, 1789. Man besitzt von der Künstlerin farbige Drucke von mehreren Platten, Aquatintablätter (mit dem Rädchen retouchiert) im Genre von Alix: Landschaften, Porträts von bekannten Personen aus der Revolutionszeit. Ein Katalog ihrer Werke findet sich in Jul. Meyers allgem. Kstlerlex.; ein schönes farbiges Porträt Mirabeaus und ein solches Marats ist dort noch hinzuzufügen. Sehr schöne Abdrucke im Kupferstichkabinett zu Paris.

Meyer, Kstlerlex. — Portalis-Béraldi, Grav. du XVIIIe s. — Gazette des b.-arts 3e sér. I 211. *J. Guibert.*

Allais, Antoine-Joseph, Meistermaler an der Acad. de St. Luc in Paris, zweiter Sohn des Pierre, 1781 u. 1784 erwähnt.

Nouv. Arch. de l'art franç. XII (1885) 115. — Herluison, Actes d'Etat-Civil p. 3. *F. L. Bruel.*

Allais, Honoré Pierre Desiré, Architekt in Paris, geb. daselbst 1780, Schüler von Berthault. Von ihm eine Kirche in dem Département Orne und die Restaurierung des Schlosses Margaux zu Bordeaux.

Gabet, Dict. d. Artistes etc., Paris 1831. *H. V.*

Allais, Jean Alexandre, französ. Kupferst., Sohn des Louis-Jean Allais und Angélique geb. Briceau, geb. 29. 3. 1792 zu Paris, † daselbst 9. 11. 1850. Schüler des Malers David und der Stecher Urbain Massard und Fossoyeux', dessen Tochter er heiratete. Seit 1819 stellte er im Salon aus. Er machte vornehmlich Reproduktionen von Gemälden seiner Zeitgenossen Deveria, Dubufe, Ducis, Duval Le Camus, Boilly, Grenier, Jacquand, Robert-Fleury und anderer. Er übte zuerst den reinen Stich mit dem Grabstichel, benutzte dann die Radiernadel und den Grabstichel verbunden mit der Schwarzmanier, die man 1830—1870 allgemein auf Stahlplatten anwandte. Dies Verfahren bot in praktischer Hinsicht große Vorteile, denn es ermöglichte die schnelle Ausführung sehr feiner Teile; andererseits gab der Stahl den Arbeiten der Schwarzmanier eine Festigkeit, die Abzüge gestattete.

Meyer, Kstlerlex. (Katal. von 64 Nummern). — Heller-Andresen, Handb. f. Kupferstichsammler. — Béraldi, Grav. du XIXe s. *J. Guibert.*

Allais, Louis-Jean, französ. Stecher, geb. zu Paris 1762, † 27. 8. 1833, Gemahl der Angélique Briceau. Er radierte und stach, arbeitete auch in Tuschmanier. Seine Werke sind von geringem ästhetischen Werte, und haben nur historisches Interesse. Er arbeitete nach Carle Vernet, Boilly, Swebach-Desfontaines, und Blumenstücke nach Madame Vallayer-Coster.

Meyer, Kstlerlex. (Katal. seiner Werke). — Le Blanc, Manuel. (Catalogue.) — Bellier-Auvray, Dict. gén. Suppl. — Béraldi, Grav. du XIXe s. — Portalis et Béraldi, Grav. du XVIIIe s. *J. Guibert.*

Allais, Nicolas, Maler in Paris, ältester Sohn von Pierre A., erwähnt von 1781—1786.

Nouv. Arch. de l'art franç. 1885 p. 115, 136, 187. *F. L. Bruel.*

Allais, Pierre, Meistermaler der Acad. de St. Luc in Paris, † daselbst 14. 1. 1781.

Nouv. arch. de l'art franç. XI (1884) 286; XII (1885) 115. *F. L. Bruel.*

Allais, Prosper-Paul, französ. Kupferstr., geb. 13. 4. 1827 zu Paris, Sohn des Jean-Alexandre Allais, Enkel des Louis-Jean Allais und der Angélique Briceau, Urenkel des Malers Pierre-Claude Briceau, war der Schüler seines Vaters und von Drolling. Er wandte den Grabstichel verbunden mit der Schwarzmanier an, wie es sein Vater getan hatte, zuweilen arbeitete er auch mit dem Grabstichel allein. Viele seiner Werke hatten großen Erfolg und weite Verbreitung. Der Künstler stellte seit 1848 im Salon aus. Das Kupferstich-Kabinett in Paris besitzt mehrere seiner Kupferplatten im Vorbereitungszustand, die interessant für das Studium des Verfahrens sind.

Meyer, Kstlerlex. — Bellier-Auvray, Dict. Suppl. — Béraldi, Grav. du XIXe s. (Katal. von 51 Nummern.) *J. Guibert.*

Allais, Simon, Goldschmied in Paris, arbeitete für den Herzog von Orléans und erhielt 1405 mit anderen Künstlern 18 997 Livres für Schmuckstücke und Gefäße.

Bérard, Dict. biogr. — Texier, Dict. p. 82. — De Laborde, Les Ducs de Bourgogne III 215. *H. Stein.*

Allamagna, Giovanni d', s. *Alamagna.*

Allamagna, Justus d'. Das Wandgemälde mit der Verkündigung Mariae im Klostergange von Sta. Maria di Castello zu Genua trägt in gotischen Minuskeln die Bezeichnung:

Justus dalla / magna pinx / it · 1451

und in römischen Majuskeln: C·R·D·Z. Dem Stil nach ist der Meister nicht identisch mit Justus van Gent, dem niederländ. Maler, der in der zweiten Hälfte des 15. Jahrh. zu Urbino arbeitete. Der in Genua tätige Meister wird seiner Herkunft nach für einen Schwaben gehalten. Die beiden ersten Majuskel werden Civis Ravenspurgensis gedeutet. Die Zuschreibungen an diesen Meister sind unberechtigt.

Meyer, Kstlerlex. I 263. — Crowe u. Cavalcaselle, Geschichte der altniederl. Malerei (deutsche Ausg.) 183. — Schmarsow, Die oberrhein. Malerei, XXII. Bd. d. Abhandlgn.

der philologisch-histor. Klasse der kgl. sächs. Gesellsch. d. Wissensch. No. II (1903) 94.
Friedländer.

Allan, Porzellanmaler zu Lowestoft, 1757 bis 1803 an der dortigen Porzellanfabrik beschäftigt, wo er Seestücke, Landschaften, Insekten, Früchte und Figuren malte.

Jaennicke, Grundriß d. Keramik, 818.
H. V.

Allan, David, schottischer Maler, geb. zu Alloa (Stirlingshire) den 13. 2. 1744, † zu Edinburgh den 6. 8. 1796. Er erhielt seinen ersten Unterricht in der Zeichenakademie zu Glasgow. 1764 ging er nach Italien und wurde in Rom von dem Maler und Archäologen Gavin Hamilton als Schüler angenommen. 1773 erhielt er an der Akad. von S. Luca den Preis für die historische Malerei und zwar mit der Darstellung der Erfindung der Zeichenkunst, nach der bekannten griechischen Sage. Noch malte damals A. zu Rom für Lord Cathcart die Parabel vom verlorenen Sohne, sowie eine Anzahl von Kopien nach alten Meisterwerken.

1777 kehrte er nach London zurück und ließ sich gegen 1780 zu Edinburgh nieder. Er entnahm nun die Gegenstände seiner Kunst dem schottischen Leben und eröffnete so eine neue Gattung, in welcher er der Vorgänger des weit berühmteren Wilkie wurde. 1786 wurde A. zum „master“ der Akad. von Edinburgh erwählt, an Stelle von Runciman; er versah dieses Amt bis zu seinem zehn Jahre später erfolgenden Tode.

A. war ein fruchtbarer Meister und hat eine ziemliche Anzahl von Gemälden, Zeichnungen und Aquarellen hinterlassen. Die Illustrationen zu Gentle Shepherd, einer Dichtung von Allan Ramsay, hat er nach seiner eigenen Zeichnung auch in Aquatinta gestochen. In der dem Buche beigegebenen Widmung an Gavin Hamilton schreibt der Meister von sich selbst: „Das Land ermutigt nicht zu heroischen oder historischen Vorwürfen; ich bin daher froh, auf einem bescheideneren Felde zu arbeiten und, ohne zu niedrigen Gegenständen herabzusteigen, eine genaue Darstellung des gewöhnlichen Lebens zu geben.“ Es gelang ihm bisweilen, das Landleben mit einer gewissen bäuerischen Grazie zu schildern, wie z. B. in den Schäferszenen und den Landschaften, mit denen er Ramsays Werk illustriert hat. Dabei läßt freilich seine Zeichnung zu wünschen übrig, wie in seinen Gemälden die Färbung bunt und schwer ist. Er verstand sich dagegen auf charakteristischen Ausdruck und hatte eine Art Humor oder vielmehr Drolligkeit in der Darstellung. Man hat ihn daher den schottischen Hogarth genannt. Allein diese Anerkennung ist zu hoch gegriffen, und weder in der Tiefe der Charakteristik, noch in der komischen Kraft kann er sich mit Hogarth messen.

A. hat auch die Vignetten zu Campbells Geschichte der Poesie in Schottland gezeichnet und die Dichtungen von Burns, dessen Freund er war, illustriert. Vier Darstellungen aus dem römischen Karneval stammen aus der Zeit des italienischen Aufenthaltes; in ihnen mischt sich das Komische mit der Sittenschilderung. Einige Bilder aus dem Volksleben seiner Heimat, wie Die schottische Hochzeit und Der Hochlands-Tanz, sind von großem Einfluß auf die Ausbildung der Genremalerei in seinem Lande gewesen. Seine Bildnisse waren nach Cunningham, der das Leben des Meisters ausführlich erzählt und auch seine Werke aufgeführt hat, durch eine schlichte Ähnlichkeit bemerkenswert.

Das Bildnis des Meisters, während seines italienischen Aufenthaltes von ihm selbst gemalt, im Museum von Edinburgh.

Meyer, Kstlerlex. (Oeuvreangabe). — Cunningham, Lives of the most eminent British Painters . . . II éd. London 1830. — Redgrave, Dict. — Graves, Roy. Acad. Exh. I. — Dict. of nat. Biogr. I 294. **

Allan, J. Mc Gregor, Porträtmaler in London, stellte 1854—1856 Herren- und ein Damenporträt in der Roy. Acad. aus. Darunter befand sich auch sein Selbstporträt und das Emailporträt eines jungen Edelmanns.

Graves, Roy. Acad. Exh. I 21. **

Allan, John, kanadischer Maler, Zeichner und Dichter. Geb. 1875, ließ sich der autodidaktisch gebildete Künstler schon in jungen Jahren als Berufszeichner in Hamilton in Kanada nieder, wo er — eine 1893 unternommene Reise nach Westindien ausgenommen — bisher dauernd ansässig geblieben ist. Seine künstlerischen und dichterischen Anregungen schöpft er hauptsächlich aus der Lektüre okkultistischer Schriften sowie der Werke neuerer amerikanischer und französischer Dichter wie Edgar Allan Poe, Charles Baudelaire etc. Seine Mußestunden widmet der vielbeschäftigte kanadische Illustrationszeichner und Plakatlithograph der Niederschrift eigenartig-symbolistischer lyrischer Dichtungen sowie der zeichnerischen oder aquarellistischen Ausführung wild phantastischer Bildkompositionen eigener Erfindung, von denen einige charakteristische Proben veröffentlicht sind in *Vittorio Pica's* Essai „Il Pittore dell' Occultismo: John Allan“ („Emporium“, Februar 1905).

Nach Notizen von *V. Pica.*

Allan, Mlle Marie, Porträt- und Genremalerin in Paris, stellte in den Salons 1868 und 1869 aus.

Bellier-Auvray, Dict. gén. Suppl. *H. V.*

Allan, Robert Weir (R. W. S., R. S. W.), bekannter schottischer See- und Landschaftsmaler, vorzugsweise Aquarellist, geb. 11. 11. 1852 in Glasgow als Sohn eines Lithographen, hatte schon 1873 als Autodidakt Erfolge mit den in Glasgow ausgestellten Ölbildern: A sunny day at sea und: Waiting the tid, die wegen ihrer lebendigen Wahrheit der atmosphärischen Effekte auffielen. Er ging aber dann zu seiner weiteren Ausbildung nach Paris in die Ateliers von Julian u. Cabanel und wandte sich in den nächsten Jahren in selbständigen Studien immer ausschließlicher der Aquarellmalerei zu. 1881 ließ er sich in London nieder und erweckte besonderes Interesse durch sein Bild The Funeral of Carlyle, das zuerst in Glasgow, dann in der Royal Academy in London ausgestellt wurde. Seine Motive fand er in den nächsten beiden Jahrzehnten hauptsächlich in seiner schottischen Heimat, aber auch in der Fremde. Eine besondere Gruppe in seinen Werken bilden die Bilder aus Indien. Zu seinen bekanntesten Arbeiten gehören: Château d'Amboise, French Peasants arriving for the Vintage, Making for Home, All Hands on Deck.

Studio vol. XXIII 229 ff. (illustr. Biogr. von Nancy Bell). — The Art Journal 1904, 197. — Graves, Roy. Acad. I (zahlreiche Arbeiten aufgeführt). — Catal. der Decenal-Ausst. Paris 1900. — Catal. d. Salon 1896—99. *R.*

Allan, Sir William, schott. Historien- und Porträtmaler, geb. zu Edinburgh 1782, † daselbst 23. 2. 1850, Schüler der Akad. von Edinburgh, wo er mit David Wilkie bekannt wurde. Er ging dann zu seiner weiteren Ausbildung nach London und stellte 1803 in der kgl. Akad. seine ersten Gemälde: Paul and Virgina; Inver und 1805: Der junge Zigeuner aus. Allein er wollte die Welt sehen, als Maler neue Stoffe sammeln und machte sich daher auf den Weg nach St. Petersburg. Ehe er dort anlangte, mußte er einige Zeit in Memel bleiben, da in dessen Nähe sein Schiff erheblichen Schaden gelitten; er malte daselbst einige Bildnisse, darunter das des Konsuls von Dänemark.

In St. Petersburg lernte er den Leibarzt des Zaren, Alex. Crichton kennen und fand durch ihn in einigen Salons der vornehmen Welt Zutritt. So erhielt er Aufträge zu einer nicht unbedeutenden Anzahl von Bildnissen. Allein es trieb ihn weiter; er unternahm eine mehrjährige Reihe durch die russischen Länder. Auch nach Polen kam er, ca. 1805, und brachte längere Zeit beim Grafen Felix Potocki in seinem Schlosse Tulczyn in der Ukraine zu; er malte dort viele Öl- und Aquarell-Genrebilder; seine „Jüdische Hochzeit" kam von dort zur Ausstellung nach London. Er zeichnete in Tulczyn 6 schöne Gartenlandschaften, Ansichten der berühmten Gärten „Zofiowka" (v. Grafen Felix Potocki für seine dritte Gemahlin, die berühmte schöne Griechin Sophie Tchelitche angelegt), über welche der Dichter Stanislaus Trembecki ein langes Gedicht unter dem Titel „Zofiowka" schrieb; dieses wurde in französisch in Versen vom Grafen de Lagarde übersetzt und erschien in Wien 1815, mit den von W. F. Schlotterbeck gestochenen Zeichnungen von Allan.

1814 kehrte Allan nach England zurück und verarbeitete nun die Ergebnisse seiner Reisen. Er stellte 1815 zu London Die Cirkassischen Sklavinnen aus (für dessen Verkauf Walter Scott eine Lotterie veranstaltete). Ähnliche Darstellungen folgten in den nächsten Jahren: Gefangene nach Sibirien von Kosaken geleitet, Tartarische Banditen (1817, National-Gallery). Doch malte er bald auch Vorgänge aus der Geschichte des Landes: so Die Ermordung des Erzbischofs Sharp, Tod des Regenten Murray durch Bothwellhaugh (beim Herzog von Bedford, ausgestellt 1824) und Die Abdankung der Königin Maria von Schottland (ausgestellt 1825; verkauft um 800 Guineen). Diese Bilder, obwohl von einer gewissen Gewöhnlichkeit der Darstellung, fanden ihre Bewunderer, und Allan, 1825 der kgl. Akad. beigegeben, wurde 1835 ihr ordentliches Mitglied.

In dieser Zwischenzeit hatte er neue Reisen gemacht; nach Italien, Griechenland und Spanien. Nach Beendigung derselben ließ er sich in Edinburgh nieder und wurde dort, nach dem Tode Watsons, Präsident der schottischen Akad. (1838). Noch andere Ehrenbezeugungen wurden ihm zuteil: 1841 folgte er auf Wilkie als Maler der Königin für Schottland, und 1842 seine Erhebung in den Ritterstand.

In der letzten Periode seines arbeitsamen Lebens beschäftigte er sich vorzugsweise mit der Geschichtsmalerei. 1843 stellte er zu London Die Schlacht von Waterloo aus (von der französischen Seite genommen, mit Napoleon und seinem Generalstabe im Vordergrunde; gekauft vom Herzog von Wellington, jetzt in Apsley House). Als Gegenstück dazu malte er etwas später dieselbe Schlacht, von der englischen Seite (1846 in Westminster Hall ausgestellt, zum Konkurse für die Malereien des Parlamentshauses). 1844 reiste er von neuem nach Rußland, wo er dann ein größeres Bild für den Kaiser malte: Peter der Große, der seine Untertanen die Kunst des Schiffbaus lehrt (im Winterpalast zu St. Petersburg). Er war an der Vollendung eines anderen historischen Bildes, der Schlacht von Bannockburn, als er starb, mitten in der Arbeit. Das letztere Gemälde befindet sich im Museum zu Edinburgh, mit dem Schwarzen Zwerg und dem Selbstbildnis des Künstlers. Die Londoner Nationalgalerie hat von ihm: Araber, ihre Beute teilend.

Allan war der Freund Walter Scotts; er hat ihn in seiner Studierstube gemalt (Nat. Portrait Gallery) und auch das Porträt von Scotts Tochter (letzteres von der Königin Adelaide angekauft). Es fehlt diesen Werken wie allen seinen Bildern, an Eigentümlichkeit, überhaupt an koloristischen Vorzügen, und man darf wohl sagen, daß der Maler mehr Erfolg gehabt hat, als die Nachwelt begründet findet.

Meyer, Kstlerlex. — Redgrave, Dict. — Clement and Hutton, Artists of the 19 century. — Bryan, Dict. — Graves, Royal Acad. I (zahlreiche Werke). — The Art Journal 1849, p. 109 (Biographie), 1850, p. 100 (Nekrolog) 1903 p. 53 (Biogr. mit Porträt). — Katalog d. National Portrait Gall. — Binyon, Catal. of drawings I. — Gaz. d. b. arts XXIV 88—89 (über sein Verhältnis zu Wilkie). — Rastawiecki, Polnisches Kstlerlex. III 109. — Notizen von Dr. Graf Georg Mycielski. **

Allan, s. auch *Allen*.

Allanson, John, Holzschneider, geb. nach 1800 zu Newcastle (Northumberland), † 1859 in Toronto (Canada), Schüler von Bewick zu Newcastle, in den 40er Jahren in Leipzig tätig, stellte 1844 in der Ausstellung der Berliner Akademie aus. Besondere Beachtung fanden seine Holzschnitte nach Ludwig Richter.

Singer, Kstlerlex. V. Nachträge. *H. V.*

Allar, André Joseph, französ. Bildhauer, geb. 22. 8. 1845 in Toulon (Var), Schüler vom älteren Dantan, von Guillaume und von Cavelier, erlangte 1869 den prix de Rome, 1873 eine I. Medaille, ebenso eine I. Medaille auf der Weltausstellung 1878, die Ehrenmedaille 1882 u. eine goldene Medaille auf den Weltausstellungen von 1889 und 1900. 1878 erhielt er das Ritterkreuz der Ehrenlegion und 1896 das Offizierskreuz. 1905 wurde er zum Mitgliede des Institut de France ernannt. Seine Hauptwerke sind: „Hécube et Polydore“, Gipsflachrelief; „Enfant des Abruzzes“, Bronzestatue im Mus. von Compiègne (1873); „Le Rêve d'un Poète“, Gipsflachrelief; „La Danse“, Gipsflachrelief (1875); „La Tentation“, Marmorgruppe im Mus. von Lille (1876); „L'Eloquence“, Steinstatue in der Kirche der Sorbonne (1878), „La mort d'Alceste“, Marmorgruppe im Luxembourg-Mus. (1881); „D'Alembert offrant en hommage à Voltaire le premier volume de son Encyclopédie“, Hochrelief in Stein, auf der Fassade der Ecole Rouvière in Toulon; die Stadtwappen Toulons im J. 1793, steinernes Hochrelief auf derselben Fassade; „Thétis portant les armes d'Achille“, Gipsstatue (1882); „Jean Goujon“ und „Jean Bullant“, Steinstatuen an der Außenseite des Hôtel de ville zu Paris (1882); „Jeanne d'Arc à Domremy“, Gruppe (1884); das Bronzebildnis Auguste Maquets, auf dem Friedhofe Père-Lachaise (1888); „L'Université,“ eine Statue in der Sorbonne (1889); „Fontaine monumentale de la Fédération“, 1889 auf dem Platz de la Liberté in Toulon errichtete; „Saint-Louis, roi de France“, Sandsteinstatue (1898); „Le Reveil“, Marmorgruppe (1899); „Isis se dévoilant“, Marmorstatue (1901); endlich ein Monument, errichtet zu Ehren der im Kriege 1870 gefallenen Soldaten, in la Mayenne (1904).

Bellier-Auvray, Dict. gén. — Katal. d. Salons. *Lami.*

Allar, Gaudensi, französ. Architekt der Gegenwart in Toulon, errichtete 1880—1882 die École Rouvière und 1889/90 in Gemeinschaft mit dem Bildhauer André Allar die Fontaine de la Fédération daselbst.

Inventaire gén. d. Richesses d'Art de la France. Province, Monum. civ. VI 276, 279. *H. V.*

Allard, Abraham, vielleicht ein Bruder von Carel und somit der Sohn des bedeutenden Amsterdamer Verlegers Hugo A., hat um die Wende des 17. und 18. Jahrh. Kopien nach Ostade, Nolpe u. a. radiert, deren eine Folge von 6 Blatt unter dem Namen „Deliciae rusticae ofte Boeren-Banket“ von Carel A. herausgegeben wurde. Auch werden einige Folgen von Vögeln und Schmetterlingen genannt. In Verbindung mit Carel A. bearbeitete er auch im 1. Jahrz. des 18. Jahrh. „Naaukeurige afbeeldingen der voornaamste sterke steden en vestingen in Spanjen, Vrankryk, Italien, Savoyen, Duytsland en de Nederlanden. In Koper gesneden von Carel en Abraham Allard.“ Leyden, Pieter van der Aa, f°. Am meisten bekannt ist er wohl wegen mehrerer politischer und satirischer Blätter aus der Zeit des spanischen Erbfolgekrieges, bei denen er sich der Kopien von älteren Stichen, wie von Goltzius, bediente, die er dann mit selbstverfaßten Versen politisch auszunützen wußte. Ebenso ist er der Verfasser einer größeren weitläufigen von ihm illustrierten Dichtung „Herschepper der waereld, ofte monarch des levens“ usw. Zuletzt kommt sein Name vor als der Verleger einer wahrscheinlich von ihm selbst radierten Allegorie auf den Separat-Frieden von Holland mit Spanien, 26. 7. 1714, auf der auch seine Adresse angegeben ist „in de Beursstraat by den Dam“. Basan hat fälschlich einige seiner Arbeiten einem nicht existierenden Antoine A. beigelegt.

v. Eynden u. v. d. Willigen I 65. — Muller, De Nederl. geschiedenis. — Meyer, Kstlerlex. I 330. *E. W. Moes.*

Allard, Carel, Verleger und Stecher, getauft in Amsterdam 19. 1. 1648 als der Sohn des bekannten Verlegers Hugo A. u. der Maria de Goyer, heiratete 14. 7. 1673 (erstes Aufgebot) Lucia van Dooreslaer und 9. 7. 1683 (erstes Aufgebot) Cornelia van Buren. Besonders war er tätig als Verleger von Landkarten, aber auch mehrere Porträts, einige in Schabkunst, sind in seinem Verlag erschienen, und auf der großen Darstellung nach Egbert van Heemskercks „Quaakers Vergadering“ ist er als Stecher angegeben: Carolus Allard Fecit et Excudit Amstelodami. Im Jahr 1683 hat er um ein Privileg für alle seine Blätter nachgesucht. Als Verleger kommt er noch bis 1706 vor.

v. Eynden u. v. d. Willigen I 65, 66. — Oud-Holland III 58. — Obreens Archief VII 149, 150. — Meyer, Kstlerlex. I 330. *E. W. Moes.*

Allard, Charles, Maler in Toulon, malte 1878 die Kuppelzwickel der Kathedrale Sainte-Marie daselbst mit allegorischen Darstellungen aus.

Réunion d. Sociétés d. Beaux-Arts XIX 206. *H. V.*

Allard, Eugène, s. *Allard,* Jean Pierre.

Allard, Hugo. Da der bekannte Verleger Hugo A. bereits 1684 gestorben ist, und die Bezeichnung „Hugo Allard fecit" auf einer Darstellung der Flucht des Königs Jacobs II. nach der Schlacht an der Boyne, 1690 vorkommt, muß der Radierer dieses Namens ein anderer gewesen sein. Das Blatt erschien im Verlag von Carel A., wahrscheinlich seinem Bruder.

Meyer, Kstlerlex. I 331. *E. W. Moes.*

Allard (Alard), Jean Joseph, Maler in Bayeux, 1779—1787 daselbst urkundlich erwähnt. (1785 und 1787 nur Joseph genannt.)

Réunion d. Soc. d. Beaux-Arts XXII 159. *H. V.*

Allard, Jean Pierre, gen. Eugène, französ. Maler, geb. 23. 2. 1829 in Lyon, † Rom 21. 4. 1864. Von seiner Familie zum Notar bestimmt, nahm er jedoch beim Maler Janmot in Lyon Stunden, ging im April 1850 auf die Ecole des Beaux-Arts in Paris und darauf in das Atelier von Hippolyte Flandrin, welcher ihn an den Fresken von St. Vincent de Paul arbeiten ließ. Zur selben Zeit beschickte er den Salon von Lyon 1853—54 mit einer Mater dolorosa und einer Kopie der Madonna mit dem Schleier von Raffael. Er blieb ein Jahr in Florenz, wo er Kopien nach alten Meistern machte und arbeitete dann die Winter 1858—59, 1862—63 und 1863—64 in Rom. 1861 hatte er in Paris ein Frauenporträt ausgestellt. Sein letztes Bild: „Odysseus wird durch seine Amme wiedererkannt" blieb unvollendet. Während er daran arbeitete, ermordete ihn 21. 4. 1864 der Sohn einer alten Italienerin, die ihm zur Amme Modell saß, in seinem Atelier, um ihn zu berauben. — Allard malte in einem korrekten Stil, welcher den Einfluß seiner Meister verrät, Andachts- wie Historienbilder und Porträts, von denen die besten in seiner Familie bewahrt werden. In Italien aquarellierte er eine große Anzahl römischer und toskanischer Landschaften und führte auch die Entwürfe seiner Bilder in Aquarell aus. Hervorzuheben sind noch folgende Werke: Mater dolorosa (Salon de Lyon 1853—54) in der Kirche von Fourvière in Lyon; Lasset die Kindlein zu mir kommen (Salon de Lyon 1855—56) in der Kirche von La Salette; Selbstporträt; Consolatrix afflictorum, erstes Stück einer Serie, die die Litanei der hl. Jungfrau darstellen sollte.

Bellier-Auvray, Dict. — Chron. d. Arts, 1864 p. 142. — La revue du Lyonnais 1864 I 383. *E. Vial.*

Allard, Mme Marie Mathilde, geb. Tournemine, Porträt- und Genremalerin in Paris, geb. in Ussel (Corrèze), Schülerin von Léon Cogniet, stellte in den Salons 1879, 80 und 82 aus.

Bellier-Auvray, Dict. gén. Suppl. *H. V.*

Allard, Pierre, Maler von Angers, starb daselbst 35jährig im August 1680, nur urkundlich bekannt.

Port, Les Artistes Angevins. *H. V.*

Allard, Pierre, französ. Maler, tätig an der Académie de Saint Luc in Paris um 1759.

Nouv. Arch. de l'art franç. II sér. V (1884) 286. **

Allard, Toussaint, fast unbekannter französ. Kupferstecher in Angers 1781.

C. Port, Artistes Angevins, Hugers 1881 p. 2. **

Allard-Cambray, Célestin, Maler und Radierer, geb. in Paris, Schüler von Léon Cogniet, stellte 1869 zum ersten Male im Salon aus, und zwar: Christus in der Kirche Notre-Dame von Atocha in Madrid. Motiven aus Spanien begegnet man auch unter seinen Radierungen, z. B.: Ein Orangenverkäufer in Madrid und Erster Ausritt des Don Quichote. Von seinen Radierungen seien noch erwähnt: Gitane (alte Zigeunerin) und Louis XI. in Peronne; von seinen Gemälden: Henri III (Salon 1870), La répétition interrompue (Salon 1879), Carrière abandonnée à Montreuil-sous-Bois.

Bellier-Auvray, Dict. gén. II. Suppl. — Radierungen in der Sammlung H. H. Meier in der Ksthalle in Bremen. **

Allard, s. auch *Alard* u. *Alart.*

Allardice, S., Kupferstecher, Schüler und Partner des Stechers R. Scot in Philadelphia. War daselbst 1794—1803 tätig. Stach Illustrationen. *E. Richter.*

Allardin de Souyn, französ. Teppichweber, „Maistre-Tapissier de haulte-lisse demeurant à Paris à l'ostel de Monseigneur l'Archevêque de Sens", verpflichtet sich in einem Kontrakt vom 17. 6. 1507, dem Herrn Jean de Nicolay 2 Altar-Paremente zu machen. — Erhaltene Arbeiten von ihm sind nicht bekannt.

Gaz. d. b. arts II. Pér, XXI 259. **

Allart, Maler von Laon um 1410, nur urkundlich erwähnt.

Nouv. Archiv. de l'art franç. 3. Série XI 1895 p. 72. *H. V.*

Allart, Mlle, französ. Porträtmalerin, stellte in den Pariser Salons 1827—1834 wiederholt aus.

Bellier-Auvray, Dict. gén. *H. V.*

Allart, Claes, Goldschmied und Graveur

in Amsterdam, ein Freund Scorels, wurde 1528 in den Vorstand der Zunft gewählt.

Oud Holland VII 4. *J. C. E. Peelen.*

Allart, Philippe, Laienbruder im Domenikanerkloster in Brüssel, † 18. 1. 1715, soll den Palast des Grafen von Morbeke in Lille und auch das Kastell in der Vorstadt ausgemalt haben.

Marchese, Memorie, Bologna 1879, II 435. **

Allart, s. auch *Alart.*

Allason, Ernesto, italien. Landschaftsmaler, geb. in Turin 1822 (seines Standes eigentlich Advokat), † daselbst den 1. 3. 1869. Von seinen Bildern, die wegen ihres Kolorits, sowie wegen der Naturtreue der Darstellung Beifall gefunden, werden hervorgehoben: Casa degli armenti (Tierstall), große Landschaft im Besitze der Herzogin von Genua, Das Tal von Gressoney und Ebene nach dem Regen; auch verschiedene Alpenlandschaften aus dem Aostatale.

Meyer, Kstlerlex. — Stella, Pitture e scult. in Piemonte 225. *R.*

Allason, Silvio, piemontesischer Landschaftsmaler, geb. 1843 in Turin, ausgebildet unter Gastaldi und Perotti sowie unter seinem Vetter Ernesto Allason, tätig in seiner Vaterstadt als Lehrer der dortigen Kunstakad. Als Landschaften bevorzugt er melancholisch-ernste Alpenszenerien und stürmisch bewegte Meeresimpressionen, besonders auch düstere Nachtstimmungen. Als Hauptwerke dieser Art werden zitiert: „A noi" und „Salvataggio" (Ausstellung zu Neapel 1877), „Dopo la tempesta" und „Sconfitti" (Ausstellung zu Turin 1880), „Solitudine" (Ausstellung zu Venedig 1887), „L'agguato notturno", „Il gran Cervino (Matterhorn)" u. a. m.

A. De Gubernatis, Diz. d. Art. ital. viventi (Rom 1889), p. 565. — A. Stella, Pitt. e scult. in Piemonte. — Rassegna Nazionale II, vol. III, p. 219. *R.*

Allason, Thomas, Architekt, geb. in London 31. 7. 1790, † 9. 4. 1852, Schüler der Royal Academy. Begeistert für die Antike, studierte er 1814—17 die antiken Baureste in Griechenland und entfaltete dann nach seiner Rückkehr eine umfangreiche Tätigkeit im Villen- und Wohnhäuserbau in London. Als einer seiner besten Bauten gilt die Alliance Fire Office. Von 1805—25 stellte er häufig in der Royal Acad. aus, und zwar die ersten 10 Jahre vorwiegend Arbeiten in gotischem Stile, später macht sich der antike Einfluß geltend. Er veröffentlichte 1805 einen „Plan of a House of Industry", ferner: Picturesque views of the antiquities of Pola, in Istria, mit 10 großen Taf. und 14 Vignetten. London, Murray 1819. Fol. The Cathedral of Milan. Gest. von John Concy. gr. qu. Fol.

Redgrave, Dict. — Graves, Roy. Acad. Exh. I. — Meyer, Kstlerlex. **

Allasseur, Jean Jules, französ. Bildhauer, geb. in Paris 1. 9. 1818, Schüler von David d'Angers, trat 7. 10. 1835 in die Ecole des Beaux-arts ein. 1846 stellte er zuerst im Salon aus. 1853 erlangte er eine II. Medaille mit einer Gruppe in Gips „Moïse sauvé des eaux", eine I. Medaille 1859 mit derselben Gruppe in Marmor ausgeführt u. eine silberne Medaille auf der Weltausstellung 1889. 1867 wurde er zum Ritter der Ehrenlegion ernannt. Er starb 1903. Von seinen Hauptwerken nennt man: Die Statuen Malherbes (1857), der Bildhauerei (1857), der Flußfischerei (1857) und der Leucothea (1863), die an der Außenseite des Louvre-Mus. aufgestellt sind; eine Bronzestatue des Dichters Jean de Rotrou in Dreux (Eure-et-Loire) (1866); Saint Joseph u. Saint Vincent de Paul, zwei Steinstatuen in der Katechismus-Kapelle der Kirche Saint-Etienne-du-Mont zu Paris (1867); Henri Estienne, eine Steinstatue an der Außenseite des Hôtel de ville (1882), und eine Marmorstatue Rameaus im Vestibül des Opernhauses (1888).

Bellier-Auvray, Dict. gén. — Richesses d'art de la France: Paris. mon. civ. I. III; mon. relig. I; und Prov. mon. civ. III. *Lami.*

Allaume (Alléaume), Jacques, französ. Architekt, fertigte 1608 gemeinschaftlich mit Nicolas de Châtillon ein Projekt zu einem Monumentalplatz für das quartier du Marais in Paris, dessen Ausführung nach dem Tode Heinrichs IV. indessen aufgegeben wurde. Ein Jean Alléaume, erster Ingénieur Ludwigs XIII., ist wohl ein Verwandter des Obigen, wenn nicht gar mit ihm identisch.

Lance, Dict. d. Archit. franç. — Bauchal, Dict. d. Archit. franç. *H. V.*

Allaume, s. auch *Alleaume.*

Allba, Eduardo de, span. Maler im 19. Jahrh., geb. zu Madrid, † um 1900, Schüler von Eduardo Pelayo, beteiligte sich mit Auszeichnung an den Madrider Ausstellungen von 1895, 1897 und 1899. Im Mus. moderner Kunst von ihm ein Gemälde, benannt: Schafherde. *P. Lafond.*

Allbon, Charles Frederick, (A. R. P. E.), Maler und Malerradierer in London, stellte seit 1874 in der Suffolk Street, von 1885—1892 in der Roy. Acad. Landschaften und besonders Seestücke mit Motiven aus Dunkerque, Scheveningen und Schiedam aus. Er ist regelmäßiger Aussteller in der R. Society of Painter Etchers. **

Allchin, Harry, Landschaftsmaler in London, stellte 1885, 1902 und 1904 Landschaften mit Motiven aus New York und Ipswich in der Roy. Acad. aus. Auch auf anderen Londoner Ausst., z. B. denen der Soc. of Oil Painting und der New Gallery findet man seine Bilder in den letzten Jahren vertreten.

Graves, Roy. Acad. Exh. I 23. **

Allchin, J. Herbert, engl. Maler und

Radierer, stellte von 1877—1881 in der Roy. Acad. die Bilder Death and Life, Wild Roses, Wild Flowers and Butterflies, Autumn, The Finishing Touch, Goldfish and Butterflies aus. In den nächsten Jahren bis 1887 war er nur mit Radierungen in den Ausst. der Society of Painter Etchers vertreten.

Graves, Roy. Acad. Exh. I 23. **

Allcock, S. A., Porträtmaler in London. Von ihm waren 1821 das Bildnis seines Vaters und 1822 das einer Dame in der Roy. Academy ausgestellt.

Graves, Roy. Acad. Exh. I 23. **

Alldridge, A. H., Medailleur von Birmingham, dessen Signatur die Medaille auf das anatomische Museum Dr. Woodhead in Liverpool trägt.

Forrer, Biogr. Dict. of Medallists, London 1904, I 40. **

Alldridge, R. L., engl. Porträt- und Genremaler, stellte 1866—1877 in der Roy. Academy aus.

Graves, Roy. Acad. Exh. I 23. **

Allè, Girolamo und Paolo Emilio, italien. Goldschmiede, von denen, nach einer Eintragung im Archiv Gozzadini, 1569 Annibale Gozzadini Schmucksachen und Goldschmiedearbeiten von hohem künstlerischen und materiellen Werte kaufte.

G. Gozzadini in „Atti e Memorie della R. Deput. di Stor. Patria per le Prov. di Romagna", Ser. III, vol. I, fasc. 1, p. 2. *G. Degli Azzi.*

Alleau, Nicolas, französ. Kunststicker (Brodeur du Roi) in Paris, † 15. 10. 1768.

Nouv. Arch. d. l'art franç. II. sér. VI (1885) p. 247. **

Alleaume, H., französ. Radierer des 19. Jahrh., führte 12 mit der Schablone ausgemalte Radierungen aus, die zwölf Apostel darstellend, für das Werk „Les douze Apôtres, émaux de Léonard Limosin, conservés à Chartres". Texte par Georges Duplessis, Paris, 1865. *J. Guibert.*

Alleaume, Ludovic, Porträt-, Genre- u. Landschaftsmaler und Lithograph in Paris, geb. in Angers 1859, Schüler der dortigen Zeichenschule unter Brunclair, dann der Pariser École des Beaux-Arts, darauf von Hébert und L. O. Merson, stellt seit 1883 fast alljährlich in den Pariser Salons aus. Eine 1890 von ihm unternommene Reise nach Palästina zeitigte zahlreiche Studien und lenkte seine Phantasie auf die historische Vergangenheit des Landes (Salon 1895: die hl. Familie — Salon 1905: Flucht aus Bethlehem etc.). Ferner stammen von ihm die Wandmalereien in der Kirche Saint-Nicolas-de-Craon (Mayenne). A. ist auch als Glasmaler und Illustrator vielfach tätig gewesen. In der Société des peintres-lithographes stellte er seit 1894 wiederholt aus. (1904 Nachtfalter und Glühwürmchen — 1906 Hafen von Rouen, beide abgeb. in der Revue.)

Revue de l'Art ancien et moderne 1904 XV p. 214 u. 1907 XXI p. 68. — Kat. d. Salon.

Alléaume, Macé, französ. Werkmeister am Schloßbau zu Angers; restaurierte 1455 einen Pavillonbau dieses Schlosses und versah ihn mit einem neuen Dache; führte außerdem für König René verschiedene Terrassenbauten an der „Maison des Rivettes" aus.

Lecoy de la Marche, Comptes et Mémoriaux du roi René, 25, 305. — Bauchal, Dict. des Archit. *C. Enlart.*

Alleaume, s. auch *Allaume.*

Allebé, August, holländ. Genremaler und Lithograph, geb. 19. 4. 1838 zu Amsterdam, Schüler von P. F. Greive daselbst, dann der Akad. 1855 vorübergehend in Antwerpen. Fing schon 1856 an zu lithographieren auf Veranlassung von Josef Israels und mit Ratschlägen von Ch. Rochussen. 1857 studierte er in Paris, wo er unter Mouilleron auch weiter lithographierte, und wo die Kunst der Romantiker und namentlich Decamps wohl den meisten Eindruck auf ihn gemacht hat. Beschäftigte sich um 1859 auch mit Schriftstellerei über Kunst (Kunstkronyk). 1860 kehrte er nach Amsterdam zurück, wo er unter Greive weiter studierte. 1861 stellte er zuerst im Haag ein Genrebild aus: Früh zur Kirche (jetzt Ryksmus.); im folgenden Jahre auf der Rotterdamer Ausstellung: Der Mutter Tyrann; 1866 erhielt er die Medaille auf der Ausstellung im Haag für das Tierstück: Besuch am Wochenbette. 1868 siedelte er nach Brüssel über, von wo er 1870 durch seine Ernennung zum Professor für die Antikklasse an der Amsterdamer Akad. zurückgerufen wurde. Seine eifrige Lehrtätigkeit, besonders als er (1880) Direktor der Akademie geworden war, ließ ihn zur eigenen Produktion später immer seltener kommen. Jedes seiner Bilder ist ein Kabinettstück von feinster Charakteristik und hoher koloristischer Vollendung. Ein Hauptwerk ist das in Licht und Stimmung so vortreffliche und humorvolle Bild: „Das wohlbewachte Kind" im Ryksmus. 1867, ebenso wie „Nadagen" (1864) im Ryksmus. und „Lethe" 1863 im Mus. zu Dordrecht. — Nicht weniger vortrefflich ist das Interieur aus Dongen (1870) im Städt. Mus. zu Amsterdam. — Auch Porträts und interessante Aquarelle, worunter viele Tierstudien, malte er in seiner frühen und mittleren Zeit. Nahm 1906 seine Entlassung als Akademiedirektor. Als Lehrer hat er auf die Verjüngung der holländ. Malerei einen immer noch fortdauernden Einfluß geübt.

G. H. Marius, De holl. Schilderkunst. — Rooses, Het Schilderboek IV, illustrierter Aufsatz v. Duyl. — J. Gram, Onze Schilders in Pulchri Studio p. 150. — Die vervielfält. Kunst der Gegenwart IV Lithographie K. Holland. Wien 1903. — Vosmaer, Onze hedendaagsche Schilders, Amsterdam 1884. — Mit Notizen von t'Hooft u. J. Veth. **

Allegrain, Christophe Gabriel, französ. Bildhauer, geb. 8. 10. 1710 in Paris, Sohn des Gabriel Allegrain, empfing wahrscheinlich den ersten Unterricht bei seinem Vater und war dann bei einem Ornament-Bildhauer Martin beschäftigt. 7. 2. 1733 heiratete er Geneviève-Charlotte Pigalle, die ältere Schwester des Bildhauers. 1748 an der königl. Akad. für Malerei und Bildhauerei zugelassen, wurde Allegrain 31. 12. 1751 Mitglied daselbst mit einer Statue des Narciss in Marmor; 7. 7. 1759 wurde er Professor, 26. 4. 1783 Direktor.

Man kennt wenige Skulpturen Allegrains. Jedenfalls hat er an zahlreichen Werken im Atelier seines Schwagers Pigalle mitgearbeitet, die von letzterem signiert sind. Von den Arbeiten, die Allegrain ausgestellt hat, nennt man: „Le satyre Marsyas", Gipsmodell (im Salon 1747). — „Narcisse se mirant dans l'eau," Marmorstatue (Salon 1753), jedenfalls dieselbe, mit der er 2 Jahre früher Mitglied der Akad. wurde. — Das Modell eines Kindes (in Marmor) für das Grabmal des M. Dupré, conseiller au Parlement, in der Kirche Saint-Merri zu Paris (Salon 1757). — Eine Badende, Marmorstatue, heute im Louvre-Mus. aufgestellt (Salon 1767), früher in dem Schlosse von Louveciennes, das Madame du Barry gehörte. Dieses bekannteste Werk von ihm, das von Diderot in einer Kritik des Salon von 1767 übermäßig gepriesen wurde, bestätigt auch nur, daß A. ein Künstler von kalter, glatter und wenig origineller Mache war. — Zwei weibliche Figuren, allegorische Darstellgn. des Schlummers u. des Morgens, Flachreliefs, die für das Schlafzimmer des Grafen de Brancas ausgeführt worden waren (Salon 1769). — „Diane surprise au bain par Actéon", Marmorstatue (jetzt im Louvre-Mus., früher im Schloß von Louveciennes). 4. 2. 1780 erlangte A. eine Wohnung im Louvre, welche früher Greuze innegehabt hatte. 17. 4. 1795 starb er. Sein Porträt (1774 von Duplessis gemalt) befindet sich gegenwärtig im Louvre; es wurde 1787 von Klauber im Stich reproduziert.

Wille, Memoires et Journal, II 119, 136. — Millin, Magasin encyclopédique, 1795, II 68 bis 72. — Jal, Dict. crit. — Bellier-Auvray, Dict. gén. *Lami.*

Allegrain, Etienne, Maler und Radierer, geb. 1644 in Paris, † daselbst 2. 4. 1736, heiratete 1672 Françoise Gallois, von der er zwei Töchter und einen Sohn Gabriel hatte, der ebenfalls Maler und der Vater des berühmten Bildhauers Christophe-Gabriel Allegrain wurde. — 1676 an der Acad. de peinture zugelassen, wurde er am 30. 10. 1677 Mitglied derselben mit einer „Flucht nach Ägypten". Er malte klassische Landschaften im Genre von Francisque Millet. Zwei Landschaften von A. befinden sich im Louvre, drei in den Galerien von Versailles, drei in Dijon, je eine in Alençon, in Tours und in Besançon; in der Ermitage (Petersburg) ein Gemälde „Moïse sauvé des eaux". — Er radierte acht Landschaften im klassischen Genre. Katal. seiner Werke im Diction. von Bellier-Auvray, und in Meyers Kstlerlex.

Archiv. de l'Art. franç. I 370; II 356. — Jal, Dict. crit. — Bellier-Auvray, Dict. — Dussieux, Artistes franç. à l'étranger, Paris. — Meyer, Kstlerlex. — Basan, Dict. des Grav. — Herluison, Actes d'état-civil d'art. franç. Orléans, 1873. *J. Guibert.*

Allegrain, Gabriel, Landschaftsmaler, Sohn des Etienne A. und Neffe des Bildhauers Johann Baptist A., geb. 25. 2. 1679, † im Febr. 1748. Er vermählte sich 20. 8. 1708 mit Anne Madeleine Grandcerf und erhielt zwei Söhne und eine Tochter; in dem Trauungsakte wird er als Maler des Königs bezeichnet. 26. 7. 1716 wurde er nach Vorlage einer Flucht nach Ägypten in die Akad. aufgenommen. Vielleicht ist dies dieselbe Landschaft im Louvre, welche lange dem Francisque Millet zugeschrieben wurde. Gabriel war vertreten in den Salons (Ausstellungen) von 1737, 1738, 1739, 1740, 1745 und 1747. Im Mus. zu Versailles sind von ihm eine Ansicht der Gärten von Versailles, eine Ansicht des neuen Schlosses von St. Germain-en-Laye, und eine solche vom Schlosse von Vincennes. In einer Ausstellung zu Amiens von 1860 fanden sich zwei hübsche ihm zugeschriebene Skizzen. Gabriel hat sich wie sein Vater, dessen Schüler er war, insbesondere der klassischen Landschaft gewidmet, und wahrscheinlich gehen manche seiner Bilder unter dem Namen des letzteren.

Archives de l'art français. II. 109, 356. — Jal, Dict. — Bellier-Auvray, Dict. — Gazette des Beaux-Arts (Paris) VII 44. — Meyer, Kstlerlex. (Artikel von J. J. Guiffrey). — Notizen von F. L. Bruel. *R.*

Allegrain, Gabriel, französ. Bildhauer, geb. 29. 10. 1733, Sohn des Christophe-Gabriel, wohnte in Paris im Kirchspiel Saint-Nicolas-des-Champs und hatte den Titel „Officier de Sa Majesté à la Monnaie de Paris", als er 1. 6. 1764, dank der Empfehlung seines Onkels Jean-Baptiste Pigalle, die Stelle eines Bildhauers der Marine im Hafen von Rochefort, mit 1500 livres Gehalt, erhielt. Er wurde der Nachfolger des Bildhauers Bourguignon, der 1762 gest. war. 12. 8. 1768 verheiratete er sich zu Brouage (Charente-Inférieure) mit Marie-Anne Bagnère, der Witwe des chevalier Michel Brouillaud. Bis 1774 blieb der Künstler in Rochefort. Um diese Zeit nahm er seinen Abschied mit 400 livres Pension und wurde im selben Jahre zum Schöffen der Stadt ernannt. 1779 lebte er noch. Das Datum seines Todes ist unbekannt.

Jal, Dict. crit. — Réun. des soc. des B.-A. 1886. *Lami.*

Allegrain, Jean-Baptiste, französ. Bildhauer, geb. 8. 2. 1644, tätig in Paris. Er lebte noch 1708 u. starb vor 1714. Er war der Bruder des Landschaftsmalers Etienne Allegrain u. der Großonkel des Bildhauers Gabriel-Christophe.

L a m i, Dict. d. sculpt. franç. sous Louis XIV. *Lami.*

Allègre, R a y m o n d, Porträt- und Landschaftsmaler in Paris, stellt in den Salons seit 1881 fast alljährlich aus (meist Motive aus der Provence und venezianische Ansichten). Auf der Exposition décennale, Paris 1900, war er mit 3 Arbeiten, darunter 2 Ansichten von Marseille, das ihn häufig malerisch beschäftigt hat, vertreten.

Katal. d. Ausstellgn. *H. V.*

Allegretti, A n t o n i o, piemontes. Bildhauer, geb. 1840 in Cuneo. Studierte unter Santo Varni in Genua, wo er für eine Kain-Statue die gold. Medaille der Accademia Ligustica und eine Studienpension erhielt und auf dem Monumentalfriedhofe das noch jugendlich-phantastische Grabmal für Luigi Montano zur Ausführung brachte. Während seines hieran sich anschließenden Aufenthaltes in Florenz schuf er u. a. eine Bildnisbüste des Marchese Gino Capponi. Schließlich ließ er sich dauernd in Rom nieder, woselbst ihm eine Lehrstelle an der Kunstakad. übertragen wurde. Von seinen römischen Arbeiten werden als Hauptwerke genannt: Eine „Margherita del Fausto" (im Pariser Salon verkauft), eine „Eva dopo il peccato" (jetzt in der Galleria d'arte moderna zu Rom), die Statue des Apostels Thaddaeus an der Fassade von S. Paolo fuori le Mura zu Rom und das Monument des Senators Garelli in Mondovi. Auf den Ausstellungen zu Paris und Chicago wurde A. mehrfach mit Auszeichnungen bedacht.

A. D e G u b e r n a t i s, Diz. d. Art. ital. viventi (Rom 1889). — A l i z e r i, Notizie dei prof. del disegno in Liguria (1866), vol. III 407. — Archivio stor. dell' Arte III 242. — Zeitschr. f. bild. Kst. XVI 361. — Kunstchronik XII 382; XIX 75 u. 645; XXIV 617. — Natura ed Arte II 105 ff. *H.*

Allegretti, C a r l o, Maler aus Monteprandone bei Ascoli Piceno, wurde in der 2. Hälfte des 16. Jahrh. geb. Er bildete sich in der Venezianischen Schule, wo er mit Vorliebe der Manier der Bassano folgte. Amico Ricci sah von ihm in der Kirche S. Lorenzo bei Acquaviva 2 Gemälde mit Martyrien, in denen sich die Stärke des Künstlers im Herausarbeiten des Nackten offenbart. Diesen charakteristischen Zug zeigt er noch mehr bei dem sehr schön gemalten Martyrium des hl. Bartolomeo in der Kirche dieses Heiligen in Ascoli, vor der Porta Capuccina. Es ist ein Gemälde von feurigem, fast kupferigem Kolorit und in einigen Figuren düster, fast schwarz. Der tragische Gegenstand ist mit großer Lebendigkeit gegeben, so die Qual, wie die Henker das Fleisch peinigen, einer von ihnen die Haut von dem Arm des Heiligen reißt, während andere ihn schlagen. Der Märtyrer wendet den Blick hinauf zum Himmel. — Ein Cartellino nennt den Namen, das Vaterland des Malers und das Jahr 1608.

In Offida in der Kirche S. Agostino ist nach G. Allevi (Nuova Rivista Misena VI 172) ein Bild der Anbetung der hl. 3 Könige. Ascoli Piceno besitzt verschiedene seiner Werke. Ein Bild mit der Stigmatisation des hl. Franciscus wurde durch die Franzosen 1811 aus der Kirche S. Onofrio entführt. Das Hauptwerk des Allegretti befindet sich in der großen Kapelle des S. S. Sacramento im Dome. Wie das schon erwähnte Bild in Offida stellt es in der Mitte die Anbetung der hl. 3 Könige dar. An den Seiten sind zwei stehende Figuren: links vom Beschauer ein Krieger und ein Prophet, mit nackter Brust, sehr schön, besonders im Kolorit. Das Werk sieht fast wie die Arbeit eines der Bassano aus. Das Gemälde wurde für die vornehme Familie Quattrocchi ausgeführt, welche 1611 ihren eigenen Altar schmücken wollte.

R i c c i, Memorie storiche II 286, 287. — O r s i n i, Descrizione delle pitture . . di Ascoli; Perugia 1790, p. 121, 198, 249. — L a n z i, Stor. d. pittura. — Nuova Rivista Misena VI 172. — Nuova Antologia, vol. 125, fasc. 19., p. 401—432. — B o n i, Biogr. — C a l z i n i in Rassegna bibl. dell'arte ital. III (1900), p. 181—205. *E. Calzini.*

Allegretto, „Incisore" in Venedig, nur in Prozeßakten 1465 und 1484 erwähnt.

Archivio di Stato di Venezia. Quarantia criminal-Parti R. 5 c. 41. — Archivio di Stato di Venezia. Avog. di Comun.-Raspe. R. 14 c. 41. — Archivio di Stato di Venezia. M. M. S.-Andrea del Lido. B. 15. *L. Ferro.*

Allegretto Nuzi, Maler zu Fabriano. Kam wahrscheinlich in jungen Jahren nach Florenz, wo sich sein Name 1346 in der Matrikel der Compagnia di S. Luca findet. Neben den Sienesen verdankt er den Nachfolgern Giottos, besonders dem Bernardo Daddi, die entscheidenden Anregungen. Seine Haupttätigkeit entfaltete er in Fabriano und Macerata. Sein frühestes noch erhaltenes Werk ist ein Triptychon, Madonna mit Kind und Stifterfamilie, zwischen S. Michael und S. Ursula, im christlichen Museum des Vatikans, bezeichnet und datiert 1365. Von 1366 ist sein bezeichnetes Bild der Madonna mit den Heiligen Katharina, Franciscus, Martin und Lucia, ehemals in S. Francesco zu Apiro bei Cingoli, jetzt in der Kommunalschule daselbst. Ebenfalls bezeichnet und datiert (1369) ist ein Triptychon mit der Madonna und vielen Heiligen, früher in S. Antonio Abate zu Macerata, jetzt im Dom daselbst, und eine thronende Madonna mit dem Kinde (1372), in der Sammlung Fornari zu Fabriano. Bezeichnet, aber nicht datiert ist ein Triptychon im Kaiser Friedrich-Museum zu Berlin, welches die Madonna mit den Heiligen Bartholomeus und Katharina darstellt. Die Rückseite mit einer Darstellung der Kreuzigung ist abgelöst. Alle diese Werke zeigen eine helle Färbung, in der gelb, rot und rosa vorherrschen, eine miniaturartige Sorgfalt der Ausführung und reiche Verwendung von schmückendem Beiwerk und Gold. Charakteristisch ist auch eine Vorliebe für bestimmte groß gemusterte Brokatstoffe, die in der Weise der Sienesen ohne Andeutung des Gefälts wiedergegeben werden. Über Allegrettos Aufenthalt in Venedig, von dem Lori (Manuskript in Fabriano) und Amico Ricci (Memorie etc.) berichten, steht nichts sicher fest. Am 26. 9. 1373 macht er sein Testament. Am 28. 9. 1374 wird sein Testament vollstreckt. In S. Niccolo zu Fabriano ward Allegretto begraben. Seine Schüler waren Francescuccio Ghissi, Antonio u. Gentile da Fabriano, vielleicht auch die Brüder Lorenzo u. Giacomo Salimbeni da Sanseverino. Die Zahl der seiner Richtung angehörenden Bilder in Fabriano und Umgegend ist groß: Siehe die von Unger (Meyers Kstlerlex.), Crowe-Cavalcaselle, Mason Perkins und Colasanti zusammengestellten Verzeichnisse.

Vasari — Le Monnier III 16, Note 5. — Crowe u. Cavalcaselle, Gesch. d. italien. Malerei. Dtsche. Ausg. II 359—63; IV 107, 116.— Amico Ricci, Memorie storiche etc., p. 88 bis 91, 109—110, 147, 165, 175. — Conte Sev. Servanzi-Collio, Sopra una tavola di Allegretto Nucci da Fabriano etc. esistente in Apiro Sanseverino 1845 und Di una tavola di Allegretto Nucci in S. Maria del Glorioso presso Sanseverino, Macerata 1851, F°. — Meyer, Kstlerlex. — Lermolieff, Berl. Gall. — Suida, Florent. Maler um die Mitte des 14. Jahrh., p. 43—45. — Zahns Jahrbücher II 261 (Mündler). — Archivio storico dell'Arte VI 1893, fasc. 2. (Anselmi.) — Zeitschr. f. bild. Kunst II 1867 (Mündler), p. 300. — Emporium, Febr. 1906, p. 99—100 (Ricci). — L'Arte IX 1906. Fasc. 4 p. 265 (Colasanti). — Rassegna d'arte April 1906 No. 4 p. 49—52 (Mason Perkins). — Bernardini, Le gallerie comunali dell' Umbria (an versch. Stellen). — Anselmi, Nuova Rivista Misena Nuova Serie 1907 Jan. Febr. p. 5—9. *Walter Bombe.*

Allegri, Antonio, s. *Correggio.*

Allegri, Antonio, ein handwerksmäßiger Maler in Carpi, der sich in einer Quittung von 1581 selbst „Antonio di Alegri pittore da Coregia" nennt, beansprucht nur dadurch ein kleines Interesse, daß er möglicherweise der herabgekommene Enkel des berühmten Correggio ist. Denn des letzteren Sohn Pomponio hatte einen Sohn Antonio Pellegrino, der im Testamente des Großvaters mütterlicherseits auch bloß Antonio genannt wird und sich der Malerei zugewendet haben kann.

Meyer, Kstlerlex. I 482. **

Allegri, Ermete, Maler in Verona, 18. Jahrh., nur bei Zani (Enc. met. II. 58) erwähnt. *H. V.*

Allegri, Francesco, di Gubbio, italien. Maler des 17. Jahrh., Schüler des Giuseppe Cesari d'Arpino, wird von Rosini gelobt wegen seiner koloristisch und perspektivisch vortrefflichen Malereien in der Casa Durazzo in Genua und in der Casa Panfili. Er soll auch in einige Landschaften des Claude Lorrain die Staffagefiguren gemalt haben.

Rosini, Storia d. pitt. ital., Pisa 1851, V 110. **

Allegri, Giovanni, Architekt in Rom, arbeitete unter Michelangelo. Erwähnt in einer Rechnung für Arbeiten an der Porta del Popolo vom 30. 1. 1563.

Archivio Stor. Artist. etc. di Roma I 164. *G. Degli Azzi.*

Allegri, Lorenzo, handwerklicher Maler in Correggio, † Ende Dezember 1527, verdient nur als Oheim des berühmten Correggio eine Erwähnung.

Meyer, Kstlerlex. I 335. **

Allegri, Marco, Holzschnitzer in Venedig, † zwischen 1528 und 1538. Nur urkundlich erwähnt.

Archivio di Stato di Venezia. 4 ministeriali. Stride. R. 102, 119. *L. Ferro.*

Allegri, Nicolo, „Incisore" in Venedig, unterschrieb als Zeuge 6. 6. 1489 eine Schuldverschreibung des Gaspare de Sanzonio.

Arch. di Stato di Venezia. Not. Canc. Inf. B. 197 prot. II c. 107 t. *L. Ferro.*

Allegri, Pomponio, italien. Maler, Sohn des Antonio Allegri gen. Correggio, geb. im Sept. 1521 in Correggio. Verlor bereits mit 13 Jahren seinen großen Vater, so daß dieser ihn nicht weiter persönlich beeinflußt haben kann. Pomponio A. war nur ein mittelmäßig begabter Künstler und lediglich als Sohn seines Vaters erweckt er Interesse. Nach 1542 verheiratete er sich in Correggio mit Laura Geminiani. 1551 siedelte er nach Reggio über, später nach Parma, wo 1560 seine Frau starb. Pomponio muß ein hohes Alter erreicht haben, da er für den Katafalk des 1593 verstorbenen Herzogs Alessandro Farnese verschiedene Bilder malte, und Ranuccio Pico in einer 1642 herausgegebenen Schrift erzählt, daß er den Maler noch gekannt habe, den er übrigens als „sehr weit" zurückgeblieben in der Kunst bezeichnet. Von Pomponios Tätigkeit in seiner Vaterstadt ist uns ein Vertrag vom 5. 2. 1546 erhalten, nach dem er die Kapelle Corpus Domini in S. Quirino mit Fresken ausgemalt hat, die jedoch 1741 übertüncht wurden. Nach seiner Übersiedelung nach Parma übertrugen ihm die Bauvorstände des Domes die Ausmalung der Cappella del Popolo (insbesondere der Flachkuppel), für die er 1560—1562 Zahlung erhielt. Erhalten ist davon zum Teil noch die Darstellung des Moses, der die Gesetzestafeln empfängt. Auch sonst war Pomponio A. mehrfach in Parma beschäftigt. So hatte er 1654 an der Piazzafront des Palazzo degli Anziani eine Krönung der Maria zu malen, sowie bald darauf Malereien am Kamin der Sala delle Adunanze in demselben Stadtpalaste auszuführen, ferner Altarbilder für die Kirchen S. Cecilia, S. Vitale und S. Francesco del Prato. 1577 war er für die Bestattung der Maria von Portugal, Gemahlin des Herzogs Ranuccio I. Farnese als Dekorationsmaler tätig. Von seinen Tafelbildern besitzt die Akad. in Parma eine Madonna mit dem Christkinde, dem kleinen Johannes d. T. und Früchte pflückenden Putten, für das Nonnenkloster S. Alessandro in Parma gemalt. In der Komposition ist der Einfluß von Werken des Vaters Correggio nicht zu verkennen, allein die Figuren sind plump und das Ganze ohne jeden Reiz. Ferner befindet sich in der Kirche S. Maria in Borgo Taschieri eine Altartafel seiner Hand mit der Madonna und Kind zwischen vier Heiligen und in der Sammlung Lochis (jetzt in der Accademia Carrara in Bergamo) wird ihm eine hl. Familie mit Engeln mit Bestimmtheit zugeschrieben. In einer Urkunde von 1590, gelegentlich der Begutachtung von Malereien des Giambatt. Tinti in Parma, unterschreibt sich der Maler übrigens Pomponio Lieti, indem er seinen Namen, wie es auch Correggio öfters tat, latinisierte.

Ranuccio Pico, Append. di varj soggetti Parmig. 1642 p. 153. — Tiraboschi, Bibliot. Modenese VI 230, 231, 290, 291. — Pungileoni, Memorie istor. di A. Allegri I 128, 261 bis 272; II 262—270; III 60—62. — La Pinacoteca e la Villa Lochis, Bergamo, 1858 p. 69. — Campori, Lettere etc. p. 280. — C. Malaspina, Nuova Guida di Parma 1869 p. 28, 87. — Meyer, Kstlerlex. — Notizen von St. Lottici aus Scarabelli-Zunti, Mscr. in der Bibl. Palat. zu Parma fasc. IV. *R.*

Allegri, Quirino, sonst unbekannter, nur von Zani, Enc. met. II 57 erwähnter Maler in Correggio, um 1500, Sohn des Lorenzo A. und Vetter des berühmten Correggio. **

Allegrini, Anna Angelica, italien. Miniaturmalerin des 17. Jahrh. Tochter des Francesco A., ihrerzeit sehr angesehen, besonders durch den Verkehr mit den Malerinnen Madd. Corvina und Plautilla Bricci ausgebildet.

Baldinucci, Not. dei Prof. etc. III 615. — Meyer, Kstlerlex. ***

Allegrini, Flaminio, Maler in Gubbio, Sohn des Francesco. Sein Name findet sich unter den Gläubigern der päpstlichen Schatzkammer im Jahre 1629. Man kennt nur eine Zierleiste (Putten und Blätterwerk) von ihm in einer der Vatikanloggien.

Bertolotti, Artisti Bolognesi a Roma 1885 p. 158. — Meyer, Kstlerlex. — Ag. Taja, Descrizione del Pal. Vatic., Roma 1750 p. 187. *Ozzola.*

Allegrini, Francesco, italien. Maler, geb. 1587 in Gubbio, † 1663 in Rom. Schüler und gewandter Nachahmer des Gius. Cesari (gen. Cavaliere d'Arpino). Hauptsächlich Freskomaler und außer in Gubbio auch in Savona, Genua und Rom tätig. In *Gubbio* malte er die Kuppel der Sakramentskapelle des Domes aus und schuf ein Altarbild für die Kirche della Piaggiola; in *Savona* Fall des Lucifer und Krönung Mariae in zwei Domkapellen, sowie Fresken im Palazzo Gavotti, ferner 3 Altarbilder (für die Familie Gavotti) in der Kirche dei Cappuccini. In *Genua* war er für die Casa Durazzo tätig. In *Rom* befindet sich von ihm ein Deckenfresko: „Der Mittag" im Casino bei der Porta S. Pancrazio, sowie verschiedene Deckenfresken im Palazzo Pamfili; ferner in S. Marco Gemälde an den beiden zweiten Pfeilern (links und rechts) des Schiffes, in S. Pietro in Montorio (in d. Kapelle mit der Statue des hl. Franciscus), in S. Maria dell' Umiltà (der hl. Michael vertreibt die rebellischen Engel), in S. Domenico e Sisto (Ölgemälde 3. Kap. links) und in S. Cosma e Damiano eine hl. Barbara in der 2. Kapelle links, sowie andere Fresken in der Kirche selbst und im „Corridoio". Die Sammlung des Kapitols bewahrt ein Gemälde A.s mit der Königin von Saba bei König Salomo, der Palazzo Colonna (im Erdgeschoß) Bilder mit Jagd- und Schlachtszenen in der Art des Ant. Tempesta. A. wird auch unter den Künstlern genannt, die in Claude Lorrains Landschaften Staffage malten. Missirini führt ihn unter den Mitgliedern der Accad. di S. Luca in Rom an.

F. Titi, Descriz. etc. in Roma 1763 p. 204, 327. — Catal. di Casa Colonna in Roma (1783, im neuen Kat. nicht verzeichnet). — Nibby, Itinéraire de Rome 1834, I 177, II 132. — Ratti, Descriz. etc. dello Stato Ligure 1780 p. 34. — Missirini, Stor. dell' Accad. di S. Luca p. 261. — D. Angeli, Descr. d. Chiese di Roma 1903. *Ozzola.*

Allegrini, Francesco, Kupferst., geb. 1729, in Florenz tätig, hat außer anderem viele Bildnisse und Vignetten für die Serie di Ritratti d'Uomini illustri Toscani, Firenze 4 Bde. 1766, 1768, 1770, 1773 nach Zeichnungen verschiedener Künstler gestochen.

Meyer, Kstlerlex. *P. K.*

Allegrini, Giuseppe, Bruder des Francesco, als Kunsthändler und wohl auch als Kupferst. in Florenz um die Mitte des 18. Jahrh. tätig.

Meyer, Kstlerlex. *P. K.*

Allegrino, Baumeister und Ingenieur in Venedig, wurde 1371 in den Dienst der venezianischen Republik genommen.

B. Cecchetti, Nomi di pittori e lapicidi antichi. (Estratto dall' Arch. Veneto XXXIII parte I 24.) *L. Ferro.*

Allegro, Agostino, italien. Holzbildhauer in Turin, geb. um 1820, † 1889. Zu seinen besten Arbeiten gehören die Restaurierung des Chorgestühls im Dom zu Genua sowie ein reich geschnitzter und eingelegter Schrank mit Tritonen und Nereiden im kgl. Schlosse in Turin.

Alizeri, Not. dei Prof. del dis. II 11, 419—422. — Courrier de l'art 1889 p. 104 (Nekrol.). *R.*

Allegrucci, Marcantonio di Bartol o m m e o, Maler in Perugia 1713, aufgeführt in der Matrikel der dortigen Malergilde.

Rassegna Bibliograf. d. Arte ital. II 214. *

Allegrucci, P a l m e r i n o, Bildhauer und Stuckator von Gubbio im 17. Jahrh. Einige seiner noch die Tradition des 16. Jahrh. bewahrenden Arbeiten in der Kirche della Piaggiola daselbst sind erhalten. In der Kapelle della Pietà jener Kirche sind von ihm, alles in Stuckrelief: die Dornenkrönung in der Wölbung, an den Wänden verschiedene Passionsszenen; in der des hl. Franziskus von Paula in der Wölbung eine Caritas, an den Wänden Wunder des hl. Franziskus von Paula und zuseiten des Altars zwei Engel und zwei weibliche Heilige; in der des Gekreuzigten die büßende Magdalena zwischen reichen Arabesken in der Wölbung und zwei Darstellungen des Noli me tangere und des Engels, welcher den hh. Frauen die Auferstehung Christi verkündet. Auch die Vertragsurkunde vom 25. 4. 1644 über die letztere Arbeit ist noch erhalten. Wie aus zwei weiteren Schriftstücken hervorgeht, hatte er zu dieser Arbeit zu Gehilfen die Gebrüder Marco und Paolo Guidangeli und einen Francesco Caminoni.

G u a l a n d i, Memorie Originali Italiane etc. S. V 62—65. — M e y e r, Kstlerlex. **

Alleitner, J a c o b, Ätzmaler aus dem Algäu, dem Schwarz- und Bregenzerwalde, um 1668. *E. Hänel.*

Allélit, A u g u s t i n F r a n ç o i s, französ. Bildhauer, war 1855—1865 Lehrer der Modellierkunst an der Zeichenschule zu Orléans.

Réun. des soc. des b.-a. 1894, 437—438. — Richesses d'Art de la France: Prov. Mon. Civ. I. Reg. *Lami.*

Allemagna, s. *Alamagna, Allamagna* sowie damit verbundene *Vornamen.*

Alleman od. A l l e m a n s. Ein *Jan A.* wurde 1502 Freimeister der S.-Lukas-Gilde zu Antwerpen. Ein anderer *Jan A.* wurde 3. 1. 1589 Meister der Antwerpener S.-Lukas-Gilde. *Albrecht A.* war ein guter Bildhauer, tätig zu Brüssel, woselbst die Kirche Sainte-Gudule einen schönen Beichtstuhl im Stil Louis XVI. von ihm besitzt, der 1775 ausgeführt wurde.

C h e v a l i e r E d m. M a r c h a l, La sculpture belge, p. 620. *E. de Taeye.*

Alleman, R o g i e r, ein Maler, der 1636 in die Zunft zu Haarlem kam.

v. d. W i l l i g e n 352. *E. W. Moes.*

Allemand, französ. Bildhauer, der in der Hafenstadt Toulon angestellt war, wurde 1830 nach Rochefort gesandt, um den Posten eines Marine-Bildhauers dort auszufüllen.

Nouv. arch. d. l'art franç. III. sér. X (1894) 201. *Lami.*

Allemand, Mme A d è l e L', geb. Le Corbeiller, Porträt-, Blumen- und Früchtemalerin in Fontenay-aux-Roses (Seine), geb. in Paris 3. 8. 1807, Schülerin von Belloc, stellte (bis 1838 unter ihren Mädchennamen) in den Pariser Salons 1835—1870 wiederholt Aquarelle und Miniaturbildnisse aus.

B e l l i e r - A u v r a y, Dict. gén. (unter Lallemand, mit ausführl. Verzeichnis ihrer Arbeiten). *H. V.*

Allemand, C o n r a d L, Enkel des Conr. Christ. L'A., geb. 22. 4. 1809 in Hanau, erhielt seine Ausbildung als Künstler in Wien, kam anfangs der 30er Jahre als 22jähriger nach Frankfurt a. M., wo er etwa 10 Jahre als vielgesuchter Bildnismaler blieb, ging dann nach Berlin und Hannover, wo er 15. 10. 1880 starb. Mehrere Kreidezeichnungen A.s in der öffentlichen Kunstsammlung in Hannover.

R i t t w e g e r in Frankftr. Hausblätter N. F. I 258. — B o e t t i c h e r, Malerwerke des 19. Jahrh. *Schrey.*

Allemand, C o n r a d C h r i s t i a n L, geschickter Medailleur in Frankfurt a. M., geb. 21. 1. 1752 in Hanau, erwarb sich 1784 durch seine zweite Heirat das Bürgerrecht in Frankfurt. Tüchtig in seinem Fache fehlte es ihm nicht an Aufträgen, so fertigte er die Medaillen zu den Jubiläen des Konsistorialrates Deeken und des Senators Brönner (1807 und 1809), die Ehrenmedaille der primatischen, später Frankfurter Truppen in 2 Varianten (mit dem Bildnisse Carl von Dalbergs; sign. L'ALL. und L') u. a. Er starb, seit längerer Zeit erblindet, am 16. 2. 1830.

G w i n n e r, Kunst und Künstler in Frankf. 411. — N a g l e r, Mon. IV. — Arch. f. Ffts. Gesch. und K. 3. F. III 25,46 (mit Tafel). *Schrey.*

Allemand (oder Alman), F r a n ç o i s, Maler von Toul, arbeitete 1470 in Mirecourt (Vogesen) an einem Fenster für die Kirche des Konvents von S. François. 1485 bemalte er in Nancy ein Lesepult für die Herzogin von Lothringen.

Réunion d. Soc. d. Beaux-Arts des Départ. XXIII p. 401 u. 497. *P. Durrieu.*

Allemand, F r i t z L', österr. Schlachtenmaler, Sproß einer Künstlerfamilie hugenottischer Herkunft, Sohn des Goldschmieds S. W. Chr. l'Allemand in Hanau, der 1826 nach Wien übersiedelte und dort starb. Fritz L'A. wurde in Hanau 1812 geboren, am 24. 5. dieses Jahres getauft und starb in Wien am 20. 9. 1866. Bald nach der Übersiedelung nach Wien, am 10. 6. 1827, wurde er Schüler der Akad., malte zuerst Porträts und Genrebilder (z. B. Satyre bitten den berauschten Silen, ein Lied zu singen, während Nymphen ihn mit Maulbeeren bemalen; ausgestellt 1839) und wandte sich dann ausschließlich der Schlachten- u. Militärmalerei zu. Die Feldzüge 1809, 1849 und 1864 (Schleswig-Holstein) boten ihm Motive für zahlreiche Schlachten- und Kriegsepisoden-Darstellungen, die sehr gefielen und denen man das genaue Studium der örtlichen Verhältnisse nachrühmte. Er hatte auch viele Aufträge für das österr. Kaiserhaus auszuführen, zuerst Wandbilder im Schönbrunner Schloß und bis in seine letzte Schaffenszeit, als er aus Schleswig-Holstein zurückkam (Schlachtenbilder von Oberselk, Oeversee und Veile; letzteres von seinem Neffen Siegmund l'Allemand beendigt). Die ersteren beiden dieser Bilder zählen zu seinen besten Arbeiten; ein anderes Hauptwerk: Episoden aus dem Treffen bei Komorn 26. 4. 1849 hat er mehrfach wiederholt. Eine dieser Fassungen stellte er 1862 in London aus und fand dort lebhafte Bewunderung.

Von seinen Illustrationswerken seien genannt: 1. Die k. k. österr. Armee im Laufe zweier Jahrhunderte, Wien bei J. Bermann & Sohn, 40 lithogr. u. kolor. Blätter (die aber manches Steife und Unkünstlerische an sich haben). — 2. Für den Kunsthändler L. T. Neumann 12 Bl. Staffagen aus dem ungar. Feldzuge.

Kábdebo, Handlex. österr. Kstler. u. Kstverwandten, Wien 1880, p. 30/1. — Zeitschr. f. bild. Kunst, Beiblatt 1866 p. 142 (Nekrolog). — Die k. Gemäldegal. in Wien. Mod. Meister, Text von Aug. Schaeffer. J. Löwy, Wien, 1903. — A. v. Wurzbach, Biogr. Lexikon. — Mit Notizen von O. E. Deutsch. **

Allemand, Garnier l', französ. Historien- und Porträtmaler, peintre du roi und Mitglied der Akad., der nach den livrets des salons 1699 und 1704 ausgestellt hat. Werke unbekannt.

Jal, Dict. crit. 1872 p. 28. *H. Stein.*

Allemand, Gustave, französ. Maler und Radierer, Sohn des Hector A., geb. Lyon 9. 7. 1846, † Paris 20. 4. 1888, Schüler der Ecole des Beaux-Arts in Lyon, wo er 1862 in die Radierklasse kam. Er stellte zuerst im Salon de Paris 1869 aus, und zwar: Nature morte und: Intérieur du Cabinet de M. X., welches dann auch im selben Jahr in Lyon zu sehen war. Er schickte darauf 1870 nach Paris: Intérieur de cuisine; 1874: Un moine und seit 1875 Landschaften. Unter seinen Werken, welche er in Lyon ausstellte, sind folgende zu nennen: Italienischer Landsknecht (Salon 1872); Le départ du modèle; Studienkopf (Salon 1873); Junges Mädchen mit Früchten (Salon 1874); Blumenbukett und Radierungen nach Hobbema (Salon 1876). Die Landschaften, welche einen großen Teil seines Werkes bilden, zeugen von gewissenhaftem Streben nach Naturwahrheit; die Zeichnung darin ist gut, aber die Mache oft ein wenig stumpf und die Farbe kalt. Béraldi zählt 12 Radierungen des Malers auf, signiert mit: G. Allemand.

Gazette d. Beaux Arts II Pér., III 285, VI 340. — Béraldi, Les graveurs d. XIX siècle. — Cat. d. Salons d. Paris et Lyon. *E. Vial.*

Allemand, Hector, französ. Maler und Radierer, geb. 5. 3. 1809 in Lyon, † 13. 9. 1886 daselbst. Sein Vater, welcher zeichnete und seine Mutter, eine Miniaturmalerin, Schülerin von Gros, waren seine ersten Lehrer. Er begann erst eine kaufmännische Laufbahn, die er, 36 Jahre alt, als er unabhängig wurde, aufgab, um sich ganz der Landschaftsmalerei zu widmen. Ruisdael und Claude Lorrain waren dabei seine Ideale. 1846 stellte er zuerst im Salon von Lyon Bilder aus: Ufer des Ain bei Poncin, Ufer der Rhône, ferner Radierungen. In Paris 1848: Sumpf in Bourgogne bei Abend und Hohlweg im Bugey. Darauf nahm er in Paris und Lyon an einer großen Zahl Ausstellungen teil, auf die er Landschaften, die in Bresse, in der Dauphiné, Lyonnais und Bugey entstanden waren, schickte. Von einem Schlaganfall 1876 getroffen, lernte er mit der linken Hand malen und vollendete noch einige Bilder. Sein sehr bedeutendes Lebenswerk umschließt außer seinen Gemälden auch Pastelle, Aquarelle, Feder- und Tuschzeichnungen, gewöhnlich auf getöntem Papier und mit Gouache gehöht. Die Meisterschaft im Zeichnen und die Frische der Auffassung sind die herrschenden Eigenschaften dieses Malers, welcher durch ein unaufhörliches Studium der Natur und durch ein gewissenhaftes Forschen nach Wahrheit zu einem ziemlich großen Ruf gelangte. Sein Kolorit ist kunstgerecht aber ein wenig dunkel; übrigens scheinen viele seiner Bilder nachgedunkelt zu sein. Er hat überhaupt an Sturmszenen, grauem Himmel und wenig farbigen Landschaften Gefallen. Er ist mit Bildern im Luxembourg und in zahlreichen Mus. Frankreichs, vertreten, wie Avignon, Carpentras, Grenoble, Nimes, Montpellier. In Lyon befindet sich: Das Ende eines Sturmes, Stürmisches Wetter, Busch vom Sturm gebeugt und zwei Zeichnungen. Er hat auch Landschafts-Radierungen gemacht, die nicht in den Handel gelangt sind, und von denen es schwer fällt, einen vollständigen Katalog zu geben. Béraldi nennt 65 Nummern; die Kunsthalle in Bremen besitzt eine Reihe davon. Er zeichnete: H. Allemand — Hr Allemand — Hector Allemand. In seinen Radierungen signiert er nur mit einem Monogramm aus H. A. Er veröffentlichte in Lyon 1877 eine Schrift: Causeries sur le paysage.

Bellier, Dict. — Le Blanc, Manuel. — Meyer, Kstlerlex. (Verzeichnis der Radierungen). — Béraldi, Les Grav. d. XIX siècle. — Gaz. d. Beaux Arts 1. 3. 1863, 1. 4. 1866, 1. 3. 1870. — Chron. d. Art 1866 p. 248. — Oeuvres et collections de feu M. H. Allemand, Lyon 1887 (Catalogue de la vente du peintre). — A. Vingtrinier, Notice sur H. Allemand, Lyon 1887. — E. Vial, Dessins de 30 Artistes Lyonnais du XIX siècle, Lyon 1905. *E. Vial.*

Allemand, Jean l', Maler in Nancy, malte 1618 für François, Grafen von Vaudemont, dessen Porträt und das seiner Kinder. — Man kennt diesen Jean l'Allemand sonst nicht, und es wäre möglich, daß der Vorname Jean in dem Rechnungsvermerke der Trésorerie gén.

du Comte de Vaudemont pour 1619 irrtümlich statt Georges gesetzt und der bekannte Historienmaler *Georges Lallemand* gemeint sei.

Réunion d. Sociétés d. b. arts XXIII 400. **

Allemand, Jean-Baptiste, französ. Bildhauer in Toulon um 1765, † 14. 12. 1815.

Nouv. arch. d. l'art franç. III. sér. X 200.

Allemand, Siegmund L', Schlachten- u. Bildnismaler, geb. 8. 3. 1840; er war erst Schüler seines Onkels Fritz L'A., dann der Wiener Akad. unter Ruben, wo Karl Blaas sein eigentlicher Lehrer war, dessen Nachfolger im Lehramte er im Mai 1883 wurde. 1864 während des schleswig-holstein. Krieges und 1866 im italienischen Feldzug war er in den Hauptquartieren; die dort gemachten Studien verwertete er dann in einigen großen Schlachtenbildern (u. a. „Schlacht bei Custozza"; „Hauptquartier in der Schlacht bei Custozza", beide im Besitze des Kaisers von Österreich). Weiter sind von seinen Historienbildern hervorzuheben: „Daun in der Schlacht bei Kolin"; „Loudon über das Kunnersdorfer Schlachtfeld reitend" (v. J. 1878, Kaiserl. Galerie Wien); „Einmarsch von Dampierres Kürassieren in der Wiener Hofburg" und „Durchzug der Graf Sternberg-Dragoner durch die Hofburg vor dem Kaiser" (entstanden 1885/86). — Ausnahmsweise finden wir auch das Kostümgenre in dem Gemälde „Der Spazierritt" (1874) vertreten. In den 80er und 90er Jahren ist er viel beschäftigt mit Repräsentationsbildnissen von Mitgliedern des Kaiserhauses, der Aristokratie (Graf Trautmannsdorff, Graf Neipperg, Graf Czernin, Graf Hohenwart u. a.) und hoher Militärs (Uchatius u. a.).

Bötticher, Malerw. d. 19. Jahrh. I 799. — A. Martinez, Wiener Ateliers IX. Folge p. 17 (1907). *Schrey.*

Allemand, L', s. auch *Lallemand.*

Allemans, Albert, Bildhauer in Brüssel, vollendete 1775 einen Beichtstuhl in S. Gudule daselbst.

Maréchal, Mém. s. l. Sculpt. au Pays-Bas. 20.

Allen, Medailleur in Birmingham, Kompagnon von Joseph Moore, einer der besten Künstler seines Faches in England in der ersten Hälfte des 19. Jahrh. Als sein Hauptwerk kann die Denkmünze auf die Universal Exhibition in London 1851 gelten. Gemeinsam mit Moore, unter der Signatur A & M, prägte er u. a. eine Reihe von Medaillen mit den Ansichten von engl. Kathedralen und eine Reihe mit den Porträts berühmter Männer.

Forrer, Biogr. diction. of medallists. **

Allen, Andrew, Porträtmaler in Edinburg um 1730. Nach seinen Porträts: 1) Sir Walter Pringle, Lord of Session, † 1726. Gest. von Cooper d. Ä. Fol. 2) William Carteret. Gest. von R. Cooper d. Ä. Sein Bildnis wurde gemalt von W. Robinson und gest. von R. Cooper d. Ä. zu Edinburg.

Redgrave, Dict. **

Allen, Anne, Ornamentstecherin in Paris um 1760, stach Blumen nach Pillement. **

Allen, Charles-J., Bildhauer in Liverpool, einer der modernen Künstler, die in den Bahnen von William Morris weitergeschritten sind. Seine Arbeiten sind charakteristisch für die Kunstpflege in Liverpool. Seit 1890 ist er regelmäßiger Aussteller in der Royal Academy, und wir finden da unter seinen Werken zahlreiche Porträtbüsten hervorragender Persönlichkeiten, z. B. des Vorstandes des kürzlich begründeten University College Liverpool, G. H. Reudall M. H. D. L.

Gern verwendet er aber auch Stoffe aus dem Reiche der Phantasie, der Mythe. Seine Gruppe: Love and the Mermaid und andere Arbeiten von ihm sind in der Walker Art Gallery in Liverpool. Sein Hauptwerk aber sind die Entwürfe für das 56 engl. Fuß hohe Memorial to the Queen Victoria, mit der Kolossalfigur der Königin, die von einer Viktoria in Bronze überragt und symbolischen Gestalten der Gerechtigkeit, der Menschenliebe, des Friedens und des Wissens umgeben ist. — Gerühmt werden auch seine Porträtmedaillons.

The Studio XXIII 206, XXIV 137, XXV 203, XXIX 66. — Encycl. Brit. XXXII 479. — L. Forrer, Biogr. Dict. of Medallists (1904) I 41. *K. Gray.*

Allen, Edmund John Milner, Architekt in London, geb. im September 1859 daselbst, Schüler der Roy. Acad. of Arts, wurde 1882 Associate des Roy. Institute of British Architects und trat 1884 in die Praxis. Sein Tätigkeitsfeld sind Kauf- und Privathäuser, Gymnasien, Entwürfe für Innendekorationen und Möbel. Die neuen Council Schools in Richmond, Surrey, baute er mit dem verstorbenen A. B. Gibson. Später mit J. W. Simpson vereinigt, baute er das Liverpool City Hospital, das Victoria Institute, Worcester, die Glasgow Fine Art Galleries, Kelvingrove Park und die Cartwright Memorial Hall in Bradford.

Who's Who 1905. **

Allen, F., engl. (?) Kupferstecher im 17. Jahrh., der wohl nicht mit dem bekannten Frans A. identisch ist. Mit F. Allen ist ein Porträtstich des Archibald Campbell, Herzogs von Argyle signiert. **

Allen, Folpert van Ouden, s. *Ouden-Allen.*

Allen, Francis Richmond, amerikan. Architekt, geb. 22. 11. 1843 in Boston Mass. Studierte in Boston, Amherst College und Vaudremirs Atelier, École des Beaux Arts, Paris. Hauptmitglied der Firma Allen u. Collins, Boston. Seine bedeutendsten Gebäude sind New York: Womans Hospital; Boston: State Street Trust Building und Emmanuel Church; Poughkeepsie N. Y. Memorial Library Vassar College; Williamstown Mass.

Memorial Chapel Williams College; Canandaigna, N. Y.: Memorial Hospital.

Edmund von Mach.

Allen, Frans, ein Niederländer von Geburt, Kupferst. des 17. Jahrh., wirkte zuerst in den Niederlanden und Norddeutschland, später, seit 1654, in Danzig. Seine Arbeiten sind von techn. Fertigkeit, aber ohne besonderen Kunstwert. Es sind meistens Titelvignetten und Illustrationen zu verschiedenen Werken. Nach 1685 verschwindet in Danzig jede Spur von ihm.

Kraszewski, Ikonotheka. — Meyer, Kstlerlex. (mit Verz. d. Werke). — Bersohn, Lex. der Danziger Künstler. — K. v. Rózyski, Die Kupferst. Danzigs. . *Marian Gumowski.*

Allen, G., engl. Maler gegen Ende des 18. Jahrh. Nach ihm wurde das Profilbildnis des Naturphilos. und Mathem. Th. Wright († 1785) von P. Fourdrinier gestochen. — Ein G. Allen stellte als Ehren-Aussteller in der Roy. Acad. 1830 ein Damenporträt aus. Ob dies noch die Arbeit des obigen Künstlers war, bleibt zweifelhaft. **

Allen, George, engl. Architekt, geb. in Brentfort 14. 4. 1798, † 28. 6. 1847, Schüler des James Elmes. Er veröffentlichte 1828: Plans and Designs for the future Approches to the New London Bridge. 1820—40 stellte er oft in der Roy. Acad. seine Entwürfe für Villen und Staatsgebäude aus.

Redgrave, Dict. — Graves, Roy. Acad. Exh. I. **

Allen, H. Zwei Londoner Architekten, von denen der eine 1784 einen Palastentwurf; der andere 1840 die Zeichnung der New Church zu Paddington in der Roy. Acad. in London ausstellte.

Graves, Roy. Acad. Exh. I 24. **

Allen, James Baylie, Stahlstecher und Holzschneider, geb. in Birmingham 18. 4. 1803, Schüler seines Bruders Josiah und des Vinc. Barber, kam 1824 nach London, wo er zuerst für die Bank of England arbeitete und bis zu seinem Tode 10. 1. 1876 tätig war. Er arbeitete für Findens The Royal Gallery for british art und für Halls The Royal Gallery of arts. In seinem Werk begegnen uns Schlachten, reiche und farbige Veduten und klassische Landschaften (besonders nach Armitage, Canaletto, Turner). Eine Anzahl seiner Blätter findet sich auch im Art Journal von 1849 bis 1862.

Meyer, Kstlerlex. (44 Nummern s. Arbeiten). — Bryan, Dict. — Clement and Hutton, Artists of the 19 cent. — The Art Journal 1876 p. 106 (Nekrolog). — Redgrave, Dict.., 2. Ausg. **

Allen, James C., Stecher, geb. in London, Schüler von Will. Cooke, mit dem zusammen er 1821 15 Ansichten des Kolosseums, schön in Linienmanier gestochen, und 1825 die Views in the South of France herausgab. Sein bestes Werk vielleicht ist das geistreich gearbeitete Blatt Defeat of the Spanish Armada nach Loutherbourg 1831. Exzentrischen Wesens (nach Redgrave) und kränklich starb er noch in seinen mittleren Jahren.

Meyer, Kstlerlex. — Redgrave, Dict. *R.*

Allen, Jan v., s. *Olen.*

Allen, John, renommierter engl. Architekt zur Zeit der Königin Elisabeth. Er war der Großvater des in Irland tätigen Architekten Joshua A.

Redgrave, Dict. **

Allen, John, Kupferstecher, um 1792 in New York tätig. Arbeitete für Verleger in Boston und Philadelphia. *E. Richter.*

Allen, Joseph, engl. Porträtmaler, geb. in Birmingham um 1770, † 19. 11. 1839 in Erdington, Schüler der Roy. Acad. u. beschickte deren Ausstellungen 1792—1822 mit zahlreichen Porträts und einzelnen Genrebildern. In der frühen Zeit seiner Selbständigkeit hatte er sein Atelier in Wreham und lieferte Porträts nach Manchester, Preston und anderen Städten des Nordens. 1800—1817 hatte er seinen Aufenthalt in London, konnte aber hier nicht recht zur Geltung kommen. Später zog er sich nach Erdington bei Birmingham zurück, wo er 70 Jahre alt starb. Seine Porträts waren (nach Redgrave) sorgfältig gemalt, zart und gefällig, aber nicht von hohem Verdienst. Mehrere dieser Gemälde wurden von E. Scriven, S. W. Reynold u. a. gestochen. Man hat auch zahlreiche Exlibris von ihm.

Redgrave, Dict. — Graves, Royal Acad. Exh. I. — Meyer, Kstlerlex. (hier 14 Nummern. Stiche nach ihm). **

Allen, Joseph W(illiam), engl. Landschaftsmaler, geb. in Lambeth 1803, † 26. 8. 1852. Nach wechselvoller Entwicklung kam sein eigentliches Talent erst zur Geltung, als er einfache Landschaften aus der englischen Natur malte: Darstellungen von idyllischem, schlichtem und frischem Charakter, die unter den Sammlern, wie Lord Northwick, Colonel Ansley, Mr. Procter ihre Liebhaber fanden. Ein derartiges Bild, The Vale of Clwyd (in Wales), ausgestellt um 1842, hatte entschiedenen Erfolg, so daß es Allen zweimal wiederholen mußte, ebenso Leith Hill aus dem Jahr 1843. An der Errichtung der Society of British Artists hatte er einen wesentlichen Anteil, wie er auch durch seine dort ausgestellten Bilder zu ihrem Rufe beitrug. Doch gehört Allen nicht zu den ersten Meistern seines Landes; seine Bilder, denen es an Stimmung und Haltung nicht fehlt, sind in der Behandlung fast immer flüchtig. Er war Professor des Zeichenunterrichts an der Schule City of London. — Man hat auch eine kleine Radierung, Landstraßenszene mit einer Mühle, von ihm.

H. Ottley, A Biographical and Critical Dictionary etc., London 1866. — Redgrave, Dict. — The Art Journal 1852, 316 (Nekrolog).

— Graves, Roy. Acad. I 25 (frühe Bilder von 1826—1833). — Binyon, Cat. of drawings in the British Mus. (1 Aquarellzeichnung). *R.*

Allen, Kate, engl. Zeichnerin für modernen Silberschmuck, tätig in New Cross. Ihre im linearen Schnörkelstil und durch Email stark farbig wirkenden Damenschmuckstücke sind charakteristisch für die Richtung im Kunstgewerbe um 1900.

Studio XVII 268 und Winter-Number 1901—2 (mehrere farbige Abbild.). **

Allen, Miß M., Miniaturmalerin in London, stellte 1807—1813 Miniaturbildnisse, darunter auch ihr Selbstbildnis in der Roy. Acad. aus.

Graves, Roy. Acad. Exh. I 25. **

Allen, Miß M. (H. R. H. A), Malerin, früher in Dublin, später in Manchester und in den letzten Jahren in Newtownmount, Kennedy, war in den 80er und 90er Jahren des vorigen Jahrh. häufig auf den Kunstausstellungen in Dublin und Manchester etc. vertreten. **

Allen, T., Miniaturmaler in London, stellte 1854 das Emailporträt eines Edelmanns in der Roy. Academy aus. **

Allen, T. B., Architekt in London, stellte 1841—1843 Entwürfe von Mausoleen und Kirchen in der Roy. Academy aus.

Graves, Roy. Acad. Exh. I 26. **

Allen, Thomas, engl. Marinemaler um die Jahre 1767—1772, bekannt hauptsächlich durch 3 Darstellungen, die sich auf die Hochzeitsreise der Königin Sophie Charlotte von England beziehen und die von P. Ch. Canot in gr. qu. Fol. gestochen sind: 1) View of Harwich and the Yachts going out. 2) Embarkation of her Majesty Queen Charlotte at Stade. 3) Representation of the Storm Her Majesty was in. Er stellte in d. Free Soc. aus.

Redgrave, Dict. — Graves, The Soc. of Artists 1907.

Allen, Thomas, Zeichner, Kupfer u. Stahlstecher u. topographischer Schriftsteller, Sohn eines Landkartenstechers, geb. um 1803, † an der Cholera 20. 7. 1838. Die meisten seiner Werke erschienen lieferungsweise und in bestimmten raschen Zeitabschnitten, was ihn wohl hinderte, seinen Blättern eine höhere künstlerische Vollendung zu geben. Von seinen 5 historischen Publikationen seien genannt: The History and Antiquities of the Parish of Lambeth and the Archiepiscopal Palace. 1827. 4. Der größte Teil der Blätter ist gezeichnet und gestochen von Allen; auch der Text ist von ihm; und: History of the County of Lincoln. Lincoln 1834. 2 Bde. 4. Nur die eine Hälfte der Blätter ist nach eigener Zeichnung von Allen gestochen. Er starb über der Arbeit.

Gentlemans Magazine. Juli 1833. — Meyer, Kstlerlex. **

Allen, Thomas, Fayencemaler bei Minton's, seit 1876 an Stelle des verstorbenen Emil Lessore in Etruria beschäftigt.

Jaennicke, Grundriß d. Keramik 881. *H. V.*

Allen, Thomas, amerikan. Maler, geb. 19. 10. 1849 in St. Louis. Genoß als Sohn reicher und kunstliebender Eltern eine vortreffliche Erziehung. Zuerst Schüler von Pattison. Mit 20 Jahren machte er eine Zeichentournee durch die Rocky Mountains, 1871 ging er über Paris nach Düsseldorf (zu Dücker), das er erst 1877 wieder verließ, um sich im nächsten Jahr in Écouen bei Paris niederzulassen. In New York erschien sein erstes Bild Bridge of Lissingen 1876, welches ihn sofort bekannt machte. Seinen ersten Erfolg im Salon hatte er 1882 mit „Evening in the Market Place, San Antonio“. Nach beinahe 10 Jahren im Ausland kehrte er nach Amerika zurück und ließ sich in Boston nieder. 1880 wurde er zum Mitglied der Society of American Artists gewählt und 1884 zum Associate der National Academy of Design. 1893 war er Mitglied der Jury auf der Chicagoer Weltausstellung und 1904 Vorsitzender der Jury auf der St. Louis-Ausstellung. Landschaften und Tierstücke sind seine besten Leistungen, z. B. A Berkshire Idyl (1883), A Woodland Glade (1884), Over all the Hilltops is rest (1887), Guernsey Water Lane (1884), Maplehurst Herd (1883). — A. nimmt eine hervorragende Stellung in der amerik. Kunst ein, zu der ihn sowohl sein Können, als seine ruhige konservativ-vornehme Gesinnung befähigen. Er hält Schritt mit den neuen Errungenschaften, ohne jemals zu Extremen überzugehen. Sprudelndes Leben und brillante Effekte findet man in seinen Bildern nicht, dagegen überall einfache, echte Harmonie und den Ausdruck eines feinen, schönheitliebenden Charakters. Will man einen Einblick in sein wirklich erstaunliches technisches Können werfen, so muß man auch seine in leichter Manier gehaltenen Karikaturen sich ansehen. Seine Karikatur in Mancianis Stil (Porträt des amerikan. Gesandten in Rom, Herrn Meyer) gehört zum besten, was in dem Genre geliefert worden ist.

F. T. Robinson, Living New England Artists. Boston 1888. — New York Nation May 26. 1887. — New York Collector April 15. 1891.
Edmund von Mach.

Allen, Thomas John, talentvoller engl. Architekturzeichner (besonders in Wasserfarben); endete, erst 25jährig, durch Selbstmord 20. 9. 1846.

Redgrave, Dict. **

Allen, Thomas William, engl. Landschaftsmaler der Gegenwart in Greencroft, Surrey, war von 1882—1902 regelmäßiger Aussteller in der Roy. Academy in London.

Graves, Roy. Acad. Exh. I 26. **

Allen, s. auch *Allan.*

Alléoud, Caroline, Schweizer Porträtmalerin (besonders Kinderbildnisse), Schülerin von Hornung, stellte in Genf 1832, 41, 45, 47 aus, malte auch auf Porzellan.

Brun, Schweizer. Kstlerlex. *H. V.*

Aller, Abraham, Formschneider. Gandellini erwähnt ihn mit der Jahreszahl 1526 und behauptet, daß er zahlreiche Illustrationen für die Werke von „Gringord“ und „Giovanni di Anton“ geschnitten habe. Er hat dabei wahrscheinlich die folgenden beiden Bücher im Auge gehabt: 1. P. Gringore, Le Chateau de labeur. Lyon, Claude Nourry, 1526 (Brunet II 1744). 2. Jehan Danton (oder d'Anton), Epitres enuoyes au Roy de france auec certaines ballades et rondaulx sur le faict de la guerre de venise. Lyon, Claude de Troys pour Noel Abrahan, 1509 (Brunet II 532). — Demnach müßte dieser Künstler, der wahrscheinlich ein Deutscher war, in Lyon gelebt haben. Er ist jedoch dort urkundl. nicht nachweisbar, und es ließ sich auch nicht feststellen, auf welche Quellen die Behauptung Gandellinis zurückgeht. Nagler weist Aller ohne triftigen Grund vermutungsweise ein Monogramm A zu (dort Druckfehler „1536“ statt „1526“).

Gandellini, Not. degli Intagliatori. Siena 1809. V 121 f. — Nagler, Monogrammisten I No. 34. *L. Baer.*

Allers, Christian Wilhelm, Zeichner und Maler, geb. 6. 8. 1857 zu Hamburg, entstammt einer altbürgerlichen Kaufmannsfamilie, besuchte zuerst die Gewerbeschule (seit 1869) und trat dann in eine lithogr. Anstalt ein. Zu seiner künstlerischen Weiterbildung ging er 1878 nach Karlsruhe und genoß dort bis 1883 den Unterricht von W. Riefstahl, H. Gude, E. Hildebrand, vorzugsweise aber von F. Keller. 1880 unternahm er mit Prof. Th. Poeckh eine Studienreise nach Tirol und diente 1880/81 als Einjähriger zur See, wobei er seine Studien zu „Unsere Marine“ machte. Dann kehrte er nach Hamburg zurück, widmete sich dort der Lithographie und unternahm Reisen nach Holland, England, Schweden und Italien, während welcher er zahlreiche Skizzen zu den späteren Zyklen sammelte. In Hamburg wurde er, da er keinen Verleger fand, selbst Verleger und veröffentlichte 1885 den noch unfertigen Zyklus „Allerlei Unpoetisches“ und 1887 die flüssigen Darstellungen „Hinter den Kulissen“ und „Mikado“ (42 Blätter). Aber erst das Jahr 1888 machte ihn mit dem Zyklus „Klub Eintracht“ (30 Bl.) auf einen Schlag bekannt. Er schildert darin die satte zufriedene Behaglichkeit und idyllische Heimatliebe des Hamburger Bürgers. Nun bewarben sich Verleger um seine Werke. Es entstanden die Zyklen „Spreeathener“ (30 Bl.) und „Eine Hochzeitsreise in die Schweiz“ (30 Bl.), in denen er sich nicht ganz auf der Höhe befindet. Mit den „Meiningern“ und der „Silbernen Hochzeit“ (1890) wird sein realistisches Können aufs höchste gesteigert. Er zeigte sich als jovialer Schilderer des Kleinlebens. In „Berliner Pflaster“, „Unsere Marine“ (1891) und „Deutsches Jagdbuch“ unterhält er durchfrohen Humor und gibt im Zyklus „Kapri“ gute Porträts und heitere Szenen von Feriendeutschen im Süden. Mit „Bismarck in Friedrichsruh“ (1892) führt uns Allers in die Umgebung des Fürsten. Hierauf folgte (1894) „La bella Napoli“, wiederum eine Schilderung des Lebens im Süden, wo sich Allers seit anfangs der 90er Jahre angesiedelt hatte, ferner „Rund um die Erde“ (1898), „Unter deutscher Flagge“ (1900) und „Das deutsche Korpsleben“ (1902). Außer den gen. Zyklen hat Allers Porträts, vorzugsweise in Blei und Kreide, geschaffen, auch lebensgroße Genrebilder (z. B. Capreser Leben), die sich zumeist in Hamburger und Düsseldorfer Privatbesitz befinden, und hat den Hamburger Ratsweinkeller mit Szenen aus dem Hamburger Leben ausgemalt. In seiner Kunst zeigt Allers scharfen Blick für das Leben, dem er gerne die humoristischen Seiten abgewinnt. Doch bleibt er meist an der Oberfläche und beeinträchtigt dadurch tiefere künstlerische Wirkungen. Von ihm sind radiert: Clown und Zirkuskind (Berliner Radierverein) und lithograph. 1. Oh Friedericke, 2. Picknick, 3. Schauspieltruppe in „Vereinsabende Winter 1882 und 83“, gesammelt von M. M. (Karlsruhe); ein Plakat: „Unter deutscher Flagge“.

Kunstchronik XV 494. N. F. II 539; VI 412. — Olinda, „Freund Allers“, ein Künstlerleben. — Hermann, in Nord und Süd. Augustheft 1892. *Beringer.*

Allers, Theodor, Hofbildhauer des Herzogs Christian Albrecht von Schleswig-Holstein-Gottorp, geschickter Barockkünstler, der beim Figurenschmuck von Schloß Gottorp und seinem Garten beteiligt war. 1695 ist der Künstler in Kiel nachweisbar. Es sind von ihm noch 4 holzgeschnitzte Figurenaltäre erhalten, nämlich: in Flemhude (1685), Hohenstein (Oldenburg, 1688), Probsteierhagen (1695) und Tellingstedt (Ditmarschen) ca. 1696.

R. Schmidt, Schloß Gottorp, Leipzig 1887. — R. Haupt, Bau- u. Kstdenkm. Schleswig-Holstein III 1. Teil. **

Allet, (Alet), Jean Charles, französ. Zeichner u. Kupferst. um 1700, ist wahrscheinlich identisch mit *Charles Allet,* dessen Arbeiten nicht von denen des ersteren unterschieden werden können. Er lebte lange in Rom, woselbst er wahrscheinlich starb. Seine Arbeiten erinnern an diejenigen C. Bloemaerts oder F. Spierres, die ebenfalls in Rom lebten. Er führte vornehmlich Porträts und religiöse Szenen nach L. Baldi, Calandrucci, S. Cantarini, P. da Cortona, B. Leonardi, A. Lesma, P. Locatelli, A. Milani, T. Morandi, G. Passeri, P. Pellini, A. Pozzo, F. P. Zuchetti aus.

Meyer, Kstlerlex. (hier 31 Nummern seiner Werke). — Bellier-Auvray, Dict. — Dussieux, Art. franç. à l'étranger. — Portalis-Béraldi, Grav. du XVIIIe s. Appendice. — Jahrb. d. Kunstsammlg. d. österr. Kaiserhauses XIII. 2. Teil. — Bertolotti, Art. franç. in Roma. *J. Guibert.*

Allet, s. auch *Hallet.*

Allevelt, Hinricus (Hinrike Alvelde), pictor et sculptor imaginum, wird 1442—43 in den Lübecker Nieder-Stadtbüchern genannt.

Goldschmidt, Lübecker Mal. u. Plast. bis 1530 p. 96. *Hs. Loose.*

Alleyne, Francis, Maler in London 1774, wird gelegentlich der Ausstellung eines kleines Bildes in der Roy. Acad. erwähnt.

Graves, Roy. Acad. Exh. I 26. **

Alleyns, Aerdt, Maler in Antwerpen, wird Freimeister der Lukasgilde 1522. Zum letztenmal wird er urkundlich 1549/50 erwähnt.

Liggeren I 99, 308. **

Alleyns, Marten, Antwerpener Maler, wird 1549 Freimeister in der dortigen Zunft, nimmt 1572—77 mehrfach Schüler an und wird im letzteren Jahre Dekan. Zwischen 1579 und 1586 muß er gestorben sein. Arbeiten von ihm nicht bekannt.

De Liggeren I. *Pol de Mont.*

Allgeyer, Julius, deutscher Kupferst., geb. 29. 3. 1829 zu Haslach (Kinzigtal), Sohn eines Amtrevisors, kam mit 14 Jahren in die Creuzbauersche lithogr. Anstalt zu Karlsruhe, nahm 1848 an der revolutionären Bewegung teil, ging, ausgewiesen, in die Schweiz, wurde amnestiert und kehrte wieder nach Karlsruhe zurück. 1854 mit Stipendium nach Düsseldorf zu Jos. Keller. Hier, 1854—56, mit Brahms und Clara Schumann bekannt. Sticht in dieser Zeit für Benziger u. Cie. in Maria Einsiedeln nach Heinemann, Deschwanden Ellenrieder u. Flatz. Ging 1856—60 nach Rom, wurde dort mit A. Feuerbach bekannt, nach dessen Zeichnungen er die Propheten und Sibyllen der sixtin. Decke stechen will. Beginnt die Platten zu Feuerbachs Pietà und Dante im Exil. 1861 in Karlsruhe; gründet mit seinem Bruder ein photogr. Atelier und gibt von 1864 an Schirmers bibl. histor. Landschaften und Feuerbachs Gemälde bei Velten als Photographien heraus und erregt durch seine lebensgroßen Porträtaufnahmen Aufsehen. 1872 bei Alberts photogr. Anstalt in München das Lichtdruckverfahren fortbildend. 1881 sein Handbuch des Lichtdruckverfahrens (1896 in 2. Aufl.), gründet selbst ein photogr. Unternehmen ohne Erfolg. Tritt 1887—92 nochmals bei Alberts ein. Sticht anfangs der 90er Jahre die Platte zu seinem Hauptwerke (Feuerbachs „Dante im Exil") fertig. Beginnt gleichzeitig Feuerbachs Biographie zu schreiben, die 1894 mit einem von A. gestochenen Porträt Feuerbachs erscheint. 1897—99 Umarbeitung und Erweiterung der Biographie, Reisen, um alle Bilder F.s kennen zu lernen. Ordnet den Briefwechsel von Clara Schumann und deren Vater Wieck, beginnt 1900 die Schumannbiographie zu schreiben und stirbt 6. 9. 1900 in München.

Verzeichnis seiner Stiche in Meyers Künstlerlex., dem noch hinzuzufügen ist: 7. „Eins nur ist notwendig", nach G. Flatz. 8.—11, „Jesus als Richter", „Mariae Heimsuchung", „Hl. Anna", „Mariae Himmelfahrt", nach Deschwanden und 12. „Wie lieblich sind deine Altäre", nach Ellenrieder. *Beringer.*

Allgeyer, s. auch *Algöwer.*

Alli, Cav. Silvio degli, Edelknabe in Diensten des Kard. Carlo di Toscana, hat einige Radierungen zu dem Festspiel „Ipermnestra", das 1658 zu Florenz aufgeführt wurde und im Druck erschien, geliefert.

Meyer, Kstlerlex. *P. K.*

Alliaudi-Baronis conte di Tavigliano, Giuseppe Antonio. Piemonteser Architekt, Schüler des Abate Juvara, ersten Architekten des Königs. 1754 veröffentlichte er „Modello della Chiesa di S. Filippo per li Padri dell' Oratorio di Torino" etc. Er entwarf die Pläne für verschiedene Paläste in Turin, z. B. für den von ihm selbst bewohnten in der Via degli Ambasciatori (jetzt via Bogino), der später Eigentum der Marchese di S. Giorgio di Casale war.

G. Claretta in „Miscellanea di Stor. Ital." edita per cura della R. Deput. Torinese di Storia Patria t. XXX 170. *G. Degli Azzi.*

Allier, Achille, französ. Zeichner, Kupferst. u. Schriftsteller, geb. 1808 in Moulins, † 3. 4. 1836 zu Bourbon l'Archambault. Er widmete sich hauptsächlich der Schilderung des Bourbonnais, seines Geburtslandes. Man verdankt ihm „Esquisses Bourbonnaises" (Moulins 1832) mit 13 Lithographien, und „l'Ancien Bourbonnais" (Moulins 1833 bis 1837), 2 Bände mit 125 Kupfern, ein Werk, das nach dem Tode des Herausgebers unter der Leitung von Aimé Chenavard fortgesetzt wurde. Allier stellte in den Salons von 1835 und 1836 aus. Er leitete 1835—1836 auch L'Art en province, ein Journal, das in Moulins erschien. Außerdem radierte er ein Titelblatt für „Un an de poésie" von Alfred Rousseau 1836.

Bellier-Auvray, Dict. — Béraldi, Grav. du XIXe s. — Meyer, Kstlerlex. *J. Guibert.*

Allier, Antoine, französ. Bildhauer, geb. 6. 12. 1793 zu Embrun (Hautes-Alpes). Er war erst Militär und trat 1818 in das Atelier von Gros ein, vernachlässigte jedoch alsbald die Malerei zugunsten der Bildhauerei. Er stellte 1822 zwei Statuen aus: „Jeune Marin mourant" und „Camille de retour d'Ardée renversant les balances des Gaulois", ferner 1824 u. 1827 mehrere Büsten; 1831 eine Statue „jeune enfant jouant avec un colimaçon", und die Büsten von Sully (in der Bibliothek des Arsenals), von Baude, von Labbey de Pompières u. des Comte d'Hauterive (in der Bibliothek zu Grenoble); 1833 die Büsten

Aragos und Odilon-Barrots sowie eine Totenmaske Napoleons I., nach dem Gedächtnis modelliert; 1834 eine kleine Ariadne-Statue in Marmor, die ihm eine II. Medaille einbrachte; endlich 1836 Viola, eine Bronzestatue. Von seinen anderen Werken nennt man: „Dans la salle des séances de la chambre des députés" u. eine Statue „l'Eloquence" auf dem Friedhof Père-Lachaise, die Marmorbüste François Chaussiers, des Professors an der medizinischen Fakultät zu Paris; auf dem Montparnasse-Friedhofe die Marmorbildnisse von Jean-François Allier (député des Hautes-Alpes), dem Vater des Künstlers († 1838), und von Félix Tribalet (Finanzinspektor, † 1840). — Allier wurde 1839 zum Deputierten ernannt und saß im Kabinett bis zum Staatsstreich des 2. 12. 1851. Er starb in Paris 27. 7. 1870.

Grande Encyclopédie. — Vopereau, Dict. des contemporains. — Bellier-Auvray, Dict. gén. *Lami.*

Allier, Mlle Elisa, französ. Genre- und Historienmalerin, stellte in den Salons 1842 bis 1848 wiederholt aus.

Bellier-Auvray, Dict. gén. *H. V.*

Allier, Nicolas, Maler in Paris um 1691 („peintre de l'Acad. du Roy"), nur urkundlich bekannt. Wohl identisch mit N. Allye.

Nouv. Archiv. de l'art franç., 2. Série, IV 155. *H. V.*

Allij, Claudius, Maler aus Eger, wurde am 21. 2. 1702 Prager Bürger.

Nach schriftl. Mitt. von Dr. A. Pazaurek. *Ernst Diez.*

Allin. Von einem sonst unbekannten französ. Porträtmaler besitzt das Museum Calvet zu Avignon das Bildnis des Marquis Fortia d'Urban. Es ist auf der Rückseite bezeichnet: Allin pinxit anno 1807.

Meyer, Kstlerlex. **

Allin, Alexis-Michel, als maitre graveur 1782 urkundlich in Paris erwähnt.

Herluison, Actes d'état-civil d'art. franç. p. 3. ***

Allin, Thomas. Nach einem engl. Architekturzeichner dieses Namens, wahrscheinlich aus dem 18. Jahrh. finden sich folgende Blätter: 1) The North West Prospect of ye. Parish Church of St. Anns Middlesex Vulgo Lime house. Thos. Allin Delin. W. Thorpe Sc. gr. qu. Fol. 2) North West Prospect of St. Pauls Deptford together wth. the Rectors House. T. Allin Delin. W. H. Toms Sc. gr. qu. Fol. **

Allingham, Mrs. A. (R. W. S.), bekannte engl. Aquarellmalerin der Gegenwart. Arbeiten von ihr waren auch auf der Dezennalausstellung, Paris 1900, zu sehen. **

Allingham, Charles, Porträt- und Genremaler, tätig in London, beschickte die Ausstellungen der Roy. Acad. 1802—1812 mit Porträts und einigen Genrebildern. In der Dubliner Galerie befindet sich von ihm das Porträt des Dichters Thomas Dermody. Mehrere seiner Porträts sind von J. Flight, G. Clint, S. W. Reynolds u. a. gestochen.

J. Meyer, Kstlerlex. (hier 8 Stiche nach ihm). — Graves, Roy. Acad. I. **

Allingham, Helen, geb. Paterson, engl. Aquarellistin und Illustratorin, geb. 26. 9. 1848 nahe bei Barton-on-Trent, Schülerin der Birmingham School of Art und der Royal Academy-Schools in London (1867), besuchte 1868 Italien und war in den ersten Jahren nach ihrer Rückkehr vorwiegend als Zeichnerin für den Holzschnitt für Journale (Graphic, Cornhill Magazine) wie für Novellenillustration tätig. 1874 stellte sie zuerst die Aquarelle: The Milkmaid (Dudley Gall.) und Wait for me (Royal Acad.) aus. 1875 verheiratete sie sich mit William Allingham, dem Herausgeber von Frasers Magazine, und wurde Mitglied der Society of Water-Colour Painters. Auf deren Ausstellungen sandte sie zuerst „Young Customers" (von Ruskin sehr gelobt), dann Spring Day, The Old men's Garden, Chelsea Hospital, The Bathing Place u. a. Besonders erwähnt seien noch das Porträt Carlyles (1882) und ihre venezianischen Ansichten aus den letzten Jahren.

Clement and Hutton, Artists of the 19. century. — Clayton, Engl. Female Artists II 1. — The Art Journal 1888, 198 (ausführliche Biogr.). — The Academy 1886, 726. — The Studio, Summer Number 1900. *R.*

Allio (auch Alligo), Steinmetz in Prag um 1690. Er gehört wohl der auch in Prag tätigen Künstlerfamilie der Allio an.

Dlabacz, Kstlerlex. für Böhmen 1815. *Oskar Pollak.*

Allio, Andrea, Baumeister, wahrscheinlich Bruder des Giammaria (beide Verwandte oder Brüder des Dominico?), baute 1554 bis 1555 zu Marburg und Rann in Untersteiermark.

Wastler, Steirisches Kstlerlex. unter Lalio. *Ernst Diez.*

Allio, Andreas, „Maurer", kommt 1678 aus seiner Heimat dem Valtellin im Comogebiet nach Prag, wo er 8. 11. 1678 das Bürgerrecht in der Altstadt erhält.

Nach schriftl. Mitt. von Dr. A. Pazaurek. *Ernst Diez.*

Alljo, Bartolome, span. Bildhauer, geb. zu Valencia, Schüler der Akad. San Carlos daselbst. Unter seinen Werken, die zum größten Teil in seiner vaterländischen Provinz verstreut sind, heben wir hervor: einen steinernen Löwen, 1868, für eine Fontäne von Almansa. Er ist auch der Schöpfer zahlreicher Büsten und Medaillon-Bildnisse.

Ossorio y Bernard, Galeria biogr. de artistas españoles del siglo XIX. Madrid 1883/4. — Alcahali, Dicc. biogr. de artistas valencianos, Valencia 1897. *P. Lafond.*

Allio (anders Alio, del Alio, de Lalio, dell' Aglio, Illalio u. a.), Dominico, kaiserl. Baumeister der fünf inner-österr. Lande in

Graz, † 1563 daselbst. Sein Vater Martino Allio, um 1520 Maurermeister in Radkersburg, ist der älteste bekannte Vertreter der großen Künstlerfamilie dieses Namens. Dominico hat seine Lehrzeit jedenfalls in Oberitalien durchgemacht. Er wird 1544 als „paumeister aus Kärnten" erwähnt, und wurde 1555 von König Ferdinand I. als „Oberbaumeister der kroatischen und windischen Ortflecken" mit einem Monatssold von 30 Gulden rheinisch bestellt. Er machte um 1544 den Plan für die Festung Graz, baute 1554 in Marburg, 1555 zu Radkersburg. 1558—1563 erbaute er einen großen Teil des Grazer Landhauses. Hat auch an der Befestigung der Stadt Wien mitgearbeitet (1544). Der erste italienische Baumeister, der die italienische Renaissance in Graz und der südöstlichen Steiermark einbürgerte. Die Kunstformen sind oberitalischen Ursprungs.

Jahrb. d. Kunstsamml. d. öst. Kaiserh. V 2. T., VII 2. T., XVIII 2 T. — Repertorium für Kw. XVI Reg. I—VII. — Kunstchronik II 131. — Kunst und Kunsthandwerk (Wien) I 49. — Wastler, Steirisches Kstlerlex. — Ders., Geschichte d. Befest. d. Schloßberges zu Graz i. Mitt. d. Z.-Komm. 1887 S. CLXVI f. — Ilg, Die „Allio" in Berichte u. Mitteil. d. Altertum-Vereins zu Wien XXIII u. Monatsbl. dess. Ver. 1885 No. 9 u. 11. *Ernst Diez.*

Allio, Donato Felice, Architekt, geb. um 1690, † um 1780? Stammt aus dem Valtellin, doch war die Familie wohl schon längere Zeit in Wien ansässig. Sein Vater Giuseppe Gabriele d'Allio, kaiserl. Obristwachtmeister, besaß in Wien Realitäten. Donato war Schüler des Joh. Bernh. Fischer von Erlach und wird 1731 als kaiserl. Unteringenieur und 1750 als kaiserl. Fortifikationsingenieur erwähnt. Baute die Salesianerkirche, eine der bedeutendsten Barockkirchen Wiens, welche 1730 vollendet ward. Ab 1730 begann er das Stift Klosterneuburg nach einem kolossalen Plan zu bauen. Der Bau stockte 1750. Das heute vollendete ist etwa ein Viertel der großartig gedachten Gesamtanlage. Auch die Entwürfe für die heute noch stehenden Kamine und Öfen stammen von ihm. Einer der bedeutendsten Baukünstler seiner Zeit.

A. Ilg, Die „Allio" i. Ber. u. Mitt. de. Wien. Alt.-Ver. XXIII. u. Monatsblatt dess. Ver. 1885, 9, 11. — Ders., L. u. W. d. J. B. Fischer v. Erlach. — Kunst u. Kunsthandwerk (Scala) II 242 ff. — Dr. Pauker in Klosterneuburg bereitet eine umfassende Publikation über D. F. Allio vor. *Ernst Diez.*

Allio, Giammaria, Baumeister, wahrscheinlich Bruder des Andrea, baute 1545—1551 zu Radkersburg und Pettau in Untersteiermark.

Wastler, Steirisches Kstlerlex. *Ernst Diez.*

Allio, Joh. Baptista, „Maurer-Polier" aus Como, erhält am 15. 12. 1689 das Bürgerrecht in Prag (Altstadt); nicht zu verwechseln mit dem Steinmetz *Joh. Bapt. Allio,* der aus Wien nach Prag kommt und 29. 3. 1667 das Altstädter-Bürgerrecht erhält; dieser urkundlich bis 1687 zu verfolgen.

Nach Mitt. von Dr. Pazaurek. *Ernst Diez.*

Allio, Joseph, Baumeister in Wien; 1791 im Wienerischen Kommerzialschema (Wien 1791) angeführt.

Füssli, Neue Zusätze 1824. *Ernst Diez.*

Allio, Martin, „Maurer", kommt mit Andreas 1678 nach Prag und erhält 8. 11. 1689 ebenfalls das Bürgerrecht in der Altstadt. In den Urkunden des Prager Stadtarchivs bis 1701 zu verfolgen, und zwar seit 1697 als „M. Allio von Löwenthal".

Dlabacz, Kstlerlex. — Ilg, Mitt. d. Wien. Alt.-Ver. XXIII. — Schriftl. Mitt. von Dr. A. Pazaurek. *Ernst Diez.*

Allio (Aglio, Alio, Laglio, Lallio), Matteo di Gauro, Bildhauer und Architekt aus Mailand (nach Selvatico aus Scaria im Val Intelvi), arbeitete in der 2. Hälfte des 17. Jahrh. meist in Padua. In der Kapelle del Santo in Sant' Antonio dekorierte er mit seinem Bruder Tommaso die drei äußeren Seiten des Pilasters zur Rechten. Aus dem erhaltenen Kontrakt (von 1652) erhellt, daß die Arbeit in derselben Weise gehalten sein sollte, wie an dem anderen Pfeiler der Kapelle, der über 100 Jahre früher von Girolamo Pironi plastisch verziert worden war; doch wird eigens hinzugefügt, daß den Bildhauern die Erfindung überlassen bleiben solle. Für die ganze Arbeit war der Preis von 400 Dukaten festgesetzt, der Marmor nicht mit eingerechnet. Der Pilaster nach dem Kirchenschiffe zu ist bezeichnet: MATHEVS ALLIO MEDIO: FACIEBAT; der zur einen Seite: MATHEVS THOMAS FRATRES GAURI DE ALLIO SCULPT. & ARCHIT. MEDIOLAN. FACIEBANT; der zur anderen: MATHEVS ALLIVS F. Daraus geht hervor, daß die Künstler die Söhne eines Gauro und auch Architekten waren. Außer dem Arabeskenwerk im Stile des 16. Jahrh. zeigen diese Pilasterreliefs auch figürlichen Schmuck, z. B. die Trunkenheit Noahs und eine Caritas. — In Padua führte Matteo auch die Engel des Christusaltars in der Kirche San Francesco aus. Von seiner Architektentätigkeit weiß man nur, daß er die Verlegung des Hochaltars im Chor des Santo 1668 ausführte. Die Zeit seines Todes ist wie die seiner Geburt unbekannt geblieben.

Literatur siehe unter *Allio,* Tommaso. *Ozzola.*

Allio, Tommaso, Mailänder Bildhauer (nach Selvatico aus Scaria im Val Intelvi), Bruder des Matteo A., aber weniger bedeutend, in Padua tätig, kurz nach 1667 †. Außer der mit dem Bruder gemeinsam ausgeführten Dekoration des Pilasters in der Kapelle des Santo in Padua führte er gegen 1663 für den Altar des S. Francesco in derselben Kirche die Statuen „Fede" und „Carità" aus (sie sind wohl Arbeiten des Tommaso allein, obgleich der Kontrakt mit beiden Brüdern abgeschlossen worden war); ferner (ebenfalls um 1663), die Statuen am Hauptaltar in S. Benedetto Vecchio, und gegen 1664 „Fede“ und „Speranza“ mit zwei Engeln am Hauptaltar in S. Agostino. In derselben Kirche befindet sich auch das letzte Werk Tommaso A.s, die Statue des hl. Lorenzo Giustiniani, die nach einigen Quellen die Ursache seines Todes gewesen sein soll, da er seine Arbeit durch das als Gegenstück auf der anderen Seite des Altars aufgestellte Standbild des hl. Antonius von der Hand des Algardischülers Gabr. Brunelli übertroffen sah.

B r a n d o l e s e, Pitture ecc. di Padova 1795 p. 27, 38, 156, 165. — G o n z a t i, Basilica di S. Antonio di Padova, 1852, I 151, 161, 247. — M o s c h i n i, Guida di Padova 11, 22, 38, 49, 108. — R o s s e t t i, Descriz. . . di Padova 1776 p. 8, 37, 52. — M e y e r, Kstlerlex. *Ozzola.*

Allio, s. auch *Aglio.*

Allion, s. *Dalion.*

Alliot, Madame, französ. Radiererin, führte zu Anfang des 19. Jahrh. Blumen und Früchte nach Prévost d. j. aus.

L e B l a n c, Manuel. *J. Guibert.*

Alliot, F r a n ç o i s, Porträtmaler, geb. zu Ligny-en-Barrois 1654, † in Nancy 27. 4. 1708, bloß bekannt durch dekorative Arbeiten für den Herzog von Lothringen in Nancy (1698) und durch dessen Bildnisse (1699), die aber jetzt nicht mehr vorhanden sind.

Réunion d. Soc. d. b. arts XXIII 400. *H. Stein.*

Alliprandi, s. *Aliprandi.*

Allis, Frl. G e n e v i e v e, amerikan. Malerin, geb. 15. 3. 1864 in Derby, Conn., studierte in der Yale Art School, New Haven, Conn., und später unter J. Alden Weir und W. L. Lathrop u. a. in New York. Sie hat sich als erfolgreiche Mallehrerin in Derby, Conn. niedergelassen. Ihre besten Bilder sind: Sunset on Lake George und An Old English Town at Evening. *Edmund von Mach.*

Allison, F., Miniaturmaler in London, stellte 1792—1799 Damen- und Herrenporträts in der Roy. Academy aus.

G r a v e s, Roy. Acad. Exh. I 27. **

Allison, J o h n W. (R. B. A. — A. R. C. A.), engl. Maler der Gegenwart, geb. in Hull, Vorsteher der Penzance School in London, studierte in Italien und in Paris unter Constant. Seit Jahren gehört er zur Prüfungskommission am Board of Education, S. Kensington. Seine hauptsächlichsten Bilder sind: Halloween; The Fleet in the Bay; Spring Flowers; A Labour of Love; A Night's Vigil und Porträts.

Who's is who. *R.*

Allix, F r a n ç o i s, französ. Radierer, geb. 1752 zu Honfleur, † 1794 zu Paris, Schüler von Ph. le Bas und von J. B. Descamps. Er stach für den „Voyage de Naples“, der 1781 vom Abbé de St. Non veröffentlicht wurde. Man kennt von Allix noch: les ruines de l'amphithéâtre de Bordeaux, nach Daubigny; Ansichten von Lissabon, Cadix und Karthago, nach Noël; la Cascade Napolitaine, nach Mettay.

P o r t a l i s e t B é r a l d i III, Appendice. — L e B l a n c, Manuel. *P. A. Lemoisne.*

Allix, Mlle T h é r è s e M i r z a, Porzellan- und Miniaturmalerin in Paris, geb. in Fontenay-le-Comte (Vendée), Schülerin von Steuben und Wappers, stellte in den Salons 1877 bis 1882 Porträts eigener Erfindung und nach alten Meistern (Flinck, Guido Reni) aus.

B e l l i e r - A u v r a y, Dict. gén., Suppl. *H. V.*

Allix, s. auch *Alix.*

Allmacher, wenig bekannter deutscher Maler des 18. (?) Jahrh., einige Gemälde von ihm in der Galerie zu Pommersfelden auf Schloß Weißenstein.

Th. v. Frimmel in d. Chronique d. Arts 1894 p. 149. *H. V.*

Allmer, J. C., Kupferstecher in Punktiermanier, im Anfange des 19. Jahrh. tätig.

M e y e r, Kstlerlex. (hier 12 Nummern s. Reproduktionsstiche aufgeführt). **

Allmer, J o s e f, Maler in Graz, geb. 7. 3. 1851 in Pöllau, stellte Porträts und Stilleben im Steirischen Kunstvereine aus.

W a s t l e r, Steirisches Kstlerlex. **

Allmond, K a t h e r i n e, s. *Hulbert,* Katherine Allmond.

Allo, lombardischer Holzbildhauer, um 1352 tätig laut einer von Zani wiedergegebenen Inschrift: Anno Domini MCCCL secundo; Magister Allo fecit hanc Cathedram. Leider gibt Zani nicht an, wo diese „Cathedra“ sich befinde.

Z a n i, Encicl. II 61. *F. Malaguzzi-Valeri.*

Alloja, A l e s s a n d r o (Aloja), italien. Kupferst. aus Kalabrien, erwähnt von Zani, Enc. II 61. *P. K.*

Alloja, G i u s e p p e (Aloja), Maler und Kupferst. zu Neapel um die Mitte des 18. Jahrh. tätig. Er hat Stiche für die Statica de' Vegetabili, Napoli 1756 und für die Antichità di Ercolano, Napoli 1757 ff. geliefert und auch eine große Ansicht von Neapel auf 8 Platten 1759 herausgegeben.

M e y e r, Kstlerlex. *P. K.*

Alloja, R a f f a e l l o (Aloja), Kupferst. und Radierer in Neapel am Ende des 18. und am Anfange des 19. Jahrh. tätig. Er hat Johannes d. T. und Joseph m. d. Kinde nach Reni, die Grablegung Christi nach Ribera, eine hl. Familie nach Rubens und Kostümbilder aus dem Königr. beider Sizilien (1791) gestochen.

M e y e r, Kstlerlex. *P. K.*

Alloja, V i n c e n z o (Aloja), Kupferst. und Radierer, am Ende des 18. und am Anfange des 19. Jahrh. in Neapel tätig, Schüler des Georg Hackert, dann Lehrer an der Akad. zu Neapel. Er hat vornehmlich Landschaften, besonders Ansichten aus der Umgebung von Neapel gestochen nach J. Ph. und Karl Hackert, nach Anna, Dunouy u. a., z. B. Recueil des vues les plus agréables de Naples et de ses environs, 27 Bll. nach L. Fergola (1804—6).

Meyer, Kstlerlex. *P. K.*

Allom, Thomas, engl. Architekt, Zeichner und Landschaftsmaler, geb. in London 13. 3. 1804, † in Barnes 21. 8. 1872, betätigte sich zuerst als Zeichner von landschaftl. Szenerien Englands, Kleinasiens und Frankreichs (auch für König Louis Philippe Zeichnungen von dessen Landsitz Dreux). Unter seinen Bauten sind hervorzuheben: die Christkirche in Highburg und die St. Peterskirche in Nottinghill. Seine Bilder zeigen eine zierliche, aber etwas manierierte Ausführung; die bekanntesten davon sind die Seven Churches of Aria (abgeb. Art Journal 1863). Für das Werk: S. C. Hall, The Baronial Halls and Picturesque Edifices of England führte er 4 Lithographien nach eigener Zeichnung und die eine Tafel (The great hall in Speke Hall) nach J. S. Dodds Zeichnung aus. Von 1827—71 stellte er häufig seine Entwürfe in der Royal Acad. aus. — Er war einer der Gründer des „Institute of British Architects".

Meyer, Kstlerlex. I (zahlreiche Stiche nach ihm). — Redgrave, Dict. — The Art Journal 1863, 36, 77, 123, 162, 205, 228, 250; 1872, 300 (Nekrolog). — Binyon, Catal. of drawings I. *R.*

Allongé, Auguste, französ. Maler und Zeichner, geb. 19. 3. 1833 in Paris, † 4. 7. 1898 in Marlotte, Schüler von Cogniet und Ducornet. Versuchte sich zuerst als Historienmaler, wandte sich nach erfolgloser Teilnahme an der Konkurrenz um den Rompreis der Landschaft zu und war mit Camille Bernier derjenige französische Maler, der die Bretagne für die Kunst „entdeckte". Von 1855—1875 holte er fast alle seine Motive aus der Bretagne und trug dadurch nicht wenig zu der Bewegung bei, die am Ende des 19. und am Anfange des 20. Jahrh. die Pariser Maler allsommerlich in hellen Scharen nach dem Nordwesten Frankreichs bringt. Später, als der Wald von Fontainebleau bereits anfing, von den Malern vernachlässigt zu werden, wurde A. in Marlotte ansässig, und in den letzten 20 Jahren seines Lebens hat er mit besonderer Vorliebe die riesigen moosbedeckten Steinblöcke und den luftigen Hochwald von Fontainebleau geschildert. Dabei begünstigte er immer mehr die Kohlenzeichnung und wandte sich zuletzt ganz von der Ölmalerei ab. Er hat zahlreiche Schüler und Schülerinnen in der Kunst des Zeichnens mit Kohle und Kreide unterwiesen und unter dem Titel „Cours de paysage au fusain" ein kleines Lehrbuch verfaßt. Seine Gemälde und Zeichnungen sind tüchtige, zum Teil vortreffliche Arbeiten, leiden aber an einer gewissen Trockenheit und enthalten nur wenig von der Waldespoesie, die uns andere, am gleichen Orte schaffende Künstler so bezwingend verkündet haben. Von Interesse sind seine Publikationen:

Collection de 30 paysages au fusain par A Allongé, repr. (Bernard, Paris 1877). — Collection de 18 facsimilés d'après A. Allongé (Bernard, Paris 1877). — La Forêt de Fontainebleau. Douze compos. facsimilés par Allongé (Paris 1879). — La Fusain par MM. Allongé, Appian, Lalanne, K. Robert (Paris 1880). — Bellier-Auvray, Dict. gén. und Suppl. — Beraldi, Les graveurs du XIX. siècle. — J. Martin, Nos peintres et sculpteurs. *K. E. Schmidt.*

Allori, Agnolo, s. *Bronzino.*

Allori, Alessandro (eigentl. Alessandro di Cristofano di Lorenzo Allori), ital. Maler, wurde 3. 5. 1535 geb. Da er bereits im Alter von fünf Jahren seinen Vater verlor, wurde er von dessen Freunde Agnolo Bronzino erzogen, der einer ebenso alten wie grundlosen Tradition zufolge als sein Oheim bezeichnet wird. Daß verwandtschaftliche Beziehungen zwischen den beiden Künstlern nicht nachzuweisen sind, hat Alb. Furno (La vita e le rime di Agniolo Bronzino, Pistoia 1902 p. 27 bis 30) klargelegt. Aber sein Leben lang betrachtete sich Alessandro als einen Schüler Bronzinos, an dem er mit unbegrenzter Dankbarkeit hing. Das geht aus seinen Signaturen hervor, in denen er anfangs seinem Namen ein „Bronzini Alunnus" beifügte, dann nannte er sich „Alessandro del Bronzino" und nach dessen Tode endlich (1572) nahm er auf Rat Vasaris (Gaye III 345) den Namen „Alessandro Bronzino-Allori" an. Ein Kind noch, kopierte er die Zeichnungen Bronzinos und anderer Meister und mit siebzehn Jahren schon malte er nach eigener Erfindung einen Crucifixus mit Johannes und Magdalena, den Ottaviano de' Medici in der Kapelle einer seiner Villen aufstellen ließ. Zwei Jahre später begab er sich zum Studium der Antike und Michelangelos nach Rom, wo mehrere Bildnisse wie jene des Tommaso de' Bardi und seiner Gattin Octavia Montanti, Madonna Aurelia Manellis, der Zanobi und Benedetto Montanti entstanden. Er hätte gern auch Papst Paul IV. porträtiert und ging deshalb den Herzog Cosimo I. von Toskana um seine Vermittelung an (Gaye III 23), scheint aber sein Ziel nicht erreicht zu haben. Im nächsten Jahre (1560) weilte er bereits wieder in Florenz, wo er Bastiano Montagutis Kapelle in der Annunziaten-Kirche ausmalte. Das Altargemälde schilderte das jüngste Gericht, wobei er große Teile des Bildes dem Fresko Michelangelos in der Sistina entlehnte, was übrigens auch die Signatur „Alexander Allorius Civis Flor. Bronzini Alunnus Inventum Optimi Pictoris Bonarrotae Haec Sedulo Pinxit" freimütig eingesteht. Auf die linke Seitenwand malte er als Fresko „Christus unter den Schriftgelehrten“, auf die rechte eine „Vertreibung der Wechsler aus dem Tempel“ und gab der Szene berühmte Florentiner wie Bronzino, Pontormo, Michelangelo, Don Vincenzo Borghini und Herzog Cosimo als Zuschauer; die Decke schmückte er mit Propheten- und Sibyllenfiguren. Dieses Werk, an dem namentlich die Zeichnung des Nackten gefiel, machte Allori zu einem gefeierten und vielbeschäftigten Künstler. Alle größeren Kirchen begehrten nun Bilder von seiner Hand: In der Annunziata selbst schuf er für die Cappella dell' Antella im Jahre 1602 eine Geburt Christi, die er voll Bescheidenheit „BRONZINUS ALLORIUS, DUM PINGEBAT, MELIUS LINEARE NON POTUIT“ unterzeichnete. In St. Maria Novella malte er die Decke der Cappella Gaddi, mehrere Heiligenfiguren in Nischen, ein Martyrium des hl. Jakobus, signiert und datiert von 1592, eine Samariterin, die später in die Uffizien gebracht wurde, Geschichten aus dem Leben Christi und des hl. Dominikus und für das Refektorium des Klosters anno 1584 eine Darstellung des „Mannaregens“, die ein „Abendmahl“ umrahmte, das sich heute in einem Nebenraum des Klosters San Salvi befindet. Für das Refektorium von St. Maria del Carmine schuf er (1582) ein anderes Cenacolo, das heute in einem Seitenraum des Klosters irrtümlicherweise als Werk Vasaris gezeigt wird, für das Magdalenen-Kloster malte er eine „Kreuzabnahme“, die später in St. Croce „Christi Höllenfahrt“ von Bronzino ersetzte, für St. Spirito „Christus und die Ehebrecherin“, eine Tafel mit den „Märtyrern“, wobei er auf der Predelle des Gemäldes den Palazzo Pitti vor dem Umbau durch Herzog Cosimo darstellte, und den hl. Fiacro, der Kranke heilt. Ferner malte er u. a. in S. Egidio eine „Pietà“ und eine „Madonna mit Heiligen“, für San Marco eine sehr hell gehaltene „Auferstehung Christi“, für S. Agata im Auftrage des Senators Lorenzo Pucci die „Hochzeit zu Kana“ und für San Niccolò endlich ein „Opfer Abrahams“, zwei Werke, die — heute in den Uffizien befindlich — zu seinen besten zählen.

Seine Bilder waren auch außerhalb der Florentiner Gemarkung sehr gesucht. So malte er für eine religiöse Genossenschaft zu Palermo eine „Geburt Christi mit Engelchören“, für die Kirche von St. Maria del Carmine zu Pisa (1581) eine vielbewunderte „Himmelfahrt Christi“ und ein Jahr später für die Abtei Astino bei Bergamo jenes zur Hälfte nach Andreas del Sarto „Abendmahl“ in San Salvi kopierte „Cenacolo“, das man heute in der Galerie Carrara zu Bergamo sieht. Den Auftrag zu diesem Werke verschaffte ihm Don Aurelio Casari da Forlì, der schon früher (1580) als Abt des Camaldulenser-Klosters von Passignano in diesem Ort eine Kapelle nach Alloris Zeichnungen hatte erbauen und vom Künstler eigenhändig ausmalen lassen. Lodovico da Diaceto, ein Toskaner, der in Paris wohnte, bestellte für die Galerie seines Palastes drei Gemälde mythologischen Inhaltes bei Allori, und an ähnlichen Aufträgen fehlte es ihm auch in Florenz selbst nicht. Für den herzogl. Marstall porträtierte er sechs Rosse, und Szenen aus der Mythologie und Heroensage von Alloris Hand werden von Borghini in einer Villa des Alammano Salviati und im Palazzo des Jacopo Salviati erwähnt. Sein bedeutendstes Werke dieser Art jedoch sind die dekorativen Fresken der großherzogl. Villa in Poggio a Cajano, die ihm 1585 anvertraut wurden, und in denen er als Nachfolger Andreas del Sarto, Franciabigios und Pontormos Ereignisse aus dem Leben großer Männer des Altertums, durchsetzt mit Anspielungen auf die Geschichte des Hauses Medici darzustellen hatte. So malte er gegenüber dem Fresko Pontormos den Raub der Hesperidischen Äpfel durch Herakles und über den Fenstern und Türen verschiedene allegorische Figuren, gegenüber der von Andrea del Sarto begonnenen und laut Inschrift von Allori vollendeten „Huldigung der Tierwelt an Caesar“ ein „Gastmahl des Syphax von Numidien“ und gegenüber dem „Triumph Ciceros“ von Franciabigio endlich malte er eine Ansprache des Titus Quinctius Flamininus an die Hellenen.

Von den „unzähligen Bildnissen“, die er gemalt haben soll, sind nur verhältnismäßig wenige — das schönste ist wohl das Fresko-Porträt der Bianca Cappello in den Uffizien — auf uns gekommen; vielleicht daß manche seiner Bildnisse unter dem Namen seines Lehrers gehen. Gleich diesem war Allori am herzogl. Hofe wohlgelitten. Er erhielt die Oberaufsicht über die großherzogl. Teppichweberei, für die er auch einige Kartons gezeichnet hat, und entwarf die Dekorationen zu den Empfangsfeierlichkeiten, die bei der Hochzeit Ferdinands III. mit Cristina von Lothringen 1588 stattfanden. Er starb 22. 9. 1607.

Von Bronzino hatte Alessandro Allori die Freude am Darstellen nackter Körper, aber leider auch an gesuchten und gequälten Bewegungsmotiven und an einem verblasenen, ins Kalkige spielenden Kolorit geerbt. Seine Kunst ist die eines typischen Manieristen. Das Thema und dessen immanente Gesetze bedeuten ihm nichts, das Prunken mit seiner virtuosen Zeichenkunst ist Allori, dem jegliches Empfinden für feinere Farbenwirkungen abging, ausschließlich Selbstzweck seines Schaffens. Studien am nackten Körper brachten ihn dahin, sich auch selbständig als Anatom zu betätigen, er sezierte und enthäutete Leichname und schrieb über die Anatomie für Künstler auch eine dialogisierte Abhandlung, die heute in Buchform laut Furno op. cit. p. 35 unauffindbar ist, aber zu der die Biblioteca Nazionale in Florenz das Original-Manuskript besitzt. Von seinen Schülern sind Lodovico Cardi da Cigoli und Giovanni Bizzeri hervorzuheben, sein Sohn Cristofano dagegen wandte sich gänzlich von der rein zeichnerischen Richtung seines Vaters und ersten Lehrers ab.

Allori, Dialogo sopra l'arte del disegnare le figure, principiando da' muscoli, ossa, etc., Firenze 1590. — Il primo e secondo libro de' ragionamenti delle regole del Disegno d'Alessandro Allori con M. Agnolo Bronzino. Original-Manuskr. zu dem oben erwähnten Buch (Florenz Bibl. Nazionale Palatina E. B. 16,4). — Descrizione del regale Apparato per le Nozze della serenissima Madama Cristina di Loreno, moglie del serenissimo Don Fernando Medici III. gran Duca di Toscana, descritte da Rafael Gualterotti. In Firenze 1589. 4. II Vol. — Vasari, Vite (ed. Milanesi) VII 606 f. — Borghini, Il riposo. Milano 1807 I 109, 117, 130, 222 f., 234, 237, III 162, 179 und im Zusammenhange 204 ff. — Baldinucci, Notizie etc. Milano 1808 IX 530. — Gaye, Carteggio etc., III 23, 302, 429. Die Briefe mit Ausnahme des im Text erwähnten auf S. 23 sind von belanglosem Inhalt. Eine Ergänzung zu ihnen bilden die von *A. Furno* op. cit. abgedruckten Briefe, die Rechnungen und Quittungen über von Allori kopierte Porträts enthalten p. 109—111 inkl. — Richa, Notizie istoriche etc. I 117, II 174, III 71, 88, 91, IV 15, V 29, 146, 283, VII 110, 151, 153, VIII 35, 103, 169, 190, 201, IX 25, 33, X 269, 271 (Erwähnungen von Bildern). — Cinelli, Bellezze di Firenze. In Firenze 1677 p. 16. (Über All. Malereien im Marstall des Großherzogs.) — Morrona, Pisa illustrata. Pisa 1793 T. III 280. (Über Christi Himmelfahrt in St. Maria del Carmine zu Pisa.) — Meyer, Kstlerlex. I 503 ff. — Palagi, Intorno ad un ritratto di Bianca Cappello, dipinto da A. Allori. Firenze 1871. Bezieht sich auf ein Fresko-Porträt, das 1871 aus einem Saal des Pfarrhauses von St. Maria ad Olmi in die Uffizien gebracht wurde. (Kat. No. 1183.) — Geisenheimer, Le pitture di Alessandro Allori nel Refettorio di S. M. Novella in der „Rivista d'Arte Anno III (1905). No. 5—6 p. 93 f. Bringt Skizzen und Dokumente zu den im Text erwähnten Arbeiten. — Geisenheimer, Due Cenacoli di Alessandro Allori: Rivista d'Arte. Anno IV (1906) No. 3—4 p. 41 ff. Behandelt die Abendmahls-Darstellungen Alloris aus Bergamo und von St. Maria del Carmine im Verhältnis zu Andreas del Sarto Cenacolo in San Salvi. — Ders., Di alcuni arazzi . . . su cartoni di A. A., Rivista d'Arte IV 109. *Emil Schaeffer.*

Allori, Cristofano, Maler, Sohn des Alessandro, ebenfalls bisweilen Bronzino genannt (zeichnet sich selbst in einem Brief an den jüngeren Michelangelo von 1606: Christoforo Allori Bronzino), geb. zu Florenz 17. 10. 1577, † daselbst 1621. Anfangs Schüler seines Vaters Alessandro, dessen Werkstatt er aber bald verließ, um sich unter dem Einflusse der neuen koloristischen Richtung der Florentiner Malerei, wie sie vor allem Lodovico Cardi da Cigoli vertrat, unter Gregorio Pagani auszubilden.

Eine seiner ersten bemerkenswerten Arbeiten, die noch in der Werkstatt Paganis entstand, war das Altarbild mit einem Vorgang aus dem Leben des hl. Manetto für die Kapelle dell' Antella in S. Annunziata von 1602. Seitdem ist er für verschiedene Florentiner Kirchen tätig gewesen. Um 1608 malte er für S. Maria Novella die ihrerzeit hochgeschätzte, heute verschollene Darstellung der hll. Benedikt und Julian in Anbetung des Gekreuzigten als Außenseite eines Reliquienschreines (um 1640 zur Schonung des Gemäldes in 2 Tafeln zerlegt und zu den Seiten des Tabernakels aufgehängt). Andere Altarbilder entstanden u. a. für S. Cristofano (der hl. Rocchus), für S. Annunziata (Geburt der Maria). Aus seiner letzten Schaffenszeit stammt das Altarbild der Maria mit den hl. Jungfrauen im Dom zu Pisa, das, bei seinem Tod unfertig, von Zanobi Rossi vollendet wurde. Derselbe Schüler führte auch das vom Meister für die Kapelle der Usimbardi in S. Trinità zu Florenz begonnene Gemälde (Petrus auf dem Wasser wandelnd) zu Ende, sowie die allegorische Darstellung „Michelangelo als Dichter" in der Casa Buonarotti.

Seinen höchsten Ruhm verdankt Allori aber seiner „Judith mit der Magd" (Florenz, Galerie Pitti), angeblich das Porträt seiner Geliebten Mazzafirra, die ihm auch für andere Darstellungen weiblicher Schönheit als Modell diente, wie zur „büßenden Magdalena in der Wüste" (Florenz, Uffizien, vom Besteller Alberto de' Bardi an Kard. Carlo de' Medici geschenkt). Detail-Zeichnungen zu beiden Bildern in roter und schwarzer Kreide besaß der jüngere Buonarotti. Eine kleine Wiederholung der „Judith" in den Uffizien, alte Kopien in verschiedenen Sammlungen u. a. in Amsterdam (Rijksmuseum), St. Petersburg (Ermitage), Wien (Hofmuseum). Für seinen Freund Conte Carlo Bostichi Davanzati malte er die „Halbfigur einer hl. Katharina im Gebet", das Bild eines Jünglings „col collare all' antica", einen „hl. Johannes Evangelista" und „Maria mit dem hl. Dominicus u. Stephanus" vor landschaftlichem Hintergrunde (Skizze). Mehrfach hat er auch die ehemals Correggio zugeschriebene „büßende Magdalena" (damals in Casa Gaddi zu Florenz, jetzt in Dresden) kopiert (eine dieser Kopien in den Uffizien). Die meisten seiner Werke sind früher oder später in mediceischen Besitz gelangt. Eines seiner Hauptwerke „Die Gastlichkeit des hl. Julian", malte der Künstler für Großherzog Ferdinand II., der es 1653 durch P. Fever auf einen Gobelin kopieren ließ. „Der kniende hl. Franziskus im Gebet", ein Geschenk des

Malers an seinen Arzt Zerbinelli, wurde später ebenfalls vom Großherzog erworben, der zu Baldinuccis Zeiten außer den bereits genannten Bildern den „Johannes in der Wüste“ und eine unvollendete große „Anbetung der Könige“ besaß.

Vor allem war A. auch als Bildnismaler viel beschäftigt. Nach Baldinuccis Bericht malte er u. a. die schöne Maddalena Scarlatti, den ihm sehr befreundeten jüngeren Buonarotti, Pandolfo-Pandolfini, Jacopo Jacopi (das Bildnis wurde 1653 an den Herzog von Mantua geschickt, später an Don Luris de Haro nach Spanien verkauft), zweimal den Marchese Geri della Rena (eins der Bildnisse besaß Baldinucci), Conte Davanzati Bostichi (Halbfig. 1610), und sein Selbstporträt (Malersammlg. der Uffizien). Auch für des Großherzogs Galerie berühmter Männer ist er beschäftigt gewesen, doch sind die meisten der ihm übertragenen Bildnisse von seinen Schülern ausgeführt. Besonders beliebt waren seine miniaturartig fein ausgeführten Bildchen auf Kupfer (von Baldinucci besonders gerühmt eine hl. Magdalena in der Wüste), vor allem Porträts Florentinischer Persönlichkeiten, von denen Kardinal Leopold von Toskana eine Anzahl in seine Sammlung aufnahm.

Wie seine zahlreichen Handzeichnungen beweisen, ist A. ein unermüdlicher Beobachter der Natur gewesen, der sich nie genugtun konnte und jedes Detail sorgsam nach der Natur zeichnete. Selbst auf einem Gebiete wie der Landschaft, hat er sich, wie es scheint unter nordischen Vorbildern, ernsthaft betätigt. U. a. besaß sieben Landschaftsbilder von seiner Hand Conte Carlo Davanzati Bostichi, ein ganzes Skizzenbuch mit landschaftlichen Studien in roter und schwarzer Kreide Baldinucci. Wie als vielseitiger Künstler ist A. auch als Mensch von seinen Zeitgenossen besonders hoch geschätzt worden. Ein lustiger, mit allen möglichen Talenten als Musiker, als Imitator und Gelegenheitsdichter begabter Gesellschafter hat er in den Kreisen der Florentiner Lebewelt eine Rolle gespielt. Eine Vergiftung am Fuß setzte seinem Leben in den besten Jahren ein Ziel. Unter seinen Schülern sind nur Zanobi Rossi und Gio. Batt. Vanni zu nennen.

A. gehört als Nachfolger des Cigoli und Schüler Paganis zu den Vertretern der neuen koloristischen Richtung der Florentinischen Malerei des 17. Jahrh., die an Stelle der harten zeichnerischen Manier der Michelangelonachahmer und ihrer übertriebenen Betonung der bewegten plastischen Form eine kraftvolle farbige Malerei setzte, und dem Idealismus der älteren Richtung gegenüber eine frische realistische Auffassung vertrat. Als Kolorist und Zeichner gehört er zu den besten Künstlern seiner Zeit. Außer Cigoli und seinem Lehrer Pagani hat unter den vergangenen Meistern in dieser Beziehung vor allem Andrea del Sarto auf ihn eingewirkt.

Meyer, Kstlerlex. (mit ausf. Verz. der Werke A.s, der nach ihm gestochenen Blätter und der älteren Literatur). — Gualandi, Memorie III 53 u. Nuova Raccolta di Lettere I. — Repert. f. K.-W. XXI 283 (Jakobsen). — Rosini, Pitt. Ital. VI 105. *Hans Posse.*

Allotte, Jan, s. *Alhoste.*

Allou, Adélaïde, französ. Malerin und Radiererin, Ende des 18. Jahrh. in Paris. Sie führte „Ruinen“ nach Hubert Robert und nach Fragonard aus. Eine ihrer besten Radierungen ist „Ruines des bains de Néron“ nach H. Robert (1771). Außerdem stach sie antike Vasen. Ihre Gravier-Manier ist dünn, aber ziemlich leuchtend.

Basan, Dict. — Le Blanc, Manuel. — Portalis et Béraldi III, Appendice. *P. A. Lemoisne.*

Allou, Antoine Roger Henri, Landschaftsmaler in Paris, geb. daselbst, Schüler von Guillemet, stellte in den Salons 1881—85 wiederholt aus.

Bellier-Auvray, Dict. gén., Suppl. — Kat. d. Salon. *H. V.*

Allou, Gilles, Bildnismaler, geb. zu Paris 1670, † daselbst 2. 2. 1751. Seine Familie stammte von Beauvaisis. Er verehelichte sich 1702; in dem Heiratsakte wird er, wie auch in anderen Schriftstücken als Maler und Architekt bezeichnet; doch weiß man von keinem Bau, der von ihm herrührte. Zum Mitgliede der Malerakademie wurde er 27. 6. 1711 ernannt, nachdem er die Bildnisse der Künstler Coypel des Sohnes, Coyzevox und Boullogne vorgelegt hatte. Die beiden ersteren befinden sich im Mus. von Versailles, das letztere, das gestochen worden, in der Ecole des Beaux-Arts. Auch das Bildnis seiner Gattin, Anne Allou, geb. Raguinet ist durch den Stich bekannt, der die Inschrift L'Optique trägt. Die Unterschrift auf zwei Stichen nach von ihm gemalten Köpfen von Bacchantinnen ergibt, daß der Künstler in der kgl. Teppich-Manufaktur von Beauvais wohnte. Die Porträts Allous fanden viel Anerkennung, die nicht unverdient ist; sie erinnern an die geschickten und wirksamen Bildnisse der Epoche von Rigaud und Largillière. Insbesondere zeigt das Bildnis von Coyzevox ein bemerkenswertes Geschick in der Anordnung. Seine Arbeiten sind daher noch heutzutage geschätzt.

Allou beschickte die Salons von 1738, 1739, 1740, 1741 und 1742; manche derselben mit mehreren (bis zu 7) Bildnissen.

Jal, Dictionnaire. — Archives de l'art français. I 378, II 357. — Mariette, Abécedario etc. I 18. — Guérin, Description de l'Acad. Paris 1715. — Bellier-Auvray, Dict. (woselbst das Verzeichnis seiner ausgestellten Werke). — E. Piot, Etat-civil. — Meyer, Kstlerlex. **

Allouard, Edmond, Blumen- und Landschaftsmaler in Paris, geb. daselbst, Schüler der École des Beaux-Arts décoratifs, stellte in den Pariser Salons seit 1881 fast alljährlich aus.

Bellier-Auvray, Dict. gén., Suppl. — Kat. d. Salon. *H. V.*

Allouard, Henri Emile, französ. Bildhauer, geb. in Paris 11. 7. 1844, Schüler von Lequesne und von Schoenewerk, war zuerst im Buchhandel beschäftigt und wandte sich erst später der Bildhauerei zu. 1865 stellte er zum ersten Male im Pariser Salon aus. 1876 erhielt er eine III. Medaille, 1882 eine II. Medaille, auf der Weltausstellung 1889 eine silberne Medaille und auf der Weltausstellung 1900 eine goldene Medaille. 1889 wurde er zum Ritter der Ehrenlegion ernannt. Seine Hauptwerke sind: Le Reveil, Gipsstatue (1870); Marguerite au sabbat, Gipsstatue (1872); Melantho, Gipsgruppe (1873); Ossian, Gipsstatue (1876); Alexandre Duval, Bronzebüste im Foyer des Odéon (1876); Hardouin-Mansart u. Etienne Boileau, steinerne Statuen an der Außenseite d. Hôtel de ville (1880—1881); Bacchus als Kind, Marmorstatue im Mus. v. St. Brieux (1881); Beaumarchais, Statue im Mus. v. Rouen (1884); Héloise au Paraclet, Marmorstatue im Mus. von Montpellier (1884); Molière mourant, Marmorstatue im Foyer des Odéon (1885); Souviens-toi, Marmorgruppe im Mus. von Dunkerque (1886); La sculpture, Steinstatue in der Mairie der Rue Drouot; Lutinerie, Marmorgruppe im Mus. zu Bordeaux (1888); La comédie, Marmorstatue im Foyer des Odéon; Loin du monde, Marmorstatue im Luxembourg-Mus. (1891); Jeanne d'Arc après la victoire, farbige Marmorfigur (1895); Le duc de Choiseul, Marmorbüste im Ministerium des auswärtigen Amtes (1896); Une Source, Marmorstatue (1899); Jeune mère, Marmorgruppe (1901); Richelieu à la Rochelle, Bronzestatue (1905); Corneille, auf dem Pantheonsplatz, Bronzedenkmal (1906).

Bellier-Auvray, Dict. gén. — Kat. d. Salons. *Lami.*

Allouel, M. F., französ. Stecher, in der 2. Hälfte des 18. Jahrh. Man kennt von ihm ein Porträt J. B. Rousseaus und „Der Familienvater" nach Ostade.

Le Blanc, Manuel. — Ottley, Notices. — Portalis et Béraldi, Appendice. *P. A. Lemoisne.*

Allouis, französ. Stecher, arbeitete 1760 in Paris. Man kennt von ihm neun Kupferstiche nach J. A. Meissonnier, für Berthous.

Portalis et Béraldi, Appendice. — Le Blanc, Manuel. *P. A. Lemoisne.*

Alloy, Léonce, französ. Medailleur der Gegenwart, geb. in Fauquembergues (Pas-de-Calais), Schüler von Barrais, Charpentier und Vernon, erschien 1898 zum ersten Male im Salon mit dem Porträt des Mr. Cassel. Im nächsten Jahre erhielt er den „Premier second Grand Prix" für Medaillengravierung. 1902 stellte er im Salon das Porträt seiner Mutter aus.

Forrer, Biogr. Dict. of Medallists I 43. **

Allport, Miß C. Lily, Malerin der Gegenwart in London, stellte von 1891—1900 in der Roy. Academy Landschaften und Studien aus. Ihre Aquarelle, besonders die figürlichen Motive, fanden günstige Beurteilung.

Graves, Roy. Acad. Exh. I 27. — The Studio XXXV 236. **

Allport, Henry C., engl. Aquarellist, tätig in Aldridge bei Birmingham, stellte 1811 und 1812 Landschaften mit Motiven aus seinem Wohnsitz in der Roy. Acad. aus und erscheint als Aussteller 1813 in der Water-Colour Society. Auch die nächsten Jahre stellte er hier landschaftliche Ansichten, meist mit berühmten Gebäuden aus und wurde 1818 zum Mitglied erwählt. 1823 sandte er noch einmal Zeichnungen, meist italien. Szenen und rangierte nur noch unter den Associates der Society. — Das British Museum besitzt 2 fein ausgeführte Landschaftsskizzen von ihm aus den Jahren 1814 und 1816.

J. L. Roget, History of the Old Water-Colour Soc. I 357, 398, 432, 433. — Redgrave, Dict. — Binyon, Cat. of drawings I 29. — Graves, Roy. Acad. Exh. I 27. **

Allport, J., engl. Maler und Radierer. Nach seinem eignen Gemälde existiert eine Radierung (Mezzotinto, Fol.) der Maria Stuart.

Von einem V. Allport, der wohl mit obigem Künstler identisch ist, gibt es 3 Aquatintablätter in 4° mit den Bildnissen junger Mädchen. **

Allston, Washington, amerikan. Maler, geb. 5. 11. 1779 auf der Pflanzung seines Vaters zu Waccamaw in Südkarolina, † in Cambridge (Mass.) 9. 7. 1843. Seine erste Erziehung erhielt er in Newport (Rhode Island), wo er auch die erste dürftige Anregung zur Kunst durch einen Jugendgenossen Edw. Malbone empfing, der Geschick zur Miniaturmalerei zeigte. Er besuchte dann die Universität Cambridge und ließ sich später in Charleston nieder, fortwährend bestrebt, sich in der Kunst weiter zu bilden. Da er ohne rechte Anleitung nicht vorwärts kam, ging er 1801 nach London an die Akad. und trat dort zu Benjamin West, der sich des jungen Landsmanns annahm, in nähere Beziehung. Schon 1802 brachte A. 3 Bilder auf die akademische Ausstellung. 1804 besuchte er in Gesellschaft des Malers John Vanderlyn Paris und studierte insbesondere die Venezianer, denen sich sein Talent von Natur aus zuneigte. Darauf machte er eine italienische Reise mit einem fast 4jährigen Aufenthalt in Rom, wo er mit Thorwaldsen, dem Poeten Coleridge und Washington Irving befreundet wurde und besonders mit letzterem in vertraulichen Umgang trat. 1809 nach Amerika zurückgekehrt, vermählte er sich zu Boston mit der Schwester des Dr. Channing, kehrte aber bald nach London zurück.

Hier machte er seine ersten größeren Versuche in der historischen Malerei. Das 1811 in der British Institution ausgestellte Bild: „Auferweckung eines Toten durch die Gebeine Elishas" wurde von der Pennsylvanischen Kunstakademie angekauft. 1817 als Associat der Londoner Akad. aufgenommen, stellte er bald darauf ein Gemälde des Engels Uriel aus, das in den Besitz der Herzogin Sutherland zu Stafford House überging, einen Traum Jakobs, der sich jetzt in der Sammlung des Lord Egremont zu Petworth befindet, und die Befreiung Petri durch den Engel, jetzt in Worcester (Mass.). Nach dem Tode seiner Gattin 1813 kehrte A. nach Boston zurück. In künstlerischer Beziehung hatte er entschieden seinen Höhepunkt überschritten, zudem war seine Gesundheit schwankend, auch mochte ihm wohl in Amerika die Anregung eines entwickelten Kunstlebens fehlen. Er vollendete zunächst den „Elias in der Wüste", arbeitete aber dann nur noch mit Unterbrechungen und hat im ganzen nicht mehr viel zustande gebracht. Eine seiner besten Leistungen aus dieser späteren Zeit ist Der Prophet Jeremias (im Yale College zu New Haven). Bemerkenswert sind noch die nachfolgenden Gemälde: Saul, Die Hexe von Endor und Miriams Gesang, beide in Privatbesitz zu Boston. Große Erwartungen setzte man auf das bereits in England begonnene umfangreiche Gemälde „Das Fest Belsazars", das er aber nie vollendete. Das unfertige Bild befindet sich jetzt im Athenäum in Boston.

1830 vermählte sich A. zum zweiten Male, zog nach Cambridge (Mass.) und führte dort bis zu seinem Tode ein stilles Leben. So weit es seine Gesundheit zuließ, beschäftigte er sich noch mit Malerei — sein bestes Bild aus dieser Zeit „Spalatros Vision von der blutigen Hand", jetzt in Taylor Johnston Collection in New York, zeichnet sich aus durch gutes chiaroscuro — sowie mit Literatur und Poesie, für die er schon früh ein hübsches Talent gezeigt hatte. Schon 1813 hatte er einen Band Gedichte herausgegeben, sowie 1814 Bemerkungen über das Studium der Landschaft.

A. ist oft überschätzt worden, wenn ihm auch in der jungen amerikanischen Kunst eine bedeutende Stelle zukommt. Seinen Ruhm bei Lebzeiten zu verbreiten, hat die schrankenlose Anerkennung seiner Freunde Leslie und Washington Irving viel beigetragen. Eine Ausstellung seiner in Amerika vorhandenen Werke, zu Boston 1839, welche 42 Bilder aus allen Gattungen umfaßte, machte in der Geschichte der amerikanischen Kunst eine Art von Epoche; allein für den unbefangenen Blick wurden hier zugleich alle Schwächen aufgedeckt, welche seiner Kunst anhängen. Er hatte immer die höchsten Ziele im Auge und seine Bestrebungen gingen ins Große; sein Können reichte aber bei weitem nicht aus, die großen Dinge, die ihm vorschwebten, zur Gestaltung zu bringen. Wo er in bescheideneren Grenzen blieb, wie in einzelnen Frauengestalten (Beatrice, Rosalie) und Bildnissen, da vermochte er Besseres zu leisten. Unter seinen Porträts sind namentlich diejenigen von Benjamin West im Boston Athenaeum und von Coleridge, gegenwärtig in der National Portrait Gallery zu London, letzteres gemalt 1814, bemerkenswert. Mitglied der Akademie New York.

Tom Taylor, Autobiogr. Recoll. of Ch. R. Leslie. London 1860. — W. Irving in Cyclop. of Americ. Litt. II 14—16. — H. T. Tuckerman, Book of the Artists 137—157. — S. Isham, Americain Painting 1905. — Meyer, Kstlerlex. Mit Notizen von *Edmund von Mach.*

Allsworth, W., Porträt- und Genremaler in London, stellte 1836—1856 in der Roy. Academy im ganzen 10 Arbeiten, meist Porträts, aus.

Graves, Roy. Acad. Exh. I 28. **

Alluaud, F. aîné, renommierter Porzellanfabrikant in der 1. Hälfte des 19. Jahrh. in Limoges. **

Alluaud, Gilbert Eugène, französ. Maler, geb. in Limoges, stellte im Salon des Indépendants in Paris und seit 1904 im Salon d'Automne Landschaften von der Creuse und der Vienne aus. Als Landschafter gehörte er zur zweiten Generation des Impressionismus; er malt die feuchten Stimmungen und Schleier des Morgens oder Abends an den Flüssen, den Bächen und besonders an den Ufern des Limousin, und seine lichte, leichte, transparente und delikate Malerei läßt wohl an Sisley denken. *Fr. Monod.*

Alluys, französ. Architektenfamilie des 17. Jahrh., in Grenoble tätig. Die wichtigsten Mitglieder sind 1) Pierre aus Lubac. Erbaute 1608 eine Kapelle in der Dominikanerkirche, erweiterte 1613 den Chor der Kirche der Clarissinnen und baute eine Kapelle in dieser Kirche, sowie 1614 eine solche in der Jacobinerkirche. Er kommt zuletzt 1625 vor und starb vor 1631. — 2) Jean, der 1675 eine Orangerie für den Herzog von Lesdiguières in Grenoble und 1690 die Parochialkirche „hors la porte de Bonne" erbaute. — Ferner werden noch die Werkmeister *Julien Legier* und *Claude Alluys* erwähnt.

Maignien, Art. Grenobl. 1887. *H. V.*

Alluys, Jean François, französ. Porträt- und Historienmaler, geb. zu Brioude (Haute-Loire) 8. 1. 1799, Schüler von Abel de Pujol, stellte in den Pariser Salons 1831 bis 38 wiederholt aus.

Bellier-Auvray, Dict. gén. *H. V.*

Allweiler, Hans Georg, Kunstschlosser in Konstanz, arbeitete gemeinschaftlich mit „Frantz Scheirman" das Chorgitter der Klosterkirche zu Rheinau.

E. Rothenhäusler bei Brun, Schweizer. Kstlerlex. *H. V.*

Allwood, Thomas, engl. Bildhauer in Bloomsbury, stellte 1770/72 Porträtbüsten in der Society of Artists aus.

Graves, The Society of Artists, 1907.

Allye, N. Lothringischer Maler, erwähnt in der Gaz. d. B.-A. 1874 (XX) 194. Wahrscheinlich identisch mit Nic. Allier; s. dort.

Alm, Gerda Maria, schwed. Malerin, geb. 27. 5. 1869 in Vesterås, studierte an der Akad. in Stockholm und machte dann lange Studienreisen (Frankreich, Deutschland, England, Italien). Sie hat Landschaftsstimmungen aus diesen Ländern ausgestellt.

G. Nordensvan.

Alma-Tadema, Miß Anna, Tochter des Lawrence, Malerin in London, stellte seit 1885 in der Roy. Academy Landschaften, Figurenstücke, auch ein Damenporträt und ein Blumenstück aus. Auf der Pariser Ausst. 1889 erhielt sie eine zweite Medaille und 1894 wurde ihr Selbstporträt auf der dritten Intern. Kstausst. in Wien wegen seiner altmeisterlichen Tüchtigkeit von der Kritik sehr gerühmt.

Graves, Roy. Acad. Exh. I 28. — Shaw-Sparrow, Women Painters of the World, London 1905. **

Alma-Tadema, Lady Laura Theresa (M. R. C. S.), geb. in London im April 1852, Gemahlin des Lawrence A. T., Tochter des Dr. G. N. Epps, Genremalerin im Stile der holländischen Feinmaler des 17. Jahrh. Häufig begegnet man auf ihren überaus fein und sorgfältig ausgeführten Bildern Szenen aus dem Kinderleben in Interieurs von altertümlicher Pracht. Seit 1873 bis in die letzten Jahre stellte sie in der Roy. Academy aus. Auch auf deutschen Ausstell. war sie wiederholt vertreten z. B. auf der Berliner akadem. Kstausst. 1881 mit „Winter" und „Schwestern", ebenda 1884 mit dem Genrebild „Biblischer Unterricht" (abgeb. Zeitschr. f. b. Kst. XX [1885]), 1886 auf der Berliner Jub.-Ausst. mit „Mutterstolz", 1896 auf der Intern. Kstausst. in Berlin mit „Hush-a-bye" und „Zufriedengestellt" (Gold. Medaille) und 1907 auf der Großen Berliner Kstausst. mit dem sehr zierlich ausgeführten Kabinettbildchen „Unterricht". Auch Landschaften und Blumenstücke hat sie gelegentlich gemalt. Wie ihr Gemahl hat sie die Gewohnheit ihre Bilder in der Signatur zu numerieren z. B. Laura T. A. T. op. LVIII.

The Art Journal 1883, 345—347. — Clayton, Engl. Female Artists II p. 6. — Graves, Roy. Acad. Exh. I 28. *F. Becker.*

Alma-Tadema, Sir Lawrence (R. A., R. W. S. etc.), berühmter niederländisch-englischer Maler in London, geb. in Dronryp bei Leeuwarden (Westfriesland) als Sohn des Notars Pieter Tadema am 8. 1. 1836, besuchte seit 1852—56 die Antwerpener Akademie unter Wappers und de Keyzer und trat 1859 in ein Freundschafts- und Schülerverhältnis zu H. Leys, dem er bei den Wandmalereien im Stadhuis in Antwerpen half. Auch Louis de Taeye gehört zu den einflußreichen Freunden des jungen Tadema und war es, der dessen Freude an den antiken Stoffen weckte. 1857 stellte Tadema zum ersten Male aus und zwar „Die Zerstörung der Abtei Ter Doest in Flandern" im Brüsseler Salon; im nächsten Jahre erschien in Antwerpen das Bild „Clotilde am Grabe ihrer kleinen Kinder", 1860 in Brüssel „Die Rückkehr des G. van Saeftingen in die Abtei Ter Doest", 1861 in Antwerpen „Die Erziehung der Kinder Clotildens". Dieses Bild erhielt der König von Belgien als Lotteriegewinn, verkaufte es aber an Sir John Pender in London (1869 war es auch in München ausgestellt und wurde durch einen Stich von Rennefeld für Arti et Amicitiae, Amsterdam, weiteren Kreisen bekannt). 1861 unternahm der junge Künstler seine erste Auslandreise und zwar nach Köln, um die gelegentlich der Eröffnung des Museums veranstaltete Kunstausst. zu studieren, und hatte im nächsten Jahre seinen ersten größeren Erfolg mit dem Bilde „Venantius Fortunatus", das in das Dordrechter Museum kam. 1863 entstanden: „Interieur des 14. Jahrh.," „Fredegundis und Praetestatus", „Kirchentür des 15. Jahrh.", „Kirchentür des 14. Jahrh.", „Die Geschenke" und endlich „Der Tod der Galeswintha". In diese Zeit 1863 fällt auch seine erste Heirat und seine erste Studienreise nach Italien. — Hatte der junge Künstler bisher die mittelalterlichen Stoffe behandelt, so wandte er sich nunmehr dem ägyptischen und griechischen und dann entschieden dem römischen Altertum zu, für dessen Leben und Vorstellungswelt er in der Folge in Hunderten von Gemälden zwar persönlich und modern beeinflußte aber immer überraschend lebensvoll wirkende Ausdrucksformen fand. Von den früheren Bildern dieser Art seien genannt: „Der Marathonkrieger" (1865), „Glaucus und Nydia" (1867), „Phidias und der Parthenonfries" (1868), „Catilina" (1869). Schon seit 1862 hatten die auf Ausstellungen in Antwerpen, Brüssel, Amsterdam, Paris u. a. O. erscheinenden Bilder dem jungen Künstler Medaillen und mannigfache Ehrungen eingetragen. Ein besonderer Erfolg des Bildes „Fredegundis und Praetextatus" in Brüssel veranlaßte ihn zur Übersiedlung dorthin. Nach dem frühen

Tode seiner Frau (1869) wandte er sich 1870 nach England, um dort seinen dauernden Aufenthalt zu nehmen. Im nächsten Jahre heiratete er die feinsinnige Malerin Laura Theresa Epps. 1873 ließ er sich naturalisieren und schuf die Jahrzehnte her in seinem vornehmen, ganz nach eignen Angaben erbauten und in antikischem Stile gehaltenen Hause in der Villenvorstadt St. Johns Wood im N. W. von London eine lange Reihe populär gewordener Gemälde. Jahr für Jahr war er seit 1869 bisher in den Royal Academy Exhibitions vertreten und es seien davon nur genannt: „The Vintage" (1870), „The Juggler" (1870), „A Roman Emperor" (1871), „Unconscious Rivals", „The Roses of Heliogabalus" (1888), „The Spring 1894", „The Conversion of Paula" (1898), „Thermae Antonianae" (1898) und die figurenreiche Bärenhetze im Kolosseum (1907, Opus 382). — Die Hauptzüge der Kunstweise Tademas sind leicht genannt, da sich sein Schaffen in wunderbarer Gleichmäßigkeit und Continuität vollzieht. Alles beherrscht ein verfeinerter Geschmack, archaeologische Genauigkeit und technische Meisterschaft. Alles in seinen Bildern ist sorgfältig, detailliert, regelhaft in Linie und Maß. Seine Farben sind rein und leuchtend und tragen bei zur überzeugenden Vergegenwärtigung der historischen Vorgänge und der eigentümlichen Feiertagsstimmung in denselben. Alles Stoffliche, besonders Marmor, Seide, Metall, ist in größter Treue und Feinheit ausgeführt; freilich ist etwas Marmorglätte auch in die Figuren hineingekommen und mehr schöne Form, Pose und Geste als Ausdruck und Seele wahrnehmbar. Daher klagen auch manche, daß sie bei Tademas Bildern wohl bewundern müssen, aber kalt bleiben. — Als Porträtmaler kennt man ihn weniger, aber er hat auch auf diesem Gebiete eine Reihe feiner, stiller Einzelporträts und Gruppenbilder geschaffen, bei denen er sich meist auf die eindrucksvolle Wiedergabe der Köpfe beschränkt. Besonders in den 70er Jahren entstanden auch eine Reihe prachtiger Aquarelle, ferner 1 Lithographie und mehrere Radierungen.

The Art Journal 1875, 9—12, 1883, 33—37, 65—68, 345—347, 1886 Weihnachtsnummer. — Wickevoord Crommelin in Rooses, Het Schilderboek. — H. Billung, Alma Tadema, in der Zeitschr. f. b. Kst. XIV (1879) 229 ff. 269 ff. — Biographical Sketch of L. Alma Tadema im Magazine of Art II 193. — F. G. Dumas, Illustr. Biogr. of modern artists, 2 vol. London and Paris 1882—4. — C. Vosmaer, Onze hedend. Schilders I. — G. Ebers, Lor. Alma Tadema, in Westermanns Monatsheften XXX. — Graves, Roy. Acad. Exhib. I 28. — F. v. Boetticher, Malerwerke d. 19. Jahrh.
F. Becker.

Almaguer, Pedro, Goldschmied in Sevilla. erhielt am 14. 4. 1618 eine Zahlung für silberne Kandelaber, welche er der Kathedrale geliefert hatte.

Gestoso, Artif. Sevill. II 132. *M. v. B.*

Alman, Hans, Steinmetz, wird 1440 zu Nürnberg Bürger, wobei ihm das Bürgerrecht geschenkt wird (Meister- und Bürgerbuch 1429—62 im kgl. Kreisarchiv Nürnberg, Bl. 149b). Die letztere Auszeichnung läßt auf Kunst, zum mindesten auf Tüchtigkeit schließen. *Th. Hampe.*

Almanah, Zeichner und Maler des 17. Jahrh., lebte in Krain. Walvasor („Ehre des Herzogtums Krain") nennt ihn einen berühmten Künstler. In Laibach, wo er sich zumeist aufhielt, malte er das Refektorium des Franziskanerklosters mit Fresken aus (nicht erhalten). In der Baron Erbergschen Kunstsammlung zu Lustthal in Krain befanden sich von ihm zwei Bildnisse des Johann Daniel Baron Erberg und seiner Gemahlin Margaretha Dinzel aus Angertburg, gemalt 1667 in der Art der deutschen Schule, kräftig und ausdrucksvoll, aber von dunkler Färbung. Auch sind in der erzbischöflichen Bibliothek in Agram in der Walvasorschen Sammlung der Kupferstiche und Handzeichnungen, 3 Handzeichnungen des Künstlers: 1) Das Schloß Wagensperg in Krain; 2) Die Stadt Laibach; 3) Ein sitzender Krainischer Landjunge. Unter allen dreien die Bezeichnung: Almanah fecit.

Meyer, Kstlerlex. **

Almanak, der Spitzname von Wouter Pietersz. Crabeth in der Malerbent zu Rom.

Houbraken II 3. *E. W. Moes.*

Almanaro, Baldassare, span. Maler in Neapel, nur als Zeuge in einer Urkunde vom 22. 2. 1579 erwähnt.

Napoli Nobilissima XIII 19. — Libri di Matrimoni di S. Maria Rotonda in Napoli, libr. II, fol. 26. *G. Degli Azzi.*

Almanchino (Mancino), Giuliano, Bildhauer aus Carrara, tätig in Sizilien, von 1503 bis 1519 häufig urkundlich erwähnt. So verpflichtete er sich am 9. 6. 1503 zusammen mit Berrettaro in Sciacca eine Madonnenstatue zu fertigen, die noch heute in der dortigen Chiesa Maggiore erhalten ist, ferner am 31. 7. 1504 in Palermo zusammen mit Berrettaro und Giorgio Bracco einen figurengeschmückten Marmorbogen mit Pilastern in S. Agostino zu meißeln, dann wieder 1508 eine Madonna mit Kind für die Hauptkirche von Polizzi. Zahlreiche, meist dekorative Marmorarbeiten fertigte er in Palermo, wo er die letzten Jahre seines Lebens arbeitete und wo er auch am 30. 6. 1519 sein Testament machte.

Filangieri, Indice d. artefici I 11—13. **

Almand, Jacques, s. *Griesinger,* Jakob.

Almand(e), Charles, Marinemaler, London. Von ihm das Bild „A Fresh Gale" 1777 in der Roy. Acad. Exhibition. **

Almanio, Goldschmied in Navarra um das Jahr 1052. Im Auftrage der Könige D. Garcia und D. Sancho führte er für den Altar U. L. Frau im Benediktinerkloster S. Maria la Real ein kostbares silber-vergoldetes Antependium aus. Dasselbe war von getriebener Arbeit, mit Edelsteinen, Perlen und 23 großen Emaillen verziert. Im gleichen Kloster befand sich noch ein ähnliches Antependium, wahrscheinlich vom gleichen Künstler, welches in getriebener Arbeit Darstellungen der Verkündigung und Heimsuchung zeigte.

Viñaza, Adic. I 11—12. *M. v. B.*

Almansa, Martin de, span. Glasmaler, von Philipp II. 17. 4. 1593 zu seinem Glasmaler im Eskorial ernannt, † 1605.

Cean Bermudez, Diccionario, Addenda Ms. △

Almant, Thomas, Holzbildhauer, deutschen Ursprungs, kam 1642 nach Rouen. Arbeitete unter Philippert Viart am Chor der Kathedrale.

Lami, Dict. d. sculpt. 1898. *R.*

Almante, Laienbruder des Zisterzienserklosters Walkenried am Harz, vorher Hüttenmeister. Goß 1218 ein großes metallenes Bekken, über dessen Kunstwert wir jedoch keine Nachricht haben.

Leuckfeld, Antiquitates Walkenried p. 459. ***

Almasio, Giovanni, namhafter Holzbildhauer von Mailand, † 1855.

Caimi, Arti del disegno p. 202. *Verga.*

Almedina, Ferrando de, s. *Yañes,* F.

Almeida, portug. Maler, der um 1822—26 in Rom studierte. *A. Haupt.*

Almeida, Antonio, portug. Medailleur, XVIII. Jahrh.

Zani, Enc. II 64. *A. Haupt.*

Almeida, Belmiro de, namhafter Porträtmaler der Gegenwart in Rio de Janeiro.

The Studio XXII 137. **

Almeida, Bento José d', portug. Zeichner, um 1800.

Füssli, Kstlerlex. Neue Zus., 1824. *A. Haupt.*

Almeida, Braz (Blasius) d', portug. Maler, Bildhauer und Zeichner um 1695 zu Lissabon. Von ihm existierten um 1740 2 Manuskripte: „Praktische Geometrie“ und „Geometrie des Euclid oder Elemente der Mathematik“. Vielleicht identisch mit dem Kupferst. B. Almeyda (s. d.).

Barboza Machado, Biblioteca lusitana IV 82. — Raczynski, Dict. p. 4. *A. Haupt.*

Almeida, Caetano Alberto Nunes d', portug. Medailleur, Schüler des Simon Francisco dos Santos. Medaille auf Camões 1821.

Cyrillo Machado, Collecção de mem. p. 821. — Raczynski, Dict. p. 4. *A. Haupt.*

Almeida, Feliciano d', portug. Maler gegen 1684. Gemälde seines Stils in der Kapelle N. Senhora Madre de Deos da Secretaria de guerra, wie Felix da Costa in einem Manuskript von 1696 angibt, der seine Art als altertümlich-gotisierend ohne plast. Wirkung und Schatten beschreibt.

Cyrillo Machado, Collecção de mem. p. 80. — Raczynski, Dict. p. 4. *A. Haupt.*

Almeida, Felix Vicente d', portug. Architekt und Bildhauer des kgl. Hauses um 1750, starb nach Angabe des Kupferst. J. J. dos Santos 1769. Bruder des Bildhauers José d'Almeida.

Cyrillo Machado, Collecção de mem. p. 253. — Raczynski, Dict. p. 4. — Derselbe, Arts en Portugal p. 243, 440, 441. *A. Haupt.*

Almeida, Francisco Thomas d', portug. Kupferst., geb. um 1775 zu Lissabon. 1845 Professor an der Akad. der Künste zu Lissabon, Schüler des Bartolozzi, stach a) Profilkopf nach Raffael; b) Hl. Bruno nach Sequeira; c) Verkündigung, nach „Grão Vasco“, letzteres Bild früher in der Kirche de Paraiso, jetzt Akad. der schönen Künste, Lissabon.

Cyrillo Machado, Collecção de mem. p. 291. — Raczynski, Dict. p. 4. *A. Haupt.*

Almeida, Ignacia d', portug. Bildhauerin um 1640, modellierte in Wachs und Ton. Ihr wird zugeschrieben der Tod der hl. Jungfrau in S. Rocque in Lissabon, Tongruppe, Tochter des Malers Luiz da Costa.

Raczynski, Dict. p. 60. *A. Haupt.*

Almeida, José d', Bildhauer in Lissabon, geb. um 1700, † 1769, wurde von König João V. nach Rom geschickt, wo er nach Pietro da Cortona, Ciro Ferri und Carlo Monaldi studierte, gleichzeitig mit Ignacio de Oliveira. In Lissabon wetteiferte er mit Alessandro Giusti. — Cyrillo erwähnt von seinen Werken in Marmor einen Paulus im Palast Necessidades, Sta. Isabella und S. Joh. Baptista in Bemposta (vollendet 1813 durch Joaquim José de Barros); Christus und anbetende Engel im Chor der Kirche zu Mafra, später in Marmor ausgeführt, Originalmodelle seitdem in S. Estevão d'Alfama. Von Holzbildwerken S. Onofrio und Christus in Sta. Trindade, Passionsbilder für Prozessionen der Karmeliter, Mutter Gottes und Josef in Xabregas, S. Francisco; Mariae Empfängnis bei der Bruderschaft und im Collegio dos Nobres; S. Camillo in dessen Kirche; Madonnen in N. S. da Victoria und in S. Domingos, von seinen Schülern vollendet. Auch die Bildhauereien einiger Prunkwagen, die zum Einzuge des portug. Gesandten Mello e Castro in Rom dienten. (Embaixada de Mello e Castro, mit Kupferstichen.) Die schlanken und etwas mageren Gestalten des Künstlers werden als vortrefflich gezeichnet gerühmt. Schüler: Francisco Xavier, Francisco Antonio, Antonio Machado. Sein Bruder war Architekt Felix Vicente d'A.

Cyrillo Machado, Collecção de mem. p. 253—56. — Raczynski, Dict. p. 4, 5. — Ders., arts en Portugal p. 243, 440, 441. *A. Haupt.*

Almeida, José Furtado d', s. *Gata.*

Almeida, José Simões d', portug. Bildhauer, geb. zu Figueiro dos Vinhos, 24. 4. 1844, trat 1857 in die Holz-Bildhauer-Werkstatt des Marine-Arsenals zu Lissabon, wo er an Schnäbeln, Hinterteilen und für innere Dekorationen der Kriegsschiffe tätig war. Er beteiligte sich mit Erfolg an dem Wettbewerb für das Pariser Stipendium und sandte von Paris aus einen „jungen Griechen, Sieger in den olympischen Spielen", ging sodann nach Rom, wo er eine „Frau, Dotterblumen entblätternd", bildete. In Paris war er im Atelier Jouffroy Mitschüler von Roty, Mercier und St. Gaudens. Seine Richtung ist eine klassische; seine Hauptwerke sind: „D. Sebastião" (1875). „Die Pubertät" (1877), beide Marmor; „Der Herzog von Terceira" (1877) und „Victoria" (1880), beide Bronze. Letztere, als Monumente in Lissabon aufgestellt, zeigen die griechisch-römische Richtung seiner Zeit, wie sein akademisches Streben nach streng richtiger Formengebung. Trefflicher Zeichner, wurde er 1896 zum Professor an der kgl. Akad. der schönen Künste zu Lissabon ernannt und ist gegenwärtig Direktor der Kunstschule daselbst. *Barreira.*

Almeida, Simões d', Bildhauer des 18. Jahrh. in Portugal. Von ihm eine lebensgroße Christusstatue in Marmor (Jeronymos-Belem), auch soll von ihm eine anmutige büßende Magdalena in Marmor in $^1/_3$ Lebensgröße im Mus. der schönen Künste in Lissabon herrühren. *A. Haupt.*

Almeida, s. auch *Almeyda.*

Almelos, s. *Pamphilos.*

Almeloveen, Jan van, Sohn des Johannes van A., Pfarrers in Mydrecht, aus dessen 13. 7. 1651 geschlossener zweiter Ehe mit Maria Janssonia, und somit ein Enkel des bekannten Verlegers Jan Jansz. in Arnhem, ist etwa 1652 geb., da er der ältere Bruder des bekannten Gelehrten Theodorus Janssonius ab A. war. Er radierte drei Folgen von Landschaften, darunter 12 Ansichten holländischer Dörfer, nach Harmen Saftleven und andere Folgen nach eigener Erfindung. Eines dieser Blätter ist 1683 datiert. In Schabkunst hat er nach dem 1678 erfolgten Tode seines Vaters dessen Bildnis aus dem Gedächtnis ausgeführt. Eine radierte Satire auf den berühmten Theologen Gysbertus Voetius, ihn darstellend, wie er den Papst Clemens X. umarmt, muß etwa 1675/76 entstanden sein. Wahrscheinlich hat er in Utrecht gelebt.

Bartsch I 287—304. — Weigel p. 37—39. — Meyer, Kstlerlex. I 516, 517. *E. W. Moes.*

Almer, Johan Christian, dänischer Maler, geb. in Kopenhagen 1741, † 1792, besuchte die Kunstakad., wurde Schüler von Pilo und erhielt 1766 die große Goldmedaille. 1771 konkurrierte er mit mehreren Künstlern um das große Reisestipendium, wobei ihm aber Abildgaard vorgezogen wurde. 1772 wurde A. Lehrer (Informator) der Ornamentschule der Akad. und reiste in demselben Jahre nach Paris und Rom. Während seines Aufenthalts in Rom wurde er geisteskrank und erst nach der Rückkehr von seinen Reisen (1776) geheilt und übernahm wieder seine Stellung als Informator. In der Sammlung der Kunstakad. ist sein Gemälde, für das er die große Goldmedaille erhielt: Die Israeliten sammeln Manna. Betreffs dieses Bildes ging das Gerücht, daß sein Lehrer (Pilo) es für A. gemalt habe. Seine Ornament-Zeichnungen wurden zu seiner Zeit sehr bewundert.

Weinwich, Kunsthist. (1811) S. 185. — Meyer, Kstlerlex. — Bricka, Dansk biogr. Lex. I 189. — Salmonsens, Lex. I 590. — Weilbach, Nyt dansk Kunstnerlex. I (1896) 25 und II 619. — K. Madsen, Kunstens Hist. i. Danmark S. 128 (= „Kunst" V Heft 3—4). *A. R.*

Alméras, Alexandre Maurice, Landschafts- und Blumenmaler und -Zeichner in Genf, geb. daselbst 1784, † 19. 8. 1841, Schüler von Jeremias Arlaud.

P. Veillon bei Brun, Schweizer. Kstlerlex. *H. V.*

Almerici, Almerico di Remo, Architekt aus Pesaro, wo er durch Niccolò Sabbatini ausgebildet wurde. Nach dem Tode des Costanzo Pompei wurde A. zum Hofarchitekten der Vittoria della Rovere, Großherzogin von Toskana (1636—94) ernannt.

Zani, Appendice zur Encicl. (Mscr. in der Bibl. Palat. zu Parma). *St. Lottici.*

Almerici (oder Almericci, Albericci), Baldassare, Ornamentbildhauer aus S. Ippolito, arbeitete mit mehreren anderen Bildhauern aus S. Ippolito an der 1572 errichteten Cappella del Sacramento zu Fossombrone.

Vernarucci, Di S. Ippolito e degli scalpellini del luogo (Fossombrone 1900). *E. Scatassa.*

Almerici (oder Almericci, Albericci), Costantino, Bildhauer aus S. Ippolito. Mit Baldassare A. anscheinend ebenfalls an der plastischen Ausschmückung der 1572 errichteten Cappella del Sacramento zu Fossombrone tätig, schuf Costantino A. laut urkundlicher Nachricht im Auftrage des Herzogs Francesco Maria von Urbino außerdem eine leider nicht mehr existierende Marienstatue für eine Straßenkreuzung.

Vernarucci, Di S. Ippolito e degli scalpellini del luogo (Fossombrone 1900). *E. Scatassa.*

Almerici (oder Almericci, Albericci), Domenico, Federigo und Sebastiano, Bildhauer aus S. Ippolito und augenscheinlich Zeitgenossen des Baldassare und des Costantino A.; arbeiteten für die Kirchen und Paläste der urbinatischen Mark, ohne daß sich ihre Werke heute noch im einzelnen bezeichnen und unterscheiden ließen.

Vernarucci, Di S. Ippolito e degli scalpellini del luogo (Fossombrone 1900). *E. Scatassa.*

Almerico (Almerigo), A n d r e a, Architekt aus Padua. Man weiß von ihm nur, daß er 1625 in der Domkirche zu Padua die Marienkapelle, welche den einen Arm des Kreuzschiffes bildet, erbaute und daß Franc. Contino, Oberbaumeister in Venedig, in einer Aufzeichnung von 1639 seinen Entwürfen Beifall zollte.

B r a n d o l e s e, Pitture etc. die Padova. Padova 1795 pp. 123, 261. — P i e t r u c c i, Biografia degli Artisti Padovani. — M e y e r, Kstlerlex. *H. V.*

Almerigi, G i o v a n n i, Architekt aus S. Giovanni in Toscana. Stand gegen Ende des 15. Jahrh. im Dienst der Herzöge von Ferrara.

G. C a m p o r i in Atti e Mem. della R. Deput. di Stor. Patr. per le prov. Mod. e Parm. ser. III, vol. I, parte I 44. *G. Degli Azzi.*

Almès, P a u l i n, französ. Maler des 19. Jahrh. Ein Landschaftsbild von ihm, Waldesrand bei Valenciennes, befindet sich seit 1874 im Mus. zu Beziers.

Inventaire gen. d. Richesses d'Art de la France, Province, Monum. civ. VI 301. *H. V.*

Almeyda, B. d', portug. Kupferst., 1693. Der Name befindet sich auf dem Titelbl. des Teatro Historico, genealogico e Panegirico da casa de Sousa, Paris 1694: B. de Almeida incid. 1693. P. Giffart fecit sculptor Regius Parisiis. Vielleicht identisch mit Braz d'Almeida.

R a c z y n s k i, Dict. p. 3. — H e i n e c k e n, Dict. des artistes I (Almyda). *A. Haupt.*

Almeyda, J u a n, Goldschmied in Sevilla. Schüler des Lorenzo de Flores, in dessen Lehre er 20. 1. 1730 eintrat. Am 24. 4. 1743 wurde er geprüft; 1755 lebte er noch.

G e s t o s o, Artif. Sevill. II 132/133. *M. v. B.*

Almeyda, s. auch *Almeida.*

Almeyden, R o e l a n d v a n d e r, Maler, wird 1556 als Freimeister in die Antwerpener St. Lukasgilde eingeschrieben.

Liggeren I 197. **

Almi, B a r t o l o m e o d i F r a n c e s c o d e g l i, Sieneser Maler, † 1579. 1533 wurde er in die Kommission gewählt, welche die Statuten der Malergilde revidieren sollte. 1547—1551 arbeitete er im Auftrage der Donna Bartolomea Luti an einem der hl. Ursula geweihten Altar im Kloster della Concezione in Siena. Am 12. 7. 1555 begutachtet und schätzt er die Gemälde, welche Lorenzo di Cristofano, gen. il Rustico, für die Compagnia di S. Michelangelo in der Abtei S. Donato ausgeführt hatte. Von seinen Arbeiten nichts erhalten.

M i l a n e s i, Doc. Sen. I 53, III 209. — B o r g h e s i e B a n c h i, Nuovi Doc. Sen. 517 bis 518. *G. De Nicola.*

Almirall, R a i m o n d F., amerikan. Architekt, geb. in Brooklyn, New York 1869. Erzogen auf der Adelphi Acad., Polytechnic Institute Brooklyn, New York, Cornell University und Ecole des Beaux-Arts, Paris. Er ist am erfolgreichsten in Gebäuden, die öffentlichen oder philantropischen Zwecken dienen. Sein Rathaus in Binghampton, N. Y. wurde von der Jury der Pariser Ausstellung 1900 als Repräsentationsstück amerikan. Architektur ausgewählt. Sonst sind am besten bekannt von ihm in Brooklyn, New York drei Zweigbibliotheken, errichtet vom Carnegie Fund u. die Hauptbibliothek, auch Mortuary Chapel, Calvary Kirchhof; Richmond, New York, Sea View Hospital; Fordham, New York, Hospital; New York Gouverneur Hospital, Municipal Lodging House, St. Michaels Church; Pleasant Plains, Staten Island, Mt. Loretto Home for Dependent Children; Bronx, New York Home for the Aged; Savannah Ga. Novitiate for Little Sisters of the Poor u. Stotter House. A. ist Mitglied u. Sekretär des Advisory Committee of Architects to Committee of Erecting Carnegie Libraries in New York, ferner Architekt des Flatbush-Brooklyn Subway u. Mitglied der New York State Tenement House Commission. Seine Leistungen besprochen im American Architect, New York und Architectural Review, Boston. *L. F. Pilcher.*

Almis, s. *Aelmis.*

Almoguera, A n t o n i o d e, Goldschmied in Cordova, Schüler des Pedro del Hoyo. 1748 lieferte er sein Meisterstück, eine silberne Statue des hl. Michael.

V i ñ a z a, Adic. IV 80. *M. v. B.*

Almonacid, S e b a s t i a n d e, Bildhauer aus Torrijos. 1494 verpflichtet er sich, für das Kloster El Parral vor Segovia 14 große steinerne Figuren zu liefern. D. Valentin Carderera schreibt ihm auch die in der Kirche dieses ehemal. Klosters befindlichen reichen Grabdenkmäler des D. Juan Fernández Pacheco, duque de Escalona und seiner Gattin D. Maria Enriquez Portocarrero zu. 1500 fertigt er mit Meister Copin dem Holländer die Bildsäulen und übrigen Skulpturen des Hauptaltars der Kathedrale von Toledo. 1509 arbeitet er mit Pedro de Trillo an Skulpturen für die Kathedrale von Sevilla. 1527 hat er in Toledo mit Alonso de Covarrubias und Juan de Borgoña einen Altar des Felipe Vigarni zu schätzen.

C e a n B e r m u d e z, Dicc. I 17 und V i ñ a z a, Adic. II 12—13. — G e s t o s o, Art. Sevill. I 323. *M. v. B.*

Almond, W. D o u g l a s (R. J., R. B. A.), Genremaler und Zeichner der Gegenwart in London, geb. in London 28. 4. 1866, Schüler der Kings College School, Mitglied des Langham Sketching Clubs. Seit 1893 stellte er öfter in der Royal Acad. aus; sein Bild Cam. Desmoulins wurde auf der Decennal-Ausstellung in Paris 1900 ausgezeichnet. Interessante Skizzen von ihm abgebildet im Art Journal 1895, 54 (in Council) und im Studio vol. 32. p. 286. *R.*

Almor, J u a n span. Mönch und Maler, † am

Ende des 18. Jahrh. in der Karthause zur hl. Empfängnis bei Saragossa. Für die Kapelle dieses Klosters hat er verschiedene Malereien ausgeführt, von denen jedoch nichts mehr erhalten ist.

Zapater, Apuntes acerca de la Escuela Aragonesa. Madrid 1869 p. 24. Δ

Almory, burgund. Sticker, wurde 1414 von Johann ohne Furcht, Herzog von Burgund, zum Valet de chambre und brodeur ordinaire ernannt. Der Künstler starb in Dijon 1435.

Bérard, Dict. biogr. **

Almquist, Ester, schwed. Malerin, geb. 3. 11. 1863 in Bromma, Bezirk von Stockholm, hat seit 1897 Landschaftsstudien und Stimmungen ausgestellt, darunter Birkenhain nach Sonnenuntergang (1900, Mus. in Göteborg), die Hängebirke (im selben Jahr), Julivollmond (1902), Abendhelle (1903). Das Mus. in Göteborg besitzt auch ein Porträt von ihr. Sie hat Kohlezeichnungen, Pastellmalereien und Radierungen ausgeführt. *G. Nordensvan.*

Almstadt, Franz Xaver, 1786, sign. ein Gouachebild (hl. Familie) im Pfarrhause zu Mondorf (Rheinpr.).

Almyda, s. *Almeyda* und *Almeida.*

Alnpeck, Martin, Goldschm., Dresden, um 1573—1593 tätig. Fertigte in den Jahren 1586—90 für den Kurfürsten Christian I., zu dessen eigenem Gebrauch und zu Geschenken bestimmt, goldene Gnadenketten, einige mit Bildnissen, Edelsteinen und Email verziert, silberne oder goldene Knöpfe und Stifte für die kurfürstl. Gewänder und Schuhe, Fassungen zu Glasflaschen, eine silberne Platte für das Konsistorial-Siegel und verschiedene Buchbeschläge. Nachweisbare Arbeit A.s: Beschlag zu einem Roß-Arzneibuch in der kgl. Öff. Bibliothek in Dresden (abgeb. Kunstgewbbl. IV 206).

Bei ihm lernten Valentin A. 1585—89 und Daniel A. 1588—92, wahrscheinlich seine Söhne.

Neue Zusätze z. Füssli 1824 S. 107. — Kunstgewbbl. IV 207. *K. Berling.*

Aloê, Giuseppe aus Macerata, mittelmäßiger Maler, der 1791 die Wölbung einer Kapelle in der Kirche S. Maria dei Lumi in S. Severino mit der Bekehrung Pauli ausmalte. *V. Aleandri.*

Aloja, s. *Alloja.*

Aloigi di Francesco Fiorentino, Maler in Perugia, malte 1383 an der Fassade des Doms zu Perugia Schandbilder von Staatsverbrechern, trat 1385 in die Brüderschaft der S. S. Annunziata ein, in welcher er 1386 Camerlengo war. 8. 3. 1402 erhielt er nach zweiundzwanzigjährigem Aufenthalt in Perugia das Recht der Katastererklärung. Aus einer Katastererklärung seiner Gattin Domenica di Filippo vom 2. 11. 1411 geht hervor, daß er damals schon verstorben war. *W. Bombe.*

Aloise da Napoli, Miniator in dem ersten Viertel des 16. Jahrh., Gehilfe des Matteo da Terranova, mit dem er von Kloster zu Kloster gezogen zu sein scheint, um Chorbücher zu malen, wie in Neapel, Monte Cassino, Perugia. Von Aloise rühren zwei der 21 noch erhaltenen Chorbücher des Klosters S. Pietro zu Perugia her, die sich sämtlich durch die Schönheit und feine Ausführung ihrer Miniaturen auszeichnen; es sind die beiden Bücher, welche mit C und D bezeichnet sind. Von diesem Künstler wird nur noch im Verwaltungsbuch No. 18 des Klosters berichtet, daß er nach Vollendung jener Arbeit gestorben sei, und zwar, wie die von Caravita mitgeteilten Urkunden ergeben, jung, arm und durch Vorschüsse verschuldet.

Vasari, ed. Le Monnier VI 318. — Caravita, I Codici e le Arti a Monte Cassino I 442 e 453. — Bradley, Dict. of Miniat. I 23; II 352; III 292. **

Aloiser (Aloyser), Pierre, Maler, aus Besançon, wohnte 1671 in Rom, wo er wegen einer Klage gegen einen Bilderdieb erwähnt wird.

Bertolotti, Artisti Francesi in Roma p. 145. *H. Stein.*

Aloisi oder **Aloisio,** Kupferst. aus Kalabrien, in Palermo tätig. Das Bildnis des Kard. Nicolaus de Pagni ist bez.: Alois. Calab. Panorm.

Meyer, Kstlerlex. *P. K.*

Aloisi Galanini, Baldassare, Maler und Stecher, geb. in Bologna 1577, † in Rom 1638. Baglione, sein Zeitgenosse, nennt ihn Bald. Aloisi, mit dem Beinamen Galanino; Malvasia aber behauptet, daß er wirklich zur Familie der Galanini gehörte und Zanotti-Cavazzoni bestätigt, daß der Familienname des Malers tatsächlich Galanini war, gemäß dem von ihm im Archiv von S. Pietro in Bologna gesehenen Taufschein. Jetzt, da wir einen anderen Maler kennen, der fast Zeitgenosse des unsrigen war, und der seinem Todes-Dokument zufolge Giov. Batt. Aloisi-Galanini genannt war, können wir annehmen, daß auch Bald. die beiden Familiennamen führte. Weitläufig mit den Caraccis verwandt, gehörte er ihrer Schule an. In seiner Heimat scheint er nicht sehr erfolgreich gewesen zu sein, da dort nur wenige seiner Werke erwähnt werden. Unter diesen war ein heute zerstörtes Fresko in dem Kloster von S. Michele in Bosco von Bedeutung. Ferner malte er eine Heimsuchung für S. Maria della Carità und für S. Paolo in monte die „Jungfrau" mit den Hl. Giov. Battista und Francesco, wohl das Bild, das sich jetzt in der Pinakothek befindet. 1605 malte er nach einer Zeichnung von Ludovico Caracci ein Banner auf Seide, S. Rocco darstellend, für die homonyme Bologneser Bruderschaft, die dasselbe gelegentlich einer Wallfahrt der Scuola di S. Rocco in Venedig schenkte. 1607 malte er das Altarbild für die Kirche S. Sebastiano in Correggio (Provinz Parma), die Jungfrau mit den Heiligen

Sebastian, Rocco und Giovanni Battista darstellend, gezeichnet: Baldassar Aloisi Bononien. 1607. Bald nachher siedelte er nach Rom über, wo er sich fast ausschließlich und mit Erfolg der Porträtmalerei widmete. Unter den von ihm gemalten Personen sind erwähnt: Fede Galizia, Lavinia Fontana, Sofonisba Anguissola, der römische Dichter Ottavio Tronfarelli und endlich der cav. Marino, dessen Porträt, das Marini selbst dem Grafen Andrea Barbazza aus Bologna schenkte, die Bezeichnung trug: Baldassar Aloisi Bolognese F. in Roma l'anno 1623 d'Giugno. Auch in Rom gab Bald. die Phantasiemalerei nicht auf, denn man weiß, daß er in den vatikanischen Gemächern Friese malte (Titi). Während Baglione ihm das noch jetzt auf dem Hauptaltar der Kirche S. Gesù e Maria befindliche Bild, die Krönung der Maria darstellend, zuschreibt, hält Titi es für ein Werk von Giacinto Brandi. Bald. war auch Radierer, aber weder sehr originell noch tüchtig. Man kennt von ihm eine Folge von 50 numerierten Blättern nach Raffaels Malereien in den Loggien des Vatikan (gegens. Kop. nach den Stichen G. Lanfrancos und S. Badalocchios), 1613 datiert und sehr selten, sowie den hl. Rochus nach Ann. Caraccis Bild in der Dresdener Galerie (Kopie nach Guido Renis Radierung), 1614 datiert. B. war Mitglied der Accademia di S. Luca in Rom. Er besaß ein Exemplar des Vasari mit Notizen von Ag. Caraccis Hand (ebenfalls im Besitz des Kardinals Ludovisi), die uns in einem Manuskript des Sienesen Giulio Mancini in der Bibl. Chigi in Rom erhalten sind.

B a g l i o n e, Le Vite dei pitt. — M a s i n i, Bologna perlustrata p. 127, 132, 420, 615. — M a l v a s i a, Felsina pittr. II 133. — T i t i, Ammaestr. etc. p. 350, 429. — O r l a n d i, Abec. pitt. — Z a n o t t i - C a v a z z o n i e C a l v i, Le Pitture etc. nel chiostro di S. Michele p. 31—34. — B a l d i n u c c i - R a n a l l i III 361. — H e i n e c k e n, Dict. — P u n g i l e o n i, Mem. etc. di A. Allegri III 217. — C a m p o r i, Gli artisti etc. p. 12. — M i s s i r i n i, Mem. della rom. Accad. di S. Luca p. 461. — M o s c h i n i, Nuov. Guida per Venezia 1840 p. 104. — B a r t s c h, P.-Gr. XVIII. 335—341. — Rep. f. Kst. W. II 27. — B e r t o l o t t i, Art. Bologn. Ferrar. etc. in Roma. — M e y e r, Kstlerlex. — R i c c i, Guida di Bologna 1900 p. 159, 200. — A. G u a d a g n i n i, Cat. della Pinac. di Bol. 1899 p. 129. — A n g e l i, Le chiese di Roma 1903 p. 356.

Lisetta Ciaccio.

Aloisi-Galanini, G i o v a n n i B a t t i s t a, Maler aus Crevalcore, in Bologna tätig, wo er 1647 starb. Crespi berichtet nur von ihm, daß er seine Todesurkunde gesehen habe.

C r e s p i, Felsina Pittrice 1769 III 20.

Lisetta Ciaccio.

Aloisi-Galanini, G i u s e p p e C a r l o, Bologneser Maler des 17. Jahrh. Sohn des Baldassare, dessen Schüler er wahrscheinlich war. Starb nur 30 Jahre alt. Malvasia zufolge bevorzugte er besonders düstere und schreckliche Motive. Er lebte in Rom, malte dort ein Bild den Tod darstellend, der einem von einem Bauern gerittenen Esel die Beine mit einer Sichel abschneidet.

M a l v a s i a, Felsina Pittr. 1678 II 135. — C r e s p i, Felsina Pittrice 1769 III 20.

Lisetta Ciaccio.

Aloisi-Galanini, V i t o A n d r e a, Bologneser Maler des 17. Jahrh. Sohn des Baldassare und älterer Bruder des Giuseppe Carlo (s. auch *Alvisy*, Titus Andreas).

M a l v a s i a, Fels. Pittr. II 135. — C r e s p i, Felsina Pittr. III 20. *Lisetta Ciaccio.*

Aloisio, genannt Mistro Alvixe, nach Zani, Enc. met. II 64, ein sehr tüchtiger Goldschmied und Medailleur in Padua um 1460—1500. Sonst nicht nachweisbar. **

Aloisio (A l e v i z o, A l e w i s F r j a s i n), Baumeister aus Mailand, einer der Künstler, die Großfürst Joan III. Ende des 15. Jahrh. zur Verschönerung Moskaus aus Italien kommen ließ. (Frjasin = Italiener, Abendländer, vielleicht = Franke.) Der von jenen Künstlern eingeführte Stil wird als frjaskischer Stil (**фряжскій**) bezeichnet; er zeigt ein Gemisch von italienischer Frührenaissance mit byzantinischen Formen. A. traf 1494 in Moskau ein. 1499 begann er den Bau der „steinernen Gemächer" auf dem „alten Hofe der Verkündigungskirche", die 1508 vom Großfürsten bezogen wurden. Das auf der Nordseite des Palastvierecks liegende Gebäude, die Teremá (Gemächer) hat nur noch in den unteren Partien Reste der ehemaligen Anlage; es wurde im 17. Jahrh. verändert u. 1842—48 in den oberen Stockwerken, doch im ursprünglichen Stil, umgebaut. Von den von A. erbauten Kirchen sind erhalten: die Kirche des Erzengels Michael und die später umgebaute Kirche des neuen Frauenklosters. — Auch Befestigungsarbeiten hat A. in Moskau ausgeführt.

N. P. S o b k o, Russ. Kstlerlex. — Софійскій временникъ (Sophien-Chronik). — С н е г и р е в ъ, Памятники московской древности (S n e g i r e f f, Denkmäler des Moskauer Altertums) S. XIV, XIX, XX, XXX, 62 u. 234. — Энцикл. словарь (Encykl. Wörterb.) II 60. — Москва или истор. путевод. (Moskau oder histor. Wegweiser) II 290. — A. М а р т ы н о в ъ, Русск старина въ памятникахъ церков. и гражданск. зодч. (A. M a r t y n o f f, Das russ. Altertum in d. Denkmälern kirchl. u. bürgerl. Baukunst) 2. Aufl. 5. Jahrg. Moskau 1857, S. 77. — П. А г е е в ъ, Краткій указатель достопримѣчат. больш. Кремл. дворца въ Москвѣ (P. A g e j e f f, Kurzer Anzeiger d. Merkwürdigkeiten d. großen Kremlpalastes in Moskau) Moskau 1865, S. 87. — Р и х т е р ъ, Памятн. древн. зодчества (R i c h t e r, Denkmäler alter Baukunst) S. 20 ff. nebst Abbildungen der Teremá. *W. Neumann.*

Aloisio, A n i e l l o (Agnello) d', neapol. Maler. 1816 malte er im Auftrage der Regierung ein Gemälde mit der Grundsteinlegung der Kirche S. Francesco di Paola, das sich jetzt in der Galerie von Capodimonte befindet. 1850 leitete er die Restaurationsarbeiten an dem Mosaik des Raffael Piedimonte in der Kapelle der S. Maria del Principio in der Basilika S. Restituta und malte selbst die Kuppelfresken dieser Kapelle.

Napoli Nobilissima VI 39—40, X 106. *G. Degli Azzi.*

Aloisio Gabrielli, Bronzegießer in Ostia, goß 1465 eine Glocke für Terracina, 1470 eine für Ostia, 1477 eine Glocke und 3 Bombarden für päpstliche Rechnung und war 1483 bei der Bedachung der Basilica Vaticana tätig.

E. Müntz, Les Arts à la cour des Papes II. partie p. 105/6; III. partie p. 142. **

Aloisio, Pirro, Architekt in Neapel, 1535 bis 1538 am Neubau des Castel S. Elmo tätig, das durch ihn seine heutige Baugestalt erhielt.

Schulz, Denkm. der Kst. des Mittelalt. in Unterital. III 128. *

Aloisio, s. auch *Alovisio, Aloysio, Aloysius* u. *Alvise.*

Aloitis, Pedro de, span. Bildhauer und Architekt. 1660—1671 führte er den Hauptaltar der Pfarrkirche von Deva in Guipuzcoa aus. Derselbe war in zwei Stockwerken aufgeführt mit Figuren in Lebensgröße. Als derselbe im Jahre 1680 noch nicht bezahlt war, erbte der Schwiegersohn des verstorbenen Künstlers, D. Miguel de Busto seine Ansprüche.

Viñaza, Adic. II 15. *M. v. B.*

Aloncle, französ. Tiermaler in der k. Porzellanmanufaktur in Sèvres in der 2. Hälfte des 18. Jahrh. In der Ausst. Europäischen Porzellans des 18. Jahrh. in Berlin 1904 waren 2 Stücke mit den Jahresbuchstaben 1760 und 1778 mit Tiermalereien von Aloncle.

A. Brüning, Katal. der im Kunstgewerbemus. in Berlin 1904 ausgest. Porzellane p. 211, 204. **

Alonso, Maler in Sevilla. Gehilfe des Alejo Fernandez. 1518 hatte er Händel mit dem Maler Pedro Sanchez.

Gestoso, Artif. Sevill. II 11, 42. *M. v. B.*

Alonso, Angel, Gold- u. Waffenschmied des 19. Jahrh. in Madrid. Von ihm in der Armeria Real zu Madrid (Catal. 1898, p. 399) ein Ehrendegen König Alfonsos XII. mit reich geätzter und vergoldeter Klinge und silbervergoldetem Gefäß; den Degengriff bildet eine mittelalterliche Ritterfigur. *

Alonso, Arsenio, span. Architekt des 19. Jahrh.; von ihm der Entwurf eines Triumphbogens zum Gedächtnis des Friedens, eine sehr bemerkenswerte Leistung. *P. Lafond.*

Alonso, Estéban, span. Kunststicker, welcher 1526 einen großen Ornat für den Kardinal Fonseca, Erzbischof von Toledo, ausführte.

Cean Bermudez, Dicc. I 18. *M. v. B.*

Alonso, Ferrand, Maler in Sevilla. 1407 erhält er eine Zahlung für 40 Wappenschilder. Da im Jahre 1422 die Akten seine Witwe Anna Gonçales erwähnen, muß er vor diesem Jahre gestorben sein.

Gestoso, Artif. Sevill. II 11. *M. v. B.*

Alonso, Francisco de, Goldschmied in Valladolid, wird 1510 in einem Streit der Vall. Goldschmiede mit denen zu Medina del Campo erwähnt. Ob er identisch ist mit Fr. de A., welcher vor 1549 ein silbernes Prozessionskreuz für die Kirche S. Francisco in Valladolid fertigte, ist nicht gewiß. Dieser Fr. de A. war verheiratet mit Mencia de San Miguel und lebte 1554 in Valladolid.

Martí y Monsó, Estud. histor. artist. 292 etc. *M. v. B.*

Alonso, Francisco, Maler in Sevilla, wo er 1628—1632 erwähnt wird.

Gestoso, Artif. Sevill. II 11. *M. v. B.*

Alonso, Francisco, Glasmaler, um 1645 in Burgos tätig.

Riaño, Industr. arts in Spain 247. *M. v. B.*

Alonso, Francisco, 1764 Porzellanmaler der kgl. Manufaktur in Buen Retiro.

Riaño, Industr. arts in Spain 226. *M. v. B.*

Alonso, Ignazio, span. Bildhauer. Mit Diego Rodriguez de Luna hatte er 1715 die Bronzetüren zu schätzen, welche Raymundo Capuz für ein Tor des Querschiffes der Kathedrale von Toledo angefertigt hatte.

Cean Bermudez, Dicc. I 18. *M. v. B.*

Alonso, Martin, Goldschmied, in Cordova. Wurde 1580 auf Grund einer in Gold gearbeiteten hl. Jungfrau zum Meister erklärt. 1592—93 und 1595—97 bekleidete er Ämter in der Innung seines Gewerbes.

Viñaza, Adic. IV 80. *M. v. B.*

Alonso, Miguel, Schmelzmaler in Sevilla. 1407 befand er sich bei den Truppen, welche die Stadt im Kriege gegen die Mauren stellte.

Gestoso, Artif. Sevill. I 234. *M. v. B.*

Alonso, Miguel, span. Baumeister, verpflichtete sich 1515, die Pläne und Zeichnungen zu der Kirche N. S. de los Remedios in St. Christoval de la Laguna auf Teneriffa zu liefern unter Bürgschaft der Steinmetzen Juan Andres und Pedro Alvarez, die den Bau ausgeführt haben werden. Damals baute man jedoch nur ein Schiff. Die Seitenschiffe mit den Kapellen, die Kreuzschiffe und die Kuppel sind später, der Turm erst 1619 von Manuel Pinedo hinzugefügt.

Llaguno y Amirola, Notic. I 155. △

Alonso el Rico, Miniaturmaler in Toledo. 1594 muß Juan de Salazar eines seiner Werke schätzen.

Viñaza, Adic. II 15. *M. v. B.*

Alonso, Rodrigo, span. Kupferst., 1565 stach er das Wappen von D. Gomez Tellez Girón, Administrator des Erzbistums Toledo.

Viñaza, Adic. II 15. *M. v. B.*

Alonso de Llanos, Amaro, Maler in Valladolid. 18. 5. 1675 werden ihm für die iglesia penitencial de la Pasión zwei Gemälde, das hl. Abendmahl und die Enthauptung Johannes des Täufers übertragen. Er lebte noch 1687.

Martí y Monsó, Est. histor. artist. S. 15 etc. *M. v. B.*

Alonso Martinez, Angel, span. Maler, geb. zu Burgos 1. 3. 1825, † 25. 9. 1868; in Madrid Schüler von Inocencio Borghini, dann von Antonio Maria Esquivel. Unter den Hauptwerken des Künstlers, der mehr Zeichner als Kolorist war, führen wir an: St. Felix de Valois, in der Kirche de las Calatravas zu Burgos; eine Madonna, in einem Kirchspiel von Santander; eine Odaliske; eine Gesamtansicht von Burgos; verschiedene Porträts, darunter eines der Königin Isabella II., für den Saal des Tribunal-Gebäudes zu Burgos, und eines der Sängerin Adelina Patti.

Ossorio y Bernard, Galeria biogr. de artistas españoles del siglo XIX. Madrid 1883/4. *P. Lafond.*

Alonso Morgado, Antonio, span. Maler, geb. in Andalusien, stellte 1867 zum ersten Male auf einer Sevillaner Ausstellung drei Porträts aus, 1877, ebenfalls in Sevilla, neben anderen Werken eine „Henne und ihre Küchlein" (von Alfons XII. erworben). Der Künstler war auf der Welt-Ausstellung zu Paris von 1878 mit zwei Gemälden vertreten: Ein Kind und Eine Elster und Kaninchen.

Ossorio y Bernard, Galeria biogr. de artistas españoles del siglo XIX. Madrid 1883/4. *P. Lafond.*

Alonso Perez, Mariano, span. Genremaler, geb. zu Zaragoza, tätig in Paris, wo er sich seit 1894 an zahlreichen Pariser Salon-Ausstellungen beteiligte. Von seinen Werken nennen wir: Ankunft der Pilger in Lourdes; Das Mieten der Mägde; Überrascht; Im Wagen; Die Abreise. *P. Lafond.*

Alonso de los Rios, Pedro, span. Bildhauer, geb. 1650 in Valladolid, Schüler seines Vaters Francisco A., lebte in Madrid, wo er 1700 starb. Von seinen Arbeiten, die wegen ihrer Natürlichkeit und Einfachheit geschätzt wurden, sind zu nennen: in Madrid im Vorhofe von S. Francesco das Kruzifix de la buena muerte, in S. Felipe el Real ein hl. Johannes von Sahagun, in S. Pedro die Statuen des Paulus und Johannes am Hauptaltar, in S. Andres der Evang. Johannes, verschiedene Figuren a. d. Tabernakeln in S. Martin und Arbeiten in S. Gines und S. Cayetano. Eine Statue der Empfängnis in S. Felipe el Real ging bei einem Brande zugrunde. In der Karthause von Paular außerhalb Madrids befindet sich ein hl. Bruno an dem Tabernakel im Kapitelsaale. Alonso war der Lehrer des Juan de Villanueva.

Cean Bermudez, Dicc. I 18, 231, VI 53. △

Alonso y Torres, Lamberto, span. Maler, geb. zu Godella (Prov. Valencia), Schüler der Akad. San Carlos daselbst und von Pinazo, stellte mit Auszeichnung in Madrid 1897 und 1899 aus. Von seinen Arbeiten nennen wir: Nachtstudie (Ausstellung Barcelona 1896); Quittenverkäuferin (Weltausstellung Paris 1900); Ein neuer Narciss; Ein Lager und verschiedene Porträts.

Alcahali, Dicc. biogr. de artistas valencianos, Valencia 1897. *P. Lafond.*

Alonso, s. auch *Alfonso.*

Alonzo, Manuel, span. Maler, geb. zu Sevilla in der ersten Hälfte des 19. Jahrh.; Schüler der dortigen Kunstschule, stellte 1858 zum ersten Male auf der Madrider Ausstellung zwei Porträts und ein religiöses Gemälde aus: Die Seele des Gerechten, von einem Engel in den Himmel getragen; der Künstler ist am besten in seinen Porträts.

Ossorio y Bernard, Galeria biogr. de artistas españoles del siglo XIX. *P. Lafond.*

Alophe, Marie Alexandre, französ. Maler, geb. 6. 6. 1812 in Paris, † ebenda 10. 8. 1883. Schüler von Camille Roqueplan und Paul Delaroche. A. wurde besonders durch seine Lithographien bekannt, die ob ihres zumeist süßlichen, häufig auch versteckt sinnlichen Inhalts willen beim großen Publikum viel Gefallen fanden und allgemein verbreitet wurden. Als Maler ist er unbedeutend, und auch der Ruhm des Lithographen ist nach seinem Tode schnell geschwunden, indessen mag doch die glatte Korrektheit seiner Zeichnung lobend erwähnt werden. — A. ist offenbar identisch mit dem auch *Menut* oder *Ad. Menut* signierenden Lithographen.

Bellier-Auvray, Dict. gén. — Béraldi, Les graveurs du XIX. s. *K. E. Schmidt.*

Alorda y Perez, Ramón, span. Maler des 19. Jahrh., geb. in Katalonien, studierte in Barcelona, dann in Rom und widmete sich besonders der Aquarell-Malerei. 1878 stellte er in Paris aus: Der Spaziergang im Park von Barcelona; Das alte Katalonien, und vor allem eine Folge von Typen und Bildern, die er seiner vaterländischen Provinz und der Provinz Aragonien entlehnte.

Ossorio y Bernard, Galeria biogr. de artistas españoles del siglo XIX *P. Lafond.*

Alorge, Jehan, Werkmeister und Ingenieur der Stadt Rouen; war bis 1397 mit der Inspizierung und Restaurierung der Festungswälle betraut; 1396 leitete er außerdem den Bau der Porte Martainville.

Richard, Recherches sur Rouen. — Bauchal, Dict. des Archit. *C. Enlart.*

Alou, Guillaume, französ. Bildhauer in Paris, arbeitete 1318—1320 gemeinsam mit Jean-Pépin de Huy an dem für Robert d'Artois errichteten Monument in der Kirche der Cordeliers. Dieses Monument ist jetzt in der Abteikirche zu St.-Denis aufgestellt.

Lami, Dict. des sculpt. franç. au moy. âge et à la renais. *Lami.*

Alouis, François, Architekt in le Châtelet, Aufseher über die Bauarbeiten der Stadt,

† daselbst am 28. 1. 1779, nur urkundlich bekannt.

Nouv. Archiv. de l'art franç. 2. Série VI 239. *H. V.*

Aloul, Jean, Bildhauer, geb. in Tournay, hielt sich später in Artois auf, wo er 1323 im Kloster von Thieuloye, in der Nähe von Arras das Grabmal der Komtesse Mahaut d'Artois in Marmor ausführte. Er arbeitete auch im Karthäuserkloster Gosnay und schuf daselbst das Grabmal des Thierry d'Hireçon, des Vertrauten derselben Komtesse.

Lami, Dict. des sculpt. franç. au moy. âge et à la renais. *Lami.*

Alovigi, Andrea, s. *l'Ingegno.*

Alovisio di Salvatore, Mosaicist in Orvieto, wird 1598 mit Restaurierungsarbeiten an den Fassadenmosaiken des Domes betraut.

L. Fumi, Il Duomo di Orvieto (Roma 1891) p. 158. *

Aloy, span. Bildhauer in Barcelona, verpflichtete sich 1351 einige Statuen an einem Holzwerk im Chor der Kathedrale von Gerona, das die Potentia genannt wurde, auszuführen.

Villanueva, Viage liter. XII 176. — Viñaza, Adic. I 13—15. △

Aloy, Comañes, span. Goldschmied in Tortosa, verfertigte 1646 mit Agustin Roda für die dortige Kathedrale eine silberne Custodia, die seit der Plünderung der Kathedrale durch Marschall Suchet verschwunden ist.

Cean Bermudez, Dicc. I 19. △

Aloyer, Jehan, Maler, 1467 tätig bei den Festdekorationen zu Ehren des Herzogs von Burgund.

De Laborde, Les Ducs de Bourgogne II, art. n. 4570. **

Aloys, Guillaume, französ. Werkmeister in Mont Saint-Sulpice, vollendete den Bau der Kirche zu Avrolles (Yonne) und errichtete das Portal dieser Kirche 1557.

Bauchal, Dict. des Archit. *C. Enlart.*

Aloysio, Fr., da Crema. Nach einem sonst unbekannten Künstler dieses Namens wurde gestochen:

B. Crispinus a Viterbio, Capucinus. Gest. von Al. Cunego. Fol. **

Aloysius, Architekt um 500 n. Chr. Erhalten ist ein ausführlicher im Auftrag des Gotenkönigs Theoderich geschriebener Brief Cassiodors an A. aus den Jahren 507/511, mit dem Auftrag, die in Verfall geratene Badeanlage der heißen Heilquelle Aponi (ἄπονοι) fontes (= Aquae Patavinae) samt dem dabeiliegenden „palatium" wieder instand zu setzen. Es ist dies derselbe Ort, der heute noch mit Beibehaltung des alten Namens (Abano) in der Nähe von Padua am Ostfuße der Euganeischen Berge liegt und wegen seiner heißen Quellen und Schlammbäder gerne aufgesucht wird.

Cassiodori Var. II 39 in Monumenta historica Germaniae (Aut. antiquissimi XII ed. Mommsen) p. 67. — Brunn, Gesch. d. gr. Kstler. II 227. *H. Thiersch.*

Alpais. Magister G: Alpaïs zu Limoges (Lemovicarum) nennt sich durch Inschrift im Innern des Deckels der Verfertiger einer sehr ungewöhnlich gestalteten Schale von vergoldetem und emailliertem Kupfer, die aus der Abtei Montmajour bei Arles stammt, wo sie vermutlich als Ciborium gedient hat, und jetzt in der Sammlg. des Louvre zu Paris aufbewahrt wird. Sie scheint um 1200 oder spätestens um die Mitte des 13. Jahrh. verfertigt zu sein. Du Sommerard hielt den Namen Alpais für griechisch, aber sehr mit Unrecht, denn dieser Name kommt in den Seelenmeß-Registern von St. Martial in Limoges im 12. und 13. Jahrh. vor.

De Laborde, Not. des émaux etc. du Musée du Louvre. Paris 1853. I 50, mit Abbild. der Inschr. — Darcel in: Annales archéologiques XIV 5—11, mit Abbild. des Gefäßes. — Texier, Essai sur les Emailleurs de Limoges. p. 83, 117, 130. — Molinier, Dict. d. Emailleurs. — Gaz. d. b. arts XVI 86—87, XIX 438, XXII 441. *H. Stein.*

Alpar, Jean, rumän. Maler der Gegenwart, war auf der Exposition décennale, Paris 1900 mit einer Landschaft und einem Straßenbild (Agapia) vertreten.

Katal. d. Ausstellg. *H. V.*

Alpár, Ignatz, ungar. Baumeister, geb. 17. 1. 1855 in Budapest. Schüler der Berliner Bauakad., dann von Lucae und Stark, sowie v. d. Hude und Hennicke. Gewann 5 Preise des Berliner Architektenvereins und ward, nach einer südeuropäischen Studienreise 1881 Assistent am Polytechnikum in Budapest. 1883 gewann er den I. Preis bei der Plankonkurrenz fürs Szapárybad in Herkulesfürdö, dann I. Preis bei dem Planwettbewerb für die neue Börse in Budapest und für die Filiale der Österr.-Ungar. Bank ebendaselbst. Alle drei Projekte gelangten zur Ausführung. A.s Stil schließt sich an die neuere Berliner Richtung an, strebt nach Wuchtigkeit und Wirkung der Massen. *K. Lyka.*

Alpenny, J. S., engl. Maler der 1. Hälfte des 19. Jahrh. in Richmond und Clapham, stellte in der Roy. Acad. in London 1825 bis 1853 Genre-, Historienbilder und Porträts aus.

Graves, Roy. Acad. Exh. I 29. **

Alperiz, Nicolas, span. Maler, geb. 16. 3. 1869 zu Sevilla, Schüler von Ed. Cano, erlangte 1895 eine zweite Medaille auf der Madrider Ausstellung. Unter seinen Hauptwerken sind anzuführen: „Alfons der Weise las siete partidas schreibend" (preisgekrönt in Sevilla); Die Taufe; Estudiantina; Gegenwart und Vergangenheit; Der Stapellauf; verschiedene Landschaften aus der Umgebung von Alcala de Guadaira. Er beteiligte sich auch an mehreren Pariser Salon-Ausstellungen. *P. Lafond.*

Alph, Johann, s. *Alphen.*

Alphardus de Nigroponte, camerarius regni Boemie, war einer der 3 Fachleute, die von König Wenzel II. um 1300 nach Prag berufen wurden, um die Münzreform durchzuführen. Ob grade Alphardus der Stempelschneider und nicht etwa einer der beiden anderen: Reinherus (Reinhardus) oder Cyno (Cygno) gewesen ist, wird unentschieden bleiben müssen.

Repertorium f. Kstwissensch. IV 189. **

Alphen, Cryn Claesz. van, Maler, wohnt 1632 in Amsterdam. *A. B.*

Alphen, Eusebius Johann (Alf, Alfen, Alwen), Maler in Miniatur, Pastell und Email, nach Chr. v. Mechel (s. Lit.) geb. zu Wien 1741, † daselbst 1772. In den Frankfurter gelehrten Anzeigen von 1775 findet sich die Notiz, daß sich „Alf" in Wien als Miniaturmaler sehr berühmt gemacht habe. Mit großem Lobe spricht von ihm auch der dänische Miniaturmaler Corn. Hoyer, der mit ihm in Paris um 1764 bei J. B. Massé zusammentraf (s. Lit.: Essai historique etc.). In der Galerie des Belvedere befand sich zu Mechels Zeit von Alphen das Pastellbildnis des Fürsten Joseph Wenzel von Liechtenstein in weißer Feldmarschallsuniform, 1769 gemalt, Brustbild in Lebensgröße. In der Sammlung von J. M. Birkenstock (1810 zu Wien versteigert) waren 6 Miniaturen, nämlich 4 Bildnisse (darunter das seines Vaters und das der Maria Theresia), dann ein singendes Frauenzimmer mit den Noten in der Hand und drei spielende Kinder.

Essai historique sur les Arts et sur leur progrès en Dannemarc, Copenhague 1778, p. 130. — Chr. v. Mechel, Verzeichnis der Gemälde der k. k. Bildergalerie in Wien, 1783. **

Alphen, Hendrik Simons van, Bürgermeister der Neustadt Hanau, kaufte um 1726 die ehemalige Bally-Behagelsche Fayencefabrik in Hanau und führte sie mit Erfolg weiter. Nach seinem Tode übernahm sie sein Sohn *Hieronymus,* der sie 34 Jahre lang bis zu seinem Tode 1775 leitete. — Ob beide Besitzer sich persönlich mit der Herstellung der Geschirre befaßt haben, ist nicht bekannt, wie überhaupt über die Alphensche Periode der renommierten Hanauer Fabrik sich wenig Sicheres hat feststellen lassen.

Brinckmann, Das Hamburgische Museum für Kst. u. Kstgewerbe, 1894, p. 324. **

Alphen, Johannes van, geb. in Leiden etwa 1611, gehörte einer vornehmen Familie an und wurde 11. 11. 1629 in der literarischen Fakultät der Leidener Universität immatrikuliert. 1644 wurde er Mitgl. der Leidener Zunft. Vielleicht bezieht sich die Bezeichnung „Door Johan Alph met Vlyt naer 't Leeven ghetekeent" auf einer Ansicht der Stadt Münster i. W. vom Jahre 1648 (P. Nolpe sc.) auf ihn.

Album studios. Leid. 223. — Obreens Archief, V 178, 180. *E. W. Moes.*

Alphen, Michael van, belgischer Historienmaler, geb. zu Berg-op-Zoom 7. 11. 1840, Schüler von J. Portaels auf der Brüsseler Kunstakad. 1866 stellte er zuerst in Brüssel und Amsterdam, 1867 in Antwerpen aus und zwar ausgesucht schicksalsschwere Stoffe. Von ihm auch viele Kartons für Glasmalereien, z. B. für Notre-Dame de la Chapelle zu Brüssel (Geburt der Maria und Darstellung der Maria im Tempel).

Meyer, Kstlerlex. **

Alphen, Petronella Cornelia van, holl. Zeichnerin, lieferte am Ende des 18. Jahrh. Zeichnungen für eine illustrierte Ausgabe der Kindergedichte Hieron. v. Alphens.

Kramm, De Levens etc. u. Suppl. *E. W. Moes.*

Alpheos, angeblicher Gemmenschneider. Der Name findet sich mit dem eines Arethon zusammen auf einem antiken Kameo in Petersburg, ist aber anscheinend später hinzugefügt. Auch die Fassung der Inschrift läßt nicht daran denken, daß mit den beiden Namen die Künstler gemeint sind.

Brunn, Gesch. d. gr. Kstler. II 597 ff. *Pernice.*

Alpho, Emanuel, span. oder süditalien. Kupferstecher. Von ihm kennt man nur ein Blatt, einen Triumphbogen, wohl zur Verherrlichung der Eroberung Messinas durch die Spanier im Jahre 1718 bestimmt.

Meyer, Kstlerlex. *P. K.*

Alphons, Karmeliter-Laienbruder in Straubing (geb. Niederländer), malte für die dortige Kirche seines Ordens die Altarblätter: die Heiligen Simon Stock (1658) und Sebastian.

Lipowsky, Bayer. Kstlerlex. **

Alphons, Theodor, Maler und Radierer, 28. 10. 1860 in Krakau geb., ging 1879 an die Wiener Akad., wo er den Unterricht des Landschafters von Lichtenfels und des Kupferstechers Sonnenleiter genoß. 1885 wird er Schüler William Ungers. Als Radierer gab er sowohl Eigenes, wie auch Arbeiten nach fremden Vorbildern, so nach Defregger (Letztes Aufgebot), J. J. Schindler (Pax u. a.), Moll (Naschmarkt in Wien), Passini, Pettenkofen, Wilt u. a. — Von Blättern eigener Erfindung sind die großen Platten: „Dachstein vom Gosausee", „Monte Cristallo", „Salzburg", sowie die farbig gedruckte, sehr stimmungsvolle „Heidelandschaft" besonders erwähnenswert. Als Maler pflegte er hauptsächlich das Landschafts- und Architekturbild, das er in Aquarell mit etwas spitzpinseliger Manier ausführte. Die Gegend um Wiener Neustadt, das Salzkammergut, später Südtirol, Venedig und Nürnberg waren vorwiegend sein Stoffgebiet. Er starb zu Graz 2. 9. 1897 durch Selbstmord, den er im Trübsinn beging. Der künstlerische Nachlaß gelangte 1898 durch Miethke in Wien zur Versteigerung. — Seine Gattin Zoe A. ist Stillebenmalerin.

H. Grasberger in Graph. Künste XXI. — G. Glück in Biogr. Jahrb. II (1898). — Tagespost in Graz v. 12. 9. 1897 u. Wiener Fremdenblatt v. 9. 1. 1898. *Schrey.*

Alpin, H., deutscher Maler des 17. Jahrh., nur bekannt durch das von M. Bernigeroth nach ihm gestochene Bildnis des brandenburg-bayreuthischen Hofmarschalls Joh. Friedr. von Waldeck.

Meyer, Kstlerlex. *H. V.*

Alpino, Pietro di, Architekt in Rom, als Mitarbeiter Paolo Romanos 1451 erwähnt, s. Albino, Pietro d', da Castiglione.

Jahrb. d. Preuß. Kstsamml. XX 26. **

Alquer, französ. Baumeister des 11. Jahrh., Mönch der Benediktinerabtei S. Bertin zu St. Omer. Begann unter Abt Bovon (1043) den vollständigen Wiederaufbau seines durch eine Feuersbrunst gänzlich zerstörten Klosters.

Martène et Durand, Thesaurus novus anecdot. III. — Guérard, Cartulaire de Saint-Bertin 179, 180, 200. — H. de Laplanne, Les Abbés de St. Bertin. I. Vorrede VIII. — Meyer, Kstlerlex.

Alquier, Genfer Goldschmiedfamilie aus Montpellier, zweite Hälfte des 18. bis Anfang des 19. Jahrh., nur urkundlich bekannt.

A. Choisy bei Brun, Schweizer. Kstlerlex. *H. V.*

Alram, Johann, Kupferstecher zu Wien im Anfang des 19. Jahrh., lebte noch 1820. 1) Adams Reue. Nach Dietrich, qu. Fol. 2) Abrahams belohnter Gehorsam (Isaaks Opferung). Nach Amiconi, kl. Fol. 3) Susanna im Bade, von den beiden Alten überrascht. Nach G. B. da Lampi, 1809, qu. Fol. 4) Negociant dans son cabinet. Nach A. de Voys, Fol. Musée franç. von Robillard-Péronville und Laurent. 5) Die Spitzenklöpplerin. Nach Slingeland, Fol. I. Vor aller Schr. **

Als, Peder, dänischer Maler, geb. in Kopenhagen 16. 5. 1726 (1725?), † daselbst 1776, war Schüler von Pilo und der erste, welcher die große Goldmedaille der 1754 neu errichteten Kunstakad. in Kopenhagen gewann. Im selben Jahre (1755) erhielt er ein Reisestipendium und reiste nach Rom, wo er bis 1761 blieb (einige Zeit studierte er die neuen Ausgrabungen in Herkulanum). Er wurde damals Schüler von Rafael Mengs und lebte in dem Kreise Winckelmanns, dessen Bildnis er malte. Winckelmann selbst soll dieses Porträt sehr gelobt haben. Viele Kopien nach den Meistern der Hochrenaissance (Raffael, Andrea del Sarto, Tizian u. a.) führte A. dort aus, kopierte auch Mengs' Karton „Semiramis" und malte das originelle Bild „Kleopatra und Antonius in Alexandria". 1762 kehrte er über Paris zurück nach Dänemark, wurde 1764 Mitglied und 1766 Professor der Kunstakademie. In Kopenhagen wurde er als Bildnismaler am Hofe angestellt und hat eine Reihe Porträts von Mitgliedern der kgl. Familie gemalt. Hervorzuheben sind: Königin Caroline Mathilde als Oberst ihres eigenen Regimentes" (Privatbesitz) und andere Bildnisse der Königin (Rosenborg), König Christian VII. (von Akerfeldt vollendet, Schloß Frederiksborg). Die besten seiner Porträts sind ohne Zweifel diejenigen, welche die Kunstakad. besitzt: J. M. Preisler (1764), N. H. Jardin (1764), Reichsgraf H. V. Schmettau (1766), J. Wiedewelt (1766), aber auch diese Bilder sind nicht frei von der Schwere und dem dumpfen Kolorit und der trockenen Ausführung, welche Mängel schon das Zeitalter Als's bedauerte. Seine Männerbilder sind dabei immer noch besser als die Frauenporträts; es wird ausdrücklich über „le peu de ressemblance qu'on trouve à ses portraits de femmes" geklagt.

Verzeichnis des „Salon" 1769 und 1778. — Weinwich, Kunsthistorie (1811) S. 160. — Sandvig, Collectanea, 3—24. — Nyeste Skilderie af Kjobenhavn 1829 Sp. 871. — Adresse-avisen 1762 No. 91, 1776 No. 15. — Höst, Struense (1824) III 249—51. — Meyer, Kstlerlex. (und da angeführte Lit.). — Bricka, Dansk biogr. Lex. I 191. — Salmonsens, Lex. I 620. — Weilbach, Nyt dansk Kunstnerlex. (1896) I 27, II 619. — Trap, Danmark (3. Aufl.) I 159. — K. Madsen, Kunstens Hist. i Danmark S. 122 (= „Kunst" IV Heft 8—9). — Benn u. Hannover, Danmarks Malerkunst I 3, 10—11. — Oppermann, Kunsten i Danmark under Fr. V og Chr. VII (1906) 103. — E. F. S. Lund, Danske malede Porträtter I (1895) (I. Reihe) 10, 152, (II. Reihe) 12, 18. V (1906) 13, 21—23, 25. VIII (1902) 21, 58, 73. *A. R.*

Alsamora, Estéban, katalan. Maler, 6. 3. 1482 verpflichtet er sich, für die Kirche S. Martin zu Viladrán im Bistum Vich einen großen Altar mit Szenen aus dem Leben des hl. Martin auszuführen.

Sanpere y Miquel, Cuatroc. Catal. II 202. — Viñaza, Adic. I 15. *M. v. B.*

Alsamora, Juan, katalan. Maler, welcher 1494 den Altar der Kapelle der hl. Lucia in der Kirche S. Maria del Mar zu Barcelona ausführte.

Sanpere y Miquel, Cuatroc. Catal. II 202. *M. v. B.*

Alsamora, Onofre, span. Maler, geb. zu Barcelona, Schüler der Kunstschule daselbst, war 1850 zum ersten Male auf der Prov.-Ausstellung zu Barcelona mit einer „panoramischen Ansicht" vertreten, die ihm einen Preis eintrug. 1864 stellte er auf der National-Ausstellung zu Madrid ein „Interieur der Kirche Sa. Maria del Mar in Barcelona" aus. Unter seinen Hauptwerken nennen wir: Ansicht des Klosters der Domkirche von Barcelona; Interieur einer Schenke; Don Quixote bei der Lektüre von Ritterbüchern; ferner eine Anzahl von panoramischen Ansichten, welche als eine Spezialität dieses Künstlers gelten können. Er malte auch Aquarelle und zeichnete Lithographien, deren Sujets sich auf Katalonien beziehen, für die Recuerdos y bellezas de España.

Ossorio y Bernard, Galeria biogr. de artistas españoles del siglo XIX. Madrid 1883/4. — Elías de Molins, Dicc. de escrit. y art. catal. del siglo XIX. 1889. *P. Lafond.*

Alsamora, Ramon de, span. Architekt in Barcelona um 1388.

Viñaza, Adic. I 15. *M. v. B.*

Alschner, Edelsteinschneider in der ersten Hälfte des 19. Jahrh. zu Augsburg.

Nagler, Kstlerlex. (ohne näh. Ang.). — Ms. H. Rollett.

Alse, Peeter, Maler in Antwerpen, 1552 in der St. Lukasgilde erwähnt.

Liggeren I 181. **

Alsemberg, niederländ. Bildwirker, arbeitete in der 2. Hälfte des 16. Jahrh. an italien. Höfen.

Kronthal, Lex. d. techn. Kste. 1898. **

Alsina y Amils, Antonio, span. Bildhauer, geb. zu Tarraga (Prov. Lerida), studiert zuerst in Madrid bei Juan Samso, dann in Rom. Er beteiligte sich an der Pariser Weltausstellung 1900 mit einer Gruppe „Samson und Dalila", einem gewaltigen, wenngleich etwas schwerfälligen Werke, das ihm eine Medaille 1. Klasse eintrug. Im Mus. f. mod. Kunst zu Madrid sieht man von ihm eine Gipsstatue: Die Reue. Ferner sind noch zu nennen: Das Opfer Abrahams (Gruppe); eine Sirene. *P. Lafond.*

Alsing, Hans Frederik, Medailleur in Altona, geb. 8. 9. 1800 in Svendborg auf Fühnen, kam früh verwaist zu einem Onkel nach Bistrupgaard bei Kopenhagen. Sein Vetter Conradsen interessierte ihn für die Medailleurkunst. Nach dem Besuch der Akad. durchreiste A. 1826—27 mit einem Stipendium ausgestattet zu Fuß Deutschland und arbeitete hie und da. 1828 Medailleur an der Kgl. Münze in Altona, später Münzwardein, 1856 Münzdirektor mit dem Titel Justizrat. Im Nov. 1863 nahm er seine Entlassung; bis zu seinem Tode 31. 12. 1871 in Kopenhagen. — Im Altonaer Mus. von ihm Medaille auf d. Gymnasialjubil. 1838, die gold. Hochzeit des Grafen Blücher 1844, d. Eröffnung der Altona-Kieler Eisenbahn 1844, für d. Sonntagsschule.

Lehmann, Medaillen zur Gesch. Altonas (Altonaer Nachr. 5. 12. 1902). — Bergsöe, Danske Medailler og Jetons. 1893. *E. Benezé.*

Alsloot, Denis van, Maler in Brüssel, seit 1599 im Dienste des Erzherzogs Albert und dessen Gattin Isabella. Vom gleichen Jahre ab wird er auch in der Rolle der Brüsseler Maler zuerst erwähnt gelegentlich der Annahme eines Schülers (Franç. de Sainctsoule), deren er in den nächsten Jahren noch mehrere ausbildete. Wie über sein Geburtsjahr und seine Jugend die Nachrichten schweigen, so ist auch sein Todesjahr nicht bekannt; indes darf man das um 1628 ansetzen, da in diesem Jahre seine Nichte zwei von ihm ererbte Bilder verkaufte.

Die Gemälde van A.s sind nicht häufig. Er muß nicht viel gemalt haben, denn die Verzeichnisse der alten Sammlungen erwähnen selten Werke seiner Hand. Das bei Alexandre erschienene Buch (Catalogue de tableaux vendus etc., dessen Verfasser X. de Burtin ist), das die in den Jahren 1773 bis 1803 zu Brüssel verkauften Gemälde verzeichnet, zählt deren sieben, lauter Landschaften, auf.

Von den in den öffentlichen Sammlungen Europas erhaltenen Gemälden befinden sich vier im Museum zu Madrid. Zuerst eine große Landschaft, auf Leinwand, mit Wald und See, an dessen Rand Jäger, deren einer auf Enten schießt. Das zweite Bild ist auf Holz gemalt und ist ohne Bezeichnung wie das vorhergehende. Es stellt einen Fastnachtszug auf dem Eise dar mit einer Menge Figuren zu Fuß und Wagen: die Szene geht unter den Mauern einer Stadt vor. Die beiden anderen Bilder, auf Leinwand, sind von großem Umfange. Sie stellen den Aufzug der Zünfte und den der militärischen Genossenschaften von Brüssel auf dem „Großen Platz" daselbst vor. Beide Bilder sind bezeichnet: DENIS. XX. ALSLOOT. 1616. Zwei entsprechende und ebenso bezeichnete Gemälde im South-Kensington Mus. London. Genaue Wiederholungen der beiden letztgenannten Bilder in Madrid, aber nicht bezeichnet, befinden sich im Brüsseler Museum. Hier auch noch das Volksfest in Tervueren (dasselbe Sujet wie im Antwerp. Mus.), ferner die Pendants: der Frühling und der Winter, sign. und dat. 1612 mit Figuren von Henri Le Clerck und endlich das bezeichnete und 1620 datierte Bild mit der Darstellung des Schlosses Mariemont bei Binche aus der Vogelperspektive. Das Museum zu Nantes bewahrt ein schönerhaltenes Bildchen mit der Darstellung der Abtei de la Cambre bei Brüssel, bezeichnet und 1609 datiert. Das Gemälde in der Galerie zu Wien (auf Holz) stellt eine Waldlandschaft mit einem Klostergebäude an einem Teiche im Hintergrunde vor, dem zwei Mönche und andere Figuren zugehen. Auf einem Baumstamme die Bez.: D: ab Alsloot S: A: Pict: 1608. Im Vordergrunde als Staffage Prokris auf der Erde, welcher Cephalus den Pfeil aus der Brust zieht; daneben die Bez.: H. de Clerck. Sehr verwandt damit ist ein kleines Bild, ebenfalls mit Prokris und Cephalus in der Sammlung Henriette von Klarwill in Wien, abgeb. Bd. I p. 61 der Blätter für Gemäldekunde von Th. v. Frimmel, der in diesem Artikel noch mehrere bisher unter falschen Namen gehende Werke A.s nachweist. Besonders wichtig darunter scheint das im Besitze des Erzherzogs Friedrich in Wien befindliche Fischstechen mit zahllosen Figuren und signiert und datiert: DEONIS : XX. ALSLOOT F 1616. — In der Sammlung Harrach in Wien eine bezeichnete, aber nicht datierte Sumpflandschaft und in der Galerie Mosigkau bei Dessau eine bez. Winterlandschaft von 1614.

Alex. Pinchart in Meyers Kstlerlex. (mit älterer Lit.). — A. J. Wauters, Denis v. Alsloot, peintre des archid. Albert et Isabelle, in Le Mouvement géographique, Bruxelles 1899. — Th. v. Frimmel, Blätter f. Gemäldekunde I 61 fg. II 5. Lief. p. 40. — A. v. Wurzbach, Niederl. Künstlerlex. — Notizen von H. Hymans.

Alsona, Camillo, Freskomaler in Piacenza, wo er in der ersten Hälfte des 17. Jahrh. das Atrium des Refektoriums von S. Sisto, einige Kapellen der jetzt nicht mehr existierenden Kirchen S. Maria del Carmine und S. Lorenzo, die Front des Monte di Pietà sowie die Fassaden einer ganzen Reihe von Privatpalästen mit trefflichen architektonischen Prospektmalereien schmückte; Reste davon sind erhalten geblieben, namentlich in S. Sisto und an der Fassade der Casa Tedeschi da Campagna. Das einzige feststehende Datum aus seinem Leben las der Guidenverfasser Scarabelli auf dem Schilde einer der allegorischen Figuren an der Fassade des Monte di Pietà, wonach A. die Fresken dieser jetzt zerstörten Fassade am 27. 8. 1619 vollendet hätte.

Carasi, Le pubbliche pitture di Piacenza (1780) p. 67. — Ambiveri, Artisti Piacentini (1879) p. 135. *

Alsop, J. J., engl. Porträtmaler der Gegenwart in Chelsea, stellte 1897 das Porträt von F. W. P. Rowlinson in der Roy. Acad., ferner einen Kopf im Pariser Salon 1898 aus; die nächsten Jahre war er auf den Ausstell. der R. Society of British Artitsts vertreten. **

Alsop, Rachel Griscom, s. *Carter*, Rachel Griscom Alsop.

Alsop, William, engl. Porträtmaler, stellte 1775/80 in der Free Society in London Herren- u. Damenporträts aus.

Graves, The Society of Artists, 1907.

Alssleben, Heinrich Burchard, urkundlich 1791 in Zittau vorkommender Zinngießer. Goß und gravierte kunstreiche, zu Schützenpreisen bestimmte Zinnteller. Er führte 2 ovale Stempel, von denen einer einen springenden Löwen mit einem Schild, auf dem ein Z (Wappen von Zittau), und die Jahreszahl 1764 (?) enthält, während der andere einen stehenden Merkur mit einem Schild aufweist, auf dem die Buchstaben B A zu lesen sind.

Demiani, „Sächsisches Edelzinn", Neues Archiv für Sächs. Gesch. und Altertumskunde. Bd. XXV, S. 6. *Demiani.*

Alston, Edward Constable, Porträtmaler der Gegenwart in London, stellte von 1887—1901 in der Roy. Academy aus. In den letzten Jahren beschickte er meist die Ausstellungen der Art Walker Gallerie in Liverpool. **

Alt, Elias, Maler in Tübingen, Bürger zu Herrenberg 1570—1590, malte im Auftrag des Herzogs Ludwig zu Württemberg die Bildnisse der Tübinger Professoren. In dem Buche „Imagines Professorum Tubingensium, Senatori praecipie ordinis: qui hoc altero Academiae Seculo, Anno 1577 inchoato, in ea et hodie, Anno (1596) vivunt ac florent et interea mortui sunt etc." A. M. Erhardo Cellio Tubingae Ano 1591. Typis auctoris 4° lesen wir in der Vorrede: „Elias Alt, Burger zu Herrenberg, malte sie alle, sie gefielen dem Herzog Ludwig so sehr, daß er sie für sich schön nachmalen ließ. Der Maler Jacob Züberlein und der Holzschneider Jacob Lederlin hier schnitt sie mit kundiger Hand". Diese Angaben werden bestätigt durch einen Eintrag im Senatsprotokoll vom 1. 9. 1590. Ein Vergleich mit den heute noch in der Aula aufgehängten Bildern hat ergeben, daß mit wenigen Ausnahmen sämtliche von Cellius herausgeg. Holzschnitte wirklich nach den von Alt gemalten Porträts geschnitten worden sind. Die Bildnisse sind sämtlich unten mit den Namen der Dargestellten und mit der Jahreszahl der Fertigstellung bezeichnet. Ein besonderer Kunstwert ist ihnen nicht beizumessen, doch sind die Züberleinschen Holzschnitte charakteristisch und lebenswahr gezeichnet. Das von W. Schmidt dem Elias Alt zugeschriebene Monogramm aus H und A gehört vielmehr einem Holzschneider.

Reutlinger Geschichtsblätter III 36. *M. Bach.*

Alt, Franz, Vedutenmaler in Wien, Bruder Rudolfs, geb. 16. 8. 1821 in Wien, Schüler seines Vaters Jacob, widmete sich an der Wiener Akad. Porträtstudien, ging aber dann bald zur Architektur- u. Landschaftsmalerei, insbesondere der Aquarellmalerei, über. Seine selbständige Künstlertätigkeit darf man von 1844 an rechnen; damals malte er auf einer Studienreise in Tirol und Oberitalien seine ersten charakteristischen Ansichten alter malerischer Gebäude, und von da ab hat er auch selbst angefangen, seine Bilder zu registrieren, die bis zum September 1906 die stattliche Zahl von 2700 Nummern erreichten (ungerechnet die kleinen Staffagen). Eine wichtige Jugendarbeit bildet das 1846 für Graf Kasimir Esterházy ausgeführte Album mit Ansichten von Tarvis und Umgegend in 40 Aquarellen. Auf vielen Reisen, häufig in Begleitung hochstehender Kunstfreunde und Gönner hat er Mittel- und Südeuropa durchreist, von überall Skizzen und malerische Ansichten heimtragend. Viele seiner Ansichten gingen in Besitz der Höfe in Wien, Berlin, St. Petersburg, London, Stuttgart über; sehr zahlreiche wurden von Erzherzog Ludwig Victor erworben. — Franz Alts Kunstweise hat eine gewisse Ähnlichkeit mit der seines Bruders, denn wie dieser hat er seine Hauptstärke in der Wiener Vedutenmalerei und betont wie dieser mehr die Form wie die Farbe und liebt das kleine Format und den spitzen Pinsel.

Die k. k. Gemäldegalerie besitzt von ihm ein kleines Ölbild: Canale Grande in Venedig (1850), ferner das Aquarell: Die k. k. Hofburg zu Wien und ein Album mit 12 Ansichten Wiens in Aquarell, ein Geschenk des Generalkonsuls Fr. Ritter von Rosenberg an den österr. Kaiser 1873. Häufig lieferte er auch sonst für Albums und Ansichtenpublikationen (z. B. für Hölzels in Chromolithographie ausgeführtes Werk: Aus den deutschen Alpen) Beiträge.

A. Martinez, Wiener Ateliers, Wien 1896, VII. Folge p. 22 ff. — L. Hevesi, Künstlerhaus. Aquarellen von Franz Alt u. Anderes, Wiener Fremdenblatt 13. 11. 1886. — F. v. Bötticher, Malerwerke des 19. Jahrh. I 25 (Verz. von Werken). — Kataloge der Wiener Kunstausst. 1870 u. besonders der Kollektivausst. 1886 u. 1888. — Katal. der k. Gemäldegalerie in Wien u. des Rudolphinum in Prag. — Zeitschr. f. bildende Kst. u. Kunstchronik I. Folge IX bis XXIV an vielen Stellen. — Mit Notizen von O. E. Deutsch. **

Alt, Jaoob, als Maler in Augsburg († 1518), von Nagler (Monogr. I 5) erwähnt. Schreib- oder Druckfehler für *Apt* (s. diesen). *Friedländer.*

Alt, Jakob, Landschaftsmaler, Aquarellist und Lithograph; das Haupt der berühmten Wiener Malerfamilie. In Frankfurt a. M. 27. 9. 1789 geb. empfing er den ersten Kunstunterricht in seiner Vaterstadt und setzte seit 1811 seine Studien in Wien fort, wo er die sogen. historische Schule an der Akad. der Künste besuchte, sich jedoch privatim zum Landschafter ausbildete. Die österreichischen Alpen- und Donaugegenden gaben ihm zunächst den Stoff zu seinen Darstellungen, Reisen nach Oberitalien (1828 und 1833), später nach Rom, erweiterten seinen Gesichtskreis und lieferten ihm Motive in reichem Maße. Die Zahl seiner Gemälde ist nicht gering; zu den vorzüglichsten werden gerechnet: Aussicht aus den giardini pubblici zu Venedig auf die Insel S. Giorgio maggiore (in der k. k. Gemäldegalerie), der Kirchhof zu Hallstadt im Salzkammergut, Gargnano am Gardasee. Seine besonderen Verdienste liegen auf dem Gebiete der Lithographie; er brachte sie in Aufschwung durch die Ansichten, welche er selbst auf Stein zeichnete. Schon in den Jahren 1818—1822 begann er seine „Malerische Donaureise", der Ansichten aus anderen Gegenden der österreichischen Monarchie in großer Zahl folgten, — Arbeiten, die sich durch Naturtreue und charakteristische Behandlung weit über das damals Gewöhnliche erheben. In späteren Jahren wandte er sich auch dem Aquarell zu und malte namentlich römische Ansichten im Auftrage des Kaisers Ferdinand. Ein weiteres Verdienst erwarb er sich, indem er seine Söhne Rudolph u. Franz für die Kunst erzog. Nachdem er noch 1871 das Fest der diamantnen Hochzeit hatte feiern können, starb er in Wien am 30. 9. 1872.

A. Martinez, Wiener Ateliers VII, Wien 1896, 1 fg. — Meyer, Kstlerlex. (Verzeichn. Lithogr. Serien). — Bötticher, Malerwerke d. 19. Jahrh. — Kunstchronik VIII 26, XI 180, 345. **

Alt, Johann, Graveur in Stein und Stahl in Graz, fertigte 1680 zwei steirische Wappen-Panther aus Stahl geschnitten für die Landschaft.

Wastler, Steir. Kstlerlex. 1883. **

Alt, Rudolf von, österreich. Architektur- und Landschaftsmaler, Aquarellist, Bruder des Franz A. Als ältester Sohn des Frankfurter Malers Jakob A. (s. d.) und der Nieder-Österreicherin Anna, geb. Schaller, geb. zu Wien 28. 8. 1812, † daselbst, VIII. Skodagasse 11, am 12. 3. 1905. 1818 kommt A. mit seinem Vater nach Mariazell und Weichselboden (Steiermark). 1824 kopiert er Vorlagen seines Vaters, darunter das erhaltene Aquarell „Friedhof in Hallstatt" (Ober-Österreich). 1825 ff. illuminiert er mit drei anderen seiner sechs Geschwister (Karl, Lidwina und Franz) Lithographien und Radierungen seines Vaters und versucht sich schon selbständig im Aquarell. 1826 ff. besucht er die „historische Schule" der Wiener Akad. d. bild. Kst., wo er einen 1. Preis von 8 Silbertalern und die Befreiung vom Militärdienst erringt. Zu gleicher Zeit erhält er seine ersten Aufträge für Aquarell Interieurs, deren er ein paar hundert schuf, als „Stubenmaler", wie er es nannte. Die meisten der folgenden Lebensdaten, besonders die Feststellung der Reisen, ergeben sich aus den bezeichneten Werken (etwa 1000). 1827 Nied.-Öst. (Schönbrunn, Mödling), Salzburg (Rauris). 1828 unternimmt A. mit seinem Vater die erste größere Reise, meist zu Fuß, nach Bayern (Berchtesgaden), Tirol, Lombardei (Garda- u. Comosee), Kärnten und Steiermark! tiefe Eindrücke. 1829 Ob.-Öst. (Steyr, St. Wolfgang) und Salzburg (Hellbrunn, Hallein); Aquarell-Ansichten. A. entdeckt die Reize Wiens und mit seinem Vater die Schönheiten des Salzkammergutes. Er malt zunächst zahlreiche Landschaften in Öl, die er erfolgreich ausstellt, radiert und lithographiert, ohne je die ererbte Aquarell-Kunst zu vernachlässigen. 1830 erste Ausstellung; erste Ansicht von Wien, das er dann immer wieder im Ganzen und in Teilen liebevoll konterfeit und durch alle Wandlungen des 19. Jahrh. treu mit Stift und Pinsel begleitet; erstes Porträt gemalt;

Salzburg (1. Ansicht von Gastein), Ob.-Öst. (Ischl); nicht nach der Natur gemalt: Hindu-Tempel in Agource, Indien (Sammlung Lobmeyr, Wien). 1831 erste Ansicht der Stefanskirche in Öl gemalt (Hofmus., Wien; bez. 1832), seines Lieblings unter den Domen, den er zeitlebens bei hundertmal von innen und außen porträtiert hat; Salzburg, Dalmatien (Lesina im November); Baumstudien. 1832 erscheinen die ersten nach A. lithographierten Ansichten von Wien, denen zahlreiche Serien und Einzelblätter folgen; Nied.-Öst. (Schönbrunn), Ob. Öst. (St. Wolfgangsee), Steiermark (Aussee, Eisenerz), Salzburg. 1833 Nied.-Öst. (Buchberg, Kaiserbrunn), Salzburg (St. Gilgen), Tirol (Rovereto); erste Reise nach Verona, Vicenza, Padua, Venedig; Architektur- und Marinebilder in Aquarell. 1833—1844 Mitarbeit an den von Erzherzog, später Kaiser Ferdinand I. bei Jakob A. bestellten 129 Aquarell-Ansichten für einen Hohlspiegel-Guckkasten (je 25—60 fl.). 1834 Nied.-Öst. (Mödling, Baden), Salzburg (Gastein), Lombardei (Comosee); die gezeichneten und aquarellierten Skizzen der letzten italien. Reise werden in Öl gemalt; einmaliger Versuch einer idealen Landschaft. Die Jahre 1835—1855 sind As. fruchtbarste Zeit. 1835 Nied.-Öst. (Laxenburg, Klosterneuburg), Bayern (Berchtesgaden), Verona, Venedig; erste, längst ersehnte Reise nach Rom, Neapel, Capri, Amalfi, Castellammare, Sorrent; Bekanntschaft mit Moritz von Schwind und König Ludwig I. von Bayern in Rom; zahlreiche Aquarelle mitgebracht. Diese Reise behielt A. stets in guter Erinnerung. In den folgenden Jahren Ölbilder nach Motiven der letzten italien. Reise. Vermehrte Aufträge, meist karg bezahlte Interieurs. 1836 Nied.-Öst. (Baden). 1837 Nied.-Öst. (Klosterneuburg, Petronell, Deutsch-Altenburg, Buchberg, Emmerberg), Ob.-Öst. (Gosausee), Italien (Comosee, Mailand, Pavia, Venedig); österreich. Volkstypen. 1838 Ob.-Öst. (Gmunden, Ischl), Mähren (Nikolsburg). 1839 Mähren (Ung. Hradisch); erste Reise nach Prag, das er ebenso liebte wie Venedig und Rom und ebenso gern porträtierte; Galizien (November), Schlösser-Interieurs und Porträts. Die 40er Jahre sind A.s beste Zeit. In den folgenden Jahren ist er bei den Wiener Künstlerfesten am Kahlenberg „König Mai". 1840 Tierstudien (August); Nied.-Öst. (Korneuburg, Melk im September), Ob.-Öst. (Linz), Triest; Dalmatien (Sebenico, Trau, Spalato, Gravosa, Ragusa, Cattaro im Oktober und November), auch Figurenstudien, Kostümbilder; Böhmen (Prag), Ungarn, Galizien. Die Reisen nach Dalmatien und Galizien, im Auftrag des Wiener Kunsthändlers H. F. Müller, der ein illustriertes Werk über die österreich. Monarchie herausgab (er zahlte 6 fl. für ein Blatt), haben für A. praktischen Erfolg, da seine Blätter Aufsehen erregen. Er bekommt nun zahlreichere Interieur-Aufträge in Wien (Liechtenstein, Kinsky, Harrach u. a.); seine interessantesten Interieurs fallen in die letzten Jahrzehnte des 19. Jahrh. (Skoda, Makart, Amerling, Grillparzer, Dumba). 1841 heiratet A. die Wienerin Hermine Oßwald. Mähren (Kremsier, Olmütz, Butschovitz, Napagedl, Hradisch im Oktober), Nied.-Öst. (Dürnstein, Krems im November), Figurenstudien. 1842 Nied.-Öst. (Schönbrunn, Mauer, Wiener-Neustadt, Klosterneuburg, Krems), Ob.-Öst. (Grein, Ischl), Böhmen (Prag, Kuttenberg). 1843 stirbt A.s erste Gattin im Wochenbett und hinterläßt ihm zwei Kinder, die nicht lange am Leben bleiben. Nied.-Öst. (Korneuburg, Donaureise), Ob.-Öst. (Linz, Kogl im September u. Okt.), Schlesien (Schloß Grätz bei Troppau, wo A. in den folgenden Jahren wiederholt weilt), Figurenstudien u. Porträts. 1844 Nied.-Öst. (Mödling), Reise vom Semmering nach Graz (noch ohne Bahn), Steiermark, Salzburg, Ob.-Öst. (Mondsee, Vöcklamarkt), Schlesien, Ungarn (Ofen). 1845 Nied.-Öst. (Stein, Melk), Ob.-Öst. (Linz, Gmunden, Obertraun, Hallstatt), Bayern (Berchtesgaden, Passau, Regensburg), Schlesien (Grätz im Juli), Mähren (Křižanowitz, Kremsier im Oktober), Ungarn (Pest, Ofen). 1846 zweite Ehe mit der Troppauerin Berta Malitschek. Nied.-Öst. (Reichenau im Sept., Klosterneuburg), Ob.-Öst. (Hallstatt). 1847 Nied.-Öst. (Schönbrunn), Ob.-Öst. (Gmunden, Ischl, Mondsee, Hallstatt), Tierstudien. 1848 ist A. kurze Zeit Nationalgardist, zieht sich aber bald mit seinen Angehörigen und der Familie Ludwig Passinis nach Traismauer a. D. zurück (Oktober). 1849 Nied.-Öst. (Aggsbach). 1850 Nied.-Öst. (Schönbrunn, Mödling, Klosterneuburg, Persenbeug, Göttweig). 1851 Nied.-Öst. (Schönbrunn). 1852 Donaureise von Regensburg bis Pest; Nürnberg. In den folgenden Jahren schuf A. zahlreiche Interieurs in Böhmen, wo sich die adeligen Herren ihre neuen, im altenglischen Stil errichteten Schlösser porträtieren ließen. 1853 Nied.-Öst. (Schönbrunn, Melk), Ob.-Öst. (St. Wolfgang), Bayern (Straubing), Mähren (Brünn), Böhmen (Schloß Rosenberg d. Grafen Bouquoy, auch in den folgenden Jahren). 1854 erste Ausstellung im Ausland (München). Böhmen. 1855 Nied.-Öst. (Schönbrunn), Ungarn (Pest, Ofen), Ob.-Öst. (St. Wolfgang), Böhmen (Schloß Žleb d. Fürsten Auersperg, auch in den folgenden Jahren), Mozarts Studierzimmer auf dem Kahlenberg (Aqu. u. Lith.). 1857 Böhmen (Schloß Gratzen d. Grafen Bouquoy), Lithographien ägyptischer Ansichten nach Ludwig Libay. 1858 (Böhmen, Schloß Frauenberg

d. Fürsten Schwarzenberg, auch in den folgenden Jahren). 1859 Ob.-Öst. (Grein, St. Wolfgang, Schloß Ort), Salzburg, Steiermark (Grundlsee, Aussee). 1860 Ob.-Öst. (Gmunden, St. Wolfgang), Steiermark (Bruck a. M. im August); Alpenblumen. 1861 Ob.-Öst. (Traunsee). 1862 Nied.-Öst. (Schönbrunn), Ob.-Öst. (Gmunden, Traunstein), Salzburg. Die beiden folgenden Jahrzehnte bringen wieder einen Aufschwung in der Kunst R. A.s; künstlerische Wahl der Gegenstände, virtuose Behandlung der Luft und des Lichts, endgültige Emanzipierung von der ängstlicheren Art des Vaters, den R. A. weit überholt. 1863 Salzburg, Reise nach der Krim (Ansichten der neuen Besitzung des Kaiser Alexander II. Livadia, vom Architekten für die russ. Kaiserin bestellt; Sebastopol, Baktschi Ssarai, Usspenski Monastir, Yalta, Autka, Yursuff, Ajudagh, Tschufutt Kalch, Ai Petri, Alutscha — zahlr. Aqu. bei Lobmeyr, Wien), Odessa. 1864 Kissingen und Nürnberg (Juli), Salzburg (September), dann sechs Wochen Böhmen (Schloß Hradek d. Grafen Harrach), endlich nach 27 Jahren wieder Venedig. 1865 Nied.-Öst. (Schönbrunn), Tirol (Innsbruck, Sterzing im September, Trient), Italien (Verona, Rom im November, Dezember), neue Eindrücke. 1866 im Frühjahr schwer erkrankt, zahlreiche wertvolle Aqu.-Studien zu geringen Preisen verkauft, ein Teil nach Paris, die meisten von J. F. Gsell (Wien) erstanden. Nied.-Öst. (Schönbrunn), Steiermark (Graz im November; Schloß Hollenegg d. Fürsten Liechtenstein, auch in den folgenden Jahren). 1867 auf der österr. Abteilung der Pariser Weltausst. vertreten, aber an ungünstigem Platz. Ob.-Öst. (Traunstein), Italien (Comosee, Rom, Neapel, Palermo im Mai). In Neapel und Palermo muß A. wegen der Cholera lange in Quarantäne verweilen; von Sizilien, das er zum erstenmal sieht, ist er enttäuscht. 1868 Ob.-Öst. (Gosausee), Bayern (Nürnberg, Regensburg im September), Schweiz (Luzern, Vierwaldstättersee im Oktober). Auch von der Schweiz bringt A. geringe Ausbeute heim und muß weiter Interieurs malen, um seinen Unterhalt zu finden. 1869 besserer Erfolg in Paris (Salon), aber von der Nachbarschaft gedrückt. Nied.-Öst. (Schönbrunn), Salzburg (Aigen). 1870 Nied.-Öst. (Schönbrunn-Radierungen, Baden), Steiermark (Admont); Rosenstudien, Wiener Interieurs. Im Herbst Alt-Ausstellung der im Jahre vorher gegründeten Genossenschaft d. bild. Künstler Wiens, zum Teil a. d. Besitz J. F. Gsells. 1871 Widmungsblatt des geselligen Wiener Künstler-Vereins „grüne Insel“, der A. als „Ritter Conrad der Heuler“ angehört, für Grillparzers 80. Geburtstag gemalt (städt. Mus., Wien). 1872 sterben A.s Eltern (Mutter am 18. August, Vater am 30. September). Italien (Venedig im November, Rom vom Dezember 1872 bis Februar 1873), letztes Forum gemalt. 1873 Italien (Rom, Venedig), Nied.-Öst. (Wiener Wasserleitung von der Quelle bis zur Stadt; Neuwaldegg), Tirol (Trient im Oktober), Salzburg (November), Ungarn (Erdöd, Szegedin). 1874 Auftrag der österr. Regierung, eine Anzahl der bedeutendsten und historisch denkwürdigsten Bauwerke des Kaiserstaates für die Sammlungen der Wiener Akad. in Aqu. zu malen. A. erhält den österr. eisernen Kronenorden 3. Klasse, wird zum Vorstand der Wiener Künstler-Genossenschaft und zum Mitglied der Berliner Akad. gewählt. Nied.-Öst. (Schönbrunn-Radierungen), Böhmen (Prag im August), Steiermark (Graz) und Italien (Venedig) im September. 1875 Reichelpreis der Wiener Akad. für sein Gesamtwerk. Böhmen (Teplitz), Tirol (Sand, Burg Taufers, Trient). 1876 gold. Med. der Weltausst. in Philadelphia. Nied.-Öst. (Reichenau), Böhmen (Teplitz, Eger im September), Galizien (Krakau). 1877 Karl-Ludwigs-Medaille für das Aqu. „Ansicht von Taufers“. Böhmen (Teplitz). 1878 Ob.-Öst. (Seewalchen), Tirol (Hall, Trient im Oktober). 1879 Professortitel der Wiener Akad. Nied.-Öst. (Atzgersdorf), Steiermark (Admont, Liezen, Bruck a. M.), Kärnten (Friesach im Oktober), Tirol (Innsbruck); Figurenstudien. 1880 Steiermark (Bruck a. M. im August), Kärnten (Schloß Porzia; Schloß Hoch-Osterwitz d. Grafen Khevenhüller im August), Nürnberg. Mit Kronprinz Rudolf nach Belgien (Brüssel, Oktober und November), Aqu.-Ansichten von Brüssel und Schloß Laeken für das am 10. 5. 1881 von Wiener Großindustriellen dem Kronprinzen zu seiner Vermählung geschenkte Album (Hofmuseum, Wien). Mitarbeit an den 40 von Wiener Künstlern nach Photographien gemalten Aqu. vom russisch-türkisch. Kriegsschauplatz (1878), im Auftrage der bulgarischen Regierung als Geschenk zum 25jährigen Regierungsjubiläum des Kaisers Alexander II. 1881 Nied.-Öst. (Heiligenkreuz), Tirol (St. Lorenzenort, Cortina), Salzburg, Ungarn (Budapest); Interieurs. Am 15. September stirbt A.s zweite Frau, eine treue Verwahrerin seiner künstlerischen Schätze, und hinterläßt ihm fünf Kinder, von denen noch zwei am Leben sind: Rudolf, ein Wiener Kaufmann, und Luise, A.s opferwillige Pflegerin im Alter und Hüterin des künstlerischen Nachlasses. 1882 Feier des 70. Geburtstages. Nied.-Öst. (Klosterneuburg), Italien (Venedig im Dezember); Blumenstudien. 1883 Nied.-Öst. (Klosterneuburg, Pottschach, Kaiserbrunn, Stixenstein), Salzburg. 1884 Salzburg (Oktober). 1885 Steiermark (Marburg im August, Bruck a. M., Graz im September);

Blumenstudien. Gründung des Aquarellisten-Klubs der Wiener Künstler-Genossenschaft, A. und L. H. Fischer an der Spitze; A. bleibt dieser Vereinigung aber nur wenige Jahre treu. 1886 große gold. Med. auf der Jub.-Kunstaust. in Berlin. Blumen- und Tierstudien (Mai); Salzburg (Gastein), Tirol (Innsbruck, St. Lorenzenort). 1887 Salzburg. 1888 im Frühjahr erhält A. das k. u. k. österr. Ehrenzeichen für Kunst und Wissenschaft, das im Jahr zuvor zum erstenmal verliehen wurde. Kärnten (Friesach), Tirol (Innsbruck). 1889 stirbt A.s Freund Ludwig Anzengruber, mit dem er jeden Freitag in der „Anzengrube", beim „Löwen" (VIII. Kochgasse), am Künstler-Stammtisch (Ernst Juch, Dr. Anton Bettelheim u. a.) zusammentraf. Nied.-Öst. (Perchtolsdorf), Salzburg, Tirol (Innsbruck), Böhmen (Schloß Frauenberg). 1890 Nied.-Öst. (Klosterneuburg), Salzburg (Gastein und Böckstein), Steiermark (Schloß Hollenegg). Mehrere Aqu.-Ans. von Wien für die Kassette, die die Stadt Wien der Erzherzogin Marie Valerie zur Vermählung (31. Juli) schenkt. 1891 Salzburg. 1892 Salzburg. Feier des 80. Geburtstages durch ein Bankett und eine Alt-Ausstellung im Wiener Künstlerhaus; A. wird in den österr. Ritterstand erhoben und zum Ehrenbürger der Stadt Wien ernannt. In diesen letzten Jahren des ersten Ruhmes wurde A. auch Ehrenmitglied der Wiener und der Berliner Akad., des Vereins bild. Künstler in Berlin und der Société royale belge des Aquarellistes in Brüssel. 1893 Salzburg; Blumenstudien. 1894 große gold. Staatsmed. Salzburg. 1895 Ehrendiplom der Wiener Künstler-Genossenschaft für das Aquarell „Eisengießerei Kitschelt in Wien" (Skodagasse). Salzburg. 1896 Salzburg. 1897 trinkt A. mit Adolph v. Menzel bei dessen Aufenthalt in Wien (Sacher-Bankett im August) Bruderschaft. Salzburg, Steiermark (Admont im September). 1898 Ehrenpräsident der neu gegründeten Vereinigung bild. Künstler Österreichs „Sezession", deren Ausstellungen A. in den folgenden Jahren beschickt. Salzburg. 1899 Salzburg (Gastein) und Ob.-Öst. (Lasern bei Goisern, wo A. die folgenden Sommer verbringt und jährlich zwei Aqu. malt). Die Gicht plagt ihn bereits, er malt selten im Freien, wird meistens mit dem Rollwagen fortbewegt; sein Gehör wird schwach. Er betrauert den Tod dreier Töchter, eines Schwiegersohnes und eines Enkels. 1900 und 1901 Ob.-Öst. 1902 Feier des 90. Geburtstages durch eine Alt-Ausst. der Wiener Sezession und ein Fest in Goisern. Ob.-Öst. 1903 und 1904 Ob.-Öst. 1905 im Jänner erkrankt A. nach einer Influenza an einer Lungenentzündung, ein Bronchial-Katarrh bleibt zurück; an einer neuerlichen Erkältung stirbt er nach einigen Tagen am Sonntag, den 12. März, $^1/_4$5 Uhr morgens. Am 15. wird er mit großen Ehren am Wiener Zentralfriedhof beigesetzt. Im Herzen der Stadt Wien wird ihm ein Denkmal gesetzt werden.

Charakteristik: R. v. A., der beste Vertreter des österr. Veduten-Aquarells, ging aus der guthandwerklichen Schule seines Vaters hervor, der ihn im Aqu., in der Lith. und der Rad., im Porträt wie in der Landschaft und im Architekturbild anfangs stark beeinflußte, ihm aber auch den sicheren Blick, die leichte verläßliche Hand, die sorgfältige Technik und den Respekt vor der Natur vererbte. Obwohl A. sein Bestes so wenig bei seinem Vater als auf der Akad., sondern allein gelernt hat, behielt er doch in der ersten Zeit die minutiöse, subtil graphische Art seines pedantischen Vaters bei; erst in den Mannesjahren rang er sich zu seinem eigentlichen, freien, großzügigen Stil durch und entfernte sich in Zeichnung und Farbe von der brav-koloristischen Schule seiner Ahnen, indem er Vater und Bruder weit überholte. Zu A.s Vorläufern auf den mannigfachen Wegen seiner Kunst gehören neben Jakob Alt, dem Vater des Wiener Landschafts-Aquarells, Karl Schütz, Laurenz Janscha, Johann Ziegler, Balthasar Wigand, Johann N. Höchle und Thomas Ender. Von seinen Zeitgenossen blieb A. fast unbeeinflußt; Markó und Makart haben ganz vorübergehend auf ihn gewirkt, Pettenkofen vielleicht als Medium. Die deutsche Landschafts- und besonders die Wiener Aquarellmalerei waren in A.s früher Zeit noch jung und wenig geschätzt, ihre Werke wurden schlecht bezahlt. Deshalb beschäftigte sich A. anfangs viel mit der Ölmalerei, der er später trotz ihres großen Einflusses auf seinen reifen Stil und zu seinem eigenen Bedauern ganz entsagte, und mit den bestellten Interieurs, die ihn recht eigentlich erst alle Möglichkeiten der Aquarellkunst entdecken ließen und zu einer verfeinerten Technik führten. Ohne Richtungs- und Theorienmeierei traf A., mit seinem „klaren Blick, dem heit'ren off'nen Sinn" ein echter Österreicher und Urwiener, allzeit das Rechte, blieb 93 Jahre lang ein immer moderner Mensch, „dacht' sich sein' Teil und ließ die andern reden". Er fand seinen Impressionismus und sein Pleinair lang vor den Franzosen, die er, der sonst so Reiselustige, ebensowenig jemals in Paris aufsuchte, als die Engländer und Preußen in London und Berlin. Deshalb blieb A. von den Stürmen der Landschafts-Revolution ganz unberührt, um sich erst im Alter mit den jüngsten zu vereinigen, die dann seinen technischen Senilismus der letzten Jahre, da aus dem Tüftler der Jugend ein Tüpfler des Alters geworden war, mit ihrer neuen Kunst identifizierten. In dieser letzten Zeit, als man ihm endlich in der Heimat den wohlverdienten Ruhm der Mannesjahre zollte, wurde der Greis nämlich ruhmeslüstern, er, der zeitlebens jede Reklame und jede Originalität verschmähte und sich niemals von den Neigungen der Menge beeinflussen ließ. — A. arbeitete stets ohne Reißbrett und zeichnete seine meisterhaften Perspektiven ohne Konstruktion. aus dem Handgelenk heraus. Seine Naturstudien malte er stehend, ohne schützenden Schirm. In seiner besten Zeit entwarf er die Aqu. mit dem Pinsel und vollendete sie ohne Deckfarbe, indem er die Lichter aussparte. Meist fing er auf seinem Blatt links oben das zu malen an, was ihn reizte, und hörte rechts unten auf, wenn ihn nichts zum wiederholten Anstückeln des Papiers veranlaßte. Des Winters zehrte er hauptsächlich an den im Sommer gesammelten Skizzenschätzen u. wiederholte manche Aqu. auf Bestellung. Seine Hand führte den Pinsel am Maltisch noch sicher, als sie schon nicht mehr schreiben konnte. — In seiner Glanzzeit schaltete A. frei mit Licht und Luft und schuf mit großen Schatten große Räume. Die Staffage beherrschte er wie ein Niederländer, obwohl er hier, wie beim Blumenstück und beim Waldbild gute Vorbilder im alten Wien hatte, mit dessen Genremeistern ihn die frische Volkstümlichkeit verband. Zur Natur hatte er ein inniges, andächtiges Verhältnis. Er vermittelte ihre Schönheiten wie die der Kunst als ehrlicher Makler an die ärmere Mitwelt, die nicht so gut schauen konnte. Alle Stile der Architektur malte er spielend mit gleicher Liebe nach: antike Tempel, gotische Dome, Renaissance- und Barockpaläste und Rokokoformen aller Art. Er baute die Massen mit dem Architekten von neuem auf, meißelte und goß die Formen mit dem Bildhauer noch einmal. Was er an Landschafts- und Architekturmotiven besonders liebte — es ergibt sich aus seiner Biographie —, das malte er immer wieder und fand immer wieder neue Schönheiten daran, die er mit allen Details aus dem letzten Winkelchen herauskramte. Vor allem war er der „Canaletto Wiens", was ihm die Wiener durch dankbare Verehrung entgalten. — Mit seinem Zeit- und Altersgenossen Adolph v. Menzel hat A., auch ein „Allesmaler", das fabelhafte Können und den unermüdlichen Fleiß gemein; es finden sich aber auch einige Berührungspunkte in der Wahl der Gegenstände (Gastein, Kissingen, Verona etc.). Vor Menzel hat A., der auch kein romantischer Träumer war, trotz seines gesunden Realismus das sonnige österreichische Gemüt und den frischen Wiener Humor voraus; seine letzten Höhenjahre brachten echte Poesie. Er war ein lustiger Patron, mit Kalauern geladen, ein Lebenskünstler mit bescheidenen Ansprüchen, ein Menschen-, Tier- und Blumenfreund, im Verkehr anfangs scheu, aber dann von zutraulicher Offenheit und erquickender Gradheit.

Die Zahl seiner Aquarelle und Zeichnungen, deren ein paar tausend, und kaum ein schlechtes, in die Welt hinausflatterten, konnte er selber nicht einmal annähernd angeben. Deshalb sind auch hier nur zwei Listen der Ölgemälde und Porträte möglich. Das Porträt, das er leider nur gelegentlich, aber mit altdeutscher Treue gepflegt hat, gab er — nach seinen eigenen Worten — zugunsten seines ohnehin gar vielbeschäftigten Freundes Josef Kriehuber auf. — Eigentliche Schüler hatte A. nicht, aber seine Aquarellkunst beeinflußte viele Wiener Künstler, darunter auch den Landschafter Emil Jakob Schindler. Sein Architektur-Aquarell schulte vor allen den tüchtigen Rudolf Bernt, dann Ladislaus Eugen Petrovits, den Mann seiner Nichte, und Erwin Pendl. A.s starke Individualität und sein klassisches Lebenswerk wird man in weiteren Kreisen erst schätzen lernen, wenn seine in alle Winde verwehten Blätter gesammelt und gesichtet sein werden. Dann wird Rudolf v. Alt unter den größten deutschen Meistern genannt werden.

Bildnisse des Künstlers:

1813 — als einjähr. Kind mit d. Kindsfrau (Maler unbek.; Bes.: Luise v. Alt, Wien). 1837 — Kopfbildnis v. Jakob Alt.*) 1839 — als Jüngling am Zeichenbrett (in e. Familienalbum, Luise v. Alt). Jänner 1842 — R. v. A. mit seiner ersten Frau v. Franz Alt. 15. Jänner 1849 — Porträt von Ludwig Passini.*) Lithographie v. F. Würbel im Wiener Künstler-Album.†) Brustbild, Öl. v. Christian Griepenkerl (Städt. Mus., Wien).†) Porträt v. Kalzada.*)†) Porträt, gez. v. J. V. Kramer (reprod. in Ver sacrum, Sonderheft zur II. Ausst. d. Sezession, 1898). Der Künstler am Maltisch, Bleistiftz. v. Rud. Bacher (reprod. in Hevesis Variationen, 1905). R. v. A. und Ludwig Anzengruber, Relief v. Ernst Juch (dto). Karikaturen von Ernst Juch bei A.s Freunden. Der Künstler am Totenlager, Zeichnungen v. Tina Blau und Ferd. Schmutzer (Bes. unbek.).

*) 1906 versteigert, Besitzer unbekannt.
†) Undatierbar.

Ölgemälde von R. v. A.:

1831 (bezeichnet und ausgestellt 1832) — St. Stephansdom in Wien (Hofmuseum, Wien); um 1832 — Wolfgangsee in Ob.-Öst.;†) Veste Salzburg mit dem Untersberg vom Garten des Kapuzinerklosters aus;†) 1834 — Stephanskirche (früher Samml. Königswarter, Wien); Stadthaus u. Platz in Vicenza (fr. Erzh. Karl Ludwig, Wien), Rathaus in Vicenza (fr. Samml. Königswarter), Piazza d'Erbe in Vicenza,†) Aussicht von der strada nuova gegen die giardini pubblici in Venedig

(Hofmuseum), Venedig (Samml. Eissler, Wien), ideale Landschaft (Rudolf v. Doblhoff, Wien); um 1835 — Landschaft bei Sonnenuntergang,†) Ansicht v. Venedig gegen d. Kirche Maria della Salute,†) Ansicht v. Venedig aus den giardini pubblici;†) um 1836 — Partie des Hafens von Neapel mit dem Sanitätsgebäude,†) Weinlaube bei Amalfi;†) 1837 — Stadthaus von Vicenza (fr. Samml. Gsell, Wien), Titusbogen in Rom,*) Tasso in einer Säulenhalle bei Rom,*) Aussicht über Rom vom Kloster S. Onofrio;†) um 1839 — Partie von Venedig, †) Gosausee mit dem Dachstein;†) 1840 — Ansicht der Stadt Wien von der Südseite (städt. Mus., Wien); um 1841 — Schiffswerfte in Triest,†) Schiffswerfte in Venedig;†) um 1842 — Portal des Domes zu Como;†) um 1843 — Teynkirche in Prag (Hofmuseum), Prag;†) 1846 — Molo S. Marco in Venedig (fr. Samml. Bühlmeyer, Wien), Pantheon in Rom (Gustav Reichert, Wien); um 1848 — Portal der Nonnkirche zu Salzburg;†) um 1849 — Dogenpalast in Venedig;†) um 1850 — Wien von der Terrasse der Karlskirche aus;†) 1854 — der schöne Brunnen vor der Frauenkirche in Nürnberg (fr. Samml. Bühlmeyer); 1859 — Seitenportal des Domes in Como (fr. Samml. Bühlmeyer); 1860 — Dom in Regensburg (mod. Gal., Wien); um 1864 — Forum in Rom,†) Dom in Sebenico,†) Partie a. d. Hafen von Neapel;†) 1864 — aus d. Bocche di Cattaro;*) um 1868 — Hafen von Palermo (fr. Verein zur Beförd. der bild. Künste, Wien); um 1869 — auf dem Wege nach Aigen in Ob.-Öst.,†) Almsee in Ob.-Öst.,†) Straße in Innsbruck,†) Piazetta in Venedig (Samml. Lobmeyr, Wien); um 1874 — Pantheon in Rom;†) um 1875 — Zisterne im Hof des Dogenpalastes,†) vom Dogenpalast in Venedig;†) um 1877 — Ansicht von Wien,†) Ruinen des Tempels des Antonius und der Faustina in Rom (fr. Samml. Eggers, Wien); 1885 — der Prager Brückenkopf (Dr. Emil Fries, Inzersdorf); 1886 — Brunnen bei St. Lorenzenort in Tirol;*) 1887 — alter Hof in Nürnberg;*) um 1888 — Franziskanerkirche in Salzburg.†)

Undatierbar: Ansicht vom Comosee;*) ehemaliges Karthäuserkloster in Gaming (Nied.-Öst.);*) zwei Ansichten von Gmunden;*) Innungshaus in Innsbruck (Dr. Wilh. R. v. Mautner, Wien); dasselbe (Franz Rogge, Wien); Landschaft;*) Neapel;*) Porta Capuana in Neapel (Bes. unbek.); Monreale bei Palermo (fr. Joh. Sterio, Wien); Stadttor auf der Kleinseite zu Prag (fr. Samml. Bühlmeyer); Brückentürme der Karlsbrücke in Prag (Paul R. v. Schoeller); aus d. Gegend v. Ragusa;*) Straße in Rom (Franz Rogge); Tempel der Vesta in Rom (fr. Joh. Sterio); Vorstadt Stein bei Salzburg (Franz X. Mayer, Wien); Traunstein am Traunsee (Bes. unbek.); St. Stephansdom in Wien von Süd-West (fr. Gal. Gsell, dann Samml. Königswarter, Wien);*) Inneres der Stephanskirche in Wien;*) Venedig von S. Giorgio aus (Samml. Lobmeyr); Ansicht von Venedig (städt. Mus., Leipzig); Canal grande in Venedig (Samml. Lobmayr); Hof des Dogenpalastes in Venedig (fr. Erzh. Karl Ludwig, Wien); Palazzo ducale in Venedig (Franz Rogge); Piazetta in Venedig (fr. Moritz Mayr, Wien).

*) 1906 versteigert, Besitzer unbekannt.

†) Verschollen, nur aus Ausstellungskatalogen bekannt.

Porträts (Aqu., Zeichn. u. Silhouetten) von R. v. A.:

1830 — Zuckerbäckerin Luise Flach mit Tochter,*) 1834 — dieselben (Samml. Eissler, Wien), 1841 — Frauenbildnis,*) 1842 — Kinderarzt Dr. Mauthner,*) um 1842 — Leopold Graf Stürgkh (lith. von Josef Kriehuber 1842, Bes. unbek.), 1843 — Gutsverwalter in Kogl (Eduard Perger, Wien), 24. 9. 1843 — Frau v. Pausinger,*) 29. 9. 1843 — dieselbe (Samml. Eissler), 30. 9. 1843 — Felix v. Pausinger (Albertina, Wien), 1. 10. 1843 — Landpfarrer in Kogl,*) Amtsschreiber in Kogl (Samml. Eissler), 1849 — Frauenbildnis,*) 1852 — Klemens Fürst Metternich,*) Familie Metternich (Bes. unbek.), 1878 — zahlr. Wiener Porträts auf d. Aqu. „Feierliche Eröffnung des neuen Gebäudes der k. k. Akad. der bild. Künste in Wien" (Bibl. der Akad.), 1879 — Kinderporträt,*) 1884 — drei Selbstbildnisse,*) 1886 — Selbstbildnis (Privatbes., Wien), Mai 1886 — Selbstbildnis auf einem Fächer (Luise v. Alt, Wien), Weihnachten 1896 — Selbstbildnis (Städt. Mus., Wien), Weihnachten 1897 — Selbstbildnis (Bes. unbek.). Außerdem sollen in den 40er Jahren einige Porträts in Galizien entstanden sein.

Undatierte: Zwei Selbstbildnisse in einem Familien-Album (Luise v. Alt); Selbstbildnis (Hofmuseum, Wien); zahlr. Selbstbildnisse, auch Silhouetten, in R. v. A.s illustrierten Briefen; Maler Franz Alt, der Bruder;*) drei Bildnisse der 1. Frau Hermine, darunter eines vom Totenbette;*) dieselbe (Samml. Eissler); Familie Alt in Atzgersdorf bei Wien und andere Familienbildnisse (Luise v. Alt); Maler Franz Eybl;*) Luise Flach und Tante Minna;*) Fürst Lichnowsky;*) Maler Franz Wipplinger in Hallstatt (Samml. Lobmeyr, Wien); Bildnis (Samml. Heymann, Wien); Damenbildnis (Samml. Eissler); Damenbildnis;*) Herrenbildnis.*)

*) 1906 versteigert, Besitzer unbekannt.

Das *graphische Werk* R. v. A.s (vgl. A. Weixlgärtners Aufsatz) umfaßt 29 Original-Lithographien, 63 Lithographien nach Ludwig

Libay, 20 Original-Radierungen (darunter zwei Variationen) und 1 Radierung nach einem Originalstich von Karl Schütz. — A. lithographierte zuerst mit der Feder, da ihm diese Technik aber zu wenig malerisch war, bald mit der Kreide und mit Pinsel und Schabmesser; den malerischen Eindruck erhöhte er noch durch Verwendung von Tonplatten. Die Mitarbeit an Libays „Ägypten" lehrte ihn die farbige Lith. anwenden. Es finden sich auch handgemalte Blätter von seiner Hand. A.s größte Lithographien, Ansichten aus der Vogelperspektive, sind mit wenigen Tönen sehr raffiniert ausgeführt. — Hinter den meisterhaften Lith. stehen die Radierungen etwas zurück, wie A. denn auch die Nadel seltener führte. Seine frühen Rad. sind in reiner Linientechnik, die späteren, nach langer Pause, komplizierter gearbeitet, der Ton oft stehen gelassen, was eine ungünstige Verwischung der Luftperspektive ergab.

1832 — Österreich. Archiv f. Geschichte etc., No. 90 (28. Juli), S. 359 f.: „Vaterländ. Kunst-Werke in Steindruck v. Jakob A. u. s. Sohne Rudolf" von F. Reil, 2. T. (Über „Plätze und Umgebungen v. Wien"). 1832 — Wiener Zeitschr. f. Kunst etc., No. 97 (14. Aug.), S. 778 (Ausstellungsbericht). 1832 — Franz Pietznigg, Mitteilungen aus Wien I 80 f. (Ausstellungsbericht v. J. F. A. Gschladt). 1835 — Österreich. Nat.-Enzykl. I 56 f. (Biographie ungenau). 1835 — Dr. G. K. Nagler, Neues allgem. Kstlerlex., München I 79. 1836. — Franz Tschischka, Kunst und Altertum im österreich. Kaiserstaate, S. 45, 56, 329 (Bilder im Belvedere, auf den Ausstellungen; Biogr.). 1856 — Konst. v. Wurzbach, Biogr. Lex. d. Kaisertums Österreich I 15 f. 1872 — Dr. Julius Meyer, Allgem. Kstlerlex., Leipzig I 532 ff. (Biogr. von B. Bucher und Otto Mündler). 1872 — Repertorium f. Kunstwissenschaft XIV 52, 62, 64, 68, 239 (Dr. Theodor v. Frimmel). 1875 — Zeitschr. f. bild. Kunst X 228 f. (C. v. Lützow; 1 Abbild.); Beiblatt, S. 204. 1878 — A. Seubert, Allgem. Künstlerlex., Stuttgart I 21 f. 1882 — Dr. Herm. Alex. Müller, Biogr. Kstlerlex. d. Gegenwart, Leipzig, S. 11. 1892 — Allgem. Kunstchronik, Wien, XVI 18 (2. Augustheft): Altmeister A. von W. L. (Wilhelm Lauser) mit 4 Abbildungen. 1893 — Ludwig Eisenberg, Das geistige Wien I 6. 1895. — Müller-Singer, Allgem. Kstlerlex., Frankfurt a. M. I 20. 1896 — A. Martinez, Wiener Ateliers, VIII. Folge (J., R. und F. Alt). 1898 — Das geistige Deutschland am Ende des 19. Jahrhunderts, Leipzig-Berlin, I 12. 1898 — Ver Sacrum, Wien, I. Jg., 1. H. (Jänner), S. 14 ff. (2 Abb.): R. v. A. von Ludwig Hevesi. 1901 — Gazette des beaux arts, XXV. Bd. (1901) III. Per., S. 413 ff.: R. A. von William Ritter. — Friedr. v. Boetticher, Malerwerke des 19. Jahrh., Dresden, I. Bd., 1. Hälfte, S. 26 ff. Nachtr. im I. Bd., 2. Hälfte, S. 964. 1902 — Handb. d. Kunstpflege in Österreich, III. Aufl., S. 788. 1902. — Die graph. Künste XXV 77 ff.: R. v. A. (zum 90. Geburtstag) von Julius Leisching (22 Abb., auch sep. ersch.). 1902 — Ver Sacrum, V. Jg., H. 18 S. 263 ff.: R. v. A. (z. 90. Geburtst.) v. Franz Servaes. 1902 — Zeitschr. f. bild. Kunst, N. F. XIII 259 ff. (August, Sonderheft): R. v. A. (zum 90. Geburtstag) von L. Hevesi (23 Abb.). 1902 — Neue Freie Presse, No. 13650 (24. 8.), S. 7: Ein Besuch bei R. A. (in Goisern) v. Th. Thomas (= Dr. Rudolf Lothar). 1902 — Wiener Abendpost, No. 197 (27. 8.), Feuilleton: R. v. A. von Armin Friedmann. 1902 — Neue Freie Presse, No. 13654 (28. Aug.), Feuilleton: R. A. (zum 90. Geburtst.) von F. Servaes; dto. S. 6: Zu R. A.s 90. Geburtstag von Kd. 1902 — Österreichs ill. Zeitg. XI. Jg., 48 (31. Aug.), S. 833 ff.: R. v. A. (zum 90. Geburtst.) von ? (7 Abb.). 1902 — Andere österr. Zeitgn. u. Zeitschr. (Aug.). 1903 — Die kais. Gemälde-Galerie in Wien, Moderne Meister, Text von August Schaeffer, Wien; S. 172 ff. (10 Abbildungen). 1903 — L. Hevesi, Österr. Kunst im 19. Jahrh., Leipzig, II. Teil, S. 186 ff. (3 Abb.). 1904 — Neue Freie Presse, 14154 (21. Jänner), S. 7: R. v. As. Erinnerungen an Schwind (Interview). 1904 — Meister der Farbe, Leipzig, I. Jg., H. 7 (Juli), No. 39: R. v. A. von L. Hevesi (1 Abb.). 1905 — N. Fr. Presse, No. 14538 (12. Febr.), S. 11: Menzel u. R. v. A.; No. 14567 (13. März), S. 8: R. v. A. † (Nekrolog); No. 14568 (14.), Morgenblatt, Feuilleton: R. A. (1812—1905) von A. F. S. (Prof. Adalbert F. Seligmann); dto., Abendbl., S. 4: R. v. A. (Aus d. Leben d. Künstlers. — Trauerkundgebungen); No. 14569 (15.), Morgenbl., S. 9: R. v. A. (D. Leichenfeier. — Trauerkundgebungen); dto., Abendbl., S. 4: R. v. A.; No. 14570 (16.), Morgenbl., S. 10: R. v. A. (D. Leichenfeier. — Eine Monographie über R. v. A., Anregung Dr. Ludwig Abels). 1905 — Kunst-Chronik, N. F. XVI., No. 19 (24. März): R. v. A. (Nekrolog). 1905 — Blätter f. Gemäldekunde, II. Jg., 1. H. (März), S. 25 f.: R. v. A. (Nachruf von Dr. Th. v. Frimmel). 1905 — Andere deutsche Zeitg. u. Zftn. (März). 1905 — Meister der Farbe, II. Jg., H. 4 (16). S. 1 ff.: Vom alten R. A. von L. Hevesi (1 Abb., No. 10). 1905 — L. Hevesi, R. v. A., Variationen; Wien, 8°, 96 S., 6 Abb. und 1 Schriftprobe (Sammlung von 8 Aufsätzen aus d. Wiener Fremdenblatt, Ver sacrum, Zft. f. bild. Kunst, Österr. Rundschau; 15. Sept. 1892 bis 6. April 1905). 1905 — Kunst u. Künstler, III. Jg., Heft 12 (Sept.), S. 491 ff.: R. A. von F. Servaes (10 Abb.). 1906 — Vorwort z. Katal. d. Versteig. d. k. Nachl. R. v. A.s, Wien, S. 5 ff.: R. v. A. von Arthur Rössler. 1906 — Blätter f. Gemäldekunde, II. Jg., H. 8 (2. Winterheft), S. 166: Versteigerung d. k. Nachl. R. v. A.s (2 Abb.). 1906 — Der Kunstmarkt, Leipzig III 21, S. 126. (dto.). 1906 — Kunst und Kunsthandwerk, Wien, IX. Heft, S. 209. (dto.). 1906 — Jugend, München, No. 14, A.-Nummer: R. v. A. von L. Hevesi (6 Abb.). 1906 — Die graph. Künste, XXIX. Jg., H. 2, S. 45 f.: R. v. A. als Graphiker von A. W. (2 Abb.); Mitteilungen der Gesellsch. f. vervielfältigende Kunst, No. 2, S. 27 ff.: R. v. A.s graph. Arbeiten von Arpad Weixlgärtner (1 Abb.). — 1906 — Hohe Warte, Wien Jg. II. H. 6: R. v. A.-Nummer (12 Abb.).

Ferner zahlreiche, zum Teil illustrierte Kataloge von Wiener Sammlungen, Ausstellungen u. Versteigerungen. *Otto Erich Deutsch.*

Alt, Theodor, Maler, geb. zu Döhlau bei Hof in Oberfranken 23. 1. 1846, besuchte das Gymnasium zu Regensburg, dann die Nürnberger Kunstgewerbeschule 1861—63, trat dann 1864 in die Malschule von Hermann Anschütz in München ein und wurde hierauf Schüler der Münchener Akad. unter Artur von Ramberg von 1864—73. Seine Bilder, Stilleben, Landschaften usw. erinnern an die seines Mitschülers Wilhelm Leibl, eines seiner frühesten: „Im Atelier von Rudolf Hirth" besitzt die Nationalgalerie in Berlin. Er wohnte früher in Petersaurach in Mittelfranken, 1878 bis 1884 in Adelshofen bei Rothenburg o. d. Tauber, 1884—1901 in Rothenburg und lebt jetzt in Ansbach.

Meyer, Kstlerlex. — Kunst für Alle 1903 S. 540, 1905 S. 308, 411. *P.*

Altamura, Alessandro, italien. Maler, geb. 1855 in Florenz, Sohn des Saverio A., Schüler desselben sowie des Morelli und Dalbono. Flotter Porträtist, aber flüchtig in der Ausführung. Einige schöne Ansichten Venedigs von A. befanden sich auf der Turiner Ausstellung von 1880.

Principessa Maria de Rocca: L'Arte mod. in Italia, 67 ff. *R.*

Altamura, Bartolomeo d', italien. Architekt in Bitonto in Apulien, restaurierte 1475 mit maestro Matteo (lombardo) die Parochialkirche S. Luca in Bitonto. Die beiden Künstler waren auch am Campanile des Domes und an anderen Bauten in Bitonto beschäftigt.

Napoli Nobilissima VIII 59. *G. Degli Azzi.*

Altamura, Jean, griech. Seemaler, geb. in Athen 1852, kam als junger Freund des Architekten H. Chr. Hansen nach Kopenhagen und besuchte die dortige Akad. von 1873—76.

Weilbach, Nyt Dansk Kunstnerlex. II 588. **

Altamura, Saverio, neapolitanischer Maler, geb. 1826 in Foggia, † 5. 1. 1897 in Neapel. Widmete sich seit 1845 an der Neapeler Akad. der Malkunst. 1847 ging er mit einer Komposition „Gli Ebrei esuli in Babilonia" aus einer Konkurrenz um den Rom-Preis als Sieger hervor und begründete darauf im Verein mit dem gleichfalls preisgekrönten Domenico Morelli die später berühmt gewordene Neapeler Naturalistenschule. Sein 1847 ausgestelltes erstes Gemälde „Cristo e la donna adultera", sowie die 1848 folgende große Leinwand „La morte d'un crociato o Dio lo vuole" erregte die Bewunderung der jüngeren Künstlergeneration, aber auch die Mißbilligung der älteren Akademiker. Inzwischen durch seine Anteilnahme an den gegen die bourbonische Regierung gerichteten revolutionären Komplotten politisch kompromittiert, mußte er eiligst aus Neapel entfliehen. Da er 1850 daraufhin in contumaciam zum Tode verurteilt wurde, ließ er sich dauernd in Florenz nieder. Dort malte er, zunächst noch immer seinem warmtonigen und farbenfrohen Neapeler Kolorismus huldigend, gar bald jedoch zu der kühleren, feintonig gebrochenen Graumalerei der damaligen franzöს. Schule übergehend, neben biblischen Szenen vor allem Historienbilder aus der italien. Vergangenheit. Das Hauptwerk dieser Art aus seiner Florentiner Zeit ist die „Trilogia di Buondelmonte", ein dreiteiliges Gemälde, auf dem die Hochzeit, der Verrat und das Leichenbegängnis des Messer Buondelmonte dargestellt sind. Auf der ersten italien. Kunstausstellung des Jahres 1861 preisgekrönt, wurde diese Gemälde-Trilogie für die Sammlung des Fürsten Colonna zu Neapel angekauft, ebenso die nächstfolgende Leinwand, betitelt „Il sacco di Roma". 1861 erhielt der Meister außerdem den 1. Preis in einem nationalen Preisausschreiben mit seinem Karton „Mario vincitore dei Cimbri" und führte sodann diese Darstellung mit wesentlichen Abänderungen im Senatssaale zu Florenz als Gemälde aus (eine Wiederholung in der kgl. Sammlung zu Capodimonte). Aus derselben Zeit stammt auch das originelle Gemälde des Turiner Museo civico nach Longfellows Dichtung „Excelsior". Als trefflicher Porträtist erwies er sich mit seinem Bildnis des neapolitanischen Historikers Carlo Troya (in der Galleria nazionale der Accademia di Belle Arti zu Florenz), als Freilichtmaler mit der im vollen Sonnenlichte gemalten Naturstudie eines Steinmetzen in den Steinbrüchen von Fiesole. — Nachdem der Meister schon 1860 mit Garibaldi seine erste Rückkehr nach Neapel hatte feiern können, siedelte er wenige Jahre später wieder völlig dorthin über, um dann bald ein Lehramt an der Neapeler Kunstakademie zu übernehmen. Vor seiner endgültigen Niederlassung in Neapel unternahm er 1862 noch eine längere Studienreise nach Frankreich, England und Deutschland, die auf seine Kunst nicht ohne Einfluß blieb, da er daraufhin eine Zeitlang den präraffaelitisch-altertümelnden Bestrebungen des Parisers Tissot Folge leistete. Ein charakteristisches Werk dieser Manier ist A.s Gemälde „Odi vecchi ed Amori nuovi" (jetzt in der Galleria Colonna zu Neapel). Von seinen späteren Neapeler Arbeiten sind bemerkenswert: Religiöse Malereien in der Capelle des Palazzo Reale zu Neapel, „Dubbio e Fede" in der Galleria Vonwiller zu Neapel u. a. m.

Meyer, Kstlerlex. — A. De Gubernatis, Diz. d. Art. ital. viventi (Roma 1889). — Petts, Guida pittorica p. 43. — A. R. Willard, Hist. of modern ital. Art (London 1902), p. 577 ff. — Anna Franchi, Arte e Artisti Toscani (Firenze 1902), p. 41 f. — Magni, Storia dell' Arte III 802. — Illustrazione ital. 1880, p. 155. — Maria della Rocca, L'arte moderna in Italia (Milano 1883) p. 59 ff. — Gazette des B.-Arts, II. Pér., XVIII 404. — Zeitschr. f. bild. Kunst XVI 386. — Napoli Nobilissima IV 95, 192. — Natura ed Arte II 710 ff. *H.*

Altavilla, Arringhieri, Architekt aus Siena, um 1221, nur bei Zani (Enc. met. II 66) erwähnt. *H. V.*

Altdorfer (Altdorffer), Albrecht, Maler, Kupferst., Zeichner für den Holzschnitt und Baumeister, geb. kurz vor 1480, † 1538 in Regensburg, zwischen dem 12. 2. und dem 29. 3. Tätig in Regensburg. Der Vater A.s war vermutlich der Maler Ulrich A., der 1478 Bürger in Regensburg wurde, 1499 von dort fortzog. 1505 erwarb Albrecht A. als „Maler von Amberg" das Bürgerrecht in Regensburg, Donnerstag nach Judica, und blieb bis zu seinem Tode bei wachsendem Wohlstand, steigendem Ansehen, vielfach als Maler, später auch als Baumeister von der Stadt mit Aufträgen betraut, in Regensburg tätig. 1509 schon steuerte der Rat der Stadt zu einem im Chor der St. Peterskirche aufgestellten Gemälde von seiner Hand 10 Gulden bei. 1513 erwarb A. ein Haus am St. Veitsbach bei den Augustinern (jetzt E. 157 in der oberen Bachgasse). Damals war er bereits verheiratet. Seine Frau, die am 27. 7. 1532 starb, hieß Anna (der Familienname unbekannt). 1519, als Mitglied des „äußeren" Rates, war A. mehrfach beteiligt bei der Judenvertreibung und der Aufrichtung der Wallfahrtskirche zur „Schönen Maria" an der Stelle der zerstörten Synagoge. Einige seiner Holzschnitte und Radierungen erinnern an diese Ereignisse. Seit 1526 bis zu seinem Tode war A. Mitglied des „inneren" Rates und städt. Baumeister. Am 12. 2. 1538 machte A. sein Testament, das am 29. 3. d. J. veröffentlicht wurde und im Archiv des histor. Vereins von Oberpfalz und Regensburg aufbewahrt wird. Auch das interessante Inventar seines Nachlasses ist vorhanden. A. starb, ohne Kinder zu hinterlassen und setzte zum Erben seines beträchtlichen Vermögens seinen Bruder, den Schweriner Hofmaler Erhard A. (s. diesen) ein, sowie seine Schwestern Magdalena und Aurelia, die zu Pfreimdt und Nürnberg verheiratet waren. Auf seinem Grabstein — aus der 1840 abgebrochenen Augustinerkirche — ist zu lesen: . . . Albrecht Altdorffer paum (eister).

A. ist nicht als Schüler Dürers zu betrachten, wenn er auch von Holzschnitten und Kupferstichen des Nürnbergers Anregungen empfangen hat. Diese Anregungen greifen ebensowenig tief wie gelegentliche Berührung mit der italienischen Formenwelt. Wahrscheinlich Schüler seines Vaters Ulrich, erscheint Albrecht als der begabteste Vertreter einer lokal begrenzten Kunstübung, des sogenannten Donaustils. Ihm nahe verwandt der etwa gleichaltrige anscheinend in Passau tätige Wolf Huber. Mit den wesentlich jüngeren Nürnberger Kleinmeistern, mit denen A. als Kupferst. oft zusammen genannt wird, erscheint er in seinen späteren Arbeiten einigermaßen verwandt. An Grünewald erinnert A. zuweilen, namentlich in Schöpfungen seiner mittleren Zeit, wohl eher infolge verwandter Anlage als angeregt durch den westdeutschen Meister. Spielerisch, wenig straff und kenntnisreich als Zeichner, begabt für die Beobachtung des Lichtes und der Farbe, phantasievoll, selbständig, weltlich und liebenswürdig in der Auffassung, hat A. sein Bestes in der Landschaftsdarstellung gegeben und im genrehaft verweltlichten Andachtsbilde. Im Porträtfache hat er sich kaum betätigt. A. hat die meisten seiner Arbeiten signiert, mit einer nach dem Muster Dürers gebildeten, aus zwei A zusammengesetzten Signatur. Alle übrigen in Handbüchern angegebenen Monogramme sind falsch.

Die *Gemälde* des Meisters, die wir in größerer Zahl, zumeist signiert und vielfach datiert besitzen, erstrecken sich über die ganze Zeit seiner Regensburger Tätigkeit. Die Entwickelung des Malers wird deutlich. Die ältesten Bilder A.s sind mehrere von 1507 datierte Täfelchen, in Berlin und Bremen, flüchtig, in blonder Farbe gemalt, farbig reizvoll, unsicher gezeichnet. In der mittleren Zeit, um 1520 hat A. in größerem Format, anspruchsvoller, mit stärkeren Farben und gesteigertem Effekt gearbeitet. Sein Hauptwerk aus dieser Periode der große Altar zu St. Florian an der Donau, von 1518. In der letzten Zeit arbeitet A. gemäßigt, sauberer und mehr punktierend. Die Proportionen, die bis 1522 übertrieben hoch erscheinen, werden in der letzten Periode normal. Das letzte bekannte Gemälde, datiert von 1531, ist die Landschaft mit allegorischer Staffage in der Berliner Galerie.

Das ausführlichste Verzeichnis von A.s echten Bildern bei Friedländer (s. Lit.) 121 ff. (31 Nummern). Folgendes ist hinzuzufügen:

1. Berlin, Kaiser Friedrich-Mus.: Die Geburt Christi (1892 von Ch. Butler in London erworben [vgl. Friedländer 144]). Ohne Signatur u. Datum, dem Stil nach um 1512.

2. Frankfurt a. M., Sammlg. Fritz Gans: Der Abschied der Apostel. Mit Monogramm, ohne Datum, dem Stil nach um 1525 entstanden. Abgeb. im Werk über die Düsseldorfer Ausstellung von 1904, Verl. Bruckmann, München, Taf. 72.

3. Augsburg, Sammlg. v. Holzschuher: Die Krankenheilung an der Wunderquelle. Mit Monogramm, ohne Datum, gehört zu der um 1520 entstandenen Folge mit Szenen aus der Quirinuslegende, von der 5 Tafeln im Germanischen Mus. zu Nürnberg und in der Akad. zu Siena bewahrt werden. Photogr. Hoefle, Augsburg.

4. Cassel, kgl. Gemäldegalerie: Christus am Kreuz mit Maria, Johannes und Stifterpaar. Ohne Monogramm und Datum, dem Stil nach um 1510 entstanden. Erworben von Herrn Direktor W. Schmidt in München, 1905.

5. London, Sammlg. Sir Julius Wernher: Christi Abschied von seiner Mutter. Ohne Monogramm und Datum, dem Stil nach um 1520 entstanden. Dieses in der deutschen Literatur oft als verschollen erwähnte Bild, das sich beim Fürstabt von St. Emmeran Steiglehner befand, ward durch Vermittlung Waagens nach England verkauft und ging 1905 aus der Fuller Russel-Sammlg. in den Besitz des Sir Julius Wernher über. Der Nachricht, daß dieses besonders umfangreiche Werk, 1538 entstanden, das letzte Werk A.s sei, widerspricht der Stil; das Datum 1522, das Halm erwähnt (Materialien z. bayer. Kstgesch., Handschr. in der Münchener Staatsbibliothek) hat viel für sich, ist aber auf der Tafel nicht mehr zu finden.

Das unter No. 6 in Friedländers Verzeichnis auf Waagens Autorität aufgenommene Bild in Glasgow, die Bekehrung des hl. Hubertus ist schwach und aus der Liste der echten Gemälde zu streichen.

Zeichnungen A.s, zumeist in der sogenannten Helldunkeltechnik, auf gefärbtem Papier mit Weißhöhung, sind in großer Zahl erhalten, die meisten aus der früheren Zeit des Meisters, besonders viele mit der Jahreszahl 1512. Das ausführlichste Verzeichnis bei Friedländer 146 ff. — mit 42 Nummern — ist lückenhaft. Es fehlen Blätter in Weimar, Erlangen, Paris, Oxford, Basel, Hamburg, in der Wiener Akad., in der Albertina, namentlich aber in der Sammlg. v. Lanna zu Prag, in der fürstl. Liechtensteinschen Sammlg. zu Feldsberg und in Pest. Viele dieser Zeichnungen sind abgebildet in dem Werk von Schönbrunner und Meder, Handzeichnungen alter Meister aus der Albertina.

Als *Kupferstecher* war A. eifrig tätig zwischen 1506 und 1511. Die aus dieser Zeit datierten Blätter sind zumeist selten geworden. Nach 1511 scheint A. keinen Kupferstich datiert zu haben; zwischen 1511 und 1520 scheint er sich fast gar nicht mit dem Kupferstich beschäftigt zu haben. Die zweite — größere — Gruppe seiner Stiche stammt, wie der Stil zeigt, aus seiner Spätzeit. A. schließt sich mit diesen Arbeiten, dem Format, dem Inhalt und der Auffassung nach an die Nürnberger Kleinmeister an. Um 1520 macht er Versuche mit der Ätzung. Zwei Blätter, die den 1519 niedergelegten Judentempel darstellen, sind wohl seine ersten Arbeiten in dieser Technik. Eine Folge von zart radierten Landschaften, die ungemein selten geworden, annähernd vollständig nur in der k. k. Hofbibliothek in Wien zu finden sind, und eine größere Serie ebenfalls radierter Pokale, sind kaum vor 1530 entstanden. Das beste Verzeichnis der gestochenen Arbeiten bei W. Schmidt (Meyers Lex. I 547 ff., vgl. auch Bartsch P. G. VIII 41 und Passavant III 301).

Für den *Holzschnitt* war A. zumeist zwischen 1511 und 1522 tätig. Nach 1517 hat er keinen Holzschnitt mehr datiert. Das beste Verzeichnis der Holzschnitte bei W. Schmidt (Meyers Lex. I 550, vgl. auch Bartsch und Passavant).

Hinzuzufügen ist der Anteil des Meisters an Dürers Ehrenpforte (W. Schmidt, Chron. f. vervielf. Kst. 1891 S. 12) und einige Blätter, die 1902 von J. Sturge Moore (little engravings . . . No. 1. Albrecht Altdorfer . . . London, at the sign of the unicorn) publiziert sind. Hier übrigens fast alle Holzschnitte A.s abgebildet. A. führte den Versuch, von mehreren Platten mehrfarbige Holzdrucke zu erzielen, — mindestens in einem Falle — weiter als irgendeiner der Zeitgenossen. Von dem Holzschnitt B. S. 1 der schönen Maria von Regensburg, ist ein von sechs Platten gedrucktes Exemplar bekannt (publiziert im Jahrbuch der kgl. preuß. Ksts. VII 154).

Die Lebensdaten A.s mit den urkundl. Quellen am besten bei C. W. Neumann (Meyer, Kstlerlex.). — Die ältere Literatur über die Kunst A.s, verarbeitet bei Friedländer, A. A. Beiträge zur Kunstgesch. N. F. 13, E. A. Seemann, Leipzig 1891. — Rezensionen dieser Monographie, teilw. mit Nachträg.: Schmidt, Chron. f. vervielf. Kunst, IV 56. — Stiassny, Zeitschr. f. bild. Kste. N. F. IV (1893) 237. — Frimmel, Repert. f. Kstw. XV 417. — Zusammenfass. Darstellgn. nach 1891: Kautzsch, Beilage zur Allg. Zeitung 1896 No. 172, 173. — Friedländer, Das Mus. (Spemann) IV (1899) 21. — Moore, The artists library No. 3 London 1900. — Einzelne Mitteilungen nach 1891: Friedländer, Jahrb. d. kgl. preuß. Kunsts. XIV 22 (über Kupferst. A.s nach italien. Vorl.). — Meder, Mitt. der Gesellsch. f. vervielf. Kst. I (1902) 9 (A.s Donaureise, 1511). — Lorenz, Repert. f. Kstw. XXVIII (1905) 149. (Ein kunstgewerbl. Entwurf A.s) — Friedländer, A. A.s Landschaftsradierungen. Berlin 1907 (3. Veröffentl. d. Graph. Gesellsch.). — Herm. Voss, Der Ursprung d. Donaustiles, Leipzig 1907. *Friedländer.*

Altdorfer (Altorffer), Hans Konrad, gen. Schüfelin, Glas- und Wappenmaler von Schaffhausen. Sohn des Konrad A., 1552—1574 hier urkundlich vorkommend, 1555 in Konstanz tätig, wo er noch 1588 als daselbst wohnhaft erwähnt wird. Sicher beglaubigte Arbeiten von ihm haben sich bisher nicht nachweisen lassen.

Brun, Schweizer. Kstlerlex. *H. V.*

Altdorfer (Altorffer), Konrad, genannt Schüfelin, Glasmaler in Schaffhausen, 1479 und 1524 urkundlich erwähnt, Vater des Hans Konrad A.

Paul Ganz bei Brun, Schweizer. Kstlerlex. *H. V.*

Altdorffer, Erhard (auch Altorfer), von 1512—1561 nachweisbar, war aller Wahrscheinlichkeit nach der Bruder Albrechts, als welcher er im Testament desselben (12. 2. 1538) als Bürger zu Schwerin erscheint. Er war von 1512—1552 Hofmaler und Baumeister des Herzogs Heinrich des Friedfertigen von Mecklenburg. 1512 nahm ihn der Herzog mit auf das Turnier zu Ruppin (23.—28. 2.); im Juli desselben Jahres erscheint er als dessen Begleiter auf der Reise nach Freiberg zur Vermählungsfeier der Prinzessin Katharina von Mecklenburg mit dem Herzog Heinrich von Sachsen-Freiberg. Auf dieser Reise besuchte er auch Wittenberg und trat wahrscheinlich zu Lucas Cranach in Beziehung. 1516 malte er den Altar der hl. Blutskapelle zu Sternberg, der leider 1741 durch Brand zugrunde gegangen ist. Der Vertrag, den die Herzoge Heinrich u. Albrecht für Anfertigung dieses Wandelaltars 29. 3. 1516 abschlossen, ist noch vorhanden. In demselben Jahre malte er Wappen im Schlosse zu Stavenhagen. 1533/34 erschien die Lübecker Prachtbibel, für die er die Holzschnitte lieferte, er zeichnet mit den Monogrammen:

1537 schenkte ihm der Herzog ein Haus in Schwerin. Während der Erneuerung der Befestigung von Plau 1546—1548 überbringt er zweimal im Auftrage des Herzogs Geld. 1547 wird er als „Hofmaler" erwähnt. 1550 richtet der Herzog Johann Albrecht ein Schreiben an den Herzog Heinrich, in welchem er diesen ersucht, ihm den „bawmeister Erhart Maler" nach Wismar zu senden. Aus dieser Zeit scheint auch der undatierte Brief A.s zu stammen, worin er seine Dienste anbietet und gleichzeitig „ein klein werk . . . mit meiner faust gemacht" überreicht. Von 1552 steht er dann in den Diensten Johann Albrechts und ist in den Schweriner Renterei-Registern bis 1561 nachweisbar. Er war also Maler, Zeichner auf den Holzstock und auch Baumeister. Architektonische Motive behandelt er in seinen Holzschnitten mit Vorliebe und offenbar fachmännischer Sachkenntnis. Doch ist für Sarres Vermutung, in ihm den leitenden Architekten und den eigentlichen Schöpfer des Fürstenhofes in Wismar zu sehen, kein Beweis zu erbringen. Von bezeichneten Gemälden seiner Hand ist nichts erhalten. Außer den oben erwähnten Holzschnitten der Lübecker Prachtbibel trägt noch ein großes Blatt von drei Stöcken, 1513 datiert und ein Turnier darstellend, das Monogramm A.s. Über die anderen auf A. zurückgeführten Holzschnitte vgl. das ausführliche Verzeichnis in Meyers Kstlerlex.

Jahrb. f. Mecklenb. Gesch. u. Altertumskunde XXI 298 (Lisch) u. XXIII 113 (Wiechmann-Kadow, Die Mecklenb. Formschneider des 16. Jahrh., auch als S. A. 1858 p. 15). *Maybaum.*

Alten, Mathias Joseph, deutsch-amerikan. Maler, geb. 13. Febr. 1871 in Gusenburg (Rheinprovinz). Erhielt seinen ersten Malunterricht von seinem Vater, mußte aber sein Studium unterbrechen, um in ein Geschäft einzutreten 1889 kam er nach Amerika, wo er bald seine Kaufmannskarriere aufgab, um sich ganz dem Studium der Malerei, das er nie vollständig unterbrochen hatte, zu widmen. Auf einer Europareise, 1899, verbrachte er längere Zeit in Paris, wo er von bedeutenden Malern wie Benjamin Constant und Whistler Unterricht empfing. Er hat sich in Grand Rapids, Mich., niedergelassen, wo er auch als Mallehrer große Tätigkeit entwickelt. Er ist Mitglied der Society of Western Artists. Bilder von ihm sind auch in Philadelphia und New York auf Ausstellungen erschienen. Seine Landschaftsbilder (z. B. Grading down the Hilltop) gehören zu seinen besten Leistungen. *Edmund von Mach.*

Altena, Adam, holl. Maler (1612 heißt er Student), in mehreren Akten 1613, 1614, 1617 als solcher in Leiden erwähnt. *A. B.*

Altenburg, Johann Friedrich, Glockengießer zu Sachsenhagen (Hessen-Nassau) in der 2. Hälfte des 18. Jahrh. Von ihm Glocken in Einsbeckhausen (1776) und in Erichshagen (1796). **

Altenburgh, Dan., s. *Aldenburgh.*

Altenhaus, F. N., Glockengießer. Von ihm eine Glocke in Laer bei Iburg (Osnabrück) 1614. **

Altenkirch, Otto, Landschaftsmaler in Dresden, geb. 2. 1. 1875 in Ziesar, Schüler der Berliner und Dresdener Akad. unter Eugen Bracht, stellte 1904 und 1906 auf der großen Berliner Kunst-Ausstellung, 1904 auf der großen Kunst-Ausstellung in Dresden und 1906 auf der sächsischen Kunst-Ausstellung daselbst aus.

Singer, Kstlerlex. Nachtr. 1906. — Katal. d. Ausstellgn. *H. V.*

Altenkopf, Joseph, Landschafter, geb. 26. 1. 1818 in Wien, widmete sich erst spät der Kunst. Er besaß ein merkwürdiges Nachahmungstalent und hat sich in den verschiedensten Malweisen versucht. Seine Stelle als Direktor der Esterhazyschen Galerie verlor er (Mitte der 50er Jahre) infolge der Entdeckung zahlreicher Verkäufe aus den Sammlungen des Fürsten. Nach Abbüßung einer Strafhaft nahm er einen anderen Namen an.

Meyer, Kstlerlex. **

Altenstaig (Alterstaich), Heinrich, tiroler Goldschmied, arbeitete für Erzherzog Sigmund, wofür er 10. 5. 1496 Bezahlung erhält; erscheint 2. 12. 1503 als Innsbrucker Bürger als Zeuge in einer Urkunde. Vom 2. 7. 1507 bis 15. 6. 1514 erscheint er mit seiner Frau, Veronica von Thossenheim, als Mitglied der St. Barbarabruderschaft zu Innsbruck, scheint aber später von Innsbruck fortgezogen zu sein. 1496 war Sigmund Veck sein Schüler, weshalb er auf Kaiser Maximilians I. Befehl eine Entschädigung erhält. *A. Sikora.*

Altenstetter (auch Attemstett, Attemstetter), David, berühmter Emailleur und

Goldschmied in Augsburg, geb. in Colmar um 1547, in der Augsburger Steuerliste zum ersten Male 1570 erwähnt, wird 1573 Meister in Augsburg, 1588 Vorgeher in der Zunft und stirbt 1617 in Augsburg. Wegen der Ähnlichkeit des Namens, der örtlichen und zeitlichen Beziehungen und der Vortrefflichkeit ihrer Arbeiten sind Andreas Attemstett und David Altenstetter von älteren Autoren für Vater und Sohn gehalten worden, aber doch ohne faktische Berechtigung. Denn Andreas ist Friese von Herkunft, David Elsässer, ferner sind die Familiennamen in Wirklichkeit verschieden und es wäre nicht recht verständlich, wie der Sohn schon 1573 das Meisterrecht erhalten konnte, während der Vater erst 9 Jahre später nach vielen Umständlichkeiten durch Eingreifen des Kaisers dieses Recht erreichen konnte. Von seinen Leistungen ist uns Wertvolles erhalten, anderes nur literarisch bekannt. Er signierte meist mit D. A. oder D. A. F. Stetten kannte so bezeichnete Blumen u. Wappen in Schmelzwerk. Um 1578—79 soll David samt den Augsburger Künstlern Matthias Fend, Elias Waldvogel, Christoph Abbt u. Balduin Drentwett an einer Arbeit für Herzog Wilhelm von Bayern beschäftigt gewesen sein, die Stetten sehr beträchtlich nennt. Das Nationalmuseum in München besitzt einen mit transluciden Emailplatten, Lapis Lazuli u. Metallornamenten gezierten Prachtschrank in Elfenbein von 1601. Die Emailplatten daran, welche A. fertigte u. mit D. A. 1601 signierte, zeigen bei sorgsamster Ausführung die trefflichen Eigenschaften der damaligen Goldschmiedekunst. Das Nationalmuseum bewahrt auch noch eine silberne Emailplatte, bezeichnet D. A. 1601, und auf der Augsburger Ausstellung 1886 waren (Kat. No. 1658 u. 1935) zwei Silberplatten mit reizenden Ornamenten, bezeichnet D. A. F. 1602. Im Besitz des österr. Kaiserhauses 1 Standuhr (1610) u. eine Büchse, Pulverflasche u. Spanner mit Email. Das berühmteste Stück aber, woran der Künstler beteiligt war, ist der prächtige Pommerische Kunstschrein im Kunstgewerbemus. zu Berlin. Herzog Philipp II. von Pommern (†1618) ließ dieses über 4 Fuß hohe Prachtmöbel, zu dessen Ausschmückung schier alle Techniken des Kunsthandwerks mitwirkten, nach dem Entwurf des bekannten, 1578—1647 lebenden Augsburger Diplomaten u. Patriziers Philipp Hainhofer anfertigen. Die Wandflächen enthalten Silberplatten mit buntfarbigem Email ausgefüllt, worauf die Sinnbilder der Elemente und feine anmutige Arabesken (hier auch das Monogramm des Künstlers D. A. F.). In neuerer Zeit hat sich die Ansicht geltend gemacht, daß A. auch der Verfertiger der österreichischen Kaiserkrone, der sogenannten Hauskrone, eines der bedeutendsten Gebilde deutscher Goldschmiedearbeit, sein könnte. Nach den Stileigentümlichkeiten des ganzen Werkes, insbesondere aber nach den zierlichen bunt emaillierten Silberstreifen zu schließen, wäre die Autorschaft unseres Künstlers wohl möglich. Dieses Meisterwerk der Kunstindustrie, durch Pracht des Materials wie durch Schönheit der Form und Ausführung hervorragend, wurde im Auftrage Kaiser Rudolfs II. 1602 gefertigt und befindet sich in der kaiserl. Schatzkammer zu Wien. Für Altenstetter als den Urheber des Werkes spricht auch dies, daß er, wie Stetten berichtet, Kammergoldschmied des Kaisers war. Die ungewöhnliche Hochschätzung seiner Zeitgenossen spricht sich in Philipp Hainhofers Briefen deutlich aus. Hier auch verschollene Arbeiten A.s, z. B. 6 Emailplatten für ein Tintenfaß erwähnt.

P r a s c h, Epitaphia Augustana III 30. — S t e t t e n, Kst.-, Gewerbs- u. Handwerksgesch. der R. Augsburg, 1779 I 225, 439, 466, 468, 486, — T r a u t m a n n, Kunst u. Gewerbe p. 71, 140, 388. — Die österr. Kaiserkrone, abgebildet in: Die vorzügl. Kstwerke der Schatzkammer des österr. Kaiserh. (Qu. Leitner) und die Besprechung des Leitnerschen Werkes von Lippmann in: Zeitschr. f. bild. Kst. 1871 p. 55, ferner der Aufsatz: Ilg, Die österr. Kaiserkrone, bei Egger, p. 350. — Jahrb. d. preuß. Kstsamml V 48, 52. — Jahrb. d. Ksthist. Samml. d. allerh. Kaiserh. VII Regesten N. 5446. — Phil. Hainhofers Beziehungen zum Herzog Philipp II von Pommern-Stettin (Quellenschriften VI 1894). — W. B ö h e i m, Meister der Waffenschmiedekunst, p. 11/12. — M a r c R o s e n b e r g, Der Goldschmiede Merkzeichen, II. Aufl. Frankfurt a. M. 1908 (hier eine Liste der bezeichneten Arbeiten). — M e y e r, Kstlerlex. — Mit Literaturnot. von M. Rosenberg. **

Alteren, J o h a n n e s v a n, Kupferstecher, war 1669—1674 im Haag Schüler von Johannes Drappentier. *E. W. Moes.*

Alteriis, G a e t a n o d e, Arzt in Neapel in der 1. Hälfte des 18. Jahrh., Dilettant im Blumen- und Früchtemalen, kopierte meist die Bilder seines Lehrers, des Abate Andrea Belvedere.

B. d e D o m i n i c i, Vite dei pittori napoletani IV 399. **

Alterion, F r a n z, Maler, tätig in Budapest, 1784 erwähnt.

„Archaeologiai Ertesitö, ú. f." III 99. *K. Lyka.*

Altermatt, J o h a n n K a s p a r, Bildschnitzer von Solothurn, geb. daselbst 1636, nur urkundlich bekannt.

B r u n, Schweizer. Kstlerlex. *H. V.*

Altermatt, N i c o l a u s (Claus), Baumeister von Solothurn, geb. daselbst 10. 6. 1596, erhielt 1632 den Auftrag, die große Wendeltreppe, den sogenannten Schnecken, im dortigen Rathaus zu errichten. Ein statuarisch verzierter Steinkamin von ihm im ehemaligen St. Ursensaal des Rathauses (nicht mehr vorhanden).

B r u n, Schweizer. Kstlerlex. *H. V.*

Altgelt, Architekt in Berlin, 1898 Mitarbeiter Messels am neuen Kaufhause Wertheim daselbst, stellte auf der Großen Berliner Kstausstellung 1904 mit dem Architekten H. Schweitzer aus (Rathausstudie). In derselben Firma A. und Schweitzer beteiligte er sich 1904 an einer Konkurrenz für ein Stadthaus für Bremen (Projekt angekauft).

Kunstgewerbeblatt, N. F. IX 1898 p. 92 (mit Abbldgen.). — Berliner Architekturwelt VI 1904 p. 322, 326, Abb. vor p. 333. — Deutsche Konkurrenzen, herausg. von A. Neumeister, 1904 XVII. Heft 8 u. 9 p. 34/35. — Kat. d. Ausstellg. 1904. *H. V.*

Althan, Gundacker von, Hofbaudirektor Kaiser Karls VI., wird 1728 erwähnt.

Jahrb. d. Kst.-Samml. d. öst. Kaiserh. XIII, II. Teil CCLXI. **

Althaus, Fr. B., engl. Maler in Exeter, stellte 1887—1900 Landschaften und Seestücke in der Roy. Acad. aus. In den letzten Jahren war er in der R. Soc. of Artists in Birmingham und in der Walker Art Gallery in Liverpool vertreten.

Graves, Roy. Acad. Exh. I 30. **

Althaymer, Michael, schrieb 1401 in Augsburg das Manuskript der Gedichte des Hugo von Trymberg, mit Miniaturen. Jetzt in der Universitätsbibliothek zu Leiden.

Bradley, Dict. of Miniat. I. **

Altheim, Georg, Landschaftsmaler in Darmstadt, geb. in Groß-Gerau (Hessen) 10. 3. 1865, Bruder des Wilhelm A., hat sich ohne eigentlichen Lehrer herangebildet. Die heimische Ebene in ihrer Einfachheit, in Licht und Luft gebadet, ist sein Lieblingsthema für seine feingestimmten und liebevoll durchgeführten Landschaftsbilder. Auf der Großen Berliner Kunstausstellung 1906 waren von ihm die Gemälde: „Herbst" und „Arheilgen".

Eigene Notizen. **

Altheim, Wilhelm, deutscher Maler, geb. 2. 8. 1871 zu Groß-Gerau (Großherzogtum Hessen), von 1886—1894 Schüler des Städelschen Institutes in Frankfurt a. M. und lebt seither in Eschersheim bei Frankfurt. Seine lebenstreuen Schilderungen des Bauern und seine Landschaften mit weiter Ferne schöpft er aus dem Umkreis seiner Wohnstätte. Im Städelschen Kunst-Institut: Nach schwerer Arbeit 1898 und Das Vesperbrot 1900.

Schrey.

Altheimer, Josef, Heiligenmaler in Regensburg, geb. 12. 2. 1860 zu Aystetten bei Augsburg, Schüler der Münchener Akad., fertigte mehrere größere Altarwerke und Wandmalereien in Kirchen der Oberpfalz, Niederbayerns, Unter- und Mittelfrankens. Auf der Ausstellung der Deutschen Gesellschaft für christliche Kunst, München 1899 war er mit einem gotischen Flügelaltar aus der Albertus-Kapelle des Fürsten Thurn und Taxis vertreten.

Dresslers Kunstjahrbuch 1906. — Die Kunst I. (Kunst f. Alle XV). — Kat. d. Münchener Jahres-Ausstellg. 1900, Glaspalast, pag. 107. *H. V.*

Alther (Altheer), Jakob, Steinmetz in Rorschach a/Bodensee, errichtete laut Vertrag vom 12. 6. 1556 den noch bestehenden Martinsbrunnen auf dem Martinsplatz in Chur.

T. Schiess bei Brun, Schweizer. Kstlerlex. *H. V.*

Altherr, Alfred, Innen-Architekt und Kunstgewerbler in Berlin, dann in Elberfeld, Lehrer an der dortigen Kunstgewerbeschule, geb. Dezember 1875 in Basel. Er stellte auf der großen Berliner Kunst-Ausstellung 1904 ein Damenmusikzimmer, 1905 ein Wohn- und Speisezimmer aus und erhielt die goldene Medaille auf der Welt-Ausstellung in St. Louis (1904).

Dressler, Kunstjahrbuch 1906. — Kunstgewerbeblatt N. F. XV 200, Abb. p. 181—186. — Die Kunst XIV 91 u. f. — Kat. d. Ausstellg. *H. V.*

Altherr, Heinrich, Schweizer Porträt- u. Landschaftsmaler, geb. 11. 4. 1878 zu Basel, studierte in München (Malschule Knirr) und Rom. Seine spezifisch modernen, farbigen und kraftvollen Gemälde erregten sofort Interesse. Porträtbild „Mein Freund" 1904 angekauft für das städt. Mus. in Basel. Dekorative Figurenkomposition, in der Auffassung an H. v. Marées erinnernd, „Im Lande der Sonne", nackte bewegte Jünglinge im Freien, 1903 auf der Silvester-Ausstellung des Baseler Kunstvereins ausgestellt (abgeb. in „Die Kunst" VII 216). Dame in Weiß; Selbstbildnis; Porträt des Vaters; Bildnis des Dr. P. Sch. 1905 in der Weihnachtsausstellung der Baseler Künstler (Kunsthalle Basel) ausgestellt.

Die Kunst VII 222, IX 296, XI 210, 438, XV 391. — Brun, Schweizer Kstlerlex. *H. V.*

Althüser, Heinrich, Bildschnitzer in Basel um 1470, nur urkundlich bekannt.

D. Burckhardt bei Brun, Schweizer. Kstlerlex. *H. V.*

Alticciati, s. *Atticciati.*

Altichiero (Alighieri) da Zevio, Veroneser Maler aus Zevio bei Verona, geb. um 1320, † um 1385. Der Begründer der altveroneser Malerschule, deren Hauptdenkmale in Verona und Padua zu suchen sind. In Verona läßt sich mit Bestimmtheit nur das Fresko der Cavalli-Ritter in Sta Anastasia auf ihn zurückführen (nach 1380). In Padua stammt der größere Teil der Fresken der Cappella S. Felice im Santo und ein Teil der Fresken des Oratoriums S. Giorgio neben dem Santo von ihm. Die Arbeitsgemeinschaft mit Jacopo Avanzo ist durchaus im Schülersinn aufzufassen. Altichiero ist der Gebende und der Meister der ganzen Schule. Im Dienste der Carrara entstanden die „uomini famosi" im Palaste dieser Fürsten, bis auf wenige Reste („Petrarca") verschwunden (der „Kaisersaal" heute Bibliothek). Altichiero nahe stehen einige Malereien in den Eremitani, namentlich einige Nischenfresken über Gräbern. Breitere Spuren hinterläßt er in Verona, wo seine Art und Schule sich in manchen Fresken in S. Fermo, S. Zeno, im Pal. Pompei, aber auch nördlicher an der Brennerstraße verrät. Die entscheidende Arbeit ist das Fresko der Kreuzigung in S. Felice im Santo zu Padua, eine große Darstellung in drei Abteilungen mit starker Entwicklung der Szene in ungemein malerischer Behandlung des Ganzen. Die gleiche Tendenz zum Malerischen spricht sich in anderen Fresken der gleichen Kapelle aus, wo namentlich der Innenraum viel geschlossener gegeben wird als dies je den florentiner Giottisten gelingt. Hand in Hand mit dieser mehr das Ganze als das Einzelne betonenden Auffassung geht das Interesse am Zuständlichen, am Genre, wodurch diese Fresken sehr an Unmittelbarkeit und schöner Lässigkeit gewinnen. Die Florentiner Erzählungsweise wirkt daneben aufgepeitscht, wenn auch eindringlicher und moralischer. Durch das Zusammenwirken von Architektur und Figuren bereitet Altichiero das malerische Spiel der Venetianer Tage eines Carpaccio vor: Jacopo Bellinis Skizzenbücher in Paris und London enthalten sehr bestimmte Zwischenglieder. Seine Vorliebe für das Genre macht ihn zu einem Wegbereiter Vittore Pisanos. — Die Fresken der Georgslegende verraten die gleichen Vorzüge, außerdem aber fügen sie die Romantik ritterlichen Lebens u. den Zauber militärischer Gruppen hinzu. Die Statisten sind hier oft wichtiger als die Solisten; deren Schicksale werden mit edler und inniger Melancholie erfüllt. Das Rein-Menschliche verdrängt das Mirakulöse. Einst schauten diese Fresken mit goldener Pracht auf eine Riesen-Arca herab, die der Stifter der Kapelle, Bonifazio Lupi, sich als Grabmal in die Mitte des Raumes hatte setzen lassen. Zweierlei ist hier anders als in Florenz: statt der demokratischen Grundstimmung ein Rittertum, auch der Heiligen; statt des moralischen Einpaukens vornehme Reserve in malerisch bewegter Szene. Giottos Arenafresken haben diesen Veroneser wenig bekümmert. Ihm mußte diese herbe Schönheit als primitive Härte erscheinen. Die reiche Entwicklung der Szene, die Belebung des Figurenspiels mit architektonischen Rahmungen und Kulissen fand bald Nachahmung; südlich führen die Spuren bis Parma und Bologna und tief nach Umbrien herein, nördlich über Treviso gar bis Böhmen, dessen kaiserl. Malschule von Trevisanern begründet worden ist. Dagegen fehlt seltsamerweise Altichieros Spur in Venedig; hier klafft zwischen Guarientos „Paradiso" im Dogenpalast 1367 und den (literarisch gesicherten) Bildern Vittore Pisanos und Gentiles da Fabriano (1420) eine peinliche Lücke. Übrigens hat der letztgenannte Umbrer auch manches Altichiero zu verdanken; und Antonio Vivarinis Anbetung der Könige in Berlin zeigt den gleichen Einfluß. J. von Schlossers Versuch, einige Handzeichnungen der Uffizien auf Altichiero zurückzuführen, muß abgelehnt werden. Dagegen verdanken wir diesem Forscher die Aufdeckung des Zusammenhangs einer (erhaltenen) Miniaturenfolge mit einem (verlorenen) Freskenzyklus in Padua. Giusto di Menabuoi da Padova darf nur im weiteren Sinn mit Altichiero in Verbindung gebracht werden. Er ist Florentiner und hat in Padua zwar gewonnen an farbiger Fülle, ohne doch die strenge Figurensprache der Florentiner preiszugeben; dies beweist sein Hausaltärchen in der Londoner National Gallery.

E. Foerster, Die St. Georgskapelle zu Padua. Mit Tafeln. Berlin 1841 (italien. von Selvatico, Padova 1846). — Gonzati, La Basilica di S. Antonio di Padova, Padova 1852 I 178 ff., 273 ff. — Crowe-Cavalcaselle, italien. Ausg. 1887 IV 140 ff., deutsche Ausg. 1869 II 393 ff. — Schnaase, Gesch. d. b. K. VII. — P. Schubring, Altichiero und seine Schule. Ein Beitrag zur Gesch. d. oberitalien. Mal. im Trecento. Leipzig 1898. — J. von Schlosser, Ein veronesisches Bilderbuch etc. Jahrb. d. Samml. d. Allerh. Kaiserh. XVI 144 ff. — Ders., Giusto von Padua ib. XVII 1896. — Ders., Tommaso da Modena ib. XIX 1898. — J. Neuwirth, Mittelalterliche Wandgemälde und Tafelbilder der Burg Karlstein in Böhmen. Prag 1896. — Weitere Literatur bei Schubring.
P. Schubring.

Altieri, Francesco, italien. Steinmetz, † 1780, seit dem Anfang der fünfziger Jahre am Bau des Stuttgarter Schlosses beschäftigt.

Kst.- u. Altertumsdenkmale i. Königr. Württemberg, Neckarkr. p. 587. *H. V.*

Altimanni, s. *Jacopo* Torriti.

Alting (Alding), C., wenig bekannter deutscher Porträtmaler in Berlin (?) zu Anfang des 19. Jahrh.

Meyer, Kstlerlex. (hier 3 Stiche von F. Bollinger nach ihm aufgeführt). *H. V.*

Altini, Francesco, s. *Fabi Altini,* Fr.

Altini, Ignazio, Kupferst., Schüler des G. Longhi, zu Mailand im Anfang des 19. Jahrh. tätig. Von ihm z. B. Christus in Emmaus nach C. Allori u. Musikerbildnisse.
P. K.

Altissimo, Cristofano (di Papi) dell', Maler aus Florenz, erhielt seinen ersten Unterricht von Pontormo und begab sich dann in die Schule des Agnolo Bronzino. Sein Name ist vor allem mit jener Porträt-Sammlg. verknüpft, die, angelegt von Herzog Cosimo I., einstens die „Stanza del Oriulo" im Palazzo Vecchio schmückte und, seitdem sehr vergrößert, heute in dem gedeckten Gang zwischen den Uffizien und dem Palazzo Pitti untergebracht ist. Im Juli 1552 sandte Herzog Cosimo den Künstler nach Como, um daselbst aus der hochberühmten Porträtsammlg. des Paolo Giovio, Bischofs von Nocera die Bildnisse der bedeutendsten Männer von ihm kopieren zu lassen. Die Arbeit Altissimos zog sich bis ins Jahr 1564 hin und im ganzen hat er wohl mehr denn 280 Porträts kopiert. Über die einzelnen Phasen seiner Tätigkeit unterrichten Altissimos Briefe an den Herzog und dessen Sekretär Lorenzo Pagni, in denen er übrigens seine und seiner Familie Notlage in den düstersten Farben schildert. Altissimos Kopien kommt ein hoher ikonographischer aber kein künstlerischer Wert zu und auch in selbständigen Werken scheint er nur Geringes geleistet zu haben. Denn als Donna Ippolita Gonzaga ihr Porträt von ihm und gleichzeitig von ihrem Hofmaler Bernardino de' Campi malen ließ, war in diesem merkwürdigen Wettkampf nach allgemeinem Urteil Altissimo der Unterliegende. Er starb zu Florenz 21. 9. 1605 und wurde in der Kirche von San Piero Maggiore begraben.

Vasari, Ed. Milanesi VII 608 f. und „Tavola de' Ritratti del Museo dell' Illustriss. et Excellentiss. S. Cosimo Duca di Fiorenza et Siena". Diese Liste von ca. 240 größtenteils wohl von Altissimo stammenden Bildnissen ist im Anhang zur zweiten Auflage der „Vite" abgedruckt. (Giunti-Ausgabe 1568.) — Vasari, VIII 374 teilt 18. 1. 1564 dem herzogl. Depositar Angelo Biffoli den Empfang von zehn Bildnissen mit. — Baldinucci, Not. de' Professori etc. in Opere VII Milano 1808 p. 569. — Die Briefe Altissimos abgedruckt bei *Gaye* Carteggio etc. Tom. II 389—92. 31. 5. 1552 bittet Altissimo um eine ausführliche Liste der zu kopierenden Porträts, 8. 8. 1553 zeigt er die Absendung von 24 Bildnissen nach Florenz an, deren Empfang der Herzog 11. 9. bestätigt und 28. 9. schickt Altissimo die „Namen von allen Bildnissen, die hier sind". 7. 7. 1554 zeigt Altissimo mit der dringenden Bitte um Geld die Vollendung von 26 anderen Porträts an (der nämliche Brief auch bei Gualandi, Nuova raccolta di lettere p. 46 und in deutscher Übersetzung bei Guhl-Rosenberg „Künstlerbriefe" p. 265 f.); seine Bitte wiederholt Altissimo 16. 8. und dankt 26. 9. dem herzogl. Sekretär Pagio für erhaltenes Honorar. 23. 10. 1556 zeigt er dem Herzog wiederum die Vollendung von 24 Bildnissen an, deren Verzeichnis bei Gualandi mit dem Brief p. 371 f. mitgeteilt ist. 18. 11. endlich bestätigt Cosimo aus Pisa dieses Schreiben. — Lamo, Discorso intorno alla scoltura e pittura. Cremona 1584 p. 53 berichtet über die Porträts Ippolita Gonzagas von Altissimo u. Bernardino de' Campi. — Meyer, Kstlerlex. I 557 f. — Müntz, Le Musée de Portraits de Paul Jove. Paris 1900 p. 18 ff. und Kenner, Die Porträtsammlg. des Erzherzogs Ferdinand von Tirol im Jahrbuch der Kunstsammlung des allh. Kaiserhauses XVII 1897 p. 181—182.
Emil Schaeffer.

Altkürch, Joseph von der, Teppichwirker in München 1604—1612.

L'Art XXX 98. **

Altmann, Hofgoldschmied in Dessau 1811, dessen Geschicklichkeit erwähnt wird.

Füssli, Neue Zusätze, 1824, 109. **

Altmann (Ultmann, Oltmann), Abraham, Steinmetz in Rochlitz im 16. Jahrh. Er lieferte Steinmetzarbeiten für die 1555 erbaute Wage und 1557 für das unter Hieronymus Lotter errichtete Rathaus zu Leipzig, für letzteres nach Gurlitt die Konsolen für den nach Süden gelegenen Giebelerker.

Gurlitt, Bau- u. Kunstdenkm. d. Kgr. Sachsen XVIII 310, 313 u. 377. *A. Ky.*

Altmann, Anton, Vater des in Wien geborenen Landschaftsmalers Anton A., geb. 1777 zu Datschitz in Mähren, übte die Landschaftsmalerei, aber weniger in Öl- als in Leimfarben, für die Salons der Reichen, er siedelte nach Wien über und beschloß hier den 26. 2. 1818 sein Leben.

Andresen, Deutsche Maler-Radierer des 19. Jahrh. III 187. *W. Schram.*

Altmann, Anton, d. j., Landschaftsmaler und Radierer, Sohn Antons d. ä., geb. zu Wien den 4. 6. 1808, † 9. 7. 1871 daselbst. Er bildete sich seit 1821 an der Wiener Akad. unter J. Mössmer als Landschaftsmaler aus, ging 1829 als Zeichenlehrer zum Grafen Apponyi nach Ungarn, verließ aber schon 1 Jahr später den Posten. 1838 stellte er ein größeres Ölbild in Wien aus und widmete sich seit dieser Zeit ununterbrochen der Landschaft, wozu er die Motive in dem österr. Hoch- und Flachlande aufsuchte. Seine Bilder sind großenteils sehr sorgfältig ausgeführt und zeichnen sich durch frische Farbe, Wahrheit und Empfindung aus. Seine Landschaften fanden Beifall und mehrere derselben kamen in den Besitz der kais. Familie. Von seiner Hand stammen auch mehrere gelungene Aquarelle und radierte Blätter.

Von seinen Werken erwähnen wir: Kreuzgang des Klosters Maria Schein in Böhmen (1838). — Partie aus Steiermark (1840). — Waldausgang (1840). — Eisenhammer bei Rehberg (1841). — Landschaft mit großen Kräutern (1846). — Sumpflandschaft (1846). — Abendlandschaft (1847). — Feldbrunnen an einem Waldausgange (1851). — Gebirgsmühle (1851). — Landschaft nach dem Regen (1852). — Eine Waldlandschaft (1851), vom kaiserl. Hofe angekauft, findet sich im k. Hofmuseum.

Meyer, Kstlerlex. — Andresen, Die deutschen Malerradierer d. 19. Jahrh. III 187—192. — Wurzbach, Biogr. Lex. I 18. — F. v. Bötticher, Malerwerke des 19. Jahrh. — Mit Notizen von O. E. Deutsch. **

Altmann, David, von Eydenberg, Maler, 1617—21 in Breslau tätig, übernahm 1632 unentgeltlich das Ausmalen und Anstreichen in der Strahöwer Bibliothek in Prag. Er wohnte damals in Prag auf dem Hradschin.

Dlabacz, Allgem. histor. Kstlerlex. f. Böhmen. — Lutsch, Kstdenkm. Schlesiens V 515. **

Altmann, Hendrik, Maler und Lithograph, geb. Zaandam, 7. 11. 1791, † 23. 12. 1863 in Rotterdam, wo er lange Zeit Hauptlehrer einer Schule war. Er malte Kirchen, Porträts, Landschaften, ohne künstlerische Bedeutung. Ausstellungen Rotterdam. 1832, 1834, 1836, 1838, 1850. — Eine Anzahl Rotterdamer Stadtansichten sind nach seinen Zeichnungen von C. C. A. Last lithographiert. (Mitt. v. E. W. Moes.) *Haverkorn van Rijsewijk.*

Altmann, Johann Gottlieb, Kunsttöpfer in Bunzlau, geb. den 26. 10. 1780, † den 4. 5. 1851. Gehört zu den bedeutendsten Bunzlauer Töpfern, befaßte sich mit der Verfeinerung der Steinzeugmasse und der Glasur. Als Vorlagen für seine im antikisierenden Geschmack gehaltenen Arbeiten dienten Entwürfe von Hofrat Bach in Breslau. Erhielt 1844 auf der Londoner Ausstellung die goldene Medaille und von Friedrich Wilhelm IV. ein Ehrendiplom.

M. Höhne, Die Bunzlauer Töpferei. Kunstgewerbeblatt, I 157 f. *E. Hintze.*

Altmann, Joseph, Landschaftsmaler (Öl und Aquarell), geb. in Wien 29. 11. 1795, † daselbst 7. 6. 1867, Schüler der Wiener Akad. In seinen späteren Jahren restaurierte er Gemälde und leitete Kunstauktionen zu Wien. **

Altmann, Karl, Genremaler, geb. zu Feuchtwangen 1800, † zu München 1861. Von 1819 bis 1822 auf der Akad. in Dresden ausgebildet, wandte er sich dann nach München, wo er seinen bleibenden Wohnsitz nahm. Als Vorwürfe zu seinen Bildern nahm er das oberbayerische Volksleben; Wildschützen, Schmuggler, ländliche Feste, die er nicht ohne Humor und Empfindung aber ohne großes malerisches Talent behandelte.

Meyer, Kstlerlex. *P.*

Altmann, Mathias Franz, Maler und Bürger in Brünn, auch Kantor zu St. Jakob daselbst, geb. um 1690 in Datschitz in Mähren, † zu Brünn 10. 9. 1718, malte das Hochaltarblatt „Der hl. Wenzel" für die Pfarrkirche zu Kirchmislau im Iglauer Kreise.

Cerroni, Gesch. d. bild. Künste in Mähren und Schlesien III (Ms. des Mähr. Landes-Arch.). *W. Schram.*

Altmann, Sigmund, Wiener Steinmetz und Maurer, † 1490, tätig zwischen 1440 und 1450 am Baue der Burg in der Wiener Neustadt. 1469 erhielt er 20 Talente denariorum für den Bau der Altane in der Burg angewiesen.

W. Boeheim, Baumstr. u. Steinmetzen in Wiener-Neustadt im XV. Jahrh. p. 23. **

Altmann, Sybrand, Maler u. Lithograph, Sohn von H. Altmann, geb. 6. 9. 1822 Den Burg auf Texel; † 6. 6. 1890 zu Amsterdam, wo er 1. 5. 1880 Professor an der Zeichen-Akad. wurde, Schüler von P. van Schendel. Bilder A.s: Porträt des Bildhauers J. Th. Stracké und „P. Potter in seinem Atelier" im Ryksmus. in Amsterdam. Er kopierte 13 Gemälde von Rembrandt, v. d. Helst, Fr. Hals, P. Potter, und veranstaltete damit eine Ausstellung zu London 1872; diese Kopien wurden verkauft zu Amsterdam 3. 3. 1891; zwei andere Gemälde 18. 12. 1890. Lithogr. Porträts: 1858, Prof. J. von Gilse, gr. Fol.; Selbstporträt, Fol.; 1859, Prediger H. G. J. van Doesburgh, Fol.; 1859, Med. Dr. J. G. van Roosenburg, Fol.; 1864, H. Altmann, sein Vater und viele andere Porträts, auch nach Daguerreotypien und Photographien.

Haverkorn van Rijsewijk.

Altmann, Wilhelm, Zinngießer. Von ihm eine Zinnkanne mit graviertem Ornament von 1649 in der St. Katharinenkirche zu Brandenburg a. H.

Bergau, Bau- u. Kstdenkm. der Provinz Brandenburg p. 259. **

Altmannshausen, Joh. Ernst von, Dilettant. Nach seiner Zeichnung nennt Nagler, Monogr. III No. 2265, den gestochenen Plan des 1646 von den Schweden zerstörten Schlosses Wolfegg, gr. qu. fol. **

Altmans, s. *Oltmans.*

Altmar, dän. (?) Goldschmied des Mittelalters. Seinen Namen trägt ein kupfervergoldetes Prozessionskreuz im altnordischen Mus. zu Kopenhagen.

Notiz von M. Rosenberg. **

Altmutter, Franz, Maler, geb. zu Wien 1746, † zu Innsbruck 21. 1. 1817. Erlernte die Malerei zuerst bei Maler Bande, dann an der Akad. der bildenden Künste zu Wien unter Schletterer, Sambach und Schmutzer. Unter Bandes Oberleitung arbeitete er fast 6 Jahre in Ungarn für verschiedene Magnaten. Nach einem Aufenthalt in Graz zog er 1871 nach Innsbruck, wo er bis zu seinem Ende blieb. Technisch und stofflich sehr vielseitig, malte in Öl, Aquarell, Fresko und Pastell: Landschaften, Blumen, Früchte, Architektur, Figuren; besonders auch gut im Porträt. Genoß die Gunst des Statthalters von Tirol, Grafen von Heister, der ihm viele Aufträge verschaffte. Von ihm ausgeführte Fresken: Deckengemälde in der Kuratskirche in Neustift im Stubaital (1771), im Redoutenhaus in Innsbruck (1773, 1816 zerstört), in der Kuratskirche von Ridnaun bei Sterzing (1773), in der Pfarrkirche von Mareit bei Sterzing (1773), in der Kuratskirche von Wildermieming bei Telfs (Oberinntal 1784), in den Pfarrkirchen von Wenns (Oberinntal 1792) und Niederdorf (Pustertal 1799), in den Kuratskirchen von Pfitsch bei Sterzing (um 1800), Pfunders (Pustertal um 1809, gemeinsam mit seinem Sohne Placidus) und Oberperfuß (Oberinntal um 1809), in der städt. Friedhofskapelle in Innsbruck (Allegorien um 1809) und in den Pfarrkirchen von Seefeld (Dekanat Flaurling), Innichen (Pustertal), und Erl (bei Kufstein), ebenfalls um 1809. Wandgemälde im Fürstensaal des Klosters Beilten bei Innsbruck und 9 große und 4 kleine Wandgemälde in der kaise. . Hofburg in Innsbruck mit ländlichen Szenen. Seine Fresken zeichnen sich durch großartige Architekturperspektiven, dekorativ wirksame Verwendung der Pflanzenwelt und der Landschaft, lebhafte, wenn auch oft derbe, teils manierierte, teil stark naturalistische Behandlung des Figuralen, malerische Kompositionen und frische, in starken Kontrasten gehaltene Färbung aus. Im Ferdinandeum zu Innsbruck befinden sich (unter No. 335—339) folgende Ölgemälde von ihm: Fruchtstück, Porträt des Stadthistorikers Franz Karl Zoller, Porträt seines Sohnes Placidus als Kind mit Früchten, Porträt seines Töchterchens, Selbstporträt (?) des 60-jährigen Künstlers, gemalt 1806.

Tiroler Kstlerlex. — Tinkhauser, Beschreibung der Diözese Brixen (passim.) *H. S.*

Altmutter, Placidus (Jacob), Maler, Sohn des Franz A., geb. 25. 7. 1780 in Innsbruck, † 1819 bei Schwaz. Er erhielt den ersten Unterricht von seinem Vater, dessen Richtung er fortsetzen sollte. Die kriegerischen Ereignisse in seiner Heimat zogen ihn aber mehr an als die Kirchenmalerei seines Vaters. Er zeichnete mit Eifer die Uniformen und verschiedenartigen Typen der durchziehenden Truppen, sowie dann besonders des aufständischen Volkes, welches er auch in seinen friedlichen Beschäftigungen, Sitten und Trachten treu darzustellen suchte. Dabei vernachlässigte er aber die eigentliche Malkunst in Öl und Fresko und beschränkte sich meist auf Bleistift-, Feder- und Tuschzeichnungen, die er leicht kolorierte. Die Bemühung seines Vaters, ihm eine akademische Ausbildung zu verschaffen, indem er ihn durch Vermittelung des Generals de Chasteller 1801 an die Akademie nach Wien schickte, wo er bei Casanova studierte, hatte wenig Erfolg. Zwei Jahre später kehrte Placidus krank und von Heimweh getrieben nach Hause zurück. Nach der Niederwerfung des Tiroler Aufstandes Ende 1809 floh er, wohl kompromittiert, nach Klagenfurt und dann noch einmal nach Wien, kam aber im Frühjahr 1811 per Schub als Vagabund wieder zurück. Er half jetzt seinem Vater bei seinen Freskomalereien, z. B. in Oberperfuß, Erl, Wilten und führte in denselben besonders derbe Bauerngestalten, Tiere usw. aus. Mit Vorliebe aber setzte er seine früheren Studien fort und wurde so der Begründer des alpinen Sittenbildes in Tirol. Die scharfe Beobachtung und der lebhafte Natursinn in seinen Schöpfungen dieser Art fanden allerdings in seiner mangelhaften Ausbildung und in klassisch-akademischen Manieren, die er sich in Wien angeeignet hatte, wesentliche Beeinträchtigung. Sein Herumtreiben auf allen Märkten und Volksfesten, sowie in den Wirtshäusern führte ihn zu einer ziemlich ungeregelten Lebensweise, die auch direkt seinen Tod herbeiführte, indem er am 22. 11. 1819 in angeheitertem Zustande bei Schwaz in den Inn fiel und ertrank. Das Ferdinandeum in Innsbruck besitzt eine Reihe von Zeichnungen A.s aus den Jahren 1808—1819 in Ofenruß und Sepia mit Darstellungen aus dem Tiroler Volksleben und den Freiheitskämpfen.

Denifle, Tirol. Kstlerlex. — H. Schmölzer, Die Anfänge des alpinen Sittenbildes (Zeitschr. d. deutsch-österr. Alpenvereins 1889). *H. S.*

Altner, Steinschneider und Petschierstecher in Leipzig, dort seit 1727 nachweisbar.

Sicul, Annales Lipsienses. — Füssli, Neue Zusätze 1824 S. 109. *A. Ky.*

Alto Mearim, D. Maria Luisa do, portug. Malerin. Stellte 1900 in Paris Genrebilder und Porträts in Öl und Pastell aus.

Cat. de l'exp. décennale des b. a. Paris 1900 p. 516. *A. Haupt.*

Altobelli, Gaetano, Bildhauer zu Rom in der ersten Hälfte des 18. Jahrh., von dem sich keine Werke nachweisen lassen. Er war Schüler des Giuseppe Mazzuoli, der unter dem Einflusse Berninis stand, und blieb bei demselben bis an dessen Ende, so daß er vermutlich sich zumeist an den Arbeiten seines Meisters beteiligte.

L. Pascoli, Vite de' Pittori etc. moderni, II 487. — Meyer, Kstlerlex. *H. V.*

Altobello, Francesco Antonio, italien. Maler der zweiten Hälfte des 17. Jahrh. aus Bitonto im Neapolitanischen. Schüler des Carlo de Rosa, der seinerseits Schüler des Massimo Stanzioni war. Seine Gemälde unterscheiden sich von denen seines Meisters durch eine unnatürliche blaue Färbung, die fast monochrom wirkt. Er arbeitete für den Principe di Bisignano und für andere vornehme Herren in Neapel. Sein bekanntestes Werk ist ein Gemälde in der Kapelle des hl. Ignatius in S. Francesco Saverio in Neapel, das den Heiligen vor dem kreuztragenden Christus kniend darstellt, in der Höhe Gottvater in einer Engelsglorie.

B. de Dominici, Vite dei pitt. etc. Napoletani 1713 III 113. *Ozzola.*

Altobello dei Meloni, s. *Meloni.*

Altomonte, Andreas, kaiserl. Hof-Ingenieur, Kabinetts-Zeichner, Radierer, geb. 1699, † in Wien 13. 6. 1780. Wohl verwandt mit den beiden Malern. Arbeitete als Architekt für die fürstl. Familie Schwarzenberg in Krummau und Wien, war um 1759 als k. k. Hof- und Feld-Ingenieur in Wr. Neustadt tätig und ab 1763 Hoftheatralzeichner in Wien. Es sind von ihm mehrere interessante Blätter erhalten.

Ilg, Mitt. d. Z.-Komm. 1891 S. 33 u. 35. — Bermann, Österr biogr. Lex. I 84. — Die histor. Ausstell. d. Akad. in Wien S. 92. — Ilg u. Kabdebo, Siegel u. Monogr. österr. Künstler I T. 3. — Schimmer, Das alte Wien VIII 10. — Die histor. Ausstellung d. Stadt Wien

1873 No. 552. — Neumann, Palastbauten d. Barockzeit I 4. *Ernst Diez.*

Altomonte, Bartholomäus, Maler, geb. zu Warschau 24. 2. 1702, † zu Linz 12. 9. 1779. Sohn des Martin A., von dem er den ersten Kunstunterricht in Wien erhielt. Ging 1717 zu M. A. Franceschini nach Bologna, 1719 zu Lutti nach Rom, 1721 zu Solimena nach Neapel. 1723 kehrte er nach Österreich zurück und nahm seinen ständigen Wohnsitz in Linz. 1770 wurde er Mitglied der Akad. d. bild. Künste. Tafelbilder in Wien (K. St. Josef i. Margarethen), Linz (Ursulinerinnen, Stadtpfarrkirche), Hellmansöd in Ober-Österreich, Schlägel (Stift), Kremsmünster (Galerie, 12 Apostel), Admont, Herzogenburg, Ranzern (im Znaimer Kreise) Pfarrkirche, 3 Altarblätter. Auch hat er 1733 im Verein mit Cajetan Fanti die Risse zur großen Landstube des städt. Landhauses in Brünn gemacht. (Notiz v. W. Schram). Fresken in Linz (Elisabethinerinnen), St. Florian und Herzogenburg. Porträts.

De Luca, Gelehrtes Österreich, Wien 1773 I. Bd. 2. p. 287. — Tschischka, Kunst u. Alt. in Österreich, Wien 1736. — Ilg, Fischer v. Erlach passim. — Meyer, Kstlerlex. *Ernst Diez.*

Altomonte, Giacomo, röm. Maler im Anfang des 18. Jahrh. Seine röm. Herkunft ergibt sich aus seinen Signaturen, aber von seinen Arbeiten haben sich nur in Sardinien Proben von einiger Bedeutung erhalten. Auf zwei seiner Gemälde liest man die Daten 1721 und 1722 (Cagliari in den Kirchen S. Antonio und S. Domenico). In den Palästen u. Kirchen von Cagliari sind viele Tafelbilder und Fresken von A., der auffallenderweise in den ersteren häufig plump und mittelmäßig ist, während er in den Fresken den guten Traditionen der römischen Dekorationsmalerei des 17. Jahrh. folgt. Die bedeutendste Arbeit seiner Hand ist die Dekoration der Sakristei S. Michele in Cagliari. — Der Katalog der Pollakschen Galerie im Stifte St. Florian führt auch ein Gemälde von Giac. Altomonte auf (s. *A. Czerny,* Kst. u. Kstgew. im Stifte St. Florian. 1886 p. 303). *E. Brunelli.*

Altomonte (Hohenberg), Martin, Maler, geb. 8. 5. 1657 zu Neapel, † 14 9. 1745 im Stifte Heiligenkreuz in Niederösterreich. Erst Schüler von B. Gaulli gen. Baciccio in Rom, studierte dann bei C. Maratta. Wurde 1684 zu König Sobieski nach Warschau berufen und hat bei dieser Gelegenheit seinen deutschen Namen ins Italienische übertragen. Polnischer Hofmaler. Kam 1703 nach Wien und wirkte seit 1707 als Mitglied der Malerakad. an der Seite des Direktors Peter Freih. von Strudel. Ging 1720 nach Linz, und zog sich endlich als Laienbruder in das Stift Heiligenkreuz zurück, wo er in der Stiftskirche beigesetzt wurde.

A. war einer der geschicktesten und fruchtbarsten Kirchenmaler der Barockzeit in Österreich, wo er seine Hauptwirksamkeit entfaltete. Neben mehreren Deckenfresken (Wien, Stefansdom, Sakristei; St. Pölten-Dom; Salzburg, Schloß Mirabell, Stiegenhaus, zerstört; Linz, Stadtpfarrkirche, Chor); stammt von ihm eine große Anzahl von Altarbildern in den Kirchen von Wien, Linz, St. Pölten, Zwettl, Kremsmünster (woselbst er im Stift auch die Porträts der Habsburger von Rudolf bis Karl VI. malte), Salzburg, Prag, Wilhering u. a. 2 Tafelbilder (Christus am Kreuz, bez. 1728, Susanna und die beiden Alten, bez. 1709) in der Galerie des k. k. Hofmus. in Wien, ein Tafelbild (Jesus erweckt einen Toten) in der Esterhazy-Galerie zu Budapest, zwei Tafelbilder (Entsatz von Wien und Schlacht bei Gran) in der Pfarrkirche zu Zolkiew in Galizien und das Porträt des jungen Jacob Sobieski (Sohn König Sobieskis III.) im Ossolinskischen Mus. in Lemberg. 12 Handzeichnungen in der Albertina, andere wohl in den genannten Städten. Von ihm radiert: Tobias den Fisch aus dem Wasser holend. Mehreres nach ihm gestochen.

Neue Realztg. Wien 1777 p. 413. — Seb. Ciampi, Notizie di Medici, Maestri di Musica etc. Lucca 1830 65—67. — Hagedorn, Betrachtungen ü. d. M. Leipzig 1762. — Jahrb. d. kh. Samml. d. öst. Kaiserhauses VII 2, XIII 2, XVIII. — Zeitschr. f. bild. Kunst N. F. I 38. — Kunst u. Kunsthandwerk (Scala, Wien) II 153. — Dlabacz, Böhm. Kstlerlex. — Meyer, Kstlerlex. *Ernst Diez.*

Alton. Dr. Eduard d'Alton, geschickter Radierer, geb. 11. 8. 1772 zu Aquileja, † 11. 5. 1840 zu Bonn, war ordentlicher Professor der Naturgeschichte an der Universität zu Bonn. Für naturgeschichtliche Werke hat er Vieles gezeichnet und radiert; auch führte er die ersten Kreidezeichnungen auf Stein aus, die 1802 in Andrés Offizin zu Offenbach a/M. gedruckt wurden. Als Dilettant lieferte er von Bildnissen, historischen Gegenständen, Landschaften und Tieren Radierungen, worauf er sich nach Nagler (Monogr. II, No. 1545) auf einigen E. d'A. fec. und E d'a fec. bezeichnet hat. Im seltenen ersten Drucke, sagt Nagler daselbst, fehlt immer die Schrift. Wegen seiner Radierungen wurde er zum Mitglied der Berliner Akad. der Künste ernannt. Viele derselben sind nach Gemälden in seinem eigenen Besitze ausgeführt. Von seiner Sammlung erschien ein „Verzeichnis einer von E. d'Alton — hinterlassenen Gemäldesammlung, nebst einer Vorerinnerung und ausführlichen Beurteilung dreier darin befindlicher Bilder. Herausgeg. von A. W. v. Schlegel, Bonn 1840. 8".

Meyer, Kstlerlex. (mit Verz. s. Werke). — K. Th. Gaedertz: Bei Goethe zu Gaste. **

Altoni, Johann, Baumeister aus Florenz,

lebte im Anfang des 17. Jahrh. Die österr. Regierung berief ihn zu Festungsbauten.

Deutscher Merkur 1783 S. 226. — Füssli, Neue Zusätze 1824. *Ernst Diez.*

Altorf, Johann C., holländ. Bildhauer, insbesondere Holz- und Elfenbeinschnitzer, geb. 6. 1. 1876 im Haag, arbeitete 7 Jahre bei den Bildhauern Alexander und Engels daselbst, besuchte 1894—97 auch die Winterkurse der Akad. und trat 1901 mit eigenen Arbeiten hervor. Es waren aparte Dosen und flächig und wirkungsvoll geschnittene Tierfiguren: Affen, Chamäleons, Elefanten, Eulen aus Elfenbein oder Eichenholz, häufig aus beiden kombiniert. Mehrere seiner sehr interessanten Arbeiten befinden sich im Besitze des Herrn Dr. Leuring im Haag, in dessen von Henri van de Velde erbauten Villa.

A. Plasschaert in Onze Kunst III 153. — Kunst f. Alle 1905, 180 ff. **

Altorffer, Charles, französ. Medailleur, geb. zu Straßburg 14. 4. 1809, † daselbst 3. 9. 1887, siedelte um 1860 nach Paris über. Von ihm Medaillen von Erwin von Steinbach und vom Grabdenkmal des Marschalls von Sachsen, sowie eine unbezeichnete Medaille auf die Vorsteherschaft der „École des Maîtres mineurs" zu Alais (Gard) von 1866.

Forrer, Biogr. Dict. of Medallists. *H. V.*

Altoviti, Sebastiano di Brunoro, Holzschnitzer aus Florenz, tätig in Perugia. Wird von dem Holzschnitzer Baccio d'Agnolo di Lorenzo aus Florenz 11. 6. 1529 zum Universalerben ernannt.

Giornale di Erud. art., I fasc. V, 123. *W. Bombe.*

Altun. Abt A. von Weihenstefan (1182 bis 1197) gilt in der älteren Literatur als Miniator u. Schreiber. Tatsächlich sind unter den Handschr. von Weihenstefan einige erhalten, deren Widmungsbilder den Abt A. darstellen, wie er das betreffende Buch dem Patron seines Klosters, dem hl. Stefan, darbringt. Hieraus ist aber nicht zu folgern, daß A. selbst ausführender Künstler war, sondern daß unter seinem Regiment die Miniaturmalerei in Weihenstefan geübt wurde. Als solche sind die Federzeichnungen der „Altun-Handschriften" wertvolle Dokumente der bayrischen Malerei des hochromanischen Stils. Sie finden sich in den Hsn. Clm. 21524 21562 21563 der Münchener Hof- und Staatsbibliothek.

Meyer, Kstlerlex. — Bradley, Dict. of Min. I 24. — Sighart, Gesch. d. b. K. in Bayern 266. — Pez, Thesaurus I p. XXVI. — Wattenbach, Schriftwesen p. 580. *Swarzenski.*

Altun, Edelsteinschneider am Hofe Tamerlans um 1400. Ibn Arabschah nennt ihn ein Wunder der Kunst, der persische Schrift schöner als der berühmteste arabische Kalligraph, Jakut, in Jaspis und Onyx schnitt.

Ahmed Arabsiades, Timuri Historia, ed. Manger II 873. — Meyer, Kstlerlex. — Ms. H. Rollett.

Altwein, August, Maler in Lübeck, mit seinem Namen und 1728 ist das Bild in der ehemaligen Goldschmiedekapelle der Petrikirche in Lübeck bezeichnet. Es stellt die Bestrafung des Ananias und der Saphira nach Rafaels Teppichkarton dar und ist von geringem künstlerischem Wert.

Bau- u. Kstdenkm. von Lübeck II 89. ***

Altwirth, Heinrich, Aquarellmaler, geb. zu Schwanenstadt (Oberösterr.) 16. 5. 1868, † zu Untermais bei Meran 11. 4. 1904. Er machte seine Studien in den Akad. zu Wien und München, hielt sich dann einige Zeit in Ägypten und die letzten Jahre in Meran auf, wo seinem schaffensfreudigen Leben ein heimtückisches Lungenleiden ein frühzeitiges Ende bereitete.

Er war ein ausgezeichneter Schilderer von Tiroler- speziell Meraner Volkstypen und versuchte sich auch mit Glück auf dem Gebiete der Landschafts- und Porträtmalerei. Das Meraner Mus. besitzt von ihm mehrere gute Aquarelle. *Dr. Franz Innerhofer.*

Altzenbach, Gerhard, Verleger, vielleicht auch Kupferst. im 17. Jahrh. in Köln (nach Heinecken Dictionaire I 160 auch in Straßburg) tätig. Er muß ein hohes Alter erreicht haben, denn bereits 4. 2. 1609 wird er im kölnischen Grundbuche Hacht erwähnt, und noch 1672 kommt er in Köln als Verleger vor. Er gab damals das große Bl. mit dem Grundrisse der Stadt und der Abbildung der Fronleichnamsprozession, von dem jüngeren Löffler nach Schotts Zeichnung gestochen, heraus. Mehrere Bll., die in seinem ausgebreiteten Verlage ohne Stechernamen erschienen, haben zur Vermutung Anlaß gegeben, daß er auch gestochen habe.

Ennen: Die Prospekte der Stadt Köln. Jahrb. der Kgl. Pr. K. Sl. II 1881, 82. — Merlo: Kölnische Künstler 2. Aufl. 1895, 40. — Krudewig in Clemen's Kunstdenkmäler der Rheinpr. VI, 1, 1906 Ansichten von Köln No. 52 (1620), No. 58 (1634), No. 61 (1635), No. 92 (1654), No. 93 (1656), No. 98 (1658), No. 99, No. 101 (1660). *Firmenich-Richartz.*

Altzenbach, Wilhelm, Kupferst. und Verleger in Köln, soll nach Heinecken auch in Paris bei Landry, der wenigstens den Kopf des Apostels Thaddäus nach H. Watelé von ihm verlegte, und in Straßburg gearbeitet haben. Er war an Gerhards Verlag zu Köln mit beteiligt und dann dessen Nachfolger, da sich Bll. vorfinden, welche in späteren Abdrücken Gerhards Adresse in die seinige umgeändert zeigen. Er kommt noch 1680 als Verleger vor. Da er sich auf einem Blatte, der Verlobung der hl. Katharina, W. Altzenbach junior nennt, wollte Heinecken zwei Wilhelm A. annehmen; dafür ist aber kein genügender Grund, da jene Bezeichnung ganz wohl auch zur Unterscheidung von Gerhard gewählt werden konnte.

Heinecken, Dict. d. Art. I 160. — Merlo, Köln. Kstler. 2. Aufl. (mit Verz. d. Werke). — Le Blanc, Manuel. — Meyer, Kstlerlex. *Firmenich-Richartz.*

Alù, Niccolò, Kupferst., in Parma um 1700 tätig. Er hat u. a. für das Esercizio accademico des Pica d'Antonio Vezzani (Parma 1688) die Kupfer gestochen.

Meyer, Kstlerlex. *P. K.*

Aluigi, Mario d', Bildhauer und Bronzegießer in Perugia 1568.

Giornale di Erudizione art. I 139—142. **

Aluisetti, Giulio, Architekt und Zeichner in Mailand, † 1868. Seine bemerkenswertesten Bauten sind die Kirche in Rho bei Mailand und das Ospedale delle Sorelle della Misericordia in Mailand. Von ihm sind auch die Zeichnungen zu den Tafeln des bekannten Werkes von J. Stuart e N. Revett, Le Antichità di Atene etc. Milano 1832—1844 und zu den 67 Tafeln der von ihm 1847 in Mailand herausgegebenen „Opere dei grandi concorsi premiate dall' J. R. Accademia di Belle Arti in Milano."

Meyer, Kstlerlex. *R.*

Alunno, Francesco, berühmter Jurist aus Ferrara im 15. Jahrh., tätig in der Venezianischen Kanzlei. Von ihm befindet sich im British Museum ein Sammelband mit Federzeichnungen von Initialbuchstaben etc.

Bradley, Dict. of Miniat. I 25. **

Alunno, Niccolò, s. *Niccolò* di Liberatore.

Alussius, Franciscus, ital. Maler um 1682, nur von Zani, Enc. met. II 69 erwähnt. Vielleicht identisch mit dem obengenannten Aloysio, Fr. **

Alvär, Gunnar, norweg. Bildhauer, ausgebildet im Atelier des Bildhauers Skeibrok in Christiania, stellte in Christiania 1892 bis 1897 aus.

Private Mitteilungen. *C. W. Schnitler.*

Alvar, Gomez, Domkapitular zu Toledo, übernahm 1418 in Ermangelung eines anderen das Amt eines Obermeisters der Kathedrale, beaufsichtigte die Steinbrüche von Olihuelas, und leitete den Bau der Hauptfassade, sowie 1423 den des Turms.

Llaguno y Amirola, Not. I 94. △

Alvarado, aus dem Flecken Briónes gebürtig, Bildhauer, verfertigte 1596 das Tabernakel für den Hauptaltar des Hieronymitaner-Klosters de la Estrella.

Cean Bermudez, Dicc. I 19. △

Alvarado, Daniel, Bildhauer der Gegenwart in Ecuador, war auf der Exposition décennale des Beaux-Arts, Paris 1900 mit einer Porträtbüste aus Holz vertreten.

Catal. ill. officiel. p. 289. *H. V.*

Alvarado, Fernandez, span. Maler, geb. zu Malaga. Obgleich er sich an der Berliner Ausstellung von 1896 beteiligte, ist er außerhalb seines Vaterlandes wenig bekannt. Von seinen Werken führen wir an: „Alle möglichen Gefahren" und „Südweststürme" (im Mus. f. mod. Kunst zu Madrid). *P. Lafond.*

Alvarado, Garcia de, aus Bodo im Amtsbezirk Laredo, war um 1590 beim Bau des Eskorial beschäftigt.

Llaguno y Amirola, Not. III 74. △

Alvarado, Mlle Palmira, Malerin in Ecuador, war auf der Exposition décennale d. Beaux-Arts, Paris 1900 vertreten.

Katal. p. 288. *H. V.*

Alvareda, Rafael de, span. Maler in Valladolid. Nur durch einen Prozeß bekannt, den er 1626 führte.

Cean Bermudez, Dicc. I 19. *M. v. B.*

Alvares, Affonso, portug. Baumeister, 1569 Architekt der Kirche S. Sebastião am Terreiro do Paço in Lissabon im Dienst des Königs D. Sebastião. Grundsteinlegung März 1571; blieb unvollendet, ihr Steinwerk wurde zum Bau von S. Sebastião und S. Vicente de Fora verwendet (s. Alvares, Balthazar). 1570 wurde er als Nachfolger des † Manoel Pires Architekt der Wasserleitung zu Evora und der kgl. Arbeiten in Alemtéjo; im gleichen Jahre zu Evora als Kammerherr des Infanten, späteren Königs D. Henrique mit der Wegnahme des römischen Bogens vor Sta. Antão und Errichtung des neuen Brunnens daselbst beauftragt. Verfasser des ersten Planes für das Kloster S. Bento zu Lissabon (heute Cortes), auch wohl für Sta. Catharina de Monte Sinay, in deren Bruderschaft er Prokurator war. Starb etwa 1580; jedenfalls älterer Verwandter, wahrscheinlich Oheim des sehr bedeutenden Baumeisters Balthazar Alvares, vielleicht dessen Lehrer. Der Stil seiner Architektur wird der gleiche, abhängig von dem des Filippo Terzio gewesen sein.

Sousa Viterbo, Diccionario . . dos architectos . . I 12—15. — Cyrillo Machado, Coll. de mem. p. 161. — Raczynski, Dict. p. 6. — Ders., lettres p. 247. — Zeitschr. f. b. Kst. N. F. II 47. *A. Haupt.*

Alvares, Balthazar, portug. Baumeister des 16. Jahrh. Wohl Schüler seines Oheims Affonso A. und Filippo Terzios, deren Nachfolger in den wichtigsten Stellungen als Architekt er war. 1580 wurde er für den ersteren Leiter der Bauwerke in Alemtéjo. 1581 Meister der kgl. Paläste zu Santarem, Almeirim und Salvaterra (letztere zwei waren Jagdschlösser) und der Arbeiten im Kloster zu Batalha, als Nachfolger des † Antonio Mendes. Er entwarf die Pläne für das Kloster von S. Bento zu Coimbra, die jedenfalls der Ausführung zugrunde liegen (1600). Ebenso die für S. Bento (heute Cortes) zu Lissabon, begonnen 1598; der erste Entwurf dazu stammte von seinem Oheim Affonso (s. d.). Schon frühzeitig wurde er als berühmter Architekt gepriesen. Auch war er Baumeister der neuen großartigen Kirchen S. Antão (Jesuitenkirche) in Lissabon (Grundsteinlegung 11. 5. 1579) und S. Vicente de Fora (S. Vincente e. S. Sebastião). Ob er diese beiden Kirchen auch entwarf, ist unsicher. Vielleicht mag er in diesem Amte der Nachfolger des Filippo Terzio gewesen sein, wie er es auch 1597 für die Bauarbeiten der großen Ritterorden S. Thiago und von Aviz wurde, als Terzio gestorben war. Balthazar starb gegen 1624, in welchem Jahre Pedro Nunes Tinouco für S. Vicente de Fora sein Nachfolger wurde.

Daß B. ein Schüler Herreras gewesen sei und noch 1588 in Valladolid eine Kirche gebaut habe, wie Unger meint, ist nach seinem Stile, der sich in den kirchlichen Bauten dem der italien. Jesuitenkirche im Grundrisse und Aufbau völlig anschließt, durchaus unwahrscheinlich. Im Detail ist er selbständiger und barocker Formgebung abgeneigt. Ihn charakterisieren die mächtigen mit kassettierten Tonnen eingewölbten Basiliken mit nicht hoher Vierungskuppel und zwei Westtürmen, deren Formgebung zwar einfach und klar, doch immerhin sehr fein und von hohem Adel in der Durchbildung ist. Insbesondere sind aus schwarzem und weißem Marmor hergestellte, reich und fein kassettierte Tonnengewölbe für ihn und seine Schule bezeichnend. Heute noch besonders schön in S. Vicente de Fora; S. Antão und der gleichartigen Kirche S. M. do desterro in Lissabon, eingestürzt und leider abgetragen. Seinen Stil zeigen außer den genannten noch die neue Kathedrale in Coimbra, S. Bento und N. Senhora da Serra do Pilar in Porto, der neue Chor von Sta. Maria zu Belem, der Kirchen zu Bemposta und Bemfica bei Lissabon wie viele andere. Von diesen Werken erinnert höchstens S. Bento in Coimbra an den Stil Herreras. Auch der schöne Kreuzgang dos Filippos im Kloster zu Thomar, der traditionell.Terzio zugeschrieben wird, gehört hierher. Es ist wahrscheinlich, daß Balthazar A. viele von Terzios Bauten, deren Fortführung ihm übertragen wurde, in seiner Art, die sich immer mehr selbständig entwickelte und in ihrem Fortschritt als eine eigenartig portugiesische betrachtet werden muß, aus- und umgestaltete. Unzweifelhaft haben wir in ihm den bedeutendsten und eigenartigsten Architekten jener Zeit in jenem Lande zu sehen.

Cyrillo Machado, Collecção de mem. p. 161. — Raczynski, Dict. p. 6. — Zeitschr. f. b. Kst. N. F. II 47. — Sousa Viterbo, Diccionario dos archit. p. 16—22, 493—94. *A. Haupt.*

Alvares, Luis, Maler zu Lissabon, im Dienste des Königs, malte in Wasserfarbe und war als Vergolder insbesondere als Hersteller von Reliefs in braungetönter Vergoldung tätig. 1601 in dieser Tätigkeit Nachfolger des Antonio de Barros. Wohl identisch mit *Luis Alvares d' Andrade,* der nach Cyrillo Machado verschiedene Gemälde der Dreieinigkeit malte und 1631 starb.

Cyrillo Machado, Collecção de mem. p. 72. — Raczynski, Dictionnaire p. 7, 8. *A. Haupt.*

Alvares, Manoel, portug. Maler, Jesuit, zu Coimbra seit 1549, später in den ostindischen Kolonien, insbesondere in Goa tätig, wo er 1616 starb. Von ihm im Jesuitenkollegium daselbst die Bekehrung Pauli.

Raczynski, Dictionnaire p. 7. *A. Haupt.*

Alvares, Manoel, portug. Baumeister, erbaute 1784 die neue Kirche des Klosters Ave Maria zu Porto auf den Ruinen der durch Brand zerstörten alten Kirche aus der Zeit König Manuels.

Sousa Viterbo, Diccionario dos archit. p. 22. *A. Haupt.*

Alvarez, Adrián, Bildhauer in Valladolid, wahrscheinlich ein Sohn des Bildhauers Manuel A. 1589 und 1590 geben er und Andres de Rada ihr Urteil über die Statue des Martin de Vergara von Estéban Jordan ab. 1592 übernimmt er einen Auftrag für den Hauptaltar des Colegio de S. Gabriel, einen großen mehrere Stockwerke umfassenden Bau mit Statuen, den er binnen vier Jahren fertig zu stellen verspricht. 1595 verpflichtet er sich für die Kirche S. Juan de Sardón in Medina del Campo eine Custodie, von Holz, vergoldet und bemalt, in korinthischer Ordnung, zu liefern. 1596 beginnt er den Altar des hl. Markus in der Kirche S. Benito el Real, der aber erst nach seinem Tode von Pedro de Torres beendigt wurde. 1598 gibt er ein Gutachten über den Altar des Garcia de Arredondo in Tudela ab. Weitere Arbeiten hat er ausgeführt für das Augustiner-Kloster in Valladolid, die Franziskaner in Coca, für eine Kirche in Torrelobatan, für Zamora u. a.. Er war verheiratet mit Maria de Cisneros und † vor dem 9. 5. 1599.

Martí y Monsó, Estud. histor. artist. S. 307 etc. *M. v. B.*

Alvarez, Alonso, Bildhauer in Sevilla, 1622 urkundlich erwähnt.

Gestoso, Artif. Sevill. I 218. *M. v. B.*

Alvarez, Antonio, Kunsttischler in Valladolid. Er und Blas Martinez de Obregon errichteten im März 1689 das Trauergerüst für die im Februar d. J. verstorbene Königin Marie Louise.

Martí y Monsó, Estud. histor. artist. S. 498. *M. v. B.*

Alvarez, Baltasar, span. Baumeister, aus Herreras Schule; baute die Kirche de los Augustinos zu Valladolid, die 1588 begonnen wurde. Ist wahrscheinlich nicht der gleichnamige portugiesische Baumeister, der schon 1580 in Lissabon auftritt.

Caveda, Gesch. der Bauk. in Spanien p. 261. — Llaguno y Amirola, Not. III 95. — Meyers Kstlerlex. *A. Haupt.*

Alvarez, D. Domingo, Maler, geb. 1737 in Mansilla bei Burgos. 1752 Schüler an der escuela de bellas artes in Madrid, 1766 Mitglied der Akad. von S. Fernando, Direktor der Kunstschule in Cadiz, † 23. 10. 1800 in Jerez de la Frontera.

Viñaza, Adic. II 15. *M. v. B.*

Alvarez, Francisco, Bildhauer in Sevilla. 1629 lieferte er eine Statue der hl. Jungfrau für die Bruderschaft de las Tres Necesidades.

Gestoso, Artif. Sevill. I. *M. v. B.*

Alvarez, Francisco, Goldschmied der Königin Isabella, der Gemahlin Philipps II., schätzt 1552 in Cuenca die Custodie des Franc. Becerril; fertigte 1568 die silberne Monstranz (custodia) für die Fronleichnams-Prozession der Parochie S. Maria in Madrid.

Cean Bermudez, Dicc. I 20. — Davillier, Orfévr. p. 209. △

Alvarez, Juan, Goldschmied aus Salamanca, der in Diensten des Prinzen Don Carlos stand, ca 1560. Juan de Arphe lobt ihn in seiner Varia Commensuracion IV tit. I und sagt, daß er leider zu jung gestorben sei, um öffentliche Proben seines Talentes haben ablegen zu können. Er soll einer der ersten gewesen sein, die in Silberarbeiten den plateresken Stil verbannten und die antiken Formen in Herreras Weise anwendeten. Gelegentlich der Nachlaßregulierung des Infanten Don Carlos wurden 26. 1. 1571 und 8. 7. 1572 Zahlungen an seine Erben geleistet.

Cean Bermudez, Dicc. I 20. — Llaguno y Amirola III 106. — Davillier, Orfévr. p. 193. — Jahrb. der Kunstsl. des Allerh. Kaiserh. XII 2. *M. v. B.*

Alvarez, Juan, span. Baumstr. um 1600, vollendete zwei Kirchen, die Pedro de Ezquerra noch in der plateresken Manier begonnen hatte. Die eine, die Pfarrkirche von Malpartida in Estremadura, verpflichtete er sich 1574 nach dem Plane des Ezquerra fortzuführen, mit Ausnahme allein der Fassade, für die er die korinthische Ordnung als die angemessenste in Anwendung bringen wollte. Aber auch den Bogen vor dem Tore führte er in derselben Weise aus, und überbot überhaupt den plateresken Bau des Ezquerra, von dem namentlich die Seiten-Fassaden herrühren. Die andre Kirche, welche er vollendete, war die Pfarrkirche von Miajadas, deren Hauptfassade Ezquerra noch halbgotisch aufgeführt hatte. Hier fügte Alvarez die Südfassade mit vier dorischen Säulen hinzu. Den Bau des Chors (capilla mayor) begann er laut Inschrift 1606, nachdem er die übrige Kirche 1603 vollendet hatte. Außerdem baute Alvarez in Plasencia die berühmte Treppe im Kloster S. Vicente mit ihrer Laterne. Auch wird ihm dort die Sakristei zugeschrieben.

Llaguno y Amirola, Not. III 24. △

Alvarez, Juan, Bildhauer in Valladolid, Bruder des berühmten Bildhauers Gregorio Fernandez, † 8. 3. 1630.

Martí y Monsó, Estud. histor. artist. S. 401. *M. v. B.*

Alvarez, Juan, Kunstschmied, welcher 1647 das Eisengitter des Löwentors der Kathedrale von Toledo anfertigte.

Martí y Monsó, Est. hist. artist. 472. *M. v. B.*

Alvarez, Juan Antonio, span. Archit., geb. 1718.

Zani, Enc. II 70. *M. v. B.*

Alvarez, Julio, span. Maler d. 19. Jahrh. „Julio Alvarez pinx." steht auf dem von J. Hyrtl gest. Porträt des span. Insurgentengenerals Mina.

Alvarez, Lorenzo, span. Maler, Schüler des Bartolomé Carducho, dem er nach Valladolid und Madrid folgte. Um 1638 ließ er sich in Murcia nieder, wo er 8 Bilder für den Hauptaltar der Kapelle der Empfängnis im Franziskanerkloster, vier andere für die Sakristei und eine hl. Familie malte; auch die anderen Bilder stellten Szenen aus dem Leben Christi und der Maria dar.

Cean Bermudez, Dicc. I 20. △

Alvarez, Manuel, Steinmetz in Sevilla. 1536 arbeitete er an den Casas Capitulares der Kathedrale.

Gestoso, Artif. Sevill. I. *M. v. B.*

Alvarez, Manuel, Bildhauer in Palencia, Schüler des Alonso Berruguete, in dessen Hause in Toledo er zwei Jahre gelebt, geb. 1517. Im Jahre 1553 ist er Zeuge im Prozeß des Innocenzio Berruguete gegen Pedro Gonzalez de Leon; bei dieser Gelegenheit wird von ihm gesagt, daß er zu den besten Meistern seines Faches im Königreich gehöre. Er war vermählt mit Isabel Giralte und Vater des Adrian A. 1576 lebte er in Valladolid. 1556 übernimmt er für den Altar der hl. Apollonia in der Kathedrale von Palencia ein Gehäuse mit Kinderfiguren; 1579 und 1582 empfängt er Zahlungen für einen Altar und verschiedene Statuen, die er für die von Luis Mendez Quijada gestiftete Kirche in Villagarcia geliefert hat.

Viñaza, Adic. II 16. — Martí y Monsó, Estud. histor. artist. S. 177 etc. *M. v. B.*

Alvarez, Manuel, span. Bildhauer und Schüler des Juan de Juni, arbeitete mit andern Mitschülern an dem Tabernakel der Pfarrkirche von Santoyo, das Sebastian Cordero de Nevárès, der Sekretär Philipps II., von Juni in den Jahren 1570—83 machen ließ.

Cean Bermudez, Dicc. I 20; II 360. △

Alvarez, Don Manuel, span. Bildhauer aus Salamanca, geb. 1727, studierte in seiner Vaterstadt und dann in Madrid bei Alexandro de Castro, der ihn bald bei den Bildhauerarbeiten für den neuen kgl. Palast beschäftigte. 1757 wurde er Mitglied der Akademie, 1762 Vizedirektor. Er nahm dann an der Konkurrenz für die Reiterstatue Philipps V. teil, doch verhinderten politische Verhältnisse die Ausführung des Unternehmens ebenso, wie die von Karl IV. später beabsichtigte Aufstellung einer Reiterstatue Karls III., zu der A. sein Modell umgestalten sollte. 1784 wurde A. Direktor der Akademie, 1794 Hofbildhauer, er starb aber schon 1797 nach mehrjährigem Krankenlager. A. lebte zu einer Zeit des tiefsten Verfalles der span. Bildhauerkunst, gehörte aber durch sein Streben nach antiker Form, das ihm den Beinamen der Grieche verschaffte, schon zu den Künstlern, die den gegen das Ende des 18. Jahrh. eintretenden Umschwung vorbereiteten.

Von den zahlreichen Arbeiten des A. (s, Cean Bermudez und Meyer, Kstlerlex.) sind besonders hervorzuheben: die Statuen der Könige Witerich und Wallia am Königspalast, mehrere Figuren in Stuck, sowie die Statue der Conception u. der Christusaltar in der kgl. Kapelle, die Statue des hl. Norbert am Portal der Prämonstratenserkirche und andere Arbeiten im Oratorium del Salvador und in San Isidro el real.

Besonders geschätzt wurden aber die Statuen der vier Jahreszeiten an dem Apollobrunnen auf dem Prado (die Apollostatue selbst ist von Alonso Vergaz) und mehrere nach seinen Entwürfen gegossene Kunstwerke, wie die bronzenen Engel im Kloster der Inkarnation, die lebensgroße Flucht nach Ägypten in S. Martin etc. Außer in Madrid befinden sich Arbeiten des A. in Salamanca, Toledo, Saragossa, im Benediktinerkloster S. Millan De La Cogulla, im erzbischöfl. Palast in Villaluenga (Burgos) usw.

Cean Bermudez, Dicc. I. — Meyer, Kstlerlex. △

Alvarez, Mariano, span. Graveur und Nielleur des 19. Jahrh., geb. zu Madrid, Schüler von José Sanchez Pescador, Nielleur der National-Waffenfabrik von Toledo. Man verdankt dem Künstler Waffen, Platten, Vasen, Schmucksachen aus durchbrochenem und nielliertem Eisen und Stahl, mit Gold und Silber eingelegt. Ganz besonders zu erwähnen ist eine Platte, die E. Castelar von den Artillerie-Offizieren dediziert wurde. Er hat seine Arbeiten auf verschiedenen in- und ausländischen Ausstellungen gezeigt, besonders auf der Weltausstellung zu Paris 1855.

Ossorio y Bernard, Galeria biogr. de artistas españoles del siglo XIX. Madrid 1883/4. *P. Lafond.*

Alvarez, Miguel, span. Bildhauer um 1757.

Zani, Enc. II 71. *M. v. B.*

Alvarez, Pietro, Archit. span. Abstammung in Neapel. Wird als „architetto regio" 1640 genannt und † um 1652.

Napoli Nobilissima VIII 164. *G. Degli Azzi.*

Alvarez Algeciras, German, span. Maler, geb. zu Jerez de la Frontera, Schüler der Kunstschule zu Cadiz, studierte dann in Rom. Er stellte 1874 auf der Madrider Ausstellung ein Gemälde aus: Rückkunft von Golgatha, und in den nächsten Jahren: Ende des Desserts; Der letzte Akt eines Dramas; Die ersten Schritte; Die Helden in Miniatur (Pariser Salon 1878).

Ossorio y Bernard, Galeria biogr. de artistas españoles del siglo XIX. Madrid 1883/4. *P. Lafond.*

Alvarez y Bougel, Anibal, span. Architekt, geb. 1810 zu Rom, † 5. 4. 1870 zu Madrid, Sohn des berühmten Bildhauers José Alvarez y Cubiro, verlebte seine Kindheit in Rom und kam 1828 nach Madrid, wo er die Baukunst unter der Leitung von Isidro Velazquez (Chef-Baumeister des königl. Hauses) studierte. 1832 erlangte er den Architektur-Preis der Akad. San Fernando. Darauf kehrte er nach Rom zurück, wo er sich bis 1833 aufhielt; er durchstreifte alsdann Europa und ließ sich 1839 zu dauerndem Aufenthalte in Madrid nieder. Bei seiner Rückkehr nach Spanien wurde er zu einem der 16 Ehrenmitglieder der Akad. San Fernando erwählt und 1844 zum Professor der Baukunst ernannt, dann nacheinander zum Vize-Direktor und Direktor des Unterrichts, endlich zum Chef-Baumeister des kgl. Hauses.

Seine hervorragendsten Werke sind: Das Grabmonument des Marquis de Espejo, auf dem Friedhofe San Luis zu Madrid; Die Bank zu Fomento: Die Schlösser des Herzogs von Sevillano und des Marquis de Garivia, ebenfalls in Madrid. Er erwarb sich auch ein besonderes Verdienst um die Erhaltung von Kunstdenkmälern.

José Cavedo, Memorias para la historia de la Real Academia de San Fernando, Madrid, 2 vol. 1867. *P. Lafond.*

Alvarez y Bougel, José, span. Bildhauer, geb. 2. 2. 1805 zu Paris, † 22. 8. 1830 zu Burgos im Alter von kaum 25 Jahren, Sohn des berühmten Bildhauers José Alvarez y Cubiro und Bruder des Architekten Anibal Alvarez. José zeigte sich frühe als ein würdiger Nachfolger seines Vaters, dessen Unterricht er in Rom empfing, wie auch den von Ingres. Nach seiner Rückkehr nach Spanien führte er bedeutende Werke aus, die ihm die glänzendste Zukunft weissagten. Wir nennen: Kupido (erworben vom Mus. f. mod. Kunst zu Madrid); Samson mit dem Löwen kämpfend (zufolge dieses Werkes wurde J. A. 1829 zum Mitgliede der Akad. S. Fernando ernannt); Jesus auf dem Ölberg; das Modell einer Statue Ferdinands VII. (für Habana bestimmt); kurz vor seinem Tode arbeitete er an einer andern Statue dieses Herrschers und an einer Statue von dessen Gemahlin Doña Amalia, die von der Stadt Zaragoza bestellt worden waren; außerdem entwarf er noch eine dritte, eine Reiterstatue, für die Stadt Cadiz bestimmt. Er hinterließ auch einige Gemälde, die zeichnerisches Geschick bezeugen.

Ossorio y Bernard, Galeria biogr. de artistas españoles del siglo XIX. Madrid 1883/4. *P. Lafond.*

Alvarez-Capra, Lorenzo, span. Architekt des 19. Jahrh. Sein Hauptwerk ist der große Stierkampf-Platz zu Madrid, der von ihm unter Mitarbeit des Rodriguez Ayuso aus Ziegeln, Stein und Eisen im arabischen Stil errichtet wurde.

J. Sanchez de Neira, El Toreo, 2 vol. Madrid 1879. *P. Lafond.*

Alvarez Catala, Luis, span. Maler, geb. 22. 1. 1836 zu Monasterio del Helmo (Prov. Oviedo), † 4. 10. 1901 zu Madrid, Schüler von R. de Madrazo, hielt sich dann lange Jahre in Italien auf. Von Florenz, wo er 1861 einen 1. Preis erlangte, sandte er 1862 zur Madrider Ausstellung ein Gemälde: Calpurnias Traum, das vom Könige angekauft wurde. 1864 war er auf der National-Ausstellung vertreten mit: Isabella die Katholische, das Karthäuser-Kloster von Burgos besichtigend (jetzt im Mus. f. mod. Kunst zu Madrid); Der Kardinal-Großpoenitenziar am Karfreitag in San Giovanni in Laterano (Weltausstellung von Paris 1867); zur Pariser Weltausstellung 1889 sandte er: Thron Philipps II. im Escorial, sein berühmtestes Werk, das mit einer goldenen Medaille ausgezeichnet wurde und in die Berliner Nationalgalerie kam.

Von den Werken dieses Künstlers, der wie Fortuny den Geschmack für Wirkungen mit lebhaftem Licht- und Farbenglanz und beflitterte Kostüme hatte, nennen wir ferner: Karneval von Venedig, am Ende des 18. Jahrh.; Eine spanische Soiree; Die Erfrischungs-Verkäuferin; Der Blumenmarkt; Die Heirat einer römischen Prinzessin; Im Innern eines Tramway; Eine Hochzeit in Asturien; Der Kondolenz-Besuch; Ein Lehnsherr; Auf der Küste von Porto d'Anzio; Die Abfahrt des Königs Amedeo nach Spezzia. Er beteiligte sich auch an Ausstellungen in München, Berlin, Monaco, wo er Auszeichnungen erhielt; beim Tode Pradillas 1898 wurde er an Stelle des letzteren zum Direktor des Prado-Mus. ernannt.

Ossorio y Bernard, Galeria biogr. de artistas españoles del siglo XIX. Madrid 1883/4. — Bryan, Dict. of painters. London 1903. — Champlin-Perkins, Encyclopedia of painters and paintings. London 1889. — De Gubernatis, Diz. d. artisti ital. viventi. — F. v. Boetticher, Malerwerke des 19. Jahrh. I. u. Nachtrag zu I. — Kunstchronik, N. F. XIII. 21. — Kat. d. Gemäldesl. Liebermann, Köln, Heberle 1894. *P. Lafond.*

Alvarez y Cubero, D. José, span. Bildhauer, geb. in Priego 23. 4. 1768, führte schon 1782 für den Transparente der Klosterkirche von Paular einige Figuren aus. Er bildete sich in Cordova und Granada weiter aus und besuchte 1788 die Akademie von S. Fernando in Madrid. 1799 gewann er einen ersten Preis und reiste mit einem Stipendium des Königs nach Paris und Rom. 1804 gewann er in Paris mit einer Statue des Ganymedes einen Preis, verheiratete sich im selben Jahr mit Isabella de Bougel und begab sich nach Rom, wo er sich Canova anschloß. 1809 kam er, da er Josef Bonaparte nicht als seinen Souverän anerkennen wollte, auf einige Zeit in die Engelsburg, wurde aber dann von Napoleon bei der Ausschmückung des Quirinals beschäftigt. Unter Ferdinand VII. kehrte er nach Spanien zurück, wurde 1816 Hofbildhauer, 1826 Direktor der Akad. von S. Fernando und † in Madrid 26. 11. 1827. Werke: Statuen des Königs Karl IV. und der Königin Maria Luise, der Königin D. Isabel de Braganza; Grabmonumente der Herzogin von Alba, der Marquesa von Ariza; Büsten Karls IV., Ferdinands VII., der Königin Marie Luise, der Infanten D. Carlos Isidro, D. Francisco de Paula, ferner solche von Rossini, Cean Bermudez, D. José Alvarez y Bougel, D. Estéban Agredes. Gruppen wie Antilochos und Memnon; die Verteidigung von Zaragoza und viele Figuren der Mythologie: Apollo, Venus, Diana, Ganymedes, Prometheus, Herkules mit dem Löwen kämpfend usw. Als Künstler gehört er in eine Reihe mit Canova, Flaxmann, Thorwaldsen.

Ramirez, Artist. Cordob. S. 77—83. — Viñaza, Adic. IV 80—85. *M. v. B.*

Alvarez Dumont, Cesar, span. Maler, geb. zu Villareal de San Antonio (Portugal), Schüler der Akad. der schönen Künste in Madrid, wurde Professor an der Kunstschule von Cadiz und ging darauf an diejenige von Malaga über. 1884, 1887, 1890 und 1892 erlangte er auf den Ausstellungen zu Madrid Auszeichnungen; ebenso auf den Weltausstellungen zu Chicago und Paris (1900). Unter seinen Hauptwerken führen wir an: Die Blumenhändlerin; El Guerillero; Das Gebet (Mus. f. mod. Kunst zu Madrid); Die schlafende Diana; Die Verteidigung von Zaragoza; Kampf auf der Kanzel der Sankt Augustinerkirche 1809; Der große Tag von Gerona; Junge Sklavin, lesend; Das Bataillon von Malaga am 19. Januar; Aissaoua, der Schlangenbändiger; Episode aus dem afrikanischen Krieg 1860. *P. Lafond.*

Alvarez-Dumont, Eugenio, span. Maler, geb. 1864 zu Tunis, studierte in Madrid, später in Paris, und nachdem er bei seiner Rückkehr den prix de Rome erlangt hatte, hielt er sich vier Jahre lang in Italien auf. Seine auf Madrider Ausstellungen gesandten Werke brachten ihm 1887 und 1892 Auszeichnungen; ebenso auf ausländischen Ausstellungen, besonders in Chicago.

Unter seinen Werken, die meist militärische Sujets darstellen, führen wir an: Der Tod des Churruca (Mus. f. mod. Kunst zu Madrid); Der kleine Tambour von Bruch (Episode aus dem Unabhängigkeits-Kriege); Intimes Drama; Malasiña und seine Tochter, sich gegen die Franzosen verteidigend im Jahre 1808. *P. Lafond.*

Alvarez y Espino, Gonzalo, span. Maler des 19. Jahrh., geb. in Andalusien, stellte 1875 zu Sevilla aus: Klosterspeisesaal. Er wurde auch in Philadelphia prämiiert und sein Gemälde „Die Vorbereitungen zur ersten Kommunion" kam in den Besitz von Mr. James H. Weeks in Boston.

Ossorio y Bernard, Galeria biogr. de artistas españoles del siglo XIX. Madrid 1883/4. — Clement and Hutton, Artists of the 19. century, 1879. *P. Lafond.*

Alvarez Lozano, José, span. Maler, geb. zu Zamora, Schüler von José Garnelo. Von ihm waren verschiedene Genre-Bilder und Studien auf den Madrider Ausstellungen 1904 und 1906. *P. Lafond.*

Alvarez-Muñiz, Braulio, span. Bildhauer, geb. zu Oviedo, Schüler des Jeronimo Suñol, stellte 1892 auf der Madrider internationalen Ausstellung mit Auszeichnung aus. Von seinen Werken nennen wir: Der Dorfbarbier (Gipsgruppe) im Mus. f. mod. Kunst zu Madrid u. Ein Schleuderer von den Balearen-Inseln. *P. Lafond.*

Alvarez de Nava, Don Luis, span. Malerdilettant, Ritter des St. Jakobordens und Hauptmann der kgl. Leibwache. Seine Begabung für die Malerei nicht minder als seine glänzende Stellung verschafften ihm am 23. 12. 1753 die Ernennung zum Mitgliede der Akad. von San Fernando.

Cean Bermudez, Dicc. I 26. △

Alvarez Sala, Ventura, span. Maler, geb. 1871 zu Gijon, zuerst Schüler von Manuel de Ojada in Madrid, ging später nach Rom. Mit sicherem und frischem Zeichentalent und genauer und harmonischer Farbengebung widmete er sich besonders der Genre-Malerei und erhielt zahlreiche Auszeichnungen auf Madrider Ausstellungen und eine goldene Medaille auf der internationalen Ausstellung zu München. Unter seinen Hauptwerken führen wir an: „Alle Mann an Backbord" (Eigentum des Staates); Der Streit; Die Hufschmiede; Die Mission; Kontrast; Das Leben im Feldlager (Triptychon); Der Markt zu Rom; Die Braut (Mus. f. mod. Kunst zu Madrid); Ein Gewittersturm während der Pilgerfahrt; Ein Schiffer des Nalón; Der Apfelwein. *P. Lafond.*

Alvarez de Sotomayor, Fernando, span. Maler, geb. 25. 9. 1875 in Ferrol; Schüler von Manuel Dominguez, bereiste dann ganz Europa und hielt sich einige Zeit in Italien, Frankreich, Holland und Belgien auf. 1904 stellte er auf der Madrider Ausstellung einen Orpheus, von Bacchantinnen verfolgt, aus und 1906: Die Entführung der Europa und Die Großeltern, und erhielt Medaillen 1. und 2. Klasse. Ferner nennen wir von seinen Gemälden: In der alten Kirche (Mus. zu Udine); Das Kloster von Paular; Abend in Brügge; Eine Straße in Brügge; Ein Bergbewohner. *P. Lafond.*

Alvarez Torrado, Antonio, Maler und Restaurator in Cordova in der 2. Hälfte des 18. Jahrh. Von seinen Gemälden besitzt die dortige Kathedrale einen hl. Franz, welcher einem König vorgestellt wird. Viñaza macht Bilder von Valdes Leal, Ribera u. a. namhaft, die A. restauriert hat. Er besaß selbst eine nicht unbedeutende Gemäldegalerie.

Ramirez, Artist. Cordob. S. 84. — Viñaza, Adic. IV 86—87. *M. v. B.*

Alvaro, Giovanni, unbekannter neapol. Maler im 18. Jahrh. Nach ihm hat (nach Heinecken, Dict. I 192) A. Maillar den jungen Heiland zwischen Maria und Joseph gestochen. **

Alvaro, Joseph, wird 1743 und 1750 als Fayencemaler der Manufaktur in Alcora bei Valencia genannt.

Riaño, Industr. arts in Spain S. 195. *M. v. B.*

Alvaro di Piero (de Pedro oder Pires), portug. Maler, geb. zu Evora. Lebte um 1450. Jedenfalls derselbe Maler, von dem Vasari sagt, daß er in Volterra und Pisa malte, als Zeitgenosse Taddeo Bartolis und in dessen Art, nur heller im Ton und weniger charakteristisch und kürzer in den Figuren. Es befindet sich in S. Croce zu Fossabanda bei Pisa eine „Alvaro Pirez d'Evora" bezeichnete Madonna in Lebensgröße, umgeben von 8 Engeln, von denen zwei musizieren, zwei dem Kinde Blumen darreichen. Nach Crowe u. Cavalcaselle verwandt den Arbeiten Martino und Giovanni Pieris zu Neapel und scheinbar von Bedeutung. Besser erhalten eine ähnliche Madonna in der Capelle S. Carlo im Dom zu Volterra, auf der (nach Meyer) noch lesbar: A . . s . . Peres . . pinxit.

Meyer, Kstlerlex. s. Alvaro. — Vasari, ed Lemonnier II 223. — Crowe and Cavalcaselle, History of painting n. II 175, 176. (Deutsche Ausg. II 343/4.) — Taborda, regras da arte da pintura p. 143. — Raczynski, Dict. p. 225. — Nap. Nobil. IV 10 ff. *A. Haupt.*

Alvaro, Tiburzio, Fayencemaler der Manufaktur zu Alcora bei Valencia, 1783 mit dem Sachsen Juan Knipfer tätig.

Riaño, Industr. arts in Spain. S. 195. *M. v. B.*

Alvaro, Vicente, Fayencemaler der Manufaktur zu Alcora bei Valencia, ein Schüler des aus Sachsen stammenden auch in Alcora tätigen Juan Knipfer. Von 1784 –1789 sandte ihn Graf Aranda auf eine Studienreise nach Paris.

Riaño, Industr. arts in Spain S. 195. *M. v. B.*

Alvarus — oder Alvaro —, portug. Miniaturmaler zu Zeiten König Joãos III., verzierte die Reformbücher dieses Königs. Das Buch XI, Estremadura, zeigt das Datum 1527 und den Namen P. Alvarus auf dem Titelblatte. Vielleicht identisch mit dem Maler Pires Alvaro, Maler Emmanuels u. Joãos III. den Cyrillo Machado, collecção p. 59 erwähnt.

Raczynski, Dict. p. 7, 233 und Arts en Portugal p. 217. *A. Haupt.*

Alvassar, Matteo d', s. *Nassaro,* M. del.

Alvear, Juan, span. Goldschmied, welcher 1538 für die Kathedrale von Burgos beschäftigt war.

Viñaza, Adic. II 17. *M. v. B.*

Alvear, Nicolas de, Goldschmied in Burgos 1588. Er muß ein tüchtiger Künstler gewesen sein, denn als das Kapitel beschloß, eine neue Custodia machen zu lassen, verwendete sich der Connétable von Kastilien für ihn, aber ohne Erfolg, da die Arbeit bereits an Juan de Arphe vergeben war; das Kapitel bat aber diesen, den N. de A. zu beschäftigen.

Davillier, Orfévr. en Espagne p. 249. *M. v. B.*

Alvensleben, Oscar von, Landschaftsmaler, geb. vor 1840, † 5. 11. 1903 zu Dresden.

Singer, Kstlerlex. Nachträge 1906. *H. V.*

Alveradis, Kölner Schildmalerin des 14. Jahrhunderts, nur durch ihre Grabschrift bekannt.

Merlo, Kölnische Kstlr. 1895. *H. V.*

Alvergne, Baptiste d', florentinischer Goldspinner, nur unter diesem französierten Namen bekannt, in Frankreich mit dem Titel *tireur d'or du roi* (Franz I.) von 1534—1539 tätig. Er wohnte und heiratete in Tours. Für den König hatte er verschiedene Kleidungsstücke sowie *manches, haut de manches, manchons, devant de cottes* usw. zu arbeiten. Das Geld, das er damit verdiente, der hohe Betrag seiner Gehälter sowie das 1534 von ihm erlangte Heimatsrecht zeugen von seinem Range.

De Laborde, Comptes des Bâtiments du roi II 254, 267, 405. *L. Dimier.*

Alveringue (oder Alvernhas, d. h. „l'Auvergnat"), Léon, französ. Werkmeister und Bildhauer, soll 1465—1470 zusammen mit Pierre Soquet aus St. Quentin (Aisne) am Bau der Kirche zu St. Maximin (Var) gearbeitet haben. 1477 begann er den Bau der Fassade der St. Sauveur-Kathedrale zu Aix, der erst 1494 vollendet wurde, während A. bereits 1486 durch Soquet ersetzt wurde. Die Fassade von St. Sauveur mit ihrem hohen seitlichen Turmanbau (8eckiger Grundriß, ohne Helm) zeigt bei mittelmäßiger Komposition den etwas nüchtern aufgefaßten Stil der Spätgotik. Von den vollzählig erhalten gebliebenen, aber in späterer Zeit schlecht restaurierten Portalskulpturen (Madonna mit den 12 Aposteln, Statuen Ludwigs XI und Karls III., Grafen der Provence mit seiner Gemahlin — beide zur Revolutionszeit enthauptet —) können nur die ältesten als Bildhauerwerke A.s betrachtet werden. Der Stil dieser Skulpturen, namentlich der etwas rohen Madonnenstatue, erinnert noch an die Plastik des 14. Jahrh.

Faurier de Saint-Vincens, Mém. et not. relat. à la Provence (1817) p. 38. — Aix anc. et mod. (2. Ausg. 1833) p. 154. — Emeric-David, Hist. de la Sculpture française, p. 150—151. — Numa Coste, Réun. des Soc. des B.-Arts XVIII 678, 694; XX 409—432. *C. Enlart.*

Alversen, Henrik, Dekorationsbildhauer in Dänemark, wird erwähnt als tätig bei der plastischen Ausschmückung der (älteren) kgl. Bibliothek in Kopenhagen (vollendet 1673).

Trap, Danmark (3. Ausgabe) I, 2, S. 214 bis 15. *A. R.*

Alves, James, Porträt-, insbesondere Miniaturmaler in London, geb. in Schottland um 1738, † in Inverness 27. 11. 1808. Er stellte in der Roy. Acad. 1775—78 die Bilder „Vertumnus und Pomona", „Arria" und eine Anzahl Miniaturen aus, die letzteren meist in Crayon.

Redgrave, Dict. — Graves, Roy. Acad. Exh. I. **

Alves, Joaquim de, portug. Baumstr., Mitglied der Akad. zu Lissabon 1846, etwa 1806 geboren.

Raczynski, Dict. p. 8. *A. Haupt.*

Alves, Venancio de, portug. Bildhauer, stellte 1900 in Paris mehrere Medaillen aus.

Cat. de l'exp. déc. des b. a. Paris 1900 p. 318. *A. Haupt.*

Alvey, W., engl. Porzellanmaler in der von John Coke 1796 in Pinxton gegründeten Porzellanfabrik tätig.

Fr. Jaennicke, Grundriß der Keramik 753. **

Alvino, Enrico, Architekt, † 1876 in Neapel. Erbaute dort den Palast des Herzogs von Mignano, daneben eine Kirche im byzantinischen Stil und das Teatro Bellini, leitete den Bau des neuen Stadtteils „La Vittoria" und den Umbau der Accademia delle belle arti, errichtete das Monumento dei martiri, zu Ehren der in den Freiheitskriegen gefallenen Neapolitaner, und leitete ferner bis zu seinem Tode die Restaurierungsarbeiten am Dome zu Amalfi. A. lieferte eines der Projekte für die Florentiner Domfassade zu der Konkurrenz, die 1864 ausgeschrieben wurde, ein, und veröffentlichte dazu die Schrift: Memoria illustrata del progetto per la facciata della Cattedrale di Firenze (Firenze 1864).

Meyer, Kstlerlex. — Zeitschr. f. bild. Kunst I 78. — Magni, Storia dell' arte III 688. — A. Banieri, Scritti vary. — L'Art VI 24 (Nekrol.). — Napoli Nobilissima II 86, 190; IV 179; X 85; XI 128; XII 48; XIII 39; XIV 144; XV 84. *H.*

Alvino, Francesco, Architekt, geb. 1806 in Neapel (?). Er beschäftigte sich hauptsächlich mit der Restaurierung antiker Bau-Werke und gab 1833 eine Schrift über das „Anfiteatro campano" heraus, deren 3. Auflage „col paragona di tutti gli anfiteatri d'Italia ed un cenno sugli antichi monumenti di Capua" 1842 erschien.

Meyer, Kstlerlex. *H.*

Alvino (oder Albina), Giuseppe d', genannt il Sozzo, Maler in Palermo, geb. vor 1550, † 11. 4. 1611. Schüler des Malers und Bildhauers Gius. Spatafora. Man nimmt an, daß er auch Bildhauer und Architekt war, wenigstens rühmt ihn sein Zeitgenosse Gaspare d' Ariano als Bildhauer; er war auch ein tüchtiger Zeichner. Von den vielen bedeutenden Werken seiner Hand sind uns nur wenige erhalten, darunter: „S. Antonio von Padua und seine Wunder" (bezeichnet und 1584 datiert) im Museo Nazionale in Palermo; „Die Heiligen Alfio, Filadelfio und Cirino die Madonna anbetend" ebendort, und Fresken in der Kirche S. Francesco di Paola in Palermo.

Arco trionfale fatto in Palermo nell' anno M. D. XCII per la venuta dell' illustrissimo ecc. signore don Henrico Guzman . . . . descritto da don Gasp. d'Ariano.. Palermo 1592. 4°. — Baronio, De Majestate panormitana. Palermo 1630, libro III, cap. II p. 97 f. — G. Meli, Note intorno a Gius. Albina, detto il Sozzo. (Arch. Stor. Sicil. IV, 1. 2. [1880]). — G. Di Marzo, I Gagini, Palermo 1880. — Meyer, Kstlerlex. *E. Mauceri.*

Alvino (Albina), Pietro d', italien. Maler, Sohn des Giuseppe A., † in jungen Jahren 9. 2. 1626. Man kennt keine Werke von ihm.

Baronio, De Majestate panormitana. Palermo 1630, libro III, cap. II p. 97 f. *E. Mauceri.*

Alvise fu Francesco di S. Marziale, Maler in Venedig, in einem Aktenstück des venezianischen Notars Bonaventura Padernelli 7. 2. 1458 (nach venez. Zeitrechnung) erwähnt.

Arch. Veneto XXXIII parte II 1887, 399. *L. Ferro.*

Alvise dalle Ganasse, Holzschnitzer in Venedig, kaufte 17. 6. 1547 eine Besitzung nahe bei Mure.

Arch. di Stato di Venezia. Procurator, Suffragi, R. 40 c. 139 t. *L. Ferro.*

Alvise de Gasparo aus Treviso, Steinmetz, Venedig, † 16. 7. 1495. — 1472 war er einer der Meister bei den Arbeiten der architektonischen Ausschmückung des ersten Hofes der Scuola di S. Giov. Evangelista.

P. Paoletti, Arch. e scult. d. Rinasc. in Venezia II 222. *L. Ferro.*

Alvise di Giacomo aus Murano, Maler in Venedig, in einem Aktenstück vom 22. 6. 1466 des venezianischen Notars Bart. Grasolario genannt: „Alovisius pictor filius sier Jacobi de Muriano de confinio sancti Martialis".

Archivio Veneto XXXIII parte II 187, 399. *L. Ferro.*

Alvise di Giacomo di Pace, Maler in Venedig. In einem Testament vom 18. 8. 1478 findet sich seine Unterschrift „io aluvixe fio de m. iacomo de paxe depentor testimonio zurado e pregado scrisi".

Archivio Veneto XXXIII parte II 1887, 399. *L. Ferro.*

Alvise fu Giovanni, Holzschnitzer (Intagliator) in Venedig, wird als Zeuge erwähnt in einer Schenkungsurkunde vom 2. 9. 1542.

Arch. di St. di Venezia. Not. Atti R. 5579 c. 166. *L. Ferro.*

Alvise di Lorenzo da Cassino, lombardischer Maler, 1481 Mitglied der „Universita dei pittori" zu Mailand.

Arch. stor. Lomb. ser. III, fasc. VI (Anno XXII), p. 416. *F. Malaguzzi-Valeri.*

Alvise di Marco, Holzschnitzer in Venedig, nur in einem Rechtsstreit 1524 und 1545 genannt.

Arch. di Stato di Venezia. Procurator, Foris, R. 20 c. 90 t. — Arch. di St. di Venezia. Procurator, Ass. di dote, R. 10 c. 121 t. — Arch. di St. di Venezia. X savi s. le decime in Rialto. B. 94, R. 1238. *L. Ferro.*

Alvise di Michele da Milano, lombardischer Bildhauer, im Verein mit seinem Vater Michele da Milano am Bau des 1486 begonnenen Palazzo Communale zu Jesi als Ornamentbildhauer beschäftigt. Beide Künstler schufen gemeinsam die Gesimse über dem 1. und 2. Stockwerke sowie das Hauptgesims dieses Palastes, ferner die Fensterkreuze, die 4 Wappenschilde und die beiden Tabernakel über dem Hauptportale und am oberen Teile der Fassade. Nach Ausweis der Urkunden hatte Michele da Milano 1500 Jesi bereits wieder verlassen, während Alvise zur Vollendung der Arbeiten noch zurückgeblieben war, um erst 1502 seinem Vater nach Ancona nachzufolgen. Die Bildhauerarbeiten am Stadtpalaste zu Jesi sind mit großer Meisterschaft in Pietra d'Istria ausgeführt und zeigen den echten Stil der lombardischen Schule.

A. Gianandrea im Arch. stor. Lomb. IX 304—324, XV 191. *F. Malaguzzi-Valeri.*

Alvise di Michele, Maler aus Venedig, erscheint in einem Dokument vom 17. 5. 1525 in Carpane bei Bassano: „. . . magistro Alvixio pictore de Venetiis q. ser Micaelis chasselarii." Er wohnte damals in Valstagna.

G. Chiuppani, Di alcuni pittori sconosciuti (Bollettino del museo civico di Bassano III p. 71). *Gerola.*

Alvise di Nicolò, Maler in Venedig; seine Unterschrift in einem Aktenstück, aufgesetzt von dem venezianischen Notar Belletto Franco: „Io aluvixe de Nicholo depentor fo stestimonio zurado de quanto sopra schrito e di mia man . . . ."

Archivio Veneto XXXIII parte II 1887, 399. *L. Ferro.*

Alvise di Pantaleone, Steinmetz in Venedig, arbeitete mit Antonio Rizzo an der Treppe der Giganten im Palazzo Ducale.

Selvatico e Lazzari, Guida di Venezia 1881, 121. *L. Ferro.*

Alvise di Pietro, Holzschnitzer in Venedig, genannt in einem Aktenstück vom 2. 1. 1474 (nach venez. Zeitrechnung): „Ser Alovisio Petri, intaiatore de contrata sancti Barnabe". 1475 läßt er sich unter die Mitglieder der Scuola grande di S. Giovanni Evangelista einschreiben, in deren Akten er bis 1512 erwähnt wird.

Arch. di Stato di Venezia. Not. Rizzo d. Canc. Inf. B. 177 n°. 173. — Arch. di St. di Venezia. Sc. gr. S. Giov. Evang.-Mariegola. R. 10 c. 7, 28. *L. Ferro.*

Alvise da Vicenza, Holzschnitzer (Intagliatore) in Venedig. 5. 10. 1531 schließt er mit dem Prior von S. Giovanni di Verdara einen Kontrakt über Arbeiten in diesem Kloster.

Arch. di Stato di Venezia.-M. M. S.-Giov. di Verdara B. 6 No. 113. *L. Ferro.*

Alvise, s. auch *Aloisio* und *Alovisio.*

Alvisetti, Giulio, italien. Architekt, gab in Gemeinschaft mit dem Architekten F. Pizzagalli und dem Maler C. Bansi bei Jos. Pogliani in Mailand 1821 das I. Heft von Opere dei grandi concorsi premiati in Milano per le classi d'Architettura, Pittura, Figura ed Ornato, disegnate ed incise per loro cura.

Füssli, Kstlerlex. Zusätze 1824. **

Alvisy, Titus (?) Andreas, Maler, (Constschilder) aus Rom gebürtig, macht 11. 5. 1687 im Krankenhaus in Amsterdam sein Testament. Er war in Münster mit Gertrud Volckmans verheiratet und hatte zuletzt in Amsterdam seinen Wohnsitz. *A. B.*

Vielleicht ist dieser Alvisy mit *Vito Andrea Aloisi-Galanini* (s. d.) identisch, da in seiner Testamentsunterschrift „T. (?) Andre Aluissy Mano progio", die uns Herr Dr. Bredius im Faksimile freundlichst zur Verfügung gestellt hat, der erste Buchstabe T auch als V gedeutet werden kann. ***

Alvitreti, Francesco, italien. Zeichner, um 1624 in Ascoli tätig.

Zani, Enc. II 72. ***

Alvixe, s. *Alvise.*

Alviz, Pedro de, erbaute 1523 das Kloster S. Pablo bei Cuenca, und sein Bruder die dazu gehörige Kirche. Beides wurde 1538 vollendet.

Llaguno y Amirola, Not. I 165. △

Alxenor, Bildhauer aus Naxos, bekannt durch seine Inschrift an einer zu Orchomenos in Böotien gefundenen Grabstele, deren Relief einen Mann darstellt, der in sein Himation gehüllt sich auf einen Knotenstock lehnt und seinem emporspringenden Hunde eine Heuschrecke hinhält. Nach Schriftformen und Stil des Bildwerks hat Alxenor im Beginn des 5. Jahrh. gelebt. Seine Darstellung ist in vielem noch archaisch unbeholfen, zeichnet sich aber aus durch ein lebhaftes Gefühl für einfache Natürlichkeit und durch einen naiven Mut, die Schranken des eigenen Könnens zu durchbrechen. A. war mit seinem Werke denn auch zufrieden: die Inschrift schließt ἀλλ' ἐσίδεσϑε — doch seht nur.

Conze, Beitr. zur gr. Plastik S. 31 ff. Taf. XI. — Löwy, Inschr. gr. Bildh. 7. — CIGr VII 3225. — Pauly-Wissowa, Realenc. I 1707, 2. — Brunn-Bruckmann, Denkm. 41 b. — Furtwängler, Meisterwerke 719. Anm. 1. *Amelung.*

Aly, Willem d', zeichnete für Deckers große Karte der Stadt Delft.

Obreens Archief III 200. *E. W. Moes.*

Alypios, fälschlich unter den antiken Architekten genannt. Er war vielmehr ein hoher römischer Verwaltungsbeamter des 4. Jahrh. n. Chr., verwaltete als Vicarius Britannien und wurde als geborener Syrer vom Kaiser Julian Apostata dazu ausersehen, den Wiederaufbau des Tempels zu Jerusalem wirksam zu betreiben. Der Versuch mißlang; aus der Erde schlagendes Feuer soll die Einstellung der Arbeiten herbeigeführt haben. A. wurde im Jahre 371 verbannt.

Unger in Meyers Kstlerlex. — Pauly-Wissowa, Realenc. I 1709, 1 (Seeck). *H. Thiersch.*

Alypos, Erzgießer aus Sikyon, Schüler des Naukydes (Paus. 10, 9, 9). Er verfertigte 7 Feldherrnstatuen in dem großen Weihgeschenk, das die Lakedaemonier in Delphi aus Anlaß ihres Sieges bei Aegospotamoi (405 v. Chr.) aufstellten — zwölf Blöcke der Basis, einer mit der Signatur des Alypos, haben sich bei den französischen Ausgrabungen gefunden —, und in Olympia standen vier Siegerstatuen seiner Hand (ein Ringer, zwei Ringerknaben, ein Faustkämpferknabe; Paus. 6, 1, 3 und 8, 5).

Brunn, Gesch. d. gr. Kstlr. I 276. 280. — Overbeck, Schriftq. 979, 1002. — Pauly-Wissowa, Realenc. I 1711, 2 (Robert). — Homolle, Bull. de corr. hell. 1897 S. 284 ff. — Frazer, Pausanias V 637. — Pomtow-Bulle, Athen. Mitt. 1906, 492 ff. *Amelung.*

Alzaga, Pedro de, span. Baumstr., entwarf die Pläne, nach denen 1526 Domingo de Elcano als Mayordomo der Baubehörde den gotischen Turm der Pfarrkirche von Guetaria in Guipuzcoa durch Domingo de Bustinobiaga aufzuführen begann. Obgleich mit Unterbrechungen bis zum Jahre 1755 daran gearbeitet wurde, ist der Bau nie vollendet worden.

Llaguno y Amirola, Not. I 182. △

Alzamora, Bernardino, Maler in Valencia. 1631 führte er im Auftrage der Stadt ein Bild des Königs D. Jaime für die sala dorada des alten Palastes aus; dasselbe befindet sich heute im Archiv der Casa Consistorial in Valencia.

Alcahali, Art. Valenc. S. 49/50. *M. v. B.*

Ama Sōjō, s. *Daigo Sōjō.*

Amabert, Esprit, Maler aus Bramans, schmückte eine Kapelle in der Nähe von Lanslebourg (Maurienne) mit mittelmäßigen Fresken, die das Leben und die Wunder des hl. Philipp darstellen und wie folgt bezeichnet sind: Spiritus Amabertus, Bramanensis picxor pinxit 1619—1620. — In gleicher Weise stattete er auch noch andere Kapellen im Depart. Haute-Maurienne aus.

Mém. et Docum. de la Société Savoisienne, Chambéry 1870, T. XII, p. 169; T. II, p. VII. *Dc.*

Amadei, A m a d i o, s. *Amadio* da Milano.

Amadei, C a r l o, Maler aus Siena um 1779, nur bei Zani (Enc. met. II 72) erwähnt. *H. V.*

Amadei, E m i l i o, toskan. Maler, geb. in Florenz 12. 3. 1867. Studierte an der Florentiner Kunstakad. und später unter Prof. Fattori. 1889 trat der Künstler mit naturalistischen Freilichtstudien hervor, die auf der Florentiner Ausstellung dieses Jahres Aufsehen erregten. Gubernatis rühmt namentlich eine „Figura di donna all' aria aperta", ein Interieur mit einer Kinderfigur, Bildnisse wie dasjenige des Malers Versorese u. a. m.

A. D e G u b e r n a t i s, Diz. degli Art. ital. viventi (Rom 1889). *H.*

Amadei, G i u l i a n o, Camaldoleser Abt in Florenz, Miniator, zuerst erwähnt 1446, dann Lieblingsmaler Papst Pauls II. in Rom, später in Lucca als Miniator tätig, wo er 1496 starb.

Z a n i, Enc. met. II 72. — Memorie e Docum. per servire all' istoria del Ducato di Lucca VIII 36. — E. M ü n t z, Les Arts à la Cour d. Papes (1878) II 31, III 96 ff. **

Amadei, S t e f a n o, Maler, geb. zu Perugia 20. 1. 1589, † daselbst 20. 1. 1644. Schüler des Malers Giulino Cesare Angeli und des Peruginer Mathematikers Lemme Rossi. Er gründete in Perugia eine Zeichenakad. und malte für die Cappella della Madonna addolorata in S. Maria Nuova zu Perugia eine große Pietà und an den Seitenwänden der Kapelle Mariä Tempelgang und Vermählung. In S. Severo daselbst ist von ihm das Bild des Hauptaltars, ca. 1632 gemalt: Die Jungfrau in der Glorie mit dem Kinde und 6 Heiligen. Orsini, Siepi und andere schreiben ihm das Bild eines Gottvaters mit Seraphim zu, das aus S. Francesco in die Peruginer Pinakothek gebracht wurde, und das wahrscheinlich eine Kopie nach Raffaels verschollenem Tympanon über der Grablegung der Galerie Borghese ist. In Perugia und in Rom malte er, wie sein Biograph Pascoli berichtet, zahlreiche Bildnisse in Öl und Pastell.

L u p a t t e l l i, Stor. d. Pittura a Perugia p. 66, 67. — O r l a n d i, Abecedario pitt. Ed. Firenze, 1788 col. 1180. — O r s i n i, Guida di Perugia, 1784 p. 189, 234, 304, 333. — S i e p i, Descrizione topografica di Perugia p. 271, 379, 412, 440, 721, 790. — M e y e r, Kstlerlex. mit weiterer Lit. *W. Bombe.*

Amadei, s. auch damit verbundene *Vornamen.*

Amadeo d a B e r g a m o, lombardischer Bildhauer der 1. Hälfte des 14. Jahrh. Von einem Werke seiner Hand, einem Sarkophag von rotem Marmor für die Gebeine des Rechtsgelehrten Pietro da Suzzara, der 1327 zu Reggio starb, ist im Museo lapidario zu Modena ein Bruchstück mit einem Relief erhalten. Das Denkmal, bezeichnet MAGISTER AMEDEVS DE BERGAMO FECIT HOC OPVS, befand sich früher im Kloster S. Domenico zu Reggio. Jene Reliefplatte stellt den Gelehrten auf dem Katheder dar mit vier zuhörenden Schülern; eine ziemlich rohe, doch nicht ungeschickte Arbeit.

C a m p o r i, Gli Artisti Italiani etc. negli Stati Estensi p. 63. — P e r k i n s, Italian Sculptors p. 161. — M e y e r, Kstlerlex. *R.*

Amadeo, G i o v a n n i A n t o n i o, in den Urkunden auch *degli Amadei* genannt (seltener *Omodeo*), lombard. Architekt und Bildhauer. Geb. 1447 in Pavia im Kirchspiel S. Lorenzo als Sohn des Aloisio oder Luigi Amadei, lebte er späterhin abwechselnd in Mailand, in der Certosa von Pavia und in Torre del Mangano bei Pavia. Eine seiner frühesten Arbeiten ist die voll signierte Verbindungstür zwischen dem Chiostro piccolo der Certosa von Pavia und dem Querschiff der zugehörigen Klosterkirche. Sie ist überreich mit Figuren- und Blattwerk-Ornamenten geschmückt und läßt in dem jungen Amadeo einerseits einen begabten Fortsetzer der alten campionesischen Kunsttraditionen, andererseits aber auch einen gelehrigen Schüler der neuen, durch Michelozzo in die Lombardei verpflanzten toskanischen Renaissancebestrebungen erkennen. Obwohl manche Kunstforscher meine Annahme bestreiten, bleibe ich doch bei der Ansicht, daß der plastische Schmuck der von Michelozzo bei S. Eustorgio in Mailand errichteten Portinari-Kapelle von diesem Brunellesco-Schüler selbst oder doch von einem seiner Florentiner Gehilfen ausgeführt worden ist; und gerade diese Pflanzenarabesken mit kletternden Puttenfigürchen, wie sie an den Pfeilern der Portinari-Kapelle sich emporranken, haben dem jungen Amadeo augenscheinlich die Dekorationsidee für den oben angeführten plastischen Türschmuck im Chiostro piccolo der Certosa von Pavia eingegeben. Außerdem aber scheint der Künstler damals bereits einige Arbeiten des Antonio Rizzo gesehen und studiert zu haben. Jedenfalls entstammen dieser Jugendperiode des A. auch mehrere der figurierten Kapitell-Konsolen in den beiden Klosterhöfen der Certosa, wie schon A. G. Meyer erkannt hat. — 1470—75 erbaute A. in Bergamo die Cappella Colleoni, das früheste Beispiel einer selbstständigen Nachbildung des toskanischen Renaissancestiles in der Lombardei, und gleichzeitig brachte er in dieser Kapelle das Grabmal der Medea Colleoni sowie dasjenige ihres Vaters Bartolomeo, des berühmten Condottiere zur Ausführung. Die Autorschaft des A. an diesen Monumenten ist nicht nur urkundlich beglaubigt, sondern auch durch die Signatur des Künstlers am Grabmale der Medea, und die Fassade der Kapelle ebensowohl wie die beiden Grabmonumente im Inneren zeigen den für A. typischen überreichen Skulpturendekor. Das Grabmal des Bartolomeo Colleoni besteht aus zwei auf Pfeilerstützen übereinander ruhenden Sarkophagen, über denen die erst um 1500 (angeblich von einem Nürnberger Bildschnitzer) ausgeführte hölzerne Reiterstatue des Condottiere aufragt. An der Front und an den Seiten der beiden Marmorsärge sind in zahlreichen Reliefbildern die Verkündigung Mariae, die Geburt Christi, die Anbetung der Könige, die Geißelung Christi, die Kreuztragung, Kreuzigung und Kreuzabnahme sowie die Auferstehung Christi dargestellt. — In die gleiche Schaffensperiode des A. werden auch die Terrakotta-Dekorationen des Cortiletto von S. Lanfranco zu Pavia zu versetzen sein, ebenso die Überreste eines aus S. Salvatore in das Mus. zu Pavia übergeführten Grabmonumentes und einige im Museo archeologico zu Mailand befindliche Skulpturfragmente, wie z. B. das Tondo mit der Anbetung des Christkindes, ein Puttenköpfchen und die Figur eines betenden Engels. Sodann gehören hierher die Mehrzahl der Türen, die von der Certosa-Kirche aus in die Sagrestia vecchia führen, und die Lavabo-Tür im Certosa-Kloster, sowie eine Anzahl kleinerer Skulpturwerke.

In allen diesen Jugendarbeiten hat A. ein tüchtiges kompositorisches Können und eine reiche Phantasiebegabung für plastische Dekoration bekundet, während in der rundlichen, sorgfältig gefeilten Marmorbehandlung dieser Arbeiten noch die soliden Bildhauertraditionen seiner engeren Heimat sich geltend machten. Von 1480 ab dagegen wurde die Kunst des A. von den naturalistischen Stilvorbildern der Mantegazza mit ihren langgestreckten, knochigen und sehnigen Figuren und ihrer von der paduanischen Schule und aus der nordisch-germanischen Plastik überkommenen eng anliegenden Gewandbildung und knitterigen Faltengebung so stark beeinflußt, daß der Stil des Künstlers mit einem Male völlig verändert erscheint, und der Schöpfer der Colleoni-Grabmäler in seinen späteren Arbeiten, wären sie nicht urkundlich wie inschriftlich wohlbeglaubigt, kaum mehr wiederzuerkennen ist. Das erste Werk dieser zweiten Stilperiode A.s ist eine 1482 für die Gräber der hl. Märtyrer Marius und Martha, Audifax und Habakuk (?) ausgeführte Reihe von Flachreliefs, mit denen jetzt die Kanzeln der Kathedrale zu Cremona geschmückt sind. Diese äußerst figurenreichen, ungemein energisch belebten Reliefs, auf denen die grausigen Martyrien jener 4 persischen Heiligen dargestellt sind, lassen so gut wie jegliche Art künstlerischen Maßhaltens vermissen. Das sonst so liebenswürdige, nur etwas oberflächlich angelegte Erzählertalent des A. ist hier im Anschlusse an die Manier der Mantegazza in stilistische Übertreibungen hineingeraten, die sich bis ins Groteske verlieren. Die langrückigen, dünnbeinigen Figuren haben eine geradezu komisch wirkende Schlankheit erhalten, und die zahlreichen vielfach geschlängelten Zickzackfalten der Gewänder sind in völlig naturwidriger Weise angeordnet. Auch in der verworrenen Gruppierung der Figuren — deren einigen dabei wirkliche Schönheit und absolute Naturwahrheit nachgerühmt werden kann — unterscheiden sich diese Reliefs des lombardischen Künstlers sehr zu ihrem Nachteile von analogen Schöpfungen der gleichzeitigen toskanischen Schule. Um die Illusionswirkung der figürlichen Verkürzungen und der Entfernungen zwischen den einzelnen Reliefgründen zu erhöhen, hat der Bildhauer seine Figuren aus nach vorn geneigten Hintergrundflächen herausgemeißelt, die von trichterförmig erweiterten Umrahmungen eingefaßt sind, — eine Eigentümlichkeit, der Amadeo von da an beständig treu geblieben ist, und die ihn von den übrigens weit großartiger angelegten, aber in der Komposition ihrer Reliefs wie in der Figurenmodellierung viel weniger phantasiereichen Gebrüdern Mantegazza leicht unterscheiden läßt. Die Vordergrundfiguren sind tief in die Grundfläche eingeschnitten und fast als volle Rundfiguren gebildet; aber ihre Konturen sind so haarscharf gegen den Hintergrund abgesetzt — anstatt, wie es die menschliche Gestalt in der Tat beim Relief erfordert, in weichen Rundungen in die Grundfläche überzugehen —, daß die Reliefs des Amadeo ebenso wie diejenigen seiner späteren Nachahmer (Cazzaniga, Pietro da Rho, Rodari da Como) auf den Beschauer wirken, als seien sie aus Holzfiguren oder gar aus Mumien zusammengestellt. Andere von den Cremoneser Märtyrergräbern herrührende Skulpturfragmente finden sich im Museo archeologico zu Mailand und in der Timbal-Sammlung des Louvre. Auch vom Grabmale des hl. Märtyrers Orialdus, das A. 1484 in Cremona ausgeführt hatte, sind noch einige Bruchstücke in der dortigen Kathedrale vorhanden. Das eine dieser Stücke, auf dem man den Heiligen bei der Almosenverteilung dargestellt sieht, ist ungemein lebendig in der Bewegung der einzelnen Figuren und von glücklichster Erfindung in der Gruppierung der letzteren wie in der Anordnung des architektonischen Hintergrundes, der, wie gewöhnlich bei Amadeo, durch eine Anzahl klassischer Renaissancebauwerke Bramantesken Stiles gebildet wird. Auf Grund stilkritischer Vergleichungen darf man in diese Schaffensperiode A.s wohl auch einige kleinere Skulpturen aus der Sammlung des Museo archeologico zu Mailand versetzen, darunter ein Tabernakel mit der Statue des hl. Sebastian, das früher irrtümlicherweise als eine Arbeit des Goldschmieds Caradosso betrachtet wurde, dessen steinbildnerische Tätigkeit jedoch noch fraglich ist. Amadeo war dann fernerhin bei der genialsten Kunstschöpfung beteiligt, um die das Quattrocento den Mailänder Dombau bereichert hat: bei der Konstruktion der Kuppelbekrönung (Tiburio), die damals über der Kreuzschiff-Vierung des Domes errichtet wurde, und zwar gegen den Willen der nordischen Gotiker, die vielmehr eine der ursprünglichen Bauanlage entsprechende Durchführung nach Art der französischen und deutschen Kathedralen befürwortet hatten. „Galiardamente" — wie es in den alten Urkunden heißt — begann man 1490 mit dem Aufbau des Tiburio, um das Ganze einige Zeit später mit seinem hochragenden Steinobelisken zu bekrönen. Hierauf wurde A. mit plastischen Arbeiten am Bau des Mailänder Ospedale Maggiore betraut, und zwar scheint er insbesondere einen Teil der dekorativen Skulpturen im Haupthofe des Hospitals geschaffen zu haben; indessen läßt sich sein Anteil an diesen Arbeiten heute nicht mehr mit Sicherheit feststellen, da der ursprüngliche Charakter dieser Ornamentskulpturen durch spätere Überarbeitungen wesentlich alteriert worden ist. A.s Meisterwerk auf dem Gebiete der dekorativen Plastik sollte jedoch die bildhauerische Ausschmückung der Kirchen-Fassade der Certosa zu Pavia werden. 1491 übernahm der Künstler den Auftrag zu dieser Riesenarbeit. Die volle Hälfte der Reliefs und der Ornamentskulpturen der ganzen Fassade ist nach Ausweis der Originalurkunden als Schöpfung A.s zu betrachten, während die andere Hälfte von den Mantegazza ausgeführt wurde. Damit ist jedoch nicht gesagt, daß A., wie man früher annahm, etwa die ganze rechte Hälfte und die Gebrüder Mantegazza die ganze linke Hälfte der Fassade dekoriert hätten; vielmehr ergibt sich aus einer kritisch vergleichenden Prüfung sämtlicher Einzelskulpturen der Fassade, daß der Ausdruck „die eine Hälfte" nicht lokal zu verstehen ist, sondern numerisch, daß also A. und die Mantegazza in der Tat je eine Hälfte der Gesamtanzahl aller über die ganze Fassade verteilten Reliefskulpturen zur Ausführung übernommen hatten, und daß sie außerdem eine große Anzahl von Schülern und Gehilfen zu diesen umfangreichen Arbeiten herangezogen hatten. So stellt sich denn A. zunächst dar als der Schöpfer jener kleinen Flachreliefs mit Szenen aus dem Alten und dem Neuen Testamente, die sich über den ganzen Sockel der Fassade hinziehen, und in denen der Künstler uns als der anmutvollste und phantasiereichste Erzähler der ganzen lombardischen Bildhauerschule offenbar wird. Außerdem schuf er auch den größten Teil der unterhalb dieser biblischen Reliefs in den Fassadensockel eingelassenen Reliefmedaillons. Endlich hat A. im Verein mit einer zahlreichen Gehilfenschar — darunter vor allem Benedetto Briosco, dem Schöpfer des Hauptportales — die köstlich ornamentierten Fensterumrahmungen, Kandelaber, Wappenschilde und sonstigen Dekorationsskulpturen zur Ausführung gebracht, mit denen der obere Teil der Fassade bedeckt ist, sowie auch mehrere jetzt im Mus. der Certosa untergebrachte und ursprünglich wohl gleichfalls für die Fassade bestimmt gewesene Einzelreliefs.

Der gleichen Schaffenszeit A.s gehören ihrem Stilcharakter nach fernerhin an: Eine Puttengruppe und eine Engel-Pietà im South Kensington Mus., einige Medaillonreliefs im Mailänder Museo Archeologico, eine aufs reichste mit paarweise knienden oder vasentragenden Engelfiguren geschmückte Türumrahmung im Chiostro Grande der Certosa zu Pavia und eines der kleineren Brunnenbecken derselben Certosa, einige Medaillonreliefs in der Kirche des Nachbarstädtchens Carpiano und ein Madonnenrelief mit Adam und Eva und dem hl. Rochus im bischöflichen Palais zu Pavia. Aus der gleichzeitigen Schule des A. dagegen ist u. a. das Grabmal des Martino Salimbene in der Krypta von S. Michele zu Pavia. Auch als Architekt hat A. in Pavia wertvolle Spuren künstlerischer Tätigkeit hinterlassen. So schuf er daselbst, wie aus Urkunden von 1492—94 nachgewiesen worden ist, den Hof des Palazzo Bottigella (jetzt Rossi, Via Mazzini No. 15), sowie auch den inneren Erweiterungsbau der Kathedrale zu Pavia mit seinen an den Fassadenschmuck der Certosa erinnernden Loggien-Emporen. Um 1497 wurde dann die Kuppelbekrönung des Mailänder Domes mit dem bereits erwähnten und nach Amadeo selbst benannten Steinobelisken abgeschlossen, der sogar mit dem Medaillonbildnis des Künstlers geschmückt ist. Möglicherweise aber hat sich die Tätigkeit des Künstlers in diesem Falle auf die Lieferung der Entwurfzeichnung zu diesem Obelisken beschränkt, da der plastische Dekor desselben und namentlich die Puttenfigürchen erst von der Hand eines späteren Nachahmers des A. herzurühren scheinen. In S. Maria delle Grazie zu Mailand wird fernerhin das Grabmal für den Cremoneser Bischof Cristoforo della Torre und für die Söhne des Grafen Giovanni Francesco della Torre mit dem Meister A. in Zusammenhang gebracht. Errichtet 1483, aber späterhin völlig überarbeitet und in die Mauerwand der Cappella del Rosario eingelassen, besteht dieses Monument aus einem auf Säulen ruhenden rechteckigen Sarkophage, der mit biblischen Darstellungen in Flachrelief geschmückt ist. Die Entwürfe zu diesen Reliefs sind vielleicht noch auf A. selbst zurückzuführen, ihre Ausführung jedoch geschah wahrscheinlich erst durch einen der Schulnachfolger des Meisters; und zwar könnte man hier etwa an einen der Cazzaniga denken. Das kleine Grabmal für Branda Castiglione in derselben Mailänder Kirche erinnert eher an die Kunst des Briosco, als an diejenige des Amadeo, dem es gewöhnlich zugeschrieben wird. Um so bedeutendere Arbeiten des A. befinden sich dafür in der Kapelle des Palazzo Borromeo auf der Isola Bella des Lago Maggiore (1797 bis 1798 aus den Mailänder Kirchen S. Pietro in Gessate und S. Francesco Grande dorthin übergeführt). Das Hauptstück derselben ist das Grabmal für Giovanni und Vitaliano Borromeo; der mächtige Sarkophag ruht hier auf 6 viereckigen Pfeilern, deren jeder einer gepanzerten Ritterstatue mit dem Wappenschilde der Borromeo als Stütze dient. Die hohen Sockel, über denen die durch vielzackige Spitzbögen untereinander verbundenen Tragpfeiler mit den zugehörigen Ritterfiguren aufragen, sind auf allen vier Seiten mit Reliefskulpturen geschmückt und ruhen ihrerseits auf den Rücken kauernder Löwengestalten. Der Sarkophag trägt ebenfalls reichsten Reliefschmuck, und zwar je drei Reliefs an den Langseiten und je eines an den Schmalseiten. Vor den Trennungspilastern zwischen den einzelnen Reliefdarstellungen sowie in den vier Ecknischen des Sarkophages erheben sich auf besonderen Konsolen die verschiedensten Einzelstatuen. Der ringsum laufende Fries des Sarkophages ist ebenso wie die Giebelfelder der Spitzbögen zwischen den Tragpfeilern in geistreichster Weise mit zahlreichen Putten- und Engelfigürchen belebt. Auf dem Deckel des Sarkophages ruht lang ausgestreckt und in einen weiten Mantel gehüllt die martialische Gestalt eines Ritters, der ein mächtiges Kriegsschwert gegen die Brust gedrückt hält, unter einem wiederum mit zahlreichen Puttenfigürchen geschmückten steinernen Baldachin. Dieses Monument ist nicht allein typisch für die ganze Gattung der lombardischen Grabdenkmäler der Renaissancezeit, sondern es ist zugleich auch das reichste von allen. Die Statuen vor den Tragpfeilern sind denjenigen von der Hand des Matteo de' Raverti, eines Vorläufers des Amadeo, noch sehr nahe verwandt, während dem A. selbst jedenfalls die prächtigen, figurenreichen und lebensvollen Sarkophagreliefs angehören, als deren schönstes sicherlich der tief empfundene, dramatisch bewegte Bethlehemitische Kindermord zu betrachten ist. Dieses letztere Relief würde für sich allein schon das hergebrachte Vorurteil zu widerlegen vermögen, daß die lombardische Bildhauerschule fast ausschließlich reiche dekorative Wirkungen angestrebt habe. Seiner Entstehungszeit nach gehört dieses Borromeo-Grabmal in die unter dem Einflusse der Mantegazza stehende zweite Schaffensperiode des A., und zwar in die Zeit nach 1480. — Das weniger umfangreiche Grabmal des Camillo Borromeo in derselben Schloßkapelle der Isola Bella ist in seiner Gesamtanlage in seinem üppigen Ornamentdekor gleichfalls auf einen Entwurf des A. zurückzuführen; die Reliefs jedoch scheinen von einem seiner direkten Schulnachfolger, vielleicht von einem der Rodari ausgeführt zu sein. — Ferner sind als Arbeiten des A. zu betrachten: das in mangelhafter Weise neu zusammengesetzte kleine Grabmal des 1485 verstorbenen Guido Castiglione, Gouverneurs von Alessandria, in der Kirche zu Villa a Castiglione d'Olona, sowie die beiden Reliefdarstellungen der Anbetung der Könige und der Flucht nach Ägypten im Museum zu Parma (teilweise von Schülerhänden ausgeführt). — Das letzte größere Skulpturwerk des A. war der Sarkophag des hl. Lanfrancus in der vor den Mauern Pavias gelegenen Kirche dieses Heiligen, und zwar ist dieser Sarkophag erst 1498 entstanden (nicht 1469, wie man nach Perkins und anderen bisher angenommen hat). Hier aber zeigt es sich, daß die Kunst des Amadeo nochmals eines Stilwandels fähig gewesen war, und daß diese dritte Manier des Meisters die beiden vorhergehenden noch weit an Korrektheit und Ursprünglichkeit übertraf. Die tief aus dem Reliefgrunde herausgemeißelten Figuren erreichten hier eine ganz besonders energische Lebenswirkung durch die Feinheit ihrer Modellierung, durch die Breite und Großzügigkeit ihres Faltenwurfes und durch die meisterliche Klarheit ihrer Komposition.

J. Meyer, Kstlerlex. (mit älterer Literatur). — A. G. Meyer, Oberitalien. Frührenaiss. (1900), Bd. II, sowie im Jahrb. der K. Preuß. Kunstsammlgn. XV, 5 f. — G. Frizzoni, G. A. Amadeo, Roma 1873; u. in L'Arte V, 68 f. — R. Majocchi, G. A. Amadeo, Pavia 1903. — F. Malaguzzi-Valeri, G. A. Amadeo, Mailand 1905; sowie in Rass. d'Arte II 24. — L. Beltrami, Leonardo da Vinci negli studi per il Tiburio della Cattedrale di Milano, Mailand 1903; sowie im „Marzocco" vom 29, 2. 1903. — Cittadella, Doc. ed Illustr. Ferrar. (1868 Index). — Mongeri, L'Arte in Milano 102, 126 f., 128, 131 f., 139 f., 151 f., 226, 396. — D. Sant' Ambrogio im Arch. stor. Lombardo XIX 141—160; vgl. XV 187—97. — G. Carotti in Arte ital. decor. e industr. IV 4. — Arch. stor. d. Arte ital. Ser. II, Vol. III p. 109 f. — Rassegna Naz. XLIII 438 ff. — Zeitschr. f. Bild. Kst. VI 37 ff.; 46; N. F., V 107. — Repertor. f. Kstwissensch. IX 275; XVI 149; XXIV 90; 102;

235; XXV 395; XXIX 53. — Franz Studniczka, Illustrium imagines (demnächst erscheinend, mit neuen Beobachtungen über die Anordnung der Portraitmedaillons am Sockel der Certosa di Pavia und die Autorschaft an den einzelnen Arbeiten). *F. Malaguzzi-Valeri.*

Amadeo, Giovanni Battista, italien. Stuckator, der 1681 mit einigen anderen die reichen Stuckaturarbeiten im großen Pavillon des Hofgartens von St. Florian bei Linz ausführte.

A. Czerny, Kst. u. Kstgew. im Stifte St. Florian. 1886. ***

Amadeo da Milano, s. *Amadio* da M.

Amadeo, Protasio, Bruder des lombardischen Bildhauers und Architekten Giov. Antonio und gleich diesem um die Mitte des 15. Jahrh. als Sohn eines Gutspächters Aloisio A. in der Nähe von Pavia geboren. Protasio war als Maler ausgebildet und arbeitete als solcher hauptsächlich für seinen berühmteren Bruder. Bestimmte Werke lassen sich jedoch dem Protasio A. nicht zuweisen; vielleicht war er der Schöpfer einer bemalten Terrakotta-Madonna im Museo Industriale des Mailänder Sforza-Kastells.

Meyer, Kstlerlex. (unter Amadeo, Giov. Ant., I 576). — Malaguzzi-Valeri, Pitt. Lomb. del Quattrocento p. 250. *F. Malaguzzi-Valeri.*

Amadeo, s. auch *Amedeo.*

Amadi, Francesco, venezian. Maler (?), der ein um die Mitte des 15. Jahrh. in der Kirche S. Maria dei Miracoli zu Venedig befindliches wundertätiges Madonnenbild gemalt haben soll, das von einem Enkel dieses selben Amadi in einen hölzernen Schrein eingesetzt wurde. (Unsicher, ob diese beiden Amadi als Künstler, oder nur als Stifter zu betrachten sind.)

Natura ed Arte, 1894/95, II 729. *G. Degli Azzi.*

Amadio, Ambrogio, italien. Miniator im 16. Jahrh., bloß dem Namen nach erwähnt in Bradleys Dict. of Miniat. Appendix III 435. **

Amadio, Andrea, Maler und Miniator in Venedig, illustrierte 1415 das kostbare Herbarium von Bernardino Rinio, jetzt in der Bibliothek San Marco. Diese Abbildungen der Pflanzen sind mit großer Sorgfalt und merkwürdiger Naturtreue gemalt; so daß gegen 1500 der bekannte Geschichtsschreiber und Gelehrte Collenuccio davon sagte: sie scheinen den Seiten vielmehr entsprossen als darauf abgebildet. Daß sie von Amadio, „dem trefflichen venezianischen Maler" herrühren, bemerkt der Urheber der Handschrift eigens in der Vorrede.

Selvatico e Lazzari, Guida di Venezia 1881 p. 126. — Cicogna, Inscrizioni veneziane (1827) II 153. — Nuovo Arch. Veneto, Ser. II T. II pte. I p. 76. — P. Molmenti, Stor. di Venezia nella vita priv. 1905 I 385. — Bratti, Min. Venez. (Nuov. Arch. Ven. N. S. 1901 II pte 1. 2. p. 76). — Meyer, Kstlerlex.. *L. Ferro.*

Amadio da Milano, Sohn des Antonio Amadei da Castronago, mailänd. Medailleur und Goldschmied, viel beschäftigt für den Hof von Ferrara 1437—82, starb bald darauf, jedenfalls vor 1484. Sein Testament datiert vom 6. 8. 1483 in Ferrara. Zahlreiche Goldschmiedearbeiten seiner Hand für die Este und für andere Personen des Hofes werden von M. Caffi (s. unten) nach den erhaltenen Rechnungsvermerken aufgezählt, seltsamerweise die beiden Medaillen nicht erwähnt, die seinen Namen am besten auf die Nachwelt gebracht haben. Die erste zeigt Leonellos Kopf rechtshin mit der Umschrift: DOMINVS LEONELLVS MARCHIO ESTENSIS ct. C; auf der Rückseite: AMADe MEDIOLAN ARIFEX (Aufschrift vertieft) und das Bild eines Luchses mit verbundenen Augen auf einem Kissen sitzend. — 49 mm. 2. Kopf des Borso linkshin mit der Umschrift: DOMINVS BORSIVS MARCHIO ESTENSIS ct. C; Rückseite: eine phantastische Blume, aus der ein Obelisk aufsteigt, an dem sich ein Drache herabwindet. — 50 mm. Beide Medaillen müssen vor 1441 entstanden sein. Die Darstellung der Rückseite findet sich auch bei der bekannten Schaumünze Pisanellos wiederholt, aber in künstlerischer Hinsicht ist die Arbeit Amadios bei aller Zierlichkeit schon durch das scharfe Relief merklich geringer als die Pisanellos. — A. hatte 5 Söhne, von denen Pietro und Battista wieder Goldschmiede wurden; der letztere sein Nachfolger als Hofgoldschmied war.

Cittadella, Notizie rel. a Ferrara 667/8. — J. Friedländer, Die ital. Schaumünzen des 15. Jahrh. im Jahrb. d. Preuß. Kunstsamml. II 24. — M. Caffi, Di alcuni Architetti e Scultori d. Svizzera ital. im Archivio storico lombardo 1885 Ser. II, vol. II, anno XII. — Archivio stor. d. arte II 86. *F. Becker.*

Amadio, s. auch damit verbundene *Vornamen.*

Amado, Antonio, portug. Holzbildhauer, † gegen 1820, etwa 70 Jahre alt.

Raczynski, Dict. p. 8. *A. Haupt.*

Amado y Bernardet, Ramón, span. Maler, geb. ca. 1811 zu Barcelona, wo er auch seine ersten künstlerischen Studien machte, die er im Auslande vollendete. Er machte sich als Historien- und Genremaler und als Porträtist rühmlich bekannt. Von seinen Werken, deren ziemlich gewagte Manier indessen der Klarheit ermangelt, nennen wir: Die Trauung und Die Taufe, 1876 in Paris gemalt; Ein Markt zu Tanger und Sub judice, die in den Pariser Salons 1877 und 1880 ausgestellt waren; zwei Köpfe von Heiligen (in der Kirche San Antonio de Padua zu Barcelona); ein Porträt Pius IX.; ein Porträt des Königs Amedeo von Savoyen. Man hat auch Aquarelle (Landschaften) und Lithographien von ihm. A. † in Barcelona 8. 1. 1888.

Ossorio y Bernard, Galeria biogr. de artistas españoles del siglo XIX. Madrid 1883/4.

— Elias de Molins, Dicc. de escrit. y art. catal. del siglo XIX. 1889. *P. Lafond.*

Amador de los Rios, Ramiro, span. Architekt des 19. Jahrh., zeigte auf der Madrider Ausstellung von 1871 einen Entwurf zu einem Theater, der sehr bemerkenswert war; 1878 war er auf der Pariser Weltausstellung mit einem Entwurf zu einer Bibliothek vertreten, auf derjenigen von 1889 mit anderen Bauplänen, deren jeder ihm eine silberne Medaille einbrachte. Von ihm sind auch die beiden Kanzeln der Kirche San Francisco el Grande zu Madrid.

F. M. Tubino, El arte y los artistas contemporaneos, Madrid 1871. *P. Lafond.*

Amadore, Vittorio, Maler aus Casteldurante, laut urkundlicher Nachricht 1646 in der Werkstatt des Francesco Rossi in Rom tätig.

Bertolotti, Artisti Urbinati in Roma (1881) p. 64. *E. Modigliani.*

Amadore, s. auch *Amatore.*

Amadori, röm. Bildhauer, stellte 1870 auf der IV. internat. Kunstausstellung in München eine „Flora" aus, deren süßlich-sentimentale Auffassung bei fließender Formbehandlung von der Kritik hervorgehoben wurde. — Im übrigen versagen die Nachrichten über diesen Künstler.

Zeitschr. f. bild. Kst. V 153. **

Amadori, Domenico, Maler in Ferrara, tätig um 1500.

Zani, Encicl. II 73. *E. Modigliani.*

Amadori (od. dell' Amadore), Francesco di Bernardino, da Castel Durante, war seit 1530, nachdem Antonio Mini nach Frankreich gegangen war, Diener und Gehilfe Michelangelos, der ihn nur Urbino nannte. Er war seines Zeichens ein Bildhauer, und sein Meister übertrug ihm 1542 einen Teil der Steinmetzarbeit am Grabmal Julius' II. in S. Pietro in Vincoli. Wenn wir Benvenuto Cellini glauben dürfen, so besaß Urbino nur geringe Talente und war ein Mann von mäßiger Bildung und bäurischen Manieren. Aber er war ein Charakter voller Treue und Loyalität, wie Michelangelo selbst von ihm gerühmt hat. Er starb 3. 12. 1555, nachdem er seinem Herrn 25 Jahre lang treu gedient hatte. Sein Tod erfüllte Michelangelo mit tiefster Betrübnis; wie er in einem Briefe an Vasari ausgesprochen hat, fühlte er sich nach diesem Verlust seiner besten Stütze beraubt in beklagenswertem Zustande. Als Künstler hat Urbino nichts Nennenswertes geleistet. Er leistete Handlangerdienste als Michelangelo das jüngste Gericht malte und wurde durch ein Motu proprio Pauls III. am 26. 10. 1543 zum „Mundator picturarum Capellarum palatii apostolici" ernannt.

Steinmann, Sixtin. Kap. II 510 und Anm., ebendort p. 757 ist auch das Breve Pauls III. abgedruckt. — Vasari, ed. Milanesi VII 240. — Das Testament Urbinos ist abgedruckt bei Gotti II 137 ff. — Gaye, Carteggio II 293. — Bertolotti, Art. Urb. in Roma S. A. 14 u. 15. — Calzini (Lettere del duca Guidobaldo della Rovere, Nozze Bianchi-Fonti 26. 4. 1902) hat alle Notizen über Urbino gesammelt. Vgl. zur Berichtigung seiner Angaben in der Muti-Angelegenheit Daelli p. 38. — Frey, Sammlg. ausgew. Brf. 351—354, 361 etc. — Milanesi, Lettere 314, 484, 542, 556. — Vasconcellos, Francisco de Hollanda p. 97 und p. 202 No. 28. — Zu Cellinis Begegnung mit Urbino: Vite di Benvenuto Cellini ed. O. Bacci p. 371. — Guhl-Rosenberg, Künstlerbriefe I 162 und 165. — Gualandi, Nuov. racc. di lett. I 48—52. *E. Steinmann.*

Amadori, Giovanni di Zanobi, Florentiner Schreiber mehrerer Abhandlungen, darunter des B. Frate Egidio „Capitoli di Vitii et delle Virtude", eines der ältesten Texte in italienischer Sprache, signiert: Finito di scrivere di mano di Giovanni di Canobi Amadori, ciptadino fiorentino questo die XXVI del mese di Settembre MCCCCL.

Bradley, Dict. of miniat. I 26. **

Amadori, s. auch *Amatori.*

Amadote ist einer der Sienesischen maestri di pietra, die als Unterzeichner eines breve der dortigen Zunft aus dem 13. Jahrh. bekannt sind.

Borghesi e Banchi, Nuov. Doc. Sen. p. 37. *Swarzenski.*

Amaker, Johann Jakob, unbedeutender Dekorationsmaler in St. Gallen, geb. zu Lichtensteig, † 1848 in St. Gallen, beschickte die St. Galler Kunstausstellungen 1832 und 35.

Brun, Schweizer. Kstlerlex. *H. V.*

Amalbert, Abt zu Saint-Florent de Saumur, † 985. Er vollendete die Bauten der zweiten Abteianlage und errichtete 956 die Abteikirche.

Bauchal, Dict. des Archit. *C. Enlart.*

Amalfi, Carlo, Maler in Neapel, geb. in Vico Equense und ausgebildet in der Schule des Sebast. Conca (gen. il Gaetano), brachte 1752 in Gemeinschaft mit dem Piacentiner Maler Giov. Batt. Natali die Malereien in den beiden großen Sälen des R. Tribunale zu Neapel zur Ausführung, und zwar schuf A. im kleineren Saale die Bildnisse der bedeutendsten Gesetzgeber Italiens und im größeren Salone del Sacro Consiglio das bronzefarbene Reiterbildnis des Königs Carlo III. im Kreise allegorischer Frauengestalten (Gerechtigkeit, Frieden, Geschichte etc.) sowie die symbolischen Einzelfiguren der Beredsamkeit, der Dialektik, der Geometrie etc. Außerdem malte A. in der Cappella di Sansevero zu Neapel am 3. Bogen des Grabmonumentes des Raimondo di Sangro das von einem ovalen Bronzerahmen umgebene Bildnis dieses Fürsten, sowie in der Unterkirche von S. Antonino zu Sorrent sechs Tondi mit Heiligenbildnissen. Endlich war er auch in Castel Capuano di Napoli in der Cappella dei Padri Pii di S. Severo und in anderen neapol. Kirchen sowie auch als Bildnismaler eifrig künstlerisch tätig.

Napoli Nobilissima II 115; IV 119; 188 f.; X 155 f. — Zani, Enciclopedia II 74. *G. Degli Azzi.*

Amalfitano, Orazio, neapol. Maler, nur als Zeuge bei einer Eheschließung 1623 genannt und zwar zusammen mit Gius. Ribera.

Napoli Nobilissima IV 187. — Libro I de' Matrimoni della Parrocchia della Carità fol. 139. *G. Degli Azzi.*

Amali, Paolo, röm. Architekt, unter seiner Leitung wurde 1643 der dem Palazzo Venezia zugekehrte Teil des Palazzo Doria-Pamfili in stattlichem Barockstil erbaut. Der Fürst D. Gio. Battista Pamfili vertraute ihm auch die Ausführung der Haupttreppe auf der nach dem Corso gelegenen Seite des genannten Palazzo an.

Nibby, Itinéraire de Rome 1834 I 32. — Roma Antica e Moderna 1750 I 520. — Titi, Ammaestramento di Pittura etc. *Ozzola.*

Amalie, Felipe Pilar, Prinzessin von Bayern, geb. Infantin von Spanien, geb. 1834 in Madrid, vermählt 1856 mit Adalbert, Prinzen von Bayern, Witwe seit 1875, in München. Von ihr in der Neuen Pinakothek ein Ölgemälde „Die Tajobrücke in Toledo", bez.: Amalie de Bourbon 1858. **

Amallo y Manget, Francisco, span. Maler, geb. 1849 zu Madrid, Schüler von Pablo Conzalvo und von Carlos de Haës, malte vorzugsweise Sittenbilder und Zirkus-Episoden, sowie Landschaften. Von seinen Werken führen wir an: Der Tod Frascuelos; Der Winter; Sonnenaufgang; verschiedene Ansichten von Madrid und von dessen Umgebung, die seit 1877 auf Madrider Ausstellungen vertreten waren. Von ihm auch eine Radierung: Der Stier Barbudo, den Torero Pepe Illo tödlich verwundend.

Ossorio y Bernard, Galeria biogr. de artistas españoles del siglo XIX. Madrid 1883/4. — Sanchez de Neira, El Toreo, 2 vol. Madrid 1879. *P. Lafond.*

Amalricus, italien. Miniaturmaler, nennt sich am Schluß als Verfertiger einer reich dekorierten Bibel im Domarchiv zu Monza (S. 1). Vermutlich ist aber diese Bibel mit der betreffenden Künstlerinschrift nur die Kopie eines verschollenen Originals aus der Schule von Tours von der Hand des A. Er ist als Mönch von S. Martin in Tours seit 841 nachweisbar und wurde 849 Erzbischof daselbst, als welcher er 855 starb.

Frisi, Memorie storiche di Monza III 21. — Berger, Histoire de la vulgate p. 221 f. *Swarzenski.*

Amalteo, Girolamo, Maler in S. Vito in Friaul. Bruder und wahrscheinlich Mitarbeiter des Pomponio A. 1542 war er Cameraro der Bruderschaft der Battuti in S. Vito, wo er jung, wahrscheinlich nicht später als 1543 gestorben ist. Was die Friulaner Geschichtsschreiber von ihm u. der Eifersucht des Pomponio A. auf seinen Bruder, von dem er übertroffen zu werden fürchtete, erzählen, verdient wenig Glauben. Man nimmt an, daß Girolamo Mitarbeiter des Pomponio an den Fresken in Sta Maria dei Battuti in S. Vito gewesen sei; da man ihm aber einen bestimmten Anteil nicht zuschreiben kann und auch sonst keine Werke seiner Hand bekannt sind, so ist uns seine künstlerische Persönlichkeit ganz unklar.

Renaldis, Della Pitt. Friulana. — Ridolfi, Maraviglie dell' Arte, I 174. — Lanzi, Stor. Pitt. II 83. — Cesarini, Origini del Cast. di S. Vito. — Zotti, Pomponio Amalteo p. 157, 159. *G. Fogolari.*

Amalteo, Pomponio, italien. Maler, geb. 1505 in Motta di Livenza, † in S. Vito in Friaul 9. 3. 1588. Sohn des Leonardo, Bürgers von Motta und der Natalia, Schwester der Lateingelehrten Paolo Marcantonio und Francesco Amaltei. Die Familie der Mutter, von der Pomponio den Namen Amalteo führt, war wohlhabend, ihr Stammvater wird 1490 erwähnt als „Ser Franciscus Amalteus de civitate Oeniponti (Innsbruck?) qui moratur Portus Naonis". Das Geburtsjahr des Pomponius, 1505, ergibt sich aus der Bezeichnung auf dem Altarbild im Dome von Portogruaro von 1583, in der er sich 78 Jahre alt nennt. Von Motta übersiedelte er nach S. Vito am Tagliamento, das er als seine eigentliche Heimatstadt betrachtet. Eine Urkunde von 1536 besagt: „Ser Pomponius Amaltheus ex Motta ad praesens habitatur in Sancto Vito". Pomponio A. war dort Gemeinderat, wurde am 24. 4. 1562 Bürgermeister und besaß ein Haus in der Via Tajana No. 112. 1534 verlor er seine erste Frau Orsina, die Tochter des Grafen Pier Antonio Sbrojavacca, heiratete (Ehekontrakt vom 29. 6. 1534) Graziosa, die Tochter seines Lehrers Pordenone, und in dritter und vierter Ehe Lucrezia Madrisio (aus Udine 1541) und Nicolosa Segatto. Von seinen sieben Töchtern war Quintilia ebenfalls Malerin, sie heiratete den Maler Gius. Moretto, Pomponios Schüler, eine andere den Maler Sebastiano Secante, der gleichfalls sein Schüler war. Auch sein jung verstorbener Bruder Girolamo Amalteo war Maler und ist wohl unter seine Mitarbeiter zu rechnen; als andere Schüler werden genannt: Cristoforo und Pierantonio Diana, Giulio Urbini aus Tarcento, Pietro Politio, mehrere Mitglieder der Familie Secanti, Giulio Brunelleschi und andere. Aus der Zeit vom 8. 2. 1535 bis zum 9. 3. 1588 (dem Tag seiner Testamentsveröffentlichung) sind uns mehr als 50 Urkunden über Pomponio erhalten, von denen sich viele auf seine Ausgaben beziehen.

Pomponio A. war Schüler des Pordenone. Fremde Einflüsse machen sich in seiner Kunst nicht geltend, und er scheint auch nie außerhalb Friauls tätig gewesen zu sein, wo er als Nachahmer des Pordenone unermüdlich bis in sein 83. Lebensjahr ohne besondere Fortschritte oder Änderung seines Stils gearbeitet hat. Von Pordenone hatte Pomponio die große Gewandtheit geerbt, auf großen Flächen Fresken zu malen, doch fehlte ihm seines Meisters erfinderische Kraft und Originalität. Seine Kompositionen zeigen ein Geschick, große Massen zu gruppieren, die Handlung ist lebendig, die Bewegungen keck, oft übertrieben, auch sind seine Fresken nicht ohne Reiz in der Farbe, während seine Tafelbilder häufig matt und flau und besonders schwach in der Verteilung von Licht u. Schatten sind.

Die Nachrichten über die ersten Arbeiten des Künstlers verdienen wenig Glauben. Als zwölfjähriger Knabe soll er das große Altarbild im *Dome von S. Vito,* 1520 im Alter von 15 Jahren in der Kapelle Malchiostro dell' Annunziata im *Dome von Treviso* zwei schöne Figuren in seines Meisters Fresken gemalt haben. Ferner soll er (um 1529) die große *Notarenhalle in Belluno* mit Szenen aus der römischen Geschichte geschmückt haben, doch sind diese so schlecht erhalten, daß man von der Darstellung kaum mehr etwas sehen kann. Das früheste Bild Pomponios, das wir kennen, sind die auf Leinwand gemalten 5 Heiligen im *Dome von S. Vito* von 1533, bezeichnet „Pomponius pinxit". Wegen der trefflichen Pferdedarstellungen besonders gelobt werden seine *Fresken im Stadthause von Ceneda* mit den Szenen der Verteidigung der keuschen Susanna durch den jungen Daniel und den Richtersprüchen Salomos und Kaiser Trajans, nach einer von Rinaldi gesehenen Urkunde 1534, nach der Unterschrift des Kupferstiches von Andrea Zucchi (T. Viero, Raccolta di Opere scelte di Pittori della Scuola Venez. etc. Venezia 1786) erst 1558 gemalt. Als sein Hauptwerk sind wohl die umfangreichen und bedeutenden Fresken in der Kirche *S. Maria de' Battuti in S. Vito* zu betrachten, wo Pomponio den ganzen Chor ausgemalt hat. Oben in der Kuppel der Empfang der Maria bei der Himmelfahrt durch den Heiland, an den Wänden Szenen aus dem Alten und Neuen Testament. Nach einer Inschrift wurden sie 1535 vollendet. Diese Arbeit, die damals sehr geschätzt worden sein muß, trug dem A. einen Adelsbrief von seiten des Kardinals Marino Grimani ein. Gleich umfangreich und bedeutend sind die 1538 bestellten, 1542 vollendeten Fresken in *der Kirche von Prodolone* mit Szenen aus dem Leben Jesus und der Maria. Von anderen Wandmalereien sind noch hervorzuheben die Orgelflügel und Brustwehre in der *Kirche zu Valvasone* (1544), die Fresken im *Chor der Kirche zu Baseglia* (1544—1550, Szenen aus der Legende des hl. Kreuzes), und *Lestans* (1545—1548, Szenen aus dem Leben Jesus und der Maria), sowie die Orgelflügel im *Dome von Udine* (1553—1555). Altarbilder von Bedeutung in *San Lorenzo zu Varmo* (1542), im *Dom von Cividale* (1546), in *San Martino in Valvasone* (1547/9), im *Dome von Motta* (1556), in der Kapelle Montereale im *Dome von Pordenone* (1565), im *Dome von Portogonaro* (1583) usw. Seine letzten Bilder sind die Orgelflügel im Dome von Portogonaro mit Darstellungen aus der Geschichte des hl. Andreas. (Verz. d. Werke s. Meyer, Kstlerlex. und R. Zotti vgl. die Lit.) Pomponio A. war auch als Bildhauer tätig und wurde häufig bei architektonischen Fragen zu Rate gezogen, auch hat er radiert; es gibt ein sehr seltenes Blatt mit der Vertreibung Adams und Evas aus dem Paradies, bez. „Pomponi Friulensis Fecit 1578".

Meyer, Kstlerlex. (mit ält. Lit.). — F. di Manzano, Lett. ed Art. Friulani (1885) p. 15 f. — Vinc. Joppi, Tre novi documenti sulla vita ed opere del pittore Pomp. Amalteo. Udine 1886 u. Contributo terzo alla Storia dell' arte nel Friuli, Venezia 1892 (Regesten u. Documente). — Rugg. Zotti, Pomponio Amalteo, Udine 1905. (Viele Nachrichten, wenig Kritik. Regesten und neue Dokumente. Verzeichnis der Werke.) *G. Fogolari.*

Amalteo, Quintilia, s. *Moretto,* Q.

Amama (Ammama), Franz von, Aquarellmaler in Hamburg und Altona Ende des 17. Jahrh., der erste Lehrer Balthasar Denners. Malte in Miniatur Landschaften, Vögel und besonders Blumen. Kleine Landschaften in Rotstift meist aus Hamburgs Umgegend. Eine Geburt Christi. Die Stadt Hamburg für einen Plattwirker gemalt, doch schließlich zurückbehalten.

Eckhart, Hamb. Kstlernachr. 1794 p. 87. — Füssli, Neue Zus. — Hamb. Kstlerlex. — Meyer, Kstlerlex. — Mitt. d. Ver. f. Hamb. Gesch. 1882 S. 157. — Dr. Otto Sperlings Chronik Addit. IX 172. *E. Benezé.*

Aman oder **Amand,** Jean François, französ. Landschaftsmaler, Schüler der Acad. de France in Rom vom 5. 1. 1759 bis ca. 1761 zur selben Zeit als Taraval dort seine zahlreichen Campagnabilder malte. Aman radierte auch bisweilen seine Landschaften, die im übrigen von Ph. le Bas und P. Chenu radiert wurden.

Gaz. d. b. arts II sér. V 178. — Füssli, Kstlerlex. I 12. *F. L. Bruel.*

Aman, Jörig, Maler in Augsburg, tätig um 1460, in diesem Jahre Zunftmeister, aufgeführt im Handwerksbuch des Augsburger Stadtarchivs (R. Vischer, Studien zur Kunstgesch. S. 488). *Friedländer.*

Aman, Johann, Architekt, geb. 19. 5. 1765 in St. Blasien im Schwarzwald, † 28. 11. 1834 in Wien. Sohn des Tischlermeisters Aman im Stift S. Blasien. Lenkte durch sein Zeichentalent die Aufmerksamkeit des Abtes auf sich, der ihn 1789 zur weiteren Ausbildung an die Wiener Akad. schickte. Nach zweijährigem Studium daselbst praktizierte er 1791—93 bei der Baudirektion zu Freiburg. 1793 unternahm er, unterstützt vom Abt Gerbert in St. Blasien, eine Reise nach Rom, wo er mit Hirth, Hackert, Tischbein und anderen verkehrte. 1795 kehrte er zurück und übersiedelte im folgenden Jahre nach Wien, wo er 1803 zum Hof-Unterarchitekten und 1812 zum ersten Hofarchitekten ernannt wurde. Durch den Tod seiner dritten Frau 1832 erschüttert, verfiel er in Trübsinn. Aman war ein Hauptvertreter der nüchternen, klassischen Architektur im ersten Viertel des 19. Jahrh. für Österreich. Nach seinen Plänen wurde das Äußere des Theaters a. d. Wien (1803) und das alte deutsche Theater in Budapest (letzteres vom Wiener Architekten Michael Pollak ab 1805) gebaut; ferner das Müllersche Gebäude am Franz Joseph-Kai (1797) und die beiden Dorotheenhöfe in der Stadt (1802). 1810—1815 leitete er die Ausbesserung des 1809 durch Beschießung beschädigten Stephansturmes. 1817 bis 1819 überarbeitete er die Fassade des Schönbrunnerschlosses. Im Auftrag des Kaisers Franz studierte er die älteren Pläne des Burgbaues, um einen neuen Plan für den Ausbau auszuarbeiten. Dadurch wurden uns alte interessante Pläne überliefert. Ferner arbeitete er Pläne für das Tierspital, den kaiserl. Garten im Belvedere u. a.

Hormayrs Arch. f. Gesch. 1824 p. 555. — Pietznigg, Mitteil. aus Wien 1835. April—Juli. — Bermann, Österr. biogr. Lexikon. — M. Dreger in Kunst u. Kunsthandwerk 1906 XI. *Ernst Diez.*

Aman, Theodor, Maler und Radierer, geb. 1831 zu Campulung (Rumänien), † 19. 8. 1891. Erste Studien bei Lecca und Wallenstein in Bukarest, dann in Paris als Schüler von Droling und Picot. Seine ersten Arbeiten sind vom Schlachtfelde bei Sewastopol, worüber er auch einige interessante Reiseschilderungen hinterließ. Das aus jener Zeit stammende Gemälde „Die Schlacht von Oltenitza" hat ihn auch in Paris bekannt gemacht. 1858 in die Heimat zurückgekehrt, vermittelte er die Gründung der Bukarester Kunstakad., deren Hauptfaktor er bis zu seinem Tode verblieb. Sein Atelier ward zum Mittelpunkt der Bukarester Gesellschaft, da seine Kunst sich mehr durch Gefälligkeit auszeichnete und Szenen aus dem rumänischen Leben behandelte. In seinen Gemälden „Eine Odaliske", „Ländliches Vergnügen", „Auf der Terrasse in Sinaia" u. a. dgl. sind bekannte Persönlichkeiten aus der Gesellschaft dargestellt. Er hat sich auch als Bildnis- und Stillebenmaler ausgezeichnet. In größeren Kompositionen veranschaulichte er das Leben des Volkes. Einige seiner „Horas" (nationaler Rundtanz) und die Schilderungen aus dem religiösen Leben sind gelungen. Weniger befriedigend sind seine größeren historischen Bilder. Koloristisch nicht sehr begabt, zeichnen sich seine Gemälde auch durch gewisse Vorzüge der Zeichnung nicht aus. A. hat selbst Radierungen seiner Gemälde verfertigt, deren Verbreitung viel zu seiner Popularität beigetragen hat. Er hat auch Holzschnitzerei getrieben. Durch eine vielseitige und reiche Tätigkeit und durch seine gewinnende Persönlichkeit galt er eine Zeitlang als Hauptvertreter der Kunst seiner Epoche, die noch dem Romantismus angehört. Als dieser zu schwinden begann, hatte auch die Kunst A.s die Oberherrschaft verloren. Eine große Zahl seiner Werke befindet sich in seinem früheren Atelier, welches vom Staate angekauft und in ein „Museum Aman" umgewandelt ist.

Gazette des beaux-arts 1906. II 434. *Tzigara-Samurcas.*

Aman-Jean, Edmond, französ. Porträt- und Dekorationsmaler, geb. 1860 in Chevry-Cossigny (Seine et Marne), Schüler von Lehmann, Ernest Hébert und L. O. Mersen an der École Nationale des beaux-arts in Paris. Er stellte seit 1885 im Salon de la Société des Artistes Français und, nach der Gründung der Société Nationale des Beaux-Arts, in deren Salon aus. Seine wichtigsten Arbeiten sind: Saint-Julien l'Hospitalier (1883) im Musée de Carcassonne; Jeanne d'Arc en prières, u. Entrée de Jeanne d'Arc à Orléans (1887 und 1888) im Musée d'Orléans; Portrait de jeune femme (1891) im Musée de Luxembourg; Femme au Paon (1893), L'Attente, La Confidence (1894), alle drei dekorative Gemälde im Musée des Arts Décoratifs in Paris; Porträt der Madame A. J. (1896) im Stuttgarter Mus.; Porträt der Mlle. S. (1902) im Musée des Beaux-Arts de la Ville de Paris; La Vasque, dekoratives Panneau im Carnegie Institute in Pittsburg; Porträt der Mlle. N. (1906) im Mus. von Buenos-Ayres, ferner zahlreiche Damenporträts und dekorative Figuren.

Aman-Jean ist ein Kolorist von starker Originalität und der delikateste Damenporträtist in der zeitgenössischen französ. Kunst. Ein feines Gefühl für Grazie spricht aus seiner ganzen Malerei. In seinen dekorativen Bildern wie in seinen Porträts webt immer ein ruhiges u. fein-sinnliches Gefühl für die dekorative Grazie weiblicher Bewegungen u. für die träumerische und ein wenig melancholische Grazie der Gesichter und der Augen. Seine Palette zeigt, sowohl in Öl wie in Pastell, seltene und matte Töne von Blau, indischem Gelb, von Rosa und Purpur, von Malve, von Jadegrün, gedämpft wie antike Stoffe in einer Harmonie von Grau, alles lau und eingelullt.

André Beaunier, Aman-Jean, Art et Décoration XI (1902) 133. *François Monod.*

Aman, s. auch *Amand, Amman* u. *Ammann.*

Amanati u. **Amanato,** s. *Ammanati* u. *Ammanato.*

Amand, J a c q u e s F r a n ç o i s, französ. Historienmaler und Radierer, geb. 1730, † 1769, Schüler von Pierre, erhielt den „prix de Rome" (1756) und wurde 26. 7. 1767 Akademiemitglied. Seine hervorragendsten Gemälde sind: Samson livré aux Philistins, Annibal députant son frère Magon au sénat de Carthage pour y présenter les anneaux des chevaliers Romains tués à la bataille de Cannes, La Famille de Darius, Joseph vendu par ses frères, Tancrède pansé par Hermine, Les Ambassadeurs de Cambyse et le roi d'Ethiopie, Soliman II fait déshabiller en sa présence des Esclaves Européenes.

Man kennt 3 Radierungen von ihm: La jeune Nièce, la Leçon interrompue und les bons Avis.

B e l l i e r - A u v r a y, Dict. gén. — P. d e B a u d i c o u r t, I 138. — L e B l a n c, Manuel. — M a r i e t t e, Abecedario. — Nouv. Arch. de l'art franç. XII et XVIII. — Gaz. des Beaux-Arts, 2e pér. XX 207. — P o r t a l i s e t B é r a l d i, III, append. — Arch. de l'art franç. VI. — M e y e r, Kstlerlex. *P. A. Lemoisne.*

Amand, P i e r r e, Dekorationsmaler in Valenciennes 1425.

S i r e t, Dict. d. peintres. **

Amand, s. auch *Aman.*

Amandini, Architekt, erbaute 1660 einen Theatersaal (später „Salle des Maschines" genannt) in dem von Louis Levau errichteten Flügel der Tuilerien zu Paris. Dieser zwischen dem Pavillon von Marsan und dem Mittelpavillon gelegene Saal diente später provisorisch einige Zeit als Ersatz für das 6. 4. 1763 abgebrannte neue Opernhaus.

Richesses d'Art de la France, Paris, Mon. civ. I. *H. V.*

Amandus, Architekt, nach der Weihinschrift des von ihm der keltischen Göttin Brigantia gewidmeten und in Schottland gefundenen Cippus CIL VII 1062. 2. Jahrh. n. Chr.

P r o m i s, Mem. Acc. Torino Ser. 2 XXVII 1871, 135, 41. — P a u l y - W i s s o w a, Realenc. III 844 (Ihm). *H. Thiersch.*

Amandus, Miniaturmaler. 9. Jahrh., ist neben Aregarius und Sigvaldus in einem Gedicht (zu dem Widmungsbild) der Viviansbibel in Paris genannt und kommt als Mitarbeiter an diesem Meisterwerk karolingischer Buchmalerei in Betracht, ohne daß sein — und der anderen Künstler — Anteil näher bestimmt werden könnte. Vgl. Aregarius und Sigvaldus. *Swarzenski.*

Amandus v o n S t r a ß b u r g, Ord. Cist., Schreiber und Miniaturmaler, lebte gegen Ende des 15., Anfang des 16. Jahrh. im Kloster Langheim. Seine Werke, Gradualien u. Antiphonarien, sind heute in der kgl. Bibl. zu Bamberg; so das Graduale (Ed. 1. 7), das uns seinen Namen überliefert hat; es enthält 24 farbige Initialen auf Goldgrund mit Darstellungen aus dem Neuen Testament, Heiligenvisionen, den Vierzehnnothelfern und der Kirche; dann die beiden Antiphonarien (Ed. I 1 und 2) mit Titelbild (Tod Mariä) und Bilderinitialen bei den einzelnen Festen der Heiligen. Die z. T. durchaus originellen Darstellungen, in den Umrissen mit der Feder gezeichnet und mit stark aufgetragenen Deckfarben koloriert, sind lebendig in der Auffassung, aber zumeist wenig sorgfältig in Zeichnung und Ausführung. Besonderen Wert legte A. sichtlich auf das arabeskenartige farbige Rankenwerk, mit dem er den Rand der Blätter ganz oder teilweise zu füllen pflegte.

J ä c k, Beschreibung der öff. Bibl. zu Bamberg S. XXXV. — B r a d l e y, Dict. of Min. — L e i t s c h u h, Katalog der Handschr. der k. Bibliothek zu Bamberg I. 1. Abtln. S. 156 ff., S. 172 ff. *Fr. Leitschuh.*

Amange (oder Amauge, Damange), J a c q u e s d', Kanonikus in Metz, † 1510. Er leitete nach dem Tode des Jean de Ranconval die Bauarbeiten an der Kathedrale (wahrscheinlich als „maître de l'oeuvre"), 1486 den Bau des Chores der letzteren, 1497 den Bau von Notre-Dame de la Tierce und 1503 den Abbruch der älteren Baureste derselben Kirche, um sodann mit dem Bau der St. Josephskapelle zu beginnen, die an einem ihrer Gewölbejoche mit der Jahreszahl 1504 datiert ist.

Réunion des Soc. des B.-Arts XXV 301. — B a u c h a l, Dict. des Architectes. — B é r a r d, Dict. des Artistes. — D u b o i s e t L u c a s, Dict. — K r a u s, Kunst u. Altert. in Elsaß-Lothr. III 485. *C. Enlart.*

Amangeart, L o y s, französ. Werkmeister in Amboise, leitete daselbst 1503 den Bau des Gewölbes und des Hauptportales der Kirche St. Simon.

G i r a u d e t, Les Artistes Tourangeaux (1885) p. 4. — B a u c h a l, Dict. des Archit. *C. Enlart.*

Amann, s. *Aman, Amman* u. *Ammann.*

Amans, J a c q u e s, französ. Porträtmaler, stellte in den Pariser Salons 1831—37 wiederholt aus.

B e l l i e r - A u v r a y, Dict. gén. *H. V.*

Amans, L o u i s e, Porträt- und Blumenmalerin, geb. 5. 6. 1860 zu Basel, † 10. 2. 1897 daselbst, Schülerin von G. Boulanger, J. P. Laurens und Benjamin Constant in Paris, stellte wiederholt in den Pariser Salons seit 1889 sowie in den Ausstellungen des Baseler Kunstvereins und in der ersten nat. Schweizerischen Kunst-Ausstellung, Bern 1890 aus.

B r u n, Schweizer. Kstlerlex. — Kst. f. Alle V, 1890. *H. V.*

Amantini, T o m m a s o, Bildhauer u. Kunsttöpfer aus Urbania. Erhielt den ersten Kunstunterricht in seiner Vaterstadt durch den Vasajo Bartoccini, lebte dann im Hause des Malers Federigo Gioja in S. Sepolcro. 1642 mußte er die dort begonnenen Bildhauerstudien wieder aufgeben, um unter dem Zwange eines seiner Brüder in Urbania eine Kunsttöpferei zu eröffnen. Erst nach dem 1648 erfolgten Tode seines Vaters konnte er diese Werkstatt wieder schließen und nach Rom gehen, um sich dort ausschließlich der Bildhauerkunst zu widmen. 1660 wird er als Schüler und Gehilfe des Bildhauers Ercole Ferrata in Rom erwähnt, in dessen Auftrag er damals gemeinschaftlich mit dem Mailänder Stuccatore Francesco Agustone die Stukkoarbeiten in der Kathedrale zu Osimo ausgeführt hatte. Die letzte urkundliche Nachricht über Amantini datiert aus dem Jahre 1675, und zwar erhielt er damals von der Compagnia della Grotta zu Urbino Auftrag und Handgeld (50 Scudi) zur Ausführung eines großen Terrakottareliefs, das die Geburt Christi darstellen sollte; der Künstler starb jedoch noch vor der Vollendung dieses Werkes. — Unter seinen erhalten gebliebenen Arbeiten ist die umfangreichste die plastische Außen- und Innendekoration der Kirche zu Urbania, eines der prunkvollsten kirchlichen Bauwerke dieser Zeit. In Ascoli Piceno stammen von A.s Hand die Propheten- und Engelstatuen zu beiden Seiten des Hochaltares von S. Maria delle Vergini, sowie die Stuckornamente in der Kirche S. Filippo Neri. Ferner schuf er in der alten Kirche S. Croce zu Urbino die beinahe doppelt lebensgroße Statue eines jugendlichen David. Weitere Arbeiten A.s sollen sich in verschiedenen anderen Städten der Marken sowie in Rom befinden.

Pungileoni, Storia delle Majoliche di Urbino. — Raffaelli, Storia delle Majoliche Durantine p. 142—201. — Bertolotti, Art. Lombardi a Roma II 170, Art. Svizzeri in Roma; Art. Urbinati in Roma. — Le Marche IV 347. — Orsini, Descrizione d. Pitture etc. in Ascoli (Perugia 1790) p. 49, 130. *E. Scatassa.*

Amaral, Miguel Antonio, portug. Porträtmaler, Schüler des Fr. Pinto Pereira, um 1740. Wird vermutlich der Maler der Königsporträts im Kloster zu Alcobaça sein, den Murphy in seiner Reisebeschreibung sehr scharf beurteilt, aber Antino Amarel benennt.

Cyrillo Machado, Collecção de mem. p. 108. — Raczynski, Dict. p. 8, 9, 233. *A. Haupt.*

Amarante, Carlos Luiz Ferreira da Cruz, Baumstr., Portug., geb. 30. 10. 1748 zu Braga, † zu Porto Jan. 1815. Erbauer der prächtigen Klosterkirche von Bom Jesus do Monte bei Braga, einem in Portugal weitberühmten Wallfahrtsorte. Es ist eine gewölbte dreischiffige zweitürmige Kirche in Granit mit Kuppel auf dem Querschiffe, hoch gelegen und durch eine der ansehnlichsten Treppenanlagen, die auf ihren Absätzen zu Wallfahrtsstationen eingerichtet ist, von Süden her zugänglich. Auch die kapellenreiche Gartenanlage und das Kloster ist künstlerisch bemerkenswert; darin die Kapelle der Kreuzabnahme. — Fernere Werke des Künstlers sind in Braga: das Kloster do Populo und das Hospital von S. Marcos; in Amarante die Brücke über die Tamega; in Porto die Kirchen da Sta. Trindade, dos Almas, ás Taipas und die Akad. Auch als Ingenieur war dieser bedeutende Künstler ausgezeichnet; insbesondere als Brückenerbauer.

Sousa Viterbo, Dicc. dos archit. p. 25. *A. Haupt.*

Amarante, S. Gonçalo de, portug. Baumeister des 13. Jahrh. (später heilig gesprochen), soll der Tradition nach die sehr schöne und kühne Brücke in Amarante über die Tamega erbaut haben, sowie die dabei liegende Kirche seines Namens. Woher Cyrillo die Nachricht nimmt, daß Gonçalo (Gonsalvo) durch die italien. und französ. Schriftsteller unter die Architekten gerechnet werde, sagt er nicht. Jedenfalls stammt die heutige prächtige Kirchenanlage (vermutlich mit der Brücke) aus dem 16. und 17. Jahrhundert, die jetzige Brücke aus dem 18. (s. Amarante, Carlos Luiz).

Raczynski, Dict. p. 116. — Cyrillo Machado, Collecção de mem. p. 161. *A. Haupt.*

Amaranthus, angeblicher Gemmenschneider. Der Name findet sich auf einem Stein der Praunschen Sammlung mit der Darstellung des Herakles im Kampf gegen die stymphalischen Vögel.

Brunn, Gesch. d. gr. Kstler. II 600. *Pernice.*

Amaras, Francesco Pedro de, brasilianischer Maler und Architekt, von ihm die dekorative Ausstattung der ehemaligen k. Paläste zu Rio de Janeiro (vor 1840).

Meyer, Kstlerlex *H. V.*

Amaré y Alguero, Enrique, span. Dekorationsbildhauer u. Kunsttischler (19. Jahrh.), geb. zu Madrid, ein erfindungsreicher Künstler, der seine Werke seit einer Reihe von Jahren auf den Madrider Kunstausstellungen zeigte und prämiiert wurde, widmete sich im besondern der Fabrikation von Möbeln, meist im Stile Louis XV. und XVI. *P. Lafond.*

Amarel, Antonio, s. *Amaral,* Miguel Antonio.

Amari, Michele, röm. Bildhauer der Gegenwart; sein Entwurf für die Büste Mazzinis auf dem Monte Pincio 1892 wurde prämiiert. **

Amaroni, Benedetto di Cristofano d'Antonio, italien. Holzschnitzer, geb. 1525 in Siena. Fertigte 1569 Holzschnitzereien für den Chor der Compagnia del Beato Ambrogio Sansedoni und erhielt 1572 226 Lire für eine Sänfte für die Compagnia di S. Giov. Batt. in Pantaneto, die dann in Neapel von dem Sienesen Marco Pino bemalt wurde. Im selben Jahre schnitzte er eine Laute für Mino Campioni und 1577 wurde ihm die Ausführung des Chores für die Compagnia di S. Antonio anvertraut. 1596 arbeitete er Bücherschränke für den operaio del Duomo. Benedetto A. war auch Holzschneider. 1575 wurde ein Holzstock von ihm (Zurichten desselben, Zeichnung und Schneiden derselben) auf 15 Lire und 10 Soldi geschätzt.

Milanesi, Doc. Sen. III 227, 236, 246, 270. — Borghesi e Banchi, Nuovi Doc. Sen. 589—591, 596. — Milanesi, Arte Toscana 71. — Erculei, Catalogo etc. d'Intaglio (Roma 1885) p. 144. *G. De Nicola.*

Amas, E., Porträt- und Historienmaler biblischer und legendarischer Stoffe in Paris, stellte in den Salons 1889—1905 wiederholt aus.

Katal. d. Salon. *H. V.*

Amasis I, griechischer Töpfer der 2. Hälfte des 6. Jahrh., einer der namhaftesten Vertreter der zu höchster Sorgfalt und Feinheit ausgebildeten schwarzfigurigen Vasendekoration. Es sind von ihm 7 Gefäße, 3 Amphoren und 4 Oinochoen bekannt, die sämtlich mit μ' ἐποιεσεν signiert sind; dazu kommen, auf Grund vollkommener Übereinstimmung des Stils, noch 2 inschriftlose Amphoren und ein Fragment einer dritten, das auf der athenischen Akropolis gefunden ist, während alle übrigen Gefäße aus Italien stammen. Das Stoffgebiet seiner Bilder ist nicht sehr ausgedehnt. Neben ruhigen Zusammenstellungen von Göttern und Heroen (Poseidon im Gespräch mit Athena, Dionysos, auf den Mainaden zutanzen, Herakles' Begrüßung durch Zeus [?], Waffnung und Auszug zum Kampf) finden sich Perseus als Gorgotöter, der Dreifußstreit des Apollon und Herakles und bewegtere bakchische Szenen, wie Weinlese und groteske Tänze. Immer aber bewegen sich seine Gestalten ungelenk und eckig und stehen erheblich zurück hinter den stilverwandten des Exekias oder vollends den frisch erfundenen des Klitias und den groß aufgefaßten des Nearchos. Was ihm an Originalität der Erfindung abgeht, sucht A. zu ersetzen durch stoffliche und stilistische Neuerungen. Er besetzt seine Gewänder, die er ähnlich subtil wie Exekias verziert, gern mit Fransen, er charakterisiert die zottigen Silene durch reichlich über ihren ganzen Körper verstreute Punktpaare, er gruppiert schreitende und tanzende Figuren durch wechselseitiges Umhalsen, was bei der Unbeholfenheit seiner Bewegungen unfreiwillig komisch wirkt, er läßt zuweilen die Frauenkörper, statt sie mit Weiß zu decken, tongrundig und begrenzt sie durch kräftige schwarze Umrisse, bringt auch, als besonderen Effekt, ganz nackte Mainaden an; auch schmale, über den Hauptbildern seiner Amphoren sich hinziehende Friese und der eigentümliche Doppelstrahlenkelch am Fuß der Amphora sind Kennzeichen seines sehr persönlichen Stils. Im einzelnen strebt er nach Zierlichkeit, die deutlich auf das Vorbild gravierter Metallware hinweist, läßt sich aber zu Übertreibungen verlocken, die ihn zu einem „Manieristen“ stempeln (die Waffen, z. B. die Lanze der Athena, und sogar der Dreizack des Poseidon, sind schwächlich dünn und kontrastieren lächerlich mit der Derbheit der erwähnten Umrißlinien und der großen Ohrringe, die er manchmal seinen Frauen gibt). Er ist durchaus und bewußt dekorativ und auf erfreuliche Erscheinung seiner Gefäße bedacht; dagegen denkt er nicht daran, mit der großen Malerei zu konkurrieren.

Neben den erwähnten Eigentümlichkeiten, die ihn deutlich von seinen attischen Zeitgenossen und Rivalen unterscheiden, deuten der Gorgonentypus, der unbärtige Perseus, die Bildung der Felle und Panzer, endlich das gesamte Dekorationssystem seiner Gefäße auf Einflüsse des Ostens hin, an den auch sein Name zu denken zwingt. Als eingewanderter Ionier darf er wohl mit Sicherheit betrachtet werden; Studniczka möchte Neukratis, Löschcke Samos als seine Heimat ansehen. Seine Einwirkung auf die attische Vasenkunst scheint nicht sehr groß gewesen zu sein. Es gibt eine Gruppe von Gefäßen, die verwandten Stil, aber ohne die entscheidenden individuellen Züge, aufweisen; sie mögen seiner Werkstatt angehören, sind aber auch nur letzte Ausläufer eines ionisierenden schwarzfigurigen Stils. Die bei Lebzeiten des A. bereits aufkommende neue Dekorationsweise, der unser Meister augenscheinlich ablehnend gegenüberstand, hat das Fortbestehen einer Richtung des A. verhindert.

Abbildungen der signierten Gefäße: Wiener Vorlegeblätter 1889 Taf. 3, 1 und 2 — Taf. 3, 3 zeigt nur scheinbar seine Signatur, dagegen abweichenden Stil —, Taf. 4, 1—4; unpubliziert ist die als sein bestes Werk bezeichnete Amphora in Boston (Hauser, Arch. Jahrb. 11 [1896] 178,1; arch. Anz. 17 [1902] 130). Die unsignierten sind: die Berliner Amphora arch. Anz. 8 (1893) S. 83 (Furtwängler), besser Adamek, unsignierte Vasen d. Amasis Taf. 1, 2 und S. 7, die Würzburger Journ. Hell. Stud. 19 (1899) Taf. 5 u. S. 136, das Akropolisfragment Ἐφημ. ἀρχ. 1886 Taf. 8, 3. — Klein, Meistersign. [2] S. 43 ff. — Rayet-Collignon, cér. gr. 121, 124. — Studniczka, Ἐφημ. ἀρχ. 1886, 123 ff. — Pauly-Wissowa, Realenc. I 1748,5 (Löschcke). — Adamek a. a. O. — Karo, Journ. Hell. Stud. a. a. O. 135 ff. — Über verwandte Vasen, vielleicht aus der Werkstatt des A., Fossey, Rev. archéol. 1801, 367. — Karo a. a. O. 138 ff. *Sauer.*

Amasis II, angeblicher Vasenmaler der Zeit des streng rotfigurigen Stils. Aus der Inschrift am Fuß einer Schale des Pariser Cabinet des antiques (Luynes, vases 44) Κλεοφραδες ἐποιεσεν Αμασ.....ς hat man auf die Existenz eines Malers A. mit Unrecht geschlossen; das σ steht unmittelbar vor dem ϰ, ist also der Schluß der Inschrift, die Six, Röm. Mitt. 3 (1888) 233 f. einleuchtend Αμασιος ὑυς gedeutet hat. Danach war A. I der Vater dieses Kleophrades, was zur Chronologie beider sehr wohl paßt, während A. II wegfällt.

Klein, Meistersign. [2] S. 149. — Hartwig, Meisterschalen 400, wo das über A. II Gesagte auf Kleophrades zu übertragen sein wird. — Pauly-Wissowa, Realenc. I 1748 f. (Löschcke). — Furtwängler-Reichhold, Gr. Vasenmalerei S. 264. — Robinson (Arch. Anz. 13 [1898] 140) weist diesem Amasis, also wohl dem Kleophrades, den Glockenkrater der Sammlg. Tyskiewicz (Robert, 15. Hall. Winckelmannsprogr., Fröhtner, Coll. Tyskiewicz Taf. 17) zu. *Sauer.*

Amasis III, angeblicher Vasenmaler. Auf einer rotfig. Amphora strengen Stils aus Corneto findet sich die Inschrift . μ . . . . εποιεσεν, in der vor μ 1 Buchstabe, dahinter 4 oder 5 fehlen. Die Ergänzung zu Αμασις ist jedenfalls hypothetisch, die Existenz dieses A. III fraglich.

Klein, Meistersign. [2] S. 217. *Sauer.*

Amasöder (Ameisöder), Johann Georg, unbedeutender Kupferstecher zu Nürnberg, geb. 1750, † wahrscheinlich vor 1808. Ob er Beziehungen hat zu dem von J. Baader (s Zahns Jahrb. f. Kunstwissenschaft I 254) erwähnten Kupferstecher Johann Christoph A. daselbst (1790), ist nicht bekannt.

Meyer, Kstlerlex. *H. V.*

Amat, José Braulio, Kupferst., welcher 1799 in Sevilla lebte.

Gestoso, Artif. Sevill. I 401. *M. v. B.*

Amat, Narciso, Goldschmied in Barcelona. Aus den Jahren 1605 und 1617 gibt es Entwürfe zu Schmucksachen von seiner Hand.

Viñaza, Adic. II 17. *M. v. B.*

Amateis, Louis, italien.-amerik. Bildhauer, geb. 1855 in Turin, wo er die kgl. Akad. besuchte, ließ sich dann in Washington, D. C. nieder. Seine Hauptwerke sind das Denkmal der Verteidiger des Alamo, Austin, Texas; das Kriegerdenkmal, Galveston, Texas und die Gruppe „El Caney" auf der Pan-American Ausstellung, Buffalo, New York, 1901.

Walter Rowlands.

Amati, Carlo, italien. Architekt, geb. 22. 8. 1776 in Monza, † 23. 3. 1852 in Mailand. Schüler von Pollak u. Zanoja. Nach Pollaks Tode 1806 mit Zanoja an der Vollendung der Fassade des Mailänder Domes beschäftigt, erbauten sie den Teil von den 5 Fenstern des Pellegrini bis zum Giebel. 1817 wurde A. zum Lehrer der Architektur an der Akad. ernannt und trat durch sein starres Festhalten am klassischen Stil in Gegensatz zu den neuen architektonischen Prinzipien, die sich auch in Italien Bahn brachen. Zu seinen Hauptwerken in der Lombardei gehören die Kirche in Casatenovo, die Kapelle delle Grazie im Hospital in Monza und vor allem die kolossale Kirche S. Carlo Borromeo in Mailand (1847 geweiht), ein Rundbau nach dem Vorbild des Pantheon. A. war Mitglied vieler Akad. und auch schriftstellerisch tätig (s. Univ. Catal. of books on art. London 1870).

Meyer, Kstlerlex. — Arch. stor. dell' arte II 289. — Arch. Stor. Lomb. ser. II, XIII p. 298 ff. — Deutsches Kunstblatt 1852 p. 234 (Nekrol.). — Magni, Storia dell' arte I 512, III 682. — A. R. Willard, Hist. of modern ital. Art. (London 1902), p. 512 ff. *H.*

Amati, Lorenzo, Maler in Rom um 1650, nur als Zeuge erwähnt.

Bertolotti, Art. Subalpini in Roma, 1884, 191. **

Amati, Orazio degli, Goldschmied, 1538 in Bologna urkundlich erwähnt.

Arch. stor. d. Arte ital. VII 371.

F. Malaguzzi-Valeri.

Amati, Pietro, Kupferst. in Italien (Turin?) am Ende des 18. Jahrh. tätig. Er hat Kupfer geliefert für G. A. Scopolis Deliciae Faunae et Florae Insubricae (Ticini 1786—88) und für J. B. Babis' De crepidis nova specie perlecta und für desselben Verfassers Miscellanea botanica.

Meyer, Kstlerlex. *P. K.*

Amati, Teodoro di Giulio, Maler in Pesaro, tätig um 1612—1652. In letzterem Jahre malte er in der Kirche S. Giuseppe eine treffliche Kopie nach Guercinos hl. Anna.

Zani, Encicl. II 75; sowie Zani, Mscr. in der Bibl. Palat. zu Parma. *St. Lottici.*

Amati, s. auch *Amato.*

Amatinda, Ignazio Maria, neapol. Maler, 6. 2. 1777 als Unterzeichner eines Zeugnisses genannt.

Napoli Nobilissima IX 111. *G. Degli Azzi.*

Amato, Domenico d', Napoletaner Stukkateur, tätig um die Wende des 16. Jahrh., Schüler der Mariagnola d'Amato im Zeichnen. Wird als geschmackvoller Dekorateur besonders mit Stuckarabesken gerühmt; Arbeiten von ihm in mehreren Kirchen Neapels erhalten.

Dominici, Vite dei Pittori . . Napoletani II. **

Amato, frà Filippo de, neapol. Jesuitenlaienbruder, Architekt und Bildhauer des 18. Jahrh. Wurde von König Karl III. zusammen mit dem Architekten Giuseppe di Fiore auserwählt, den Obelisken (oder Pyramide) der Kirche del Gesù Nuovo zu erbauen.

Napoli Nobilissima IV 82. *G. Degli Azzi.*

Amato, Francesco, italien. Radierer, tätig im 17. Jahrh. Bartsch (P.-Gr. XXI 204) schreibt ihm fünf Radierungen zu, von denen aber nur zwei, Joseph mit dem Christuskinde (B. 2) und der hl. Hieronymus (B. 3), durch die Bezeichnung und zwar auch diese nur als seine Erfindungen (Franc. Amatus In.) beglaubigt sind. Ein sechstes Blatt. eine Ruhe auf der Flucht, wird ihm in den Katalogen der Sammlungen Otto und Robert-Dumesnil u. andere von Zani (Enc. Parte II v. VI) zugewiesen. Die mit den Monogrammen A F oder A M F bezeichneten Radierungen. die Nagler (Monogr. I 512 und 966 und II 1872) für Werke Amatos hält, rühren augenscheinlich von anderer Hand her. Amato radiert in der leichten Manier, die in Italien besonders von Reni ausgebildet worden war und kommt dem Genuesen Biscaino nahe.

Sein bekanntestes Blatt ist der hl. Christoph (B. 4).

Meyer, Kstlerlex. *P. K.*

Amato di Fucarino, Miniaturmaler und Presbyter in Palermo, wo er 1433 für die Äbtissin des Magdalenenklosters zu Corleone ein eigenhändig geschriebenes kleines Pergamentbreviarium mit eleganten Initialen sowie ornamentalen und figürlichen Miniaturleisten schmückte. Das voll signierte und datierte Werkchen befindet sich jetzt in der Biblioteca Communale zu Palermo.

G. Di Marzo, La Pittura in Palermo (1899) p. 310 f. *

Amato, Giacomo, italien. Architekt, geb. 1643, † 27. 12. 1732. Mitglied des geistlichen Ordens der „ministri degli infermi". Erwarb sich als Architekt in Palermo und Rom Ruf und hinterließ eine reiche Sammlung von Architekturwerken.

Amico, Dizionario topograf. della Sicilia, tradotto ed annotato da Gioacchino Di Marzo. Palermo 1856, II 308. *E. Mauceri.*

Amato, Giovannangelo d', Maler aus Maiuri oder Neapel, nur urkundlich bekannt, arbeitete 1576 in der Kirche zu Atrani und erhielt 26. 8. 1577 gemeinsam mit Girolamo Imparato von Colantonio Dulcetto den Auftrag für ein Altarbild.

Filangieri, Indice degli Artefici. *H. V.*

Amato, Giovanni Antonio d', d. Ä., Maler in Neapel, geb. um 1475, † um 1555, als Knabe Schüler des Silvestro Bruno (Buono), trat dann in die Fußtapfen Peruginos. Nachdem er einige Heiligenbilder für Privatpersonen gemalt hatte, erhielt er zuerst den Auftrag, für die Kirche S. Giacomo degl' Italiani (nach Grossi degli Spagnuoli) eine Geburt Christi und eine Maria mit dem Christkinde auf dem Arm, letztere für den Hauptaltar (beide zu Ende des 18. Jahrh. daselbst noch erhalten) zu liefern. Von dieser Zeit an widmete er sich einem besonderen Kultus der Madonna und malte eine große Anzahl ähnlicher Bilder, von denen indes die meisten im Laufe der Zeit beseitigt worden sind. Damals aber erfuhr seine fromme Richtung große Anerkennung, so daß namentlich seine Schule sehr besucht war. Marienbilder von seiner Hand, zum Teil in Verbindung mit anderen Heiligen, werden in mehreren Kirchen Neapels erwähnt, so in S. Domenico maggiore, Sta. Catarina, S. Agostino maggiore, Sta. Margarita, S. Polito, S. Pietro ad aram, zwei Bilder in S. Lorenzo, ferner in zwei Kirchen des Borgo di Chiaja, Sta Maria del Carmine und S. Lionardo, sowie im erzbischöflichen Palaste. Die schönste Madonna war aber die auf einem Bilde in S. Gennaro (Dom), in der Glorie über den Kirchenvätern erscheinend, die im Streit über das Sakrament begriffen sind. Erhalten waren davon noch am Ende des 18. Jahrh. die Gemälde in S. Lorenzo, S. Domenico, S. Caterina und im Dom. Von den noch vorhandenen Bildern ist das bedeutendste eine Glorie von Engeln in einer Kapelle von S. Severino e Sosia, das ganz in Peruginos Weise gehalten ist. Von den Fresken, die er in mehreren Kirchen malte, war schon am Ende des 18. Jahrh. nichts mehr übrig. Die bedeutendsten waren die in S. Nicola; sie gingen aber durch einen Brand zugrunde. Im 18. Jahrh. kannte man noch Fresken von ihm in S. Agostino und S. Carlo. — Zu Schülern hatte er G. B. Lama, Vincenzo Corso, G. B. Azzolini, P. Negroni, Sim. Papa d. J., Ces. Turco und G. B. Loca.

Dominici, Vite dei Pitt. II 103—108. — Grossi, Biogr. d. Uomini Illustri etc. Napoli 1820. — Napoli Nobilissima VII 123. — Meyer, Kstlerlex. **

Amato, Giovanni Antonio d', d. J., Maler zu Neapel, geb. um 1535, † 1598, Brudersohn des Vorigen, der ihn in seiner frommen Weise erzog und zum Maler ausbildete. Nach des Oheims Tode ging er in die Schule des Giov. Bernardo Lama über. Seine frühesten Werke sind nicht mehr bekannt. Das älteste ist das Wunderbild in S. Maria Visitapoveri, 1571 einer Gesellschaft von Kindern für den nach dortiger Sitte an der Straße errichteten Madonnenaltar geschenkt und später in jenem Waisenhause aufgestellt, welches 1604 aus den Gaben und Almosen, die vor diesem Altare gespendet wurden, hervorging. Dieses Bild ist noch in der Weise des Oheims gehalten. Von den Werken seiner späteren Periode scheint wenig erhalten zu sein. Sie zeigten, daß er nicht nur Lama, sondern auch Franc. Curia und Ippolito Borghese sich zum Muster genommen hatte. Es werden Gemälde von ihm in S. Patrizio, S. Pietro ad aram, S. Giuseppe an der Chiaja, S. Domenico maggiore, Sta Margarita, S. Niccolò alla Dogana, in der Chiesa nuova, im Banco de'Poveri und in der Kirche des Monte de Poveri vergognosi, wo besonders eine Krönung der Maria gerühmt wurde, erwähnt. Von dem allen scheint wenig erhalten zu sein. Das Mus. zu Neapel besitzt von ihm ein einziges Bild, Thronende Madonna mit Engeln, das im Katalog als sein bestes Werk bezeichnet wird. Jedenfalls ist es aus der späteren Zeit des Künstlers, da es die Merkmale der schon manierierten Kunst aus der zweiten Hälfte des 16. Jahrh. zeigt; doch ist die Ausführung sorgfältig, die Färbung hell und heiter.

Meyer, Kstlerlex. **

Amato, Giuseppe d', neapol. Maler des 17. Jahrh. Von Camillo Tutini in dessen von Ben. Croce herausgegebenen „Storia dell' Arte napoletana" als „hervorragender" Schlachtenmaler genannt.

Napoli Nobilissima VII 123. *G. Degli Azzi.*

Amato, Mariagnola d', Malerin, Frau des Amato jun., 1548 in Neapel geb., war unter der Leitung ihres Vaters und Oheims ebenfalls zur Malerin erzogen, und soll zuweilen sogar den Amato übertroffen haben, obgleich sie in ihrer Jugend noch zwischen Musik und Malerei geschwankt hatte. Auch von ihr hatte man Gemälde in mehreren Kirchen (in S. Giuseppe maggiore, di Gesù e Maria, Sta. Maria la Nuova etc.).

Dominici, Vite dei pitt. . . . Napoletani II 337—344. **

Amato, Paolo, Geistlicher, als Baumeister, Zeichner und Kupferstecher in Palermo tätig, geb. 24. 1. 1634 zu Ciminna in Sizilien, † nach 1714. Als Ingenieur und Baumeister der Stadt Palermo soll er zahlreiche Entwürfe für Altäre, Grabmäler, architektonische Dekorationen und für Festlichkeiten geliefert und auch mit Meisterschaft in Kupfer gestochen haben. Von ihm ist nur ein Werk, das erst nach seinem Tode vollendet wurde, erhalten, die „Nuova Pratica di Prospettiva, nella quale si spiegano alcune nuove opinioni etc.". Palermo 1714—33 fol., mit 35 Tafeln, von denen ein Teil von A. selber gestochen ist. Nach seinen Entwürfen wurden von Fr. Chiche die Stiche für den „Apparato funebre nel Duomo di Palermo per il Funerale del Ser. Delfino di Francia" (1711) ausgeführt.

Meyer, Kstlerlex. *P. K.*

Amato, s. auch *Amati.*

Amatore, Giuseppe, Maler von Brescia, zu Anfang des 17. Jahrh. daselbst tätig. Von ihm in einer Kapelle der Augustinerkirche (S. Barnaba) Altarbild der hl. Monika, welche Almosen austeilt.

Chizzola, Le Pitture e Sculture di Brescia p. 116. — Brognoli, Nuova Guida per la Città di Brescia p. 108. — Fenaroli, Artisti Bresciani. — Meyer, Kstlerlex. *R.*

Amatore, Paolo, Holzbildhauer von Brescia, dessen Tätigkeit wahrscheinlich in den Anfang des 18. Jahrh. fallt. Von ihm zu Brescia: Holzstatue des gekreuzigten Christus in S. Maria dei Miracoli, und diejenige der Jungfrau in SS. Faustino e Giovita.

Chizzola, Le Pitture e Sculture di Brescia pp. 28, 61. — Brognoli, Nuova Guida per la Città di Brescia p. 183. — Fenaroli, Artisti Bresciani. — Meyer, Kstlerlex. *R.*

Amatori, Flavio, Sienesischer Maler, von dem in der Chiesa del Suffragio zu Sarteano ein von 1607 datiertes, voll signiertes Ölgemälde, darstellend die Auferstehung des Lazarus, erhalten geblieben ist.

F. Brogi, Invent. gen. etc. della prov. di Siena (1897) p. 549. *

Amatori, s. auch *Amadore* u. *Amadori.*

Amatrice, Cola dall', eigentlich Nicola di Filotesio. Über diesen interessanten Künstler ist in den letzten Jahren ziemlich viel geschrieben worden, ohne daß man dabei zu einem abschließenden Urteile über ihn und seine Werke hätte gelangen können. Morelli und Cavalcaselle haben ihn einfach als einen handwerksmäßig-rohen und armseligen Durchschnittsmaler abgetan, weil sie von ihm nur einige seiner wenigstbedeutenden Malwerke kannten. Nach der entgegengesetzten Richtung hinwiederum schoß Luzi (in Nuova Rivista Misena V 143) weit über das Ziel hinaus, wenn er im Meister von Amatrice sogar einen Hauch vom Geiste Michelangelos verspüren wollte. Unser Bestreben wird es nunmehr sein, nachzuweisen, daß Cola in der Tat ein äußerst talentvoller Künstler gewesen ist, dessen leichtes und freies, ebenso fruchtbares wie eigenartiges Schaffensvermögen nur durch eine einigermaßen ungeregelte Schulung und durch einen gewissen Hang zum Bizarren und Ruhelosen behindert war.

Aus den frühesten Gemäldedatierungen des Meisters — 1514 und 1517 — dürfte zu schließen sein, daß er zwischen 1480 und 1490 als Sohn eines gewissen Filotesio zu Amatrice in den Abruzzen geboren sein muß, wenngleich uns jegliche urkundlichen Belege hierfür fehlen. Damit werden gewisse Hypothesen von selbst hinfällig, nach denen man unseren Künstler als den Schöpfer einiger mit der Jahreszahl 1492 datierter kirchlicher Wandmalereien in seinem Herkunftsorte Amatrice betrachtet wissen wollte. Fernerhin wird auf Seite 384 des Libro Maggiore des ehemaligen Archivio di S. Angelo Magno (jetzt in der Stadtbibliothek zu Ascoli Piceno) ein Maestro Colla — vielleicht falsche Schreibweise für „Cola" — erwähnt, der schon 1511 in der Kirche S. Angelo Wandfresken mit Darstellungen der Heiligen Scholastica, Lucia, Appollonia und Caterina auszuführen hatte; da jedoch von diesen Malereien nicht die geringste Spur erhalten geblieben ist, läßt sich heute absolut nicht mehr feststellen, ob die obige Urkunden-Notiz in der Tat auf unseren Künstler zu beziehen ist. Aber selbst wenn dies der Fall wäre, würde die von mir angegebene Geburtszeit sich immerhin aufrecht erhalten lassen, da Cola dann zur Zeit seiner Malertätigkeit in S. Angelo zu Ascoli Piceno (1511) bereits im reiferen Jünglingsalter zwischen 20 und 30 Jahren gestanden hätte.

Wer mag nun der Lehrmeister unseres Künstlers gewesen sein? Vasari erzählt am Schlusse der Vita des Marco Calabrese, „Nicola, gemeiniglich Maestro Cola dalla Matrice genannt", sei der „Zeitgenosse eines anderen Calabresischen Malers unbekannten Namens gewesen, der in Rom lange Zeit unter Giovanni da Udine arbeitete". Die auf Grund dieser Notiz von einigen Autoren aufgestellte Behauptung, Vasari habe unseren Cola als einen Schüler des Marco Calabrese bezeichnet, muß also von vornherein als irrtümlich gekennzeichnet werden. Cola kann seinen ersten Kunstunterricht vielmehr nur von Meistern empfangen haben, die zu Beginn des 16.

Jahrh. in seiner eigenen Heimatprovinz tätig waren. Noch heute finden sich in den Kirchen von Amatrice, wie auch in denjenigen der umliegenden Ortschaften Gemälde namentlich umbrischer Meister, die sehr wohl einigen Einfluß auf den künstlerisch veranlagten Jüngling ausgeübt haben könnten. Jedenfalls aber scheint Cola bereits in ganz jungen Jahren nach Ascoli gekommen zu sein, wo die Crivelli ebenso wie in der gesamten Provinz Piceno in den letzten 20 Jahren des 15. Jahrh. so zahlreiche Spuren ihrer dortigen Künstlertätigkeit hinterlassen hatten. Zu der Zeit jedoch, wo Cola in Ascoli angefangen haben kann, sich mit der Malkunst zu befassen, waren Carlo Crivelli und dessen Bruder Vittorio, wie auch deren Schulgenosse Pietro Alamanni bereits verstorben. Demnach kann unser Künstler lediglich durch die hinterlassenen Werke dieser Meister unter den in seinen eigenen Jugendarbeiten so unverkennbar hervortretenden Stileinfluß derselben geraten sein. Daher erklärt sich auch jene Unreife der elementaren künstlerischen Schulung Colas, die schon Cantalamessa (im „Eco del Tronto" 1870, No. 49) mit Recht beklagt hat, indem er Cola als eine zwar hochbegabte, aber ungeschulte und darum ihrer selbst nie sichere und jederzeit ihre eigene Individualität verleugnende Künstlerpersönlichkeit charakterisierte. Dagegen kann ich dem letzteren Autor nicht Recht geben, wenn er als das früheste der crivellesken Jugendwerke Colas dessen in S. Vittore zu Ascoli befindliche Altartafel von 1514 bezeichnet. Diesem prächtigen Gemälde des Amatricianers waren vielmehr bereits zahlreiche zwar weniger vollkommene, für den kritischen Darsteller der Jugendentwickelung unseres Künstlers jedoch nicht minder wichtige Malwerke voraufgegangen. Es gibt nämlich im Ascolanischen eine ganze Reihe von Kirchenbildern, die bisher als Werke des Pietro Alamanni und der beiden Crivelli gegolten haben, während sie in Wirklichkeit als unzweifelhafte Jugendarbeiten des Filotesio zu betrachten sind. Mir selbst war es vergönnt, dem jungen Cola jene vier in S. Angelo Magno zu Ascoli Piceno befindlichen Tafeln mit Darstellungen der Heiligen Michael, Benedict, Bernhard und Leonhard (Rassegna bibliogr. d. Arte ital. III 115 ff.) zurückzugeben, die G. B. Carducci dem Pietro Alamanni zugeschrieben hatte. Zwei dieser Tafeln waren kürzlich in der Esposizione d'Arte Marchigiana zu Macerata bereits als Jugend-Werke unseres Künstlers ausgestellt. Ebenda sah man auch ein Bildnis des Beato Giacomo della Marca aus der Quadreria Communale zu Ascoli, das ich gleichfalls als eine Arbeit Colas wiedererkannte (Rassegna bibliogr. IV 26 ff.). Unter den mannigfachen über die Provinzen Ascoli und Teramo verstreuten Gemälden der Crivelli-Schule ist fernerhin als eine unzweifelhafte Schöpfung des jungen Cola anzusprechen ein aus drei Teilen (ohne Umrahmung) neu zusammengesetztes, leider ziemlich ruinöses Altarwerk in der Chiesa del Paggese (Acquasanta bei Ascoli), auf dem die Madonna zwischen den Heiligen Marcus und Laurentius dargestellt ist; an diesem Werke konnte ich besonders deutlich nachweisen, wie eifrig der junge Cola gerade die Gemälde des Pietro Alamanni studiert haben muß (Rassegna bibliogr. 1904, p. 67 ff.). Endlich habe ich noch in einem bisher dem Vittorio Crivelli zugeschriebenen Madonnen-Triptychon mit den Heiligen Cyprianus und Katharina in der Kirche zu Folignano bei Ascoli eine Schöpfung unseres Künstlers feststellen können (Rassegna bibliogr. IX 53 ff.).

Während man also im malerischen Schaffen Colas bisher nur zwei Perioden unterschieden hat, ist die Zahl dieser Schaffensperioden des Künstlers durch die soeben aufgezählten Ergebnisse meiner neuerlichen Forschungen um eine voraufgehende dritte Periode bereichert worden, die noch völlig unverkennbar den Stempel der crivellesken Kunst zur Schau trägt. — Gleichwohl zeigt sich Cola schon in den Gemälden dieser ersten Jugendperiode als ein wahrhaft ursprüngliches Künstlertalent, das trotz der Beschränktheit seiner Ausdrucksmittel sich frühzeitig von der sklavischen Abhängigkeit des bloßen Nachahmers frei zu machen suchte.

Auch in der prächtigen, von 1514 datierten Altartafel von S. Vittore zu Ascoli tritt der Einfluß der Crivelli-Schule noch deutlich genug zutage. Nur ist die Kunst Colas hier schon so viel fortgeschrittener und freier entwickelt, daß ich diesem Gemälde ebenso wie einigen weiteren für die Kirchen der Ascolanischen Landgemeinden gemalten, meist mehrteiligen Altarwerken Colas, den Charakter von Übergangsschöpfungen zwischen der ersten und der zweiten Malperiode des Künstlers vindizieren möchte; und zwar stellen sich gerade diese Werke des Übergangsstiles als die schönsten und reinsten Produkte der Kunst unseres Amatricianers dar. Bei der Mehrzahl dieser Triptychonkompositionen, in denen Cola die überkommenen Stiltraditionen der Crivelli-Schule auf dem Agro Piceno mit so glücklicher Hand weiter fortpflanzte, war der Künstler in der Regel genötigt, sein persönliches Künstleringenium bis zu einem gewissen Grade — wenn auch niemals zum direkten Nachteile seiner trefflichen Kunst — dem Geschmacke seiner frommen Auftraggeber unterzuordnen. Dem Altarbilde von 1514 in S. Vittore zu Ascoli schließen sich an diejenigen zu Fundi (von 1517, durch mich aus dem Werke des Carlo Crivelli ausgeschieden, vgl.

Rassegna bibliogr. 1904, p. 14 ff.), sowie die von mir entdeckten Altarwerke in S. Maria zu Capriglia, in der Sakristei der Kirche zu Rosara und im Municipio zu Piagge (letzteres Bild das früheste dieser ganzen Reihe). Daß Cola in dieser Übergangsperiode bereits die Werke reiferer, in der Komposition wie in der Formengebung fortgeschrittenerer Meister, soweit sie im ersten Jahrzehnt des 16. Jahrh. im Ascolanischen zur Ausübung ihrer Kunst gelangen konnten, gesehen und studiert haben muß, kommt uns vor dem großen 1515 gemalten Altarbilde mit der Himmelfahrt Mariae und dem Chore der 12 Apostel im Lateran zu Rom besonders deutlich zum Bewußtsein.

In der zweiten Periode seines Künstlerschaffens tritt uns Cola, nachdem er sich von jeglicher äußeren Schulbeeinflussung freigemacht hat, in der ganzen Kraft, Kühnheit und Unverfälschtheit seiner künstlerischen Persönlichkeit gegenüber, und zwar nicht mehr lediglich als einfacher Altarbildmaler, sondern vor allem auch als Freskomaler und als Architekt. Schier endlos ist die Zahl der Werke, die der Künstler damals geschaffen hat, und so groß ist die Eigenart und Schönheit seiner in dieser Zeit entstandenen Gemälde, daß sie mit Leichtigkeit von denjenigen hunderter von zeitgenössischen Malern zu unterscheiden sind. Dieser Periode entstammten jene von Cantalamessa in der „Italia Illustrata" beschriebenen Fresken, mit denen seinerzeit die jetzt zerstörte Kirche S. Margherita zu Ascoli geschmückt war, und für deren Kreuztragungsdarstellung Cola sich die Anregung zu einer die Arme nach dem zusammengebrochenen Erlöser ausstreckenden Figur aus dem Kreuztragungsfresko eines Trecentomalers in S. Vittore geholt hatte. Der gleichen Schaffensperiode des Künstlers gehören fernerhin an das grandiose, leidenschaftlich bewegte Kreuztragungsfresko im Ex-Refektorium des Annunziatenklosters zu Ascoli (Rassegna bibliogr. V 9 ff.), die Freskodarstellung der gleichen Passionsszene in S. Agostino zu Ascoli, die im Kolorit zwar recht unerquickliche aber vornehm und ruhig komponierte Abendmahlsfeier der Apostel und die beiden Madonnenbilder mit dem hl. Johannes in der Galleria Communale zu Ascoli, das Altarbild mit dem Tode und der Himmelfahrt Mariae im römischen Konservatorenpalaste, die von mir als ein Werk des Cola wiedererkannte Darstellung einer hl. Märtyrerin in der Gemäldesammlung zu Montefortino bei Montemonaco, das verstümmelte Altarwerk mit der Geburt Christi über vier Einzelfiguren von Heiligen in S. Francesco zu Ascoli, die drei leider übertünchten Passionsszenen (auf Leinwand gemalt) im Salone des Municipalpalastes zu Ascoli u. a. m.

In das Jahr 1525 fällt ein von C. Mariotti urkundlich nachgewiesener Aufenthalt Colas in Rom (Rassegna bibliogr. VI 123), durch den die Annahme älterer Autoren ihre Bestätigung findet, daß unser Amatricianer die Werke der beiden großen Renaissance-Meister Raffael und Michelangelo in Rom selbst gesehen haben müsse. Der Einfluß Raffaels macht sich schon von 1514 ab in den Gemälden Colas unverkennbar bemerklich, derjenige Michelangelos dagegen erst in den Werken der dritten und letzten Schaffensperiode unseres Küstlers, deren Beginn in der Tat etwa um das Jahr 1525 anzusetzen ist. Dabei ist jedoch zu beachten, daß Colas Architektentätigkeit, um deretwillen er sein malerisches Schaffen mit der Zeit natürlich mehr und mehr einschränken und vernachlässigen mußte, schon vor 1520 begonnen hat.

Schon bei meinem ersten Versuche, die Werke des Nicola Filotesio chronologisch zu ordnen (Rassegna bibliogr. III 115 ff.), habe ich eine Liste der Gemälde aus der letzten Schaffensperiode des Künstlers aufgestellt, der ich hier noch ein weiteres Malwerk hinzufügen kann. Soviel ich habe feststellen können, ist es nur eine kleine Anzahl von Gemälden, die für diese Periode in Betracht kommen; die markantesten derselben befinden sich jetzt in der Galleria Communale zu Ascoli. Neben der ziemlich konfusen und bizarren Kreuztragungsdarstellung aus S. Francesco ist hier zunächst das ähnlich mißlungene Altarbild in der Chiesa della Maddalena zu Acquasanta zu erwähnen, ein müdes und wenig glückliches, die mannigfachsten Stileinflüsse eklektisch verquickendes Tafelgemälde. Wie hoch sich jedoch dieser merkwürdige Künstler auch in seiner letzten Schaffensperiode bisweilen noch über das Alltägliche zu erheben vermochte, dafür zeugen die gewaltigen Darstellungen Abrahams, Isaaks, Davids und der Sibyllen in dem für diese Gestalten sicherlich allzuengen letzten Raume der Galerie zu Ascoli, sowie die beiden so lebhaft an Raffael erinnernden Engelbildchen. Die Sibyllen und Propheten entstammen jedenfalls der reifsten, in die Jahre zwischen 1520 und 1530 fallenden Malerperiode Colas, in der dieser die von den erhabenen Werken Michelangelos in Rom gesammelten Eindrücke zu verarbeiten suchte; für das etwas kühle und dumpfe Kolorit dieser Bilder dürfte dagegen eher das Vorbild des Florentiners Fra Bartolomeo und (nach Corr. Ricci) eventuell auch dasjenige des Sebastiano del Piombo verantwortlich zu machen sein.

Hinsichtlich der hier schon mehrfach erwähnten Architektentätigkeit des Cola dall' Amatrice weiß Vasari zu berichten, daß „alle bei Lebzeiten dieses Künstlers in Ascoli und in der Provinz Piceno entstandenen Bauten von diesem selbst ausgeführt wurden" — und zwar ohne daß Cola jemals nach Rom oder auch nur über die Provinzialgrenzen von Ascoli hinausgekommen sei. Diese letztere Angabe Vasaris ist jedoch auf jeden Fall unwahr, und auch die erstere ist nur in beschränktem Maße glaubhaft, da sich in der Tat nur ganz wenige Ascolaner Bauwerke auf Entwürfe des Amatricianers zurückführen lassen. Vor 1520 ist überhaupt kein einziges Baudenkmal Colas in Ascoli nachweisbar. Dagegen wurde in diesem Jahre selbst die Rückfront des dortigen Palazzo Anzianale unter der Leitung des Künstlers vollendet, eine ästhetisch unbefriedigende und schwerfällige Baukonstruktion, die des geschmackvollen Malers Cola unwürdig erscheint, und die wir mit G. B. Carducci ohne Bedenken geradezu als „odiös" bezeichnen dürfen. Offenbar war der ungewöhnlich begabte und leicht schaffende Künstler an derartige Bauaufgaben mit einer noch weit geringeren Schulausbildung herangetreten, als vorher an seine Malertätigkeit; und zwar war er hierbei ziemlich kritiklos den zahlreichen älteren Bauvorbildern gefolgt, wie er sie im Ascolanischen selbst, wie auch auf seinen mit Sicherheit nachgewiesenen Reisen in Umbrien und in den Abruzzen zu Gesicht bekommen hatte. 1525 übernahm Cola den Wiederaufbau einiger vor den Stadtmauern von Ascoli gelegener Mühlen sowie die Ausbesserung der zugehörigen Wasserläufe, die durch Austreten des Castellano-Flusses arg beschädigt worden waren; und gerade dieser Auftrag war es, der unseren Amatricianer noch in demselben Jahre nach Rom führte (zur Vermittelung der in dieser Mühlenbau-Angelegenheit nötig gewordenen Unterhandlungen zwischen den Anziani von Ascoli und der Camera Apostolica) und ihm so die Gelegenheit verschaffte, die Meisterwerke Raffaels und Michelangelos mit eigenen Augen kennen zu lernen und zu studieren. — 1527 muß Cola sich in Aquila in den Abruzzen längere Zeit aufgehalten haben, da in diesem Jahre die Fassade der dortigen Kirche S. Bernardino (erbaut 1457, aber schon 1461 durch ein Erdbeben wieder zerstört) nach seinen Plänen neu errichtet wurde, und zwar, wie die Aquilanischen Lokalchronisten uns berichten, „in mehreren Säulenordnungen"; demnach scheint bei dem neuerlichen Einsturz dieser Kirche infolge des Erdbebens von 1703 gerade der von Cola errichtete Bauteil unversehrt geblieben zu sein. — Das künstlerisch wertvollste Bauwerk, das auf Grund der großen Ähnlichkeit seiner Fenster- und Gesimsbildung mit den entsprechenden Architekturdetails der Rückfront des Palazzo Anzianale unserem Amatricianer in Ascoli mit Recht zugeschrieben wird, ist der Verbindungsbau zwischen dem älteren Teile des bischöflichen Palastes und dem Palazzo Communale an der Piazza dell' Arringo. Laut Angabe einer alten Bauinschrift 1532 vollendet, zeigt dieses Gebäude nach Carduccis Beschreibung „einen von einem schlichten, aber höchst anmutigen Architrav-Gesims bekrönten, anspruchslosen Rustica-Unterbau, wenige schmale und sehr bescheiden ornamentierte Fensteröffnungen in den massigen, schmucklosen Mauerflächen der beiden Oberstockwerke und ein niedriges Kranzgesims unter dem weit vorspringenden Dachaufsatze: So bescheidene Mittel genügten unseren Architekten in alter Zeit, um sich bei der Nachwelt ein freundliches Andenken zu sichern!" — 1537 weilte Cola in Norcia, um im Auftrage der dortigen Stadtgemeinde zwischen den Felskegeln Biselli und Argentilli eine großartige künstliche Seeanlage zu schaffen; als Entschädigung für diese Arbeit erhielt er ein Honorar von 1200 Scudi nebst freier Amtswohnung. 1539 hatte Cola dann für die Gebellini zu Norcia ein (vorher bereits dem Maestro Francesco di Pier Tommaso Sparapani in Auftrag gegebenes) Rundbild zu malen, das bis zu dem noch in demselben Jahre zu feiernden Feste der hl. Katharina von Siena vollendet sein sollte; leider ist über die Existenz dieses Bildes bisher nichts zu ermitteln gewesen (Arch. stor. d. Arte ital. 1898, fasc. III). — 1542 war „Maestro Cola dalla Matrice architettore" beim Bau der Fortezza Paolina zu Perugia beschäftigt (Giorn. d'Erudiz. artist. I 134; mit einer weiteren urkundlichen Notiz über „Magister Cola olim Philostasii de Amatrice" in der Fußnote zu pag. 136).

Nach der Erzählung Vasaris verlor der Künstler schon um 1535 („al tempo di papa Paulo terzo") auf tragische Weise seine jugendschöne Gattin: auf der Flucht vor gewalttätigen Söldnern stürzte sie sich zur Rettung ihrer und ihres weit älteren Gemahles Ehre in einen Abgrund; infolge des Verlustes dieser „singolar donna degna d'eterna lode" soll dann der Künstler bis an sein Lebensende ein schwermütiger Mann geblieben sein. Bald nach jenem Schreckensereignisse „nahm Alessandro Vitelli, der damals (durch Kaiser Karl V.) soeben zum Fürsten von Amatrice ernannt worden war, den bereits hoch bejahrten Maestro Cola mit sich nach Città di Castello, um ihn in seinem dortigen Palazzo zahlreiche Freskomalereien und sonstige künstlerische Arbeiten ausführen zu lassen; nach Beendigung dieser Arbeiten kehrte Maestro Cola nach Amatrice zurück und verblieb daselbst bis zu seinem Tode". — In dieser letzteren Angabe erscheint Vasari wiederum völlig unglaubwürdig; denn wie wir gesehen haben, arbeitete Cola 1537 und 1539 — also offenbar nach seiner Rückkehr aus Città di Castello — längere Zeit in Norcia u. 1542 in Perugia, und noch später muß er dann bis an sein Ende, hochgeehrt als Künstler wie als Bürger, ständig in Ascoli Piceno gelebt haben. Jedenfalls war er dort noch 1546 und 1547 tätig, und zwar am Bau des mit einem Monumente Papst Pauls III. geschmückten Portales des Palazzo Anzionale, das in diesen Jahren nach seinen Entwurfzeichnungen errichtet wurde. Außerdem findet er sich auch in den gleichzeitigen „Libri Anzionali" von Ascoli ausdrücklich aufgeführt als „Magister Cola Philottesius de Amatrice, qui fuit electus publicus architectus ejusdem civitatis".

So sehen wir denn, daß nach Abschluß der durch die Einwanderung Carlo Crivellis und seiner Schule in Ascoli hervorgerufenen reichen Quattrocento-Kunstblüte die Ascolanische Kunst der ersten Hälfte des Cinquecento völlig unter dem Zeichen des Cola di Filotesio dall' Amatrice gestanden hat, dieses merkwürdigen und ruhelosen eklektischen Talentes, dessen leichtschaffende Phantasie auf sämtlichen Kunstgebieten arbeitsfroh sich auszuleben suchte (nach einigen Autoren soll er nicht nur als Architekt und Maler, sondern sogar auch als Bildhauer tätig gewesen sein). Geboren in dem nahe benachbarten Abruzzen-Städtchen Amatrice, kann der Künstler gleichwohl mit gutem Rechte als ein Ascolaner bezeichnet werden, da er in Ascoli nicht nur seine künstlerische Ausbildung, sondern auch ein reiches Feld für sein künstlerisches Wirken gefunden und während seines späteren Lebens eine hoch geachtete bürgerliche Stellung eingenommen hat. In dieser Stadt, die er mit so zahlreichen Werken seiner Maler- und Bildhauerkunst geschmückt hat, ist er dann höchst wahrscheinlich auch zur letzten Ruhe bestattet worden, als um die Mitte des 16. Jahrh. seinem reich bewegten und ungemein fruchtbaren Künstlerdasein durch den Tod ein spätes Ziel gesetzt wurde.

Vasari-Milanesi, V 213 ff. — Rassegna bibl. dell' arte ital. III 1 ff., 115 ff., 123, 183, 214, 216, 232, IV 26 ff. 109, 110, 113, 159, VI 4 ff., 121; VII 14, 62, 65, 138; IX 53—56. — L'Arte III 315; V 174. — Ricci, Stor. d. archit. ital. III 140, 183. — Milizia, Memorie degli archit. II. — Bindi, Artisti Abbruzzesi. — Nuova Rivista Misena II 199; III 105; V 143; VI 22. — Bolletino d. Soc. di Storia Patria per gli Abruzzi VII 16—29. — C. Mariotti, Sul colle di S. Marco (Ascoli Piceno 1898).
E. Calzini.

Amatucci, Maler des 19. Jahrh., der uns nur durch folgendes nach ihm gestochene Blatt bekannt ist:

Viscount W. C. B. Beresford, Gouverneur der Militärakademie zu Woolwich. Gemalt von Amatucci. Gest. von Freeman. 4. **

Amatucci, Carlo, neapolit. Bildhauer und Modelleur, besonders gerühmt als Pferdemodelleur für Presepedarstellungen, Schüler der Vassallo. Kam 1804 nach Lissabon, wo er (1808?) die Statue der Freigebigkeit für den Palast von Ajuda und das Porträtmedaillon des Kronprinzen für die Orgel zu Mafra fertigte. † dort 1809.

Cyrillo Machado, Collecção de mem. p. 275. — L'Arte II 344. *A. Haupt.*

Amauge, Jacques d', s. *Amange,* Jacques d'.

Amaujat, Jacob, Ornamentbildhauer, geb. in Berry, wohnte in Bourges, wo er an der Kathedrale 1535 arbeitete.

Lami, Dict. d. sculpt. 1898. *R.*

Amault, Jérôme, Fayencemaler zu Nantes um die Mitte des 18. Jahrh. **

Amauri, Bildhauer aus Paris, 1292 urkundlich erwähnt.

Lami, Dict. d. sculpt. 1898. *R.*

Amaurry de Goire, Tapissier in Paris, lieferte 1348 dem Herzog von der Normandie und Guyenne einen wollenen Teppich, drap de lainere, auf dem Darstellungen aus dem Alten und Neuen Testament enthalten waren, für 492 Livres, 3 Sous 9 Deniers Tournois.

Jubinal, Recherches sur l'usage et l'origine de tapisseries à personnages, dites historiées, p. 30. **

Amaury, Jean, seit ca. 1235 in Montpellier ansässig, 1238 zum „Maître des ouvrages de la ville" ernannt, † ca. 1254.

Bauchal, Dict. des Archit. — Bérard, Dict. des Artistes. *C. Enlart.*

Amaury-Duval, Eugène Emmanuel, (Amaury Pineu-Duval gen. A.-D.), französ. Maler, geb. 16. 4. 1806 in Montrouge, † 29. 4. 1885 in Paris. Schüler von Ingres. Begann als Porträtist und erwarb auf diesem Gebiet nicht geringen Ruf, ging aber dann zur Historienmalerei über und schmückte mehrere Kirchen in Paris und in der Umgebung mit dekorativen Gemälden. Die bedeutendsten dieser Arbeiten finden sich in der Kirche von Saint-Germain-en-Laye, die um der Malereien A.-D.s willen neben St. Vincent-de-Paul und St. Germain-des-Prés in Paris, beide von Hippolyte Flandrin ausgemalt, wohl die am schönsten dekorierte moderne Kirche Frankreichs ist. Man sieht hier, wie der Maler durch Adel der Formen und Würde der Komposition zu wirken sucht, ohne daß er sich allerdings von der allen Ingresschülern eigenen akademisch korrekten Kälte befreien könnte. In dem Bestreben, alle lauten Farbentöne zu verbannen und neutralen grauen Tönen das ganze Gewicht zu geben, kann Amaury-Duval vielleicht mit Puvis de Chavannes zusammengebracht werden. In dem Schlosse von Linières in der Vendée hat A.-D. einen Speisesaal mit allegorischen Figuren in pompejanischem Ornament ausgemalt und einige andere Räume mit modernen Szenen geschmückt, so mit einer um Emile Augier versammelten Gesellschaft, worin die Bildnisse mehrerer berühmter Schriftsteller, Künstler usw. jener Zeit angebracht sind. In den Fresken von St. Germain-l'Auxerrois suchte A. ersichtlich, die präraffaelitischen Maler nachzuahmen, u. kommt dabei dem etwa gleichzeitigen deutschen Nazarener Overbeck sehr nahe. Auch die schönen Glasfenster von Ste. Clotilde in Paris sind nach seinen Kartons angefertigt. Weit weniger gut lernt man A. durch die zumeist süßlichen und dabei trockenen, an Bouguereaus Zuckernymphen erinnernden weiblichen Nuditäten kennen, die in den Museen von Arras, Rouen usw. aufbewahrt werden, und die durch Vervielfältigung allenthalben bekannt geworden sind. A.-D. hat zwei für die Geschichte der Ingres-Schule wichtige Bücher geschrieben, Souvenirs de Jeunesse und besonders L'Atelier d'Ingres. In dem letztgenannten Werke werden eine große Anzahl charakteristischer Aussprüche, Lehren und Urteile mitgeteilt, womit Ingres seinen Unterricht zu würzen pflegte.

Meyer, Kstlerlex. — Bellier-Auvray, Dict. gén. — Nekrolog in der Chronique d. arts 1886 p. 7 und im Courrier de l'art 1886 No. 1. — Gaz. d. b. arts, Table alphab. I—XV, XVI bis XXV, II. Pér. I—XXII. — Nouv. Archiv. de l'art franç. III sér. XVI (1900) 232—235. *K. E. Schmidt.*

Amavit, Giraud, Dekorationsmaler in Villefranche, tätig 1474 für die Kollegiatkirche und andere Gebäude der Stadt.

Bérard, Dict. **

Amaya, span. Maler, Schüler von Vicente Carducho, malte 1682 die Bilder des Hauptaltars der St. Martinskirche zu Segovia und zwei andere für das Pfarrhaus. Sie stellen Vorgänge aus dem Leben des hl. Martin dar. Er soll um 1690 oder 1692 gestorben sein.

Ponz, Viage de España X 249. — Cean Bermudez, Dicc. I 26. △

Ambacher, als Holzschneider 1782—1793 in Frankreich nachweisbar.

Réun. des Soc. des b. a. XXVIII 346. ***

Ambagt, Abraham van, Maler, geb in Amsterdam, kaufte dort 12. 3. 1699 das Bürgerrecht.

Aemstels Oudheid IV 63. *E. W. Moes.*

Ambele, Corstiaen Jansz van, Töpfer, in Delft, wurde als Fremder am 26. 11. 1663 in die St. Lukasgilde aufgenommen. Am 4. 1. 1666 verpflichtete er sich dem Willem Kleftyus als Werkführer. — 1676 vermählte sich sein Sohn, Wijnant Corstiaens van der Ambele, der ebenfalls „plateeldrayer" war.

Havard, p. 252 No. 219. *J. C. E. Peelen.*

Amberes, Adrian de, ein vläm. Bildhauer aus Antwerpen in Valladolid, geb. 1514. Er ist im Jahre 1552 Zeuge im Prozeß des Innocenzio Berruguete gegen Pedro Gonzalez de Leon.

Martí y Monsó, Estud. histor. artist. S. 176. *M. v. B.*

Amberes, Domingo de, Kunsttischler von Burgos 1554.

Martí y Monsó, Estud. histor. artist. S. 630. *M. v. B.*

Amberes, Francisco de (Franz von Antwerpen), Maler und Bildhauer aus Flandern in Toledo, führte 1502 die Gemälde des Eugenius-Altars in der Kathedrale aus und 1507 in Gemeinschaft mit Johann von Brüssel und Lorenzo Gurricio die Wappenschilde und Ornamente über der Tür des Winter-Kapitelsaales. Von 1508—1510 malte er mit Juan de Borgoña und Villoldo die Altarbilder der mozarabischen Kapelle in der Kathedrale.

Cean Bermudez, Dicc. I 26. *M. v. B.*

Amberes, Miguel de, auch Miguel el Flamenco oder Miguel Manrique gen., Maler der 2. Hälfte des 17. Jahrh. Geb. in Flandern, lernte er in Antwerpen bei Rubens und in Genua bei Gio. Andrea de Ferrari und Cornelius de Waal. In seinen Porträts ahmte er van Dyck nach. Als Kapitän kam er in span. Diensten nach der Pyrenäen-Halbinsel, wo er sich in Malaga niederließ und für die dortigen Kirchen und Klöster tätig war. Für sein bestes Bild gilt im Kloster de la Victoria eine Magdalena, welche dem Heiland die Füße wäscht.

Cean Bermudez, Dicc. I *M. v. B.*

Amberes, Nicolas de, s. *Tiempers.*

Amberg, Adolf, Bildhauer in Charlottenburg, geb. 1874 in Hanau, Schüler der dortigen Kunstgewerbeschule, studierte dann in der Akad. Julian in Paris und der Berliner Akad. Eine besondere Neigung scheint ihn auf das Gebiet der plastischen Zier- und Kleinkunst, zum Kunstgewerbe und — wohl ein Einfluß der Goldschmiedestadt Hanau — zur Gold- und Silberschmiedekunst geführt zu haben. Eine lebhafte Tätigkeit entfaltete er 1900 zur Zeit der Pariser Weltausstellung. Dort war von ihm die mit Prof. O. Rieth ausgeführte große silberne Fontäne. Zur selben Zeit entstanden silberne Schalen, Jardinièren, figürlich durchgeb. silberne Schirmgriffe etc. und eine Taufmedaille und eine Taufplakette, die vom preuß. Kultusministerium mit dem II. Preise ausgezeichnet wurden. Seine Hauptwerke sind das Ratssilber der Stadt Aachen und der Trauraum im Rathaus zu Heilbronn. In den letzten Jahren stellte er Bronzestatuetten in Berlin, große Kunstausstellung 1904 und 1906, und in München, Glaspalast 1906 aus.

Deutsche Kst. u. Dekoration VII 138 ff. mit Abb. — Kunstgewerbeblatt, N. F., XI 36, 92. — Weite Welt XXII 215—22 (Aufsatz von P. Schubring). **

Amberg, Anton, Schweizer Maler aus Buron, seit 1850 in Dagmersellen ansässig. 4 Gemälde allegorischen Inhalts von ihm auf der Luzern. Industrieausstellung in Willisau 1855

Brun, Schweizer. Kstlerlex. *H. V.*

Amberg, Bernhard, Schweizer Maler u. Bildhauer aus Büron um 1850; 2 Gemälde: „Auferstehung Christi" und „Christus am Ölberg" sowie ein holzgeschnitztes Kruzifix von ihm waren auf der ersten Luzern. Industrieausstellung in Sursee 1852 ausgestellt.

Brun, Schweizer. Kstlerlex. *H. V.*

Amberg, Hans Christian, dänischer Architekt, geb. 23. 9. 1837, ist nach Vollendung seiner Studien an der Akad. 1865 mehrere Jahre in Kopenhagen an dieser als Lehrer tätig gewesen. Hat zwar einige Neubauten, hauptsächlich aber Restaurationsarbeiten ausgeführt. Von seinen Neubauten seien erwähnt: Ein Bankgebäude zu Viborg, das Rathaus zu Esbjärg, das Hauptgebäude des Guts Pallisbjärg (Jütland) 1899 und die Erweiterung des Rathauses zu Ripen. Als Schüler der dän. Architekten der älteren Generation (Bindesböli, Chr. Hansen) zeigt er sich mit diesen Arbeiten als ein ernsthafter und sorgfältiger Künstler. Sein Hauptwerk als Restaurator ist die Wiederherstellung des romanischen Domes zu Ripen (1883—1904) mit Beibehaltung der späteren gotischen Seitenschiffe und Wiederaufbau eines alten romanischen Turmes an der Westfassade. Außerdem hat er das alte Rathaus und andere mittelalterliche Gebäude in Ripen restauriert. Ebenso das Brigittinerkloster zu Mariager. Alle diese Arbeiten sprechen von Fleiß und Wissen des Künstlers. Dieselben Eigenschaften zeigen seine Projekte zur Wiederherstellung der St. Nikolaikirche und Frauenkirche zu Kopenhagen.

Weilbach, Nyt dansk Konstnerlex. 1896. — Kunstchron. XIV 706. — Tilskueren 1904: Oppermann: Ribe Domkirke. — J. Helms u. H. C. Amberg, Ribe Domkirke (1906). *V. Lorenzen.*

Amberg, Johann, Schweizer Bildhauer aus Büron; eine in Holz geschnitzte Statue des Bruders Niklaus von Flüe sowie ein reich geschnitztes Rahmenwerk von ihm auf der ersten Luzern. Industrieausstellung in Sursee 1852.

Brun, Schweizer. Kstlerlex. *H. V.*

Amberg, Wilhelm, Genremaler, geb. 25. 2. 1822, † 10. 9. 1899, Schüler Prof. Herbigs und der Berliner Akad., von 1839—1842 in der Werkstatt Karl Begas' tätig. 1842 stellt er zum erstenmal in Berlin aus und geht 1844 zu Léon Cogniet nach Paris, bei dem er bis Ende 1845 seine Studien fortsetzt. Längerer Aufenthalt in Italien, vor allem in Rom und Venedig, vorübergehend auch in Neapel und Perugia. Rückkehr über München nach Berlin, wo er dauernd sich niederläßt. 1869 Mitglied der Berliner Akad., seit 1886 Mitglied des Senats der Berliner Akad. Kunstmedaille Wien 1873; kleine goldene Medaille 1877. Amberg gehörte in den 60er und 70er Jahren des 19. Jahrh. zu den beliebtesten Genremalern Berlins. Er kam dem Publikum durch den Inhalt seiner gemalten Novellen und durch sein gefälliges Kolorit entgegen und ist noch heute der Liebling der Gartenlaube. Seine Motive sind Variationen über das Thema „Liebe", bald witzig, bald pikant, öfters elegisch, zuweilen idyllisch. Er erfindet sich eine Geschichte, die irgendeine delikate Herzensregung behandelt, und schildert ihre prägnanteste Situation, die der Phantasie des Betrachters erlaubt, das Vor und Hinter zu ergänzen. Wo er einen Stoff aus der Literatur behandelt, ist ebenfalls die Vorliebe für die zarten Sentiments vornehmlich eines weiblichen Herzens durchsichtig. Seine Figuren kostümiert er gern; er liebt phantastische Trachten von etwas süßlich gestimmter Farbigkeit und bevorzugt, wenn er nicht die Tracht seiner Zeit nach seinem Farbenrezept umkostümiert, die deliziöse Mode des Rokoko und der Wertherzeit. Seine landschaftlichen Hintergründe sind oft weich und fein im Ton und geben die Stimmung des Motivs in der zarten Stufung des Kolorits eindrucksvoller wieder als die im Vordergrund geschilderte Figur. A. war auch als Lithograph tätig.

Werke: Amor, Nymphen belehrend; Trost in Tönen; Gretchen am Spinnrade; Gretchen in der Kirche; In der Buchenallee, Herzensfrage; Nachricht aus weiter Ferne; Vorlesung aus Goethes Werther (Nationalgalerie); Ophelia; Eine junge Witwe; Begegnung im Walde; Sappho; Welkes Laub und welkes Hoffen; Die Alten im Tiergarten; Promenade im Frühling (beide im Besitz des Magistrats Berlin); Die rauchende und die trinkende Zofe usw. Ferner enthält die Gertraudtenkirche in Berlin ein religiöses Bild: „Christus am Ölberg" aus den 40er Jahren und die Villa Ravéné in Moabit dekorative Wandmalereien aus dem Jahre 1867.

Meyer, Kstlerlex. — Boetticher, Malerwerke des 19. Jahrh. I. u. Nachtr. zu I. *Müller-Kaboth.*

Amberg, von, s. auch damit verbundene *Vornamen.*

Amberger, Christoph, Maler, tätig in Augsburg, von 1530 (Meister am 15. 5.) bis zu seinem Tode, der zwischen dem 1. 11. 1561 und dem 19. 10. 1562 anzusetzen ist. Geburtsjahr und Ort nicht bekannt. Wahrscheinlich ist A. zwischen 1500 und 1510 geboren. Als Geburtsort wird mit unzureichender Begründung Nürnberg von Doppelmayr, Amberg in der Oberpfalz von Nagler (im Kstlerlex.) und Ulm von Weyermann (Kunstblatt 1830, 268) angegeben. Ausgebildet anscheinend unter dem Einflusse Hans Burgkmairs und angeregt durch die venezianische Malerei. Hervorragend und angesehen namentlich als Porträtmaler. Seine verhältnismäßig seltenen Altarbilder italienisierend und manieriert. Von seinen Fassademalereien in Augsburg ist nichts erhalten. Seine Bildnisse zeichnen sich durch weiche malerische Behandlung und vornehme Auffassung aus, an Schärfe und

Sicherheit der Zeichnung bleibt er weit hinter dem jüngeren Hans Holbein zurück. Einige Porträts aus den 20er Jahren des 16. Jahrhunderts, die A. stilkritisch zugeschrieben werden, sind nicht gesichert (s. Haasler 53—60). Das älteste Bildnis, das den Stil des Meisters deutlich zeigt, ist der von 1530 datierte Ullrich Sulizer — No. 1515 in Wien, in den ksthistor. Sammlgn. des allerh. Kaiserhauses —, falls das Datum vollständig erhalten ist, was nicht ganz sicher. Von 1532 das Porträt Carls V. in der Berliner Galerie (No. 556) auf dessen Rückseite der Name A.s zu lesen ist. Die Wiederholung dieses Porträts in Siena, die Woltmann (in Meyers Kstlerlex.) für das Original hielt, ist nur eine alte Kopie. Von 1533 die Gegenstücke im Maximilianeum zu Augsburg, Wilhelm Mörz und Affra Rehm. Von prächtiger Wirkung, aus der besten Zeit des Meisters: das Kniestück eines jugendlichen Mitgliedes der Fugger-Familie (datiert 1541) beim Fürsten Fugger- Babenhausen zu Augsburg, ferner die Bildnisse des Matthäus Schwartz und seiner Gattin, aus den Sammlgn. v. Friesen und Dr. Martin Schubart, jetzt bei Herrn Leopold Hirsch in London (datiert 1542). Aus der Spätzeit A.s der Sebastian Münster — von 1552 — in der Berliner Galerie. Andere Porträts in Wien, St. Petersburg, Gotha und Braunschweig. Die am ehesten vollständige Liste der Bilder bei Haasler. Schon von 1523 wird ein Altarbild A.s erwähnt für das Kloster z. hl. Kreuz zu Augsburg. Das Bild ist nicht erhalten, die Notiz nicht ganz zuverlässig. Bei weitem das Hauptwerk unter den erhaltenen Kompositionen des Meisters ist das Dombild zu Augsburg, im Mittelfelde die Madonna mit musizierenden Engeln, auf dem linken Flügelbilde der hl. Ulrich, auf dem rechten die hl. Afra. Auf der Predelle die Brustbilder von 7 Heiligen, im Giebelfelde Christus am Kreuze mit Maria und Johannes. Signiert: C. A. und 1554. Die Originalzeichnung zu den Flügeln und der Staffel im Besitze des Herrn v. Lanna zu Prag. Manierierter als dieses Altarbild im Dom und das letzte Werk A.s, das wir kennen, ist die Tafel in der St. Annenkirche zu Augsburg mit Christus und den klugen und törichten Jungfrauen, datiert von 1560 und signiert C. Amberger. Wohl mit Recht werden dem Meister zwei Madonnen in der Augsburger Galerie zugeschrieben (No. 120, 295). Von den wenigen Zeichnungen, die dem Meister mit Recht zugeschrieben werden, sind, außer dem obengenannten Entwurfe zum Dombilde, die 7 Blätter zum Maximiliansgrab in Innsbruck (Codex 8007 der Wiener Hofbibliothek, dazu als 8. Zeichnung der König Chlodwig im Dresdener Kupferstichkabinett [Friedländer, Repert. f. Kstw. XX 74]) am wichtigsten und am besten gesichert. Für den Kupferstich war A. anscheinend nicht, für den Holzschnitt nur in bescheidenem Umfange tätig. Einige, übrigens nicht bedeutende, Holzschnitte sind ihm zugeschrieben worden, von W. Schmidt, H. A. Schmid und R. Stiassny, namentlich mehrere Blätter in der Folge der Landsknechte, die David de Negker herausgab, und 3 Blätter in der Truchsessenchronik der Münchener Hofbibliothek (Codex 1292), von denen eines C A signiert ist.

S a n d r a r t, Teutsche Akad. II. — D o p p e l m a y r, Histor. Nachr. von den Nürnberg. Mathematicis und Künstlern . . . Nürnberg, 1730. — W o l t m a n n, Meyers Kstlerlex. I 600 ff. — H a a s l e r, Der Maler C. A. von Augsburg. Heidelberger Dissertation, Juni 1893. Königsberg 1894, Hartung (hier die ganze ältere Lit. zitiert und verarbeitet). — S c h m i d t, Repert. f. Kstw. XIV 436. — S c h m i d, Kunstchronik 1893, No. 4, Sp. 56. — S c h m i d t, Repert. f. Kstw. XVII 366. — F r i e d l ä n d e r, Repert. f. Kstw. XVII 484. — S c h m i d t, Allg. Deutsche Biographie I 390. — S t i a s s n y, Zeitschr. f. christl. Kst. 1894 Sp. 119. — H o f s t e d e d e G r o o t, Die Sammlg. Schubart, München, Bruckmann, 1894, 1. — S c h m i d t, Zeitschr. f. bild. Kst. 1895, 27. *Friedländer.*

Amberger, G u s t a v, Landschaftsmaler, geb. 28. 5. 1831 in Solingen, † 26. 2. 1896 in Baden-Baden, Schüler von Lerius in Antwerpen und von Cornelius in Rom, siedelte 1848 nach Basel über, bald darauf nach Rom. Nach zweijährigem Aufenthalt hier kehrte er nach Basel zurück, wo er als Zeichner in einer Seidenbandfabrik tätig war. Anfang der 70er Jahre siedelte er nach Baden-Baden über. Während der 80er Jahre unternahm er mehrere Studienreisen ins Ausland, so vor allem nach Schweden und Norwegen, die ihm zahlreiche Motive für spätere Bilder lieferten. Von seinen Werken seien genannt: Leda, in Rom gemalt, von der Kaiserin Alexandra von Rußland erworben; „Die Ozeanide"; „Italienische Totenfeier" (Holzschnitt i. d. Illustr. Ztg. 1874). In seinen Landschaftsbildern behandelt er mit Vorliebe italien. Motive von Syrakus, Neapel, Nervi etc.

F. v. B ö t t i c h e r, Malerwerke d. 19. Jahrh. I 31. — B r u n, Schweizer Kstlerlex. *H. V.*

Amberger, J o h a n n, Maler zu Wittenberg in Sachsen, † daselbst 1697, vielleicht ein Sohn des Michael A. daselbst, nur urkundlich bekannt.

F ü s s l i, Kstlerlex. Neue Zusätze, 1824. *H. V.*

Amberger, M i c h a e l, Maler zu Wittenberg in Sachsen, † daselbst 1662, nur urkundlich bekannt.

F ü s s l i, Kstlerlex. Neue Zusätze, 1824. *H. V.*

Ambianus, S y l v i u s F r a n c i s c u s, s. *Dubois,* François.

Ambiveri, C r i s t o f o r o, Porträtmaler aus Bergamo, geb. 1718, † 1744, nur bei Zani (Enc. met. II 77) erwähnt. *H. V.*

Ambling, s. *Amling.*

Amboise, Pierre d', französ. Kalligraph, fertigte 1455—56 eine Abschrift der Geschichte von Troylus und Cressida für die Herzogin von Orléans.

De Laborde, Les ducs de Bourgogne III. art. n. 6784. **

Amboise, d', s. auch damit verbundene *Vornamen.*

Ambrogi, Domenico, genannt Menichino del Brizio, Bologneser Maler, geb. ungefähr 1600, † nach 1678. Zuerst Schüler des Bernardino Baldi, dann Calvaerts († 1619), bei dem er nur ganz kurze Zeit blieb. Dann ging er auf viele Jahre zur Malschule des Brizio über († 1625), woher sein Beiname Menichino del Brizio stammt. Die Beziehungen zu seinem Lehrer geben den ungefähren Anhalt zur Bestimmung des Datums der Geburt des A., denn nachdem er sich mit Brizio entzweit hatte, arbeitete er zu dessen Lebzeiten noch für sich allein (Fresken im Palazzo Paleotti da Dentone). Er kann daher nicht später als 1600 geboren sein, wenn nicht eher. Er malte viele historische Fresken in Palästen und Kirchen, vor allem in der Provinz, in S. Cesareo und Piumazzo (Prov. Modena), im Palazzo Spada in Brisighella, in Madonna del Poggio, im Kasino Cospi-Malvezzi in Bagnarola, im Kasino Malvasia al Trebbo, in Modena etc. In Bologna führte er Fresken in der Annunziata aus, die jedoch neuerdings nach dem Arsenale militare gebracht wurden und schwer zugänglich, vielleicht auch gar nicht mehr erhalten sind, ferner Fresken in den Palästen Ratta-Guastavillani und Mareschalchi, eine Krönung Mariae in S. Maria della Vita und einen Schutzengel in S. Giacomo Maggiore. Auch malte er Tafelbilder: Kopien der Landschaften der Dossi; das Porträt des modenesischen Hofmusikers Selvatico und Altarbilder für die Kirche dei Gesuati, S. Gabriele, für die Kirche delle Scalze, S. Lucia; außerdem Genreszenen, Waldszenen, Architekturbilder und dekorative Arbeiten für die üppigen Gastmähler des Signor Paleotti.

In vorgeschrittenen Jahren wurde er durch eine Krankheit zum Krüppel und mußte sich darauf beschränken, nur noch am Tisch zu arbeiten. Er führte vor allem zahlreiche Zeichnungen zu Stichen aus, die sehr gesucht waren, und hat auch selbst radiert, insbesondere einige Thesen (s. Meyers Kstlerlex., das auch einige der nach ihm gestochenen und geschnittenen Blätter anführt; diesem Verzeichnis ist noch das Titelblatt zu „Bologna perlustrata", Ausgabe von 1650, gestochen von Curti, hinzuzufügen). Unter A.s Schülern werden Giacinto und Pier Antonio Cervi, sowie Gian Antonio Fumiani erwähnt. eine Zeitlang war er auch gemeinsam mit Angelo Michele Colonna tätig. 1678 war A. noch am Leben.

Masini, Bologna perlustr. 1666 p. 120, 619. — Malvasia, Felsina Pittr. I 543, 547. — Orlandi, Abeced. pitt. — Crespi, Felsina Pittr. III 33. — Pitture etc. della città di Bol. 1792. — Baldinucci-Ranalli III 311. — Heinecken, Dict. — Bartsch, P.-Gr. XIX 198—201. — Campori, Artisti etc. negli Stati Est. 12. — Meyer, Kstlerlex. — Ricci, Guida di Bologna 1900 p. 29, 55, 131, 162.

Lisetta Ciaccio.

Ambrogi, Donato d'Agnolo degli, Goldschmied in Pistoja erhielt 1383 Bezahlung für einen Kelch, den die Vorsteher der Opera der St. Jakobskapelle den Nonnen des Klosters S. Maria del Letto stifteten.

Pèleo Bacci.

Ambrogi, Marco degli, s. *Melozzo* da Forlì.

Ambrogi, s. auch *Ambrosi.*

Ambrogini, Bildhauer des 17. Jahrh. in Rom. Von ihm nur bekannt, daß die Statue des S. Carlo in der Kirche S. Lorenzo in Damaso sein Werk ist.

Roma Moderna 1689 p. 220.

Ambrogini, Domenico, Maler in Rom, tätig 1604. — Über einen zweiten römischen Maler gleichen Namens, der um 1696 arbeitete, s. bei Zani unter *Ambrosini, Domenico.*

Arch. stor. d. Arte, ser. II vol. II, p. 147. — Zani, Encicl. II 81. *E. Modigliani.*

Ambrogino di Meo, Holzschnitzer von Siena, erhielt 1339 drei Zahlungen für die Figuren der 12 Apostel und des hl. Glorius am Chorgestühl des Domes von Orvieto.

Fumi, Il Duomo di Orvieto 276, 291. **

Ambrogino da Soncino (als Dominikanermönch *Frater Ambrosinus* gen., mit seinem weltl. Namen Ambrogio de' Tormoli), Glasmaler in Bologna. Geb. noch vor der Mitte des 15. Jahrh. in Soncino bei Cremona, kam A. bereits 1458 als Laienbruder in das Dominikanerkloster zu Bologna und dort in die Lehre des Glasmalers Fra Beato Giacomo da Ulma (Frater Jacobus Alemannus aus Ulm). Mit diesem berühmten Meister war er dann bis zu dessen Tode (1491) beständig gemeinschaftlich in Bologna tätig. Die Cappella dei Notari in S. Petronio zu Bologna besitzt noch heute ihren von beiden Meistern gemeinsam geschaffenen prächtigen Fensterschmuck, und zwar tragen diese Glasmalereien bei rein italienischem Zeichnungsstil im Kolorit deutlich den Charakter der deutschen Schule zur Schau. Von sicheren Werken A.s sind sonst nur noch in der Kirche S. Giacomo zu Soncino zwei im letzten Jahrzehnt des 15. Jahrh. gemalte Glasfenster mit den Darstellungen der Maria annunziata und des Verkündigungsengels erhalten geblieben; diese in neuerer Zeit von den Gebrüdern Bertini aus Mailand trefflich restaurierten Glasfenster präsentieren sich nach Mongeri stilistisch als echt lombardische Malwerke der präleonardesken Zeit. — Urkundlich beglaubigt ist die Künstlertätigkeit des Frate Ambrogino fernerhin für den Mailänder Dom (1492; unter den noch vorhandenen älteren Glasgemälderesten des Domes sind jedoch Arbeiten A.s heute nicht mehr mit Sicherheit nachweisbar), für S. Maria delle Grazie und S. Maria della Rosa (1829 abgebrochen) in Mailand, für die Frari-Kirche (nach Mongeri; nach Marchese dagegen für eine der Dominikanerkirchen) in Venedig, sowie endlich für S. Domenico und S. Petronio zu Bologna. Nach Mongeri soll der Frate A. erst 1527 in Bologna gestorben sein; er würde demnach ein Alter von mehr als 80 Jahren erreicht haben. In der Tat erfahren wir aus einer von Quétif und Echard publizierten Ordensquelle, daß der Meister um 1517 „obwohl alt an Jahren" noch immer künstlerisch tätig war. Leandro Alberti hebt in seiner „Descriptio Italiae" (Bologna 1550, fol. 276) den Frate A. hervor als einen „Meister, der in seiner Kunst von keinem übertroffen wurde"; auch sonst werden die reichfarbigen Glasmalereien unseres Künstlers häufig mit rühmenden Worten erwähnt. — Seiner Dankbarkeit für seinen einstigen Lehrmeister gab der Frate Ambrogino Ausdruck in der von ihm verfaßten, von Silvester Prierias und anderen späterhin weiter benutzten „Vita del beato Giacomo d'Alamania".

Quétif et Echard, Scriptores Ordinis Praedicatorum recensiti (Paris 1721) II 35. — Pitture etc. di Bologna 1782 p. 567; 1792 p. 235. — Zaist, Not. stor. de' pittori etc. Cremonesi I 97. — Grasselli, Abecedario dei pittori etc. Cremonesi (1827). — P. Ceruti, Biografia Soncinate (Milano 1834). — V. Marchese, Memorie dei pittori etc. Domenicani (Bologna 1878) I 461—465. — G. Mongeri im Archivio stor. Lombardo IV 614 ff.
F. Malaguzzi-Valeri.

Ambrogino, s. auch *Ambrogio* u. *Ambrosino.*

Ambrogio, Kunstschmied in Rom, 1464 unter Pius II. für den Campanile von S. Pietro thätig, für den er außer sämtlichen übrigen Schmiedearbeiten vier eiserne Kandelaber zu liefern hatte.

E. Müntz, Les Arts à la Cour des Papes (1878) I 284. *

Ambrogio (Don), Mönch der Certosa in Pavia, genannt in einem Dokument vom 26. 5. 1474 des Archivio Gonzaga di Mantova. Vielleicht handelt es sich damit um den *Frater Ambrosius de Carminato,* von dem man ein Uffiziolo in der Biblioteca Trivulziana hat.

Carta, Codici, Corali e Libri a stampa miniati d. Bibl. Nazion. di Milano (Roma 1891 p. 161).
P. d'Ancona.

Ambrogio, Maler in Rom, wo er 1500 und 1503 urkundlich erwähnt wird. In letzterem Jahre erhielt er Zahlung für seine Mitarbeit an der Ausmalung des vatikanischen Appartamento Borgia.

E. Müntz, Les Arts à la Cour des Papes Innocent VIII etc. (1898) p. 182, 194. *

Ambrogio, Steinmetz in Venedig, arbeitete 1524 für die Scuola grande di S. Rocco.

P. Paoletti, Arch. e scult. d. Rinasc. in Venezia I 124. *L. Ferro.*

Ambrogio (Maestro), Bildhauer in Urbino im 16. Jahrh. (?). Von ihm zierliche Groteskenskulpturen in S. Francesco in Urbino.

Nuova Rivista Misena VII 101. **

Ambrogio, Bildhauer aus Correggio, tätig in Rom als Gehilfe des Bildhauers Giacomo, nur urkundlich genannt 22. 5. 1600.

Bertolotti, Artisti Modenesi etc. in Roma.

Ambrogio, Goldschmied und Edelsteinschneider in Pisa, wird 1603 dem Großherzog von Toscana durch dessen Pisaner Agenten Roberto Lottieri empfohlen als Meister in der Goldfassung von Jaspissteinen, der die damals bei Barga neu aufgefundenen Jaspis-Fundgruben untersuchen sollte.

Milanesi, Spogli di notizie inedite d'arte dell' Arch. Mediceo im R. Archivio di Stato zu Florenz, filza 913, 154. *G. Degli Azzi.*

Ambrogio di Andrea, Sieneser Goldschmied des 15. Jahrh., fertigte für den Dom einen Kelch und Hostienteller, beide mit Emaillen verziert, sowie gemeinsam mit seinem Sohn Antonio 1414 eine silberne Statue des S. Savino. Das silberne Piedestal dazu enthielt Emaillen von der Hand des Giov. Turini.

Labarte, Hist. des Arts ind. III 166. — Molinier, Dict. d. Emaill. p. 8. *G. De Nicola.*

Ambrogio di Antonio, s. *Ambrogio* da Milano.

Ambrogio d'Antonio da Cerro, lombard. Maler, 1481 in Mailand tätig laut Ausweis der Malermatrikel dieses Jahres im dortigen Archivio notarile.

Arch. stor. Lombardo, ser. III, fasc. VI, an. XXII 417. *F. Malaguzzi-Valeri.*

Ambrogio da Arluno, italien. Steinmetz, mit beteiligt an der Errichtung der Kuppelbekrönung des Mailänder Domes, erhielt er 1496 unter Beihilfe des Herzogs von Mailand eine Gehaltserhöhung bewilligt. Außerdem wird er erwähnt als Gehilfe des Agostino Busti, genannt il Bambaja bei der Ausführung des Grabmales für Gaston de Foix.

Repertor. f. Kstwissensch. XXIV 235. — Gaz. des B.-Arts, 2. pér. XIV 447.

Ambrogio d'Asti, italien. Maler. Dem Namen nach piemontesischer Herkunft, zu Beginn des 16. Jahrh. in Pisa tätig, war er seinen Werken nach ein Schüler oder Nachahmer des Domenico Ghirlandajo. Zwei Gemälde von seiner Hand besitzt das Museo Civico zu Pisa; einen segnenden Christus zwischen der Mutter Maria und einem Engel, der ein Salbgefäß über dem Haupte des Erlösers ausschüttet (signiert „AMBROSIUS · ASTẼSIS · P · MDXIIII), und ein Lunettenbild mit dem segnenden Gott Vater zwischen zwei schwebenden Engeln. — Mit diesem Ambrogio d'Asti wäre nach Tanfani zu identifizieren ein *Ambrogio di Giovanni,* der laut urkundlichen Nachrichten 1515 im Dom zu Pisa als Mosaizist gearbeitet hat. In anderen Urkunden wird ein Ambrogio als Gehilfe des Domenico Ghirlandajo bei dessen Malertätigkeit in der Tribuna des Pisaner Domes, sowie bei der Restaurierung des Mosaikschmuckes dieser Tribuna 1492 erwähnt.

Rosini, Stor. d. Pitt. — Bertolotti, Art. subalp. — Tanfani, Not. d'Art. p. 25. — Gallerie Naz. Ital. I 110. — Repertor. f. Kstwissensch. XVIII 102. — Crowe u. Cavalcaselle, Hist. of Paint. in Italy II 496. f. — Meyer, Kstlerlex. *P. d'Achiardi.*

Ambrogio di Baldese, Florentiner Maler, geb. 1352, † 30. 10. 1429. 1387 bemalte er das Tabernakel für die Madonnenstatue, die Alberto Arnoldi für die Compagnia del Bigallo geschaffen hatte, nachdem er ein Jahr vorher zusammen mit Niccolò di Pietro Gerini 17 Gulden erhalten hatte als Restzahlung für die Malerarbeiten an der „faccia d'inanzi della Casa della Misericordia". Ein kleiner Bruchteil dieser Malereien ist im Innern des Bigallo erhalten geblieben, und zwar in der Stanza del Consiglio, wo die Capitani della Misericordia dargestellt sind, wie sie verirrte Kinder ihren Müttern zurückgeben. 1411—1412 arbeitete Ambrogio di Baldese in Prato, und zwar bemalte er dort in Gemeinschaft mit Niccolò di Pietro Gerini, Alvaro di Piero, Lippo di Andrea und Scolaio di Giovanni das Haus des Francesco Datini mit Szenen aus dem Leben dieses kunstsinnigen Stadtbürgers. In Florenz führte er dann am neuen Amtshause der Compagnia del Bigallo Malereien aus dem Leben des hl. Petrus Martyr aus, sowie 1415 am Deckengewölbe der Cappella dell' Oratorio die Evangelisten-Fresken und an der Straßenwand dieser Kapelle das Freskobild mit der Geburt der Maria; 1417 wurden diese letzteren Malwerke unseres Künstlers von Lorenzo Monaco und Mariotto di Nardo begutachtet. — Milanesi hat auch über die Tätigkeit des Ambrogio di Baldese als Tafelmaler einige urkundliche Notizen veröffentlichen können. Die erste bezieht sich auf ein Altarwerk für die aus einem Vermächtnis des Jacopo Bertolini da S. Casciano errichtete Kapelle der Heiligen Philippus und Jacobus, mit dessen malerischer Ausführung der Künstler 1389 vom Vorsteher des Spedale di S. Maria Nuova beauftragt wurde. Zwei weitere Tafelmalereien wurden ihm 1409 und 1412 von den Capitani von Or San Michele übertragen, und zwar die eine (ein Altar der heiligen Catharina) für die Kapelle der Madonna Cecca de' Lupicini, die andere für die Kapelle des Messer Alamanno de' Gherardini.

Vasari-Milanesi, vol. I. — L'Arte I 59. — Rivista d'Arte 1904 p. 229—232. — Rassegna d'Arte IV 177 ff. — Zahns Jahrb. f. Kunstwissenschaft III 44, 68. *J. B. Supino.*

Ambrogio di Benincasa, s. *Ambrogio da Siena.*

Ambrogio Betini, Maler in Ferrara, nur durch ein von Cittadella mitgeteiltes Dokument vom 17. 3. 1459 bekannt: Magister Ambrosius pictor, filius quondam Betini pictoris de Arimino, nomine honeste domine, dne Parixina ejus uxoris substituit.

Cittadella, Doc. ill. Ferr. 1868 p. 137. **

Ambrogio di Bindo, Dominikaner und Glasmaler in Siena, meist am Dom beschäftigt, malte daselbst 1398 mit Meister Domenico di Niccolò an dem Rundfenster, 1404 die Fenster in den Kapellen S. Ansano de S. Vittorio und S. Savino, 1409 ein Fenster mit großen Figuren in der Kapelle S. Sebastiano, 1411 in der Sakristei und gemeinsam mit seinem Bruder Benedetto ein Fenster im Dom, 1416 ein Fenster für die Sala delle Balestre im Stadthaus, seit welchem Jahr man nichts mehr von ihm hört.

Meyer, Kstlerlex. mit weiterer Literatur. *H. V.*

Ambrogio da Bornago, lombard. Bildhauer vom Anfange des 16. Jahrh., Gehilfe des Agostino Busti, genannt Bambaja am Grabmale des Gaston de Foix.

Gaz. des B.-Arts, 2. pér. XIV 447. *F. Malaguzzi-Valeri.*

Ambrogio de Calderariis, italien. Glokkengießer. Von ihm im Mus. der Brera in Mailand eine Glocke mit der Signatur: MCCCLII · Magister · Ambrosius de · Calderariis · fecit · hoc · opus.

Champeaux, Dict. d. fondeurs p. 22. **

Ambrogio da Casale, s. *Volpi,* Ambr.

Ambrogio da Castranuova, lombard. Maler, 1481 in Mailand tätig, laut Ausweis der Malermatrikel dieses Jahres im dortigen Archivio Notarile.

Arch. stor. Lombardo, ser. III, fasc. VI, an. XXII 414. *F. Malaguzzi-Valeri.*

Ambrogio da Chirra (da Chirate), lombard. Goldschmied des 15. Jahrh.

Archivio storico lombardo XII 225—280. **

Ambrogio da Cremona, italien. Gießer um 1477.

Zani, Enc. met. VII 109. — Graselli, Abecedario d. pitt. etc. Cremonesi. **

Ambrogio da Cremona, Schreiber in Ferrara, erhält 1532 Bezahlung für Schreibarbeiten an Chorbüchern der Kathedrale.

Bradley, Dict. of Miniaturists I 257 (mit Literat.). — Cittadella, Docum. ed illustr. 173/4. — Mongeri, L'arte del minio nel Ducato di Milano in Arch. Stor. Lomb. XII 766. — Jahrb. d. Kstsammlgn. d. österr. Kaiserhauses XXI, I. Teil. **

Ambrogio da Ferrara, Maler, laut einer in S. Stefano zu Ferrara aufbewahrten Urkunde tätig um 1509. — Vielleicht ist dieser Künstler identisch mit jenem 1530 verstorbenen *Maestro Ambrogio,* dessen Witwe Bartolomea del fu Guizzardino in letzterem Jahre ihr Testament machte.

Baruffaldi, Vite dei pitt. etc. Ferraresi (1846) II 585. — L. N. Cittadella, Not. relat. a Ferrara (1864) p. 599. *E. Modigliani.*

Ambrogio da Fiesole, s. *Bruoso* di Benedetto.

Ambrogio da Firenze, Florentiner Architekt, der 1373 mit Francesco da Firenze nach Orvieto berufen wurde, um einem beim Bau der dortigen Domfassade zutage tretenden Konstruktionsfehler abzuhelfen.

L. Fumi, Il Duomo di Orvieto (Roma 1891) p. 31, 73. *

Ambrogio da Fossano, s. *Borgognone*, A.

Ambrogio Francese, französ. Bildschnitzer und Intarsiator in Perugia, wurde 1534 Gehilfe des Stefano d'Antoniolo und des Fra Damiano da Bergamo bei deren Arbeiten an dem prächtigen Chorgestühl, am Chorpult und an der Chortür in der Kirche S. Pietro.

Siepi, Descriz. di Perugia II 588. — Giorn. d'Erudiz. Artist. I 191. — Erculei, Catal. d. op. ant. d'Intaglio etc. (1885) p. 51. *A. Bellucci.*

Ambrogio di Giacomo Lombardo, Steinmetz in Perugia, arbeitete 1514 am Bau des Cambio zu Perugia, und zwar wohl speziell am Portal der Kapelle des Cambio.

G. Degli Azzi in L'Umbria 1902, p. 82 ff. *A. Bellucci.*

Ambrogio di Giorgio, Edelsteinschneider aus Mailand, mit seinem Bruder Stefano di Giorgio und seinem Vater Giorgio da Milano unter dem Großherzog Francesco von Toscana (1574—87) in Florenz tätig.

Giulianelli, Mem. degli Intagl. mod. in pietre dure etc. (Livorno 1753) p. 135. *

Ambrogio di Giovanni, Steinmetz in Siena um 1363, nur urkundlich bekannt.

Milanesi, Docum. Senesi I 134. *H. V.*

Ambrogio di Giovanni, s. auch *Ambrogio* d'Asti.

Ambrogio di Giovanni Lippi, Steinmetz in Siena 6. 3. 1497, nur urkundlich bekannt.

Milanesi, Docum. Senesi II 459. *H. V.*

Ambrogio di Giovanni da Milano, Steinmetz in Venedig, war 1468 einer der Meister, die an dem Palazzo di S. Marco arbeiteten, den Paul II. in Rom erbauen ließ. Zusammen mit andern Baumeistern vollendete er die Kirche S. Elena in Venedig.

P. Paoletti, Arch. e scult. d. Rinasc. in Venezia I 45. — Cicogna, Inscrizioni Veneziane III 358. — P. Selvatico, Archit. e Scult. in Venezia 1847, 143. — E. Müntz, Les Arts à la Cour d. Papes (1878) I 290, II 28, 65. *L. Ferro.*

Ambrogio di Giovanni Ruvinegli, Kunstschmied in Siena 1392. Begutachtet in einer Sieneser Urkunde dieses Jahres mit anderen Sienesischen „chiavari“ ein schmiedeeisernes Kunstgitter, das Andrea di Sano für den Dom zu Siena zur Zufriedenheit dieser Prüfungskommission ausgeführt hatte.

Milanesi, Doc. Sen. I p. 322. — A. Venturi, Storia dell' Arte Italiana (Milano 1906), Vol. IV p. 960. *

Ambrogio di Goro, Bildhauer u. Architekt, Siena, 14. Jahrh., Sohn des Bildhauers und Architekten Goro, der als Gehilfe des Niccolo Pisano in Siena erwähnt wird. Er folgte dem Metier seines Vaters und war urkundlich zu Anfang des 13. Jahrh. im Sienesischen Gebiet tätig. Erhaltene Werke sind bisher nicht nachweisbar. Vergl. Neri und Goro di Goro.

Milanesi, Documenti I 154. *Swarzenski.*

Ambrogio di Leonardo, Architekt (?), führt 1419—22 am Spedale di S. Maria degli Innocenti in Florenz hauptsächlich Maurerarbeiten aus.

Arch. stor. d. arte IV 292/3. **

Ambrogio da Lodi, lombard. Glasmaler, 1430 in Gemeinschaft mit Antoniolo da Brenna und Bertino Morone für den Dom zu Mailand tätig.

Malaguzzi-Valeri, Pitt. Lombardi del Quattrocento p. 208. *F. Malaguzzi-Valeri.*

Ambrogio di Lorenzo, s. *Lorenzetti*, A.

Ambrogio Maggiore, Holzdrechsler, vermutlich in Mailand um die Mitte des 16. Jahrh.; nach Lomazzo ein Künstler in seinem Fache und nach Zani soll er das Ovaldrechseln erfunden haben.

Lomazzo, Trattato dell' Arte. Roma 1844. II 364. **

Ambrogio da Mandello, auch da Milano genannt, Baumeister in Venedig, ist 1470 bis 1480 einer der Baumeister der Kirche S. Zaccaria. Wahrscheinlich ist er identisch mit Ambrogio di Giovanni da Milano.

P. Paoletti, Arch. e scult. d. Rinasc. in Venezia II 173. *L. Ferro.*

Ambrogio di Mariotto da Fiesole, Steinmetz, um 1508 am Bau von S. Peter in Rom beschäftigt, nur urkundlich bekannt.

Gazette d. Beaux-Arts, 2. Pér. XX 510. *H. V.*

Ambrogio da Milano (auch Ambrogino, Ambrogio di Antonio da Urbino, und da er wahrscheinlich der Familie Baroccio angehörte, derselbe wie Ambrogio Barocci oder Ambrogio d'Antonio Baroccio), vorzüglicher Bildhauer Oberitaliens aus der zweiten Hälfte des 15. Jahrh. Obwohl zu Mailand geb., wie sein Name angibt, scheint er daselbst nicht gearbeitet zu haben; er wird wenigstens unter den vielen Bildhauern, die im 15. Jahrh. am Mailänder Dom beschäftigt gewesen, nirgends erwähnt. Dagegen war er zu Urbino, Ferrara, Venedig und Todi (1516/7) tätig und hat in den beiden ersteren Städten ausgezeichnete Werke hinterlassen. In Venedig fertigte ein Ambrogio di Antonio da Urbino 1470—73 Zeichnung und Ornamente der Kirchentür von San Michele di Murano (jetzt über der Tür des Klosters angebracht), arbeitete gleichzeitig für S. Giobbe und führte noch 1507 dekorative Bildhauerarbeiten für S. Salvatore nach Zeichnung von Pietro und Tullio Lombardo aus. Die Identität dieses Antonio mit dem obigen wird von älteren und neueren Autoren als zweifellos angenommen. Ferner ist uns noch die Nachricht erhalten, daß der Meister 1481 am Campanilebau von S. M. della Quercia in Viterbo angestellt war und auch zu Perugia in Ansehen stand: er hatte daselbst 1487 die Arbeit eines Benedetto Buglioni, welche dieser für den neuen Altar des Domes gefertigt, abzuschätzen.

Über die Lebensumstände des Meisters ist außer wenigen Familiennachrichten nichts weiter bekannt, als was sich den Denkmälern seiner Tätigkeit und den Mitteilungen über dieselbe entnehmen läßt. Seit 1472 finden wir ihn in Urbino. Damals hatte Federigo da Montefeltro, zu der Ausschmückung seines Palastes Künstler aus ganz Italien berufen, und von diesen übernahm Ambrogio allem Anschein nach die plastische Ausstattung insgesamt, insbesondere die Ornamentation der Türen, Fenster und Kamine. Die Erfindung ist reich, auch im figuralen Teil der Verzierung; mit dem Laubwerk und den Schwingungen der Arabesken sind Trophäen, Vögel und spielende Kinder in höchst anmutigem Wechsel verbunden. Dabei sind in diesem Formenspiel die Abzeichen des Fürsten, der Hosenbandorden und der Orden des goldenen Fließes, sonstige Embleme und sein Bildnis auf das Glücklichste angebracht. Daher hebt mit Recht auch Arnold ebenso den Ideenreichtum in der Komposition als die „feine und empfundene Durchbildung" hervor. Besonders schön sind das Hauptportal, die Skulpturen auf der Haupttreppe, das Friesornament im Korridor und verschiedene Türen, wovon diejenige der Sakristei und eine andere mit farbigem Grund unter der plastischen Verzierung, endlich die Kamineinfassungen. Unter den letzteren ist eine von ganz eigentümlicher Schönheit zu erwähnen: sie hat am oberen Fries auf blauem Grunde eine Reihe tanzender und musizierender Amorinen, an den Pfosten beflügelte mit Vasen, aus denen Rosen und Nelken hervorsprießen; das Ganze von solchem Reiz der Erfindung und Ausführung, daß selbst die beste venezianische Renaissance kaum Gleiches aufzuweisen hat. Daß diese Arbeiten im neuen Palaste von Ambrogio da Milano herrühren, dafür findet sich schon ein Zeugnis in der Reimchronik des zeitgenössischen Giovanni Santi, des Vaters Raffaels. Die Stelle nennt ausdrücklich unseren Meister als Urheber des Arabeskenschmuckes.

Ambrogio hatte mithin den eigentlichen Sitz seiner Tätigkeit in Urbino; doch finden wir ihn zum erstenmale 1473 und dann wieder 1475 auch in Ferrara beschäftigt, zurzeit also, wo er mit der Ornamentation des Palastes zu Urbino schon begonnen hatte. Er erwies sich hier für die monumentale Kunst nicht weniger tüchtig, als für die Ornamentation. Von ihm ist das Denkmal des Lorenzo Roverella, des Arztes Julius' II. und späteren Bischofs von Ferrara († 1475), in der Kirche S. Giorgio daselbst; es trägt die Bezeichnung: AMBROSII MEDIOLANENSIS OPUS 1475. Die Anordnung ist nach der Weise der toskanischen Grabmäler, die plastische Ausstattung im besten Stile des Quattrocento.

Von der weiteren Tätigkeit des Meisters in Ferrara wissen wir nur noch, daß er mit den Bildhauern Albertino und Giacomo Rasconi (nicht Rusconi, wie öfters geschrieben wird) in dem „Officio delle Biade", beschäftigt war. Er blieb wahrscheinlich nicht lange in Ferrara und kehrte bald nach Urbino zurück, wo er ohne Zweifel schon damals seinen festen Wohnsitz hatte. Am 8. 2. 1499 übernahm er die Ausführung des Grabmals für den Grafen G. Fr. Orsini im Dom zu Spoleto; 1516—20 arbeitete er an der Ausschmückung der Madonna della Consolazione zu Todi. Das ist alles, was wir von den Arbeiten des Meisters wissen. Es kommt ein Meister Ambrosio in anderen Urkunden zu Urbino noch 27. 7. 1494 und 18. 2. 1502 vor, und man hat allen Grund anzunehmen, daß es derselbe sei. Am ersteren Datum ist er als Zeuge genannt bei der Abfassung des Testamentes von Giovanni Santi (er ist auch bei der Veröffentlichung desselben genannt: in Gegenwart „magistri Ambrosii lipicidae et sculptoris egregii"). Er war also mit demselben befreundet; Santi hat seiner ja auch in der Chronik rühmend gedacht, sofern unser Meister wirklich der Ambrogio Barocci ist.

M e y e r, Kstlerlex. (mit ält. Lit.). — A r n o l d, Der herz. Palast von Urbino, Leipzig 1880. — C i t t a d e l l a, Notizie relat. a Ferrara p. 95, 600. — Archivio storico d'Arte III 305. — M i l a n e s i, Le vite dei più ecc. pittori, scult. etc., Firenze 1879, IV 148. — P. P a o l e t t i, Archit. e scult. d. Rinasc. in Venezia II 124, 165, 171, 210, 242, 256. — Nuova Rivista Misena VII 101. — B u d i n i c h, Il Palazzo Ducale d'Urbino. — M e l a n i, Dell' ornamento nell' Arch. 285. — Gaz. d. b. arts III. ser., VI 196 f. — Atti e Mem. d. R. Dep. Stor. P. per l'Emilia Ser. IV, vol. III 93—132. — C a l z i n i, Urbino e i suoi monumenti. — C. v. F a b r i c z y, im Repert. f. Kstw. 1907 p. 251 ff. — Mit Notizen von E. Scatassa u. L. Ferro. **

Ambrogio d a M i l a n o, Sohn des Francesco, Holzschnitzer in Venedig, unterzeichnet sich in einem Rechtsstreit vom 5. 9. 1547 als Zeuge „Ambrosio mediolanense qm ser Francisci intaleatore in ligno".

Arch. d. St. di Venezia. Not. Atti R. 13562 c. 322 t. *L. Ferro.*

Ambrogio d a M u r a l t o, lombard. Maler, tätig in Lugano 1487 laut Datierung zweier noch ziemlich roher Pilasterfresken mit Darstellungen der Hl. Sebastian und Rochus in S. Lorenzo zu Lugano, signiert „Ambrosio de Muralto pinxit".

C r o w e u. C a v a l c a s e l l e, Hist. of Painting in North Italy II 63. — Malaguzzi-Valeri, Pitt. Lombardi del Quattrocento p. 239. *F. Malaguzzi-Valeri.*

Ambrogio di Nicoluccio da Fabriano, ausgezeichneter Bronzegießer, goß 1522 zusammen mit Nicolò da Fabriano eine mit reichem figürlichem Reliefschmuck verzierte Glocke, die in der Kirche S. Maria d. Pace in Sassoferrato erhalten ist.

Nuova Rivista Misena V 95. **

Ambrogio da Palermo, gen. Amodeo, Kalligraph und Miniaturist in Palermo, wo er 1508 als Mönch in das Kloster S. Martino delle Scale eintrat; dieses letztere besaß laut alten Inventaren ein von A.s Hand ausgeführtes großes „Antiphonarium de Tempore".

G. Di Marzo, La Pittura in Palermo (1899) p. 320. *

Ambrogio da Pavia, Maler in Genua, urkundlich erwähnt 1415 in Gemeinschaft mit einem zweiten Maler gleicher Herkunft namens Pietro da Pavia.

Alizeri, Not. dei Prof. del Dis. in Liguria I 214. *

Ambrogio di Pietro, lomb. Maler, 1481 in Mailand tätig laut Ausweis der Malermatrikel dieses Jahres im dortigen Archivio notarile.

E. Motta, Arch. stor. Lombardo, ser. III, fasc. VI, an. XXII 416. *F. Malaguzzi-Valeri.*

Ambrogio di Pietro di Paolo, Miniaturist und Notar des 15. Jahrh. in Bologna laut Ausweis der dortigen Zunftmatrikel.

Repertor. f. Kstwissensch. XXI 184. *F. Malaguzzi-Valeri.*

Ambrogio di Porris, wird 1497 unter den Bildhauern der Kathedrale von Mailand genannt.

Perkins, Italian Sculptors p. 141. *R.*

Ambrogio, da Roma?, Architekt, „capomaestro di santa Liparata", tätig in Siena, gelegentlich einer Beratung über den Bau der Domfassade 20. 6. 1377 urkundlich genannt.

Milanesi. Docum. Senesi I 277. *H. V.*

Ambrogio Senese, s. *Lorenzetti,* A.

Ambrogio da Siena, Goldschmied des 14. Jahrh. in Pistoja, dessen Signatur „Ambrosius de Senis me fecit" laut Inventar von 1447 zu lesen war auf einem mit 6 Emailbildern geschmückten Abendmahlskelche mit silbervergoldeter Cuppa und kupfervergoldetem Fuß nebst kupfervergoldeter Patene in der Kirche S. Lorenzo zu Monte Rubbiola bei Pistoja. — Vielleicht ist dieser Meister identisch mit jenem *Ambrogio di Benincasa,* der gemeinsam mit Giovanni di Martino 1363 die Siegelstempel zu schneiden hatte für die Capitani der Compagnia dei Breltoni del Coppello, die in den damaligen Kämpfen der Republik Siena eine so hervorragende Rolle spielten. *Pèleo Bacci.*

Ambrogio Tagliapietra, s. *Foscardi,* A.

Ambrogio di Tura, Steinmetz, als vereidigter Sachverständiger 20. 11. 1330 und 6. 11. 1336 zu Siena verhört.

Milanesi, Docum. Senesi I 207, 209. *H. V.*

Ambrogio da Urbino, s. *Ambrogio* da Milano.

Ambrogio di Valdese, s. *Ambrogio* di Baldese.

Ambrogio di Vanni, Steinmetz und Holzschneider, wird in Florenz 1376 mit Andrea di' Ceffo beim Dombau zu Rate gezogen. Er ist sicher von dem Ambrosius Johannis, der in einem sienesischen Verzeichnis von Steinmetzen vom Jahre 1363 vorkommt, zu unterscheiden.

Semper in Jahrbb. für Kunst-Wissensch. III 39. — Milanesi, Doc. Sen. I 134, 323. **

Ambrogio (oder Ambrosino) da Verderio, war um 1400 Ingenieur beim Dombau in Mailand und nahm als solcher 16. 12. 1399, dann 1402 und wieder 21. 1. 1409 an verschiedenen Kommissionen teil, welche Details des Baus und Projekte dazu zu prüfen hatten. Der Metallarbeiter (Faber) desselben Namens, der 1425 in den Urkunden vorkommt, war vielleicht ein anderer.

Nava, Memorie e Documenti etc. del Duomo di Milano p. 83, 132, 161, 203. — Archivio stor. d. arte II 122. **

Ambrogio di Vico Bartolino, Miniaturist in Perugia. Sein Name findet sich in der Matrikel der Arte dei Miniatori unter den im Quartier Porta S. Susuanna ansässigen Zunftgenossen.

L'Arte dei Miniatori in Perugia, Giorn. di Erud. art. Vol. II 308. *W. Bombe.*

Ambrogio da Vigevano, Maler im Mailändischen um 1514. Von ihm und Cristoforo de' Motti eine Reihe von Wandmalereien in der Kirche Madonnina zu Cantù, bez. Ambrogius Vigievensis et Cristoforus Motus 1514 p. Vielleicht war dieser Ambrogio dieselbe Person wie der Maler Ambrogio Bevilacqua (s. diesen).

Calvi, Notizie etc. II (1865) 203. — Crowe and Cavalcaselle, History of Painting in North Italy II 64, 67. — Malaguzzi-Valeri, Pitt. Lombardi p. 248. *R.*

Ambrogio, s. auch *Ambrogino, Ambrosino, Ambrosio, Ambrosius* sowie damit verbundene Vornamen, Ortsbezeichnungen und Patronymika.

Ambroise, französ. Architekt, Werkmeister an der Kirche Saint-Maclou zu Rouen, wird um 1480 gemeinsam mit Pierre Lesignère und Jean Levite um ein Gutachten angegangen in Frage einer Stockwerk-Erhöhung des Turmes der Kathedrale von Saint-Romain.

Bauchal, Dict. d. Archit. Franç. *H. V.*

Ambroise, Jules François Achille, Landschaftsmaler in Paris, später in Meudon, geb. zu Paris, stellte in den Pariser Salons wiederholt 1879—1896 aus. (Maßlandschaften, Partien aus dem Wald von Fontainebleau etc.).

Bellier-Auvray, Dict. gén. Suppl. — Kat. d. Salon. *H. V.*

Ambroise, s. auch *Ambrogio* Francese und *Ambroos.*

Ambroix, Jean, Bildhauer und Ingenieur von Turin, dessen Name, ohne Zweifel entstellt, uns durch Patentbriefe Franz I. von Frankreich (vom 13. 1. 1538 neuen Stils) bekannt geworden ist.

Meyer, Kstlerlex. *H. V.*

Ambroos (Meister), wird in zwei ihn betreffenden Notizen Ambroise und Ambrose genannt. Die erste Erwähnung findet sich in einem Briefe der Königin Maria von England an Franz I. von Frankreich, datiert vom 13. 6. 1530. Daraus erfährt man, daß A. Maler des berühmten Kardinals Duprat war, dann in England Heinrich VIII. und der Königin gedient hatte und nun mit den wärmsten Empfehlungen der letzteren an König Franz nach Frankreich zurückkehrte. Das zweite Dokument (hier zum erstenmal erwähnt) stammt aus Walpoles *Anecdotes of painting* und vermerkt, daß Ambroos, Maler der Königin von Navarra (Margaretha, Schwester Franz I.), 1538 von Heinrich VIII. 20 Kronen erhielt, um ein Gemälde nach Eltham zu bringen. Er muß also nach England zurückgekehrt sein. Näheres über seine Herkunft und Kunstweise ist nicht bekannt.

De Laborde, La Renaiss. d. Arts a la Cour de France, 916. — Walpole, Anecdotes of painting IV Ausg. I 96. *L. Dimier.*

Ambroos, Jan Antoon, belg. Maler, geb. zu Tessenderloo im Limburgischen den 2. 9. 1757, † den 15. 2. 1845 zu Meerhout in der Provinz Antwerpen, wohin er um 1815 gezogen war. In den Ausstellungen zu Antwerpen 1834 und zu Lüttich 1836 waren verschiedene Gemälde von ihm, sowohl Darstellungen aus dem Neuen Testament als Genrebilder. Er hat auch Landschaften gemalt. In der Pfarrei von Tessenderloo sind von ihm ein hl. Cornelius und ein hl. Thomas.

Meyer, Kstlerlex. *Pol de Mont.*

Ambros, Raphael von, Genremaler in Wien, stellte in Miethkes Salon daselbst 1881 und im Pariser Salon 1887 aus. (Die Kindesmörderinnen — Alt-Ägypten.)

Kunstchronik 1881 XVI 315. — Kat. d. Salon. *H. V.*

Ambros y Dasi, Jose, span. Bildhauer, geb. 1841 zu Valencia, Schüler der Akad. San Carlos in seiner Vaterstadt, der Akad. San Fernando zu Madrid und von José Piquer. Wir nennen von seinen Werken: Die Erziehung der Jungfrau (Gipsflachrelief), (Madrider Ausstellung 1864); verschiedene Büsten und Medaillons.

Ossorio y Bernard, Galeria biogr. de artistas españoles del siglo XIX. Madrid 1883/4. — Alcahali, Dicc. biogr. de artistas valencianos, Valencia 1897. *P. Lafond.*

Ambrose, C., Porträtmaler in London, stellte 1824—1848 eine lange Reihe von Porträts von Damen und Herren der engl. Gesellschaft, insbesondere auch von Offizieren, in der Roy. Academy aus. Nach seinen Porträts wurden gestochen: Ch. Herzog von Richmond, gest. von E. Scriven, fol., und Fletcher, Komponist, in Schwarzkunst von Ch. Turner. — Ein *E. Ambrose,* offenbar ein Verwandter des Obigen, wandte sich mythol. und landschaftlichen Motiven zu. Tätig um 1850 bis 64.

Graves, Roy. Acad. Exh. I 30. — Meyer, Kstlerlex. **

Ambrosi, Antonio Francesco, Architekt zu Bologna, geb. daselbst 1674, † 1745. Von ihm mehrere kleinere Paläste in Bologna (Casa Diolaiti) sowie die Kapelle Boncompagni in der Kirche S. Pietro. (in Gemeinschaft mit Cam. Rusconi).

Meyer, Kstlerlex. *H. V.*

Ambrosi, Ascanio (auch Ascanio Fenizzi oder Finitio oder Ascanio della Spagnola genannt), Architekt und Maler, Sohn des Guido Ambrosi und Mitglied einer vornehmen urbinatischen Künstlerfamilie. Zum ersten Male urkundlich erwähnt 1556 (in Gemeinschaft mit dem Maler Piergentile da Urbino) als Käufer eines Hauses in Urbino, scheint A. aus der Schule des Federigo Barocci hervorgegangen zu sein. 1560 lieferte er für die Compagnia del Corpus Domini zu Urbino einen gemalten Crucifixus, 1568 die Entwurfzeichnung zum Hochaltare dieser Kirchengemeinde und 1572—73 hierzu eine gemalte Altarbekleidung; außerdem 1572 eine gemalte Madonnenfigur für die Kirche S. Margarita zu Urbino. In der urbinatischen Stadtverwaltung gelangte der Künstler zu hohen Ehrenämtern; so war er 1560 Sindaco, 1593 Prior der Kommune von Urbino. Durch Papst Sixtus V. (1585—90) war er zur Trockenlegung der pontinischen Sümpfe berufen worden, hatte jedoch infolge des vorzeitigen Todes des Papstes diese Arbeiten unvollendet lassen müssen. 1600 findet sich sein Name zum letzten Male urkundlich erwähnt.

Rass. bibl. d. Arte ital. I 99, VII 196. — Repert. f. Kstwissensch. XXV 446, Anm. 17. — Bertolotti, Art. Belgi in Roma p. 19. *E. Scatassa.*

Ambrosi, Camillo, Architekt zu Bologna, Sohn des Giuseppe Antonio, geb. 1728, † nach 1782, hauptsächlich mit dem Um- und Ausbau von Kirchen und Palästen seiner Vaterstadt beschäftigt. Der Hauptaltar in S. Salvatore nach einer Zeichnung von ihm.

Meyer, Kstlerlex. *H. V.*

Ambrosi, D., italien. Kupferstecher, nur bekannt durch das Blatt „Ire Vue de Canne près de Naples“ nach der Zeichnung eines D. Zuccarello, herausgeg. v. Tessari u. Co., Paris. (1 Exemplar im Kupferstichkab. in Amsterdam. Mitteilung v. E. W. Moes).

Ambrosi, Donnino, Bildhauer aus Urbino. Nach einer Notiz von Castellani rührt von ihm die bis dahin für antik gehaltene sehr schöne Bronzestatue der Fortuna am Marktbrunnen in Fano her. Die Statue wurde 1590 für 75 Scudi bei dem Künstler bestellt, aber erst in den ersten Märztagen des Jahres 1594 der Stadt Fano übergeben. Donnino befand sich zu der Zeit in Sinigallia, wo er am 21. 9. 1599 starb. Nach der Bedeutung der vortrefflich gegossenen Statue kann man wohl annehmen, daß noch andere Arbeiten von ihm in den Marken existieren. Der Unterzeichnete möchte ihm die kleine Statuette des hl. Crescentino, der den Drachen tötet, zuweisen, die bis vor wenigen Jahren auf der Säule auf der piazza comunale in Urbino stand, jetzt aber im Saal des Municipio aufgestellt ist. Die etwa viertellebensgroße Statue ist eine sehr verdienstvolle Arbeit des 16. Jahrh. und figurierte 1886 unter den besten Bronzen auf der Kunstausstellung in Rom.

G. Castellani, in Rivista Misena V 131. — Calzini, Urbino e i suoi monumenti 1897, p. 95, 96. *E. Calzini.*

Ambrosi, Francesco (oder Franco), Holzschnitzer in Urbino. Zum ersten Male urkundlich erwähnt 1593 als Verfertiger eines geschnitzten Betpultes für die Corpus Domini-Kirche zu Urbino, sowie eines Holzstockes zum Aufdruck eines Abendmahlskelches auf die Ablaßzettel dieser Kirche. 1599—1600 schuf Ambrosi in Gemeinschaft mit Valerio Armellino als Umrahmung für Federigo Baroccis Kreuzigungsgemälde das reich geschnitzte, im korinthischen Stile architektonisch gegliederte Altardossale im Oratorio della Morte zu Urbino. Ein ähnliches Altardossale von der Hand des A. besitzt die Kirche S. Paolo zu Urbino. 1607 arbeitete er ferner an den Altarschranken für das Oratorio della Morte sowie in Gemeinschaft mit anderen an der geschnitzten Tür desselben Oratoriums. Auch für die Kirche S. Croce und für die Compagnia della Grotta zu Urbino ist A. tätig gewesen.

Rassegna bibliograf. d. Arte ital. III 79. — Repertor. f. Kstwissensch. XXV 444, Anm. 13. — Le Marche IV 207. *E. Scatassa.*

Ambrosi, Francesco, italien. Kupferst., in der zweiten Hälfte des 18. Jahrh. wohl in Venedig tätig. Er hat hauptsächlich landschaftliche Veduten, sowohl Ansichten bestimmter Örtlichkeiten von Rom, von Frankreich und Deutschland nach Vasi (mit Testolini zusammen), nach Vernet u. Teniers (mit Ragona zusammen), nach Ozanne, Sarrazin und anderen gestochen als auch freie Landschaften und Genredarstellungen nach Girardi und Le Prince (mit Testolini zusammen), nach Teniers (mit Bonato) und anderen. Die Stiche der Tabulae anatomicae ligamentorum corp. hum. des Florianus Caldanus (Venedig 1803 Fol.) sind von ihm mit Zuliani zusammen nach Zeichnungen des Gaetano Bosa ausgeführt worden.

Meyer, Kstlerlex. *P. K.*

Ambrosi, Francesco, italien. Kupferstecher, Schüler des G. Longhi, tätig zu Beginn des 19. Jahrh. in Italien. Von ihm gestochen: 1. Elisa, Großherzogin von Toskana, Schwester Napoleons I. 1811 (punktiert, gr. Folio); 2. Andrea Cesalpino, Philosoph, † 1603 (Medaillon in Quarto, G. Longhi del.); 3. Francesco Aglietti, Anatom (Folio, N. Schiavoni del).

Meyer, Kstlerlex. *R.*

Ambrosi, Giuseppe Antonio, Architekt zu Bologna, Sohn des Antonio Francesco, geb. 1700 † 1764, Gehilfe seines Vaters bei mehreren Bauten. Selbständige Werke von ihm das Ospedale degli Abandonati (später erweitert mit moderner Fassade) und das Oratorio del Crocefisso, ferner mehrere Privatgebäude, sämtlich zu Bologna, sowie einige Rokoko-Modernisierungen in Kirchen seiner Vaterstadt.

Meyer, Kstlerlex. *H. V.*

Ambrosi, Hans, Maler, Graz, 1623 erwähnt. 1634 wird ein Ambrosi Jones Antoni urkundlich genannt; vielleicht identisch mit Obigem.

Wastler, Handschr. Nachtr. z. s. Steirischen Kstlerlex. (im Besitz der Techn. Hochschule in Graz). *R.*

Ambrosi, Marco degli, s. *Melozzo* da Forlì.

Ambrosi, Niccolò, Bildhauer, geb. am 17. 11. 1728 zu Villa Lagarina bei Trient. Er ging frühzeitig nach Wien, dazu aufgemuntert und unterstützt, wie es scheint, von dem kunstsinnigen Grafen Maximilian Septimus Lodron, damals Erzpriester in Villa, welches seit 1456 ein Lehen dieser berühmten gräflichen Familie war. Schon 1756 finden wir unsern jungen Künstler in Wien, wo er den 7. Februar 1781 (so nach einer handschriftlichen Mitteilung des Pater Tovazzi; nach Wurzbach dagegen am 23. 3. desselben Jahres) den 1. Preis in der Bildhauerei erhielt. Das Stück, womit er die Ernennung zum Mitgliede der k. k. Akademie der bild. Künste erlangte, war „Anakreon, den ein Mädchen bekränzt, während ein Knabe ihm in den Becher gießt".

P. G. G. Tovazzi, Biblioteca Tirolese I 461 (Ms. bei der städtisch. Bibliothek in Trient). — Ders., Catalogo dei pittori trentini etc. p. 38 (Ms. wie oben) u. Nota d'artisti trentini etc. in Arch. Stor. per Trieste l'Istria e il Trentino III 197 u. f. — Wurzbach, Biograph. Lexikon. *L. O.*

Ambrosi, s. auch *Ambrogi.*

Ambrosias, Marcus, florentiner Edelsteinschneider des 16. Jahrh., tätig für Franz I. von Frankreich.

Gaz. d. b. arts XXIII (1867) p. 294. **

Ambrosini, Andrea, Architekt zu Bologna um 1580. Von ihm rührte ein Entwurf her, Bologna mit dem Meere zu verbinden, der auch gestochen wurde; wahrscheinlich ist dann auch der Kanal (Canale Naviglio) von ihm ausgeführt worden. Masini schreibt ihm auch den Bau der Kirche S. Pietro Martire zu; doch ist diese wahrscheinlich das Werk des Floriano Ambrosini. Unbekannt, ob beide Architekten zu einer Familie gehören.

Masini, Bologna Perlustrata I 106, 376. — Pitture etc. della Città di Bologna 1792 pp. 137, 296. — Meyer, Kstlerlex. *R.*

Ambrosini, Cristoforo, Maler in Rom im 18. Jahrh. nur von Zani, Enc. met. II 81 ohne nähere Angaben erwähnt. **

Ambrosini, Domenico, Maler in Rom um 1696.

Zani, Enc. II 81. — Missirini, Stor. d. rom. Accad. di S. Luca 1823 p. 461. **

Ambrosini, Floriano, Architekt in Bologna. Nach seiner gleichzeitig in Kupferstich veröffentlichten Entwurfzeichnung wurde 1596 bis 1605 der ursprünglich dem Francesco Terribilia übertragen gewesene reiche Marmorumbau der Kapelle für die Arca des hl. Dominicus in S. Domenico zu Bologna zur Ausführung gebracht. 1615 begann A. im Verein mit Bonifazio Socchi den Neubau von S. Antonio. Ebenso war A. wahrscheinlich der Erbauer der bisweilen dem Andrea Ambrosini zugeschriebenen Kirche S. Pietro Martire, sowie des Palazzo Odorici (früher Zani) zu Bologna; den Auftrag, den letzteren Palast al fresco auszumalen, verschaffte A. dem Meister Guido Reni, wofür ihm dieser dann ein Zimmer seines eigenen Wohnhauses mit Fresken schmückte. — Der Künstler scheint identisch zu sein mit dem von Zanotti erwähnten Bologneser Architekten gleichen Namens, der dann nur irrtümlicherweise in die 2. Hälfte des 17. Jahrh. versetzt wäre.

Zanotti, Stor. d. Accad. Clementina I 29. — Malvasia, Fels. Pittr. II 88. — Amorini, Vite dei Pitt. Bolognesi V. — Masini, Bologna perlustr. I 64. — Pitture etc. della Città di Bologna (1792) p. 191, 227, 296, 334. — Gualandi, Mem. I 140; II 98, 102; IV 164; VI 3.— Meyer, Kstlerlex. — Repertor. f. Kstwissensch. XX 185. *F. Malaguzzi-Valeri.*

Ambrosini, Virgilio, Bolognesischer Architekt und Holzbildhauer, nach Zani um 1670 tätig.

Zani, Encicl. II 81. *F. Malaguzzi-Valeri.*

Ambrosini, s. auch *Ambrogini.*

Ambrosino, neapol. Architekt zur Zeit der Napoleonischen Herrschaft. Reichte 1812 mit dem Architekten Bonucci einen Entwurf ein zur Verschönerung des „Foro Murat", der mit Säulen etc. umgeben werden sollte. Der Plan kam jedoch nicht zur Ausführung.

Napoli Nobilissima VII 36. *G. Degli Azzi.*

Ambrosino u. **Ambrosinus,** s. auch *Ambrogino, Ambrogio.*

Ambrosio, Gabriele, piemontesischer Bildhauer, geb. in Turin 1844. Ausgebildet unter Vincenzo Vela, war in seiner Vaterstadt hauptsächlich als Schöpfer zahlreicher öffentlicher Denkmäler tätig. Sein erstes größeres Werk war das Monument für Giambattista Bodoni zu Saluzzo. Ihm folgte ebenda das Denkmal für Diodata da Saluzzo, in Ivrea das Denkmal für den General Perrone di S. Martino und außer vielen kleineren Provinzmonumenten die Denkmalsbüste für den Dichter Angelo Brofferio zu Turin. Außerdem schuf A. für den Turiner Camposanto eine große Anzahl von Grabdenkmälern, darunter namentlich das effektvolle Grabmal der Familie Auxilia. Endlich betätigte er sich als Bildnisplastiker. Seine bronzene Porträtstatuette des Bildhauers Carlo Marocchetti wurde 1888 von der Turiner Società Promotrice di Belle Arti, eine Wiederholung derselben von der Londoner National-Portrait-Gallery angekauft.

A. De Gubernatis, Diz. d. Art. ital. viventi. — A. Stella, Pitt. e scult. in Piemonte, p. 358. *H.*

Ambrosio da Marliano, Miniator des 15. Jahrh., dessen Name unter den Manuskripten des Archivio di Stato in Mailand begegnet. Von ihm befindet sich beim Marchese Lodovico Trotti ein Kommentar des Servio zu Virgil mit 2 Frontispizen in Miniaturmalerei.

Mongeri, L'arte del minio nel Ducato di Milano, im Arch. stor. Lombardo XII 353, 555, 777. — Carta, Codici, corali e libri a stampa miniati d. Bibl. Naz. di Milano (Roma 1891) p. 47, 48. — Bradley, Dict. of Miniat. II 262. *P. d'Ancona.*

Ambrosio, s. auch *Ambrogino, Ambrogio* u. *Ambrosius.*

Ambrosios, byzantin. Mönch und Maler um 1500, von dem Lanzi in der Carità-Kirche zu Fabriano ein großes, reich figuriertes Weltgerichtsgemälde sah mit der Inschrift „χειρ Αμβροσιυαου μοναχου".

Lanzi, Stor. d. Pittura I 45. *A. Muñoz.*

Ambrosius, Bildhauer, Viterbo um 1140. Zani, Enc. II, Anm. 65 gibt ohne nähere Angaben die Inschrift „Me Ambrosius scupsit (sic). Petrus Abbas Sculpere Jussit ecc." und verzeichnet den Künstler p. 78 als Bildhauer, der um 1140 in Viterbo tätig gewesen sei. ***

Ambrosius, Schweizer Glockengießer, 1486 in St. Moritz (Graubünden) tätig, wo sich sein Name mit Inschrift und Datum auf dem ältesten Glöcklein der Kirche findet.

Brun, Schweizer. Kstlerlex. *H. V.*

Ambrosius. Unter diesem Namen, oder auch unter dem in Polen angenommenen Beinamen Przychglny kommt ein Italiener in Polen vor, geb. in Val Tellina im Engadin, als Sohn eines gewissen Simon. Sein eigentlicher Name, der aber nur ein einziges Mal vorkommt, war: Vaberene (*seu Ambrosius*) Nutclauss. Obwohl der Schrift, wie es scheint unkundig, gehörte er zu den gebildeteren und geschätzten Maurern, Steinmetzen und Archit. Er arbeitete in Lemberg am Bau eines der bedeutendsten dortigen Barock-Gebäude, der griech.-kath. sog. „wallachischen" Kirche, zuerst gegen 1598 als Gehilfe des italien. Baumeisters Pater Barbon, seit

1598 als Bauleiter. Ebenso baut er zuerst gemeinschaftlich mit Paulus dem Römer an der schönen Bernhardiner Kirche daselbst, welches Unternehmen er seit 1613 allein weiterführt. Später bei Bauunternehmen in der Stadt Zolkiew und am Schlosse des Fürsten Ostrogski in Staresiolo beschäftigt, errichtete er für sich in Lemberg ein bis jetzt noch bestehendes originelles Wohnhaus und hinterließ in derselben Stadt eine wohltätige Stiftung, das Hospital zu St. Lazar, an welchem er auch eine Kirche selbst zu bauen anfing. Er starb gegen 1640.

Lozinski, Sztuka lwowske (die Kunst in Lemberg), Lemberg 1898. *Dr. St. Tomkowicz.*

Ambrosius, Anthoni, Maler, wurde 1611 Schüler von Abraham Bloemaert in Utrecht.

Muller, Utr. Arch. 93. *E. W. Moes.*

Ambrosius de Carminato, s. *Ambrogio* (p. 390).

Ambrosius de Florentia, Schreiber des 14. Jahrh. Von ihm eine schön in italien. Gotik geschriebene: Historia Eusebii Cesariensis, mit Initialen und (auf den späteren Blättern) mit feinen Federzeichnungen, Pergament; Folio, 138 Fol., im British Mus., Add. MS. 16411.

Bradley, Dict. of Miniat. I 337. **

Ambrosius, Frederick, Maler, kommt 1660 in die Leidener Zunft und wird bis 1673 erwähnt.

Obreens Archief V 224, 225. *E. W. Moes.*

Ambrosius, Hendrick, gen. Packx, s. *Packx.*

Ambrosius, Markus, auch *Ambrozewski* gen., polnischer Formschneider, geb. zu Ostrorog (Posen), studierte in Paris. In seiner um das Jahr 1572 herausgegebenen „Arma regni Poloniae" befindet sich eine Sammlung von 145 Wappen polnischer Provinzen, Bistums- und Familienwappen. Auf dem Titelblatte ist König Sigismund August auf dem Thron sitzend, dargestellt.

Bartynowski, Faksimilierte Ausgabe des Wappenbuches v. Ambrosius. Krakau 1882. Энцикл. словарь (Encykl. Wörterb.) St. Petersb. 1862 VI. *L. Lepszy.*

Ambrosius, s. auch *Ambrogio.*

Ambrozewski, s. *Ambrosius,* Markus.

Ambrozy, Joseph, s. folgenden Artikel.

Ambrozy, Wenzel Bernhard, Maler, geb. den 2. 7. 1723 zu Kuttenberg in Böhmen, † den 30. 4. 1806. Er kam sehr jung nach Prag, wo er seinen ersten Unterricht von seinem älteren Bruder Joseph, Miniaturmaler, empfing. Er wurde Hofmaler der Kaiserin Maria Theresia und war der letzte Vorsteher der von Karl IV. gestifteten und von Joseph II. aufgehobenen Malergilde in Prag. Er malte Bildnisse und Altartafeln in Öl, doch war er namentlich im Fresko geschickt (im Geschmack der venezianischen Manieristen). Mehrere Kirchenbilder haben sich von seiner Hand erhalten und bis vor kurzem war ein Freskobild an der Fassade eines Hauses (1905 abgerissen) in Prag (auf dem Wege nach Wyssehrad) erhalten, die sechs ersten böhmischen Herzoge darstellend. Außerdem finden sich von ihm noch in einigen Kirchen und Schlössern Böhmens Deckenmalereien, so besonders in der Schloßkapelle Měšic bei Prag 1775.

Dlabacz, Böhm. Kstlerlex. — Wurzbach, Biogr. Lex. — Topogr. v. Böhmen, Bezirk Karolinenthal. — Meyer, Kstlerlex. — Notizen von J. Emler. *R.*

Ambruogio, s. *Ambrogio* und *Ambrosio.*

Ambsler, s. *Amsler.*

Ambucci, Torello, italien. Bildhauer, der in den 50er Jahren des 19. Jahrh. in London lebte und von 1851—1860 eine Reihe von Porträtbüsten und allegorischen Kompositionen in der Roy. Academy ausstellte.

Roy. Acad. Exh. I 31. **

Ambüel, Züricher Goldschmiedfamilie des 16. u. 17. Jahrh., deren Vertreter: Beat Rudolf d. Ä. und d. J., Hans, Melchior u. Wilhelm d. Ä. und d. J. nur urkundlich bekannt sind.

Brun, Schweizer. Kstlerlex. *H. V.*

Ambuesa, Juan de, span. Baumstr. aus Rubielos in Aragon, baute zu Valencia in der Kirche des Hieronymiten-Klosters S. Miguel de los Reyes den Chor und die Treppe zur Sakristei. Er starb 18. 4. 1590.

Ambuesa, Pedro de, Sohn des Juan A., geb. in Liria, begann 1623 den Bau einer neuen Kirche für dasselbe Kloster, den Martin de Osinda fortsetzte, als Pedro am 20. 11. 1632 † war. Vergl. auch Ombuesa.

Llaguno y Amirola, Not. III 79, 184. — Alcahali, Art. Valenc. S. 406. △

Ambury, engl. Artillerie-Offizier und Zeichner, 18. Jahrh. (?). Seine Zeichnungen indischer Landschaften wurden von Jukes radiert.

Füssli, Neue Zusätze 1824. **

Ambuschier (?) Porträtmaler, Steiermark (?) Von ihm Porträts bei dem Grafen Carl von Lamberg (nach Angabe desselben).

Wastler, Handschr. Nachtr. z. s. Steirischen Kstlerlex. (im Besitz der Techn. Hochschule in Graz). *R.*

Amé, Emile, „Architecte des monuments historiques" der 40er und 50er Jahre des 19. Jahrh. in Paris, bekannt als Verfasser einer Reihe von Werken über mittelalt. Baukunst, Glasmalerei und Schmiedekunst.

Meyer, Kstlerlex. — Univers. Catal. of books on art. I. **

Amé le Picard, s. *Carré,* A.

Amé de Rogemont, französ. Werkmeister, war unter der Leitung des Jean Perréal und in Gemeinschaft mit Benoit Balichon 1505 bis 1509 in Brou als Architekt tätig.

Bauchal, Dict. des Archit. — Charvet, Biogr. d'Archit. *C. Enlart.*

Amédée, H. H., Landschafts- und Genremaler in Paris, stellte seit 1894 fast alljährlich in den Salons aus.

Kat. d. Salon. *H. V.*

Amédée, Jules, französ. Radierer, veröffentlichte 1856 eine Folge von 20 radierten Landschaften in 12° — 8°.

Béraldi, Les grav. du XIX siècle I 49. **

Amedeo di Francesco, genannt: Meo del Caprino, Meo Fiorentino, Meo da Settignano, italien. Architekt, 1430—1501, tätig in Rom am Palazzo Venezia (nach 1464), in den 70er Jahren auch am Bau der Peterskirche, dann in Turin, wo der Dom, den Kardinal Domenico della Rovere 1491—98 erbauen ließ, sein Hauptwerk sein dürfte. Urkundlich wird er wenigstens als Unternehmer (appaltatore) des Baues genannt und gewiß ist ihm auch der Entwurf zu demselben zuzuschreiben. In Burckhardts Cicerone, 8. Aufl. 137, wird er vermutungsweise auch als der Erbauer der Klosterkirche von Monte Cappuccino bei Turin und der kleinen Kathedrale in Ostia genannt. Um 1470 soll er nach Burckhardt in Ferrara tätig gewesen sein.

Vasari, edit. Milanesi II 662—665; IV 268. — Burckhardt, Cicerone II 1. Teil. — F. Rondolino, Il Duomo di Torino (Turin 1898). — E. Müntz, Studi in Italia, 2 fasc. 1882/3. — Archiv. stor. d. arte II 457. **

Amedeo, s. auch *Amadeo.*

Amèdes, Jehan, französ. Werkmeister, führte 1342—46 den Erneuerungsbau der Schloßkapelle von Pont d'Ain aus.

Bauchal, Dict. des Archit. *C. Enlart.*

Améen, Märta, geb. Freiin Sparre, schwed. Bildhauerin, geb. in Wien von schwed. Eltern 28. 2. 1871, verheiratet 1893. Hat in Paris unter der Anleitung von Courtois, Dagnan-Bouveret u. a. studiert. Sie trat zuerst als Tiermalerin auf (Hunde, Pferde), ging aber bald zur Bildhauerkunst über und hat durch energisch und lebensvoll ausgeführte Gruppen die Aufmerksamkeit auf sich gelenkt: Ziehende Percherons (1899), Alte Kameraden und Durchgänger (1900) u. a., im Pariser Salon und in Stockholm ausgestellt. *G. Nordensvan.*

Ameil, Guillaume, Ornamentbildhauer, arbeitet unter Guy de Dammartin 1383 in Poitiers am Turm von Maubergeon und am Palais des Herzogs Jean de Berry.

Lami, Dict. d. sculpt. 1898. *R.*

Ameil, Jean, französ. Werkmeister in den Städten der Lande (Vendée); erbaute 1550 die Kirche zu Cours (Deux-Sèvres). Außerdem wird A. als der Erbauer der Kirche St. Antonin de la Lande zu Parthenay angesehen, auf Grund der Ähnlichkeit dieser und der zuerst genannten Kirche.

B. Le Dain, La Gâtine historique et monumentale. — Bauchal, Dict. des Archit. *C. Enlart.*

Ameisöder, s. *Amasöder.*

Amel, Jan, s. *Appelman, J.*

Amelen, Amand, vlämischer Bildhauer, † 18. 5. 1495 in der Karthause von Schent bei Brüssel, wo er seit 1476 Laienbruder war.

Meyer, Kstlerlex. ***

Amelia, Piermatteo d', s. *Piermatteo* d'Amelia.

Ameline, französ. Bildhauer, lebte ungefähr 1692 in Caen (Normandie).

Lami, Dict. d. sculpt. franç. sous Louis XIV.

Amelisz., Johan, kommt 1616/17 als Maler in die Zunft zu Utrecht. Wahrscheinlich ist er identisch mit dem Verleger gleichen Namens und der Vater des Verlegers Amelis Jansz. van Paddenburg.

Muller, Utr. Arch. 105, 144. *E. W. Moes.*

Amelius, s. *Appelman, J.*

Amell y Jorda, Manuel, span. Genre- und Stillebenmaler, geb. zu Barcelona, Schüler von José Serra, war 1866 zum ersten Male auf der Kunstausstellung seiner Vaterstadt mit verschiedenen Stilleben vertreten, von denen eines von der Kunstakademie erworben wurde und ein zweites in das Mus. von Barcelona kam. Von seinen Werken nennen wir: Die erste Messe; Ein Jäger; Ein Naturforscher in seinem Laboratorium; Der Amateur auf der Posaune; Das Gebet; Ein Veteran von zwanzig Jahren; Der Haushalt ohne Kinder; Leandro Moratin, in einem Café seinen Freunden eines seiner Stücke vorlesend; Der Besuch beim Altertumsforscher; Zwei Studenten bei der Lektüre; Das Innere eines Ateliers um 1600; Die Küche der Strohhütte (Mus. für moderne Kunst zu Madrid); Das Familienwappen; Der geschickte Jäger; La Calderada; Jagdhund; O! meine Mutter! (Pariser Salon 1891); Der Busch (Pariser Salon 1893).

Ossorio y Bernard, Galeria biogr. de artistas españoles del siglo XIX. Madrid 1883/4. — Larousse, Grande Encyclopédie, Paris. *P. Lafond.*

Ameller, Juan, span. Bildhauer in Barcelona, Schüler der dortigen Kunstschule, stellte 1837 eine Statue des Ganymed aus.

Elías de Molins, Dicc. de escrit. y art. catal. del siglo XIX. 1889. *P. Lafond.*

Amelli (Ameli), Paolo Antonio, Architekt aus Rom um 1716, nur bei Zani (Enc. met. II 82) erwähnt. *H. V.*

Amelot, Jean, französ. Werkmeister, war 1578 am Bau des Pariser Pont Neuf beteiligt.

Bauchal, Dict. des Archit. *C. Enlart.*

Amelrik, Jean, vläm. Holzschnitzer, um 1448 im Stadthaus zu Löwen tätig.

E. Marchal, Mém. s. l. Sculpt. aux Pays-Bas XXXIX.

Amelsfoort, Quirinus van, holl. Maler, geb. in Herzogenbusch um 1760, wurde ausgebildet in Düsseldorf, wo er viel in der kurfürstl. Galerie kopierte und etablierte sich in seiner Geburtsstadt namentlich als Porträtmaler, während er sich vorübergehend auch dem historischen Fache widmete und

z. B. für das Palais der Provinzialstaaten in Herzogenbusch eine Minerva und die Geschichte des Curius Dentatus die Geschenke der Samniter abweisend malte. Im Besitz des Herrn Verreyt in Rotterdam ist von ihm ein Pastell-Porträt des Medailleurs Theodor Victor van Berckel. In einigen Handzeichnungen hat er versucht, Schabkunstblätter zu imitieren. Für den Buchhandel zeichnete er einige Titel, so im Jahre 1794 zu dem Schauspiel Selico von Adriaan van der Willigen. Nach seiner Vorzeichnung stach L. Portman ein Kostümblatt. Eine Zeitlang leitete er eine Zeichenschule und trieb auch den Kunsthandel in Herzogenbusch, wo er 23. 2. 1820 starb.

v. Eynden u. v. d. Willigen III 324, 325; IV 4. *E. W. Moes.*

Amelsvoort, Dierk van, Maler, wird 1551 Freimeister in der St. Lukas-Gilde in Antwerpen; nur urkundlich bekannt.

Liggeren I 126. **

Amelunge, Oswald, Steinbildhauer, wird nach dem Bürgerbuch 1441 in Straßburg Bürger.

Gérard, Les art. de l'Alsace II 103. **

Amelunkh, Jörg, Steirischer Goldschmied. Kaiser Friedrich III. gestattet ihm 1468 mit allen Kaufmannswaren ein Jahr lang gegen Entrichtung von Mauthzoll in Graz Handel zu treiben.

Jahrb. d. Kunstsammlgn. d. Kaiserh. I 2. Hälfte p. XIX. *R.*

Amen, Mme J., Blumen- und Landschaftsmalerin in Paris, stellte wiederholt seit 1890 in den Salons aus.

Kat. d. Salon. *H. V.*

Amende, Ferdinand Sigmund, Goldarbeiter in Salzburg, arbeitete seit 1695 im Auftrage des Erzbischofs Grafen Thun an der goldnen Monstranz des Salzburger Doms. Von ihm auch der goldne Kelch des Stiftes St. Peter in Salzburg (seit 1699) und der silberne Thun-Kelch des Stiftes Nornberg (seit 1704).

Bürgerbücher im Stadtarchiv in Salzburg. — Salzburger Künstlerlexikon. — Reitlechner im Salzburger Rupertikalender von 1903 mit Abb. *E. W. Braun.*

Am Ende, s. *Ende.*

Amendola, Ferrante (Ammendola), Maler von Neapel, † über 60 Jahre alt um 1724. Schüler des Solimena malte er in dessen Art und übertrieb noch dessen Manier der schwarzen Schatten. In S. Maria di Montevergine in Neapel sind von ihm 2 große Bilder im Chor und die Kuppel, kleinere Bilder in S. Eligio und S. Maria Egiziaca. Ein energisch gemaltes, aber karikiertes Bild von ihm, eine Quäkerversammlung, war in der Kränner-Müllerschen Sammlung zu Regensburg, welche 1869 unter den Hammer gekommen (dasselbe befand sich vor 1835 in der Münchener Galerie).

Dominici, Vite dei Pittori etc. Napoletani, Napoli 1743 III 669. — Lützow, Zeitschrift f. bild. Kunst IV 192. *R.*

Amendola, Giambattista, neapolitan. Bildhauer, geb. zu Salerno 18. 1. 1848, † zu Neapel 1887, wo er seine künstlerische Laufbahn beim Bildhauer Baciloani begann, um dann an der Neapeler Kunstakad. seine Studien zu vollenden. Lebhafte Kunstdebatten erregte der junge Bildhauer mit seiner 1877 in Neapel, 1880 im Pariser Salon ausgestellten, kraßrealistischen Gruppe „Kain und sein Weib". Eine Bronzestatue „L'Autunno", deren Gipsmodell im Pariser Salon des gleichen Jahres lobende Anerkennung fand, ist für die Galleria nazionale dell' arte moderna zu Rom angekauft worden. Als tüchtiger Bildnisplastiker zeigte er sich mit seinem Pergolese (für Salerno), sowie namentlich mit einer Reihe von Porträtbüsten, die er während seines späteren Londoner Aufenthaltes geschaffen hat, und mit denen er in den Jahren 1879—1886 die Ausstellungen der Londoner Royal-Akad. beschickte. Wir nennen hier nur die 1879 ausgestellten Bildnisbüsten des Malers Laurens Alma Tadema und seiner Gattin, der dafür 1895 ein von ihm selbst gemaltes Bildnis des befreundeten, jung verstorbenen Bildhauers in Rom zur Ausstellung brachte.

Maria della Rocca, L'arte moderna in Italia (1883), p. 327. — Magni, Storia dell' arte II 744. — Rivista d'Italia VI, fasc. 2, p. 208. — Courrier de l'art 1887, p. 52. — Zeitschr. f. bild. Kst. XIII 90. — Kunstchronik, N. F. XII 172. — Katalog der internat. Kstausstg. Berlin 1891, p. 171. — Graves, The Royal Academy of Arts (London 1905) p. 31. *R.*

Amendola, Giulio di, unbedeutender italien. Maler vom Ende des 15. Jahrh., nur bekannt durch eine Madonna in trono zwischen den hl. Petrus und Paulus mit der Signatur: In Capiti Castri Julius de Amendola pinxit. Das Bild befand sich noch um 1850 in der Sammlung Davenport Bromley auf Wooton Hall (bei Ashbourne) und muß später an den Earl of Clare übergegangen sein, mit dessen Sammlung es 1864 versteigert wurde.

Waagen, Treasures of Art in Great Britain III 378. — F. B. Seguier, Dictionary etc. *H. V.*

Amenducci, Bartolommeo, ein sonst unbekannter italien. Maler, über den Bertolotti, Art. Bolognesi in Roma p. 14 urkundliche Erwähnungen aus den Jahren 1624—1633 gefunden hat. **

Amentia, Martin de, span. Baumstr. aus dem Gebiet von Regil, setzte den Bau des Pfarrturmes von Gurtaria in Guipúzcoa nach dem Tode des Buztinobiaga, 1529, anfangs allein und seit 1571 mit Meister Vicente Zahube fort.

Llaguno y Amirola, Not. I 182. △

Amequin, Benoit, französ. Bildhauer, lebte in Lyon von 1672—1690. Er wurde 1673 in der Kirche Saint-Nizier getraut und ließ 1683 einen Sohn in derselben Pfarrkirche taufen. Er führte für die Karmeliterkirche (place des Terreaux) eine Predigtkanzel in Holzschnitzerei aus, eine Kopie der Kanzel in der Kirche St.-Etienne-du-Mont in Paris. Diese letztere wurde von Claude Lestocart geschnitzt nach den Zeichnungen des Malers Laurent de la Hyre.

Lami, Dict. d. sculpt. franç. sous Louis XIV. *Lami.*

Amerani, s. *Hameran.*

Amere, Jacob Abrahamsz van, Delfter Fayencemaler, nur durch die urkundl. Notiz seiner Heirat am 10. 10. 1683 bekannt.

Havard, p. 290 No. 419. *J. C. E. Peelen.*

Ameria, Pietro Matteo de, italien. Maler, legt in der Cappella nuova zu Orvieto 1482 eine — verunglückte — Probe seiner Kunst ab, als es sich darum handelte, den Wandschmuck, den Fra Angelico begonnen hatte, zu vollenden.

Gazette d. Beaux-Arts, 2. Pér. XVI 142. *H. V.*

America y Medina, Fernando, span. Maler, geb. 1. 7. 1866 zu Vitoria, widmete sich vornehmlich der Landschaftsmalerei; 1899 war er zum ersten Male auf der Madrider Ausstellung vertreten mit: September-Abend in der Provinz d'Alava; später stellte er in Paris auf verschiedenen Ausstellungen der Société Nationale des Beaux-Arts aus: 1903 einen September-Abend an den Ufern der Zadarra; 1905 ein Gemälde: Hinter der Kirche. Man verdankt ihm ferner die künstlerische Ausschmückung einer Wand im Kloster von Valvanera (Provinz Logrõno). *P. Lafond.*

Americo, Don Pedro di Figuiredo, bekannter brasil. Maler und Schriftsteller, geb. 1843 in Arêas (Brasilien), tätig lange Zeit in Florenz. Eine Jugendarbeit von ihm „La Carioca" im Besitze des deutschen Kaisers. In Florenz führte er eins seiner großen Schlachtenbilder: Battaglia di Avahy aus, das bei seiner Ausst. von mehr als 70 000 Personen besichtigt wurde. Auf der Exposition décennale in Paris 1900 war er mit dem Gemälde: Honneur et Patrie vertreten.

Gubernatis, Dizion. d. art. ital. viv. p. 16. — Rassegna Nazionale vol. 113 p. 88—96, 338 bis 349. **

Amerighi, Amerigo, Goldschmied des 15. Jahrh., von Benvenuto Cellini in der Vorrede zu seiner Abhandlung über die Goldschmiedekunst als unübertroffen in der Arbeit des Emails erwähnt. Bestimmte Arbeiten haben sich ihm bis jetzt nicht zuweisen lassen.

Cellini, Opere III (Due Trattati alle otto principali Arti dell' Oreficeria etc.) Milano 1811. Proemio LVII. *H. V.*

Amerighi, Michelangelo, s. *Caravaggio.*

Amerigo, A. M., Zeichner und Stecher, in Genua tätig um 1706. Erwähnt von Zani, Enc. II 84. Wohl identisch mit *Armerigo* (s. d.). *P. K.*

Amerigo y Aparici, Francisco-Javier, span. Maler, geb. 2. 6. 1842 zu Valencia, zuerst Schüler der Akademie San Carlos daselbst, dann der Akademie San Fernando zu Madrid, ging 1865 nach Rom zu weiterer Ausbildung. In sein Vaterland zurückgekehrt, wurde er zum Professor an der Kunst- und Gewerbeschule zu Madrid ernannt und zum Mitgliede der Akad. San Fernando gewählt. Er erlangte verschiedene Medaillen auf Madrider Ausstellungen, 1876, 1887, 1892. Sehr eingenommen für dramatische Sujets, für gewaltsame und blutige Vorgänge, die er vielleicht ein wenig pomphaft behandelt, widmete er sich mit Vorliebe der Historienmalerei; indes führte er auch Genrebilder aus und befaßte sich auch mit Theaterdekorationen. Wir nennen von seinen Werken: „Alfons der Weise seine 7 Gesetzbücher schreibend"; Karfreitag im römischen Kolosseum; und das Asilrecht (beide im Mus. für moderne Kunst zu Madrid); Die Plünderung Roms 1527 (im Mus. zu Valencia); eine Familienszene; Die Vorstellung der Igorrates vor der Königin von Spanien auf der Philippinen-Ausstellung.

Ossorio y Bernard, Galeria biogr. de artistas españoles del siglo XIX. Madrid 1883/4. — Alcahali, Dicc. biogr. de artistas valencianos, Valencia 1897. *P. Lafond.*

Amerigo y Morales, Ramon, span. Maler, geb. anfangs des 19. Jahrh. zu Alicante, Onkel des Malers Amerigo y Aparici, begann seine Malstudien in seiner Vaterstadt, setzte dieselben in Valencia fort und vollendete seine Ausbildung in Genua und Florenz. Unter seinen Hauptwerken, die in Landschaften, Stilleben, Blumen und Porträts bestehen, führen wir an: Das Karthäuser-Kloster von Paire; das Porträt einer alten Frau und das Porträt eines Geistlichen. Er hat sich auch in der Lithographie versucht und an dem Album des Prado-Mus. mitgearbeitet, das unter der Direktion J. de Madrazos herausgegeben wurde.

Ossorio y Bernard, Galeria biogr. de artistas españoles del siglo XIX. Madrid 1883/4. — Alcahali, Dicc. biogr. de artistes valencianos 1897. *P. Lafond.*

Amerling, Friedrich von, einer der angesehensten österr. Porträtmaler des 19. Jahrh., geb. zu Wien 14. 4. 1803, † daselbst 15. 1. 1887. Er begann zunächst mit Illuminieren von Landkarten und Kupferstichen, und besuchte von 1816—1823/4 die Wiener Akad. Um die Mitte der 20er Jahre reiste er dann nach London, hauptsächlich um Th. Lawrence kennen zu lernen, der für den größten Bildnismaler der Zeit galt. Lawrence erlaubte ihm, sein Arbeitszimmer zu besuchen und dort nach seinen vollendeten Werken sich fortzubilden. Nach einem Aufenthalte von 11 Monaten ging dann A. nach Paris, wo er insbesondere von Horace Vernet freundlich aufgenommen wurde. Nach Wien zurückgekehrt und durch das Studium der engl. und französ. Kunst wesentlich gefördert, war er nun in der Vaterstadt imstande, mit zwei historischen Bildern, Dido auf dem Scheiterhaufen und Moses in der Wüste, den ersten akademischen Preis zu erringen. Das ermöglichte ihm die Reise nach Italien. Er hielt sich insbes. in Venedig u. Rom auf (1831).

Wieder in der Heimat eingetroffen, trat er bald, namentlich als Bildnismaler, in eine glänzende Laufbahn ein. Das Porträt des Erzherzogs Rudolf, das er damals ausgeführt, fand durch die sprechende Ähnlichkeit, sowie durch seine elegante Erscheinung den Beifall des Kaisers; dieser ließ sich gleichfalls vom Künstler malen (1832 oder 1833), in vollem Ornate und auf dem Thronsessel, für die Galerie lothringischer Fürsten im Schlosse zu Laxenburg. Mit dem Erfolge dieses Porträts war sein Ruf als Porträtmaler begründet und er wußte ihn durch weitere Bildnisse voll Lebenswahrheit, frischem, bisweilen keckem Kolorit noch zu erhöhen. Er wurde der eigentliche Porträtist der Wiener Aristokratie, die in den 40er Jahren an Glanz und Eleganz ihresgleichen suchte. Trieb er in seinen Damenporträts die malerische Pose, die festliche Stimmung oft zu weit, so erreichte er in seinen eleganten Herrenporträts häufig eine Kraft der Charakteristik und eine Feinheit des Kolorits, die an die Werke der größten Porträtkünstler erinnert. Besonders Kaiser Franz hat er in wiederholten und immer feiner charakterisierenden Bildnissen von hohem künstlerischem Reiz dargestellt.

1841 ging A. aufs neue nach Italien, wo er sich diesmal in Rom und Florenz längere Zeit aufhielt. Hier bildete er sich noch weiter aus; seine besten Leistungen fallen wohl in diese und die nächstfolgende Zeit. Er malte nun auch Einzelfiguren — namentlich von bestimmtem nationalem Charakter — in einfachen Situationen, mit denen er nicht weniger Beifall fand, als mit seinen Bildnissen (in Rom gemalt: Römerin mit schlummerndem Säugling auf dem Schoße). In beiden Gattungen wußte A. durch Kraft und Wärme der Farbe, durch die Wahrheit der Charaktere und den lebensvollen Ausdruck der Köpfe ein harmonisches und ansprechendes Ganzes herzustellen, wie es damals die deutsche Malerei nicht häufig aufzuweisen hatte.

Im Juli 1844 nach Wien zurückgekehrt, war er seitdem daselbst jahrelang mit fast gleich anhaltendem Erfolge tätig, sowohl im Bildnis, zu dem er aus den höheren Kreisen reichlich Aufträge erhielt, als in jenen Einzelfiguren von sehr einfacher Erfindung, aber von malerischem Reiz u. gefälliger Wirkung.

Von seinen zahlreichen Werken (allein ca. 1000 Porträts) können wir nur eine Anzahl nennen. Bildnisse: Fürst Friedr. Schwarzenberg, Graf Nugent, Fürstin Khevenhüller, Graf Edm. Zichy. Thorvaldsen, der Dichter Grillparzer, Fürst Windischgrätz, Fürst Johann von und zu Liechtenstein und des Künstlers eigenes Bildnis (mehrere Male, eins im Besitz der Stadt Wien, eins in der Sammlung der Akad., ein drittes in der k. Gemäldegalerie). Einzelfiguren: Lautenschlägerin (Kopie für den König von Württemberg 1842); des Künstlers Bruder als fischender Knabe und Apostel Paulus (beide in der k. k. Gemäldegalerie); Ein Bettler; Schlafende Fischerin; Rebekka; Moses und die eherne Schlange (bei Baron Pereira zu Wien); Kleines italien. Mädchen und Morgenländerin (in vielen Varianten ausgeführt; das Modell war eine Wienerin!); die schlafenden Kinder (bei Graf Beroldingen daselbst); Orientalin; Griechin; Muse des Trauerspiels (1863); Taubenmädchen (1868). — Gelegentlich malte Amerling auch gern Landschaften im Stile der Poussin, Carracci und Claude Lorrain, doch blieb dies seine Liebhaberei und die Bilder kamen nicht in die Öffentlichkeit.

N a g l e r, Kstlerlex. — M e y e r, Kstlerlex. — T s c h i s c h k a, Kunst u. Altertum in d. österr. Kaiserstaate p. 993. — F. v. B ö t t i c h e r, Malerwerke des 19. Jahrh. I 31 ff. (Verzeichnis v. Werken). — Österr. Kunst-Chronik, herausg. v. H. Kábdebo, Wien 15. 7. 1879, II. Bd. No. 6 (Biogr. A.s von s. Bruder C. A.). — L. A. F r a n k l, Friedr. v. Amerling, ein Lebensbild, Wien 1889 (dem Verfasser war als dem ältesten Freunde A.s von der Witwe, spät. Gräfin Hoyos, das Familienarchiv für diese Biographie zur Verfügung gestellt). — S c h a e f f e r, Die kais. Gem.-Gal. in Wien: Moderne Meister. 1903. — F r i e d r i c h P o l l a k, „Österreichische Künstler", Wien 1905. — H e v e s i, Österr. Kunst d. 19. Jahrh. p. 106 ff. **

Amerom, C o r n e l i s H e n d r i k, Sohn des H. J., geb. 1804 zu Arnheim, Schüler seines Vaters und des Matthias Van Bree zu Antwerpen, zog nach Leiden, wo er Bildnisse in Pastell zeichnete und Landschaften (Motive aus Gelderland) malte. Zuletzt kehrte er nach Arnheim zurück.

V. E y n d e n e n v a n d e r W i l l i g e n, Gesch. der Vad. Schilderk. III 212. — I m m e r z e e l, De Levens en Werken etc. **

Amerom, H. J. v a n, Genremaler und Zeichner, geb. 8. 4. 1777 im Haag, † den 5. 6. 1833, wurde durch Moritz, Besters u. J. H. Prins in der Kunst unterwiesen. Später ließ er sich zu Arnheim nieder, wo er erster Lehrer bei der Zeichenschule wurde u. verschiedene Schüler, worunter Reyers u. Pitloo, bildete. Er malte Genrebilder, Interieurs u. Miniaturbildnisse, besonders jedoch Aquarelle von Interieurs.

I m m e r z e e l, De Levens en Werken etc. **

Amerongen, F r i e d r i c h, Freiherr von, Maler in Karlsruhe, geb. 12. 2. 1878 in Darmstadt, ausgebildet bei Burger in Cronberg und auf der Akad. in Karlsruhe bei Schmidt und Trübner. Der Künstler malt religiöse Darstellungen, daneben Landschaften und Bildnisse. In den szenischen Bildern, sowie in einer Anbetung der Hirten und den Studienköpfen ist er — nicht zum Vorteil seiner Kunst — von den alten Niederländern, besonders von Rembrandt, beeinflußt. Die Landschaften sind sauber in einer an Trübner erinnernden Technik ausgeführt; zwei („Auf der Weide" und „Dorfstraße") waren auf der großen Berliner Ausstellung 1906, eine dritte („Vorfrühling") im Münchener Glaspalast in demselben Jahre zu sehen.

W. R. Valentiner.

Amerongen, Jan van, Maler in Amsterdam, wird urkundl. am 17. 3. 1627, 36 J. alt, genannt. *A. B.*

Amersfoort, Evert v., s. *Evert* v. A.

Amersfoort, s. auch *Amelsfoort.*

Ames, Edwin Isaak, amerikan. Maler, geb. 3. 5. 1862 in Loda, Ill. Seiner großen Schwächlichkeit wegen wurde er bis zum 15. Lebensjahr in den Adirandacks Bergen erzogen, wo er nicht ein einziges gutes Bild zu sehen bekam. Trotzdem, oder wie Courbet gesagt haben würde, gerade deswegen, entwickelte sich seine Künstlergabe sehr rasch. Seinen Hauptunterricht erhielt er später in Boston, San Francisco und Chicago. Hier hat er sich niedergelassen und sich trotz vieler Schwierigkeiten, mangelnder Gesundheit und anfänglicher Armut, einen Ruf als Miniaturmaler geschaffen. Zu seinen besten Bildern gehören die Porträts von Frl. Loleta Armour und Frau Joseph Cudahy.

Brush and Pencil, vol. XII 150, 151, mit Abbildungen. *Edmund von Mach.*

Ames, Ezra, amerikan. Maler, anfangs des 19. Jahrh. im Staate New York tätig. 1812 stellte er ein Porträt des Gouverneurs George Clinton unter großem Beifall aus, und erhielt dann viele Aufträge, besonders von New Yorker Staatsmännern. Mehrere dieser Porträts hängen im Kapitol zu Albany, in der Staatsbibliothek dort z. B. ein gutes Porträt Washingtons.

Dunlap, Hist. of the Rise and Progress of the Arts etc. I 258. — Tuckerman, Book of the Artists 68. *Edmund von Mach.*

Ames, J. (?), Zeichner und Kupferstecher in Bristol (?) gegen Ende des 18. Jahrh., war vielleicht bloß Dilettant. Von No. 1 der folgenden Blätter sagt Ottley (Notices), daß es sorgfältig aber ungeschickt geätzt und hie und da mit dem Stichel übergangen sei.

1) James Rouquet, Kaplan am St. Peters Hospital zu Derby. Unter dem Namen: Died 16th Nov. 1776 etc. Ames Delint. et Sculpt. 1777. 2) John Henderson A. M. Oxford. „With his nativity" sagt der Katalog Evans. 8. 3) John Till Adams. M. D., † 1786. Privatplatte 8. Von ihm sind wahrscheinlich auch die 7 Exlibris, die Ames sc. oder Ames sculp. Bristol 1788 bezeichnet sind (siehe Fincham) und ein Entwurf, der 1809 unter J. Ames in der Roy. Acad. ausgestellt war.

Meyer, Kstlerlex. — Redgrave, Dict. — Fincham, The Artists a. Engrav. of British a. American Book Plates. London 1897. — Graves, The Roy. Acad. Exh. I. **

Ames, Joseph Alexander, amerikan. Maler, geb. 1816 in Rosburg (New Hampshire), † im Oktober 1872 in New York. Schüler von W. Allston. Sehr vielseitig, malte Genrebilder, auch Landschaften, ist aber besonders bekannt wegen seiner zum Teil sehr guten Porträts. 1848 ging er nach Rom, wo er ein lebensgroßes Bild Pius IX. malte. Er ließ sich dann in Boston nieder und lebte später in Baltimore und New York. Er war Mitglied der National Academy. A.s bekannteste Bilder sind: Selbstporträt, Miß Butler, R. W. Emerson, Daniel Webster, Rufus Choate, Miranda, Morgen, Abend, der Tod Websters, der alte Steinkrug, Präsident Felton (Harvard Coll.) usw.

Tuckerman, Book of the Artists 459. — Clement and Hutton, Artists of the 19. Cent. — Meyer, Kstlerlex.

Edmund von Mach.

Ameseder, Eduard, deutscher Landschaftsmaler, geb. 18. 10. 1856 in Czernowitz, von 1876 an Schüler der Akad. d. bild. Künste in Wien, 1887/91 in Karlsruhe unter Schönleber weitergebildet; daraufhin ein Jahr in München tätig, seit 1893 dauernd in Wien, als Mitglied der Künstlergenossenschaft, ansässig. Er schuf zahlreiche Illustrationen für das Werk „Die österreich.-ungar. Monarchie in Wort und Bild", beteiligte sich an der Ausschmückung der neuen Hofmus. in Wien mit zwei großen Wandgemälden. Von ihm besitzt die Moderne Galerie in Wien eine „Niederösterreich. Baumlandschaft", die Moderne Galerie in Prag „Mondnacht", „Holländisches Dorf" und „Heranziehendes Gewitter". Seine Gemälde führt er in einer ihm eignen Art Temperatechnik aus, die bei dünnem Vortrag große Leuchtkraft und Tiefe der Farben zu verbinden gestattet. *Schrey.*

Ametller, Blas, span. Kupferst., geb. in Barcelona 1768, † in Madrid 20. 10. 1841. Schüler der Kunstschule seiner Vaterstadt, begab sich dann von der Junta real de Comercio unterstützt zu seiner Ausbildung zu M. S. Carmona nach Madrid. Sein erstes Blatt, el dulce sueño de Jesus nach A. Pereda 1792, ist der genannten Junta gewidmet. 1793 erhielt er für das Bildnis des D. Ventura Rodriguez nach Goya den I. Preis der Akad. von S. Fernando, 1797 wurde er Mitglied der Akad. und 1821 Direktor der Kupferstichschule derselben.

A. stach Bilder seiner großen Landsleute Goya, Murillo, Ribera und Velazquez, außerdem nach V. Lopez, Nic. Garcia, J. Maea, J. Rodriguez, Salesa, A. Pereda, C. Dolci, G. B. Cipriani, Fr. Boucher, als sein letztes Werk gilt der Leichenzug Caesars nach Lanfrancos Gemälde im Prado (1822). Ein ausführliches

Verzeichnis seiner Stiche (21 No.) s. Meyer, Kstlerlex.

Meyer, Kstlerlex. — Elias de Molins, Dicc. de escrit. y art. catal. del siglo XIX. 1889. △

Ameya (阿米夜), koreanischer oder chines. Töpfer. Er kommt in der Periode Eishō (1504—1520) nach Japan, naturalisiert sich und läßt sich in Kyōto nieder. Dort heiratet er eine Japanerin (nach Brinkley namens Teirin) und nimmt den Familiennamen Sasaki u. d. Namen Sōkei (宗慶) an. Seine ganz nach korean. Muster gearbeiteten Gefäße wurden die Vorbilder des berühmten Rakuyaki. Nach seinem frühen Tode wird die Witwe buddh. Nonne (Ama), führt aber in Gemeinschaft mit ihrem Sohne Chōjirō (s. d.), dem 1. Rakumeister, die Werkstatt fort, deren Erzeugnisse als Amayaki bekannt sind.

Brinkley, Japan III 32, 36. — Morse, Catalogue 260. — Ouéda, Céramique japonaise 32. — Franks, Jap. pottery 51. — Hist. de l'art du Japon 169. — Jimmei jisho 1010. — Kōgei shiryō III 38. *O. Kümmel.*

Ameyde, Salomon van der, Maler, gebürtig aus Oudenaarde, wurde 15. 5. 1607 Bürger von Gouda.

Obreens Archief V 25. *E. W. Moes.*

Amfiareo, Vespasiano, Franziskanermönch aus Ferrara, im 14. Jahrh., lebte und lehrte 30 Jahre in Venedig als Kalligraph. Seine Schrift: Metodo et esemplare per lo scrivere in majuscolo libro dedicato a Franc. Donati, Doge di Venezia wurde 1572 und 1589 in Venedig gedruckt. — Merino, Escuela paleografica 411, hält ihn für den besten Kalligraphen, den Italien gehabt hat.

Bradley, Dict. of miniaturists I 31. **

Ami, Guillaume, Bildhauer in Dijon, wurde 1442 mit Jean de Contrecoeur und Antoine Clerambault beauftragt, für das Grab des Jean sans Peur Alabaster zu beschaffen.

Lami, Dict. d. sculpt. 1898. *R.*

Amiani, Giambattista, Maler aus Siena um 1510, nur bei Zani (Enc. met. II 84) erwähnt. *H. V.*

Amianthus, „Architectus Nicanorianus (Sklave eines Nicanor?), in der römischen Inschrift CIL I² p. 69 genannt als Mitglied eines im 1. Jahrh. v. Chr. zum Ankauf eines gemeinsamen Grabes gebildeten Kollegiums.

Promis, Mem. Acc. Torino Ser. 2 XXVII 1871, p. 113, 27 und 104, 19. *H. Thiersch.*

Amiard, Mlle H. E., Blumen- und Genremalerin in le Havre, später in Paris, stellte in den Salons seit 1898 wiederholt aus.

Kat. d. Salon. *H. V.*

Amic, Mlle Clarisse, Porträt- u. Genremalerin in Paris, geb. zu Aix (Bouches-du-Rhône), Schülerin von Mme Haudebourt, stellte in den Pariser Salons 1831—49 wiederholt aus.

Bellier-Auvray, Dict. gén. — Siret, Dict. d. Peintres III. Ausg. 1885. *H. V.*

Amici, Amico aus Macerata, Mathematiker und Militär-Baumeister, stand im Dienste Heinrichs III. von Frankreich, und der venetianischen Republik und starb 1600 als Schloßhauptmann in Ferrara.

Ricci, Mem. stor. II 200. — Santini, Elogio dei Matemat. piceni 6. *V. Aleandri.*

Amici, Antonio Federico aus Urbino (?), lebte in Bologna, Schüler von Cesare Gennari (1641—1688). Er malte ein Altarbild für das Oratorium der Padri Filippini in Bologna. Bertolotti erwähnt einen Maler *Antonio Amici* in Rom Anfang des 18. Jahrh.; man weiß nicht, ob es sich um den oben erwähnten Bologneser Maler handelt.

Crespi, Fels. Pittr. III 176. — Bertolotti, Art. Urbinati in Roma p. 35. *Lisetta Ciaccio.*

Amici, Domenico, italien. Kupferstecher, geb. zu Rom 1808. Stach und radierte hauptsächlich landschaftliche und architektonische Veduten von Rom, und zwar 1. Römische Ruinen 1832—33 (20 Blatt in Querfolio); 2. Vedute dell' Assedio di Roma nel 1849 (12 Blatt in Querfolio, gestochen und radiert nach Aquarellen von Carl Werner 1858).

Meyer, Kstlerlex. — Universal Catalogue of Books on Art. Suppl. 1877. *R.*

Amici, Francesco, Kupferst. zu Florenz, tätig im 18. Jahrh., hat nur Dekorationsstiche (Heilige u. dgl.) von geringer Qualität geliefert.

Gori-Gandellini V 144. — Meyer, Kstlerlex. *P. K.*

Amici, Giovanni Battista, italien. Wachsmodelleur der ersten Hälfte des 19. Jahrh., der durch seine hervorragenden Wachspräparate für wissenschaftliche Zwecke großen Ruf genoß.

Rassegna Nazionale: ann. XVII, vol. LXXXII (fasc. 322 della Raccolta), p. 484—500. *G. Degli Azzi.*

Amici, Giuliano di Scipione, Gemmenschneider, 1471—72 am Hofe Papst Pauls II. tätig.

Müntz, Les arts à la cour des Papes II 114, 117 ff. **

Amici, Luigi, italien. Bildhauer. geb. 1813 in Jesi, † 1897 in Rom. Ein gewissenhafter, aber unpersönlicher Künstler, der die traditionellen akademischen Formen der Canova-Schule weitergepflegt hat. Sein Hauptwerk ist das Grabmonument Papst Gregors XVI. in der Peterskirche zu Rom.

Kunstchronik, N. F., IX 87. *R.*

Amici, Tommaso, Bildhauer von Cremona gegen Ende des 15. Jahrh., der von Cremoneser Schriftstellern sehr gerühmt wird, aber nur ein, mit einem anderen Meister gemeinschaftlich gearbeitetes Werk hinterlassen hat. Es ist der Altar des hl. Nikolaus im Dom zu Cremona, von ihm und F. Mabila de Mazo (Perkins nennt ihn Francesco Majo) ausgeführt, mit der Inschrift auf dem Piedestal der beiden Seitensäulen: MCCCCLXXXXV THO. AMICO ET F. MABILA DE MAZO FECIT. Nach Perkins sind die Figuren in den drei Nischen einfach angeordnet, sowie die Gewänder in breiten Falten gehalten.

Cicognara, Storia della Scultura II 186. — Perkins, Italian Sculptors p. 162. — Meyer, Kstlerlex. *R.*

Amicino de la Vagna, lombard. Maler, urkundlich erwähnt 1472.

Malaguzzi-Valeri, Pitt. Lombardi p. 231. *F. Malaguzzi-Valeri.*

Amicis, Francesco de, Gelehrter, Poet und Maler, seines Standes Priester und zuletzt General-Vikar der Diözese von Aquila im Neapolitanischen, geb. zu Campotosto in der Nähe von Aquila 1721, † in Pizzoli 1788. Von seinen jetzt verschollenen Gemälden werden erwähnt: Mahl der Apostel, Christi Geburt, Ecce Homo, Christus am Kreuze, Gastmahl des Pharisäers etc.,

Sein Bildnis, Brustb. in Oval. C. Biondi inc. 4. in: Grossi, Biografia etc. — Grossi, Biografia degli Uomini Illustri etc. Napoli 1820 (ohne Seitenzahlen). **

Amico di notar Antonio di Amico, aus Sulmona, italien. Goldschmied des 14. Jahrh. Fertigte ein schönes silbernes Kreuz für die Parochialkirche S. Eusanio Forconese in den Abruzzen, das 1905 in Chieti auf der Mostra d'arte antica abruzzese (No. 38) ausgestellt war.

Rassegna Abruzzese di Storia ed Arte IV, no. 10 (April 1900). — Napoli Nobilissima IX 176. — Rassegna d'arte 1905 p. 156. *G. Degli Azzi.*

Amico, Antonio d', di Caccamo, sizilian. Maler um 1573, nur bei Zani erwähnt (Enc. met. II 85). *H. V.*

Amico di Bartolommeo, italien. Bildhauer des 15. Jahrh., nur bekannt durch eine Inschrift von 1423 an der Hauptkirche von Castel di Sangro (Chieti), in der er als höchst bedeutend in der Kunst des Gießens gerühmt wird.

V. Balzano, Nicola da Guardiagrele scultore? Chieti 1903 p. 6. *G. De Nicola.*

Amico, Bernardino, italien. Architekt geistlichen Standes, geb. zu Gallipoli (Königreich Neapel), um 1596 Prior der Franziskaner zu Jerusalem. Er zeichnete die von Ant. Tempesta gestochenen Tafeln zu „Trattato delle Piante et Immagini dei Sacri Edificii di Terra Santa" . . Roma 1609. Fol. (2. Ausg. Firenze 1620.)

Meyer, Kstlerlex. *R.*

Amico Bolognese, s. *Aspertini,* A.

Amico, Pietro d', palermitaner Maler in Rom um 1669; nur als Zeuge erwähnt.

Bertolotti, Art. Bolognesi in Roma p. 177. **

Amico di Sandro, Spitzname, unter dem B. Berenson in Gaz. d. b. arts 1899 I 459 ff.; II 21 ff., ferner in seinem Werke Drawings of the Florent. Painters (1903) und im Burlington Magazine 1903, I 20 das Werk eines Botticelli-Werkstattgenossen zusammenzufassen sucht, der wahrscheinlich (nach Herbert Horne, Burlington Magazine 1903, II 22 ff.) mit einem Bartolommeo di Giovanni identisch ist. — Vgl. auch Botticelli. *Warburg.*

Amico, s. auch *Amigo.*

Amiconi, Bernardo, Maler italien. Ursprunges, in London tätig 1859—1875. Stellte in diesem Zeitraume alljährlich einige Porträts und Genrebilder aus dem italienischen und levantinischen Volksleben in der Londoner Royal-Akad. aus. † vor 1880.

L'eredità d'un pittore valentissimo domiciliato in Londra (anonym), Avezzano 1880. — Meyer, Kstlerlex. I 629. — Graves, The Royal Academy of Arts (London 1905) I 31. *H.*

Amiconi, s. auch *Amigoni.*

Amicus. Der Name des A. ist bekannt aus seiner Unterschrift in dem breve der Sienesischen Zunft der maestri di pietra aus dem 13. Jahrh. A. muß also um diese Zeit der Zunft angehört und in Siena tätig gewesen sein. Bestimmte Werke sind mit seiner Tätigkeit jedoch nicht in Verbindung zu bringen. Vergl. Bonusamicus.

Borghesi e Banchi, Nuovi Doc. Senesi, append. al Milanesi p. 37. *Swarzenski.*

Amidani, Giovanni di Stefanino degli, Maler in Mantua, 1428 urkundlich erwähnt als magister, pictor und civis Mantuae.

C. d'Arco, Arti e Artefici di Mantova (1857) II 8. *

Amidano, Giulio Cesare (in älteren Guiden und Dizionarien fälschlich Pomponio A. genannt), Maler in Parma, geb. daselbst als Sohn des Luigi A. 1566, † 1630 an der Pest. Schüler des Pomponio Allegri und des Ger. Mazzola, zeigt er sich in seinen früheren Malwerken hauptsächlich durch den letzteren beeinflußt, während er späterhin in seiner Eigenschaft als wenig selbständiges Durchschnittstalent auch anderen Vorbildern nachahmend folgte. Die Pinakothek zu Parma besitzt von seiner Hand: ein gut-correggieskes Madonnenbild mit den Hl. Genesius, Franziskus und Agnes (aus S. Maria del Quartiere stammend), einige hl. Familien im Stile des B. Schidone und der späteren Naturalisten, eine Anbetung der Hirten und eine Kreuzabnahme im Stile der Carracci, sowie ein in der Auffassung an Raffaels Baldassare Castiglione, in der Ausführung dagegen an den schwächlichen Pietro della Vecchia erinnerndes Brustbildnis eines Mannes, der eine weibliche Statuette in der Linken hält. Im Oratorio della SS. Trinità zu Parma sieht man noch heute an seinem ursprünglichen Platze (2. Kapelle zur Rechten) einen Madonnenaltar mit den Hl. Katharina, Karl Borromaeus und Franziskus von Assisi, ebenso im Oratorio di S. Lucia (3. Kapelle) einen dem A. zugeschriebenen Altar mit den Hl. Rochus und Sebastian. — Daß der Künstler in Parma eine angesehene Stellung einnahm, geht daraus hervor, daß ihm 1628 zur Hochzeitsfeier des Odoardo Farnese und der Prinzessin Margaretha de Medici die malerische Ausschmückung des Portone fuori porta S. Michele (jetzt Barriera Vittore Emanuele) anvertraut wurde.

Meyer, Kstlerlex. (mit ält. Literatur). — Napoli Nobiliss. IV 179. — Ruta, Guida di Parma (Jesi 1739). — Baistrocchi, Guida di Parma (Mscr. in der Bibl. Palat. zu Parma). — Scarabelli-Zunti u. Zappata, Mscr.-Notizen in der Bibl. Palat. zu Parma.
St. Lottici.

Amidano, Luigi, Maler und Radierer, tätig in Parma um 1650. Ihm wird eine Radierung, die „ALVIGI AM. F. 1650" bezeichnet ist und die Madonna mit dem Kinde und zwei Engeln darstellt, zugeschrieben. Nach Zani war Luigi der Vater des Giulio Cesare A. Campori nennt von Luigi zwei Gemälde, Bekehrung des Paulus und Madonna mit Kind, die sich um 1640 im Studio Coccapani in Reggio befanden, und führt noch andere Gemälde, die vielleicht Luigi A. zuzuschreiben sind, unter „l'Amidano" auf.

Vesme, Le peintre-graveur italien p. 25. — Zani, Enc. II 193. — Campori, Racc. d. cat. p. 147, 245, 404, 409, 463, 477. (Mit Notizen von P. D'Achiardi.) *P. K.*

Amidano, Pomponio, s. *Amidano,* Giul. Ces.

Amidei, toskan. Maler des 19. Jahrh.; von seiner Hand ein Altargemälde, darstellend die Enthauptung Johannes des Täufers, in der Pfarrkirche SS. Matteo e Margherita zu Tufi. — Vielleicht zu identifizieren mit Amadei, Emilio.

F. Brogi, Invent. gen. etc. della prov. di Siena (1897) p. 193. *

Amidey, Etienne, Geschützgießer in Dôle, verkaufte 1413 dem Herzog von Burgund 32 Kanonen, die er gegossen hatte.

Champeaux, Dict. d. fondeurs p. 22. **

Amiel, Louis Felix, französ. Maler, geb. 3. März 1802 in Castelnaudary, † 1864 in Joinville-le-Pont. Schüler von Gros, hat zahlreiche Bildnisse, einige Historien gemalt und hatte sich eine Weile als Spezialität das Porträtieren von Rennpferden erwählt. In Versailles sind zahlreiche Bildnisse berühmter Franzosen von ihm, darunter Karl der Große, Pipin der Kleine, Karl der Dicke, Philipp August usw., alles Arbeiten von mäßigem künstlerischem Werte.

Bellier-Auvray, Dict. gén.
K. E. Schmidt.

Amiel, Pierre, Maler in Montpellier um 1420, war Konsul der Stadt.

Siret, Dict. d. peintres. **

Amiens, d', s. damit verbundene *Vornamen.*

Amiet, französ. Werkmeister, 1299—1300 Leiter des Baues der Schloßkapelle zu St. Trivier (Côte d'Or).

Bauchal, Dict. des Archit. *C. Enlart.*

Amiet, Kuno, Schweizer Landschafts-, Porträt- und Genremaler in Oschwand (Kt. Bern), geb. in Solothurn 28. 3. 1868, Schüler von Frank Buchser in Solothurn, dann der Münchener Akad. unter Raupp und Gysis (1887—88), darauf bei Julian, Bouguerau und Tony Robert Fleury in Paris. Entscheidend für ihn wurde das Zusammentreffen mit Seguin und Emile Bernard in der Künstlerkolonie Pont-Aven an der bretonischen Küste. Er malte in diesen Jahren Volkstypen der Gegend bei der Arbeit in einer weichen verschwommenen Manier und einem schummerigen Farbenspiel, aus dem bisweilen eine kräftige Lokalfarbe aufleuchtet. Diese speziell koloristischen Tendenzen kreuzen sich dann kurze Zeit mit Einflüssen von Ferdinand Hodler, dem A. in einigen Arbeiten sehr ähnlich sieht. Das Hauptbild dieser Art sind die 5 Bernerinnen im Solothurner Mus. („Pracht des Abends", Münchener Glaspalast-Ausstellung 1905). Bald aber gewinnt der Kolorist und Luminarist in ihm wieder die Oberhand; sein Haupt-Wirkungsmittel ist nicht die Linie wie bei Hodler, sondern die Farbe, der Farbfleck. A. gehört mit zu den kühnsten Impressionisten seiner Zeit überhaupt.

A. stellte u. a. auf der Genfer Landesausstellung 1896 (Winterlandschaft), auf der 5. nation. Kunstausstellung in Basel 1899 (Porträts) und auf der in Lausanne 1904 aus, ferner 1904 und 1906 auf der Berliner Sezession („Sonnenflecken", „Mutter mit Kind", Herbstlandschaft), 1901 und 1905 im Münchener Glaspalast, 1901 und 1904 auf der Dresdener internation. Kunstausstellung und in der Wiener Sezession (Bildnis Hodlers, „Hoffnung") etc. Auf der Pariser Exposition décennale d. Beaux-Arts 1900 war er mit 4 Bildern vertreten (darunter „Richesse du soir", jetzt im Besitz des Schweizer Bundesrates). Im Februar 1905 veranstaltete der Künstler eine Kollektivausstellung von 40 Arbeiten im Züricher Künstlerhause.

Brun, Schweizer. Kstlerlex. — Kunst und Kstler. IV, 1906 p. 185—194. — Zeitschrift f. bild. Kst. N. F. XVI 153 u. 154. — Kat. d. Ausstellgen. *H. V.*

Amiet, Urs, Glasmaler von Solothurn (Schweiz), † daselbst 11. 5. 1582. Von seinen zahlreichen für die benachbarten Kirchen und Klöster (so 1558 für das Kloster St. Urban) gefertigten Glasgemälden hat sich bisher keines nachweisen lassen.

Brun, Schweizer. Kstlerlex. *H. V.*

Amiet-Engel, Amanda, Schweizer Malerin in Solothurn, geb. 11. 11. 1862 in Twann am Bielersee (Amtsbezirk Nidau), Schülerin von Prof. Weißbrod in Basel, von Marcel Baschet in Paris und von Angelo Jank in München. Auf der Genfer Landesausstellung 1896 war sie mit einer Freilichtstudie vertreten.

Brun, Schweizer. Kstlerlex. *H. V.*

Amigazzi, G i o v. B a t t., Maler in Verona, 17. Jahrh. Er kopierte vornehmlich Gemälde, besonders die seines Lehrers Claudio Ridolfi, den er bis zur Vollendung nachahmte. In Verona malte er in verschiedenen Häusern und Kirchen: in S. Francesco di Paola, in der Misericordia, in S. Anastasia (Kopie des Abendmahls von Paolo Veronese, jetzt in der Galerie Durazzo in Genua), in S. Maria Antica (Altarbild mit den Heiligen Pietro Martire und Gerolamo etc.). Er führte auch Fresken aus in Mezzane di Sotto, bei Tregnago, Prov. Verona, im Chor der Parochialkirche: die Himmelfahrt der Jungfrau darstellend, sehr gelobt von Da Persico.

D a l P o z z o, Vite de' pittori etc. Veronesi p. 168. — L a n z i, Stor. Pitt. III 238. — G. B. d a P e r s i c o, Descrizione di Verona I 22, 240; II 126. — Z a n o t t o, Stor. della pitt. venez. 1837 p. 360. *Lisetta Ciaccio.*

Amigo, E u d a l d o, span. Glasmaler des 19. Jahrh., geb. zu Barcelona, Schüler der Kunstschule dieser Stadt. Seine ersten Werke datieren von 1866. Man verdankt ihm in Barcelona die Glasmalereien in den Kirchen Santa Maria del Pino und del Palau; der Kapelle der schmerzensreichen Maria in der Kirche Bon Secours; des Altars des hl. Antonius von Padua, in der Kirche S. Santos Justo y Pastor; die großen Glasgemälde des Kirchenchores in der Kathedrale, die die hl. Petrus und Paulus, Thekla und Georg darstellen; die vier Glasgemälde mit den Propheten in der Kirche Sta. Maria del Mar; das große Fassaden-Fenster der Kirche S. Justo; die Glasmalereien an der Fassade des provinziellen Deputationspalais. Man findet ferner Produktionen dieses Künstlers im Colegio des hl. Herzens Jesu zu Madrid; in der Casa de la Caridad zu Vitoria; im Etablissement de los Padres Escolapios zu Mataro; in den Kirchen San Andres de Palomar und San José de Figueras. Er beteiligte sich an verschiedenen Kunstausstellungen Madrids und anderer Städte Spaniens, auf denen seine Arbeiten sehr geschätzt wurden und starb 1885 in Barcelona.

O s s o r i o y B e r n a r d, Galeria biogr. de artistas españoles del siglo XIX. Madrid 1883/4. — E l í a s d e M o l i n s, Dicc. de escrit. y art. catal. del siglo XIX. 1889. *P. Lafond.*

Amigó, J a i m e, aus Ulldemolins in Katalonien, Priester und 1550 Rektor von Tibiza im Bistum Tortosa, wurde von dem Marquis von Comares, Herzog von Cardona und dem Erzbischof Antonio Agustin von Tarragona, dem größten Altertumskenner seiner Zeit in Spanien, wegen seiner Einsicht in Bausachen so sehr geschätzt, daß man von 1561—1586 keine künstler. Arbeiten ohne seine Leitung und ohne sein Gutheißen ausführen ließ. Er selbst fertigte 1563 die Zeichnungen zu dem Orgelhause der Kathedrale von Tarragona, mit Statuen, Basreliefs und Zieraten von gutem Geschmack; später für den Erzbischof Agustin die Zeichnungen zu der Kapelle del Sacramento im Refektorium der Kathedrale, die ein wahrhaft klassisches korinthisches Portal zeigt; und endlich den Entwurf zu der Pfarrkirche von la Selva, deren Bau Pedro Blay 1582 in Angriff nahm, und wahrscheinlich auch den zu der Pfarrkirche seiner Vaterstadt Ulldemolins, die jener sehr ähnlich ist.

C e a n B e r m u d e z, Dicc. I 27. — L l a g u n o y A m i r o l a, Not. II 92. — M e y e r, Kstlerlex. △

Amigo, M a r t i n. Sonst unbekannter Maler um die Mitte des 17. Jahrh., nach dem Jakob Sandrart das Porträt des Joh. Golling d. j. von Nürnberg stach.

P a n z e r, Verzeichn. v. Nürnberger Porträten I 78. ***

Amigo, s. auch *Amico.*

Amigoli, S t e f a n o, Maler aus Florenz, 18. Jahrh. nur bei Zani (Enc. met. II 86) erwähnt. *H. V.*

Amigoni, C a r l o t t a (Amicona), Schwester des Jacopo A., als Stecherin in Schwarzkunst im 18. Jahrh. in London tätig. Ein Bildnis einer Theatertänzerin „The fair Auretti" mit engl. Versen wird von ihr aufgeführt.

M e y e r, Kstlerlex. — G a n d e l l i n i V 144. — H e i n e c k e n, Dict. p. 198. *P. K.*

Amigoni, G a s p a r o d e g l i, Holzschnitzer aus Mantua. Er stellte u. a. 1527—28 die Rosetten der Holzdecke des Pferdesaals im „Palazzo del Tè" in seiner Vaterstadt her.

Nach Mitteilung des Herrn S. D a v a r i, Staatsarchivars in Mantua. — C. d'A r c o, Delle arti e degli artisti di Mantova I 87. *L. O.*

Amigoni, J a c o p o (auch Amiconi), italien. Maler und Kupferst., geb. zu Venedig 1675, † zu Madrid 1752, ein geschickter, leicht schaffender Nachahmer der gefälligen, dekorativen Manier des Sebastiano Ricci u. des Solimena. Seine Kunst bewegte sich in der Richtung des Tiepolo u. der französ. Galanteriemaler ohne sie jedoch an Leichtigkeit der Formgestaltung und an Pikanterie der Farbengebung zu erreichen. A. hat längere Zeit in Diensten des Kurfürsten von Bayern gestanden und im Schleißheimer Schlosse eine Reihe anmutiger Deckengemälde, meist aus der Mythologie und dem troischen Sagenkreise, in lichten, durchsichtigen Tönen ausgeführt. Auch im Nymphenburger Schlosse hat er einen Plafond gemalt und zahlreiche Ölgemälde für Kirchen und Schlösser geliefert, so für die Münchener Frauenkirche drei Altarblätter, andere für Benediktbeuren. In Schleißheim und in Augsburg ebensowie in den Mus. zu Leipzig, Frankfurt, Braunschweig und Darmstadt werden Gemälde von ihm bewahrt. Im Jahre 1729 begab sich A. nach London, wo er als Dekorations- und Bildnismaler sehr beliebt und geschätzt wurde. Er malte in den Palästen des Lord Thonkerville, in Powi House, in More Park und auch im Covent Garden-Theater zu London. Zahlreiche Mitglieder fürstlicher Häuser und der Aristokratie ließen sich von ihm porträtieren, so z. B. der Herzog von Lothringen (der spätere deutsche Kaiser), die Gemahlin Georgs II., Kaiser Peter von Rußland und dessen Gemahlin. Im Jahre 1736 ging er nach Paris, 1739 kehrte er nach Venedig zurück, wo aber nur wenig von seiner Hand erhalten ist, im Oratorio S. Eustachio ein Werk seiner Frühzeit, in S. Maria della Consolazione eine Heimsuchung und der hl. Franciscus de Sales. Im Jahre 1747 folgte er einem Rufe nach Spanien, wo er als Hofmaler König Ferdinands VI. bis an seinen Tod tätig war. Er arbeitete vornehmlich an der Ausstattung der Paläste Aranjuez und Buen Retiro. Von seinen Staffeleigemälden dieser Zeit befinden sich zwei Darstellungen aus der Geschichte Josephs, und ein drittes, der hl. König Ferdinand, die Schlüssel von Sevilla empfangend, im Prado zu Madrid.

Eine der beiden Töchter A.s, die an einen Castellani verheiratet war, hat sich in Spanien mit der Ausführung von Pastellbildnissen beschäftigt.

Von A.s Werken ist eine große Anzahl meist von Wagner und seinen Gehilfen in Venedig, andere von Meistern wie Volpato, Bartolozzi, Basan, Vertue, Dickinson, Baron gestochen worden (s. das Verzeichnis in Meyers Künstlerlex.).

A. hat auch selber einige seiner Erfindungen radiert. Bartsch (P.-Gr. XXI 309) beschreibt drei Blätter, eine Madonna, Jupiter und Kalisto, Zephyr und Flora, welche beide letztere mit dem Grabstichel, wohl nicht von dem Künstler selber, überarbeitet worden sind. Zani II, III 323 erwähnt eine Bathseba, Heinecken (Dict.) einen Salvator mundi, Schmidt und Wessely (Meyers Kstlerlex.) ein sechstes Blatt, Narcissus darstellend. Ein siebentes, unbezeichnetes endlich, die Madonna in Halbfigur mit dem Kinde, wird ihm im Berliner Kupferstichkabinett zugeschrieben. Harzen (Katalog No. 458) weist A. noch 10 Radierungen von Szenen aus dem Leben der Jungfrau zu. A.s Selbstbildnis befand sich 1780 auf dem Schlosse Leopoldskron.

M e y e r, Kstlerlex. *P. K.*

Amigoni, O t t a v i o, Maler in Brescia, geb. 1605, † 1661. Schüler des Antonio Gandino. Seine wenigen erhaltenen Gemälde zeigen ihn als Nachahmer seines Lehrers, aber auch im Kolorit und der Linienführung eine gewisse Abhängigkeit von Paolo Veronese. Er arbeitete gemeinschaftlich mit Bernardino Gandini, dem Sohne seines Lehrers und mit Domenico Bruni. In seiner Vaterstadt malte er verschiedene Fresken mit Szenen aus dem Leben des S. Alberto im Chor von del Carmine (1639) und Fresken im ersten Saale des Präfekturpalastes (Broletto), ferner die Empfängnis und Darstellung der Maria im Tempel (1647) in der Kirche S. Maria dei Miracoli, die Orgelflügel in S. Agata und einige Bilder in S. Orsola. In Siviano, auf der Insel des Lago d'Iseo befindet sich ein schönes Gemälde A.s mit dem Abendmahl.

A v e r o l d o, Le scelte Pitt. di Brescia, Brescia 1700. — B r o g n o l i, Nuova Guida di Brescia 143, 186. — C h i z z o l a, Le Pitt. e Scult. di Brescia. — C r i s t i a n i, Memorie di Latt. Gambara p. 128. — F e n a r o l i, Diz. degli Art. Bresc., Brescia 1877. *Ozzola.*

Amigoni, S e b a s t i a n o d e g l i, aus Mantua, vielleicht Bruder des oben angeführten Gasparo, ward wegen seiner großen Gediegenheit in Schnitzarbeiten Sebastiano dalle tarsie genannt. Er arbeitete für die Domkirche in Trient, für welche er beauftragt wurde, die Lesepulte zu den Psalm- und Meßbüchern zu verfertigen (1518). Ein Lesepult, welches er für den Chor der St. Vigiliuskirche in Arco schnitzte, erregte besonderes Aufsehen und trug dem Künstler die für damals nicht geringe Summe von 52 Rheingulden und 20 Groschen ein.

V. Z a n o l i n i in Atti dell' i. r. Accademia degli Agiati in Rovereto, Ser. III vol. V (1899) 139. — C. C o n t e d'A r c o, Delle arti e degli artisti di Mantova I 87. *L. O.*

Amigoni, s. auch *Amiconi.*

Amilhau, D u r a n t, Architekt und Bildhauer, gegen 1330 in der Nähe von Béziers geb., wohnte in Montpellier, wo er von 1360 bis zu seinem Tode 1418 Stadtbaumeister war. Ward 22 mal, 1373—1418, zum Konsul gewählt.

L a m i, Dict. d. sculpt. 1898. — B é r a r d, Dict. biogr. — B a u c h a l, Dict. d. archit. franç. *R.*

Amiot, französ. Bildhauer, tätig in der Franche-Comté, arbeitete 1701 mit an der plast. Ausschmückung der Kirchen v. Moncey (Doubs) und von Foncine (Jura).

L a m i, Dict. d. sculpt. franç. sous Louis XIV. *Lami.*

Amiot, F. R., der Name findet sich mit der Jahreszahl 1532 im Chorgestühl der Kirche von Goupillières bei Beaumont le Roger eingeschnitten und wird den Verfertiger der Holzschnitzereien bezeichnen.

L a m i, Dict. d. sculpt. 1898. *R.*

Amira, A n n a v o n, Porträt- und Genremalerin und Lithographin in München, stellte in den Frühjahrs-Ausstellungen der Münchener Sezession 1904 („Kinderporträt") und 1905 aus. 2 Originallithographien von ihr: „Junge Dame im Zimmer" 4° und „Der Dirigent" gr. 8° befinden sich in der Sammlung H. H. Meier, Kunsthalle in Bremen.

H i r s c h, Kstlerinnen d. Neuzeit, Stuttgart 1905. — Die Kunst IX 1904, Kst. f. Alle XIX u. XI, Kst. f. Alle XX. *H. V.*

Amis, s. *Amy.*

Amisselle, Jacques, gen. Saint- Brieuc, Maler und Vergolder zu Nantes, nur urkundlich erwähnt. 1748—1762.

Nouv. Archiv. de l'Art Franç. 3. Série, XIV, 1898. *H. V.*

Amistani, Luigi, fast unbekannter Maler in Brescia im 18. Jahrh.

Zani, Enc. met. II 87. — Fenaroli, Artisti Bresciani, Appendice. **

Amlehn, Franz Sales, Bildhauer in Sursee (Schweiz), geb. daselbst 29. 1. 1838, bildete sich ohne eigentlichen Lehrer in München und entfaltete dann in seiner Heimat eine fruchtbare Tätigkeit in Porträts und Idealbildnissen, kirchlichen Figuren, Altären, Kanzeln und Grabmälern. Von ihm auch eine Erinnerungsmedaille auf die Schlacht bei Sempach (vom J. 1886).

Brun, Schweizer Kstlerlex. (ausführlich). *H. V.*

Amlehn, Paul, Schweizer Bildhauer, Sohn des Franz Sales, geb. 1867 in Sursee, Schüler der Acad. de France in Rom, später im Atelier von Ed. Boutry in Paris, mit welchem er 1894 eine Reihe von Arbeiten gemeinsam ausführte. Von seinen Werken seien genannt: Reiterstatue am Stadthaus zu Dünkirchen, 2 große Kreuzigungsgruppen in Marmor, Madonna, Holzbild in Lille u. a. Im Pariser Salon 1894 hatte er ein Bildnismedaillon (Marmor) ausgestellt.

Brun, Schweizer. Kstlerlex. — Kat. d. Salon. *H. V.*

Amlehn, Salesia, verehel. Boutry, Schweizer Heiligen-, Genre- und Landschaftsmalerin, Tochter des Bildhauers Franz Sales, stellt unter dem Pseudonym: „L. Thibault" aus. Von ihren Werken seien genannt: das Altarbild mit dem hl. Antonius in Schenkon und die Legende vom hl. Blut zu Ettiswil.

Brun, Schweizer. Kstlerlex. *H. V.*

Amling, Franz, Militär-, Jagd- und Landschaftsmaler, geb. 1853 in Trier, † 27. 8. 1894 in Schleißheim, Schüler des Städelschen Instituts zu Frankfurt a. M., kam 1884 nach München. Von seinen Gemälden seien genannt: Rendezvous vor der Fuchsjagd; Todesritt französ. Kürassiere in der Schlacht bei Sedan; Kanal bei Schleißheim nach Sonnenuntergang; Letzte Revue. — Auch als Illustrator hat er sich verschiedentlich betätigt, z. B. für die von der deutschen Verlagsanstalt 1892 herausgeg. illustr. Ausgabe von Hauffs Werken die Vorlagen für die Holzschnitte geliefert. **

Amling (Ambling, Ameling), Karl Gustav (von), Zeichner und Kupferst. aus Nürnberg, wo er 1651 geboren war. Quellenforschungen sind hinsichtlich des Künstlers bisher kaum angestellt; wir bleiben daher im wesentlichen auf die vielfach mit Vorbehalt aufzunehmenden, sich gelegentlich auch widersprechenden Nachrichten der Schriftsteller seiner und der späteren Zeit angewiesen. Danach kam er frühzeitig nach München, wo J. M. Wenig sein Lehrer war. Sein großes Talent, das sich namentlich in vortrefflichen Zeichnungen bewährt haben mag, ließ Kurfürst Maximilian II. von Bayern auf ihn aufmerksam werden. Er schickte den jungen Künstler nach Paris, wo sich dieser unter Poilly — ob unter François oder Nicolas de Poilly, darüber sind die Meinungen der Schriftsteller geteilt; die älteren sagen nur kurzweg: Polli — weiter ausbildete und namentlich im Stechen vervollkommnete. Nach seiner Rückkunft nach München — fraglich wann? — ward er von Maximilian mit einem Gehalt von 200 fl. als Hofkupferstecher angestellt und ihm der Titel eines „kurbayerischen wirklichen Kammerdieners" verliehen. Als solcher und zugleich mit der auffälligen Bezeichnung „Bildhauer" (wohl irrtümliche Verdeutschung von „Sculptor") figuriert er auch in dem Diplom, wodurch er 22. 10. 1699 von Kaiser Leopold in den rittermäßigen Adelsstand erhoben wurde (Heyer von Rosenfelds Auszüge aus dem Adelsarch. zu Wien im Germ. Mus. in Nürnberg). Er starb 1702.

Am besten und als ein wirklicher, hervorragender und geistvoller Virtuose zeigt er sich in seinen *Handzeichnungen,* deren z. B. die Albertina in Wien eine Anzahl besitzt. Es sind dies sämtlich zumeist auf das sorgfältigste in Tusche ausgeführte Bildnisse, die den Kurfürsten Max Emanuel, die Kurfürstin Maria Antonia, eine Tochter Kaiser Leopolds, den Kardinal von Harrach, Erzbischof von Prag (mehr skizzenhaft, aber sehr effektvoll) u. a. m., darunter auch verschiedene Unbekannte darstellen. Unter letzteren ist insbesondere das Porträt einer Bürgersfrau mit Spitzenumhang, in schwarzer Tusche, doch Haarband, Halskette mit Kreuz und Fingerring in Goldfarbe ausgeführt, hervorzuheben. Nach Mitteil. Dr. E. Flechsigs befindet sich auch im Braunschweiger Kupferstichkabinett im „Müllerschen Stammbuch" eine bezeichnete Bleistiftskizze A.s von 1698.

Die vollendete Eleganz der Wiedergabe, die schon in diesen tüchtigen und reizvollen Arbeiten hin und wieder an das Geleckte streift, artet in seinen zahlreichen, nach eigenen Zeichnungen und denen anderer geschaffenen *Kupferstichen* nicht selten in Flauheit und öde Konvention aus. Die große Routine allein vermag uns alsdann kaum noch spärlichen Genuß zu gewähren oder unsere Anerkennung zu wecken. Am besten ist er auch hier in seinem eigentlichen Fach, dem Porträt. Eine vortreffliche Leistung und A.s berühmtestes Werk ist ferner jene Folge von 12 Blättern mit Darstellungen aus der Geschichte Ottos von Wittelsbach (dazu als 13. Blatt: Kaiser Ludwigs des Bayern Aufbruch zur Romfahrt), die A. nach Entwürfen Peter Candids (zu den dann von Hans van der Biest ausgeführten Wandteppichen) in den Jahren 1695—1701 in Kupfer stach. Ebenso verdient die auf ähnliche Vorlagen zurückgehende Folge der 4 Jahreszeiten, sowie die der Monate, die A. nicht mehr vollenden konnte, unser Lob. Dagegen findet sich namentlich unter seinen Madonnen- und Heiligendarstellungen, dann auch unter seinen allegor. Blättern und den von ihm herrührenden Titelkupfern soviel Mittelgut schlimmerer Art und reine Handwerksarbeit, daß A. dadurch seinen einstmals, besonders auch durch Sandrart, weit verbreiteten Ruhm bei der sein Lebenswerk überschauenden Nachwelt schwer geschädigt hat. — Ein kritisches Verzeichnis seiner Stiche findet sich in Meyers Kstlerlex.

Sandrart, Teutsche Akad. II 364. — Wening, Historico-topographica descriptio I (1701) 9. — Doppelmayr S. 256. — Füssli, Allgem. Kstlerlex. S. 23. — Panzer, Verzeichnis von Nürnberg. Porträten S. 3 — Lipowsky, Bayer. Kstlerlex. I 6 f. u. II 211 (im Anhang). — Fiorillo, Gesch. der zeichnenden Künste II 515 Anm. a. — Nagler, Monogrammisten II No. 2678. — Meyers Allgem. Kstlerlex. I 636 ff. — Mayer, Gesch. der Wandteppichfabriken des Wittelsbachischen Fürstenhauses S. 52, 106 (Anm. 196), 109 (Anm. 243) u. a. a. O. *Th. Hampe.*

Ammama, s. *Amama.*

Amman, Adam, Schweizer Bildhauer, Mitglied der St. Lucas Brüderschaft zu Freiburg (Schweiz) um 1650, nur urkundlich bekannt.

Brun, Schweizer. Kstlerlex. *H. V.*

Amman, Georg, Büchsengießer, Straßburg, wird in Urkunden des Stadtarchivs 1562 erwähnt. Vermutlich ist er identisch mit Georg Amons, der 1571 für die Kathedrale eine Betglocke goß und sich in einer Inschrift darauf nannte.

Description de la cathédrale de Strasbourg (1817). *Seyboth.*

Amman, Hans, ein (oder mehrere?) seinen Werken nach nicht näher bekannter Nürnberger Briefmaler, der urkundl. zuerst 1559 erscheint. Am 9. 8. 1570 erwirbt ein „Hanns Amman, maler" gegen die übliche Abgabe von 4 fl. das Nürnberger Bürgerrecht (Bürgerbuch 1534—1631 im Kreisarch. Nürnberg, Bl. 93b) und 1572 begegnet unter den Nürnberger Briefmalern ein „Hanns Stauffer, Amman genannt", mit dem unser Künstler möglicherweise identisch ist. Da sich „Hanns Amman, brieffmahler," erst 20. 7. 1574 verheiratet (Ehebücher bei St. Lorenz in Nürnberg), so ist es nicht unwahrscheinlich, daß er auch noch mit einem „Hanns Hammon", der 1601 unter den Nürnberger Briefmalern vorkommt, identisch ist.

Hampe, Nürnberg. Ratsverlässe I No. 3748 u. 3751. — Baader in Zahns Jahrbüchern für Kunstwissenschaft 1, 230. *Th. Hampe.*

Amman, J. J., sonst unbekannter Künstler des 18. Jahrh., radierte: Landschaft. Dorfgasse, vorn ein Mann mit einem Pferd. J. J. Amman. P. A. sculp. M. Apr. 1771. **

Amman, Jobst (Jost, Jos), Maler und Zeichner, Formschneider und Radierer, war geb. zu Zürich im Juni 1539 und das jüngste Kind des Chorherrn und Professors der Rhetorik und der alten Sprachen an der Züricher Gelehrtenschule (Karlsschule), Johann Jakob Amman, aus dessen dritter Ehe mit Elisabetha (Elsi) Egger. Wenn wir auch über die Jugendentwickelung A.s kaum unterrrichtet sind, so ist doch anzunehmen, daß der geistig angeregte Kreis, dessen Mittelpunkt das väterliche Haus bildete — hatte doch auch Zwingli zu den Freunden des Vaters gezählt, wie denn eine Tochter des Reformators, Regula Zwingli, neben dem Pfarrer Jost Kilchmeyer 13. 6. 1539 den Knaben aus der Taufe hob —, nicht ohne günstigen Einfluß auf den jungen Jost geblieben sei. Und für die treffliche Schulbildung, die er genoß, und seine sich frühzeitig entwickelnden bedeutenden Anlagen haben wir u. a. das Zeugnis eines seiner Lehrer, eines Schülers seines Vaters, des Profess. und Archidiakons Otto Werdmüller, der „dem züchtigen und flyßigen jüngling Josen Amman" 1551 sein Werk „Hauptsumme der wahren Religion" mit Worten warmer Anerkennung widmete.

Allein nicht einem gelehrten Berufe wandte sich der heranwachsende Jost zu, sondern, wie ein älterer Bruder von ihm, Josua Amman (geb. 1531, † an der Pest 1564), Goldschmied wurde, so widmete auch er sich der Kunst. Und zwar scheint er — auch hinsichtlich seiner frühesten künstlerischen Ausbildung und seiner Lehrer sind wir bisher lediglich auf Vermutungen angewiesen — zunächst an die Glasmalerei gedacht zu haben, die eben damals in der Schweiz in hoher Blüte stand. Ob wir freilich an einen der Züricher Glasmaler jener Zeit, wie Carle von Aegeri, Joh. Murer und Nikolaus Bluntschli, oder richtiger an einen Porträtisten, wie Hans Asper, Jakob Clauser und andere, oder endlich an einen Illustrator wie Hans Thomann als seinen ersten Lehrmeister zu denken haben, muß dahingestellt bleiben. Sicher ist nur, daß die frühesten Zeichnungen, die wir von A. besitzen, abgesehen von der allerfrühesten, von 1557 datierten, die sich als eine Nachzeichnung nach Dürers Holzschnitt „Himmelfahrt Mariä" von 1510 darstellt, Scheibenrisse sind und daß auch in seinem späteren Schaffen das dekorative Element stets eine große Rolle gespielt hat. Da jene Zeichnungen sich sämtlich in Basel erhalten haben, auf Baseler Papier entworfen wurden und zum Teil Wappen Baseler Bürger wiedergeben, so hat die Annahme Paul Ganz' viel für sich, daß A. sich zu Ausgang der 50er Jahre auf die Wanderschaft begeben, seine Schritte nach Basel gelenkt und hier seine Studien fortgesetzt habe. Schon 1560 fügte er auf seinen Blättern dem Anfangsbuchstaben seines Namens gelegentlich die Buchstaben V. Z. (= von Zürich) bei.

Bald darauf finden wir ihn dann bereits in Nürnberg, wo er offenbar 3. 3. 1561 Zeuge jenes letzten Gesellenstechens der ehrbaren Geschlechter auf dem Marktplatze war, das er in einer sauber ausgeführten, figurenreichen Aquarellmalerei (jetzt in der kgl. Graphischen Samml. in München) verewigt hat. Und nicht viel später fällt auch seine erste Bekanntschaft und die Anknüpfung geschäftl. Beziehungen mit dem großen Verleger Sigmund Feierabend, die entscheidend für sein künftiges Leben und die Richtung seiner Kunst werden sollte. Möglich, daß die Werkstatt des weit bekannten und fruchbaren Virgil Solis das eigentliche Ziel seiner Reise nach Nürnberg gewesen ist, daß er kurze Zeit hindurch sogar die Lehre dieses Meisters genossen hat, um dann, als Virgil Solis 1562 plötzlich an der Pest starb, unvermutet rasch und vielleicht halb gegen seinen Willen das künstlerische Erbe des bedeutenden Illustrators anzutreten. Jedenfalls rückte A. um jene Zeit gegenüber dem Feierabendschen Verlag ohne weiteres an die Stelle des Virgilius Solis. Sein erstes umfänglicheres Holzschnittwerk waren die Illustrationen zur Frankfurter Bibel von 1564, seine ersten Versuche mit der Radiernadel die Blätter für Leonhard Fronspergers Kriegsbuch, das vollständig zuerst 1573 im Feierabendschen Verlage erschien.

Aber selbst damals mag A. noch kaum die Absicht gehabt haben, sich dauernd in Nürnberg niederzulassen. Darauf deutet der Besitz eines eigenen Hauses in Zürich, zu dessen Verkauf er erst 1575 schritt, nachdem er sich 24. 11. 1574 zu Nürnberg mit der Witwe des Goldschmieds Wilhelm Wilke, Barbara mit Namen, verheiratet hatte. Und obwohl die Erlangung seines aus dem Hausverkauf erlösten Geldes für den außer Landes gegangenen auf nicht geringe Schwierigkeiten stieß, schwur er dann doch im Frühjahr 1577 persönlich, wie es verlangt wurde, sein Bürgerrecht in Zürich ab und blieb in Nürnberg, dessen Rat ihm bereits am 14. Juni (nicht Juli) des gleichen Jahres das Bürgerrecht kostenlos verlieh, weil er, wie es in dem betr. Ratsbeschluß, in dem A. als „Maler und Kupferstückreißer“ bezeichnet wird, heißt, „mit seiner Kunst so berühmt und trefflich“ sei.

Der weitere Lebensgang des Meisters liegt im wesentlichen klar zutage: abgesehen von einer Reise nach Augsburg (1578) zur Anfertigung von Zeichnungen für das Fuggersche Buch von der Gestüterei, von einem Aufenthalt in Frankfurt a. M. und namentlich in Heidelberg 1583, wo er den 12. 10. 1583 verstorbenen Kurfürsten Ludwig von der Pfalz auf dem Totenbette porträtierte, von einem Aufenthalt in Würzburg im Winter 1586/87 und in Altdorf, wo er 1590 einen engl. Grafen im Zeichnen unterrichtete, hat er wohl weiterhin ausschließlich in Nürnberg, wo er ein Haus in der Oberen Schmiedgasse bewohnte, seine Tage in unermüdlicher, aufreibender Arbeit verbracht. Am 1. 6. 1586 starb seine Frau, die ihm 2 Söhne und 2 Töchter geboren hatte. Am 5. 12. des gleichen Jahres schritt er zu einer zweiten Ehe mit der Witwe Elisabeth Maler geb. Schwarz. Fortgesetzte Geldverlegenheiten u. Differenzen mit den Stiefkindern Maler wegen der von diesen geforderten Herausgabe des väterlichen Gutes verbitterten die letzten Lebensjahre des Künstlers, der, wie uns namentlich manche seiner Arbeiten beweisen, mit Männern wie Hans Sachs und Wenzel Jamnitzer, mit Joachim und Friedrich Camerarius, mit den Patrizierfamilien Tucher und Pfinzing in Nürnberg und Marx Fugger in Augsburg in nahen, gewiß nicht lediglich geschäftlichen Beziehungen stand, dessen Gutmütigkeit und demütig-frommer Sinn indessen von manchem schlauen Weltkinde und so insbesondere von dem reichen Sigmund Feierabend in geradezu frevelhafter Weise ausgenutzt worden zu sein scheint. Mitte März 1591 erlag der Meister einem Magenleiden und ward 17. 3. — wir wissen nicht wo — zur letzten Ruhe bestattet. Er hinterließ außer seiner Witwe zwei Töchter aus erster Ehe, Maria und Barbara, die sich in die dürftige Hinterlassenschaft — sie betrug nach Bezahlung der Schulden und Abzug des Malerschen Vermögens 338 Gulden — zu teilen hatten, und von denen Maria (geb. 1577) unvermählt blieb, Barbara (geb. 1584) 15. 6. 1603 einen „Dockenmacher“ Erhard Kleinmüller heiratete (Ehebücher zu St. Lorenz in Nürnberg). Die beiden Söhne Paulus und Johann Jakob waren bereits vor dem Vater gestorben.

Obgleich A. mehrfach als „Maler“ bezeichnet wird, er auch, wie oben ausgeführt, in seiner Jugend möglicherweise als Glasmaler tätig gewesen ist, so haben sich doch weder eigentliche Tafelbilder, noch etwa Wand- oder Glasgemälde von seiner Hand bisher nachweisen lassen. Seine hauptsächlichste Tätigkeit und Kunst beruhte im „Reißen“ d. h. im Zeichnen, „Kunstreißer“ wird er in den gleichzeitigen amtlichen Aufzeichnungen vornehmlich genannt, und wenn nachmals (1615) der Frankfurter Maler Jörg Keller Joachim von Sandrart erzählte, daß in den vier Jahren, die er bei Jost Amman in der Lehre gewesen sei, sein Lehrmeister eine solche Menge von Zeichnungen verfertigt habe, daß man sie kaum auf einem Heuwagen würde haben transportieren können, so beruht diese Mitteilung zwar ohne Zweifel auf Übertreibung, beleuchtet aber doch scharf das Hauptfeld der künstlerischen Betätigung des Meisters.

Von den zahlreichen z. T. aquarellierten Zeichnungen A.s, die auf uns gekommen und als seine Werke nachweisbar sind, aber eine systematische Sammlg. oder eine eingehende Würdigung bisher nicht erfahren haben, sind einige, wie insbesondere das jenes Nürnberger Gesellenstechen von 1561 darstellende Blatt, mehr eine Aquarellmalerei als eine lavierte Zeichnung, bereits erwähnt worden. Von ganz besonderem Reiz ist ferner der Stammbaum der Nürnberger Patrizierfamilie Pfinzing in einer weiten lachenden Landschaft erwachsend, mit 150 reich kostümierten z. T. porträtähnlichen Figuren; zu oberst eine liebliche Schar blühender junger Gestalten; unten links das Zeichen des Künstlers: IA (jetzt im Besitz der freiherrl. von Löffelholzschen Familie in Gibitzenhof bei Nürnberg). Ebenso rührt der prächtige und höchst geschmackvolle Bilderschmuck des Geschlechterbuches, das Martin Pfinzing 1568 anlegen ließ (jetzt im Besitz der von Hallerschen Großgründlacher Familienstiftung), sowie die reiche Ausstattung des etwas bekannteren Tucherbuches (noch im Besitz der frherrl. von Tucherschen Familie in Nürnberg) von Jost Amman her und besitzt die Graphische Sammlg. in München u. a. noch eine Reihe zusammengehöriger Blätter, auf denen A. den Einritt Kaiser Maximilians II. in Nürnberg 6. 6. 1570 auf das sorgfältigste in Wasserfarben dargestellt hat. Mehr als 450 Menschen und Tiere sind in der 37 cm hohen und insgesamt 16 m langen Schilderei wiedergegeben. Das Berliner Kupferstichkabinett bewahrt sein Stammbüchlein von 1572, das sich 1615 im Besitze Georg Pfinzings befand, ferner ein schönes Blatt „Ritter zu Pferde“ und einige Entwürfe von seiner Hand, das Kupferstichkabinett des German. Mus. in Nürnberg namentlich eine reizende Zeichnung: fünf Putten mit einer Katze spielend, in schwarzer Tusche auf blaugrundiertem Papier ausgeführt, weiß und (die Haare zweier Kinder) gelb gehöht; bezeichnet in der gleichen gelben Farbe: 15 IA 77. Auch in den Sammlgn. von Dresden, Wien, Kopenhagen, Genf usw. finden sich Zeichnungen von A., deren Zahl sich bei eigens zu diesem Zweck angestellten Nachforschungen ohne Zweifel leicht durch weitere Funde vermehren lassen würde.

Ungleich einschneidender ist ja allerdings A.s Bedeutung als Zeichner für den Holzschnitt und als Radierer. Eben infolge dieser doppelten Tätigkeit und durch die ungeheure Menge seiner Blätter, die dann zumeist wieder in zahlreichen Abdrücken ihren Weg ins Volk fanden, hat er einen außerordentlichen Einfluß auf die Kunst, die Bildung, die Kultur seiner Zeit ausgeübt und uns, da der Kreis seiner Darstellungen fast alle Gebiete menschlichen Lebens und Wirkens umschloß und nicht selten erschöpfte, in seinem „Werke“ ein unvergleichliches Bild dieser Zeit, deren hervorragendster, fruchtbarster und volkstümlichster Illustrator er war, hinterlassen. Es verlohnt sich nicht, die Unsumme seines Schaffens auf dem Gebiete des Holzschnitts und der Radierung hier aufs neue Revue passieren zu lassen oder auch nur Einzelnes abermals daraus hervorzuheben, nachdem im Laufe der Zeit Becker, Andresen und J. E. Wessely (in Meyers Allgem. Kstlerlex.) mit umfassenden Verzeichnissen, freilich keineswegs abschließenden wissenschaftlichen Leistungen, hervorgetreten sind und das Werk A.s auch sonst bereits vielfach -- vgl. z. B. neuerdings Paul Ganz' Abhandlung im Schweiz. Kstlerlex. I 28 ff. — Gegenstand mehr oder minder eingehender Erörterungen gewesen ist. Ich beschränke mich deswegen darauf, hier nur noch anzumerken, daß unser Künstler in der Regel seine Figuren und Darstellungen unmittelbar auf den Holzstock zeichnete und daß er verschiedentlich auch selbst als Formschneider tätig gewesen ist, wo sich dann, wie in dem Kartenspielbuch Nürnberg bei Leonhard Heußler 1588 (Andresen No. 235), die Holzschnitte durch besondere Akkuratesse und Klarheit auszeichnen. Er pflegte in solchen Fällen, wie es damals üblich war, seinem Monogramm, über dessen verschiedene Formen man sich ebenfalls aus der bereits angeführten und unten näher bezeichneten Literatur unterrichten möge, ein kleines Schneidemesser hinzuzufügen.

Über die hohe Bedeutung Jost Ammans in kulturgeschichtlicher Hinsicht und seines Werkes für die kulturgeschichtliche Forschung ist man zu allen Zeiten, in denen man sich mit dem Meister beschäftigt hat, durchaus *einer* Meinung gewesen. Über den künstlerischen Wert seines Schaffens dagegen gehen die Ansichten mehr auseinander, was z. T. in der noch immer mangelhaften Kenntnis seiner gesamten Kunsttätigkeit, der noch fehlenden sorgfältigen Analyse von Ammans Kunst seinen Grund hat. Von den Mitlebenden gelegentlich in überschwenglicher Weise gepriesen, als „absolutissimus pictor“ und der Apelles seiner Zeit gefeiert, ist er von den Kunsthistorikern unserer Tage hin und wieder entschieden zu niedrig eingeschätzt worden. Allerdings war wohl Amman nach seinen großen und vielseitigen Talenten — hat er doch nebenher auch zu kunstgewerblichen Zwecken, außer für Glasmaler auch für die Nürnberger Schachtelmacher, Holzdrechsler, Goldschmiede, Sonnenuhrmacher usw. manches gearbeitet — zu noch bedeutenderen Leistungen berufen, als er uns hinterlassen hat; notwendig muß ja der fortgesetzte Kampf um das tägliche Brot und die damit zusammenhängende Massenproduktion ungünstig auf die Qualität seiner Arbeiten eingewirkt haben. Aber welchen Reiz üben die meisten derselben gleichwohl noch heute aus und welch reiche Welt- und Menschenkenntnis, wieviel Geist, Humor und Witz hat der Künstler in diesen tausend und abertausend technisch zumeist vortrefflich, ja virtuos behandelten Bildern und Bildchen niedergelegt! Da gerade gegenwärtig ein starker Zug in unserer Buchausstattung der oben erwähnten dekorativen Richtung in Ammans Kunst, die ihn z. B. gelegentlich wohl ein paar Gestalten in der Umrahmung eines Büchertitels oder zu beiden Seiten eines Porträts überschlank bilden läßt oder seinen Pferden allen etwas Heraldisches, um nicht zu sagen Ornamentales verleiht, entgegenkommt, so wäre der Augenblick zu einer Revision der Frage zweifelsohne ein günstiger.

Sandrart, Teutsche Akad. II 2, 254. — Doppelmayr, Histor. Nachr. etc. S. 207. — Waldau in seinen Vermischten Beiträgen III (1788) S. 305 ff. — Becker, Jobst Ammann (Leipzig, 1854). — Wessely in Meyers Allgem. Kstlerlex. I 639 ff. — Hefner-Alteneck in den Sitzungsber. der k. b. Akad. d. Wiss., philos.-philol. und histor. Kl. 1878, I 133 ff. — Meyer-Zeller, Jos Ammann (Zürich 1879; SA. aus dem Züricher Taschenbuch für 1879). — v. Schorn, Jobst Ammann in Kunst u. Gewerbe XVI (1882) S. 1 ff. — Ganz in Bruns Schweizer. Kstlerlex. I (1902) S. 28 ff. — Hampe, Nürnberg. Ratsverlässe I S. 616 u. ö (vgl. den Registerband). — Ammann, Gesch. d. Familie Ammann von Zürich (1904), insbesondere S. 86 ff. (von Bedeutung namentlich durch die Veröffentlichung der Briefe Jost Ammans, einer Hauptquelle für die Kenntnis seines Lebens und seines Charakters). — Bartsch, P.-Gr. IX 351 ff. — Becker, s. oben. — Passavant, P.-Gr. II 463—65. — Andresen, Der deutsche P.-Gr. I 99—448. — Nagler, Monogrammisten III No. 731, 741, 750, 751, 776, 778 u. ö. *Th. Hampe.*

Amman, Johann Heinrich, Schweizer Erzgießer; von ihm laut Inschrift die gravierte Bronzegrabplatte des Abtes Eberhard von Bernhausen († 1642) in der Klosterkirche zu Rheinau.

Rothenhäusler, Baugesch. d. Klosters Rheinau, Diss. *H. V.*

Amman, Marx (Marcus), Steirischer Goldschmied in Leoben, machte 1614 für die Kirche von Kallwang eine Monstranz.

Wastler, Handschr. Nachtr. z. s. Steirischen Kstlerlex. (im Besitz der Techn. Hochschule in Graz). *R.*

Amman, Stephan, Bildhauer aus Ulm, 1586—1612 in Freiburg (Schweiz) urkundlich vorkommend, wo er 1591/92 die Vorhalle der St. Nikolaskirche restaurierte. Ferner schreibt man ihm die Vollendung der 1592 errichteten Fontaine de St. Pierre auf dem Hospitalplatz daselbst sowie die Fontaine du Sauvage zu. 1600 arbeitet er eine Statue der Fides für den Brunnen auf dem Schmiedeplatz.

Brun, Schweizer. Kstlerlex. *H. V.*

Amman, s. auch *Aman, Ammann* u. *Ammon.*

Ammanati (Ammannati), Bartolomeo, italien. Bildhauer und Architekt, geb. 18. 6. 1511 in Settignano bei Florenz, zuerst Schüler des Baccio Bandinelli in Florenz, dann des Jacopo Sansovino in Venedig, unter dem er an den plastischen Arbeiten der Libreria vecchia tätig war. Er kehrte dann nach Florenz zurück und studierte eifrig Michelangelos Grabmäler der Medici in der neuen Sakristei von S. Lorenzo, war dann aufs neue in Venedig, 1544—1546 in Padua tätig, vermählte sich 17. 4. 1550 in Loreto mit der aus Urbino stammenden, hochbegabten Dichterin Laura Battiferri und nahm nach der Hochzeit für längere Zeit in Rom seinen Wohnsitz. 1560 ungefähr siedelte er dauernd nach Florenz über, war von dort aus noch kürzere Zeit in verschiedenen anderen italienischen Städten und starb in Florenz 22. 4. 1592. A. hat als Bildhauer und Architekt eine umfangreiche Tätigkeit entfaltet, doch läßt sich ihm als Bildhauer nur eine mittelmäßige Bedeutung zusprechen. Die Nachahmung Michelangelos führte zur Manier und die anspruchsvollen Riesengestalten seiner Hand sind kraftlos und leer. Die erste selbständige *plastische Arbeit* A.s ist ein Relief mit Gottvater und Engeln im rechten Seitenschiff des Domes von Pisa am Altar des hl. Märtyrers Gamaliel, 1536 datiert ferner eine nicht mehr erhaltene Leda für den Herzog Guidobaldo II. von Urbino, sowie drei lebensgroße Marmorstatuen für das Grabmal des Dichters Sannazaro in Neapel. Nach Urbino berufen, schuf er dort das Grabmal für den verstorbenen Herzog Francesco Maria in S. Chiara, das indessen, als zu groß für die kleine Kirche, aus derselben entfernt wurde und zugrunde gegangen ist, sowie mehrere Skulpturen für die Villa Imperiale des Herzogs in Urbino. Nach Florenz zurückgekehrt, erhielt er den Auftrag, für die Kirche S. Annunziata das Marmorgrab des Römers Maria Nari auszuführen, doch verhinderten besondere Umstände, wie man sagt, die Mißgunst Baccio Bandinellis, dessen Aufstellung, so daß nur einzelne Figuren des Werkes an verschiedenen Orten des Klosters untergebracht wurden. Aus Ärger hierüber soll A. seine Vaterstadt verlassen haben. Er ging wieder nach Venedig, wo er für den Markusplatz einen gewaltigen Neptun aus pietra striana arbeitete, der aber dort nicht lange gestanden zu haben scheint. 1544 befand sich der Künstler dann in Padua, wo ihn der kunstliebende Rechtsgelehrte Marco Mantova Benavides mehrfach beschäftigte. Er führte für das Wohnhaus desselben (jetzt Pal. Venezza oder Aremberg) die beiden Portalstatuen des Jupiter und Apollo aus, sowie eine aus acht großen Marmorblöcken zusammengesetzte, im Hofe des Palastes noch erhaltene gigantische Figur des Herkules (1544). Auch ließ sich Benavides noch bei Lebzeiten († 1582) sein prunkvolles Grabmonument mit den wenig gelungenen allegorischen Figuren der Wissenschaft und Arbeit in der Kirche degli Eremitani von A. errichten (1546 vollendet). 1550 siedelte A. für längere Zeit nach Rom über, wo er sich schon früher einmal aufgehalten hatte, um einige Statuen für die szenische Aufführung der Oedipus-Tragödie von dem Dichter Giov. Andrea dell' Anguillara im Pal. Colonna auszuführen. Der Papst Julius III. übertrug ihm (u. Vignola) jetzt einen Brunnen für den Hof seiner Villa vor der Porta del Popolo, den A. mit einigen anmutigen Kinderfiguren schmückte und der nach ihm noch jetzt den Namen „Fonte dell' Ammanati" führt (nach Mitteil. des Dr. J. Orbaan befindet sich im Arch. di Stato in Rom, Atti Camerali, Villa Giulia 1554—1555 v. 17.—24. 7. fol. 31 v°. eine Notiz über die Gehilfen des A. an dieser Arbeit und Zahlung für dieselben), und ferner führte A. im Auftrage des Papstes die Grabmäler zweier Verwandten desselben, des Kardinals Antonio del Monte und dessen Bruder, mit den Nischenstatuen der Religion und der Gerechtigkeit und den liegenden Statuen der Verstorbenen im linken Querschiff von S. Pietro in Montorio aus. Trotz aller Anerkennung, die A. in Rom fand, fühlte er sich von seiner Tätigkeit dort nicht befriedigt und kehrte ungefähr 1560 nach Florenz zurück. Von Cosimo I. freundlich aufgenommen, erhielt er Auftrag, einen Fassadenentwurf für die Sala del Gran Consiglio im Palazzo Vecchio mit einer großen Brunnenanlage, die er mit sechs überlebensgroßen allegorischen Marmorfiguren (Wassergöttern usw.) schmückte, anzufertigen. Da es sich jedoch als unmöglich erwies, diesen Brunnenaufbau in dem Palazzo unterzubringen, ließ ihn der Großherzog schließlich im Park seiner Villa in Pratolino (später Eigentum des Fürsten Demidoff) aufstellen, von wo einige der Figuren später in den Garten des Palazzo Pitti gelangten. Für einen von Tribolo in der Villa di Castello bei Florenz erbauten Brunnen modellierte A. die Bronzegruppe „Herkules und Antaeus", sowie gleichfalls für Castello die riesige Bronzestatue des Appenin. Gleichzeitig entstanden einige andere Bronzebildwerke, so ein Mars, eine Venus und zwei Kinderfiguren. Aus der für einen Brunnen auf der Piazza della Signoria ausgeschriebenen Konkurrenz, an der sich außer anderen auch Benvenuto Cellini und Giovanni da Bologna beteiligten, ging A. als Sieger hervor. Der Grundstein zu diesem noch an Ort und Stelle befindlichen plastischen Hauptwerk des Künstlers wurde 1571 gelegt, 1575 wurde der Brunnen eingeweiht. Die Mittelfigur bildet die marmorne Riesenstatue des Neptun (das angebliche 0,52 m hohe Bronzemodell dazu befindet sich im Mus. von Montpellier), die anderen Nebenfiguren, Tritonen, Meerpferde etc. sind in Bronze ausgeführt. Auf Wunsch Gregors XIII. endlich schuf A. im Camposanto in Pisa das Grabmal des päpstlichen Nipoten Giov. Buoncampagni, das mit seinen drei Marmorstatuen Christus, Justitia und Pax übrigens ein ziemlich mittelmäßiges Kunstwerk darstellt. (Nach Mitteilung des Dr. J. Orbaan cod. Vat. Lat. 6697, fol. 12 v°. Zahlungsausweis für dieses Werk, datiert v. 3. 9. 1574.)

Bei weitem bedeutender ist A. als *Architekt*, er hat zur Entwickelung der Barockarchitektur, besonders für den Palastbau, neben Alessi und Palladio wesentlich beigetragen. Eine gewisse Größe und Einfachheit der Anordnung ist A.s Palästen eigen. Die vertikale Einteilung der Fassade durch Pilaster oder Halbsäulen findet sich selten, die hohen Stockwerke sind durch wuchtige Gurte oder Gesimse geschieden, die Ecken, Fenster und Tore öfters mit kräftiger Rustika eingefaßt und die letzteren meist mit reicher Bekrönung versehen. Voll und reich sind auch die das Gebäude abschließenden, weit vorspringenden Kranzgesimse. Ornamentale Details sind nur sparsam verwendet. A. sucht durch Hervorhebung der kräftig ausgebildeten Hauptformen zu wirken und verleiht seinen Bauten dadurch zwar einen stattlichen, aber doch derben und schwerfälligen Charakter, der gegenüber den Palästen der Renaissance entschieden eine Vergröberung bedeutet. Seit seinem längeren Aufenthalt in Rom (etwa seit 1550) hat sich A. ernstlich mit Architektur beschäftigt, doch scheint er schon vorher sich mit architektonischen Studien abgegeben zu haben, da kurz nach 1550 bereits ein „Trattato di Architettura" unter Beifügung eines wohldurchdachten großen Planes einer Idealstadt entstand, von dem leider nur einzelne Fragmente in der Sammlung der Handzeichnungen der Uffizien in Florenz (Bd. XXV, Blatt 3382—3464) erhalten sind. Zu A.s besten Werken in Rom, in denen sein Stil schon voll entwickelt ist, gehören: der Palazzo Ruspoli am Corso (früher Rucellai, 1556 erbaut, erst 1586 von anderer Hand vollendet), und vor allem die Fassade und der sehr wirksame Pfeilerhof mit einfachen Pilastern des Collegio Romano.

Nach seiner Rückkehr nach Florenz hat A. auch dort eine bedeutende Tätigkeit als Architekt entwickelt. In erster Linie ist der prächtige Neubau des 1557 durch Überschwemmung zerstörten Ponte S. Trinità zu nennen, der 1567—1570 ausgeführt wurde. A. löste diese Aufgabe sowohl vom technischen als künstlerischen Standpunkte aus in vollendetster Weise. In die Jahre 1558—1570 fällt A.s umfangreichstes aber nicht glücklichstes Werk, der Ausbau des von Brunelleschi begonnenen Palazzo Pitti: der Arkadenhof mit drei Säulenordnungen im dorischen, jonischen und korinthischen Stil über einem schweren Rustikasockel, der die Hoffronten mit Brunelleschis Fassadenarchitektur in Einklang bringen sollte. Weit größeres Geschick bekundete A. in den Bauten, die er ganz selbständig im Sinne seiner Zeit u. ihrer architektonischen Bedürfnisse ausführen konnte. Von kirchlichen Bauten seien genannt: der zweite Klosterhof von S. Spirito (1564), schön in den Verhältnissen mit wirksamer Abwechslung von Bogen und geradem Gebälk, der einförmige Hof des Klosters agli Angeli und der Umbau der nüchternen Jesuitenkirche S. Giovannino degli Scolopi (1579); von Palästen: Giugni (Via degli Alfani No. 50, 1560 erbaut), Vernaccia, Montalvi, Pucci (Via Pucci), Ramirez und Vitali (beide im Borgo degli Albizzi), Antinori-Manelli già Riccardi (Piazza dell' Annunziata), und Mondragone.

Von Florenz aus ist A. auch anderweitig tätig gewesen. In Lucca erbaute er 1578 den unvollendet gebliebenen Palazzo ducale (jetzt Pal. provinciale an der Piazza Napoleone), ferner die Paläste Celanni (am Dome), Lombardi (auch Manzi gen.), Bernardini (1560), und Orsetti (Via S. Giustina), in Volterra entstand nach A.s Entwurf der schöne Hof der Badia de' Monaci, und in Siena führte er mehrere kleinere Bauten aus. Auch in Rom hat sich A. später noch öfters aufgehalten, so 1586, wo er unter den Künstlern sich befand, die wegen der Aufrichtung des Obelisken auf dem Petersplatze zu Rate gezogen wurden.

Nach dem Tode Michelangelos (1564) wurden Vasari, Agnolo Bronzino, Benvenuto Cellini und Ammanati von der Akad. und dem Großherzog dazu erwählt, die Vorbereitungen für das feierliche Leichenbegängnis des großen Meisters zu treffen.

In den letzten Jahren seines Lebens büßte A. zum Teil seine Sehkraft ein und wurde von der kirchlichen Rückströmung dieser Zeit im höchsten Maße ergriffen. Er bereute bitter, seine Kunst nicht nur der Kirche, sondern zum Teil weltlichen Dingen gewidmet zu haben und gab sich unter den Einfluß der Jesuiten, denen er auch sein sehr beträchtliches Vermögen hinterließ, religiösen Übungen hin. Er starb wenige Jahre nach seiner Gattin 22. 4. 1592 und wurde in der auf seine eignen Kosten errichteten Kapelle S. Bartolomeo in der von ihm umgebauten Jesuitenkirche S. Giovannino degli Scolopi beigesetzt. Das Altarbild für diese Kapelle hatte er sich von Alessandro Allori malen lassen, der in dem hl. Bartholomaeus auf demselben das Bildnis des Ammanati und in der bejahrten Frau mit weißem Kopfschleier das der Frau des Meisters wiedergab.

Vasari (Le Monnier u. Milanesi). — Borghini, Il Riposo p. 67, 165, 590 f. — Baldinucci, Opere VII 393—535 (ausf. Biogr.). — Portenari, Felicità di Padova p. 449, 458. — Richa, Not. istor. delle Chiese Fiorent. I 23; IV 41; VII 211; VIII 39, 63. — Cicognara, Stor. della Scultura III 318—320. — Serie degli Uomini i più illustri nella Pittura etc. VI 159 f. — Da Morrona, Pisa illustr. I 211; II 314. — Milizia, Memorie degli Archit. II 67—69. — Gaye, Carteggio III 11—13, 72—75, 121, 138, 387, 554, 578. — Gualandi, Memorie orig. Ital. III 38—41 u. Nuova Raccolta di Lettere I 57; II 34—37; III 34. — Guhl-Rosenberg, Künstlerbriefe 1880, Reg. 371, 376. — Milanesi, Doc. Senesi III 215—237. — Burckhardt, Baukunst d. Renaissance (Kugler, Gesch. d. Bauk. IV) p. 140, 173, 176, 182, 199 u. Der Cicerone (1901) II 300a, 308, 549m. — Perkins, Tuscan Sculptors II 156—161, 231. — Campori, Mem. biogr. di Carrara 263. — Jahrb. d. preuß. Kstsl. IV 41 f. — Repert. f. K.-W. XIV 23. — Due lettere di B. Ammanati . . . Firenze 1869 (per nozze). — Richesses d'art de la France: Province, Mon. civ. I 360. — Meyer, Kstlerlex. (mit Verz. der Stiche u. Abbildungen nach A.s Werken). — Calzini, Urbino e i suoi Monumenti. — G. Pittoni, La Libreria di S. Marco, Pistoja 1903. — *Unediertes Material* in Rom, cod. Vat. Lat. 9065 (Brief an einen Unbekannten und an Cosimo Medici, nach Mitt. von Dr. J. Orbaan), in Florenz, Spogli ined. Milanesi (Arch. Medic. di Firenze, filza 668, carta 255; Carte Strozziane filza 33 carta 181; Estratti dall' Arch. di Urbino nell' Arch. di Stato in Florenz, nach Mitt. von Dr. G. Degli Azzi). *B. Magni.*

Ammanati, s. auch *Ammannati.*

Ammanato, Battista, Bildhauer aus Toskana um 1565, Schüler von Bartolommeo, nur bei Zani (Enc. met. II 88) erwähnt. *H. V.*

Ammanato, Giovanni, Maler in Neapel, geb. 1475, † 1553; Werke von künstlerischem Wert nicht nachweisbar.

Dominici, Art. Napoletani, II 52. — Crowe u. Cavalcaselle, Gesch. d. italien. Mal. VI 134, Anm. 82. *

Ammanato, s. auch *Ammannato.*

Ammann, Hans, Bildhauer aus Ulm, tätig 1579—1589, fertigte drei Grabdenkmale für die v. Spethsche Familie in die Kirche zu Hettingen (Hohenzollern). Von ihm ist ferner die Kanzel (1589) in der Kirche St. Luzen zu Hechingen nebst den Kirchenstühlen, die Tore am fürstl. Schloß und reich verzierte 17 Fuß hohe Kamine daselbst. 1587 fertigte er eine Bettstatt um 37 fl. ins Schloß. Weyermann erwähnt ihn als guten Zeichner und Baumeister, welcher das Münster zu Ulm mit dem Ölberg abgezeichnet habe.

Klemm, Württemb. Baumeister u. Bildhauer. — Zingeler, Schwäb. Künstler u. Kunsthandwerker im 16. Jahrh. Bes. Beil. d. Württ. Staatsanzeigers 1902. — Zingeler, Kunstdenkmäler in Hohenzollern 1896. *M. Bach.*

Ammann, Jeremias, mittelmäßiger Kupferstecher von Schaffhausen, geb. 1651, fertigte um 1666—1671 einige Porträts, Titelblätter etc. nach fremden Vorlagen.

Meyer, Kstlerlex. — Vogeler in Brun, Schweiz. Kstlerlex. — Fest-Schrift der Stadt Schaffhausen 1901 p. 16. **

Ammann, Johannes, unbedeutender Porträt-Stecher von Schaffhausen, geb. 1695, † 1751. Ausführliches Verzeichnis seiner Blätter bei Brun, Schweizer. Kstlerlex. *H. V.*

Ammann, s. auch *Aman, Amman* u. *Ammon.*

Ammannati, Gherardo d'Antonio, da Settignano, Bildhauer in Pistoia, wo er 1495 das damals neuerbaute, jetzt nicht mehr existierende Oratorium des Spedale della Morte mit einem reich skulpierten Crucifixus-Tabernakel zu schmücken hatte. — Sein Bruder *Antonio A.* war gleichzeitig als Steinmetz für den Magdalenenaltar desselben Oratoriums tätig.

P. Bacci, Rivista d'Arte 1905, p. 161. *

Ammannati, Giovanni (Vanni dell' Ammannato, Giovanni di Tura dell' Ammannato), Sieneser Holzschnitzer des 14. Jahrh. Zuerst 1305 in Siena in der Parochie S. Donato wohnend erwähnt, 1323 mit Reparaturen am Campanile des Palazzo Pubblico beschäftigt, 1329 ist G. in Orvieto und entwarf gemeinsam mit Giov. Talini die Zeichnungen für das schöne Chorgestühl des Domes, an dem er mit mehreren Holzschnitzern, die er aus Siena mitgebracht hatte, in den folgenden Jahren arbeitete. G. hat sich aber nicht ständig in Orvieto aufgehalten, sondern ist wieder nach Siena zurückgekehrt, von wo er die Arbeiten am Chorgestühl in Orvieto leitete. 1337 ist er sicher in Siena nachweisbar, 1339 bis zu seinem Tode 1340 wieder in Orvieto tätig.

Della Valle, Storia del Duomo di Orvieto 109, 115, 275, 282. — Milanesi, Doc. Sen. I 384. — L. Fumi, Il Duomo di Orvieto, 1891 (Reg. s. Giovanni d'A.). — Erculei, Catal. d. op. ant. d'intaglio (1885) p. 28. — Luzini in Arte Antica Senese (1904) p. 191. — Rivista Storia Benedittina, I 31—53, 196—225. — Arch. Stor. Ital. ser. III t. X parte I p. 178 ff. — Rassegna Nazionale, vol. 119 p. 621 ff. vol. 120 p. 250 ff. *G. De Nicola.*

Ammannati, s. auch *Ammanati.*

Ammannatini. Nach Zani, Enc. met. II 89 sollen zwei Maler dieses Namens, die Brüder *Ammanato* und *Albizzino Ammannatini* in der 2. Hälfte des 14. Jahrh. in Florenz gelebt haben. **

Ammannatini, Manetto (genannt Manetto da Firenze, Il Grasso Legnajuolo), Holzschnitzer und geschickter Architekt, geb. in Florenz 1384, † 1450 in Ungarn, wurde 1409 von Pippo Spano nach Ungarn berufen, wo er 40 Jahre lang tätig war und für diesen kunstsinnigen Feldmarschall König Sigismunds und dann für den König selbst Kirchen und Paläste baute. 1426 besuchte bei einer Gesandtschaft an den Hof in Pest der berühmte florentiner Diplomat Rinaldo degli Albizzi den Künstler und empfing kunstvolle Geschenke von ihm und bewunderte dessen Bauten.

E. Müntz in der Gaz. d. b. arts III Pér. XII 357/8. — Novella del grasso Legnajuolo, Florenz 1886 p. 62, 68. — Operette istoriche edite ed inedite di Ant. Manetti, ed. Milanesi, Firenze 1887 p. XXII—XXXI. **

Ammannato, Sieneser Baumeister des 16. Jahrh. Nur bekannt durch eine Urkunde von 1559, in der er vorgeschlagen wird zur Ausführung von Restaurationsarbeiten am Dome und Turm des Palazzo Pubblico. Er hatte die nötigen Zeichnungen für diese Arbeiten gemacht.

Borghesi e Banchi, Nuovi Doc. Sen. p. 552—553. *G. De Nicola.*

Ammannato, s. auch *Ammanato.*

Ammelerveen, Abraham Jacobsz. van, Maler, wurde 1624 Schüler von Abraham Bloemaert in Utrecht.

Muller, Utr. Arch. 118. *E. W. Moes.*

Ammendola, s. *Amendola.*

Ammirato, Domenico, italien. Landschaftsmaler, geb. zu Neapel im März 1833, ausgebildet an der dortigen Akademie unter der Leitung Smargiassis. Nach Vollendung seiner Studien ließ er sich dauernd in Neapel nieder, um sich der malerischen Darstellung der neapolitanischen Küstenlandschaft zu widmen. Unter seinen zahlreichen Gemälden dieser Art seien genannt: einige 1877 in Florenz ausgestellte Veduten vom Golf von Neapel, wie Mondschein am Posilippo, Sorrent von Capodimonte gesehen.

Gubernatis, Diz. degli Artisti ital. viventi. *R.*

Ammirato, Nicola, neapol. Maler, 1689 in die Korporation der dortigen Maler eingeschrieben. † 8. 2. 1712.

Napoli Nobilissima VII 11. *G. Degli Azzi.*

Ammon, August Wilhelm, Tiermaler, geb. 1812 in Vessra, † 1895, bildete sich seit 1824 in den Akad. zu Berlin, München und Paris aus und war darauf in London, Boston und San Francisco tätig. — Seine Kunst umfaßte die Genre-, Porträt- und Tier-, insbesondere Pferdemalerei. Von seinen Bildern befinden sich zurzeit auf Schloß Altenstein noch mehrere Tierstücke nach dem ehem. Gestüt daselbst und ein Pastellporträt der Frau Ammon geb. Fehringer in Meininger Privatbesitz. Außerdem nennt das Ausstellungsverzeichnis der Berliner Akad. von 1832 vier als Studien nach der Natur bezeichnete Stall- und Jagdszenen.

Neue Beitr. z. Gesch. d. Altert . . . Meiningen Lf. 19. — Kat. d. Ausst. d. Berl. Akad. 1832. 1839. 1840. *Hs. Loose.*

Ammon, G. G., kgl. preuß. Roßarzt, malte als Dilettant Pferdebilder, von denen der Katalog der Akademie-Ausstellung, Berlin 1804, zwei Stück verzeichnet. **

Ammon (Amman), Hans, Maler und Radierer zu Nürnberg, der 1607—1611 seine Lehrzeit bei dem Maler Martin Beheim durchmachte, 1613 als Geselle bei der Restauration des großen Nürnberger Rathaussaales mitwirkte, 2. 5. 1616 Meister wurde, sich in den 20er Jahren als Komödiant, namentlich in der Rolle der lustigen Person — „Peter Leberwurst" nannte er sich mit seinem Schauspielernamen — hervortat, 6. 2. 1632, vielleicht zum zweiten Male, heiratete — „Hans Ammon, Mahler, Cunrad Ammons, Zuckerbachers (Zuckerbäckers) seligen Sohn" heißt es in den Ehebüchern zu St. Lorenz in Nürnberg — und, wenn sich Johann Hauer (1586—1660) oder seine Vorlage, die alten Nürnberger Malerbücher, nicht geirrt haben, noch in dem gleichen Jahre 1632 starb. 4. 4. 1637 erscheint „Maria, Hans Ammon mahlers seligen vidua", 4. 3. 1641 indessen auffälligerweise „Hanns Amon, mahlers, uxor" als Taufpatin (Taufbücher zu St. Lorenz). Ob wir aber hieraus auf einen anderen Maler Hans Ammon schließen dürfen?

Noch Murr (1778) sah von ihm in einem Zimmer des Nürnberger Rathauses, der „Rathaus-Vogtei", ein Gemälde, das „eine Nymphe, die ein Haupt in ihren Händen hält", darstellte, mit seinem Namen H. AMMON und der Jahreszahl 1616 bezeichnet und also vermutlich das Meisterstuck des Künstlers war. Jetzt ist das Bild in Nürnberg nicht mehr vorhanden. Bei der Allgemeinheit der Murrschen Angabe und der Ungenauigkeit alter Angaben überhaupt ist es indessen wahrscheinlich, daß es mit einem Gemälde identisch ist, das 1883 als im Besitze von Frau Leroy in Baden-Baden befindlich erwähnt wird, ebenso signiert und datiert ist und „Juno, welche die Augen des erschlagenen Argus in den Schweif ihres Pfauen einsetzt", darstellt. An diesem Bilde, das auf Holz gemalt und 90 cm hoch, 76 cm breit ist, wird die lebendige Komposition und gute Zeichnung, sowie der geschickte, markige Farbenauftrag gerühmt. Außerdem ist unserem Meister mit Sicherheit eine Radierung zuzuschreiben, die in einigen Exemplaren mit einem aus H und A gebildeten Monogramm signiert ist und den „feinen Maler und guten Komödianten", wie Joh. Hauer den Künstler nennt, als Peter Leberwurst darstellt. Das seltene Blatt ist in der graphischen Literatur verschiedentlich beschrieben worden. Einige andere Radierungen können ihm nur mit großem Vorbehalt zugeteilt werden. An seine Identität mit einem 1643 in Warschau erscheinenden Bildnismaler Amman oder Ammon (Jarzemski, Beschreibung Warschaus vom Jahre 1643) ist nach den oben gegebenen Lebensdaten kaum mehr zu denken. Ein jüngerer Nürnberger Maler mit Namen H. A. erscheint bei Hauer nicht. Vgl. aber „Konrad Ammon".

Mitteilungen aus dem german. Nationalmus. 1899 S. 126 (die Aufzeichnungen Johann Hauers). — Mummenhoff, Das Rathaus in Nürnberg S. 121. — Hampe, Die Entwicklung des Theaterwesens in Nürnberg S. 119 f. — v. Murr, Beschreibung der vornehmsten Denkwürdigkeiten in Nürnberg S. 414. — v. H. in der Kunstchronik XVIII (1883) 26. — Nagler, Monogrammisten III No. 594. — Heller-Andresen, Handbuch für Kupferstichsammler I 23. — Andresen, Der deutsche P.-Gr. IV 284 ff. — Wessely in Meyers Allgem. Kstlerlex. *Th. Hampe.*

Ammon, Heinrich, wird in Meyers Kstlerlex. (nach Rettberg, Nürnberger Briefe S. 62) als einer der Werkmeister aufgeführt, die im ersten Viertel des 15. Jahrh. an den Erweiterungsbauten der St. Lorenzkirche in Nürnberg tätig waren. Er war indessen, und zwar nicht 1418, wie Rettberg sagt, sondern 1396—1411 lediglich Genannter des Größeren Rats, ebenso wie (1392—1430) der gleichfalls von Rettberg und in Meyers Kstlerlex. fälschlich bezeichnete Rudolf Gundelfinger, der zeitweilig auch als „Ungelter" d. h. Getränksteuereinnehmer wirkte. Sie fungierten wahrscheinlich nacheinander eine Zeitlang als „Baumeister", wie man den Geschäftsführer des Rates bei allen Hoch- und Tiefbauten, welche auf Kosten der Stadt ausgeführt wurden, nannte. Im übrigen haben beide mit der Architektur nichts zu tun. *Th. Hampe.*

Ammon, Johann, Bildhauer im Dienst des Bischofs von Eichstätt, wird am 28. 7. 1696 vom Ansbacher Markgrafen Georg Friedrich an dessen Hof berufen.

Studien zur deutschen Kstgesch., Heft 32, F. H. Hofmann, Die Kunst am Hofe der Markgrafen von Brandenburg 105. *H. V.*

Ammon, Klemens, Kupferstecher und Verleger um die Mitte des 17. Jahrh. in Frankfurt a. M. und Heidelberg. Gab zahlreiche Bildnisse im Stich heraus, die jedoch meist handwerksmäßig gearbeitet und lediglich durch die dargestellten Personen von Interesse sind. Nach dem Tode seines Schwiegervaters Th. de Bry setzte er die von diesem in 6 Bänden herausgegebene Bildnissammlung „Biblioteca Calcographica" fort, indem er 1650—1652 zwei weitere Bände hinzufügte und 1669 veröffentlichte er in Heidelberg eine neue Ausgabe der früheren Teile.

Verzeichnis der Stiche in Meyers Kstlerlex. und bei Heinecken. —y.

Ammon, Konrad, Maler in Nürnberg, wurde 22. 11. 1611 mit einem Probestück, das die Flucht nach Ägypten darstellte, Meister und hatte später Hans Weber (Lehrzeit 1613 bis 1618) und Hans Wenzel Mahler (Lehrzeit 1618—1622) zu Lehrlingen, also offenbar einen größeren Werkstattbetrieb. Es wird von ihm noch ein Bild, die „Eitelkeit", erwähnt, und außerdem pflegt man ihm eine Anzahl allegorischer Zeichnungen, die mit Feder und Tusche ausgeführt und mit einem aus C und A zusammengesetzten Monogramm signiert sind, zuzuschreiben. Sollte er etwa auch jener Bildnismaler sein, der 1643 — vgl. den Artikel „Hans Ammon" — in Warschau erscheint?

Mitteilungen aus d. german. Nationalmus. 1899 S. 126 (die Aufzeichnungen Johann Hauers). — Nagler, Monogrammisten I No. 2169. — Meyers Kstlerlex. *Th. Hampe.*

Ammon, Paulus, Briefmaler in Nürnberg, wird 1609 Meister, verheiratet sich 3. 5. 1619 (Ehebücher bei St. Lorenz: „Paulus Ammon, ein brieffmaler in der Ledergassen") und erscheint noch 1621 unter den Briefmalern. 5. 11. 1626 verheiratet sich „Frau Apollonia Paulus Ammon, Brieffmalers seeligen nachgelassene Wittib, Goldspinnerin" aufs neue (Ehebücher bei St. Lorenz). Von den Arbeiten P. A.s ist nichts bekannt.

Hampe, Nürnberg. Ratsverlässe II No. 2260. — Baader in Zahns Jahrbüchern 1, 231. *Th. Hampe.*

Ammon, Samuel, Stempelschneider in Danzig 1613—1621. Er hat auch einige Medaillen auf König Sigismund III. von Polen in den Jahren 1619 und 1621 angefertigt. Signatur S—A.

Cat. de l. coll. des méd. et monn. du Comte *E. Hutten-Czapski* I 1871. *N.*

Ammon, Wilhelm, s. *Ammon,* August Wilhelm.

Ammon(t), Wladímir Feódorowitsch, russ. Landschaftsmaler, geb. 28. 12. 1826, † 11. 8. 1879 in Moskau; Schüler der Strogonoffschen Kunstschule in Moskau. 1859 zum Akademiker ernannt. Von ihm: das Gebäude der Akad. der Wissenschaften und der Schloßkai in Petersburg in der Sammlung der Akad. — Waldweg in der Gal. Soldatenko in Moskau.

Русск. библ. словрь (Russ. Bibliogr.) II 93. — N. P. Sobko, Russ. Kstlerlex. *W. Neumann.*

Ammon, s. auch *Amon.*

Ammonios I, Architekt, der Ausbesserungen am berühmten Pharos von Alexandria ausgeführt hat, die sich aber anscheinend nur auf die vom Meere zerstörten Vorwerke und Wellenbrecher am Fuß des Turmes, nicht auf dessen Oberbau bezogen. Sicher ist dies der Fall, wenn des A. Arbeiten identifiziert werden dürfen mit denen, die nach Prokop unter Kaiser Anastasios (c. 500 n. Chr.) am Pharos vorgenommen wurden. Gänzlich verfehlt ist es jedenfalls, A. den dreifachen Stockwerksaufbau (Viereck, Achteck, Rund) des Pharos zuzuschreiben; diese Gestalt hatte der alexandrinische Leuchtturm vielmehr von Anfang an.

Brunn, Gesch. d. gr. Kstlr. II 338. — Pauly-Wissowa, Realenc. I 1868, 22 (Fabricius). — Adler, Der Pharos von Alexandria, 6. *H. Thiersch.*

Ammonios II, nicht identisch mit dem vorigen, ist A. der Erbauer einer Wasserleitung auf Samos.

CIG II 2257. — Brunn, Gesch. d. gr. Kstlr. II 338. *H. Thiersch.*

Ammonios III, Sohn des gleichnamigen Vaters, Architekt, nach der Inschrift Olympia n. 62 gegen Ende des 1. vorchr. Jahrh. Mitglied des Kultpersonals in Olympia.

Pauly-Wissowa, Realenc. Suppl. I 70 (Fabricius). *H. Thiersch.*

Ammonios IV, Bildhauer, Sohn eines Zopyros, von der Wende des 2. u. 1. Jahrh. v. Chr. Bekannt aus einer Inschrift (Hermenschaft?), die auf Delos gefunden wurde. In einer athenischen Inschrift aus dem Jahr 101 v. Chr. wird ein gleichnamiger Ephebe aus Milet aufgeführt, der möglicherweise mit dem Künstler identisch ist (Löwy 546a).

Löwy, Inschr. gr. Bildh. 257. — S. Reinach, Bull. de corr. hell. 1884 S. 175, 10. — Pauly-Wissowa, Realenc. I 1868, 23 (Robert). *Amelung.*

Ammonios V, Bildhauer, Sohn eines Phidias. Er hat mit seinem Bruder Phidias einen hockenden Affen in Basalt gearbeitet, der seinem Fundort nach in dem großen Serapeum in Rom (bei Sta Maria sopra Minerva) gestanden hat und nach der Inschrift im Jahr 159 n. Chr. aufgestellt worden ist; er befindet sich heute im ägyptischen Mus. des Vatikan.

CIGr III 6174. — Brunn, Gesch. d. gr. Kstlr. I S. 610. — Overbeck, Schriftq. 2304. — CIL VI 857. — Löwy, Inschr. gr. Bildh. 382. Pauly-Wissowa, Realenc. I 1868, 24 (Robert). *Amelung.*

Ammonios VI, Bildhauer, Sohn eines Apollophanes, aus severianischer Zeit, bekannt durch eine roh gearbeitete, in Siout (Lykopolis) gefundene Frauenstatuette im Mus. von Gizeh, auf deren Knie seine Signatur steht.

Daressy, Bull. de corr. hell. 1896 S. 249. — Jouguet, ebenda 1897 S. 167 f. — Pauly-Wissowa, Realenc. Suppl. 70, 25 (Robert). *Amelung.*

Ammonios VII, Gemmenschneider unbekannter Zeit. Sein Name findet sich neben dem Kopfe eines lachenden Satyrn auf einem Karneol der Beverleyschen Sammlung, dessen Echtheit jedoch in Zweifel gezogen wird.

Raspe, Catal. Tassie 4510 pl. 39. — Brunn Gesch. d. gr. Kstler. II 544. *Pernice.*

Ammort, s. *Amort.*

Amodeo, s. *Ambrogio* da Palermo.

Amodru, Architekt, vollendet 1789 die Kirche zu Naisey (Franche-Comté), vielleicht identisch mit Anatole *Amoudru.*

Dict. d. artist. franc-comt. par Gauthier.

Amoedo, Rodolpho, Porträt- und Genremaler in Rio de Janeiro, stellte 1882 und 1887 im Pariser Salon („Erzählung des Philotes", Daphnis und Chloé) und 1901 in Rio (Damenporträt) aus.

The Studio, XXII 138. — Kat. d. Salon. *H. V.*

Amoignes, Jehan des, französ. Werkmeister, 1393—98 Leiter des Baues der Porte du Croux zu Nevers. Dieses prächtige mittelalterliche Festungstor wird überragt von einem massigen viereckigen Turme, der zu beiden Seiten durch schräg ansteigende Basteien mit Warten und Zinnenkränzen gedeckt wird; ihm ist dann ein niedrigerer, von kleineren Warttürmen flankierter Torbau mit senkrecht aufsteigendem Mauerwerk vorgelagert.
C. Enlart.

Amon, Anton, Kupferstecher zu Wien, um 1780—1800 tätig, studierte erst unter Christian Brand die Landschaftsmalerei, beschäftigte sich aber dann als Kupferstecher. Von ihm u. a. zwei Ansichten des Marktes von Schottwien, ferner Ansichten von Salzburg und Hallein. **

Amon, Carl, steirischer Maler, geb. in Graz 1798, † 6. 10. 1843 in St. Peter bei Marburg, malte Fresken und Ölbilder für Kirchen. Von ihm die Fresken in den Kirchen von Gams und Frauenberg bei Marburg.

Wastler, Steir. Kstlerlex., Graz 1883 p. 2. **

Amon, Josef, ungar. Maler, in Budapest tätig, 1751 erwähnt.

„Archaeologiai Ertesitö, ú. f." III 99.
K. Lyka.

Amon, Rosalia, Malerin, geb. zu Palermo 4. 3. 1825, widmete sich der Darstellung von Blumen und Früchten. Sie trat zuerst 1841 mit einem Studienkopfe in die Öffentlichkeit, brachte dann 1842—43 mehrere Ölgemälde mit Blumen und Früchten zur Ausstellung, welche Aufmerksamkeit erregten. Ein schönes Blumenstück besitzt die kaiserl. Familie, ein zweites besaß Prinz Rohan in Prag. Unter ihren Studien heben wir hervor: Die Großmutter mit ihrer Enkelin, Eigentum des Grafen Franz Traun, und das Porträt des Freiherrn von Hammer-Purgstall, das sich 1873 in der Histor. Ausstellung der Stadt Wien befand. **

Amon, s. auch *Ammon.*

Amonte, Josef, Maler in Gratwein bei Graz, malte 1738—42 im Stifte Rein einen Saal und die Seitenaltäre in der Kirche.

Wastler, Steir. Kstlerlex. p. 2. **

Amor, Jacob dell', italien. Stuccator, † zu Würzburg 1717. Unter Pietro Magno 1701 bei der Barockumhüllung des rom. Würzburger Domes hervorragend tätig.

Niedermaier, Kunstgesch. d. Stadt Würzburg (2. Aufl.) 329. *Fr. Leitschuh.*

Amore, Dom. del, Miniaturmaler um 1800. Mit seinem Namen die Porträtminiatur eines Kindes in der Miniaturenausstellung im Salon von Friedmann u. Weber in Berlin 1906 bezeichnet. **

Amore, Gennaro d', da Casale di Acigliano, Maler in Salerno, geb. 1713; nur bekannt durch die Erwähnung bei Zani, Enc. met. II 90. **

Amorello, Nicola de, Maler von Salerno, nur urkundlich bekannt, erhält 26. 2. 1532 von Bernardo David den Auftrag für ein Altarbild mit der Anbetung der 3 Könige und einer Taufe und den 12 Aposteln und 13. 9. 1533 einen solchen von Giov. Matteo de Stasio für ein Altarwerk für die Kirche S. Maria de Jesu (S. Francesco d'Assisi di Cava).

Filangieri, Indice degli Artefici, Napoli 1891 vol. I 16. *H. V.*

Amoretti, Andrea, Priester in Parma, geb. in S. Pancrazio bei Parma 22. 1. 1758, † 6. 3. 1807, übte in seiner Mußezeit den Kupferstich.

Scarabelli-Zunti, Mscr. in der Bibl. Palat. zu Parma. *St. Lottici.*

Amoretti, s. auch *Amorotto.*

Amoros, Felipe, Goldschmied in Barcelona, wo er um das Jahr 1525 arbeitete. Im Innungsarchiv zu Barcelona eine Zeichnung zu zwei Gürtelschließen.

Viñaza, Adic. II 18. — Davillier, Orfévr. p. 187. *M. v. B.*

Amorós, Juan, span. Steinmetz, von welchem Orellana behauptet, daß er am „Miguelete", dem Glockenturm der Kathedrale von Valencia gearbeitet habe, eine Vermutung, die keinerlei Beweise stützen.

Alcahali, Art. Valenc. 406. *M. v. B.*

Amoros y Botella, Antonio, span. Maler, geb. zu Alicante; Schüler der Kunstakad. in Madrid, wurde dann Lehrer an der öffentlichen Kunstschule von la Coruna. Auf der Madrider Ausstellung von 1876 war er zum ersten Male mit einigen Gemälden vertreten, z. B.: Die Wäscherinnen aus der Pisuerga. Auf späteren Madrider Ausstellungen zeigte er: Das Glück der Großeltern; Gitanas in einem Wirtshaus; Kartenspielende Soldaten; Eine Straße in Ollopinares; Frieden mit Gewalt; Die Toilette im Freien: Triff nicht mein Kind; Ein Hof in Andalusien (Mus. für moderne Kunst in Madrid); Wäscherinnen aus der römischen Campagna; Eine Straße in Toledo; Der Garten des Armen; Der Triumph des Gitano; La Huerta von Valencia; verschiedene Landschaften und Seestücke.

Ossorio y Bernard, Galeria biogr. de artistas españoles del siglo XIX. Madrid 1883/4. — Alcahali, Dicc. de artistas valencianos Valencia 1897. *P. Lafond.*

Amoros y Planelles, Manuel, span. Dekorationsmaler, geb. 1862 zu Madrid, beteiligte sich mit Auszeichnung an der Weltausstellung zu Barcelona und an verschiedenen Madrider

Ausstellungen, z. B. 1901. Er wurde kürzlich zum Hofmaler ernannt. Unter Mitarbeit des Julio Blancas Rinz entwarf und malte er zahlreiche Dekorationen für die hervorragendsten Bühnen Madrids und anderer Städte Spaniens. *P. Lafond.*

Amorosi, Antonio, italien. Maler aus Comunanza in der Provinz Ascoli Piceno. Nach Mariette 1660 geb.; um 1736 soll er noch gelebt haben. Er begab sich früh nach Rom, um in den geistlichen Stand einzutreten; widmete sich aber, aufgemuntert und gefördert von Giuseppe Ghezzi, dem Vater des Pierleone Ghezzi, der Kunst. Seine ersten Arbeiten waren Freskomalereien in Civitavecchia (im großen Saal des Stadthauses: der Papst Innocenz XII. empfängt den Magistrat der Stadt; an der Fassade eine Madonna in der Glorie). Er ging dann nach Rom zurück und malte daselbst Altarbilder für verschiedene Kirchen (S. Rocco, S. Maria in Cosmedin, S. Maria Egiziaca), die ein kräftiges Kolorit zeigen. Doch blieb er nicht bei solchen Darstellungen, sondern nahm sich gewöhnliche Wirtshaus- und Dorfszenen aus dem Leben des römischen Volkes zum Vorwurf. wobei er gern heitere Landschaften und Ruinen anbrachte. Mariette, der mehrere dieser „Bambocciaten" zu Gesicht bekommen, fand den Vortrag schwer, die Färbung ohne Verständnis des Helldunkels und ohne Reiz, die Komposition gewöhnlich. Zwei Darstellungen der Art von A., Tanzende Bauern, befanden sich früher in der Galerie Colonna zu Rom; zwei weitere sah Orsini im Besitze eines Herrn Ridolfi in Ascoli und beim Conte Pietro Saladini (das eine dieser Bilder zeigte einen Osteria-Wirt mit Fiasco und Trinkbecher); andere sollen sich in Perugia befunden haben. Ferner findet man zwei solcher Bambocciaten noch im Museum zu Stockholm, sowie eine ähnliche Darstellung in Wilton House in England. Ein durch schlichte Naturwahrheit anziehendes Bild des Amorosi, ein schlafendes Landmädchen in Lebensgröße, besitzt die Galerie zu Schleißheim; ein Brustbild eines Knaben mit einer Traube die Galerie zu Augsburg. — Auch die Darstellung der Tiere in seinen Bambocciaten wurde als naturwahr gerühmt.

L. Pascoli, Vite de' Pittori etc. Moderni. II 209—211. — Titi, Descrizione etc. di Roma 1763 pp. 394, 466. — Mariette, Abecedario in: Archives de l'Art Français II. — Lanzi, Storia Pittorica etc. II 227. — Orsini, Descrizione delle Pitture etc. in Ascoli pp. 27, 137. — Gambini, Guida di Perugia p. 135. — G. B. Carducci, Mon. di Ascoli p. 58. — Ricci, Mem. stor. (1834) II. — Campori, Raccolta d. cataloghi. — Heinecken, Dict. — Wilton-House-Katalog. — Kat. d. Samml. Winkler, Leipzig, 1786. — Kat. der Galerien v. Augsburg, Schleissheim, Stockholm. *

Amorosi, Fil., s. *Lamoureux,* Phil.

Amorosi, Francesco, di Comunanza, italien. Maler in Ascoli-Piceno. Ohne nähere Angaben erwähnt bei

Zani, Enciclopedia II 90. *

Amorosi, Pietro, Architekt in der zweiten Hälfte des 15. Jahrh. Amico Ricci sagt, er sei wahrscheinlich aus Ascoli Piceno, während man ihn mit Pietro Amorosi aus Montefano identifizieren muß, der in den letzten 10 Jahren des 15. Jahrh. während der Arbeiten am Palazzo Anzianale, im Dienste der Stadtverwaltung von Ancona stand. (Siehe A. Alippi in: Rivista Misena, a. IX 35 ff.) Nach Ricci ersieht man aus der Chronik Bernabei, daß 1497 unter der Leitung von Pietro Amorosi die Wasserleitung in Ancona angefangen wurde, welche die Fontaine der Piazza grande mit der von S. Nicolò verbindet. Sicher ist, daß Amorosi auch an der Ausschmückung der berühmten Kirche in Loreto teilnahm, wohin er sich 1512 begab, um die Arbeiten anzuordnen und zu verteilen, noch bevor Antonio da Sangallo dorthin gerufen wurde, um die schon baufällig gewordene Kirche zu restaurieren.

A. Ricci, Memorie storiche . . . di Ascoli II 5, 412. — A. Alippi in Rivista Misena IX 35 ff. *E. Calzini.*

Amoroso, Gennaro, Maler in Neapel, nur als Unterzeichner einer Eingabe an den König vom Jahre 1777 bekannt.

Napoli Nobilissima IX 111. *G. Degli Azzi.*

Amorotto, Francesco de, Bildhauer in Ferrara, auch *Francesco degli Amoretti da Mirandola* in den Urkunden genannt, fertigte 1457 an dem Marmoruntersatz des von den beiden Baroncelli errichteten Denkmals des Borso d'Este in Ferrara (1796 in der Revolutionszeit zerstört) die vier Amoretten (Genien oder Wappenschilder, „Baroncelli" genannt), von denen er vielleicht seinen Beinamen degli Amoretti erhielt. Er ist wohl mit dem 1456 in Ferrara als Schüler des Paolo di Luca da Firenze genannten Bildhauer Francesco della Mirandola identisch.

L. N. Cittadella, Not. rel. a Ferrara 420, 421, 658, 659. — Fel. Ceretti in Mem. stor. Mirandolesi vol. XIII—XVI (t. I delle Biogr. p. 8). *G. Degli Azzi.*

Amort, Ernst Lukas, Maler in München, 2. Sohn des ält. Kaspar, machte sein Probestück 1681 und starb 1692. Näheres nicht bekannt.

Nagler, Handschr. Notizen. **

Amort, Kaspar d. ä., Maler, geb. 1612 in der Jachenau (Benediktbeuren), † 7. 3. 1675 wahrscheinlich zu München, Schüler von Joh. Donauer in München 1631, machte schon 1633 sein Probestück: Christus bei Martha und Magdalena, studierte dann mit Staatsunterstützung in Italien besonders nach Mich. Caravaggio. Zurückgekehrt wurde er 1640 in München Meister und 1642 Hofmaler. Er malte in der Residenz mehrere Zimmer und den vor kurzem erneuerten architektonischen Fassadenschmuck. Von ihm in der Frauenkirche zu München auf dem Altar „zur Maria Rosen" ein Gemälde: Christus erscheint dem hl. Thomas; in der Franziskanerkirche zu Ingolstadt eine Kreuztragung und in der Kirche zu Flinsbach eine Steinigung des hl. Stephan. 1661 fertigte er 2 Entwürfe für einen neuen Choraltar in St. Peters Pfarrkirche in München; für die Ritterstube daselbst malte er 6 Landschaften, wofür er 36 fl. erhielt. Auch Landschaften mit Figuren kommen von seiner Hand vor. In der kgl. graphischen Sammlg. 2 Studien (kniende und betende Männer) zu einem Bilde im Münchener Privatbesitz (Dr. Bassermann-Jordan).

Meyer, Kstlerlex. — Die Kstdenkm. d. Kgr. Bayern I 2401. *O. Weigmann.*

Amort, Kaspar d. j., Maler, um 1640 (?) geboren, lernte bei seinem Vater Kaspar A. d. ä. 1659 und machte 1671 sein Probestück. Er starb 1684. Größere Arbeiten seiner Hand sind nicht bekannt, für das Werk Monumentum extremi honoris Ferdinandi Mariae Bavariae Ducis, Monachii 1679 zeichnete er die von Mich. Wening gestochenen Vignetten.

Nagler, Monogr. I 2200. — Meyer, Künstlerlex. **

Amort, Vilím, Bildhauer, geb. in Kunratic bei Prag 1864. Lernte bei seinem Onkel in Olmütz, wo er auch die vom Maler Rabenal geleitete Modellierschule besuchte; 1882 nach Prag zurückgekehrt, arbeitete er u. a. auch bei Boh. Schnirch, wo er die ornamentalen Modelle für die Fassade der böhmischen Hypothekenbank und für die innere Ausschmükkung des Landesmus. geschaffen hat. Auch einige der dekorativen Arbeiten im Hôtel Pupp-Karlsbad rühren von ihm her. Bei der öffentlichen Konkurrenz zur Beschaffung von Entwürfen für ein Johannes Huß-Denkmal, wurde ihm von der französ. Jury (1893) der I. Preis zuerkannt. Außerdem arbeitete er an der Ausschmückung der städt. Sparkasse, der Landesbank und des städt. Mus. in Prag. Als Teilnehmer an der internat. Konkurrenz für ein Zaren-Denkmal in Sophia trug er den II. Ehrenpreis davon. In Pilsen schmückte er die inneren Räume des Stadttheaters mit Figural- und Ornamental-Plastiken, in Beraun den Rathaussitzungssaal mit Stucco-Arbeiten. Außer einer ornamentalen Gruppe „Crucifixus" arbeitete er in den letzten Jahren an zahlreichen Porträten.

Dilo (Revue für bild. Kunst), II No. 12 (A.—s Sondernummer). *Emler.*

Amory, Robinet, Holzbildhauer, lebte in Bourges, wo er die Ausführung des Sakramentshäuschens der heiligen Kapelle unternahm. Er starb 1465, ohne sein Werk vollendet zu haben.

Lami, Dict. d. sculpt. 1898. *R.*

Amossoff, Sergius Sergéjewitsch, russ. Landschaftsmaler, geb. 24. 5. 1837, † 3. 11. 1886 in Moskau; Schüler der Moskauer Kunstschule. Hauptbilder: Einfahrt in das Dorf Kutusowo nach dem Regen 1869. — Das Feld von Poltawa 1872.

Русск. библ. словарь (Russ. Bibliogr.) II 95. — N. P. Sobko, Russ. Kstlerlex. — Kunstchronik VI 39. — Ѳ. Булгаковъ, Наши художники (Th. Bulgakoff, Unsere Künstler) St. Petersb. 1889, I 14. *W. Neumann.*

Amoudru, Anatole, französ. Architekt, geb. 6. 1. 1739 in Dole (Jura), † daselbst 8. 3. 1812. Schüler von Blondel und Louis. Ging mit Louis nach Warschau und arbeitete mit ihm am Bau mehrerer Paläste. Nach seiner Rückkehr erbaute er 1765 das Schloß Fresnes bei Vendôme (s. auch Amodru).

Lance, Dict. des arch. I. — Boni, Biografia degli artisti. — Biographie universelle, suppl. *H. Stein*

Amoudru, Claude, französ. Architekt, rekonstruierte 1715 die Fassade der Dominikanerkirche in Poligny.

Gauthier, Dict. des Art. Franc-Comtois. ***

Amoudruz, Claude François, Architekt, in Samoens (Savoyen) geb., seit 1775 in Cluses und Sallanches tätig, erbaut (1791 vollendet) die Brücke von Rumilly und ist dann Ingenieur in Chambéry. Entwarf 24 Pläne für Savoysche Kirchen.

Lavorel, Cl. Fr. Amoudruz, architecte Rumilly 1889. *H. Stein.*

Amourette, Henri, französ. Bildhauer, tätig in Paris, ließ 24. 2. 1686 einen Sohn in der Kirche Saint-Germain-l'Auxerrois taufen.

Lami, Dict. d. sculpt. franç. sous Louis XIV. *Lami.*

Amourette, Jean-Baptiste, französ. Bildhauer in Toulon tätig, wurde 1682—1691 wiederholt beauftragt, die Bildhauerarbeiten für die Marine auszuführen. 1691 war er mit der plast. Ausschmückung des Schiffes „le Marquis" beschäftigt.

Lami, Dict. d. sculpt. franç. sous Louis XIV. *Lami.*

Amourette, Michel, französ. Bildhauer, arbeitete 1683 an der Innendekoration des Schlosses von Marly.

Lami, Dict. d. sculpt. franç. sous Louis XIV. *Lami.*

Amoureux, Bartolommeo l', französ. Maler und Architekt um 1758—62, nur bei Zani (Enc. met. II 91) erwähnt. *H. V.*

Amoureux, s. auch *Lamoureux.*

Amouroux, Joseph, Porträt- und Stilllebenmaler in Charenton-Saint-Maurice, geb. zu Perpignan, Schüler von Gleyre, stellte 1879 und 1880 im Pariser Salon aus.

Bellier-Auvray, Dict. gén., Suppl. *H. V.*

Amouroux, Louis, Architekt, geb. in Nantes 20. 7. 1795, † daselbst 12. 3. 1859. Von ihm und E. J. B. Blon die Tour Launay in Nantes, sowie eine große Anzahl von Wohnhäusern, namentlich im quartier Launay.

Maillard, L'Art à Nantes au XIX Siècle. *H. V.*

Amourry, französ. Maler des 18. Jahrh.? Nach Heinecken, Dict. d. art. I 231 ist nach einem solchen Meister, über den wir sonst keine Nachrichten finden, folgendes Blatt gestochen: Das Bildnis des Bischofs François Coëtlogon. Gest. von N. R. Jollain oder im Verlage von J. Jollain. *R.*

Ampenot, Edouard Gabriel François, Porträtmaler und -Zeichner in Paris, geb. daselbst, Schüler von Lucas und Maillard, stellte in den Salons 1879—81 aus.

Bellier-Auvray, Dict. gén. Suppl. *H. V.*

Ampère, Joseph, französ. Architekt, führte 1701 gemeinschaftlich mit Claude Perret und Pierre de Gérando unter der Leitung von Claude Simon die Restaurierungs- und Erweiterungsarbeiten am Stadthaus zu Lyon nach den Plänen von J. H. Mansart aus.

Bauchal, Dict. d. Archit. Franc. *H. V.*

Amphikrates, Erzbildner. In den Propylaeen der athenischen Akropolis stand ein Werk seiner Hand. eine eherne Löwin, die ihre Zunge jedenfalls nur durch einen Zufall eingebüßt hatte. Die Figur muß altertümlich gewesen sein, so daß eine volkstümliche Sage sie wegen der mangelnden Zunge mit dem Schicksal einer Hetaere Leaina, der Geliebten des einen Tyrannenmörders Aristogeiton, in Verbindung bringen konnte.

Brunn, Gesch. d. gr. Kstlr. I S. 97 f. — Overbeck, Schriftq. 448—51. — Pauly-Wissowa, Realenc. I 1904, 5 (Robert). — Frazer, Pausanias I 273 f. — Hitzig-Blümner, Pausanias I 254. *Amelung.*

Amphilochos, wohl mit Unrecht als Architekt genannt. Eine Grabinschrift auf einer Säulenbasis aus Rhodos (CIG 2545) rühmt nur ganz allgemein die Verdienste (τέχνας) des Verstorbenen.

Brunn, Gesch d. gr. Kstlr. II 338. — IGr. XII 144 (Hiller v. Gärtringen). *H. Thiersch.*

Amphion, Erzgießer, Sohn des Akestor (s. d.) aus Knosos auf Kreta. Er muß als junger Mann nach Athen gekommen sein, wo er durch seinen Lehrer Ptolichos Enkelschüler des Kritios wurde; er selbst war dann Lehrer des Pison. Von seiner Hand war ein Weihgeschenk der Kyrenaeer in Delphi: ein Viergespann, das von Kyrene am Zügel geführt wurde; auf dem Wagen standen Battos, der Gründer von Kyrene, und Libye, die den Battos krönte. Die Figur des Battos ist kürzlich von Svoronos dem berühmten Wagenlenker von Delphi gleichgesetzt worden, in dessen Kopf sich die Verwandtschaft mit dem Harmodios des Kritios und Nesiotes noch deutlich verrät; widersprochen hat dieser Behauptung v. Duhn (Athen. Mitteil. 1906, 241 ff.). Von einem Kopf, der wie eine Verfeinerung des Battos-Kopfes unter dem Einfluß myronischer Typen wirkt, sind uns zwei Kopien erhalten, eine in der Sammlung auf Schloß Erbach (Anthes in der Festschrift für Overbeck 79 ff. Taf. IV), die zweite im British Mus. (Phot. Mansell 1208/9). Der Kopf stellt auch einen Sieger dar; A. könnte die Figur, von der er stammt, in seinem Alter geschaffen haben. Sauer hat in dem Künstler der Skulpturen am sog. Theseion A. vermutet. Aufrecht erhalten läßt sich nur, daß diese Skulpturen wahrscheinlich auch aus der Schule des Kritios und Nesiotes stammen.

Brunn, Gesch. d. gr. Kstlr. I 105. — Overbeck, Schriftq. 463, 464. — Pauly-Wissowa, Realenc. I 1948, 9 (Robert). — Sauer, sog. Theseion S. 224 ff. — Svoronos, Das athen. Nationalmuseum S. 131 ff. und Berl. philol. Wochenschr. 1905 S. 1549. *Amelung.*

Amphistratos, Bildhauer aus dem Ende des 4. Jahrh. v. Chr. Plinius erwähnt als sein Werk eine Marmorstatue des Geschichtsschreibers Kallisthenes, der Ol. 113, 3 = 326 v. Chr. starb; die Figur stand zu Plinius' Zeiten in Rom in den servilianischen Gärten. Verdächtig ist die Angabe bei Tatian, er habe das Erzbild einer unbekannten Dichterin Kleito verfertigt.

Brunn, Gesch. d. gr. Kstlr. I 423. — Overbeck, Schriftq. 1614 f. — Kalkmann, Rh. Mus. 42, 505. — Pauly-Wissowa, Realenc. I 1958, 3. *Amelung.*

Amphoteros, Gemmenschneider (?) hellenistischer Zeit. Der Name findet sich in der Abkürzung Αμφο auf einem antiken Stein des British Mus. mit dem jugendlichen Kopfe eines hellenistischen Herrschers. Möglich ist, daß damit der Besitzer, nicht der Künstler gemeint ist.

Brunn, Gesch. d. gr. Kstler. II 600 f. — Pauly-Wissowa, Realenc. I 1977, 5 (Rossbach). *Pernice.*

Amphoux, Etienne Paul, Porträt- und Stillebenmaler in le Havre, geb. daselbst, stellte 1877 und 1878 im Pariser Salon aus.

Bellier-Auvray, Dict. gén. Suppl. *H. V.*

Ampliatus, Bildhauer aus der Kaiserzeit, bekannt durch eine in Heliopolis (Baalbek) gefundene Inschrift, nach der er gemeinsam mit einem anderen Künstler Hermes eine Büste gearbeitet hatte.

Clermont-Ganneau, Rev. arch. 1884 S. 278. — Löwy, Inschr. gr. Bildh. No. 463. — Pauly-Wissowa, Realenc. Suppl. S. 72, 2 (Robert). *Amelung.*

Ampora, Mazzeo de, neapol. Maler, 1541 gelegentlich einer Vereinigung der Malerkorporation daselbst erwähnt.

Napoli Nobilissima VII 9. *G. Degli Azzi.*

Amrein (Am Rhein), Franz Ludwig, Schweizer Goldschmied, geb. 19. 4. 1614 in Beromünster, seit 1641 in Luzern ansässig. Von ihm ein mit Gravierungen verzierter Kelch in der Pfarrkirche von Münster, wo A. Ende der 30er Jahre Mitglied der Lucasbruderschaft war; ein zweiter Kelch von ihm in Römerschwil (Kircheninventar).

Brun, Schweizer. Kstlerlex. *H. V.*

Amrein (Amrhein), Georg Joseph,

Schweizer Heiligenmaler in Frascati, Aquarellist, geb. 4. 2. 1844 in Gunzwil bei Beromünster (Kt. Luzern), studierte zuerst Theologie, ging dann zu seiner künstlerischen Ausbildung nach Paris, Belgien und Florenz. Besonders bekannt und durch Reproduktion weit verbreitet ist von ihm das Aquarell „Die hl. Monika", zu dem die Komposition jedoch der Beuroner Pater Desiderius geliefert hat.

Brun, Schweizer. Kstlerlex. *H. V.*

Amrhein, Wilhelm, Schweizer Dekorationsmaler, geb. 13. 12. 1873 in Engelberg, Schüler der Münchener Akad. Von ihm die Dekorationen im Vestibül der Kuranstalt in Engelberg.

Brun, Schweizer. Kstlerlex. *H. V.*

Amselmb, Bildhauer in Steiermark (Kallwang?), erhielt 1671 für einen hl. Sebastian 8 fl.

Wastler, Handschr. Nachtr. z. s. Steirischen Kstlerlex. (im Besitz der Techn. Hochschule in Graz). *R.*

Amsinck, Agathe, s. *Doutreleau,* A.

Amsinck, s. *Kinch,* Helvig.

Amsler, Martin, Goldschmied zu Altkirch, hatte für den Erzherzog Johann Georg 4 „christallinen geschirrlin, von mailändischer Art" und anderes geliefert und verlangte 1626 dafür Bezahlung.

Jahrb. d. ksthist. Samml. d. allerh. Kaiserh. XVII, 2. Teil, No. 15116. **

Amsler, Michel, Steinmetz zu Welzheim (Württemberg), baute im Auftrag des Klosters Lorch 1517—1520 eine später verfallene Kirche auf dem Ambrosiusberg bei Schadberg.

Klemm, Württembg. Baumstr. u. Bildhauer. *H. V.*

Amsler, Richard Emil, Zeichner und Maler von Schaffhausen, geb. 2. 9. 1859, ursprünglich Chemiker, dann Schüler von Hans Sturzenegger und von Herm. Gattiker in Zürich. Von ihm die Festkarte sowie Entwürfe zu Plakat und Festmedaille für das eidgen. Turnfest 1897, ein Porträt seines Vaters Prof. J. A. (Bleistiftzeichnung) für die „Schweiz" 1901.

Brun, Schweizer. Kstlerlex. *H. V.*

Amsler, Samuel, Zeichner und Kupferstecher, geb. 17. 12. 1791 zu Schinznach (Kanton Aargau), † 18. 5. 1849 zu München. Seit seinem 12. Jahre erhielt er Zeichenunterricht bei einem Zeichner einer Kattundruckerei in Wildegg. 1810 wurde er Schüler des Kupferstechers Oberkogler in Zürich, dann von Johann Heinrich Lips. 1814 trat er in die Kupferstichklasse von Karl Heß an der Münchener Akad. ein. 1816 unternahm er mit dem Maler Joh. Anton Ramboux eine Reise nach Italien und wurde dort mit Thorwaldsen und Cornelius bekannt, die entscheidend für die Richtung seiner Kunst wurden. Nachdem er 1820 in seine Heimat zurückgekehrt war, begab er sich ein Jahr darauf wieder nach Rom, kehrte aber bald wieder nach Wildegg zurück und wurde 1829 Professor der Kupferstecherkunst an der Akad. zu München. Seine bedeutendsten Werke sind der Alexanderzug von Thorwaldsen, Danneckers Christus, die Malerstatuen an der alten Pinakothek in München von Schwanthaler, die Madonnen Conestabile Staffa, Tempi, Canigiani und die Grablegung von Raffael, der hl. Johannes von Domenichino und der Triumph der Religion in den Künsten von Overbeck. Seine Darstellungsweise, die er sich nach Dürer und Marcanton bildete, ist fest und markig und dabei bestrebt, die Originale in ihrer plastischen Wirkung genau wiederzugeben. Unter seinen zahlreichen Zeichnungen sind die Bildnisse von Künstlern u. a. Cornelius, Koch, und berühmten Zeitgenossen wie Friedr. Rückert, Henriette Herz hervorzuheben.

Meyer, Kstlerlex. (mit Verz. s. Werke). — Bötticher, Malerwerke des 19. Jahrh. — Raczynski, Gesch. der modernen Kunst II 167, 201, 450, 520, III 284, 315, 322, 436. — Heller-Andresen, Handbuch für Kupferstichsammler 1870 I 23/24. — Apell, Handbuch für Kupferstichsammler 1880 S. 33/34. — Nagler, Monogr. I No. 1243, 1273. — Züricher Neujahrsblatt für 1850. — Deutsches Kunstblatt, hrsg. von Eggers, 1851 S. 167. — Kunstblatt, hrsg. v. Schorn, Stuttg. 1820 S. 262, 317 ff., 1822 S. 147, 1829 S. 240, 1836 S. 86/7, 417—419, 1840 S. 445—447. — Kunstchronik IV 133, V 38, X 316. — Brun, Schweizer Kstlerlex. *P.*

Amstel, Corn. Ploos v., s. *Ploos.*

Amstel, Hendrick van, Maler, geb. 1603 od. 1604, kam am 18. 3. 1648 in die Leidener Zunft und wird dort bis 1655 erwähnt.

Obreens Archief V 199. *E. W. Moes.*

Amstel, Jan van, Aertssonne, genannt de Hollander, niederländ. Maler, geb. um 1500 zu Amsterdam, erscheint 13. 11. 1527 vor dem Magistrat von Antwerpen in Vertretung seiner Frau Adriana van Doornicke, der Tochter eines Antwerpener Malers und Schwägerin des Malers Peter Coeck van Aelst, wird 1528 Freimeister der Lukasgilde daselbst und erhält 1536 das Bürgerrecht von Antwerpen. Um 1540 muß er gestorben sein, da seine Witwe schon 24. 1. 1544 in ihrer zweiten Ehe mit dem Maler Gillis van Coninxloo d. Ä. einen Sohn (den bekannten Gillis van Coninxloo d. J.) zur Welt bringt. Van Mander erwähnt J. v. A. als ausgezeichneten Landschaftsmaler, der sowohl in Öl als auch in Wasserfarbe arbeitete, emsig die Natur beobachtete, aber nicht sehr produktiv war, und deutet an, daß Peter Brueghel d. Ä. von diesem Künstler eine technische Eigentümlichkeit, das Stehenlassen der Untermalung, übernommen habe. — Von den Werken J. v. A.s ist keines mehr mit Sicherheit nachzuweisen; doch sprechen manche Gründe dafür, daß er mit dem sogenannten *Braunschweiger Monogrammisten* (siehe diesen) identisch sein könnte. Vor allem läßt sich das Monogramm, das sich auf der „Speisung der Fünftausend" im Braunschweiger Mus. befindet (s. nebenstehend), am leichtesten in die Buchstaben J. (oben) v. (unten) A M S L (das L steht umgekehrt) auflösen; danach enthielte das Monogramm fast den vollen Namen des Künstlers. Auch die Zeit der Tätigkeit des Monogrammisten, die Wilhelm Bode mit gutem Recht in das zweite Viertel des 16. Jahrhunderts verlegt, paßt zur Lebenszeit J. v. A.s, der 1527—1540 nachweisbar ist. Ebenso stimmt der Ort der Tätigkeit beider Künstler überein. Auch der Monogrammist ist nach dem allgemeinen Eindruck ein Holländer; seine Werke weisen aber zugleich deutliche Beziehungen zur Antwerpener Schule auf: seine Landschaft ist im gewissen Sinne eine Fortbildung der Patinierschen, seine Figuren haben viel Ähnlichkeit mit den kleinen Gestalten in den Hintergründen von Jan van Hemessens Bildern (vergl. besonders dessen Bilder in Brüssel von 1536 und in Karlsruhe, die den Anlaß dazu geboten haben, daß der Monogrammist von vielen Seiten mit Hemessen identifiziert wurde), eine ziemlich nahe Stilverwandtschaft mit Cornelis Metsys ist nicht zu verkennen und endlich ist die Landschaft Herri met de Bles' offenbar von der des Monogrammisten beeinflußt. Auch eine merkbare Stilwandlung des Monogrammisten ließe sich leicht durch den Einfluß erklären, den der Romanist Peter Coeck auf seinen Schwager J. v. A. ausgeübt haben könnte. — In alten Quellen scheint eine Verwechslung J. v. A.s mit Aert Claeszon, genannt Aertgen van Leyden, vorzukommen. Unter dem Namen des letztgenannten erscheint in Rubens' Nachlaß die Darstellung eines Bordells, ein Vorwurf, der nicht zum Stoffgebiete Aertgens paßt, wohl aber zu dem des Monogrammisten, von dem wir einige solche Darstellungen kennen (z. B. in Berlin und Frankfurt). Hymans hat schon diese Verwechslung vermutet, die in unserem Zusammenhange noch viel wahrscheinlicher wird. Auf dieselbe Verwechslung deuten die Beschreibungen zweier Bilder hin, die Van Mander als die besten Werke Aertgens erwähnt und als gut gemalt bezeichnet, während er sonst sagt, daß die Bilder Aertgens etwas liederlich und ungefällig gemalt seien: das eine ist ein kreuztragender Christus, gefolgt von einer großen Menschenmenge, Maria, den heiligen Frauen und den Jüngern, das zweite die Darstellung Abrahams, wie er sich, von Isaak begleitet, an den Ort des Opfers begibt, das im Hintergrunde vollzogen wird. Diese beiden Bilder dürften wohl mit den beiden Stücken identisch sein, die der Louvre von der Hand des Monogrammisten besitzt. — Daß der Monogrammist kein reiner Landschaftsmaler ist, als welchen Van Mander J. v. A. schildert, ist wohl kein schlagender Grund gegen die hier vorgeschlagene Identifizierung; denn in der ersten Hälfte des 16. Jahrh. hat es sicherlich noch keine Landschaften ohne Staffage gegeben. Van Mander berichtet auch, daß J. v. A. Himmel und Luft darzustellen nicht müde wurde, und gerade darin ist der Monogrammist für seine Zeit ganz besonders geschickt. — Nach Van Mander hat Peter Brueghel d. Ä. eine malerische Eigentümlichkeit J. v. A.s, das Stehenlassen des Grundes, übernommen, und in der Tat haben der Monogrammist und der alte Brueghel die Gewohnheit gemein, die braune Untertuschung an einzelnen Stellen (besonders der Landschaft) nicht zu bedecken und so mitwirken zu lassen. Auch die charakteristischen Brombeerranken im Vordergrunde der Landschaft dürfte Brueghel vom Monogrammisten übernommen haben. Endlich kann man nicht übersehen, daß die kleinfigurigen Darstellungen Brueghels, wenn auch künstlerisch unendlich höher stehend, doch gegenständlich viel von der Auffassung des Monogrammisten haben; man denke nur an Brueghels Kreuztragung im Wiener Hofmus., die ohne Zweifel von Bildern des Monogrammisten, wie der Kreuztragung im Louvre und dem Einzug Christi in Jerusalem im Stuttgarter Mus., abhängig ist. Wenn J. v. A. und der Braunschweiger Monogrammist, wie wir glauben möchten, wirklich eine Person wären, so würde sich Brueghels Vertrautheit mit den Werken des Monogrammisten dadurch erklären, daß er diese nirgends besser hätte kennen lernen können, als im Haus Peter Coecks, der zugleich der Schwager J. v. A.s und der Lehrer und Schwiegervater Brueghels war.

Rombouts en Van Lerius, Liggeren I 78. — Van Mander, ed. Hymans I 154 und 324, ed. Floerke I 130 und 286. — Van den Branden, Geschiedenis der Antwerpsche Schilderschool, S. 287. *Gustav Glück.*

Amsterdam, s. damit verbundene *Vornamen* sowie *Cornelisz*, Jacob.

Amthauer, Ambrosius, Maler, wurde 31. 1. 1539 Bürger zu Innsbruck. *A. Sikora.*

Amuelle, Charles, französ. Bildhauer, ging nach Italien; dort arbeitete er von 1695 bis 1701 in Perugia an der plast. Ausschmükkung des Betsaales der Brüdergemeinde von S. Agostino.

Lami, Dict. d. sculpt. franç. sous Louis XIV. — Giornale di Erud. Artist. I 33 ff.; IV 215. *Lami.*

Amutio y Amil, Federico, span. Bildhauer, Maler und Architekt, geb. 18. 7. 1869 zu Madrid, Schüler der Akad. San Fernando daselbst, vervollkommnete sich dann in Rom. 1890 und 1892 erlangte er die ersten Auszeichnungen auf Madrider Ausstellungen für

Skulpturen; 1893 für Gemälde; 1895 für eine architektonische Arbeit.

Unter seinen Skulpturen nennen wir: Für das Vaterland (Gipsgruppe), 1890 in Rom ausgeführt (im Mus. für moderne Kunst in Madrid); Die Söhne Caïns (1893) (Mus. zu Bilbao); verschiedene Medaillons und Büsten, u. a. die Büste von Gonzalez de Cordova (für das Kriegsministerium). Von seinen Gemälden führen wir an: Si vis pacem, para bellum; (1901) dekoratives Wandgemälde, das sich im Athenäum zu Madrid befindet. Bemerkenswert ist auch sein Entwurf zu einem Denkmal in Legaspi y Nordaneta (1895).
P. Lafond.

Amy, André, französ. Werkmeister, 1503 bis 1515 in Gemeinschaft mit Jean Chahureau am Bau der Kollegiatkapelle Notre-Dame im Schlosse von Thouars (Deux Sèvres) tätig. Diese einfache kleine Kirche gotischen Stiles zeigt einen Fassadentypus, der von da an häufig in der umliegenden Landschaft wiederkehrt: Ein riesiges Spitzbogenfenster öffnet sich über dem Hauptportale und wird mit diesem zusammen von einer gemeinsamen reich ornamentierten Bogenlaibung umrahmt. Die Mauerfläche über dieser gewaltigen Bogenöffnung wird dann durch eine prächtige Renaissancegalerie beherrscht. — Auch die schöne Kirche von Oiron (1517—1525) wird mit Ausnahme des Portales von 1540 dem André Amy zugeschrieben. Ebenso zeigt die Kirche von St. Marc la Lande (Deux Sèvres) die gleiche Stilbehandlung.

Palustre, La Renaiss. en France. — Bauchal, Dict. des Archit. — Meyer, Kstlerlex.
C. Enlart.

Amy (oder Amis), Guillaume, französ. Bildhauer, arbeitete mit Jean de la Huerta an der Ausführung des Grabmales für Jean Sans Peur in der Karthause zu Dijon, und zwar wurde er 1442 mit der Beschaffung des nötigen Alabasters beauftragt, den er in Salins ausfindig machte und aufkaufte.

Comte de Laborde, Ducs de Bourgogne I 383, 384.
C. Enlart.

Amy, Jean Barnabé, französ. Bildhauer, geb. 11. 6. 1839 zu Tarascon (Bouches-du-Rhône), † daselbst im März 1907. Schüler von Dumont und von Bonnassieux, trat 31. 10. 1864 in die Ecole des Beaux-arts in Paris ein. Er erlangte eine Medaille bei der Ausstellung des Salon von 1868 und eine ehrenvolle Erwähnung auf der Weltausstellung von 1900. Zu seinen besten Arbeiten zählt man: „Le Châtiment", Gipsstatue; „La Muse de Ponsard", Gipsflachrelief (1868); „Jean-Sylvain Bailly", Marmorbüste, im Institut de France (1870); „Figaro", Bronzestatue, ausgeführt unter Mitarbeit des Boisseau, an der Fassade des Hôtel „Le Figaro" befindlich (1874); die Porträts von Mistral, Roumanille und Aubanel, Marmorflachrelief (1875); „Vien", Steinstatue, auf der Fassade des Mus. von Montpellier (1882); „Cuvier", Marmorbüste im Musée d'Histoire Naturelle; „Paul Soleillet", Bronzebüste (1888); „Le tambour d'Arcole", Bronzestatue (1897). Seit mehreren Jahren stellte der Künstler eine große Folge von skulpierten Maskenprofilen aus.

Bellier-Auvray, Dict. gén. — Kat. d. Salons.
Lami.

Amy, Philippe, französ. Bildhauer in Saumur, wurde 1475 mit drei seiner Zunftgenossen beauftragt, die Holzschnitzereien am Chorgestühl der Kirche St.-Pierre zu vollenden, die von Pierre Pintard und Raoullet Michau begonnen worden waren.

Lami, Dict. des sculpt. franç. au moy. âge et à la renais.
Lami.

Amyklaios, Erzbildner aus Korinth. Er führte gemeinsam mit zwei anderen korinthischen Künstlern, Diyllos und Chionis, eine Gruppe aus, die von den Phokern zur Erinnerung an die im Beginn des 5. Jahrhunderts über die Thessalier errungenen Siege nach Delphi geweiht wurde. Sie stellte den Streit des Herakles und Apollon um den Dreifuß dar; jener wurde von Athena, Apoll von Leto und Artemis zurückgehalten. Die Arbeit war so verteilt, daß Chionis die Artemis und Athena, Amyklaios gemeinsam mit Diyllos alles übrige ausführte, woraus wir wohl schließen dürfen, daß jene beiden nicht unmittelbar mit der Gruppe der übrigen verbunden waren.

Brunn, Gesch. d. gr. Bildh. I S. 112 f. — Overbeck, Schriftq. 480. — Ders., Gesch. d. gr. Plastik I⁴ 160. — Sauer, Anf. d. statuar. Gruppe S. 17, 63; 27 f. — Pauly-Wissowa, Realenc. I 1999, 4 (Robert).
Amelung.

Amyot, C. G., französ. Genre- und Landschaftsmaler, stellte 1879 im Burlington House in London das Gemälde: Die Rückkehr der Reuigen und im Pariser Salon 1885: Gießbach bei Ornans aus.
**

Amyot, s. *Engelhart,* Cathinca.

An. BRIX. (Fra), s. *Antonio* da Brescia.

Anacker, Otto von, Schweizer Radierer und Stecher, geb. 14. 1. 1867 in Solothurn, Autodidakt, lieferte geschätzte Reproduktionen von Stichen u. Radierungen alter Meister.

Brun, Schweizer Kstlerlex.
H. V.

Anakles, attischer Töpfer aus dem Kreise der sog. Kleinmeister (2. Hälfte des 6. Jahrh.). Bekannt sind mit seinem Namen 2 Gefäße, eine zugleich von Nikosthenes (s. d.) signierte Trinkschale, auf der zweimal in winzigem Format, das eine Mal in Gegenwart einer Frau, der Kampf des Herakles gegen die Hydra dargestellt ist, und eine andere mit einzelnen Tierbildern. Bei einer dritten schwankt die Lesung zwischen A. und Sokles, eine vierte, sehr zierliche Schale mit einem weidenden Bock und einem Silen ihm zuzuweisen gibt die, wie es scheint, sinnlose Inschrift kein Recht.

Abbildung der ersterwähnten Schale Wiener Vorlegebl. 1889, 7, 3; die anderen unpubliziert. — Klein, Meistersign. ² S. 75 f. — Pauly-Wissowa, Realenc. I 2034 (Wernicke). *Sauer.*

Anami, s. *Kwaikei.*

Ananjin, Wassili und Konstantin, russ. Heiligenbildmaler des 17. Jahrh. in Jaroslaw. *Wassili* wurde 1660 nach Moskau berufen zur Ausmalung der Erzengelkirche im Kreml. 1670—71 arbeitete er mit seinem älteren Bruder Konstantin und dem Maler Feodor Koslów im Kirchdorf Kolómensko, wo er die Ausgießung des hl. Geistes und das letzte Gericht malte. 1676 führte er die Wandmalereien in der Kirche Mariä Himmelfahrt in Rostoff aus. — *Konstantin* ist schon 1643 bei der Erneuerung der Wandmalereien in der Himmelfahrtskirche in Moskau tätig. 1650 malt er den Altar im Swenigoroder Kloster St. Sabbas-Staroshewski.

Русск. библ. словарь (Russ. Bibliogr.) II 100. — Забѣлинъ, Матеріалъ истор. русск. иконоп. (Sabellin, Materialien z. Gesch. russ. Heiligenbildmalerei S. 9, 12, 118, 120, 128, 217 u. 231. — N. P. Sobko, Russ. Kstlerlex. *W. Neumann.*

Anastagi, Giovan Battista di Mariotto, Goldschmied in Perugia, erhielt am 27. 12. 1512 den Auftrag, einen prächtigen silbernen Tafelaufsatz, ein sogenanntes Nef (Nave), 32 Pfund schwer, für den Kredenztisch des Magistrats nach einer Zeichnung des Pietro Perugino zu machen. Es sollte 19 Figuren (worunter eine Fortuna als Segelhalterin) mit zwei Pferden und vier Rädern enthalten und scheint also das Schiff des Neptun dargestellt zu haben. Genaue Beschreibung bei Vermiglioli.

Mariotti, Lettere Pittoriche Perugine pp. 116, 171. — Vermiglioli, Memorie del Pinturicchio p. 217. — Kugler, Geschichte der Baukunst IV (von Burckhardt) p. 314. — Giorn. di Erud. Art. II 103, 105, 109, III 17. **

Anastagi, Mariotto, Bronzegießer in Perugia, goß 1476 eine der beiden Glocken für das Stadthaus und soll auch im Statuenguß geschickt gewesen sein.

Mariotti, Lettere Pittoriche Perugine 116, 171. — Giornale di Erudizione art III 1—32. **

Anastagi, Simonetto, Architekt in Perugia, seit 1583 Stadtbaumeister, Freund des Fed. Barocci, der für ihn mehrere Bilder gemalt hat.

Mariotti, Lettere Pittoriche Perugine 260. — Bottari, Racc. di Lettere III 84. **

Anastagi, s. auch *Anastasi.*

Anastaisie, Miniaturistin des 15. Jahrh., vielleicht italien. Herkunft, genoß großen Ruf in Paris unter der Regierung Charles VI. und ließ sich, nach dem Zeugnis ihrer Zeitgenossin Christine von Pisa, ihre Miniaturmalereien sehr teuer bezahlen.

H. Martin, Les miniaturistes français, Paris, 1906 p. 85 u. 164. *P. Durrieu.*

Anastasi, Auguste-Paul-Charles, französ. Maler, geb. 15. 11. 1820 in Paris, † ebenda 15. 3. 1889, Schüler von Delaroche und Corot. Hat zahlreiche hübsche Landschaften aus der Umgegend von Paris, aus der Normandie, Holland und Rom gemalt und lithographiert. Eine seiner italien. Landschaften, die Terrasse der Villa Pamphili, wurde 1864 von der Regierung für das Luxembourg-Museum angekauft. A. hatte das Unglück, sich ein Augenleiden zuzuziehen und 1869 gänzlich zu erblinden. Die Pariser Künstler veranstalteten damals eine Versteigerung von Werken, deren Ertrag den erblindeten Maler aus seinen materiellen Sorgen rettete.

Meyer, Kstlerlex. — Bellier-Auvray, Dict. gén. u. Suppl. — Gaz. d. b. arts, Table alphab. I—XV, XVI—XXV, II. Pér. I—XXII. — Béraldi, Les graveurs d. XIX. siècle. *K. E. Schmidt.*

Anastasi, Brunoro, Mantuanischer Maler des 16. Jahrh., Bruder des Giulio Anastasi und gleich diesem wahrscheinlich Sohn des Malers Anastasio Mantovano. War gemeinsam mit seinem Bruder 1531 Gehilfe des Giulio Romano bei dessen Malereien im Castello di Corte zu Mantua und 1535 mit der Bemalung der zu Ehren Kaiser Karls V. in Mantua errichteten Triumphbögen betraut.

Carlo d'Arco, Arti e Artefici di Mantova II 251 f. — Coddè, Mem. biogr. dei pitt. etc. Mantovani. — Gualandi, Mem. III 5. — Meyer, Kstlerlex. *F. Malaguzzi-Valeri.*

Anastasi, Giovanni, Maler von Sinigaglia, † 1704 im Alter von 50 Jahren, zumeist in seiner Heimat tätig. Lanzi nennt ihn, wenn auch flüchtig, doch gewandt und geistreich. Von ihm in Rimini in S. Francesco der hl. Robertus Malatesta; zwei Bilder in S. Croce in seiner Vaterstadt und mehrere in S. Lucia del Monte Alboddo, die für seine besten Werke galten.

Marchesselli, Pitture di Rimini. — Lanzi, Storia Pittorica II 212. — Meyer, Kstlerlex. *R.*

Anastasi, Giulio, Mantuanischer Maler, geb. 1513, † 12. 3. 1578, Bruder des Brunoro Anastasi und gleich diesem wahrscheinlich Sohn des Malers Anastasio Mantovano. War gemeinsam mit seinem Bruder 1531 Gehilfe des Giulio Romano bei dessen Malereien im Castello di Corte zu Mantua und 1535 mit der Bemalung der zu Ehren Kaiser Karls V. in Mantua errichteten Triumphbögen betraut.

Carlo d'Arco, Arti e Artefici di Mantova II 251 f. — Coddè, Mem. biogr. dei pitt. etc. Mantovani. — Gualandi, Memorie III 5. — Meyer, Kstlerlex. *F. Malaguzzi-Valeri.*

Anastasi, Paul Joseph, französ. Porträtminiaturmaler in Rom, geb. daselbst 1790, † 1849 zu Paris, Schüler von Jacques Berger, erblindete 1830.

Siret, Dict. d. Peintres, 3. Édit. und Suppl. *H. V.*

Anastasi, Vittorio, Architekt aus Florenz, um 1736, geb. 1678, nur bei Zani (Enc. met. II 94) erwähnt. *H. V.*

Anastasi, s. auch *Anastagi*.

Anastasio da Firenze, Miniaturmaler in Venedig. Im Testament des Glasschleifers Matteo di Gregorio vom 15. 12. 1496 ist „Anestasio Fiorentia meniador" zum Testamentsvollstrecker ernannt.

Arch. di Stato di Venezia. Not. Testamenti B. 718, No. 151. *L. Ferro.*

Anastasio, Gennaro di, neapol. Bildhauer um 1800. Fertigte im Auftrage der Stadtverwaltung Statuen für die Festdekoration beim Einzug der Bourbons in Neapel.

Napoli Nobilissima X 2. *G. Degli Azzi.*

Anastasio Mantovano, s. *Anastasi*, Brunoro.

Anastasio, Pietro, Genre-, Historien- u. Porträtmaler von Lugano, geb. 31. 7. 1859, Schüler der Akad. di S. Luca in Rom, stellte 1883 auf der Schweizer Landesausstellung in Zürich aus, erhielt 1885 im Pariser Salon („Reminiscenze d'un violinista") die silberne Medaille. Auf der Exposition décennale, Paris 1900 war er mit „Der erste Roman" vertreten (jetzt im Besitz der Schweizer Eidgenossenschaft in Lugano). In gleichem Besitz „Requiem", im Schweizer Kunstverein in Lugano 1892 ausgestellt. In der Villa Ciani in Lugano von ihm die „Vestalinnen", gleichfalls 1892 daselbst ausgestellt. Weitere Arbeiten von ihm bei Brun genannt.

E. L. Girard bei Brun, Schweiz. Kstlerlex. — Kunst. f. Alle VII, 1892. — Kat. d. Ausstllgn. *H. V.*

Anastasius, ein Kapuziner in Prag um 1669, der einige Heiligenbilder stach und mit F. A. C. (= Frater Anastasius Capucinus) bezeichnete.

Dlabacz, Böhm. Kstlerlex. **

Anastassi (Anastasius), wenig bekannter russischer Kupferstecher um 1750; von ihm: der hl. Demetrius zu Roß den Teufel besiegend, H. 323 mm, Br. 247 mm.

Rowinski, Die russischen Graveure, Moskau 1870 p. 150. *H. V.*

Anatolico, Antonio, Maler des 16. Jahrh., wahrscheinlich Mitarbeiter und Schüler des Bagazotto in Camerino, wo er wohl auch geboren war.

Arch. Comun. di Camerino, Camerlingato 1555—1565 c. 17 u. 28. *V. Aleandri.*

Anaxagoras, Erzbildner aus Aegina. Er verfertigte die zehn Ellen hohe Bronzestatue des Zeus, die von den siegreichen Hellenen nach der Schlacht bei Plataeae (479 v. Chr.) in Olympia aufgestellt wurde. Eine bei den Ausgrabungen in Olympia gefundene Basis läßt sich mit Wahrscheinlichkeit als die des Bildes bezeichnen. Von einem zweiten Werk, dem Weihgeschenk eines Praxagoras, Sohnes eines Lykaios, ist das Epigramm erhalten. Antigonos von Karystos (s. d.) hatte ihn in seinen kunsthistorischen Schriften erwähnt.

Brunn, Gesch. d. gr. Kstlr. I 84. — Overbeck, Schriftq. 433 ff. — Pauly-Wissowa, Realenc. I 2077, 6 (Robert). — Dörpfeld, Olympia I 86, II 78. — Frazer, Pausanias II 630 f. — Hitzig-Blümner, Pausanias III 431. *Amelung.*

Anaxagoras, Sohn des Apellikon, Architekt aus Iasos, nach einer Inschrift im British Museum Mitglied einer Baukommission für das Rathaus und Archiv seiner Vaterstadt, vermutlich aus dem 2. Jahrh. v. Chr.

Newton, Gr. Inscr. in the Brit. Museum III 62 u. 443 (Hicks). — Pauly-Wissowa, Realenc. Suppl. I 78 (Fabricius). *H. Thiersch.*

Anaxandra, griechische Malerin, Tochter u. Schülerin des sikyonischen Malers Nealkes, der zur Zeit Arats um die Mitte des 3. Jahrh. v. Chr. lebte.

Brunn, Gesch. d. gr. Kstler. II 291, 300. — Klein, Arch. epigr. Mitt. 11 S. 227. *Sauer.*

Anaxandros, nach Plinius N. H. 35, 146 ein Maler 2. Ranges, über den sonst nichts berichtet wird. Vielleicht ist aber statt Anaxander Anaxandra (s. d.) zu lesen.

Brunn, Gesch. d. gr. Kstler. II 300, 291. — Pauly-Wissowa, Realenc. I. 2080, 8 (Rossbach). *Sauer.*

Anaxenor, griechischer Maler unbekannter Zeit aus Magnesia (aus welchem, steht nicht fest). Er malte das Bild eines Sängers, auf den er in der Beischrift das Zitat aus der Odysee (9, 11) anwandte: Ἦτοι μὲν τόδε καλὸν ἀκουεμεν ἐστὶν ἀοιδοῦ τοιοῦδ' οἷος ὅδ' ἐστὶ θεοῖς ἐναλίγκιος αὐδήν. Hätte er sich nicht bei der Raumeinteilung versehen und das Lachen der Leser dadurch erregt, daß er für den letzten Buchstaben der stolzen Unterschrift keinen Platz mehr hatte, so wüßten wir vermutlich weder von ihm noch von seinem Werk.

Brunn, Gesch. d. gr. Kstler. II 301. — Pauly-Wissowa, Realenc. I 2081, 2. *Sauer*

Anaxilas, Gemmenschneider, s. *Herakleidas*

Anaxiles, Graveur oder ehemaliger Besitzer eines goldenen Fingerrings ionischer Arbeit aus Cypern mit der Darstellung einer sitzenden Athena.

Journ. of hell. stud. XII Taf. 15 S. 321 ff. — Furtwängler, Die ant. Gemmen II 47, 41, III, Taf. IX 41. *Pernice.*

Anaximenes, Bildhauer, Sohn eines Eurystratos, aus Milet. Er führte wahrscheinlich zur Zeit Hadrians für Gortyn auf Kreta die Statue des Prokonsuls Q. Caecilius Rufus aus; erhalten ist nur die Inschrift.

Brunn, Gesch. d. gr. Kstlr. I 606. — Overbeck, Schriftq. S. 2283. — Löwy, Inschr. gr. Bildh. 409. — Pauly-Wissowa, Realenc. I 2098, 6 (Robert). *Amelung.*

Anceaux, Emile, französ. Bildhauer, fiel im Kriege 1870 im Alter von 24 J. Seine Namensinschrift findet sich am Denkmal H. Regnaults in der Ecole-des-Beaux-Arts zu Paris.

Lavigne, Etat civil d'art. franç. 1881, 100. *Lami.*

Ancel, Simon, Fayencemaler in Rouen im 18. Jahrhundert.

Jaennicke, Grundriß d. Keramik p. 486. **

Ancel, s. auch *Ancelet.*

Ancelet, gleich *Ancel* und *Anselet,* Tischler und Dekorationsmaler im Dienste der Stadt Laon in den ersten Jahren d. 16. Jahrh.

Nouvelles Archives de l'Art Français, t. X und XI. *H. Longnon.*

Ancelet (od. *Anciau*) de Ceus od. Cens, französ. Illuminator der 1. Hälfte des 14. Jahrh., arbeitete mit Jean Pucelle und Jacquet Maci oder Maciot an der Ausschmückung der beiden schönsten Manuskripte der Zeit: einer lateinischen Bibel, datiert 1327 und eines Breviariums, genannt Breviaire de Belleville, beide in der Bibliothèque Nat. de Paris. Mss. lat. 11935, 10483/4.

L. Delisle, Le Cabinet des manuscrits I 13; Les livres d'Heures du duc de Berry, Paris 1884; Notice de douze livres roy. Paris 1902, 75. *P. Durrieu.*

Ancelet, Gabriel Auguste, bekannter französ. Architekt, besonders unter Napoleon III. viel beschäftigt, geb. in Paris 21. 11. 1829, † August 1895, Schüler der Ecole d. B. Arts und von Lequeux und Baltard. 1851 erhielt er den grand prix d'architecture. Er wurde nacheinander Architekt des Schlosses Pau (1858), Architekt des Schlosses Compiègne (1865), Membre du Conseil des Bâtiments civils und Professor für ornament. Zeichnen an der Ecole des B. Arts u. Membre de l'Institut. Unter seinen Bauten sind hervorzuheben: Die Eingangsfassade des Schlosses Pau, eine Erweiterung des Schlosses Biarritz, der Neubau des Schlosses Arteaga (Biscaye), der Theatersaal im Schloß Compiègne und sein Anteil am Bau des Conservatoire des Arts-et-Métiers. — Er stellte gelegentlich auch Aquarelle aus, so im Salon 1881.

Bellier-Auvray, Dict. gén. u. Suppl. — Chronique des arts 1895 p. 272 (Nekrolog). **

Ancelin, französ. Werkmeister, 1306 am Bau der Kathedrale von Lyon tätig.

N. Rondot, Artistes de Lyon. — Bauchal, Dict. des Archit. *C. Enlart.*

Ancelin (Ancellin), Jean, Fahnenmaler in Paris um 1660, („peintre du Roi"), † 11. 8. 1714, nur urkundlich bekannt.

Nouv. Archives de l'Art Franç. 2. Série IV, 1883 p. 247/48. — Revue univers. d. Arts XIII 326. *H. V.*

Ancelin, Jean-Baptiste, französ. Bildhauer, lebte von 1779 bis 1783 in Caen (Normandie).

Réun. des soc. d. beaux-arts, XXIII 93. *Lami.*

Ancelot, Eugène Joseph, Porzellanmaler in Paris, geb. in Garche (Seine-et-Oise), Schüler von Chevalier, stellte in den Salons 1878—1882 verschiedene Genremalereien aus (bei Bellier aufgeführt).

Bellier-Auvray, Dict. gén. Suppl. *H. V.*

Ancelot, Mme Marguerite Virginie, geb. Chardon, Genre- und Historienmalerin in Paris, geb. in Dijon 15. 3. 1792, † 1875, stellte in den Salons 1814, 1817, 1819 Szenen aus der engl. u. französ. Geschichte u. a. aus.

Bellier-Auvray, Dict. gén., Suppl. — Siret, Dict. d. Peintres III. Ausg. *H. V.*

Ancellotti, Antonio Girolamo. Sein Name findet sich in der Matrikel der Miniaturisten zu Perugia, Quartier Porta S. Pietro mit dem Zusatz: Vinto li 4 Maggio 1483.

Giornale di Erud. artistica II 309. *Walter Bombe.*

Ancerius, Franciscus (?), Maler in Bergamo um 1510. Von dem sonst unbekannten Künstler erwähnt Zani, Enc. met. II 95 die Signatur: Fcūs Ancerius. **

Anceschi, Antonio, s. *Bartolotti,* A.

Ancetus, s. *Antchius.*

Anchem, von, Goldschmiedfamilie im 14. Jahrh. zu Osnabrück.

Mitteil. d. hist. Vereins zu Osnabrück VI 29. *H. V.*

Anchemant, Jan, Maler in Antwerpen, wird als Meister 1620 in der St. Lukasgilde erwähnt.

Liggeren I 542, 571. **

Ancher, Anna Kirstine, Frau, geb. Bröndum, geb. in Skagen 18. 8. 1859, Schülerin 1875—79 der Zeichenschule des Malers V. Kyhn, 1880 mit dem Maler Michael Ancher verheiratet. Ihre schlichten Genrebilder, häufig Pastell, mit einer oder wenigen Figuren, sind besonders durch die Innerlichkeit der Empfindung wie durch die feine koloristische Wirkung hervorzuheben. Hauptwerke sind: „Bildnis einer alten Frau" (1880), „Kopf einer Frau aus Skagen" (Kunstverein Kopenhagen), „Alte Frau lesend" (1882), „Eine blinde Frau" (1883), „Zwei Alte, Möwen rupfend" (1883, Samml. Hirschsprung), „Das Tagewerk wird beurteilt" (1883, gemalt zusammen mit Michael Ancher, kgl. Gemäldegalerie, Kopenhagen), „Das Mädchen in der Küche" (1884, Samml. Hirschsprung), „Sonnenschein in der Stube des Blinden" (1886, daselbst), „Ein Begräbnis" (1891, kgl. Gemäldegalerie, Kopenhagen), „Bildnis des Malers Michael Ancher" (1902, Ausstellungsgebäude, Charlottenborg, Kopenhagen), „Bildnis des Malers Vilh. Kyhn" (kgl. Gemäldegalerie, Kopenhagen). 1904 wurde sie Mitglied der Kunstakad. in Kopenhagen.

Bricka, Dansk biograf. Lex. I (1887) S. 199. — Salmonsens Konversationslex. I 792. — Sig. Müller, Nyere dansk Malerkunst S. 7. — Weilbach, Nyt dansk Kunstnerlex. 1896. — Champlin-Perkins, Cycl. of Painters and P. 1888. — Zeitschrift f. b. K. N. F. IV 57. — Kunstchronik XXIV 516. — „Ord och Bild" 1904 S. 599 ff. — „Kunst" (dänische Zeitschrift). — Been und Hannover, Danmarks Malerkunst II 94, 139—145. — Ausstellungs-Kataloge (Charlottenborg) 1880—1907. — E. Hannover, Dän. Kunst des 19. Jahrh. (Lpz. 1907) S. 87 ff. *A. R.*

Ancher, Michael Peter, dänischer Maler, geb. in Rutsker (Bornholm) 9. 6. 1849, Schüler der Kunstakad. in Kopenhagen 1871 bis 1875, hauptsächlich aber selbständig ausgebildet. 1874 debütierte er mit dem Bild „Eine jütländische Wochenstube", und von dem nächsten Jahre ab suchte er seine Motive in Skagen, dem Fischerdorf an der Nordspitze Jütlands. Er hat in einer Reihe höchst bedeutender Bilder das Volksleben dort geschildert, hauptsächlich die derbe und kräftige Fischerbevölkerung in ihrem Leben und Treiben zu Lande und zu Wasser. Nur einige seiner wichtigsten Gemälde können hier erwähnt werden. „Missionsprediger" (1877), „Am Krankenbette" (1877, Samml. Hirschsprung), „Fischer am Strande" („Vil han klare Pynten", 1879. Im Privatbesitz des dänischen Königs), „Figuren in einer Landschaft" (1881), „Das Rettungsboot wird durch die Dünen geführt" (1883, kgl. Gemäldegalerie, Kopenhagen), „Blinder Christian" (1883, Samml. Hirschsprung), „Das Tagewerk wird beurteilt" (gemalt zusammen mit seiner Frau Anna Ancher 1883, kgl. Gemäldegalerie, Kopenhagen), „Bildnis der Frau des Künstlers" (1884, Samml. Hirschsprung), „Alter Mann vor seinem Hause. Sommerabend" (1884, Nationalgalerie, Christiania), „Eine Kindtaufe" (1887), „Fischer am Strande, stiller Sommerabend" (1889, kgl. Gemäldegalerie, Kopenhagen), „Zwei Fischer bei einem Boote" (1890, daselbst), „Bildnis des Malers P. S. Kröyer" (1894, Samml. Hirschsprung), „Sommertage auf der See" (1895, Museum Aarhus), „Der Ertränkte" (1896, Thorvaldsen-Medaille, kgl. Gemäldegalerie, Kopenhagen), „Selbstbildnis" (1903, daselbst), ein anderes „Selbstbildnis" (1905, Nationalgalerie Budapest). — Im Besitze seiner vollen Kraft steht Ancher unter den Führern der gegenwärtigen dänischen Malerei als der männlichste Vertreter des gesunden und derben Naturalismus. — 1889 Mitglied der Kunstakad. in Kopenhagen.

Bötticher, Malerw. des 19. Jahrh. und Nachtr. zu Bd. I. — Spemann, Goldenes Buch d. K. 1901. — Bricka, Dansk biograf. Lex. I. 1887 S. 201. — Salmonsens Konversationslex. I. S. 792. — Weilbach, Nyt dansk Kunstnerlex. 1896 und Nachtr. II 620. — Zeitschrift f. bild. Kst. XVII 275 und N. F. I 302, II 99. — Kunstchronik XXIV 517 u. N. F. VI 416. — Kunst f. Alle V, VI, XI. — Die Kunst IX (= Kunst f. Alle XIX). — Sig. Müller, Nyere dansk Malerkunst S. 12. — Tilskueren 1886 S. 210. — Illustreret Tidende „Af Samtidens Kunst" S. 289. — „Ord og Bild" 1904 S. 599 ff. — „Kunst" (dän. Zeitschrift) verschiedene Ausstellungs-Anzeigen. — Been und Hannover, Danmarks Malerkunst II 94, 139 bis 145. — Ausstellungs-Kataloge (Charlottenborg) 1874—1907. — E. Hannover, Dän. Kunst des 19. Jahrh. (Lpz. 1907) S. 86 ff. *A. R.*

Ancheta, Miguel de, span. Bildhauer in Pamplona, † 1598. Empfing seine Kunstbildung in Florenz und erwarb sich in seinem Vaterlande den Ruf eines der besten Bildhauer seiner Zeit. Seine Arbeiten finden sich besonders in Pamplona u. dessen Umgegend. 1578 fertigte er die Himmelfahrt Mariae für das Tabernakel des Hochaltars der Kathedrale von Burgos, welche aber von D. Manuel Martinez y Sanz für Juan de Anchieta in Anspruch genommen wird. 1581 das Haupttabernakel für die Pfarrkirche von Caseda in Navarra, ferner die Chorstühle der Kathedrale von Pamplona (von ihm nicht vollendet) mit trefflichen Statuen der Patriarchen und Heiligen und sein Hauptwerk, das Tabernakel in der Marienkirche in Tafalla, mit schönen Reliefs aus dem Leben Mariae und Jesu, von 1592—96 ausgeführt. A.s Alabasterstatue des St. Georg zu Pferde befindet sich im Ständesaal in Zaragoza. Fälschlich wird ihm auch das Tabernakel der Pfarrkirche von Calcante zugeschrieben. D. Martí y Monsó glaubt, daß dieser Künstler mit Juan de Anchieta identisch sei, eine Meinung, welcher sich P. Lafond mit dem Hinweis anschließt, daß der Stil beider Künstler ganz der gleiche ist und man, falls es sich doch um 2 Personen handelt, annehmen muß, daß sie zusammen gearbeitet haben, was nach Zeit und Ort sehr wohl möglich ist.

Cean Bermudez, Dicc. I 28; II 214; VI 56. — Martí y Monsó, Estud. 484. — Parada y Santin, Estud. histor. biogr. sobre el escultor pamplonés Miguel Ancheta. Madrid 1889. *M. v. B.*

Anchieta, Juan de, span. Bildhauer aus Azpeitia in Guipuzcoa. Ob er mit Miguel de A. verwandt, wenn nicht überhaupt identisch ist (siehe Miguel A.), ist ungewiß. Er war verheiratet mit Catalina de Aguilar aus Burgos und muß längere Zeit in Valladolid gelebt haben, denn 1565 wird dort sein Sohn getauft und 1568 wird er in einem Dokument in Verbindung mit dem Bildhauer Franc. de la Maça genannt. 1569 wird Juan de A. im Testament des Juan Bautista Beltrán als dessen Schuldner erwähnt, einer Summe wegen, die er von diesem in Briviesca erhalten. 1577 empfiehlt ihn Juan de Juni in seinem Testament, um den von ihm begonnenen Altar der Kirche S. Maria in Medina de Rioseco zu vollenden und sagt dabei, daß niemand für dieses Werk geeigneter und geschickter sei, trotzdem aber erhielt nicht Juan de A. sondern Estéban Jordan diesen Auftrag. 1577 führte Juan de A. mit dem Kunsttischler Martin de Arbizu zusammen den dreistöckigen Hauptaltar der Pfarrkirche in Zumaya aus, an dem sich von seiner Hand vorzügliche Basreliefs befinden, während die übrigen Skulpturen dieses Altars von Juan u. Antonio de Elexalde herrühren. 1578 führte er (und nicht Miguel de A.) die Himmelfahrt und Krönung Mariae für die Kathedrale von Burgos aus. (Vergl. Martinez y Sanz, Hist. del templo catedral de Burgos.) 1581 lebte er in Pamplona. An der Türe des Sagrario der Pfarrkirche von Alguiza ist ein Basrelief von seiner Hand, die Kreuzabnahme darstellend. Die Altäre der Pfarrkirche in Asteazu und der S. Martinskirche in Regil sind ebenfalls von ihm. In S. Sebastian hatte er den Altar, welchen Antonio de Vengoechea und Juan de Iriarte in der S. Vincentiuskirche ausgeführt hatten zu schätzen.

Viñaza, Adic. II 16—17. — Marti y Monsó, Estud. histor. artist. 484 etc. *M. v. B.*

Anchin, Jean Bapt. Pierre, ein sonst nicht bekannter französ. Maler 1795—1862, nur von Siret, Dict. d. peintres I 23 erwähnt. **

Anchin, Robert d', französ. Werkmeister, tätig 1341 am Bau der Kollegiatkirche zu Hesdin (zerstört 1553). 1345 begutachtete A. den Bau des Glockenturmes von St. Etienne zu Lille.

Revue Univers. des Arts, vol. XV. — Bérard, Dict. des Artistes. — Bauchal, Dict. des Archit. *C. Enlart.*

Anchises da Bologna, Bildhauer um 1470, unbekannter, nur von Achillini in seinem Viridario erwähnter Künstlername.

Zani, Enc. met. IV 140, 290. **

Anciau de Ceus (oder Cens), s. *Ancelet.*

Ancilotti, T., Florentiner Landschafts- und Genremaler, war in den 80er Jahren in Frankreich tätig und stellte 1885, 1888 und 1889 im Pariser Salon aus, im erstgenannten Jahre außer dem Bilde „Umgegend von Rouen" auch die plastische Gruppe „Die Liebe verwundet die Kraft". — Später versagen die Nachrichten über ihn.

Gubernatis, Dizion. d. art. ital. viv. p. 18. — Katal. des Salon. — Kunstchronik XXIII 267. **

Ancinelli, Flaminio degli, s. *Torre,* Fl.

Ancini, Antonio, s. *Bartolotti,* A.

Ancini, Pietro, Maler und Bildhauer, geb. 12. 2. 1616 in Reggio d'Emilia, † daselbst 29. 3. 1702. Von seinen für zwei Kirchen seiner Vaterstadt modellierten Tonstatuen sowie von seinen Malereien im Hause des Grafen Ancini scheint nichts mehr erhalten zu sein. Tiraboschis Behauptung, A. sei ein Schüler des Medailleurs Alfonso Ruspagiari gewesen, erscheint widersinnig, da dieser 1521 in Reggio geboren und 1576 daselbst gestorben ist.

Tiraboschi, Bibl. Modenese VI (Not. dei Pittori etc.) p. 302. — Rassegna d'Arte 1901 p. 107. *F. Malaguzzi-Valeri.*

Ancisa, Pasquale (Pater), leitet zusammen mit Pater Pagano degli Adimari die Erweiterungsbauten von Santa Maria Novella in Florenz um die Mitte des 13. Jahrh.

Marchese, Memorie IV Ediz. I 65—70. **

Anckarsvärd, Johan August, Graf, schwed. Zeichner, geb. 14. 12. 1783, † 12. 11. 1874, war Offizier und ein hervorragender Politiker und Staatsökonom. Als Künstler ein begabter Dilettant. Führte Zeichnungen in Sepia oder Tusche aus, malte auch Landschaften mit Tierstaffage. Vizevorstand der schwed. Kunstakad. 1856—1870.

Nordisk Familjebok. Tom I. Stockholm 1904. *G. Nordensvan.*

Anckarsvärd, Mikael Gustaf, Graf, schwed. Zeichner und Lithograph, geb. 25. 3. 1792 in Kalmar, † 3. 5. 1878 in Stockholm. War Offizier, studierte dann die Malerei in Paris und Italien 1819—22. Er gab die lithographierten Bildwerke „Die bemerkenswertesten Ruinen Schwedens" (1828—30) und „Schwedische und Norwegische Ansichten" (1830—37) heraus. Er war einer der Gründer des Kunstvereins in Stockholm 1832 und 1844—58 Oberintendant und Vorstand der Kunstakad. und in dieser Stellung sehr tätig.

Nordisk Familjebok. Tom I. Stockholm 1904. *G. Nordensvan.*

Anckeln, Rudolf oder Roleff von, Stadtbaumeister, Hamburg 1552—59, † vor 1574. *E. Benezé.*

Ancker, Hans, Baumeister, wird 30. 3. 1611 an Stelle des Abraham Govarts in stadtkölnische Dienste berufen.

Merlo, Köln. Kstler. 1895. *H. V.*

Ancker, s. auch *Anker.*

Anckermann (Ankermann), Bernhard (Christoph), Architekt von Augsburg im Anfange des 18. Jahrh., zeichnete für den Augsburger Verlag des Martin Engelbrecht eine große Menge von Ansichten und Aufrissen von Gebäuden (z. B. die Grundrisse und Durchschnitte der Dresdener katholischen Kirche), welche meist von Alex. Glässer gestochen sind.

Meyer, Kstlerlex. **

Anckers, Nils Elias (Anderson), schwed. Radierer, geb. 7. 6. 1858 in Stockholm, Kapitän bei der schwed. Flotte, hat lebhafte und stimmungsvolle Radierungen mit Marinemotiven ausgeführt. Ist im Nationalmus. in Stockholm vertreten. *G. Nordensvan.*

Anclos, Gilles, Bildhauer, war 1735—76 an der Ausschmückung des Turmhelmes der Kathedrale von Cambrai beschäftigt.

Lami, Dict. d. sculpt. 1898. *R.*

Ancona, Vito d', florentiner Maler, tätig um 1861.

Dioskuren 1861 p. 366. **

Ancona, d', s. auch damit verbundene *Vornamen.*

Anconitano, l', s. *Bonini,* Girol.

Ancora, Andrea und Annibale d', Goldschmiede in Neapel, erhielten 1551 von der Neapeler Stadtverwaltung den Auftrag, in Gemeinschaft mit Lorenzo de' Lorenzi eine goldene Halskette anzufertigen, die dem Sohne des Vizekönigs von Neapel, Don Garcia de Toledo, zur Erinnerung an seinen Seesieg an der afrikanischen Küste als Ehrengabe dargebracht werden sollte. Das Programm für die historischen und allegorischen Darstellungen auf den 14 Halsgliedern dieser Kette, die auf ihrem Brustgliede das Bildnis des Don Garcia selbst zeigen sollte, entwarf im Auftrage der drei Künstler der neapolitan. Dichter Luigi Tansillo. Der Dichter wie die drei Goldschmiede ernteten für ihr gemeinsames Werk reiches Lob.

Fiorentino, Note alle Poesie etc. di L. Tansillo (Napoli 1882) p. 279 ff. — Napoli Nobiliss. V 159. *G. Degli Azzi.*

Ancora, Pietro d', neapol. Maler um 1800, bezog eine Pension von der Accad. in Neapel und kommt öfters in den Akten derselben vor. Er malte mit Hinneigung zum klassischen Stil in verschiedenen Kirchen Süditaliens.

Napoli Nobilissima X 5. *G. Degli Azzi.*

Ancré, Claire Therese, s. *Charles,* Cl. Th.

Andalò da Bologna, wird im 15. Jahrh. als tüchtiger Miniaturmaler erwähnt.

Arch. stor. dell' Arte ital. VII 12. *F. Malaguzzi-Valeri.*

Anděl, Anton, Maler und Zeichner, geb. 6. 4. 1844 zu Gr. Meseritsch in Mähren, studierte an der Akad. der bildenden Künste in Wien, wirkte als Professor in Iglau und Graz, wurde Schulrat und ist noch immer als Hochschuldozent und Zeichenpädagog tätig. Als Reformator des Zeichenunterrichtes und Leiter einer Malschule erwarb er sich einen guten Namen. Anděl lebt in Graz, wirkt aber zugleich als k. k. Fachinspektor des Zeichenunterrichtes an den Mittelschulen und Pädagogien Mährens und Österr.-Schlesiens. Er zeichnete und verfaßte die bekannten Zeichenwerke: „Das geometrische Ornament", „Das polychrome Flachornament", „Elemente des pflanzlichen Ornamentes" und „Das Zeichnen nach dem Modelle". Als Dozent für die „Grundzüge der Ornamentenkunde" an der Grazer techn. Hochschule schrieb er die beiden Schriften: „Geschichte des Akanthusblattes" und „Die Spirale in der dekorativen Kunst". *W. Schram.*

Andeles, Andele, holl. Medailleur, geb. in Leeuwarden (Friesland) 29. 6. 1687, † daselbst 20. 3. 1754. Man kennt von ihm nur 3 Jetons für den Rat seiner Vaterstadt, datiert 1728, 1741 und 1745, welche seine Initialen A. A. tragen, und eine mittelmäßig gravierte Medaille, mit vollem Namen bezeichnet: A. Andeles Fec. Diese wurde ihm 1734 bei Gelegenheit der Hochzeit des Prinzen Wilhelm Karl Heinrich Frison von Oranien mit der Prinzessin Anna, der Tochter König Georgs II. von England in Auftrag gegeben. Er war Mitglied des Stadtrates von Leeuwarden 1733 und Schöffe derselben Stadt 1745.

Lit. s. *Andeles,* Eise. *Fréd. Alvin.*

Andeles, Eise, Medailleur, Neffe u. Schüler des Vorhergehenden, ebenfalls in Leeuwarden 12. 3. 1731 geb. und dort um 1766 gestorben. Man kennt von ihm 4 Medaillen, bezeichnet mit den Initialen E. A. oder einfach A, geprägt. 1. beim 100jährigen Jahrestag der Gründung des Hospizes für Greise in Leeuwarden 1758; 2. beim Tod der Königin Anna von England 1759; 3. beim Tod der Prinzessin Marie Louise von Oranien-Nassau 1765 und 4. die Verherrlichung von Hollands Gottvertrauen 1766.

Bolzenthal, Skizzen z. Kstgesch. d. mod. Med.-Arb. — Meyer, Kstlerlex. — Wurzbach, Niederl. Kstlerlex. — Forrer, Biogr. Diction. of med. *Fréd. Alvin.*

Andeli, Jean d', französ. Werkmeister, tätig 1206 am Bau der Kathedrale zu Rouen, Schöpfer der Pläne für den Neubau dieser damals durch eine Feuersbrunst zerstörten Kirche. Eigenartig ist die Anlage des Chorumganges mit weit auseinanderstehenden Kapellenanbauten. Die Kirchen von Grand- und Petit-Andely, von analoger Anlage wie die Kathedrale zu Rouen, werden gleichfalls Jean d'A. zugeschrieben.

A. de Beaurepaire, Bull. de la Commiss. des Antiquités de la Seine Inf. 1879. — Dr. Coutan, La cathédr. de Rouen, 2. Ausg. 1896. — L. Régnier, Congrès de l'Assoc. Normande, Andelys 1893 u. Not. hist. et archéol. (Rouen 1883, p. 196). — Ch. Legeay, Journal des Andelys, 26. 8. 1883. *C. Enlart.*

Andelot, Adriaen, Maler, geb. in Amsterdam, kaufte dort 16. 7. 1692 das Bürgerrecht.

Aemstels Oudheid IV 63. *E. W. Moes.*

Andemiro, Gasparre, Kunststicker in Neapel, fertigte 1442 für Alfons I. ein Piviale für die Kapelle des Königs mit den Figuren Christi, S. Peters, S. Paulus, S. Januarius, S. Johannes, 2 Propheten, S. Agnellus und Maria Magdalenas.

Filangieri, Indice d. Artefici I 17. **

Anderallmend, Karl, Schweizer Architekt, erbaute das durch seine Holzornamentik bemerkenswerte sogenannte von Moos'sche Haus in Luzern.

F. Heinemann bei Brun, Schweizer. Kstlerlex. *H. V.*

Anderallmend, Maria Scholastika, Luzerner Nadelmalerin in der ersten Hälfte des 18. Jahrh., Benediktinerin im Kloster Olsberg (Kt. Solothurn). Von ihr ein Kelchvelum mit Burse in reicher Perlenstickerei auf schwarzem Atlas in der Stiftskirche zu Beromünster.

F. Heinemann bei Brun, Schweizer. Kstlerlex. *H. V.*

Anderedus von Corvey, westfäl. Mönch u. Maler, † 958. In den Annalen von Corvey, einer nicht einwandfreien Quelle aus dem 15. Jahrh., ist unter d. J. 958 der Tod des A. verzeichnet. Er wird hier als Mönch von Corvey u. als „insignis musicus et pictor" bezeichnet. Daß die Corveyer Klosterschule eine gewisse Rolle in dem künstlerischen Leben Westfalens in dieser Zeit spielte, ist zweifellos; die erhaltenen Miniaturen dieser Gegend stehen jedoch an Bedeutung hinter den gleichzeitigen Leistungen rheinischer, sächsischer und süddeutscher Klöster zurück.

Leibnitz, Scriptores Rerum Brunsv. II 301. Annales Corbejenses. — Mithoff, Mittelalterl. Kstlr. Niedersachs. u. Westf. — Zeitschr. f. bild. Kst. II 305. — Meyer, Kstlerlex.
Swarzenski.

Anderes im Grünt (Grüt?), Schweizer Architekt, mutmaßlicher Erbauer der seit 1609 errichteten Klosterkirche von Werthenstein (Kt. Luzern), wo sein Name mit dem des Hans Flach in einer Inschrift auf den Postamenten der beiden die Orgelempore am Westende des Schiffes stützenden Säulen vorkommt.

Repertorium f. Kstwissensch. V 13 (Anmkg.).
H. V.

Anderhalden, P. Karl, Schweizer Architekt, Zeichner und Kalligraph, geb. zu Sachseln 12. 5. 1842, Autodidakt, leitete einige Renovationen in Sarnen und den Neubau für die Kosttöchter, ferner den Bau der Kirche für die Klosterfrauen in Rickenbach und auf dem Gubel.

Brun, Schweizer. Kstlerlex. *H. V.*

An der Halden, s. *Halden.*

Anderle, Anton (Ignaz), Goldschmied, gebürtig von Prerau, hat in Brünn gelernt, hierauf durch dreizehn Jahre in verschiedenen Orten und Städten gearbeitet, wurde 10. 1. 1727 Bürger von Brünn und erscheint hier 1732 in einer Konsignation genannt. 1748 finden wir ihn, unbehaust, in der Adlergasse No. 492 wohnhaft. Für das Benediktinerstift Raigern lieferte er ein Eßbesteck aus „Prob-Silber". 1752 (September) wird er als entwichen, seine Ehegattin als verstorben und seine Stelle als erledigt angeführt. 1765 hören wir von ihm, daß er nebst vier anderen „ihrer Wissenschaft nach kunstfähigen Männern", aus Mangel an Verdienst, „seit einer Zeit von 5 Jahren" dermaßen in Verfall geriet, daß er mit Hinterlassung von Schulden anderwärts seine Nahrung als Geselle zu suchen bemüßigt war.

Von ihm besitzt die Minoritenkirche in Jägerndorf (Österr.-Schles.) ein einfaches Kreuz-Reliquiar mit Steinen und Bergkristallen besetzt; ferner die Pfarrkirche zu Maria Himmelfahrt in Troppau einen silbernen vergoldeten, reich mit Halbedelsteinen besetzten Meßkelch, in Rocailleformen getrieben, mit Putten, Darstellungen aus der Passionsgeschichte und dem Leben des hl. Joh. von Nepomuk. Im Fuße Wappen und Jahreszahl 1786.

C. Schirek, Mitteil. des Mähr. Gew.-Mus. 1894 p. 46 und 1898 p. 157. — C. Schirek, Journal der Goldschmiedekunst, Leipzig 1896, No. 17 p. 121. — C. Schirek, Punzierung in Mähren 1902 p. 40. — K. k. Statthalterei-Archiv Brünn. Faszikel S 189. — E. W. Braun, Kat. d. Ausst. v. Altösterr. Goldschmiedearbeiten. Troppau 1904 p. 35 und 87. *—k.*

Anderlini, Domenico, Maler in Pesaro, tätig ca. 1720—60, und zwar hauptsächlich als Landschaftsmaler in Temperatechnik. Zani sah noch zahlreiche Landschaftsbilder von der Hand dieses Künstlers in Privathäusern zu Pesaro und Urbino.

Zani, Appendice zur Encicl. (Mscr. in der Bibl. Palat. zu Parma). *St. Lottici.*

Anderlini, Giovanni Paolo, Prospekt- und Ornamentenmaler (Geistlicher) zu Bologna in der zweiten Hälfte des 18. Jahrh., Schuler des Stef. Orlandi und Franc. Rovioli. Er arbeitete in verschiedenen Kirchen und Palästen seiner Vaterstadt in Fresko.

Pitture etc. di Bologna 1792 p. 199, 241, 287, 359. *H. V.*

Anderlini, Pietro, Maler von Prospekten und architektonischer Dekoration in Fresko zu Florenz in der zweiten Hälfte des 17. Jahrh. Von ihm solche Malereien im erzbischöflichen Palast (wohl nicht mehr erhalten) daselbst, dann in den Kirchen S. Giuseppe, wo Sigismondo Betti, und in der Badia der Benediktiner, wo Onorio Marinari die dazu gehörigen Figuren malten.

Richa, Chiese Fiorentine I 186, 199, V 94, VI 352. — Bruno Carlieri, Ristretto delle cose più notabili di Firenze, Ausg. 1767 p. 18.
H. V.

Anderlino, Vittorio, aus Montone, Maler in Rom, erhält 5. 1. 1519 eine Zahlung für Malereien, die er in der Sala grande und in anderen Wohnräumen des Kardinals Armellini in Rom zugleich mit Andrea di Giovanni di Martino da Parma und Giovenale di Serafino da Narni ausgeführt hatte.

Bertolotti, Artisti Modenesi e Parmensi a Roma in Atti e Memorie della R. Dep. di Stor. Patria per le Prov. Mod. e Parm. 1883, p. 88.
W. Bombe.

Anderloni, Faustino, italien. Kupferst., geb. zu S. Eufemia bei Brescia 1766, † 1847. A. hat seine Ausbildung als Zeichner und Stecher in Mailand vollendet, er ist vornehmlich in Pavia, wo er die Zeichnungen und z. T. auch die Kupferstiche zu Scarpas anatomischen Werken ausführte und seit 1801 als Lehrer der Zeichenkunst an der Universität wirkte, tätig gewesen. A. gehört zu den besseren Vertretern des klassischen Linienstiches. Seine Hauptwerke sind die Stiche nach Raffaels Bridgewater Madonna, nach einer hl. Familie von Poussin, einer Madonna mit dem Kinde nach Reni, der büßenden Magdalena nach Correggio. Die von seinem Schüler Giovita Garavaglia gezeichneten u. auf der Platte begonnenen Stiche nach Gaudenzio Ferraris Kreuzabnahme und nach Renis Himmelfahrt Mariae hat er nach dessen Tode vollendet. Unter seinen Bildnisstichen sind die des Vittorio Alfieri, des Komponisten Corelli, Herders und Schillers nach Kügelgen und das des Königs Vittorio Emanuele von Sardinien zu nennen.

Außer den schon erwähnten Tafeln in Antonio Scarpas Anatomicae disquisitones (Ticini 1789), dessen Tabulae nevrologicae (Ticini 1794) und De penitiori ossium structura (Lipsiae 1791) hat er auch Tafeln zu Scopolis, Deliciae Florae et Faunae Insubricae (1786—88 Ticini) geliefert.

Meyer, Kstlerlex. — Fenaroli, Artisti Bresciani. — Malvasia, Felsina pittrice. — E. Anderloni, Opere e vita di Pietro Anderloni, Milano 1903. *P. K.*

Anderloni, Pietro, Reproduktionskupferstecher, Bruder des Faustino, geb. 1785 zu Sta. Eufemia bei Brescia, † den 13. 10 1849 auf seinem Landsitze Cabiate bei Mailand. Zuerst Schüler seines Bruders, trat dann in Longhis Schule und arbeitete neun Jahre lang unter diesem Meister. In dieser Zeit arbeitete er an manchen Stichen mit Longhi gemeinschaftlich, und so erfolgreich, daß ihm dieser erlaubte, auch mit seinem Namen das Blatt nach Guido Renis Mater amabilis zu zeichnen. Seit 1831 war er, seinem Meister in dieser Stelle nachfolgend, Vorstand der Kupferstecherschule zu Mailand. — Er verstand die Eigentümlichkeit der berühmten Renaissancemaler wie Raffael, Tizian, G. Ferrari, G. Reni, Sassoferrato u. a. wohl zu erfassen, auch da, wo es sich, wie bei Tizian, darum handelte, das Farbige und Malerische wiederzugeben; doch gelingt ihm nicht durchweg die Zeichnung des Nackten. Einer seiner besten Stiche ist die hl. Familie, angebl. nach Raffael. Bemerkenswert ist auch bei Pietro durch die Verbindnung von Kraft und Klarheit die Behandlung der Schatten, sowie durchweg seine technische Fertigkeit.

Meyer, Kstlerlex. (Verzeichn. s. Arbeiten). — Emilio Anderloni, Opere e vita di P. Anderloni, Milano 1903. — Commentari d. Ateneo di Brescia 1896 p. 179—198. — Natura ed Arte 1897/98, I 661—67. **

Anders (auch Andreas). Bildhauer in Dänemark, tätig in Odense (Fünen), hat die geschnitzte Kanzel (1653) in der Frauenkirche in Nyborg und den Altar mit Szenen der Passionsgeschichte (1657) in der Kirche in Nakskov (Lolland) ausgeführt.

Trap, Danmark (3. Ausg.) III S. 126 und S. 594.

Anders (Enders), Caspar, Maler in Breslau, lebte 1690—1735.

Kstdenkm. Schlesiens V 516. *C. Buchwald.*

Anders, Ernst, Porträt- und Genremaler in Düsseldorf, geb. 26. 3. 1845 in Magdeburg. Wurde 1861—68 auf der Akademie in Düsseldorf ausgebildet und war 1868—72 Privatschüler von Prof. Wilh. Sohn. Von ihm „Die Genesende", „Schach der Königin", „Eine Frage" etc.

Bötticher, Malerw. des 19. Jahrh. *Board.*

Anders, Friedrich, Maler und Gemälderestaurator um 1797 im Dienste des Königs von Neapel. In einem Sendschreiben des Landschafters Ph. Hackert an den Ritter Hamilton wird er als Restaurator gelobt. Es ist wohl derselbe, den Goethe und Heinrich Meyer in einem Gutachten vom 9. 4. 1816 als Andres, einen Böhmen, Schüler von Mengs und einen der vortrefflichsten Künstler im Restaurationsfach bezeichnen. Nach seiner Zeichnung: 2 Blätter: Eine Vase, und die Darstellung des Basreliefs auf derselben: le Nozze di Paride ed Elena. Aus dem Mus. Jenkins. Roma 1775. Fol.

Meyer, Kstlerlex. — Jahrb. f. Kstwissensch. IV 260. — Napoli Nobilissima IX 111. *R.*

Anders, Johann Gottlieb, Bildhauer in Zittau, erhielt für die Bildhauerarbeiten an der Gräfl. Einsiedelschen Familiengruft 1746 43 Taler 8 Gr. Abbildung des reich und schwungvoll skulpierten Barockgiebels und der Rokoko-Eckvasen bei Gurlitt, Bau- und Kstdenkm. Sachsens, Heft 29 p. 206. **

Anders, Johann Gottlieb, wird (nach Füssli, Zusätze) als Hofkunstweber im bayr. Staatskalender von 1780 erwähnt. **

Anders Larsson. Anders Maler gen., † 1586 auf dem Schloß Kronoberg. Er ist der einzige eingeborene Schwede aus der Wasa-Zeit, der einen hervorragenden Platz als Künstler beanspruchen darf. Schon 1541 wird er in Rechnungen als Maler erwähnt; 1548 machte er Dekorationsmalereien auf Gripsholm; von 1550 an für die Arbeiten am kgl. Schloß in Stockholm in Anspruch genommen. Während seiner späteren Lebenszeit, unter den Königen Erik XIV. und Johann III., scheint er hauptsächlich als Archit. wirksam gewesen zu sein. 1561 wurden ihm die Arbeiten am Schloß, Domkirche u. Stadtbefestigungen in Reval übertragen; 1562 leitete er die Festungsarbeiten in Weißenstein, Pernau und Viborg und seit 1567 war er Archit. an den kgl. Schlössern in Stockholm und Svartsjö. Allerlei Bau- und Dekorations-Arbeiten in den kgl. Wohnungen und Amtsgebäuden wurden ihm noch in Auftrag gegeben. Er war kurz gesagt das künstlerische Faktotum unter König Johann III.

Nordisk Familjebok (2. Aufl.). *O. S.*

Anders, Mme Marie Joséphine, geb. Heseque, Blumenmalerin in Paris, geb. daselbst, Schülerin von Redouté, stellte in den Salons 1875, 79 und 80 aus.

Bellier-Auvray, Dict. gén. Suppl. *H. V.*

Anders, Richard, Bildhauer, Professor in Berlin, geb. 10. 2. 1853 zu Quedlinburg, Schüler der Berliner Akad., darauf 8 Jahre bei E. Hundrieser beschäftigt. Die bedeutendsten seiner Werke sind: das Denkmal Gustav Nachtigals zu Stendal (1889), das Siegesdenkmal zu Quedlinburg (Reiterstatue eines anstürmenden Kürassiers von Mars-la-Tour, 1895) und endlich sein Hauptwerk: das Kaiser Wilhelm-Denkmal für Köln a/Rh., das 18. 6. 1897 enthüllt wurde (1891 begonnen). Ferner führte er zahlreiche Porträtbüsten in Bronze und Marmor aus, darunter eine Bismarckbüste für das neue Ständehaus in Merseburg sowie verschiedene Bronzebüsten von Gelehrten für das preuß. Kultusministerium. Auf der Jubiläums-Ausstellung der

Berliner Akad. 1886 und auf den internationalen Kunst-Ausstellungen 1891 und 1906 war er gleichfalls mit einigen männlichen Porträtbüsten vertreten.

Das geistige Deutschland, Leipzig u. Berlin 1898. — Kuntzemüller - München, Die Denkmäler Kaiser Wilhelms d. Großen, Bremen 1902. — Kunst f. Alle XI, 1896. — Kat. d. Ausstellgen. *H. V.*

Andersag, Michael, Maler, geb. zu Pawigl (Ultental) Gericht Lana, 30. 9. 1799, besuchte die Zeichnungsschule in Bozen, dann die in Graz, kam 1822 an die Akad. nach Wien, wo er für das ausgestellte Gemälde: die hl. Cäcilia, eine ehrenvolle Anerkennung erhielt. 1826 begab er sich zur weiteren Ausbildung nach Rom. In seine Heimat zurückgekehrt, malte er u. a. das Hochaltarblatt: Krönung Mariae für die Pfarrkirche in Marling, Madonna nach Raphael, Altarbild für die Stiftskirche in Wilten, ferner für dieselbe Kirche einen hl. Norbert und Augustin, das Hochaltarbild für die Pfarrkirche St. Pankraz im Ultentale. Prof. D. Josef Egger in Innsbruck besitzt die Porträts seiner Großeltern von der Hand A.s, Prof. Mühlberger in Blumau 3 kleine Skizzen zu Altarbildern, Landschaftsmaler Wilhelm Settari in Meran mehrere Staffeleibilder von ihm. Die hl. Cäcilia befindet sich im Mus. Ferdinandeum zu Innsbruck, außerdem existieren Fresken von ihm im Schlosse Salegg zu Mitterdorf und im Hause des Baron Unterrichter zu Kaltern. Anfangs der 50er Jahre des 19. Jahrh. begab er sich nach Nordamerika, wo er im Kriege der Unionstaaten mit den Südstaaten ums Leben kam.

Tiroler Kstlerlex. — Beda Weber: Das Land Tirol, Zeitschrift: Andreas Hofer No. 35, vom 28. 8. 1879; Der deutsche Anteil der Diözese Trient. *Dr. Franz Innerhofer.*

Andersen, Alfred Emil, norweg. Maler, geb. 3. 11. 1860 in Christianssand, wo er Zeichenunterricht nahm. 1877—78 Schüler des Theatermalers Wilh. Krogh in Christiania, reiste 1878 mit Stipendium nach Kopenhagen (Akad.), wo er auch als Zeichenlehrer an Schulen beschäftigt war. Er ließ sich 1883 in Christianssand nieder, malte Porträts, Landschaften und Genrebilder, gab Unterricht und blieb dort (nur unterbrochen durch einen kurzen Aufenthalt [1889] in Paris und Christiania, wo er Porträts malte) bis 1891. Nach einem kürzeren Studienaufenthalt in England und Holland begab er sich über Nordbrasilien, Westindien und Mexiko nach Paranaguá, wo er sich 1892 niederließ und mehrere Jahre wohnte. Seit 1902 lebt er als angesehener Porträt- und Landschaftsmaler in Curityba (Paraná, Brasilien), wo er 1903 zwei goldene Medaillen erhielt. — Von seinen Arbeiten befinden sich z. B. 6 Porträts in der Munizipalgalerie, Paranaguá, 1 im Zollamt daselbst, 6 in der Porträtgalerie in Santa Casa di Misericordie, mehrere in der Freimaurerloge „Perseveranza“, 1 in der Pinakothek Curityba. Stellte in Christiania aus 1885 bis 1891, in Kopenhagen 1888.

Schriftliche Mitteilungen des Künstlers. *C. W. Schnitler.*

Andersen, Anders Christian, dän. Maler, geb. in Bustrup (Salling, Jütland) 19. 8. 1859. Er hat einige Landschaften ausgestellt.

Weilbach, Nyt dansk Kunstnerlex. I 1896. *A. R.*

Andersen, Andreas Martin, norweg.-amerikan. Maler, geb. in Bergen 14. 8. 1869, † in Boston 1. 2. 1902. Studierte an Cowles Art School Boston und Julians Acad. Paris. Bekannte Werke: Porträt von Mrs. Julia Ward Howe, „Singing Woman“, „Woman with Fruit“, „Spring“. *Walter Rowlands.*

Andersen, Arnde, Baumeister in Hamburg. Schmückte 1472 die Laube des neuen Eimbecker Hauses; baut 1484 einen neuen Turm für die Nikolaikirche.

Hamb. Kämmereirechn. III 491 u. IV 58/9. — Mönckeberg, Der St. Nikolaiturm Hamb. 1843 p. 7. — Ders., Die St. Nikolaikirche usw. 1846 p. 24. *E. Benezé.*

Andersen, Carl Christian, dän. Maler, geb. 7. 11. 1849 in Kopenhagen, † 2. 8. 1906 daselbst, Schüler der Kunstakad. in Kopenhagen 1863—71. Er hat besonders Historienbilder und Architekturbilder gemalt, aber auch einige Bildnisse gemalt und radiert. Von seinen Arbeiten werden genannt: „Sigbrit prüft die Zollrechnungen mit Christiern II.“ (1873), „Mogens Munk nimmt Abschied von Christiern II.“ (1875), „Ole Vind predigt für Christian IV.“ (Schloß Frederiksborg), Der große Saal des Eremitageschlosses (1876), Kopenhagener Schloß (1889), ferner Architekturbilder von Spanien (Alhambra), Tunis und Italien, wo er 1882—83 reiste. — 1870 wurde A. Schüler und darauf Assistent des Konservators F. F. Petersen an der kgl. Gemäldegalerie in Kopenhagen und wurde 1887 zum Konservator ernannt. A. hat auch schriftstellerisch gewirkt. Er hat „Kjöbenhavns Slot“ (Fol. Kopenhagen 1902) herausgegeben und war Mitarbeiter des verdienstvollen Werkes „Danske malede Porträtter“ (Dänische gemalte Bildnisse) von E. F. S. Lund.

Bricka, Dansk biograf. Lex. I (1887). — Weilbach, Nyt dansk Kunstnerlex. I (1896). — Ausstellungs-Kataloge (Charlottenborg) 1871 bis 89. *A. R.*

Andersen, Carl Ferdinand, dän. Maler, geb. in Kopenhagen 24. 12. 1846, war Schüler der Kunstakad. in Kopenhagen 1860—70. Er hat Genrebilder und Bildnisse gemalt, hat aber besonders als Lehrer an der Akad. und der technischen Schule gewirkt und ist jetzt Inspektor des Zeichenunterrichts für alle öffentlichen Schulen in Kopenhagen und die technischen Institute in Dänemark außerhalb der Hauptstadt, so wie auch Vorsteher des Kursus für Zeichenlehrer. Er hat verschiedene Aufsätze und Leitfaden für Zeichenunterricht verfaßt.

Bricka, Dansk biograf. Lex. I (1887). — Weilbach, Nyt dansk Kunstnerlex. I (1896). — Ausstellungs-Kataloge (Charlottenborg) 1871 bis 93. *A. R.*

Andersen, Christian Emil, dän. Maler, geb. 2. 12. 1817 in Kopenhagen, † 2. 12. 1844, Schüler der Kunstakad. in Kopenhagen, weiter ausgebildet in Paris und München 1842 bis 1843. Er malte Historien- und religiöse Bilder: „Carl I. nimmt Abschied von seinen Kindern" (1839, Kgl. Gemäldegalerie, Kronborg), „Christus in Emmaus" (1842, Altarbild in der Wedel Kirche, Holstein), „Der barmherzige Samariter" (1844, Thorvaldsens Mus., Kopenhagen). Bedeutender als diese Gemälde sind seine liebenswürdigen Genrebilder, besonders „Eine Familientour in den Wald bei Regenwetter" (1839).

Ausstellungs-Kataloge (Charlottenborg) 1835 bis 44. — Weilbach, Nyt dansk Kunstnerlex. I 1896. — Karl Madsen, Kunstens Historie i Danmark (= Kunst VI, 1—2) S. 227. *A. R.*

Andersen, Cilius Johannes Konrad, dän. Maler, geb. in Odense (Fünen), Schüler der Kunstakad. in Kopenhagen 1884—89, malt Landschaften, Bildnisse, aber besonders Genrebilder mit Szenen aus der unteren Gesellschaftsklasse; von diesen wird genannt: „Ein Proletarierweib mit ihrem Kinde" (1892), „Ein Kinderbegräbnis" (1893), dieselben Gegenstände behandelt er in einem anderen Gemälde (1902), ferner „Eine Haushälterin wird gesucht" (1894), „Der Dorfschulze" (1903), „Alter Bursch in einer Kneipe" (1904) u. a. m. A. hat auch einige Blätter radiert.

Weilbach, Nyt dansk Kunstnerlex. I (1896). — Ausstellungs-Kataloge (Charlottenborg) 1890—1907. *A. R.*

Andersen, Claus, dänischer Architekt, war um 1569 am Turmbau des Domes zu Wiborg beschäftigt.

Weilbach, Nyt dansk Kunstnerlex. 1896. *V. Lorenzen.*

Andersen, Frederik Oscar August, dän. Xylograph, geb. in Kopenhagen 19. 8. 1848, † 1. 5. 1907, war als Xylograph Schüler H. P. Hansens u. besuchte die Kunstakad. in Kopenhagen 1867—70. Er ist einer der bedeutendsten Vertreter der modernen Xylographie in Dänemark, von seinen Arbeiten werden hervorgehoben verschiedene Holzschnitte für die Jubiläumsausgabe von Ludwig Holbergs Komödien (Kopenhagen 1882—88) und für die Weltausgabe von H. C. Andersens Märchen (Kopenhagen 1900, deutsche Ausgabe: Stuttgart 1900).

Weilbach, Nyt dansk Kunstnerlex. I (1896). *A. R.*

Andersen, Gustav Albert, schwedischer Landschaftsmaler der Gegenwart, geb. in Eckilstuna, Autodidakt, erweckte 1898 mit einer Ausstellung von 40 Bildern in Paris, Rue Caumartin 19, eine gewisse Sensation. — Seitdem aber versagen die Nachrichten über ihn.

Rheinisch Westf. Zeitg. vom 22. 3. 1898 (Die Irrfahrten eines Landschaftsmalers). **

Andersen, H., norweg. Maler. Der Kunstverein von Christiania kaufte norweg. Landschaften von ihm in den Jahren 1858, 1860, 1862, 1863.

Private Mitteilungen. *C. W. Schnitler.*

Andersen, Halvor (gen. Halvor der Teufel), norweg. Bildschnitzer, lebte noch im Anfang des 18. Jahrh. in der Nähe von Bragernäs bei Drammen. Seine Arbeiten in Elfenbein befinden sich in den kgl. Sammlgn. in Kopenhagen (Rosenborg).

Meyer, Kstlerlex. — Weinwich, Kunstnerlex. u. Kunsthist. — Pontoppidan, Norges naturlige historie. Kopenhag. 1753 II 394. — Dietrichson, Den norske Træskjærerkunst, Christiania 1878 S. 89. — Thommessen, Norsk Billedkunst. Christiania 1904 s. 5. — Överland, Norges Historie Christiania 1893 V Abt. I 583 (wo sich Abbildungen von H. Andersens Arbeiten finden). *C. W. Schnitler.*

Andersen, Hans, s. *Brendekilde.*

Andersen, Hans Christian, berühmter dänischer Dichter, geb. 2. 4. 1805 zu Odense, † 4. 8. 1875 zu Kopenhagen, verdient eine Erwähnung an dieser Stelle wegen einer Reihe höchst reizvoller Silhouettenschnitte (tanzende Mädchen, Liebesgötter, Schwäne unter Bäumen etc.), wovon einiges an unten zitierter Stelle abgebildet ist.

Christian Morgenstern in „Kunst u. Künstler" III 343. *H. V.*

Andersen, Hendrick Christian, norweg.-amerikan. Bildhauer, geb. in Bergen 1872, kam als Kind nach Amerika und wurde in Boston, Paris und Italien erzogen. Hat trotz seiner Jugend schon sehr großen Erfolg gehabt. Bekannte Werke: Reiterstatuen, genannt „Progress", Bronzegruppe, „Fellowship" und mehrere Büsten, darunter die viel genannte „Daughter of the Concierge".

Mrs. Schuyler van Rensselaer, A New Sculptor (Century Magazine, Nov. 1900). *Walter Rowlands.*

Andersen, Johannes Ejner, dän. Maler, geb. in Nakskov (Lolland) 24. 1. 1882, war Schüler der Kunstakad. in Kopenhagen 1900—03. Mit seinen Bildern: „Der Tod und der Knabe" und besonders „Die Mutter" (beide ausgestellt 1905) hat er großes Aufsehen erregt.

„Kunst" (dän. Zeitschrift), VI 1904—05). *A. R.*

Andersen, Lauritz, s. *Ring,* L. A.

Andersen, Ludwig, dänischer Architekt, geb. 14. 4. 1881, hat bei H. J. Holm, H. Storck und M. Nyrop gearbeitet und ist den Traditionen der von diesen Künstlern repräsentierten nationalen Schule später gefolgt. Von größeren Werken sind zu erwähnen: Hospital St. Joseph mit Kirche, das Stift des Bürgervereins Frederiksbergs, beide in Kopenhagen. Hier, wie auch in Privathäusern, Villen und Geschäftsgebäuden (die Brauerei zu Svendborg) zeigt er einen feinen und kultivierten Geschmack.

Arkitekten V 252. — Architekten IV, B. 100, 161. *V. Lorenzen.*

Andersen, Peder, auch Peder Nordmand genannt, dän. Maler, wahrscheinlich in Norwegen geb., † im Frühsommer 1694. Seine künstlerische Ausbildung ist nicht bekannt; es scheint, daß er im Anschlusse an die holländische Schule in Dänemark (Karl van Mander d. J. und Abr. Wuchters) ausgebildet wurde; ca. 1680 trat er in kgl. dän. Dienste, wurde 1683 Hofmaler und war seitdem hauptsächlich im Schlosse Frederiksborg beschäftigt. Von Bildern werden erwähnt: „Der Zinsgroschen", Bild in der Schloßkirche Frederiksborg, „Salbung des Königs Christian V." (Schloß Rosenborg), „Christian V. thronend zwischen Justitia und Pietas" (zweifelhaft, Rosenborg) und Bildnisse (Niels Juel, Michael Wibe). Er hat auch die Kartons geliefert für die Tapeten, welche Bernt v. d. Eiche und sein Bruder für den Rittersaal des Schlosses Rosenborg gewebt haben. A. war ein sehr mittelmäßiger Künstler. Magnus Berg war sein Schüler.

Thiele, Kunstakademiet og Heststatuen S. 4 bis 5. — Meyer, Kstlerlex. — Burman Becker, Vävede Tapeter S. 28. — Bricka, Dansk biograf. Lex. I 1887. — Weilbach, Nyt dansk Kunstnerlex. — Karl Madsen, Kunstens Historie i Danmark S. 100 (= Kunst" III 10—11 und IV 8—9). *A. R.*

Andersen, Rasmus Morten, dän. Bildhauer, geb. in Örting bei Horsens (Jütland) 25. 9. 1861, Schüler der Kunstakad. in Kopenhagen (1877—83) und von V. Bissen. 1885 erhielt er die kleine Goldmedaille für das Relief: „Odysseus und der Hirte Eumaios." 1889—90 ist er in Italien und Frankreich gereist. Von seinen Werken werden genannt: die Statuen „Badender Knabe" (1882) u. „Kraka" (1888), Büsten von Prof. Th. Stein (1891, Schloß Frederiksborg), dem Maler Brendekilde (1901), und dem Hochschulvorsteher Ludw. Schröder (1903), ferner eine Reihe von Monumenten: H. C. Andersen (1893 für die Weltausstellung in Chicago), E. M. Dalgas (1900, Aarhus), J. C. la Cour (1903, Landwirtschaftliche Schule, Lyngby), Graf Brockenhuus-Schack (1904, Svendborg), Chresten Berg (1906, Kolding) und C. F. Tietgen (an der Börse, Kopenhagen).

Weilbach, Nyt dansk Kunstnerlex. I 1896. — Ausstellungs-Kataloge (Charlottenborg) 1882 bis 1906. *A. R.*

Andersen, Valdemar, dän. Zeichner, geb. in Kopenhagen 3. 2. 1875. Er hat besonders als Zeichner für Kunstgewerbe gewirkt: Vorlagen für Stickereien und Gewebe, Umschlags-Zeichnungen für Bücher und Plakate; seine farbenfrohen, phantasievollen Plakate sind die hervorragendsten Leistungen der gegenwärtigen dänischen Reklamekunst. Ferner hat er Illustrationen (für Kinderbücher, für Erzählungen von Zacharias Topelius, Carit Etlar u. a.) und Karikaturen (im Witzblatte „Klods-Hans") gezeichnet. 1906 hat A. ein Bildnis des Schriftstellers Johannes V. Jensen ausgestellt. *A. R.*

Andersen-Lundby, Anders, dän. Maler, geb. in Lundby bei Aalborg 16. 12. 1841. 1861 kam er nach Kopenhagen und hat sich dort selbständig als Maler ausgebildet. Von 1864 an hat er fast jährlich in Kopenhagen ausgestellt. Seit 1876 ist er in München wohnhaft. Seine Bilder stellen Landschaften, besonders Winterlandschaften dar, häufig bei Abenddämmerung (seit 1877 sind seine Motive hauptsächlich den bayrischen Gegenden entnommen) u. er wird in seiner neuen Heimat als ein virtuoser Schneemaler gerühmt. In seiner malerischen Behandlung und im Kolorit hat seine Kunst sich ganz vom Charakter der dän. Landschaftsmalerei entfernt. In der kgl. Gemäldegalerie in Kopenhagen ist er mit einer Winterlandschaft (1881) vertreten.

Bötticher, Malerwerke des 19. Jahrh. — Sig. Müller, Nyere dansk Malerkunst S. 222. — Bricka, Dansk biografisk Lex. I 1887. — Weilbach, Nyt dansk Kunstnerlex. 1896. — Kunstchronik XII 435, 630, XIII 420, XVI 394, 570, 712—713, 749, XXII 143, 405, XXIV 645, N. F. III 89. — Zeitschrift f. b. K. N. F. IV 26, 57, X 118. — Kunst f. Alle VI, VII, XIV. — Ausstellungs-Kataloge (Charlottenborg) 1864 bis 1907. *A. R.*

Andersohn, Erasmus, s. *Andresohn,* E.

Anderson. Ein um 1880 für Zeitschriften in Amerika tätiger Holzstecher. *E. Richter.*

Anderson, Abram A., amerikan. Genre- und Porträtmaler, geb. 11. 8. 1847 in New Jersey, Schüler von Bonnat (1873) und Cabanel in Paris, wo er lange Zeit auch noch tätig war, lebt jetzt in New York. Am besten in seinen Porträts, hat auch häufig im Pariser Salon ausgestellt und ist Gründer und Präsident der American Art Association in Paris. Mitglied der American Water Color Society. Porträt der Frau Anderson (1877), „Palmsonntag" (ein italien. Mädchen in Lebensgröße, 1878), Straßenszene in Kairo (1875), Reichtum und Armut. Café Lion d'or (1883). Junger Orientale (1876). Porträts des Generals O. O. Howard (1887), Edisons vor dem Phonographen (1890), des Herrn A. Garnier (1894), des Hon. Elihu Root (1900) usw.

Clement and Hutton, Artists of the 19. Cent. — Champlin-Perkins, Cyclop. of Painters and Paintings. — Pariser Salonkatalog. *Edmund von Mach.*

Anderson, Alexander, amerikan. Holz- und Kupferstecher, von schottischer Abkunft, geb. 21. 4. 1775 in New York, † 17. 1. 1870 in Jersey City. Autodidakt. Widmete von Jugend auf, auch während seiner medizinischen Studien, seine freie Zeit dem Metall-Stich für Buch- und Zeitungsdruck. Er war der erste in Amerika, der Buchsbaumstöcke zum Stich benutzte (im Looking-Glass for the Mind 1794). Nach mehrjähriger Praxis (1795 bis 98) gab er den ärztlichen Beruf auf und widmete sich ganz dem Holzstich. Bewick war sein Vorbild, das er jedoch in seinem umfangreichen Werke nie erreichte. Wenn auch seine Stiche nichts künstlerisch Bedeutendes aufweisen, so hat er doch als Pionier einer neuen Technik große Schwierigkeiten zu überwinden gewußt und wird stets als Bahnbrecher des Holzstichs in Amerika gelten. Seine besten Arbeiten sind unstreitig „Die Rückkehr von der Bärenjagd" nach Ridinger und „Wassergeflügel" nach Teniers. Er hat Holzschnittwerke des Bewick, Thompson, Holbeins Totentanz, die „Fables of Pilpay" u. a. m. kopiert. Von seinen wenigen, unbedeutenden Kupferstichen seien nur die Bildnisse von Franz I. und Franklin angeführt. Auch Ex-Libris hat A. gestochen.

Fr. M. Burr, Life & works of Alexander Anderson, New York 1893. — W. J. Linton, History of Wood-engraving in America.

E. Richter.

Anderson, Ann, Tochter des Stechers Alexander A., Schülerin ihres Vaters, heiratete den Kupferstecher Andrew Maverick.

E. Richter.

Anderson, C., englischer Bildhauer in Kentish Town, stellte eine Porträtbüste (Kard. Manning) u. Porträtmedaillons (Gust. Doré, M. de Lesseps) in der Roy. Academy in London aus. (1875—81.)

Graves, Roy. Acad. Exh. I 31. **

Anderson, Charles Goldsborough, Porträtmaler der Gegenwart in London, geb. 1865 in Tynemouth, Northumberland, studierte auf den Royal Acad. Schools in London und hat den Porträts von Romney und Lawrenece manche Feinheit abgesehen. Seine Bildnisse in Öl sind gewöhnlich lebensgroß und unter ihnen besonders zu nennen: Kardinal Minning im Balliol College, Kardinal Vaughan im Westminster, Lord Salisbury in Lancing, ferner eine Reihe von vornehm aufgefaßten Damen- und Kinderporträts.

Graves, Roy. Acad. I 32. — The Art Journal 1903, 178. — Who's who 1906. *R.*

Anderson, David, Bildhauer aus Perthshire, nur von lokaler Bedeutung, gestorben 1847 in Liverpool.

Redgrave, Dict. **

Anderson, Edgar (R. B. A.), engl. Porträtmaler der Gegenwart, stellte seit 1884 bis in die letzten Jahre in der Roy. Academy Herren- und Damenporträts, 1886 auch ein Stilleben aus.

Graves, Roy. Acad. Exh. I 32. **

Anderson, Erasmus, s. *Andresohn.*

Anderson, F., Bildhauer in London, stellte 1859 und 1860 die Porträtskulptur eines Kindes und Cameo-Porträts von Tennyson, Carlyle u. a. in der Roy. Academy aus.

Graves, Roy. Acad. Exh. I 32. **

Anderson, G. W., Maler der 1. Hälfte des 19. Jahrh. in London, stellte 1828—1852 Landschafts- und Küstenbilder aus.

Graves, Roy. Acad. Exh. I 32. **

Anderson, George, engl. Major zu Anfang des 19. Jahrh. Nach seinen Zeichnungen: Plan und Views of the Abbey Royal of St. Denys, engraved on six plates etc. Mit Text. Lond. 1812. **

Anderson, Gustaf, schwed. Maler, geb. in Vexjö 1788, † 1883, malte Miniaturbilder (Originale oder Kopien nach berühmten Meistern) und wenig bedeutende Porträts.

Boye, Målerelex. — Biogr. Lex.

G. Nordensvan.

Anderson, Hugh, Kupferstecher, in Philadelphia 1811—1824 tätig. Porträts für Verleger. *E. Richter.*

Anderson, Johann Ludolph, Radierer (Dilett.), Hamburg 1751—1814.

Hamb. Kstlerlex. *E. Benezé.*

Anderson, Johann Wilhelm Nikolaus, Zeichner und Radierer, Hamburg 1750 bis 1796, Bruder von Joh. Ludolph A.

Hamb. Kstlerlex. *E. Benezé.*

Anderson, Johannes, Porträtmaler und Lithogr., Hamburg 1793—1851 († in Bergedorf), Sohn von Joh. Ludolph A.

Hamb. Kstlerlex. *E. Benezé.*

Anderson, John, schottischer Holzschneider um 1800, Schüler des Bewick, schnitt die Illustr. zu der Dichtung Grove Hill und zu einer Ausgabe von The Letters of Junius.

Redgrave, Dict. **

Anderson, John, engl. Landschafts- und Blumenmaler in Brompton, stellte von 1827 bis 1839 in der Roy. Academy aus.

Graves, Roy. Acad. Exh. I 32. **

Anderson, John, engl. Landschaftsmaler in Coventry, stellte 1858—1884 in der Roy. Academy aus.

Graves, Roy. Acad. Exh. I 32. **

Anderson, John Macvicar, Architekt in London, tätig 1856—1896.

Graves, Roy. Acad. Exh. I 32. **

Anderson, Karl, amerikan. Maler und Illustrator, geb. 13. 1. 1874 in Oxford, Ohio, hat am Chicago Art Institute und in Holland und in Paris studiert, lebt in New York, wo er Mitglied der Society of Illustrators ist.

Edmund von Mach.

Anderson, Karl Gustaf, schwed. Bildhauer, geb. 21. 8. 1859, studierte an der Kunstakad. zu Stockholm 1879—91, hat dekorative Statuen und Reliefs ausgeführt im kgl. Theater, im Oscarstheater sowie in anderen Gebäuden in Stockholm, sowie Statuetten und kleinere Ziergegenstände. *G. Nordensvan.*

Anderson, Karl Kárlowitsch, russ. Architekt, geb. 1827 als Sohn eines schwedischen Kaufmanns in Petersburg, † daselbst 28. 3. 1888; Schüler der Petersburger Akad., arbeitete unter A. P. Brüloff und G. Bosse. Von ihm die schwedische luth. Kirche in Petersburg, Krankenhaus und Kinderasyl der deutschen Wohltätigkeitsgesellschaft in Petersburg, das Karlinkische Krankenhaus daselbst und die russ. Kirche in Kopenhagen.

N. P. Sobko, Russ. Kstlerlex. — Русск. библ. словарь (Russ. Bibliogr.) II 111. *W. Neumann.*

Anderson, Karl Kristofer, schwed. Kupferst., † 1863. Sohn von Samuel Anderson, beschäftigte sich hauptsächlich mit der Buch-Illustration. Verfertigte auch Seekarten und am besten naturhistorische Zeichnungen für die Akad. der Wissenschaften in Stockholm. Von seinen Arbeiten sind zu nennen: Die Jahreszeiten. In 16 Bildern.. Nach A. Lundquist.

Boye, Målerelex. — Kupferstichsamml. der K. Bibliothek in Stockholm. *G. Nordensvan.*

Anderson, Natalia, Malerin und Lithographin in Wilna in der Mitte des 19. Jahrh. Von ihr ist eine Lithographie bekannt, Madonna mit dem Kinde darstellend, welche in der Wilnaschen Anstalt Oziemblowskis gedruckt wurde.

Kraszewski, Ikonotheka.
Marian Gumowski.

Anderson, Oskar Leonhard, schwed. Maler, geb. in Stockholm 1836, † 1868. Er fing als Lithograph an, war 1853—55 Schüler der Kunstakad., und bekam 1864 die kgl. Medaille für ein Schlachtenbild: Gustav Adolf in der Schlacht bei Meve. Er begab sich dann nach Düsseldorf und studierte unter Camphausens Anleitung. Pferde in lebhafter Bewegung waren seine Spezialität und in seinen Pferdestudien in Aquarell oder Lithographie hat er vielleicht sein Bestes gegeben. Von seinen Bildern mit historischen Motiven sind zu nennen: Königshut (1860, im Mus. von Örebro), Tilly nach der Schlacht bei Leipzig (1866).

Er gab folgende Lithographien heraus: 1. Jacobo Foroni, Kapellmeister in Stockholm. 2. Bilder für B. E. Hildebrands Denkmünzen. Stockholm 1860. 3. Studien von Hunden und Pferden. 4. Hefte.

Nordisk Familjebok. Tom I. Stockholm 1904.
G. Nordensvan.

Anderson, Robert (A. R. S. A.), geschätzter schottischer Radierer und Aquarellist, geb. in Edinburgh 1842, † 24. 4. 1885 daselbst. 1879 wurde er zum Mitglied der Royal Scottish Acad. ernannt und 1880 stellte er in der Royal Acad. in London ein Gemälde „Curlers, Duldingston Loch" aus. Im gleichen Jahre erschien seine Radierung Hanling the line, und im nächsten Jahre folgten die Radierungen „Dutch Fishing Boots" und „The Hay cart".

Bryan, Dict. — Graves, Roy. Acad. *R.*

Anderson, Sir Robert Rowand (H. R. S. A. — F. R. I. B. A.), hervorragender schottischer Architekt, geb. in Edinburgh 1834, ausgebildet und tätig daselbst. Von seinen Bauten seien hervorgehoben: In Edinburgh die University Extension und das Museum, in Govan die Parish Church, in Glasgow das Central Station Hotel.

Graves, Roy. Acad. Exh. I 33. — The Studio XXVIII 208. — Internat. Kstausst. Berlin 1891 (Nachtrag p. 11). — Who's Who 1906. **

Anderson, Salomon, schwed. Maler, Bruder des Samuel A., geb in Vexjö 1785, † 1855, wurde 1808 Offizier, nahm an mehreren Feldzügen teil, geriet 1812 in französ. Gefangenschaft und fing da an in Paris Kunst zu studieren. Bei seiner Rückkehr nach Schweden wurde er der Schüler von Westin. Malte hauptsächlich Altargemälde für Kirchen auf dem Lande und Kopien nach berühmten Meistern.

Boye, Målerelex. *G. Nordensvan.*

Anderson, Samuel, schwed. Kupferstecher, geb. 1773, † in Stockholm 10. 9. 1857. War in der Hauptsache für den Buchhandel tätig, und lieferte außer Bildnissen (Napoleon, Luther, Lavater, General Beurnonville) Städteansichten, Illustrationen für Kinderbücher und Romane. Seine Arbeiten sind von geringem Wert. Zuletzt war er Stecher und Schriftgießer an der schwed. Reichsbank.

Boye, Målerelex. — Meyer, Künstlerlex.

Anderson, Sofie, s. *Anderson,* Mrs. Walter.

Anderson, Sven Anders, schwed. Maler, geb. 1838, studierte an der Akad. in Kopenhagen und darauf in Düsseldorf und Berlin. Wurde 1873 Zeichenlehrer an dem Gymnasium in Helsingborg. Er stellte Landschaftsgemälde mit Motiven aus Skåne und Småland aus. Ist auch Bücherillustrator.
G. Nordensvan.

Anderson, Vendela Lovisa, s. *Falck,* V. L.

Anderson, Mrs. Walter (Sofie), engl. Genre- und Landschaftsmalerin, lange Jahre auf Capri tätig, sandte von 1855—1896 ziemlich regelmäßig ihre Bilder auf die Ausstellung der Roy. Academy in London. Seit 1894 wohnte sie in Falmouth.

Graves, Roy. Acad. Exh. I 33. **

Anderson, William, schott. Seemaler, Autodidakt, geb. 1757, † 27. 5. 1837, malte meist kleine Seestücke und staffierte Flußansichten, einmal auch das Innere der Westminster-Abtei und 5 Ansichten der Schlacht am Nil (rad. v. W. Ellis). Diese Bilder sind in einem kühlen Silberton gehalten; sie kommen nicht häufig vor und werden gewöhnlich geringer geschätzt als sie verdienen. Eine Flußansicht in Aquarell, bez. W. Anderson 1791, im

British Mus. und ein Seebildchen, Fregatte in den Hafen einlaufend, von 1794 im South Kensington Mus. Eine lange Reihe seiner Arbeiten, die er 1787—1834 in der Royal Acad. ausstellte, verzeichnet Graves, Royal Acad. Exh. I 33. Ein *W. Anderson Junior,* der 1799 ein Seestück in der Royal Acad. in London ausstellte, scheint ein Verwandter des Obigen gewesen zu sein.

Redgrave, Dict. und Water Colour Paintings in S. Kensington Mus. — Graves, Roy. Acad. I. — Binyon, Cat. of drawings in the British Mus. *R.*

Anderson, William, Maler in London, stellte von 1787—1834 eine lange Reihe von Landschaften, Seestücken und Ansichten von der Themse in der Roy. Academy aus.

Graves, Roy. Acad. Exh. I 33/4. **

Anderson, s. auch *Andersson.*

Anderssohn, Iwan Fedor, Goldarbeiter und geschickter Bossierer in Breslau, tätig von 1814 bis etwa 1830, † 1863.

Erwin Hintze, Die Breslauer Goldschm. S. 38. *E. Hintze.*

Andersson, Nils, schwed. Maler, geb. in Ostergötland 1817, kam 1840 als Anstreicher nach Stockholm und wurde dort Schüler der Akad. 1851 ging er ins Ausland, 1855 war er eine Zeitlang ein Schüler von Couture in Paris. Bei seiner Rückkehr in die Heimat wurde er Professor an der Akad. und starb in Vaxholm 19. 6. 1865. Er widmete sich zuerst der Historien- und Genremalerei im Geiste der Zeit, malte biblische und altnordische Motive abwechselnd mit Bildern aus dem Volksleben seiner Zeit. Sein Hauptgebiet ist die schwed. Landschaft mit Tierstaffage, der Charakter dieser seiner Bilder ist ungekünstelt und naturtreu, und er vertritt hier eine echt nationale Richtung. Unter seinen Bildern sind zu nennen: Ochsentrift in Småland und Sorundabauern auf dem Weg nach Stockholm (beide im Nationalmus. in Stockholm), Bauern auf dem Weg nach der Stadt (Mus. von Göteborg), Fahrt nach dem Jahrmarkt in Vernamo (Mus. von Vexjö).

Nordensvan: Svensk konst och svenska konstnärer. Stockholm 1892; Schwedisch. Kunst. Leipzig 1904. — Nordisk Familjebok. Del I. Stockholm 1904. *G. Nordensvan.*

Andersson, Oskar, schwed. Zeichner, geb. in Stockholm 11. 1. 1877, † 28. 11. 1906, machte sich durch humoristische Zeichnungen für Zeitungen bekannt. *G. Nordensvan.*

Andersson, Sven, schwed. Bildhauer, geb. 24. 8. 1846 in Småland, studierte an der Akad. in Stockholm, hat sich hauptsächlich dem Porträtfach gewidmet und hat eine Reihe Porträtbüsten und Medaillons ausgeführt (ca. 70), von denen sich Beispiele im Reichstagsgebäude in Stockholm, in der Akad. der Wissenschaften, in der Universität von Lund und an anderen Orten befinden. Er wohnt in Malmö. *G. Nordensvan.*

Andersson, s. auch *Anderson.*

Andert, Nestor Para d', französ. Porträt-, Genre- und Historienmaler, geb. zu Andert-Condom (Ain) 1807, † zu Varces (Isère) 1878, stellte in den Pariser Salons 1838—46 wiederholt aus. Ein Bild von ihm: Luther, Melanchthon und Katharina Bora (Salon 1838 ausgestellt) befindet sich im Mus. zu Grenoble.

Bellier-Auvray, Dict. gén. — Inventaire d. Richesses d'Art de la France, Province. Monum. civ. VI 10 u. 11. *H. V.*

Anderton, Henry, engl. Maler, geb. 1630. Von ihm berichtet Walpole, daß er Schüler des Robert Streater gewesen, nach dessen Art Landschaften und Stilleben gemalt, dann Rom besucht und hier einige Jahre die Antike studiert habe. Noch jung sei er bald nach 1665 gestorben. — Aus Italien nach England zurückgekehrt, hatte er das Glück, die schöne Herzogin von Richmond zu malen; infolgedessen saß ihm auch der König Karl II., sowie mehrere Personen des Hofes. A. widmete sich nun ganz dem Porträt. Er trat so dem Peter Lely zur Seite und hatte zu jener Zeit einen ziemlich großen Ruf, konnte es aber doch nicht mit jenem aufnehmen und geriet bald wieder in Vergessenheit. In den Katalogen der engl. Sammlungen findet sich kein Werk von ihm erwähnt; vermutlich gehen seine Porträts unter Lelys Namen.

The Art of Painting etc. from the French of Monsieur de Piles: to which is added an Essay towards an English School. London 1706. — Walpole, Anecdotes of Painting etc. III 18. — Redgrave, Dict. *R.*

Andinger, Jacob, Dekorations-(Flach-) Maler in Freiburg (Schweiz), um 1591, nur urkundlich bekannt.

Diesbach bei Brun, Schweizer. Kstlerlex. *H. V.*

Andino, Cristóbal, Sohn und Schüler des Pedro A., Archit. und Bildhauer in Sevilla, wo er für die Kathedrale arbeitete, ließ sich aber später in Burgos nieder. Diego de Sagredo (Medidas del Romano. Toledo 1526, 1564) rühmt seine Arbeiten und sagt, daß sie mehr Ruf erlangt hätten, als alle anderen. Am meisten zeichneten sich darunter mehrere Eisengitter aus: das der Hauptkapelle in der Kirche von Palencia, 1520 mit 1500 Dukaten, ein anderes für die Seitentür gegenüber der Sakristei daselbst, 1530 mit 440 Dukaten bezahlt; und insbesondere das Gittertor der Kapelle des Condestable in der Kathedrale von Burgos vom Jahre 1523. 1540 legten er, Franc. de Villalpando und Domingo Cespedes dem Kapitel der Kathedrale von Toledo Zeichnungen vor für neue Gitter der Capilla mayor und des Coro. Fr. de Villalpando und ihm wurde die Arbeit übertragen, er scheint aber zurückgetreten zu sein. Sein Grab mit Epitaph in S. Cosme zu Burgos.

Cean Bermudez, Dicc. I 29—30. — Viñ a z a, Adic. II 18—19. — L l a g u n o y A m i r o l a, Not. I 180; II 221. — C a v e d a, Baukst. in Spanien p. 200. — Z a r c o d e l V a l l e in: Coll. de Doc. LV 364, 365. — D a v i l l i e r. Orfévr. p. 179—80. — M a r t í y M o n s ó, Estud. histor. artist. 466 etc. *M. v. B.*

Andino, P e d r o, Bildhauer in Sevilla, wo er 1527 Gitter für die Libreria der Kathedrale fertigte.

M e y e r, Kstlerlex. △

Andiran, F r é d é r i c F r a n ç o i s d', Landschaftsmaler, geb. zu Bordeaux (nach Bellier-Auvray zu Nantes) 8. 5. 1802, † zu Lausanne (Schweiz) 3. 6. 1876, Schüler von Rod. Toepffer, Calame und dem engl. Aquarellisten Harding, tätig in Paris, dann in Nantes, endlich in Lausanne, wo er eine Mal- und Zeichenschule eröffnete. Er stellte in den Pariser Salons 1833—1855 wiederholt französische und schweizerische Landschaftsmotive aus, meist in Aquarelltechnik, worin er sich besonders auszeichnete. (Ausführliche Aufzählung bei Bellier). Gelegentlich beschäftigte ihn auch die Lithographie (Schweizer Landschaft, fol.).

B e l l i e r - A u v r a y, Dict. gén. (unter Dandiran). — B r u n, Schweizer. Kstlerlex. — B é r a l d i, Les Graveurs du XIX. Siècle (unter Dandiran). *H. V.*

Andlau, Mlle M. d', Porträt- und Genremalerin in Paris, stellte in den Salons 1891 bis 1896 wiederholt aus. *H. V.*

Andloi, T. B o m v f v s, Maler? um 1500. Raczynski hat diesen Namen auf einer Degenscheide auf einem der kleineren Gemälde links im Chor der Christuskirche zu Setubal gelesen. Die 17 Gemälde dieser Kirche, große Ölbilder auf Holz, sind ein Geschenk der Königin Eleonore, der Witwe des Königs João II. von Portugal, die sie von ihrem Vetter, dem Kaiser Maximilian I. erhalten hatte. Es ist wahrscheinlich, daß diese sehr hervorragenden Bilder das Werk eines niederländ. Künstlers sind; sie stehen denen des Gerhard David nahe.

R a c z y n s k i, Dict. p. 8. *A. Haupt.*

Andokides, attischer Töpfer (er zeichnet einmal ἐποιε, sonst ἐποεσεν oder ἐποιεσεν), wahrscheinlich aber zugleich Vasenmaler der 2. Hälfte des 6. Jahrh., eine der interessantesten und wichtigsten Künstlerpersönlichkeiten dieser kunsthistorisch bedeutsamen Epoche. Unsere Kenntnis seines Schaffens gründet sich auf 6 signierte Gefäße, 1 schwarzfig. und 3 rotfig. Amphoren und 1 Amphora u. 1 Schale, bei denen beide Techniken zugleich angewendet sind. A. steht an der Grenze des alten Silhouetten- und des neuen Aussparstils und vollzieht, nach verschiedenen Versuchen beide nebeneinander zu pflegen, seinen Übergang zu der neuen, künstlerisch höher stehenden Weise, wobei überwiegend die Amphora das Objekt seiner Malexperimente abgibt. Es stehen aber jenen signierten Gefäßen nicht wenige unsignierte zur Seite, die in gleichem Fortschreiten vom schwarzfig. zum rotfig. Stil und in gleichem Sinne mit dem neuen Verfahren experimentierend, teils den persönlichen Stil des Meisters aufweisen, teils wenigstens aus seiner Werkstatt stammen und das Bild seiner künstlerischen Individualität erfreulich vervollständigen. Die wesentlichen Züge dieses Bildes sind folgende: A. lernt in einer Werkstatt, die ihre schwarzfig. Silhouettenbilder durch Zusätze von Weiß und Violettrot schon recht reichlich belebte (Hauser), auch scheint er Beziehungen zu ionischen Werkstätten gehabt zu haben, in denen, veranlaßt durch die Malerei auf Marmor (Löschcke), ein Umschwung des Malverfahrens sich vorbereitete oder schon vollzogen hatte, vielleicht auch die Malinstrumente den in Attika bis dahin üblichen überlegen waren (Hartwig). Mag nun der Übergang von dem schwarzfig. zum rotfig. Stil, der keinesfalls allmählich, sondern durch eine plötzliche Umkehrung des gewohnten Verfahrens eintrat, das ausschließliche Verdienst einer solchen ionischen Werkstatt oder für Attika dem selbständigen Einfall eines einheimischen Meisters zuzuschreiben sein, soviel darf als sicheres Ergebnis der neueren Forschungen ausgesprochen werden, daß A. der Bahnbrecher des neuen Stils in Attika gewesen, am schnellsten seiner Eigenart und glänzenden Aussichten sich bewußt geworden und eifrig und konsequent für seine Durchbildung tätig gewesen ist. Eine entscheidende Rolle spielte hierbei, neben der Umkehrung des Malverfahrens selbst, die Anwendung des Malinstruments, dem die sog. Relieflinien ihre Entstehung verdanken, jenes Instrumentes, das früher als Metall- oder Rohrfeder, auch als Federkiel galt, während es von Hartwig (archäol. Jahrb. 14 (1899) 147 ff.) als Federfahne, von Reichhold (Furtwängler-R., Griech. Vasenmalerei) zuerst (S. 20 ff.) als „Firnisstift", dann (S. 148 ff.) besonders einleuchtend als „Borstenstift", d. h. als eine an einem Stift befestigte einzelne Borste, die, stark umgebogen und nachschleppend, den schwarzen Firnis auf die Malfläche abgab, erklärt worden ist. Denn wie Furtwängler zuerst an der signierten Amphora Berlin 2159, dann besonders Hartwig an anderen Gefäßen des Meisters und seiner Werkstatt beobachtet haben, kommt noch in rotfig. Bildern des A. die flache, relieflose Linie vor, die dem in der schwarzfig. Malerei üblichen Borstpinsel zu verdanken ist, in anderen Fällen dagegen, teils zu gelegentlicher Verstärkung und Hervorhebung einzelner, teils zu vollständiger Durchführung aller Umrisse und Innenzeichnungen, eben jene Relieflinie, die bald darauf zu unbedingter Herrschaft gelangt und wesentlich zum künstlerischen Charakter der rotfig. Vasenmalerei beiträgt.

Die sichere Tradition des antiken Handwerks verrät sich darin, daß A. keineswegs der höheren neuen Kunstweise zuliebe die altgewohnte ganz aufgibt oder vernachlässigt, sondern es den Liebhabern beider Stile recht zu machen sucht. Seine schwarzfig. Bilder sind mit gleicher Sorgfalt gearbeitet wie die rotfigurigen; auch die Einrahmung seiner Amphorenbilder bleibt sich ziemlich gleich — besonders liebt er die gegenständige Lotospalmettenranke oben, die Netzmuster an den Seiten —, wie auch die Efeuranke als Ornament der Amphorenhenkel fast ständig wiederkehrt. Die einzigen Schalen, die wir von ihm kennen, zeigen die bekannten, von Ionien her in den schwarzfig. Stil eingedrungenen Augen, obwohl die eine diesen Stil zum Teil, die andere ganz preisgibt. Manchmal scheint A. es sogar darauf anzulegen, die Eigenart der beiden gegensätzlichen Stile an demselben Thema zu erproben (halb schwarz-, halb rotfigurige Schale in Palermo mit Hopliten und Skythen, wobei zwei Gefallene der schwarzfig. Hälfte mit ihren Schilden in die andere Hälfte hineinragen und diese Schilde demgemäß rotfig. gemalt sind) oder von Gehilfen erproben zu lassen (unsignierte Vasen bei Bourguignon: bretspielende Helden. in Boston: Herakles, der einen Stier zum Opfer führt, in München 388: Herakles zum Schmause gelagert). Interessant ist auch, wie er zu dem schwarzen Überzug des Gefäßes statt der aus dem Tongrund ausgesparten roten Flächen die nach alter Weise weißgemalten Gestalten seiner Amazonen- und Frauenbadamphora in Kontrast setzt. So wird denn Hartwig ihm oder seiner Werkstatt mit Recht die singuläre kleine Amphora (Röm. Mitt. 16 (1901) Taf. 5 und S. 119) zugesprochen haben, die im ganzen tongrundig bleibt und nur, soweit es unvermeidlich ist, und ohne organische Verbindung mit der übrigen Bemalung des Gefäßes, einen schwarzen Grund für die rot ausgesparten Figuren zurechtmacht.

Auch sonst zeigt sich A. als Neuerer. Für den Löwenkampf des Herakles wählt er ungewöhnliche, abenteuerliche Formen — das eine Mal (Norton a. a. O. S. 10) wirft Herakles den Löwen, den er von unten um den Hals gepackt hat, in mächtigem Schwung auf den Rücken, ein anderes Mal (Norton S. 19) hat er ihn im Lauf ereilt und reißt ihm den Kopf zurück — den Kerberos stattet er mit zierlichen Schlängelchen über den Stirnen aus und läßt Herakles ihn wie einen braven Haushund besänftigen, in palaistrischen Gruppen wagt er kühne Verschränkungen und Verkürzungen, sowie Gesichter in Vorderansicht; auch charakterisiert ihn der kleine realistische Zug, daß unterhalb der dem Zuschauer zunächst liegenden Gewandsäume gern ein schmales Stück von jenseits, also von der Innenseite gesehen, zum Vorschein kommt. Dagegen ist A., wenn man von dem besonderen Falle der Frauenbadvase absieht, ziemlich konservativ in der Wahl seiner Szenen, die zuweilen an Exekias (s. d.) erinnern. Sein Experimentiereifer fand in der Hauptsache an technischen und sonstigen formalen Neuerungen sein Genüge.

Sein Leben ist nicht ganz so dunkel wie das der meisten seinesgleichen. Ihm gilt ohne Zweifel die ungewöhnliche Lieblingsinschrift der Vasenmaler in Timagora (Hauser, archäol. Jahrb. 10 (1895) S. 157, 1): Ανδοκιδες καλος δοκει Τιμαγοραι (Klein, S. 50. Wiener Vorlegebl. 1889, 5, 3), wozu seine Verherrlichung des weiblichen Geschlechts durch die Amphora mit den Amazonen und dem Frauenbad ein gutes Gegenstück abgibt. Außerdem ist von einem stattlichen Weihgeschenk, das er mit einem Töpfer (M)nesiades zusammen der Burggöttin stiftete, der marmorne Träger erhalten, mit der Inschrift: ·νεσιαδες κεραμευς με και Ανδοκιδες ανεθεκεν (Archaeol. Jahrb. 2 (1887) S. 145. CIA IV 373[215]. Καταλ. τ. ἐπιγραφ. μουσ. I 1 Sp. 96, 184).

A b b i l d u n g e n der signierten Gefäße: Klein 1., Burlington fine arts club 1888, No. 108. — Klein 2., Amer. Journ. of archaeol. 11 (1896) S. 2, 3. — Klein 3., ebd. S. 5, 6. — Klein 4., Gerhard, Trinksch. u. Gef. 19, 20. Amer. Journ. a. a. O. S. 11. — Klein 5., Amer. Journ. a. a. O. S. 8, 9. — Klein 6., Archaeol. Jahrb. 4 (1899) Taf. 4.

K l e i n, Vasen mit Meistersignat. [2] 188 ff. — L ö s c h c k e, Ath. Mitt. 4 (1879) 40 ff. — S t u d n i c z k a, Archaeol. Jahrb. 2 (1887) 145. — A. S c h n e i d e r, ebd. 4 (1889) 195 ff. — P a u l y - W i s s o w a, Realenc. I 2129, 2 (Wernicke). — H a u s e r, Archaeol. Jahrb. 8 (1893) 100, 15; 10 (1895) 156 ff. mit Taf. 4; 11 (1896) 183 mit Abb. — F u r t w a n g l e r, Berl. Philol. Wochenschr. 1894, 112. — N o r t o n, Amer. Journ. of Archaeol. 11 (1896) 1 ff. mit zahlreichen Abb. — Z a h n, Athen. Mitt. 23 (1898) 72 ff. — H a r t w i g, Archaeol. Jahrb. 14 (1899) 157 ff. Röm. Mitt. 16 (1901) 117 ff. mit Taf. 5. — F u r t w ä n g l e r - R e i c h h o l d, Griech. Vasenmalerei, Taf. 4, S. 15 ff. *Sauer.*

Andon, F. d', französ. Blumen- und Landschaftsmaler, stellte 1891—93 in den Pariser Salons aus. *H. V.*

Andorf, J o h a n n C h r i s t o p h. Wird um 1750 als Maler in Naumburg in Thüringen genannt.

Neue Zus. zu F ü s s l i 1824. ***

Andorf, J o h a n n T h e o d o r. Wird um 1750 als Maler in Naumburg in Thüringen genannt.

Das jetzt lebende Naumburg. 1756 p. 25. ***

Andorff, F r i e d r i c h A u g u s t, geb. 29. 6. 1819 in Scherbitz bei Schkeuditz (Reg.-Bez. Merseburg), † 25. 12. 1875 in Berlin. Ausgebildet auf der Berliner Akad. (bis 1838), Schüler von L. Buchhorn. Tätig in Berlin als Kupferst. in Linienmanier, Radierung und

Aquatinta (aber nicht Schabkunst). 1846 bis 1851 lebt er in Weimar, hier auch als Porträtmaler beschäftigt.

Er ist hauptsächlich bekannt geworden durch Kupferstiche in gemischter Technik nach Historienbildern (C. F. Lessing, Huß auf dem Scheiterhaufen, H. Kretzschmer, die Landung des Gr. Kurfürsten auf der Insel Rügen) und nach Genrebildern von R. Jordan, B. Vautier u. a.

Meyer, Kstlerlex. I 682. *J. S.*

Andorff, J. A., Künstler gegen Ende des 18. Jahrh. Wahrscheinlich der Johann Andorf, der in dem Staatskalender von Mecklenburg-Schwerin im J. 1798 als Universitätszeichenmeister zu Rostock genannt wird, woselbst er noch 1809 lebte. Nach ihm stach J. F. Bolt 1793 das Porträt des Professors J. Ch. v. Quistorp in Rostock.

Meyer, Kstlerlex.

Andorff, Paul, Maler, geb. 2. 4. 1849 in Weimar, 1867—1873 Schüler der Berliner Akad., dann Lehrer an der K. Zeichen-Akad. in Hanau, lebt jetzt als Professor in Frankfurt a. M. Malte zuerst Genrebilder, dann außer einigen Porträts hauptsächlich Ansichten von altertümlichen Gäßchen und Plätzen mit reicher Belebung.

Boetticher, Malerwerke d. 19. Jahrh. — Das geistige Deutschland. *Schrey.*

Andouard, F., französ. Kupferstecher, geb. 1734 zu Paris. Er stach Landschaften. Basan schreibt ihm auch ein Porträt des Grafen Moritz v. Brühl zu.

Basan, Dict. — Portalis et Béraldi, Les graveurs d. XIX. s., Appendice. — Le Blanc, Manuel. *P. A. Lemoisne.*

Andrade, Alfredo d', italien. Architekt und Maler portugiesischer Abstammung, geb. 1843, ausgebildet an der Akad. zu Genua unter Tammar Luxoro. Hat sich als Konservator der historischen Baudenkmäler Liguriens und Piemonts Verdienste erworben, namentlich durch seine Restaurierungsarbeiten an der romanischen Sagra di S. Michele in Piemont, sowie am Palazzo di S. Giorgio und an der Porta Soprana zu Genua. Nach seinen Plänen u. Zeichnungen war auch das mittelalterliche piemontesische „Borgo" (nebst Kastell) im Turiner Ausstellungsparke des Jahres 1884 ausgeführt worden. Ein Gemälde von seiner Hand, darstellend Castel Fusano bei Rom, in der Galleria Moderna zu Madrid.

N. d'Althan, Gli artisti ital. (Torino 1902) p. 116. — F. M. Tubino, El Arte y los Artistas contemp. en la Peninsula (Madrid 1871) p. 221 f. — L'Arte II 404. *H.*

Andrade, Angel, span. Maler, geb. 1866 zu Ciudad-Real; Schüler von Joaquin Ferrer und der Akad. S. Fernando in Madrid. 1891 ging er nach Rom, seit 1900 ist er als Zeichenlehrer an den öffentlichen Unterrichtsanstalten des Gouvernements tätig, zugleich als Genre- und Landschaftsmaler. Er erlangte auf Madrider Ausstellungen seit 1890 verschiedene Auszeichnungen. Unter seinen Hauptwerken nennen wir: Der Jahrestag; Die Ernte; Der Verweis; Der Nemi-See; Glückliche Stunden; Waisen. Er versuchte sich auch in der Bildhauerei und eine Büste, die er auf eine der letzten Madrider Ausstellungen schickte, brachte ihm eine ehrenvolle Erwähnung ein. *P. Lafond.*

Andrade, Gaëtano Ayres de, portug. Maler, Lehrer an der Akad. zu Lissabon 1843, geb. gegen 1787.

Raczynski, Dict. p. 8. — Siret, Dict. des p. (3. Ausg.). *A. Haupt.*

Andrade, Jeronimo de, Maler, geb. 1715 zu Lissabon, trat 23. 10. 1746 in die Lukasgilde, † Weihnachtstag 1801. Geschickter Ornament- und Architektur-Maler, auch Perspektiviker. Genannt wird insbesondere die perspektivische Bemalung des Gewölbes der Kirche S. Paulo zu Lissabon. Seine Gehilfen waren: José Thomas Gomes, Vicente Paulo, Gaspar José Raposo. Auch war er beteiligt bei der Gewölbemalerei in der Kirchspielkirche da Pena.

Cyrillo Machado, Collecção de mem. p. 26, 207. — Raczynski, Dict. p. 8. *A. Haupt.*

Andrade, Joseph, span. Kupferst. des 18. Jahrh. Man kennt von ihm zwei Blätter: U. L. Fr. von Atocha mit den hl. Philippus und Lukas und die hl. Rosalia als Pilgerin.

Meyer, Kstlerlex. △

Andrade, Luis Alvares d', Maler, † zu Lissabon 1631; nach Taborda (regras da arte de pintura) sehr alt; wäre Schüler des fray Francisco de Bovadilhas († 1580) gewesen. Malte Bilder der hl. Dreieinigkeit zu öffentlicher Ausstellung und arrangierte als erster die Prozessionen der Graça (seit 1587), welche mit Vortragung von Gemälden verbunden waren.

Cyrillo Machado, Collecção de mem. p. 72, 73. — Raczynski, Dict. p. 8. *A. Haupt.*

Andrade Torre, Daniel, Bildhauer in Ecuador, stellte auf der Exposition décennale d. Beaux-Arts, Paris 1900 eine Porträtbüste in Holz aus.

Kat. d. Ausstellg. *H. V.*

Andrae, Elisabeth, Landschaftsmalerin und -Lithographin in Dresden, geb. 1876 in Leipzig, stellte auf der Großen Berliner Kunst-Ausstellung 1906 („Sonnenflecken") und auf der Sächsischen Kunst-Ausstellung Dresden 1906 aus. („Badisches Dörfchen", Lithogr.)

Singer, Kstlerlex. Nachträge 1906. — Kat. d. Ausstellg. *H. V.*

Andragoras, Bildhauer, Sohn eines Aristeidas, aus Rhodos (2.—1. Jahrh. v. Chr.). Bekannt durch die Inschrift einer Porträtstatue seiner Hand.

Brunn, Gesch. d. gr. Kstlr. I 466. — Overbeck, Schriftq. 2022. — Löwy, Inschr. gr. Bildh. No. 204. — Pauly-Wissowa, Realenc. I 2133, 3 (Robert). *Amelung.*

Andras, Catherine, Wachsbildnerin, geb. in Bristol um 1775, stellte von 1799—1824 häufig in der Royal Academy Wachsporträts vornehmer Damen und Herren aus. 1801 wurde sie zur Wachsporträtistin der Königin Charlotte ernannt und im selben Jahre erhielt sie die große Silber-Palette der Society for the Encouragement of Arts für die ge schmackvolle Ausführung der Porträts Lord Nelsons und der Prinzessin Charlotte. Sie scheint auch Miniaturen und auf Porzellan gemalt zu haben. Einige ihrer Porträts, z. B. das von Kosciusko und Th. Clarkson sind gestochen worden.

Forrer, Dict. of Medallists I. — Meyer, Kstlerlex. — Graves, Roy. Acad. **

Andratta, Joaquin, irrtüml. entstandener Name. Die diesem Maler im Kunstblatt 1822 p. 83 zugeschriebenen Werke („Speisung der Zehntausend" im Eskorial und „der hl. Hieronymus" im Museo del Prado) sind Werke Joach. Pateniers. (Mitteil. des Hrn. Geh. R. Prof. Dr. C. Justi.) △

Andray, L., französ. Zeichner, Anfang des 19. Jahrh. Nach seiner Zeichnung lithographierte Franç. le Villain „Esquisse de la statue de Louis XV."

Nouv. Arch. de l'art franç. XI (1895) 218. ***

Andray, s. *André.*

Andrario, Ippolito, Architekt in Mantua, lieferte gegen Ende des 16. Jahrh. an die Mailänder Dombau-Verwaltung einen Fassadenentwurf für den Dom.

Archivio stor. d. Arte ital. II 281. *

André, französ. Mönch aus dem Kloster St. André-le-Bas zu Vienne (Isère), war um 1150 beim Kirchbaue zu St. Genis (Ain) als Werkmeister tätig, und zwar in Gemeinschaft mit seinen Klosterbrüdern Jean, Richard und Umbert.

Bull. du Comité des Trav. Hist. vol. 11. — Bauchal, Dict. des Archit. — Bérard, Dict. des Artistes. *C. Enlart.*

André od. Andries, ein bei belg., vläm. (Andries) oder wallon. (André) Künstlern häufig wiederkehrender Name, von denen sich einige nach Frankreich begaben, wo sie mit Künstlern wie Claus Sluter, Claus van de Werve, Jean de la Huerta, Hantje van der Eycken und Conrad Meyt seit Ende des 15. Jahrh. die Kunsttraditionen in den Niederlanden verbreiteten und so dazu beitrugen, die französ. Kunstweise zu erneuen.

Es gab Künstler Namens Andries, Andriesen oder Andrissen zu Antwerpen. Ein *André,* augenscheinlich aus Vlamland, vielleicht aus Brügge gebürtig, war 1518 in Rouen tätig, woselbst man ihn mit dem Namen *André le Flament* bezeichnete. Es ist fraglich, ob dieser André durch Vermittelung der Margarete von Österreich auf Kosten des Kardinals d'Amboise nach Frankreich ging. Jedenfalls arbeitete er mit an den Skulpturen der herrlichen Kathedrale zu Rouen und war mit dem Maurermeister Roulant le Roux der Schöpfer des schönen Doppelmausoleums des Kardinals Georges d'Amboise und seines Neffen, das sich in dieser Kathedrale in der Zeit zwischen 1518 und 1528 befand. Die graziösen Figuren am Sockel dieses Grabmales müssen dem Künstler durchaus zugeschrieben werden.

Chevalier Edm. Marchal, La sculpture belge, p. 292, 411. — L'Artiste XI, 6. série, p. 158, 1861. — Liggeren. *E. de Taeye.*

André oder **Andry,** Bildschnitzer („tailleur d'ymages") in Lyon 1493—1504.

Lami, Dict. des Sculpt. 1898. ***

André, frère, s. *André,* Jean.

André, französ. Architekt, war 1778 mit bedeutenden Arbeiten am (nicht mehr erhaltenen) Schlosse des Prinzen v. Conti in L'Isle-Adam beschäftigt. Er war der erste Lehrer des Pierre Fontaine.

Lance, Dict. des Archit. ***

André, Madame, stach nach Füssli (Neue Zus. 1824) für den Pariser Verleger Papavoine in punktierter Manier „das Findelkind" nach einer Zeichnung der Gräfin Lavinia Spencer (die 1780—1790 als Künstlerin tätig war). Vielleicht nur eine Kopie des Blattes von James Gillray (Huber u. Rost, IX 356). ***

André, Adolphe, französ. Architektur-Kupferst., geb. zu Paris, arbeitete von 1875 an für die „Revue d'architecture" von César Daly.

Bellier-Auvray, Dict. Suppl. *J. Guibert.*

André, Aimé Louis, französ. Maler des 19. Jahrh., geb. in Lyon, tätig in Paris und Dijon, stellte 1845—1855 in den Pariser Salons Schweizer Landschaften aus.

Bellier-Auvray, Dict. gén. ***

André d' Aix, französ. Glasmaler, führte in den Jahren 1869—1895 mehrere Fenster für verschiedene Kirchen in Aix-en-Provence aus.

Rich. d'art de la France: Province, Mon. Rel. III (Table anal.). ***

André, Albert, französ. Maler, geb. in Lyon 24. 5. 1869, studierte in Paris seit 1890 und stellte seit 1893 im Salon des Indépendants und bei Durand-Ruel, seit 1904 im Salon d'Automne aus. Er malte Blumen, nackte Figuren, kleine Interieurs, Landschaften und dekorative Panneaux, wie z. B. Les Cerises (1906). Beeinflußt und beraten von Renoir, dabei ein selbständiger Kolorist, ist er unter den Mitstrebenden einer von denen, die sich den Meistern des Impressionismus direkt anschließen. Sein schmiegsamer, weicher, wolliger Farbenauftrag und sein gedämpftes Kolorit geben seinen Bildern etwas Teppichartiges. — Auf der Berliner Sezessionsausst. 1903 sah man ein Interieur von ihm. *Fr. Monod.*

André, Alexandrine, französ. Kupferstecherin, tätig 1830—1840 in Paris.

Le Blanc, Manuel. — Meyer, Kstlerlex. *J. Guibert.*

André, Alexis, französ. Bildhauer, geb. in Paris, Schüler von Cavelier, stellte zuerst im Salon 1878 aus. 1886 erlangte er eine ehrenvolle Anerkennung mit einer Gipsstatue „Le Renard chez le comédien". 1903 stellte er eine Marmorbüste Henry Milne Edwards' aus, die vom Staat für das Mus. d'Histoire Naturelle bestellt worden war.

Bellier-Auvray, Dict. gén. *Lami.*

André, Amalric, französ. Werkmeister, führte 1465—66 in der Kathedrale zu Rodez zwei Pfeilerkonstruktionen aus, und zwar nach Plänen seiner Amtsvorgänger.

B. de Marlavagne, Cathédr. de Rodez. — Bauchal, Dict. des Archit. *C. Enlart.*

André, Antoine, französ. Bildhauer, lebte in der 2. Hälfte des 17. Jahrh. 1669 wurde er von Colbert nach Carrara geschickt, um Marmor auszuwählen, der zur Verschönerung des Louvre und anderer kgl. Paläste bestimmt war. Nachdem er seine Mission zur Zufriedenheit des Ministers erfüllt hatte, erhielt er bei seiner Rückkehr Aufträge auf zahlreiche für Versailles bestimmte Arbeiten. Er fertigte für dieses Schloß Modelle zu Bronzevasen und steinernen Trophäen, sowie die Kopie einer antiken Marmorstatue, die den armenischen König Tiridates darstellte; diese Statue schmückt noch heute die Latonaterrasse zu Versailles. 1688 erhielt er abermals Auftrag nach Carrara zu gehen. Von 1691 bis 1693 war er in der Invalidenkirche beschäftigt und 1710 arbeitete er mit an der plastischen Ausschmückung der Schloßkapelle in Versailles. Bald darauf scheint er gestorben zu sein.

Lami, Dict. d. sculpt. franç. sous Louis XIV. *Lami.*

André, Antoine-Louis, französ. Porzellanmaler in Nevers, Ende des 18. Jahrh.

Kronthal, Lex. d. techn. Kste. ***

André de Beauvais, Illuminator von Avignon, erhält vielfach Bezahlungen (vom 4. 2. 1337 bis zum 19. 4. 1342) sowohl für Illuminieren als für Einbinden im Dienste Papst Benedikts XII.

Gazette d. beaux-arts 1907 p. 217/218. — M. Faucon, La Librairie des papes d'Avignon I 41, 42. *H. V.*

André de Bruges, vlämischer Schreiber und Miniator in der Karthause von Notre-Dame de Schent in Brüssel. Erhielt 1519 Zahlung für ein mit Miniaturen geschmücktes Buch „Toison d'or", das für Sigismund I. von Polen bestimmt war.

Pinchart, Archives I 98. — Bradley, Dict. of Min. I 174. ***

André, Casper, Maler, geb. zu Casteau in Hennegau, kaufte 11. 12. 1706 in Amsterdam das Bürgerrecht.

Aemstels Oudheid V 67. *E. W. Moes.*

André, Charles Hyppolite, Landschaftsmaler in Pont-Aven (Finistère), später in Paris, geb. in Paris, stellte im Salon wiederholt (1877—1897) aus. (Heimatliche Flußlandschaften, Straßenprospekte etc.)

Bellier-Auvray, Dict. gén. Suppl. — Kat. d. Salon. *H. V.*

André, Christophe, französ. Architekt und Ingenieur, geb. 1645 in Nancy. Nimmt seit 1682 wichtigen Anteil am Bau der Kirche St. Sébastien und der Festungswerke von Nancy. 1699 wurde er directeur général des bâtiments du duc de Lorraine, 1709—1710 in Besançon tätig, 1711 leitet er den Bau des Hospitals St. Léopold in Lunéville. Er starb 1712.

Bauchal, Dict. des Archit. franç. — Réunion des Soc. des beaux-arts XXV 301. *H. Stein.*

André, D. E., Email- und Miniaturmaler im 17.—18. Jahrh. in Frankreich. Von ihm erwähnt Molinier, Diction. d. Emailleurs, ein Prälatenporträt, datiert 1709, in der Sammlung Rosenborg und der Auktionskat. der Miniaturensammlung Jaffé, Köln 1905, No. 825, auf Taf. 63 ein Damenporträt mit Federhut. — Vielleicht ist der Künstler, der gelegentlich auch *Andri* genannt wird, identisch mit Dietrich Ernst Andre. *E. W. Braun.*

Andre, Dietrich Ernst (er selbst bezeichnete sich auch lat. Theod. Ernst Andreae Curonus), Historien- und Bildnismaler, geb. um 1680 zu Mitau in Kurland, † nach 1730 in Paris. Schüler des Malers und Kunsthändlers Justus von Bentum in Königsberg. Diesen begleitete er auf seinen Reisen und kam mit ihm auch nach Braunschweig, wo er in die Dienste des Herzogs August Wilhelm trat, nachdem er sich nach zwölfjähriger Dienstzeit von Bentum getrennt hatte. In Braunschweig scheint er sich in den Jahren 1717—19 aufgehalten zu haben (nach den Jahreszahlen auf seinen Zeichnungen). Der Herzog gewährte ihm die Mittel zu weiterer Ausbildung in Italien. Andre ging aber nicht dorthin, sondern besuchte zunächst Holland, dann England, ließ sich in London nieder, kam dort immer mehr herunter und zog um 1724 nach Paris. Im Mus. zu Braunschweig sein Selbstbildnis, die Anbetung der Weisen (1719) und viele Zeichnungen (späteste Jahreszahl: 1726). In der Andreaskirche daselbst eine Kreuzigung, im Mus. zu Mitau eine opfernde Muse. — Wahrscheinlich rührt eine „T. Andreae J. et Fec." bezeichnete Radierung (Allegorisches Titelblatt für eine Ausgabe der Werke Julius Caesars) von D. Andre her.

C. H. v. Heinecken, Nachrichten von Künstlern u. Kunstsachen II (1769) 15. — Lessings Werke, herausg. von Boxberger in Kürschners Nat. Lit. Bd. 14 S. 51. — Sitzungsber. der kurländ. Ges. f. Lit. u. Kunst 1830. 3. Sept. — Mit Notizen von W. Neumann. *E. Flechsig.*

André, E d m o n d, französ. Genremaler (Seestücke, Kostümbilder), † 21. 4. 1877 in Algier, 40 Jahre alt, Schüler von Pils in Paris, stellte seit 1867 im Pariser Salon aus. Eins seiner letzten Bilder dort: Brigands pour les oiseaux, gemalt 1874, ausgestellt 1875, wurde vom Staate angekauft und dem Musée von Châlon-sur-Saône überwiesen. — Er hat auch radiert, z. B. ein Studienblatt mit Kostümfiguren, ferner Menü- und Programmkarten.

Chronique d. arts 1877, 160 (Nekrol.). — L'Art IX 144. — B e l l i e r - A u v r a y, Dict. gén. Suppl. — Radier. in der Sammlg. H. H. Meier in dei Kunsthalle in Bremen. **

André, E d o u a r d P r o s p e r, belg. Architekt, geb. 10. 2. 1827 in Brüssel, besuchte 1845—1848 die dortige Kunstakademie und war 1852—1863 bei der Stadtverwaltung in Brüssel angestellt. Er lieferte geschmackvolle Pläne für die Kirchen von Hatrival, bei St. Hubert (1866), von Pussemange (1869, im Spitzbogenstil des 13. Jahrh.), für das Schloß von Poix in den Ardennen (1867) usw.

A. P i n c h a r t in Meyers Kstlerlex. ***

André l e F l a m e n t, s. unter *André,* p. 443.

André, G a s p a r d, französ. Architekt, geb. Lyon 16. 3. 1840, † Cannes 12. 2. 1896, Schüler des Lyceums von Lyon, der Ecole des Beaux-Arts daselbst von 1856 an und von Bonnefond, Jourdeuil und A. M. Chenavard. Er arbeitete dann zuerst beim Architekten Bresson daselbst (1859) und trat 1862 in die Ecole des Beaux-Arts in Paris ein, wo er 1865 im Atelier von Questel tätig war. 1865 erhielt er den zweiten großen Rompreis für Architektur, hielt sich 1867—68 in Italien auf, kehrte dann nach Paris zurück, wo er noch 1870 war. Darauf ließ er sich in Lyon nieder. Mit ausgezeichnetem, ganz persönlichem Geschmack und feinsinnigem Verständnis für die moderne Ornamentation in der Architektur hat er Pläne für eine ganze Reihe von Gebäuden entworfen, die harmonisch und elegant in der Linienführung sind. Seine Hauptwerke sind in Lyon das Theater des Céléstins (1873), der Brunnen am Jakobinerplatz (1877), die Josephskirche (1883), die protestantische Kirche am Quai de la Guillofière, 1884 vollendet. Außerhalb Lyons das Rathaus von Neuilly (1880) und die Universität von Lausanne. Er stellte seit 1868 Pläne im Salon von Paris und Lyon aus und malte Landschaften in Aquarell. Zugleich ein feiner, geistreicher Gelehrter, veröffentlichte er in den Journalen oder Revuen von Lyon eine Reihe von Artikeln, die mit „J. Mollasson" oder „A. Gaspard" gezeichnet waren.

Nouv. arch. d. l'art. fr. VIII 463, 469. — Invent. d. rich. d'art. Prov. mon. rel. III. — Chron. d. arts, 1896 p. 71. — L'Architecture 1896. — R. d e C a z e n o v e, Discours pron. aux funérailles de G. A., Lyon 1896. — Notices par Cl. Bouillet (La Vie française Lyon 25. 2. 1896) et par A. S. (La Revue du Siècle, Lyon, fevrier 1896). — L'oeuvre de Gaspard André (dies. Revue 1897 p. 529). — E. B i s s u e l, Gaspard André, arch. lyon. Lyon 1897. — L'oeuvre de Gaspard André avec préf. d'Ed. Aynard (100 planches), Lyon 1898. — L. C h a r v e t, Lyon artist. Architect. Lyon 1899 p. 2. *E. Vial.*

André, G e o r g e. Sonst unbekannter Kupferstecher, stach einen „Ecce homo" (gr. fol.) nach Johann von Achen.

M e r l o, Kölner Kstler. p. 17 No. 38. ***

André d e H e r d e, Holzbildhauer in Straßburg, 1427 erwähnt als Senatsmitglied der Stadt. Die Bezeichnung: de Herde ist wohl rein als Herkunftsbezeichnung (wahrsch. von Hoerdt, früher Herden bei Straßburg) zu nehmen. Werke von ihm sind nicht bekannt.

G é r a r d, Les art. de l'Alsace II 75/6. **

Andre, H i e r o n y m u s, s. *Andreae,* H.

André, J a c q u e s, als „Graveur d'histoire" 1627 in Paris im Taufzeugnis seiner Tochter angeführt. Stach Vignetten und Verzierungen für Bücher.

J a l, Dict. crit. 1872. ***

André, J a c q u e s, französ. Maler, geb im Nov. 1811 in Lyon. Schüler von Delepierre, stellte 1844—1849 in den Pariser Salons Porträts und Genrefiguren in Pastell aus.

B e l l i e r - A u v r a y, Dict. gen. ***

André, J a m e s P a u l junior, Landschaftsmaler in London, der 1823—1859 in der Roy. Academy 55 Ansichten englischer Landschaften, ebensoviele in der British Inst. und 66 in der Suffolk Street ausstellte und bis 1867 tätig war.

G r a v e s Roy. Acad. Exh. I 34 u. Dictionary p. 6. **

André, J e a n, französ. Bildhauer, arbeitete 1481 in Nantes an der plast. Ausschmückung des Portals der Kirche Saint-Pierre.

Nouv. arch. de l'art franç. 1898, 6. *Lami.*

André, J e a n genannt *Frère André,* französ. Maler religiöser Stoffe und Porträts, geb. in Paris 1662, † 1753. Noch jung trat er in den Dominikanerorden und wurde zu seiner Ausbildung nach Rom zu Carlo Maratta gesandt, dessen Freund er wurde. Bei seiner Rückkehr nach Frankreich schloß er sich an Jouvenet an, dessen Einfluß er ebenso erfuhr wie Eust. Lesueur und Lafosse und J. B. Lemoyne. Seine Hauptwerke sind in Paris die dekorativen Malereien in den Kapellen der Dominikaner in der Rue Bac und in der Rue St. Honoré, ferner 2 Szenen aus dem Leben des S. Vincent von Paula in der Kongregatkirche S. Lazare, eine Auferstehung (1711) in der Salpétrière (gestochen von P. J. Drevet), S. Thomas, die Erziehung Christi, S. Domenicus, S. Johann Nepomuk in der Kirche S. Thomas von Aquino. In der Provinz seien genannt: bei den Dominikanern in Lyon Jesus bei Simon dem Pharisäer· bei den Dominikanern in Bordeaux die Hochzeit zu Kana und das Wunder von den 5 Broten; in Notre Dame in Bordeaux eine hl. Katharina von Siena und in Notre Dame des Chapelet 10 Darstellungen aus dem Leben der Heiligen Peter und Dominicus; in Rodez die Porträte der hl. Therese und Pius V., beide kniend; endlich in der Kathedrale in Pamiers die Krönung Ludwigs XVI. Das Selbstporträt des Künstlers befindet sich im Louvre. Seiner großen Erfahrung und technischen Geschicklichkeit entsprach nicht die Kraft originaler Erfindung und so übertrafen ihn die Schüler, die er heranbildete: Dumont le Romain, Charles Michel Ange Chasle und Taraval.

Ch. Marionneau, Lettres inéd. du Frère André, in Réunion d. Sociét. Savantes d. Départ. II (1879) 161 fg. — Meyer, Kstlerlex. (Artikel von J. J. Guiffrey u. Verzeichnis der Stiche von Wessely). — Nouv. archives de l'art franç. III sér. XVIII (1902) 92.
F. L. Bruel.

André, Frère Jean Paul d', Geistlicher (Dominikaner) und Maler in Grenoble, fertigte für das Dominikanerkloster daselbst 1684 bis 1686 siebzehn große Gemälde mit Szenen aus dem Leben Jesu, welche heute in den verschiedenen Kirchen der Stadt aufbewahrt werden. Eines derselben, die Versuchung in der Wüste in der Kirche Saint-Laurent, ist bez.: F. André, jacobin, Ft.

Maignien, Artistes Grenobl. 1887. *H. V.*

Andre, John, Adjutant-General in der britischen Armee in Nordamerika, Amateur im Landschaftsmalen und Radieren. Er wurde in seinem 29. Jahre 1780 von den Amerikanern erschossen.

Redgrave, Dict. **

André, Jules, französ. Landschaftsmaler, geb. zu Paris 19. 4. 1807, † 17. 8. 1869, Schüler von Watelet und Jolivard. Er war 1848 Konservator der Zeichnungen im Louvre und wurde späterhin an der Porzellanmanufaktur in Sèvres angestellt. André gehört zu jener älteren Schule der französ. Landschafter welche zwischen der klassischen Richtung und der naturalistischen Stimmungsmalerei in einer ungewissen Mitte steht; sie will auch aus der nördlichen Natur eine reiche Szenerie, ein mannigfaltiges Formenganze darstellen und doch auch die Stimmung in Licht und Luft malerisch zum Ausdruck bringen. Letzteres gelingt auch André nur in einer äußerlichen Weise, wobei seine Behandlung noch eine gewisse Sauberkeit und Genauigkeit zeigt. Die Mus. des Luxembourg (Ufer der Bouzanne) und von Lille haben Bilder von ihm; auch hat er im Pavillon Mollien im Louvre fünf Felder mit Landschaften bemalt (1859). — Von ihm auch die Radierung: Die Eiche am Rand des Weges. Bez.: Jules André. 1848. H. 103 mill., br. 63 mill.

Meyer, Gesch. der französ. Malerei p. 771, 772. — Bellier-Auvray, Dict., woselbst das Verzeichnis seiner von 1831—1868 ausgestellten Werke. — Dussieux, Artist. franç. à l'étranger. — Richesses d'art. Prov. Mon. Civ. VI. — Chronique des arts 1869, No. 47 p. 4. *R.*

André, Louis Jules, französ. Architekt, geb. 24. 6. 1819 in Paris, † daselbst 30. 1. 1890. Schüler von Huyot u. Lebas, trat am 30. 12. 1836 in die École des beaux-arts ein und erhielt 1847 den Rompreis mit einem Entwurf für das Haus der Deputiertenkammer, besuchte Italien und (1851) Griechenland und errichtete 1852 in der Nationalkirche der Franzosen in Rom (S. Luigi dei Francesi) das Denkmal für die 1849 vor Rom gefallenen Franzosen. Nach Paris zurückgekehrt wurde A. 1867 Professor an der École des beaux-arts, später Inspecteur général des Bâtiments civils und Mitglied des Institut de France. Zu A.s Hauptwerken gehören seine Arbeiten am Musée d'histoire naturelle (Jardin des Plantes) in Paris, dessen Architecte en chef er war, sowie an den Wiederherstellungs- und Erweiterungsbauten der Bibliothèque Nationale.

Bellier-Auvray, Dict. gén. — Dussieux, Artistes franç. à l'étr. p. 502. — Arch. de l'art franç. Doc. V 326, 327. — Nouv. Arch. de l'art franç. X (1894) 95. — Chronique des arts. 1890 p. 46 (Nekrol.). — Richesses d'art de France: Paris, Mon. civ. II 112, 113. — J. Guadet, J. André, notice sur sa vie et ses oeuvres. Paris 1890. — Pascal, Not. sur L. J. André, lue dans la séance 18. 4. 1891 (Institut de France). Paris 1891. ***

André (auch Adrien) de Morrey, Goldschmied in Dijon, empfängt 1387—1392 Zahlungen für Arbeiten für Philipp den Kühnen.

Dehaisnes, Doc. concernant l'hist. de l'art dans la Flandre etc. 650, 667, 677, 687, 696. ***

André, Piètre, vermutlich italien. Herkunft, schon 1455 als Hofmaler des Herzogs Karl von Orléans bezeichnet. Er arbeitete in Blois mit den Kalligraphen Éliot Chevreul, Jean Fouquère, Jean Hemart, Nicolas Astezan und den Miniatoren Angelot de la Presse und Jean Moreau, die alle mit der Anfertigung der Manuskripte für die herzogliche Bibliothek beschäftigt waren. Wie fast alle Maler jener Zeit, fertigte P. André alle Arten von Kunstarbeit. So verzierte er mit Gemälden und Wappen zwei neue Wagen für Maria von Cleve, die dritte Gemahlin des Prinzen, so bemalte er mit Gold, Silber und Azur die Steinstatuen von Heiligen: endlich führte er den Waffenrock und die Standarte aus, die über den Sarg seines Herrn bei dessen Beerdigung in der Salvatorkirche zu Blois ausgebreitet wurden. Sein Name erscheint zu Ende des Jahres 1464 verbunden mit dem Titel eines Huissier de salle, in welcher Eigenschaft er einen Gehalt von 60 Livres bezog. 1484 wurde er Maler Ludwigs, Herzogs von Orléans, ältesten Sohnes des Verstorbenen, der später König von Frankreich wurde. Endlich — und diese Nachricht ist für uns von besonderer Bedeutung — ergibt sich aus einer Rechnung der Stadt Tours, welche mit Sept. 1471 beginnt, daß ihm die Summe von 100 écus für ein großes Altarbild der Passion Christi, gemalt in Gold und Azur, ausgezahlt wurde, das in der Schloßkapelle von Coucy seinen Platz fand. Das Dokument spricht deutlich von einem Kunstwerk, und so nimmt P. André neben Jean Foucquet, Jean Perréal etc. seine Stelle ein.

A. Champollion-Figeac, Louis et Charles, ducs d'Orléans. Paris 1844. — De Laborde, Les Ducs de Bourgogne, III, passim. — Grandmaison, Les Arts en Touraine, Paris 1870, p. 23. — Ulysse Robert, Piètre André, Docum. communiqués et annotés (Nouv. Arch. d. l'art franç. 1877, 120—135. — Meyer, Kstlerlex. (Artikel v. A. Pinchart). **

André Le Provençal, französ. Kunstschlosser, von dem Ornamentstiche aus den Jahren 1646—48 bekannt sind.

Gaz. des b. a. II p. 30. ***

André, Rudolf, Radierer und Lithograph, geb. 1. 1. 1873 in Kis-Bér in Ungarn. Studierte an den Akad. in Wien und München. Schüler von Nic. Gysis, wohnt Haubinda (Thür.). Auch für den Buchschmuck tätig. Von ihm das Blatt „An Robert Schumann" (Die Jugend 1905, Heft 7), sowie Zeichnungen für Märchen in der „Jugendlust" (Nürnberg) und in den „Jugendblättern" (München). 1906 entwarf er eine Adresse für den Herzog Georg II. von Meiningen. Im Verein mit seiner Schwester Emilie A. stellte er auch 2 Scherebecker Teppiche (im Schnee [1903] und Walter von der Vogelweide [1905]) her.

Persönl. Mitt. des Kstlers. ***

André de Saint Martin, „Maitre des Oeuvres" der Stadt Paris, verwaltete im 15. Jahrh. das Amt eines Begutachters der städt. Bauarbeiten; 1499 wurde er von den Pariser Stadtschöffen zum Hilfsbaumeister beim Bau der Notre Dame-Brücke ernannt.

Bérard, Dict. des Artistes. *C. Enlart.*

André de Valenciennes, Bildhauer, arbeitete 1383—84 ein Kruzifix für den Altar der Kirche von Saint-Gommaire in Lierre. Er ist vielleicht identisch mit einem 1374—75 in Mecheln urkundlich genannten Bildhauer André, der Figuren für die Stadt angefertigt hatte.

E. Neeffs, Histoire de la peinture etc. à Malines 1876, II 2, 3, 6. *H. V.*

André Bardon, Michel Franç. d', s. *Dandré-Bardon.*

André-Valentin, s. *Baud,* A. V.

André-Viollier, Eugenie, Schweizer Porträtmalerin, geb. 11. 2. 1844 in Genf. Ließ sich später in Florenz nieder.

Brun, Schweizer Kstlerlex. ***

Andrea, Glasmaler am Beginn des 13. Jahrh., ein geborener Pole und Mönch in Pisa, malte nach Tronci (Annali Pisani zum J. 1222) ein (nicht mehr erhaltenes) Fenster im Chor von Sta. Caterina, an dem sich die Wappen der Mastiani und der Gualfreducci befanden.

Marchese, Memorie dei Pittori etc. Domenicani. I 350. ***

Andrea, Maler in Parma, 14. Jahrh.

Gallerie Nazionali I 22.

Andrea, Steinmetz in Mantua, 1434 gemeinschaftlich mit „Giacomo lapicida" urkundlich erwähnt. Vielleicht ist dieser Meister identisch mit jenem „Andrea lapicida", der in Verbindung mit „Johannes ejus filius" auf einer Inschrifttafel von 1460 aus S. Francesco (jetzt im Museum zu Mantua) als Schöpfer eines verloren gegangenen Bildwerkes genannt ist.

Bertolotti, Figuli etc. in relaz. con la Corte di Mantova p. 65 f. *

Andrea, Bruder des Valerio, gleich diesem 1455 Maler in Padua; vielleicht identisch mit jenem Maler *Andrea,* der 1453 als Gehilfe des Maestro Pirro in die paduanische Malermatrikel eingetragen ist.

Moschini, Della Pitt. in Padova Mem. (1826) p. 24. *

Andrea, Prete, Holzschnitzer in Venedig, führte 1461 die Holzschnitzarbeiten für die Decke des Schlafsaales im Kloster S. Cipriano di Murano aus.

P. Paoletti, Arch. e scult. d. Rinasc. in Venezia I 83. *L. Ferro.*

Andrea, Steinmetz in Venedig, † vor 1529. Die ersten Nachrichten über ihn haben wir von 1472, als er die dekorativen Arbeiten am Gewölbe der Kirche S. Zaccaria ausführte. Er hatte sein Atelier bei S. Maria Zobenigo (del Giglio) und war von 1479 an Obermeister (Protomaestro) am Hospital di S. Antonio. Er arbeitete verschiedene Friese und Ornamente in Marmor für die Marcuskirche und die Kapelle S. Teodoro, sowie für die Kirche S. Filippo Giacomo und für viele Häuser der Prokuratoren von S. Marco.

P. Paoletti, Arch. e scult. d. Rinasc. in Venezia I 54, 71; II 101, 117—120, 123. *L. Ferro.*

Andrea, Meister, Bildhauer in Rom, zweite Hälfte des 15. Jahrh. Von ihm ein kleines Relief der thronenden Madonna (nach W. Bode „eine treffliche Arbeit in feinem Flachrelief") am Treppenabsatz im Hospital S. Giacomo degli Incurabili (s. *Andrea* da Firenze p. 454).

Der Cicerone, Reg. Bd. p. 85. — W. Bode, Ital. Plastik. (Handb. d. kgl. Museen) 1891 p. 141 u. 1903 p. 161. ***

Andrea, Holzschnitzer und Maler in Venedig. 21. 5. 1472 schlossen Andrea und sein Bruder einen Vertrag mit dem Holzschnitzer Francesco, und verpflichteten sich, ihn zwei Jahre lang bei sich zu behalten, damit er Arbeiten in Holzschnitzerei und Malerei für sie ausführte und zwar für ein Gehalt von 18 Dukaten. Andrea wird in Erbangelegenheiten 1503/4, 1510 und 1514 erwähnt und † in Venedig 1527.

Arch. di St. di Venezia. Not. Testamenti B. 851. 675, 958, 1084 n.o 312. — Arch. di St. di Venezia. Not. Misc. not. diversi B. 28. — Arch. di St. di Venezia. Sc. gr. di S. Marco. Reg. di Contabilità c. 10, 13. — Arch. di St. di Venezia. Not. Car. Inf. B. 99, 100. *L. Ferro.*

Andrea, Maler in Venedig, malte 1488 in einem Palast des Bernardo Giustinian.

Arch. Veneto XXXIII parte II 1887 p. 399. — P. Paoletti, Arch. e scult. d. Rinasc. in Venezia, 1893 II 119. *L. Ferro.*

Andrea, Architekt in Rom, erhält 1499 Bezahlung für den gemeinsam mit dem Architekten Sante ausgeführten Bau des päpstlichen „Studio".

Giorn. d'Erudiz. Artist. VI 204. *A. Bellucci.*

Andrea, Fra. Ein uns völlig unbekannter Florentiner Maler, der in Dokumenten als Schüler des Fra Bartolommeo genannt wird. 1502 wird er gemeinsam mit frate Agostino für S. Spirito in Siena engagiert.

Marchese, Mem. dei piu insigni pitt., scult. e archit. Domenicani. 4. Aufl. II 249. *Fr. Knapp.*

Andrea, Architekt aus Caravaggio. 1522 in Rom tätig.

Bertolotti, Art. Lomb. a Roma II 289. ***

Andrea, venezianischer Maler in Rom, malte 1524 Fahnen für die päpstl. Wache. Er arbeitete mit großem Nutzen und wurde von bekannten Malern wie Pierin del Vaga und Giovanni da Udine nicht gering geschätzt.

R. Deput. Veneta di St. Patria. Miscellanea ser. IV, vol. III 16. *L. Ferro.*

Ein römischer Maler *Andrea* wird 1525 als Arrangeur eines Maskenzuges der römischen Courtisanen erwähnt. (Römischer Brief vom 11. 2. 1525 an Piero Vettori in den Carte Strozziane des Archivio di Stato zu Florenz, filza 243, carta 170). — Ein undatierter Brief des Pietro Aretino an einen Maler *Andrea* (ebenfalls in den Carte Strozziane des Archivio di Stato zu Florenz, filza 365, carta 2) enthält witzige Erörterungen über den Titel, den der Adressat als Künstler etwa verdienen würde, sowie Mitteilungen über Römisches Leben. Vielleicht sind diese drei venezianischen Andrea sämtlich um 1525 in Rom als Maler tätig, ein und dieselbe Person?

Nach Mitteilungen des Conte Dr. Degli Azzi.

Andrea, Steinmetz in Venedig, wo er 1560 bis 1561 Gesimse und Pilaster mit Friesen für die Kirche S. Samuele machte.

P. Paoletti, Arch. e scult. d. Rinasc. in Venezia II 135. *L. Ferro.*

Andrea, Kunststicker in Venedig, erhielt 1603 290 Dukaten für Entwurf und Stickerei von 6 Ordensgewändern für das Kloster S. Giorgio Maggiore.

Cicogna, Inscrizioni veneziane. Venezia 1834 IV 341. *L. Ferro.*

Andrea, Maestro, französischer Bildschnitzer in Rom, urkundlich erwähnt 1609 u. 1619.

Bertolotti, Art. Francesi in Roma p. 201.

Andrea, nennt Nagler, Monogr. I 83 einen italien. Stecher des 17. Jahrh., der Bildnisstiche mit A. Sc. bezeichnet hat. *P. K.*

Andrea, s. auch *Andreas.*

Andrea l'Abate, s. *Belvedere,* Andrea.

Andrea d'Agnolo, s. *Sarto,* A. del.

Andrea d'Agnolo Zotto (gen. Andrea Aloisio), Maler in Padua, Sohn und Schüler des Agnolo Zotto da Padova, mit seinem Vater gemeinschaftlich 1489 tätig.

Zani, Encicl. II 64. *

Andrea di Alessandro, Bildhauer und Bronzegießer aus Brescia, tätig um die Mitte des 16. Jahrh., wahrscheinlich ein Schüler von Alessandro Vittoria. Sein hervorragendstes Werk, das wir kennen, ist ein schöner Kandelaber von Bronze, 6 Fuß hoch in dem Stil der späten Renaissance, mit Figuren von Sibyllen, Propheten, Engeln, Sphinxen und Satyren, der sich jetzt in der Kirche S. Maria della Salute in Venedig befindet. Die Ornamentation ist schwülstig übertrieben, aber ausgezeichnet modelliert und das Ganze sehr fein ausgeführt. Der Kandelaber, der früher in der Kirche S. Spirito war, trägt die Inschrift: „And. di Aless. Bres. F." Fenaroli identifiziert diesen Künstler mit Andrea Baruzzi, dessen Grabinschrift sich in S. Maria di Aracoeli in Rom befindet (publiziert in den „Inscriptiones Venetae infimi aevi Romae extantes. Romae 1757"), aus der hervorgeht, daß er 1569 in Rom gestorben ist.

Meyer, Kstlerlex. I 708, II 83. — Selvatico e Lazzari, Guida di Venezia 1881, 340. — Fenaroli, Diz. degli Art. Bresc. 1877 p. 6, 7. — Bertolotti, Artisti Lombardi a Roma (unter Baruzzo). — Commentari del Ateneo di Brescia 1896 p. 189. *L. Ferro.*

Andrea, Alessandro de, Maler aus den Abruzzen, Schüler Solimenas, nach Heinecken, Dict. und Zani, Enc. II 102 † 1711, nach Gandellini V 7 aber erst 1771. Er hat einige Blätter nach Solimena und nach den Zeichnungen des Baumeisters J. B. Natale eine Ansicht der Ruinen von Pozzuoli radiert.

Meyer, Kstlerlex. *P. K.*

Andrea Aloisio, Maler in Padua um 1489, Sohn des Agnolo Zotto (s. *Andrea* d'Agnolo Zotto).

Andrea d'Ambrogio aus Mailand, Maler in Venedig, wird in einem Aktenstück vom 7. 12. 1554 erwähnt: „Io Andrea de ambroxo da millan depentor."

Arch. Veneto XXXIV parte I 1887, 204. *L. Ferro.*

Andrea da Ancona, Maler in Rom, erhielt 1377 den Auftrag, die päpstliche Kathedra zu bemalen und zu vergolden (vielleicht für die von Cancellieri beschriebene „Possesso"-Zeremonie). — Ein zweiter Maler gleichen Namens (nach anderen ein *Antonio da A.*) soll nach Ricci 1472 für die Kirche S. Francesco delle Scale zu Ancona ein jetzt verschollenes Altarbild geliefert haben. — Einen dritten *Andrea da Ancona* (gegen Ende des 16. Jahrh. als Maler in Rom tätig) s. unter *Lilio, Andrea.*

E. Müntz im Arch. stor. d. Arte ital. IV 130. — A. Anselmi in Nuova Riv. Misena IV 78 f., 154 ff. — C. Ferretti, Pitt. Anconitani (1883) p. 9. — A. Ricci, Mem. stor. di Ancona I 195. *E. Scatassa.*

Andrea di Angelello da Cingoli, Kunsttöpfer in Ancona nimmt 1421 einen Sohn des Domenico di Martino Schiavone namens Biagio als Lehrling in seine Werkstatt auf.

Nuova Rivista Misena VI 37. *E. Scatassa.*

Andrea d'Angelo della Badia nel Polesine, Maler in Rovigo um 1541, nur von Zani, Enc. met. erwähnt. **

Andrea di Angeluccio, war Camerlengo in der Arte dei Miniatori zu Perugia im 2. Semester 1440 und Massaio im 1. Semester 1449. Werke nicht bekannt.

L'Arte dei Miniatori in Perugia, Giorn. di Erud. art. II 1873 fasc. 11—12 p. 312. *W. Bombe.*

Andrea di Angeluccio, s. auch *Angeluccio* di Lando.

Andrea de Arce, s. *Andrea* di Pietro da Como.

Andrea di Ardito, war einer der ersten Goldschmiede in Florenz, welche die Fortschritte der französischen Emaillierkunst zu Anfang des 14. Jahrh. in Italien zur Anwendung brachten. Er verfertigte 1330, als der Körper des hl. Zenobius aufgefunden war, die von Vasari fälschlich dem Cione Aretino zugeschriebene lebensgroße silberne Büste dieses Heiligen als Behälter für ein Stück seines Schädels, nebst den kleinen emaillierten Heiligen-Medaillons an der dazu gehörenden Mitra (bez. Andreas Arditi de Florentia me fecit). Beides wird in Ghibertis bronzener Arca des hl. Zenobius im Dom zu Florenz aufbewahrt. Nach einem Inventar von 1418 besaß der Dom von ihm noch einen silbernen Kelch mit emaillierten Heiligenfiguren von 1331 und einen andern mit dem Wappen des hl. Zenobius nebst einer Patene mit der emaillierten Himmelfahrt Christi. S. Miniato bei Florenz erhielt 1338 von der dortigen Kaufmannsgilde ein von A. gearbeitetes silbernes Kreuz. Ein silber-vergoldeter, reich emaillierter und voll signierter Kelch von der Hand des A. ist aus der Sammlung Debruge-Duménil in die Sammlung Soltykoff und von dort angeblich ins South Kensington-Mus. gelangt.

Vasari, ed. Le Monnier I 11. — Richa, Notizie Istoriche VI 181. — Cicognara, Stor. d. Scult. I 460. — Labarte, Histoire des Arts Industriels II 416—421, III 561 (Abbildung des emaillierten Kelches der Coll. Debruge-Duménil das. Pl. 55). — Gaz. d. B.-Arts X 222, 2. pér., XVIII 574. — A. Venturi, Stor. d. Arte Ital. IV 917. — Notizen von E. Scatassa. *R.*

Andrea Aretino (oder d'Arezzo), ital. Maler, wird als Schüler des Daniele da Volterra und des Michelangelo erwähnt. Er hat mindestens bis 1615 gelebt, doch werden bestimmte Werke von ihm nicht angeführt.

Baglione, Le Vite de' Pittori etc. p. 206. — Lanzi, Stor. Pittorica etc. I 182.

Andrea da Arsoli, Architekt in Rom, wo er 1466 gemeinsam mit Nuccio de' Rasi da Narni und anderen Meistern sich verpflichtete, die von Paul II. unternommenen Erneuerungs- und Erweiterungsbauten am päpstlichen Palazzo di S. Marco und an der gleichnamigen Kirche auszuführen.

E. Müntz, Les Arts à la Cour des Papes (1878) II 51 f.; 55. *

Andrea d'Assisi, s. *l'Ingegno.*

Andrea de l'Aulla, ligurischer Maler des 16. Jahrh. 1501 hat M° Andrea in der Lünette über dem Hauptportal des Doms von Sarzana eine Madonna gemalt. Dieselbe wurde im 18. Jahrh. durch ein Relief verdeckt, welches ebenfalls die Madonna darstellte. Heute befindet sich an dieser Stelle ein modernes Fresko von Cam. Pucci. A. hat auch über dem linken Seitenportal eine Pietà gemalt, die später restauriert wurde und endlich verschwand.

Rassegna nazionale vol. 44 p. 268 ecc. — A. Neri, La cattedrale di Sarzana, Giornale Ligustico XVII (1890) 46 f. *W. Suida.*

Andrea da Bagnacavallo, Ferrareser Miniator, setzte 1458 unter die Noten eines Cantionale der Kapitelbibl. in Ferrara den Text und Miniaturen in Federzeichnung.

Cittadella, Notizie relat. a Ferrara 71. **

Andrea Barbarigo, venezian. Miniator des 16. Jahrh., schmückte 1503 „summa cum deletacione" eine Apokalypse des Fra Federigo da Venezia, jetzt im Museo Correr.

Bratti, Miniatori Venez. im Nuovo Archivio Veneto, nuova ser. 1901, tom. II parte 1. u. 2. p. 77. *P. d'Ancona.*

Andrea di Bartolo, Sieneser Maler, Sohn des bekannten Malers Bartolo di Fredi, bekleidete 1409—1424 verschiedene öffentliche Ämter und starb am 3. 6. 1428 in Siena. Wir besitzen Nachricht, daß er im Dom in Siena gearbeitet hat: 1389 mit seinem Vater und Luca di Tomè eine Altartafel für die Kapelle der Compagnia dei Calzolai, 1398 zwei Tafeln (zu den Seiten des Altares) in der Kapelle S. Giacomo, 1405 (oder 1406) Malereien mit der Geschichte des S. Vittorio in dessen Kapelle. Auch zwei bezeichnete Bilder in S. Domenico werden erwähnt. Von ihm erhalten ist nur das vierteilige vollbezeichnete Gemälde mit der Verkündigung, der hl. Maria Maddalena und S. Antonio Abbate in der Opera di S. Pietro e Paolo in Buonconvento, sowie die von E. Förster (1873) im Hause des Grafen Castragani in Fano gefundene Altartafel mit der Himmelfahrt Mariae. Das letztere Werk ist bezeichnet „Andreas de Bartholi Magistri Fredi de Senis pinxit — Hoc opus fecit fieri Domina honesta uxor Dom. Ser Palamides de Urbino pro animabus dicti viri sui p Matthei filii eorum", aber nicht datiert. Nach E. Förster ist es „im idealen Stil der sienesischen Malerschule von 1400 gehalten" und hat nach der nahezu vollständigen Übereinstimmung der Komposition Vecchiettas Gemälde mit Mariae Himmelfahrt im Dome von Pienza als Vorbild gedient (jetzt im Metropolitan Museum zu New York). — Andrea di B. ist wahrscheinlich der Vater des Giorgio d'Andrea Bartoli, der 1412 ein Gemälde für die Stiftskirche von Città di Castello malte.

Milanesi, Doc. Sen. I 41, II 26, 36, 383. — Milanesi, Arte Toscana p. 48. — Annales archéol. XXV 277, 279, 282, 282. — F. Brogi, Invent. gen. etc. della prov. di Siena (1897) p. 44. — Rassegna d'Arte 1906, p. 35—36. — E. Förster in Zahns Jahrb. f. K.-W. VI 138.
G. De Nicola.

Andrea di Benedetto, 1363 in einer Liste der maestri di pietra in Siena genannt. — Vielleicht identisch mit dem Steinmetz gleichen Namens, der 1347 am Dom in Orvieto beschäftigt war.

Milanesi, Doc. Sen. I 134. — L. Fumi, Il Duomo di Orvieto p. 60, 61. ***

Andrea da Bergamo, Steinmetz in Venedig, arbeitete 1499—1501 in der Kirche S. Giovanni Crisostomo, in der Capelle degli Apostoli, die Architrave und die Kapitäle unter Leitung von Mauro Coducci.

P. Paoletti, Arch. e scult. d. Rinasc. in Venezia I 179. *L. Ferro.*

Andrea di Bindo, Steinmetz in Siena, 1363 eingetragen in die Matrikel der dortigen Maestri di pietra; 1405 am Bau der Cappella dei SS. Quattro Coronati im Dom zu Siena beschäftigt. — Nach Zani hieß dieser Künstler mit vollem Namen *Andrea di Giovanni di Bindo di Guido;* von Milanesi dagegen wird er identifiziert mit einem 1379 urkundlich erwähnten maestro *Andrea di Bindo di Giacomo.*

Milanesi, Doc. Sen. I 133 (mit Nota 7), 267. — Zani, Encicl. X 247 (unter Guido). *

Andrea da Bologna. Von diesem Maler gibt es in Bologna kein Werk, auch kein Dokument, das seinen Namen erwähnt, wenn man ihn nicht mit einem gewissen Andrea di Guido identifizieren will, einem Miniaturmaler, der in den Akten von 1382 erwähnt ist. Diese Identifikation scheint aber nicht gut möglich zu sein. Crowe und Cavalcaselle geben unhaltbare Vermutungen über ihn; sicher ist, daß Andrea, der fast ausschließlich in den Marken gelebt hat, seine Kunst von den Meistern aus den Marken hergeleitet hat. Zu dieser Ansicht kommt man wenigstens durch das große bezeichnete und 1369 datierte Altarwerk des Andrea, das sich im Mus. zu Fermo befindet, und durch das Tafelbild mit der Madonna, welche das Kind stillt, in der Comune Pansola von Andrea 1372 gemalt. Die Komposition ist hier in der Anlage einem Bilde des Francescuccio Ghissi aus Fabriano entnommen. Diese beiden sind die einzigen Werke, die man von dem Künstler kennt, und sie unterscheiden ihn von den Meistern von Bologna auch in den Ornamenten und in der Fülle von dekorativen Einzelheiten in den Umrahmungen und in den reichen Stoffen mit Blumen, in den Goldgravierungen des Hintergrundes und der Heiligenscheine, auch in der Art, wie die verschiedenen Szenen des 16teiligen Altarwerkes komponiert sind, ferner in der Architektur und in der verschiedenen Größe der dargestellten Figuren.

Crowe e Cavalcaselle, Stor. d. pitt. ital. — Calzini, Rassegna bibl. d. arte ital. VIII n. 8—10. — C. Ricci, Emporium, marzo 1906. *E. Calzini.*

Andrea da Bologna, Miniaturmaler in Venedig. 15. 4. 1507 wurde ihm eine Zahlung geleistet für die Miniaturmalerei eines Meßbuches (Graduale feriale) der Abtei von S. Cipriano in Murano.

Arch. d. St. di Venezia. Mensa Patriarcale B. 187. *L. Ferro.*

Andrea da Bologna. Von Zani, Enc. IV 142 um 1540 als Maler in Bologna aufgeführt. ***

Andrea da Bologna, Stuccobildner, erwähnt in einem römischen Inventar von 1596.

Bertolotti, Art. Bolognesi in Roma p. 92. *

Andrea di Bonajuto, s. *Andrea* da Firenze p. 452/3.

Andrea di Bono, Miniaturist in Perugia, wird in einem Dokument vom Jahre 1323 als Mag. Andreas Boni, Rektor der Zunft der Miniatori zitiert.

L'Arte dei Miniatori in Perugia, Giorn. di Erud. art. II 1873 fasc. 11—12 p. 350.
W. Bombe.

Andrea di Bono, Kunsttöpf., Faenza 15. Jh.

Kronthal, Lex. d. techn. Kste. (unter Bono). ***

Andrea del Borra, Sieneser Maler. 1382 als Gehilfe des Paolo di Neri erwähnt.

Milanesi, Doc. Sen. I 31. — Repertor. f. K.-W. XXIII 356. ***

Andrea da Brescia, Schreiber (und Miniator?) 1342, signierte nach Zani, Enc. met. II 283 ein Missale: Anno Domini millesimo CCCXL secundo scriptum fuit hoc Missale per manum Andreae de Civitate Brizia. Deo gratias Amen. **

Andrea da Brescia, s. auch *Andrea* di Alessandro und *Piccinelli,* A.

Andrea di Buccio (Andreas Butii Vannis Tabarie), Ornamentmaler in Orvieto, wo er 1339 am Deckengebälk des Domes dekorative Malereien „cum effectu" auszuführen hatte. (Vgl. auch *Andrea di Puccio.*)

L. Fumi, Il Duomo di Orvieto, p. 255, 262. *

Andrea, genannt Burchiasso, sonst unbekannter Florentiner Maler, nur urkundlich 1366 genannt. **

Andrea di Cagno, Maler in Foligno, 15. Jahrh., malte in den Häusern des Corrado

Trinci, im Palazzo dei Priori und an den Toren von Foligno Heiligenbilder, die längst zugrunde gegangen sind. Für alle diese Arbeiten zusammen sollte er 12 Gulden erhalten. Er verzichtete auf diese Zahlung, um dafür vom städt. Wachtdienst befreit zu werden. 1446 beschwerte er sich bei den Rektoren der Stadt, weil das Versprechen nicht gehalten wurde. Aus einem Dokument, das Rossi mitteilt, geht hervor, daß ihm auch später von der Stadtverwaltung Malereien in Auftrag gegeben werden sollten, für die er jedoch nichts als die Farben beanspruchen dürfe.

Rossi, I pittori di Foligno, in Giorn. di Erud. art. Vol. I 1872 p. 249—50. *W. Bombe.*

Andrea, Cajus, d', Historienmaler, Franziskaner, Ordenspriester, Besitzer der k. österr. großen goldenen Medaille „für Kunst und Wissenschaft". Lebt in Bozen. Geb. zu Innsbruck 5. 1. 1849. Fünf Jahre hindurch Schüler des Malers Prof. Ludwig Seitz in Rom, 1 Jahr in Florenz, Studienreisen in Italien (Assisi, Siena, Verona, Mailand, Venedig). In kirchlicher Monumentalmalerei, Aquarell- und Ölmalerei tätig, liefert Entwürfe zu kirchlicher Kleinarchitektur und Kunstgewerbe (Altäre, Beicht-, Kirchenstühle, Kanzeln usw. in gotischem Stil). Befaßt sich jedoch auch mit Porträtmalerei und Restaurierung alter Gemälde.

Wandgemälde: Ausschmückung der Kapelle im Privatgymnasium der Franziskaner zu Bozen; Hauptmomente aus dem Leben Jesu und in die Renaissancedekoration eingeflochtene Heiligenbilder. In Öl-Wachstempera ausgeführt in den Sommermonaten 1884—95. Kapelle im Collegio di S. Antonio zu Rom. Öl-, Wachsmalereien: Herz Jesu, S. Ludwig, S. Elisabeth. Entwurf zum Altar. 1889. Ausmalung von zwei Apsiden in der Stifskirche zu Innichen: Rosenkranzbild. Christus in der Weinkelter, hl. Domenicus mit Engeln, Maria und Papst Leo XIII. Öl-Wachstempera. Sommer 1895 und 1896. — *Ölgemälde*: hl. Helena in der alten Pfarrkirche zu Gries bei Bozen, Darstellungen aus dem Leben des hl. Franziskus und anderer Heiliger im Franziskanerkloster zu Bozen, zahlreiche Porträts von Privatpersonen, ebenso verschiedene Heiligenbilder. — *Miniaturbild*: Madonna mit Kind, im Besitz des Kaisers von Österreich. — *Altarentwürfe*: Hochaltar der Pfarrkirche von Nordheim im Sarntal 1903. Seitenaltäre der Franziskanerkirche in Bozen (S. Josephaltar und Mariahilfsaltar), schlank aufstrebend, reich detailliert. 1904.

Persönliche Mitteilungen des Künstlers. — „Kunstfreund" (Innsbruck) Jahrg. 1904 S. 62, 1905 S. 33. *H. S.*

Andrea dalle Caldiere (auch als „Caldiraro" und „al Maglio" bezeichnet), Bronzegießer in Padua, der 1447/48 den Guß der Statuen und Reliefs Donatellos für den Hochaltar des Santo ausführte.

A. Gloria, Donatello e le sue opere nel Tempio di S. Antonio in Padova. p. XVI f. 8 f. *Max Semrau.*

Andrea da Campione, s. *Brocchi,* A.

Andrea da Carona, Bildhauer und Architekt aus Carona. Sohn des „Maestro Carlo da C.", mit seinem Bruder Antonio da C. 1490—1514 am Palaste delle Compere in Genua tätig.

Brun, Schweizer Kstlerlex. ***

Andrea da Carrara, Bildhauer in Rom, arbeitete daselbst 1527 gemeinsam mit Giovanni del Mastro an einem Skulpturwerke, das von Niccolò Tribolo und Vincenzo de' Rossi begutachtet wurde. — Dem großen Zeitunterschiede nach wohl nicht identisch mit dem nach Bertolotti 1574—75 und 1579—81 erwähnten römischen Bildhauer *Andrea Vannelli da Carrara* (s. Vannelli, Andrea, da Carrara).

Bertolotti, Art. Modenesi etc. in Roma p. 65. *

Andrea del Castagno, s. *Castagno.*

Andrea di Castellamare, Illuminator, für die Aragonier in Neapel 1491 tätig.

Delisle, Cabinet des MSS III 357, 8.

Andrea del Castello, Florentiner Bronzegießer um 1594, war mit tätig beim Guß der Reiterstatue Cosimos I. von Giovanni da Bologna.

Jodoco del Badia, Della statua equestre di Cosimo I. p. 15.

Andrea di Cecco, Miniaturist in Perugia, war im 1. Semester 1443 Massaio der Zunft der Miniaturisten.

L'Arte dei Miniatori in Perugia, Giorn. di Erud. art. II 1873 fasc. 11—12 p. 317. *W. Bombe.*

Andrea di Cecco di Rinaldo, Architekt und Bildhauer aus Siena, Capomaestro des Dombaus in Orvieto 1360, als Orcagnas Nachfolger, und wahrscheinlich schon in diesem Jahre †.

Milanesi, Documenti I 259 u. Giorn. stor. degli Archivi Toscani VII 100 f. — Fumi, Il Duomo d'Orvieto. — Rassegna Naz. anno XVIII, vol. XCII p. 149—161. *Swarzenski.*

Andrea di Ceffo. 1376 als Steinmetz in Florenz genannt.

Meyer, Kstlerlex. ***

Andrea Ciccione, s. *Andrea* da Firenze.

Andrea Cioffi, sonst unbekannter Florentiner Maler, nur urkundlich 1366 genannt.

Gualandi, Memorie VI 177. **

Andrea di Cione, s. *Orcagna.*

Andrea di Cola della Vecchia, s. *Andrea* di Niccolò da Viterbo.

Andrea da Como, Steinmetz in Gubbio wo er 1410—1415 nachweisbar ist. In den „Libri del Camerlengato" von Gubbio erwähnt.

Archivio Stor. per le Marche e l'Umbria III, fasc. 9 u. 10, p. 1—47. *G. Degli Azzi.*

Andrea da Como, lombard. Maler, 1471 als Gehilfe des Baldassare d'Este aus Reggio d'Emilia erwähnt, den er 1472 von Ferrara nach Mailand begleitet zu haben scheint, als dieser dem Herzog Galeazzo Sforza das Bildnis des Borso d'Este zu überbringen hatte.

Jahrb. der Kgl. preuß. Kstsammlgn. V 122. — Arch. stor. lomb. XII 225 ff. — Malaguzzi-Valeri, Pitt. Lombardi del Quattrocento p. 136. *F. Malaguzzi-Valeri.*

Andrea da Como, lombard. Bildhauer in Bologna, 1489 mit der Errichtung und plast. Verzierung einer Brustwehr im Giardino degli Anziani beauftragt.

Zani, Encicl. (unter „Como"). — Repertor. f. Kstwissensch. XXII 298. *F. Malaguzzi-Valeri.*

Andrea da Como, s. auch *Commodo,* Andrea di Ricardo, *Andrea* di Michele und *Andrea* di Pietro.

Andrea di Cosimo, s. *Feltrini,* Andrea.

Andrea da Crema, Maler, 1530 in Carrara urkundlich erwähnt.

Campori, Mem. biogr. 266. ***

Andrea da Cremezzano, Maler, in Brescia, urkundlich erwähnt 1525.

Fenaroli, Art. Bresciani p. 307. *

Andrea da Cremona, Maler in Brescia, urkundlich erwähnt 1496.

Fenaroli, Art. Bresciani p. 307. *

Andrea da Cremona, s. auch *Guazzalotti,* A. und *Scutellari,* A.

Andrea di Currado, sonst unbekannter Florentiner Maler, nur in der Malergilde 1379 genannt.

Gaye, Carteggio. **

Andrea di Curso (oder Corso), italien. Bildhauer, 1487—1508 urkundlich in Palermo nachweisbar.

Filangieri, Indice degli Artefici I 154. ***

Andrea da Curzola, s. *Andrea* de Nicolò da C.

Andrea di Donato Tromba, sonst unbekannter Florentiner Maler, in der St. Lucasgilde daselbst 1525 eingeschrieben.

Gualandi, Memorie VI 177. **

Andrea di Drea Cennini, s. *Cennini,* Cennino.

Andrea di Ercolano aus Perugia, Miniaturmaler. Aus Dokumenten der Kathedrale in Città di Castello ersieht man, daß dieser Meister gegen die Mitte des 14. Jahrh. arbeitete.

E. Calzini in Rivista d'Italia II fasc. 2, p. 273. *E. Calzini.*

Andrea da Faenza, s. *Andrea* Manfredi.

Andrea da Ferrara, Miniaturmaler, um 1500 in Rom tätig.

Bertolotti, Art. Bolognesi ecc. in Roma. *F. Malaguzzi-Valeri.*

Andrea da Ferrara, Maler in Ferrara, tätig 1505—6.

Arch. stor. d. Arte VII 297. *E. Modigliani.*

Andrea Ficedula, Architekt in Rom, wo er 1471 unter Sixtus IV. mit anderen Meistern am Bau der Biblioteca Vaticana beteiligt war.

E. Müntz, Les Arts à la Cour des Papes (1878) III 67, 121. *

Andrea da Fiesole, s. *Andrea* di Guido da F. und *Ferrucci,* A.

Andrea da Firenze, Steinmetz in Orvieto, laut urkundlichen Nachrichten 1368 am dortigen Dombau beschäftigt. — Da dieser „scarpellino" nur mit einem Tagelohn von 8 Soldi registriert wird, ist er sicherlich nicht zu identifizieren mit dem bis 1362 gleichfalls in Orvieto tätigen Meister *Andrea di Cione detto Orcagna da Firenze.*

G. Milanesi, Sulla Storia dell' Arte Toscana (1873) p. 236. — L. Fumi, Il Duomo di Orvieto (1891) p. 134. *

Andrea da Firenze, italien. Maler des 14. Jahrh. Nach urkundlichen Belegen erhielt der Maler „Andreas de Florentia" am 13. 10. 1377 von Luca Orselli, Werkmeister am Dome in Pisa, eine Restzahlung von 529 Lire 10 Soldi für die Gemälde mit der Geschichte des hl. Raniero im Camposanto in Pisa. Hierdurch wird Vasaris Angabe widerlegt, der Simone Martini als Maler derselben nennt. Da Antonio Veneziano (s. d.) nach ebenfalls urkundlichen Nachrichten 1384—1387 die untere Reihe des Freskenzyklus mit der Legende dieses Heiligen im Camposanto gemalt hat, kommen für Andrea da Firenze nur die drei oberen Bilder in Betracht: 1. Rettung des hl. Raniero aus dem weltlichen Leben; 2. Reise nach Palästina und Empfang des Pilgerkleides; 3. Sieg über die Versuchungen, Eintritt ins Kloster und Wundertaten des Heiligen. Dieselben befinden sich an der Südwand des Camposanto und sind sehr schlecht erhalten. Diese gesicherten Arbeiten des Andrea da Firenze stehen in Stil und Technik dem großen Freskenzyklus der Cappella degli Spagnuoli in S. Maria Novella in Florenz so nahe, daß, worauf Crowe und Cavalcaselle zuerst hingewiesen haben, Andrea auch als Urheber dieses anzusehen ist. Die letzteren Autoren wollten allerdings dem Andrea da F. nur die Darstellung der „Ecclesia militans" zugewiesen wissen, den „Triumph des hl. Thomas von Aquino" dagegen dem Antonio Veneziano, doch stammt die Ausschmückung dieser Kapelle wohl durchaus von einer Hand, ohne Zweifel der des Andrea da F. Sie fällt in die Zeit kurz nach 1350. In diesem Jahre wurde die Kapelle degli Spagnuoli erbaut auf Kosten des Buonamico di Lapo Guidalotti und als dieser 1355 sein Testament machte, war die Ausmalung noch nicht vollendet. Wir hätten es hier also mit einer Arbeit des Andrea da Firenze zu tun, die vor seinen Fresken im Camposanto in Pisa entstanden ist. (Simone Martini, den Vasari auch als Meister der Florentiner Fresken nennt, kann für dieselben nicht in Betracht kommen, da er bereits mehrere Jahre vor der Erbauung der Cappella Spagnuoli gestorben ist). Die Fresken der Cappella Spagnuoli sind sehr umfangreich und stellen dar: an der Altarwand eine große Kreuzigung, darunter und an der Decke Szenen aus dem Leben Jesu, an der Ostwand Kampf und Triumph der Kirche, an der Westwand Triumph des hl. Thomas von Aquino, an der Eingangswand die Geschichte der Hl. Dominicus und Petrus Martyr. — Unter den urkundlich bekannten Malern dieser Zeit in Florenz kommen zwei in Betracht, die den Vornamen Andrea führen und mit diesem Andrea da Firenze identisch sein könnten: 1. *Andrea di Ristoro,* seit 1333 in der Florentiner Malermatrikel erwähnt, ansässig in der Parochie S. Pancrazio, † 1392 laut Grabschrift in S. Maria Novella. 2. *Andrea di Bonajuto,* immatrikuliert in die Florentiner Malergilde 1343, in die Compagnia di S. Luca 1374, macht sein Testament 2. 11. 1377. Da nun dieser Andrea di Bonajuto zu denjenigen Malern gehörte, die 1366 beauftragt wurden, das Modell für den Neubau von S. Maria del Fiore anzufertigen und da eben dieses Modell der „Maestri e Dipintori“ mit einigen leichten Varianten auf dem die „Chiesa Universale“ darstellendem Wandbilde der Cappella degli Spagnuoli wiedergegeben ist, so haben wir in Andrea di Bonajuto, wie als erster schon Milanesi vermutete, ohne jedoch eine Begründung dafür zu geben, offenbar den Meister zu sehen, der die Fresken der Spagnuolikapelle und einen Teil der Ranierofresken im Camposanto in Pisa geschaffen hat.

Vasari-Milanesi I 553. — Bonaini, Memorie inedite etc. Pisa 1846 p. 104—106, 141. — Crowe u. Cavalcaselle, Gesch. d. italien. Malerei I 309, 328; II 28, 253—256, 260. — J. B. Supino, Il Camposanto di Pisa, Firenze 1896. — A. Venturi, Storia dell' arte ital. V 724, 725, 777—816 (mit Abb.).
J. B. Supino.

Andrea da Firenze (früher Ciccione genannt, mit seinem wirklichen Namen zu bezeichnen als Andrea Nofri [di Onofrio] di Romolo), Bildhauer in Neapel, geb. 1388 in Florenz. 1419 erhält er Zahlung für Steinmetzarbeiten (Wappenschilder an Türstürzen etc.), die er für das Absteigequartier des Papstes Martin V. im Kloster von S. Maria Novella zu Florenz auszuführen hatte; 1420 für Statuen und Ornamente, die er für die Cappella di S. Lorenzo in S. Lucia de' Bardi (oder de' Magnoli) in Florenz gearbeitet hatte. 1425 fungiert er als Sachverständiger bei Abschätzung einer von Donatello für den Florentiner Dom-Campanile gelieferten Statue. 1441—42 arbeitet er am Galerieumgang der Florentiner Domkuppel. Bis 1453 in Florentiner Urkunden noch mehrfach als „Andrea di Nofri lastrajuolo“ erwähnt, wird er 1459 als schon seit mehreren Jahren verstorben angeführt. — Außerhalb seiner Vaterstadt Florenz war der Künstler namentlich in Ancona und in Neapel tätig. In Ancona schuf er das leider nicht erhalten gebliebene Grabmal des Bischofs Simone Vigilante († 1428) für die Kirche S. Francesco della Scala, das nach Buglionis „Istoria del Convento di S. Francesco d'Ancona“ die Inschrift trug: „Andrea de Florentia qui etiam sepulcrum regis Ladislai excudit.“ Danach ist dieser Florentiner maestro Andrea in Neapel zunächst als der Schöpfer des kolossalen Grabmales des Königs Ladislaus († 1414) mit dessen Reiterstandbild in der Kirche S. Giovanni a Carbonara zu betrachten, woselbst ihm auch das unvollendet gebliebene, noch halb gotische Grabmal des Seneschalls Ser Gianni Caracciolo († 1433) zugeschrieben wird. Ein vom Künstler selbst mit der Namensinschrift „Andrea de Florentia“ signiertes Werk besitzt die Congregazione di S. Monica bei S. Giovanni a Carbonara (Cappella di S. Filippo e S. Giacomo) zu Neapel in dem reich skulpierten Grabmale des 1432 verstorbenen Conte Fernando da Sanseverino, Herzogs von Bisignano. Dem Stile nach gleichfalls teilweise noch gotisch und im Aufbaue an Donatellos und Michelozzos Brancacci-Grabmal in S. Angelo a Nilo sich anschließend, zeigt das Monument einen von drei Tugendstatuen getragenen, mit Reliefdarstellungen (Madonna mit Engeln und Heiligen) geschmückten Sarkophag, auf dem die liegende Figur des Herzogs unter einem von Engeln gehaltenen Vorhange ruht. Die Pfeiler, von denen die das Grabmal bekrönende Bogenwölbung getragen wird, sind in 16 Nischen mit ebensovielen Statuetten geschmückt. — Sämtliche Arbeiten des Andrea da Firenze tragen den Charakter eines schwerfälligen Übergangsstiles von der Gotik zur Renaissance zur Schau und verraten nur eine Künstlerhand zweiten Ranges.

Boni, Biografia (unter Ciccione, Andrea). — Baldinucci, Not. dei Prof. del Disegno V 142 ff. — Dominici, Vite dei pittori etc. Napoletani I 87 ff. — Schulz, Denkm. der Kst. des Mittelalt. in Unter-Italien. (Index unter Ciccione.) — Milanesi im Arch. stor. Napoletano VIII 272. — C. v. Fabriczy im Repertor. f. Kunstwissensch. XI 96. — Burckhardt, Cicerone (Ausg. 1901) II 196, d—h; 407 f—h. *

Andrea da Firenze, mit seinem vollen Namen Andrea di Giusto Manzini, war eine Zeitlang Werkstattgehilfe des Masaccio. Sein Name findet sich 1427—1447 in den Steuerregistern des Florentiner Archivio delle Decime sowie 1436 in den Protokollen der Arte di Calimala. Im letzteren Jahre wird er außerdem noch erwähnt als Schöpfer eines Tafelgemäldes, dessen Ausführung für den Altar der Madonna Lapa in der Kirche S. Maria dei Magnoli zu Florenz er zum Herstellungspreise von 60 Fiorini übernommen hatte. Von erhalten gebliebenen Werken dieses Künstlers finden sich bei Crowe und Cavalcaselle angeführt: Eine 1435 für das Kloster S. Bartolommeo della Sacca bei Prato gemalte thronende Madonna mit Heiligen (jetzt in der Galerie Communale zu Prato), eine Bekehrung des Kaisers Constantin (seinerzeit im Besitze der Familie Ramelli zu Fabriano), sowie ein 1437 gemaltes vielteiliges Altarwerk in einer ehemaligen Kapelle bei S. Margherita zu Cortona. Die Zahl dieser durch die Namenssignatur „Andreas de Florentia" beglaubigten Malwerke vermehrte O. Sirén neuerdings um ein in den Magazinen der Florentiner Uffizien-Galerie aufgefundenes, mit der Jahreszahl 1447 datiertes Gemälde, auf dem die Assunta mit den Heiligen Thomas, Franziskus und Katharina bezw. das Wunder der Gürtelspende an den ersteren Heiligen dargestellt ist. Die bedeutendste Schöpfung dieses Künstlers ist jedoch die wahrscheinlich kurz vor seinem Tode (1450) vollendete malerische Ausschmückung der Assunta-Kapelle in der Pfarrkirche zu Prato mit drei großen, vielfigurigen Wandfresken, darstellend die Vermählung Mariae, sowie das Martyrium und die Grablegung des hl. Stephanus. Andrea da Firenze arbeitete außer mit Masaccio auch mit Neri di Bicci, Benozzo Gozzoli und Fra Filippo, wurde jedoch stilistisch hauptsächlich von Fra Angelico und Lorenzo Monaco beeinflußt. Er blieb, wie Sirén schreibt, bis an sein Ende ein mittelmäßiger Eklektiker, dem es niemals gelingen konnte, sich zu einem persönlichen Kunststile durchzuringen.

Vasari-Milanesi, III 54—55. — Crowe u. Cavalcaselle, Gesch. der italien. Malerei, italien. Ausg. II 326, 349. — Miscellanea d'Arte 1903, pag. 186 ff. — L'Arte 1904 p. 342 ff. *J. B. Supino.*

Andrea da Firenze, eigentlich Andreas Pauli Johannis de Florentia, Miniator in Rom 1458.

Bertolotti, Di alcuni Miniatori sconosciuti o poco noti, vissuti in Roma in Il Bibliofilo 1882 (Mai).

Andrea da Firenze, Bildhauer in Venedig, in einem Dokument vom 25. 6. 1488 erwähnt.

Arch. Veneto XXXIV parte I 1887 p. 213. *L. Ferro.*

Andrea da Firenze, Architekt und Bildhauer in Rom, wo er seit ca. 1470 in der Basilica Vaticana arbeitete und 1498—99 im Auftrage Papst Alexanders VI. gemeinsam mit dem maestro Sante Fiorentino den Palazzo della Sapienza (Universität) bei S. Eustachio erbaute. Außerdem ist dies wohl derselbe Andrea, der um 1500 für S. Giacomo degli Incurabili das am Treppenabsatze des zugehörigen Hospitales bis heute erhalten gebliebene kleine Madonnenrelief schuf. Und weiter scheint dieser Künstler identisch mit einem in den vatikanischen Urkunden des gleichen Zeitraumes häufig erwähnten „marmorarius" *Andrea di Tommaso* (*di Maso, di Masotto*) *da Firenze* (*bezw. da Settignano*), der 1499 Marmor- und Travertinblöcke vom Kolosseum etc. erwarb und 1507 in Rom sein Testament machte. Andreas Vater Masotto da Firenze war 1499 in Rom gleichfalls noch als „marmorarius" tätig.

E. Müntz, Les Arts à la Cour des Papes Innocent VIII etc. (1898) p. 157, 170, 173, 174, 211; — des Papes Sixte IV etc. (1882), vol. III) p. 144; — sowie in Gaz. des B.-Arts, 2. Per. XIX 361. — Bertolotti, Art. Subalpini in Roma (1884) p. 14; — Art. Lombardi a Roma (1881) II 299. — Burckhardt, Cicerone, Ausg. 1904, Register-Band p. 89. ***

Andrea da Firenze, s. auch *Orcagna* und *Ferrucci,* A.

Andrea da Formigine, s. *Marchesi,* A.

Andrea di Francesco da Carona, Steinmetz in Venedig, machte 28. 8. 1487 sein Testament, das von großem Wert ist wegen der darin erwähnten Künstler, z. B. Giovanni, genannt Burra da Osteno, Domenico, genannt Duca de Cino und Pietro Lombardo.

P. Paoletti, Arch. e scult. d. Rinasc. in Venezia I 69. *L. Ferro.*

Andrea di Francesco da Firenze, Bildhauer in Pisa, wo er 1451 am Dom-Altare des hl. Rainerius und 1458—1462 mit seinem Bruder Guardi an den Arkadenfenstern und den Marmorbrüstungen des Campo Santo arbeitete. — Mit ihm ist vielleicht identisch jener *maestro Andrea,* der 1472—74 mit seinem Sohne Bernardino an den marmornen Fensterumrahmungen von S. Giovanni zu Pisa tätig war.

Tanfani, Not. di Artisti etc. Pisani (1897) p. 23 f. *

Andrea di Francesco da Massa Carrara, Maler in Rom, wo er 1572 in Prozeßakten Erwähnung findet.

Bertolotti, Art. Modenesi etc. in Roma p. 31. *

Andrea di Francieschо, als Maler in Siena 1402 urkundlich erwähnt.

Milanesi, Doc. I 35. — Misc. Stor. Sen. IV 132—135. ***

Andrea da Gemona (unweit Udine), Holzschnitzer und Maler; von ihm ist urkundlich bekannt, daß er 1391 ein Altarbild für S. Maria della Pieve zu Gemona zu malen übernahm. Dasselbe, von geringem Wert, ist nach Crowe u. Cavalcaselle (deutsche Ausg. VI 227) noch erhalten. ***

Andrea di Gherardo da Vicenza, s. *Costa,* A.

Andrea di Giandomenico, Maler in Venedig, unterschrieb sich in einem Testament vom 27. 10. 1488 „io andrea depentor qm zuadomenego testimonico zurado e pregado scrisi". *

Arch. Veneto XXXIII parte II 400. *L. Ferro.*

Andrea di Giorgio, Holzschnitzer in Venedig, 1457 nur urkundlich erwähnt.

P. Paoletti, Arch. e scult. d. Rinasc. in Venezia I 99. *L. Ferro.*

Andrea di Giorgio, Maler in Venedig. Cecchetti fand ihn in einem Testament vom 18. 3. 1552 erwähnt. — Andrea hat sein eignes Testament 12. 10. 1565 gemacht, aus dem hervorgeht, daß er in der Kirche S. Basso arbeitete und bei S. Giuliano wohnte.

Arch. Veneto XXXIV parte I (1887) 204. — Archiv. di Stato di Venezia, Sez. Not. B. 645 n°. 55. *L. Ferro.*

Andrea di Giorgio da Ragusa, Holzschnitzer. 1493/4 in der Udienza des Palazzo degli Anziani in Ancona mit der Herstellung des hölzernen Mosaikfußbodens und der Treppenanlage beschäftigt. 1496 erhielt er Zahlung für eine Türbekrönung („ponte della porta di S. Piero").

Nuova Rivista Misena IX 36—38. *

Andrea di Giovanni (di Sargie), unbekannter Maler in Florenz, in der St. Lucasgilde 1350 eingeschrieben.

Gualandi, Memorie VI 177. **

Andrea di Giovanni, Miniaturist in Perugia. Er ist in der Matrikel der Miniaturisten unter den im Quartier Porta S. Angelo wohnhaften Zunftmitgliedern verzeichnet. Er bekleidete das Amt des Camerlengats im 1. Semester 1395.

L'Arte dei Miniatori in Perugia, Giorn. di Erud. art. II 1873 fasc. 11—12 p. 316. *W. Bombe.*

Andrea di Giovanni, Maler in Venedig, nur bekannt durch seine Unterschrift als Zeuge bei einem Testament vom 13. 3. 1470: „Ego Andreas condam Johanis pictor . . . ."

Arch. Veneto XXXIII parte II 400. *L. Ferro.*

Andrea di Giovanni di Bindo di Guido, s. *Andrea* di Bindo.

Andrea di Giovanni de Curte, s. *Curte*, A.

Andrea di Giovanni del Fornaio, unbekannter Florentiner Maler, 1525 in der dortigen St. Lucasgilde eingezeichnet.

Gualandi, Memorie VI 177. **

Andrea di Giovanni di Martino da Parma, Maler in Rom, erhält 5. 1. 1519 eine Zahlung für Malereien, die er in der Sala grande und in anderen Zimmern des Kardinals Armellini in Rom zugleich mit Vittorio Anderlino aus Montone und Giovenale di Serafino da Narni ausgeführt hatte.

Bertolotti, Artisti Modenesi e Parmensi a Roma, in Atti e Memorie della R. Deput. per le Prov. Mod. e Parm. 1883 p. 88. *W. Bombe.*

Andrea di Giovanni da Orvieto, Maler und Mosaicist von augenscheinlich sienesischer Schulabstammung in Orvieto, wo er 1387—1417 eine vielseitige künstlerische Tätigkeit entwickelte. Zum ersten Male erwähnt wird A. 1378 als Gehilfe des Ugolino d'Ilario bei dessen Gewölbemalereien im Chore des Domes zu Orvieto. 1380 hatte A. sodann gemeinsam mit Cola Petruccioli selbständige Freskomalereien an den Wänden des Domchores auszuführen, und zwar malte er hier ein fingiertes Chorgestühl mit den sitzend dargestellten Porträtfiguren der Domclerisei; Reste dieser Wandmalereien sind noch heute hinter dem ursprünglich im Altarvorraume und erst 1540 an den Wänden des Hochaltarchores selbst aufgestellten wirklichen Chorgestühle erhalten geblieben, so hinter einer der Rücklehnen dieses Gestühles die Gestalt eines in seinem Chorstuhle eingeschlafenen Kanonikus. — 1402 hatte A. für die Kirche S. Egidio zu Corneto ein mehrfiguriges Altargemälde vollendet, für dessen subtile Ausführung ihm von seiten der Stadtkommune von Corneto in einem erhalten gebliebenen Briefe das höchste Lob gespendet wurde. Nachdem er sodann in einer Zahlungsurkunde von 1404 als Maler von Ablaßzetteln (mit Madonnenbildern) für das Orvietaner Domkapitel genannt ist, wird er 1411 wiederum mit der Ausführung größerer Wandmalereien im Dome zu Orvieto bedacht; und zwar hatte er damals die Cappella Buonconti mit den Fresko-Darstellungen einer Anbetung der Könige und einer Krönung Mariae zu schmücken, sowie außerdem Malereien an den Orgeln des Domes sowie an den Kerzenträgern des Hochaltares auszuführen. Das in leidlichem Zustande erhalten gebliebene Hauptwerk des Künstlers ist das 1412 entstandene Lunettenfresko über der Porta di Canonica an der Nordseite des Domes, darstellend die thronende Madonna zwischen zwei in Anbetung knienden Engelgestalten (abgeb. bei Fumi, p. 444—445). 1417 endlich wird A. noch als Mosaicist erwähnt, und zwar wurde er damals beauftragt, gemeinsam mit Bartolomeo di Pietro da Orvieto Restaurierungsarbeiten an den Fassadenmosaiken des Domes vorzunehmen, sowie auch einige Neukompositionen solcher Fassadenmosaiken anzufertigen. — Mit Andrea di Vanni Senese ist dieser Künstler nicht zu identifizieren, da er in den Domurkunden sowohl, wie auch in dem obenerwähnten Briefe der Stadtkommune von Corneto ausdrücklich als „pictor de Urbe Veteri" und als „civis Urbsveterensis" bezeichnet wird.

L. Fumi, Il Duomo di Orvieto (Roma 1891) p. 108, 140 f., 275, 293, 320, 366, 389, 392, 443, 447. *

Andrea di Giovanni da Perugia, Maler in Pisa, wo er 1490—91 gemeinsam mit anderen Meistern die malerische Ausschmükkung zweier Domorgeln nebst deren Brüstungen auszuführen hatte. Außerdem arbeitete dieser Künstler gemeinsam mit Domenico Ghirlandajo im Altarchore des Domes; auch schmückte er die Porta a Lucca und die Porta delle Piagge zu Pisa mit Madonnenfresken. Endlich erhielt er 1498 Bezahlung für drei im Auftrage der Pisaner Stadtverwaltung gemalte Madonnen- und Crucifixus-Fahnen. — Laut urkundlichen Nachrichten scheint sich der Künstler noch vor 1492 in Pisa verheiratet zu haben; dieser Ehe ist offenbar jener *Giovanni da Perugia,* genannt *il Sordo,* entsprossen, der um 1553 in Pisa als Maler erwähnt wird (s. unter *Giovanni* da Perugia).

Tanfani, Not. di Artisti etc. Pisani (1897) p. 24 f. *

Andrea di Giuliano Cambi, s. *Cambi.*

Andrea di Giunta, Bildhauer in Florenz, 1299 (1300) urkundlich erwähnt als „magister lapidum et lignaminum".

Arte e Storia VIII 98 f. *G. Degli Azzi.*

Andrea di Giusto aus Volterra, schrieb 1370 in Città di Castello „La Divina Commedia" mit latein. Noten und Kommentar. Er signierte am Schluß: Andrei Justi de Vulteris que scripsi et complevi i ciuitate castelli ano dni MCCCLXX Ind. VIII die VI nouembr. — Jetzt in der Laurentiana, Florenz.

Bradley, Dict. of miniat. III 399. **

Andrea di Giusto d'Arezzo, Architekt, lieferte 1421 ebenso wie 2 andere Architekten der Stadt Perugia einen Entwurf für die Restauration der Kirche San Francesco.

Borghesi e Banchi, Nuovi Documenti, Siena 1898 p. 85. **

Andrea di Giusto di Betto, s. *Juste,* Familie.

Andrea di Giusto Manzini, s. *Andrea* da Firenze, p. 453.

Andrea del Gobbo, s. *Solario,* A.

Andrea Guardi, Florent. Bildh., tätig um die Mitte des 15. Jahrh. in Pisa. Hauptwerk die Tugendreliefs in Sa Maria della Spina in Pisa, 1452 datiert, die nicht von Andrea Buggiano, dem Stiefsohn Brunelleschis stammen. Außerdem hat der Künstler für den Pisaner Dom und Campo santo gearbeitet, wo sich mehrere seiner Reliefs befinden, z. B. die Madonna mit 2 Engeln in der Lunette über Bonannus Erztür am Dom, das Grabmal Ricci und zwei Madonnenreliefs im Campo Santo; mehrere Marmorreliefs im Louvre No. 294 („école florentine seizième siècle"); dazu ein Stucco im Berliner Kaiser Friedrich-Museum („Art des Bernardo Rossellino") und in der Sammlung Huldschinsky-Berlin. In der Richtung Donatello-Michelozzo liegen seine Anfänge; ähnlich wie Desiderio macht er sich dann mehr an das Delikate und sucht das Interesse durch antikisierende Gewandung und bizarre Bewegungsfülle zu steigern. Das Beste gelang ihm an der Madonna in der Domlünette.

P. Schubring, Urbano da Cortona, Anhang: Andrea Guardi. Straßburg 1903. *P. Schubring.*

Andrea di Guardiagrele. Der Künstler, ein Abbruzzese aus Guardiagrele bei Lanciano, nennt sich an einem großen vergoldeten Silberkreuz mit biblischen Darstellungen, das die Bezeichnung trägt: Hoc opus factum est tempore abbatis Philippi capellani huius ecclesiae. Hoc opus feci ego Andrea de Guardia an. d. MCCCCXXII. Dies Kreuz befindet sich in Sa Maria maggiore in Lanciano. Die Metallgießkunst dieser Gegend hat manches Wichtige hervorgebracht, was auf der Ausstellung der abbruzzesischen Kunst (Rom 1905) zu sehen war. So z. B. die Silberstatue des hl. Giustino in Chieti von Nicolaus de Guardiagrele von 1455. Der Stil nähert sich den reifen Trecentoarbeiten Sienas.

H. W. Schulz, Denkmäler der Kunst des Mittelalters in Unteritalien II 52. — Bindi, Artisti abbruzzesi, 1883. *P. Schubring.*

Andrea di Guido, Sieneser Architekt, von Zani auch Andrea da Siena genannt, soll 1337 als Architekt am Dome von Orvieto tätig gewesen sein, doch verzeichnet Fumi (Il Duomo di Orvieto p. 477) nur einen Andrea da Siena 1356 und 1358 als capomaestro des Domes in Orvieto.

Zani, Enc. X 247. — Della Valle, Storia del Duomo di Orvieto. *G. De Nicola.*

Andrea di Guido, Miniaturist, 1382 als „stipendiato" der Bologneser Stadtgemeinde erwähnt. S. auch *Andrea* da Bologna.

Arch. stor. Ital., ser. V, vol. XIII (La miniatura in Bologna etc.). *F. Malaguzzi-Valeri.*

Andrea di Guido, Sieneser Maler gegen 1400 in der dortigen Malerliste eingeschrieben.

Milanesi, Doc. Senesi I 39. *G. De Nicola.*

Andrea di Guido da Fiesole, Bildhauer und Architekt in Bologna. Schuf 1403 nach dem Muster der älteren, von den Gebrüdern Masegne herrührenden Bologneser Professorengräber (mit Reliefdarstellungen der verstorbenen Universitätslehrer inmitten ihrer Zuhörerschaft), für den Kreuzgang von S. Martino Maggiore das reich komponierte Grabmal der Juristen Roberto und Riccardo da Saliceto und 1412 für den Kreuzgang von S. Domenico ein ähnliches Grabmal zu Ehren eines dritten Mitgliedes derselben Juristen-Familie, des Bartolommeo da Saliceto, signiert „Opus Andreae de Fesulis 1412" (jetzt im Museo Civico zu Bologna). Im letzteren Jahre entwarf Andrea da Fiesole außerdem den Bauplan zur Grabkapelle des hl. Dominicus in S. Domenico zu Bologna, deren Umbau 1413 vollendet, 1596—1605 jedoch nach den Plänen des Flor. Ambrosini nochmals erneuert wurde. — Der Sohn des Künstlers, *Domenico d'Andrea da Fiesole,* wird gleichfalls als „tajadore de massegne" in Bologna erwähnt.

Vasari, Vite (ediz. Le Monnier). — Ticozzi, Diz. d. Architetti etc. — Bianconi, Guida di Bologna. — Meyer, Kstlerlex. — Repert. f. Kstwissensch. XX 180, 185, 18[illegible]; XXII 280 ff. — L'Arte VIII 35, 128. — Arch. stor. Lombardo III 101 ff., 258 ff. — A. Venturi, Storia dell' Arte ital. (Roma 1906) IV 855 f. *F. Malaguzzi-Valeri.*

Andrea Guvina, Maler und Bildschnitzer

in Spalato, schuf laut handschriftlicher Überlieferung 1214 die mit reichen Reliefschnitzereien geschmückten hölzernen Türflügel zum Hauptportale des dortigen Domes. Die 5 m hohe und 3,34 m breite Tür zeigt in flachgeschnitzter Rankenwerk-Umrahmung (mit zahlreichen Tier- und Puttenfigürchen) vier Reihen von je 7 rechteckigen Flachreliefs mit lebendig und reich komponierten Darstellungen aus dem Leben Christi.

Meyer, Kstlerlex. (mit ält. Lit.). — A. Venturi, Storia d. Arte Ital. (Milano 1904) III 102 bis 113 (mit Abb.). *

Andrea di Jacopo, italien. Goldschmied, stand 1311 im Dienst der Stadtgemeinde von S. Gimignano.

G. Milanesi, Sulla storia dell' arte Tosc. p. 64. ***

Andrea, Jacopo de, italien. Maler, geb. um 1820 in Venedig, war 1844 in der Ausstellung der venezianischen Kunstakad. mit einigen Gemälden vertreten und wurde auch späterhin mehrfach lobend erwähnt. 1863 kopierte er im Regierungsauftrag das von Napoleon I. aus dem venezianischen Dogenpalaste nach Paris entführte Deckengemälde des Paolo Veronese, darstellend die „Zerschmetterung der Laster durch den Blitzstrahl des Jupiter" (jetzt im Louvre-Mus.). Diese Kopie von der Hand des Jacopo de A. befindet sich jetzt an Stelle des geraubten Originalgemäldes an der Decke der Sala del Consiglio dei Dieci des Palazzo Ducale zu Venedig.

Chronique des Arts 1863, pag. 7. — Kunstchronik I 62. *R.*

Andrea di Jacopo, s. auch *Orcagna.*

Andrea di Jacopo Lombardo, Steinmetz. 28. 5. 1506 wird ihm eine in Stein auszuführende Dekoration am Altar der Annunziata in der gleichnamigen Kirche zu Foligno um den Preis von 110 Fl. übertragen.

W. Bombe.

Andrea di Jacopo Ognabene, s. *Ognabene.*

Andrea da Jesi d. ält., Maler, geb. in Jesi zwischen 1430—1440 als Sohn eines gewissen Bartolo, † nach 1492 (?). Zum ersten Male erwähnt 1464 als Empfänger einer Summe von 30 Bolognini für dekorative Malerarbeiten, die er im Palazzo del Podestà zu Jesi ausgeführt hatte. Im nächsten Jahre hatte er u. a. eine Anzahl Stadtwappen zu malen für den Palazzo dei Priori und für die Stadttore von Jesi. Nach Annibaldi soll er ferner die Kirche Madonna delle Grazie zu Jesi ausgemalt haben, ebenso auch die Kirche Madonna del Sole an der Straße zwischen S. Marcello und Belvedere. Sicherlich waren von seiner Hand ausgeführt die 10 Fresko-Altäre der Hospitalkirche zu Belvedere Ostrense, die augenscheinlich sämtlich auf ein und denselben Künstler zurückzuführen sind. Der eine dieser Altäre, die Madonna della Misericordia darstellend, trug früher die im Original zerstörte, aber in den Akten der Hospital-Bruderschaft wörtlich überlieferte Inschrift: „Andrea da Jesi pinse questa Madonna a petizione della fraternità de l'Ospedale di S. Maria della Misericordia addì di giugno 1473." In dem gleichen wie auch in dem nächsten Jahre hatte er im Auftrage der Stadtgemeinde von Jesi Wappenschilde für den Podestà und für den päpstlichen Legaten, sowie Posaunenbehänge für die Stadtherolde auszuführen. 1475 malte er für die Kirche S. Maria fuor di Monsano den Madonnenaltar, sowie auf den vier äußeren Wandflächen unter dem Portikus derselben Kirche eine Reihe von Visionsdarstellungen („apparizioni"; näheres über diese letzteren Malereien, sowie über die Entstehungsgeschichte der Kirche findet sich in den Akten des Kommunalarchives zu Jesi). Das Madonnenbild wurde im 18. Jahrh. fast vollständig mit Brokatstoffen überklebt, so daß nur das Gesicht und die Hände der Madonna und des Christkindes sichtbar geblieben sind. Die Visionsfresken sind zugrunde gegangen; eine auf eine Anzahl Pergamentstreifen gemalte Kopie derselben aus dem Jahre 1664 befindet sich im Pfarramte der genannten Kirche. Die Inschrift zum Schlußbilde endete mit der Signatur des Künstlers: Mastro Andrea da Jesi pinse queste opere dentro e fuori tutte di elemosine di bone e divote persone l'anno 1475. — Neuerdings entdeckte A. Anselmi noch einige Freskenfragmente des Meisters in der Altarnische der Kirche S. Fortunato bei Ostravetere zu beiden Seiten eines Madonnenaltares, der zur Verdeckung des zerstörten Freskogemäldes in späterer Zeit aufgestellt worden ist. Die Reste des alten Wandbildes stellen dar den hl. Fortunatus in Benediktinertracht, den hl. Sebastian am Marterpfahle und zwei anbetende Engel. Die Signatur des Freskobildes lautet: „Andrea da Exy pense questa opera al tempo de Romano . . . . ." (Rest zerstört).

G. Annibaldi und A. Anselmi in „Rassegna bibliograf. dell' Arte ital. VIII 95 ff.

E. Calzini

Andrea da Jesi d. j. (Andreas Aesinas), italien. Maler des 16. Jahrh., über dessen Leben uns nichts überliefert ist. Wohl aber sind von ihm zwei signierte und datierte Gemälde erhalten. Das eine war schon dem Marchese Ricci sowie Ang. Angelucci bekannt und soll nach dem ersteren Autor in der Reinheit der Linien und der Anmut der Bewegungen den Werken des Innocenzo Francucci da Imola nahestehen. Es befindet sich in der Chiesa Matrice di S. Marcello zu Jesi bei Ancona, stellt die thronende Madonna mit dem Christkinde zwischen den Heiligen Antonius und Franciscus dar und trägt auf der Predella die volle Bezeichnung: ANDREAS AESINVS. Pinx. MDXXV. — Das zweite dieser Altarbilder, datiert MDXXVI, befindet sich in der Kirche S. Sperandia zu Cingoli. Es zeigt die thronende Madonna von zwei Engeln gekrönt und ihr zu Füßen den hl. Michael als Drachentöter, Johannes den Täufer und drei heilige Frauen. Auf der Predella vier Halbfiguren von Heiligen, auf den Sockelflächen der Rahmenpilaster die Jungfrau Maria und der Verkündigungsengel. Auch in diesem Altarwerke tritt der Einfluß der Schule Raffaels deutlich zutage. — Augenscheinlich ist der Maler dieser Bilder identisch mit jenem Andrea da Jesi, der 1523 bis 1524 gemeinschaftlich mit Pietro Paolo Agabiti die Loggien des Palazzo Communale zu Jesi mit Fresken schmückte.

Ricci, Mem. stor. della Marca di Ancona 1834, II 128 f., 135. — Ang. Angelucci, Lettera intorno ad una tela di Andrea di Jesi (Ancona 1856). — Rassegna Bibliografica d. Arte ital. 1905, p. 96. — Gianandrea, Il Palazzo del Commune di Jesi p. 31. *R.*

Andrea degli Impiccati, s. *Castagno,* A. del.

Andrea di Lanciano, erbaute (nach einer allerdings nicht unverdächtigen Inschrift) 1203 mit seinen Zunftgenossen die Kapelle des wundertätigen Marienbildes, die angeblich auf der Diokletianischen Brücke bei Lanciano in den Abruzzen gestanden haben soll.

Romanelli, Scoverte patrie nella regione Frentana. II 152. — Schulz, Denkm. der Kst. etc. in Unterit. II 50. — Bindi, Artisti Abbruz. 27. ***

Andrea Landi (di Orlando), Maler in Siena, nur bekannt durch die von Zani registrierte Gemäldesignatur: „Andreas Landus de Senis pinxit hoc opus 1381."

Zani, Encicl. XI 230. *

Andrea da Lecce, abruzzesischer Maler, schuf laut urkundlichem Nachweis 1450 den ehemaligen Freskenschmuck der Kirche S. Francesco zu Sulmona. Mit diesem „Andrea pictor di Lictio" oder „Andrea pentore de Leccia" ist offenbar identisch jener „Andreas de Litio", der sich selbst in der letzteren Form bezeichnet hat auf dem von 1473 datierten Cristophorus-Fresko an der rechten Frontmauer von S. Maria Maggiore zu Guardiagrele bei Chieti. Demselben Meister werden außerdem noch zugeschrieben die Fresken des Domes zu Atri, ein Madonnenbild im Hause des Barone di Sanità zu Sulmona, das Gemälde mit dem hl. Silvester in der Kirche zu Mutignano bei Teramo und das Apsis-Fresko in der Cappella di S. Sebastiano zu Isola di Gran Sasso. — Ob der Künstler aus der Stadt Lecce in der Provinz Terra d'Otranto stammte, oder aber aus dem kleinen Orte Lecce in der Provinz Marsica, läßt sich nicht mit Sicherheit feststellen.

P. Piccirilli, S. Francesco di Sulmona (1898) p. 7 ff. — F. Ferrari, S. Maria Maggiore di Guardiagrele (1905). — Rassegna Abruzzese 1898, No. V—VI, p. 8; 1899, No. IV, p. 33 ff.; 200 ff. — Napoli Nobilissima VI 112. *G. De Nicola.*

Andrea di Leonardo, Steinmetz in Venedig, führte 1494 dekorative Arbeiten in Marmor für die Scuola grande von S. Maria della Carità aus.

P. Paoletti, Arch. e scult. d. Rinasc. in Venezia II 200. *L. Ferro.*

Andrea Lombardo, angeblich Bildhauer in Toskana um 1270, dessen Existenz urkundlich noch nicht erwiesen ist.

Meyer, Kstlerlex. I 690. ***

Andrea Lombardo da Lugano, Bildhauer in Venedig, war 1506 an den Marmorarbeiten in der Kirche S. Sebastiano zu Venedig beteiligt. — Vielleicht ist dieser Künstler identisch mit jenem *Andrea Lombardo,* der 1532 im Arkadenhofe des Ospedale del Cambio zu Perugia arbeitete.

Merzario, Maestri Comacini II 57. — Selvatico, Archit. e Scult. in Venezia, p. 212. — G. Degli Azzi in L'Umbria 1902, p. 82—85. *A. Bellucci.*

Andrea Lombardo, Maler in Orvieto um 1490, siehe unter *Angelo da Iglianello.*

Andrea di Lorenzo da Carrara, Bildhauer in Orvieto, 1528 und 1533 als Werkmeister bei den dortigen Dombauarbeiten erwähnt. — Wohl identisch mit dem von Zani als carraresischer Stuccatore unter der Jahreszahl 1538 angeführten Künstler gleichen Namens.

Campori, Mem. biogr. di Carrara (1873) p. 7. — Zani, Encicl. VI 37. *

Andrea da Lucca, Bildhauer, Sohn des Maestro di pietra Gaspare da Lucca, nach Zani 1583 in seiner Vaterstadt Lucca tätig; vielleicht identisch mit einem 1576 in Rom urkundlich erwähnten Bildhauer *Andrea Luchesino,* der von Florenz aus dorthin gekommen war.

Zani, Encicl. XII 121. — Bertolotti, Art. Francesi in Roma (1886) p. 45. *

Andrea di Luigi, s. *l'Ingegno.*

Andrea Manfredi von Faenza, der 13. General des Serviten-Ordens, † zu Bologna 1396, soll sich als Baumeister ausgezeichnet haben. Daß er 1375 die Servitenkirche Sta Annunziata in Florenz gebaut habe, wie Ricci mit Bezugnahme auf Gianni behauptet, wird freilich in der Quelle, worauf sich dieser beruft, nirgends gesagt. Jedenfalls gehört die jetzige Gestalt von Sta Annunziata einer jüngeren Zeit an. Er gründete aber Sta Maria de' Servi in Bologna sowie die Servitenkirchen zu Faenza, seiner Heimat, und zu Rimini. Daß er dabei auch als Baumeister tätig gewesen, geht aus den betreffenden Mitteilungen nicht hervor. Doch gilt er dafür bei derjenigen zu Bologna, die 1388 begonnen wurde. Er selbst hat jedoch nur den Chor und 1392 den Portico de' Servi vollendet; außerdem schreibt man ihm die Zeichnungen zu den

Chorstühlen zu. Diesem Bau scheint Sta Maria de' Servi zu Padua, gestiftet um 1340, zum Vorbilde gedient zu haben. Daß Fra Andrea einen Namen als Baumeister hatte, erhellt aus der Anweisung, welche Antonio Vincenzi erhielt, 1388 die Risse und 1390 das erste Modell zu St. Petronio in Bologna nach Andreas Anordnung und unter seiner Leitung auszuführen. Auch wurde er 1390 von der obersten Behörde der Stadt ersucht, den Grundstein zu dieser Kirche zu legen. Fra Andrea ist im Chor von Sta Maria de' Servi begraben, und ein Denkstein mit seinem Bilde wurde 1414 dort aufgestellt. Derselbe ist 1663 in die Nähe des Hochaltars versetzt worden.

Gianius, Annales Fratrum Servorum B. M. V. Ed. 2. Lucae 1719, I 333. — Ricci, Storia della Archit. in Italia II 284, 297, 317, 352. — Il Bolognese istruito. Bol. 1850 p. 77. — Schnaase, Gesch. der bild. Künste VII 202. — Meyer, Kstlerlex. *R.*

Andrea, Manoel Hieronymus, portug. Maler, Schüler des Garcia Fernandes. Malte 1569 den Kreuzgang der Kathedrale (zu Lissabon?) und lebte noch 1574.

Raczynski, Dict. p. 9, 10. *A. Haupt.*

Andrea di Marcantonio da Jesi, Maler in Jesi, urkundlich erwähnt 1519—1530. Vater des Malers Antonuccio da Jesi.

Rassegna Bibliograf. d. Arte Ital. III 205. *

Andrea di Martino da Siena, Bildschnitzer und Intarsiator in Orvieto, wo er 1331—35 unter Giovanni Ammanati da Siena und unter dem Capo maestro dell' Opera, Niccolò di Nuto, an der Ausführung des prächtigen Dom-Chorgestühles beteiligt war. Einer der reichgeschnitzten Rücklehneneinsätze zeigt die Signatur dieses außerdem urkundlich sicher beglaubigten Künstlers: T. M. Andree Lib. V. (mit Angabe des für die betr. Tafel bezahlten Preises).

Zani, Encicl. XIII 82. — L. Fumi, Il Duomo di Orvieto (Roma 1891) p. 275 f., 287 ff.

Andrea di Maso, s. Andrea da *Firenze,* p. 454.

Andrea di Matteo, unbekannter Florentiner Maler, 1443 in der St. Lucasgilde genannt, † 1457.

Gualandi, Memorie VI 177. — Milanesi, Arte Toscana (Siena 1873) 298. **

Andrea di Matteo di Betto, Steinmetz in Pistoja, wo er 1567 nach Vasaris Entwurf gemeinsam mit anderen Meistern die Kuppellaterne der Kirche S. Maria dell' Umiltà zu errichten hatte.

Giglioli, Pistoja nelle sue Opere d'Arte (1904) p. 14. *

Andrea di Michele, Architekt u. Bildh., lieferte 1461 in Konkurrenz mit einem Bildhauer Desiderio und mit Giuliano di Leonardo da Firenze eine Entwurfzeichnung zum Bau einer Sonderkapelle für das angeblich vom hl. Lucas gemalte byzantinische Madonnenbild des Domes von Orvieto. Der Bau dieses von Francesco Monaldeschi, Bischof von Ascoli († 1460) gestifteten „Oratorio della Madonna della Tavola" wurde 1464 begonnen und 1492 vollendet. Bereits zu Anfang des 17. Jahrh. scheint jedoch dieser im Inneren des Domes nach allen Seiten frei stehende „Tempietto" wieder abgebrochen worden zu sein, da die „Madonna della Tavola" 1622 zu besserer Verwahrung in die „Cappella Nuova" des Domes übergeführt wurde. Von der gesamten Anlage sind keinerlei Reste erhalten geblieben. — Vielleicht ist dies derselbe *Andrea di Michele da Roma,* der 1468 unter Paul II. in Rom tätig war beim Baue des Palazzo di S. Marco.

L. Fumi, Il Duomo di Orvieto p. 428, 433. — E. Müntz, Les Arts à la Cour des Papes (1878) II 27, 61. *

Andrea di Michele da Como, Bildschnitzer in Perugia, arbeitete 1503 unter der Leitung des Polimante della Spina am Gestühl des Cambio.

G. Degli Azzi in L'Umbria 1902 p. 82 ff. *A. Bellucci.*

Andrea Milanese, Bildhauer aus Mailand, tätig in Rom, 1514 in einem Motu proprio Leos X. angeredet als „fabricarum magister et camerae apostolicae et Beati Petri superstans". — Ein zweiter Bildhauer *Andrea Milanese* wird in einer römischen Notariatsurkunde von 1582 (betr. seine Witwe Solomea) als verstorben erwähnt.

Bertolotti, Art. Lombardi a Roma I 130; II 309. *

Andrea da Milano, Bildhauer in Venedig arbeitete 1426 an den Kapitälen des Palazzo Ducale und leistete Bürgschaft für Arbeiten, die der Steinmetz Bartolomeo am Palast Cà d'Oro zu machen hatte.

P. Paoletti, Arch. e scult. d. Rinasc. in Venezia I 16, 22. *L. Ferro.*

Andrea da Milano („alias Eleam"), Marmorarbeiter in Rom, 1472 in einem Rechtsstreite zwischen einem anderen römischen Marmorario Namens Antonio da Brescia und dem Goldschmiede Giov. Stefano als Schiedsrichter erwähnt, und zwar gemeinsam mit dem Marmorario Isaia da Pisa.

Bertolotti im Arch. Stor. Lombardo X 107. *F. Malaguzzi-Valeri.*

Andrea da Milano, s. auch *Bregno,* A. und *Solario,* A.

Andrea di Mino da Siena, Glasmaler und Mosaizist in Orvieto, wo er 1325—30 unter Giovanni di Bonino da Assisi an der Ausführung der Glasmalereien für die Fenster des Domes beteiligt war. 1359 scheint er mit Orcagna auch bei den Beratungen für Ausführung der Mosaikbilder an der Fassade des Domes mitgewirkt zu haben.

Zani, Encicl. XIII 387. — Milanesi, Arte Toscana (1873) p. 77. — Fumi, Il Duomo di Orvieto (1891) p. 49, 105, 193, 215 f. — Arch. stor. d. Arte ital. I 339. *

Andrea da Modena, lombard. Werkmeister, um 1400 am Dombau zu Mailand tätig. In einem kurz vor seinem Tode verfaßten Schreiben vom 3. 1. 1400 empfiehlt A. die Anstellung seines Sohnes Filippino am Mailänder Dombau.

Zani, Encicl. II 101, 283. — Meyer, Künstlex. (mit ält. Lit.). *F. Malaguzzi-Valeri.*

Andrea da Murano, Maler in Venedig. Sohn des Giovanni. 1462—1507 nachweisbar, doch nicht, wie man früher annahm, einer der frühesten Muranesen, sondern einer der letzten und unbedeutendsten, der sich auch in seinen besten Leistungen nicht viel über das Handwerkmäßige erhoben hat. A. übte gemeinsam mit seinem Bruder Hieronymus in seiner Werkstatt, die sich ebenso wie die der Vivarini in der Pfarrei S. Maria Formosa befand, die Holzschnitzerei und Malerei für kirchliche Zwecke aus. Urkunden vom 7. 8. und 17. 9. 1462 und 20. 2. 1463 bezeugen, daß er mit der Vergoldung der muschelförmigen Bekrönung des noch erhaltenen Chorgestühles in S. Zaccaria in Venedig beschäftigt war, das von den Brüdern Marco und Francesco Cozzi geschnitzt wurde. Nach einem Vertrag vom 16. 1. 1467 verpflichtete er sich gemeinsam mit Bartolomeo Vivarini, für die große Scuola di S. Marco ein historisches Gemälde in zwei Abteilungen auf Leinwand auszuführen, doch ist über die Darstellung („istoria da burano") oder sonst über dieses Werk nichts bekannt. Die Mitarbeiterschaft mit Bartolomeo Vivarini muß übrigens, wie sich aus erhaltenen Werken erkennen läßt, länger angedauert haben. Nach einer Urkunde vom 21. 5. 1472 tritt der Sohn des Zimmermanns Cristoforo del Giusto aus Capodistria, mit Namen Francesco (wahrscheinlich Francesco Pexari) in A.s Werkstatt ein, damit er arbeite „tam de intaiatura quam pictura". In den letzten Dezennien seines Lebens (um 1484?) verließ A. Venedig, später siedelte er sich in Castelfranco an, wo er wenigstens 1499 als dort wohnend urkundlich erwähnt wird. Am 28. 9. 1507 erhält der Meister die letzten Zahlungen für das 1484 bereits begonnene umfangreiche Altarwerk für die Kirche S. Maria in Trebaseleghe im Gebiet von Treviso, an dem, wie aus derselben Urkunde hervorgeht, zahlreiche Mitglieder seiner Familie und Werkstatt mitgearbeitet haben. — Das früheste uns erhaltene Werk des Andrea da M. ist das vielteilige *Altarbild aus S. Pietro Martire in Murano in der Galerie in Venedig* (No. 28), dessen einzelne Teile früher zerstreut waren, jetzt aber dort wieder vereinigt sind. In der Mitte auf Goldgrund die Heiligen Franciscus Ferreri und Rochus, in der linken Abteilung der hl. Sebastian, in der rechten der hl. Petrus Martyr, alle mit einem Schutzbefohlenen in kleineren Dimensionen. In der Lünette die Maria della Misericordia, die ganz besonders an Bartolomeo Vivarini erinnert. Das Bild ist „Opus Andrae de Murano" bezeichnet; die Zeichnung ist korrekt, das Nackte gut studiert, aber die ganze Manier hart und besonders in den Schattenpartien schwer. Große Verwandtschaft mit diesem Gemälde zeigt das Bild mit dem *lebensgroßen Christus am Kreuz zwischen Maria und Johannes und Jerusalem im Hintergrund* in der *Wiener Galerie* (No. 9). Das „Opus Andreae de Murano" bezeichnete Werk stammt aus dem Convento di S. Andrea nell' isola della Certosa bei Venedig, wo es Zanetti noch sah. Es wurde 1838 für die Wiener Galerie angekauft aber erst kurz vor 1884 öffentlich ausgestellt. Mit dem Namen „Andrea de Murano" ist auch eine Kreuzigung im Museo Correr (No. 48) bezeichnet. Das Hauptwerk des Künstlers ist der obenerwähnte große *Hochaltar von S. Maria in Trebaseleghe,* 1484 begonnen und noch dort vorhanden. Das Hauptbild zeigt den Heiland das Kreuz tragend in mandelförmiger Glorie zwischen den hl. Sebastian und Rochus, darunter drei musizierende Engel und die hl. Cosmas, Damian, Barnabas u. Macarius. Darüber in drei Abteilungen Christi Leichnam mit Maria und Johannes, und rechts und links je zwei Heilige (Hieronymus, Christoph, Antonius v. Padua und Nikolaus), das ganze bekrönt durch eine Lünette mit der Halbfigur des segnenden Gottvaters. Dieses mit reicher Holzschnitzerei und Vergoldung geschmückte Altarwerk ist jedenfalls A.s bedeutendste Leistung. Eine gewisse Kühnheit und Energie der Darstellung zeichnet es aus, die Zeichnung ist fehlerfrei, aber in allem offenbart sich nicht die Kraft eines ursprünglichen Talentes, die Bewegungen sind gesucht und auf den Effekt berechnet, die Formen hart, die Färbung dunkel und unharmonisch und ohne wirksame Kontraste. Alle diese Fehler zeigt in noch stärkerem Maße das letzte uns erhaltene datierte Werk des A., *die lebensgroße Madonna* auf dem Thron zwischen den Heiligen Johannes d. T., Nikolaus, Petrus und Paulus in der *Pfarrkirche von Mussolente* bei Asolo, bez.: Andreas de Muriano P. M. D. II. Auch hier offenbart sich A. durchweg als ein zurückgebliebener Nachfolger der Vivarini, während gleichzeitige Meister die venezianische Malerei zur höchsten Blüte brachten. Durch Stilvergleichung kann man dem Meister wohl auch einen *S. Francesco in der Pfarrkirche der Sta. Maria Assunta* in Asolo zuschreiben, der sonst Alvise Vivarini zuerteilt wird, auch der *hl. Antonius* in der Kirche *S. Giovanni* in *Camposanpiero* (Padua), ein sehr schlecht erhaltenes Bild, wird in neuerer Zeit mit A.s Namen belegt, während es früher als von Bartolomeo Vivarinis Hand galt. Fälschlich ist ihm die große Tafel in der *Galerie von Venedig* (No. 614) zugeschrieben worden mit *dem Heiland zwischen S. Agostino und S. Francesco;* dieses Bild, sowie die dazu gehörigen *Seitentafeln* (No. 620, 622) mit den Heiligen *Vincenzo Ferreri* und *Helena,* 1409 datiert, und aus dem Palazzo Ducale stammend, gingen früher auch unter Bartolomeo Vivarinis Namen, sind aber jetzt als der Paduanischen Schule angehörend erkannt worden. Wenig wahrscheinlich ist auch, daß die *Madonna mit Petrus und Paulus* in der *Sakristei von S. Niccolò in Treviso* von Andreas da M. Hand stammt.

Crico, Lettere sulle Belle Arti Trevigiane. 251 f. — Crowe u. Cavalcaselle, Gesch. d. ital. Mal. V 74 f. — Meyer, Kstlerlex. (mit ält. Lit.). — M. Caffi, Andrea da Murano, im Arch. Veneto. XXIII, pte II (1887) p. 331—336. — Paoletti u. Ludwig, Repert. f. K.-W. XVII 267, XXII 448, 451 ff. — Cecchetti, Archiv. Veneto. XXIII, pte II (1887) p. 397 bis 425. — Bollett. del Mus. Civ. di Bassano III No. 2 (1906) p. 72 (Urkunde v. 1499). — L. Venturi, Le Origini della Pittura Veneziana, Venezia 1907. *G. Fogolari.*

Andrea di Naddo di Guidarello da Siena, Goldschmied in Pisa, urkundlich erwähnt 1363—1412; † vor 1416. Offenbar ist dies jener *Andrea da Siena,* der 1391 die silberne Kette zu restaurieren hatte, mit der man an hohen Festtagen den Pisaner Dom zu schmücken pflegte. Der Sohn dieses maestro Andrea, namens *Jacopo d'Andrea di Naddo,* wird 1406—1429 in Pisaner Urkunden gleichfalls als Goldschmied aufgeführt.

Zani, Encicl. XVII 255. — Tanfani, Not. di Artisti etc. Pisani (1897) p. 25 ff. — C. Lupi in „Arte Antica Senese" (pubbl. dalla Commiss. di Stor. Patr. 1904) p. 374. *

Andrea del qu. Natale, Maler in Padua, 1441—1461 in die dortige Malermatrikel eingetragen.

Moschini, Della Pitt. in Padova Mem. (1826) p. 23, 25. *

Andrea di Nello da S. Miniato, genannt Zampino oder del Todescho, Mosaizist in Orvieto, wo er 1328—1362 an der Ausführung der Mosaikkompositionen für die Fassade des Domes arbeitete.

Meyer, Kstlerlex. I 691 (unter Andrea Nelli Zampini u. Andrea di S. Miniato). — L. Fumi, Il Duomo di Orvieto (1891) p. 104, 123—128. *

Andrea di Neri, Maler. War 1331 und 1333 in Narni tätig. Am 20. 1. 1341 wird ihm und Balduccio di Cecco die Ausmalung eines Teils des Domes von Arezzo für 26 Gulden übertragen. *Walter Bombe.*

Andrea di Niccolo, war im 1. Semester 1365 Camerlengo der Peruginer Malerzunft u. starb vor Ablauf dieses Jahres. In der Matrikel der Zunft ist er nicht genannt. *W. Bombe.*

Andrea de Nicolò da Curzola (oder Andrea da Sebenico), Maler in Venedig, laut Angabe der Akten der dortigen Malerschule nach Moschini 1582 † Früher wurde dieser sonst unbekannte Künstler irrtümlicherweise mit dem nach G. Ludwigs neuerem Urkundenfunde bereits 1563 verstorbenen bekannten Maler Andrea Meldola (detto Schiavone) identifiziert.

Jahrb. der Kgl. preuß. Kstsamlgn. XXIV, Beiheft p. 88. *

Andrea di Nicolo da Durazzo, Architekt (und Maler?), trat 8. 1. 1445 als Schüler in die Werkstatt des Giorgio da Sebenico.

Arch. stor. d'arte (1894) VII 404. *L. Ferro.*

Andrea di Niccolò di Giacomo, Sieneser Maler, geb. gegen 1440 und bis 1514 erwähnt, Schüler des Matteo di Giovanni Bartoli; arbeitete mit Giovanni di Paolo gemeinschaftlich 1470 für das Ospedale della Scala in Siena, malte in demselben Jahre ein Tabernakel für die Compagnia di S. Bernardino, und schuf 1477 Fresken mit der Geschichte dieser Heiligen an der Fassade des Oratorio di Santa Lucia. 1488 führte er die Tafel des Hauptaltars der Kollegiatkirche von Casole aus und 1490 arbeitete er in der Kapelle der Compagnia della Santissima Trinità in Siena. Mit Paolo di Urbano malte er (1499/1500) eine Kapelle des Domes von Massa aus, von 1500 stammt ein bezeichnetes Gemälde in der Galerie von Siena (No. 298, aus dem Kloster S. Chiara in Radicondoli stammend) und von 1502 das gleichfalls in der Galerie von Siena aufgestellte große Altarbild mit Christus am Kreuz und Heiligen. Als des Meisters Hauptwerk gilt ein großes Altarwerk mit der Madonna mit dem Kinde zwischen den hl. Rochus und Sebastian im Besitz des Herrn Sestilio Barni, das auf der Ausstellung alter Kunst im Palazzo Pubblico in Siena (1904) sich befand (No. 940); dieselbe Ausstellung enthielt auch noch andere Werke des Andrea (No. 530, 1701), dem Berenson (s. u.) auch ein großes Altarbild mit der Madonna und Heiligen in der Kirche von Paganico zuerteilt.

Milanesi, Doc. Sen. II 425, III 5, 40, 296. — Milanesi, La Scrittura di artisti italiani, tav. 84. — C. Ricci, Il Palazzo Pubblico di Siena e la mostra d'antica arte Senese, Bergamo 1904 p. 66, 71, 72. — F. Brogi, Invent. gen. etc. della prov. di Siena (1897), Indice p. 645. — Rassegna d'arte IV 153, V 103 (Berenson). *G. De Nicola.*

Andrea di Niccolò da Viterbo, Goldschmied in Rom, wo er 1465 gemeinsam mit dem großen Florentiner Goldschmied Simone di Giovanni für Paul II. tätig war, 1472 für Sixtus IV. drei vergoldete, ziselierte und mit Silberauflagen verzierte Bronzesessel schuf und außerdem für den letzteren Papst 1472 bis 73 eine Anzahl Smaragde in Gold faßte. — Mit ihm ist augenscheinlich identisch jener Goldschmied *Andrea di Cola Vecchiae,* der schon unter Calixtus III. arbeitete und für diesen Papst 1455 den Stempel zu einem Bullensiegel schnitt.

Bertolotti, Art. Bolognesi in Roma, p. 14. — E. Müntz, Les Arts à la Cour des Papes (1878) I 207; II 111, 115; III 249 f. ***

Andrea, Nicolaus, Dichter, Maler und Kupferst., wie er sich selbst nennt, stammt aus Flensburg (Holstein) und wirkte in der 2. Hälfte des 16. Jahrh. Er wird oft, z. B. von Heinecken, für einen Italiener gehalten und Nicolò di Andrea genannt. Urkundlich gänzlich unbekannt, läßt er sich aus seinen Kupferstichen und Zeichnungen, die alle zu den Seltenheiten gehören, kennen lernen. Nach diesen zu schließen, steht er zuerst unter dem Einflusse des Melchior Lorch und Philipp Galle in Antwerpen und hat eine besondere Lust zu wandern. Wir sehen seine Stiche verfertigt 1573 in Augsburg, 1574 in Antwerpen, 1578—1580 in Konstantinopel, 1581 in Wien, 1586 in Danzig, 1590 in Wilna, 1606 in Kopenhagen. Nach diesem Jahre verschwindet jede Spur von ihm. Seine Stiche haben alle einen eigentümlichen Charakter: in der Technik sehr verschieden, haben besonders spätere eine kräftige und breite Stichelführung und einen nicht geringen Kunstwert. Er zeigt eine äußerst lebhafte Phantasie, aber sehr oft wenig Geschmack und Verständnis des Nackten. Wir kennen folgende seiner Stiche:

1. Wappen des Bischofs Johann Egolf von Augsburg 1573. 2. Fortuna nach Melchior Lorch, mit Philipp Galle zusammen gestochen 1574. 3. Porträt des Egid. de Noailles, französ. Gesandten in Konstantinopel, 1578. 4. Porträt des Joachim von Zintzendorf, des kaiserl. Gesandten bei der Pforte, 1580. 5. Porträt des Georg Has, „des kaiserl. Hoftischler und Bürger zu Wien", 1581. 6. Rebekka und Eleazar am Brunnen, 1585. 7. Porträt des Bürgermeisters Konstantin Ferber in Danzig, 1586. 8. Porträt des Stanislaus Sabinus von Stracza, Vogt von Wilna, 1590. 9. Porträt des Salvator Fabris, 1605. 10. Porträt Christians IV., Königs von Dänemark, 1606.

Kraszewski, Ikonotheka. — Meyer, Kstlerlex. — Bersohn, Über die Danziger Kupferst. *Marian Gumowski.*

Andrea di Nofri, s. *Andrea* da Firenze (Ciccione).

Andrea di Nuto, Florentiner Maler, urkundlich von 1377—1415 erwähnt.

Gaye, Carteggio II 36. **

Ein Mosaicist gleichen Namens, vielleicht identisch mit obigem, ist in den Jahren 1364 bis 1368 an der Domfassade in Orvieto tätig.

L. Fumi, Il Duomo di Orvieto p. 133. **

Andrea da Padova, Maler in Venedig, unterschreibt sich in zwei Testamenten vom 8. 8. 1482 und vom 22. 10. 1484: „Ego Andreas de Padua pictor qm Gasparis de Venecia".

Arch. Veneto XXXIII. parte II (1887) 399, 400. *L. Ferro.*

Andrea da Padova, s. auch *Mantegna.*

Andrea di Pagolo, Maler (?) und Goldschmied in Florenz, 1397 urkundlich erwähnt als Mitglied der Florentiner Malergilde des hl. Lukas.

Gualandi, Mem. orig. ital. risg. le Belle Arti VI 176 *

Andrea di Paolo, Steinmetz in Gubbio, zusammen mit Stefano di Manciarello in den Büchern des Camerlengats zu Gubbio 1377, 1378 und 1383 gen. Er erhält 1383 eine Summe für Herstellung einer Mauer im Palazzo del Podestà daselbst.

Mazzatinti, Doc. per la Stor. d. arti a Gubbio in Arch. stor. per le Marche e l'Umbria Vol. III fasc. 9—10 p. 16. *W. Bombe.*

Andrea di Pasquale, Architekt in Rom, wo er 1452 mit Bauarbeiten am Campanile des Capitolinischen Palastes beauftragt war.

E. Müntz, Les Arts à la Cour des Papes (1878) I 149. *

Andrea del Passano, unbekannter Florentiner Maler, 1363 urkundlich erwähnt.

Gaye, Carteggio II 36. **

Andrea da Perugia, Stuccatore in Todi, hatte 1617 im Auftrage der Rektoren der Chiesa della Consolazione eine Zeichnung dieser Kirche anzufertigen.

Giorn. d'Erudiz. Artist. I 8. *A. Bellucci.*

Andrea di Piero Braccini, s. *Braccini.*

Andrea di Piero da Fiesole, s. *Ferrucci,* A.

Andrea di Pietro da Como, Architekt in Rom, wo er 1465—69 mit Bauarbeiten an den Stadttoren, an den Carceri des Palazzo Capitolino, am Palazzo di S. Marco und am Pantheon betraut war. — In einigen der hierauf bezüglichen Urkunden wird dieser Meister auch *Andrea de Arce* (= *Bergamasca*) genannt.

E. Müntz, Les Arts à la Cour des Papes (1878) II 19, 60, 90, 102. *

Andrea di Pietro da Imola, Maler in Padua, tätig gegen Ende des 14. Jahrh.

Moschetti, La prima revisione delle pitture in Padova p. 28. *A. Moschetti.*

Andrea da Pinerolo, italien. Maler. Aus den Ausgabe-Registern des Schatzamtes der Prinzen von Acaia wissen wir, daß er gegen 1314, zusammen mit den Malern Giovanni di Lodrino und Peyreto, den Portikus der Kapelle S. Giorgio im Schloß der Herzöge von Pinerolo ausmalte.

Bollett. Stor.-Bibliogr. Subalpino I 152—157. *G. Degli Azzi.*

Andrea da Pisa — nicht zu verwechseln mit Andrea (di Ugolino) Pisano (Pontedera, s. unter Pisano, Andrea) — war gegen Ende des 15. Jahrh. in Pisa als Maler tätig. Seine Signatur „Andreas de Pisis me pinsit MCCCCXCV" findet sich auf einem Altargemälde mit der Darstellung der Madonna zwischen den Aposteln Petrus und Paulus, das aus der Pfarrkirche zu Cevoli (Ort und Castell bei Pisa) in das Museo Civico zu Pisa gelangt ist.

Morrona, Pisa illustrata II 451. — Meyer, Kstlerlex. *J. B. Supino.*

Andrea Pisano (da Pontedera), s. *Pisano.*

Andrea da Pistoja, Goldschmied in Pistoja 15. Jahrh. Ein von ihm gearbeiteter Abendmahlskelch aus Silber und vergoldetem Kupfer und mit Emaillen verziert, ausgestellt in Pistoja 1899, trug die Signierung „Andreas de Pistoris".

Rassegna Bibliograf. d. Arte ital. II 159. *

Andrea da Pordenone, Maler in Udine um die Mitte des 14. Jahrh., malte die Cantoria und die kleinen Türen der Orgel in der Kathedrale in Udine.

Fabio di Maniago, Stor. delle Belle Arti Friulane, Ediz. IIa, Udine 1823, 35. *L. Ferro.*

Andrea da Prato, s. *Guazzalotti,* A.

Andrea Pucci, s. *Pacino* di Valentino und *Pucci,* A.

Andrea di Puccino (oder di Puccio), Maler in Florenz, wo er 1368—1375 in der Matrikel der St. Lukasgilde aufgeführt wird. — Vielleicht identisch mit jenem *Andrea di Puccino* aus Massa Lunense, der 1383—88 in Lucca urkundlich erwähnt wird.

Meyer, Kstlerlex. I 691. — Crowe u. Cavalcaselle, Gesch. d. italien. Mal. II 255. — Gualandi, Mem. orig. ital. VI 176. — Campori, Mem. biogr. di Carrara, p. 6, 433. *

Andrea di Puccino Baglioni, s. *Baglioni.*

Andrea di Puccio, Maler in Lucca, urkundlich erwähnt 1318—1348. (Vergl. auch *Andrea di Buccio.*)

Trenta, Mem. e Doc. di Lucca, VIII 37. *

Andrea di Puccio Ognabene, s. *Ognabene.*

Andrea Riguardi (Rignardi?), Sieneser Goldschmied des 14. Jahrh. Nach dem Inventar der Sakristei von S. Domenico in Perugia von 1458 arbeitete er, zusammen mit einem anderen Sieneser Goldschmied Tondo, der für das Jahr 1322 nachgewiesen ist, zwei Kelche mit Patenen aus vergoldetem Silber und mit Email geschmückt.

Giornale di Erud. artist. I 75. — A. Venturi, Storia d. Arte Ital. IV 901. *G. De Nicola.*

Andrea Rinaldi, s. *Andrea* di Cecco di R.

Andrea di Ristoro, s. *Andrea* da Firenze, p. 452/3.

Andrea della Robbia, s. *Robbia.*

Andrea di Rodolfo dei Fiori, Maler in Perugia. Ein Dokument, das G. degli Azzi publiziert hat, ergibt, daß ihm 10 Gulden für ein von ihm gefertigtes Bild des S. Ercolano, des Schutzpatrons der Stadt, gezahlt wurden. Der fragmentarische Erhaltungszustand des Dokuments gestattet nicht, das Datum zu präzisieren. Da er in dem genannten Dokument ausdrücklich als „Camerarius artis pictorum" bezeichnet wird, und dieses Amt im 1. Semester 1388 und 1397 bekleidete, so wird man das Bild des S. Ercolano nicht, wie degli Azzi vorschlägt, 1342, sondern erheblich später anzusetzen haben.

G. degli Azzi, Il Collegio del Cambio, Perugia illustrata III 1902 p. 8—10. *W. Bombe.*

Andrea Romano, ital. Bildhauer, der 1530 in Mantua für den Herzog Federigo Gonzaga unter der Leitung des Giulio Romano und des Primaticcio die Loggia Grande und ein Camerino des Palazzo del Tè mit reichen Stuckdecken schmückte. 1564 wird er urkundlich erwähnt als Verfertiger einer Büste für den Schloßpark des Grafen Alfonso I. Gonzaga von Novellara. Endlich ist dieser Andrea Romano vielleicht identisch mit einem *Meister Andrea,* dessen Signatur auf einem der Grabmäler in der Kirche S. Maria in Aracoeli zu Rom zu lesen ist.

C. d'Arco, Arti ed Artefici di Mantova I 86. — Campori, Artisti ital. estran. negli Stati Estensi, p. 13. — Perkins, Ital. Sculpt. p. 92. *A. Muñoz.*

Andrea, S., sonst unbekannter Maler des 18. Jahrh., nach dem J. Mac Ardell das Porträt des Musikers J. F. Lampe stach. Letzterer starb 1751.

J. Ch. Smith, Brit. Mezzotinto portr. II 877. — Meyer, Kstlerlex. I 711, II 227 No. 151. ***

Andrea da Salerno, s. *Sabbatini,* A.

Andrea di Salvi Barili, unbekannter Florentiner Maler, in der St. Lukasgilde 1525 genannt.

Gualandi, Memorie VI 177. **

Andrea da S. Miniato, s. *Andrea* di Nello.

Andrea di Sano (aus dem Geschlechte der Grazzini), Sienesischer Kunstschmied vom Ende des 14. Jahrh.; schmiedete für den Dom zu Siena eine Anzahl eiserner Schmuckgitter, über die seine Zunftgenossen Ristoro di Lottino, Biagio di Casetto und Ambrogio do Giovanni Ruvinegli im Jahre 1392 ein lobendes Gutachten abgaben, und über deren Lieferung mehrere Zahlungsurkunden im Archiv der Dom-Opera Ausweis geben. Andrea di Sano war gleichzeitig mit der Regulierung der Stadtuhr von Siena betraut.

Milanesi, Doc. Sen. I. 322—323, 381. — A. Venturi, Stor. d. Arte Ital., Milano 1906, vol. IV, pag. 960. (Hier *Druckfehler*: Andrea di „Sasso".) *

Andrea da S. Quiliano, Mönch und Maler in Savona, urkundlich erwähnt zu Beginn des 16. Jahrhunderts.

Alizeri, Not. dei Prof. del Dis. in Liguria III 244 f. *

Andrea da Saronno, lombard. Bildhauer, 1515 erwähnt unter den Mitarbeitern des Agostino Busti, genannt Bambaja am Grabmale des Gaston de Foix.

Gaz. des B.-Arts, 2. pér., XIV 447. *F. Malaguzzi-Valeri.*

Andrea del Sarto, s. *Sarto.*

Andrea da Sebenico, s. *Andrea* di Nicolo da Curzola und *Schiavone*.

Andrea da Settignano, Bildhauer oder Steinmetz in Rom, 1460 in päpstlichen Urkunden erwähnt. Vielleicht identisch mit *Andrea* da Firenze (s. p. 454).

E. Müntz, Les Arts à la Cour des Papes (1878) I 257. *

Andrea da Siena, Sieneser Architekt. 1356 und 1358 als capomaestro des Domes in Orvieto erwähnt.

Fumi, Il Duomo di Orvieto p. 477. ***

Andrea da Siena, s. auch *Andrea* di Guido und *Andrea* di Naddo.

Andrea di Simone Senese, Bildhauer. Pisa 1303. Urkundlich unter dem Namen Andreuccius mehrfach erwähnt als Gehilfe des Giovanni Pisano in Pisa. Er ist nicht, wie man früher gelegentlich annahm, identisch mit dem berühmten Andrea Pisano da Pontedera, sondern Sohn eines maestro Simone aus Siena.

Supino, Arte Pisana S. 151 f. — Venturi, Storia dell' arte ital. IV 244—245 (mit nota 1), 422. *Swarzenski.*

Andrea di Solmona, Maler in Sulmona tätig zu Beginn des 15. Jahrh.; nur urkundlich bekannt geworden.

Bindi, Artisti Abruzzesi. *

Andrea da Soresina, italien. Architekt. Stand 1524 nach den Rechnungen des Schatzamtes im Dienst des Herzogs von Mantua.

Giornale Ligustico XV 377. *G. Degli Azzi.*

Andrea Tafi, Mosaizist, vielleicht auch Maler in Florenz um 1300. Er lebte nachweislich noch 1320. Vasari hielt ihn für wesentlich älter; er nennt ihn den ersten toskanischen Mosaizisten und berichtet, A. habe seine Kunst aus Venedig nach Florenz importiert. Jedoch hat es sicher vor A. Mosaizisten in Florenz gegeben (Fra Jacopo schon 1225), und wenn er in Venedig gewesen ist, so hat dieser Besuch nicht die epochemachende Bedeutung, die Vasari ihm zuschreibt. Die einzige nachweisbare Arbeit A.s im Baptisterium zu Florenz, der große thronende Christus, den ihm Vasari ausdrücklich zuschreibt, ist dem Stil nach wesentlich älter als der Christus in der Apsis des Pisaner Doms von 1302. Die Gestalt ist ein Teil der großen Darstellung des Jüngsten Gerichts, die wohl ganz auf A. zurückgeht. Die drei großen zyklischen Darstellungen im Baptisterium (Urgeschichte, Leben Jesu und Leben Johannes des Täufers) sind etwas später, aber auch noch im Ducento entstanden. Ikonographisch sind sie ohne Zusammenhang mit analogen Szenen in S. Marco zu Venedig, was wichtig für die Frage der Herkunft ihres Stils. Vasari nennt A. einen besonders wichtigen Vorläufer Giottos, erzählt aber, daß er von seinen Zeitgenossen als rückschrittlich verlacht wurde (s. auch *Andreas* Rico).

Vasari, ed. Milanesi I 331 ff. — Crowe u. Cavalcaselle D. A. I 162 ff. — Thode, Repert. f. K.-W. XIII 23. — Tikkanen, Arch. stor. d'arte I 215. — von Fabriczy, Arch. stor. Ital. ser V tom. VII p. 299 ff. tom. XII p. 36. *Rintelen.*

Andrea da Terni, Sieneser Architekt. Wird in einem Brief vom 1. 6. 1463 zusammen mit Ant. Federighi als Gläubiger der Caterina Piccolomini genannt, für Arbeiten am Palazzo „delle Papesse" in der Via di Città in Siena.

Milanesi, Doc. Sen. II 323. — Bullett. Sen. di Storia Patria VI 28. *G. De Nicola.*

Andrea di Tognino de Campagnia, Steinmetz in Perugia, 1514 am Bau des dortigen Cambio tätig.

G. Degli Azzi in L'Umbria 1902 p. 82 ff. *A. Bellucci.*

Andrea di Tommaso da Firenze, s. *Andrea* da Firenze, p. 454.

Andrea da Traù, Steinmetz in Venedig, ging 1460 nach Modone, wo er im Auftrag der Signoria von Venedig arbeitete.

P. Paoletti, Arch. e scult. d. Rinasc. in Venezia 1893 I 44. *L. Ferro.*

Andrea Trevisano (da Jaineno), „ungarischer Majestät oberster Baumeister zu Pruen in Siebenbürgen", geb. um 1514, wird als Zeuge 1544 und 1554 erwähnt.

Jahrb. d. Kstsamml. d. österr. Kaiserh. IV Regesten No. 3488, 3774/5. **

Andrea da Treviso, s. *Arimondo,* Gius.

Andrea di Turino, wird in Siena 1362 bis 1382 urkundlich als Maler erwähnt.

Milanesi, Doc. Sen. I 35. ***

Andrea da Udine, Maler in Ferrara, um 1500, nur urkundlich bekannt.

Gruyer, L'art ferrarais etc. 1897 I 149. *H. V.*

Andrea di Ugolino, s. *Pisano,* A.

Andrea da Vairone. Nach Zani (Enc. XIX) Bildhauer in Mailand. 1514 †. ***

Andrea della Valle, Baumeister und Steinmetz in Venedig, arbeitete viel in Padua. Im Staatsarchiv in Venedig ist von ihm ein Garantieschein, den er 1533 Paolo dalla Gatta ausstellte. Wahrscheinlich ist er verwandt mit Matteo da Valle, von dem der hübsche Fries über der Tür der Kirche von S. Teodoro in Venedig ist.

P. Paoletti, Arch. e scult. d. Rinasc. in Venezia II 294/5. *L. Ferro.*

Andrea Vanni, Sieneser Goldschmied. Nach einem alten Inventar befand sich in S. Domenico in Perugia ein Kreuz mit der Inschrift „Anno Domini M. CCC. XXXII, Andreas Vannes · et Johannes · Dini · de Senis · me · fecit".

A. Venturi, Storia dell' arte ital. IV 911 n. 2. ***

Andrea di Vanni d' Andrea, Sieneser Maler, ungefähr 1332 geboren und bis 1413 erwähnt, spielte auch in politischer Beziehung eine wichtige Rolle in seiner Vaterstadt (über die verschiedenen Ehrenämter die er bekleidete, und politischen Missionen, zu denen er verwendet wurde, s. Milanesi und Borghesi e Banchi in der Lit.), doch hinderte ihn seine öffentliche Stellung nicht, auch als Maler eine fruchtbare Tätigkeit zu entfalten, von der uns jedoch nicht viel erhalten ist. 1353 eröffnete er zusammen mit Bartolo di Fredi eine bottega in einem Hause der Bruderschaft della Misericordia und ist in den Malerverzeichnissen von 1355 bis 1398 öfters erwähnt. 1367 arbeitete er im Dome und drei Jahre später malte er in demselben zusammen mit seinem Bruder Francesco drei Kapellen und schmückte gemeinsam mit Antonio Veneziano die Gewölbe des Domes mit Fresken. Um 1375 sollte er die Kirche des Castello di Casaluce bei Neapel ausmalen, doch starb in diesem Jahre der Auftraggeber Conte Raimondo del Balzo. Nach seiner Rückkehr schenkte er (1379) der Kirche S. Martino ein Tafelbild mit dem Martyrium des hl. Sebastian. 1380 war er an der Fassade des Domes beschäftigt. 1384 war er wiederum in Neapel und soll nach einem Briefe des Fr. Bruni (11. 2. 1384 s. Borghesi e Banchi p. 54) auch nach Sizilien gegangen sein „um zu malen", doch ist uns nichts Näheres bekannt. 1391 malte er ein Altarbild für das Oratorio dell' Albero di S. Francesco vor der Porta Ovile in Siena, 1398 ein anderes für S. Francesco, 1398—1399 schmückte er im Dome die Kapelle di S. Giacomo Interciso mit Fresken und führte die Predella für das Bild am Altar des S. Bonifazio aus, und 1400 endlich entstand des Meisters Hauptwerk, das vielteilige Altarbild mit der Madonna und Heiligen für S. Stefano. 1413 wird er zum letzten Male erwähnt, bald darauf wird er gestorben sein, aber wahrscheinlich nicht in Siena, da er nicht in der Familiengruft dort im Kloster S. Domenico begraben ist, in der 1420 seine Tochter Antonia beigesetzt wurde. — Von ganz sicheren Werken des Andrea Vanni sind uns nur drei, und alle diese in Siena selbst erhalten: der Altar in S. Stefano, eine fragmentarische Kreuzigung in der Akademie (aus dem Oratorio dell' Albero di S. Francesco stammend), und das bekannte Freskoporträt der hl. Katharina in deren Kapelle in S. Domenico. Andrea Vanni gehörte übrigens zu den ergebenen Freunden und Bewunderern der hl. Katharina, die er noch öfters porträtiert haben soll. Auf Grund dieser drei sicheren Werke des Andrea Vanni sind ihm noch eine ganze Reihe anderer Gemälde zugeschrieben worden (s. Burlington Magazine II 310 ff.): die früher dem Lorenzetti zuerteilte „Madonna degli Infermi" in S. Francesco in Siena, andere Madonnendarstellungen in der Cappella dei Santissimi Chiodi in Siena, ebendort in den Kirchen S. Spirito und S. Giovanni in Pantaneto (S. Giovannino della Staffa), im Kloster S. Eugenio und in den Sammlungen Saracini in Siena, B. Berenson in Settignano (bei Florenz) und im Fitzwilliam Museum in Cambridge; eine kleine Verkündigung aus der Casa Chigi in Siena (jetzt in der Akademie), die Verkündigung in S. Pietro a Ovile in Siena (eine Kopie des Gemäldes des Simone Martini in der Uffiziengalerie) und andere. — Andrea Vanni ist in künstlerischer Beziehung von den Lorenzetti abhängig und bedeutet in keiner Weise einen Fortschritt in der Entwickelung der sienesischen Kunst. Sein bester Nachfolger, mit dem er öfters verwechselt wird, ist Paolo di Giovanni di Fei.

Milanesi, Doc. Sen. 31, 40, 49, 264, 275, 294 ff., 305, 307, II 36. — Milanesi, La scrittura d'artisti ital. tav. 7. — Milanesi, Arte Toscana p. 48, 49. — Borghesi e Banchi, Nuov. Doc. Sen. 27, 54—55. — Crowe u. Cavalcaselle, Gesch. d. ital. Mal. I 264, II 322 bis 325, 345. — Meyer, Kstlerlex. — F. Mason Perkins in The Burlington Magazine II 309 (ausführl. Artikel mit Abbild.). — F. Brogi, Invent. gen. etc. della prov. di Siena (1897) p. 205. — Rivista d'Arte 1907, p. 42. — Rassegna d'arte III 23, 159, IV 147. — L'Arte VI 294. — Bryan, Dict. of P. (1905) V 256/7. — A. Venturi, Storia dell' arte ital. V. 747, 749, 751. *G. De Nicola.*

Andrea di Vannuccio, gen. Cinquino, Baumeister zu Siena, nur bekannt, daß ihm durch Vertrag vom 15. 7. 1460 die Wiederherstellung der Kirche S. Pellegrino (auch der Fassade) übergeben wurde. Die Kirche wurde 1815 abgetragen.

Milanesi, Doc. Sen. II 311—314. ***

Andrea da Velletri, ital. Maler des 14. Jahrh. Ein von diesem Meister signiertes und 1334 datiertes Madonnenbild sienesischen Stilcharakters sah Lanzi im Museo Borgia.

Nagler, Kstlerlex. (unter Velletri). *A. Muñoz.*

Andrea Veneziano, s. *Busati,* A.

Andrea di Ventura, Architekt und Bildhauer, Siena um 1300. Urkundlich erwähnt als magister lapidum im Dienste der Domopera in Siena am Ausgang des 13. Jahrh.

Milanesi, Documenti I 170, 176. *Swarzenski.*

Andrea da Verona, Steinmetz in Rom. 10. 2. 1463 werden ihm, resp. seinem Sozius Francesco da Roma, für ein marmornes Tor im vatikanischen Palast aus der päpstlichen Kasse 20 Goldgulden angewiesen.

Giornale di Erud. art. VI 224. — E. Müntz, Les Arts à la Cour des Papes (1878) I 260, 276. *W. Bombe.*

Andrea del Verrocchio, s. *Verrocchio.*

Andrea di Vestro, Miniaturmaler, unter den im Quartier Porta Eburnea zu Perugia wohnhaften Zunftmitgliedern in der Matrikel verzeichnet. Er war Prior im 3. Bimester 1443 und im 2. Bimester 1450, Camerlengo in den 1. Semestern der Jahre 1441, 1450, 1454, 1461. Werke nicht bekannt.

L'Arte dei Miniatori in Perugia, Giorn. di Erud. art. II 1873 fasc. 11—12 p. 313. *W. Bombe.*

Andrea d. V e z e, s. *Andrea* dalla Vieze.

Andrea d a V i a d a n a, s. *Scutellari*, A.

Andrea V i c e n t i n o, s. *Costa, Michieli, Palladio*, A.

Andrea d a l l a V i e z e, Miniator u. Schreiber, erhielt von der Abtei S. Bartolo bei Ferrara 5. 9. 1485 ein Stück Land; er gehörte auch zu den Schreibern und Miniatoren der Chorbücher der Kathedrale von Ferrara: 1502 bis 1505 wird er noch erwähnt als mittätig an einem großen Breviarium, das Tommaso da Modena und Matteo da Milano in Ferrara ausführten.

C i t t a d e l l a, Notizie 644. — G u a l a n d i, Memorie Originali VI 156. — V e n t u r i, La miniatura Ferrarese nel secolo XV in Gallerie Nazionali Italiane IV 195. — Jahrb. d. Kunstsammlgn. d. österr. Kaiserh. XXI, I. Teil Reg. — B e r t o l o t t i, Art. dei Gonzaga (Modena 1885) p. 40 ff. — H. J. H e r m a n n, Zur Gesch. der Miniaturm. am Hofe der Este (Wien 1900). **

Andrea d a V i t e r b o, s. *Andrea* di Niccolò da Viterbo.

Andrea, W. L., widmete eine von ihm radierte Flußlandschaft J. Hartogensis im Haag.

Andrea, s. Zoan *Andrea*, ferner auch damit verbundene *Ortsbezeichnungen, Vornamen* u. *Patronymika* sowie *Andreas*.

Andreade, J o s e, s. *Andrade*.

Andreae, A u g u s t H e i n r i c h, deutscher Architekt, Aquarellmaler und Radierer, geb. 4. 12. 1804 zu Horst in Hannover, wo sein Vater Prediger war, † 6. 1. 1846 in Hannover. Studierte die Architektur zuerst bei Witting in Hannover, dann (seit 1823) bei Weinbrenner in Karlsruhe und nach dessen Tod (1826) bei Moller in Darmstadt. Nach Reisen in Süddeutschland ließ er sich in Hannover nieder, wo er bereits am 1. 5. 1829 Stadtbaumeister wurde. Schon als junger Mann hat A. die vaterländischen alten Bauwerke, besonders in Hildesheim, studiert und die Früchte dieses Studiums zeigten sich bald in seinen Bauten. Seine originellen Kompositionen beruhen auf der Wiederaufnahme und Durcharbeitung des romanischen Stils und er war der erste, der in Nordwestdeutschland den mittelalterlichen Ziegelbau, teils ganz rein, teils unter Verwendung von Quadern wieder zur Geltung brachte. Gute Beispiele dafür sind: das Gebäude für den Stadtkommandanten (1832, später zur Kaserne umgebaut), die Gebäude auf dem Packhofe (1839, später abgebrochen) und besonders der Gefangenenhausflügel auf dem Rathaushofe (1839) und die neue Hauptwache (1840—42). Von auswärtigen Arbeiten A.s ist die Wiederherstellung der ausgebrannten gotischen Kirche in Einbeck (1840 ff.) hervorzuheben. Das letzte Werk A.s, das neue Rathausprojekt, von welchem jedoch nur ein Flügel an der Köbelingerstraße zur Ausführung kam, verrät den Einfluß italienischer mittelalterlicher Bauten, die A. in späteren Jahren auf einer Reise nach Oberitalien kennen lernte. A. war auch ein vortrefflicher Zeichner und Architekturmaler und hat auch sechs Blätter mit Landschaften radiert.

M e y e r, Kstlerlex. ***

Andreae, C h r i s t i a n G o t t l o b, Zinngießer in Freiberg (Sachsen), wurde am 5. 9. 1743 Freiberger Bürger und kommt urkundlich bis 1763 vor (1757—1762 Obermeister). Zu seinen Lehrlingen gehörte Christian Heinrich Schneider (vgl. den betr. Artikel). Er fertigte, teilweise im Verein mit diesem, zahlreiche schöne Zinngravierungen (z. B. drei gravierte Zinnplatten mit der Hochzeit zu Kana, dem Apostel Andreas und dem Apostel Jacobus im König-Albert-Museum zu Freiberg).

D e m i a n i, „Sächsisches Edelzinn", Neues Archiv für Sächs. Gesch. und Altertumskunde, Bd. XXV, S. 29 fg. — K n e b e l, „Rot-, Zinn- und Glockengießer Freibergs", Mitteil. vom Freiberger Altertumsver., Heft XXXIX, S. 66 fg. *Demiani.*

Andreae (Andree, Andre), H i e r o n y m u s, Formschneider, Drucker, Stempel- und Münzeisenschneider in Nürnberg, zu seiner Zeit in der Regel kurzweg „Jeronimus Formschneider" oder auch nur „Formschneider" gen., während die ältere Kunstgeschichte (Murr und Nachfolge) ihn vielfach fälschlich Hieronymus Resch oder Rösch nennt — wohl indem sie einen mit dem Monogramm HR bezeichneten Holzschnitt unserem Meister zuschrieb und nun an Stelle des lange unbekannt gebliebenen richtigen Zunamens in Anlehnung an den bekannten Nürnberger Formschneider Wolfgang Resch den falschen Zunamen hinzuvermutete. Hier. Andreae erscheint in den Nürnberger Akten zuerst 9. 5. 1523 anläßlich seiner Bürgeraufnahme. 1525 finden wir ihn im Einverständnis mit den aufrührerischen Bauern, weswegen er vom Rat ins Gefängnis geworfen wird; und auch aus der Folgezeit berichten uns die Akten von mancherlei Streitigkeiten, Händeln und Unbotmäßigkeiten des unruhigen und hitzigen Mannes. Er war in hervorragender Weise an dem Schnitt der Holzstöcke zu manchen der späteren Blätter Albrecht Dürers, insbesondere für die Ehrenpforte Kaiser Maximilians, den Triumphzug usw. beteiligt; in allen Einzelheiten ist indessen der Anteil des Künstlers an der Entwicklung der Formschneidekunst und ihrer Blüte im Zeitalter der Renaissance noch nicht erforscht. Als Drucker begegnen wir ihm verschiedentlich, so z. B. 1535 in einem Ratsbeschluß (vom 22. 3.), durch den ihm erlaubt wurde, „die landgrevisch Commission", „doch on Unterschreibung seines Namens" zu drucken; 1538 ging die zweite Auflage von Dürers „Unterweisung der Messung" etc., aus des Meisters

Nachlaß durch eine Reihe von Holzschnitten vermehrt, aus seiner Offizin hervor. Neudörfer rühmt an seiner Kunst vor allem die große Geschicklichkeit und Sauberkeit, mit der er Schriften sowohl in Holz, wie auch in stählerne Punzen eingeschnitten habe. Diese letztere Kunstfertigkeit veranlaßte den Rat 1535, ihm das Amt eines städtischen „Eisengrabers" zu übertragen, das er bis 1542 bekleidete. Als er sich in diesem Jahre indessen „freventliche Worte" und „ungeschickte Reden" gegen einen Herrn des Rats zuschulden kommen ließ, auch auf mehrmalige Vorladung nicht zu seiner Verantwortung vor dem Rat erschien, ward er seines Amtes als Stempelschneider entsetzt und zu einer 14tägigen Turmhaft verurteilt, der er sich aber zunächst durch die Flucht zu Pfalzgraf Otto Heinrich entzogen zu haben scheint. Dieser verwandte sich bei der Stadt Nürnberg für A. um Begnadigung; doch nur gegen Verbüßung der ihm auferlegten bürgerlichen Strafe gestattete der Rat dem Formschneider die Rückkehr. 1545 war er jedenfalls wieder in Nürnberg und das letzte Jahrz. seines Lebens scheint in größerer Ruhe und ohne erheblichen Mißklang verlaufen zu sein. Am 7. (nach der Grabschrift) oder 8. (nach dem Totenbuch) Mai 1556 starb „Hieronymus Andre, formschneider im Weschhoff" (heute noch „Wäschershof" bei der Breiten Gasse) (Totenbücher von St. Lorenz in Nürnberg); seine Frau „Appolonia Hieronimus formschneiderin im Wescherhof" — in den Ratsverlässen ist übrigens (und zwar noch 1550) nur von einer Veronica Formschneiderin, vielleicht seiner ersten Frau, die Rede — folgte ihm 29. 9. 1557 im Tode nach (Totenbücher von St. Lorenz). Der Meister, in seinem Fache einer der bedeutendsten seiner großen Zeit, liegt auf dem Johanniskirchhofe (Grab No. 558) begraben.

Neudörfer (Edition Lochner) S. 155 f. — Doppelmayr, Histor. Nachr. etc. (1730) S. 198. — Trechsel, Verneuertes Gedächtnis des Nürnberg. Johannisfriedhofs (1735) S. 437. — Murr, Journ. z. Kstgesch. II (1776) 158 f. — Nagler, Neues allgem. Kstlerlex. XIII (1843) 40—42. — Baader, Beiträge zur Kunstgesch. Nürnbergs I 5. — Baader in Zahns Jahrbüchern für Kstwissensch. I 232 f. — Gebert, Gesch. der Münzstätte der Reichsstadt Nürnberg S. 54. — Hampe, Nürnberg. Ratsverlässe I No. 1487 u. ö. (vgl. das Register). — Gümbel im Repertorium f. Kunstwiss. XXIX 332. — Passavant, Le P.-Gr. III (1862) 170. — Nagler, Die Monogr. III (1863) No. 1394. — Schestag im Jahrbuch der kunsthistorischen Sammlgn. des Kaiserhauses I (1883) 177—179. — Jahrbuch der Preuß. Kstsammlgn. III 231. — Chmelarz, ebenda IV (1886) 308, 309, 310, 313, 316 (vgl. das Register). — Gazette des Beaux-Arts VI 204; VII 30, 32; XIV 538; XIX 267, 280. — Thausing, Dürer II 119, 146 u. ö. (vgl. das Register). — Muther im Repertorium f. Kstwissensch. IX (1886) 429.
Th. Hampe.

Andreae, J., nach den Dioskuren Landschaftsmaler in München, stellte 1863 und 1864 mehrere Bilder („Mondnacht in Venedig", „Lautstetten am Starnbergersee", „Partie bei München") aus. Offenbar identisch mit Tobias Andreae; s. dort.

Dioskuren. 1863 p. 164, 366; 1864 p. 20. ***

Andreae, Johann, Maler, in Eilenburg 1667 zum Ratsherrn erwählt; sonst nichts von ihm bekannt.

Füssli, Neue Zusätze 1824. *R. Bruck.*

Andreae, Karl (Christian). Deutscher Maler, Zeichner und Radierer, geb. 3. 2. 1823 in Mühlheim a. R. 1839—1844 Schüler von Karl Sohn und Schadow an der Düsseldorfer Akad. 1845—1849 in Rom, wo er zu Steinle, Overbeck und besonders zu Cornelius in andauernde freundschaftl. Beziehung trat. Nach einem längeren Aufenthalt in Berlin, wo er vergeblich gehofft hatte als Mitarbeiter Cornelius' tätig sein zu können, kehrte er für mehrere Jahre wieder nach Italien zurück. 1857—1881 lebte A. in Dresden und gründete dort 1859 den Verein für christl. Kunst. Nach dem Tode seiner Eltern 1881 übernahm er den Familienbesitz Helenaberg bei Sinzig a. d. Ahr, und entfaltete von dort aus bis zu seinem Tode am 23. 5. 1904 eine umfangreiche Tätigkeit auf dem Gebiete der monumentalen kirchlichen Malerei. Die Kunstrichtung A.s wurde hauptsächlich durch Cornelius beeinflußt. Seine Werke zeichnen sich durch großen Schönheitssinn aus; Leichtigkeit in der Komposition und schnelle Schaffenskraft ermöglichten ihm während seines langen Lebens außergewöhnlich zahlreiche Werke hervorzubringen. Allerdings hat A. auch Porträts gemalt, z. B. das Wilhelm Grimms während des Berliner Aufenhaltes, jedoch liegt der Schwerpunkt seines Schaffens auf dem Gebiet der religiösen Historienmalerei. Bereits im Meisteratelier Schadows entstand (1844) sein erstes größeres Bild „Die Predigt des Petrus". Aus der Zeit des italien. Aufenthaltes sind hervorzuheben „Der Gang der Jünger nach Emmaus", der seinerzeit großes Aufsehen erregte, ferner „Das Almosen des Reichen und das Scherflein der armen Witwe" (im Besitze des Fürsten von Schönburg-Waldenburg) sowie „Der Besuch der Maria bei Elisabeth" (auf der Kunstausstell. in Lüttich 1858 vom dortigen Bischof angekauft). In der Dresdner Zeit entstanden zahlreiche Altarbilder für sächsische Dorfkirchen (z. B. in Nebra, Oberwiesenthal, Malkwitz, Calbitz, Kunewalde, Lohmen usw.) und die Kreuzigung für die Kirche in Fellin in Livland, auch malte er die Chornische zu Rödtlitz und 1870 die Dorfkirche in Capern in Hannover aus. Besonders hervorzuheben sind aber mehr als 300 Kartons für Glasgemälde, die er in diesen Jahren entwarf und die meist in der Kunstanstalt für Glasmalerei in Lauingen a. d. Donau ausgeführt wurden. Von Sinzig aus wurde A. 1886 von dem Wiener Archit. Schmidt nach Pécs (Fünfkirchen) in Ungarn berufen, um eine Reihe von Fresken in dem neurestaurierten Dom zu malen. Von anderen großen Monumentalmalereien dieser letzten Epoche sind noch zu nennen: die Fresken in einer Schloßkapelle der Markgräfin Pallavicini, in den Kirchen von Linz, Neuwied, Saarburg und besonders in der Christuskirche in Köln, welche als seine Hauptwerke gelten. In seinen früheren Jahren war A. auch als Zeichner für den Holzschnitt tätig, er lieferte u. a. die Vorlagen für die Illustrationen zu „Christusfreude in Lied und Bild" (50 Blatt. Dresden 1863) zu den „Darstellungen aus der bibl. Gesch. des alten und neuen Testamentes" (100 Blatt. Dresden 1863) und der Bibel des evangel. Vereins in Berlin (ausführliches Verzeichnis s. Meyers Kstlerlex.), ferner hat er nach eigenen Zeichnungen 4 Blatt radiert: „Das Panorama von Rom" (1849), „Das Forum Romanum" (1850) sowie „Die Wallfahrt nach Kevelaar" und „Ritter Harald" nach Gedichten Heines und Uhlands für das Werk „Lieder und Bilder" (J. Buddeus, Düsseldorf 1844).

Meyer, Kstlerlex. — Bötticher, Malerwerke des 19. Jahrh. — Kstchronik N. F. XV 472 (Nekrol.) — Gerecze dr., „A pécsi székesegyház." Budapest 1893, S. 246—248. ***

Andreae, Nicolaus, s. *Andrea.*

Andreae, Theod. Ernst, s. *Andre,* Dietr. E.

Andreae, Tobias, Landschaftsmaler, geb. zu Frankfurt a. M. 6. 3. 1823, † 22. 4. 1873 in München. Schüler des Städelschen Kunstinstitutes unter Jakob Becker, wandte er sich anfangs der Historienmalerei zu. Nach seiner 1848 erfolgten Übersiedelung nach München wurde er schwankend, welche Richtung in der Malerei er verfolgen sollte. Sein Umgang mit Rahl und Genelli und eine 1853/54 unternommene Reise nach Italien konnten ihn zu keinem Entschlusse bringen, bis er endlich, durch Eduard Schleichs leuchtende Vorbilder veranlaßt, sich für die Landschaftsmalerei entschied, in der er unter dem Einflusse Schleichs gute Erfolge erzielte. Seine Motive holte er sich an der italienischen und nordischen Meeresküste, z. B. die beiden großen auf der Münchener internationalen Ausstellung 1869 vertretenen Bilder: Venedig und Capri bei Nacht. Später versuchte er sich auch in Gebirgslandschaften, so u. a. sein letztes größeres Bild: Morgen bei Kufstein. Von seinen früheren Bildern befinden sich: „Saul bei der Hexe von Endor" (gem. 1852) in der Kunsthalle zu Hamburg und „Venedig bei Nacht" (gem. 1867) im Provinzialmus. zu Hannover.

Meyer, Kstlerlex. — Bötticher, Malerwerke des 19. Jahrh. — Nagler, Monogr. I No. 1338. — Zeitschrift für bildende Kunst VIII 183. *P.*

Andreani, Andrea, italien. Holzschneider, arbeitet vornehmlich in Helldunkelmanier (Tonplattenholzschnitt). Er nennt sich Mantuaner und ist nach den zahlreichen Daten auf den von ihm geschnittenen oder herausgegebenen Blättern 1584—1610 tätig gewesen. Wir wissen von ihm nicht mehr als was wir den Bezeichnungen u. Daten auf seinen Werken entnehmen können, die er zum größten Teil mit seiner Namensbezeichnung, Daten und oft auch mit Erläuterungen und feierlichen Widmungen an hervorragende Personen, besonders Fürsten und Künstler versehen hat. Da eine Holzschnittfolge, eine gegenseitige Kopie eines älteren venezianischen Holzschnittes nach Tizians Trionfo della Fede (Kolloff in Meyers Kstlerlex. No. 21) in Rom dem Maler Jacopo Ligozzi gewidmet ist, so vermutet man einen Aufenthalt A.s in Rom und zwar in seiner früheren Zeit. Dies Blatt ist wie einige andere Kopien Andreanis nach älteren Holzschnitten, z. B. der nach Boldrinis Sechs Heiligen (nach Tizian), nur mit einer Strichplatte ausgeführt. In den Jahren 1584—85 hielt sich A. in Florenz auf. Vielleicht hat ihn seine Beziehung zu dem toskanischen Hofmaler Ligozzi zu dieser Übersiedelung veranlaßt. Er arbeitete hier Helldunkelholzschnitte in 4 Platten nach Giovannis da Bologna berühmter Gruppe des Raubes der Sabinerinnen, die er dreimal, in drei verschiedenen Ansichten, wiedergegeben hat (Kolloff 28—30). Eines dieser Blätter hat er Giovanni de' Medici gewidmet. Auch nach dem Basrelief am Postament der Statue, das denselben Gegenstand darstellt, hat A. einen vorzüglichen großen Holzschnitt in 4 Platten ausgeführt. In Florenz im Jahre 1585 entstanden noch die Handwaschung Pilati nach Giovannis da Bologna Relief in der Annunziata (K. 11.), die Grablegung nach Raffaello Motta (K. 16), dann eine Madonna mit Franciscus und Katharina von Siena (K. 24) und eine Allegorie, die gefesselte Tugend (K. 25), nach Jacopo Ligozzi, die alle mit 4 Platten, einer schwarzen Strichplatte und 3 Tonplatten gedruckt sind. In den folgenden Jahren 1586—93 finden wir A. in Siena, hauptsächlich mit der Reproduktion einzelner Darstellungen aus Beccafumis Mosaikfußboden im Dome beschäftigt. Abrahams Opfer (K. 5) ist 1586, die Eva (K. 1), 1587 datiert, die Geschichte Mosis (K. 4) 1590; das vierte Stück, Abels Opfer (K. 2), trägt weder Bezeichnung noch Datum. Außer diesen seinen Sieneser Hauptwerken hat A. hier vornehmlich nach Werken des Alessandro Casolano eine Reihe von Helldunkelholzschnitten gearbeitet, im Jahre 1591 eine Madonna mit dem Kinde und dem Johannesknaben (K. 10), eine andere Madonna mit einem hl. Bischof (K. 24), eine Kreuztragung (K. 12), einen hl. Franciscus (K. 20) und die Darstellung einer nachdenklich einen Totenschädel betrachtenden Frau (Melancholie? K. 35), eine seiner bekanntesten und anziehendsten Schöpfungen. Nach einem Gemälde desselben Meisters führte A. im Jahre 1593 eine Pietà (K. 15) in den Dimensionen eines großen Gemäldes (175×121 cm) auf 8 Blättern aus, ein Meisterstück der Technik und wohl das größte in dieser Art hergestellte Werk. Alle diese und andere in Siena entstandenen Blätter sind nur mit 3 Platten gedruckt, während er für die Holzschnitte der Florentiner Zeit immer 4 verschiedene Platten verwendet hat. Von Siena wurde A. nach Mantua berufen, um den Triumphzug Caesars von Mantegna in Farbenholzschnitt zu reproduzieren. Durch Widmungen von Blättern an Kardinal Scipione Gonzaga und an Herzog Vincenzo Gonzaga scheint diese Beziehung A.s zum Fürstenhause seiner Heimatstadt eingeleitet worden zu sein. Wann A. von Siena nach Mantua übergesiedelt ist, wissen wir nicht. Die 12 großen Blätter nach Mantegnas Triumphzug sind von ihm 1599 vollendet worden, er wird an dem großen Werke, das mit 4 Platten gedruckt ist, wohl längere Zeit gearbeitet haben. Die Büste auf dem Widmungs- und Titelblatte stellt nicht, wie irrtümlich behauptet wird, den Herzog von Mantua oder gar Julius Caesar dar, sondern ist der Büste Mantegnas in dessen Kapelle in S. Andrea zu Mantua nachgebildet; Mantegnas Wappen ist am Sockel der Büste angebracht. Zwei weitere den 9 Teilen des Triumphzuges selber hinzugefügte Tafeln enthalten 9 korinthische Pilaster, die zwischen die Teile des Zuges einzufügen sind. Auf der Rückseite eines Exemplares dieser Pilaster im Kupferstichkabinett zu Berlin sind Fragmente einer großen Ansicht von Mantua abgedruckt; es ist wohl möglich, daß dieses bisher ganz unbekannte Werk von A. ausgeführt worden sei. Nach dem Triumphzuge Caesars scheint A. nichts mehr oder fast nichts mehr selber gearbeitet zu haben. Er befaßt sich von nun an nur noch mit der Herausgabe von Holzschnitten, die von anderen, meist viel älteren Holzschneidern, hauptsächlich in Helldunkelmanier ausgeführt worden waren. Er benutzt die alten Platten und fügt häufig, wo Farbenplatten fehlten, die Tonplatten selber hinzu. Er nimmt dabei keinen Anstand, die Namensbezeichnung der Urheber zu entfernen und seine Marke, das aus zwei ineinandergeschobenen A bestehende Monogramm, dafür einzusetzen. A. ist von 1602—10 ausschließlich als Verleger tätig, alle später als 1599 datierten Blätter, neben zahlreichen undatierten, geben sich durch Bezeichnungen auf älteren Abdrucken, die von den Platten genommen worden sind, bevor sie in A.s Besitz gelangten, oder auch durch die stilistische Vergleichung als Arbeiten älterer Meister, wie des Ugo da Carpi, Giuseppe Nicola Vicentino, Antonio da Trento u. a. m. zu erkennen. Diese von A. nur verlegten Holzschnitte sind alle nur mit seinem Monogramm, der Ortsangabe (Mantua) und der Jahreszahl bezeichnet, während A. auf seinen eigenhändigen Werken meist ausdrücklich mit deutlichen Worten sich als den Verfertiger bezeichnet. Kolloff in Meyers Kstlerlex. p. 124 führt 29 solcher Blätter auf, die A. nur herausgegeben, nicht selber ausgeführt hat. Nur ein Blatt, der christliche Held nach Battista Franco (K. 26), das A. ausdrücklich in der Umschrift und in der längeren Widmung an Lodovico Gonzaga als sein eigenes Werk bezeichnet, ist 1610 datiert. Es ist aber auch hier nicht ausgeschlossen, daß er die Platte schon früher geschnitten und nur erst 1610 herausgegeben oder neu herausgegeben habe. Es gibt jedenfalls frühere und bessere Abdrücke ohne Umschrift und Widmung und vor dem „Superiorum permisum".

Bartsch (P.-Gr. XII) beschreibt 27 Holzschnitte als Arbeiten A.s, Kolloff hält Bartsch VI 7 und VII 22 nur für Verlegerartikel A.s, fügt dagegen den 25 übrigen von Bartsch aufgeführten, die er in sein Verzeichnis aufnimmt, noch 12 andere hinzu, die von Bartsch teilweise (5 Nummern) anderen Meistern zugeschrieben, teilweise (7 Nummern) gar nicht erwähnt werden. Er bringt so die Liste der Werke A.s — indem er aus den Teilen von Bartsch I 4 zwei verschiedene Nummern macht — auf 38 Blätter. Die Zuweisung der unbezeichneten Blätter an A. ist nicht in allen Fällen unzweifelhaft sicher. Das sorgfältige Verzeichnis Kolloffs ist durch Vergleichung der verschiedenen Werke und ihrer Zustände noch einer Durchsicht zu unterziehen, die aber in der großen Seltenheit der Blätter und in der starken Verschiedenheit der einzelnen Abdrücke nicht geringe Schwierigkeiten finden wird.

Die Sicherheit der Formbehandlung und die Gleichmäßigkeit der zeichnerischen Ausführung der unzweifelhaften Werke A.s, wie auch äußere Umstände, besonders die Worte, in denen er seine Autorschaft bekundet, lassen mit Gewißheit darauf schließen, daß A. die Zeichnungen für seine Holzschnitte unmittelbar nach den Originalen selber ausgeführt und sich nicht der Hilfe anderer Künstler zur Herstellung der Vorzeichnungen auf die Holzstöcke bedient habe. Die dieser Annahme scheinbar widersprechende Inschrift: „Franciscus Vanius Pictor Senen. Delineavit" auf der Geschichte Mosis nach Beccafumi (K. 4) scheint erst in späteren Zuständen den Platten eingesetzt zu sein, um das

Blatt durch den Namen des damals berühmten Meisters leichter verkäuflich zu machen, wie man das damals häufig zu tun beliebte. A. bedurfte für die Wiedergabe der rein linearen Umrißzeichnungen des Graffito am wenigsten der Hilfe. Auf dem Holzschnitte nach Mantegnas Triumphzug Caesars ist die Inschrift: „Bernar. Malpitius pict. Mant. F." wohl mit Recht als Verlegeradresse gedeutet worden, da Malpizzi tatsächlich einen Kunstverlag in Mantua betrieben hat. Das „F" am Schlusse der Inschrift wäre dann nicht als Abkürzung von „Fecit", eine Bezeichnung, die ja hier auch ganz unangebracht wäre, sondern von „Formis" aufzufassen. — Auch als Techniker nimmt A. eine hervorragende Stellung unter den Meistern des Farbenholzschnittes ein. Im Gegensatze zu seinen Vorgängern, besonders zu Ugo da Carpi, die den malerischen Eindruck ihrer Vorlagen hauptsächlich durch flächenhafte Formgebung und durch starke Tonkontraste wiederzugeben suchen, arbeitet A. in feinerem, sorgfältigem Linienschnitt, bei aller Freiheit und Breite der Modellierung. Die schwarze Strichplatte ist mit sauberen, z. T. sehr feinen Linien umrissen u. eng schraffiert; auch in den tiefen schwarzen Schatten bleiben die breiteren, freien Stiche klar voneinander gesondert. In den Tonplatten sind die Lichter ebenfalls in klaren, z. T. gekreuzten Strichlagen in der helleren Halbtonplatte ausgespart, die tieferen Schatten der Innenzeichnung durch eine dunklere Tonplatte in kräftigen, aber klaren Linien aufgedruckt. A. bevorzugt eine Skala matter Töne, grau, graubraun, rötlich-braun oder grünlich-grau, und vermeidet starke Farbenkontraste. Die verschiedenen Farbplatten bringen nicht verschiedene Farben, sondern nur, selbst bei drei Tonplatten, verschiedene und zwar wenig stark abgestufte Töne derselben Farbe, so daß der Gesamtton sehr harmonisch und ruhig, aber auch meist sehr matt und stumpf wird. A. steigert diese Wirkung oft noch dadurch, daß er die Tonplatten über die schwarze Strichplatte druckt, so daß die leuchtende Schwärze der Druckerfarbe der Linienzeichnung stark herabgestimmt wird. Mehrfach findet man aber auch Abdrücke von Blättern A.s in ziemlich grellen lackartigen Tönen, gelb mit dunkelbraun, ziegelrot mit rotbraun, die aber sehr unsauber gedruckt sind und wenig angenehm wirken, so z. B. in einzelnen Abdrücken der gefesselten Tugend nach Ligozzi (K. 25) und der Madonna mit Franciscus und Katharina nach demselben (K. 24). Man könnte wohl annehmen, daß solche Abdrücke, die seinem ganzen Farbensystem widersprechen, nicht von A. selber, sondern erst später von anderen hergestellt sind.

Kolloff in Meyers Kstlerlex. — Zani, Enc. II 286; VIII 6; IX 297. — Nagler, Monogr. I 86, 907, 1017. — D'Arco, Di cinque valenti incisori Mantovani (Mantova 1840) p. 53 ff. — Zanetti, Le premier siècle de la calcographie (Venise 1837) p. 41 ff. — Korn, Tizians Holzschnitte (Breslau 1897) p. 29, 47, 75. — Kristeller, Il Trionfo della Fede Holzschnittfolge nach Tizians Zeichnung. Graphische Gesellschaft I 1906. *P. K.*

Andreani, Camillo (del Cavalier Monaldo di Fivizzano), Maler aus Fivizzano, Schüler des Guido Reni in Rom, tätig um 1634. Malte eine Anzahl guter Altarbilder, namentlich für die Kirchen seiner Vaterstadt.

Campori, Mem. biogr. d. Scultori etc. di Carrara p. 7. *

Andreani, Enrico, Maler des 19. Jahrh. in Ancona, wo er nach Vollendung seiner Studien in Mailand und Venedig hauptsächlich als Bühnendekorateur tätig war.

C. Ferretti, Pittori Anconitani (1883) p. 106. *

Andreas, Erzbildner aus Argos (Mitte des 2. Jahrh. v. Chr.), bekannt durch eine Inschrift aus Olympia, nach der er gemeinsam mit seinem Bruder Aristomachos die vom achäischen Bund dorthin geweihte Statue des Q. Marcius Philippus (Konsul 176 und 169 v. Chr.) verfertigt hatte. Nach einer anderen Inschrift unbekannter Herkunft haben dieselben Künstler die Statue eines Timeas, des Sohnes eines Hagias, für irgend ein Heiligtum gearbeitet; seltsamerweise nennt diese Inschrift sie nicht Argiver, sondern Kaunier (Kaunos eine Stadt in Karien); sie scheinen also dort Ehrenbürger geworden zu sein (oder umgekehrt?). Zweifelhaft bleibt, ob dieser Andreas mit dem gleichnamigen argivischen Künstler zu identifizieren ist, der für Olympia die Bronzestatue des Eleers Lysippos, eines Siegers im Ringkampf der Knaben, gearbeitet hatte. Andreas ist einer der Vertreter des Wiederaufblühens argivischer Erzbildnerei im 2. Jahrh. v. Chr.

Overbeck, Schriftq. 1588. — Löwy, Inschr. gr. Bildh. No. 475. — Kaibel, Hermes 22, S. 155. — Ders., IGI 1232. — Pauly-Wissowa, Realenc. I Sp. 2137, 12 (Robert). — Inschriften von Olympia 318, 632. — Frazer, Pausanias IV 49 f. *Amelung.*

Andreas, griech. Marmorarbeiter und Lektor des 5. nachchristl. Jahrh., der den Fußbodenbelag der byzantinischen Basilika zu Olympia ausgeführt hat. Die nach Gardthausen aus der 1. Hälfte des 5. Jahrh. stammende Inschrift hat folgenden Wortlaut: „Κύριε Ἰησοῦ Χριστέ, βοήθει τῷ δούλῳ σου Ἀνδρέᾳ τῷ ἀναγνώστῃ καὶ μαρμαραρίῳ".

Curtius u. Adler, Olympia (Berlin 1892) II 101; V 674. *A. Muñoz.*

Andreas, byzantin. Maler, 10. Jahrh. Wird in byzantinischen Quellen (Theophan. und Cedren.) als der berühmteste Maler der Zeit des Constantin Porphyrogenetos gepriesen. Er war der Sohn eines gew. Artabasdos, Erzpriesters an der Aja Sophia.

Unger, Quellen zur byz. Kg. S. 52. — Γ. Μαυρογιάννη, Βυζαντιν. τέχνη, Athen 1893 p. 94. *Swarzenski.*

Andreas, ist einer jener römischen marmorarii, die in dem sogenannten Cosmatengeschmack kirchliche Dekorationsstücke mit einlegtem Serpentin- und Porphyrdekor arbeiteten. Seine Tätigkeit liegt am Anfang des 13. Jahrh.; doch ist der Künstler merkwürdigerweise nicht in Rom selbst nachweisbar, sondern nur in Süditalien, wohin er wie manche seiner Genossen durch lohnende Aufträge gezogen war. Seine nachweisbaren Arbeiten befinden sich in der Kirche S. Pietro zu Alba Fucense in den Abbruzzen: 1) ein Ambo, den A. gemeinsam mit einem Meister Johannes (s. das.) arbeitete. Die Inschrift, die dies meldet, lautet:

Civis Romanus doctissimus arte Johannes
Cui collega bonus Andreas detulit (deluit?)
honus
Hoc opus excelsum struxerunt mente periti.
Nobilis et prudens Oderisius abfui abbas.

Der Ambo erinnert in der Dekoration und im Aufbau ganz und gar an den von S. Lorenzo fuori le mura in Rom. Ein zweites Werk des A. (an gleichem Orte) sind die Chorschranken der Kirche, die jedoch von dem Meister allein, ohne Hilfe seines Genossen, gearbeitet sind. Die Inschrift lautet: Andreas magister romanus fecit hoc opus. Diese Chorschranken stehen besonders denen in S. Nero e Achilleo in Rom nahe. Ob dieser A. identisch mit einem *Andreas Raineri,* der sich in einer Inschrift als Verfertiger des Architravs an einem Portal von S. Maria in Castro nuovo in Corneto 1208 nennt, ist nicht mit Sicherheit zu sagen. Ebensowenig, ob in dem *Andreas,* der aus einer Inschrift in S. Maria in Monticelli von 1227 bekannt ist, eine besondere Persönlichkeit zu sehen ist oder nicht. Jedenfalls gehören all diese Künstler dem Kreise der sog. Cosmaten an.

Promis, Notizie epigrafiche p. 12. — Schulz, Denkm. Südital. II 83. — Bertaux, Hist. de l'art dans l'Italie mérid. I 575 f. — Venturi, Storia dell' arte Ital. III 774. — Clausse, Les Marbriers Romains (Paris 1897) pag. 226—228. — Nagler, Kstlerlex. XII, 72 (unter Ranieri). — Rep. f. K. W. IX 212. *Swarzenski.*

Andreas, Werkmeister in Basel. Seine Tätigkeit für das dortige Münster 1399 nachweisbar.

Brun, Schweizer Kstlerlex. ***

Andreas, Freiberger Maler, 1412 das erstemal urkundlich genannt. Um die gleiche Zeit wurde über ihn die Todesstrafe verhängt, da er in Gegenwart eines Ratmannes unbescheidentlich gelebt hatte und aus Trotz und Künstlerstolz für sein künftiges Betragen keine Bürgen stellen wollte.

Mitt. des Fbg. Altert.-Ver. H. 36 p. 38. *Hs. Loose.*

Andreas, Bildschnitzer und wahrscheinlich auch Maler, 1443—1481 in Posen tätig.

Sprawozdania kom. hist. sztuki VII p. CXCII, CXCIII. *L. Lepszy.*

Andreas, Bildhauer in Rom 1473; von seiner Hand der Sakristei-Altar in S. Maria del Popolo zu Rom, signiert: Andreas hoc opus composuit 1473. Vielleicht steht dieser Meister in Zusammenhang mit einer von Fedele angekündigten Urkundenpublikation über einen „Magister Andreas".

Lübke, Gesch. d. italien. Skulptur, p. 514. — Bullettino della Soc. Filologica Romana III. *A. Muñoz.*

Andreas, Steinmetz und Baumeister zu Nagyszeben (Ungarn), wird 1486 mit der Restaurierung der Servatiuskirche zu Grossan betraut. Zu gleicher Zeit wird mit ihm ein Vertrag zur Herstellung der Meschner Kirche abgeschlossen.

„Archaeologiai Ertesitö, ú. f." IX 274. — Arch. des Ver. für siebenb. Landesk. N. F. XXII 1. *K. Lyka.*

Andreas, Schweizer Architekt, nach einer allerdings erst aus dem 18. Jahrh. stammenden Inschrift (meister andreas a° 1408) der Erbauer des spätgotischen Chorgewölbes der Kirche des Klosters in Graubünden.

Brun, Schweizer Kstlerlex. ***

Andreas, Maler in Freiberg i. S., arbeitete 1478 in Dresden für Kurfürst Ernst und Albrecht und wird bis 1501 noch mehrmals in Familienangelegenheiten urkundlich genannt. — Vermutlich ist er identisch mit dem Meister des 1489 erwähnten neuen Altars zu Bobritzsch und dem der Darstellungen der Landesfürsten im Freiberger Rathaus nach dem Brande von 1471.

Mitt. des Fbg. Altert.-Ver. H. 36 p. 44. *Hs. Loose.*

Andreas, Goldschmied in Torgau, nachweisbar zwischen 1501—1516. Besonders erwähnt werden von ihm getriebene Silber- und Goldarbeiten, Buckelpokale, Meßkannen.

Bruck, Friedrich der Weise p. 222. *R. Bruck.*

Andreas (Meister), arbeitete 1504 an Unserer Lieben Frauen Kirche in Oberbüren.

Brun, Schweizer Kstlerlex. ***

Andreas, ruthen. Maler in Lemberg. Unter diesem Namen kommen dort in den archival. Vermerken Maler in den Jahren 1524, 1554 und 1570 vor, die aber wahrscheinlich zwei verschiedene Personen sind.

Rastawiecki, Slownik mal. pol. III 111. — Sprawozdania, kom. hist. sztuki IV p. LIX. *L. Lepszy.*

Andreas, Stadtbaumstr. von Breslau, steht 1561 mit dem Herzog Georg II. von Brieg in Verbindung. *C. Buchwald.*

Andreas, Glockengießer. Bloß sein Name wird uns überliefert durch das „Prachtexemplar" eines erhaltenen Bronzemörsers im Besitze des ehemaligen Brünner Apothekers W. Wlasak. Der Mörser mit zwei schönen

Delphinhenkeln trägt, neben der Relief-Darstellung des Bethlehemitischen Kindermordes, die böhmische Inschrift „SLYL MNE WONDRZEY ZWONARZ LETA MDLXV", d. h. „Mich goß Andreas der Glockengießer im Jahre 1565". Sicherlich ist die Bezeichnung „Zwonarz" auf den Beruf des Verfertigers zu beziehen. Dennoch geschieht seine Einreihung an dieser Stelle mit Vorbehalt, weil es immerhin möglich wäre, daß, da um jene Zeit Familiennamen schon ziemlich allgemein gebräuchlich waren, Zwonarz zufällig auch sein Familienname sein könnte. Mit Rücksicht darauf, daß die Glockengießer in jener Zeit gleichzeitig auch Zinngießer oder Kandler waren, dürfte hier auch der Hinweis nicht unangezeigt sein, daß unter den Ausgaben des Wilhelm von Rosenberg in Prag anläßlich seiner Vermählung mit Polyxena von Pernstein im Jahre 1587 auch eine Post von 11 Schock 38 Groschen vorkommt, welche der Kandler (konvař) Andreas für gelieferte Leuchter erhielt.

Ein Renaissance-Bronze-Mörser in den Mitteil. des Mähr. Gew.-Mus. in Brünn 1890 p. 164 und Taf. 7 (Abb.), dorts. auch p. 31, ferner in derselben Zeitschrift 1887: Ein seltener alter Bronzeguß p. 112 und Kopien eines Mörsers p. 150. — Hans Semper, Über Bronzemörser in den Mitteil. des Tiroler Gew.-Ver., Innsbruck 1891 p. 3 und 15 mit zugehöriger Fig. 1 auf p. 16. — F. Mareš, Materialie k dějinám umění, uměleckého prumyslu a podobnym in den Památky archaeologické a místopisné. Prag, Bd. XVI p. 792. *—k.*

Andreas, Meister. Hofmaler in Dresden. 16. Jahrh., s. *Brettschneider, A.*

Andreas (oder Andres), Meister, Schweizer Bildschnitzer und Holzbildhauer, fertigte 1644 das Chorgestühl der Hofkirche in Luzern (Reprod. in „Der Vierwaldstättersee und die Urkantone", Zürich 1898 p. 47). Nach Brun (s. u.) ist die Annahme berechtigt, daß A. nur den weniger kunstreichen Teil des Werkes ausgeführt hat, da die eigentliche Schnitzarbeit von der Hand des Bildhauers *Nic. Geißler* stammt.

Brun, Schweizer Kstlerlex. ***

Andreas, s. auch *Andrea, Andres* u. *Andrewes.*

Andreas Aesinas, s. *Andrea* da Jesi d. J.

Andreas de Austria, Schreiber einer mit schönen Initialen geschmückten lateinischen Bibel in der herzogl. Bibliothek zu Gotha. Nach seiner Signatur war er bei Beendigung des Werkes, 1391, Plebanus der Kirche von Leluchamiz in Böhmen.

Bradley, Dict. of Miniat. I 37. **

Andreas Bergamensis, s. *Previtali,* A.

Andreas von Cleve, Steinmetz, in den Baurechnungen der St. Victorskirche in Xanten 1495 als Verfertiger eines „Marienbildes" erwähnt. Dasselbe, eine Sandsteinstatue, befindet sich noch an einem Pfeiler des Mittelschiffes. (Abb. bei Aus'm Weerth, Kunstdenkm. in d. Rheinlanden I 1 Tafel XVIII 9.)

Scholten, Baurechn. der St. Viktorskirche in Xanten p. 60. ***

Andreas von Everdingen, der sechste Dombaumeister in Köln, 1395—1405 urkundlich erwähnt, vor 1412 jedoch gestorben, da in diesem Jahre seine Witwe Aleidis genannt wird. Zur Zeit seiner Tätigkeit wurde am südlichen Seitenschiff (besonders Kreuzschiff) des Domes gebaut.

J. J. Merlo, Kölnische Kstler. (1895) p. 230. ***

Andreas de Gelnicz, Krakauer Maler, der sich hier 1526 angesiedelt hat und vor 1539 gestorben ist.

Rastawiecki, Slownik mal. pol. I 3; III 113. — Piekosinski, Acta hist. res gestas Poloniae illust. VIII 984. *L. Lepszy.*

Andreas, Johann Samuel, Goldschmied in Breslau, wird Meister 11. 3. 1726, † 22. 9. 1768, 71 Jahre 4 Monate alt. Stempelt J S A, monogrammiert in einem dreipassigen Blatte. Von ihm ein Meßkelch mit Laub- und Bandelwerkdekor, datiert 1729, in der kath. Pfarrkirche in Nieder-Thomasdorf, österr. Schles.

Erwin Hintze, Die Breslauer Goldschm. S. 38 f. *E. Hintze.*

Andreas, Johann Wolf, Steinmetz in Freiberg in Sachsen, war 1684 für den Rat tätig.

Mitteil. des Freib. Altert.-Vereins. Heft 34 (1897) p. 107. ***

Andreas Miciacensis, Illuminator des 10. Jahrh. In einer Handschrift der Biblioth. Nationale (Ms. lat. 14167) zu Paris finden sich folgende Verse, die über die künstlerische Ausstattung der Handschrift Auskunft geben:

Ultimus in clero Fulberti nomine Sigo
Andreae manibus haec pinxit Miciacensis.

Danach scheint A. der ausführende Künstler zu sein, während Sigo als Besteller oder künstlerischer Beirat fungierte.

Delisle, Cabinet des Msc. II 409. — Bradley, Dict. of Min. II 409. *Swarzenski.*

Andreas da Milano, Presbyter, schrieb 1388: Francisci Petrarchae Laureati de remediis utriusque fortunae lib., ein sehr kostbares Pergamentmanuskript, Fol. 140 ff. in gotischer Schrift. Darin 4 Porträts von Petrarca.

Bradley, Dict. of Miniat. II 327. **

Andreas Minimus, Schreiber eines römischen Breviars, Pergament, Groß-Folio, mit Initialen und sehr geschickt gemalten figürlichen Miniaturen, in der Mariana in Venedig. Es soll um 1469 auf Kosten des Giov. Batt. Giraldi, päpstl. Kammerherrn und Kanonikus, angefertigt sein.

Bradley, Dict. of Miniat. I 36. **

Andreas Pauli Johannis, s. *Andrea* da Firenze, p. 454.

Andreas Raineri, s. *Andreas,* p. 471.

Andreas Rico oder Rizzo, in Italien tätiger byzantin. Heiligenbildmaler des 16. Jahrh. aus Kreta, der von früheren Autoren ins 11.

Jahrh., von Müntz und Frothingham ins 13. Jahrh. versetzt wurde. Die Florentiner Uffiziengalerie besitzt von ihm ein Madonnenbild mit der Signatur „andreas rico de candia pinxit"; die Turiner Pinakothek einen „Tod der Maria" mit zahlreichen Engel- und Heiligenfiguren und der Signatur „χειρ Ανδρεου Ριτζου". Weitere Altarbilder von seiner Hand in den Galerien zu Parma und zu Neapel. Indem man den Maler dieser Bilder ins 13. Jahrh. versetzte, glaubte man ihn mit dem bekannten Mosaizisten Andrea Tafi identifizieren zu können, der nach seinem Vater Enrico in den Florentiner Urkunden aufgeführt wird unter dem Namen „Andrea di Rico vocato Tafo" oder „Andrea Ricchi" (Matricola dell' arte de' medici, speziali e merciai 1310 u. 1320). In der Tat aber war Andreas Rizzo einer der Hauptvertreter der im 15.—16. Jahrh. blühenden, auch in der „Ερμηνεία τῶν ζωγράφων" vom Berge Athos als besonders bedeutend erwähnten kretischen Malerschule. Augenscheinlich war er als ausgebildeter Künstler von Kandia nach Italien eingewandert; der Sitz seiner Tätigkeit wird vermutlich Venedig gewesen sein.

Springer, De artificibus med. aevi, p. 33. — Müntz, „Les artistes byzantins dans l'Europe latine" in „Revue de l'art chrétien", Mai 1893. — Frothingham, „Byzantine artists in Italy" in „American Journal of Archaeology" 1894, p. 45. *A. Muñoz.*

Andreas von Rieti, Architekt, 13. Jahrh. Inschriftlich genannt als Architekt des Campanile von S. Agostino in Rieti 1252, gemeinsam mit den Meistern Petrus und Henricus. Er ist vermutlich identisch mit dem A., der 1283 als praefectus operis am erzbischöflichen Palast daselbst bekannt ist.

Promis, Not. epigr. 12—14. — Meyer, Kstlerlex. II 1. *Swarzenski.*

Andreas, Thomas, Maler in Liegnitz, heiratete 15. 11. 1622 Ursula, die Witwe des Liegnitzer Malers Heinrich Röhrer.

E. Hintze.

Andreas von Urach (Uracensis). In diesen Namen hat man willkürlich das aus A und U (oder V) in römischen Majuskeln gebildete Monogramm aufgelöst, das sich mit den Jahreszahlen 1521 und 1524 auf zwei trefflichen Skulpturen (Kruzifix und Ölberg) in Offenburg a. d. Kinzig in Baden befindet.

Repert. f. K.-W. XVIII 470. — Zeitschr. f. bild. Kst. N. F. VIII 5. ***

Andreas, s. auch *Andrea, Andres* u. *Andrewes.*

Andreasen, Elna Ingeborg, dän. Malerin, geb. in Kopenhagen 10. 8. 1875, Schülerin der Frauenschule der Kunstakad. unter Viggo Johansen 1900—04. Von ihren Bildern werden erwähnt: „Schafhüterin" (1902), Bildnisstudien und „Die getötete Amazone" (1906), für welche letzte Malerei sie die kleine Goldmedaille der Kunstakad. erwarb.

Ausstellungs-Kataloge (Charlottenborg) 1902 bis 07. *A. R.*

Andreasen, Signe, dän. Malerin, geb. 31. 8. 1853, Schülerin O. A. Hermansens, weiter ausgebildet in Paris (1887). Sie malt Blumenstücke.

Weilbach, Nyt dansk Kunstnerlex. — Ausstellungs-Kataloge (Charlottenburg) 1883—1907.

Andreasi, Antonio, Maler in Ferrara, wo er 1629 Zahlung erhielt für die Ausführung von Wappen- und Friesmalereien.

L. N. Cittadella, Not. relat. a Ferrara (1864) p. 634. *E. Modigliani.*

Andreasi, Eugenio, lombardischer Maler, geb. in Lecco, tätig in den achtziger Jahren des 19. Jahrh. in Venedig, dessen Kanälen und Palästen er die Motive zu geschickten Gemälden und Aquarellen entnahm.

Gubernatis, Diz. d. art. ital. viv., p. 565.

Andreasi, Giovanni, Maler in Mantua um 1428 erwähnt.

C. d'Arco, Arti e Artefici di Mantova (1857) II 251. **

Andreasi, Ippolito, gen. Andreazio, Andreazzi oder il Andreasino, italien. Maler, tätig in Mantua. Geb. daselbst um 1548, erhielt er seine erste Ausbildung in der Werkstatt des Giulio Romano-Schülers Lorenzo Costa d. J., zeigte sich jedoch späterhin mehr von Parmigianino (Francesco Mazzola) beeinflußt, namentlich in der Figurenzeichnung, in der Gewandbehandlung und in der harmonischen Anmut des Kolorites. Urkundlich erwähnt findet er sich 1579 als Entwurfzeichner von Teppichkartons für den Gonzaga-Hof, die ein Jude Salomone Levi damals nach Venedig zu expedieren hatte, um sie einer dortigen Arazzeria zur Gobelin-Ausführung zu übergeben. Auch die Kartons zu den noch existierenden 6 Pfeilerteppichen des Domes zu Mantua — im Auftrage des Bischofs Fra Francesco Gonzaga 1599 vollendet, und zwar wohl gleichfalls in einer venezianischen Arazzeria — waren vermutlich vom Andreasino entworfen. Ferner geht aus einem Briefe des Künstlers von 1587 hervor, daß er in diesem Jahre mit der Ausführung eines Wandbildes im Palazzo del Tè bei Mantua beschäftigt war; das Gemälde sollte den Sieg des Marchese Francesco Gonzaga am Taro (1495) darstellen, ist jedoch leider nicht erhalten geblieben. Der Künstler starb zu Mantua am 5. 6. 1608 im Alter von 60 Jahren eines gewaltsamen Todes („di molte ferite"). — Von der fruchtbaren Tätigkeit, die A. als Öl- und Freskomaler, wie als Gobelinzeichner in seiner Vaterstadt entwickelt hat, zeugt eine Anzahl noch heute daselbst erhalten gebliebener Kunstwerke, die ihren Schöpfer bei aller Tüchtigkeit der zeichnerischen und malerischen Ausführung doch stark im Manierismus seiner Zeit befangen zeigen. Solche Züge hat das noch erhaltene Altarbild in S. Andrea zu Mantua in der dritten Kapelle links: Die

Verkündigung in zwei Abteilungen. Ähnlich ein Bild in der Kirche S. Barbara: die hl. Magdalena, welche dem Heiland die Füße wäscht. Von ihm ferner, gemalt in Gemeinschaft mit Teodoro Ghigi, einem Schüler des Giulio Romano, die Fresken im Chor der Kathedrale von Mantua, welche die beiden in Mantua von Papst Alexander II. 1067 und von Pius II. 1459 abgehaltenen Konzilien darstellen, sowie die Fresken in der großen Kapelle der Madonna Incoronata in derselben Kirche. Auch die Fresken in der zweiten Kapelle rechts, Geburt Mariä und Verkündigung (sehr verdorben), möchte Susani dem Andreasino zuschreiben; doch sind sie offenbar aus der Schule Giulio Romanos, und daher nicht von unserem Meister. — Mit Recht wird dem Meister wohl auch im Louvre zu Paris eine hl. Familie von Engeln bedient beigemessen, die früher ganz sinnlos den Namen Ingegno trug. Das Bild ist in älteren Verzeichnissen einem Maler namens Andrea Azio zugeteilt, welche Benennung um so eher auf Andreasi hinzudeuten scheint, als Zani unter den verschiedenen Lesarten seines Namens auch Andreatio anführt. Das anmutige kleine Gemälde zeigt im Kolorit einen Nachfolger des Parmigianino, in den Bewegungen den Einfluß Giulio Romanos, in der Elisabeth das Studium Mantegnas: Züge, welche deutlich auf unseren zu Mantua gebildeten Meister hinweisen. Auch die noch erhaltenen Gemälde zu Mantua zeigen in ihrer anmutigen Bewegtheit und Frische des Kolorits ganz ähnliche Züge. — Mündler schreibt dem Meister im Louvre noch ein zweites Bild zu (hl. Familie), das dort als Parmigianino bezeichnet ist; es zeigt in der Tat fast dieselben Eigenschaften, und es scheint berechtigt, wenn das eine Bild, auch das andere dem Andreasi zuzuschreiben.

Endlich wird A., wie bereits erwähnt, neuerdings auch als Schöpfer der Kartons zu den 6 im Dom zu Mantua erhaltenen gebliebenen Pfeilerteppichen betrachtet, die in ihren Bildkompositionen sich noch als höchst respektable Leistungen im Stile des Parmigianino präsentieren, in den ornamentalen Umrahmungen dagegen den einigermaßen groben Geschmack der Verfallszeit bereits ziemlich deutlich vor Augen führen. Es sind vier breitere u. zwei schmälere Pfeilerbehänge, deren Umrahmungen mit Puttenfigürchen, Frucht- und Blumengewinden, Spruchbändern und Wappenemblemen verziert sind. Die beiden schmäleren Stücke zeigen in ihren Bilddarstellungen Gruppen von je vier Heiligengestalten, die vier breiteren dagegen die Wiedererscheinung Christi unter den Aposteln, die Verklärung Christi auf Tabor, die Himmelfahrt Christi und die Niederkunft des heiligen Geistes am Pfingstfeste. Auch diese Arazzi lassen in Andreasino jedenfalls eine bemerkenswerte Künstlererscheinung der Spätrenaissance erkennen.

M e y e r, Kstlerlex. (mit ält. Lit.). — R a s s e g n a d'Arte 1904 p. 120. — Arch. stor. d. Arte III 397, 399. *F. Malaguzzi-Valeri.*

Andreaszen, J o a n, Baumeister des Hamburger Rates, wird im September 1602 mit Peter Martens nach Lüneburg berufen zwecks eines Gutachtens über Herstellungskosten am Mittelturm des dortigen Rathauses.

Kstdenkmäler der Provinz Hannover, III. Regierungsbez. Lüneburg, 2 u. 3, Stadt Lüneburg p. 210. *H. V.*

Andreatti, Architekt in Ragusa, leitete 1671 bis 1715 nach den Entwürfen des urbinatischen Architekten Andrea Ruffalio den Neubau des durch ein Erdbeben zerstörten Domes von Ragusa.

Arch. stor. d. Arte ital., ser. II, vol. II, p. 158. — H. E. von B e r l e p s c h u. Fr. W e y s s e r in Zeitschr. f. Bauwesen (Berlin 1894: Bauten in und um Ragusa). *

Andreau, R e n é, französ. Maler, geb. 12. 3. 1870 in Moulins (Allier), Schüler von Joseph Blanc und Gustav Courtois. A. malt Landschaften mit Staffage, wobei er der Dämmerstimmungen des Abends besondere Vorliebe schenkt. Eines seiner besten Bilder dieser Art, der stimmungsvolle „Schäfer" von 1905 ist von der Stadt Paris angekauft worden und befindet sich jetzt im Petit Palais der Champs Elysées. Von seinen anderen Arbeiten erwähnen wir: Abendstimmung in Wissant (1897); Die alten Kähne in Wissant (1898); Abend im Pas-de-Calais (1901); Ein stiller Winkel (1904). *K. E. Schmidt.*

Andreazio, Andreazzi, s. *Andreasi.*

Andrée, G e o r g, Bildhauer in Wittingau (Südböhmen), Anfang des 18. Jahrh. Erhalten sind der Hauptaltar und vier Nebenaltäre von 1709—1715 in der S. Aegidius-Klosterkirche zu Wittingau, deren mittelmäßige Statuen von ihm gearbeitet sind. Er hat auch die Altäre der 1721—1724 erbauten, 1786 kassierten Todesangst-Christi-Kapelle in Wittingau verfertigt.

H l a v k a, Topographie des Königr. Böhmen X 1904. *Oskar Pollak.*

Andree, s. *Andre* u. *Andreae.*

Andrei (Andreas Rubleff), russ. Heiligenbildmaler des 15. Jahrh., Schüler des Theophanias (Greka) des Griechen, des Simon Tscherni (Schwarz) und des Daniel Tscherni, † zwischen 1427 und 1430. Er war Mönch des Erlöserklosters in Moskau. Sein Bild, dreimal in verschiedenen Darstellungen wiederholt, befindet sich in den Miniaturen zur Lebensgeschichte des ehrw. Sergius Radoneschki, verfaßt von dessen Schüler Epiphanias, herausg. 1853 in Lithogr. vom Troize-Sergius-Kloster. Seine Hauptarbeiten sind die Bilder und Wandmalereien in der Kirche der Verkündigung Mariä im großfürstl. Palast zu

Moskau 1405 und in der Himmelfahrtskirche in Wladimir 1408. Seine Heiligenbilder waren hochgeschätzt und wurden in einem Kirchengesetz von 1551 den Heiligenbildmalern zur Nachahmung dringend empfohlen. Seine Stilrichtung ist die der byzantinischen Schule.

Русск. библ. словарь (Russ. Bibliogr.) II 130. — Ровинскій, Истор. русск. школъ иконоп. (Rowinski, Gesch. d. russ. Schulen d. Heiligenbildm.) S. 177/8. *W. Neumann.*

Andrei, Giovanni, Bildhauer aus Carrara, wo er um 1757 geboren war. 1793 in Florenz tätig, wo er die Balustrade zum Hochaltare von S. Maria Novella geschaffen hatte, wurde er im letzteren Jahre mit seinem Schwager und Schüler Franzoni nach Washington berufen, um die Marmordekorationen für das dortige Kapitol zu übernehmen. 1815 kehrten beide Künstler aus Amerika nach Italien zurück, um in Carrara eine Anzahl für Washington bestimmter Marmorarbeiten auszuführen. Besonders bewunderte man die 24 korinthischen Kapitelle, mit denen der große Sitzungssaal des Washingtoner Kapitols geschmückt werden sollte, und die vor ihrer Absendung nach Amerika 1816 in Franzonis Werkstatt in Carrara ausgestellt waren.

Campori, Mem. Biogr. degli Scultori etc. di Carrara p. 8, 433. *

Andrejanoff, Iwan, Paul und Philipp drei russ. Heiligenbildmaler des 17. Jahrh. *Iwan* führte die Wandmalereien in der Kathedrale der Verkündigung des Troize-Sergius-Klosters (1684) und in der Eliaskirche in Jaroslaw (1681) aus. — *Paul* (Pawel) war Lehrer und arbeitete 1617 an den Gemälden in der Sophienkirche in Nowgorod. — *Philipp* beteiligte sich an den Wandmalereien in der Eliaskirche in Jaroslaw (1681) und in der Dreifaltigkeitskirche des Klosters in Kostroma.

Русск. библ. словарь (Russ. Bibliogr.) II 139. — N. P. Sobko, Russ. Kstlerlex. — Ровинскій. Исторія русск. школъ иконоп. въ Зап. Имп. археолог. общ. (Rowinski, Gesch. d. russ. Schulen d. Heilgenbildm in d. Mitt. d. Kais. archäol. Ges.) St. Petersburg 1856, VIII 129. *W. Neumann.*

Andreides, Amandus, Perspektivzeichner und Historienmaler, geb. in Olmütz 22. 2. 1700, † in Braunschweig 9. 10. 1795; Schüler des Daniel Gran und C. Sambach, bildete sich in Dresden und Bayreuth aus und studierte bei Galli Bibbiena Perspektive.

Meyer, Kstlerlex. — Dlabacz, Böhm. Kstlerlex. — Bermann, Österr. biogr. Lex. Wien 1851 I 164. — Ilg, Fischer v. Erlach S. 299. *Ernst Diez.*

Andreides, Ernst, Maler, wahrscheinlich Sohn des Amandus; einige getuschte Federzeichnungen mit archit. Ansichten tragen die Signatur: Ern: Andreides del. 750.

Ilg, Fischer v. Erlach. S. 299. *Ernst Diez.*

Andrejeff, Akim, russ. Heiligenbildmaler des 17. Jahrh. an der Moskauer Rüstkammer, malt mit anderen Jaroslawschen und Kostromaschen Malern im September 1650 fünf große Festbilder. 1660 erwähnt.

N. P. Sobko, Russ. Kstlerlex. *W. Neumann.*

Andrejeff, Andrei, Heiligenbildmaler in der zweiten Hälfte des 17. Jahrh., wird 1668 auf Befehl des Zaren zur Ausführung von Wandmalereien in das Sabbas-Kloster geschickt.

Russ. Biogr. II 119. — N. P. Sobko, Russ. Kstlerlex. *W. Neumann.*

Andrejeff, Gregor, russ. Porzellanmaler des 18. und 19. Jahrh. Schüler der Petersburger Akad. bis 1796. Auf der kaiserl. Manufaktur bis April 1797 beschäftigt.

Русск. библ. словарь (Russ. Bibliogr.) II 120. — N. P. Sobko, Russ. Kstlerlex. *W. Neumann.*

Andrejeff, Peter Stepánowitsch, russ. Porzellanmaler, geb. 11. 7. 1777, † nach 1797, wurde gleichzeitig mit Gregor A. in die Akad. aufgenommen und gleichzeitig entlassen.

Русск. библ. словарь (Russ. Bibliogr.) II 120. — N. P. Sobko, Russ. Kstlerlex. *W. Neumann.*

Andrejeff, Wassili, russ. Kupferstecher der zweiten Hälfte des 17. Jahrh. Schüler von A. Truchmenski, arbeitete besonders nach holländischen Mustern und die Kopiersucht ging so weit, daß sich A. bisweilen in russ. Sprache mit lateinischer Schrift unterzeichnete: Wassilei Andrejew rezal (= sculpsit). Von ihm eine Anzahl Heiligendarstellungen nach Truchmenski, Simjen Uschakoff und nach eigenen Entwürfen. Sein Hauptwerk ist die Ausstattung eines Gebetbuchs mit 14 Darstellungen aus dem Leben Christi umgeben von naturalistischem Ornament.

Русск. библ. словарь (Russ. Bibliogr.) II 119. — N. P. Sobko, Russ. Kstlerlex. — Ровинскій, Русск. граверы (Rowinski, Die russ. Graveure) Moskau 1870, S. 27, 107, 113, 126, 150—152. — Стасовъ, Разборъ рукой сочин. Ровинскаго: „Русск. граверы и др.“ въ отчетѣ о 7-мъ присужд наградѣ гр. Уварова (Stassoff, Untersuchung der Abhandlungen Rowinskis: „Die russ. Stecher etc.“ im Bericht über die 7. Zuerkennung des Uwaroffschen Preises) 1864, S. 17. *W. Neumann.*

Andreini, Carlo, Maler in Cesena um 1746.

Zani, Enc. II. ***

Andreini, Ferdinando, italien. Bildhauer, geb. zu Settignano 14. 10. 1843, Schüler des Ulisse Cambi, tätig in Florenz. Fertigte 1860 eine Marmorbüste des Königs Vittore Emanuele für die Empfangshalle des Florentiner Hauptbahnhofes. Sein bestes und anmutigstes Werk war die lebensgroße Marmorfigur eines gefesselten Amor. Mit einer Bildnisbüste des Bildhauers Aless. Tomba hat A. 1864 seine selbständige Künstlertätigkeit bereits abgeschlossen, um von da an nur noch als ausführender Marmorarbeiter für andere Bildhauer tätig zu sein.

Meyer, Kstlerlex. *R.*

Andreino, Maler in Siena, von dem nur bekannt ist, daß er am 14. 4. 1353 in S. Domenico begraben wird.

Miscell. Stor. Senese IV 133. *G. De Nicola.*

Andreino da Edesia, lombard. Maler des Giotto-Zeitalters, dem Namen nach vielleicht byzantinischer Herkunft; nach Zani 1290 bis 1310 in Pavia beglaubigt, nach Lomazzo noch 1330 daselbst tätig. Von seiner Hand stammt angeblich das Apsis-Fresko in S. Michele zu Pavia, darstellend eine Marienkrönung mit einem anbetenden Prälaten; nach Crowe und Cavalcaselle jedoch müßte der Schöpfer dieses Wandbildes eher ein rückständiger und handwerksmäßiger Quattrocento-Maler gewesen sein, während Moiraghi das Fresko sogar als ein Werk des „Bergognone" betrachtet. Ob auf Grund dieses weit jüngeren Stilcharakters des Apsisfreskos von S. Michele die Zeitangaben Zanis und Lomazzos als irrtümlich zu gelten haben, oder ob auf Grund eben dieser Zeitangaben die lediglich lokal-traditionelle Zuweisung des Werkes an den problematischen Pavesen Andreino da Edesia aufzugeben wäre, muß dahingestellt bleiben. In der zweiten Hälfte des 18. Jahrh. wurden dem A. noch mehrere weitere, jetzt leider verschwundene Kirchenfresken in Pavia zugeschrieben, so eine Figur des hl. Martin an der Fassade von S. Martino, Fresken mit Heiligenlegenden in einer Kapelle von S. Salvatore und Gewölbemalereien in der Sakristei von S. Tommaso.

Lomazzo, Trattato della Pittura, Neue Ausg. I 54; II 321. — Zani, Encicl. VIII 62. — Boni, Biogr. d. Artisti. — Nagler, Kstlerlex. IV 78. — Meyer, Kstlerlex. — Crowe u. Cavalcaselle, Gesch. d. ital. Mal. II 418. — Rassegna d'Arte 1905 p. 90. *F. Malaguzzi-Valeri.*

Andrén, Anders Viktor, schwed. Maler und Zeichner, geb. in Uddevalla (Bohuslän) 7. 12. 1856, studierte an der Kunstakad. in Stockholm 1876—82, lieferte von 1878 an Zeichnungen für das Witzblatt „Kasper", führte nach 1880 eine Menge Illustrationen für die Tageschronik der „Ny illustrered tidning" aus und auch Bücherillustrationen, künstlerische Plakate, Zeichnungen für kunstgewerbliche Zwecke und für dekorative Skulptur. Als Maler fing er mit der Dekoration von einigen Cafés in Stockholm an, führte 1898 die Deckenmalerei im Neuen kgl. Theater aus, malte dann die Deckengemälde im Südtheater, die Wandgemälde in der neuerbauten Gustaf Vasakirche in Stockholm 1906 und im selben Jahre die Decke des neuen Oscartheaters.

G. Nordensvan.

Andreoccio di Bartolomeo da Siena, Bildschnitzer, 1392 von Volterra nach Siena berufen zur Begutachtung der für den Chor des dortigen Domes ausgeführten Schnitzarbeiten des Luca di Giovanni, des Giovanni del Cicchia und des Barna di Turino. Der Künstler scheint vorher in Pisa tätig gewesen zu sein, da die dortige Kirche S. Martino di Chinsica zwei noch heute erhalten gebliebene, reich geschnitzte Schränke besitzt, die laut Inschrift 1389 und 1390 zusammen mit dem Altare dieser Kirche geschnitzt wurden von „Magister Andreoccius Bartolomei de Senis".

G. Milanesi, Doc. Sen. I 369. — V. Lusini in „Arte Antica Senese" (Siena 1904) p. 200 ff.; 240. — C. Lupi, ebenda p. 383 f. *

Andreoccio di Bonsignore, Bildschnitzer (?) in Siena, urkundlich erwähnt 1390 als Begutachter zweier für den Chor des dortigen Domes bestimmten Holzstatuen von der Hand des Mariano d'Agnolo Romanelli.

G. Milanesi, Doc. Sen. I 381. — V. Lusini in „Arte Antica Senese" p. 240. *

Andreoccio di Pietro di Bartolo da Asciano, Bildhauer oder Steinmetz in Siena, urkundlich erwähnt 1441.

V. Lusini in Arte Antica Senese (1904) p. 215. *

Andreola, Filippo, neapol. Maler. Schüler des Solimena, † 1734. Er malte fast immer in Tempera und Fresko ornamentale und dekorative Vorwürfe in Palästen und Kirchen.

Dominici, Vite dei Pittori, Scult., ecc. Napolet. 1743 III 673. *Ozzola.*

Andreoletti, Pietro, Bildhauer des 19. Jahrh. aus Morcote. Von ihm das Denkmal des Erbauers des Gotthardtunnels Louis Favres auf dem Friedhof in Göschenen.

Brun, Schweizer Kstlerlex. ***

Andreoli, italien. Maler in Neapel. Schüler des Franc. Solimena. 1750 malte er in Fresko das Leben des hl. Aspreno, des ersten Bischofs von Neapel, in der Cap. Tocca im Dome von Neapel, in der sich das Grab des Heiligen befindet. Diese neuen Fresken ersetzten ältere, nach Dominici von Pippo Tesauro gemalte. Dieser Andreoli kann mit dem Maler Fil. Andreola, der gleichfalls Schüler Solimenas und in Neapel tätig war, kaum identisch sein, da Fil. Andreola 1734 gestorben sein soll.

Napoli Nobilissima V 39. *G. Degli Azzi.*

Andreoli, Cencio, s. *Andreoli,* Vincenzo.

Andreoli, Francesco, Bildhauer zu Forlì in der Romagna, † 1815 in hohem Alter. Erlernte seine Kunst in Bologna. In seine Vaterstadt zurückgekehrt, hatte er die Statuen der Freigebigkeit und der Charitas für die Fassade des (1778 von Raimondo Compagnini erbauten) Haupttores zum Hospital auszuführen. Auch fertigte er einen Raub der Proserpina für den Palast der Familie Sassi.

Guida per la Città di Forlì 1838 p. 59. — Meyer, Kstlerlex. *R.*

Andreoli, Giorgio di Pietro, Kunsttöpfer und Majolikamaler in Gubbio. Die lombardische Herkunft des Künstlers ist jetzt endgültig erwiesen durch neuere Urkundenfunde, in denen er mehrfach ausführlich bezeichnet wird als „Georgius Petri de Intra de lacu majori provincie Lombardie“. Hinsichtlich der künstlerischen Tätigkeit A.s ist durch gründliche Neuforschungen fernerhin festgestellt worden, daß der Meister niemals Reliefmodelleur und Terrakottakünstler im Sinne der Robbia-Schule gewesen ist, wie man bisher allgemein angenommen hat, und daß auch die Bedeutung seiner Stellung unter den Majolikamalern seiner Zeit wesentlich einzuschränken ist; nur der Ruhm eines der vorzüglichsten Gefäßbrenner des italienischen Renaissance-Zeitalters ist ihm ungeschmälert erhalten geblieben. Die zahlreichen farbig bemalten und glasierten Terrakotta-Altäre, die man früher als Arbeiten A.s betrachtete (wie z. B. der große dreiteilige Altaraufsatz des Frankfurter Städelschen Institutes, die 12 Rosenkranzmysterien der Kollegiatkirche von Gualdo-Tadino, die Statue des hl. Antonius in S. Domenico zu Gubbio etc.) sind neuerdings sämtlich als Kunstschöpfungen anderer Meister nachgewiesen worden. Eigenhändige Majolikamalereien A.s sind in der Tat an zahlreichen seiner Werkstatt entstammenden Gefäßwaren dokumentarisch nachweisbar; nur verdient der Meister für diese Arbeiten keineswegs den Ruf eines hervorragenden Malkünstlers. Viemehr tragen seine Majoliken bis zu dem Zeitpunkte, wo er ihnen den berühmten, von ihm selbst erfundenen metallischen Farbenlustre zu verleihen begann (also bis 1518), geradezu den Stempel des Schlicht-Handwerksmäßigen zur Schau.

Geb. um 1465—70 in Intra am Lago Maggiore, scheint A. daselbst auch seine Lehrjahre als Gefäßbrenner verbracht zu haben. Hierauf trat er alsbald seine Gesellenwanderschaft an, die ihn, nachdem er in dem nahen Pavia keine Arbeit hatte finden können, schließlich bis in das Herzogtum Urbino gelangen ließ, wo die Majolikafabrikation damals bereits eine hohe Blüte erreicht hatte. Gleich seinem Bruder Salimbene, dem späterhin auch noch ein dritter Bruder namens Giovanni nachfolgte, ließ Giorgio A. sich 1485 in Gubbio, der Residenz des kunstsinnigen Fürsten Giov. Maria da Montefeltre, zu dauerndem Aufenthalte nieder. 1492 arbeiteten die Gebrüder A. mit Francesco di Giovanni da Borgo S. Sepolcro in gemeinsamer Werkstatt. Bald darauf aber eröffneten sie bereits für sich allein eine eigene Werkstatt zur Fabrikation von Krügen, Schüsseln und Gefäßen jeglicher Art. 1498 wurde ihnen auf ihr eigenes Ansuchen das Bürgerrecht der Stadt Gubbio verliehen; von einer Erhebung der Andreoli in den Patrizier- oder Adelsstand, von der in früheren Biographien dieser braven Majolicari so viel gefabelt worden ist, kann dagegen ebensowenig die Rede sein, wie von irgendwelchem Künstlerruhme, der ihnen angeblich bereits von ihren Zeitgenossen gespendet worden sein sollte. Bis 1518 arbeitete Giorgio mit seinem Bruder Salimbene in gemeinsamer Werkstatt.

Vom letzteren Jahre an, aus dem auch die erste mit seinem Namen signierte Majolikaschüssel mit metallischem Farbenlustre datiert ist, bis zum Jahre 1536, wo Giorgios Sohn Vincenzo aus der Werkstatt des Vaters ausschied, ist die eigentliche Blütezeit des Majolikakünstlers Giorgio A. zu rechnen. In dieser Zeit versah A. nicht nur die von ihm selbst bemalten Majolikagefäße mit seiner berühmten Lustreglasur, sondern auch diejenigen des urbinatischen Majolikamalers Xanto Avelli da Rovigo, des Orazio Fontana und anderer Majolicari von Urbino, Casteldurante (Urbania), Pesaro, Forlì etc. Zahlreiche Majolikagefäße aus der Werkstatt des Giorgio A. werden in den Mus. von Gubbio, Pesaro, Arezzo, Brescia, Venedig, Wien, Berlin, Braunschweig, London, Oxford, Paris etc. als kostbare Kunstschätze aufbewahrt. — Die Erfindung des Goldlustres wie auch der karminroten Lustreglasur wird dem Giorgio A. schon von C. Piccolpassi in dessen „Tre libri dell' arte del vasajo“ (1548) zugeschrieben; deshalb muß auch eine unsignierte, aber bereits von 1501 datierte, mit Rot und Gold lüstrierte Reliefplatte mit der Darstellung des Hl. Sebastian im Londoner South Kensington-Mus. als Arbeit des Giorgio A. betrachtet werden. Die Meistermarken Giorgios finden sich in Meyers Kstlerlex. (II 8 ff.) faksimiliert; bei voller Namensunterschrift bezeichnet sich A. als „Maestro Giorgio da Ugubio“. Es ist schwierig, die ganz eigenhändigen Werke aus der Menge der bezeichneten herauszufinden, da A. eklektisch die Eigentümlichkeiten anderer Fabriken z. B. Deruta u. Castel Durante nachahmte und auch die Ware fremder Werkstätten nachträglich lüstrierte und mit seiner Marke bezeichnete. Nach der Gruppierung von Falke zeigen die Arbeiten der ersten Periode A.s (1501—1518) eine Anlehnung an die Dekorationsweise von Deruta, dann tritt eine Vorliebe für Grotesken hervor in der Art von Castel Durante und erst seit 1525 finden sich die Istoriati, Majoliken mit rein figürlichen Darstellungen. Eine besondere Gruppe bilden die Teller mit einem Putto im Mittelfelde und Palmettenrande. Nach 1537 werden die Marken des Maestro Giorgio sehr selten; die letzten datierten Majoliken mit seiner Marke stammen aus dem Jahre 1541. (Näheres s. in O. von Falkes „Majolika“, Berlin 1896.) Der Meister starb um 1553 und hinterließ drei Söhne namens Giovanni Francesco, Vincenzo und Ubaldo, von denen Vincenzo (oder Cencio) die Kunst seines

Vaters weiterpflegte, während Giovanni Francesco sich der Rechtsgelehrsamkeit widmete.

Gius. Corona, La Ceramica, Milano 1879. — Alfr. Darcel, Not. des Faïences peintes Ital., Paris 1864. — A. Darcel et A. Basilewsky, Coll. Basilewsky; Catal. rais. préc. d'un essai sur les arts ind., Paris 1874. — H. Delange, Hist. des Peint. sur Majol. faites à Pesaro, Paris 1853. — Delange et Bornemann, Recueil des Faïences Ital., Paris-Londres 1867. — Demmin, Duide de l'amateur des Faïences, Paris 1873. — Raff. Erculei, Roma, Museo Artistico-Industriale, Roma 1889. — E. Fortnum, A descr. Catal. of the Maiolica hispano-moresco, London 1873. — Maiolica, a historical treatise ecc., London 1896. — A descr. Cat. of the Maiolica and enamelled earthenware of Italy, Oxford 1897. — L. Frati, Catal. della collez. di Geremia Delsette, Bologna 1844. — Del Museo Pasolini di Faenza, Bologna 1852. — Ang. Genolini, Maioliche Ital., marche e monogrammi, Milano 1881. — Theod. Graesse, Guide de l'amateur de Porcel. etc., Dresde 1864. — J. Greslou, Recherches sur la Céramique etc., Chartres 1864. — Vanzolini, Istoric delle Maioliche Metaurense etc., Pesaro 1879. — A. Jacquemart, Les Maioliques de la Collection Campana, Paris 1862, cf. Gaz. des B.-Arts XIII 297 ff. — Les Merveilles de la Céramique, Paris 1868. — J. Labarte, Histoire des arts ind. au Moyen-Age et à l'époque de la Renaissance IV, Paris 1866. — Vinc. Lazzari, Notizie delle opere d'arte e d'antichità della Raccolta Correr di Venezia, Venezia 1859. — C. Malagola, Memorie stor. delle maiol. di Faenza, Bologna 1880. — Od. Lucarelli, Memorie e Guida stor. di Gubbio, Città di Castello 1888. — E. Molinier, Les majoliques italiennes en Italie, Paris 1883. — Ders., Les majol. ital. de la Collection Spitzer, Paris 1892. — Gius. Raffaelli, Memorie ist. di Urbania (Casteldurante), Fermo 1864. — Seb. Ranghiasci, Not. geneal. della famiglia Andreoli, Perugia 1778. — Seb. Ranghiasci e Franc. Brancaleoni, Di M°. Giorgio da Gubbio etc., Pesaro 1857. — Ris-Paquot, La Céramique, Paris 1888. — J. C. Robinson, Catalogue of the Soulages Collection, London 1857. — F. Ugolini, Storia dei Conti e Duchi di Urbino, Firenze 1859. — G. M. Urbani de Gheltof, Note stor. ed art. sulla Ceramica, Roma 1889. — F. Jaennicke, Altes und Neues über Maestro Giorgio (Kunst u. Gewerbe, Nürnberg 1882, 6). — Bertolotti, Figuli etc. alla Corte di Mantova. — Famiglie illustri d'Italia, V. — Casati, Notice sur les Faïences de Deruta, Paris 1884. — Brongniart, Traité des Arts Céramiques, Paris 1854. — Brongniart et Riocreux, Description du Musée céram. de Sèvres (1845). — Antaldi, Catalogo d. raccolta Pesarese 1897. — Arte e Storia IV 355, XVII 57. — Giorn. di Erudiz. artist. I (1878). — Rass. Bibl. d. Arte ital. I 40, 57, 80. — Rivista d'Italia I, fasc. 5, p. 101 ff.; fasc. 6, p. 339 ff. — Arte ital. decor. ed industr., 1898 p. 37. — Bollettino d. R. Deput. di stor. patr. per l'Umbria IV 401 ff. — Nuova Rivista Misena I 31, III 48, VIII 29. — Arch. stor. d. Arte Ital. II 21, 91. — L'Arte I, ind. — Natura ed Arte 1898/99, II 913 ff., 1006 ff., 1900/1901, I 1 ff., 75 ff. — Gaz. des B.-Arts, Table alphab. I—XV, XVI—XXV, 2. pér. III 199, X 127, XVIII 974 f., XXIX 124, XXXI 52. — L'Art, 1884, p. 322. — Kunstgewerbebl., N. F., VIII 138. — Repertor. f. Kstwissensch. V p. LXVII, VI 146. — Jahrb. d. kgl. preuß. Kstsammlgn. IV 138, XV 43.

E. Scatassa.

Andreoli, Giovanni, Dekorationsbildhauer von italienischer Herkunft, tätig in Dänemark 1731—1734, hat dekorative Arbeiten in dem (abgetragenen) Schlosse Hirschholm ausgeführt.

F. J. Meier, Fredensborg Slot. (Kopenhagen 1880) S. 171—72. — Trap, Danmark (3. Ausg.) II S. 76.

A. R.

Andreoli, Giovanni di Pietro, Kunsttöpfer aus Intra am Lago Maggiore, in der 1. Hälfte des 16. Jahrh. mit seinen Brüdern Giorgio und Salimbene in Gubbio tätig. Seine Arbeiten sind von denjenigen seiner Brüder schwerlich zu sondern. Aus seinem Leben weiß man nur, daß er seinen Brüdern erst später nach Gubbio nachgefolgt ist, und daß seine Gattin Giulia ihn mit drei Söhnen namens Bartolomeo, Vincenzo und Giov. Maria beschenkte.

Literatur s. unter Andreoli, Giorgio di Pietro.

E. Scatassa.

Andreoli, Giuseppe, Goldschmied in Gubbio, fertigte, wie aus den Libri del Camerlengato del convento di S. Pietro hervorgeht (jetzt im Archivio Comunale zu Gubbio) für S. Pietro daselbst ein Pastorale, einen Kelch, zwei silberne Gefäße und anderes.

Lucarelli, Memorie e Guida storica di Gubbio, Città di Castello 1888 p. 464 *W. Bombe.*

Andreoli, Giuseppe, italien. Maler und Holzschnitzer, geb. 11. 1. 1720 in der Villa S. Possidonio (Herzogtum Mirandola), † 3. 4. 1776 in Mirandola. Erlernte die Malerei in Bologna gemeinschaftlich mit Giuseppe Peracini und war dann in Mirandola tätig. Für den dortigen Dom malte er ein jetzt nicht mehr vorhandenes Bild mit dem hl. Possidonio, für S. Francesco eine noch dort befindliche Himmelfahrt Mariae, für das Oratorio del Sagramento eine Verkündigung und für die Chiesa del Tramuschio ein kleines Bild mit dem hl. Luigi Gonzaga. Für den Dom in Mirandola schnitzte er auch eine Figur des hl. Possidonio, die noch dort bewahrt wird.

Fel. Ceretti in Memorie stor. Mirand. vol. XIII—XVI (tom. I delle Biogr. p. 16—18).

G. Degli Azzi.

Andreoli, Salimbene di Pietro, Kunsttöpfer aus Intra am Lago Maggiore, kam 1485 mit seinem Bruder Giorgio nach Gubbio und arbeitete dort mit diesem, wie mit einem dritten Bruder Giovanni und mit Francesco di Giovanni da Borgo S. Sepolcro 1492—97 in gemeinsamer Werkstatt. 1497 eröffneten die Gebrüder Andreoli dann eine eigene Werkstatt im Quartiere di S. Andrea nahe dem bischöflichen Palais zu Gubbio. Hier arbeitete Salimbene bis zu seinem 1523 eintretenden Tode. Seine Witwe Caterina verblieb mit ihrem Söhnlein Pier Simone in der Obhut des Giorgio A. — Im wesentlichen scheint

Salimbene (ebenso wie Giovanni A.) in der Werkstatt des Giorgio A. mehr nur die Rolle eines Gehilfen gespielt zu haben. Als selbständige Arbeiten des Salimbene betrachtet Jacquemart (Gaz. des B.-Arts XIII 299) einige Majoliken der Sammlungen Sauvageot und Campana (Louvre), die mit dem in J Meyers Kstlerlex. (II 11) faksimilierten und dort auf Giorgios Sohn Vincenzo A. gedeuteten Meisterzeichen mit dem *S* signiert sind.

Literatur s. unter Andreoli, Giorgio di Pietro. *E. Scatassa.*

Andreoli, Tommaso, italien. Maler, geb. 1868 in Borghetto Lodigiano. War auf der 4. venezian. Kunstausstellung mit feinen kleinen Genrebildern vertreten.

Rivista d'Italia vol. IV, fasc. 7, pag. 515 ff.; fasc. 8, pag. 686 ff. *R.*

Andreoli, Ubaldo, Fayencemaler in Gubbio, Schüler seines Vaters, des berühmten Giorgio Andreoli, arbeitete mit seinem Bruder Vincenzo in des Vaters Werkstätte, wie aus dem Gesellschaftsvertrag vom 21. 2. 1547 (Rogiti des Notars Antonio Blancardi Vol. 24, Arch. Not. Gubbio) hervorgeht. Die Erzeugnisse der Werkstätte der beiden Brüder werden meist als Arbeiten Giorgios bezeichnet. Es ist kein Monogramm oder Werkzeichen Ubaldos bekannt.

Ranghiasci, Not. genealogiche della famiglia Andreoli di Gubbio, orig. di Pavia, Perugia, Riginaldi 1778, wieder abgedruckt bei Vanzolini Istorie etc. Vol. II. — Bonfatti, Stor. d. famiglia Andreoli, famiglie illustri d'Italia Vol. V Florenz 1884. — Lucarelli, Memorie e Guida storica di Gubbio, Città di Castello 1888 p. 455. — Mazzatinti, Per Mastro Giorgio, (Festschrift zur Vierhundertjahrsfeier des Meisters) Forlì 1898 p. 5. — Mazzatinti, Per Mastro Giorgio Andreoli in Gubbio Rivista d'Italia Juni 1898 p. 340—45. *W. Bombe.*

Andreoli, Vincenzo (oder Cencio) di Giorgio, Kunsttöpfer und Majolikamaler in Gubbio, neben seinem Vater Giorgio di Pietro der einzige Andreoli, der zu höherem Künstlerrufe gelangte. Die Datierungen seiner bald mit C (= Cencio) bald mit N (= VIN-cenzo) signierten Majoliken laufen von 1519 bis 1540; — falls Ranghiascis Vermutung, daß Vincenzo A. identisch sei mit dem Maestro Prestino da Gubbio und daß „Prestino“ nur ein Beiname des „eilfertigen“ Meisters Vincenzo gewesen sei, sich bestätigen sollte, würden sie sogar bis 1557 zu rechnen sein. — Nachdem Vincenzo A. bereits 1536 aus der väterlichen Werkstatt ausgeschieden war, arbeitete er mit dem dort erlernten Geheimnis der Lustreglasur in eigener Werkstatt weiter. Der Künstler war zweimal verheiratet und hatte aus erster Ehe zwei Söhne und zwei Töchter, aus zweiter Ehe zwei Töchter und einen Sohn; jedoch scheint keiner seiner Söhne die Kunst des Vaters weiter betrieben zu haben, da mit dem 1573 eintretenden Tode des Vincenzo A. die Majolika-Fabrikation in Gubbio völlig erloschen ist.

Meyer, Kstlerlex. (mit den Meistermarken). — O. v. Falke, Majolika (Berlin 1896). — Weitere Literatur s. unter Andreoli, Giorgio di Pietro. *R.*

Andreolo, Bildhauer aus Como, tätig um 1299.

Zani, Encicl. II 109. *F. Malaguzzi-Valeri.*

Andreolo, Holzschnitzer in Venedig. In einem Dokument vom 20. 8. 1382 im Staatsarchiv ist erwähnt „Andriollus intaiator“.

Arch. Veneto T. XXXIII parte II (1887) 414. *L. Ferro.*

Andreolo, venezian. Architekt und Bildhauer des 14. Jahrh. in Padua etc. tätig, s. *Santi,* Andreolo dei.

Andreolo Lombardo, Bildhauer oder Steinmetz in Pisa, urkundlich erwähnt 1304 beim Dombau.

C. Lupi in Arte Antica Senese (1904) p. 366. *

Andreolo di Martino, Maler in Perugia, 15. Jahrh. Aufgeführt in der Matrikel der dortigen Malergilde.

Rassegna Bibliograf. d. Arte ital. II 221. *

Andreolo, s. auch *Andriolo.*

Andreone, Ornamentmaler in Bologna, erste Hälfte des 17. Jahrh.

Malvasia, Felsina Pittrice II 391. ***

Andreoni, Francesco, römischer Porträtmaler, nach Zani, Enc. um 1698 tätig. Nur bekannt durch zwei nach ihm von Jean Collin („Effigies Jacobi Pignatelli V. C. L. E. Cryptaleis ju. Salentinis. Franc. Andreonjus eff.“) und Hubert Vincent („Carol. Joseph Imbonatus Mediolan. Congr. Ref. S. Bernard. Ord. Cisterc.“) gestochene Porträts.

Meyer, Kstlerlex. ***

Andreoni, Nicolò, Bildhauer in Florenz um 1740 tätig.

Zani, Enc. II 110. ***

Andreoni, Orazio, italien. Bildhauer der Gegenwart, ist der Schöpfer einer Anzahl von Werken, die z. T. in englischen und amerikanischen Besitz übergegangen sind, z. B. die Büste des Colonel Franklin Fairbanks und die Marmorfigur der Ruth im Besitz der Mrs. Frank H. Brooks. Schon 1884 hatte er auf der Turiner Ausstellung mit seiner Statue „Der Pharisäer“ Erfolg und auf der akadem. Kunstausstellung in Berlin 1892 fielen seine naturalistisch bemalten Terrakottafiguren eines Mohren und einer Mohrin auf. Auf der Münchener Ausstellung 1893 wurde seine Statue „Messalina“ wegen der virtuosen Technik gelobt.

Archivio storico d'arte III 343. — A. R. Willard, History of modern italian art p. 214. — Zeitschr. f. bild. Kst., N. F. III 256, IV 106. *R.*

Andreosi, Francesco (auch Androsi), Bildhauer in Padua, geb. 1713, † 1785, wohl einer der vielen Nachfolger des Bonazza. Von ihm im Dome eine bezeichnete Statue des hl.

Gregorio Barbarigo, Bischofs von Padua zwischen 2 Engelstatuen u. im Prato della Valle 6 von den Statuen berühmter Paduaner. Vermutlich war *Sebastiano Andreosi,* der 1776 zum zweiten Vorsteher der Steinmetzenzunft ernannt wurde, sein Sohn.

Brandolese, Pitture etc. di Padova p. 133. — Rossetti, Descrizione etc. di Padova p. 136. — Moschini, Guida di Padova pp. 78, 232 f. — Pietrucci, Biografia degli Artisti Padovani. *R.*

Andreotti, Federigo, italien. Maler, geb. in Florenz 6. 3. 1847. Ausgebildet unter Pollastrini, Ussi und Tricca an der Florentiner Akad., die ihm später mit einer Ehrenpension den Professortitel verlieh, malte er als junger Künstler im Auftrage des Königs von Italien ein großes Savonarola-Bild und war außerdem in Florenz und Rom mehrfach mit dekorativen Malereien in Tempera und Fresko beschäftigt. Späterhin war er hauptsächlich als Genremaler tätig und erlangte namentlich mit seinen Kostümdarstellungen aus dem 17. und 18. Jahrh., die auch auf den außeritalienischen Kunstausstellungen gern gesehen waren, große Popularität.

Gubernatis, Diz. degli Artisti ital. viventi. — Meyer, Kstlerlex. — Bötticher, Malerwerke des 19. Jahrh. — Kunst f. Alle 1890, 1891. — Zeitschr. f. bild. Kunst XVII 632; XIX 170 f., 549; XXIII 230, 335. — Kunstchronik XXIII 571; XXIV 75, 648; N. F. III 51; V 416. — Graves, Royal Academy 1879—83. — Münchener Glaspalast-Ausstg., Katal. 1900. *R.*

Andreotto di Bartolommeo, Glockengießer in Pisa, Sohn des Bildhauers und Architekten Bartolommeo Pisano, der ebenfalls als Glockengießer beglaubigt ist. Laut inschriftlicher Angabe goß A. 1258 die große Hauptglocke des Campanile von S. Michele bei Lucca, sowie gemeinschaftlich mit seinem Vater auch die dritte Glocke desselben Campanile. Ebenso ist As. Bruder Loterigus mit seinem Vater Bartolommeo auf einer der Glocken dieses Campanile inschriftlich als Gießer beglaubigt.

Morrona, Pisa illustrata (2. Ausg. Livorno 1812) II 415 f. *

Andreozzi, Antonio Francesco, Bildhauer aus Siena um 1700, Schüler des Ercole Ferrata, stand 1720 in Diensten der Statthalterin von Siena, der Prinzessin Violante von Bayern. Er ahmte den Stil Lorenzo Berninis nach, wie seine Statuen der Treue und der Schiffahrt in der S. S. Annunziata (Kapelle Ferroni) und sein S. Andreas in S. Michele zu Florenz bezeugen. Er war auch als Gehilfe des Giov. Batt. Foggini tätig.

Bottari, Raccolta di lettere II p. 126—7. — Bruno-Carlieri, Ristretto delle cose più notabili di Firenze 1767 p. 40. — Meyer, Kstlerlex. — Richa, Not. istoriche III 210, VIII 36. *W. Bombe*

Andrés, span. Buchmaler zu Toledo. Ein von Pedro Sanchez 1432 geschriebenes Chorbuch illuminierte er in Gold und Farben.

Rico y Sinobas, caligr. españ. S. 7. *M. v. B.*

Andres, Meister, arbeitete 1495 mit Meister Nicolas die Chorstühle des Klosters Sta. Maria zu Naxera in Spanien. Der Abtstuhl wurde mit 40 000 Maravedi bezahlt.

Cean Bermudez, Dicc. I 30. — Martí y Monsó, Estud. histor. artist. S. 87 etc. — Garrán, S. Maria la Real de Najera 1892. △

Andres. Ein Holzbildhauer Andres mit seinem Sohne wird beim Bau des Brieger Schlosses 1556 urkundlich erwähnt.

Kstdenkm. Schlesiens V 516. *C. Buchwald.*

Andrés, Künstlerfamilie, die im 18. Jahrh. an der Fayencefabrik in Alcora bei Valencia tätig war. Es werden genannt: *Cristobal,* 1783 Modelleur; *Francisco I.,* 1743—1750 Modelleur; *Francisco II.* 1783 Modelleur; *Gabriel I.,* 1743—1750 Maler; *Gabriel II.,* 1794 Maler (der bedeutendste); *Jaime,* 1728—1737 Maler; *Mariano I.,* 1739—1750 Maler; *Mariano II.,* 1789; *Miguel,* 1743—1750 Maler.

Riaño, Industr. Arts Spain p. 195, 196. *M. v. B.*

Andres, Fr., deutscher Goldschmied um 1602.

Th. Distel, Arbeiten der Goldschm. D. Roett . . ., Frz. Andres etc. in der Zeitschr. f. Museologie 1884. **

Andres von Kempten, Architekt zu Weißenburg, wahrscheinlich Werkmeister der Abteikirche daselbst, nahm teil an der Abfassung der Statuten der deutschen Bauhütten in der Generalversammlung zu Regensburg 1459.

Heideloff, Bauhütte des Mittelalters p. 42, 45 (hier irrtümlich Kobnaten gen.). **

Andres (Andreas) von Kolmar, ein Maler, der seinerzeit von Bedeutung gewesen sein muß. Auf seine Mitteilungen beruft sich eine in der früheren Straßburger Bibliothek befindliche, wohl schon im 14. Jahrh. verfaßte Sammlung von Farbenrezepten.

Eastlake, Materials for a History of Oil Painting I 126. **

Andrés, Lazaro, span. Maler in Medina del Campo. 1615 schätzten er und Jeronimo de Calabria aus Valladolid den Retablo der Kirche S. Maria del Castillo in Villaverde, welchen Pedro und Diego Díaz angefertigt hatten.

Martí y Monsó, Estud. histor. artist. 24. *M. v. B.*

Andres, Mathäus, Kunstschlosser in Ingolstadt, verfertigte 1561 das schöne, im Stile der Kleinmeister gehaltene, schmiedeeiserne Gitter im Mittelschiff der Stadtpfarrkirche in Ingolstadt.

H. Lüer, Gesch. d. Metallkst. I 119. **

Andres Mathis, Stadtwerkmeister in Bern 1515—27 (oder noch später), erscheint in den Stadtrechnungen alljährlich unter dem Namen Meister Andres. Daß er Andres Mathis hieß, erfahren wir durch den Chronisten Anshelm IV 36. Möglicherweise ist er der Meister Andress, der für Arbeiten an dem reliefierten Taufstein im Chor des Münsters 1525 10 Kronen erhielt.

Briefl. Mitt. d. Herrn Dr. Fluri. **

Andres, Otto, Figuren- und Landschaftsmaler in Berlin, geb. in Breslau 16. 8. 1855, Schüler der Berliner Akad. 1875—81. Von ihm das Deckenbild in der Musikhalle Elberfeld, ferner die Illustrationen: Skatalbum (Verl. J. J. Weber, Leipzig) und Humoristische Bilder aus dem Kaufmannsleben (Verl. Brettinger, Stuttg.). Auf der Internat. Kunstausstellung in Berlin 1891 waren von ihm die Bilder: Alter schützt vor Torheit nicht und das Porträt eines Herrn M.; auf der großen Berliner Kunstausstellung 1904 das Bild: Die Iser. **

Andres von Prewsen (Preußen?), Maler zu Nürnberg, wird von Murr aus den alten Steuerregistern zum Jahre 1438 als auf der Sebalder Stadtseite wohnend namhaft gemacht. Möglich, daß er mit dem schon zum Jahre 1418 angeführten Maler Andres Eysenbloser oder mit dem 1427—1430 auf der Sebalder Seite erscheinenden „Endres Moler" oder mit beiden zu identifizieren ist. Über seine Tätigkeit wissen wir nichts.

Murrs Journal zur Kstgesch. etc. XV (1787) S. 31. — Thode, Die Malerschule von Nürnberg S. 262. *Th. Hampe.*

Andres, s. auch *Anders* u. *Andreas.*

Andresen, Meister, als Bildhauer 1581—1583 am Hofe des Herzogs Julius von Wolfenbüttel erwähnt (1). Wohl derselbe, der in derselben Zeit in der Schloßkapelle von Gröningen, der ehemaligen Residenz der Bischöfe von Halberstadt, arbeitete (2).

1. Mithoff, Mittelalt. Kstler. Niedersachsens u. Westfalens. — 2. Bau- u. Kunstdenkm. der Prov. Sachsen IV. Heft XIV 72.

Andresen, Emerich, Bildhauer (Professor, Vorsteher der Bildhauerateliers der k. Porzellan-Manufaktur in Meißen), geb. 20. 2. 1843 zu Ütersen in Holstein, † 7. 10. 1902. Er war Schüler des Bildhauers Vivié in Hamburg, später von Hähnel in Dresden. Seine erste selbständige Arbeit war die Statue „Gefesselte Psyche", die 1871 auf der Berliner Kunstausstellung erschien und von Kaiser Wilhelm I. für das Berliner Schloß angekauft wurde. Ebenso fand eine zweite Marmorstatue „Genius des Ruhmes" auf der Wiener Weltausstellung 1873 Beifall und Auszeichnung. Ende der siebziger Jahre entstanden figürliche Dekorationen für das Thaulow-Mus. (dem er auch eine Replik seiner Psyche verehrte) und für die k. Jacht Hohenzollern. Ferner fällt in diese Zeit der Zyklus nordischer Götter und Helden in Holzschnitzerei (im Auftrage des Herrn Koopmann in Hamburg). Zu seinen besten Arbeiten zählen dann das Hölderlindenkmal in Tübingen und das am 11. 6. 1887 enthüllte Gutzkowdenkmal auf dem Georgsplatze in Dresden. — Eine gewisse Popularität gewannen seine Terrakottagruppen der 4 Jahreszeiten in Gestalt von Kindern, ferner die oft wiederholte Brunnenfigur „Knabe mit Frosch" und die Statuetten „Onkel Bräsig" und „Mamsel Westfalen". — 1886 zum Vorsteher der Gestaltungsabteilung der k. Meißener Porzellanmanufaktur ernannt, modellierte er u a. eine Büste des Erfinders J. Fr. Böttger zur Ausführung in Porzellan.

W. Loose, Lebensläufe Meißener Kstler., Meißen 1888. — Zeitschr. f. bildende Kst. und Kst. für Alle passim. **

Andresohn, Erasmus (fälschlich Andreasohn oder Andersohn, auch Anderson genannt), Kupferstecher und Schönschreiber in Leipzig, der Herkunft nach Däne, geb. 1651 in Mariboe auf Laaland, † in Leipzig 14. 1. 1731, 79 Jahre alt. Nach der Aufschrift einer jetzt verschollenen, 1680 datierten Tuschzeichnung von ihm, die Füssli erwähnt, war er, ehe er sich in Leipzig niederließ, in Magdeburg als „bestallter Schreib- und Rechenmeister" tätig. Nach Leipzig muß er bald nach 1680 gekommen sein, denn seit 1682 war er ständiger Mitarbeiter der Acta Eruditorum, der bekannten kritischen Monatsschrift, die seit diesem Jahr in Leipzig bei Johann Groß erschien. Die zahlreichen Illustrationen dieser Zeitschrift stammen zum größten Teil von der Hand A.s, diejenigen der ersten vier Jahrgänge (1682—1685) wohl ausschließlich. Am 4. 6. 1689, im Alter von 39 Jahren, erlangte er für sich wie für zwei Kinder das Leipziger Bürgerrecht. Er muß bei den Leipziger Verlegern guten Verdienst gefunden haben: im März 1697 kaufte er sich ein eigenes Haus für 3300 Taler. Er war ein mittelmäßiger Stecher, schon Heinecken bezeichnet ihn als solchen. Seit 1711 war er nebenbei für die Leipziger Ratsbibliothek als Schönschreiber tätig. Er malte die Schrifttafel über deren Eingang, lieferte 100 hölzerne Schrifttäfelchen für die Bücherschränke, versah 2900 Bücherrücken mit Aufschriften und schrieb die Bibliotheksrechnungen ins reine. A. verdient schon deshalb Beachtung, weil er Martin Bernigeroth d. Ä., das Haupt der Leipziger Porträtstecher des 18. Jahrh., in der Kunst unterrichtet hat. Dieser war 1685 als fünfzehnjähriger Knabe bei ihm in der Lehre. Ein anderer Schüler A.s war der Leipziger Porträtstecher und Illustrator Johann Georg Mentzel (1677 bis 1743). — In der Stadtbibliothek in Leipzig befindet sich eine Zeichnung von A.s Hand: die Kreuzabnahme, eine sorgfältige, wenn auch trockene Kopie des Vorstermannschen Stiches nach Rubens Gemälde, in Tusche auf Pergament, auf eine Holztafel gezogen, 47 × 70 cm, bezeichnet rechts unten auf einem Stein in Tinte: Erasmus Andre Sohn Mariboa Danus fecit Anno 1684 D. 21. Martij.

Dem Verzeichnis seiner Stiche in Meyers

Kstlerlex. sind hinzuzufügen: ein Plan der Stadt Mittweida und die Illustrationen in den Acta Eruditorum (1682—1728): Nachstiche von Abbildungen aus darin besprochenen neuen Büchern (Darstellungen von Tieren, Pflanzen, Mineralien, Instrumenten, Inschriften, Reliefs, Gefäßen, Gemmen, Münzen u. a. Kunstdenkmälern sowie medizinischen Operationen, ferner geometrische Figuren, topographische und astronomische Karten u. a.), z. T. mit seinem Namen bezeichnet. Bei No. 13 des Meyerschen Verzeichnisses „Die Apotheose Homers" handelt es sich um eine Tafel aus den Acta Eruditorum (XIV Jg. 1683).

W u s t m a n n, Der Leipziger Kupferstich im 16., 17. und 18. Jahrh. (Neujahrsblätter d. Bibl. u. d. Arch. d. St. Leipzig III 1907 S. 26—31). — H e i n e c k e n, Dict. I 233. — F ü s s l i, Neue Zusätze. — G e y s e r, Gesch. d. Mal. in Leipzig S. 53. — N a g l e r, Kstlerlex. I 112. — O t t l e y, Notices. *A. Ky.*

Andressen, J o h a n n (auch Hans Petersen), Baumeister aus Holland, tätig 1591 in Hamburg.

Hamb. Kstlerlex. *E. Benezé.*

Andreu „l e M a s s o n", Werkmeister, wird 1401 Nachfolger des Pierre Perrat am Bau der Kathedrale von Metz, jedoch ist sein Anteil an dem Werke im besonderen nicht mehr zu bestimmen

K r a u s, Kunst u. Altert. i. Els.-Loth., Bd. III, Lothringen, p. 500. *De.*

Andreú, F e l i p e, spanischer Bildhauer, geb. 1757 in Valencia. Er erhielt seine Ausbildung an der Escuela de San Carlos, wurde 1803 Akademiker, und 1821 nach Pensionierung des Don Francisco Alberola Akademiedirektor. Seine bekanntesten Werke sind eine „Kreuzabnahme" (kleine plastische Gruppe) und „Alexanders Fußfall vor dem Oberpriester" (Flachrelief, jetzt in der Academia Real de San Fernando befindlich). Andreú starb am 15. 7. 1830.

A l c a h a l i, Diccionario Biografico de Artistas Valencianos. (Valencia 1897.) *

Andreu, R a m o n, span. Goldschmied in Gerona, welchem 1357 die Ausführung des unteren Teils des großen Silberaltars der Seo, welchen Maestro Bartolomé begonnen hatte, übertragen wurde.

V i ñ a z a, Adic. I 15. — D a v i l l i e r, Orfévr. p. 162. *M. v. B.*

Andreu y Ferrandix, E s t e b a n, span. Bildhauer in Valencia. 1629 lieferte er für die Fassade der Kirche S. Miguel de los Reyes ein Relief die hl. drei Könige darstellend.

A l c a h a l i, Art. Valenc. S. 345. *M. v. B.*

Andreu-Sentemens, T e o d o r o, span. Maler des 19. Jahrh., geb. zu Alcira (Prov. Valencia), Schüler von Joaquin Sorolla und der Akad. S. Fernando in Madrid, hatte seine ersten Erfolge auf den Madrider Ausstellungen von 1897 und 1904. Wir nennen von seinen Werken: Die Sirup-Fabrikation; Erlöschendes Feuer; Kalkstein-Turm; Ein Gartenfest; Die Launenhafte; Winter-Abend; Vor Hunger sterbend; Rückkehr von der Arbeit; Der Bolero. *P. Lafond.*

Andreucci, A l b e r t o, toskan. Landschaftsmaler des 19. Jahrh., ausgebildet und tätig in Florenz. Stellte 1887—1892 in Florenz, Venedig, Palermo etc. viele ausgezeichnete Freilicht-Landschaften und Volksszenen aus, die hauptsächlich Motive aus der sienesischen Campagna behandelten.

G u b e r n a t i s, Diz. d. art. ital. viventi p. 566. *R.*

Andreuzzo, Enkel eines maestro Stuffo, Bildhauer in Orvieto, wo er gegen Ende des 13. Jahrh. unter der Leitung des Ramo di Paganello da Siena am Dombau beschäftigt war.

L. F u m i, Il Duomo di Orvieto (Rom 1891) p. 309. *

Andrew, Lithograph und besonders Holzschneider, tätig um die Mitte des 19. Jahrh. in Paris, teils allein, teils mit Best und Leloir. Er arbeitete mit am „Magasin Pittoresque" und anderen hervorragenden Journalen, die den wohlfeilen Holzschnitt dem weit teureren Kupferstich vorzogen und dadurch das Holzschnitt-Verfahren populär machten. A. führte auch Vignetten nach Tony Johannot, L. Boulanger, Monnier, Gigoux u. a. aus. Seine Arbeiten gehören jener Epoche der Holzschneidekunst an, in der der Künstler der Linienführung des Zeichners möglichst getreu zu folgen suchte, um auf diese Weise Faksimile-Wirkung zu erzielen.

M e y e r, Kstlerlex. — N a g l e r, Monogr. I. — B é r a l d i, Grav. du XIXe s. — Gazette d. B.-A. Sér. I, vol. XXII 466; vol. XXIII 368. — Invent. des richesses d'art. Province, Mon.-civ. II 54 und 127. — A. F i r m i n D i d o t, Essai sur l'histoire de la gravure sur bois. Paris 1863. *J. Guibert.*

Andrew, G e o r g e T., Sohn des John Andrew (siehe dort), Kupferstecher, Leiter der Firma John A. und Son.

Andrew, J o h n, amerikan. Holzstecher, geb. 11. 3. 1815 in Hull, England, † 24. 1. 1870 in Boston. Ging zu einem Kupferstecher in die Lehre, widmete sich darauf 2 Jahre dem Studium des Holzstiches. Er kam 1848 nach New York und lieferte wohl um diese Zeit seine schönste Arbeit. Siedelte 1850 nach Boston über, leitete dort die Holzsticharbeiten für „Gleasons Pictorial", eine illustrierte Zeitschrift. Bildete mit zwei anderen Stechern 1852 die Firma Baker Smith and Andrew, und verband sich 1858 mit einem früheren Lehrling, namens Filmer; beide Verbindungen waren von kurzer Dauer. Im Jahre 1869 gründete er mit seinem Sohne George T. Andrew die jetzige Firma John Andrew & Son. Die Arbeiten aus der Blütezeit unseres Stechers gehören zu dem Besten was z. Z. in den Vereinigten Staaten hervorgebracht wurde. Zu seinen besten Arbeiten zählen folgende:

Heath, Beauties of the Opera, London 1844, nach Darley; Arabian Nights 1845, nach Harvey, zart und schön gestochen; The mysteries of Paris, London 1845, nach Valentin; The wandering Jew, 1846, nach dems.; Sketchbook, 1850 und andere Blätter (1849), nach Darley; Knickerbocker's History of New York u. a. m.

Meyer, Kstlerlex.

Andrew, Richard, amerikan. Maler, geb. 1867, studierte unter Dennis Miller Bunker, an der Normal Art School of Massachusetts und der Julian Academy und École des Beaux Arts, Paris. Hat Gutes geleistet in Porträts und auch in Wand- und Deckendekorationen, z. B. in „Dream Wold" House von T. W. Lawson Esq.

Art Bulletin 1896. *Edmund von Mach.*

Andrewes (oder Andreas), Maler in Hamburg, 16. Jahrh. Beim Bauhof angestellt, reinigte die Bilder im Rathaus.

Mitt. d. Ver. f. Hamb. Gesch. II 2. — Mithoff, Mittelalt. Kstler. u. Werkmstr. Nieders. und Westf. *E. Benezé.*

Andrews, D. R., Miniaturmaler in London, stellte 1820 das Porträt von H. Colewell in der Roy. Acad. aus.

Graves, Roy. Acad. Exh. I 35. **

Andrews, Edward William, Maler in London, stellte 1875—1897 in der Roy. Acad. meist Porträts aus. Im erstgenannten Jahre war er auch mit einer Mondscheinlandschaft „King's Lynn" und 1884 mit dem radierten Porträt von Cardinal Manning vertreten.

Graves, Roy. Acad. Exh. I 35. **

Andrews, Eliphalet Frazer, amerikan. Maler, geb. 11. 1. 1835 in Steubenville (Ohio), absolvierte Kenyon College als jüngster Student in der Geschichte des College. 1859—63 ging er nach Düsseldorf, wo er unter Mücke und Knaus studierte. 1874 ging er nochmals nach Europa und studierte in Paris unter Bonnat. Drei Jahre später ließ er sich dauernd in Washington nieder, wo er sich den Ruf eines guten Porträtmalers erworben hat. Seine Hauptbedeutung liegt in seinem Lehrberuf. Zehn Jahre lang unterrichtete er unentgeltlich an der Corcoran Art Gallery. Bei der Eröffnung der Corcoran Art School wurde er ihr erster Präsident, eine Stellung, die er mit großen Ehren 25 Jahre inne hatte. *Edmund von Mach.*

Andrews, George Henry (R. W. S., F. R. G. S.), Marine- und Aquarellmaler in London, geb. in Lambeth 1816, † in Hammersmith 31. 12. 1898. Er war Ingenieur von Beruf, widmete sich aber dann ganz der Malerei und stellte seit 1840 in der Old Water Colour Society nicht weniger als 368 Bilder, in der Roy. Acad. in den Jahren 1850—55 nur 5 Bilder aus. Er zeichnete auch für die Illustrated London News und für den Graphic.

Graves, Diction. of artists; derselbe Roy. Acad. Exh. I. — Bryan, Dict. of painters. — Redgrave, Water Colour Paintings in the South Kensington Mus. 1879 p. 71. **

Andrews, H., engl. Zeichner, stellte 1795 eine „Zeichnung nach der Natur" in der Royal Academy aus. **

Andrews, H., engl. Genremaler in London, stellte 1830—1838 in der Roy. Acad. aus. Nach Redgrave ein geschickter Künstler, der aber dann im Auftrage gewissenloser Händler Watteaubilder fälschte und seine Kunst entwürdigte. Er starb 30. 11. 1868.

Redgrave, Dict. — Graves, Roy. Acad. Exh. I 36. **

Andrews, Henry, engl. Zeichner, geb. in der zweiten Hälfte des 18. Jahrh., lebte in London. Ursprünglich zum Künstler erzogen, fertigte er später ausschließlich zu wissenschaftlichen Zwecken kolorierte Zeichnungen von Pflanzen. Er soll auch mehrere der Bll. in den folgenden Werken selbst geätzt haben. Die Zeichnungen sind nicht ohne Mängel. 1. The Botanist's Repository etc. London 1797—1814. 10 Bde. Mit 664 Taf. 4. — 2. Coloured Engravings of Heaths. 1802 f. 4 Bde. Mit 288 Taf. Fol. Kleinere Ausgabe: Heathery or a Monograph of the Genus Erica. London 1804. 6 Bde. Mit 300 Taf. 4. — Geraniums or a Monograph of the Genus Geranium. London 1805. 2 Bde. Mit 124 Taf. 4. — 4. Roses. London 1805—1828. 2 Bde. Mit 129 Taf. 4. **

Andrews, J., engl. Maler des 18. Jahrh., bekannt durch das von James Johnson nach ihm in Schabmanier ausgeführte Blatt: Besuch der Maria bei Elisabeth. **

Andrews, James, engl. Blumen-Zeichner und -Maler, tätig um 1830—1861. Nach seinen Zeichnungen: 1. Flora's Gems or the Treasures of the Parterre. 12 Blumensträuße nach der Natur gez. und kol. Mit poet. Text von L. A. Twamley. London 1830. Fol. — 2. The Floral Magazine (Zeichnungen von Gartenblumen). Die Illustr. von Walter Fitch und J. Andrews. Text von Moore und Dombrain. 3 Bde. London 1861. Imp. 8.

2 kleinere Aquarelle, Studien von Dahlien und Iris, bewahrt das Kupferstichkabinett im British Mus. — Gravés, Roy. Acad. Exh. I 36 verzeichnet: Ein Porträt des Ernest Andrews von der Hand des James Andrews 1868; letzterer vielleicht der Obige.

Meyer, Kstlerlex. — Binyon, Catal. of drawings I 30. **

Andrews, John, Maler in London, stellte als Honorary Exhibitor 1825—1860 eine lange Reihe von Herren- und Damenporträts und Fruchtstücken in der Roy. Acad. aus.

Graves, Roy. Acad. Exh. I 36. **

Andrews, Joseph, amerikan. Kupferstecher, geb. Hingham, Mass., 17. 8. 1806, † 7. 5. 1873. Lernte die Anfangsgründe der Kunst beim Stecher Abel Bowen in Boston. Ließ sich 1827 in Lancaster, Mass., nieder und fertigte dort Stiche für „Token" und andere literarische Publikationen. Besuchte 1835 England, wo er unter J. Goodyear's Leitung arbeitete. Eine spätere Europareise führte ihn (1840) nach Paris und Florenz, wo er eines seiner besten Blätter, den „Herzog von Urbino" nach Tizian stach. Zu seinen besten Arbeiten zählen ferner: Landing of Pilgrims at Plymouth Rock, nach Rothermel; George Washington, nach Stuart; Franklin, nach Duplessis; John Quincy Adams, nach Healy.

W. S. Baker, American Engravers. — Meyer, Kstlerlex. — S. R. Köhler, Rede bei der Gedenkfeier im Boston Art Club 1873. — Appleton, Cycl. Americ. Biography.
E. Richter.

Andrews, R., engl. Maler, stellte 1793 und 1794 Architektur- und Landschaftsbilder in der Royal Acad. aus. — Vielleicht derselbe wie *R. C. Andrews,* der daselbst 1798 das Bild: Watermill on the Wye ausstellte.

Graves, Roy. Acad. Exh. I 36. **

Andrews, R. H., Maler in London, stellte 1854 in der Roy. Acad. „Garden of Somerleyton Hall" aus.

Graves, Roy. Acad. Exh. I 36. **

Andri, Ferdinand, österreich. Maler u. Lithograph, geb. 1. 3. 1871 in Waidhafen a. d. Ybbs (Nied.-Öst.), Schüler der Wiener Akad., dann in Karlsruhe bei Kaspar Ritter und Claus Meyer weitergebildet, lebt in Wien als einer der hervorragendsten Vertreter der modernen Richtung. Das Leben des niederösterr. Bauern schildert er in seinen Studien und Gemälden („Butterbäuerinnen" u. a. in der Modernen Galerie zu Wien, „Wochenmarkt" in der Berliner Nat.-Gal.) hervorragend in Zeichnung und Wiedergabe der Volkseigentümlichkeiten. Er ist auch Maler-Lithograph, besonders zu erwähnen ein größeres Blatt „Wochenmarkt mit Landleuten". Gelegentlich fertigt er auch Holzschnitte (in „Ver sacrum"), schnitzt Kinderspielzeug. 1895 lieferte er für eine Ausstellung in der Wiener Sezession ein Taufbecken mit einer Halbfigur des Täufers aus vergoldetem Holz.
Schrey.

Andriani. Andriani inv. et sculpt. an 1763 ist eine Radierung bezeichnet, die eine Dame von hinten gesehen in Landschaft mit einem Windhund spazierend darstellt.

Meyer, Kstlerlex. *P. K.*

Andric, Alois, Maler, geb. zu Sebenico in Dalmatien den 17. 1. 1832, † ebenda 1864, beschäftigte sich zunächst als Autodidakt mit Zeichnen und Malen. Einige dieser Versuche kamen dem Maler Salghetti in die Hände, der ihn nun erst selbst unterrichtete und dann für seine weitere Ausbildung in der Akad. zu Wien sorgte. Sein Bild, hl. Nikolaus ein junges Mädchen mit ihrem Vater segnend (Ausstellung von 1852), fand sowohl in Wien als in Venedig Anerkennung. — Die hinterlassenen Arbeiten des jung verstorbenen Künstlers kamen in den Besitz des Malers Salghetti zu Zara.

Kukuljevic, Slovnik umjetnikah jugoslovenskih. **

Andrich, Gebrüder, Bildhauer aus Curzola, führten 1506 in Ragusa, nach Zeichnung des Architekten Pasquale di Michele, den Palazzo Fontico (jetzt Dogana Grande) aus, einen vorzüglichen Bau, in dem sich der venezianisch-gotische Stil mit dem der Frührenaissance verbindet.

C. v. Fabriczy in Archivio Stor. Ital. ser. 5, t. XV 316—319. *G. Degli Azzi.*

Andrier, Sohn des Jacquemin, Goldschmied aus Freiburg (Schweiz), erhielt in Savoyen 1411 Bezahlung für einen kugeligen Reliquienbehälter aus Gold und 1415 für eine Vergolderarbeit.

M. de Tochtermann bei Brun, Schweiz. Kstlerlex. 37. **

Andries, Goldschmied, Harlem, erhielt 1474 3 fl. rhein. für das Kreuz des heil. Grabes in der Kathedrale daselbst.

Willigen, Art. de Harlem, II. Aufl., I 50.

Andries, Michael, sonst unbekannter holländischer Miniaturmaler, der sich nach auf archivalischen Notizen beruhenden Mitteilungen Eichhorns (s. Meyers Kstlerlex.) um 1748 in Stockholm aufhielt und im April 1749 nach Amsterdam zurückkehrte. Es werden in Meyers Kstlerlex. zwei 1748 datierte Gouachegemälde im Museum Hammer in Stockholm aufgeführt, die jedoch im Auktionskatalog der Sammlung (Köln 1892—1895) nicht mehr verzeichnet sind. ***

Andries, Nicolaes, Maler in Antwerpen, wird 1551 Meister in der St. Lukasgilde und nimmt nach den Liggeren 1557 den Anthony van Santvliet als Schüler an.

Andriessen, A., malte das Porträt des Grafen Ulrich v. Ost-Friesland († 1648), gestochen von C. Coninck.

Andriessen, Anthony, der Bruder und Schüler von Jurriaan A., geb. in Amsterdam 23. 1. 1746. 1766 wurde er Mitglied der städt. Zeichenakad. und bekam dort drei Preise. Öfters besorgte er die Staffage in den Werken seines Bruders, war aber meistens als Zeichenlehrer tätig. Mehrere Jahre war Wouter Johannes van Troostwijk sein Schüler. Allgemein geachtet starb er in Amsterdam 19. 11. 1813.

v. Eynden u. v. d. Willigen III 14.

Andriessen, Christiaan, der Sohn und Schüler Jurriaans, geb. den 14. 1. 1775 zu Amsterdam, erhielt wiederholt sowohl an der Akad. zu Amsterdam als durch die Gesellschaft „Felix Meritis" die silberne und goldene Medaille. Er malte Historie, Genre, Landschaften, Stadtprospekte und hie und da Bildnisse. 1805 studierte und kopierte er in der Düsseldorfer Galerie. Seine Zeichnungen, in Cleve und Umgegend verfertigt, und ein trefflich und ausführlich gemaltes Panorama von Amsterdam zeugen von einem gewissenhaften und fleißigen Talent.

Meyer, Kstlerlex. (mit älterer Lit.). **

Andriessen, Friedrich, Maler und Geometer in Elberfeld, stellte 1830 in der Berliner Akademie-Ausstellung 3 Aussichten von Bergspitzen auf die drunten liegende See- oder Flußlandschaft aus.

Andriessen, Joris, Maler wird 1552 Freimeister in der Antwerpener St. Lukasgilde und wird 1558 noch einmal erwähnt.

Liggeren I 182, 211. **

Andriessen, Jurriaan, Maler und Zeichner, geb. in Amsterdam 12. 6. 1742, Schüler von Anthony Elliger und J. M. Quinkhard. 1760 besuchte er die städt. Zeichen-Akad. und erhielt da 1766 einen ersten Preis. Nachdem er noch einige Zeit bei Johannes van Dregt gearbeitet hatte, gründete er mit Isaak Schmidt eine Tapetenfabrik, deren Produkte auch im Auslande geschätzt wurden. Meistens waren es arkadische Landschaften, an deren Verfertigung sein Bruder Anthony einen grossen Anteil hatte. Freilich hat der allmählich sich mehrende Gebrauch von gedruckten Tapeten seiner Tätigkeit in diesem Fache Einhalt getan. Mit Hermanus Numan malte er für den Neubau (1774) des Amsterdamer Theaters eine Reihe Bühnenwände, darstellend eine italien. Straße (R. Vinkeles sc.). Seine theoretischen Kenntnisse waren ihm sehr nützlich als er Mitregent der Zeichen-Akad. geworden war, und auch seine vielen Schüler haben Nutzen davon gehabt, wie Daniel Dupré, Jean Grandjean, Jaques Kuyper, Hendrik Voogt, Gerrit Jan Michaelis, Abraham Johannes Ruytenschild, Wouter Johannes van Troostwijk, sein Bruder Anthony, sein Sohn Christiaan (geb. aus seiner 1770 mit Aletta Noordziek geschlossenen Ehe) und seine Enkelin Cornelia Aletta van Hulst. Er wohnte 1808 am Binnenamstel zwischen Prinsengracht und Kerkstraat und starb in Amsterdam 31. 7. 1819. Sein Porträt ist radiert von seinem Freunde Reinier Vinkeles und findet sich auch im „Studieprentwerk" von J. E. Marcus. Öfters schickte er Kabinettstücke und allegorische Darstellungen auf Ausstellungen, aber diese Bilder sind jetzt kaum auffindbar. Anders ist es mit seinen Handzeichnungen, von denen z. B. eine große Zahl im Amsterdamer Kabinett ist: es sind meistens sehr geschmackvoll komponierte Zimmerausstattungen, außerdem ein Blick in die Zeichen-Akad. und ein Porträt von Petrus Camper (1774). — Sein künstl. Nachlaß wurde am 16. 2. 1903 in Amsterdam versteigert.

v. Eynden u. v. d. Willigen III 12 fg.
E. W. Moes.

Andriesz., Adriaen, geb. in Gouda, wohnte 1612 vorübergehend in Rotterdam und kam 1614 in die Zunft zu Dordrecht. Er malte histor. Darstellgn., deren aber keine bekannt ist.

Obreens Archief I 197, II 20, 21.
E. W. Moes.

Andriesz, Harmen, Maler, 1620 in Amsterdam erwähnt. *A. B.*

Andriesz., Hendrick, gen. „Manke Heyn", geb. in Antwerpen, † 1655 in Zeeland, nach C. de Bie, war Stillebenmaler, dessen ziemlich gute Bilder äußerst selten vorkommen. Eine „Vanitas" bez. H. Andriessens fecit 1635 befand sich auf der Auktion von Friesen, Köln 1885 (Kunstchronik XX 501), wurde aber für 200 M. zurückgezogen.

Oud-Holland VIII 12. *E. W. Moes.*

Andriesz., Jan, geb. in Amsterdam um 1594 als Sohn des Goldschmiedes Andries Hendricksz. und Tryn Sybrantsdr., zog nach Toulouse, heiratete dort Magdalena Noyers, nannte sich Jean Dandry und ist vor 11. 12. 1641 gest. In den Akten wird er Maler genannt.

Oud-Holland II 64. *E. W. Moes.*

Andriesz, Jan, Rotterdam, „Constverlichter", wird 31. 10. 1616 als Vormund ernannt, wird noch 1648 erwähnt.

Oud-Holland XII 147.
Haverkorn van Rijsewijk.

Andriesz., Otto, Kupferstecher, gebürtig aus Christiansand, wird 7. 1. 1699 Bürger von Amsterdam und war verheiratet mit Grietje Albertusdr. Craen.

Obreens Archief II 5. *E. W. Moes.*

Andriesz, Pieter, Maler zu Amsterdam, wird 1589, 23 J. alt, urkundl. erwähnt.
A. B.

Andriesz., Theunis, Maler, geb. in Christiania, kaufte 27. 10. 1689 in Amsterdam das Bürgerrecht.

Aemstels Oudheid IV 63. *E. W. Moes.*

Andriesz., Willem, Maler, geb. in Amsterdam, kaufte dort 17. 2. 1712 das Bürgerrecht.

Aemstels Oudheid V 67. *E. W. Moes.*

Andrieu, Ornament- und Wappenmaler in Amiens, um 1414.

Bérard, Dict. biogr. d. Artistes Franç.
H. V.

Andrieu, Ornament- und Wappenmaler, in Béthune um 1550 tätig.

Delafonds, Les Artistes du Nord de la France. *H. Longnon.*

Andrieu, Bertrand, Stahlstecher und Medailleur, geb. Bordeaux 4. 11. 1761, † Paris 6. 12. 1822. Er war der Sohn eines bescheidenen Faßbinders, zeigte aber frühzeitig künstlerischen Geschmack und wurde Schüler der Akademie seiner Vaterstadt, wo er mehrere Preise errang, und den Stichel führen lernte bei einem Wappen- und Siegelschneider mit Namen André Lavau. Dies war ein geschickter Künstler von sehr gutem Geschmack, welcher mehrere Male Rektor der Akad. von Bordeaux wurde. Im Alter von 25 Jahren verließ A. diese Stadt, um nach Paris zu gehen, wo er unmittelbar darauf in das Atelier des Bildhauermedailleurs Gatteaux eintrat. Beseelt von größtem Arbeitseifer machte er dort solche große Fortschritte, daß er 3 Jahre später, 1789, die Medaille auf die Erstürmung der Bastille gravierte, die einen großen Erfolg hatte, und der bald die Medaille auf die Ankunft des Königs in Paris folgte und eine Menge anderer, die an die hauptsächlichsten politischen Ereignisse der französ. Revolution erinnern. Während der Jahre 1791—1797 widmete er sich in gleicher Weise dem Stahlstich und produzierte eine Anzahl kleiner Figuren, Vignetten für Assignaten und den Buchdruck. Dann erschien die schöne stereotypierte Ausgabe Virgils von Firmin-Didot (1797) von ihm illustriert. Man verdankt seinem Stichel auch mehrere Banknoten, welche die Bank von Frankreich verschiedentlich herausgab, ebenso wie den ersten Stempel, der 1804 erschien. 1809 wurde er von der Regierung beauftragt, ein neues Schema für die Spielkarten zu stechen, welche im ganzen Kaiserreiche gleich sein sollten. Aber in der Medaillengravierung erreichte er den Gipfel seines Ruhms. Die Revolution, das Konsulat, das Kaiserreich, die Restauration verdanken ihm mehr als 150 Meisterwerke. So bedeutend war sein Genie, daß alle Regierungen ihn mit Ehren überschütteten. Er war Mitglied der Wiener Akad. der Künste, Ritter verschiedener Orden, Graveur des Medaillenkabinetts des Königs, und hielt mit seinem Stichel die glorreichsten Ereignisse der Geschichte Frankreichs fest; sein Werk gehört zu den ersten in der Geschichte der Medaillengravierung. Die schönen Typen der antiken Syrakuser Medaillen scheinen das besondere Studienobjekt A.s gewesen zu sein. Der naive und erhabene Charakter der Figuren, die Reinheit der Konturen, der große Geschmack der Draperien und die glückliche Wahl der Nebendinge, alles Eigenschaften, die seine Art auszeichnen, rühren ohne Zweifel von dem andauernden Studium dieser Vorbilder her. Indem er die vornehme Eleganz der Griechen mit der köstlichen Naturwahrheit, welche man bei Varin und Dupré so bewundert, vereinigte, wurde er Schöpfer eines eigenen Stils und muß als Schulhaupt betrachtet werden. Das Münzmuseum in Paris enthält eine fast vollständige Sammlung der Medaillen und Jetons A.s. Man hält für seine besten Meisterwerke die Medaille auf die Schlacht von Marengo und die auf die Wiederaufstellung der Statue Heinrichs IV. Das erste Stück, sagt Bolzenthal, kann als Triumph der modernen Glyptographie angesehen werden. Unter den vielen von ihm geschaffenen Medaillen müssen noch folgende erwähnt werden: Schlacht bei Jena, Schlacht von Austerlitz, Eroberung Schlesiens, Verhandlung der Friedensschlüsse von Tilsit und Luneville, Napoleon und Josephine, Wiedereinführung des Gottesdienstes, Einschiffung Louis XVIII. in Calais, Hochzeit des Herzogs von Berry, Geburt des Herzogs von Bordeaux, eine sitzende Minerva, die Kränze austeilt, ferner Medaille auf die Schutzpockenimpfung, eine Hochzeitsmedaille etc. Die Köpfe Napoleons und Louis XVIII., von A. geschnitten, wurden für so vollkommen befunden, daß man sich ihrer als Avers für die zahlreichen Medaillen der beiden Regierungen bediente, während die Ausführung der Rückseiten vieler dieser Stücke anderen Medailleuren anvertraut wurde. Einige seiner Prägungen fanden solchen Beifall, daß sie noch heute im Gebrauch der Münze zu Paris sind. Dies ist der Fall z. B. bei der sitzenden obenerwähnten Minerva für verschiedene Hochzeitsmedaillen.

Meyer, Kstlerlex. — Trésor de numismat. et de glyptique, médailles de la Révolut. franç. Paris 1836, fol. und méd. d. l'empire franç. Paris 1840 fol. — O. Merson, Andrieu, Grande Encyclop. II 1045. — A. Evrard de Fayolle, Gaz. franç. d. numismat. année 1900 p. 305. — E. Johannet, Andrieu, grav. en méd. Paris 1883. — Forrer, Biogr. dict. of med.

Fréd. Alvin.

Andrieu, Florent, französ. Werkmeister, wurde 1430 zum „Maitre des Oeuvres" der Stadt Montpellier ernannt und, nachdem er mehrmals das Amt eines „Consul peyrier" verwaltet hatte, 1437 mit der Begutachtung der Bauarbeiten am Pont Juvenal betraut.

Bérard, Dict. des Artistes. *C. Enlart.*

Andrieu, Henri, französ. Maler, stellte 1878 im Pariser Salon La chasse aux alouettes, 1879 Une rue d'Alet aus.

Bellier-Auvray, Dict. gén. Suppl. **

Andrieu de Hereille, französ. Ornamentmaler, tätig 1596 in der Kathedrale von Péronne.

Bérard, Dict. biogr. **

Andrieu, Jean, französ. Bildhauer, arbeitete ungefähr 1673 an der Skulptur der Kapitäle und Konsolen der Fassade des Hôtel de Ville zu Arles (Bouches-du-Rhône).

Lami, Dict. d. sculpt. franç. sous Louis XIV.

Lami.

Andrieu, Jean-Bertrand, französ. Stecher vom Ende des 18. Jahrh.

Herluison, Actes d'Etat civ.

P. A. Lemoisne.

Andrieu de Luchon, Gießer, verkaufte der Stadt Noyon 1417 eine bronzene Kanone.

Champeaux, Dict. d. fondeurs p. 25. **

Andrieu, Pierre, französ. Maler, geb. 12. 12. 1821 in Penouillet (Haute-Garonne), † 30. 1. 1892 in Paris, Schüler von Eugène Delacroix, als dessen Gehilfe er an den dekorativen Gemälden des Meisters mitarbeitete. Er hat auch den Plafond von Delacroix in der Apollogalerie des Louvre restauriert und ganz in der Art seines Meisters ein Wandgemälde in Wachsfarben im Schlosse von Guermente ausgeführt. In seinen kleineren Bildern bevorzugt er das Tierstück und hat besonders zahlreiche Löwen und Tiger in allen möglichen Stellungen gemalt. A. bemühte sich in seinen Arbeiten, der feurigen Leidenschaft und dem ungestümen Kolorismus seines Meisters nahezukommen, indessen gelang ihm dies nur in den seltensten Fällen, und seine besten Werke zeigen nur einen schwachen Schatten von der Kunst des Delacroix.

Bellier-Auvray, Dict. gén. und Suppl. — Gaz. d. b. arts XV 116, 127, XXI 71.
K. E. Schmidt.

Andrieu du Roux, französ. Kunstschlosser, seit 1485 in Montpellier tätig. 1491 führte er Arbeiten an einer kunstvollen Sonnenuhr für die Kirche St. Blaise daselbst aus. 1495 fertigte en ein Prozessionskreuz und eine Marienstatue für Cannes. Das letztere Werk wurde vom Maler Jean Dupuy vergoldet.

Bérard, Dict. biogr. p. 15. **

Andrieu de la Salle, Sticker in Paris, erhielt 1409 Bezahlung von 32 liv. tour. für eine Stickerei (4 Evangelisten) für die Herzogin von Orléans.

De Laborde, Les ducs de Bourgogne III, No. 6172. **

Andrieu, Simon, Kanonengießer in Lille im Dienste Karls des Kühnen, tätig 1467 bis 73.

Pinchart, Arch. d. arts III. **

Andrieu, s. auch *Andrieux.*

Andrieux, Clement-Auguste, Maler und Zeichner für den Holzschnitt, geb. in Paris am 7. 12. 1829, malte Schlachten und Genreszenen. Er stellte von 1850—1880 im Salon in Paris aus.

Bellier-Auvray, Dict. gén. I 28.
François Monod.

Andrieux, Isaac, Maler zu Paris um 1675, nur urkundlich bekannt.

Revue Univers. d. Arts XIII 332. *H. V.*

Andrin, genannt l'Entailleur, tätig um 1370 in Valenciennes, später beim Schmuck der Kathedrale von Douai.

Lami, Dict. d. sculpt. **

Andringa, Tjeerd, holl. Maler, geb. 29. 6. 1806 zu Leeuwarden, Schüler von C. Kruseman und der Amsterdamer Akad. Er malte Genrebilder und Porträts (Selbstporträt im Archiv zu Leeuwarden), starb aber 21jährig am 7. 5. 1827.

Meyer, Kstlerlex. **

Andrino, s. *Andreino.*

Andrinos, João Rodrigues, portug. Maler zu Tavira um 1750. Schüler: Seine Tochter Teodora Maria.

Cyrillo Machado, Collecção de mem. p. 215. — Raczynski, Dict. p. 10, 188
A. Haupt.

Andrinos, Teodora Maria, Malerin zu Tavira in Portugal, † 1761, 24 Jahre alt.

Cyrillo Machado, Collecção de mem. p. 215. *A. Haupt.*

Andrioli, italien. Stuccator, 1743—49 als „Hof- und Landstuccator" am Bayreuther Hof beschäftigt.

Studien zur deutschen Kstgesch., Heft 32, F. H. Hofmann, Die Kunst am Hofe der Markgrafen von Brandenburg 210. *H. V.*

Andrioli, Giacomo und Giovanni, Maler und Miniaturisten, 1410 als Mitglieder der „Società delle quattro Arti" in Bologna eingetragen.

Arch. stor. d. Arte VII 16.
F. Malaguzzi-Valeri.

Andrioli, Girolamo, wenig gekannter Maler von Verona um 1600, Schüler des Brusasorci, von dem auch in seiner Vaterstadt nichts mehr erhalten zu sein scheint. Ein Hauptbild von ihm war in der nicht mehr erhaltenen Kirche S. Caterina di Siena: Madonna mit Engeln in den Wolken, unten die Hl. Domenikus und Nikolaus, bezeichnet mit dem Namen des Meisters und dem Datum 1606. Eine Geburt Mariä war noch 1719 in S. Maria Antica; die Kirche ist noch vorhanden, das Bild aber verschwunden. Noch ein paar andere Bilder in jetzt aufgehobenen oder abgerissenen Kirchen werden erwähnt.

Bart. dal Pozzo, Le Vite de' Pittori etc. Veronesi p. 144. — Ricreazione Pittorica etc. di Verona. Verona 1720 pp. 54, 207, 252.

Andrioli, s. auch *Andreoli.*

Andriolli, Elviro Michael, poln. Maler und Zeichner, geb. 14. 11. 1836 zu Wilna, † 23. 8. 1893 im Kurort Nalenczow, Sohn einer Polin und eines italienischen Liebhaber-Bildhauers. A. studierte 1855—57 in der Zeichenschule zu Moskau, 1857—59 in der Petersburger Kunstakad. und dann auf weiteren Reisen (Acc. di S. Luca in Rom). Er wird sich an dem poln. Aufstande 1863 beteiligt haben, da wir ihn 1869—71 in Wiatka (östl. Rußland) als polit. Verbannten sehen. Dort malte er Porträts und Heiligenbilder für griechisch-orthodoxe Kirchen. Seine eigentliche Tätigkeit läßt sich in drei Perioden einteilen: 1. 1871—83 lebte A. in Warschau und wirkte daselbst als beliebtester, ungemein produktiver und vielseitiger Zeichner für illustrierte Zeitungen. Volkstypen, Szenen aus dem Leben der Bauern, kleiner adeliger Gutsbesitzer und Städter, heimische Sitten und Gebräuche bringt er in zahlreichen (etwa 500) gemüt- und humorvollen Zeichnungen. (Feder, Tuschlavierung; öfters direkt auf dem Holzbrett.) Trotz der sorgfältigen Ausführung tragen in sich diese Kompositionen Vorzüge und Mängel einer Improvisation, in der letzten Zeit bekommen sie sogar einen Stich ins Sentimentale und Manierierte. Auch stellt sich eine gewisse Monotonie in den überschlanken Gestalten und den Gesichtszügen ein. Dasselbe gilt von seinen zahlreichen in dieser und späterer Zeit entstandenen Illustrationen zu poln. Dichtungen und Romanen: 1876 Maria von Malczewski, 1878 Meir Ezofowicz von Orzeszko, 1879 Alte Sage von Kraszewski, Herr Thaddäus von Mickiewicz. Dabei ist A. glücklicher in der Darstellung romantischer Vorgänge und romanhafter Vorzeit als der heutigen oder unlängst verschwundenen Verhältnisse, naturgetreuer nationaler Typen. 2. 1883—86 war A. in Paris, wo er hauptsächl. für die Verlagsfirma Didot arbeitete. So entstanden die Illustrationen zu Romeo und Julia (1885), u. zu den Cooperschen Romanen: die Pioniere, der letzte der Mohikaner (beide 1883), der Spion (1884). Außerdem war damals A. für Londoner und Warschauer Buchhändler tätig. Die Zahl seiner bildlichen Darstellungen nach einheimischen und fremden Schriftstellern beläuft sich im ganzen auf ungefähr 600. 3. 1886—1893. Nach Warschau zurückgekehrt arbeitet A. an großen Kartons mit Szenen aus poln. Dichtern (besonders Mickiewicz und Malczewski) und denkt wohl dabei nur in zweiter Linie an Vervielfältigung. In den Jahren 1890 und 1891 griff er wieder zum Pinsel und malte eine Reihe religiöser Bilder für die kathol. Kirchen in Kowno und Nowgorod, wuchtige, in der Zeichnung nicht ganz tadellose Werke.

Piatkowski u. Dobrzycki, A. w sztuce i zycin spolecznem, Warschau 1904 (Monogr. mit 300 Ill.) — Mycielski, Sto lat dziejów malarstwa w Polsce, Krakau 1897 p. 615 ff. — Swieykowski, Pamietnik Towarzystwa P. S. P. w Krakowie 1854—1904. — Zaleska, Journal de St. Petersbourg 17. 9. 1891 u. 2. 1. 1902. *C. M. v. Górski.*

Andriolo, Miniaturmaler in Padua, tätig gegen Ende des 14. Jahrh.

Moschetti, La prima revisione delle pitture in Padova p. 28. *A. Moschetti.*

Andriolo da Venezia, s. *Santi,* Andr. dei.

Andriolo, s. auch *Andreolo.*

Andriot (oder Handeriot), François, Kupferst., geb. in Paris ungefähr 1655 (nach Bryan), oder um 1660 (nach Le Blanc), war in Paris und in Rom tätig. Nach Le Blanc soll der Künstler ein Schüler von Vallet gewesen sein, der mehrere seiner Kupferstiche veröffentlichte. Sein Werk umfaßt vornehmlich religiöse Szenen, sowie einige Porträts und antike Statuen für die „Raccolta di statue antiche e moderne", Roma 1704. — Die Maler und Zeichner, deren Werke er im Stich reproduzierte, sind: Boiteau, L. de Boullongne, Ann. Caracci, Ph. de Champaigne, Ant. Dieu, S. Guillebault, J. de la Borde, C. Maratta, N. Poussin, G. Reni, Dom. Zampieri.

Meyer, Kstlerlex. (mit Verz. d. Werke). — Bryan, Dict. of Painters. — Heller-Andresen, Handbuch f. Kpfst. Sl. *J. Guibert.*

Andris oder **Andreas.** Siehe *Leonard.*

Andriss, Kunstschlosser in Schweidnitz, verfertigte das schöne schmiedeeiserne Gitter in der katholischen Kirche daselbst.

Lüer-Creutz, Gesch. d. Metallkst. I 144. **

Androbios, griechischer Maler, stellte den berühmten Taucher Skyllis dar, wie er der persischen Flotte die Ankertaue zerschnitt. Wie die delphischen Ehrenstatuen des Skyllis und seiner ebenfalls im Tauchen berühmten Tochter Hydna wahrscheinlich bald nach dieser Tat aufgestellt wurden, so wird auch das Gemälde damals entstanden sein, A. also dem 5. Jahrh. angehören.

Brunn, Gesch. d. gr. Kstler. II 299. — Pauly-Wissowa, Realenc. I 2143 (Rossbach). *Sauer.*

Androbulos, Erzbildner, wird von Plin. N. H. 34, 86 in dem alphabetischen Verzeichnis der Künstler aufgeführt, die Porträtstatuen von Philosophen geschaffen hatten (identisch mit Antrobulos? s. d.).

Overbeck, Schriftq. 2094. — Pauly-Wissowa, Realenc. I 2143, 2 (Robert). *Amelung.*

Andrötter (Antreter), Matthias, Steirischer Maler in Rottenmann, erhielt 1692 für Malereien an 3 Altären und an der Kanzel der Kirche zu Palfau 150 fl. — 1708 wird er für geringere Arbeiten für die Kirche zu Wenz mit 10 fl. bezahlt.

Wastler, Handschr. Nachtr. z. s. Steirischen Kstlerlex. (im Besitz der Techn. Hochschule in Graz). *R.*

Androino, messer, Architekt, um 1516 in Bologna tätig.

Zani, Encicl. II 114. *F. Malaguzzi-Valeri.*

Androkýdes, Maler aus Kyzikos, der um die Wende des 5. und 4. Jahrh. v. Chr. wirkte und mit Zeuxis (s. d.) rivalisierte. Er malte für Theben ein Reitergefecht; außerdem wird ein Bild der Skylla genannt, die er mit sehr schön und lebenswahr gemalten Fischen — angeblich weil er besonders gern Fische aß — umgeben hatte.

Brunn, Gesch. d. gr. Kstler. II 124 f. — Pauly-Wissowa, Realenc. 2150, 3 (Rossbach). *Sauer.*

Andromachos, Verfertiger eines zu Kotiaion in Phrygien gefundenen Grabsteins aus der späten Kaiserzeit. Vgl. Alexandros.

Löwy, Inschr. gr. Bildh. 388. — Pauly-Wissowa, Realenc. I 2154, 21 (Robert). *Amelung.*

Andron, Bildhauer. Nur Tatian nennt ihn als Künstler einer Statue der Harmonia.

Brunn, Gesch. d. gr. Kstlr. I 296. — Overbeck, Schriftq. 1574. — Löwy, Inschr. gr. Bildh. zu 554. — Kalkmann, Rhein. Mus. 42, 521, 2. — Pauly-Wissowa, Realenc. I 2161, 17 (Robert). *Amelung.*

Andronikos, aus Kyrrhos in Syrien. Erbauer (vielleicht nur Stifter, nicht Architekt oder Mechaniker der inneren Einrichtung) des heute noch größtenteils erhaltenen, 1890 vollends freigelegten sogenannten Windeturms in Athen, einer Art Normaluhr und Wetterhäuschens zugleich. Die antike Bezeichnung war Horologion, im Volksmunde nur „das Kyrrhestes-Haus" genannt. Der Bau stand ursprünglich auf freiem Platz, an der verkehrsreichsten Stelle der Stadt, mitten zwischen den verschiedenen Marktplätzen, an einem Hauptkreuzungspunkt der Straßen, etwas erhöht und durch einen dreistufigen Sockel noch besonders herausgehoben. Er ist ganz aus pentelischem Marmor aufgeführt und heute noch 12,8 m hoch. Der Dm. des Inneren beträgt 7 m. Der ziemlich genau nach der Windrose orientierte Grundriß ist ein regelmäßiges Achteck mit zwei Eingängen im Norden, denen je eine von zwei korinthischen Säulen getragene Vorhalle vorgelegt war. Der nach Süden liegenden Achteckwand war außen der Wasserbehälter angefügt, der die Wasseruhr im Inneren des Achtecks trieb: im Grundriß fast kreisrund, im Aufbau halb so hoch wie der Hauptbau. Die das Wasser zuführende Leitung, die sich bis zum NW.-Abhang der Akropolis hinauf verfolgen läßt, nahm dort wahrscheinlich den Ablauf der Felsenquelle Klepsydra auf. Die drei noch aufrecht stehenden Bogen unmittelbar südlich vom Horologium haben nichts mit dieser Leitung zu tun, sondern sind der Rest von der Fassade eines etwas späteren Gebäudes, in dem man das Amtslokal der Marktbehörde vermutet. Außen sind die Quaderwände des Oktogons bis hoch hinauf ganz glatt gelassen, oben läuft ein Relieffries plumpen Stils ringsum, der die Personifikationen der inschriftlich bezeichneten 8 Hauptwinde darstellt. Die einst auf der Spitze des Daches befindliche bewegliche Windfahne in Gestalt eines bronzenen Tritons wies mit einem Stab auf das Bild des jeweils wehenden Windes herunter. Das Kranzgesims über den Windgöttern ist absichtlich sehr knapp gehalten, um den Einfall der Sonnenstrahlen auf die unterhalb der Reliefs angebrachten Sonnenzeiger nicht zu behindern. Das flach pyramidenförmige Dach besteht aus langen, schmalen, keilförmig geschnittenen Steinen; der Deckstein, von Stuart noch gezeichnet, in Form eines korinthischen Kapitells, das den Bronzetriton trug, fehlt jetzt. Die Einrichtung der Wasseruhr im Inneren läßt sich des Einzelnen nicht mehr feststellen. Die im Boden sorgfältig eingetieften Rinnen und Löcher sowie die 3 wagrechten Wandgesimse hingen offenbar damit zusammen. Der Bau, dessen Bedeutung nicht in künstlerischen Werten, sondern in seiner sinnreichen Konstruktion besteht, war nicht der erste seiner Art. Die Erfindung solch mechanischer Apparate wie der achteckigen Bauform gehört der frühhellenistischen Zeit an. Die Erbauung des athenischen Horologiums fällt nach allen Indizien in die erste Hälfte des 1. Jahrh. v. Chr. Schon für die frühere Kaiserzeit ist eine Reparatur inschriftlich belegt.

Brunn, Gesch. d. gr. Kstlr. II 338 f. — Baumeister, Denkm. d. klass. Altert. III 2112 ff. (mit neuen Aufnahmen von Dörpfeld und Gräf). — Durm, Baukunst d. Griechen S. 297 ff. — Collignon-Baumgarten, Gesch. d. gr. Plastik II 667. — Pauly-Wissowa, Realenc. I 2167 (Fabricius), Suppl. I 186 (Wachsmuth). — Judeich, Topogr. v. Athen S. 92, 179,2, 333, mit Lit. *H. Thiersch.*

Andronikos. Flavius Andronikos, Bildhauer aus Aphrodisias in Karien, aus der Zeit des Hadrian. Reste einer inschriftlich bezeichneten Marmorgruppe, die er gemeinsam mit seinem Verwandten Flavius Chryseros gearbeitet hatte, haben sich 1886 in Rom bei den Sette Sale gefunden (jetzt in der Glyptothek Ny-Carlsberg in Kopenhagen). Die Gruppe bestand aus den Einzelfiguren Zeus, Poseidon, Helios, Herakles. Ihre Arbeit ist widerlich barock bei größter technischer Bravour, ganz gleich der Arbeit an den Kentauren der ebenfalls aus Aphrodisias stammenden Aristeas und Papias im kapitolinischen Museum.

Über die verschiedenen Künstler jener Schule, die augenscheinlich während der ganzen Kaiserzeit geblüht hat:

Löwy, Inschr. griech. Bildh. 364—73. — C. L. Visconti, Bull. com. di Roma 1886 S. 316 ff., Taf. X und XI. — Arndt-Amelung, Einzel-Aufn. 166—70. — Pauly-Wissowa, Realenc. III 2495, 4 (Robert). *Amelung.*

Andronikos Byzantios, byzantinischer Freskenmaler des 15. Jahrh. Malte i. J. 1423 im Kloster Ajiu Pawlu auf dem Athosgebirge einen die Außenwände der dortigen Georgskapelle umziehenden Freskenzyklus, der noch heute erhalten ist. Besonders bemerkenswert ist die Darstellung der Verklärung Christi.

H. Brockhaus, Die Kunst in den Athos-Klöstern (Leipzig 1891), pag. 59. **

Androsi, s. *Andreosi.*

Androsthenes, Bildhauer aus Athen, tätig am Ende des 4. Jahrh. v. Chr. Er war Schüler eines unbekannten Eukadmos und vollendete die von Praxias, dem Schüler des jüngeren Kalamis, begonnenen Giebelgruppen des Apollon-Tempels in Delphi.

Brunn, Gesch. d. gr. Kstlr. I 247. — Overbeck, Schriftq. 857. — Pauly-Wissowa, Realenc. I 2173, 11 (Robert). — Reisch, Österr. Jahreshefte 1906 S. 206 f. — Studniczka, Abh. d. sächs. Ges. 25 (1907), 51 f. *Amelung.*

Androuet-Ducerceau, s. *Ducerceau.*

Andruzski, Dmitri Wassíljewitsch, russ. Kupferstecher, geb. 5. 9. 1814, besuchte die Petersburger Akad. unter Utkin, dessen Gehilfe er 1836 wurde. Von ihm 20 Tafeln zu einem Wappenbuch für den Senat, das Porträt Peters I. nach Matwejew (1839), die Zeichnungen zu dem Werk: Musée de Monferrand (1844), die Altertümer von Kertsch, 10 Tafeln in gr. Fol. (1839), L'artiste russe (1847—49), Das Kammerfourier-Journal (1854) u. a.

Русск. библ. словарь (Russ. Bibliogr.) II 145. — N. P. Sobko, Russ. Kstlerlex. *W. Neumann.*

Andry, François Elisée, Landschaftsmaler, geb. in Mons (Hennegau) 15. 6. 1813, Schüler von Delvaux in Brüssel, wo er sich bis zu seinem Tode am 12. 5. 1851 aufhielt. Auf den Ausstellungen zu Brüssel von 1836,

1839 und 1842, sowie auf denjenigen des Kunstinstituts daselbst 1838 und 1840, endlich auf der in Mons 1843 waren Werke von ihm, meist Landschaften der Maas und aus Luxemburg. Von seinen Gemälden nennen wir: Ansicht des Schlosses Montaigle; Ansicht von Ivoir; Ansicht des Schlosses von La Roche.

Meyer, Kstlerlex. *Pol de Mont.*

Andrychiewicz, Sigismund, poln. Maler, geb. 1861 in Justynów (Gouvernement Plock), studierte in der Krakauer Kunstschule, die er 1886 mit der silb. Medaille verließ. Wohnte 3 Jahre in Paris, lebt jetzt in Warschau. Er malt besonders ländliche Genre-Bilder.

Swieykowski, Pamietnik Towarzystwa P. S. P. w Krakowie 1854—1904. *C. M. v. Górski.*

Andrzejkowicz-Buttowt, Maria-Magdalena von, poln. Malerin, geb. 22. 7. 1852 zu Balandycze (Gouvernement Grodno), studierte 1872—74 in München, 1875 in Italien, 1876—77 abermals in München bei Liezen-Mayer; damals entstand das Bild: Der poln. Dichter Kochanowski bei der Leiche seines Töchterleins Ursula, 1876 ausgestellt. — 1879 zweiter italien. Aufenthalt. Sie lebt in Warschau und malt besonders historische Szenen, seltener religiöse, wie 1882 Christus einen Blinden heilend. Hauptwerke: 1877 Kardinal Giovanni Medici wohnt mit Pomponius Laetus den römischen Ausgrabungen bei, 1881 Wladyslaw Ellenhoch, König von Polen, in Bergeshöhlen sich bergend (Krakau, Nat.-Mus).

Swieykowski, Pamietnik Towarzystwa P. S. P. w Krakowie 1854—1904 — Gerson, Wielka Encyklopedya ilustrowana. *C. M. v. Górski.*

Andy, N., engl. Maler, stellte 1839 The Barbican at Plymouth in der Roy. Acad. in London aus. **

Aneda, Juan de, span. Maler in Burgos. Führte 1565 mit Juan de Cea Malereien im Kreuzschiff der Kathedrale aus.

Cean Bermudez, Dicc. I 30. △

Aneheau, Cornille und Fléau, Bildhauer, arbeiteten zusammen in Poitiers an den Skulpturen des Schlosses des Herzogs de Berry und an der Ausschmückung des Turmes von Maubergeon.

Lami, Dict. d. sculpt. 1898. *R.*

Anelay, engl. Porträtmaler in der 1. Hälfte des 18. Jahrh., nur bekannt durch die Stiche W. H. Egletons nach seinen Porträts von 4 Geistlichen: J. Bromley, S. Dunn, J. Everett und W. Griffith jun., alle 4 Blätter in 4to.

Meyer, Kstlerlex. **

Anelay, Henry, engl. Landschaftsmaler in Eyre Cottage, Blackheath, stellte 1858—1873 Landschaften wie Anstey's Cove, View from Chudleigh Rock, Fast falls the Eventide u. a. in der Roy. Acad. in London aus.

Graves, Roy. Acad. Exh. I 37. **

Anelli, Pino, Miniaturist und Kalligraph in Parma, 1399 für das Benediktinerkloster S. Giovanni tätig.

Scarabelli-Zunti, Mscr. in der Bibl. Palat. zu Parma. *St. Lottici.*

Anello, Antonino, Bildhauer, arbeitete in Palermo im 17. Jahrhundert.

G. Di Marzo, I Gagini, Palermo 1880 I 822. *E. Mauceri.*

Anemolo, Vincenzo, s. *Vincenzo* da Pavia.

Anemüller, Christian W., Porträt-, Geschichts- und Genremaler in Dresden, später in Stuttgart, wo er sich der Glasmalerei zuwandte, † zu Dresden 5. 1. 1890, Schüler der Dresdener Akademie unter Große und Pauwels, stellte auf den akad. Kunst-Ausstellungen Dresden 1880—82 aus. Von seinen Glasgemälde-Entwürfen sind besonders erwähnenswert die für die Kirche in Reuth (Einzelfigur des Auferstandenen) und für die neue Kirche in Heslach. (Abnahme Christi vom Kreuz.)

Bötticher, Malerwerke d. 19. Jahrh. und Nachträge zum I. Bd. — Kst.-Chronik XVII 725. *H. V.*

Anes, Affonso, portug. Baumstr. Erbaute nach mehreren fruchtlosen Versuchen mit Gonçalo und Rodrigo Anes um 1390 die ungemein großartigen, hoch über das Tal ragenden Fundamente des Chores der Kirche do Carmo (Karmeliter) in Lissabon.

Sousa Viterbo, Dicc. dos archit p. 30. *A. Haupt.*

Anes, Domingos, portug. Baumeister; seine Tätigkeit zu Porto wird bezeugt zu Zeiten des Königs Affonso IV. (1325—40).

Raczynski, Dict. p. 10. *A. Haupt.*

Anes, Gonçalo, s. *Anes,* Affonso.

Anes, João (oder Annes, Eanes), portug. Maler, wird 1454 als Maler des Königs Affonso V. gen. Er malte in den Magazinen zu Lissabon, was möglich erscheinen läßt, daß er nur Dekorationsmaler gewesen sei.

Raczynski, Dict. p. 10. — Ders., lettre p. 206—11. *A. Haupt.*

Anes, Martim, portug. Baumeister und Steinmetz (Bildhauer?) für die kgl. Bauten zu Santarom. 1474 durch König Affonso V. als Nachfolger des Affonso Pires bestellt, 1496 durch Emanuël im Amte bestätigt, 1504 schon sehr alt durch Pedro Nunes ersetzt. Woher Raczynski die Nachricht nimmt, daß er auch Meister der kgl. Arbeiten zu Lissabon gewesen, ist nicht ersichtlich. Vielmehr scheint dies ein Irrtum.

Raczynski, Dict. p. 11. — Sousa Viterbo, Dicc. dos archit. 31, 41. *A. Haupt.*

Anes, Rodrigo, s. *Anes,* Affonso.

Anesi, Paolo, Landschaftsmaler und Radierer, der zu Rom geb. und um 1725—1766 dort tätig war. A., der der Lehrer des Franc. Zuccarelli gewesen sein soll, malte römische Veduten im Stil des Locatelli und des Giov. Paolo Pannini. In der Villa Albani hat er mit Antonio Bichierai und Nicolo Lapiccola drei Säle mit Landschaften in Fresko verziert, deren eine „Paolo Anesi fece 1761" bezeichnet ist. Staffeleibilder von ihm sind selten, drei mit der Jahreszahl 1766 auf Schloß Sagan, vier kleine Landschaften in der Galerie Hohenzollern-Hechingen zu Löwenberg, ein kleines Bild mit Staffagefigürchen im Palazzo Comunale zu Montepulciano. Ihm zugeschriebene Bilder werden im Versteigerungskataloge der Sammlg. Lambert Ten Kate (1776), Blondel de Gagny (1778) aufgeführt. Zeichnungen von ihm wurden 1839 mit der Sammlung Spengler in Kopenhagen verkauft. Eine Zeichnung befindet sich in der Albertina (Sc. Rom. 1449). In Meyers Künstlerlex. werden 17 Radierungen von Anesi beschrieben. Die Folge der 12 Landschaften hat er 1725 dem Kard. Imperiali gewidmet. Von den übrigen 5 hier beschriebenen ist nur eine bezeichnet. Le Blanc führt 3 andere bezeichnete Ansichten aus der Umgebung von Rom an, Heinecken, Dict. erwähnt noch eine Landschaft in Hochformat. In einzelnen Sammlgn. werden ihm noch andere Blätter zugeschrieben. In der von Fausto Amidei 1748 herausgegebenen Sammlg. der Varie Vedute di Roma (quer 8°), die hauptsächlich aus Stichen Piranesis besteht, sind auch einige Radierungen Anesis, wohl aus der Folge Meyer 1—12, verwendet. Mit der Manier Piranesis hat die Anesis in diesen kleinen Blättern einige Verwandtschaft, auch er sucht tonige, tiefe Schatten gegen leichte Hintergründe zu kontrastieren; seine Technik ist aber viel unruhiger und unsicherer, die Zeichnung weniger reizvoll und bestimmt als die Piranesis.

Meyer, Kstlerlex. — Nagler, Monogr. I 497 und 1136. — F. Brogi, Invent. gen. etc. della Prov. di Siena (1897) p. 307. *P. K.*

Anet, Guillaume, französ. Bildhauer, übte seine Kunst in Besançon ungefähr 1782 bis 1785 aus.

Gauthier, Dict. des art. franc-comtois. *Lami.*

Anet, Jean Jacques, Maler in Paris, † 22. 4. 1705, 40 Jahre alt. Sonst unbekannt.

Herluison, Actes d'Etat-Civil 7. **

Anethan, Alexandre d', belgischer Genremaler, war auf der Ausstellung der fremden Malerschulen auf dem Marsfelde Paris 1889, auf der Brüsseler Weltausstellung 1897 und auf der 16. Ausstellung der Berliner Kunstakad. 1897 vertreten. Von ihm ein Pastellporträt des vläm. Komponisten F. A. Gevaerts.

Kst. f. Alle V 1890. — Kst.-Chronik N. F. IX 3, 263. *H. V.*

Anethan, Alice d', belgische Malerin, ausgebildet in Paris, deren Bilder gleich bei ihrem ersten Erscheinen auf den Ausstellungen in Paris, Antwerpen und Brüssel im Anfang der achtziger Jahre des 19. Jahrh. lebhaften Beifall fanden. In Antwerpen stellte sie 1882 „L'Affige" und „L'Enfant malade" aus, von denen namentlich das letztere sowohl wegen seiner vornehmen und sinnigen Empfindung als wegen seiner malerischen Feinheiten gelobt wurde. 1885 erschien von ihr auf der Antwerpener Weltausstellung „Premières communiantes", 1887 in Brüssel „Quattuor". In diesem Jahre und den nächsten beiden stellte sie im Pariser Salon aus und hier auch noch einmal 1894 die deliziöse Allegorie „Le Jardin".

Journal d. b. arts 1882, 122; 1885, 107; 1887, 138, 135. — Lemonnier, Ecole Belge 169. — Catal. d. Salon. — Gaz. d. b. arts 1894 I 456. **

Anetsberger, Hans, deutscher Maler, geb. 28. 10. 1870 in München, Schüler der dortigen Akad., lebt in München und stellte dort in den Ausstellungen der Sezession aus. 1894 „St. Hubertus" (jetzt in der Sl. Th. Knorr, München), 1895 zwei Porträts, 1899 „die Sage", 1902 das Porträt des verstorbenen Bildhauers Emil Dittler. A. hat auch radiert, zwei Blätter „Idylle" und „St. Hubertus" im I. und II. Heft des Münchener Radiervereins.

Kunst f. Alle IX 1894 p. 291. — Kunstchronik N. F., X 467. — Kat. der Galerie Th. Knorr, München 1901 p. 99. — Kat. d. Münchener Sezessionsausst. ***

Anffraye, Philippe d' (oder d' Anfrye), französ. Kupferst., wird 1598 und 1599 in den „Etats de la maison du roi" genannt.

Nouv. Archiv. de l'Art franç. 1872 p. 66. *J. Guibert.*

Anfosso, Giacomo (Jacopo), Edelsteinschneider, geb. 1505 zu Pavia. Er arbeitete zu Rom, wo er bei den Päpsten Pius V. und Gregor XIII. durch seine Arbeiten in Ansehen stand, wie aus seiner in einer Briefsammlung von 1589 erhaltenen Grabschrift hervorgeht, welche auch besagt, daß der Künstler 1585 achtzig Jahre alt gestorben sei.

Bottari, Raccolta di Lettere etc. Roma 1754 bis 1773, V 241. — Bertolotti, Art. Lombardi a Roma I 325/6 (Quittungen, von ihm unterzeichnet, aus den Jahren 1574 u. 1583). — Ms H. Rollett.

Anfosso, Giuseppe, ital. Maler 1785.

Alizeri, Not. d. Prof. d. disegno in Liguria etc. 1864—66. **

Anfranchi, Giovanni Battista de, Bildhauer, wird 1499 von Luigi da Montagnana in Ferrara als „sculptor lapidum marmoreorum" aufgenommen.

Cittadella, Doc. ed illustr. etc. Ferrar. p. 88—89. *F. Malaguzzi-Valeri.*

Anfray, Anne Marie Elise, s. *Radou.*

Angarano, Conte Ottaviano (auch Angorano gen.), tätig in Venedig im 17. Jahrh. Man schreibt ihm einen Stich nach einem seiner Gemälde, einer Geburt Christi in S. Daniele in Venedig, zu, der aber von Bartsch (XXI 269) und Le Blanc für ein Werk des Gius. Diamantini gehalten wird, obwohl er die Bezeichnung „Ottanus Angaranus Fa. et

Pinxit" trägt. Auf einer zweiten von Diamantini ausgeführten und bezeichneten Radierung, die „Republik von Venedig" (B. 10) nennt sich Angarano nur als Verleger: Ottanus Angnus Patus Vens Ex.

Mariette, Abécédario. — Heinecken, Dict. — Gandellini, V 178. — Nagler, Monogr. IV 2709. *P. K.*

Angas, George French, Zeichner in London, geb. in Durham 25. 4. 1822, † 8. 10. 1886. Sohn des George Fife A., eines der Gründer der südaustralischen Kolonie. 1841 reiste er in die Mittelmeerländer u. veröffentlichte 1842: A. Ramble in Malta and Sicily, mit eigenen Skizzen illustriert. 1842—43 bildete er sich in London weiter im Zeichnen und Lithographieren nach eigenen Entwürfen. Er verwertete diese Kunst dann immer wieder zur Illustration seiner Reisewerke. So erschien 1847 der Folioband: South Australia Illustrated, geschmückt mit 60 kolor. Tafeln, und 1849 ein Band in imper. folio mit 30 kolor. Tafeln unter dem Titel: The Kaffirs Illustrated. Diesen Werken ließ er zahlreiche Bände folgen, die Land und Leute von damals noch unkultivierten und wenig bekannten Teilen der Erde darstellten. Als die Goldgräberei in Australien begonnen hatte, kehrte er dorthin zurück, veröffentlichte seine Eindrücke in dem Foliobande: Views of the Gold Regions of Australia 1851 und ließ sich als Sekretär oder Direktor des Gouvernement-Museums in Sidney nieder. Später kehrte er nach England zurück, wo die Interessen an Kunst und Wissenschaft fortgesetzt seinen Geist wie seine Feder und seinen Griffel beschäftigten. In der Royal Academy stellte er 1874 das Bild aus: Konstantinopel mit dem Blick über das Marmarameer. — Der Print Room des British Museum besitzt von ihm 5 Aquarellzeichnungen von einer Reise nach dem Zululande, signiert G. F. Angas 1847.

Dictionary of Nat. Biography. — Binyon, Cat. of drawings, British Mus. I. *K. Gray.*

Ange, François de l', oder Franç. Lange, eigentlich Josserme, Maler aus Annecy in Savoyen, geb. gegen Ende 1675, † zu Turin 17. April 1756. Den ersten Unterricht in der Kunst erhielt er von seinem mütterlichen Großvater André Chevil. Er kam dann nach Turin, wo er acht Jahre lang beschäftigt war und auch Zeichenlehrer der Prinzen von Carignano wurde. 1706 begab er sich zu seiner weiteren Ausbildung nach Bologna, wo er als Schüler des G. M. Crespi neben den Meistern des 16. Jahrh. namentlich die Caraccisten und vor allen Franc. Albani studierte. Die wenigen Gemälde, welche von seiner Hand noch vorkommen, meistens religiöse Darstellungen kleineren Maßstabs, zeigen einen nicht ungeschickten Meister im Charakter der Bologneser Schule, während die hübschen landschaftlichen Gründe insbesondere an Albani erinnern. Noch von Bologna aus versah er Turin mit Bildern von seiner Hand; so malte er für S. Francesco di Paolo zu einem Mittelbild des Daniel Sayter die Seitenstücke mit Heiligen und eine Ausgießung des hl. Geistes für den königl. Palast Rivoli. Er war dann lange für die Marchesi Lucatteli tätig, die ihn in ihr Haus aufgenommen hatten. Endlich 1735 trat er in den Orden von S. Filippo Neri ein und verbrachte hier den Rest seines Lebens. — Crespi und der Führer von Bologna (s. unten) zählen seine Werke auf.

Crespi, Felsina Pittrice, III 271—273. — G. P. Zanotto, Storia dell' Accademia Clementina II 331. — Pitture etc. di Bologna 1792 pp. 11, 44, 187, 220. — Bartoli, Notizie etc. I 26. — Grillet in Mémoires et Doc. publ. de la Société Savoisienne I 326 ff. und Nachträge dazu XII 243. **

Ange, Michel, Dekorationsmaler („peintre ordinaire des Bâtiments du Roi") erhält am 16. 3., am 25. 5. und am 20. 8. 1671 Bezahlungen in der Höhe von 400, 500 und wieder 400 Livres für Malereien und Vergoldungen an den Plafonds der großen Galerie des Louvre.

Nouv. Archiv. de l'Art Franç. IV 1876 p. 48 bis 50. *H. V.*

Angebaud (Angebault, Anjubaud). Glasmalerfamilie des 17. und beginnenden 18. Jahrh. in Nantes, nur urkundlich bekannt; deren Vertreter: Guillaume, Jean, Julien, Pierre und Pierre d. J.

Nouv. Archiv. de l'Art Franç., 3. Série, XIV, 1898. *H. V.*

Angel, Fray, span. Kupferst., Mitglied des Ordens vom hl. Hieronymus. Von ihm das Titelbl. zu: Fray Leon Benito Martin, Hist. del Santuario del Monast. de Sa. Engracia de Zaragoza. 1737.

Zapater, Apuntes acerca de la esc. arag. 1859. — Meyer, Kstlerlex. △

Angel, Dirck, holl. Maler, kam 1671 in die Zunft in Middelburg. Kramm nennt aus dem Kunsthandel zwei von ihm gemalte Bauerninterieurs.

Obreens Archief VI 210. — Kramm, De Levens etc. *E. W. Moes.*

Angel, Manuel, span. Maler des 19. Jahrh., geb. in la Guardia (Prov. Puentevedra), Schüler der Akad. S. Fernando in Madrid. Er arbeitete meist in Havanna; 1881 schickte er zur Madrider Ausstellung: Donna Leonor Tellez, Königin von Portugal, im Kloster von Tordesillas gefangen gehalten; auf diejenige von 1901 sandte er: Die Bußübung Don Quixotes. Ferner nennen wir von ihm: Der Tod des Marcias und verschiedene Porträts, u. a. ein Porträt Alfons XII. und die des Don Alvarez Insua und des Don Joaquin Ruiz.

Ossorio y Bernard, Galeria biogr. de artistas españoles del siglo XIX. Madrid 1883/4. *P. Lafond.*

Angel, José Ximenez, s. *Ximenez.*

Angel (Angelo), P e d r o, s. *Angelo,* Pietro.

Angel, P h i l i p s, verfertigte 1602 für die Middelburger Regierung eine Abbildung der Stadt. Von 1603 an war er an der dortigen Schule tätig als Schreiblehrer. Er ist gestorben zwischen 1622 und 1625, in welchem Jahre seine Witwe Catharina de la Dale erwähnt wird.

Archief—Zeeuwsch Genootschap VIII 70, 87, 142. *E. W. Moes.*

Angel, P h i l i p s, Maler, getauft in Middelburg 14. 9. 1616 als Sohn von Jan A., heiratete 25. 1. 1639 (1. Aufgebot) Jacquemyntgen de Smeth und kam im selben Jahre in die Lucasgilde in Haarlem. Am 6. 11. wurde ihm in Leiden eine Tochter geb. und dort mietete er 10. 4. 1641 ein Haus. Jedoch 11. 10. 1641 wohnte er wieder in Haarlem und heiratete in zweiter Ehe daselbst 4. 8. 1642 Elisabeth Vercammen, wurde 2. 12. 1642 zweiter Sekretär und 7. 7. 1643 Sekretär der Zunft, während er 14. und 28. 12. 1644 und 20. 3. 1645 wieder genannt wird als „Hoofdman" der Leidener Zunft. 1645 kam er in den Dienst der Ost-Indischen Kompanie und 11. 6. 1646 wurde er vorgeschlagen als Mitglied des Schöffengerichts in Batavia. 1651 zog er als Agent und „opperkoopman" nach Persien, wo er 25. 12. 1651 in Bender-Abessi ankam. Nachdem er 16. 2. 1652 die Ruinen von Persepolis besucht hatte, trat er 27. 2. sein Amt an. Mit Nils Mathson Köping, seit 1651 Dolmetscher bei ihm, bereiste er auch Arabien. Unordnung in seiner Verwaltung zwang ihn, schon bald seine Entlassung einzureichen, u. 1653 wurde er Hofmaler des Schah, der ihn reichlich zahlte und dessen Hofstaat er Zeichenunterricht gab. 1656 zu seiner Verantwortung nach Batavia entboten, gelang es ihm dort nicht sich zu rechtfertigen und er mußte aus dem Dienst der Kompanie treten. Dennoch wurde er 29. 5. 1656 „Burgerschepen", kurz darauf „Commissaris voor de Huwelijksche Zaken", 3. 6. „Vaandrig der Burgerwachten" und 22. 12. 1656 „Secretaris van Schepenen", aber wiederum war Unordnung in der Verwaltung die Veranlassung, dass er 11. 10. 1661 seine Entlassung bekam. 15. 6. 1662 weilte er noch in Batavia und wann er heimgekehrt ist, wissen wir nicht. Erst 1671 finden wir ihn wieder als „Beleeder" der Lucasgilde in Middelburg, und 22. 10. 1683 wird er dort zuletzt genannt. Am meisten bekannt ist er wegen seiner seltenen Schrift „Lof der Schilderkonst", erschienen in Leiden 1642, eigentlich eine Rede 18. 10. 1641 von ihm in Leiden gehalten. Sie ist wichtig, da er einige Werke, u. a. von Rembrandt und von Lievens darin bespricht. Ein Stilleben in dem Mus. zu Berlin, bezeichnet: P. Angel 1650, und ein Bauerninterieur in der Ermitage zu St. Petersburg bezeichnet P. An. 1659, sind die einzigen Bilder, welche ihm sicher zugeschrieben werden können. Noch kennt man von ihm einige Radierungen, u. a. einen Greisenkopf, bezeichnet P. Angel 1637, eine schwache Nachahmung von Rembrandt.

Oud-Holland VI 113—122. — M e y e r, Kstlerlex. — K ö p i n g, Beskrifning om en Resa-Stockholm 1743. *E. W. Moes.*

Angela (Nonne) des 15. Jahrh. miniierte ein „Collettario" für das Kloster S. Maria Novella und signierte: Ego Soror Angela, indigna serva Domini nostri Jesu Christi, scripsi manu propria hoc collectarium. Deus sit laudatus et pro me deprecatus.

P. V i n c e n z o M a r c h e s e, Memorie dei pittori etc. Domenicani (Bologna 1878) II 341. *P. d'Ancona.*

Angela d e' R u c e l l a i, Nonne in S. Jacopo di Ripoli in Florenz um 1500, wird von Zani, Enc. met. II 117 als ausgezeichnete Kalligraphin und Miniaturistin (ohne nähere Angaben) erwähnt. **

Angele, J o s e p h, Porzellanmaler in Höchst (1716—92). In der dortigen Fabrik wird er als Maler von Figuren und Landschaften, 1764 und 1774 genannt. — Um das letztere Jahr wird auch sein Sohn, *Angele jun.* in den Akten der Höchster Fabrik, später in Fulda erwähnt. Das Kasseler Museum besitzt ein Fuldaer Frühstücksservice mit karminroter Malerei, Putten in Wolken, bez. Angéle 1788 auf einer der Tassen.

Z a i s, Porzellanfabrik Höchst 137. *E. W. Braun.*

Angelecht, A., holl. Glasmaler. Von ihm in der Altenkirche zu Amsterdam ein schönes Glasfenster mit seiner Signatur und dem Datum 1648.

L a s t e y r i e, Les peintres verriers, Paris 1880 p. 28. **

Angelelli, G i u s e p p e, toskan. Zeichner u. Maler, Portugiese von Geburt, geb. 7. 12. 1803 in Coimbra, ausgebildet an der Florentiner Akad. beteiligte sich 1827 an der Expedition der Archaeologen Rosellini und Champollion nach Ägypten, wo er Inschriften und Kunstdenkmäler für Rosellinis Werk: Monumenti dell' Egitto e della Nubia kopierte. Von seinen 1400 Zeichnungen ist ein großer Teil in die Uffiziensammlung gekommen. Später hat er sich auch in Landschaften und Porträts versucht. Er starb 4. 11. 1849.

G. E. S a l t i n i, Angelelli, Pittore toscano, ricordo biogr. Firenze 1886. — M e y e r, Kstlerlex. *Hermann.*

Angelellus B u r g o l i, Miniaturist, im Quartier Porta Eburnea zu Perugia wohnhaft. Er wird in einem Dokument 18. 12. 1323 als Rektor der Zunft der Miniatori zitiert. (Arch. communale Perugia, Lib. Camer. et Rect. Art. an. 1323 c. 18 t.)

L'Arte dei Miniatori in Perugia, Giorn. di Erud. art. II 1873 fasc. 11—12 p. 350. *W. Bombe.*

Angelellus M a r r i n i, Miniaturist, im Quartier Porta S. Susanna in Perugia wohnhaft

Er wird in jenem Dokument 18. 12. 1323 als Rektor der Zunft der Miniatori zitiert. (Arch. communale Perugia, Lib. Camer. et Rect. Art. an. 1323 c. 18 t.)

L'Arte dei Miniatori in Perugia, Giorn. di Erud. art. II 1873 fasc. 11—12 p. 350.
W. Bombe.

Angeletti, Alessandro, Radierer, tätig gegen Ende des 18. Jahrh. Mit Tom. Piroli hat er die Stiche für Felice Giorgis Descrizione istorica del teatro di Tor di Nona, Roma 1795, ausgeführt.

Meyer, Kstlerlex. *P. K.*

Angeletti, Pietro, röm. Maler, tätig ca. 1758—1786, war nach Missirini Lehrer an der Accad. di S. Luca. Von seiner Hand ein Gemälde mit der Darstellung der Metamorphose der Daphne in der Mitte der Spiegeldecke des dritten Saales der Villa Borghese. In der Erfindung immerhin anerkennenswert, bekundet das Werk in seiner Ausführung doch den völligen Verfall der italienischen Malkunst jener Zeit. P. Bombelli stach nach ihm 1771 ein Porträt des Erzbischofs von Firmo Aless. Borgia, sowie 1767 ein Gemälde mit dem hl. Joseph a Cupertino, Alois. Cunego das Porträt des „Alanus de Solminiac".

Barbier de Montault, Les Musées et Galeries de Rome p. 360, 493. — Meyer, Kstlerlex. *B. Magni.*

Angeletti, s. auch *Agniletto.*

Angeletto di Pietro di Buonavere, war Camerlengo der Peruginer Malerzunft im 1. Semester 1393. Sein Name fehlt in der Matrikel. Werke nicht bekannt.
W. Bombe.

Angeli, Alessandro, Bildhauer und Erzgießer des 15. Jahrh. in Ferrara, der nach älteren Quellen im Verein mit Antonio Marescotti und Ippolito Bindelli die Bronzegruppe des Gekreuzigten mit Maria, Johannes und den Hl. Georg und Marelius am Hochaltare des Domes zu Ferrara gearbeitet haben sollte. Nach Cittadella jedoch sind Giov. und Nicc. Baroncelli sowie Domen. Paris als die eigentlichen Schöpfer dieser Bronzefiguren zu betrachten.

Cittadella, Not. relat. a Ferrara p. 46. — A. Maresti, Scritt. apologet. etc. contro M. Guarini, Ferrara 1678. *F. Malaguzzi-Valeri.*

Angeli, Alessandro, italien. Kupferstecher in Aquatintatechnik, 1821—24 in Mailand tätig. Von ihm gestoch.: 1. Lo Sposalizio nach Raffael (Mailand 1824, Royal-Folio); 2. La Transfigurazione nach Raffael (Royal-Folio); 3. Vedute di Milano (mit Randbildern, Querfolio); 4. Drei Medaillons mit Ansichten der Kathedrale und des Arco della Pace zu Mailand; 5. Fasti di Milano etc. (Mailand 1821, nach A. Monticelli gest. von Angeli und anderen, Querfolio); 6. Ansicht des Domes von Como (mit 16 Randbildern von Lago di Como, Querfolio); 7. Isola Bella (mit Randbildern, Querfolio); 8. Christus und die Ehebrecherin nach Tizian (bez. „Alessandro Angeli inc.").

Meyer, Kstlerlex. II 45 (sowie I 274 unter „Alessandro"). *R.*

Angeli, Antonio d' Angelo degli, Florentiner Goldschmied in Rom, wo er 1439 für Papst Eugen IV. an einer goldenen Rose arbeitete.

E. Müntz, Les Arts à la Cour des Papes (1878) I 60; u. Nouv. Recherches (1884) p. 42.
*

Angeli, Carlo, italien. Maler in Antwerpen, wird 1654 Meister, 1655 Freimeister in der Antwerpener St. Lucasgilde. Vermutlich identisch mit dem folgenden Carlo Francesco Angeli.

Liggeren, II 258, 261. **

Angeli, Carlo Francesco, Maler, arbeitete wahrscheinlich im letzten Viertel des 17. Jahrh. Lazzari und Orsini erwähnen von ihm nur ein wenig wertvolles Bild, welches noch auf dem ersten Altar links in der Kirche del Carmine in Ascoli ist. Es stellt die Verwandlung der Herzen, die Jesus Christus nachfolgen, und S. M. Maddalena de' Pazzi dar. In der Ecke rechts unten ist folgende Inschrift:

Gulielmus Cortesius Borgoniens delin.
Carulus Franciscus Angelus Pingebat.

Orsini, Descrizione . . . di Ascoli, p. 88. — Lazzari, Ascoli in prospettiva, p. 158.
E. Calzini.

Angeli, Cristoforo, da Montesanto; Kanonengießer in Spoleto, tätig zu Beginn des 16. Jahrh.

Arch. stor. art. ecc. di Roma, vol. III, p. 257 ff.
*

Angeli, Domenico d', Baumeister aus Passau, um 1728 in Steyr tätig.

Mitt. d. C. Comm. N. F. XVI 101. **

Angeli, Filippo d', genannt Filippo Napoletano, Maler von Schlachten, Marinen und Landschaften, geb. zu Rom (nach anderer Angabe zu Neapel) gegen Ende des 16. Jahrh. Sohn und Schüler eines Malers, der in Diensten des Papstes Sixtus V. stand, dann aber im Dienste des Kardinals Pallotta nach dem Neapolitanischen übersiedelte. Tätig nach dem Tode seines Vaters in Rom, in Florenz am Hofe Cosimos II. (Großherzog 1619—21), wieder in Rom, dann in Neapel, von wo er leidend nach Rom zurückkehrte und bald darauf im besten Mannesalter unter dem Pontifikat Urbans VIII. starb (um 1640). — Namentlich Maler von Landschaften und Veduten in der Art des P. Bril. Zu Rom malte er in mehreren Villen u. Palästen, besonders im Palazzo Bentivoglio (jetzt Rospigliosi) einige große Landschaftsdarstellungen in Fresko. Seine Bilder scheinen sehr gesucht gewesen zu sein. Mehrere Marinen ehemals (1631) im Palazzo Barberini zu Rom. 1630 wurden „8 casse di quadri con diverse figure, historia e paesi" an den Herzog von Orléans von Rom nach Paris geschickt. Außer dem Selbstbildnis in den Uffizien zu Florenz (bez. Filippo d'Angeli Romano 24 Novenbre 1622) läßt sich ihm kein Stück mit Bestimmtheit zuschreiben. Im Louvre unter seinem Namen eine genrehafte Darstellung (Der Satyr und der Bauer); in der Galerie zu Schleißheim ein Reitergefecht; in der Albertina zu Wien Studien zu Schlachtenbildern.

Meyer, Kstlerlex. (mit Verz. d. ält. Literatur und der nach A. gestochenen Blätter). — Arch. stor. art. della città di Roma III 176.
Hans Posse.

Angeli, Giovanni degli, gen. Romanello, Steinmetz in Venedig im 15. Jahrh., arbeitete mit anderen Künstlern an der Fassade, am äußeren Portal und an der gedeckten Treppe des Hofes des reizvollen Palazzo Cà d'Oro.

P. Molmenti, Stor. di Venezia nella vita privata. Bergamo 1905 I 362. *L. Ferro.*

Angeli, Giovanni di Tommaso, Maler zu Perugia, im Collegio di Porta Sole eingeschrieben, malte 1471 das Wappen des Podestà Gabriello di Urbino*) und 1479 gemeinsam mit Cristofano di Giacomo für die Mönche von S. Pietro „più lavori di dipinture in chontado a diverse possessioni cioè a Chasalina, a Monte Lagello et alle Masse",**) Arbeiten, die nicht mehr vorhanden sind.

*) Nach einem Dokument, das Mariotti, Lettere pittoriche perugine p. 74 zitiert.

**) cf. Manari, Documenti e note in l'Apologetico T. IV (1865) p. 258/9 Doc. XII Note 12.

Lupattelli, Stor. d. Pittura in Perugia Foligno 1895 S. 26. — Mariotti, Lett. pitt. p. 73, 74. *W. Bombe.*

Angeli, (de Angelis), Giulio Cesare, Maler, geb. zu Perugia um 1570, † daselbst 26. 7. 1630.*) Im Alter von 12 Jahren verließ er, wie Pascoli berichtet, Perugia, um zu Bologna in die Schule des Lodovico Caracci einzutreten. Er kehrte wahrscheinlich nach Ablauf der Lehrzeit nach Perugia zurück, wo er unter den Einfluß der dortigen Manieristen geriet. Er malte 1625 für Lucrezia Montesperelli einen Tobias mit dem Schutzengel und S. Michael (Stiftung für das Ospedale Maggiore), in S. Lucia di Colle Landone (del Clero) eine Madonna mit den Heiligen Ivo, Margherita, Marta, Francesco und Domenico, in S. Lorenzo für den Altar des S. Ivo eine Madonna in der Glorie mit den Heiligen Ivo, Marta, Domenico und Francesco, im Oratorium der Fraternità di S. Agostino Fresken, welche Szenen aus der Geschichte Christi und der Apostel Philippus und Jacobus darstellen. In S. Simone del Carmine zu Perugia existiert von ihm ein Bild des S. Carlo Borromeo. Zwei Altarbilder in S. Agnese zu Perugia (das eine davon 1613) sind ganz übermalt. Außerhalb von Perugia sind noch erhalten: Eine Kreuzabnahme in der Collegiata zu Spello und ein Bild in Sassoferrato. Seine Schüler waren Stefano Amadei und Cesare Franchi.

*) Wie Macinaia in seinen Avvisi di Perugia Cod. Ms. der Biblioteca comunale daselbst auf c. 79 tergo angibt.

Orsini, Guida di Perugia, p. 82, 86, 109, 148, 158, 204, 206. — Lupattelli, Stor. d. pittura in Perugia, p. 65. — Mariotti, Lettere pittoriche perugine p. 246. — Meyer, Kstlerlex. — Orsini, Risposta alle lettere pittoriche del Mariotti p. 16. — Pascoli, Vite dei pitt. etc. perugini 173. — Siepi, Descrizione di Perugia p. 60, 181, 210, 361, 455, 640. — Rosini, Stor. d. pitt. — Ticozzi, Diz.
W. Bombe.

Angeli, Giuseppe, Venezianer Maler, geb. um 1709, da er 1798 in seinem 89. Jahre gestorben ist. Schüler des Giov. Batt. Piazzetta dessen Manier er in so trefflicher Weise nachahmte, daß er dazu erwählt wurde, Piazzettas Bild auf dem Hochaltar in S. Maria della Pietà zu vollenden. Ohne ausgeprägten persönlichen Charakter blieb er der alten Malweise treu und geriet nicht in Tiepolos Fahrwasser. Viele seiner Bilder zeigen die schwärzlichen Schatten und das gelbliche Kolorit Piazettas, doch ist er in anderen anmutiger und heller und goldiger in der Färbung. Seine Zeichnung ist gewandt, seine Komposition lebendig und oft fehlt ihr nicht eine gewisse Großartigkeit und gutes dekoratives Gefühl. A. hat für die Kirchen Venedigs und der benachbarten Städte zahlreiche Tafel- und Freskobilder gemalt, wovon manches sich noch an Ort und Stelle befindet, die meisten seiner Arbeiten sind bei Zanetti genau registriert. Als Hauptwerk gelten die Malereien in der Kuppel von S. Rocco in Venedig (Gottvater mit den Evangelisten, Kirchenvätern und Engelchören), andere bedeutendere Bilder sind: die Madonna in der Glorie in der großen Kapelle in S. Maria dei Frari, Mariae Empfängnis (1756) in S. Francesco della Vigna, Altartafeln in S. Stefano, S. Canziano etc. sowie in einigen Kirchen Paduas und Rovigos. A. malte auch in gefälliger Weise Bildnisse u. Genrebilder (z. B. der Mann mit dem trommelnden Jungen im Louvre in Paris), sowie mitunter mythologische Darstellungen in Palästen (z. B. in Rovigo).

Zanetti, Della Pittura Veneziana 614—618. — Longhi, Compendio delle Vite de' Pittori Venez. No. 13. — Moschini, Letteratura Veneziana Ser. XVIII, III p. 74. — Meyer, Kstlerlex. (mit weiterer Lit. u. Verz. der nach A. gest. Blätter). *G. Fogolari.*

Angeli, Giuseppe, italien. Kupferst., tätig in der zweiten Hälfte des 18. Jahrh. Man kennt von ihm eine Veduta de' Bagni di Lucca nach G. D. Malerbis Zeichnung. Er ist wohl sicher identisch mit dem G. Angeli, der mit A. Poggioli nach Zeichnungen von G. Beys verschiedene Darstellungen aus den Kriegen der französ. Revolution gestochen hat: die Ankunft der Franzosen in Livorno (27. 5.

1796), Abzug der Franzosen aus Livorno (16. 4. 1797), Abzug der Engländer aus Porto Ferrajo (16. 4. 1797), Ankunft der Engländer in Toulon.

Meyer, Kstlerlex. *P. K.*

Angeli, Heinrich von, Genre- und Bildnismaler, geb. 8. 7. 1840 in Sopron (Ödenburg), Ungarn, derzeit in Wien tätig. Seine künstler. Ausbildung begann in Wien, wo er 1854 an die Akad. kam. Doch ging er bald darauf nach Düsseldorf zu M. Leutze, wo eines seiner größeren Historienbilder „Maria Stuart bei Verlesung des Todesurteils" (1857) entstand. 1859 zog ihn der Ruf des bayerischen Hofes nach München, wo er bis 1862 arbeitete. Hier entstand 1859 ein zweites Historienbild: „Ludwig XI. und Franz von Paula", für Ludwig I. von Bayern gemalt. Andere Gemälde dieser Zeit: „Antonius und Kleopatra", „Jane Gray". Alle diese Werke verraten die Lust an brillanter Farbe und reichem Kostüm. 1862 kehrte er nach Wien zurück, erregte mit dem „Rächer seiner Ehre" (1869) großes Aufsehen und ward einer der gesuchtesten Künstler Wiens. 1870 entstand die „Verweigerte Absolution" mit Anklängen an Makart. Doch verließ A. bald die Historie und das Genre, um sich ganz dem Bildnis zuzuwenden. Die Eleganz seines Vortrages, das vornehme Arrangement und blendende Kostümwerk verschafften ihm Gönner in den höchsten Kreisen und bald war A. vielbeschäftigter Bildnismaler des Wiener, Londoner, St. Petersburger Hofes. 1876 erhielt er als Professor eine Spezialschule an der Wiener Akademie. Von der großen Anzahl seiner Porträts seien hier hervorgehoben: Generalfeldmarschall von Manteuffel (1879, Berlin, Nationalgal.), Feldmarschall Moltke (1884, Breslau, Mus.), Kaiser und Kaiserin Friedrich (1885, daselbst), Königin Viktoria auf der Thronestrade (1885), Kaiser Wilhelm II. (1888), König Karl II. und Königin Olga von Württemberg, Kaiserin Maria Feodorowna von Rußland (1896) und das Bildnis des Afrikareisenden Stanley, für die Königin Viktoria von England gemalt.

Pallas-Lex. I 622. — Das geist. Wien 1893. — Bötticher, Malerwerke des 19. Jahrh. und Nachträge. — Kosel, Deutsch-österr. Kstlerlex. *K. Lyka.*

Angeli, Innocenzo, di Bevagna, Maler in Rom um 1775—1785.

Zani, Enc. met. II 118. **

Angeli, Lorenzo degli, s. *Lorenzo* Monaco.

Angeli, Marco, als Stecher von Ornamenten, Mauresken und Grotesken von Gandellini (I 12) erwähnt, vielleicht identisch mit Marco Angolo del Moro?

Heinecken, Dict. I 256 und Meyer, Kstlerlex. *P. K.*

Angeli, Marianna, Malerin in Venedig, gebürtig aus Pascoli, tätig um 1844. Sie kopierte mit anerkanntem Geschick alte Meisterwerke in Miniatur, und es werden auch zwei eigene Kompositionen: La Musica und La Danza ausführlich erwähnt.

A. Meneghelli, La Musica et la danza etc. Padova 1844. **

Angeli, Michael, Bildhauer in Neiße, tätig im ersten Viertel des 18. Jahrh. *E. Hintze.*

Angeli del Moro, Battista und Marco, s. *Angolo.*

Angeli, Niccolo, italien. Kupferst., tätig in Florenz um 1635. Wird als Schüler und Gehilfe des Cantagallina genannt. *P. K.*

Angeli, Pietro di Jacopo degli, Maler in Perugia, † 1478, aufgeführt in der Matrikel der dortigen Malergilde.

Rassegna Bibliograf. d. Arte ital. II 209. *

Angeli, Pietro di Simone degli, Maler in Perugia, 18. Jahrh. (?); aufgeführt in der Matrikel der dortigen Malergilde.

Rassegna Bibliograf. d. Arte ital. II 211. *

Angeli, Scipione, Blumenmaler in Perugia, gest. 1729.

Ticozzi, Dizionario, Milano 1830. **

Angeli, Valentino degli, Maler aus Moena im Fleimstale bei Trient, um 1728. Tovazzi (s. u.) und ihm folgend die anderen Trentiner Kunsthistoriker, lassen ihn irrtümlich aus Predazzo stammen.

P. G. G. Tovazzi, Arch. stor. per Trieste, l'Istria e il Trentino III 97 u. ders. in den zwei im Artikel Nic. Ambrosi angeführten Manuskr. *L. O.*

Angeli, s. auch damit verbundene *Vornamen,* sowie *Angelis, Agnolo, Angelo* u. *Angolo.*

Angelica, span. Buchmalerin, schrieb und illuminierte gegen 1500 mehrere Chorbücher der Kathedrale von Tarragona.

Cean Bermudez, Dicc. I 31. — Rico y Sinobas, caligr. esp. S. 7. *M. v. B.*

Angelici, Mellito, Mosaicist in Orvieto, wo er seit 1844 mit seinem Schüler (und Sohne?) *Pietro Angelici* und mit Arturo Pompei an der Restaurierung der Fassadenmosaiken des Domes arbeitete. 1891 war der Künstler noch immer an diesem Restaurierungswerke tätig, das er mit großer Liebe und Gewissenhaftigkeit besorgt hat.

L. Fumi, Il Duomo di Orvieto (Roma 1891) p. 114. *

Angelico, Fra Giovanni, da Fiesole, mit seinem weltlichen Rufnamen Guido oder Guidolino di Pietro da Mugello, geb. 1387 in Vicchio di Mugello als Sohn eines gewissen Pietro (Familienname unbekannt). „Obwohl er" — so berichtet Vasari — „von Hause aus so gestellt war, daß er ein höchst gemächliches Weltleben hätte führen können, und obwohl er mit Hilfe seiner Kunst, in der er bereits als Jüngling ganz Vortreffliches leistete, sich außer dem noch ein beträchtliches Vermögen hätte hinzuerwerben können, fühlte er sich trotzdem bewogen, zur Befriedigung seiner auf beschauliche Frömmigkeit gerichteten Natur und zur Rettung seines Seelenfriedens in den kirchlichen Orden der Predigermönche einzutreten" (1407). Nachdem er sich gleichzeitig mit seinem Bruder Benedetto in das Dominikanerkloster zu Fiesole hatte aufnehmen lassen, wurde er zunächst nach Cortona gesandt, um im dortigen Filialkloster sein Noviziat abzudienen. Ob er auch nach Ablegung des Mönchsgelübdes (1409) noch längere Zeit in Cortona geblieben oder ob er damals sofort nach Fiesole zurückgekehrt ist, läßt sich nicht mit Sicherheit feststellen. Im letzteren Falle würde er jedenfalls auch jene schweren Fiesolaner Klosterwirren mit durchlebt haben, die durch die Papstwahl des Jahres 1409 hervorgerufen waren. Da nämlich die Dominikaner von Fiesole den vom Pisaner Konzil gewählten Papst Alexander V. nicht anerkennen wollten, gerieten sie nicht nur mit dem Erzbischof von Florenz in Konflikt, sondern insbesondere auch mit ihrem Ordensgenerale Fra Tommaso da Fermo, der dem neuen Papste den Gehorsamseid geleistet hatte. Aus ihrem Fiesolaner Kloster vertrieben, mußten die Mönche nach Foligno flüchten, woselbst sie bei gleichgesinnten Ordensbrüdern freundliche Aufnahme fanden. Nach fünfjährigem Aufenthalte in Foligno durch die Pestepidemie des Jahres 1414 von neuem zur Auswanderung genötigt, ließen sich die Fiesolaner Mönche sodann bis 1418 in Cortona nieder. Im letzteren Jahre gestattete endlich auf die wiederholten Fürbitten des Giovanni Dominici, des Gründers des Fiesolaner Dominikanerklosters, der Bischof von Fiesole den vertriebenen Mönchen die Rückkehr in ihr Heimatkloster, das gerade in diesem Jahre mit Hilfe eines von einem reichen Florentiner Kaufherren hinterlassenen Vermächtnisses von 6000 Fiorini eine wesentliche Bauerweiterung erfahren konnte. Nach feierlicher Konzessions- und Absolutions(?)-Erteilung sandte der Ordensgeneral zunächst vier Mönche von Cortona nach Fiesole zurück, unter denen allerdings Fra Giovanni Angelico nicht mit genannt ist; damit ist jedoch nicht gesagt, daß mit der Zeit nicht die sämtlichen Flüchtlinge des Jahres 1409 nach Fiesole zurückgekehrt sein sollten, mit ihnen also auch Fra Angelico. Jedenfalls hat dieser dann bis 1436 im Kloster von Fiesole gelebt. Im letzteren Jahre überwiesen Cosimo und Lorenzo de' Medici den Dominikanermönchen das bis dahin von den Salvestrinern bewohnte Florentiner St. Marcus-Kloster mit der zugehörigen Kirche. Gleichzeitig ließen die Medici den Klosterbau nach den Entwürfen des Architekten Michelozzo vollständig erneuern, erweitern und neu ausschmücken, wobei den Bedürfnissen und Wünschen der Mönche in jeder Hinsicht Rechnung getragen wurde. 1439, zwei Jahre nach Beginn dieser Umbauarbeiten, war der Bau der großen Klosterkapelle fertiggestellt und man nahm nunmehr die Restaurierung und Neuausschmükkung der Chiesa di S. Marco in Angriff. 1441 war augenscheinlich das gesamte Erneuerungswerk vollendet.

Die herrlichen Gemäldewerke, die der Frate Angelico für diesen Klosterbau zur Ausführung brachte, und die zahlreichen gemalten Altäre, mit denen er gleichzeitig die übrigen Florentiner Kirchen schmückte, verschafften dem frommen Künstler in ganz Italien Ruhm und Ehre. So kam es, daß ihn schließlich, wie Vasari berichtet, „Papst Nicolaus V. nach Rom berief, um durch ihn die malerische Ausschmückung der päpstl. Privatkapelle des vatikanischen Palastes mit einem die Kreuzabnahme Christi darstellenden Altarwerke und mit wundervollen Erzählungsfresken aus dem Leben der Heiligen Stephanus und Laurentius ausführen zu lassen". Allerdings irrt sich Vasari in der Annahme, daß Nicolaus V. das Verdienst der Berufung Fra Angelicos nach Rom zuzuschreiben sei, ebenso wie er nicht weniger falsch berichtet ist in der Erzählung, der Künstler habe in seiner großen Bescheidenheit das ihm damals angetragene Florentiner Archiepiskopat ausgeschlagen, für das dann dem Papste der hl. Antoninus vorgeschlagen worden sei. Vielmehr war es in der Tat Papst Eugen IV., der in dem Wunsche, den vatikanischen Palast mit Malereien schmücken zu lassen, schon 1445 den Frate Angelico nach Rom berief, nachdem er bei seinem Aufenthalte in Florenz den frommen Lebenswandel und die hohe Künstlerschaft dieses Mönches persönlich hatte bewundern können. Als dann Papst Eugen 1446 starb, fand Fra Angelico in seinem Nachfolger Nicolaus V. einen nicht weniger aufrichtigen Freund und Bewunderer seiner Kunst, so daß er nunmehr gleichwohl in Rom bleiben und die bereits begonnenen Malwerke zur Vollendung bringen konnte. Sogar zwei Kapellen des vatikanischen Palastes hat der Meister in dieser Zeit ausgemalt, die eine für Eugen IV. (die sogenannte „Cappella del Santissimo Sacramento", von Papst Paul II. leider ganz abgebrochen), die andere für Nikolaus V. (nach dem sie noch heute als „Cappella Niccolina" bezeichnet wird). Jedoch scheint Fra Angelico alsbald nach Vollendung der ersteren Kapelle und noch vor Beginn seiner Arbeiten in der Cappella Niccolina durch Vermittelung des berühmten Peruginer Glasmalers und Benediktinermönches Don Francesco di Barone mit den Leitern der Dom-Opera zu Orvieto in Verbindung getreten zu sein, um die Ausmalung der Madonnenkapelle von S. Brizio im dortigen Dome zu übernehmen; und zwar gab er zu verstehen, daß er nur während der Sommermonate Juni, Juli und August Rom verlassen und in Orvieto tätig sein könne. Er verlangte einen Jahresgehalt von 200 Golddukaten, sowie Rückerstattung seiner Auslagen für Lebensunterhalt, Farbenmaterial und Gerüstbauten; ferner für einen seiner älteren Gehilfen 7 Dukaten, für einen jüngeren 2 Dukaten Monatsgehalt. Unter diesen Bedingungen wurde der Vertrag mit dem Meister zum Abschlusse gebracht durch Messer Enrico Monaldeschi, der als mächtigster Bürger und verkappter Gewaltherrscher der Stadt Orvieto in den wichtigsten Angelegenheiten der Commune die Entscheidung zu treffen pflegte. Als Gehilfen führte Fra Angelico die Maler Benozzo di Lese, Giovanni d'Antonio da Firenze und Jacomo di Poli mit sich nach Orvieto, mit denen er dann am 15. 6. 1447 die Freskoarbeiten an den Gewölbezwickeln der Domkapelle in Angriff nahm. Außerdem trat auch der Orvietaner Pietro di Niccola noch in sein Gehilfenkorps ein. Dreieinhalb Monate arbeitete der Meister mit diesen vier Gehilfen an den besagten Gewölbemalereien und ging dann, ohne sie vollendet zu haben, wieder nach Rom. Als er im Sommer des nächstfolgenden Jahres nicht mehr nach Orvieto zurückkehrte, gaben die Dombauleiter jede Hoffnung auf, das Werk durch Fra Angelico selbst vollendet zu sehen, und ließen den Gehilfen Benozzo einen Versuch machen, die von seinem Meister begonnene Arbeit fortzusetzen; jedoch führte dieser Versuch keineswegs zu einem glücklichen Resultate. — In Rom war Fra Angelico jedenfalls alsbald nach seiner Rückkehr von Orvieto eifrig mit den Malereien für die Kapelle (alias „Studio") Nicolaus V. beschäftigt. Das vom Jahre 1449 datierte Zahlungsregister für diese Arbeiten ist noch heute in den vatikanischen Archiven vorhanden. Nach 1449 aber hat E. Müntz in den Registern der päpstlichen Tesoreria Segreta keinerlei Notiz über den großen Dominikanermaler mehr auffinden können.

Unter dem 10. 1. 1452 finden wir den Frate Angelico in Fiesole wieder, und zwar diesmal als Prior seines Klosters. In demselben Jahre suchte die Munizipalität von Prato durch Vermittelung des Erzbischofs Antoninus den Künstler zu veranlassen, die Ausmalung der Cappella maggiore in der Domkirche zu Prato zu übernehmen; da jedoch Fra Angelico diesen Antrag zurückwies, wurde die Arbeit dem Frate Filippo Lippi übertragen.

Nach einem ganz und gar der Ausübung seiner Kunst geweihten 68jährigen Leben ist Fra Giovanni da Fiesole 1455 in Rom gestorben. Die Nachwelt hat ihm in bewundernder Verehrung seiner religiösen Tugenden den Titel „il Beato", für die himmlisch-reinen Schöpfungen seines Pinsels aber den Beinamen „Angelico" verliehen. In der Minervakirche zu Rom, in der er begraben liegt, wurde seinem Andenken ein marmorner Grabstein errichtet, der außer dem Bildnis des Meisters die nachstehende, angeblich von Papst Nikolaus V. selbst verfaßte Inschrift trägt: „Hic jacet ven. pictor fr. Jo. de Flor. ord. p. MCCCCLV. —

Non mihi sit laudi, quod eram velut alter Apelles,
Sed quod lucra tuis omnia, Christe, dabam;
Altera nam terris opera extant, altera coelo;
Urbs me Joannem Flos tulis Etruriae." —

Wer der eigentliche Lehrmeister des Fra Angelico gewesen ist, läßt sich heute nicht mehr mit Sicherheit feststellen. Einige Autoren sind der Ansicht, Giovanni da Fiesole müsse durch den Camaldolenser Lorenzo Monaco in seine Kunst eingeführt worden sein. Aber wie Cavalcaselle sehr richtig bemerkt, können künstlerische Verwandtschaftsbeziehungen, wie diejenigen zwischen Fra Giovanni Angelico u. Fra Lorenzo Monaco, bei zwei gleichzeitig lebenden Malern sehr wohl aus einer rein zufälligen Gemeinsamkeit des persönlichen Denkens u. Empfindens, der sozialen Stellung u. der religiösen Überzeugung entsprungen sein. Zwei schlichte Mönche, wie dieser Camaldolenser und dieser Dominikaner, konnten in ihren Werken sicherlich die gleichen künstlerischen Ideen zum Ausdruck bringen, ohne daß man deswegen zwischen ihnen ein Abhängigkeitsverhältnis, wie das zwischen Schüler und Lehrer, anzunehmen brauchte. Im allgemeinen besteht daher die Ansicht, Fra Angelico habe sich als Miniator von Codices und Missales rein autodidaktisch zum Maler und Künstler herangebildet. Baldinucci und Rosini hinwiederum gelangten zu dem Schlusse, Gherardo Starnina müsse sein Lehrer in der Malkunst gewesen sein, wogegen jedoch nach Ansicht des Padre Marchese einerseits der Umstand zu sprechen scheint, daß Vasari hierüber kein Wort berichtet, und andererseits die Wahrscheinlichkeit der Tatsache, daß Starnina nach mehrjährigem Aufenthalte in Spanien schon 1403 in Florenz gestorben ist, — also zu einer Zeit, als Guidolino da Mugello erst 16 Jahre alt war und somit kaum die genügende Reife für eine künstlerische Ausbildung besessen haben dürfte. Akzeptieren wir dagegen die Meinung der meisten neueren Autoren, daß das Todesjahr des Gherardo Starnina nicht 1403, sondern 1408 gewesen sei, so würde sich in der Tat nichts mehr gegen die Annahme einwenden lassen, daß der junge Frate Giovanni da Fiesole während der letzten Lebensjahre Starninas (nach dessen Rückkehr aus Spanien) den Unterricht dieses Meisters genossen haben könnte, zumal da der letztere sich bereits 1387 als Mitglied der Florentiner „Compagnia dei pittori" in deren Matrikel eingetragen findet. —

Vasari hält es für unzweifelhaft, daß Fra Angelico gleich so vielen anderen Masaccio-Zeitgenossen und -Nachfolgern seine spätere Meisterschaft dem Studium der Fresken der Brancacci-Kapelle zu verdanken habe. Aber einerseits ist ja die künstlerische Richtung dieser Malereien derjenigen des Meisters von San Marco diametral entgegengesetzt, und andererseits könnte doch der 15 Jahre vor Masaccio geborene Fra Giovanni, der außerdem schon vor der Entstehung der Brancacci-Fresken selbständige Meisterwerke geschaffen hatte, unmöglich zur Schulnachfolge jenes Meisters gerechnet werden. Sicherlich ist auch Fra Angelico nicht unbeeinflußt geblieben von den neuen Bestrebungen jener jung-italienischen Künstlerschar, die zu Masaccio als ihrem begabtesten Vorkämpfer emporblickte; in der Hauptsache jedoch muß man den so charakteristischen und absolut persönlichen Kunststil des Fiesolaners noch als eine am Stamme einer einzigartigen Persönlichkeit gereifte Spätfrucht *mittelalterlicher* Kunsttriebe betrachten. Wahr ist immerhin, daß in gewisser Hinsicht Fra Angelico und Masolino aus gemeinsamen Schulursprüngen hervorgegangen sein müssen. Denn wenn sie auch in ihrem künstlerischen Empfinden und Streben einander als Antipoden gegenüberstanden — Fra Giovanni ging auf die Idealisierung und Divinisierung menschlicher Gestalten aus, während Masolino mit der Mehrzahl seiner Zeitgenossen einem radikal-realistischen Kunstideal huldigte —, so läßt sich doch mit Leichtigkeit der Nachweis führen, daß in technischer Hinsicht beide nach gemeinsam überkommenen Prinzipien und Praktiken gearbeitet haben: Man denke hier nur an die große Ähnlichkeit beider Künstler in ihrer Kompositionsweise, in der Anmut ihrer Linienführung, in der Schlankheit ihrer Figurenzeichnung, in der Schlichtheit ihrer Gewanddrapierung, in der lichtvollen Harmonie ihrer Farbengebung; beide bevorzugen rosige Fleischtöne, sowie grünliche und gelbliche Schattentöne; beide erinnern in der bisweilen so wenig korrekten, zu den Figurendarstellungen ihrer Gemälde in falschen Verhältnissen stehenden Hintergrundperspektive häufig noch an die alten Trecentisten. Aber wie hoch steht Fra Angelico als Künstler über Masolino, wenn man das malerische Lebenswerk des ersteren als Ganzes in Betracht zieht und mit demjenigen seines realistischeren Zeitgenossen vergleicht?

Wer es unternehmen wollte, beim Studium der außerordentlich zahlreichen künstlerischen Schaffensprodukte des Fra Angelico eine exakte chronologische Klassifizierung seiner Tafelgemälde aufzustellen — bei seinen Freskenzyklen ist dies ja um so leichter zu bewerkstelligen —, der würde auf ziemlich bedeutende Schwierigkeiten stoßen. War doch die künstlerische Veranlagung dieses Meisters so ursprünglich, sein künstlerisches Streben so schlicht, daß er uns von seinen Erstlingswerken an als derselbe erscheint, der er bis an das Ende seiner Laufbahn geblieben ist, — als der Maler der frommen Einfalt, der mystischen Ekstase, der inbrünstigsten Religiosität. Aus der Zeit seines ersten Aufenthaltes in Foligno (1409—1414) ist kein Dokument seines künstlerischen Schaffens auf uns gekommen. Die frühesten noch heute erhalten gebliebenen Werke des Meisters dürften daher wohl diejenigen sein, die in den Kirchen San Domenico und del Gesù zu Cortona gezeigt werden: Ein mehrteiliges Altarwerk mit der Madonna und vier Heiligen, eine Verkündigung Mariae und zwei Altarpredellen, von denen die eine mit Szenen aus dem Leben des hl. Dominicus zu dem Madonnenaltare von S. Domenico zu gehören scheint, die andere dagegen mit Szenen aus dem Marienleben zu dem Verkündigungsaltare der Jesuskirche. Ferner befand sich früher in der Ursulakapelle von S. Domenico zu Perugia ein späterhin zerstückeltes und stark beschädigtes Altarwerk des Fra Angelico, dessen einzelne Teile jetzt in der Pinacoteca Vannucci ausgestellt sind. Padre Marchese vermutete in diesem Peruginer Altarwerke gleichfalls eines der frühesten Jugendwerke des Meisters, während es nach der neuerdings auch von Douglas geteilten Annahme des Padre Bottonio erst 1437 gemalt sein soll. Nun wäre es immerhin möglich, daß Fra Giovanni, da er bei der Wiederbesetzung des Fiesolaner Klosters durch die Dominikaner im Jahre 1418 nicht unter den von Cortona dorthin zurückkehrenden Mönchen genannt wird, zu dieser Zeit sich gerade in Perugia aufgehalten hat, um jenes Altarwerk für die Kapelle der Guidalotti zur Ausführung zu bringen und erst nach dessen Vollendung nach Fiesole zurückzukehren. Der stilistische Charakter dieses Werkes würde die hier aufgestellte Hypothese keineswegs als unhaltbar erscheinen lassen. Jedenfalls sind die gemalten Altäre von Cortona und Perugia als die einzigen noch existierenden Schöpfungen aus jener Frühzeit des Meisters zu betrachten, als dieser fern von den geliebten „Colline Fiesolane" mit seinen Klosterbrüdern in der Verbannung leben mußte.

Weit zahlreicher sind dafür die während seines Aufenthaltes im Kloster zu Fiesole in den Jahren 1418—1436 entstandenen Malwerke. Außer einigen für das Kloster selbst ausgeführten Wandfresken (Christus am Kreuze mit dem knienden hl. Thomas zwischen Maria und Johannes, jetzt im Louvre;

Madonna zwischen den hl. Dominicus und Thomas von Aquino, jetzt in Petersburg; Gekreuzigter Christus, noch jetzt in einem Sakristeiraume des Klosters befindlich) malte Fra Angelico damals für den Hochaltar der Klosterkirche jenes 1501 von Lorenzo di Credi restaurierte oder vielmehr gänzlich übermalte Altarbild, dessen Predella in die Londoner National-Gallery übergegangen ist; ferner eine jetzt in Madrid befindliche Verkündigung Mariae, sowie die beiden berühmten Marienkrönungen, deren eine nach Paris gelangte, während die andere einen kostbaren Schmuck der Florentiner Uffiziengalerie bildet. Diesen zweifellos während des Fiesolaner Klosteraufenthaltes entstandenen Arbeiten sind noch mehrere Darstellungen des Weltgerichts anzureihen, deren hervorragendste von der Florentiner Akademie beherbergt wird. In der allgemeinen Kompositionsanlage hat sich Fra Angelico bei diesem letzteren Bilde direkt von Orcagnas Weltgerichtsfresko in S. Maria Novella inspirieren lassen; seine Vorstellungen vom Paradiese sind freilich etwas allzu einseitig auf ein mönchisches Jenseitsdasein zugeschnitten. Eine dem Florentiner Gemälde sehr ähnliche Gesamtanlage zeigt das dreiteilige Weltgerichtsbild der Berliner Galerie. Bei dem Weltgerichtstriptychon der Römischen Galleria Corsini dagegen sieht man auf den beiden Seitenflügeln anstatt des Paradiso und des Inferno Darstellungen der Himmelfahrt und der Ausgießung des hl. Geistes, auch ist die Gerichtsszene des Mittelbildes hier weit einfacher im kompositorischen Aufbau; im übrigen lassen die ursprünglichen künstlerischen Schönheiten dieses Triptychons, das durch Übermalungen und übermäßige Firnissungen stark entstellt ist, sich heute kaum mehr richtig würdigen.

1432 malte Fra Angelico für die Kirche S. Alessandro zu Brescia eine Verkündigung Mariae; jedoch würde man fehlgreifen, wenn man dieses Bild in dem heute ebenda gezeigten Verkündigungsgemälde wiedererkennen wollte. Ferner wurde am 2. 7. 1434 zwischen der Florentiner Leinweberzunft und unserem Meister ein Kontrakt abgeschlossen, wonach der letztere die Bemalung jenes berühmten Tabernakels übernehmen sollte, mit dessen Entwurfzeichnung Lorenzo Ghiberti beauftragt worden war. Dieser Kontrakt lautet wörtlich: „Frate Guido, genannt Frate Giovanni, vom Orden des hl. Dominicus zu Fiesole, erhält und übernimmt den Auftrag, für die Arte della Lana ein Madonnentabernakel zu bemalen, und zwar innen wie außen in den mannigfaltigsten, besten und feinsten Farben, die er finden kann, sowie auch in bestem Gold und in feinstem Silber; diese Arbeit hat er mit seinem ganzen Können und Fleiße auszuführen. Für das vollendete Werk erhält er zur Entschädigung für seine Bemühungen und seine eigenhändige Arbeit hundertundneunzig Goldgulden, abzüglich dessen, was er nach gewissenhafter Schlußabrechnung etwa noch nachlassen könnte. Der Verteilung der Figuren ist die (dem Maler gleichzeitig übergebene) Entwurfzeichnung (des Ghiberti) zugrunde zu legen." Das Tabernakel befindet sich heute in der Florentiner Uffizien-Galerie, wohin es 1777 übergeführt wurde. Das Mittelbild zeigt die thronende Madonna mit dem Christkinde, auf der Umrahmung umschwebt von 12 musizierenden Engelgestalten, den schönsten, anmutigsten u. himmlisch-reinsten, die der „Frate Angelico" je gemalt hat. Auf den Flügeln des Tabernakels sieht man innen die Apostel Johannes und Markus, außen Petrus und Markus; da der letztere von den Leinwebern bekanntlich als Schutzpatron angerufen wird, wünschte die Zunft — wie Marchese sehr richtig bemerkt hat — offenbar, daß sein Bild sowohl bei geschlossenem, wie bei geöffnetem Tabernakel jederzeit sichtbar sein sollte. — Auch in diesem Werke gibt sich Fra Angelico als geistesverwandten Schulnachfolger Giottos und Orcagnas zu erkennen; nur haben bei ihm die Figuren mit den breiten Gesichtern, die so flach behandelt sind wie die Köpfe einer Buchminiatur die Lebendigkeit des Ausdrucks eingebüßt, und zwar erscheinen sie gerade infolge ihrer allzu gewissenhaften, und dabei ziemlich flachen malerischen Ausführung so kalt und leer. Immerhin tragen wenigstens die Engelfigürchen, die auf der Umrahmung des Madonnenbildes die Posaune blasen, Psalterium und Zither schlagen und die Geige streichen, eine solche Süßigkeit des Gefühlsausdruckes zur Schau, daß man in der Tat glauben könnte, sie seien vom Himmel selbst herniedergestiegen.

Eine wirklich wesentliche Charakterveränderung machte sich dann im malerischen Schaffen des Fra Angelico während seines Aufenthaltes im Florentiner Markuskloster geltend (1436—1445). Zwar kam der Meister dort nicht zum ersten Male dazu, in größeren Formenverhältnissen, als er es von seinen Tafelbildern her gewöhnt war, direkt auf die Mauerfläche zu malen. Aber wenn er auch schon in Fiesole Gelegenheit gehabt hatte, sein meisterhaftes Können auch auf diesem Gebiete der Malkunst zu erweisen, für das er schließlich in seinen römischen Wandmalereien die vollendetste Ausdrucksform finden sollte, so erschloß sich ihm doch jedenfalls im Florentiner Markuskloster die erste Möglichkeit ausgedehnterer Betätigung als Freskomaler.

Im Klosterhofe wie in den inneren Korridoren, in den Wohnzellen wie in den größeren Sälen, in denen die Mönche sich zu versammeln pflegten, überall stoßen wir auf Schöpfungen seines Pinsels. Eine nach der anderen von den Lieblingsfiguren des Meisters, wie wir sie von seinen früheren Tafelbildern her bereits kennen, sehen wir in dieser langen Reihe mannigfaltiger Wandmalereien wieder vor uns auftauchen, und zwar haben sie bei dieser Übertragung in größere Formverhältnisse nicht das geringste von ihrer ursprünglichen Grazie wie auch von jener zarten Gefühlsinnigkeit verloren, mit der dieser fromme Maler selbst seine bescheidensten Bildschöpfungen zu beseelen verstand.

In diesen Klosterfresken also, denen bei vergrößerten Proportionen auch größere Bedeutung des Inhalts und des Ausdrucks verliehen werden mußte, und die in ihren figürlichen Formen eine soviel charakteristischere und individuellere Durchbildung, in ihrer malerischen Ausführung eine weit solidere Beherrschung der Technik verlangten, — in diesen Fresken bekundete Fra Angelico eine Kraft des künstlerischen Könnens und Empfindens, durch die er uns beweist, daß er, obwohl er der Welt und allem Weltleben in seiner klösterlichen Abgeschiedenheit so fern stand, dennoch niemals unterlassen hat, die fortschreitende Entwickelung der Kunst seiner Zeit mit gespannter Aufmerksamkeit zu verfolgen und diese seine Beobachtungen zur Verbesserung seines eigenen Kunststiles, zur Aneignung einer großzügigeren Zeichnung zu verwerten.

Unter den prächtigen Arkaden des Klosterhofes von S. Marco sieht man gegenüber der Eingangspforte ein Wandbild mit dem gekreuzigten Christus und dem hl. Dominikus; der letztere hält kniend mit beiden Händen den Kreuzesstamm umfangen, erhobenen Hauptes den Blick in das auf ihn gerichtete Auge des Erlösers versenkend. In fünf Gewölbelunetten dieses Kreuzganges sind außerdem die Heiligen Dominikus, Petrus Martyr und Thomas von Aquino, sowie Christus als Pilger und der aus dem Grabe auferstehende Christus in Halbfiguren dargestellt. — Fra Angelicos Hauptwerk in S. Marco ist jedoch jedenfalls das große Kreuzigungsfresko des Kapitelsaales, in dessen Einzelfiguren die verschiedenen Abstufungen des Schmerzes in bewundernswerter Weise zum Ausdruck gebracht sind, wenn auch die Szene als Ganzes keine besonders bedeutende Wucht der dramatischen Wirkung erreicht. — In der Klosterchronik von S. Marco wird noch von einem zweiten Kreuzigungsfresko des Fra Angelico berichtet, das seinerzeit den Refektoriumssaal des Klosters geschmückt haben soll, später jedoch wieder beseitigt wurde, um dem großen Soglianischen Wandbilde Platz zu machen. Um so besser erhalten sind dafür die zahlreichen köstlichen Freskomalereien, die der Meister im Dormitorium und in den Einzelzellen des Markusklosters zur Ausführung gebracht hatte, von der Verkündigung Mariae bis zur Himmelfahrt Christi, von der Madonna mit Heiligen an der Wand des Mittelkorridores bis zu dem Freskenschmucke des von Cosimo de' Medici für seinen persönlichen Gebrauch in das Dormitorium eingebauten Sonderraumes. Und in jedem einzelnen dieser Wandgemälde weht ein so köstlicher Hauch frommer Poesie, eine solche Schlichtheit und Grazie der malerischen Darstellungskunst, daß wohl niemand diese Räume durchwandern wird, ohne in seinem Innersten immer von neuem ergriffen und entzückt zu werden.

Unter den Tafelmalereien, die der fromme Frate während seines Aufenthaltes im Markuskloster für die Florentiner Kirchen auszuführen hatte, überragt alle anderen an Tiefe und Wahrheit des Stimmungsausdruckes jene ehemals in der Sakristei der Trinitàkirche, jetzt aber in der Florentiner Akad. befindliche Kreuzabnahme Christi, von der Vasari schreibt, der Meister habe so großen Fleiß auf sie verwendet, daß sie zu den besten Werken zu rechnen sei, die er je geschaffen habe. — Die gleiche Darstellung wiederholte Fra Angelico in verkleinertem Maßstabe für die Compagnia del Tempio zu Florenz (jetzt in der Akademie). Sodann bemalte er im Auftrage des Piero di Cosimo dei Medici für die Cappella dell' Annunziata zu Florenz die Türflügel eines Altargerät-Schreines mit 35 kleinfigurigen Szenen aus der Lebens- und Leidensgeschichte Christi (jetzt ebenfalls in der Florentiner Akad. ausgestellt). Marchese nahm an, diese Evangeliendarstellungen wären schon in der fiesolanischen Zeit des Meisters entstanden, und Vasari führt dieselben in der ersten Ausgabe der Viten sogar unter den frühesten Jugendarbeiten des Fra Angelico auf. Da jedoch Piero de' Medici erst 1448 zum Beweise seiner Verehrung für die Vergine annunziata sich das Patronatsrecht für ihren Altar übertragen ließ, womit er gleichzeitig auch die Verpflichtung übernahm, für eine möglichst glänzende und würdige Ausschmückung dieses Altares Sorge zu tragen, kann man nicht wohl einer Annahme beipflichten, nach der Fra Angelico schon in einer so viel früheren Zeit die Türen eines Schreines bemalt haben sollte, der zur Aufnahme des Silbergerätes jenes Altares bestimmt war. Anstatt daher diese 35 kleinen Szenen aus dem Leben Christi mit Rio für Vorstudien zu späteren Fresken und Tafelbildern zu halten, möchten wir in ihnen vielmehr ein etwas hastig entstandenes Résumé früherer Arbeiten erblicken, wie sie der Meister im Markuskloster und anderwärts geschaffen hatte. Einige dieser Szenen sind in der Sicherheit ihrer Zeichnung und in der Kraft ihres Kolorites höchst bemerkenswert; andere dagegen sind des Meisters unwürdig und stammen sicherlich von anderer Hand. — Andererseits glaubt Rio von den beiden früher im Dominikanerkloster S. Vincenzo d'Annalena zu Florenz und bei der Osservanza-Bruderschaft zu Mugello aufbewahrten, jetzt aber in der Florentiner Akad. befindlichen Madonna-Gemälden des Fra Angelico, sie seien erst nach den vatikanischen Fresken des Meisters entstanden, da sie mit den letzteren einige außergewöhnliche Ähnlichkeiten aufzuweisen hätten, wie sie in früheren Kompositionen des Künstlers niemals anzutreffen seien. In der Tat jedoch erinnern diese beiden Akademie-Bilder an nur zu viele sonstige Arbeiten des Fra Angelico, so daß wir also auch in diesem Falle den Datierungsvorschlag des französischen Forschers nicht akzeptieren können. Zwar geben wir ihm darin vollkommen recht, daß die beiden Gemälde untereinander sehr nahe verwandt sind, sowohl im Kolorit, in der technischen Behandlungsweise, in der Breite des Gewandstiles, als auch im Typus der Madonna und der übrigen Figuren; dies kann uns jedoch nur veranlassen, beide Bilder in die Florentiner oder gar in die Fiesolaner Periode des Meisters zurückzudatieren.

Der letzte Lebensabschnitt des Fra Angelico wird durch seine Freskoarbeiten in Orvieto und in Rom ausgefüllt (1445—1455). Am Deckengewölbe der Cappella della Madonna di S. Brizio im Dome von Orvieto entstammen dem Pinsel unseres Meisters die beiden Zwickelbilder mit Christus als Weltrichter inmitten einer Engelglorie und mit dem auf Wolken thronenden Chore von 16 Heiligen und Propheten (erläutert durch die Inschrift „Prophetarum laudabilis numerus"). — Die Cappella Niccolina des vatikanischen Palastes endlich ist mit ihren Fra Angelico-Fresken als eines der kostbarsten und erhabensten Denkmäler der italienischen Kunst überhaupt zu betrachten. In je zwei übereinander angeordneten Gemälden hat der Meister auf den drei zur Verfügung stehenden Wandflächen der Kapelle die Berufung, das Apostolat und das Martyrium des hl. Stephanus und des hl. Laurentius zur Darstellung gebracht: An der ersten Wand den hl. Stephanus, wie er vom Apostel Petrus das hl. Abendmahl empfängt und wie er an die Armen Almosen verteilt, an der zweiten Wand die Predigt des hl. Stephanus und seine Rechtfertigung vor dem Hohen Priester, an der dritten Wand seine Steinigung; in der unteren Reihe die Weihen des hl. Laurentius und seine Almosenspende an die Armen und Verkrüppelten, seine Gefangensetzung nebst der Bekehrung seines Kerkermeisters und schließlich sein Martyrium auf dem Feuerroste. Bei all diesen Fresken zeigt sich der Meister in seiner Zeichnung bei strengem Festhalten an seinem persönlichen Stilcharakter völlig sicher und frei geworden; die maltechnische Ausführung ist hier noch sorgfältiger und noch gleichmäßiger, als bei seinen früheren Freskoarbeiten. Nicht in dem Maße Realist, wie Masaccio, erreicht Fra Angelico bei graziöserer Formengebung und milderer Beseelung seiner Figuren doch gleichfalls eine vollendete Wahrheitswirkung. Worin es ihm jedoch kein anderer Künstler jemals gleichzutun vermochte, das ist der innige Gefühlsausdruck, mit dem er die Gestalten seiner frommen Künstlerphantasie zu begaben wußte, und der gerade sein letztes Werk, die Fresken der Cappella Niccolina, vor allen seinen früheren Gemäldeschöpfungen so bewundernswert macht.

„Er schuf so zahlreiche Werke" — so schrieb schon Vasari —, „daß man erstaunen muß, wie ein einziger Mensch, selbst in einem sehr langen Leben, sie zu so hoher Vollendung bringen konnte." Und in der Tat, — einen ungewöhnlichen Umfang würde ein vollständiges Verzeichnis der noch heute in Italien wie im Auslande erhalten gebliebenen Gemälde des Fra Giovanni Angelico da Fiesole aufzuweisen haben, — jener frommen Gemäldevisionen, in denen die ganze Seelengröße und Gefühlstiefe ihres edlen, schon auf Erden dem Himmel vermählten Schöpfers für immer fortleben wird.

S. Beissel, Fra Giov. Angelico. Sein Leben und seine Werke. (Freiburg im Breisgau 1895; 2. Aufl. 1905). — Broussole, Fra Angelico (Paris 1902). — E. Cartier, Vie de Fra Angelico de Fiesole (Paris 1902). — E. H. Cochin, Le Bienheureux Fra Giovanni Angelico de Fiesole (Paris 1906). — V. Crawford, Fra Angelico (London 1900). — E. Dobbert, Fra Giovanni Angelico (in Dohmes Kunst und Künstler [Leipz. 1878]). — Douglas, Fra Angelico (London 1901). — E. J. Förster, Leben und Werke des Fra Giov. Angelico (Regensburg 1859). — T. Goodwin, Life of Fra Angelico, London 1861. — V. Marchese, Memorie dei più insigni pittori scultori e architetti Domenicani (Bologna 1879). — E. Müntz, Les arts à la cour des papes (Paris 1898). — Nieuwbarn, Fra Angelico (Leiden 1901). — Newnes, Fra Angelico (London 1906). — A. Peraté, Les papes et les arts (in Le Vatican, les papes et la civilisation (Paris 1895). — C. M. Phillimore, Fra Angelico (London 1881). — M. Reymond, Le Couronnement de la Vierge (in Jouin's Chefs d'Oeuvre) (Paris 1895—99). — A. Rio, De l'art chrétien (Paris 1864). — Rothes, Fra Angelico (Straßburg 1902). — A. W. v. Schlegel, Johann von Fiesole (Leipzig 1846). — Sortais, Fra Angelico (Lille 1905). — J. B. Supino, Beato Angelico (Firenze 1901). — D. Tumiati, Frate Angelico (Firenze 1897). — G. C. Williamson, Fra Angelico (London 1901).

Zeitschriften: *L'Art* 1883. M. Jaucon, L'Oeuvre de Fra Angelico à Roma. — *L'Arte*

1901. A. Venturi, Beato Angelico e Benozzo Gozzoli. — The Month 1901. H. Lucas. Fra Angelico. — *Pall Mall Magazine* 1903. G. Allen, Fra Angelico at San Marco. — *Repert. f. K. W.* 1898. M. Wingenroth, Beiträge zur Angelico-Forschung. — *Revue des deux Mondes* 1853. H. Delaborde, Fra Angelico. — *Revue de l'Art Chrétien* 1897, 1898. J. Helbig, Fra Giovanni Angelico par Etienne Beissel. — *Revue Thomiste* 1898. Abbé Auriol, De Fra Angelico, 1901 Clérissac, Fra Angelico et la surnaturel dans l'art. — *Université Catholique* 1898. Abbé Brousselle, La Critique mystique et Fra Angelico. — *Chronique des Arts* 1876. E. Müntz, Un Document inédit sur Fra Angelico (Malereien in einer Kapelle der alten Basilica di S. Pietro). *J. B. Supino.*

Angelieri, Francesco, italien. Maler und Bildhauer, geb. in Este 1561, studierte er zunächst in Padua und Venedig griechische und römische Altertumswissenschaften sowie Mathematik und Mechanik. Späterhin widmete er sich mit gleichem Eifer dem Studium der Maler- und Bildhauerkunst. Der Künstler wird von A. Angelieri sehr gerühmt als Schöpfer einer in Buxbaumholz geschnitzten Diana-Figur sowie eines Gemäldes mit der Darstellung der Platonischen Akad. Er starb 12. 11. 1590.

A. Angelieri, Saggio intorno alla condizione di Este, Venezia 1745. — Pietrucci, Biogr. degli artisti padovani, Padova 1858. — Meyer, Kstlerlex. *P. d'Achiardi.*

Angelin, Alphonse, Maler von Historien- und Heiligenbildern, geb. um 1815 zu Aix (Bouches-du-Rhône), Schüler von P. Delaroche, stellte in den Salons 1840—47 wiederholt aus, gab aber später die Malerei auf. Für die Taufkapelle der Kathedrale zu Aix malte er das Sakrament der Ehe. (1847.)

Bellier-Auvray, Dict. gén. *H. V.*

Angelini, Alessandro di Silverio, Maler und Goldschmied in Perugia 1780; aufgeführt in der Matrikel der dortigen Malergilde.

Rassegna Bibliograf. d. Arte ital. II 214. *

Angelini, Angelo d'Alessandro, Maler in Perugia 1618, aufgeführt in der Matrikel der dortigen Malergilde.

Rassegna Bibliograf. d. Arte ital. II 214. *

Angelini, Annibale, italien. Landschaftsmaler, geb. 12. 5. 1812 in Perugia, ausgebildet daselbst und in Florenz, wo er unter Facchinelli die Theatermalerei studierte, um späterhin zum historischen Landschaftsbilde überzugehen. Im Dienste des Königs Vittorio Emanuele malte er für den Palazzo Reale zu Turin die Rückkehr Amedeos VI. aus dem Orient und eine Darstellung des Domes von Orvieto; ebenso schmückte er die kgl. Schlösser und Villen, sowie die römischen Paläste Doria, Massimo, Lancilotti, Torlonia, Chigi, Drago und einige genuesische Paläste mit dekorativen Landschaften in Fresko-, Tempera- und Ölmalerei. Seine Hauptwerke dieser Art sind die Dekorationen in den Appartamenti Nuovi des Quirinal-Palastes, das Deckengemälde des großen Saales im Palazzo Doria, die Kuppelmalereien der Peterskirche und 6 große Landschaften mit Architekturstaffage im Vatikan zu Rom; auch die Restaurierung der Michelangelo-Fresken der vatikanischen Cappella Paolina hat A. ausgeführt. Der Künstler war Professor an der römischen Accad. di S. Luca und Inhaber vieler Ehrenmedaillen und Orden. Er starb in Rom 1886. Von ihm verfaßt: Trattato teorico-pratico di Prospettiva etc. Venezia 1865 mit 54 Kupfertafeln in Folio.

Gubernatis, Diz. degli Artisti ital. viventi. — Meyer, Kstlerlex. — Alizeri, Not. dei Prof. del disegno in Liguria (1864—66) I 234. — Pittura a fresco etc. eseguita del Cav. Prof. Ann. Angelini nella facciata del suo palazzo in Perugia (1865, Perugia). — F. Chialli, Sopra i dipinti del Cav. Prof. Ann. Angelini etc. (Perugia 1869). *H.*

Angelini, Bartolomeo, Steinmetz aus Carrara, führte in Gemeinschaft mit dem Florentiner Sante Belli 1581 Arbeiten an S. Peter in Rom aus.

Bertolotti, Artisti Modenesi etc. in Roma. *H. V.*

Angelini, Bernardino, Maler zu Perugia um 1660. Von seiner künstlerischen Tätigkeit ist nur bekannt, daß er ein Fresko des Giammaria Bisconti in der Cappella Oradina des Doms zu Perugia, das den Evangelisten Johannes darstellt, restaurierte. Er war der Vater und Lehrer des Malers Scipione Angelini.

Orsini, Guida di Perugia p. 115. — Meyer, Kstlerlex. *W. Bombe.*

Angelini, Cesare, Sohn des Gian Domenico, Maler in Perugia, 1606 in einer Rechtssache erwähnt.

Bertolotti, Art. Bolognesi p. 142. **

Angelini, Costanzo, italien. Zeichner und Maler, geb. 22. 10. 1760 in S. Giusto (Abruzzen), † 22. 6. 1853 in Neapel. Ausgebildet in Rom unter der Leitung des Akademikers Marco Caprinozzi, schloß er sich gleich Canova, Camuccini und anderen bald der neuen, von dem Franzosen J. L. David ausgehenden klassizistischen Kunstrichtung an. Er führte eine Anzahl von Umrißzeichnungen nach Meisterwerken der antiken Plastik aus, die dann von Volpato u. Morghen in Kupfer gestochen und 1786 in Rom als Tafelwerk herausgegeben wurden. Daraufhin wurde A. von dem englischen Minister Hamilton nach Neapel berufen zur Ausführung eines ähnlichen Tafelwerkes über die große Hamiltonsche Vasensammlung. Schließlich 1806 vom Erzbischof Capocelatro zum Zeichenlehrer an der Neapeler Kunstakad. ernannt, begründete er noch eine besondere Kunstschule, die er ganz nach eigenen Grundsätzen leitete, und auf der unter anderen Künstlern auch sein eigener Sohn Tito seine Ausbildung erhielt.

Da Costanzo A. den größten Teil seiner Tätigkeit dem Unterricht widmete, hat er nur wenige eigenhändige Arbeiten hinterlassen; und zwar werden neben einer nach Ungarn gekommenen Altartafel mit der Himmelfahrt Mariae namentlich einige Bildnisgemälde A.s gerühmt, darunter das Selbstporträt des Künstlers (mit dem Porträt seines Bruders Loreto auf einem Doppelbilde vereinigt), sowie ein Porträt des Admirals Nelson. Nach A.s Zeichnungen gestochen: 1. Principj del disegno tratti dalle più eccellenti statue antiche etc. publ. ed incisi da Giov. Volpato e Raff. Morghen. (Roma 1786, 36 Tafeln in Folio; Neuausgaben gest. von Teod. Matteini und Galg. Cipriano 1831 in Mailand und 1833 in Rom erschienen, letztere mit französ. Titel); 2. Collection of Engravings from Ancient Vases etc. now in the possession of Sir W. Hamilton (Naples 1791—95, 3 Bde. mit 240 Tafeln in Folio; Neuausgaben mit italien. und französ. Text 1800—1803 in Florenz, 1803—1810 in Paris erschienen); 3. Bildnis des Komponisten N. Zingarelli (1752—1837, gest. von C. Biondi); 4. S. Maria capitis aquarum quae colitur civitate regali (Folio, gest. von Francesco Barbazza).

Meyer, Kstlerlex. — Bindi, Artisti Abruzzesi (Napoli 1883) p. 27 ff. — A. Borzelli, Costanzo Angelini, Napoli 1902. — Rivista d'Italia V, fasc. 11, pag. 837 ff. — Napoli Nobilissima VIII 61, 79; X 24 f.; 54, 105; XI 18, 21, 96; XII 38. *H.*

Angelini, Domenico, Maler in Rom um 1604, verwickelt in einen Prozeß wegen eines Bildes des Königs von Navarra. 1604 bezahlte A. dem Camerlengo der Accad. in Rom 1 sc., wahrscheinlich Aufnahmegeld.

Gaz. d. beaux-arts II Pér., vol. V 187. — Archivio stor. d. arte, ser. II. Bd. II 147. **

Angelini, Giandomenico, Maler aus Perugia, lebte in der 2. Hälfte des 16. Jahrh. in Rom, wo er sein Atelier zuerst in S. Agostino u. später an der Piazza Navona hatte. Er malte Porträts und Heiligenbilder, und kopierte Raffael und Correggio. Seine Werke sind verschollen. Prozeßakten, die Bertolotti publiziert hat, geben Kunde von etwa 12 Werken seiner Hand, unter denen eine Madonna, ein Dantebildnis, und Bildnisse des Kardinals der Quattro Coronati und des Königs Ladislaus von Neapel erwähnt werden. In seiner Werkstätte arbeitete eine Zeitlang als Gehilfe Ventura Salimbeni. Aus den gen. Prozeßakten geht hervor, daß Ortensio Bedini, Agostino Marcucci aus Siena, und der später zu einiger Berühmtheit gelangte Antiveduto Grammatica seine Schüler waren.

Bertolotti, Gian Domenico Perugino e suoi scolari: Giornale di Erudizione artistica 1876 Vol. V fasc. 3—4. — Lupattelli, Stor. d. Pittura in Perugia, Foligno 1895 p. 62.—Nuovi Documenti Senesi, Appendice al Milanesi 1898 p. 606. *W. Bombe.*

Angelini, Giovanni, Stecher in Rom, im 1. Drittel des 19. Jahrh. Von ihm das Blatt: Tempio di Venere e Roma in der Serie: Il Foro Romano (1809—1836). **

Angelini, Giuseppe, Maler aus Ascoli, Schüler seiner Mitbürger Lodovico Trasi und (nach dessen Tode) des Giosafatti u. des Palucci. Auch sein Vater war Maler, aber es ist keine Arbeit von ihm bekannt. Giuseppe zeigte viel Talent, schreibt A. Ricci, aber er war nachlässig in der Ausführung, so daß seine Bilder wie die des Nardini, wie Skizzen erscheinen. So kam Angelini nicht über die Mittelmäßigkeit hinaus, wie noch die Fresken im Gewölbe der alten Kirche S. Francesco di Paola beweisen. In S. Pietro Martire ist ein großes Gemälde von ihm aufbewahrt, das Pius V. in Anbetung des Gekreuzigten darstellt, und das vielleicht sein bestes Werk ist. Ein anderes Altarbild von ihm ist in S. Tommaso Apostolo, eine Madonna mit den Heiligen Joseph, Rochus und Ursula, ausgeführt nach dem Entwurf des Meisters Carlo Palucci. Angelini malte auch Blumen und Landschaften. Er wurde gewöhnlich Regina genannt, weil er einmal im Theater die Rolle der Dido gegeben hatte „und weil es den Leuten vorkam, daß dieser Namen gut für ihn paßte", bemerkt Orsini. Er wohnte in der Parochie von S. Martino, wo er mehr als 70 Jahre alt am 20. 11. 1751 starb.

Orsini, Descrizione d. pitt., p. 103, 188, 209, 244. — Cantalamessa-Carboni, Memorie intorno i Letterati . . . di Ascoli 1830, p. 263. — A. Ricci, Mem. storiche . . . II 361, 377. — Rosini, Stor. d. pitt. — Lanzi, Stor. d. pitt. V, 25. *E. Calzini.*

Angelini, Giuseppe, Bildhauer, geb. zu Rom 15. 2. 1735, † zu Rom 15. 6. 1811. Im Zeichnen unterwies ihn Niccolò Ricciolini und in der Skulptur Cavaceppi; doch widmete er sich neben der Kunst auch der Altertumswissenschaft. Er hielt sich in Neapel und Rom auf, arbeitete dann in Paris und London. Er war Mitglied der Kunstakad. von Paris und von Rom 1789. Pius VII. ernannte ihn zum Bildhauer der Peterskirche sowie des Vatikanischen und Kapitolinischen Mus., wie er auch sonst vielfache Auszeichnungen erhielt. In seiner eifrigen und fruchtbaren Tätigkeit traten durch wiederholte Geistesabwesenheit und körperliche Leiden Störungen ein. Unter seinen Werken nennen wir die Statue des Piranesi (aus dem Jahre 1780), früher auf dessen Grabmal in der Kirche della Madonna auf dem Aventin, kam aber dann in den Palazzo Braschi, zu der er nach Cicognara das Motiv einer antiken Statue des Zeno entnahm. Auch beschäftigte er sich viel mit der Restauration antiker Bildwerke.

Meyer, Kstlerlex. — Missirini, Storia d. rom. Accad. di S. Luca, 1823, p. 462. **

Angelini, Giuseppe, italien. Maler, geb. in Pescia 1825, † um 1865 in Florenz. Von seiner Hand stammen einige gemalte Lünetten mit biblischen Darstellungen unter dem großen Portikus des Campo Verano-Friedhofes zu Rom.

G. E. Saltini, Giuseppe Angelini, Firenze 1866. *R.*

Angelini, Giuseppe di Silverio, Maler in Perugia 1743, aufgeführt in der Matrikel der dortigen Malergilde.

Rassegna Bibliograf. d. Arte ital. II 213. *

Angelini, Luigi, neapolitan. Maler, Sohn des Costanzo und Bruder des Tito, tätig in der ersten Hälfte des 19. Jahrh. Bekannt eigentlich nur durch die Publikation: Le migliori pitture della Certosa di Napoli disegnate e pubbl. dal pittore L. Angelini ed illustr. da R. Liberatore (18 Taf. nach G. Reni), Napoli 1840 (auch in französ. Ausg. erschienen).

Meyer, Kstlerlex. — Bindi, Art. Abruzzesi p. 31. — Schorns Kunstblatt 1844 p. 207 (ob der Obige?). *H.*

Angelini, Scipione, Maler, geb. zu Perugia 14. 1. 1661, † daselbst 8. 11. 1729. Sohn und Schüler des Malers Bernardino Angelini. Sein Biograph Pascoli erzählt, daß er schon frühzeitig Talent für Blumenmalerei zeigte, später aber seinen Beruf wechselte und Priester wurde. Auf Veranlassung seines Freundes, des Malers Conte Orazio Ferretti kehrte er bald wieder zur Kunst zurück und widmete sich ausschließlich der Blumenmalerei, in der er nach Angabe Pascolis Hervorragendes leistete. Von seinen zahlreichen Blumenstücken, die auch nach Frankreich, England und den Niederlanden zu hohem Preis verkauft wurden, scheint an Ort und Stelle nichts mehr vorhanden zu sein.

Orsini und Siepi erwähnen einige Bilder von ihm im Palazzo Baglioni, in der Galerie des Marchese Florenzi und im Besitz des Conte Francesco Maria degli Azzi zu Perugia.

Bonazzi, Stor. di Perugia Vol. II. — Gambini, Guida di Perugia. — Lupattelli, Stor. d. pittura in Perugia p. 76. — Orsini, Guida di Perugia 1784, p. 257. — Pascoli, Vite dei pitt. etc. perugini II 255. — Siepi, Descrizione di Perugia p. 644. *W. Bombe.*

Angelini, Severo di Francesco, Maler in Perugia 1716, aufgeführt in der Matrikel der dortigen Malergilde.

Rassegna Bibliograf. d. Arte ital. II 213. *

Angelini, Tito, italien. Bildhauer, geb. zu Neapel 10. 3. 1806 als Sohn des Costanzo. Nach einer Reise durch alle Kunststätten Italiens begab er sich 1847 mit einer für die Königin von Frankreich bestimmten Büste der Herzogin von Aumale nach Paris, wo er als Bildhauer ehrenvolle Anerkennung fand. Hierauf zum Professor der Skulptur an der Kunstakad. zu Neapel und zum Direktor der dortigen Zeichenschule ernannt, starb er nach einem taten- und ehrenreichen Leben zu Neapel im Februar des Jahres 1878. Das Oeuvre des äußerst fruchtbaren Meisters umfaßt über 150 plastische Arbeiten: Bildnisbüsten vornehmer Neapolitaner und hervorragender Persönlichkeiten des Auslandes; zwei Kolossalstatuen des Königs Ferdinand II. von Neapel (für Palermo und Noto); Grabmonumente für den Neapeler Camposanto; mythologische Statuen und Gruppen wie Telemach, Mentor, Amor und Eucharis (für Ferdinand II.), Amor seinen Bogen zerbrechend (für den Kaiser von Rußland), Sappho und Caritas (in dem Palazzo Reale zu Neapel) und 4 mytholog. Statuen für den Herzog von Buckingham; religiöse Allegorien wie die Statuen des Glaubens und der Hoffnung (für die Kirche Madonna delle Grazie zu Toledo), die Kolossalgruppe der Religion mit 4 Engeln (für den Neapeler Camposanto) und eine Immaculata Conceptio (für die Cappella Reale zu Neapel); endlich monumentale Brunnenanlagen wie diejenige zu Catania (mit 3 Kolossalstatuen). Wohl das letzte Werk des Tito war eine 1877 in Neapel ausgestellte Marmorgruppe, darstellend die Enthüllung der Phryne durch ihren Verteidiger Hyperides. In diesem Werke bekundete der greise Künstler noch dieselbe Meisterschaft des technischen Könnens, wie in seinen früheren Arbeiten, aber auch die gleiche klassizistische Schwäche und Unselbständigkeit des Stiles.

Meyer, Kstlerlex. — Zeitschr. f. bild. Kst. XIII 49. — Dioskuren 1864 p. 42. — Napoli Nobilissima I 51, IV 77, V 72, VI 180, X 107, 139, 143. — Nuova Antologia XXXIII, fasc. 626 p. 198. *R.*

Angelini, s. auch *Angelinis, Angellini* und *Angiolini.*

Angelinis, Natalis de, Architekt im Dienste Erzherz. Karls, erhält 1565, 1566, 1573 namhafte Zahlungen als Reisevergütungen (in Friaul und Ungarn). 1574 wird seiner Witwe eine Pension zugesichert.

Jahrb. d. Kstsamml. d. österr. Kaiserh. XIII II. Teil No. 8668, 8682, 8721, XV II. Teil No. 11537, 11551. **

Angelino di Andruccio, Maler in Perugia, im secondo ruolo der Matrikel unter den im Quartier Porta S. Susanna ansässigen Malern registriert. Er war Camerlengo der Zunft im 1. Semester 1381, im 2. 1385 und 1880, im 1. 1395 und 1399, im 2. 1407 und 1413. Viermal war er Prior: 1383, 1400, 1405 und 1414. Am 11. 11. 1402 erhielt er von den Prioren zu Perugia 3 Fl. für „acconciatura di bombarde".

Mariotti, Lettere pittoriche perugine p. 69. — Lupatelli, Stor. d. pittura in Perugia, Foligno 1895 p. 23. *W. Bombe.*

Angelino di Domenico da Sutri, Goldschmied in Rom; geb. daselbst als Sohn eines Goldschmiedes (ein Girolamo da Sutri arbeitete unter Sixtus IV. als Goldschmied), wird er 1493—1502 häufig als Verfertiger von Ehrendegen und goldenen Rosen urkundlich erwähnt, die Papst Alexander VI. in diesen Jahren zur Verteilung brachte. Außerdem lieferte er 1493—98 gemeinsam mit Domenico da Sutri, Luca da Foligno und anderen Meistern 12 silbervergoldete Apostelstatuen für die päpstliche Kapelle. Das einzige erhaltene Werk des A. ist die Scheide zu einem am 23. 12. 1497 von demselben Papste dem Herzog Bogislaw X. von Pommern verliehenen, jetzt im Berliner Hohenzollern-Museum aufbewahrten Ehrendegen. Diese Degenscheide zeigt inmitten ihres reichen und vornehmen Ornamentdekors 2 Rundstücke mit emaillierten Wappenschilden; im Emailleschmuck der Scheidenspitze war ehemals die jetzt kaum noch erkennbare Signatur des Künstlers zu lesen. Griff und Klinge des Degens selbst sind deutsche Arbeit aus der 2. Hälfte des 16. Jahrh.

Jahrb. der k. preuß. Kstsammlgn. XVI 126, Taf. II, N. 4. — Revue de l'Art chrétien 1890, p. 290 ff. — Gaz. d. B. Arts 1883, XXVII 500. — Yriarte, Les Borgia, p. 21. — E. Müntz, Les Arts à la Cour des Papes Innocent VIII etc. (1898) p. 232, 237 f., 241 ff. *G. De Nicola.*

Angelino da Lecco, gehörte zu den vielen Bildhauern, welche im 15. Jahrh. für die Certosa von Pavia beschäftigt waren. Man weiß von ihm, daß er für dieselbe 1464 eine Geburt Christi fertigte (scheint nicht mehr erhalten).

Calvi, Notizie etc. p. 144 Nota. — Meyer, Kstlerlex. *R.*

Angelino di Lotto, Ornamentbildhauer in Orvieto, wo er 1347 urkundlich erwähnt wird als beschäftigt beim Fassadenbau des Domes.

L. Fumi, Il Duomo di Orvieto p. 61. *

Angelino da Murano, italien. Glasbläser und Keramiker des 16. Jahrh. In Dokumenten auch „maestro Anzeletto" genannt, muß ein in seinem Fache sehr bedeutender Künstler gewesen sein, da die künstlerisch hochgebildete Isabella d'Este, Markgräfin von Mantua, ihn häufig beschäftigte. Er fertigte nach einem Briefe vom 28. 5. 1505 verschiedene Gefäße nach ihren Zeichnungen an, geriet aber später mit der Fürstin in Streit.

Nuova Antologia, ser. IV, vol. LXV, p. 261 bis 287, 666—689. *G. Degli Azzi.*

Angelino di Teo di Maestro Angelo, Miniaturist in Perugia, ist in der Matricola dei Miniaturisti unter den im Quartier Porta S. Angelo wohnhaften Zunftmitgliedern verzeichnet. Er war fünfmal Camerlengo der Zunft: im 2. Semester 1383, in den 1. Semestern 1398, 1402 und 1403 und im 2. Semester 1406. Im 2. Bimester 1383 war er Prior.

L'arte dei Miniatori in Perugia, Giorn. di Erud. art. II 1873 fasc. 11—12 p. 316. *W. Bombe.*

Angelion und **Tektaios**, Bildhauer. Sie werden Schüler der beiden Daidaliden Dipoinos und Skyllis und Lehrer des Aigineten Kallon genannt, waren also voraussichtlich in der Mitte des 6. Jahrh. v. Chr. tätig. Sie hatten für Delos das Kultbild des Apollon, einer Nachricht des Athenagoras zufolge auch eine Statue der Artemis geschaffen. Das Bild des Apollon war, wie es scheint, aus Holz und zum Teil mit Gold überzogen; jedenfalls ist auf den Bruchstücken des Tempelinventars eine erhebliche Menge Gold als zu der Statue gehörig verzeichnet (Homolle, Bull. de corr. hell. 1882, S. 128. Collignon, Hist. de la sculpt. gr. I 224 f., deutsche Ausg., S. 236). Der Gott trug in der einen Hand den Bogen, auf der anderen die drei Chariten — ursprünglich waren doch wohl Musen gemeint — von denen die beiden äußeren Lyra und Flöten hielten, während die mittlere auf einer Syrinx blies, wie die Kalliope auf der François-Vase (Roscher, Mythol. Lexikon II Sp. 3243). Abbildungen dieses Werkes sind nachgewiesen worden auf athenischen Münzen (Overbeck, Kunstmyth. V 17 ff., Münztafel I 17. 18, Imhoof-Blumer and Gardner, numism. comment. to Pausanias Pl. CCXI—XIV; Collignon a. a. O. Fig. 106). Danach stand der Gott steif aufrecht, u. die Unterarme waren gleichmäßig vom Körper ab- oder vorgestreckt. Die linke Hand hielt den Bogen, die rechte einen kurzen Stab, auf dem horizontal eine Scheibe befestigt war, die wieder den Chariten als Standfläche diente. Die Chariten waren natürlich bekleidet; in den Inventar-Fragmenten ist auch Gold verzeichnet, das zu ihnen, „den dreien", gehört hat. Auf dem Kopfe trug der Gott einen Kalathos. Später stiftete die Königin Stratonike, Tochter des Königs Demetrios einen goldnen Kranz von 604 Stateren Gewicht für das Bild, der also seitdem den Kalathos umgab, und drei andere von geringerem Gewicht (31 Stat.) zur Bekränzung der Chariten. Die Verteilung der Attribute im Münzbild widerspricht der Schilderung Plutarchs, doch hat man längst — auch in Rücksicht auf Macrob. Saturn. I 17, 13 — erkannt, daß Plutarch einen Fehler gemacht hat, der sich beim Beschreiben leicht einzustellen pflegt (er hat rechts genannt, was er rechts sah). Auf Delos stand auch ein Bild der Aphrodite, das dem Daidalos zugeschrieben wurde; daß die kretisch-peloponnesische Schule vor dem siegreichen Eindringen der Ionier für Delos tätig war, läßt sich aus den Funden erschließen (vgl. Homolle, De antiqu. Dianae simul. Del. Pl. I—III; aus der Zeit des A. und T. muß der auf Pl. III abgebildete Torso stammen). Eine Kopie des Apollon hat den Münzen zufolge in Athen gestanden, eine andere nach den Scholien zu Pindar, Olymp. 14, 13, 16 in Delphi.

Brunn, Gesch. d. gr. Kstlr. I 50 f. — Overbeck, Schriftq. 334 ff. — Ders., Kunstmyth. a. a. O. — Robert, Archäol. Märchen S. 3 ff. — Pauly-Wissowa, Realenc. I 2188 f. (Robert). — Frazer, Pausanias VI 174 f. — Klein, Gr. Kunstgesch. I 105. *Amelung.*

Angelis, Costanzo de, italien. Kupferst., tätig im 18. Jahrh. Le Blanc erwähnt von ihm die „Miraculosa Imagine di Maria SS. detta di Capo Croce" der Teatinerkirche in Frascati.

Meyer, Kstlerlex. *P. K.*

Angelis, Desiderio de, neapol. Maler, geb. in der 2. Hälfte des 18. Jahrh. Schüler der dortigen Akad. 1784 wendete er sich an den König in einem Rechtsstreit. 1803 ist er Lehrer für Aktzeichnen an der Akad., seit 1808 Lehrer der Malerei. Kopierte in vorzüglicher Weise viele Bilder des Museums von Neapel.

Napoli Nobilissima IX 73. — Zani, Encicl. II 120. *G. Degli Azzi.*

Angelis, Domenico de, von Ponzano, Maler zu Rom in der 2. Hälfte des 18. Jahrh., lebte daselbst noch 1803. Schüler des Marco Benefial, fertigte meist Freskomalereien für Paläste und öffentliche Gebäude. Von ihm das Deckengemälde im ersten Saal der Galerie Borghese (Kampf zwischen Apollo und Herkules). Die Malerei ist ganz geschickt im französisch-italienischen Stil von der Mitte des 18. Jahrh. Ähnlich sind einige Darstellungen im Vatikan, im sogen. Kabinett: an der Decke Hochzeit des Bacchus und der Ariadne, umgeben von mythologischen Liebesszenen, sowie die Deckenmalereien in zwei Sälen der Villa Borghese: im ersten Saal Urteil des Paris, Flucht des Aeneas aus Troja etc., im vierten die Fabel der Galatea.

Sein Selbstbildnis in den Uffizien zu Florenz. Gest. in dem Museo Fiorentino, dritte Folge, No. 1 (221) Fol. — Meyer, Kstlerlex. mit ält. Lit. **

Angelis, Francesco de, gen. Napolitano, Maler in Neapel um 1618, nur von Zani, Enc. met. II 120 erwähnt. **

Angelis, Giulio de, Architekt, geb. in Rom, † 1906, studierte in Perugia, wo er unter anderem auch das Teatro nuovo Morlacchi baute. Später wieder in Rom ansässig, wurde er Direktor des Uffizio regionale per la conserv. d. monumenti und war als geschickter Restaurator wichtiger Baudenkmale (Pal. Vitelleschi in Corneto, Loggia dei Papi in Viterbo u. a.) tätig.

Gubernatis, Dizion. 583. — Kunstchronik 1906, 310. — Natura ed Arte 1905/06 I 720. **

Angelis, Giuseppe de, Maler, nach Zani (Encicl.) in Bologna gegen Ende des 17. Jahrh. Nach ihm stach Ben. Farjat das Porträt des „Sebastianus Antonius — Cardinalis Tanarius Bononiensis, creatus die XII Decembris M.DC.XCV." Vielleicht identisch mit dem Maler *Giuseppe de Angelis,* der 1706 in die Liste der Korporation der Maler in Neapel eingeschrieben wurde und im Mai 1713 dort starb.

Meyer, Kstlerlex. — Napoli Nobilissima VII 11. *G. Degli Azzi.*

Angelis, Joseph de, hatte 1725 und 1726 in Utrecht eine Seidenspinnerei, welche im letztgenannten Jahre eingegangen zu sein scheint. 1735 war er Dekan der Malerzunft daselbst und 1736 wird sein Name zuletzt genannt. Nach seiner Zeichnung hat 1730 Bernard Picart ein Titelblatt mit Apollo und den Musen gestochen.

Muller, Utr. Arch. 132. *E. W. Moes.*

Angelis, M. E. de (en Zoonen), Glasmalerfirma in Brüssel, lieferte 1759 „konstglasschilderyen für die oude en nieuwe gereformeerde kercken" in Amsterdam. Auch ein gemaltes Bürgermeisterglas, eine Verkündigung Mariae u. a. wird hierbei erwähnt.

Oud Holland XIII 139/40. **

Angelis, Mauro de, neapol. Maler, 1666 in die Liste der Korporation der Maler dort eingeschrieben, † 20. 5. 1708.

Napoli Nobilissima VII 11. *G. Degli Azzi.*

Angelis, Nikolaus de, italien. Maler und Schüler Landis in Rom zu Beginn des 19. Jahrh. Graf Ludwig Pac ließ ihn im Jahre 1823 nach Polen kommen, wo A. für ihn dekorative historische Bilder in seinem Schlosse Dowspuda bei Augustów und in seinem schönen Empire-Palais in Warschau, sowie große Altarbilder in den von demselben General Grafen Pac gestifteten Kirchen in Raczki und in Rożanka malte. Er verließ Polen im Jahre 1828 und starb bald darauf 3. 8. in Rom.

Rastawiecki, Slownik mal. polskich I 13. — Ciampi, Bibliografia critica II 250 bis 251. *Dr. Graf Georg Mycielski.*

Angelis, Pietro d'. Eine Zeichnung in Feder und Wasserfarben, darstellend eine Feuerbrunst, in der Albertina (Wien) befindlich, trägt von alter Hand den Namen Pietro d'Angelis. — Ob damit Pierre Angillis gemeint ist?

Jahrb. d. Kstsamml. d. österr. Kaiserh. XIII II. Teil CCLXXV. **

Angelis, Pierre, s. *Angillis,* P.

Angelis, Sabatino, neapolitaner Bildhauer, geb. 1838, geschickter Kopist berühmter antiker Statuen.

Gubernatis, Diz. 162. **

Angelis, Secondo de, italien. Kupferst., tätig zu Neapel um die Mitte des 18. Jahrh. Er hat Stiche geliefert für Pauli M. Paciaudii, de cultu S. Johannis Baptistae (Romae 1755) und für Le Pitture antiche d'Ercolano (Napoli 1757—79).

Meyer, Kstlerlex. *P. K.*

Angelis, s. auch damit verbundene *Vornamen* sowie *Angeli.*

Angelius, Mathias, „Constschilder", wohnt urkundl. am 11. 5. 1667 in Amsterdam. *A. B.*

Angell, Frank W. amerikan. Architekt, geb. in Tannton, Mass., 1851. Studierte in der Rhode Island School of Design und unter W. R. Walker, Providence, R. I. Mitglied der Firma T. J. Gould 1881; F. H. Swift 1893. Unter der Firma Angell & Swift hat er Gebäude errichtet für Brown Unversity Providence, R. I., und Wellesley College, Wellesley, Mass., auch Schulen für Providence und

Cranston, und Geschäftsgebäude in Providence und Pawtucket. *L. F. Pilcher.*

Angell, Helen Cordelia, geb. Coleman, englische Blumenmalerin, geb. im Januar 1847 in Horsham (Sussex), Autodidaktin, stellte schon als siebzehnjährige in der Dudley Gallery aus und kam so schnell zu Ruf, daß ihr 1875 die Mitgliedschaft des Inst. of Painters in Water Colours angetragen wurde. Im selben Jahre heiratete sie den Postmeister Th. W. Angell in London. Sie malte Blumen, Früchte, Vögel in kleinem Format und zwar in ihrer früheren Zeit minutiös fein, später breit und männlich kraftvoll. — Mr. De Murietta, Palace Gardens, besaß eine große Sammlung ihrer Handzeihnungen.

E. C. Clayton, Engl. Female Artists II 261. — The Art Journal 1884 p. 127 (Nekrolog). — Graves, Roy. Acad. Exh. I 37. **

Angell, Miß Maude, Blumenmalerin in London, die seit 1889 häufig in der Roy. Academy ausgestellt hat.

Graves, Roy. Acad. Exh. I 37. **

Angell, Samuel, engl. Architekt in der 1. Hälfte des 19. Jahrh., bekannt als Entdecker der Metopen von Selinunt, über die er mit Th. Evans publizierte: Sculptured Metopes discovered amongst the ruins of the Temples of Selinus by Will. Harris and Samuel Angell 1823; described by S. A. and T. E. 9 plates and 56 pag. fol. London 1826. Von 1817—1850 stellte er wiederholt in der Royal Academy aus und zwar meist antike Tempelrekonstruktionen, 1835 aber auch eine Idea of a National Gallery und 1850 Palladiana und The Work of Vignola. — In den Jahren 1835—43 wird in Paris ein Samuel Angell erwähnt, der in Schabkunst Reproduktionen von Gemälden Devérias, Franquelins u. a. anfertigte. Sehr wahrscheinlich ist er mit dem Obigen identisch.

Graves, Roy. Acad. — Universal Catal. of books on art u. Suppl. — Le Blanc, Manuel. **

Angelli, s. *Agnelli.*

Angellin, Louis, Dekorationsmaler, Ende des 16. Jahrh. in Grenoble ansässig. Er malte Wappen und arbeitete 1597 mit an der künstlerischen Ausschmückung der Stadt für den Einzug des Herzogs v. Lesdiguières; 1598 an den Triumphbögen.

Réunion des Sociétés des Beaux-Arts des Départements XI 296. *H. Longnon.*

Angellini, Francesco Maria, Architekt zu Bologna, geb. 1680, † daselbst 1731. Er hat daselbst mehrfach in Kirchen und Palästen gebaut und insbesondere die Fassade von S. Lucia entworfen. 1725 wurde er zum öffentlichen Architekten der Stadt ernannt. Über seine Vaterstadt hinaus scheint er nicht tätig gewesen zu sein.

Pitture etc. di Bologna 1792 pp. 187, 289; vergl. auch die Ausgabe von 1782 p. 434. — Gualandi, Memorie Originali Italiane VI 22, 29. — Meyer, Kstlerlex. *R.*

Angellini, s. auch *Angelini.*

Angelo, Architekt und Rektor der Kirche S. Silvestro in Perugia; entwarf 1287 gemeinsam mit Jacopo di Pero die Baupläne für die Kirche S. Ercolano zu Perugia, deren Fassadenschmuck 1326 durch den Sienesen Ambrogio Maitani vollendet wurde.

A. Bellucci in „Augusta Perusia" 1907, I—II. *

Angelo, Maler aus Treviso, muß in der zweiten Hälfte des 13. Jahrh. tätig gewesen sein, da sein Sohn Perenzolo, der ebenfalls Maler war, 1355 schon verstorben war.

P. Molmenti, Stor. di Venezia nella vita privata, Bergamo 1905 I 395. *L. Ferro.*

Angelo, italien. Bildhauer des 14. Jahrh. Sein Name befindet sich an einer Balustrade der Kathedrale von Matera.

Napoli Nobilissima II 185. *G. Degli Azzi.*

Angelo, Steinmetz in Venedig, arbeitete 1506 und in den folgenden Jahren unter Leitung des Tullio Lombardo an dem architektonischen Schmuck außen an der Kapelle Zen.

P. Paoletti, Arch. e scult. d. Rinasc. in Venezia II 245. *L. Ferro.*

Angelo, Holzschnitzer in Bologna, fertigte 1540 für die dortige Compagnia di S. Ambrogio den geschnitzten Rahmen zu einem Chorpulte.

Rassegna d'Arte 1901, p. 27. *F. Malaguzzi-Valeri.*

Angelo (Maestro), Maler in Bologna, † 1576, nur von Zani, Enc. met. II 121 erwähnt. **

Angelo, Schreiner in Siena, übernahm am 19. März 1592 mit dem Bildschnitzer Filippo die Ausführung eines Tabernakels für die Kirche der Karthause Sta Maria di Belriguardo nach der Zeichnung und im Auftrage des Malers Cristofano Rustici.

Milanesi, Doc. Senesi. III 265. **

Angelo, s. auch *Agnolo, Angelus* und *Angolo.*

Angelo, Anton, s. unter *Angelo,* Teodor Gottfr. Nic.

Angelo Antonelli, aus Capua, malte 1482 in der Kirche S. Elia del Furore in Amalfi.

M. Camera, Storia di Amalfi p. 660. **

Angelo di Maestro Antonio, Maler in Perugia, erhält neben vielen anderen 1540 Bezahlung für viertägige Arbeit an den Triumphbögen, die zu Ehren Papst Pauls III. bei seinem Einzuge in Perugia errichtet wurden.

Bollettino della R. Deputazione di Stor. patria per l'Umbria, Vol. VII Append. IIa 147. *W. Bombe.*

Angelo, Antonio dall', Maler in Ferrara, erwähnt in einer ferraresischen Malerliste, die den Zeitraum 1600—1725 umfaßt.

Zani, Encicl. II 122. — L. N. Cittadella, Not. relat. a Ferrara (1864) p. 637. *E. Modigliani.*

Angelo de Arogno, Architekt, war gegen Ende des 14. Jahrh. in Piacenza tätig; sein Hauptwerk soll die Cappella Maggiore des Domes sein.

Bianchi, Gli Art. Ticinesi, Lugano 1900 p. 11. *H. V.*

Angelo de Arogno, Maurer und Bildhauer, übernahm 1506 die Fundamentarbeiten für die Hauptkapelle des Doms von Vicenza.

Archivio Veneto VII (nach Motta, bei Brun, Schweiz. Kstlerlex.).

Angelo di Baldassare, s. *Mattioli,* A. di B.

Angelo (Angniolo) di Bartolo da Siena, Holzschnitzer in Rom, wo er 1464 für Papst Pius II. tätig war.

E. Müntz, Les Arts à la Cour des Papes (1878) I 242.

Angelo di Bartolomeo, italien. Miniator, wahrscheinlich aus Arezzo. 1409 schmückte er mit seinem Bruder *Nardo* ein Psalterium für die Stiftskirche von S. Venanzio in Camerino mit vielen sehr feinen buntfarbigen Arabesken. Das Psalterium befindet sich jetzt in Museo Civico in Camerino.

V. Aleandri u. M. Santoni, La Pinacoteca e il Museo Civico di Camerino 1905. *V. Aleandri.*

Angelo da Bologna, Goldschmied und Edelsteinschneider in Bologna um 1490 bis 1510, erwähnt bei Zani, Enc. met. IV 140. **

Angelo da Brescia, s. *Anzolino* da B.

Angelo da Cicorea, Architekt am Dome von Bari, in einem Dokument vom 31. 10. 1245 als „prior fabrice barensis matris ecclesie" genannt.

Napoli Nobilissima VII 25. *G. Degli Azzi.*

Angelo da Como, Steinmetz in Gubbio, wird zusammen mit Marchese, Luchino, Andrea und Giorgi di Manfredi aus Como 1410, 1411 und 1416 in den Camerlengatsbüchern zu Gubbio gen. Über seine Tätigkeit, wie auch über die seiner Genossen ist nichts bekannt.

Mazzatinti, Stor. d. arti a Gubbio, Archivio storico per le Marche e per l'Umbria, Vol. III 31. *W. Bombe.*

Angelo (oder Agnilo) da Como, Marmorarius in Rom, arbeitete 1463 unter Pius II. an der neuen Papstkanzel für die Peterskirche.

E. Müntz, Les Arts à la Cour des Papes (1878) I 237, 281. *

Angelo della Cristina, Maler in Perugia, erhält, zugleich mit vielen anderen Künstlern, 1540 Bezahlung für zehntägige Arbeit an den Triumphbögen, die bei Gelegenheit des Einzugs Papst Pauls III. in Perugia errichtet wurden.

Fumi, Inventario e Spoglio dei Registri della Tesoreria Apostolica di Perugia dal R. Arch. di Stato in Roma, Bollettino della R. Deputatione di Storia Patria per l'Umbria 1901 App. IIa 147. *W. Bombe.*

Angelo di Maestro Cristoforo da Milano, Holzschnitzer, tätig in Pesaro und in Fabriano. Verpflichtet sich am 21. 10. 1512, eine Altartafel mit Rahmen für eine Kirche in Fabriano um den Preis von 90 fl. zu fertigen. *Walter Bombe.*

Angelo d'Elia, Maler in Perugia, wird mit seinem jüdischen Glaubensgenossen Giacobbe di Vitale im 2. Semester 1507 und im 1. Semester 1508 in den Registri des Collegio del Cambio erwähnt. Beide werden auf dem Rechtswege zur Zahlung der jährlichen Gabella von 10 Soldi an die Malerzunft veranlaßt.

G. degli Azzi, Il Collegio del Cambio, in Perugia illustrata, Vol. III 12 und in der Zeitschrift „l'Umbria" 1902. *W. Bombe.*

Angelo da Firenze, Maler in Genua 1361, schloß am 18. 10. dieses Jahres einen Vertrag betreffs gemeinsamer Arbeit mit Barnaba da Modena.

Alizeri, Not. dei Prof. d. dis. in Liguria 1870—80 vol. III 130. **

Angelo da Foligno, Maler in Ferrara. In dem Libro *G* di Creditori e di Debitori vom Jahre 1447 wird die Überweisung eines bestimmten Quantums Ultramarin gebucht: „A. M° Angelo da Foligno lo qual depinse una tavola de una Anonciata del S.". Weitere Nachrichten über ihn sind nicht bekannt.

I Pittori degli Estensi (Atti e Memorie delle R. Dep. di Storia Patria per le Prov. Modenesi e Parmensi Ser. III, Vol. III part II, p. 537—8). *Walter Bombe.*

Angelo di Francesco „magister fenestrarium vitrei", nach urk. Notiz 1433 an den Kuppelfenstern des Domes in Florenz beschäftigt.

H. Semper, Die farbigen Glasscheiben im Dom von Florenz; Mitteil. d. Zentr.-Komm. XVII 26. **

Angelo, G. F., engl. Maler, Ehrenaussteller der Royal Acad. in den Jahren 1798 und 1803 mit 3 Landschaften. — Nach ihm wahrscheinlich stach Rowlandson das Porträt des Thomas Simmons 1807. **

Angelo di Gabriello Bruno, italien. Holzbildhauer um 1400. Führte ausgezeichnete Holzschnitzereien in Assisi aus, zusammen mit dem Florentiner Tommaso di Antonio, Domenico d'Antonio aus S. Severino und Alberto di Betto. — Vermutlich ist dieser Künstler identisch mit dem von Erculei erwähnten gleichnamigen Meister, der 1473 das Chorpult für die Unterkirche von S. Francesco schnitzte u. mit Intarsien schmückte.

Erculei, Catal. d. Op. ant. d'intaglio etc., Roma 1885, p. 35. — Archivio Stor. Ital. ser. 3, t. X, pte. I, p. 178 f. *G. Degli Azzi.*

Angelo, Giacomo, Florentiner Bildhauer in Rom, empfiehlt sich von dort in einem Briefe vom 17. 6. 1547 dem Cosimo I und berichtet, daß er eine Arbeit für den Fürsten Doria beendet habe.

Gaye, Carteggio II 365. **

Angelo di Gilio, Bildhauer in Orvieto, wo er 1293 mit zahlreichen anderen Meistern am plastischen Dekor des Dombaues beschäftigt war.

L. Fumi, Il Duomo di Orvieto p. 61. *

Angelo di Giuliano, Steinmetz in Perugia, verpflichtet sich am 18. 1. 1536, ein Tor im heute nicht mehr existierenden Palazzo Pontani im Borgo di S. Pietro zu Perugia zu fertigen, und übernimmt 8. 2. 1539, gemeinsam mit Bino di Mariano das Tor der Kapelle in der Sapienza nuova zu Perugia, nach dem Entwurf des Bildhauers Simone Mosca, der zugleich mit Giovanbattista Caporali als Schiedsrichter über die Arbeit fungierte.

Rossi, Documenti per la Stor. d. Scoltura ornamentale in pietra Doc. No. 20 u. 21 in Giornale di Erudizione artistica, Vol. III 1874 p. 180—182. *W. Bombe.*

Angelo di Goro, Maler zu Perugia. Wird in der Matrikel der Peruginer Malerzunft unter den im Quartier S. Pietro wohnhaften Mitgliedern angeführt. Er erhält 1382 Bezahlung für ein von ihm gemaltes Stadtwappen von Perugia und 1383 für Bemalung von 20 Schilden. *Walter Bombe.*

Angelo da Iglianello, s. *Angelo* di Menicuccio da J.

Angelo di Lippo, Maler in Orvieto, wo er 1370 mit zahlreichen anderen Malern als Gehilfe des Ugolino d'Ilario an der Ausführung der Gewölbemalereien im Domchor beteiligt war. — Ein Glasmaler gleichen Namens wird 1433 unter den beim Florentiner Dombau beschäftigten Künstlern erwähnt.

Zani, Encicl. XII 31. — L. Fumi, Il Duomo di Orvieto p. 366. — Mitteil. der österreich. Zentr.-Komm. XVII 26, 34. *

Angelo Lombardo, Maestro di Pietra in Arcevia, arbeitete 1475 in Gemeinschaft mit Antonio Lombardo und anderen Lombarden unter der Leitung des Meo di Pace da Fabriano am Erneuerungsbau des dortigen Palazzo dei Priori.

Nuova Rivista Misena III 57, Nota 1. *E. Scatassa.*

Angelo di Luccolo, Architekt in Gubbio. Von 1334—1337 Vorsteher der „fabbrica de' palazzi pubblici" von Gubbio, zusammen mit Baldello di Nello. Mazzatinti hat die Kontrakte betreffend den Bau dieser Palazzi (del Gonfaloniere, dei Consoli und del Podestà) veröffentlicht, aus denen hervorgeht, daß Angelo di L. und Baldello di N. die Erbauer waren und nicht Matteo di Gioannello di Maffeo, wie man früher annahm.

G. Mazzatinti in Archiv. Stor. per le Marche e l'Umbria, vol. IV, fasc. IX—X, p. 1—48. *G. Degli Azzi.*

Angelo da Lugano, Bildhauer, in Brescia seit 1489 mittätig am bildhauerischen Schmucke des Palazzo della Loggia (Municipio) und der Pyramiden der Balustrade.

C. Brun, Schweiz. Kstlerlex. (unter Lugano). **

Angelo di Matteo, Maler in Perugia, seit 1523 in der Matrikel der dortigen Malergilde aufgeführt, † 1587.

Rassegna Bibliograf. d. Arte ital. II 212, 217 f. *

Angelo di Menicuccio da Iglianello (oder Igliarello), Maler und Intarsiator in Orvieto, erhielt 1489—90 Zahlungen für verschiedene künstlerische Arbeiten, die er in Gemeinschaft mit den Malern *Andrea Lombardo* u. *Antonio di Bernardo Lombardo* für den Domchor ausgeführt hatte. So schmückte er die Türen des Chores und der Sakristei sowie diejenigen des gotischen Taufsteinaufsatzes mit Holzintarsien, eine „cassa mortuorum" mit einem Totenkopfe und einem Pietà-Gemälde, das Crucifixus-Tabernakel sowie die Wände des Domchores mit einer Anzahl von Predellenbildern. Endlich hatte er gemeinsam mit *Antonio da Forlì* die gesamte Bemalung des erwähnten Tabernakels sowie des von diesem umschlossenen Kruzifixes auszuführen.

Rossi im Giorn. di Erudiz. artist V 95 f. — L. Fumi, Il Duomo di Orvieto, p. 278, 304, 313, 332. *W. Bombe.*

Angelo di Meo Cartajolo, italien. Maler um 1400, Schüler des Gentile da Fabriano. A. hatte das (nicht mehr erhaltene) Hauptaltarbild in Sa. Lucia in Fabriano gemalt.

Ricci, Memorie storiche I 34.

Angelo da Monopoli, Architekt in Apulien, wird in einem Dokument von 1274 unter den Architekten genannt, die in dieser Glanzzeit der apulischen Kunst bedeutende Bauten errichteten.

Napoli Nobilissima VII 144. *G. Degli Azzi.*

Angelo del Moro, s. *Angolo.*

Angelo da Murano, s. *Barrovieri,* A.

Angelo di Niccolò della Fratta, Architekt in Perugia, verpflichtet sich 1542 in Gemeinschaft mit Bernardino di Mariano und Giov. di Francesco dem Messer Bartolomeo d'Ancona, verschiedene Bauarbeiten an den Befestigungsmauern von Perugia auszuführen.

Giorn. d'Erudiz. Artist. I 138. *A. Bellucci.*

Angelo da Orvieto (Angelus Urbsveterensis) I, Architekt in Orvieto, zum ersten Male erwähnt 1317 in Perugia, wo er gemeinschaftlich mit Lorenzo Maitani da Siena und Angelo Campanario da Orvieto den Bau der dortigen Wasserleitung zu begutachten hatte. 1332—35 erbaute er sodann laut Portalinschrift („struxit et immensis hoc Angelus urbsveterensis") den Palazzo dei Consoli in Gubbio, zu welchem der einheimische Geometer Matteo di Giovannello Gattapone nur die nötigen Vermessungen und Schätzungen zu liefern hatte, sowie 1334—52 (nach Magherini-Graziani) den Palazzo dei Priori zu Città di Castello, dessen Portalinschrift gleichfalls die volle Signatur des Meisters enthält: „Architector Urbe de Veteri Angelus".

Über die Beziehungen A.s zu dem bereits im

12. Jahrh. errichteten, im 14. Jahrh. jedoch umgebauten Palazzo del Popolo zu Orvieto vgl.: L. Fumi in Arch. stor. per le Marche e l'Umbria IV 518 ff. — Ferner zur Streitfrage betr. den Pal. dei Consoli in Gubbio: G. Mazzatinti s Spezialmonographie von 1898 sowie dessen Aufsätze in Arch. stor. per le Marche e l'Umbria IV 5 ff. und in Rassegna d'Arte 1901 p. 187 ff. — E. Calzini in Rivista d'Italia II 2, 268 ff. — Arch. stor. Ital., ser. III, vol. VI, parte II, p. 35. — Bollett. della R. Deputaz. Umbra di Stor. Patr. I 169, VIII 165. — L'Umbria II 4. — Le Marche II 211, 332. — Giorn. d'Erudiz. Artist. II 57. — Natura ed Arte I 858 ff. — L. Fumi, Il Duomo di Orvieto, p. 3. — Guardabassi, Indice-Guida etc. nell' Umbria, p. 58. — Lucarelli-Oderigi, Guida di Gubbio, p. 58. — Magherini-Graziani, L'Arte a Città di Castello, p. 68 ff. *A. Bellucci.*

Angelo da Orvieto (Angelus de Urbe Veteri) II, Erzgießer in Perugia, zum ersten Male erwähnt 1317 in Gemeinschaft mit dem Architekten Angelo da Orvieto I und anderen Meistern als Begutachter des Wasserleitungsbaues zu Perugia. 1352 goß er gemeinsam mit seinen Söhnen Niccolò und Giovanni die berühmte, voll signierte und datierte Glocke „la Viola" für die Kirche S. Francesco al Prato zu Perugia.

Siepi, Descriz. di Perugia, p. 801 f. — Guardabassi, Indice-Guida etc. nell' Umbria, — Champeaux, Dict. des Fondeurs. — L. Fumi, Il Duomo di Orvieto, p. 3. *A. Belluci.*

Angelo da Orvieto, Maler zu Orvieto. Wird bei Zani, Encicl. XIV 175 erwähnt mit dem Zusatz, daß er 1590 lebte. Werke nicht bekannt. *Walter Bombe.*

Angelo Parrasio, s. *Macagnini*, A.

Angelo, Pedro (eigentlich wohl Angel), Kupferst. und Goldschmied in Toledo, von dem zwischen 1597 und 1616 einige unbedeutende Kupferstiche bekannt sind.

Meyer, Kstlerlex. — Strutt, Biogr. Dict. of Engravers. △

Angelo da Piacenza, Holzbildhauer und Intarsiator, Schüler der Canozi da Lendinara, schnitzte 1522 im Auftrage des Don Sigismondo von Ferrara für die dortige Kirche S. Maria di Consolazione ein Orgelgehäuse, das von Maestro Filippo vergoldet und von Maestro Tommaso da Carpi mit Friesmalereien geschmückt wurde. 1540 wurde A. nach Modena berufen, um das reiche Chorgestühl der Lendinara im dortigen Dom zu restaurieren.

Cittadella, Not. relat. a Ferrara p. 338. — Campori, Art. ital. e stran. negli stati Estensi. *F. Malaguzzi-Valeri.*

Angelo di Pietro d'Assisi, Bildhauer der sienesischen Trecento-Schule, tätig in Cortona; schuf 1362 in Gemeinschaft mit *Francesco di Pietro d'Assisi* das von J. Burckhardt merkwürdigerweise ziemlich geringschätzig behandelte und erst neuerdings von A. Venturi in seinem hohen künstlerischen Werte gewürdigte prächtige Grabmal der hl. Margarete in der dieser Heiligen geweihten Kirche zu Cortona. Der auf drei Wandkonsolen ruhende Sarkophag der Heiligen wird überragt von einem durch gewundene Säulchen getragenen, aus zwei gotischen Dreipaßbögen zusammengesetzten Baldachinaufbau. Unter dem von ungemein reizvoll bewegten Engelgestalten emporgehaltenen Sarkophagdeckel ist die ausgestreckt ruhende Bildnisfigur der toten Heiligen sichtbar. Über den Kapitellen der Baldachinsäulchen erheben sich die gotisch geschwungenen Statuetten der Maria annunziata und des Verkündigungsengels. Die Vorderwand des Sarkophages sowie die beiden Wandfelder zwischen den Konsolen sind mit sechs meisterlich komponierten und durchgebildeten äußerst zart beseelten Reliefdarstellungen aus dem Leben der hl. Margarete und aus ihren noch nach dem Tode vollbrachten Wundertaten geschmückt. In seiner vornehm-harmonischen Gesamtwirkung, wie in der figürlich-plastischen und selbst in der sparsamen ornamentalen Detailbehandlung steht dieses Grabmonument der hl. Margarete jedenfalls weit höher als das so viel reichere und nach dem Vorgange Vasaris so häufig überschätzte Grabmal des Guido Tarlati im Dome zu Arezzo, dessen Schöpfer, Agostino di Giovanni und Agnolo di Ventura da Siena, neben ihren weit bedeutenderen cortonesischen Schulgenossen Angelo und Francesco di Pietro d'Assisi nur noch als zwei ziemlich ärmlich begabte Durchschnittstalente erscheinen.

Als weitere Arbeiten unserer beiden „Cortonenses et horiginales Cortonae" Angelo und Francesco di Pietro sind zu betrachten: das mit der Jahreszahl 1345 datierte Grabmal des Bischofs Ranieri Ubertoni in S. Francesco zu Cortona (nach Mancini eine allerdings weit schwächere Jugendarbeit der beiden Künstler), sowie nach Venturi die drei fein gebildeten Statuen über dem Portale des Palazzo Pubblico zu Perugia.

A. Venturi, Stor. d. Arte Ital., IV 48, 406 ff.; sowie in L'Arte VII 214 ff. — G. Mancini, Cortona nel Medioevo (1897) p. 195. — P. Bologna, Annedoti artist. cortonesi (im Arch. stor. ital., ser. V, vol. XVII, p. 134 f). — G. Mazzatinti im Arch. stor. per l'Umbria e le Marche III, fasc. 9—10, p. 1—47. — J. Burckhardt, Cicerone (Ausg. 1904) II 388. *R.*

Angelo di Pietro (Angelus Magistri Petri), Bildhauer in Chieti, tätig um 1380.

Filangieri, Indice d. Artef. Napoletani etc. *

Angelo di Pietro, Miniaturmaler in Orvieto, wo er 1410 für den Domchor ein großes Missale mit Miniaturen zu schmücken hatte, zu denen *Bartolommeo di Pietro* eine Kruzifixusdarstellung beisteuerte; den Ledereinband lieferte ein maestro Cristoforo „pellicciaio".

L. Fumi, Il Duomo di Orvieto p. 279. *

Angelo di Pietro (Angelus Petri Juvenalis), Maler in Rom, Sohn des 1464 verstorbenen päpstlichen Hofmalers Pietro di Giovenale und Bruder des um 1460 gleichfalls als Maler in Rom tätigen Silvestro di Pietro; urkundlich erwähnt 1467.

E. Müntz, Les Arts à la Cour des Papes I 264. — A. Bertolotti, Art. Bolognesi in Roma p. 11. *

Angelo di Pietro di Angelo (Macagnini), s. *Macagnini,* A.

Angelo di Puccinello, s. *Puccinelli,* A.

Angelo da S. Marina, Maler in Venedig, wird 1396 als Zeuge im Prozeß gegen Giorgio Greco erwähnt, der angeklagt war, den Maler Matteo Bon aus S. Geminiano ermordet zu haben.

Arch. Veneto tom. XXXIII parte I (1887) 62. *L. Ferro.*

Angelo Siciliano, s. *Marini,* A.

Angelo da Siena, sienesischer Architekt in Pisa, von wo er 1405 als „bonus et optimus magister, nunc commorans in civitate Pisarum" zur Dombauleitung nach Orvieto berufen werden sollte. — Nicht identifizierbar mit dem bereits um 1350 verstorbenen *Agnolo di Ventura da Siena.*

L. Fumi, Il Duomo di Orvieto p. 484. *

Angelo da Siena, s. d. Artikel *Agostino* di Giovanni, sowie *Angelus* de Senis und *Macagnini,* A.

Angelo di Stefano, Bildhauer in Orvieto, wo er gegen Ende des 13. Jahrh. als einer der zahlreichen Gehilfen des Ramo di Paganello da Siena beim Dombau beschäftigt war.

L. Fumi, Il Duomo di Orvieto p. 310. *

Angelo di Tedaldo. Venezianer Maler. 14. Jahrh. Nur bekannt durch zwei Testamente aus den Jahren 1324 und 1344 im Arch. Naz. in Venedig.

Crowe u. Cavalcaselle, Gesch. d. ital. Malerei II 422 not. 78. — Arch. Veneto XXXV 7—72. ***

Angelo, Teodor Gottfred Nicolaus, dän. Kupferstecher, geb. in Schleswig 9. 10. 1767, gestorben in Kopenhagen 21. 6. 1816, war Schüler des Kupferstechers Guittair, übernahm 1787 das Amt seines Lehrers als Kartenstecher an der kgl. Gesellschaft der Wissenschaften. Von ihm werden erwähnt zwei gestochene Bildnisse: Peter Bugge (1794 nach Thorvaldsen) und Rudolf Buchhave (1796, nach Povl Ipsen). — Sein Sohn *Anton Angelo* (1805—78), Schüler der Kunstakad. und Gebauers, war Bildnis-Maler, auch hat er einige Kriegs- und Pferdeszenen in Gebauers Manier gemalt; 1844 hat er eine Bacchantin („Porträt") ausgestellt.

Weinwich, Kunstnerlex. (Kopenhagen 1829). — Krohn, Danske Kobberstik, Raderinger etc. I 148 (Kopenhagen 1889). — Weilbach, Nyt dansk Kunstnerlex. I (1896) S. 38 und 627, II (1897) S. 620. *A. R.*

Angelo da Venezia, genannt Angelo Veneziano. Maler aus Venedig, tätig in Lucca um 1340—1370 (nach Zani, Enc. met. XIX 100), woselbst sich in der Kirche S. Giovanni e Sa. Reparata ein Altarblatt mit St. Onofrius von ihm befinden soll.

Nagler, Kstlerlex. (unter Veneziano). *H. V.*

Angelo di Ventura, s. d. Artikel *Agostino* di Giovanni.

Angelo Vignatoli, Miniaturist in Perugia, ist in der Matrikel der Miniaturisten unter den im Quartier Porta S. Angelo wohnhaften Zunftmitgliedern verzeichnet. Im 5. Bimester 1417 war er Prior, im 1. Semester 1418 Camerlengo der Zunft.

L'arte dei Miniatori in Perugia, Giorn. di Erud. art. II 1873 fasc. 11—12 p. 316. *W. Bombe.*

Angelo da Viterbo, Steinmetz in Rom, wo er 1502—3 unter Alberto da Piacenza an der Fontana der Piazza di S. Pietro arbeitete.

E. Müntz, Les Arts à la Cour des Papes Innocent VIII etc. (1898), p. 162, 198 f. *

Angelo-Muto, Scipione d', neapolit. Maler um 1574, nur von Zani, Enc. met. II 121 erwähnt. **

Angelo, s. auch damit verbundene Vornamen, Patronymika und Ortsbezeichnungen, sowie unter *Agnolo, Angelus* und *Angolo.*

Angeloni oder **Angelucci,** Fabio d. j. und Ascanio aus Mevale bei Camerino, Maler, Söhne des Giovanni di Fabio d. ält. Der erstere führte Freskomalereien in der Kirche von Tazza bei Pievetorina aus, die er *„Fabius Angelutius* 1580" bezeichnete. Beide malten in der Kirche ihres Geburtsortes ein jüngstes Gericht, bezeichnet: *Fabius Joannis cum Ascanio* 1600.

Aleandri u. Santoni: La Pinacot. e il Mus. Civ. di Camerino 1905. *V. Aleandri.*

Angeloni oder **Angelucci,** Gaspare, Fabio und Camillo (Vater und Söhne) aus Mevale bei Camerino, Maler, von denen Gemälde vorhanden sind: in Borgo S. Antonio di Visso mit der Unterschrift: — *Gaspar mevalanus* 1538 — in S. Maria di Cascia (Tafelbild) bezeichnet: — *Gaspar Angeluisius cum Camillo eius filio* 1547 — in S. Maria della Neve in derselben Stadt, bezeichnet: — *Camillus et Fabius Angeluccii fratres* 1576 — in Cerreto Ponte (Tafelbild) mit dem Namen: — *Camillus Angelutius* 1573 — und in Vari di Pievetorina, bezeichnet: — *Fabius Angelonius* 1546.

Aleandri u. Santoni, La Pinacot. e il Mus. Civ. di Camerino, 1905. — Guardabassi, Monumenti dell' Umbria. *V. Aleandri.*

Angeloni, Giovanni, Prospekt- und Dekorationsmaler in Rom, um 1740—1788 (nach Zani, Enc. met. II 123), malte in Gemeinschaft mit seinem Sohn Vincenzo die Decke der von der Peterskirche zur Sakristei führenden Galerie in Grisaille und lieferte einen Teil der in enkaustischer Technik angefertigten Kopien nach den Loggien Raffaels, welche

Christoph Unterberger für Katharina II. von Rußland auszuführen hatte.

Meyer, Kstlerlex. *H. V.*

Angeloni, Vincenzo, Prospekt- und Dekorationsmaler in Rom, Gehilfe seines Vaters Giovanni (s. dort.), nach Zani (Enc. met. II 123) um 1788 tätig.

Meyer, Kstlerlex. (unter Giovanni). *H. V.*

Angeloptes, Giovanni, Sticker in Ravenna im 10. Jahrh., war der Verfertiger der sehr feinen Stickerei einer Casula.

Molmenti, Stor. di Venezia nella vita privata. Bergamo 1905 I 319. *L. Ferro.*

Angelos Kres, byzantin. Heiligenbildmaler der kretischen Schule des 17. Jahrh. Von seiner Hand signiert und 1630 datiert ein Altargemälde mit der Madonna Hodegetria in der Kirche des St. Georgsklosters bei Kairo.

Byzantin. Zeitschr. 1895, p. 591. *A. Muñoz.*

Angelot, François, Bildhauer, aus dem Haag (?) gebürtig, erwarb 1537 das Bürgerrecht in Arras.

Lami, Dict. d. sculpt. 1898. *R.*

Angelot, José, Goldschmied in Barcelona. 1550 fertigt er einen Entwurf zu einem schönen Halsschmuck an.

Viñaza, Adic. II 19. *M. v. B.*

Angelot de la Presse, Maler u. Miniator in Blois 1463/4, arbeitete für das Haus Orléans. 1463 erhielt er Bezahlung für Schmuck und Einband eines Missale für Herzog Charles und 1464 für 20 Miniaturen, die er in ein Livre d'Heures der Herzogin von Orléans, Marie von Cleve, gemalt hatte.

De Laborde, Les ducs de Bourgogne III, art. n. 7014 u. 7045. — Delisle, Le Cabinet des manuscr. I 114 u. 120. **

Angelov, Iwan, bulgarischer Genremaler, Professor an der École des Beaux-Arts in Sofia, geb. in Brenitza am 18. 5. (1. 6. neueren Stils) 1864, studierte in Rom und München. Es ist einer der ersten Maler der modernen bulgarischen Malerei. Die meisten seiner Gemälde behandeln das Leben des bulgarischen Landmanns. Seine hervorragendsten Werke sind: Gott hat's gegeben, Gott hat's genommen (im Besitz des Königs von Serbien); Weinlese; Ernte; Idyll.

G. Palascheff.

Angelroth, Baseler Goldschmiedfamilie des 16. Jahrh., aus Thann im Elsaß gebürtig, deren Vertreter: Balthasar, Niclaus und Wolfgang nur urkundlich erwähnt sind, während Caspar durch eine fein ausgeführte, im Kirchenschatz zu Sachseln aufbewahrte Monstranz von 1516 bekannt ist.

Paul Ganz bei Brun, Schweizer. Kstlerlex. *H. V.*

Angelstädt, Maler zu Berlin, dessen 1798 gelegentlich gedacht wird.

Füssli, Neue Zusätze zum allgem. Kstlerlex. 1824 S. 137. *Hans Mackowsky.*

Angelt, Hans, Schweizer Kanonengießer im 15. Jahrh.

Massé, Artillerie suisse. **

Angelucci, Agnello (Aniello), neapol. Maler. Von Dominici in das 15. Jahrh. versetzt. Faraglia glaubt, daß Dominici ihn mit Angelo del Fiore verwechselt, dessen Existenz er gleichfalls bezweifelt.

N. F. Faraglia in Napoli Nobilissima VII 81. *G. Degli Azzi.*

Angeluccio, italien. Landschaftsmaler in der zweiten Hälfte des 17. Jahrh., nach Pascoli einer der bedeutendsten Schüler des Claude Lorrain, starb in jungen Jahren; Bilder von ihm sind bisher nicht nachgewiesen.

Meyer, Kstlerlex. — Pascoli, Vite de' Pittori etc. moderni I 29. *H. V.*

Angeluccio d'Angelo, maestro di pietra in Orvieto, wo er 1362 und 1373 am Dombau beschäftigt war.

L. Fumi, Il Duomo di Orvieto p. 73, 479. *

Angeluccio di Flaviano Petrucciolo, Bildhauer aus Orvieto um 1346—1353, nur bei Zani erwähnt. (Enc. met. XV 89.)

H. V.

Angeluccio (Angeluzzo) di Lando, Mosaizist aus Rom, war in Gemeinschaft mit seinem Vater Lando di Macario mit seinen Söhnen Andrea und Niccolò 1325—1345 bei der Mosaikarbeit am Dom zu Orvieto beschäftigt.

Meyer, Kstlerlex. — Zani, Enc. met. XI 229, 230, 232. — L. Fumi, Il Duomo di Orvieto p. 104, 119 f. *H. V.*

Angeluccio di Pieruccio (oder di Pietro) Marmorarius in Orvieto, wo er 1337—39 am plastischen Dekor der Domfassade mitarbeitete. — Ein jüngerer Meister gleichen Namens hatte 1390 im Inneren des Domes von Orvieto verschiedene Marmor- und Alabasterarbeiten auszuführen.

L. Fumi, Il Duomo di Orvieto p. 50—53, 56, 58, 220. *

Angeluccio di Salvuccio, war Camerlengo der Peruginer Malerzunft im II. Semester 1369 an Stelle des Malers Bartolommeo di Gennaro, der zurücktrat. Werke nicht bekannt. *W. Bombe.*

Angelus, Bildhauer, Florenz, Anf. 12. Jahrh. Als „magister marmoriae artis Florentinae civitatis" urkundlich erwähnt 1119. A. ist demnach der früheste florentinische Bildhauer, von dem wir Kunde haben.

R. Davidsohn, Gesch. von Florenz I 824. *Swarzenski.*

Angelus, Bildhauer, Rom. Mitte 12. Jahrh. Unter den römischen Architekten, Bildhauern und Dekoratoren (die man nicht genau unter dem Namen Cosmaten zusammenfaßt) lassen sich verschiedene Künstlerfamilien feststellen, deren Mitglieder in einem traditionellen Geschmack die typischen Dekorationsstücke der Kirchen in Rom und des römischen Gebietes fertigten. Das Haupt einer solchen Künstlerfamilie war der schon am Anfang des 12. Jahrh. in Rom tätige Bildhauer Paulus (s. das.), dessen 4 Söhne gleichfalls als „marmorarii“ nachweisbar sind. Einer von ihnen ist unser Angelus. Gemeinsam mit seinen Brüdern Johannes (s. das.), Petrus (s. das.) und Sasso (s. das.) arbeitete er die Ciborien von S. Lorenzo fuori le mura (1148), S. Cosma e Damiano (Johannes. Petrus. Angelus. Sasso filii Pauli huius operis magistri fuerunt) und S. Marco in Rom. Ein 4. Ciborium in S. Croce in Gerusalemme ist 1144 unter Mitarbeit seiner Brüder Johannes und Sasso entstanden. Ein Sohn des A., namens Nicolaus (de Angelo) — s. das. — und auch ein Enkel setzten die Arbeit des Vaters fort.

Schnaase, Kunstgesch. VII. — Venturi, Storia dell' arte ital. III. 887. *Swarzenski.*

Angelus, Sohn des Drudus de Trivio, römischer Marmorarius des 13. Jahrh. Arbeitete mit seinem Vater an dem jetzt nicht mehr existierenden Ciborium der Kathedrale von Civita Lavinia, dessen Signatur lautete:

A. D. MCCXL. EGO. AP̃B. IÕS. SARA CEN.' F̃. F̃I. K. OP. A. MAGISTRO DRVDO. ROMANO. C̄. ANGELO. FILIO. SVO.

G. Giovannoni im Arch. della Soc. Rom. di Stor. Patria XXVII 24—25. *A. Muñoz.*

Angelus. Venezianer Maler, 13. Jahrh. Die Bezeichnung „Angelus Pinxit“ trägt ein unter byzantinischem Einfluß stehendes „Ecce homo“ im Museo Correr in Venedig (Kat. No. 46), wahrscheinlich dasselbe Bild, das Lanzi (Stor. Pitt. III 14) mit dieser Bezeichnung als im Kloster Corpus Domini in Venedig befindlich erwähnt. Über den Meister sonst nichts bekannt.

Repertor. f. K.-W. XVII 267. **

Angelus, Holzschnitzer, verfertigte 1317 die von Bischof Wilhelm gestifteten Chorschranken der jetzt vollkommen erneuerten Kathedrale zu Potenza in der Basilicata.

Schulz, Denkmäler der Kunst etc. in Unteritalien I 314. *H. V.*

Angelus von Caserta goß laut Inschrift am 11. 5. 1400 die größte der 5 Glocken der Kathedrale zu Nola in Unteritalien.

Remondini, Nolana eccles. storia, Napoli 1747 I 169, 499. — Schulz, Denkm. d. Kst. d. MA. in Unterit. **

Angelus de Senis, Holzbildhauer und Maler aus der Schule der Pisani; von ihm geschnitzt und bemalt ist laut Sockelinschrift die ziemlich rohe Holzstatue des Verkündigungsengels (datiert 1370) in S. Antonio Abate zu Montalcino, u. wahrscheinlich auch die nur wenig anmutigere Holzstatue der zugehörigen Maria Annunziata (datiert 1368)

I Arte VII 370. — Emporium 1904, vol. 115, p. 42. *E. Scatassa.*

Angelus Urbsveterensis, s. *Angelo* da Orvieto.

Angelus, s. auch *Angelo.*

Angeluzzo, s. *Angeluccio.*

Anger, Alwin, Architekt und Professor in Dresden, geb. 29. 11. 1859 in Hamburg, Schüler der Techn. Hochschule zu Stuttgart, tätig im Profan- und Kirchenbau, sowie in Innendekoration und Kunstgewerbe, war auf der Deutsch-Nation. Kunst-Ausstellung Düsseldorf 1902 mit mehreren Villenplänen, einem Entwurf für das Provinzial-Museum in Hannover und anderen Arbeiten vertreten. Unter seinen ausgeführten Bauten sind besonders erwähnenswert die Villa Weigang in Bautzen und das eigene Landhaus Harthaberg bei Tharandt.

Spemanns goldenes Buch vom Eignen Heim, 1905. — Katal. d. Ausstllg. *H. V.*

Anger, Emile Alexandre, Architekt in Paris, geb. daselbst, Schüler von Vaudoyer, Erbauer des Rathauses zu Elbeuf. (Entwurf ausgestellt im Salon 1867.) Im Salon 1849 hatte er einen Denkmalsentwurf für den Pariser Erzbischof Denis Affre und den Entwurf für ein Grabmal ausgestellt.

Bellier-Auvray, Dict. gén. *H. V.*

Anger, Hans, Erzbildner, verfertigte laut Inschrift das aus kunstreichem Gitterwerk bestehende schmiedeeiserne Taufgefäß der Kirche zu Stadthagen um 1578. Ein sehr ähnliches, 1581 datiertes Gitter vor dem Grabmal des Grafen Otto von Schaumburg rührt wahrscheinlich gleichfalls von ihm her.

Mithoff, Mittelalt. Kstlr. und Werkmstr. Niedersachsens und Westfalens 2. Aufl. 1885. *H. V.*

Angerer, Georg, bayr. Bildhauer, von dem Statuen am 2. Altar in Neustift bei Freising erwähnt werden.

Lipowsky, Bayer. Kstlerlex. **

Angerer, Mathias, Znaimer Bildhauer des 17. Jahrh.

F. Endl, Znaimer Bildh. d. 17. Jahrh. im Stifte Altenberg. (Stud. u. Mitt. a. d. Benedict. Cistercienser Orden 1902 p. 632.) **

Angerer, Zacharias, Illuminist, München 1595/8, nur bekannt durch 2 Zahlungsvermerke für Arbeiten des Kurfürsten Albert V.

Westenrieder, Beyträge IV 113. **

Angermair, Christof, hervorragender Elfenbeinschnitzer aus dem ersten Drittel des 17. Jahrh., geb. zu Weilheim in Oberbayern, vermutlich als Sohn eines Goldschmieds, und wahrscheinlich in der Werkstatt des dortigen Bildhauers J. Degler herangebildet, kam schon früh nach München, wo er in die Dienste des Hofes trat und bereits 1618 den Titel eines Hofdrechslers führte. In dieser Stellung blieb er bis 1631, erhielt dann aber auf seinen eigenen Wunsch unter Verleihung eines Gnadengehalts seine Entlassung und starb zu München, wie es scheint, gegen Ende des folgenden Jahres.

Zu seinen Hauptarbeiten gehören die vier, heute im Bayerischen Nationalmus. zu München befindlichen kostbaren Elfenbeinschreine, die er, z. T. zusammen mit anderen Künstlern, für die Gemahlin des Kurfürsten Maximilian I., Elisabeth von Lothringen, fertigte.

Der berühmteste unter ihnen ist ein Münzschrein, an dem der Künstler von 1618—1624 arbeitete. Dieser Schrein, ein Meisterwerk der deutschen Elfenbeinschnitzkunst, dessen Entwurf vielleicht von Peter Candid herrührt, ist 85 cm hoch und 45 cm breit und an sämtlichen Außenseiten wie auch an den Innenseiten der Flügeltüren aufs reichste mit bildlichem Schmuck in Flach- und z. T. in fast vollrundem Hochrelief versehen, der sich vortrefflich in die, im Charakter der Spätrenaissance gehaltene architektonische Umrahmung einfügt und mit seinem, vorzugsweise mythologischen Inhalt einerseits dem Geschmack und den gelehrten antiquarischen Neigungen jener Zeit, anderseits dem Zweck und der Bestimmung des Schrankes aufs glücklichste entgegenkommt. Dabei ist trotz des Reichtums an figürlichem und ornamentalem Zierat aller Art und trotz der bis ins kleinste gehenden Sorgfalt der Arbeit jede Überladung und kleinliche Künstelei vermieden; vielmehr ist alles erfüllt von lebendiger Phantasie und einer unerschöpflichen Gestaltungskraft, mit der sich eine erstaunliche Sicherheit der Zeichnung, eine verständnisvolle Wiedergabe der Natur und eine vortreffliche Individualisierung der nackten und bekleideten Gestalten verbindet. Gewissermaßen das Gegenstück zu diesem Münzschrein ist ein für Kostbarkeiten bestimmtes Schränkchen im Besitze des Barons von Schlichting zu Paris, das der Künstler 1620 für die Gemahlin des Kurfürsten Friedrich V. von der Pfalz fertigte.

Von sonstigen Arbeiten A.s besitzt das Bayer. Nationalmus. noch ein, italien. Einfluß verratendes Relief mit der hl. Familie, bezeichnet „Christof Angermair B. H. von München 1632" und ein, ebenfalls unter italien. Einfluß stehendes figurenreiches Relief der Madonna mit Heiligen, während sich im Schatz der Reichen Kapelle zu München ein großes Relief mit Christi Kreuzigung befindet, das mit dem Monogramm des Künstlers und der Jahreszahl 1631 versehen ist. Auch das Dresdener Grüne Gewölbe enthält ein Werk des Meisters, nämlich ein kleines menschliches Skelett mit einem Spaten, das in älteren Katalogen fälschlich als die Arbeit eines sonst unbekannten Elfenbeinschnitzers Angermann aus dem Jahre 1672 erwähnt, laut voller Bezeichnung aber von A. herrührt und ebenfalls wieder 1632 datiert ist, und endlich bewahrt das Britische Mus. noch ein Relief mit der Versuchung Christi, das die Jahreszahl 1616 trägt, mithin der mittleren Schaffensperiode des Künstlers angehören dürfte.

In allen diesen Arbeiten, deren Zahl ursprünglich gewiß viel größer war, zeigt sich A. als ein außerordentlich geschickter Künstler, der das Schnitzmesser leicht, sicher und frei zu handhaben und nicht nur flott und großzügig, sondern auch fein und zierlich mit einer, jede Einzelheit gewissenhaft wiedergebenden Sorgfalt zu arbeiten weiß. Aus diesem Grunde war er auch für kleinere Schnitzarbeiten, wie z. B. jene Schachfiguren zu dem Pommerschen Kunstschrank und dem im Herzogl. Mus. zu Braunschweig befindlichen Spielbrett Herzog Augusts des Jüngeren besonders befähigt, Arbeiten, die in ihrer zierlichen und feinen Behandlung zum Besten in ihrer Art gehören.

F. A. Kuhn in Meyers Kstlerlex. II 52 ff. — Chr. Scherer, Elfenbeinplastik seit der Renaissance S. 58 ff. *Chr. Scherer.*

Angermann, Anton, Maler aus Brüx, heiratete 1750 in Brünn, wo er, 57 Jahre alt, 26. 8. 1779 starb.

Schweigel, Verzeichnis der Maler etc. in Brünn 1588—1800 S. 32. (Ms. des Mähr. Landes-Arch.) *W. Schram.*

Angermann, David, Miniaturmaler, geb. zu Eger 1763, noch 1808 am Leben, hielt sich 1785 und 1790 in Berlin auf. Er lernte bei Anton Graff, nach dem er sich ganz gebildet haben soll. Das Verzeichnis der Berliner Kunstausstellung von 1786 führt zwei Miniaturbildnisse von einem Angermann aus Speyer auf, der wohl unser Künstler ist. — Um 1786 muß er wieder in Eger tätig gewesen sein, denn in der Karlsbader Kurliste von 1796 und 1797 wird er beidemal als Maler in Eger aufgeführt.

Nicolai, Nachricht von den Baumeistern, Bildhauern etc. — Meusel, Teutsches Kstlerlex. — Füssli, Neue Zusätze. — Hajdecki, Kstgesch. Notizen in Helbings Monatsheften II 208. **

Angermann, Johann Gottlob, Baumeister, geb. 1698 in Schlesien, bildete sich hauptsächlich in Dresden, war dann bei der Domänenkammer in Magdeburg angestellt u. wurde von A. H. Franke zum Baumeister des Waisenhauses in Halle berufen. In das Archiv des Waisenhauses gelangten zahlreiche Risse und Handschriften von seiner Hand. — Er starb in Halle 1766.

Füssli, Neue Zusätze 1824. **

Angermayer (Angermeyer), Johann Adalbert (Albert), Stillebenmaler, geb zu Bilin in Böhmen 1674, lernte unter Joh. Rudolf Byss und wurde ein geschickter, fleißig aber auch mit einer gewissen Steifheit und Gelecktheit ausführender Stillebenmaler. Daß er, wie Dlabacz sagt, dem Abr. Mignon gleichgekommen sei, oder ihn gar übertroffen habe, ist unrichtig. Er ließ sich in Prag nieder und starb daselbst gegen 1740. In der früheren Scottschen Bildersammlung daselbst befanden sich einige Werke von ihm, auch jetzt noch werden manche seiner Arbeiten in Prag anzutreffen sein. Die Beschreibung einer kleinen Gemälde- und Kunstsammlung des verstorbenen Hofbuchhändlers Walther zu Dresden (1812, 8.) nennt sechs Bilder, tote Tiere, aber auch eine Diana und eine Venus von seiner Hand. In Schleißheim befinden sich fünf Bilder von kleinem Format (324—328 mm), zwei Blumenstücke und zwei Stilleben mit Tierköpfen, ferner ein Stilleben, genannt Memento mori, welches einen Totenschädel vor einem aufgeschlagenen Buche darstellt. Die drei letzten dieser Bilder sind mit dem vollen Namen und der Jahreszahl 1731 signiert. In der Galerie zu Schwerin befinden sich 4 kleine Tierstücke von ihm. Im Verzeichnis der gräfl. Wrschowetzschen Bildersammlung in Prag 1723 (verkauft) wird 1 Bild (oder mehrere) von ihm erwähnt. Auch die Buchstaben I. A. sollen sich auf Bildern von ihm vorfinden. Der ehemalige Prager Weihbischof J. R. von Sporck zeichnete 1. 2. 1737 zwei Blumenstücke nach ihm in Tusche mit der Inschrift: Fiori d'un Aglievo del Sigr. Angermaier, die im 5. Buche der Sporckschen Zeichnungen in Fol. (sämtlich in der Strahower Stiftsbibliothek aufbewahrt) zu finden sind. In der Bildergalerie daselbst mehrere Bilder (1712) von ihm. 1725 (18. 2.) wird er zum letztenmal in den Büchern der Prager Malerzeche angeführt.

Meyer, Kstlerlex. (Artikel v. W. Schmidt). — Dlabacz, Böhm. Kstlerlex. — Füssli, Neue Zusätze. — Nagler, Monogr. III No. 1783. — Notizen von Dr. Toman und J. Emler. *R.*

Angermayr, Christ., s. *Angermair.*

Angermeyer, Hermann, Figurenmaler in Düsseldorf, geb. 14. 2. 1876 in Harburg/E. Besuchte von 1890—92 die Kunstgewerbeschule in Hamburg und von 1892—1904 die Akademie in Düsseldorf, wo er unter Heinr. Lauenstein, Hugo Crola, Artur Kampf und Peter Janssen arbeitete. Von 1899—1904 war er Meisterschüler des letzteren. Von ihm „Vor der Prozession" (Düsseld. Pfingstausstell. 1900), „Atelierszene" (Internat. K.-Ausstell. Düsseld. 1904), „Vornehme Leut" (Gr. Berl. Ausst. 1904). *Board.*

Angers, Maler im 18. Jahrh., aus Böhmen. Nach Dlabacz (Abh. v. d. Schicksalen d. Künste i. Böh., Prag 1797), „malte historische und Architekturstücke, war reich in Erfindungen und ein guter Zeichner. Sein Kolorit aber fällt ins Rote". Nach ihm stach Joh. Balzer das Bildnis des böhm. Bildhauers Matthias v. Braun. *Emler.*

Angers, David d', s. *David d'Angers.*

Angers, Jean d', Ornament-Bildhauer, geb. in Angers, verfertigte 1504 für die salle des gardes im Palais des États zu Dijon einen großen Ofen (9 m hoch, $5^1/_2$ m breit), welcher heute eine Sehenswürdigkeit des Mus. der Stadt bildet.

Lami, Dict. d. Sculpteurs de l'Ecole Franç. 1898. *H. V.*

Angerstein, Julius, Stempelschneider und Münzmeister in Eisenberg 1692—1706 und in Weißenfels bis 1710. — Zani, Enc. met. II 125 nennt ihn einen ausgezeichneten Künstler. Er signierte mit I. A.

Nagler, Monogr. III No. 1786. **

Angerville d', **Angeville** d', s. *Dangerville* etc.

Angés, Juan de, Bildhauer in León, geb. 1504. 1548 ist er Zeuge im Prozeß des Juan de Juni gegen Francisco Giralte.

Marti y Monsó, Estud. histor. artist. 330 etc. *M. v. B.*

Angibault (Angibaut), N., französ. Architekt, wahrscheinlich Sohn des 1643 in Saint-Lambert-des-Levées urkundlich erwähnten Steinmetzen André A., erbaute den am 20. 6. 1707 geweihten Chor der Kirche Saint-Pierre-en-Vaux zu Angers.

Bauchal, Dict. d. Archit. Franç. — Port, Artistes Angevins. *H. V.*

Angicourt, Pierre d', französ. Werkmeister, geb. wahrscheinlich in Angicourt (Oise). Arbeitete 1269—1284 im Königreiche Neapel als oberster Leiter der Bauunternehmungen Karls I. von Anjou, und zwar zunächst als „Sergent", später als „Chevalier terrier de l'Hôtel". Als solcher leitete er den Bau des Castel Nuovo zu Neapel, des jetzt zerstörten Schlosses zu Barletta, sowie wahrscheinlich auch eines großen Teiles der während der Regierungszeit Karls I. errichteten gotischen Kirchen des neapolitanischen Gebietes. Die hauptsächlichsten dieser Kirchen sind in Neapel: S. Lorenzo (1266—1324, nebst dem gleichzeitig entstandenen Hochaltare mit Chorumgang), S. Eligio (1270), S. Gennaro (die Kathedralkirche, um 1272—1315) und S. Domenico (1383); ferner in Lucera die Kathedrale (um 1269—1302), in Barletta der Chorbau der Kathedrale, in Monte Sant'Angelo die Chiesa della Grotta, endlich in Messina S. Francesco. Alle diese Kirchenbauten zeigen den Stil der südfranzös. Gotik. — Augenscheinlich ist von Pierre d'Angicourt zu unterscheiden jener französ. Werkmeister *Pierre,* den Karl I. von Anjou 1295 von Neapel nach Frankreich sandte, um durch ihn den Bau der Kirche St. Maximin (Var) leiten zu lassen.

Schulz, Denkm. der Kunst des Mittelalters in Unteritalien. — Durrieu, Les Archives Angevines de Naples. — Enlart, L'Architecture gothique en Italie. — Napoli Nobilissima IV 177—179, V 128, VI 50 (I—X), VII 132, 144. Filangieri, Indice degli Artefici I. — E. Bertaux in Gazette des b.-a. 1905 II. p. 97 ff. *C. Enlart.*

Angiel, s. *Ankiel.*

Angjelovic, Albert, Maler, geb. zu Fiume 1820, † ebenda 1849, bildete sich auf der Akad. zu Venedig und malte, nach Fiume zurückgekehrt, mehrere kleine Bilder und Porträts, worunter dasjenige des Banus J. Jellačić.

Meyer, Kstlerlex. **

Angier, Paul, untergeordneter Kupferstecher, in London um 1749 tätig. Nach Heinecken ist er ein Schüler von John Tinney und etwa 30 Jahre alt gestorben. Als sein Hauptwerk wird A View of Tivoli nach Moucheron (1755) betrachtet, das sich indessen nicht über die Mittelmäßigkeit erhebt.

Meyer, Kstlerlex. — Le Blanc, Manuel. *R.*

Angilbert, Schüler Alcuins, Abt von Centula, später von St. Riquier (793—814) hat das Kloster neu aufgebaut und ausgeschmückt, ob aber damit seinerseits oder überhaupt eine eigentliche Kunstleistung verknüpft war, bleibt ungewiß. — Ein gleichnamiger Zeitgenosse, der Erzbischof „Praesul *Angilbertus*" sagt nach Fumagalli, Cod. dipl. S. Ambrosii (San Ambrogio in Mailand) p. 187 von sich: „Confirmo ecclesiam et altare, quod inibi noviter mirifice hedificavi." Aber der Altar resp. das goldne Antependium ist nach Inschrift von *Vuolfvinus;* demnach kann Angilbertus nur Auftraggeber gewesen sein.

Mabillon, Acta Benedicti IV II. Teil 110 (Vita Angilberts). **

Angileiko, Theodor, littauischer Holzschneider. Er lieferte nur rohe Arbeiten zu religiösen Büchern, welche in der Buchdruckerei des Klosters zu Mohilew in Littauen erschienen. Möglicherweise war er selbst Geistlicher. Von ihm sind einige Illustrationen bekannt, welche in „Hirmologium", einem 1700 in Mohilew herausgegebenen Werke, zu sehen sind.

Meyer, Kstlerlex. — Rowinski, Die russ. Kupferst. — Stassow, Anal. der Abhand. Rowinskis. *Marian Gumowski.*

Angillis, Pieter, Maler, geb. in Dünkirchen 5. 11. 1685, wurde 1715/16 Meister in der S. Lukasgilde in Antwerpen, war seit 1719 lange Jahre in London tätig. Auch in Düsseldorf hielt er sich vorübergehend auf und begab sich 1728 nach Italien, wo er mehrere Jahre blieb. Auf der Rückreise soll er in Rennes 1734 gestorben sein. — In England hatte seine anmutige aber nicht sehr selbständige Kunstweise, die sich bald an Watteau, bald an Teniers oder andere Vlamen anlehnte, Beifall gefunden. Er malte meist ländliche Szenen und Marktansichten in kleinem Maßstabe, die übrigens sehr selten geworden sind.

Meyer, Kstlerlex. (Artikel von Pinchart mit älterer Literatur). — Wurzbach, Niederl. Kstlerlex. *Pol de Mont.*

Angilo, s. *Angelo.*

Angioja, Vincenzo d', Goldschmied in Messina um 1600, nahm damals die erste Stelle unter seinen Fachgenossen ein. Man weiß nicht, was aus einem bedeutenden Werke seiner Hand geworden ist, einer Statue Messinas in reicher Ausführung mit den Reliquien des hl. Placidus und seiner Martyriumsgenossen, die 1603 König Philipp III. von Spanien gesendet wurde.

G. Di Marzo, I Gagini, Palermo 1880 I 637 f. — G. Arenaprimo in Arte e Storia XVIII (1899) p. 11. *E. Mauceri.*

Angioletto da Gubbio, Glasmaler und Mosaizist, war 1325 am Dom zu Orvieto zugleich mit Lello Viviani aus Perugia u. Buccio aus Gubbio mit untergeordneten Mosaikarbeiten (Zerschneiden von Glasplatten etc.) gegen einen Wochenlohn von 6 Soldi beschäftigt. Bonfatti macht ihn zum Schüler des Oderisio und Lucarelli gar zum Haupt der Schule von Gubbio. Er soll in S. Francesco zu Assisi mit Piero da Gubbio und Bonino von Assisi an den Fenstern in der Unterkirche und in der Cappella del Crocifisso im Sanctuarium gearbeitet haben. Rosini schreibt ihm dort das große Fenster in der Kapelle des hl. Ludwig zu. Für S. Domenico in Gubbio soll er ein Triptychon mit der Gürtelspende und Heiligen und musizierenden Engeln gemacht haben, von der Bruchstücke in der Galerie des Conte Ranghiasci-Brancaleoni daselbst existieren. (Vom Schreiber dieses nicht gesehen.)

Bonfatti, Memorie storiche di Ottaviano Nelli, Gubbio 1843. — Crowe u. Cavalcaselle, History of Painting in Italy II 192. — Lucarelli, Guida di Gubbio p. 440—41. — Fumi, Il Duomo di Orvieto e i suoi restauri Roma 1891 p. 104. — Lupattelli, Stor. d. pittura in Perugia p. 20. — Frenfanelli-Cibo, Niccolo Alunno. — Rosini, Stor. d. Pitt. Ital. I 180. — Della Valle, Il Duomo di Orvieto p. 106, 272. *W. Bombe.*

Angioli, Lorenzo degli, s. *Lorenzo* Monaco.

Angioli, s. damit verbundene Vornamen.

Angiolillo, s. *Roccadirame,* A. di.

Angiolini, Angiolo, italien. Maler aus der ersten Hälfte des 19. Jahrh. Von ihm einige Fresken im ehemaligen Palazzo Borghesi zu Florenz.

Meyer, Kstlerlex. *R.*

Angiolini, Gaetano, Jesuitenpater, Architekt und Maler aus Piacenza, wo er 1748 geboren war. Während seiner langjährigen Ordenstätigkeit in russisch Polen erbaute er die Jesuitenkirche in Witebsk, die er außerdem eigenhändig mit Malereien schmückte. In späteren Jahren war er im Dienste seines Ordens in Rom und Sizilien künstlerisch tätig. † 1816 in Rom als Procurator des Jesuitenordens.

Zani, Encicl. II 125. — Ambiveri, Artisti Piacentini (1879) p. 162. *R.*

Angiolini di Giovanni, (Priester), Miniator in Siena, erhielt am 24. 12. 1483 Bezahlung für 1956 kleine und große Miniaturen.

Nuovi Docum. d. stor. d. arte senese, racc. da Borghesi e Banchi, Siena 1898, 207. **

Angiolini, Napoleone, Bologneser Maler, 1797—1864. Schüler von Giov. Batt. Frulli. 1838 wurde er zum Professor der Figurenmalerei an der Accad. di Belle Arti von Bologna ernannt. Sein Hauptwerk ist der jetzige

Vorhang des Teatro Comunale von Bologna, Felsina darstellend, die von den Künsten zum Hof des Apollo geführt wird (reproduziert bei A. Colombani, L'opera italiana nel sec. 19, 1900 p. 297 [Notiz von Prof. A. Guadagnini]). Andere Werke des A. sind in der Guida di Bologna von C. Ricci erwähnt. *Lisetta Ciaccio.*

Angiolini, P i e t r o, italien. Porträtminiaturist und Zeichner, tätig in Rußland. 1801 malte er für die russische Kaiserin ein Miniaturbildnis des Zaren Paul I. Nach seiner Zeichnung entstand 1803 das J. C. Nabholzsche Kupferstichporträt des deutschen „Sturm und Drang"-Dichters Friedrich Maximilian von Klinger, der damals als Oberstleutnant und Kommandeur des adeligen Kadettenkorps im russischen Heeresdienste stand.

N. P. S o b k o, Russ. Kstlerlex. I 179. *R.*

Angiolini, s. auch *Angelini* und *Angellini.*

Angiolino, s. *Anzolino.*

Angiolo, s. *Angelo.*

Anglada-Camarosa, E r m e n e g i l d o, span. Maler der Gegenwart, geb. zu Barcelona, widmete sich der malerischen Darstellung von Tanz-Szenen, die er mit großer Treue im Ausdruck interpretierte. Er zeigte seine Arbeiten vor allem auf den Ausstellungen der Société Nationale des Beaux-Arts zu Paris, seit 1901. Wir nennen von seinen Gemälden: Theatergarten in Cordova; Spanischer Tanz in Cordova; Pariser Quadrille; Zwischen Loge und Promenoir-Paris; Blumen aus Paris; Gitanas; Andalusische Tänze. Auch auf deutschen Ausstellungen z. B. in Berlin bei Schulte 1902, auf der Großen Kunstausstellung in Dresden 1904, auf der Berliner Sezession 1906 fanden seine koloristisch bedeutenden und in ihrer pastosen Technik interessanten Skizzen und Bilder verdiente Anerkennung. Es waren dies in der Hauptsache folgende Bilder: Nachtrestaurant; Leuchtkäfer; Konzertgarten; Die alte Gitana mit den Granatäpfeln; Der Hahnenmarkt in Spanien (Nachtstück); Spanierin; Mädchen im Grünen. Letztere beiden in der Berliner Sezession 1906.

Kunst f. Alle 1902—1905. — Kunst u. Kunstler II (1904) 292 ff. — Kunstchronik N. F. XIV 206, XV 302, 421, XVI 147. *P. Lafond.*

Anglade, A l e x a n d r e, französ. Bildhauer, geb. in Toulouse (Haute-Garonne), Schüler von Falguière, erhielt eine III. Medaille 1891 und eine Bronzemedaille auf der Weltausstellung 1900 für eine Marmorstatue „Pro Fide". Er starb 1903.

Kat. d. Salons. *Lami.*

Anglart (od. Anglard), P h i l i p p e, Architekt und Bauunternehmer des Königs von Frankreich, führte 1679 mit Jean Dorbay und Girardot die Bauarbeiten am Schlosse zu Marly aus.

G u i f f r e y, Comptes des bâtiments du roi. — B a u c h a l, Dict. des Archit. *C. Enlart.*

Anglart, P i e r r e, französ. Werkmeister, 1530 an der Kirche St. Merri zu Paris tätig, deren Bau er begonnen zu haben scheint, die jedoch erst im 17. Jahrh. vollendet wurde. Dieser elegante Kirchenbau ist noch im reinsten spätgotischen Stile durchgeführt, ohne jede Renaissance-Zutat. Besonders beachtenswert sind die Krypta (fast das einzige Beispiel dieser späten Zeit), das reich skulpierte Querschiff-Gewölbe mit zapfenförmig herabhängendem Schlußstein, der fialen-geschmückte Querschiffgiebel und das Hauptportal.

B a u c h a l, Dict. des Archit. *C. Enlart.*

Angle, B e a t r i c e, Bildhauerin in London, die von 1885—1899 wiederholt in der Royal Academy Büsten von Idealfiguren in Bronze und Terrakotta, ferner auch in Liverpool und im Pariser Salon (1892) ausstellte.

G r a v e s, Royal Academy I. *K. Gray.*

Anglei, G u i l l a u m e, Maler, geb. in Termignon (Maurienne), † 1772; malte Porträts, Landschaften und Tierstücke.

G r i l l e t, Dict. histor. I 334. *De.*

Angler, G a b r i e l, bedeutender Maler in München, der 1434—37 den Hochaltar der Frauenkirche ausführte und 2275 Gulden dafür erhielt. 1620 wurde der Altar entfernt und ist seitdem verschollen.

Monumenta Boica XX 264, 267, 268, 271, 278, 280. — S i g h a r t, Gesch. der bild. Kste. im Kgr. Bayern (1862) 569. *Friedländer.*

Angles, M a t t h ä u s d e s, Maler und Bildhauer, geborener Franzose, nach der Inschrift auf einem Selbstporträt 1667 geb., † 1741 zu Amsterdam. In einer Versteigerung zu Amsterdam (16. 4. 1738) wurde ein Pastell von ihm: „Herkules und Dejanira" für 20 fl. verkauft. Nach ihm gestochen: 1. Bern. Picart, Kupferst. Brustbild in Medaillon. (1732) Jac. van der Schley inv. et scul. 1734. Fol. — 2. J. van Effen, Schriftsteller, † 1735. Gürtelb. P. Tanjé sc. 8.

G. H o e t, Aanmerk. op het I en II deel d. Nieuwen Schouburgs d. J. van Gool 84. — D e N a v o r s c h e r V 257. — T e r w e s t e n, Cat. 25. — M e y e r, Kstlerlex.

Anglesola, N i c o l á s, Goldschmied in Valencia. Er und Nadal Dano lieferten 1481 beim Empfang des Königs Ferdinand die silbernen Stäbe für die Marschälle der Stadt.

A l c a h a l i, Artist. Valenc. 346. *M. v. B.*

Angley, H. J., englischer Radierer in Lewisham, stellte 1885—87 in der Roy. Academy Radierungen nach Constable und Rembrandt und eigne landschaftliche Kompositionen aus.

G r a v e s, Roy. Acad. Exhib. I 38. **

Anglois, G u i l l e r m o, Maler in Madrid in der zweiten Hälfte des 18. Jahrh., dessen Nationalität von den span. Biographen nicht angegeben wird. Er arbeitete unter der Leitung von Rafael Mengs gemeinsam mit Aless. Velazquez an den dekorativen Malereien des Palastes zu Madrid. Von ihm sind die Genien, die in Helldunkel gemalten Medaillons und die Verzierungen an der Decke des Vorzimmers der kgl. Gemächer; ferner zwei Brustbilder von Karl III. und seiner Gemahlin, Maria Amalia von Sachsen, im Eskorial. Von ihm auch mehrere Entwürfe für die Kgl. Gobelinmanufaktur.

Cean Bermudez, Dicc. I 31. — Katalog der Malereien im Eskorial. △

Anglot, Bertrand, lothring. Architekt, vielleicht ein Nachkomme des 1363 in Toul tätigen Architekten Jean Aglot, erneuert 1679 den Turm der Kathedrale von Toul.

Réunion d. Sociétés d. Beaux-Arts XXV 301. *H. V*

Anglus, Benjamin, s. *Wright,* B.

Ango, französ. Maler und Radierer Ende des 18. Jahrh., von dem Defer (Cat. gen. I 1) 14 Radierungen, die meisten nach Rembrandt, aufzählt. Vielleicht mit Robert Angot identisch. ***

Ango, Michel, französ. Werkmeister, tätig 1474—75 am Schloßbaue zu Deville (Seine inf.).

Bauchal, Dict. des Archit. *C. Enlart.*

Ango, Richard, Werkmeister der Stadt Rouen um 1457. Ihm ist wahrscheinlich der Bauentwurf zur Salle des Procureurs, dem ältesten Teile des Palais de Justice zuzuschreiben. Dieser große prächtige Saal ist nicht überwölbt, sondern eingedeckt mit Holztäfelwerk „en berceau brisé", das von Lichtöffnungen durchbrochen wird. Der Saal ruht auf einem breiteren Untergeschoß und war früher von den hierdurch gebildeten, ringsum laufenden Perrons aus zugänglich.

Bauchal, Dict. des Arch. *C. Enlart.*

Ango, Roger, Sohn des Richard A. und 1475 dessen Nachfolger als Werkmeister der Stadt Rouen. Schöpfer des Haupt-Flügelbaues zum Palais de Justice, dessen großer Saal 1506 eingeweiht wurde. Höchst bemerkenswert ist wiederum die geschnitzte Holzdecke dieses Saales mit sternförmigen Kassetten und zapfenförmig herabhängenden Schlußstücken. Da der Meister schon 1509 starb, mußte sein unvollendet gelassenes Werk von seinem Nachfolger Roullant le Roux weitergeführt werden.

De Stabenrath, Album rouennais. — F. de Jolimont, Monuments les plus remarq. de la ville de R., rec. lith. et décrits. Paris. 1822, fol. — Bauchal, Dict. des Archit. — Gaz. des B.-Arts, III. Per., VII 342. *C. Enlart.*

Ango, s. auch *Angot.*

Angolevant oder **Angoullevant,** Germain, französ. Bildhauer und Graveur, geb. in Saint-Vincent bei Le Mans, hielt sich i. J. 1516 in Tours auf, woselbst er sich einem Gießmeister verpflichtete, eine kupferne Grabplatte zu gravieren.

Lami, Dict. des sculpt. franç. au moy. âge et à la renais. *Lami.*

Angolo del Moro, Battista (oder Agnolo, Angeli), italien. Maler und Kupferst., geb. in Verona, tätig in der zweiten Hälfte des 16. Jahrh. Nach Vasaris Angaben in der zweiten Ausgabe seiner Vite von 1568 (III 654, V 296 f. und 423, VI 367 und 489) war A. Schüler und Schwiegersohn des Veroneser Malers, Francesco Torbido del Moro, von dem er auch seinen Beinamen „del Moro" angenommen hat. Da Vasari schon Battistas Sohn Marco als Maler erwähnt und in der Tat auch datierte Werke von ihm aus den Jahren 1565 und 1570 bekannt sind, muß der Vater damals (1568) schon ein Mann von wenigstens 40 Jahren gewesen sein. Er wird also wohl kaum mit dem Meister ähnlichen Namens, der am 11. 5. 1610 in Verona sein Testament machte, identisch sein, zumal Adriano Valerini in seinen „Bellezze di Verona" einen Battista Ambulo detto dal Moro im Jahre 1586 als verstorben erwähnt. A. ist zwar Schüler Torbidos gewesen, hat sich aber auch stark von Tizian und besonders von Paolo Veronese, mit dem er mehrfach in Wettbewerb getreten ist, beeinflussen lassen. Seine Kunst scheint A. hauptsächlich in dekorativen Wandmalereien zur Ausschmückung von Kirchen und Palästen betätigt zu haben. Der größte Teil seiner Werke ist deshalb zugrunde gegangen und nur wenige Reste der zahlreichen von älteren Schriftstellern erwähnten oder beschriebenen Fresken seiner Hand sind erhalten geblieben. Zu seinen Jugendwerken rechnet man ein Fresko, Paulus bei Ananias, das von der Außenwand von S. Eufemia zu Verona in das Innere der Kirche versetzt worden ist, und ein Gemälde, die vier gekrönten hl. Märtyrer darstellend, in S. Pietro in Carnario zu Verona. A.s Fresken in den Palästen der Grafen Canossa (nach Vasari zwei Zimmer und Friese mit Kämpfenden in einem dritten) und der Pedemonti (nach Ridolfi in Helldunkel) sind zugrunde gegangen. Bernasconi (Studi 1864) erwähnt von ihm eine Madonna mit dem Kinde und zwei Heiligen an einem Hause nahe der Kirche der Scalzi, die ihn als Schüler Torbidos und als Nachahmer Tizians zeige, ein Fresko an einem Hause am Korso gegenüber dem Palazzo Canossa, in dem der Einfluß des Paolo Veronese zu erkennen sei; in den Fresken in terra verde am Pal. Bentegodi bei S. Fermo erinnere er an Domenico Ricci. Ebenfalls in Verona werden als seine Werke genannt zwei große Fresken an den Wänden von S. Stefano, Friese an den Häusern der Sacchetti und der Murari u. a. m. Noch erhalten ist das Altarbild der Cap. Alighieri in S. Fermo maggiore, eine Madonna in der Kirche zu Bevilacqua bei Verona und eine büßende Magdalena in der Kapelle neben der Sakristei des Domes zu Mantua, die er, wie Vasari erzählt, im Wettstreit mit Riccio, Paolo Veronese und

Paolo Farinata ausgeführt hat, und die in der Tat starke Anlehnung an Paolo Veronese zeigt. Auch in Venedig ist A. längere Zeit tätig gewesen. Eine Madonna mit Johannes und Marcus u. Mitgliedern der Familie Marcello, jetzt als Werk des Francesco Alberti in der Akademie zu Venedig, wird ihm von älteren Schriftstellern zugeschrieben. Ein für S. Marco gemalter Johannes Evangelista (vielmehr hl. Marcus), der der Anwerbung von Seesoldaten beiwohnt, befindet sich jetzt in SS. Giovanni e Paolo. Auch an den Malereien im Palazzo Trevisano in Murano hat A. neben Paolo Veronese, G. B. Zelotti, Alessandro Vittoria u. a. Teil gehabt. Mit seinem Sohne Marco zusammen malte er (nach Vasari) an der Fassade, im Hofe und in einem Saale dieses Palastes.

Vasari erzählt, daß A. viele und vortreffliche Miniaturen ausgeführt habe, und erwähnt mit besonderer Bewunderung einen hl. Eustachius im Besitze des Fra Marco de' Medici. Von derartigen Arbeiten A.s ist nichts mehr nachweisbar. Dagegen ist uns eine ansehnliche Reihe von Radierungen bekannt, die z. T. mit dem Namen oder dem Monogramm des Künstlers bezeichnet sind, z. T. ihm von der Tradition oder auf Grund stilistischer Vergleichung zugewiesen werden. Vasari nennt nur eine Folge von 50 Landschaften, die er im Verein mit Battista Vicentino (Pittoni) radiert habe, die sich aber, wenigstens in ihrer Gesamtheit, noch nicht hat nachweisen lassen. Bartsch schreibt A. 36 Blätter zu, Schmidt (in Meyers Kstlerlex.) führt auf Grund von Nachträgen Passavants, Naglers (Monogrammisten) und anderer Gewährsmänner 76 Kupferstiche von seiner Hand auf, wobei zwei von Bartsch beschriebene (No. 16 und 36) ausgeschaltet sind. Alle Blätter A.s sind radiert, z. T. jedoch, vielleicht erst in späteren Zuständen, mit dem Stichel aufgearbeitet. Die großen stilistischen Verschiedenheiten dieser Stiche untereinander sind allen Forschern aufgefallen. Vielleicht gehören sie verschiedenen Epochen im Leben des Künstlers an. Eine bestimmte Entwickelung A.s als Stecher hat sich aber bisher nicht feststellen lassen, zumal nur ein einziges Blatt datiert ist. Es ist aber auch nicht ausgeschlossen, daß die Arbeiten mehrerer Stecher hier zusammengeworfen seien, um so mehr, als die Bezeichnungen sehr verschiedenartig sind. Mit dem vollen Namen des Künstlers: Batista Dangolo, Bat. Ang. del Moro F, Battista Moro Veronese F 1562, Batt. cognominato del Moro od. dgl. sind 13 Blätter bezeichnet, darunter das Bad des Christkindes (B. 10. Meyer, Kstlerlex. No. 11), die Landschaft mit Venus nach Tizian (B. 27, M. 35), die hl. Justina nach Bernardino Campi (B. 15, M. 25), das Bildnis Heinrichs II. von Frankreich. Vier von diesen 13 Blättern (B. 4, 9, 12 und 14) sind außerdem auch mit den Buchstaben B. M. gezeichnet und beweisen, daß auch die 7 nur mit diesem Monogramm versehenen Stiche als Arbeiten A.s angesehen werden können, z. B. Abraham mit den drei Engeln (M. 1), die Flucht nach Ägypten (M. 5), Silen mit Nymphen und Satyrn (M. 31), die vier Jahreszeiten und Romulus und Remus nach Giulio Romano (M. 32 und 50, B. 22 und 29). Einige Landschaften (M. 36—39 und 43) sind nicht, wie stets angegeben wird, B. M., sondern mit einem Monogramm aus B. A. M. signiert. Unter den zahlreichen unbezeichneten Blättern, die A. zugeschrieben werden, hebt sich eine kleine Gruppe von Radierungen ab, die ganz in der Art Parmigianinos mit langen, unregelmäßigen, tonigen Schraffierungen malerisch ausgeführt sind, z. B. die Findung Mocis (B. 1, M. 2), die hl. Familie (B. 7, M. 8), die Madonna (B. 6., M. 12), das Grabmal eines Bischofs (B. 13, M. 24). Diese wohl alle nach Zeichnungen Parmigianinos gearbeiteten Radierungen weichen von den bezeichneten Stichen A.s in der Technik sehr stark ab. Die Beziehungen zu Parmigianino machen sich aber auch in den meisten anderen Stichen A.s geltend. Die übrigen Blätter, die in feinerer, regelmäßigerer, mehr linearer Strichführung hergestellt sind, zeigen ebenfalls große stilistische Ungleichheiten, die allerdings häufig durch spätere Aufarbeitung der Platte mit dem Grabstichel verursacht sein mögen. Neben seinen eigenen Zeichnungen hat A. auch Kompositionen von Raffael, Giulio Romano, Tizian (?), Bernardino Campi u. a. gestochen. Wie er als Maler eklektisch und flüchtig dekorativ arbeitet, so zeigt er sich auch in seinen Radierungen weder als guter Zeichner noch als stilsicherer oder gar selbständiger Techniker.

Drei Blätter, die nach seinen Erfindungen von anderen Stechern gearbeitet sind, werden in Meyers Kstlerlex. aufgeführt.

Meyer Kstlerlex. *P. K.*

Angolo del Moro, Girolamo, ein Bruder des Battista, Maler zu Verona, nur bekannt durch ein Fresko mit einer Vermählung der hl. Katharina (Kopie nach dem Bilde des Paolo Veronese in S. Caterina zu Venedig) an einem Hause zu Verona, bez.: Geronimo dell' Angelo, detto del Moro. (1622.)

Persico, Descrizione di Verona II 9. — Meyer, Kstlerlex. *H. V.*

Angolo del Moro, Giulio, Bildhauer, Maler und Architekt des 16. und 17. Jahrh. aus Verona. Bruder des Battista A. Tätig in Venedig, wo er bis 1618 in Kirchenregistern und Urkunden erwähnt wird, und wohin er wohl schon in jungen Jahren gekommen ist, da in Verona keine Arbeit von ihm bekannt ist. Daß Giulio A. in allen drei Künsten erfahren war, geht aus der Bezeichnung seiner Statue des Auferstandenen in S. Maria Zobenigo hervor: „Julius Maurus Veronensis Sculptor Pictor et Architectus"; doch sind wir über des Künstlers Tätigkeit als Baumeister nicht näher unterrichtet. Von seinen *Gemälden* befinden sich noch mehrere in den Kirchen Venedigs, so in S. Fosca auf Torcello ein bemerkenswertes Altarbild mit dem Martyrium dieses Heiligen, während das von Lanzi noch gesehene Bild der vier Märtyrer in S. Apollinare nicht mehr vorhanden ist; bedeutender sind aber die Malereien mit Darstellungen aus der Dogengeschichte in der Sala dello Scrutinio im Dogenpalast und vor allem das große Bild in der Sala del maggior Consiglio „Alexander III. übergibt dem Dogen in S. Giovanni in Laterano Fahnen usw. zum Geschenk" (gestochen für das Gran Teatro in Venezia II Tafel 12). Von Giulio A.s *plastischen Arbeiten* sind zu nennen: an *S. Giorgio Maggiore* Statuen der hl. Georg und Stephan (in den Seitennischen neben dem Hauptportal, nach 1610 ausgeführt) und die Porträtbüsten zweier Dogen von 1618 an der Fassade; in *S. Stefano* (Seitenkapelle des Chores) Statuen des Heilands und zweier Engel, sowie ein Relief mit dem Leichnam Jesu von einem Engel gehalten; in *S. Maria Zobenigo* Statue des Auferstandenen (mit der oben angeführten Bezeichnung); in *S. Fantino* Grabmal des Arztes Par. Parisani; in *S. Felice* einige Bronzestatuetten. Seine bedeutendsten und ansprechendsten Skulpturen sind aber das Grabmal der Dogen Lorenzo († 1559) und Girolamo († 1567) Priuli und das des Prokurators Andrea Dolfino († 1602) in *S. Salvatore,* sowie die 3 Statuen (Geheimnis, Fleiß und Treue darstellend) über einer Tür der Sala delle quattro porte im Dogenpalast. Außerhalb Venedigs ist nur in *Rovigo* noch ein „Opus Julii Mauri Veronensis" bezeichnetes Werk des Künstlers bekannt, eine Madonna mit Kind in einer Nische der Loggia pubblica. Giulio A. hat es trotz einer gewissen Geschicklichkeit nicht über das Mittelmäßige herausgebracht. In seinen Malereien offenbart sich zwar das Talent, mit bewegten Gruppen große Flächen auszufüllen, doch ist die Zeichnung flüchtig und manieriert, das Kolorit schwach und reizlos. Ansprechender sind des Künstlers plastische Arbeiten; er gehört als Bildhauer zu den Ausläufern der Schule des Jac. Sansovino, und wird von Selvatico als Schüler des Girol. Campagna betrachtet. Seine Skulpturen sind zwar manieriert und oberflächlich in der Formenbildung, doch verhältnismäßig einfach u. zum Teil von anmutiger Bewegtheit; seine tüchtigsten Leistungen sind seine Porträts.

Dal Pozzo, Vite dei Pittori etc. Veron. 70. — Zanetti, Della Pittura Venez. 384. — Moschini, Guida di Venezia. — Bartoli, Pitture etc. di Rovigo. — Selvatico, Sulla Archit. e Scult. in Venezia p. 368, 404—407. — Selvatico e Lazzari, Guida di Venezia. — Cicogna, Iscriz. Venez. IV 354, 402—404. — Bernasconi, Studj etc. 340. — Meyer, Kstlerlex.

***

Angolo del Moro, Marco, italien. Maler und Kupferst., tätig in Verona und in Venedig, in der 2. Hälfte des XVI. Jahrh. Er war Schüler seines Vaters Battista, den er auch bei seinen Arbeiten, besonders bei den Fresken in Murano unterstützt hat (s. Angolo, Battista). Ein Allerheiligenbild aus S. Bartolomeo zu Murano (jetzt im Vorrat der Akad. zu Venedig) ist mit dem Namen des Künstlers und der Jahreszahl 1570 bezeichnet. In den Rechnungsbüchern der Scuola di S. Giovanni de' Battuti in Murano sind (nach Moschini, Guida di Venezia I 211 und 561, II 410) in den Jahren 1585 und 86 Zahlungen an ihn für zwei Gemälde gebucht. A. kann also nicht, wie Dal Pozzo angibt, in Rom sich unter Raffael ausgebildet haben, und dort früh gestorben sein. In Verona ist von ihm nur eine Kopie nach Giulio Romanos Madonna della Scodella, die früher für eine Kopie nach Raffael galt, erhalten. In Venedig befindet sich noch in S. Leone ein Abendmahl von seiner Hand und in S. Stefano zu Murano eine 1733 ganz übermalte Kreuzabnahme mit Heiligen, die „Marco Angolo detto del Moro F" bezeichnet ist. Wie sein Vater soll auch Marco sich viel mit Miniaturmalerei beschäftigt haben. Er wird von Fioravanti (Specchio di Scienze) sogar der beste Miniaturmaler Venedigs genannt. Auch mit mathematischen u. perspektivischen Studien soll er sich abgegeben haben. Die von Marco ausgeführten Radierungen sind weniger zahlreich und noch weniger bedeutend als die seines Vaters. Auch er schwankt zwischen dem grazilen Stil Parmigianinos und venezianischer Formen- und Farbenfülle. Wohl seine beste Arbeit als Radierer ist das Blatt mit Augustus und der tiburtinischen Sibylle (B. 3, M. 4). Bartsch kannte 8 Radierungen Marcos. Passavant fügte eine neunte, Schmidt (in Meyers Kstlerlex.) eine zehnte hinzu; sieben andere, unbezeichnete Blätter werden ihm im Dresdener Kabinett zugeschrieben. Einige Blätter tragen die volle Namensinschrift: Marco Angolo dito del Moro V. F. (B. 1) oder Marco Angolo F. (B. 5), Marco Angolo V. F. (B. 7), Marcho A. V. F. (B. 3), andere nur ein Monogramm aus den Buchstaben M A oder M A R. Nur zwei Blätter sind datiert B. 5 (M. 6): 1565 und Pass. 9 (M. 2): 1572. — Nach A. ist eine ganze Reihe von Blättern gestochen worden, besonders von Gaspare Osello, Angelo Falcone, Jacopo Valegio, Martino Rota u. a.

Meyer, Kstlerlex. — Repert. f. K.-W. V 43.

P. K.

Angorano, s. *Angarano.*

Angosciola, s. *Anguisciola.*

Angot, Abt von Luzerne (Manche), erneuerte 1164—78 den Bau seiner Klosterkirche.

Gallia Christiana, t. XI. appendix. col. 330. — Le Héricher, L'Avranchin pittoresque et monumental. *C. Enlart.*

Angot, Robert. Von ihm im Museum von Montpellier 4 Zeichnungen, davon zwei nach Carlo Maratta. Seine Lebenszeit ist unbekannt, vielleicht ist er identisch mit Ango.

Richesses d'art. Province. Mon. civ. I 273. ***

Angoulême d', s. damit verbundene *Vornamen.*

Angoullevant, s. *Angolevant.*

Angrand, Charles, französ. Maler der Gegenwart, zu der Gruppe der Neo-Impressionisten (Pointillisten) gehörend, war auf der Exposition de „la Société des Artistes Indépendants" Paris 1887 und 1901 und auf der Ausstellung der Neo-Impressionisten im Kunstsalon Keller und Reiner, Berlin 1901 vertreten.

Kst. f. Alle II 1887. — Die Kunst III 1901. (Kst. f. Alle XVI). — Chronique d. Arts 1901 p. 138. *H. V.*

Angrand-Campenon, Mlle Sargines, Porträtmalerin, geb. in Paris 1837, Schülerin von Abel Lucas, stellte im Salon 1863 bis 1870 meist Damenbildnisse in Pastell aus.

Bellier-Auvray, Dict. gén. u. Suppl. *H. V.*

Angremont, Marie Thomas d', französ. Bildhauer, tätig zu Nantes; † 1788 daselbst.

Nouv. arch. de l'art franç. 1898, 8. *Lami.*

Angrogna, Luserna, italien. Modelleur, tätig um 1805 in Piemont; Werke unbekannt.

Zani, Encicl. II 129. *R.*

Angst, Friedrich, sonst unbekannter deutscher Maler um 1753, nur von Zani, Enc. met. II 129 erwähnt. **

Anguerrand oder **Enguerrand,** Pierre, Bildhauer, lebte unter dem Titel Hofbildhauer in Paris. 1364 arbeitete er unter Leitung des Architekten Raymond du Temple an der großen Treppe des Louvre.

Lami, Dict. d. sculpt. 1898. *R.*

Anguerrand, s. auch *Enguerrand.*

Anguetin, französ. Lithograph der Gegenwart; von ihm zwei Originalblätter: 1. Don Quixote, qu. Fol. in Estampe Originale I livr. 1893. — 2. Profilkopf von P. Verlaine, kl. Fol. *H. V.*

Anguétin, Thomas, französ. Goldschmied, führte 1348 zusammen mit dem Emailleur Hune eine Vase in emailliertem Gold für den Herzog der Normandie aus.

Texier, Dict. de l'orfévrerie. **

Anguier, François, französ. Bildhauer, geb. 1604 zu Eu (Normandie), Schüler von Martin Caron, Holzbildhauer in Abbéville, später in Paris von Simon Guillain, mit dem zusammen er an der plast. Ausschmückung des Altars im Kloster der Carmes Déchaussés (Luxembourg) arbeitete. Er ging dann nach England und später nach Rom, wo er zwei Jahre lang blieb. Vor 1643 nach Paris zurückgekehrt, war er bei den Arbeiten des Louvre beschäftigt. Von 1651 bis 1658 führte er zu Moulins in der Kirche de la Visitation (jetzt Kapelle des Lyceum) das Mausoleum Heinrichs II. von Montmorency aus. Bei dieser Arbeit halfen ihm sein Bruder Michel, Regnaudin und Thibault Poissant. Das interessanteste Werk von ihm ist in einer der Kapellen von Saint-André-des-Arcs das Grabmal des Jacques-Auguste de Thou, dessen Marmorstatuen und ein Bronzeflachrelief sich im Louvre befinden. Dort auch noch das Mausoleum von Jacques de Souvré, ebenso das Grabmonument der Herzöge von Longueville, und im Versailler Mus. das Grabmal von Henri Chabot (Herzog von Rohan).

1658 schuf er für die Kirche de l'Oratoire das Marmorbildnis des Kardinals de Bérulle, und 1664 führte er eine Statue des hl. Benno und eine Statue der hl. Scholastica aus, die früher zu beiden Seiten der „porte du Val-de-Grâce" aufgestellt waren. Man verdankt dem Künstler noch eine Bronzevase im Versailler Park, sowie die Statuen „L'Espérance" und „La Sécurité", welche, von der ehem. Porte Saint-Antoine herrührend, jetzt im Mus. Carnavalet aufgestellt sind. Man schrieb ihm auch eine Madonna auf dem Hauptaltar der Kirche S. Giovanni in Laterano zu, ebenso eine Venus im Garten des Hôtel d'Aumont; diese Werke sind aber verschwunden. A. starb in Paris 9. 8, 1669. Er war gewiß ein tüchtiger Praktiker, aber sein Stil hat doch etwas Lahmes, Kaltes und Komponiertes, jedenfalls nicht den Schwung seines leicht schaffenden Bruders Michel.

Lami, Dict. des sculpt. franç. I. *Lami.*

Anguier, Guillaume, französ. Architektur- und Ornamentmaler, Bruder der berühmten Bildhauer François und Michel A., geb. zu Eu 1628, † in Paris 18. 6. 1708. A. gehörte zu den zahlreichen Künstlern, die auf Colberts Verwendung hin in der Gobelinmanufaktur angestellt wurden, er führte den Titel Peintre du roi und war sehr gesucht für Architekturbilder und Ornamente. Er war bei der Ausmalung der großen Louvretreppe und in den Schlössern von St. Germain-en-Laye und Versailles tätig.

Jal, Dict. crit. — Bellier-Auvray, Dict. gén. — Réun. des Soc. des b.-a. XIII 531, 554. — Nouv. Arch. de l'art franç. 3. sér. VI 1890. — Herluison, Actes d'état civ. *H. Stein.*

Anguier, Michel, französ. Bildhauer, jüngerer Bruder des François A., wurde in Eu 28. 9. 1612 geb. Er war zuerst in Paris mit Simon Guillain beschäftigt und begab sich dann nach Italien, wo er 10 Jahre blieb. Er arbeitete hauptsächlich in Rom und zwar in der Peterskirche, in Sta Maria Maggiore, und in S. Giovanni dei Fiorentini. Nach Frankreich zurückgekehrt, ging er wieder zu seinem Bruder nach Moulins; dort arbeitete er mit am Mausoleum des Herzogs von Montmorency und führte in der Kirche de la Visitation ein Kruzifix, eine Madonnenstatue und eine Statue des hl. Johannes aus. Die Memoiren des Guillet de Saint-Georges und des Grafen von Caylus erwähnen mehrere seiner heute verschwundenen Werke: eine Statue Ludwigs XIII. in Bronze für die Stadt Narbonne, eine „Geburt Christi" in der Oratorianerkirche des Faubourg-Saint-Michel in Paris; zwei silberne Engel, den Kopf des hl. Remigius tragend, in der Kirche Saint-Rémi zu Reims; 6 Statuetten der olympischen Götter für Tessier de Montarsis, den Hofjuwelier des Königs; Flachreliefs der 12 Monate, damals bei Monsieur de Lorme in Paris; endlich einen Christus in Elfenbein, vollendet 1668. Von 1654—1655 beteiligte sich A. an der plast. Ausschmückung der Gemächer der Anna von Österreich im Louvre. Von 1655 bis 1658 arbeitete er in Saint-Mandé und in Vaux-le-Vicomte, den Wohnorten Fouquets, dann im Hôtel-d'Erval in Paris und im Schlosse von Plessis-Belleville. 1659 schuf er für den Tuilerien-Garten einen Mars und eine Minerva. Von 1663 bis 1667 führte er die Skulpturarbeiten der Val-de-Grâce-Kirche aus; er modellierte für diese Kirche zwei bronzene Flachreliefs, eine „Geburt Christi" (jetzt in Saint-Roch) und eine „Kreuzabnahme" (jetzt in St.-Paul und St.-Louis). Weiterhin führte er aus einen hl. Peter von Nolasque und einen hl. Raimund für die Pères de la Merci; Bronzedekorationen für die Taufkapelle des hl. Eustachius; ein großes Flachrelief für den Hauptaltar der Kirche von Saint-Denis de la Châtre (dieses Relief wird auch François Anguier zugeschrieben); einen hl. Johannes und einen hl. Benno für das Kloster der „Filles de Dieu"; drei Steinfiguren, jetzt im Besitze des Marquis de Seignelay in Sceaux; ein Jesuskind in Marmor für das Palais der Herzogin von Aumont und ein Marmorkruzifix für den Altar der Sorbonne (jetzt in Saint-Roch in der Chapelle du Calvaire). 1674 begann er nach den Zeichnungen des Malers Lebrun mit der plastischen Ausschmückung der Porte Saint-Denis. Man schreibt ihm außerdem ein Grabmonument für den Bischof von Narbonne in der Kirche Sainte-Claire zu Alençon, sowie das Modell der großen Treppe von Versailles zu. Im Louvre-Mus. findet man von ihm eine Marmorbüste Colberts, eine Amphitrite-Statue (aus Versailles stammend) und eine Terrakotta-Gruppe „Herkules und Atlas als Träger der Weltkugel".

Am 4. 2. 1668 zum Mitglied der Akad. ernannt, wurde er Lehrer an der Académie des Beaux-Arts (1668) u. Rektor 12. 6. 1671. Er starb in Paris 11. 7. 1686 und wurde in Saint-Roch beerdigt. — Er war einer der fruchtbarsten Bildhauer des 17. Jahrh., begeistert für die Antike und stark auf dem dekorativen Gebiete, wie sein Hauptwerk, die Porte St.-Denis beweist.

Lami, Dict. des sculpt. franç. au moy. âge et à la renais. *Lami.*

Anguignani, Freskomaler von Mailand, erste Hälfte des 18. Jahrh., malte mit Mart. Cignaroli, A. Bonola, Pallavicini und Maggi das Gewölbe der Kirche S. Alessandro zu Mailand mit einer himmlischen Glorie aus. Der Künstler ist wohl identisch mit dem bei Zani (Enc. met. II 131) nur erwähnten Giuseppe Anguiano oder Anguignani.

Meyer, Kstlerlex. *H. V.*

Anguilla, Francesco Andrea di, Maler aus Lucca um 1410, malte in Giottesker Manier. Wahrscheinlich ist dieser Künstler identisch mit Francesco di Andrea, genannt *Lola* (s. dort), der 1410 und 1419 in Bologna malte.

Füssli, Kstlerlex. Neue Zusätze 1824. — Zani, Enc. met. II 130. *H. V.*

Anguilla, Giovanni, französ. Holzbildhauer in Rom, fertigte 1599 für Kardinal Aldobrandino 4 in Holz gestochene Wappen und schmückte 1609 eine Kutsche für Papst Paul V. mit geschnitzten Putten, Masken, Blattwerk u. dergl.

Bertolotti, Art. franc. in Roma 68, 199. **

Anguillara, Luigi, Maler in Ferrara, wo er 1614 die Ornamentfriese zu malen hatte um die Fresken des Oratorio della Morte.

L. N. Cittadella, Notizie rel. a Ferrara (1868) III 108. *E. Modigliani.*

Anguillon, Stammbuchfiguren- und Wappenmaler in Paris, Ende d. 16. Jahrh.

Trautmann, Kunst und Kunstgewerbe etc. Nördlingen 1869. *H. V.*

Anguisciola (Angosciola, Angussola), Familienname von sechs Malerinnen von Cremona, Schwestern, aus alter edler Familie stammend, Töchtern des Amilcare Anguisciola und der Signora Bianca Ponzona.

Anna Maria A., die jüngste Schwester, Malerin. Nach Vasari 1568 noch in kindlichem Alter, später verheiratet mit Giacopo de' Sommi von Cremona. Als Porträtmalerin gerühmt. Bekannt ist von ihr nur eine ehemals im Privatbesitz zu Cremona (bei Gius. Beltrami [nach Pungileoni, Correggio], dann bei D. Gio. Antonio Romanini [nach Grasselli]) befindliche freie Kopie nach der Madonna della Scala von Correggio (mit hinzugefügtem kl. Johannes d. T.), bez.: Anna Maria Virgo Amilcaris Anguisoli et Sophonis soror suae aetatis annorum quindicim fecit. Ebenfalls im Privatbesitz zu Cremona (ehemals beim Vikar von S. Pietro) eine kl. Madonna mit dem Kind, dem der hl. Franziskus ein Körbchen mit Früchten reicht, bez.: Annae Mariae Amilcharis Angussolae Filiae.

Elena A., zweitälteste der Schwestern, gemeinschaftlich mit Sofonisba Schülerin des Bernardino Campi (seit 1546), dann des B. Gatti (seit 1549). Gab bald die Malerei auf und trat ins Kloster der hl. Jungfrauen von S. Vincenzo zu Mantua ein, wo sie noch 1584 lebte.

Europa A., die fünfte, ebenfalls Malerin, † in noch jungen Jahren. 1568, als Vasari die Familie kennen lernte, noch im zarten Mädchenalter. Sie malte verschiedene Porträts von Cremoneser Edelleuten und das ihrer Mutter Bianca, das sie nach Spanien schickte. Auch sah man ehemals Altarbilder von ihrer Hand in Cremoneser Kirchen, eines, die Berufung des hl. Andreas, aus der 1808 zerstörten Kirche S. Elena stammend, bei Conte Giuseppe Schinchinelli zu Cremona, einem Nachkommen der Künstlerin, die Carlo Schinchinelli, einen Edelmann von Cremona, geheiratet hatte. Ein hl. Franziskus mit den Wundmalen ehemals in der Kirche von Casalbuttano (wahrscheinlich das von Bartoli [s. Literatur] als in S. Apostoli zu Cremona befindlich, der Sofonisba zugeschriebene Bild).

Lucia A., die drittälteste, Bildnismalerin und Musikerin, † in noch jungen Jahren 1565. Schülerin ihrer Schwester Sofonisba. Von Vasari gerühmt 2 ihrer Bildnisse: des Arztes Pietro Maria von Cremona (jetzt in Madrid, Prado, bez.: Lucia Anguisola Amilcaris F. Adolescens) und des Herzogs von Sessa. In der Pinacoteca communale zu Brescia das kleine Brustbild eines jungen Mädchens (nach der alten Inschrift auf der Rückseite gemalt von Lucia, ihre Schwester Europa darstellend, rund. Durchm. 0,15 m). Dieses wie das Madrider Bild zeigen den überwiegenden Einfluß der Schwester Sofonisba. Von Lucia vielleicht auch das kleine weibliche Bildnis in der Galerie Borghese zu Rom.

Minerva A., die vierte der Schwestern, ebenfalls Malerin, vor allem aber in den humanistischen Studien bewandert. Jung †.

Sofonisba A., Malerin, namentlich von Bildnissen, die älteste und berühmteste der Schwestern, geb. (nach der Angabe in van Dycks Skizzenbuch) 1527 zu Cremona, † nach 1623 wahrscheinlich zu Palermo. Gemeinschaftlich mit ihrer Schwester Elena Schülerin des Bernardino Campi (1546 bis 1549), nach dessen Weggang nach Mailand des Bernardino Gatti gen. il Sojaro. Ihr eigentliches Gebiet war das Bildnis, oft in genrehafter Auffassung, religiöse Gegenstände von ihrer Hand sind selten. Am häufigsten hat sie sich selbst gemalt (ihr frühestes bez. Bildnis im Alter von 20 Jahren in den Uffizien zu Florenz) oder ihre Familie wie in dem schon von Vasari erwähnten Bildnis, ihren Vater Amilcare mit ihrer Schwester Minerva und dem Bruder Asdrubale darstellend (Sammlung Hage zu Nivaagaard) oder ihrem berühmtesten Hauptwerk, den drei schachspielenden Schwestern mit der alten Dienerin in der Sammlung Raczynski (Posen, bez.: Sephonisba Angussola virgo Amilcaris filia ex vera efigie tres suas sorores et ancillam pinxit. MDLV. Ehemals im Palazzo del Giardino zu Parma [vor 1734]; Sammlung Lucien Bonaparte), das schon Vasari im Hause ihres Vaters zu Cremona bewunderte. Aus dem Jahre 1554 stammt das kleine Selbstbildnis im Wiener Hofmuseum, das ihr Vater 1556 dem estensischen Hof zum Geschenk machte (wahrscheinlich von Kard. Aless. d'Este 1604 an Kaiser Rudolf II. geschenkt). Zu den besten Werken dieser frühen Zeit gehört auch das Bildnis einer Nonne (vielleicht ihrer Schwester Elena) von 1551 (jetzt bei Lord Yarborough in London). Vasari kannte noch zwei ihrer Werke im Hause des Archidiakon zu Piacenza: dessen Bildnis und ein Selbstporträt der Malerin. — Um 1554 war Sofonisbas Name in Italien bereits viel gerühmt (Francesco Salviatis Brief vom 28. 4. 1554 an B. Campi, den er „maestro della bella pittrice Cremonese“ nennt). Ihre Werke waren bis nach Rom gelangt, wo z. B. Tommaso Cavalieri eine genrehafte Zeichnung von ihrer Hand besaß (kleines Mädchen, das über einen Jungen lacht, den ein Krebs in den Finger zwickt), die er an Cosimo I. schickte, der sie an Vasari weiterschenkte. Auch Papst Julius III. (1550—55) besaß als Geschenk der Malerin ihr Selbstbildnis, das Vasari in der Guardaroba des Kardinals del Monte sah. — Auf Empfehlung Herzog Albas an den Hof Philipps II. von Spanien berufen, langte Sofonisba 1559 in Madrid an, wo sie mit großen Ehren empfangen und unter die Ehrendamen der Infantin aufgenommen wurde. Ihre ersten Aufträge waren Bildnisse der Königin, des Königs und des Prinzen Don Carlos, die ihr reiche Geschenke und eine jährliche Pension von 200 Scudi einbrachten. Ein anderes Porträt der Königin malte sie 1561 im Auftrage des Papstes Pius IV. (ihr Begleitschreiben und Antwort des Papstes von 1561 bei Vasari). Bald darauf war sie (nach einem ihrer Briefe an Campi) an einem Bildnis der Schwester des Königs, das der Papst ebenfalls gewünscht hatte, beschäftigt. Außer dem Selbstbildnis von 1561 im Bologneser Privatbesitz ist von allen in dieser Zeit entstandenen Werken, die sie nach zeitgenössischen Berichten für den Hof und verschiedene spanische Städte malte, keines bekannt. — Mit Zustimmung des Königs heiratete sie einen reichen sizilianischen Edelmann, Don Fabrizio di Moncada, mit dem sie, fürstlich vom König und der Königin mit einer Morgengabe von 12 000 Scudi, einer jährlichen Pension von 1000 Scudi und Kostbarkeiten beschenkt, in seine Heimat Palermo übersiedelte. Nach dem bald erfolgten Tod ihres Gatten, trotz erneuter Berufung an den spanischen Hof, nach Genua zurückgekehrt, verheiratete sie sich zum zweiten Male mit dem Genueser Orazio Lomellino. Seitdem war sie in Genua tätig (1584 dort nachweisbar), 1599 malte sie hier das Bildnis der Infantin Isabella Clara Eugenia, als diese vor ihrer Vermählung mit Erzherzog Albrecht von Österreich durch Genua reiste. Bald nach dem Tode ihres zweiten Gatten traf sie das Unglück zu erblinden. Sie scheint nach Palermo zurückgekehrt zu sein, wo sie am 12. 7. 1623 van Dyck trotz ihrer 96 Jahre noch in voller geistiger Frische aber erblindet kennen lernte und sie in seinem Skizzenbuch porträtierte. Sofonisba ist um ihrer liebenswürdigen Persönlichkeit und vielseitigen Bildung willen — sie trieb neben der Malerei ebenso Musik und war in den humanistischen Wissenschaften bewandert — von ihren Zeitgenossen vielfach gepriesen worden (vgl. u. a. den Brief Annibale Caros an Amilcare von 1558). Noch im hohen Alter und erblindet war sie der Mittelpunkt einer gewählten Gesellschaft. Als Künstlerin muß sie tiefer eingeschätzt werden, in ihren Werken überragt sie nur selten die Mittelmäßigkeit. Ihre manches Mal frisch und fein behandelten Bildnisse zeigen in der Auffassung und der breiten weichen Malweise den überwiegenden Einfluß der Venetianer. Durch ihren zweiten Lehrer Gatti, hat auch Correggio auf sie eingewirkt (vgl. die Bildnisse aus der Zeit vor ihrer spanischen Reise wie die der Sammlung Raczynski und Yarborough).

Verzeichnis der erhaltenen Werke s. Meyers Kstlerlex., diesem sind außer den im Text erwähnten Werken noch hinzuzufügen: *Siena* (Akad.), Doppelbildnis der S. A. und ihres Lehrers Campi. — *Bergamo* (Conte Folchini Dodici Schizzi) Maria mit dem Kinde. — *Neapel* (Mus.), Selbstbildnis am Spinett. — *Mailand,* 3 Selbstbildnisse in den Samml. Poldi-Pezzoli, Conte Magno u. des verstorbenen Duca Melzi. — *Rom* (Gal. Borghese), Selbstbildnis und Damenporträt. — (Gal. Doria), Bildnis Tizians und seiner Frau. — *England,* Sl. Earl of Exeter (Burleigh House), Bildnis eines stehenden Mannes. — *London* (Sl. Lord Pembroke) Verlobung der hl. Katharina; (Sl. Lord Brownlow) Mädchenbildnis; (Sl. Miß Cohen) Männerporträt. — *Ashridge* (Sl. Lord Brownlow) Männerporträt; (Sl. Danby Seymour) Selbstporträt. — *Richmond,* (Sl. Sir H. Cook) Bildnis eines Mönches. — *Zürich,* Künstlergütli (Sl. Rothpletz) Bildnis einer alten Dame. — Ein Selbstbildnis befand sich auch 1857 auf der Auktion Thibaudeau in Paris.

Meyer, Kstlerlex. (mit Verz. der Werke, der nach S. A. gestochenen Blätter sowie der ält. Literatur). — Cean Bermudez, Dicc. — Lermolieff, Die Galerien Borghese und Doria Panfili in Rom p. 254—257. — Campori, Raccolta de' cataloghi. — La revue de l'art anc. et. mod. V 313, 379; VI 316 (Fournier-Sarlovèze). — Frimmel, Blätter f. Gemäldekunde I 38, 141. *Hans Posse.*

Anguisciola, s. auch *Angusolo.*

Anguish, J., wohl engl. Stecher, nach Ottley (Notices) etwa um 1700. Letzterer führt von ihm an: Leeres Wappenschild mit Laubwerk verziert, oben ein Helm. J. Anguish Sculp. 4. **

Anguissola, Giuseppe, italien. Holzbildhauer, geb. 1863 in Piacenza, Schüler des Andrea Molteni. Nach einem längeren Aufenthalte in Lyon und Paris arbeitete er hauptsächlich in Turin und zwar im Palazzo Reale, im Palais des Herzogs von Aosta und im Circolo degli Artisti. Auf der Turiner Ausstellung von 1898 wurde er durch eine Medaille ausgezeichnet.

N. d'Althan, Gli Artisti Italiani (Torino 1902) p. 25. *H.*

Angulo, Balthasar de, Holzbildhauer, welcher 1533 einen Altar (dessen Bilder Pedro Fernandez ausführte) für die Kirche in Utrera anfertigte. Gestoso vermutet, daß er identisch ist mit einem nur maestre Angulo gen. Künstler, welcher 1534 in der Pfarrei S. Salvador in Sevilla wohnte und 1542 an der Ausschmückung eines Saales des Alcazar arbeitete.

Gestoso, Artif. Sevill. I 173. *M. v. B.*

Angulo, Gaspar de, Maler in Valladolid. 1613 übernimmt er und Valentin Diez die Ausmalung der capilla mayor des Klosters Portaceli in Valladolid.

Martí y Monsó, Estud. histor. artist. S. 616. *M. v. B.*

Angus, John, Genre- und Historienmaler in Antwerpen, geb. daselbst 23. 5. 1821, Schüler von Ferd. de Brackeleer d. ä., war auf den belgischen Ausstellungen der 40er bis 60er Jahre häufig vertreten.

Meyer, Kstlerlex. *Pol de Mont.*

Angus, William, engl. Maler und Kupferstecher, geb. 1752, † 12. 10. 1821, Schüler von W. Walker, wird von Bartsch (Anleitg. zur Kupferstichkunde I 93) nebst Woollet und Middiman als Muster in der Behandlung der Bäume, Blätter, Gräser und Pflanzen hingestellt. Indessen ist seine Behandlung, obwohl zierlich, etwas kraftlos und entbehrt des feineren Natursinns. Er stach nach Paul Sandby, Daynes, Elsheimer, auch nach Stothard die Blätter für dessen Taschenatlas und Porträts für das „European Magazine". Sein bestes Können zeigt er in der Serie: The Seats of the Nobility and Gentry 1787—1815, und war auch bei ähnlichen anderen topographischen Illustrationswerken beteiligt. Nicht uninteressant sind auch seine zahlreichen Porträtstiche von hervorragenden Künstlern und Gelehrten nach Gemälden von Dixon, Reynolds, Ryley u. a.

M e y e r, Kstlerlex. (22 seiner Arbeiten aufgeführt). — R e d g r a v e. Dict. *R.*

Angus, W i l l i a m L o u i s, Genre- und Historienmaler in Antwerpen, Bruder des John, geb. daselbst 16. 9. 1823, Schüler von Ferd. de Braekeleer und H. Leys, widmete sich nach anfänglichen Erfolgen dem Handelsstande.

M e y e r, Kstlerlex. *Pol de Mont.*

Angusolo oder **Angussola,** L u i g i, norditalien. Maler, tätig 1512. Ein Bild von ihm befindet sich in der Galleria Estense in Modena, bezeichnet: ALOISVS ANGVSOLVS P. M. CCCCC. XII. Es stellt die Taufe Christi dar und ist eine veränderte Kopie des Bildes von Francesco Francia in der Dresdener Galerie. Luigi gehört wahrscheinlich der Familie Anguisciola aus Cremona an, die später die Malerinnen Sofonisba und Lucia hervorbrachte.

N a g l e r, Monogr. I 874. — V e n t u r i, La Galleria Estense in Modena 1882 p. 344. — Derselbe in Arch. stor. dell' arte III 294 u. in den Jahrb. d. preuß. Kstsl. XI 190. *Lisetta Ciaccio.*

Angusolo, Angussola, s. auch *Anguisciola.*

Anguy, V i c t o r A m é d é e d', französ. Kupferst., geb. in Morley (Meuse), führte Architektur-Kupferstiche aus für die „Monographie de l'église de la Trinité", von Architekt Ballu. Paris 1868.

B e l l i e r - A u v r a y, Dict. Suppl. *J. Guibert.*

Angyal, B é l a, ungar. Maler, geb. 1847 zu Székesfehérvár (Stuhlweißenburg), begann seine akad. Stud. in Wien 1867—70, widmete sich dem Kunstgewerbe, erhielt 1900 für kunstgew. Arbeiten die silb. Medaille und ist auch kunstpädagogisch tätig. Lebt gegenwärtig als Lehrer an der Kgl. Staatsschule zu Körmöcbánya. *K. Lyka.*

Anjares, Bildhauer in Sevilla, Schüler des Miguel Florentin, arbeitete um 1550 mit andern an den Steinskulpturen der kgl. Kapelle in der Kathedrale von Sevilla.

C e a n B e r m u d e z, Dicc. I 35 und Descr. de la catedr. de Sev. 111. △

Anicetus, als Architekt und Sklave genannt in einer römischen Grabinschrift (für Aurelia Fortunata) der Zeit Marc Aurels (ca. 165 n. Chr.).

P r o m i s, Mem. Acc. Torino Ser. 2 XXVII 1871, p. 105, 20. *H. Thiersch.*

Anich, P e t e r, Tiroler Mathematiker, Zeichner von Globen und Karten, z. B. der Tirolis chorographice . . . 1744; aber von mehr wissenschaftlichem als besonders künstlerischem Verdienste.

M e y e r, Kstlerlex. (ausführl. m. Lit.). **

Anichini, A n d r e a, Gemmenschneider, Sohn des Francesco A., 1526—29 in Ferrara erwähnt.

M e y e r, Kstlerlex. — B a b e l o n, La gravure en pierres fines, Paris 1894. — Nuova Antologia, vol. 64, fasc. 14, p. 294 ff. *F. Malaguzzi-Valeri.*

Anichini, C a l l i s t o, Gemmenschneider, Sohn des Francesco A., 1523—27 in Ferrara erwähnt, 1553 noch in Venedig tätig.

M e y e r, Kstlerlex. — B a b e l o n, La gravure en pierres fines, Paris 1894. — Nuova Antologia, vol. 64, fasc. 14, p. 294 ff. *F. Malaguzzi-Valeri.*

Anichini, F r a n c e s c o d i L o r e n z o, Gemmenschneider, in Ferrara erwähnt 1449—1526; und zwar war er im letzteren Jahre laut urkundlicher Nachricht bereits verstorben, seinen Söhnen Andrea, Callisto und Luigi seine Kunst und gleichzeitig auch seinen bedeutenden künstlerischen Ruf vererbend. Nachweisbare Werke haben sich leider weder von ihm, noch von seinen Söhnen erhalten; desto häufiger werden diese 4 Ferraresischen Gemmenschneider in der zeitgenössischen Literatur wie auch in urkundlichen Nachrichten rühmend erwähnt. Mit dem Vater Francesco A. stand namentlich Isabella d'Este in regen Beziehungen, wobei es infolge der langsamen Arbeitsweise des sehr eigenwilligen Künstlers — „homo molto fantastico et de suo cervello" — mehrfach zu heftigen Reibungen zwischen diesem und seiner im übrigen sehr für ihn eingenommenen kunstliebenden Gönnerin gekommen sein soll. 1492 schnitt Francesco A. für die Marchesa von Mantua einen Türkis, einen Rubin und einen Kammeo und 1496 zwei weitere Türkise mit den Ganzfigurdarstellungen einer Viktoria und eines Orpheus. Zu der letzteren Figur lieferte die Marchesa selbst die Entwurfzeichnung, da sie von der Zeichnung des Viktoria-Türkises nicht völlig befriedigt gewesen war; gleichwohl nennt Isabella in einem Briefe dieser Zeit den ferraresischen Künstler „el migliore maestro d'Italia". 1497 endlich erhält dieser den Auftrag, eines jener symbolischen Embleme, wie sie die Marchesa beständig neu zu erfinden liebte, in eine Gemme einzuschneiden, nämlich „el smeraldo concio nel spago spezzato". Bei Leonardo da Vinci findet sich der Meister 1502 als zu Venedig tätig angeführt, und zwar als einer der berühmtesten Gemmenschneider, „die so genau Bilder in Stein einprägen, daß nichts dazu getan und nichts davon genommen werden kann". Ein ähnlich hohes Lob zollte ihm auch Niccolò Liburnio in seinem 1513 in Venedig erschienenen Buche „Le Silvette". Besonders charakteristisch ist noch die Erzählung des ferraresischen Arztes Brusasorci, wonach Francesco A. ein Johanneswürmchen so geschickt in Lapislazuli geschnitten haben soll, daß die natürliche Goldader des Steines den leuchtenden Fleck am Leibe dieses Tierchens ersetzte.

Meyer, Kstlerlex. — Babelon, La gravure en pierres fines, Paris 1894. — Nuova Antologia, vol. 64, fasc. 14, p. 294 ff. *F. Malaguzzi-Valeri.*

Anichini, Luigi, Gemmenschneider, Sohn des Francesco A. aus Ferrara. In einem Briefe des Pietro Aretino von 1537 wird er noch als ein „Jüngling" angeredet und muß demnach gegen 1520 in Venedig geboren sein, da sein Vater bereits um 1500 dorthin übergesiedelt war. Venedig scheint auch der Hauptsitz seiner künstlerischen Tätigkeit geblieben zu sein. Jedoch besaß er in Ferrara noch bis 1540 ein Haus, das erst im letzteren Jahre verkauft wurde. Auch mit dem Herzog von Ferrara stand er noch in Verbindung, wie aus einem im Staatsarchiv zu Modena aufbewahrten Briefe hervorgeht, worin der Künstler dem Herzog Bericht erstattet über seine Tätigkeit als Edelsteinschneider für zwei von der Republik Venedig bei ihm bestellte Königskronen. In Venedig stand Luigi A. in intimem Freundschaftsverkehr mit Tizian, Sansovino (Brief des letzteren an A. von 1550) und Pietro Aretino; der letztere pries ihn in einem Briefe von 1548 als den vollkommensten Meister seiner Kunst und als den „alleinigen Erfinder" derjenigen Werkzeuge, durch die die außerordentliche Feinheit seines Steinschnittes zu erreichen gewesen sei. Auch Vasari hebt die Zartheit und Schärfe seines Schnittes besonders hervor und scheint ihm in dieser Hinsicht nur noch den Griechen Alessandro Cesari voranzustellen. Nachweisbare Werke sind von seiner Hand ebensowenig erhalten geblieben, wie von der Hand seines Vaters. Der Anonymus des Morelli erwähnt einen von Luigi A. in Carneol geschnittenen bogenspannenden Apollino, der sich um 1543 in der Sammlung Contarini befand; Pietro Aretino 1540 einen Lapislazuli mit einem Ganymed und 1548 ein für ihn selbst geschnittenes Siegel mit dem Medusenhaupte, — ein würdiges Emblem für diesen Literaten, dessen Feder nicht weniger giftig gewesen ist, als die Schlangen der Gorgo. Die vom Herausgeber des Baruffaldi irrtümlicherweise dem Luigi A. zugeschriebenen Stempelschneiderarbeiten, wie die beiden Medaillen auf Papst Paul III. und auf Heinrich von Frankreich sind jetzt als Werke des Aless. Cesari nachgewiesen.

Meyer, Kstlerlex. (mit ält. Lit.). — Nuova Antologia, vol. 64, fasc. 14, p. 294 ff. — Archivio storico dell' Arte ital. II 159.
F. Malaguzzi-Valeri.

Anichini, Pietro, italien. Kupferst., tätig zu Florenz im 17. Jahrh. Eine hl. Familie ist bezeichnet und 1644 datiert. Er hat u. a. auch die Bildnisse des Grafen Humbert Czernin, des Großherzogs Cosimo von Toskana und des berühmten Mathematikers Evangelista Torricelli, das als Titelblatt für dessen 1715 herausgegebene Akademische Vorlesungen benutzt worden ist, gestochen; er arbeitet in der Art des Cl. Mellan mit gleichlaufenden Linien.

Meyer, Kstlerlex. *P. K.*

Aniello de Clementis (oder Agnello de Clemente), Architekt in Neapel, wo er, nachdem er 1442 die Stadt an König Alfons I. verraten hatte, von diesem zum Leiter der öffentlichen Bauten ernannt wurde und 1443 bis 1446 den Bau der städtischen Wasserleitung sowie den Umbau des Castel Nuovo zur Ausführung brachte.

Schulz, Denkm. der Kst. des Mittelalt. in Unterital. III 113, 132; IV 182 ff. *

Aniemolo, Vinc., s. *Vincenzo* da Pavia.

Anieus, Medailleur, vermutlich aus Holland, arbeitete um 1572, aber man kennt seinen Geburtsort nicht. Seine Signatur trägt eine Medaille von Louis de Zuniga y Requesens, des Gouverneurs der Niederlande (1574—76).

Van Loon, Hist. métall. d. Pays-Bas, t. I 213. — Nagler, Monogr. I 104. — Armand, Les méd. ital. d. XV et XVI siècles, t. I 261.
Fréd. Alvin.

Anissimoff, Artémi Annissimowitsch, russ. Bildhauer, geb. 1733, † 11. 2. 1823. Schüler der Petersburger Akad., wurde 1805 zur Beaufsichtigung der Skulpturarbeiten bei der Akad. angestellt und 1813 zum Akademiker befördert für die von ihm ausgeführten Figuren Europa, Afrika u. a. zur Fassade der alten Admiralität in Petersburg. Für dasselbe Bauwerk hatte er 1812 mit Tschedrin die allegorischen Figuren der Wolga und des Don ausgeführt. Von ihm ferner die Erwerbung des Muttergottesbildes für die Kasansche Kathedrale in Petersburg, die Statuen für den Petersburger Börsensaal und die Statuen zweier Musen für den Mineralogie-Saal des Bergkorps.

N. P. Sobko, Russ. Kstlerlex. *W. Neumann.*

Ankarcrona, Eduard Alexander (Alexis), schwed. Maler, geb. 25. 9. 1825, † 15. 9. 1901, Leutnant, Landwirt, malte eine Menge Landschaftsbilder, vorzugsweise die schwed. Natur behandelnd. *G. Nordensvan.*

Ankarcrona, Henrik August, schwed. Maler, geb. 14. 9. 1831 in Schonen, Offizier, nahm seinen Abschied 1892 als Oberst und Chef der Svea-Leibgarde, im selben Jahr Statthalter auf Schloß Gripsholm. 1858 trat A. als Offizier in französ. Dienste und nahm mit Auszeichnung an der Expedition gegen Marokko teil (1859). 1860 trat er in spanische Dienste und kehrte nach der Beendigung des Krieges in seine Heimat zurück. Das Kriegsleben im nördl. Afrika wurde das Hauptmotiv, das er als Maler behandelte. Ohne sonderlich eingehende Schulstudien gemacht zu haben, besaß er eine große Begabung für lebendige Komposition, einen guten Blick für das Malerische und eine große Geschicklichkeit. Er malte auch ausnahmsweise kleine

Schlachtenbilder mit Motiven aus dem 16. und 17. Jahrh. Von seinen afrikanischen Bildern sind zu nennen: Afrikanische Landschaft (1869) (Stockholm, Nationalmus.), Französische Truppen auf dem Ausmarsch in Algier (1865) und Karawane in der Wüste. (1873, beide im Mus. in Göteborg).

Nordisk Familjebok. Tom I. Stockholm 1904.
G. Nordensvan.

Ankarcrona, Jeanette, geb. Åkerblad, schwed. Malerin, lebte um 1800—1840, stelite Landschaftsbilder aus. *G. Nordensvan.*

Ankarkrona, Sten Gustaf Herman, schwed. Maler, geb. in Hakarp (Småland) 11. 5. 1869, studierte an der Kunstakad. in Berlin 1886—89, hielt sich in den Jahren 1891 bis 93 in München auf. Seine frühesten Bilder stellten Landschaften mit Tieren bei der Arbeit oder in der Ruhe vor: Rast auf dem Felde 1889, Pflügen im Herbst 1891 (Mus. von Göteborg). Er ging bald zu schwed. Stimmungen über: Sonnenschein im Wald 1894, Abendgold, Letzte Fuhre 1896, Alte Zeiten (Abendstimmung über einer Bucht mit einem Wikingerschiff 1897, Nationalmus. Stockholm), ferner frische Winterbilder: Wintersonntag, Schellengeläut auf dem Hof, Der Weg nach dem Herrnhof, und mehrere Bilder aus der nordländischen Natur: Zwischen hohen Ufern, 1897 und andere. Aus Dalekarlien, wo er sich die letzten Jahre aufgehalten hat, hat er Volkstypen und Genrebilder gemalt. Aus den letzten Jahren des 19. Jahrh. stammen einige Genrebilder mit Motiven und Trachten aus den Tagen Carls XII.: In Feindesland, Am Lagerfeuer, Des Königs Kurier. A. hat auch Porträts gemalt und künstlerische Plakate, Zeichnungen, Büchereinbände ausgeführt.

Nordisk Familjebok. Tom I. Stockholm 1904.
G. Nordensvan.

Ankarsvärd, s. *Anckarsvärd.*

Anker, Albert, Schweizer Genremaler, geb. den 1. 4. 1831, aus einer wohlhabenden Familie zu Ins (französ. Anet) im Berner Seeland, studierte zuerst protestantische Theologie in Bern und Halle, wurde dann zu Paris Schüler von Charles Gleyre und ging später in die École des Beaux-Arts über. Mit Paris blieb er in beständiger Verbindung; seit 1859 hat er die dortigen Ausstellungen beschickt und den Winter arbeitete er daselbst auf seinem eigenen Atelier, während er den Sommer zu Ins verbringt. Hier malte er 1861 eine Szene aus der nächsten Umgebung, das sogenannte „Nachmittagsgebet" des protestantischen Landvolks, welches wegen seiner Lokaltreue in seiner Heimat großes Aufsehen machte. Dies Bild, 1862 auf der Ausstellung in Neuenburg, wurde vom Stadtrat daselbst für 1000 Franken für das städtische Museum angekauft. A. war den Winter in Italien gewesen, hatte Florenz und Venedig besucht und vollendete jetzt zunächst einige kleinere Werke. Der Ruf des echt nationalen Künstlers stieg jetzt auch im Vaterlande rasch; Städte und Kunstvereine wetteiferten im Ankauf seiner Werke. 1864 kam ein von der Berner Regierung bestelltes großes Bild auf die Schweizer Ausstellung (auch auf der Münchener Ausstellung von 1869), um dann in das Museum zu Bern überzugehen. Es stellt ein Examen in einer Dorfschule dar. Ein kleineres Bild derselben Schweizer Ausstellung: „Die kleine Freundin", elegischen Inhalts, befindet sich jetzt ebenfalls im Berner Museum. Aus demselben Jahre waren noch zwei andere größere Genrebilder in Paris ausgestellt: Taufe und Begräbnis eines Kindes als Gegenstücke (letzteres im Museum zu Aarau). Aus sechs Werken auf der Neuenburger Ausstellung von 1866 kam eins, das im Walde eingeschlafene Mädchen, in das städtische Museum zu Lille. 1867 erhielt A. mit Vautier, unter allen Schweizer Malern sie die einzigen, auf der großen Pariser Ausstellung die goldene Medaille, und zwar für ein Kinderbild unter dem Titel „le Nouveau-né" (jetzt im Museum zu Lausanne). Ähnliche Familienszenen entstanden in diesen Jahren von 1866 auf 68 noch mehrere. Für schweizerische Ausstellungen hielt sich der Künstler dagegen an seine charaktervollen Berner Bauern. 1870 malte A. zum ersten Male historische Genrebilder: Pestalozzi, der nach dem Blutbad von Stans durch die Franzosen sich der verwaisten Kinder annimmt (in der Galerie der Züricher Künstlergesellschaft), und, bei weitem ansprechender, die „Milchsuppe von Kappel" (im Pariser Salon von 1870). In das Jahr 1870 fällt das Bild: „Die badenden Kinder", lauter Mädchen, vom Backfisch bis zum dreijährigen Kind in verschiedenen Situationen vor und im Bade. Anker ist entschieden mehr Zeichner als Kolorist, und das Charakteristische des Einzelnen geht ihm weit über die malerische Gesamtwirkung. Oft gibt sich sein leicht und rasch schaffendes Talent mit sehr skizzenhafter Ausführung zufrieden; das tote Kind in Bern ist geradezu flüchtig gemalt, die Landschaft auf dem Kindesbad flau. Andererseits fehlt es nicht selten den Bildern an der Abstufung des Tons, an Luft und Tiefe. Darin steht er seinem Landsmanne Vautier nach, mit dem unseren Künstler zu vergleichen nahe liegt. Zwar bleibt er vorherrschend Genremaler, ist virtuos auf einem sehr genau umgrenzten Gebiet: aber innerhalb dieser selbstgesteckten Grenzen wiederholt er sich nicht, weiß vielmehr mit offenem Auge anziehende Stoffe stets neu aufzufinden. In zwei Richtungen geht sein Blick. Einmal malt er uns den Bauer des deutschen Teils vom Bernerbiet in seinem sehr entschiedenen Rassentypus: egoistisch, hart, oft gemütlos, jedoch nicht ohne Kraft und Humor. Mildernd aber tritt dem des Künstlers inniger Sinn für die Kinderwelt zur Seite, deren lieblichste Erscheinungen er fein zu erfassen weiß. Namentlich durch die letzteren, die Kinderbilder, hat er im Ausland seinen Ruf gegründet.

Auf der Jahrhundert-Ausstellung Berlin 1906 sah man von ihm 2 Bilder: Pestalozzi nach dem Stenzer Blutbad, sich der verwaisten Kinder annehmend und Berner Bub, beide im Besitz der Züricher Kunstgesellschaft. Die öffentliche Kunstsammlung in Basel bewahrt 2 Bilder von ihm: Kinderfrühstück und Dorfquacksalber.

Von ihm selbst radiert oder für den Holzschnitt gezeichnet: 1. „Zur Branntweinfrage“ oder „der Schnapser“, nach einem eigenen Bild von 1868 radiert. Ein verkommener Landstreicher sitzt im Wirtshaus, Bündel und Bettelstab neben sich, vor dem Schnapsglas, in die weinerliche Stimmung übergehend. H. 225 mm, br. 180. Blatt 7 des „Schweizerischen Künstleralbums“ von Krüsi in Basel. — 2 bis 4: Drei Kompositionen nach eigenen Bildern, von ihm selbst für die Zeitschrift „Alpenrosen“ auf den Holzstock gezeichnet.

G. Kinkel bei Meyer, Kstlerlex. — Katal. d. Jahrh.-Ausstellg. u. d. Baseler Kstsammlg. 1889. — Brun, Schweizer Kstlerlex. (mit weit. Lit.).

Anker, Annette, norweg. Genre- und Landschaftsmalerin in Christiania, geb. 26. 9. 1851 in Nitedalen, wahrscheinlich ausgebildet an Bergsliens Malerschule in Christiania, war den Winter 1880—81 in Paris, und machte dann wiederholte Studienreisen aufs Land in Norwegen, besonders an die Seeküste. Sie stellte mehrere Male in den 80er Jahren in Christiania aus und starb daselbst 12. 12. 1885.

Anker, Stammtafel d. Familie Anker, Christiania 1889 S. 37. — Private Mitteilungen.
C. W. Schnitler.

Anker, Hermanus Franciscus van den, Maler, geb. in Rotterdam 14. 7. 1832, † Paris, 9. 7. 1883. Er war Schüler der Akad. in Rotterdam, zog um 1852 nach Frankreich, erst nach Paris, später nach der Bretagne, wo er 14 Jahre in Pont-Avon wohnte. Krankheit wegen zog er 1883 nach Paris, starb im Hospice Dubois. Er malte Interieurs mit Figuren. *Haverkorn van Rijsewijk.*

Anker, Joh. Baptist, österr. Miniaturmaler, geb. in Ettenheim (Breisgau), tätig seit den 80er Jahren des 18. Jahrh., Schüler der Wiener Akademie und Fügers. Auf der Wiener Miniaturenausst. 1906 von ihm 2 datierte Miniaturen (1790 u. 1793). In der Samml. A. Figdor in Wien das Miniaturporträt eines Grafen Khevenhüller.

Leisching, Die Bildnismalerei in Österr. p. 105 (Abb.), 178. *E. W. Braun.*

Anker, Johan Caspar Herman Wedel, norweg. Landschaftsmaler, geb. 9. 12. 1845 in Nitedalen bei Christiania, Schüler der Handwerkschule in Göteborg (Jan—Mai 1866), bildete sich erst an der Polytechnischen Schule in Hannover zum Architekten aus. (Herbst 1866 bis Frühjahr 1869) und wurde dann Schüler der Eckersbergschen Malerschule in Christiania (1869—70). Zu seiner weiteren Ausbildung ging er nach Kopenhagen (1871—74) u. nach Berlin (dort Schüler Gudes von Febr. 1881 bis Mai 1884). Wohnte in Kopenhagen 1884—86. Arbeitete selbständig in Christiania 1874–80, sowie vom Jahre 1886 bis zu seinem Tode, 13. 5. 1895 auf einer Studienreise nach Nordfjord. Kurzer Aufenthalt in Paris 1894. Heiratete 25. 10. 1881 Caroline M. E. Wedel-Jarlsberg. Stellte aus in Kopenhagen 1872—73 und 1884, sowie in Berlin und Christiania. Ankers Spezialität ist der Birkenwald, seine Bilder sind sorgfältig und gut gemalt aber etwas kleinlich in der Ausführung. Im Frühjahr 1893 malte er eine Reihe Bilder von dem großen Erdsturz in Värdalen im Stift Drontheim.

Anker, Stammtafel d. Familie Anker, Christiania 1889 S. 37. — Salomonsen, Nordiske Konverslex. — Dietrichson, Af Hans Gudes Liv og Värker. Christiania 1899 (S. XXV u. S. 124). — „Folkebladet“ 1896 No. 17. — Weilbach, Nyt dansk Kunstnerlex. Kopenhagen 1896 II 588. — Private Mitteilungen der Witwe des Künstlers. *C. W. Schnitler.*

Anker, Peter Bernard, norweg. Genremaler, geb. 5. 5. 1825 auf Frogner bei Christiania. Ursprünglich zum Offizier bestimmt, verließ er aber die Kriegsschule und ging nach Kopenhagen und von da 1849 auf die Düsseldorfer Akad. Er debutierte mit humoristischen Motiven, wandte sich aber später als Schüler seines Landsmanns Tidemand Szenen aus dem Volksleben seines Heimatlandes zu. Seine Arbeiten fanden in Norwegen und Deutschland Käufer. Unternahm mehrere Studienreisen durch Norwegen und malte sein größtes Bild „Der Brief des Sohnes“, das großen Beifall fand. Mit einer Wiederholung dieses Bildes beschäftigt, starb der junge, vielversprechende Künstler 13. 2. 1856 in Düsseldorf, wo er begraben wurde. Sein Tod war um so mehr zu beklagen, als Tidemand keine norweg. Malerschule geschaffen hatte und Anker die Eigenschaften eines tüchtigen Lehrers zu haben schien.

Meyer, Kstlerlex. — Anker, Stammtafel der Familie Anker. Christiania 1889 S. 42. — Dietrichson, Adolph Tidemand, Christiania 1878 II 44, 45. — Thiis, Norske Malere og Billedhuggere, Bergen 1904 I 231.
C. W. Schnitler.

Anker, s. auch *Ancker.*

Anker Kyster, s. *Kyster.*

Ankerman y Riera, Ricardo, span. Historienmaler des 19. Jahrh., geb. zu Palma

(Mallorja-Insel), Schüler der Kunstschule in seiner Vaterstadt, beteiligte sich an den Madrider Ausstellungen von 1864, 1866, 1874 usw. Unter seinen Gemälden führen wir an: Kaïn und Abel; Adam und Eva; Ariadne, Priesterin des Bacchus; Ein Betrunkener; Eine Manola, die Gitarre spielend; Das Altertumskabinett; diese drei letzten Gemälde waren 1878 auf der Pariser Weltausstellung.

Ossorio y Bernard, Galeria biogr. de artistas españoles del siglo XIX. Madrid 1883/4. *P. Lafond.*

Ankermann, s. auch *Anckermann.*

Anketillus, engl. Goldschmied zu Anfang des 12. Jahrh. („monachus et aurifaber incomparabilis"), kam nach Dänemark und wurde dort vom Könige zum Vorsteher der Goldarbeiten und der Münze, sowie zum Truchseß (summus trapezita) ernannt. Nach sieben Jahren kehrte er in sein Vaterland zurück und wurde Mönch von St. Albans, Hertfordshire. Hier trug ihm der Abt Gaufrid (1119—1146) auf, eine prächtige Truhe für die Gebeine des hl. Alban zu verfertigen, und er widmete sich dieser Aufgabe mit seinem Schüler Salomon von Ely. Es wurden 60 Pfund Silber dazu verwandt, und das Ganze wurde vergoldet und reich mit getriebenem Bildwerk und Edelsteinen geschmückt. Auch verwandte man dazu einen im Klosterschatz befindlichen faustgroßen Sardonyx, auf dem eine bekleidete Figur dargestellt war, die in der Rechten einen von einer Schlange umwundenen Spieß und auf der Linken einen schildtragenden Knaben hielt, und zu deren Füßen ein Adler seine Fittige ausbreitete. Die Arbeit soll 1142 beendet worden sein.

Matthaeus Paris, Vitae 23 S. Albani abbatum, p. 36. — Ders., Hist. maj. ed. Wats, Paris 1644. — P. Mantz in der Gaz. d. b. arts, II. sér. IX 10. — Texier, Dict. d'orfévrerie chrét. **

Ankiel v. Angiel, Johann, Krakauer Maler im XVI. Jahrh., dessen Sohn Bartholomäus auch *Ankielewski* gen., ebenfalls Maler, 1586 Krakau verlassen und sich in Warschau ansässig gemacht hat. Er führte größere Arbeiten für den dortigen Adel aus und starb dort 1591.

Rastawiecki, Slownik mal. pol. III 113—114. *L. Lepszy.*

Ankiewicz, Julian, von, poln. Architekt, geb. 1820, Vertreter des wiedererwachten italien. Renaissance-Stils in Warschau. Hauptwerke: Warschauer Städt. Kreditanstalt, die Fassaden der gräfl. Zamoyskischen und Krasinskischen Bibliotheken in Warschau. War auch literarisch tätig: 1847 „O pieknosci w sztuce ze szczególnym de praktyki zwrotem", 1849 „O architekturze gotyckiej".

„W. Encykl. Illustr." *C. M. v. Górski.*

Anna, Alessandro d', Landschaftsmaler in Neapel in der 2. Hälfte des 18. Jahrh., nach Zani (Enc.) aus Palermo stammend und Sohn des Vito d' A. Hauptsächlich bekannt durch die von V. Aloja, J. B. Chapuy, E. Strasser und Mixelle nach ihm gestochenen Blättern mit Ausbrüchen des Vulkan und Ätna.

Meyer, Kstlerlex. — Napoli Nobilissima IV 144. ***

Anna, Baldassare d', Historienmaler in Venedig, wohl der reichen vlämischen Kaufmannsfamilie angehörig, die nach Venedig verzogen war. Boni läßt Baldassare gegen 1560 in Venedig geboren sein, wohl etwas zu früh, da er der Schüler des nach Ridolfi 1561 geborenen Leonarda Corona war. In den Registern und Kirchenbüchern Venedigs kommt B.s Name bis 1639 vor. Er gehört zu der venezianischen Manieristenschule, die mit Palma Giov. ihren Anfang nahm, und wußte die Art seines Meister Corona gut nachzuahmen, übertrifft ihn aber oft durch zartere Behandlung, sorgfältigere Durchführung und maßvollere Komposition. B. hat viel produziert, ein Verzeichnis seiner selbständigen Werke ist im Repert. f. K.-W. IX 185 nach den Angaben von Boschini, Zucchini und anderen venezianischen Guiden zusammengestellt, doch sind die genannten Bilder, die sich meist in kleinen, anfangs des 19. Jahrh. aufgehobenen Kirchen und Klöstern befanden, sämtlich verschollen. Auch der Eccehomo, der nach Pinchart (s. Meyers Kstlerlex.) im Ateneo zu sehen war, ist nicht mehr aufzufinden. Erhalten ist in Venedig nur noch das große und bedeutende Bild der Sklavenbefreiung in Sta. Maria Formosa (bez. Baldissera d'Anna 1619) und außerhalb Venedigs ein ganzer Zyklus von 8 großen Altargemälden mit Szenen aus dem Marienleben in der Jesuitenkirche (Garnisonkirche) in Brünn, welche offenbar von Anfang an für diese Stelle bestimmt waren. Das sechste Bild der Folge, Mariae Himmelfahrt, ist Baldissera de Anna P. signiert. Die Gemälde sind wiederholt restauriert worden, am besten erhalten ist die Darstellung im Tempel, die auch in der Zeichnung und in der geschickten Behandlung des Helldunkel hervorragt. Der ganze Zyklus zeigt die venezianer Schule in ihrer konventionellen Verflachung.

Meyer, Kstlerlex. (mit älterer Lit.). — Hawlik, Zus. und Verbess. z. d. Werkchen z. Gesch. d. bild. und zeichn. Kste. im Markgrafentum Mähren 1841 p. 24. 25. — Repertor. f. K. W. IX 185. *A. Kisa.*

Anna, Vito d', Maler in Palermo, † 1769 im Alter von 49 Jahren. Schüler des Pier Paolo Vasta aus Arcireale, des Olivio Sozzi und kurze Zeit in Rom des Corrado Gianquinto. Nach Palermo zurückgekehrt, war er hauptsächlich als Freskomaler tätig. Bemerkenswert sind von ihm besonders die Fresken in der Kuppel der Kirche des Klo-

sters del Salvatore und die Deckengemälde in S. Caterina und S. Matteo in Palermo.
E. Mauceri.

Annaert, Corneille, Maler in Brügge um 1470/80, nur urkundlich bekannt.

Siret, Dict. d. Peintres III. Ausg. *H. V.*

Annaly, Mme, Landschaftsmalerin in Bordeaux, geb. daselbst, Schülerin von Anguin, Baudit und Pelouse, stellte in den Pariser Salons 1878—99 fast alljährlich, meist Flußoder Waldstimmungen ihres Heimatsgebietes aus. Im Salon Bordeaux 1878 war sie mit 2 Arbeiten: „Vallée de Pierre-Brune" und „Marais à Saint-Augustin" vertreten.

Bellier-Auvray, Dict. gén. Suppl. — L'Art XIII. — Kat. d. Paris. Salon. *H. V.*

Annan, Alice Hawthorne, amerikan. Malerin, geb. in New York City. Schülerin von Twachtman, Kenyon Cox, William Chase u. a. Bilder von ihr, besonders Landschaften, sind auf vielen bedeutenden Ausstellungen erschienen. *Edmund von Mach.*

Anne, Gilles van, Dekorationsmaler in Lille, arbeitete 1549 mit mehreren anderen Künstlern unter der Leitung von Jean Braem und Pierre Vargauwe an der Ausschmückung der Triumphbögen, die für den feierlichen Einzug des Prinzen von Spanien, den zukünftigen Philipp II. in Lille errichtet wurden.

Houdoy, Etudes artistiques. *H. Longnon.*

Annedouche, Joseph Alfred, französ. Kupferst., geb. 13. 9. 1833 zu Paris, Schüler von A. Martinet und von Gleyre, trat 1852 in die Ecole des Beaux-Arts ein. Führte Radierungen, Kupferstiche und Schabkunstblätter aus. Seit 1863 stellte er im Salon aus und stach nach W. Bouguereau, Poussin, Portaels, Trayer und anderen.

Le Blanc, Manuel. — Meyer, Kstlerlex. — Bellier-Auvray, Dict. et Suppl. — Béraldi, Grav. du XIXe s. *J. Guibert.*

Année, Charles Antoine Marie, französ. Maler, geb. zu Neapel den 13. 2. 1812 von französ. Eltern, † zu Paris 1842, Schüler von Eug. Dévéria und L. Cogniet, jetzt beinahe vergessen. Er malte in den 30er Jahren zumeist nicht ohne Geschick kleine Sittenbilder aus verschiedenen Lebenskreisen, wie sie damals beliebt wurden. Im Museum von Nîmes ist von ihm ein junges Mädchen, eine Taube liebkosend.

Bellier-Auvray, Dict. gén. **

Anneessens, Jean André, vläm. Architekt, Sohn des 1719 enthaupteten François A., getauft in Brüssel 3. 12. 1687. † 1754 (erstickte in einem Bergwerk bei Aachen). 1705 als Steinmetzmeister in die Gilde der Quatre-Couronnés aufgenommen, vermählt 26. 1. 1709 mit Françoise van Nerven, einer Verwandten des Bildhauers und Architekten Cornelius van Nerven. Von 1710 an leitete A. den Umbau des Klosters Grimberghe bei Brüssel. 1714 erhielt er vom Magistrat den Auftrag, zwei Brunnen für das Rathaus zu entwerfen, die (je 2 Flußgötter aus Marmor mit bronzenen Tritonen und Delphinen) noch jetzt im Hofe desselben erhalten sind. 14. 1. 1733 wurde A. zum Hofarchitekten und -bildhauer der Statthalterin der Niederlande, Erzherzogin Marie Elisabeth ernannt, an Stelle des Pierre Heroguelle, und entwarf für dieselbe 1741 die Zeichnung zu deren Mausoleum in St. Gudule in Brüssel. 1743 wurde ihm der Plan für den Neubau des herzoglichen Palais anvertraut, der aber nur teilweise (Orangerie und Stallung) zur Ausführung kam, nach 1744 führte er die bedeutenden Umbauten des Schlosses Tervueren bei Brüssel aus, das der Statthalter Karl von Lothringen sich zur Sommerresidenz erwählt hatte. Von auswärtigen Arbeiten A.s ist die Wiederherstellung des 1734 durch einen Brand zerstörten bischöflichen Palastes in Lüttich zu nennen, die 1736 bis 1740 ausgeführt wurde (besonders bemerkenswert die neue Fassade).

A. Pinchart in Meyers Kstlerlex. (mit ausf. Lit.). ***

Annegris, Tours, deutscher Maler in Lyon um 1548.

Gazette des Beaux-Arts, II. Pér. XXVIII 169.
H. Longnon.

Annemüller, Gustav, Genremaler in Berlin, stellte 1860 in der Ausstellung der kgl. Akademie 3 kleine Genrebilder: Die feindlichen Brüder; Märkische Gegend und das Aquarell Fischerhütte aus. **

Annen, George, Emailmaler und Landschafter in Genf, geb. daselbst 27. 4. 1842, † 26. 11. 1879, Schüler von Mayor in Paris und seit 1870 von Barthélemy Menn in Genf. Da er sich erst später der Malerei zuwandte und noch jung starb, so umfaßt sein Schaffen nur wenige bedeutende Werke, von denen sich einige Schweizer Landschaftsbilder und Emailarbeiten im Besitz der Familie befinden.

P. Veillon bei Brun, Schweizer. Kstlerlex.
H. V.

Annen, Georgina Marie, Email- und Aquarellmalerin (Blumen) in Genf, geb. daselbst 24. 12. 1843, Schwester von George, Schülerin von Juliette Hébert in Genf und von Rivoire, Laïs und Mme Puyroche-Wagner in Lyon, stellt auf Schweizer Ausstellungen aus. Das Museum Ariana in Genf besitzt ein Blumenstück von ihr.

P. Veillon bei Brun, Schweizer. Kstlerlex.
H. V.

Annen, Joseph Dominik, Schweizer Heiligen- und Porträtmaler, geb. 11. 6. 1829 in Arth, Kt. Schwyz, einige Zeit in München tätig, Schüler von Paul Deschwanden, in dessen Art er zahlreiche Altarbilder in schweizerischen und ausländischen Kirchen gemalt hat. Die bedeutendsten davon befinden sich in der Pfarrkirche in Belfaux (Kt. Freiburg).

M. Dettling bei Brun, Schweizer. Kstlerlex.
H. V.

Annenkoff, Maria Nikolajewna, russ. Bildhauerin, seit 1868 Mitglied der Petersburger Akad., † 1889. Man hat von ihr Büsten und Porträtreliefs.

N. P. Sobko, Russ. Kstlerlex. — Catal. Expos. Moscou 1882, S. 50. *W. Neumann.*

Anner, Emil, Schweizer Radierer u. Maler, geb. 23. 3. 1870 in Baden (Schweiz), Schüler der Akademien Zürich, Genf und München, hier Meisterschüler von J. L. Raab. Lebt seit 1901 in Brugg (Schweiz) als Zeichenlehrer und hat sich durch beachtenswerte künstlerische Leistungen auf dem Gebiete der Originalradierung (Porträts und Landschaften) und der Landschaftsmalerei auch im Ausland bekannt gemacht. Sein Radierwerk umfaßt über 100 Nummern, darunter eine Folge von Porträtköpfen (meist 1895 datiert) und 2 Folgen radierter Skizzen (je 10 Blatt) und Einzelblätter wie das Triptychon „Die Schöpfung" (3 Bl., Aug. 1901) und „Der Judenfriedhof" (Sept. 1901). Auch in der „Jugend" und im „Kunstwart" finden sich gelegentlich Arbeiten von ihm.

Brun, Schweizer Kstlerlex. — Dressler, Kstjahrbuch 1906. — München. Glaspalast-Ausstell. 1901. — Die Graph. Kste. 1903, Mitt. p. 20. *H. V.*

Anner, Heinrich, Dilettant im Malen und Radieren, geb. in Dättwil (Aargau) in der 2. Hälfte des 18. Jahrh., † daselbst 1842 oder 1844. Er kopierte und radierte meist nach Rembrandt; seine Arbeiten sind selten.

Brun, Schweizer Kstlerlex. *H. V.*

Annert, Eduard Christiánowitsch, russ. Architekt, geb. 26. 11. 1790 in Dorpat, † 24. 7. 1848 in Petersburg, war 1801—1815 Schüler der Petersburger Akad., wurde 1827 zum Akademiker befördert und im Baudepartement mit Hafen-, Kasernen- und Admiralitätsbauten beschäftigt. 1836—37 liefert er Entwürfe zu russischen Kirchen für die Kolymanschen Bergwerke und für ein Gut des Fürsten Krapotkin im Rjasanschen Gouvernement, ferner Entwürfe zu Krieger-Denkmälern zur Erinnerung an die 1812 und 1813 Gefallenen. 1841 reichte er der Akad. ein Konkurrenzprojekt zum Bau einer Gedächtniskirche auf dem Schlachtfelde von Poltawa ein.

Отчетъ Импер. акад. худ. (Bericht der Kais. Akad. d. Künste) St. Petersburg für 1828, 1829 u. 1830, S. 36 u. 42; für 1836—1837 S. 17; für 1845—46 S. 21; für 1847—1848 S. 30. — Сборн. матер. для истор. акад. худ. (Sammlung v. Mater. zur Gesch. d. Kais. Akad. d. Künste) I 567, II 9, 38, 49 etc. *W. Neumann.*

Annert, Friedrich Albrecht, geschickter Dilettant im Kupferstechen, geb. in Nürnberg 25. 5. 1759, † daselbst 9. 11. 1800, ursprünglich Posamentier, später Beamter an der Rentkammer seiner Vaterstadt. Bekannt als Stecher von Prospekten der Nürnberger Gegend. Als sein erstes Blatt gilt: Auffahrt des Herrn Blancharts auf dem Judenbühl bey Nürnberg 1787. F. A. Annert del. et sc. qu. Fol.

Meyer, Kstlerlex. **

Annes, Jean, Künstler in Portugal 1454, wahrscheinlich vlämischer Abkunft, nur urkundlich bekannt.

De Laborde, Les Ducs de Bourgogne I p. CXXXII. *H. V.*

Annesley, C., ein sonst unbekannter engl. Landschaftsmaler, von dem sich eine Bleistiftzeichnung, Landschaft mit Wassermühle, bez. C. Annesley 1850 im British Mus. befindet.

Binyon, Catal. of drawings in the British Mus. I 31. **

Annetsberger, Franziska, geb. Beckers, Miniaturmalerin (Hofmalerin) in München, tätig um 1814.

Nagler, Kstlerlex. **

Annex, Giovanni, s. *Johann* v. Fernach.

Annibal, italien. (?) Medailleur um 1550. Seinen Namen trägt eine Medaille mit der Büste des D. Gonzalo Fernandez von Cordoba, ausgeführt im Auftrage des Gonzalo Ferdinand II. von Cordoba. — Eine andere, etwas kleinere Medaille mit der Darstellung eines Reiterkampfes auf dem Avers und der Umschrift: Gonsalvi. Agidari. Victoria. — De Gallis. Ad. Cannas trägt seinen Namen nicht, zeigt aber so große Ähnlichkeit in der Arbeit, daß sie ebenfalls von seiner Hand sein wird. — Auch mehrere mit ANN und ANIB monogrammierte Medaillen sind von einigen ihm zugeschrieben worden.

Armand, Les médailleurs ital. I 176; III 77. — Forrer, Dict. d. med. I 59. **

Annibale, Rocco d', italien. Kupferstecher der ersten Hälfte des 19. Jahrh. Von ihm gestochen: 1. Giov. Rossini, Komponist (1827, Folio, nach L. Liperini); 2. L. Demartini, Tänzerin in Mailand (1827, 8°, nach V. dal Favero).

Meyer, Kstlerlex. *R.*

Annibali, Marmorintarsiator in S. Ippolito, von dessen Hand in den Kirchen dieser Stadt noch zahlreiche mit Mosaikintarsien geschmückte Altäre erhalten geblieben sind.

Vernarucci, a. a. O. *E. Scatassa.*

Annibali, Annibalo, Bildhauer des 16. Jahrh. in S. Ippolito; Werke von seiner Hand sind nicht nachweisbar.

Vernarucci, Di S. Ippolito e degli scalpellini del luogo, Fossombrone 1900. *E. Scatassa.*

Annibali, Ferdinando, Bildhauer aus S. Ippolito, Nachkomme einer von alters her dort ansässigen Künstlerfamilie; zurzeit noch in Velletri tätig.

Vernarucci, a. a. O. *E. Scatassa.*

Annibali, Giovanni, Bildhauer in S. Ippolito, 1798 zum Mitgliede des öffentlichen Sicherheitsrates seiner Vaterstadt ernannt.

Arbeiten von seiner Hand befinden sich in Pesaro, Fano und Urbania.

Vernarucci, a. a. O. *E. Scatassa.*

Annibali, Nino, Bildhauer aus S. Ippolito, Nachkomme einer von alters her dort ansässigen Künstlerfamilie; zurzeit noch in Velletri tätig.

Vernarucci, a. a. O. *E. Scatassa.*

Annichini, s. *Anichini.*

Anniego, Fernando de, span. Baumstr., baute laut Inschrift mit Toribio de Cambarco das Benediktiner-Kloster St. Maria de Piasca in den Bergen von Liébana, Asturia de Santillana in Spanien, das 1439 vollendet worden ist.

Llaguno y Amirola, Not. I 105. △

Annin, P., amerikan. Holzstecher. Von den 20er Jahren bis um Mitte des 19. Jahrh. tätig. Lieferte Illustrationen. Sein schönstes Blatt „The walls of the Grand Cañon" nach Th. Moran.

Linton, History of Wood-engr. in America. *E. Richter.*

Anning, Mrs. F. M. stellte als „Honorary Exhibitor" 1792 in der Royal Acad. ein Blumenstück aus. **

Anning-Bell, s. *Bell,* Robert A.

Annis, J., Landschaftsmaler in London, stellte in den Jahren 1796—1800 5 Flußansichten in der Royal Acad. aus.

Graves, Roy. Acad. Exh. I 38. **

Annis, W. T., engl. Radierer und Maler, tätig zu Anfang des 19. Jahrh., wenig bekannt, aber beachtenswert wegen seiner Mezzotintoblätter wie die folgenden:

1. The dumb Alphabet; halbe Figur eines Mädchens. Schwarzk. Nach J. Northcote. Fol. — 2.—5. 4 Blätter. Des Bauernmädchens Aufbruch und Weg nach dem Markte, Aufenthalt daselbst und Heimkehr. Nach F. Wheatly. Schwarzk. Gr. Fol. — 6. Miß Cotton, Tochter des Dean of Chester, mit der Inschrift „Melinda". Nach Northcote. Fol. — 7. Lady Maria Wollstonekraft Godwin. Nach Opie. — 8. John Fawcott, Schauspieler, † 1837. Nach De Vuilde. — 9. Edward Fitzgerald von New York. Nach T. Nugent. Fol. — 10. 2 Platten (Sunset und Chepstow Castle) in Turners Liber Studiorum.

1799—1811 stellte er wiederholt in der Royal Acad. aus und zwar vorwiegend Landschaften mit Landhäusern, Brücken, Ruinen.

Meyer, Kstlerlex. — Graves, Royal Academy Exhib. I. *R.*

Anni ser (oder Anni[us] Ser[vianus] oder Ser[enus]?), altchristlicher Keramiker und Lucernen-Fabrikant des 3. Jahrh. p. C. n. in Rom. Seine Signatur ANNI SER findet sich an der Unterseite einer altchristlichen „lucerna fictilis" mit der Darstellung des Guten Hirten, gefunden in den Brandtrümmern eines antiken Hauses zu Ostia, sowie auch auf einer Lucerna mit heidnischer Darstellung in der Sammlung Piot zu Paris.

A. Venturi, Stor. d. Arte Ital. (Milano 1901), vol. I, p. 539. *

Anno (I), Miniator, Frankreich 10. Jahrh. Nach der Inschrift „orate pro Annone" unter einer Miniatur der Hs. Ms. lat. 1979 der Bibl. Nat. zu Paris ist A. vermutlich der Name des Miniators, da als Besteller in einem anderen Teil der betr. Inschrift ein gewisser Landolfus bereits genannt ist. Der Stil der Miniatur und die Ornamentik der Hs. ist sehr eigenartig und steht in Beziehung zu Südfrankreich. Zu vergleichen ist ein Evangelienkodex der Bibl. com. zu Perpignan, Ms. 1 (41).

Swarzenski.

Anno (II), Miniator, Reichenau? 10. Jahrh. A. ist der Schreiber und vermutlich auch Miniator des sog. Gerho Codex in der großh. Bibl. zu Darmstadt (Cod. 1948), wie sich aus dem „Titulus" zu einem der Bilder der Hs. ergibt, in welchem A. das Buch dem Gerho (vermutlich Erzbischof von Köln 969—976) überreicht. Die Hs. ist durch ihre Miniaturen und Ornamentik eines der wichtigsten Denkmäler der deutschen Malerei der Ottonenzeit. Sie gehört einer Schule, die durch Vergleich mit anderen Arbeiten auf Reichenau, das blühendste Zentrum deutscher Malerei im 10. Jahrh., zu lokalisieren ist. (Die frühere Annahme, daß die Hs. in Köln entstanden sei, ist durch die neueren Untersuchungen unhaltbar geworden.) Die Hs. vertritt mit ihren Verwandten eine bestimmte, entwicklungsgeschichtlich höchst bedeutende Zwischenstufe zwischen der manieristisch gewordenen karolingischen Tradition (der sog. Adagruppe) und den antikisierenden Bestrebungen der ottonisch-heinrizischen Zeit, wie sie uns in dem Egbertkodex in Trier und der von Vöge zusammengestellten Hs.-Gruppe entgegentritt (s. Liuthar). Unter den dem Gerho Codex verwandten Arbeiten der Schule sind als Hauptwerke zu nennen: Reichenauer Sakramentar in Florenz (Bibl. Naz.), Konstanzer Sakramentar in Leipzig, Hornbacher Sakramentar in Solothurn (S. Ebernant), Petershausener Sakramentar in Heidelberg (Univ.-Bibl.), weiter das Evangeliar von Poussay in Paris (Bibl. de l'Arsénal) und der Egbertpsalter in Cividale.

A. v. Öchelhäuser, Die Miniaturen der Univers.-Bibl. zu Heidelberg I. — Lamprecht, Neues Archiv der Ges. f. ält. d. Gesch.-Kunde IX 620 f. — Vöge, Repertor. f. K. W. XIX 128. — Sauerlandt u. Haseloff, Der Psalter Erzbischof Egberts von Trier 1901. — Swarzenski, Repert. f. K. W. XXVI 391 ff. *Swarzenski.*

Annone, Giovanni Pietro, Steinmetz und Bildhauer (?) aus Como, tätig in Rom, wo er 1566 am Grabmal Papst Paul IV. Verzierungen meißelte.

Bertolotti, Art. Lombardi a Roma; Art. Modenesi etc. a Roma; Art. Subalpini a Roma. — Studi e Documenti di Storia e Diritto XV 131—134. **

Annone, Matteo, Steinmetz aus Como, tätig in Rom, † daselbst 1575. Sein Sohn

Giovanni Pietro, ebenfalls Steinmetz setzte ihm den Grabstein in der Kirche Santi Quattro Coronati in Rom. Matteo arbeitete 1558 einen Marmorkamin für die Camera des Papstes, ferner Wappen und zusammen mit Raf. da Montelupo das Grabmal des Gir. Giustini in der Minervakirche in Rom.

Bertolotti, Art. Lombardi in Roma I 170, 226, II 300. **

Annoni, Stefano, lombard. Architekt in Rom 1521, als Konsul in der Architekten-Korporation erwähnt.

Bertolotti, Art. Lombardi II 289. **

Annovello (oder Armovello, Onnovello etc.) da Imbonate, lombard. Miniaturist vom Ende des 14. Jahrh., Schöpfer des kostbaren Missale Ambrosiano, das Gian Galeazzo Visconti der Basilica Ambrosiana in Mailand stiftete zur Erinnerung an seine am 9. 9. 1395 daselbst abgehaltene Krönungsfeier. Dieses einzige sicher beglaubigte Werk des A. ist von größter Wichtigkeit für die Geschichte der lombard. Miniaturmalerei. Jedenfalls ist der Miniaturenschmuck dieses Missales erst nach 1395 entstanden; geschrieben dagegen wurde es bereits 1370, wie aus einer auf Seite 290 des Codex zu lesenden Anmerkung des Ammanuensis hervorgeht. Außer den kleineren Miniaturbildchen, die von den reichverzierten Initialen umrahmt werden, enthält das Missale drei größere Miniaturgemälde, darunter vor allem die Darstellung der Krönungszeremonie des ersten Herzogs von Mailand. Der Einfluß der Giottesken Trecento-Kunst wird klar ersichtlich aus der Posierung der Figuren und insbesondere aus der Gewanddrapierung. Der Farbenauftrag ist ungemein kraftvoll und läßt uns, obwohl das Inkarnat etwas zu bronzetönig gewählt ist, in A. einen seinen sämtlichen Zeitgenossen weit überlegenen Malkünstler erkennen. Die Signatur desselben befindet sich auf Seite 146 (Rückseite): „Hoc de Imbonate opus fecit Anovelus". Die Figurendarstellungen mittlerer Größe sind bedeutender, als diejenigen größten und kleinsten Formates. Hier und da machen sich gewisse Unkorrektheiten und Härten der Zeichnung geltend, wie sie einer jeden ihrer selbst noch nicht völlig sicheren Jugendkunst eigen sind. — Nach Zani soll Annovello noch 1431 tätig gewesen sein.

Zani, Encicl. XI, 12 (wohl nur versehentlich als Architekt bez.). — Mongeri, L'arte del minio nel ducato di Milano, p. 533 ff. — Beltrami, L'Arte negli arredi sacri della Lombardia (1897) p. 28 f. *F. Malaguzzi-Valeri.*

Anns, Guillaume, s. d. Artikel *Ards,* Willem.

Annunciação, Thomas José, portug. Maler, geb. 26. 11. 1818 in Lissabon, Schüler der dortigen Akad. Zeigte schon früh hervorragende Begabung, so daß ihn Graf Raczynski im Auslande ausbilden lassen wollte, wozu es aber nicht kam. A. war ein tüchtiger Tiermaler, in der frühesten Zeit reichlich konventionell, aber seit einem Studienaufenthalt in Paris (1867) zu einer breiteren und freieren Auffassung gelangend. Vorzüglich in der Darstellung von Schafen und Kühen, malte er „Gang zur Arbeit", „Rückkehr von der Arbeit", „Das Dreschen", „Verirrte aus der Schafherde" etc. Das letztere Gemälde erhielt eine Medaille auf der Madrider Ausstellung von 1871 und befindet sich in England. Andere Werke in der Galeria nacional in Lissabon und in den Sammlgn. der Paläste d'Ajuda und das Necessidades, zahlreiche Bilder auch in den Vereinigten Staaten und Brasilien. Das Oeuvre A.s umfaßt ungefähr 500 Bilder. A. war Professor an der Akad. in Lissabon und starb 3. 4. 1879.

Raczynski, Dict. 11. — Tubino, El Arte y los Artistas contemp. en la Peninsula (Madrid 1871) p. 259. — Chron. des Arts 1879 p. 120 (Nekrol.). *Barreira.*

Annuncio di Puccio, Maler aus Florenz um 1300, nur bei Zani (Enc. met. XV 315) erwähnt. *H. V.*

Annunzio, s. auch *Galizia.*

Anon sc. Norimb., so steht auf verschiedenen Kupfertafeln nach Malereien der Sophia Beezin und des St. Loibel in den beiden ersten Teilen von: *J. Chr. Schäffer, Fungorum qui in Bavaria et Palatinatu circa Ratisbonam nascuntur Icones.* 1762 ff. 4 Thle. — Ein Maler oder Zeichner dieses Namens in der 1. Hälfte des 19. Jahrh. machte das Porträt des Berliner Arztes F. A. Stieglitz, gestochen von Bolt 1827 gr. 4°.

Meyer, Kstlerlex. II 79. **

Anone, Kupferstecher in England. Von ihm der Stich: Heinrich VIII., König von England. 12. Sehr selten. **

Anovelus de Imbonate, s. *Annovello.*

Anquetil de Petitville, französ. Bildhauer und Architekt, arbeitete 1218—1228 am Bau der heute nicht mehr bestehenden Kirche von Notre-Dame in Étretat.

Lami, Dict. d. Sculpteurs 1898 (unter Petitville). *H. V.*

Anquetil, Pierre, Glasmaler in Rouen, 1541 tätig für die Kirche S. Maclou daselbst.

F. Bourquelot, Notice sur les peintres verriers 1847 p. 2260. **

Anquetin, Louis, Maler, geb. in Etrepagny (Eure) am 26. 1. 1861; stellte in den Salons der Société Nationale des Beaux-Arts seit 1890 aus. Seine wichtigsten Arbeiten sind: Scènes de courses, Straßenszenen, nackte Figuren und Stilleben, z. B. Nackte Frau in einer Landschaft; La Croix de Berny; Im Walde (1905); Landschaft in Vetheuil. Ferner Porträts wie sein Selbstporträt (1898) oder die Bildnisse von Camille Mauclair, Paul und Victor Margueritte, M. Zo d'Axa (1901), Madame Edouard Dujardin (1902), M. Gémier in der Rabouilleuse (1903) und große dekorative Kompositionen (1898, 1904), Plafondbild Renaud et Armide (1905), bei M. Empain in Brüssel. Anquetin ist als Künstler unabhängig, einsam, wechselnd, im übrigen aber einer der reich begabtesten Maler seiner Zeit u. scheint anfangs von Degas u. von den Japanern beeinflußt. Er erinnert auch an Manet mit seiner Breite, Freiheit und technischen Tüchtigkeit. Er hat endlich auch die großen Koloristen der Vergangenheit mit Eifer und dem Wissen eines trefflichen Praktikers und mit seltener Assimilationsgabe studiert. Es gibt unter seinen Kopien, seinen Porträts, seinen Stilleben unbegreifliche Stücke, denen die Zukunft gerecht werden wird (Kopie des Descartes von Fr. Hals, 1903). Seine letzten Arbeiten, riesige Dekorationen lyrischen oder mythologischen Gegenstands, sind geradezu gesättigt von Erinnerungen an Delacroix, Rubens und Jordaens. Sie sind mit einer glänzenden und schwungvollen Einbildungskraft belebt.

Cam. Mauclair. L'Impressionisme. Paris 1904, II 195, 233. *François Monod.*

Anquier oder **Aucquier,** Antoine, französ. Bildhauer in Amiens, führte 1513 an einem Turme der Brücke von Le Cange die Stadtwappen aus, 1525 über der „porte du Pilori" ein Bildnis der hl. Jungfrau, und 1530 in der Kathedrale die Grabstatue des Stiftsherrn Adrien de Henecourt.

Lami, Dict. des sculpt. franç. au moy. âge et à la renais. *Lami.*

Anraedt, Pieter van, Maler, geb. in Utrecht, wurde 1660 in Deventer konfirmiert u. heiratete dort 25. 1. 1663 Antonia van der Veen, die Tochter des Apothekers u. Dichters Jan van der Veen. 1673 zog er nach Amsterdam, kam aber 1675 wieder zurück nach Deventer, wo er 13. 4. 1678 in der St. Lebuinus-Kirche begraben wurde. Während seines Aufenthaltes in Amsterdam malte er außer mehreren Porträts 1674 ein Regentenstück für das „Heilige Geesthuis" in Haarlem und 1675 ein ähnliches für das Huiszittenhuis in Amsterdam, beide befinden sich in den Mus. dieser Städte. Ein lebensgroßes Frauenporträt im Kaiser Friedrich-Mus. zu Berlin, Metsu zugeschrieben, ist bestimmt von seiner Hand. In Köln ein Porträt in der Sammlg. Peltzer.

Houbraken III 50. — Houck 295—297, 311—313. — Notiz von A. Bredius. *E. W. Moes.*

Anrather, Karl, Maler, geb. 21. 5. 1861 zu Margreid in Tirol (laut Taufbuch), † 17. 1. 1893 ebendaselbst. Eines Bauern Sohn. Malte neben der Feldarbeit gelegentlich „Marterln" u. kleine Porträts. Mit Unterstützung seines Vaters, dem ein künftiger Zimmermaler vorschwebte, bezog er die Gewerbeschule in Innsbruck. Als er dann an die Münchener Akad. ging, blieb die Unterstützung aus, er kam in bittere Not und mußte, halb krank, heimkehren. Die Verleihung des landschaftlichen tirolischen Stipendiums ermöglichte ihm neuerliche Studien in München und Wien. 1890 erschien das Hauptwerk seines Lebens, das große Historienbild „Kanzler Bienner" (Innsbruck Ferdinandeum). Außerdem werden noch ein Bild „Verlassen", ein Mädchen vor der Klosterpforte darstellend, und eine „Kartenschlägerin" (perman. Ausstellung Innsbruck 1891) von ihm erwähnt. Im Frühjahr 1892 bereiste er Italien; nach seiner Rückkehr erkrankte er aber und starb in seiner Heimat. Der „Kanzler Bienner", eine figurenreiche Szene mit vorzüglich individualisierten Köpfen, in dramatisch packender Komposition und frischem, wenn auch kühlem Kolorit zeigt A. als begabten Nachfolger der großen Münchener historischen Schule.

Tiroler Tagblatt 1893 No. 15, 18. — Innsbrucker Nachrichten 1893 No. 15. *H. Hammer.*

Anreiter, Alois von, Porträtmaler in Wien, geb. in Bozen 16. 6. 1803, † in Wien 1882, malte in seinen jüngeren Jahren feine Miniaturen in Öl auf Elfenbein, von denen die Wiener Miniaturenausstellung 1905 und die Troppauer Miniaturenausstellung 1905 zahlreiche Proben aus den dreißiger und vierziger Jahren des 19. Jahrh. aufwiesen. Später malte er große Aquarellporträts von sorgfältiger Ausführung (Wiener Kunstvereinsausstellung 1851—53). Zwei dieser Aquarellporträts waren auf der Spitzen- und Porträtausstellung, Wien 1906, zu sehen (Katal. No. 267 u. 284).

Wurzbach, Biogr. Lex. — Bötticher, Malerwerke d. 19. Jahrh. — L. Hevesi, Österr. Kst. im 19. Jahrh. 1903 p. 100. *E. W. Braun.*

Anreiter, Johann, Steirischer Maler zu St. Ruprecht a. d. R., † 1716.

Zahn, Mitt. d. hist. Ver. 33. *R.*

Anreiter von Zirnfeld, Anton, Maler der Wiener Porzellanfabrik seit 1754; † 1801. — Zwei signierte und 1755 und 1760 datierte Stücke von ihm bekannt: 1. in Bethnal Green Mus. in London, s. Franks, Catal. of a Coll. of contin. Porcelain 1896 No. 135, pl. III, fig. 29,, Facs. d. Inschr.; 2. in Wiener Privatbesitz (Frau Brigitte Mutterer) s. Katal. der Wiener Porzellan-Ausstellung im Österr. Museum, Wien 1904 No. 1860.

E. W. Braun.

Anreiter von Zirnfeld, J. Karl Wendelin, Maler der Wiener Porzellanfabrik, wo sich auch andere Träger des Namens Anreiter das ganze 18. Jahrh. hindurch befanden. Der obige Künstler scheint später in der Fabrik des Marchese Doccia gewesen zu sein. Eine von ihm mit figuralen Darstellungen und dem Wappen der Anreiter bemalte und signierte Konfektschale in Wiener Porzellan besitzt Dr. A. Figdor in Wien. — Auch als „Winkel"- oder „Hausmaler" ist er nachgewiesen.

wie ein vom Österr. Mus. zu Wien 1907 angekauftes Teeservice zeigt, das mit staffierten Landschaften in Schwarzlot bemalt ist und teils aus Meißner, teils aus Wiener Porzellan besteht. Die Zeit seiner Tätigkeit ist ca. 1830—40.

E. W. Braun u. Folnesics, Die Wiener Porzellanfabrik 1907, Tafel I 2. *E. W. Braun.*

Anreither, Heinrich, österr. Medailleur, nur durch eine geringe Medaille auf die Erbauung der Kirche in Zalathna (Siebenbürgen) vom Jahre 1752 bekannt.

A. Resch, Siebenbürg. Münzen u. Medaillen. 1901 S. 237.

Anrion od. Henrion, Adrien Joseph, belg. Bildhauer, geb. 1730 zu Nivelles (Brabant), † 1773 daselbst. Der Künstler, der viel für die religiösen Kunstbauten arbeitete, die vom Architekten Laurent-François de Wez errichtet worden waren, muß als einer der Vorläufer der klassischen Schule in Belgien angesehen werden. Er war ein Schüler und mittelmäßiger Jünger des Bildhauers Laurent Delvaux und ging später zur Vollendung seiner künstlerischen Ausbildung nach Italien. In Brüssel, wo er dann seine Haupttätigkeit entfaltete, stand er unter besonderer Gunst des Herzogs Charles-Alexandre von Lothringen, des Vertreters der Maria-Theresia. Ein wenig bedeutendes Werk: eine einfache Terrakotta-Statuette, den Glauben (H. 0,37 m) darstellend, befindet sich im Brüsseler Mus. 1750 vollendete Anrion die Statuen des hl. Johannes, des hl. Thomas und der hl. Gertrud, die nahe dem Kreuzarm der Kirche Sainte-Gertrude zu Nivelles Aufstellung fanden. Sie haben keinen großen Kunstwert. 1757 wurden in derselben Kirche die Statuen von Pippin und von Itisberge aufgestellt. 1769 vollendete er für die Kirche Saint-Jacques-sur-Caudenberg zu Brüssel eine Gruppe, die Religion verkörpernd, und eine Statue des hl. Petrus mit dem traditionellen Hahn. Eine Anzahl der hervorragendsten Schöpfungen des Künstlers sind verschwunden, besonders der Ziergiebel der Kirche von Caudenberg, welcher zur Zeit der französ. Revolution zerstört wurde. Anrion stand im Begriff, die letzten Arbeiten an einem Altar mit Flachreliefs auszuführen, der für die Abtei-Kirche de Haut-Heylissem bestimmt war, als ihn der Tod ereilte, ohne daß er dies Werk hätte vollenden können.

Annales de la Société d'Archéologie de Bruxelles 1894—95—96. — Chevalier Edm. Marchal, La sculpture belge, p. 579. — Catalogue du Musée de Bruxelles. — Meirschaut, La sculpture de plein air à Bruxelles. *E. de Taeye.*

Anrique, einer der berühmtesten span. Steinmetzen seiner Zeit, verfertigte laut Urkunde 1380 für König Johann II. die knienden Statuen an dem Grabmal seines Vaters Henrique II. in der Kapelle der neuen Könige in der Kathedrale zu Toledo, die dort im Presbyterium standen, ehe die Kapelle 1531 ganz neu hergestellt wurde. Auch schreibt man ihm kleine Basreliefs über den Türen der erst 1401 in Angriff genommenen Kathedrale von Sevilla zu.

Cean Bermudez, Dicc. I 35—36. — Quandt, Bemerkungen etc. p. 177. △

Anriquez (Enriquez), Juan, portug., in Sevilla lebender Maler. Am 22. 1. 1540 verpflichtet er sich in Gemeinschaft mit dem Bildhauer Gomez de Horozco einen großen Altar für die Hauptkirche von Gibraltar auszuführen, er übernimmt dabei 6 große Gemälde.

Gestoso, Artif. Sevill. II 12—13. *M. v. B.*

Anrubra, Hieronymus, ung. Maler, in Budapest tätig, 1753 erwähnt.

„Archaeologiai Ertesitö, ú. f." III 99. *K. Lyka.*

Ans (Hans), Maese, Bildhauer und Archit., Deutscher von Geburt, ließ sich in der 2. Hälfte des 15. Jahrh. in Zaragoza nieder, wo er eine Eingeborene heiratete. 1474 bittet er den König um Erlaubnis, sich nach Perpignan begeben zu dürfen, um Arbeiten zu inspizieren, welche nach seinen Plänen hergestellt wurden; 1477 beendigte er den Hauptaltar der Kathedrale (Seo) in Zaragoza.

Viñaza, Adic. I 16. *M. v. B.*

Ansaldi, Innocenzo, italien. Maler, Dichter und Kunstschriftsteller, geb. zu Pescia 1734, † daselbst 16. 2. 1816. Von seinen Kirchenbildern wird erwähnt: ein Martyrium zweier Heiligen in S. Vitale zu Pistoja. Nach seiner Zeichnung in Kupfer gestochen ist ein Bildnis des Komponisten Vincenzo Righini (1756—1812, gestochen von Ferd. Gregori). Seine Schriften: 1. Descrizione delle Pitture etc. di Pescia (Bologna 1772; II. Ed. Pescia 1816) 2. Catalogo delle migliori Pitture etc. della Valdinievole (in „Istoria di Pescia"); 3. Il Pittore Originale, poemetto didascalico (Übersetzung nach Dufresnoys „De Arte Graphica"; herausgegeben mit biographischen Notizen über Innocenzo Ansaldi von D. Moreni, Florenz 1816).

Meyer, Kstlerlex. — Boni, Biogr. d. Artisti. — Tolomei, Guida di Pistoja (1821) p. 121. — Campori, Lettere p. 443 ff. — Alizeri, Not. dei Prof. del Disegno etc. (1864 bis 66) vol I. — C. Stiavelli, Saggio di una Bibliografia pesciatina, Pescia 1900 p. 66, 304. *R.*

Ansaldo, Andrea, geb. 1584 in Voltri bei Genua, † in Genua 20. 8. 1638. Ausführliche Lebensdaten erzählt Soprani. A. war Schüler des Orazio Cambiaso, studierte auch die Werke der Venezianer, besonders Veroneses. Für Voltri malte er mehrere Bilder, so besonders einen hl. Ambrosius, der dem Kaiser Theodosius das Abendmahl reicht (im Oratorium von S. Ambrogio). Soprani berichtet, daß er mit außerordentlicher Schnelligkeit arbeitete. Ein Bild des hl. Marciano für den Dom von Tortona soll er in wenigen

Tagen gemalt haben. Durch eifriges Studium der Werke des Rubens gewann er in späteren Jahren für seine Tafelbilder ein prächtiges leuchtendes Kolorit und eine Feinheit der Lichtbehandlung, die seine besten Werke vor den meisten genuesischen Bildern auszeichnen. In dieser Beziehung ist sein Meisterwerk die Taufe der hl. drei Könige im Oratorio di San Antonio Abbate e delle cinque piaghe in Genua. Ein Orgelflügel im Dom, der hl. Lorenzo die Kommunion in der Kirche verteilend, zeigt eine ähnliche Komposition; in einer Kreuzabnahme der genuesischen Akademie glaubt man den Einfluß Van Dycks wahrzunehmen; in S. Stefano findet sich die Steinigung des Heiligen; eine Figur der Fortezza im Palazzo Ducale; ein ausgezeichnetes Brustbild eines jungen Kriegers (dem Tintoretto zugeschrieben) im Palazzo Rosso. In den Fußtapfen des Luca Cambiaso sehen wir A. in dekorativen Malereien in einem Palaste der Brignole-Sale (Piazza Embriaci 5) und in der Villa Spinola (via de' Marini in Sampierdarena). Das leidenschaftliche Interesse für die Perspektive bekundet die kühne Himmelfahrt der Maria in der Kuppel der S. S. Annunziata a Guastato; ein Werk, das man als letzte Konsequenz der seit dem Trecento in der Lombardei mit unermüdlichem Eifer betriebenen perspektivischen Studien aufzufassen berechtigt ist (das Fresko wurde um 1700 von Gregorio Deferrari restauriert). Schüler A.s sind Orazio Deferrari, Gioachimo Assereto, Giuseppe Badaracco und Bartolommeo Basso gewesen.

In der Sammlung Boscoli in Parma befanden sich ein Abendmahlsbild und eine Darstellung Coriolans vor Rom, auf der vente Kaïeman in Paris (1858) zwei Zeichnungen. Andere Blätter in Genua (Pal. Bianco) und Wien (Albertina).

Soprani, Vite de' Pittori ecc. Genovesi, Genova 1674 p. 141—146. (Hier auch sein Bildnis gestochen von L. G. Guidotti.) — Baldinucci, Opere XI 479—481. — Serie degli Uomini illustri in Pittura ecc. IX 107 ff. — Bartoli, Notizia ecc. II 86. — Ratti, Istruzione ecc., p. 385. — Millin, Voyage en Savoie etc. II 166, 190, 199, 206. — Rosini, Storia della Pittura. — Gius. Campori, Raccolta di cataloghi ed inventarij inediti di quadri, statuo, disegni, bronzi ecc. Modena 1870 — Dr. H. Mireur, Dictionnaire des ventes d'art I. Paris, 1901. — Fed. Alizeri, Guida di Genova. Genova 1876. — W. Suida, Genua, Leipzig 1906 p. 172 ff. *W. Suida.*

Ansaloni, Nicolò, gen. Nicolò da Modena, nach Zani, Enc. met. II 136 ein geschickter Stuccateur und Plastiker in Modena um 1553. **

Ansaloni, Vincenzo (auch fälschlich Anselini gen.), Maler von Bologna aus der Schule der Carracci, in die er auch Guido Reni einführte (1594). Tätig um 1600 in Bologna und noch jung gestorben. Altarbilder in Bologna: bei den Coelestinern (in der ehemaligen Kapelle Buonfigliuoli) Maria mit Kind und Heilige; in S. Stefano (Kap. Fioravanti) ein hl. Sebastian mit Engeln; in S. Giacomo Maggiore Mariä Heimsuchung.

Malvasia, Felsina Pittrice I 407. — Masini, Bologna perlustrata I 125, 130. — Pitture etc. di Bologna 1782, p. 6, 55, 196, 321. *Hans Posse.*

Ansano di Francesco, Holzschnitzer in Siena, fertigte 1572 geschnitzte Chorstühle im Oratorium der Compagnia d. S. Giovanni Battista genannt della Morte.

Borghesi e Banchi, Nuovi Docum. per la stor. d. arte senese 591. **

Ansano, s. auch *Sano.*

Anschütz, Hermann, Maler, geb. 12. 10. 1802 zu Coblenz, † 30. 8. 1880 zu München. Nachdem er in seiner Vaterstadt den ersten Malunterricht genossen hatte, bezog er die Akad. zu Dresden, wo er in das Atelier des Historien- und Porträtmalers August Hartmann, des späteren Direktors der Anstalt, eintrat. Der Ruf der unter Cornelius aufblühenden Akad. lockte ihn 1822 nach Düsseldorf, 1826 folgte er Cornelius in den neuen Wirkungskreis nach München. Dort entstand 1827 die erste selbständige Arbeit „das Urteil des Midas", Deckenbild im großen Odeonssaal. 1830/31 Studienreise nach Neapel im Auftrag König Ludwigs I. Frucht dieser Reise sind die enkaustischen Malereien im Festsaalbau der Residenz (Speisesaal, Ballsaal), im Stile der pompejanischen Wandmalereien gehaltene antike Vorwürfe teils nach eigenen, teils nach den Kompositionen Prof. Clemens Zimmermanns. Seine innige religiöse Überzeugung führt ihn bald zu heiligen Stoffen, Madonnen und Magdalenen, in denen er an Sassoferrato erinnert. Zu seinen gelungenen Werken zählt eine Himmelfahrt Mariae in der Stadtpfarrkirche zu Fürth im bayrischen Walde, entstanden zu Anfang der 1860er Jahre. 36 Jahre leitete er mit Hiltensperger und Strähuber den Zeichenunterricht an der Münchener Akad.; ihm unterstand die sogenannte „Naturklasse", in der nur nach dem lebenden Modell gearbeitet wurde. Seine schön gelegten Draperien sind sein bestes, aber auch sein einziges Lob.

Kunstchronik XVI (1881) 8 (Nekrol.). — Foerster, Gesch. d. Malerei des 19. Jahrh. *Hans Mackowsky.*

Anschütz, M. E., sonst unbekannter Berliner Porträtmaler in der 1. Hälfte des 19. Jahrh. Nach seinem Porträt der Schauspielerin Th. Dessoir, geb. Reimann, hat C. Patzschke eine Lithographie gezeichnet.

Meyer, Kstlerlex. *H. V.*

Anschütz, s. auch *Anshutz.*

Ansdell, Richard, bekannter engl. Tiermaler, geb. 11. 5. 1815 zu Liverpool, † 20. 4. 1885 zu Farnborough, Hampshire, bildete sich auf der Liverpooler Academy, aber in der

Hauptsache selbständig auf Studienreisen in Nordengland und Schottland und stellte 1840 zuerst in der Royal Acad. in London eine Birkhühnerjagd und eine Farm in Galoway aus. Neben Jagdstücken und Haustieren malte er in der ersten Zeit auch historische Szenen, Genrebilder und Schlachten, z. B. das 1842 ausgestellte und vielbesprochene Bild: Der Tod Sir W. Lambtons in der Schlacht bei Marston Moor; doch zeigte sich, daß die Darstellung von Kampfgetümmel des Malers Stärke eigentlich nicht war. Zwischen 1843 und 1850 behandelte er hauptsächlich die Jagd und wilde Tiere, große, stark bewegte Bilder, die Landseers Einfluß verraten. 1847 zog er von Liverpool nach London. Seit 1850 widmete er sich vorwiegend der Darstellung der Haus- und Zuchttiere und zwar mit einer gewissen idyllischen Note, z. B. die vielgelobte „Rast des Ochsentreibers auf der Insel Mull". Häufig arbeitete er in dieser Zeit zusammen mit Creswick, der das Landschaftliche übernahm. 1855 malte er ein gelungenes Bild „Die Fütterung der Kälber" zusammen mit Frith, der seinerseits die menschlichen Figuren übernahm. 1856 und 1857 machte er Studien in Spanien, die sich in seinen flotten und meisterlichen, im Kolorit jetzt etwas dunkler gehaltenen Bildern der 60er Jahre widerspiegeln. Neben Landseer war er der angesehenste Tiermaler Englands, diesem aber nachstehend im Ausdruck der Tiere und der Lebendigkeit ihrer Bewegungen. — Gemälde von ihm in der Galerie von Liverpool, Manchester und in der Kunsthalle zu Hamburg. Er radierte auch mit Geschick, z. B. folgende Blätter: Jagdhund beim Rebhuhn, the Shepherds Revenge, Waiting for Help, Highland Shepherd, Ploughing in the Spring, Interrupted Meal, Retriever and Hare, Death of the Stag, Ruhender Schäfer mit Hund, The Sea Shore, Highland Sheep, Der Park, Sleepest or wakest thou?, Winters Song, The Sentinel, Fellow-Commoners.

Meyer, Kstlerlex. — Bryan, Dictionary. — Graves, Roy. Acad. I 52 (hier 149 Bilder von 1840—1885 verzeichnet). — Clement and Hutton, Artists of the 19 cent. — Art Journal 1860, 233 fg. (illustr. Artikel); 1885, 192; 1904, 217. *F. Becker.*

Anse, Luggert van, aus dem Kramm zwei Personen gemacht hat, war ein unbedeutender holl. Kupferstecher u. Kartenzeichner, dessen Arbeiten von 1709 bis 1716 vorkommen.

Oud-Holland XVIII 235, 241, 242. — Meyer, Kstlerlex. *E. W. Moes.*

Anseau de Sens, s. *Ancelet* de Ceus.

Anseele, Frans, Maler, geb. in Gent am 20. 10. 1819, seinem bleibenden Aufenthalte, Schüler der Akad. u. des Peter van Hanselaer. Er stellte im Salon von Gent 1847, 1850, 1853, 1862, 1868, 1871 und im Salon von Brüssel 1869 Bildnisse aus. Von ihm sind auch die Darstellungen des Kreuzweges in der Kirche von Bouchaute.

Meyer, Kstlerlex. *Pol de Mont.*

Ansehelmus, Architekt in Korvey ca. 1148; s. a. Anselmus.

Godefridus ca. 1148. **

Ansel, Anselet, s. *Ancelet.*

Anselin, Jean-Louis, französ. Kupferstecher, geb. 1754 in Paris, † 1823, Schüler des Augustin de St. Aubin, stach sowohl geschichtliche Szenen, z. B.: Le Sabinus découvert, nach Taillasson; Molière lisant son Tartuffe chez Ninon de Lenclos, nach Mousiau; le Siège de Calais, nach J. S. Berthelemy; als auch Genrebilder, z. B. „vous avez la clef, mais il a trouvé la serrure", oder „la faute est faite, permettez qu'il la répare", nach Borel. Von seinen Porträt-Stichen seien genannt: das hervorragende Porträt der „Madame Pompadour en belle Jardinière" nach Van Loo, dasjenige des Marquis de Lally-Tolendal, nach C. P. Verhulst und das des Marquis de Miroménil. Er stach außerdem Vignetten u. a. nach Monnet für die Poesien von Bertin und von Parny. Während der Revolution gehörte der Künstler zum „Comité d'Instruction de la Société populaire des Arts" mit Berwic. Er war ein ausgezeichneter Stecher, aber sehr korrekt und ziemlich kalt.

Portalis et Béraldi, Les graveurs d. XIX. s. — Le Blanc, Manuel. — Bellier-Auvray, Dict. gén. — Joubert, Manuel. — Jal, Dict. crit. — Piot, Etat civ. — Meyer, Kstlerlex. (Verz. zahlreicher Stiche). *P. A. Lemoisne.*

Anselin, Louis Julien, Landschaftsmaler, geb. in Amiens, stellte im Pariser Salon 1846—48 einige Heimatmotive aus.

Bellier-Auvray, Dict. gén. *H. V.*

Anselini, s. *Ansaloni.*

Ansell, Charles, Figuren- und Pferdemaler zu London in der 2. Hälfte des 18. Jahrh. Mehrere seiner Werke sind durch Stiche bekannt, z. B.: The Wedding Ring. Ansell del. Edd Scott sculps. 1787. Oval. Fol. Punktiert. — The Valentine. Ansell del. Edd Scott sculps. 1787. Oval. Fol. Punktiert. — The Death of a Race horse, 6 Bl. Gest. von Francis Juckes. 1784. qu. Oval. Tuschmanier. — Und die folgenden von P. W. Tomkins in Punktiermanier gestochenen Blätter: Arthur and Emeline. Rund. Fol. — Rozina. Rund. Fol. — The poor Soldier. Published Jany. 24th. 1786 etc. Rund. Fol. — Comme on se chauffe à la Française. Oval. Fol. — Comme on se chauffe à l'Anglaise. Oval. Fol. — In den Ausstellungen der Royal Academy war er in den Jahren 1780 und 1781 mit 3 Porträts und dem Gemälde: Convent of the Paraclete vertreten.

Meyer, Kstlerlex. — Redgrave, Dict. — Binyon, Catal. of drawings in the British Mus. **

Anselm, holl. Maler, führte 1390/91 Malereien im Rathause in Arnhem aus.

Galland, Gesch. d. holl. Baukunst etc. 564.
E. W. Moes.

Anselma, s. *Lacroix,* Marie.

Anselme, Architekt in Douai, baute den Turm der Kirche von Saint-Léger zu Lens wieder auf, Anfang des 17. Jahrh.

Bauchal, Dict. d. Archit. Français. *H. V.*

Anselmi, Antonio, Bildhauer in Carrara, geb. 5. 11. 1766, † 24. 3. 1806.

Elogio funebre di Ant. Anselmi recitato nei di lui funerali Accademici in Carrara etc. dal G. Fantoni Labindo. Tom. III der Poesie des letzteren p. 173—180. **

Anselmi, Benedetto, Bildhauer in Parma. Nur von Zani, Enc. met. II 137 ohne nähere Angaben erwähnt. **

Anselmi, Carlo, italien. Maler, 17. Jahrh., lebte und arbeitete im Neapolitanischen und in Sizilien. A. malte für die Casa Professa del Gesù in Palermo ein Bild mit den vier „Doctores der Kirche" (Kirchenväter), dem der Poet Andrea Perrucci ein Gedicht widmete (veröffentlicht in den „Idee delle Muse", Napoli 1695).

Napoli Nobilissima X 143. *G. Degli Azzi.*

Anselmi, Francesco, Maler, half seinem Vater Michelangelo Anselmi bei dekorativen Arbeiten in den Kirchen von Parma und in Reggio Emilia. — 1556 machte er sein Testament.

Scarabelli-Zunti, Mscr. in der Bibl. Palat. zu Parma. *St. Lottici.*

Anselmi, Giacomo (Giangiacomo), Maler von Bergamo, wahrscheinlich um 1560 geb. und vielleicht Schüler von Enea Salmeggia, da er mit diesem einige Verwandtschaft zeigt. Sein noch erhaltenes Bild in der kleinen Kirche von Sudorno, Madonna mit dem Kinde zwischen den knienden hh. Joseph und Carlo, unter einem von zwei nackten Engeln gehaltenen Zelttuch, ist zwar hart und gewöhnlich in den Typen der Heiligen, aber von einer gewissen Anmut in Jungfrau und Kind, welche an die Einfachheit der älteren Meister erinnert. Es ist bez.: Jacobus D. Anselmis pingebat 1597. Ein zweites Bild des Meisters, eine 1598 an die Wand eines Hauses (vielleicht das des Künstlers selbst) gemalte Pietà gelangte durch ein vor demselben geschehenes Wunder 1602 zu hohem Ruf, so daß ihm ein Kirchlein erbaut wurde, in das es, nachdem man es von der Mauer losgelöst hatte, feierlich gebracht wurde.

Calvi, Effemeride Sacro-profane di Bergamo. Milano 1676. — Tassi, Vite de' Pittori etc. Bergamaschi. I 187. — Carlo Marenzi, La Pittura in Bergamo. Bergamo 1822. — Locatelli, Illustri Bergamaschi. Bergamo 1869 II 388—391. — Meyer, Kstlerlex. *R.*

Anselmi, Giorgio, Maler, geb. zu Verona 1723, † 1797, Schüler des Balestra. Er war besonders als Freskomaler in Mantua und Verona tätig und wenn auch gewöhnlich in der Erfindung, nachlässig in der Zeichnung, doch gewandt in der dekorativen Ausstattung großer Räume sowie wirksam und harmonisch im Kolorit. Sein Hauptwerk war die Ausmalung der Kuppel von S. Andrea in Mantua, die freilich zu dem klassischen Charakter der von L. B. Alberti erbauten Kirche nicht paßte, aber ihrer Zeit vielen Beifall fand: sie stellt inmitten der Scharen der Patriarchen, Propheten und Heiligen die Stadt Mantua unter der Gestalt einer königlichen Frau vor, welche die Schale mit dem hl. Blute hält. Auch die Malerei in der Wölbung des Chors, das Martyrium des Apostels Andreas, ist von A., sowie auch einige der kleinen Fresken über den Türen der Kirche. Ferner malte er 1775 in einer Galerie des herzoglichen Palastes sämtliche Flüsse des Gebietes von Mantua in allegorischen Figuren; diese Darstellungen in der davon benannten Galleria dei Fiumi sind noch erhalten. — Wenig ist von den Werken des Meisters in seiner Vaterstadt Verona geblieben: einige Fresken in den Häusern Salvetti und Erbisti (wenigstens 1820 noch erhalten) und namentlich in der Kirche S. Zeno das Altarbild mit dem Abendmahl.

Susani, Nuovo Prospetto etc di Mantova pp. 15, 117, 122, 123. — Persico, Descrizione di Verona I 54, 200. — Bernasconi, Studj etc. p. 378. — Carlo d'Arco, Arte di Mantova II 208, 209. — Weigel, Die Werke der Maler in ihren Handzeichnungen. — Meyer, Kstlerlex. *R.*

Anselmi, Giov. Maria d'Angelo degli, Maler in Perugia 1693, aufgeführt in der Matrikel der dortigen Malergilde.

Rassegna Bibliograf. d. Arte ital. II 216. *

Anselmi, Michelangelo, auch Michelangelo da Lucca und noch häufiger Michelangelo da Siena oder lo Scalabrino genannt. Maler, 1491 zu Lucca geb., † 1554 zu Parma. Vasari bezeichnet ihn irrtümlich als „Sienesen dem Herkommen nach, aber Parmesaner geworden". Seine Familie war längst in Parma ansässig gewesen, und sein Vater Antonio hatte nur zeitweilig, des Landes verwiesen, in Lucca eine Zuflucht gefunden, wo denn auch Michelangelo geboren wurde. Von Lucca zog der Vater bald nach 1500 mit seinen beiden Söhnen, von denen der eine, Paolino, Färber war, nach Siena; hier machte unser Meister, wie es heißt in der Werkstatt des Sodoma, seine Lehrjahre durch und blieb er auch wohl noch, als der Vater 1505 nach Parma zurückkehrte. In jenen Jahren malte er eine Heimsuchung für die Brüderschaft von Fontegiusta, die übrigens keineswegs zu seinen besten Werken gehört. Kurz nach 1516, doch bereits als selbständiger Künstler, scheint er nach Parma gekommen zu sein, wo er dann allerdings den bedeutenden Einfluß des Correggio erfuhr. Zunächst war er daselbst für die Kirche und das Kloster von S. Giovanni Evangelista tätig und malte außer verschiedenen noch erhaltenen Fresken (aus der Legende der Apostel Petrus und Paulus usw.) auch ein an Ort und Stelle noch befindliches Ölbild: die tüchtige lebensgroße Figur eines kreuztragenden Christus. Von ihm sind ferner in derselben Kirche die Arabesken an der Wölbung des Hauptschiffes, während die Friese und Kandelaber (an den Pilastern usf.) nach den Zeichnungen Correggios von Rondani und Torelli ausgeführt sind. — Wahrscheinlich waren dies A.s erste Arbeiten in Parma. Als dann 1522 den angesehensten Künstlern der Stadt die malerische Ausstattung des Domes übertragen wurde, fiel auch ihm — neben Correggio, Parmigianino, Aless. Araldi und Franc. Rondani — ein Teil dieser Augabe zu. Die bezüglichen Verträge mit den Meistern sind im Domarchive noch erhalten (veröffentlicht bei Martini); derjenige mit A. ist vom 21. 11. 1522 und bestimmte als Preis für die Arbeit 200 Golddukaten, eine damals nicht unbeträchtliche Summe. A. hatte dafür die große Seitenkapelle (Cappella Montini) neben der Kuppel auszumalen; doch kam die Ausführung erst nach 1548 zustande, nachdem am 14. 11. dieses Jahres die Bauvorsteher mit dem Künstler sowohl über jene Arbeit als über eine neu hinzukommende — die Ausmalung zweier Abteilungen im Hauptschiffe — einen neuen Vertrag abgeschlossen hatten. Diese Fresken sind zwar noch vorhanden, aber sehr beschädigt, zudem diejenigen in der großen Seitenkapelle von Ant. Bresciani 1768 gänzlich erneuert. In derselben Kirche sind auch zwei Altartafeln von A., von denen wenigstens die eine, die hl. Agnes erscheint mit anderen hh. Jungfrauen ihren Angehörigen, weit früher gemalt war, da sie die Jahrzahl 1526 trägt; die andere, in einer Kapelle des Seitenschiffs nach Süden, stellt die Jungfrau mit dem Kinde und verschiedenen Heiligen vor. Auch für andere Kirchen, wie für S. Francesco del Prato, das Oratorium della Concezione, S. Stefano und S. Pietro Martire, fertigte A. Wandgemälde und Ölbilder. In S. Stefano sieht man ein besonders treffliches in rein correggeskem Stil gehaltenes Gemälde A.s, darstellend Johannes den Täufer. Ein anderes Hauptwerk des Meisters wurde aus S. Stefano 1800 mit anderen Kunstschätzen als Kriegsbeute nach Paris geschleppt und ist auch dort geblieben (im Louvre): Madonna mit dem Kinde in einer Engelsglorie, von Johannes und dem hl. Stephan verehrt. Dieses Werk gilt mit Recht für eines der besten Staffeleibilder des Meisters; das Urteil Waagens, es sei nur eine geringe Nachahmung Correggios, ist doch zu streng: es zeichnet sich durch eine warme und harmonische Färbung, sowie durch gefällige Anmut in Madonna und Kind aus. — Das Gemälde aus S. Pietro Martire, eine Kreuztragung (Gang zum Kalvarienberg), befindet sich jetzt in der Akad. zu Parma. Es hat eine Zeitlang für ein Originalwerk Correggios gegolten, da es in der Weise dieses Meisters gemalt ist; aber die Härte der Formen, das Fratzenhafte des Ausdrucks, das Manierierte und Schwülstige in den Figuren, zeigt deutlich genug, daß wir hier nur einen Nachfolger des großen Malers vor uns haben, wenn auch dem Kolorit eine schöne Wirkung nicht abzusprechen ist. — 1538 wurde A. nach Busseto berufen, um für die Hauptkirche daselbst verschiedene Malereien auszuführen und insbesondere die Kapelle della Concezione mit Fresken zu schmücken. Den 10. Sept. wurde der Vertrag für diese Arbeit zu 60 Dukaten in Gold abgeschlossen; doch brachte der Meister die Ausführung erst im Herbste 1539 zu Ende. Später wurden diese Malereien bei einem Umbau der Kapelle übertüncht, und erst im vorigen Jahrh., da man eine neue Bauveränderung vorhatte, entdeckte sie ein Maler Tagliasacchi und brachte sie wieder zum Vorschein: es sind die Kirchenväter vorgestellt, sinnend über das Geheimnis der Immaculata (wie sich aus Inschriften auf Tafeln ergibt), umgeben von anmutigen Kindergruppen (an einem Pilaster die Inschr.: Anno MDXXXIX. Mense Septembris). Eine Fahne, welche A. für die Brüderschaft jener Kirche malte und die ihm mit 5 Dukaten bezahlt wurde, ist verschollen. — Eine nicht unbedeutende Arbeit, wieder für Parma, fiel ihm darauf 1540 zu. Parmigianino hatte die von ihm begonnenen Wandmalereien in der Madonna della Steccata bei seinem Tode unvollendet hinterlassen; A. wurde nun mit der weiteren Ausführung betraut und ihm insbesondere das große Fresko hinter dem Hauptaltar, die Krönung der Maria mit vielen Heiligen, Kirchenvätern und Engeln übertragen, wozu indessen nicht er, sondern Giulio Romano — nach Vertrag mit den Bauvorstehern der Kirche vom 14. März 1540 — den Entwurf, und zwar in einer kleinen Aquarellzeichnung, lieferte. A. führte die Malerei zur Zufriedenheit der Besteller aus. Noch ehe er damit ganz fertig geworden, wurde im Oktober 1548 ein neuer Vertrag mit ihm abgeschlossen, wonach er, außer mehreren einzelnen Figuren und Ausbesserungen von solchen, die ihm früher nicht gelungen, sowie anderer, die Parmigianino vernachlässigt oder gar absichtlich verdorben, hauptsächlich eine Anbetung der Könige über dem Eingang der Steccata zu malen hatte. Dieses Werk, das zu den besten Fresken des Meisters gehört, hat insofern noch ein besonderes Interesse, als einer Überlieferung zu Parma zufolge der Künstler sich selber in dem Manne mit dem nach lombardischer Art voll angeordneten schwarzen Haar abgebildet hat. Indessen starb er über der Vollendung des Werkes, welche dann nach seinem Tode Bernardino Gatti übernahm, indem dieser namentlich die Verzierungen hinzufügte. — In der Zwischenzeit zwischen jener ersten und dieser letzten Malerei in der Steccata muß sich A. in Siena aufgehalten haben, da er daselbst 1544, wie es scheint in bedrängter Lage, ein noch erhaltenes Bittgesuch an die Signoria von Siena richtet (s. Gaye). Darnach führte er noch den Beinamen Scalabrino (Schlaukopf), der sich übrigens öfters bei Künstlern findet. — Die zu Parma noch vorhandenen Werke des Künstlers haben wir fast alle angeführt; in der Akad. daselbst befindet sich noch eine hl. Familie mit der hl. Barbara, die ihm ebenfalls zugeschrieben wird. Außerdem befindet sich von ihm ein gutes Altarbild zu Reggio in der Basilika S. Prospero: eine Taufe Christi mit vielen Figuren. Ferner soll in S. Giovanni Evangelista zu Reggio Emilia noch ein Madonnenbild von der Hand des A. zu sehen sein (Descriz. delle pitture di Reggio, anonym. Mskr. des 18. Jahrh. in der Bibl. Estense zu Modena). Endlich finden sich noch zwei Putten-Ovale von A.s Hand (unter „Michelangelo da Siena") zitiert in Coccapanis Catalogo delle Pitture. — Von auswärtigen Sammlungen besitzt das Pariser Louvre-Museum das bereits erwähnte Madonnenbild A.s aus S. Stefano in Parma, sowie die Wiener Liechtenstein-Galerie eine Madonna mit dem Christkinde von der Hand unseres Meisters. Zugeschrieben werden demselben eine Madonna mit den hl. Katharinen von Alexandrien und von Siena in der Londoner Northbrook-Collection und (von Morelli) die unter Correggios Namen gehende Madonna mit den hl. Jacobus und Hieronymus in der Münchener Pinakothek. Auch den „Schlaf des Christkindes" im Neapeler Museum (No. 6) will Morelli nicht als Correggio, sondern als Werk des A. betrachtet wissen. Die dem A. gleichfalls zugewiesene Kopie einer im Originale verloren gegangenen „Geburt Christi" von Lorenzo Lotto in den Florentiner Uffizien hat dagegen nichts mit unserem Meister zu tun. — A. ist wie schon bemerkt, im wesentlichen Nachahmer des Correggio und als solcher unter den Künstlern der Nachblüte bemerkenswert. Er versteht zumeist eine gewisse gefällige Anmut zu erreichen und verbindet damit einen warmen Ton (besonders durch die Mannigfaltigkeit des von ihm angewendeten Rot), harmonische Gesamtwirkung und eine gediegene Ausführung; dagegen ist er in der Komposition meist überladen, in der Anordnung und Erfindung schwach, im Ausdruck geziert, in den Stellungen übertrieben und hart in den Umrissen. Unter seiner Hand erstarren gleichsam die zarten und beweglichen Typen des Correggio.

Vasari, ed. Le Monnier XI 246. — Affò, Il Parmigiano, Servitore di Piazza. — Gaye, Carteggio etc. II p. 325. — Vitali, Pitture di Busseto. Parma 1819 pp. 23 ff. — Gualandi, Memorie originali italiane etc. S. IV 51—61. — Gualandi, Nuova Raccolta di Lettere etc. II 1 ff. — Bertoluzzi, Guida di Parma. — Malaspina, Nuova Guida di Parma p. 27, 31, 33, 47, 105, 157. — Campori, Gli artisti italiani etc. negli stati Estensi. — Carlo d'Arco, Arte ed Artisti di Mantova II 127. — Martini, Correggio p. 175, 183. — Meyer, Kstlerlex. — Campori, Raccolta de' Cataloghi. — Marchesi, Mem. d. artisti domenicani II 340. — Diarii di Reggio pel 1825 e pel 1826. — Arch. stor. d. Arte ital. VII 260, ser. II, II 431. — Rivista d'Arte IV 31 ff. — J. Lermolieff, Die Gal. zu München und Dresden p. 103. *R.*

Anselmi, Pellegrino di Giovanni degli, Bildschnitzer und Intarsiator in Bologna, schuf in Gemeinschaft mit Pietro d'Antonio da Firenze und im Auftrage der Canonici von S. Giovanni in Monte das noch heute erhaltene Chorgestühl in der Kirche S. Vittore bei Bologna, laut Kontrakturkunde vom 11. 4. 1424.

Rassegna d'Arte 1901 p. 25 f.
F. Malaguzzi-Valeri.

Anselmi, Pietro, Maler in Parma, tätig um 1526.

Zani, Encicl. II 136. *F. Malaguzzi-Valeri.*

Anselmi, s. auch damit verbundene *Vornamen.*

Anselmo, Steinmetz in Venedig, Schüler von Tullio Lombardo, tätig 1506 an dem architektonischen Schmuck außen an der Kapelle Zen.

P. Paoletti, Arch. e scult. d. Rinasc. in Venezia II 245. *L. Ferro.*

Anselmo da Bergamo, Steinmetz in Venedig, führte unter Leitung seines Lehrers Tullio Lombardo 1511 Ornamente und Friese in Marmor für die Kirche S. Salvatore aus.

P. Paoletti, Arch. e scult. d. Rinasc. in Venezia II 243. *L. Ferro.*

Anselmo da Campione (Anselmus de Campiliono), Stammvater der Campionesischen Künstlerfamilie in Modena, tätig in der 2. Hälfte des 12. Jahrh. am dortigen Dombau als Architekt und Bildhauer. Laut Ausweis einer auf den Namen seines Enkels Henricus Otacii 1244 ausgestellten Urkunde hatte Magister Anselmus ehedem für sich und seine Söhne Albertus, Jacobus und Otacius von Albertus, dem damaligen Massaro des Modeneser Dombaues, eine Tagesbesoldung von 6, bezw. 5 Imperiali „in perpetuo" zugesichert erhalten (s. *Arrigo da Campione I*). Nach Zani ist die Blütezeit des Anselmo da C. um 1180 anzusetzen. J. Burckhardt glaubt, dem Meister (im Anschlusse an Campori und Borghi) eine Anzahl altertümlicher Passionsreliefs zuweisen zu dürfen, die, von einem gegen Ende des 12. Jahrh. entstandenen Ambo stammend, in die Wände der rechten Chorkapelle des Modeneser Domes eingelassen sind. Ebenso darf A. mit seinen drei Söhnen wohl noch als Schöpfer der 1209 errichteten, reich ornamentierten Porta Regia desselben Domes betrachtet werden (vgl. Campori, a. a. O.). — Endlich ist unser Meister vielleicht auch identisch mit jenem Magister Anselmus, der im Verein mit einem Meister Girandus 1171 die Porta Romana zu Mailand mit gleichfalls sehr altertümlichen Reliefdarstellungen geschmückt hat (s. *Anselmus*).

Zani, Encicl. II 256; 351 f., nota 47. — Tiraboschi, Mem. stor. di Modena V, No. 824. — Borghi, Duomo di Modena p. 79. — Campori, Art. ital. etc. negli Sati Estensi p. 116 f. — J. Burckhardt, Cicerone (Ausg. 1901) II 377. *

Anselmo da Como, Steinmetz in Mailand um 1400.

Cervetto, I Gaggini 135. **

Anselmo de Cumis, lombard. Baumeister in Sardinien um 1300. Nach einer Inschrift an der Fassade der 1291 errichteten Kirche S. Pietro in Zuri (Sardinien) Erbauer derselben. Die Kirche ist in rein romanischem Stil gehalten, die Skulpturen und sonstige Ausschmückung weisen auf die lombardische Kunst hin.

Atti del Congresso Internaz. di Scienze Stor. in Roma, VII (1903) p. 137—170. *G. Degli Azzi.*

Anselmo (Anselmus), Gabriel, Maler, getauft in Brüssel 8. 9. 1622, Schüler von P. van der Borcht, dann in Neapel von Luca Giordano, dessen Werke er außerordentlich geschickt kopiert haben soll. Im Begriff in seine Heimat zurückzukehren, hat ihn ein früher Tod dahingerafft.

Meyer, Kstlerlex. II 88. **

Anselmo, Giosuè, Maler in Neapel, erhält 1470 Zahlungen für Herstellung einer mehrteiligen Bildtafel für Castelnuovo.

Filangieri, Indice d. artefici I 23. **

Anselmo, di Giovanni di Giacobbe, umbrischer Maler 1470 im Episcopio zu Jesi, 1472—78 in Sassoferrato tätig. In Sassoferrato hatte er 1475 einige Malereien im dortigen Palazzo Communale vollendet, wofür er am 7. Febr. dieses Jahres um Erlassung einer früher über ihn verhängten Strafe bat, ferner erhielt er am 24. 9. 1478 Zahlung für die Ausmalung der Loggetta und der Loggia Grande desselben Palazzo Comunale. 1477 muß der Künstler urkundlicher Nachricht zufolge sich außerdem vorübergehend in Matelica aufgehalten haben. — In Perugia selbst malte A. zusammen mit Niccolo del Priore 1484 Wappen des Papstes Innozenz VIII. im Auftrage der Stadt, erhielt 1486 eine Zahlung für Malereien, die er im Zimmer des Capoufficio im Palazzo Municipale ausgeführt hatte, und 1489 eine Zahlung für verschiedene andere Arbeiten im Palazzo Municipale. Dokumente, die G. degli Azzi im Archiv des Cambio fand, bezeugen, daß er von 1482 bis 1487 in vier Zivilprozesse verwickelt war. Er starb am 14. 10. 1491.

Not. stor. art. tratte dall' Arch. del Coll. del Cambio a cura del Dott. G. degli Azzi, Perugia 1902. (Sonderabdr. aus der Zeitschr. „L'Umbria" 1902.) — A. Anselmi, Miscell. stor.-art. di Sassoferrato. Firenze, 1905, p. 8 u. 9. *W. Bombe.*

Anselmo, Pietro, italien. Blumenmaler, tätig um 1600.

Zani, Encicl. II 137. *F. Malaguzzi-Valeri.*

Anselmo di Quintio, Maler in Mantua, tätig um 1534.

Zani, Encicl. II 137. *F. Malaguzzi-Valeri.*

Anselmo da Tortona, s. *Fornari,* A. dei.

Anselmo, s. auch damit verbundene Vornamen, Patronymika und Ortsbezeichnungen sowie *Anselmus.*

Anselmus, italien. Bildhauer, 12. Jahrh. Laut Inschrift Verfertiger eines der Reliefs von der Porta Romana in Mailand, die jetzt dort im Museo archeologico aufbewahrt werden. Die Porta wurde 1171 begonnen zur Erinnerung der Rückkehr der Mailänder in ihre Stadt nach deren Zerstörung durch Barbarossa. Die Reliefs zeigen den oberitalien. Stil des 12. Jahrh. und sind durch ihren historischen Darstellungsinhalt, der auf eben jene Begebenheit Bezug nimmt, interessant. S. auch *Girardus* u. *Anselmo* da Campione.

Abbildungen bei: Séroux d'Agincourt, Hist. de l'art par les Mon., Sculpture Taf. 26 No. 24 bis 27. — Cicognara, Stor. della Scult. Taf. 7. — Rosmini, Stor. di Milano, Nuov. ed. III 707—718. — Venturi, Storia dell' arte ital. III 209. — Meyer, Kstlerlex. *Swarzenski.*

Anselmus, Architekt in Rieti, erbaute 1255 die prächtige Abtei S. Pastore bei Rieti, die uns leider nur in Ruinen erhalten geblieben ist; der Name des Architekten ist auf einer Inschrifttafel über dem Südportale der Abtei zu lesen.

Guardabassi, Indice-Guida etc. nell' Umbria, p. 258. *A. Bellucci.*

Anselmus, s. auch *Anselmo.*

Anseramus von Trani, Architekt u. Bildhauer in Apulien, erbaute für Kaiser Friedrich II. und nach dessen speziellen Angaben das Kastell zu Orta in der Capitanata, von dem nur eine einzige, jetzt in ein apulisches Landgut eingebaute, bizarr ornamentierte Archivolte erhalten geblieben ist mit der Inschrift „Preceptu Domini Cesaris Frederici Anseramus Protomagister Palacii Orte hoc opus ordinavit A. M . . . ." Da Friedrich II. sich 1240 längere Zeit in Orta aufgehalten hat, dürfte die zerstörte Datierung obiger Inschrift auf diese Jahreszahl zu ergänzen sein. — In einigen gleichfalls signierten späteren Arbeiten bekundet sich „Anseramus Tranensis" als ein ebenso phantasiereicher, wie virtuos begabter Marmorarius und Ornamentbildner. Sein Hauptwerk dieser Art ist das jetzt in das Kirchlein del Rosario eingebaute, von üppigem Rankenwerk umrahmte Spitzbogenportal der ehemaligen Kollegiatkirche zu Terlizzi, das auf dem Türsturze die Reliefszenen der Verkündigung Mariae, der Anbetung der Könige und der Kreuzigung Christi zeigt, sowie im Tympanonfelde eine Abendmahlsdarstellung echt byzantinischen Stilcharakters. Die von derselben Kollegiatkirche stammende, jetzt im Kommunalgefängnis zu Terlizzi aufbewahrte, prächtig naturalistisch behandelte Laubrankenbekrönung eines im übrigen zerstörten Grabsteines ist nach Stil und Inschrift gleichfalls als ein Werk des magister Anseramus zu betrachten. Ferner schuf dieser Künstler 1276 das schlichte kleine Denkmal für das Doppelgrab zweier Kinder aus der Familie der Falconi an der Kirche S. Margherita zu Bisceglie. Endlich findet sich seine Namenssignatur noch auf den im Provinzialmus. zu Bari aufbewahrten Resten des 1292 vom Erzbischof Romualdus gestifteten zweiten Altartabernakels der Kathedrale zu Bari. Während von dem um 1230 von Alfanus von Termoli geschaffenen Hochaltartabernakel dieser Kathedrale nur drei Kapitelle erhalten geblieben sind, besitzt das genannte Museum vom Täuferaltartabernakel des Anseramus von Trani außer zwei mit phantastischen Vogelgestalten und Hundeköpfen geschmückten Kapitellen noch die achteckige pyramidale Marmorbekrönung, die uns erkennen läßt, daß der Gesamtaufbau dieses Tabernakels ungefähr demjenigen des großen Hochaltartabernakels in der Kollegiatkirche zu Barletta entsprochen haben muß.

M. Cirillo in Napoli Nobilissima VII 144, X 76, XIV 95. — M. F. Gabotto in Arch. stor. per le prov. Napoletane XX 729. — M. P. Fantasia in Annuario del R. Ist. tecn. e naut. di Bari VIII 76 ff. — E. Bertaux, L'Art dans l'Italie méridionale (Paris 1904) I 704, 756 ff., sowie in Gaz. des B.-Arts 1905, II 95. *

Anset, Bertrand, aus Mende, Zisterziensermönch, war in Gemeinschaft mit seinem Klosterbruder Pons de Madieiras aus Mirepoix 1338 Werkmeister am Bau des Collège des Bernardins zu Paris. Die heute noch vorhandenen ursprünglichen Bauteile dieses Kollegialgebäudes zeigen in der Tat den Stil der südfranzös. Gotik. Der äußerst vornehme, auf einem Erdgeschoß ruhende Hauptsaal ist eingewölbt und trägt einen noch größeren Schlafsaal, der zum Teil noch auf den Seitenkapellen der Klosterkirche aufruht. Das Schiff dieser Kirche ist zwischen die Unterkellerungen der Nachbarhäuser eingebettet.

Eug. Müntz, Mém de la Soc. de l'Hist. de Paris 1900. *C. Enlart.*

Anshalm, Maler in Regensburg im 12. Jahrh.

Böhmer, Fontes III 486. **

Anshalm, Hans, Hofmaler Erzherzog Ferdinands von Tirol, wahrscheinlich beschäftigt für die Porträtsammlung desselben. Denn 1587 bittet Ferdinand für ihn um das Bürgerrecht in Hall und lobt A. wegen seines „malens und conterfettens"; er erklärt auch, ihn später zum Hofmaler machen zu wollen.

Jahrb. d. Ksts. d. österr. Kaiserh. XIV 40, II. Teil No. 11195. **

Anshelm, Münzmeister, nennt sich auf Eßlinger Denaren um das Jahr 1000.

Dannenberg, Die deutschen Münzen 1876 p. 31. **

Anshutz, Thomas (Polloch), amerikan. Genre- und Porträtmaler, geb. 5. 10. 1851 in Newport, Kentucky, Schüler des Thom. Eakins und der Pennsylvania Academy in Philadelphia, zu deren beliebtesten und erfolgreichsten Lehrern er seit 25 Jahren gehört. Von ihm: Ironworkers Noun-time; A fairy Tale (Philadelphia 1902), Porträt (St. Louis 1904).

Brush and Pencil, Sept. 1899. — New York Sunday Herald, 3. 9. 1905.
Edmund von Mach.

Ansiau, Antoine Jean, Bildhauer und Steinmetz, geb. in Ecaussines (Nivelles), wird 1746 Bürger in Antwerpen und wird 1750 in der dortigen St. Lucasgilde als Meister erwähnt.

Liggeren II 794. **

Ansiaux, Antoine (Jean Joseph Eléonore Antoine), Historien- und Porträtmaler, geb. zu Lüttich 1764, † 20. 10. 1840 zu Paris, wo er dauernd tätig war. Er begann seine Studien auf der Akad. in Lüttich, ging dann nach Antwerpen, von da nach Paris, wo er Schüler von F. A. Vincent wurde. Sein gefälliges Talent brachte ihm ein gewisses Ansehen und mancherlei Auszeichnungen. Er begann im klassischen Geschmacke (Sappho und Leda, im Salon 1801), pflegte aber zugleich das Porträt (General Kleber 1799, General Kellermann 1800) und das Kirchenbild. Dann machte er in der Folgezeit jede neue Richtung mit, wurde Romantiker und war wieder einer der ersten, welche der Restauration und ihrer kirchlichen Richtung ihre Kunst zur Verfügung stellten. Von ihm in der Kathedrale zu Lüttich eine Auferstehung und eine Bekehrung des hl. Paulus, und im Stadthause daselbst die Rückkehr des verlorenen Sohnes; im Mus. zu Lille der hl. Johannes und Herodes, ferner die Auffindung Mosis, in Versailles die oben erwähnten Porträts der Generale Kleber und Kellermann.

Meyer, Kstlerlex. (mit weiterer Lit.).
Pol de Mont.

Ansiglione, Leopoldo, italien. Bildhauer, geb. 1832 in Piemont, † Okt./Nov. 1894 in Rom, wo er hauptsächlich tätig gewesen ist und als virtuos begabter Vertreter der akad. Richtung Ruf besaß. Viel bewundert wurden seine Marmor-Statuen der Nacht, der Flora, der Galatea und des Ismael, sowie eine 1870 in München ausgestellte Puttenbronze. Sein Hauptwerk ist die große Christus-Statue inmitten des Quatriportico des Campo Verano zu Rom.

Singer, Kstlerlex. I 31 und Nachtr. 1906 p. 7. — Zeitschr. f. bild. Kst. V 153 f. — Gaz. des B. Arts, 2. Per. VIII 210. *H.*

Ansley, Mrs. Mary Anne, geb. Gaudon, geschickte englische Dilettantin im Malen, stellte von 1814—1834 in der Roy. Academy und in der British Institution zahlreiche Gemälde mit antiken Sujets und einige Porträts aus. Sie starb in Neapel 1840.

Redgrave, Dict. — Graves, Roy. Acad. Exh. I 54. — Clayton, Engl. Female Artists I 409. **

Anslo, Pieter Laurensz. van, Maler, geb. etwa 1623, Schüler des Pieter Isaacsz., heiratete 16. 2. 1649 Barbara Bartram, Witwe Nic. Beier, und kaufte 16. 4. 1658 für 6200 Gulden ein Haus in Amsterdam, das er aber Dezember desselben Jahres wieder verkaufte. 1662 kaufte er für 4550 Gulden ein Haus in der Oranjestraat. Bei seinem Testamente 23. 11. 1679 war Aelbert Klomp Zeuge. Er wohnte damals in der Moddermolensteeg und wurde 2. 5. 1680 begraben.

Oud-Holland III 59. — Obreens Archief V 11. — Urkundl. Notizen von A. Bredius. *E. W. Moes.*

Anslijn, Nicolaas Nicolaasz., holl. Zeichner und Lithograph, geb. in Leiden 12. 5. 1777. War zuerst dort Buchbinder, heiratete 1800 und wurde dann Lehrer in Leiden (1802), Amsterdam (1804) und Haarlem (1807). 1819 legte er aus Gesundheitsrücksichten sein Amt nieder und wurde Hauslehrer. Seit 1834 lebte er in dem Hause seines Sohnes Pieter Daniel in Alkmaar, wo er 18. 9. 1838 starb. A.s Hauptunterrichtsgebiet war die Naturgeschichte, für die er auch schriftstellerisch tätig war. Er zeichnete und lithographierte selbst die Illustrationen zu seinen Werken (z. B. Afbeeldingen der Artsenijgewasen) und zeigt sich in ihnen als ein vorzüglicher Darsteller der Tiere und Pflanzen. Seine Lithographien pflegte er auf eigener Presse zu drucken und mit der Hand zu färben.

C. W. Bruinvis, Levensschetsen van en Mededeelingen over Beeldende Kunstenaars te Alkmaar 1905. *C. W. Bruinvis.*

Anson, George, der berühmte engl. Admiral, 1697—1762, wird auch als Marinezeichner gerühmt. **

Ansovino da Camerino, Maler in Norcia. Verpflichtet sich 18. 7. 1487 in der damals neu erbauten Kapelle di S. Mauro in S. Agostino Fresken zu malen. *W. Bombe.*

Ansovino, s. auch *Ansuino.*

Anspach. Von Le Blanc als Stecher in Crayonmanier um 1827 in Paris verzeichnet. Stach vier Blatt nach Ch. Reverdin.

Le Blanc, Manuel. ***

Anspach, Johannes, Maler geb. 1752 in Niederingelheim (Pfalz), kam im Dezember 1792 nach Rotterdam, wurde Mitglied der Malergilde 8. 1. 1793 und starb dort 25. 1. 1823. Johannes A. wohnte unverheiratet bei seinem Bruder Philipp Adam A. u. reiste viel in Holland. Er zeichnete zahlreiche Pastellporträts, die sich noch häufig in holländischem Familienbesitz befinden. — Einige davon wurden gestochen, z. B. von R. Vinkeles das Porträt des Pfarrers Willem de Vos und von L. Portman das des Ingenieurs Fr. W. Conrad. (Notiz von E. W. Moes.)

Van Someren, Beschr. Katal. v. gegr. portretten v. Nederlanders. 1890. — Rotterdamsche Historiebladen III. 547/8. — Kramm, De Levens en W. *Haverkorn van Rijsewijk.*

Anspach, Rudolph, deutscher Maler in Frankreich. Von ihm nur bekannt, daß er im September 1619 in Saumur im Auftrage von Du Plessis-Mornay ein Verzeichnis von dessen Gemäldesammlg. machte.

Gaz. des b. a. 2. pér. XX 163. *H. Stein.*

Anspertus, Maler im Langobardenreiche um 755.

Charta Lucensis. Ozanam docum. inédits p. 13. **

Anspirger, Jakob Anton, Maler biblischer Historien, um 1740.

Meyer, Kstlerlex. *H. V.*

Ansseau, Joseph, französ. Holzschneider, geb. zu Paris, Schüler von Verdeil, Mitarbeiter des „l'Art", und des „Monde Illustré", stellte seit 1869 im Salon aus, u. a. Holzchnitte nach Bida, Bonnat, Bocourt, Chapu, Morni, de Neuville, Detaille, Lenoir, Knaus.

Bellier-Auvray, Dict. Suppl. *J. Guibert.*

Anstadt, Peter, Fayencemaler in Niederweiler um 1750. Vgl. Anstette. **

Anstaeus (Anstée), Archidiakon der Kathedrale von Metz, an welchem Bau er als Architekt beschäftigt war; seit 945 Abt von Gorze, † 7. 9. 960.

Lance, Dict. d. Archit. Franç. — Gérard, Artistes de l'Alsace I 3. *H. V.*

Anstatt, Wilhelm, Porträtmaler in Berlin, stellte 1824 Bildnisse in der Ausstellung der k. Akademie aus. Er soll sich auch Verdienste um die Vervollkommnung des Farbendrucks erworben haben; er war der Herausgeber des deutschen Ehrentempels.

Katal. der Akad. Ausst. Berlin 1824. — Eigenhändiger Brief (1829) in Lempertz Autographensammlung, verst. Köln, Heberle, 13—20, 11, 1905. **

Ansted, H., englischer Architekturzeichner um 1826.

Graves, Roy. Akad. Exh. I 54. — Binyon, Cat. of drawings I 31. **

Anstée, s. *Anstaeus.*

Anstette. Familie von Fayenciers in Niederviller. In einem Personalverzeichnis von 1759 werden zugleich genannt: François A. als Contrôleur, Pierre u. Michel als Maler. — Auch in Valenciennes kommt ein Porzellanformer dieses Namens im 18. Jahrh. vor.

Gaz. d. b. arts XXIII 245. **

Ansuino da Forlì, italien. Maler des 15. Jahrh. Seine Namenssignatur „OPUS ANSUINI“ findet sich auf einem der Freskogemälde der Cappella di S. Agostino in der Eremitani-Kirche zu Padua, und zwar demjenigen mit der Darstellung der Predigt des hl. Christophorus. Aus stilkritischen Gründen wurden ihm einstimmig auch zwei andere Bilder aus derselben Freskenreihe zugeschrieben, nämlich die Darstellungen des hl. Christophorus vor dem König und die Heilung eines Krüppels durch denselben Heiligen. Nach einer Notiz des Anonymus Morellianus hat Ansuino in Gemeinschaft mit Filippo da Firenze und Niccolò Pizzolo auch in der heute nicht mehr existierenden Cappella del Podestà zu Padua Malereien ausgeführt. Nun ist urkundlich erwiesen, daß Fra Filippo um 1434 im Santo zu Padua beschäftigt war und 1437 bereits wieder nach Florenz zurückkehrte, daß dagegen Niccolò Pizzolo, einer der jüngsten Werkstattgehilfen des Squarcione noch 1446—48 als Gehilfe des Donatello in Padua tätig war; demnach können wir uns sehr wohl der Annahme Schmarsows anschließen, wonach zunächst Fra Filippo allein in der obigen Kapelle gearbeitet hätte, und erst später Ansuino allein oder in Gemeinschaft mit Pizzolo die Arbeiten des ersteren fortgesetzt hätte. Lanzi bezeichnet den Ansuino da Forlì als einen Schüler des Squarcione; die Arbeiten dieses Künstlers unterscheiden sich jedoch stilistisch so scharf von den übrigen Eremitani-Fresken, daß man jener Angabe Lanzis kaum wird Glauben schenken können. Ansuino bekundet sich in diesen paduanischen Wandmalereien vielmehr als Schulnachfolger eines florentiner Meisters, wie etwa Andrea del Castagno: florentinisch ist die Hintergrund-Architektur auf dem Bilde mit St. Christophorus vor dem König, florentinisch auch der zeichnerische Stil und die Modellierung der Figuren. Außerdem zeigt sich A. auch von Fra Filippo und Donatello beeinflußt, und zwar soll er nach Kristeller namentlich dem letzteren seine robuste und statuarische Art der Figurenzeichnung zu verdanken haben. Man hat ihm früher und neuerdings einzelne Tafelbilder zuzuschreiben versucht, aber noch in keinem Falle mit voller Evidenz. So hat er für den Autor eines Männerporträts im Museo Civico in Venedig gegolten auf Grund der Deutung der Rahmensignatur A. F. P. in Ansuinus Forliviensis pinxit, indes gehen die Meinungen über den Stil des Bildes sehr auseinander. Crowe u. Cavalcaselle schreiben das Bild in der History of painting in North Italy dem Baldassare Estense da Reggio zu, während sie in der deutschen Ausgabe nur von umbrisch-ferraresischer Herkunft sprechen; Schmarsow hält es für venezianisch und in Burckhardts Cicerone (VIII. Aufl.) wird es für eine Arbeit des Francesco Cossa und die Signatur A. F. P. für gefälscht erklärt. Alle übrigen Zuweisungen sind ebenso strittiger Natur.

Schmarsow, Melozzo da Forlì, p. 302—5. — Kristeller, Andrea Mantegna, p. 74 f. — Moschini, Della pittura in Padova p. 37. — Crowe u. Cavalcaselle, Gesch. d. Mal. V 369. — Lazari, Not. delle opere d'arte nella raccolta Correr (Venezia 1859), p. 12. — Jacobsen im Repertor. f. Kst.-Wissensch. XVII 262. — Gaz. des B.-Arts 1897, II 179. — J. Burckhardt, Cicerone (VIII. Aufl.), p. 695.
A. Muñoz.

Ansuino, s. auch *Ansovino.*

Ansuisio, Francesco und Roberto, Vater und Sohn, Maler in Ferrara, erwähnt in einer ferraresischen Notariatsurkunde von 1530.

Cittadella, Docum. ed illustr. Ferrar. p. 108. *F. Malaguzzi-Valeri.*

Anszhelm (Anszhelmus), Johann, um 1774 an einem leider unbekannten Orte tätiger Zinngießer, dem man insbesondere eine große Anzahl schön geformter und reich verzierter Rokoko-Terrinen verdankt. Zeichen: in der Regel zwei Stempel mit je einem Engel, einem Stern und den Buchstaben I. A. (?) sowie eine breite streifenförmige nach unten ausgebogte Marke, auf der — voll ausgeschrieben — sein Vor- und Familienname, die Worte FEIN ENGLIS BLOC ZIN, ein Stern und die Jahreszahl 1774. *Demiani.*

Ant. Vicent. So die Signatur auf einer Medaille mit dem Brustbilde des Ascanio Gabucci von Fano; wahrscheinlich aufzulösen in: Antonio Vicentino. Der Künstler muß in Oberitalien um 1465 tätig gewesen sein.

Armand, Les Médailleurs ital. I 46, III 29. **

Antaios, Erzbildner, wird von Plin. N. H. 34, 52 unter den Künstlern der 156. Olympiade (Mitte des 2. Jahrh. v. Chr.) genannt, gehört also der Zeit an, in der sich auch aus anderen Anzeichen in Griechenland ein allgemeines Wiederaufblühen künstlerischer Tätigkeit nach längerer Pause erschließen läßt (vgl. Andreas).

Brunn, Gesch. d. gr. Kstlr. I 535. — Overbeck, Schriftq. 2206. — Pauly-Wissowa, Realenc. I 2343, 5 (Robert). *Amelung.*

Antaldi, Andrea, Architekt von geringer Bedeutung, geb. in Urbino 1776 als Sproß der vornehmen Familie der Marchesi Antaldi, studierte als Zögling der Jesuiten die Mathematik und wandte sich dann aus besonderer Neigung der Architektur und der Zivil-Ingenieurkunst zu. In Urbino erbaute er den Convento und die Kirche der Carmelitani Scalzi. Im übrigen widmete er seine Tätigkeit besonders dem Straßenbau. Er ist nach 1840 gestorben. *Camillo Castracane.*

An-tao, s. *Tai K'uei.*

Antchius von Köln, Architekt, nach Franchetti (Duomo di Milano p. 141) 1399 am

Dombau zu Mailand beschäftigt, wahrscheinlich identisch mit dem bei Nava (Memorie e Documenti etc. p. 83) in gleicher Eigenschaft angeführten Ancetus de Colonie.

Meyer, Kstlerlex. *H. V.*

Anteaume, Porzellanmaler, der unter den zwischen 1753 bis 1800 an der k. Fabrik zu Sèvres beschäftigten Künstlern aufgeführt wird. Sein Fach war die Darstellung von Tieren und Landschaften, sein Zeichen ein Häuschen mit einigen Zaunpfählen.

W. Chaffers, Marks and Monograms. **

Antegnati, Giovanni Pietro, Maler in Brescia, urkundlich erwähnt 1525, gleich Matteo A. augenscheinlich aus Antegnate bei Brescia stammend.

Fenaroli, Art. Bresciani p. 10 und Append. *F. Malaguzzi-Valeri.*

Antegnati, Matteo (oder Maffeo), Bildhauer in Brescia um die Mitte des 16. Jahrh., augenscheinlich aus Antegnate bei Brescia stammend. Wie urkundlich nachgewiesen worden, war er mit anderen Bildhauern, nämlich den beiden Fostinelli und Bissone (Beiname des Martino della Pesa), an der plastischen Ornamentation der Fassade von S. Maria dei Miracoli zu Brescia beschäftigt. Lokalschriftsteller von Brescia hielten diese Marmorreliefs für eine Arbeit des Prospero Bresciano und des Raffaello da Brescia; allein der erstere war zu einer solchen nicht fähig und hatte außerdem zeitlebens seinen Aufenthalt in Rom (s. den Art. Antichi), und vom zweiten findet sich in den Urkunden des städtischen Archivs auch nicht die geringste Erwähnung. Jene Reliefs, insbesondere die Ornamentation der Pilaster, unterhöhlt gemeißelter Arabesken von höchst anmutiger Zeichnung und der feinsten Modellierung und Ausführung, gehören zu dem Schönsten, was der Art die Hochrenaissance hervorgebracht hat. Laut urkundlichen Nachrichten von 1566 war Matteo A. in Gemeinschaft mit den obigen Ornamentbildhauern fernerhin an der plastischen Ausschmückung des Palazzo Comunale zu Brescia beteiligt. Allerdings wurde dieser Loggia-Palast schon 1508 begonnen; doch zog sich seine Ausführung und Vollendung durch lange Jahre hin, so daß auch Jacopo Sansovino und Palladio noch daran zu arbeiten hatten. An der Fassade sind außer dem Fries namentlich die Arabesken auf den Pilastern auf die Tätigkeit dieser Künstlergruppe zurückzuführen, obwohl diese Arabesken einen massigeren und derberen Charakter zeigen, als diejenigen an der Fassade von S. Maria dei Miracoli. Im Inneren des Palastes schuf A. im Verein mit Marco Bonini gleichfalls 1566 die Stuckkapitelle zu den Säulen des „Salone". — Sicherlich ist der Künstler identisch mit jenem Matteo Antesati, der 1559 die Kapitelle zu den äußeren Loggiasäulen desselben Palastes gearbeitet hat.

Meyer, Kstlerlex. — Brognoli, Nuova Guida di Brescia (1826) p. 141. — Chizzola, Le Pitture e Sculture di Brescia p. 61. — Fenaroli, Artisti Bresciani, Index. — Arcioni in Commentari dell' Ateneo di Brescia 1889 p. 81. — Bettoni-Cazzago in Commentari dell' Ateneo di Brescia 1896 p. 188. *F. Malaguzzi-Valeri.*

Antei, Meister Johann, Glockengießer des 15. Jahrh., bezeichnete mit seinem Namen eine Glocke in der kath. Pfarrkirche von Jnden (Jülich).

Kstdenkm. der Rheinprovinz VIII 97. **

Antelami, magistri, Holz- und Steinbildhauer des 10. bis 16. Jahrh. in Italien. Sie leiten ihren Namen wahrscheinlich von dem Tale Antelamo am Lago Maggiore ab, wo sie nach Dokumenten von 989 und 1033 im Dienste des Klosters S. Pietro in Ciel d'Oro di Pavia standen. In Genua werden sie in Dokumenten von 1181 bis 1500 erwähnt. Es scheint, daß in Genua mit dem Namen Antelami alle aus der Lombardei stammenden „muratori" bezeichnet wurden. S. *Antelami,* Benedetto, Ottobone u. Martino.

Muratori, Antiquit. Ital. Medii Aevi I 597 VI 350. — Lopez, Il Battistero di Parma 1864 p. 125—127. — Meyer, Kstlerlex. — Cervetto, I Gaggini etc. p. 2—3. — Venturi, Storia dell' arte ital. III 198. *Lisetta Ciaccio.*

Antelami, Benedetto, ital. Bildhauer, tätig 1177—1233. Hauptmeister der norditalienischen Plastik des romanischen Mittelalters. Wir begegnen seiner Namensinschrift zum ersten Male 1178 auf einem Marmorrelief mit der Darstellung der Kreuzabnahme Christi, das sich als übriggebliebener Schmuckteil der ehemaligen Chorschranke des Domes zu Parma jetzt in eine Mauerwand der Baiardi-Kapelle derselben Domkirche eingelassen findet. Wir sehen hier bereits alle individuellen Charaktereigenschaften der Kunst Benedettos deutlich erkennbar vereinigt: Die langgestreckten dolichokephalen Figurentypen in ihren enganliegenden Gewändern, von denen die Tuniken durch ihre schmalen Längsfalten gleichsam kanneliert erscheinen, während die Mäntel mehr einen bauschigen Faltenwurf zeigen; die sonnenblumen- oder rosenkelch-förmigen Gloriolen, von denen die Köpfe in Strahlenkränzen umgeben sind; die beblätterten Mäanderkanten der Umrahmungen, wie man sie auch schon am Dome zu Modena und an der Kathedrale zu Arles mehrfach beobachten kann. 1178—1196 entstanden vermutlich die Skulpturen des Domes von Borgo San Donnino, die eine stilistische Zwischenstufe bilden zwischen denjenigen der Kathedrale und des im letztgenannten Jahre errichteten Baptisteriums zu Parma: An der Fassade zwei große Prophetenstatuen und viele Reliefbilder, darunter eines mit der Familie des armen Mannes, die von einem Engel zum Tempel geleitet wird, und ein anderes mit der Familie des reichen

Mannes und einem Engel, sämtliche Skulpturen unter der Oberleitung des A. von Steinmetzen ausgeführt. Im Innern (und zwar in der Altarnische) die vom Meister selbst vollendete Statue des segnenden Christus, ein vornehmes Werk von grandioser Wirkung. Der Bau des Baptisteriums zu Parma ist 1196 begonnen worden, und zwar augenscheinlich von Antelami selbst, wie aus dem wunderbar harmonischen Zusammenwirken des architektonischen Gerüstes und des plastischen Schmuckes am unteren Teile des Gebäudes zu schließen ist. Reichen Reliefdekor zeigen vor allem die Bogenlaibungen, Giebelfelder, Architrave und Pfeilergewände der drei Portale des auf achteckigem Grundrisse sich erhebenden Baptisteriums; und zwar das erste im Giebelfelde die Barlaam-Legende, auf dem Architrav den segnenden Erlöser, das mystische Lamm Gottes und Johannes den Täufer; das zweite an den Pfeilergewänden die Wurzel Jesse, auf dem Architrav Szenen aus dem Leben des Täufers, im Giebelfelde die Anbetung der Könige und Joseph mit dem Engel, der ihn zur Flucht nach Ägypten auffordert; endlich das dritte auf dem einen Türpfeiler sechs Werke der Barmherzigkeit, auf dem anderen das Gleichnis von den Arbeitern im Weinberge, auf dem Architrav die Auferstehung der Toten und im Giebelfelde Christus als Weltrichter. Außerdem sieht man in vier rechteckig ausgesparten Wandnischen einige Einzelstatuen, in den beiden ersten hieratisch-feierliche Engelsfiguren, in der dritten den König Salomon und die Königin von Saba, in der vierten zwei Prophetengestalten, sämtlich korrekter in den Maßverhältnissen und in der Formengebung, als die Statuen des Domes von Borgo San Donnino. Im Innern des Baptisteriums stammen von der Hand des Benedetto und seiner Gehilfen die Lunetten mit der Darstellung des Christkindes im Tempel und der Flucht nach Ägypten, mit Christus zwischen den Evangelisten-Symbolen und David zwischen (Propheten?)-Chören (A. Venturi III 316), endlich mit der Verkündigung Mariae und mit Chören jubilierender und drachentötender Engel; ferner das Weihwasserbecken, sowie die fragmentarischen Darstellungen der Monate und der astronomischen Tierzeichen. Ähnliche Monatsdarstellungen kommen auch an der Fassade der Kathedrale zu Cremona vor, an der Antelami mit seinen Gehilfen sicherlich gleichfalls gearbeitet hat; die von einem Portal des Domes zu Ferrara stammenden Fragmente von Monatsdarstellungen, die jetzt im Hofe des Ferrareser Universitätsgebäudes ausgestellt sind, rühren von der Hand eines Gehilfen des Antelami her (wahrscheinlich eines Veronesen). — Für die Kathedrale zu Parma schuf A. dann noch den bischöflichen Thronsitz. Nach 1219 war er längere Zeit in Vercelli tätig, und zwar arbeitete er dort für das Giebelfeld des Hauptportales von S. Andrea eine Kreuzigung des hl. Andreas, sowie für das Seitenportal derselben Kirche den plastischen Dekor der Bogenlaibung; weitere Skulpturenfragmente aus dieser Periode des Meisters werden im Museo Lapidario zu Vercelli aufbewahrt. Schließlich schuf er 1233 für den Palazzo della Ragione zu Mailand noch ein Reiterstandbild des Podestà Oldrado da Tresseno.

Lopez, Cenni intorno alla vita e alle opere di Benedetto Antelami in *Vendemmiatore,* periodico parmigiano, 1846. — Ders., Il Battistero di Parma. Parma, 1864. — Odorici, La Cattedrale di Parma. Milano, 1864. — Schmarsow, San Martino von Lucca. Berlin, 1890. — G. B. Toschi, Le sculture di Benedetto Antelami a Borgo San Donnino in Archiv. stor. dell' Arte, 1888. — W. Vöge, Die Anfänge des monumentalen Stiles im Mittelalter. Straßburg, 1894. — Ders., Der provençalische Einfluß in Italien und das Datum des Arler Porticus, in Repert. f. K. W., XXV 6, 1902. — Zimmermann, Oberitalische Plastik. Leipzig 1897. — A. Venturi, Storia dell' arte italiana, III, 1903. *A. Venturi.*

Antelami, Ottobono und Martino, Baumeister in Genua, 1181 tätig. Sie sind in einem Dokument des Staatsarchivs von Genua erwähnt.

Cervetto, I Gaggini etc. p. 3. — Venturi, Stor. d. arte ital. III 198. *Lisetta Ciaccio.*

Antellotto, Braccioforte, Goldschmied von Piacenza in der 2. Hälfte des 14. und noch am Beginn des 15. Jahrh., der wegen der Feinheit seiner künstlerisch ausgeführten Arbeiten sehr gelobt wurde. Er scheint vielfach für den Erzbischof von Mailand tätig gewesen zu sein. In einer alten Chronik von Monza (Muratori, Rerum Italicarum Scriptores XII.) wird berichtet, daß A. ausersehen wurde, viele Geräte, Reliquien, Gold- und Silbergefäße etc. wiederherzustellen, und daß er sie dabei in eine schönere Form brachte. Werke nicht nachweisbar.

Cicognara, Storia della scultura II 187. — Meyer, Kstlerlex. *R.*

Antenor, Bildhauer und Erzbildner, tätig zu Athen in der zweiten Hälfte des 6. Jahrh. v. Chr. Er war der Sohn eines Eumares, wahrscheinlich des athenischen Malers, den Plinius N. H. 35, 55 (er nennt ihn Eumarus) unter den ersten Pfadfindern in der Entwicklungsgeschichte der Malerei erwähnt. Demnach wäre auch Antenor Athener gewesen, was zudem nach dem stilistischen Charakter des einzigen erhaltenen Werkes seiner Hand wahrscheinlich ist, einer marmornen weiblichen Gestalt, die mit ihrer Inschrift aus dem Perserschutt der athenischen Akropolis zutage kam. Die Figur war Weihgeschenk eines (Vasenmalers?) Nearchos, der sie der Athena als Zehnten von seinem Verdienst gestiftet hatte; ein Pfeiler dient ihr als Postament. Während sie in Haltung und Gewandung ganz mit den üblichen Koren von der Akropolis übereinstimmt, überragt sie alle durch die imponierende Breite und Fülle ihrer Gestalt, durch die Großzügigkeit der Gewandbehandlung und durch eine feierliche Würde in Gebaren und Ausdruck. In ihr dringt die kräftige Eigenart der attischen Plastik, die sich eine Zeitlang zur Sklavin der überlegenen ionischen Kunst erniedrigt hatte, in unverminderter Stärke, aber bereichert an Können u. verfeinert im Empfinden zur Freiheit durch. Als i. J. 510 die Pisistratiden gestürzt und verjagt waren, gab man alsbald Antenor den Auftrag, die Statuen der beiden Tyrannenmörder, Harmodios und Aristogeiton, in Bronze auszuführen. Die Gruppe wurde auf dem athenischen Markt an einem als Orchestra bezeichneten Platze aufgestellt, aber 480 von Xerxes entführt und erst von Seleukos I. und Antiochos I. Soter (ihre gemeinsame Regierung dauerte 293—281) den Athenern zurückgegeben (Hauser s. u.). Inzwischen war sie 477 durch eine andere des gleichen Gegenstandes, ein Werk des Kritios und Nesiotes, ersetzt worden; diese ist uns in den marmornen Kopien der beiden Figuren in Neapel erhalten. Wahrscheinlich haben die jüngeren Meister in der Komposition ihrer Gruppe das ältere Werk möglichst genau wiedergegeben. Aus kleineren Darstellungen desselben Vorganges etwas über abweichende Züge der älteren Gruppe zu ermitteln — was Hauser und Studniczka versucht haben — hat überzeugend nicht gelingen wollen.

B r u n n, Gesch. d. gr. Kstlr. I 97. — O v e r b e c k, Schriftq. 443 ff. mit Nachtr. S. 468. — Ders., Gesch. d. gr. Plast. I⁴ 152 ff. — C o l l i g n o n, Hist. de la sculpt. gr. I 365 ff. — P a u l y - W i s s o w a, Realenc. I 2353, 8 (Robert). — J o u b i n, Sculpt. grecque 45 ff. — L e c h a t, Sculpt. ath. avant Phidias S. 245 ff., 261 ff., 438 ff. — Über die Mädchenfigur zuletzt: L e c h a t, Μνημεῖα τῆς Ἑλλάδος zu Taf. 15, wo ältere Literatur. Über die Tyrannenmördergruppe: F r a z e r, Pausanias II 98. — H i t z i g - B l ü m n e r, Pausanias I 164 f. — H a u s e r, Röm. Mitt. 1904 S. 163 ff. mit Taf. 6. — S t u d n i c z k a, N. Jahrb. f. Philol. 1906 S. 1 ff. mit Taf. 1, 2. — M e i e r, Röm. Mitt. 1905, 330 ff. mit Taf. XI. *Amelung.*

Antenore, Maler aus Urbino, tätig in Rom, † vor 21. 6. 1579, Sohn des Malers Fortunato aus Sant' Angelo in Vado.

B e r t o l o t t i, Artisti Urbinati in Roma p. 64. *H. V.*

Antenorides (diese Namensform wahrscheinlicher als die bei Plinius überlieferte Antorides, die sich allerdings auf den Namen Antores bei Vergil, Aen. X 777 stützen kann), griechischer Maler des 4. Jahrh., Mitschüler des Euphranor, woraus sich ergibt, daß sein Lehrer Aristeides nicht der berühmte Maler der Zeit Alexanders, sondern dessen vermutlicher Großvater, der Architekt, Bildhauer und Maler Aristeides I (s. d.) war. Von seinen Werken ist nichts bekannt.

B r u n n, Gesch. d. gr. Kstler. II 163. 167. 181. — K r o k e r, Gleichnam. gr. Kstler. S. 31. — P a u l y - W i s s o w a, Realenc. I 2642 (Rossbach). *Sauer.*

Anteo, F., italien. Medailleur, um 1578, von dem eine Reihe von Medaillen erhalten ist. Er scheint auch in Frankreich tätig gewesen zu sein, worauf die Medaille für den Marquis d'Espinay schließen läßt. Höchstwahrscheinlich ist von A. auch die im Louvre befindliche gravierte kupferne Gedächtnistafel für Marguerite, Herzogin von Savoyen († 1575), mit den Schlußworten: MDLXXVI post. cal. novembris Antius fecit. — Coddè, Memorie biografiche erwähnt einen Intarsiator *Anteo* um 1564 in Mantua, und es wäre nicht unmöglich, daß dieser Künstler mit dem obigen eine Person ist.

A r m a n d, Les Médailleurs I 274, III 130. — L i è v r e, Collections célèbres II 94. — F o r r e r, Biogr. Dict. of Med. — R o n d o t, Méd. en France p. 97, 237. **

Anteri, F r a n c e s c o d e g l i, Weber und Sticker, geb. gegen die Wende des 15. Jahrh. in Mailand, genoß einen großen Ruf in der Gobelinwirkerei, so daß er 1516 vom Domkapitel von Trient mit der Verfertigung von Wandteppichen u. Meßgewändern beauftragt wurde, wobei kein Geringerer als der Kardinal Bernhard von Cles für einen glanzvollen Erfolg seiner Werke bürgte. Acht Gobelins und mehrere Kirchengewänder hatte er bereits Ende 1517 fertig gebracht, für welche ihm 151 Rheingulden und 32 Groschen ausbezahlt wurden.

V. Z a n o l i n i in „Atti dell' i. r. Accademia degli Agiati in Rovereto", Ser. III vol. V (1899), 142 u. f. *L. O.*

Anteros, Gemmenschneider der ersten römischen Kaiserzeit. Von ihm ist ein Stein mit der Darstellung des stiertragenden Herakles erhalten.

B r u n n, Gesch. d. gr. Kstler. II 545 ff. — Archäol. Jahrbuch III 323 ff. Taf. X 15. — P a u l y - W i s s o w a, Realenc. I 2355, 5 (Rossbach). — F u r t w ä n g l e r, Die antiken Gemmen II 236, 13, III 358, Taf. XLIX 13. *Pernice.*

Antesati, s. *Antegnati.*

Anthéaume, B a p t i s t e, Ornamentstecher, Paris um 1700. Von ihm eine Folge: Livre De meuble propre pour Mrs les brodeurs et tapisier, 6 Bl.

G u i l m a r d, Maitres ornemanistes, S. 127. — Orn.stich-slg. des Kstgew.-Mus. Berlin No. 921m.

Antheaume, M i c h e l X a v i e r, Porzellanmaler in Paris, später in Saint-Quentin, geb. in Paris 24. 6. 1838, Schüler von L. Cogniet, stellte in den Salons 1859—1880 fast alljährlich Porträts eigener Erfindung und Genreszenen nach fremden Vorbildern (Tassaert, Fauvelet, Merle u. a.) aus.

B e l l i e r - A u v r a y, Dict. gén. u. Suppl.

Anthelmis, Matheus de, Heiligenmaler in Ragusa 1402, geb. in Venedig.

Meyer, Kstlerlex. *H. V.*

Anthemios aus Tralles in Lydien, byzantin. Architekt des 6. Jahrh. Im Auftrag des Kaisers Justinian hatte er in Gemeinschaft mit Isidoros von Milet den Erweiterungsbau der beim Nika-Aufruhr des Jahres 532 durch eine Feuersbrunst zerstörten Hagia Sophia zu Konstantinopel auszuführen. Aber er war nicht nur ausführender Architekt, sondern auch Theoretiker in Geometrie und Mechanik; die Größe seines Rufes als Mechaniker wird illustriert durch eine zeitgenössische Anekdote, wonach A. einen lästigen Nachbar durch Nachahmung von Erdbeben und Gewittern aus der Nähe seines Wohnhauses vertrieben haben soll. So werden ihm auch die in der Bibliotheca Vaticana zu Rom aufbewahrten Fragmente einer Schrift über physikalische und geometrische Probleme als Autor zugeschrieben (Περὶ παραδόξων μηχανημάτων, Cod. Vat. gr. 218). Durch die Feuersbrunst vom 15. 1. 532 wurde die alte von Constantius erbaute und von Theodosius II. 415 völlig wieder aufgerichtete Sophienbasilika mitsamt den umliegenden Prachtgebäuden total zerstört. Der Kaiser verordnete jedoch den sofortigen Wiederaufbau der Kirche auf dem alten Platze, und zwar in weit größeren Proportionen und mit noch glänzenderer Ausstattung. Reste der alten Basilika haben wir in einigen von Salzenberg publizierten Kapitellen, in den Bronzetüren des Südportales und in einer Anzahl von Inschriftziegeln zu erblicken. Der Neubau der Hagia Sophia wurde nach Zonaras bereits am 23. 2. 532, also kaum einen Monat nach der Zerstörung der alten Basilika in Angriff genommen und dauerte nach Theophanes (Ausg. Bonn, p. 338) 5 Jahre, 11 Monate und 10 Tage. Die feierliche Weihe des neuen Tempels fand statt am 26. 12. 537, im 11. Regierungsjahre Kaiser Justinians. Procopius, des letzteren Zeitgenosse, gibt uns eine ausführliche und enthusiastische Beschreibung des Bauwerkes. Am 7. 5. 558 erfolgte der Einsturz des östlichen Teiles der Kuppel, wobei der Hochaltar nebst Ciborium und Ambo nochmals vernichtet wurde; nach Theophanes wäre dieser Zusammenbruch des Gewölbes von seiten der Architekten auf ein allmähliches Nachgeben der Tragpfeiler zurückgeführt worden. Nach Restaurierung der Kuppel durch einen gleichnamigen Neffen des Isidoros von Tralles wurde die Kirche alsbald von neuem geweiht. Aus der Zeit dieser Kuppelerneuerung haben uns Paulus Silentiarius, Agathias und Euagrius weitere ausführliche Beschreibungen der Hagia Sophia hinterlassen. Aber auch in der Folgezeit machten sich noch mehrfache Restaurierungen des Riesenbaues, sowie Mauerverstärkungen und Strebepfeilerkonstruktionen nötig. Ein Glockenturm an der Westfassade kam vermutlich hinzu, als der Doge Ursus Patricianus von Venedig 865 dem byzantinischen Kaiser ein Geschenk von 9 Glocken machte. Nach der Eroberung Konstantinopels durch die Türken wurde die Hagia Sophia in eine Moschee verwandelt. Ihren alten Namen (gespr. „Aja Sophia") durfte sie beibehalten, ihre Mosaiken und Wandmalereien dagegen wurden teilweise zerstört oder übertüncht und auch im übrigen jegliche Erinnerung an die christliche Bestimmung des Gotteshauses getilgt. Als um die Mitte des 19. Jahrh. die Moschee in Verfall zu geraten drohte, beauftragte Sultan Abdul Medschid 1847 den italien. Architekten G. Fossati mit einer gründlichen Restaurierung, durch die in dankenswerter Weise für die dauernde Erhaltung des ehrwürdigen Riesenbaues Sorge getragen, einzelnen Teilen desselben jedoch ein wesentlich verändertes Aussehen gegeben wurde. Nach dieser Restaurierung veröffentlichte Fossati 1848 ein umfangreiches lithographisches Tafelwerk über die Hagia Sophia.

Bezeichnenderweise stammten beide Architekten der Sophienkirche aus Kleinasien. Die blühende Stadt Milet war in den frühchristlichen Jahrh. eines der Hauptzentren der orientalischen Baukunst, und von dort sowie von Tralles kamen Isidoros und Anthemios nach Konstantinopel. Beide waren nach Aussage der alten Schriftquellen gemeinsam am Baue der Hagia Sophia tätig. Nach Procopius verfertigte Anthemios das Modell, während Isidoros mit ihm gemeinschaftlich die Bauleitung besorgte. Nach Paulus Silentiarius dagegen errichtete Anthemios hauptsächlich die Fundamente; nach Agathias endlich war Anthemios nicht nur als Entwerfer der Modelle, sondern auch bei der Ausführung sämtlicher Bauteile der Kirche tätig. „Anthemios stammte" — so schreibt Agathias — „aus Tralles und war namentlich berühmt als Erfinder von mechanischen Apparaten, sowie als Kenner der mathematischen Wissenschaften. Auch seine Brüder waren als bedeutende Gelehrte wohlbekannt, und zwar Metrodoros als Schriftsteller, Olympos als Jurist, Dioskoros und Alexandros als Mediziner. Der Ruf des Anthemios und des Metrodoros drang bis zu den Ohren des Kaisers, der beide Brüder nach Konstantinopel kommen ließ. Dort blieben sie bis an ihr Lebensende und schufen höchst bewundernswerte Geisteswerke, der eine als Schriftsteller, der andere als Errichter zahlreicher Bauten in- und außerhalb Konstantinopels."

Für die neue Sophienkirche erfand Anthemios eine von der alten völlig abweichende Plananlage. Er gab die einfache, flach abgedeckte Basilikalform gänzlich auf und konstruierte dafür einen in Stein gewölbten riesigen Kuppelbau. Dieser umschloß in der Hauptsache nur eine einzige von mächtigen Strebebögen umgebene Halle, deren sphärische Hauptkuppel nach Osten und nach Westen hin in niedrigere Halbkuppelapsiden übergeführt wurde. Auf diese Weise erhielt diese Kuppelhalle die Form eines länglichen Kirchenschiffes, dem sich an den nördlichen und südlichen Langseiten zwei von starken Strebemauern durchsetzte und durch diese in eine Anzahl von Kapellen geteilte Seitenschiffe anschlossen. Die Kuppelwölbungen dieser Seitenkapellen ruhten auf mächtigen, durch weitgespannte Bögen verbundenen Pfeilern, von denen immer je vier einen quadratischen Raum umschlossen. Mit dieser vielfältig geteilten Kuppelanlage schuf Anthemios zwar keineswegs einen wirklich neuen Kirchentypus; aber doch immerhin ein die Versuche und Bestrebungen der voraufgegangenen Jahrh. sieghaft bekrönendes konstruktives Kunstwerk. Man hat behauptet, die Architekten der Hagia Sophia seien vom Typus der Sergius- und Bacchuskirche in Konstantinopel ausgegangen und hätten damit Reminiszenzen aus den großen römischen Thermenanlagen und aus der Constantins-Basilica kombiniert (Dehio, Kirchl. Baukst. I 29). Aber auch im Orient gab es ja genug solcher Thermensäle, wie z. B. in Alexandria und Antiochia, so daß der Typus der Sophienkirche sehr wohl von diesen orientalischen Römerbauten abgeleitet werden könnte. Neu war beim Bau der Sophienkirche die Konstruktion des Verbindungsgliedes, das den Übergang von den Ecken des Grundrißquadrates zur kreisförmigen Basis der Kuppelwölbung vermittelte, also jenes Zwickels oder Pendentifs, der sich dem Auge als eine von den Eckpfeilern nach innen vorgeschobene Mauerkonsole von der Gestalt einer durch ein sphärisches Dreieck begrenzten Kugelfläche darstellt. Die römischen Kuppelkonstruktionen (wie z. B. diejenige des Pantheon) waren gewöhnlich über kreisrunder Basis errichtet, oder allenfalls über einem nur ganz schwache Pendentifs erfordernden Achteck-Grundriß (z. B. in einem Saale der Caracalla-Thermen). Weiter war bei kleineren Verhältnissen der Erbauer der Grabkirche der Galla Placidia zu Ravenna gegangen (5. Jahrh.), der jedoch immer noch unter Umgehung der Pendentifs die Kugelfläche der Kuppel teilweise von den Mauerwänden des Unterbaues durchsetzt werden ließ. Noch näher kommt der Zwickelkonstruktion der Hagia Sophia das 505 entstandene Wölbungssystem der Kathedralenruine von Bosra im Hauran, die mit ihren in die Ecken der quadratischen Mauereinfassung eingelassenen vier Nischen im Inneren in der That als kreisrunder Kuppelbau erscheint. Kuppelbauten auf achteckigem Grundriß sind in Kleinasien und Syrien nach Strzygowski („Kleinasien", Leipzig 1903) mehrfach erhalten geblieben. Vorbilder für die von Anthemios angewandte Zwickelkonstruktion auf quadratischem Grundriß finden sich auch in den Sassanidenpalästen des 5. Jahrh. zu Firuz-Abad und zu Sarbistan. „Die Sophia" — so schreibt Strzygowksi — „bedeutet einen Schritt über die Versuche auf dem Gebiete des reinen Rotunden- bezw. Oktogonalbaues, wie wir ihn im kleinasiatischen und syrischen Kreise kennen gelernt haben, hinaus: es ist die vom Quadrat umschlossene Rotunde von Bosra, Ezra, und H. Sergios und Bakchos, aber halbiert. Zwischen die beiden Hälften eingeschoben finden wir die Kuppelbasilika; in der Anordnung zweier Halbkuppeln zu seiten der mittleren Hauptkuppel aber kündigt sich der Einfluß eines syroägyptischen Typus, der des quergelegten Kuppelschiffes an" (Kleinasien, S. 135). — Von dem ehemals der Hagia Sophia vorgelagerten großen Atrium sind heute nur noch geringe Reste übrig geblieben.

Mit dieser Neuheit der Konstruktionsweise verband sich in der kolossalen Bauschöpfung des Anthemios eine völlig neue Gestaltung aller Detailformen. Die Gewölbe ruhen auf höchst einfachen, nach unten abgeschrägten Gesimsen. Säulen konnten nur dekorativ verwandt werden: Je zwei übereinander gestellte Säulenarkaden füllen die weiten seitlichen Bogenöffnungen zwischen den Gewölbpfeilern des Mittelschiffes aus. Die Kapitelle der Säulen zeigen die mannigfaltigste Variierung; bald schließen sie sich an dorische, jonische oder korinthische Typen an, bald haben sie die Würfel- oder Korbform. Die Voluten-Akanthus- und sonstigen Blattwerkdekorationen dieser Kapitelle gewannen epochemachende Bedeutung für die gesamte byzantinische Kunst. Die Schäfte der Säulen wurden größtenteils antiken Tempelbauten entnommen, so namentlich die kolossalen Säulen aus grünem thessalischem Marmor dem Dianatempel zu Ephesus. Den von den Türken glücklicherweise verschonten Hauptschmuck der Kirche bildet jedoch die bis zu den Gewölbegesimsen hinaufreichende vielfarbige Marmorbekleidung der Wände. Sie ist aus den mannigfachsten Marmorarten zusammengesetzt und besteht als Opus sectile aus lauter großen Rechteckfeldern, die mit geometrischen Ornamenten, geflochtenem Bandwerkdekor, Delphinfiguren usw. geschmückt sind. Auch die weißen Marmorbalustraden der Matroneen waren mit geometrischen Ornamenten und griechischen Kreuzen etc. dekoriert. Die großen kassettierten Marmortüren der Galerien sind noch heute vorhanden. Sämtliche Wölbungen ebensowie die Hauptkuppel waren mit Glasmosaiken bedeckt; jedoch sind von den ältesten Mosaiken (6. Jahrh.) nur am Gewölbe der Galerie zur Rechten einige geringe Reste erhalten geblieben. Die wesentlichsten Abänderungen hat jedoch das Äußere der Kirche erfahren. Die Türken errichteten an den vier Ecken des Bauwerkes schlanke Minaretts und bedeckten sämtliche Außenmauern der Kirche zu wiederholten Malen mit einer Tünche. So ist der herrlichste Tempel der Christenheit heutzutage durch eine mohammedanische Maske verhüllt.

Der Bau der Hagia Sophia wurde in kolossalen Maßverhältnissen ausgeführt. Sie ist (abgesehen von der aus der Ostseite heraustretenden Chornische) nach älteren Messungen 241 Fuß lang und 224 Fuß breit. Die in 40 ca 1,10 m breiten Backsteinrippen vom Kranzgesimse aus ca 14,80 m hoch aufsteigende Halbkugel-Kuppel erhebt sich bei einer Weite von ca. 32,90 m in ihrem Scheitel ungefähr 56,50 m über den Fußboden der Kirche. In dem kurzen Zeitraume von 5 Jahren hatte Anthemios das Riesenwerk vollendet. Kaiser Justinian überwachte persönlich den Fortgang der Arbeiten. Er beschaffte die Mittel dazu durch die außerordentlichsten Maßregeln, nach Zonaras sogar durch Einziehung der Lehrergehälter, wodurch er allerdings das gleichzeitige Einreißen der Barbarei in seinem Reiche in schlimmster Weise gefördert haben soll. Hoffentlich wird es den Forschern in absehbarer Zeit möglich gemacht werden, das Riesenwerk in allen seinen Einzelheiten eingehender zu studieren, als es der religiöse Fanatismus der Türken bisher zugelassen hat.

Fragment d'un ouvrage grec d'Anthémius sur les paradoxes de mécanique. Revue et corrigé sur quatre manuscrits, avec une traduction et des notes, par D u p u y. Paris 1777. (Neu herausgeg. von Ant. Westermann, Leipzig 1839.) — G r é l o t, Relation d'un voyage de Constantinople, Paris 1680. — J u l e s L a b a r t e, Le palais Impérial de Constantinople et ses abords, Paris 1861. — D u C a n g e, S. Sophia. — G. F o s s a t i, Aya Sophia Constantinople as recently restored by order of the Sultan Abdul Medjid, London 1848 (mit Tafeln). — W. S a l z e n b e r g, Altchristliche Baudenkmäler von Konstantinopel, Berlin 1854 (mit deutsch. Übersetzung der Gedichte des Paulus Silentiarius, von Dr. W. Kortüm). — P a s p a t i, (Πασπάτης), Βυζαντινοὶ Μελέται. Konstantinopel 1877. — P u l g h e r, Les anciennes églises byzantines de Constantinople (Wien 1878). — M o r d t m a n n, Esquisse topographique de Constantinople. — W. L e t h a b y, H a r o l d S w a i n s o n. The church of Sancta Sophia Constantinople. A study of byzantine building, London et New York 1894 (S. 308, mit 75 Abbild.). — H. H o l t z i n g e r in „Die Baukunst" (W. Spemann, Stuttgart) Ser. I, Heft 10. — J. S t r z y g o w s k i, Kleinasien, Ein Neuland der Kunstgeschichte, Leipzig 1903, S. 133, 183. — E. Ἀντωνιαδου, Ἀρχαιολογικοὶ πιχανες τῆς ἁγίας Σοφίας. Konstantinopel 1905, mit 14 Tafeln. *A. Muñoz.*

Antheunis, P i e t e r, Maler, 1632 zum ersten Male in der Antwerpener St. Lucasgilde erwähnt, Schüler des Gabr. Franck, wird 1636 bis 1637 als Meister genannt.

Liggeren II 39, 40, 82, 88 usw. **

Anthing, F r i e d r i c h, Adjutant und Biograph des Feldmarschalls Fürsten Suworow, † 1805 in Petersburg, studierte in Jena Theologie und bereiste von 1783—1800 Europa als Silhouetteur; gab 1791 einen Band von 100 Schattenbildern merkwürdiger Personen heraus unter dem Titel: Collection de 100 silhouettes des personnes illustres et célèbres, dess. d'après les originaux. (2. Ausg. 1793). Von ihm ferner: Kaiser Joseph II. in einem Saale. Nach dem Leben gez. Gest. von Balnis, qu. Fol. — Kaiserin Katharina II. von Rußland mit ihrer Familie im Garten spazieren gehend. Nach dem Leben gez. Gest. von Dan. Berger 1789, qu. Fol. Mehrere seiner Silhouetten im Besitze der Petersburger Akademie.

N. P. S o b k o, Russ. Kstlerlex. — Русск. библ. словарь (Russ. Bibliogr.) II 208. — F ü s s l i, Kstlerlex. Neue Zusätze. — J. L e i s c h i n g, Mitt. d. Mährischen Gewerbe-Ausst. 1906. (Die Silhouette.) *W. Neumann.*

Anthoine, Kanonen- und Glockengießer in Metz, goß 1438 die Glocke Marie für die Kathedrale.

B e g i n, Les arts dans le pays de Metz. **

Anthoine, Maler in Montpellier, soll 1484 dort gearbeitet haben.

S i r e t, Dict. d. peintres. **

Anthoine, Historienmaler, geb. zu Limoges um 1530. Um 1572 führte er ein großes Gemälde für die Zunft der Goldschmiede seiner Vaterstadt aus.

T e x i e r, Les argentiers. *H. Longnon.*

Anthoine, französ. Bildhauer u. Goldschmied in Limoges um 1570.

B é r a r d, Dict. biogr. *Lami.*

Anthoine, C o l a s, s. *Colas.*

Anthoine, J e a n, eigentlich Jean de Majoricy genannt, wahrscheinlich italien. Freskomaler, 1536 unter Rossos Leitung in Fontainebleau tätig und als Hilfsarbeiter von erstem Rang bezahlt. Schon 1532 kommt er als Maler des Guillaume du Bellay de Langey vor, bei den Dekorationen der Abtei Notre-Dame in Boulogne gelegentlich der Zusammenkunft Franz I. von Frankreich und Heinrichs VIII. von England beschäftigt.

D e L a b o r d e, La Renaissance des Arts à la Cour de France, p. 289. — Derselbe, Comptes des Bâtiments du roi I 95, 107. *L. Dimier.*

Anthoine, L a m b e r t, Glasmaler in Bourges, führte 1500—1505 verschiedene Wappenscheiben mit den Wappen des Maire und der Schöffen aus, ferner ein Fenster, das Wunder des hl. Antonius von Padua darstellend, für den unteren Saal des Hôtel-de-Ville.

Archives de l'Art Français, II. Série, I. — G i r a r d o t, Les Artistes de Bourges, depuis le Moyen-Age. *H. Longnon.*

Anthoine, Louis d', französ. Porträt- und Genremaler, geb. in Beaucaire (Gard) 3. 4. 1814, † 1852, Schüler von Eugène Delacroix, stellte seit 1840 wiederholt in den Pariser Salons meist Porträts aus. Das Museum von Nantes bewahrt von ihm die „Beichte des Giaur" 1843 (nach Lord Byron), mit lebensgroßen Figuren.

Bellier-Auvray, Dict. gén. (Verzeichnis v. Werken). — Richesses d'Art. Province. Mon. Civ. II 10. *H. V.*

Anthoine de Troyes, französ. Architekt, beaufsichtigte gemeinsam mit Pierre Nepveu genannt Trinqueau den Bau des Schlosses Chambord, legte jedoch 1530 dieses Amt nieder, nachdem er kurz vorher noch für den Bau der Türme und Pavillons dieses Schlosses notarielle Abmachungen getroffen hatte.

A. Félibien, Les maisons royales des bords de la Seine. — Bauchal, Dict. des Archit. *C. Enlart.*

Anthoine, s. auch *Antoine.*

Antholzer, Simon, Töpfer im Stifte St. Florian bei Linz, der 1711 und in den folgenden Jahren verschiedene bunt glasierte Öfen mit Basreliefs (die aber wohl von Bildhauern geschnitten sind) fertigte.

A. Czerny, Kst. u. Kstgew. im Stifte St. Florian. 1886. ***

Anthon, Georg David, dänischer Architekt, 1714—81, wurde 1761 Hofbaumeister und Inspektor der kgl. Schlösser. Vordem war er 1748—60 als Lehrer der Geometrie und Baukunst an der Akad. tätig, in welcher Stellung er 1759 eine „Anweisung zu der Civil-Baukunst" herausgegeben hat. Nur wenige seiner Arbeiten sind bekannt und noch wenigere erhalten. Er hat die Turmspitze der Friederichskirche in Christianshavn (bei Kopenhagen) gebaut; eine seiner größten Arbeiten aber, das Hauptgebäude des Schlosses Bregentved (Seeland) ist später umgebaut worden. Als Künstler war er ein Schüler des Architekten Eigtved und hat für ihn mehrere Arbeiten geleitet. Doch ist er keineswegs seinem Lehrer ebenbürtig und scheint überhaupt kein hervorragender Künstler gewesen zu sein.

Weilbach, Nyt dansk Konstnerlex. 1896 u. Nachtr. (II 620). — Architekten I 157. *V. Lorenzen.*

Anthoni. Am Otto-Heinrichsbau des Schlosses zu Heidelberg beschäftigter Meister. Als „Anthonj, Bildthawer" genannt in einer Vertragsurkunde vom 7. 3. 1558 (erhalten in einer Abschrift aus dem Jahre 1604 im großherzogl. General-Landes-Archiv zu Karlsruhe; verschiedentlich publiziert, so z. B. in „Mitteilg. z. Gesch. des Heidelberger Schlosses" I 22 f., desgleichen „Zeitschr. für bild. Kunst" XIX 106), welche besagt, daß der Bildhauer Alexander Colins aus Mecheln an und in dem Palaste plast. Arbeiten ausführen solle, darunter ein „Türgestell", das A. angefangen hat. A. also der frühere Meister und möglicherweise der eigentliche Erfinder und Verfertiger des ersten Entwurfs des bedeutenden Baues und seiner skulpturenüberdeckten Fassade. Verschiedene Versuche, seine Persönlichkeit zu identifizieren: 1. von M. Huffschmid („Zur Gesch. des Heidelberger Schlosses von seiner Erbauung bis zum Ende des 16. Jahrh.", Neues Arch. f. d. Gesch. der Stadt Heidelberg und der rhein. Pfalz III 72): mit dem Niederländer Anthoni van Helmont. — 2. von A. v. Öchelhäuser (in den „Mitteilg. z. Gesch. des Heidelberger Schlosses" II 220): mit einem Italiener Antonio di Teodoro, der 1553 als Verfertiger von in der Tat stilistisch sehr verwandten Arbeiten an dem sogen. Piastenschloß zu Brieg genannt wird (s. Artikel Antoni von Theodor). — 3. (mit voriger Vermutung wohl zu vereinigen) von A. Peltzer („Anthoni, der Meister vom Ottheinrichsbau zu Heidelberg", Heidelberg 1905): mit einem Italiener Antoni Vasoni (in den Urkunden verschieden geschrieben: Fasiani, Fasoni, Vasani, Fazuni, Vascani), der in den Ratsverlässsen von Nürnberg von 1538 bis 1555 des öfteren ehrenvoll als dort Lebender und Schaffender genannt wird. (1556 Thronbesteigung Ottheinrichs, der vorher und nachher in enger Beziehung zu Nürnberg und seinen Künstlern nachzuweisen ist.) *A. Peltzer.*

Anthoni, Joh. Jacob, Augsburger Goldschmied, Verfertiger der Kolossalfigur des Herkules auf der Wilhelmshöhe bei Kassel. Das Werk wurde 1714—17 über einem Holzmodelle in Kupfer getrieben.

Lüer-Creutz, Gesch. d. Metallkunst 520. **

Anthoni von Koblenz. Von Mone in der Zeitschrift für die Geschichte des Oberrheins III, 40 ff. als Steinmetz zu Konstanz (1500) genannt und als Ort seiner Herkunft das Dorf Koblenz bei Zurzach im Bez. Aargau in der Schweiz bezeichnet.

Klemm, Württemb. Baumeister u. Bildh. S. 108 ff. *R.*

Anthoni, s. auch *Glaser* u. *Isenmann,* A., sowie *Anthony, Antoni* u. *Antony.*

Anthonin, schweizer Harnischmacher, lieferte 1495—1500 verschiedene Rüstungen ins Zeughaus zu Solothurn.

Zetter-Collin bei Brun, Schweiz. Kstlerlex. **

Anthonis, Sohn des Pawel, Maler in Oudenarde, erhielt 1549 große Darstellungen aus der Ursulalegende bezahlt.

Kramm, De Levens en Werken I 20. **

Anthonis Adriaensz, wird von K. v. Mander (éd. Hymans II 348) als guter Maler in Alkmaar genannt. Er war der Sohn des 1620 verstorbenen Festungsbaumeisters und Bürgermeisters von Alkmaar Adriaen Anthonisz., nahm später den Namen Metius an und starb im Juni 1648. Über seine künstlerische Tätigkeit nichts bekannt.

C. W. Bruinvis, Levensschetsen van en Mededeelingen over Beeldende Kunstenaars te Alkmaar 1905. *C. W. Bruinvis.*

Anthonis, Jan, Sohn des François, Maler (von Mecheln?), 1580 freier Meister in Antwerpen, Bürger daselbst 21. 4. 1581, nur urkundlich bekannt, nicht zu verwechseln mit einem gleichnamigen Maler aus Mecheln, welcher schon 1516 in den Antwerpener Liggeren (I 85) erwähnt wird.

E. Neeffs, Histoire de la peinture etc. a Malines I 332, 501. *H. V.*

Anthonis, Willem, Anthonissone, Maler, gebürtig aus Burgund, wurde 1619 Bürger in Antwerpen und nahm 1627 den später angesehenen Maler Abraham Willemsens in die Lehre.

Liggeren I 585, 646. **

Anthonissen, Arnoldus van, der Sohn und wahrscheinlich auch der Schüler von Hendrick van Anthonissen, war 1662 und 1663 „Hoofdman“ der Lucasgilde in Leiden. Von 1667 bis 1669 wohnte er in Middelburg. Er war Marinemaler, hat aber nur Mittelmäßiges geleistet. Seine seltenen Werke sind bezeichnet mit einem Monogramm, zusammengesetzt aus den Initialen A A. Zwei Marinen befinden sich im Mus. zu Leiden.

Obreens Archief V 246, 247. *E. W. Moes.*

Anthonissen, Hendrick van, oder van de, Maler, ist etwa 1606 geb. und heiratete im Haag 1630 Judith Flessiers, eine Tochter von Balthasar Flessiers, wurde somit der Schwager des bekannten Marinemalers Jan Porcellis. 1635 wohnte er in Leiderdorp und seit 1636 in Amsterdam, aber 1645 war er in Rotterdam, wahrscheinlich von Antwerpen kommend, wo er sich aufgehalten haben muß, da ein Bild im Mus. zu Oldenburg einen Blick auf Antwerpen zeigt. 1647 verließ er heimlich seine Wohnung an der Rosengracht in Amsterdam. Gestorben ist er zwischen 1654 und 1660. Ein Einfluß seines Schwagers Jan Porcellis ist in seinen Marinen nicht zu verkennen. In Holland kommen sie wenig vor; man findet aber gute Exemplare in den Mus. zu Antwerpen, Berlin, Erfurt, Oldenburg, Schwerin, Orléans, Cambridge, Stockholm und St. Petersburg. Meistens sind sie mit seinem vollen Namen in Kapitalen bezeichnet, bisweilen, wie im Mus. zu Orléans, nur mit dem Buchstaben H. V. A. Datiert ist 1641 ein Strand zu Scheveningen im Fitzwilliam-Mus. zu Cambridge und 1654 eine Marine im Mus. zu Berlin. Er war der Vater und wahrscheinlich der Lehrer von Arnoldus van Anthonissen.

Oud-Holland VI 21, VIII 203. — Granberg, Catal. rais. 175. — Bode, Die Großherz. Gemäldegal. zu Schwerin 95. *E. W. Moes.*

Anthonissen, Louis Joseph, belgischer Maler, geb. 11. 2. 1849 in Santoliet bei Antwerpen, Schüler der Antwerpener Akad. und der Pariser Kunstschule. Lebt in Paris. A. hat auf allen Gebieten der Malerei, als Porträtist, Landschafter und Genremaler Tüchtiges geleistet und sich ganz besonders mit Szenen und Landschaften aus dem Orient hervorgetan. Die meisten dieser Arbeiten entstammen dem Süden Algeriens und der Sahara. *K. E. Schmidt.*

Anthonisz., Aert, Maler, geb. in Antwerpen 1579/80, heiratete 1603 in Amsterdam „23 Jahr alt“ und kaufte dort 6. 4. 1604 das Bürgerrecht. 1609 kauft er auf einer Auktion Bilder. 1612 wohnte er in der Houtstraat und 7. 9. 1620 wurde er in der Zuiderkerk begraben. Als Bild von ihm wird in einem alten Inventar eine „vissery“ genannt. Vielleicht identisch mit Aert v. Antum.

Aemstels Oudheid VIII 99. — Obreens Archief VI 34. — Notizen von A. Bredius. *E. W. Moes.*

Anthonisz., Birck, Fayencier („plateelbacker“) in Delft, nur bekannt durch die urkundliche Notiz seiner Heirat am 2. 3. 1647.

Havard, p. 231 No. 148. *J. C. E. Peelen.*

Anthonisz., Cornelis, Maler, Holzschneider u. Radierer, geb. in Amsterdam, etwa 1499, war 1527 schon verheiratet. 1533 malte er für den „Voetboogsdoelen“ ein Schützenstück, den sogen. „Braspenningsmaaltijd“, jetzt im Amsterdamer Rathaus, und bezeichnet mit einem Monogramm (ein Antoniusglöcklein zwischen den Buchstaben C und T). Nur wenige Gemälde sind von ihm bekannt. Er hat aber einige tüchtige Radierungen gemacht und war ein vorzüglicher Holzstecher, der in diesem Fache Ausgezeichnetes geleistet hat, z. B. 1544 einen Plan von Amsterdam in zwölf Blättern. Als Kartographen hat die städt. Regierung sich wiederholt seiner bedient. 1541 war er im Heer Karls V. vor Algier und kurz darauf lieferte er eine Karte der Ostsee. Bald nachdem er 1553 der Belagerung von Thérouanne beigewohnt hat, die ebenfalls von ihm sehr schön in vier Blättern in Holz geschnitten wurde, muß er gestorben sein.

Moes, De Amsterdamsche Boekdrukkers usw. I 187—198. *E. W. Moes.*

Anthonisz., David. 1619 in Amsterdam als Maler erwähnt. *A. B.*

Anthonisz., Pieter, Maler, geb. in Amsterdam, kaufte dort 23. 5. 1663 das Bürgerrecht.

Aemstels Oudheid IV 63. *E. W. Moes.*

Anthonius, Miniator, Böhmen, 14. Jahrh. „Anthonius“ nennt sich als Schreiber und wohl auch Maler eines Miniaturkodex in der Bibliothek des Priesterseminars zu Brixen. Die Hs. ist auf 1399 datiert und gehört der böhmischen Schule des ausgehenden 14. Jahrh. an, die durch die „Wenzelshandschriften“ besonders bekannt ist.

Beschreibendes Verzeichnis der illuminierten Handschriften in Österreich, herausgegeben von

Fr. Wickhoff. Bd. I: H. J. Herrmann, die illuminierten Hsn. in Tirol 1905 p. 15 f. No. 16.
Swarzenski.

Anthonius, Maler, Hamburg, 16. Jahrh. Restaurierte 1563 Bilder in der Jacobi-Kirche.
E. Benezé.

Anthonius Contrafeyer (= Bildnismaler), wird erwähnt als wohnhaft in Kopenhagen 1581.

Weilbach, Nyt dansk Kunstnerlex. I 1896.
A. R.

Anthony, Andrew Varick Stout, amerikan. Holzstecher und Aquarellmaler, geb. New York 1835, † 2. 7. 1906 in West Newton bei Boston. Nach einer Reihe von Wanderjahren siedelte er sich in Boston, später in New York, an. Unter den von ihm mit Holzstichen versehenen Werken sind die hauptsächlichsten: Snow Bound, Mabel Martin, Hanging of the Crane u. Skeleton in Armor. Letzteres enthält wohl seine besten Stiche. Mitglied der American Water Color Society.

Appleton, Americ. Biogr. Dict. — S. G. W. Benjamin, Our American Artists.
E. Richter.

Anthony, Bernard, gen. Lapert, 1500 bis 1511 Werkmeister der Stadt Rodez sowie der dortigen Kathedrale. Unter seiner Leitung wurden die Bauarbeiten an dieser Kathedrale nicht mehr einzeln verdungen, sondern in eigener Gesamtregie ausgeführt. A. ist der Schöpfer des nordwestlichen Teiles der Kirche sowie des unteren Teiles der Fassade. 1508 wurde er als Sachverständiger nach Mende berufen zur Bestimmung des Standortes für den großen Glockenturm der dortigen Kathedrale.

Marlavagne, Cathédr. de Rodez, p. 75, 93. — Bauchal, Dict. des Archit. *C. Enlart.*

Anthony, George Wilfred, engl. Landschaftsmaler und Zeichner, geb. in Manchester im 1. Jahrzehnt des 19. Jahrh., † das. 14. 11. 1859, studierte dort unter Ralston und in Birmingham unter J. V. Barber und wurde dann ein renommierter Zeichenlehrer in seiner Vaterstadt. 1831 und 1832 schickte er mehrere Bilder auf die Ausstellung der Royal Acad. in London. Seine Gemälde erheben sich nicht zu eigentlich künstlerischer Höhe. Als Kunstkritiker genoß er guten Ruf.

Art Journal 1860 10. (Nekrolog). — Graves, Roy. Acad. Exh. I.
R.

Anthony, H. Mark, engl. Landschaftsmaler, geb. 1817 in Manchester, † 2. 12. 1886, Schüler seines Vetters G. W. Anthony. war 1834—1840 in Paris und Fontainebleau in Beziehung zu Corot und Dupré getreten, von denen er bestimmende Einflüsse erhielt. Im Gegensatze zu der damals in England herrschenden Richtung der Landschaftsmalerei malte er seine licht- und luftstarken, wenn auch in den Wolken etwas schweren, intimen Naturausschnitte in breiter malerischer Weise, die wenig Anklang beim Publikum, aber den Beifall der jüngeren Künstlergeneration fand. Besonders Ford Madox-Brown und eine Gruppe der Praeraphaeliten schätzten ihn sehr. Von seinen Bildern sind besonders zu nennen: See von Killarney (1845 vom Prinzen Albert gekauft), Sonntagmorgen (1846). Stratford am Avon (1855), Sonnenuntergang (1861), Friede im Tal und Harvest Festival (im Besitz der Salford Public Art Gallery). Von 1837—1884 stellte er häufig in der Royal Acad. aus; sein letztes Bild dort war The Striken Oak.

Meyer, Kstlerlex. — Bryan, Dict. — Clement and Hutton, Artists of the 19 Cent. — Graves, Roy. Acad. I 55. *R.*

Anthony, Hans Anders, schwed. Bildhauer u. Stuck-Dekorateur, der 1664 die Dekorationen im Schloß Jakobsdal für den Grafen Magnus Gabriel De la Gardie machte; ähnliche Gipsdekorationen hat er auch im Schloß Skokloster ausgeführt.

Hahr, Konst och Konstnärer vid Magnus Gabriel De la Gardies hof. *O. S.*

Anthony, Jean B., belg. Maler, geb. 3. 1. 1854 in Antwerpen, Sohn eines Goldschmieds, Schüler des Historienmalers Lodow. Hendricx, malt Kirchen- und Historienbilder. Im Dom zu Antwerpen von ihm eine Altartafel mit der Geschichte der hl. Barbara; in einer Tilburger Kirche „het Heik", ein M rtyrium des hl. Dionys u. ein Kreuzesweg; in der S. Johanniskirche in Herzogenbusch die Flügel des Annen-Altars und auch ein Kreuzesweg. Von seinen sonstigen Bildern seien genannt: die hl. Elisabeth von Ungarn; der Goldwäger; der Antiquar; die Hochzeit zu Kana; Maria von Burgund pilgert nach Dadizele mit den Frauen von Brügge (1800).
Pol de Mont.

Anthony, Steven, Maler, wird 1623 urkundl. in Amsterdam erwähnt. Er hatte für 2248 Gulden Ebenholz (für Rahmen?) gekauft.
A. B.

Anthony (Anthoen, Anthoon, Anthoine, Anthoni), Vincentius, vläm. Architekt und Bildhauer, geb. wahrscheinlich in Brüssel, wo er in die Gilde der Quatre-Couronnés 26. 6. 1641 als Meister eingetragen ist. † 4. 4. 1692 in Brüssel. 1680 fertigte er die Pläne des Dekanhauses der Tuchmacherzunft von Löwen, das jetzt noch erhalten ist und zum Stadthause gehört und in demselben Jahre erbaute er daselbst auch das zweite Stockwerk auf der alten Tuchmacherhalle, die der Universität 1679 vom Magistrat überlassen worden war.

A. Pinchart in Meyers Kstlerlex. (mit Lit.).
***

Anthony, William, Verfertiger kunstvoller und durch Edelsteinschmuck kostbarer Taschenuhren, in London, tätig seit Ende des 18. Jahrh., † 1844. Eine Uhr von ihm brachte 4000 Mk. in einer Auktion bei Christie 1902.

J. J. Britten, Old clocks and watches II ed. 551. **

Anthony, Formschneider. Siehe *Corthoys, Anthony.*

Anthony, s. auch *Anthoni, Antoni, Antony.*

Anti, s. *Antico.*

Antichi, Prospero, genannt Prospero Bresciano, italien. Bildhauer des 16. Jahrh., geb. in Brescia, kam aber wohl bereits in jungen Jahren nach Rom, wo er bis zu seinem Tode († 1592?) blieb. Er wird immer „de Antiquis" genannt, sein angeblicher Familienname Scavezzi findet sich nur auf einem Stiche von 1589 nach A.s Statue Sixtus V. und muß auf einem Irrtum beruhen. Er arbeitete meist in Terrakotta und Stuck, selten in Marmor, und seine besten Werke gingen deshalb zugrunde, einige sind uns nur in zeitgenössischen Kupferstichen erhalten (s. Meyer, Kstlerlex.). A. führte zuerst kleine Statuen für die Kirche S. Eligio und acht Engel für die Cappella Paolina im Vatikan aus. Am 7. 2. 1581 erhielt er Zahlung für ein Wappen Gregors XIII. und führte später das erste Grabdenkmal dieses Papstes († 1585) in der Cappella Gregoriana der Peterskirche aus, das als eines seiner besten Werke galt (das jetzige Grabmonument erst 1723 von Camillo Rusconi ausgeführt). 1587 arbeitete er zusammen mit Pietro Paolo Olivieri, Giambatt. della Porta, Flaminio Vacca und Giov. Ant. Valsole an den Statuen der Cappella Sistina in S. Maria Maggiore. Unter dem Pontifikate Sixtus V. (1585—1590) führte er die noch erhaltene, in den Proportionen mißglückte und viel getadelte Kolossalstatue des Moses für die Fontana Felice a Termini in Rom aus, nach dem Tode dieses Papstes Statuen für dessen Katafalk. Die letzte Arbeit, von der wir hören, ist ein Engel für das Kastell S. Angelo (Engelsburg), den er 1591 zusammen mit dem Mailänder Bildhauer Pietro Bordone ausführte. Bald darauf wird er gestorben sein, doch war er im Anfang des folgenden Jahres noch am Leben, da er nach einer von Bertolotti veröffentlichten Urkunde (Giorn. di Erudiz. artist. V 78) am 19. 1. 1592 eine Klage gegen einen gewissen Lando Landi anstrengte. A. pflegte auch öfters seine Arbeiten anderen Künstlern als Modelle zu überlassen, wie z. B. dem Alessandro Rossi das Modell zur Statue des hl. Bernhard für die Kirche S. Maria in Carrara. Irrtümlicherweise hat man dem A. Anteil an der plastischen Dekoration von S. Maria dei Miracoli in seiner Vaterstadt Brescia, sowie die Statue des hl. Lorenz an der Fassade von S. Lorenzo zugeschrieben. Nicht zu verwechseln ist er mit dem Maler Prospero Bresciano, der in Venedig tätig war.

Meyer, Kstlerlex. (mit ält. Lit.). — Campori, Mem. biogr. di Carrara. — Bertolotti, Artisti Subalpini in Roma p. 15 u. Artisti Lombardi in Roma I 205, 260. — Repert. f. K.-W., IV 77. *G. De Nicola.*

Antichio, Pietro. Nach Bartoli (Le Pitture etc. di Rovigo. 264, 265) Maler von Venedig um 1715, von dem sich ein Bildnis des Stefano Venezze in der Sammlung dieser Familie in Rovigo befand. Es ist sonst nichts über diesen Meister bekannt. *G. Fogolari.*

Anticho, Andrea (Antiquo), Zeichner und Holzschneider, wahrscheinlich auch Musiker aus Montona in Istrien, tätig zu Rom im Anfange des 16. Jahrh. Er ist der erste gewesen, der Musiknoten für Orgel in Holz geschnitten hat, eine Erfindung, für die er im Jahr 1517 von Papst Leo X. ein Privileg auf 15 Jahre erhielt. Mit diesem Privileg druckte er 1517 „Frottole intabulate di sonare organi Libr. I. Impresso in Roma da Andrea Anticho di Montona chierico". Hier findet sich auch ein Holzschnitt von ihm, der eine Frau am Cymbalum und eine andere mit einem Notenbuche darstellt.

Meyer. Kstlerlex. — Stancovich, Biogr. d. uomini distinti dell' Istria III 101. *P. K.*

Antici, Giovanni Battista, italien. Maler in Recanati, war Dilettant und arbeitete unter der Leitung des Guercino da Cento. Er lebte noch 1669.

Malvasia, Fels. Pittr. II 386. — Ricci, Mem. stor. II 275. — Baruffaldi, Vite d. pitt. etc. *V. Aleandri.*

Antici, P. Lodovico aus Recanati, Baumeister, gehörte der Congregazione dei Chierici teatini an, studierte in Bologna, wo er 1631 zusammen mit Castignani eine Preisarbeit für den Entwurf der Kirche S. Filippo di Porta ravegnana lieferte, aus deren Notizen hervorgeht, daß man sie wahrscheinlich ausgewählt haben würde, wenn der Bau nicht bis 1653 aufgeschoben worden wäre; später ließ er sich in Macerata nieder.

Masini, Bologna perlustrata 135. — Ricci, Mem. stor. II 140. *V. Aleandri.*

Antico. Pier Giacomo Ilario (od. Alari) Bonacolsi, gen. l'Antico, Mantuaner Medailleur, Goldschmied und Bildhauer im Dienste der Gonzaga, geb. um 1460, † 1528. Mit Anti (Abkürzung seines Beinamens) signierte er die kleinen Medaillen Gianfrancesco Gonzagas und seiner Gattin Antonia del Balzo (bald nach 1480 gegossen). Nach deutlicher Stilverwandtschaft weist ihm C. von Fabriczy die Medaille der Magdalena Mantuana (datiert 20. 11. 1504), ferner die des Herzogs Francesco della Rovere (nach 1516) und die des Marchese Ferrante d'Avalos und seiner Gattin Vittoria Colonna (ca. 1521—1525) zu. In den Urkunden, die Umberti Rossi veröffentlicht hat, wird Anticos Tätigkeit als Kopist von Antiken und Verfertiger von Statuetten (wohl in Nachempfindung antiker Bildwerke) des öfteren erwähnt. W. Bode hat auf Grund des Medaillenstils Anticos und der überlieferten Sujets dieser Statuetten in scharfsinniger Weise dem Künstler eine Reihe erhaltener Statuetten zugeschrieben. Es sind dies 2 Kopien des Apollo von Belvedere (Museo Archeologico des Dogenpalastes und Sammlung Beit), 2 Statuetten ein. Amor (Museo Nazion. Florenz, Sammlg. Carrand und Sammlg. Pierpont Morgan), ferner 2 ähnliche weibl. Figuren im Wiener Hofmuseum (1 Wiederholung der einen Figur auch in der Sammlg. Salting), eine sitzende Frau (Kaiser Friedrich-Museum) und eine prächtige reliefierte Bronzevase im Museum zu Modena. Umberto Rossi weist ihm noch eine Kybelestatuette im Museo Naz. in Florenz zu, die eine etwas abweichende Auffassung in Haltung, Ausdruck und Faltengebung zeigt. W. Bode findet in diesen Statuetten als gemeinsamen Charakter eine nüchterne Klassizität, außerordentliche Sauberkeit und Trockenheit in der Durchführung und eine gewisse herbe Befangenheit. In den Medaillenporträts indeß bemerkt man grade einen Verzicht auf peinliche Ausführung.

C. d'Arco, Arti e Artefici di Mantova (1857) II 49. — Bertolotti, Figuli, Fonditori etc. in relazione con la corte di Mantova p. 48—51. — — U. Rossi in Rivista Italiana di Numismatica I fasc. 1 p. 25—40, fasc. 2 p. 161—194, fasc. 4 p. 411—432. — Archivio stor. d. arte III 27, 29. — Nuova Antologia vol 63 fasc. 11 p. 441—469, fasc. 14, p. 294—324. — Armand, Les Médailleurs I p. 62—63. — C. v. Fabriczy, Medaillen d. ital. Renaissance p. 25. — W. Bode, Kunst und Künstler, 1907 p. 297—303; Derselbe in der Zeitschr. f. bild. Kst. N. F. XV 37. **

Antico, s. auch *Antichi* u. *Anticho.*

Anticone, Giovanni Battista, Neapolitaner Miniaturmaler, nach Zani (Enc. met. II 141) tätig um 1580—90, nach dem nicht immer zuverlässigen Dominici in der 1. Hälfte des 17. Jahrh. tätig und Schüler der Sof. Anguisciola in Palermo. Dominici will auch einige Bildchen von Anticone in Privatbesitz z. B. die kleinen Halbfiguren von Petrus, Paulus und der Madonna, ferner Nymphen u. Satyrn in Landschaft gesehen haben.

B. de Dominici, Vite d. Pitt. Napol. II 392. — Napoli Nobilissima VII 124. **

Antidotos, griechischer Maler des 4. Jahrh., Schüler des in Athen tätigen Euphranor, Lehrer des berühmten athenischen Malers Nikias, also wohl auch Athener oder dort hauptsächlich tätig. Als Gemälde von seiner Hand werden genannt: ein Kämpfer mit Schild (ein Grabgemälde?), ein Ringer und ein besonders gerühmter Trompeter. Er war nicht sehr produktiv oder wenigstens nicht vielseitig, im Kolorit ernst oder streng. Sein Hauptruhm war sein Schüler Nikias. Da dieser ein hervorragender Enkaustiker war und als Erfinder dieser Maltechnik Aristeides, der Lehrer von A.s Lehrer Euphranor, genannt wird, so wird auch er sich derselben bedient haben, ohne ihre koloristischen Wirkungen schon so auszubeuten wie sein bedeutenderer Schüler.

Brunn, Gesch. d. gr. Kstler. II 193. — Kroker, Gleichnam. gr. Kstler. S. 31. — Klein, Arch. epigr. Mitt. 11 S. 221, 225. — Pauly-Wissowa, Realenc. I 2398, 5 (Rossbach). *Sauer.*

Antigna, Alexandre, franz. Maler, geb. 2. 5. 1817 in Orléans, † 26. 2. 1878 in Paris. Schüler von Salmon, Norblin und Delaroche, begann unter dem Einflusse des letztgenannten Malers mit Historienbildern, wandte sich aber bald einem anderen Gebiete zu und schuf eine große Anzahl von Genrebildern, bald humoristischen, häufiger sentimentalen Inhaltes. Er hat in den 50er und 60er Jahren des 19. Jahrh. eine ganze Reihe von Bildern aus dem Leben des vierten Standes gemalt und ist so gewissermaßen ein Vorläufer der späteren Maler von „Armeleutsbildern" gewesen. Seine Arbeiten entbehren bei aller Sentimentalität nicht der realistischen Auffassung und des wahren Gefühles, und obschon sie kaum den großen Beifall verdienten, der ihnen vor einem halben Jahrhundert gewährt wurde, sind sie doch keineswegs ohne künstlerischen Wert.

Meyer, Kstlerlex. — P. Leroy, Alex. Antigna, peintre, Orléans 1892. — Bellier-Auvray, Dict. gén. und Suppl. — Nekrologe: im L'Art XII 240; Chronique des arts 1878 p. 68; Unsere Zeit 1879. *K. E. Schmidt.*

Antigna, Marie-Hélène, Malerin, geb. in Melun (Seine et Marne), Schülerin von A. Delacroix, Frau des J. P. A. Antigna. Sie malte Genrebilder (Figuren und ländliche Szenen) und Stilleben. Sie stellte meist in den Pariser Salons 1861—1880 aus.

La Grande Encyclopédie IV 199 (Artikel v. Olivier Merson.) — Bellier-Auvray, Dict. gén. I 19. *François Monod.*

Antignati, Nicolò degli, Steinmetz aus Brescia, tätig in Rom für Papst Paul IV., der ihn 1557 zum Cavaliere del Giglio ernannte.

Bertolotti, Art. Lombardi a Roma. — Archivio Stor. Lombardo X 188—221. **

Antignotos, Bildhauer; bekannt durch drei Inschriften, von denen sich zwei auf der Akropolis von Athen gefunden haben, eine beim Asklepieion ebendort zutage kam. Jene stammen von Ehrenbildern, die man den Thrakerkönigen Kotys und Rhaskuporis errichtet hatte, diese von der Statue eines Römers, dessen Namen bis auf das Pränomen Marcus verloren ist. Alle drei stammen aus der Zeit des Augustus. Plinius nennt im dritten alphabetischen Verzeichnis (N. H. 34, 86) einen Antignotus als Verfertiger von Philosophenbildnissen, Statuen von Ringern (luctatores), einem Schaber (Perixyomenos) und einer Gruppe der Tyrannenmörder Harmodios und Aristogeiton. In betreff des letzten Werkes hat man entweder bei Plinius eine irrtümliche Kombination mit Antenor angenommen, oder wahrscheinlicher, daß Antignotus eine besonders gelungene, vielleicht an besonders besuchtem Orte aufgestellte Kopie des älteren Werkes geliefert habe. Kopien könnten dann auch die Ringer und der Schaber sein. Aber diese Voraussetzungen beruhen alle auf einer sehr mangelhaften Kenntnis der Kunst zu Augustus' Zeit. Wir müssen am Ende doch beide Überlieferungen hinnehmen, wie sie sind, und zweifelhaft lassen, ob sich beide auf den gleichen Künstler beziehen.

Brunn, Gesch. d. gr. Kstlr. I 553 f. — Overbeck, Schriftq. 2249 f. u. 2094. — Löwy, Untersuch. z. griech. Künstlergesch. (Abh. d. Wiener arch. epigr. Seminars IV) S. 22. — Ders., Inschr. gr. Bildh. 314—16. — Pauly-Wissowa, Realenc. I 2401 (Robert). *Amelung.*

Antigonos, Erzbildner aus Karystos (auf Euboia), dem 3. Jahrh. v. Chr. angehörig. Er war unter den Künstlern, die in Pergamon die Siege der Könige Attalos I. und Eumenes II. über die Gallier durch monumentale Gruppen verherrlichten, und zwar kann er nur im Dienste des Attalos tätig gewesen sein. Bei den Ausgrabungen in Pergamon haben sich Fragmente und Basen dieser Gruppen mit Inschriften gefunden; darunter zwei mit — γόνου ἔργα und — όνου ἔ —, die von Antigonos, aber auch von seinem Arbeitsgenossen Isigonos oder Epigonos herrühren können. Marmorkopien nach einzelnen Figuren dieser Werke sind zuerst von Brunn nachgewiesen worden (s. zuletzt Bieńkowski, Corpus Barbarorum II). Da es nicht möglich ist, eine dieser Skulpturen speziell auf Antigonos zurückzuführen, so müssen wir uns an die Charakterzüge halten, die trotz tiefgehender, individueller Verschiedenheit allen gemeinsam sind: starker, mehr oder minder derber Realismus, gehoben und zugleich verallgemeinert durch heroische Größe der Auffassung und dramatische Erregtheit der Darstellung, die aber noch nicht in theatralisches Pathos verfällt. Die veredelnde Auffassung, die den Dargestellten fast zu heroischer Würde erhebt, ist um so bemerkenswerter, da es sich um die Wiedergabe von Barbaren handelt, deren elementare Wildheit der griechischen Kultur einen elenden Untergang zu drohen schien; die pergamenischen Bildhauer folgten darin der leuchtenden Tradition attischer Dichter, Historiker und Künstler. Innerhalb dieser gemeinsamen Richtung lassen sich, trotzdem uns nur wenig und das Wenige nur trümmerhaft erhalten ist, drei verschiedene Künstlerindividualitäten erkennen: eine leidenschaftlich-pathetische (Gruppe Ludovisi), eine gemäßigt realistische, ernst sentimentale (sterbender Gallier), eine derb-realistische, die auch vor Brutalem nicht zurückscheut (Gallierkopf im Museo Chiaramonti). — A. war auch als Schriftsteller tätig; Plinius hat zwei seiner Schriften über Malerei und Plastik benutzt (eine Erwiderung enthielt Polemons Schrift πρὸς Ἀδαῖον καὶ Ἀντίγονον). Ferner ist er aller Wahrscheinlichkeit nach identisch mit einem gleichnamigen Schriftsteller, der Lebensbeschreibungen von Philosophen, ein Buch über allerlei wunderbare Geschichten (vielleicht auch eins περὶ λέξεως) verfaßt hat. Demnach läßt sich sein Lebenslauf etwa, wie folgt, rekonstruieren: geboren im Beginn des 3. Jahrh. zu Karystos, zog er als junger Mann nach Eretria, wo er sich dem Kreise des greisen Philosophen Menedemos anschloß, dann in den 70er Jahren des Jahrh. nach Athen, wo er die bildende Kunst zu seinem Lebensberuf machte, außerdem aber ein Anhänger der Akademie wurde. Von hier wird er verschiedene Reisen nach Delphi, Elis u. Kos unternommen haben, bis er von König Attalos etwa 240 nach Pergamon berufen wurde, wo er als Künstler, Philosoph und Schriftsteller gleich willkommen war. Eine Eigenart läßt sich bei ihm auf literarischem Gebiet nur in der Weise finden, wie er die Charakterbilder der Philosophen schildert: „Er kümmert sich nicht um die Lehren der Philosophen; auch die äußeren Ereignisse ihres Lebens sind ihm Nebensache. Dagegen ist die Charakteristik das Hauptsächliche; diese wird in der Weise gegeben, daß die einzelnen Eigenschaften vorangestellt werden, und dann bezeichnende Züge, eigene Äußerungen oder Zeugnisse zur Begründung beigebracht werden. Ein besonderes Interesse ist auf die literarischen Beziehungen und Neigungen verwandt. Der Berichterstatter selbst kritisiert nicht; seine Stellung ist eine wohlwollende, aber nicht leidenschaftlich parteiische; milde menschliche Züge werden mit Vorliebe aufgesucht. Der Bericht macht den Eindruck der Wahrhaftigkeit" (Wilamowitz). Wollte man danach unter den pergamenischen Künstlern eine verwandte Individualität suchen, so käme wohl nur der des sterbenden Galliers in Betracht. Auch in Rücksicht darauf, daß Antigonos als alter Mann nach Pergamon kam, wird man nicht geneigt sein, ihm eins der anderen Werke zuzuschreiben (s. indes Epigonos).

Brunn, Gesch. d. gr. Kstlr. I 442 ff. — Overbeck, Schriftq. 1994. 2004 f. — Ders., Gesch. d. gr. Plastik II⁴ 232 f. — Wilamowitz, Antigonos v. Karystos (Philol. Unters. IV). — Löwy, Inschr. gr. Bildh. 154. — Fränkel, Inschr. v. Pergamon 20 ff. — Robert, Archäol. Märchen S. 17 ff., 53 ff., 71 ff. — Pauly-Wissowa, Realenc. I Sp. 2421, 19 (Robert). *Amelung.*

Antilochos, Bildhauer hellenistischer Zeit; bekannt durch eine Inschrift, die sich in Magnesia am Maeander nordwestlich vom Theater gefunden hat. Wahrscheinlich stammt das Monument, an dem sie steht, aus dem Theater; es ist die Basis eines dreibeinigen Bronzewerkes, also augenscheinlich eines Dreifußes, von dem nur noch die Befestigungsspuren auf der oberen Fläche zeugen, und hat die Gestalt eines runden Tisches mit drei Löwenbeinen. Zwischen zweien von ihnen steht eine Herme des Hermes Tychon und an ihrer Basis ist die Inschrift eingehauen, die sich, streng genommen, nur auf die Herme bezieht; doch ist von dieser das Übrige, soweit es von Marmor ist, nicht zu trennen. Antilochos hebt in der Inschrift hervor, der Hermes sei der bekannte aus Chalkis (gemeint ist jedenfalls eine zu Teos oder Erythrai gehörige χώρα Χαλκίς); demnach hat er nur ein Bild kopiert, das dort im Heiligtum des Gottes stand. Das Gewandmotiv der Herme ist praxitelisch; mit den Dreifußstatuen des Praxiteles (vgl. Kern) hat diese nichts zu tun. Die Leistung des A. ist kümmerlich.

Pauly-Wissowa, Realenc. I Sp. 2432, 7 (Robert). — Kern, Ath. Mitt. 1894 S. 54 ff. — Inschriften v. Magnesia 203. *Amelung.*

Antimachides, griech. Architekt, mit Antistates, Kalaischros und Pormos (oder Porinos?, der Name ist verderbt) tätig beim Bau des von Peisistratos begonnenen Tempels des olympischen Zeus in Athen. Dieser Bau sollte „das großartigste Denkmal der jungen Dynastie", ein Zentralheiligtum der aufblühenden attischen Macht werden. Mit höchster Energie und Eile betrieben, blieb er nach dem Sturz der Peisistratiden unfertig liegen: man war nicht viel über den Unterbau hinausgekommen. Durch die Ausgrabungen des Jahres 1883 wurde dieser, aus mächtigen Porosblöcken bestehend, wieder aufgedeckt, dazu riesige, dorisch kanellierte Säulentrommeln (Dm. 2,38 m) aus gleichem Material. Spuren noch älterer Anlagen darunter — das Heiligtum sollte noch von Deukalion gegründet sein — konnten mit Sicherheit nicht nachgewiesen werden. Sollte in dem verderbten Namen Porinos eine mißverstandene Nachricht von dem Material des alten Baues, ausschließlich Poros, stecken? Der heute noch z. T. erhaltene Bau korinthischen Stils geht in seinen Anfängen auf den Fortsetzungsversuch des Römers Cossutius unter Antiochos IV. von Syrien im Jahre 174 zurück. Erst unter Hadrian wurde der Tempel vollendet und der riesige Platz ringsherum geschaffen. Der peisistratische Bau darf mit Bestimmtheit als ein dorischer bezeichnet werden. Die erhaltenen Säulentrommeln haben die üblichen 20 dorischen Canneluren (briefl. Mitteil. Dörpfelds). Die Vermutung, daß er ionisch intendiert war als ein Konkurrenzbau zu den damals eben entstandenen großen ionischen Tempeln auf Samos und in Ephesos, ist damit hinfällig. Die von Sulla weggeführten Säulen gehörten jedenfalls schon dem hellenistischen Bau an.

Brunn, Gesch. d. gr. Kstler. II 339. — Curtius, Stadtgesch. von Athen p. XLII und 74. — Bevier, Papers of the Amer. School at Athens 1882/3 S. 183. — Wachsmuth bei Pauly-Wissowa, Realenc. Suppl. I 188 f. — Judeich, Topogr. von Athen S. 340 ff. mit Lit. *H. Thiersch.*

Antimachos, Erzbildner. Plinius nennt ihn im dritten alphabetischen Verzeichnis (N. H. 34, 86) als Künstler von Frauenstatuen.

Brunn, Gesch. d. gr. Kstlr. I 526. — Overbeck, Schriftq. 2094. — Pauly-Wissowa, Realenc. I 2436, 27 (Robert). *Amelung.*

Antin, Paul, Landschafts-, Genre- und Porträtmaler in Paris, später in Bordeaux, stellte in den Pariser Salons 1888—1905 wiederholt, meist Stimmungen aus der Maasgegend und Szenen aus dem Bergwerksleben aus. Mit einem Bilde letzterer Art („Charbonnages et usines") war er auf der Exposition décennale des Beaux-Arts, Paris 1900 vertreten. *H. V.*

Antino, Giacomo de, genannt „il Passeri", Goldschmied in Rom, nur bekannt durch einen 1540 an den Papst mit anderen Goldschmieden eingereichten Protest.

Arch. Stor. Artist. ecc. di Roma I 31, f. 78 f. — Arch. Stor. Lomb. II 121 f. *G. Degli Azzi.*

Antinori, Giovanni, italien. Baumeister, geb. in Camerino 28. 1. 1734, † in Rom 24. 6. 1792. Schüler der „Sapienza" in Rom, studierte dann unter der Leitung des Marchese Gerolamo Teodoli das Baufach, das er später auf der portugiesischen Akad. lehrte. Durch den päpstlichen Nuntius Msgre Conti, einen Landsmann, kam er nach Lissabon und wurde dort dem König vorgestellt; von diesem wurde er zum kgl. Baumeister ernannt und führte bedeutende Arbeiten am Hafen und bei der Wiederherstellung der Gebäude, die das Erdbeben von 1755 zerstört hatte, aus. Nach seinem Plane wurden das kgl. Schloß und die Gebäude am Platz del Comercio in Lissabon errichtet, auch entwarf er den Plan zu einem Palast des Königs in Campolide (Vorstadt von Lissabon). A.s wachsender Ruhm erregte den Neid seiner Kollegen, und es gelang ihnen den Minister Pombal zu überzeugen, daß er an den Intriguen gegen den Monarchen teilgenommen hätte. Er wurde gefangen gesetzt und nach zweijähriger Haft mußte er das Königreich verlassen und kehrte um 1756 nach Rom zurück. Von der Familie Doria erhielt er den Auftrag, den Hof ihres Palastes zum Empfang Josephs II. zu einem Festsaal umzugestalten, auch wurde ihm die Ausschmückung der Villa Pamfili anvertraut. Pius VI. übertrug ihm die Aufstellung der bei den Ausgrabungen am Mausoleum des Augustus entdeckten ägyptischen Obelisken zwischen den beiden Kolossalstatuen auf dem Quirinal, wobei diese die schräge Stellung erhielten. 1789 stellte er den Obelisken della Trinità dei Monti und 1792, wenige Tage vor seinem Tode, den auf dem Montecitorio auf.

Cyrillo Machado, Coll. de Mem. 191. — Kunstbl. 1824 p. 387. — L. Mariani, Conferenza sull' A. (in „Appenino" 1893 No. 24). — Meyer, Kstlerlex. — Ricci, Mem. stor. II 386. — Santoni, Cat. degli uomini ill. di Camerino, app. alla storia del Savini (1895). — Vita di Seb. Gius. de Carvalho 1781 II 11. — Raczynski, Dict. 258. — Sousa Viterbo, Dicc. dos archit. 42. *V. Aleandri.*

Antiochos I, Bildhauer aus Antiochia, Sohn eines Demetrios, aus dem 1. Jahrh. v. Chr., bekannt durch eine in Eleusis gefundene Inschrift.

Overbeck, Schriftq. 1592. — Löwy, Inschr. gr. Bildh. 259. — Pauly-Wissowa, Realenc. I Sp. 2494, 69 (Robert). *Amelung.*

Antiochos II, den gleichen Namen hat man bei Plinius N. H. 36, 33 an Stelle des verderbten *eniochi* einsetzen wollen. Von dem hier gemeinten Künstler stammten zwei Marmorstatuen im Besitz des Asinius Pollio, ein Oceanus und ein Juppiter. Identität mit A. I wäre möglich.

Pauly-Wissowa, a. a. O. *Amelung.*

Antiochos III. Zu Antiochos hat man die Inschrift an einer Statue des ehemaligen Museo Ludovisi, einer Kopie der Athena Parthenos des Pheidias, ergänzen wollen. Erhalten ist nur . . tiochos, was sich aber auch zu Metiochos vervollständigen läßt (s. d.). Der Künstler dieser Statue stammte wahrscheinlich nicht, wie man früher glaubte, aus Athen, sondern aus Lindos. Sein Werk ist geistlos und dazu durch abscheuliche Ergänzung entstellt; es steht heute im Museo nazionale romano delle Terme.

Brunn, Gesch. d. gr. Kstlr. I 550, 567. — Overbeck, Schriftq. 2221. — Ders., Gesch. d. gr. Plastik II[4] S. 437, 452. — Schreiber, Bildw. d. Villa Ludovisi S. 135 ff. — Ders., Abh. d. sächs. Gesellsch. 8 (1883) S. 556. — Löwy, Inschr. gr. Bildh. 342. — Puchstein, Jahrb. d. I. V 101. — Kaibel, IGI 1233. — Collignon, Hist. de la sculpt. gr. II 635. Pauly-Wissowa, Realenc. I 2493, 70 (Robert). *Amelung.*

Antiochos IV, Gemmenschneider (?). Der Name findet sich auf einem geschnittenen Stein mit dem Brustbilde der Athena (zuletzt in der Sammlung Andreini in Florenz), dessen Echtheit jedoch bestritten worden ist.

Brunn, Gesch. d. gr. Kstler. II 601. — Pauly-Wissowa, Realenc. I 2495, 72 (Rossbach). *Pernice.*

Antiochus, bekannt durch eine neue Mosaiktechnik oder eine neue Anwendung von Mosaikschmuck. Als Künstler kann er nicht mit Sicherheit gezählt werden.

Brunn, Gesch. d. gr. Kstler. II 314. *Altmann.*

Antiochus Gabinius, einer von den Schülern oder Gehilfen des Porträtmalers Sopolis, Freigelassener und accensus (Amtsdiener) des Gabinius, lebte zur Zeit Ciceros.

Brunn, Gesch. d. gr. Kstler. II 305. — Overbeck, Schriftq. 2382. — Pauly-Wissowa, Realenc. I 2495, 71 (Rossbach). *Altmann.*

Antipatros, angeblicher bedeutender Toreut, von dem eine Schale mit dem Emblem eines ruhenden Satyrn von Plinius N. H. 33, 156 gerühmt wird. Ein mit der Beschreibung des Plinius nahezu sich deckendes Epigramm des Antipatros von Sidon, das die Silberschale eines Toreuten Diodoros (s. d.) rühmt, legt die Vermutung nahe, daß bei Plinius aus dem Dichter Antipatros durch Mißverständnis ein Toreut geworden ist, der in Wirklichkeit nie existiert hat.

Brunn, Gesch. d. gr. Kstler. II 403. — Pauly-Wissowa, Realenc. I 2518, 37 (Rossbach). *Pernice.*

Antiphanes I, Bildhauer aus dem attischen Demos Kerameis, tätig für den Fries am Erechtheion. Sein Name erscheint auf zwei Fragmenten der Baurechnung (407 v. Chr.): nach dem einen hat er einen Wagen, die beiden Deichselpferde und einen Jüngling gearbeitet; vielleicht sind uns Stücke davon erhalten, (Vgl. Agathanor.)

Schöne, Griech. Reliefs Taf. I—IV No. 11. — Löwy, Inschr. gr. Bildh. 526, 527. — Robert, Hermes 1890 S. 431 ff. — Pauly-Wissowa, Realenc. I 2522, 22 (Robert). *Amelung.*

Antiphanes II, Erzbildner aus Argos, Enkelschüler des Polyklet — sein Lehrer hieß Periklytos — und Lehrer des Kleon aus Sikyon. Zwei seiner Arbeiten sind genau datiert: er lieferte für das große Weihgeschenk der Lakedaimonier nach dem Siege bei Aigospotamoi (405 v. Chr.) die Statuen der Dioskuren (Pomtow-Bulle, Athen. Mitt. 1906, S. 492 ff.); dann hat sich bei den französischen Ausgrabungen in Delphi herausgestellt, daß er die Statuengruppe gearbeitet hatte, die von den bei der Wiederherstellung Messeniens durch die Thebaner beteiligten Argivern (370 v. Chr.) dorthin geweiht wurde und als Symbol des Bundes zwischen Argos und Theben Herakles und seine Ahnen bis zu Danaos darstellte. Endlich haben die gleichen Ausgrabungen, die von Brunn in der Künstlergeschichte vorgeschlagene Datierung einer dritten Arbeit des A. bestätigt: die Ausführung von drei Figuren in einem ebenfalls nach Delphi gestifteten Weihgeschenk der Arkader für einen Sieg über die Lakedaimonier; Brunn hat das auf Ereignisse in Ol. 102, 4 = 369 v. Chr. bezogen (Paus. 10, 9, 5; vgl. Pomtow, Ath. Mitt. 1889, S. 15 und 1906, S. 461 ff.). Die drei Figuren, die A. ausführte, waren Elatos, Apheidas und Erasos; Reste ihrer Basen haben sich mit der Signatur des A. bei den Ausgrabungen gefunden. Über die Motive der Figuren, soweit sie sich aus den Standspuren erkennen lassen vgl. Bulle in d. Athen. Mitt. 1906, S. 487 ff. Endlich befand sich ebenfalls in Delphi die Figur eines Pferdes von A., nach Paus. 10, 9, 12 die des trojanischen Pferdes, ein Weihgeschenk der Argiver für ihren Sieg über die Lakedaimonier in der Thyreatis. Brunn vermutet, daß sich das auf Ereignisse im Jahre 414 beziehe und daß das Weihgeschenk erst einige Zeit danach ausgeführt worden sei; doch ist diese Annahme nicht einmal notwendig: A. konnte etwa 45 Jahre lang öffentlich tätig sein, und wenn er das älteste der überlieferten Werke in einem Alter von 25 Jahren ausführte, an dem letzten als Siebzigjähriger arbeiten, was gewiß nicht unmöglich ist.

Brunn, Gesch. d. gr. Kstlr. I 283 ff. — Overbeck, Schriftq. 985, 993, 1006. — Ders., Gesch. d. gr. Plastik I⁴ S. 530 f., 539. — Collignon, Hist. de la sculpt. II 164 ff. — Homolle, Bull. de corr. hell. 1896 S. 605 ff.; 1897, S. 276 ff., 296 ff., 401; 1899 S. 379 f. — Frazer, Pausanias V S. 262 f., 269, 637 f. — Pauly-Wissowa, Realenc. I Sp. 2522, 21 u. Suppl. 93 (Robert). *Amelung.*

Antiphanes III, Sohn eines Thrasonides aus Paros, Künstler einer marmornen Hermesstatue, die 1827 auf Melos angeblich nahe der Stelle gefunden wurde, wo die Pariser Venus zutage kam; jetzt im Berliner Museum. Die Künstlerinschrift steht an dem Stamm neben dem linken Bein. Nach der Form der Schriftzüge stammt das Werk aus dem 1. Jahrh. v. Chr. und ist eine geschickte Kopie nach einem Bronzeoriginal früh-lysippischen Stils, wahrscheinlich von einem Grabe.

Brunn, Gesch. d. gr. Kstlr. I 605. — Overbeck, Schriftq. 2295. — Löwy, Inschr. gr. Bildh. 354. — Beschr. d. ant. Skulpt. d. Berl. Mus. 200. — Pauly-Wissowa, Realenc. I Sp. 2522, 23 (Robert). — Furtwängler, Meisterw. d. gr. Plastik S. 505. — Arndt-Amelung, Einzel-Aufn., Text zu 1138. — Furtwängler, Collect. Somzée S. 9, No. 9. *Amelung.*

Antiphilos, griech. Architekt, der zusammen mit Pothaios und Megakles das „Schatzhaus der Karthager" in Olympia erbaute. Erhalten sind in situ nur die Fundamente aus altertümlich polygonal geschnittenem olympischem Poros. Vom Oberbau, einem archaisch-dorischen templum in antis (6,48 × 10,19 m) mit 4 Säulen in der Front, ganz aus blendend weißem Süßwasserkalkstein, sind nur einzelne Glieder und Splitter erhalten, vom Giebelrelief der Rest einer Kampfszene aus gleichem Material. Die von Pausanias überlieferte Benennung ist ungenau, wohl erst in späterer Zeit entstanden, als das Interesse an der hier aufbewahrten Kriegsbeute alles andere zurückdrängte. Im Innern befand sich nämlich als ein Weihgeschenk Gelons von Syrakus eine punische Kriegstrophäe vom Siege bei Himera (480 v. Chr.): drei Linnenpanzer. Wie auch durch ein archaisches Inschriftfragment weiter erhärtet wird, war das Schatzhaus also das der Syrakusaner, jedoch nicht erst von Gelon gestiftet, sondern älter, allen Anzeichen nach noch aus dem Ende des 6. Jahrh.

Brunn, Gesch. d. gr. Kstlr. II 339. — Olympia II 46. — Pauly-Wissowa, Realenc. I 2525, 5 (Fabricius). — Frazer, Pausanias IV 60 ff. — Hitzig-Blümner, Paus. II 631 ff. *H. Thiersch.*

Antiphilos, bedeutender griechischer Maler der hellenistischen Epoche, Zeitgenoß Alexanders des Großen und Ptolemaios' I. Er stammte aus Ägypten und war Schüler des Ktesidemos (s. d.). Er soll Nebenbuhler des liebenswürdigen Apelles gewesen und in seinem Haß so weit gegangen sein, ihn beim König Ptolemaios als Teilnehmer einer Verschwörung anzuschwärzen; nach Entdeckung des Betrugs soll der Verleumder von Ptolemaios als Sklave an Apelles ausgeliefert worden sein. Die Geschichte ist jedoch erfunden (s. Apelles) und trägt zur Kenntnis des Mannes nichts bei. Das Verzeichnis seiner Werke läßt einen vielseitigen Künstler erkennen. Er malt mythologische Gegenstände: Hippolytos von dem aus dem Meere auftauchenden Stier erschreckt, Kadmos und Europa, Hesione, Dionysos und einen besonders berühmten ausspähenden Satyrn mit Pantherfell (vgl. Furtwängler, Satyr aus Pergamon S. 16); Bildnisse, zum Teil sicher in idealer Auffassung: Philipp und Alexander mit Athena, d. h. wohl zu beiden Seiten der Göttin, Alexander als Knaben, Ptolomaios als Jäger; Genrebilder: einen feueranblasenden Knaben in einem schönen Haus, das wie das Gesicht des Knaben interessante Beleuchtungseffekte aufwies, Frauen bei der Wolleverarbeitung, ein Bild, in dem das geschäftige Treiben bei den verschiedenen Verrichtungen lebendig dargestellt war, endlich kleine parodistische Bilder angeblich eines gewissen Gryllos, dessen Name (Ferkel) seitdem einer ganzen Gattung von Gemälden gegeben wurde, also Karikaturen, deren Witz in der Aufspürung und geschickten Hervorhebung von Ähnlichkeiten zwischen Mensch und Tier bestand. Man begreift nach solchen Angaben sowohl seine Rivalität mit Apelles und seine Zusammenstellung mit anderen Meistern ersten Ranges wie Protogenes und Lysipp als auch die geringere Schätzung, die ihm die Kunstschriftsteller zuteil werden ließen: er erscheint bei Plinius nur unter den primis proxumi. Sein besonderes Verdienst bezeichnet Quinctilian durch das einzige Wort facilitas; er wird leicht produziert, vielleicht auch gegenüber durchgearbeiteten Werken wie denen des Apelles oder gar des nie zufriedenen Selbstquälers Protogenes eine geniale Flüchtigkeit gezeigt haben. Nachwirkungen seiner Kunst sind im einzelnen noch nicht mit Sicherheit nachgewiesen; doch ist es wahrscheinlich, daß in den Wandgemälden der kampanischen Städte, zumal in den Szenen aus dem Alltagsleben, manche Züge stecken, die auf ihn zurückgehen, wie auch erhaltene parodistische Tierbilder (Helbig, Wandgemälde 1548 ff., besonders aber das von Affen agierte Aeneas-Anchisesbild 1380 (Woermann, Gesch. d. Malerei im Alt. S. 131) und das auf den Hühnerhof verlegte Parisurteil 1554) durch die Grylli des A. wenigstens angeregt sein mögen.

Brunn, Gesch. d. gr. Kstler. II 247 ff. — Helbig, Untersuch. üb. d. campan. Wandmal. S. 131. 225 ff. 329. — Woermann, Gesch. d. Mal. im Alt. S. 62. — v. Rohden in Baumeisters Denkm. II 871 f. — Robert, Arch. Märchen 74. — Girard, Peint. ant. S. 246 ff. — Pauly-Wissowa, Realenc. I 2525, 6 (Rossbach). *Sauer.*

Antiphilos, Gemmenschneider (?). Der Name begegnet auf einer Gemme der Sammlung Neufville zu Leiden und bezeichnet eher den ehemaligen Besitzer des Steines als seinen Verfertiger.

Brunn, Gesch. d. gr. Kstler. II 601. — Pauly-Wissowa, Realenc. I 2525, 7 (Rossbach). *Pernice.*

Antipjeff, Peter Antipjewitsch, russ. Kupferstecher, geb. um 1744 in Katharinenhof, † um 1785 in Petersburg, war anfangs Graveurgehilfe im Seekorps, kam auf Fürsprache des Direktors J. L. Golonitscheff-Kutusoff 1762 in die Akad., wo er Schüler von E. P. Tschemessoff wurde. Er entwickelte sich zu einem geschickten Porträtstecher und kopierte mehrere Blätter von G. F. Schmidt. — Sein älterer Bruder *Feodor,* geb. um 1729 oder 1730, † um 1790, diente in der Marine-Buchdruckerei und stach Seekarten.

Русск. библ. словарь (Russ. Bibliogr.) II 210. — N. P. Sobko, Russ. Kstlerlex. — Fiorillo, Kleine Schriften II 88. — Ровинскій, Русск. граверы (Rowinski, Die russ. Graveure) St. Petersburg 1870, S. 172. — Кукольникъ, Худож. газ. (Kukolnik, Kunstztg.) St. Petersburg 1838, S. 471. — Meyer, Kstlerlex. (mit Verz. d. Werke). *W. Neumann.*

Antipoff, Platón Jermolájewitsch, russ. Architekt, † 1861 in Petersburg, war 1840 bis 1846 Schüler der Petersburger Akad. unter Meier und Thon; wurde 1855 Akademiker und bis 1860 Gehilfe des Prof. Stakenschneider beim Umbau der alten Ermitage, beim Bau des Palais des Großfürsten Nikolai Nikolajewitsch und am Belvedere in Peterhof. 1859 bis 1860 Lehrer an der Ornamentklasse der Petersburger Zeichenschule.

Русск. библ. словарь (Russ. Bibliogr.) II 209. — N. P. Sobko, Russ. Kstlerlex. — Отчетъ Имп. акад. худ. (Bericht d. Kais. Akad. d. Künste) St. Petersb. 1856—1857, S. 49 u. 1860, S. 69. *W. Neumann.*

Antiq, Charles Claude, Landschaftsmaler in Paris, geb. daselbst 1824, Schüler von Desjobert und Gustav Saltzmann, stellte in den Salons 1859—1867 wiederholt aus.

Bellier-Auvray, Dict. gén. (Verzeichnis v. Arbeiten). *H. V.*

Antiquo, s. auch *Anticho* u. *Antico.*

Antiquus, Architekt in Rom, wo er 1495 mit maestro Philippo am Festungsbau des Castello S. Angelo arbeitete.

E. Müntz, Les Arts à la Cour des Papes Innocent VIII etc. (1898) p. 165, 210. *

Antiquus, Johannes, Maler, geb. in Groningen 11. 10. 1702, war bis 1722 Schüler des Glasmalers Gerard van der Veen, hierauf eines Benheimein und schließlich 1723—1725 des Jan Abel Wassenbergh. Reiste dann über Amsterdam und Rouen nach Paris, und nach kurzem Aufenthalt dort zu Fuß zurück durch Brabant nach Amsterdam, wo er einige Monate bei Gerrit van Gimnich arbeitete. Dann schiffte er sich mit seinem Bruder Lambertus nach Genua ein, aber Schiffbruch trieb sie bei Cadix an die spanische Küste. In Genua angelangt, blieb er dort acht Monate und reiste weiter nach Livorno und Pisa, wo er fünf Monate blieb und viele Porträts malte, dann nach Florenz und nach drei Monaten wieder nach Livorno, bis der Großherzog von Toskana ihn mit einem Jahresgehalt nach Florenz zurückrief. Hier weilte er nun sechs Jahre und wurde Mitglied der Akademie. Inzwischen besuchte er viermal Rom, und sein dritter Aufenthalt dort währte 13 Monate, in welchem Zeitraum er Bekanntschaft mit vielen Notabeln machte, u. a. mit den Malern Trevisani und Sebastiano Conca und mit Papst Benediktus XIII; auch wurde er Mitglied der päpstl. und der französ. Akad. und machte bei einem Besuch in Neapel die Bekanntschaft Solimenas. Nach dem Ableben des Großherzogs 1737 reiste er über Bologna, Venedig, Padua, Mantua, Mailand, Turin u. durch die Alpen zurück nach Rouen, wo er einige Zeit verblieb, bis er endlich mit seinem Bruder in Amsterdam ankam. Kurz nachher zog er nach Groningen, wo er viele Porträts malte. Wilhelm Karl Heinrich Friso ernannte ihn zu seinem Hofmaler in Breda, wo er alsdann neun Jahre wohnte und 1739 das Bürgerrecht erwarb. Er starb Ende 1750. Im Palazzo Pitti in Florenz sollen noch mehrere seiner Arbeiten vorhanden sein, u. a. ein Titanensturz. Für den Gartensaal der Provinzial-Staaten in Groningen malte er ein Deckenbild und für das Schloß in Breda mehrere Türbilder mit mythologischen und historischen Szenen. Nach seiner Zeichnung stach B. F. Immink 1744 das Grabdenkmal Engelberts von Nassau in der Großen Kirche zu Breda.

van Gool II 307—318. — Obreens Archief I 131. *E. W. Moes.*

Antiquus, Lambertus, der jüngere Bruder des Johannes, begleitete ihn auf seiner Reise durch Italien und Frankreich. In der Mitte des 18. Jahrh. lebte er als Landschafts- und Dekorationsmaler in seiner Vaterstadt Groningen.

van Gool II 308. *E. W. Moes.*

Antistates, s. *Antimachides.*

Antistius, Architekt nach einer im Samnitergebiet gefundenen Inschrift (CIL IX 1052); wohl der Freigelassene eines C. Antistius.

Promis, Mem. Acc. Torino Ser. 2 XXVII 1871, p. 108, 23. *H. Thiersch.*

Antius, L. A. L. f. Pelatina architectus, nach einer Weihinschrift aus Pästum (?) an die Nymphen.

Muratori, Nov. Thes. vet. inscr. 86 T. 1; 87, 11. *H. Thiersch.*

Antius, s. auch *Anteo.*

Antognetti, Francesco, paduanischer Maler in Rom, nur erwähnt von Bertolotti in den Miscell. dei Monum. ed. dalla R. Deput. Veneta di Stor. patr., ser. IV, vol. III 22. *

Antoine, Bildhauer („Imageur") in Lyon um 1408, nur urkundlich bekannt; ebenso ein zweiter Bildhauer desselben Namens in Lyon, 1496—99 erwähnt.

Lami, Dict. d. Sculpteurs. *H. V.*

Antoine, maître, Bildhauer („Imageur") in Dijon 1467—87, nur urkundlich bekannt, nicht zu verwechseln mit dem gleichzeitig in Dijon tätigen Bildhauer Antoine Le Moiturier.

Lami, Dict. d. Sculpteurs. *H. V.*

Antoine, Goldschmied und Medailleur aus Florenz, fertigte die Goldmedaille, die dem König Ludwig XII. von Frankreich 1506 bei seinem Einzug in Bourges dargeboten wurde. — Vielleicht derselbe Antoine, der 1506 in Bordeaux als Goldschmied und Ziseleur erwähnt wird (s. Bérard, Dict.).

N. Rondot, Les Médailleurs etc. en France p. 174. ***

Antoine I, Maler in Troyes 1521—23, nur urkundlich bekannt.

Nouv. Archiv. de l'art franç. 3. Série III (1887) p. 152. *H. V.*

Antoine II, Maler in Troyes 1536, malte in der Kirche Saint-Pantaléon, nur urkundl. bekannt.

Nouv. Archiv. de l'art franç. 3. Série III (1887) p. 159. *H. V.*

Antoine, französ. Ornament-Bildhauer, war conseiller der Acad. de St. Luc zur Zeit ihrer Auflösung 1776; er wohnte später in Paris.

Revue univ. des arts, 1862, 304. *Lami.*

Antoine, lothringische Glockengießerfamilie, seit dem 17. Jahrh. bis in die Gegenwart tätig. *Joseph* und *Nicolas Antoine,* Vater u. Sohn signierten eine Glocke in Soisy-sous-Etiolles: Les quatre cloches ont été fondus le 5 juillet de l'an 1774 par Joseph et Nicolas Antoine père et fils de la paroisse Durville en Lorraine.

Champeaux, Dict. d. fondeurs p. 29. **

Antoine d'Amelle, Kanonen- u. Glockengießer in Metz, goß 1438 die große Glocke „La Mutte" der Kathedrale.

Champeaux, Dict. d. fondeurs p. 30. **

Antoine d'Avignon, französ. Maler, um die Mitte des 16. Jahrh. in Rom ansässig. Zur Gilde der Maler der Stadt gehörend, arbeitete er 1546 unter Leitung von Perino del Vaga im Vatikan an verschiedenen, nicht näher bezeichneten Stukkaturen und Malereien für die päpstliche Loggia. 1551 war er damit beschäftigt, den Baldachin zu vergolden, der sich im Sprechzimmer des hl. Vaters befindet, ebenso den Zubehör eines Bettes. 1552 vergoldete er den brokatenen Baldachin der S. Maria del Popolo und das Tabernakel der Ara Coeli.

Archives de l'art Français, t. I. — Chronique des Arts. 1875. *H. Longnon.*

Antoine de Brabant, Tapissier in Correggio 1488, Sohn des Gerardin de Bruxelles.

Müntz in L'Art XXXIX 153. **

Antoine de Bruxelles, Bildhauer vläm. Ursprungs. ließ sich in Orléans nieder und fertigte 1448 in Gemeinschaft mit Jean Le Page Wappen und Figuren an der Turmtreppe des alten Stadthauses (jetzt Mus.).

Lami, Dict. d. sculpt. 1898. *R.*

Antoine de Compiègne, Illuminator „au pinceau" in Paris, ein sehr erfahrener Meister. Er wird schon 1398 als alter Mann („antiquus homo") bezeichnet und muß vor 1414 gestorben sein.

De Champeaux et Gauchery, Les travaux d'art exécutés pour Jean de France duc de Berry, Paris 1894 p. 123. — Bouchot, Primitifs franç. Paris 1904 p. 227. — H. Martin, Les miniaturistes franç. Paris 1906 p. 212. *P. Durrieu.*

Antoine, Etienne d', französ. Bildhauer, geb. in Carpentras 20. 2. 1737. Als Schüler der Akademie für Malerei und Bildhauerei in Marseille trug er 1758 einen III. Preis und 1759 einen II. Preis davon. Im selben Jahre arbeitete er mit an der plast. Ausschmückung der Fassade der Kirche Saint-Féréol, unter seinem Lehrer J. M. Verdiguier. Dann führte er aus: eine sitzende Minerva für den Versailler Kaufmann Guys, einen Narziß für den Vicomte de Flotte und eine Entführung Helenas für den Marquis d'Arnissia. Ende 1766 begab er sich nach Rom. Dort erlangte er um 1768 einen I. Preis beim Wettbewerb des Kapitols mit einer Gruppe „Jupiter, Juno und die Nymphe Io in eine Kuh verwandelt". Er schuf auch die Büste des Kardinals de Bernis und eine Kolossalstatue, die vom Architekten Vanvitelli für die Kirche Santa Maria degli Angeli bestellt worden war. Nach Frankreich zurückgekehrt, führte er sein Hauptwerk, das Grabmal des Mgr. d'Inguimbert, Bischofs von Carpentras († 6. 9. 1757) aus. Dieses Marmorgrabmal (1774 vollendet) ist im Chor der Kapelle des Hôtel-Dieu zu Carpentras aufgestellt; es besteht aus einem Sarkophag, über dem sich die Büste des Prälaten befindet, flankiert von den allegor. Gestalten des Glaubens und der Wohltätigkeit. Er schuf dann den Brunnen der drei Grazien auf dem Theaterplatz in Montpellier. 1779 war er in Paris und fertigte unter der Direktion des Archit. Jacques-Denis A. (vielleicht ein Bruder des Künstlers) Wappen an der Fassade der neuen Klostergebäude der Feuillants (Rue Saint-Honoré). Außerdem machte er die Büste des Herzogs von Orléans und übernahm 1783 die plast. Ausschmückung des Kabinetts der Ecole royale des Mines (Hôtel de la Monnaie). Er kehrte dann wieder nach Marseille zurück und schuf dort verschiedene Bildwerke: „Bacchante“; „Pleureuse tenant une urne“; den Entwurf zu einem Monument „l'Océan embrassant le Globe de la Terre et venant se joindre à la Méditerranée“; ein neues Modell seiner Gruppe „Jupiter, Junon et Io“; eine Terrakotta-Gruppe „La Justice, La Sagesse et la Prudence posées sur la boule du Monde“; die Büste des „Chevalier Paul“ und diejenige des „Pytheas“, deren Gießformen man in der Akad. zu Marseille sieht; endlich die Büsten Pugets und Homers, die zwei Brunnen der Stadt zieren. Seine letzte Arbeit war das Grabmal des Generals Desaix. 1806 ausgeführt, existierte es noch 1840. Es ist unbekannt, was aus diesem Werk geworden ist. Etienne d'A. starb 23. 3. 1809 in Marseille.

Thiery, Guide des étrangers, 1787, II 478. — Croze-Magnan, Notice historique sur d'Antoine 1810. — Parrocel, Annales de la peinture 1862, 412. *Lami.*

Antoine de Hansy, französ. Bildh., lebte in Paris in der 1. Hälfte des 17. Jahrh. Er führte das Chorgitter der Kirche Saint-Médéric aus, ebenso die Türen des großen Portals und die Altartafel der Marienkapelle in der Kirche Saint-Gervais. Er starb in Paris im Febr. 1646.

Lami, Dict. des sculpt. franç. au moy. âge et à la renais. *Lami.*

Antoine, Jacques Denis, französ. Architekt, geb. 6. 8. 1733 in Paris, † daselbst 24. 8. 1801. A. war zuerst nur Bauunternehmer, erlangte aber bald einen großen Ruf als Architekt, so daß er nicht nur in Paris und der Provinz, sondern auch im Ausland zahlreiche Aufträge erhielt. 1776 wurde er Mitglied der Akad., 1799 des Instituts, während der Revolution 1793 wurde er eingekerkert aber 1794 wieder freigelassen. Sein erstes größeres Werk in Paris ist die Münze (1768—1775), später erbaute er auch die monumentale Treppe des Justizpalastes, das Hôtel Maillebois bei der rue du Bac und lieferte die Pläne für das Hôtel Jaucourt (rue de Varernes), das Hospiz bei der Barrière d'Enfer und das Haus der Feuillants in der rue St. Honoré. Auch der Entwurf für ein Altarblatt in der Kapelle de la Communion in der Kirche St.-Nicolas-des-Champs ist auf A. zurückzuführen. Von größeren Werken außerhalb Paris wären zu nennen: die Kirche der Filles St. Marie in Nancy, das Hôtel des Herzogs von Berwick in Madrid, die Münze in Bern und das Schloß des Fürsten Salm-Kyrburg. Die Bibliothèque Nat. in Paris besitzt einige Pläne und Entwürfe aus dem Nachlaß des Künstlers. A. gehört zu den tüchtigsten Architekten des Rokoko, wußte jedoch innerhalb der ausschweifenden Ornamentik dieses Stiles noch eine gewisse Einfachheit zu bewahren. Einzelne Anklänge an die Ende des 18. Jahrh. eintretende nüchterne Erneuerung der Antike sind bei ihm schon bemerkbar.

Lussault, Not. hist. sur défunt J. D. Antoine, archit. Paris 1801. — Renou, Not. des ouvrages et de la vie du cit. Antoine, lue à la séance du 9 Nivôse de la soc. libre des sciences etc. — Barjouville, Hommage rendu au citoyen Antoine . . mis au bas de son buste, qui doit être incessement placé dans le plus grand salon de la Monnaie. — Lebreton, Not. sur la vie et les travaux de J. D. Antoine aus Millins Mag. enc. (abgedr. Rev. univ. des Arts XXII 108 ff.). — Bellier-Auvray, Dict. gén. — Lance, Dict. des Archit. — Réunion des Soc. des b. a. XXI 1038. XXVI 540—555. — Nouv. Arch. de l'art franç. 3. sér. V (1889). — Dussieux, Art. franç. à l'étr. — Richesses d'art, Mon. relig. Paris III 408. *H. Stein.*

Antoine, Jean, lothringischer Goldschmied und Direktor der Münze des Königs Stanislas von Lothringen, geb. 1669, † 2. 3. 1711. Er war Pathe des berühmten Kunstschlossers Jean Lamour.

Réunion d. Soc. des Beaux-Arts XXX 511. **

Antoine, Jean, französ. Architekt des 18. Jahrh. Generalfeldmesser des Departement von Metz. Er entwarf die Pläne zu mehreren öffentlichen Gebäuden und baute 1762 für den Kurfürsten von Trier das Schloß Philippsfreud zu Wittlich. A. verfaßte auch einen „Traité d'architecture“ 1768 in zwei Bänden, in Paris erschienen.

Meyer, Allgem. Kstlerlex. *H. Stein.*

Antoine, Innocent, französ. Bildhauer. um 1650 in Paris. 1667 lebte er nicht mehr.

Lami, Dict. d. sculpt. franç. sous Louis XIV. *Lami.*

Antoine de Liège, Maler, der zu Lüttich in der 2. Hälfte des 15. Jahrh. lebte, weshalb man ihn Antoine de Liège (Anton von Lüttich) nannte. Unsere ersten Nachrichten über den Künstler reichen bis 1454, in welchem Jahre er für das Kapitel von S. Peter in Lüttich die Stäbe malte, welche das Tabernakel mit dem hl. Sakramente tragen. Vier Jahre später erhielt er eine Summe von etwa 100 Livres für ein großes auf Leinwand gemaltes Bild, welches die hl. Apollonia vorstellte und für dieselbe Kirche bestimmt war. 1460 betraute ihn das Kapitel von St. Peter noch mit der Restauration eines hl. Christoph. Diese Werke des Malers A. sind wahrscheinlich kurz nachher zugrunde gegangen.

1476 vollendete er ein Gemälde, „Das jüngste Gericht“, für den Sitzungssaal des Rates von Namur, der einen gewissen Jean de Corioulle zur Bestellung dieses Bildes als Sühne verurteilt und dessen Wert von vornherein auf 40 Gulden angesetzt hatte. Das fertige Werk aber wurde von Sachkundigen auf 55 fl. geschätzt, wodurch dann ein langer Streit entstand, der damit endigte, daß der

Verurteilte mit Gewalt das Bild an sich brachte. 1478 malte A. auch für das Kapitel von S. Martin in Lüttich eine Reinigung und eine Himmelfahrt Mariae für die Summe von 84 Livres. — Er lebte noch hochbetagt 1502.

Meyer, Kstlerlex. (Artikel von A. Pinchart). — Helbig, La Peinture au pays de Liège 98 bis 102, 107. *Pol de Mont.*

Antoine de Manthe, Goldschmied in Brügge, erhält 1374/75 Zahlung für 6 Becher und eine Kanne aus vergoldetem Silber.

Dehaisnes, Doc. concernant l'hist. de l'art dans la Flandre etc. p. 526. ***

Antoine de Montyon, Bildhauer, war 1386 mit anderen Bildhauern an der Ausschmükkung des Schlosses von Riom in der Auvergne für den Herzog Jean de Berry tätig.

Lami, Dict. d. sculpt. 1898. *R.*

Antoine, Nicolas, Architekt des Königs Stanislaus in Nancy 1769, nur urkundlich bekannt.

Réunion d. Sociét. d. Beaux-Arts. XXV 301. *H. V.*

Antoine, Otto, Genre- und Landschaftsmaler in Berlin-Wilmersdorf, geb. 22. 10. 1865 zu Koblenz, Schüler der Berliner Akad., stellte auf der Großen Berliner Kunstausstellung 1904 und 1906 aus. Im Berliner Postmuseum von ihm: Personenpost auf den kanarischen Inseln (1905).

Dressler, Kunsthandbuch 1906. — Kat. d. Ausstllg. *H. V.*

Antoine, Pierre Joseph, französ. Architekt, geb. in Brassy (Côte-d'Or) 13. 1. 1730, † in Dijon 2. 3. 1814, sous-ingénieur des états de Bourgogne und seit 1809 Lehrer an der Zeichenschule zu Dijon, für welche Stadt er ein Theaterprojekt geliefert hat.

Bellier-Auvray, Dict. gén. *H. V.*

Antoine, Sébastien, französ. Kupferstecher, geb. 1687 in Nancy, stach nach dem Versailler Plafond von Mignard „l'Entreprise de Promethée". 1729 stach er das Porträt des Don Calmet; ferner das Mausoleum des René II de Lorraine und St. Louis de Gonzagues nach Charles. A. war ein Stecher von sehr mittelmäßigem Talent.

Le Blanc, Manuel. — Basan, Dict. *P. A. Lemoisne.*

Antoine, s. auch *Anthoine.*

Antokolski, Markus, russ. Bildhauer, geb. 21. 10. 1843 in Wilna, † 14. 7. 1902 in Homburg v. d. Höhe, arbeitete anfangs als Schnitzer und kam 1863 als freier Zuhörer in die Petersburger Akad. 1865 wurde er als Schüler aufgenommen u. 1868 als Pensionär der Akad. zu weiterer Ausbildung ins Ausland geschickt. Nach kurzem Aufenthalt in Berlin schuf er in Italien seine Statue Iwans des Schrecklichen, für die er zum Akademiker befördert wurde. 1880 wurde er zum Professor ernannt und siedelte dann nach Paris über. Zu seinen hervorragendsten Arbeiten gehören: Der jüdische Schneider, Holzschnitzerei (1864) — Der Geizhals, Elfenbein (1865) — Der Judaskuß (1867) — Die Statue Iwans des Schrecklichen, Bronze, im Mus. Alexanders III.; in Marmor in der Eremitage (1871); eine Kopie im Kensington-Mus. in London. — Der Streit um den Talmud (1871). — Die von der Inquisition überfallenen Juden (1871). — Kolossalstatue Peters d. Gr. (1872), Marmor. — Die Reiter-Statue Jaroslaws des Weisen (1872), Bronze, im Mus. Alexanders III. — Die Statuen des Dmitri Donskoi und Iwans III. (1872). — Christus vor dem Volk (1874), in Bronze im Mus. Alexanders III. und in Marmor. — Das Denkmal Puschkins für Moskau (1875), (nicht ausgeführt). — Kopf des Mephistopheles, Marmorbüste, im Mus. Alexanders III. (1875). — Das Grabdenkmal der Fürstin M. A. Obolenski (1875). — Der Tod des Sokrates, Marmor, im Mus. Alexanders III. (1876). — Unwiederbringlicher Verlust, Relief auf den Tod seines Sohnes (1876). — Der letzte Seufzer (Christus am Kreuz), Basrelief in Bronze, im Mus. Alexanders III. (1877). — Kopf Johannes des Täufers auf einer Schüssel, Marmor, im Mus. Alexanders III. (1878). — Graf Panin, Porträtstatue in Bronze (1878). Viele Porträtbüsten in Marmor und Bronze. — Statue des Spinoza (1881). — Jermak Timofejewitsch, der Eroberer Sibiriens, Marmorstatue im Mus. Alexanders III. und ebenda die Statue des Chronisten Nestor. (Marmor.)

N. P. Sobko, Russ. Kstlerlex. — Θ. Булгаковъ, Наши художники (Th. Bulgakoff, Unsere Künstler) St. Petersburg 1889, I 14 ff. — Iwan Turgenjeff über Antokolski u. sein neuestes Werk in der russ. St. Petersb. Ztg., deutsch in der „Nord. Presse", St.Petersb. 1871, No. 56. — J. Pawlowski, A Sculptor of Heroes: Marc Antokolski etc. in Magazin of Art. 1883. — Chron. des Arts 1891, S. 314; 1902, S. 212 (Nekrolog). — Die Kunst für Alle: III, IV, VII, VIII, IX. — Die Kunst V, 1902 (Kunst für Alle XVII). Nekrolog. — Zeitschr. f. bild. Kunst N. F. IV 99; V 121; VI 121, 127. — Kunstchronik XIV 766. — Desgl. N. F. IV 508. — Gaz. des b. a. II. Periode XXIV 226. — The art Journal 1889, S. 103—107. — The Studio, General-Index I—XXI. — M. Reader, Un sculpteur d'âme (Bibl. univers. et Rev. Suisse, 1902). — Neue Freie Presse, 1902 No. 13669. — Berliner Tageblatt, 1902 No. 595. — Ost und West II 1902, S. 729 bis 740. — Cat. de l'exp. dec. des beaux arts. Paris 1900, No. 1—21, S. 324. *W. Neumann.*

Antoldi, Luigi, italien. Maler, um 1850 bis 1860 in Mantua tätig. Besaß insbesondere als Kopist nach alten Meistern bedeutenden Ruf; kopierte u. a. Lionardos Abendmahlsfresco für eine Kirche zu Mantua. Nach seinen Zeichnungen lithographiert: Die Fresken des Andrea Mantegna im Castello di Mantova (Milano, Litogr. Gallina, 5 Blatt in Royal-Folio).

Meyer, Kstlerlex. *R.*

Antolin, Bildhauer in Valladolid, † vor 1597.

Martí y Monsó, Estud. histor. artist. 547.
M. v. B.

Antolinez, José, Maler in Sevilla, † 16. 10. 1646 in Armut.

Gestoso, Artif. Sevill. II 12. *M. v. B.*

Antolinez, José, span. Maler, geb. in Sevilla 1639, † in Madrid 1676. Schüler des Landschafters Ignacio Yriarte und des Francisco Rizi in Madrid. Malte religiöse Bilder und einige Landschaften, in freier leichter Behandlung und wirkungsvollem energischem Kolorit. Seine meisten Werke in Madrid. Die namhaftesten sind: in der Akad. von S. Fernando der hl. Antonius von Padua, im Museo del Prado die hl. Magdalena mit Engeln (das beste Bild des A.), in der Kirche S. Andrea die Malereien am Hauptaltar der Kapelle der Madonna des Pilar, im Museo del Fomento befanden sich früher die Empfängnis und eine Madonna in der Glorie. Außerhalb Spaniens sind seine Werke selten. In der Münchener Pinakothek eine Konzeption, voll bezeichnet und 1668 datiert und ein hl. Hieronymus in der Höhle, in der Galerie Weber in Hamburg die Vermählung der hl. Katharina (früher beim Grafen Maugé in Paris), im Suermondt-Mus. in Aachen ein Heiliger, der von einem Cherub die Wundmale empfängt, in St. Petersburg ein schlafendes Christuskind und ein ländl. Fest im Stil des Rubens, in Amsterdam eine Verherrlichung Mariae.

Cean Bermudez, Dicc. I 36—37. △

Antolinez y Sarabia, Francisco (nach Palomino Ochoa de Meruelo y Antolinez). Span. Maler, geb. 1644 in Sevilla, † 1700 in Madrid. Studierte zuerst Rechtswissenschaft und erwarb sich den Grad eines Licenciado, besuchte aber zugleich die auf Murillos Betreiben 1660 in Sevilla errichtete Zeichenschule. 1672—1676 lebte er in Madrid, dann abwechselnd bald in einem juristischen Amt, bald als Rechtsanwalt und daneben stets als Maler tätig dort und in Sevilla. Dieses unstete Leben hinderte den Künstler an einer sorgfältigen Ausführung seiner Gemälde; es sind vorzugsweise kleinere skizzenhaft behandelte Bilder mit landschaftlichem Hintergrund im Stile Murillos, doch malte er auch Miniaturbildnisse. Einige seiner Gemälde im Museo del Prado in Madrid, andere in der Kathedrale von Sevilla (Geburt Christi) und im dortigen Museum (6 Bilder mit Szenen aus dem Leben Mariae). Auf der Versteigerung der Samml. des Marschall Soult (Paris 1852) befand sich eine Madonna des A.

Palomino, Museo pict. III 511. — Cean Bermudez, Dicc. I 37—38. — Gestoso, Artif. Sevill. II 69. △

Antolini, Gianantonio, bekannter ital. Architekt, geb. 1754 in Castel Bolognese, studierte in Bologna, war zuerst in Rom, dann in Mailand, und zwar hier als Akademieprofessor tätig. Er starb 1842. Seine gediegene theoretische Bildung betätigte er durch verschiedene architektonische Werke und Zeichnungen, welche er herausgegeben hat; in seiner praktischen Richtung gehörte er der klassizistischen Schule an, welche die ausschweifende Architektur des Rokoko nach dem Muster der Antike zu erneuern trachtete. In Mailand entwarf er vor 1806, wahrscheinlich im Auftrage des Kaisers Napoleon den Plan zu dem Forum Bonaparte, das an Pracht und Großartigkeit allen römischen es gleichtun sollte, aber nicht zustande kam. Um 1815 finden wir ihn in Venedig mit der Ausführung des Planes zur Fortsetzung der Prokuratien beschäftigt; er hatte nach Zerstörung der Kirche S. Geminiano den Verbindungsbau zwischen den alten und den neuen Prokuratien herzustellen. Der Entwurf zu diesem Gebäude, das den schönen Bau des Sansovino mit dem von Scamozzi angelegten neuen Teil, wenn man die Zeit in Betracht zieht, keineswegs unglücklich vermittelt, ist nach Moschini von unserem Meister (fortgesetzt und vollendet wurde der Bau von Giuseppe Soli). Daß A. in einer nüchternen Nachbildung der Antike sonst befangen blieb, lag in den Schranken seiner Zeit.

Die wichtigsten Schriften von ihm: Idee elementari d'Architettura civile, per le scuole del disegno, 24 Taf., Bologna 1813, Fol. Andere Ausgabe: Milano 1829. Fol. — Osservazioni ed aggiunte ai principii d'Architettura civile di Francesco Milizia, Milano 1817, 8. — Meyer, Kstlerlex. — The Art-Union 1842 p. 29 (Nekrolog).

Anton (Meister), Schweizer Bildhauer. Einem Meister Anton wird der in rundbogiger Nische am sogenannten neuen Turm der Hofkirche zu Luzern angebrachte „Ölberg" mit dem Monogramm: M. A. und der Jahreszahl 1508 zugeschrieben. Es sind fast lebensgroße polychrome Steinfiguren. — Dieser Meister Anton findet sich im Rodel der Lukasbrüderschaft nicht, und es wäre ganz ungewöhnlich, wenn das M. im Monogramm „Meister" bedeutete.

Fr. Heinemann bei Brun, Schweizer. Kstlerlex. *H. V.*

Anton, Dominikanermönch zu Segesvár (Schäßburg), Ungarn, beteiligt sich 1510 am Wiederaufbau seines Klosters. Sein Monogramm und Steinmetzzeichen (2 gekreuzte Winkelmaße mit sechsstrahligem Stern und Halbmond) finden sich noch auf Kragsteinen des Konventsaales des seinerzeit abgetragenen Klosters. (Siebenbürg. Landesmus.)

„Archaeologiai Ertesítö, ú. f." IX 274. — Arch. des Ver. f. siebenb. Landesk. N. F. XXII I 46. *K. Lyka.*

Anton. Frater Anton a Sto. Joanne, Karmeliter-Mönch, poln. Maler. Geb. in Lemberg 1593, Schüler seines Vaters, der daselbst ein angesehener Maler gewesen. Er trat als Jüngling in den Karmeliter-Orden und ging nach Rom mit dem Lemberger Karmeliter-

Pater Cyrill; er lernte dort die Malerei und wurde in Krakau 1617 zum Karmeliter-Priester geweiht. Malte seitdem Altarbilder für viele Kirchen des Karmeliter-Ordens in Polen, vorwiegend in Krakau, wo er auch am 30. 8. an der Pest starb; das Jahr seines Todes ist unbekannt. Seine religiösen Bilder befinden sich wahrscheinlich noch jetzt in vielen Kirchen des Karmeliter-Ordens in Polen, sind aber unbekannt, indem er seine Arbeiten nie bezeichnet hat.

Rastawiecki, Slownik mal. polskich III 504—506. — Pater Bàracz, Biogr. berühmter Armenier in Polen (Lemberg, 1856).
Dr. Graf Georg Mycielski.

Anton Ulrich, Herzog von Braunschweig und Lüneburg, geb. 1633, Regent seit 1685, † 1714. Dieser regsame Fürst, bekannt als Romanschriftsteller und Dichter geistlicher Lieder, hatte auch für die bildende Kunst seiner Zeit ein tatkräftiges Interesse. Beweis davon besonders die herzogl. Gemäldegalerie in Braunschweig, die im wesentlichen durch ihn zusammengebracht worden ist. Das, was seine Erwähnung an dieser Stelle als selbständigen Künstler rechtfertigt, ist weniger bedeutend. Er hat sich als Graphiker versucht in zwei Radierungen und drei Schabkunstblättern (vergl. A. Vasel, Graphische Arbeiten von Mitgliedern des braunschweigischen Fürstenhauses; Braunschw. Magazin 1904 No. 5), jene in Sigismund v. Binkens „Dannebergische Helden-Bent", Hamburg 1648. 1. ein Dorf mit Kirche, bez. AV., 2. das Schloß Gümse, bez. AV. Fec. Die drei anderen Blätter, wie jene in Oktavformat, gehören nach A. Vasel unter die Inkunabeln der Schabkunst, haben aber keinen besonderen Kunstwert. Vermutlich hat Prinz Ruprecht von der Pfalz den Herzog in dieser Technik unterwiesen. Dargestellt sind: 3. der hl. Antonius, nach Lievens, 4. Herzog Ferd. Albrecht I. (abgeb. a. a. O. S. 50), nach J. v. Sandrart bezw. J. P. Auer. (Platte von 3. u. 4. noch im Herzogl. Museum in Braunschweig.) 5. weibliches Brustbild, datiert 1661 Octo. 11.
K. Steinacker.

Anton „Frjasin" (Über die Bedeutung des Wortes Frjasin s. Aloisio), venetian. Baumeister des 15. Jahrh., kam 1469 mit einer Gesandtschaft nach Moskau, wo ein Oheim von ihm. Iwan Frjasin, bereits längere Zeit in den Diensten des Großfürsten als Münzmeister stand. Von ihm der Mauerturm beim Tschuschko-Tor, den ein geheimer Gang mit der Moskwa verbindet und der Turm am Swibloff-Tor.

Karamsin: Истор. росс. госуд. (Gesch. d. russ. Reichs) 3. Aufl. St. Petersburg 1830. VI 66 u. 88. — Gaz. des B.-A. 1893. I 28. *W. Neumann.*

Anton, Peter, Siegel- und Wappenschneider. Brünn. † 8. 5. 1713.

C. Schirek, Mitteil. des Mähr. Gew.-Mus. in Brünn 1892 p. 190. *—k.*

Anton von Worms, s. *Woensam,* A.

Anton, s. auch *Anthon, Anthoni* u. *Antonio.*

Antonaroli, Filippo, Bildhauer aus Rom, um 1800 im Dom zu Orvieto unter Valadier an der Restaurierung des Taufbeckens beteiligt.

L. Fumi, Il Duomo di Orvieto p. 313. *

Antonazzo, s. *Antoniazzo.*

Antonelli, als Zeichner und Holzschneider in Aquila um 1590 von Zani, Enc. II 146 erwähnt.
P. K.

Antonelli, Alessandro, italien. Architekt, geb. 14. 7. 1798 in Ghemme bei Novara, † 18. 10. 1888 in Turin. Schüler des Turiner Polytechnikums, führte dann in der Hauptstadt Piemonts einige der mächtigsten Baukonstruktionen des modernen Italien aus. Sein Hauptwerk ist die 1863 begonnene Mole Antoniana zu Turin, das höchste Bauwerk Italiens (165 m hoch). Das turmartige quadratische Gebäude mit seiner sonderbaren, durch mehrere Säulenstellungen gebildeten Fassade und seinem kühnen Kuppelaufbaue war ursprünglich als israelitische Synagoge geplant, wurde aber seit 1878 auf Kosten der Stadt Turin zum Museo del risorgimento italiano weiter ausgebaut. Außerdem errichtete A. in Novara die 121 m hohe Kuppel über der Hochrenaissance-Kirche von S. Gaudenzio, sowie den Neubau des auf eine altchristliche Grundanlage zurückgehenden Domes.

N. d'Althan, Gli artisti italiani (Torino 1902). — C. Caselli, Il tempio israelitico in Torino (1875). — Zeitschr. f. bild. Kst. I 70, 73, V 43. *H.*

Antonelli, Baptista, berühmter Ingenieur, Italiener von Geburt, † 22. 2. 1616 zu Madrid, 50 Jahre lang im Dienste König Philipps II. von Spanien tätig, der ihn 1586 und 1588 zwecks Erbauung fortifikatorischer Anlagen nach Amerika sandte. 1604 nach Spanien zurückgekehrt, wurde ihm der Molobau bei Gibraltar übertragen.

Meyer, Kstlerlex. *H. V.*

Antonelli, Cesare, italien. Maler der Gegenwart, geb. in Bari, studierte in Rom, wo ein Jugendwerk „Tramonto d'inverno sul Tevere" einen Preis erhielt. Auch seine Pastelle werden gelobt.

C. Villani, Scritt. ed Artisti Pugliesi, 1904 p. 1199. — Napoli Nobilissima XIV 94.
G. Degli Azzi.

Antonelli, Demetrius Iwánowitsch, russ. Maler, geb. 1791, † 29. 3. 1842 in Petersburg, besuchte bis 1812 die Akad. u. wurde 1820 für ein lebensgroßes Porträt des Bildhauers Martos zum Akademiker befördert. Von ihm: die Ikonostasis in der hl. Geistkirche des Alexander-Newskiklosters; eine Kreuzigung Christi, ein Ecce homo und vier Evangelisten in der Kirche der Alexander-Manufaktur; ferner malte er Heiligenbilder für den Synodalhof, für die Kirche der Kommerzschule, für die katholische Kirche und die Kirche des Kadettenchors in Poltawa. Auch viele Porträts sind von ihm gemalt, darunter die des Kaisers Nikolaus I., der Kaiserinnen Katharina II., Alexandra Feodorowna und Maria Feodorowna.

Русск. библ. словарь (Russ. Bibliogr.) II 210. — N. P. Sobko, Russ. Kstlerlex. *W. Neumann.*

Antonelli, Franz Iwánowitsch, russ. Maler, geb. um 1786, † 1838, kam zehnjährig in die Akad. bis 1807, wurde dann Lehrer an der Matwejeffschen Volksschule in Petersburg und 1812—1817 Bibliothekargehilfe und Übersetzer in der Bibliothek der Kunstakad.

Русск. библ. словарь (Russ. Bibliogr.) II 210. — N. P. Sobko, Russ. Kstlerlex. *W. Neumann.*

Antonelli, Giovanni, italien. Kupferst., soll in Venedig und Ferrara am Anfange des 18. Jahrh. tätig gewesen sein. Von ihm werden ein Bildnis des Dogen Al. Pisani und eine Darstellung, Pompeius läßt sich zum Imperator ausrufen (Recinensis delineavit), erwähnt.

Meyer, Kstlerlex. *P. K.*

Antonelli, Giuseppe, venezian. Archit. der 1. Hälfte des 19. Jahrh. Nur bekannt als Herausgeber des Werkes: Collezione de' migliori Ornamenti antichi etc. di Venezia (Venezia 1831, 120 Tafeln in 4°; 2. Ausg. 1843 in Folio).

Meyer, Kstlerlex. *R.*

Antonelli, Juan Baptista, Ingenieur, der ältere Bruder des berühmten Baptista und gleich diesem im Dienste Philipps II. von Spanien, geb. im Neapolitanischen, † 17. 3. 1588 zu Toledo, seit 1559 in Spanien, hauptsächlich mit Wasserbauten beschäftigt (2 Kastelle an der Magelhaensstraße etc.).

Meyer, Kstlerlex. *H. V.*

Antonelli, Juan Baptista d. J., Ingenieur in spanischen Diensten, Sohn des Baptista, geb. in Spanien um 1585, † 1649, meist in den Kolonien (Havanna, Neu-Andalusien) mit Festungsbauten beschäftigt, seit 1632 Militär-Ingenieur von Westindien.

Meyer, Kstlerlex. *H. V.*

Antonelli, Salvadore, neapol. Maler. Nur aus einer Bittschrift vom Jahre 1770 bekannt.

Napoli Nobilissima IX 75. *G. Degli Azzi.*

Antonelli, Vincenzo, italien. Kupferst., tätig zu Rom um 1775. Er hat eine Ruhe auf der Flucht nach Maratta, Christus am Ölberge nach Correggio, eine Madonna mit dem Kinde nach Fr. Trevisani und Statuen von der Peterskirche gestochen.

Meyer, Kstlerlex. *P. K.*

Antonelli, s. auch *Antoni.*

Antonello, umbrischer Maler, dessen Signatur „Antonelius an. 1486" zu lesen ist auf einem Freskobilde mit der Gestalt des heil. Rochus in der Kirche der Madonna del Latte zu Coldimancio.

A. Bellucci in „Augusta Perusia" 1906, Juli-August. *

Antonello, Goldschmied in Venedig, fertigte 1496 ein Kreuz von vergoldetem Silber und von Kristall für die Scuola degli Albanesi.

Molmenti, Stor. di Venezia nella vita privata I 328. — P. Paoletti, Arch. e scult. d. Rinasc. in Venezia I 40. *L. Ferro.*

Antonello, Maler in Ferrara, 1545 urkundlich erwähnt, und zwar in einer Zahlungsquittung für die Bemalung einiger Standarten.

Cittadella, Not. relat. a Ferrara p. 605. *F. Malaguzzi-Valeri.*

Antonello di Capua, Maler und Sticker in Neapel, erhält 1441 die hohe Summe von 383 Dukaten für Farben und Gold- und Silberstickereien, ferner am 12. 6. 1472 zehn Dukaten für Malereien in einem Zimmer des Königs Alfonso I., am 20. 7. 1473 6 Dukaten für Malereien für die Herzogin von Termoli.

Filangieri, Indice d. artefici I 93. **

Antonello da Fabriano, Maler in Genua 1447.

Alizeri, Not. d. Prof. d. dis. in Liguria I 269. **

Antonello di Giovanni da Albano, Architekt in Rom, mehrfach urkundlich erwähnt unter den Päpsten Nikolaus V. und Paul II. als Soprastante della Fabbrica di S. Pietro. 1447 erhält er Zahlungen für seine Arbeit an den Glasfenstern von S. Pietro und für Restaurierung der Kirche S. Eusebio, 1450—51 für seine Arbeiten am Bau von S. Maria Maggiore und von S. Pietro in Vincoli. In einem Breve Nikolaus' V. vom 28. 1. 1451 wird der Künstler angeredet als „canonicus basilicae principis apostolorum" und als „familiaris noster et continuus commensalis". Noch im Januar 1470 findet sich ein Eintrag über Auszahlung des päpstlichen Monatsgehaltes an A., der damals am Umbaue des Palazzo S. Marco beteiligt war; 1471 dagegen wird der Künstler bereits als verstorben („quondam") registriert.

A. Bertolotti, Art. Bolognesi in Roma p. 5, 8, 239. — E. Müntz, Les Arts à la Cour des Papes I 86, 135, 143 ff.; II 20, 317, 328. *

Antonello da Messina, mit vollem Namen Antonello di Giovanni degli Antonj, sizilianischer Maler von größter kunstgeschichtlicher Bedeutung wegen seiner Vermittlerstellung zwischen der altniederländischen Tafelmalerei, unter deren Einfluß er während seiner wahrscheinlich in Neapel genossenen künstlerischen Jugendausbildung gestanden hat, und der venezianischen Früh-Renaissancekunst, die durch ihn die bedeutendsten Anregungen empfangen zu haben scheint. A. ist geboren um 1430 in Messina als Sohn des Bildhauers Giovanni di Michele degli Antonj und der Gattin dieses Künstlers namens Garita (od. Marguerita). 1455 vermählt er sich in seiner Vaterstadt mit einer Witwe Giovanna (wahrscheinlich einer Schwester des Bildhauers Giovanni de Saliba). 1457 übernimmt er den Auftrag auf Bemalung eines Wappenbanners für die Stadt Reggio di Calabria nach dem Muster eines von ihm selbst bereits für Messina gemalten Banners; auch engagiert er in diesem Jahre einen Gehilfen für seine Werkstatt. 1460 hält er sich in Kalabrien auf, 1461—65 wiederum in Messina, ebenso auch 1473—74; und zwar malte er in den letzteren beiden Jahren das Triptychon der Galerie zu Messina, sowie ein noch heute in Palazzolo Acreide (Pr. Syrakus) existierendes Gemälde. 1473 wird er bereits als Vater einer verheirateten Tochter namens Caterinella erwähnt, sein Bruder Giordano dagegen als Vermögenserbe aus dem Nachlasse des verstorbenen Vaters. 1475 bis 76 malte A. in Venedig ein Altarbild für die Kirche S. Casciano, um dann in Mailand für den regierenden Herzog tätig zu sein. Im November 1476 bereits wieder nach Messina zurückgekehrt, verpflichtete er sich noch im Jahre 1478 zur Ausführung einer neuen künstlerischen Arbeit für Randazzo. Aber schon Mitte Februar des Jahres 1479 muß er in Messina gestorben sein, da er, nachdem er am 14. 2. sein Testament gemacht hatte, am 25. dieses Monats bereits als verstorben erwähnt wird. Auf eigenen Wunsch wurde er in der jetzt nicht mehr existierenden Kirche S. Maria del Gesù (alias „del Ritiro") zu Messina begraben, woselbst wohl auch die von Vasari wiedergegebene Grabschrift des Künstlers zu lesen war. A.s Sohn Jacobello degli Antonj war gleichfalls als Maler in Messina ansässig.

Die Zeitgenossen des Quattrocento zollten dem messinesischen Meister lebhafte Bewunderung: Giovanni Santi nennt ihn einen „huom tanto chiaro", Colaccio bewundert sein Altarwerk von S. Casciano, Sabellico und Marin Sanudo empfinden seine Madonnenbilder als vollendete Kunstwerke, nur fehle es ihnen an Seele („— non manca nulla se non l'anima"). So ist es erklärlich, daß auch die Kunstschriftsteller des Cinquecento sich eifrig mit A. beschäftigten. Summonte (1524) führt ihn als einen Schüler des napoletanischen Malers Colantonio an; Vasari bringt zahlreiche phantastische Notizen über ihn und ist zugleich der erste, der eine Reise des jugendlichen Meisters nach den Niederlanden annimmt und ihm das Verdienst zuschreibt, die Technik der Ölmalerei aus dem Norden nach Italien verpflanzt zu haben; Sansovino (1581) hält ihn selbst für den Erfinder der Ölmalerei; Maurolico (1562) endlich berichtet über den hohen künstlerischen Ruf, dessen A. sich in Venedig und Mailand zu erfreuen gehabt habe, weiß jedoch nichts von seinen Reisen nach den Niederlanden. — Die moderne Kunstgeschichtsschreibung fußt mit ihren Angaben über das Leben des A. hauptsächlich auf Vasari. Crowe und Cavalcaselle z. B. folgten Vasari und Van Mander in der Annahme, A. habe eine Reise nach den Niederlanden unternommen und habe sich dann auf der Rückreise 1473 in Venedig niedergelassen, um im Kreise der Vivarini und Bellini jene künstlerische Revolution hervorzurufen, aus der ihm schließlich in Giovanni Bellini ein so überlegener Rivale erwachsen sollte. — Morelli zerstört die Legende von der Erfindung und Propagierung der Ölmalerei durch A., behält jedoch die Annahme einer künstlerischen Ausbildung des Meisters in den Niederlanden bei und stellt die Vermutung auf, die Gemälde von 1473 und 1474 seien bereits in Venedig gemalt und von dort aus nach Messina und Syrakus gesandt worden, nachdem A. schon damals unter den Einfluß von von Bellini, Mantegna und Carpaccio geraten wäre; ferner akzeptiert er das von Vasari gegebene Todesdatum 1493 u. läßt demgemäß den Künstler erst 1444 geboren sein; auf Grund all dieser irrtümlichen Hypothesen gelangt er zu der Annahme, A. sei erst in Venedig zum großen Künstler geworden, habe über 20 Jahre in dieser Stadt gelebt und sei auch daselbst gestorben. — Robinson glaubt konstatieren zu können, daß die Zimmereinrichtung auf A.s Gemälde in der Londoner National-Gallery, darstellend den hl. Hieronymus in seiner Studienklause, bis in alle Einzelheiten mit spanischen Hausinterieurs übereinstimme, und erweitert demgemäß den unseren Meister umwebenden Kreis von Reiselegenden um einen Aufenthalt in Spanien. — Gronau bemerkt als Erster sehr richtig, daß zur Zeit des Vasari in Venedig kaum noch exakte Nachrichten über A.s Aufenthalt daselbst zu sammeln gewesen sein können, liefert den Nachweis für die Unglaubwürdigkeit Vasaris hinsichtlich seiner Zeitangaben und besonders des Todesdatums und gelangt zu dem Schlusse, daß von der ganzen Vasarischen Antonello-Biographie einzig und allein die Notiz über das venezian. Altarwerk von S. Casciano historische Beachtung verdiene; um so größere Bedeutung glaubt er dagegen der Angabe Summontes beimessen zu dürfen, die demnach neben den urkundlichen Nachrichten über den Aufenthalt A.s in Mailand und neben den Gemälde-Signaturen als die einzig sichere Quelle für eine Antonello-Biographie zu betrachten wäre. — G. Di Marzo und G. La Corte Cailler haben dann endlich durch ihre messinesischen Urkundenfunde einen großen Teil all dieser biographischen Unklarheiten und Irrtümer aus der Welt schaffen können, nur daß sie ihre wichtigen Entdeckungen nicht immer zu den richtigen Schlußfolgerungen verwertet haben.

Die Annahme einer Reise A.s in die Niederlande muß vorläufig, ehe sie nicht durch neue Tatsachenfunde belegt werden kann, am besten völlig aufgegeben werden. — Der vlamisierende Stil des Meisters findet ja seine ausreichende Erklärung in der ganz und gar unter dem Einflusse der niederländischen Kunst stehenden neapolitanischen Schule, aus der Antonello vielleicht hervorgegangen ist, u. deren Formensprache doch andererseits dem Toskaner Vasari so durchaus fremdartig erscheinen mußte. Ebensowenig läßt sich jene zweite Hypothese aufrecht erhalten, nach der A. die Ölmalerei nach Italien bezw. Venedig verpflanzt oder gar selbst erfunden haben sollte. Denn ganz abgesehen von einzelnen Nachrichten über Malversuche mit Ölfarben, die schon während der 1. Hälfte des Quattrocento von italien. Künstlern angestellt worden waren, läßt sich mit Sicherheit der Nachweis führen, daß Bartolomeo Vivarini schon 1473 in Venedig in Öl gemalt hat, während doch A. wahrscheinlicherweise nicht vor 1474 nach Venedig gekommen ist. Die früheste urkundliche Nachricht über A.s Künstlertätigkeit, datiert vom Jahre 1457, läßt erkennen, daß der Meister sich schon damals eines über seine Vaterstadt hinausreichenden Künstlerrufes zu erfreuen hatte. Sein Vater Giovanni di Michele degli Antonj, von Beruf Bildhauer, und seine Mutter Margherita waren zu dieser Zeit beide noch am Leben; auch ein Bruder des A. namens Giordano und eine Schwester Orlanda finden gleichzeitig urkundliche Erwähnung. Seine Gattin Giovanna beschenkte ihn mit einem Sohne Jacobello und mit einer Tochter Caterinella und erhielt späterhin die testamentarische Verpflichtung auferlegt, sich nicht nochmals zu verheiraten. Seine dauernde Ansässigkeit in Messina ist durch jährlich fortlaufende urkundliche Nachrichten bis zum Jahre 1465 und dann wiederum 1473—1474 beglaubigt. Für den urkundlich nicht zu belegenden achtjährigen Zeitraum 1465—1473 liegen bisher keinerlei biographische Nachrichten vor; nur die Datierung eines bis vor kurzem im Besitze des Signore Zir in Neapel befindlichen signierten Gemäldes unseres Meisters (1470) fällt in diesen noch unaufgeklärt gebliebenen Zeitraum seines Lebens. Jedenfalls hat sich aus den d i r e k t e n Quellen bisher keinerlei Anhalt ergeben, der die Annahme eines Aufenthaltes A.s außerhalb Süditaliens vor dem Jahre 1475 rechtfertigen könnte. Die einzige mit Sicherheit beglaubigte Reise des Meisters nach dem Norden ist diejenige 1475—76, auf der er in Venedig und Mailand längeren Aufenthalt genommen hat. Vom November des Jahres 1476 ab liegen wiederum ziemlich reichliche Urkundennotizen vor, nach denen A. bis zu seinem im Februar des Jahres 1478 erfolgten Tode seine Heimatprovinz Messina nicht mehr verlassen hat. — Alles, was über diese urkundlichen Angaben hinaus über das Leben des messinesischen Meisters geschrieben worden ist, kann demnach nichts weiter sein als phantastische Hypothese, die, soweit sie auf den späten Traditionen Vasaris und anderer Cinquecento-Schriftsteller basiert, durch die neueste Urkundenforschung jedenfalls endgültig widerlegt worden ist.

Die meisten Gemälde der späteren Schaffensperioden A.s sind eigenhändig vom Meister signiert und datiert; die Jahresdaten auf seinen Gemälden laufen von 1465—1478. Aus der e r s t e n P e r i o d e (1465—1470) ist uns nur ein einziges Werk bekannt, und zwar der S e g n e n d e C h r i s t u s der L o n d o n e r N a t i o n a l - G a l l e r y (No. 673) vom Jahre 1465. In der stilistischen Konzeption zeigt dieses Bild bereits ausgesprochen niederländischen Charakter; in der malerischen Ausführung dagegen tritt bereits dieselbe persönlich-künstlerische Eigenart zutage, die auch alle späteren Werke A.s so leicht kenntlich macht. Das mit der Jahreszahl 1470 datierte Gemälde der S a m m l u n g Z i r in N e a p e l, ein E c c e H o m o - B r u s t b i l d, ist leider in jüngster Zeit spurlos verschollen.

Ebensowenig wie das Londoner Christusbild von 1465 lassen die Gemälde d e r z w e i t e n P e r i o d e (1470—1475) irgend welche Spur eines venezianischen Einflusses erkennen. Das Hauptwerk dieser Periode ist das Triptychon von 1473 mit der M a d o n n a d e l R o s a r i o, den Hl. Gregorius und Benedictus auf den Innenflügeln u. der Verkündigung Mariae auf den Außenflügeln in der G a l e r i e z u M e s s i n a (aus S. Gregorio stammend). In der Kopf- und Körperhaltung der Figuren, dem Faltenwurf der Gewänder, in der Haartracht der Madonna, in der Beflügelung der Engelgestalten trägt dieses Triptychon noch weit markantere niederländische Stileigentümlichkeiten zur Schau, als der Londoner Christus. Andererseits aber kommt auch in dem messinesischen Altarwerke A.s stark ausgesprochene Künstlerindividualität aufs deutlichste zur Geltung, namentlich in den Köpfen der Figuren und in der vorzugsweise zylindrischen Bildung der Körperformen. Der von 1475 ab in A.s Gemälden sich ausprägende venezian. Stilcharakter liegt diesem Bilde von 1473 jedenfalls noch völlig fern. Da man nun unmöglich annehmen kann, daß A. bei einem früheren Aufenthalte in Venedig von der dortigen Kunst gänzlich unbeeinflußt geblieben sein sollte, um erst auf seiner 1475 unternommenen Reise seinen Stil durch venezian. Kunsteindrücke wesentlich umformen zu lassen, so muß es doch wohl ausgeschlossen erscheinen, daß der Meister schon in dem biographisch dunklen Zeitraume vor 1473 einmal in Venedig sich aufgehalten haben könnte. — Aus dem Jahre 1473 stammt außerdem noch das etwas schwächliche C h r i s t u s b i l d d e s M u s e o C i v i c o z u P i a c e n z a und ferner aus dem Jahre 1474 das Hamilton-Porträt der Berliner Galerie (No. 18a), das durch die lichte Klarheit seines Kolorites und durch den leuchtenden Blick der Augen auffällt, sowie die Verkündigung Mariae in Palazzolo Acreide (Pr. Syrakus), welche eine gewisse Assimilation mit der spanischen Malerei sehen läßt.

Venezianische Einflüsse treten zum ersten Male auf dem sogenannten Condottiere-Bildnis des Pariser Louvre-Mus. (No. 1134) zutage, das trotz der wunderbar ausdrucksvollen Belebung, die diesem trotzig-leidenschaftlichen Jünglingskopfe mit dem hervorspringenden Auge und der vorgeschobenen Unterlippe zuteil geworden ist, doch gleichzeitig ein gewisses Streben nach malerisch-dekorativer Schönheitswirkung erkennen läßt. Der Condottiere ist datiert vom Jahre 1475, und für das gleiche Jahr steht uns der untrügliche Nachweis eines Aufenthaltes A.s in Venedig zu Gebote: Der Wandel im malerischen Stil des Meisters ist also ohne Zweifel durch diese venezianische Reise selbst hervorgerufen worden. In Venedig schuf A. 1475 jedenfalls jenes Werk, das ihm der Überlieferung nach seinerzeit den größten Ruhm eingetragen hat, den heute leider nicht mehr existierenden Madonnenaltar von S. Casciano. Ebenfalls 1475 malte er endlich die Kreuzigung Christi der Antwerpener Galerie (No. 4). Von den beiden Bildnisgemälden, die sich in Mailand befinden, ist dasjenige der Sammlung Trivulzio von 1476 datiert, und vermutlich stammt das im Mus. des Castello Sforzesco ausgestellte zweite Porträt ebenfalls aus der Zeit des Aufenthaltes A.s in Mailand. Das letztere Bild, einen Humanisten darstellend, ist ziemlich leer im Ausdruck; kaum ein zweites Porträt von der Hand des A. dürfte so äußerlich dekorativ aufgebaut sein. Das Bildnis der Sammlung Trivulzio dagegen, auf dem die Züge eines gutmütig-schlauen Mailänder Bürgers verewigt sind, ist äußerst wirkungsvoll in der ruhigen Heiterkeit seines Stimmungsausdruckes; in diesem Falle hat die feine und kühle Beobachtungsgabe des Malers dem dargestellten Auftraggeber nur zum Vorteil gedient. Morelli hat auf die scheinbare Verwandtschaft dieses Porträts mit demjenigen der römischen Borghese-Galerie (No. 396) hingewiesen. Hier aber hat die Rücksichtslosigkeit des Beobachters das porträtierte Modell direkt zu einem Verräter und heimtückischen Piraten zu stempeln gewußt. Meiner Ansicht nach dürfte dieses Bildnis viel früher entstanden sein, als das Gemälde der Trivulzio-Galerie. Die Kreuzigung der Londoner National-Gallery (No. 1166) vom Jahre 1477 ist sehr ähnlich derjenigen der Antwerpener Galerie von 1475. Das zweite Antonello-Porträt der Berliner Galerie (No. 18) soll mit der Jahreszahl 1478 datiert sein; leider ist dieses Bild so schlecht erhalten, daß diese Datierung jetzt nicht mehr erkennbar ist. Es stellt einen bartlosen Jüngling dar und ist schwach im Ausdruck, aber ruhig, ernst und vornehm in der Gesamthaltung.

Von den nicht signierten, aber dem Antonello zugeschriebenen Gemälden seien die nachfolgenden allgemein anerkannten Hauptwerke hier aufgezählt.

1. Der hl. Hieronymus der Londoner National-Gallery (No. 418). Der hohe, von gotischen Säulenhallen umgebene Raum, der dem Heiligen als Studierzimmer dient, macht auf den ersten Blick den Eindruck einer Kirche, gibt jedoch in der Tat wahrscheinlich ein spanisches Hausinterieur wieder. Daß dieses Gemälde der letzten Schaffensperiode des Meisters angehört, bezeugt das mannigfaltige, minutiös ausgeführte Beiwerk, wie die Ziervase, das Kätzchen, der Pfau, das Rebhuhn, Motive, die sicherlich der Kunst der Venezianer und namentlich derjenigen Jacopo Bellinis entlehnt sind. — 2. Der hl. Sebastian der Dresdener Galerie (No. 52), wohl eines der letzten Werke des Meisters. Hier ist die Nachahmung venezianischer Vorbilder ganz offenkundig. Im Hintergrunde sieht man die verkürzte Figur eines schlafenden Mannes, die in deutlichster Anlehnung an Mantegnas Christophorus-Martyrium in der Paduaner Eremitani-Kirche konzipiert erscheint. Andere dieser genrehaften Hintergrundszenen erinnern an die Kunst des Ercole Roberti. Die Gestalt des hl. Sebastian selbst ist höchst bewundernswert in ihrer plastisch-lebenswahren Durchbildung und in der harmonischen Rundung der Körperformen, die wiederum die für Antonello typische zylindrische Bildung aufweisen. In jugendlichem Kraftbewußtsein hält der christliche Märtyrer den Pfeilschüssen seiner Peiniger gleichmütig stand, ohne auch nur das geringste Zeichen von Schmerz oder Schwäche erkennen zu lassen. Jedenfalls haben wir hier die großartigste Darstellung des Apolls der christlichen Mythologie vor Augen. — 3. Die Maria Annunziata der Münchener Pinakothek (No. 1029) ist das markanteste Beispiel für die Vorliebe Antonellos für zylindrische Formenbehandlung. Eine alte und vielleicht originale Replik dieses Bildes mit Varianten wurde neuerdings für das Museum zu Palermo erworben; eine spätere Kopie besitzt die Galleria dell' Accademia zu Venedig (No. 590). — 4. Zwei Porträtbildchen der Wiener Liechtenstein-Galerie (No. 734), darstellend die einander zugekehrten Büsten eines Ehepaa-

res, von leuchtendem Kolorit und hellster Fleischtönung. Den Hintergrund beider Gemälde bildet ein lichtblauer Himmel über einer von Seen belebten Landschaftsebene. Auf der Rückseite des Mannsporträts sieht man einen an eine Säule gebundenen jungen Hirsch, auf der Säule die Inschrift „A Lei". Auf Grund ihrer koloristischen Verwandtschaft mit dem Hamilton-Porträt der Berliner Galerie vermutet man, daß die beiden Liechtenstein-porträts gleichfalls 1474 entstanden sein müssen. — 5. Der Männerkopf der Londoner National-Gallery (No. 1141) steht dem Louvre-Condottiere von 1475 näher. — 6. Das Bildnis der Sammlung Malaspina zu Pavia (No. 2) ist weniger gelungen und scheint aus noch späterer Zeit zu stammen. — 7. Schließlich kann mit ziemlicher Sicherheit auch die Ganzfigur des hl. Sebastian in der Galleria Lochis zu Bergamo noch als eine Originalarbeit Antonellos gelten.

Werke seiner Nachahmer, aber häufig noch ihm selbst zugeschrieben, sind die nachfolgenden Gemälde: 4 Halbfiguren des hl. Sebastian in der Galleria Crespi zu Mailand und in den Galerien zu Bergamo, Berlin u. Frankfurt a/M.; 2 Christusbilder der Venezianischen Galerie (No. 2, Ecce Homo) und der Cook-Collection zu Richmond (vielleicht von Andrea Solario); der Crucifixus der Florentiner Corsini-Galerie (sicher erst nach 1478 entstanden); die schwächliche Zeichnung der Londoner Malcolm-Collection; endlich die drei Bildnisse der Sammlung Boncompagni zu Rom und der Galerien zu Modena und zu Neapel (letzteres eine irrtümliche Zuschreibung Morellis). Weitere irrtümliche Zuschreibungen hat La Corte-Cailler ausführlich behandelt.

Antonello da Messina ist als völlig vereinzelte Ausnahmeerscheinung aus jenem engen Künstlerkreise Süditaliens hervorgegangen, dessen ärmliche Kunstübung um die Mitte des 15. Jahrh. noch ausschließlich von ausländischen Einflüssen abhängig war. Der Künstler zeigt in seiner malerischen Tätigkeit von Anfang an ein vollkommen intellektualistisches Wahrheitsstreben von ruhig-gelassener Objektivität und triumphierender Lebenskraft. Bei solcher Veranlagung ist es nicht zu verwundern, daß seine Kreuzigungsdarstellungen nicht zu seinen bestgelungenen Werken zählen, und daß andererseits als sein Meisterwerk — abgesehen von seinen Porträts — die jugendlich kraftvolle nackte Gestalt des hl. Sebastian dasteht. Der Ausdruck intensiven Innenlebens dagegen findet sich in bewundernswerter Mannigfaltigkeit namentlich seinen Bildnismalereien aufgeprägt, aus denen allerdings in erster Linie die starke und selbstbewußte Individualität des Künstlers selbst zu uns redet, so daß der persönliche Charakter des Porträtierten bisweilen geradezu vergewaltigt oder doch in den Schatten gestellt erscheint; erst in seinen späteren Bildnissen lernt der Künstler seinen Eigenwillen zugunsten der dargestellten Individuen zügeln. Die charakteristischen malerischen Mittel, mit denen der Künstler arbeitet, sind: erstens die durchsichtige Kompaktheit der Farbengebung, durch die die Erzielung höchst überraschender Lichteffekte und einer besonders aristokratischen Feinheit der Linienführung ermöglicht wird; zweitens ein unablässiges Bestreben, bei der Wiedergabe des menschlichen Körpers unter Anpassung jedes seiner Einzelteile an die geometrische Figur des Zylinders ein harmonisch durchgeführtes Formenideal walten zu lassen (ein Prinzip, das natürlicherweise nur bei Ganzfigur-Darstellungen Anwendung findet); endlich drittens eine vom linear perspektivischen Natureindruck leicht abweichende eigentümliche Zeichnung der Augen, durch die Antonello seinen Bildnisköpfen einen besonders intensiven und lebensvollen Ausdrucksgehalt zu verleihen weiß. Der Meister ist also in der Tat kein eigentlicher Verist: Er gelangt zur Darstellung des Lebens nicht durch Wiedergabe der direkt gesehenen Wirklichkeit, sondern auf dem intellektualistischen Umwege über aprioristische Theorien. Der hiermit charakterisierte persönliche Stil Antonellos war schon fertig ausgebildet, als der Meister 1475 nach Venedig kam, und erfuhr dort nur noch gewisse Modifikationen nach der Seite des Malerisch-Dekorativen und in der Richtung jenes spezifisch künstlerischen Geistes, wie er in Venedig durch das Wirken Jacopo Bellinis und Andrea Mantegnas, sowie von außen her durch den Einfluß des Ercole de' Roberti damals soeben zur Herrschaft gelangte. Dafür übte Antonello auch seinerseits einen außerordentlich bedeutenden bis in das Cinquecento hinein fortwirkenden Einfluß aus auf eine von den Bellini völlig unabhängig gebliebene venezianische Künstlergruppe: Alvise Vivarini, der noch 1475 nach einem rein squarcionesken Kanon gemalt hatte, gab seiner Kunst von da an eine völlig neue Richtung durch einen zunächst noch etwas unsicher tastenden und sklavisch engen, späterhin dagegen selbständiger und selbstbewußter werdenden Anschluß an den Stil des Messinesen. Durch die Vermittelung Alvises — in einigen Fällen aber auch auf direktem Wege — holte sich dann eine ganze Reihe von venezianischen Malern ihre stilistische Inspiration aus der Kunst unseres Antonello, allen voran Cima da Conegliano, dessen im Besitze der Straßburger Galerie befindlicher Heiliger Sebastian sich als eine prächtige, nur durch einen Hauch von echt venezianischer Romantik unterschiedene Nachahmung der Antonelloschen Meisterschöpfung darstellt. In den Werken der Gentile und Giovanni Bellini dagegen ist keine Spur einer Beeinflussung durch die Kunst Antonellos nachweisbar.

Meyer, Kstlerlex. mit Angabe der älteren Lit. — Luca Beltrami, Antonello chiamato alla Corte di G. M. Sforza (in Archivio stor. dell' Arte VII 56). — G. di Marzo, Di Antonello da Messina e dei suoi congiunti, Studi e Documenti, Palermo 1903. — G. La Corte-Cailler, Antonello da Messina, Studi e Ricerche con Documenti inediti, Messina 1903. — A. D'Amico, Antonello d'Antonio, Le sue opere e l'invenzione della pittura ad olio, Messina 1904. — G. Gronau, Die Quellen der Biographie des Antonello da Messina (in Repertor. f. K. W. XX 347). — Crowe u. Cavalcaselle, History of Painting in North-Italy, II, 77—100. — Morelli-Lermolieff, Galerien Borghese u. Doria-Pamfili in Rom; Galerien zu München u. Dresden; Galerie zu Berlin. — A. Darcel in Gaz. d. B.-Arts 1881, II 451. — Robinson in A Descript. Catal. of the coll. of the Earl of Northbrook, London 1889. — W. Bode im Jahrb. der kgl. preuß. Kst.-Sammlgn. 1891 p. 171. — A. Venturi in La Galleria Crespi in Milano 1900 p. 73. — G. Frizzoni in Archiv. Stor. dell' Arte 1895 p. 87; in L'Arte III 76—79; in Arte Italiana del Rinascimento, 1891; in Zeitschr. f. bild. Kst. 1901 p. 230. — G. Carotti in L'Arte V 350. — T. Buccolini in Arte e Storia XIII 198. — G. Ferrari, Il Botticelli e l'Antonello da Messina del Museo Civico di Piacenza, 1904. — E. Brunelli in L'Arte 1904 p. 271. — E. Mauceri in L'Arte 1907 p. 13. — L. Venturi, Le Origini della Pittura Veneziana (Venezia 1907) p. 213 ff. *Lionello Venturi.*

Antonello da Messina, s. auch *Antonello* de Saliba u. *Ricci,* A.

Antonello da Napoli, italien. Maler, nach Urkunden im Archiv von Udine. 1430/1 gemeinsam mit Marco di Venezia in Udine tätig.

Crowe u. Cavalcaselle, Gesch. d. ital. Malerei VI 224. *

Antonello di Nicola da Teramo, Maler und Schreiber um 1456. Von ihm ein „Jüngstes Gericht" auf der Mauer hinter dem Hauptaltar in der Kirche S. Giovanni in Teramo vor Jahren wieder aufgedeckt.

Bindi, Artisti Abruzzesi p. 26. **

Antonello da Palermo. Von diesem sizilian. Maler haben wir sichere Nachrichten von 1497—1528 Diese Daten finden sich auf den beiden einzigen authentischen Tafelbildern von ihm: 1. einer Madonna mit dem Kinde zwischen S. Barbara u. S. Margherita (Mus. v. Syrakus), signiert „Antonellus panhormita me pinxit ano dni MoCCCCoLXXXXVII p.e Ind.; 2. einer Madonna mit Kind zwischen S. Agata und S. Catherina. (Kirche S. Maria degli Angeli in Palermo), signiert ANTONELL. PA. PISIT. I. D. 28.

Der Maler, der in der ersten Tafel der vorherrschenden Richtung der ostsizilian. Kunst am Ende des 15. Jahrh. folgt, verrät in der zweiten den Einfluß Raffaels. Di Marzo und Cavalcaselle wollen Antonello mit Antonello Crescenzio identifizieren, von dem in Sciacca im Convento di Fazello und in Palermo im Mus. Nazionale 2 bezeichnete Kopien des Spasimo Raffaels erhalten sind. Indes sind diese rohen Kopien den Arbeiten Antonellos da Palermo bei weitem nachstehend, der sich als ein fleißiger, für Schönheit empfänglicher, wenn auch im Kolorit und im Helldunkel mittelmäßiger Maler erweist.

Crowe u. Cavalcaselle, History of painting in North Italy II 116—117. — Janitschek, Antonio Crescenzo und seine Schule (Repertor. f. Kstwissensch. I 373). — Di Marzo, La pittura in Palermo nel Rinascimento 123, 141, 156. *E. Brunelli.*

Antonello Panormita, s. *Antonello* da Palermo.

Antonello de Saliba sizilian. Maler, von dem man 1480—1535 sichere Nachrichten hat, geb. in Messina 1466 oder 1467, Sohn des Holzschnitzers Giovanni de S., seit 1480 Schüler des Malers Jacobello di Antonio. Er muß seine künstlerische Ausbildung in Venedig vollendet haben, denn seine Arbeiten bezeugen außer Beziehungen zur Kunst Antonellos da Messina (vermittelt vielleicht durch dessen Sohn Jacobello) einen bemerkenswerten Einfluß von der venezianischen Kunst insbesondere der Cimas da Conegliano. Indessen fehlen Nachrichten über seinen Aufenthalt in Venedig; die Dokumente bezeugen nur 1497 bis 1535 eine fast ununterbrochene Tätigkeit in seiner Heimatsinsel. Er starb 1535 oder kurz danach.

Das Hauptwerk, das man von ihm kennt. ist das Tafelbild einer thronenden Madonna mit Kind, im Mus. zu Catania, signiert: ANTONELLVS MISSENIVS D'SALIBA HOC P FECIT OPVS 1497 die 2° Julij.

Der Einfluß Antonellos da Messina und der des Cima da Conegliano dominieren gleichzeitig in dieser Komposition, die wohl anmutig gestaltet und fleißig ausgeführt ist, aber eine gewisse Armut an Erfindung und geringe Kenntnis in der Öltechnik verrät. — Andere authentische Arbeiten Antonellos von Saliba finden sich in kleinen Zentren von Kalabrien und Sizilien, z. B. in der Parochialkirche von Tremestieri (1501), in der Kirche von S. Agostino in Taormina (1503), im Provinzialmus. von Catanzaro (1508), in der Kirche der Minori Osservanti in Vizzini (1509), in der Kirche der Assunzione in Castelbuono (1520), in der Hauptkirche von Monforte (1530), in der Kirche von S. Maria della Catena in Milazzo (1531). Diese Arbeiten bezeichnen freilich ein Herabgleiten von der künstlerischen Höhe und namentlich die Heiligen Peter und Paul in dem Bilde in Milazzo sind plump und ordinär. Bei diesem letzten seiner Werke signierte er in sizilianischem Dialekt: 1531 lu mastru antonellu desaliba pinsit. Das Hauptinteresse, das Saliba bieten kann, liegt in dem Umstande, daß seine künstlerische Persönlichkeit mit der Antonellos, seines Oheims, oft verwechselt worden ist. Einzelne Bilder, wie die Madonna des Kaiser Friedrich-Mus. in Berlin und die Madonna der Pinakothek von Spoleto, von denen das erste signiert ist: Antonellus Messanesis und das zweite: Antonellus mesaneus, wurden demnach für die Arbeiten des älteren Antonello gehalten. Aber sie können im Vergleich mit dem erwähnten Madonnenbilde in Catania in der Tat nur dem Saliba zugeschrieben werden, der auch das Recht hatte sich in dieser Weise zu unterzeichnen. Mit geringerer Wahrscheinlichkeit könnten ihm Werke zuerteilt werden, welche, wie die Disputa des hl. Thomas in der Pinakothek von Palermo (No. 103) und die Anbetung der Magier in der Kirche S. Maria del Cancelliere, ebenfalls in Palermo, wohl an seine Art erinnern, aber auch einen niederländischen oder vielmehr katalanisch-niederländischen Einfluß verraten, der in den authentischen Arbeiten Salibas fehlt. Vielleicht handelt es sich um Jugendwerke: in diesem Falle könnte man von einer Entwicklung in der Kunst Salibas sprechen, von antonellesk-niederländischen Formen zu antonellesk-venezianischen Formen, in Analogie zur Kunst Antonellos da Messina.

Grosso Cacopardo, Sulle pitture del messinese Antonello Saliba (Giornale del Gabinetto Givenio di Catania 1851). — Crowe u. Cavalcaselle, Hist. of painting in North Italy II 111, 112. — Ludwig, Antonello da Messina und deutsche und niederl. Künstler in Venedig; (Jahrb. d. preuß. Kstsamml. Beiheft zu XXIII 60). — Brunelli, Antonello de Saliba (Arte VII 271—285). — Di Marzo, Di Antonello da Messina e dei suoi congiunti 109—135. — La Corte Cailler, Antonello da Messina (Archivio Storico messinese IV 408). *E. Brunelli.*

Antonello da Sassone (A[n]tonelius de Saxonia; Sassone ein nicht mehr existierender kleiner Ort bei Castrovillari in Calabrien), calabresischer Goldschmied, dessen Signatur auf einem in der Pfarrkirche zu Morano bei Castrovillari befindlichen, von 1445 datierten Kruzifixe aus vergoldetem Silber zu lesen ist.

Schulz, Denkm. der Kst. des Mittelalt. in Unterital. II 347; III 137. *

Antonello da Serravalle, Maler in Friaul um 1485. Ein geringes Fresko der Maria mit Kind zwischen 2 Heiligen und Stifter von ihm in S. Andrea zu Serravalle, bez. „hoc opus fec fieri . . . . anno dñi MIIIILXXXV die 9° mensis novembr Antonellus pinxit", früher bald Antonello da Messina, bald Antonello da Napoli zugewiesen. Crowe u. Cavalcaselle schreiben diesem Antonello vermutungsweise noch ein Wandgemälde der Madonna mit Kind im Portikus der Casa Tedesco in Serravalle zu.

Crowe und Cavalcaselle, Gesch. der ital. Malerei, deutsche Ausg. VI. *H. V.*

Antonello von Treviso, unbedeutender Maler in Treviso zu Ende des 15. Jahrh.

Crowe u. Cavalcaselle, Gesch. d. ital. Mal. V 350 (deutsche Ausg.). *H. V.*

Antonello, s. auch damit verbundene Vornamen, Patronymika u. Ortsbezeichnungen.

Antongina, Raffaele, lombard. Maler am Anfange des 19. Jahrh., nur von Caimi, Arti del disegno p. 57 erwähnt. *Verga.*

Antoni, Meister. Tiroler Bildhauer, richtete mit Cristoffl und Pernhard 1498 das alte romanische Löwentor der Liebfrauenkirche in Bozen neu auf, soweit es ging mit dem alten Material, doch mußten die beiden Löwen, welche die Portalsäulen tragen, neu gemacht werden.

Ladurner, Beitr. zur Gesch. der Pfarrkirche von Bozen. 1851. — Mitteil. der k. k. Zentral-Kommission. 1857 p. 99.

Antoni, Baumstr., Landshut, 1536. Meister Antoni wird zuerst von F. S. Meidinger erwähnt. In der Beschreibung des kurfürstl. Residenzschlosses zu Landshut sagt er (S. 94): „Die Baumeister des Welschen oder hinteren Baues waren Meister Sigmund Walch und Antoni —, Meister Bartlmee, Meister Francesco und Meister Benedikt, dann 27 Maurer, alle aus Mantua. Die italienischen Steinmetzen hießen . . ." Schon der Wortlaut dieser Stelle zeigt deutlich, daß Meister Antoni zunächst Baumeister war. Die Rechnung über die Ausgaben für den Schloßbau (aufs Jahr 1536 und die folgenden 8 Jahre), die Meidinger ebenfalls mitteilt, enthält ferner die Notiz: „Ein welscher Baumeister' hatte monathlich 20 fl." Es waren also mehrere am Bau beschäftigt. Und da unmittelbar vor dem genannten Posten der Gehalt für „den Malermeister Hormann" mit 18 fl. angesetzt ist, scheint auch die Rechnung zu bestätigen, daß Antoni zu den welschen Baumeistern zu zählen ist. Ob man ihm dennoch, wie schon Meidinger tat (S. 93), und Neuere, zuletzt E. Bassermann-Jordan, nach ihm getan haben, einen Teil der malerischen Dekoration in den Sälen der Residenz zuschreiben darf, steht darnach dahin.

Erst spätere, übrigens von Meidinger abhängige Berichterstatter scheinen aus dem Antoni einen Antonelli gemacht zu haben. Eine urkundliche Quelle für die Tätigkeit eines Meisters Antoni aus Mantua beim Residenzbau in Landshut wird nirgends genauer angegeben.

Meidinger, Beschreibg. d. kurf. Haupt- u. Regierungsstadt Landshut. Landshut 1785 p. 93 f. — Gesch. der Stadt Landshut in Bayern. Landshut 1835. — Bassermann-Jordan, Die dekorat. Mal. der Ren. am Bayr. Hofe. München 1900. *Kautzsch.*

Antoni, A n d r e a d', italien. Maler, tätig in Palermo, † daselbst 23. 12. 1868 im Rufe eines trefflichen Künstlers, der außerdem als palermitanischer Consigliere comunale und als Theaterleiter Ansehen genoß.

Meyer, Kstlerlex. *H.*

Antoni, A n t o n i o d e g l i, Ornamentschnitzer in Rom um 1700.

Zani, Enc. met. II 157. **

Antoni, A n t o n i o d e g l i, Maler, um 1812 in Mailand tätig; nur von Zani, Enc. met. II 17 erwähnt. *Verga.*

Antonj, A n t o n i o d e g l i, s. *Antonello* da Messina.

Antonj, G i o r d a n o d i G i o v a n n i d e g l i, Maler, Bruder des berühmten Antonello da Messina, um 1473 in Messina tätig.

G. Di Marzo, Di Antonello da Messina e dei suoi congiunti (in Archivio Storico Siciliano. Documenti. — Serie IV, vol. IX). *E. Mauceri.*

Antoni, G i o v a n n i d i M i c h e l e d e g l i, Bildhauer in Messina um 1430, Vater des berühmten Antonello da Messina, lebte noch, als der Sohn 1479 starb.

G. Di Marzo, Di Antonello da Messina e dei suoi congiunti (in Archivio Storico Siciliano. Documenti Serie IV, vol. IX). — G. La Corte Cailler, Antonello da Messina, Studi e ricerche (Arch. Stor. Messinese IV fasc. III bis IV). *E. Mauceri.*

Antonj, G i o v a n S a l v o d e g l i, Maler in Messina. Das älteste Dokument über ihn geht auf das Jahr 1493 zurück, und von diesem Jahr bis 1522 haben wir sichere Nachrichten über seine Existenz. Aber seine Werke sind verloren und nur ein Gemälde, der Tod der Maria im Dom zu Messina, gibt Zeugnis von ihrem Wert.

G. Di Marzo, Di Antonello da Messina e dei suoi congiunti (in Archivio Storico Siciliano. Documenti. Serie IV, vol. IX). — L. Serra in L'Arte VIII 351. *E. Mauceri.*

Antoni, G u i l l i a m, Maler, 1644 in der Antwerpener St. Lukasgilde erwähnt.

Liggeren II 155, 163. **

Antoni, J a c o b e l l o d'A n t o n e l l o d e g l i, Maler in Messina, Sohn des berühmten Antonello da Messina. Man hat Dokumente über ihn, die den Zeitraum von 1479 bis 1482 umfassen, kennt aber keine sicheren Werke von ihm. Einige schreiben ihm die Verkündigung in der Kirche SS. Annunziata in Palazzolo-Acreide zu, die bisher Antonello zugeteilt wurde.

G. Di Marzo, Di Antonello da Messina e dei suoi congiunti (in Archivio Stor. Sicil. Documenti. Ser. IV, vol. IX). — G. La Corte Cailler, Antonello da Messina, Studi e ricerche (Arch. Stor. Messinese IV fasc. III—IV). *E. Mauceri.*

Antoni, J a n B a p t i s t, Maler, wird 1645 Meister in der Antwerpener St. Lukasgilde.

Liggeren II 173. **

Antoni v o n R e i n (vom Rhein?), Glasmaler, welcher in Wien bei Maria Stiegen und Maria Otto-Haims Stiftung (Salvatorkapelle) arbeitete. Wird genannt 1490—1498.

T s c h i s c h k a, Geschichte der Stadt Wien p. 257. **

Antoni v. T h e o d o r (sic!), Baumeister, Brieg, 1547. Die Nachrichten über den Künstler sind recht ungenau. Alles was in der Literatur über ihn gesagt wird, scheint letzten Endes auf zwei verschiedene Überlieferungen zurückzugehen. Einmal wird ihm der Bau der Stadtschule in Brieg zugeschrieben. So schon von K. Schönwälder in dessen geschichtlichen Ortsnachrichten von Brieg II 65. Dort heißt es: In Notizen über Brieger Bauten wird namentlich angeführt . . . „Meister Antoni von Theodor, welcher mit Bafor (Bawor) zusammen die Stadtschule 1547 um ein Stockwerk erhöhte." Die Quelle dieser Nachricht nennt allein C. Grünhagen in seinen Urkunden der Stadt Brieg. Da wird unter No. 1557 (S. 211) zum Jahr 1547 ebenfalls der Bau der Stadtschule auf dem Pfarrkirchhofe aufgeführt und als Beleg angegeben: Brieger Stadtb. II 39. Grünhagen schreibt ebenfalls Antoni von Theodor und bezeichnet den Antoni ausdrücklich (wie den Jac. Bawor) als Walen.

Die andere Überlieferung scheint lediglich auf einer Vermutung zu beruhen; darnach wäre Antoni auch beim Bau des Piastenschlosses mit tätig gewesen. — Diese Vermutung findet sich bereits bei Schönwälder (a. a. O. S. 64), „Leider sind über den Bau, über die Kosten, über die Baumeister fast gar keine Nachrichten aufbewahrt; aus Notizen über gleichzeitige Bauten z. B. der Stadtschule 1547—48, des Gymnasiums 1564—69 geht hervor, daß italien. Baumeister am Orte waren. Zwei werden namentlich angeführt, Meister Jakob Bawor . . . ein Wale, welcher das Gymnasium baute, und Meister Antoni von Theodor, welcher" usw. s. o. Also, lediglich vermutungsweise wird Antoni hier auch zum Schloßbaumeister gemacht. E. Wernicke hat dann in seiner Topographischen Chronik der Stadt Brieg schon beherzter geurteilt. Da heißt es bei der Beschreibung des Piastenschlosses (S. XIV): „Über die Baumeister sind wir genügend unterrichtet. Es waren . . . von Italienern Meister Jacob Bahr und Bernhard Niuron; vielleicht auch Meister Antoni von Theodor und Hans Lugan." Zu dem Namen Antoni gibt Wernicke noch die Anmerkung: „Der Name ist verderbt; wahrscheinlich ist der Mann eine Person mit dem in sächsischen Urkunden 1559—62 vorkommenden Anthonis von Zerun (Zerroen, Szerrunn)". Worauf sich nun die ganze Vermutung, auch Antoni habe beim Schloßbau mitgewirkt, eigentlich stützt, wird nicht gesagt. Auch die weitere Vermutung, die die Anmerkung Wernickes bietet, bleibt eben Vermutung. Und ihr steht die strikte Angabe in Grünhagens Urkundenbuch (Antoni ein Wale) gegenüber.

Da alles, was sich über Antonis Anteil am Schloßbau in Brieg sonst findet, direkt oder indirekt auf Schönwälders und Wernickes Angaben zurückgeht, scheint eine erneute Nachprüfung der etwa noch vorhandenen urkundlichen Überlieferung über den Bau des Piastenschlosses und ebenso ein erneutes Nachschlagen der Nachricht im Brieger Stadtbuch Voraussetzung für jede weitere Beschäftigung mit dem Künstler. (S. auch den Artikel Anthoni [Bildhauer am Heidelberger Schlosse].)

Schönwälder, Geschichtl. Ortsnachr. von Brieg und seinen Umgebungen, herausgeg. von K. Sch. II, Brieg 1847. — Luchs, Bild. Künstler in Schlesien, in Zeitschr. des Vereins für Gesch. und Altertum Schlesiens V 1863, S. 1 ff., 15. — Grünhagen, Urkunden der Stadt Brieg. Breslau 1870, S. 211. — Wernicke, Kurzgefaßte topographische Chronik der Stadt Brieg bis zum Aussterben der Piasten 1675. Im Adreßbuch der Stadt Brieg. Brieg 1879, S. XIV.

Kautzsch.

Antoni, s. auch *Anthoni, Anthony, Antonii* u. *Antony.*

Antonia Maria, Herzogin von Bayern, Kurfürstin von Sachsen, geb. 18. 7. 1724 als Tochter des nachmaligen Kurfürsten Karl Albrecht, vermählt mit dem Kurfürsten Friedrich Christian Leopold von Sachsen, † 23. 4. 1780. Von ihr eine hl. Magdalena in der Schleißheimer Galerie (Brustbild, Kat. 389). *O. Weigmann.*

Antoniacci, Paolo, italien. Maler, Ende des 18. Jahrh. in Piemont tätig. Er malte mit großem Geschick Marinen und Landschaften in Turin und für das Schloß Moncalieri und 1775 für das letztere auch drei Schlachtenbilder.

Miscell. di Storia Ital., edita a cura della R. Deput. Torin. di Stor. Patr. XXX 244.

G. Degli Azzi.

Antoniadi, A., Porträtmaler in Paris, stellte im Salon 1887 und 1893 bis 1896 aus. *H. V.*

Antoniani, Antonio, Maler in Rom um 1527.

Missirini, Storia d. rom. Accad. di S. Luca 1823 p. 16. **

Antoniani, Pietro, von seiner Zeit geschätzter Marinemaler aus Mailand, † 1805; Arbeiten von ihm haben sich bisher nicht nachweisen lassen.

Meyer, Kstlerlex. *H. V.*

Antoniano, Alessandro, Maler in Mailand um 1735. Von ihm das Historiengemälde der Belagerung des Castells von Mailand im Dez. 1733 durch die franco-sardischen Truppen, jetzt im Museo municipale in Mailand.

L. Beltrami, Illustrazione italiana 1900 No. 37. — Zani, Enc. met. II 146. **

Antoniano, Antonio, Maler in Urbino in der zweiten Hälfte des 16. Jahrh., wird unter den Schülern Fed. Baroccis erwähnt. Aus einem Briefe des Dogen Sanrega an Barocci erfährt man, daß A. im Auftrage seines Lehrers eine sehr gelobte Kreuzigung Baroccis nach Genua brachte. Er blieb vielleicht dauernd hier. Erwähnt werden von ihm 2 Gemälde im Stile seines Meisters. A.s Lebensgrenze ist nicht bekannt, aber wenn Lanzi recht mit seiner Vermutung hat, daß unter Antonio Antoniano niemand anderes als Antonio Viviani genannt Il Sordo d'Urbino zu verstehen sei, so wären wir über sein Leben und Schaffen ausführlicher unterrichtet. Siehe daher auch unter Viviani. *Camillo Castracane.*

Antoniano, Silvio, als Holzschneider um 1566 tätig, von Zani, Enc. II 146 erwähnt.

P. K.

Antoniazzo Romano (eigentlich Antonazzo di Benedetto Aquilio), der hervorragendste Maler römischen Ursprungs in der zweiten Hälfte des Quattrocento. Geburtsjahr u. Lehrer unbekannt. 1461 kommt er mit Melozzo da Forlì in Berührung, und dessen Einfluß ist in Antoniazzos Kunst bestimmend geworden. Daß man ihn mit Fiorenzo di Lorenzo in Zusammenhang gebracht hat, beruhte auf der Verwechslung der Werke beider Meister; wohl aber haben, wie wir aus urkundlichen Zeugnissen und aus der Stilanalyse seiner Werke ersehen können, Perugino und Domenico Ghirlandajo mit ihm zusammen gearbeitet und auf ihn eingewirkt. Neben den Elementen in seiner Kunst, die auf die genannten Meister zurückgehen, lebt aber in ihm ein bedeutendes Stück Eigenart. Aus der mittelalterlichen römischen Tradition her hat er seinen Andachtsbildern einen herben mystischen Geist zu erhalten gewußt und aus dem lebendigen Rom hat er, und das ist seine eigene selbständige künstlerische Tat, einen würdevollen und feierlichen Menschentypus von großem mächtigem Körperbau zu schaffen vermocht. — Über sein Leben sind wir durch reichliches Urkunden-Material aus den Jahren 1461—1508 aufgeklärt. Neben Bestellungsverträgen für Fresken und Tafelbilder finden wir zahlreiche Bezahlungen für dekorative Arbeiten, Fahnen-, Zimmermalereien u. a. Gerade bei der Ausführung dekorativer Arbeiten ist er mehrfach mit anderen Künstlern gemeinsam tätig; 1475 ist er im Verein mit Domenico Ghirlandajo bei den Arbeiten in der vatikanischen Bibliothek beschäftigt; 1480 ist Melozzo da Forlì sein „socius", 1484 Pietro Perugino. Seine Tätigkeit findet in Rom und in dessen Umgebung ihren Schauplatz. Außer für den Zeitraum von 1470—1475, wofür keine urkundlichen Notizen bekannt sind, ist er fast Jahr für Jahr in Rom nachweisbar. — Während man noch 1901 sagen konnte, daß wir uns vom Kunstcharakter des Antoniazzo keinen ganz klaren Begriff mehr machen können, da alle seine Hauptwerke verloren gegangen sind, übersehen wir heute eine sehr stattliche Reihe von Werken seines Pinsels. Unter seinen Arbeiten in Fresko sind folgende herauszuheben: Die Ausschmückung des Sterbezimmers der hl. Catarina von Siena in S. Maria sopra Minerva, die Fresken am Tabernakel über dem Hochaltar in S. Giovanni in Laterano in Rom (früher Fiorenzo di Lorenzo zugeschrieben) und diejenigen in S. Giovanni Evangelista in Tivoli bei Rom; diese letzteren von Attilio Rossi publiziert (in L'Arte VII 146 ff.), aber ohne bestimmte Zuweisung an einen Meister; sie gehören unzweifelhaft Antoniazzo an. Für die Erkenntnis seiner Art als Tafelbildmaler sind an erster Stelle die bezeichnete und 1464 datierte Madonna mit Heiligen im Museo Municipale in Rieti und die bezeichnete Madonna mit Heiligen im Museo Nazionale in Rom heranzuziehen. Die vor 1472 zu legende Madonna della Rota in der Vatikanischen Galerie (früher in der Anticamera) legt durch die darauf befindlichen Bildnisse der Uditoren der Rota Zeugnis von seiner Vortrefflichkeit als Porträtmaler ab, und es ist anzunehmen, daß er auch als solcher viel beschäftigt war.

Adolf Gottschewski, Die Fresken des Antoniazzo Romano im Sterbezimmer der hl. Catarina von Siena zu S. Maria sopra Minerva in Rom. Straßburg 1904. (Darin Bibliographie, Liste der Werke und Regesten der auf den Meister bezüglichen Urkunden.) Nachzutragen: Bulletino della Società Filologica 1902 S. 57. — E. Müntz, Les Arts à la Cour des Papes, Paris 1878. — Giornale d'Italia. 10. 7. 1904 und 5. 12. 1906. — L'Arte 1905 S. 146. — Rassegna d'Arte 1905 S. 68. — Repertorium für Kunstwissenschaft XXIX 104 ff. *A. Gottschewsky.*

Antoniazzo Romano d. J., s. *Aquilio,* Marcantonio.

Antonibi, Bernardino, Bildschnitzer in Perugia, Sohn des Luca A., erhält 1516 Zahlung für Schnitz-Arbeiten am Gestühl des Sitzungssaales im Palazzo Communale. 1522 beauftragten ihn die Cantagallina mit der Herstellung der Schnitzarbeiten an einer von Gian Nicola zu bemalenden und wahrscheinlich für die Familienkapelle der Cantagallina in S. Agostino bestimmten Altartafel, und zwar sollten diese Schnitzarbeiten nach dem Muster eines in der Cappella dei Lombardi in S. Maria dei Servi befindlichen Schnitzaltares ausgeführt werden.

Giorn. d'Erudiz. Artist. I 154, 157. *A. Bellucci.*

Antonibi, Lodovico, Archit. u. Holzschnitzer in Perugia, erhält 1454 Bezahlung für eine von ihm gefertigte geschnitzte Girlande in der Udienza des Cambio zu Perugia.

Rossi, Maestri e lavori di legname a Perugia (Giorn. di Erud. art. 1873). — Erculei, Catal. d. op. ant. d'Intaglio etc. (1885) p. 55. *Walter Bombe.*

Antonibon, Francesco, Historienmaler, geb. in Bassano 2. 4. 1809, † in Nove (Marostica) 2. 11. 1883, studierte in Venedig und Rom. Eins seiner akad. Historienbilder ist im Museo Civico in Venedig, andere befinden sich im Mus. in Bassano, in Kirchen und im Privatbesitz. — In den letzten Jahren wandte er sich der Keramik zu, die den Ruhm und den Reichtum seiner Familie bildete.

O. Brentari, Storia di Bassano. Bassano 1884 p. 718. *Gerola.*

Antonii, Antonio Maria degli, genannt Rizzino, Dekorationsmaler in Bologna, 17. Jahrh. 1693 führte er im Teatro della Fiera in Bologna Malereien aus, die von Giuseppe Maria Mitelli gestochen wurden. Auch werden 2 Architekturmalereien von ihm in der Bibliothek des Klosters von S. Domenico erwähnt.

Crespi, Felsina Pittr. III 254. — Pitture etc. di Bologna (1792) p. 237. *Lisetta Ciaccio.*

Antonii, Cristoforo Cesare, soll nach Gandellini (I 13) Landschaften gestochen haben. *P. K.*

Antonin, französ. Kapuzinerpater und Zeichner des 17. Jahrh. Nach ihm stach R. Nanteuil das Porträt des Léonor Goyon de Matignon, Bischof von Coutances und Lisieux. („Pater Antonius ad vivum delineavit".)

Le Blanc, Manuel III 86 No. 153. — Dumesnil, P.-Gr. IV 148. — Meyer, Kstlerlex. *H. Stein.*

Antonin-Carlès, s. *Carlès,* A.

Antonini, Carlo, Archit., Zeichner und Kupferst., tätig zu Rom am Ende des 18. und am Anfange des 19. Jahrh., nach Zani um 1784 in Modena. Er hat besonders antike Architekturteile gestochen und nähert sich in seiner Technik hierin etwas den Piranesi, arbeitet aber akademischer und viel trockener als diese. Von ihm sind gezeichnet und gestochen: Manuale di varj ornamenti tratti dalle fabriche e frammenti antichi, 4 Bde. Rom 1781 bis 90, Manuale di varj ornamenti, componenti la serie de' Vasi antichi, 3 Bde. Roma 1821. Pianta . . . d. nuovo Teatro d'Imola Roma 1780, nach Pannini Ansichten der Villa Pamfili und des Giardino Colonna, nach Phil. Hackert die Wasserfälle bei Terni. A. hat ferner 85 Zeichnungen von Salvator Rosa gestochen und die Bildnisse Papst Pius VI. und Tiraboschis, für dessen Storia della Badia di Nonantola (Modena 1784—85) er auch Abbildungen geliefert hat. Auch Bildnisse von Kardinälen u. a. sind von ihm gestochen worden.

Meyer, Kstlerlex. — Guilmard, Maîtres ornem. *P. K.*

Antonini, Domenico, Maler der 2. Hälfte des 18. Jahrh. in Piacenza, wo er die Patrizierhäuser mit zahlreichen trefflichen Genrebildern schmückte und außerdem als vielbeschäftigter Theatermaler tätig war. 1790 wurde er zum Ehrenmitgliede der Accademia Clementina zu Bologna ernannt. Näheres über sein Leben und seine Werke ist nicht bekannt.

Ambiveri, Artisti Piacentini (1878) p. 210. *

Antonini, Giovanni Battista, röm. Bildhauer um 1700. Schuf im Auftrage Klemens XI. eine der 44 Heiligenstatuen aus Travertinstein, die nach Berninis Tode auf den Kolonnaden des Petersplatzes noch fehlten. Ob dieser Giov. Batt. A. mit dem Bildhauer Antonini identisch ist, der die Büste des hl. Antonius in der Galerie Pallavicini in Genua geschaffen hat, läßt sich nicht feststellen.

Titi, Descriz. di Roma 1763 p. 450. — Lavice, Rev. des Musées d'Italie p. 104. *B. Magni.*

Antonini, Giuseppe, Maler von Mailand, geb. um 1581. Er ließ sich zu Rom nieder, verheiratete sich daselbst und lebte noch 1657. Titi erwähnt in einer Kapelle von S. Maria Annunziata daselbst einen Christus am Kreuz zwischen Heiligen, der einem Giuseppe Milanese zugeschrieben wurde; vermutlich ist damit dieser Antonini gemeint.

Narducci, Notizie del contagio di Roma negli anni 1656 e 1657 (vergl. Il Buonarotti S. II v.). — Titi, Ammaestramento di pitture etc. nelle chiese di Roma 1686 p. 270. — Bertolotti, Art. Lomb. a Roma II 96. *R.*

Antonini, Giuseppe, italien. Bildhauer in Varallo-Sesia, war auf verschiedenen italien. Ausstellungen, z. B. in Mailand 1881, Venedig 1887, Turin 1890, hier mit einem Marmorrelief: Die Bacchantin und mit einer polychromen Marmorbüste: Eine Mulattin, vertreten.

Gubernatis, Dizion. d. art. ital. viventi, Anhang p. 566. **

Antonini, Leo, italien. Kupferst., um 1800 (?), von dem ein Bildnis des Antonio Scarpa erwähnt wird.

Meyer, Kstlerlex. *P. K.*

Antonini, Luigi, italien. Kupferstecher vom Anfange des 19. Jahrh. Von ihm gestochen: Hl. Magdalena (nach Bart. Schidone, Kl.-Fol. 1811).

Meyer, Kstlerlex. *R.*

Antonini, Luigi, italien. Kupferstecher vom Ende des 19. Jahrh., dessen Arbeiten in der Turiner Ausstellung 1880 viel Anerkennung fanden.

Rassegna Nazionale II, vol. III p. 861. *R.*

Antonino di Consiglio, Maler in Palermo, wo er laut urkundlicher Nachricht um 1493 ansässig war.

G. Di Marzo, La Pittura in Palermo (1899) p. 250. *

Antonino de Ferrari de Papia, Maler in Cremona um 1419.

Vidoni, La pittura Cremonese 1834 p. 119. **

Antonino del Maestro, Miniaturist in Perugia, findet sich in der Matrikel unter den im Quartier Porta S. Pietro wohnhaften Zunftmitgliedern. Er war Massaio im 1. Semester 1399.

L'arte dei Miniatori in Perugia, Giorn. di Erud. art. II 1873 fasc. 11—12 p. 317. *W. Bombe.*

Antonino, s. auch *Antonio.*

Antonio, Maler in Venedig, wird in einem Dokument vom 10. 1. 1370 erwähnt.

Arch. Veneto, tom. XXXIII parte II 1887 p. 400. *L. Ferro.*

Antonio, Sieneser Goldschmied um 1400. Sohn des Goldschmiedes *Ambrogio* d'Andrea (s. dort). *G. De Nicola.*

Antonio, sienes. (?) Architekt in Perugia, 1438—39 Gehilfe des Sano di Matteo beim Bau der dortigen Männer- und Frauengefängnisse und bei sonstigen Bauarbeiten. (Derselbe Sano di Matteo errichtete in Perugia auch die elegante Fabricca dei Tintori im Auftrage der „Arte della lana".) — Vielleicht ist dieser *maestro Antonio* identisch mit jenem gleichnamigen Architekten, der laut Urkunde vom 6. 1. 1462 eine Anzahlung von 2 Dukaten erhielt für den Bau einer Loggia in Siena.

Giorn. d'Erudiz. Artist. III 252, VI 132. — (Vgl. die Eintragung im Libro delle Communanze im Arch. comm. zu Perugia 21. c. 39.) *A. Bellucci.*

Antonio. Architekt des 15. Jahrhs., wahrscheinlich aus S. Severino, wo sein Name mit zwei anderen Meistern in einer Inschrift am Palast Caccialupi (jetzt Conderini) genannt ist, die sich wahrscheinlich auf dessen Erbauung bezieht: Hoc opus fuit constructum per magistros Filiippum, Jonem (Johannem) et Antonium sub anno d. MCCCCXXXVII.

V. Aleandri, Nuova Guida stor. ed art. di Sanseverino 1898. *V. Aleandri.*

Antonio, Steinmetz in Venedig, Schüler des Bartolomeo di Domenico, welcher 1444 für die Kirche S. Giovanni e Paolo arbeitete.

P. Paoletti, Arch. e scult. d. Rinasc. in Venezia I 21, 47. *L. Ferro.*

Antonio, Maler in Modena, 1446 fertigte er Dekorationsmalereien im Oratorio della Morte in Modena und 1463 bemalte er dort einen Sakristeischrank und einige Buchdeckel.

Venturi, Atti e Mem. della R. Dep. di Stor. Patria per le prov. Mod. e Parm. Ser. III vol. III parte 1 p. 262. *Lisetta Ciaccio.*

Antonio (Fra), Maler in Rom, gemeinsam mit einem Maler Valentino 1450 im Vatikan beschäftigt.

Bertolotti, Art. Bolognesi in Roma p. 8. **

Antonio, lombard. (?) Bildhauer in Perugia, 1454 am Bau des dortigen Cambio beschäftigt.

G. Degli Azzi in L'Umbria 1902 p. 81 ff. *A. Bellucci.*

Antonio, Miniaturmaler in Venedig, um 1458, nur bei Zani (Enc. met. II 149) erwähnt. *H. V.*

Antonio, Steinmetz in Venedig, † 1517 in S. Agostino. Die ersten Nachrichten über ihn gehen bis 1461 zurück, da er öfters als Zeuge in den notariellen Akten vorkommt. Er arbeitete Gesimse mit Friesen und andere Arbeiten als Schmuck der Kirchen S. Zaccaria und S. Salvatore und für die Scuola grande von S. Giovanni Evangelista; auch beteiligte er sich an der architektonischen Dekoration außen an der Kapelle Zen.

P. Paoletti, Arch. e scult. d. Rinasc. in Venezia I 97; II 114, 115, 118, 120, 149, 173, 183, 184, 242, 243, 245. — Arch. Veneto tom. XXXIII parte II (1887) 418. *L. Ferro.*

Antonio, Architekt (genannt freilich nur: „maestro di muro") in Rom, Helfer des Julianus Francisci und des Meo del Caprino um 1470 an den Restaurationsarbeiten der alten St. Petersbasilica.

E. Müntz in Gaz. d. b.-arts II. Pér. XIX 358. **

Antonio, Maler in Venedig, malte 1474 ein sehr schönes Altarbild der Jungfrau Maria für die Kirche S. Giorgio Maggiore; er bemalte und vergoldete 1483 die Orgel der Kirche S. Salvatore und malte 1489 die Propheten hinter der Kirche S. Zaccaria, wie aus seinen Quittungen aus dem genannten Jahr hervorgeht.

P. Paoletti, Arch. e scult. del Rinasc. in Venezia I 73, 100. — Cicogna, Inscriz. venez. IV 261, 318. — Arch. Veneto XXXI parte II (1886) 497. *L. Ferro.*

Antonio, Miniaturmaler in Rom, 1493 urkundlich erwähnt.

E. Müntz, Les Arts à la Cour des Papes Innocent VIII etc. (1898) p. 182. *

Antonio, Baumeister in Venedig, erhielt 1494 den Auftrag, die Scuola della Carità bei S. Apostoli, am Ende der Brücke „di croxechieri" niederzureißen und wieder aufzubauen.

P. Paoletti, Arch. e scult. d. Rinasc. in Venezia II 200. *L. Ferro.*

Antonio, Maestre, Bildhauer in Sevilla. 1534 erwähnt.

Gestoso, Artif. Sevill. I 323. *M. v. B.*

Antonio, Holzschnitzer in Venedig, fertigte 1505 das Hauptgesims, Fries und Architrav der Anticamera der Sala d'Udienza im Palazzo ducale. Noch 16. 8. 1542 wird er als Testamentsvollstrecker des Sebastiano da Vezan erwähnt.

B. Lorenzi, Monumenti per servire alla stor. d. palazzo duc. di Venezia 1869, No. 272. — Arch. d. St. di Venezia: Not. Testamenti B. 765, No. 773 u. Sc. gr. di S. Marco R. 19. *L. Ferro.*

Antonio (Fra), Maler und Miniaturist in Bologna, 1522 erwähnt.

Zani, Enc. met. II 149; — vgl. auch Archivio storico d. arte, Ser. II, Bd. I 195. **

Antonio, Maler in Venedig, arbeitete 1556 mit Paolo Veronese an der Decke der Kirche S. Sebastiano.

Cicogna, Inscriz. venez. 1834 IV 151. *L. Ferro.*

Antonio, Bildhauer aus Carrara, 1560—62 in Rom, erhält verschiedene Bezahlungen für dekorative Bildhauerarbeiten (Wappen) und Restaurationen von Antiken für den Garten von Belvedere.

Bertolotti, Art. Modenesi etc. a Roma, 1882, 61—62. **

Antonio, Fray, von Villacastin gebürtig, Hieronymitanermönch in dem spanischen Kloster de la Sisla, wurde hier und in dem Nonnenkloster Sta. Paula desselben Ordens zu kleinen Bauten benutzt, nachdem er in Toledo prakt. Übung als Baumstr. erlangt hatte. Er wurde als Aufseher (fabricae praefectus) beim Bau des Eskorial zugezogen, dessen Anfang und Ende er erlebte, und bei dem er viel durch sein praktisches Talent nützte. Außerdem leitete er von seinem Kloster aus die Bauten an der Kirche seiner Heimat. † 4. 3. 1603 in einem Alter von 90 Jahren.

Llaguno y Amirola, Not. II 150, 311. △

Antonio, Bildschnitzer in Perugia, 1616 mit Lorenzo di Simone zur Begutachtung einer Arbeit des Giampietro Zuccari in den dortigen Cambio berufen.

G. Degli Azzi in L'Umbria 1902 p. 82 ff. *A. Bellucci.*

Antonio. Zani (Enc. II 150 Anm. 112) hat diesen Namen in gegenseitiger Schrift, gefolgt von den Buchstaben D* C* auf einer Kopie nach der Finiguerra zugeschriebenen Pax mit der Krönung Mariae in der Sammlung Durazzo in Genua gelesen. *P. K.*

Antonio. Unter diesem Namen führt Raspe eine Anzahl von 8 Gemmen mit verschiedenen Tempeldarstellungen an, die im Verzeichnisse der Sammlung des Philipp von Stosch als Werke Antonios enthalten sind und dort bis zu 38 Pfund Sterling per Stück berechnet erscheinen. Raspe vermutet, es sei unter „Antonio" entweder Antonio Pichler, oder ein anderer Antonio zu verstehen, den Stosch veranlaßt habe, „moderne Antiken" zu verfertigen.

Raspe, Descriptive Catalogue (der großen Gemmenpastensamml. von Tassie, London 1791). — Ms. H. Rollett.

Antonio. Eine Anzahl sehr schemenhafter Künstlerpersönlichkeiten dieses Namens im 14. und 15. Jahrh. S. Zani, Enc. met. II 148 ff. **

Antonio di Agostino, Maler in Perugia, im Quartier Porta Sole wohnhaft. Er war Camerlengo der Malerzunft im 2. Semester 1483 und starb vor Ablauf seiner Amtszeit. An seiner Stelle wurde sein Bruder Mariotto gewählt. Von ihm ausgeführte Werke sind nicht bekannt. *W. Bombe.*

Antonio di Agostino da Fabriano, s. *Antonio* da F. I.

Antonio da Alatri, italien. Maler vom Beginn des 15. Jahrh., Schöpfer eines kleinen Triptychons in der Galleria Nazionale d'arte antica zu Rom. Dasselbe zeigt auf dem Mittelbilde den thronenden Erlöser, auf dem linken Seitenbilde die Madonna mit dem Christkinde, auf dem rechten eine Heiligenfigur. Es trägt die Signatur „Antonio de Alatro me fecit" und offenbart sich als ein rückständiges Werk unter florentiner Einfluß. *A. Muñoz.*

Antonio del q. Albertino, Maler in Padua, urkundlich erwähnt 1361. — Wohl zu unterscheiden von einem zweiten paduanischen Maler namens *Antonio di Albertino*, der 1398 zum ersten Male erwähnt wird, dessen Vater Albertino di Niccolò 1400 noch lebte, und der 1405 sein Testament machte.

Moschini, Della Pitt. in Padova Mem. (1826) p. 8, 10. *Moschetti.*

Antonio de Alemania, lombardischer Bildhauer, der 1403 die über dem Südportale von S. Maria Maggiore zu Bergamo aufgestellte und aus den Figuren Gott-Vaters, der Maria und des Engels bestehende Verkündigungsgruppe geschaffen hat.

Repert. f. K.-W. XVII 26. — Tassi, Vite dei Pitt. etc. Bergamaschi I 14. *F. Malaguzzi-Valeri.*

Antonio d'Alessandro da Verona, Maler in Ferrara, 1583 in einer Notariatsurkunde erwähnt.

Cittadella, Doc. ed illustr. etc. Ferrar. p. 42—46. *F. Malaguzzi-Valeri.*

Antonio de Altenis me fecit. So die Signatur auf einem Mörser mit einer bacchischen Reliefdarstellung, angeblich noch 15. Jahrh., verkauft in Mailand, April 1885, mit der Sammlung Passalaqua.

Champeaux, Dict. d. fondeurs p. 30. **

Antonio di Alvise, s. unter *Antonio* di Giovanni da Siena.

Antonio di Ambrogio da Como, italien. Architekt, verpflichtete sich in einer Urkunde von 1473 dem Bischof von Cefalù zur Fortführung der Bauarbeiten am Portikus der dortigen Kathedrale, die durch den Tod seines Vaters Ambrogio da Como in Stillstand geraten waren.

Filangieri, Indice degli artefici napoletani I 133. *A. Muñoz.*

Antonio d'Ambrogio de Laynate, Maler in Mailand, 1481 in der Liste der dortigen Università dei pittori aufgeführt.

Arch. stor. Lombardo, ser. III, fasc. VI, an. XXII p. 413. *F. Malaguzzi-Valeri.*

Antonio d'Ambrosino (oder d'Ambrogio), italien. Bildhauer des 16. Jahrh. Ein wenig bedeutender Meister, der im unteren Modenesischen Apennin die Renaissancekunst eingeführt hat. Er datiert und bezeichnet mit seinem Namen vier Tore, drei von 1516 in Coscogno, Coste di Coscogno und Salata di Festà, ein viertes von 1519 außerhalb der Mauern von Montefestino.

Memorie dell' Accad. di Scienze ecc. in Modena, ser. II, vol. XII p. 55—57. *G. De Nicola.*

Antonio da Ancona, s. *Andrea* da A. u. *Antonio* Toscana.

Antonio di Andrea, Steinmetz in Venedig, arbeitete 1531—1552 in den Häusern der Familie Barbarigo bei S. Agnese, und von seinen Werken befand sich im Palast Barbarigo bei S. Barnaba eine künstlerisch ausgeführte Kaminbedachung „ala Romana".

P. Paoletti, Arch. e scult. d. Rinasc. in Venezia II 284. *L. Ferro.*

Antonio d'Andrea da Como, lombardischer Maler in Genua, nach Alizeri Schüler des gleichfalls in Ligurien tätigen Pavesen Lorenzo Fasolo, malte 1528 für die Chiesa della Consolazione zu Artoria ein zur Zeit Alizeris in verstümmeltem Zustande daselbst noch vorhandenes Altarbild, darstellend die Madonna mit den Heiligen Nikolaus (der die Gürtelspende empfängt), Augustinus, Rochus und Sebastian, ein in der Zeichnung noch altertümlich hartes, aber farbenkräftiges Gemälde.

Alizeri, Not. dei Prof. del Disegno in Liguria III 306 ff. *

Antonio di Andrea del Monte, Bildhauer in Orvieto, wo er 1499 mit Bernardino di Giovanni da Viterbo und anderen Meistern am Ausbau und plastischen Dekor der 4. Kapelle an der Nordseite des Domes beteiligt war.

L. Fumi, Il Duomo di Orvieto, p. 445, 448. *

Antonio di Andrea Tafi, Sohn und Schüler des Andrea Tafi, nur dadurch bekannt, daß er 1348 der Florentiner Malergilde angehörte.

Crowe u. Cavalcaselle, Gesch. d. ital. Malerei I 164. **

Antonio di Andreuccio, Bildhauer in Orvieto um 1350, nach Zani, zu unterscheiden von dem 1360—1386 urkundlich beglaubigten Maler und Mosaicisten Antonio di Andreuccio da Orvieto.

Zani, Encicl. II 111. *

Antonio di Andreuccio (urkundlich: Antonius Andreutii de Urbiveteri regione sancti Constantii), Maler und Mosaicist in Orvieto, hat in den Jahren 1360—86 als Gehilfe des Ugolino d'Ilario zahlreiche kleinere und größere Wandmalereien im Dome von Orvieto auszuführen (Tribunafresken, Fassadenmosaiken etc.), über die sich die Quittungen erhalten haben.

L. Fumi, Il Duomo di Orvieto e i suoi restauri, Roma 1891, Register p. 519. *H. V.*

Antonio di Angelo della Macinaria, Miniaturist in Perugia. Er ist in der Matrikel der Miniaturisten unter den im Quartier Porta S. Angelo wohnhaften Zunftmitgliedern verzeichnet. Im 2. Semester 1465 war er Camerlengo der Zunft.

L'arte dei Miniatori in Perugia, Giorn. di Erud. art, II 1873 fasc. 11—12 p. 317. *W. Bombe.*

Antonio di Angelo di Ser Lorenzo, war Camerlengo der Peruginer Malerzunft im ersten Semester 1529. Werke nicht bekannt. *W. Bombe.*

Antonio di Angeluccio, war Camerlengo der Peruginer Malerzunft im 2. Semester 1378, 1383, 1385, im 1. Semester 1387, im 2. 1399, und im 1. 1406 und 1413. Das Amt des Priors in der Zunft bekleidete er

1392. Von ihm ausgeführte Werke sind nicht bekannt. *W. Bombe.*

Antonio di Angiolo, Maler am Ferraresischen Herzogshofe, um 1489. Barotti sah ein Deckengemälde von seiner Hand in der Kirche S. Caterina zu Siena.

A. Venturi in Atti e Mem. d. R. Deput. di Stor. Patr. per le Romagne, ser. III vol. VII 380. — Gruyer, L'Art Ferrarais II 131. *F. Malaguzzi-Valeri.*

Antonio, Antonio d', italien. Maler der ersten Hälfte des 19. Jahrh., geb. und tätig in Mailand. Sein Gemälde „La catastrofe di Laocoonte" wurde von der Mailänder Brera-Akad. prämiiert.

Magni, Storia dell' arte I 419. — Rassegna d'Arte 1902 p. 95. — A. Comandini, L'Italia nei cento anni del sec. XIX, Milano 1901—2. *R.*

Antonio d'Antonio dal Borgo, Holzschnitzer in Rom, wo er 1468—70 Wappeninsignien und Deckenkassettierungen für den Palazzo di S. Marco anzufertigen hatte.

E. Müntz, Les Arts à la Cour des Papes (1878) II 18, 63, 72. *

Antonio di Antonio Fiammingo, s. *Masi,* A.

Antonio Archamone (?), Goldschmied in Rom, wo er 1454 für Papst Nikolaus V. sechs mit Emaillen und Blattornamenten verzierte, silbervergoldete Schalen („a la parcsina") anzufertigen hatte.

E. Müntz, Les Arts à la Cour des Papes (1878) I 177 f. *

Antonio di Archangioli di Giuliano, Maler, 1525 in der Florentiner Lukasgilde genannt.

Gualandi, Memorie VI 177. **

Antonio d'Argenta, s. *Aleotti,* A.

Antonio dall' Argento, s. *Argento,* A.

Antonio, Frate Armenico (augenscheinlich Armenier von Geburt), Bildhauer in Ferrara, 1403 in einem Urkundenbuche des dortigen Dominikanerklosters, im Zusammenhange mit einem Zahlungseintrage für gelieferte Bildhauerarbeiten „extra cisternam" erwähnt.

Cittadella, Doc. ed illustr. etc. Ferrarese p. 220. *F. Malaguzzi-Valeri.*

Antonio da Atri, italien. Maler, † 1433. Von ihm an einer Apsiswand der Kathedrale in Atri drei Freskofiguren, darstellend Christus am Kreuz, eine Heilige und die Maria mit dem Kinde. Unter der letzteren die Bezeichnung: A. D. MCCCCXXXIII. Antonius de Adria Fecit.

V. Bindi, Artisti Abruzzesi (1883) p. 52. — L. Sorricchio in Rivista Abruzzese XII fasc. I. — Napoli Nobilissima XI 112. *G. Degli Azzi.*

Antonio da Avignone, Maler in Rom um 1527.

Missirini, Storia d. rom. Accad. di S. Luca p. 14. **

Antonio Baboccio da Piperno, s. *Baboccio.*

Antonio Baietti q. Tommasii, Maler in Udine, war als Gehilfe des Domenico von Udine bei dessen Malereien in Marano (1410) und im Chor von S. Giusto in Triest (1422) tätig.

Crowe u. Cavalcaselle, Gesch. d. ital. Mal. VI 227 (deutsche Ausg.). *H. V.*

Antonio di Baldassare aus Gaislingen, deutscher Maler in Venedig. In seinem Testament vom 31. 1. 1517 (nach venez. Zeitrech.) nennt er sich: „Ego Antonius filius Baldassaris de Gaislinga Alemanie Venetijs pictor de confinio S. Simeonis prophete".

Arch. Veneto XXXIV parte I (1887) 204. — Repert. f. Kstwissensch. XXII 440. — Jahrb. d. preuß. Kstsammlgn., Beiheft XXIV 58. *L. Ferro.*

Antonio di Baldino, Maler in Rom, Mitglied der Accademia di San Luca im 16. Jahrh.

Missirini, Memorie d. Rom. Accad. di S. Luca Roma 1823 p. 14. **

Antonio di Ser Bartolommeo, Miniaturist in Perugia. Er ist in der Matrikel der Miniaturisten unter den im Quartier Porta S. Angelo wohnhaften Zunftmitgliedern verzeichnet. Im 2. Semester 1446 war er Camerlengo, im 2. Semester 1445 und im 1. Semester 1453 Massaio der Zunft.

L'arte dei Miniatori in Perugia, Giorn. di Erud. art. II 1873 fasc. 11—12 p. 317. *W. Bombe.*

Antonio di Bartolomeo, Steinmetz in Venedig, führte für die Scuola grande von S. Marco unter Leitung des Meisters Mauro Coducci 1495 Friese und Reliefs in Marmor aus.

P. Paoletti, Arch. e scult. d. Rinasc. in Venezia II 176. *L. Ferro.*

Antonio fu Bartolomeo, Florentiner Maler, in Rom 1585 als Zeuge bei einem Testament erwähnt.

Bertolotti, Art. subalpini II ed. 1884 p. 42. **

Antonio di Bartolommeo di Oliviero, Maler in Padua, 1459 urkundlich erwähnt.

Moschini, Della Pitt. in Padova Mem. p. 24. *Moschetti.*

Antonio di Bartolomuccio, Bildhauer von Orvieto, urkundlich erwähnt seit 1362, verfertigte mit Antonius Johannis von Ravenna 1370—1374 den Ornamentschmuck des die Rose der Domfassade zu Orvieto einfassenden quadratischen Rahmens.

Meyer, Kstlerlex. — Della Valle, Storia del Duomo di Orvieto p. 289. — Fumi, Il Duomo di Orvieto 1891 Register p. 519. *H. V.*

Antonio di Benedetto, Kamaldulenser-Mönch, malte 1461 die Miniaturen eines Missals für den Dom von Siena.

Milanesi, Documenti Senesi II 383. — Rivista d'Arte 1905, 128. **

Antonio da Bergamo, Maler in Venedig, vergoldete 1462 die großen Rosetten der Schlußsteine an der Kreuzung der Gewölberippen und malte die Felder der Kreuzgewölbe aus und wahrscheinlich noch andere Dekorationen in der alten Kirche S. Zaccaria.

P. Paoletti, Arch. e scult. d. Rinasc. in Venezia I 66; II 174. *L. Ferro.*

Antonio da Bergamo, s. auch *Antonio* da Pergamo.

Antonio di Bernardino, Maler in Venedig, machte 17. 3. 1581 sein Testament, in dem vier Brüder: Apollonio, Giovanni, Giacomo und Bartolomeo und seine Frau Appollonia erwähnt werden. Er hatte Besitz an der Riviera von Salò und malte auf dem Markusplatz. (Arch. di Stato di Venezia Sez. Notarile. — Testamenti B. 314 n.° 4.)

Arch. Veneto XXXIV parte I 204. *L. Ferro.*

Antonio di Bernardino aus Carona, siehe *Giovanni Antonio* di Bernardino.

Antonio di Bernardo Lombardo, s. *Angelo* di Menicuccio da J.

Antonio di Bettino da Bologna, Maler in Bologna um 1446.

Zani, Enc. met. IV 138. **

Antonio da Bissone, Steinmetz in Venedig, erhielt 1518 den Auftrag für die Herstellung des Altars für die Kirche in Bissone.

P. Paoletti, Arch. e scult. d. Rinasc. in Venezia II 120, 227. *L. Ferro.*

Antonio, Blas., Stadt-Baumstr. von Cordova im Beginn des 18. Jahrh.

Viñaza, Adic. IV 87. *M. v. B.*

Antonio da Bologna, Frate Domenicano, Maler in Bologna, 1434 urkundlich erwähnt als Mönch des dortigen Dominikanerklosters; † 1467 im Dominikanerkloster zu Palermo. — Vielleicht ist dies jener *Antonio da Bologna,* der 1454 eine von dem genuesischen Gold- und Waffenschmied Gasparino dall' Acqua mit Beschlägen verzierte und für die genuesische Kolonie Caffa (Caiffa?) bestimmte Fahne mit der Gestalt des heil. Georg bemalte.

Marchese, Mem. dei Pitt. etc. Domenicani I 404. — Alizeri, Not. dei Prof. del Disegno in Liguria I 269. *

Antonio da Bologna, Miniaturmaler, um 1478 in Bologna erwähnt; wohl identisch mit dem Miniaturisten gleichen Namens, der gegen Ende des 15. Jahrh. gemeinschaftlich mit den Meistern Joane, Ottolino, Tommaso etc. sich angeführt findet.

Ein Dominikanerpater *Antonio* da Bologna schrieb und miniierte ein Gebetbuch, das im Museo Civico in Bologna ausgestellt ist.

Arch. stor. d. Arte Ital. VII 12. — Arch. stor. Ital., ser. V vol. XVIII („La miniatura in Bologna"). — Carta, Codici, corali etc. d. Bibl. Naz. di Milano (Roma 1891) p. 51.

F. Malaguzzi-Valeri.

Antonio da Bologna (mit vollem Namen Antonio Basilio Arengheria da Bologna), lebte im 15. Jahrh. in Bologna als Notar, Kalligraph und Miniaturist. Die Bibliothek der Accademia dei Concordia zu Rovigo besitzt von ihm einen Pergamentkodex im Formate 30 × 20 cm, enthaltend die nachfolgenden Ciceronianischen Traktate: M. T. Cicero „De Officiis", „De Amicitia", „De Senectute; sowie „Pseudo-Ciceronis in Sallustium responsio". Im „Explicit" zu den Traktaten „De Officiis" und „De Amicitia" ist der Name des Kalligraphen folgendermaßen angegeben: „Antonio Basilio Arengheria cittadino e notaio di Bologna". Die Initialen sämtlicher Traktate sind fein miniiert und mit Köpfen, Blumen und Ornamentranken geschmückt. Die Buchstaben dieser Initialminiaturen sind in Gold auf blauem Grund gemalt, mit Rot und Grün als Begleitfarben. *St. Lottici.*

Antonio da Bologna gehörte zu dem Orden der Olivetaner und malte um 1550. In seinem Kloster San Michele in Bosco entwarf er einen S. Sebastiano in Lebensgröße, ein anderes Ölbild verfertigte er für das Kloster Scaricalasino und ein Fresko in Monte Oliveto maggiore. Als er aber vom Abte Ghiaccino beauftragt wurde, die neue Sakristei mit Malereien zu schmücken, fühlte er sich der Aufgabe nicht gewachsen und empfahl die Meister Girolamo da Carpi und Biagio.

Vasari, ed. Le Monnier XI 235. — Meyer, Kstlerlex. *R.*

Antonio da Bologna, geschickter Gemmenschneider um 1700 in Bologna; nur von Zani, Enc. met. IV 143 erwähnt. **

Antonio di Bonaventura, Maler in Padua, 1406 urkundlich erwähnt.

Moschini, Della Pitt. in Padova Mem. p. 20. *Moschetti.*

Antonio de Bongino da Como, lombard. Marmorario in Urbino, tätig um 1490 am Bau des dortigen Palazzo Ducale, sowie für die Kirchen S. Croce, Corpus Domini und S. Antonio Abate.

Calzini, Urbino e i suoi Monumenti p. 171. — Pungileoni, Giov. Santi. — Schmarsow, Giov. Santi p. 96. *E. Scatassa.*

Antonio di Borghese, s. *Borghesi,* A.

Antonio da Breme, Maler in Vercelli, wo er 1391 die Porta del Servo mit Wappen- und Ornamentfresken zu schmücken hatte.

G. Colombo, Artisti Vercellesi (1883) p. 49. *

Antonio da Brescia (*Antonio di Giovanni de Brixia*), Marmorarbeiter in Rom, wo er 1464—72 mit der Ausführung ornamentaler Skulpturen (Gesimse, Kamine, Brunnenbecken) für den Vatikan sowie für die Kirche und den Palazzo di S. Marco beauftragt war.

Bertolotti im Arch. Stor. Lombardo X 107. — E. Müntz, Les Arts à la Cour des Papes (1878) II 28, 35, 43, 61 ff., 66 f., 69, 72.

F. Malaguzzi-Valeri.

Antonio da Brescia, Fra. Einem Künstler dieses Namens wird die mit · FRA · An · BRIX · ME · FECIT · signierte Medaille des Nicolo Vonica von Treviso zugeschrieben, und einige andere verwandte Medaillen, die mit F. A. B. und OP. F. A. B. signiert sind, werden angeschlossen. C. v. Fabriczy (s. u.) zählt 7 Medaillen venez. Persönlichkeiten von ihm und charakterisiert die besondere Art dieses Medailleurs F. A. B., seine photographische Treue in den Porträts und sein Ungeschick in den Reversdarstellungen sehr treffend, geht aber nicht auf die von J. Friedländer, Armand, L. Forrer u. a. mit Recht erhobenen Bedenken ein, ob überhaupt die Signaturen in Fra Antonio da Brescia (Brixiensis) aufzulösen sind und ob nicht die verschiedenen Signaturen zwei verschiedenen Künstlern angehören.

J. Friedländer in den Jahrb. d. preuß. Kstsamml. II 102. — Armand, Les Médailleurs I 102, III 29. — C. v. Fabriczy, Medaillen d. ital. Renaiss. p. 37. — W. Bode, Zeitschr. f. bild. Kst. N. F. XV 40. — Forrer, Dict. of Medallists I 61. — Commentari del Ateneo di Brescia 1878 p. 204 ff. **

Antonio da Brioni, Steinmetz in Venedig, arbeitete 1495 die Marmorornamente der Kirche S. Croce della Giudecca nach Entwürfen und Modellen von Antonio di Marco Gambello.

P. Paoletti, Arch. e scult. d. Rinasc. in Venezia I 65. *L. Ferro.*

Antonio di Brunaccio, Steinmetz in Siena, in den Urkunden öfter erwähnt, zuerst 1363 im Libro delle Arti, dann betreffs einer Brunnenverzierung 1369. Um dieselbe Zeit erhielt er Zahlung für Marmorintarsien im Dom.

Milanesi, Doc. d. arte senese. III 356. **

Antonio de Bruxelas, s. *Wyngaerde.*

Antonio da Buvra, Maler in Treviso 1504 erwähnt.

L'Arte I 142. **

Antonio da Campione I, Baumeister und Bildhauer in Bergamo, Schüler des Giovanni da Campione daselbst und Gehilfe bei dessen Arbeiten an den Portalen von Sta. Maria Maggiore, wie ein 1361 begonnenes Rechnungsbuch dieser Kirche ergibt.

Tassi, Vite de' Pitt. etc. Bergamaschi I 11. — Meyer, Kstlerlex. *R.*

Antonio da Campione II, Festungsbaumeister, 1474 in Spezia tätig; vielleicht identisch mit jenem Antonio Brocco da Campione, der um 1471 (nach Alizeri) in Gemeinschaft mit Giovanni di Beltrame da Campione in Airolo an der genuesischen Küste einen Steinbruch erwarb.

Boll. stor. 1881, p. 270. — Alizeri, Not. dei Prof. del Dis. in Liguria IV 227.
F. Malaguzzi-Valeri.

Antonio (oder Antonello) de Campulo, Maler in Messina, wo er 1497 zum ersten Male erwähnt wird, mit Aufträgen auf Ausführung eines Altarbildes des hl. Theodor für die Kirche S. Lucia bei Messina, sowie eines Verkündigungsgemäldes mit Gott-Vater und zwei Heiligen für den messinesischen Nobile Nicoletto Sollima. 1499 hatte A. für geistliche Bruderschaften zu Castroreale mehrere Kirchenfahnen und für Taormina einen lebensgroßen hl. Michael zu malen. 1502 wurde er von einer Kirchengemeinde zu Castroreale mit der Ausführung eines vielteiligen Madonnenaltares betraut, — 1503 von einem Mitgliede der Familie de' Lentini mit der Fertigstellung eines Madonnen- und Crucifixus-Altares, — endlich 1504 mit der Lieferung einer reichfigurigen Kirchenfahne für die Confraternità dell' Annunziata zu Noara. — Vielleicht ist dieser Meister zu identifizieren mit einem 1470 und 1472 in Neapel urkundlich als „vetraio" aufgeführten Künstler gleichen Namens.

G. Di Marzo, La Pittura in Palermo (1899) p. 6 ff. — G. Filangieri, Indice degli Artefici Napoletani etc. (1891) p. 88. *

Antonio da Caravaggio, italien. Bildhauer, laut urkundlicher Notizen um 1475 in Rom tätig.

Bertolotti, Artisti Lombardi a Roma I 32.
A. Muñoz.

Antonio da Carona, Sohn des Carlo, tätig 1490—1514 am Palazzo delle Compere in Genua und beteiligt an den Skulpturen der Pfeiler am Tore der Zittadelle.

Bertolotti, Artisti Svizzeri. — Giornale Ligustico IV 300—329. — Archivio Stor. Lomb. XII 65—85. **

Antonio da Carona, Sohn des Domenico, Bildhauer, arbeitete 1517 zusammen mit Pietro Aprile an einem verschollenen Grabmal für Eleonore Malaspina in Massa.

C. Justi im Jahrb. d. preuß. Kstsamml. XIII 69. **

Antonio da Carpena, genannt il Carpenino. Maler von Spezia im 16. Jahrh., von Soprani und Ratti übergangen, von Spatorno (Stor. letter. della Liguria IV.) genannt. Geburts- u. Todesdatum kennt man nicht; da er in der genuesischen Matrikel nicht erscheint, hat er wohl dort nicht studiert. Sein Stil folgt der römischen Kunst der Raffaels. Die erste Erwähnung findet sich in Spezia 1530. Carpenino erhält die Bezahlung für Fahnenmalereien. Am 29. 12. 1533 werden ihm einige Lire für das Malen von Wappen und Insignien bezahlt, welche die Stadt Spezia zum feierlichen Einzug der Caterina von Medici, Braut des zweiten Sohnes des französ. Königs, und des Papstes Clemens VII. hatte herstellen lassen. — Im Saale der öffentlichen Schule in Spezia findet sich von C. ein Altar mit der Bezeichnung: Antonius Carpeninus Spediensis pinx. ann. MDXXXIX. Dargestellt ist die Apotheose des hl. Nikolaus von Tolentino. Die Tafel befand sich ehemals bei den Augustinermönchen, lag seit 1798 im Schulgebäude und wurde 1873 restauriert. Am 13. 2. 1541 erfolgte durch Fil. Griffi die Bestellung auf ein Altarwerk für S. Maria in Sarzana. Dargestellt sollten werden die Madonna mit den hl. Nikolaus, Lucia, Basilius, Antonius von Padua u. a. Das Werk ist nicht erhalten. Dagegen befindet sich im Chore der Chiesa de' Riformati in Recco eine Tafel der Madonna della Misericordia mit den hl. Johannes Baptista, Paulus, Franz von Assisi und Bernhardin von Siena. Auf dem Cartellino steht: Antonius Carpeninus pingebat an. 1542. In der Sammlung Rossacci in Spezia befand sich eine 1547 datierte Tafel mit den hl. Petrus, Paulus und Stefanus (nach auswärts verkauft). Aus derselben Sammlung kaufte der Marchese Giulio Castagnola in Spezia eine Verkündigung und einen hl. Augustinus, zwei kleine gut erhaltene Tafeln. Zweifelhaft war eine seither verbrannte Tafel mit dem hl. Bernhard in Marola; sicher nicht von C. stammen die Verkündigung und die hl. Caterina von Alessandria in Campiglia. — Vor dem 23. 3. 1564 ist der Künstler gestorben, da an diesem Tage sein Sohn Apelles „quondam Antonii pitoris de Spedia" die Mitgift seiner Frau, der Schwester eines Priesters, in Genua in Empfang nimmt.

F. Alizeri, Notizie de' Professori del disegno in Liguria III 1874. — Ub. Mazzini, Caterina de' Medici e Clemente VII alla Spezia nel 1533 ecc. mit App. II: Il pittore Antonio Carpenino, Giornale stor. e lett. della Liguria II 1901 p. 443 ff. — Rassegna nazionale vol. 146 p. 310—315 (cf. vol. 44 p. 268 ff.). — Rass. Bibl. d. Arte Ital. X 1—9. *W. Suida.*

Antonio da Carrara, Bildhauer in Palermo zu Anfang des 16. Jahrh. Zu seinen Werken zählen 6 Marmorstatuen im Dome von Monteleone di Casa Pignatelli (Calabrien), darstellend die Madonna, S. Giovanni Evang., Maria Magdalena, die Jungfrau mit dem Kinde, S. Lucas und eine Madonna della Neve und ferner 3 andere Madonnenstatuen, die aus Palermo in den Dom von Monteleone übergeführt worden sind. Vasari erwähnt den Künstler in lobenden Ausdrücken.

Campori, Memorie biogr. di Carrara. — Archivio Stor. Ital. serie III tom. XVI 324 ff. — C. Lazzoni, Carrara, le sue ville etc. Carrara 1905 p. 207. **

Antonio da Castiglione, italien. Architekt des 15. Jahrh.; arbeitete 1453 im Auftrage Nikolaus' V. am Baue des Kastells von Ostia, war zur Zeit des Papstes Pius II. in Rom tätig als Restaurator des Pons Milvius (1461) und errichtete im Auftrage desselben Papstes 1464 einen Hausbau in Pienza.

Bertolotti, Artisti Lombardi a Roma I 22. — E. Müntz, Les Arts à la Cour des Papes (1878) I 163, 297, 305; II 35. *A. Muñoz.*

Antonio Catalano, s. *Catalani,* A. u. *Perez de la Cellas,* A.

Antonio di Ceccarello, Mosaicist in Orvieto, wo er 1367 als Gehilfe des Ugolino d'Ilario an den Fassadenmosaiken des Domes arbeitete.

Zani, Encicl. VI 112. — L. Fumi, Il Duomo di Orvieto, p. 106 f., 134. *

Antonio del Ceraiolo, Maler, Florenz, arbeitete in der 1. Hälfte des 16. Jahrh. Er war zuerst lange Zeit bei Lorenzo di Credi und dann bei Ridolfo del Ghirlandaio in der Lehre. Von Vasari wird er als fruchtbarer Porträtmaler von großer Naturwahrheit gelobt. Von größeren Kompositionen werden nur zwei erwähnt: Ein verlorener Erzengel Michael, den er für S. Annunziata in Florenz malte, und ein in der Accademia delle belle arti befindlicher Christus am Kreuz mit den hh. Franziskus und Maria Magdalena (aus S. Jacopo tra' fossi).

Vasari-Milanesi. — Baldinucci, Opere. VII 144. — Crowe u. Cavalcaselle, Ital. Mal. IV. *Fr. Knapp.*

Antonio Cerretano, padre Beato, Augustinermönch aus Cerreto, nach Zani 1480 bis 1490 in Siena als Maler tätig.

Zani, Encicl. VI, 134.

Antonio (Fra) da Cesena, Augustinermönch, Maler in Cesena um 1576.

Zani, Enc. met. VI 143. **

Antonio di Chellino (Michellino) da Pisa, war einer der vier Gehilfen Donatellos bei den Arbeiten für den Hochaltar des Santo zu Padua und wahrscheinlich schon vorher Mitglied seiner Bottega in Florenz. In Padua ist er vom April 1446 bis 26. 6. 1448 nachweisbar; damals erhält er die Restzahlung für einen Engel. Nach Ausweis der Urkunden hat er das eine der vier Reliefs mit den Evangelistensymbolen ausgeführt: da Engel und Adler mit Wahrscheinlichkeit dem Urbano da Cortona und dem Giovanni da Pisa zugewiesen sind, so kommen für A. Löwe oder Stier in Betracht. Dann wird A. erst 1458 wieder unter den sechs Genossen genannt, die die Arbeiten am Triumphbogen Alfons I. am Castel Nuovo zu Neapel ausführen. Filarete erwähnt ihn in seinem zwischen 1460—64 geschriebenen Traktat als lebend. In einer gegen 1460 gehaltenen Rede nimmt Ludovico Carbone in Ferrara auf ein Bildnis des Lionello d'Este von *Antonius Pisanus* Bezug; Matteo Palmieri berichtet von einem Künstler dieses Namens, „gemmarum pretiosorumque lapidum sculptor", der 1461 in Foligno lebte. Die mögliche Identität der Persönlichkeit bleibt aber ebenso zweifelhaft wie die Beziehung des A. zu dem Goldschmied *Piero di Chelino* in Pisa, der 1462 und 1472—74 dort genannt wird (L. Tanfani Centofanti p. 24, 287) oder zu dem *Pietro Chelini,* der 1444 die Fresken aus dem Leben des Petrus Martyr am Bigallo zu Florenz ausführte. — Da kein sicher beglaubigtes Werk des Künstlers vorliegt, so bleiben alle Zuschreibungen, wie sie namentlich C. v. Fabriczy bezüglich einzelner Arbeiten in Padua und Neapel sowie einer Reihe von Madonnenreliefs unternommen hat, vorläufig hypothetisch.

Müntz, Les arts à la cour des papes II 114. — Tschudi, Donatello e la critica moderna p. 26. — Semrau, Donatellos Kanzeln in S. Lorenzo S. 90 f. — Fabriczy in L'Arte IX 442; in Jahrb. d. pr. Kunsts. XX 12 ff., XXIII 10 u. im Rep. f. Kw. XXIX 380 f. — Schubring, Urbano da Cortona p. 9 ff. 68. — G. Zippel in Arte V 406. *Max Semrau.*

Antonio di Chello, s. *Pietro* d'Antonio di Ch.

Antonio del Chierico, Holzbildhauer und Intarsiator in Bologna, schuf 1506 in Gemeinschaft mit dem Maestro Pellegrino für die dortige Karmeliterkirche S. Martino Maggiore ein mit Intarsien geschmücktes Chorgestühl, das zuerst im Hochchor und später in der Cappella Maggiore dieser Kirche aufgestellt wurde.

Rassegna d'Arte 1901 p. 26. *F. Malaguzzi-Valeri.*

Antonio di Ciomeo da Leccio, Presbyter und Glasmaler in Pisa, wo er, nachdem er schon 1386—87 Zahlungen erhalten hatte für seine Arbeiten an den Glasfenstern des Domes, 1420 den Auftrag übernahm, für den Dom „finestras duas vitreas ystoriatas" zur Ausführung zu bringen.

Tanfani, Not. di Artisti etc. Pisani (1897) p. 42 ff. *

Antonio de Clarella, s. *Chiarelli,* A.

Antonio di Ser Cola, Bronzegießer aus Florenz, 1459 beschäftigt mit dem Bronzegitter der Cappella del Cingolo in Prato.

Il Buonarroti 1885 p. 150. **

Antonio Cola delle Fratte, wird in einem Dokumente von Montecassino mit der Notiz erwähnt: „per più lavori dati per li libri." — Vielleicht beteiligte er sich am Miniieren, möglicherweise hatte er aber nur Transskriptionen von Noten oder Worten vorzunehmen.

Caravita, I codici e le arti a Montecassino (Montecassino 1869) I 443, Anmerk. *P. d'Ancona.*

Antonio da Colle, italien. Holzschnitzer, verfertigte 1469 die beiden Sakristeitüren in der Kollegiatkirche von San Gimignano.

Meyer, Kstlerlex. — Pecori, San Gimignano p. 513. *H. V.*

Antonio da Como, lombard. Marmorario in Urbino, arbeitete 1427—38 für das dortige alte Hospital, für das er in Gemeinschaft mit anderen Bildhauern und Steinmetzen die Kapellen, einige Marmoraltäre, einen steinernen Brunnentrog u. a. m. zur Ausführung brachte.

Calzini, Urbino e i suoi Monumenti p. 132. *E. Scatassa.*

Antonio da Como, Steinmetz in Venedig, führte 1441 die Steinfriese für den erzbischöfl. Palast in Belluno aus und arbeitete 1459 für die Kirche und das Kloster von S. Zaccaria.

P. Paoletti, Arch. e scult. d. Rinasc. in Venezia I 59, 69. *L. Ferro.*

Antonio da Como, italien. Maurermeister, in einer genuesischen Urkunde von 1466 aufgeführt als „Magister Antonius de Cumis", der in Gemeinschaft mit anderen Bauleuten tätig war beim Baue der Torre di S. Giorgio und des Castelletto zu Genua.

Bollettino stor. d. Svizz. ital. 1893, p. 182. *A. Muños.*

Antonio da Como, italien. Architekt, Schöpfer des auf einem Säulenkapitell mit der Jahreszahl 1480 datierten Klosterhofes von Sant Oliva zu Cori bei Rom laut Inschrift auf einer der Säulenbasen: „ANT̃. DA. COMO. OP." Dieser Klosterhof zeigt quadratischen Grundriß und eine doppelte säulengetragene Loggia. Die Kapitelle der Säulen sind mit figürlichen Darstellungen geschmückt. Der ganze Hofbau trägt einen spezifisch lombardischen Stilcharakter zur Schau. Über die etwaige Identität dieses und anderer Meister gleichen Namens lassen sich keine sicheren Angaben machen.

Giovannoni, Il chiostro di S. Oliva in Cori in „L'Arte" 1906, p. 108. *A. Muñoz.*

Antonio da Como, Architekt in Bologna, wo er seit 1542 gemeinsam mit Terribilia und anderen Comasken am Umbau des Dominikanerklosters von Ronzano zum herrschaftlichen Wohnpalaste arbeitete.

Malaguzzi-Valeri, L'Architettura a Bologna, p. 225. *F. Malaguzzi-Valeri.*

Antonio di Contolo, unter den im Quartier S. Angelo zu Perugia wohnhaften Mitgliedern der Malerzunft unter No. 48 angeführt. Bekleidete das Camerlengat im 2. Semester 1420. Werke nicht bekannt.

Manzoni, Matricola p. 55. *W. Bombe.*

Antonio della Corna, oberitalien. Maler, Schüler des Mantegna, arbeitete 1469 in Padua, wo er in Dokumenten erwähnt ist. Seine Bilder sind 1478 und 1491 datiert. Cavalcaselle identifiziert ihn mit Antonio da Pavia, der 1528 im Palazzo del Tè in Mantua malte, doch müßte der Künstler dann damals ungefähr 80 Jahre alt gewesen sein. Sein einziges bezeichnetes Bild, 1478 datiert, ist in der Sammlung Bignami in Casal Maggiore und stammt aus der Sammlung Averoldi von Brescia. Das merkwürdige Bild stellt einen Mann dar, der einen Mann und eine Frau, die im Bett liegen, tötet (S. Giuliano?). Mantegnas Weise ist darin bis zur Karikatur übertrieben. Nach Stilvergleichung kann man dem Antonio auch eine Madonna zwischen den Heiligen Giuseppe und Girolamo in der casa Martinelli in Soncino zuschreiben, sowie die Madonna mit 4 Heiligen in der Sammlung Malaspina in Pavia (1491 datiert mit einer falschen Bezeichnung des Mantegna) und eine Kreuzigung und Kreuzabnahme in der Kirche del Carmine in Pavia.

Meyer, Kstlerlex. (mit Bibliogr.). *Lisetta Ciaccio.*

Antonio da Correggio, s. *Bernieri,* A.

Antonio da Cortona. „Dompnus Antonius monachus Cortoniensis" bot am 27. 4. 1404 der Dombau-Deputation zu Mailand seine Dienste als Glasmaler und zur Bemalung des Marmors (?) an, da man eben mit den Glasmalereien für die Fenster des Domes den Anfang machen wollte. Er erhielt eine vorläufige Anstellung, um Proben seiner Geschicklichkeit zu liefern, ging aber schon am 15. Juni heimlich davon, nachdem er die ihm gelieferten Materialien erfolglos verbraucht hatte.

N a v a, Memorie e Documenti etc. p. 142, 145, 147. — M e y e r, Kstlerlex. *R.*

Antonio d a C r e m o n a (auch il Cremonese genannt), italien. Holzschneider d. 16. Jahrh., der in Helldunkelmanier gearbeitet hat. Er ist mit dem Maler Antonio Campi von Cremona identifiziert worden, wozu aber keine Veranlassung vorliegt. Sechs Blätter werden als Werke Antonios beschrieben (Nagler, Monogr. I No. 1062 und 1068), eine Flucht nach Ägypten ist Ant. Crem. bezeichnet und 1547 datiert, eine hl. Familie: Antonius Cremonensis I. V. 1550, eine Darstellung des Mutius Scaevola: Anto. Cremonensis in., eine Verlobung der hl. Katharina nach Parmigianino und eine Pietà werden ihm ebenfalls zugeschrieben. Auf späteren (?) Abdrücken des Christus vor Pilatus von Andreani nach Giovanni da Bologna (XII 41 n. 19) soll sich, nach Zanetti (Premier siècle de la calcographie) die Bezeichnung: Antonius Cremonesis F. finden.

N a g l e r, Kstlerlex. III 192, Monogr. I 1062 und 1068. — F ü s s l i, Kstlerlex. und Suppl. — M a r i e t t e, Abecedario. — Z a n i, Enc. — B r y a n, Dict. — H e l l e r - A n d r e s e n, Handb. f. Kupferstichsmml. (Campi). *P. K.*

Antonio d a C r e m o n a, Geschützgießer, trat 1549 durch Vermittelung des Francesco di Ser Jacopo in die Dienste des Großherzogs von Toskana. 1563 berichtete derselbe Francesco di Ser Jacopo dem Großherzoge brieflich über glänzende Schießresultate, die er mit den Geschützen dieses Meisters Antonio da Cremona erzielt habe.

M i l a n e s i, Spogli di notizie inedite d'arte dell' Arch. Mediceo im R. Archivio di Stato zu Florenz, filza 394, 85; filza 503, 298. *G. Degli Azzi.*

Antonio d a C r e v a l c o r e, s. *Leonelli,* A.

Antonio, C r i s t o b a l d e, span. Genremaler des 19. Jahrh., geb. zu Barcelona, ließ sich in Frankreich nieder und beteiligte sich seit 1888 an einer Anzahl Pariser Salonausstellungen. Von seinen Werken führen wir an: Eine Witwe; In Oury-Champagne; Betet für die Lebenden; Der Garten der Mutter Picard; Die Höllenebene zu Cayeux; Jugendgeschichte. *P. Lafond.*

Antonio d i C r i s t o f o r o, Florentiner Bildhauer, Schüler Brunelleschis, empfing ebenso wie Niccolò di Giovanni Baroncelli, der gleichfalls ein Florentiner und Schüler des nämlichen Meisters war, den Auftrag, einem ferraresischen Schiedsgericht ein Modell für eine bronzene Reiterstatue Niccolòs III. von Este († 1441) vorzulegen. Obschon sein Entwurf dem Niccolòs vorgezogen wurde, teilten sich beide Künstler derartig in die Arbeit, daß Antonio den Reiter und Niccolò das Pferd übernahm. 2. 6. 1451 wurde das Monument auf dem Platze vor der Kathedrale Ferraras über zwei Säulen aufgestellt, seit Justinians Tagen die erste im Freien stehende Reiterstatue. Im Jahre 1452 wurde sie von Michele Ongaro vergoldet und bei der Revolution im Jahre 1796 zerstört. Heute wird Antonio eine Terrakotta-Statue der Madonna mit dem Kinde vom Jahre 1451 im Gang von der Sakristei ins Innere des Domes von Ferrara zugeschrieben.

V a s a r i II 386 u. Anm. — C i t t a d e l l a, Not. relative a Ferrara, Ferrara 1864 p. 415 ff. berichtet über die Arbeitsteilung zwischen Antonio und Niccolo, andere Dokumente über die Konkurrenz und die beiden beteiligten Künstler bei G u a l a n d i, Memorie originali etc. Ser. IV 33—38 und Ser. V 178—183. — G r u y e r, L'Art Ferrarais. Paris 1897 p. 510—512. — M e y e r, Kstlerlex. — P. P a o l e t t i, Arch. e scult. d. Rinasc. in Venezia I 12, II 141. *Emil Schaeffer.*

Antonio d i C r i s t o f o r o d a M i l a n o, s. *Antonio* da Venezia.

Antonio d i D i n o, Maler, 1441 in der Florentiner St. Lukasgilde eingeschrieben.

G u a l a n d i, Memorie VI 177. **

Antonio d i D o m e n i c o aus Sizilien, Gehilfe des Ghiberti, siehe unter der urkundlich überlieferten Schreibform: Dominico (Dominicus) Antonii. *H. V.*

Antonio d i D o m e n i c o d a C o m o, Steinmetz in Ferrara, wo er 1458 als Gehilfe anderer lombardischer Steinmetzmeister an dem neuen Säulenunterbaue arbeitete, den damals das bereits zu Anfang des 14. Jahrh. im Hochaltarchore des Domes zu Ferrara errichtete Grabmal des Papstes Urban III. († in Ferrara 1187) erhielt.

C i t t a d e l l a, Not. relat. a Ferrara (1864) p. 56. *

Antonio d i D o m e n i c o d a O r v i e t o, Steinmetz, 1362 und 1383 beim Dombau zu Orvieto urkundlich erwähnt.

L. F u m i, Il Duomo di Orvieto, p. 74, 479. *

Antonio d i D o m e n i c o V e n e z i a n o (auch zubenannt *da Firenze*), Maler und Miniaturist in Pisa, wo er 1484 zum ersten Male urkundlich erwähnt wird bei Gelegenheit seines Eintrittes in den Franziskanerorden. 1489 wurde er mit der Ausmalung eines Zimmers in der Domopera beauftragt, und 1490 übernahm er gemeinsam mit Andrea di Giovanni da Perugia und anderen Meistern die malerische Ausschmückung einer neuen Domorgel nebst zugehöriger Orgelbrüstung. 1496 hatte er im Auftrage der Anziani von Pisa für Kaiser Maximilian eine Landkarte von Toscana zu zeichnen und 1498 für die venezianische Signoria einen ähnlichen Übersichtsplan des pisanischen Stadt- und Landgebietes. Der Künstler starb am 4. 6. 1500.

T a n f a n i, Not. di Artisti etc. Pisani (1897) p. 24, 44 ff. *

Antonio d i D o n n i n o d i D o m e n i c o, Maler, Florenz, 1525 im libro della Compagnia de' Pittori fiorentini eingetragen, erst 22. 12. 1536 immatrikuliert in der Malergilde. † 2. 9. 1547. Schüler des Franciabigio, von Vasari als tüchtiger Zeichner gelobt, interessierte sich besonders für Pferde und Landschaften. Seine Chiaroscuro-Fresken des alten Testamentes im Kloster S. Agostino al Monte Sansovino, seine Arbeiten im bischöflichen Palaste zu Arezzo, wo besonders die Taufe eines Königs mit dem lebensvollen Porträt eines Deutschen von Vasari gelobt wird, Märtyrerszenen al Fresko in der Annunziata zu Florenz, die von geringer Qualität gewesen sein sollen, sind verloren gegangen. Erhalten sind nur ein Altarbild Anna Selbdritt mit hl. Lorenz und Stephan in der Annunziata, welches er vom 14. 7. bis 15. 8. 1543 für 84 Lire malte. Von großem Effekt soll eine Kriegsszene, die er 1539 für die von Antonio Landi zur Feier der Hochzeit Cosimos I. gedichtete Commedia „il Commodo" entwarf, gewesen sein.

Vasari-Milanesi, V 199 fg.; VI 87, 445. — Bocchi-Cinelli, Belezze di Firenze S. 449. — Gualandi, Memorie originali IV 177. *Fr. Knapp.*

Antonio di Elia, Bildhauer in Venedig. In den ersten Jahren des 16. Jahrh. war er im Dienste des Herzog Alfonso von Este und um 1517 führte er in Rom eine sehr gerühmte Bronzekopie der Laokoongruppe aus. Aus einem Dokument im Staatsarchiv in Venedig von 1505, in dem er als Zeuge vorkommt, ergibt sich, daß er in jenem Jahr in Venedig wohnte.

P. Paoletti, Arch. e scult. d. Rinasc. in Venezia II 240, 270. — Arch. storico dell' arte II 104, 107—109. *L. Ferro.*

Antonio da Fabriano I (Antonio di Agostino di Ser. Giovanni da Fabriano). Als Maler in Fabriano und Sassoferrato in der 2. Hälfte des 15. Jahrh. tätig. Amico Riccis Behauptung, A. sei ein Schüler des Gentile da Fabriano gewesen, hat sich als unhaltbar erwiesen, da dieser Meister bereits 1427 in Rom gestorben ist, während A.s Malertätigkeit, wie es scheint, erst um 1450 einsetzt und bis 1485 andauert. Bald nach dem letztgenannten Jahre scheint der Künstler in seiner Vaterstadt Fabriano gestorben zu sein. Sein frühestes noch erhaltenes Werk ist ein Hieronymus in der Zelle, bezeichnet und datiert 1451 (Galerie Fornari in Fabriano). Ebenfalls bezeichnet und datiert ist ein Crucifixus im Palazzo Piersanti in Matelica (1452). Die Pfarrkirche des Ortes Genga bei Fabriano bewahrt signierte Werke des Meisters: Eine Madonna mit dem Täufer und dem hl. Papst Clemens, einen Gonfalone mit der Madonna, Gottvater, und Heiligen auf der Rückseite, bezeichnet, und einen zweiten Gonfalone mit der Madonna und dem Stifter, und einer Kreuzigung auf der Rückseite. Von 1454 soll ein Gemälde A.s datiert gewesen sein, das nach Antaldi 1804 sich noch in S. Francesco zu Sassoferrato befunden hat. 1465—66 wird der Künstler in Fabriano selbst urkundlich erwähnt mit dem Auftrage auf ein Altarbild des hl. Bernhardin, mit dem die Gemeinde von Spineta die neu zu erbauende Kirche dieses Heiligen zu schmücken gedachte. 1468 bis 71 scheint A. dauernd in Sassoferrato tätig gewesen zu sein. Jedenfalls wurde er 1468 beauftragt, im dortigen Palazzo Comunale drei Figuren zu malen, für die er erst 1471 eine noch ausstehende Restzahlung erhielt. Nach dem Wortlaute der Auftragsurkunde handelte es sich hier augenscheinlich um die noch heute erhalten gebliebenen drei Darstellungen der Madonna, Johannes des Täufers und des hl. Franziskus über der Richterbank der Sala del pubblico consiglio dieses Stadthauses. 1471 erhielt A. außerdem Zahlung für eine Anzahl von Wappenmalereien an den Stadttoren von Sassoferrato. Endlich schuf er um diese Zeit wahrscheinlich auch das prächtige vielteilige Altarwerk mit der thronenden Madonna, der Kreuzigung Christi, 12 Einzelfiguren von Heiligen und 6 (durch den späteren Altaruntersatz verdeckten) Predellenszenen aus der Kreuzlegende in S. Croce zu Sassoferrato, das bisher als ein Werk des Niccolò Alunno galt, von A. Anselmi jedoch neuerdings endgültig als eine Arbeit des Antonio da Fabriano nachgewiesen wurde. Auf Grund stilkritischer Vergleichungen hat Anselmi dem Meister Antonio außerdem noch mehrere Gemälde in den Kirchen zu Albacina und Serradeconti zugewiesen, ebenso Mason Perkins ein unbezeichnetes großes Altarwerk in der Galleria Municipale zu Fabriano, das den Tod der Maria darstellt. — 1471 scheint Antonio wieder in seine Heimat zurückgekehrt zu sein, da er in diesem Jahre den Auftrag erhielt, im Saale des Palazzo municipale zu Fabriano eine Madonna mit Heiligen zu malen. — Der interessante und eigenartige Künstler ist von Crowe u. Cavalcaselle zu niedrig eingeschätzt worden. Mason Perkins Vermutung, er sei der Lehrmeister des Boccati da Camerino gewesen, ist aus chronologischen und stilistischen Gründen zurückzuweisen.

Amico Ricci, Memorie storiche etc. I 176—8. — Crowe u. Cavalcaselle, Gesch. der italien. Malerei. Deutsche Ausgabe Bd. 4, I 119. — Meyer, Kstlerlex. — Emporium, 1905 (Colasanti). Jan., p. 30—31 und 1906 (Ricci), Febr., p. 99—100. — A. Anselmi, Miscell. stor.-art. di Sassoferrato (Firenze 1905), p. 5 ff. u. Pittori Marchigiani, in dem Gedenkblatt für P. Collenuccio, Sassoferrato 1905. — Rassegna d'arte 1905, p. 64 (Anselmi) und 1906, April [No. 4, p. 49—52] (Mason Perkins). *Walter Bombe.*

Antonio da Fabriano II (*Antonio di Franceschino di Francesco da Fabriano*), Maler der 1. Hälfte des 15. Jahrh. in Fabriano, dessen vom 24. 11. 1449 datiertes Testament ich neuerdings in den Notariatsakten des Gaspare Stellati aufgefunden habe. Wahrscheinlich ist dieser Antonio di Franceschino ebenso wie sein Bruder Costantino di Franceschino (vgl. A. Anselmi in Rivista Marchigiana Ill. di Roma I) ein Sohn des bekannten Trecento-Malers Franceschino oder Francescuccio di Cecco da Fabriano.

A. Anselmi.

Antonio da Faenza (mit vollem Namen *Antonio di Mazzone de' Domenichi*), Maler in Faenza, der zu Beginn des 16. Jahrh. sich eines ziemlich bedeutenden Rufes zu erfreuen hatte. Im Auftrage Leos X. malte er 1515 für die Basilika zu Loreto zwei Orgeltüren mit der Darstellung der Verkündigung Mariae (früher dem Giacomo da Bassano zugeschrieben), zu deren Begutachtung kein Geringerer als Luca Signorelli herangezogen wurde. 1525 malte A. ferner für die Klosterbrüder von Montelupone ein Altarbild, das von Civalli und Argnani sehr gelobt wird. Von A.s Hand stammt weiterhin eine Auferstehung des Lazarus in der Chiesa di Classe zu Ravenna und eine Madonna mit Heiligen in der Pinacoteca Communale zu Faenza. Endlich führte A. in der Loggia des Palazzo Communale zu Faenza eine Anzahl leider nicht mehr erhaltener Freskomalereien aus, darstellend die christl. Kardinaltugenden u. das Wappen Papst Pauls III. — Dem Stile seiner Malwerke nach ist A. als ein Angehöriger der Francia-Schule zu betrachten. Aus den prächtigen, exakt detaillierten Architekturmotiven auf den reichen Landschaftshintergründen seiner Gemälde u. insbesondere desjenigen von Montelupone hat Valgimigli den wohl berechtigten Schluß gezogen, daß A. nicht nur Maler, sondern auch Architekt gewesen sein müsse.

Lanzi, Stor. Pitt., libro III. — Argnani, Breve cenno sulla Pinacoteca Comunale di Faenza. — Valgimigli, Storia degli Artisti Faentini etc. — P. Gianuizzi in Arte e Storia XIII 145 ff. *G. Degli Azzi.*

Antonio da Faenza, Kunsttöpfer und Majolikamaler in Ferrara, wohin er 1522 von Alfonso I. d'Este berufen worden war. A. bezog dort einen festen Monatsgehalt von 12 Lire nebst Nahrung und Wohnung für sich und seinen Sohn Camillo. In einem Briefe an Isabella d'Este-Gonzaga vom 26. 11. 1523 nennt Herzog Alfonso den Künstler „mio boccalaro"; dieser sollte der Marchesa von Mantua gleichzeitig einige Majolikaarbeiten von seiner Hand persönlich überbringen. Von 1528 ab wird Catto da Firenza als Nachfolger des A. in Ferrara erwähnt.

Zani, Encicl. VIII 176 (hier Antonio oder Marcantonio „pittore" genannt). — Campori, Not. stor. art. della majolica etc. in Ferrara etc. (1871) p. 28, 124, sowie in Gaz. des B.-Arts XVII 157. *E. Scatassa.*

Antonio da Faenza, Bildschnitzer des 16. Jahrh. in Neapel, wo er nach 14jähr. Arbeit das mächtige, aufs reichste mit Statuetten und Reliefdarstellungen geschmückte Hochaltarkreuz des „Tesoro" in der Klosterkirche von S. Martino vollendete.

Erculei, Catalogo etc. d'Intaglio (Roma 1885) p. 90. *

Antonio da Faenza (Figurino), s. *Rocchetti,* Marcantonio, und *Marchetti,* Marco.

Antonio da Faenza, s. auch *Gentile,* A.

Antonio da Fanò, s. *Presciutti,* A.

Antonio Federighi (di Federigo) dei Tolomei, Sieneser Architekt und Bildhauer, geb. gegen 1420, † 1490, Mitglied der berühmten und vornehmen Sieneser Familie der Tolomei, Schüler des Pietro del Minella. Wird zuerst in den Akten der Domopera 1444 genannt und zwar mit anderen als Gehilfe seines Meisters an dem unter Leitung des Giuliano da Como ausgeführten Grabmal des Bischofs Carlo Bartoli am Altar der Kapelle S. Crescenzio im Dome v. Siena. Seit 1451 arbeitete A. auch an den berühmten „Sgraffiti" des Fußbodens im Dome. Am 11. 5. dieses Jahres erhält er den Auftrag, nach der Zeichnung des Malers Nastagio di Guasparre eine Darstellung der Taufe in dieser Technik auszuführen, die sich vor der Haupttür von S. Giovanni befindet (doch wurde diese Arbeit erst nach mehreren Jahren vollendet, da der Meister inzwischen in Orvieto tätig war). Auch später war A. noch an diesen Sgraffiti tätig. Nach der Zeichnung des Guasparre di Agostino führte er 1458 die Geschichte der beiden Blinden vor der Fassade des Domes aus, 1473 die Geschichte von Bethulien, ebenfalls nach fremden Vorlagen (Urbano di Cortona oder Matteo di Giovanni, nach Schmarsow aber nach eigener Erfindung), 1475 die Lebensalter vor der Kapelle der Madonna del Voto und 1481/2 das letzte Werk dieser Art, die Erythraeische Sibylle am Fußboden des Langschiffes. — A. muß aber frühzeitig auch schon als *Architekt* einen Ruf besessen haben, da er 14. 7. 1451 an Stelle des Giovanni di Meuccio zur Übernahme der Bauleitung der Domfassade nach Orvieto berufen wurde. Er nahm seine Schüler Polimante d'Assisi und Vito di Marco Tedesco dorthin mit, 1452 verlangte er für sich und seine Gehilfen Geleitbriefe nach Carrara, die im April 1453 ausgestellt wurden. 1453 arbeitete er in Carrara an der Marmorbekleidung für den Frontgiebel des Domes und schickte von Mai bis September die bearbeiteten Stücke hin, 1454 läßt er vier weitere Blöcke folgen. Nach Fumi ist A. wohl auch der Schöpfer der in der Domopera in Orvieto befindlichen Pergamentzeichnung (Abb. bei Fumi p. 34), nach der das Mittelstück des Oberbaues der Fassade (mit der Rose) mit der Abweichung, daß die in der Zeichnung paarweise angeordneten Apostel einzeln angeordnet wurden ausgeführt wurde. 1455 arbeitete A. in Orvieto bereits an den die Rose umgebenden Statuennischen und vollendete 1455/56 eigenhändig mehrere der in diesen befindlichen Apostel- oder Prophetenfiguren, von denen eine, wie wir hören, im September 1456 „an der Ecke der Fassade" aufgestellt wurde. Im April desselben Jahres waren auch schon die Gesimsstücke für die mittlere Giebelbekrönung aus Corneto und Carrara herbeigeschafft worden. Nach Siena zurückgekehrt (1456), wurde A. Capomastro dell' Opera del Duomo und behielt diese Stellung wohl bis zu seinem Tode. 1460 führte er im Auftrage Pius II., im Wettbewerb mit Vecchietta, ein Modell für die Loggia del Papa (an der Piazza Piccolomini) aus, das angenommen wurde. · Der zierliche und luftige Bau wurde 18. 5. 1462 begonnen und 1463 vollendet. 1460 übernahm A. auch noch die Bauleitung des Palazzo delle Papesse (jetzt Nerucci), den Caterina Piccolomini (Pius' II. Schwester) nach Bern. Rossellinos Entwurf errichten ließ, und im selben Jahre versah er die gotische Cappella di Piazza, am Turm des Palazzo Pubblico, an Stelle des ursprünglichen Daches mit einem geschmackvollen Renaissanceaufbau. Auf Grund dieser sicher beglaubigten Werke sind dem Meister auch noch andere Bauten in Siena zugeschrieben worden, so der Palazzo del Turco (gewöhnlich dei Diavoli genannt, vor der Porta Camollia), die kleine Kapelle neben demselben, die als „ein Juwel der Frührenaissance" bezeichnet wird, die Loggia von S. Caterina a Fontebranda und andere geringere Bauwerke. — Über A.s Tätigkeit als *Bildhauer* in Orvieto war schon früher die Rede. Seine bekanntesten sicheren Werke befinden sich in Siena. Vor allem die drei Statuen der Loggia am Casino dei Nobili: der hl. Victor (1456/7), der hl. Ansanus (1458/9), an den zwei Mittelpfeilern u. der hl. Savinus (1463?), am linken Eckpfeiler neben Vecchiettas Petrus. Über den Verbleib der Statue des hl. Petrus, die A. für dieselbe Loggia ausgeführt hatte, und die 10. 8. 1459 aufgestellt wurde, sind wir nicht unterrichtet, sie hat aus irgend einem Grunde wohl der dort jetzt befindlichen 1460/2 von Vecchietta ausgeführten und mit dessen vollen Namen bezeichneten Figur dieses Apostels weichen müssen. Berühmte Werke des A. sind auch die beiden Weihwasserbekken im Sieneser Dome, die früher als Werke des Jacopo della Quercia und teilweise für antik galten, aber nach erhaltenen Dokumenten als sichere Werke des A. aus den Jahren 1462/3 nachgewiesen sind. Schmarsow schreibt A. auf Grund dieser Weihwasserbecken auch das große Weihwasserbecken am Mittelportale des Domes von Orvieto zu, das Della Valle für eine Arbeit des Luca di Giovanni hält, während Fumi glaubt, daß es nicht vor 1484 entstanden und vielleicht ein Werk des Vito da Siena sei, der damals gerade in Orvieto an Restaurationsarbeiten im Chor des Domes und an den Marmorreliefs der Fassade beschäftigt war; er weist auch darauf hin, daß in Orvieto noch ein zweites Weihwasserbekken in der Chiesa dei Servi vorhanden sei, dem im Dome sehr ähnlich, in derselben Technik ausgeführt und 1497 datiert (beide abgebildet bei Fumi, p. 322/3). Ein weiteres sicheres Werk des A. in Siena ist die Bank (für den Eintretenden rechts) in der Loggia dei Nobili, die in 5 Feldern Reliefs (auf der Rückseite die Wölfin mit den beiden römischen Säuglingen, Sienas Symbol, und Wappen, vorn sitzende Figuren römischer Helden) enthält. Zugeschrieben werden ferner dem Meister von Schmarsow und anderen: der junge Bacchus im Palazzo d'Elci in Siena (der als antike Arbeit galt, bis ihn Schmarsow für A. in Anspruch nahm), die Statue des Moses, früher auf der Piazza del Ghetto, jetzt im Municipio, die vergoldete und bemalte Holzstatue des hl. Nicolaus von Bari in der Kirche S. Niccolò in Sasso, die Marmorbüste einer jungen Frau im Kaiser Friedrich-Mus. in Berlin (No. 153 A aus Sieneser Privatbesitz) und der marmorne Taufbrunnen in der Cappella S. Giovanni Battista im Dome von Siena, der nicht vor 1482 begonnen sein kann und als ein schwaches Werk der Spätzeit zu betrachten wäre, größtenteils wohl von Mitarbeitern ausgeführt, die sich von der Fonte Gaia Anregung geholt hatten. — Antonio Federighi und Vecchietta waren allerdings Schüler der Werkstatt des Pietro del Minella, aber in künstlerischer Beziehung standen sie ganz unter dem Einfluß der mächtigen Persönlichkeit des Jacopo della Quercia. Als bester Schüler des Antonio ist Lorenzo di Mariano, genannt Marrina, anzusehen.

Milanesi, Doc. Senesi (Reg. vol. III unter Federighi). — Milanesi, Arte Toscana p. 23, 36, 85—86, 159, 194. — Borghesi e Banchi, Nuov. Doc. Senesi 169, 178. — Vasari-Milanesi (Reg. unter Federighi). — Crowe u. Cavalcaselle, Gesch. d. ital. Mal. IV. — E. Müntz, Les Arts à la Cour des Papes (1878) I 305 ff. — W. Bode, Jahrb. f. K.-W. (Zahn) V 33 u. Die ital. Plastik (Handb. d. Kgl. Museen) 1905 p. 129. — A. Schmarsow in Rep. f. K.-W. XII 277 ff. (ausf. Biographie). — Archivio stor. dell' arte II 333, III 223 ff. — Rassegna Nazionale vol. 92 p. 149 ff. — L. Fumi, Il Duomo di Orvieto. *G. De Nicola.*

Antonio da Ferrara d. ält., soll nach Cittadella um 1380 geblüht und 1394 ein Gemälde für den Hauptaltar in der Kathedrale zu Ferrara vollendet haben.

Cittadella, Cat. Istor. I 29 ff. **

Antonio da Ferrara schnitzte 1387 ein Kruzifix in Holz für die Kathedrale zu Ferrara. Das Werk stand lange auf hohem Architrav am Hauptaltar, bis er 1453 durch ein anderes von Bronze ersetzt wurde und in die Sakristei kam, wo es noch gegenwärtig aufbewahrt wird.

Cittadella, Notizie relative a Ferrara p. 48. — Meyer, Kstlerlex. *R.*

Antonio da Ferrara (A. di Guido Alberti), Maler, wurde in Ferrara zwischen 1390—1400 geboren, hielt sich in Urbino auf, wo er 1423 Evangelista, die Tochter des verst. Antonius Severus aus Urbino heiratete. Durch diese Heirat wurde er der Schwager des Malers Matteo Gennari aus Gaiffa daselbst u. dürfte von diesem als Jüngerer Unterweisung oder Anregungen erhalten haben. Indes machte Matteo schon 1430 als 60jähriger sein Testament und scheint bald darauf gestorben zu sein. Kurze Zeit später (10. 8. 1432) starb auch Evangelista kinderlos, und Antonio verheiratete sich wieder. Bis 1435 figuriert er in dem Buche Entrate e Spese, 1439—1445 in dem der Bruderschaft S. M. della Misericordia unter den Bewohnern des Borgo Lavagine, wo auch Matteo Gennari seine Werkstätte gehabt hatte. Im September 1439 ist er Zeuge bei einem Testament und 27. 10. 1441 verkauft er ein Haus. Schließlich ergibt sich aus den Akten des Simone Vanni von Urbino, daß Antonio 25. 11. 1449 nicht mehr unter den Lebenden weilte. Er hinterließ 2 Kinder in zartem Alter, Trojano und Kalliope. Die letztere, eine ungewöhnliche Schönheit, wurde die Frau des Bartolomeo Viti und die Mutter des Timoteo Viti. Bei der Erbteilung zwischen Trojano und Kalliope wird dann noch ein drittes Kind, ein Fra Agostino, genannt.

Über den Künstler selbst berichtet Vasari zuerst und zwar seltsamerweise unter den Schülern des Agnolo Gaddi: „Meister Antonio da Ferrara, der in S. Francesco in Urbino und in Città di Castello viele schöne Werke machte". Crowe und Cavalcaselle suchten auf diese Notiz hin in der letzteren Stadt, aber sie fanden nichts, was man ihm hätte zuerteilen können als eine thronende Madonna zwischen Heiligen, datiert 1417, leider aber so restauriert, daß kein sicheres Urteil mehr möglich war. Der Zahn der Zeit und fremde Hände haben auch dem größten erhaltenen Werke Antonios mitgespielt. Es sind die bekannten Fresken in der alten Kapelle von Talamello bei Pesaro, gemalt 1437. Diese Malereien, in viele Streifen geteilt, sind in folgender Weise angeordnet: Rechts sieht man oben die Anbetung der Könige, darunter zwei Bischöfe und die Heiligen Lorenzo, Francesco und Antonio Abbate. Links die Geburt der Elisabeth, in der Mitte eine Inschrift und auf einer Tafel der Stammbaum der Malatesta. Unten 6 weibliche Heilige: Agnes, Magdalena, eine Nonne, Katharina und zwei nicht mehr deutliche Gestalten. Auf der Frontwand stellte der Meister die Verkündigung dar, unter der man Malereien von anderer Hand erblickt. Auf 4 Streifen oben sind die Evangelisten, aber einer ganz und ein anderer in der oberen Hälfte zerstört. Unter den Evangelisten sieht man andere Heiligenfiguren. Der Altar dieser Kapelle wurde 1437 geweiht. Auf den Seitenwänden liest man: In Xpo Pater Et Dus. Dus. Frater Io De Sclanis de Arimino Ordinis Fr. M. Minor Sacre Theologie Professor Nec Non Dei Et Apostolice Sedis Gratia· Episcopus Feretranus Ab. Anno . . . . Daneben: Antonius de Ferraria habitator Urbini pixit sit laus Deo in sctor. scla. Amen. — Nach Pungileoni, der überhaupt zuerst im 19. Jahrh. Antonio durch urkundliche Nachrichten bekannt gemacht hat, glaubten Crowe und Cavalcaselle, daß Antonio 1438 im Palazzo del „Paradiso" in Ferrara gearbeitet habe, aber viele urkundliche Notizen und ein erhaltenes Werk dieses Jahres belegen seinen Aufenthalt in Urbino. Dieses Werk ist trotz schlechter Erhaltung sehr wichtig. Es ist eine Kirchenfahne, auf der Vorderseite die Kreuzigung, auf der Rückseite die Heiligen: Antonius und Rocchus darstellend. Im Buche „de' conti" der Brüderschaft von S. Antonio Abbate in Urbino ist diese Arbeit unter dem Datum Juli 1438 erwähnt. Jetzt befindet sie sich in der Galerie der Stadt. Antonio zeigt sich in diesem Werke als ein Vorläufer des Cosimo Tura und des Franc. Cossa. — Antonio hatte lange Zeit eine Werkstätte in Urbino. 1435—40 sind verschiedene Zahlungen an ihn gemacht worden, wie aus den alten Büchern der Kirchen S. Maria della Misericordia und Corpus Domini hervorgeht, und leider nur wenig von den größeren Arbeiten dieser Zeit hat sich in den Kapellen de' Signori in S. Francesco erhalten. Alle diese Fresken sind bei der Wiederherstellung der Kirche zugrunde gegangen. Nur im Campanile, in der ehemaligen Kapelle der Paltroni, kann man noch einige traurige Reste seiner und seiner Gehilfen Malereien sehen. Oben rechts einige für die Zeit sehr gut gemalte Engelköpfe, darunter in 2 oder 3 Reihen die Krönung Mariae, umgeben von einer Schar singender und musizierender Engel, ähnlich denen des Fra Angelico. — Cavalcaselle teilt Antonio ein Fresko mit der Verkündigung an Maria zu, in der Kirche Annunziata vor der Porta di S. Lucia, aber dies durch Alter und Restauration verdorbene Gemälde kann kein sicheres Urteil zulassen. Scatassa versichert vor einigen Jahren, bei einer Restauration, Wandmalereien in der Parochialkirche S. Sergio gesehen zu haben, welche er dem Ferraresen zuerteilt. — Für den ruinösen Zustand der erwähnten Werke in Talamello und Urbino entschädigen die 13 Täfelchen Antonios, die ursprünglich den prächtigen Altaraufsatz bildeten, den Antonio für die Bernardinermönche malte. Das Mittelstück, ein wenig größer als die Seitenstücke (mit je einem Heiligen in Ganzfigur), zeigt die Madonna in blauem, mit Sternen besätem Mantel, die Arme kreuzend und das vor ihr am Boden liegende Kind anbetend. Unten trägt das Bild die Bezeichnung: Antonius de Ferraria 1439. Ein anderes Täfelchen des Meisters fand Calzini 1897 unter einigen wertlosen Malereien in einer Kammer neben der Sagrestia de' Zoccolanti Es stellt den auferstandenen Christus dar, in Vorderansicht und mit segnender Geste, während die Linke eine kleine weiße Fahne mit rotem Kreuz hält. Jetzt befindet sich das von Centenari sorgfältig restaurierte Bild in der Galerie von Urbino zusammen mit den anderen Täfelchen aus S. Bernardino. — Weiter kennt man von diesem Meister nichts, der übrigens nicht von Agnolo Gaddi sondern eher von Gentile da Fabriano beeinflußt scheint. Schade, daß sich von Matteo Gennari nichts erhalten hat, um sein Verhältnis zu Antonio zu erklären, der zum ersten Male jene auch für die späteren ferraresischen Maler charakteristische Herbigkeit und Kraft zeigt. — Es läßt sich nicht feststellen, ob dieser Meister mit dem um 1420 in Montone tätigen *Antonio da Ferrara* (s. d.) identisch ist.

Vasari, Vita di Agnolo Gaddi. — Pungileoni, Elogio storico di Timoteo Viti, Urbino 1835 p. 81—87. — Alippi in Rivista Misena VII 100. — Arte e Storia V 1886. — Calzini, Urbino e i suoi monumenti 1897, p. 135—37. — Calzini in L'Arte, fasc. XI—XII 1901. — Scatassa in Rass. bibl. dell' arte ital. I 196, 197, VI 13, 61; IX 53—63. — Crowe e Cavalcaselle, Storia della pittura IV 1887. — H. Thode im Archiv. stor. dell' arte I 137 bis 141. — Rivista Ligure di Scienze, Lettere ed Arti XXIV 249—262. *E. Calzini.*

Antonio da Ferrara, Maler in Montone, stand zugleich mit vielen anderen Peruginer Künstlern in Diensten des Braccio Fortebraccio, in dessen Häusern zu Montone er um 1420 Malereien ausführte, die zugrunde gegangen sind. *W. Bombe.*

Antonio da Ferrara (Verrara), Kunstschlosser in Ferrara, arbeitete 1454 mit seinem Vetter Simone an einem metallenen Christus im Dome zu Ferrara; augenscheinlich handelte es sich hier lediglich um die Befestigung des von Nicc. und Giov. Baroncelli für die Kreuzigungsgruppe über dem Hochaltare des Domes in Bronze gegossenen Christusleichnams an den Kreuzesstamm (nicht aber, wie Champeaux will, um die Nachziselierung einer von dem „Magnano“ Antonio da Verrara selbst „modellierten“, von den Baroncelli dagegen nur aus der Form gegossenen Christusbronze).

Cittadella, Not. relat. a Ferrara p. 48. — Champeaux, Dict. des fondeurs (Paris 1886).

Antonio di Filippo da Pistoia, Maler aus Pistoja, 1428 in der Sieneser Malerrolle eingeschrieben.

Milanesi, Docum. Senesi I 48. ***

Antonio Fiorentino, Bildhauer in Perugia, 1481 am Bau des dortigen Cambio tätig.

G. Degli Azzi in L'Umbria 1902 p. 81 f. *A. Bellucci.*

Antonio Fiorentino, Steinmetz in Rom, wo er 1501 unter Alberto da Piacenza an der Fontana der Piazza di S. Pietro mitarbeitete.

E. Müntz, Les Arts à la Cour des Papes Innocent VIII etc. (1898) p. 172, 197. *

Antonio Fiorentino, italien. Architekt, geb. um 1500 in la Cava (daher della Cava genannt), † nach Boni 1570, nach Ticozzi 1571. Er erlernte in Rom die Baukunst und ließ sich als Meister in Neapel nieder. Die Kuppelkirche S. Caterina a Formello in Neapel, mit ihrer Nachbildung der Kuppel des Domes von Florenz, gilt als sein Werk; sie entstand seit 1523.

Ricci, Storia dell' Architettura III 16. — Schulz, Denkmäler der Kunst in Unterital. IV 201. — Ticozzi, Architetti e Scultori. — Archivio Storico Napol. VI 531—542. — Repert. f. Kstwissensch. XX 120. **

Antonio da Firenze, oder Antonius de Florentia, Maler in Venedig im Anfang des 15. Jahrh., Zeitgenosse der Vivarini. Von ihm sind 4 Tafelbilder mit Heiligen, die früher in der Kirche dei Servi waren. Bezeichnet: „Antonius de Florentia pinxit.“ Boschini hatte sie den Vivarini zugeschrieben und Zanetti dem Gerolamo da S. Croce. — In der kgl. Accad. di Belle Arti befinden sich jetzt 2 von den genannten Bildern: 1. S. Agostino und S. Filippo di Firenze; 2. S. Martino da Todi und Peregrinus von Forlì. Sie haben nichts Venezianisches, sondern ganz und gar den Charakter der Florentiner Schule. Auf diesen Maler dürften sich die urkundlich beglaubigten Notizen beziehen, mit denen Baldinucci beweisen wollte, daß Antonio Veneziano, der bereits im 14. Jahrh. lebte, in Florenz geboren ist.

Meyer, Kstlerlex. (mit Bibliogr.) — Moschini, Guida di Venezia (1815) II 505. — Selvatico e Lazzari, Guida di Venezia 1881 p. 384. *L. Ferro.*

Antonio da Firenze, Bildschnitzer in Perugia, arbeitete 1434—35 unter Leitung des Stefano d'Antoniolo da Bergamo gemeinsam mit Ambrogio Francese am Chorgestühl und Chorpult von S. Pietro zu Perugia.

B. Orsini, Guida al forest, p. 22. — Giorn. d'Erudiz. Artist. I 191. *A. Bellucci.*

Antonio da Firenze, Steinmetz in Bologna, arbeitete um 1450 in Gemeinschaft mit Fioravante, Martino und Leonardo da Varignana im Klosterhofe von S. Michele in Bosco bei Bologna u. um 1463 an einem Tabernakelgehäuse an der Fassade des Palazzo Pubblico zu Bologna, das von „Agostino maestro di legname“ gleichzeitig mit einer hölzernen Madonnenstatue geschmückt wurde; die letztere wurde 1478 durch die noch jetzt unter dem Tabernakel sichtbare Terrakotta-Madonna von der Hand des Nicolò dall' Arca ersetzt.

Gualandi, Memorie 33, 42. — Repert. f. Kstwissensch. XXII 288. *F. Malaguzzi-Valeri.*

Antonio (oder Togno) da Firenze, Architekt in Mailand, erwähnt in einem Briefe des Costanzo Sforza als Leiter der Bauarbeiten an der Stadtveste von Pesaro. Wahrscheinlich ist dies derselbe Maestro *Antonio da Firenze,* der 1454 in Mailand einer Mordtat wegen verurteilt, am Weihnachtstage des Jahres 1457 jedoch vom Herzog von Mailand begnadigt wurde. Keinesfalls kann dieser letztere A. mit dem berühmten Architekten Antonio Filarete gen. Averulino da Firenze identifiziert werden, da dieser gerade in den Jahren 1454—57 vielfach in Bergamo, Mailand und anderwärts künstlerisch tätig gewesen ist.

Milanesi, Spogli di not. ined. dell' Arch. Mediceo im R. Archivio di Stato zu Florenz, filza 34, 18. — Arch. stor. Lombardo, V 360 f. *G. Degli Azzi.*

Antonio da Firenze, italien. Maler 1484 in Udine wohnend, erhält am 14. 12. dieses Jahres Zahlung für Gemälde, die er in der Kirche S. Stefano in Udine in der Kapelle des hl. Stefano ausgeführt hatte. Mit dem im Anfang des 15. Jahrh. in Venedig tätigen Maler dieses Namens gewiß nicht identisch.

Repertor. f. K.-W. II 97. ***

Antonio da Firenze, s. auch *Antonio* di Francesco u. *Filarete, Marchesi, Pollajuolo, Sangallo,* A.

Antonio Florentin, Micer, italien. Bildhauer und Holzschnitzer in Sevilla. Vermutlich Sohn und Schüler des Miguel von Florenz, mit dem er nach Sevilla kam. Sein Hauptwerk ist das berühmte „Monumento" in der dortigen Kathedrale, das nach span. Sitte in der hl. Woche jährlich im Chor aufgestellt wird. A. arbeitete 1545—1550 an dem großartigen Schnitzwerk, das in vier Stockwerken sich aufbauend und mit zahlreichen großen Figuren und kleineren Statuetten geschmückt, bis an das Gewölbe des Chores reicht. Das „Monumento" hat in den Jahren 1594—1596, 1624, 1649 und 1688 und 1689 Renovierungen erfahren, die durchgreifendste war die letzte durch Miguel Pavilla und seine Söhne. 1554 hat A. noch einen Entwurf zu einem Eisengitter für die Kapelle der Madonna de la Antigua geliefert.

Cean Bermudez, Dicc. II 121—125. — Le Arti Italiane in Ispagna. Roma 1825 p. 20, 112. △

Antonio da Foligno, Maler in Bettona, 14. Jahrh., fertigte für die Kirche S. Maria Maggiore zu Bettona einen noch erhaltenen Gonfalone, auf dessen einer Seite eine Kreuzigung dargestellt ist, während die andere eine Darstellung der Pietà zeigt.

Archivio storico per le Marche e per l'Umbria, Vol. IV (Le Arti e le Lettere alla Corte dei Trinci). — O. Scalvanti, L'Arte a Bettona, Perugia 1902, p. 12—14. *Walter Bombe.*

Antonio da Foligno, Goldschmied in Perugia, arbeitete 1493—98 mit Feliciano d' Antonio, Luca, Benedetto und Bernardino di Viviano (sämtlich aus Foligno stammend), sowie mit Domenico und Angelino di Domenico da Sutri an den 12 silbervergoldeten Apostelstatuen, die Papst Alexander VI. für seine römische Palastkapelle ausführen ließ.

E. Müntz, Les Arts à la Cour des Papes Innocents VIII etc. (1898) p. 232 ff., 244, cf. 246. *

Antonio da Forlì, Maler zu Orvieto (s. auch *Angelo* di Menicuccio da Iglianello), erhält am 24. 2. 1498 Bezahlungen für ornamentale Malereien bei Gelegenheit eines Kirchenfestes im Dom zu Orvieto.

L. Fumi, Il Duomo di Orvieto e i suoi restauri, Roma 1901, p. 405. *Walter Bombe.*

Antonio da Formigine, Bildhauer des 15. Jahrh. in Bologna, nur urkundlich bekannt.

Malaguzzi-Valeri, L'Architettura a Bologna, p. 152. *F. Malaguzzi-Valeri.*

Antonio da Fortichino, lombard. Bildhauer in Perugia, 1476 am Bau der Cappella dei Lombardi in S. Maria dei Servi zu Perugia tätig.

Mscr. No. 1451—52 der Biblioteca Communale zu Perugia. *A. Bellucci.*

Antonio della Franca, Maler des 16. Jahrh. in Urbino, Schüler Raffaels. Von ihm (oder von Pietro Spagnuoli) sollte ein Altar-Bild des Hl. Hieronymus in der Einöde gemalt sein, das Lazzari 1801 noch in S. Domenico zu Urbino gesehen hat, das jedoch seit 1813 völlig verschollen ist.

Lazzari, Delle chiese di Urbino etc. (1801) p. 46. *A. Anselmi.*

Antonio di Franceschino di Francesco da Fabriano, s. *Antonio* da Fabriano II.

Antonio di Francesco (Antonio da Firenze). Florentiner Architekt, geb. um 1400 (da er 1465 nach Überschreitung des 65. Lebensjahres von der Steuerzahlung befreit wurde). In Florentiner Urkunden führt er den Titel „maestro del popolo di S. Lorenzo", 22. 4. 1430 ist er dort in die Liste der „maestri di pietra e di legname" eingetragen und kommt bis 1479 darin vor, zuweilen mit dem Beisatz „fu capomaestro del papa". Als solcher ist sein Name eng mit der Baugeschichte der Peterskirche in Rom verknüpft. Er arbeitete dort als „ingegniere di palazo" von 1447 bis zu Nicolaus' V. Tode (1455). Als Vorläufer des Bernardo Rossellino empfing er 1453 und 1454 Zahlungen für Arbeiten am Vatikanischen Palast und der Chortribuna der Peterskirche, so daß man ihm die ersten Wiederherstellungsarbeiten der alten Peterskirche verdankt.

E. Müntz, Les arts à la cour des Papes I 81,

115, 116, 117, 124. — Kunstchronik XIV 414 bis 415. — Repertor. f. K.-W. III 254. *G. De Nicola.*

Antonio di Francesco, s. auch unter *Antonio* di Giovanni da Siena.

Antonio di Francesco d'Antonio di Choradino, s. *Antonio* da Monza.

Antonio di Francesco da Venezia (auch da Firenze, da Siena), s. *Antonio* Veneziano.

Antonio del Francese da Casteldurante, war Urbinos (s. *Amadori, Fr.*) Nachfolger als vertrauter Diener Michelangelos. Er war seines Zeichens ein Kunsttöpfer. Ein Brief der Cornelia Brunelli, der Gattin Urbinos, an ihn hat sich erhalten. (Frey, Sammlg. ausg. Brf. an M. A. 386 und 87.) Auch ein Brief Antonios an den Herzog von Urbino, in dem er ihm eine Bronzebüste Michelangelos und eine Mosesstatue verehrt, wird im Arch. Buonarroti bewahrt. (Abgedruckt bei Gotti, Michelangelo Buonarroti I 373.) Nach dem Tode Michelangelos hütete Antonio eine Zeitlang auf Wunsch der Erben dessen Hinterlassenschaft. (Gotti II 153.) Er übte noch im Jahre 1581 seinen Beruf als Kunsttöpfer in Rom.

A. Bertolotti, artisti Urbinati in Roma. Urbino 1881 (Estratto dal Periodico „Il Raffaello", p. 16 und p. 37—38). — Gaz. des b. a. 2 sér. IX 204; XVIII 598, 599. — Arch. stor. dell' arte I (1889) p. 78—80. *E. Steinmann.*

Antonio, Francisco, portug. Bildhauer, schnitzte die hölzernen Statuen des Mars, Vulkan und andere, die in dem Zeughause der Geschützgießerei zu Lissabon sich befanden, führte auch für dieselbe zahlreiche andere Arbeiten in Wachs und Metall aus. Auch als Musiker anerkannt leitete er 1791 und 92 die Lukasfeste der Maler in Sta. Joanna. Starb einige Jahre später 60jährig. — Sein Nachfolger als Bildhauer d. Gießerei war João José de Aguiar.

Cyrillo Machado, Collecção de mem. p. 255. *A. Haupt.*

Antonio di Gasparino, aus der Lombardei oder von Valle di Lugano, Steinmetz in Venedig, arbeitete 1510—1511 den schönen Marmorbrunnen mit Vergoldung für S. Maria Maggiore in Spello. Andere zierliche Arbeiten in S. Lorenzo werden ihm zugeschrieben. 1519 leitete er unter Rocco da Vicenza die Arbeiten der Kathedrale in Perugia.

Arch. stor. d'arte ser. II vol. II 276; III 27. — P. Paoletti, Arch. e scult. d. Rinasc. in Venezia II 176. — Rossi, Giornale d'Erudiz. art. I 46. *L. Ferro.*

Antonio da Gessate, ein sonst unbekannter ital. Maler, machte eine Kopie des Abendmahls von Lionardo, die 1890 im Ospedale Maggiore wieder aufgefunden wurde. Sie trägt die Signatur Antonio de Glaxiate.

Archivio storico d. arte III 410. **

Antonio di Giacomo, Mosaikarbeiter in Venedig, wohnte bei S. Geminiano und arbeitete in der Kirche S. Marco, wo im Kreuzgewölbe der Haupttüre gegenüber 2 Heilige von ihm sind: S. Bernardino, 1458 ausgeführt und S. Paolo Eremita. In einem Testament, das der venezianische Notar Christ. Rizzo 16. 7. 1496 aufgesetzt hat, steht er als Zeuge unterschrieben: „io Antonio de iacomo, dal musaico . . . . ."

Arch. Veneto XXXIII parte II 400. — Arch. Veneto XXXIV parte I 204. — Selvatico e Lazzari, Guida 1881 p. 82. — La Basilica di San Marco. Venezia 1883, 301, 309, 324. *L. Ferro.*

Antonio di Giacomo del Lago Maggiore (da Misignano), Maestro di pietra in Perugia, gemeinsam mit Giovanni Lombardo, Vorsteher und Verteidiger der lombardischen Bildhauerkorporation zu Perugia gegen die Angriffe der dortigen Zunftgenossen. Nach seinem Plane und unter seiner Leitung wurde 1475—76 die dem hl. Ambrosius geweihte Cappella dei Lombardi in S. Maria dei Servi zu Perugia errichtet. (Mscr. No. 1451—52 der Bibl. Comm. zu Perugia; Breve des Papstes Sixtus IV. vom 22. V. 1476.) — Vielleicht ist dieser Meister identisch mit jenem *Antonio di Giacomo Lombardo,* der 1498 in S. Ippolito und 1510 in Urbino als Bildhauer tätig war. (Vernarucci, Scalpellini etc. di S. Ippolito.)

A. Bellucci und *E. Scatassa.*

Antonio di Giacomo, s. auch *Antonio* di Jacopo u. *Ormanni,* A. di G.

Antonio di Giampietro, s. unter *Antonio* di Giovanni da Siena.

Antonio di Giansimone, Maler in Florenz, 1525 in der Malergilde eingeschrieben.

Gualandi, Memorie VI 177. **

Antonio di Gilio, [= Egidio], Miniaturist in Perugia, findet sich in der Matrikel unter den im Quartier Porta Sole wohnhaften Zunftmitgliedern. Er war Camerlengo der Zunft im 2. Semester 1399.

L'arte dei Miniatori in Perugia, Giorn. di Erud. art. II 1873 fasc. 11—12 p. 314. *W. Bombe.*

Antonio, Giordano d', s. *Antonj,* Giordano di Giov. degli.

Antonio di Giorgio, Bronzegießer in Venedig, wurde 1480 für Rechnung der venezianischen Signoria in Sold genommen.

P. Paoletti, Arch. e scult. d. Rinasc. in Venezia II 265. *L. Ferro.*

Antonio di Giorgio, Bildhauer in Ferrara um 1540, nur von Zani, Enc. met. X 46 erwähnt. **

Antonio di Giorgio (da Settignano), s. *Marchesi,* A.

Antonio, Giosuè d', italien. Bildhauer und Porzellanmodelleur. Im Anfange des 19 Jahrh. an der kgl. Porzellanmanufaktur in Neapel angestellt, in der Periode (1803 bis 1806), während der dort die allgemein beliebten und künstlerisch hochstehenden Biskuitgruppen ausgeführt wurden. Von ihm (1804) die schöne Gruppe „Apollo auf dem

Wagen als Sonnengott von den Musen und Horen umgeben" (ein Exemplar im R. Museo di Capodimonte), ferner „Triumph des Amor", „Bacchus und Amor", „Urteil des Paris" etc. Gelegentlich der Rückkehr der Bourbons nach Neapel (9. 1. 1800) war A. auch bei den plastischen Arbeiten der Festdekorationen beschäftigt.

Napoli Nobilissima III 186, X 2.
G. Degli Azzi.

Antonio d i G i o v a n n i, zwei Maler dieses Namens in Siena um 1400 im Breve dell' Arte de' pittori senesi genannt.

M i l a n e s i, Docum. I 39. **

Antonio d i G i o v a n n i, Holzschnitzer in Venedig, bekannt nur durch die Notiz, daß er 1451 ein Atelier bei S. Giovanni Novo hatte.

P. P a o l e t t i, Arch. e scult. d. Rinasc. in Venezia I 99. *L. Ferro.*

Antonio d i G i o v a n n i, Kunststicker, Florenz um 1470, mittätig an den höchst kunstvollen Stickereien aus dem Leben Johannes des Täufers, die A. mit Paolo di Verona, Piero da Verona, Coppino di Giovanni da Malines u. Niccolò di Jacopo Francese ausführte und die im Museo der Opera del Duomo in Florenz aufbewahrt werden.

H. U l l m a n n im Jahrb. d. preuß. Kstsamml. XV 246. **

Antonio d i G i o v a n n i, Miniaturmaler für Spiegel in Venedig, † vor 7. 4. 1486 gemäß einem Dokument der „Quattro ministeriali", in welchem seine Witwe Domenica sich das ganze Vermögen des verstorbenen Gatten als Eigentum übertragen läßt.

Arch. di St. di Venezia, Quattro ministeriali. Stride R. 63 c. 70. *L. Ferro.*

Antonio d i G i o v a n n i, Maler in Venedig, wohnte 1531 bei S. Angelo.

P. P a o l e t t i, Arch. e scult. d. Rinasc. in Venezia II 116. *L. Ferro.*

Antonio d i G i o v a n n i, s. auch *Antonio* da Padova.

Antonio, G i o v a n n i d', s. *Antonj,* G. di Mich. degli.

Antonio d i G i o v a n n i A n d r e a, Miniaturist des 15. Jahrh. in Bologna, restaurierte eine Anzahl Codices für die dortige Basilica di S. Petronio.

Arch. stor. Ital., ser. V vol. XVIII (La miniatura in Bologna). *F. Malaguzzi-Valeri.*

Antonio d i G i o v a n n i d i A n g h i a r i, Maler, nur urkundl. bekannt, erhält 26. 5. 1427 den Auftrag für ein Altarbild für die Kirche S. Francesco in Borgo San Sepolcro.

M i l a n e s i, Buonaroti S. III, vol. II, Heft III p. 73 ff. *H. V.*

Antonio d i G i o v a n n i d a A r e z z o, Kunsttöpfer, 1404 in Urbino tätig, also weit früher, als man den Beginn der Kunsttöpferei in dieser Stadt bisher angesetzt hatte.

Arte e Storia XVIII, No. 21—22. *E. Scatassa.*

Antonio d i G i o v a n n i d a B o l o g n a, s. *Antonio* da Padova.

Antonio d i G i o v a n n i d a B o r g o s e s i a, Maler in Vercelli, urkundlich erwähnt 1362—71. — Vielleicht identisch mit dem gleichzeitig in den Vercelleser Urkunden als Maler aufgeführten *maestro Antonio di Giovanni di Manfredo,* gen. *de Calvizio* oder *da Mecenascho.*

G. C o l o m b o, Artisti Vercellesi (1883) p. 47 f. *

Antonio d i G i o v a n n i d a B r e s c i a, s. *Antonio* da Brescia.

Antonio d i G i o v a n n i d a C a m p e s t r i (de Valle di Lucana Lombardiae), Steinmetz in Orvieto, wo er 1460 mit seinem Bruder Giovanni beim Bau der nördlichen Seitenkapellen des Domes beschäftigt war.

L. F u m i, Il Duomo di Orvieto, p. 445, 447. *

Antonio d i G i o v a n n i d a C a n n o b i o, Architekt unter Papst Sixtus IV, in dessen Auftrag er 1471 den Umbau der Cittadelle zu Tolfanella leitete.

E. M ü n t z, Les Arts à la Cour des Papes (1878) III 80, 235. *

Antonio d i G i o v a n n i d a C o m o, italien. Architekt des 15. Jahrh., der unter Sixtus IV. in Rom am Baue der Peterskirche beschäftigt war.

B e r t o l o t t i, Art. Lombardi a Roma I 24. — E. M ü n t z, Les Arts à la Cour des Papes (1878) III, 141; sowie in Gaz. des B.-Arts, 2. pér. XIX, p. 361. *A. Muñoz.*

Antonio d i G i o v a n n i d a F i r e n z e, Holzschnitzer in Pistoja, wo er 1445 für die Operaj von S. Jacopo einen Schrank zu schnitzen hatte. — Vielleicht noch mit diesem Künstler identisch — oder wohl eher noch ein Enkel desselben — ist jener *Antonio di Giovanni da Firenze,* der 1495 als Gehilfe des Gherardo Ammannati am Crucifixustabernakel für das Oratorium des Spedale della morte arbeitete und 1506 die Schnitzarbeiten an der Orgel für das Nonnenkloster S. Maria del Letto zu Pistoja auszuführen hatte. Derselbe Meister hat dann 1514 in Gemeinschaft mit seinem Sohne, dem Maler Giovanni d'Antonio da Firenze, die prächtige, in Blau und Weiß ornamentierte Kassettendecke in der Kirche des eben genannten Klosters zur Ausführung gebracht. Im gleichen Jahre wurde A. außerdem beauftragt, den von ihm gearbeiteten „palcho alla Vergine Maria da S. Lorenzo" zu stützen und „nötigen Falles auf eigene Kosten wieder auszubessern". Endlich schnitzte er 1515 einen „cassone" für die Cappella di S. Jacopo zu Pistoja.
Pèleo Bacci.

Antonio d i m a e s t r o G i o v a n n i d a F i r e n z e, Bildhauer, Florenz um 1539, nach Zani, Enc. met. IX 57. **

Antonio d i G i o v a n n i d i S e r F r a n c e s c o, Formschneider und Kartenmaler (pittor di naibi) in Florenz gibt in seiner Steuererklärung im Jahr 1430 als in seinem

Besitze befindlich an: „Forme da naibj e da santi di lengname . . .“

Kristeller, Florentine Woodcuts, London 1897, II 7. *P. K.*

Antonio di Giovanni Genovese, Gießer, mittätig bei der Ausführung der Reiterstatue Cosimos I. von Giovanni da Bologna.

Champeaux, Dict. d. fondeurs p. 32. **

Antonio di Giovanni da Lodi (oder de Laude, auch Antonius Johannis de Bononia gen.), Maler der Giotto-Schule aus Bologna, tätig in Bologna, Lodi und Padua 1372—1398; arbeitete gemeinschaftlich mit Taddeo da Lodi, einem anderen Giotto-Schüler, in der Kirche S. Francesco zu Lodi, sowie außerdem in verschiedenen Kirchen Paduas und Bolognas.

Moschini, Orig. e Vic. d. Pitt. in Padova (1826) p. 9. — Crowe u. Cavalcaselle, Gesch. d. ital. Mal. II 30. — M. Caffi im Arch. stor. Ital. ser. III, vol. XXII, p. 333 ff. *G. Degli Azzi.*

Antonio, Giovanni Maria di, Maler in Urbino und augenscheinlich Schüler des Federigo Barocci, da er 1595 urkundlich erwähnt wird als Abmieter eines der Compagnia di S. Antonio Abbate in Urbino gehörenden Atelierraumes, den seit 1575 Barocci selbst, und seit 1593 andere Schüler dieses Meisters inne gehabt hatten. Ich selbst kenne zwei prächtig gemalte, voll signierte Bildchen von der Hand dieses Barocci-Schülers, die sich vor einigen Jahren noch im Pfarramt von S. Bartolomeo in Urbino befanden, aber jetzt dort nicht mehr vorhanden sind.

Rassegna bibliograf. IV 131. *E. Scatassa.*

Antonio di Giovanni da Milano, Architekt u. Steinmetz in Rom; 1457 Werkmeister am Baue der Kapitolinischen Paläste. Am 6. 8. 1463—64 werden ihm resp. seinem Stellvertreter Baldassare di Domenico aus Florenz aus der päpstlichen Kasse 6 Goldgulden angewiesen für Anbringung des päpstlichen Wappens am Turm des vatikanischen Palastes und in der Petronella-Kapelle der Basilica di S. Pietro.

Gorn. di Erud. art. VI 224—25. — E. Müntz, Les Arts à la Cour des Papes (1878) I 194, 270, 290. *W. Bombe.*

Antonio di Giovanni da Milano, s. auch *Antonio* di Giovanni da Siena.

Antonio di Giovanni di Piero da Venezia, Maler aus der Familie der Solari; scheint mit den Crivelli in die Marken eingewandert zu sein und ist 1502—9 urkundlich in Fermo nachweisbar. 1502 betraute ihn Giacomo Crivelli mit der Vollendung des von seinem Vater Vittorio Crivelli unfertig hinterlassenen vielteiligen Altarwerkes für S. Francesco in Osimo, an dem Giacomo selbst sich nur die Vergolderarbeiten vorbehielt. 1503 malte A. für dieselbe Kirche zu Osimo einen Madonnenaltar mit Heiligen. Weitere heute nicht mehr existierende Altarwerke malte A. für die Franziskanerkirchen zu Serra S. Quirico und zu Cingoli. In Fermo selbst habe ich den Altar der thronenden Madonna mit Heiligen in der Chiesa del Carmine (von Berenson dem Bellini-Schüler Niccolò Rondinelli zugeschrieben) als ein Werk des Antonio Solari wiedererkannt; offenbar ist dies die früheste Arbeit dieses noch so wenig bekannten venezianischen Malers. Neuerdings ist dieser Künstler mit Antonio Solari gen. lo Zingaro identifiziert worden. Siehe Solari.

C. Grigioni in Rassegna Bibliograf. d. Arte Ital. IX 115 f. *A. Anselmi.*

Antonio di Giovanni de' Rossi, Mönch im Kloster S. Maria Novella, miniierte und schrieb die Choralbücher seines Klosters. Er starb an der Pest 1495.

Marchese, Memorie I 208. *P. d'Ancona.*

Antonio, Giov. Salv. d', s. *Antonj,* G. S. degli.

Antonio di Giovanni da Siena, Bildhauer oder Goldschmied des 15. Jahrh. in Padua. Die Existenz dieses von Gonzati entdeckten Künstlers ist neuerdings wieder ziemlich fraglich geworden. Gonzati hatte auf einem der Donatello-Reliefs am Hochaltare von S. Antonio zu Padua, und zwar auf demjenigen mit der Darstellung des Wunders vom Herzen des Geizigen, zwei an der Kirchenmauer im Hintergrunde dieses Bronzereliefs angebrachte Grabinschriften entdeckt, deren eine (S. Ant. di Gio. de Se. et suoru.) der Autor deutete als „Ser Antonii di Giovanni de Senis et suorum“; er nahm daraufhin an, dieser Antonio di Giovanni da Siena habe im Vereine mit seinen Schülern sowie mit zwei auf dem anderen Grabsteine genannten Meistern und deren Schülern an Stelle Donatellos das ganze Relief mit der Wunderdarstellung vom Herzen des Geizigen modelliert oder doch an der Detailausführung desselben mitgewirkt. Diese Hypothese Gonzatis wurde von Bode und Fabriczy akzeptiert und verteidigt, von Toschi und Boito dagegen mit gewichtigen Argumentierungen bekämpft. Der letztere gibt zwar zu, daß gerade zur Entstehungszeit des Donatello-Altares ein Goldschmied Antonio di Giovanni mit der Anfertigung von Reliquiaren für die Paduaner Antonius-Basilica beauftragt war, und daß auch die beiden auf dem zweiten Grabsteine verzeichneten Künstler damals für S. Antonio arbeiteten; er vermutet jedoch, daß beide Inschriften nur als Scherze der Schüler Donatellos zu verstehen sein dürften, als Grabschriften für die Vertreter einer durch die Kunst Donatellos für immer überwundenen Kunstweise. Auch Semrau scheint in seiner Abhandlung über die Donatello-Schule der Auffassung Toschis zuzuneigen. — Die Zahl der urkundlich beglaubigten paduanischen Goldschmiede des 15. Jahrh. mit dem Namen

Antonio ist ganz beträchtlich: Ein *Antonio di Giovanni da Milano* arbeitete gemeinschaftlich mit anderen an einem Reliquiar für die Basilica Antoniana. Ferner findet man in den paduanischen Steuereinschätzungen der Jahre 1471—82 einen *Antonio di Giampietro,* einen *Antonio di Alvise,* einen *Antonio di Bartolommeo,* einen *Antonio di Francesco,* sowie verschiedene *weitere Antonios* ohne Angabe der Patronymica.

Gonzati, Bas. di S. Antonio di Padova I 149. — Bode, Donatello in Padua (Paris 1883) p. 20. — Toschi in Nuova Antologia XCIII 248 ff. — Boito in Arch. stor. d'Arte ital., ser. II, vol. I, p. 144. — Semrau, Donatellos Kanzeln p. 103. *A. Moschetti.*

Antonio di Giovanni Toselli, s. *Antonio* da Padova.

Antonio di Giovanni da Venezia, Maler in Venedig, 1454 und folgende Jahre wohnte und arbeitete er in Bologna. — Zweimal finden wir Notizen über ihn im Staatsarchiv von Bologna, die eine vom 22. 5. 1454, als „Magister Antonius Johannis de Venetijs pictor" in die Matricola della società delle Quattro Arti c. 251 eingetragen wurde, und die andere vom 21. 7. 1455, als er für die Fahnen, die er für den Papst und den Governatore gemalt hat, und für den Baldachin für den letzteren Zahlung erhielt. (Sez. del Commune-Partiti B. 2 c. 41a.)

Arch. storico d'arte III 283. — Zani, Encicl. X 73. — Ricci, Guida di Bologna. *L. Ferro.*

Antonio di Girolamo d'Antonio d'Ugolino aus Florenz malte 1526—1530 acht Miniaturen in zwei Antiphonarien des Domes daselbst. Jedes derselben enthält vier. 1. Die drei Marien am Grabe mit schönen Ornamenten und kleinen Historien am Rande. 2. Derselbe Gegenstand. 3. Hl. Johannes auf Pathmos. 4. David kniet in einer Landschaft vor Gott, der am Himmel erscheint. 5. Judith mit Holofernes' Haupt; in der Ferne die Stadt Betulia. Am Rande Wappen und kleine Halbfiguren. 6) Esther mit einem Buche sitzend. 7. Vier kniende Figuren in einer Landschaft. 8. Prophet Ezechiel in Halbfigur erschaut in der Höhe Gott Vater.

Vasari, ed. Le Monnier VI 165, 199—201. — Abbildungen in: Curmer, Evangiles des Dimanches et Fêtes pp. 256, 334, 360. — Meyer, Kstlerlex. **

Antonio di Giuliano, Maler in Rom, wo er 1478 unter den Begründern der Malerkorporation di S. Luca figurierte. 1481 wurde er für immer aus dem Kirchenstaate verbannt, weil er auf einem von den damaligen Römern viel bewunderten Schlachtenbilde, darstellend die Belagerung von Cavi, eine obszöne Episode angebracht hatte, in der Papst Sixtus IV. eine Beleidigung des Franziskanerordens und seines Nipoten Girolamo Riario erblickte.

E. Müntz, Les Arts à la Cour des Papes (1878) III 28f.; 102. *

Antonio di Giusa, Maler in Siena, aus der Künstlerfamilie der Giusi (s. Stammbaum bei Milanesi, Doc. II 349) wird von 1428—1467 verschiedentlich urkundlich erwähnt.

Milanesi, Doc. I 48, II 394—95. — Appendix, Nuovi Doc. Sen. 229. — E. Müntz, Les Arts à la Cour des Papes (1878) I 265, 309. **

Antonio di Giusto di Betto, s. *Juste,* Familie.

Antonio de Glaxiate, s. *Antonio* da Gessate.

Antonio di Gregorio, Steinmetz in Ferrara, † 1503. Für die Reiterstatue, die Ercole I. auf der Piazza Ariostea errichtet werden sollte, aber niemals zustande kam, war Antonio 1499—1503 mit den Marmorarbeiten an Basis und Piedestal, gemeinsam mit den Brüdern Domenico und Bernardino aus Mailand, beschäftigt.

Cittadella, Notizie relative a Ferrara p. 422, 423. — Meyer, Kstlerlex. *R.*

Antonio Guarnerino, Maler von Padua, war um 1404 mit dekorativen Malereien im alten Kastell und im Ratpalast (Corte degli Scaligeri) von Verona beschäftigt.

Meyer, Kstlerlex. — Carli, Istoria di Verona VI 116. *H. V.*

Antonio di Guglielmo, lombard. Bildhauer in Perugia, 1475—76 am Bau der Cappella dei Lombardi in S. Maria dei Servi beschäftigt.

Mscr. No. 1451—52 der Biblioteca Communale zu Perugia. *A. Bellucci.*

Antonio di Guglielmo, Steinmetz in Venedig, arbeitete 1500 für Rechnung der Scuola grande della Misericordia, was sich aus Quittungen in dem Archiv der genannten Scuola ergibt.

P. Paoletti, Arch. e scult. d. Rinasc. in Venezia II 111. *L. Ferro.*

Antonio di Guido d'Alberto da Ferrara, s. *Antonio* da Ferrara.

Antonio di Guido da Carrara, Bildhauer in Neapel, wohin er 1505 einen großen Marmortransport (50 Lastwagen) nachkommen ließ.

Campori, Mem. biogr. di Carrara (1873) p. 12. *

Antonio de Hollanda, Miniaturmaler und Zeichner in Portugal, zur Zeit der Könige Manoel (von dem er jedenfalls aus seiner Heimat berufen wurde) und João III tätig. Urkundl. ist von ihm bekannt, daß er 1518 oder 1519 dem Maler Francisco Henrigues als „Wappenherold" des Königs folgte, seit 1527 eine kgl. Pension von 10 000 Reis empfing und 1534—1539 bedeutende Zahlungen erhielt für mehrere illuminierte Bücher für das Kloster in Thomar. 1549 scheint er noch gelebt zu haben. A. de H. wird mehrfach in den hinterlassenen Handschriften seines Sohnes, des bekannten Miniaturmalers und Kunstschriftstellers Francisco de Hollanda erwähnt (so in „Da Pintura antiga“ [1548], „Do tirar pelo natural“ [1549], „Fabrica que falece a cidade Lisboa“ [1571]). Er wird hier ausdrücklich nur Miniaturmaler nicht Maler gen., aber in einer Liste der berühmtesten von dem Sohne an erster Stelle erwähnt. Als sein besonderes Verdienst wird hervorgehoben, daß er in Portugal eine neue Art der Miniaturmalerei in grau und weiß („iluminacion de prieto y blanco“), also wohl eine Art Grisaille eingeführt habe, die damals die beste in der Welt gewesen sei. Wir hören ferner, daß er 1525 in Toledo ein Miniaturbildnis Karls V. gemalt habe und daß der Kaiser ihn gern in seine Dienste gezogen hätte. Nach Franciscos Angabe hat A. de H. außer verschiedenen Meß- und Chorbüchern, die er für König Manuel illuminierte, auch Vorlagen für Tapisserien gefertigt, die in Arras gewebt wurden, sowie eine Zeichnung für das Szepter des Königs. Ferner erwähnt Fr., daß sein Vater und er die Vorlagen für goldene Denkmünzen der Heiligen Thomas und Vincenz gezeichnet habe. Aus einer Notiz in den Handschriften Franciscos kann man auch den Schluß ziehen, daß A. de H. Zeichnungen für die „Genealogie des Portugiesischen Königshauses“ lieferte, die sich im Britt. Mus. befindet. Das hervorragende, von Simon Beninc illuminierte Werk wurde 1530 auf Bestellung des Infanten Don Fernando begonnen, aber 1534 nach dem Tode desselben unterbrochen. Auf der portug. Kunstausstellung in Oporto 1881 befanden sich zwei 1548 dat., für João III. gefertigte Missale, die vielleicht dem A. de H. zuzuschreiben sind.

Handschr. des Francisco de Hollanda (vgl. Barbosa, Biblioteca Lusitana. — Zahns Jahrb. f. Kstwssschftn. I 335. (Übersetzung der Msc. des Francesco.) — de Vasconcellos, Francisco de Hollanda, Porto. 1879). — Cyrillo Machado, Collecção de mem. p. 61. — Cean Bermudez, Dicc. — Raczynski, Les Arts en Port. 54—55, 63, 64, 70, 209, 213 u. Dict. 134—136. — Meyer, Kstlerlex. — Bradley, Dict. of Miniat. *A. Haupt.*

Antonio, Jacobello d', s. *Antonj,* Jac. degli.

Antonio di Jacopo, Baumeister in S. Severino, wo er um 1295 die Kirche S. Francesco erbaut haben soll nach einer apokryphen Inschrift, die von dem Geschichtsforscher Valario Cancellotti aus S. Severino in seinem Manuskript in der Bibliothek communale von S. Severino p. 139 angeführt wird. Da sichere Notizen von anderer Seite fehlen, kann man an der Existenz des Meisters zweifeln. Vielleicht bezieht sich die genannte Inschrift auf irgendeine bedeutende Restauration im 16. Jahrh. und auf den Architekten Antonio di Piergiacomo.

Meyer, Kstlerlex. — Ricci, Mem. stor. I 62. *V. Aleandri.*

Antonio di Jacopo, Goldschmied in Pisa, wo er 1380 die silberne Kette zu restaurieren hatte, mit der man an den hohen Festtagen den Pisaner Dom zu schmücken pflegte. 1393 fungierte A. unter den Vorstehern des Quartiere di fuor di porta zu Pisa.

Tanfani, Not. di Artisti etc. Pisani (1897) p. 40 f. *

Antonio di Jacopo, gen. il Genovese, Architekt in Urbino, urkundlich erwähnt 1408 bis 1429.

E. Scatassa in Giorn. stor. e lett. della Liguria 1901, fasc. II. *

Antonio di Jacopo, unbekannter Maler in Florenz, 1415 in der St. Lukasgilde genannt; ebenso wie ein Maler Antonio di Jachopo Gallo 1525.

Gualandi, Memorie VI 176/7. **

Antonio di Jacopo, Holzschnitzer des 16. Jahrh. in Florenz, wo er unter Baccio d'Agnolo Baglioni an der Ausführung der Empore in der Sala nuovo del gran Consiglio des Signoriapalastes beteiligt war.

Erculei, Catalogo etc. d'Intaglio (Roma 1885) p. 75. *

Antonio di Jacopo da Guanzate, Architekt in Rom, wo er 1466—68 unter Paul II. an den Erneuerungsbauten des Palazzo di S. Marco, der Torre di Nona und der Torre del Soldano tätig war; † 1475. — Augenscheinlich ist dieser Meister identisch mit dem in den „Capitula fabricae palatii S. Marci de Urbe“ vom 16. 6. 1466 (Müntz II, 55) genannten magister *Antonius de Gonzaga.*

E. Müntz, Les Arts à la Cour des Papes (1878) II 19; 51 ff.; 60, 103. *

Antonio di Jacopo dalle Mura, Goldschmied in Pisa, wo er am 5. 2. 1460 zum Vorsteher der Domopera erwählt wurde.

Tanfani, Not. di Artisti etc. Pisani (1897) p. 41. *

Antonio di Jacopo de Ponte, Steinmetz aus Sieve, verpflichtet sich 1. 3. 1508 mit Francesco di Domenico aus Mailand und Benedetto di Giovanni Albini aus Rom zur Lieferung von Säulenkapitellen nach dem Vorbild derer im Pantheon für S. Peter in Rom.

Gazette d. Beaux-Arts 1879 XX 510. *H. V.*

Antonio di Jacopo da Verona, Maler in Ferrara, 1499 in dortigen Notariatsurkunden noch als „garzone“, 1502 dagegen bereits als Meister erwähnt.

Cittadella, Doc. ed illustr. etc. Ferrar. p. 42—46. *F. Malaguzzi-Valeri.*

Antonio di Jacopo, s. auch *Antonio* di Giacomo.

Antonio da Imola, ital. Maler um 1470. Von ihm erwähnen Crowe und Cavalcaselle in der Gallerie Lovatelli in Ravenna eine Krönung Mariae mit der Inschrift: „Hoc opus fecit Antonius alias Ghui dacius Imolesis año dñi 1470 die 17. mensis Octobris“. Das groteske Temperabild mit seinen ungeschlachten Figuren erweckt ein gewisses Interesse, weil es auch in seiner Übertreibung noch als eine Nachahmung des Ernstes des Piero della Francesco erscheint und Verwandtschaft mit der Schule des Boccati von Camerino zeigt.

Crowe u. Cavalcaselle, Gesch. d. ital. Malerei III 328. **

Antonio Joannis, Bildhauer in Florenz, arbeitete 1345 am Palazzo des Podestà.

L. Passerini, Pretorio di Firenze. — Vgl. auch Antonius Johannis. **

Antonio Joannis de Bononia, s. *Antonio* di Giovanni da Lodi.

Antonio, Juan, Maler in Sevilla, 1643 in die Christus-Bruderschaft an der Kirche S. Agustin aufgenommen.

Gestoso, Artif. Sevill. II 12. *M. v. B.*

Antonio da Lecci, s. *Antonio* di Ciomeo da Leccio.

Antonio da Lecco, lombardischer Bildhauer, war um 1464 ungefähr gleichzeitig mit Angelino da Lecco für die Certosa bei Pavia tätig. In demselben Jahre arbeitete er außerdem für die Kathedrale zu Reggio Emilia, und zwar verpflichtete er sich laut Notariatsurkunde vom 20. 9. 1464 dem Massaro dieses Kathedralenbaues und dem Bischof Filippo Zoboli, in Gemeinschaft mit den Mailänder Bildhauern Martino d'Ambrogio di Ponzone und Ambrogio di Giovanni Mantegazza Marmorblöcke aus Carrara zu besorgen und daraus nach vorgezeichneten Plänen die „Turfina" des mit Löwenfiguren zu schmückenden Hauptportales der genannten Kathedrale herzustellen. Auch für die Kirche S. Leonardo zu Reggio Emilia hatten diese drei Meister Säulen und Basen sowie die Sockel für die Löwenfiguren des Hauptportales geliefert. Endlich war nach einer Zahlungsurkunde vom 20. 3. 1473 beim Bau der Loggia de'Strazzaroli zu Ferrara ein „Maestro de Lecho tajapreda" beschäftigt, der mit unserem Antonio da Lecco identisch zu sein scheint.

Calvi, Notizie sulla vita etc. dei princ. architetti etc. in Milano (1859) p. 144, Anm. — Cittadella, Not. relat. a Ferrara p. 95. — Malaguzzi-Valeri in Rassegna d'Arte 1902, 176. *F. Malaguzzi-Valeri.*

Antonio di Lemmo, Intarsiator in Orvieto, dem der Capomastro Paolo da Siena 1370 für das Chorgestühl des Domes zu Orvieto eine Anzahl fertiger Intarsien abkaufte.

L. Fumi, Il Duomo di Orvieto, p. 276, 293. *

Antonio di Leonardo, Maler in Udine, 15. 3. 1404 und 21. 8. 1443 urkundlich genannt.

Crowe u. Cavalcaselle, Gesch. d. ital. Mal. VI 227 (deutsche Ausg.). *H. V.*

Antonio di Leonardo da Bologna, Holzschnitzer des 15. Jahrh. in Pisa.

Archivio stor. d. arte VI 159 f. **

Antonio di Locate gehört zu den Bildhauern, die seit 1473 die zierlichen Werke an der Certosa von Pavia ausführten.

Cicognara, Storia della Scultura II 173. — Ricci, Storia dell' Architettura III 404. — Meyer, Kstlerlex. *R.*

Antonio da Lodi, italien. Baumeister, vollendete 1498 den Campanile der Kathedrale von Chieti, der 1335 im Spitzbogenstil von maestro Bartolomeo di Giacomo begonnen worden war.

Napoli Nobilissima IX 64. *G. Degli Azzi.*

Antonio di Lodovico, Steinmetz in Venedig, arbeitete 1508 unter Leitung des Pietro und Giulio Lombardo für die neue Scuola della Misericordia.

P. Paoletti, Arch. e scult. d. Rinasc. in Venezia II 247. *L. Ferro.*

Antonio Lombardo, Maestro di pietra in Arcevia, arbeitete 1475 in Gemeinschaft mit Angelo Lombardo und anderen Lombarden unter der Leitung des Meo di Pace da Fabriano am Erneuerungsbau des dortigen Palazzo dei Priori. Vielleicht ist dieser Meister zu identifizieren mit jenem *Antonio Lombardo,* der nach 1460 mit mastro Rosso den Erweiterungsbau des Klosters und der Kirche S. Angelo Magno in Ascoli Piceno ausführte.

Nuova Rivista Misena III 57, Note 1. — Rassegna Bibliograf. d. Arte Ital. III 212. *E. Scatassa.*

Antonio Lombardo, Bildhauer in Perugia, 1525 gemeinsam mit Giuliano Lombardo urkundlich erwähnt als Begutachter eines von Francesco di Guido Fiorentino in S. Agostino ausgeführten Kapellenbaues.

Giorn d'Erudiz. Artist. III 56. *A. Bellucci.*

Antonio Lo(nghi) da Vinexia, s. *Antonio* Veneziano.

Antonio di Lorenzo, Ornament-Bildhauer in Orvieto, wo er 1347 Zahlung erhielt für die Ausführung von Konsolen und Laubwerkgesimsen an der Domfassade.

L. Fumi, Il Duomo di Orvieto, p. 60—61. *

Antonio di Lorenzo, 1391 als Maler in Florenz erwähnt.

Zani, Enc. XII 97. *W. Bombe.*

Antonio di Lorenzo di M° Alessandro da S. Severino, italien. Maler des 16. Jahrh. Lernte zuerst mit seinem Bruder Giov. Gentile bei dem Vater, dann bei Bernardino di Mariotto aus Perugia (der aber nicht mit Pinturicchio zu verwechseln ist), der 1502—1521 in S. Severino wohnte. Antonio wird seit 1514 als Maler verschiedener Wappen zusammen mit seinem Mitschüler Antongiacomo Acciaccaferri erwähnt und lebte noch 1563. Giov. Gentile, von dem ein Freskogemälde in S. Severino in der Kirche der S. Maria dei Lumi herrührt, starb 19. 12. 1576. Die beiden Brüder hatten sich aus der Schule ihres Vaters und des Bernardino di Mariotto einen besonderen Stil angeeignet, der aber kalt und einförmig wirkt. 1548 malten sie zusammen eine Tafel für die Parochialkirche des Castello di Colleluce in S. Severino, jetzt dort im Dome, mit der gekrönten

Maria und den Heiligen Petrus, Johannes d. T., Martin und Augustinus und der merkwürdigen, selbstzufriedenen Inschrift: Faciebat apelles Antonius et Joan | gentilis Magistri Laurentii | Septempedani pingebant. | Chi vol biassmare lopra manifesta | facciane un ultra lui, quò dañe questa | Sapienti pauca | M. D. XXXX. VIII.

V. Aleandri in „Nuova Rivista Misena" 1894 No. 11. — Nuov. Guida stor.-art. di Sanseverino-Marche 1898. — Meyer, Kstlerlex. — Ranaldi, Not. di S. Maria dei Lumi. 1847. — Ricci, Mem. stor. II 111, 112, 130. — A. Rossi, Giornale di Erudizione artistica. — Valentini, Il forastiere in Sanseverino 1868. *V. Aleandri.*

Antonio di Lorenzo del Vescovo, aus Rovigno, Bildhauer in Venedig, erwähnt von 1473—1480. Er arbeitete mit seinem Vater zusammen am Bau der Kirche S. Michele in Murano, wo er die Gesimse und Bogen im Innern ausführte und auch andere Bildhauerarbeiten. Corradino, der an der Arbeit beteiligt war, ist wahrscheinlich sein Bruder.

Meyer, Kstlerlex. (mit Lit.). — Selvatico e Lazzari, Guida di Venezia, 1881 p. 438. *L. Ferro.*

Antonio da Lucca, Maler in Ancona, 1391 in dortigen Prozeßakten erwähnt, gemeinsam mit Olivuccio di Ciccarello.

Nuova Riv. Misena III 181 f.; VI 37. *A. Anselmi.*

Antonio di Lucrezio, Miniaturist und Dominikanermönch in Bologna um 1400, der für das dortige Dominikanerkloster die Antiphonarien No. 34, 35 und (teilweise) 36, das Collectarium No. 90 (Vitrine S) und einige Blätter in Choralbüchern (jetzt sämtlich im Museo Civico zu Bologna) mit Miniaturen geschmückt hat. Das wenig anmutige und schreiende Kolorit dieser Miniaturen berechtigt uns zu der Annahme, daß auch diejenigen des Statutencodex der Nonnen von S. Chiara (jetzt in der reichen Sammlung des Bologneser Staatsarchives) von der Hand des Antonio di Lucrezio herrühren mögen.

Arch. stor. Ital., ser. V vol. XVIII (La miniatura in Bologna). *F. Malaguzzi-Valeri.*

Antonio de Lugano, Maler aus Lugano, soll zusammen mit Nicolaus de Lugano die um 1400 anzusetzenden gotischen Wandgemälde im Schiffe der Chiesa del Collegio in Ascona gemalt haben.

C. Brun, Schweizer. Kstlerlex. (unter Lugano). **

Antonio da Lugano, Steinmetz in Venedig, arbeitete 1449 an S. Maria da Vanzo in Padua; er hatte auch Forderungen an die Kasse des Santo „per molte cornixe a priede grande andè dentro e de fuore de la pala" des Hauptaltars in S. Antonio von Padua. Vielleicht identisch mit *Antonius* da Lugano (s. d.).

P. Paoletti, Arch. e scult. d. Rinasc. in Venezia II 147. — A. Gloria, Donatello fiorentino e le sue opere mirabili nel tempio di S. Ant. in Padova 1895 p. 13, 17. *L. Ferro.*

Antonio, Luis, Maler in Sevilla. 1665 in eine Bruderschaft am Profeßhaus der Gesellschaft Jesu aufgenommen.

Gestoso, Artif. Sevill. II 12. *M. v. B.*

Antonio di Lunigiana, Dominikaner-Laienbruder im Kloster San Romano in Lucca, Intarsiator, † um 1584, soll Schüler des Fra Damiano gewesen sein und hat in seinem Kloster eine Reihe von Intarsien ausgeführt, von denen noch erhalten sind: Die Türen der Sakristei mit zwei Darst. aus dem Leben Simsons und die Türen nach der Kirche mit zwei Darst. aus dem Marienleben, ferner im Chor perspektivische Intarsien und die Köpfe von St. Peter und St. Paul. Einige andere Intarsia-Arbeiten von ihm werden im Presbyterium S. Maria del Sasso bei Bibbiena als erhalten vermerkt.

Marchese, Memorie IV ed. II 314. **

Antonio di Maffiolo, s. *Maffioli.*

Antonio di Manno, Sieneser Bildhauer, in einer Urkunde vom 15. 12. 1317 als „magister Antonius olim Manni de arte lapidum" erwähnt.

Milanesi, Doc. Sen. I 185. *G. De Nicola.*

Antonio di Manno, Maler in Pisa, wird im Archiv der Opera del Duomo in Pisa 1396 erwähnt.

J. Bonaini, Memorie ined. intorno alla vita di Franc. Traini. (Annali delle Univers. Toscane I 522.) *G. De Nicola.*

Antonio, Manoel, portug. Maler um 1770. Schüler des Bruno José do Valle; wahrscheinlich religiöser Porträt- und Ornamentmaler wie sein Lehrer.

Cyrillo Machado, Coll. de mem. p. 123. *A. Haupt.*

Antonio da Mantova, Holzschnitzer in Venedig, arbeitete 1497 im Kloster S. Giovanni e Paolo. Zu Anfang des Jahres 1500 führte er mit seinem Bruder Paolo die Schränke in eingelegter Arbeit aus, die sich in der Sakristei von S. Marco befinden (mit Ausnahme des mittleren), die dann später, 1523, durch Fra Vincenzo aus Verona vollendet wurden.

Meyer, Kstlerlex. (mit älterer Lit.). — Arch. Veneto tom. XXXIII parte II 414. — Selvatico e Lazzari, Guida di Venezia 1881 p. 78. — La Basilica di S. Marco, Venezia 1888 p. 411. *L. Ferro.*

Antonio di Marchionne, s. *Antonio* da Pesaro.

Antonio di Marco di Giano, s. *Carota,* A.

Antonio di Marco da Venezia, s. *Gambello,* A.

Antonio Maria, Miniaturmaler in Venedig, † vor 1519, nur urkundlich bekannt. Vielleicht identisch mit *Antonio* Maria Casanova.

Arch. di St. di Venezia. M. M. S. Giovanni di Verdara R. 1. 3. Proc.o No. 231. *L. Ferro.*

Antonio M a r i a d a C a r p i. Venezianer Maler des 15. Jahrh. Nachahmer des Cima, von dem eine „1495 Antonius maria de charpi pinxit" bezeichnete Madonna sich im Museum in Budapest befindet (No. 1243).

L. V e n t u r i, Le Origini della Pittura Veneziana. Venezia 1907. ***

Antonio M a r i a C a s a n o v a, wird 1474 erwähnt, als es sich darum handelt, ein Breviarium zu vollenden, das Crivelli unvollendet gelassen hatte. Antonio miniierte auch andere Bücher für den Hof von Ferrara; (Verzeichnis bei Campori). Er lebte in Ferrara noch 1502, scheint aber keine hervorragende Kraft gewesen zu sein. Vielleicht identisch mit *Antonio Maria*.

C i t t a d e l l a, Documenti p. 173. — V e n t u r i, La miniatura ferrarese nel sec. XV, in Gallerie Nazionali Ital. IV 195. — H. J. H e r m a n n, Zur Gesch. der Miniat.-Mal. a. Hofe der Este in Ferrara, stilkrit. Studien, Wien 1900. *P. d'Ancona.*

Antonio M a r i a d i F r a n c e s c o d a C o l a, Bildhauer, arbeitete unter Leitung des Scarpagnino mit seinem Vater und seinem Bruder Nicola an den Dekorationen der Scuola di S. Rocco 1535 und wird bis 1540 erwähnt.

P. P a o l e t t i, Arch. e scult. d. Rinasc. in Venezia II 126, 290. *L. Ferro.*

Antonio M a r i a d a M i l a n o, Architekt und Bildhauer in Treviso, wo er 1505—9 am Grabmale des Lod. Marcello, Priors von S. Giovanni dal Tempio, sowie am Presbyterium und an der Chorapsis der Chiesa del Priorato arbeitete. — Vielleicht identisch mit dem Vorhergehenden.

G. B i s c a r o in Nuovo Arch. Veneto XVIII 1. *

Antonio d i M a r i a d a T e r m i n i, sizilianischer Maler, der 1486 gemeinsam mit Niccolò Graffeo die malerische Ausschmückung der Orgelgehäuse in der Hauptkirche zu Polizzi übernahm.

G. D i M a r z o, La Pittura in Palermo (1899) p. 252. *

Antonio d i M a r t i n o, Bildschnitzer in Siena, wo er 1414 mit seinem Bruder Paolo und mit Simone d'Antonio an der Ausführung des Chorgestühles in der Cappella di Palazzo beschäftigt war.

V. L u s i n i in Arte Antica Senese (1904) p. 240. *

Antonio d i M a r t i n o, Maler in Venedig, wohnte bei S. Margherita und war bei mehreren Testamenten in Venedig im Jahre 1500 Zeuge.

Arch. Veneto tom. XXXIII parte II 400. *L. Ferro.*

Antonio M a s s a r i, s. *Antonio* da Viterbo.

Antonio d i M a t t e o, Maler in Venedig, wohnte bei S. Maria Nuova und wird von 1462—1469 erwähnt. Seine Unterschrift: „Anthonius qm Mathei pictor S. M. Nove" steht unter seinem Testament vom 26. 7. 1462.

Arch. Veneto, tom. XXXIII parte II 400. *L. Ferro.*

Antonio d i M a t t e o, s. *Rosseilino,* A.

Antonio d i M a t t e o G h i n i d a F i r e n z e, Goldschmied in Rom, wo er 1431 bis 1432 Zahlungen erhielt für Lieferung mehrerer Siegelstempel (für Bullen Papst Eugens IV.), sowie einer goldenen Rose.

E. M ü n t z, Les Arts à la Cour des Papes Martin V etc. (Nouv. Recherches, 1884) p. 42. *

Antonio d i M a t t e o d a U r b i n o, s. *Gennari,* A. di M.

Antonio d e l l a M e a. Von della Valle, Storia del Duomo di Orvieto, irrtümlich gelesener Name statt Giacomo di Pietro di Guido. — Siehe dort.

Antonio d a M e c e n a s c h o, s. *Antonio* di Giovanni da Borgosesia.

Antonio d a M e l a r i a, Holzbildhauer und Intarsiator in Reggio Emilia, erhielt 1462 von Antonia Bojardi-Fiordibelli den Auftrag, nach den von ihm selbst angefertigten Entwurfzeichnungen für den Chor der dortigen Dominikanerkirche aus bestem Nußbaumholz ein 32sitziges Chorgestühl und 2 Chorpulte zu schnitzen, und zwar sollte das größere dieser beiden Pulte beim Messelesen Verwendung finden und in der Zeichnung wie in den Maßen demjenigen der Kathedrale zu Reggio genau nachgebildet werden; der Gesamtpreis dieser Arbeit war auf 336 Lire festgesetzt, wovon eine Teilsumme sofort ausgezahlt wurde zum Ankauf der nötigen Hölzer. Der hierauf bezüglichen Notariatsurkunde vom 30. 9. 1462 ist ein detaillierter Kostenanschlag von der Hand des Künstlers beigelegt. Leider ist von dieser bedeutenden Arbeit nichts erhalten geblieben, so daß stilistische Vergleiche heute nicht mehr möglich sind. Wohl aber scheint aus der Fassung der soeben genannten Urkunde hervorzugehen, daß auch das nur 3 Jahre früher entstandene und gleichfalls von Antonia Fiordibelli gestiftete Chorpult der Kathedrale zu Reggio (dem dasjenige von S. Domenico außerdem getreulich nachgebildet werden sollte) als eine Schöpfung des Antonio da Melaria zu betrachten ist. Dieses noch heute existierende, mit der Jahreszahl 1459 datierte Chorpult besteht aus einem Parallelepipedon-Körper mit elegantem Intarsia-Dekor von Blumen und Früchten und wird bekrönt von einer Madonnenstatuette sowie von den zu beiden Seiten in Anbetung knienden Bildnisstatuetten des Stifterpaares Geroldo de' Fiordibelli und Antonia Bojardi-Fiordibelli. Am oberen Kranzgesimse des Pultes ist die nachstehende Distichon-Inschrift zu lesen:

Quod studiose vides Geroldi sedula conjux
De Flordebellis figere fecit opus. MCCCCLIX.

Arch. stor. d. Arte Ital. V 324 ff. — Rassegna d'Arte 1904 p. 143. *F. Malaguzzi-Valeri.*

Antonio Melloni, s. *Melone,* A.

Antonio di Menico, Maestro di Legname zu Perugia, war zugleich mit Giovanni Andrea di Jacopo als Gehilfe des Giampietro Zuccari beim inneren Ausbau des Collegio dei Dottori zu Perugia tätig. Die Zahlungen an ihn beginnen 1618 und endigen 1621.

Rossi, La Stor. del Cambio a Perugia, Giorn. di Erud. art. Vol. III, 1874, fasc. I 24. *W. Bombe.*

Antonio di Meo, Miniaturist in Perugia, findet sich in der Matricola dei Miniatori unter den im Quartier Porta Sole wohnhaften Zunftmitgliedern. Er bekleidete dreimal das Amt des Camerlengats: Im 1. Semester 1425, im 2. Semester 1432, im 1. Semester 1442. Im 2. Semester 1442 war er Massaio.

L'arte dei Miniatori in Perugia, Giorn. di Erud. art. II, 1873 fasc. 11—12 p. 314. *W. Bombe.*

Antonio da Mercatello, s. *Bencivenni,* A.

Antonio da Messina, italien. Maler, Anfang des 16. Jahrh., von dem sich ein geringes „Ant(oni)us de Messina opus" bezeichnetes Bild mit der Madonna in der Sl. H. Cook in Richmond befindet (No. 47). Mit Antonello da Messina oder A. da Saliba hat das Werk nach Venturi nichts zu tun.

L. Venturi, Le Origini della Pittura Veneziana, Venezia 1907. ***

Antonio del Mezzano, Goldschmied in Piacenza, beendigte 1416 für die Kathedrale ein großes Kruzifix in vergoldetem Silber, mit Reliefs und Emails. Es wanderte 1798 in die Münze, aber einige Teile mit der Inschriftenplatte sind erhalten. Die Inschrift lautet: Hec. act. maj. eccl. plac. facta. per. Anton. de. Mezzano MCCCCXVI.

Cicognara, Storia d. scult. II 187. — Rassegna Nazionale vol. 127 p. 535 ff. (Espos. di Arte sacra in Piacenza 1902.) **

Antonio di Michele, Maler, 1398 in der Florentiner St.Lukasgilde erwähnt.

Gualandi, Memorie VI 176. **

Antonio di Michele da Viterbo, italien. Holzbildhauer und Dominikanermönch, tätig in Rom um 1450. Papst Eugen IV., der mit Vorliebe Dominikanerkünstler beschäftigte, beauftragte den Frate Antonio mit der bildnerischen Ausschmückung der hölzernen Türflügel für eines der Seitenportale der alten Basilica di S. Pietro. Bezeichnenderweise zeigten diese unter Paul V. zerstörten Türflügel in ihrem Reliefschmuck dieselben Darstellungen, wie die gleichzeitig entstandenen Bronzetüren des Filarete, und zwar (nach Bonanni) die Gestalten des Erlösers, der Jungfrau Maria und der Apostel Petrus und Paulus; ferner die Passion Christi und das Martyrium der beiden Apostel, die Rückerstattung des Schleiers durch Paulus an Plautilla, die Krönung des Kaisers Sigismund durch Eugen IV., die Wiedervereinigung der griechischen Kirche mit der römischen, die Huldigung der äthiopischen Rhetoren vor dem Papste und andere Ereignisse aus dem Pontifikate Eugens IV.; außerdem die Inschrift „Has portas ligneas fecit / frater Antonius Michaelis / de Viterbio / ordinis praedicatorum / Anno Domini MCCCCXXXIII /. Forcella dagegen gibt dieselbe Inschrift mit der Jahreszahl 1437 wieder. In der Tat jedoch sind beide Lesarten jetzt als irrtümlich nachgewiesen. Denn E. Müntz hat in den vatikanischen Archiven eine Urkunde gefunden, wonach 1447 an den Frate Antonio 130 Dukaten ausgezahlt wurden als Bezahlung für seine „spexe fatte nele porte di santo Pietro". Demnach müßte der Meister diese Türflügel erst 1447 oder doch nur kurze Zeit vorher vollendet haben. Auch im „Diario" des Niccolò della Tuccia ist mit klaren Worten gesagt, daß die Holztüren des Frate Antonio erst kurz vor dem Tode Eugens IV. (1447) vollendet worden waren. Als wirkliches Entstehungsdatum dieser Türen können also nur die Jahre 1446—47 angenommen werden. — Unter Papst Nikolaus V. war der Frate Antonio da Viterbo 1447—50 dauernd als Kunsttischler beschäftigt; auch hatte er das Studierzimmer dieses Papstes mit Intarsien zu schmücken. Andere Arbeiten des Frate Antonio sind nicht bekannt.

Marchese, Mem. (1. Ausg.), p. 365. — E. Müntz, Les Arts à la Cour des Papes (1878) I 44 f., 87. — Gaz. des B.-Arts XVIII 91. — Forcella, Iscrizioni IV 33. — Erculei, Catalogo delle Opere Antiche d'Intaglio etc. p. 17 ff. *A. Muñoz.*

Antonio di Michelino da Rovigno, Steinmetz in Venedig. Am 27. 8. 1506 verpflichtet er sich dem frate Antonio Contarini, Prior des Klosters S. Salvatore, in der Kirche die Arbeiten in Stein von Istrien nach den Entwürfen von Pietro und Tullio Lombardo auszuführen.

P. Paoletti, Arch. e scult. d. Rinasc. in Venezia II 241. *L. Ferro.*

Antonio da Milano, Steinmetz, wohnhaft in Reggio, verpflichtet sich 1474 und 1475 kontraktlich zur Anfertigung von Steinmetzarbeiten, darunter auch die Ornamentierungen und Reliefs des Tores des Palazzo Bosio Sforza in Parma.

Gualandi, Memorie VI 31, 33. **

Antonio Minelli (del Minello), s. *Bardi,* A. die M. de' u. *Minella,* A. di Tommaso del.

Antonio de Miraguel, Maler in Venedig, wohnte 1536 bei S. Maria Mater Domini, und hatte einen Sohn Namens Francesco.

P. Paoletti, Arch. e scult. d. Rinasc. in Venezia II 127. *L. Ferro.*

ALLGEMEINES LEXIKON DER BILDENDEN KÜNSTLER

VON DER ANTIKE BIS ZUR GEGENWART

UNTER MITWIRKUNG VON 320 FACHGELEHRTEN
DES IN- UND AUSLANDES

HERAUSGEGEBEN VON

DR. ULRICH THIEME UND DR. FELIX BECKER

ZWEITER BAND

Antonio da Monza — Bassan

E. A. SEEMANN VERLAG LEIPZIG

A

(Fortsetzung.)

Antonio d a M o n z a, Fra, Miniaturmaler u. wahrscheinlich auch Kupferstecher, tätig in Mailand am Ende des 15. Jahrh. Den Namen Antonios kennen wir nur aus der Bezeichnung auf einem prächtigen miniierten Blatte der Albertina zu Wien, das aus einem für Papst Alexander VI. hergestellten Missale oder Pontificale zu stammen scheint. Die Inschrift lautet: „F. Antonii de Modoetia Minorite opus D. G." Es ist möglich, aber keineswegs sicher, daß A. identisch sei mit dem Antonio da Monza, der (nach Moschini, Pittura in Padova p. 24) im Jahre 1456 massaro der Fraglia dei pittori in Padua war. Nach den Werken, die wir A. auf Grund des bezeichneten Blattes der Albertina zuschreiben können, arbeitet er zuerst im Stile der älteren, vor-leonardesken Mailänder Schule, zeigt sich aber auch hier schon von Leonardo beeinflußt; später gerät er vollständig in die Abhängigkeit von Leonardo und seiner Schule, besonders von Luini. Außer dem erwähnten Blatte der Albertina, das die Ausgießung des hl. Geistes darstellt (Abb. Albertina-Handzeichnungen alter Meister II, n. 237 und 238) werden A. zugeschrieben, die Miniaturen einer Handschrift von La vita e le azioni di Giacomo Sforza (Paris, Bibl. Nat. n. 9941), die im Pontificale Cod. Ottob. lat. 501 der Vaticana und im libro d'ore der Bona von Savoien (Brit. Mus. hgb. von Warner 1894), die Titelumrahmung in einem Exemplar der 1490 in Mailand gedruckten Sforziade des Giovanni Simonetta (Brit. Mus.), die Verzierungen des Assegnamento contradotale, das Lodovico il Moro 1494 für Beatrice d'Este bestellte (Brit. Mus. Add. Ms. 21413) und eine Schenkungsurkunde Lodovicos an das Kloster von S. M. delle Grazie in Mailand (Abb. Müntz, Hist. de l'art p. la ren. II 303), ferner eine AN MA bezeichnete Miniatur, Madonna mit Antonius Eremita, Katharina, Engeln und Stifter, und eine Kreuztragung, beide in der Sammlung des Herrn Leopold Goldschmidt in Paris. Außerdem hält man einzelne Initialen und Miniaturfragmente in Berlin und Florenz für Arbeiten des Künstlers. A.s Werke zeichnen sich aus durch alle die Eigenschaften, die am Miniaturmaler besonders geschätzt zu werden pflegen, durch Reichtum der Detailschilderung, Feinheit und Schärfe der Zeichnung, Glanz der Farben und Pracht der Verzierungen. A. ist besonders als geschmackvoller und erfindungsreicher Ornamentiker und als Kolorist hervorragend; der Stil seiner Figuren und Landschaften ist bei allem Reiz der Schilderung und Ausführung doch stark manieriert, so daß seine künstlerische Handschrift an vielen, oft bizarren Eigenheiten leicht erkennbar ist.

Die überaus große stilistische Ähnlichkeit einer Reihe von Kupferstichen, die in der Zeichnung und in der Ornamentik mit den Miniaturen bis in die kleinsten Einzelheiten übereinstimmen, hat den Gedanken nahe gelegt, daß diese Blätter, die jedenfalls von A. gezeichnet sein müssen, von ihm auch eigenhändig gestochen seien. Zu diesen Kupferstichen gehören: eine Madonna mit Hieronymus (B. XIII 85 n. 3), eine Madonna mit Heiligen in der Ambrosiana zu Mailand, eine Pietà der Albertina, eine Himmelfahrt Mariae (Pass. V 15 n. 12) und ein Stich nach Leonardos Abendmahl (B. XIII 83 n. 28). Als Werk des A. muß auch die bekannte Folge der zwölf großen, dem Zoan Andrea zugeschriebenen Montants (Candeliere B. VIII 306 ff. n. 21—32) angesehen werden. Eines dieser Blätter (B. 24) trägt das Zeichen des Zoan Andrea. Dieser Stich und zwei andere der Folge (B. 25 und 27) sind in der Tat von Zoan Andrea gestochen worden und zwar ohne Zweifel nach Zeichnungen A.s. Die übrigen neun Stücke der Folge weichen aber in der Technik von diesen dreien stark ab und zeigen genau die gleiche Ausführung wie jene oben erwähnten Stiche, die man wohl für eigenhändige Arbeiten A.s halten darf. Zoan Andrea hat also hier unserem A. bei der Arbeit geholfen, wie er auch sonst nach seinen Stichen kopiert zu haben scheint (so z. B. den Stich B. 14). Er kann also jedenfalls mit dem Stecher der oben dem A. zugeschriebenen Blätter — mag er nun A. sein oder ein anderer Meister — nicht identisch sein.

Gazette d. Beaux-Arts 1870 (IV) p. 151. — Repert. f. K.-W. VII (1884) p. 85. — M o n g e r i e d'A d d a im Arch. Stor. Lombardo XII (1885) p. 771 ff. — B r a d l e y, Dictionary of miniaturists.

London 1887—89. — Archivio Storico dell' Arte II (1889) p. 168. — Lermolieff, Gallerie Borghese etc. (1890) p. 203. — Venturi in L'Arte I (1898) p. 154 ff. — Arte e Storia XVII (1898) p. 144. — L'Arte II (1899) p. 114. — Kristeller in Rassegna d'Arte I (1901) p. 161 f. — Live in L'Arte VI (Arte decorativa p. 13 ff.). — Warner, Illum. Manuscripts in the British Mus. London 1903. *P. K.*

Antonio da Morbegno, lombard. Bildhauer, der längere Zeit in Mantua tätig gewesen zu sein scheint und 1515 gemeinsam mit seinem Gehilfen Anzolino die Grabmäler für die Gräfin Lucia Rangoni-Rusca († 27. 8. 1508, beigesetzt in der Familienkapelle der Rangoni im Dom zu Modena) sowie für deren Gemahl, den Grafen Francesco Maria Rangoni († 5. 10. 1511, beigesetzt in S. Agostino zu Spilamberto) vollendete. Beide Werke bestehen aus stilvoll architektonisch gegliederten und profilierten, mit Urnen bekrönten Sarkophagen in Rundbogennischen, die von Pilastern flankiert werden. Die Nischenarchitektur ist bei beiden Monumenten mit Waffentrophäen dekoriert.

Meyer, Kstlerlex. II 147 f. (mit ält. Lit.). — Campori, Art. Ital. etc. negli Stati Estensi, p. 325 f. *R.*

Antonio da Murano. Venezianer Maler der 2. Hälfte des 15. Jahrh. Nur aus Urkunden bekannt. Am 21. 5. 1472 wird er zugleich mit dem Maler Andrea da Murano als Zeuge genannt. In den Akten des Podestà von Murano wird er am 4. 8. 1468 und 21. 6. 1484 erwähnt, und eine Urkunde vom 20. 3. 1496 trägt seine eigenhändige Unterschrift „antonio da muran dipintore santo cassian". Dieser Antonio da Murano ist sicher verschieden von dem bekannten gleichfalls Antonio da Murano genannten Maler, der zur Familie der Vivarini gehört, wie ein Vergleich der Autogramme erweist, abgesehen davon, daß Antonio Vivarini 1496 bereits sicher verstorben war, und als in der Parochie von Santa Maria Formosa wohnend genannt wird, während dieser, einer späteren Generation angehörende Antonio da Murano in der von Santo Casciano lebte.

Paoletti u. Ludwig im Repert. f. K.-W. XXII 265. *G. Fogolari.*

Antonio da Murano, s. *Vivarini,* Ant.

Antonio dal Musaico, s. *Antonio* di Giacomo.

Antonio di ser Naddo, Maler in Siena, 1427 in das Breve dell' Arte eingeschrieben, erhielt 1448 Bezahlung von 18 Lire für 4 Darstellungen aus dem Leben des h. Nicolaus und wird 1450/51 zuletzt erwähnt.

Milanesi, Doc. Senesi I 49; II 282/3. **

Antonio da Napoli, Maler in Neapel 1489—1491, wohin er mit zwei anderen neapolitanischen Malern, Girolamo und Niccolò da Napoli, durch Eleonora von Aragonien berufen worden war. Für die Hochzeitsausstattung der Beatrice d'Este lieferte A. bei deren Verehelichung mit Lodovico il Moro vergoldete Kassetten und Moschusbehälter.

A. Venturi in Atti e mem. d. R. Deput. di Stor. Patr. per le Romagne, ser. III, vol. VII 387. *F. Malaguzzi-Valeri.*

Antonio da Negroponte. Venezianer Maler des 15. Jahrh. Bekannt und wichtig durch ein kolossales Tafelbild in Temperafarben in der Kapelle Morosini in S. Francesco della Vigna in Venedig: die thronende Madonna mit dem nackten auf ihren Knien liegenden Kind und zwei kleinen Engeln rechts und links von dem Throne, der ebenso wie die an beiden Seiten befindlichen Nischen überreich mit Relieffiguren, tanzenden Putten, Köpfen und Füllhörnern geschmückt ist. Im Hintergrund ein Rosengarten, vorn auf einer Wiese Wasservögel, oben ein Fruchtgewinde (der obere Teil mit Gottvater ist nicht zugehörig, sondern eine Zutat von einem späteren Jahrhundert). Die Fleischpartien des Bildes sind stark retouchiert. Auf der unteren Stufe des Thrones die Bezeichnung „Frater Antonius de Negropoñ pinxit", der in etwas dunkleren Farben gehaltene Zusatz „ordinis Minorum" dagegen stammt aus späterer Zeit und wahrscheinlich von den Mönchen von S. Francesco. Sichere urkundliche Nachrichten über den Künstler sind nicht bekannt. Eine Urkunde aus dem Jahre 1469, in welcher Jac. Bellini einen Bevollmächtigten ernennt, um eine Schuld im Orient „ab Antonio Falerio pictore habitatore Negroponti" einzutreiben, kann nicht ohne weiteres auf diesen Antonio da Negroponte bezogen werden (s. Paoletti, Raccolta di Doc. ined. fasc. I. J. Bellini 1897 p. 11). Der Künstler ist als Vertreter der Paduaner Kunst aus der Schule des Squarcione anzusehen, deren Elemente uns in dem reichen schmückenden Beiwerk auf Antonios Madonna begegnen. Während er aber einerseits mit Squarciones Nachfolgern Marco Zoppo und Gregorio Schiavone im Zusammenhang steht, verraten sich venezianische Einflüsse in den ikonographischen Typen, in denen er vieles mit Gentile Bellini und den Vivarini gemein hat. Venezianisch ist auch die Falten- und Farbengebung. Seine Stärke liegt übrigens in dem ornamentalen Beiwerk, das besser ist als der figürliche Teil des Bildes. Andere dem Antonio da N. früher zugeschriebene Werke haben mit seiner Kunst nichts gemein, dagegen nehmen Crowe u. Cavalcaselle vielleicht nicht ohne Grund die thronende Madonna im Oratorio della Disciplina in Legnago für ihn in Anspruch. Von einigen Schriftstellern (Sansovino, Boschini) ist dem Antonio fälschlich der Vorname Francesco gegeben worden.

Crowe u. Cavalcaselle, Gesch. d. ital. Malerei V 10. — Moschini, Guida di Venezia 38, 44, 61. — Ridolfi, Maraviglie etc. I 48. — Meyer, Kstlerlex. — L. Venturi, Le Origini della Pittura Veneziana. Venezia 1907. *G. Fogolari.*

Antonio d i N i c o l ò, Sieneser Maler, 1398 urkundlich genannt.

M i l a n e s i, Docum. Senesi I 39. **

Antonio d i N i c o l ò oder *Antonino* di Nicolò, auch *Antonio* da Venezia genannt, Bildhauer in Venedig, führte 1446 ein Altarwerk für die Kirche S. Lorenzo in Vicenza aus, das eine große Seidenstoffdraperie in Gestalt eines Zeltes darstellt, ausgespannt gehalten von 3 Engeln; darunter stehen 3 Statuen in voller Figur: die Madonna das Kind haltend zwischen den Heiligen Petrus und Paulus, mit der Inschrift: „Hoc opus fecit mag. Ant.s de Venetijs". 1448 machte er ein großes Basrelief an der Wand hinter dem Altar in der Kapelle dell' Incoronata im Dom derselben Stadt, welches die Krönung der Jungfrau darstellt und die Inschrift trägt: „per mi Antonio qm Nicolai de Venetijs factum fuit hoc opus MCCCCXLVIII". Die Arbeiten dieses Künstlers zeigen ganz den Geschmack der venezianischen Schule aus dem Anfang des 15. Jahrh. und nähern sich nach Bode dem Stil der dalle Massegne, indessen ohne sie zu erreichen. — In Ferrara arbeitete ein *Antonio da Venezia* schon 1430, und zwar machte er für die Sakristei der Kathedrale das Maßwerk der Fenster und die Gesimse des Kamins. Boni nennt mit Unrecht diesen Künstler Antonio da Vicenza.

M e y e r, Kstlerlex. (mit Lit.). — P. P a o l e t t i, Arch. e scult. d. Rinasc. in Venezia I 52. *L. Ferro.*

Antonio d i N i c c o l ò, Bildhauer. Arbeitet urkundlich 1489 an dekorativen Arbeiten im Dom zu Pisa.

S u p i n o, Arte Pisana S. 196 f. *Swarzenski.*

Antonio d i N i c c o l ò d a F i r e n z e, gen. B r o g l i o l a od. D i v e r s o l o, Goldschmied in Rom, wo er 1449 für Papst Nikolaus V. eine mit Saphiren besetzte goldene Rose anzufertigen hatte, sowie 1450 zwei weitere goldene Rosen und einen goldenen Degen nebst goldenem Hutschmuck.

E. M ü n t z, Les Arts à la Cour des Papes (1878) I 166 ff., II 318 f., sowie in Gaz. des B.-Arts., 2. Per. XV 418. *

Antonio d i N i c c o l ò d a F i r e n z e, s. auch *Baroncelli,* A. di N.

Antonio d i N i c o l ò d a N a p o l i, Maler in Padua, 1379 urkundlich erwähnt.

M o s c h i n i, Della Pitt. in Padova Mem. p. 9. *Moschetti.*

Antonio d i N i c o l ò d a V e r o n a, Maler in Verona um 1367, nur von Zani, Enc. met. XIX 138 erwähnt. **

Antonio d a N o v a r a, Maler in Vercelli, wo er 1387 die Fassade des Palazzo Comunale mit Wappen- und Ornamentfresken zu schmücken hatte.

G. C o l o m b o, Artisti Vercellesi (1883) p. 48 f. *

Antonio di O d o r i c o d a S p i l i m b e r g o, s. *Celega,* Antonio di Odorico.

Antonio d i O r l a n d o, gen. Cicogna, Maler und Miniaturist in Bologna, 1265—1287 erwähnt. Malte einige Figuren im Palazzo del Popolo daselbst.

F. M a l a g u z z i - V a l e r i, La miniatura in Bologna, Florenz 1896. (Archivio Stor. Ital. ser. V, tom. XVIII, pag. 243 ff.) *

Antonio d a O r t e, Maler in Rom. Arbeitet in den Jahren 1453—54 zusammen mit dem Maler Pietro Gentile da Forli und dem Miniaturisten Giuliano di Giacomo da Terni, in Diensten Papst Nicolaus' V.

Giornale di Erud. art. VI 269—70. — Arch. stor. dell' Arte VII 480. — B e r t o l o t t i, Studi e ricerche, Bologna 1886 p. 9. — E. M ü n t z, Les Arts à la Cour des Papes (1878) I 95. *W. Bombe.*

Antonio d a O r v i e t o, Architekt in Terni, inschriftlich beglaubigt als Erbauer der 1445 vollendeten dortigen Kirche S. Francesco nebst Campanile.

G u a r d a b a s s i, Indice-Guida etc. nell' Umbria p. 314. *A. Bellucci.*

Antonio d i O s t e n o, s. *Maffioli,* A.

Antonio d'O s t i g l i a, Bildhauer in Bologna, in der ersten Hälfte des 16. Jahrh. für S. Petronio tätig.

A n g. G a t t i, La fabbrica di S. Petronio, Bologna 1881. *F. Malaguzzi-Valeri.*

Antonio d i P a c i o l o R o m a n o, Holzschnitzer in Rom, brachte 1463—64 die Balkendecke der von Pius II. errichteten Cappella di S. Andrea in der alten St. Petersbasilika zur Ausführung.

E. M ü n t z, Les Arts à la Cour des Papes (1878) I 286.— V. L e o n a r d i in L'Arte III 262. *

Antonio d a P a d e r n o oder Antoninus de Paderno, Sohn eines Ambrosius, war Baumeister und Maler in Mailand, wo er 1399 bis 1439 als Ingenieur beim Dombau in mehreren Verhandlungen auftritt. Namentlich erscheint er bei der Beratung über die von Joh. Mignothus angefangene Konstruktion des Gewölbes am 26. März 1401 als einer der eifrigsten Gegner des letzteren. Er versuchte sich auch in der Glasmalerei, indem er sich am 5. 8. 1404 neben Paolino da Montorfano zu einem Versuche in dieser Kunst erbot, von der damals die erste Anwendung für den Dom gemacht werden sollte.

N a v a, Memorie e Documenti etc. pp. 82, 101, 107, 116, 118, 120, 129, 147, 150, 151, 210. — M e y e r, Kstlerlex. *R.*

Antonio d a P a d o v a, Maler des 14. Jahrh. in Padua. — Marcanton Michiel, der Anonymus Morellianus, weist bei Besprechung der Baptisteriums-Kapelle des heiligen Lukas im Santo (San Antonio) in Padua auf die Ähnlichkeit der Wandmalereien daselbst mit denjenigen im Baptisterium hin und sagt: „Man liest über der zum Kreuzgange führenden Tür die Inschrift: ‚Opus Joannis et Antonii de Padua'." — Auf Grund dieser Inschrift also glaubt Michiel sich berechtigt zu der Annahme, nicht nur die Malereien im Innern des Baptisteriums, sondern auch diejenigen in der Cappella di S. Luca der St. Antonius-Basilica — von Campagnola u. Rizzo gleichfalls dem Giusto da Padova zugeschrieben — seien in der Tat Werke der Meister Antonio u. Giovanni da Padova. Bedauerlicherweise ist außer dieser Notiz Michiels keinerlei sonstige Nachricht über diese beiden Meister vorhanden; auch die angegebene Inschrift im Inneren des Baptisteriums ist heute leider völlig verschwunden (wahrscheinlich war sie gemalt, obwohl Selvatico in seiner Guida di Padova behauptet, sie sei in Stein gehauen gewesen). Die übrigen älteren Autoren, — z. B. Vasari, sowie auch Savonarola, zu dessen Jugendzeiten Giusto sogar noch am Leben war, und der doch sonst so eingehend und zuverlässig ist in seinen Angaben über das Kunstleben in Padua — stimmen in ihren Angaben über die innere Ausmalung des Baptisteriums mit Campagnola und Andrea Rizzo völlig überein. Von den neueren Autoren haben Gonzati, Cavalcaselle u. Venturi sich der allgemein herrschenden älteren Annahme angeschlossen, während Moschini zuerst zu der Ansicht gelangte, daß Giusto und Altichieri als die Schöpfer der jetzt nicht mehr existierenden Außenmalereien des Baptisteriums, Antonio und Giovanni dagegen als diejenigen der inneren Freskoausmalung zu betrachten seien. Späterhin ging Moschini zwar zu der diametral entgegengesetzten Ansicht über, daß Giusto der Meister der Innenfresken, und statt dessen Antonio und Giovanni die Schöpfer der Außenmalereien gewesen sein müßten; jedoch erwarb sich seine frühere Hypothese, der namentlich Selvatico und neuerdings auch von Schlosser beipflichteten, eine weit überwiegende Anhängerschaft. Wir selbst sind mit Gonzati zu der Überzeugung gelangt, daß dem Zeugnisse Savonarolas, dieses Zeitgenossen Giustos, maßgebende Bedeutung beizumessen ist. Die von Michiel entdeckte Inschrift würde sich demnach nicht auf die gesamte Innenausmalung des Baptisteriums, sondern wahrscheinlich nur auf ein einzelnes Freskobild bezogen haben; jedenfalls muß diese Inschrift in ziemlich kleinen Schriftzügen an schwer zugänglicher Stelle angebracht gewesen sein, da sie von keinem der zahlreichen gewissenhaften Autoren, die vor und nach Michiel über die Baptisteriumfresken geschrieben haben, wahrgenommen wurde. Endgültig ist die ganze Frage vorläufig überhaupt nicht zu lösen.

Die unteren Freskenreihen des Baptisterium-Inneren sind gegen Ende des 18. Jahrhunderts von einem barbarischen Restaurator arg verdorben worden; besser erhalten sind die Malereien an den Oberwänden und in der Kuppel. An den Wänden sind Szenen aus dem Alten und dem Neuen Testamente dargestellt. Dem Altare gegenüber sieht man die thronende Madonna, die der Stifterin dieser Wandmalereien, Fina di Buzzaccarina (Gemahlin des Francesco il Vecchio da Carrara), den Segen erteilt.

Die Kuppelfresken, die schönsten des ganzen Zyklus, zeigen Gott-Vater, umgeben von mehreren Reihen von Engeln und Heiligen; die durch Restaurierung verdorbenen Fresken der Altarkapelle eine Menge kleiner Einzeldarstellungen aus der Apokalypse. Auf der Mitteltafel des dreireihigen Altarwerkes ist die Madonna dargestellt, während die niedrigeren Seitenflügel mit verschiedenen Heiligenlegenden geschmückt sind. Auch in der Sakristei sind Reste von Wandmalereien erhalten geblieben. — Die Fresken der Cappella di S. Luca in S. Antonio sind infolge späterer Übermalungen in einem noch schlimmeren Zustande, als diejenigen des Baptisteriums; sie stellen Szenen aus dem Leben der Hl. Philippus und Jacobus sowie des Beato Luca Bellerdi dar.

Ein Maler namens *Antonio di Giovanni da Bologna* wird in paduanischen Urkunden vom Ausgange des 14. Jahrh. mehrfach erwähnt; ein *Antonio pittore qm. maestro Albertino* in einer von Gennari publizierten Urkunde von 1400 und in zwei Urkunden von 1402 (die eine unter den Pergamenthandschriften Dal Verme des Arch. civ. zu Padua, die andere publiziert von Gloria, hier mit dem Zunamen „dalle Targhe"). Gennari berichtete außerdem noch über einen *Antonio pittore qm. Giovanni* nach einer Urkunde von 1402. — Moschini zitiert einen *Antonio Zucconi da Padova,* der 1423 im Dome zu Padua Malereien ausführte um einen Schrein, der „ein vom Evangelisten Lucas gemaltes Madonnenbild" umschloß. 1431 findet sich ein *Antonio cartolajo figlio di Maestro Antonio pittore* in Padua urkundlich erwähnt, und in demselben Jahre sowie fernerhin 1442 ein 1448 bereits verstorbener *Antonio pittore qm. Giovanni Toselli* (Archivio civico zu Padua, Abteilung der Steuereinschätzungen). Ein 1453 bereits verstorbener *Antonio da Padova* hatte einen Sohn namens Tito Livio, der 1453 bis 1473 in Ferrara als Maler tätig war. — Ob einer dieser Antonios mit dem praesumptiven Schöpfer der Baptisterium-Fresken identifiziert werden kann, muß vorläufig dahingestellt bleiben.

S a v o n a r o l a, Libellus de ornamentis Padue (in Rer. ital. script. ediz. Lapi p. 44). — M o r e l l i, Not. d'opere di disegno, ediz. 2 p. 14, 77. — G e n n a r i, Miscellanee (Mscr. in Bibl. civ. zu Padua IV 225). — M o s c h i n i, Guida per la città di Padova p. 81; Origine e vicende della pitt. in Padova p. 11, 21. — G o n z a t i, La bas. di S. Antonio I 235. —

Cittadella, Not. relat. a Ferrara p. 566, 583. — Selvatico, Guida di Padova p. 128. — Gloria, Doc. int. al Petrarca p. 41 f. — Crowe u. Cavalcaselle, Stor. d. pitt. in Italia IV 181 ff. — Von Schlosser, Giustos Fresken p. 3. — Venturi, Storia d. arte it. V 921. *A. Moschetti.*

Antonio da Pandino d. Ä., Bildhauer und Glasmaler in Mailand, Bruder (oder Vater?) des Stefano da Pandino. 1399 beim Mailänder Dombau beschäftigt, malte er 1416 einige Glasfenster für die Certosa von Pavia.

Nava, Mem. e Doc. p. 186. *F. Malaguzzi-Valeri.*

Antonio da Pandino d. J., Architekt, Fresko- und Glasmaler in Mailand, Sohn des Stefano da P. War gleich Antonio da P. d. A. für die Certosa von Pavia als Glasmaler tätig (1477); ein Glasfenster in der S. Siro-Kapelle der Certosa mit der Darstellung des Erzengels Michael als Drachentöter trägt die Inschrift „Antonius de Pandino me fecit". 1478 war er beim Mailänder Dombau beschäftigt, und zwar lieferte er damals wohl jenes von Bramante begutachtete Dommodell, das W. von Seidlitz erwähnt. Nach neueren Urkundenfunden hat er sodann 1483 in Gemeinschaft mit Antonio Raimondi in den Kuppelzwickeln von S. Satiro zu Mailand die vier Evangelisten-Fresken gemalt, die früher als Schöpfungen Bramantes galten. Der Künstler bewohnte in Mailand ein Haus in nächster Nähe von S. Satiro und diktierte am 29. 7. 1484 sein Testament.

Calvi, Notizie etc. II 281. — Visita alla Certosa di Pavia (Milano 1865) p. 24. — Meyer, Kstlerlex. II 143. — Crowe und Cavalcaselle, Gesch. der ital. Mal. VI 71 f. — G. Carotti in Rassegna Naz., vol. 43 p. 438 ff. — W. v. Seidlitz in Jahrb. der K. Preuß. Kst.-Sammlgn. VIII 199. — Malaguzzi-Valeri, Pittori Lombardi del 400 (Milano 1902) p. 234. *F. Malaguzzi-Valeri.*

Antonio di Paolo, in der Matrikel der Peruginer Malerzunft einmal unter den im Rione S. Pietro und ein zweites Mal unter den im Rione S. Angelo ansässigen Mitgliedern angeführt. Er bekleidete, während er im Rione S. Angelo wohnte, im 2. Semester 1412 das Camerlengat. Werke von ihm sind nicht bekannt. *W. Bombe.*

Antonio di Paolo dei Fabbri da S. Marino, Goldschmied und Maler in Rom und Perugia. Geburtsjahr unbekannt, † 1522? Er arbeitete in Rom als Gehilfe verschiedener Goldschmiede, bis er im August 1492 zusammen mit Jacopo di Magnolino aus Florenz die Werkstätte des Florentiner Goldschmieds Guglielmo di Bartolommeo in Rom erwarb. Am 10. 11. 1510 ermächtigt ihn Cesarino del Roscetto, der ausgezeichnete Peruginer Goldschmied, eine Schuld bei Agostino Chigi für ihn einzukassieren. Im November 1512 heiratet er die Florentinerin Faustina di Giovanni Federici. Von Papst Leo X. zum Hofgoldschmied ernannt, fertigte er, z. T. nach Zeichnungen Raffaels, Geräte in Edelmetall für den Vatikan, die Farnesina, die Cappella Chigi, und zeitweilig für den Hof von Urbino. Im Auftrage der Republik S. Marino war er Gesandter beim Papst und bei den Medici in Florenz. Bei Gelegenheit eines Häuserkaufes in Perugia am 21. 7. 1513 wird er als Goldschmied und Maler bezeichnet. Agostino Chigi verordnet in seinem Testament vom 28. 8. 1519, daß die Cappella Chigi in S. Maria del Popolo vollendet werde: „juxta ordinationem per ipsum testatorem alias factam de qua ordinatione Mgr. Raphael de Urbino et Mgr. Antonius de Sanctomarino sunt bene informati". D. Gnoli vermutet, daß dem Antonio die geschäftliche Leitung, Raffael dagegen als Architekten die Bauleitung oblag. Am 24. 3. 1520 wird er im Testament Raffaels mit einer Schenkung bedacht. Am 18. 10. 1522 macht er, schwer erkrankt, sein Testament. Benvenuto Cellini, der ihn persönlich gekannt hat, nennt ihn: „il primo più eccellente Orefice di Roma". Von seinen Werken ist, wie es scheint, nichts mehr erhalten.

Delfico, Stor. d. Repubblica di San Marino. — Momo, Antonio da San Marino im „Buonarroti" I 1866, pag. 97—101. — Bertolotti, Artisti subalpini etc. in Roma. — Gaz. des b.-a. 2. Serie Bd. XXII 310, XXVII 419, 3. Serie VII 87. — Archivio Governativo della Repubblica di S. Marino. — Da docum. nuovi ed inediti racc. da P. Franciani. — Benvenuto Cellini, Autobiografia. — Momo, Lettere romane (Barbèra 1872). — Cugnoni, Agostino Chigi etc. Roma 1881. — Il Raffaello 2. Serie I 1897 No. 9. — D. Gnoli, La sepoltura di Agostino Chigi in Arch. stor. dell' arte II 318. — E. Müntz, Les Arts à la Cour des Papes Innocent VIII. etc. (1898), p. 105 ff., cf. 209 f. *W. Bombe u. E. Scatassa.*

Antonio da Parma, Steinmetz und Terrakottaformer, fertigte 1488 das Portal am Palast des Grafen Cajazzo, das mit Ornamenten und Figuren reich verziert war. 1510 arbeitete er für S. Giovanni Evangelista in Parma „außerordentlich schöne" Säulenkapitelle. Sie tragen die Bezeichnung: Anno Salutis MDX Antonius Parmensis faciebat.

Lopez, Il Battistero di Parma p. 46. — Perkins, Les Sculpteurs Ital. II 294. — Campori, Not. stor. art. delle Majoliche etc. in Ferrara etc. (1879) p. 24. — Meyer, Kstlerlex.

Antonio il Passarino, Steinmetz in Ferrara, erwähnt 1473 in einer Zahlungsurkunde als mitbeteiligt an den Arbeiten der Gebrüder Jacomo und Albertino Rasconi da Mantova für die Kathedrale zu Ferrara.

Cittadella, Not. relat. a Ferrara p. 659. *F. Malaguzzi-Valeri.*

Antonio da Pavia, Architekt in Rom, wo er 1495 gewisse Bauaufträge in der Kirche S. Benedetto an den Maestro Pasquale da Caravaggio abtrat.

Bertolotti, Art. Lombardi a Roma II 284. — E. Müntz, Les Arts à la Cour des Papes Innocent VIII etc. (1898) p. 169. *

Antonio da Pavia, Maler, der sich 1528 unter den Künstlern verzeichnet findet, welche an der Ausstattung des Palazzo del Tè zu Mantua beschäftigt waren. Er war ein geringes Talent und gehörte zu den mittelmäßigen Nachfolgern der Schulen von Murano und Padua, in denen sich die Weise der Vivarini und des Mantegna sehr unvollkommen mischte. Seine Gestalten sind schwer und fast abstoßend, seine Temperamalerei roh und von schroffem Kontrast zwischen Licht und Schatten. Diese Züge zeigt eine Altartafel mit seinem Namen in dem Museo Virgiliano zu Mantua: Thronende Jungfrau mit Kind zwischen vier Heiligen (fast lebensgroße Fig.), bez.: Ant. Papiesis p. Das Bild erinnert an die Altartafel des Andrea da Murano zu Mussolone, ist aber schwächer. Doch ist zu beachten, daß die Malerei sehr trüb geworden und stark nachgedunkelt hat. — Den in Mantua und in Pavia befindlichen Gemälden des Antonio da P. ist weit überlegen ein neuerdings von F. Malaguzzi-Valeri in S. Stefano zu Novellara aufgefundenes Altarwerk mit der Signatur: „1514 Antonio de Pavia, P. Mantovano." Das Gemälde zeigt die Gestalten der drei Heiligen Ivon, Augustinus und Johannes der Täufer aufrecht in einer Landschaft stehend; im Hintergrunde eine Felsenquelle, aus deren Sammelbecken zwei Mönchlein ihren Durst löschen. Dieses trefflich erhaltene Hauptwerk des A., das in seiner strengen Formenmodellierung trotz seiner späten Entstehungszeit noch immer im Bannkreise der Mantegnaschule steht, ist 1900 für die Mailänder Brera-Galerie angekauft worden. — Ein Gemälde in der Sammlung Barker zu London, Jungfrau mit Kind unter reich ornamentiertem Bogen zwischen zwei Engeln, in der Art der Paduaner Schule und dem Schiavone verwandt, hat in den Pilastern die Buchstaben A. P., welche wohl auf unsern Meister hindeuten könnten (vgl. auch *Antonio* della Corna).

Carlo d'Arco, Delle Arti etc. di Mantova I 50. — Crowe and Cavalcaselle, History of Painting in North Italy I 34, 341, 343, 419. — Gualandi, Memorie III 27. — Arch. stor. d. Arte Italiana I 45 (eigentlich p. 101, da falsch paginiert). — Rassegna bibliograf. d. Arte ital. III 104. — Meyer, Kstlerlex. (Artikel von Crowe u. Cavalcaselle.) — P. Kristeller, Andrea Mantegna, 1902. — Mit Not. v. F. Malaguzzi-Valeri. *R.*

Antonio, Pedro, span. Maler, geb. 1614 in Cordova, † daselbst 1675. Schüler des Antonio del Castillo. Seine Gemälde, die sich durch klare und ansprechende Färbung auszeichneten, wurden von den Kirchen und Klöstern Cordovas sehr begehrt. Als seine besten Werke galten eine hl. Rosa de Lima und ein hl. Thomas von Aquino im Kloster S. Pablo, sowie eine Empfängnis, die 1741 an den Banquier José Salamanca verkauft wurde. In Privatsammlungen in Cordova befanden sich auch Staffeleibilder des Meisters.

Palomino, Museo pict. III 570. — Cean Bermudez, Dicc. I 38—39. — Ramirez, Artist. Cordob. S. 85. △

Antonio de Pergamo, Architekt in Rom unter Sixtus IV., in dessen Auftrag er 1471 bis 1472 ein Wachgebäude am vatikanischen Palaste errichtete.

E. Müntz, Les Arts à la Cour des Papes (1878) III 80, 113 f. *

Antonio del Perrione, carraresischer Bildhauer, war 1493 mit Giov. Dom. di Pedrone und Fil. di Jacopo mit der Umänderung des Grabdenkmals Kaiser Heinrichs VII. im Camposanto zu Pisa beschäftigt.

Repert. f. Kstwissensch. XVII 385. *H. V.*

Antonio da Pesaro, gen. Braga, Maler in Pesaro, Sohn des Marchionne de Fede, der gleichfalls als Maler in Pesaro lebte. Seine Signatur „Antonius Pis . . . . pinxit" findet sich auf einem 1469 gemalten Altar des hl. Antonius in der Sakristei der Kirche S. Antonio zu Pesaro.

Zani, Appendice zur Encicl. (Mscr. in der Bibl. Palat. zu Parma). *St. Lottici.*

Antonio da Pesaro, Marmorario in Rom, laut urkundlicher Nachricht 1536 für Papst Paul III. tätig.

Giorn. d'Erudiz. Artist. VI 228. *A. Bellucci.*

Antonio di Petruccio, Goldschmied, in den Jahren 1377, 1379, 1380—1383, 1384, 1390 und 1410 in Gubbio nachweisbar.

Er erhielt am 31. 12. 1383 eine Bezahlung „pro medallis comunis factis per eum pro notario custodie".

Mazzatinti, Documenti per la Stor. delle Arti a Gubbio in: Arch. stor. per le Marche e l'Umbria Vol. III fasc. 9/10 p. 15. *W. Bombe.*

Antonio da Piacenza, italien. Maler, der wahrscheinlich im Dienste der Este stand, da er nach einem Briefe von 1436 Nicolò III. d'Este ein von Simone d'Argentina gemaltes kleines Altarbild mit dem hl. Hieronymus schenkte.

Atti e Memor. delle R. Deput. di Stor. Patr. per le Prov. Mod. e Parm. ser. III, vol. III, part. II, p. 525—606. *G. Degli Azzi.*

Antonio Piccolo Lombardo, Architekt in Urbino, begann 1507 den Bau der heute noch bestehenden Befestigungsmauern dieser Stadt. Dieses prächtige, die malerische Bergstadt rings umschließende Festungsbauwerk ist mit 12 weit vorspringenden Bastionen versehen, die sämtlich — mit Ausnahme von zweien — wiederum durch „Orecchioni" geschützt sind.

Nuova Rivista Misena VIII 67. — Calzini, Urbino e i suoi Monumenti p. 190. *E. Scatassa.*

Antonio di Pietro, Glasmaler und Mosaicist in Orvieto, wo er 1384 und 1390 beim Dombau urkundlich erwähnt wird.

L. Fumi, Il Duomo di Orvieto, p. 137, 220. *

Antonio di Pietro, Miniaturmaler in Bologna, 1391 in bolognesischen Prozeßakten erwähnt.

Arch. stor. Ital., ser. V, vol. XVIII („La miniatura in Bologna"). *F. Malaguzzi-Valeri.*

Antonio d i P i e r o, Bildschnitzer in Siena, wo er 1441 urkundlich erwähnt wird.

V. L u s i n i in Arte Antica Senese (1904) p. 215. *

Antonio d i P i e t r o, Steinmetz in Perugia, 1454 am Bau des dortigen Cambio beschäftigt. — Wohl identisch mit jenem Maestro di pietra gleichen Namens, der 1476 in der Matrikel der lombardischen Bildhauer-Korporation zu Perugia aufgeführt ist. (Mscr. No. 1451—52 der Biblioteca Communale zu Perugia.)

G. D e g l i A z z i in L'Umbria 1892. *A. Bellucci.*

Antonio d i P i e t r o, Steinmetz in Venedig, wurde 1489 zum Schiedsrichter ernannt und fällte ein Urteil in einem Streit zwischen den beiden Meistern Giovanni Candi und Giovanni Baston; 1496 wurden ihm bedeutende Arbeiten für die Kirche S. Helena übertragen und 1515 wurde er zum Prokurator von Stefano, Sohn des Paolo da Rubino erwählt.

P. P a o l e t t i, Arch. e scult. d. Rinasc. in Venezia II 120, 258. *L. Ferro.*

Antonio d i P i e t r o, Steinmetz (intagliatore) in Venedig. Wohnte 1506 in der Pfarrei S. Bartolomeo. Sein Name erscheint 1504 und 1506 in Dokumenten als Zeuge. 1509 gab er dem Bildhauer Bapt. Brugno Prokura und 1521 arbeitete er in Ferrara.

Arch. di St. di Venezia, Esaminador-Preces R.º 49 c. 25. — P. P a o l e t t i, Arch. e scult. d. Rinasc. in Venezia. II 127, 275. *L. Ferro.*

Antonio d i P i e t r o aus Cittadella, Baumeister in Venedig, restaurierte unter Leitung des Bartolomeo Alessandro genannt Monopola die Hofseite des Palazzo Ducale in Venedig 1602—1615. Sein Hauptverdienst war, daß er die Mauern zwischen dem großen Saal des Großen Rates und dem Untersuchungssaal fortnahm und sie durch Bogen ersetzte, in der ganzen Länge des Hofes.

M e y e r, Kstlerlex. *L. Ferro.*

Antonio d i P i e t r o d i B a r t o l o m m e o bekleidete die Würde des Camerlengats in der Peruginer Malerzunft an Stelle seines Vaters im 1. Semester 1425. *W. Bombe.*

Antonio d i P i e t r o d i B r i o s c o aus Mailand, Bildhauer, übernahm 1442 die Vollendung der Türen von S. Petronio in Bologna, welche Giacomo della Quercia begonnen hatte und die auszuführen dessen Bruder Priamo verhindert war. Mit Genehmigung des Senates von Bologna und der Baudirektion von S. Petronio übertrug Priamo das Werk an Antonio, behielt aber jegliche Verantwortung.

M i l a n e s i, Documenti Senesi II 210. — M e y e r, Kstlerlex. *R.*

Antonio d i P i e t r o d a C o m o, Steinmetz in Gubbio, erhält am 16. 1. 1407 das Bürgerrecht und ist, wie aus einem Camerlengatsbuch hervorgeht, noch 1417 in Gubbio nachweisbar. Über seine Tätigkeit ist nichts Näheres bekannt.

M a z z a t i n t i, Stor. delle Arti a Gubbio, Archivio storico per le Marche e per l'Umbria Vol. III 31. *W. Bombe.*

Antonio, d i P i e r g i a c o m o aus San Severino, Architekt, erbaute 1519 in seiner Heimat die großartige Kirche S. Maria del Glorioso, bei der er zum Teil den Entwurf des Mº Rocco da Vicenza benutzte.

V. A l e a n d r i, Nuova Guida stor. e art. di S. Severino 1898. — R a n a l d i, Mem. stor. di S. Maria del Glorioso 1837. — R i c c i, Mem. stor. II 13, 36. — V a l e n t i n i, Il forastiere in Sanseverino 1868. *V. Aleandri.*

Antonio d i P i e t r o d i G i o v a n n i, Architekt in Rom; 1447—48 unter Papst Nikolaus V. „mastro del palazo de Canpitoglio" und Restaurator des capitolinischen Senatorenpalastes, war er 1451—52 am Baue des Ponte di S. Angelo und der von Alessandro Vives geleiteten neuen Stadtbefestigungen Roms beteiligt.

E. M ü n t z, Les Arts à la Cour des Papes (1878) I 148, 153, 159. *

Antonio d i P i e r g i o v a n n i d a R o m a, Architekt in Rieti, erbaute 1456 unter Papst Calixtus III. laut Inschrift die dortige Brücke über den Tarano-Fluß.

G u a r d a b a s s i, Indice-Guida etc. nell' Umbria p. 258. — Bollettino d. R. Deputaz. Umbra di Stor. Patr. I 601 ff. *A. Bellucci.*

Antonio d i P i e t r o P a o l o d a V e n e z i a, s. *Massegne.*

Antonio d i P i e r o d e l V a g l i e n t e, Goldschmied in Florenz, verfertigte 1405 für die Kaufmanns-Innung ein silbernes und vergoldetes Reliquiarium, für das er 350 Gulden erhielt.

M e y e r, Kstlerlex. — L a b a r t e, Les Arts somptuaires II 496. *H. V.*

Antonio d i P i e t r o d a V e n e z i a, Bildhauer in S. Severino, wo er mit seinem Bruder Mº Francesco 1580 den Monumentalbrunnen della piazza grande ausführte.

Arch. comun. di S. Severino. *V. Aleandri.*

Antonio d i P i e t r o d a V e r o n a, Maler in Padua, 1393—98 urkundlich erwähnt.

M o s c h i n i, Della Pitt. in Padova Mem. p. 9. — Z a n n a n d r e i s, Le vite dei pitt. etc. Veronesi, p. 25. *Moschetti.*

Antonio d a P i s a, Glasmaler, Verfasser eines Traktats über die Glasmalerei und wahrscheinlich derselbe, der das herrliche Fenster über der zweiten Südtüre des Domes von Florenz 1395 signiert hat. Wahrscheinlich war er auch an den Glasfenstern des Domes von Assisi tätig.

R. B r u c k, Repert. f. Kstwissensch. XV 240 ff. (Übersetzung des Traktats). — H. v. S e m p e r, Mitt. d. k. k. Zentral-Komm. (1872) XVII 25 u. 28. **

Antonio d a P i s a, Bildhauer in Neapel, wo er laut urkundlicher Nachricht 1458 gemeinsam mit Isaia da Pisa, Paolo di Mariano Romano und anderen Künstlern für Alfonso von Aragonien am Skulpturenschmucke des Triumphbogen-Portales zum Castelnuovo arbeitete.

V. Leonardi in L'Arte III 91, 93. — Arch. Stor. Napoletano XXV 27 ff. — Napoli Nobiliss. XIII, 148. — Natura ed Arte 1904/5, II 98 ff. *

Antonio Pisano, Gemmenschneider zu Foligno um 1461, ward wegen seiner kunstvollen Arbeiten gerühmt, wie eine Notiz in Muratori „Scritt. Italian." I 341, berichtet.

Da Morrona, Pisa illustrata II 449. — E. Müntz, Les Arts à la Cour des Papes (1878) II 114. — Ms. H. Rollett.

Antonio da Plurio, „quondam magistri Jacomi in domo q. Christophori de Figino pictoris", lombard. Maler, im 15. Jahrh. gemeinsam mit Dionigi da Galliano in Mailand tätig.

Malaguzzi-Valeri, Pittori Lombardi del quattrocento p. 239. *F. Malaguzzi-Valeri.*

Antonio da Pordenone, Maler, † vor 1398 in Pordenone. Erwähnt in einer Pergamenthandschrift des Mus. zu Padua (Diverse, XXVIII, 603A 21. 9. 1398: „Daniele pellattiere qm. Antonio pittore abitante in Pordenone"). *A. Moschetti.*

Antonio da Primiero, Baumeister und Steinmetz in Venedig, erhielt 1462 von der Signoria in Venedig den Auftrag, die Arbeiten für die Befestigung von Modone auszuführen und zu überwachen.

P. Paoletti, Arch. e scult. d. Rinasc. in Venezia I 44. *L. Ferro.*

Antonio del Proconsolo, s. *Rossellino,* A.

Antonio di Puccio, s. *Benintendi,* A. di P. dei.

Antonio di Rabotto von Piperno im Volsker Gebirge, baute die Vorhalle der dortigen Kathedrale laut einer Inschrift, die über deren Einweihung 1183 berichtet. Die Skulpturen dieser Vorhalle mögen ebenfalls von ihm herrühren. Indessen ist die Kirche nach einer zweiten Inschrift 1782 gründlich restauriert worden.

Ricci, Storia dell' Architettura d'Italia I. 550.

Antonio di Raffaele, Bildhauer in Rom, arbeitete 1569 gemeinsam mit Domenico Rossello am Marmorportal der Cappella Paolina des vatikanischen Palastes.

Giorn. d'Erudiz. Artist. VI 228. *A. Bellucci.*

Antonio di Raffaello und Matteo di Antonio, Goldschmiede, machten 1449 für den Stadtrat von Perugia zwei silberne Tafelaufsätze in Gestalt von Schiffen, sogenannte Nefs, von denen eins später dem Kardinal Giovanni Borgia geschenkt wurde, als derselbe Legat in Perugia war. Gio. Batt. Anastagi mußte dafür 1512 ein anderes machen.

Mariotti, Lettere pittoriche Perugine p. 172. *R.*

Antonio da Reggio, als Maler erwähnt in einem vom 13. 6. 1481 datierten Empfehlungsbriefe des Herzogs von Ferrara an den Gouverneur seiner Vaterstadt Reggio d'Emilia, wonach der Künstler daselbst einen achttägigen Aufenthalt zur Ordnung von Familienangelegenheiten nehmen sollte, um sodann den Schwiegersohn des Markgrafen von Mantua nach Frankreich begleiten zu können. Vermutlich ist mit ihm identisch jener *Antonio di Bartolomeo,* der 1492 wegen schwerer Exzesse in Ferrara ins Gefängnis kam, und für den damals Giovanni Bentivoglio von Bologna den Herzog von Ferrara um Begnadigung bat. Auch in ferraresischen Steuereinschätzungen von 1484 und 1496 wird dieser Antonio da Reggio namentlich aufgeführt. — Ferner wird nach L. Marinelli einem *Antonio da Reggio* die Entwurfzeichnung zu einem 1490—1496 errichteten prächtigen Renaissance-Tempietto in der Kirche zu Piratello (zwischen Bologna und Imola) zugeschrieben. — Endlich wird ein *Antonio da Reggio* 1511 in Bologna als „Maestro di legname" erwähnt in den Akten der dortigen Compagnia di S. Giacomo Apostolo.

Atti e Mem. d. R. Deput. di Stor. Patria per le prov. Modenesi e Barmensi, ser. III vol. III, parte II 523—604. — Rassegna d'Arte 1901 p. 26, 1905 p. 54. — Arch. stor. Ital., ser. V vol. XVIII 243 ff. *F. Malaguzzi-Valeri.*

Antonio di Renzo, Kunststicker in Perugia, verpflichtet sich am 19. 10. 1423, gestickte Wandbekleidungen für einen Saal im Palazzo der Prioren zu Perugia zu fertigen. Am 22. 6. 1426 erhält er für die fertige Arbeit eine Zahlung von 8 Gulden. Die hierauf bezüglichen Dokumente publizierte Adamo Rossi im Appendice di Erudizione varia, Giorn. di Erud. art. Vol. III, 1874 p. 316—20. *W. Bombe.*

Antonio da Rho (de Raude), Maler in Mailand; arbeitete 1474 in Gemeinschaft mit Melchiorre da Lampugnano und anderen Meistern im dortigen Castello Sforzesco und wird auch sonst in Urkunden dieser Zeit mehrfach als Maler niederen Ranges erwähnt.

Malaguzzi-Valeri, Pitt. Lomb. del 400 (Milano 1902) p. 220. *F. Malaguzzi-Valeri.*

Antonio di Ridolfo da Firenze, gen. *Sasso* oder *Saxo,* Kunststicker und Fahnenmaler in Rom, wo er 1450—51 für Nikolaus V. Altarparamente, Pluviales, Mitren etc. auszuführen hatte, ferner 1459 und 1463 für Pius II. päpstliche Fahnen mit Wappenstickereien, 1471 die Paramente zur Leichenfeier Pauls II. und zur Krönungsfeier Sixtus' IV., sowie 1472—74 Fahnenmalereien für Sixtus IV. 1478 figurierte A. noch unter den Begründern der römischen Malerkorporation di S. Luca.

E. Müntz, Les Arts à la Cour des Papes (1878) I 184, 321 ff., 331; II 126 f.; III 99, 102, 251, 264 ff., 270. *

Antonio da Rigesio, Steinmetz in Venedig, arbeitete 1425 und 1426 die Ornamente und die Friese in Marmor für die Fenster und die Loggia des Palastes Cà d'Oro, nach

Bestellung des lombardischen Meisters Matteo Reverti.

P. Paoletti, Arch. e scult. d. Rinasc. in Venezia I 21, 44. *L. Ferro.*

Antonio di Rigo, Steinmetz in Venedig, arbeitete 1488 Gesimse und Friese für die Scuola grande von S. Marco und für seine eigenen Häuser.

P. Paoletti, Arch. e scult. d. Rinasc. in Venezia II 202, 223. *L. Ferro.*

Antonio da Rimpacta da Bologna, Bologneser Maler des 16. Jahrh., in Neapel tätig. Nach einem aufgefundenen Dokument verpflichtete er sich 22. 8. 1509 den Chorherren von S. Pietro ad Aram für den Hauptaltar der Kirche ein Altargemälde mit der thronenden Madonna und Heiligen zu malen. Das Bild wurde erst 1511 vollendet und von zwei sonst unbekannten Malern, Pirro Antonio di Manfreda da Bologna und Simone di Antonio Petriani da Firenze auf 140 Dukaten geschätzt. Das Gemälde befindet sich jetzt im Museo Nazionale in Neapel (Neapeler Schule No. 7) und galt bis zur Auffindung des Dokumentes als Hauptwerk des Antonio Solario, genannt Zingaro. Filangieri will ohne stichhaltige Gründe den Antonio da Rimpacta mit dem um 1480 in Rom und Neapel tätigen Bologneser Maler *Jacopo Ripanda* oder *Ripranda* identifizieren. Das Gemälde (dessen Altaraufbau von Giovanni Marigliano da Nola in Holz geschnitzt wurde) „erinnert an venezianische Vorbilder und zeichnet sich durch eine gewisse Monumentalität zugleich aber Derbheit der Figuren aus“ (H. Thode, Der Kunstfreund, p. 45).

A. Colombo in Napoli Nobilissima IX 169. — Filangieri, Docum. per la storia delle Arti etc. III 185. — Ders., Arch. Stor. Napoletano IX, fasc. 1, p. 103. *G. Degli Azzi.*

Antonio da Roma, s. *Antoniazzo* Romano.

Antonio di Romagna, italien. Bildhauer und Architekt, wurde nach 1423 von Bischof Angelo von Troia in Apulien zugleich mit Giacomo della Marca berufen, um die seit 1407 begonnenen Restaurationsarbeiten des romanischen Domes von Troia zu leiten. Die beiden Künstler blieben lange in der Stadt, deren Bürger sie wurden.

Napoli Nobilissima VIII 62—63. *G. Degli Azzi.*

Antonio Romano, Architekt und Bildhauer in Pavia, wo er 1491 unter Giov. Ant. Amadeo mit Ant. Tamagnino, Benedetto Briosco etc. am Fassadenbau der Certosa beteiligt war.

Archivio Lombardo 1879 p. 137 ff. — Jahrb. der k. preuß. Kst.-Sammlgn. XIII 11. *

Antonio Romano, Architekt in Rom, der 1502 die päpstlichen Befestigungsbauten zu inspizieren hatte. — Vielleicht identisch mit dem 1497—1516 in Rom ansässigen Architekten Antonio Melone (s. *Melone*, Antonio).

E. Müntz, Les Arts à la Cour des Papes Innocent VIII etc. (1898) p. 159, 210, 221. *

Antonio dalla Rosa, Maler, um 1410 in Bologna tätig.

Zani, Encicl. XVI 194. — Arch. stor. d. Arte ital. VII 16, Anm. *

Antonio della Rosa, Holzbildhauer des 16. Jahrh. in Pistoja, von dessen Hand das ursprünglich für die Chorkapelle derselben Kirche gearbeitete Chorgestühl vor dem Hochaltare von S. Maria de' Servi herrührt.

Gigliolì, Pistoja nelle sue Opere d'Arte (1904) p. 114. — Repertor. f. Kstwissensch. XXIV 162. *

Antonio Sacho, Steinmetz in Rom, wo er 1468 mit Marmorarbeiten für den Umbau des Palazzo und der Kirche S. Marco betraut war.

E. Müntz, Les Arts à la Cour des Papes (1878) II 76. *

Antonio von Sacile, Maler in Friaul, erhält 23. 5. 1500 Bezahlung für ein für Udine geliefertes Altarbild.

Repert. f. Kstwissensch. II 147. *H. V.*

Antonio di Sandro, genannt Marcone (Orafo), Goldschmied zu Florenz um 1515, erster Lehrmeister des Benvenuto Cellini.

E. Plon, Benv. Cellini, Paris 1883 p. 4. *H. V.*

Antonio dal Santo, Maler des 15. Jahrh. in Padua. Die einzige Nachricht über diesen Künstler, die auf uns gekommen ist, findet sich ohne jede Quellenangabe in den paduanischen Guiden des 18. Jahrh.; danach soll dieser Künstler das wundertätige Madonnenbild der Kirche S. Maria del Torresino zu Padua gemalt haben. Ursprünglich soll dieses Fresko-Gemälde — Halbfigurdarstellung der Maria, die den auf ihren Knien ruhenden Leichnam Christi betrauert, — die äußere Mauerfläche eines kleinen Wart-Turmes geschmückt haben, der zur alten, 1337 von Marsilio da Carrara errichteten Stadtmauer gehörte, und von dem das Bild selbst wie auch die später an dieser Stelle errichtete Kirche ihren Namen erhielten. Jedenfalls existierte dort seit 1403 eine von einer religiösen Bruderschaft erbaute Kapelle des Namens S. Maria del Torresino. Aus diesem Grunde glaubte Grinzato annehmen zu dürfen, daß das besagte Freskogemälde noch vor 1400 entstanden sein müsse, und im Vertrauen auf die Richtigkeit dieser Annahme behandelten alle späteren Autoren den Meister Antonio del Santo als einen Trecentomaler. Dem widersprechen jedoch die offenkundig squarcionesken Stilkriterien des Gemäldes, aus denen vielmehr der Schluß zu ziehen ist, daß die Konfraternität dieses Fresko erst um die Mitte des 15. Jahrh. ausführen ließ. In der Tat datieren die frühesten Nachrichten über die Wunderwirkungen dieses Madonnenbildes erst aus der Zeit um 1450. Ob die Zuschreibung an Antonio dal Santo historisch begründet ist, läßt sich nicht feststellen, da ein Maler Antonio mit dem Zunamen dal Santo sonst nirgends erwähnt wird; in der Parochie von S.

Antonio, von der dieser Zuname abgeleitet sein könnte, scheint im 15. Jahrh. kein Maler des Namens Antonio ansässig gewesen zu sein. Die Vermutung einiger Autoren, daß Stefano dall' Arzere der Maler der Madonna del Torresino gewesen sein könnte, erweist sich im Hinblick auf die angeführten historischen Daten als völlig unhaltbar.

Cornaro, Not. stor. delle apparizioni etc. p. 164. — Rossetti, Descrizione delle pitture di Padova p. 103. — Brandolese, Pitt. di Padova p. 78. — Moschini, Guida di Padova p. 165. — Grinzato, Mem. d. chiesa di S. Maria del Torresino p. 5. — A. M., Cenni stor. dell' imagine di S. Maria del Torresino p. 3. — F. B., Cenni stor. sulla chiesa di S. Maria del Torresino p. 5. *A. Moschetti.*

Antonio di Santo da Milano kommt als Bildhauer in der zweiten Hälfte des 15. Jahrh. vor. Er war Bürger und Einwohner von Reggio. Wiederholt hatte er Aufträge vom Grafen Bosio Sforza. Mit diesem schloß er 1474 einen Kontrakt, wonach er für 21 Dukaten sechs größere und sechs kleinere Säulen mit Blattwerk und anderen schönen „Sachen" verzieren sollte. Am 9. 9. 1475 kam es zwischen denselben beiden Personen zu zwei neuen Verträgen. Nach dem ersten übernahm A. die Ausführung eines Portales am gräflichen Palaste, wo oben der Helmschmuck des Grafen mit zwei Putten an den Seiten als Verzierung anzubringen war. In dem letzten Dokumente versprach der Meister die 50 Ellen lange Balustrade der Treppe zu machen und an ihrem Fuße zwei Pfeiler, jeder mit einem Löwen oben, zu errichten.

Gualandi, Memorie Italiane etc., Serie VI, p. 31, 33. — Meyer, Kstlerlex. *R.*

Antonio, Maestro . . di S. Angelo in Vado, Ornamentbildhauer und Gießer von Glocken und Kanonen, tätig im 16. Jahrh., von Zani, Enc. met. erwähnt, sonst fast unbekannt. *Camillo Castracane.*

Antonio (fra) da San Benedetto. Italien. Maler und Kupferstecher in Venedig. Heinecken (Dict. II 449) führt von ihm das Bildnis in ganzer Figur des Abtes Aurelius Nomosius an. Nach Zani, Enc. met. XVII 36 war er um 1664 tätig. *P. K.*

Antonio da San Canziano, Maler in Padua, 1469 urkundlich erwähnt.

Moschini, Della Pitt. in Padova Mem. p. 25. *Moschetti.*

Antonio da S. Marino, s. *Antonio* di Paolo dei Fabbri.

Antonio di S. Michele in Bosco, s. *Asinelli,* A.

Antonio da San Petrignano, Architekt in Perugia, arbeitete 1534 am Gewölbebau der Cappella di S. Giovanni neben der Udienza des Cambio.

G. Degli Azzi in L'Umbria 1902 p. 82, 85. *A. Bellucci.*

Antonio da S. Zaccaria, s. *Gambello,* A.

Antonio da S. Zuane Evangelista, Bildhauer in Venedig, arbeitete mit anderen Künstlern 1508 an der dem Kanal zugewandten Fassade des Dormitorio di S. Giorgio Maggiore.

Mothes, Gesch. d. Baukunst in Venedig II 103. *L. Ferro.*

Antonio di Sanzio, Maler in Avignon, wo er um 1370—71 gemeinsam mit dem magister Nobis Wandmalereien ausführte im Palaste Papst Urbans V., und zwar sowohl „in magno tinello", als „in camera paramenti ac in camera imperatoris".

E. Müntz, Le Pape Urbain V (1889, aus „Revue archéol.") p. 8 f. *

Antonio Sasso, s. *Antonio* di Ridolfo.

Antonio da Sebenico „protomastro", dalmatinischer Architekt, Mitarbeiter des Giorgio da Sebenico um 1447.

Archivio stor. d. arte VII 404. **

Antonio da Sestri, s. *Travi,* A.

Antonio Sforzesco (di Giovanni), Steinmetz in Perugia, 1476 in die Matrikel der lombardischen Bildhauer-Korporation eingetragen.

Mscr. 1451—52 der Biblioteca Communale zu Perugia. *A. Bellucci.*

Antonio da Siena, Kunststicker in Rom, hatte 1458 für Pius II. eine Anzahl Decken mit dem päpstlichen Wappen zu besticken.

E. Müntz, Les Arts à la Cour des Papes (1878) I 321. *

Antonio da Siena, s. auch *Antonio* Veneziano, *Gabriello* d'Antonio da Siena, *Minella,* Antonio di Tommaso.

Antonio di Silvestro, war Camerlengo der Arte dei Miniatori in Perugia im 1. Semester 1416. Werke nicht bekannt.

L'arte dei Miniatori in Perugia, Giorn. di Erud. art. II 1873 fasc. 11—12 p. 311. *W. Bombe.*

Antonio di maestro Simone, Maler in Siena, urkundlich von 1428—1471 nachweisbar, malte hochbetagt 1464 eine Loggia für Pietro di Giovanni Treverchi.

Milanesi, Docum. Senesi I 48, II 327, 329, 336. *H. V.*

Antonio di Simone aus Florenz, Mitglied des Ordens San Giovangualberto, schrieb 1445 bis 1451 drei Antiphonare für den Dom der genannten Stadt.

Vasari, ed. Le Monnier VI 164, 327. **

Antonio di Simone, Glasmaler in Orvieto, wo er 1471 mit einem ungenannten Meister aus Perugia zur Ausführung des Glasfensters der Cappella del SS. Corporale im Dome verpflichtet wurde.

L. Fumi, Il Duomo di Orvieto, p. 241. *

Antonio (di) Simone, Maler und Stuccatore, nach Zani um 1520 in Nizza tätig.

Zani, Encicl. XVII 288. *

Antonio di Simone Fiorentino, Steinmetz des 15. Jahrh. in Bologna; in den Bologneser Urkunden häufig erwähnt, namentlich als Mitarbeiter des Pagno da Fiesole bei der plast. Ausschmückung des Palazzo Bolognini an der Piazza S. Stefano zu Bologna. Ein gleichfalls als Bildhauer vielfach in Bologna beschäftigter Sohn des Meisters namens Marsilio d'Antonio machte 1517 ebendaselbst sein Testament.

Repertor. f. Kstwissensch. XXII 294. — Jahrb. der Kgl. Preuß. Kstsammlgn. XXIV, Beiheft p. 131. *F. Malaguzzi-Valeri.*

Antonio di Simone Francesco da Urbino, Architekt und Bildhauer, geb. in Montecalende, tätig in Urbino um 1470. Antonio erbaute in Gemeinschaft mit seinem Landsmann Francesco Santi, genannt Papa, die im korinthischen Stile gehaltene dreibogige Loggia des Spitals zu Urbino, ein prächtiges Werk von großer Feinheit der Linienführung. Außerdem hat Antonio zusammen mit Ambrogio da Milano sicherlich auch am herzoglichen Palaste gearbeitet, ferner an der Kirche S. Bernardino und vielleicht auch am Palazzo Passionei.

Rass. bibl. d. Arte ital. VIII 194. *E. Scatassa.*

Antonio dei Solari, s. *Antonio* di Giov. di Piero da Venezia.

Antonio di Stefano da Pandino, s. *Antonio* da Pandino d. J.

Antonio di Teodoro, s. *Antoni* v. Theodor.

Antonio de Tisoio. Venezianer Maler im Anfang des 16. Jahrh., der nach Crowe u. Cavalcaselle (Deutsche Ausg. II 222) „in einem Mischcharakter zwischen den Vivarini, Bellini und Cima ungefähr auf gleicher Stufe mit Jacopo da Valenzia steht". Das von Crowe u. Cavalcaselle in der Madonnenkirche von Orzes gesehene „Antonio de Tisoio pinxit 1512" bezeichnete fünfteilige Altarwerk mit der Madonna und den Hl. Georg, Johannes d. T., Sebastian und Andreas ist kürzlich für die Liechtensteingalerie in Wien erworben worden und das einzige bekannte sichere Bild des Meisters, von dem Crowe u. Cavalcaselle in Belluno in der Casa Pagani noch eine kleine ebenfalls bezeichnete Madonna, sowie drei Fragmente bei Conte Agosti (drei Engel, aber nur das eine gut erhalten), und in demselben Stil ein Wandbild an der Casa Carlo Miari, Piazza del Mercato, Maria mit dem Kind, aufzählen.

Crowe u. Cavalcaselle, Gesch. d. ital. Mal. VI 222. — L. Venturi, Le Origini della Pittura Veneziana. Venezia 1907. (Hier Antonio da Tisolo.) ***

Antonio di Tommaso, Bildhauer in Florenz, Gehilfe des Lorenzo Ghiberti bei Ausführung der Bronzetüren von S. Giovanni.

Vasari, ed. Milanesi II 255. *H. V.*

Antonio di Tommaso, Bildhauer in Rom, 1420 urkundlich erwähnt.

E. Müntz, Les Arts à la Cour des Papes (1878) I 31. *

Antonio di Tommaso, Architekt in Perugia, arbeitete 1514 am Gewölbebau des Hospitals neben dem dortigen Cambio.

G. Degli Azzi in L'Umbria 1902 p. 82 ff. *A. Bellucci.*

Antonio di Tommaso Romano, Maler in Rom. Am 17. 4. 1472 werden ihm für 16 vergoldete Stäbe aus der päptlichen Schatzkammer 7 Gulden vergütet. 1478 figurierte er unter den Mitbegründern der römischen Malerkorporation di S. Luca.

Rossi Spogli Vaticani, Giorn. di Erud. art. Vol. VI 272, 1877. — E. Müntz, Les Arts à la Cour des Papes (1878) III 98, 102. *W. Bombe.*

Antonio Toscano, Maler in Ancona, wo er 1450 die Gewölbemalereien in der von Giorgio da Sebenico und Giovanni Sodo erbauten, 1554 jedoch abgebrannten und durch den Neubau des Pellegrino Tibaldi ersetzten „Loggia" auszuführen hatte. — Vielleicht ist dieser Künstler zu identifizieren mit jenem *Antonio d'Ancona,* der 1472 ein Altarbild für die Kirche S. Francesco delle Scale zu Ancona gemalt hat. (S. auch unter *Andrea da Ancona.*)

Zani, Encicl. XVIII 251. — Ricci, Mem. stor. di Ancona. — Ferretti, Pittori Anconitani (1883) p. 7 ff. *

Antonio da Trento, italien. Maler und Holzschneider, tätig in Bologna in der ersten Hälfte des 16. Jahrh. Wir wissen von ihm nur, was Vasari (V 226) erzählt, nämlich, daß er in Bologna von Parmigianino, der sich nach seiner Rückkehr aus Rom nach dem Sacco (1527) längere Zeit dort aufgehalten hat, in der Kunst des Farbenholzschnittes unterwiesen und mit der Wiedergabe einer Reihe seiner Zeichnungen in dieser Technik beauftragt worden sei. A. habe dann eines Morgens dem Meister seine Holz- und Kupferplatten und Zeichnungen gestohlen und sei auf und davon gegangen. An anderer Stelle (V 422) führt Vasari mehrere Arbeiten A.s in Helldunkelholzschnitt einzeln auf. Es ist nun von der einen Seite behauptet, von der anderen energisch bestritten worden, daß A. identisch sei mit Antonio Fantuzzi, der, wie aus den Rechnungen des Schloßbaues hervorgeht, um 1537—40 in Fontainebleau unter Primaticcio als Maler tätig war, und der auch eine Reihe von z. T. mit vollem Namen, z. T. mit Monogramm aus A T F oder A N T F bezeichneten Radierungen nach Primaticcio, Parmigianino u. a. ausgeführt hat. Man meint, daß A. auf seiner Flucht aus Bologna, wo er einen Teil seines Raubes hatte liegen lassen, sich nach Frankreich gewandt und bei Primaticcio, der mit zahlreichen italienischen Gehilfen in Fontainebleau tätig war, Arbeit gesucht und gefunden habe. Für die Identität des A. mit Antonio Fantuzzi lassen sich weder aus den äußeren Umständen noch aus der stilistischen Vergleichung der Holzschnitte mit den Radierungen schlagende Beweise herleiten. Aber auch die Gründe, die von Kolloff in Meyers Kstlerlex. und von Herbet gegen die Annahme, daß A. und Fantuzzi eine und dieselbe Person seien, angeführt wurden, sind nicht der Art, daß sie die Möglichkeit der Identität der beiden Personen ausschließen. Die Verschiedenheit der Monogramme auf den Holzschnitten und auf den Radierungen erklärt sich leicht aus der Verschiedenheit des Materials, wie ja überhaupt Künstler ihre monogrammatischen Bezeichnungen zu wechseln pflegten. Wenn sich Fantuzzi in Fontainebleau einen Bologneser nennt, so würde das noch nicht unbedingt beweisen, daß er in Bologna auch geboren sei. Er kann es sehr wohl für empfehlenswerter gehalten haben, in Frankreich den unbekannten Ort seiner Geburt durch den hier berühmten Ort seiner Herkunft, an dem er lange gearbeitet und vielleicht sogar Bürgerrecht erworben hatte, zu ersetzen. Auch daß tatsächlich in Bologna später eine Familie Fantuzzi ansässig war, beweist nichts gegen den Ursprung Fantuzzis aus Trento, da diese Bologneser Fantuzzi ja von jenen abstammen könnten. Da es aber jedenfalls zweifelhaft ist, ob die beiden Künstler Antonio da Trento und Antonio Fantuzzi da Bologna eine und dieselbe Person seien, so sollen die Radierungen unter dem Namen Fantuzzi aufgeführt werden; hier soll nur von den Farbenholzschnitten, für die die Autorschaft Antonios durch Vasari beglaubigt ist, gesprochen werden. Von den 37 Helldunkelholzschnitten, die von Bartsch (P.-Gr. XII) und von Kolloff (Meyers Kstlerlex.) Antonio zugeschrieben werden und die alle nach Zeichnungen Parmigianinos ausgeführt sind, tragen nur 2 das aus A oder A und T gebildete Monogramm des Künstlers, der Johannes in der Wüste (K. 6; B. IV 17) und der Lautenspieler (K. 35; B. X 3). Einige andere Blätter werden von Vasari als seine Werke angeführt: das Martyrium der hhl. Petrus und Paulus (K. 20; B. IV 28), die Tiburtinische Sibylle (K. 22; B. V 7), der vom Rücken gesehene, sitzende nackte Mann (K. 36; B. X 13) und die Madonna (in oval) (K. 3; B. III 12). Die übrigen Holzschnitte werden ihm von Bartsch und Kolloff auf Grund ihrer stilistischen Verwandtschaft mit diesen Werken zugeschrieben. Die Berechtigung dieser Zuweisungen steht nicht immer außer Zweifel. Die Arbeiten der einzelnen Meister des Farbenholzschnittes lassen sich nur sehr schwer voneinander unterscheiden, zumal die Künstler ihre Technik wechseln und besonders auch die Verschiedenheit der Abdrücke in dieser subtilen Technik außerordentlich stark den künstlerischen Eindruck dieser Werke mit bestimmt. Kolloff selber ist in seinen Zuschreibungen oft nicht sicher und möchte z. B. die zwölf Apostel mit Christus (K. 7—19; B. IV 1—12) eher für Arbeiten Ugos da Carpi halten. Eine von Bartsch (XII 125, VII 26) A. zugeschriebene Darstellung der Verehrung der schönen Psyche, die Passavant (VI 222 No. 26) seinerseits für eine Arbeit des Giuseppe Nicolo Vicentino hält, wird von Kolloff nicht aufgeführt. Dagegen gibt Kolloff dem A. 10 Blätter, die von Bartsch als Arbeiten Unbekannter (K. 1, 2, 3, 5. 26, 27, 28, 33) oder gar nicht (K. 4 und 7) beschrieben sind. Wie die anderen gleichzeitigen italienischen Meister des Farbenholzschnittes geht auch A. von der Technik Ugos da Carpi aus. Er betont aber mehr die zeichnende Linie als die Fläche und führt die schwarze Strichplatte in freier, aber ganz detaillierter Linienbildung aus, so daß sie schon für sich allein die Darstellung fast vollständig gibt. Er verwendet fast immer nur eine einzige Tonplatte mit ausgesparten Lichtern, die der Strichplatte nur einen farbigen Gesamtton hinzufügt. Er durchbricht hierin also das Prinzip des Ugo da Carpi, der die Formen fast ganz aus den Linien und Flächen der verschiedenen Farbenplatten zu bilden strebt und die dicken schwarzen Linien der Strichplatte wesentlich nur zur Verstärkung der tiefsten Schatten benutzt. Doch sind auch A.s Holzschnitte alle schon von vornherein auf die Mitwirkung der Tonplatte, die auch einzelne wesentliche Linien der Zeichnung beiträgt, berechnet. Mehr als in den beiden mit seinen Monogrammen bezeichneten Arbeiten nähert sich A. der Technik Ugos z. B. in dem von Vasari als sein Werk erwähnten Martyrium der Apostel Petrus und Paulus und in anderen ihm zugeschriebenen Blättern. Im Schnitt der Strichplatte mit ihren fließenden, weichen Linienzügen, die in freier Unregelmäßigkeit und Breite der Strichbildung ganz individuellen, malerischen Charakter bewahren, weiß sich A. der Formgebung seines Meisters und Vorbildes Parmigianino ganz vortrefflich anzupassen und die Zeichnung mit großer Sicherheit und vollem Verständnis wiederzugeben.

Meyer, Kstlerlex. — Brandolese, Pitture di Padova p. 105. — Bertolotti, Artisti Bolognesi etc. in Roma (Bologna 1883) p. 110. — Herbet, Les graveurs de l'école de Fontainebleau (Annales de la soc. hist. et arch. du Gatinais, Fontainebleau 1897). — Suster im Archivio Trentino XVII (1902) p. 5 ff. *P. K.*

Antonio da Trevigi, Maler im Anfange des 15. Jahrh. Für S. Niccolò in Treviso malte er den hl. Christophorus mit dem Christkinde in kolossaler Größe: seine Höhe betrug 34 Fuß. Ein Martyrium des hl. Petrus verfertigte er 1414 für die damals gegründete Confraternità de' Nobili.

Zanotto, Pittura Veneziana p. 64, nach den Registern des Archivs von S. Niccolò in Trevigi. — Federici, Memorie Trevigiane etc. I 200. **

Antonio di Troiano, im Rione S. Susanna in Perugia ansässig. War Camerlengo der Peruginer Malerzunft im 1. Semester 1561 und im 2. Semester 1565 an Stelle von Carlo di Niccolo. Werke von ihm sind nicht bekannt. *W. Bombe.*

Antonio d a U r b i n o (il sordo), s. *Viviani,* A.

Antonio U r s i n i d a M i l a n o, Maler in Ferrara laut Ausweis des dortigen „Carteggio degli Oratori Estensi". 1436 zeichnete er auf Pergamentbogen drei Pläne des Stadt- und Landgebietes von Cremona.

A. V e n t u r i im Arch. stor. Lombardo XII 228. *F. Malaguzzi-Valeri.*

Antonio d a V a l s o l d a, s. *Peracca,* Giov. Ant.

Antonio d a V a r e s e, s. *Vanosino,* Giov. Ant.

Antonio d a V e n d r i, Veroneser Maler um 1518.

B e r n a s c o n i, Studi etc., Verona 1865. **

Antonio d a V e n e z i a (Sohn des Cristoforo da Milano), Maler in Ferrara, wo er mit anderen Künstlern 1452 die Entwürfe lieferte für die Gewänder des Klerus zum Empfange Kaiser Friedrichs III. und zur Ernennung des Borso d'Este zum Herzog von Ferrara. 1473 u. 1481 urkundlich noch mehrmals als lebend erwähnt, muß A. vor 1496 gestorben sein, wie aus einer auf seinen Sohn Girolamo del quondam Antonio bezüglichen Urkunde des letzteren Jahres hervorgeht. — Die von Cittadella vorgeschlagene Identifizierung dieses Künstlers mit *Antonio Pochettino* entbehrt jeglicher Begründung.

B a r u f f a l d i, Vite de' pittori etc. Ferraresi (1846) II 585. — C i t t a d e l l a, Not. relat. a Ferrara (1864) p. 67, 74, 215, 565, 575; Doc. ed Illustr. etc. Ferrar. (1868) p. 147. *E. Modigliani.*

Antonio d a V e n e z i a, Maler in Orvieto, wo er 1463 bei der Restaurierung eines der gemalten Glasfenster des Domes die Entwurfzeichnung für eines der betr. Glasgemälde lieferte. Der Künstler starb bereits 1464.

Arch. stor. d. Arte I 342. — L. F u m i, Il Duomo di Orvieto. p. 236—237. *E. Modigliani.*

Antonio d a V e n e z i a, Keramiker in Venedig. P. Molmenti erwähnt ein Dokument von 1470, welches von einem „Maestro Antonio archimista" spricht, der bei S. Simeone einen Ofen erbaut hatte, aus dem sehr schöne, durchscheinende „porcelane" hervorgingen, die den von „Barbaria" kommenden ähnlich, aber vielleicht noch schöner waren.

Rassegna Nazionale, vol. 113 p. 9. — C a m p o r i, Maiol. e Porc. a Ferrara p. 129. — Bullett. di Arti Ind. e curios. Venez. I 79. — Studi intorno la Ceramica Venez. 1876 p. 38. — Gaz. des b.-a. 2. pér. XVIII 764. *L. Ferro.*

Antonio d a V e n e z i a, s. auch *Antonio* di Nicolò.

Antonio Veneziano, eigentlich A n t o n i o d i F r a n c e s c o d a V e n e z i a. Hervorragender Maler des Trecento, der wohl aus Venedig stammte, aber in Toskana tätig war, wo er 1370—1388 in Siena, Florenz und Pisa nachweisbar ist. Vasari berichtet von ihm, daß er in Venedig geboren und mit Agnolo Gaddi nach Florenz gekommen sei; er wäre dann als berühmter Maler wieder nach Venedig zurückgekehrt und hätte dort in der Sala del Consiglio des Palazzo Ducale gemalt, aber der Neid und die Mißgunst seiner Fachgenossen hätten ihn bald für immer aus seiner Vaterstadt vertrieben. Von diesen Gemälden des Antonio in Venedig ist aber nichts erhalten und bekannt, und nicht einmal sein Name wird in dortigen Urkunden und Quellenschriften genannt, so daß Vasaris Erzählung mit Vorsicht aufzunehmen ist. Trotzdem aber in den uns sonst erhaltenen Urkunden und Quellen die Herkunftsbezeichnung des Meisters schwankend ist (eine Sieneser Urkunde nennt ihn „da Venezia", Pisaner Urkunden bald „de Fiorensa", bald „de Venetiis", Baldinucci bezeichnet ihn als Florentiner [s. den Artikel *Antonio* da Firenze, Maler in Venedig], der Anonimo Magliabecchiano als Sienesen), wird man doch an der Venezianer Herkunft des Meisters festhalten können und annehmen, daß er bereits in jungen Jahren, vielleicht tatsächlich mit Agnolo Gaddi, aus seiner Vaterstadt nach Toskana gekommen ist, da seine Kunstweise durchaus in der Toskanischen wurzelt. Crowe und Cavalcaselle haben ein Bild von 1388 mit der Geißelung Christi bei der Bruderschaft S. Nicolò Reale di S. Francesco in Palermo dem Meister zugeschrieben und die Reste der darauf befindlichen Bezeichnung „An . . . Lo . . . da Vinexia pinx." auf Antonio Longhi gedeutet und vermutet, daß Longhi der Familienname des Antonio Veneziano gewesen sei. Da die Zuschreibung des Bildes an Antonio Veneziano sowohl, als die Deutung der Bezeichnung nicht zweifellos sind und Antonio in den zahlreichen erhaltenen Urkunden nie den Beinamen Longhi führt, verdient Crowes und Cavalcaselles Vermutung keinen Glauben.

Sichere Daten aus Antonios Leben sind folgende: Nach einer Urkunde in Siena erhält er im Oktober 1370 gemeinsam mit Andrea Vanni Zahlung für Malereien an den Gewölben des Domes in Siena (Milanesi, Doc. I 305). Am 20. 9. 1374 ist er in Florenz in der Matrikel der Ärzte und Apotheker, zu deren Zunft damals die Maler gehörten, eingetragen. Vom 7. 12. 1384 bis zum 10. 4. 1387 erhält Antonio in Pisa Zahlungen für die drei unteren Gemälde mit der Legende des hl. Raniero im Camposanto. Die Zahlungseintragungen sind bis auf die letzte von dem operaio Parasone Grasso vorgenommen worden, der den Meister beständig als aus Florenz stammend bezeichnet (Maestro Antone di Franciescho dipintore da Fiorensa), während die letzte Eintragung vom 10. 4. 1387 von der Hand des Notars und Schreibers der Domopera „pro pictura trium storiarum inferius sancti Rainerii in camposanto“ ihn „Magister Antonius pictor condam Francisci de Venetiis“ nennt. Unter dieser Bezeichnung erhält er ferner vom 14. 4. bis 4. 8. 1387 Zahlungen für weitere Arbeiten (Einrahmungen u. Restaurationsarbeiten an älteren Fresken) im Camposanto für sich und seihe Schüler Giovanni und Pietro und am 2. 8. 1387 vom Domwerkmeister Zahlung für ein Gemälde in der Orgelkapelle des Domes, „welches er ganz auf seine Kosten ausgeführt hatte“. Bei Empfang der letzten Bezahlung wohnte Antonio in einem Hause im Bezirk S. Nicola; vorher hatte er zwei Jahre in einem ihm von der Domopera gemieteten Hause im Bezirk S. Lorenzo gewohnt, dessen Schlüssel er sonderbarerweise erst am 1. 3. 1388 dem Domwerkmeister auslieferte, obgleich er schon lange nicht mehr dort wohnte.

Das uns erhaltene Hauptwerk des Antonio Veneziano sind die drei unteren *Fresken aus der Legende des hl. Raniero* an der Südwand des *Camposanto in Pisa* aus den Jahren 1384 bis 1387 (die drei oberen 1377 von Andrea da Firenze vollendet). Sie stellen die Reise des Heiligen aus Palästina, seine Ankunft in Pisa, seinen Tod und seine Wundertaten daselbst vor und sind leider so schlecht erhalten, daß man sich nur mit Hilfe der Abbildungen Lasinios über alle Einzelheiten orientieren kann. In ihnen tritt uns Antonio besonders als ein vorzüglicher Beobachter der Natur entgegen. Die nackten Körper zeigen ein überraschendes anatomisches Verständnis, an den Kranken, bei den Wundertaten des Heiligen, sind ihre Gebrechen auf das Bestimmteste dargestellt, die verschiedenen Lebensalter, Beschäftigungen und Charaktere der einzelnen Personen überall treffend geschildert u. viele seiner Figuren ohne Zweifel Porträts; die Gewänder sind nicht stilisiert, sondern je nach der Art des Stoffes verschieden behandelt. Weit überflügelt er seine Zeitgenossen in Siena und Florenz durch seine klare und bestimmte Wiedergabe der Architektur und die ausgezeichnete Perspektive. Er findet auch lebhaftere Farbentöne, arrangiert seine Gruppen mit großer Fertigkeit und verläßt Giottos Großartigkeit u. Strenge durch seine mehr genrehafte Auffassung, die sich in vielen Zügen offenbart. Bei all seinem Realismus aber liebte er, wie Vasari schon rühmt, das Zarte und Anmutige. Antonio Venezianos Kunst ist sicher aus der Toskanischen hervorgegangen. Vasari berichtet, daß er sich an Agnolo Gaddi angeschlossen habe, doch waren beide wohl gleichaltrig, so daß man kaum ein richtiges Schulverhältnis annehmen kann. Giovanni da Milano und Giottino mögen A. beeinflußt haben. Mag die Behauptung Vasaris, daß Antonio der Lehrer des Gherardo Starnina gewesen sei -- durch den er wieder Masolino, Angelico und Masaccio beeinflussen konnte — auf Wahrheit beruhen oder nicht, jedenfalls ist er als Vorläufer dieser bahnbrechenden Neuerer ein wichtiges Glied in der Entwickelung der toskanischen Malerei. — Von anderen Werken des Antonio Veneziano sind uns nur noch die in schlechtem Zustand befindlichen Fresken an einem *Tabernakel in den Gärten von Nuovoli* vor Porta Prato, in der Besitzung der Familie Panciaticchi in Florenz erhalten, die A. im Auftrag des Giovanni degli Agli malte und die als verschollen galten, aber von Crowe und Cavalcaselle wieder aufgefunden wurden. Es sind nur noch die Spuren einer Kreuzabnahme, des jüngsten Gerichtes und des Todes und der Himmelfahrt Mariae sichtbar. Die anderen Arbeiten Antonios in Florenz sind alle nicht mehr vorhanden. Vasari berichtet, daß A. im *Chiostro von S. Spirito die Berufung der Apostel, Vermehrung des Brotes und der Fische* und an der *Außenseite den Mannaregen* gemalt habe und daß er selbst die Zeichnungen zu diesen Bildern besäße, die er als die schönsten jener Zeit rühmt. Ferner nennt er die *Predella des Hochaltars in S. Stefano a Ponte Vecchio* mit Szenen aus dem Leben des hl. Stephanus, *Malereien oberhalb des Portals von S. Antonio al Ponte della Carraia,* ein von den Acciaiuoli bestelltes *Altarbild für die Certosa v. Florenz* sowie ebendort ein *Fresko mit der Verklärung Christi.* Von dem ebenfalls verschollenen *Gemälde in der Orgelkapelle des Doms von Pisa,* für das A. 1387 Zahlung erhielt, war schon oben die Rede, ebenso von den *Malereien an den Gewölben des Domes in Siena* von 1370, die A. gemeinsam mit Andrea Vanni ausführte. Auch an der Kuppel des Domes in Pisa muß A. tätig gewesen sein, da er und sein Schüler Giovanni für Arbeiten zu derselben 1385 Zahlung erhielten (s. Tanfani Centofanti, Not. di artisti, p. 441). Zweifelhaft als Werke des Antonio Veneziano sind: das schon genannte *Altarwerk* mit der Geißelung Christi und Einzelgestalten von Engeln, Heiligen und Aposteln *von* 1388 *in S. Nicolò Reale in Palermo* mit der oben angeführten Bezeichnung, die dem Antonio von Crowe und Cavalcaselle zugeschriebenen *Deckenfresken im Capellone degli Spagnuoli in S. Maria Novella* in Florenz, sowie die *Malereien in der Capp. Castellani in St. Croce in Florenz* und *zwei Bilder mit Heiligen in den Mus. in München und Altenburg,* die Schmarsow dem Antonio zuerteilt hat. Schwerlich sind auch andere Werke, die dem Antonio Veneziano zugeschrieben werden, von seiner Hand. Gefälschte Bezeichnungen tragen die Bilder in der R. Galleria dell' Accademia (No. 2) und im Museo Correr (No. 44) in Venedig.

Vasari (ed. Lemonnier II 171 f., ed. Milanesi I 661 f.). — Milanesi, Doc. Senesi I 305. — Tanfani Centofanti, Provincia di Pisa 1881 n. 33 u. Notizie di Artisti 1897 p. 34 bis 40, 441—42. — K. Frey, Il Codice Magliabecchiano, 1892 p. 253, 259. — Ciampi, Not. sul Campo Santo di Pisa, 151. — Rosini, Descr. delle Pitture del Campo Santo, Pisa 1816 p. 80—98. — Crowe und Cavalcaselle, Storia d. pitt. II 209—228 (Dtsche. Ausg. I 328, II 56 f.) — Gualandi, Memorie . . VI 136. — Morrona, Pisa illustr. II. — C. Bernasconi, Antonio Veneziano, Verona 1862. — G. Mancini, Venti Vite d'Artisti di G. B. Gelli (per nozze) Firenze 1896. — J. B. Supino, Il Camposanto di Pisa. 1896. — A. Schmarsow, Masaccio-Studien III 17, 42. — Schubring, Altichiero und seine Schule 1898, p. 129. — G. Di Marzo, La Pittura in Palermo, 1899 p. 47, 49. — A. Dell' Acqua Giusti, Antonio Veneziano. Venezia. — Repertor. f. K.-W. VI 16, XVII 267. — A. Venturi, Storia dell' arte ital. V. — L. Venturi, Le Origini della Pittura Veneziana, Venezia 1907. — Meyer, Kstlerlex. (mit weiterer Lit.). — *Abbildungen der Fresken im Camposanto* s. C. Lasinio, Pitture a fresco del Campo Santo di Pisa. Firenze 1832—1838. *G. Fogolari.*

Antonio Veneziano, s. auch *Musi, A.*

Antonio di Venturino, Steinmetz in Venedig, arbeitete 1494 mit Mauro Coducci an den Dekorationen der Scuola grande von S. Marco; und mit seinem jungen Sohne zusammen in der Kirche S. Giovanni Crisostomo. Er wird bis 1499 erwähnt.

P. Paoletti, Arch. e scult. d. Rinasc. in Venezia II 111, 176, 179. *L. Ferro.*

Antonio da Venzone, italien. Maler. 1462 in der Bottega eines Meisters Leonardo in Venedig tätig, u. 1498 von einem „Meister Leonhard (Thanner) Teutonicus" aus Venzone nach Cividale berufen um als Sachverständiger eines von dessen Bildern zu schätzen. Vielleicht ist dieser Leonhard Teutonicus mit dem oben erwähnten Meister Leonardo identisch und nicht Leon. Boldrin, wie P. Paoletti und G. Ludwig vermuten.

Repertor. II 150, XXII 446. ***

Antonio da Vercelli, soll nach Vasari Architekt in Florenz gewesen und um 1420 mit einem Kuppelmodell für S. Maria del Fiore in Konkurrenz mit Filippo Brunelleschi getreten sein. Er war aber nur einfacher „legnajuolo" der Dom-Opera, wie ganz kleine Lohnzahlungen erweisen.

Vasari, Vite, ed. Milanesi II 359. *H. V.*

Antonio da Verona, Maler in Rom, um 1527 Mitglied der römischen Accademia di S. Luca.

Missirini, Stor. d. rom. Accad. di S. Luca p. 15, 461. — Bertolotti, Artisti Veneti in Roma. *F. Malaguzzi-Valeri.*

Antonio di Vettore aus Venedig, Bronzegießer. Von ihm ist eine Glocke auf dem Glockenturm von S. Cristoforo, die er 1426 ausführte.

Moschini, Guida di Venezia 1815 II 23.

Antonio Vicentino, genannt Tognone, Maler in Vicenza um 1580, Schüler des G. B. Zelotti, soll auch von Palma d. J. mehrfach als Gehilfe verwandt worden sein. In Vicenza betätigte er sich als Fresken- und Fassadenmaler. Er gab aber die Malerei bald auf und starb noch jung als Soldat.

Meyer, Kstlerlex. (mit ält. Lit.). — G. Zimello, Pittori Vicentini (Venezia 1847) p. 7 f. — Nuovo Arch. Veneto VIII parte II p. 373 ff. **

Antonio da Vicenza, Intarsiator. — So nennt Zani, Enc. met. XIX 164 mit irrtümlichen Angaben sowohl in der Signatur wie in der Datierung einen Intarsiator, dessen Name Antonio *Cossetti* ist.

Antonio da Vigiù, lombard. Bildhauer, nach Zani und Nagler 1556—1590 in Mailand für den dortigen Dom tätig; und zwar sollen daselbst als Werke von seiner Hand zu betrachten sein das Grabmal des Papstes Pius V. († 1572), eine Christusstatue und die beiden nach Martino Bassis Zeichnung ausgeführten weiblichen Tragfiguren unterhalb des Orgelgehäuses. — Vielleicht ist mit ihm identisch jener *Antonio da Vigiù,* der nach Bertolotti sich 1591 in der Mitgliederliste der Congregatio artis lapicidarum zu Rom angeführt findet.

Zani, Encicl. XIX 88. — Nagler, Kstlerlex. XX 245. — Cicognara, Storia d. Scultura II 182. — Bertolotti, Art. Lombardi a Roma I 227. — Merzario, I Maestri Comacini, Milano 1893 I 542. *F. Malaguzzi-Valeri.*

Antonio da Vignonovo, Architekt, tätig in Rom, erhält 20. 12. 1458 als Gehilfe des Architekten Lorenzo aus Mailand Bezahlung für Arbeiten am Vatikan.

Bertolotti, Artisti Lombardi a Roma. *H. V.*

Antonio di Vincenzo, Architekt in Bologna, geb. daselbst um 1350, wie aus der Mitgiftturkunde seiner Gemahlin Agnese Tabolacci hervorgeht. 1382 begegnet er uns zum ersten Male als Festungsarchitekt der Bologneser Stadtgemeinde, und zwar wurde er damals mit Inspektions- und Bauarbeiten in den umliegenden Bologneser Kastellen betraut. 1383 erhielt er Bezahlung für den Bau der Bergveste von Cento, während er gleichzeitig an der Porta Saragozza zu Bologna arbeitete. 1384 führte er Erneuerungsbauten an den Bologneser Stadtmauern aus. Auch übte er in diesem Jahre als Gonfaloniere zusammen mit Lorenzo Bagnomarino eine Art Oberaufsicht über die zu errichtende Mercanzia aus und wurde ebenfalls mit Bagnomarino mit dem neuen Entwurfe für den Palazzo de' Notai betraut, dessen nach der Piazza grande gehende große Prachtfenster sein Werk sind. 1385 arbeitete er wiederum an den Bologneser und Imoleser Landkastellen, 1386 in Gemeinschaft mit Giovanni da Siena am Bau der S. Proculo-Bastion zu Faenza und 1387 am Bau der Bergveste S. Giovanni zu Persiceto. — 1388 erhielt A. sodann von den Sechshundert den Auftrag, nach den Anweisungen und unter der Leitung des Frate Andrea Manfredi da Faenza die Risse zu zeichnen zum Neubau der abzubrechenden älteren Kirche von S. Petronio zu Bologna (von 1211). Nach Genehmigung dieser Entwurfzeichnungen 1390 mit der Ausführung eines Stein- und Gips-Modells im Maßstabe von $^1/_{12}$ (18,71 m) der wirklichen Größe betraut, wurde A., nachdem schon im Juli desselben Jahres der Grundstein zur neuen Kirche gelegt worden war, am 14. 1. 1393 schließlich rite zum Obermeister des Neubaues von S. Petronio ernannt. Daß er auch sonst eine angesehene Stellung in seiner Vaterstadt einnahm, geht daraus hervor, daß er in das Kollegium der „Riformatori dello Stato" erwählt war und 1396 mit einer Spezialgesandtschaft der Stadt Bologna an die Republik Venedig abgeordnet wurde. In diesem Jahre war er auch wieder Gonfaloniere und wurde zum Notar ernannt. — Der großartig angelegte Neubau von S. Petronio sollte ein Kreuz bilden von 608′ Länge und 436′ Breite mit einer achteckigen Vierungskuppel von 110′ Durchmesser und quadratischen Seitenschiffkapellen; den drei Eingängen an der Hauptfront und an den Enden der Kreuzschiffe sollten weitläufige Vorhöfe entsprechen. Ganz deutlich zeigt sich in seinen Plänen, daß der Meister die nordische Gotik genau kannte und vor allem die Kuppel nach gotischen Konstruktionsprinzipien entworfen hat (vgl. Ludw. Weber, San Petronio, s. u.). Gleichzeitig begann man auch bereits mit der Ausschmückung der Fassade von S. Petronio. Nachdem uns in den Jahren 1393—94 noch von Studienreisen berichtet wird, die der Magister Antonius im Interesse des Kirchenbaues von S. Petronio nach Florenz, Mailand u. Venedig unternahm, sind die Nachrichten über die Fortführung dieses Kirchenbaues selbst mit einem Male unterbrochen. Dagegen erscheint der Name des Künstlers 1397 in einer Zahlungsurkunde für Grundlegungsarbeiten zum Campanile von S. Francesco in Bologna, und gleichzeitig muß A. im Auftrage des Lippo di Giacomo Muzzarello auch am Bau der Sakristei von S. Francesco beschäftigt gewesen sein. Auch der Campanilebau scheint hierauf wieder längere Zeit geruht zu haben, da erst unter dem 20. 2. 1401 sich wiederum ein Zahlungseintrag findet „in factura unius castelli lignei pro faciendo designare campanile novum"; 29 Tage später erhielten dann endlich die Maurermeister Bonino und Niccolò den Auftrag, den Bau des Campanile zur Ausführung zu bringen, und zwar nach den Plänen, die „maistro Anthonio di Vincenzo farà dipingere in la sponda de la sacrestia". Leider sollte der große Meister Antonio „vir magnae intelligentiae", wie ihn seine Zeitgenossen nannten, mitten aus seiner Bautätigkeit an San Petronio durch den Tod im Jahre 1402 abgerufen werden.

Sein besonderer Ruhmestitel bleibt, daß er jenem Ziele nachging, das Brunellesco, Bramante und Michelangelo anstrebten: dem monumentalen Kirchenbau unter der Herrschaft einer gewaltigen Kuppel, so wie es in St. Peter in Rom in seiner vollendetsten Form erreicht worden ist. Allein wenn das, was wir jetzt noch auf der Piazza grande hinter der unfertigen, rußigen Fassade finden, auch nur ein kümmerliches Rudiment bedeuten kann im Vergleich mit dem, was Antonio vollbringen wollte, so sind und bleiben die sechs mächtigen Joche, auf ihr herrliches Stützen- und Wölbesystem hin geprüft, doch das Beste, was die italienische Gotik hervorgebracht hat.

G. Guidicini, Cose notabili di Bologna (Bologna 1869). — A. Rubbiani, La chiesa di S. Petronio (Bologna 1886). — A. Gatti, La fabbrica di S. Petronio (Bologna 1889). — Arch. stor. d. Arte ital. III 153, IV 96, 172, 194, V 236, 387, 394. — L'Arte I 461. — Rassegna d'Arte 1901 p. 2, 56, 1904 p. 38, 1905 p. 161. — Repertor. f. Kstwissensch. XX 178, XXI 167, 169. — Meyer, Kstlerlex. — Malaguzzi-Valeri, L'Archit. a Bologna nel Rinasc. (1899). — Ludwig Weber, San Petronio in Bologna, Leipzig 1904. — Mit Notizen von Dr. L. Weber. *F. Malaguzzi-Valeri.*

Antonio „de Violono", italien. Maler, 1379—1405 in Pinerolo nachweisbar. 1401 malte er ein Zimmer im dortigen Palaste aus.

Bollett. Stor.-Bibliogr. Subalpino I 155.
G. Degli Azzi.

Antonio Vipera, Architekt in Ascoli-Piceno, erbaute laut Angabe der Klosterchronik von S. Francesco daselbst 1262 die Kirche von S. Francesco, eine dreischiffige gotische Anlage mit geradlinigem Frontabschluß (in der Art der abruzzesischen Kirchenfassaden), zwei schlanken Chortürmen neben den siebenfachen Apsidenanbauten der beiden Seitenschiffe und achteckiger Vierungskuppel. Nahe verwandt erscheint in ihrer Gesamtanlage die 1238—40 erbaute Franziskanerkirche zu Fermo, die daher von Ricci gleichfalls als ein Werk des Antonio Vipera von Ascoli angesprochen wird. Neuerdings wird jedoch die Architektentätigkeit des Antonio V. auch für S. Francesco in Ascoli angezweifelt.

Orsini, Guida di Ascoli p. 40. — Ricci, Mem. stor. di Ancona I 42 f. — Schulz, Denkm. d. Kunst des Mittelalt. in Unterital. II 4—5. — C. Mariotti in Rassegna Bibliograf. d. Arte Ital. III 213. *

Antonio de Visenem, Palast-Archit. Papst Calixtus' III. in Rom. Am 8. 6. und 6. 7. 1457 werden ihm und seinen Gehilfen am Bau des vatikanischen Palastes Gehaltzahlungen aus der päpstlichen Schatzkammer angewiesen. — Vermutlich identisch mit *Antonio dalla Ylesia* (*de Ecclesia*), der noch unter Pius II. mit den gleichen Gehilfen, wie Ant. de Visenem, am vatikanischen Palaste arbeitete.

Rossi, Spogli Vaticani, Giorn. di Erud. art. Vol. VI 1877 p. 202. — E. Müntz, Les Arts à la Cour des Papes (1878) I 193, 238.
W. Bombe.

Antonio Vite, s. *Ricci*, A. Vite.

Antonio da Viterbo (eigentl. Antonio Massari da Viterbo) gen. Pastura, italien. Maler, begegnet uns zum erstenmal als Mitglied der Akad. von San Luca in Rom im Jahre 1478. Wir dürfen annehmen, daß er sich damals längere Zeit in Rom aufgehalten hat. Im Jahre 1489 erscheint er in Orvieto; fünf Jahre später ist er wieder in Rom. In den Jahren 1497—99 arbeitet er aufs neue in Orvieto, und im Jahre 1504 hat er in Viterbo, seiner Vaterstadt, ein Tafelgemälde hergestellt. Im Jahre 1509 hat er seine Künstlerlaufbahn, wie es scheint, mit dem Freskenzyklus der Chorkapelle von Corneto ruhmreich abgeschlossen. Schon 7. 2. 1516 ist er nicht mehr unter den Lebenden; er scheint nicht alt geworden zu sein. Denn noch 8 Jahre nach seinem Tode, 15. 1. 1524, vermählte sich seine Witwe Sabette mit Clemente Anastasi aufs neue. Die ältesten urkundlich beglaubigten Arbeiten A.s entstanden in Orvieto. Hier haben sich im Dom an der rechten Chorwand noch teilweise die Fresken erhalten, welche A. 1497 unter den Fresken Pinturicchios gemalt hat: die Flucht nach Ägypten (fast zerstört), Darstellung im Tempel, Verkündigung und Heimsuchung. Das wohlerhaltene Fresko eines hl. Sebastian stammt aus der Madonna della Fonte und hat im Palast der Päpste in Orvieto seinen Platz gefunden. Die Fresken in dem Kirchlein S. Trinità bei Orvieto haben sehr gelitten. In Rom dürfen wir dem Viterbesen vor allem das anmutige Fresko der thronenden Madonna mit den Heiligen Franz und Chiara zuschreiben, welches das Kirchlein von S. Cosimato schmückt. Es ist wohl nur das Fragment eines größeren dort gemalten Bilderkreises. Auch sein Hauptwerk, die Fresken der Chorkapelle der Kathedrale von Corneto, ist vor allem durch einen Brand i. J. 1642 schwer geschädigt worden. Die Vitelleschi haben diese Gemälde gestiftet; 1509 waren sie vollendet. Alle Fragmente lassen darauf schließen, daß der Bilderzyklus ein Marienleben schilderte. Oben in den vier Gewölbefeldern erscheint dreimal ein Paar von Propheten und Sibyllen mit Spruchbändern, deren Inhalt sich auf die Jungfrau bezieht; im vierten Felde ist die Krönung Mariae dargestellt. Auch die Lünettenmalereien haben sich erhalten: links erblickt man die Geburt Mariae, rechts gegenüber das Sposalizio. An der Wand links sind drei Schilderungen ohne zeitlichen Zusammenhang nebeneinander gestellt: eine Beweinung Christi, die Begegnung Joachims und Annas und endlich Maria in einer Strahlenglorie mit dem segnenden Kinde im Arm. Vermutungsweise werden dem Antonio d. V. Freskenreste in S. Maria della verità in Viterbo und in San Flaviano in Montefiascone zugeschrieben.

Die Tafelbilder des Viterbesen sind sehr selten. Im Palast der Päpste in Orvieto hat sich eine Madonna erhalten, im Stadthaus zu Viterbo eine große Anbetung des Kindes und ein Madonnenbild. In der Kirche del Riposo in Toscanella gleichfalls ein Madonnenbild. Ein dreigeteiltes Altarbild, 1497 bezeichnet und die Himmelfahrt Mariae mit den Heiligen Gregor und Hieronymus darstellend, befindet sich im Vatikan; eine Pietà mit den Heiligen Paulus und Johannes — eine Stiftung der Altoviti vom Jahre 1500 — bewahrt die Großherzgl. Gemäldegalerie in Schwerin i. M. Diese beiden Gemälde sind besonders wohlerhalten und in Temperafarben auf Holz gemalt. Vermutungsweise darf dem Meister auch die Darstellung im Tempel in S. Bernardo bei Assisi zugewiesen werden.

In seinem Kunstcharakter gibt sich der Umbro-Viterbese als einer der zahllosen, in ihrer Kunst wenig charaktervollen Perugino-Schüler zu erkennen. Er scheint vor allem auch als Madonnenmaler tätig gewesen zu sein, und von seinen Tafelbildern dürfte sich in den Galerien Europas noch manches erhalten haben. Seine Leistungen sind ungleich; daß er aber auch vor monumentalen Aufgaben nicht zurückschreckte, beweisen die Freskenwerke in Corneto.

Steinmann, Antonio da Viterbo. — Fumi, Il duomo di Orvieto 278, 299, 300, 301, 303, 305, 366, 373, 402, 405, 407. — Pinzi, Gli ospizi medioevali e l'ospedal-grande in Viterbo 129—130, 276. — Rassegna d'arte 1903 p. 177. — Giorn. di erudizione artistica V 10, 15, 89—91; VI 258. — Müntz, Les arts à la cour des papes III 99; IV (1898) 180. — Crowe u. Cavalcaselle (Deutsche Ausg.) IV 19. — L'Arte VII (1904) p. 513. *E. Steinmann.*

Antonio da Viterbo, s. auch *Antonio* di Michele da V.

Antonio di Viviano da Albino, Maler in Venedig. Ernannte am 26. 3. 1497 seinen Bruder Pietro zu seinem Bevollmächtigten.

P. Paoletti, Arch. e scult. d. Rinasc. in Venezia II 127. *L. Ferro.*

Antonio di Vivian dei Valnigrenis da Miràguel, bergamaskischer Maler in Venedig, urkundlich erwähnt von 1462 (?) — 1506. Nach G. Ludwig (s. u.) wird er von Antonio di Viviano da Albino zu unterscheiden sein. (Vgl. auch *Antonio* de Miraguel.)

Jahrb. d. preuß. Kstsamml. XXIV, Beih. 89 ff.
**

Antonio dalla Ylesia, s. *Antonio* de Visenem.

Antonio Zucconi, s. *Antonio* da Padova.

Antonio, s. auch damit verbundene Vornamen, Patronymika und Ortsbezeichnungen sowie *Antoni* u. *Antonius.*

Antonioli, Fausto, italien. Maler, geb. 1814 in Bergamo, war 1844 in der Ausstellung zu Bergamo mit guten Landschaftsbildern vertreten.

Schorns Kunstblatt 1845 p. 236. *R.*

Antoniollo di Bartolomeo, Maler in Ferrara, erhält am 14. 5. 1494 von Giovanni Guasconi eine Pension von 100 Lire ausgezahlt, um ein Jahr lang Studien in der Malkunst betreiben zu können.

Cittadella, Doc. ed illustr. etc. Ferrar. p. 108. *F. Malaguzzi-Valeri.*

Antoniolo da Brenna, lombard. Glasmaler, brachte in Gemeinschaft mit Ambrogio da Lodi und Bertino Morone eine Anzahl Glasgemälde für den Dom zu Mailand 1430 zur Ausführung.

Malaguzzi-Valeri, Pitt. Lombardi p. 208. *F. Malaguzzi-Valeri.*

Antonisio (Antonigi) di Gaspare da Camerino, Holzschnitzer in Rom, wo er 1468—70 Deckenkassettierungen und Wandvertäfelungen im Palazzo di S. Marco und 1470—71 die Holzdecke in S. Lorenzo in Pesce (im Borgo S. Pietro) auszuführen hatte.

E. Müntz, Les Arts à la Cour des Papes (1878) II 65 f.; 70 f.; 86. *

Antonisio (Antoniazzo) di Niccolò de Urbe (Romano), carpentarius und Holzschnitzer in Rom, wo er 1468 die mit ornamentalen Schnitzereien verzierte Holzbedachung des Gartens im Palazzo di S. Marco auszuführen hatte und 1480 Zahlung erhielt für Wappenschnitzereien an der Decke der Libreria Secreta Sixtus' IV.

E. Müntz, Les Arts à la Cour des Papes (1878) II 62 f.; III 134. *

Antonisio, Pietro Paolo de, s. *Pietro Paolo* de A.

Antonissen, Henricus Josephus, Landschafts- und Tiermaler, geb. zu Antwerpen 9. 6. 1737, † daselbst 4. 4. 1794. In dem Gildejahr 1752/53 trat er in das Atelier von Balth. Beschey d. Ä., 1755/56 wurde er als freier Meister aufgenommen; zweimal, in den Jahren 1762/63 und 1772/73, wurde er zum Dekan der Malerzunft gewählt. Am 4. 11. 1765 verheiratete er sich mit Katharina Josephine Rademaekers.

Er versuchte sich zuerst mit der Historienmalerei, sein Talent aber wies ihn auf die Landschaft mit Tierstaffage, während er menschliche Figuren im allgemeinen weniger glücklich behandelte. Ausnahmsweise aber malte er auch nach der Natur Blumen und Früchte. Er gelangte seinerzeit zu einem nicht unbedeutenden Rufe; seine Bilder fanden besonders auch in Paris und Holland Aufnahme. Sie sind den Gegenden der Maas und anderen Teilen des Landes entnommen. Er bildete verschiedene Schüler; der berühmteste darunter ist der Landschafts- und Tiermaler Balthazar Paul Ommeganck, den er 1767/68 aufnahm. Man kennt auch 2 Radierungen von A.: 1. Landschaft mit Figuren, 1767, und 2. Fünf Kühe am Flusse, nach A. Cuyp, 1767, qu. fol.

Th. v. Lerius in Meyers Kstlerlex. — Notizen von H. Hymans.

Antonissen, s. auch *Anthonissen.*

Antonisz, Antonis, holl. Baumeister, erbaute 1544 den St. Salviusturm in Dronryp in Friesland.

Kramm, De Levens en W. Aanhangsel. ***

Antonisz, Rombout, Maler, urkundl. 1619 bis 1629 in Amsterdam erwähnt. *A. B.*

Antonisz, s. auch *Anthonisz.*

Antonius und Silvester, Mosaikarbeiter in Venedig, machten in S. Marco laut Inschrift 1458 die Figuren der hh. Bernardin, Paulus I. Eremita, Vincenz und Antonius unter dem Bogen neben dem großen runden Fenster des rechten Kreuzflügels. In den Dokumenten des Archivs kommen sie erst 1486 als Meister (Mistro Antonio und Mistro Silvestre) vor.

Pietro Saccardo, Saggio d'uno studio di storia artistica sopra i musaici della chiesa di S. Marco in Venezia, Ven. 1864 p. 10. — Venezia e le sue lagune II 30. **

Antonius, Paulinermönch zu Szt. Lörincz, Ungarn, wird als Xylograph in der 2. Hälfte des XV. Jahrh. erwähnt.

„Archaeologiai Értesítő, ú. f." XVIII 214. *K. Lyka.*

Antonius, Goldschmied zu Kassa, Ungarn. Erhielt daselbst 1493 das Bürgerrecht, † 1520. Als gesuchter Meister arbeitete er auch für auswärts. Werke: das städt. Siegel von Kassa, datiert 1504, dann wahrscheinlich auch der noch gut erhaltene Kelch des Domes zu Kassa.

„Archaeologiai Értesítő ú. f." XV 372 u. XVIII 396. *K. Lyka.*

Antonius (Aurifaber), angesehener Goldschmied zu Brassó (Kronstadt) in Ungarn, um 1507—1511, gelangte später zu munizipalen Würden, nahm als „hawbtman" an der Schlacht zu Mohács (1526) teil, wurde vielfach mit politischen Missionen betraut, so 1528 zu Prag bei König Ferdinand, wird 1534 zum letztenmal erwähnt. Keine bestät. Werke.

„Quellen zur Gesch, der Stadt Kronstadt in Siebenbürgen" II, Kronstadt 1889. *K. Lyka.*

Antonius, frate, s. *Pelchinger,* A.

Antonius, Almanus Vernensis (ob nicht Bernensis?), Baumeister, kam nach Krakau 1572.

Sprawozdania, kom. hist. sztuki IV p. LXII. *L. Lepszy.*

Antonius Bictini, s. *Bittino,* A.

Antonius de Ecclesia, s. *Antonio* de Visenem.

Antonius Florii von St. Valentino, Architekt, erbaute laut Inschrift 1309 den Glockenturm von S. Francesco zu Teramo in den Abruzzen.

Schulz, Denkm. d. Kst. d. Mittelalters in Unterit. II 12. *H. V.*

Antonius Lucae Nicole de Montevecchis de Pisauro, Architekt aus Urbino, im Juli 1522 in Rom urkundlich erwähnt.

Bertolotti, Artisti Urbinati in Roma p. 61. *H. V.*

Antonius de Lugano, italien. Maurermeister, war nach einer Urkunde von 1466 am Bau der Torre di S. Giorgio und des Castelletto zu Genua tätig und lebte 1463 in Rom. Vielleicht identisch mit Antonio da Lugano (s. d.).

Bollettino della Svizz. ital. 1893, p. 181. — Brun, Schweizer. Kstlerlex. *A. Muñoz.*

Antonius di Mario, Florentiner Notar und Schreiber und Miniator, im Dienste Alphons' I. von Neapel als Kopist und Agent verwendet, schrieb zahlreiche erhaltene Manuskripte, datiert 1419—1451; die meisten in der Laurentiana, Florenz. Im Jahre 1429 schrieb er einige Codices, die in der Abtei von Montecassino aufbewahrt werden, die Caravita wegen ihrer wundervollen Schrift und der einfachen und eleganten Initialen lobt.

Bradley I 57 und ausführlich II 258 ff. — Caravita, I codici e le arti a Montecassino (Montecassino 1869) I 417. **

„**Antonius** de Paullo de Fossa pinxit 1436" lautet die Bezeichnung für einen Zyklus von Wandgemälden aus der hl. Geschichte, die sich in der Kirche S. Domenico zu Aquila befinden.

Schulz, Denkmäler der Kunst des Mittelalters in Unteritalien II 72, III 174. **

Antonius de Silves, Bildhauer oder Steinmetz in Avignon, wo er um 1370 am Palastbaue Papst Urbans V. als „magister lapiscida" tätig war.

E. Müntz, Le Pape Urbain V (1889, aus „Revue Archéol.") p. 7. *

Antonius de Urbeveteri, italien. Glokkengießer in Viterbo (?). Eine Glocke in S. Francesco zu Terni trägt seinen Namen mit der Jahreszahl 1445.

Guardabassi, Indice-Guida dell' Umbria. **

Antonius, Wilhelm, italien. Architekt, seit 1575 unter Herzog Johann Friedrich am Bau des Schlosses zu Stettin beschäftigt, dessen West- und Nordflügel von ihm errichtet sind (1577 datiert).

Kugler, Gesch. d. Baukunst V. *H. V.*

Antonius, s. auch *Antonio.*

Antonov, Waltscho, bulgarischer Genremaler und Porträtist, geb. in Kozludja (Bez. Warna, Bulgarien) am 8./21. 11. 1871, studierte in München bei A. von Liezen-Mayer. Während seines Münchener Aufenthaltes malte er 1889 ein Bildnis der Kinder des Herzogs Max Emanuel. Dann entfaltete er eine sehr produktive Tätigkeit, die besonders der Darstellung von Szenen aus dem Landleben und historischen Ereignissen galt. Daneben schuf er auch zahlreiche Porträts hervorragender bulgarischer Persönlichkeiten. Seine wichtigsten Arbeiten sind: Der Tod des Revolutionshelden Hadji Dimitri (angekauft vom Stadtrat von Rustchuk); Die Grausamkeiten der Tscherkessen 1876; Die mazedonische Sklavin. — Gegenwärtig malt der Künstler Landschaften und Porträts und ist Zeichenlehrer am Gymnasium zu Philippopoli. *G. Palascheff.*

Antonozzi, Antonio Maria, Miniaturmaler in Rom, der 1633 mit 20 Scudi vom päpstlichen Schatzmeister für Miniaturen auf ein Elfenbeintablett in den Stanzen des alten vatikanischen Palastes bezahlt wurde.

Bertolotti, Art. Bolognesi in Roma, und in Il Bibliofilo 1882 (Mai). **

Antonozzi, Francesco, Maler von Landschaften und Kirchenbildern in der zweiten Hälfte des 17. Jahrh., wurde nach Zani in Ancona, nach Ricci aber in Osimo geboren und ließ sich in Ancona nieder. Die Kirche S. Niccolò de' Lorenesi in Rom bewahrt von ihm in der ersten Kapelle rechts ein Altargemälde.

Ricci, Memorie stor. di Ancona II 423, 441. — Titi, Descriz. di Roma p. 410. **

Antonozzi, Leopoldo oder Leopardo, Miniator, der 1629 in Rom für den Papst arbeitete. 1638 gab er das Werk: De' caratteri heraus. Zani rühmte von ihm, daß er mit einem Federstrich jede Art von Figuren machen konnte. Er war auch Sänger in der Cappella Papale und lebte noch 1658.

A. Bertolotti, Artisti Bolognesi etc. a Roma, p. 158. — Zani, Enc. met. **

Antonozzo, Innocenzo, Miniator, der 1635 in Rom arbeitete und ein Verwandter der Miniatoren Antonio Maria und Leopoldo (od. Leopardo) Antonozzi war.

Bertolotti, Artisti Bolognesi, Ferraresi... a Roma, p. 158. **

Antonuccio da Jesi, Sohn des Andrea, Maler in Jesi, 1530—1572, als Schüler des Lorenzo Lotto in den Jahren 1553—1555 erwähnt.

Rassegna Bibliogr. III 205, 210. — Nuova Rivista Misena V 99, VI 163, VII 90. **

Antonuccius, J. A. (wohl eigentlich Antonucci oder Antonozzo), röm. Maler des 17. bis 18. Jahrh., nach dem Nic. Oddi das Porträt des R. P. Rizerius à Mutia stach. Bei Zani (Enc. met. II 157) ein G. A. A. erwähnt, wohl identisch mit Obigem, sowie vielleicht mit Innocenzo Antonozzo.

Heinecken, Dict. d. Artistes I 414. *H. V.*

Antony (Formschneider), s. *Courthois,* A.

Antony-Béraud, s. *Béraud,* A.

Antony, Charles, engl. Münzgraveur im Dienste König Jacobs I. (1603—1625).

Fiorillo, Gesch. d. zeichn. Kste. V 311. — Forrer, Dict. of Medallists. **

Antony, s. auch *Anthony.*

Antorides, s. *Antenorides.*

Antreter, s. *Andrötter.*

Antrobulos, Erzbildner unbestimmter Zeit. Er hatte nach Plinius N. H. 34, 86 Porträtstatuen von Philosophen ausgeführt (identisch mit Androbulos?, s. d.).

Brunn, Gesch. d. gr. Kstlr. I 526. *Amelung.*

Antropoff, Alexei Petrówitsch, russ. Maler, geb. 14. 3. 1716, † 12 6. 1795, war der Sohn eines Soldaten des Semjenowschen Leibgarderegiments. Begann seit seinem 16. Jahre seine künstlerische Ausbildung bei verschiedenen russ. u. ausländischen Künstlern zu suchen, so bei A. Matwejeff, M. A. Sacharoff, U. J. Wischnjakoff und L. Carravac, ahmte aber größtenteils Rotari nach, der 1747 nach Petersburg berufen war und sich seiner annahm. Als dessen Gehilfe arbeitete er mit an den Malereien im Anitschkoffpalais und in der neu erbauten Oper. 1752 wurde er zur Ausführung der Wandmalereien in der vom Architekten Graf F. Rastrelli erbauten Andreaskirche nach Kiew geschickt und 1756 nach Moskau zur Ausführung der Plafondmalereien in dem von Rastrelli erbauten Golowinschen Palais. 1759 für seine Arbeiten zum Offizier befördert, wurde er 1761 auf Fürsprache Schuwaloffs zum Aufseher über die Heiligenbildermaler beim Synod ernannt. Aus dieser Zeit stammt das Porträt des 1762 verstorbenen grusinischen Fürsten Teimuras II. Nikolajewitsch, das er für den Grafen Woronzoff malte (gest. v. E. Winogragoff u. A. Grekoff). — Von ihm ferner: die Porträts des Kaisers Peter III. in ganzer Figur für den Synod, der Kaiserin Katharina II. im Krönungsornat (1765), des Kaisers Peter I. für den Synod (1769), des Kaufmanns U. S. Tschirkin (gest. von Serebrjanski, 1770), des Patriarchen Philaret für die Moskausche Rüstkammer, der Zarin Natalie Kirilowna, der Großfürstin Anna Petrowna und das Jugendbild des Großfürsten-Thronfolgers Paul Petrowitsch (Ermitage). — Außerdem verschiedene Heiligenbilder für die Kaiserin und für viele Kirchen 1775—78.

Русск. библ. словарь (Russ. Bibliogr.) II 232. — N. P. Sobko, Russ. Kstlerlex. — A. H. Андреевъ, Живопись и живописцы (A. N. Andrejeff, Malerei u. Maler) St. Petersburg 1857, S. 479. — Ровинскiй, Русск. граверы (Rowinski, Die russ. Stecher) St. Petersburg 1870, S. 167. *W. Neumann.*

Antropp, Joseph, unbedeutender deutscher Kupferstecher zu Ende des 18. Jahrh., für Buchschmuck tätig.

Füssli, Kstlerlex. Neue Zusätze, 1824. *H. V.*

Antum, Aert van, holländ. Marinemaler am Anfang des 17. Jahrh., von dessen Leben nichts bekannt ist. Eine Marine von 1604 ist im Mus. zu Emden, und das Mus. zu Amsterdam besitzt von ihm zwei Marinen, eine Seeschlacht der Holländer gegen die spanische Armada, gemalt 1608 und eine Darstellung, wie das Jachtschiff der Staaten 1617 Ysselmonde passiert. Auch im Mus. zu Prag und anderwärts sind Werke von ihm, alle mit vollem Namen bezeichnet. Vielleicht identisch mit Aert Anthonisz. *E. W. Moes.*

Antunes, João, portugiesischer Baumeister, wurde 9. 5. 1699 zum kgl. Archit. ernannt, nachdem er 16 Jahre lang als Eleve gedient hatte und Silva Tinoco, Meister der kgl. Paläste da Ribeira, gestorben war. Erbauer des kgl. Klosters do Louriçal und seiner Kirche, wozu der Grundstein 9. 3. 1690 gelegt wurde. Der König D. Pedro II. schenkte zu dem Bau des Gebäudes 6000 Cruzados.

Sousa Viterbo, Dicc. dos archit. p. 42. — Raczynski, Dict. p. 14. *A. Haupt.*

Antwerpen, Anversa, s. damit verbundene *Vornamen.*

Anwander, Andreas, bayr. Maler, von ihm ein Deckengemälde von 1753 in der Kirche von Prittriching.

Kstdenkm. des Königr. Bayern I 538. ***

Anwander, B., bayr. Maler; von ihm Deckengemälde (Himmelfahrt Mariae), u. Gemälde an der Orgelempore (bez. B. Anwander 1791) in der Kirche in Klingen.

Kstdenkm. des Königr. Bayern I 207. ***

Anwander, F. A., bayr. Maler; von ihm ein Altargemälde (Martyrium der hl. Afra) von 1771 und ein zweites von 1788 (gemeinsam mit J. P. A.) mit dem Meßopfer des hl. Ulrich am Choraltar der Kirche von Spötting.

Kstdenkm. des Königr. Bayern I 494, 548. ***

Anwander, Gottfried, bayr. Maler; von ihm Deckengemälde im Schiff der Kirche von Grunertshofen, der hl. Laurentius Almosen spendend, bez. Gottfried Anwander pinxit et invenit 1752.

Kstdenkm. des Königr. Bayern I 462. ***

Anwander, J. B., bayr. Maler; von ihm Deckengemälde in den Kirchen von Grunertshofen (1752) und Hausen bei Geltendorf (Glorifikation des hl. Nicolaus, bez. J. B. Anwander 1795).

Kstdenkm. des Königr. Bayern I 446, 463. ***

Anwander, J. P., bayr. Maler; von ihm das Altarbild mit dem Meßopfer des hl. Ulrich, in Spötting 1788 gemeinsam mit F. A. A. gemalt.

Kstdenkm. des Königr. Bayern I 494, 548. ***

Anwander, Johann, Maler, geb. um 1715 zu Landsberg am Lech, † um 1770, tätig in Schwaben und Franken, namentlich im Hochstift Bamberg. Haupt einer verbreiteten Künstlerfamilie. Formgewandter Rokokomaler. Von ihm die äußerst effektvollen (heute restaurierten) Fassademalereien des Rathauses in Bamberg (1756), denen sich bescheidenere Leistungen im Dominikanerkloster und in Privathäusern Bambergs anschließen. Die ehemalige Benediktinerabtei Scheyern besitzt von A. zwei größere Darstellungen (Geburt Christi und Übergabe der hl. Kreuzpartikel an den

Abt 1156). In der ehemaligen Dominikanerkirche zu Gmünd lieferte A. ein technisches Bravourstück in einer figurenreichen Deckenkomposition; von seiner Hand sind auch die Deckenfresken (Marienleben) in der kathol. Pfarrkirche in Unterkochen (Jagstkreis).

Lipowsky, Bayer. Kstlerlex. S. 10. — Jäck und Heller, Leben und Werke der Künstler Bambergs 1891 S. 9. — Kunstblatt, 1847 S. 87. — Denkmalspflege, 1903 S. 19 ff. — Kst. u. Altert. Denkm. im Kgr. Württemberg. Jagstkr., p. 35, 356, 407, 410. *Fr. Leitschuh.*

Anzelotto, maestro, s. *Angelino* da Murano.

Anzenhofer, Ignaz, ung. Holzschnitzer d. 18. Jahrh. Geb. zu Eger, Ungarn. Ein Kruzifix von ihm im Nationalmus. zu Budapest. *K. Lyka.*

Anziani, Giacomo (Anciani) von Ravenna, nach Zani geb. 1681 und † 1733, war zugleich Maler, Zeichner, Baumeister und Radierer. A. Tuschini und Dom. Capaci waren nach Beltrami seine Schüler. Das von dem Kardinallegaten C. Bentivogli im J. 1724 zu Ravenna erbaute Theater ist nach A.s Plänen. Ein Privatmann dieser Stadt, Bonanzi, besaß 1783 verschiedene Gemälde des Künstlers.

Beltrami, Il Forestiere istruito delle cose notabili della città di Ravenna. 1783 p. 50, 87, 140, 149. — (Nanni) Il Forestiere di Ravenna 1821 p. 26. — Zani, Enc. met. **

Anzil, Gerardo, di Vilacco, Architekt aus Civitale um 1446, nur bei Zani (Enc. met. II 160) erwähnt. *H. V.*

Anzolino da Brescia, auch Angelo da Brescia genannt, Bildhauer, machte 1468 für die Kirche degli Eremitani in Mailand ein schönes Altarblatt mit Reliefs in Terrakotta. Nach Cicognara könnte dieser Meister neben Begarelli und Mazzoni als Urheber von gewissen Terrakotta-Reliefs in der Certosa von Pavia in Frage kommen. Der genannte Schriftsteller hat dabei namentlich die drei Putten im Auge, von denen der eine Laute spielt, und dann das Relief mit der Samaritanerin am Brunnen. — Im Anfange des 16. Jahrh. kommt ein tajapreda oder Steinmetz *Anzolino* in Mantua vor, der dem Bildhauer Antonio da Morbegno (s. d.) bei der Ausführung zweier Grabmonumente half. Schwerlich dürfte dieser für identisch mit Anzolino da Brescia gehalten werden.

Cicognara, Storia della Scultura II 181. — Perkins, Les Sculpteurs Italiens II 264. — Meyer, Kstlerlex. *R.*

Å (bei nordischen Namen) siehe unter A.

Aousten, französ. Bildhauer aus Avignon, erhielt 1861 den Auftrag auf einen Teil der Bildhauereiarbeiten im neuen Justizpalast zu Marseille. Von ihm hier die Flachreliefs des ersten Zimmers, die unter Mitarbeit Truphèmes ausgeführt sind.

Parrocel, Annales de la peinture. 1862, p. 317, 507. *Lami.*

Apans, Jacques, Teppichweber in Brügge, fertigte 1480 nach Zeichnungen des Malers Jean Fabiaen 3 mit den französ. Wappen geschmückte Gobelins für den Gerichtssaal an.

Le Beffroi IV 80. *H. V.*

Aparici Solanich, Antonio, span. Blumenmaler des 19. Jahrh., geb. zu Valencia, bot 1878 der Königin Mercedes, der ersten Gattin Alfons' XII., ein Blumenstück an, das sehr anerkannt wurde und seinen Ruf als Maler begründete. Unter seinen Werken führen wir an: Erinnerungen an Valencia; Blumenbüschel; Eine Grotte.

Ossorio y Bernard, Galeria biogr. de artistas españoles del siglo XIX. Madrid 1883/4. — Alcahali, Dicc. biogr. de artistas valencianos, Valencia 1897. *P. Lafond.*

Aparici y Soriano, Federico, span. Architekt des 19. Jahrh., geb. zu Valencia, Schüler der Akad. San Carlos in seiner Vaterstadt; 1854 erlangte er den 1. Preis in einem Wettbewerb, der in Madrid eröffnet wurde, um Don Augustin Arguëlles, Don José Maria Calatrava und Don Juan Alvarez Mendizabal ein Grabdenkmal zu errichten. Von Gebäuden, die nach seinem Plan errichtet wurden, erwähnen wir die Kirche von Covadonga.

Alcahali, Dicc. biogr. de artistas valencianos, Valencia 1897. *P. Lafond.*

Aparicio, Esteban, span. Maler des 19. Jahrh., geb. zu Madrid, Schüler seines Vaters José A.; er nahm zunächst eine Professur für Zeichnen am Unterrichtsinstitut zu Santander an, und später, 1870, am Konservatorium der Künste zu Madrid. Man verdankt ihm als Maler unter anderen Werken ein Porträt Alfons' XII. — Er war auch literarisch tätig. Esteban A. hat aus dem Französischen übersetzt und das Buch des Dr. Fau „Anatomie des formes extérieures du corps humain" in spanischer Sprache veröffentlicht.

Ossorio y Bernard, Galeria biogr. de artistas españoles del siglo XIX. Madrid 1883/4. *P. Lafond.*

Aparicio, José, span. Maler, geb. 1773 zu Alicante, † 1838 zu Madrid, Schüler der Akad. San Carlos in Valencia und der Akad. San Fernando, studierte dann unter der Direktion Louis Davids in Paris und begab sich darauf nach Rom. Nach dem Unabhängigkeitskriege nach Madrid zurückgekehrt, wurde er 1815 von Ferdinand VII. zum Hofmaler ernannt. 1817 berief ihn die Akad. San Fernando mit dem Titel eines Ehrenmitgliedes und ernannte ihn etwas später zu ihrem Direktor. Ebenso war er Mitglied der S. Lukas-Akad. in Rom. Unter den Hauptwerken dieses Künstlers, der in seinem Vaterlande als einer der angesehensten Vertreter der klassischen Schule gilt, führen wir an: Das Jahr der Hungersnot in Madrid (Episode aus dem Unabhängigkeitskriege, Madrid, Mus. Mod.): Austausch von Gefangenen zur Zeit Karls III. (im Mus. für moderne Kunst zu Madrid):

Athalia und Joas (in der Akad. San Fernando); Das gelbe Fieber in Valencia (in Paris 1806 im Musée Napoléon ausgestellt); Der Tod des Patroclus; Der Kampf der Horatier und Curiatier; Die hl. Dreieinigkeit (in den Kapellen des Kapuziner-Nonnenklosters zu Madrid); Die Schlacht von San Marcial (1821 in der Akad. San Fernando ausgestellt); Die Einschiffung der Majestäten in Puerto Santa Maria (dem Staate gehörig); ferner eine ganze Anzahl Porträts.

Ossorio y Bernard, Galeria biogr. de artistas españoles del siglo XIX. Madrid 1883/4. — P. de Madrazo, Catalogo descriptivo e historico del Museo del Prado de Madrid, Madrid 1872. — José Caneda, Memorias p. la Historia de la Real Academia de San Fernando, Madrid 1867. — Bryan, Dict. of painters, London 1903. *P. Lafond.*

Aparicio, Manuel, 1750 Maler der Fayencemanufaktur zu Alcora bei Valencia.

Riaño, Industr. arts in Spain S. 196.

Aparicio Moreno, Don Manuel, Glasmaler, von welchem Nachrichten aus dem Jahre 1773 Glasgemälde, die er in Toledo und in Leon ausgeführt habe, rühmen.

Fiorillo, Gesch. d. z. Kste. IV 189—190. *M. v. B.*

Aparicio, s. auch *Apparicio, Apparitio.*

Apaturios, griechischer Dekorationsmaler aus Alabanda in Karien. Vitruv, de archit. 7, 5 berichtet, daß A. das kleine Theater (Ekklesiasterion) der karischen Stadt Tralles mit einer wunderlichen Dekorationsmalerei versah, in der über einer reichen und vollständigen, auch mit plastischem Schmuck ausgestatteten Architektur noch eine weitere sich aufbaute, die Rundbauten, Tempelvorhallen, Halbgiebel und allerhand Gebälkschmuck umfaßte. Ein Mathematiker Likymnios übte Kritik an diesen aller Möglichkeit widersprechenden Architekturgebilden und überzeugte A., so daß dieser seine Dekoration abänderte. Der Maler ist interessant als Vorläufer des zur Zeit Vitruvs aufkommenden Dekorationsstils, der, mit allerlei architektonischen Elementen launenhaft schaltend, sie schließlich ohne alle Rücksicht auf architektonische Möglichkeit rein ornamental verwendet, des Stils, den Mau den ornamentalen genannt hat. Genaue Datierung des A. ist nicht möglich; da er für Vitruv der Vergangenheit angehört — V. wünscht, daß Likynnios wieder auferstehe, um die neuen Tollheiten zu bekämpfen —, ist er der hellenistischen Epoche zuzuweisen.

Brunn, Gesch. d. gr. Kstler. II 280. — Mau, Gesch. d. dekor. Wandmalerei in Pompeji S. 247. — Pauly-Wissowa, Realenc. I 2681, 6 (Rossbach). — Bethe, Arch. Jahrb. 1900 S. 62. *Sauer.*

Apeghehem, Henry d', Ornamentbildhauer, vläm. Ursprungs, war 1356—57 am Schloß von Escaudoeuvres bei Cambrai beschäftigt.

Lami, Dict. d. sculpt. 1898. *R.*

Apel, Friedrich Jonas, Zeichner (?) in Leipzig um 1770, entwarf die Blumenmuster für ein kostbares Kirchenornat in grünem Seidenbrokat, das 1771/2 für 2533 Thl. für die Thomaskirche in Leipzig angeschafft wurde und sich noch dort befindet.

Gurlitt, Bau- und Kunstdenkm. des Kgr. Sachsen XVII 66. *A. Ky.*

Apel, Hans, Kupferst. in Nürnberg. 21. 6. 1654 verheiratet sich „Michael Apel, Zinn- und Kannengießer, Hans Apel, gewesenen Kunststechers, auch Wirths und Weinschenks seeligen Sohn" (Ehebücher zu St. Lorenz in Nürnberg). Die Blätter dieses „Künstlers" werden sehr volkstümlicher Art gewesen sein; man ist ihnen bisher nicht nachgegangen. *Th. Hampe.*

Apel, J., deutscher Radierer des 18. (?) Jahrh., angeblich Dilettant in Kassel, als dessen Arbeiten in Meyers Kstlerlex. mit Vorbehalt acht Radierungen aufgeführt werden. Nach W. Schmidt (ebendort) ist J. Apel vielleicht mit J. H. Apel identisch oder mit Wilhelmina Carolina von Apell, geb. Tischbein in Kassel verwechselt worden, die auch einige Blatt radiert hat. ***

Apel, J. H., deutscher Radierer des 18. Jahrh. Mit der Bezeichnung J. H. Apel oder A. sc. finden sich einige Radierungen nach Seekatz, D. Teniers und J. G. Wagner, sowie einige Landschaften, die W. Schmidt in Meyers Kstlerlex. unter Johann Heinrich Apel zusammengestellt hat. Eine Identifizierung dieses sonst unbekannten J. H. Apel mit dem Leipziger Dekorationsmaler Joh. Heinr. Apel (s. d.) ist wohl kaum zulässig, doch sind ihm vielleicht die Radierungen, die J. Apel (s. d.) zugewiesen werden, zuzuschreiben.

Meyer, Kstlerlex. (mit Lit.). ***

Apel, Johann Heinrich, Innungsmaler in Leipzig, in den Adreßbüchern nachweisbar 1763—1801, 1794 Oberältester der Innung. Als Innungsmaler war er zweifelsohne Dekorationsmaler. An dem Umbau der Nikolaikirche zu Leipzig, der 1784—97 unter Dauthes Leitung stattfand, war er mit zwei Innungsgenossen als Lackierer und Vergolder tätig. Es geht daher nicht an, den Künstler mit dem Radierer J. H. Apel zu identifizieren, wie es Füssli und W. Schmidt in Meyers Kstlerlex. getan haben.

Geyser, Gesch. d. Mal. in Leipzig S. 75 Anm. 65. — Gurlitt, Bau- u. Kunstdenkm. d. Kgr. Sachsen XVII 35. — Füssli, Neue Zusätze S. 149/50. — Meyer, Kstlerlex. *A. Ky.*

Apel, s. auch *Appel.*

Apeldoorn, Jan, holl. Zeichner und Miniaturmaler, geb. zu Amersfoort 27. 1. 1765, † 10. 2. 1838 daselbst, Schüler von J. Hoorn, tätig in Utrecht, wo er 1806 Mitglied der Akad. wurde. Sein künstlerischer Nachlaß, Zeichnungen und einige Gemälde, wurde 1839 öffentlich versteigert.

Immerzeel, De Levens. . . — Notiz von E. W. Moes. **

Apeldoorn, Roelant, „Constschilder" in Amsterdam, ist urkundl. 14. 2. 1668 35 J. alt und wohnt in No. 5 bei dem Reguliersturm. Noch erwähnt 1671 (1661 aber 30 J. alt!). *A. B.*

Apelleas (Apellas), Erzbildner, Sohn des Kallikles aus Megara, Enkel des Theokosmos, aus dem Anfang des 4. Jahrh. v. Chr. Plinius N. H. 34, 86 berichtet von ihm nur, er habe Philosophen und Frauen, die mit ihrem Schmuck beschäftigt waren (adornantes se; nicht, wie die schlechteren Handschriften bieten, adorantes) dargestellt. Pausanias erwähnt von ihm zwei in Olympia aufgestellte Weihgeschenke der Kyniska, Schwester des Königs Agesilaos von Sparta, ein ehernes Viergespann mit den Figuren des Wagenlenkers und der Kyniska selber und im Pronaos des Zeustempels die Pferde allein. Fragmente beider Basen, die auf unterlebensgroße Figuren hinweisen, haben sich gefunden; auf der Basis der großen Gruppe stand ein Epigramm (= Anthol. Pal. 13, 16), nach dem Kyniska das Werk zu Lebzeiten und zur Zeit der Regierung ihres Bruders (zwischen 398 und 361, nach Robert genauer zwischen 396 und 389) aufgestellt hat. Aus der Form des erhaltenen Fragmentes dieser Basis kann man schließen, daß die Figur der Kyniska auf einem halbkreisförmigen Vorsprung der Basis stand; unwahrscheinlich ist, daß sie auf eigener Basis, ganz gesondert von dem Viergespann war. Furtwänglers Annahme, Kyniska sei betend, um Sieg flehend dargestellt gewesen, beruht noch auf der früher akzeptierten, schlechteren Lesart des Plinius.

Brunn, Gesch. d. gr. Kstlr. I 287. — Overbeck, Schriftq. 1020 f. — Furtwängler, Dornauszieher u. Knabe m. d. Gans Anm. 39. — Ders., Arch. Zeit. 1879 S. 151 No. 301. 152. — Brunn, Sitzungsber. d. bayer. Akad. 1880 S. 484. — Löwy, Inschr. gr. Bildh. 99. 100. Hauser, Röm. Mitt. 1895 S. 116 f. — Pauly-Wissowa, Realenc. I 2686, 9 u. Suppl. 100 (Robert). — Robert, Hermes 1900 S. 194 f. — Inschr. von Olympia No. 160, 634. — Frazer, Pausanias IV 3 f. *Amelung.*

Apeller (Appeller), Joseph u. Gallus, Zinngießer in Innsbruck. *Joseph* ist geb. in Innsbruck am 5. 3. 1695 u. † daselbst am 22. 6. 1759 (Mitteilung von Dr. Fr. Innerhofer). Er gehörte einer bekannten Innsbrucker Zinngießerfamilie an, von deren Mitgliedern auch noch *Gallus* A. und *David* A. eine beachtenswerte Tätigkeit entwickelten, und fertigte sehr zierliche Tafelgeräte. Von ihm in der Sammlung Demiani ein schöner Waschapparat, dessen Rückwand ein großes, kräftiges Relief mit St. Georg dem Drachentöter aufweist. Apeller bediente sich einer runden Marke, die auf einem Teller (Untersatz) eine oben offene Henkelkanne mit weit ausladendem Ausguß zeigt, über und unter welcher sich je ein Spruchband mit seinem Vornamen und seinem Familiennamen (ohne Abkürzung) befindet. — *Gallus* A., der Vater *Josephs,* ist in Innsbruck geboren und dort am 26. 4. 1702 †. Das Museum zu Meran besitzt mehrere von ihm herrührende Zinnteller. Er war auch Hofsteinmetz u. baute die am 3. 12. 1678 eingeweihte Kirche in Pradl. (Mitt. von Dr. Fr. Innerhofer.) *Demiani.*

Apelles I, der berühmteste Maler des Altertums, über den die antike Überlieferung mehr als über andere zu berichten weiß. Schon über sein äußeres Leben hören wir mancherlei, überwiegend allerdings Anekdotenhaftes. Er war der Sohn eines Pytheas, Bruder des wenig bekannten Malers Ktesiochos (wahrscheinlicher Ktesilochos, s. d.), gebürtig aus Kolophon, θέσει jedoch Ephesier, also entweder durch Verleihung des ephesischen Bürgerrechtes geehrt oder von einem Ephesier adoptiert. Daß er daneben auch Koer genannt wird, mag sich ähnlich erklären, doch ist es auch möglich, daß er sein Leben in Kos beschloß, wo sich ein berühmtes unvollendetes Bild von seiner Hand befand. Seine Zeit bestimmt Plinius nach der Alexanders auf ol. 112 (333); seine Tätigkeit scheint fast die ganze 2. Hälfte des 4. Jahrh. ausgefüllt zu haben. Er lernte zuerst bei dem sonst unbekannten Ephesier Ephoros, wurde aber als schon bewunderter Künstler, angeblich gegen ein Honorar von 1 Talent, noch Schüler des Pamphilos, des Hauptes der durch Exaktheit und methodisches Verfahren berühmten sikyonischen Schule, arbeitete auch mit Melanthios und anderen an einem großen Schulbild, das den Tyrannen Aristratos auf einem Siegeswagen darstellte. Daß er in Korinth und in Attika sich aufgehalten hat, ergibt sich aus dem Zusammentreffen mit der nachmals berühmten Lais, mit Phryne, der Geliebten des Praxiteles, und dem athenischen Maler Asklepiodoros, der nicht, wie Wustmann, Apelles 9 annimmt, sein Schulgenoß in Sikyon war. Da er Philipp öfter gemalt hat, wird er auch Makedonien, das Vaterland seines Lehrers Pamphilos, besucht und dort wohl die Beziehungen zu Alexander angeknüpft haben, als dessen „Hofmaler" er bezeichnet werden darf. Später mag er nach seiner Adoptivvaterstadt Ephesos zurückgekehrt sein, die bedeutende Werke von ihm besaß, wie wir auch in Pergamon (aedem Apellis manu insignem nach Mommsen statt des überlieferten Apollinis bei Solin 27, vgl. Six, arch. Jahrb. 1905, 175), Samos, Smyrna, Rhodos, Kos, Alexandreia Spuren seiner Kunst und ihn selbst, als Besucher des Protogenes, in Rhodos, vorübergehend auch in Alexandreia finden. Er ist ein Vertreter der ionischen Malerei wie Protogenes, aber im Gegensatz zu diesem wesentlich autodidaktischen Künstler durch die Schulung in Sikyon zu universellerer Bedeutung gelangt. Lebhaftere Lehrtätigkeit hat er kaum entfaltet.

wir kennen als seine Schüler nur seinen Bruder Ktesiochos (oder Ktesilochos) und einen gewissen Perseus, an den er eine Schrift über Malerei richtete. Als Kunstschriftsteller erwähnt ihn noch Plinius im Verzeichnis seiner Autoren.

Vieles, was wir über sein Leben erfahren, ist erweislich oder wahrscheinlich erfunden. Er war keineswegs der einzige Maler, der Alexander porträtieren durfte (vgl. Aëtion, Antiphilos, Nikias), und die Verleumdungsgeschichte (vgl. Antiphilos), die ihm den Anlaß zu seiner Allegorie der Verleumdung gegeben haben soll, kann so wie sie Lukian überliefert, sich nicht ereignet haben, weil sie in den Hauptzügen eine historische Begebenheit viel späterer Zeit wiedergibt; sie wird also vermutlich aus dem Bilde erst abgeleitet sein. Daß er Alexander, als dieser in seinem Atelier Unverständiges über Malerei redete, zum Schweigen gemahnt habe, weil die farbereibenden Buben ihn auslachten, wäre nicht unglaublich, wenn nicht dieselbe Geschichte von Apelles und Megabyzes und von Zeuxis und Megabyzes erzählt würde. Glaubhafter ist die Geschichte von dem Schuster, dessen Kritik Apelles sich zunutze macht, soweit sie das Schuhwerk betrifft, dem er aber rät, beim Leisten zu bleiben, als er nun auch das Bein zu tadeln wagt. Und wenn er von der „goldreichen" Helena eines Schülers gesagt haben soll, er habe sie reich gemalt, weil er sie nicht schön habe malen können, und einem Stümper seine Verwunderung bezeugt haben soll, daß er in der Eile nicht noch mehr Schund fertig gebracht habe, so haben diese Berichte nichts innerlich Unwahrscheinliches. Denn gesunde Kritik, die aber nicht nur streng, sondern auch wohlwollend sein konnte, verraten manche individueller gefärbte Berichte, die bei der Würdigung einzelner Werke sowie des Kunstcharakters des A. zu besprechen sein werden. So braucht man auch nicht zu bezweifeln, daß er gegen den zum Jähzorn geneigten Alexander, der ihn oft in seinem Atelier besuchte, sich viel herausnehmen durfte und als er sich in die Theassalierin Pankaspe, eine Konkubine des jungen Königs, die dieser von ihm malen ließ, verliebte, die Gnade seines königlichen Gönners keineswegs verscherzte, vielmehr die Schöne von ihm zum Geschenk erhielt. Daß er mit Ptolemaios schlecht stand, wird auch unabhängig von jener Verleumdungsgeschichte berichtet. Das hellste Licht werfen auf seinen Charakter die Vergleichungen, die er zwischen sich und seinen namhaftesten Rivalen anstellte (s. u.), und sein liebenswürdig uneigennütziges Benehmen gegen den weltfremden, unpraktischen Protogenes, den er in den Augen seiner rhodischen Landsleute plötzlich zu einer Berühmtheit machte, indem er das Gerücht aussprengte, er wolle die fertigen Werke des Meisters für 50 Talente ankaufen, um sie als seine eigenen loszuschlagen. Er war ähnlich seinem Landsmann Parrhasios ein feiner Weltmann, und dadurch für die schwierige Stellung eines Hofkünstlers geschaffen; aber allem Anschein nach hat er stets sein Selbstbewußtsein und die Würde der Kunst zu wahren gewußt.

Unter seinen Werken begegnet uns zunächst eine große Anzahl von Bildnissen, teils schlicht im Sinne der Wirklichkeit aufgefaßt, teils idealisiert und mit Götterbildern und Allegorien gelegentlich direkt verbunden. Daß unter den ersteren auch Alexanderbilder waren, können wir fast nur vermuten, denn das Reiterbild, das dem Schlachtroß des Königs angeblich mehr Eindruck machte als diesem selbst, ist durch eine solche Anekdote wohl nicht sicher genug bezeugt. Auch von Bildnissen Philipps hören wir nur ganz allgemein. Kleitos, den Retter des Königs in der Schlacht am Granikos, malte er mit dem Pferd in den Kampf eilend und den Helm aus der Hand des Waffenträgers empfangend, Neoptolemos beritten im Kampfe gegen Perser, Antigonos, den spätern König, im Panzer mit dem Pferd am Zügel, ein andermal beritten, und zwar stellte er ihn im Profil dar, um den Einäugigen möglichst günstig wirken zu lassen. Der Umgebung Alexanders gehört ferner Archelaos mit Frau und Tochter, wohl auch ein gewisser Antaios an, und wenn es auch nicht ausgeschlossen ist, daß A. den Komödiendichter Menander porträtierte, so ist das bezeugte Menanderbildnis doch wahrscheinlicher das des Feldherrn und Hetairen Alexanders. Ein nicht genannter König von Karien, wahrscheinlich Pixodaros (Wustmann 46), einer der Nachfolger des Maussolos, ein tragischer Schauspieler Gorgosthenes, ein Habron, in dem man den ohne Zeitangabe von Plinius erwähnten Maler erkennen möchte (Wustmann 32), endlich ein Selbstporträt vervollständigen diese Reihe von Bildnissen. Das Bildnis der nackten Pankaspe (oder Pakate), an dem die rosige Hautfarbe gerühmt wird, entstand, da die Thessalierin als erste Maitresse des Königs bezeichnet wird, vor dem Perserkrieg und hat keinen sicheren Zusammenhang mit dem Bilde der Anadyomene, als deren Vorbild es manchen galt. Was es mit den Bildern von Sterbenden auf sich hat, die Plinius summarisch erwähnt, steht nicht fest. Bildnisse, die den Siegeszug des Königs und die Steigerung seiner Persönlichkeit ins Göttliche voraussetzen, waren der Alexander auf dem Triumphwagen mit der fälschlich als verkörperter Krieg ausgelegten Personifikation der unterworfenen Feinde, welche, die Hände auf den Rücken gebunden, vermutlich vor dem

Wagen hergeführt wurde, Alexander von den Dioskuren und der Siegesgöttin umgeben, endlich der Alexander mit dem Blitz, der so meisterhaft gemalt war, daß die Finger und der Blitz aus der Tafel herauszutreten schienen und für den dem Künstler 20 Talente Goldes angeblich nicht aufgezählt, sondern zugemessen wurden (vgl. Wustmann S. 88, der den Vorgang richtiger auffaßt als Six, arch. Jahrb. 1905, 170). In anderem Sinne geht A. über das einfache Porträt hinaus in der Darstellung einer Prozession des Megabyzos, des Oberpriesters der ephesischen Artemis, und in dem Bild eines Stieropfers, das sich im Asklepieion von Kos befand und durch Herondas (4, 59—73) bekannt geworden ist: er rühmt daran das plastische Hervortreten der Formen, die packende Darstellung des aus dem Bild herausglotzenden Stiers, der das Tier heranführenden und umgebenden Personen und des Opfergerätes. Von Tierbildern, die auch Teile größerer Gemälde gewesen sein können, einem Pferd mit blutigem Schaum vor dem Maule und einem Hirschkalb (nicht Hirschkuh, wie Six, arch. Jahrb. 1905, 174 zugunsten einer höchst gewagten Hypothese annimmt), wissen wir nichts Näheres; von ersterem erfahren wir sogar nur in der auch an andere Künstlernamen geknüpften Anekdote, daß die Darstellung des Schaumes nach vielem vergeblichen Bemühen des Künstlers dem Zufall, nämlich dem im Zorn gegen das Bild geworfenen Schwamm zu verdanken war. Unter den Götter- und Heroenbildern, deren die Überlieferung nicht viele zu nennen weiß, war das bedeutendste und berühmteste ohne Zweifel die Aphrodite Anadyomene in Kos, die Augustus gegen einen Steuernachlaß von 100 Talenten erwarb und im Tempel des Divus Caesar aufstellte. Die Göttin war, wie aus mehreren Epigrammen hervorgeht, aus dem Meere auftauchend so dargestellt, daß der Oberkörper ganz sichtbar war, der Unterkörper nur durch die Wellen hindurch schimmerte (Benndorf, Ath. Mitt. I 50 ff.), während die Hände beschäftigt waren, die feuchten Haare auszupressen; es scheint, daß ein statuarischer Typus, bei dem das um die Hüften geschlungene Himation das verhüllende Meerwasser vertreten würde, uns die Schöpfung des A. in ihren Grundzügen wiedergibt (vgl. zuletzt Furtwängler, Helbings Monatshefte I 177, 179). Das Bild litt später in seinem unteren Teil durch Fäulnis des Holzes u. scheint auf diese Weise zu dem Namen der μονόκνημος, der Einschenkeligen, gekommen zu sein (vgl. Studniczka, Vermut. z. gr. Kunstgesch. S. 37 ff.); endlich wurde es, nachdem kein Künstler sich an eine Reparatur gewagt hatte, unter Nero durch eine Kopie von Dorotheos ersetzt. Eine Aphrodite, von der A. nur den Kopf und den oberen Teil der Brust hatte vollenden können, befand sich in Kos (Six, a. a. O. 178 ff. sucht es mit unzureichenden Gründen der Anadyomene gleichzusetzen), auch hier getraute sich kein Maler die Arbeit fortzusetzen. Eine vollbekleidete Charis, eine sitzende Tyche, eine Artemis im Kreise „opfernder" Jungfrauen, nach Dilthey Rh. Mus. 25, 321 vielmehr Artemis unter „schwärmenden" Nymphen, ein fast ganz abgewandter Herakles, vielleicht nur Teil einer umfangreicheren Darstellung, ein nackter Heros vervollständigen die kleine Reihe dieser Idealbilder. Zur Allegorie leitet hinüber das merkwürdige Gewitterbild, das, wohl nach Analogie der hesiodeischen Kyklopen Brontes, Steropes, Arges erfunden, drei weibliche Dämonen Bronte, Astrape, Keraunobolia, wahrscheinlich mit erstaunlichen Licht- und Farbeneffekten, darstellte. Endlich ist die reine Allegorie vertreten durch das Bild der Verleumdung, an dessen Realität mit Jahn (Ber. d. sächs. Gesch. 1853, 57 Anm.) oder an dessen Echtheit mit Blümner (arch. Studien zu Lukian S. 41 f.) zu zweifeln kein Grund vorliegt. Auf einen Mann mit langen Midasohren, dem Unwissenheit und Argwohn zur Seite stehen, schreitet erhitzt und aufgeregt, mit einer Fackel in der Linken, die wunderschön gestaltete Verleumdung zu, indem sie einen Jüngling, der die Hände seine Unschuld beteuernd gen Himmel streckt, an den Haaren hinter sich herschleift. Der Neid, ein häßlicher, gelber abgemagerter Mann mit stechendem Blick führt sie, zwei Frauen, Tücke und Betrug, geleiten sie und putzen sie noch auf. Trauernd folgt, in schwarzem, zerrissenem Kleid, die Reue, die sich umwendet und weinend und beschämt auf die nahende Wahrheit blickt. Die Beschreibung Lukians, aus der wir das Bild kennen, läßt auf einfache Komposition, wie man sie von Reliefen gewöhnt ist, schließen, und in der Tat haben die zahlreichen modernen Wiederholungen (vgl. Förster, die Verl. des Apelles in der Renaissancekunst, Jahrb. d. preuß. Kunstsammlungen VIII 29 ff.) das Werk so aufgefaßt.

Um die Berühmtheit des A. zu verstehen, muß man die mancherlei Nachrichten über seine Technik und den Charakter seiner Kunst kritisch prüfen. Wiederum liegen eine Anzahl Anekdoten vor, auf die nicht allzuviel zu geben ist: das lebenswahr gemalte Pferd wird von dem lebendigen angewiehert, mit nur vier Farben führt A. seine virtuosen Gemälde aus — in der Tat beschränkte er sich auf die bescheidenen koloristischen Wirkungen der Temperatechnik und gab sich mit Enkaustik nicht ab —, Sicherheit der Linienführung beweist er im Wettstreit mit Pertogenes, indem er die dünne Linie, die dieser in die von Apelles auf die frische Tafel gemalte eingetragen hatte, mit einer ganz feinen Linie noch einmal teilt, endlich heißt es, daß er sein Leben lang sich täglich im Zeichnen übte, wovon sich das Sprichwort nulla dies sine linea herschreibt. Alles dies bringt uns seine Kunst nicht näher. Auch zwei Überlieferungen, die nichts Unglaubliches an sich haben: daß er, auf Anstiften seiner Feinde durch einen Hofnarren in den Palast des Ptolemaios geladen und vom König ungnädig mit der Frage empfangen, wer ihn gebeten, mit wenigen Kohlestrichen das Porträt des Narren auf die Wand geworfen habe und daß aus seinen erstaunlich ähnlichen Bildnissen ein μετωποσκόπος, d. h. ein Physiognom oder Phrenolog, das Lebensalter der Dargestellten geweissagt habe, beweisen nur die ungewöhnliche Treffsicherheit und die peinliche Sorgsamkeit des Meisters. Die ihm zugeschriebene Erfindung des Elfenbeinschwarzes mag an und für sich von geringer Bedeutung sein; aber A. gab ihr eine Nutzanwendung, die seinen Bildern einen geheimnisvollen, für seine Rivalen unerreichbaren Zauber verlieh, indem er mit dünnen Lasuren dieses Schwarz seine fertigen Gemälde überzog und damit zugleich die grellen Farben dämpfte und ihnen eine schützende Decke gab. Wahrscheinlich beruht auf dieser Technik die Wirkung seines blitztragenden Alexander, der absichtlich schmutzig-fahl gemalt war, um die Feuerfarbe des Blitzes energisch hervortreten zu lassen, und Ähnliches wird von den Gewitterdämonen gelten. Die bestimmteste Vorstellung von den Vorzügen und den Schwächen seiner Kunst gewinnen wir aus der vergleichenden Kritik, die A. selbst an sich und seinen Rivalen Melanthios, Asklepiodoros und Protogenes übte. Melanthios sei ihm in der Komposition, der Verteilung der Figuren im Raum, überlegen, Asklepiodoros in den Abmessungen oder der Symmetrie, d. h. in diesem Falle: der Perspektive (die von Wustmann, Rh. Mus. 22, 13 vorgeschlagene, von Overbeck in den Text der Schriftquellen übernommene Umstellung der Worte des Plinius N. H. 35, 80 läßt sich nicht rechtfertigen), Protogenes in allem wenigstens gleich, nur könne er der sorgfältigen Arbeit kein Ende finden, die Hand nicht vom Bild abziehen (manum de tabula) und vernichte damit seine Anmut. Oder, wie es in anderer Formulierung, aber doch wohl im Anschluß an Aussprüche des A., bei Quinctilian heißt: an wissenschaftlicher Gründlichkeit und Methode (ratione) seien Panphilos und Melasthios, an Sorgfalt (cura) Protogenes, an Leichtigkeit (facilitas) Antiptilos, an Geist und Anmut (ingenio et gratia) Apelles der erste. Die χάρις war es, in der er sich allen seinen Rivalen überlegen fühlte, die ihm das uneingeschränkte Lob der Kunstkenner erwarb. Aber diese χάρις beruhte nicht nur auf glücklicher Anlage, sondern war, wie Quinctilians Ausspruch lehrt, in unermüdlichem Studium durchgebildet und vertieft. Weder Vielseitigkeit noch großartige Komposition, weder Tiefsinn noch psychologische Feinheit machten Apelles zum großen Künstler, aber innerhalb der Schranken, die seine Begabung ihm zog und die er klug respektierte, brachte er das spezifisch malerische Können zur Vollendung. Der offene Blick, das bewegliche Naturell des Ioniers und ein ohne Zweifel bedeutendes malerisches Talent verband sich bei ihm mit der Gründlichkeit und Gediegenheit der Sikyonier, wenn man auch nicht mit Wustmann (Apelles 20) so weit gehen darf, zu behaupten, er sei mit Leib und Seele ein Sikyonier geworden, und alle Vorzüge und alle Schwächen seiner Malerei — hier sind besonders die unerfreulichen Allegorien gemeint — seien deutlich auf die Einflüsse der sikyonischen Schule zurückzuführen. Man hat Apelles oft mit Raffael verglichen und nicht mit Unrecht. Wie dieser erreichte er scheinbar mühelos und doch auf Grund gewissenhaftester Arbeit die höchste Anmut, wie dieser war er auch als fertiger Künstler ungemein anpassungsfähig und wußte die Vorzüge seiner Rivalen unbefangen zu würdigen. Von seiner höfischen Porträtmalerei, besonders soweit sie Bildnisse in bewegter Situation vorführt, gewinnt man eine Vorstellung am besten wohl an der Kunst des Velasquez, wie überhaupt ein Zug zum feierlichen Barock, der Zeitstimmung entsprechend, dem Maler der Anmut nicht fremd gewesen ist.

Nachbildungen seiner Werke sind bis jetzt leider nicht nachgewiesen, auch die angeführten plastischen Umbildungen des Anadyomenemotivs sind nicht gesichert und geben natürlich wenig von der Wirkung des Originals. Der Versuch von Six (Jahrb. d. Inst. 1905, 172 ff.), das berühmte herkulanensische Telephosbild und danach andere Wandgemälde auf Originale des Apelles zurückzuführen, ist mißlungen, wenn es auch möglich ist, daß der in jenem und anderen Bildern vorkommende Typus eines abgewandt stehenden Herakles auf den bezeugten, nach Rom gebrachten Herakles des A. zurückgeht.

Brunn, Gesch. d. gr. Kstler. II 202 ff. — Wustmann, Apelles (die einzige umfassende Biographie, wertvoll durch Gewinnung genauerer Daten aus den allgemeinen historischen Verhältnissen und durch kritischere Behandlung der anekdotenhaften Überlieferung, im einzelnen jedoch vielfach überholt). — Woermann, Geschichte d. Mal. im Alt. 55 ff. — Brunn in Meyers Kstlerlex. II 164 ff. — Studniczka, Vermutungen z. gr. Kunstgesch. 37 ff. — Klein, Arch. epigr. Mitt. 11, 219. — Robert, Arch. Märchen 69 ff. — v. Rohden bei Baumeister, Denkm. II 868 f. — Girard, Peint. ant. 234 ff. — Pauly-Wissowa, Realenc. I 2689, 13 (Rossbach). — Six, Arch. Jahrb. 1905 169 ff.

Sauer.

Apelles II, Toreut um 100—50 v. Chr. Er beschäftigte sich nach der Überlieferung (Athenaeus VI 488 c. d.) mit der Rekonstruktion des von Homer beschriebenen Nestorbechers und galt als Kenner der alten korinthischen Metallgefäße.

Brunn, Gesch. d. gr. Kstler. II 403. — Pauly-Wissowa, Realenc. I 2692, 14 (Rossbach). *Pernice.*

Apelles III, vielleicht Verfertiger, wahrscheinlicher aber ehemaliger Besitzer einer antiken Gemme der Sammlung Jablonowski mit dem Bilde einer tragischen Maske.

Brunn, Gesch. d. gr. Kstler. II 546. — Pauly-Wissowa, Realenc. I 2692, 15 (Rossbach). *Pernice.*

Apelt, s. *Appel.*

Apengeter, nordd. Glockengießer, goß laut Inschrift 1494 eine mit einem erhabenen Madonnenrelief geschmückte Glocke von 1,18 m Durchmesser für die Alexanderkirche zu Wildeshausen. (Am Weihnachtsfest 1835 gesprungen.)

Bau- und Kunstdenkmäler des Herzogtums Oldenburg, Amt Wildeshausen, p. 113 (mit Faksimile der Inschrift). *H. V.*

Apengheter, Conradus, Bildgießer in Lübeck 1337, nur urkundlich bekannt.

Mithoff, Mittelalterl. Kstlr. u. Werkmstr. Niedersachs. u. Westf. *H. V.*

Apengheter, Johannes (bei Lüer-Creutz: Hans Apengeter „van Sassenlant"), Bildgießer, 1332—1342 zu Lübeck urkundlich vorkommend, verfertigte 1327 einen großen siebenarmigen Leuchter für den Dom zu Kolberg, 1337 den Taufkessel von Messing für die Marienkirche zu Lübeck und 1344 (1340?) einen Taufkessel für die Nikolaikirche in Kiel. Nach Hachs Vermutung dürfte unser Künstler identisch sein mit Hannes oder Jan van Halverstat.

Mithoff, Mittelalt. Kstlr. und Werkmstr. Niedersachsens und Westf. — Lüer-Creutz, Gesch. d. Metallkunst, Stuttgart 1904. — Hach im Repert. f. Kstwissensch. 1881 p. 177 ff. — Bau- u. Kstdenkm. von Lübeck II 239 f. *H. V.*

Apengheter oder Grave (auch Grove), Laurens, norddeutscher Erzgießer, † 1478 zu Hamburg, wo er seit 1466 das Amt eines Wagemeisters bekleidete; von ihm ein sehr sauber ausgeführter Taufkessel zu Hittfeld (A. Harburg) von 1438 und ein Taufgefäß zu Handorf (A. Winsen a. d. Luhe) von 1440, beide bez. „Lavrens apengheter", während der von ihm 1455 gefertigte Taufkessel im Dom zu Lübeck „Laurens grove" signiert ist, unter welchem Namen der Künstler auch in den Kämmerei-Rechnungen der Stadt Hamburg seit 1461 geführt wird. Von seinen Arbeiten für Hamburg sind noch besonders erwähnenswert die beiden messingenen Kronleuchter für Rathaus und Kanzlei aus den Jahren 1462 bezw. 1467 und 3 große Bombarden von 1470.

Mithoff, Mittelalt. Kstlr. und Werkmstr. Niedersachsens und Westfalens. *H. V.*

Apenzäller (Appenzeller), Franz, Maler in Chur, Lehrer des Hans Ardüser, nur bekannt durch seine jetzt leider völlig übertünchten allegorisch-dekorativen Malereien in dem Hause des Landrichters Regett von Capol (Pension Brun) in Flims von 1580.

Brun, Schweizer. Kstlerlex. *H. V.*

Apeus, Cornelis, Kupferstecher, geb. um 1634/35, wohnte 1666 in Leeuwarden, verweilte aber damals in Amsterdam, vielleicht zur Herstellung der großen in Verbindung mit M. Noé nach F. Carré gestochenen und höchst seltenen Darstellung der Begräbnisfeier des friesischen Statthalters Willem Frederik. Außerdem hat er einige Porträts gestochen; dasjenige des katholischen Geistlichen Guilielmus Cromstreyen wahrscheinlich 1688. Eine Karte in vier Blättern der Provinz Groningen nach W. und F. Conders van Helpen ist dem Statthalter Hendrik Casimir II. dediziert.

Meyer, Kstlerlex. *E. W. Moes.*

Apezteguia, Juan Felipe, ein Navarrese, in seiner Jugend bei einer der Kapellen in Madrid als Sänger angestellt, erlernte dann bei Luis Salvador Carmona die Bildhauerei. Die Akad. von S. Fernando ernannte ihn 1777 zum Ehrenmitglied, er starb 1785.

Cean Bermudez, Dicc. I 40. △

Apfalterer (Abfalderer), Martin, tiroler Maler, gebürtig auf dem Wald im Gericht Thauer (bei Innsbruck), sucht 1645 mehrere Male beim Stadtrat zu Innsbruck um Aufnahme als Inwohner an; der Widerstand der Innsbrucker Maler scheint die Abweisung des Gesuches verursacht zu haben, obwohl A. vorbrachte, daß er die Tochter des Innsbrucker Bürgers und Malers Mathias Liebl zu heiraten gedenke. 1647 wiederholte er sein Gesuch u. 27. 9. 1652 und noch später erhält seine Witwe für sich und ihre beiden Kinder (Sohn und Tochter) vom Stadtrat Unterstützungen. *A. Sikora.*

Apfalterer, s. *Abfelterer.*

Apfelmann, Hans, Maler, in der zweiten Hälfte des 16. Jahrh., schmückte 10 Räume der alten Burg in Wien mit dekorativen Malereien (vier Jahreszeiten, Tiere, exotische Szenen, Historien, Taten des Herkules etc.).

Laut Verz. i. K. u. K. Reichs-Fin.-Archiv zu Wien v. 1597. *Ernst Diez.*

Aphel (Apphel), Goldschmied und Münzeisenschneider im Dienste des österr. Kaiserhauses, mehrfach urkundlich erwähnt von 1443 bis 1465.

Jahrb. d. Kstsamml. d. österr. Kaiserhauses XVII Regesten. **

Aphrodisieus, s. *Kobl . . . nos.*

Aphrodisios I, Bildhauer aus Tralles in Karien. Werke von ihm standen nach Plin. N. H. 36, 38 in den römischen Kaiserpalästen.

Brunn, Gesch. d. gr. Kstlr. I 473. 475. 528. — Overbeck, Schriftq. 2300. — Pauly-Wissowa, Realenc. I 2728, 10 (Robert). *Amelung.*

Aphrodisios II, Bildhauer, Sohn eines Demetrios, aus der späteren Kaiserzeit, bekannt aus seiner Grabschrift, die vor den Mauern Roms zwischen Via Latina und Via Appia gefunden wurde. Nach ihr wurde er auch Epaphras genannt und war zugleich Bildhauer und Statuenbemaler (ἀγαλματοποιὸς ἐγκαυστης).

Löwy, Inschr. gr. Bildh. 551. — Pauly-Wissowa, Realenc. I 2728, 11 (Robert). *Amelung.*

Aphrodisios (M. Aurelius A.), Sohn des Onesimos, angesehener Architekt in Antiochia a. M. nach der von seinen drei Söhnen gestifteten und zu Nysa gefundenen Grabinschrift aus dem 2. Jahrh. n. Chr.

Bull. corr. hell. 1883, 270 (Ramsay). — Pauly-Wissowa, Realenc. Suppl. I 102 (Fabricius). *H. Thiersch.*

Apianus (Bennewitz), Peter, berühmter Mathematiker am Hofe Karls V., geb. 1495 zu Leisnig in Sachsen, † 1552 zu Ingolstadt, fertigte Wappenmalereien, Landkarten- und Städtezeichnungen.

Meyer, Kstlerlex. — Füssli, Kstlerlex. Neue Zusätze, 1824. *H. V.*

Apianus, Philipp, Sohn des Peter A., Arzt und Mathematiker, geb. zu Ingolstadt 14. 9. 1531, † zu Tübingen 1589, fertigte einige Landkartenzeichnungen, wovon die berühmteste die 1561 auf Befehl Herzog Albrechts V. aufgenommene Karte von Bayern ist, welche 1566 in vergrößertem Maßstab in 24 Holztafeln geschnitten wurde unter dem Titel: „Phil. Appiani bayrische Landtafeln" und mehrere Auflagen erlebte. (Die Stöcke im Reichsarchiv zu München.) Das auf einem ein Horologium vorstellenden Holzschnitt befindliche Monogramm AB wird von Nagler (Monogr. I 139) auf ihn gedeutet (Apianus Bienewitz).

Meyer, Kstlerlex. — Lipowsky, Bayerisches Kstlerlex. Anhang. *H. V.*

Apice, Vincenzo d', Bildhauer in Neapel, führte 1748 unter Leitung des Architekten Constantino Manni in Tuffstein die Giebel und Seitenteile der Haupttür des Klosters „Croce di Lucca" in Neapel aus.

Napoli Nobilissima XII 148. — R. Archivio di Napoli: Monasteri Soppressi vol. 3611. *G. Degli Azzi.*

Apiello, italien. Modelleur in Porzellan an der 1736 durch Karl III. von Neapel gegründeten Porzellanmanufaktur von Capo di Monte. Von ihm zwei bezeichnete Figuren, Mann und Frau in chinesischer Tracht, in der Sammlung Langford und gleichfalls signierte Statuetten von Landleuten in der Sammlung Fortnum. (Faksimile der Signatur bei Jaennicke. No. 1923.)

Meyer, Kstlerlex. — Jaennicke, Grundriß der Keramik. *H. V.*

Aplemain, Pierre, französ. Bildhauer, arbeitete um 1401, unter der Leitung des Claux Sluter, am Portal der Karthäuser-Klosterkirche von Champmol bei Dijon.

Lami, Dict. des sculpt. franç. au moy. âge et à la renais. *Lami.*

Apoil, Ch., Genremaler in Sèvres, wohl Sohn des Charles Alexis, stellte in den Pariser Salons seit 1887 fast alljährlich aus. *H. V.*

Apoil, Charles Alexis, Porträt- und Genremaler, geb. zu Mantes (Seine-et-Oise) 24. 10. 1809, † zu Sèvres 22. 12. 1864, wo er an der Porzellan-Manufaktur tätig war, Schüler von Eugène Devéria, stellte seit 1843 wiederholt in den Pariser Salons meist Pastellbildnisse aus. Er hat sich besondere Verdienste um die Emailmalerei auf Eisenblech erworben. Im Mus. zu Avignon befindet sich von ihm ein Porträt von César de Bus, dem Gründer der „Congrégation de la Doctrine Chrétienne".

Bellier-Auvray, Dict. gén. — Gazette d. Beaux-Arts 1893 I p. 430. *H. V.*

Apoil, Susanne Estelle, geb. Béranger, französ. Malerin, geb. 19. 10. 1825 in Sèvres, Witwe von Charles Alexis Apoil, hat seit 1846 zumeist Aquarelle und Emaillemalereien ausgestellt, gewöhnlich Blumen, aber auch Figuren, besonders Kopien nach Raffael und Guido Reni, und hat lange Jahre für die Porzellanmanufaktur in Sèvres gearbeitet 1874 schenkte die französ. Regierung der Kaiserin von Rußland 2 Sèvres-Vasen (pâte tendre, fond bleu), auf welche die Künstlerin die Darstellungen der „Education" und der „Récréation" gemalt hatte.

Bellier-Auvray, Dict. gén. — Dussieux, Artistes franç. à l'étranger 1876 p. 576. — Gaz. d. beaux-arts I. Pér. XVII 85, III. Pér. I 430. *K. E. Schmidt.*

Apol junior, sonst unbekannter niederländischer Maler oder Zeichner der 2. Hälfte des 16. Jahrhunderts, nach dessen Vorlage Ph. Velijn das Porträt des Dichters Jonkheer Jan van der Noot stach. Kramm nennt den Künstler fälschlich Jan v. d. N., wohl infolge eines Lesefehlers (junior für Jan).

Kramm, De Levens en Werken etc. *E. W. Moes.*

Apol, Bentname des Franciscus de Witt, auch Febus genannt. **

Apol, Louis (eigentl. Lodewyk Franciscus Hendrik), bekannter holl. Landschaftsmaler im Haag, geb. daselbst 6. 9. 1850, Schüler von Joh. Hoppenbrouwers und Pieter Stortenbeker, hatte seinen ersten öffentlichen Erfolg auf der Ausstellung im Haag 1875, wo von ihm das Gemälde „Ein Winter im Walde" für den Staat angekauft wurde. (Jetzt im Reichsmus. Signiert: Louis Apol ft. 75.) Die Darstellung der Natur im Winterkleide blieb auch in Zukunft sein Lieblingsgebiet, und er behandelte dieses Thema in immer neuen Variationen und immer mit einer ganz persönlichen Note, die ihn rasch bekannt machte. Das Eigentümlichste in seiner Auffassung ist vielleicht, daß in seinen Bildern der Winter selbst zu uns spricht und nur selten Staffagefiguren die Aufmerksamkeit auf sich ziehen. Ihm liegt daran, die Stille des schwer beschneiten und von der Wintersonne hier und da farbig bestrahlten Waldes und die ganze einsame Winterstimmung effektvoll zu geben. Sein Interesse an Schnee- und Eisszenerien ließ ihn 1880 an der 3. arktischen Expedition des „Willem Barents" teilnehmen, von wo er mit reichem Skizzen- und Studienmaterial zurückkehrte, das er dann 16 Jahre später zu dem geschickten Panoramarundgemälde „Novaja Semlja" in Amsterdam verwertete. 1886—92 lebte er in Roozendaal bei Arnhem, im waldigen Gelderland, seitdem ist er wieder im Haag tätig. Seine Bilder fanden auch im Auslande Beifall und wurden z. B. in Lüttich, Philadelphia und München mit Medaillen ausgezeichnet und sind vielfach in englischen und amerikanischen Privatbesitz übergegangen. In öffentlichen holländischen Sammlungen findet man ihn außer im Ryksmuseum in Amsterdam auch im Haag, in Dordrecht, Haarlem und Rotterdam vertreten. — Wie in seinen Ölgemälden gibt er gelegentlich auch in Aquarell seine Winterlandschaften und greift bisweilen auch zur Radiernadel. Im Archiv der Haager Künstlergenossenschaft Pulchri Studio finden sich seine Radierungen, von denen hier genannt seien: Die 3 Bäume am Ententeich (8vo) und die Wäscherin vor dem Bauernhause (8vo). — Natürlich hat der Künstler nicht ausschließlich Winterbilder gemalt, sondern es finden sich in seinem Werk auch Frühlings-, Sommer- und besonders Herbstlandschaften.

G. H. Marius, De Hollandsche Schilderkunst. — Rooses, Het Schilderboek II, Artikel von J. Gram. — J. Gram, Onze Schilders in Pulchri Studio 118. — The Art Journal 1893, 353. — Zeitschrift für bildende Kunst und Kunstchronik passim. — Kunst für Alle 1888, 1890. — Ausstellungskat. München 1901, Düsseldorf 1895 u. a. — Mit Notizen von J. Veth u. E. t'Hooft. *F. Becker.*

Apolini, Giuliano de, Goldschmied in Ferrara, fertigte Medaillen nach denjenigen, die G. F. Enzola für die Einbände der Chorbücher des Doms zu Ferrara gemacht hatte. Er signiert: opus Juliani Appolini.

Cittadella, Not. rel. a Ferrara. — Jahrb. d. Kstsamml. d. österr. Kaiserhauses XXI I 202, 264. **

Apollodoro, Francesco, Maler aus Padua, geb. um die Mitte des 16. Jahrh. Seinen Beinamen di Porcia führte er nach einem Kastell in Friaul. Unterrichtet wurde er von Dario Varotari. Durch Porträtmalerei machte er sich ehrenvoll bekannt. Er soll fast alle Paduanischen Gelehrten seiner Zeit gemalt haben; erwähnt werden Sperone, Mercuriale, Capo di Vacca und Acquapendente. O. Mündler hat in Mailand ein Bildnis gesehen, das er für einen Gelehrten oder Diplomaten ansprach und welches die folgende Bezeichnung trug: FRANC. APOLLODORUS PINXIT ANNO 1585 MENSE MAIO. Er fand darin eine kräftige Behandlung und jene Art Härte, wie sie wohl dem alten Pourbus eigen war. Nach Rossetti befand sich 1776 im Palaste Borromei bei S. Lucia in Padua ein hl. Franziskus mit Christus am Kreuz, gemalt von Apollodoro. Noch 1606 erscheint dieser Meister in der Paduanischen Malerliste. Giambattista Bissono war sein Schüler.

Pietrucci, Biografia degli Artisti Padovani. — Moschini, Origine e vicende etc. in Padua p. 92, 93. — Rossetti, Descrizione di Padova p. 325. — Ridolfi, Maraviglie etc. II 260. — Lanzi, Storia pitt. 1825, III 243. — Boissardi Poemata (1591) p. 177, 233, 290, 324. *R.*

Apollodoro, Paolino, Maler aus Padua, machte das Porträt des Alessandro Fortezza († 1613). Pietrucci hält diesen Meister für identisch mit Francesco Apollodoro, Moschini aber für dessen Sohn oder Neffen.

Tommasini, Illustrium Virorum Elogia, Patavii 1630, I 254. — Pietrucci, Biogr. degli art. Padovani. — Moschini, Origine e vicende etc. in Padova p. 92, 93. — Meyer, Kstlerlex. *R.*

Apollodoros I, Architekt aus Athen. Nach einer sehr zertrümmerten Architravinschrift aus Delos Erbauer eines dort 140 v. Chr. den ägyptischen Göttern Serapis, Isis u. Anubis geweihten Tempels.

Homolle, Bull. corr. hell. 1892, 479 ff. — Pauly-Wissowa, I 2896, 74 (Fabricius). *H. Thiersch.*

Apollodoros II, von Damaskos, einer der genialsten Architekten des Altertums, der größte der römischen Kaiserzeit. Er ist im 2. Jahrh. n. Chr. der Hauptvertreter griechisch-hellenistischer, aus dem Osten kommender Kunstprinzipien im Westen. Mit dem Reichtum seiner im Osten gesättigten und zu kühner Größe entwickelten Phantasie befruchtet er Rom. Unter Trajan steht er in höchster Gunst, die bedeutendsten Staatsaufträge sind ihm anvertraut, auch im Kriege begleitet er den Kaiser und wird mit kriegstechn. Aufgaben betraut. Er ist Trajans offizieller Architekt. Bei Hadrian ist er von Anfang an in Ungnade, da er vor den dilettantischen Bauentwürfen des eitlen Kaisers in syrischem Freimut mit scharfer Kritik nicht zurückhielt (die letzten Aussetzungen betrafen den Entwurf zu dem im Jahre 121 begonnenen Venus-Romatempel). Feindschaft, Verbannung und Hinrichtung wurden sein Los. Ein vortreffliches Porträt des großen Meisters ist erhalten in einer durch antike Inschrift als Apollodor gesicherten Büste in München (Arndt-Bruckmann, griech. u. röm. Porträts 46. 47), ein echter Künstlerkopf voll trotziger Entschiedenheit, alles individuell, nur in den tief in die Stirne hereingekämmten Haaren der Mode der Zeit folgend. Auch auf den Reliefs der Trajansäule ist A. wahrscheinlich dargestellt in der Gruppe rechts von dem vor der Donaubrücke opfernden Trajan, aber nicht in dem zuvorderst stehenden Mann (wie Cichorius a. a. O. III 141 meint), sondern offenbar in dem feinen unrömischen Profil unmittelbar rechts hinter dem Kaiser. Wie viele große Architekten des Altertums ist auch A. literarisch tätig gewesen. Überliefert sind: 1. eine Schrift über die von ihm unter Trajan erbaute Donaubrücke bei Dobretae. — 2. Eine Hadrian (nicht Trajan, wie Th. Reinach, Rev. des étud. gr. 1895, 198 ff. wollte) gewidmete Schrift über Belagerungsmaschinen (πολιορκητικά). Ein Auszug davon ist erhalten; französ. Übersetzung von Lacoste, Rev. des études grecques III 360 ff.

Ausgeführt hat A. folgende Bauten: 1. die schon genannte *Donaubrücke* unterhalb des Eisernen Tores, „Pontes Trajani", erbaut im Jahre 104/5 n. Chr. Beschreibung mit den Hauptmaßen bei Cassius Dio 68, 13, Abbildungen auf Münzen und den Reliefs der Trajansäule (nur ein kurzes Stück, Cichorius, Tafel 72). Die über 1 km lange Brücke ging an einer besonders engen, aber um so tieferen und reißenderen Stelle über den Strom. Von Stein, massiven Quadern, waren nur die Bogenportale an beiden Enden und die zunächst daran anstoßenden, noch auf dem Trockenen fußenden Teile, dann die im Wasser selbst stehenden 20 mächtigen Pfeiler. Die Bögen über diesen dagegen waren wie die Pfeilerköpfe selbst, der Brückenboden und durchgehends das Geländer aus hölzernem, auf der Trajansäule deutlich wiedergegebenen Sprengwerk. — 2. Ein ebenfalls unter Trajan erbautes *„Odeion"* in Rom (Cass. Dio), nach Pausanias ein „vollständig kreisrundes Theater". Da für Rom nur ein einziges Gebäude dieser Art bezeugt ist, eine domitianische Gründung, so vermutet man, A. habe dieses nur restauriert (?). — 3. Ein *Zirkus* von 2 Stadien Länge in Rom, vielleicht der Circus Hadriani nördlich von der moles Hadriana, der sich nach Hülsen (Dissertazioni della pontif. Accad. Roman. archeol. 2. Ser. VIII 1903, 360 ff.) in der Tat als ein trajanischer Bau, und zwar sicher als Naumachie erweist. — 4. Ein gleichfalls unter Trajan erbautes „Gymnasion" in Rom, wahrscheinlich identisch mit den von Pausanias besonders gerühmten *Thermen* am Esquilin. Über die älteren Titusthermen teilweise hinweggehend sind sie heute größtenteils zerstört. Ältere vollständige Aufnahmen bei Palladio und einem sorgfältigen unbekannten Renaissancearchitekten (Röm. Mitt. 1892, 303). Diese Thermen, in ihrer klaren und großartigen Komposition, in der Bevorzugung des großen Apsidenmotives auch dem größten Bau A.s, dem Trajansforum, unverkennbar verwandt, sind die ersten dieses neuen Bautypus in Rom. Die berühmten Diokletiansthermen sind nur eine neue Auflage davon. — 5. Das *Forum Trajani* in Rom, erbaut 107—113 n. Chr., das gewaltigste der Kaiserfora, die großartigste antiker Platzanlagen überhaupt: von dem üblichen stadtrömischen Forumschema (viereckiger Hof mit zentralem Heiligtum) ebenso verschieden wie durch seine kühne malerische Komposition und großartige Steigerung in der wirkungsvollen Anordnung verwandt den hellenistischen Anlagen des Ostens (Alexandria, Antiochia, Gerasa, Baalbek etc., nicht aber den Pharaonenbauten Ägyptens, wie man irrtümlich gemeint hat). Auch der große Säulenhof in Damaskus (wahrscheinlich kein Tempelhof, sondern ein einfaches Forum; nach brieflicher Mitteilung Puchsteins ein Werk der ersten Kaiserzeit (Augustus-Tiberius), in den sich später die Johanneskirche und die Omajadenmoschee eingenistet haben), zeigt Verwandtschaft mit der großen Area des Trajansforums. A.s Anlage in Rom galt dem Altertum selbst als unübertrefflich, als der Höhepunkt aller Architektur. Von ihrer überwältigenden Wirkung auf den Kaiser Constantinus berichtet Ammian. Marc. 16, 16. Der Bau bestand zunächst aus einem quadratischen Säulenhof von 126 m Seite, den Eingang bildete ein im Jahre 112 errichteter sechssäuliger Triumphbogen (auf Münzen bei Donaldson, architectura numism. n. 67). Hinter den seitlichen Hallen 2 große zweigeschossige Apsiden, auch wieder mit vorgestellten Säulenhallen; in der Mitte des Platzes das Reiterstandbild Trajans. Dann quer eingelegt die große Basilika Ulpia, innen mit 2 Säulenreihen, ringsum mit Oberlicht, in vergoldeter Bronze eingedecktem Dach und 2 Apsiden an den schmalen Schlußseiten. Dann auf annähernd quadratischem Platze, rechts u. links eingefaßt von zwei Bibliothekssälen die heute noch stehende Trajanssäule mit seiner Statue auf der Spitze. Nach den neuesten Untersuchungen, von denen Boni in der „British Academy" berichtete, steht fest, daß die Säule als Grabmonument errichtet wurde und in ihrem Sockel eine Kammer mit Bestattungsresten, wahrscheinlich von der Beisetzung Trajans und seiner Gattin Plotina, enthielt. Die den Schaft der 40 m hohen Säule in 200 m langen Spiralwindungen umziehenden Reliefs, einst durch Farbe belebt, schildern die dakischen Kriege (101—103 und 107—108). Diese riesige, isoliert stehende Grab-Ehrensäule ist die erste ihrer Art in Rom. A. führte mit ihr einen ebenfalls im Osten wurzelnden alten Monumentalgedanken (vgl. die Naxiersäule, die Kolossalsäulen der Ptolemäer in Olympia, die Säulen der kommagenischen Grabdenkmäler) wieder in die römische Architektur ein. Im Hintergrunde des abschließenden Säulenhofs stand ein für den Kult des Kaisers bestimmter Tempel, den aber erst Hadrian hinzufügte. Der ganze große Baukomplex ist wohl der monumentalste Ausdruck der im Grunde orientalischen, hier in höchster hellenistischer Verfeinerung in Rom ihren Einzug haltenden Apotheose des Monarchen. Auch im einzelnen überall ein großer freier Zug, nichts Kleinliches und Überladenes. So auch in dem sehr reichlich angewandten Skulpturenschmuck. Vom Trajansforum stammen die 20 m langen Reliefs der lebendigen Dakerschlacht, die kolossalen Rundfiguren der gefangenen Barbaren (nicht aber die acht Rundmedaillons) am Constantinsbogen. Die Reliefs an der Trajanssäule verraten in ihrer malerischen Kompositionsweise und ausführlichen Erzählung wieder einen entschieden östlichen Einfluß. Eine Rekonstruktion des Planes bei Canina, der Tatbestand des Grundrisses nach Lanciani (Blatt 23 und 30) bei Richter, Topographie von Rom Tafel 11, p. 114 ff., die beste Rekonstruktion im Panorama von Rom von Bühlmann-Wagner. — 6. Ein von Apollodor dem Kaiser Hadrian gemachter Vorschlag, dem Helios-Nerokoloss eine ebenso *riesige Selene* gegenüberzustellen, kam nicht zur Ausführung (Histor. Aug. Hadr. 19, 13).

Inwieweit A. beteiligt war bei den anderen großen unter Trajan in Italien und den Provinzen ausgeführten Bauten, und wie weit er andere Architekten seiner Zeit (z. B. Lacers Brückenbau bei Alcantara über den Tajo) beeinflußt hat, ist noch ganz ununtersucht. Am wahrscheinlichsten ist A.s Beteiligung bei den groß und kühn angelegten Hafenbauten von Ostia: das Polygon des Hauptbassins, das Sechseck des Trajanhafens geht auf hellenistisch-syrische Prinzipien zurück (vgl. die späteren Sechsecks- und Achteckshöfe in Baalbek und Kalat Siman). Ganz in Apollodors Geist scheint ferner der elegante Entwurf des Hafens von Centumcellae (die großen Absiden diesmal als Molen) in Verbindung mit der darüber gelegenen Villa Trajans (Canina, archit. greca tav. CLX) und endlich der vornehm schlanke, fast hellenistische, Trajan gewidmete Triumphbogen von Ancona geschaffen zu sein.

Brunn, Gesch. d. gr. Kstlr. II 340 f. — Prosopographia Romana I 112. — Schiller, Gesch. d. röm. Kaiserzeit I 593. — Dierauer in Büdingers Untersuch. zur Kaisergesch. I 132 ff. — Promis, Mem. Acc. Torino, Ser. 2, XXVII 1871 p. 5. — Pauly-Wissowa, Realenc. I 2896, 73 (Fabricius) und Suppl. I 108. — Th. Reinach, Rev. des études grecques VIII 198 ff. — Arndt, Griech. u. röm. Porträts 46, 47. — Furtwängler, Beschr. d. Glyptothek No. 334. — Cichorius, Reliefs der Trajansäule III 135 ff. — Richter, Topographie von Rom S. 114. — Michaelis in Springers Handb. d. Kunstgesch. I[7] 413 ff. — Donaldson, Archit. numismat. p. 250 ff. — Brunn-Bruckmann, Denkmäler 565 (Sieveking). — Baumeister, Denkmäler III, 1877 (P. Graef). — Holtzinger, Moderner Cicerone f. Rom I 74 f.

H. Thiersch.

Apollodoros III, Erzbildner, dessen Zeit zunächst ungefähr dadurch bestimmt wird, daß ihn Silanion (s. d.), ein Zeitgenosse des Praxiteles, porträtierte. Im zweiten alphabetischen Verzeichnis nennt ihn Plinius dann als Verfertiger von Philosophenstatuen. Plinius entwirft ein merkwürdiges Bild seiner menschlichen Eigenart: im unersättlichen Drang nach Vollendung habe er die Mehrzahl seiner Werke, nachdem er sie vollkommen ausgeführt, wieder zerschlagen, und man habe ihn deshalb den Tollen (insanum) genannt; deshalb habe auch Silanion in seinem Porträt nicht so sehr ein Bild des Menschen, als einen Typus des Zornmuts in Erz gebildet. Sicher ist dieser A. der aus dem Phaleron gebürtige Schüler des Sokrates, den Platon zum Träger der Erzählung im Symposion gemacht hat; denn auch er wird der Tolle (μανικός) genannt, nur richtet sich sein Zornmut hier nicht gegen seine Werke, von denen nicht die Rede ist, sondern gegen alle Menschen, begonnen mit ihm selber und ausgenommen nur Sokrates. Er ist seinem Lehrer unbedingt, ja schwärmerisch ergeben und hält bei ihm bis zum Tode aus (Plat. apol. 34a. 38b. Phaed. 59a. b. 117d); all seine Worte bewahrt er treu im Gedächtnis. Dabei ist es wohl denkbar, daß Xenophon ihn richtig als beschränkten, guten Jungen charakterisiert (apol. 28). Mit der ihm eigenen Heftigkeit gab er sich der tiefgreifenden Wirkung der Persönlichkeit seines Lehrers hin; mit Gier lernte er die neue Kunst des Denkens, ohne zu ahnen, wie gefährlich gerade ihm, dem bildenden Künstler, die zersetzende Kraft der unermüdlichen Selbstkritik werden mußte, zumal eine andere sokratische Eigenschaft, der heilsame Humor des Ironisierens, in seiner Seele augenscheinlich gar keinen Widerhall fand. Er war, als der Agathon des platonischen Symposion seinen ersten Sieg feierte, im Jahre 416, noch ein Kind, als Sokrates starb (399), ein Jüngling. Silanion muß ihn also als bejahrten Mann, im Beginn seiner eigenen Tätigkeit, porträtiert haben. Kekule hat eine Kopie dieses Bildnisses in der sogenannten Aeschylusbüste im kapitolinischen Mus. vermutet (bei Winter, Jahrb. d. Inst. 1890, S. 166); dagegen opponieren mit Recht Brunn (Sitzungsber. d. bayr. Akad. 1892, S. 668 = Kl. Schr. II S. 350) und Studniczka (N. Jahrb. f. Phil. 1900, S. 175). Bekanntlich hat Silanion auch ein Porträt des Platon geschaffen; danach läßt sich zuversichtlich der Schluß ziehen, er habe in naher Beziehung zu dem ganzen Kreise der Sokratiker gestanden. Falsch aber ist es, wenn man weiter geht u. in Apollodor seinen Lehrer erkennen will; wir wissen nicht einmal, ob wir aus der Angabe bei Plinius, Apollodor habe Philosophen dargestellt, nun auch entnehmen dürfen, er habe nur Porträts gebildet. Auf der athenischen Akropolis hat sich eine fragmentarische Inschrift mit seinem Namen und aus seiner Zeit gefunden.

Brunn, Gesch. d. gr. Kstlr. I 398. — Hertz, De Apollodoro statuario ac philosopho. — Overbeck, Schriftq. 1359, 1364. — Löwy, Inschr. gr. Bildh. 55. — Pauly-Wissowa, Realenc. I 2896, 75 (Robert) 2849, 15 (Kirchner). — Klein, Praxiteles S. 33. *Amelung.*

Apollodoros IV, Bildhauer, Sohn eines Zenon aus Phokaia, aus hellenistischer Zeit. Bekannt durch die Inschrift einer Basis, die in Erythrai in der Nähe des Hafens gefunden wurde und auf der eine männliche Porträtstatue (Theudoros, Sohn des Artemon) gestanden hatte.

Brunn, Gesch. d. gr. Kstlr. I 503. — Overbeck, Schriftq. 2050. — Löwy, Inschr. gr. Bildh. 218. — Pauly-Wissowa, Realenc. I 2897, 76 (Robert). *Amelung.*

Apollodoros V, athen. Maler, der um 415 v. Chr. blühte, nach der antiken Überlieferung ein bedeutender u. bahnbrechender Meister. Von seinen Werken werden genannt: ein betender Priester, ein Odysseus, ein blitzgetroffener Aias und ein im Anschluß an Euripides geschaffenes (Wilamowitz, ind. lect. Gryphisw. 1882 S. 10) Heraklidenbild, in dem u. a. Alkmene und ihre Enkelin Makaria als Schutzflehende vor Demophon erschienen; das letztere Bild wurde von anderen allerdings dem Sikyonier Pamphilos (s. d.) zugeschrieben. Ungewöhnlich bestimmt und ergiebig sind die Äußerungen antiker Schriftsteller über Wesen und Verdienst seiner Kunst. Er gilt als der erste berühmte Tafelmaler (vor ihm gebe es kein Tafelbild, das die Augen fessele, sagt Plinius) und als unmittelbarer Vorläufer des Zeuxis, woraus sich erklärt, daß das Motto μωμήσεταί τις μᾶλλον ἢ μιμήσεται (Tadeln ist leichter als Bessermachen) beiden zugeschrieben und ihr Verhältnis durch epigrammatisch formulierte Urteile beleuchtet wird (durch die von Apollodoros geöffnete Pforte der Kunst sei Zeuxis eingetreten, Zeuxis habe seinen Vorgängern die Kunst entrissen und mit sich genommen). Daß A. Skiagraphos genannt und diese Bezeichnung durch Skenographos erläutert wird, läßt einen Zusammenhang zwischen A. und Agatharchos deutlich erkennen: hatte dieser im Gebiete der Bühnenmalerei, also im Architektur- und Landschaftsbild nach Illusion gestrebt und dazu den Kontrast von Licht und Schatten ausgenützt, so überträgt A. diese Neuerung auf die Figurenmalerei und wird der erste, der „leibhafte Gestalten" (species) malt, der erste Maler im eigentlichen Sinne.

Brunn, Gesch. d. gr. Kstler. II 71 ff. — v. Rohden in Baumeisters Denkm. II 859. — Klein, Arch. epigr. Mitt. 12, 101 ff. — Robert, Arch. Märchen 67 ff. — Girard, Peint. ant. 201 f. — Pauly-Wissowa, Realenc, I 2897, 77 (Rossbach). *Sauer.*

Apollodotos. Der Name findet sich auf einem geschnittenen Stein mit dem Kopfe der Athena Parthenos des Phidias. Er bezeichnet den Besitzer, nicht, wie angenommen worden ist, den Gemmenschneider.

Brunn, Gesch. d. gr. Kstler. II 692. — Pauly-Wissowa, Realenc. I 2898, 8 (Rossbach). — Furtwängler, Die ant. Gemmen II 185, 46, Taf. XXXVIII 46. *Pernice.*

Apolloni, Adolfo, röm. Bildhauer, geb. in Rom 1845, widmete er sich zunächst dem Studium der Mathematik und der Ingenieurwissenschaften, ging dann zum Studium der Bildhauerkunst über, in der er nunmehr seine Schwärmerei für die klassische Antike sich ausleben lassen konnte. So wurden die Antike selbst und neben ihr die Natur und das Leben die eigentlichen Lehrmeister des jungen Bildhauers, während er auf ausgedehnten Reisen nach Frankreich, England und Nordamerika seinen Gesichtskreis erweiterte. In Amerika fand er zugleich Bewunderer seiner Bildwerke, wobei er mit zahlreichen weiteren Kunstaufträgen betraut wurde. Nach zweijähriger Abwesenheit kehrte er schließlich in die Heimat zurück, um sich dauernd in Rom niederzulassen. Mit gleicher Virtuosität beherrscht er die verschiedenen Arten plastischer Aufgaben: Porträtreliefs, -Büsten, Statuetten, allegorische Figuren u. Gruppen, aber seine Hauptarbeiten sind dekorative Brunnen in reichbewegtem, bald klassizistisch, bald modern gemildertem Rokokoaufbaue. — Wollen und Können dieses Künstlers erinnert bis in Kleinigkeiten hinein an seinen deutschen Kunstgenossen Gustav Eberlein, obwohl vielleicht keinerlei direkte Beziehungen zwischen beiden vorliegen.

A. Colasanti in L'Arte 1900 p. 380 ff. — Kunstchronik, N. F. III 110. — A. R. Willard, Hist. of modern ital. Art (London 1902) p. 213. — Natura ed Arte 1907, 371 ff. (ausführlich mit Abb.). *R.*

Apolloni, s. auch *Appolloni* u. *Appoloni.*

Apollonides. Nach Plinius einer der bedeutendsten Gemmenschneider der hellenistischen Zeit, von dem jedoch kein einziges Werk auf uns gekommen ist. Die Steine mit seinem Namen sind sämtlich gefälscht.

Brunn, Gesch. d. gr. Kstler. II 602 f. — Archäol. Jahrb. IV 74. — Pauly-Wissowa, Realenc. II 121, 34 (Rossbach). *Pernice.*

Apollonio, Mosaizist in Venedig und Florenz. Vasari berichtet, Andrea Tafi habe ihn nach Florenz gebracht. Wir wissen nur, daß bei den Arbeiten in S. Marco ein Apollonius pictor Florentinus 1279 genannt wird und daß ein Künstler des Namens auch in den Rechnungsbüchern des Florentiner Baptisteriums vorkommt.

Vasari, ed. Milanesi I 333. — Gaye, Carteggio II 37. *Rintelen.*

Apollonio, Maestro, Ornamentbildhauer in Venedig um 1561, vielleicht griechischer Abkunft, nur bei Zani (Enc. met. II 164) erwähnt. *H. V.*

Apollonio da Capranica, italien. Miniator, nur dem Namen nach erwähnt.

Missirini, Stor. d. rom. Accad. di S. Luca, p. 461. **

Apollonio del Celandro, Miniator in Perugia um 1470. Erhielt vom Peruginer Magistrat den Auftrag, die dem Pietro di Galeotto übertragene Altartafel in der Kapelle der Prioren auszuführen. An der Tafel selbst hat er keinen Anteil; jedoch hat er die Bildnisse der Prioren und ihres Notars auf dem Tympanon gemalt. Diese Arbeit mußte er laut Kontrakt in 15 Tagen ausführen, während für die Tafel selbst ein Jahr angesetzt war. Nach Gualandi vielleicht identisch mit dem 1461 in Florenz tätigen Maler *Apollonio.*

Zani, Enc. met. VI 120. — Gualandi, Memorie IV 150. — Orsini, Lettere pittoriche Perugine. — Mariotti, Lett. pitt. perug. VI 147. *W. Bombe.*

Apollonio, Giacomo, Maler in Bassano, geb. um 1583 aus vornehmer bassaneser Familie, wurde in seiner Vaterstadt begraben 2. 12. 1654. Seine Mutter Marina war eine Tochter des Malers Giacomo da Ponte. — A. folgte ebenfalls der Schule seines Großvaters und seiner Oheime und wurde unter den Schülern der Bassani der bekannteste. Indessen blieb er, besonders in betreff des Kolorits, weit hinter seinen Lehrern zurück, da ihm nicht nur die klare Sicherheit des Pinselstrichs, sondern auch die Harmonie und Einheit der Tinten fehlten.

Von seinen vielen Arbeiten blieben nur drei erhalten, die ihm mit voller Sicherheit zugehören. Das eine Bild, in der Kirche S. Sebastiano in Bassano, stellt die Hl. Sebastian, Veronika, Gregor, Rocchus, Vitus, Apollonia und Augustinus dar und trägt die Signatur: [IACO]B.s APOL. BAS. ||FACIEB. Das andere, in der Parochialkirche von Liedolo (Asolo), stellt die Madonna mit dem hl. Lorenz, dem hl. Carl und einem Stifter dar und ist signiert: IACs · APOLLONIVS · BASSAN.sis|| · P · LANNO · MDCXIIII. Das dritte, in der Pfarrkirche von S. Eulalia (Asolo) mit der Himmelfahrt, S. Eulalia, S. Johannes Evangelista und S. Prosdocimus, trug früher ebenfalls die Signatur.

G. B. Verci, Notizie intorno alla vita de' pittori di Bassano, Venezia, 1775 p. 229. — Meyer, Kstlerlex. *Gerola.*

Apollonio di Giovanni, s. *Apollonio* da Ripatransone.

Apollonio di Giovanni di Tomaso, geb. 1415, † 27. 9. 1465 (Testament v. 27. 8. 1465 im Florentiner Staatsarch. in den Protokollen des Ser Piero di Carlo del Viva). Wie aus der Kopie seines Werkstattbuches hervorgeht (vgl. Warburg, Jahrb. d. kgl. preuß. Kunstsammlung 1902 p. 248) hatte A. zusammen mit Marco del Buono (s. d.) ein Atelier für Hochzeits-cassoni und Deschi da Parto. Auch Cino Rinuccini erwähnt ihn in seinen Ricordi (publ. Ajazzi) p. 23 als Verfertiger seines Hochzeits-cassone. *Warburg.*

Apollonio, Marcantonio, Freskomaler in Bassano, geb. 6. 9. 1653, † 17. 3. 1729. Man weiß, daß er in Bassano Fresken ausgeführt hat, aber jetzt ist kein Werk von ihm mehr vorhanden.

G. B. Verci, Notizie intorno alla vita de' pittori di Bassano. Venezia 1775 p. 230. *Gerola.*

Apollonio (Petrocchi) da Ripatransone, ital. Holzbildhauer, wurde wahrscheinlich 1440 geboren. Sein Vater war Giovanni Petrocchi. Er vollendete 1471 zusammen mit dem Florentiner Tommaso den berühmten Chor in der Unterkirche S. Francesco in Assisi. Der Chor in Assisi erinnert in den Ornamenten sowohl an den Chor der Kirche S. Domenico in Perugia, der im Jahre 1476 angefangen ist, wie auch an die Manier des Meisters Paolino di Maestro Giovanni aus Ascoli, der in seiner Heimat den Chor der Kathedrale ausführte und zusammen mit Giovanni da Montelparo 1456—58 den Chor der Kirche S. Maria Nuova in Perugia arbeitete. Die Namen Apolonio und Paolino di Maestro Giovanni, die zuerst durch Emidio Luzi zusammengebracht wurden, weisen uns also mit großer Wahrscheinlichkeit darauf hin, daß Apollonio der Schüler des Maestro Paolino war, der ihn nach Umbrien zur Arbeit mit sich genommen hatte. Andere Nachrichten über das Leben des Apollonio gibt uns Carlo Grigioni. Am Ende des Jahres 1469 befand sich Apollonio in seiner Vaterstadt; kurz darauf begab er sich nach Assisi zurück. Aber nachdem der berühmte Chor im April des Jahres 1471 fertig war, kehrte A. sofort nach Ripatransone heim, wo er im August des genannten Jahres ein Grundstück kaufte und im Oktober noch eins neben dem ersten. Er starb 1475. Kein Werk des ausgezeichneten Meisters befindet sich in Ripatransone, sein Ruhm ist einzig durch den herrlichen Chor in Assisi für immer gesichert.

D. Emidio Luzi, Cenno storico critico descrittivo della Cattedrale Basilica di Ascoli-Piceno, 1894, p. 62—64. — Erculei, Catal. d. op. ant. d'Intaglio etc. (1885) p. 34. — Rivista d'Italia, a. II, fasc. 2, p. 277. — C. Grigioni in Rassegna bibl. dell' arte ital. a. IX 29—34. — Giornale di Erud. Art. I 355; III 280. *E. Calzini.*

Apollonios I, Architekt trajanischer Zeit, Sohn des Ammonios aus Alexandria. Nach der

Inschrift CIG 4713c errichtet er bei Mons Claudianus dem Serapis einen Altar. Es ist dies die Stelle der eben damals entdeckten großen ägyptischen Granitbrüche östlich vom Nil, nicht weit vom roten Meere. Zur Zeit Hadrians und Trajans waren viele Sträflinge dort beschäftigt. Vielleicht war A. mit der Aufsicht des Ganzen betraut.

Brunn, Gesch. d. gr. Kstlr. II 341. — Pauly-Wissowa, Realenc. II 161, 118 (Fabricius). — Dierauer bei Büdinger, Untersuch. zur röm. Kaisergesch. I 132. *H. Thiersch.*

Apollonios II, Architekt, tätig für das Apolloheiligtum auf Delos nach einem ca. 180 v. Chr. erstatteten Rechenschaftsbericht der delischen Tempelverwaltung.

Bull. corr. hell. 1882, p. 24 (Zeile 197 ff.). — Pauly-Wissowa, Realenc. Suppl. I 111 (Fabricius). *H. Thiersch.*

Apollonios III, Bildhauer hellenistischer Zeit aus Magnesia. Bekannt durch die Inschrift einer Basis, die auf Delos vor den großen Propyläen gefunden wurde und ein Weihgeschenk des κοινὸν τῶν νησιωτῶν an Apollon getragen hatte. Von der Wende des 3. und 2. Jahrh. v. Chr.

Löwy, Inschr. gr. Bildh. 211. — Pauly-Wissowa, Realenc. II 161, 119 (Robert). *Amelung.*

Apollonios IV, Bildhauer, Sohn eines Archias, Marathonier aus hellenistischer Zeit. Bekannt durch die Inschrift einer in Athen gefundenen Basis, die nach den Buchstabenformen ins 3. Jahrh. v. Chr. zu datieren ist. Da uns auch eine Künstlerinschrift eines Marathoniers Archias (s. d.), Sohnes eines Apollonios, erhalten ist, hat es augenscheinlich eine Künstlerfamilie gegeben, in der diese Namen abwechselten, und zu der dann wahrscheinlich auch A. VIII gehört hat.

Overbeck, Schriftq. 2218. — Löwy, Inschr. gr. Bildh. 144. — Pauly-Wissowa, Realenc. II 161, 120 (Robert). *Amelung.*

Apollonios V, Bildhauer, Sohn eines Artemidoros, Adoptivsohn eines Menekrates, aus Tralles in Karien. Er führte gemeinsam mit seinem Bruder Tauriskos (s. d.) eine Gruppe aus, in der die Brüder Amphion und Zethos dargestellt waren, wie sie ihre Stiefmutter Dirke an den Stier binden, um sie zu Tode schleifen zu lassen. Dieses Werk — die Angabe des Plinius, es sei aus einem einzigen Block gehauen, ist entweder nicht wörtlich zu verstehen oder törichte Cicerone-Weisheit — hatte zunächst in Rhodos gestanden und war dann nach Rom in den Besitz des Asinius Pollio gelangt. Eine Gruppe des gleichen Gegenstandes, ein Riesenwerk, hat man 1546 in den Thermen des Caracalla in Rom entdeckt; sie wurde ergänzt und zunächst im Pal. Farnese aufgestellt, kam aber später von dort mit der farnesischen Erbschaft ins Neapeler Mus. Daß diese Gruppe nicht aus einem Stein gehauen ist, würde nicht gegen die Identifizierung mit dem Originale sprechen, und so hat man denn bis vor kurzem diese Identität als selbstverständlich angenommen, bis Studniczka überzeugend nachgewiesen hat, daß die Neapeler Gruppe, bekannt unter dem Namen „der farnesische Stier", nur Kopie sei, und daß der Kopist die ursprüngliche Komposition um die Figur der Antiope, den Berggott und all das kleinliche Getier an der Basis vermehrt habe. Das Original enthielt also nicht mehr Gestalten, als Plinius nennt, mit Ausnahme des aufwärtsbellenden Hundes rechts. So wiederhergestellt ergibt sich eine dramatisch aufs Äußerste belebte und doch künstlerisch streng geschlossene Komposition, die sich von der des Laokoon nur dadurch unterscheidet, daß sie sich nicht rein reliefmäßig ausbreitet, sondern stark räumlich in die Tiefe entwickelt. Apollonios und Tauriskos werden dann auch Zeitgenossen der rhodischen Meister des Laokoon gewesen sein.

Brunn, Gesch. d. gr. Kstlr. I 471, 495. — Overbeck, Schriftq. 2038. — Ders., Gesch. d. gr. Plastik II⁴ S. 341 ff. — Collignon, Hist. de la sculpt. gr. II 532 ff. — Pauly-Wissowa, Realenc. II 161, 121 (Robert). — Studniczka, Zeitschr. f. bild. Kunst 1903 S. 171 ff. *Amelung.*

Apollonios VI, Erzbildner, Sohn eines Tauriskos. Eine Basis mit seiner Signatur hat sich im Theater von Magnesia am Maeander gefunden. Nach den Schriftformen gehört sie in den Beginn der Kaiserzeit. Demnach könnte der Vater dieses A. der eine von den Künstlern des „Stieres" selbst gewesen sein, oder er war der Sohn des anderen Bruders, dieser Apollonios also der Enkel des vorigen. Auf der Basis stand eine Bronzestatue, ein Weihgeschenk für Dionysos Enagonios.

Hiller v. Gärtringen, Athen. Mitt. 1894 S. 37 ff. — Inschr. von Magnesia No. 213. *Amelung.*

Apollonios VII, Bildhauer, Sohn eines Nestor, aus Athen, Künstler des berühmten Torso vom Belvedere, an dessen Felsensitz sich seine Inschrift befindet. Nach den Formen der Buchstaben hat er in den letzten Jahren der römischen Republik gearbeitet. Der Torso wurde früher allgemein auf Herakles gedeutet, bis Sauer (s. unten) darauf hinwies, das Fell, mit dem der Sitz bedeckt ist und dessen Kopf auf dem linken Oberschenkel liegt, sei kein Löwen-, sondern ein Pantherfell. Doch hat sich an Stelle der älteren keine neue überzeugende Deutung finden lassen. Ebenso sind seither alle Versuche einer Ergänzung gescheitert. Mehr Übereinstimmung herrscht in bezug auf die stilistische Würdigung des Werkes: A. war augenscheinlich Eklektiker; er kopierte nicht, sondern suchte durch Mischung verschiedener älterer Richtungen, die er durch akad. Studium kennen gelernt hatte, mit Geschmack, aber ohne Individualität etwas Neues zu schaffen. Zwei andere Inschriften mit demselben Künstlernamen sind gefälscht. Identität mit Apollonios IX ist nicht nachzuweisen.

Brunn, Gesch. d. gr. Kstlr. I 542, 563 ff. — Löwy, Inschr. gr. Bildh. 343, 510, 511. — Sauer, Torso von Belvedere. — Pauly-Wissowa, Realenc. II 162, 122 (Robert); alles weitere bei Amelung, Katalog d. ant. Skulpturen im vatik. Museum II No. 3. *Amelung.*

Apollonios VIII, Erzbildner, Sohn eines Archias, aus Athen; Künstler einer bronzenen, vortrefflich gearbeiteten Büste, die den Kopf des polykletischen Doryphoros darstellt; sie wurde zu Herculaneum in der Villa dei papiri gefunden und steht jetzt im Neapeler Mus. (Brunn-Bruckmann, Denkm. 336). Die Buchstabenformen der Künstlersignatur weisen auf den Beginn der Kaiserzeit. Wahrscheinlich stammt dieser A. aus derselben Familie wie A. IV (vgl. Archias).

Brunn, Gesch. d. gr. Kstlr. I 543. — Overbeck, Schriftq. 2217. — Ders., Gesch. d. gr. Plastik II[4] S. 434. — Collignon, Hist. de la sculpt. gr. I 495; II 635. — Löwy, Inschr. gr. Bildh. 341. — Pauly-Wissowa, Realenc. II 162, 123 (Robert). *Amelung.*

Apollonios IX, Bildhauer. Er hat nach Chalcidius an einem Goldelfenbeinbilde des kapitolinischen Juppiter gearbeitet. Meist wird willkürlich angenommen, Ch. habe seine Angabe ausgeschrieben, etwa aus Cicero; nur unter dieser Voraussetzung kann angenommen werden, jenes Bild habe in dem sullanischen Neubau gestanden, der 69 n. Chr. vollständig verbrannte. Von dem Bilde in diesem Tempel gibt uns eine Silbermünze des Galba eine deutliche Vorstellung; abgeb. Jahrb. d. Inst. 1898, S. 198, Fig. 4. Hat aber Ch. nicht abgeschrieben — und es liegt nicht der geringste Grund vor, das anzunehmen — so hat A. das Bild für den Neubau Domitians gearbeitet, der 82 n. Chr. geweiht wurde und bis zum 5. Jahrh. bestand. Die Zeusstatue, die Michaelis zuerst für ein Werk des Apollonios, dann wenigstens für eine Schöpfung seiner Zeit erklärt hat, und von der das Unterteil im Neapeler Mus. erhalten ist, hat weder mit Pasiteles noch mit Apollonios etwas zu tun. Das erhaltene Unterteil ist dem entsprechenden Teil einer Sarapisstatue, die aller Wahrscheinlichkeit nach das große Sarapisbild des Bryaxis (s. d.) wiedergibt (Amelung, Rev. archeol. 1903 II, S. 13, No. 1), viel zu ähnlich, als daß man die Originale beider nicht derselben Zeit, ja demselben Künstler zuschreiben müßte.

Brunn, Gesch. d. gr. Kstlr. I S. 543. — Overbeck, Schriftq. 2215. — Löwy, Inschr. gr. Bildh. zu 343 am Ende. — Pauly-Wissowa, Realenc. II 162, 122 (Robert). — Michaelis, Jahrb. d. I. 1898 S. 192 ff. — Ders. bei Egger, Codex Escurialensis S. 135 ff. *Amelung.*

Apollonios X, Bildhauer der Kaiserzeit, aus Athen. Seine Signatur findet sich in den Falten eines Statuenfragments im Mus. zu Sparta. Die Schriftformen stimmen nicht mit denen von A. VIII und A. X überein.

Löwy, Inschr. gr. Bildh. 336. — Pauly-Wissowa, Realenc. II 162, 124 (Robert). — Tod-Wace, Catal. of the Sparta Museum S. 171 No. 363. *Amelung.*

Apollonios XI, Bildhauer der Kaiserzeit, Verfertiger einer Apollonstatue, die bei Aricia in den Ruinen eines Tempels gefunden wurde, lange Zeit in der Sammlung Despuig auf Mayorca stand und bei deren Auflösung in die Glyptothek Ny-Carlsberg in Kopenhagen gelangte. Die Statue ist eine elegant ausgeführte Marmorkopie des bronzenen archaischen Apollon aus Pompei (Wolters, Jahrb. d. Inst. 1896, S. 1 ff.). Die Buchstabenformen der Inschrift, die sich am Stamm befindet, stimmen nicht mit denen von A. VIII und A. IX überein.

Brunn, Gesch. d. gr. Kstlr. I 544. — Overbeck, Schriftq. 2220. — Löwy, Inschr. gr. Bildh. 379. — Overbeck, Gr. Kunstmyth. IV S. 169 No. 4. — Pauly-Wissowa, Realenc. II 162, 125 (Robert). *Amelung.*

Apollonios XII, Bildhauer der Kaiserzeit, Sohn eines Aineas. Bekannt durch eine in Smyrna gefundene Weihinschrift.

Löwy, Inschr. gr. Bildh. 547. — Pauly-Wissowa, Realenc. II 163, 126 (Robert). — Gefälscht ist die Signatur eines A. an einer Kopie des einschenkenden Satyrs in Petworth-House: Löwy, a. a. O. 517. *Amelung.*

Apollonios XIII, Gemmenschneider aus der ersten römischen Kaiserzeit. Von seinen Steinen zeigt einer den Kopf des Königs Asandros von Pontos (47—16 v. Chr.), der zweite eine vorzüglich gearbeitete Artemis. Leichte Unterschiede in der Schrift der Künstlersignatur haben dazu geführt, die beiden Steine zwei verschiedenen gleichnamigen Künstlern zuzuschreiben, ohne genügenden Grund.

Brunn, Gesch. d. gr. Kstler. II 423 f. — Archäol. Jahrb. III 320 ff. Taf. X 3. — Pauly-Wissowa, Realenc. II 163, 127, Suppl. I 111 (Rossbach). — Furtwängler, Die ant. Gemmen II 234, 285; III 163, Taf. XLIX 8; LXIII 36. *Pernice.*

Apollonios u. **Apollonius,** s. auch *Apollonio.*

Aponte, Pedro de, aragon. Maler im 15. und im Beginn des 16. Jahrh., gebürtig aus Zaragoza. Nach Iusepe Martinez bildete er seinen Stil an den aus Flandern und Deutschland nach Spanien gekommenen Gemälden und er wäre der erste gewesen, der in Spanien in Öl malte. (Zapater machte ihn ohne Grund zu einem Schüler des Luca Signorelli.) Nach Martinez wurde er Hofmaler der katholischen Könige, denen er überallhin folgte, auch in das Kriegslager des Granada belagernden Heeres zu S. Fé. Er nennt ihn als Urheber der Kriegslist mit den gemalten Mauern des span. Lagers und sagt, daß er besonders im Porträt Ausgezeichnetes geleistet habe, so daß jede bedeutende Persönlichkeit seiner Zeit von ihm gemalt sein wollte. Von seinen Werken, von denen Martinez in Aragonien, Katalonien und Valencia vieles gesehen haben will, ist wie es scheint wenig oder nichts erhalten. Für die Pfarrkirche von S. Lorenzo in Huesca führte er die Gemälde eines im 18. Jahrh. zerstörten Altares aus, von denen V. Carderera Bruchstücke aufgefunden haben will. Für den Hochaltar der Magdalenkirche in Zaragoza, welchen Juan de Salazar 1505—14 arbeitete, lieferte er das Hauptbild, das ihm 1517 mit 16 Golddukaten bezahlt wurde.

Martinez, Arte de la pintura S. 104. — Zapater, Apuntos histor. biogr. acerca de la escuela Aragonesa. Madrid 1859. — Viñaza, Adic. I 16, 203. — Lefort, Peint. espagn. S. 26. *M. v. B.*

Aponte, Sebastian de, verfertigte die Chorstühle in der Kollegiatkirche S. Antolin zu Medina del Campo im 16. Jahrh. Sie sind mit dorischen Säulen geziert, die Rücklehnen enthalten gute Flachreliefs.

Cean Bermudez, Dicc. I 41. — Gomez, Escult. en Esp. S. 602. △

Aporta (A Porta), Andreas, Glockengießer in Bregenz und Feldkirch, goß laut Inschrift 1705 gemeinsam mit Johann Baptist Ernst von Lindau Glocke I in St. Gallenkirch.

Brun, Schweizer. Kstlerlex. *H. V.*

Apostoli, Nicodemo, Mönch u. Maler der 2. Hälfte des 17. Jahrh., von ihm ein Bild Christi in der Kirche S. Atanasio in Lithines (Sitia) auf Kreta.

G. Gerola, Monumenti veneti nell' isola di Creta II 311, Venezia 1908. *G. Gerola.*

Apostool, Cornelis, geb. in Amsterdam 6. 8. 1762, † das. 10. 2. 1844. Direktor des Kgl. Museums, geschickter Dilettant im Malen und Stechen. Schüler Hendr. Meyers, den er nach England begleitete. Lebte lange in London, wo er 1791—94 Folgen von Aquatintablättern herausgab.

Meyer, Kstlerlex. (mit Oeuvreverz., dem noch die Originalrad. „Das Wehr unter der Brücke" zuzufügen ist). **

Apoux, Joseph, Genre- und Historienmaler in Paris, geb. in Le Blanc (Indre), Schüler von Gérôme, stellte in den Salons 1880 bis 1882 aus.

Bellier-Auvray, Dict. gén. Suppl. *H. V.*

Apozzo, Gaetano d', neapol. Maler, nur aus einer Bittschrift von 1770 bekannt.

Napoli Nobilissima IX 75. *G. Degli Azzi.*

App, Bernd, arbeitete 1610—11 mit Hans Hartung d. J. die im Altlutheraner Kirchlein zu Wernigerode noch erhaltene Nikolaikanzel.

Gesch.-Qu. der Prov. Sachsen XV 610. *Hs. Loose.*

App, Peter Wilhelm, Historienmaler, geb. in Darmstadt, wurde um 1820 auf der Akad. in München vorgebildet, dann in Düsseldorf Schüler von Cornelius. Von ihm Karton zu einem Fresko „Urteil des Midas" für das Schloß des Herrn von Plessen in Eller bei Düsseldorf, ferner „Hermann, als Sieger zu den Seinigen zurückkehrend", Ölbild, 1841 in Darmstadt ausgestellt, „Luther auf dem Reichstag in Worms 1521" (von H. Anschütz lithogr.) und ein nach seiner Zeichnung wohl von ihm selbst radiertes Blatt „Pius VIII. den Segen erteilend", Rom 1829.

Schaarschmidt, Zur Gesch. d. Düsseldorfer Kunst, S. 50. — Meyer, Kstlerlex. *Board.*

Apparicio, Abbé, portug. Maler, † 1787, wird von Cyrillo als erfolgreicher Dilettant in der Malerei erwähnt. Taborda dagegen nennt ihn den berühmten Porträtmaler.

Raczynski, Dict. p. 14. *A. Haupt.*

Apparicio, s. auch *Aparicio.*

Apparitio, angeblich Verfertiger eines kostbaren, mit Goldblech überzogenen und mit Elfenbein und edlen Steinen geschmückten Reliquiariums, das 1033 König Sancho d. ält. von Navarra, Kastilien und Aragonien für die Gebeine des hl. Millan im Kloster Suso herstellen ließ. Man glaubte aus der bei vier kleinen Figuren befindlichen, teilweise verstümmelten Inschrift: „Apparitio Scholastico. Ramirus Rex. — tro et Rodolpho filio" Schlüsse auf die Künstlernamen ziehen zu können, doch läßt die Zusammenstellung des Namens A. mit dem König Ramiro eine solche Deutung sehr zweifelhaft erscheinen. Das Reliquiarium ist übrigens 1808 bis auf die Elfenbeinplatten mit Szenen aus dem Leben des hl. Millan zugrunde gegangen.

Cean Bermudez, Dicc. I 39. — Davillier, Orfévr. S. 161. △

Apparuit, Jacques, Hofmaler in Paris, † 23. 12. 1737 als 71jähriger, nur urkundlich bekannt.

Herluison, Actes d'Etat-Civil etc. *H. V.*

Apparuti, Albert Léon, Landschaftsmaler in Paris, geb. in Pouilly-sur-Saône (Côte-d'Or), Schüler von Harpignies, Dubufe und Mazerolle, stellte in den Salons 1875 und 77 aus.

Bellier-Auvray, Dict. gén. Suppl. *H V.*

Appel, Amalie, geb. Tischbein, Miniaturmalerin. Von ihr im Museum zu Kassel das Miniaturporträt der Philippine von Hessen, bezeichnet: Amalie Appel née Tischbein 1780. *E. W. Braun.*

Appel, Arnout, geb. in Rotterdam 1645/46, wohnte 5. 4. 1670 in Amsterdam, als er Pieternel Kleurs heiratete (erstes Aufgebot). Er wird Maler genannt.

Oud-Holland III 59. *E. W. Moes.*

Appel, Charles P., amerikan. Landschaftsmaler, geb. 11. 7. 1857 in Brooklyn; studierte an der New York School of Art besonders unter Wm M. Chase und F. L. Mora. *Edmund von Mach.*

Appel, Huybertus, geb. in Rotterdam 1647/48 von Eltern, welche 1673 in Dänemark wohnten. 21. 10. 1673 heiratete er (erstes Aufgebot) in Amsterdam Geertruy de Fruyter; er wohnte damals in der Korte Leidsche Dwarsstraat und wird Maler genannt.

Oud-Holland III 59. *E. W. Moes.*

Appel, Jacob, Maler, geb. in Amsterdam 29. 11. 1680, lernte 1690/92 Zeichnen bei Timotheus de Graef und erhielt 1692/94 Unterricht im Malen bei David van der Plaes; auch Albert Meyeringh ist sein Lehrer gewesen. Nach einigen Jahren zog er nach Haarlem und bewohnte dort zwei Jahre das Haus Kraainest außerhalb der Stadt, verweilte auch einige Zeit im Haag. Schließlich zog er wieder nach Amsterdam und malte dort Porträts und ganze Zimmer, namentlich protegiert von George Clifford. Kurz nachdem er 1702 verheiratet war, zog er nach Zaandam, bis er sich 1705 in der Hoogstraat in Amsterdam als Maler von Gartendekorationen etablierte. Später siedelte er nach den Vijgendam über und starb in Amsterdam 7. 5. 1751. Das Kabinett in Amsterdam besitzt von ihm eine Zeichnung von 1725, eine Darstellung von Knaben, welche am Dreikönigsabend mit dem Stern herumziehen. Er war der Lehrer seines Sohnes Jacob und einer der Söhne von Gerard de Lairesse.

van Gool II 158—165. *E. W. Moes.*

Appel, Jacob, geb. in Amsterdam um 1719, war der Sohn und Schüler seines gleichnamigen Vaters. 10. 4. 1741 kaufte er das Bürgerrecht von Amsterdam, wo er als Dekorationsmaler tätig war, und wo van Gool ihn 1751 wohnhaft nennt. Sein gezeichnetes Selbstporträt ist im Amsterdamer Kabinett.

van Gool II 164, 165. — Aemstels Oudheid V 67. *E. W. Moes.*

Appel, Johannes den, Fayencier in Delft im 18. Jahrh. Er gehörte zu einer alten Keramikerfamilie, von der man schon 1659 einen „Plateelbacker" kennt. Er folgte Johannes van der Kest als Besitzer der Manufaktur „De Vergulde Boot" und wird auf der Liste der Plateelbakkers zuerst 1750 erwähnt. 1764 machte er auf Befehl des Vorstandes sein Meisterzeichen, bestehend aus seinen Initialen: I D A. Auffälligerweise begegnet man sonst seinem Namen in den Urkunden niemals. Die Produktion des „den Appel" scheint nicht besonders schön gewesen zu sein, wenigstens sind die erhaltenen Proben grob und lassen zu wünschen übrig. — Ein dem seinen sehr ähnliches Monogramm J D A (vielleicht nur eine Variante desselben) findet man auf einer kleinen polychromierten Fayencekuh.

Obreen, Archief I pl. I. — Havard, p. 355 No. 740. *J. C. E. Peelen.*

Appel, Karl, Tiermaler in Düsseldorf, geb. 10. 1. 1866 in Altona. Besuchte von 1888—1900 die Akademie in Düsseldorf, wo er Schüler von Eugène Dücker und Julius Bergmann war. Er bevorzugt besonders die Darstellung wilder Tiere. Bilder von ihm z. B. auf der Düsseldorfer Ausst. 1902 und 1904 und im Münchener Glaspalast 1906.

Schaarschmidt, Zur Gesch. d. Düsseldorfer Kunst, S. 347 u. 48. *Board.*

Appel (auch Apelt und Aboldt geschrieben), Lorenz, Zinngießer in Nürnberg, am 17. 10. 1630 Meister geworden und 1658 gestorben, war während der ersten Jahre seiner Laufbahn zu gleicher Zeit tätig wie Caspar Enderlein (vgl. den betr. Artikel), dessen bekanntes Zinntellerchen mit Doppeladler und Putten er nachgebildet bez. nachgegossen haben soll. Marke: Nürnberger Stadtwappen mit den Buchstaben L und A zwischen den Schrägbalken.

von Walcher-Molthein, „Deutsches und französ. Edelzinn aus zwei Wiener Sammlungen", Kunst und Kunsthandwerk, Jahrg. VII (1904), S. 68 fg. — Demiani, François Briot, Caspar Enderlein und das Edelzinn, S. 63, 84 und Taf. 39. *Demiani.*

Appel, Paul(lus), Goldschmied in Nürnberg, 1582 als Geschworener und Goldarbeiter in den Meisterbüchern aufgeführt und bis 1602 in den Ratsverlässen erwähnt; mutmaßlicher Verfertiger des schönen niellierten birnenförmigen Pokals der Praunschen Stiftung im Germ. Mus. aus den 70er Jahren des 16. Jahrh. Nürnberger Beschau- und Meisterzeichen ein Apfel, der auf Appel deuten dürfte.

Anzeiger d. German. Nationalmus. 1887 II 33. — Th. Hampe, Nürnb. Ratsverlässe (Reg.) in den Quellenschr. z. Kstgesch. N. 7 XIII. *H. V.*

Appel, s. auch *Apel.*

Appelbaum, Gustav Adolf, Porträt- und Genremaler, geb. in Berlin-Fürstenwalde 2. 5. 1865, Schüler der Berliner Akad. besonders unter Prof. Hugo Vogel und Prof. Max Koner, studierte dann noch in München und Paris und nahm in den letzten Jahren seinen ständigen Aufenthalt in Meran.

Nach Angaben des Künstlers. *Dr. Franz Innerhofer.*

Appeldoorn, s. *Apeldoorn.*

Appelius, Jean, Porträtmaler in Middelburg, dessen Bildnis von Jacobus Willemsen im Zeeuwsch Genootschap daselbst sich befindet (R. Vinkeles sc. 1774). 1790 malte er in Middelburg Joannes de Fremery (G. Kockers sc.). Außer Porträts hat er auch andere Gegenstände gemalt.

L. Bomme, Redenvoering, Middelburg 1878, 27. *E. W. Moes.*

Appelius, Oskar, Geh. Oberbaurat in Charlottenburg, geb. 11. 11. 1837 in Berlin, Schüler der dortigen Bauakad., dann Bauführer bei M. Gropius, seit 1876 in der Militärbauverwaltung tätig, deren Chef im Kriegsministerium er seit 1897 ist. † 27. 9. 1904.

Zentralbl. d. Bauverw. 1904 S. 505. *H. V.*

Appeller, s. *Apeller.*

Appelman, Barend, geb. im Haag 1640, war in Rom, wo er in der „Bent" Hector getauft wurde. 1671 wohnte er in Amsterdam (urkundl. Notiz von A. Bredius). 1677 und 1681 war er „Hoofdman" von Pictura im

Haag. Er war Landschafter und malte auch ganze Zimmer, wie einen Saal im Schlosse Soestdijk. Später malte er auch den Hintergrund auf Porträts von Jan de Baen. Von seinen sehr seltenen Gemälden findet man Landschaften in den Mus. zu Mainz und Nantes und bei Fürst Liechtenstein in Wien, alle mit vollem Namen bezeichnet, das letztere datiert 1671. Im Amsterdamer Kabinett ist eine gut gezeichnete Landschaft von ihm. Er starb im Haag 1686.

Houbraken II 357, III 161. — Obreens Archief V 87. — Oud Holland III 59. *E. W. Moes.*

Appelman, Gonsales, Kupferstecher in Köln, der dort 1689 ein großes Porträt des Kurfürsten Johann Wilhelm von der Pfalz stach, und wahrscheinlich derselbe, von dem von 1671—1675 in Leiden Titel und Buchillustrationen herausgegeben wurden. Daß er 1724 noch in Köln tätig war, wie Merlo angibt, geht aus dem Umstande, daß einer seiner Stiche in einem 1724 erschienenen Buche abgedruckt ist, nicht genügend hervor.

Merlo, Köln. Kstler., 2. Aufl. 1895 p. 43. *E. W. Moes.*

Appelman, Jan, Architekt in Antwerpen, latinisiert *Amelius.* Dieser Name hat zu den verschiedensten Irrtümern Anlaß gegeben, die durch L. de Burbure (in der Biogr. nat. de Belgique) und A. Pinchart (Meyers Kstlerlex.) richtig gestellt worden sind. Nach ihnen ist nur sicher, daß Jan Appelman Baumeister in Antwerpen war und dort 1. 4. 1395 urkundlich nachweisbar ist, während 23. 9. 1395 bereits seine Witwe genannt wird. Er war der Vater des bedeutenden Baumeisters Peter A. (s. d.), doch steht nicht fest, ob auch Jan A. bereits an der Kathedrale gearbeitet hat.

Meyer, Kstlerlex. ***

Appelman, Peter, Baumeister in Antwerpen, Sohn des A., kommt zuerst in einer Urkunde vom 30. 10. 1398 vor und war damals bereits über 25 Jahre alt. In den folgenden Jahren wird Peter A. nicht erwähnt, doch ist er wahrscheinlich der „Pierre Aplemain, tailleur d'ymages", der nach einer von A. Pinchart aufgefundenen Urkunde 1401 einige Monate beschäftigt war, die Ornamente an der Kirche des Karthäuserklosters in Dijon auszuführen. Bereits 1406 war Peter A. mit den Arbeiten am Chore der Kathedrale in Antwerpen beschäftigt. 1407 kommt sein Name noch einmal in einer Urkunde vor, dann aber erst wieder 1420—1433, öfters als Inhaber von Ehrenämtern und stets mit dem Titel „Meester", so daß er in seiner Vaterstadt Antwerpen eine geachtete Stellung eingenommen haben muß. Er starb 16. 5. 1634 und wurde in der Georgskirche beigesetzt. Peter Appelmans Name ist mit dem Bau der Kathedrale in Antwerpen, den er durch viele Jahre leitete, eng verknüpft. Der Urheber des Planes derselben ist er jedenfalls nicht, da die ältesten Teile dieses hochbedeutenden Werkes bereits dem 14. Jahrh. angehören. Während der Zeit seiner Tätigkeit wurde am Chor mit seinen Umgängen und den Querschiffen gearbeitet, auch der Bau des Mittelschiffes stammt aus dieser Zeit, 1419 oder 1420 wurde der Chor, der häufigen Überschwemmungen wegen beträchtlich erhöht. Zu gleicher Zeit begann unter A.s Leitung die Fundierung des großen nördlichen Turmes, dessen Erbauung so schnell gefördert wurde, daß bei des Meisters Tod (1434) beinahe die Höhe der zweiten Galerie erreicht war, um 1430 wurde mit dem südlichen Turme begonnen, dessen Weiterbau aber 1474 bei einem Drittel der geplanten Höhe unterbrochen wurde. A.s Nachfolger im Bau der Kathedrale wurde Jan Tac. Von anderen Arbeiten A.s ist nur bekannt, daß er 1431—1434 den Turm der alten Kollegiatkirche in Antwerpen wiederherstellen ließ. Der 1414 mit Elisabeth Reyners geschlossenen Ehe Peter A.s entsproß nur ein Mädchen, das Jan Smit oder de Smet heiratete. Ihre Nachkommen führten jedoch häufig den Namen Appelman oder Appelmans und im 16. Jahrh. finden sie sich als Smit, genannt Appelmans.

A. Pinchart in Meyers Kstlerlex. (ausführl. Artikel mit Lit.). ***

Appelmans, C. G., wenig bekannter Kupferstecher zu Antwerpen um 1633, stach Bildnisse und Blätter für Buchhändler. Das von ihm gestochene Titelblatt zu den Allocutiones Gymnasticae Vicentii Guinisii, Antwerpiae 1633, mit der allegor. Figur der Beredsamkeit ist C A F. signiert; ein Bildnisstich der Dichterin Juliana Morell ist 1617 datiert.

Meyer, Kstlerlex. — Nagler, Monogr. I No. 2213. *H. V.*

Appelmans, Jacop, 1662/3 als Illuminator (verlichter) in den Antwerpener Liggeren genannt.

De Liggeren II 337, 340. ***

Appelmans, Joos, belg. Architekt, geb. 18. 4. 1837 zu Hal in Südbrabant, in Brüssel tätig, wo die 1862 vollendete, im romanischen Stil erbaute Fassade der Kapuzinerkirche von seiner Hand herrührt.

A. Pinchart in Meyers Kstlerlex.

Appelmans, Peter, Steinmetz in Antwerpen, vielleicht Nachkomme des Baumeisters Peter Appelman, 1454—1470 an der Kathedrale tätig.

A. Pinchart in Meyers Kstlerlex. (s. Artikel Peter Appelman II 185). ***

Appelmans, Peter, Steinmetz in Antwerpen, wohl gleichfalls Nachkomme des Baumeisters Peter Appelman. War 1477—1520 an der Kathedrale beschäftigt. Seine Inschrift „Appelmans fecit" ist noch auf einer der höchsten Galerien des nördlichen Turmes der Kathedrale erhalten.

A. Pinchart in Meyers Kstlerlex. II 185.

Appelstaat (Appelstat), Christian Jakob, sächs. Hofmaler, starb 78 Jahre alt am

17. 12. 1736 zu Dresden. Nach ihm wurde gestochen: Ernst Diedrich Graf von Taube, kursächs. Kammerherr, Reichspfennigmeister. Bez. C. Appelstat pinx. M. Bodenehr sculpsit Dresden 1695. Schwarzk. Fol.

Heinecken, Dict. — Sächsisches Kuriositäten-Kabinett 1737 p. 6. — Meyer, Kstlerlex. *R. Bruck.*

Appelstädt, Schweriner Kunsttöpfer. Zu Anfang der 60er Jahre des 18. Jahrh. (vielleicht 1763) erteilte Herzog Friedrich dem Töpfer A. auf der Vorstadt Schwerin ein Privileg auf die Anfertigung von „Faiencen oder unächtem Porcellan" (die Fabrik hat bis tief in das 19. Jahrh. hinein bestanden). Aus seiner Hand sind mancherlei geschmackvolle Gefäße erhalten, meistens Tafelgeschirr, sie zeigen die Rokokoformen in reicher Durchbildung. Nicht alle Stücke sind bezeichnet, einige größere tragen die Marke: *A. Sverin* mit untergesetztem K. Die Stücke des Schweriner Mus. sind von Schlie a. u. a. O. beschrieben und z. T. abgebildet, auch die Marke ist dort faksimiliert.

Kunstgewerbeblatt I 12 und V 87 (Schlie). — Brinckmann, Führer durch das Hamburg. Mus. f. Kunst u. Gew. 356. — Schlie, Kunst- u. Geschichtsdenkm. Mecklenbgs. II 630. *Maybaum.*

Appenmayer, Jacob, Goldschmied zu Villingen (Baden) um 1651, restaurierte das alte Vortragskreuz, das laut Urkunde 1268 von Meister Johann, Goldschmied zu Freiburg gekauft worden war.

Fr. X. Kraus, Kstdenkm. in Baden. *H. V.*

Appenteger, Hans, Baumeister in Konstanz. Einer der fünf Baumeister, die 1424 von den „Gesellen von den alten Geschlechtern" beauftragt wurden, das neue Trinkhaus „zur Katze" für die Patrizier zu bauen.

Kunstdenkmäler d. Großherzogt. Baden, Bd. I, Kr. Konstanz, p. 270 ff. *De.*

Appenzeller, Hans, Kanonengießer und Büchsenmeister Maximilians I. in Innsbruck 1499.

Mitteil. d. Zentralkommission Wien 1883 u. N. F. IX 61. **

Appenzeller, s. auch *Apenzäller.*

Apperley, O Wynne, junger englischer Maler, in Bushey, Herts., dessen sehr farbig gehaltenen Aquarelle mit Motiven aus Venedig und Holland in den letzten Jahren auf den Ausstell. der Roy. Academy, der Roy. Scottish Academy, der Baillie Galleries u. a. Beifall fanden. Eine farbige Reproduktion des Aquarells: Piazza San Marco bringt The Studio XXIX 250/1. **

Appert, A., französ. Radierer in Tuschmanier, war um 1840 in Paris tätig und führte Ansichten von Paris, London, Rom und Neapel im Stich aus, nach Lassus, Testard, Salathé, Chapuis.

Meyer, Kstlerlex. — Le Blanc, Manuel. *J. Guibert.*

Appert, Eugène, Maler, geb. in Angers am 28. 12. 1814, † in Cannes am 8. 3. 1867, Schüler von Ingres, stellte in den Pariser Salons zwischen 1837 und 1865 aus. Er malte sowohl Historien als Genre, Porträts, Tiere, Früchte, Blumen und Stilleben. Seine bedeutendsten Arbeiten sind: Nero vor dem Leichnam des Agrippa (1842) im Mus. von Montauban; Barmherzige Schwestern in der Krim (1855) im Mus. von Versailles; Papst Alexander III. (1864) im Mus. des Luxembourg bis 1872; Vögel und Blumen für den Salon Bleu und den Salon Vert der Kaiserin Eugenie in den Tuilerien (diese Arbeiten beim Brande 1871 zerstört); 2 Stilleben im Mus. von Dijon; Schmetterlinge, trunkene Bacchantin, im Mus. von Angers; die trostspendende Maria, Hilfe für die Jugend, Hilfe für das Alter, 8 Wandgemälde im Hospice général von Angers.

Olivier Merson, Notiz in La Grande Encyclopédie III p. 421. — Bellier-Auvray, Dict. gén. I 20. *François Monod.*

Appert, Pauline, geb. Lair, Pastellistin und Miniaturmalerin, geb. in Paris 1810, Frau des Eugène Appert, Schülerin von Aubry, von Saint und von Granger. Sie stellte Porträts in Pastell und Miniatur im Pariser Salon 1831 und 1868 aus.

Bellier-Auvray, Dict. gén. I 20. *François Monod.*

Appian, Jacques Barthélémy, genannt Adolphe, französ. Maler u. Radierer, geb. Lyon 28. 8. 1818, † daselbst 29. 4. 1898. Er besuchte mit 15 Jahren die École des Beaux-Arts zu Lyon, wo er als Lehrer Grobon und Thierriat hatte. Beim Verlassen der Schule arbeitete er als Zeichner für Fabriken und eröffnete in Lyon ein Zeichenkabinett. Er stellte im Salon von Lyon 1847—48 eine Ansicht der Umgegend von Marseille aus und schickte nach Paris 1853 ein Bild: Ruinen, und eine Kohlezeichnung: Roger dans l'ile d'Alcyne. Um diese Zeit ermunterte ihn der Verkauf von zwei kleinen Bildern, sich der Malerei zu widmen. Er sah bald in Paris bald in Opteroz die Maler Corot u. Daubigny, die dorthin zum Malen kamen und ihm Ratschläge erteilten. Im Osten und Süden Frankreichs sich seine Motive suchend, stellte er fast regelmäßig in Paris und Lyon aus. Er erwarb sich in 10 Jahren, und besonders durch seine Kohlezeichnungen, ein Ansehen, das sich bis ins Ausland erstreckte. Er hat Ansichten aus dem Lyonnais, der Auvergne, Savoyen, vom Ain, dem Walde von Fontainebleau, der Dauphiné, von Crémieu, Morestel und Opteroz gemalt. Bis gegen 1870 war seine Malweise harmonisch und breit, bisweilen grau und eintönig; nach einem Aufenthalt, welchen er um diese Zeit an den Küsten der Provence machte, klärte sich seine Palette und er suchte und erreichte auch stärkere Effekte. Seine Bilder wurden leuchtender und oft von auffallendem Kolorit. Bis zu seinem Tode malte oder zeichnete er sowohl Landschaften, Fluß- und Seeufer, als auch Seestücke, die er in Collioures, Monaco, Venedig, überhaupt am Gestade des Mittelmeeres aufgenommen hatte. Ein fleißiger Arbeiter, wie Appian war, hat er vieles hervorgebracht: Gemälde, Kohle-, Bleistift- und Federzeichnungen, Aquarelle und Radierungen. Das Journal Le Fusain hat eine große Zahl seiner Zeichnungen reproduziert. Die Zahl seiner breit behandelten und gleich Kohlezeichnungen flüssigen Radierungen dürfte gegen 70—80 betragen. Cadart hat davon 25 in einer Sammlung vereinigt; Béraldi führt noch weitere 22 auf. Appian hat auch einige Landschaften nach Daubigny und eigenen Bildern lithographiert. Er selbst ist lithographiert resp. radiert worden von E. Cicéri, E. Leroux, Joliet und einer Reihe anderer Radierer. In Paris bekam er 1868 eine erste Medaille und wurde Ritter der Ehrenlegion 1892. Seine Werke sind in Sammlungen und Mus. zerstreut. Er malte 1891 im Treppenhause des Präfekten der Rhonepräfektur ein Wandgemälde „Le soir, bords de la rivière d'Ain"; das Palais Luxembourg hat von ihm ein Seestück: Umgegend von Monaco und eine Kohlezeichnung: Retour des Champs, welche sich im Senat befindet. Im Mus. von Lyon ist er mit Le Retour du Marché (1859), Temps gris, marais de la Burbanche (1868) und einer Kohlezeichnung „Bords d'étang" (1894) schlecht vertreten. Er zeichnete: Appian.

Gaz. d. Beaux-Arts 15. 5. 1861, 1. 3. 1863. — Gilbert Hamerton, Etching a. Etchers, London 1868. — Meyer, Gesch. d. französ. Mal. u. Kstlerlex. — J. Martin, Nos peintres et sculpt. — Béraldi, Les grav. d. XIX siècle. — F. Bournan, Ad. Appian (Revue d. Siècle, Lyon septembre 1887). — Tairig, Nos peintres chez eux, Lyon 1888 p. 155. — L. J. Edmond-Durand, Appian, aquafortiste (Rev. du Siècle, Lyon 1894 p. 129). — J. L. Vitton, Ad. Appian (La Vie franç. Lyon, 25 déc. 1897, 10 mai 1898). Dieselbe Revue vom 10. 1. 1899. — E. Vial, Catalog. illustr. d. l'Expos. rétrospect. d. artistes lyonnais, Lyon 1904 und Dessins de trente artistes lyonnais du XIX siècle, Lyon 1905. *E. Vial.*

Appian, Louis, Sohn des Adolphe A., französ. Maler und Radierer, geb. Lyon 18. 10. 1862, † daselbst 11. 12. 1896. Er war Schüler der Ecole der Beaux-Arts von Lyon, dann der von Paris unter Cabanel. Er stellte im Salon von Lyon zuerst 1886 ein Porträt aus, dann in Paris 1888 ein Porträt und eine Studie „La lecture". Er widmete sich vorwiegend der Porträtmalerei, hinterließ aber auch Landschaften, die er in Bugey, der Provence und in Algier, wo er krankheitshalber die letzten Jahre seines Lebens verbrachte, aufgenommen hatte. Ferner auch Seestücke, Genre- und Historienbilder, alles kühn gemalte Bilder von schönem Kolorit. Er machte auch ein Dutzend Radierungen, die Figuren oder Landschaften mit Figuren darstellen. Von seinen Werken sind noch folgende zu nennen: Selbstporträt; Porträt des Malers Ad. Appian; Le soir aux Martigues (Seestück). — Er zeichnete: Appian oder: L. Appian oder: Louis Appian.

Louis Appian (La Vie franç. Lyon 25 déc. 1896). — E. Vial, Catal. d. l'Expos. rétrospect. d. art. lyonnais, Lyon 1904. *E. Vial.*

Appiani, Ambrogio, Steinmetz in Porto di Morcote am Lago di Lugano, von wo er 1659 vor den Mordanschlägen eines gewissen Rossi nach Rom flüchten mußte. Dort arbeitete Ambrogio A. gemeinsam mit seinem Oheim Andrea A. an den päpstlichen Bauunternehmungen, bis 1664 noch erwähnt.

Bertolotti, Art. Lombardi a Roma II 164 f., cf. Art. Svizzeri in Roma. *

Appiani, Andrea, Bildhauer u. Architekt aus Porto Milanese (d. h. Porto Morcote am Lago di Lugano), zum ersten Male erwähnt 1625 in Rom als Capo Mastro des Kardinals Borghese, für den er bis 1634 in Rom tätig war am Bau der Villa vor Porta del Popolo (an der Piazza Pinciana), an den Kirchen Madonna della Vittoria und S. Grisogono, an der Kirche zu Monte Compatri, endlich in Monte Fortino und in Cervetri. Sein Testament vom 17. 8. 1656 scheint A. noch um mehr als ein Jahrzehnt überlebt zu haben, wie aus den Prozeßakten seines Neffen Ambrogio A. von 1664 hervorgeht. Auf seinem Grabsteine in S. Silvestro e S. Martino zu Rom, datiert vom 17. 7. 1669, wird Andrea A. bezeichnet als „in marmoreo Vaticanae molis aedificio theatralis opifex".

Zani, Encicl. II 166. — Bertolotti, Art. Lombardi a Roma II 43, 164—165; cf. Artisti Svizzeri in Roma. *

Appiani, Andrea, lombard. Maler, gehörte mit dem Toskaner Benvenuti und den Römern Camuccini und Landi zu jener Gruppe von Künstlern, die in Italien an den statuarischen Stil des großen französischen Klassizisten J. L. David sich anschlossen und durch Wiederaufnahme des reineren Stiles der alten Griechen und der klassischen Italiener eine neue Renaissance der Kunst herbeiführen zu können glaubten.

Er wurde 23. 5. 1754 in Mailand geb. als Sprößling einer aus Bosisio stammenden Familie. Nachdem er bei einem ganz mittelmäßigen Maler den ersten Zeichenunterricht genossen hatte, wurde er von seinem Vater zur höheren Ausbildung seines Talentes dem Cavaliere Carlo Maria De Giudici zugeführt, einem 1733 zu Viggiù geborenen Maler und Bildhauer, der in jener Verfallszeit der Künste immerhin noch als ein einsichtsvoller Künstler gelten konnte. Der junge Appiani bestätigte seine vorzügliche Begabung durch äußerst rasche Fortschritte, namentlich in der Freskomalerei, in der er sich überhaupt leistungsfähiger erwies, als in der Ölmalerei. Besondere künstlerische Anregung erfuhr er durch die Ratschläge des Florentiner Malers Giuliano Traballesi, dem er bei seinen Malereien in den kgl. Palästen zu Mailand und Monza als Gehilfe zur Seite stand, u. unter dessen Leitung er die Amor u. Psyche-Gemälde an der Decke der Rotonda des Schlosses zu Monza bereits selbständig auszuführen hatte. Schon damals wurde Appiani der „Pittor delle Grazie" genannt wegen der Anmut und schlichten Reinheit seines Stiles, der von den naturwidrigen Übertreibungen und der Neuerungssucht der übrigen zeitgenössischen Maler so völlig frei blieb. Dabei fielen seine Kompositionen durch die Schönheit der Bewegung und durch die Harmonie der Linienführung ebensosehr auf, wie durch die Lebhaftigkeit der Erfindung und durch die Brillanz des Kolorites, obwohl sich in letzterer Hinsicht ein gewisser Mangel an feineren Mitteltönen und eine etwas allzugroße Vorliebe für breitere Flächenwirkungen bemerkbar machte. Der junge Künstler kopierte eifrig griechische und klassisch-italienische Vorbilder, namentlich aber die Fresken des Correggio, gerade als wollte er sich bereits für seine eigenen späteren Kuppelmalereien in S. Maria sopra S. Celso vorbereiten, mit deren Ausführung er 1792 beauftragt wurde. In dei Tat eignet Appianis Evangelisten und Kirchenvätern, wie sie die letztgenannten Kuppelfresken zeigen, in Haltung, Ausdruck und Charakteristik die ganze Würde hieratischer Figurenmalereien; seine Engelgestalten sind in allen Altersstufen höchst graziös bewegt, die Zeichnung ist korrekt und rein, der Darstellungsstil grandios. In diesen Malereien offenbart sich also deutlich der Geist und das Studium klassischer Vorbilder. Ihre Vollendung fällt in das Jahr 1795.

Napoleon I. ernannte Appiani zu seinem ersten italienischen Hofmaler und beauftragte ihn mit der Ausführung von Malereien im Palazzo Reale zu Mailand. Außer verschiedenen mythologischen Fresko-Zyklen malte der Künstler dort an der Decke des Thronsaales Napoleon als Jupiter und Beherrscher des Erdballes, während er an den Wänden desselben Saales die 4 Herrschertugenden (Stärke, Gerechtigkeit, Klugheit und Mäßigung) zur Darstellung brachte. Die Fresken sind signiert mit der Inschrift „A. A. 1808".

1810 schmückte Appiani sodann die sogenannte Sala rotonda desselben Palastes mit der allegorischen Freskodarstellung „Hymen und Pax", sowie mit mythologischen Szenen aus der Legende von Amor und Psyche (vollendet von Hayez u. Palagi); diese letzteren erinnern jedoch allzu lebhaft an Raffaels Psyche-Zyklus in der Villa Farnesina zu Rom. In einem anderen Saale des Palazzo Reale malte Appiani ferner einen Chiaroscuro-Fries mit Napoleonischen Schlachten- und Zeremonienbildern, in denen er ein besonders starkes und lebendiges Kompositionstalent bekundete. In der Villa Reale endlich hinterließ der Künstler sein letztes Fresko-Werk, das in der Anmut seines Darstellungsstiles zugleich als sein Meisterwerk zu betrachten ist, einen Parnaß mit Apollon Kitharoedos und den neun Musen, voll bezeichnet mit der Inschrift „Andreas Appiani f. MDCCCXI".

Dieser großen Anzahl von Werken der Fresko- bezw. Tempera-Malerei steht eine nicht minder große Zahl von Ölgemälden Appianis gegenüber. In der St. Martinskirche zu Alzano Maggiore bei Bergamo sieht man von seiner Hand ein großes Ölgemälde mit der Begegnung Jakobs und Rahels; dieses Bild ist jedoch ziemlich kraftlos in der Farbe und zu schwarz in der Schattengebung, so daß es unsere frühere Behauptung von der geringeren Begabung des Meisters in der Ölmalerei vollauf bestätigt. Ferner besitzt die Brera-Galerie in Mailand eine ganze Reihe von Bildern A.s, die im Gabinetto Appiani vereinigt sind. Außer einigen Bildnissen malte der Meister mythologische, historische und religiöse Stoffe mit der gleichen reichen Sachkenntnis, Phantasiekraft und Formvollendung, war auch als Lithograph tätig und hat einige Medaillen gezeichnet, die von C. Lavy, Manfredini und anderen ausgeführt wurden. Er starb, nachdem er schon 1813 durch einen schweren Schlaganfall arbeitsunfähig geworden war, am 8. 11. 1817.

Monographien: L. Lamberti, Descriz. dei dipinti a buon fresco eseguiti dal Cav. A. Appiani, nella Sala del Trono del R. Pal. di Milano 1810. — Allocuzione di Giov. Berchet nei funerali del pittore A. A. etc. Milano 1817. — Gius. Longhi, Elogio stor. di. A. A. 1826. — Fumagalli, Elogio del Cav. A. A. Milano 1835 (Atti dell' Accad. delle Belle Arti in Milano). — Gius. Beretta, Le Opere di A. A. 1848. — Em. Belgiojoso, Guida del Famedio nel Cimitero monument. di Milano 1888.

Allgem. Lit.: Serie di Vite e Ritratti di famosi personaggi degli ultimi tempi. Milano 1818. — L. Bossi, Guide des étrangers à Milan etc. Milan 1819. — A. Caimi, Delle arti del disegno etc. nelle prov. di Lombardia. Milano 1862 p. 46 f. — Incisioni delle opere del pitt. A. A. pubbl. da M. Bisi 1820. — Fasti di Napoleone dipinti del cav. A. A. pel salone del pal. reale di Milano. 35 tav. inc. da Longhi, Rosaspina etc. fol. o. J. — Descrizione dell' opera a fresco eseguita nel 1795 nel Tempio di S. Maria presso S. Celso in Milano dal pittore A. A. Milano 1797 und 1803. — Meyer, Künstlerlex. (mit Verz. d. Lithogr. u. der nach A. gestochenen Blätter). — Cat. della R. Pinacoteca di Milano 1892 p. 138 u. Einleitung p. 10 ff. — Natura ed Arte II 331, 524, XVIII 331, 526. — L. Forrer, Dict. of Medall. — A. R. Willard, History of mod. ital. Art. 1902. — La Pittura Lombarda. Sec. XIX. 1900 p. 27 ff. u. Reg. p. 19.

B. Magni.

Appiani, Andrea, d. J., italien. Maler, geb. in Mailand 1817, † 18. 12. 1865. Großneffe des berühmten Empire-Malers gleichen Namens, kam er frühzeitig nach Rom, um dort unter Minardi die Malkunst zu studieren. In seinen beiden Preisbildern „Konradin von Schwaben auf dem Schafott" und „Auffindung Mosis" noch völlig von seinem ersten Lehrmeister abhängig, geriet er später unter den für seine künstlerische Selbständigkeit nicht weniger verhängnisvollen Einfluß des Francisco Hayez. Neben einigen weiteren Historienbildern („Boas u. Ruth" für den Kaiser von Österreich, „La povera Maria" für den König von Italien gemalt u. a. m.) werden namentlich seine Fresken in der Kirche von Bolbeno (Tirol) rühmend erwähnt.

Meyer, Kstlerlex. — Petts, Guida pittorica p. 89. — Caimi, Le arti del disegno p. 60. *H.*

Appiani, Francesco, Maler aus Ancona, geb. am 29. 1. 1704, † am 2. 3. 1792, Schüler des Dom. Magatta u. des Franc. Trevisani. Unter dem Einflusse des letzteren zeigen ihn das Altarbild des S. Francesco di Paolo in S. Salvatore zu Foligno u. des S. Giuseppe in S. Maria della Minerva zu Assisi. Seit etwa 1742 ist er in Perugia, u. hauptsächlich als Freskomaler tätig. 1773 erhält er das Bürgerrecht von Perugia. Für sein Bild „Der Tod des hl. Dominicus", das er in den ersten Jahren seines Peruginer Aufenthaltes für S. Sisto vecchio in Rom ausführte, erhielt er die große gold. Medaille. Um 1766 malte er in Fresko die Figuren von 6 Tugenden im Chor des Domes zu Perugia, 1778 vier Evangelisten im Querschiff, von 1782 bis 89 zwanzig Apostel- u. Heiligenfiguren in den Längsschiffen. 1780 bis 1781 malte er die Tribuna und die Kuppel von S. Francesco in Perugia aus. Über seine zahlreichen sonst noch in Perugia ausgeführten Malereien berichtet ausführlich Siepi. Unter diesen sind erwähnenswert: In S. Pietro eine S. Scholastica, in der Misericordia eine Madonna mit dem S. Carlo Borromeo und Papst Silvester, und im Palazzo Pubblico die Porträts berühmter Peruginer. In der Pinakothek zu Perugia existiert von ihm eine Kopie der Predelle des Altarwerks, das Raffael für S. Francesco al Prato malte (jetzt im Vatikan). Außerhalb von Perugia sind von seinen Werken noch erhalten: verschiedene Bilder in S. Maria degli Angeli bei Assisi, in Città di Castello die Malereien der Kirche des Klosters delle Rimurate, und in der Kirche dell' Eremita zu Massaccio ein S. Lorenzo (1786); endlich (nach Mitteilung von E. Scatassa) in Rom die Madonna mit drei Heiligen von 1740 in S. Maria Nuova (S. Francesco Romano).

Siepi, Descrizione etc. di Perugia (an sehr vielen Stellen). — Lanzi, Stor. pitt. II 275 (Ausg. v. 1815). — Lupattelli, Stor. d. pitt. in Perugia p. 78. — Meyer, Kstlerlex. — Mariotti, Lettere pittoriche perugine p. 231. — Orsini, Mem. de' Pitt. Perugini del sec. XVIII (1806) 68 ff.; Guida al forestiere della città di Perugia (an vielen Stellen). — S. Pietro in Perugia, Descrizione delle pitture. Perugia 1774 p. 25, 51. — Ricci, Memorie storiche della Marca di Ancona II. — Rossi-Scotti, Guida di Perugia p. 63. — Rosini, Stor. d. pittura. — C. Ferretti, Pittori Anconitani (1883) p. 67 ff. *W. Bombe.*

Appiani (Appiano), Giuseppe, Maler und Bilderrestaurator, geb. nach Zani (Enc. met. II 166) 1754 zu Vaprio im Mailändischen, † 1812 zu Mailand; sichere Arbeiten von ihm bisher nicht nachgewiesen. — Vielleicht identisch mit *Appiani,* Joseph. *H. V.*

Appiani, Jakob, Stuccator aus Porto im Mailändischen, dekorierte 1729 die Decke des jetzt zerstörten sogenannten Mühlesaales im Kloster Rheinau.

Brun, Schweizer. Kstlerlex. *H. V.*

Appiani, Joseph (Giuseppe), kurmainzischer Hofmaler, aus dem Mailändischen stammend, tätig in Franken, Saarbrücken, Meersburg, in der Schweiz und in Mainz, † zu Mainz 1786. Malte in der von B. Neumann erbauten Wallfahrtskirche zu Vierzehnheiligen Kuppelfresken (die 14 Nothelfer), die Fresken des Chores (Geburt Christi) und über den Seitenaltären (Traum Jakobs und Mosis brennender Dornbusch), und die Altarblätter des Hauptaltars (Himmelfahrt Mariä) wie der Seitenaltäre (Heilige Zisterzienser Bernhard und Malachias). In der Michaelskirche in Würzburg fertigte er die aus dem Rokoko herausstrebenden Freskomalereien an der Kuppel im Langhaus und in den beiden Seitenschiffen. In der Domkirche zu Arlesheim (Kt. Baselland, Birseck) ließ er an der Decke des Mittelschiffes und im Chor, an den Längsseiten, über dem Altar und an der Decke ähnliche Malereien entstehen (Himmelfahrt Mariä, Abendmahl u. Fußwaschung). In diesem Jahre (1760) war er auch zu Meersburg, der Residenz des Bischofs von Konstanz tätig, wo er die Kirche ausmalte. In St. Peter in Mainz malte er eine Freskenreihe in kräftigen Farben; auch die fein abgestimmten Gemälde der Mainzer Ignatius-Kirche stammen von seiner Hand, ebenso die Freskogemälde in der Kirche in Camberg (1780/1). A. hat auch radiert; man kennt ein „Josephus Appianus invenit et sculpsit" bezeichnetes Blatt mit vier Genien auf Gewölk.

Zani, Enc. — Jäck, Pantheon der Lit. und Künstl. Bambergs S. 9. — Jäck, Frankenthal und Langheim S. 14. — Meyer, Kstlerlex. — Brun, Schweizer. Kstlerlex. — Baudenkm. im Reg.-Bez. Wiesbaden p. 494. *Fr. Leitschuh.*

Appiani, Niccolò (Nicola). Ein wenig bedeutender Maler aus der Gefolgschaft Leonardos, der zu Anfang des 16. Jahrh. in Mailand tätig war. Am nächsten in jenem Kreise steht er dem Marco d'Oggiono, mit dem er bisweilen verwechselt wird. — Zuerst von Cesare Cesariani in seiner Vitruvausgabe rühmend erwähnt, wurde er durch Zanis Enciclopedia in die neuere Kunstliteratur eingeführt.

Gemälde von ihm in der Brera zu Mailand (Anbetung der Könige aus Sta. Maria della Pace und Taufe Christi), in Sta. Maria delle Grazie (Altarbild in der Sakristei), in der Pinakothek zu Turin (Vermählung der hl. Catherina) und in Mailänder Privatbesitz.

Zeichnungen von ihm im Museo artistico des Castello Sforzesco in Mailand.

Torre, Ritratto di Milano, 1714 p. 304. — Latuada, Descriz. di Milano, 1737 I 279. — Zani, Encicl. I vol 1. — Lanzi, Stor. pittorica, 1825 III 529. — Lavice, Revue des musées d'Italie 134. — Morelli, Galleria Borghese e Doria Pamphili (ed. Frizzoni) 1897, 161. *Pauli.*

Appiano, Don, span. Miniaturmaler des 16. Jahrh., von dem nichts Näheres bekannt ist.

Bradley, Dict. of Min. Append. III 435. *M. v. B.*

Appiano, Ambrogio d', Schweiz. Glockengießer, goß 1745 die Hauptglocke in Torre (Blegno-Tal).

Brun, Schweizer. Kstlerlex. *H. V.*

Appier, Jean, Ingenieur der Herzöge von Lothringen, war (nach Angabe J. Faviers) auch Kupferst. Man muß ihm einige Blätter zuschreiben, die unter dem Namen seines Sohnes, Jean Appier Hanzelet, gehen. Dieser letztere, 1596 geb., kann nicht gut Kupferstiche ausgeführt haben, die von 1610 datieren. J. Appier (der Vater) war 1620 bereits tot, nach dem Vorwort des Chirurgen Thybourel für die „Recueil de plusieurs machines" (veröffentlicht durch Hanzelet).

Favier, Jean Appier et J. Appier dit Hanzelet, Nancy, 1890. *J. Guibert.*

Appier, Jean, gen. Hanzelet, lothring. Kupferst., geb. 15. 11. 1596 (nach Basan in Toul, nach Durival [Descr. de la Lorraine III. 186] in Haraucourt-lez-Saint-Nicolas). Er war auch Kunstfeuerwerker, Buchdrucker, „juré" der Universität in Pont-à-Mousson. G. Favier unterscheidet die Kupferstiche des Vaters und des Sohnes und schreibt dem letzteren die seit 1619 datierten zu, doch führt das Verzeichnis in J. Meyers Kstlerlex. (No. 1) bereits einen Stich von 1617 an, der mit dem Monogramm J. A. und dem Zusatz Hanzelet versehen ist. Favier verfolgt die Tätigkeit des J. A. Hanzelet bis 1630. „Ein mittelmäßiger Stecher, sagt Basan, der seine Kunst durch obszöne Darstellungen profaniert hat." Jedoch ist kein derartiges Werk von ihm bekannt.

Meyer, Kstlerlex. — Favier, Jean Appier et J. Appier dit Hanzelet, Nancy, 1890. *J. Guibert.*

Appleby, Ernest W., Porträt- und Landschaftsmaler der Gegenwart in London (Kilburn), stellte seit 1886 bis in die letzten Jahre wiederholt in der R. Academy aus.

Graves, Roy. Acad. Exh. I 35. **

Appleby, J., Stecher in London um 1820, bekannt durch eine Reihe von Exlibris.

Fincham, The Artists a. Engr. of British a. American Book Plates. London 1897. **

Appleton, J. W., Stahlstecher, tätig in England in der 1. Hälfte des 19. Jahrh. Von ihm ein Blatt: A city of ancient Greece nach W. Linton in der 11. Lief. von Findens Royal Gallery of British Art, London 1838—44. **

Appleton, Thomas G., amerikan. Maler, geb. 1812 in Boston, † daselbst 1884. Malte Landschaften in Öl- und Wasserfarben und hat auch radiert („Four sketches in Greece", 1847), ist aber hauptsächlich durch seinen großen Einfluß, den er als reicher und kunstliebender Mann auf die Entwicklung der Kunst in Boston ausübte, von Bedeutung.

Clement and Hutton, Art. of the 19. Cent. — Atlantic Magazine, vol. 53 S. 848 fg. *Edmund von Mach.*

Appold, Johann Leonhard, Kupfer- und Stahlstecher, geb. zu Dennenlohe bei Wassertrüdingen 12. 10. 1809, † zu Nürnberg 5. 12. 1858, Schüler von Grünewald in Nürnberg, stach besonders für Buchhändler, meist nach älteren oder zeitgenössischen Vorbildern (Ostade, G. Flinck, Fr. Amerling etc.) und fertigte einige Porträtstiche originaler Erfindung.

Meyer, Kstlerlex. (Verzeichnis seiner Arbeiten). *H. V.*

Appold, Karl, Sohn von Johann Leonhard A., geb. zu Nürnberg 25. 1. 1840, † zu München 25. 9. 1884. Er lernte bei seinem Vater, gab aber nach dessen Tod infolge eines Augenleidens den Kupferstich und die Ätzkunst auf. 1860 begab er sich nach München, besuchte dort 1865/6 die Akad. als Schüler von Philipp Foltz und Schwind. Darauf angewiesen, sein Brot bald selbst zu verdienen, war er als Illustrator und Zeichner für den Holzschnitt tätig; unter seinen selbständigen Arbeiten verdienen erwähnt zu werden: Zwei Münchener Bilderbogen (No. 360 und 375) vom weißen Wolf und das Lumpengesindel, Illustrationen zu einer Bilderbibel, Bilderfolgen zur Legende von St. Christoph (1880), zu der von Robert dem Teufel (1882) und aus den Katakomben (1884).

Meyer, Kstlerlex. — Nekrolog, Allgemeine Zeitung, 1884, Beilage No. 41. — Maillinger, Bilder-Chronik von München III 126, IV 241. — Kunst für Alle 1891 S. 312. *P.*

Appolloni, Agostino, Maler, Stuckateur und Kunsttöpfer aus S. Angelo in Vado, zum Maler ausgebildet in der Werkstatt seines Oheims Lucio Dolce, der ihn testamentarisch zum Erben seines Vermögens und zum Vollender seiner letzten Arbeiten bestimmte. A. eröffnete in Castel Durante (Urbania) in der Glanzzeit der dortigen Majolikafabrikation

(1520—1580) eine Töpferwerkstatt, der er infolge steigender Nachfrage nach seinen Majoliken bald eine zweite folgen lassen konnte, bis er schließlich noch eine der Werkstätten der berühmten Majolicari-Familie Picchi hinzumieten mußte. Als von 1580 an die Nachfrage nach Majolikaware sich wieder mehr und mehr verringerte, nahm A. seine frühere Tätigkeit als Maler und Stuckateur wieder auf. 1595 verkaufte er seine Werkstätten nebst Werkzeug und Majolikenvorrat an Magnini. In seinem Testament vom August 1602 verschrieb er sein gesamtes Vermögen dem Monte di Pietà zu Castel Durante. — In der dortigen Kirche S. Francesco hat A. 1585 die Wandmalereien und Stuccoarbeiten ausgeführt.

Meyer, Kstlerlex. (mit ält. Lit.). — Raffaelli, Maioliche Durantine p. 199—201. *E. Scatassa.*

Appolloni, s. auch *Apolloni* u. *Appoloni.*

Appollonio, s. *Apollonio.*

Appoloni, Q. M., italien. Reproduktionskupferstecher um die Mitte des 19. Jahrh. Von ihm mehrere Bll. nach Bildern und plastischen Werken in: Valentini, La patriarcale Basilica Vaticana, fol. und einzelne Blätter nach Correggio, Longhi u. a.

Apell, Handbuch für Kupferstichsammler p. 20. **

Appoloni, s. auch *Apolloni* u. *Appolloni.*

Apprentice, S. C., engl. Medailleur, stellte 1823 in der Royal Acad. einen Metallwürfel mit einem Porträt darauf aus. **

Appun, Karl Ferdinand, Landschaftsmaler aus Bunzlau, Schüler der Berliner Akad., begab sich zu weiterer Ausbildung 1843 nach Italien, stellte auf den Ausstellungen der kgl. Akad. der Künste, Berlin 1840, 42 und 44 griechische Landschaften, Fischerhaus am Strande, Elblandschaft etc. aus. Eine schöne 1854 datierte und mit A. signierte Radierung, einen fischenden Knaben darstellend, gehört nach Naglers Vermutung unserem Künstler an.

Katal. d. Ausstellg. — Nagler, Monogr. I No. 2180. *H. V.*

Apratti, Francesco, Blumenmaler aus Florenz um 1706, nur bei Zani (Enc. met. II 167) erwähnt. *H. V.*

Aprea, Giuseppe, neapol. Maler der Gegenwart. Malte 1903 in Fresko einen Christus mit dem Kreuz und eine Madonna in S. Domenico Soriano in Neapel und stellte 1901 im Glaspalast in München ein Pastell „Der Frühling" aus.

Napoli Nobilissima XV 53. *G. Degli Azzi.*

Aprêt (vermutl. Franz Werner Tamm gen. Dapper, Blumenmaler v. Hamburg, gemeint). Der Name erscheint in Terwestens Catalogus van Schilderyen etc., der Fortsetzung zu G. Hoets Werk p. 291 und 419: In große dekorative Bilder Figuren von C. Maratti, Blumen von d'Apret, Dapret oder Daprêt.

Meyer, Kstlerlex. *E. Benezé.*

April, Franz, Maler, vollendete 1710 die von Samuel Blütner 1703 begonnene Ausschmückung des Schlosses zu Stolberg a/H. mit Temperagemälden.

Bau- u. Kunstdenkmäler d. Prov. Sachsen, I., Heft V, p. 95, 119. *De.*

Aprile (d'Aprile, Apprile, Aprili), Künstlerfamilie aus Carona, einem kleinen Dorf bei Ciona oberhalb Melide gegenüber von Bissone am Lago di Lugano, aus dem noch drei andere in der Kunstgeschichte bekannte Steinmetz- und Künstlerfamilien stammen, die Scala, Molinari und Solari. Die Aprili besaßen in Genua ihre Werkstatt bei der porta dei Vacca (s. die einzelnen Mitglieder).

Aprile, Andrea, Bildhauer, in Carrara ansässig, wo er in den Akten von 1504—1558 erscheint (vgl. *Andrea* da Carona).

Brun, Schweiz. Kstlerlex. 1902 (E. Motta). — Bertolotti, Art. Svizz. p. 30. — Ders. in Boll. stor. della Svizz. ital. 1885 p. 107. *W. Suida.*

Aprile, Andrea di Carlo, Bildhauer in Genua, wo er zusammen mit Antonio Aprile schon um 1470 eine Werkstätte besaß, deren Tätigkeit man bis in die erste Hälfte des 16. Jahrh. verfolgen kann. Er ist kaum identisch mit dem in Carrara ansässigen *Andrea Aprile.* Sein Sohn dürfte der 1499 in Genua genannte Giorgio A. sein.

L. A. Cervetto, I Gaggini da Bissone, Milano 1903 p. 9. *W. Suida.*

Aprile, Antonio, Bildhauer in Genua, besaß mit Andrea di Carlo A. zusammen schon um 1470 eine Werkstatt, die noch in der 1. Hälfte des 16. Jahrh. genannt wird (vgl. *Antonio* da Carona).

L. A. Cervetto, I Gaggini da Bissone, Milano 1903, p. 9. *W. Suida.*

Aprile, Antonio Maria, Sohn des Giovanni, Bruder des Pietro und Giovanni Antonio. Bildhauer in Genua. Das früheste Datum für seine Biographie entnehmen wir der Inschrift des Grabmals des Don Pedro Enriquez de Ribera († 1519) in der Universitätskirche von Sevilla (1836 aus der Certosa hierher übertragen). Dieses Grabmal (Abbildung im Jahrb. d. kgl. preuß. Kunsts. XIII) besteht aus einem Sarkophag, vor dem trauernde Putten stehen, und den ein großer Bogen überragt, der auf ornamentierten Säulen ruht und von einem Giebel bekrönt wird. Die Rückwand der Nische bekleiden Reliefs mit Darstellungen der Passion Christi und der Auferstehung. Auf der Basis der Urne steht die Inschrift: Antonius Maria de Aprilis de charona hoc opus faciebat in Janua. Seine Mitarbeiter an dem Werke waren Bernardino Gaggini, Pier Angelo della Scala da Carona und ein Bernardino, dessen weiterer Name nicht bekannt ist. Das 1520 bestellte Grabmal ist 1525 zur Aufstellung gelangt. Am 18. 3. 1522 hat Antonio Maria zusammen mit dem Lombarden Giovanni Angelo Molinari die Ausführung der Kanzel für den Dom von Savona übernommen, eines der ganz wenigen Werke, die aus dem alten Dom in den Neubau des 16. Jahrh. herübergerettet worden sind; reicher und prächtiger als die Kanzel des Domes von Genua. 1526 erfolgte eine erneute Berufung des Antonio Maria A. nach Sevilla. Es wurden damals sechs Kontrakte von adeligen Sevillanern mit den genuesischen Künstlern abgeschlossen (als Vermittler fungierten die Bankhäuser der Cattaneo und Grimaldi). Außer Antonio Maria gehörten der Künstlergenossenschaft Giovanni Antonio Aprile, Pier Angelo della Scala und Bernardino an. Das einzig erhaltene der damals in Auftrag gegebenen Denkmäler ist das von Don Francisco de Zuñiga y de Guzman Marques de Ayamonte († 1525) und seiner Gemahlin Donna Eleonora Manrique de Castro, Tochter des Duca di Náyera († 1536). C. Justi entdeckte es fern von Sevilla in dem Marmorretablo des Hochaltars mit knienden Stiftern zu seiten in der Kirche S. Lorenzo bei Santiago de Compostila (ehemals in S. Francesco zu Sevilla). Das Denkmal, außerordentlich reich mit Reliefs und Statuetten verziert, war vor 1532 beendet (s. Abbildung bei Cervetto, Tafel 25). Neue Aufträge erfolgten durch den Marques de Tarifa. Derselbe engagierte am 31. 1. 1528 Antonio Maria A., Bernardino Gaggini u. Pietro Aprile für bauliche und dekorative Arbeiten, die am 10. 9. 1529 Antonio Maria allein übernahm. Es handelte sich um die Schaffung eines großen Familienmausoleums in der Certosa von Sevilla. Zehn Denkmäler, die alle noch in der Universitätskirche zu Sevilla existieren, wurden damals in seinem Atelier ausgeführt. Noch 1534 sind er und Bernardino Gaggini mit der Aufstellung dieser Grabmäler in Sevilla beschäftigt. Eine bemerkenswerte Neuerung an einem dieser Gräber ist die Hinzufügung eines auf seinen Stab gestützten Wanderers als Versinnbildlichung des „Siste viator", einer Frau aus dem Volke mit Turban und Fruchtkörbchen als Personifikation des Volksgedächtnisses. Auch das Grabmal des Monsignor d'Azevedo in der Certosa von Sevilla trägt die Bezeichnung: Antonius Maria Aprili de Charona faciebat in Janua. — Gleichzeitig arbeiteten Antonio Maria und Bernardino Gaggini an der Casa de Pilato, von Don Enriquez de Ribera Marques de Tarifa 1519 zur Erinnerung an eine Reise ins heilige Land begründet, Familienpalast der Ribera, heute im Besitze der Familie Medina-Coeli. Ein Portal und eine Brunnenschale sind dort von der Hand der genuesischen Bildhauer noch erhalten. Der Palast wurde 1533 vollendet. Fernan Colon, der natürliche Sohn des Christoph Columbus (1487—1539), hat vermutlich 1525—29 in Sevilla einen Bau errichtet, um seine äußerst wertvolle (leider später arg verwahrloste) Bibliothek, die er der Stadt Sevilla vermachte, zu bergen. Nichts ist vom Bau erhalten als eine dürftige alte Ansicht. Das am 10. 9. 1529 bei Antonio Maria u. Antonio di Novo da Lancio bestellte Portal glaubte C. Justi wiederzuerkennen in einem unweit des Tores von Jerez in Sevilla eingemauerten. Es ist von außerordentlich feinen Verhältnissen und sehr maßvoll in den Ornamenten. Noch steht fest, daß Pietro u. Antonio Maria sowie Baldassare Canevale und Pietro da Gandria für den Palast des Marchese di Zeneto in Calliguri (Granada) Zierglieder lieferten.

C. J u s t i, Lomb. Bildw. in Spanien, Jahrb. d. kgl. preuß. Kunsts. XIII (1892). — L. A. C e r v e t t o, I Gaggini da Bissone p. 123. — B r u n, Schweiz. Kstlerlex. (E. Motta). — F. A l i z e r i, Not. d. prof. d. dis., vol. V. — P a s s a v a n t, Christl. Kunst in Spanien p. 38. — W. S u i d a, Genua (Berühmte Kunststätten No. 33) 1906.

W. Suida.

Aprile, B a r t o l o m m e o, Stuckateur des 17. Jahrh., tätig in Rom. Er arbeitete in dem Atelier seines Landsmannes, des Stuckateurs Francesco Checcia da Morcote, der in seinem Testamente vom 6. 7. 1631 angibt, dem A. als Arbeitslohn eine Summe zu schulden.

B e r t o l o t t i, Artisti Lombardi a Roma II. — B r u n, Schweiz. Kstlerlex. (E. Motta).

W. Suida.

Aprile, B a t t i s t a, Sohn des Pietro, Bildhauer in Carrara. Er verpflichtet sich am 14. 3. 1524, einen Crucifixus für Lucrezia Malaspina, Marchesa di Massa-Carrara, zu schnitzen und erhält die Bezahlung dafür am 3. 9. 1524.

G. C a m p o r i, Memorie biogr. di Carrara Modena 1873 p. 269. — B r u n, Schweiz. Kstlerlex. 1902. *W. Suida.*

Aprile, B a t t i s t a d', Bildhauer des 17. Jahrh. in Sizilien. Arbeitete an den Skulpturen der Piazza Vigliena in Palermo.

Archivio Stor. Sicil. III fasc. 4, p. 448—454.

E. Mauceri.

Aprile, C a r l o d', tüchtiger Bildhauer des 17. Jahrh. in Palermo. Von seinen zahlreichen Arbeiten daselbst nennen wir verschiedene Heiligenfiguren (Agata, Silvia,, Cristina, Sergio und Agatone) auf dem Domplatz, die Statuen Karls V., Philipps II., III. und IV. auf der Piazza Vigliena (jetzt Quattro Canti) und verschiedene Figuren an dem 1848 zerstörten Denkmal Philipps IV. auf der Piazza Vittoria sowie die bronzene Statue des Königs selbst, die A. 1633 modelliert hat (an Stelle dieses Denkmals seit 1856 das Philipps V.).

G. D i M a r z o, I Gaggini I. — L'Arte IV 84 No. 2. — F i l a n g i e r i, Indice d. artefici I 26. *E. Mauceri.*

Aprile, Francesco, Bildhauer in Rom, in der zweiten Hälfte des 17. Jahrh. tätig, schon seit 1642. Von ihm: Marmorgrab der Familie Bolognetti in Gesù e Maria; in derselben Kirche Stuccofiguren zusammen mit Michele Maglia, Dom. Guidi und Cavallini in der Cap. der Madonna und des hl. Josef ausgeführt; in S. Giovanni de' Fiorentini Jünglingsgestalten mit Medaillons, Stuccaturen der Hauptkapelle zusammen mit Michel Anguier, Pietro Senese und Filippo Carrari ausgeführt. Sein letztes Werk, eine Marmorstatue der hl. Anastasia, für die Konfession der gleichnamigen Kirche (vollendet von Ercole Ferrata wegen A.s Tod).

Titi, Descrizione della Pitt. ecc. in Roma 1763 p. 382, 383, 424, 479. — Bertolotti, Art. svizz. in Roma, Arch. stor. lomb. XIII 880. — E. Motta in Bruns Schweiz. Kstlerlex. *W. Suida.*

Aprile, Francesco, Bildhauer, arbeitete zwischen 1731 und 1750 unter Carlo Emanuele III. für den Hof von Savoien Marmorarbeiten für die Kapelle des Beato Amadeo di Savoia im Dom von Vercelli.

Gaud. Claretta, I Reali di Savoia munifici fautori delle arti, Miscellanea di Storia ital. ed. dalla Dep. Piemontese di St. P. vol. XXX 91—92, 1893. *W. Suida.*

Aprile, Gaspare, Schweiz. Architekt, Erbauer des neuen Collegiatagebäudes in Bormio 1628—1640.

Monti, Atti della visita del Ninguarda I p. 370. — Brun, Schweiz. Kstlerlex. (E. Motta). *W. Suida.*

Aprile, Giorgio, Sohn des Andrea, italien. Steinmetz, 1499 erwähnt.

C. Justi, Lomb. Bildwerke in Spanien, im Jahrb. d. kgl. preuß. Kunsts. XIII (1892). — Brun, Schweiz. Kstlerlex. (E. Motta). *W. Suida.*

Aprile, Giovanni di maestro, war der Vater des Pietro und des Antonio Maria. — Von seiner künstlerischen Tätigkeit ist nichts bekannt. Er lebte noch 1509.

Michele Caffi, Di alcuni architetti e scultori della Svizzera ital. im Arch. Stor. lomb. XII 1885. *W. Suida.*

Aprile, Giovanni Antonio, Sohn des Giovanni und Bruder des Pietro und Antonio Maria, italien. Bildhauer, lebte in Genua, zeitweise in Savona und Carrara (hier ist seine Anwesenheit 21. 2. 1525 bezeugt). Das von Ordoñez († 1520) unvollendet gelassene Grabmal des Bischofs von Avila, Francesco Ruiz, des Vertrauten des Kardinals Ximenez, wurde während der Abwesenheit seines Bruders Antonio Maria dem Giovanni Antonio und Pier Angelo della scala übertragen (um 1521). Beide Künstler förderten das Werk so, daß es 1526 transportbereit war. Es ist in der Universitätskirche in Sevilla erhalten. Über einem Unterbau, auf dem die Statuen der Caritas, Fides und Spes stehen, erhebt sich das Wandgrab mit dem Sarkophag, auf dem der greise Bischof liegt (vorzüglicher Kopf, ähnlich dem des alten Goethe). Zwei Engel schlagen den Vorhang zurück, darüber steht das Kruzifix. Die Tugendengestalten sind dem Stile des Jacopo Sansovino verwandt. In einigen hölzernen Heiligenstatuen von der Hand span. Künstler erhielt das sehr einfache und groß angelegte Werk barocke Zutaten (Abbildung im Jahrb. d. kgl. preuß. Kunsts. XIII). Eines der bedeutendsten Renaissancegrabmäler Spaniens.

C. Justi, Lomb. Bildw. in Spanien, Jahrb. d. kgl. preuß. Kunsts. XIII. — Bertolotti, Art. Svizz. pag. 30. — Brun, Schweiz. Künstlerlex. (E. Motta). — F. Alizeri, Not. d. prof. del disegno V. — Campori, Memorie biogr. di Carrara pag. 272. *W. Suida.*

Aprile, Giovanni Battista I, Sohn des Giovanni Antonio (nach Caffi aber Sohn des Pietro A.), Architekt und Holzschnitzer, arbeitete 1524 mit Tullio Lombardo zusammen in Venedig, später ebenda in Gemeinschaft mit Alessandro da Carona, in dessen Testament (1532) er als Zeuge angeführt wird.

F. Alizeri, Notizie de' Prof. del disegno V. — M. Caffi, Di alcuni arch. e scult. ecc. im Arch. stor. Lomb. XII 67. — Bertolotti, Art. Svizz. und ders. in Boll. stor. 1885, pag. 107 — Brun, Schweiz. Kstlerlex. 1902 (E. Motta). — L. A. Cervetto, I Gaggini da Bissone, Milano 1903, p. 9. *W. Suida.*

Aprile, Giovanni Battista II, Steinmetz, wird in Urkunden von 1597 und 1600 in Palermo tätig erwähnt.

G. Di Marzo, I Gaggini e la scultura in Sicilia I 241. *E. Mauceri.*

Aprile, Leonardo, Ingenieur und Steinmetz, war 1569 am Dombau in Como beschäftigt (Caffi nennt einen *Lionardo da Carona* lapicida ed ingegnere, der 1504 am Dom in Como gearbeitet habe).

Bertolotti, Art. Svizz. — M. Caffi, Arch. stor. Lomb. XII. *W. Suida.*

Aprile, Martino, Holzschnitzer, „magister a lignamine", verfertigte 1541 ein Modell für das Hauptportal des Doms von Mailand.

Annali del Duomo, vol. 3°. — Bertolotti, Art. Svizz., pag. 30, ders. in Boll. stor. 1885, p. 107. — Brun, Schweiz. Kstlerlex. (E. Motta). — Michele Caffi, Di alcuni architetti e Scultori della Svizz. ital., Arch. stor. Lomb. XII. *W. Suida.*

Aprile, Pietro, Sohn des Giovanni und älterer Bruder des Giovanni Antonio und Antonio Maria, italien. Bildhauer und Steinmetz. Sein Name wird schon gegen Ende des 15. Jahrh. in Genua genannt. Seit 1504 ist er bis 1558 wechselnd in Genua und Carrara nachweisbar. Speziell in Carrara übernahm er künstlerische Aufträge. 1507 lieferte er ein Marmortabernakel für einen Geistlichen um den bescheidenen Preis von 5 Lire. 1514 wird er nebst seinem Bruder in Carrara neuerlich erwähnt. Für den Dom von Pisa schuf er 1516 eine Madonnenstatue, und es ist eine sehr ansprechende Vermutung C. Justis, daß uns dieselbe in der über dem Weihwasserbecken stehenden erhalten ist. In demselben Jahre 1516 wurde dem Künstler der Auftrag auf ein Grabmal der Gemahlin des Scipione Fieschi, Eleonora Malaspina, Marchesa von Massa († 1515) erteilt (verschollen). Seit 1512 sehen wir Pietro auch in Verbindung mit Spanien. Am 1. 9. dieses Jahres wurde bei ihm und Antonio de Aprilis (an anderer Stelle nennt C. Justi Antonio Gaggini) eine Fontäne für das Schloß La Calahorra in der Sierra Nevada bestellt; dieselbe sollte aus einem großen Becken und einer darüber befindlichen kleineren Schale bestehen und reich mit Figuren und Reliefs verziert sein und ist 1517 fertiggestellt worden (jetzt verschwunden). Sein Name scheint infolge dieses Werkes in Spanien so geachtet worden zu sein, daß der span. Bildhauer Bartolomé Ordoñez aus Burgos († 1520) in seinem Testament dem Pietro zusammen mit Marco de' Rossi die Vollendung der von ihm begonnenen Grabmäler des Kardinals Ximenez und des Königs Ferdinand des Katholischen und Isabellas von Kastilien übertrug. Die beiden Künstler arbeiten an diesen Werken noch 1525 und erst 20. 8. 1529 erfolgt die Schlußquittung der vollen Bezahlung für die vollendete Arbeit. Das Grab des Kardinals Ximenez fand seine Stelle in S. Ildefonso (Universitätskapelle) in Alcalà. Auch das Grab des Antonio di Fonseca hat Pietro nach des Ordoñez Tode vollendet.

1522 steht Pietro, ein Geschäftsunternehmer in großem Stile, auch mit Michelangelo in Beziehung, dem er Marmor für die Fassade von S. Lorenzo liefert. Bauliche und dekorative Arbeiten, zu denen er sich dem Marques von Tarifa gegenüber am 31. 1. 1528 in Genua zusammen mit seinem Bruder Antonio Maria u. Bernardino Gaggini verpflichtete, scheint er nicht ausgeführt zu haben, da derselbe Auftrag am 10. 9. 1529 an Antonio Maria allein gegeben wurde. In seinen späteren Jahren sehen wir den Künstler zumeist von Carrara aus wieder in Verbindung mit seiner lombardischen Heimat. Er lieferte Marmor für die Fassade der Certosa von Pavia, für den Dom von Como. Zum letztenmal erscheint sein Name am 17. 10. 1558 anläßlich einiger Besorgungen in Carrara für den genuesischen Bildhauer Jacopo Valsoldo.

C. Justi, Die Anfänge der Renaissance in Granada, Lomb. Bildw. in Spanien, Jahrb. der kgl. preuß. Kunsts. XII, XIII. — M. Caffi, Di Alcuni arch. e scult. della Svizz. ital. im Arch. stor. Lomb. XII 1885. — Campori, Memorie biogr. di Carrara, p. 269. — F. Alizeri, Notizie de' Prof. del disegno V. — L. A. Cervetto, I Gaggini da Bissone, p. 9. — Brun, Schweiz. Kstlerlex. (E. Motta). — Vegezzi, Esp. stor. tic. I 81. — Bianchi, Art. tic., p. 12. *W. Suida.*

Aprili, Giambattista, italien. Dekorationsbildhauer und Stuckarbeiter, tätig in Dänemark, hat 1708 zwei Plafonds im Schlosse Frederiksberg ausgeführt.

F. J. Meier, Fredensborg Slot (Kopenhagen 1880) S. 172. *A. R.*

Aprilis, Maetius, röm. Bildhauer aus altchristlicher Zeit, dessen Namen und Standesabzeichen (Hammer und Meißel) ein Epitaph in den Priscilla-Katakomben zu Rom überliefert.

A. Venturi, Stor. dell' arte ital. (Milano 1901) vol. I, p. 436. *

Apruzzese, Giuseppe, italien. Bildhauer des 16. Jahrh. Camillo Tutini nennt ihn in seinem Ms. „Storia dell' Arte napoletana" und sagt, daß er in trefflichster Weise verstanden habe, Blumen im Relief nach der Natur zu arbeiten. Er fertigte vier Vasen mit Blumen aus Silber für die Certosa S. Martino in Neapel.

Napoli Nobilissima VII 124. *G. Degli Azzi.*

Aps, s. *Aeps.*

Apsel, Willem van, Prior des Karthäuserklosters Val de Grâce bei Brügge, geb. um 1410, † 4. 8. 1472, wird als ein in allen Handfertigkeiten besonders geschickter Mann von mehreren Chronisten geschildert. Er soll sich besonders im Einbinden von Büchern, in Bronze- und Holzarbeiten ausgezeichnet haben.

A. Pinchart in Meyers Kstlerlex. II 196. **

Apshoven, Ferdinand van, d. ä., getauft zu Antwerpen 17. 5. 1576. Er trat 1592—93 als Schüler in das Atelier des Adam van Noort und 1596—97 als Freimeister in die St. Lukasgilde. Die Liggeren setzen für seinen Eintritt das Jahr 1595—96 an; dies ist aber ein Irrtum, dadurch entstanden, daß man die Jahre 1592—93 und 1593—94 als ein einziges behandelte. Ferdinand war ohne Zweifel Historienmaler, wie sein Lehrer, malte aber auch Porträts, wie wenigstens für einen Fall — das Bildnis eines Thomas Courtois — von Lerius urkundlich nachgewiesen ist. Sonst sind Werke von ihm nicht bekannt. — Die Liggeren nennen 7 Schüler von ihm in den Jahren 1597—1621. Sein Tod fällt in die Zeit zwischen 18. 9. 1651 und 17. 9. 1652.

Lerius in Meyers Kstlerlex.

Apshoven, Ferdinand van, d. jüng., Maler in Antwerpen, Sohn Ferdinands d. ält., getauft 1. 3. 1630, Schüler von D. Teniers d. j. Die Liggeren verzeichnen von 1657 bis 1658 seine Zulassung als Meisterssohn. Obschon sie ihm das Prädikat eines Kunsthändlers (handelaer) geben, so ist doch nicht zu bezweifeln, daß er auch gemalt habe. Er wurde am 20. 1. 1657 mit Josina van Overstraeten getraut, von welcher er fünf Kinder erhielt; das jüngste derselben, Willem, getauft 7. 9. 1664, wurde auch zum Maler bestimmt, s. dort. 1678—79 hätte er Dekan der

Gilde werden sollen, er wußte sich aber diesem Amte zu entziehen. Am 3. 4. 1694 wurde er in St. Walburg zu Antwerpen begraben und erhielt eine „cleyn kercklyk" d. h. ein Begräbnis der zweiten Stufe der 1. Klasse.

Ferdinands Bilder sind ganz im Stile von D. Teniers gemalt und behandeln dieselben Gegenstände; aus der Seltenheit ihres Vorkommens kann man schließen, daß sie gewöhnlich im Kunsthandel unter dem Namen von Teniers gehen. Ein Interieur mit zwei Figuren besitzt das Museum von Dünkirchen. Das in der Dresdener Galerie unter seinem Namen gehende „Atelier" ist nicht bezeichnet, sondern nur stilkritisch von Bode und Scheibler nach einem 1883 in Florenz im Kunsthandel befindlichen und mit Namen bezeichneten Bilde ähnlichen Gegenstandes bestimmt. Nach Frimmel eine wenig veränderte Kopie eines Bildes von D. Teniers d. j. im Stifte St. Florian (Oberösterreich).

Wenn Gemälde der beiden Apshoven unter dem Namen von Teniers gehen, so ist es auch unzweifelhaft, daß mehr als einem Stich, angeblich nach dem letzteren, Werke der beiden Brüder zugrunde liegen.

Th. v. Lerius: Biographies d'art. anvers. II 166. — Ders. in Meyers Kstlerlex. — F. G. van den Branden: Geschiedenis d. Antwerp. schildersch.—Mit Notizen von H. Hymans.

Apshoven, Thomas (nicht Theodor) van, Maler, Sohn des Ferdinand d. Ä., getauft zu Antwerpen 30. 11. 1622, Schüler von D. Teniers d. j.; doch steht er als solcher im Liggere nicht verzeichnet (eine Auslassung, die bei Meisterssöhnen häufig vorkommt). 1645 bis 46 wurde er als Weinmeister aufgenommen. 1650—51 nahm er in seine Werkstätte Hendrik van Voren oder Voor, der später nicht unter den Freimeistern vorkommt, und 1651 bis 52 Hendrik van Erp oder Herp III. auf, der ein guter Interieurmaler wurde. Apshoven heiratete 22. 3. 1645 Barbara Janssens, aus welcher Ehe vier Kinder hervorgingen. Am 24. 2. 1652 leistete er den Eid als Fahnenträger der Bürgerwehr und am 20. 12. 1657 als Hauptmann. Der Tod des Künstlers muß nach den Liggeren zwischen dem 18. 9. 1664 und dem Juli 1665 fallen. Thomas v. A. malte ganz in der Weise des David Teniers Bauern, Wachtstuben, Raucher, Trinker usw., auch Stilleben, freilich erreichte er den Geist, die Schärfe der Zeichnung und die Frische und Kraft der Färbung desselben auch in seinen besten Bildern nicht. Er kopierte öfter mit vielem Geschicke die Werke seines Vorbildes, indem er den Hauptgedanken entlehnte und einige Abänderungen hinzufügte.

In der Dresdener Galerie von ihm ein schönes Frühstücksstilleben, bez.: T. V. APSHOFEN. Das Museum von Glasgow besitzt 3 Gemälde von Th. van Apshoven. Zwei davon, Pendants, stellen Landschaften dar mit kleinen Figuren im Stile Teniers. Viel wichtiger ist das dritte, ein Interieur, bez.: T. van Apshoven 1644. Es stellt einen jungen Gelehrten in seinem Studio dar. Er ist en face gesehen, in Grau gekleidet mit blauen Ärmeln; der Tisch mit einem grünen Teppich bedeckt. Das Bild wäre D. Teniers' würdig. Es findet sich nicht in dem Katalog von 1906 verzeichnet. — Eine kleine Landschaft in Teniers Art, bez.: T. Apshoven, in der Darmstädter Galerie.

Th. v. Lerius in Meyers Kstlerlex. (mit älterer Lit.). — Notizen von H Hymans.

Apshoven, Willem van, Maler, Sohn Ferdinands d. j., geb. in Antwerpen 7. 9. 1664, † daselbst 30. 4. 1694, Schüler (1679 bis 80) von Joseph Lamorlet, einem fast unbekannten Künstler. Kein Werk von Willem v. A. ist bis jetzt nachgewiesen.
H. H.

Apt, siehe *Abt.*

Apuzzo, Nicola d', italien. Architekt, Schüler der neapol. Akad., die ihn im Dezennium 1805—1815 zur Vollendung seiner Studien nach Rom sandte, und zwar an die von Giuseppe Bonaparte neu organisierte, vom großen Canova geleitete Akademie. Um 1840 leitete A. den Umbau der oberen Stockwerke des Palazzo Gravina zu Neapel, der allerdings hierbei viel von seinem künstlerischen Reiz einbüßte. (U. a. ließ A. die zum Schmuck der Fenster angebrachten ovalen Nischen mitsamt ihren Büsten beseitigen.) — Nach Zani ist A. auch schriftstellerisch tätig gewesen.

Zani, Encicl. II 167. — Missirini, Storia della rom. Accad. di S. Luca 1823 p. 414, 478. — Napoli Nobilissima VI 2, X 56.
G. Degli Azzi.

Apuzzo, Pietro d', Baumeister, erbaute die Kirche zum hl. Marzellin, die zum Benediktinerkloster im Penninoviertel zu Neapel gehört. Der Grundstein wurde im Juli 1626 gelegt. 1633 war der Bau beendigt, doch wurde er erst 1645 feierlich eingeweiht. 1776 verzierte man das Innere der Kirche mit Ornamenten von Alabaster und Marmor nach den Zeichnungen des Vanvitelli.

Dominici, Vite de' pittori etc. Napoletani I 250. — Celano, Delle Notizie della città di Napoli, 4. Aufl. 1792 III 158. — Nobile, Descrizione della città di Napoli, 1863 II 471. — Napoli Nobilissima IV 122 ff. **

Apvril, Goldschmied und Bildhauer in Valenciennes, wo er 1561 das Bürgerrecht erwarb, geb. zu Paris, nur urkundlich bekannt.

Bérard, Dict. biogr. d. Artistes Franç. *H. V.*

Apvril, Edouard d', Genre- und Porträtmaler in Grenoble, geb. ebendort, Schüler der dortigen Akad., stellte in den Pariser Salons 1868—1884 wiederholt aus.

Bellier-Auvray, Dict. gén. Suppl. (Verzeichn. s. Arbeiten). — Kat. d. Salon. *H. V.*

Aqua, s. *Acqua.*

Aquabove. Angeblicher Künstlername, der nur durch irrtümliche Lesart der Signatur „Acabov" d. h. vollendet, entstanden ist.

Chron. d. Arts 1899 p. 176. **

Aquado, A., span. Kupferst., stach für das Werk: Descripcion de los Ornatos publicos con que la corte de Madrid ha solemnizado la exaltacion al trono de Don Carlos IV. etc. Madrid 1789.

Meyer, Kstlerlex. △

Aquado, s. auch *Aguado.*

Aquanus, Cornelius, s. *Water,* C. de.

Aquaroni, s. *Acquaroni.*

Aques, Lucas de, Bildhauer in Valladolid. Hatte 1587 einen Rechtsstreit mit Cristóbal Velazquez wegen eines Gitterwerkes am Rathaus.

Marti y Monsó, Estud. histor. artist. S. 506. *M. v. B.*

Aquijari, Aquarellmaler in Wien, dessen im Künstlerhaus 1870 ausgestelltes Aquarell „Empfang der Leiche Maximilians von Mexiko in Triest" der Kaiser von Österreich ankaufte.

Dioskuren 1870 p. 324. **

Aquila, Andrea dall', Bildhauer und Maler, aus Aquila in den Abruzzen stammend, ausgebildet in der Werkstatt des Donatello zu Florenz, wo er mehrere Jahre lang im Hause Cosimos de' Medici gelebt haben soll. Laut Ausweis einiger Zahlungsurkunden im Neapeler Staatsarchive arbeitete A. 1455—56 unter Pietro da Milano mit Isaja da Pisa und anderen Bildhauern am Skulpturenschmucke des Triumphbogens Alfonsos von Aragonien im Castel Nuovo zu Neapel; und zwar werden ihm von Fabriczy auf Grund ihres florentinischen Stilcharakters speziell die beiden ersten Leibungsreliefs an den Eingangspilastern dieses Triumphportales zugewiesen, darstellend den Auszug Alfonsos zur Eroberung Neapels, sowie die 1459 durch den Kardinal Orsini im Dome zu Barletta vollzogene Investitur Ferdinands I., des Regierungsnachfolgers Alfonsos von Aragonien, mit der Königswürde über „beide Sizilien". — Im Pestjahre 1458 scheint Andrea Neapel wieder haben verlassen zu wollen; wenigstens bewarb er sich damals durch Vermittelung des Niccolò Severino, sienesischen Gesandten in Florenz, bei der Dom-Opera zu Siena um eine Anstellung als Freskomaler (zur Vollendung eines von Stefano di Giovanni Sassetta unvollendet hinterlassenen Madonnenfreskos an der Porta Nuova zu Siena). Trotz des hohen Lobes, das seinem malerischen wie auch seinem bildnerischen Können in dem Empfehlungsschreiben des Niccolò Severino unter Berufung auf das Zeugnis Donatellos gespendet wurde — A. sei ein *„singolare pittore e anco maestro di scultura"* und habe sich in letzterer Kunst mit seinen Arbeiten am „arco triumphale del re" zu Neapel als ein allen übrigen an diesem Werke mit beteiligten Bildhauern überlegener Meister erwiesen — scheint jedoch der abruzzesische Künstler nicht nach Siena berufen worden zu sein, da das erwähnte Madonnenfresko in der Tat von Sassettas Schüler Sano di Pietro vollendet wurde (1460). — Das von Perkins außer den Arbeiten am Triumphbogen des Castel Nuovo dem Andrea dall' A. noch zugeschriebene, erst um 1496 entstandene Grabmal der Gräfin Maria Pereira da Montorio (Witwe des Grafen Lalle dall' Aquila) in S. Bernardino zu Aquila ist ihm von Fabriczy aus gewichtigen Gründen neuerdings wieder abgesprochen und dem von den älteren Autoren bereits als Schöpfer dieses Monumentes bezeichneten Maestro Silvestro dall' Aquila zurückgegeben worden. Auch die von Schubring vorgeschlagene Zuweisung des donatellesken marmornen Madonnentondos über dem Südportale des Domes zu Siena an Andrea dall' A. wird von Fabriczy als unbegründet zurückgewiesen. Dagegen zieht der letztere Autor die Möglichkeit in Betracht, daß unser abruzzesischer Donatello-Schüler den echt florentinisch anmutenden Putten- und Nymphenfries unter der Giebelbekrönung der Haupttür im großen Festsaale des Castel Nuovo zu Neapel geschaffen haben könnte; die übrigen Skulpturen dieser 1454—57 entstandenen reichen Türumrahmung gibt Fabriczy mit Bertaux einem der lombardischen Mitarbeiter A.s am Triumphportale des Castel Nuovo.

Milanesi, Doc. Sen. II 300 ff. — Perkins, Italian Sculptors p. 46 f., 65. — C. von Fabriczy in Jahrb. d. kgl preuß. Kstsammlgn. XX 11 f., 23 ff., 29, 129, 133—137, 148, 153 (mit Abbildgn.); XXIII 10 f. (cf. p. 8 f., mit Abbildg.), und in L'Arte VI 377. — V. Leonardi in L'Arte III p. 92 ff. — E. Bertaux in Arch. stor. Napoletano XXV 27 ff. — G. Frizzoni in Arch. stor. Italiano, ser. IV, vol. I—II. — P. Schubring, Urbano da Cortona (Straßburg 1903) p. 33, Anm. 1. *

Aquila, Andrea dall', Bildhauer in Venedig, lebte zu Ende des 16. und zu Anfang des 17. Jahrh. — Er stammt aus Trient und war ein Schüler von Alessandro Vittoria, der ihn in seinem Testament vom 4. 5. 1608 mit Liebe erwähnt, und ihm seine Modelle, Reliefs in Gips und Zeichnungen vermacht. Er hat viele Werke mit seinem Meister zusammen gearbeitet, wie z. B. die große Christusfigur in der Kirche dei Frari, welche am Sockel den Namen des Vittoria trägt, aber 1581 von einem gewissen Giuseppe Friulano angefangen ist; und das Grabmonument des Vittoria selbst in S. Zaccaria (1602). Seine Hauptwerke sind eine Madonna in der Kirche der Jesuiten und ein Altarbild der Madonna zwischen zwei Anbetenden in Marmor, das in der seit langer Zeit abgebrochenen Kirche delle Vignole war und nicht mehr zu existieren scheint. Mit seinem halb italienischen, halb deutschen Stil soll er „zu dem Verfall der Bildhauerkunst in Italien beigetragen haben".

P. Paoletti, Arch. e scult. del Rinasc. in Venezia I 51. — Selvatico e Lazzari, Guida di Venezia 1881 p. 183. — Cicogna, Inscriz. veneziane. Venezia 1827. II 124, 125, 127. *L. Ferro.*

Aquila, Arnoud van, s. *Halen.*

Aquila, Benedetto, Architekt, Mathematiker und Benediktinerabt in Parma, wo er 1540 für sein Kloster S. Giovanni Evangelista eine besonders eifrige Bautätigkeit entwickelte. Späterhin namentlich in S. Giustina zu Padua tätig, wo er 1551 starb. Sein Bildnis, auf dem er inschriftlich als „architectus praestantissimus" bezeichnet wird, befindet sich im Kloster S. Giov. Evang. zu Parma, um dessen Kirche A. sich auch dadurch große Verdienste erwarb, daß er acht Kapellen derselben durch treffliche Künstler mit Malereien schmücken ließ.

Zani, Encicl. II 168. — Scarabelli-Zunti, Mscr. fasc. III u. Da Erba, Compendio di cose parmensi, Mscr. No. 4070 (beide in der Bibl. Palat. zu Parma). *St. Lottici.*

Aquila, Francesco Faraone, italien. Kupferst., geb. zu Palermo, tätig in Rom 1690—1740, Neffe und wohl auch Schüler des Pietro Aquila. Nach eigener Erfindung hat A. zwei Blätter radiert, eine hl. Rosalie und einen Mars, nach Correggio die Vierge au panier, Figuren aus der Himmelfahrt Mariae im Dom zu Parma und die Verlobung der hl. Katharina, 19 Blätter nach Raffaels Stanzen (1722), nach Lanfranco die Martyrien der 12 Apostel, nach Berrettini unter anderem das Kuppelfresko in S. Maria in Vallicella, nach Maratta Maria den hl. Carlo Borromeo empfangend, andere Blätter nach Ciro Ferri (die Zeichenakademie), nach Bonaventura Lamberti (Grablegung 1695), nach Seb. Conca, Andrea Camassei, Nicolas Poussin u. a. m. A. hat auch 50 Platten für die Raccolta di Statue antiche e moderne des Paolo Aless. Maffei (Roma 1704) die Reliefs der Antoninssäule, die Camere sepolcrali dei liberti e liberte di Livia Augusta in 40 Blättern und eine Raccolta di vasi diversi in 51 Tafeln (Roma 1713) gestochen, ferner Katafalke für Trauerfeierlichkeiten in S. Peter für die Päpste Clemens XI. (1721), Innocenz XIII. (1724), Clemens XII. (1740) und für König Karl II. in der Kapelle del Tesoro des Domes zu Neapel und andere architektonische Dekorationen nach Al. Specchi, endlich auch ein Zeichenbuch nach Vorlagen von Paolo de Matteis.

Meyer, Kstlerlex. *P. K.*

Aquila, Giacomo dell', Dominikanermönch und Bildhauer oder Bronzegießer, fertigte 1453 in Rom die bronzenen Flügel, Schwert, Ketten usw., die an dem großen Marmorengel angebracht wurden, den Nicolaus V. in diesem Jahre auf dem höchsten Punkt der Engelsburg aufstellen ließ. 1475 wurden seine Arbeiten auf Sixtus' IV. Befehl von Leonardo Guidocci restauriert.

Studi e Docum. di Storia e Diritto XIII, fasc. 3, p. 299—303. *G. Degli Azzi.*

Aquila, Giorgio d' (auch Giorgio da Firenze, Georges de l'Aigle), Maler aus Florenz, in Savoyen tätig 1314—1348. Mehrere Quittungen über Auslagen für Farben und über empfangenen Lohn, aber keine Arbeiten von ihm erhalten. Wohl in allen Fällen handelt es sich in den betr. urkundlichen Erwähnungen um Wand- und Deckenmalereien, z. B. in den Schlössern Chambéri und Le Bourget, in mehreren Kirchen von Chambéri, in der Fürstenkapelle zu Hautecombe u. a. O.

Mém. de la Société Savoisienne t. XII 15, 19, 273. — Gallerie Nazionali Ital. III 3. — Boll. Stor. bibl. subalp. II 40—73. **

Aquila, Giuseppe dall', Jesuitenpater in Brescia, soll nach Zani, Enc. II 169 Maler gewesen sein. Nähere Angaben fehlen. **

Aquila, Johannes, Maler und Baumstr. um 1400, aus Radkersburg in Steiermark. Wirkte hauptsächlich in den Komitaten Vas und Zala in Ungarn und wird in der ungarischen Kunstgeschichte als Haupt der sogen. „Transdanubialen Malerschule" betrachtet. Über sein Leben finden sich nur spärliche Notizen. In der Kirche zu Martyánc (Kom. Vas) malte er u. a. den „Tod des hl. Martin" mit einer zweifachen Bezeichnung: über dem Bilde die Aufschrift „per manus Joannis Aquile de Rakespurga oriundi . ." und die Jahreszahl 1392, und auf dem Bilde selbst, unter seinem Selbstporträt, in ungarischem Kostüm, in einem Schild die Inschrift: „Omnes · sñ · orate · p me · Johanne · Aquila · pictore." Andere Wandgemälde in den Kirchen von Velemér und Tótlak. Joh. Aquila hat zum erstenmal die nationale St. Ladislaus-Legende künstlerisch verwertet, einen Stoff, der später in Ungarn vielfach verarbeitet wurde. Nach Janisch malte A. 1405 Fresken in der Pfarrkirche zu Radkersburg. In der Gem.-Galerie in Wien befindet sich auch ein „Johannes Aquila" bezeichnetes Tafelgemälde des Meisters, ein Doppelbild mit der hl. Familie, links Maria mit dem Kinde und vier musizierenden Engeln, rechts die hl. Elisabeth dem Johannesknaben das Schreiben lehrend. — A. vereinigt in seinem Stil italienische und deutsche Elemente, und da er diesen in ziemlicher Isoliertheit entwickelte, zeigt seine Kunst einen gewissen lokalen Charakter, der als westungarisch bezeichnet werden kann.

Römer, „Mitteil. der K. K. Zentralkomm. in Wien 1874. — Engerth, Katalog d. Wiener Gal. III 20. — „A magyar festömüvészet albuma." Pesti Napló Kiadása Budapest, o. J. p. 57. *K. Lyka.*

Aquila, Louis de Bourbon, Conte di, italien. Maler, geb. 1824 in Neapel als Bruder des Königs Franz II., † 5. 3. 1897 in Paris. Ausgebildet unter Smargiassi in Neapel, betätigte sich Graf von Aquila eifrig als Maler von Seestücken, die er in den Pariser Salons zur Ausstellung brachte. Besonders genannt wurde sein Gemälde „Windstille bei Villers-sur-Mer".

Singer, Kstlerlex., Nachtr. 1906. *R.*

Aquila, Nicola di Antonio, Maler in Parma, geb. 1807, † 15. 5. 1877. Gebildet an der Akademie seiner Vaterstadt, widmete A. sich hauptsächlich der Theatermalerei, und zwar schuf er seine ersten glänzenden Bühnendekorationen 1838 für die Theater zu Rovigo und Ancona. Seinen eigentlichen Ruhm errang er sich 1839 mit den im Auftrage der Erzherzogin Maria Luise von Österreich für die Hofbühne zu Parma gemalten Bühnenprospekten, die ihm das höchste Lob der Tageskritik, zahlreiche weitere Aufträge für die Bühnen Veronas, Triests, Bolognas und Roms und schließlich 1860 die Ernennung zum Professore d'Ornato an der R. Accademia di Belle Arti zu Parma eintrugen. Die Entwürfe A.s zu diesen Szenerien sind zum Teil für das Museum in Parma angekauft worden.

Scarabelli-Zunti, Mscr. in der Bibl. Palat. zu Parma. *St. Lottici.*

Aquila, Pietro, italien. Maler und Radierer, geb. zu Marsala in Sizilien, tätig vornehmlich in Rom in der zweiten Hälfte des 17. Jahrh., kehrte später in seine Heimat zurück und starb im Herbst 1692 in Alcamo (Mitt. v. E. Mauceri). Einzelne seiner Werke sind mit Jahreszahlen zwischen 1673 und 1683 datiert. A. soll auch als Maler tätig gewesen sein und für Kirchen von Palermo Gemälde ausgeführt haben. Lanzi erwähnt zwei Bilder von ihm mit Darstellungen aus der Geschichte des verlorenen Sohnes in der Pietà zu Palermo; ebenda außerdem ein Heil. Abendmahl (in der Compagnia dei Nobili del SS. Crocifisso) und ein Altarbild in der Klosterkirche von S. Maria delle Vergini. A. hat jedenfalls eine Reihe seiner Radierungen nach eigenen Zeichnungen ausgeführt. Er bewegt sich hier stilistisch und technisch in der Richtung des Carlo Maratta, dessen Werke er mit Vorliebe und mit besonderem Erfolge nachbildet. Er hat sich vornehmlich darum verdient zu machen gesucht, die Werke der Meister des ausgehenden 16. und des 17. Jahrh. in Nachbildungen zu verbreiten, wie Pietro Santo Bartoli das für die Antiken unternommen hatte. Seine Radierweise ist leicht und flüchtig und ohne malerische Gesamtwirkung, zeichnet sich aber durch geschickte Regelmäßigkeit und Sorgfalt der Linienführung und durch geistreiche Leichtigkeit der Formenandeutung aus. Er sucht, meist mit nicht sehr großem Erfolge, die Kraft der Grabstichelarbeit durch die Radierung zu erreichen. Es kam ihm auch wohl wesentlich darauf an, die Kompositionen in übersichtlicher und dem Geschmacke seiner Zeitgenossen angepaßter Form wiederzugeben und die Details nur soweit als zum Verständnisse des Ganzen nötig, durchzuführen. Nach eigenen Erfindungen hat A. nur wenig radiert; es werden ihm 11 Blätter dieser Art zugeschrieben, z. B. eine Anbetung der Könige, eine größere und eine kleinere Darstellung der Flucht nach Ägypten, eine hl. Familie und eine Frau, die einen Apfel hält (Meyer, Kstlerlex. 1—11). Seine Haupttätigkeit hat A. aber auf die Nachbildung von Werken Raffaels, Annibale Carraccis, Marattas, Berrettinis, Lanfrancos und anderer Maler dieser Zeit verwandt. Raffaels Loggienbilder, die er selber nach den Originalen für den Stich zeichnete, hat er im Verein mit Cesare Fantetti radiert und das Titelblatt dieser Sammlung, die 1675 in Rom erschien, nach Marattas Zeichnung ausgeführt. Auf die Constantinsschlacht in 4 Blättern (1683) scheint er besondere Sorgfalt verwandt zu haben. Zu seinen geschätztesten Werken gehören die Radierungen nach Annibale Carraccis Fresken im Palazzo Farnese in Rom, die in zwei Folgen: Imagines Farnesiani Cubiculi (13 Blätter) und: Galeriae Farnesianae Icones (21 und drei Titelblätter nach Maratta) erschienen. Seine besten Arbeiten sind die Götterversammlung nach Lanfrancos Fresko im Kasino der Villa Borghese (in 9 Blättern) und zahlreiche Stiche nach Gemälden Carlo Marattas, Ciro Ferris und Pietro Berrettinis. Hervorzuheben sind die „Vierge au pistolet" und der Schutzengel nach Maratta, die Madonna mit Alexius und Franciscus nach Ciro Ferri, die Schlacht bei Arbela, der Raub der Sabinerinnen u. a. m. nach Berrettini. Die Stiche sind meist mit dem vollen Namen des Künstlers bezeichnet, bisweilen mit P. Aq., P. Aqa. sculp., Pet. Aqa. delin. et f. oder mit dem Monogramm aus A und P.

Meyer, Kstlerlex. — Nagler, Monogr. — Zani, Appendice zur Encicl. (Mscr. in Parma, Bibl. Palat.). *P. K.*

Aquila, Pompeo dall', s. *Cesura,* P.

Aquila, Silvestro dall', s. *Silvestro* da Sulmona.

Aquila u. **Aquilano,** s. damit verbundene *Vornamen,* sowie *Santis,* Orazio de', *Cesura,* Pompeo, u. *Cicchini,* Tobia.

Aquilante di Jacopo di Paolo, wurde im März 1558 in die Peruginer Malerzunft aufgenommen, war im 2. Quartal 1560 Prior und im 2. Semester 1564 Camerlengo derselben. Am 20. 10. 1571 machte er, schwer erkrankt, sein Testament. Arbeiten von ihm sind nicht bekannt.

Orsini, Vita di Pietro Perugino p. 267.

Aquilefago, s. *Aillefol.*

Aquiles, Julio de (auch Julio Romano genannt, denn diese beiden sind nicht, wie Cean Bermudez annimmt, von einander verschieden), Maler aus Rom, in Spanien tätig. Alonso Berruguete ernennt ihn 1533 bei den Verhandlungen über den Preis seines Altartabernakels in dem ehemaligen Kloster S. Benito el Real zu Valladolid zum Taxator, 1537 taxierte er auch die große Figur der Fama des Niccolo da Corte am Hauptportal des Alhambra-Palastes Carls V. Cruzada Villaamil vermutet nicht ohne Grund, daß dieser Künstler mit dem italienischen Freskomaler Julio identisch sei, der in Andalusien tätig war (s. *Alexandro* und *Julio*).

El Arte en Esp. I 144. — Cean Bermudez, Dicc. I 41. — Jahrb. d. preuß. K. S. XII 186, 190. — Martí y Monsó, Estud. 159 △

Aquilini, Arcangelo, Maler in Rom gegen Ende des 16. und in der 1. Hälfte des 17. Jahrh. Mitglied der Accad. di S. Luca, sonst unbekannt.

Zani, Enc. II 170. — Missirini, Stor. d. rom. Acc. di S. Luca. **

Aquilio, Antonazzo di Benedetto, s. *Antoniazzo* Romano.

Aquilio, Bernardino, römischer Maler, jüngster Sohn des Antoniazzo, tätig in der 2. Hälfte des 15. Jahrh. und am Anfang des 16. Jahrh. 1547 und 1549 erwähnen ihn 2 Dokumente in Carrara, und zwar malte er in letzterem Jahre für die Compagnia del Corpo di Cristo die Kapelle dieser Gesellschaft in S. Andrea in Carrara. Reste dieser Malerei wurden 1856 wiederentdeckt.

G. Campori, Mem. Biogr. Modena 1873 p. 273 ff. **

Aquilio, Marcantonio, der älteste Sohn des Antoniazzo Romano, ebenfalls Maler. Von ihm ist nur ein Werk bekannt, in der Sakristei von Sta. Chiara in Rieti (signiert und 1511 datiert). Es stellt dar die Auferstehung mit den Heiligen Stefano und Lorenzo, in der Lünette Gottvater zwischen S. Francesco und S. Antonio, in der Predella die Passion Christi.

Repertorium für Kunstwissenschaft VI 222. *A. Gottschewski.*

Aquino, Andres de, geschickter Goldschmied des 19. Jahrh. in Mexiko.

Davillier, Orfèvr. en Espagne, p. 93. ***

Aquino, Filippo, oder d'Aquino, wird als italien. Stecher, der um 1620 tätig war, von Zani, Enc. II 170 und von Heinecken, Dict. (nach de Marolles) genannt. *P. K.*

Aquino, Giambattista d', nach Zani, Enc. met. II 170 ein tüchtiger Stukkateur und Maler um 1650; sonst aber, wenigstens unter diesem Namen, nicht bekannt. **

Aquis, Jean de, Miniaturmaler in Genf, wo er am 8. 6. 1487 als Bürger aufgenommen wurde; nur urkundlich bekannt.

Brun, Schweizer Kstlerlex. *H. V.*

Aquisgran, Huberto, wohl ein Deutscher aus Aachen, Kunsttischler, Gehilfe des Juan de Juni, in dessen Testament er 1577 erwähnt wird.

Martí y Monsó, Estud. histor. artist. S. 364. *M. v. B.*

Aquosse, Enguerrand, Bildhauer, Architekt und Maler in der Picardie. 1344 war er Stadtbaumeister und Sachverständiger in Noyon.

Lami, Dict. d. sculpt. 1898. *R.*

Ara, Ambrogio dall', italien. Bildhauer, stellte 1884 in Turin tüchtige Terrakottaarbeiten aus.

Rassegna Nazionale XXIV 441 f. *R.*

Ara, Gustavo dall', venezian. Landschaftsmaler der Gegenwart, stellte 1902 in Rio de Janeiro rühmend erwähnte Bilder (Marktszene und Ansicht der Bai) aus.

The Studio XXIV 294; XXXVII 179. — Gubernatis, Dizion. d. art. viv. p. 154, 1889. **

Ara, Natale dall', Maler wahrscheinlich in Bologna tätig, nur bekannt durch eine am 16. 11. 1680 dem Grafen Onofrio Campori ausgestellte Zahlungsquittung für einige von ihm gemalte Blumenstücke.

G. Campori, Art. ital. etc. negli Stati Estensi (1855). *F. Malaguzzi-Valeri.*

Ara, Paolo dall', Maler in Bologna um 1670; nach Crespi Schüler des Pasinelli.

Zani, Encicl. II 171. — Crespi, Vite dei pittori Bolognesi etc. (1769). *F. Malaguzzi-Valeri.*

Arabot, Pedro, Maler in Valencia, verpflichtet sich 1391, ein Bild des Gekreuzigten für die Kapelle der Jurados im alten Stadthause auszuführen, 1398 erscheint er als Zeuge und 1429 restauriert er einen Altar der hl. Jungfrau im Gebäude der puerta del mar.

Alcahali, Artist. Valenc. p. 52. *M. v. B.*

Arachequesne, Jean Louis Pierre, Genremaler in Paris, geb. 1793, † 1867, Schüler von Guérin und Picot, stellte im Salon 1827 bis 1836 wiederholt aus.

Bellier-Auvray, Dict. gén. *H. V.*

Aradi, Sigmund, ungar. Bildhauer, geb. 1839 zu Arad. Begann seine Studien am Polytechnikum zu Karlsruhe, widmete sich zuerst der Mechanik, lernte dabei Zeichnen und setzte dies Studium in Wien bei Gasser fort. Nach den Wiener akad. Jahren ging er Anfang der 60er Jahre nach Italien in die Werkstatt Tantardinis, arbeitete dann selbständig und kam Mitte der 60er Jahre mit einem Stipendium der ungar. Regierung nach Rom, um die Antike zu studieren. Von Rom sandte er 1865 sein erstes größeres plastisches Werk, die trauernde Roma, zur Ausstellung des Pester Kunstvereins, wo es auch angekauft wurde. Dieser Erfolg, ferner das zweimal erneuerte Staatsstipendium und die alten Beziehungen in Mailand veranlaßten ihn sich länger in Italien aufzuhalten, vorerst in Mailand, dann in Venedig, wo er auch jetzt noch lebt. Sein größter Auftrag kam ihm von seiner Vaterstadt Arad zu: ein Grabdenkmal der im Freiheitskampf 1849 gefallenen Honvéd, 1869 beendet, im alten kathol. Friedhof zu Arad. Es ist die überlebensgroße Personifikation der Stadt Arad, welche das Honvédgrab bekränzt. A. modellierte auch eine Reihe ungarischer Berühmtheiten aus den 48er Jahren, darunter Ludwig Kossuth, Marmor, jetzt im Nationalmus. zu Budapest. Alle diese Werke in akad.-klassizistischem Durchschnitts-Stil der 60er, 70er Jahre.

Pallas-Lex., Budapest. *K. Lyka.*

Aragall, B e r n a r d, Architekt 1549—53 an der Kathedrale zu Palma tätig.

Majorque artistique S. 33. *M. v. B.*

Aragall, J u a n, span. Bildhauer in Barcelona zu Ende des 16. Jahrh.

V i ñ a z a, Adic. II 19. *M. v. B.*

Aragan, J o a n, Glasmaler um 1424 in Leon tätig.

R i a ñ o, Industr. arts in Spain S. 247. *M. v. B.*

Aragão, J o a q u i m P e d r o, Bildhauer der Akad. zu Lissabon; um 1801 geb.

R a c z y n s k i, Dict. p. 14. — Ders., Lettres p. 104, 115. *A. Haupt.*

Arago, A l f r e d, Maler, geb. zu Paris 20. 6. 1816, † ebenda Januar 1892. Er stellte seit 1841 Historien-,Genrebilder und Landschaften aus. 1853 ward er Inspektor der schönen Künste im Ministerium des Innern und trat später als Maler nicht mehr vor die Öffentlichkeit.

B e l l i e r - A u v r a y, Dict. gén. *K. E. Schmidt.*

Arago, J a c q u e s E t i e n n e V i c t o r, Zeichner und Lithograph, geb. 1790 zu Estagel bei Perpignan, † 1855 zu Paris, hauptsächlich bekannt durch die nach seinen Zeichnungen angefertigten Kupferstiche in dem 1824 erschienenen Bericht über eine von Freycinet befehligte Expedition um die Welt. Ferner hat man von ihm mehrere Vignetten und politische Karikaturen für das Journal „La Mode" (1835) lithographiert.

B é r a l d i, Les Graveurs du XIXe Siècle. 1885. — M e y e r, Kstlerlex. *H. V.*

Arago, J u a n, Architekt in Palma auf Mallorca. entwarf die Pläne und leitete den Bau der Rosenkranz-Kapelle der Pfarrkirche in Felanitx auf Mallorca, welche von 1727—30 ausgeführt wurde. Jovellanos schreibt ihm auch einige Statuen des Hauptaltars der Franziskaner-Kirche in Palma zu.

V i ñ a z a, Adic. II. *M. v. B.*

Aragon, D. A n d r é s d e (auch Andrés Antonio de), Maler in Sevilla, empfängt im September 1702 Zahlung für eine Fahne mit dem kgl. Wappen.

G e s t o s o, Artif. Sevill. II 13. *M. v. B.*

Aragon, Frau F a n n y aus Köln, tätig in Rom, wo sie 1873 im Vereine der Künstler und Kunstfreunde (Piazza del Popolo) 2 Porträt- und 2 Genrebüsten (Bacchantin und Ciocciara) ausstellte. 1874 sandte sie auf die akadem. Kunstausst. in Berlin eine Marmorbüste „Faun".

Dioskuren 1873 p. 183. — Katal. der Berl. Akad. Ausst. 1874. **

Aragon, F r a n ç o i s d', Architekt, seit 1570 maitre de l'oeuvre du Dauphiné, nur urkundlich bekannt.

Réunion d. Sociét. d. Beaux-Arts XI 1887 p. 290. *H. V.*

Aragon, J u a n d e, Maler, welcher um 1580 in Granada lebte und mit anderen an dem Hochaltar der Kirche des Klosters S. Géronimo arbeitete, das Gonsalvo de Cordova gegründet hatte.

C e a n B e r m u d e z, Dicc. I 41. *M. v. B.*

Aragones de Mendiola, Sra J., span. Malerin des 19. Jahrh., geb. zu Malaga, widmete sich der Blumen- und Stilleben-Malerei. Die Hauptwerke der Künstlerin waren seit 1872 auf den Ausstellungen ihrer Geburtsstadt vertreten; auf der Gibraltar-Ausstellung von 1879 zeigte sie verschiedene Gemälde und auf der Pariser Weltausstellung von 1878 stellte sie ein Bild aus, betitelt: Erste Illusion.

O s s o r i o y B e r n a r d, Galeria biogr. de artistas españoles del siglo XIX. Madrid 1883/4. *P. Lafond.*

Aragonese, A l e s s a n d r o, Maler spanischer Herkunft, Vater des Sebastiano A., tätig in Brescia in der 1. Hälfte des 16. Jahrh., wie aus der Inschrift auf dem Grabmale seiner Witwe Catarina Trunconali († 1559) in der Kirche S. Giovanni zu Brescia hervorgeht.

M e y e r, Kstlerlex. (unter Aragonese, Sebastiano). *E. Scatassa.*

Aragonese, S e b a s t i a n o, d i G h e d i, Maler und Zeichner in Brescia. Geb. 1523 in Chiedi bei Brescia als Sohn des spanischen Malers Alessandro A., wurde er durch diesen sowie durch Girolamo Romanino zum Maler ausgebildet, ohne daß er in dieser Kunst über die bloße Mittelmäßigkeit hinausgekommen wäre. Den Stil des Romanino und des Calisto Piazza zeigt trotz ihrer rohen Übermalung namentlich die thronende Madonna mit den Aposteln Petrus und Paulus (signiert „Sebastianus Ragonensis faciebat 1558") in der Kirche zu Torri bei Malcesine am Lago di Garda. Ferner sind in Bagnolo Mella bei Brescia einige Fresken von der Hand dieses Künstlers erhalten geblieben, signiert „Sebastianus Brixiensis". In Brescia selbst betrachtet man als Werk A.s ein Altarbild von 1567 in der Kirche S. Alessandro, darstellend Christus mit den Heil. Ludwig von Frankreich, Rochus und Sebastian und signiert L—S—A, sowie die Heiligen-Marter auf dem Hochaltare der Kirche S. Agata (nach Angabe einer Beschreibung Brescias von 1760). Unser Künstler war ein großer Liebhaber von Altertümern. Man kennt von ihm eine Sammlung von ungefähr 1600 Federzeichnungen, darstellend die Medaillen der Sammlung Ottavio Rossi in Brescia mit ihren Rückseiten. Ebenso zeichnete er die Denkmäler von Brescia, kopierte die alten und neuen Inschriften der Stadt und Umgegend, und veröffentlichte davon eine große Anzahl in einer Schrift: Monumenta Antiqua urbis et agri Brixiani Sebastiano Arragonensi pictore brixiano summa cura et diligentia collecta MDLXIIII. Die Bibliothek von Brescia besitzt noch das dazu gehörige Manuskript, und das dortige Archiv die 34 Holztafeln, die dafür nach seinen Zeichnungen geschnitten sind. Die Holzschnitte zeigen die Buchstaben immer weiß auf schwarzem Grund. (1778 in Neudruck erschienen.) Als Zeichner war er offenbar bedeutender denn als Maler, wie namentlich 200 ornamentale Einrahmungen seiner eigenen Erfindung bezeugen. Wann er gestorben, ist unbekannt; 1567 lebte er noch.

Meyer, Kstlerlex. (mit ält. Lit.). — Boni, Biogr. d. Artisti. — Fenaroli, Artisti Bresciani. — G. Frizzoni in Riv. Archeolog. d. Prov. di Como p. 3—11 (Append. all' Arch. Stor. Lombardo IX, fasc. II). — Rico y Sinobas, Caligr. Españ. p. 9. *E. Scatassa.*

Aragonese, s. auch damit verbundene *Vornamen.*

Aragoni, Aragonio, Brescianer Maler, nur bekannt durch ein Gemälde an der linken Wand der Parochialkirche del Borgo bei Bellagio mit der Darstellung des Martyriums zweier Heiligen mit den Henkersknechten und oben Engel, auf Leinwand gemalt, voll bezeichnet und 1607 datiert.

G. Frizzoni, Di alcune pitt. esistenti nel territorio di Bellagio (in Rivista Archeol. della Provincia di Como, p. 3—11, append. dell' Archiv. Stor. Lombard. IX [1882] fasc. IV). *G. Degli Azzi.*

Arain, Samuel, französ. Maler, wird in einer Liste, die von 1525—1620 reicht, als „Maître Peintre de Bordeaux" aufgeführt.

Réun. des Soc. des b.-a. XXI 819. ***

Araldi, Alessandro, Maler in Parma, geb. daselbst (nicht in Casalmaggiore) vermutlich um 1460 als Sohn des Cristoforo A. 1483 wird er als Zeuge genannt, 1486 wird ihm von seiner Gattin Maria Cattorino der erste Sohn geboren, 1488 schließt er bereits die zweite Ehe und zwar mit Paola d'Andrea del Piombo, 1496 wird er von seiner Schwägerin Agnese del Piombo zum Friedensvermittler zwischen den Familien Pradisotto und Pellegrini erwählt. Gegen Ende desselben Jahres hat er sich vom Herzog von Mantua einen Empfehlungsbrief für eine Reise nach Venedig ausgewirkt. Nach Andeutungen in dem Briefe muß er schon früher Mantua besucht haben. Nach dem Tode seines Vaters verpfändet er 1508 ein Stück Land in Torricella. 1528 macht er sein Testament und stirbt an der Pest.

Für seine künstlerische Tätigkeit haben wir die nachfolgenden Urkundendaten feststellen können: Am 27. 2. 1500 quittiert er der Bruderschaft S. Quirino eine Zahlung für ein nicht mehr erhaltenes Altarwerk. 1510 arbeitet er in der Kirche und im Kloster S. Paolo, und es ist davon erhalten in der „Cella der heil. Katharina" die Darstellung dieser Heiligen und des heil. Hieronymus, sowie an einer anderen Wand die Disputation der hl. Katharina von Alexandria. In demselben Kloster schmückte A. im Auftrag der Äbtissin Giovanna Piacenza 1514 einen an den Correggio-Saal anstoßenden Raum mit Allegorien, Historien und Grotesken. Aus demselben Jahre stammt auch die Verkündigung Mariae, die bis 1815 in St. Carmine aufbewahrt war, seitdem in der Galerie zu Parma ausgestellt ist. Eine zweite Verkündigung, die 1780 von Ruta als in der Kirche S. Quintino befindlich erwähnt wird, sah man noch 1899 beim Verkauf der Sammlung Lebrun bei dem Mailänder Antiquar Genolini. Eine dritte Verkündigung (ehemals in der Eremitanenkirche) mit den Figuren des hl. Sebastian und der hl. Katharina befindet sich jetzt in der Galerie zu Parma. Im Dom, 5. Kapelle rechts, eine Altartafel von 1516, darstellend die Madonna mit Kind zwischen den Heiligen Paulus und Antonius Abbas und dem Stifter Lodovico Centoni, ferner in der Krypta daselbst die von A. gemalte Altarbekleidung und das Altarbild von 1519 mit der Vermählung Mariae. Die Altartafel von Casalmaggiore mit den Heiligen Rochus, Hiob, Paulus Eremita und Sebastian stammt noch aus dem Jahre 1516. Aus der Gedichtsammlung des Enea Irpino wissen wir, daß A. vor 1520 das Bildnis der Beatrice da Correggio gemalt hat, der von Ariost unter dem Namen „Mamma" besungenen Gattin des Nicola Sanvitale. Mit dem spätesten Datum läßt sich in seinem Schaffen ein Wappenschild Franz' I. belegen, das der Meister nach einem Entwurfe des Temperello 1521 für die Stadt Parma gemalt hat. Ob er die ihm 1522 für den Dom in Auftrag gegebenen Fresken noch ausgeführt hat, ist unbekannt. — Weitere Arbeiten Araldis sind: Eine Kopie von Lionardos Abendmahl (Kloster S. Paolo zu Parma) und das Profilbildnis der Tochter des Rolando Pallavicino (Pitti-Galerie, lange Zeit als Porträt der Beatrice d'Este betrachtet). — Dagegen sind dem Araldi abzusprechen: 1. Das Pfeilerfresko am Hauptportal des Domes zu Parma, das jetzt als Werk des Giov. Franc. Zarotti wiedererkannt ist. 2. Der segnende Christus mit dem Buche in der Galerie zu Parma (jetzt dem Mocetto zugeschrieben). — Seiner Veranlagung nach ein Eklektiker von nur geringer Phantasiebegabung, ausgebildet wahrscheinlich in der Schule des Fil. Mazzola und des Cristoforo Caselli, hat er

Formen und Reminiszenzen aus allen Schulen in sich aufgenommen und hat sie, was noch schlimmer ist, in seinen eignen Arbeiten nebeneinander verwertet, ohne sie in sich zu assimilieren. Im Paulskloster wiederholt er Motive, Kompositionen, Ornamente des Francia, Raffael, Costa, Mantegna, Sodoma und Pinturicchio. In der Disputation der hl. Katharina ist die Nachahmung der allbekannten Sieneser Fresken des Pinturicchio ganz augenfällig. Daher wurden tatsächlich die beiden Entwürfe Araldis zu seiner Disputation (in den Uffizien und im British Museum) bisher dem Pinturicchio zugeschrieben. Diese Pinturicchio- und Sodoma-Nachahmungen berechtigen zu der Vermutung, daß A. in den Jahren 1507—1510, für die wir keinerlei Beweise seiner Anwesenheit in Parma besitzen, in Siena gelebt und bei Pinturicchio selbst gearbeitet hat, der gerade damals die Piccolomini-Bibliothek und den Palast des Magnifico mit seinen Fresken schmückte.

M e y e r, Kstlerlex. mit älterer Lit. — La Galleria di Parma 1896 p. 111. — Gallerie nazionali I 42 ff. — Rassegna d'arte 1903 p. 133. — L'Arte VI 371. *Corr. Ricci.*

Araldi (Daraldi), C a r l o F r a n c e s c o, Maler in Bologna um 1724, nur bei Zani, Enc. VII 248 erwähnt. *H. V.*

Araldi, F e l i c e, Maler aus Viadana, seit 1750 Hofmaler der Herzogin Maria Eleonora von Guastalla, deren Porträt er gemalt hat; ebenso porträtierte er die Herzogin Theodora von Hessen-Darmstadt, die ihn 1763 gleichfalls zu ihrem Hofmaler ernannte. Im Dome zu Guastalla malte er 1760 die Kuppelfresken, darstellend die vier Evangelisten, sowie das Altarbild für den altare del Santissimo. Späterhin war er in seiner Vaterstadt Viadana tätig, wo er 1770 für das Oratorio di S. Paolo die Bekehrung und das Martyrium des Apostels Paulus malte, sowie 1771 für das Oratorio di S. Rocco zwei Altarbilder mit Darstellungen der Geburt Christi und der Anbetung des heiligen Herzens Jesu durch die Heil. Jacobus, Nikolaus, Antonius Abbas und Ignatius Episcopus; auch in S. Martino delle Chiaviche bei Viadana befindet sich ein vom Volke sehr verehrtes Madonnenbild von der Hand dieses Künstlers (mit den knienden Heiligen Franziskus und Karl Borromäus; in Kupfer gestochen von Felice Guglielminetti). Endlich hat A. 1799 eine Gesamtansicht der Stadt Viadana mit ihren Bauwerken gezeichnet.

G r a s s e l l i, Abecedario biogr. dei pittori etc. Cremonesi (1827). — C. d'A r c o, Arti e Artefici di Mantova (1857) II 232. *

Araldi, D. J o a q u i n, span. Bildhauer und Stukkator des 18. Jahrh. Vielleicht Verwechslung mit Joaq. Arali (s. d.).

Z a n i, Enc. II. *M. v. B.*

Araldi, J o s a p h a t, Maler in Parma, tätig im 1. Viertel des 16. Jahrh. Seine Signatur auf einer S. Sebastians-Darstellung in der Galerie zu Parma (No. 81) wurde früher irrtümlich „Jossaphat de Aldis Opus" statt „Jossaphat de Araldis Opus" gelesen, wodurch ein niemals existierender Maler Aldi in die Literatur eingeführt wurde. Josaphat Araldi ist weiterhin nur durch zwei von Enr. Scarabelli Zunti publizierte Urkunden von 1519 und 1520 bekannt. In seinem Bilde offenbart sich deutlich der Einfluß der norditalienischen Schule.

Rassegna d'Arte III 133. — La Galleria di Parma 1896, 111. *Corr. Ricci.*

Araldi, P a o l o, italien. Maler der 2. Hälfte des 18. Jahrh., geb. zu Casalmaggiore bei Cremona, ausgebildet unter Chiozzi sowie an der Akademie zu Parma. Altargemälde von seiner Hand befinden sich in den Kirchen zu Casalmaggiore und der umliegenden Städte. — Er war Lehrer von Gius. Diotti.

M e y e r, Kstlerlex. — G r a s e l l i, Abecedario biogr. dei pittori Cremonesi 1827. *R.*

Arali, J o a q u i n, Bildhauer, welcher zu Ende des 18. Jahrh. in Zaragoza lebte und für die Kirchen dieser Stadt, wie die Seo, die Metropolitankirche der Pilar, S. Agustin, S. Cruz u. a. wie auch für solche anderer Orte in Aragonien als Hijar, Vinacey Statuen und Altäre gearbeitet hat. Er starb 1811.

V i ñ a z a, Adic. II 19—20. — G o m e z, Escult. en Esp. S. 617. *M. v. B.*

Arali, D. J u a n, span. Bildhauer und Archit. 18. Jahrh.

Z a n i, Enc. II. *M. v. B.*

Aramburu, F r. M i g u e l d e, Mönch zu Cerain in Guipúzcoa, Baumstr. aus Herreras Schule. Übernahm 1597 mit Pedro de Mendiola, Steinmetz, den Bau des prächtigen Franziskanerklosters in Tolosa, das aber erst 1674 vollendet wurde. Er zeichnete außerdem in den Jahren 1604—1605 die Pläne zu dem Rathaus und dem Kloster der Trinitarierinnen in Renteria, welche von Iranes de Gaybury und Martin de Ondarza ausgeführt wurden, und 1606 die Pläne zu der Kirche und dem Kloster für die Franziskanerinnen de la Concepcion zu Eybar, von Hernando de Loydi begonnen und von Garayzabal nach dessen Tod vollendet.

L l a g u n o y A m i r o l a, Not. III 93. — C a v e d a, Gesch. der Baukunst in Spanien p. 261. △

Aramburu, R i c a r d o, span. Maler, geb. zu Sevilla, Schüler von Teodoro A. und von Eduardo Cano, stellte zum ersten Male in Madrid 1881, zugleich auf der öffentlichen Kunstausstellung und auf derjenigen der Aquarellisten aus.

O s s o r i o y B e r n a r d, Galeria biogr. de artistas españoles del siglo XIX. Madrid 1883/4. *P. Lafond.*

Aramburu, T e o d o r o, span. Maler des 19. Jahrh., geb. zu Sevilla, Schüler von Joaquin Becquer. Von ihm: „Auf und davon!" und „Zwei Brüder del Rosario de la Aurora aus Sevilla" (1881 auf der Madrider Ausstellung).

Ossorio y Bernard, Galeria biogr. de artistas españoles del siglo XIX. Madrid 1883/4. *P. Lafond.*

Aramondi, Alexandre, Architekt aus Konstantinopel, tätig in Lyon 1555/56, nur urkundlich bekannt.

Gaz. d. Beaux-Arts 2 Pér. XXVIII 1883 p. 169. *H. V.*

Arancio, Francesco, sizil. Maler, geb. 1844 zu Palermo. Ausgebildet unter der Leitung des Salvatore Lo Forte, war er in seiner Vaterstadt als Maler von Genreszenen und Altarbildern, sowie auch als beliebter Bildnismaler tätig. 1870 erhielt er auf der Kunstausstellung zu Palermo die bronzene Medaille für einen lebensgroßen „Garibaldino ferito". Sein in Messina prämiiertes Gemälde „L'Ora del coro alla cattedrale di Palermo" wurde mit zwei anderen seiner Bilder für das Museo Municipale seiner Vaterstadt angekauft. Von seinen Altargemälden sind erwähnenswert: Die „Madonna dell' Arco" in S. Francesco da Paola und die „Madonna del perpetuo soccorso" in S. Pietro e Paolo zu Palermo, sowie ein lebensgroßer hl. Antonius in der Chiesa del Sepolcro zu Bagheria bei Palermo.

Gubernatis, Diz. degli Artisti ital. viventi *H.*

Aranda, Diego de, Bildhauer in Granada, Freund und Schüler des Diego de Silóe, in dessen Testament vom 31. 1. 1563 seiner Tochter ein Vermächtnis ausgesetzt wird.

Cean Bermudez, Dicc. I 41. *M. v. B.*

Aranda, Francisco und Juan de, span. Goldschmiede, gehörten zu den 18 Künstlern, welche 1500 die Custodia des Hochaltars in der Kathedrale zu Toledo verfertigten. Wenn übrigens dem Juan de Aranda außerdem Bildhauerarbeiten über dem Nordportal der Kirche zu Jaen zugeschrieben werden, die schon den Geschmack der Renaissance verraten sollen, so scheint das auf einer Verwechslung mit Juan de Aranda Salazar zu beruhen.

Cean Bermudez, Dicc. I 42. — Conca, Descriz. della Spagna I 273. — Meyer, Kstlerlex. △

Aranda, Francisco, s. unter *Aranda y Delgado,* Fr.

Aranda, Ginés Martinez de, s. *Martinez.*

Aranda, José Jimenes, span. Maler und Illustrator, geb. 1837 zu Sevilla, † 1903, Schüler der Kunstschule seiner Vaterstadt, an der er später zum Professor ernannt wurde, erhielt Medaillen auf den Ausstellungen von Madrid, Paris, Wien, München, Berlin und Chicago. Er widmete sich vornehmlich der Illustration; seine unerschöpfliche Phantasie sicherte ihm auf diesem Gebiete eine glänzende Karriere.

Er hat im besonderen illustriert: Don Quixote; Tartarin dans les Alpes von A. Daudet; Die Vision des Bruders Martin, Gedicht von Gaspar Nuñez de Ara. Unter seinen hervorragendsten Gemälden nennen wir: Der Besuch des Lehrers; Ein Christus; Die Schachpartie; Die Politiker, Träumerei; Die verlorene Partie; Ein Sonnenstrahl; Arme Kleine; Der Allerseelentag; Die tolle Frau; unter seinen Aquarellen und Gouachemalereien: Die Vision des Bruders Martin; Ein Sammler; Ein wohlfeiles Atelier; am Meeresufer; Der alte Baum. Die meisten seiner Gemälde sind in den Pariser Salons erschienen, sowie auf den alljährlichen und den Weltausstellungen zu Paris von 1882 bis 1901; einige auch auf der Ausstellung der span. Maler zu London 1901.

Gazette des Beaux-Arts, 2. per. V. XXVIII. *P. Lafond.*

Aranda, Iuan de, s. *Aranda,* Francisco de.

Aranda, Luis Jimenes, span. Maler des 19. Jahrh., geb. in Sevilla, widmet sich der Genremalerei, die er mit seltener Kraft behandelt. Von seinen Werken führen wir an: Gute Nacht (im Mus. zu Cadiz); Das Grab des Vaters und Während der Ernte (Weltausstellung zu Paris 1900). Er hat auch zahlreiche Porträts gemalt. *P. Lafond.*

Aranda y Delgado, Francisco, span. Maler, geb. 18. 7. 1807 zu Granada, begann seine künstlerische Ausbildung 1824 unter der Leitung von Luis Muriel; er widmete sich später vornehmlich der Dekorationsmalerei, sowohl in Madrid, als in anderen Hauptstädten seines Vaterlandes. Er arbeitete vor allem für die Theater Zaragozas, Valencias, für die von la Cruz und des Principe zu Madrid, sowie für das Lycéo von Barcelona. Man verdankt Francisco A. ferner eine ganze Anzahl Lithographien.

Nach Ramirez (Habana artistica p. 230) war ein *Fr. Aranda* aus Madrid seit 1852 in der Habana tätig, vielleicht der Obige?

Ossorio y Bernard, Galeria biogr. de artistas españoles del siglo XIX. Madrid 1883/4. *P. Lafond.*

Aranda Salazar, Juan de, vermutlich ein Biskayer, Baumstr. und Schüler seines Oheims Ginés Martinez de Aranda, leitete 1626—1628 den Bau des von Alonso Matías entworfenen marmornen Hochaltars der Kathedrale von Córdova bis zur Vollendung des eigentlichen Altartabernakels. Dann ging er nach Madrid, und 1634 übertrug ihm Bischof Baltasar Moscoso y Sandoval von Jaen den Bau seiner Kathedrale, der aus Mangel an Mitteln lange gestockt hatte. Aranda hielt sich an die ältern Pläne des Pedro de Valdevira, riß die unter Bischof Juarez aufgeführten Teile der Kirche, die denselben nicht ganz entsprachen, nieder, führte die Kapellen auf der Evangelienseite auf, und vollendete bis 1654 die Hälfte der Kirche bis an den letzten Pfeiler des Chors. Auch das Nordportal schreibt man ihm zu, bei dem er mit Juan Gomez de Mora konkurrierte. Cean Bermudez rühmt daran die Empfängnis Mariä und zwei Königsstatuen, die er jedoch offenbar irrtümlich für Werke des hundert Jahre ältern Juan de Aranda hält.

Cean Bermudez, Dicc. I 42. — Llaguno y Amirola, Not. I 132; IV 18. △

Arandas, Gaspar, span. Goldschmied in Tarragona, verfertigte um 1691 für die dortige Kirche das beim Fronleichnamsfeste zu benutzende hl. Grab; auch zahlreiche seiner Nachkommen waren Goldschmiede.

Cean Bermudez, Dicc. I 42. — Riaño, Ind. arts in Spain S. 48. △

Arandia, Juan de, span. Baumstr., baute 1499—1504 die großartige Kirche des Klosters S. Benito el Real in Valladolid in einem reinen und zierlichen gotischen Stile. Das Kloster war ursprünglich ein königlicher Palast, den Juan I. den Mönchen übergab. Arandia begann den Neubau 1499 und führte die drei Schiffe aus. Ob er auch den weniger gut konstruierten niedern Chor gebaut hat, an dem man in der Zeit arbeitete, als Alonso Berruguete 1526 das Tabernakel des Hauptaltars aufführte, ist zweifelhaft. Der schöne Bau wurde später verunstaltet durch das Portal und den Kreuzgang, die Rivero in Herreras Geschmack hinzufügte, und mehr noch durch spätere barocke Zutaten, als der Geschmack des Churriguera herrschte. 1490 begann er den Neubau der Kirche Santiago, 1498 die capilla mayor der gleichen Kirche und 1504 den Turm, zu dessen Ausführung Garcia de Olave hinzugezogen wurde.

Llaguno y Amirola, Not. I 136. — Caveda, Gesch. d. Bauk. in Spanien 167. — Martí y Monsó, Estud. S. 200 ff. △

Arango, José Maria, span. Maler, geb. um 1787 zu Sevilla, † in der 1. Hälfte des 19. Jahrh., wurde 1814 Hilfslehrer an der Kunstschule seiner Vaterstadt, 1825 und 1829 war er Direktor.

Ossorio y Bernard, Galeria biogr. de artistas españoles del siglo XIX. Madrid 1883/4. *P. Lafond.*

Arannius, lombardischer Maler (?) um 1480 bis 82.

Malaguzzi-Valeri, Pitt. lomb., Milano 1902 p. 235. **

Araño, Pedro, Maler, 1516 in Valencia.

Alcahali, Art. Valenc. 52. *M. v. B.*

Aranyossy, Ákos von, ungar. Maler und Radierer, geb. 1872 zu Kassa, Ungarn, † daselbst 1898. Studierte in München bei Hollósy, Hackl, Löfftz und Höcker, radierte bei Raab, wirkte später in Rom, Budapest und Kassa. Seine Gemälde umfassen zumeist Porträts, so jenes des Bischof Bubics, er befaßte sich jedoch hauptsächlich mit Radieren. Seine besten Blätter: „Bischof Bubics", „Wäscherin".

„Budapesti Napló" 1898 X 1. *K. Lyka.*

Aranzaetrogui, Domingo und Joanes, übernahmen 1564 nach dem Tode des Domingo de Aranzalde die Vollendung der Pfarrkirche von Rentería in Guipúzcoa u. führten sie dem Kontrakte gemäß in vier Jahren aus. Domingo baute außerdem 1568 den Turm und 1570 die Sakristei, die in seinem Kontrakte nicht begriffen waren. Das Portal ist erst 1625 von Cristóbal de Zumerresta nach der Zeichnung von Juan Gomez de Mora hinzugefügt worden.

Llaguno y Amirola, Not. III 17. △

Aranzalde, Domingo de, span. Baumstr., verpflichtete sich 1557, die seit 1529 im Bau begriffene Pfarrkirche von Rentería in Guipúzcoa binnen sieben Jahren zu vollenden. Er starb 1564, ohne sie vollendet zu haben. Seine Erben schlugen Domingo und Juanes de Aranzaetrogui zur Fortführung des Baues vor.

Llaguno y Amirola, Not. III 17. △

Aranzazu, Francisco de Asis, span. Bildhauer, geb. im 1. Teil des 19. Jahrh. zu Madrid, Schüler der Akad. der schönen Künste. Sein Hauptwerk ist eine Statue des Moses, die 1860 auf der Madrider Kunstausstellung war.

Ossorio y Bernard, Galeria biogr. de artistas españoles del siglo XIX. Madrid 1883/4. *P. Lafond.*

Aranzeta, Juan de, span. Baumstr., erbaute 1689 das Rathaus von Plasencia in Guipúzcoa, 1703 führte er den dortigen Kirchturm aus.

Llaguno y Amirola, Not. IV 84. △

Araoz, Andrés de, span. Bildhauer und Architekt aus Vitoria in der zweiten Hälfte des 17. Jahrh. Von ihm rührt das reiche Chorgestühl der Pfarrkirche von Guetaria in Guipúzcoa her. Dasselbe ist ganz von Nußbaumholz und im Geschmack des Berruguete ausgeführt, im Jahre 1562 wird es auf 1402 Dukaten und 229 Maravedis geschätzt. Auch den Hauptaltar der Pfarrkirche von Deva in Guipúzcoa hat er geliefert; die Vergoldung desselben rührt von seinem Bruder Diego de Araoz her. Als dieser 1587 mit 1300 Dukaten für seine Arbeit entlohnt wird, war A. de A. schon verstorben.

Viñaza, Adic. II 20—21. *M. v. B.*

Araoz, Andrés, Bildhauer, Sohn und Schüler von Juan de A. 1618 führte er die steinerne Figur des hl. Michael über einer Tür der Pfarrkirche von Eibar in Guipúzcoa aus.

Viñaza, Adic. II 21. *M. v. B.*

Araoz, Juan de, Bildhauer, Sohn und Schüler des Andrés de A. Sein Hauptwerk ist der Hochaltar der Pfarrkirche von Eibar in Guipúzcoa, den sein Vater 1567 begonnen hatte. Die Zahlungen für denselben ziehen sich durch Jahrzehnte hindurch, seit 1587 werden sie an ihn geleistet bis 1606, in welchem Jahr er stirbt, aber erst 1622 findet eine Generalabrechnung mit seinen Erben statt. Der Altar gehörte zu den besten in Guipúzcoa, 1740 haben ihn aber Hilario de Mendizabal und Fernando Arripe verzopft.

Viñaza, Adic. II 21—22. *M. v. B.*

Araque, Ruy Lopez de, Maler in Valladolid um 1555.

Martí y Monsó, Estud. histor. artist. S. 207. *M. v. B.*

Arasmino da Arogno, s. *Solari,* A. de'.

Arasmino da Castello, s. *Castello.*

Arasse, Jacques, 1528 „Maître d'oeuvres" und vereidigter Sachverständiger der Stadt Paris, und zwar augenscheinlich als Nachfolger des Jean de Felin. 1531 arbeitete er als „Superintendant des oeuvres de maçonnerie" an den Pariser Stadtmauern, 1533 unter der Leitung des Domenico da Cortona am Hôtel de Ville, und zwar gemeinschaftlich mit Louis Caqueton, im nächstfolgenden Jahre ebenda gemeinschaftlich mit Pierre I. Chambiges. 1535 inspizierte er die Ourcq-Kanalisationsarbeiten, 1536 die städt. Befestigungs- und Brunnenbauten, 1538 die Gebäude des Petit Pont.

Bauchal, Dict. des Archit. *C. Enlart.*

Arasse, Jean d', s. *Atabours.*

Arato, Mattia de, neapol. Maler, nur 1541 in Neapel urkundlich nachweisbar.

Napoli Nobilissima VII 9. *G. Degli Azzi.*

Arau, Johann v., s. *Reber,* J. v.

Araujo, Felix, span. Kupferst., 1715 in Sevilla erwähnt.

Gestoso, Artif. Sevill. I 402. *M. v. B.*

Araujo, Franc. de, span. Medailleur im 18. Jahrh., Sohn des D. Felice de Araujo, der gleichfalls Medailleur gewesen sein soll.

Zani, Enc. II 173. *M. v. B.*

Araujo, Joaquim dos Santos de, portug. Dekorations- und Theatermaler, geb. 1741; besonders geschickt in Perspektiven. Seine Ornamente werden getadelt; er leitete sogar das Theater do Bairo Alto einige Monate; wollte Mönch im Jesuskloster des dritten Ordens von S. Francisco werden, trat jedoch zurück, nachdem er die Zelle des Paters Mayne, Beichtvaters des Königs, ausgemalt hatte, heiratete und starb 1795.

Cyrillo Machado, Collecção de mem. p. 203. *A. Haupt.*

Araujo, Pedro de, wurde 1700 nach dem Tode des Henrique Cardon zum Bildhauer des Königs von Spanien ernannt.

Cean Bermudez, Dicc. I 42. *M. v. B.*

Araujo y Ruano, Joaquin, span. Maler, geb. zu Ciudad Real. † in den letzten Jahren des 19. Jahrh., Schüler des Don Ignazio Suarez Llanos sowie des Léon Bonnat in Paris. Der Künstler zeichnete sich besonders in der Genremalerei aus und erlangte zahlreiche Preise, sowohl auf nationalen als auf ausländischen Ausstellungen. Seine bekanntesten Werke sind: Eine Partie guiñote in einer Wirtschaft Aragoniens, Die Abreise Don Quixotes; Ein Eilwagen von den Karlisten an der Grenze aufgehalten; Ein Waschplatz in Toledo (Pariser Salon 1877); Schlechtes Geschäft (Weltausstellung zu Paris 1889, silberne Medaille); La Plaza Mayor in Madrid; Die Weihnachtsnacht; Der Maulesel-Scherer; Zigeuner aus Bosnien; Wohin gehen wir? Auf dem Wege (die beiden letzteren im Mus. f. moderne Kunst zu Madrid); Fischerfrau in Vigo; Langusten-Verkäuferin; Dantes Hölle; Rosine; Die Straßensängerin. — Er hat auch mehrere Radierungen ausgeführt; Proben davon, 2 Köpfe, im Mus. für moderne Kunst zu Madrid; einige in der Gaz. des b.-a.

Ossorio y Bernard, Galeria biogr. de artistas españoles del siglo XIX. Madrid 1883/4. — F. M. Tubino, El arte y los artistas contemporaneos, Madrid 1871 p. 253. *P. Lafond.*

Araujo y Sanchez, Ceferino, span. Maler und Kunstkritiker, geb. zu Santander, Schüler von Carlos de Haës, widmete sich als Maler vornehmlich der Landschaft. Von 1858 ab beteiligte er sich an den meisten Madrider Kunstausstellungen. Wir nennen von seinen Werken: La Noria in Trümmern; Umgebung von Avila; Die Küste von Grao; Erinnerungen an Guadarrama; Ansicht von Hendaye; Der Neptunbrunnen im Prado-Mus. zu Madrid; Die Fichten der Casa del Campo; Die Pinada von San Martin in Valdeiglesias; Die Küste von Valencia; Eine Ansicht von Madrid. Er hat auch verschiedene Porträts gemalt. Als Kunstkritiker verdankt man ihm zahlreiche Artikel in: La Ilustracion; El Arte en España; La Revista de Bellas Artes; außerdem hat er ein sehr gelehrtes Werk über die Museen Spaniens und ein Buch über Goya veröffentlicht.

Ossorio y Bernard, Galeria biogr. de artistas españoles del siglo XIX. Madrid 1883 4. *P. Lafond.*

Araus, Alonso de, Maler, geb. in Salamanca 1625, lebte 1665 in Sevilla.

Gestoso, Artif. Sevill. II 13. *M. v. B.*

Araynes, Jean François Marie d', Maler, wurde in die Pariser Malerakad. 30. 6. 1781 zugelassen, ohne Akademiker zu werden. 1781 stellte er im Louvre eine hl. Familie aus. Nach ihm radierte P. Laurent die 4 Jahreszeiten.

Bellier-Auvray, Dict. gén. — Heinecken, Dict. IV 510 unter Daraynes. *R.*

Arbalestrier, Robert l', Maler in Lille, führte 1573 auf der Flagge, die der Bürger-Kompanie von der Stadt geschenkt wurde, die Wappen des Königs und der Stadt sowie das Martyrium des hl. Stephanus aus.

Houdoy, Etudes artistiques. *H. Longnon.*

Arbant, Louis, französ. Stillebenmaler, geb. zu Maçon (Saône-et-Loire), Schüler der Lyoner Kunstschule, stellte von 1849—1879 im Pariser Salon aus.

Bellier-Auvray, Dict. gén. I et Suppl. **

Arbaro, Gennaro d', Holzschnitzer, um die Mitte des 16. Jahrh. in Neapel tätig.

Erculei, Catalogo etc. d'Intaglio (Roma 1885) p. 89. *

Arbasia, Cesare, italien. Maler, hauptsächlich in Fresko, wohl um 1550 in Saluzzo geboren. Schon frühzeitig in Spanien tätig. 1579 führte er größere Arbeiten in der Kathedrale von Malaga aus (Cap. Mayor [5 Passionsbilder] und Cap. de la Encarnacion). 1583 schmückte er den Sagrario der Kathedrale von Cordova mit Fresken und soll nach Cean Bermudez 1586 gemeinsam mit Juan u. Francisco Perrea den großartigen Freskoschmuck des Palastes el Visa in der Mancha übernommen haben, den der Marquez von Santa Cruz 1585 hatte erbauen lassen. Später ist A. nach Italien zurückgekehrt, da er 1595 unter den Gründern der Akad. von S. Luca in Rom genannt wird. Auch in seiner Heimat ist er wieder tätig gewesen. Er malte die Fresken an der Außenseite des Palazzo Pubblicco in Saluzzo, die zum Teil noch erhalten sind und nach Mündler an die Malweise des Fed. Zuccaro und B. Lanini erinnern, und in Savigliano bei Saluzzo die Deckenbilder der Benediktinerkirche. Seit 1597 erhielt A. Aufträge des Piemonteser Hofes, von dem er von 1604 an ein Jahresgehalt als herzoglicher Hofmaler bezog. Es wird berichtet, daß er Porträts der Savoyischen Fürsten für eine von Carl Emmanuel I. erbaute Galerie malte. A. starb am 5. 2. 1607.

Cean Bermudez, Dicc. — (F. Quilliet) Le arti ital. in Ispagna p. 33. — A. Palomino Velasco, El mus. pintorico II 404. — Lanzi, Storia pitt. III 529; IV 397. — Missirini, Stor. d. rom. Accad. di S. Luca p. 67, 461. — Meyer, Kstlerlex. — C. Justi in Preuß. Jahrb. f. K.-W. V 172; XII 190. — Mémoires de la Soc. Savois. XV 2, p. 217. ***

Arbaud, französ. Bildhauer, tätig um 1707 in Toulon.

Lami, Dict. d. sculpt. franç. sous Louis XIV. *Lami.*

Arbe, Battista, eigentlich Giovanni Battista della Tolle aus Arbe, hervorragender Geschütz- und Glockengießer, geb. um 1470 zu Arbe, † am 18. 5. 1540 in Ragusa. Ausgebildet währscheinlich in Venedig, trat er am 8. 10. 1504 in den Dienst der Republik Ragusa, der er eine mehr als 30jährige, bedeutende Kunsttätigeit widmete, die ihm freilich von seinem Vaterlande mit Undank gelohnt wurde, während die Gegenwart die wenigen von ihm noch nachweisbaren Arbeiten zu den kunstvollsten ihrer Art zählt. Im Heeresmuseum zu Wien von ihm eine Bombarde; in Ragusa eine Uhrglocke mit Kriegergestalten (1507); ferner eine Glocke in der Dominikanerkirche mit dem Relief des hl. Dominicus (1515); in Cattaro die Glocke zu Sa. Chiara mit den Reliefs der Madonna und mehrerer Heiligen (1512); in Stagno 2 Glocken, jetzt in der Annunziatenkirche (1523); endlich im German. Museum in Nürnberg ein Galeerengeschütz, signiert: Opus Baptistae 1524. — Sein Sohn *Paolo* trat 1540 an seine Stelle, verschwindet aber sehr bald in der Überlieferung.

W. Boeheim, Meister der Waffenschmiedekunst 212. — Champeaux, Dict. d. fondeurs etc. p. 57. — Mitteil. d. Zentr.-Komm. N. F. XVI 140; XVII 155, 162. *F. Becker.*

Arbeit, Eugen, Maler, geb. den 9. 8. 1825 zu Wegscheid (Oberelsaß), lernte bei Eug. Delacroix und Corot. Er hielt sich einige Zeit in Italien auf, das ihm zu verschiedenen Landschafts- und Genrebildern Anlaß bot. Außerdem malte er Vorwürfe, dem heimatlichen Leben und den Vogesen entnommen.

Bellier-Auvray, Dict. u. Suppl., woselbst das Verzeichnis seiner von 1851—1882 in Paris ausgestellten Werke. *R.*

Arbell, Josef und Josef Bojada, führten nach dem Tode des Pedro Blay von 1620 bis 1638 den von diesem begonnenen Bau der Pfarrkirche von Selva in Katalonien nach dem Plane des Jaime Amigó zu Ende.

Llaguno y Amirola, Not. IV 30. △

Arbensis, s. *Arbe.*

Arbes, d', s. *Darbes.*

Arbesser, Josef von, Landschafts- und Architekturmaler in Graz, seit 1883 in Venedig, geb. 14. 12. 1850 in Judenburg, Schüler der Wiener Akad. und des Hofmalers Jul. Lange in München. Seine Arbeiten waren in seiner früheren Zeit Steirische Kircheninterieurs, später wirkungsvolle venezianische Architekturen.

Wastler, Steirisches Kstlerlex. u. Nachträge. **

Arbien, Hans oder Johan, dän. Maler, geb. in Christiania 5. 1. 1713, † in Kopenhagen 4. 12. 1766, im Auslande ausgebildet. 1741 war er in Hamburg, von 1750 an spätestens in Kopenhagen, wo er 1754 Zeichenlehrer für die kgl. Pagen und bei der Landkadettenakad. wurde. Von seinen Bildnissen werden erwähnt: Frederik V. (nicht wie in Meyers Kstlerlex. Christian V.), gest. von Th. Burford, Hedwig Eleonora Hoppe (gest. von O. H. de Lode) und der Prediger C. J. Heise in Hamburg, 1741 gemalt (befand sich früher in der Sakristei der dortigen Petrikirche).

Meyer, Kstlerlex. (mit Lit.). — Weilbach, Nyt dansk Kunstnerlex. I 1896. *A. R.*

Arbien, Magnus Gustav, Medailleur, in Christiania 25. 9. 1716 geb., sein Vater war jedoch Schwede. Seine Kunst lernte er vorzüglich in Kopenhagen, doch besuchte er 1745 bis 46 Stockholm, wo Hedlinger, der 1746 Schweden verließ, sein Lehrer war. Seine Stempel werden vielfach gelobt. Kurz vor seinem Tode wurde er nach Petersburg berufen, um eine Denkmünze zu Ehren der Kaiserin Elisabeth zu schneiden. Sein Monogramm war ein einfaches A. Er starb 27. 1. 1760.

Meyer, Kstlerlex. (Art. v. Dietrichson). — Weilbach, Nyt Dansk Kunstnerlex. — Nagl e r, Monogrammisten I No. 2525, IV No. 1525, 1543, 1851. — Nouv. Arch. de l'art franç. 1895 p. 318 **

Arbino, s. *Albino.*

Arbiol, V i c e n t e, span. Maler, geb. 1812 zu Madrid, † 1876 zu Zaragoza, Schüler der Akad. San Fernando. Von seinen Werken nennen wir: Der Tod des Moses; Eine chinesische Szene (von der Königin Maria Cristina 1838 erworben); Der König Don Juan I., für die chronologische Serie der Könige von Spanien bestimmt; ferner Genrebilder und Landschaften.

O s s o r i o y B e r n a r d, Galeria biogr. de artistas españoles del siglo XIX. Madrid 1883/4. *P. Lafond.*

Arbizu, B l a s d e, Kunsttischler in Valladolid. In Gemeinschaft mit Cristóbal de Umaña übernimmt er 1563 für Innocencio Berrugete und Bautista Beltrán die Ausführung des Gerüstes des Hochaltars der Hauptkirche in Simancas. 1567 ist er Zeuge im Testament der Maria Becerra, der zweiten Gattin von Estéban Jordan.

M a r t i y M o n s ó, Estud. histor. artist. S. 191 etc. *M. v. B.*

Arbo, A n n a E l i z a (geb. Thomas), norweg. Genremalerin in Christiania, Gemahlin des Historienmalers P. N. Arbo, geb. 12. 1. 1854 in Alten in Norwegen, ausgebildet bei den Malern Bergslien in Christiania, Prof. Roed in Kopenhagen (1874), Barrias in Paris (1876—80). Sie stellte aus in Paris 1880/81, Wien 1881, Stockholm und Christiania in den 90er Jahren. Reisen in Frankreich (Paris, Bretagne) Schottland, Schweiz.

Mitteilungen der Künstlerin. *C. W. Schnitler.*

Arbo, P e t e r N i c o l a i, norweg. Historienmaler, geb. 18. 6. 1831 in Drammen, studierte in Christiania an d. Univ. 1849, ausgebildet an der Akad. in Kopenhagen und unter Prof. Helsted (1851—52) und an der Akad. in Düsseldorf unter Carl Sohn (1852—55). Er blieb als Hüntens Schüler (1857—58) in Düsseldorf bis 1861, wo eine zahlreiche Schule von Nordländern sich um die Norweger Tidemand und Gude versammelte. A. nahm seine Motive aus der vaterländischen Geschichte und der Mythologie; historische Schlachtenszenen und Tiermalerei (besonders das Pferd). Er stellte zum erstenmal 1855 im Kunstverein zu Christiania aus. Eines seiner berühmtesten Bilder ist „Die Walküre" 1860, von dem sich Wiederholungen in den Galerien von Stockholm (1865) und Christiania (1869) befinden. Während seiner Düsseldorfer Zeit besuchte er die Heimat und gab ein Album in lithographischem Farbendruck heraus „Bilder zu Norwegens Geschichte" (Christiania 1860), 1862 malte er in Norwegen: „König Sverres Flucht über die Berge von Voß" (Bergens Galerie) und eine Episode aus dem 30jährigen Kriege, „Die eroberte Standarte" (1857). Er stand in diesen Jahren unter dem Einfluß von Wouwermann, Watteau, Lancret. Im Herbst 1863 zog er nach Paris, wo er mit mehreren Unterbrechungen bis zum Juli 1874 wohnte, worauf er sich definitiv in Christiania niederließ. Der Pariser Aufenthalt hatte einen großen Einfluß auf A.s Kunst. — 1865—66 war er in Norwegen, malte 1867 „Ingeborg, Frithjovs Geliebte" und 1869 „Die Schlacht bei Waterloo", sowie 1870 „Die Schlacht bei Standford Bridge" (Pariser Salon 1870, London Exhibition 1871, Wien, Weltausstellg. 1873) und 1872 „Bjarknes und Hjaltes Tod" nach Oehlenschlägers Rolf Krake (Kopenhagener Ausstellg. 1872). 1872 sein Hauptwerk „Aasgaardsreien" (die wilde Jagd), (Paris, Exp. univers. 1878, Kopenhagen, Exp. 1872) nach Welhavens Gedicht (gehört der Galerie in Christiania). In Paris malte A. auf Bestellung viele Porträts, Jagdbilder, Genrebilder à la Watteau, Tierbilder, Landschaften und stellte im Salon aus. 1873 in Wien als norweg. schwed. Kommissionär bei der Ausstellg. Nach 1874 malte er in Christiania „Tag", einen Jüngling auf einem weißen Pferd (jetzt im Stockholmer Schloß) (Philadelphia, Exp. international 1876). 1882 „König Karls XV. und Königin Louises Krönung in der Domkirche zu Drontheim 1860" (auf dem Schloß in Christiania), sowie Porträts, Hochgebirgsbilder mit Pferden, altnordische Bilder, Altarbilder (in den Kirchen von Odalen und Fet). 1876—79 gab er eine Serie Zeichnungen heraus zu dem Werke „Bilder aus Norwegens Geschichte für Schule und Haus", von Asbjörn Knudsen, Christiania. A. starb 14. 10. 92 in Christiania. Er ist einer von Norwegens wenigen Historienmalern. Seine Arbeiten sind gefällig und phantasievoll komponiert, zeugen von einem sehr kultivierten Geschmack und einer tüchtigen Technik. Er stand auf dem Übergange zwischen Romantik und Realismus und hat kaum vermocht, dem Mythus und der Geschichte volle Kraft und nationales Gepräge einzuflößen.

Schriftliche Aufzeichnungen des Künstlers. — M e y e r, Kstlerlex. — B ö t t i c h e r, Malerwerke des 19. Jahrh. u. Nachtr. zu I. — W e i l b a c h, Nyt dansk Kunstnerlex. 1896 II 588. — Kunstchronik XIII 7 u. N. F. IV 41. — Chron. des arts 1870 annuaire. — Nordisk Familielex. Stockholm 1904. — L a n g e, Nutidskunst, København 1873 S. 440—47. — Nordiskt Konstnärs Album, Stockholm 1878 S. 2 u. 1879 S. 66. — Nordiska Maalares Taflor, Stockholm 1877. — D i e t r i c h s o n, Svundne Tider, Christiania 1899 II 238. — Ders., A. Tidemand, Christiania 1878 II 46 u. 69. — Ders., Det norske Nationalgallerie, Christiania 1887 (passim). — A u b e r t, Det nye Norges Malerkunst, Christiania 1904 S. 28. — T h o m m e s s e n, Norsk Billedkunst, Christiania 1904, p. 118, 135. — T h i i s, Norske Malere og Billedhuggere, Bergen 1904 I 233 bis 237. — S a l o m o n s e n, Store Nord. Konverslex. — La Norvège, Christiania 1900 S. 560. — Folkebladet 1893 (Christiania) No. 3. — Krohg, Kunstnere. Christ. 1892 II. — Dietrichson, Af Hans Gudes Liv og Värker, Christ. 1900 S. 52 u. 59. — Ill. London News 1878; July 27th. — The Art Journal 1878. — Axvalla-Album (Zeichnungen v. P. N. Arbo) Christiania 1858. *C. W. Schnitler.*

Arboe, Thomas, dänischer Architekt, geb. 22. 9. 1836, ist als Bahnhofsarchitekt vielfach tätig gewesen. Seine Hauptwerke sind die Bahnhöfe zu Nyborg, Odense und Aalborg. Außerdem hat er eine große Menge öffentlicher Gebäude gebaut, wie Telegraphen-Stationen (Horsens), Krankenhäuser (Aarhus) und Schulgebäude.

Weilbach, Nyt dansk Kunstnerlex. — Arkitekten V 231, 301. *V. Lorenzen.*

Arbois, Jean d', Hofmaler Philipps des Kühnen von Burgund, der ihn nach dem (noch erhaltenen) Briefe vom 21. 6. 1373 in seinen Dienst berief. Für den Monat März 1375 findet sich der Zahlungsvermerk seiner Besoldung. Einige weitere, aber nicht besonders ergiebige Notizen über ihn sind bekannt geworden, die man am besten bei Bouchot, Primitifs Français, vereinigt findet. Bouchot vermutet eine seinerzeit einflußreiche Künstlerpersönlichkeit in ihm.

A. Pinchart, Arch. d. Arts III § 94. — H. Bouchot, s. oben. **

Arborelius, Karl Rudolf Teodor, schwed. Archit., geb. in Orsa in Dalekarlien 24. 12. 1861, studierte in Stockholm an der technischen Hochschule 1882—86, ließ sich als Archit. in Stockholm nieder und baute mehrere Villen und andere Holzhäuser bei Djursholm und in dem Sportspark von Stockholm (die letztgenannten zusammen mit F. Lilljekvist). Von ihm auch der Umbau des Schlosses von Djursholm (nunmehr Schulgebäude) und der Kirche von Älfdalen in Dalarne.

G. Nordensvan.

Arborelius, Olof Per Ulrik, schwed. Maler, geb. in Orsa in Dalekarlien 4. 11. 1842, wurde 1861 Schüler der Kunstakad. in Stockholm, stellte Landschaften mit Motiven aus seiner Heimat aus: Herbstmorgen in Dalekarlien 1865, Waldinterieur mit Bärenjagd 1867, Eichenwald bei aufziehendem Unwetter 1868. Für das letztgenannte Bild bekam er die Kgl. Medaille der Akad. und ein Reisestipendium; er hielt sich drei Jahre in Paris, München und Rom auf. Tätig seitdem in Stockholm, wurde 1881 Oberlehrer im Zeichnen an der technischen Schule daselbst und 1901 Professor für Landschaftsmalerei an der Kunstakad. Er hat Stimmungen aus Italien und der Schweiz, von der Ostseeküste, aber meist von Dalekarlien gemalt. Das Nationalmus. besitzt von seinen Gemälden: Auf der Alm in Dalekarlien (1876), Ziegen werden auf die Weide geführt (1890), Ein See bei Engelsberg (Sommerlandschaft 1903) und Abend nach einem Regentag (1904). Das Mus. von Malmö besitzt: Sturm in den Schären (1874), das Mus. von Göteborg: Waldsee (1889), die Galerie von Helsingfors: Sonntagmorgen bei der Kirche von Floda. Eine schwed. Landschaft von ihm wurde auf der internationalen Ausstellung in Venedig 1903 vom König von Italien gekauft. A. hat mehrere Male in Deutschland ausgestellt, zuletzt „Abend in der Einöde" in München 1905, wo er eine II. Medaille erhielt.

Nordisk Familjebok. Tom I. Stockholm 1904. *G. Nordensvan.*

Arbos, Radierer in Punktiermanier, geb. 1831 zu Paris, reproduzierte eine Büste Napoleons.

Le Blanc, Manuel. *J. Guibert.*

Arbos, Fernando, span. Architekt, geb. 1844 in Rom, Schüler der Pariser Ecole d. Beaux-Arts. Sein hervorragendstes Werk ist die gotische Kirche Nuestra Señora de Atocha zu Madrid. *P. Lafond.*

Arbos y Ayerbe, Manuel, span. Miniaturmaler, geb. zu Madrid, † daselbst 1875, begann seine Studien an der Akad. San Fernando zu Madrid, setzte sie an der École des Beaux-Arts zu Paris fort und vollendete seine Ausbildung in Rom. 1847 wurde er von der Königin Isabella zur Würde eines Hofmalers erhoben. Seine Werke bestehen in Miniaturbildern und in Kopien, in Aquarellmalerei, nach Raffael, Tizian, Veronese, Luca Cambiaso, Murillo und anderen Meistern.

Ossorio y Bernard, Galeria biogr. de artistas españoles del siglo XIX. Madrid 1883/4. *P. Lafond.*

Arbouin, Sidney, französ. Maler, geb. in Cognac (Charente), Schüler von L. Gros, tätig in Paissy. 1875—85 stellte er wiederholt Stimmungsbilder von den Ufern der Seine im Pariser Salon aus. In den Jahren 1875—77 war er auch in den Roy. Academy Exhibitions in London vertreten und wohnte damals daselbst.

Bellier-Auvray, Dict. gén. Suppl. — Graves, Roy. Acad. Exh. I 56. **

Arbousse, Jean Alphonse, französ. Zeichner und Aquarellist, geb. 1791 in Paris, stellte 1824 im Salon mehrere Aquarelle aus, darunter eine Ansicht von Paris, vom Père Lachaise aus gesehen.

Gabet, Dict. d. art., Paris 1831. **

Arbout, Jean Marie, französ. Bildhauer, war 1788—1792 in Lyon tätig.

Rondot, Les sculpt. de Lyon. 67. *Lami.*

Arbulo Marguvete, Pedro, span. Bildhauer, vermutlich aus der Vorstadt Marguvete in Santo Domingo de la Calzada, wo er um 1565 tätig war. Von 1569 an verfertigte er das Altar-Tabernakel und die Chorstühle in der Kirche von San Asensio bei Burgos. Vermutlich sind auch mehrere Tabernakel und Statuen in dieser Gegend von A., die dem Berruguete zugeschrieben werden, als dessen

Nachfolger sich der Künstler in seinen erhaltenen Werken zeigt. 1603 hatte er über die Arbeiten des Domingo de Albitiz und des Luis Gabeo am Coro, Trascoro etc. der Kathedrale von San Domingo de la Calzada ein Urteil abzugeben. A. starb 1608 in Briones, wo er die letzten Jahre tätig war.

Cean Bermudez, Dicc. I 43—46. — Marti y Monsó, Estud. 586. △

Arburu, Jose, Maler in Habana im 19. Jahrh.

Ramirez, La Habana artistica, Habana 1891 227. **

Arbuthnot, George, engl. Landschaftsmaler in Mayfair, stellte 1829 und 1835 2 Landschaftsbilder in der Roy. Academy in London aus. Eine Anzahl von kolorierten Ansichten von Golkonda, mit erläuterndem Text, im Anfang des 19. Jahrh. erschienen, sind wohl sein Werk.

Graves, Roy. Acad. Exh. I 56. — Fiorillo, Gesch. d. zeichn. Kste. V 728. **

Arc-Valette, L., französ. Landschaftsmalerin in Longué (Maine-et-Loire), später in Paris, stellte im Salon seit 1894 aus und war auf der Pariser „Exposition de l'Union des Femmes Peintres et Sculpteurs" 1903 vertreten. In den Salonkatalogen 1896, 97, 99 und 1905 finden sich Abbildungen nach Werken von ihr.

Chronique d. Arts 1903 p. 50. — Hirsch, Die bildend. Künstlerinnen d. Neuzeit, Stuttgart 1905. *H. V.*

Arca, Leonardo dell', soll nach der Angabe des Abbé de Marolles (s. Heinecken, Dict.) (um 1600?) Ornamente und Grotesken gestochen haben.

Meyer, Kstlerlex. *P. K.*

Arca, Michele d', italien. Bildhauer, der mit 3 anderen Bildhauern sich 1502 in Genua dem Sekretär Ludwigs XII. kontraktlich zur Herstellung eines Grabmals verpflichtete. Wie H. v. Tschudi nachgewiesen hat, handelt es sich dabei um das Grabmal der Ducs d'Orléans in St. Denis.

H. v. Tschudi, Le Tombeau des Ducs d'Orléans, in der Gaz. archéologique 1885. **

Arca, Niccolò d'Antonio dall', da Bari (oder d'Apulia, auch gen. Bolognese, Dalmata oder Schiavone), bolognes. Bildhauer, geb. in der 2. Hälfte des 15. Jahrh. in Bari in Apulien als Sohn eines gewissen Antonio (mit dem Familiennamen Dalmata oder Schiavone?), der 1469 bereits als verstorben erwähnt wird. Da in der apulischen Heimat des Künstlers keinerlei Spuren seines Werdeganges nachweisbar sind, und da außerdem selbst seine frühesten Arbeiten keinerlei spezifisch apulische, sondern ausschließlich bolognesisch-romagnolische Schuleinflüsse zur Schau tragen, so muß man annehmen, daß Niccolò bereits in frühester Jugend nach Bologna gekommen ist und daß er dort erst seine künstlerische Ausbildung genossen hat. Ein direkter Schulzusammenhang mit Jacopo della Quercia erscheint dabei völlig ausgeschlossen; denn dieser starb bereits 1438, und da andererseits das zur Ermöglichung dieses Schulanschlusses von Perkins für Niccolò dall' Arca angegebene Geburtsjahr 1414 deshalb unannehmbar erscheint, weil der Künstler sich erst 1478 in Bologna verheiratete (mit Margherita Boateri, die ihn in den nächstfolgenden Jahren mit einem Sohne Cesare und mit einer Tochter Aurelia beschenkte), so dürfte das Geburtsjahr Niccolòs in der Tat wohl erst in die Zeit kurz nach dem Tode des Jacopo della Quercia zu verlegen sein. Als erstes Jugendwerk Niccolòs galt bisher das von einer schlichten Frührenaissance-Umrahmung sich abhebende und mit der Jahreszahl 1458 datierte Reiterreliefmonument des 1445 verstorbenen Annibale I. de' Bentivoglio in S. Giacomo Maggiore zu Bologna; neuerdings jedoch ist dieses ziemlich nüchterne und unbeholfene, in der Komposition des Reiterbildes eng an Donatellos Gattamelata sich anschließende Werk aus stilistischen Gründen dem Niccolò dall' Arca wieder abgesprochen worden. Demnach ist mit Sicherheit erst die 1463 entstandene Terrakottagruppe des „Sepolcro di Cristo" in S. Maria della Vita zu Bologna als frühestes Werk des Künstlers zu betrachten. Die wild bewegte, im Ausdruck des ungezügelten Affektes jedes Maß überschreitende Gruppe besteht aus den lebensgroßen, in bauschig flatternde Gewänder gehüllten Gestalten der drei Marien, des Johannes und der Magdalena, die wehklagend den ausgestreckt ruhenden Leichnam Christi im Halbkreise umstehen, und mit denen die zu Häupten des letzteren kniende Figur des Joseph von Arimathia in ihrer ruhigen Gelassenheit einen wohl erwogenen Kontrast bildet. Auf dem Kopfkissen des Erlöserleichnams fand Aldrovandi die Signatur „Opus Nicolai de Apulia". — Vielleicht noch vor dieser Sepolcro-Gruppe ist nach Schubring als Nachklang heimatlicher Jugenderinnerungen (apulische Weihnachtskrippen) jenes leider nicht erhaltene gebliebene Presepio-Relief entstanden, das A. (nach einer Notiz in Sansovinos „Venezia Nobilissima", ed. 1581 p. 83b) in mehrfarbig bemalter Terrakotta für die Kirche S. Spirito in Venedig geliefert haben soll.

Seinen eigentlichen Künstlerruf und seinen Namen verdankt Niccolò dall' Arca der reichen architektonischen und bildnerischen Bekrönung, die er der vom Frate Guglielmo, dem Schüler des Niccolò Pisano, 1265—1267 geschaffenen Arca des hl. Dominicus in S. Domenico zu Bologna verliehen hat. Den Auftrag auf diese in allen Einzelheiten genau vorgeschriebene Marmorarbeit erhielt der Künstler 1469. Bis um 1473 vollendete er den architektonischen Teil dieser Aufgabe, also das gewölbte Dach der Arca mit seinem prächtigen Gesims, die Volutenpyramide mit ihren Delphingestalten und die kandelaberartige Gipfelbekrönung mit ihren reizenden Puttenfigürchen und den schweren Fruchtbehängen. An den Statuen dagegen arbeitete der Meister bis an sein Lebensende, wobei er von den kontraktlich ausbedungenen 18 Gestalten nur 14 zur Ausführung bringen konnte, nämlich die das Ganze bekrönende Statue Gott-Vaters auf der Weltkugel, die Evangelistenstatuen auf den Volutenkissen, die dreifigurige Engelpietà vor dem Volutengiebel, 5 der 8 Heiligenstatuen über dem Kranzgesimse der Arca (SS. Franciscus, Domenicus, Florian, Vitalis, Agricola) und den knienden Leuchterengel zur Linken des Arca-Sockels. (Der Leuchterengel zur Rechten und die Statuen der Heil. Petronius und Proculus — letztere nur restauriert von Prospero Clementi — sind Jugendarbeiten Michelangelos von 1494; die Statue Johannes des Täufers wurde erst 1537 von Girolamo de' Coltellini noch hinzugefügt, während die drei köstlichen Reliefs am Untersatze der Arca 1532 von Alfonso Lombardi ausgeführt wurden.) Merkwürdigerweise hat dieses hochbedeutende Werk des apulischen Meisters, das an Kraft und Originalität der Erfindung wie der plastischen und ornamentalen Durchbildung den besten Florentiner Arbeiten dieser Zeit ebenbürtig zur Seite steht, in Bologna keinerlei schulbildende Wirkung hinterlassen. — Von kleineren Werken, die der Künstler während seiner Tätigkeit an der Arca di S. Domenico noch geschaffen hat, sind zu erwähnen: der Terrakotta-Adler von 1473 über dem Hauptportale von S. Giovanni in Monte zu Bologna (signiert „Nicolaus F"); das herrliche Madonnenrelief von 1478 an der Fassade des Palazzo degli Anziani zu Bologna (gleichfalls Terrakotta mit Spuren einstiger Vergoldung, signiert „Nicolaus f"); die Grabplatte des 1478 verstorbenen Bologneser Nobile Domenico Garganelli (in Marmor u. Bronze) im Museo Civico zu Bologna; endlich nach W. Bode die Stuccostatuette des hl. Bernardinus im Berliner Kaiser Friedrich-Museum, der Schubring noch zwei aus S. Domenico zu Imola stammende, bisher dem Jacopo della Quercia zugeschriebene Kalksteinstatuen der Heil. Bernardus und Petrus Martyr in der Pinakothek zu Faenza als nicht minder charakteristische Schöpfungen unseres Meisters an die Seite stellt. Die Chorschranken von 1483 in der Cappella dei Notai von S. Petronio zu Bologna (mit einem reizvollen Fries von Adlern, Greifen und Puttenköpfen und einem „Cristo morto" ähnlich demjenigen der Arca di S. Domenico) werden von Schubring und C. Ricci gleichfalls noch als eine Arbeit Niccolòs angesprochen, von Aldrovandi dagegen als das Werk eines schwächeren Künstlers betrachtet. Zwei Terrakottareliefs aus den letzten Lebensjahren unseres Meisters sind gleich dem frühen Terrakotta-Presepio aus S. Spirito zu Venedig leider spurlos verloren gegangen, nämlich eine Verkündigung Mariae und eine Anbetung der Könige, die Niccolò laut einer urkundlichen Notiz von der Hand des Gaspare Codebò 1492 an den letzteren Rektor von S. Maria Maddalena in S. Donato zu Bologna abgeliefert hat; desgleichen auch eine in einer Bologneser Chronik erwähnte, angeblich nach Spanien verkaufte Marmorstatue Johannes des Täufers, sowie gewisse von den Bologneser Chronisten gerühmte „Capricci" des Meisters (minutiöse Holzschnitzereien, die z. B. ein Vöglein in seinem Käfig, winzige Fliegen „che parevan vive" etc. darstellen).

Meister Niccolò starb 1494 zu Bologna und wurde in der dortigen Coelestinerkirche zur Ruhe bestattet.

F. Malaguzzi-Valeri in Repertor. für Kstwissensch. XXII 284 ff. — C. Ricci, Guida di Bologna (1893) p. 24 ff. — L. Aldrovandi in L'Arte II 174 ff. — P. Schubring in Zeitschr. f. bild. Kst., N. F., XV 209 ff. — W. Bode, Die italien. Plastik (Berlin 1905) p. 143 bis 146. *E. Scatassa.*

Arcangeli, Giovanni Battista, Architekt, geb. 1571 in Pesaro. Arbeitete zunächst an der Befestigung des Hafens von Sinigaglia im Herzogtum Urbino, trat hierauf in die Dienste des Papstes Clemens VIII. sowie Heinrichs IV. von Frankreich und schließlich in diejenigen Karls II. und Alfons' II. d'Este, in deren Auftrag er den Bau des Castelnuovo an der Porta dei Leoni zu Ferrara entwarf und leitete. Als späterhin an der Porto S. Agnese ein neues Kastell errichtet wurde, erhielt der Bau des Arcangeli den Namen Castelvecchio. Der Künstler starb 1615 in Ferrara.

Ricci, Storia dell' Archit. in Italia II 300, 320, III 131. *E. Scatassa.*

Arcangelo di Cola da Camerino, italien. Maler des 15. Jahrh. Der Künstler befand sich 1416 in Città di Castello, woselbst er im großen Saale des Palazzo Communale eine hl. Maria Magdalena in Freskomalerei auszuführen hatte, und zwar zur Erinnerung an den Sieg der Castellaner über die Markgrafen von Civitella. 1420 hat er laut Ausweis der „Matricola dell' arte de' Medici e Speziali" (Codex XXI des Florentiner Staatsarchivs: „Arcangelus olim Chole Vannis de Camerino, pictor, populi Sancti Egidii") im Bezirke S. Egidio zu Florenz seine Werkstatt gehabt, wo er dann 1421 ein Tafelgemälde für die Kapelle der Familie Bardi in der Kirche S. Lucia vollendete. Hierauf siedelte er nach Rom über, wahrscheinlich, um im Auftrage des Papstes Martin V. in der

Kirche S. Giovanni in Laterano Malereien auszuführen. Ein Triptychon von der Hand dieses Künstlers mit der Kreuzigung Christi auf dem Mittelbilde und je zwei Heiligenfiguren auf den Flügelbildern ist 1889 in der Kirche des Convento dell' Isola bei Cessapalombo (Marken) durch eine Feuersbrunst zerstört worden; die Signatur dieses Gemäldes lautete: „Anno Dni MCCCCXXV pinxit Archangelus Cole de Camerino". — Dieser Maler ist augenscheinlich identisch mit jenem *Arcangelo di Ghese di Vanni da Camerino*, den Ricci nach einer sicherlich irrtümlichen Lesart und Datierung Morenis zitiert hat.

Santoni in „Nuova Rivista Misena" 1890, No. 12; sowie in „Catal. degli uomini illustri di Camerino" (App. alla stor. del Savini, Camerino 1895). — Feliciangeli, Sulla vita di Giov. Boccati da Camerino (S. Severino 1906). — Frey, Die Loggia de' Lanzi zu Florenz (Berlin 1885, p. 363). — Gaye, Carteggio II 377. — Gualandi, Mem. orig. (Bologna 1844). — Magherini-Graziani, L'Arte a Città di Castello (1897) p. 73, 182. — Vasari-Milanesi II, 294. — Moreni, Not. istor. dei contorni di Firenze; und Illustr. delle medaglie di Bindo Altoviti (Firenze 1824). — Ricci, Mem. Stor. I, 175—180. *V. Aleandri.*

Arcangelo, Francesco Antonio di, neapol. Maler, 1665 in die Liste der Korporation der Maler eingeschrieben, † im Mai 1681.

Napoli Nobilissima VII 11. *G. Degli Azzi.*

Arcangelo di Ghese di Vanni, s. unter *Arcangelo* di Cola.

Arcangelo da Parma, Kanonikus und Miniator in Ferrara (wohnte dort in einem Hause des Druckers Lorenzo dei Rossi di Valenza) und in Parma. Er miniierte 1487 ein Buch, das der Schreiber Giovanni da Cremona geschrieben hatte. Von seiner Hand in der Biblioteca Estense in Modena (Raccolta Campori) ein Pergamentcodex von 1524, der außer einem reich kolorierten Titelblatt eine Anzahl schöner Initialen aufweist (teilweise mit figürlichen Kompositionen).

Cittadella, Docum. ed illustr. 178/9. — Stef. Lottici, „Calligrafi Parmensi", Erudizione e Belle Arti, nuov. ser. II fasc. XI—XII. — Venturi, La miniatura ferrarese nel secolo XV, in Gallerie Nazionali Italiane IV 194. **

Arcani, Gaspar, Schweizer Architekt, tätig 1593—1604 in Krakau.

Brun, Schweizer Kstlerlex. 1905. *H. V.*

Arcano de Arcani, Francesco, italien. Stückgießer, aus Cesena, tätig im Dienste Heinrichs VIII., Königs von England.

Champeaux, Dict. d. fond. etc. 1886, 32. **

Arcano, Pietro d', malte 1475 über dem Portal der Confraternità dei Calzolai zu Udine eine Darstellung Gottvaters in einer Engelglorie. Das Fresko wird schon zu Anfang des 19. Jahrh. als stark zerstört erwähnt.

Manzano, Cenni biografici, Udine 1885. *H. V.*

Arcanzoli (di Anzoli), Vittore di, Holzbildhauer in Venedig um 1510, nur bei Zani, Enc. met. II 174 erwähnt. *H. V.*

Arcari, Girolamo, italien. Architekt, stand von 1507 bis zu seinem Tode 1528 als Hofarchitekt im Dienste des Marchese von Mantua.

Giornale Ligust. XV 374, XVI 137, 138. — Coddé, Memorie degli artef. Mantov. — C. d'Arco, Arti e Artefici di Mantova (1857) II, Indice. *G. Degli Azzi.*

Arcari, Nicolò Maria, italien. Architekt, † 29. 8. 1526, Bruder des Girolamo A. und wie dieser für den Marchese di Mantova tätig.

Giornale Ligust. XVI 137, 138. *G. Degli Azzi.*

Arcayna, Pedro, katalan. Maler; im Jahre 1400 hat er die Vertäfelung der Decke des Ratssaales in Barcelona zu bemalen und 1401 wird ihm aufgetragen, eine Fontäne mit „Ölfarben" anzustreichen.

Sanpere y Miquel, Cuatroc. catal. I 73, 95. *M. v. B.*

Arce, span. Glasmaler, empfing nach den Ausgaberechnungen des Domkapitels von Burgos 1581 die Summe von 8600 Maravedis für die Restaurierung der Glasgemälde im Querschiff, vielleicht identisch mit *Juan de Arce,* Glasmaler, der um 1544 in Burgos tätig war.

Cean Bermudez, Dicc. I 46. — Riaño, Industr. arts in Spain S. 247. △

Arce, D. Celedonio de, Bildhauer, geb. in Burgos 1739. Schüler des Gregorio Barambio. Mitglied der Akad. von S. Fernando und 1788 vom König zum Hofbildhauer ernannt. Er schrieb: Conversaciones sobre la escultura, Pamplona 1786. Von ihm eine Reiterstatue Karls IV. in Elfenbein (gest. von Salv. Carmona).

Cean Bermudez, Dicc. I 46. *M. v. B.*

Arce, Geronimo de, span. Maler, welcher 1610 in der Pfarrei S. Lorenzo in Sevilla lebte.

Gestoso, Artif. Sevill. II 14. *M. v. B.*

Arce, Josef de, span. Bildhauer, Schüler des Juan Martines Montañes, verfertigte 1657 acht steinerne Kolossalstatuen der Evangelisten und Kirchenväter für das Sagrario der Kathedrale von Sevilla. Auch die Statuen des Hauptaltars der Karthause von Jerez waren von seiner Hand sowie andere Figuren in verschiedenen Kirchen Sevillas. 1667 erhält seine Witwe eine Zahlung von 34 000 Maravedis für Forderungen, die sie auf Grund von Arbeiten ihres Mannes an die Kirchenfabrik der Kathedrale zu machen hatte.

Cean Bermudez, Dicc. I 46—47 u. Descr. de la Catedral de Sevilla p. 174. — Gestoso, Artif. Sevill. I 173, 218. *M. v. B.*

Arce, Rodrigo de, Maler in Valladolid, geb. 1527.

Martí y Monsó, Estud. 427. *M. v. B.*

Arcediano de Antequera, Maler und Kleriker, welcher 1479 im Chor der Kathedrale von Sevilla ein Bild ausbesserte.

Gestoso, Artif. Sevill. II 14. *M. v. B.*

Arcerio, Michele di Gregorio und Pietro, da Sebenico, dalmatinische Architekten um 1450.

Archivio storico d'arte VII, 404. **

Arcerius, Johann, angeblich Kupferstecher des 17. Jahrh. in Frankfurt a. M. Er war jedoch nur Buchhändler in Franeker und hat das ihm, H. Alberti und C. van Dalen zugeschriebene Porträt des Joh. Maccovius (1587—1644), das von v. Dalen allein (nach Joh. Pandebus) gestochen wurde, mit H. Alberti zusammen verlegt.

Archainbaud, P. G., französ. Porträtmaler, stellte im Pariser Salon 1887—1890 aus. *H. V.*

Archambault, A. (Anna) Margaretta, amerikan. Malerin, geb. in Philadelphia, Pennsylvania, studierte auf der Pennsylvania Academy of Fine Arts und stand besonders unter dem Einfluß von Anshutz, Eakins, Hovenden und Donnoh. Mit ihren Miniaturen hat sie großen Erfolg gehabt, so daß sie 1902 in Philadelphia, wo sie jetzt lebt, die gold. Medaille erhielt. Ein Porträt von ihr (Rev. Charles D. Cooper) in der Church of Holy Apostles, Philadelphia. *Edmund von Mach.*

Archambault, Pierre, Dekorationsmaler, arbeitete 1506 an der Malerei des Hauses und der Kapelle du Lydieu im Schlosse Gaillon, für den Kardinal von Amboise, mit dem Gehalt von vier Sous täglich.

Deville, Comptes des dépenses du château de Gaillon. *H. Longnon.*

Archamone, Antonio, s. *Antonio* A.

Archanatten (Arkhonas), Hieronimus, 1573 „Paumeister über d. Land u. Grenz" in Steiermark, erhält per Monat 25 fl. und wird 1574 von Kaiser Max II. zum Superintendanten ernannt.

Jahrb. d. Kstsammlg. d. öst. Kaiserh. No. 1576. R.

Archangé, Jean Louis, französ. Architekt, geb. in Orsay (Seine-et-Oise) 11. 5. 1750, † in Paris Nov. 1832. Seine beiden Hauptbauten sind leider zerstört: Schloß Rochefort bei Dourdan (1787) und der 1810 einem Brand zum Opfer gefallene Theatersaal in Havre (1789).

Gabet, Dict. d. Artist. 1831. — Lance, Dict. d. Archit. franç., 1872. *H. V.*

Archaro, Hieronymus, s. *Arcari,* Girol.

Arche, Anton, erzbischöflicher Baurat in Olmütz, starb daselbst 1851. Er hat sich durch seine Wirksamkeit bei den großartigen Bauten des Kardinal-Fürsterzbischofs Freiherrn von Sommerau in Olmütz (Klerikal-Seminar) und Kremsier (Schloß-Kirchen- und Gartenbauten) hervorgetan.

Mitteilungen der k. k. mähr.-schles. Ackerbaugesellschaft vom J. 1852 S. 27. *W. Schram.*

Arche, Ginet d', französ. Werkmeister; 1395 am Bau der Kathedrale zu Vienne tätig, vollendete er jedenfalls deren Seitenkapellen, über denen sich eine aus dem 12. Jahrh. stammende äußere Galerie hinzieht; auch begann er wahrscheinlich den westlichen Erweiterungsbau dieser Kirche sowie den Neubau ihrer erst im 16. Jahrh. vollendeten prächtigen Fassade.

N. Chorier, Recherches des antiquités de Vienne, p. 237—238. — Alex. Pinchart in Meyers Kstlerlex. — L. Bégule, Congrès archéol. de Vienne 1879 p. 304. *C. Enlart.*

Archedemos aus Thera, ein Steinmetz untergeordneter Bedeutung, in der 2. Hälfte des 5. Jahrh. in Attika ansässig geworden. Seinen Namen hat er dadurch verewigt, daß er eine der großen natürlichen Grotten im südlichen Hymettos (in der Nähe des heutigen Dorfes Vari) „von den Nymphen ergriffen" für Apollon, Pan, die Nymphen und Chariten zu einem Heiligtum ausgestaltete. Die Grotte war von 600—150 v. Chr. von Andächtigen viel besucht (wie es scheint, spielte hier auch die bekannte Geschichte von Platon und den hymettischen Bienen), dann erst wieder im 4. Jahrh. n. Chr. von der armen christlichen Landbevölkerung. 1901 ist die Höhle durch amerikanische Ausgrabungen genau untersucht worden. Die provinziale theräische Kunstfertigkeit die gewachsenen Felswände abzumeißeln, hat sich bei A. auch in Attika nicht verfeinert. Mehrere Inschriften, bald theräisch-dorisch, bald ionisch-attisch in Dialekt und Schrift, melden seine verschiedenen Verdienste um dies Grottenheiligtum. Auch sich selbst hat A. in rohem Relief verewigt, ziemlich tief unten an der Mittelwand der Grotte: mit kurzem Handwerkerwams, Spitzhammer und Richtscheit.

Brunn, Gesch. d. gr. Kstlr. II 341. — Curtius u. Kaupert, Atlas von Athen 30, Taf. VIII, 1 u. 2. — Pauly-Wissowa, Realenc. II 440, 8 (Fabricius). — Hiller v. Gärtringen, Thera I 161, III 82. — Americ. Journ. of Archaeol. 1903 S. 263 ff. *H. Thiersch.*

Archega (Archiga oder Achega), Pedro de, Waffenschmied des 17.—18. Jahrh. in Toledo, mit dessen Marke zwei Degenklingen der Madrider Armería Real signiert sind.

Catalogo von 1898, p. 242 (mit nota 1), 261. *

Archelais, Maler an der k. Porzellanfabrik in Sèvres in der 1. Hälfte des 19. Jahrh., wird als Künstler im „pâte sur pâte" gerühmt. Ein *J. Archelais* dort tätig 1865—1902.

Archelaos, Bildhauer, Sohn eines Apollonios, aus Priene. Bekannt durch ein von ihm signiertes Relief, die sogenannte Apotheose Homers. Das Relief wurde im 17. Jahrh. an der Via Appia bei Bovillae (unterhalb von Grottaferrata) entdeckt und befindet sich heute im britischen Museum (Brunn-Bruckmann, Denkm. 50). Dargestellt ist der Abhang eines Berges, auf dessen Spitze in bequemer Haltung Zeus lagert; an dem Abhang sind Mnemosyne (nur Sauer nennt die Figur Hera), die neun Musen und Apollon in zwei Streifen gruppiert; Apollon steht in einer Grotte, rechts von ihr die Statue eines Dichters, hinter der ein Dreifuß aufragt. Im untersten Streifen ist vor einem Vorhang, der vor einer Säulenhalle ausgespannt ist, also im Hof eines Heiligtums die Apotheose Homers dargestellt: der Dichter thront links mit mächtigem Szepter, eine Rolle in der Rechten; hinter ihm stehen Oikumene, die bewohnte Erde, die Personifikation des Raumes, und Chronos, die der Zeit. Jene kränzt den Dichter, der Chronos hält in jeder Hand eine Rolle, die beiden Dichtungen Ilias und Odyssee, die außerdem jede durch eine kniende weibliche Gestalt rechts und links von dem Sitz Homers personifiziert sind; an der Fußbank befinden sich Frosch und Maus zur Andeutung der Batrachomyomachie. Rechts folgt die Opferhandlung; über dem runden Altar, auf den Historia Weihrauch streut, ragt ein Buckelochse auf, während links Mythos, als Knabe gebildet, bereit zum Libieren steht. Der Historia schließen sich an Poiesis mit hocherhobenen Fackeln, Tragodia und Komodia mit betend erhobenen Rechten. Den Abschluß bildet eine dichtgedrängte Gruppe: ein Kind — Physis — und vier Frauen — Arete, Mneme, Pistis, Sophia —; sie gibt dem Gedanken Ausdruck, unsere Natur werde, wenn wir Homers gedenken, zu Tugend, Treue und Weisheit erzogen (Wilamowitz bei Watzinger, Relief des Archelaos, S. 17). Für die Darstellung der Musen hat A. eine Musengruppe benutzt, die jetzt allgemein dem rhodschen Künstler Philiskos zugeschrieben wird; sie befand sich zu Plinius' Zeit bei der Porticus der Octavia, hatte aber zunächst jedenfalls irgendwo im griechischen Osten, am wahrscheinlichsten in Rhodos selber gestanden. Auch die anderen weiblichen Figuren entsprechen Typen, die in späthellenistischer Zeit an der Küste Klein-Asiens und den benachbarten Inseln allgemein bekannt und beliebt waren (Watzinger, S. 14; Amelung, Katal. d. d. ant. Skulpt. im Vatikan I 35; vgl. Athanodoros III). Da eine der Musen des Philiskos im Anfang des 2. Jahrh. v. Chr. bereits in Pergamon kopiert worden ist (Watzinger, S. 8), muß die Musengruppe vorher, wahrscheinlich am Ende des 3. Jahrh., im Beginn der rhodischen Kunstblüte, entstanden sein. Das gibt den terminus post quem für Archelaos. Da die Darstellung des Landschaftlichen auf dem Relief noch sehr einfach ist, dürfen wir seine Lebenszeit um die Wende des 3. und 2. Jahrh. annehmen; auf dieselbe Zeit führt der Charakter der Inschriften. Endlich hat man in den Köpfen der Oikumene und des Chronos Porträts eines hellenistischen Herrscherpaares jener Zeit wiedererkennen wollen. (Watzinger, S. 18 ff., Ptolemaios IV, Philopator und Arsinoe. Weniger überzeugend Hauser in den Österr. Jahresh. 1905, S. 85 f. den syrischen König Alexander I. Balas und seine Gattin Kleopatra; Sauer will a. u. a. O. in dem Chronos Attalos II. erkennen, in der Arete, die nach ihm Porträt und deutlich greisenhaft ist, dessen Mutter Apollonis.) Man nimmt heute fast allgemein an, das Relief sei das Weihgeschenk eines im Agon siegreichen Dichters, der zugleich seinen Sieg verherrlichen und seiner Devotion für Homer Ausdruck geben wollte; die Statue rechts von Apollon stelle den Dichter dar, dem erlaubt worden sei, das eigene Bildnis und seinen Siegespreis, den Dreifuß, in einem Heiligtum des Apollon aufzustellen, von dem man dann natürlich annehmen muß, es habe der Reliefdarstellung entsprechend an einem Bergesabhang gelegen (Watzinger sucht eine lokale Andeutung auf Rhodos in der Gegenwart des Zeus auf dem Gipfel, die sich aber einfach dadurch erklärt, daß er der Vater der Musen war, die er mit Mnemoysne erzeugt). Es ist doch die Frage, ob man dann nicht konsequenterweise annehmen müßte, daß an dem Fuß dieses Berges auch ein Heiligtum des Homer gelegen habe. Eine derartige Darstellung auf einem Weihgeschenk mit dem Weihenden an unbedeutendster Stelle, nur in effigie und ohne deutlichen Hinweis auf Sieg und Dank wäre vereinzelt und ist von vornherein unwahrscheinlich. Dichterstatuen und Dreifüße standen in jedem Heiligtum des Apollon und der Musen, und da die Statue kaum noch einmal Homer und, weil ihr die Inschrift fehlt, auch kaum Hesiod darstellen kann, so wird sie der Bildhauer nur als Staffage angebracht haben. Endlich wäre zu erwägen, ob das Relief nicht vielmehr zum Schmuck einer Bibliothek bestimmt gewesen sei; an einem solchen Orte wäre die Verehrung des Homer mit dem ganzen gelehrt-allegorischen Apparat sofort verständlich; zudem wurde in Bovillae an demselben Ort die sogenannte Tabula Iliaca gefunden, deren Bestimmung auch keine andere gewesen ist.

B r u n n, Gesch. d. gr. Kstlr. I 572, 587. — O v e r b e c k, Schriftq. 2285. — Ders., Gesch. d. gr. Plastik II⁴ S. 457 f., 463 f. — C o l l i g n o n, Hist. de la sculpt. gr. II S. 674 f. — M i c h a e l i s bei Jahn, Gr. Bilderchr. S. 81 ff., 410. — L ö w y, Inschr. gr. Bildh. 297. — P a u l y - W i s s o w a, Realenc. II 454, 39 (Robert). — S a u e r, Verh. d. Halleschen Philologenvers. (1903) S. 21 f. — S i e v e k i n g, Abbild. zu Christ, Griech. Lit.-Gesch. 4. Aufl. Abb. 1. — W a t z i n g e r, Relief des Archelaos (63. Berl. Winckelmannsprogramm). *Amelung.*

Archembault, s. *Archambault.*

Archembold, A r n o u l u. A n g e r, französ. Werkmeister, restaurierten 1026 die Abtei von St. Benoit an der Loire.

Rocher, L'égl. de l'abbaye de St. Benoit s. L. — Bauchal, Dict. des Archit. *C. Enlart.*

Archenault, Adrien François Théodore, Genre- und Porträtmaler in Paris, geb. daselbst 25. 12. 1825, Schüler von Abel de Pujol und H. Vernet, stellte im Salon (1859—1879) wiederholt aus.

Bellier-Auvray, Dict. génér. und Suppl.

Archenaut, französ. Miniaturmaler um 1800. Die Bezeichnung „Archenaut" trägt ein vorzügliches Damenbildnis auf Elfenbein (angeblich Porträt der Mme J. A. de Récamier), das auf der Auktion E. v. Waldenburg (J. M. Heberle, Köln, 1894, Kat.-No. 1354) zur Versteigerung kam. ***

Archennos, s. *Archermos.*

Archer, Archibald, Porträtmaler, zuerst in London, später in Liverpool tätig, stellte von 1810—1845 wiederholt in der Roy. Academy aus.

Graves, Roy. Acad. Exh. I 56. **

Archer, F. S., Bildhauer in London, stellte 1836—1851 eine lange Reihe von Herren- und Damenporträtbüsten in der Roy. Academy aus.

Graves, Roy. Acad. Exh. I 57. **

Archer, J. S., Architekt in London, tätig um 1808—1827.

Graves, Roy. Acad. Exh. I 59. **

Archer, James, engl. Kupferstecher der Stechergruppe von J. M. W. Turner, tätig in Nordamerika, fertigte eine Anzahl Ansichten New Yorks (St. Pauls, Broadway; Mansion House, Broadway) und eine Ansicht der Harvard University bei Boston. *E. Richter.*

Archer, James (R. S. A.), engl. Genre- und Porträtmaler, geb. in Edinburgh, † am 3. 9. 1904 in Haslemere, Schüler der Edinburgher Trustees Academy (seit 1838 unter Sir William Allan), widmete sich die ersten 10 Jahre seiner Tätigkeit dem Zeichnen von Kreideporträts. 1849 zeigte er ein Gemälde: The Last Supper, das Beifall fand. 1852 war er auf der Ausstellung in Edinburgh mit Historien, Porträts, Genrestücken und Landschaften vertreten. 1850 erschien zum ersten Male ein Damenporträt von ihm auf der Ausstellung der R. Academy, die er dann bis 1904 Jahr für Jahr zumeist mit mehreren Bildern beschickte. Was ihn populär machte, waren in erster Linie seine gemalten Romanzen und Balladen, die nicht nur inhaltlich reizvoll dargestellt, sondern auch mit technischen Qualitäten gemalt waren; z. B. „Fair Rosamund and Queen Eleanor" (Roy. Acad. 1859), „Playing at a Queen with a Painters Wardrobe" (Acad. 1861) und die Serie „The history of King Arthur". — 1862 verließ er Edinburgh, um in London dauernden Aufenthalt zu nehmen. Auch auf den Weltausst. in Paris 1867, 1878, 1889, in Wien 1873, auf der Akad. Kstausst. in Berlin 1881 (Porträt des Geigenvirtuosen Prof. Joachim) und auf der Jubiläumsausst. daselbst 1883 war er vertreten.

The Art Journal 1871, 97—99 (mit Abb.). — Meyer, Kstlerlex. II 218 (Artikel von Sidney Colvin). — The Studio, Separatheft: Roy. Scottish Acad. 1826—1907. — Graves, Roy. Acad. Exh. I 57 ff. **

Archer, Miss Janet, Porträt- und Genremalerin in London, stellte von 1873—1893 wiederholt in der R. Academy aus.

Graves, Roy. Acad. Exh. I 58. **

Archer, John Wykeham, engl. Stecher, auch Maler, geb. 2. 8. 1806 (nach anderen 1808) zu Newcastle on Tyne, † zu London 25. 5. 1864. Schon 1820 kam er nach London zu dem bekannten, namentlich in der Darstellung von Tieren ausgezeichneten Stecher John Scott. Er widmete sich insbesondere dem Architektur-Stich. 1827 fertigte er in seiner Heimat die großen Radierungen von Fountains Abbey in Yorkshire, sowie von der Abteikirche und Abbots Turm zu Hexham. Dann ging er nach Edinburgh, wo er eine Menge von Zeichnungen nach alten Gebäuden und Straßen dieser Stadt machte. Nach London zurückgekehrt, trat er in die Werkstatt von W. und E. Finden ein, um auch die Technik des Stahlstichs zu erlernen. Als Mitglied der New Society of Painters in Water Colours machte er eine Reihe von Zeichnungen von St. Mary Overy (vor der Restauration) und von Lambeth Palace.

Von seinen vielen Zeichnungen sind eine Reihe von einigen Hundert nach alten Londoner Gebäuden in der Twopenny-Sammlung, seit 1874 im British Mus., und eine Folge der alten Bauten in der Grafschaft Northumberland, in der Sammlung zu Alnwick Castle. Er malte auch einige Architekturbilder in Öl, und hat viele Zeichnungen für Zeitschriften geliefert. Von seinen Stichen seien genannt:

1\. Vestiges of old London 1851. Mit 37 Taf. 4. — 2. The Recreations of Mr. Zigzag the Elder in: Douglas Jeralds Magazine. — 3. Richmond Castle and Town. Nach Turner. Fol. — 4. Crook of Lune, looking towards Hornby Castle. Nach Dems. Fol. — Beide in Whitakers History of Richmondshire.

H. Ottley, A biographical and critical Dictionary etc. — Binyon, Catal. of drawings in the British Mus. — Redgrave, Dict. — The Art Journal 1864 p. 243 (Nekrolog). *R.*

Archer, Thomas, engl. Barockbaumeister, entfaltete eine bedeutende Bautätigkeit in der 1. Hälfte des 18. Jahrh., † 23. 5. 1743, Schüler von Sir John Vanbrugh. 1710 baute er Heythorpe Hall (Oxfordshire), dann Harcourt House, Hanover Square, 1715—19 St. Philips Church in Birmingham, 1721—28 St. Johns Church, Westminster, die Walpole als das Hauptwerk seiner Manier bezeichnete.

Walpole, Anecdotes of painting, Aufl. von 1786 p. 85. — Monaldini, Vite dei più celebri Architetti. Roma 1768 p. 398. — Redgrave, Dict. **

Archereau, Louis, französ. Architekt, geb. 1854 in Chantonnay (Vendée), Schüler von André, baute die Schlösser La Fauconnière und Vue, die Schule in St.-Michel und mehrere Gebäude in Fontenay-le-Comte.

Delaire, Les archit. élèv. etc. 1907. p. 161.

Archermos, Bildhauer aus Chios, Sohn eines Mikkiades, Vater des Bupalos und Athenis (s. d.). Er muß gegen die Mitte des 6. Jahrh. v. Chr. tätig gewesen sein, Plinius nennt den Großvater des A. und Ahn der Familie Melas; doch wäre es möglich, daß diese Angabe nur auf mißverständlicher Deutung einer Inschrift wie die sofort zu nennende aus Delos, beruhte (in dieser Inschrift wird nach der fast allgemein angenommenen Ergänzung Chios als Μέλανος πατρώιον ἄστυ bezeichnet, Melas aber war der mythische Gründer der Stadt, ein Sohn des Poseidon und einer Nymphe). Werke des A. befanden sich, nach Plinius, auf Lesbos und Delos. Auf Delos hat sich denn auch eine Basis gefunden (Löwy, Inschr. gr. Bildh. 1), deren Inschrift Mikkiades und Archermos nennt, und zwar nach der einleuchtendsten Ergänzung (s. zuletzt E. Gardner Class. Rev. 1893, S. 140 f.) als gemeinsame Verfertiger eines Weihgeschenkes, das selber verloren ist, am wahrscheinlichsten aber Sphinx oder Greif war (Sauer, Athen. Mitt. 1891, S. 182 ff.). Eine zweite, deutlich jüngere Inschrift des A. hat sich im Perserschutt der athenischen Akropolis gefunden (Ephem. arch. 1886, S. 134; 1888, S. 74; CIA IV, S. 181); sie steht an dem Schaft einer kanellierten Säule, deren Kapitell das ebenfalls verlorene Weihgeschenk getragen hatte. Als besonderes Verdienst des A. wird uns in einem Scholion zu Aristophanes überliefert, er habe zuerst die Siegesgöttin geflügelt gebildet; die Nachricht gründet sich auf eine Notiz pergamenischer Forscher (οἱ περὶ Καρύστιον τὸν Περγαμηνόν φασι; der Name des A. ist in Ἄρχεννος verderbt). Als sich nun auf Delos nahe bei jener Inschrift ein hochaltertümliches Bild einer geflügelten weiblichen Gottheit fand (Brunn-Bruckmann, Denkm. 36 und sonst oft), suchte man beides zu kombinieren, glaubte also eine Nike des A. zu besitzen, bis sich herausstellte, daß diese Kombination unmöglich sei. Die Frage ist nun, ob man diese Statue dennoch als Werk des A. gelten lassen dürfe, aus dessen Zeit sie sicher stammt, und trotzdem ihr Stil in eine ganz andere Richtung zu weisen scheint. Diese Annahme, für die besonders Studniczka und Lechat eingetreten sind, läßt sich nur halten, wenn man annimmt, daß die kretisch-peloponnesische Kunst auf die ältesten Meister von Chios sehr stark, ja bestimmend eingewirkt hat, und daß A. noch vollkommen unter ihrem Einfluß stand.

Brunn, Gesch. d. gr. Kstlr. I 38 f. — Overbeck, Schriftq. 314 f. — Ders., Gesch. d. gr. Plastik I⁴ S. 80, 112, 152. — Homolle, Bull. de corr. hell. 1879 S. 393 ff. Pl. VI/VII (vgl. ebenda 1901 S. 496 Anm. 1). — Brunn, Ber. der Bayr. Akad. 1884 S. 524 ff. u. Kl. Schr. II S. 127 ff. — Robert, Archäol. Märchen S. 115 ff. — Winter, Athen. Mitt. 1888 S. 123 ff. — Brunn, Griech. Kunstgesch. II 90 ff. — Treu, Verh. d. 42. Philologenvers. (1893) S. 324. — Pauly-Wissowa, Realenc. II 457 f. (Robert). — Collignon, Hist. de la sculpt. gr. I 134 ff., 338. — Studniczka, Siegesgöttin S. 7 ff. Taf. II. — Roscher, Mythol. Lex. III 320 ff. (Bulle). — Treu, Österr. Jahresh. 1889 S. 200 f. — Klein, Gr. Kstgesch. I 138 ff. — Lechat, L'art att. av. Phidias 176 ff.

Amelung.

Archevesque, Julien l', Maler in Paris, nur urkundlich (in einer Familienangelegenheit) bekannt, Verwandter des Malers Louis Boullogne.

Jal, Dict. crit. 1872. *H. Stein.*

Archi, Donato, Maler in Florenz im 18. Jahrh., nur von Zani, Enc. met. II 176 dem Namen nach erwähnt. **

Archias, Bildhauer, Sohn eines Apollonios, aus Marathon. Bekannt durch die Inschrift einer im athenischen Dionysostheater gefundenen Basis, die den Schriftformen nach aus römischer Zeit stammt. Jedenfalls gehört er in eine Familie mit Apollonios III und wahrscheinlich auch A. VII. Es ist sehr wohl möglich, daß eben dieser A. auf dem Fragment eines Namensverzeichnisses, das sich in Athen gefunden hat (Löwy a. a. O. 545), gemeint sei; dem Schriftcharakter nach stammt es aus der zweiten Hälfte des 2. Jahrh. v. Chr.

Overbeck, Schriftq. 2216. — Löwy, Inschr. gr. Bildh. 230. — Pauly-Wissowa, Realenc. II 464, 22 (Robert). *Amelung.*

Archias, Architekt aus Korinth, Erbauer des von Moschion bei Athenaeus V 206d—209e ausführlich beschriebenen Prunkschiffes, das Hieron II. um 200 v. Chr. einem der Ptolemäerkönige schenkte. Ein riesiger schwimmender Palast mit ausgesuchtester Pracht ausgestattet, wie später etwa die venezianischen Prunkschiffe. Niemand eignete sich für solchen Auftrag besser als ein in der Tradition hundertjähriger Werften (Thukyd. I 13,2) zu Korinth aufgewachsener Techniker, als ein im Luxus des korinthischen Kunstgewerbes groß gewordener Dekorateur, dem als Beirat im Konstruktiven und Mechanischen Archimedes zur Seite stand. Das Schiff wurde in Ägypten aus „Syrakusa“ zu „Alexandria“ umgetauft.

Brunn, Gesch. d. gr. Kstlr. II 341. — Pauly-Wissowa, Realenc. 464, 23 (Fabricius).

H. Thiersch.

Archidamos I, Bildhauer hellenistischer Zeit, aus Milet. Bekannt durch die Inschrift einer Basis, die sich in Lindos gefunden und augenscheinlich die Statue eines Priesters der Athena getragen hat.

Löwy, Inschr. gr. Bildh. 200. — Hiller v. Gärtringen, Jahrb. d. Inst. 1894 S. 42. — Pauly-Wissowa, Realenc. II 470, 12 (Robert).

Amelung.

Archidamos II, Sohn eines Nikomachos, aus dem Beginn der Kaiserzeit. Familienzusammenhang mit A. I ist wahrscheinlich, Identität nicht zu beweisen. Bekannt durch die Inschrift einer Basis, die sich in Halikarnaß gefunden — gegen diese dreifach bezeugte Angabe steht eine vereinzelte, die Athen als Fundort nennt, — und die Statuen des Tiberius (als Kronprinzen) und seines Sohnes Drusus getragen hat.

Brunn, Gesch. d. gr. Kstlr. I 606 — Overbeck, Schriftq. 2293. — Löwy, Inschr. gr. Bildh. 356. — Hiller v. Gärtringen, Jahrb. d. Inst. 1894 S. 42. — Pauly-Wissowa, Realenc. II 470, 12 (Robert). *Amelung.*

Archifel (Archifeli), Antonio, italien. Silberschmied. 1534 in Palermo nachweisbar, 1542/3 in seiner Vaterstadt Catania als Meister des Reliquiars der hl. Agata und des dazu gehörigen Traggestells genannt. (Beide, 1891 durch Raub teilweise zerstört, befinden sich in der Kapelle der Heiligen im Dome, doch kann A. dasselbe nur begonnen haben, da noch bis 1650 daran gearbeitet wurde, s. *Aversa,* Paolo.) Am 14. 9. 1542 verpflichtet sich A., ein Sakramentstraggestell in reicher und kostbarer Arbeit für die Stadt Caltagirone zu fertigen, doch kam dasselbe schließlich nicht zur Ausführung.

G. D'i Marzo, I Gaggini, Palermo 1880 I 614 ff. — Notizen von M. Rosenberg. *E. Mauceri.*

Archifel, Vincenzo, Silberschmied. Er gilt als Catanier, war aber vielleicht fremder Herkunft. Am 19. 4. 1501 war er in Catania, wo er noch 1533 lebte. Sein Werk ist das kostbare Silberkreuz in der Chiesa maggiore von Assoro mit dem Relief des Gekreuzigten auf der einen und dem des auferstandenen Christus auf der anderen Seite. Es trägt die Inschrift: opera di mastro Vincentio Archifel.

G. Di Marzo, I Gaggini I 614. *E. Mauceri.*

Archikles, attischer Töpfer aus dem Kreise der sog. Kleinmeister, die in der zweiten Hälfte des 6. Jahrh. an Trinkschalen und anderen kleinen Gefäßen ihre ganz auf das Zierliche und Minutiöse gerichtete Dekorationskunst übten. Die von ihm bekannten signierten Vasen sind nicht zahlreich und geben von seinen malerischen Qualitäten, wenn man die Bildchen überhaupt ihm zuschreiben darf, keinen hohen Begriff. Ein paar weidende Tiere, ein Reiter sind alles, was von figürlichem Schmuck bei ihm vorkommt, während von seinem Mitarbeiter Glaukytes (s. d.) zwei Schalen mit sehr figurenreichen Kampfszenen bekannt sind (Wiener Vorlegebl. 1889, Taf. 2). A. begnügt sich die tiefe Schale — die einzige Gefäßform, die wir von ihm kennen — in 3 Teile zu gliedern und im mittleren zwischen den von den Henkelansätzen ausstrahlenden Palmetten seine zierlichen Tierfiguren oder nur seine Inschrift anzubringen; vereinzelt kommt dazu ein Innenbild. Der Meister steht der bedeutenderen s. f. Vasenmalerei schon ferner als Glaukytes (vgl. von verwandten Meistern besonders Anakles, Hermogenes, Tleson, Xenokles).

Abbildungen seiner Werke: Klein 1 bei Panofka, Mus. Blacas 16, 1. 2. — Klein 3 Röm. Mitt. 4 (1889) 161.

Klein, Vasen mit Meistersignat.[2] S. 76 ff., 1—4. — A. Schneider, Röm. Mitt. 4 (1889) 158 ff. — Pauly-Wissowa, Realenc. II 487,5 (Robert). *Sauer.*

Archilochos aus Agryle in Attika, Architekt, im Jahre 408/7 tätig am Erechtheion zu Athen, nicht nur als untergeordneter Bauführer, sondern als Nachfolger des Chefarchitekten Philokles (CIA I. 324).

Brunn, Gesch. d. gr. Kstlr. II 341. — Michaelis, Arx Athenarum 106. — Ders., Ath. Mitt. 1889, 356 ff.; 1901, 223 ff. (Kolbe). — Pauly-Wissowa, Realenc. II 507, 3 u. Suppl. I 120 (Fabricius). *H. Thiersch.*

Archimbaud, Genfer Goldschmiedfamilie des 17. Jahrh., nur urkundlich bekannt.

Brun, Schweizer Kstlerlex. 1905. *H. V.*

Archimedes, der berühmte Mathematiker aus Syrakus, wird erst in römischer Zeit auch unter den berühmten Architekten genannt; so steht er bei Varro unter den 7 Hauptbaumeistern, offenbar wegen seiner großen mechanischen, konstruktiven Erfindungen („Wasserschnecke", Winden, Flaschenzüge, Belagerungsmaschinen). Wirkliche Bauten sind von ihm nicht bekannt.

Brunn, Gesch. d. gr. Kstlr. II 341 f. — Pauly-Wissowa, Realenc. II 538 (Hultsch). *H. Thiersch.*

Archimedes, s. *Genoels,* Abr.

Archinti, Luigi, italien. Maler, Novellendichter und Kunstschriftsteller, geb. 1825 zu Mailand, † 5. 2. 1902. Von seinen wenigen Gemälden wird eine „Battaglia medievale" in der Sammlung Ravené zu Berlin als eine energische u. koloristisch interessante Schlachtendarstellung gerühmt. Seine Haupttätigkeit entfaltete er als vorurteilsfreier und einsichtsvoller Kunstkritiker der „Illustrazione Italiana" und des „Diritto" (unter den Pseudonymen L. Chirtani und L. Tarchini); unter seinem eigenen Namen veröffentlichte er ein Buch, betitelt „L'Arte attraverso i secoli".

Gubernatis, Diz. degli Artisti ital. viventi — N. D'Althan, Gli artisti ital. (Torino 1902). *R.*

Archioli, Rafael de, span. Baumstr. in Valladolid unter Karl V. angestellt. 1551 und 1552 bei dem Kloster Abrojo und 1554 bei dem Kastell Simancas beschäftigt.

Llaguno y Amirola, Not. II 54. △

Archion, angeblicher Gemmenschneider. Der Stein mit seinem Namen ist eine moderne Fälschung.

Brunn, Gesch. d. gr. Kstler. II 604. *Pernice.*

Archipow, Abram Efimowitsch, russ. Maler, geb. 15. 8. 1862 im Rjäsanschen Gouvern., Schüler der Moskauschen Kunstschule und der Akad. in Petersburg. Von ihm auf der Dezenalausstellung in Paris 1900 die Gemälde: Der Alte, Zurück, Auf der Wolga; auf der internationalen Ausstellung in Düsseldorf waren: Sommer und Russisches Dorf, beide im Besitz v. Iwan Morosow in Moskau. Die Tretjakoffsche Galerie in Moskau besitzt von ihm: den Dorfheiligenbildmaler (1891), Einsiedler (1892), auf der Oka (1892), Krankenbesuch. — In kaiserl. Besitz: auf der Wolga.

N. P. Sobko, Russ. Kstlerlex. *W. Neumann.*

Archita aus Lucca, Maler in Rom. Malte nach Titi in einer Grotte der Villa Borghese Grotesken, Musen und andere Gottheiten al fresco. Bei Zani und in den Memorie e Documenti per la Storia di Lucca wird er Archita Ricci genannt. Bei Zani noch die Notiz: Lebte um 1660.

Titi, Descrizione etc. di Roma, Roma 1763, p. 440. — Mem. e Dor. per la Storia di Lucca VIII 133—5. — Zani, Encicl. XVI. — Meyer, Kstlerlex. II 219. *Walter Bombe.*

Archita, Maler aus Perugia(?). Malte, wie Titi berichtet, zu Anfang des 17. Jahrh. in der Kirche S. Sebastiano vor den Mauern Roms in Fresko über einem Altar den hl. Hieronymus, welcher restauriert ist, und über einem anderen Altar den S. Bernardo und S. Carlo. Die Nachrichten, welche Pascoli über ihn gibt, entbehren jeder Begründung. Vielleicht ist Archita mit dem ebenfalls bei Titi p. 440 erwähnten Archita aus Lucca (s. o.) identisch.

Titi, Descrizione delle pitture, sculture ed architetture in Roma, Roma 1763, p. 70, 71, 440. — Pascoli, Vite dei Pittori, Scultori ed Architetti Perugini, Roma 1732, p. 165—166. — Meyer, Kstlerlex. II 219. *Walter Bombe.*

Archon, s. *Arconi.*

Arciès, Gauthier d', französ. Werkmeister, tätig um 1500 am Bau der Kathedrale von Troyes, erneuerte mit Colleçon Faulchot den steinernen Bodenbelag dieser Kirche.

Assier, Comptes de la cathédr. de Troyes. — Bauchal, Dict. des Archit. *C. Enlart.*

Arcilaccio, Giambattista, namhafter Militär- und Privatarchitekt aus Pesaro, geb. 1581, † 1615, während er in Ferrara Befestigungen ausführte.

Zani, Enc. met. II 177 u. Anm. No. 131. **

Arcimanno, Battista, Goldschmied des 15. Jahrh. (?) aus Viterbo. Von ihm ein goldner Abendmahlskelch in Montefiascone, ausgestellt 1896 in Orvieto, bezeichnet: Arcimanno Battista de Viterbio me fecit.

Gaz. d. b.-arts 1896 II 502. **

Arcimboldo, Giuseppe, Maler aus Mailand, geb. um 1530 (?), † daselbst am 11. 7. 1593, entstammte einer alten Mailänder Patrizierfamilie. Über seine Jugend und seine Lehrer wissen wir nichts. Wurde von Kaiser Ferdinand I. als Hofmaler berufen und diente auch dessen Nachfolgern Maximilian II. und Rudolf II. Er soll alle Personen des kaiserlichen Hofes porträtiert haben (Moriggia). Lomazzo rühmt besonders die Bildnisse, die er von Kaiser Maximilian verfertigte. Seine Spezialität war jedoch die Zusammensetzung menschlicher Köpfe und ganzer, zumeist allegorischer Gestalten aus Blumen, Früchten oder Tieren. In dieser Weise malte er nicht ohne verblüffende Geschicklichkeit mehrmals die „vier Elemente" und die „vier Jahreszeiten". Einige dieser Bilder besitzen heute die Galerie des Hofmuseums in Wien und die Galerie des Joanneums in Graz. A. war auch ein erfindungsreicher und vielgewandter Arrangeur von Festzügen, Turnieren, Schaustellungen aller Art, Dekorationen für Komödien etc., so daß er am Hofe eine wichtige Rolle spielte und vielfach ausgezeichnet wurde. Er schied 1587 aus dem Hofleben aus und wurde 1591 geadelt. Comanini schreibt A. die Entdeckung der harmonischen Grade der Farben entsprechend den musikalischen Tonintervallen zu, welche gewöhnlich dem erst 1688 geborenen französ. Jesuiten Louis Bertrand Castel zugeschrieben wird. Nach seinem Tode wurden auf ihn Lobgedichte in lateinischer und italienischer Sprache verfaßt.

Campori, Raccolta di cataloghi p. 192. — Lomazzo, Trattato della pittura. VI 26. — Ders., Idea del tempio della pittura cap. XXXVIII. — Gr. Comanini, Il Figino etc. dialogo Mantova 1591. — Moriggia, Della nobilta di Milano l. V. 461. — Lanzi, Storia della Pittura V. — Malvasia, Felsina Pittrice. — Jahrb. d. Samml. d. österr. Kaiserh. V 2. T., X. — Archiv f. österr. Geschichtsquellen 1850 V 709 ff. — Hormayr, Archiv 1825 p. 573. — Mitteil. d. K. K. Zentr.-Komm. X 1865, 207. — Archivio stor. lomb. 1885 S. II V. II. Anno XII. *Ernst Diez.*

Arcini, Pietro. Im Museo Nazionale, Florenz, ein Prunkschwert, dessen in Eisen geschnittenen und vergoldeten Griff Darstellungen von weiblichen Figuren und das Wappen der Medici schmücken, trägt das Datum 1641 und die Signatur des Petrus Arcini aus Reggio (1616—1702), einer der letzten aus der Reihe der berühmten Ziseleure Italiens.

W. Böheim in der Zeitschr. f. hist. Waffenkunde II 28 ff. **

Arcioni, Battista degli, Architekt in Rom, wo er als einer der „magistri stratarum et aedificiorum" des Papstes Sixtus IV. 1483 hohe Zahlungen erhielt für Umbauten von Häusern und für die Verbreiterung der Hauptstraßen der Stadt.

E. Müntz, Les Arts à la Cour des Papes (1878) III 179, 193. *

Arcioni, Daniele, Goldschmied in Mailand um 1500, nach dem Zeugnis seines Zeitgenossen Ambrogio Leone da Nola († 1515; vgl. dessen Schrift „De nobilitate rerum", cap. 41) besonders hervorragend und berühmt als Niellist und Emailleur. Ein nur 14 Unzen schweres silbernes Salzfaß war dem Meister von einem zeitgenössischen Liebhaber mit der hohen Summe von 700 Scudi d'oro bezahlt worden. Im Kabinett Malaspina di Sannazaro zu Padua sah Duchesne den Niello-Abdruck eines mit Arabesken verzierten Messerheftes, den er auf Grund der Signatur DA dem Daniele A. zuschrieb. Von erhaltenen Originalwerken des Meisters sahen Piot und De Laborde in der Pariser Kollektion Gatteaux eine Anzahl kleiner Kußtäfelchen mit mantegnesken Madonnendarstellungen in äußerst zarter Emaillemalerei (auf hellblauem Grund). Außerdem möchte Piot dem A. einige ebenfalls stark mantegneske bronzene Plaquetten kleinsten Formates zuschreiben, insbesondere eine in seinem eigenen Besitze befindliche Sebastiansdarstellung, sowie eine mit einem winzigen Pietà-Relief geschmückte Agraffe in der Collection Bonnafé zu Paris.

Meyer, Kstlerlex. (mit älterer Literatur). — Zani, Encicl. II 178. — E. Piot in Gaz. des B.-Arts 2 pér., XVIII 1067 f.

F. Malaguzzi-Valeri.

Arcioni, Giulio, Goldschmied in Parma, wo er 1543 Zahlung erhielt für eine Anzahl ziselierter und vergoldeter Silbergefäße, mit denen Donna Giulia Sforza-Pallavicini von seiten der Stadtgemeinde Parma beschenkt wurde.

Scarabelli-Zunti, Mscr. in der Bibl. Palat. zu Parma. *St. Lottici.*

Arcipreti, Costantino di Messer Agamemnone degli, Miniaturist in Perugia. Sein Name ist in der Matrikel der Miniaturisten unter den im Quartier Porta S. Angelo wohnhaften Mitgliedern verzeichnet. Im 2. Semester 1464 war er Camerlengo der Zunft und wohnte im Quartier Porta Sole.

L'arte dei Miniatori in Perugia, Giorn. di Erud. artistica Vol. II 1873 p. 310, 315.

W. Bombe.

Arcis, Marc, französ. Bildhauer, geb. in Mouzens bei Lavaur (Tarn), Schüler des Malers Rivals zu Toulouse. 1674—1677 arbeitete er eine Anzahl von Porträtbüsten für die Galerie berühmter Männer im Hôtel de Ville daselbst. Dann nahm er in Paris an der plast. Innenausschmückung der Sorbonne-Kirche teil, außerdem führte er in Versailles steinerne Vasen, Schmuckzierat u. Trophäen aus. 1688 begann er die Ausführung einer marmornen Wegsäule, die den Gott des Frühlings darstellte, von Simon Mazière vollendet wurde u. im selben Park, zwischen der Grande allée und dem bassin d'Apollon aufgestellt ist. 26. 8. 1684 wurde er Mitglied der Akad. mit einem Marmormedaillon des Apostels Marcus (jetzt in Notre-Dame in Versailles). 1690 wurde er nach Pau berufen, um eine Bronze-Statue des Königs auszuführen; (in der Revolution zerstört). Nach Vollendung dieses Werkes kam der Künstler nach Toulouse zurück, woselbst er zahlreiche Arbeiten übernahm z. B. „Le martyr de saint Sernin", ein Flachrelief, hinter dem Hauptaltar der Kirche Saint-Sernin, zwei Figuren, die den Hauptaltar der Kirche Saint-Etienne schmücken; „Saint Augustin en extase", ein Flachrelief, das früher den Altar des Augustinerklosters zierte; die Kolossal-Statuen in Terrakotta der Propheten Elias u. Elisa u. der Heiligen Augustinus u. Albertus, des Patriarchen von Jerusalem; ein Marmormedaillon Ludwigs XIV. und seine eigne Porträtbüste; ferner die Büsten des François de Nupces, des Jean-Pierre Rivals u. des M. de Vandages, im Mus. zu Toulouse; das Mausoleum des Marschalls d'Ambres, früher in der Kathedrale von Lavaur; zehn Statuen der Fassade der Kathedrale in Montauban; das Grabmonument der Bischöfe von Rieux (Haute-Garonne) u. endlich ein Flachrelief, das „Apollo u. die neun Musen" darstellte, für den Saal der Akad. der Musik in Toulouse. Marc Arcis starb 1739 zu Toulouse. Als Künstler blieb er wie viele seiner Zeit unter dem Einflusse Girardons, aber im Dekorativen leistete sein sonst mittelmäßiges Talent Beachtenswertes. Er war der Lehrer der aus Toulouse stammenden Bildhauer Parent und Pierre Lucas.

Lami, Dict. d. sculpt. franç. sous Louis XIV.

Lami.

Arciszewski (spr. Artzischewski), Christoph, hervorragender militär. Ingenieur und Feldherr des 17. Jahrh. 1592 als poln. Edelmann unweit Posen geboren, zeichnete er sich als Jüngling durch seine Anlagen und durch seine Abenteuerliebe aus. Infolge eines Zwistes mit tödlichem Ausgange flüchtete er nach Holland, trat in militär. Dienst und gab sich dem Studium der Ingenieur-, Fortifikations- und Minier-Kunst hin. 1629 begab er sich nach Brasilien, wo er bald zum General der Artillerie und Oberbefehlshaber aller dortigen Truppen der holländ. Westindischen Kompanie avancierte. Mit dem Rufe eines hochbegabten Strategen kam er 1645 nach Europa zurück und wurde vom Polenkönige Ladislaus IV. ins Vaterland zurückgerufen. Er war selbst ein gewandter Zeichner, führte Landkarten von Südamerika, Schlachten- und Befestigungspläne aus.

Ein Plan der Belagerung der brasilischen Festung Reale, nach der in der Kgl. Bibliothek zu Haag befindlichen Zeichnung wurde veröffentlicht in: Kraushar, Dzieje Krzysztofa Arciszewskiego, Petersburg. 2 Bde. 1892—3. Weitere Angaben in J. I. Kraszewski: Ikonotheka p. 21.

Dr. St. Tomkowicz.

Arco, A. dell', italien. Stecher des 19. Jahrh., von dem sich ein Blatt nach Giottos Kreuzigung in der „Galleria dell' Accademia di Firenze" findet. **

Arco, Alonso del, span. Maler, geb. 1625 in Madrid, † daselbst 1700. Mit dem Beinamen *El Sordillo de Pereda,* da er taub geboren u. Schüler des Antonio de Pereda war.

Außerordentlich fruchtbarer, aber fast handwerkmäßiger Maler, der mit Hilfe seiner Werkstatt die Klöster und Kirchen Madrids mit zahlreichen Bildern versorgte. Werke befinden sich dort in S. Juan de Dios, S. Andres, S. Felipe el Real, S. Bernardo und die besten vielleicht in der Kapelle U. L. Frau de la Novena in der Kirche S. Sebastian. Aus den Jahren 1682, 1683 und 1687 befanden sich Bilder im Mus. del Fomento. In der Akad. von S. Fernando ein Jesuskind unter dem Kreuz, im Louvre in Paris ein gutes Porträt des Don Manuel de Martin, Sekretärs der zweiten Frau Karls II. Cean Bermudez nennt sein Selbstbildnis in der Sammlg. Bernardo Iriartes, die Anfang des 19. Jahrh. aufgelöst wurde.

Palomino, El Mus. pictorico II 671—672. — Cean Bermudez, Dicc. I 47—50. — Kat. des Mus. Fomento, der Akad. San Fernando u. des Louvre. △

Arco, Carlo d', italien. Kunstschriftsteller der ersten Hälfte des 19. Jahrh. in Mantua, der für manche Illustrationen seiner Werke (s. Verzeich. im Universal Catalogue of books on art, London 1870) die Vorzeichnungen selbst lieferte.

Meyer, Kstlerlex. *H.*

Arco, Dionisio d', Maler des 17. Jahrh., wahrscheinlich illegitimer Sohn eines Grafen von Arco im Gebiete des ehemaligen Fürstentums Trient, vielleicht identisch mit dem Dionisius Archo de Domo, welcher in einem alten handschriftlichen Verzeichnis der in Arco zwischen 1590 und 1595 stattgehabten Geburten erwähnt wird. Nach einem Friese zu urteilen, welcher das ehemalige Palais des Grafen von Arco (gegenwärtig Eigentum der Familie Baldessari) im Kurorte Arco, auswendig ziert, und der auf der Ostfassade Dionisius de Archo pinxit anno 1637 bezeichnet ist, malte unser Künstler kräftig bei korrekter Zeichnung und höchst lebendiger Auffassung. *L. O.*

Arco, Geronimo del, Maler, 1610 in Sevilla.

Gestoso, Artif. Sevill. II 14. *M. v. B.*

Arco, Marco, Medailleur und Goldschmied in Rom in der 2. Hälfte des 16. Jahrh. Von ihm 2 Medaillen auf Papst Pius IV. († 1565).

Armand, Médailleurs Ital. I 211; III 93. **

Arcolani, Pace, Holzschnitzer in Gubbio, daselbst vom 21. 10. 1377 bis zum 31. 12. 1383 urkundlich erwähnt. Arbeitete zusammen mit dem Holzschnitzer Vanne „de la Macchaiana" am Palazzo del Bargello.

Archiv. Stor. per le Marche e l'Umbria IV. fasc., IX u. X 1—48. — Lucarelli, Guida di Gubbio p. 439. *G. Degli Azzi.*

Arcolano di Pietro da Mugnano, Maler in Perugia, 15. Jahrh. Aufgeführt in der Matrikel der dortigen Malergilde.

Rassegna Bibliograf. d. Arte Ital. II 211. *

Arconi (oder Arkon, Archon), Gaspar, wahrscheinlich Italiener, erhält 1593 das Stadtrecht in Krakau und tritt im 1. Jahrz. des 17. Jahrh. in Krakau als Maurermstr. auf. 1601 arbeitete er neben einem anderen Italiener Baptist (Castolli oder Pedrino) am Baue des vom König Sigismund III. am Schlosse Wawel in Krakau neu errichteten Turmes. Später wird er aus Anlaß einer Arbeit am Stadtpalais „pod Baranami" des Fürsten Janusz Ostrogski in Krakau gen. 1610 lebt er nicht mehr. *Dr. St. Tomkowicz.*

Arconio, Mario, Maler und Architekt um 1600 in Rom, wo er vermutlich noch unter dem Pontifikate Pius' V. geb. war und ca. 60 Jahre alt unter dem Pontifikate Urbans VIII. starb. Nachdem er eine Zeitlang Malstudien betrieben hatte, ging er schließlich zum Studium der Baukunst über, für die er mehr Neigung und Talent besaß. Baglioni u. Titi zitieren eine große Anzahl von Werken, die A. in Rom ausgeführt hat, darunter mehrere für die Adelsfamilie der Sannesi. Insbesondere vollendete er den von Antonio Casoni begonnenen Bau der Kirche und des Klosters S. Isidoro. Papst Paul V., der ihm schon als Kardinal (Camillo Borghese) eine einträgliche Stellung in seinem Hause gewährt hatte, belehnte ihn später mit der Statthalterschaft von Cori, die er jedoch nach dem Tode dieses Papstes wieder aufgeben mußte. A. starb 1635 und wurde im Portikus von S. Giovanni in Laterano begraben.

Titi, Descr. di Roma pp. 233—235, 339, 438, 476, 484. — Ritratto di Roma moderna. Roma 1689 p. 363. — Baglione, Le Vite de' Pittori etc. p. 215. — Orlandi, Abecedario, p. 315. — Meyer, Kstlerlex. *E. Modigliani.*

Arcos, Gonzalo, Holzbildhauer u. Kunsttischler in Sevilla. 1571—74 lieferte er Möbel für das Archiv der Stadt und erscheint 1599 und 1607 noch als Zeuge.

Gestoso, Artif. Sevill. I. 163, 173, 180. *M. v. B.*

Arcos, Gregorio de, span. Bildhauer, 1571 in Sevilla erwähnt.

Gestoso, Artif. Sevill. I 173. *M. v. B.*

Arcos, Luis Antonio, Bildhauer in Sevilla, 1675 als verheiratet erwähnt.

Gestoso, Artif. Sevill. I 231—32. *M. v. B.*

Arcos, Fray Tomas de los, span. Mönch, stach in Cordova 1633 das Wappen des Ponce de Leon für das Buch des Dr. Francisco de Leyva y Aguilar „Si por la urina puede ser conoscida la preñez en las mugeres" und 1634 das Wappen des Grafen Santisteban für ein diesem gewidmetes Werk „Notae, additiones et resolutiones ad glossas legum partitarum D. Gregorii Lopetii per Gasparum de Hermosilla"; ferner einige religiöse Blätter.

Cean Bermudez, Dicc. I 50. △

Arcos y. Megalde, Santiago, span. Maler, geb. in Santiago (Chile), beteiligte sich von 1878 ab an zahlreichen nationalen u. ausländischen Ausstellungen und wurde 1881 auf der Madrider Ausstellung, 1900 durch eine Medaille 2. Klasse auf der Pariser Weltausstellung ausgezeichnet. Mit seiner genauen und ein wenig trockenen Manier widmete er sich vornehmlich der Genre-Malerei und dem Porträt; ebenso führte er eine ganze Anzahl von Aquarellen aus und lieferte Illustrations-Zeichnungen. Von seinen Arbeiten führen wir an: Philipp II. im Eskurial eine Deputation der Niederlande empfangend; El Zoco de Tanger; Sie klagte über Hunger; Ein Wunder in Lourdes; außerdem verschiedene Porträts.

Ossorio y Bernard, Galeria biogr. de artistas españoles del siglo XIX. Madrid 1883/4. *P. Lafond.*

Arcucci, Camillo, italien. Architekt um 1650, erbaute die Fassade des Palazzo Gottifredi-Grazioli in Rom (Stich von Ant. Barbey in: Rossi, Nuovi Disegni III Taf. 51) und vollendete den Bau des Palazzo Pio auf dem Campo di Fiori ebendort (Fenstermuster gestochen von Barbey [Taf. 116] und Franc. Bartoli [Taf. 117 und 118] in Rossi: Studio d'Architettura).

Zani, Enc. met. II 178. — Meyer, Kstlerlex. *H. V.*

Arcuccio (od. Artuzzo), Angelillo, Maler in Neapel, in neapolit. Urkunden 1464—1492 häufig erwähnt. So hatte er 1472 den „tinello" (Gesindestube?) des Castel Nuovo zu Neapel mit Malereien zu schmücken, und 1483 erhielt er vom Guardian des Franziskanerklosters von S. Agata de' Goti den Auftrag, für die Kirche dieses Klosters ein großes Altarbild zu malen, darstellend die Jungfrau Maria, die 12 Apostel und den Erlöser. Leider sind von diesem prächtigen, 1782 von seinem ursprünglichen Platze entfernten Altarwerke nur drei in rohester Manier übermalte Einzelstücke erhalten geblieben, in denen der echt venezianische Malstil A.s so gut wie unkenntlich geworden ist. Besser erhalten sind zwei Altargemälde A.s in der Sakristei des Domes zu Aversa, ein Martyrium des hl. Sebastian (signiert „Angelus Arcucio de Neapoli pinxit a. d. 1468 — Restauratus a. 1782") mit prächtigen venezianischen Kostümfiguren in der Art derjenigen auf Carpaccios „Martyrium der hl. Ursula" in der venezianischen Akad., sowie ein Madonnenbild. — In neapolitanischen Urkunden von 1492 wird A. noch als lebend erwähnt.

Jahrb. d. Kgl. preuß. Kstsammlgn. XX 151. — Minieri, Gli artisti etc. in Castelnuovo p. 7. — Filangieri, Doc. per la storia etc. nelle prov. Napoletane II 17, 50, III 581, V 30. — E. Bertaux in Napoli Nobilissima V 7—8. *G. Degli Azzi.*

Arculanetti, Erculano di Francesco degli, Maler in Perugia 1645, aufgeführt in der Matrikel der dortigen Malergilde.

Rassegna Bibliograf. d. Arte Ital. II 213. *

Ardail, Albert, französ. Radierer, geb. zu Paris, Sohn des berühmten Druckers Ardail aus dem Hause Salmon, Schüler von Waltner, stellte im Salon seit 1886 aus. Er radierte die Original-Porträts des Obersten von Grandmaison, des Präsidenten Carnot, E. Mercadiers, des Grafen Moritz von Holtzendorff und der Madame Persil; ferner arbeitete er nach Gemälden von Boucher, Paul Chabas, W. Dendy Sadler, Fr. Flameng, Govaert Flinck, Fragonard, Geoffroy, Henner, Hughes, Luigi Loir, Meissonier, Prudhon, Rembrandt, Rodin, Royer, E. Toudouze. Adolphe Ardail, sein Vater, machte dem Kupferstich-Kabinett der National-Bibliothek zu Paris das Geschenk einer Sammlg. von mehr als 1700 Stück moderner Stiche in vorzüglichen Zuständen. Der dazu gehörige Katalog wurde von Georges Riat zusammengestellt und 1904 veröffentlicht. *J. Guibert.*

Ardant, Goldschmiedefamilie in Limoges, seit dem 15. Jahrh. dort nachweisbar. Die wichtigsten sind: Pierre I. († vor 1590), Martial († vor 1635), Jean II. († 1691), Pierre II. († 1705), François (1709), Jean V. (1709/20), Isaac († 1716), Jacques, Léonard und Arnaud (um 1710—1770). Auch Maurice Ardant, der Verfasser des Werkes „Emailleurs et Emaillerie de Limoges" (1855) entstammt dieser Familie.

Texier, Dict. d'orfévr. — Guibert, l'orfévrerie et les Orfèvres de Limoges (1884). — Forrer, Biogr. Dict. of Med. 1905. *H. Stein.*

Ardebolle oder Hardebolle, Jacques, Holzbildhauer von Saint-Omer, führte für die Klosterkirche von St. Claire vier geschnitzte Säulen aus, welche um den Altar aufgestellt wurden.

Lami, Dict. d. sculpt. 1898. *R.*

Ardel, d', s. *Dardel.*

Ardell, James Mac, s. *Mac Ardell.*

Ardemans, Teodoro, span. Maler und Baumstr., geb. in Madrid 1664, † daselbst 15. 2. 1726. Sohn eines Deutschen, der in der kgl. Leibgarde diente. Trat in Claudio Coellos Werkstatt und studierte zu gleicher Zeit Mathematik und Baukunde im kgl. Jesuitenkollegium. Nach Beendigung seiner Studien lebte er 1688—1691 in Granada, wo er die Stellung eines „maestro-mayor" der Arbeiten der Kathedrale bekleidete.

1691 kam er zurück nach Madrid und wurde Stellvertreter des Stadtbaumeisters. Am 21. 3. 1694 ernannte ihn das Domkapitel zu Toledo zum Obermeister der Kathedrale, und 1700 der Stadtrat von Madrid definitiv zum leitenden Architekten der Stadt. Nach Josef del Olmos Tod am 30. 5. 1702 berief ihn Philipp V. zum Obermeister der kgl. Bauten von Madrid und der Umgegend, und endlich am 20. 6. 1704, nach dem Tode des Francisco Ignacio Ruiz de la Iglesia, wurde er Kammermaler („pintor de camara") und Schloßhauptmann, was er bis an seinen Tod blieb.

Als Maler war A.s Tätigkeit sehr beschränkt. Von seinen Bildern ist nichts mehr nachzuweisen. Cean Bermudez führt den Plafond der Sakristei des Klosters S. Francisci dritten Ordens auf, der von A. mit Fresken geschmückt war, eine große dekorative Arbeit, deren verständnisvolle Ausführung und Zartheit er lobt.

Anders steht es mit seiner Tätigkeit als Architekt. Nach Beendigung des Erbfolgekrieges leitete er den wieder aufgenommenen Bau des Palastes von Aranjuez, dessen Ausführung jedoch dem Juan de Echave y Zabellas zufiel. Philipp V. kaufte 1718 von den Mönchen von Parral die Meierei S. Ildefonso oder la Granja in Altkastilien und ließ hier von A. verschiedene neue Bauten aufführen, von denen die Kapelle, die später zu einer Kollegiatkirche erweitert wurde, der bedeutendste ist. Endlich zeichnete er den Plan zu der Kirche S. Millan in Madrid, die 1722 erbaut wurde, ein mittelmäßiges Werk, das zur Genüge beweist, daß A. nicht der Mann war, die seit Philipp IV. in Verfall geratene Baukunst wieder aufzurichten, er war bereits der Manier verfallen, die seine Zeit beherrschte, zeigte sich indessen doch noch allen seinen Zeitgenossen überlegen.

Cean Bermudez, Dicc. — Llaguno y Amirola, Not. IV 110, 217. — Ponz, Viage de Esp. △

Arden, H., moderner belg. Maler, stellte wiederholt im Pariser Salon (1893/4, 1898/9) Bilder voll ernster Stimmung aus, wie: Letzte Blätter, Schlechtes Wetter, Les Bohémiens, L'épave. **

Arden, Mme Léo, Genremalerin in Brüssel (1859—1904). Schülerin von Alfred Stevens, stellte im Cercle Artist. in Brüssel 1886 ein Gemälde „Départ pour la pêche" und im Pariser Salon seit 1896 aus.

Hirsch, Die bildend. Kstlerinnen d. Neuzeit, Stuttgart 1905. — Journ. d. beaux-arts 1886 p. 60. — Chronique d. Arts 1904 p. 267. *H. V.*

Ardenbourck, Thomas d', Ornamentbildhauer, arbeitete 1356 im Schloß zu Escaudoeuvres bei Cambrai. Vielleicht identisch mit Thomas de Lembourck, der um dieselbe Zeit dort vorkommt.

Lami, Dict. d. sculpt. 1898. *R.*

Ardenghi, Luigi, Architektur- und Prospektmaler, geb. 1753 in Parma, Schüler und späterhin Mitarbeiter des Cav. Ghidetti daselbst. Bereits 1769 hatte er im Auftrage des Erzpriesters Mazzieri die Kapellen der neu erbauten Kirche zu Soragna auszumalen. 1788 schmückte er mit seinen Prospektmalereien den Palazzo Sanvitale zu Parma, der um 1850 durch die Österreicher zerstört, 1870 jedoch durch Giacomo Giacopelli wieder aufgebaut wurde. Eine weitere Arbeit A.s sind die dekorativen Malereien in der Pfarrkirche S. Maria Maddalena zu Parma. Der Künstler starb in seiner Vaterstadt am 1. 1. 1801.

Scarabelli-Zunti, Mscr. fasc. VIII (Bibl. Palat. zu Parma). *St. Lottici.*

Ardenne, Name, der von einigen aus Huy in Belgien gebürtigen Ziseleuren oder Goldschmieden geführt wurde.

1. Über Martin d'A., Ziseleur zu Huy (Provinz Lüttich), besitzt man keine genauen Nachweise.

2. Gilles d'A., Sohn des Vorhergenannten, geb. 8. 9. 1616 zu Huy, wurde in der Kirche Saint-Hilaire daselbst getauft. Nachdem er im väterlichen Atelier praktisch in die Kunst des Ziselierens eingeweiht worden war, ging er zur Vervollkommnung seiner Ausbildung nach Antwerpen und hielt sich danach lange Zeit im Ausland, Frankreich, Deutschland etc. auf. Nachdem er Vermögen erworben hatte, kam er in sein Vaterland zurück, zunächst nach Huy, dann nach Lüttich, wo er sich der Malerei zuwandte und 11. 2. 1700 starb. An der Seite seiner Gattin wurde er in der Kirche St. Adalbert beigesetzt. Man besitzt keine bestimmten Nachweise über die Werke dieses Künstlers, der mehrere Leuchter für die ehemalige Kathedrale de St.-Lambert in Lüttich ausführte. Es waren 1. die 6 Leuchter, welche für die Kapelle Notre-Dame-de-Bon-Secours et de tous les Saints von der Familie de Blois d'Isendorn de Canenbourg gestiftet wurden, deren Wappen sie trugen, und 2. die sechs silbernen Leuchter, die von den Rittern des Maltheser Ordens für den Altar des hl. Lambert und des hl. Albert gespendet wurden.

3. Ein Sohn von Gilles d'A. war ebenfalls Bildhauer zu Lüttich, wo er für das ehemalige Domkapitel tätig war. Man schreibt ihm einen Christus in Elfenbein zu, dessen Kreuz mit kupfernen Ornamenten ausgestattet ist. Dieses Werk befand sich in der Abteilung für alte Kunst auf der Nationalausstellung zu Brüssel (1880), und gehört dem Marquis de Maillen.

Biogr. nat. de Belgique t. I. — Abry, Les hommes illustres de la nation liègeoise, p. 307. — Revue de Huy, année 1888, 2 sept. — Marchal, La sculpture belge, p. 563. *E. de Taeye.*

Ardennois, Jean, Bildhauer, war mit mehreren anderen Künstlern 1378 an den Bildhauerwerken des Turmhelmes der Kathedrale zu Cambrai beschäftigt.

Lami, Dict. d. sculpt. 1898. *R.*

Ardenti, Alessandro, zwei italien. Maler des 16. Jahrh. Nach Lanzi sah man von einem Meister dieses Namens „in Turin im Monte di Pietà-Gebäude eine Bekehrung Pauli, die nach ihrem malerischen Stilcharakter zu urteilen, der römischen Schule zu entstammen schien". Weitere Werke desselben

Meisters seien in Lucca erhalten geblieben, so namentlich in S. Giovanni eine Taufe Christi von völlig neuartiger kompositorischer Anordnung; auch in den umliegenden Luccheser Provinzortschaften seien noch viele Gemälde dieses Künstlers anzutreffen. „Auch Morrona" — so schreibt Lanzi weiter — „nennt den Namen dieses Künstlers im 2. Teile seines Buches „Pisa illustrata", bedauert jedoch, nichts näheres über ihn zu wissen, und nimmt an, der Maler müsse längere Zeit außerhalb Toskanas gearbeitet haben. Nach meinem Dafürhalten muß er wohl ziemlich lange in Piemont gelebt haben, da auch in der Umgegend von Turin Malwerke von seiner Hand anzutreffen sind, wie z. B. in Moncalieri ein signiertes und 1592 datiertes Epiphanias-Bild. Da nun außerdem die Tatsache feststeht, daß nach dem 1595 erfolgten Ableben des Künstlers seine Gattin und deren Kinder vom Fürsten von Piemont eine Pension angewiesen erhielten, so läßt sich aus all diesen Umständen wohl mit Sicherheit der Schluß ziehen, daß A. während einer ganzen Reihe von Jahren in den Diensten dieses Fürsten gestanden haben muß." — Nun sollen nach Trenta in der Tat sogar *zwei* Maler des Namens Alessandro Ardenti gleichzeitig in Lucca gelebt haben, von denen der eine sich meist als Lucchese, der andere dagegen als Faentiner bezeichnet hätte. Der Lucchese hat seine volle Namenssignatur auf einem Altarbilde in der Kirche zu Lunata hinterlassen („Alexander Ardentius Lucensis fecit 1566"); der Faentiner dagegen die seinige auf zwei Luccheser Madonnenbildern mit Heiligenfiguren (in S. Paolino „Alexander Ardentius Faventinus faciebat A. 1565", in S. Anastasio „Alexander Ardentius Faventinus 1568"). Daß wir es hier tatsächlich mit zwei verschiedenen Künstlerpersönlichkeiten gleichen Namens zu tun haben, geht jedoch nicht nur aus den zitierten Inschriften, sondern auch aus der stilistischen Verschiedenheit der Gemälde selbst hervor. „Man hat die Wahrnehmung gemacht" — sagt Trenta —, „daß das Madonnenbild von S. Paolino stilistisch sehr weit abweicht von gewissen anderen Malwerken, die gemeiniglich ein und demselben Meister zugeschrieben werden." Der Faentiner Maler zeigt in seinen Bildern eine altertümlichere Manier und hellere Farbentöne, als der Lucchese, dem für seine figürlichen Darstellungen eine viel bedeutendere Charakterisierungskunst zu Gebote steht, und dem auch ein wärmeres Kolorit und ein kräftigeres Helldunkel nachgerühmt werden kann. Hierzu kommt noch, daß durch einen Beschluß der Vorsteher der Opera di S. Croce in der Kathedrale zu Lucca der Maestro Alessandro Ardenti beauftragt wurde, für einen der noch leer stehenden Altäre der Kollegiatkirche von S. Paolino eine Altartafel zu malen „per vedere l'opera sua" („damit man ersehen könne, was er zu leisten vermöge!"). Dieser Beschluß aber ist datiert aus dem Jahre 1567, also aus einer Zeit, zu der bereits zwei Jahre vergangen waren, seitdem ein Maler namens Alessandro Ardenti für dieselbe Kollegiatkirche von S. Paolino ein Altarbild gemalt hatte. Muß man nicht annehmen, daß dieser Vertrag auf provisorische Lieferung eines Altarbildes, das erst nach bestandener Probeausstellung auf einem Altare von S. Paolino für die Kathedrale selbst übernommen werden sollte, mit einem *jüngeren* Alessandro Ardenti abgeschlossen wurde? Wir erfahren dann weiter aus den Protokollen der obengenannten Dom-Opera, daß am 2. 1. 1569 Girolamo Arnolfini den Auftrag erhielt, das neue Altarwerk durch Sachverständige besichtigen zu lassen; und augenscheinlich ist das Urteil dieser Sachverständigen zugunsten des jungen Ardenti ausgefallen, da der Werkmeister des Domes am 21. 8. desselben Jahres bevollmächtigt wurde, sich mit dem Künstler über den Kaufpreis zu einigen und dessen Auszahlung zu veranlassen. Zur Unterscheidung von dem älteren Faentiner Maler mag sich wohl der jüngere Ardenti in Lucca selbst nach seinem Geburtsorte (oder auch nach seinem früheren Wohnorte) gewöhnlich *Ardente Pisano* genannt haben. — Welcher von diesen beiden Luccheser Ardenti der Schöpfer jenes Porträts des Herzogs Carlo Emanuele von Savoyen gewesen sein könnte, das von Lomazzo seiner wundervollen Haltung wegen so hoch gerühmt wurde, läßt sich leider nicht mehr feststellen; jedenfalls wird dieses Bild wohl ein Werk jenes 1595 in Turin verstorbenen Alessandro Ardenti gewesen sein, der von 1581 ab in Turiner Hofurkunden mehrfach als festbesoldeter herzogl. savoyscher Hofmaler erwähnt wird, und von dessen Hand auch die von Lanzi erwähnten Turiner Altargemälde herrührten.

Von dem Ardenti Faentino sind noch heute auf Lucchesischem Gebiete erhalten geblieben: der Altar mit Johannes dem Täufer und den Heiligen Joseph und Hieronymus in der abgelegenen Kirche S. Frediano zu Chisenti; die Assunta der Pfarrkirche zu Sesto (signiert „Alexander Ardentius Faventinus fecit 1567"); endlich das von Trenta publizierte große Altarwerk in S. Maria Forisportam bei Lucca. Das letztere hatte die gelehrte Dichterin Chiara Matraini dem Künstler in Auftrag gegeben, und zwar für einen Altar, zu dessen Füßen sie beerdigt zu werden wünschte. Es stellt die Madonnenvision des Kaisers Augustus dar, dem die Cumaeische Sibylle, umgeben von Prophetengestalten, die Geburt des Gottessohnes weissagt. In der Sibyllenfigur soll man angeblich ein getreues Bildnis der Stifterin des Altares zu erblicken haben. An Kraft der Darstellung und künstlerischem Wert übertrifft dieses Gemälde alle sonst noch bekannten Werke des Faentiners. In Lucca selbst sind von ihm nur die beiden anfangs erwähnten Altarbilder von S. Paolino und S. Anastasio erhalten geblieben.

Lanzi, Storia Pittorica IV 394. — Trenta, Memorie e Documenti per la Storia di Lucca Vol. VIII 104—106. — Da Morrona, Pisa Illustrata Vol. II. — Lomazzo, Trattato della Pittura. — Gian Marcello Valgimigli, Dei pittori e degli artisti faentini. — Mémoires de la Société Savoisienne XII 156 ff.
J. B. Supino.

Ardericus, presb. et mon. Genannt als Schreiber (und wohl auch Miniator) einer künstlerisch ausgestatteten Hs. der Bibl. Naz. in Turin (Cod. D. III. 16). Wie die Inschriften des in Federzeichnung ausgeführten Dedikationsbildes der Hs. zeigen, ist diese unter einem Abt Walpert entstanden und dem hl. Vinzenz geweiht. Die Arbeit gehört schon dem 12. und nicht mehr dem 11. Jahrh. an. Eine Abb. der Miniatur in: Monumenta palaeografica sacra. Turin 1899. Tafel 31. cf. Wido. *Swarzenski.*

Ardesio, Alessandro da, s. *Moretto.*

Ardeti, Carlo, italien. Historienmaler des 19. Jahrh., geb. in Mailand, ausgebildet und tätig daselbst sowie als Akademiedirektor in Turin und Bologna. Nach reicher Lehrtätigkeit starb er in Bologna 1873.

Singer, Kstlerlex. *R.*

Ardieu, Pierre, Schweizer Holzbildhauer, geb. in Bulle 30. 3. 1649, † 19. 10. 1745. Auf seinem ehemaligen Besitztum in La Palud befindet sich noch eine schöne von ihm geschnitzte Truhe aus dem Jahre 1665 mit seinen Initialen P. A. Sein Hauptwerk ist der Hochaltar im Kapuzinerkloster zu Bulle (1688). Ferner wird ihm eine Marienfigur in der Augustinerkirche zu Freiburg mit großer Wahrscheinlichkeit zugeschrieben.

Max de Diesbach bei Brun, Schweizer Kstlerlex. *H. V.*

Ardignac, Guillaume, Bildhauer in Paris, war auf der „Exposition décennale d. Beaux-Arts" 1900 und im Salon 1897 und 1899 vertreten. *H. V*

Ardimentus, Magister, Maler in Reggio Emilia um 1192, schmückte im letzten Jahre im Auftrage des Abtes Giovanni III. den dortigen Klosterhof von S. Prospero mit Wandmalereien. Die Jahresangabe 1100 zu der betreffenden Eintragung im „Liber de temporibus et aetatibus" der Biblioteca Estense zu Modena ist irrtümlich, da erst 1192 Giovanni III. Abt von Prospera gewesen ist; außerdem war 1191 der Turm von S. Prospero zusammengestürzt, wodurch die von demselben Abte gleichzeitig mit der obigen Auftragserteilung an den Maler Ardimentus — also ebenfalls 1192 — ausgeführte Grundsteinlegung zu einem neuen Turme ihre natürliche Erklärung findet.

G. B. Venturi in Atti e Mem. etc. per le prov. Modenesi e Parmensi, ser. III, vol. II 29 bis 46. — A. Venturi, Stor. d. Arte Ital. III 404. — Mothes, Baukunst des Mittelalt. in Italien p. 408. *F. Malaguzzi-Valeri.*

Ardin, Johann Friedrich, Emailmaler in Düsseldorf im 18. Jahrh. Molinier, Dict. d. Emailleurs, erwähnt ein Email von ihm mit der Signatur: Ardin pinxit Jundsis. — Ein *Nic. Ardin* wird als Miniaturmaler des 18. Jahrh. ebenfalls in Düsseldorf genannt (s. *E. Lemberger,* Beitr. z. Gesch. der Miniaturmaler, p. 46, Berlin 1907).
E. W. Braun.

Ardinghegli, Bese, Schreiber in Florenz, fertigte 1442 eine Abschrift der Divina Commedia, auf Pergament, Folio, mit Initialen und Miniaturen. Am Schluß signierte er: Scripto di mano di me Bese Ardinghegli Fiorentino addi VIII di Maggio MCCCCXLII a hore XXIII la viglia del Ascensione di Xpo. — Jetzt in der Bibliot. Medic. Palat. in Florenz.

Bradley, Dict. of miniat. I 133. **

Ardinghi, Angelo, italien. Holzschneider, geb. 1850 in Forte de' Marmi (Pietrasante), Schüler Rattis, wurde Professor der Xylographie an der Scuola professionale in Florenz, die aber sehr bald diesen Kursus wieder einstellte. Von seinen Arbeiten seien genannt: I monumenti del comune e della provincia di Lucca disegnati ed incisi da Ang. Ardinghi.

Gubernatis, Dizion. d. art. ital. viv. — Chronik f. vervielf. Kunst III 14, Wien 1890. *R.*

Ardinoff, Elkanai (Elkan Lardinus), deutscher Goldschmied des 17. Jahrh. am Hofe des Zaren Michael Feodorowitsch in Moskau tätig. 1624 fertigte er mit anderen Goldschmieden im Auftrage des Zaren eine Krone; 1629 einen Armbrustbehälter und einen Köcher.

Забѣлинъ, О метал. произвед. въ Россіи въ Зап. Имп археолог. общ. (Sabelin, Metallarbeiten in Rußland, in d. Mitt. d. Kais. archäol. Ges.) St. Petersburg 1853, V 20 u. 123.
W. Neumann.

Ardisson, französ. sonst unbekannter Maler. Nach ihm 1672 von Fr. Landry gestochen: „Messire Antoine Godeav Evesque de Vence".

Le Blanc, Manuel II. 488. — Meyer, Kstlerlex. *H. Stein.*

Ardisson, französ. Bildhauer, 1730 in Toulon tätig.

Nouv. arch. d. l'art franç. 3. sér. X (1894) 201. *Lami.*

Arditi, Andrea, s. *Andrea* di A.

Arditi, Carlo Luigi, italien. Architekt und Maler, geb. 1852 in Presicce in Apulien. Studierte in Lecce und in Neapel die Architektur und Malerei. Einige seiner Gemälde und Porträts wurden auf Ausstellungen in

Neapel prämiiert. Als Architekt hat er in Süditalien bedeutende Werke ausgeführt und war auch schriftstellerisch auf dem Gebiete der Architektur tätig.

C. Villani, Scritt. ed Artisti Pugliesi 1904 p. 69—70. — Napoli Nobilissima XIV 94. *G. Degli Azzi.*

Arditi, Giacehetto, s. *Giacchetto* di A

Ardito, Gianantonio, Maler in Neapel im 18. Jahrh. Erwähnt von Zani, Enc. met. II 180; sonst unbekannt. **

Ardizio, Curzio, Maler und Schriftsteller aus Pesaro, wo er um 1550 geboren war, am Hofe der Herzöge von Mantua. In Giov. Batt. Mansos Biographie des Torquato Tasso (Venedig 1621) findet sich eine Notiz, wonach A. sich erbot, das Porträt dieses großen Dichters zu malen. Für die mantuanische Nobilität ist A. mehrfach als Öl- und Aquarellmaler tätig gewesen; jedoch sind keine Malwerke von seiner Hand erhalten geblieben. Um 1600 muß der Künstler noch gelebt haben.

Zani, Appendice zur Encicl. (Mscr. in der Bibl. Palat. zu Parma). *St. Lottici*

Ardizzone, Giovanni Antonio, italien. Majolikafabrikant, gebürtig aus Brà in Piemont. Eröffnete kurz nach 1765 eine Werkstatt in der Vorstadt von Rubatto in Turin, die bis 1771 existierte und mit der berühmten Porzellanfabrik der Fratelli Rossetti konkurrierte.

Curiosità e Ricerche di Storia Subalpina XI 470. *G. Degli Azzi.*

Ardizzoni (oder Artizzoni), Francesco, Maler in Ferrara, malte daselbst 1718 das Wappen des Bischofs Kardinal Tommaso Ruffo. Ein von diesem Künstler gemalter S. Giuseppe de Copertino befindet sich auf dem Fioravanti-Altare der Minoritenkirche zu Pistoja.

Tolomei, Guida di Pistoja (1821) p. 136, 219. (hier Artizzoni). — Cittadella, Not. relat. a. Ferrara (1864) p. 634. *F. Malaguzzi-Valeri.*

Ardizzoni, Simone, da Reggio, italien. Maler und Kupferst., der um 1475 in Mantua als Stecher mit Zoan Andrea zusammen arbeitete. Wahrscheinlich weil er Zeichnungen Mantegnas unbefugterweise benutzte, kam er mit dem Paduaner Meister in Streit, von dem mehrere Dokumente aus dem Jahre 1475 Nachricht geben. Vielleicht können einige der Mantegna selber zugeschriebenen Stiche nach Zeichnungen aus der Frühzeit des Meisters, wie die Geißelung Christi (B. 1), die Grablegung in Hochformat (B. 2), die Kreuzabnahme (B. 4), Christus in der Vorhölle (B. 5), als Arbeiten A.s angesehen werden. Die Annahme liegt nahe, daß Mantegna von A. Stiche nach seinen Zeichnungen habe ausführen lassen und dabei sich mit ihm entzweit habe.

Ztschr. f. bild. Kst. 1876 p. 54 f. — Kristeller, Mantegna 1902 p. 402 ff. und p. 530 ff. — Malaguzzi-Valeri, Not. di Artisti Reggiani (Reggio 1892) p. 13. *P. K.*

Ardoctus ist einer der Sienesischen maestri di pietra, die als Unterzeichner eines Breve ihrer Zunft aus dem 13. Jahrh. bekannt sind, ohne daß Werke seiner Hand nachweisbar wären.

Borghesi e Banchi, Nuovi Doc. Senesi, p. 3. *Swarzenski.*

Ardoin (Hardoin), Simon, Bildhauer in Lyon, tätig um 1626, nur urkundlich bekannt.

Nouv. Archiv. de l'Art Franç. 1887, p. 291 u. 294. *H. V.*

Ardoino (Ardoina, Ardoini), Anna Maria, Dilettantin im Malen und in allen schönen Künsten erfahren, geb. zu Messina 1672, † 1700, Tochter Paolo Ardoinos, Fürsten von Palizzo, heiratete Gio. Bat. Lodovici, Fürsten von Piombino; eine große Anzahl von ihr ausgeführter Bilder wird im Familienbesitz bewahrt.

Meyer, Kstlerlex. — Guhl, Die Frauen in d. Kstgesch., Berlin 1858, S. 95. *H. V.*

Ardoino di Gioacchino, im Quartier S. Angelo zu Perugia ansässig, Camerlengo der Peruginer Malerzunft im 1. Semester 1417, wurde für die ersten beiden Monate des Jahres 1418 zum Prior gewählt und starb noch vor Ablauf seiner Amtszeit. Werke unbekannt. *W. Bombe.*

Ardouin, Pierre, Werkmeister in Bordeaux, 1592—1618 mehrfach erwähnt, baute zusammen mit dem Werkmeister Cothereau für den Duc d'Épernon 1604 in dessen Schlosse, 1618 das Hospital S. Marguerite de Cadillac.

Réunion des Soc. d. b.-arts X 455. **

Ardrizzoi, Bernardo, Bildhauer in Rom, † 1801; nur von Zani, Enc. met. II 180 erwähnt. **

Ardrizzoi (Ardrizzoia, Andrizzoi, Andrizzoia), Giuseppe, Maler, tätig in Rom um 1732, nur urkundlich bekannt.

Zani, Enc. met. II 180. *H. V.*

Ards, Willem (Arnts oder Aerts), südniederländ. Bildschnitzer des 15. Jahrh.; lebte in Brüssel und Löwen. Seine künstlerische Persönlichkeit bleibt freilich noch ziemlich dunkel. 1415 wird ein „Willem Aerts" in die Zunft der Vier-Gekrönten zu Brüssel zugelassen. Eine Urkunde von 1453 im Löwener Archiv erwähnt Willem Ards als Bildschnitzer, aus Brüssel gebürtig und in Löwen lebend. Nach Ed. van Even (Biogr. Nationale) soll Ards 1449 nach Löwen übergesiedelt sein, um sich an der Ausschmückung des im vorhergehenden Jahre begonnenen Rathausbaues zu beteiligen. In den städt. Rechnungen von 1449 wird „Willem Ards, Beelsnyder" erwähnt wegen Ausführung verschiedener Basreliefs an den Kragsteinen und anderen Teilen der Balken des Rathauses, sowie von einer Marienstatue, die von zwei fantastischen Tieren getragen und von vier Engeln umgeben, über der Tür der Rathauskapelle bei der Treppe aufgestellt wurde. Dieses Liebfrauenbild besteht nicht mehr, und es ist leider auch nicht ganz klar, was man unserem Künstler von den noch erhaltenen Basreliefs zuschreiben darf. Wahrscheinlich sind die biblischen Darstellungen im Vorsaal des unteren Stockwerks von seiner Hand, und diese Szenen zeichnen sich durch Natürlichkeit und innige Empfindung aus. 1453 errichtete Ards für die Krypta der Liebfrauen-Kirche in Gembloux ein „Saint Sépulchre": eine Gruppe aus Eichenholz mit elf Figuren, welche Christus im Grabe, Joseph von Arimathia, Nikodemus, die 3 Marien, 3 Ritter und 2 Engel vorstellte. Diese Statuen wurden von Rudolph van Velpe (oder Velx), Maler von Löwen, prachtvoll ausgemalt. Ards war angeblich 1454 noch in Löwen; weitere Nachrichten aber fehlen.

Graf de Laborde führt in seinen *Ducs de Bourgogne* I 383—4 einen *„Guillaume Anns.* tailleur d'imaiges" an, welcher 1441—3 für Philipp den Guten arbeitete, und von späteren Biographen wiederholt mit Ards zusammengeworfen wurde. Wahrscheinlich ist „Anns" ein Schreibfehler, und ist der Name Amy (s. diesen) oder Amis zu lesen.

Ed. van Even, Les Artistes de l'Hôtel de Ville de Louvain, p. 32. — Ders., Louvain monumental, 1860, p. 138 und 144. — Ders., Biographie Nationale (de Belgique) 1866, I 366. — A. Pinchart, in Meyers Kstlerlex. I. — Jos. Destrée, Etude sur la Sculpture Brabançonne au Moyen Age 1894, I 118. — E. Marchal, La Sculpture etc. belges. 1895 p. 204, 268.

Ardüser, Hans, Schweizer Baumeister in Davos, geb. 1521 (?), † 16. 8. 1580. Sein Hauptwerk ist das noch bestehende Rathaus zu Davos, bekannt durch seine prächtig getäfelte Ratsstube mit erhaltener Inschrift und dem Datum der Vollendung 1564. Zu zahlreichen Ämtern berufen, erhielt er bei Anlaß einer Gesandtschaft vom Erzherzog Ferdinand ein adelig Privileg und wappengenössische Freiheit.

J. Schiess bei Brun, Schweiz. Kstlerlex.
H. V.

Ardüser, Hans, geb. 1557 zu Davos, ging mit 20 Jahren nach Zürich, lernte dann bei Mayenfelder in Davos, seit 1579 zu Feldkirch bei dem „wyt berümpten meister Moriz und sinem son Meister Jörg, herrliche Maler". Er malte in Graubünden an verschiedenen Orten. Im Sommer 1579 in Chur in der Werkstätte eines Franz Appenzeller (Apenzäller), der 1580 Fresken zu Flims malte, bei den Ardüser wohl geholfen hat (jetzt Hôtel Bellevue). Seit dieser Zeit wechselte Ardüsers Tätigkeit regelmäßig derartig ab, daß er im Sommer malend durch die Lande zog und im Winter Schulmeister zu Lenz spielte. Wir kennen sein Leben aus seinem Tagebuch bis zum Jahre 1605. Seine Malereien können wir bis 1617 verfolgen. Er malte damals in Kazis (Katzis).

Ardüser hat Fähnchen, Bilder und „Hüser gemalt". Das letztere tat er am liebsten. Die ältesten Werke, die uns erhalten sind, befinden sich in dem früher Plantaschen, jetzt Weberschen Hause zu Parpan. Es sind 3 Fresken, die Erschaffung Evas, der Riese Simson und die Salome nebst einer Anzahl ornamentaler Motive erhalten. Die Komposition, namentlich die der Landschaft ist überhäuft; die Zeichnung sehr nachlässig, die Malerei ohne jede Sorgfalt. Die Arbeiten sind signiert Hans Ardüser moler 1591. Im folgenden Jahre malte er eine Madonna zwischen St. Rochus und Sebastian an der Kirchenwand zu Villa; im Innern eine Grablegung. 1601 malte er für dieselbe Kirche ein Altarbild, die Madonna, für die Familie Gallus v. Mont; 1605 die Fresken in Scharans am jetzt Walserschen Hause; 1612 die umfangreichen Fresken im jetzt Manischen Hause zu Andeer usw. Die letzten Schildereien von seiner Hand befinden sich zu Kazis 1617. Ardüsers künstlerischer Charakter erhebt sich nicht über den eines allerdings eigenartigen Dilettanten. — Ardüser ist auch schriftstellerisch tätig gewesen. Gedruckt wurde die Warhaffte und kurtzvergriffene beschreibung etlicher herrlicher und hochvernampter Personen in alter freyer Rhetia, Lindau 1598, 4°. Die übrigen Manuskripte befinden sich im Stiftsarchiv St. Gallen.

Hans Ardüsers Autobiographie in dessen rhätischer Chronik Ausg. J. Bott. — J. R. Rahn, Fahrten u. Werke eines Bündner Malers 1888. — Haendcke, Gesch. d. schweizerischen Malerei 1893 p. 356. — R. v. Salis-Haldenstein, Rätia litteraria III 41; — Schiess in Bruns Schweiz. Kstlerlex. 1902.
B. Haendcke.

Arduini, Girolamo, Architekt aus Pesaro; 1580 als Ratsmitglied seiner Vaterstadt erwähnt, wo er nach Zani bereits um 1570 künstlerisch tätig war. Später hauptsächlich in Frankreich und Belgien beschäftigt, so 1599 in Brüssel, wo er für den Herzog Vincenzo I. von Mantua eine große Gartenanlage mit verschiedenen Gebäuden schuf. † 14. 9. 1601, wahrscheinlich in Pesaro; seine Grabschrift bei Zani, Encicl. II 320, nota 138. A. verfaßte einen kurzen „Trattato del modo di piantare e fortificare una città".

Zani, Encicl. II 181. — Nuova Riv. Misena VIII 156. — Gaz. des B.-Arts XXV 282, nota 1.
E. Scatassa.

Arduini, Pietro Enrico (del qu. Giovanni Battista), Maler in Mantua, 1622 urkundlich erwähnt.

C. d'Arco, Arti e Artefici di Mantova (1857) II 147.
*

Arduino. Einem Arduino, der schon 1300 gestorben sein soll, und aus dem Lenoir (Bull. archéol. 2, 186) sogar einen Franzosen Hardouin macht, schrieb Vasari den Plan zu

S. Petronio zu Bologna zu, ein Irrtum, der offenbar durch das Modell des Arduino Ariguzzi veranlaßt ist (s. *Antonio* di Vincenzo).

Meyer, Kstlerlex. *R.*

Arduino, Steinmetz in Venedig. Von ihm ist ein rohes Relief mit der Jungfrau Maria und Putten, das man in einer Nische des Klosters dei Carmini sieht, mit der Unterschrift: „MCCCXL mensis octubris, Arduin Taia Petra fecit".

Meyer, Kstlerlex. (mit Lit.) — G. Zanetti, Delle origini di alcune arti princ. appresso i Veneziani. Venezia 1841 p. 81. — Cicognara, Stor. della scultura. Venezia 1813. I 425, 437, II 243. — Temanza, Vite dei più celebri archit. e scult. 1778 p. 363. — Burckhardt, Cicerone. *L. Ferro.*

Arduino. Nach verschiedenen aber nicht kontrollierbaren Überlieferungen soll im Anfang des 16. Jahrh. ein kunstvoller Holzschnitzer dieses Namens in Bologna gelebt haben; wahrscheinlich *Abaisi,* A., s. d.

Meyer, Kstlerlex. II 231. **

Arduino da Baise, s. *Abaisi.*

Ardurat, Estève, 1527 Werkmeister der Stadt Moissac.

Bauchal, Dict. des Archit. *C. Enlart.*

Ardy, Bartolommeo, Architekt und Maler, geb. den 13. 9. 1821 zu Saluzzo im Piemontesischen, † 188) in Turin. Seine Ausbildung erhielt er in den Jahren 1850 und 1851 in dem Atelier von Alex. Calame. Er hat verschiedene Ausstellungen in der Schweiz und in Italien beschickt und ist auf derjenigen von Florenz im Jahr 1861 durch einen Preis ausgezeichnet worden. Als Architekt war er in Turin und an einigen Villen am Lago maggiore beschäftigt. In seinen letzten Jahren hatte er das Amt eines Inspektors und Verwalters der Accademia Albertina in Turin. — Von ihm radiert: Sotto i Castagni (in L'Arte in Italia. Torino 1869).

Meyer, Kstlerlex. — Courrier de l'art VII 240 (Nekrolog). — Gazzetta del Popolo d. Domenica, 1887 p. 220 (Biogr.). *R.*

Are, Gerhard von, Dompropst, Bonn im 12. Jahrh. Propst Gerhard aus dem Geschlecht der Grafen von Are-Hochstaden ist 1126—1169 nachweisbar. Er wirkte besonders für den Ausbau des Bonner Münsters. Er erweiterte den Ostchor, fügte die neue Apsis mit den zwei flankierenden Türmen an und errichtete im Süden den neuen Kreuzgang, sowie im Anschluß daran die Kapitelsgebäude (wohl schon 1143 bis nach 1150). Seine Grabinschrift ist im Dom erhalten. Sie ist mitgeteilt neben den anderen auf ihn bezüglichen Inschriften in den Kunstdenkm. der Rheinprovinz S. 89 f.

Lerch, Gerhard von Are, der Erbauer des Bonner Münsters. Bonn 1843. — Clemen, Kunstdenkmäler der Rheinprov. V 3. *Kautzsch.*

Are, Thilmannus de, Kalligraph in Köln um 1324. Er schrieb (und illuminierte?) für den Frater Johannes de Dusburg einen prächtigen, mit z. T. drolligen Miniaturen geschmückten Codex: Historia lombardica. Diese Handschrift ist signiert: Scripta per Thilmannum de are. Anno domini millesimo trecentesimo vicesimo quarto; und befindet sich in der St. Bartholomäus-Stiftsbibliothek in Frankfurt a. M.

Archiv der Gesellsch. f. ält. Deutsche Geschichtskunde II 209. **

Areche, Martin de, span. Baumstr., leitete 1517 den Portalbau an der Pfarrkirche von Utiel, Diözese Cuenca, vielleicht nicht nach eigenem Plane, denn 1523 erhielt ein Meister Joanes von Cuenca Bezahlung für einen Plan zu diesem Werke.

Llaguno y Amirola, Not. I 156. △

Arechiga, Petro de, toledaner Waffenschmied im Anfang des 17. Jahrh. **

Aregarius (Haregarius), Miniaturmaler, 9. Jahrh. Der Name des A. findet sich neben dem eines Amandus und Sigvaldus in dem Widmungsgedicht (titulus) des Titelbildes der Viviansbibel. Diese, früher in Metz, jetzt in der Bibl. Nat. zu Paris (Ms. Lat. 1) bewahrte Hs. ist eines der berühmtesten Werke der karolingischen Malerei und gehört zu den reichsten und umfangreichsten Erzeugnissen der Schule von Tours. Sie ist auf die Abtzeit des Grafen Vivian datiert (845—851) und zeigt neben reicher Ornamentik eine Anzahl großer Miniaturbilder. Die Art, wie A. in dem titulus des Dedikationsbildes genannt ist, läßt darauf schließen, daß er (neben den genannten anderen Persönlichkeiten) an der Herstellung dieses Prachtwerkes beteiligt war. Er ist auch anderweitig als Mönch von S. Martin in Tours (dem Sitz der Schule) beglaubigt und noch 857 nachweisbar. Tatsächlich lassen die einzelnen Miniaturen der Hs. verschiedene Hände erkennen. cf. Amandus und Sigvaldus.

Aus der zahlreichen kunstgeschichtl. Literatur über die Hs. seien besonders erwähnt:

Delisle, Mém. sur l'école calligraphique de Tours p. 7, 15. — Ders., Cabinet des manuscrits III 234. — Die Trierer Ada-Handschrift (Janitschek) S. 77 ff. — Janitschek, Gesch. der d. Malerei. — Berger, Histoire de la Vulgate p. 215 ff. — Die besten Abb. b. Bastard, peintures et ornaments des mss. *Swarzenski.*

Aregio, Pablo de, italien. Maler in Spanien im 15. Jahrh. Pablo de San Leocadio, ein Lombarde aus Reggio im ehemal. Herzogtum Modena wurde mit Francisco (Pagano) de Neapoli vom Domkapitel in Valencia 1471 berufen, um die Wände und das Gewölbe des Altarhauses in Fresko auszumalen. Es ist die Rede von einem Seraphinthron oben, Engelgestalten, Laub- und Fruchtgewinden, Apostelfiguren und Historien unter den Fenstern. Bis auf die Goldteile war die Arbeit 1478 fertig und 1481 quittieren die Maler über die in drei Raten ausgezahlte Summe von 3000 Golddukaten. Diese Malereien sind nicht erhalten. Ein Irrtum, welchen Pasqual Esclapes in seinem Resumen historial von 1738 beging, indem er den mit den Malern für diese Arbeit abgeschlossenen Kontrakt auf die Gemälde der Türen des großen Silberaltars der Kathedrale (1470 begonnen, 1809 eingeschmolzen) bezog, erhielt durch Ponz' Reisebeschreibung die weiteste Verbreitung und Eingang in die Kunstgeschichte. Erst Karl Justi ist es gelungen, diesen Irrtum aufzuklären. Er hat nachgewiesen, daß diese Altargemälde von Ferrando de Llanos und Ferrando Yañes, beide aus der Provinz Cuenca in der Mancha, herrühren, mit Pablo de Aregio aber und Francisco de Neapoli nichts zu tun haben. Mit Hilfe von Dokumenten, welche D. Roque Chabás veröffentlicht hat, gelang es Justi, dem Pablo de Aregio, welcher in Aktenstücken der Seo von Valencia aus dem Jahr 1478 mestre paulo de sent leucadio alais de Rechi genannt wird, andere Werke zuzuweisen, vor allem das große Altarwerk der Pfarrkirche von Gandia. Es besteht aus 8 großen und 4 kleineren Tafeln nebst Einzelfiguren in den Seitenrahmen und ist eine Stiftung der Borja. Maria Enriquez, verw. Herzogin von Gandia und ihr Sohn Johann übertrugen 1501 dem Meister die Gemälde dieses Retablo für 30 000 Sueldos. Justi erkennt in ihnen unverkennbar italien. Schule, freilich eine Hand von wenig ausgesprochener Eigentümlichkeit. Der Maler hat auch in der Kapelle des herzogl. Palastes und im Kloster S. Clara zu Gandia gemalt. Die Chronik des Martin de Viciana gibt Kunde von weiteren großen Altarwerken des Meisters in Castellon de la Plana und Villareal; das erstere ist verschwunden, von dem zweiten finden sich noch einzelne Tafeln in der Sakristei der 1750 neugebauten Santiago-Kirche.

Ob maestre *Felipe Pablo de Sanota Leocadia,* von welchem man noch im Anfang des 19. Jahrh. Gemälde über dem Altar von S. Domingo in Valencia (1525) sah, ein Sohn unseres Meisters ist, ist nicht zu bestimmen.

J u s t i, Geheimnis der leonardesken Altargemälde in Valencia. (Repert. für Kstwiss. XVI 1893.). — Gaz. des B.-A. 1908 I 206 ff. *M. v. B.*

Aregon, griech. Maler unbekannter, wahrscheinlich älterer Zeit, aus Korinth. Ein Bild von ihm: Artemis auf einem Greifen emporgetragen, war im Tempel der Artemis Alpheionia unweit von Olympia.

B r u n n, Gesch. d. gr. Kstler. II 7. — K l e i n, Arch. epigr. Mitt. 11, 207. — P a u l y - W i s s o w a, Realenc. II 619 (Rossbach). *Sauer.*

Arellano, J o s é d e, span. Blumenmaler im Beginn des 18. Jahrh. Er soll ein Sohn des Juan de A. sein. Der Katalog des Museo del Prado von 1872 verzeichnet 2 Gemälde des Künstlers, in den späteren Auflagen fehlen sie.

B r y a n, Dict. I 51. — W o l t m a n n u. W o e r m a n n, Gesch. d. Mal. III 280. *M. v. B.*

Arellano, J u a n d e, span. Maler, geb. 1614 in Santorcaz, † 12. 10. 1676 in Madrid. Schüler des Juan de Solis. Hauptsächlich hervorragend als Blumenmaler.

Die Akad. S. Fernando und das kgl. Mus. zu Madrid besitzen Bilder des Künstlers. Cean Bermudez erwähnt eine ziemlich große Anzahl, die sich zu seiner Zeit in den Sakristeien oder den Kapellen der Kirchen von S. Isidro el Real, der Recoletos und von S. Geronimo befand. Ponz erwähnt ebenfalls einige im Palast, in der Bibliothek, und Palomino in den berühmtesten Privatsammlungen. A. hielt, nach Palominos Bericht, eine offene Bude mit seinen Gemälden vor der Kirche S. Felipe el Real.

P a l o m i n o, Museo pict. III 553. — P o n z, Viage de Esp. — C e a n B e r m u d e z, Dicc. I 53 ff. *M. v. B.*

Arellius, Maler in Rom, kurz vor Augustus, bekannt dadurch, daß er unter dem Bilde von Göttinnen seine Geliebten porträtierte. (Plin. N. H. 35, 119.)

B r u n n, Gesch. d. gr. Kstlr. II 305 f. — O v e r b e c k, Schriftq. 2383. — H e l b i g, Untersuch. S. 337. — P a u l y - W i s s o w a, Realenc. II 635 (Rossbach). *Altmann.*

Arena, G i r o l a m o d', malte im Anfange des 17. Jahrh. in Neapel. Hier befindet sich in der Kirche S. Anna de' Lombardi eine Darstellung des hl. Carlo Borromeo, der mit inniger Devotion vor einem Altar kniend betet, über dem Maria mit dem Leichnam Christi in ihrem Schoße erscheint. Auf den inneren Raum der kleinen Kuppel von S. Maria della Carità malte Arena die Dreieinigkeit mit der Jungfrau Maria und mit Heiligen, umgeben von singenden und musizierenden Engeln.

D o m e n i c i, Pittori Napoletani II 351. — Napoli Nobil. VII 123. **

Arena, J u a n d e l', span. Maler, der in den Jahren 1557 und 1558 in der berühmten Abtei von Monte Cassino die Fresken mit der Leidensgeschichte Christi in der unterirdischen, dem hl. Benedikt geweihten Kirche mit einem anderen span. Maler, „maestro Domenico" genannt, unter der Aufsicht des Marco Mazzaroppi, gen. Marco da Pino, ausführte. Verschiedene Aktenstücke erwähnen Zahlungen, die ihm bei dieser Gelegenheit geleistet worden sind. Eines derselben ist gezeichnet: Juan de Larena.

C a r a v i t a, I Codici e le arti a Monte Cassino. 1871. III 48, 50, 52. — Napoli Nobilissima. III 45, 52. IV 12. △

Arena, P i e t r o d', neapolitanischer Maler des 18. Jahrh., von dem nur bekannt ist, daß er die Tribüne oder Galerie der Kirche della Carità in Neapel ausmalte.

C e l a n o, Delle Notizie del bello, dell' antico e del curioso della città di Napoli. Ausg. 1692 II, 7. Ausg. 1792 II 6. **

Arenas, A n d r é s d e, Baumstr. aus Herreras Schule, baute laut Inschrift an der Fassade 1584 die schöne Marienkirche zu Olivenza in Portugal.

Llaguno y Amirola, Not. III 53. — Caveda, Gesch. d. Bauk. in Span. 261.

Arenas, Francisco de las, s. *Zande, Fr. v. d.*

Arenas, Hernando de, verfertigte 1557 und 1558 das Gitter vor dem Chor der Kathedrale in Cuenca, sowie einige eiserne Adler, ohne Zweifel die, welche als Lesepulte dienen. Beide sind glänzende Meisterstücke ihrer Art.

Cean Bermudez, Dicc. I 54. △

Arenberg, Antoine d', als Mönch Charles genannt, Architekt, geb. in Brüssel 1593, † daselbst am 5. 6. 1669. Er war der Sohn Charles', Herzogs von Croy, Herrn von Arschot u. Arenberg. Mit seinen theologischen Kenntnissen verband er ein bemerkenswertes Talent für Architektur. 1627 machte er den Plan für das Kloster im Walde von Soigne bei Tervueren und 1650 war er der Architekt der bedeutenden Vergrößerungen des Kapuzinerklosters in Brüssel. Der Erzherzog Leopold Wilhelm legte dazu den ersten Stein am 20. 3. 1651. Man sieht eine Gesamtansicht des Gebäudes in der Chorographia sacra Brabantiae von Sanderus.

Biogr. Nation. de Belgique I 801. *H. Hymans.*

Arenberg, Pauline v., s. *Schwarzenberg.*

Arend, der Spitzname von Matheus Terwesten in der Malerbent zu Rom.

Houbraken II 350. *E. W. Moes.*

Arend, N. E., wenig bekannter Zeichner in Cassel um 1788.

J. Hoffmeisters gesamm. Nachrichten über Kstler. u. Ksthandw. in Hessen, herausg. v. G. Prior, Hannover 1885. **

Arendes, Annecke, 1531 Maler zu Hamburg, † 1536.

Hamb. Zeitschr., N. F. II 355. *E. Benezé.*

Arendes, Arend, Maler in Hamburg, 1513 dahin aus Braunschweig übergesiedelt. † 1530.

Hamb. Zeitschr. N. F. II 355. — Mithoff, Mittelalt. Kstler. und Werkmstr. Nieders. und Westf. 2. Ausg. *E. Benezé.*

Arendonck, Cornelis van, belg. Bildh., tätig zu Löwen, † 26. 12. 1540. Er war Laienbruder im Kloster des Récollets zu Löwen. Die Chorstühle in Holzschnitzereiarbeit der Klosterkirche des Récollets können ihm zugeschrieben werden und datieren von 1513.

Lit. s. J. J. A. v. Arendonck. *E. de Taeye.*

Arendonck, Georg van, Maler von Mecheln, seit 1513 Meister, nur urkundlich bekannt.

E. Neeffs, Histoire de la peinture etc. à Malines, I 322. *H. V.*

Arendonck, Jean-Jacques-Antoine van, belg. Bildh., geb. 4. 5. 1822 zu Mecheln, † 9. 3. 1881 daselbst, übte seine Haupttätigkeit zu Löwen aus, wo er auch seine Studien auf der Kunstakademie gemacht hatte. Getreu den Traditionen mehrerer Bildhauer aus Löwen, widmete er sich vornehmlich der religiösen Bildhauerei; indes hat er verschiedene freie Schöpfungen hinterlassen, die der Erwähnung würdig sind. Wir möchten das Monument van Schoonbeecke in Antwerpen anführen; ferner das 1848 auf dem Friedhofe von Bonchout nahe Lier (Provinz Antwerpen) errichtete Monument zum Gedächtnis von J. F. Willems, des Urhebers der vlämischen literarischen Bewegung in Belgien; weiterhin die Statue der Melpomene (1853) im französ. Theater und die Statue der Poesie (1872) im vlämischen Theater zu Antwerpen, endlich zwei Statuen der Theaterfassade von Namur (1863). Über zahlreiche andere Werke s. Meyers Kstlerlex.

Van Even, Louvain monumental. — Dietsche Warande, IV 1838 p. 36. — Pinchart, Archives, t. I. — Chev. Marchal, La sculpture belge, p. 233, 708. — G. Beetemé, Anvers métropole des arts et du commerce, t. II p. 158. *E. de Taeye.*

Arendrup, Edith, geb. Courtauld, engl. Malerin, geb. 1846 in Bocking (Essex), bildete sich als Autodidaktin und malte zuerst Tierbilder, dann phantasievolle Szenen aus der Bibel, aus Dantes Inferno u. a. Als 18-jährige Künstlerin studierte sie einige Zeit in der South Kensington School. Ihren ersten größeren Erfolg hatte sie 1870 mit dem Bilde: Memories of the first Palm Sunday, das von der Nat. Gallery in Melbourne angekauft wurde. Seit 1872 lebte sie in Ägypten, wo sie 1873 den dänischen Offizier Arendrup heiratete, der aber schon 1875 im Kampfe gegen die Abessinier fiel. 1874 stellte die Künstlerin in der Roy. Academy das Gemälde: The earth had lost her King aus und 1878: Nubian Captives in Egypt.

Clayton, English Female Artists 1876 II 10 ff. — Graves, Roy. Acad. Exh. I 59. **

Arends, J., 1871 wurde in Amsterdam ein Stilleben mit Rebhühnern verkauft bez.: J. Arends 1635 (nach Katalog Roos & Co.).

A. B.

Arends, J. T. Miniaturmaler, Hamburg 18. Jahrh., bezeugt 1738. (Kaum identisch mit Johan Frederick Arentz, dän. Porträtmaler des 18. Jahrh., der lange in Glücksburg, aber wohl jünger war.)

Hamb. Kstlerlex. *E. Benezé.*

Arends, Jan, geb. in Dordrecht 11. 9. 1738, war der Sohn eines Chirurgen und der Bruder des Dichters Roelof A., für dessen 1757 erschienene Gedichte er ein von H. Immink gestochenes Titelblatt zeichnete. Er war Schüler von Joris Ponse und hat auch einige Jahre in Amsterdam gelebt, bevor er sich in Dordrecht niederließ, namentlich als Maler und Zeichner von Schiffsdarstellungen. Längere Zeit, sicher schon 1771, wohnte er in Middelburg und zeichnete und radierte allerhand Ansichten der Provinz Zeeland, deren viele in der Sammlung der Zeeuwschen Genootschap daselbst sich befinden. Zwei Darstellungen der Plünderung des Hauses von Lucas van Stevening in Middelburg 1787, sind von M. d'Sallieth gestochen. Erst in höherem Alter kehrte er nach Dordrecht zurück und starb dort unverheiratet 22. 4. 1805. Unter einer von J. C. Bendorp nach seiner Zeichnung gestochenen Allegorie auf die Freiheit 1796 steht ein von ihm verfaßtes Gedicht.

Immerzeel. — v. Eynden u. v. d. Willigen II 272. *E. W. Moes.*

Arends, K. Oskar, Landschaftsmaler in München, geb. in Plauen am 8. 4. 1863, Schüler der Dresdener Akademie (1881—83) und von Fr. Preller d. j. (1883—86). Seine feinnaturalistischen Landschaften, zumal die aus den neunziger Jahren des vorigen Jahrh., erinnern an die Arbeiten Wengleins, sind aber farbiger. Das Bild „An der Amzer" im Mus. zu Altenburg.

Kstchronik XXIV 646. — Zeitschr. f. b. Kst. N. F. I 329. — Singer, Kstlerlex. Nachtrag 1906. **

Arends, s. auch *Arens, Arents, Arentsz* und *Arentz.*

Arendtson, Cornelius, schwed. Maler, Sohn des Arendt Lamprecht (eines eingewanderten deutschen Malers). Sein Name kommt seit 1611 unter den Handwerkern am kgl. Schlosse in Stockholm vor. Aus den Aufzeichnungen des berühmten Theologen Johannes Bureus geht hervor, daß A. sein Porträt und das seiner Töchter zwischen 1628 bis 1629 malte; auch soll er das Bildnis der Königin Christina 1632 gemalt haben. Im April 1633 wird er zum letztenmal in den Schloß-Rechnungen genannt. Er scheint ein bedeutendes Ansehen gehabt zu haben, aber sichere Werke sind nicht von ihm bekannt.

Eichhorn in Meyers Kstlerlex. — Bureus, Almanachaufzeichnungen im Manuskript in d. kgl. Bibl. in Stockholm. *O. S.*

Arendzen, Petrus Johannes, holländischer Stecher und Radierer der Gegenwart, früher in Amsterdam tätig, wo um 1887 der große Stich nach Rembrandts „Wittwe Swartenhont-Bas", die Radierung nach Rembrandts Bürgermeister Six und die Neue kathol. Kirche, Vondelstraat, Amsterdam, gemalt von P. J. H. Cuppers, entstanden. Er siedelte dann nach London über, wo er 1890—99 in der Roy. Acad. ausstellte.

Kst. für Alle 1887. — The Art Journal 1880 232 (Abb. der „Bulgaria" von Portaels, in Stich). — Mehrere Blätter von ihm in der Sammlg. H. H. Meier, in der Bremer Ksthalle. **

Arène, Arnaud, Maler in Avignon, um 1650, nur urkundlich bekannt.

Archiv. de l'Art Franç., Docum. IV 185. *H. V.*

Arengheria, Ant. Bas., s. *Antonio* da Bologna.

Arenhold, Gerhard Justus, Dilettant im Porträtzeichnen, geb. in Hildesheim, † in Hannover 1775. Nach Bildniszeichnungen von ihm haben gestochen: M. Bernigeroth d. J. und Georg Daniel Heumann.

Meyer, Kstlerlex. *H. V.*

Arenhold, Lüder, Marinemaler in Kiel, geb. 7. 5. 1854 in Soltau, war Marineoffizier und widmete sich seit 1881 der Schiffs- und Marinemalerei. Schüler von Leitner und Hünten, Meisterschüler von H. Gude in Berlin (1886—87), Studienreisen nach China und Südamerika. Von ihm: Gefecht bei Eckernförde, im Rathause daselbst; S. M. S. Niobe, in der hist. Sammlung der k. Marine-Akad.; Kiel, Regattabild, im kaiserl. Jachtklub in Kiel, ferner 30 Kohlezeichnungen zu dem 1891 erschienen. Werke: Hist. Entwickelung der Schiffstypen.

Das geistige Deutschland. Berlin u. Leipzig 1898 p. 15/16. — Dressler, Ksthandbuch 1908. — Kat. der intern. Kstausst. Berlin 1891 u. 1904.

Arenius, Olof, schwed. Maler, geb. 1701 in Bro in Uppland, † 1766 in Stockholm. Studierte erst Theologie an der Universität in Upsala, wurde aber bald durch seine Begabung zu der Malerei geführt und wurde Schüler des alten David von Krafft. Seine selbständige Wirksamkeit als Maler scheint um die Mitte der 20er Jahre angefangen zu haben. Frühestes signiertes Bild von 1726, stellt eine alte Frau dar (A. Tollander, Stockholm), 1728 hat er den Graf und die Gräfin J. G. Sack gemalt (Bergshammar und Smlg. Rehbinder). Um 1730 reiste er nach Holland und wird hier wohl ganz besonders den alten Meistern viel Aufmerksamkeit gewidmet haben, denn nach seiner Rückkehr 1736 malte er sorgfältiger und gediegener als früher. Folgende Porträts können als gute Beispiele seiner sehr wahrheitsgetreuen, aber etwas schwerfälligen Porträtkunst angeführt werden: Intendant Hårleman (Observatorium, Stockholm). Kaufmann Bedoire (Smlg. Durling, Stockholm). Reichsrat Ehrenpreuß (Upsala-Universität). In seinen größeren Paradebildnissen, wie die von Reichsrat Cedercreutz, 1746 (Gripsholm) und Graf Augustin Ehrensvärd (Rathaus, Helsingfors), wird er ein ziemlich trockener Barockmaler. Er gehört doch zu den begabtesten Künstlern seiner Zeit in Schweden und ist während der 1740er Jahre der bevorzugte Porträtmaler sowohl bei der Aristokratie als bei den Bürgern in Stockholm. Arenius arbeitete auch Miniaturporträts in Ölfarbe. Folgende Graveure haben nach ihm gestochen: J. Gillberg (H. Benzelius, 1758), E. Geringius (H. Cedercreutz, 1746), J. J. Haid (C. Hårleman und J. C. Hedlinger), J. F. Martin (Arvid Posse und D. E. Taube).

Gahm-Pehrsson, Konstnärsl. (Ms. i. d. Upsala Univ.-Bibl.). — Nordisk Familjebok. — Levertin, N. Lafrensen d. j. Stockholm 1899. — Sirén, C. G. Pilo. Stockholm 1902. — E. W. Moes, Iconogr. Bat. 307, 308, 9368. — J. Spex, Gedichte, Haag, 1755 p. 248. *O. S.*

Arens, Indrik (Heinrich), deutscher Goldschmied des 17. Jahrh. am Hofe des Zaren Michael Feodorowitsch tätig. 1635 arbeitete er an einem Thronsessel für den Zaren; 1637 an einem Sattel; 1638 lieferte er einen goldenen Pokal; 1640 einen zweiten Thronsessel.

Забѣлинъ, О метал. произвед. въ Росс. въ зап. Имп. археолог. общ. (Sabelin, Metallarb. in Rußland, in d. Mitt. d. Kais. archäolog. Ges.) St. Petersburg 1853, V 20 u. 111 u. VI 287. *W. Neumann.*

Arens, Johann August, Archit. in Hamburg, † 1806 zu Pisa, stud. in Göttingen; in Kopenhagen (4 Preise); tätig in Frankreich bei de Wailly, England, Italien. Von ihm in und bei Hamburg verschiedene öffentliche Gebäude (Kapellen auf dem Petri- und dem Katharinenkirchhof, Kirche in Wandsbeck, Schul- und Arbeitshaus der Armenanstalt, wobei zuerst Mörtelbewurf in Hamburg), Privathäuser und Gartenanlagen. Antikisierend, wie Chr. F. Hansen. Weimarischer Baurat auf Goethes Veranlassung. Seine Reiseskizzen besonders aus Italien, Baurisse, Gipsmodelle, Entwürfe zu Denkmälern früher im Besitz der Patriot. Gesellsch., 1842 wohl verbrannt.

Hamb. Kstlerlex. — Weilbach, Nyt dansk Kunstnerlex. — J. F. L. Meyer, Über den gegenw. Zustand der bild. Künste in H. — Hans. Mag. I 1799 S. 166 ff. — Janssen, Kirchl. Nachr. S. 231. — Biernatzki in R. Haupts Bau- und Kunstdenkmälern d. Prov. Schlesw.-H. III, Kiel 1889. — Suhr, St. Petrikirche 1842 S. 27 u. 145. — Körner, Mitt. d. Ver. f. Hamb. Gesch. 1904 S. 175 f. — Faulwasser in „Hamburg um die Jahrhundertwende 1800" S. 221 f., 227, 242 f., 245. *E. Benezé.*

Arens, Marten, Baumeister aus Delft in Holland. Erbaute 1574—1576 das Rathaus in Emden. Wahrscheinlich Schüler des Willem Danielsz. van Tetrode, der in Delft lebte, 1568—1576 Baumeister des Erzbischofs von Köln war und auch Hendrik de Kayser beeinflußte.

Mithoff, Mittelalt. Kstler. in Niedersachs. u. Westf. — Jahrb. d. Ges. f. bild. Kste. in Emden IV Heft 1. — Galland 120. — Oud Holland 1904 p. 73, 75. *A. W. Weissman.*

Arens, s. auch *Arends, Arents, Arentsz* u. *Arentz.*

Arensburg, Zach. Hartwig, aus Kurland, schwedischer Zollbeamter. Er hatte in seiner Jugend den Stempelschnitt erlernt und wurde vorübergehend als Vertreter des kranken A. Karlsteen in der kgl. schwedischen Münze beschäftigt. Es sind von ihm nur 2 geringe Medaillen bekannt, auf König Karl XII. von Schweden vom Jahre 1718 und auf die Königin Ulrike Eleonore vom Jahre 1719.

E. Hildebrand, Svenska Konungahusets Minnespenningar 1874. *N.*

Arenson, Isaac, Fayencemaler in Delft, nur bekannt durch den urkundlichen Vermerk seiner Heirat am 18. 6. 1671.

Havard, p. 263 No. 281. *J. C. E. Peelen.*

Arent, Fayencier („platielbakker) in Delft. Sein Name und Beruf nur durch eine Eintragung in das III. Register der Begrabenen (Delft) gelegentlich des Begräbnisses seines Kindes am 29. 12. 1640 genannt.

Obreen, Archief VI 23. *J. C. E. Peelen.*

Arent, Adèle, französ. Porträtmalerin, stellte im Pariser Salon 1846, 47, 48 aus.

Bellier-Auvray, Dict. génér. 1882. *H. V.*

Arent, s. auch *Aert* u. *Arnt.*

Arente, Pedro de, span. Maler. Von ihm oder wenigstens aus seiner Schule in der Kathedrale von Murcia eine Geburt Christi und eine Anbetung der Könige in Bassanos Manier.

Neue Zusätze zu Füsslis Kstlerlex. (1824) p. 159. *M. v. B.*

Arento, Ippolito, italien. Bildhauer, gehörte zu den mittelmäßigen Talenten, die um 1574 von den d'Este in Ferrara beschäftigt wurden.

Perkins, Les Sculpteurs Italiens II 280, Anmerkung 2. — Meyer, Kstlerlex. *R.*

Arents, Aryaentje, Maler, kam 30. 12. 1658 in die Leidener Zunft, wird erwähnt bis 1659 und ist dann von Leiden weggezogen.

Obreens Archief V 221. *E. W. Moes.*

Arents, Jan., s. *Man.,* J. A. de.

Arents, s. auch *Arends, Arens, Arentsz* u. *Arentz.*

Arentse, Claes, holl. Bildhauer im 17. Jahrh., erhält 6. 7. 1638 das Amsterdamer Bürgerrecht, heiratet 20. 1. 1639, 30 Jahre alt, in Haarlem, wo er früher wohnhaft war, Marritge Egberts, Witwe Jan Jansz. Seine Mutter war Nelle Cornelisd, und „assistierte" ihn. Er wohnte damals Coninxgraft oder Singel in Amsterdam.

Obreen, Archief V. *A. W. Weissman.*

Arentsen, W., war ein Porträtmaler, der 1701 in Friesland gelebt zu haben scheint. Kramm erwähnt aus diesem Jahre einige Bildnisse der Familie Hattinger von ihm.

Kramm, De Levens etc. Suppl. *E. W. Moes.*

Arentsz., Adriaen, Maler, wurde, von Mecheln kommend, 2. 11. 1594 Bürger von Delft.

Obreens Archief IV 279. *E. W. Moes.*

Arentsz., Arent, s. *Cabel* u. *de Lange.*

Arentsz., Claes, war 1378 als Maler in Utrecht tätig.

Muller, Utr. Arch. 14. *E. W. Moes.*

Arentsz, Louis, Fayencier („plateelbacker") in Delft, nur durch den urkundl. Vermerk seiner Heirat am 6. 11. 1644 bekannt.

Havard, p. 230 No. 141. *J. C. E. Peelen.*

Arentsz, Pool, Fayencier („platielbakker") in Delft, nur dem Namen nach bekannt durch die Eintragung in das „III. Register der Begrabenen" (Delft) gelegentlich des Begräbnisses seines Kindes am 12. 1. 1634.

Obreen, Archief VI 22. *J. C. E. Peelen.*

Arentsz., Symon, Maler, verkauft 1549 in Haarlem ein Haus in der Kleinen Houtstraat.

Van der Willigen 46. *E. W. Moes.*

Arentsz, Willem, holländ. Maler. In einem Inventar (Witwe von Pieter Lourensz Spieghel) in Amsterdam, Aug. 1630, wo nur ältere Bilder, vornehmlich von Dirck Barentsz erwähnt sind, kommt vor: Ein Kruzifix von Willem Arentsz; auf 36 Gulden taxiert. *A. B.*

Arentsz, s. auch *Arends, Arens, Arents* u. *Arentz.*

Arentz, Johan Frederik, dän. Bildnismaler in der letzten Hälfte des 18. Jahrh., er soll 1790 gestorben sein, Schüler der Kunstakademie in Kopenhagen und des Professors Pilo (nach anderen Angaben war Professor Als sein Lehrer). Tätig in Kopenhagen und wahrscheinlich später in Glücksburg. A. hat das Bildnis des Rechenmeisters H. C. Kramer (1761) radiert. — Ein *Johan Arentz* wird erwähnt als Porzellanmaler an der kgl. Porzellanfabrik in Kopenhagen 1796.

Weinwich, Kstlerlex. 1829. — Meyer, Kstlerlex. (Arends). — Weilbach, Nyt dansk Kunstnerlex. I 1896. — Kunstgewerbeblatt N. F. V 217. *A. R.*

Arentz, Magnella Kirstine Djörup, norweg. Künstlerin, geb. 30. 12. 1874 in Tromsö, hat sich hauptsächlich mit Porzellanmalerei und Kunststickerei beschäftigt. Ausgebildet an der kgl. Kunst- und Gewerbeschule zu Christiania, bei den Malern Harriet Backer in Christiania und Viggo Pedersen in Kopenhagen, trieb dann kunstgewerbliche Studien in Kopenhagen, Wien, Berlin (1903 mit Stipendium) und Italien. Den Winter 1904—5 in Spanien. Silbermedaille auf der Ausstellg. in Bergen 1898 (Kunststickerei und Porzellanmalerei); mention honorable in Paris 1900. Heiratete im Frühjahr 1904 den dänischen Architekten Egil Fischer. Wohnt in Kopenhagen.

Mitteilungen der Künstlerin. *C. W. Schnitler.*

Arentz, s. auch *Arends, Arens, Arents* u. *Arentsz.*

D. R. **Arentzen** pinx. war ein Bild, Jesus mit der Samariterin am Brunnen, bezeichnet, das Kramm in die erste Hälfte des 18. Jahrh. verlegte.

Kramm, De Levens etc. *E. W. Moes.*

Aresquier, Jehan, Werkmeister der Stadt Montpellier, 1381 zum „consul peyrier" ernannt.

Renouvier et Ricard, Des maîtres de pierre de Montpellier. — Bauchal, Dict. des archit. *C. Enlart.*

Aressy, P., Porträtmaler in Paris, stellte im Salon 1897 und 1901 aus. *H. V.*

Aretaeus, Daniel, Bildhauer und Ziseleur, der nach den Annales Corbeienses im Jahre 1455 aus Korvei in Westfalen vom König von Dänemark (Christian I.) „welcher ihn sehr hoch schätzte", berufen wurde. Ob er der Meister des sogenannten Oldenburgischen Hornes (im Schlosse Rosenborg) ist, scheint zweifelhaft. Das Horn soll ursprünglich für die Kapelle der heiligen drei Könige in Köln bestimmt gewesen sein.

Script. Rerum Brunsvic. II 318. — Weinwich, Kunsthistorie (1811) S. 2. — Mithoff, Mittelalterl. Künstler Niedersachsens und Westfalens 2. Ausg. 1885. — Nyrop, Dansk Guldsmedekunst S. 18, 159. — Nordhoff, Eisenhuth III 155. — Repertorium f. Kunstwissenschaft VII 455 (wird hier Aretraeus genannt). — Weilbach, Nyt dansk Kunstnerlex. I 1896. *A. R.*

Arethon, angeblicher Gemmenschneider, s. *Alpheos.*

Aretin, Adam, Freiherr von, 1769—1822, Dilettant im Radieren.

Meyer, Kstlerlex. *H. V.*

Aretin, Anna Maria, Freifrau von, zeichnete und radierte als Dilettantin um 1820 einige Landschaften und Genreszenen.

Meyer, Kstlerlex. *H. V.*

Aretin, Friederike, Freifrau von, radierte als Dilettantin zwei Landschaften.

Meyer, Kstlerlex. — Maillinger, Bilderchronik d. Stadt München 1876, I 247. *H. V.*

Aretin, Georg, Freiherr von, Bruder des Adam, 1771—1843, fertigte als Dilettant einige Landschaftsradierungen und lithographierte Ansichten bayrischer Schlösser.

Meyer, Kstlerlex. *H. V.*

Aretin, Rosa, Baronin von, geb. zu München 1794, zeichnete und radierte Landschaften in quer Oktav-Format.

Meyer, Kstlerlex. *H. V.*

Aretino, Leone, s. *Leoni,* Leone.

Aretino, Niccolo, s. *Lamberti,* Nic.

Aretino, Parri, s. *Parri* di Spinello.

Aretino, s. auch damit verbundene *Vornamen.*

Aretraeus, s. *Aretaeus.*

Aretusi, Alessandro, Maler aus Modena, um 1650 in Toskana tätig; von seinem Zeitgenossen Vedriani als ein sehr tüchtiger und fruchtbarer Künstler gerühmt, der namentlich als Porträtist an Fürstenhöfen sehr gesucht gewesen sein soll. Nach Boni viele gute Bilder von seiner Hand in Florenz, Modena und Reggio.

Vedriani, Racc. di pitt. Modenesi 1662 p. 124. — Tiraboschi, Not. dei pitt. di Modena p. 302. — Zani, Encicl. II 185. — Boni, Biogr. d. Artisti. *F. Malaguzzi-Valeri.*

Aretusi, Cesare, italien. Maler, † 1612. Sohn eines Pellegrino, wie eine Urkunde, die Scarabelli-Zunti in seinem im Besitz des R. Museo di Antichità zu Parma befindlichem Manuskript wiedergibt, bezeugt. Es ist der Kontrakt, der 27. 8. 1586 zwischen Cesare A. und den Benediktinermönchen bezüglich der Ausmalung des Chores der Kirche S.

Giovanni in Parma abgeschlossen wurde. Hier wird der Künstler bezeichnet als „Egregius D. Caesar Aretusius qqm D. Peregrini, pictor et civis Bononiensis". Tiraboschi nimmt an, daß der Vater des Cesare mit dem bekannten Maler Pellegrino Aretusi gen. Munari identisch sei und daß Cesare 1540 in Modena geboren sei. Dem steht entgegen, daß der Maler Pellegrino A. bereits 1523 gestorben ist, und daß, falls man das Geburtsjahr des Cesare früher als 1523 setzen wollte, der 1612 erst verstorbene Künstler ein so hohes Alter erreicht haben würde, daß seine Biographen das gewiß hervorgehoben hätten. Nach anderen Autoren wäre Cesare A. Bolognese von Geburt, da er auf Gemälden und in Urkunden als „pictor bononiensis" bezeichnet ist. Jedenfalls verlebte er schon seine Jugend in Bologna, wo er die Malkunst nach den Werken des Bart. Ramenghi, des Bagnacavallo, und namentlich nach denen der großen venetianischen Meister studierte, von denen er die Kraft und Lebhaftigkeit seines malerischen Vortrags erwarb. Da er jedoch eine gewisse Schwäche in der Zeichnung und einen fühlbaren Mangel an Erfindungsgabe nie recht überwinden konnte, verband er sich mit Giambattista Fiorini, einem Bologneser Kunstgenossen, der in Zeichnung und Komposition reicher begabt war, während ihm hinwiederum das koloristische Talent völlig abging. So arbeiteten beide Künstler gemeinsam und schufen eine Reihe anerkannter Kunstwerke. Unter diesen nehmen die Fresken im Chor von S. Pietro zu Bologna mit der Darstellung der Übergabe des Schlüsselamtes an den Apostelfürsten die vornehmste Stelle ein. Unter Cesare Aretusis Ölgemälden ist ein Bild im Chor der Kirche de' Servi hervorzuheben, darstellend das Meßwunder des hl. Gregor, ferner in S. Giovanni in Monte eine Geburt der Maria unter einer Engelglorie und auf dem Hochaltare in S. Benedetto eine „Conceptio immaculata". Sodann malte Aretusi das Hochaltarbild in der Kirche della Carità mit der Madonnenfigur zwischen dem hl. Franciscus und einer Caritas, in der Theatinerkirche das Altarbild mit dem hl. Bartholomaeus.

Aretusi war äußerst geschickt im Kopieren der Werke anderer Maler, und häufig wurden seine Kopien als Originale verkauft. Als daher die Benediktinermönche von S. Giovanni in Parma den mit Correggios Marienkrönung geschmückten Chor ihrer Kirche vergrößern wollten, beauftragten sie, wie aus dem oben zitierten Kontrakt von 1586 hervorgeht, Cesare Aretusi mit der Herstellung einer genauen Kopie, nach der unser Künstler dann das Gemälde des Correggio in vergrößertem Maßstabe wiederholen mußte. Daraufhin wurde er vom Herzog von Parma Ranuccio I. Farnese zum Hofmaler ernannt. Das von seiner Hand gemalte Porträt dieses Fürsten befindet sich jetzt in der Galerie zu Parma, ebenda auch sein Bildnis eines Servitenmönches Paolo Ricci, auf der Rückseite bezeichnet „Cesar Aretusi Bon. f. 1602", sowie ein ebenso bezeichnetes Bildnis eines älteren spitzbärtigen Mannes. Gerade als Porträtist war Aretusi besonders tüchtig. Sein Ruf als Bildnismaler verschaffte dem Künstler auch den Vertrauensauftrag, für den Herzog von Ferrara einige Damen des dortigen Hofes insgeheim porträtieren zu dürfen; da er jedoch dieses Vertrauen gemißbraucht und die betreffenden Frauenbildnisse unbefugten Personen gezeigt hatte, fiel er in Ungnade und wurde vom Hofe verbannt. Er kehrte darauf nach Bologna zurück, wandte sich von dort nach Modena und starb schließlich in Toskana 1612. — In Ottleys Besitze (s. Notices) befand sich eine Radierung mit der Madonna und Heiligen und dem Monogramm C darin A und R verschlungen, auf der Rückseite von alter Hand geschrieben „Cesare Aretusi Bol." (vgl. Meyers Kstlerlex.), doch wäre dies das einzige Zeugnis von einer Tätigkeit A.s als Radierer.

Malvasia, Felsina Pittrice I 331. — Affò, Vita etc. del Parm. p. 95 Anm. — Gualandi, Memorie III 185. — Masini, Bologna perlustr. I 39, 116, 123, 132, 161, 170, 171. — Tiraboschi, Not. dei pitt. di Modena p. 303. — Lanzi, Stor. pitt. III 66, 426; IV 58. — Sala, Pitture di Brescia p. 71. — Averoldi, Pitt. etc. di Brescia p. 152. — Chizzola, Pitt. etc. di Brescia p. 109. — Brognoli, Brescia p. 100. — Campori, Raccolta de' Cataloghi p. 192. — J. Meyer, Correggio p. 167, 168, 301, 310 etc. — Meyer, Kstlerlex. — C. Ricci, La Galleria di Parma 1896 p. 207. *B. Magni.*

Aretusi, Giovanni, genannt Munari, Maler in Modena, tätig 1487—1490. Er scheint sich besonders der dekorativen Bemalung kleiner Gegenstände gewidmet zu haben, Pferdeharnische, Wappenschilder für Tourniere, Geldschränke, Hochzeitstruhen etc., die er in Modena für den herzoglichen Hof von Ferrara ausführte (Dokument des Staatsarchivs von Modena). So erhielt er 1487 die Bezahlung für 12 bemalte und mit Leder überzogene Geldschränke; 1490 sandte er bemalte Truhen nach Ferrara, die zur Ausstattung von Beatrice d'Este bestimmt waren. Der Modeneser Chronist Lancillotto spricht auch von seinen größeren Malereien, und zwar von Fresken in einer Kapelle von S. Carmine in Modena, wo sich auch eine Pietà seiner Hand befand. Heute ist jede Spur von ihm verwischt.

Vedriani, Racc. di pitt. etc. mod. p. 41. — Meyer, Kstlerlex. — Venturi in Atti e Mem. d. R. Dep. di Stor. Patr. per le Prov. Mod. e Parm. Ser. III vol. III parte 2 p. 579, in Arch. stor. dell' arte III 380, im Jahrb. der preuß. Kstsamml. XI 183. — Hermann, Jahrb. d. Kstsamml. d. Allerh. Kaiserh. XXI 212. — Arch. stor. d. arte VII 55. *Lisetta Ciaccio.*

Aretusi, Pellegrino, genannt Munari, Maler in Modena, Sohn des Giovanni A. Da er 1483 schon verlobt und ein fertiger Maler war, kann man das Datum seiner Geburt zwischen 1460 und 1465 setzen. 1495 bemalte er einige Figuren, wahrscheinlich in Terrakotta für das Oratorio della Morte in Modena. Durch Raffaels Ruhm angezogen, begab er sich, wahrscheinlich gegen 1510, nach Rom, wo er mit den Schülern des Meisters in den vatikanischen Loggien, im Korridor (jetzt Galleria Lapidaria) und in anderen Zimmern Historien und Grotesken malte, ferner in S. Giovanni degli Spagnuoli, in S. Luigi dei Francesi, in S. Eustachio, in der Trinità dei Monti, in S. Antonino dei Portoghesi etc. In Rom beteiligte er sich auch mit einigen anderen Künstlern an den Dekorationen für das Fest der Agoni, das 1515 stattfand; er malte dafür 3 Wagen mit symbolischen Darstellungen der Heiterkeit, Großmut und Stärke. Nach Raffaels Tod (1520) kehrte er in seine Heimat zurück, wo auch einige seiner Werke erwähnt werden: Taufe Christi in der Compagnia dei Battuti; Altarbild mit den Heiligen Cosmas und Damian (1523 datiert) und eine Krönung der Jungfrau in den Servi; ein Altarbild in S. Maria della Neve; eine Geburt Christi in S. Paolo; die Anbetung der 3 Könige in S. Francesco etc. 1523 wurde Pellegrino von einem Verwandten der Familie Bastardi ermordet, nachdem sein Sohn ein Mitglied derselben getötet hatte. Bis vor wenigen Jahren ließ sich keine Arbeit Pellegrinos mehr nachweisen. Von seiner ganzen römischen Tätigkeit waren schon in Tiraboschis Zeit nur noch die Malereien in den Loggien des Vatikan bekannt, in denen sich der Anteil des Künstlers von den Arbeiten der anderen Raffaelschüler nicht unterscheiden läßt, und in Modena befand sich kein Gemälde A.s mehr an seinem ursprünglichen Aufstellungsort und man wußte auch nicht, wohin die Bilder gekommen waren. Ein Pellegrino zugeschriebenes Gemälde in der Gal. Este in Modena ist sicher nicht von ihm, da es dem Stile nach einer späteren Zeit angehört. Venturi gebührt das Verdienst 1887 ein sicheres Werk des Pellegrino in dem in der Pinacoteca von Ferrara befindlichen Bild entdeckt zu haben, das die Jungfrau auf dem Thron mit den Heiligen Geminiano und Gerolamo darstellt. Es ist das Bild, das 1509 auf dem Altar der Brüderschaft von S. Maria della Neve in Modena aufgestellt wurde. Lancilotto berichtet, daß es von Lazzarelli, Pagani, Vedriani, Tiraboschi etc. beschrieben und 1811 nach Mailand geschickt wurde, nachdem es vorher in die Kirche S. Giovanni in Modena überführt worden war. Von diesem Bild sagt Tiraboschi, daß es sehr verschieden von den Werken war, die Pellegrino nach seinem Aufenthalt in Rom ausführte: er zeigt sich hier dem Francesco Bianchi Ferrari nahe verwandt und wie alle damaligen Modeneser Maler stark beeinflußt durch die Ferraresischen Künstler, namentlich durch Ercole Grandi. Die Feinheit des Details, die Vornehmheit der Figuren, die Lebhaftigkeit des Kolorits stempeln das Werk zu einem der besten der Modeneser Schule von Anfang des Cinquecento. Auf Grund dieses authentischen Bildes kann man vielleicht dem Pellegrino auch das in der casa Rangoni in Modena befindliche Bild zuschreiben, die Madonna auf dem Thron mit den Heiligen Giov. Batt., Girolamo und dem Stifter Nicolo Rangoni mit seiner Frau Bianca Bentivoglio, das sicher vor 1500 gemalt ist, da Rangoni in diesem Jahre starb. Das Bild in der Kirche S. Pietro in Modena und das Altarbild No. 1182 in der Berliner Galerie, ehemals dem Pellegrino zugeschrieben, sind von Francesco Bianchi Ferrari.

Vasari-Lemonnier VIII 246—248. — Scannelli, Il Microcosmo della pitt. (1657) p. 312—314. — Vedriani, Racc. di pitt. etc. mod. (1662) p. 38, 41. — Titi, Ammaestramento etc. (1686) p. 123, 125, 128, 292, 293, 343, 370, 416, 427. — Tiraboschi, Not. dei pitt. etc. (1786) p. 277. — Passavant, Raphael I 340. — Ferrari-Moreni, Intorno a un dipinto di Pell. Munari (1867). — Corvisieri in „Il Buonarroti", Ser. II vol. IV p. 158. — Janitschek in Repert. f. Kstwisssch. II 416—7. — Lermolieff, Gall. in Berlin. — Venturi in Atti e Mem. d. R. Dep. di Stor. Patr. per le Prov. Mod. e Parm., Ser. III vol. III parte 1 p. 260—1, im Jahrb. d. preuß. Kstsamml. VIII 82—88, in Arch. Stor. d. arte II 379—396, in L'Arte 1898 p. 279 303. — W. Bode im Jahrb. d. preuß. Kstsamml. VIII p. 123, 130. — Jacobsen im Repert. für Kunstwissenschaft XXIII 362/3. *Lisetta Ciaccio.*

Arévalo, Juan de, Bildhauer, arbeitete 1537 mit andern an dem Portal der Turmkapelle in der Kathedrale von Toledo, das mit Blumengewinden, Kindern und kleinen Tieren verziert ist. Die Wappenschilder an derselben führte er mit Leonardo Aleas und Martin de Inarra aus.

Cean Bermudez, Dicc. I 52. △

Arévalo, Juan Cano de, s. *Cano de Arévalo,* Juan.

Arevalo, Pedro de, Maler in Valladolid. 1598 führte er Schilder und Wappen für die Trauerdekoration aus, welche die Universität für die Leichenfeier Philipps II. machen ließ.

Martí y Monsó, Estud. histor. artist. S. 235. *M. v. B.*

Areztiburu, Domingo de, Baumstr., verzierte 1580 die Kapelle Santiago in der Marienkirche zu Segura in Guipúzcoa.

Llaguno y Amirola, Not. III 24. △

Arezzo, d', s. unter den damit verbundenen *Vornamen.*

Arfe, (Arphe) ist der Name einer in Spanien tätigen Goldschmiedsfamilie, welche aus Deutschland oder Flandern eingewandert ist.

Der Name Harf, Harfe, vielleicht von einem Stammhaus mit dem Wahrzeichen der Harfe hergenommen, ist im Mittelalter am Niederrhein verbreitet und findet sich z. B. in Kölner Schreinsbüchern während des 13. und 14. Jahrh. Die Mitglieder dieser Familie haben sich besonders durch die großartigen tabernakelartigen silbernen Custodias berühmt gemacht, welche in den span. Kathedralen ausschließlich in der Oktave des Fronleichnamsfestes benutzt werden, um darin die Monstranz mit der Hostie auszustellen oder auf ebenso reichen und prächtig geschmückten Gestellen (Andas) umherzufahren. Henrique der Großvater, Antonio der Vater und Juan der Sohn und Enkel bezeichnen außerdem die 3 Stilentwickelungen, der spätgotischen, der plateresken und der klassischen Cinquecento-Periode der span. Kunst des 16. Jahrh.*)

Cean Bermudez, Dicc. I 54—67. — Viñaza, Adic. II 22—32. — Marti y Monsó, Estud. histor. artist. — Justi, Die Goldschmiedfamilie der Arphe. Ztschr. f. christl. Kunst VII. 1894 und Neudruck in den Miscellaneen aus drei Jahrh. span. Kunstlebens, 1908, I 271 ff. — Davillier, Orfévr. en Espagne. — Unger in Meyers Kstlerlex. *M. v. B.*

Arfe, Enrique de, kam wahrscheinlich im Gefolge Philipps des Schönen aus Flandern nach Spanien; am 28. 4. 1506 landete Philipp der Schöne in Coruña und am 13. 7. 1506 unterzeichnete der Künstler den Kontrakt über die Anfertigung der Custodie von León. Für den flandrischen Ursprung des Künstlers spricht auch der Umstand, daß der Aufriß des Turmes von St. Romuald in Mecheln in seinem Stil nahe verwandt ist mit Enriques Custodien. Die erste in Spanien von ihm gefertigte war jene der Kathedrale von León, ein fünfgeschossiges Werk von 10 Fuß Höhe; sie wurde samt den von Antonio de A. gefertigten Andas von den Franzosen geraubt, wie auch jene für das Benediktinerkloster zu Sahagun in Alt-Kastilien 1810 bei der Plünderung durch die Franzosen zugrunde ging. Erhalten sind noch jene, die Enrique 1513—18 für die Kathedrale von Cordova anfertigte, sie hat 4 Geschosse und wiegt 532 Mark Silber, und die von 1515—1524 im Wettbewerbe gegen Juan de Borgoña und Diego Copin für die Kathedrale von Toledo ausgeführte. Diese ist 9 Fuß hoch, enthält 795 Mark Silber u. 57 Mark Gold und trägt 260 Statuetten: „sie war das letzte Wort der Gotik in der kirchlichen Goldschmiedekunst Spaniens".

Außerdem hat Henrique für verschiedene Kirchen kleinere Geräte aller Art verfertigt. Sein Ruhm wurde durch seinen Enkel verdunkelt, aber es zeichnet ihn aus, daß er in dem immer noch spätgotischen Stile arbeitet und deshalb in Harmonie mit der Architektur der gotischen Dome bleibt. Aus diesem Grunde galt er selbst dann noch, als der von seinem Enkel vertretene Geschmack des Michelangelo auch in Spanien alles beherrschte, für den größten Meister und als ein unerreichtes Vorbild unter den Goldschmieden.

Henrique lebte noch 1543, da ihm und seiner Gattin Gertrude Rodriguez Carreño das Domkapitel zu León gestattete, ein demselben verpfändetes Haus zu verkaufen, und er war später noch einmal mit Velluda de Ver verheiratet, die nach der Grabschrift in der Kathedrale 1562 starb. Er scheint in den späteren Jahren nicht mehr gearbeitet zu haben, da er sich wohl nicht mehr dem veränderten Geschmack der Zeit anbequemen konnte. Ein Schüler von ihm war Juan Ruiz, gen. il Vandolino, in Córdova.

Arfe, Antonio de, zu León, war einer der ersten in Spanien, der bei Goldschmiedsarbeiten den gotischen Stil verbannte und sich dafür der mit arabischen und gotischen Elementen verquickten italien. Manier bediente, die man dort den plateresken d. h. Silberschmieds-Stil nennt, weil der zierliche Reichtum und die phantastische Überschwenglichkeit desselben sich besser für luxuriöse Goldschmiedsarbeiten eignen, als für monumentale Marmorwerke, und daher von jenem entlehnt scheinen, obgleich das Verhältnis in Wahrheit das umgekehrte ist. Antonio hat sich nicht so großen Ruf erworben, als sein Vater und sein Sohn, obwohl er in der Komposition tüchtig, in der Technik vollendet war. Seine vorzüglichsten Werke sind die 6½ Fuß hohe Custodia der Marienkirche zu Medina de Rioseco in Altkastilien, sie ruht auf einem zwölfeckigen Sockel und besteht aus 4 Tempeln in der Form vierseitiger Bogenhallen, und die der Kathedrale von St. Jago de Compostella in Galicien, die er 1540 begann und 1554 vollendete, sie besteht aus 4 sechseckigen Tem-

*) Enrique de Arfe, vermählt mit
1. Gertrude Rodriguez Carreño
2. Velluda de Ver

Antonio de Arfe verm. mit Maria de Betanzos

Juan de Arfe y Villafañe vermählt mit Anna Martinez de Carrión	Antonio de A.	? Enrique de A. vermählt mit ? Mariana Durango
Germana de Arfe vermählt mit Lesmes Fernández del Moral.		Luis

peln, flankiert von 6 kleinen Tempeln. Auch wurden ihm zwei andere prachtvolle Werke zugeschrieben, die in den napoleonischen Kriegen von den Franzosen geraubt wurden, nämlich die Custodia der Kathedrale von Burgos, deren Stelle jetzt eine andere von seinem Sohne Juan für S. Pablo verfertigte einnimmt, und die 6 Fuß hohen und 5 Fuß breiten Andas (vollendet 1557) der von seinem Vater Henrique verfertigten Custodia von León. K. Justi schreibt ihm auch die im Schatz der Kathedrale von León befindlichen großen silbernen Reliquienschreine des H. Bischof Froilan zu. Er war verheiratet mit Maria de Betanzos und lebte noch 1566 in Valladolid.

Arfe y Villafañe, Juan de (wie er sich nach seiner mütterlichen Großmutter Da. Catalina de Villafañe nannte), war der Sohn des Antonio de A. Er wurde geb. zu León 1535, verheiratete sich 1562 mit Anna Martinez de Carrión, welche ihn überlebte und starb am 1. 4. 1603 in Madrid. „Er war der vielseitigst begabte und gebildete der Familie, hat er doch die ganze künstlerisch gelehrte Bildung seiner Zeit, soweit sie sich mit der kirchlichen Kunst berührt, zu vereinigen gestrebt. Vor allem war er Mathematiker, durch Wissen und Temperament. Er kannte die Schriften L. B. Albertis und Dürers und studierte nach ihnen die Proportionen, er trieb osteologische Studien und wohnte bei Cosmé de Medina in Salamanca Sektionen bei; er erstrebte eine umfassende Gründlichkeit der Bildung und begnügte sich nicht mit bloß technischer Virtuosität" (C. Justi). Seine erste künstlerische Arbeit ist die Custodie der Kathedrale von Avila, 1564—1571. Sie ist 6 Fuß hoch und besteht aus 6 Teilen, in denen Sechseck und Kreisform alternieren. Durch Fülle und Wechsel der Motive, Formenadel und Harmonie ist sie wohl seine glücklichste Eingebung. Sein Hauptwerk aber, 1580—87 unter Beihilfe des Fernando Ballesteros vollbracht, ist die Custodie von Sevilla, ein Aufbau von vier Tempeln mit figürlichem Schmuck nach Ideen des Francisco Pacheco. Leider ist sie 1668—69 von Juan de Segura durch Wegnahme vieler Figuren verändert worden. 1588 bis 92 fertigte der Künstler dann eine Custodie für S. Pablo in Burgos, 1590 eine solche für die Kathedrale von Valladolid, 1592 eine kleine für den convento del Carmen vor den Toren der Stadt Valladolid sowie ferner diejenigen für Burgo del Osma und die Bruderschaft des Allerheiligsten in der Pfarrkirche S. Martin zu Madrid. Custodien für Segovia, deren Entwurf das Kapitel 1588 angenommen hatte, und für S. Sebastian de los Reyes 1596 kamen nicht zur Ausführung. Bei der Aufnahme seines Nachlasses fand sich am 2. 4. 1603 eine silberne Custodie, wohl dieselbe welche durch den Bischof Diego de Castejon 1536 in die Kathedrale zu Lugo kam. Außerdem lieferte A. für viele Kirchen andere Kultusgeräte wie Bischofsstäbe, Leuchter u. a., in der Kathedrale zu Burgos ein großes Prozessionskreuz aus dem Jahr 1592. Philipp II. berief ihn 1596 nach Madrid, um bei dem Ziselieren und Vergolden der Bronzestatuen zu helfen, welche im Hause des Jacome Trezzo für die Grabmäler im Presbyterium des Eskorial unter Leitung des Pompeo Leoni gegossen wurden, u. 1597 übernahm er die Anfertigung von 64 Büsten von Heiligen für den Eskorial. Sie dienten als Reliquienbehälter und wurden von Fabricio Castello bemalt und vergoldet. 1599 lieferte er dem König Philipp III. ein getriebenes, ziseliertes und emailliertes Becken mit Kanne von vergoldetem Silber. Unter Benützung der Entwürfe und Modelle des Pompeo Leoni begann er 1602 im Auftrage des Herzogs von Lerma die Ausführung von vier großen knienden Bronzestatuen für die capilla mayor der Klosterkirche von S. Pablo in Valladolid. Drei davon hat er ausgeführt, wenn sie auch erst nach seinem Tode von seinem Schwiegersohn Lesmes Fernandez del Moral unter Aufsicht des Pompeo Leoni vollendet wurden; es sind die beiden Statuen des Herzogs und der Herzogin von Lerma, heute im Museum zu Valladolid und jene des Erzbischofs von Sevilla D. Cristóbal de Rojas y Sandoval in der Collegiata zu Lerma, die vierte, diejenige von D. Bernardo de Rojas, Kardinal-Erzbischof von Toledo, ist, wenn überhaupt ausgeführt, verschollen. Im Jahr 1602 schätzte er in Madrid verschiedene Degen und goldmontierte Gegenstände aus dem Nachlaß Philipps II., der damals in Madrid und Valladolid öffentlich verkauft wurde. Am 2. 4. 1603 verlangt seine Witwe eine Nachlaßaufstellung ihres Mannes, er muß also unmittelbar vorher gestorben sein. König Philipp II. hatte den Künstler zum Münzwardein in Segovia ernannt, in welchem Amt ihm sein Schwiegersohn folgte. Diese Beschäftigung gab ihm wohl die Veranlassung zu seiner ersten Schrift dem: Quilatador de la plata, oro y piedras. Valladolid 1572. 4⁰. (Das Privileg ist von 1571), d. h. einer Belehrung der Münzmeister und Goldschmiede über den Feingehalt der Edelmetalle usw. Klagen über die Kürze des Textes, der unverständlich blieb, führten den Verfasser zu einer völligen Umarbeitung, die den Gegenstand eingehender und ausführlicher behandelte. So erschien eine Neuausgabe Madrid 1598. 8⁰, welche aber mit der ersten nichts als den Titel gemein hat. Die Ausgabe Madrid 1678. 4⁰ enthält den Wiederabdruck der beiden Ausgaben von 1572 und 1598. Sein wichtigstes Buch aber ist die Lehre von den Proportionen in Bildhauerei und Baukunst: De varia commensuracion para la esculptura y architectura. Sevilla 1585 (am Schluß 1587). Fol. (Neue Ausgaben: Sevilla 1589. Madrid 1675. Hrsg. von Pedro Enguera. Madr. 1736. 1795. Hrsg. von José Asensio y Torres. Madr. 1806.) Dieses Werk, als Buch in seinen früheren Ausgaben außerordentlich selten geworden (Justi kannte 1894 kein Ex. davon in deutschen öffentl. Bibliotheken), ist noch heute wertvoll durch seine kunsthistorischen und biographischen Nachrichten. Ein drittes Buch war die: Descripçion de la traça y ornato de la custodia de plata de la S. Iglesia de Sevilla. Sev. 1587. 8⁰ eine Beschreibung seiner Custodie in Sevilla. Bis auf ein Ex. verschollen, ist der Text von Cean Bermudez in seinem Diccionario und vollständig zuerst in der Zeitschrift El Arte en España III 174—196 abgedruckt worden.

Juan A. soll endlich auch die Abbildungen zu seiner Varia Comensuracion (s. oben) und während seines Aufenthaltes in Madrid ein Bildnis des Alonso de Ercilla vor der ersten Ausgabe von dessen Araucana in Holz geschnitten haben. Zu bemerken ist jedoch, daß keines der Bll. zu seinem Werke mit seinem Zeichen versehen ist; bloß auf p. 34 erscheint ein Bl. R⁰ bezeichnet. Wahrscheinlich ist es auch ein Irrtum und beruht auf falscher Deutung des Monogramms, daß man ihm die Bilder zu des Hernando de Acuña Übersetzung von Oliviers Caballero determinado, Salamanca 1573, zugeschrieben hat, die nur in weichem Metall ausgeführte Nachbildungen (oder Klischees?) der mit dem Zeichen *A* versehenen und, wie Nagler annimmt, von Anton Sylvius in Holz geschnittenen Bll. der früheren Ausgaben sind. (Nagler, Monogr. I 33, 1049 No. 80, 2526.) Ebenfalls nur Vermutung ist es, wenn Viñaza dem Künstler das Frontispiz mit den Hl. Justina und Rufina zu des Alonso Morgado, Historia de Sevilla S. 1586 zuschreibt. Noch wird angegeben, daß er zu einem Buche eine Sammlung von Bildnissen berühmter Zeitgenossen verfertigt habe, wovon uns aber weiter nichts bekannt ist. Andere schriftstellerische Unternehmungen sind nicht zustande gekommen. In der Varia Comensuracion verhieß er eine kurze praktische Perspektive, die aber nicht erschienen ist. Ein Wappenbuch ist handschriftlich von Gonzalez Argote de Molina in der Nobleza de Andaluçia, Sevilla 1582, benutzt worden; daß aber die Wappen darin zum Teil von A. geschnitten worden seien, ist nur Vermutung.

Arfe, Antonio de, nennt sich in einem Notariatsinstrument vom 29. 6. 1573 Sohn des Antonio de A. und ebenfalls Goldschmied in Valladolid. Er dürfte wohl mit jenem A. identisch sein, der nach Cean Bermudez' Behauptung das Frontispiz zu: Jeronimo Gudiel, compendio de algunas historias de España y especialmente de la familia de los Girones, Alcala 1577, Fol. in Holz geschnitten hat, wenn anders diese Behauptung mehr als eine bloße Vermutung ist.

Arfe, Enrique de, Goldschmied in Valladolid, wahrscheinlich Bruder des Juan und des Antonio d. jüng. 1567 vergleicht er sich mit seiner Schwiegermutter Isabel Flores in Simancas wegen der Mitgift seiner Frau (Mariana Durango?). Im gleichen Jahre ist er mit Juan de A. Zeuge für Estéban Jordan, der in das Hieronymiten-Kloster Prado bei Valladolid zwei Altäre geliefert hatte.

Arfian, Alonso, Maler in Sevilla, Sohn des Antonio A. 1587 half er seinem Vater bei der Ausführung der Bilder aus der Legende des hl. Georg in der Magdalenen-Kirche zu Sevilla, sonst wird er nicht erwähnt.

Cean Bermudez, Dicc. I 68. *M. v. B.*

Arfian, Antonio, span. Maler in Sevilla in der zweiten Hälfte des 16. Jahrh. Malte zuerst in handwerksmäßiger Weise Bilder, die die Schiffsangestellten mit in das Ausland, besonders das span. Amerika zu nehmen pflegten und die damals einen wichtigen Handelsartikel bildeten („Cuadros de Feria" nach Sevillaner Sprachgebrauch) und verstand sich auch auf die Malerei auf Sargas (Stücke ungebleichten Zeuges, worauf man in Sevilla mit Wasser- oder Leimfarben große historische und religiöse Vorwürfe malte und die während der Karwoche zur Verhüllung des Altars aber auch als Wandbekleidungen in den Wohnungen verwendet wurden). Als 1550 Luis de Vargas aus Italien nach Sevilla kam, trat A. wahrscheinlich in dessen Atelier ein und erlangte bald bedeutenden Ruf. 1554 malte er mit Antonio Ruiz das Altarblatt für den Hochaltar der Kathedrale in Sevilla und 1587 in der Magdalenenkirche Darstellungen aus der St. Georgslegende, wobei ihn sein Sohn Alonso unterstützte. In der Kunst des „Estofado", worunter man in Andalusien die Bemalung der Skulpturen verstand, war A. hervorragend, wie er auch nach Luis de Vargas, seinem Lehrer, als der beste Freskomaler seiner Zeit galt. Sein Stil soll an die Arbeiten der Italiener Alexandro und Julio erinnert haben, die 1525—1530 in Ubeda und Granada tätig waren und deren Schüler er in jungen Jahren gewesen sein könnte.

Pacheco, Arte de la Pintura. Sevilla 1649. — Cean Bermudez, Dicc. I 67, 68. △

Arfwedson, Carl, schwed. Radierer, Dilettant, † 1861, über 80 Jahre alt. Drei in der Auffassung gute — sehr eigenartige — Radierungen von ihm finden sich in der kgl. Bibliothek in Stockholm. 1) Landschaft mit Mühle, 2) Landschaft mit Hütten, 3) Landschaft mit einer Brücke mit zwei Bogen.

G. Nordensvan.

Argand, Goldschmiedfamilie in Genf, vom Ende des 16. bis Mitte des 18. Jahrh. tätig, meist nur urkundlich bekannt. Einer der letzten Sprößlinge, *Jacques Argand,* war Goldschmied in Genf und ein erfindungsreicher Kopf. Er entwarf auch eine allegorische Gruppe, die von der Niderwyler Porzellanfabrik in Biskuit ausgeführt wurde.

Brun, Schweiz. Kstlerlex. (behandelt die einzelnen Mitglieder der Familie Argand ausführlich). *H. V.*

Arganini, Girolamo, Architekt in Mailand um 1800, erbaute die Vorhalle von S. Tomaso und die Casa d'Adda sul Corso di Porta Nuova.

A. Caimi, Delle arti del disegno. *R.*

Argant, Christian, französ. Tapissier an der kaiserl. Manufaktur in Petersburg um die Mitte des 18. Jahrh.

Réunion des Soc. d. b.-arts XVII 490. **

Arge, Künstlerfamilie (Goldschmiede oder Maler) in Straßburg. Urkundlich erwähnt werden: *Henri* als Ammeister 1372—78, *Nikolaus* als Vorsteher der Gilde der Goldschmiede und Maler 1409 und 1411 und ein zweiter *Henri* als Ammeister 1465, 1471 und 1477.

Gérard, Les art. de l'Alsace II 35. **

Argeiadas, Erzbildner, Sohn od. (nach Wilamowitz, Lectiones epigraph. [Ind. lect. Gotting. 1885/6] S. 12) Sklave des Hagelaidas (s. d.). Er ist uns bekannt durch die Inschrift einer umfangreichen Basis, die in Olympia zutage gekommen ist und das Weihgeschenk eines geborenen Arkadiers Praxiteles getragen hatte, der sich in der Inschrift zugleich Syrakusaner und Kamarinäer nennt. Aus der Anordnung dieser Bezeichnungen liegt es nahe zu schließen, daß dieser Praxiteles nicht 484 von Kamarina nach Syrakus übergesiedelt sei, sondern 461 von Syrakus nach dem neugegründeten Kamarina. Andererseits hat sich aus den Fundumständen der Basis ergeben, daß das Weihgeschenk vor der Erbauung des Zeustempels errichtet war; seine unterste Stufe wurde von dem Bauschutt verdeckt. Da der Tempel bereits 457 vollendet war, kann nur das ältere der beiden Daten in Frage kommen: Praxiteles wäre aus Mantinea, seiner Vaterstadt, nach Kamarina, von dort 484 nach Syrakus übergesiedelt; die Errichtung des Weihgeschenkes mußte bald danach erfolgt sein. Doch ist im Grunde ein Zusammenhang mit dem älteren der beiden genannten Daten nicht absolut notwendig; Praxiteles kann früher übergesiedelt sein und die Gruppe schon im 6. Jahrh. geweiht haben, was der sehr altertümliche Schriftcharakter zu empfehlen scheint. Von den Figuren ist nichts erhalten; sie waren augenscheinlich schon zu Pausanias' Zeit nicht mehr am Orte, da er kein Wort von dem Denkmal berichtet. (S. Argeios, Asopodoros I., Athanodoros I., Atotos.)

Löwy, Inschr. gr. Bildh. 30 und S. XVIII. — Robert, Archäol. Märchen S. 97. — Pauly-Wissowa, Realenc. II 701 (Robert). — Inschriften von Olympia 266, 631. — Klein, Griech. Kunstgesch. I 338 f. *Amelung.*

Argeios. Es ist sehr zweifelhaft, ob es einen griechischen Künstler dieses Namens gegeben hat. Plinius beginnt N. H. 36, 49 die Aufzählung der Schüler Polyklets mit den Worten: *Argium Asopodorum . . .* Auf einer Basis in Olympia (s. Argeiadas), ist ein Künstler Asopodoros aus Argos neben einem Sohn oder Sklaven des Hagelaidas verzeichnet, und es ist demnach sehr wahrscheinlich, daß dieser Asopodoros der Großvater jenes anderen war, und daß die beiden Worte bei Plinius nicht zu trennen sind, sondern besagen, daß auch der Enkel Argiver war (Argium = Ἀργεῖον; Voranstellung des Ethnikon z. B. in der metrischen Inschrift Löwy 47). Klein will Argium in Argiadam ändern, was nicht überzeugt. Ebenso bedenklich steht es mit dem andern Argeios, dem Vater des Hagelaidas, dessen Existenz man aus der genannten olympischen Inschrift hat erschließen wollen. Dort nennt sich Argeiadas Ἁγελάδα τἀργείου. Ungewöhnlich bleibt diese Ausdrucksweise auf jeden Fall, ob man es nun mit Löwy für wahrscheinlich hält, die Formel Αγελάδας ὁ Ἀργεῖος sei so gebräuchlich geworden, daß der Sohn sie en bloc in seine Bezeichnung aufgenommen habe, oder ob man Schöll zustimmt, der es für möglich hält, Argeiadas habe Vater und Großvater namhaft gemacht und folgendes Stemma aufgestellt: Argeios—Hagelaidas—Argeiadas—x—Argeios.

Klein, Arch. epigr. Mitt. 1884 S. 63. — Löwy, Inschr. gr. Bildh. 30 und S. XVIII. — Schöll, Aufsätze f. E. Curtius S. 117 ff. — Pauly-Wissowa, Realenc. II 702, 18 (Robert). — Inschriften von Olympia 631. *Amelung.*

Argelati, Antonio Bartolomeo, italien. Radierer, von dem nur ein Blatt bekannt ist, eine Allegorie auf die Einkleidung eines Fräuleins Brigitta Boccaferri als Nonne, bez.: All' Illmo Sigr Camillo Boccaferri. Antonio Bartolo Argelati D. D. D. und datiert 1700.

Meyer, Kstlerlex. *P. K.*

Argelius, antiker Architekt, nach Vitruv, de archit. VII praef. 12, Erbauer eines ionischen Asklepiostempels zu Tralles und Verfasser einer Schrift über diesen Bau sowie einer anderen über den korinthischen Stil, vielleicht eines systematischen Lehrbuchs über diese damals eben modern werdende Bauart. Der Name ist sonst unbekannt. Vielleicht ist A. identisch mit einem ebenfalls von Vitruv genannten „Tarchesius", der im Geschmacke der hellenistischen Zeit, welche die dorische Bauart als zu schlicht immer mehr in die Profanarchitektur zurückdrängte, ein Gegner des dorischen Stils an Sakralbauten war. A.s Lebenszeit ist nicht bekannt, doch darf er als ein Zeitgenosse jener berühmten hellenistisch-kleinasiatischen Architektengruppe angesehen werden, mit der zusammen er stets genannt wird: Pythios und Hermogenes.

Brunn, Gesch. d. gr. Kstler. II 342. — Pauly-Wissowa, Realenc. II 1169 unt. Arkesius (Fabricius) u. 548 (Puchstein). *H. Thiersch.*

Argellati, Francesco, Maler, tätig in Bologna um 1747 von Zani, Enc. II 189 erwähnt. *P. K.*

Argence, Eugène d', französ. Maler, geb. 4. 12. 1853 in St. Germain-Villeneuve, Schüler von E. Giraud, hat zahlreiche Landschaften und Seestücke, sowie dekorative Malereien geliefert und sich in der Ölmalerei wie im Pastell betätigt. Ein dekoratives Gemälde von ihm „Der Herbst" befindet sich in der Bürgermeisterei von Villemomble. Die Motive seiner Landschaften findet d'A. zumeist in der Nähe von Paris, doch hat er auch korsische und algerische Landschaften gemalt. Seine Seestücke entstammen teils dem Ärmelmeer, teils der Mittelmeerküste. Von seinen besten Bildern seien genannt: „Stille Nacht" (1889), Die Schlucht der Mitidja (1898), Die Bai von Ajaccio (1899), Beim Anbruch der Nacht (1906).

Bellier-Auvray, Dict. gén. u. Suppl. — Gaz. d. b.-arts II. Pér. XXXVIII 140. — Pariser Salon 1885, 1887—1890, 1892, 1893, 1906. *K. E. Schmidt.*

Argent, A. L. d', Kupferstecher und Emailleur, stach Illustrationen für Taschenbücher z. B. im Verlag von Cotta 1797 und wird bereits 1798 als Hofkupferstecher zu Stuttgart erwähnt. 1812 sah man von ihm nach dem Tübinger Morgenblatt von 1812 p. 539 auf der Kunstausstellung zu Stuttgart „schöne" Emailgemälde. Als Kupferstecher indessen war er unbedeutend, was auch für seine Emaillen wenig Vertrauen erweckt.

Meyer, Kstlerlex. — Nagler, Monogr. II No. 923. — Bach, Stuttgarter Kunst, 1900. *M. Bach.*

Argent, Girard d', Maler in Besançon, 1546—73; Gauthier, Dict. d. artist. franc-comt. erwähnt von ihm ein Porträt des Jacques Bonvalot in der Sammlung Granvelle. *De.*

Argent, Marie Josèphe d' (verehelichte Hebbelinck), Miniaturmalerin, geb. zu Lüttich 29. 7. 1789, † zu Ukkel bei Brüssel 10. 5. 1863, Schülerin ihres Vaters Michel und des Alex. de la Tour. Sie stellte 1812 in Gent, 1813 in Brüssel Bilder aus, die Beifall fanden; in den Katalogen wird sie Josephine genannt.

Meyer, Kstlerlex. *Pol de Mont.*

Argent, Michel d', belg. Historien- und Miniaturmaler, getauft in Lüttich 1. 8. 1751, Schüler der Antwerpener Akad., von 1775 bis 1781 in Rom, dann lange Zeit in Brüssel tätig. Er starb am 28. 7. 1824 in Lüttich. — Er signierte Dargent.

Meyer, Kstlerlex. *Pol de Mont.*

Argent, Pierre d', d. ä., Maler, geb. in Besançon um 1540, studierte 1564 in Italien auf Kosten des Kardinals von Granvelle, malte dann für diesen in Besançon 1572—75 Porträts und Kirchenbilder, so z. B. 1574 das Altargemälde für die Kirche Notre Dame von Brou, darstellend den hl. Nikolaus von Tolentino zwischen den Heiligen Augustin und Monika. Es befindet sich jetzt über dem Altar der Kapelle von Gorrevod. Im Verein mit seinem Bruder Pierre d. j. malte er 1584 bis 85 für den Chor von St. Nikolaus in Freiburg (Schweiz) ein Gemälde, das nach dem bedeutenden Preise von 637 Taler umfangreich gewesen sein muß, aber nicht erhalten ist.

Gauthier, Dict. d. art. franc-comt. — Réunion des Soc. d. b.-arts XXI 317. — Brun, Schweiz. Kstlerlex. **

Argent, Pierre d', d. j., Maler, geb. in Besançon 12. 6. 1546, † um 1620, malte Porträts (3 in der Sammlung Granvelle) und Kirchenbilder, von denen ein Abendmahl, eine hl. Veronika, ein hl. Franciscus und ein Christusbild von ihm den Kapuzinern in Besançon 1607—20 geschenkt wurden. — Siehe auch vorhergeh. Artikel.

Gauthier, Dict. d. art. franc-comt. **

Argent, d', s. auch *Dargent.*

Argenta, Bartolomé, soll nach Street (Gothic archit. in Spain p. 319) 1325—1346 Baumeister der Kathedrale von Gerona gewesen sein und den Bau bis zur Vollendung des Chores geleitet haben. Der Name dieses Künstlers wird sonst nirgends genannt. △

Argenta, Battista d', Ferrareser Arzt des 15. Jahrh. und vielleicht selbst Zeichner oder Maler. Übergab 1484 dem Maler Battista Rosso eine Skizze zu einem Altarbild, das Rosso für ihn malen sollte. Doch geht aus dem diesbezüglichen Dokument nicht deutlich hervor, ob diese Skizze von Battista d'Argentas Hand war oder nicht.

Cittadella, Doc. ed illustr. ferraresi 1868 p. 32/33. — Venturi in Atti e Mem. della R. Dep. di Stor. Patr. per la Romagna, Ser. III vol. VI p. 393. *Lisetta Ciaccio.*

Argenta, Cristoforo d', Bildhauer in Ferrara um 1580 nach Zani, Enc. met. II 190. **

Argenta, Jacopo (oder Giacomo) d', Maler aus Ferrara, um 1562 in Turin tätig als Hofmaler des savoyschen Herzogshofes. In der Pinakothek zu Turin sieht man von seiner Hand ein lebensgroßes Bildnis des Herzogs Emanuele Filiberto sowie ein Jugendporträt des Herzogs Carlo Emanuele I. von Savoyen; der letztere ist in reicher, goldgestickter Hoftracht dargestellt, ihm zur Seite ein Zwerg, auf dessen Haupt er seine Hand ruhen läßt. Die feine silbergraue Gesamttönung beider Bilder erinnert an die Kunst spanischer Bildnismaler, wie Alonso Sanchez-Coello.

Zani, Encicl. II 190. — Boni, Biogr. d. Artisti. — Lanzi, Stor. pitt. V 302. — Rosini, Stor. d. pitt. Ital. — Arch. Stor. d. Arte ital., ser. II, vol. III, 113. *F. Malaguzzi-Valeri.*

Argenta, Jacopo Filippo d', (mit dem Beinamen De' Medici), Miniaturist in Ferrara, mit Fra Evangelista da Reggio, Andrea delle Veze u. a. tätig an der Ausschmückung der älteren der 30 Chorbücher im Archivio der Kathedrale in Ferrara. Nach Cittadella malte er die Anfänge der Antiphonarien der Feste von S. Giorgio bis S. Andrea in 3 Bänden und des Comune degli Apostoli, das von Fra Evangelista Tedesco geschrieben ist. 1469 wird Argenta in Bologna urkundlich erwähnt, dann mehrfach 1481—1501 in Ferrara; im letzteren Jahre muß er gestorben sein.

Cittadella, Docum. ed illustr. 176—7. — Bradley, Dict. of miniat. I 64—66. — Bertolotti, Art. Bolognesi a Roma (Bologna 1885) p. 68. — Gualandi, Memorie VI 154. — Baruffaldi, Vite dei Pitt. e scult. Ferr. — Venturi, La miniatura ferrarese nel sec. XV. in Gallerie Nazionali Italiane IV 194. **

Argenta, d', s. auch damit verbundene *Vornamen* sowie *Aleotti.*

Argenter, Gaspar, Goldschmied in Barcelona. Im Archiv der Innung zu Barcelona ist eine Zeichnung von ihm zu einem Halsschmucke a. d. J. 1550.

Viñaza, Adic. II 32—33. *M. v. B.*

Argenterio, Bartolomeo, Medailleur u. Bildhauer aus Turin, tätig an der päpstlichen Münze in Rom. Das Patent über seine feste Anstellung datiert vom 14. 1. 1584, aber schon 1582 werden ihm Zahlungen für 2 Medaillen geleistet. Diese Medaillen sind wiedererkannt in einer Reihe von solchen mit dem Porträt Gregors XIII; vgl. Armand, les médailleurs ital. III 133 ff. — Aus einem von A. an den Großherzog von Toskana gerichteten Briefe vom 7. 9. 1585 geht hervor, daß der Künstler auch in Florenz gewesen war, um ein Porträt der Großherzogin zu machen (s. Milanesi, Spogli inediti dell' Arch. Medic. di Firenze, filza 777, c. 229. Mitteilung von G. Degli Azzi).

Bertolotti, Artisti subalpini 124 ff. **

Argenti, Antonio, lombardischer Bildhauer, geb. 1850 in Varese. Ausgebildet an der Mailänder Kunstakad., errang sich der junge Künstler 1876 den „premio Canonica" mit einer Reliefkomposition, darstellend den „Tod des Julius Caesar", worauf er alljährlich mit wachsendem Erfolge die Kunstausstellungen zu Neapel, Rom, Venedig, Mailand etc. mit den mannigfaltigsten Marmorwerken allegorischen und genrehaften Charakters beschickte. Besonders reichlich wurde er auf diese Ausstellungserfolge hin mit Grabmäler-Aufträgen für den Mailänder „Cimitero Monumentale" bedacht, für den er bis jetzt nicht weniger als ca. 40 größere Monumente geschaffen hat (z. B. Clerici, Salvioni, Cattaneo, Sardi, Guaita Omero u. a. m.). Dem Andenken des Bildhauers Edoardo Ramati weihte er die allegorische Statue „Il Tempo". In Usmate bei Monza schuf er das Monument des Conte J. Dal Verme, in Lomellina die Grabkapelle der Familie Bonacossa. Auch für das Ausland hatte A. eine ganze Reihe von Grabdenkmälern zu entwerfen und auszuführen, so z. B. für Frankfurt a. M., London, Petersburg, Jassy, New York etc. Der Künstler war dauernd in Mailand ansässig, wo er noch jetzt bildnerisch tätig ist.

Gubernatis, Diz. d. Art. Ital. Viventi (1889) p. 566 f. — Natura ed Arte 1893/94 II 289 ff., 918 ff., 1076; 1897/98 II 86.
Ettore Verga.

Argenti, Bartolomeo, italien. Bildhauer. 1591 urkundlich in Rom erwähnt. 1615—1616 fertigte er gemeinsam mit Cosimo Fanzago für 1000 Dukaten die Wappen Philipps III. am Hauptbalkon des Palazzo degli Studi in Neapel, die nach dem Sturz der Bourbons entfernt wurden.

A. Bertolotti, Artisti Lombardi a Roma. — Napoli Nobilissima XIII 163. *G. Degli Azzi.*

Argenti, Conte, Goldschmied in Camerino. Fertigte 1554 ein schönes Ciborium aus vergoldeter Bronze, das sich früher in der Hauptkirche von Camerino befand. Er war auch Kunststicker, wie aus einer städtischen Rechnung vom 21. 5. 1558 in Camerino hervorgeht.

V. Aleandri, La stampa degli statuti di Camerino 1902. — M. Santoni, Degli atti e del culto di S. Ansovino. V. C. 1883.
V. Aleandri.

Argenti, Francesco Maria, italien. Architekt, geb. in Viggiù (Como), † 1818, nur von Zani, Enc. met. II 190, erwähnt.
Verga.

Argenti, Giambattista, Maler in Venedig um 1440, nur von Zani, Enc. met. II 190 erwähnt. *H. V.*

Argenti, Giosué (Josua), Bildhauer, geb. zu Viggiù (Como) 19. 2. 1819, Schüler der Akad. der Brera. 1856 ging er im Wettbewerb für die Pension einer Studienreise nach Rom als Sieger hervor. In Rom blieb er 6 Jahre. Nach Mailand zurückgekehrt, begann er seine künstlerische Laufbahn. Seine Richtung ist naturalistisch, die Behandlung der Form sorgfältig. — Bei verschiedenen größeren Ausstellungen (Paris 1867, 1878, Wien 1873, München 1869, 1889) erhielt er Preise.

Unter den vielen von ihm ausgeführten Werken sind folgende erwähnungswert: 1. Die Wohlfahrt (la salute), Gruppe von 5 Figuren. — 2. Die christliche Märtyrerin (viermal wiederholt). — 3. Der Unschuld Traum (mehrfach wiederholt). — 4. Die Badende. — 5. Eva nach der Sünde. — 6. Perseus und Andromeda (1884) und mehrere Statuen und Gruppen auf dem Cimitero Maggiore zu Mailand.

Meyer, Kstlerlex. — Ch. Blanc, Les Artistes de mon temps. Paris 1876 p. 506. — Clement and Hutton, Artists of the 19th cent. —

Gaz. des b.-a. 2. Pér. VIII 210. — Zeitschr. f. b. Kst. II 275, IV 23, V 177. — Kstchronik II 145, 190, IV 32, 214, XXIV 642. — Gubernatis, Diz. d. Art. ital. viv. p. 19. *R.*

Argentieri, Bartolomeo, s. *Argenterio.*

Argentieri, Daniele, Groteskenmaler aus Turin, in Rom tätig um 1570, Schüler des Jacopo de' Groteschi.

Füssli, Kstlerlex. *H. V.*

Argentina, Magister de, Werkmeister von Straßburg, vorübergehend tätig 1414 am Baseler Münster.

Beiträge zur Gesch. d. Baseler Münsters II, Basel 1882. **

Argentina, Jacopo di, Bronzegießer in Rom. Ihm wurden 30. 11. 1457 24 Goldgulden aus der päpstl. Schatzkammer für Herstellung einer Glocke angewiesen.

Rossi, Spogli Vaticani, Giorn. di Erud. art. Vol. VI 1877 p. 223—24. *W. Bombe.*

Argentina, Simone d', wird unter den im Dienste des Hauses Este stehenden Malern erwähnt. Ein kleines Altarbild seiner Hand mit dem hl. Hieronymus schenkt der Maler Antonio da Piacenza 1436 dem Nicolò III. d'Este.

Atti e Mem. delle R. Deput. di Stor. Patr. per le Prov. Mod. e Parm., ser. III, vol. III, part. II, p. 542/43. *G. Degli Azzi.*

Argentini, Bastiano, s. *Bastiano* di Bastiani.

Argentini, Francesco, da Cavaso, fast unbekannter Maler in Treviso im 18. Jahrh.

Zani, Enc. met. II 187. — Federici, Memorie Trevigiane etc. Venezia 1803. **

Argentini, Giov. Batt., s. *Bastiano,* G. B. di.

Argentini, Ruggero, Sohn des Michele, Miniaturmaler in Venedig, erwähnt von 1593 bis 1618. Am 10. 1. 1618 (nach venez. Zeitrechn.) macht er sein Testament.

Archiv. Veneto, XXXIV parte I 204. *L. Ferro.*

Argento, Antonio dall', s. *Aleotti.*

Argento, Francesco, Ornamentzeichner in Genua um 1805, nach Zani, Enc. met. II 191. *R.*

Argento, Giovanni Antonio Dianti dall', gen. Sansone, Maler in Ferrara, wo er 1495 im Oratorio della Morte mit anderen Künstlern Freskomalereien ausführte u. 1527 vom Marchese Agostino Villa Zahlung erhielt für die Bemalung von eisenbeschlagenen Kassetten. In einer Notariatsurkunde von 1561 wird er erwähnt als Vater des Malers Giov. Francesco Dianti dall' A. — Nicht zu verwechseln mit *Antonio Aleotti da Argenta* (s. unter *Aleotti*).

Baruffaldi, Vite dei pittori etc. Ferraresi (1846) II 389. — Cittadella, Not. relat. a Ferrara (1864) p. 598; Doc. ed Illustr. etc. Ferrar. (1868) p. 109, 117. — Meyer, Kstlerlex. (unter Aleotti, Antonio).

Argento, Giov., Batt. dall', s. *Aleotti.*

Argento, Giovanni Francesco Dianti dall', Maler, geb. in Ferrara als Sohn des Giovanni Antonio Dianti dall' Argento, verheiratete sich 1521 mit Caterina di Girolamo da Bologna. Ausgebildet augenscheinlich in der Schule des Benvenuto Tisi-Garofalo. Baruffaldi sah von ihm in S. Caterina zu Ferrara mehrere Fresken, sowie in der Kirche der Madonnina (jetzt Chiesa dei Ministri degli Infermi) zu Ferrara ein Altarbild mit der Heimsuchung Mariä und über der Porta di S. Gabriello eine Verkündigung Mariä. Dort befindet sich auch das Grab des Künstlers mit der Aufschrift seines Todesdatums: 19. 10. 1575.

Baruffaldi, Vite de' Pittori etc. Appendice (II 567). — Lanzi, Stor. Pitt. (1809) V 245. — Ces. Cittadella, Catal. istor. dei pitt. etc. Ferraresi (1782), II 104. — L. N. Cittadella, Not. relat. a Ferrara (1864) p. 598; Doc. ed Illustr. etc. Ferraresi (1868) p. 109. *E. Modigliani.*

Argenville, s. *Dezallier* d' A.

Argete, Luis de, Glasmaler um 1613 in Leon tätig.

Riaño, Industr. arts in Spain S. 247. *M. v. B.*

Argillier, Bildhauer in Frankreich, tätig 1806 nach Zani, Enc. II 193. Sonst nicht bekannt. **

Argine, s. *Arzere.*

Argoagni, Giuseppe, Goldschmied in S. Angelo in Vado, urkundlich erwähnt um 1680.

Lanciarini, La Provincia di Massa Trabaria p. 144. *E. Scatassa.*

Argoagni, Pietro, Maler aus S. Angelo in Vado, geb. 20. 4. 1681, † 1750. Tätig in den Städten und Kastellen der Marchen, hat A. namentlich in Arcevia, seinem ständigen Wohnsitz, eine Anzahl beachtenswerter Malwerke hinterlassen.

Lanciarini, Dei fratelli Nardini, pittori p. 29. *E. Scatassa.*

Argomento da Pisa, Goldschmied in Pistoja, wohin er 1246 von Pisa aus übersiedelte, um das Dach der Cappella di S. Jacopo apostolo maggiore mit Bleiplatten zu decken. *Pèleo Bacci.*

Argonne, (auch Dargonne), Simon Pierre d', Landschaftsmaler, geb. in Dieppe 20. 10. 1749, scheint in Antwerpen als Musik- und Tanzmeister seit 1772 unter dem Namen Pierre Simon Gautier gelebt zu haben. Seine Stellung in Antwerpen als Commissaire du Directoire exécutif war wichtig. Er gab z. B. mit Erfolg die Anregung zur Wiedereröffnung der Acad. d. beaux-arts. Als Maler wenig bekannt. Ansässig in Vilvorde (Umgebung von Brüssel) führte er dort Landschaften aus, deren Titel uns in Ausstellungskatalogen in Brüssel 1813, 1818—21 gegeben werden. In den Katalogen von 1818 werden ihm die Vornamen J. P. gegeben; in demjenigen von 1821 figuriert er als Schüler von De Roy, dem damals sehr berühmten Landschaftsmaler. — Vilvorde hat uns keine Daten über den Aufenthalt des ehemaligen

Commisaire du Directoire an diesem Orte bieten können. Er starb übrigens in Brüssel 22. 5. 1839.

Van den Branden, Geschiedenis d. Acad. van Antwerpen (1864). — Ausstellungskataloge. — Wurzbach, Niederländ. Kstlerlex. p. 382 unter *Dargonne.* *H. H.*

Argos, Domingo de, Baumstr. und Bürger in Amusco. Am 24. 9. 1606 wird ihm als Mindestfordernden der Bau des Glockenturms der Kirche und des Klosters der Trinidad in Valladolid übertragen.

Martí y Monsó, Estud. histor. artist. S. 18. *M. v. B.*

Argoud, Benoît, französ. Bildhauer, geb. in Saint-Jean-en-Royant (Dauphiné), übte seine Kunst in Grenoble um die Mitte des 18. Jahrh. aus.

Maignien, Les artistes grenobl. 18. *Lami.*

Argoud, Jacques, französ. Bildhauer, Sohn des Benoît, führte in Grenoble 1792 bis 1795 die Büsten von Jean-Jacques Rousseau, Mirabeau und Marat aus; die letztere wurde im Hôtel de ville aufgestellt. Man verdankt ihm auch die Wiederherstellung des Mausoleums Bayards in der Kirche Saint-André; ein Marmormedaillon im Mus. u. zwei Steinvasen am Gitter des Jardin de ville.

Maignien, Les artistes grenobl. 19. *Lami.*

Argovagni, s. *Argoagni.*

Args, Hans von, Maler in Luzern, um 1522 als Bürger erwähnt.

Brun, Schweiz. Kstlerlex. 1905. *H. V.*

Arguatti, Miniaturmaler in Rom um 1811, nach Zani, Enc. met. II 192. *R.*

Arguel, Architekt, entwirft 1681 die ersten Pläne für das Hospital in Arbois. (Franche-Comté.)

Gauthier, Dict. d. artist. franc-comt. *De.*

Arguello, Andrea Alfonso, nach Zani, Enc. II. Maler von wenig Bedeutung um 1627 in Spanien tätig. *M. v. B.*

Arguello, Juan Bautista, span. Maler in Sevilla. Nach einem Dokument in den Archiven des Domkapitels war er im Jahre 1594 mit der Restauration des „Monumento" beauftragt, das in dem Dom während der Karwoche aufgerichtet zu werden pflegt. In Akten des Archivio de Indias wird er noch 1599 und 1603 erwähnt.

Cean Bermudez, Dicc. I 68. — Gestoso, Artif. Sevill. I 138. △

Arguello, Rodrigo de, Baumeister, wurde von der Stadt Alcazar de S. Juan in der Mancha 1587 mit dem Bau der Pfarrkirche Sta Quiteria beauftragt. Doch vollendete er den Bau nicht, denn 1593 wurde die Ausführung dem Andres de Astian mit der Weisung übergeben, sich in allem nach den Plänen des Herrera zu richten.

Llaguno y Amirola, Not. II 137. △

Argumanez, Juan de, span. Goldschmied. 1598 † in Zaragoza. Von ihm ein schönes silbernes Kruzifix in der Kathedrale, sowie ein prächtiges Prozessionskreuz aus vergoldetem Silber in der Kirche S. Juan y San Pedro, 1549 datiert.

Viñaza, Adic. II 33. *M. v. B.*

Argunoff, Jakob Iwánowitsch, russ. Zeichner; jüngster Sohn des Iwan A., geb. 1784, † nach 1830; diente seit 1817 als Zeichenlehrer an der Jakimanschen Kreisschule, dann am 1. Moskauer Gymnasium. Er lieferte Porträts zu dem Werk „Die Taten der bedeutendsten Heerführer und Minister Peters d. Gr." und für die „Geschichte von Kleinrußland".

Русск. библ. словарь (Russ. Bibliogr.) II 274/5. — N. P. Sobko, Russ. Kstlerlex. — Андреевъ, Живопись и живописцы (Andrejeff, Malerei u. Maler) St. Petersburg 1857, S. 485, 492. — Кукольникъ, Худ. газ. (Kukolnik, Kunstztg. 1838, S. 471.) *W. Neumann.*

Argunoff, Iwán Petrówitsch, russ. Maler, geb. 1727, † nach 1797, war Leibeigener des Grafen P. B. Scheremetjeff, Schüler des Malers G. J. Grote. Von ihm: Kleopatra (1750) im Rumjanzoffmus. in Moskau. Auf dem Scheremetjeffschen Gute Kuskowa die Porträts des Grafen P. Scheremetjeff, des Feldmarschalls Boris Petrowitsch Scheremetjeff und dessen Gemahlin (alle drei gestochen von P. Antipjeff), ein Porträt des Fürsten Michael Golitzin (gestochen von Antonius Radigues) und das des Fürsten A. M. Tscherkaski. Auf dem Gute Ostankina das Porträt des Kaisers Paul in ganzer Figur; andere Bildnisse in der Galerie Tretjakoff in Moskau.

Русск. библ. словарь (Russ. Bibliogr.) II 274/5. — N. P. Sobko, Russ. Kstlerlex. *W. Neumann.*

Argunoff, Nikolai Iwánowitsch, russ. Maler, Sohn und Schüler des Iwan A., geb. 1771, † nach 1829, begleitete den Grafen N. B. Scheremetjeff ins Ausland und empfing dort seine weitere Ausbildung. Er war ein beliebter Porträtmaler. Für das Porträt des Senators Runitsch (im Sitzungssaal des akad. Rats) ernannte ihn die Petersburger Akad. 1818 zum Akademiker.

Русск. библ. словарь (Russ. Bibliogr.) II 275. — N. P. Sobko, Russ. Kstlerlex. *W. Neumann.*

Arhardt, Johann Jakob, Baumeister zu Straßburg, erbaute mit Andr. Kermann seit 1636 das alte Spitalbollwerk daselbst. Um 1663 wird er Stadt-Baumeister und Ingenieur genannt. A. verstand sich auch auf landschaftliches Zeichnen, wie die drei übrigens sehr mittelmäßigen Federzeichnungen von ihm im Kupferstichkabinett der Universität Göttingen beweisen. Außerdem befinden sich auf der Göttinger Universitätsbibliothek ein Band Briefe und anderes Schriftliches von Arhardt, darunter Entwürfe von allerlei Maschinen, ferner ein Band mit Beschreibungen und Zeichnungen vom Straßburger Münster und einigen anderen Kirchen, wahrscheinlich Vorbereitungen zu einer beabsichtigten Schrift über das Münster, wie eine geschriebene Widmung vermuten läßt; endlich in einem „Memento mori" bezeichneten Band, worin u. a. ein Totentanz, Federzeichnung mit Sepia von D. Lindmeyer, 12 getuschte Abbildungen eines Totenkopfes in verschiedenen Lagen, bezeichnet: Von Joh. Jacob Arhardt Ingenieur; sonst steht noch unter jedem Kopf ein Datum vom 30. 4. bis 18. 5. 1661. Risse vom Straßburger Münster befanden sich von ihm in der 1870 abgebrannten Straßburger Bibliothek.

Von ihm gestochen: Titelbl. zu Caspari Bitschii ICti. et Profess. publ. Commentarius in Consuetudines Feudorum; herausgeg. von J. M. Bitschius. Argentor. 1673. 4. Bez.: Arhardt inv: et fecit.

Meyer, Kstlerlex. — E. Müntz, De quelques Monuments d'art alsatien conservés à Viennes; Revue d'Alsace 1872. *R.*

Arhenius, s. *Arenius*.

Arhus, s. *Aarhuus*.

d'Aria, auch da Oria, de Ayra, Künstlerfamilie aus Pelsotto in der Val d'Intelvi bei Porlezza. In der 2. Hälfte des 16. Jahrh. waren in Ligurien die drei Brüder *Giovanni, Michele* und *Bonino* tätig (s. d.). Derselben Familie entstammt wohl auch jener M° *Simone Daria*, der zwischen 1600—1607 in Rom in der von Tullio Solaro erbauten, von Cristofano Pomarancio ausgemalten Kapelle des Cesare Pandini in S. Maria delle Scala in Trastevere die Stucchi ausführte. (Bertolotti, Artisti Lombardi a Roma II 114.)

Aria, Bonino d', Bildhauer in Genua, zuerst 1485 in einem Dokument genannt als Bürge für einen Bildhauer Petrus di Ruggia da Vico. 3. 3. 1490 schließen die drei Brüder Giovanni, Michele und Bonino einen Vertrag auf Arbeitsgemeinschaft und Gewinnteilung, gültig auf unbestimmte Zeit für Genua, Savona, Carrara und andere Orte. Vor 1502 war Bonino schon gestorben, da in diesem Jahre ein Sohn Petrus quondam Bonini in den Akten erscheint. *W. Suida.*

Aria, Giovanni d', vermutlich der älteste der drei Brüder, ist gleichwohl erst gegen 1490 in Ligurien nachweisbar. Selbständige Werke scheint er insbesondere für Savona ausgeführt zu haben. Dort entstand vor 1490 das Grabmal der Eltern des Papstes Sixtus IV., der Fischersleute Leonardo della Rovere und Lucchina di Monleoni, von Giovanni in Gemeinschaft mit seinem Bruder Michele ausgeführt. Es befand sich früher im Klostergang von S. Francesco. Es hat deshalb besondere Wichtigkeit, weil es uns einzig in tadelloser Erhaltung den Typus repräsentiert, dem alle die genuesischen Dogen- und Nobiligräber folgten, die in den Parteikämpfen der Folgezeit bis auf geringe Reste zugrunde gegangen sind. 11. 2. 1490 schloß Francesco Sansoni mit Giovanni „architetto e scultore" einen Vertrag auf Ausführung eines Grabmals für Antonio Sansoni, das nach dem Muster des schon existierenden in S. Francesco hergestellt werden sollte. Reste davon finden sich noch in der Kirche S. Domenico zu Savona. 3. 3. 1490 schlossen die drei Brüder d'A. den oben (s. u. Bonino) angeführten Vertrag. Wie sein Bruder Michele, so wurde auch Giovanni in der Folgezeit am Genueser Dom beschäftigt und zwar insbesondere als Baumeister, wie aus einer Nachricht vom 29. 5. 1492 hervorgeht, wonach damals auf Veranlassung des kunstsinnigen Kaufherrn Accellino Salvago Marmorlieferungen aus Carrara erfolgten für die Arbeiten in der Kapelle Johannes des Täufers, deren Umbau Giovanni d'A. leitete. C. Justi vermutet in Giovanni auch den Autor des 1496 datierten Lünettenreliefs mit dem Gastmahl des Herodes (das zumeist irrigerweise dem M. Civitali zugeschrieben wird). Dasselbe ist wie sein Gegenstück ganz sicher lombardisch, Cervetto hält es für eine Jugendarbeit des Pace Gaggini, was indes kaum richtig sein dürfte. Gemeinsam mit Michele und Girolamo di Viscardo übernahm Giovanni den Auftrag auf zwei Prachtgräber, welche Agostino und Giovanni Adorno sich in S. Girolamo in Luarto zu errichten gedachten. 17. 4. 1497 nahmen Giovanni und Viscardo auch namens des abwesenden Michele eine Vorschußsumme in Empfang. Jedoch scheint Giovannis Anteil an der Ausführung (s. u. Michele) nur gering gewesen zu sein, da bei der Erneuerung des Vertrags am 24. 1. 1499 sein Name nicht mehr genannt wird. Vielleicht war er, wie Alizeri vermutet, damals schon in die Heimat zurückgekehrt. Er weilte 1508 noch unter den Lebenden. Daß ihm sowie seinen Brüdern manche der schönen Portale zuzuschreiben sind, die man in Genua allenthalben sieht, ist sehr wahrscheinlich.

F. Alizeri, Notizie de' Professori del disegno in Liguria IV, Genova, 1874, Kap. 2. — C. Justi, Lomb. Bildw. in Spanien, Jahrb. d. kgl. preuß. Kunsts. XIII (1892). *W. Suida.*

Aria, Michele d', Bildhauer in Genua. Der erste Auftrag, der dem jungen lombardischen Meister erteilt wurde, ist ein bedeutsames Ereignis in der Kunstgeschichte Genuas: die Inauguration der lebensgroßen Porträtstatuen des Palazzo di S. Giorgio. Die Bank von S. Giorgio hatte sich 1446 konstituiert. Mit dem ersten für den Sitzungssaal (im alten Palaste des capitano del popolo) bestimmten Denkmal löste sie eine Ehrenschuld an Francesco Vivaldi ein, der 1371 neunzig seiner Staatsschuldentitel als Grundlage eines Staatsschuldentilgungsfonds dem Gemeinwesen geschenkt hatte. Michele stellte den Greis mit sehr individuell gebildetem Kopfe im Lehnstuhl sitzend dar, ein breites Band mit folgender Inschrift haltend: Ad me respicite et curate quae pacta sunt. Mahnende Worte an die Lebenden zu richten, den gleichen Patriotismus zu betätigen, kam mit dieser Statue in Gebrauch. Dieselbe wurde am 19. 8. 1466 schon bezahlt und aufgestellt, 1467 erhielt Francesco da Pavia den Auftrag, den Sockel und Thronsessel zu bemalen und zu vergolden. (Abbildung im Jahrb. d. kgl. preuß. Kunsts. 1892 XIII.) 1473 beschloß man auch dem (ebenfalls längst verstorbenen) Luciano Spinola ein Standbild zu setzen. Die Bezahlung für die vollendete Arbeit erfolgte erst am 20. 12. 1475. Michele gestaltete ihn stehend, äußerst schlicht im Motiv, ein Bein wenig vorgestellt, eine Schriftrolle vertikal haltend mit folgender Inschrift: Discite a me utilitati publice inservire. Als Gegenstück zum Spinola wurde 1475 die Statue des Domenico Pastine da Rapallo geschaffen, vielleicht das harmonischste Werk Micheles (Abbildung bei Suida, Genua, Berühmte Kunststätten 33, p. 60). Das Schriftband zeigt die Worte: Ciaschuno studii fare simile servicii ala sua patria. Die Bezahlung für diese Statue erfolgte am 21. 6. 1475. — Um dieselbe Zeit nahmen den Künstler Aufträge der Spinola für die Kirche S. Domenico in Anspruch. Francesco Spinola bestellte am 15. 12. 1475 bei Giovanni da Campione und Michele eine „pila ad uso di fonte" (Weihwasserbehälter oder Waschbecken, von beträchtlicher Größe $6^2/_3$ palmi breit und $1^1/_3$ palmi hoch) und ein Geländer mit marmornen Engelfiguren für die Kapelle di S. Vincenzo, die derselbe Spinola errichtet hatte. Die Vermutung liegt sehr nahe, daß auch das Reitergrabmal des Francesco Spinola, ehemals in S. Domenico, heute im Hofe des Palazzo Spinola auf piazza Pellicceria befindlich, damals von Michele ausgeführt wurde, für den ich es in Anspruch nahm (Genua, p. 61, ebenda Abbildung). Die Vorderwand des Sarkophags zierte das schöne antike Relief eines Bacchuszuges, das die Bewohner von Gaëta für das Grab ihres Befreiers geschenkt hatten. Darüber erhob sich das Bildnis des Feldherrn zu Pferde vor einem von zwei Engeln zurückgeschlagenen Vorhange. Der Stil des Werkes stimmt gut zu dem der Statuen des Palazzo di S. Giorgio. Nach Cervetto war auch die für Napoleone Lomellini erbaute und dekorierte Kapelle des hl. Bernardin von Siena in S. Francesco di Castelletto im Stile Micheles gehalten. Fünf Statuen seiner Art stehen in den Nischen der Fassade des alten Pal. Spinola (später della Casa) auf piazza fontane Marose. Ein Gutachten, das man 1487 von ihm einzog, beweist des Künstlers angesehene Stellung; man wollte wissen, ob der Maler Giovanni Massone d'Alessandria auch imstande sei, die Rahmen zu seinen Altarwerken zu schnitzen. Michele sprach sich unter Hervorhebung anderer Beispiele wie des Bertolino da Pavia, ausdrücklich zugunsten der Vereinigung beider künstlerischen Fertigkeiten in einer Werkstatt aus. Accellino Salvago und Tom. Giustiniani zogen als Prioren der Devozione di S. Giovanni Battista den Künstler auch zum Dombau heran. 15. 10. 1489 übertrugen sie ihm zusammen mit Antonio Carlone den Auftrag, einige Kapellen an der rechten Seite des Längsschiffes von S. Lorenzo niederzulegen und andere in anderer Form an deren Stelle zu setzen. Auch bestellten sie die „Traslocamenti" des Seitenportals. Dieses, die Porta di S. Gottardo, (und auch die porta di S. Giovanni) erhielt damals jenen merkwürdigen loggienartigen Aufbau, zu dessen Herstellung Fragmente, insbesondere alte Säulchen von den Altären der niedergerissenen Kapellen verwendet wurden. Auch in der Kapelle des Täufers, an der sein Bruder Giovanni baute, mag Michele sich betätigt haben. Man hält für sein Werk die vier an der Decke eingefügten Medaillons mit den Bildern der Evangelisten. 3. 3. 1490 schloß Michele mit seinen Brüdern den Vertrag auf Teilung von Arbeit und Gewinn. Aber derselbe scheint praktisch von geringem Belange gewesen zu sein, vielleicht infolge häufiger Abwesenheit der Brüder. Denn Michele ist schon in den folgenden Jahren mit anderen lombardischen Bildhauern in Geschäftsverbindung getreten. Von seiten der Prioren der Banca di S. Giorgio erfreute er sich dauernder Gunst. 8. 5. 1490 übertrug man ihm die Ausführung des Standbildes des Ambrogio di Negro, Kommissärs von Korsika, des ersten Mannes, dem zu Lebzeiten solch eine Ehrung widerfuhr. Sein Porträt hat Michele nach dem Leben gestalten können. Auch eine Sopraporte mit dem hl. Georg schuf Michele in jener Zeit für den Palast S. Giorgio. Ein genauer Vergleich dieses Reliefs mit dem anderer Portale in der Stadt könnte vielleicht die Zuweisung noch anderer ähnlicher Stücke an den Meister ergeben. Am 5. 6. 1495 bestellte Francesco Pamoleo dottore di Leggi, bei Michele das Grabmal des Bartolommeo Pamoleo, Bischofs von Accia. Dasselbe ist nicht erhalten. Als stilistisch dem Kreise des Michele nahestehend bezeichnet Alizeri den Grabstein des Lazzaro Doria bei den Certosinermönchen von Rivarolo an der Polcevera. Von dem Anteil Micheles an dem Grabmal der Eltern Sixtus IV. in Savona war oben schon die Rede (s. u. Giovanni d'Aria). Zwei Monumente, prächtiger als alle früheren geplant, haben den Künstler seit 1497 beschäftigt. Die Brüder Agostino u. Giovanni Adorno wünschten in S. Girolamo im Quarto fürstliche Grabstätten zu erhalten. Sie wandten sich an Michele und Giovanni d'Aria und Girolamo di Viscardo. Die beiden Adorno sollten ihren Wunsch nicht mehr verwirklicht sehen. Giovanni, der Capitano del popolo starb 1500, nachdem am 24. 1. 1499 der Vertrag mit den Künstlern Michele und Viscardo erneut worden war. Doch schritt die Arbeit nur langsam fort. 20. 3. 1501 bezahlte man an die Künstler 100 Dukaten und erhielt das Versprechen der Fertigstellung der Arbeiten bis Ende 1502. Es ist eine ansprechende Vermutung Alizeris, daß in dem jetzt als Palliotto des Hochaltars in Quarto verwendeten Relief mit drei in Nischen sitzenden Tugendengestalten wenigstens ein Bruchstück der Adornogräber erhalten geblieben sei. Die letzte dokumentarische Erwähnung Micheles ist das glänzendste Zeugnis für seinen großen Ruf. König Ludwig XII. von Frankreich bestellte am 29. 8. 1502 bei Michele und Viscardo und den beiden Toskanern Donato Benti da Pietrasanta und Benedetto di Bartolommeo Fiorentino das Grabmal seiner Eltern für die Kathedrale von S. Denis. Michele als der erfahrenste ist zum Oberleiter der Arbeiten bestimmt gewesen. Dieses Werk ist noch erhalten. Nach Müntz soll ein diesem ähnliches Grabmal auch noch in der Kirche S. Trinité in Fécamp existieren.

F. Alizeri, Notizie de' Professori del disegno in Liguria IV, Genova, 1873 ff. II 31; IV Kap. 2; V 16. — L. A. Cervetto, I Gaggini da Bissone, p. 12—15. Milano 1903. — C. Justi, Lomb. Bildw. in Spanien, Jahrb. d. kgl. preuß. Kunsts. XIII (1892). — W. Suida, Genua, berühmte Kunststätten, Leipzig 1906, p. 58 ff. — P. Toesca in Scritti di Storia di Filologia e d'Arte (per nozze Fedele-de Fabritiis). Napoli 1908 p. 173. *W. Suida.*

Aria, d', s. auch *Daria.*

Ariaens (Adriaens, Adriaensen, Adriaenssens, Adriaenssone), Lucas, Maler in Antwerpen, wird 1459 Freimeister der Lukasgilde und war von 1469 bis 1488 sechsmal Dekan derselben. Vor dem 19. 1. 1493 verstorben, da in einem Dokument von diesem Datum seine Witwe erwähnt wird. A. arbeitete 1467 an der Ausschmückung der Liebfrauenkirche in Antwerpen, wirkte gelegentlich der Hochzeit Karls des Kühnen 1468 an den berühmten „Entremets" in Brügge mit und soll die Zeichnungen für mehrere Fenster der Kathedrale in Tournai geliefert haben.

L. de Laborde, Les Ducs de Bourgogne I 540, II 337. — De Liggeren I. — Biogr. nat. de Belgique. — H. Hymans, Gent u. Tournai, Leipzig 1902 p. 92. *H. H.*

Ariaensz, Jan, s. *Man,* J. A. de.

Ariaensz., Lenaert, Bildschnitzer im 16. Jahrh., fertigte 1544 und 1545 Sitzbänke „met antycx", Delphinen usw. geschmückt im Rathause zu Herzogenbusch.

Galland S. 615. *A. W. Weissman.*

Ariaensz, Thonis, s. *Anthonis Adriaensz* I 552.

Ariaensz, s. auch *Adriaensz.*

Arian, Marco, Steinmetz in Venedig; von ihm ist der Brunnen von 1349 am Platz dell' Angelo Raffaele, bez.: Marco Arian (Ta) j(a)p(iet)ra, eine Arbeit von wenig Interesse für die Kunstgeschichte.

Meyer, Kstlerlex. — P. Selvatico, Arch. e scult. in Venezia 1847 p. 104. — Selvatico e Lazzari, Guida di Venezia 1881 p. 352.

Arias, span. Buchmaler in Diensten Isabellas der Kathol., für welche er ein berühmtes Gebetbuch ausführte. Von 1485—90 illuminierte er Antiphonarien für das Kloster S. Tomás in Avila.

Rico y Sinobas, caligr. españ. S. 9.

Arias, Josef, Bildhauer, geb. 1743 in Madrid, Schüler des Juan Pascual de Mena und der Akad. von S. Fernando, von der er 1782 zum Ehrenmitglied ernannt wurde. Er ging später nach Mexiko als Direktor der neuerrichteten Akad. S. Carlos und starb dort 1788.

Cean Bermudez, Dicc. I 68—69. △

Arias, Juan, Maler in Sevilla 1422.

Gestoso, Artif. Sevill. II 14. *M. v. B.*

Arias, Lope, Baumstr. in Zamora, erhielt 1372 von Enrique II. Befehl, den Alcázar von Ciudad-Rodrigo zu bauen, das schon seit der Zeit Ferdinands II. von Leon († 1188) befestigt war. Der Bau des jetzigen Alcázar oder Forts begann laut Inschrift 1410.

Llaguno y Amirola, Not. I 67. △

Arias, V., Bildhauer aus Chile, stellte 1898, 1899 und 1900 im Pariser Salon aus. **

Arias y Contreras, Manuel Francisco de, span. Maler, geb. 1644 in Cordova, trat 1656 in das Atelier des Antonio del Castillo und wird 1677 noch einmal urkundlich erwähnt.

Ramirez, Artist. Cordob. S. 86. — Viñaza, Adic. IV 87. *M. v. B.*

Arias Fernandez, span. Malerin des 17. Jahrh. Tochter u. Schülerin des Antonio A. F., soll im Porträt Tüchtiges geleistet haben.

Cean Bermudez, Dicc. I 90. △

Arias Fernandez, Antonio, span. Maler, geb. um 1620 in Madrid, † das. im Hospital 1684. Schüler des Pedro de las Cuevas. A. war ein Wunderkind. Bereits im Alter von 14 Jahren malte er die Gemälde für den Hochaltar des Klosters der Karmeliter in Toledo und galt mit 25 Jahren mit Recht als einer der besten Künstler Madrids. Vom Grafen Olivarez wurde er beauftragt, nach alten Originalen in Doppelbildnissen eine Folge der Könige und Königinnen Spaniens zu malen, die im großen Komödiensaale des alten Schlosses in Madrid Aufstellung fanden. In Madrid malte A. ferner 1644 die Klosterkirche der hl. Magdalena aus und 1657 elf Darstellungen mit dem Leiden Christi für das Mutterkloster San Felipe el Real und gleichzeitig eine große Taufe Christi am Baptisterium von San Gines. Im Prado-Mus. (No. 640) ein Jesus unter den Pharisäern von 1646.

Palomino y Velasco, Museo pict. III. 603. — Cean Bermudez, Dicc. I 69. △

Ariassi, Giuseppe, italien. Maler, geb. am 4. 7. 1826 in Brescia, † daselbst am 13. 1. 1906. Schüler von Hayez an der Mailänder

Brera-Akademie; tätig hauptsächlich als Maler von biblischen Historien, Altarbildern, Kirchenfresken und Porträts. Seine Hauptwerke sind: Freskomalereien in der Chiesa dei Miracoli und im Convento dei Filippini zu Brescia und in den Kirchen zu Carcina und Ospitaletto; das Altarbild mit den Heil. Ludwig und Karl in der Pfarrkirche zu Orano und dasjenige mit dem hl. Columbanus und dem Duca di Borgogna in der Pfarrkirche zu Tarzanica bergamasca; ein Kruzifixus (in Chiaroscuromalerei) in der Corte d'Appello zu Brescia und mehrere weitere Gemälde in der dortigen Galleria Tosio, der A. 30 Jahre lang als Direktor vorgestanden hat.

Commentari dell' Ateneo di Brescia 1870—73, p. 511; 1886, p. 243; 1906, p. 155 ff.
G. Degli Azzi.

Ariberti, Serafino di Giov. degli, s. *Serafini,* Seraf.

Aribertus de Lucca, s. *Auripert.*

Aribertus de Paxiliano, Bildhauer, Mailand, 12. Jahrh. Nach einer lokalen Tradition habe ein „Dominus Aribertus de Paxiliano" (Pansilvano) die Chorstühle — vermutlich steinerne Sitze — in S. Ambrogio in Mailand gearbeitet. Nach einer anderen Überlieferung sei A. Mönch von S. Ambrogio gewesen und habe in der Mitte des 12. Jahrh. gelebt; auch wird er beim Bau einer kleinen Kirche vor der porta Vercelliana in Mailand 1141 erwähnt.

Heider und Eitelberger, Mittelalterl. Kunstdenkm. Österr. II 1 f. — Springer, De artificibus monachis p. 29. *Swarzenski.*

Aribo (Aripo), Mönch, Regensburg, 10. Jahrh., Miniaturmaler. Arbeitete zusammen mit Adalpert an der Restauration des Codex aureus von St. Emmeram. S. das Nähere unter *Adalpert.* *Swarzenski.*

Aricesco, rumänischer Maler, stellte auf der Pariser „Exposition décennale d. Beaux-Arts" 1900 ein Bild „Abend im Walde" aus.
H. V.

Arichall, Francis, Maler, geb. in Portsmouth in England 1772, in London ausgebildet, 1786 nach Hamburg, wo er, wahrscheinlich noch 1794, Miniaturbildnisse in Pastell malte und mit dem Silberstift zeichnete, gelegentlich, wie es scheint, in Hannover tätig. Nach ihm wohl gestochen: Dr. Lebr. F. B. Lentin, Leibmedikus zu Hannover 1736—1804. Gest. v. Laurentz 8. Berlin.

Meyer, Kstlerlex. — Hamb. Kstlerlex.
E. Benezé.

Aricio (Arezzo), Battista d', Maler, 1429 in Palermo nachweisbar.

G. Di Marzo, La Pittura in Palermo nel rinasc. 1899 p. 56. *E. Mauceri.*

Aricordus von Mailand. Am 22. 1. 1328 schreibt Karolus, Herzog von Calabrien, den Schatzmeistern des Königreichs Sicilien, Aricordus sei in der Treibarbeit erfahren; man möge ihm für seine Arbeit für die k. Kurie 12 Unzen geben.

Schulz, Denkm. d. Kst. des Mittelalt. in Unteritalien IV 152. **

Aridas, Auguste, Porträtmaler in Limoges, geb. in Angers (Maine-et-Loire), Schüler von J. Dauban und Gérôme, stellte im Pariser Salon 1878—1882 und 1889 aus.

Bellier-Auvray, Dict. génér., Suppl. — Katal. d. Salon. *H. V.*

Aridikes, griech. Maler aus Korinth. Plinius erwähnt ihn N. H. 35, 16 in seiner unkritischen Darstellung der Anfänge griechischer Malerei als einen der Vervollkommner der Linearmalerei; er habe auf Farbe noch verzichtet, jedoch schon Innenzeichnung zum einfachen Umriß hinzugefügt. Danach gehört er der älteren Zeit, spätestens wohl dem 7. Jahrh. v. Chr. an.

Brunn, Gesch. d. gr. Kstler. II 4. — Klein, Arch. epigr. Mitt. 11, 195. 198. — Pauly-Wissowa, Realenc. II 823, 4 (Rossbach).
Sauer.

Ariens, *Ariense, Ariensz,* eine Reihe von Delfter Fayenciers, nur durch ihre Heiratsvermerke bekannt, s. *Havard,* Histoire de la faience de Delft, 1878. *J. C. E. Peelen.*

Ariens, Pieter, geb. 1562/63, war 1610 Glasmaler in Delft.

Kramm, De Levens etc. 425. *E. W. Moes.*

Ariense, Alessio, s. *Alessio* Arcense.

Ariensz., Fop, Maler, der von Bolsward kommend, am 27. 8. 1537 zu Amsterdam das Bürgerrecht kaufte. *E. W. Moes.*

Arienti, Antonio di Giacomo degli, Miniaturmaler, laut Ausweis der Urkunden um 1500 in Bologna tätig.

Arch. stor. d. Arte ital. VII 12.
F. Malaguzzi-Valeri.

Arienti, Carlo, bekannter italien. Historienmaler, geb. 1801 in Arcore, † am 21. 3. 1873 in Bologna als Direktor der Accad. d. belle arti. Er war Schüler der Brera-Schule in Mailand, später daselbst Professor an der Akademie und wurde dann von König Carl Alberto, für den er das Bild „Barbarossa" gemalt hatte, zum Präsidenten der Accad. Albertina in Turin ernannt. Von seinen sonstigen Historienbildern seien genannt: Beatrice di Tenda, Jeremia, Orestes, Phedra ed Ippolito, Francesca da Rimini. Sein Porträt Bellinis ist im Konservatorenpalast in Neapel.

C. Masini, Vita di Arienti, pittore storico, con ritratto, Roma 1873. — Clement and Hutton, Artists of the 19. cent. (1879). — Chronique des arts 1873 p. 148 (Nekrolog). **

Arier, Pierre, 1337—1342 Werkmeister am Bau des päpstl. Palastes zu Avignon.

E. Müntz, Le Palais des Papes (France historique et monumentale). *C. Enlart.*

Arifusus aurifex, filius quond. Aufusi, Goldschmied im Langobardenreiche um 792—824, wird von Fumagalli, Codex dipl. S. Ambrosii p. 90, 143 erwähnt. **

Arighi, Alessandro, Holzschnitzer in Cremona um die Mitte des 17. Jahrh., Schüler des Gab. Capra. Für die Kathedrale seiner Vaterstadt machte er ein (dort noch erhaltenes) Altarwerk mit Reliefdarstellung aus der Legende des Abtes Eusebius, ferner ein geschnitztes Pult daselbst, zu dem Carlo Natali die Zeichnung lieferte. Auch feine Porträtmedaillons werden von ihm erwähnt.

Grasselli, Abecedario biogr. — Bartoli, Not. d. pitture etc. II 135. — Zaist, Not. istor. etc. II 97. — Forrer, Biogr. Dict. of Medallists I 69. **

Arighi, Francesco, Ziseleur und Gießer in Rom, verfertigte 1727 das aus vergoldetem Kupfer bestehende Tabernakel der Abtei Monte Cassino nach den Zeichnungen des Architekten Antonio Canevaro. Als Muster diente der Hochaltar der Jesuitenkirche St. Andreas.

Meyer, Kstlerlex. — Caravita, *J.* Codici et le Arti a Monte Cassino III 445—449. *H. V.*

Arighi, s. auch *Arrighi.*

Arighini, Giuseppe, italien. Maler und Architekt. geb. in Brescia, stand von ca. 1670 bis 1700 als Theater-Dekorationsmaler und „Bauverwalter" im Dienste des Herzogs Georg Wilhelm von Braunschweig und leitete als solcher seit 1676 den Neubau des herzogl. Schlosses zu Celle. In Braunschweig von ihm ein Theater und zahlreiche andere Bauten.

Schuster, Kst. u. Kstler. in Calenberg, Hannover 1905. *H. V.*

Arigone, Francesco, Maler, malte 1693 in Fresko zwei Wandfelder in der neuerbauten St. Barbara-Kapelle im Schlosse zu Schebetau in Mähren. Er war 1701 Hauseigentümer in Olmütz, wo er noch 1719 tätig gewesen sein muß; denn wir finden ihn in einer Eingabe der Olmützer Maler und Bildhauer an den dortigen Magistrat wegen Separierung von den Goldschmieden de dato 3. 4. 1719 mitunterfertigt.

Wolny, Kirchl. Topogr., O. II 366. — Nowak, Kirchl. Kunstdenkm. in Olmütz II 5. — Schram, Einige handschriftl. Quellen zur mähr. Kunstgeschichte (Zeitschrift des Mähr. Landesmus. IV 72 ff.). *W. Schram.*

Arigoni, (Fra) Bono, Miniator in Venedig, miniierte eine geographische Karte und zeichnete sie: Nova charta marina fo facta da mi fra Bono Arigoni Venexia MCCCCCXI. Außer Schiffen und Tieren sieht man darauf die Halbfigur eines Mönches mit einem offenen Buche in der Hand, offenbar ein Porträt des Verfertigers. (Das Blatt wurde von der Buchhandlung Ongania in Venedig verkauft.)

Bratti, Miniatori Veneziani, in Nuovo Arch. Veneto, nuova serie, tom. II, parte 1. u. 2. p. 73. *P. d'Ancona.*

Arigoni, Francesco, Maler in Padua, um 1628 tätig. Von ihm ein bezeichneter S. Antonius in der Kirche S. Felice e Fortunato zu Vicenza. Zani (Enc. II 210) erwähnt einen Maler Francesco Arrigoni in Cremona, der wahrscheinlich mit Obigem identisch ist und von dem sich ein Selbstporträt in der Bildnissammlung des Signor Cavaliere Giambatista Gazzola in Verona befunden haben soll.

Meyer, Kstlerlex. *H. V.*

Arigoni, s. auch *Arrigoni.*

Ariguzzi, Arduino di Domenico degli, Architekt und Holzbildhauer in Bologna. Zuerst erwähnt 1482 als Schnitzer der Pedale zur großen Orgel der dortigen Hauptkirche von S. Petronio. 1514 schuf er sodann ein noch heute existierendes hölzernes Modell derselben Kirche (ausgestellt in der Fabbriceria di S. Petronio). Ferner erbaute A. gleichfalls 1514 die Cappella di S. Cecilia in S. Giovanni in Monte, der Kirche der Lateranensischen Chorherren zu Bologna, u. zwar im Auftrage der Beata Elena Duglioli, Gemahlin des Benedetto dall' Olio, die durch Vermittelung ihres Oheims, des Kardinals Lorenzo Pucci, die Ausführung des Altargemäldes für diese Caecilienkapelle dem Meister Raffaello Santi in Rom übertrug (die berühmte hl. Caecilia der Bologneser Pinakothek). Endlich errichtete A. 1514—1517 den Kuppelaufbau über der Chorvierung von S. Giovanni in Monte. — In einem erhalten gebliebenen Briefe des Künstlers finden sich interessante Ausfälle gegen den Dilettantismus in der Kunst.

Meyer, Kstlerlex. (mit ält. Lit.). — Burckhardt, Cicerone (8. Aufl. 1901) II 152, b; k. — Guhl u. Rosenberg, Kstlerbriefe (1880) No. 371. — Arch. stor. d. Arte ital., ser. II, vol. III, p. 227. — Rassegna d'Arte 1901, p. 26. *F. Malaguzzi-Valeri.*

Ariguzzi, s. auch *Arriguzzi.*

Arihisa (有久), a. d. Geschlechte Kose, nach einigen Fujiwara, japanischer Maler der Kose-Schule (s. Kanaoka), lebte zwischen den Perioden Enkei und Jōwa, d. h. um 1308—1349 in Kyōto; 3. Sohn des Kose Ariyuki. Er bekleidete hohe Hofämter (Uneme no shō, Sakon shōgen, Titel Iki no kami) und erhielt den Hofrang Vb. Werke von ihm ganz im Stile des Kanaoka im Tempel Tōji, Kyōto: zwei Mandara und ein Bild der Glücksgöttin Benzaiten.

Fusō meigwaden 465 f. — Honchō meigwa jimmei jisho 55. — Hist. de l'art du Japon 129. — Anderson, Catalogue 12. *O. Kümmel.*

Ariië. Kose A. (有家), jap. Maler der Kose-Schule (s. Kanaoka), lebte um Per. Genkō (1321—24), n. Brinkley, Japan VII, Anh. S. 3 gest. 1320. Sohn des Kose Mitsuyasu? 光康 in Kyōto. Als s. Werke werden u. a. erwähnt: 2 Makimono, Gyōgi-engi, Geschichte des korean. Priesters Gyōgi

(670—749), u. Jizō-engi, Wunder des Bodhisatva Jizō (Kshitegarbha), ferner 16 Kakemono, die 16 Rakan (Arhat).

Anderson, Catalogue 12. — Jimmei jisho 689. — Honchō meigwa jimmei jisho 55. *O. Kümmel.*

Ariminese, s. *Coda,* Bart.

Arimini, italien. Stecher des 18. Jahrh. Von ihm ist nur ein bezeichneter Stich, Pferde darstellend, in Conte F. Bonsis Regole de' cavalli (Rimini 1751) bekannt.

Meyer, Kstlerlex. *P. K.*

Arimondo, Giuseppe, mit dem Ordensnamen Fra Andrea da Treviso, deshalb auch wohl Andrea Arimondo genannt, war Johanniter in Treviso und gab 1542 der dortigen Kirche S. Martino als Patron und, wie eine Inschrift ausdrücklich hinzufügt, als Architekt eine neue Gestalt, nachdem dieselbe von den Mönchen von S. Zeno in den Besitz des Johanniter-Ordens übergegangen war. Die Inschrift lautet: Haec fabbrica MDXLII prima Martii facta fuit Patrono et architecto D. Andrea v. equiti Hierosolymitano.

Federici, Memorie Trevig. II 29. — Zani, Enc. met. II 194. — Ricci, Architettura d'Italia III 336, 349. **

Arinelli, Luca und Michelangelo, neapol. Maler, nur aus einer Bittschrift vom Jahre 1770 bekannt.

Napoli Nobilissima IX 75. *G. Degli Azzi.*

Ariño y Feliu, Rafael, span. Maler des 19. Jahrh., geb. zu Valencia, Schüler von Luis Tellez, widmete sich vornehmlich der dekorativen Malerei. Indessen kennt man von ihm auch verschiedene Genrebilder, deren Sujets dem Volksleben seiner vaterländischen Provinz entlehnt sind.

Ossorio y Bernard, Galeria biogr. de artistas españoles del siglo XIX. Madrid 1883/4. *P. Lafond.*

Ario, Emilio, Bildhauer in Venedig, nach Zanis unvollständiger Angabe (Enc. met. II 194). *H. V.*

Ariodante, Marco, Blumenmaler aus Bologna, geb. 1699, nur bei Zani (Enc. met. II 195) erwähnt. *H. V.*

Arion, Hannequin, Bildhauer aus Brüssel, tätig um die Mitte des 14. Jahrh. in Dijon als Gehilfe des Jean de Soignolles, nur urkundlich bekannt.

Gazette d. Beaux-Arts 1905, II 37. *H. V.*

Arjona, span. Maler, um 1650 Schüler des Sebastian Martinez in Jaen. Von ihm einige Werke in den Kirchen von Baeza und Ubeda, und hauptsächlich in der Kirche und dem Kloster der unbeschuhten Karmeliter in Jaen. Sein Stil erinnert an Martinez, aber seine Farbengebung ist kälter und seine Zeichnung schwächer.

Cean Bermudez, Dicc. I 71. △

Arjona, Donna Carmen, span. Malerin, stellte 1869 in Sevilla eine „Ansicht von Sevilla" aus, deren pittoreske Vorzüge gerühmt wurden.

Dioskuren 1869 p. 205. **

Ariosto, Felipe, span. Maler, vielleicht italien. Herkunft, führte 1587—88 in einem Saale der Audiencia in Barcelona zahlreiche Porträts aragonischer Herrscher aus.

Viñazá, Adic. II 33. *M. v. B.*

Ariperto, s. *Auripert.*

Aripo, s. *Aribo.*

Ariram. In einer Regensburger Hs. (München, Hof- und Staatsbibl. Clm. 14143) ist uns von einer Hand des 10. Jahrh. die Grabschrift eines gewissen A. erhalten, in welcher dieser als besonders gefeierter Künstler gerühmt wird: nullus in hoc aevo viget ingeniosior illo . . . artibus. Von der Existenz desselben ist sonst nichts bekannt.

Pez, Thesaurus VI 1 p. 9. — Swarzenski, Regensburger Buchmalerei p. 30. *Swarzenski.*

Arischia, Silvestro da, s. *Silvestro* da Sulmona.

Ariscola, Nicola, italien. Bildhauer des 15. Jahrh., wird als Lehrer des Salvato d'Aquila genannt, dem verschiedene Werke in der Kirche S. Maria della Valle Verde in Barisciano (Prov. Aquila) zuerteilt werden.

Napoli Nobilissima X 112. — L'Arte IV 73. *G. Degli Azzi.*

Ariscola, Silvestro da, s. *Silvestro* da Sulmona.

Arisius, Fra Sollicitus, Maler aus Lodi, von ihm ein bezeichnetes und 1607 datiertes Gemälde mit der Anbetung der Magier in der Kirche S. Giovanni zu Sessa.

Filangieri, Indice degli Artefici, Napoli 1891. *H. V.*

Arismendi, Felipe, Bildhauer zu S. Sebastian in Guipúzcoa, Sohn oder Enkel des Juan, † 1. 8. 1725 in S. Sebastian. Man schreibt ihm viele Werke in Biscaya zu, die sich durch ihren Naturalismus auszeichnen, namentlich zu S. Sebastian in Sta Maria einen Petrus, einen Joseph und mehrere Gruppen aus der Leidensgeschichte Christi, die er 1710 bis 1713 ausführte; in der Pfarrkirche zu Eloybar einen hl. Antonius, 1716 ausgeführt; in S. Vicente ein Medaillon mit den Seelen im Fegefeuer; in S. Francisco die Statuen des Königs Louis XIV. von Frankreich und der hl. Rosa, die zu seinen besten Arbeiten gehören; ferner zu Bilbao in S. Jago die Statuen der Konzeption und der hl. Barbara; in der Pfarrkirche von Pasages vier Statuen am Haupttabernakel, und einen Täufer in der Sakristei, der für sein bestes Werk gilt; in der zu Plasencia einen Christus und in der zu Tolosa einen hl. Ignaz von Loyola und ein Relief mit den Seelen im Fegefeuer von 1722.

Cean Bermudez, Dicc. VI 57—59. — Viñaza, Adic. II 34. △

Arismendi, Juan de, span. Bildhauer in Cizurquil (Prov. Guipúzcoa), verfertigte 1632 mit Juan Vascardo und Juan de Iralzu mehrere Tabernakel, z. B. die für den Hauptaltar der Pfarrkirche in Fuenmayor und Briones u. für die Kirche Unserer lieben Frau de los Reyes in dem Flecken de la Guardia.

Cean Bermudez, Dicc. II 71. Δ

Aristainetos, griech. Architekt, nach einem von Cyriacus kopierten Epigramm gefeierter (δῖος) Erbauer des berühmten Tempels des Hadrian zu Kyzikos, eines der größten Tempel des Altertums. Die Höhe seiner korinthischen Säulen (6 an der Front, 15 an den Langseiten) übertraf noch (21 m) die der Säulen des athenischen Olympieions und die von Baalbek. Ungewöhnlich tief und säulenreich (4×4) war die Vorhalle. In der Cella lief eine von kleineren Säulen getragene Galerie ringsum. Krypten zogen sich unter dem Boden hin. Der Riesenbau (ca. 100×30 m), ganz aus prokonnesischem Marmor aufgeführt, wahrscheinlich schon unter Augustus begonnen, dann von Hadrian mächtig gefördert, wurde erst unter Marc Aurel 167 vollendet. Er wurde Hadrian geweiht, dessen Kolossalbüste als Firstakroter die Fassade krönte. Die Eröffnungsrede des Rhetors Älius Aristides ist noch erhalten. Französ. Nachgrabungen (Perrot et Guillaume, Exploration archéologique de la Galatie p. 76 ff. — Rev. arch. 1876, 264) haben wenigstens den Grundriß wieder freigelegt.

Bull. corr. hell. 1890, 517 (Th. Reinach). — Pauly-Wissowa, Realenc. II 852 (Fabricius). *H. Thiersch.*

Aristandros, aus Megalopolis, Architekt (oder nur Stifter?) einer nach ihm benannten Säulenhalle am Marktplatz seiner Vaterstadt (Pausan. VIII 30,5). Die Halle, etwa 100 m lang, bildete den Südrand des großen Platzes und dehnte sich zwischen dem Tempel des Zeus Soter (O) und dem Heiligtum der großen Göttinnen (W) aus. Sie war also das Gegenstück zu der im Norden ihr gerade gegenüber Philipp v. Makedonien zu Ehren errichteten Halle und mag auch gegen den Fluß hin geöffnet gewesen sein. Dieser, der Helisson, hat in nachantiker Zeit das Gelände gerade an der betreffenden Stelle völlig weggerissen, so daß die engl. Ausgrabungen von 1890/1 keine Reste des „Aristandreions" mehr vorfanden. Die 4fache Säulenreihe der von Curtius-Strack versuchten Rekonstruktion des Planes beruht auf Willkür, ebenso der Eingang aus der Halle unmittelbar in das Zeusheiligtum rechts. Dies kehrte vielmehr dem Aristandreion den Rücken und war so gegen dasselbe vollständig abgeschlossen.

Curtius, Peloponnes I 287 ff., 334 ff. — Pauly-Wissowa, Realenc. II 859 (Kirchner). — Excavations at Megalopolis, 101 ff. — Frazer, Pausan. IV 321 ff. *H. Thiersch.*

Aristandros I, Erzbildner aus Paros. Er fertigte die Stützfigur des einen der beiden großen Dreifüße, die von den Spartanern für den Sieg bei Aigospotamoi (405 v. Chr.) nach Amyklai geweiht wurden, eine weibliche Figur mit Lyra, die Pausanias als Sparta, Löschcke (Athen. Mitt. 1878 S. 170) zweifellos richtig als Alexandra deutet, eine Göttin die in eben dieser Gestalt in Amyklai verehrt wurde. Da A. II ebenfalls aus Paros stammt, ist es wahrscheinlich, daß beide zu einer Familie gehörten; dieser jüngere A. ist der Sohn eines Skopas; danach hat man mit größter Wahrscheinlichkeit angenommen, die beiden Namen hätten in dieser Familie gewechselt, und der ältere A. sei der Vater des berühmten Skopas gewesen. Daraus, daß mit der Ausführung der entsprechenden Statue unter dem zweiten Dreifuß in Amyklai einer der beiden Polyklete betraut war, hat man schließen wollen, A. habe sich der argivischen Kunstrichtung angeschlossen; doch ist diese Folgerung keineswegs zwingend.

Brunn, Gesch. d. gr. Kstlr. I 319. — Overbeck, Schriftq. 942. — Ders., Gesch. d. gr. Plastik I⁴ 508, II⁴ 14, 34, Anm. 2. — Löwy, Inschr. gr. Bildh. 287. — Collignon, Hist. de la sculpt. gr. II 232 f. — Furtwängler, Meisterw. d. gr. Plastik S. 522. — Pauly-Wissowa, Realenc. II 860, 7 (Robert). — Frazer, Pausanias III S. 351. — Hitzig-Blümner, Pausanias II S. 810 f. *Amelung.*

Aristandros II, Bildhauer, Sohn eines Skopas, aus Paros. Bekannt durch zwei auf Delos gefundene Inschriften, nach denen er zwei Statuen (oder eine? beide Inschriften vielleicht von derselben Basis) eines Agasias (s. A. II) restaurierte. Nach einer ansprechenden Vermutung Rayets (Monum. de l'art III S. 10) wäre diese Restauration durch die Zerstörungen im mithridatischen Kriege (88 bis 81) notwendig geworden. A. würde demnach gegen die Mitte des 1. Jahrh. v. Chr. tätig gewesen sein. Weniger wahrscheinlich ist Brunns Annahme, A. habe die Aufstellung der Statuen besorgt (das Wort ist ἐπεσκεύασεν) sei also ein Zeitgenosse des Agasias gewesen (Anfang des 1. Jahrh.).

Brunn, Gesch. d. gr. Kstlr. I 605. — Löwy, Inschr. gr. Bildh. 287, 288. — Pauly-Wissowa, Realenc. II 860, 8 (Robert). *Amelung.*

Aristarete, griech. Malerin, Tochter und Schülerin des Nearchos, unbekannter Zeit und Herkunft, von Plinius in dem summarischen Verzeichnis von Malerinnen N. H. 35, 147 erwähnt. Sie malte einen Asklepios.

Brunn, Gesch. d. gr. Kstler. II 300. — Pauly-Wissowa, Realenc. II 76 (Rossbach). *Sauer.*

Ariste, Pierre, Gobelinweber in Toulouse, bekommt am 7. 12. 1564 von M. Antoine de Saint-Pol, conseiller, zwei Teppiche mit den königlichen Lilien und einer Früchteeinfassung in Auftrag.

Réunion d. Soc. d. Beaux-Arts XXIV 1900, p. 131 u. 134. *H. V.*

Aristeas I, Bildhauer der hadrianischen Zeit aus Aphrodisias (wahrscheinlich in Karien),

Er fertigte gemeinsam mit seinem Landsmann Papias zwei Kentaurenstatuen aus schwarzem Marmor, die 1736 in der Villa des Hadrian gefunden wurden und wohl auf Bestellung für den Kaiser gearbeitet waren; die Inschriften der Künstler (ohne Verbum) finden sich an den Basen. Beide Statuen sind heute im kapitolinischen Museum (Helbig, Führer 2, No. 508 f.). Es handelt sich nicht um eigene Schöpfungen des A. und P.; wir besitzen Wiederholungen derselben Figuren, die ihrer Ausführung nach aus früherer Zeit stammen. Die augenfällige Verwandtschaft des alten Kentauren mit dem Laokoon läßt keinen Zweifel, wo und wann die Originale entstanden sind: auf Rhodos in der 2. Hälfte des 1. Jahrh. v. Chr. (s. Hagesandros). Diese Originale waren in Bronze gearbeitet; die beiden Aphrodisier haben es uns bezeugt durch die Wahl des schwarzen Steines und durch die widerlich übertriebene Art, wie sie die Ziselierung wiedergegeben und die Haare tief unterarbeitet haben. Ihre Kentauren, wie sie heute erhalten sind, geben uns kein vollständiges Bild der Komposition; beiden fehlt auf dem Rücken ein kleiner Erot (Amelung, Vatikan-Katalog II 138). Große technische Bravour ist das Einzige, was man dem A. und P. nachrühmen kann. In Aphrodisias hat in der ganzen Kaiserzeit eine Bildhauerschule geblüht, die sich augenscheinlich mit dem Kopieren älterer Werke begnügt hat.

Brunn, Gesch. d. gr. Kstlr. I 593. — Overbeck, Schriftq. 2286. — Ders., Gesch. d. gr. Plastik II[4] 467 f. — Löwy, Inschr. gr. Bildh. 369 (vgl. die Bem. zu 364). — Collignon, Hist. de la sculpt. gr. II 677. — Pauly-Wissowa, Realenc. II 876, 16 (Robert).
Amelung.

Aristeas II, Bildhauer aus der Mitte des 2. Jahrh. v. Chr., Sohn eines Nikandros, aus Megalopolis. Bekannt durch die Inschrift einer Basis, die sich in Olympia gefunden hat (vgl. Damophon).

Löwy, Inschr. gr. Bildh. 271 (vgl. 272a Schluß d. Textes); Inschr. v. Olympia 396. — Pauly-Wissowa, Realenc. II 879, 17 (Robert).
Amelung.

Aristeides I, ein in der antiken Überlieferung von dem thebanischen Maler Aristeides II nicht bestimmt unterschiedener Künstler, der sowohl Erzgießer als Maler, wahrscheinlich auch Architekt war. Nach der jetzt herrschenden Auffassung ist die Überlieferung so zu verstehen, daß dieser A. I der Vater des Malers Nikomachos, der Großvater des A. II war, daß er gegen Ende des 5. Jahrh. als Maler bei Euxinidas, einem Zeitgenossen des Zeuxis, Parrhasios und Timanthes, als Erzgießer bei dem älteren Polyklet lernte, daß er seinerseits in der Malerei der Lehrer seiner Söhne Nikomachos, Nikeros und Ariston, sowie des Euphranor u. des Ant(en)orides wurde. Daß auch Euphranor zugleich Erzgießer und Maler war, spricht für diese Annahmen, die allerdings auch eine Änderung des Pliniustextes (N. H. 35, 108: Aristidi statt Aristiaci, Aristiaii oder Aristaichmi) nötig macht. Die Angabe, daß Aristeides die enkaustische Malerei erfunden habe, paßt besser auf A. I als II. Als Erzgießer schafft A. I Zwei- und Viergespanne, weshalb man die gemalten Viergespanne lieber ebenfalls dem älteren zuschreiben möchte; andere Werke ihm nachzuweisen ist nicht möglich. Worin die Verbesserung der von Kleoitas erbauten Ablaufschranken von Olympia bestand, die den A. I auf architektonischem Gebiet tätig zeigen würde, ist nicht bekannt. Sollte der Architekt nicht eine Person mit dem Erzgießer und Maler A. sein, so bleibt doch dieser eine greifbare künstlerische Persönlichkeit. Als Schüler Polyklets u. Lehrer des zum Attiker gewordenen Euphranor wird er zwischen den beiden Hauptschulen des griechischen Mutterlandes vermittelt haben, und darin, nicht in seinen eigenen Werken, wird seine Bedeutung zu suchen sein.

Brunn, Gesch. d. gr. Kstler. I 277. 307. II bes. 167. 329. 367. — Overbeck, Schriftq. 1771. 1778. 1779. 1784. 1785. — Urlichs, Rh. Mus. 25, 509 ff. — Kroker, Gleichnam. gr. Kstler. 25 ff., 31 (Stammbaum). — Robert, Archäol. Märchen 83 ff. — Pauly-Wissowa, Realenc. II 896, 28 (Fabricius), 29 (Robert) und 30 (Rossbach). *Sauer.*

Aristeides II, berühmter griech. Maler aus Theben, wahrscheinlich Sohn des Nikomachos und Enkel des Aristeides I. Plinius kennt nur einen Aristeides und ist sich der chronologischen Schwierigkeiten, die sich daraus ergeben, nicht bewußt geworden; erst allmählich hat die Forschung, seit Urlichs' Vorgang, die Persönlichkeiten und künstlerischen Charaktere der beiden A. deutlicher herausgearbeitet. Der jüngere A., dessen Meister wahrscheinlich deshalb nicht erwähnt wird, weil selbstverständlich der Sohn bei dem Vater lernte, blühte zur Zeit Alexanders des Großen, der eines seiner Hauptwerke nach der Eroberung Thebens im Jahre 336 nach Pella bringen ließ, und des Tyrannen Mnason von Elateia, für den er eine Perserschlacht, gewiß nicht eine aus früheren Kriegen, sondern eine Alexanderschlacht, also frühestens im Jahre 333 malte; in das Ende seines Lebens fällt das Bildnis der Leontion, der Geliebten Epikurs, der seit etwa 306 in Athen war. Wie hoch seine Kunst geschätzt war, beweisen bestimmte Preisangaben: die Perserschlacht bezahlte schon ihr Besteller Mnason mit 1000 Minen (etwa 7000 M.). 200 Jahre später bot der sehr kunstverständige König Attalos II. von Pergamon für das Dionysosbild des Meisters, das bei der Plünderung Korinths mit anderen in die Hände römischer Soldaten gefallen war und als Spielbrett dienen mußte, 100 Talente oder 600 000 Denare (etwa

400000 M.). Die Liste seiner Werke ist nicht groß, aber interessant. Sieht man ab von dem einzigen Bildnis, dem der Leontion, den nicht näher bezeichneten lasziven Bildern, die dem gewissenhaften Polemon das Recht gaben, A. zu den Pornographen zu rechnen, den rennenden Viergespannen, die vielleicht nur kleine Votivbilder und möglicherweise sogar von seinem Großvater waren, so bleiben in dem Verzeichnis seiner Werke nur wenige Bilder von ruhiger Stimmung und schlichtem Vortrag: ein tragischer Schauspieler mit einem Knaben, ein Greis, der einen Knaben im Lyraspiel unterrichtet, vielleicht auch die Jäger mit Beute, die man ohne hinreichenden Grund dem Großvater A. I. hat zuschreiben wollen. Ein großartiges Bild muß der Dionysos gewesen sein, wahrscheinlich nicht eine Darstellung des Gottes allein, sondern, wie die Fassung der Pliniusnotiz vermuten läßt, in einer größeren Szene und zwar, nach der Lesart der geringeren Handschriften (vgl. Kalkmann, Arch. Zeit. 41, 40 ff.) mit Ariadne; es ist danach wahrscheinlich, daß die zahlreichen Darstellungen der Auffindung der schlafenden Ariadne durch den inmitten seines Schwarmes erscheinenden Dionysos auf dieses hochberühmte Bild zurückgehen. Besonders charakteristisch für den Meister sind die pathetischen Bilder: ein unendlich oft gerühmter Kranker, vielleicht identisch mit einem Herakles im Nessosgewand, den Strabon, wenn er es auch nicht ausdrücklich sagt, als Werk des A. betrachtet, eine anapauomene propter fratris amorem, d. h. eine wegen der Liebe ihres Bruders oder zu ihrem Bruder Sterbende, in der man am wahrscheinlichsten (vgl. das von Kalkmann, Arch. Zeit. 41, 40 ff. Taf. 7, 1 veröffentlichte Vasenbild) die von Euripides in die Tragödie eingeführte Aiolostochter Kanake erkennt, ein Betender oder Flehender, dessen Stimme man fast zu hören glaubte, die hundert Figuren enthaltende Perserschlacht und endlich das Bild einer eroberten Stadt mit einer besonders gerühmten Gruppe von Mutter und Kind: das Kind heranriechend zu der Brust der tödlich Verwundeten, der man die Angst ansah, das Kind möchte, wenn die Milch nun versiegt, ihr Blut lecken. Als unvollendetes, gleichwohl hochgerühmtes Bild wird eine Iris genannt. Die Angabe, daß A. die nachher von Praxiteles verbesserte Enkaustik erfunden habe, verträgt sich weder mit den Zeitumständen noch der eher auf Temperatechnik deutenden Angabe, daß er in den Farben etwas zu hart gewesen sei, ist also auf A. I. zu beziehen. Der Kunstcharakter des A. II. ist schon von der alten Kunstschriftstellerei, hauptsächlich wohl auf Grund des Bildes der eroberten Stadt, genau bezeichnet worden: er zuerst habe seelische Regungen (ἤθη nach späterem Sprachgebrauch, im Gegensatz zu ἦθος=Charakter, in dessen Darstellung ein Hauptruhm des Polygnot bestanden hatte) und Leidenschaften (πάθη, perturbationes) dargestellt. Packende Lebenswahrheit, ergreifende Darstellung psychologischer Affekte von den zartesten bis zu den heftigsten müssen seiner Kunst eine hohe Bedeutung gegeben haben; sie wird der spezifischen malerischen Kunst seiner Zeitgenossen Apelles und Protogenes nachgestanden haben, während sie an Gehalt und tieferen Wirkungen ihr wahrscheinlich überlegen war.

Brunn, Gesch. d. gr. Kstler. II 171 ff., wo besonders die eindringende Untersuchung über den geistigen Gehalt der Kunst des A. von Wert ist. — Urlichs, Rhein. Mus. 25, 509 ff. — Oehmichen, Plinian. Studien 233 ff. — Kroker, Gleichnam. gr. Kstler. 25 ff. (Stammbaum der Familie 31). — Robert, Arch. Märchen 69, 83 ff. — Klein, Arch. epigr. Mitt. 11, 227 ff. — v. Rohden in Baumeisters Denkm. II 864 ff. — Michaelis, Jahrb. d. Inst. VII 133 ff. — Girard, Peint. ant. S. 228 f. — Pauly-Wissowa, Realenc. II 897, 30 (Rossbach). *Sauer.*

Aristes, Stempelschneider dorischer Herkunft in der achäischen Kolonie Metapont, der Name steht in der Genitivform ΑΡΙΣΤΗ klein am Halsabschnitt des Kopfes einer Göttin auf einem Didrachmon im Berliner Münzkabinett; der Dialekt verbietet, die Inschrift als Namen der Göttin zu fassen. A. arbeitete in der 1. Hälfte des 4. Jahrh.

Friedländer, Archäol. Zeitung 1847, Taf. VIII 7. — v. Sallet, Künstlerinschr. auf griech. Münzen S. 13. — Head, Historia Nummor. S. 64. *Weil.*

Aristiaios, s. *Aristeides I.*

Aristiakos, nach dem cod. Bamb. des Plinius N. H. 35, 108 ein griechischer Maler, während andere Handschriften auf die Form Aristalchmos hinweisen. Man nimmt Verderb aus Aristiaios oder gewöhnlicher Aristidi an und setzt A. dem Aristeides I. gleich (s. d.).

Brunn, Gesch. d. gr. Kstler. II 159 ff. — Kroker, Gleichnam. gr. Kstler. 26. 30. — Pauly-Wissowa, Realenc. II 899 (Rossbach). *Sauer.*

Aristide, Louis, s. *Louis*, Aristide.

Aristion, Bildhauer aus Paros, tätig in der ersten Hälfte des 6. Jahrh. v. Chr. Bekannt durch Inschriften auf zwei in Attika gefundenen Basen von Grabmälern. Die eine hat augenscheinlich eine Säule getragen, auf der eine Skulptur gestanden haben wird; in die andere war die Statue eines Mädchens eingelassen. Vermutungsweise hat man denselben Namen auf einer dritten Basis ergänzt, die, wie die erste, in Athen zutage kam und eine männliche Statue getragen hatte (erhalten ist nur das Ethnikon bis auf den ersten Buchstaben).

Overbeck, Schriftq. 354. — Ders., Gesch. d. gr. Plastik I⁴ 152. — Löwy, Inschr. gr.

Bildh. 11, 12, 395. — Collignon, Hist. de la sculpt. gr. I 252, 338. — Pauly-Wissowa, Realenc. II 901, 17 (Robert). *Amelung.*

Aristipp. Nicht Medailleur- sondern Magistratsbezeichnung auf tarentiner Münzen.

Brunn, Gesch. d. griech. Kstler. **

Aristobulos, griechischer Maler aus Syrien oder in Syrien tätig, von Plinius N. H. 35, 146 unter den weniger berühmten Malern genannt. Vermutlich lebte er unter den Seleukiden.

Brunn, Gesch. d. gr. Kstler. II 286. — Pauly-Wissowa, Realenc. II 920 (Rossbach). *Sauer.*

Aristodemos, Erzbildner aus dem Ende des 4. Jahrh. v. Chr. Plinius führt ihn unter Olympiade 113 (328—25) an und berichtet, er habe Ringerstatuen, Zweigespanne mit dem Lenker, Porträts von Philosophen und alten Frauen gearbeitet; im einzelnen erwähnt er ein Porträt des Königs Seleukos (322—281) und einen geschätzten Doryphoros. Tatian schreibt ihm ein Bildnis des Aesop zu. Die eigentümliche Bemerkung, er habe Zweigespanne mit dem Lenker gebildet, erklärt sich wohl durch die Tatsache, daß im 4. Jahrh. öfter eine Arbeitsteilung zwischen zwei Künstlern stattfand, indem der eine Gespann und Wagen, der andere die menschlichen Figuren lieferte (vgl. Reisch, Österr. Jahresh. 1906 S. 208 f.).

Brunn, Gesch. d. gr. Kstlr. I 421. — Overbeck, Schriftq. 1605 f. — Ders., Gesch. d. gr. Plastik II⁴ 162, 181. — Kalkmann, Rh. Mus. 1887 S. 512. — Collignon, Hist. de la sculpt. gr. II 429. — Pauly-Wissowa, Realenc. II 929, 35 (Robert). *Amelung.*

Aristodemos, griechischer Maler der Kaiserzeit (um 200), aus Karien, von dem älteren Philostrat im Vorwort seiner „Bilder“ als sein Gastfreund erwähnt. Er malte in der Manier des (uns unbekannten) Eumelos und schrieb über Geschichte der Malerei.

Brunn, Gesch. d. gr. Kstler. II 309. — Pauly-Wissowa II 929, 36 (Rossbach). *Sauer.*

Aristodikos, wahrscheinlich fingierter Künstlername in einem Rätselepigramm konstantinischer Zeit.

Brunn, Gesch. d. gr. Kstler. I 608. — Pauly-Wissowa, Realenc. II 929, 5 (Robert). *Sauer.*

Aristodotos, Erzbildner, von Tatian als Künstler einer Statue der Hetäre Mystis genannt. Mit Brunn diesen Namen zu ändern, ist unnötig, da er unverdächtig ist (vgl. Pape-Benseler s. v.).

Brunn, Gesch. d. gr. Kstlr. I 525. — Jahn, Abh. d. sächs. Gesellsch. 1861 S. 753. — Overbeck, Schriftq. 1341, 2090. — Kalkmann, Rh. Mus. 1887 S. 489 ff. — Pauly-Wissowa, Realenc. II 929 f. (Robert). *Amelung.*

Aristogeiton, thebanischer Erzbildner, s. *Hypatodoros.*

Aristokleides, griechischer Maler, von Plinius N. H. 35, 138 unter den primis proxumi genannt; er habe den delphischen Apollontempel ausgemalt. Nach dem Zusammenhang der Pliniusstelle ist A. sicher kein Künstler älterer Zeit, er malte also nicht den nach 534 erbauten Alkmeonidentempel aus, sondern den nach dessen Zerstörung um die Mitte des 4. Jahrh. in langer Bauzeit errichteten (vgl. Reisch, Österr. Jahresh. 9[1906], 199 ff). Wahrscheinlich erhielt dieser Tempel gleich damals seinen Gemäldeschmuck; der Künstler war also wohl um die Mitte des 4. Jahrh. tätig.

Brunn, Gesch. d. gr. Kstler. II 298. — Pauly-Wissowa, Realenc. II 933, 6 (Rossbach). *Sauer.*

Aristokles I, attischer Bildhauer des 6. Jahrhunderts v. Chr. Bekannt durch die Künstlerinschrift der berühmten Aristion-Stele (Conze, Att. Grabrel. Taf. II 1), eines charakteristischen altattischen Werkes. Von ihm stammte auch eine Votivstatue, von der sich nur ein Fragment der Basis erhalten hat (gefunden, wie die Stele, in Attika).

Overbeck, Schriftq. 356. — Ders., Gesch. d. gr. Plastik I⁴ 199 f. — Löwy, Inschr. gr. Bildh. 9, 10. — Collignon, Hist. de la sculpt. gr. I 387. — Pauly-Wissowa, Realenc. II 937, 21 (Robert). *Amelung.*

Aristokles II, Erzbildner aus Sikyon, kaum weniger berühmt als sein Bruder Kanachos (s. d.), tätig in der 2. Hälfte des 6. Jahrh. v. Chr. An ihn schließt sich eine siebengliedrige Schulfolge von Künstlern der verschiedensten Herkunft bis zum Ende des 5. Jahrhunderts (Synnoon von Aegina und sein Sohn Ptolichos, dann an sechster Stelle Sostratos von Chios und an letzter dessen Sohn Papias; s. d. einzelnen Namen). Nur eins seiner Werke ist überliefert: eine Muse mit der Schildkrötenleier; sie bildete mit zwei andern Musen, von denen die eine sein Bruder, die andere Hagelaidas gearbeitet hatte, eine Gruppe. Klein nimmt an, er sei der Vater des Kleoitas und Großvater des Aristokles IV gewesen; die Möglichkeit dieses Zusammenhanges ist nicht zu leugnen.

Brunn, Gesch. d. gr. Kstlr. I 80 ff. — Overbeck, Schriftq. 410—15. — Ders., Gesch. d. gr. Plastik I⁴ 141 ff. — Robert, Archäol. Märchen S. 95 f. — Pauly-Wissowa, Realenc. II Sp. 737, 22 (Robert). — Collignon, Hist. de la sculpt. gr. I 309, 339. — Klein, Gr. Kunstgesch. I 332 f. *Amelung.*

Aristokles III, Erzbildner aus Kydonia auf Kreta. Er arbeitete im Auftrage eines Euagoras von Zankle für Olympia eine Gruppe, die Herakles und die berittene Amazonenkönigin im Kampf um den Gürtel darstellt. (Ein Marmorfragment mit dem Inschriftrest (Κυ)δωνιατας, das sich bei den Ausgrabungen im Zeustempel fand, könnte von der Basis stammen). Pausanias rechnet ihn zu den altertümlichsten Künstlern; jedenfalls lebte er vor dem Jahre, in dem Zankle den Namen Messene erhielt (Ol. 71, 3 = 494). Der Schriftcharakter der Inschrift würde dazu stimmen.

Brunn, Gesch. d. gr. Kstlr. I 117. — Overbeck, Schriftq. 483. — Ders., Gesch. d. gr. Plastik I⁴ 90. — Sauer, Anf. d. statuar. Gruppe S. 55 f. — Collignon, Hist. de la sculpture gr. I 252, 309. — Pauly-Wissowa, Realenc. II 937, 23 (Robert). — Inschr. v. Olympia 836. — Frazer, Pausanias III 642. — Hitzig-Blümner, Pausanias III 441. *Amelung.*

Aristokles IV, Erzbildner wie sein Vater, Kleoitas, aus dessen Namen man schließen kann, daß sie Dorier waren. Kl. hat (im 5. Jahrh. v. Chr.) die Ablaufschranken der olympischen Rennbahn erfunden und eine Bronzestatue gearbeitet, die Pausanias auf der Akropolis sah, dort also erst nach dem Perserbrande errichtet sein konnte. Da des Kleoitas Vater ebenfalls Aristokles hieß, hat Klein vermutet, dieser sei A. II, der Bruder des Kanachos, gewesen; die Möglichkeit eines solchen Zusammenhanges ist nicht zu leugnen. Der Sohn des Kleoitas wäre demnach in das zweite Viertel des 5. Jahrh. zu datieren. Er fertigte im Auftrag eines Thessaliers Gnathis für Olympia eine Gruppe des Zeus und Ganymed.

Brunn, Gesch. d. gr. Kstlr. I 107 f. — Overbeck, Schriftq. 1031—33. — Ders., Gesch. d. gr. Plastik I⁴ 540. — Pauly-Wissowa, Realenc. II 938, 24 (Robert). — Frazer, Pausanias III 635. — Hitzig-Blümner, Pausanias III 436. — Klein, Gr. Kunstgesch. I 333. *Amelung.*

Aristokles V, Bildhauer. Er führte Ol. 95,3 = 398 eine Restauration an dem Basisrelief der phidiasischen Athena Parthenos aus.

Löwy, Inschr. gr. Bildh. 525. — Pauly-Wissowa, Realenc. II 938, 24 (Robert). *Amelung.*

Aristokȳdes, griechischer Maler, von Plinius N. H. 35, 146 unter den weniger bedeutenden genannt.

Brunn, Gesch. d. gr. Kstler. II 287. 300. — Pauly-Wissowa, Realenc. II 942 (Rossbach). *Sauer.*

Aristolaos, griechischer Maler der 2. Hälfte des 4. Jahrh., Sohn und Schüler des berühmten Enkausten Pausias von Sikyon, aber von diesem durch die Strenge seines Stils unterschieden, überhaupt (nach Plinius N. H. 35, 137) einer der strengsten Maler. Als seine Werke werden genannt: Epameinondas, Perikles, Medeia, Arete, Theseus, ein Bild des attischen Volkes, also wohl Demos, ein Stieropfer. Das sind am wahrscheinlichsten 5 Bilder: ein heroisches, 2 Porträts, ein halb allegorisches Bild (Arete, Theseus und Demos; man vergleiche des etwas älteren Euphranor Theseus, Demos und Demokratia und dessen statuarische Kolossalgruppe Arete u. Hellas) und ein mehr genrehaftes, dessen Thema uns auch bei seinem Vater Pausias und seinem großen Zeitgenossen Apelles begegnet. Jedenfalls ist dieser Sikyonier in Athen beschäftigt gewesen, muß also recht bedeutend gewesen sein.

Brunn, Gesch. d. gr. Kstler. II 154. — Klein, Arch. epigr. Mitt. 11, 225, 233. — Pauly-Wissowa, Realenc. II 942 (Rossbach). *Sauer.*

Aristomachos, 1) Bildhauer, s. *Andreas.* 2) Maler?, s. *Aristomenes II.*

Aristomedes, thebanischer Bildhauer aus der Mitte des 5. Jahrh. v. Chr. Er führte gemeinsam mit seinem Landsmann Sokrates ein Bild der großen Göttermutter aus, das Pindar als Kultbild in das nahe seinem Hause in Theben gelegene Heiligtum der Göttin stiftete.

Brunn, Gesch. d. gr. Kstlr. I 112. — Overbeck, Schriftq. 478. — Ders., Gesch. d. gr. Plastik I⁴ 161. — Pauly-Wissowa, Realenc. II 947, 5 (Robert). *Amelung.*

Aristomedon aus Argos, Erzbildner aus dem Anfang des 5. Jahrh. v. Chr. Er arbeitete für Delphi eine figurenreiche Gruppe, die von den Phokern nach einem Siege über die Thessaler geweiht wurde. Dargestellt waren die Anführer der Phoker — darunter der Seher Tellias, ein Stratege zu Pferde, einer zu Fuß — und die Landesheroen.

Brunn, Gesch. d. gr. Kstlr. I 62. — Overbeck, Schriftq. 400. — Ders., Gesch. d. gr. Plastik I⁴ 142. — Sauer, Anf. der statuar. Gruppe 16 ff. — Collignon, Hist. de la sculpt. gr. I 320. — Pauly-Wissowa, Realenc. II 947, 2 (Robert). *Amelung.*

Aristomenes I, Bildhauer, Sohn eines Agias aus Messene, bekannt durch Inschriften an zwei Basen, die in Olympia gefunden wurden und Ehrenstatuen getragen hatten. Der Agias (s. d.), Sohn eines Aristomenes, von dem ebenfalls eine Inschrift in Olympia zutage kam, ist augenscheinlich der Sohn dieses Ar., ein Pyrilampos (s. d.), Sohn eines Agias, sein Bruder oder Enkel. Nach den Schriftformen lebte Ar. in der Mitte des 2. Jahrh. v. Chr. (vgl. Damophon).

Löwy, Inschr. gr. Bildh. 272, 272a.; Inschr. v. Olympia 397 ff. — Collignon, Hist. de la sculpt. gr. S. 636. — Pauly-Wissowa, Realenc. II 949, 15 (Robert). *Amelung.*

Aristomenes II, griechischer Maler unbekannter Zeit aus Thasos (Strymonios ist nur poetische Bezeichnung derselben Herkunft), von Vitruv, de archit. III prooem, als einer der tüchtigen Künstler genannt, die nicht nach Verdienst berühmt geworden seien. Wir kennen durch ein Epigramm der Anthologie (von den beiden hier vorkommenden Namen Aristomachos und Aristomenes muß wegen der Vitruvstelle der letztere richtig sein) ein Werk von ihm, ein Votivgemälde dreier Mädchen an Aphrodite, das den Tempel und das Bild der Göttin und die Stifterinnen mit Gaben — Sandalen, Mantel, Becher — in den Händen darstellte.

Brunn, Gesch. d. gr. Kstler. II 55. 285. 301. — Benndorf, De anthol. gr. epigramm. S. 50, 1. — Pauly-Wissowa, Realenc. II 946, 22, 950, 16. *Sauer.*

Ariston I, Erzbildner aus Lakonien. Pausanias erwähnt in Olympia eine 18 Fuß hohe, bronzene Statue des Zeus als das Werk des

Ar. und seines Bruders Telestas. Nach dem Epigramm, das Paus. abschreibt, hatten die Bewohner von Kleitor (in Arkadien) die Statue als Zehnten aus der Beute wieder bezwungener Städte geweiht. Das Epigramm macht einen altertümlichen Eindruck (6.—5. Jahrh.).

Brunn, Gesch. d. gr. Kstlr. I 115. — Overbeck, Schriftq. 1588a S. 475. — Pauly-Wissowa, Realenc. II 959, 60 ((Robert). *Amelung.*

Ariston II, Bildhauer, bekannt durch die Inschrift einer in Athen gefundenen Basis, nach der er eine Statue gemeinsam mit einem Xanthias gearbeitet hatte. Nach den Schriftzügen etwa aus dem 4. Jahrh. v. Chr.

Foucart, Bull. de corr. hell. 1890 S. 515. — Pauly-Wissowa, Realenc. II 960, 61 (Robert). *Amelung.*

Ariston III, aus Mytilene, Erzgießer von mäßigem Verdienst, angesehener wegen seiner toreutischen Arbeiten nach Plin. N. H. 33, 156; 34, 85.

Brunn, Gesch. d. gr. Kstlr. I 526, II 404. — Overbeck, Schriftq. 2167. — Pauly-Wissowa, Realenc. II 960, 62 (Robert). *Amelung.*

Ariston IV, Bildhauer aus dem 2. Jahrh. v. Chr., Sohn eines Dionysios. Bekannt durch eine Inschrift in Theben. Aus derselben Familie waren ein Dionysios (s. d.), Sohn eines Ariston, und ein Agatharchos (s. d.), Sohn eines Dionysios, der sich als Böotier bezeichnet; von beiden fand sich je eine Inschrift im Amphiareion von Oropos. Die Familie war also in beschränktem Umkreis tätig.

Löwy, Inschr. gr. Bildh. 275a. — CIGr VII 2527. — Pauly-Wissowa, Realenc. II 960, 63 (Robert). *Amelung.*

Ariston V, griechischer Maler des 4. Jahrh., Sohn und Schüler eines Aristeides, Bruder und Schüler des berühmten Nikomachos, nach der wahrscheinlichsten Annahme Sohn des Aristeides I und Oheim des Aristeides II. Das einzige von ihm bekannte Werk ist ein bekränzter Satyr mit einem Trinknapf (skyphos).

Brunn, Gesch. d. gr. Kstler. II 162 ff., 171. 181. — Kroker, Gleichn. gr. Kstler. 31. — Pauly-Wissowa, Realenc. II 960, 64 (Rossbach). *Sauer.*

Ariston VI, Gemmenschneider od. ehemaliger Besitzer einer antiken Gemme mit dem Bilde eines auf einem Felsblock sitzenden „Odysseus".

Brunn, Gesch. d. gr. Kstler. II 605. — Pauly-Wissowa, Realenc. II 960, 66 (Rossbach). *Pernice.*

Ariston VII, Mosaikarbeiter, bekannt durch ein 1823 auf der Via Appia gefundenes Mosaik, drei eine Nymphe verfolgende Satyrn darstellend, mit der Inschrift ARISTO FAC.

Brunn, Gesch. d. gr. Kstlr. II 312. — Overbeck, Schriftq. 2166. — Pauly-Wissowa, Realenc. II 960, 65 (Rossbach). *Altmann.*

Ariston VIII, bekannter Erzgießer u. Goldschmied, zweimal von Plinius (N. H. 33, 156; 34, 85) erwähnt. Seine Heimat war Mytilene, vermutlich gehört er dem hellenistischen Zeitalter an.

Brunn, Gesch. d. gr. Kstler. II 404. — Pauly-Wissowa, Realenc. II 960, 62 (Robert). *Pernice.*

Aristonidas, Erzbildner. Plinius nennt von ihm nur eine Statue: Athamas, wie er dasitzt voll Reue darüber, daß er in der Raserei seinen eigenen Sohn Learchos erschlagen. Die Statue war zu Plinius' Zeit in Rhodos. Der Künstler sollte Eisen unter die Bronze gemischt haben, damit die durchschimmernde Röte des Eisenrostes dem Gesicht einen Ausdruck von Scham verleihe, was zweifellos Cicerone-Weisheit ist. Aristonidas konnte dem Beschauer eine Ahnung von dem, was er darstellen wollte, nur vermitteln durch eine außerordentlich feine Darstellung des physiognomischen Ausdrucks, des Vermittlers der widerstreitenden Gefühle des unglücklichen Vaters, der aus der Nacht des Wahnsinns zur wildesten Verzweiflung erwacht. Danach ist es begreiflich, daß man dies Werk neben dem Laokoon genannt hat, und sicher ist es in der hellenistischen Zeit entstanden. Für eine genauere Datierung aber fehlt jeder Anhalt. Der Name des Aristonidas kann auf einer rhodischen Inschrift hellenistischer Zeit aus den erhaltenen ersten sechs Buchstaben ergänzt werden (Löwy 197; augenscheinlich handelt es sich um eine Künstlersignatur); dieser A. war der Vater eines Mnasitimos, dessen Name noch auf einer anderen rhodischen Inschrift (Löwy 183) zu ergänzen ist; dort ist kein Vater genannt, aber gesagt, daß er Rhodier war; endlich besitzen wir abermals zwei rhodische Inschriften (Löwy 181, 182) von einem Rhodier Mnasitimos, der sich einmal Sohn eines Teleson nennt und das andere Mal, wie es scheint, mit einem Sohn Teleson gemeinsam gearbeitet hat. Augenscheinlich gab es also eine rhodische Künstlerfamilie, von der wir durch diese Inschriften verschiedene Generationen kennen lernen und zu der auch der durch seinen Athamas berühmte Aristonidas gehört hat. Ob dieser mit dem Vater des Mnasitimos zu identifizieren ist, wissen wir nicht; dagegen ist zu beachten, daß eben diese beiden Namen bei Plinius unter den Malern genannt werden, die nicht gerade unberühmt seien, die man aber doch nur eben zu nennen brauche: Mnasitimus Aristonidae filius et discipulus. Man kann nicht mehr als die Möglichkeit feststellen, daß diese Maler mit den obengenannten Bildhauern identisch seien; denn beide Namen konnten sich in dieser Familie zu der gleichen Folge in verschiedenen Zeiten zusammenfinden. Möglich ist auch, daß uns noch ein weiteres Glied dieser Familie, Ophelion, Sohn eines Aristonidas, durch eine Inschrift von Tusculum bekannt ist, zumal es nach Plinius auch einen rhodischen Maler dieses Namens gegeben hat; die Inschrift (Löwy 432) steht am Stamm einer jugendlich männlichen Statue, die einst einen Porträtkopf getragen haben wird, doch fehlt das Verbum, so daß es nicht sicher ist, ob es sich um einen Künstler handelt.

Brunn, Gesch. d. gr. Kstlr. I 464 f., 474, 509, 515 (vgl. II 283, 287). — Overbeck, Schriftq. 2025—27. — Ders., Gesch. d. gr. Plastik II⁴ 295. — Löwy, Inschr. gr. Bildh. 197. — Pauly-Wissowa, Realenc. II 960 (Robert). *Amelung.*

Aristonothos, griechischer Töpfer, der älteste von allen, die Gefäße mit ihrem Namen bezeichnen. Die nur von einem einzigen Gefäß, einem aus Caere stammenden „Krater" des etruskischen Museums im Konservatorenpalast bekannte Inschrift Ἀριστόνοθος ἐποισεν ist verschieden gelesen worden: Aristonophos (Förster, Klein, Robert), Ariston ὁ φω(ιο)ς (Dümmler); doch hat die Lesung Aristonothos (v. Wilamowitz, später auch Dümmler), die sich auf verwandte Namen berufen kann, sich immer mehr Geltung verschafft (Kretschmer, Gr. Vaseninschr. 10). Das Gefäß, ein mächtiger, tiefer Napf, dessen unterer Teil mit Blattkranz und Schachbrettfries verziert ist, zeigt einerseits die Blendung des Polyphem, andererseits eine Seeschlacht. Die Formen sind kindlich unvollkommen, dagegen der Vortrag lebendig und manche Einzelheit der Schilderung vortrefflich dem Leben abgelauscht. Technisch stehen die Bilder am Anfang der eigentlichen schwarzfig. Malerei, indem sie mit silhouettenhaft gemalten Körpern tongrundig gelassene, nur durch kräftige Umrißlinien vom Malgrund abgehobene Gesichter verbinden, Ritzung noch gar nicht, aufgesetztes Weiß nur sparsam anwenden; auch ist das Streuornament (Zickzacklinien, Punktkreise, Rosette, Pentagramma) noch sehr reichlich angebracht. Es verrät sich in diesem Werk des A. ein Nachleben mykenischer Naturauffassung (man denke an die mykenische Kriegervase), andererseits sind Einflüsse des geometrischen Stils, besonders im Streuornament, und manche Ähnlichkeit mit den aufkommenden ionischen Fabrikaten (Milet, Samos) unverkennbar. Das Gefäß wird in das 7. Jahrh. zu setzen, die Heimat des Künstlers im südwestlichen Kleinasien oder auf einer der Inseln des ionischen Ostens zu suchen sein.

Abbildungen der Vase des A. Mon. dell' Inst. IX 4. Wiener Vorlegebl. 1888 I 8. — Klein, Vasen mit Meistersign.² 27,1. — v. Wilamowitz, Hermes 22, 118,1. — Dümmler, Berl. philol. Wochenschr. 1888, 17; Arch. Jahrb. VII (1892) 190. — Rayet-Collignon, Cér. grecque 37. — Pauly-Wissowa, Realenc. II 966 (Robert). *Sauer.*

Aristonus, Erzbildner aus Aegina. Er lieferte als Weihgeschenk der Metapontier nach Olympia eine Statue des Zeus, die mit Lilien bekränzt war und auf der einen Hand den Adler, den Blitz in der anderen hielt. Pausanias weiß weder den Lehrer, noch die Zeit des Künstlers anzugeben.

Brunn, Gesch. d. gr. Kstlr. I 96. — Overbeck, Schriftq. 439. — Ders., Kunstmyth. Zeus S. 16. — Collignon, Hist. de la sculpt. gr. I 282. — Pauly-Wissowa, Realenc. II 968, 9 (Robert). *Amelung.*

Aristopeithes, Bildhauer, Sohn eines [Aristo]nymos (oder Kleonymos) aus dem attischen Demos Phyle. Bekannt durch die Signaturen zweier in Eleusis gefundener Basen aus den Jahren 326—324 v. Chr.

Löwy, Inschr. gr. Bildh. 85. — Collignon, Hist. de la sculpt. gr. II 343. — Pauly-Wissowa, Realenc. II 969 (Robert). *Amelung.*

Aristophanes, attischer Vasenmaler, der gemeinsam mit dem Töpfer Erginos signiert. Es sind von ihm nur 2 signierte Gefäße (Schalen, in Berlin und Boston) bekannt, zu denen eine stilistisch ganz gleichartige, aber inschriftlose (in Boston) hinzukommt. Der Maler wagt sich an große Themen — Giganten- und Kentaurenkämpfe —, macht aber nicht den Eindruck, als schöpfe er aus eigener Erfindung; er wird vielmehr von Werken der großen Kunst (Mikon, Phidias' Parthenosschild, Parthenonmetopen) abhängig sein. Höher als wuchtige Darstellung wilden Kampfes steht ihm fließender Vortrag, elegante Bewegung und Gewandung, gefällige Raumfüllung; dabei passieren ihm Zeichenfehler (linke Hand an rechtem Arm), die ein gewissenhafter Arbeiter bei so vollentwickeltem Stil nicht begehen dürfte. Er liebt es, den Gegensatz gröberen und feineren Gewandes, reicher Gewandmassen und nackter Körper zu betonen, läßt gern durch feinfaltigen, schmiegsamen Stoff die Körperformen sich ausprägen, verwendet viel Sorgfalt auf Zierat, Kränze, Geschmeide, durch die er seinen etwas zu unterschiedslos edlen und feinen Gestalten u. Gesichtern einen besonderen Reiz zu verleihen weiß. Um so bemerkenswerter ist, daß er Goldschmuck, selbst aufgesetztes Rot und Weiß verschmäht, also der Grenzen seiner Kunstart und ihrer Wirkungen sich bewußt bleibt. Mit den strengeren Vasenmalern polygnotischer Richtung teilt er das auf Schalen vor ihm nicht nachweisbare Verfahren, das Terrain durch dünne Linien anzugeben, die aber, in den noch feuchten Firnis eingetragen, von diesem wieder bedeckt sind. Zu rühmen ist an A. die ungemein feine, sichere Linienführung besonders der dünnen Gewänder, die lockere, malerische Behandlung des Haares. Sein Stil setzt den des Meisters der Kodrosschale und des Aison fort und bereitet einerseits den des Meidias, andererseits den der auf große Wirkungen ausgehenden Talosvase vor. Danach läßt er sich in die Zeit um 430 datieren, womit die schon völlig ionische Schreibung der Inschriften sich verträgt.

Abbildungen der signierten Vase Berlin 2531

Gerhard, Trinksch. u. Gef. 2. 3. Overbeck, Kunstmyth. Atlas V 3. Wiener Vorlegebl. I 5, Innenbild auch Baumeister, Denkm. d. klass. Alt. S. 595. — Klein, Vasen mit Meistersignat.² 184 ff. — Furtwängler, Samml. Saburoff S. 7. — Holwerda, Archaeol. Jahrb. 4 (1889) 43. — Milchhöfer, ebd. 9 (1894) 67, 67. — Pauly-Wissowa, Realenc. II 1005, 16 (Robert). — Graef, ebd. 13 (1898) 68, 73. — Furtwängler-Reichhold, Gr. Vasenmalerei I S. 305. — Über die Bostoner Schalen (früher in Corneto, Samml. Bruschi; G. Koerte, Arch. Zeit 1878, 114) Arch. Anz. 16 (1901) S. 166, 17. 18. *Sauer.*

Aristophon, Maler aus Thasos, Sohn und Schüler des älteren Aglaophon (s. d.), Bruder des berühmten Polygnotos (s. d.), wahrscheinlich Vater des jüngeren Aglaophon (s. d.). Er malte Szenen aus der Heldensage: den leidenden Philoktet, den von einem Eber verwundeten Samier Ankaios, dessen Schmerz seine Mutter Astypalaia teilte, und ein figurenreicheres Bild, das eine Episode aus dem Kampf um Troja, die Unterredung der Helena, des Priamos und des Deiphobos mit dem als Bettler verkleideten Odysseus, darstellte. Daß Aristophon in diesem Bild, um seelische Vorgänge zur Anschauung zu bringen, Personifikationen, die List (Dolos, Apate?) und die Leichtgläubigkeit (Peitho?), handelnd oder wenigstens als bedeutsame Nebenfiguren einführte, stellt ihn noch nicht notwendig in prinzipiellen Gegensatz zu seinem größeren Bruder, dessen psychologisch vertiefte Kunst solcher Mittel allerdings nicht bedurft zu haben scheint. Vielmehr passen die erhaltenen, knappen Schilderungen seiner Werke recht gut in unsere Vorstellung von der großen ionischen Malerei, wie sie unter Polygnots Führung um die Mitte des 5. Jahrh. sich entfaltet hat (s. Polygnotos, Mikon, Panainos). Die Darstellung der Nemea, die den Alkibiades auf dem Schoß und in den Armen hielt, ein Werk, das Satyros (bei Athenaios 12, 534 D) dem vermutlichen Sohn des A. Aglaophon zuschreibt, gibt Plutarch (Alcib. 16) wohl nur aus Versehen dem A., der die Siege des Alkibiades (um 415) kaum mehr erlebt hat.

Brunn, Gesch. d. gr. Kstler. II 53. — Kroker, Gleichnam. gr. Kstler. 24. — Klein, Arch. epigr. Mitt. 12, 91 ff. — Pauly-Wissowa, Realenc. II 1008, 9 (Rossbach). *Sauer.*

Aristos, Bildhauer hellenistischer Zeit aus Ephesos. Bekannt durch eine Künstlerinschrift aus Rhodos.

IGIns I 122. — Pauly-Wissowa, Realenc. II 1011, 10 u. Suppl. 136 (Robert). — Homolle, Bull. de corr. hell. 1900 S. 253. *Amelung.*

Aristoteiches, Gemmenschneider oder ehemaliger Besitzer eines altertümlichen geschnittenen Steins aus Kleinasien, mit dem Bilde eines Löwen (6.—5. Jahrh. v. Chr.).

Brunn, Gesch. d. gr. Kstler. II 605. — Archäol. Jahrb. III, Taf. 8, 2, S. 194 f. — Pauly-Wissowa, Realenc. II 1011 (Rossbach). — Furtwängler, Die ant. Gemmen II 40, 43, Taf. VIII 43. *Pernice.*

Aristoteles aus Kleitor in Arkadien, in einem Epigramm der Anyte (Wende des 4. und 3. Jahrh. v. Chr.) als Verfertiger eines großen Beckens genannt, das ein Kleubotos aus Tegea der Athena weihte.

Brunn, Gesch. d. gr. Kstlr. I 420 — Overbeck, Schriftq. 1589. — Pauly-Wissowa, Realenc. II 1055, 24 (Robert). *Amelung.*

Aristotile da Bologna, s. *Fioravanti.*

Aristotile, Venezianer Holzschnitzer und Intarsiator um 1550.

Archiv. Stor. Ital. ser. 3, t. X, pte. I, p. 178 ff.

Aristotili, Giovanni und Giuseppe, Brüder, sehr geschickte Intarsiatoren u. Holzschnitzer in Parma um 1538, nach Zani, Enc. met. II 200. **

Arist]oxenos, Bildhauer, Sohn eines E[uthyge]nes aus Tenedos. Die einzige erhaltene Signatur findet sich auf einem Stein in Lemnos, der im Beginn der Kaiserzeit neu verwendet wurde; damals hat man die Signatur weggemeißelt, so daß die Ergänzung der Namen nicht sicher ist.

Löwy, Inschr. gr. Bildh. 282. — Pauly-Wissowa, Realenc. II 1065, 9 (Robert). *Amelung.*

Aristoxenos, Stempelschneider in der 1. Hälfte des 4. Jahrh. v. Chr.; er arbeitete für die unteritalischen Städte Heraklea und Metapont. Ein Didrachmon der ersteren Stadt, früher in der Sammlung Imhoof-Blumer, jetzt in Berlin, zeigt den Athenakopf mit reich geschmücktem Helm und an dessen Crista in ganz kleinen Buchstaben den vollen Namen des Künstlers, die Kehrseite Herakles im Löwenkampf und zwischen den Beinen des Heros, ebenfalls in der kleinen Schrift, den gleichen Namen gekürzt. In Metapont sind mehrere Stempel mit dem schönen Kopf einer Göttin von dem Künstler mit seinem Namen versehen. Die Annahme, daß A. auch für Tarent gearbeitet habe, ist unzulässig.

Brunn, Gesch. d. gr. Kstler. II 425. — v. Sallet, Künstlerinschr. auf griech. Münzen S. 14. — Imhoof-Blumer, Berliner Blätter für Münzkunde V 35. — Forrer, Rev. Num. Belge 1904 S. 1 ff. — Vgl. Evans, Numism. Chronicle 1889 S. 54. — Pauly-Wissowa, Realenc. II 1065 (Rossbach). *Weil.*

Ariu, Emilio, Bildhauer in Venedig, lebte in der 2. Hälfte des 16. Jahrh. — P. Lomazzo rechnet ihn unter die „Leuchten der Bildhauerkunst"; er war Zeitgenosse und Nebenbuhler von A. Vittoria. — Von seinen Werken ist nichts bekannt.

Meyer, Kstlerlex. (mit Lit.). *L. Ferro.*

Arivieri, Stefano, Dekorationsmaler, tätig in Ferrara um 1485.

L. N. Cittadella, Not. relat. a Ferrara (1868) III 109. *E. Modigliani.*

Ariyasu. Kose A. (有康), jap. Maler der Kose-Schule (s. Kanaoka), lebte in den Per. Kareki und Genkō (um 1326—1334) in Kyōto. Zweiter Sohn des Kose Mitsuyasu? Kokkwa 25 ist ein Jizō-engi (Legende des Bodhisatva Jizo) (Kshitegarbha) abgebildet.

Anderson, Catalogue 12. — Honchō meigwa jimmei jisho 55. — Fusō meigwaden 577. *O. Kümmel.*

Ariza, D. José de, span. Bildhauer in der ersten Hälfte des 18. Jahrh. Anfänglich Oberst eines Kavallerie-Regimentes des Erzherzogs Carl im span. Erbfolge-Kriege, widmete sich, nachdem er bei Villaviciosa gefangen genommen und nach seiner Flucht in die Karthause der Concepción zu Zaragoza entkommen war, der Bildhauerei. Von ihm das Tabernakel des Hochaltars der Kirche S. Felipe und Santiago in Zaragoza. Er starb in Alcañiz.

Viñaza, Adic. II 34. *M. v. B.*

Arizmendi, José Sanz, Maler in Sevilla, stellte auf der intern. Ausstellung in Düsseldorf 1904 die Bilder „Zigeunerin" und „Wahrsagerin" aus. **

Arizmendi, Rosalia, span. Malerin, geb. zu Madrid, Schülerin von Felix Iniesta, malte besonders Stilleben. Unter ihren Werken, die auf den letzten Madrider Ausstellungen vertreten waren, führen wir an: Wildbret (1901); Krebse, Austern und Früchte (1904); Blumen und Granatäpfel (1906). *P. Lafond.*

Ark, Friedrich, deutscher Baumeister, geb. 30. 6. 1807 zu Bonn, † 23. 2. 1878 zu Aachen. Sohn des Rheinschiffahrtsbeamten Ark zu Köln. 1839—1878 Stadtbaumeister zu Aachen, kgl. Baurat. Leitete seit 1846 den Umbau des Aachener Rathauses. *Max Schmid.*

Árkay, Aladár, ungar. Arch. u. Maler, geb. 1868 zu Temesvár, kam 1885 ins Polytechnik. zu Budapest, besuchte jedoch zugleich die Malerschulen von Székely u. Lotz. Nach einem Pariser Studienjahr ging er 1893 nach Wien zu Fellner u. Helmer, um den Theaterbau zu studieren, wurde dann beim Bau der kgl. Burg zu Budapest beschäftigt. 1896 gewann er den I. Preis und Auftrag auf den Wettbewerb des Redoutenpalais zu Buda. Seine besten Werke sind kleine Villen im ungar. Stil zu Budapest (Andrássy-Straße), dann Innendekorationen. Auch als Aquarellist tätig.

Nach pers. Angaben des Künstlers. *K. Lyka.*

Arkel, G. van, Architekt in Amsterdam, der besonders in den 80er Jahren des 19. Jahrh. interessante Geschäfts- und Wohnhäuser und Villen in Amsterdam und Umgegend in Werkstein- und Rohziegelbau aufführte. — Er publizierte mit A. W. Weißman 1891—1905 „Noord-Hollandsche Oudheden". **

Arkes, Jan, holl. Bildhauer im 18. Jahrh., genannt als Vater des Holzschnitzers Pieter Arkes. Wohnte in Amsterdam und starb vor 1752.

Obreen, Archief II. *A. W. Weissman.*

Arkes, Pieter, der Sohn des Bildhauers Jan A., wird als Holzstecher und Bürger von Amsterdam 20. 4. 1752 erwähnt.

Obreens Archief II 8. *E. W. Moes.*

Arkesilaos I, Bildhauer, Sohn eines Aristodikos von der Wende des 6. zum 5. Jahrh. Bekannt durch ein Epigramm des Simonides (556—468) auf eine Artemisstatue, die A. für 200 parische Drachmen gearbeitet hatte. Man hat ihn früher mit einem Enkausten aus Paros identifiziert, der in den meisten Handschriften des Plinius N. H. 35, 122 neben Polygnot und einem Landsmann Nikanor genannt wird. Doch hat Detlefsen nach der Lesart des Bambergensis (mnasim) Mnasilai statt Arcesilai vorgeschlagen, und M. Schmidt (bei Robert a. u. a. O.) in der letzten Zeile des Epigrammes Νάξιος statt ʼΥξιος, was große Wahrscheinlichkeit hat. Danach wäre A. aus Naxos gebürtig gewesen.

Brunn, Gesch. d. gr. Kstlr. I 116, II 55. — Overbeck, Schriftq. 482. — Pauly-Wissowa, Realenc. II 1168, 20 (Robert). *Amelung.*

Arkesilaos II, Bildhauer, Vertrauter des L. Lucullus und Zeitgenosse des Cäsar, für dessen Venustempel (geweiht 46 v. Chr.) er sein berühmtestes Werk, die Statue der Venus Genetrix schuf; die Statue wurde, da Cäsar mit der Einweihung eilte, aufgestellt, ehe sie ganz vollendet war. Ein anderes Kultbild, das der Felicitas, blieb ebenfalls unvollendet, da Besteller und Künstler während der Arbeit starben; Besteller war der jüngere Lucullus, der 42 v. Chr. bei Philippi fiel; aus dem hohen Preise, 60 Sesterzen (6 Mill.), hat man auf kostbares Material geschlossen. Es ist sehr wahrscheinlich, daß wir uns nach Münzbildern der Zeit und Reliefdarstellungen einen Begriff von der Erscheinung seiner Venus bilden können: danach hätte er die Göttin aufrecht stehend und vollbekleidet gebildet, mit hohem Diadem und Szepter; ein Amor scheint ihr über die Schulter geblickt zu haben (Jahn, Ber. d. sächs. Ges. 1861, S. 113 ff.; Reifferscheid, Ann. d. I. 1863, S. 366; Kekule in den Arch. epigr. Mitt. III 8 ff.; Wissowa, De Veneris simulacris Romanis, S. 30 ff.; Petersen, Ara Pacis, S. 184 ff.). Während sich A. bei dieser Aufgabe den strengeren Stil der früheren griechischen Kunst des 5.—4. Jahrh. in den allgemeinen Zügen zum Muster genommen zu haben scheint, sind zwei andere Werke durch und durch hellenistisch. Im Besitz des Asinius Pollio waren Kentauren, die Nymphen trugen, und in dem des Varro eine Löwin, mit der Eroten spielten: die einen hielten sie gefesselt, andere gaben ihr aus einem Horn zu trinken, und wieder andere versuchten, ihr Schuhe anzuziehen. Von den Kentauren und Nymphen kann uns vielleicht eine Gruppe ähnlicher Art eine Vorstellung geben: der Seekentaur mit der geraubten Nymphe und den beiden neckischen Eroten in der Sala degli animali des Vatikan (No. 228). Darstellungen wie jene Gruppe der Löwin mit den Eroten sind uns auf drei Mosaiken erhalten, im kapitol. Mus. (Helbig, Führer I^2 422), in Neapel (Mus. Borb. VII 61) und im brit. Mus. (Blake-Sellers, Plinius, S. 240); vgl. auch ein Sarkophagrelief (Matz-Duhn, Zerstr. Bildw. in Rom II 2801). Selbst des A. Modelle wurden teuer bezahlt; andere Künstler suchten sie zu erwerben und zahlten mehr dafür, als für die fertigen Werke anderer (vgl. dazu Wickhof, Wiener Genesis S. 25 f.). Für das Gypsmodell eines Kraters, den er für einen römischen Ritter Octavius ausführte, erhielt er als Honorar ein Talent (Plin. N. H. 35, 156; vgl. ebd. über die Modelle des Pasiteles, eines Zeitgenossen des A.).

Brunn, Gesch. d. gr. Kstlr. I 600 f. — Overbeck, Schriftq. 2268—70. — Ders., Gesch. d. gr. Plastik II^4 482 ff. — Urlichs, Arkesilaos (19. Wagnerprogramm, Würzb. 1887). — Hauser, Neuatt. Reliefs S. 187 f. — Collignon, Hist. de la sculpt. gr. II 686 ff. — Pauly-Wissowa, Realenc. II 1168, 21 (Robert). — S. Reinach, Rev. archéol. 1905 I 395 ff. *Amelung.*

Arkesilaos III, (nach Detlefsens Vorschlag wäre vielmehr Mnasilaos zu lesen), griechischer Maler aus Paros, vermutlich dem 5. Jahrh. angehörig. Man kannte von ihm Malereien in enkaustischer Technik, deren Blüte allerdings erst in das 4. Jahrh. fällt. Vielleicht ist dieser Maler mit dem gleichnamigen Bildhauer (s. A. I) identisch, der aber möglicherweise aus Naxos war.

Brunn, Gesch. d. gr. Kstler. II 55. — Pauly-Wissowa, Realenc. II 1168, 20 (Robert). *Sauer.*

Arkesilaos IV, griechischer Maler aus dem Ende des 4. Jahrh., wahrscheinlich eine Person mit dem von Plinius N. H. 35, 146 unter den Meistern dritten Ranges erwähnten Arkesilas, dem Sohn des sikyonischen Bildhauers Tisikrates. Er malte den athenischen General Leosthenes mit seinen Söhnen für das Heiligtum des Zeus Soter und der Athena Soteira im Peiraieus.

Brunn, Gesch. d. gr. Kstler. II 157. — Klein, Arch. epigr. Mitt. 11, 226. — Pauly-Wissowa, Realenc. II 1169, 2 (Rossbach). *Sauer.*

Arkhanat, Hieronymus, Baumeister Kaiser Maximilians II., wird am 19. 4. 1573 mit 25 Gulden monatlichen Gehalts angestellt.

Jahrb. d. ksthist. Samml. d. österr. Kaiserh. XV II No. 11538. **

Arkon, s. *Arconi.*

Arlati, Fra Alberto, Bettelmönch, nach Zani (Enc. met. II 200) Maler in Venedig um 1450. *H. V.*

Arlati, Carlo, Bildhauer in Mailand, stellte in der Berliner Akademie-Ausstellung 1868 eine Marmorbüste „Frühling" aus. **

Arlaud, Benoît, Miniaturmaler aus Genf, jüngerer Bruder des geschickteren Jacques Antoine, tätig in Amsterdam u. dann in London, wo er um 1707 nachweisbar ist. Er starb noch jung 1719. Nach einem von ihm gemalten Shakespeareporträt fertigte Duchange einen Stich (4°) und Jos. Selb eine Lithographie. Seine Porträts von Prinzessin Wilh. Charlotte von Wales und von Baron Ezechiel Spanhemius sind beide von J. Simons in Schabmanier (fol.) wiedergegeben worden.

Meyer, Kstlerlex. II 259. — Brun, Schweizer Kstlerlex. — Redgrave, Dict. **

Arlaud, Françoise Jacqueline Louise, verehel. *Laurent de Pierredon,* Miniaturmalerin im Porträtfach, geb. in Genf am 8. 3. 1802 als Tochter des Malers Jérémie A., † in der Nähe von Lyon am 29. 6. 1871. Sie arbeitete hauptsächlich mit ihrem Onkel, Louis Ami A. zusammen. In den 20er und 30er Jahren war sie auf schweizer. Ausstell. öfters vertreten.

A. Choisy bei Brun, Schweizer. Kstlerlex. (unter *Laurent*). *H. V.*

Arlaud, Jacques Antoine, Miniaturmaler, geb. in Genf 18. 5. 1668, † 25. 3. 1743 (nach anderen im Juni 1746) daselbst, tätig seit seinem 20. Jahre in Paris, Freund Rigauds und Largillières, Lehrer und Protégé des Herzogs von Orléans. A. genoß den Ruf eines der besten Miniaturisten seiner Zeit und malte nicht nur Miniaturporträts, sondern auch kirchliche und mythologische Stoffe in größeren Miniaturen. Sein Selbstporträt kam in die Uffiziensammlung, sein Miniaturselbstporträt in den Louvre. 1721 begab er sich nach England, wo er auch lebhaften Beifall fand. Zurückgekehrt nach Paris, verließ er bald darauf diese Stätte einer 40 jähr. Tätigkeit und kehrte nach Genf zurück. Das dortige Museum besitzt mehrere Miniaturen von ihm; der dortigen Bibliothek hat er seine Sammlung von Büchern und Gemälden verehrt.

Meyer, Kstlerlex. — Ch. Vuillermet bei Brun, Schweizer Kstlerlex. — Journal de Rosalbe Cariera etc. Paris 1865 p. 231. — Mariette, Abcedario I 30 ff. — Ein 9 Seiten langer Brief über den Tod des Jac. Ant. Arlaud in der Bibl. Nat. Paris, Catal. de la coll. des pièces p. 191. — Mit Notizen von E. W. Braun. **

Arlaud, Jérémie, Genfer Porträtzeichner, 1758—1827, Schüler seines Bruders Louis Ami.

Brun, Schweiz. Kstlerlex. 1905. *H. V.*

Arlaud, L. R., Miniaturmaler, der nach Graves, Catal. d. Royal Acad. Exhib. 1792 eine Miniaturmalerei in London ausstellte. Es ist damit offenbar der Schweizer Arlaud, Louis Ami gemeint. Siehe dort. **

Arlaud, Léonard Isaac, Genfer Email- und Miniaturmaler, geb. 26. 4. 1767, verließ 1792 Genf, um sich schließlich im Großherzogtum Baden niederzulassen. Er soll nach Singer, Nachtrag z. Kstlerlex. 1906 p. 7 um 1800 gestorben sein.

Brun, Schweiz. Kstlerlex. 1905. *H. V.*

Arlaud, Louis Ami, Genfer Porträt-Miniaturmaler, geb. 13. 10. 1751, † im August 1829, Großneffe des berühmten Jacques Antoine, Schüler Liotards in Genf, dann Viviens in Paris. Nach einem 12jährigen Aufenthalt in London kehrte er 1802 nach Genf zurück. Die Zahl seiner Porträtminiaturen, meist auf Elfenbein, wird auf 1504 Nummern angegeben. Es gibt Stiche nach ihm von H. Pfenninger und A. Chaponnier, auch hat er selbst gelegentlich zur Radiernadel gegriffen.

Meyer, Kstlerlex. 1878. — Brun, Schweiz. Kstlerlex. — Graves, Roy. Academy Exh. I 59 unter Arland, Bernard, eine Reihe von seinen Arbeiten 1793—1800.

Arlaud, Marc Louis, Schweizer Porträtmaler und -Zeichner, geb. in Orbe 1773, † in Lausanne 1845, studierte in Paris bei J. L. David, 1823 wurde er zum Leiter der Zeichenschule in Lausanne berufen. Nebenbei betätigte er sich als Porträtzeichner und wurde der Begründer der Lausanner Gemäldegalerie, in deren Besitz sich mehrere seiner Werke befinden, darunter auch einige Genrestücke.

Brun, Schweiz. Kstlerlex. 1905. *H. V.*

Arlaud, Sébastien, wenig bekannter Genfer Maler, geb. 21. 10. 1656, † 18. 4. 1722, soll in England tätig gewesen sein.

Brun, Schweiz. Kstlerlex. 1905. *H. V.*

Arldt, C. W., deutscher Lithograph, fertigte in den zwanziger bis vierziger Jahren des 19. Jahrh. zahlreiche Landschafts- und Porträtlithographien.

Meyer, Kstlerlex. (Verzeichnis der Blätter).

Arléan, Bastien, aus Ferrara; sein Name findet sich auf der Liste der 1549—51 von Heinrich II., König von Frankreich pensionierten Architekten und Ingenieure.

Nouv. Archives de l'art français 1872, p. 168. *C. Enlart.*

Arlen, A. d', niederl. Bildwirker, tätig in Florenz für den Hof der Medici in der zweiten Hälfte des 16. Jahrh.

Kronthal, Lex. d. techn. Kste. Berlin 1898. **

Arlent-Edwards, S., jetzt lebender amerikan. Schabkunststecher. In Williamsbridge, New York wohnhaft. Seine Blätter sind meist von einer Platte in Farben gedruckt. *E. Richter.*

Arler, s. *Parler.*

Arlet, Michael, Kartenmaler in Breslau, tätig in der ersten Hälfte des 17. Jahrh. *E. Hintze.*

Arleux, d', s. *Morel d'Arleux,* L. M. J.

Arlin, Gaspard, französ. Bildhauer in Lyon, war 9. 7. 1684 Trauzeuge bei der Eheschließung seines Genossen Pierre Garnaud. 7. 11. 1690 wohnte er als Pate der Taufe einer Tochter eines anderen seiner Kunstgenossen des Jacques Emery bei. 1708 lebte er nicht mehr.

Lami, Dict. d. sculpt. franç. sous Louis XIV. *Lami.*

Arlin, Jean, französ. Bildhauer, vielleicht ein Sohn Gaspard Arlins, ließ sich in Lyon nieder, wo er 26. 4. 1708 im Kirchspiel von Saint-Nizier einen Sohn taufen ließ.

Lami, Dict. d. sculpt. franç. sous Louis XIV. *Lami.*

Arlin, Jean Claude, gen. Joanny, französ. Maler, geb. Lyon 5. 1. 1830, † in Montchat bei Lyon 7. 4. 1906. War Seidenfabrikant bis 1882 und nutzte seine Mußezeit zum Arbeiten nach der Natur, indem er L. Carron, Aimé Perret, Bidault, Français und Beauverie bei ihren Studien begleitete. 1867 stellte er zuerst im Salon von Lyon zwei Kohlezeichnungen: Matinée d'été und: Matinée d'hiver aus u. 1869 weitere Kohlezeichnungen im Salon von Paris. Auf diese Ausstellung sandte er 1870 sein erstes Gemälde: Une éclaircie. Später stellte er öfter Gemälde aus. Seine Landschaften waren breit gemalt mit kraftvoller Farbe und lassen auf ein gewissenhaftes und liebevolles Naturstudium schließen. Er wußte alle Erscheinungen bis zu den flüchtigen Eindrücken beim Untergang der Sonne oder Aufsteigen des Mondes festzuhalten. Die Zahl seiner Studien ist beträchtlich. Sie sind im Lyonnais, in der Dauphiné, in Optevoz, Crémieu, Pont de Cheruy, in Bresse, St. Paul de Varax, Vals und Havre, in Südfrankreich in Hyères, Cannes und le Cannet und Algier aufgenommen. Er hat viele Zeichnungen gemacht, welche, außer seinen Kohlezeichnungen, (1867—75) nicht ausgestellt waren: Feder-, Bleistift- und Tuschzeichnungen, welche sehr oft mit Gouache gehöht sind und Aquarelle auf getöntem Papier. Von seinen Bildern seien noch genannt: „Le soir à St. Paul de Varax" (Lyon, in der Mairie des VI. Arrondissement), „Lever de Lune", welches ihm 1892 die Medaille vom Salon zu Lyon eintrug. — Er zeichnet: Arlin.

Tairig, Nos peintres chez eux, Lyon 1888 p. 93. — V. C. Arlin (La Vie franç. Lyon, Febr. 1900). *E. Vial.*

Arlin, Victor, Sohn von Jean Claude, französ. Bildhauer und Maler, geb. Lyon 12. 6. 1868, wurde 1884 auf die dortige Ecole des Beaux-Arts geschickt, wo er Schüler des Bildhauers Dufraine wurde. Später hatte er an der Ecole des Beaux-Arts in Paris als Lehrer J. P. Laurens und Benjamin Constant und nach der Schule Albert Maignan. Er stellte 1892 in Paris zwei Büsten aus, ferner Porträts, und 1901: „Episode de la fuite en Egypte", welche ihm eine ehrenvolle Erwähnung eintrug. Er stellte in Lyon 1891 Szenen aus Algier und ein Medaillon, eine Reihe Porträts und 1903: Une installation sommaire; 1904: Fraises des bois; 1905: Deux philosophes, Une parisienne aus. Er macht auch Aquarelllandschaften und zeichnet: Arlin. *E. Vial.*

Arlotti, Angelo, Historienmaler zu Bologna, nach Zani (Enc. met. II 201) 1730 bis 1772 tätig, Schüler von F. Torelli, malte für die Kirche S. Bartolino seiner Vaterstadt Rimini ein Altarbild mit dem hl. Bartholomäus.

Meyer, Kstlerlex. — Marcheselli, Pitture delle chiese di Rimini 1754, p. 34, 75. *H. V.*

Arlotti, Antonio, da Parma, Miniaturist und Kalligraph in Verona. Ein von seiner Hand geschriebenes, signiertes und von 1443 datiertes „Lucidarium" besitzt die Biblioteca Laurenziana zu Florenz.

A. Pezzana, Storia di Parma III, avvert. p. 30 ff. — Scarabelli-Zunti, Mscr. in der Bibl. Palat. in Parma. *St. Lottici.*

Arlt, J., Prager Kupferstecher um 1704, illustrierte Andachtsbücher mit kleinen Kupfern.

Dlabacz, Böhm. Kstlerlex. p. 54. **

Armagnac, Jean d', französ. Bildhauer u. Architekt, war am Anfang des 18. Jahrh. mit der Erbauung der neuen Kapelle von Vezins (Maine-et-Loire) beschäftigt, die 13. 9. 1714 eingeweiht wurde.

Lami, Dict. d. sculpt. franç. sous Louis XIV. *Lami.*

Arman, Vincenz, s. *Malo,* Vinc. di.

Armancourt, Jean Auguste Massary d', französ. Miniaturmaler, Mitglied der Acad. St. Lukas seit 1761, stellte 1776 belobte Miniaturen aus.

Ad. Maze-Sencier, Le Livre des collectionneurs p. 480. *E. W. Braun.*

Armand, französ. Medailleur, der in den zwanziger Jahren des 19. Jahrh. eine Reihe von Porträtmedaillen signierte. Z. B. die Medaillen von Hedlinger (1823), Dr. Albrecht von Haller in Bern, u. auf den Besuch Charles' X. im Pariser Hotel-Dieu (1824).

Forrer, Biogr. Dict. of Medallists. **

Armand, Alfred, Architekt und bekannter Kunstsammler, geb. 3. 10. 1805 zu Paris, † 27. 6. 1888 ebendort, Schüler von M. Provost und Achille Leclerc auf der École des Beaux-Arts, hat sich durch zahlreiche Bahnhofsbauten hervorgetan, unter denen die bekanntesten sind: Gare Saint-Lazare zu Paris (1841—42), die Bahnhöfe von Versailles (1839), Saint-Cloud (1840), Saint-Germain 1845), Amiens, Arras, Lille (1846—47), Calais (1849), Saint-Quentin (1850) und Douai (1851). Seine letzte bedeutende Arbeit war die Erbauung des Grand-Hôtel zu Paris. Er war auch schriftstellerisch tätig; bekannt und geschätzt ist sein zweibändiges Werk: „Les Médailleurs Italiens d. XVe et XVIe Siècles" (1883—87 in 2. Aufl. mit Supplementband). Sein Porträt von Cabanel gemalt, wonach Ch. Bellay einen Stich gefertigt hat.

Bellier-Auvray, Dict. génér. — Chronique d. Arts 1888, p. 200 (Nekrolog). — Kunstchronik XXIII 1888, Sp. 704. — Salon-Katal. 1835. *H. V.*

Armand, Antoine, Architekt in Montpellier, übernahm 1696 den Neubau der Kirche von Lunel.

Bauchal, Dict. d. arch. franç. **

Armand, Charles, französ. Landschafts- und Historienmaler, geb. in Bar-le-Duc, 1645, † in Paris 18. 2. 1720. Erlangte 1673 durch ein Bild „Pomona und Vertumnus" Aufnahme in die Akad. und stellte 1699 einen „Moses", 1704 Landschaften aus. Auf der Auktion der Sammlung König Wilhelms II. von Holland (1850) von ihm eine Szene aus dem Leben eines Heiligen, das der Katalog als im Stile Rembrandts verzeichnet.

Archives de l'art franç. I 367. — Defer, Cat. gén. II. I 127. — Bellier-Auvray, Dict. gén. — Marmottan, Les Peintres de Bar-le-Duc. *H. Stein.*

Armand, Charles. Dieser sonst nirgends erwähnte Maler soll nach Siret, Dict. d. peintres I 36, in Chaumont 1783 geboren, Schüler Regnaults gewesen sein und folgende Bilder gemalt haben „Amor verjagt die bösen Träume" und „Predigt des S. Johannes". *R.*

Armand, Charles, s. auch *Solignon,* Armand Louis.

Armand, Emile, Miniaturmaler, geb. in Paris 3. 6. 1794, stellte 1835, 1838, 1839, 1841 im Salon aus.

Bellier-Auvray, Dict. gén. **

Armand, Guillaume Jacques, Fayencier aus Rouen, um 1764 in Sèvres tätig, „sehr geschickt in der Komposition", beabsichtigte als einer der ersten französ. Künstler dem Einladungs-Manifeste Katherinas II. (19. 4. 1764) zu folgen.

Réunion des Soc. d. b.-arts XVII 491. **

Armand, Jean d', s. *Darmand.*

Armand, Louis, s. *Solignon,* Armand Louis.

Armand, Pierre und Raymond, französ. Werkmeister, wurden 1407 mit dem Bau des Glockenturmes zu Châteauneuf (Drôme) beauftragt.

Bauchal, Dict. des Archit. *C. Enlart.*

Armand-Calliat, Joseph, Sohn des Thomas Joseph A., französ. Goldschmied, geb. Lyon 12. 8. 1862, war Schüler von Dufraine und Dumas in der Ecole des Beaux-Arts von Lyon, Kompagnon und Mitarbeiter seines Vaters seit 1891 und übernahm dann 1901 die Leitung des Geschäftes. Seine Hauptwerke sind: Monstranz des Wallfahrtsortes von St. Anne d'Auray (1892), „La Curiosité", Tafelaufsatz für M. Ed. Aynard (1893), Reliquienkasten von St. Anthelm in Belley (1899), der Kelch genannt „au Rosaire" für das Kloster Corpus Christi in New York (1901).

H. Beaune, Discours prononcé aux funérailles . . — *Literatur* siehe Artikel Thomas Joseph Armand, insbesondere Beaune, Discours prononcé, wo sich auch eine Liste von 23 Werken von Armand-Calliat fils findet. *E. Vial.*

Armand-Calliat, Thomas-Joseph, eigentl. Armand, französ. Goldschmied, geb. in Les Abrets (Isère) 24. 10. 1822, † in Lyon 29. 11. 1901, übernahm als Schwiegersohn des Goldschmiedes François Calliat nach dessen Tode

(1851) dessen Werkstatt, die nun die Firma Armand-Calliat erhielt. 1858 ließ ihn P. Bossan einige Stücke nach seinen Entwürfen ausführen und seit 1862 legte sich Armand-Calliat ganz auf die kirchliche Goldschmiedekunst. Außer Bossan, dessen Stil sich oft in seinen Arbeiten findet, hatte er noch zu Mitarbeitern: Gaspard Poncet, Clair Tisseur, Franchet, Dufraine, Ch. Lameire. Auch Repelin und Berliet haben für ihn gezeichnet, während Vindry sein Bildhauer war.

Armand-Calliat hat sehr viel zur Wiederbelebung der kirchlichen Goldschmiedekunst, welche in der ersten Hälfte des 19. Jahrh. sehr zurückgegangen war, durch die Kopie oder Nachahmung antiker Modelle beigetragen. Seine Werke mit ihrem tiefen Symbolismus sind mit eleganten Figuren geschmückt, in modernem Stil aufgefaßt. Die Einheit ist eine ihrer besten Eigenschaften; alle Details darin tragen harmonisch dazu bei, die besondere Stimmung und die Idee des Gerätes auszudrücken. Er ist der erste gewesen, welcher die Polychromie durch Verwendung von Edelsteinen, Gemmen, Email, patinierten Metallen, Gold in verschiedenen Farben in die moderne kirchl. Goldschmiedekunst eingeführt hat. Seine Ausstellungen, London 1862, Paris, Weltausstellung 1867, 1878, 1889, 1900 haben ihm die höchsten Auszeichnungen gebracht. Um von den vielen schönen Stücken, die aus seinem Atelier hervorgegangen sind, einige zu nennen, seien hervorgehoben: Die Ostensorien der Eglise de l'Immaculée Conception de Lyon (1861) und von La Salette (1869); Der Hauptaltar von Notre-Dame de Bourg (1876); Das Ostensorium von St. François de Sales von Lyon (1885); Das Reliquiarium für das Herz des St. Louis in der Kathedrale von Karthago (1887); Ein Einband für die Bulle Ineffabilis (1888); Der Abend, Statuette (1889); Das Elfenbeinkreuz der Abtei von Solesmes (1895).

Abbé d. St. Pulgent, Consid. sur l'art d. l'orfév. relig. (Revue d. Lyonnais 1864 I 175). — Ch. Vays, L'ostensoir de N. D. de la Salette 1869 I 129 (ebendort). — Dussieux, Artistes franç. à l'étranger, s. Calliat. — Gaz. d. Beaux-Arts I pér. XXIV 141, II pér. XVIII 234, 236, III pér. II 197, 202. — L'Art XXIV 186. — Abbé Reure, Le reliquaire de St. Louis de Carthage, Lyon 1887 et M. Armand-Calliat et ses fils à l'expos. de Lyon. Lyon 1895. — Vicomte de Vogué, Remarques sur l'Exposition du Centenaire, Paris 1889 p. 126. — Armand-Calliat, L'Orfévrerie, discours de réception à l'Académie de Lyon, Lyon 1888, und l'Orfévrerie à l'exp. de 1900, Paris 1903. — Revue de l'art chrétien VII 452. — H. Beaune, Discours prononcé aux funér. d. A. C., Lyon 1901 (Liste von 97 Goldschmiedearbeiten). — L. Bégule, Armand-Calliat et son oeuvre, Lyon 1903. *E. Vial.*

Armand-Delille, Ernest Emile, französ. Maler, geb. in Marseille 29. 12. 1843, † in Paris 5. 1. 1883, Schüler von Gérôme und von Mme Armand-Delille. Er stellte in den Salons 1874—1883 Blumenstücke und besonders Landschaften aus der Umgebung von Paris, aus der Normandie, von der Creuse, aus dem Jura und aus Savoyen aus. Seine Hauptwerke sind: Le Soir (1878) im Mus. zu Besançon; Mare à Guéret (1880); Un tournant de l'Orne (1882). — Er war unter den Landschaftern seiner Zeit ein ebenso feiner Beobachter wie tüchtiger Kolorist und verdiente eigentlich nicht, so schnell vergessen worden zu sein.

Bellier-Auvray, Dict. gén. Suppl. — Brun, Schweizer Kstlerlex. *François Monod.*

Armand-Dumaresq, Edouard, französ. Militärmaler, Zeichner für die Militärkostüme am Kriegsministerium, geb. 1. 1. 1826 in Paris, † ebenda Febr. 1895. Schüler von Couture. Begann mit religiösen Bildern, wovon eines „Der Heiland der Schiffbrüchigen" von dem Ministerium des Innern angekauft wurde, und ein zweites, das umfangreiche „Martyrium des hl. Petrus", in die Kathedrale von Caen gelangte. Auch ein im Pariser Justizpalast hängender Christus am Kreuz ist von ihm. Später wandte er sich der Soldatenmalerei zu und folgte den französ. Truppen nach Algerien und nach Italien, um ihre Taten durch seine Gemälde zu verherrlichen. Er hat dann nicht nur moderne Soldatenbilder gemalt, sondern auch die Schlachten Napoleons I. und einige besonders bedeutsame Momente aus dem amerikanischen Befreiungskriege, sowie aus der Geschichte Karls XII. dargestellt. Seit dem deutsch-französ. Kriege malte er nur noch Episoden von 1870—71. Die Arbeiten A.s sind ziemlich frostige Schilderungen, wobei die Uniformen und Waffen mehr Bedeutung haben als die Menschen und ihre Gefühle und Leiden. Seine Zeichnung ist oft nachlässig, und seine Farbe erhebt sich nicht über eine mittelmäßige Verbindung von bunten Uniformtönen durch graue Pulver- und Staubwolken. — Für das Archiv des Kriegsministeriums hat er die ganze Reihe der französ. Uniformen gezeichnet und hat 1861 auch eine Folge von 54 Blatt mit Darstellungen der kais. Garde in Lithographie publiziert.

Montrosier, Les Artistes modernes IV 5 bis 7, Paris 1884. — Meyer, Kstlerlex. — Béraldi, Les graveurs d. XIX. siècle. — Gaz. d. b.-arts (Tables d. matières). *K. E. Schmidt.*

Armandus, A., Goldschmied zu Nizza in der 1. Hälfte des 17. Jahrh., führte einen Kupferstich aus, der „Die wundertätige Jungfrau von Laghet" darstellte.

Meyer, Kstlerlex. *J. Guibert.*

Armanelli, Niccolo di Jacopo, Miniaturist in Perugia. Er ist in der Matrikel der Miniaturisten unter den im Quartier Porta S. Angelo wohnhaften Zunftmitgliedern verzeichnet. Er war Camerlengo der Zunft in den 2. Semestern der Jahre 1420, 1427 und 1431. Wegen eines Vergehens wurde er 1431 seines Amtes enthoben und Turpino di Gilio aus dem Quartier Porta S. Susanna an seine Stelle gewählt.

L'arte dei Miniatori in Perugia, Giorn. di Erud. art. II 1873 fasc. 11—12 p. 316. *W. Bombe.*

Armani, Armano, da Este, Maler in Padua, nur durch seine undatierte Grabschrift bekannt.

Zani, Encicl. II 202, 325, nota 149. *A. Moschetti.*

Armani, Giovanni (Zuan), Maler des 16. Jahrh. aus Verona, wurde, wie es sich aus den „Maneggi" (Rechnungsbücher) im Archivio consolare in Trient entnehmen läßt, zwischen 1561 und 1578 mit anderen fremden und einheimischen Künstlern wiederholt verwendet bei der Errichtung von Triumphbogen und der Bemalung von Wappen, womit man die Ankunft hochangesehener Persönlichkeiten feierte, so der Erzherzogin Eleonore, Tochter des Kaisers Ferdinand I. auf ihrer Durchreise nach Mantua, der Konzilslegaten und Kardinäle, die 1561 und 1562 nach Trient kamen, des Kardinals Fürstbischofs Ludovico Madruzzo im Juli 1578, usw. Im November 1561 erhielt Armani für seine Leistungen bei der Aufführung von mehreren Triumphbogen 220 Lire und im Sommer 1569 134 Lire ausbezahlt für die Herstellung von zwei zur Ausschmückung des Gemeindehauses in Trient bestimmten Wappen des Erzherzogs Ferdinand von Österreich u. der Stadt selbst. *L. O.*

Armani, Vincenza, vielseitig künstlerisch begabte Venezianerin des 17. Jahrh., die neben Musik und Poesie auch Sticken und Wachsbossieren geübt haben soll.

Guhl, Die Frauen in der Kstgesch. p. 70. **

Armani, s. auch *Armanni.*

Armanini, Antonio, Architekt zu Ferrara, baute daselbst den Palazzo Casazza um 1820 und führte den Um- und Neubau des Ospedale di Sant' Anna (gegründet 1440) aus.

Luigi Casazza, Osservazioni etc. sopra la nuova fabbrica aggiunta allo Spedale di S. Anna di Ferrara. Ferrara, Bresciani (1835). — Cittadella, Notizie rel. a Ferrara p. 637. *F. H.*

Armanini, Luigi, lombard. Maler, geb. in Mailand 1859. Gerühmt als Restaurator alter Gemälde, wie z. B. der Wandfresken der Cappella del Sacramento zu Caravaggio, die ihm außerdem die Wiederaufdeckung wertvoller Kuppelmalereien von der Hand des Romaninoschülers Francesco del Prato zu verdanken hat.

Rassegna d'Arte 1901 p. 12. *H.*

Armanini, Pier Olinto, Mailänder Architekt (1860—1896), war Schüler der Kunstakad. der Brera, veröffentlichte dann in Rom wichtige Studien über das Pantheon, aus denen hervorgeht, daß der jetzige Bau nicht der ursprüngliche von Agrippa ist. Besonders zu nennen sind noch seine Studien für die Erneuerungsarbeiten der Kathedrale von Nardò.

Camillo Boito, P. O. Armanini, Milano 1898 con ritratto e 23 tavole. *F. H.*

Armanino, Maler in Venedig, wird von Cecchetti unter den Personen erwähnt, die 1311 in der Gefangenschaft des Sultans in Kairo waren. — Er wohnte bei S. Fantino. —

Arch. Veneto, XXXIII parte I p. 60. *L. Ferro.*

Armaninus von Modena (de Mutina), malte laut Inschrift 1237 das Apsisfresko in der Kirche Sta. Maria di Cartignano bei Bussi in der Diözese Salmone in den Abruzzen. Dargestellt ist eine Deesis in überlebensgroßen Figuren.

P. Piccivilli in Rassegna Abruzzese 15. 4. 1899. — Schulz, Denkmäler der Kunst des Mittelalters in Unteritalien II 59. — E. Bertaux, L'Art dans l'Italie mérid. I 286. *Swarzenski.*

Armann, Vincenz, s. *Malo,* V. di.

Armanni, Battista, Holzschnitzer in Brescia, übernahm am 18. 6. 1563 die Holzbekleidung eines Saales im dortigen Palazzo Municipale, und zwar in Gemeinschaft mit Bernardino Massone da Chiari, Antonio Lanti da Calvasesio, Giov. Ferrari da Cadignano und Benedetto Cellatica. Noch vor Ablauf desselben Jahres waren diese Schnitzarbeiten vollendet.

L. Arcioni in Commentari dell' Ateneo di Brescia 1889 p. 87. *F. Malaguzzi-Valeri.*

Armanni, Pietro Martire (wohl identisch mit dem von Zani gleichzeitig angeführten Pietro di Camillo A. und demnach Sohn eines gewissen Camillo A.), Maler in Reggio Emilia, geb. 14. 1. 1613, † 10. 7. 1699. Zunächst Schüler des Reggianer Malers Sebastiano Vercellesi, trat er später mit diesem zusammen in die Werkstatt des zur Ausmalung der Kirche Madonna della Ghiara nach Reggio berufenen Bolognesers Lionello Spada als Gehilfe und Schüler über und malte als solcher an der inneren Portalwand der genannten Kirche ein Marienwunder. (Sein letztes Testament machte A. bereits am 7. 9. 1659, während er nach übereinstimmenden Angaben der meisten Autoren in der Tat erst 1699, nach anderen dagegen 1669 gestorben sein soll.)

Meyer, Kstlerlex. (mit ält. Lit.). — Zani, Encicl. II 202. — G. B. Venturi in Atti e Mem. etc. per l'Emilia, ser. III, vol. II p. 29 ff. — Campori, Art. ital. etc. negli Stati Estensi p. 448. *F. Malaguzzi-Valeri.*

Armanni, s. auch *Armani.*

Armanno (Amadio) de Bonguadagni, ältester Architekt im Dienste des Hauses Este, erbaute 1283 den Uhrturm (torre Rigobello) am Palazzo Obizzo zu Ferrara (seit 1553 nicht mehr bestehend).

Gruyer, L'Art ferrarais etc. 1897 I 6, 359. *H. V.*

Armanno da Pioraco, Bildhauer des 13. Jahrh. — Von ihm zwei sehr schöne Löwen in Hochrelief, die zu der Fassade des alten 1268 restaurierten Domes in Camerino gehörten, gegenwärtig in der Krypta der Hauptkirche. An einem derselben liest man: — (Ma)GISTER · ARMANVS · DE — PLORACO · FECIT · HOC · OP(us) — 1280 restaurierte er den großen Brunnen in Macerata.

V. Aleandri, Due leoni e Mo Armanno da Pioraco in „Chienti e Potenza" 1903. — Colini-Baldeschi in „Atti e mem. della r. deput. march. di stor. patria" VI 157. — Santoni, Degli atti e del culto di S. Ansovino V. C. 1883. *V. Aleandri.*

Armanno, Vincenz, s. *Malo,* V. di.

Armano, Giovanni Antonio, war Maler und Mitglied der Florentiner Akad. und besonders als Sammler von Kupferstichen bekannt. Seine Sammlgn. sind beschrieben in: Catalogo di una Serie preziosa d. stampe di Giulio Bonasone, raccolte d. G. A. Armano, Roma 1820 und in: Catalogo di una insigne collezione di stampe . . del celebre Marcantonio Raimondi fatta da Gianantonio Armano Pittore. Firenze 1830. Füssli (Neue Zusätze) schreibt ihm zwei kleine Radierungen zu.

Meyer, Kstlerlex. *P. K.*

Armanus de Almania, Kalligraph (und Miniator?) in Mailand, tätig für Giovanni Galeazzo Visconti, schrieb mehrere Manuskripte, die sich in der Bibl. Nat. in Paris befinden (MS. Latin. 5067, 6417, 6541, 7258, alle signiert).

Delisle, Le Cabinet des Manuscr. I 130.

Armao, s. *Arnao.*

Armas, Duarte d', portug. Zeichner im Dienste des Königs Manoel um 1507. Nach Cyrillo wurde er nach der neu entdeckten Insel Corvo oder Marco gesandt, um eine dort stehende berühmte Marmorstatue eines reitenden Jünglings — die Cyrillo dem Marc Aurel zu Rom ähnlich findet — zu zeichnen und nachher zu holen. Die Statue zerbrach und ihre Stücke wurden verloren. — Raczynski weist von ihm die Federzeichnungen eines im Lissaboner Archiv befindlichen Buches nach, das die befestigten Plätze Portugals enthält. Die Zeichnungen sind mit der Feder hergestellt; ihre Perspektive ist schwach. — König Emmanuel sandte Duarte auch nach Azamor und anderen afrikanischen Plätzen, um für Kriegsfälle die Situationen der Städte und der Flußmündungen aufzunehmen; Damian de Goes nennt ihn in seiner Chronik Manoels den „berühmten Maler".

Cyrillo Machado, Collecção de mem. p. 55. — Raczynski, Dict. p. 73, 74. — Sousa Viterbo, Dicc. dos archit. p. 45. *A. Haupt.*

Armati, Armato di Fabiano, Steinmetz in Ferrara, wo er 1555—58 als Hausbesitzer im Kirchspiel Ognissanti nachweisbar ist; 1571 war er noch am Leben.

Cittadella, Doc. ed illustr. etc. Ferrar. p. 220. *F. Malaguzzi-Valeri.*

Armbroster, Bildhauer in Solothurn, 1576 erwähnt.

Brun, Schweiz. Kstlerlex. **

Armbruster, Bildhauer, 1482/3 in Basel erwähnt.

Brun, Schweiz. Kstlerlex. **

Armbruster, François, französ. Maler, geb. in Lons le Saurier, 23. 11. 1835, Schüler der Ecole des Beaux-Arts in Lyon, dann tätig als Zeichner für Fabriken und als Photograph. Er zeichnete zuerst in Bleifeder eine Serie von Porträts, fein und sorgfältig, und debutierte im Salon von Lyon mit einer dieser Zeichnungen: Portrait du Curé d'Ars mort. Seine Gemälde, weniger zahlreich als seine Zeichnungen, sind allegorische Figuren, Genrebilder und einige Stilleben. Hervorgehoben seien: Le public devant les tableaux (Salon de Lyon 1867); La revanche pacifique; Le retour du verger (Salon de Lyon 1894); La coupe enivrante (Salon de Lyon 1895); Porträt v. Paul Chenavard. — Armbruster hat um 1875 eine Sammlung von Photographien: Album des artistes Lyonnais und 1887: Paul Chenavard et son oeuvre. Le Pantheon, Lyon 1887, veröffentlicht. Er zeichnet: F. Armbruster.

E. Vial.

Armbruster, Heinrich Rudolf, Maler in Paris, stellte im Salon 1906 und 1907 holländische Interieurs aus, die in Licht, Stimmung und Kraft der Charakteristik sehr beachtenswert erschienen. **

Armbruster, Leopold, Bildhauer in Dresden geb. 6. 6. 1862 in Rippoldsau (Baden). Von ihm die antikisierende Bronzestatue „Sterbender Jüngling", ausgestellt auf der Jahresausstellung in München 1893. Auf Dresdener Ausstellungen der letzten Jahre sah man von ihm Reliefs in Marmor und Bronze und den Entwurf einer Plakette für Georg Hulbe. **

Armelin, Maler in Aix, als Mitglied der ancienne confrérie des maîtres peintres et sculpteurs 1767 daselbst erwähnt.

Richesses d'art. Prov. Mon. rel. III. *R.*

Armelin, Dionise und Antoine, französ. Bildhauer und Maler, erhielten 1621 80 Livres für die Schnitzerei und Vergoldung von 2 Engeln über den Flügeln des Tabernakels des großen Altars in der Kirche Puy-Notre-Dame (Arrond. de Saumur).

Lami, Dict. d. sculpt. **

Armelli (Armilla, Armilli), Giambattista, Maler in Rimini um 1704; nur von Zani, Enc. met. II 202 erwähnt. **

Armellini, Valerio, Bildschnitzer in Urbino, arbeitete 1599—1600 gemeinsam mit Francesco Ambrosi an dem reich geschnitzten, im korinthischen Stile architektonisch gegliederten Altardossale, das Fed. Baroccis Kreuzigungsgemälde im Oratorio della Morte zu Urbino als Umrahmung dient, sowie 1607 an den Altarschranken desselben Oratoriums.

Rassegna bibliograf. d. Arte ital. III 79. *E. Scatassa.*

Armellino, Aluigi oder Luigi di Rugieri oder Ruggeri, genannt l'Armellino, Steinmetzmeister in Siena, kommt 1473 urkundlich vor und erhielt 1481 den Auftrag, mit Vito di Marco ein Feld in dem Mosaikfußboden des Doms auszuführen. Milanesi glaubt, ihm dort die kumäische Sibylle zuschreiben zu dürfen. Sein Name erscheint noch in Urkunden bis zum Jahre 1487.

Milanesi, Documenti Senesi I 129; II 377 bis 379, 413. **

Armendia, Pedro de, Bildhauer in Sevilla, arbeitete 1542 mit Juan Pérez die Basen und Kapitäle der marmornen Säulen eines Saales im Alcazar.

Gestoso, Artif. Sevill. I 173. *M. v. B.*

Armengal, Magin (Armengol, Armengual), Maler von Valencia, Schüler des berühmten Vicente Juanes, in dessen Haus zu Bocairente er sich beim Tode desselben 1579 befand. Er wird in einem notariellen Akt von 1580 erwähnt.

Alcahali, Artist. Valenc. p. 52—53. — Viñaza, Adic. II 35. △

Armengol, Vicente, Kunststicker in Barcelona, 1625 wird eine von ihm gefertigte Manipel erwähnt.

Viñaza, Adic. II 34. *M. v. B.*

Armengual, Juan, Architekt, 1573 an der Kathedrale zu Palma tätig.

Majorque artistique S. 33. *M. v. B.*

Armenini, Giovanni Battista, Sohn des Pier Paolo, geb. 1530 in Faenza, † 13. 5. 1609, studierte in Rom. Lanzi erwähnt eine Himmelfahrt Mariae von ihm in Faenza, mit der Signatur: Joh. Bapt. Armenini primitiae Später wurde A. Geistlicher und publizierte unter seinem Namen das kunsttheoretische Werk: De veri precetti della pittura, Ravenna 1587, das bis 1823 vier Auflagen erlebte.

Meyer, Kstlerlex. (mit älterer Literatur). — G. Ballandrini in der Rivista d'Arte, 1907, 59 ff. **

Armenise, Raffaello, Genremaler in Mailand, geb. in Bari 19. 3. 1852, studierte im Istituto di Belle Arti in Neapel und ließ sich 1881 in Mailand nieder. Seine frischen und geistreichen Genrebilder fanden Beifall und Aufnahme in öffentlichen u. privaten Sammlungen. Noch in Neapel entstanden: Beim jüdischen Wucherer; Der Vatikan (erworben vom Kunstverein in Genua), I Libertini (ausgestellt in Turin 1880). In Mailand malte er: La Visita a sua Eminenza (erworben vom Museo Revoltella in Triest), I Compari di San Giovanni, La Famiglia del Cieco und L'Infanzia (erworben für das Museum Mitchell in New Orleans). Auch noch andere Bilder von ihm gingen nach Amerika. Auf der Venezianischen Ausstellung 1887 sah man von ihm auch das Porträt des Gius. Verdi in Ganzfigur.

De Gubernatis, Dizionario d. art. it. viv. — Napoli Nobilissima XIV 94. *H.*

Armenont, französ. Bildhauer in Vimoutiers (Normandie), führte 1731 für die Kirche von Coquainvilliers eine Statue der hl. Agathe, sowie Chorstühle u. zwei andere bemalte u. vergoldete Statuen aus.

Réun. d. soc. d. beaux-arts XXVIII 342. *Lami.*

Armerigo, Antonio Maria, Zeichner und Stecher im 17. Jahrh., in Genua tätig, erwähnt von Zani (Enc. II 203). Wohl identisch mit *Amerigo* (s. d.). *P. K.*

Armessin, l', s. *Larmessin.*

Armesto, Alvarez Primitivo, span. Maler, geb. zu Villafranca del Vierzo (Prov. Leon), Schüler der Kunstakad. in Madrid, erlangte Medaillen auf den Madrider Ausstellungen von 1895 und 1897. Im Mus. f. mod. Kunst zu Madrid sieht man von ihm: Die Sardinenfischer und Die Opfer des Meeres. Von seinen anderen Werken nennen wir: Fuego; Traurige Augenblicke; An der kantabrischen Küste. *P. Lafond.*

Armet y Portanel, José, span. Landschaftsmaler des 19. Jahrh., geb. zu Barcelona, Schüler der Kunstschule daselbst, erhielt zahlreiche Auszeichnungen, sowohl auf nationalen wie auf fremdländischen Ausstellungen. Unter seinen Hauptwerken führen wir an: Eine römische Bäuerin (1865, für das nationale Mus. erworben); Ein lesendes kleines Mädchen; verschiedene Porträts und eine große Anzahl Landschaften, meist aus der Pyrenäengegend. 1886 unternahm er die Herausgabe einer Folge von Lithographien: La Juventud pintada par el mismo, die jedoch alsbald polizeilich verboten wurde.

Ossorio y Bernard, Galeria biogr. de artistas españoles del siglo XIX. Madrid 1883/4. *P. Lafond.*

Armeyen, Roland van, wird 1533 als Maler zusammen mit seinem Schüler, Lievin van Bruesele, in den Archiven von Audenarde genannt. Kramm, Levens en W., Aanhangsel p. 4 erwähnt ihn irrtümlich 1553.

E. v. d. Straeten, Notes sur quelques peintres et sculpt. belges (Messager d. sciences hist. de Belge, Gand 1856 p. 337). *V. v. d. Haeghen.*

Armfield (eigentlich Smith), George, Tier- u. Jagdmaler in London, regelmäßiger Aussteller in der Royal Academy 1840—1862. Mehrere seiner Gemälde sind durch Stich oder Lithographie reproduziert, z. B.: Three to one on the fox; How to live in the country und For ever and ever Amen, alle drei gestochen von Tomkins. Ferner The first lesson and full practice, nach Armfield u. J. Bateman gestochen von G. Zobell (1868) und Full practice, neue Platte, gestochen von A. Lucas (1870).

Meyer, Kstlerlex. II 262. — The Art Journal 1859 p. 121. — Graves, Roy. Acad. exhib. I 59. **

Armfield, Maxwell, engl. Maler und Radierer, geb. in Ringwood 1882, Schüler der School of Art in Birmingham, machte sich in London 1906 durch eine Ausstellung von Tempera- und Ölgemälden von ungewöhnlicher Originalität und dekorativer Kraft bekannt. Er hat in Paris unter Collin, Prinet und Dauchez studiert — offenbar mit besonderer Liebe die Meister des Freilichts — und sich eine persönliche Nüance der Freilichtdarstellung in detaillierter Ausführung gebildet. Damit verbindet sich auf das reizvollste eine naive, etwas präraffaelische Stimmung. Im Salon in Paris war A. 1905 mit dem Bilde Dionysos und 1906 mit dem Bilde Ste. Cathérine und mit 4 Radierungen vertreten. Von seinen im gleichen Jahre in London ausgestellten Bildern gibt The Studio (1906 No. 163 p. 61 fg.) die Abb. von Le Pont Neuf, L'Indifférence, The Boulevard St. Michel. Das Luxembourg-Mus. hat von ihm: Faustine. Neben Landschaften hat er auch Porträts geschaffen (Portrait of Miss M., New Engl. Art Club 1906 und The Golden Violin, 1906) und Buchillustrationen entworfen.

Mit Notizen vom Künstler. **

Armhand, Maler (vielleicht nur Dilettant). Nach ihm stach J. E. Haid 1789 das Porträt des Professors d. Theol. in Ingolstadt Steph. Wüst.

Meyer, Kstlerlex.

Armi, Andreas von Dall', Landschaftsmaler und Lithograph, geb. am 1. 9. 1788 in München, † am 17. 8. 1846 in Bernried am Starnberger See. Schüler des Gg. v. Dillis u. Simon Warnberger in München, besuchte er in Paris die Pritanée-Schule und studierte in Rom unter Josef Koch. Von seinen Jugendwerken erwähnt Lipowsky zwei gute „Römische Landschaften". Einige landschaftliche Studien, Tuschzeichnungen und Ölbilder, noch im Besitze seines Enkels Dr. Gg. v. Dall' Armi in München. 1805 brachte er eine lithographische Presse mit nach Rom und war somit der erste, der die bayerische Erfindung dort einführte. Von seinen lithogr. Inkunabeln bewahrt die k. Graphische Sammlung in München: 1) Bauernhütte bei Wolfahrts(!)hausen (1805). Kreidemanier, qu. f. 2) Landschaft mit Holzbrücke nach Warenberger, Kreidemanier, qu. 4°. Von einer Landschaft (Kloster Subiaco), die Koch auf den Stein zeichnete, fertigte er einige Abdrücke, deren einzig erhaltenes Exemplar sich in der graph. Sammlung in München befindet. Ursprünglich Offizier, später Landwirt, scheint er die Kunst nur als Liebhaber betrieben zu haben und wenig an die Öffentlichkeit getreten zu sein.

Lipowsky, Bayer. Kstlerlex. I 226. — Ferchl, Geschichte d. Errichtung der 1. lithograph. Kunstanstalt. München 1862. S. 50. — Mitteilungen der Familie v. Dall'Armi. *Wgn.*

Armi, Franz Xaver von Dall', geb. am 1. 8. 1787 in München, † am 8. 3. 1854 ebenda. Wie sein Bruder Andreas ursprünglich Offizier, betätigte er sich künstlerisch nur als Dilettant. Von seinen Radierungen ist bekannt: Liegendes Schaf mit 2 Lämmern, mit Namen und Jahreszahl 1806 bezeichnet (Maillinger Sammlung in München). 2 lithographische Inkunabeln (Ruhendes Reh, und Aufbruch zur Jagd, Kreidemanier) von 1805 und eine Steingravierung (anatomischer Pferdekopf nach R. Wintter) von 1807 bewahrt die k. Graph. Sammlung in München. Wohl identisch mit dem von Le Blanc, Manuel I. erwähnten Xaver Dall' Armi, der angeblich zu Anfang des 19. Jahrh. in Mailand arbeitete.

Katalog d. Maillinger Sammlung I 3019. — Le Blanc, Manuel. — Meyer, Kstlerlex. — Ferchl, Geschichte der Errichtung der ersten lithogr. Kunstanstalt. S. 48. — Mitteilungen der Familie. *Wgn.*

Armi, Giovanni dall', gen. il Francese, röm. Bildschnitzer, geb. 1526, † in Modena 6. 2. 1609 nach Ausweis der dortigen Totenregister.

Campori, Art. ital. etc. negli Stati Estensi (Modena 1855). *F. Malaguzzi-Valeri.*

Armi, Jacopo dall', Architekt in Bologna, tätig um 1509.

Zani, Encicl. II 203. *F. Malaguzzi-Valeri.*

Armi, Josef v. Dall', Bruder des Andreas und Xaver Dall'A. Nähere Lebensverhältnisse unbekannt. Ferchl erwähnt lithographische Versuche aus dem Jahre 1805, die er zusammen mit seinen Brüdern unternommen hat. Bekannt ist von ihm nur ein unbedeutendes Blatt: Dorf am Fuße eines hoh. Berges (Garmisch?), lithogr. Federzeichnung, q. 8° in d. k. graph. Sammlung in München.

Ferchl, Gesch. d. Erricht. d. 1. lithogr. Kunstanstalt. S. 48. *Wgn.*

Armi, Oskar von Dall', Tiermaler in Starnberg, geb. 1859 in München, Schüler der Münchener Akademie unter A. Gabl u. L. Löfftz, als Jagdmaler von Prof. Schmitzberger angeleitet. Stellte im Münchener Glaspalast (1892: Hochwild, 1896: Unverhofft, 1897: Angegangenes Rudel Gemsen) und in der Berliner Intern. Ausstellung 1891 aus. *Wgn.*

Armijo, Hernando de, Maler in Sevilla. 1593 war der Bildhauer Blas Fernandez Bürge für ihn.

Gestoso, Artif. Sevill. 1899 I 221. *M. v. B.*

Armin, Fritz, Maler und Schriftsteller, geb. in Wien 1865, Schüler der Münchener Akad. unter Marr und von Löfftz, dann tätig in München. 1891 weckte sein Bild „Vision einer Sommernacht" lebhaftes Interesse an dem zukünftigen Schaffen dieses Künstlers von eigenartiger und starker Phantasie, indes trat er dann als Maler nicht mehr an die Öffentlichkeit.

Kunst für Alle 1890/1 378. — Almanach für bild. Kst. u. Kstgewerbe 1901. **

Armitage, Alfred, engl. Blumenmaler in Shipley, stellte 1889—1892 einige Blumenstücke in der Royal Academy, in der Suffolk Street und in der New Gallery aus. Seit 1896 finden wir ihn nicht mehr erwähnt.

Graves, Diction. of artists, 1895. **

Armitage, Charles de W., Miniaturporträtmaler in London, stellte 1903 das Miniaturporträt des Captain A. W. H. Lees in der Royal Academy aus. **

Armitage, Edward, englischer Historienmaler, Associate der Royal Academy, aus einer angesehenen Familie von Yorkshire, geb. in London am 20. 5. 1817, † am 24. 5. 1896 in Tunbridge Wells. Seine Ausbildung ging nicht den in England gewöhnlichen Weg. Er kam früh nach Frankreich und trat schon 1836 zu Paris in das Atelier von Paul Delaroche ein. Unter der Leitung von Delaroche machte er rasche Fortschritte und wurde bald einer der bevorzugten Schüler desselben, so daß er von diesem nebst drei andern zur Ausführung seines großen Wandgemäldes in der Ecole des Beaux-Arts, des bekannten Hemicycle, herangezogen wurde. A., nicht lange darauf nach London zurückgekehrt, erhielt mit seinem daselbst ausgestellten ersten Karton (bei einer Konkurrenz für Freskogemälde) den ersten Preis von 300 £. Gegenstand war die Landung Cäsars in Britannien, die Darstellung aber noch sehr in der Weise Delaroches gehalten. 1845 erhielt er dann einen weiteren Preis mit dem Karton „Der Geist der Religion" und endlich 1847 einen großen Preis von 500 £ für das Ölgemälde „Die Schlacht bei Meeanee" (Sieg des Charles Napier über die Emire von Sindh), das in den Besitz der Königin Viktoria überging.

Diese Erfolge führten ihn zu größeren Arbeiten. Er wurde zunächst berufen, an den Wandmalereien im Parlamentshause (Westminster-Palast) teilzunehmen und malte daselbst in der oberen Vorhalle (Waiting Hall) zwei Fresken: Die Themse mit ihren Nebenflüssen (1852) u. den Tod Marmions (1854). Diesen folgten später die Malereien in der katholischen Kirche zu Islington, wo der Künstler den hl. Franziskus vor dem Papst Innocenz III. (1859) und in der Apsis Christus mit den 12 Aposteln (1860) darstellte. Er hatte dazu besondere Studien auf einer italien. Reise und namentlich auch in Assisi gemacht (1857), nachdem er sich schon 1849 einige Zeit in Rom aufgehalten hatte. Später folgte eine sehr umfangreiche Wandmalerei in University Hall zur Erinnerung an den verstorbenen Crabb Robinson. Der alte gelehrte Herr ist in seinem Studierzimmer dargestellt, wie vor seinem Geiste die Gestalten der großen Menschen, mit denen er befreundet gewesen, vorüberwandeln: Goethe, Schiller, Frau von Staël, Edward Irving, Bunsen, Samuel Rogers, Wordsworth, Southey, Coleridge etc. Hier ist die Darstellungsweise realistisch gehalten, während in jenen religiösen Gemälden das Vorbild der Florentiner Meister und Rafaels unverkennbar ist. A. hat die modernen Menschen auch in moderner Kleidung und Haltung geschildert, und man kann diesen Versuch, auch im Monumentalen sich näher an die Wirklichkeit zu halten, nicht mißlungen nennen.

Zu den Wandmalereien Armitages gehört noch eine allegorische Darstellung des indischen Aufruhrs im Stadthause zu Leeds. Hier ist Britannia als hohes, gewaltiges Weib von ernster Schönheit dargestellt, wie sie eben daran ist, einem bengalischen Tiger, den sie an der Kehle vor sich gefaßt hält (dem Sinnbilde der aufrührerischen Seapoys), das Schwert in die Brust zu stoßen. Rings um sie niedergemetzelte Gestalten. Dieser Komposition ist eine gewisse Wucht eigen, und die weibliche Figur ist nicht ohne Größe und Macht des Ausdrucks, allein in der Erfindung ist ein gewisser französischer Zug nicht zu verkennen. Neben diesen monumentalen Werken hat der Künstler 1848—93 eine nicht kleine Anzahl von Ölgemälden hervorgebracht, welche in den Ausstellungen der Royal Academy ungewöhnlichen Beifall fanden (ausgestellt waren 83 Gemälde in diesen Jahren). Wir nennen von diesen: Heinrich VIII. und Katharina Parr; der Tod Nelsons bei Trafalgar (1848); Szene aus der Geschichte des Thomas Becket (1849); Vision Ezechiels (1850); Samson in der Mühle (1851); Hagar (1852); Schlacht bei Inkermann und der Kavallerie-Angriff bei Balaklava (1856); Die Mutter des Moses nach der Aussetzung des Kindes (1860); Pharaos Tochter (1861); Begräbnis eines christlichen Märtyrers zu Neros Zeiten (1863); Ahab u. Jezabel (1864); Das Festmahl der Esther (1865); Reue des Judas (Nationalgalerie zu London) und Die Eltern Jesu, ihn suchend (1866); Savonarola und Lorenzo der Prächtige; Christus den Knaben heilend (1867); Das Fest des Herodes (1868); Hero, das Zeichen auf dem Leuchtturme gebend; Christus, die Apostel Jakob und Johannes zu sich rufend (1869); Christus in Gethsemane (1870); Julian der Abtrünnige (1875) und Die Sklavenemanzipation (1878 auf der Pariser Weltausstellung). Bei den Werken seiner letzten Jahre machte sich die Verminderung seiner Schaffenskraft bemerkbar. — Wie man sieht, hat sich A. auf den verschiedensten Gebieten der

Geschichte und der Mythe, insbesondere auch der alt- und neutestamentlichen Erzählung bewegt. Bisweilen hat er sich auch in Genre-Darstellungen versucht, wie er denn bei seinem römischen Aufenthalte eine Szene aus dem dortigen Volksleben malte. Zu den beiden Bildern, welche Ereignisse aus dem Krimkriege schildern, war er an Ort und Stelle gewesen, da er den Auftrag von der engl. Regierung erhalten hatte. In ihnen näherte er sich der Darstellungsweise Horace Vernets. Zur Schilderung des bewegten Kampfes kam ihm seine Körperkenntnis gut zu statten, doch wie überhaupt das Kolorit seine schwächere Seite ist, so leidet hier insbesondere die Färbung an einer gewissen Schwere und Buntheit. — Andererseits haben seine religiösen Gemälde nichts von der überreizten kirchlichen Empfindung des Nazarenertums; sie geben eine einfache, dabei aber würdige Schilderung der Ereignisse, wobei jedoch A. keineswegs, wie Horace Vernet, die biblischen Figuren in das heutige arabische Gewand kleidet. Bei Darstellung geschichtlicher Szenen hebt A. gern das leidenschaftliche Moment hervor und geht im Ausdruck desselben bisweilen etwas zu weit. Übrigens war er einer der wenigen unter seinen zeitgenössischen engl. Malern, welche einen monumentalen historischen Stil und deshalb eine gründliche Durchbildung der Form in idealem Sinne anstrebten.

Meyer, Kstlerlex. (Artikel von S. Colvin). — Art Journal 1863, 170—180 (mit Illustr.), 1896, 220 (Nekrolog). — Bryan, Dict. — Clement and Hutton, Artists of the 19th Cent. — Nat. Portr. Gallery, ed. by Poynter. — J. P. Richter, Pictures and drawings select. from the work of E. A., London, 1897. — Dict. of Nat. Biography. — Graves, Royal Acad. Exh. I. **

Armitage, Thomas Liddall, englischer Maler in Notting Hill, stellte 1801 in der Royal Academy das Bild: When we were young aus. Nach 1897 finden wir ihn nicht mehr erwähnt. **

Armitage, William, engl. Maler der Gegenwart in Elmhurst, Carrington, Notts., stellte 1901 in der Royal Academy das Bild: Winter Afternoon aus und war 1903 in der Roy. Cambrian Academy, in der Walker Art Gallery in Liverpool und in der Royal Soc. of Artists in Birmingham vertreten. **

Armitage, William, J., engl. Maler in Chelsea, stellte 1889 in der Royal Academy: A summer evening, Windsor Forest, aus. **

Armitage, s. auch *Armytage.*

Armknecht, Maler in Krakau, tätig 1387 bis 1390, malte in dieser Zeit ein Bild um 4 Mark für die Fronleichnamskirche am Kazmierz bei Krakau.

Rastawiecki, Slownik mal. pol. III 115. — Grabowski, Skarbniczka p. 38. *L. Lepszy.*

Armknecht, Peter, deutscher Baumeister, restaurierte nach einer Inschrift an der Außenseite des Chores mit Joh. Thene die Stiftskirche in Heiligenstadt auf dem Eichsfelde nach dem Brande von 1333.

Wolf, Gesch. v. Heiligenstadt, p. 129.

Armolea (Armaolea), Alejandro de, Kunstschmied in Valladolid. Er sollte 1602 dem Juan de Arfe beim Gusse der Lerma-Statuen an die Hand gehen.

Martí y Monsó, Estud. artist. histor. S. 260. *M. v. B.*

Armory, Antoine, gen. Lafleur, Bildhauer und Architekt von Grenoble, fertigte 1663 den Predigtstuhl der Jesuitenkirche daselbst. Am 6. 3. 1664 verpflichtet er sich zur Herstellung eines Grabmals und eines Epitaphs, sowie zur Renovierung der Kapelle „des Rabot" in der Dominikanerkirche. 1671 ist er mitbeschäftigt am Bau der Isèrebrücke, 1673 erbaut er das Seminar de Saint-Matin-de-Miséré. Er kommt zuletzt 1678 vor. Seine beiden Söhne *André* und *Antoine II* sind Architekten in Grenoble. Ersterer leitete die Befestigungsbauten, Antoine war am Bau der Kirche Saint-Louis beschäftigt, wo namentlich die Fassade auf seinen Anteil kommt (1689).

Maignien, Artistes Grenobl. 1887. *H. V.*

Armour, George Denhelm, schott. Maler und Illustrator, geb. 30. 1. 1864, studierte auf der Royal Scot. Acad. bis 1888, war später in London tätig, wo er in der Royal Acad. bis 1894 häufig ausstellte. Als Illustrator lieferte er viele Zeichnungen für The Graphic, Pall Mall Budget, Sporting and Dramatique News, Pick me Up, Punch u. a. Wie seine Zeichnungen durch feinen Geschmack und Humor erfreuen, so entzücken seine Aquarelle durch ihr ausgezeichnetes Kolorit.

Who's who 1906. — Graves, Roy. Acad. I 61. — Studio XXXIV 168. *R.*

Armovello da Imbonate, s. *Annovello* da I.

Armowitz, Johan Hinrich, Glockengießer in Lübeck, seit 1728 in Husum, wo er am 19. 2. 1729 vom König ein privelegium speciale für Schleswig erlangte. 1750 ging er, zum Lübecker Ratsgießmeister erwählt, nach Lübeck zurück, und wurde daselbst am 2. 1. 1771 begraben. Er hat zwischen 1728 u. 1756 zahlreiche Glocken in Schleswig-Holstein geliefert, so 1728 für Ulderup (Kr. Sonderburg), 1729 für Husum, 1730 für Neuenkirchen in Ditmarschen, etc.

Bau- u. Kstdenkmäler d. Prov. Schleswig-Holstein, Bd. III, Teil I p. 30—31 (Meisterverzeichn.). *H. V.*

Arms, Jessie, amerikan. Malerin, geb. in Chicago 27. 5. 1883. Ihre wenigen bis jetzt ausgestellten Bilder sind vielversprechend. In der Art Students League, Chicago (1906), erhielt sie den I. Preis. *Edmund von Mach.*

Armstead, Henry Hugh, bekannter engl. Bildhauer (auch Zeichner, Holzschneider und Ziseleur), geb. in London 18. 6. 1828, Schüler der Royal Academy, zu deren Mitglied er 1875 ernannt wurde. Länger als ein halbes Jahrhundert stellte er in der Royal Academy (seit 1851) eine lange Reihe seiner künstlerisch hochstehenden Porträtbüsten, Reliefs, Idealfiguren und sonstigen plastischen Arbeiten aus. Zu seinen wichtigsten Werken zählen die St. George Vase, der Packington und der Outram Shield, alle 3 in Silber getrieben; ferner die Marmorfiguren St. Paul, David und Moses in der Westminster Abbey, Fries und allegorische Gruppen in der Albert Hall, Bronzestatue des Earl of Pembroke für Inner Temple Hall, die Bronzestatuen „Religion", „Philosophie", Henry VI. für die Fontäne im Kings College in Cambridge. Er starb am 4. 12. 1905.

Clement a. Hutton, Artists. — Forrer, Dict. of medallists. — Graves, Royal Academy. — Art Journal 1874 88, 156, 372; 1894 199, 202. — Gaz. d. b.-arts 1862 p. 328. — Who's Who 1906 p. 53 (hier die lange Reihe seiner wichtigsten Arbeiten). **

Armstrong, Miß Caroline, Porträt- und Miniaturporträtmalerin der Gegenwart in London, stellte von 1885—1903 in der Royal Academy Damenporträts und in den letzten Jahren auch in der Roy. Soc. of Miniature Painters aus.

Graves, Roy. Academy Exh. I 63. **

Armstrong, Charles, vortrefflicher Chromolithograph, geb. zu London 23. 11. 1839, fing 1860 an, in dem Etablissement von Vincent Brooks die Lithographie und Chromolithographie zu betreiben. 1866 kam er nach New York und siedelte einige Jahre später nach Boston über, wo er (1870) in dem Etablissement von L. Prang & Co. tätig war.

Meyer, Kstlerlex. **

Armstrong, Cosmo, geschätzter engl. Kupfer- und Stahlstecher, tätig 1800—1836, Schüler von Milton, war Governor of the Society of Engravers. Er illustrierte Kearsleys Shakespeare (ersch. 1805), Cooks Poets, Smirkes Don Quixote und die Arabian Nights. Auch eine Anzahl Porträtstiche berühmter Männer, z. B. Lord Byrons und Shakespeares (letzteren mit kleinem Schnurrbart und eckigem Stehkragen 8vo) hat man von ihm.

Meyer, Kstlerlex. — Redgrave, Dict. — Binyon, Catal. of drawings in the British Mus. *R.*

Armstrong, D. Maitland. Amerikan. Maler, geb. 1836 in Newburg., N. Y., besuchte das Trinity College in Hartford, Conn., und studierte dann in Paris und Rom. War Leiter der amerikanischen Abteilung auf der Pariser Weltausstellung 1900. Hauptsächlich bekannt durch seine dekorativen Wandmalereien und schöne Glasfenster. *Edmund von Mach.*

Armstrong, Miß Elizabeth A., engl. Genre- u. Landschaftsmalerin (auch Radiererin), stellte in der Royal Academy 1883—1889 aus.

Graves, Royal Academy Exh. I 63. — The Art Journal 1889 101/2 (Abb.). **

Armstrong, Francis A. W. T. engl. Landschaftsmaler und Illustrator in Bristol, geb. in Malmesbury, Wiltshire, 15. 2. 1851, Mitglied der Royal Society of British Artists und der British Acad., studierte in Paris, später unter J. Smart in Schottland und erhielt bestimmende Eindrücke von den Werken Th. Rousseaus und Turners. Seine Bilder sah man auf den Ausstellungen in Paris (Salon), in Düsseldorf und Berlin. Als Illustrator beteiligte er sich an der Luxusausgabe von Blackmores Lorna Doone, am Art Journal, Portfolio u. a.

Who's who 1908. — The Studio VI 245. *R.*

Armstrong, John, engl. Ingenieur u. Kupferstecher um 1810; wahrscheinlich derselbe, der 1802 in der Royal Academy als Honorary Exhibitor: A Blind Match-seller ausstellte.

Zani, Enc. met. II 203. — Graves, Roy. Acad. Exh. I 63. **

Armstrong, John, engl. Maler in Conway, stellte in der Royal Academy 1879 die Landschaften: The Rivulet u. Autum, 1882 Whitby Harbour aus.

Graves, The Roy. Academy of Arts 1905 I 63. **

Armstrong, R. W., Architekt in Dublin, später in London, war in den Jahren 1848 bis 1857 in der Roy. Academy in London mit Entwürfen hervorragender Bauten vertreten, so für das Institute British Architects (1848); Elizabethan Mansion House (1851); Burlem Town Hall u. Corn Exchange, Newcastle (1854); Preston Town Hall (1855); Teddington Church (1857).

Graves, The Roy. Academy of Arts, 1895, I 63. **

Armstrong, Thomas, Formschneider, in London um 1836 tätig, lieferte viele Buchillustrationen, häufig naturwissenschaftlichen Gegenstandes, und war auch an den Illustrationen von S. C. Hall's Book of British Ballads, London 1842, beteiligt.

Nagler, Monogr. I No. 65, 1341. **

Armstrong, Thomas, engl. Maler, Director for Art in the Department of Science and Art 1881—98, geb. zu Manchester am 19. 10. 1835. Seine Ausbildung empfing er namentlich in dem Atelier Ary Scheffers zu Paris 1853, wo er auch mit Du Maurier, Poynter und Whistler in Beziehung trat. 1858—59 weilte er in Algier, 1860 arbeitete er zusammen mit Du Maurier in Düsseldorf. In der Royal Academy war er 1865—77 mit insgesamt 15 Genrebildern vertreten u. stellte dann von 1877—81 in der Grosvenor Gallery aus. In seinen ansprechenden Genrefiguren gibt er mit der Einfachheit der praerafaelitischen Schule eine zarte und dekorative Färbung, wie sie einer Richtung der modernen französischen Malerei eigen ist. Von seinen in der Royal Academy ausgestellten Bildern nennen wir: Josephine, Morning, Peach Gathering, The Lesson. — Von den späteren: A Girl holding an Embroidery-Frame (1877), The Harbour Bar at Teign mouth (1877), The Riviera of Genoa in Spring (1877), Three Figures on a Marble Seat (1878).

J. Meyer, Kstlerlex. (Art. von S. Colvin) II 265. — S. Colvin in English Artists of the Present Day, 1872. — Portfolio 1871 p. 65. — Who's Who 1908. **

Armstrong, W. G., amerikan. Kupferstecher, um 1840 tätig. *E. Richter.*

Armstrong, William Thomas Lilburn, amerikan. Maler und Architekt, geb. 10. 9. 1878 in Belfast, Ireland, studierte in Paris, hat sich aber in New York niedergelassen. Gehört zu den vielversprechenden jüngeren Künstlern und hat bereits zahlreiche Preise und öffentliche Anerkennung erhalten. *Edmund von Mach.*

Armuis, Jacques d', Bildhauer aus Lothringen, ging nach Italien und ließ sich in Rom nieder, wo er gegen 1600 nachweisbar ist.

Lami, Dict. d. sculpt. 1898. *R.*

Armytage, James Charles, Stahlstecher und Kupferstecher, geb. zu London um 1820, † 1897. Er stach nach Historienbildern und Porträts alter und neuerer Meister und wird zu den besten seines Landes gezählt. Viele seiner Stiche im Art-Journal 1853—1887.

Meyer, Kstlerlex. (hier 36 Nummern seiner Werke). — The Art Journal 1853—1867 u. 1897 p. 222 (Nekrolog). **

Armytage, s. auch *Armitage.*

Arnaboldo, Giuseppe, Maler von Mailand, fertigte die Kartons für 3 Wandteppiche der Kathedrale von Como. Auf dem einen derselben, darstellend den Tod Mariae, befindet sich das Monogramm des Stickers und: „Factum Ferrariae MDLXII." (Abb. bei Müntz, La Tapisserie.)

Gruyer, L'Art ferrarais etc. 1897 II 470. *H. V.*

Arnal oder **Arnali,** span. Bildhauer im 13. und 14. Jahrh.

Zani, Enc. II 203. *M. v. B.*

Arnal, Juan Pedro, span. Baumstr., geb. 19. 11. 1735 in Madrid als Sohn des Goldschmieds Juan Henrique A. aus Perpignan. Gebildet auf der Akad. in Toulouse und der Akad. S. Fernando in Madrid. Unter der Leitung des Jos. Hermosilla nahm er die arabischen Bauten von Granada und Cordoba auf und wurde infolge dieser Arbeit 1767 Ehrenmitglied der Akad. 1774 wurde er stellvertretender Direktor der Akad. 1780 beauftragte ihn der König mit der Untersuchung der neuentdeckten Mosaiken von Rielves bei Toledo, die er zeichnete und in kolorierten Stichen herausgab. 1784 baute er die kgl. Druckerei. 1786 wurde er Direktor der Architektur an der Akad., 1801 Generaldirektor derselben, 1802 Architekt der Postanstalten. In diesem Amte erbaute er die Post in Madrid. Er starb 14. 3. 1805. A. gehört zu den gelehrtesten Baumeistern seiner Zeit und hat viele architektonische Ornamente, Grabmäler, Möbel u. dergl. gestochen, doch wird sein Geschmack nicht sonderlich gerühmt. Nicht besser waren die von ihm entworfenen Bauten. Hervorgehoben werden außer Dekorationen zu festlichen Gelegenheiten, Altartabernakel in Madrid, Jaen und Salamanca, der Reliquienkasten der hl. Mariana in Madrid, das Portal und die Reparaturen am Palast des Herzogs von Alba im Barquillo, und ein kostbarer Obelisk für die Stadt S. Lucar de Barrameda.

Llaguno y Amirola, Not. IV 308. — Caveda, Gesch. d. Bauk. in Spanien p. 287. △

Arnald, George, engl. Landschafts- und Marinemaler, geb. in Berkshire 1763, † 21. 11. 1841 in Pentonville, Schüler von W. Pether, stellte zuerst 1788 in der Royal Acad. aus, wurde 1810 erwähltes Mitglied der Acad. und blieb dann bis 1841 regelmäßiger Aussteller mit insgesamt 178 Bildern, deren Titel Graves aufführt. Er malte zuerst klassische Landschaften mit Mondeffekten u. dgl., später Marinen und Seegefechte. 1825 erhielt er den großen Preis für: The battle of the Nile (Gal. Greenwich Hospital). Er war vielfach für den Herzog von Gloucester tätig und gehörte zu den Künstlern, welche 1801 die Beauties of England and Wales herausgaben.

Ottley, Biogr. and critical Dict. — Redgrave, Dict. — Graves, Roy. Acad. Exh. I. — Binyon, Cat. of drawings I 61 (2 Aquarelle). *R.*

Arnald, Sebastian Wyndham, Bildhauer und Maler, Sohn des George, Schüler der Royal Academy, stellte dort 1823—1846 zahlreiche Büsten und biblische Szenen aus und erhielt 1831 die goldene Medaille für die Gruppe: Der Kindermord. Auch Zeichnungen und einzelne Gemälde finden sich unter seinen Arbeiten. Nach 1846 versagen die Nachrichten über ihn.

Redgrave, Dict. — Graves, Royal Academy I. **

Arnaldi, Conte Enea, italien. Architekt, geb. in Vicenza am 29. 4. 1716, † am 22. 5. 1794. Der Magistrat seiner Vaterstadt übertrug ihm die Restaurierung des von Palladio erbauten Rathauses von Vicenza, und A. entledigte sich dieser Aufgabe zu allgemeinem Beifalle. Nach seinen eigenen Plänen wurde 1779 die städtische „Cavallerizza" (Reitbahn) aufgeführt, ein eleganter Bau im toskanischen Stile; die Fassade zählt 9 Bogenreihen mit Pilastern, von einer Attika überhöht (Kupferstichansicht im Werke Moscas). Unter den künstlerischen Entwürfen A.s sind hervorzuheben die Zeichnungen zu den Hochaltartabernakeln für die Kirchen S. Faustino und S. Paolo zu Vicenza und der Entwurf zu einem Prachttempel (nach einem Projekte der Akademie zu Parma); letztere Zeichnung befindet sich in der Libreria Gonzati zu Vicenza, ebenso 3 Bände mit weiteren Handzeichnungen A.s und eine Anzahl unveröffentlichter Schriften A.s über die Bauten Palladios, über den Dianatempel zu Ephesus usw. Die im Druck erschienenen Schriften A.s sind: „Idea d'un Teatro" etc. (Vicenza 1762, mit 6 Abbildungstafeln und 2 Diskursen über Theaterbauten im allgemeinen und über das Teatro Olimpico zu Vicenza im besonderen); — „Delle Basiliche antiche" etc. (Vicenza 1767, mit 8 Abbildungstafeln und einem Anhange über A.s eigene Pläne zu einer „Curia"); — „Descrizione delle Architetture etc. di Vicenza (Vicenza 1779). — Milizia spricht mit großem Lobe von A.s theoretischen und praktischen Kenntnissen in der Baukunst.

Milizia, Mem. degli archit. antichi e moderni (3. Aufl. 1781) II 87. — Zani, Encicl. II 203. — Gonzati, Per le nozze Ballico-Dalla Vecchia (Vicenza 1869). — Meyer, Kstlerlex. (mit weiterer ält. Lit.). *G. Degli Azzi.*

Arnaldo, span. Architekt und Bildhauer, erbaute den Kreuzgang des Klosters S. Cucufate del Vallés.

Viñaza, Adic. I 17. *M. v. B.*

Arnaldo, Berenguer, Buchmaler in Barcelona, 1361 und 1374 urkundlich erwähnt.

Viñaza, Adic. I 20. *M. v. B.*

Arnaldo da Colonia, Miniaturmaler in Perugia, erhält 13. 5. 1426 vom „Governatore" von Perugia Zahlung für die kalligraphische Ausführung und Miniierung der „Ordenamenti de frate Bernardino, facti per sua contemplatione".

Rassegna Bibliograf. d. Arte ital. III 70 f. *

Arnaldo (Arnau), Guillermo, Maler, gebürtig aus Mallorca, Bürger von Valencia. 1392 erlaubte ihm der König Johann I. von Aragonien, Waffen zu tragen. Carderera schreibt ihm willkürlich ein großes Bild zu, welches sich in Mallorca im Kollegium der Missionare, welches Raymundus Lullus gestiftet hat, befand. Dasselbe stellte den Anfang des jüngsten Gerichtes dar und zeigte den König Ferdinand von Aragon mit der Königin Leonore von Albuquerque in Gesellschaft des Papstes Martin V., des Kaisers Sigismund u. a. Persönlichkeiten.

Viñaza, Adic. I 17—20. *M. v. B.*

Arnaldus, französ. Werkmeister, im 13. Jahrh. am Bau der Kirche zu Guitres tätig. Ein undatiertes Epitaph im Schriftstile des 13. Jahrh. belehrt uns, daß dieser Arnaldus der Sohn eines vermutlich gleichnamigen Maître de l'Oeuvre gewesen ist. Er schuf die beiden ersten Gewölbejoche an der Westseite der genannten Kirche sowie den gotischen Oberbau der Fassade und den bildnerischen Schmuck der unteren Fassadenhälfte, die noch den Baustil der süd-westfranzös. Romanik aufweist, ihren plastischen Dekor jedoch erst im 13. Jahrh. erhalten hat.

Lance, Dict. des Archit. — Bauchal, Dict. des Archit. *C. Enlart.*

Arnao, span. Goldschmied, 16. Jahrh. 1569 wird im Inventar der Königin Da. Isabel de Francia, dritten Gemahlin Philipps II., ein Reliquarium von in Gold gefaßtem Bergkristall von seiner Hand erwähnt.

Viñaza, Adic. II 35. *M. v. B.*

Arnao de Flandes od. Arnold von Flandern, Glasmaler aus den Niederlanden, bot im Jahre 1525 mit Arnold de Vergara, der sein Ordensbruder war, dem Domkapitel von Sevilla an, ihm einen Teil der Glasgemälde der Kathedrale zu übertragen. Diese Arbeit, ursprünglich im Jahre 1504 durch Cristobal Aleman begonnen, 1504—1525 durch Verschiedene fortgesetzt, ward in diesem Jahre durch die beiden Arnold übernommen. Sie arbeiteten gemeinsam bis 1538. Damals ließ Arnold de Vergara aus unbekannter Ursache eine der Rosen des Querschiffes, die Himmelfahrt Mariä darstellend, unvollendet, und Arnao de Flandes mußte sie vollständig machen. Von nun an arbeitete er allein und setzte sein Werk bis an seinen Tod, im Jahre 1557, fort. Unter den 93 Glasgemälden der Kathedrale rühren von Arnold 20 her; die wichtigsten sind Christi Einzug in Jerusalem, die Auferweckung des Lazarus, das Abendmahl, die Fußwaschung, die hl. Magdalena die Füße Christi salbend, der Tod Mariä und endlich die Himmelfahrt Christi. In einem Aktenstück, datiert Burgos, 8. 2. 1520, wird ein „arnao vjdriero" genannt, der wohl mit diesem identisch sein dürfte.

Cean Bermudez, Dicc. I 71—74. — Martí y Monsó, Estud. histor. artist. △

Arnao, Juan de, Bildhauer und Bürger in Segovia, geb. 1539. Er ist 1569 Zeuge im Streit des Franc. Giralte mit Juan Manzano über den Eutropius-Altar in Espinar.

Martí y Monsó, Estud. histor. artist. S. 383. *M. v. B.*

Arnao de Simuel, Maler u. Kunststicker aus Flandern, Bürger in Valladolid. 1555 nimmt seine Frau Zahlungen in Empfang für Arbeiten, welche ihr Mann zur Beisetzung des Marqués de Villena im Kloster El Parral bei Segovia geliefert hat.

Viñaza, Adic. II 35. *M. v. B.*

Arnao de Vergara, s. *Arnao* de Flandes.

Arnar, Antonio, portugies. Schreiber (u. Miniaturist?) schrieb 1480 „Cartas de los Reyes des Aragon, Castilla y de Portugal". Pergament, 4to, 15 ff. Mit dem Porträt des Fürsten von Viana auf dem Titel. — Jetzt in der Nation. Bibliothek in Madrid.

Bradley, Dict. of Miniat. **

Arnau, Medailleur in Madrid. Fertigte 1900 eine Portätmedaille des bekannten Republikaners und Staatsmanns Emilio Castelar.

Forrer, Biogr. Dict. of Medallists. ***

Arnau, Joaquin Maria, span. Architekt, geb. 16. 3. 1849 zu Valencia, Schüler der Akad.

San Carlos dortselbst, deren Mitglied er 1893 wurde, sowie Schüler der Escuela Superior zu Madrid. Kaum hatte er seine Studien beendet, als er zum Architekten der Pios von Santiago und des Monserrat von Rom ernannt wurde; 1875 verließ er diese Stellung, um in Valencia den Posten eines städt. Architekten zu bekleiden. Man verdankt ihm in Valencia: die Wiedererbauung der ehemaligen Kirche del Socorro (heute bezeichnet: de Jesús y María), des Castillo der Komtesse von Ripalda; die Wiederherstellung des Palais der Herzöge von Gandia, ebenso die Pläne zu zahlreichen Gebäuden.

Alcahali, Diccionario biogr. de artistas valencianos. Valencia 1897. *P. Lafond.*

Arnau, Juan, span. Maler, geb. 1595 in Barcelona, † das. 1693. Lernte zuerst in Barcelona und trat dann in Madrid in die Werkstatt des Eug. Caxes ein, als dessen bester Schüler er gilt. Einige seiner Werke in den Kirchen von Barcelona: im Kloster St. Agustin ein Teil der Gemälde mit Darstellungen aus dem Leben dieses Heiligen, in St. Maria del Mar die Schlüsselübergabe an Petrus und in einer Kapelle der Kirche der Minimen der hl. Franz von Sales. A.s Stil ist kräftig und korrekt, seine Farbengebung breit und entschieden aber von einer gewissen Trockenheit. Seine Werke stehen den guten Arbeiten seines Lehrers Caxes nahe.

Cean Bermudez, Dicc. I 74. — Meyer, Kstlerlex. △

Arnau y Mascort, Eusebio, span. Bildhauer, geb. in Catalonien, erhielt seine künstlerische Ausbildung an der Escuela de Bellas Artes zu Barcelona, um dann in Rom, Florenz und Paris seine Ausbildung zu vollenden. Schon in einigen Jugendarbeiten — Terrakottabüste, Bacchantin, Die Erlösung (Gruppe) — hatte er sein Talent gezeigt. Erhöhtes Interesse erregte er dann 1891 mit einem im Palacio de Bellas Artes zu Barcelona ausgestellten Gipsrelief, darstellend die „Beisetzung der Gebeine der hl. Eulalia" sowie mit der Gruppe „El Ave Maria". 1898 vollendete er die Marmorgruppe „El bes de mare" (Der Kuß des Meeres), eine Arbeit von starker poetischer Auffassung und trefflicher bildnerischer Ausführung. Von den zahlreichen öffentlichen Aufträgen statuarischer und dekorativer Natur, die dem Künstler auf seine Ausstellungserfolge hin zuteil wurden, sind bemerkenswert: für das Colegio de Abogados die Statue des San Raimundo de Peñafort; für die Kirche S. Engracia zu Zaragoza das 6 Meter hohe Hochaltarrelief, das Relief mit der Darstellung der hl. Familie, die großartige Gruppe der Esperanza (mit dem Schiffbrüchigen) und eine Anzahl prächtiger Heiligenstatuen; die Bronzetüren der Kirche von Comillas (mit den allegorischen Frauengestalten der Kardinaltugenden in Hochrelief); die Barcelona-Statue für das von den Architekten Puig und Cadafalch entworfene Monument Rius y Taulet; ein Kaminfries mit der originell aufgefaßten Reliefdarstellung des hl. Georg im Kampfe mit dem Drachen, sowie eine große Anzahl weiterer dekorativer Arbeiten für die Bauten der Architekten Doménech, Puig und Cadafalch. Als Medailleur hat A. sich mit seiner prächtigen Medaille für die Feria-Concurso Agrícola ausgezeichnet. Auch auf dem Gebiete der dekorativen Kleinplastik, der Juwelier- u. Goldschmiedekunst, sowie als Maler hat A. seine vielseitige Begabung bekundet.

Ossorio y Bernard, Galeria biogr. de artistas españoles del siglo XIX (Madrid 1883, 1884). — A. Opisso, Arte y Artistas Catalanes (Barcelona 1900) p. 1. *

Arnaud, Kanonikus und Werkmeister von St. Sernin zu Toulouse, † 1251. Er scheint am Glockenturme, am Oberbau des Hauptschiffs und an der Fassade der genannten Kirche gearbeitet zu haben.

Revue gén. de l'Archit., vol. VI. — Bauchal, Dict. des Archit. *C. Enlart.*

Arnaud, Bildhauer, wohnte in Perpignan. 10. 4. 1414 schließt er einen Vertrag zur Errichtung einer für die Kirche von Bayes bestimmten Altartafel.

Lami, Dict. d. sculpt. 1898. *R.*

Arnaud, Anne François, Maler in Troyes, geb. daselbst am 17. 10. 1787, † im Oktober 1846, Schüler von Gros u. David, malte Grisaillen im Palais de Justice und die Fresken im Hospital S. Nicolas in Troyes. In das dortige Museum, dessen Konservator er war, kamen von ihm: Ansicht des alten Tores S. Jacques und Ansicht des Pariser Tores von Troyes. Er gab auch 2 Werke: Les Antiquités de Troyes etc. und Voyage archéol. et pittoresque dans le départ. de l'Aube heraus.

Bellier-Auvray, Dict. gén. **

Arnaud de Caseneuve, französ. Maler, soll um 1480 in Lectoure mit Auszeichnung tätig gewesen sein.

Siret, Dict. des peintres. — Lafforgue, Les arts et artistes en Gascogne. **

Arnaud, Charles Auguste, französ. Bildhauer, geb. 22. 8. 1825 in La Rochelle † 6. 9. 1883, Schüler der Ecole des Beaux-arts zu Angers und von François Rude, stellte 1846—1864 regelmäßig aus. Seine Hauptwerke sind: das Monument des Geologen Fleuriau de Bellevue im botanischen Garten von La Rochelle; die Bronzebüste Heinrichs IV. und die Marmorbüste Alexandre Freslons (Minister des öffentl. Unterrichts 1848), beide im Mus. zu Angers befindlich; zwei Steinstatuen, die einen Jäger zu Fuß und einen Kanonier darstellen, auf dem pont de l'Alma in Paris; die Büste des Architekten Fontaine im Institut de France; die Büste Charles Claracs im Louvre u. eine Statue des

Heiligen Jacques-le-Mineur auf dem Turm Saint-Jacques.

Bellier-Auvray, Dict. gén. — Nouv. arch. d. l'art franç. 1885, 174; 1897, 105. *Lami.*

Arnaud, Daude, Bruder des Durand A., französ. Werkmeister und Bildhauer, geb. 1262, „consul peyrier" von Montpellier 1293 und 1323, † um 1329. Im Stadtarchiv zu Montpellier befindet sich ein Kostenanschlag dieses Meisters für zwei in ein Privathaus einzubauende Säle mit Spitzbogengewölben und Maßwerkfenstern.

Renouvier et Ricard, Maitres de pierre de Montpellier. — Bérard, Dict. des Artistes. *C. Enlart.*

Arnaud, Durand, Bruder des Daude A., „consul peyrier" zu Montpellier 1305 u. 1322, im letzteren Jahre gestorben.

Renouvier et Ricard, Maitres de pierre de Montpellier. — Bérard, Dict. des Artistes. — Bauchal, Dict. des Archit. *C. Enlart.*

Arnaud, Giovanni, Historienmaler von Cuneo, † zu Volpiano im Piemontesischen den 6. März 1869, einige 40 Jahre alt, malte u. a. einige Szenen aus Goethes Faust und lithographierte auch.

L'Arte in Italia I 52. *R.*

Arnaud, Guillaume, Maler in Montpellier, seit 1293 Stadtmaler, soll um 1325 gestorben sein.

Siret, Dict. d. peintres. **

Arnaud, Jacques François, Maler (Peintre du Roy) in Paris, begraben am 3. 3. 1769, 40 Jahre alt.

Herluison, Actes d'Etat civil p. 9. **

Arnaud, Jérome, Fayencier in Nantes 1756.

A. Jacquemart, Histoire d. l. Céramique (1873) p. 509. **

Arnaud, Joseph, Genremaler und Zeichner, geb. zu Allauch bei Marseille, Schüler von Augustin Aubert, Direktor der Marseiller Akad., wurde später Professeur-adjoint an derselben. Er starb plötzlich den 21. 5. 1859.

Parrocel, Annales de la peinture. Marseille 1862 p. 463. **

Arnaud, Luigi, französ. Kupferstecher, Professor am technischen Institut der schönen Kste. in Neapel, † 1877.

L'Art VIII 96. — Napoli Nobilissima III fasc. V 74—76. **

Arnaud, Michele, Graveur und Modelleur in Neapel, für den Bourbonischen Hof tätig. 1799 erhielt er die bedeutende Summe von 1000 Dukaten für eine im Auftrage Ferdinands IV. gefertigte Schale aus Lava in vergoldetes Metall gefaßt, sowie 12 Löffel aus vergoldetem Silber mit Stielen aus orientalischem Achat, die als Geschenk des Königs für Admiral Nelson bestimmt waren. Auf den Löffeln waren in feinster Arbeit die siegreichen Schlachten Nelsons dargestellt.

Napoli Nobilissima III 186. *G. Degli Azzi.*

Arnaud de Narp, Kanonengießer u. Uhrmacher in Bordeaux, 1398—1406 erwähnt. Sein gleichnamiger Sohn folgte ihm in seiner Tätigkeit, trat aber dann in den Dienst des Königs von England.

Champeaux, Dict. d. Fondeurs p. 34. **

Arnaud, Pierre, französ. Bildhauer, geb. in La Valette, wohnte in Toulon, wo er sich 14. 6. 1648 verheiratete. Im selben Jahre erhielt er vom Stadtrat, gemeinsam mit seinen Genossen Gaspard Puget u. Nicolas Levray, Auftrag auf verschiedene Bau- und Bildhauerarbeiten. 1656 verpflichtete er sich mit 2300 livres die Chorgitter der Collegiat-Kirche von Six-Fours (Var) herzustellen.

Lami, Dict. d. sculpt. franç. sous Louis XIV. *Lami.*

Arnaud, Pierre, Maler in Toulon, geb. 29. 6. 1718, † 19. 6. 1767 daselbst. In der Zivilakte über seinen Tod wird er Marinemaler genannt. Er muß aber gelegentlich auch historische Stoffe gemalt haben, denn 2 Jahre nach seinem Tode wurde ein Gemälde von ihm ausgestellt: Mago, Hannibals Bruder, bittet den Senat von Karthago um Hilfe und überreicht ein Gefäß mit Ringen der bei Cannae gefallenen römischen Ritter.

Nouv. arch. de l'art franç. VIII (1892) 287, 289. — Meyer, Kstlerlex. *F. L. Bruel.*

Arnaud de la Pueg, französ. Werkmeister, seit 1350 vereidigter Sachverständiger für das städt. Bauweseh von Montpellier, 1358—1365 „consul peyrier" daselbst.

Bérard, Dict. des Artistes. *C. Enlart.*

Arnaud de Solier, Bildhauer und Architekt in Montpellier, wurde 10 mal zum Vorsitzenden seiner Gilde 1362—1398 ernannt.

Lami, Dict. d. sculpt. 1898. *R.*

Arnaud, Tommaso, Bildhauer in Neapel, geb. um 1800, † 1860. Von ihm eine Statue des hl. Augustin in S. Francesco di Paola in Neapel.

G. Ceci, La chiesa di S. Francesco di Paola, in Napoli Nobilissima V 103, X 139. *F. Hermanin.*

Arnaud-Durbec, Jean Baptiste François, Historien- und Genremaler, geb. in Marseille am 30. 7. 1827, Schüler der Pariser Académie. Die Kirche von l'Estaque bei Marseille enthält seine besten Bilder, nämlich: Befreiung Petri durch den Engel (1856); S. Johannes schreibt die Apokalypse; Berufung des hl. Matthäus; Der hl. Antonius (1860) und St. Lazarus (1861).

Parrocel, Annales de la peinture. Marseille 1862 p. 481. **

Arnaudies, Francisco, Zeichner u. Kupferst. aus Katalonien. Nach ihm stach G. Brunetti das Porträt der „Maria Antonia Valburga di Baviera Elettrice vedova di Sassonia" und Vignetten für das Werk: Ant. Eximeno, Dell' Origine e delle Regole della Musica etc. Rom 1774.

Meyer, Kstlerlex. △

Arnaudin, Jean, französ. Glockengießer, goß 1739 die Glocke der Kirche von Lignan.

Pardiac, Notice sur les cloches de Bordeaux. **

Arnaudin, d', s. *Darnaudin.*

Arnauld de Mozat, Bildhauer, tätig in Riom (Auvergne) um 1386 bei der Ausschmückung des Schlosses, das Jean de Berry errichten ließ.

Lami, Dict. des sculpteurs, 1898, p. 418. **

Arnault, französ. Künstler des 19. Jahrh., der nach Angabe des Kataloges (v. 1902. II 286) das in der Nat. Portrait Gallery in London befindliche Porträt A. Tennysons in Kreide gezeichnet hat. ***

Arnault, Guillaume, französ. Bildhauer in Tours, führte 1520, zur Zeit der Zusammenkunft Franz' I. mit dem König von England, eine Statue des hl. Michael aus, die das Zelt des Königs krönte.

Lami, Dict. des sculpt. franç. au moyen-âge et à la renaiss. *Lami.*

Arnault, Jean und Henri, Sticker (brodeurs du Roy) in Paris, der erstere um 1480, der zweite um 1535.

M. Francisque, Recherches sur les étoffes. **

Arnault, Jean, s. auch *Arnault,* Pierre.

Arnault, N. Von Dauban (Gazette des Beaux-Arts Ie pér. X 86) irrtümlich gelesen für N. Arnoult; s. dort.

Arnault, Philippe, Bildhauer u. Wappenmaler in Amboise, 1546 u. 1551 erwähnt.

Lami, Dict. d. sculpteurs, 1898, p. 16. **

Arnault, Pierre, Glasmaler, arbeitete in der 1. Hälfte des 16. Jahrh. an der Malerei der großen Glasfenster der Kathedrale von Bourges. Sein Sohn

Jean, geb. zu Bourges, führte 1560 die Glasfenster der Kapelle Saint-Martin aus, ebenso ein Ölgemälde für dieselbe Kapelle.

Girardot, Artistes de la ville de Bourges. — Ders., Cathédrale de Bourges. *H. Longnon.*

Arnault, Arnaut, s. auch *Arnaud.*

Arnavon, J., Kanonikus in Avignon, Malerdilettant, im 18. Jahrh. Nach ihm stach L. J. Cathelin das Brustbild des Stechers J. J. Baléchou, oval, kl. fol.

Meyer, Kstlerlex. **

Arnberg, Elise, geb. Talén, schwed. Malerin, geb. in Stockholm 11. 11. 1826, † 6. 9. 1891, hat viele verdienstvolle Miniaturporträts ausgeführt. *G. Nordensvan.*

Arnberger, Veit, Bildhauer zu Innsbruck. Urkundlich finden wir ihn 1548 mit Bildhauerarbeiten bei dem selbst von Tizian bewunderten Saalbau in der Burg zu Innsbruck beschäftigt; ferner in Gregor Löfflers Werkstätte mit Modellieren von Statuen usw. Es kann urkundlich konstatiert werden, daß er die Statuen Chlodwigs und Karls des Gr. zum Maximiliansgrabmal modelliert hat; von diesen ist jedoch nur die erstere gegossen. Unter den Ehrenpfennigen, zu denen A. die Form „geschnitten", war besonders jener berühmt, welchen die Tiroler Stände 1550 dem König Maximilian von Böhmen verehrten. Er wurde von Löffler in Silber gegossen. Ein gleicher Ehrenpfennig wurde von beiden für den Prinzen Philipp von Spanien verfertigt. Der erstgenannte ward leider 1552 in der Kriegsnot „vermünzt". A. starb Ende 1550 oder anfangs 1551.

Meyer, Kstlerlex. — Jahrb. d. Kstsl. d. allerh. Kaiserh. XI 1. T. p. 194, 202, 203. — Forrer, Dict. of Med.

Arnd (oder Arnold), „magister Arnoldus fusor campanorum", war nach einer Urkunde 1285 Glockengießer in Rostock. Von ihm kann der schöne bronzene Taufkessel in der dortigen Marienkirche herrühren, der jetzt in der Mitte der Westwand des Turmes untergebracht ist, da er das Datum 1290 trägt.

Lisch, Jahrb. des Ver. f. Mecklenb. Gesch. u. Altertumsk. XXIX 216. — Organ f. christl. Kunst XVII 265. — Lotz, Kunst-Topographie I 525. — Mithoff, Mittelalterl. Künstler Nieders. u. Westf. 21. — Gut abgebildet und beschrieben von Schlie, Zeitschr. f. christl. Kst. VII (1894) 130 ff. und Kunst- und Geschichtsdenkm. Mecklenbgs. I 31 ff. *Maybaum.*

Arnd von Worledt, Glockengießer, goß um 1515 mit Heinrich von Kampen die Sonntagsglocke zu Gardelegen.

Mithoff, Mittelalt. Kstler. Nieders. u. Westf. 1885 p. 20. **

Arnd, s. auch *Arndt* und *Arnold.*

Arndt, Hamburger Maler 1528/9.

Karl Koppmann, Kämmereirechn. der Stadt Hamburg V 358 u. 389. *E. Benezé.*

Arndt, Carl Philipp, Hofschreiner, später Hofbauinspektor in Fulda, geb. zu Pfaffendorf bei Koblenz 1725, † zu Fulda 1797, baute in Fulda das Paulitor und die Bibliothek, in Neuhof das Schloß.

Füssli, Neue Zusätze, 1824 p. 165. **

Arndt, Christian, Formschneider in Breslau, heiratet am 15. 1. 1714. *E. Hintze.*

Arndt, Ewald, s. *Arndt,* Leo.

Arndt, Franz Gustav, Landschafts- und Genremaler, geb. am 20. 8. 1842 in Lobsens (Posen), Schüler der großh. Kunstschule in Weimar, seit 1876 dort außerord. Professor und von 1879—81 Sekretär. 1884 zog er nach Berlin, 1887 nach Blasewitz bei Dresden, wo er am 13. 3. 1905 starb. Von seinen frisch naturalistischen, zu seiner Zeit fortschrittlichen Gemälden seien genannt: Sommermorgen in der Rhön (1868, im Besitz der Großherz. von S.-Weimar); Ein norddeutsches Kirchlein (1872); Kinderscherze (1872); Elegie (1873, in London prämiiert); Brunnen auf Capri (1874); Arbeiterfamilie (Motiv aus Capri, 1875); Die 4 Jahreszeiten, Wandgemälde im Speisesaal der Villa Ed. F. Weber in Hamburg, gemeinschaftlich mit dem Weimarer Kollegen Chr. Krohn, der namentlich das Figürliche übernahm (1877). Aus der Zeit seiner Tätigkeit in Blasewitz: Am Waldbache (Motiv vom Edmundsgrunde, Sächs. Schweiz, 1888); Pfirsichblüte in Loschwitz (1888). Er stellte meist in früheren Jahren in Weimar, später in München und Wien, hier zum letzten Male im Künstlerhause 1894 aus. — Man hat auch einige Radierungen in den Heften Weimarer Radierer (1881) von ihm: Gebirgsgegend an der Rhön, 4to.; Mähendes Mädchen vor einer Mauer, gr. 8vo; Dalmatinische Frauen am Meere, 4to.

H. A. Müller, Biogr. Kstlerlex. Leipzig 1882. — F. v. Bötticher, Malerwerke d. 19. Jahrh. I 38. — Kunstchronik III 135, VII 373, 463, XII 653 (ausführlich über die Wandgemälde in Hamburg). — Kunst für Alle XX 368 (Todesnotiz). *F. Becker.*

Arndt, Franz Wilhelm, geb. 1756 als Sohn des Carl Philipp A., seit 1779 Hofmaurermeister, seit 1797 Hofbauinspektor des Fürstbischofs von Fulda, lebte dort noch 1815. Erbaute u. a. die Dorfkirche in Kemmerzell bei Fulda.

Füssli, Neue Zus. (v. 1824) zum Allg. Kstlerlex.

Arndt, Henning, Maler in Wittenberg, wo er 1599 gestorben ist.

Füssli, Neue Zus. (v. 1824) z. Allg. Kstlerlex. ***

Arndt, J. Diese Bezeichnung trägt ein Aquatintablatt „Landschaft mit Vieh" nach J. F. v. Bloemen.

Meyer, Kstlerlex.

Arndt, Jacob, Hofschreiner in Fulda, Bruder des Würzburger Hofschreiners Servatius Arndt, † 1844 in Fulda.

Füssli, Nachträge 1824 p. 165. **

Arndt, Leo (W. Leo), Graphiker, insbesondere Radierer u. Illustrator in Halensee-Berlin, geb. in Eilenburg am 6. 11. 1857, studierte auf den Akademien in Leipzig, Berlin, Karlsruhe und ging dann auf lange Studienreisen, besonders in den Balkan. Originalradierungen von ihm erschienen in den Heften des Berliner Vereins für Originalradierung; so im Heft V (1890) Netzeflickender Fischer (4 Etats), im Heft VII (1892) Der Zeitungsleser (4 Etats), im Heft VIII (1893) Beim Frühstück (4 Etats). Andere Blätter von ihm in der: Bildermappe des Sarajevoer Malerklubs, in der auch sein Bruder Ewald Arndt vertreten ist.

Mit Notizen des Künstlers. — Kat. d. Intern. Kstausst. Berlin 1896; der Deutschnat. Kstausst. Düsseldorf 1902; der Großen Berliner Kstausst. 1904 u. 1906. **

Arndt, Samuel Wilhelm, Jurist und Dilettant als Maler, Bildhauer und Kupferst., geb. 1769 in Striegau, in Breslau nachweisbar 1798—1801. Verfasser von: Theoretisch-praktische Anweisung zum Selbstunterrichte in der Öl- und Pastellmalerei.

Meyer, Kstlerlex. *C. Buchwald.*

Arndt, Wilhelm, deutsch. Kupferstecher (u. Miniaturmaler?), geb. in Berlin, wo er 1789 zum erstenmal ausstellte und sich 1794 noch aufhielt. Siedelte dann nach Wörlitz über, um für das neugegründete Dessauer chalkographische Institut zu arbeiten. 1809 zog er nach Leipzig und starb dort 1813. A. arbeitete mit dem Stichel, der Nadel und in Schwarzkunst. Seine Hauptarbeiten sind die in punktierter Manier für die chalkographische Gesellschaft ausgeführten Blätter: Amor u. Danaë (beide nach v. Dyck) u. die Thronerhebung des Kaisers Alexander Severus (nach G. Lairesse). Außerdem schuf er zahlreiche Porträts und war auch für Buchhändler tätig, doch tragen die meisten seiner Arbeiten einen handwerklichen Charakter. Das ausführlichste Verzeichnis seiner Blätter in Meyers Kstlerlex., dem noch ein Porträt von James Cook (ausgestellt in der Akad. in Berlin, Kat. v. 1889 No. 214) hinzuzufügen ist.

Le Blanc, Manuel. — Meyer, Kstlerlex.

Arndt, s. auch *Arnd* und *Arnold.*

Arnedo, José Manuel de, Bildhauer aus Logroño, in der zweiten Hälfte des 18. Jahrh. in Madrid. In der Akad. von S. Fernando eine Arbeit von ihm, die Alexander den Gr. und seinen Arzt darstellt.

Gomez, Escult. en Esp. S. 488. *M. v. B.*

Arneios, s. *Harmatios.*

Arnemann, Hans, Glockengießer, von dem mehrere in den Jahren 1487—1507 gegossene Glocken in Einbeck, Markoldendorf, Hardegsen und Kohnsen (Prov. Hannover) angeführt werden.

Mithoff, Mittelalt. Kstler. u. Werkm. Nieders. u. Westf. ***

Arnemius, Arnoldus, Kupferst., tätig um 1556. Von ihm ist nur ein Stich nach Michelangelos Ezechiel, der mit: 1556. Arnolds Arnemius faciebat und einem Monogramm bezeichnet ist, bekannt.

Meyer, Kstlerlex. *P. K.*

Arnenti, F. M. Nach ihm stach Pietro Ruga (Anfang des 19. Jahrh.) die „Veduta della facciata del Duomo di Milano", Roy. qu. Fol.

Meyer, Kstlerlex.

Arnesen, Borghild, norweg. Künstlerin, geb. in Sarpsborg 30. 4. 1872. Zuerst lernte sie einige Jahre auf der kgl. norweg. Kunst- und Handwerksschule in Christiania, dann bei den Malerinnen Asta Nörregaard und Harriet Backer. Reiste 1895 nach Paris und arbeitete in verschiedenen Akad. Nach einem Winteraufenthalt in Italien wurde sie (seit 1898) als Schülerin von Armand Point in Marlatte bei Fontainebleau in hohem Grade beeinflußt. Sie arbeitete für ihn (Gravierung und Emaillearbeit) und studierte eifrig die Natur in stark dekorativem Sinne sowie die früheren Renaissancemeister. Spezialität: getriebene Metallarbeit mit Figurenmalerei. Sie stellte in Christiania auf den staatl. Ausstellungen und separat in den 1890er Jahren und auch oft später aus; ebenfalls mehrmals im Pariser Salon. (Mention honorable auf der Exposition universelle 1900 für ein Porträt.) Frühjahr 1904 Privatausstellung in Paris. Separatausstellung in Stockholm im Herbst 1904, in Hamburg im Herbst 1905, in Berlin (Wertheim) im Sommer 1906. — In E. Thiels

Privatgalerie in Stockholm befindet sich eine Reihe von ihren Metallarbeiten.

Stuart Merriell in „La Plume" (1904). — Victor und Paul Marguerite in „La vie heureuse" (1904). — Chronique des arts 1904 (171). — Private Mitteilungen der Künstlerin. *C. W. Schnitler.*

Arnesen, David, norweg. Porträtmaler und Zeichner, geb. 1818 in Christiania, ausgebildet an der kgl. Zeichenschule in Christiania (vom Ende der 30er Jahre des 19. Jahrh. an) bei dem damals angesehenen Porträtmaler Jacob Munch und dem Landschaftsmaler Flintoe. Wurde 1840 Lehrer an derselben Schule und gründete daneben eine private Zeichenschule, die er bis um 1878 leitete. Um diese Zeit siedelte er nach Tönsberg über, wo er bis ca. 1883 blieb. Den Rest seines Lebens verbrachte er in der Nähe von Christiania, wo er im Dezember 1895 starb. Studierte in den 1840er Jahren in Kopenhagen und Paris, wo er auch 1856 und 1878 war. Kürzerer Aufenthalt in London, Belgien, Deutschland (Kiel). War seinerzeit sehr gesucht als Porträtmaler und Porträtzeichner. Seine Bilder z. T. in der Eidsvold-Galerie. Er ist jedoch weniger bemerkenswert als selbständiger Künstler, wie wegen des Einflusses, den er als Lehrer auf den Zeichenunterricht in der Hauptstadt Norwegens und auf diese Weise auf mehrere jüngere norweg. Maler ausübte. Mitglied der Direktion der nord. Nationalgalerie 1858—1869 sowie der kgl. Zeichen- und Kunstschule.

Meyer, Kstlerlex. — „Folkebladet" 1896 No. 17. — Hilditsch, Christiania-Porträter S. 32 Christ. 1895. — Dietrichson, Det norske Nationalgalleri, Christ. 1887 S. 38 u. 55. *C. W. Schnitler.*

Arnesen, Vilhelm Karl Ferdinand, dän. Seemaler, geb. in Flensburg (Schleswig) 25. 11. 1865, Schüler der Kunstakad. in Kopenhagen 1882—88. 1891—92 reiste er in Frankreich, England und Holland, 1900 nach Ostasien. Von seinen Bildern werden erwähnt: „Der Hafen in Kopenhagen" (1887, Mus. Aalborg), „Offene See" (1897, kgl. Gemäldegalerie Kopenhagen), „Wladiwostock im Winter" (1901), „Seeschlacht am Öland 1. Juni 1676" (1905, Schloß Frederiksborg), „Die Abreise des Königs Haakon von Kopenhagen 23. 11. 1905" (kgl. Schloß, Christiania).

Weilbach, Nyt dansk Kunstnerlex. I 1896. — Ausstellungs-Kataloge (Charlottenborg) 1887 bis 1907. *A. R.*

Arnhardt-Deininger, Gabriele, Malerin, geb. 31. 7. 1855 zu München. Ausgebildet in der kgl. Kunstschule München, Atelierunterricht bei Hofmaler Julius Lange und Franz Streitt in München. Seit 1885 in Innsbruck verheiratet mit Prof. Johann Deininger, p. Direktor der k. k. Staatsgewerbeschule. Landschaften aus dem Isargebiet und Tirol (besonders Ötztal). Ländliche Bauten, Interieurs. — Öl und Aquarell.

Persönl. Mitteil. *H. S.*

Arnheim, Hans, Bildhauer, geb. in Berlin am 8. 1. 1881. Wohnt in Berlin. Schüler von Ernst Herter und Peter Breuer, Studium auf der Kgl. Hochschule f. d. bild. Künste in Charlottenburg. Hauptwerke: „Steinträger" (Privatbes.), „Norwegischer Eisläufer" (Kaiser Friedr.-Mus. Posen), „Fechter", „Die Nacht", „Reliefporträt meines Vaters".

J. Svs.

Arnheiter, Dekorationsmaler, Straßburg, 18. Jahrh.

Dr. Heinrich Schreiber, Das Münster zu Straßburg — Anhang — 1829, p. 75. *Seyboth.*

Arnhold (Arnold), Joh. Samuel, Meißner Porzellan-, Blumen- u. Landschaftsmaler, aus Löthain i. S. Die Geburtsangabe (22. 12. 1766 zu Heynitz) in Meyers Kstlerlex. findet sich in den Kirchenbüchern nicht bestätigt. — Er trat 1785 in die Kunstschule der Meißner Porzellanmanufaktur ein und verdankte vorwiegend dem Unterricht Christian Lindners d. Ä. (nicht auch Grahe) seine Meisterschaft in der Blumenmalerei. 1806 wurde er zum Zeichenmeister mit dem Titel eines kgl. Hofmalers ernannt und starb am 1. 1. 1828. — Der größte Teil des Nachlasses an Bildern und Studienblättern befindet sich im Besitz der Meißner Manufaktur. Auf den Dresdener Ausstellungen von 1794—1818 findet man ihn mit Blumenstücken, Originalen wie Kopien nach Tamm u. Ruysch, genannt; 1800 und 1820 auch mit Landschaften und Jagdstücken. Außerdem erschien 1808 von ihm in 2. Aufl. eine Anleitung mit Vorlageblättern für Blumen- und Früchtemalerei. Er galt seinerzeit als ein bedeutender Vertreter der Blumenmalerei (vgl. u. a. L. Richter, Lebenserinnerungen S. 298), dagegen scheint er als Landschaftsmaler weniger glücklich gewesen zu sein.

W. Loose, Lebensläufe Meißner Künstler. *Hs. Loose.*

Arniet, Jean, Ornamentbildhauer, war zu Dijon um 1399 an der Ausschmückung des Grabes Philipps des Kühnen unter der Leitung von Claux Sluter beschäftigt.

Lami, Dict. d. sculpt. 1898. *R.*

Arnim, Bettina v., geb. Brentano, die bekannte Dichterin und Schriftstellerin, geb. in Frankfurt a. M. 7. 4. 1785, † in Berlin 20. 1. 1859. Radierte „Liebende Charitinnen" und „Nackte junge Mädchen küssen Amoretten unter einem Baum". Ihre Schwärmerei für Goethe führte auch zu dem Plan, demselben ein Denkmal in großen Maßen zu errichten, dessen Gipsmodell das Städt. histor. Mus. in Frankfurt a. M. bewahrt. Dasselbe zeigt uns Goethe als thronenden Olympier und bekundet eine große Begabung Bettinas v. A. für die Plastik.

Meyer, Kstlerlex. *Schrey.*

Arnim, Ferdinand Heinrich Ludwig von, seit 1864 Hofbaurat und Professor an der Berliner Bauakademie, geb. 15. 9. 1814 zu Treptow a. d. Rega, † 25. 3. 1866 zu Berlin. Schüler der kgl. Bauschule zu Berlin, 1844 zum Bauinspektor ernannt. Als Hofarchitekt des Prinzen Friedrich Karl schuf er für diesen in Klein-Glienike bei Potsdam das Palais in Rokoko- und das Jagdschloß in Spätrenaissanceformen. Außerdem erbaute er zahlreiche Landhäuser in Glienike und war bei mehreren kgl. Bauten in Potsdam beteiligt, so namentlich bei dem Bau der Villa auf dem Pfingstberg, wo ihm neben Stüler der Ruhm der Autorschaft gebührt. Ferner vollendete er die von Schinkel und Persius begonnene Friedenskirche zu Potsdam. Neben dieser reichen Bautätigkeit pflegte er die Aquarellmalerei, in der er Vorzügliches leistete. Auf der Berliner Aquarellen-Ausstellung im Akademiegebäude 1868 war er gut vertreten; eine reiche Anzahl seiner Aquarelle ist im Besitz des kgl. Hofbauamtes.

Meyer, Kstlerlex. (hier auch seine Stiche). — Kunstchronik III 128, 134. *H. V.*

Arnim-Bärwalde, Achim Frh. v., Historienmaler in München, war u. a. auf den akad. Kunstausstellungen Berlin 1876, 1877 u. 1881 und auf der internationalen Kunstausstellung München 1883 vertreten. Er malte namentlich Szenen aus der engl. Geschichte. (Letzte Augenblicke König Heinrichs IV. von England, Düsseldorfer allgem. deutsche Kunstausstellung 1880.)

Bötticher, Malerwerke d. 19. Jahrh. *H. V.*

Arnold, Steinmetzen in Köln. 1) Arnolt „incisor Coloniensis" 1056 genannt (Springer, De Artificibus 26); 2) Arnold, Steinmetz u. Polier, erscheint 1319 und 1321 in Schreinsurkunden (Merlo, Kölnische Künstler. 1895).

Arnold II., Abt von St. Blasien im Elsaß 1247—1276, hat das Kloster Schuttern in Gemeinschaft mit dem Guardian Godfrid neu aufgebaut. Die Namen beider Erbauer sind durch eine Inschrift überliefert worden, die noch im 16. Jahrh. existierte.

Gérard, Artistes de l'Alsace I 186, 254. *C. Enlart.*

Arnold, zweiter Dombaumeister zu Köln. Er wird seit 1280 als „magister Arnoldus magister operis Ecclesiae maioris" bis gegen Schluß des Jahrh. genannt. Für den Fortschritt des hohen Domchores unter seiner Leitung zeugen Stiftungen für Altäre, z. B. 22. 8. 1297. Aus dem Necrologium der Abtei St. Pantaleon wird sein Todestag 25. 7. ohne Jahresangabe (1303?) bekannt. Dohme (Geschichte der deutsch. Baukunst, Berlin 1885 S. 217) glaubt von der strengeren Stilgebung des ersten Baumeisters den Reichtum der Gliederung, die Flüssigkeit der Formgebung des Nachfolgers am Bau deutlich zu unterscheiden.

Merlo: Bonner Jahrb. LXXIV 1882, 93—99. — Schnaase: Gesch. d. bild. K. im M. A. 2. Aufl. 1872, 415. — Ennen: Der Dom zu Köln 1880, 86. — Merlo: Köln. Kstler. 2. Aufl. 1895, 45. — Ausführl. Literaturangaben über d. Gesch. d. Köln. Domes bei Otte-Wernicke: Handbuch d. kirchl. Kst.-Archäologie II 2. Aufl. 1885, 290 Anm. und Kraus: Gesch. der chr. K. II 1897, 196. Hier fehlt noch G. Dehio u. G. v. Bezold: Die kirchl. Baukunst d. Abendlandes II 2. Stuttgart 1901, 274 fg.

Firmenich-Richartz.

Arnold. Eine Malerfamilie Arnold wird 1352 bis 1403 in Breslau urkundlich erwähnt. Werke nicht nachweisbar.

Kstdenkm. Schlesiens V 518. *C. Buchwald.*

Arnold, Maler, Hamburg 1463 †.

Hamb. Zs., N. F. II 247, Anm. 1. — Mithoff, Mittelalt. Kstler. u. Werkmstr. Nieders. und Westf. 2. Ausg. *E. Benezé.*

Arnold, *Arnoul, Arnould, Arnoult* oder *Arnout.* Dieser Name wurde von verschiedenen belgischen Bildhauern, Architekten und Malern des 15. bis 17. Jahrh. geführt, die interessante Arbeiten, besonders in Brüssel, Namur, Léau, Löwen, Antwerpen, Maastricht und Lüttich hinterlassen haben. Siehe die Artikel *Aert,* Jehan (Arnold de Maestricht), *Arnold,* Bildh. um 1650, *Arnold,* Robert, *Arnoul* de Diest, *Arnould,* Jean, *Arnould,* Thierry unter Berücksichtigung folgender Literatur:

Pinchart, Archives, t. I. — Archives de l'État à Namur. — Annales de la Soc. archéologique de Namur, t. XVI 151. — Bulletin de l'institut archéologique liègeois VII 207, 292 und VIII 232, 237. — Marchal, La sculpture belge, p. 211, 213, 216, 414. — Meyer, Kstlerlex., t. I. — Van den Steen de Jehay, Essai historique sur l'ancienne cathédrale de St.-Lambert, à Liège, 1846; p. 58, 69, 126, 179.

Arnold (Arnt), Meister, Bildschnitzer aus Kalkar, fertigte 1483—1493 den Mittelschrein des Marienaltares in der Nicolai-Pfarrkirche daselbst. Der geschnitzte Schrein (3,60 m h., 2,20 m br.) stellt in 9, zu je 3 übereinander angeordneten Hochreliefbildern das Leben der Maria von der Verwerfung des Opfers Joachims im Tempel bis zum Tode Mariae dar. Das erhöhte Mittelstück enthält als zehntes Bild die Himmelfahrt Mariae. Über die Arbeit des Meisters, der unter den Kalkarer Schnitzern die erste Stelle einnimmt, sagt P. Clemen in den Kunstdenkmälern der Rheinprovinz: „Am künstlerisch bedeutendsten die Geburt Christi, Maria hier voll von Lieblichkeit in Zügen und Haltung, vor ihr kniend drei reizende Engelsfigürchen. Die Hütte im Hintergrunde bildet einen malerischen Abschluß. Von großer Feinheit und kühner Freiheit der Ausführung zeugt die Himmelfahrt: Von sechs Engeln wird die Madonna emporgehoben, umschwebt von zehn musizierenden Engeln. Der Figurenkanon zeigt lange und schlanke Gestalten in ruhiger, zuweilen fast etwas steifer Haltung, die stehenden Figuren haben beinahe neun Kopflängen, dünne Hälse über schmalen Schultern, die Frauen mit ungewöhnlich hoch sitzenden Brüsten u. langgestrecktem Unterkörper. In der Gewandung senkrechte Parallelfalten vorherrschend. Die Kompositionen ohne dramatischen Zug, nur von stiller Anmut. Ganz abweichend ist die unruhige aber bedeutende Gruppe der Verkündigung." Die Gemälde der Flügel gehören einer späteren Zeit (Anf. des 16. Jahrh.) an und sind — namentlich die Innenseiten — ziemlich geringwertig. Auch die geschnitzte Predella stammt nicht von A., sondern von Everhard von Monster.

A. Wolff, Die St. Nicolaipfarrkirche zu Calcar, etc. Calcar 1880 p. 23. — Clemen, Kunstdenkmäler der Rheinprovinz, I. Kreis Kleve p. 60/61 (Abb. Taf. III). — Bode, Gesch. d. deutschen Plastik p. 218/219. *H. V.*

Arnold, Meister, als Steinmetz und Maurermeister bei der Wiederherstellung des Schlosses Hambach (1557—1563) beschäftigt, wo er gemeinsam mit seinem Schwager Lenss aus Düren die Galerien und Balustraden fertigte.

Clemen, Kstdenkmäler d. Rheinprov., VIII. Kreis Jülich I 83. *H. V.*

Arnold, vlämischer Bildhauer, um 1650 tätig. Er hatte für die Kathedrale St. Lambert verschiedene Arbeiten in Marmor ausgeführt und ist in der Kirche St. Nicolas zu Lüttich noch durch eine gute Christusstatue vertreten. Auch eine Statue des hl. Sebastian, in der Kirche St. Antoine befindlich, kann ihm zugeschrieben werden.

Litt. siehe unter Arnold (allgem. Artikel p. 128). *E. de Taeye.*

Arnold, Glockengießerfamilie des 17. und 18. Jahrh. in Dinkelsbühl. Deren Vertreter: *Johann* (um 1663), *Alexander* (um 1732), *Claudius* (um 1748), *Joseph* (um 1765) und *Nicolaus* (um 1763), lieferten Glocken namentlich für Kirchen des Württemberger Jagstkreises.

Kst.- u. Altertumsdenkmale i. Königr. Württemberg, Jagstkr. 73, 164, 166, 177, 183, 184, 188. *H. V.*

Arnold, deutscher Kupferstecher. 18. Jahrh. Nur bekannt durch ein Blatt mit dem Kopf eines alten bärtigen Mannes, das Arnold fec. aquaforti bezeichnet ist. Gwinner (Zus. zu Kunst u. Kstler. in Frankfurt a. M.) hält ihn für einen Dilettanten aus Nothnagels Schule, der vielleicht mit Arold identisch ist.

Brulliot, Kat. Aretin. — Meyer, Kstlerlex. *—y.*

Arnold, s. auch *Arnd* und *Arndt.*

Arnold, Adalbert, böhm. Glockengießer, von ihm eine große mit Reliefs und Inschriften reich verzierte Glocke aus dem Jahre 1580 in der Ägidiuskirche in Mühlhausen i. B.; eine andere von 1586 in Mlázov (Bez. Klattau).

Topogr. der hist. u. Kunstdenkm. im Kgr. Böhmen V 134, VII 158. ***

Arnold, Alois, Tiroler Maler, Sohn des Josef Arnold sen. Nach den „Tiroler Stimmen" 1879 No. 53 war er Landschafter und Kopist und weilte 9½ Jahre in Rom. Nach Vollendung eines Bildes „Panorama von Rom vom Pal. Venezia aus" entsagte er der Kunst und lebte als Eremit in der Campagna. Er starb 1863 im Spital S. Spirito in Rom. *H. Hammer.*

Arnold, Mrs. **Annie Merrylees**, Porträtminiaturmalerin in London, stellte seit 1901 regelmäßig in der Royal Academy Porträtminiaturen von Damen und Kindern aus.

Graves, Roy. Acad. Exh. I 66. **

Arnold v. **Binche**, s. *Arnulphe* de B.

Arnold, Carl Heinrich, Maler, Tapetenzeichner und Lithograph, geb. 17. 9. 1793 zu Cassel, † 1. 4. 1874 daselbst (nach Hoffmeister), Schüler Davids in Paris, malte Landschaften, Genre- und Tierstücke. Von ihm in Stein geschnitten ein Brustbild des Kurfürsten Wilhelm II. von Hessen und mehrere Landschaften. Auf den Berliner Akademieausstellungen 1834 und 1838 war er mit einigen Arbeiten vertreten.

Hoffmeister, Kstler. und Ksthandw. in Hessen, Hannover 1885. — Meyer, Kstlerlex. *H. V.*

Arnold, Carl Johann, Tier-, Genre- und Porträtmaler und Radierer, tätig in Berlin, später in Weimar, geb. 30. 8. 1829 zu Kassel als Sohn des Malers Carl Heinrich A., Schüler der Akad. zu Kassel und Antwerpen, dann Ad. Menzels in Berlin. Sein Hauptstoffgebiet ist die Tierwelt, deren Leiden und Freuden er in Malerei, Radierung und Holzschnitt behandelt. Nebenher pflegt er das bürgerliche Genre u. das Porträt: Bildnis Kaiser Wilhelms im Krönungsmantel, Aula der Straßburger Universität, ein anderes Bildnis Kaiser Wilhelms im Berliner Rathaus, ein ausgezeichnetes Brustbild von Louis Spohr von ihm lithographiert. Seine Tier- und Genrebilder haben einen liebenswürdig anekdotenhaften Charakter, der A. in weiten Kreisen populär gemacht hat, und finden sich vielfach in illustrierten Zeitschriften wie Gartenlaube, Über Land und Meer reproduziert. Sein Hauptwerk, eine 1858 in Berlin ausgestellte lebensgroße Eberjagd befindet sich im Besitz des Grafen Schaffgotsch. Für die Kirche in Laudan (Rußland) malte er ein Altarbild. Die Berliner Nationalgalerie erwarb 1886 zwanzig Tier- und andere Studien von ihm. Eine ziemlich vollständige Sammlung seiner zahlreichen graphischen Arbeiten befindet sich in der Bremer Kunsthalle (Sammlung H. H. Meier).

L. Pietsch in Meyers Kstlerlex. — Jac. Hoffmeister, Kstler. u. Ksthandwerk. in Hessen. — Rosenberg, Berliner Malerschule. — Bötticher, Malerwerke d. 19. Jahrh. *H. V.*

Arnold, Christian Friedrich, Baumeister, geb. 12. 2. 1823 zu Drebach im Erzgeb., † 13. 6. 1890 zu Dresden, besuchte die Dresdener Akademie unter G. Semper, wo er 1849 den großen Staatspreis und damit ein Stipendium errang, das ihm 1850—1852 eine Studienreise durch Süddeutschland nach Italien, Frankreich und Belgien ermöglichte. Nach seiner Rückkehr erhielt er eine Professur an derselben Anstalt, die er bis 1885 inne hatte, und entwickelte eine äußerst fruchtbare praktische Tätigkeit. Außer als Erbauer zahlreicher Dorfkirchen in Sachsen (Staucha, Wantewitz, Eppendorf, Voigtsdorf, Falkenstein i. V., Potschappel u. a.) ist A. hauptsächlich bekannt durch seinen 1864 bis 1868 geleiteten Umbau der Sophienkirche (Franziskanerk.) zu Dresden, wo die beiden Türme der Westfront und die seitenschiffartigen Gänge an den Langseiten von ihm hinzugefügt sind, und durch seine Restaurierung des Domes zu Meißen. Von seinen Profanbauten verdienen genannt zu werden: die in neugotischem Stile 1864—65 erbaute Kreuzschule zu Dresden, Schloß Eckberg a. d. Elbe und die dreitürmige Villa Souchay auf dem Albrechtsberg bei Loschwitz. Als Frucht seiner italien. Studien veröffentlichte er 2 Werke über den herzoglichen Palast von Urbino (Leipzig 1856/57) und das Baptisterium zu Siena.

Kunstchronik N. F. I 496. — Bau- u. Kstdenkm. Sachsens, Heft 21—23, p. 93; 24, p. 81, 101. — Dioskuren 1865, p. 202, 264. — H. A. Müller, Kstlerlex. der Gegenwart 1882. *H. V.*

Arnold, Edward, Glockengießer in Leicester, goß 1784 die Glocken der Kirche von Rothley.

North, Bells of Bedfordshire. **

Arnold, Franz, Kupferstecher, wurde zu Brünn geboren, besuchte die Akad. der bildenden Künste in Wien, worauf er in seine Vaterstadt zurückkehrte, wo er sich mit Malen und Kupferstechen beschäftigte und in beiden Kunstzweigen ein treffliches Talent verriet. Er starb, noch sehr jung, in Brünn am 29. 10. 1790.

Schram, Verzeichnis mähr. Kupferstecher. Brünn 1894. *W. Schram.*

Arnold, Friedrich, Architekturmaler, geb. zu Straßburg 1814, besuchte 1842 die Akad. zu Düsseldorf und malte damals eine innere Ansicht des Domes in Xanten von beträchtlicher Größe. Leider wurde Arnold durch den Tod zu früh der Kunst entrissen.

Notizen von Nagler. **

Arnold, Friedrich, sächs. Maler, geb. 1831 in Zeulenroda, † 1862 in Florenz. Schüler der Dresdener Akademie, besonders Ludwig Richters. Malte in dessen Atelier einige stimmungsvolle Landschaften (Ernte, Mühle, zwei Abendlandschaften), die 1858, 1859 u. 1860 auf Dresdener Ausstellungen prämiiert wurden und in Dresdener Privatbesitz übergingen. Der talentvolle Künstler ging 1862 eines Lungenleidens wegen nach Italien, starb aber auf der Reise in Florenz. Sein künstlerischer Nachlaß befand sich auf der Dresdener Kunstausstellung von 1863.

Meyer, Kstlerlex. II 280.

Arnold, Friedrich, s. *Arnold,* Christian Friedrich.

Arnold, Fritz, Steinmetz des 15. Jahrh., beschäftigt in Würzburg unter Linhart Strohmaier an dem Bau der Liebfrauenkirche daselbst.

Niedermaier, Kunstgesch. d. Stadt Wirzburg (2. Aufl.) 210. *Fr. Leitschuh.*

Arnold, Georg Adam, Maler, lebte im 17. Jahrh. in Bamberg, † nach 1680 daselbst. Von ihm eine Innenansicht des Bamberger Doms in Öl (1680) und Handzeichnungen. Fr. Weygant stach 1680 ein Blatt des Meisters: Durchzug der Juden durchs rote Meer, gewidmet dem Bamberger Bischof P. P. v. Dernbach, benutzt als Bild zu Doktorthesen der Bamberger Universität.

Jäck, Leben und Werke der Künstler Bambergs S. 11. — Füssli, Neue Zusätze.

Arnold, Georges Alex. Rodolphe, Architekt in Paris, geb. in Lille 1837, stellte zuerst im Salon 1869 Pläne für den Bau von St. Michel in Lille aus u. im nächsten Jahre Entwürfe für das Ausstellungs- und Festpalais in Lille. 1881 und 1882 zeigte er im Salon die Pläne für ein Justizpalais und für die Kathedrale zu Nouméa. In Paris baute er Hotels und Wohnhäuser.

Bellier-Auvray, Dict. gén. Suppl. — Delaire, Les Architectes, Paris 1907. **

Arnold, Hans Ulrich, Bruder von Joseph, Kupferstecher zu Ulm, † 13. 8. 1662, als er mit den Stichen zu Furtenbachs mannhaftem Kunstspiegel beschäftigt war.

Meyer, Kstlerlex. *R.*

Arnold, Harriet, geb. Gouldsmith, Landschaftsmalerin in London, geb. um 1787, † am 6. 1. 1863, debütierte in der Roy. Academy 1807 und stellte dort zuerst unter ihrem Mädchennamen und nach ihrer Verheiratung mit Captain Arnold (1839) unter ihrem angeheirateten Namen, bis 1854 aus. 1813 wurde sie Mitglied der Water-Colour Society und beteiligte sich an deren Ausstellungen seit 1820. Im Jahre vorher veröffentlichte sie 4 landschaftliche Radierungen (Claremont) und 1824 4 Lithographien. Außer Landschaftsansichten, die geschätzt aber künstlerisch doch nur mittelmäßig waren, hat sie auch einige Porträts und Genrebilder (z. B. Szene aus Don Quixote) gemalt.

The Art-Journal 1863 p. 53. — Redgrave, Dict. of artists. — Graves, The Roy. Academy of Arts I 67, III 281. **

Arnold, Heinrich Gotthold, Porträt- und Genremaler, Professor an der Dresdener Akademie, geb. zu Lomnitz bei Radeberg, Kgr. Sachsen, am 4. 3. 1785, † zu Dresden am 3. 5. 1854, widmete sich anfänglich unter Prof. Schulz in Dresden der Kupferstecherkunst, wendete sich aber bald unter der Leitung des Prof. Schubert der Malerei zu. Seine Tätigkeit blieb handwerksmäßig; in der Jugend kopierte er viel, malte aber auch eigene Kompositionen. Von diesen selbständigen Arbeiten seien genannt: 1808 eine Hygiea; 1819 die Jugend, welche von einem Greise auf die Vergänglichkeit der Zeit aufmerksam gemacht wird; 1820 Christus am Kreuze und St. Rochus, zwei Altargemälde; 1823 eine Maria Rosaria für eine Kirche in Polen, später eine betende Constantia und eine hl. Augustina; 1842 Christus mit den Aposteln, in der Kirche zu Lomnitz. Sein Selbstbildnis im Dresd. Mus.

Meyer, Kstlerlex. — F. v. Bötticher, Malerwerke des 19. Jahrh. u. Nachträge zu Bd. I. — Bau- u. Kunstdenkmäler d. Königr. Sachsen. Heft 26, p. 81. *H. V.*

Arnold, Heinrich Lucas, Maler, Sohn des Vorhergehenden, geb. am 6. 2. 1815 in Chemnitz. 1827—1836 Schüler der Dresdener Akad., bis 1854 in Dresden nachweisbar (s. Kat. d. Ausst. Dresdener Maler, 1800—1850. Dresden 1908.).

Arnold, Hermann, deutscher Historien- und Genremaler. Geb. am 6. 5. 1846 in München, seit 1868 Schüler der dortigen Akademie unter Schraudolph, Ramberg u. Alex. Wagner. 1881—1884 Sekretär der Münchener Künstlergenossenschaft. 1885 nach Weimar berufen als Sekretär der Großherzogl. Kunstschule, 1889 zum Professor und 1890 zum Direktor der Großherz. Zeichenschule ernannt. † am 25. 4. 1896 in Jena an den Folgen einer Operation, der er sich wegen einer im deutsch-französ. Krieg erlittenen Verwundung unterziehen mußte. A. malte zuerst einige historische Gemälde (Altarbild für eine Kirche in Luxemburg, Überschwemmung an der Ostsee, 1872), ging aber dann zum Genrebild, hauptsächlich des ländlichen Lebens, über, in dem er seine größten Erfolge errang. Wir nennen: Der Schützenkönig, Die Nachbarskinder (1873), Besuch bei der Wöchnerin (1882), Schwere Wahl (1882), Rosen im Traum (1883), Dorfgalerie (1884), Der Moment vor dem Kaufabschluß (1887) u. ein Altarbild (Kopie v. Leonardos Abendmahl) für die Kirche in Tölz.

H. A. Müller, Biogr. Kstlerlex. d. Gegenw. — Bötticher, Malerwerke des 19. Jahrh. — Die Kunst f. Alle XI 270. ***

Arnold, J. J., stellte als „Honorary Exhibitor" 1799 das Porträt des Dr. Ayrton in der Royal Acad. in London aus.

Arnold, J. M., württemb. Bildhauer. Von ihm die Grabsteine des 1775 † Forstmeisters J. G. Hübner und des 1790 † Pfarrers J. F. Thym an der Außenseite der Kirche von Stöckenburg (Oberamt Hall).

Kst.- u. Altert.-Denkm. im Kgr. Württemberg. Jagstkr. p. 690. ***

Arnold, Johann (bei Heinecken irrig Anton A.), böhm. Kupferstecher, geb. 1735 in Königgrätz, Schüler von Renz, um 1763—72 in Prag tätig. Arbeitete viel für Buchhändler und stach zahlreiche Andachtsblätter. Seine Arbeiten sind schwach in der Zeichnung und Technik.

Dlabacz, Böhm. Kstlerlex. — Meyer, Kstlerlex. II 275 (mit ausf. Verz. des Oeuvre).

Arnold, Johann, Maler, geb. 6. 12. 1800 (laut Taufbuch) zu Stans bei Schwaz in Tirol, † 20. 10. 1885 ebendaselbst, Bruder des Josef A. sen. Nach den „Tiroler Stimmen" 1885 No. 241 malte er Altarbilder für die Kirchen in Kufstein (Stationen), Angath, Eben, Schlitters, Stans in Tirol. Einige Bilder von ihm birgt das Kloster Fiecht (priv. Mitt.). *H. Hammer.*

Arnold, Johann Friedrich, geb. um 1780, tätig in Berlin als Kupferst. in Linienmanier und Aquatinta. Schüler von Daniel Berger. † Berlin 1809. Bildnisse (Chodowiecki nach A. Graff, Napoleon nach Dähling, Blücher nach demselben), Landschaften (Wasserfall nach J. Ruisdael). Seine bekanntesten Blätter sind: Napoleon am Grabe Friedrichs des Gr. nach Dähling und Zusammenkunft Napoleons, Alexanders und Friedrich Wilhelms III. in Tilsit nach L. Wolff.

Meyer, Kstlerlex. II 276. *J. S.*

Arnold, Joh. Georg, Werkmeister von Stuttgart, fertigte gemeinsam mit dem Werkmeister Heim(bsch) den Plan zu dem Rathaus in Schwäbisch-Hall (erbaut 1732—1735). Ferner erbaute er 1731—38 gemeinsam mit Heim(bsch) und Georg Andr. Teschler die Spitalkirche z. hl. Geist daselbst.

Kst.- u. Altertumsdenkmale i. Königr. Württemberg, Neckarkreis 580; Jagstkreis 488, 548, 719. *H. V.*

Arnold, Joh. Gottfried jun., Goldschmied in Coburg. Von ihm eine inschriftlich bezeichnete, silberne Hostienbüchse von 1775 in der Kirche zu Ebenhards (Thüringen).

Bau- u. Kstdenkmäler Thüringens, Herzogt. Sachsen-Meiningen, Amtgerichtsbez. Hildburghausen p. 19. *H. V.*

Arnold, Johannes und Siegmund, Glockengießer des 16./17. Jahrh. aus Fulda. Arbeiteten vorzugsweise für die Kirchen ihrer Heimat und für das Hochstift Würzburg. Die sogenannte „Margel" in St. Burkardus in Würzburg, mit prachtvoll modellierter Krone und Medaillons, Wappenschildern von Burkarder Stiftsherren, stammt von Johannes A. (1592). Eine Glocke von Siegmund A. (im nördl. Chorturm des Würzburger Domes) zeichnet sich durch eine naturalistisch gebildete Blattornamentierung aus (1613).

Niedermaier, Kunstgesch. d. Stadt Wirzburg (2. Aufl.) 295. *Fr. Leitschuh.*

Arnold, Jonas, Maler und Radierer zu Ulm, 1640 als Bürger aufgenommen, † 1669, malte Bildnisse, Historie, und verstand sich auch aufs Architektur- und Pflanzenzeichnen. Das Verzeichnis der „Kunst- und Naturalkammer" von Christoph Weikmann zu Ulm (1659, kl. 8., p. 69) sagt, daß unter den dort vorhandenen Malereien besonders merkwürdig seien: „In die 200 Stück von allerhand schönen und von Jonas Arnolden sehr fleißig auf Pergamin (Pergament) contrafehten Tulipen" aus dem Weikmannschen Garten. In der alten ihrer Zeit berühmten Furtenbachschen Kunstkammer zu Ulm war von A. das Bildnis der Großherzogin Bianca von Florenz (jedenfalls eine Kopie nach einem älteren Italiener), das Haupt Johannes d. T., und das Lob der Pallas, letzteres mit der Feder gezeichnet. In der Galerie der Fahnenburg bei Düsseldorf befindet sich ein „Jon. Arnold fecit" bezeichnetes Bild „der Herbst", während das Gegenstück „der Sommer" (mit Monogramm und 1663 datiert), das früher auch auf der Fahnenburg war, in den Besitz der Familie Stommel in Düsseldorf gekommen ist. Man findet auch Zeichnungen mit dem Monogramm, die nach Nagler mit der Feder umrissen, ausgetuscht, mit Weiß gehöht und sorgfältig vollendet sind. Das Monogramm legte man früher dem Joseph Furtenbach bei, dessen „Gevatter" Arnold war. — Seine Stiche nach eigenen Erfindungen (Allegorien und Illustrationen), ferner die Stiche von Kilian u. a. nach verschiedenen seiner Porträtzeichnungen siehe in dem Artikel von W. Schmidt in Meyers Kstlerlex.

Heller-Andresen, Handb. f. Kpferst. I 1870. — A. Weyermann, Nachrichten v. Gelehrten . . . in Ulm I. — Meyer, Kstlerlex. (hier auch Faksimilia des Monogramms u. ältere Lit.). *R.*

Arnold, Joseph, Bildnismaler zu Ulm, Sohn von Jonas Arnold, † 1671. Vermutlich nach ihm: Jacob Jenis, Rechtsgelehrter, Rat der Stadt Memmingen. Oval. Brustb. Jos. Arnold pinx. Philipp. Kilian sculp. Fol.

Meyer, Kstlerlex. *R.*

Arnold, Josef sen., Maler, geb. 14. 3. 1788 zu Stans bei Schwaz in Tirol (laut Taufbuch), † 23. 2. 1879 zu Innsbruck. Sohn des Bergknappen und Kleinbauern Jakob A., wandte er sich, wegen eines hinkenden Fußes zu schwerer Arbeit untauglich, dem Malerhandwerk zu, das er in Schwaz bei einem Anstreicher lernte. Der Benediktinerpater Eberhard Zobel von Fiecht, selbst Zeichner und Sammler, unterstützte und regte ihn zu höherem Streben an. Schon 1813 versuchte er sich mit einem Fresko im Pfarrhaus Stans und lieferte bald kleine Altarblätter, so für Vomp (1814), St. Margareten, Wattens (1815), Münster (1816). Daß er Schüler oder Gehilfe Schöpfs gewesen, ist nicht nachweisbar, doch hat er nach Fresken desselben gezeichnet, und seine Jugendwerke weisen deutlich auf Schöpf als Vorbild hin. 1816 wanderte er nach München, in dessen Galerien er nach Raffael, Reni, Murillo kopierte. Hierauf ging er nach Wien, wo er 1818—25 unter den Professoren der kais. Akad. Caucig, Redl, Petter, Krafft lernte und zugleich eifrig weiter kopierte. Mit einem Tafelbild „David u. Abigail", errang er 1824 den Reichlingpreis, mit einem „Tod der Saphira" den kaiserl. Preis (beide jetzt in Innsbruck, Ferdinandeum). Auch bekam er Aufträge zu Altarblättern für Brünn (1821), Schlitters im Zillertal (1822), St. Michael im Gnadenwald (1823), Mühlbach (1825). Seit 1825 nahm er, unterbrochen durch eine Romreise 1829, Aufenthalt in Innsbruck und entfaltete nun, in die durch Schöpfs Tod (1822) entstandene Lücke tretend, eine reiche Tätigkeit als Kirchenmaler; durch zwei Jahrzehnte beherrschte er geradezu die kirchliche Kunst Tirols. Der Reihe nach entstanden Freskowerke in Gries am Brenner (1827/28, Christi Geburt, Opferung Jesu), am Friedhofportal in Lienz (1831, Auferstehung), in der Pfarrkirche zu Innsbruck (1832, Verklärung Christi), in den Kirchen zu Axams (1841, Leben Joh. d. T.), Lajen bei Klausen (1844, Krönung Mariä, Szenen aus dem Leben des hl. Stephan und Lorenz), St. Peter bei Lajen (1845, Verklärung, Schlüsselübergabe u. a.), St. Maria in Enneberg (1848/49, Leben Mariä), am Portal der Hofkirche in Innsbruck (1849), zu Silz (1850, Schlüsselübergabe, Befreiung Petri, Bekehrung des Kerkermeisters, David und Cäcilie, Evangelisten), Lengenfeld (1852, Leben der hl. Katarina). Die Fresken in der früheren St. Nikolauskirche zu Innsbruck (1845/6, Leben des hl. Nikolaus) und jenes an der Fassade der Mariahilferkirche ebenda (1860, Maria mit Heiligen) bestehen nicht mehr; von letzterem ist eine Ölkopie im Ferdinandeum. A. ist weiter der Schöpfer von zahlreichen (angeblich 52) Altarbildern, hauptsächlich in tirolischen Kirchen. Außer den obengenannten malte er solche für die Kapuziner-, Serviten- und Pfarrkirche (Stationen) in Innsbruck; für die Kirchen zu Ladis, Imst, Karres, Stams im Oberinntal, Schwaz (Spitalkirche), Stans, Kufstein im Unterinntal, Gries am Brenner. Für den Landhaussaal in Innsbruck lieferte er ein Porträt Kaiser Franz Josefs I. (1863). Das Ferdinandeum in Innsbruck birgt außer den oben erwähnten Preisstücken ein Historienbild „Phädra beschuldigt Hippolit vor Theseus" (1820), sowie Kopien nach Raffael, Correggio, Moretto. Die tirolische Kunstausstellung zu Innsbruck 1879 wies 7 religiöse Stücke und 2 Ölskizzen aus Privatbesitz auf. Einige Skizzen für Fresken besitzt das Stift Stams. — A.s Kunst wurzelt in der von Mengs begründeten eklektisch-akademischen Richtung. Seine Wiener Preisstücke zeigen ihn ganz im Banne der Schule Fügers. Nach Tirol heimgekehrt und seither ganz kirchlichen Aufträgen gewidmet, wurde er der Fortsetzer Josef Schöpfs, des Schülers von Knoller und Mengs. Doch erreicht A. von Anbeginn nicht die flüssige Komposition, malerische Auffassung und den Duft des Kolorits seines Vorbildes; er ist strenger und ernster in der Komposition, bestimmter, aber auch härter im Umriß, kräftiger, aber schwerer in der Farbe; zu seinen Vorzügen zählt anschauliche Charakteristik, oft mit einem Zug ins Volkstümliche. Am erfreulichsten ist er in den früheren Werken, wo er Schöpfs Reichhaltigkeit und Grazie nachstrebt, so in Gries, Lienz, Axams. Später wird er ärmer und steifer in Anordnung und Gestalten, unmalerischer in der Farbengebung, offenbar beeinflußt von der nazarenischen Strömung, zu der er in Tirol den Übergang darstellt.

Tirol. Kstlerlex. S. 18. — Bote f. Tirol und Vorarlberg 1851 S. 1347. — Tiroler Stimmen 1879 No. 51—53. (Hutter.) — Tinkhauser, Beschr. der Diözese Brixen, a. v. O. — Atz-Schatz, Der deutsche Anteil der Diözese Trient III 196. — Katalog der tirol. Kunstausstellung 1879 S. 34. — Zeitschr. f. bild. Kunst, 14. Jahrg. Beibl. S. 452. *H. Hammer.*

Arnold, Josef jun., Maler, geb. 1823 zu Wien, † 28. 4. 1862 zu Innsbruck, Sohn des Josef A. sen. Er arbeitete an den Fresken seines Vaters zu Lajen bei Klausen (1844) und Enneberg (1848/9) mit und führte zu St. Peter bei Lajen selbst Fresken (Rosenkranzgeheimnisse) aus. Mit F. Plattner malte er (1861) die Fresken der Kirche zu Zirl, wo das Wandbild des Chors (Einzug Christi) von ihm allein herrührt. Das Ferdinandeum zu Innsbruck bewahrt ein weibl. Brustbild, eine Modellstudie und das Porträt seines Vaters von ihm (No. 361, 362, 869). Die tirolische Kunstausstellung zu Innsbruck 1879 zeigte von A. jun. 7 Landschaften und Interieurs aus Privatbesitz (Kat. p. 30, 35, 36).

Bote für Tirol und Vorarlb. 1861 S. 1097, 1862 S. 409. — Tinkhauser, Beschr. der Diözese Brixen III 78. — Atz-Schatz, Der dtsche. Anteil der Diöz. Trient III 185. — Bötticher, Malerw. d. 19. Jahrh. *H. Hammer.*

Arnold, Lucas, s. *Arnold,* Heinr. Lucas.

Arnold, M., Bildhauer um 1840; von ihm eine überlebensgroße Gruppe eines Spielmannes mit einem Gnomen auf dem Rittergut Burgk bei Dresden, anscheinend in Zink gegossen, bez.: M. Arnold fec. A. Bierling fud.

Bau- u. Kstdenkm. Sachsens, Heft 24. *H. V.*

Arnold de Maestricht, s. *Aert,* Jehan (I 100) u. *Arnold* de Tricht.

Arnold, Miß Mary und Miß May, engl. Porträtminiaturmalerinnen in Stamford House, Wimbledon, von denen die erstere 1898/9, die letztere 1903 Miniatur-Damenporträts in der Roy. Academy ausstellten.

Graves, The Roy. Academy of Arts, 1905, I 66. **

Arnold, Michael, Bildhauer in Kissingen, geb. 30. 4. 1824 zu Aschaffenburg, † 26. 10. 1877 in Bad Bocklet, fertigte als erste selbständige Arbeit das große Veteranendenkmal in Mannheim, wo er 5 Jahre wohnte. Der Revolution 1848 ausweichend, ging er nach Münnerstadt und wurde am dortigen Gymnasium Zeichenlehrer, später übernahm er die Zeichenschule in Kissingen. Nach einer Romreise nach Kissingen zurückgekehrt, schuf er die kolossale Brunnengruppe auf dem Kurplatze daselbst und eine lebensgroße Familiengruppe auf Schloß Mainberg bei Schweinfurt für die Familie Sattler, ferner eine 9 Fuß hohe Marmor-Statue des Königs Max II. für Kissingen. In derselben Größe und ebenfalls in weißem Marmor führte er dann eine trauernde Germania als Grabfigur der im Kampfe bei Kissingen 10. 7. 1866 gefallenen Bayern und Preußen aus. Auch eine große Anzahl Büsten und Marmorstatuen ging aus seinem Atelier in Kissingen hervor.

Meyer, Kstlerlex. — Dioskuren 1862 232, 249, 257, 266, 290. **

Arnold, R., Miniaturmaler, London, stellte 1791 in der Royal Acad. das Miniaturbildnis eines Herrn aus. **

Arnold, Reginald Ernst, engl. Maler und Bildhauer, debütierte in der Roy. Academy 1876 mit einer Bronzegruppe „St. Georg und der Drache" und stellte dann dort bis 1896 eine Reihe von Gemälden aus, die Motive aus Spanien (Spanish Duellist; Flower Seller, Seville; The Barber of Seville) oder auch poetische Stoffe (Nausicaa directs Ulysses to the City; Othello u. a.) behandelten. Von plastischen Arbeiten zeigte er dort nur noch gelegentlich dekorative Reliefs.

Graves, The Roy. Academy of Arts, 1905, I 67. **

Arnold, Robert, Architekt und Bildhauer, war Karthäusermönch zu Lüttich im 17. Jahrh. Protegiert vom Prinzen Maximilian Heinrich von Bayern, Bischof von Lüttich und von Hildesheim (1621—1688), soll er Abt eines bayrischen Klosters geworden sein; er starb jedoch, wie es scheint, in Lüttich, woselbst er verschiedene Arbeiten für die ehemalige Kathedrale St. Lambert ausführte, die 1794 von den Revolutionären zerstört worden ist. Man nennt von dem Künstler ausgeführte Marmor-Medaillons, die verschwunden sind, und eine schöne Marmorstatue der Jungfrau mit dem Jesuskinde, heute in der Kirche St. Paul, die 1802 Kathedrale geworden, befindlich. Die Statue steht in der 3. Kapelle des linken Seitenschiffes. Als Architekt soll Robert Arnold die Pläne zur Fassade der prächtigen Kirche der Benediktinerinnen (Avenue d'Avroy) gezeichnet haben, die 1627 wieder aufgebaut wurde.

Lit. s. unter Arnold (allgem. Artikel p. 128). *E. de Taeye.*

Arnold, Samuel Benedikt, Fresko-, Porträt- und Theatermaler, geb. zu Dresden 1744, † daselbst 1817. Die Anfangsgründe der Zeichenkunst eignete er sich bei dem ehemaligen Ingenieurzeichenmeister Schütz an, dann lernte er beim Hof- und Theatermaler Müller, 1778 erhielt er einen Ruf nach Bremen und Oldenburg und hielt sich noch arbeitend in verschiedenen Städten Niedersachsens auf; 1783 kehrte er nach Dresden zurück. Er war an der Ausschmückung des sogen. neuen Flügels in Schloß Pillnitz mit tätig (dekorative Arbeiten und Plafonds), fertigte ferner gelegentlich der Vermählung des Prinzen Maximilian 1792 Malereien im prinzl. Palais nach Angabe des Hausmarschalls Frhr. von Racknitz. 1793 wurde er vom sächs. Hofe mit Besoldung als Hofmarschallamtsmaler angestellt. Viel Beifall fanden seine Porträts in Wasserfarben und auch Bildhauerarbeiten, Reliefs.

Meusel, Teutsches Kstlerlex. — Keller, Nachrichten von Dresdener Kstlrn. — Meyer, Kstlerlex. *R. Bruck.*

Arnold, Samuel James, engl. Panoramen- und Porträtmaler, stellte 1800—1808 eine Reihe von Porträts in der Roy. Academy aus und war in der Panoramenmalerei ein Nachahmer und Rivale Parkers. Nach Arnolds Porträt des Naturforschers Erasmus Darwin fertigte P. Pym ein Schabkunstblatt in Folio (1801).

Meyer, Kstlerlex. II 276. — Redgrave, Dict. — Graves, The Roy. Academy of Arts I 67. **

Arnold, Siegmund, s. *Arnold,* Johannes.

Arnold *„de Trajecto"* (Maastricht oder Utrecht?), Bildschnitzer in Hamburg. Schnitzt 1463 die nachher von Epsenrod (s. d.) bemalte hölzerne Rose für die Ratsherrnkapelle, s. Hamb. Kämmereirechnungen II 195. Wohl identisch mit dem „Kuntormaker" A. (Kämmereirechn. II 379 z. Jahre 1468).

Mithoff, Mittelalt. Kstler. und Werkmstr. Nieders. und Westf. 2. Ausg. p. 21 und 450. *E. Benezé.*

Arnold von Tricht aus Kalkar, deutscher Bildhauer, 16. Jahrh., verfertigte 1551—1553 von den lebensgroßen Steinbildern an den Pfeilern des Mittelschiffes der St. Victorskirche in Xanten die Figuren der drei Könige. 1556 verfertigte er die den Mittelbau des Leuchterbogens ebendort krönende Figur (vgl. auch den Artikel *Aert,* Jehan, I 100).

Kunstdenkm. der Rheinprov. I 351, 361, 498. ***

Arnold, Urs Josef Friedrich, geb. 1739 in Solothurn, † ebenda 1810. In seiner Jugend Zinngießer. Zeichnete und stach 1762 bis 1770 die Metallplatten für die Einlagen in den Eckstein u. Knopf der St. Ursenkirche nebst den im Mus. in Solothurn aufbewahrten Kopien.

Brun, Schweizer. Kstlerlex. ***

Arnold, Valentin, Kanonengießer aus Prag, von dem in Krumau (in Böhmen) 2 Kanonen mit seinem Namen und dem Datum 1608 erhalten sind.

Mitt. d. Centr.-Comm. N. F. XVII 34. **

Arnold von Westphalen (Arnalt Bestürling?), Baumeister, tätig in Sachsen, woselbst er von 1470 bis zu seinem Tode am 4. 5. 1480 nachzuweisen ist.

Seit 1471 stand er in den Diensten des Kurfürsten Ernst und des Herzogs Albrecht von Sachsen und leitete als Oberlandbaumeister den Bau des Torgauer Schlosses. Früheste Arbeit von ihm vielleicht am Schloß Hinterglauchau (zwischen 1460—70). Unter Hugold von Schleinitz war er von 1470—75 an der Erneuerung des Burghauses zu Rochsburg tätig, für ihn arbeitete er zu gleicher Zeit auf Burg Kriebstein von 1471 an. Von 1471 ab Einwölbung des Chores der Kirche zu Mittweida. 1472 beginnt seine Haupttätigkeit in Meißen bis 1476 am Meißener Dom und als Architekt der Albrechtsburg. 1472 war er vorübergehend am Residenzschlosse zu Dresden beschäftigt. Ferner Arbeiten von ihm an der Kirche zu Unserer Lieben Frauen auf dem Berge zu Penig und am östlichen Torhaus des Schlosses zu Rochlitz; Oberleitung am Baue des Schlosses zu Tharandt 1476 und des Schlosses zu Leipzig 1478/80, daselbst Entwurf zum Gewandhause 1479. Die Kunigundenkirche zu Rochlitz, vollendet 1476, ist außer dem Turmbau ein einheitliches Werk des Meisters, an den sich eine bedeutende Schule anschloß, die aber seine wichtigen Neuerungen nur in Einzelheiten ausbildete. Überblickt man seine bedeutende und vielseitige Tätigkeit, so erkennt man, daß der Meister zwar noch auf der gotischen Bauweise fußte, überall aber seine eigene, kraftvolle Persönlichkeit zum Ausdruck brachte. Bei seinem Hauptwerke, der Albrechtsburg, sind die gotischen Rippengewölbe fast ganz verschwunden und durch reiche Gratgewölbe ersetzt. Die Strebepfeiler sind nach innen gezogen, die freistehenden Pfeiler entbehren der Kapitäle, die großen Fenster lassen eine Flut von Licht einströmen. Statt des Spitzbogens verwendet der Meister den sog. Vorhangbogen, eine für seine und seiner Schule Arbeiten charakteristisch gewordene Zierform.

Meyer, Kstlerlex. — Mithoff, Mittelalt. Kstler. Nieders. u. Westf. — Bruck, Friedrich der Weise p. 21, 22, 23, 38, 60. — Bau- und Kstdenkm. Sachsens XIII 10, XIV 22, 40, 70, 77, 83, 87, XVII 296, 346, XXI—XXIII 336, XXIV 124, XXV 70, 90, 93, XXVI 211. *R. Bruck.*

Arnold von Würzburg, Meister. Maler. Zuerst erwähnt durch den Kanzler Michael de Leone (Michael von Löwen), Stiftsherrn vom Neuen Münster, Staatsmann und Historiker in seinen mit 1354 abschließenden Aufzeichnungen, nach denen Meister A. „meisterlich fein und sehr köstlich" gemalt habe (Böhmer, Fontes rer. Germ. I 451). Die Stelle bezieht sich namentlich auf steinerne Heiligenbilder, die Meister A. bemalte. Egon von Bamberg rühmte ihn in seiner Minneburg

(14. Jahrh.), ebenso ein Jahrh. später der Nürnberger Meistersänger Hans Rosenplüt der Schnepperer. Werke von ihm lassen sich nicht nachweisen.

Meyer, Kstlerlex. *Fr. Leitschuh.*

Arnold, Xaver, Bildhauer in Hamburg, geb. 17. 2. 1848 in Sursee (Kanton Luzern). Nach Erlernung des Technischen Ausbildung in Wien an der Vorschule zur Akad. und an der Münchener Akad. b. Prof. Wiedmann, Lehrer an der Bauschule in Holzminden. Dann nach Hamburg: Denkmal für den General Garcia Rovira in Kolumbien; in Hamb. Staatsauftrag die Maghellanstatue auf der Kornhausbrücke und die Christusfigur auf dem Ehrenfriedhof in Ohlsdorf, ferner viele Grabmäler.

Meisterarchiv. Gal. v. Zeitgenossen Deutschlands ed. K. Barton. *E. Benezé.*

Arnold, s. auch *Arnald, Arnd, Arndt, Arnhold* und *Arnoldt.*

Arnoldi, Carolus Bernardus, Kalligraph in Bremen, nach dessen Zeichnung G. L. Lambrecht ein großes Blatt mit heil. Darstellungen und Sprüchen lithographierte.

Arnoldo Fiammingo, Glasmaler aus Flandern, wurde 1566 von Alessandro Farnese auf 6 Jahre zur Anfertigung von Glasmalereien in seinen Palästen verpflichtet. Der Künstler starb in Parma am 31. 1. 1573. Arbeiten von seiner Hand waren bisher nicht nachweisbar.

Scarabelli-Zunti, Mscr. in der Bibl. Palat. zu Parma. *St. Lottici.*

Arnoldo, s. auch *Arnoldus.*

Arnoldt, Augsburger Med. u. Goldschmied. Faßte nach einem Brief Ph. Hainhofers (12/22. 12. 1610) den kristallenen Fingerhut im Pommerschen Kunstschrank (Berlin kgl. Kunstgew.-Mus.). Vielleicht identisch mit Georg Arnoldt.

Jahrb. d. preuß. Kunstsl. V 48, 52. ***

Arnoldt, Georg (Jerg), Ornamentstecher, Ansbach um 1586—1596. Von ihm mehrere Folgen von Schwarzornamenten für kleine Goldschmieds-Zierteile. 1.) 6 Blatt bez. IAF 1586; 2.) 6 Blatt Goldschmiedemuster, meist für Ringe, bez. Georg Arnoldt fecit 1589; bei Reynard, Cat. Seite 57 eine dritte Folge von 1596.

Meyer, Kstlerlex. — Catal. d'ornements du Cabinet Reynard, Paris 1846. — Die ersten beiden Folgen in der Orn.-Stichslg. des Kstgew.-Mus. Berlin.

Arnoldt, Hans, Bildhauer, geb. 2. 10. 1860 in Wittenberg, Schüler der Münchener Akad. 1879—81, der Berliner 1881—82, besonders unter Prof. Albert Wolff. Jetzt in Berlin-Grunewald. Werke: Kaiser Friedrich-Denkmal f. Wittenberg, in Bronze (1894), für Lehnin, in Bronze (1902), für Werder (1904). Denkmal für Schultze-Delitzsch in Berlin (1899), in offenem Rock mit redend ausgestreckter Hand dastehend, in Marmor, $1^1/_2$-fache Lebensgröße u. auf zwei niedrigen Sokkeln zwei in Bronze gegossene Gruppen: Handwerker und Feldarbeiter, die sich zu treuem Bunde die Hände reichen, und kleinbürgerlich gekleidete Frau, die den rechten Arm um einen neben ihr stehenden Knaben legt. Verschiedene Kriegerdenkmäler. Bogenschützin (Groß. Berl. Künstlerausstellg. 1904).

Kunstchronik. N. F. X 506 (Schultze-Delitzsch-Denkm.). *P. Kühn.*

Arnoldt, Heinrich, Steinmetz aus Rosenfeld, baute 1717 nach der Inschrift eines Schlußsteins das Schiff der Kirche zu Flözlingen O/A. Rottweil.

Klemm, Württ. Baumeister u. Bildhauer No. 594. *M. Bach.*

Arnoldus, Meister. Deutscher Erzbildhauer, nur bekannt durch das 1376 vollendete Erzbaptisterium in der Oberkirche zu Frankfurt a. O., als dessen Verfertiger er durch Inschrift beglaubigt ist.

Spieker, Beschrbg. und Gesch. d. Marienkirche zu Frankfurt a. d. O., p. 54. *H. V.*

Arnoldus de Vultu Sancto, Maler in Rom, figurierte 1478 unter den Begründern der römischen Malerkorporation di S. Luca.

E. Müntz, Les Arts à la Cour des Papes (1878) III 99, 102. *

Arnoldus, s. auch *Arnold* u. *Arnoldo.*

Arnolfi, Michelangelo, italien. Architekt, erwähnt 1498 als Restaurator der Annunziatenkapelle im Dome zu Fano. Dieser Kapellenbau war ursprünglich (1378) vom Bischof Fra Leone als Sakramentskapelle errichtet worden.

G. Castellani in Rass. bibl. dell' arte ital. 1898, p. 190 ff. *G. Degli Azzi.*

Arnolfo di Cambio u. Arnolfo di Firenze:

I. Arnolfo di Cambio aus Colle di Val d'Elsa, Architekt. Über sein Leben u. seine Werke besteht spärliche Kunde. Vasari erwähnt ihn in der 1. Ausgabe seiner Vite (1550) nur nebenher (im Leben Cimabues, Brunelleschis, Proemio zum II. Teil); 1568 hat er ihm eine ausführliche Biographie gewidmet, aber so verwirrt und fabulos, daß man am besten ganz von ihr absieht. Nur zwei sichere Daten sind bekannt: 1. ein Dokument vom 1. 4. 1300 (Gaye I. 445 (ungenau), Loggia de' Lanzi p. 192). Darin gewährt ihm die Signorie von Florenz auf seine Petition, mit Rücksicht auf seine hervorragenden Leistungen im Kirchenbau, speziell beim Bau des Florentiner Domes Steuerfreiheit (nicht das Bürgerrecht) und dies auch nur für seine Person, nicht für seine Deszendenz. 2. ist sein Todestag überliefert: VIII Idus Martii — obiit magister Arnolfus del opera di sca. reparata — im Mortuar von Sta. Maria del Fiore, dessen Untersuchung ergeben hat, daß Arnolfo am 8. 3. und wahrscheinlich 1302 (nach unserer Zeitrechnung) gestorben ist. Ein drittes Dokument: die Inschrift über die Grundsteinlegung des Domes gegenüber dem Kampanile, in der es u. a. heißt: Istud Ab Arnulpho Templum

Fuit Edificatum etc. — ist nach dem Charakter der Schrift sowie des Wortlautes erst zu Beginn des 15. Jahrh. entstanden und damit wertlos. Arnolfos Geburtsjahr ist nicht bekannt. Vasari nennt 1232, seine Kommentatoren (Lemonnier) 1240, beide Zahlen willkürlich. Als er Steuerfreiheit erhielt, war noch seine Mutter — Perfetta — am Leben, die nach jenem Nekrolog am 17. 1. kurz vor dem Tode ihres Sohnes starb. Das läßt eher vermuten, daß der Meister verhältnismäßig kein hohes Alter erreicht hat. Das Metier seines Vaters Cambio ist unbekannt. Da der Zusatz „magister" bei ihm fehlt, könnte man schließen, daß er weder Architekt noch Werkmeister gewesen sei. Wo, wann, bei wem Arnolfo die Baukunst erlernt, und welche Werke er in seinen früheren Jahren ausgeführt hat, das alles wissen wir nicht. Vasari bringt ihn mit dem unbekannten Erbauer von San Francesco di Assisi zusammen. Aber die Stilunterschiede sind zu groß, um diese Annahme zuzulassen. Auch die Erbauer der Dominikanerkirche in Florenz Santa Maria Novella, Fra Sisto und Fra Ristoro, kommen aus demselben Grunde nicht in Betracht. Bei dem Maler Cimabue kann er so wenig gelernt haben wie bei Nicola Pisano, der überhaupt nicht Baumeister gewesen ist: seine angebliche architektonische Tätigkeit beruht in dem die Arca di San Domenico betreffenden Dokumente auf einem Lesefehler: archirektor nicht architektor ist zu lesen. Immerhin ist die Annahme berechtigt, daß die „architettura monastica" des 13. Jahrh., die von der altchristlichen Basilica der Benediktiner ihren Ursprung nahm, im Laufe der Zeiten nach Plan, Aufbau und Gliederung in ganz bestimmter, doch mannigfaltiger Weise durch Kluniazenser, Zisterzienser und Bettelmönche abgewandelt wurde, die Voraussetzung wie der italienischen Baukunst überhaupt, so auch Arnolfos di Cambio gewesen ist. Aus diesem Milieu erhebt sich der Meister, so jedoch, daß er vermöge seiner künstlerischen Potenz in den Baustil, wenigstens in den von Florenz, eine eminent persönliche Note hineinbringt und wesentlich seine weitere Entwicklung im Trecento bedingt. Arnolfo war ein Gotiker nicht in dem Sinne des Nordens, auch nicht in dem der genannten Kongregationen. Die Gotik hat sich in Italien und besonders in Toskana nie recht einbürgern können, sondern von Anfang an, konform dem Charakter und den Anschauungen der Bevölkerung, ein Kompromiß mit dem Vorhandenen geschlossen. Arnolfo hat diesen Baustil auch nicht eingeführt, vielmehr alle Elemente desselben bereits vorgefunden. Aber aus ihnen, zusammen mit der basilikalen Tradition, wie sie gerade das konservative Toskana beibehalten und gepflegt hat, gestaltet er einen Raumstil von höchst eigenartigem, wenn man will, von spezifisch florentinischem Gepräge. Darin besteht seine Bedeutung innerhalb der Architektur. Der Charakter von Arnolfos Kunst ist Weiträumigkeit und Strenge, aber auch eine kalte Größe. Nach einheitlicher und überwältigender Wirkung in den Verhältnissen und Massen seiner Innenräume strebt der Meister; und diese erreicht er durch die Klarheit und Einfachheit seiner Dispositionen sowie durch den bewußten Gegensatz von Auflösung und fester Begrenzung: Große zusammenhängende Wände, von spärlichen, schmalen Fenstern durchbrochen, die von Anfang an für Bemalung vorgesehen waren; aber innerhalb derselben ist alles licht und großräumig und erhaben. Eine bis dahin unerhörte Weite der Schiffe und Arkaden, die nach dem Mittelschiffe zu sich öffnen und dieses besonders herausheben; dazu wenige Pfeiler von schlanker, einfachster Bildung, in möglichst weiter Stellung. Überhaupt das konstruktive Gerüst erscheint bei ihm auf ein Minimum reduziert, soweit es eben zur Stütze und Sicherung des Bauganzen nötig ist, aber konsequent durchgeführt. Und der imposanten Wirkung zuliebe vernachlässigt er das Detail und verzichtet auf Schmuck wie auf Durchbildung der einzelnen Glieder. Arnolfos Bauwerke machen einen geradezu ärmlichen und nüchternen Eindruck in dekorativer Beziehung. In alledem offenbart sich ein höchst eigenartiger, zielbewußter Wille, eine zwingende, geschlossene Persönlichkeit, die sich gleicherweise von den Vorgängern wie von den Zeitgenossen unterscheidet. Besonders zu Giovanni Pisano, dem zweiten großen Baumeister Toskanas um die Wende des Du- und Trecento, der wie er demselben Boden entsprungen ist, aber eine selbständige Entwicklung genommen hat, wie überhaupt zur Pisanischule steht Arnolfo di Cambio in deutlichem Gegensatze. Nicolas genialer Sohn ist malerischer und bewegter. Er verzichtet eher auf Übersicht und Klarheit zugunsten eines reichen und geschmackvollen Bildschmuckes; und unter seinen Händen wandeln sich die gotischen Motive vollends ins Dekorative um.

Werke Arnolfos: 1. Santa Croce, die Franziskanerkirche von Florenz, an Stelle eines älteren Kirchleins, das bald nach dem Tode des hl. Franz den minderen Brüdern eingerichtet worden war. Die Grundsteinlegung zum Neubau fand nach einer alten Inschrift (im l. Seitenschiff der Kirche neben dem Altar der Serristori) am 3. 5. 1295 statt; doch müssen ihr geraume Zeit vorher Verhandlungen vorangegangen sein über die Wahl des Architekten, die Aufstellung und Genehmigung des Bauprogrammes, der Pläne, die Beschaffung der Mittel, die einige reiche Familien aufbrachten; doch auch die Kommune steuerte wiederholt Beihilfen bei, u. dergl. m. Daß Arnolfo der Baumeister des Gotteshauses gewesen sei, sagt allein Vasari; aber dieser Behauptung wohnt ein hoher Grad von Wahrscheinlichkeit bei. Denn einmal liegt ihr eine gute alte Lokaltradition zugrunde, und sodann, was am meisten entscheidet, trägt das Gebäude alle Merkmale von Arnolfos Stil an sich. Von ihm stammt der Entwurf resp. das Modell der Kirche, die in ihren Verhältnissen alles bis dahin in Florenz Gebaute übertrifft und in ihrer Raumwirkung wie in ihrem Detail Vorbild für eine Anzahl von Kirchen geworden ist. Er begann den Bau aus Zweckmäßigkeitsgründen (Villani VIII 7.) mit den Kapellen von Chor und Querschiff, um allmählich nach der Fassade vorzuschreiten. Bis zu seinem Tode führte er wohl die Aufsicht über die Bauarbeiten, obgleich er bereits 1296 zum Dombaumeister berufen worden war. Wieviel unter Arnolfo vollendet worden ist, läßt sich heute kaum bestimmen. Doch der Umstand, daß Santa Croce in Anlage, Aufbau und Wirkung wie aus einem Gusse dasteht, als Verkörperung eines gewaltigen künstlerischen Wollens, so konsequent und bei aller Größe harmonisch, folgt notwendig, daß Arnolfos Plan oder Modell im ganzen und großen treu ausgeführt worden ist; und das bezieht sich nicht bloß auf die Kirche, sondern auch auf den Konvent und den Kreuzgang; wenigstens der letztere zeigt in den älteren Partien Übereinstimmung mit der Architektur der Kirche. Etwa bis 1330 war Santa Croce, sicher in ihrem östlichen Teil, wenn nicht im Rohbau überhaupt vollendet. Wenigstens mußte der Bau so weit fortgeschritten sein, daß Giotto und seine Schüler ungestört ihre Malereien in einigen Chorkapellen sowie an den Seitenwänden des Langschiffes (an den hintersten Jochen) ausführen konnten. Noch 1383 wurde an der Kirche gebaut, und 1442 fand ihre Schlußweihe in Gegenwart Eugens IV. durch Kardinal Bessarion statt. Die nüchterne und schwerfällige Fassade ist erst in den Jahren 1856—1863 von Matas angefügt worden. Die Kirche in Gestalt eines lateinischen Kreuzes (116,47 m lang) ist dreischiffig. Das Mittelschiff überragt die beiden anderen sowohl an Höhe wie an Breite um ein bedeutendes. Die außerordentlichen Raumverhältnisse in dieser Kirche veranlaßten wohl den Meister, auf Wölbung zu verzichten und dafür die allerdings in Toskana traditionellen offenen Dachstühle beizubehalten. Der über dem Mittelraume ist ein fortlaufendes hölzernes Sparrendach. Da er aber zur Sicherung der hohen Obermauern des Mittelschiffes von den Außenwänden der Kirche nach jedem Mittelpfeiler hin Zwischenbögen gezogen hatte, so bekam in den Seitenschiffen ein jedes Joch sein eigenes Satteldach, das auch nach außen hin durch einen hohen Giebel markiert erscheint. Durch dieses hohe und luftige Dachgestühl, ferner durch die kühnen Spannungen der spitzbogigen Arkaden, die ihrerseits auf weit gestellten, achteckigen, äußerst schlank und doch wieder kräftig gebildeten Pfeilern ruhen, wird die machtvolle Raumwirkung des ganzen Gebäudes u. darin besonders wieder des Mittelraumes erreicht. Das war aber künstlerische Absicht Arnolfos, der damit trotz allen gotischen Formen, die er benutzt, in strikten Gegensatz zu den Konstruktionen des Nordens tritt. An der Rückwand des Querschiffes befinden sich 11 gewölbte Kapellen; in der Mitte die eigentliche, geräumige, polygonal abschließende Chorkapelle (den Alberti gehörig); rechts und links von ihr, zu je 5 geordnet, die 10 übrigen, schmäleren, die viereckig abschließen, von geringerer Tiefe u. um die Hälfte niedriger wie jene. Durch diese Anordnung und diese Proportionen wird aber die Chorkapelle als dominierende charakterisiert, obwohl sie nicht so breit wie das Mittelschiff ist und erst unter Zuhilfenahme je einer Seitenkapelle dessen Breite erreicht. Das bedeutet aber Vereinheitlichung bei reichem Wechsel. Beim Eintritt in die Kirche ist somit die Möglichkeit geboten, die gesamte Anlage von Lang-, Querschiff und Chor mit einem Blicke zu überschauen. Und diese Rücksichtnahme auf die Gesamtwirkung wie auf den Standpunkt des Beschauers ist eben für Arnolfos Stilweise charakteristisch.

Mit dem eminenten Raumgefühle des Meisters kontrastiert auffällig der Mangel an plastischem Detail. Die Kirche ist höchst schmucklos u. kahl im Innern, das man sich freilich von vornherein durch ausgedehnte Wandmalerei belebt denken muß. Aber auch die Bildung der Profile und besonders der Kapitäle ist so einfach wie möglich: Ein paar Blätter ohne Modellierung, die sich steil und flach um den Pfeilerkern herumlegen; besonders an den hintersten u. also ältesten Pfeilern, die sicher auf Arnolfo zurückgehen, ist das zu beachten. Ebenso primitiv ist auch die Behandlung der Galerie, auf steifen, langweiligen Konsolen ruhend, unterhalb der Fenster, welche aus praktischen Gründen rings um den ganzen Kirchenkörper geführt ist. In alledem macht sich ein Mangel an plastischem Sinne und an plastischer Schulung bemerkbar. Arnolfo di Cambio war eben ein genialer Architekt, kein Bildhauer.

2. Der Neubau des Domes von Florenz Santa Reparata, seit 1412 Santa Maria del Fiore gen. u. lange nach Arnolfos Ableben vollendet. Als Brunelleschi 1446 starb, war z. B. die Laterne auf der Kuppel noch im Bau, und der große Knopf von vergoldeter Bronze wurde erst 1472 von Verrocchio hinzugefügt. Die feierliche Grundsteinlegung fand am 8. 9.

1296 statt, nachdem zuvor, etwa seit dem Frühjahr (Juni) die Vorbereitungen zum Neubau getroffen worden waren. Arnolfo arbeitete zunächst die Pläne aus und fertigte ein genaues Holzmodell an, das allgemein gefiel, — opus mirificum, magnificum nennen es die Urkunden —, und das noch lange nach seinem Tode in der Bauhütte am Kampanile zu sehen war. Auch begann er die Fundamente zu legen; und da jene Urkunde von 1300 von einem „sichtbaren" Anfang der Kirche spricht, so darf man ihm vielleicht ein Stück der Fassaden- und der Umfassungsmauer zuschreiben, natürlich nur im Rohbau; etwa die beiden ersten Joche mit den schmalen und steilen Fenstern und den flachen Strebepfeilern, deren Gestalt von der des übrigen Baukörpers sichtlich abweicht. Ferner wird er vielleicht auch die dazu gehörigen Arkadenpfeiler errichtet haben, die jenen schwachen Streben entsprechend enger gestellt waren als die heutigen im Quadrat stehenden, doch noch ohne Einwölbung. Bei der Vergrößerung des Domes unter Francesco Talenti wurden sie dann niedergelegt, die Seitenschiffmauern aber nicht, wohl weil sie inzwischen inkrustiert waren, und man Kosten sparen wollte. Aber es bleibt gleichwohl eine Hypothese, daß diese älteste Partie des heutigen Domes von Arnolfo selbst herstamme. Sie wird zwar nach seinem Modell gebaut worden sein, das für die nächste Zeit maßgebend war, doch wahrscheinlich in die Zeit nach dem Tode des Meisters fallen; und vollends die Marmorinkrustation, überhaupt jede plastische oder malerische Ausschmückung der ältesten Seitenschiffelder ist erst in der Zeit von 1310—1336 resp. 1342/3, wenn nicht noch später, hinzugekommen. Und dazu gehören auch jene geringen Fragmente in „kosmateskem" Zierstile (heute in der Opera del Duomo), welche L. del Moro (la facciata d. S. M. d. F. 1888) aufgefunden und auf die Haupttür der alten Fassade sowie auf Arnolfo bezogen hat, ein ganz willkürliches Verfahren, das sich dadurch erledigt, daß der Meister sich überhaupt nicht auf Dekoration eingelassen hat noch einlassen konnte. Etwas Sichtbares vom Arnolfobaue existiert heute also nicht; auch ist nicht mit Sicherheit zu sagen, wie sein Projekt überhaupt ausgesehen hat. Die Abbildungen, welche man darauf bezogen hat, fallen alle in eine spätere Zeit (nach 1350): so diejenige auf einem Lunettenfresko im ersten Chiostro von Santa Croce und die auf der „triumphierenden Kirche" in der Spagnuolikapelle von Sta. Maria Novella; speziell letztere möchte Orcagnas Modell wiedergeben, das eine Zeitlang als „il più leggiadro e di meno costo" im Vordergrunde des Interesses stand, aber nicht ausgeführt wurde. Es zeigt sienesischen Stil und Übereinstimmung mit dem Tabernakel von Orsanmichele. Wir mögen uns vorstellen, daß Arnolfo eine Santa Croce im ganzen und großen verwandte Anlage geplant hatte, doch in größeren Dimensionen und durchweg gewölbt: Ein dreischiffiges Langhaus, ein Querschiff mit einer achteckigen Kuppel über dem Chor im Zentrum, das Mittelschiff wie die zwei Querenden in Absiden oder Tribunen mit radial gestellten Kapellen auslaufend. Ob die Kuppel auf einem Tambur ruhte oder der gewöhnlichen Annahme zufolge unmittelbar auf Pfeilern und Pendentifs, läßt sich nicht mehr entscheiden, ist auch weniger von Bedeutung. Für beide Arten gab es in Toskana Beispiele. Aber die Kirche Arnolfos scheint von, erheblich geringerer Längenausdehnung wie der Dom von heute gewesen zu sein. Wohl stecken in letzterem die Grundgedanken und -Linien des genialen Meisters. Auch wird er der großräumigen Wirkung zuliebe möglichst schlanke und relativ spärliche Pfeiler, weite Arkadenöffnungen und ein nach Höhe wie Breite bedeutendes Mittelschiff angestrebt haben. Inzwischen jedoch hatte mit dem technischen Fortschreiten auch eine Steigerung der Baugesinnung stattgefunden, für die Arnolfos Stil nicht mehr genügte. Und diese Steigerung und Weiterentwicklung auch in den Einzelheiten geht auf Fr. Talenti zurück, der zwar nicht Arnolfos Schüler, aber sein geistiger Erbe und Nachfolger gewesen und dem Ruhmesbedürfnisse wie dem Ehrgeiz der Florentiner, das gewaltigste Gotteshaus in ganz Toskana zu besitzen, mit kongenialer Kraft entgegengekommen ist.

Weitere Bauwerke Arnolfos di Cambio lassen sich nicht nachweisen. Gegen eine ganze Anzahl anderer meist weltlicher, die ihm zugeschrieben werden, erheben sich Bedenken: So rührt von ihm sicher nicht der Bau des dritten Cerchio von Florenz her; nicht die Kornhalle bei Orsanmichele, die 1304 dem Feuer zum Opfer fiel; nicht die Marmorinkrustation des Florentiner Baptisteriums. Weder den Palazzo Vecchio in Florenz noch das Kastell des Grafen Simone Guidi da Battifolle zu Poppi im Casentin, das auch keineswegs für jenen Vorbild gewesen ist, noch den Pal. Bonizzi in der Stadt hat er gebaut. Der Signorenpalast wurde 1298 zu errichten beschlossen, das nötige Terrain im Laufe von 1299 erworben, im Frühjahr 1300 der Bau in Angriff genommen und 1301 in der Hauptsache vollendet. Da hätte es doch den Prioren näher gelegen, falls Arnolfo der Architekt dieses trutzigen Regierungsgebäudes gewesen wäre, ihm mit Rücksicht auf seine Verdienste um dieses kommunale Monument am 1. 4. 1300 Steuerfreiheit zu gewähren. Das Schweigen der Urkunde gerade in diesem Falle ist aber beweiskräftig genug, um ihn als Erfinder und Bauleiter zu streichen. Nun nennt jene Urkunde Arnolfo den berühmtesten und geschicktesten Erbauer von Kirchen (Plural!) in vicinis partibus d. h. in Florenz und Umgebung. Mit Rücksicht darauf möchte ihm vielleicht der Neubau von Santa Maria Maggiore und an Stelle von Nicola Pisano der von Santa Trinità in Florenz (1250??) zuzuschreiben sein, die beide Santa Croce zeitlich wohl vorausgehen. Santa Trinità besonders verrät in der Anlage (5 quadrat. Chorkapellen in einer Reihe, eine jede einem Schiffe des Langhauses entsprechend), in der luftigen und edlen Raumbehandlung wie in den gestreckten viereckigen Pfeilern usw., Verwandtschaft mit Arnolfos Weise; aber auch nach rückwärts mit den Zisterzienserbauten in Toskana ist der Zusammenhang offenbar; und damit wäre dann an einem klaren Beispiel Herkunft wie Abwandlung des neuen Stiles Arnolfos nachgewiesen. Allein es muß betont werden, mehr wie um eine Hypothese handelt es sich dabei nicht. Mit der Fassade des Domes von Orvieto hatte Arnolfo di Cambio nichts zu tun. Endlich soll er nach Vasari (1285?) Kirche und Chor der Badia von Florenz erneuert und den Glockenturm erbaut haben, eine unkontrollierbare Angabe, die auch für die Erkenntnis des Meisters von geringem Werte ist, da nach Villani (VIII 89) 1307 der Kampanile zur Strafe der Mönche bis zur Hälfte zerstört und erst 1330/1 (ibid. X 174) wieder aufgerichtet wurde; und dieser letzten Periode, wenn nicht noch später, gehören auch einige figurierte Kapitäle an, die übrigens auch mit den urkundlich bezeugten Arbeiten des Bildhauers Arnolfo (cfr. sub II), besonders mit denen am Tabernakel in San Paolo fuori le mura in Rom nicht übereinstimmen, mit dem er in demselben Jahre 1285 beschäftigt war. Ob diese Kapitäle (im Mus. Naz. No. 30—33) gerade dem Kampanile der Badia angehörten, ist mehr wie fraglich. Französ. Arbeit sind sie nicht. Die Art ihrer Behandlung, besonders das Streben nach Bewegung und lebendiger Wirkung und der teilweise manierierte Ausdruck der Köpfe schließen eine zu frühe Datierung aus. Die Ausführung ist gewöhnlich. Im Mus. di Antichità bei San Marco steht ein Pilasterkapitäl (ohne No.; Katalog vacat) mit der Bezeichnung: vom Kampanile der alten Badia: Einfache, steile, mit den Spitzen umgebogene Blätter und einer Hauptrippe um den Pfeilerkern, die unleugbar mit den frühesten Kapitälen in Sta. Croce übereinstimmen. Hat Arnolfo an der Badia gearbeitet, und trifft die angegebene Provenienz dieses Kapitäles zu, dann kann er es sehr wohl einen anderen haben anfertigen lassen, denn es ist gewöhnliche Werkstattarbeit. Dieses Stück rückt jene figurierten Kapitäle aber in recht weite Ferne.

II. Arnolfo di Firenze, Bildhauer. Sein Geburts- und Todesjahr sowie der Name seines Vaters sind unbekannt. Er war ein Schüler Nicolas Pisano, in dessen Atelier er nach der Vollendung der Kanzel im Baptisterium von Pisa eingetreten sein mochte, zwischen 1260 u. 1265. In gewissen Relieffeldern dieser Kanzel läßt sich schon eine andere Hand bemerken, aber nicht die Arnolfos (etwa Fra Guglielmos?). Vom 29. 9. bis Ende 1267 erscheint der Bildhauer urkundl. an Nicolas zweitem Meisterwerk, der Kanzel im Dome von Siena, beschäftigt; doch läßt sich auch daran sein Anteil nicht bestimmen. Venturis Zuweisungen sind willkürlich. Die Stilvergleichung mit seinen allerdings späteren Werken lehrt, daß Arnolfo zu dem figürl. Schmucke nichts, weder zu den Einzelfiguren noch auf den Feldern, beigesteuert hat, im Gegensatz zu Nicolas Sohn Giovanni, dem hier zum ersten Male weiteste Gelegenheit gegeben war, sein eminentes Können zu betätigen. Es scheint vielmehr, daß Arnolfo (wie seine Genossen Lapo, Goro und Donato) mehr in untergeordneter Weise verwendet worden ist, zur Herrichtung der einzelnen Werkstücke, Säulen, Kapitäle, Basen und Löwen; vielleicht rührt auch der Musivschmuck in den Zwickeln, am Rundstreifen und im Innern der Kanzel, nach Analogie mit seinen späteren Werken, von ihm her. Dies sowie der Umstand, daß Nicola in den sienesischen Urkunden den Arnolfo ständig seinen Schüler nennt, führten zu dem Schlusse, daß der Künstler zu der Zeit noch relativ jung war, sein Geburtsjahr also kaum auf 1232 (Vasari), sondern etwa auf 1250 zu fixieren ist. Infolge davon könnte er auch ganz gut die Statue angeblich Papst Johanns XXII. im Dom von Florenz (um 1323) angefertigt haben, wenn nicht stilistische Gründe dagegen sprachen. Wie lange Arnolfo Geselle Nicolas geblieben, wissen wir nicht. An der Arca di San Domenico war er nicht beschäftigt. Erst zehn Jahre später, 1277, finden wir ihn im Dienste Karls I. von Anjou in Rom (wohl schon seit längerer Zeit). Doch ist unbekannt, was er für den König gearbeitet hat. Man schreibt ihm die sitzende, urspr. bemalte Statue Karls am Fuße der Treppe zum Konservatorenpalaste in Rom zu, die der König als Senator der ewigen Stadt gestiftet hatte. Das schwerfällige Werk, das innerhalb der Jahre 1265 und 1284 entstanden ist — in welch letzterem infolge der Sizilianischen Vesper die senatorische Würde abgeschafft wurde —, gehört eher einem römischen (oder apulischen) Bildhauer an. Im Jahre 1277 wurde Arnolfo di Firenze nach Perugia berufen, um zusammen mit Nicola und Giovanni Pisano an dem Brunnen vor dem Dome zu arbeiten. Dieser erklärte sich nur mit Einwilligung Karls dazu bereit, die der König am 10. 9. 1277 erteilte, auch gestattete, daß die Peruginer ihren Bedarf an Marmor und an sonstigen Steinen aus den römischen Steinbrüchen deckten (Schreiben des Königs an seinen Vikar und an seinen Kämmerer in Rom). Nicht daß er den Marmor zur Fontäne geschenkt habe, wie immer falsch interpretiert wird. Unbekannt aber ist, ob Arnolfo dem Rufe auch wirklich gefolgt, wie lange er in Perugia gewesen war, und was er schließlich geleistet hatte: — nach Burckhardt den Aufbau; aber dafür bedurfte es keines besonderen Architekten; nach anderen die Figurenreihe des oberen Beckens. In Wirklichkeit läßt sich keine einzige Figur an der Fontäne auf Arnolfo beziehen. Einer urkundl. Notiz vom 4. 2. 1281 zufolge erhielt Arnolfo für 24 Tagwerke einen (nicht sehr hohen) Lohn, dazu die Reisekosten nach Rom und Perugia zurück, ausbezahlt. Aber damals handelte es sich kaum um eine künstlerische Tätigkeit; vielleicht (wie schon 1277?) um Ausbesserungen an der Wasserleitung. Nach Adamo Rossi käme überhaupt nicht dieser Marmorbrunnen, sondern ein zweiter von Bronze am unteren Ende des Platzes in Betracht. Im archäologischen Museum zu Perugia werden drei Relieffiguren aufbewahrt, zwei ruhende Gestalten und eine kniende Frau, nach der Antike, etwa nach Flußgöttern gearbeitet und der Schule Nicolas angehörig. Venturi erklärt sie für Reste eines Brunnens, also eines dritten? — denn der große auf dem Platze kommt dafür nicht in Betracht —, und von Arnolfos Hand. Letzteres ist sicher falsch, denn die Fragmente sind weit edler in Ausdruck und Bewegung; vor allem fallen die Geschlossenheit der Komposition, die Sicherheit und Größe der Linienführung sowie die glückliche Behandlung des Nackten und der Gewandung auf.

Von Arnolfos inschriftlich beglaubigten Werken sind zu nennen:

1. das Grabmal des Kardinals de Braye in S. Domenico di Orvieto († 30. 4. 1282); ein reiches Prunkgrab, vielleicht erst längere Zeit nach dem Tode des Kirchenfürsten gearbeitet und nicht mehr intakt erhalten: Man muß sich einen Baldachin auf gedrehten Säulen hinzudenken. — (Einige Fragmente davon in der Opera del Duomo befindlich.) — Arnolfo erweist sich in dieser Schöpfung als einen Eklektiker, der ohne ausgebildetes architekt. Empfinden die Motive häuft, aber nicht organisch zu verbinden weiß. Häufung architektonischer und malerischer Details ist noch kein Kennzeichen „dekorativer“ Architektur. Soll hier etwas in sich Geschlossenes entstehen, so müssen Phantasie und Wirklichkeitssinn in ganz anderer Weise Hand in Hand gehen, als es bei Arnolfo der Fall ist. Dieser hohe Wandaufbau, nicht der erste seiner Art, auch nicht von Arnolfo erfunden, jedoch am Anfang einer langen Reihe ähnlicher Arbeiten, die sich nun überall in Italien einbürgern und je später um so manierierter werden, ist aus einer Kreuzung zweier Typen entstanden: Mit dem römischen, auf die Antike in Form und in den Elementen zurückreichenden Kosmatentypus vereint sich ein solcher aus Nicolas und Giovannis Schule. Zu der geschmackvollen Musivdekoration der römischen Marmorarier, die ihre arabisch-süditalienische Herkunft nicht verleugnen kann, kommt die Fülle plastischen Schmuckes hinzu, eine Eigenheit toskanischer Kunst. In dem letzten Jahrz. des 13. und im 1. des 14. Jahrh. vollzieht sich in der italienischen Kunst, zuerst in der Plastik, dann dank der übermächtigen Initiative Giottos auch in der Malerei ein Zusammenschluß der verschiedenen lokalen Schulen und Gruppen. Die Kunst Nicolas Pisano, der nicht nur ein großer Künstler, sondern auch ein hervorragender Organisator der Arbeit gewesen war und in Pisa ein Atelier begründet hatte, das zeitweilig (unter Giovanni z. B.) die Skulptur Toskanas gleichsam monopolisiert hatte, greift über diese Landschaft hinaus, nicht nur nach Norden (Mailand etc.), sondern auch nach Rom und weiter in die alte Heimat, aus der sie hervorgegangen war, in den Süden Italiens wieder zurück. Der Ausgleich, der hier entsteht, hat nicht überall bedeutende oder erfreuliche Werke zuwege gebracht, aber er bedingte doch die große Entwicklung und Geschlossenheit im Stilcharakter des Trecento. Nicht immer die bedeutendsten und eigenwilligsten Meister waren die Bannerträger dieses neuen dekorativen Stiles; vielmehr betriebsame, mehr handwerkliche Naturen, tüchtige Arbeiter von einer gewissen soliden Technik, ohne hohe Gedanken, ohne feineres Empfinden, deren Stärke in der Nachahmung lag, nicht in der Erfindung, die in hergebrachten Geleisen sich bewegten und das Gelernte mit größeren oder geringeren Modifikationen weitergaben. Zu ihnen gehört Arnolfo aus Florenz, ein Vermittler zwischen römischer und pisanischer Kunst; und er hat lange genug in Rom gelebt, um hier eine Schule zu stiften und zahlreiche Werke zu beeinflussen, wenn sie ihm auch nicht selbst angehören (wie z. B. das Grabmal Hadrians IV. in S. Francesco di Viterbo). Und ließe sich auch nur ein authentisches Werk seiner Hand in Florenz nachweisen, Arnolfo würde auch für dieses Zentrum die gleiche Bedeutung besitzen, als das Haupt einer spezifisch florentinischen Stilnuance oder Schule vor Giotto und Andrea Pisano. Verrät das Grabmal de Braye Mangel an architektonischer Empfindung und Schulung, so befriedigt auch sein plastischer

Schmuck nicht. Überall, in der Gewandbehandlung, im Typus, in Haltung und Ausdruck macht sich der Schüler Nicolas Pisano bemerkbar. Burckhardt nennt die Madonna im obersten Abschlusse eine Juno pronuba und drückt damit jene Abhängigkeit aus, die Giovanni Pisano innerlich so bald und so erfolgreich überwunden hatte. Wohl überrascht das Wandgrab beim ersten Anblick durch den Reichtum der Details. Auch ein gewisser Naturalismus in einzelnen Köpfen, z. B. in den Zügen und im Ausdruck des knieenden Kardinales soll nicht verkannt werden; aber das ist etwas mehr Akzessorisches. Der Naturalismus ist bei ihm nicht (wie bei Giovanni Pisano) Grundprinzip seiner ganzen Produktion geworden. Eine genauere Analyse verträgt dieses Denkmal (wie überhaupt Arnolfos Werke) nicht. Da fällt sogleich die geringe Formenkenntnis und -Behandlung auf, das Fehlerhafte in den Proportionen, die leblosen, steifen Bewegungen, die Typik im Ausdruck, die schematische Gewandung, Eigenheiten, die Arnolfo wohl zum Nachfolger einer bestehenden, aber nicht zum Begründer einer neuen Kunstrichtung qualifizierten. Er war ein Übergangsmeister, mit allen seinen Vorzügen und Fehlern, der vor einer größeren Persönlichkeit ohne nennenswerte Nachwirkung zurücktreten mußte.

2. Das Tabernakel in San Paolo fuori le mura, nach der Inschrift die gemeinsame Arbeit Arnolfos und „seines Genossen Petrus", auf Bestellung des Abtes Bartholomäus und 1285 vollendet; nach dem Brande der Kirche von 1823 wieder zusammengesetzt. Eine ausführliche Beschreibung bei Venturi (unter starker Überschätzung). Für derartige Kirchenmöbel gab es, speziell in Rom, einen feststehenden Typus, den auch Arnolfo beibehielt, unter Abwandlung jedoch ins Gotische (Mischstil) u. unter Anwendung eines überreichen Schmuckes an Statuetten, Reliefs, Vergoldung u. Musive. Einzelne Gestalten haben schöne lebendige Köpfe; aber die Körperbildung ist schwach. Eine Scheidung zwischen Arnolfos und Pietros Anteil erscheint undurchführbar. Venturi und Hermanin sehen nach Moreschi in diesem Genossen Petrus den Maler und Mosaicisten Pietro Cavallini und schreiben ihm die Musivdekoration des Ciboriums zu, eine Behauptung, die sich nur auf die Namensgleichheit gründet.

3. Am 20. 11. 1293 (nach der wiedergefundenen Inschrift) hatte Arnolfo, diesmal allein, ohne den Genossen Pietro, das Altartabernakel in Santa Cecilia in Trastevere vollendet. Von ähnlicher Anlage und Dekoration wie das in San Paolo, doch einfacher und geringer in der Ausführung. Auf den Kapitälen sitzt je ein würfelförmiger Kämpfer, auf dessen vier Seiten runde, mit Musive versehene Scheiben sich befinden, und darüber die Arkaden, die sich infolge der weiten Säulenstellung wieder stark der Rundform nähern. Das Figürliche in den für Arnolfo so charakteristischen kurzen Verhältnissen und von handwerksmäßiger Behandlung. Auffällig ist die starke Benutzung antiker Vorbilder, besonders an den vier Eckfiguren der Aedicula: Die heilige Cäcilie, ähnlich der Madonna auf dem Grabmal de Braye und nach Nicolas Pisano Vorbild, ist eine junonische Gestalt; Sankt Valerian geht auf eine Konsularstatue, der heil. Tiburtius auf eine Reiterstatue à la Marc Aurel zurück, doch unter unglücklichster Einzwängung des Pferdes in die Nische. Und nur der Kopf des alten Papstes (Urban) zeigt Streben nach Porträttreue. Machte sich bei Arnolfo, je länger er der Schule Nicolas entwachsen war, ein Abnehmen künstlerischer Kraft bemerkbar? oder ist, mit Rücksicht auf seine anderweitige Beschäftigung, ein starker Gehilfenanteil hier anzunehmen?

4. Schon Vasari wußte, daß Arnolfo im Auftrage Honorius IV. aus dem Geschlechte der Saveller (1285—1287), das Presepe in Santa Maria Maggiore gearbeitet hatte. Davon existieren noch an Ort und Stelle einige Fragmente, die den Stil des Meisters zeigen, plumpe Gestalten in schwerfälliger Gewandung und mit kurzen dicken Köpfen. Dagegen ist das Grabmal Honorius IV., bis auf die ruhende Papstfigur (jetzt in Araceli) zerstört, ein Monument im Kosmatenstil, wohl nicht von seiner Hand.

5. Das Grabmal Bonifazius VIII. von dem noch die Gestalt des auf einem Paradebette ruhenden Papstes in den vatikanischen Grotten existiert (mit feinem Gesichtsausdrucke, doch um so plumperem Körper). Daselbst auch noch die Fragmente eines Tabernakels u. zweier den Vorhang wegziehender Engel, ein traditionelles Motiv der Wandgräber jener Zeit (wie auch am Grabe Honorius IV. ursprünglich vorhanden). Ob diese Reste aber zum Bonifaziusdenkmale gehören, ist mehr wie fraglich. Die vatikanische Überlieferung bringt die Engel mit dem Grabmale Niccolaus V. (1328—1330) in Zusammenhang, und damit stimmt der Stil dieser Figuren eher überein. Das Grabmal Bonifaz' VIII. gehörte ursprünglich einer größeren Anlage an, von der Jakob Grimaldi in dem Prachtkodex der Vaticana (Barb. Lat. No. 2733 fol. 28, 40 ff. 61, 174) aus dem ersten Jahrzehnt des 17. Jahrh. Beschreibung und Abbildungen hinterlassen hat. Dieser große Papst ließ, wohl bald nach seiner Thronbesteigung (gewählt am 24. 12. 1294 und gekrönt am 23. 1. 1295), den verfallenen Altar Bonifaz' IV. in der Familienkapelle der Gaetani im Innern

des Sankt Peter, an der Eingangswand „iuxta portam Ravennatem“ (Petrus Mallius lib. de antiquit. in de Rossi inscript. ex sec. XII), restaurieren — fecit innouari (lib. benefactorum) — und mit einem pompösen Tabernakel nach Art derjenigen in San Paolo und Santa Cecilia versehen. An der Wand hinter dem Altare und so, daß der die Messe lesende Priester es vor Augen hatte, ließ er sich noch zu Lebzeiten sein Grabmal errichten. Auf einem mit Musive dekorierten Paradebette ruht der Papst, ähnlich wie der Kardinal de Braye flach auf dem Rücken liegend und ohne schräge Neigung zum Beschauer, so daß die Gestalt des Toten bei beträchtlicher Höhe so gut wie unsichtbar war. Hinter ihm der zurückgeraffte Vorhang und darüber ein Mosaik von der Hand Jacopos di Torrito, Maria mit dem Kinde in einem Tondo, r. Petrus, l. Paulus, von denen der erstere den knienden Papst der Gottesmutter empfiehlt. An dem Ciborium, welches ferrea crate cinctum erat, amota tempore Gregorii XIII.; septum altaris pariter marmoreum paruis rotis serpentinis ac porphireticis atque musiueis lapillis ornatum, — befand sich die Inschrift: hoc opus fecit Arnolphus *architectus;* wohl richtig von Grimaldi wiedergegeben, auch konnte der Meister dieser dekorativen Architektur sehr wohl Architekt genannt werden. Vasari schrieb auf Grund dieser Inschrift dem Arnolfo di Cambio Kappelle und Grabmal zu. Das ist nun nicht so ohne weiteres ausgemacht, daß der Schöpfer des Ciboriums auch das Grabmal für den Papst ausgeführt habe. Immerhin sprechen in diesem Falle alle Erwägungen dafür, daß von Arnolfo aus Florenz beide Arbeiten herrühren. Die Zeit ihrer Entstehung ist nicht bekannt. Ein Datum scheint sich nicht daran befunden zu haben, wenn anders es Grimaldi nicht übersehen oder zu berichten für unnötig erachtet hat. Gewöhnlich wird das Jahr 1300 als Zeitgrenze angegeben. Grabmal und Tabernakel sind aber kaum gleichzeitig entstanden. Nach einer Bulle Bonifaz' VIII. vom 27. 4. 1300 wird der Altar (cappella et altari) seines Vorgängers als fertig und geweiht bezeichnet und im Gegensatze dazu nur von dem Entschlusse, im S. Peter beerdigt zu werden, gesprochen. Am 13. 12. 1296 starb ein Nepot Bonifaz' VIII., Kardinal Benedetto Gaetani, und wurde vor dem Altar des heil. Bonifazius intra ambitum capelle bestattet. Mit Rücksicht darauf meint man (Poggi), daß das Sanktuarium Bonifaz' IV. bis zu diesem Termin vollendet gewesen wäre. Allein der Umstand, daß ein Kardinal in dieser Kapelle sein Grab fand, in der übrigens noch andere Gaetani bestattet waren, schließt die spätere Errichtung des Tabernakels über dem Altare, der längst bestand, doch nicht aus; und nicht recht glaublich, auch durch keine Urkunde zu beweisen ist, daß eine der ersten Regierungshandlungen des neuen Papstes die Restauration des Sanktuariums und die Wahl seiner Grabstätte in demselben gewesen sei. Das müßte man aber annehmen, wenn bis zum 13. 12. 1296 beides fertig geworden war. Allein dafür würde wieder die Zeit nicht ausgereicht haben. Überhaupt bei der Datierung der Werke Arnolfos hat man nicht immer genügend auf ihre Größe und Schwierigkeit Rücksicht genommen. Arnolfo konnte in knapp 1½ Jahren weder das Tabernakel noch das Grabdenkmal herstellen; ferner war auch Jacopo di Torrito im J. 1295/6 mit den Mosaiken von Santa Maria Maggiore beschäftigt, konnte also kaum zu gleicher Zeit am Grabmal Bonifaz' VIII. arbeiten. Jene Bulle von 1300 gewährt daher nur den terminus ante quem. Endlich befindet sich noch in den Grotten die lebensvolle und naturalistisch behandelte Büste Bonifaz' VIII. mit der Tiara auf dem Haupte und mit ornamentiertem Pluviale. Die Rechte (ergänzt) macht das Zeichen des Segens, die Linke hält die Schlüssel Petri (ergänzt). Sie zierte nach Grimaldi die Wand in parte epistolae und ist weit besser als Arnolfos liegende Papstfigur, der demnach für sie nicht in Betracht kommt.

Sonstige Arbeiten Arnolfos Fiorentino sind nicht bekannt. Gegen Venturis Zuweisungen erheben sich Bedenken. Besonders in Florenz läßt sich nicht eine einzige eigenhändige nachweisen. War aber, wie man annimmt (Swarzenski), sein Wirken in Rom nur eine Episode, dagegen für Florenz so recht Schule bildend, stellt man ihn als den Meister hin, der die Kunst der Pisani in der Arnostadt heimisch gemacht und eine eigene, selbständige Entwickelung zu Giotto und Andrea Pisano hin angebahnt hatte, so müßten doch hier in erster Linie Werke vorgeführt werden, die diese Hypothese begründen. Was nützt der Nachweis einer bedeutenden Schule, wenn der, der ihr erst Gepräge und Charakter verliehen, gänzlich ausfällt? So liegt aber der Fall mit Arnolfos (angeblich) großem Florentiner Atelier. Nun hat Swarzenski mit großem Fleiß u. Geschick eine Anzahl von Werken aus dem letzten Viertel des 13. und dem ersten des 14. Jahrh. in Florenz zusammengestellt. Sie differieren zwar alle untereinander, so daß viele Autoren, Künstler wie Handwerker, hierfür in Betracht kommen. Das allen Gemeinsame ist aber nicht die Abhängigkeit von Arnolfos Kunst, sondern von der Nicolas und Giovannis; und daraus entwickelt sich allmählich die speziell florentinische Stilweise. Eine ganze Reihe dieser Arbeiten gehört zu dem besten, was damals geschaffen worden ist, erscheint z. B. weit vollendeter als alles, was von Arnolfo herrührt. Denn, gewißlich, von der

Kunst dieses Bildhauers dürfen wir uns nicht allzu hohe Vorstellungen machen. Dazu gehören in erster Linie die Fragmente bei dem Kunsthändler Bardini in Florenz, Werke von „Myronischer Schönheit". Aber von ihnen steht nicht einmal der florentinische Ursprung fest. Nach Bardinis Angaben sollen sie aus dem „Römischen" stammen. Und ebensogut kann auch der angebliche Papst Bonifaz VIII. im Dome von Florenz, der Johann XXII. (1316 bis 1334) sein soll, obwohl letzterer während seiner Regierung niemals Florenz oder Italien gesehen hat, wo anders gearbeitet sein. Ich meine, die Hypothese von dem großen Florentiner Atelier Arnolfos ohne dessen eigene Leistungen und als Ausgangspunkt der florentinischen Plastik steht einstweilen in der Luft, weshalb es sich erübrigt, hier weiter darauf einzugehen.

Seit Vasari gelten der Architekt Arnolfo di Cambio und der Bildhauer Arnolfo für eine und dieselbe Persönlichkeit. Doch erheben sich gegen diese Identifizierung ernste Bedenken. Der große Architekt, dessen plastischer Tätigkeit merkwürdigerweise keine Urkunde, auch nicht das Steuerprivileg der Kommune Florenz gedenkt, war aus Colle di Val d'Elsa gebürtig; der Bildhauer wird ausdrücklich als Florentiner bezeichnet. Man wendet ein (Poggi), die Nomenklatur in italien. Urkunden sei so schwankend, daß Verwechslungen vorkämen, und also seien die verschiedenen Angaben von Arnolfos Herkunft irrelevant. Auf diese generelle Weise, die im Grunde die Verwendung von Urkunden unmöglich machen würde, lassen sich aber Tatsachen nicht aus der Welt schaffen. Es bedürfte doch im Einzelfalle des Nachweises der Ungenauigkeit, und der kann hier nicht erbracht werden. Wer aber mit Urkunden zu tun gehabt hat, weiß, daß gerade das Umgekehrte zutrifft, und zumal in der anjonischen Verwaltung wie in der vielfach nach anjonischen Muster eingerichteten der Kommune Florenz, vortreffliche Ordnung herrschte. Jenes Privileg von 1300 wurde aber, wie es ausdrücklich heißt, auf eine Petition Arnolfos, also auf seine eigenen schriftlichen Angaben hin bewilligt; und es ist wenig glaublich, daß der Künstler darin vor der höchsten Behörde ungenau oder unrichtig verfahren sei. Ferner soll der Zusatz *architectus* zum Namen Arnolfo in jener von Grimaldi überlieferten Inschrift am ehemaligen Sanktuarium Bonifaz' IV. die Identität beider Arnolfi zur Genüge beweisen. Also wenn zwei Leute desselben Namens zufällig die gleiche Tätigkeit ausübten, so wären sie dieselben? — eine wunderliche Anschauung! Arnolfo Fiorentino vollbrachte in der Tat mit dem Aufbau des Tabernakels eine architektonische Arbeit. Gab er damit schon einen Befähigungsnachweis für Kirchenbauten größten Stiles? Die Beobachtung aber, daß die Leistungen des einen eine ungemessene Zierlust, eine Neigung zu häufen, mit architektonischen Details frei zu schalten, einen Mangel an feinem Sinn für die Proportionen der Bauglieder untereinander (genau ebenso wie für die des menschlichen Körpers in seinen Figuren) verraten, in den Bauten Arnolfos di Cambio aber das Umgekehrte statthat, nämlich das lebhafteste Empfinden für organische Verteilung und Gliederung, eine herbe Größe, verbunden mit einem entschiedenen Mangel an Dekoration, führt notwendig zu der Zweiteilung, die nicht bloß ein müßiges Spiel ist. Man hätte doch mindestens da, wo Gelegenheit zur Anbringung von plastischem Schmuck gewesen wäre, Verwandtschaft mit den Skulpturen Arnolfos Fiorentino erwarten dürfen; also an den Kragsteinen und an der Brüstung der den Kirchenkörper durchschneidenden Galerie sowie an den Kapitälen der Pilaster sowohl in bezug auf die Bildung der Blätter wie auf das figürliche Detail darin. Allein daran fehlt es beim Dom wie in Santa Croce vollständig. Die „prächtigen" Köpfe an der inneren Eingangswand von Santa Trinità oder diejenigen im Chor von Santa Maria Maggiore oder die an jenen Kapitälen von der Badia gehören aber stilistisch weder dem Arnolfo Fiorentino noch dem Arnolfo di Cambio an. Es sind das spätere Zusätze, ganz abgesehen davon, daß die erwähnten Bauwerke doch nur vermutungsweise dem Architekten aus Colle di Val d'Elsa zugeschrieben werden, also kein sicheres Beweismaterial bieten. Schließlich erlaubt die Chronologie nicht die Identifizierung der beiden Arnolfi: War Arnolfo di Cambio seit 1294 an Santa Croce, seit 1296 am Dom beschäftigt, wie konnte er gleichzeitig in Rom arbeiten? Denn Inspektionsreisen nach der ewigen Stadt in Sachen des Tabernakels in Santa Cecilia, des Sacellums wie des Grabmales Bonifaz' VIII. wird man doch nicht annehmen? Das hat man auch gefühlt und sucht Luft zu schaffen, indem man einfach Santa Croce dem Arnolfo di Cambio streicht. Das sei „architettura monastica". Dieses Verfahren verrät Unkenntnis mit den kulturellen Bedingungen der Zeit. Als ob der Allgemeinbegriff: „Mönchsarchitektur" individuelles Können ausschlösse! Santa Croce zeigt aber gerade ein eminent persönliches Wollen und gestattet überhaupt die Grundlagen und die Tendenz der florentinischen Architektur bis ins Quattrocento hinein zu verfolgen. Mit dem gleichen Rechte könnte man dann z. B. auch Giottos gesamte Tätigkeit für die Franziskaner als pittura monastica negieren. Nun aber hatten die Zisterzienser wie erst recht die Franziskaner Laienbrüderschaften wie Laien in größtem Umfange für ihre künstlerischen Bedürfnisse herangezogen und damit dem Laienelement in der Kunst überhaupt die Wege geebnet. Und Laientum und Kirche schließen auf künstlerischem Gebiete weder prinzipiell noch temporär einander aus. Dergleichen Anschauungen verraten noch allzusehr Tendenzen, die in früheren Jahren bei der Einheitsbewegung Italiens eine große Rolle gespielt u. auch die wissenschaftliche Produktion der Halbinsel, nicht immer günstig, beeinflußt haben. Heute sollten sie jedoch längst ausgemerzt sein. Die Laienkunst ist aus der kirchlichen erwachsen und erst recht die Arnolfos di Cambio, und noch lange Zeit hindurch laufen beide nebeneinander her und befruchten sich gegenseitig. In der Arnolfoforschung haben sich aber die Verhältnisse verschoben: Wurde früher fast ausschließlich des Architekten gedacht, so ist jetzt der Bildhauer entschieden mehr in den Vordergrund getreten. Bei der Annahme zweier nach Begabung und Tätigkeit verschiedener Arnolfi ist die Möglichkeit gegeben, daß beide nunmehr zu ihrem vollen Recht gelangen.

Biographie von Vasari 1568. — Die ältere Lit. bei Cicognara, Stor. d. Scult. und bei Schnaase, Gesch. d. bild. Künste VII; Kugler, Gesch. d. Baukunst; Dohme, Kunst und Kstler. I; Crowe u. Cavalcaselle, Stor. d. pittura I; Vermiglioli, Dell' acquedotto e della fontana maggiore di Perugia etc. 1827. — Neuere: Frey, Loggia de' Lanzi, Berlin 1884; Über Arnolfos Todesjahr in den Sitzungsber. d. k. preuß. Ak. d. W. 1883 No. 28, 29; Miscellanea stor. d. Valdelsa. I. fasc. 2. 1893; Guasti, Rassegna naz. VI 85—90; X 241—255; De Rossi, Bull. d. archeol. christiana 1791 p. 73 ff; Swarzenski, Ztschr. f. b. Kst. N. F. XV. Kunstgesch. Anzeigen, Wien 1906 No. 1; Venturi, Stor. d. arte Italiana III 888; IV 1 ff. (Dort ein sorgfältiger Literaturnachweis); Hermanin: P. Cavallini in Gall. Naz. V; Poggi, in Rivista d'arte, Florenz, Oktober 1905. *K. Frey.*

Arnolfo, s. auch damit verbundene *Ortsbezeichnungen, Vornamen* und *Patronymika* sowie unter *Nolfo.*

Arnollet, Jacques, Holzschneider, Drukker und Buchhändler zu Lyon, nachweisbar 1490—1510; vielleicht gehört er zu derselben Familie, aus der Balthazar Arnoullet stammte. Seine Werke sind unbekannt.

Rondot, Les graveurs sur bois . . . à Lyon au XVe siècle. Lyon 1896. *J. Guibert.*

Arnollet, s. auch *Arnoullet.*

Arnolt, Hans, Maler, wurde 1489 in Nürnberg Bürger und zahlte dabei zwei Währungsgulden Aufnahmegebühr (Meister- u. Bürgerbuch 1462—1495 Bl. 203a). 21. 8. 1500 verbürgte er sich Albrecht Dürer gegenüber für seinen Bruder *Jakob Arnolt,* den Dürer, um ihn mit seiner „Kunst" d. h. seinen graphischen Blättern auszuschicken, also als Kolporteur in Dienst genommen hatte. Über seine künstlerische Tätigkeit ist nichts bekannt.

Baader, Beiträge zur Kstgesch. Nürnbergs I 2. — Lochner im Anzeiger für Kunde d. dt. Vorzeit 1867 Sp. 278. — Repert. f. K.-W. XXIX 332. *Th. Hampe.*

Arnolt, Heinrich, Werkmeister, Nachfolger des Wilhelm von Marburg an St. Martin in Kolmar 1378 und in der gleichen Zeit tätig am Dom von Konstanz.

Gérard, Les artistes de l'Alsace I 373, 433. — Kunstdenkm. Badens I Kreis Konstanz 114 bis 267. *Seyboth.*

Arnone, Alberto d', italien. Maler, † um 1721. Schüler des Luca Giordano in Neapel, dann des Carlo Maratta in Rom, den er täuschend zu kopieren verstand. In seinen selbständigen Werken zeigt er einen Mischstil seiner beiden Lehrer. Auf Giordanos Empfehlung porträtierte er König Philipp V. und erhielt infolge dieses Werkes zahlreiche Porträtaufträge vornehmer Leute. Seine historischen Gemälde von Dominici sehr gelobt. Um 1690 entwarf A. in Neapel elf große Bilder mit dem Leben eines Heiligen, die für eine Kirche in Mejorado in Spanien bestimmt waren.

Dominici, Pittori Napoletani IV 212.

Arnos, Antonio de, Maler in Sevilla, 1638 urkundlich erwähnt.

Gestoso, Artif. Sevill. II 14. *M. v. B.*

Arnot, Medardus, aus Koblenz. Bildhauer in Spanien, fertigte 1505 das Chorgestühl der Capilla muzarabé der Kathedrale von Toledo.

Gomez, Escult. en Esp. S. 119. *M. v. B.*

Arnott, Archibald, Arzt Napoleons I.; zeichnete den Kaiser auf dem Totenbett in Longwood, 5. 5. 1821 (repr. Gaz. des b.-a. 1894 I 113). *E. W. Moes.*

Arnoud, Charles, Genremaler, geb. in Paris, tätig in Samois (Seine-et-Marne), stellte im Salon wiederholt (1864—1880) aus.

Bellier-Auvray, Dict. gén. u. Suppl. — Gaz. d. Baux-Arts 1870, III 559. *H. V.*

Arnoul sowie Anger u. Archembold, französ. Architekten, nur urkundlich bekannt, waren bei der 1026 vorgenommenen Wiederherstellung der Kirche in Saint-Benoît-sur-Loire beschäftigt.

Bauchal, Dict. d. Archit. franç. *H. V.*

Arnoul, französ. Maler des 17. Jahrh. aus Cambrai stammend, Schüler des Claude François (Frère Luc) in Amiens.

Le Comte, Cabinet des singularités d'archit. etc. III 165 (éd. 1702). — Meyer, Allgem. Kstlerlex. *H. Stein.*

Arnoul de Diest, mit dem Beinamen: de Maeler, Bildhauer und Maler, gebürtig aus Diest (Brabant), übte seine Haupttätigkeit zu Brüssel aus, wo er um 1455 lebte. In diesem Jahre führte er das Modell der 12 Baldachine über den Statuen der Apostel an den Säulen des Chors der gotischen Kirche Saint-Léonard zu Léau aus. 1478 stellte er für dieselbe

Kirche eine Altartafel her, von der noch zwei Bruchstücke vorhanden sind, die im rechten Kreuzarm der Kirche Platz gefunden haben. Endlich zeichnete der Künstler 1483 das Modell zu einem Kronleuchter, der durch Renier van Thienen ausgeführt wurde. Dieses Kunstwerk im Gewicht von 1839,5 Pfund ist ins Ausland gekommen.

Marchal, La Sculpture Belge, 1895.
E. de Taeye.

Arnoul de Langres, französ. Werkmeister, geb. in Langres um 1218; kam 1247 nach Bourges, wo er zum „maître des oeuvres de la ville" ernannt wurde. 1250 übertrug ihm das Domkapitel von Bourges die Leitung des Kathedralenbaues daselbst.

Bérard, Dict. des Artistes. *C. Enlart.*

Arnoul de Luilly, Werkmeister des Herzogs von Orléans, 1398 in Paris ansässig; nur bekannt durch eine unter diesem Datum von ihm unterzeichnete Zahlungsquittung.

Bérard, Dict. des Artistes. *C. Enlart.*

Arnoul, s. auch *Arnould* u. *Arnoult.*

Arnould, vlämischer Miniaturmaler, Mönch in der Karthause U. L. Frau von Scheut bei Brüssel, war 1467 mit der Illuminierung eines Livre d'heures für Elisabeth Tonis, einer Nonne der Abtei Forêt bei Brüssel beschäftigt.

Pinchart, Archives des Arts II 200.
H. V.

Arnould de Binche, s. *Arnulphe* de B.

Arnould, Georg, Hamburg. Maler, geb. 6. 2. 1843 zu Hamburg, stud. bei Camphausen in Düsseldorf, Piloty in München und Doré in Paris. Dann Reisen nach Afrika und Indien. Seit 1887 in Hamburg. — Malte 1882 ein Panorama von Gravelotte für Köln, arbeitete für die Leipz. Illustr. Ztg. und für Dietzels Hdbch. f. Jäger; sonst Historie, Schlachten und Jagd. *E. Benezé.*

Arnould, Gilbert, französ. Gießer, erhielt 1518 Zahlung für das Kreuz am Hauptaltar der Kathedrale von Bourges.

Champeaux, Dict. des Fondeurs. ***

Arnould, Jean, oder *Arnout,* Bildhauer, übte seine Kunst um 1650 in Namur; geb. 1621, heiratete er am 22. 2. 1645 Marie Ménart aus Tournai. Eine Stelle in den Archives de l'État zu Namur erwähnt, daß er „sculpteur de son stil" war, und „quil at appris l'arte, en diverses villes de ce Pays bas, et en France". Dieser Künstler hatte sich mit François Finon verpflichtet. die Skulpturen des Deckengewölbes der Kapelle de la Sainte-Trinité in der Notre-Dame-Kirche zu Namur auszuführen. Man vermutet, daß er auch an den dekorativen Reliefs der Kirche Saint-Loup in derselben Stadt arbeitete.

Marchal, La Sculpture Belge, 1895.
E. de Taeye.

Arnould, Jean Baptiste, s. *Arnout,* Jean Baptiste.

Arnould de Lisieux, französ. Werkmeister, soll nach Fiorillo um 1200 am Kathedralenbau von Lisieux tätig gewesen sein.

Fiorillo, Gesch. der zeichn. Künste III 53. — Meyer, Kstlerlex. *C. Enlart.*

Arnould, Thierry, lebte um 1463 zu Löwen, wo er sich in seiner Eigenschaft als „steenhouwer" mit zahlreichen Steinmetzen verband, die beauftragt waren, Flachreliefs für das wunderbar schöne Hôtel-de-ville, dem Meisterwerk v. Matthieu de Layens, auszuführen.

Marchal, La Sculpture Belge, 1895.
E. de Taeye.

Arnould de Viviers, Goldschmied der Königin von Frankreich Anne de Bretagne. Sein Name kommt 1505 in Rechnungen vor.

Cte de Laborde, Ren. des arts 748. — Labarte, Hist. des arts ind. II 121.
H. Stein.

Arnoulf, Glasmaler in Cambrai, war 1394 bis 1400 für die dortige Kathedrale und 1389 bis 1395 für die Kirche Saint-Géry daselbst tätig.

Dehaisnes, Hist. de l'art dans la Flandre etc. p. 294, 297. ***

Arnoullet, Balthazar, Verleger und vielleicht Holzschneider zu Lyon um die Mitte des 16. Jahrh., † nach 1587. — Bei ihm erschien: Epitome gestorum LVIII regum Franciae.. Lyon, par Balthazar Arnoullet MDXLVI. Die Porträts der Könige sind das Werk des Meisters mit d. Monogr. CC (Claude Corneille?) und bieten so viel Merkwürdiges, daß sie allen späteren Publikationen von Bildern der Könige Frankreichs als Vorbilder gedient haben. Bei Arnoullet erschienen zweifellos die anderen Stiche mit dem Monogramm CC, die auch ein aus B u. A gebildetes Monogramm (Balth. Arnoullet?) mit der Abkürzung Lugd. (Lugduni), tragen. Ferner erschien bei ihm auch eine Ansicht der Stadt Bourges in drei Holzschnitten; vgl. darüber auch unter *Arnoullet,* Jean.

Le Blanc, Manuel. — Dumesnil, P.-Gr. VI 7. — Passavant, P.-Gr. VI 263, 264. — Nagler, Monogr. I 1654; IV 118. — Papillon, Traité de la grav. sur bois, Paris 1766; I 400. — Meyer, Kstlerlex. *J. Guibert.*

Arnoullet, Jacques, s. *Arnollet.*

Arnoullet, Jean, man gibt diesen Namen einem französ. Holzschneider, der eine Ansicht von Bourges ausführte „La ville de Bourges des Gaules la cité première" mit der Bezeichnung IO · AR · FA · 1566. Oberhalb des Holzschnittes zeigt die Nummer 227 an, daß dieses Blatt zu einer Serie gehört.

Le Blanc, Manuel. — Brulliot, Monogr. I No. 37. — Nagler, Monogr. IV No. 118. — Meyer, Kstlerlex. *J. Guibert.*

Arnoult, Marian, französ. Maler, um 1698 tätig in Rouen, nur urkundlich bekannt.

Archives de l'Art franç. VI Docum. p. 212.
H. V.

Arnoult, Nicolas, Kupferst. und Verleger, lebte während der letzten zwanzig

Jahre des 17. Jahrh. in Paris. Er führte einige Porträts nach Ant. Dieu aus, aber sein Hauptwerk besteht in Kupferstichen, die Kostüme oder Szenen aus dem täglichen Leben darstellen. Andere Künstler wie Bonnart, Trouvain, N. Habert, Lochon, Jollain, Berey haben ebenfalls in diesem Genre gearbeitet; sie bilden die Nachfolgerschaft Abraham Bosses, sind jedoch ihrem Meister weit unterlegen. Die Werke Arnoults sind vielleicht etwas besser als die seiner Konkurrenten. Die 4 Elemente, die 5 Sinne, die 4 Altersstufen, die 4 Weltteile, die Stunden des Tages, sind ihm Vorwände zu Szenen, in denen er die Zeitgenossen Ludwigs XIV. inmitten ihrer Möbel und ihrer täglichen Gebrauchsgegenstände widerspiegelt. Ferner gibt es da Herren und Damen vom Hofe, die Arnoult unter ihren Namen dargestellt hat, wobei er sich indessen weniger um die Ähnlichkeit der Gesichter, als um die exakte Ausführung der Kostüme kümmerte. Andere Mode-Kupfer von ihm sind: Homme de qualité en surtout, Dame de qualité en habit d'été; ferner gibt es einige mit mehreren Personen, wie: Fille de qualité recevant visite à sa toilette. Unter den Kostümen sind diejenigen der Fräulein von St. Cyr hervorzuheben, ebenso ist eine Reihenfolge von Spielen zu beachten. Diese Kupfer sind gewöhnlich von einer schwarzen Bordüre umrahmt; unterhalb derselben liest man den Gegenstand der Darstellung und kleine Verse. Im allgemeinen sind sie N. Arnoult gezeichnet und tragen folgende Adressen: chez Arnoult rue de la Fromagerie, à l'image Saint Claude aux Halles, oder dem Zeichen von Gros Raisin oder Au Bon raisin.

Meyer, Kstlerlex. (Oeuvre-Verz.). — Le Blanc, Manuel. *J. Guibert.*

Arnoult de la Pointe, Glasmaler in Rouen, führte 1508 verschiedene Glasmalereien in der Kirche Saint-Ouen aus.

Langlois, Peinture sur verre. *H. Longnon.*

Arnoult, s. auch *Arnoul* u. *Arnould.*

Arnout (Arnould), Jean Baptiste, französ. Maler und Lithograph, geb. am 24. 6. 1788 in Dijon. Schüler von Devosges. War in Paris als Landschaftsmaler (Aquarell und Sepia) tätig und stellte 1819—1865 in den Salons aus (meist Ansichten von Städten und berühmten Bauwerken aus Frankreich [hauptsächlich Paris] Belgien, Italien und Spanien). Am bekanntesten ist A. aber als geschickter und fruchtbarer Lithograph. Er gehört zu den Begründern der Lithographie in Frankreich und hat verschiedene Serien von Ansichten von Paris (1820, 1837, 1844 etc), sechs Blatt über den Tod des Herzogs v. Orléans etc. herausgegeben. Den Verzeichnissen seiner Lithographien bei Meyer u. Béraldi wäre noch hinzuzufügen: Cathédrale de Rheims, Cathédrale d'Anvers u. Intérieur du cloître de St. Trophème à Arles.

Gabet, Dict. des Art. — Meyer, Kstlerlex. — Bellier-Auvray, Dict. gén. — Béraldi, Les Graveurs du 19e siècle. ***

Arnout, Louis Jules, französ. Maler u. Lithograph. Sohn des Jean Bapt. A., geb. am 1. 6. 1814 in Paris. Schüler von Rouillard. Stellte 1852—1867 in den Pariser Salons aus und hat gleichfalls mehrere Serien von Ansichten von Paris und anderen Städten Frankreichs, Englands, Italiens etc. lithographiert. Man kennt auch eine Radierung von ihm (Landschaft mit Gebäuden, im Journal des Artistes).

Meyer, Kstlerlex. (mit Oeuvreverz.).

Arnoux, Charles Albert, vicomte d', bekannt unter dem Pseudonym Bertall, Illustrator und Karikaturenzeichner, geb. in Paris am 18. 12. 1820, † Anfang Februar 1883, war für eine Reihe illustrierter Zeitschriften tätig, wie für das „Journal pour Rire", das „Journal pour Tous", das „Magasin pittoresque", das „Musée des Familles", die „Bibliothèque des chemins de fer" u. a. Von seinen zahlreichen Arbeiten ist bei Bellier u. Béraldi verschiedenes aufgeführt.

Bellier-Auvray, Dict. gén. — Béraldi, Les grav. du XIXe siècle. II 45. *H. V.*

Arnoux, Claude (gen. *Lulier*), französ. Bildhauer aus Gray, Sohn des Pierre, zeichnete 1545 Pläne für die Befestigungen der Stadt Dôle. 1549 führte er Marmorengel für die Priorei von Jouhe aus. 1550—1555 schuf er einen Triumphbogen in der Kathedrale von Besançon. In derselben Stadt versah er 1564—1579 die öffentlichen Brunnen mit plastischem Schmuck und führte eine Statue Karls V. in Bronze aus, die früher im Hôtel de ville aufgestellt war. 1578 schmückte er die Brunnen von Salins (Jura) mit einem Herkules, einer Isis und einem Neptun. Man schreibt ihm außerdem eine Terrakotta-Büste in der Bibliothek von Besançon zu; eine Büste Karls V., die sich ehemals über der Tür des großen Saales im Parlamentspalais zu Dôle befand; die Büste des Gauthiot d'Ancier im Museum in Gray, das Grabmonument des Jean d'Andelot in der Kirche von Pesmes (Haute-Saône) sowie die Grabmäler des Jean de Visemal u. seiner Gattin in der Kirche von Rahon (Jura).

Lami, Dict. des sculpt. franç. au moy. âge et à la renaiss. (mit Lit.). — Revue de l'art anc. et mod. 1898 I 142. — Fournier-Sarlovèze, Artistes oubliés, Paris 1902. *Lami.*

Arnoux, Dominique, französ. Bildhauer, übte seine Kunst in Besançon 1752—1766.

Gauthier, Dict. des art. franc-comtois. *Lami.*

Arnoux, Guillaume, gen. *Lulier,* französ. Bildhauer, geb. in Dôle, Sohn des Claude Arnoux, arbeitete 1579 eine Bacchusstatue in Besançon u. eine Neptunstatue in Salins. 1584 führte er eine hl. Jungfrau in Alabaster, einen hl. Johannes und einen hl. Andreas für die Kapelle der Rechnungskammer in Dôle aus. 1600 schuf er in Salins das Grabmal von Claude d'Eternoz, und 1611 einen Grabstein in Château-Chalon (Jura).

Lami, Dict. des sculpt. franç. au moy. âge et à la renaiss. *Lami.*

Arnoux, Jacques, französ. Bildhauer, aus Marseille, arbeitete 1688 in Toulon unter der Direktion von Gabriel Levray an verschiedenen Schiffen Schnitzereien.

Lami, Dict. d. sculpt. franç. sous Louis XIV. *Lami.*

Arnoux, Michel, französ. Genremaler, geb. 11. 11. 1833 in Belleville (Paris), Schüler von Cogniet, E. Frère und Dansaert, † 1877, tätig in Ecouen (Saint-et-Oise), stellte im Pariser Salon 1864—1877 aus. Von seinen Arbeiten sind zu nennen: Ufer der Oise (1864), Die Lektüre des Petit Journal in Ecouen, Die junge Mutter (1866), Die Toilette (1872), Die ältere Schwester (1875), Die Frau des Barbiers.

Bellier-Auvray, Dict. génér. und Suppl. *H. V.*

Arnoux, Pierre, gen. „le Lapidaire", Ornamentbildhauer, stammt aus Gray (Franche-Comté), wurde wahrscheinlich in seiner Vaterstadt bei den Arbeiten an der Parochialkirche und des Hauses von Gauthiot d'Ancier beschäftigt zu Beginn des 16. Jahrh.

Lami, Dict. d. sculpt. 1898. *R.*

Arnovello da Imbonate, s. *Annovello* da I.

Arnsburg, Marie, österr. Malerin, geb. in Wien am 3. 1. 1862. Schülerin der k. k. Kunstgew.-Schule unter Prof. Fr. Sturm, dann Hugo Darnauts. Malt Blumen und Stilleben aber hauptsächlich Landschaften, besonders Altwiener Ansichten und Architekturen, in Aquarell.

K. Murau, Wiener Malerinnen. — Kosel, Deutsch-österr. Künstler- u. Schriftst.-Lex. ***

Arnswald, Bernhard von. Oberstleutnant, Maler und Radierer, geb. am 1. 9. 1807 in Weimar, wurde 1840 Schloßhauptmann der Wartburg, um deren Restaurierung er sich verdient gemacht hat. Malte Bildnisse, Landschafts- und Genrebilder in Aquarell, zeichnete in Sepia und Blei und radierte auch einige Blätter.

Meyer, Kstlerlex. (mit Verz. d. Rad.).

Arnt, holländ. Bildschnitzer, erhält nach Rechnungen vom Januar 1389 Bezahlung für Arbeiten im Gemache des Herzogs v. Geldern, Wilhelm I., in Arnheim. Vielleicht identisch mit dem Bildschnitzer *Arent,* der 1369 in den Gildebüchern von St. Lukas in Utrecht vorkommt.

Meyer, Kstlerlex. II 296.

Arnt von Dorenwerth, holl. Bildschnitzer im 15. Jahrh., erhält 1488 den Auftrag, eine Bildtafel nach dem Vorbilde der zu Zütphen und Deventer für die Nikolaikirche in Kalkar zu fertigen. Er kommt aus Zwolle, stirbt in Kalkar 1491 oder 1492.

J. B. Nordhoff, Organ für Christliche Kunst XVIII 239—250. *A. W. Weissman.*

Arnt, s. auch *Aert* und *Arnold.*

Arnts, Willem, s. *Ards.*

Arntsz, Jan, bemalte 1468 Statuen, Nischen, Wappen usw. am Rathause in Haarlem. Auch 1470 u. 1471 war er in ähnlicher Weise tätig.

van der Willigen 40. *E. W. Moes.*

Arntz, Ludwig, Landbauinspektor und Dombaumeister a. D., geb. 19. 7. 1855 in Köln, Schüler von K. W. Hase in Hannover und Fr. von Schmidt in Wien, hat sich besonders um die Wiederherstellung alter Bauten verdient gemacht; von 1895—1902 war er Dombaumeister am Straßburger Münster. Von seinen Bauausführungen sind zu nennen: St. Kiliansturm in Heilbronn, Festspielhaus in Worms, Domkreuzgangsgebäude in Magdeburg und die Burg in Koblenz. Von seinen Wiederherstellungsarbeiten sind die bedeutendsten die der Emmaburg bei Aachen (1897 bis 1902) und die der Doppelkapelle zu Schwarzrheindorf (seit 1902).

Kunstchronik N. F. XIII 1902, Sp. 250. — Spemann, Das goldne Buch vom eignen Heim. *H. V.*

Arntzen, Christian August, norweg. Architekt, geb. 8. 8. 1852 in Alstahoug im Nordland, kam zu einem Maler in Bergen in die Lehre, wo er die technische Schule besuchte, und darauf 1875 die Kopenhagener Akad. und Architekturschule. Er verblieb in Kopenhagen u. baute 1896 auf „Kongens Nytorv" in dieser Stadt ein großes Haus mit einer Fassade von norweg. Marmor für die Versicherungsgesellschaft „Standard".

Weilbach, Nyt dansk Kunstnerlex. II, 588. *C. W. Schnitler.*

Arntzenius, Floris, holl. Maler im Haag, geb. 9. 6. 1864 in Soerabaia (Niederl.-Indien), Schüler der Akad. in Amsterdam und Antwerpen. Sein besonderes Gebiet ist das großstädtische Straßenbild, häufig nach dem Regen, und mit fein und pikant charakterisierten Straßenfiguren. Auch auf deutschen Ausstellungen, z. B. Berlin 1896, München 1901, sah man seine modern empfundenen und sehr geschätzten Bilder. A. hat auch 1 Blatt rad.

Gram, Onze Schilders in Pulchri Studio. — Onze Kunst IX 211 ff. **

Arnulfi, Paolo, Holzschnitzer (intagliatore di oggetti fini) aus Piemont, besaß 1694 eine Werkstatt in Rom.

Bertolotti, Art. Subalp., Mantova 1884, p. 233. ***

Arnulfus de Kayo, französ. Schreiber u. Miniat. (?) 13. Jahrh. Die kgl. Universitätsbibliothek in Bonn besitzt einen Sammelband (Cod. 82), enthaltend Joseph v. Arimathia, Merlin, die Taten des Königs Artus, Lancelot etc. mit zahlreichen kleinen Illustrationen auf Goldgrund, geschrieben 1286 von Arnulfus de Kayo in Amiens.

Suchier u. Birch-Hirschfeld, Geschichte d. französ. Lit. 1900 (hier 3 Tafeln in Farbendruck). — Die Kstdenkm. d. Rheinprov. V 500. ***

Arnulphe (Arnold) de Binche, vläm. Baumeister. Nach einer Inschrift der Erbauer der noch erhaltenen und gut restaurierten Kirche Notre-Dame-de-Pamele zu Audenarde. Der Bau wurde nach der Inschrift 12. 3. 1235 begonnen, die Verhältnisse sind nicht bedeutend, die Form ist ein lateinisches Kreuz mit drei Schiffen im Übergangsstil des 13. Jahrh.

A. Pinchart in Meyers Kstlerlex. (mit ausf. Lit.) dazu noch: F. Hachez, Not. sur maître Arnould de Binche, Mens. 1859. — Champeaux, Dict. des Fondeurs. — L'église de Notre-Dame de Pamele (publication de la Soc. de Saint-Augustin). ***

Arnulphi, Charles, Maler von Grenoble, fertigte 1722—1723 einen Teil der Malereien in der Kapelle der „congrégation de l'Assomption de N.-D. aux Pères Jesuites".

Maignien, Artistes Grenobl. 1887. *H. V.*

Arnulphi (Arnulphy), Claude, Maler, geb. zu Aix in der Provence 1697, bildete sich unter dem Florentiner Maler B. Luti. A. scheint sich gänzlich dem Porträtfach gewidmet zu haben und brachte es darin zu großer Fertigkeit. Er führte einen breiten und leichten Pinsel. Eine große Anzahl seiner Werke ist noch in Aix. Im dortigen Mus. befindet sich ein Bildnis, welches seinen Landsmann, Lucas de Clapiers, Marquis de Vauvenargues, den berühmten Moralisten, darstellen soll. Zur Kunstausstellung in Marseille 1861 sandten Kunstfreunde von Aix fünf Porträts von Arnulphi, darunter die des Predigers Abbé Poulle und des Marquis de Gallifet, Fürsten von Martigues. Im Mus. zu Versailles sieht man das Bildnis von Chicogneau, des ersten Arztes von Ludwig XV., welches auf der Rückseite die Bezeichnung führt: C. Arnulphi pinxit 1750. In der Sammlung Pacully (versteigert Paris 1903) befand sich das Porträt des Marquis de Ripert-Monclar, bezeichnet: C. Arnulphy Pinxit 1764 (Abbild. im Katalog). Der geschickte Kupferstecher H. Coussin, der in Aix geboren war und dort arbeitete, stach mehrere Porträts von Arnulphi.

Als der Herzog von Villars, Gouverneur der Provence, 1766 die Gründung einer Zeichenschule in dieser Stadt anordnete, war Arnulphi einer der drei berufenen Professoren. Er starb in seiner Vaterstadt 22. 6. 1786. Unter seinen Schülern sind zu erwähnen Esprit-Antoine Gibelin und J. Fr. P. Peyron.

Livret de l'exposition des Beaux-Arts de Marseille 1861 p. 22. — Parrocel, Annales de la peinture. Marseille 1862. p. 191, 201, 202, 334. — Gibert, Catalogue du Musée d'Aix. 1862 p. 1. — L. Lagrange, Joseph Vernet. Paris 1864. — Réunion d. soc. d. b.-arts XXIX 269. — Meyer, Kstlerlex. *R.*

Arnulphi, Jean, französ. Bildhauer in Aix in der Provence, schnitzte 1466 eine Holzstatue der hl. Consortia. Diese Statue war zur Zeit einer Pestepidemie vom Rat der Stadt bestellt worden.

Lami, Dict. des sculpt. franç. au moy. âge et à la renais. *Lami.*

Arnutius, Kupferstecher, um 1756, nur bekannt durch den Porträtstich des J. G. Hartmann nach dem Gemälde von C. Müller.

Meyer, Kstlerlex. *H. V.*

Arnz, Albert, Landschaftsmaler in Düsseldorf, geb. 24. 1. 1832 in Düsseldorf. War 1854—60 Schüler von Andreas und Oswald Achenbach und ist besonders von letzterem stark beeinflußt worden. Nach Reisen in Italien behandelte er wie dieser Motive aus Rom und Neapel mit der gleichen Berücksichtigung der Architektur und Staffage und denselben farbigen Effekten. Auch deutsche und schweizerische Landschaften. Er lithographierte auch „das Grabmal der Cecilia Metella bei Rom" nach Oswald Achenbach (1861) und ein Blatt mit einer ruhenden Ziege (Düsseld. Künstler-Album von 1859).

Meyer, Kstlerlex. — Bötticher, Malerw. des 19. Jahrh. (ausf. Verz. der Werke).

Arò, Giuseppe, Maler aus Turin, um 1792, bei Zani, Enc. met. II 206 erwähnt. *H. V.*

Arode, s. *Arrode.*

Arogno, d', s. damit verbundene *Vornamen* sowie *Solari,* Arasmino de'.

Aroja, Julian, span. Holzschnitzer, machte sich rühmlich bekannt auf der Madrider Ausstellung 1871.

F. M. Tubino, El arte y los artistas contemporaneos. Madrid 1871. *P. Lafond.*

Arolas, Juan, Maler in Barcelona. 1793 erhält er vom Presbyterium des Hospitals von S. Marta eine Zahlung für die Bilder des hl. Paul und der hl. Anna, welche er für die Hospital-Kirche gefertigt hat.

Viñaza, Adic. II 36. *M. v. B.*

Arold, Dilettant, Kaufmann in Frankfurt a. M., radierte nach Gwinner u. a. eine Landschaft in Kobells Geschmack und ist vielleicht mit Arnold (s. d.) identisch..

Gwinner, Kunst und Künstler in Frankf. 465. — Arch. f. die zeichn. Künste X 315. *—y.*

Aroldo da Como, Steinmetz (Cosmat), tätig um 1300 nach Zani Enc. met. VII 11; sonst unbekannt. *H. V.*

Aromatari, Dorotea, venezian. Stickerin des 17. Jahrh., fertigte nach A. Boschini (La Carta del navegar, Venezia 1660) Wunder der Nadelmalerei. Zani, Enc. met. II 206 führt sie auch als Miniaturmalerin auf. ***

Aron, Girolamo, Miniator, Venedig im 18. Jahrh.

Bratti, Miniatori Veneziani, in Nuovo Arch. Veneto, nuova serie 1901. tom. II parte 1. u. 2. p. 87. *P. d'Ancona.*

Aron, Toni, Porträt- u. Genremaler, geb. 1859 in Esseg (Slavonien), studierte u. lebte lange Zeit in München und in den letzten Jahren vorübergehend in Leipzig. Von seinen Werken sind zu nennen: Porträt des Prinzen Alphons von Bayern (Münchener Jahresausstell. 1889), Kroatischer Bauer mit seiner blinden Tochter beim Kirchgang (ebenda 1890) und 11 Pastelle des berühmten Schauspielers Possart in verschiedenen Rollen. Zum Bundesschießen in Frankfurt a. M. 1887 schmückte er die oberbayer. Gebirgsschenke auf dem Festplatze mit flotten Kohlezeichnungen aus dem Kneipen- und Schützenleben (bei Bangel in Frankfurt a. M. kurz darauf für 4000 Mark versteigert). Von ihm rührt auch der Entwurf zur Festmedaille für dasselbe Bundesschießen her.

Bötticher, Malerw. des 19. Jahrh. Bd. I Nachtr. — Kunst f. Alle II 352, III 98. — Forrer, Biogr. Dict. of Med. ***

Aronco, Raymondo de, italien. Architekt, geb. in Gemona (Prov. Udine), studierte an der Accad. di Belle Arti in Venedig unter Giac. Franco, beteiligte sich mit Auszeichnung bei der Konkurrenz um das Monument für König Victor Emanuel in Rom, war dann Professor an der Akad. in Massa, später am kgl. Institut in Palermo. Bei der Ausstellung in Venedig 1887 zeigte er zum erstenmal sein besonderes Geschick für Ausstellungsbauten und machte sich dann durch das kühne und höchst originelle Hauptportal der Turiner Ausstellung 1902 weiten Kreisen bekannt. Er hat sich auch in Konstantinopel als Hofarchitekt des Sultans mit Erfolg betätigt.

Gubernatis, Dizion. d. artisti p. 160. — Rassegna Nazionale vol. 126 p. 517 ff., vol. 139 p. 469 ff. — Deutsche Bauztg. 1902 p. 298, 596. — Architektur d. XX. Jahrh. 1902 Taf. 98—100. — Gazzetta del Popolo della Domenica. 1901 n. 38 p. 301. **

Arondaeus, s. *Arondeus.*

Aronde, s. *Arrode.*

Arondeaux, Regnier, vlämischer Medailleur vom Ende des 17. und Anfang des 18. Jahrh., wohnte meist in den Niederlanden, in Deventer und anderen Orten. Seine Familie, von Tournaisis stammend, war infolge der religiösen Verfolgungen unter Philipp II. von Spanien in die Niederlande ausgewandert. Ein gewisser Isaac Arondeaux kam von Gent nach Hulst in Flandern, wo er das Amt eines Stadtwärters von 1591—1594 inne hatte. Seine Nachfolger wohnten in Vlissingen, Leyden etc. R. A. arbeitete von 1678—1702 und starb vermutlich in der 1. Hälfte des 18. Jahrh. Man kennt ungefähr 30 Medaillen von ihm, bald mit dem Monogramm A bezeichnet, bald mit seinen Initialen R. A. oder häufig mit seinem ganzen Namen. Mehrere dieser Medaillen beziehen sich auf die Geschichte Englands und wurden während seines Aufenthalts dort unter der Regierung Wilhelms III. graviert; andere beziehen sich auf Ereignisse der Regierung Louis XIV. und wurden vom Grafen d'Avaux, dem französ. Gesandten in Holland, bestellt. Die ersten Werke von A. zeugen, ohne schlecht zu sein, von einer gewissen Unerfahrenheit in der Handhabung des Stichels, den er indes später mit einer solchen Meisterschaft führte, daß er heute zu den besten Medailleuren seiner Zeit gezählt wird. Seine Bilder Wilhelms III., Königs von England, und der Königin Marie sind mit viel Eleganz behandelt und sehr gut modelliert. Seine Medaillen, in denen er Szenen in kleinem Maßstabe darstellt, sind von besonders großer Feinheit. Von seinen besten Arbeiten sind folgende, die er bei Gelegenheit großer Ereignisse oder zu Ehren von Personen graviert hat, zu nennen: Friede von Nimwegen 1678; Gerhard Brandt, Historiker 1683; Ermordung von Monmouth und Argyle 1685; Ausschiffung Wilhelms von Oranien in Torbay 1688; Krönung Wilhelms und Marias von England 1689; Schlacht an der Boyne 1690; Friedensstiftung in Irland 1691; Triumpheinzug Wilhelms III. in den Haag; Schlacht von La Hogue, 1692; Wiedereroberung von Namur, 1695; Tod der Königin Maria von England, 1695; Aufstand in Amsterdam, 1696; Friede von Ryswyck, 1697; Vertrag von Carlowitz, 1699; Jubiläum des Papstes, 1700; Zentenarfeier der Gründung der ostindischen Gesellschaft, 1702; Tod Wilhelms III., 1702; Hochzeit König Karls XI. von Schweden mit Ulrike Eleonore.

Nagler, Kstlerlex. — Meyer, Kstlerlex. — Pinchart, Recherches s. la vie et l. trav. des graveurs de méd. etc. — Bolzenthal, Skizzen z. Kstgesch. d. mod. Med.-Arb. — Wurzbach, Niederl. Kstlerlex. — Forrer, Biogr. dict. of med. — Rondot, Les médailleurs et les graveurs de monnaies et médailles en France p. 320. *Fréd. Alvin.*

Arondel, französ. Bildhauer u. Goldschmied, geb. um 1526 zu Paris, tätig daselbst. Als Protestant wurde er in der Bartholomäusnacht 1572 umgebracht.

Bérard, Dict. biogr. *Lami.*

Arondel, Erasmus, s. *Arondeus.*

Arondel (Arondelle), Guillaume d', französ. Steinmetz, leitete 1363 die Steinmetzarbeiten am Bau des Schlosses zu Vincennes.

Bauchal, Diction. d. Archit. franç., Paris 1887. *H. V.*

Arondel (oder Herrendel), Pierre, geb. 1387 in Dijon, war 1431 maître général der Maurer- und Zimmerarbeiten für den Duc de Bourgogne. Außerdem wird 1399 ein *Pierre Arondel* als Nachfolger Drouets und Dummartins in der Bauleitung der Chartreuse von Dijon genannt.

Cunat de Chézy, Bull. monum. XXI. — Bauchal, Dict. des Archit. *C. Enlart.*

Arondelle, Guillaume, s. *Erondelle, G.*

Arondeus, Erasmus, holländ. Maler, geb. um 1644, 1663 Schüler von Willem Doudyns im Haag (s. Obreens Archief V 146), trat 1666 in die dortige Zunft ein (s. Obreen

III 266) und lebte noch 1689 im Haag, † vor Nov. 1692, da in dieser Zeit seine Witwe in Rotterdam lebte. Arondeus wird ausdrücklich wiederholt Constschilder genannt. Um 1665 war er mit Johanna Demele verheiratet. 1675 macht er einen Kontrakt mit dem Maler Johannes Leemans im Haag (dort zwischen 1665—1689 fortlaufend genannt), daß alle Chaisen, Kutschen und sonstigen Equipagen, welche Arondeus zum bemalen erhält, mit Landschaften nur durch *Cornelis Verburgh* bemalt werden dürften, so lange derselbe in Leemans Diensten stehe. — Der nach Schuster (Kunst u. Künstler in d. Fürstentümern Calenberg u. Lüneburg p. 207) 1673 beim Schloßbau in Osnabrück tätige Maler *Erasmus Arondeus* ist wohl mit dem obigen identisch.

Urkundliche Notizen. *A. B.*

Arondeus, Johannes, Maler, geb. im Haag. 6. 2. 1701 heiratet er in Rotterdam Elisabeth Margaretha Pandelaers. Am 31. 10. 1700 wurde er Bürger von Rotterdam, taufte in den Jahren 1702 u. 1703 Kinder. Später heiratete er Maria Nonnius. Er lebte noch 1719 in Rotterdam und war eingeschrieben als Bürger von Amsterdam 26. 4. 1725. Pieter und Johannes A. waren Verwandte. Beide waren Zeuge bei der Taufe ihrer Kinder. Werke unbekannt.

Aemstels Oudtheid V 67. — Rotterd. Historiebl. III 548. *Haverkorn van Rijsewijk.*

Arondeus, Pieter, Maler, geb. im Haag um 1665, † in Rotterdam am 10. 11. 1712, legte 1682 seine Probe in der Lukasgilde im Haag ab und wurde 1682—83 in der Akad. eingeschrieben und wird (nach Notiz von A. Bredius) 1694 noch im Haag erwähnt. 1696 war er bereits in Rotterdam und verheiratet und ließ in den Jahren 1697, 1698, 1700, 1701, 1703 und 1704 Kinder taufen. Er war Maler des Kollegiums der Admiralität 1699. In diesem Jahre kaufte er einen Garten, den er 1702 wieder verkaufte. Arbeiten von ihm sind noch nicht bekannt.

Obreen, Arch. III 270. — Rotterd. Historiebl. III 549. *Haverkorn van Rijsewijk.*

Arons, Philipp, deutscher Porträt- und Genremaler, geb. in Berlin am 17. 9. 1821, Schüler Daeges in Berlin, dann Lepaulles u. Cogniets in Paris, lebte 1847—1851 in Rom und ließ sich dann dauernd in Berlin nieder. † am 19. 11. 1902 in Rinteln a. d. Weser. Seine kleinen Genrebilder (meist Kavaliere der Rokokozeit in der Art Meissoniers) und Porträts (hübsche Frauenköpfe von wenig individuell bestimmter Charakteristik) waren seinerzeit sehr geschätzt und zeichnen sich durch elegante malerische Technik und klare warme Farbe aus. Er stellte häufig in Berlin aus.

Meyer, Kstlerlex. (L. Pietsch). — A. Rosenberg, Berl. Malerschule. — Bötticher, Malerw. d. 19. Jahrh. — Die Kunst. VII 194.

Aronson, Naoum, russ. Bildhauer in Paris, geb. in Kreskava, stellte auf der Berliner Sezession 1901 („Liebestraum"), im Pariser Salon 1906 (Beethovenbüste, Studie für das Bonner Beethovendenkmal) u. im Salon Fritz Gurlitt in Berlin 1906 mehrere Arbeiten aus. Sein „Beethoven" erhielt in Lüttich die große goldene Medaille und wurde am 17. 12. 1905 im Garten des Bonner Beethovenhauses aufgestellt.

Kat. d. Ausstellgn. — Die Kunst XIII, Kunst f. Alle XXI. — Kunstchronik N. F. XVI 507. — The Studio. Vol. 38. p. 255—57. — L'Art décoratif Febr. 1908. — Berl. Börsen-Cour. 24. 5. 08.

Aronson-Danzig, Marta, Porträt- u. Stillebenmalerin, tätig in Berlin, stellte auf der Berliner Jubiläums-Ausstellung 1886, auf der Dresdener akad. Kunst-Ausstellung 1883 und auf der internationalen Kunstausstellung München 1888 aus, ferner auf den Berliner akad. Kunst-Ausstellungen 1887, 88 und 91.

Bötticher, Malerwerke d. 19. Jahrh. Dresden 1891. — A. Hirsch, D. bild. Künstlerinnen d. Neuzeit. Stuttgart 1905. — Kunst für Alle III 1888. *H. V.*

Arosa, Marguérite, Porträt-, Landschafts- u. Genremalerin in Paris, Schülerin von Mayer, Armand-Gautier u. Barrias, stellte im Salon 1882—1900 fast alljährlich aus. Sie malt hauptsächlich französ. Küstenlandschaften: Temps brumeux (Salon 1891) — La pêche à la Senne (Bretagne) (Salon 1897) — Coin de port à marée basse (Salon 1900). Im Salon 1885 war sie mit einer auf das Meer hinausblickenden, am Felsen angeschmiedet stehenden Andromeda, im Brüsseler Salon 1884 mit einer „Baigneuse" vertreten.

Bulletin d. Beaux-Arts I 173. — Katal. d. Salon. — Journal d. Beaux-Arts. 1884 p. 137. H. V.

Arosenius, Ivar Axel Henrik, schwed. Maler, geb. 1878, studierte seit 1898 auf der Kunst-Akademie in Stockholm, debutierte 1905 als Maler auf einer Separatausstellung, mit ca. 150 Kompositionen in Öl, Sagenmotiven, phantastischen Stimmungen aus Paris, Karikaturen. Ein größeres Gemälde von ihm: Das Geplauder, befindet sich in E. Thiels Galerie, Stockholm. Er hat auch Zeichnungen für Witzblätter geliefert. *G. Nordensvan.*

Arosenius, Karin Magdalena, schwed. Bildhauerin, geb. 29. 7. 1851 in Norrköping, studierte an der technischen Schule und an der Kunstakad. in Stockholm 1870—74, setzte dann ihre Studien in Kopenhagen, Rom und Paris fort. Sie stellte Genrebildwerke aus: Fischerknabe (1881), Badendes Mädchen (1883), Mädchen aus Syrakus, Statuetten.

G. Nordensvan.

Arosio, Martino d', Bildhauer in Ligurien, wurde 1545 von dem Prior Lorenzo Ravaschieri mit der Ausführung eines reichen Portals für das Oratorium der Bruderschaft des hl. Franziskus in Chiavari beauftragt.

Alizeri, Notizie d. Prof. d. Dis. in Liguria. Genua 1877. Vol. V 271. *H. V.*

Aróstegui, Juan de, span. Baumstr., entwarf den Plan zum Neubau der Kirche von Deva in Guipúzcoa und begann den Bau derselben, den Juan Ortiz von Olaeta 1629 vollendete.

Llaguno y Amirola, Not. III 95, 190, 401. △

Arp, Carl, Landschaftsmaler u. Radierer, geb. am 3. 1. 1867 in Kiel, studierte in Weimar unter Hagen und Graf L. v. Kalkreuth, ging dann auf 4½ Jahre nach Italien (Capri, Sicilien, Venedig), brachte mehrere Sommer in Tirol und der Schweiz zu, lebte einige Jahre in Kiel und seit 1906 in Weimar. A.s Landschaften (zumeist Motive aus Schleswig-Holstein und der Umgebung Weimars) zeichnen sich durch ernstes künstlerisches Streben und liebevolles, der Effekthascherei fremdes Eingehen auf die Schönheit der Natur aus. Er stellte in Berlin (Große Ausst. 1896, 1904, 1906), München (Jahresausst. 1906 und 1907) und Düsseldorf (1902 und 1907) aus. Werke seiner Hand befinden sich im Privatbesitz, in den Museen von Danzig und Weimar und in der Kunsthalle seiner Vaterstadt Kiel. Radierungen A.s im Jahresheft 1893 des Weimaraner Radiervereins.

Mit Notizen des Künstlers. ***

Arpa, Clemente dall', Maler in Brescia, tätig um 1534.

Fenaroli, Art. Bresciani, Append.
F. Malaguzzi-Valeri.

Arpa y Perea, José, span. Maler, geb. zu Carmona (Andalusien), Schüler der Kunstschule zu Sevilla, ließ sich in den Vereinigten Staaten nieder, von wo er auf die Madrider Ausstellung 1904 die Gemälde: Ein Künstler Jacal; Der Rio Balepin in Mexiko, sandte.

Ossorio y Bernard, Galeria biogr. de artistas españoles del siglo XIX. Madrid 1883/4.
P. Lafond.

Arpe, Giovanni Agostino, nur von Zani, Enc. met. II 207 als Zeichner um 1651 in Mailand erwähnt. ***

Arpe (Alpe, de Larpe, Alpa), Jean de l', Maler aus Genf, schloß 1521 einen Vertrag mit Ayma de Gingins, demzufolge er sich verpflichtete, ihr einen fünfteiligen Flügelaltar für die von ihrem verstorbenen Gemahl André de Marnix gestiftete Kapelle im Kloster der Maria Aegyptiaca zu Chambéry zu liefern. In der noch erhaltenen Urkunde sind die zu malenden Bilder (Szenen aus dem Leben der Mutter Maria, Christi, sowie einiger Heiligen) und Wappen genau vorgeschrieben, indes ist der Altar nicht mehr nachzuweisen. Auch der Künstler ist sonst unbekannt.

Mém. de la Société Savoisienne T. XV 2, p. 208 ff. *De.*

Arpesani, Cecilio, italien. Architekt der Gegenwart. Nach seinen Plänen wurde 1901/2 die stattliche Kirche von Legnanello (Diöz. Mailand) im romanischen Stil erbaut.

Natura ed arte. 1902/3. I 131. ***

Arpesani, Giuseppe, nur von Zani, Enc. met. II 207, als Zeichner 1754 in Pavia genannt. ***

Arphe, s. *Arfe.*

Arpinas, Josephus oder **Arpino,** Gius. Cavaliere d', s. *Cesari,* Gius.

Arquinvilliers, Rose, geb. de Parron, französ. Historienmalerin im Schloß Saint-Martin bei Pontoise (Seine-et-Oise), stellte im Pariser Salon 1841—1846 aus.

Bellier-Auvray, Dict. génér. *H. V.*

Arrabal, P. G., span. Stempelschneider und Medailleur, von ihm eine Medaille Ferdinands VII. (1808) und eine Medaille auf die Wiedereroberung von Santiago de Chile (1814).

Forrer, Biogr. Dict. of Med. ***

Arraez, Antonio, span. Dekorationsmaler und Architekt, geb. zu Madrid zu Anfang des 19. Jahrh., Schüler der Akad. San Fernando. Er widmete sich hauptsächlich der Wiederherstellung arabischer Kunst. 1848 frischte er einzelne Partien des Alhambra-Palastes in Granada wieder auf. Man kennt von dem Künstler Pläne und Zeichnungen zu maurischen Interieurs, von arabischen Fenstern und Türen, die auf verschiedenen Madrider Ausstellungen (1858, 1860 und 1862) zu sehen waren.

Ossorio y Bernard, Galeria biogr. de artistas españoles del siglo XIX, Madrid 1883/4.
P. Lafond.

Arragel, Rabbi Moses, Kalligraph und Buchmaler in Maqueda in Spanien. Am 2. 6. 1430 beendigte er eine von ihm mit Malereien geschmückte Prachthandschrift, eine Übers. der Bibel ins Kastilianische (im Besitz des Herzogs von Alba).

Rico y Sinobas, caligr. españ. S. 10.
M. v. B.

Arragona, Salvatore, italien. Bildhauer, verfertigte (nach Campori) um 1662 mit Maschio Lattanzio die Stuckfiguren der Allegrezza und der Eternità, sowie 3 Fontänen für den herzoglich Estensischen Palast von Sassuolo.

Campori, Gli Artisti Estensi. Modena 1855.
H. V.

Arragoni, s. *Laurentini,* Giov.

Arras, d', s. damit verbundene *Vornamen.*

Arrau y Barba, José, span. Maler, geb. am 4. 5. 1802 in Barcelona, † 11. 1. 1872, studierte seit 1831 in Rom. Bei seiner Rückkehr aus Italien nach Barcelona bestellte die Junto del Comercio ein Porträt Ferdinands VII. A. widmete sich keiner besonderen Spezialität, sondern versuchte sich in jedem Genre. Unter seinen Schöpfungen mit religiösen Motiven nennen wir: Das hl. Abendmahl und Die Fußwaschung, für die Kirche Sa. Maria del mar in Barcelona; Jesus beim Gebet; Der hl. Franciscus von Assisi; Der hl. Antonius von Padua; Der Traum des Gerechten; Die Madonna von la Silla (einem Flachrelief nachgeahmt). Unter seinen Genre-

Bildern führen wir an: Ein junger Afrikaner; Der Alchimist Bernardo Perez; unter seinen Porträts: Königin Isabella II., Bildhauer Company (in Rom vollendet). Er malte auch eine ganze Anzahl Stilleben und Landschaften. Die meisten seiner Werke waren auf den hauptsächlichsten Ausstellungen Barcelonas zu sehen.

Ossorio y Bernard, Galeria biogr. de artistas españoles del siglo XIX. Madrid 1883/4. — Elías de Molins, Dicc. de escrit. y art. catal. del siglo XIX. 1889. *P. Lafond.*

Arre, Olof Jacobson, schwed. Kupferst., geb. 1729, † 16. 7. 1809 auf Täby in Roslagen, war erst Geometer, später Vorsteher einer 1757 gegründeten Zeichen- und Modellschule für die Metallindustrie, dann Zeichner der Akad. der Wissenschaften in Stockholm, zu deren Abhandlungen er eine Menge Zeichnungen lieferte, die teils von Bergqvist, teils von ihm selbst gestochen sind. Von weiteren Arbeiten seien erwähnt: Hafen von Stockholm, 1768, Fol. — Dr. Torsten Rudéen, Biskop i Linköping (nach Karlstens Bildnis von 1714) gestochen 1765, 8vo. — Sinnebilder wid Högsts. Konung Adolph Fredrichs Höga Begrafningsact . . . . 1771, Fol.

Meyer, Kstlerlex. (Art. v. L. Dietrichson und C. Eichhorn; Kat. von 11 Nummern). — Sammlg. schwed. Stiche in der kgl. Bibliothek und dem Nationalmus. zu Stockholm.
Mit Notizen von *J. Kruse.*

Arredondo, Garcia de, Bildhauer und Bürger in Villadiego, fertigte für eine Kapelle der Kirche Na. Sennora de las angustias in Tudela de Duero einen großen Altar, welchen 1598 der Bildhauer Adrian Alvarez zu begutachten hatte.

Martí y Monsó, Estud. histor. artist. S. 322—23. *M. v. B.*

Arredondo, Isidoro, span. Maler, geb. 1653 zu Colmenar de Oreja, † zu Madrid 1702, zuerst Schüler eines gewissen Josef Garcia (nicht des Malers Karls II.), dann des Fr. Rizi. 1685 zum Maler des Königs Karl II. ernannt, erhielt A. den Auftrag zur Teilnahme an den unter der Leitung von Cl. Coello ausgeführten Dekorationsarbeiten der Galerie del Cierzo im k. Palast. Er malte dort zwei der Psychefabel (wie die Verzierung überhaupt) entnommene Kompositionen, und führte ebenso einige ornamentale Arbeiten für die Gemächer der Königin aus. Gemäß seines Amtes hatte A. häufig die Gelegenheit, in Wasserfarben Dekorationen fürs Hoftheater und Allegorien bei den Einzügen der Königinnen und für die Leichenfeierlichkeiten königlicher Personen zu malen; in dieser Gattung war sein Talent sehr bemerkenswert, und sein eleganter und leichter Pinsel wußte reizende Ornamente zu improvisieren. Die Freskomalereien im Retiro, in den Gemächern der Königin und im kgl. Kabinett, an denen er in Gemeinschaft mit anderen Künstlern malte, erwarben ihm verdienten Ruf. Im Jahre 1690 ward A. nebst Seb. Muñoz mit der Wiederherstellung von Herreras el mozo Kuppelfresken in der Kirche U. L. Frau von Atocha betraut. Beide brachten sie wieder mit Hilfe von Herreras Skizzen in ihren ursprünglichen Stand. Ferner von ihm in der Salvadorkirche zwei Bilder mit Darstellungen aus dem Leben des hl. Eligius, u. Palomino zitiert als ehemals bei den Mönchen von U. L. Frau von Konstantinopel, einen hl. Bischof Ludwig, die hl. Klara und den hl. Franz von Assisi. A. war ein einsichtiger und korrekter Maler, seine Farbe ist zart und etwas kalt. Er blieb während seiner ganzen Lebenszeit den Überlieferungen der Madrider Schule treu und geriet nicht unter Luca Giordanos Einfluß, der damals in Madrid alles mit sich riß.

Cean Bermudez, Dicc. I 74—76. — Palomino y Velasco, Museo pict. III 681. — Meyer, Kstlerlex. △

Arredondo, Manuel, Maler in Madrid. Man findet seinen Namen nur in den Rechnungen der Junta de obras y bosques, nach welchen er die Stelle eines Malers des Königs einnahm. Er starb 1712 zu Madrid und wurde durch Pedro de Calabria ersetzt.

Cean Bermudez, Dicc. I 74. — Meyer, Kstlerlex. △

Arredondo Avendaño, Eduardo, span. Maler, geb. 15. 9. 1872 zu Madrid, Schüler der Akad. S. Fernando, widmete sich vornehmlich der Landschafts-Malerei. Wir führen von ihm folgende Werke an, die seit 1901 auf verschiedenen Madrider Ausstellungen zu sehen waren: Eine Ansicht von Santander; Eine Landschaft aus der Sierra; Eine Ansicht des Pardo; Eine Ansicht des Guadarrama und andere Landschaften. *P. Lafond.*

Arredondo y Calmache, Ricardo, span. Maler, geb. in Sella (Prov. Teruel), stellte 1882 zum ersten Male auf einer Madrider Privat-Ausstellung aus: Ansicht der Ufer des Tayo und Cigarrales von Toledo; seitdem entlehnte er die Motive zu seinen sehr geschickt ausgeführten, aber ein wenig trockenen und in zu grellem Lichte gehaltenen Gemälden der alten Stadt Toledo und ihrer Umgebung. Er erlangte verschiedene Auszeichnungen auf nationalen u. fremdländischen Ausstellungen. Wir nennen von Werken dieses Künstlers: Das Frühstück in einem Garten; Das Bootshaus; Das Palais Hermosilla; Die Mühlen (die 1900 auf der Pariser Weltausstellung zu sehen waren); Ein Möbelrestaurator in den toledanischen Bergen; Die Brücke San Martin; Garteneingang; Der Turm u. die Straße San Tome. *P. Lafond.*

Arregio, s. *Aregio.*

Arrenius u. **Arrhenius,** Olof, s. *Arenius.*

Arriaga, Luis de, span. Baumeister, setzte 1669 den Fassadenbau der 1664 von Josef de

Arroyo begonnenen Münze zu Cuenca in Neu-Kastilien fort.

Llaguno y Amirola, Not. IV 57. △

Arriens, Carl, deutscher Maler und Zeichner, geb. am 12. 8. 1869 in Heide in Holstein. Lebt in Schöneberg bei Berlin und ist hauptsächlich als Illustrator tätig.

Singer, Kstlerlex. Nachtr. 1906. ***

Arrienti, s. *Arienti.*

Arriero y Moracia, José, span. Stecher, geb. zu Madrid, Schüler der Akad. S. Fernando und von Ricardo de los Rios. 1901 war er zuerst auf der Madrider Ausstellung mit drei Radierungen vertreten: einem Männerporträt nach Goya; einer Madonna nach Carlos Frosch und einem Büchsenschützen nach Fortuny.

P. Lafond.

Arriet, Miniaturist und Kalligraph deutscher Herkunft in Portugal Anfang des 16. Jahrh. unter König Manuel. Wird erwähnt bei der Beschreibung eines Wappenbuches im Besitz des portug. Groß-Wappenmeisters der Familie da Costa.

Raczynski, Dict. p. 14. — Bradley, Dict. of Miniaturists. *A. Haupt.*

Arrighetti, Domenico, gen. *Cavedone,* Bildhauer in Siena, nach Zani (Enc. II 208) um 1637 tätig. Er soll nach Milanesi eine Wölfin aus Zinn für eine Säule auf der Piazza de' Tolomei sowie eine Pietà mit 2 Engeln für die Compagnia di S. Giovanni Battista in Siena verfertigt haben.

Milanesi, Sulla Storia Dell' Arte Toscana, Siena 1873. — Romagnoli, Cenni stor.-art. di Siena, 1840. *H. V.*

Arrighetti, Tommaso, zeichnete nach Füssli um 1775 eine Sammlung der berühmtesten in Florenz aufbewahrten Gemälde, wie z. B. die Geburt Christi von Correggio in den Uffizien (1768), die dann von anderer Hand in Kupfer gestochen wurden. Wahrscheinlich ist er identisch mit dem bei Zani (Enc. met. II 208) erwähnten, um 1758 tätigen gleichnamigen Florentiner Maler.

Füssli, Kstlerlex. Suppl. 1779. — Meyer, Kstlerlex. *H. V.*

Arrighi, Antonio, Baumeister in Pistoja, im Anfang des 17. Jahrh. Erbaute daselbst die Karmeliterkirche und die neue Kirche S. Vitale, die an Stelle der alten (1610) niedergerissenen errichtet wurde, sowie den Glokkenturm von S. Francesco in Pescia.

Ansaldi, Descriz. delle scult. etc. di Pescia 1816, p. 29. — Tolomei, Guida di Pistoja 1821 p. 85, 120, 151. ***

Arrighi, Antonio, Erzgießer aus Rom, tätig in Bergamo um 1705; goß für den Marienaltar des dortigen Domes die Bronzereliefs nach den Modellen eines deutschen Bildhauers namens Berger.

Zani, Encicl. II 208. — Pasta, Pitt. di Bergamo p. 17. *F. Malaguzzi-Valeri.*

Arrighi, Francesco degli, s. *Pesellino,* Fr.

Arrighi, Giovanni Battista, Florentiner Maler, um 1688 (nach Zani, Enc. met. II 209); soll nach Richa ein Ovalbild des hl. Ludwig Gonzaga für die Kapelle der Jesuitenkirche S. Giovannino zu Florenz gegen Ende d. 17. Jahrh. gemalt haben.

Richa, Notizie istoriche V 152. *H. V.*

Arrighi, Giuliano degli, s. *Pesello,* G.

Arrighi (Arighi), Giuseppe, Maler aus Volterra, tätig 1650—1680 (nach Zani, Enc. II 208), Schüler seines Landsmannes Baldassare Franceschini.

Meyer, Kstlerlex. *H. V.*

Arrighi, s. auch *Arighi.*

Arrigo di Brabante, s. *Heinrich* v. Br.

Arrigo, Maestro, Florentiner Maler um 1562, nur bei Zani (Enc. II 209) erwähnt.

Arrigo da Campione (Henricus Campionensis) I, Enkel des Anselmo u. Sohn des Otacio da Campione, Architekt und Bildhauer in Modena, schließt 30. 11. 1244 unter Zustimmung des Bischofs Albertus von Modena mit Ubaldino, dem Massaro des Modeneser Dombaues, einen Vertrag, wonach ihm und seinen Söhnen u. Oheimen, sowie deren Erben — soweit sie als Künstler am Dombau beschäftigt wären — die Tagesbesoldung erhöht werden sollte. — Nach Pedrocchi ist dieser Meister vielleicht identisch mit jenem Magister Henricus, der in der ersten (romanischen) Bauperiode der Kathedrale zu Massa Maritima (1228—1267) als Werkmeister dieses Kirchenbaues beglaubigt ist.

G. Campori, Artisti ital. etc. negli Stati Estensi (Modena 1855) p. 116. — L. Pedrocchi, Massa Maritima (Firenze 1900). — Repertor. f. Kstwissensch. XXIV 163. *

Arrigo da Campione (Henricus Campionensis) II, Enkel des Arrigo I da C., Architekt und Bildhauer in Modena. Vollendete 1319 den achteckigen Pyramidenaufsatz des Ghirlandina-Turmes und 1322 die mit zahlreichen Statuen geschmückte hölzerne Kanzel der dortigen Kathedrale (laut Inschrift „Actibus Henrici sculptoris Campionensis").

Zani, Encicl. II 256, 352, nota 48. — G. Campori, Artisti ital. etc. negli Stati Estensi p. 117. — G. Cappello in „Emporium" 1899 p. 125. *

Arrigo Fiammingo, s. *Broeck,* H. v. d.

Arrigo, Fra Francesco, Kalligraph und Miniaturist in Siena um 1472, nur bei Zani (Enc. II 209) erwähnt. *H. V.*

Arrigo, Francesco d', s. *Pesellino,* Fr.

Arrigo, Giuliano d', s. *Pesello,* G.

Arrigo, s. auch damit verbundene *Vornamen* sowie *Enrico* etc.

Arrigone, s. auch *Arigone* u. *Arrigoni.*

Arrigoni, Alessandro, Blumenmaler, geb. 7. 1. 1764 zu Barzio bei Como (der Mailänder Katalog sagt 1752 zu Valassina), † 1819 durch Selbstmord. Komposition, sowie detaillierte Ausführung werden an seinen Blumen besonders gepriesen. Die Akad. von

Mailand erteilte ihm den Preis für ein dann ins dortige Museum gekommenes Bild, Blumen in einem Gefäße. A. hatte dieses Bild in seinem Todesjahre gemalt.

Meyer, Kstlerlex. *R.*

Arrigoni, Angelo, Maler in Neapel, 17. (?) Jahrh. Sein Selbstporträt soll sich nach Zani (Enc. II 210) in der Bildnissammlung des Signor Cavaliere Giambattista Gazzola in Verona befunden haben. *H. V.*

Arrigoni, Anton, Dekorationsmaler, geb. 21. 4. 1788 in Wien, daselbst Schüler der Kunstakad. Er war zuerst für das Theater an der Wien daselbst, dann in Brünn, Breslau, Preßburg und Graz als Theatermaler tätig. 1826 wurde er als Hoftheatermaler nach Dresden berufen, wo er wirkungsvolle Dekorationen malte. Es ist ohne Zweifel der Arrigoni, der für den König Friedrich August II. mit Traugott Faber Hunderte von Aquarellansichten sächsischer Gegenden und Kirchen malte. Sie sind sehr zierlich gearbeitet. Ein Vorname findet sich übrigens nirgends auf den Bll. — Anton A. starb am 6. 12. 1851 zu Dresden.

Meyer, Kstlerlex. **

Arrigoni, Antonio, Maler in Venedig, lebte im 18. Jahrh. und kam über die Mittelmäßigkeit nicht hinaus. Von ihm sind folgende Werke bekannt: In der Kirche Moisé 1. Die Wunder des hl. Antonius mit dem Maultier. — 2. Der hl. Antonius heilt ein Bein. — 3. Der hl. Antonius kniet vor der Madonna; darunter sind die Heiligen Moses, Cilastio und Andreas. — Dieses letztgenannte Bild wurde später in die Sakristei gebracht. — In der Galleria Manfrin befindet sich von ihm eine Caritas Romana. Ein Selbstbildnis befand sich um 1780 in der Porträtsammlung des Grafen Firmian im Schloß Leopoldkron bei Salzburg. — Man schreibt ihm auch das Bild: Salomons Götzendienst zu, das im Besitze von Sebastiano Fava war und von P. Monaco gestochen wurde.

Meyer, Kstlerlex. (mit Lit.). — Nicoletti, Pinacoteca Manfrin a Venezia 1872 p. 25. — Zani, Enciclop. II 200. *L. Ferro.*

Arrigoni (Arrigone), Attilio oder Arrisio, Architekt in Mailand. Nach seinen Plänen wurden 1698 der neue Friedhof des großen Hospitals dieser Stadt, il Foppone dell' ospedale maggiore genannt, u. die Kirche im Innern desselben, San Michele de' nuovi Sepolcri, ausgeführt. Die Weihe der Kirche ging 1700 vor sich. Er führte sie in Form eines griechischen Kreuzes aus, über dessen Mitte sich die Kuppel erhebt. Die Verzierungen der Halle an der Umfassungsmauer gehören einer späteren Zeit an. Latuada gibt in seinem Werke eine Ansicht des Friedhofes und der Kirche.

Latuada, Descrizione di Milano 1737, I 267. — Nuova Guida di Milano 1795 p. 121. — Pirovano, La Ville de Milan 1824 p. 362. — Millin, Voyage dans le Milanais I 101. — Zani, Encicl. II 210. — Missirini, Stor. d. Rom. Accad. di S. Luca p. 461. — Meyer, Kstlerlex. *R.*

Arrigoni, Camillo, Maler aus Bergamo, tätig in Ferrara 1543—1555.

Cittadella, Doc. ed Illustr. etc. Ferrar. (1868) p. 67.

Arrigoni, F., italien. Aquatintist in der 1. Hälfte des 19. Jahrh. Unter seinem Namen und dem des G. Bramati zugleich finden wir drei Aquatintablätter verzeichnet: Parade österreichischer Truppen bei Medole 1833. Roy. qu. Fol. **

Arrigoni, Francesco, s. *Arigoni.*

Arrigoni, Giov., s. *Laurentini,* Giov.

Arrigoni, Giuseppe, Holz- und Steinschneider aus Mailand, der zu Anfang des 19. Jahrh. hauptsächlich als Holzschneider mit Erfolg tätig war. Schöne Chorsitze von seiner Hand in der Parochialkirche von Oggiono.

Antonio Caimi, Delle arti del disegno nelle Provincie di Lombardia. Milano 1862. — Ms. H. Rollett.

Arrigoni (Rigone, Rigoni), Ottavio, nur von Zani, Enc. met. II 210, als Maler in Brescia um 1647 genannt. ***

Arrigoni, Vincenzo, Architekt in Venedig, stellte die 1569 durch Brand beschädigte Kirche S. Domenico di Castello wieder her.

Mothes, Gesch. d. Bauk. in Venedig. II 265. *H. V.*

Arrigoni, s. auch *Arigoni.*

Arrigucci, Luigi, Architekt, geb. zu Florenz. Nach seiner Zeichnung wurde am 24. 7. 1624 das Kloster S. Maria Maddalena de' Pazzi zu Florenz bedeutend erweitert. Papst Urban VIII., der zu diesem Bau Geld beigesteuert hatte, berief den Künstler nach Rom und ließ ihn die Fassade der kleinen St. Sebastiankirche, genannt alla Polveriera, bauen, welche 1624 an die Stelle der alten Kirche zur hl. Maria in Pallerra trat. Ferner verdankt man dem Künstler die Fassade der Kirche S. Anastasia, bei der er zwei verschiedene Ordnungen anwandte und die er mit Detail überlud; doch ist ihr Zierlichkeit nicht abzusprechen. Er scheint diesen Bau unter Berninis Leitung ausgeführt zu haben. In der Ausgabe von 1686 von Titis Beschreibung von Rom wird derselbe dem Dom. Castello beigelegt. 1630 ernannte Urban VIII. den L. Arrigucci als Nachfolger Carlo Madernas zum Architetto di Camera und übertrug ihm 1632 den Erneuerungsbau der Chiesa dei SS. Cosma e Damiano sowie des anstoßenden Klosters der Franziskaner der dritten Regel auf dem Forum Romanum.

Meyer, Kstlerlex. (mit ält. Lit.). — Bertolotti im Giorn. d'Erudiz. Artist. *R.*

Arriguzzi, Fabrizio, Bildhauer aus Rom. 1655—1674 tätig. Von seiner Hand die Büste des Guercino, die sich lange Zeit in der Familie Gennari befand, 1808 im Besitz des Filippo Hercolani und 1840 in dem des Advokaten Gauch und des Dr. Girotti in Bologna war. Diese Büste muß als Vorbild für diejenige gedient haben, die Fil. Scandellari aus Bologna für das Kenotaphium des Guercino in Cento angefertigt hat. Sie werden beide für übereinstimmend erklärt. Campori sah Guercinos Büste noch 1855 in Bologna, sie war aus Ton gefertigt und bronzefarben getönt. Eine große Anzahl Gipsfiguren lieferte A. 1674 für das große Fest der Krönung Mariä in Reggio: zwei Statuen für die Confraternità di S. Agostino, Statuen u. Reliefs für die Confraternità del SS. Sacramento und eine Statue für die der Beata Vergine. Alle diese werden in der Beschreibung des Festes außerordentlich gelobt.

M a l v a s i a, Felsina Pittrice (Biogr. Guercinos). — C a m p o r i, Gli Artisti negli Stati Estensi.

Arriguzzi, s. auch *Ariguzzi.*

Arrivabene, Graf G i u l i o C e s a r e, italien. Maler, geb. 1806 in Mantua. Schüler der Mailänder Akademie, wo 1833 sein Haman zu den Füßen Esthers den Preis erhielt. Lebte dann einige Jahre in Rom und führte u. a. folgende Gemälde dort aus: für den Marchese Ala-Pongoni (Mailand) Ehescheidung Heinrichs VIII., für den Marchese Lomellini (Genua) Jane Gray, ihr Todesurteil vernehmend, für die Kirche S. Andrea in Mantua ein großes Bild, Ezzelino da Ravenna; für den Marchese Bevilacqua (Brescia) Ruth vor Boas; für den Marchese Arconati Visconti Cola Rienzi; für die Königin Witwe von Sardinien die Einweihung der Kirche von Altacomba. In Rom selbst malte er in Fresko einige Allegorien im Palaste Torlonia. In Mantua und umliegenden Pfarrörtern einige Madonnen. Ferner in Mantua in der Apsis der Kirche S. Leonardo die Apotheose dieses Heiligen. In Florenz, wo er seit 1853 seinen festen Wohnsitz hatte, malte er verschiedene heilige Familien und eine Jungfrau mit dem Kinde, von Engeln umgeben, für eine Kapelle des Marchese Arconati; für die Gräfin Revedin Magnaguti einen Jesus unter den Schriftgelehrten, der in die Kirche S. Egidio zu Mantua kam. — Man rühmte an seinen Gemälden sowohl die korrekte Zeichnung wie das satte Kolorit.

M e y e r, Kstlerlex.

Arrivet, J., französ. Zeichner und Kupferstecher, um die Mitte des 18. Jahrh. in Paris, stach hauptsächlich Vignetten. Er arbeitete mit an den Illustr. für die Fabeln von Dorat und für die „Quatre Heures de la toilette des dames" (1779). Von ihm die Vignetten für den „petit Atlas maritime", für den „Atlas Corse" von N. Bellin; für den „Plan de la bataille de Johansberg" 1766. Er fertigte auch Karten und Adressen, wie die von Sergent fils, Kupferdrucker in Paris, rue de Noyers.

L e B l a n c, Manuel. — P o r t a l i s et B é r a l d i, Les graveurs d. XIXe s. — G u i l m a r d, Les maitres ornem. *P. A. Lemoisne.*

Arrobine, G., engl. Maler, stellte 1783 in der Royal Acad. das Bild „Bauernmädchen" aus. **

Arrode, G u i l l a u m e, Goldschmied und Emailleur in Paris, ist nach den Rechnungen von 1388—1408 für Karl VI und seine Gemahlin Isabella tätig gewesen, führte jedoch nicht den Titel eines Goldschmieds des Königs, wie Texier behauptet. Von seinen zahlreichen Arbeiten aller Art (siehe Réun. des Soc. des b.-a.) kamen mehrere als Geschenke an französ. Herren und fremde Gesandte. Im Jahre 1390 reiste A. zum Herzog von Mailand; der Zweck der Reise ist unbekannt.

D e L a b o r d e, Ducs de Bourgogne II 51. — T e x i e r, Dict. d'orf. p. 184. — V. Advielle in Réun. des Soc. des beaux-arts XIV 271—322. *H. Stein.*

Arrode (Arode), H u g u e s (Huguelin, Huguenin), französ. Kunststicker, vermutlich ein Verwandter des Guillaume A., führte den Titel Sticker der Königin Isabella v. Bayern und lebte noch 1402. Arbeiten von ihm sind in den Chambres des comptes des Nationalarchives in Paris aufgeführt. s. Register KK. 19. Fol. 70 v°., 115 v°.; KK. 20. Fol. 93 r°.; KK. 41. Fol. 37. v°.; KK. 42 Fol. 82 v°.

M e y e r, Kstlerlex.

Arrondelle, E., französ. Porträtbildhauer, stellte im Pariser Salon 1885, 92, 93 und 1898 aus. *H. V.*

Arrowsmith, C h a r l e s, Architekturmaler, geb. in Paris 1798, Schüler von Daguerre, malte Dioramenbilder. 1827 stellte er in Paris Interieurbilder aus; 1829 wurde er in Douai für solche Gemälde prämiiert; 1830 wohnte er in London und stellte in der Roy. Acad. das „Innere der Kirche von Charon" aus.

G a b e t, Dict. d. artistes, Paris 1831. — G r a v e s, Roy. Acad. Exh. I 67. **

Arrowsmith, T h o m a s, Miniaturmaler in London, stellte 1792—1829 häufig in der Roy. Acad. Porträtminiaturen von Herren und Damen, darunter auch sein Selbstporträt zusammen mit vier anderen, ferner auch biblische Miniaturdarstellungen (Kain und Abel; Maria Magdalena mit Christus) aus.

**

Arroyo, A g u s t i n, Schreibmeister der Kathedrale von Burgos. Die 1630 von ihm für den Chor derselben ausgeführten Bücher sind noch in Gebrauch.

R i c o y S i n o b a s, caligr. españ. S. 10. *M. v. B.*

Arroyo, D i e g o d e, span. Miniaturmaler und Illuminist unter italien. Einfluß. Geb. 1498 in Toledo, † 1551 in Madrid. Malte seit 1520 in Toledo mit Francisco de Villadiego an den Miniaturen verschiedener Chorbücher für die Kathedrale und soll nach dem Urteil des Juan Cristobal Calvete de Estela, dem Beschreiber der Reisen Philipps II., unter seinen

Zeitgenossen niemand seinesgleichen gehabt haben. Auch als Maler von Miniaturbildnissen erlangte A. große Berühmtheit. Karl V. ernannte ihn zum „Pintor de Camera" und saß ihm öfters. Er war später Silberkämmerer Philipps II., den er 1547 auf seiner großen Reise nach Italien, Deutschland und den Niederlanden begleitete. 1540 führte er für ihn vier Porträts der verstorbenen Kaiserin aus, sowie die Miniaturen eines „libro del officio de S. Felipe", wofür er 2000 Dukaten empfing. 1544, 1545, 1547 erfolgen weitere Zahlungen an ihn für Wappenmalereien an Prunksätteln, Pferdeschmuck für Turniere und lebensgroße Pferdeporträts aus den kaiserlichen Marställen, für Buchmalereien und große in mehreren Exemplaren ausgeführte Zeichnungen des kaiserl. Lagers bei Cateau Cambrésis. Ferner hatte A. 1544—45 detaillierte Entwürfe für Prunkrüstungen anzufertigen, die dann dem Augsburger Waffenschmiede Desiderius Colman zur Ausführung übersandt wurden. Mehrere solcher von A. entworfenen Prunkrüstungen und Prunksättel Philipps II. sind in der Madrider Armería Real erhalten geblieben. Endlich zeichnete A. 1545 auch die Pläne zu einem von Philipp II. für Valladolid in Aussicht genommenen Palastbaue. 1548 ist er Zeuge im Prozeß des Juan de Juni gegen Franc. Giralte.

Palomino y Velasco, Museo pict. III 358. — Cean Bermudez, Dicc. I 76. — Viñaza, Adic. II 36. — Martí y Monsó, Estud. histor. artist. 334. — Jahrb. d. Kunsts. des allerh. Kaiserh. XII 2. — Catál. de la Real Armería de Madrid (1898) p. 68. *M. v. B.*

Arroyo, Josef de, span. Archit., baute 1664—69 die Fassade der Kathedrale und die Münze zu Cuenca in Neu-Kastilien im schwülstigen Barockstil des Donoso. Den Fassadenbau der letzteren setzte Luis de Arriaga fort. Außerdem finden wir A. 1682 bei der Herstellung der Toledo-Brücke bei Madrid und 1693 bei Kanalanlagen zu Jarama bei Aranjuez beschäftigt.

Llaguno y Amirola, Not. IV 57, 185, 187. — Caveda, Gesch. d. Bauk. in Span. 271. △

Arroyo, Juan, span. Maler in Sevilla, gehörte zu denjenigen Künstlern, die 1660 auf Anregung Murillos auf ihre Kosten eine öffentliche Zeichenakademie in der Casa Lonja gründeten. Arroyo war 1674 „Fiscal" der Akademie.

Cean Bermudez, Dicc. I 76. △

Arroyo y Lorenzo, Manuel, span. Maler, geb. in der Provinz Murcia, Schüler seines Vaters Santiago; widmete sich vornehmlich der Genremalerei. 1880 debutierte er auf der Madrider Ausstellung mit einem Porträt. Unter seinen Hauptwerken führen wir an: Die Herzogin von Alençon, die durch Franz I., Kaiser Carl V. vorgestellt wird; ein Flamenco; Die Ameisen.

Ossorio y Bernard, Galeria biogr. de artistas españoles del siglo XIX. Madrid 1883/4. *P. Lafond.*

Arruda, Diego de, portug. Baumstr., Zuerst 1510 erwähnt in einem Briefe König Manuels, in dem ihm die Arbeiten in Chor und Sakristei eines Klosters übertragen werden. 1513 war er Architekt der Arbeiten im Kloster zu Thomar, 1514 mit Befestigungen in Afrika — Azamor und Mazagão — beauftragt, 1521 wurde er Meister der Bauten in der Provinz Alemtejo; 1522 im Kloster do Espinheiro zu Evora. 1525 bei der Erbauung des neuen Palastes zu Evora tätig, wird er vor Mai 1531 gestorben sein, wo sein Bruder Francisco de A. bei dem Palast zu Evora und im Alemtejo sein Nachfolger wurde.

Sousa Viterbo, Dicc. dos archit. p. 46 bis 54. — Raczynski, Dict. p. 15. *A. Haupt.*

Arruda, Dionysio de, portug. Baumstr. wurde am 25. 10. 1563 Nachf. seines Bruders Miguel de A. in der Leitung der Klosterbauten zu Batalha.

Sousa Viterbo, Dicc. dos archit. p. 54. *A. Haupt.*

Arruda, Francisco de, portug. Baumeister. 1510 zuerst als Festungsbaumeister erwähnt, wurde 1531 Nachfolger seines Bruders in der Leitung der kgl. Bauten in Alemtejo und des Palastes zu Evora, wo er wohnte, † 30. 11. 1547. Sein Nachfolger wurde Diego de Torralva, sein Schwiegersohn.

Sousa Viterbo, Dicc. dos archit. p. 55 bis 65. — Raczynski, Dict. p. 15. *A. Haupt.*

Arruda, João de, portug. Baumstr., war 1485 Meister der Arbeiten im Kloster Batalha.

Sousa Viterbo, Dicc. dos archit. p. 65. *A. Haupt.*

Arruda, Miguel de, portug. Baumstr., 1533 als Nachfolger des João de Castilho Meister der Arbeiten im Kloster Batalha, 1541 in Nordafrika beschäftigt, wurde er 1543 Meister der kgl. Paläste zu Santarem als Nachfolger seines Bruders Pedro de A. Entwarf auch den Plan der Befestigung von Mozambique, sowie für das Kloster Sta. Anna zu Lissabon, in dessen Kirche Camões begraben wurde. † um 1563.

Sousa Viterbo, Dicc. dos archit. p. 66 bis 74. — Raczynski, Dict. p. 16. *A. Haupt.*

Arruda, Pedro de, portug. Baumeister, 1526 Meister der Paläste zu Santarem, als Nachfolger des Pero Nunes. Starb 1543, wo sein Bruder Miguel de A. ihm folgte.

Sousa Viterbo, Dicc. dos archit. p. 74. *A. Haupt.*

Arrue, Bildhauer in Sevilla, trieb 1549 Handel mit seiner Ware nach Westindien.

Gestoso, Artif. Sevill. I 174. *M. v. B.*

Arruti y Pola, Eugenio, span. Maler, geb. 9. 10. 1845 zu Luanco (Prov. Oviedo), † 13. 9. 1889 in San Sebastian, Schüler der

Akad. San Fernando u. von Carlos de Haes, bereiste Frankreich, Italien und Deutschland. Nach San Sebastian zurückgekehrt, wurde er zum Professor an der dortigen Schule der „Artes y Oficios" ernannt. Er widmete sich ausschließlich der Landschaftsmalerei. Unter seinen Hauptwerken nennen wir: Umgebung von Avila; Ayete; Gefangennahme in der Casa del Campo (Mus. zu San Sebastian); Der Morgen (eine Winterlandschaft aus der Gegend von San Sebastian); Der Rio de Loyola (Mondlandschaft); Eine Kastanienallee in Guipuzcoa; Ein Schiffbruch; Ansicht von la Concha und der Bucht von San Sebastian.

Ossorio y Bernard, Galeria biogr. de artistas españoles del siglo XIX. Madrid 1883/4. — Montaner y Simon, Diccionario Enciclopédico hispano-americano, Barcelona. — Revista Vascengada, Euskal-Erria. *P. Lafond.*

Arsago (oder Arsagno), Paolo da, gen. *Pagolo,* Mailänder Goldschmied in Rom; 1509 bis 1522 als Mitglied der Università degli Orefici di Roma nachweisbar, nach E. Müntz gegen 1530 in Rom gestorben. Als der junge Benvenuto Cellini 1519 von Florenz nach Rom kam, arbeitete er zunächst einige Zeitlang in der Werkstatt des Maestro Giovanni da Fiorenzuola und späterhin bis 1521 in derjenigen unseres Mailänders Pagolo da Arsago. Erhaltene Werke des A. sind leider nicht bekannt.

Zani, Encicl. II 211. — Bertolotti, Art. Lombardi a Roma I 241 f; Art. Subalpini a Roma (1884) p. 114; Art. Modenesi etc. a Roma p. 68, 209. — Bianchi, Vita di Cellini p. 27 ff. — E. Plon, B. Cellini p. 8. — E. Müntz, Les Arts à la Cour des Papes. — Arch. stor. d. Arte ital. I 21. — Arch. stor. Lombardo II 121 ff. — Arch. stor. d. art. etc. di Roma I 31 ff., 78 ff. *F. Malaguzzi-Valeri.*

Arschot, Wilhelm u. Nicolaus von, vielleicht Verwandte, waren Miniaturmaler zu Löwen in Brabant. Wahrscheinlich waren sie aus dem Städtchen Aerschot, einige Stunden von Löwen entfernt. Die Schreibart derselben wechselt sehr: Aerschot, Aerscot, Arschot, Arscot etc. Der erste kommt in Urkunden der Jahre 1304 und 1305, der zweite 1304 und 1308 vor. Werke von ihnen sind nicht bekannt.

A. Pinchart, Archives des Arts. I 100. — Messager des sciences historiques. Gand 1866 pp. 16, 17. — Van Even, L'ancienne Ecole de Louvain. — Bradley, Dict. of miniat. unter Darschot. **

Arschot, s. auch *Aerschodt.*

Arsenio, italien. Medailleur des 16. Jahrh. Die Bezeichnung ΑΡΣΕΝ u. ΑΡCΕΝ ΕΠΟΙΑΙ befindet sich auf zwei Medaillen mit den Porträts des Dichters Giovanni Bressani (ca. 1526—1546 in Bergamo tätig) und des venezian. Patriziers Antonio Navagero.

Armand, Les Méd. ital. I 161, III 62. ***

Arsenio, fra, s. *Mascagni,* Donato.

Arsenios, griech. Basilianer-Mönch, Miniaturist und Kalligraph, im 11. Jahrh. in Süditalien tätig. Eine signierte griechische Miniaturenhandschrift dieses Künstlers befindet sich in der Abtei zu Montecassino.

A. Muñoz, L'Art byz. à l'expos. de Grottaferrata (1906), p. 102. *A. Muñoz.*

Arsenius, Gualterius. Auf einem auf der Madrider Ausstellung 1892/93 ausgestellten kupfernen Astrolabium von ausgezeichneter Arbeit befand sich die Inschrift: Philippo Rege — Gualterius Arsenius Gemmae Frisii nepos, Lovanii 1566. Die von van Even über diesen Enkel des berühmten Astronomen Gemma Frisius angestellten Nachforschungen in Löwen blieben resultatlos.

H. Hymans in Gaz. des b.-a. 1894. II 165. ***

Arsenius, Johan Georg, schwed. Pferdemaler, geb. 4. 2. 1818 in Vestergötland, † 30. 5. 1903 in Upsala. war Offizier im Husarenkorps des Leibregiments, nahm 1878 Abschied als Oberstleutnant. Studierte Malerei unter der Anleitung von K. Staaff und Wahlbom und 1852—53 in Paris. Er malte Pferdebilder mit guter Charakterisierung der Rasse, stellte auch Kavallerie- und Reitpferde in kleineren Genrebildern dar: Wettrennen, Die Rast. Feuersbrunst in einem Stall, Pferde, die durch eine Lokomotive erschreckt werden. Sein populärstes Bild ist „Ein kassiertes Husarenpferd".

Nordisk Familjebok. Tom. II. Stockholm 1904. *G. Nordensvan.*

Arsenius, Karl Georg, schwed. Maler, Sohn des Johan A., geb. 8. 7. 1855 in Nerike, studierte an der Akad. in Stockholm 1875 bis 80 und danach in Paris bei J. P. Laurens. Er malte Genrebilder mit Pferden: Abendtränke im Husarenlager, Das Omnibuspferd (Pariser Motiv, Salon 1883), Heimkehr von Longchamps (1885), Bild vom Jahrmarkt in Upsala, Boulevard d'Enfer u. a. Auch Reiterporträts (König Oscar II. zu Pferd 1895). „Mein Hund" stellte er 1885 als Bildwerk und 1887 als Gemälde aus. (Mus. von Göteborg.) Wohnt in Chantilly bei Paris seit 1886. Hat viele Motive von dort ausgeführt und ist ein fleißiger Zeichner für französische Sportzeitungen. *G. Nordensvan.*

Arsenne, Louis Charles, Maler, geb. zu Paris den 23. 12. 1780, † daselbst den 3. 8. 1855, malte Historie, Genre und Bildnisse, ohne jedoch zu irgend einer Bedeutung zu gelangen. Er war auch Schriftsteller und schrieb: 1. De l'intervention du gouvernement dans les beaux-arts. Paris 1830. 8.—2. Manuel du Peintre et du Sculpteur etc. Paris, Roret. 1833, 2 Voll. kl. 8. — 3. Nouveau Manuel du Peintre et du Sculpteur, par Arsenne et F. Denis. Nouvelle édit., revue et entièrement refondue par MM. Vasse, peintre d'histoire, F. Malpeyre E. R. Paris 1858.

Bellier-Auvray, Dict. gén. **

Arsettiis, Peter de, Gobelinweber in Brüssel, Ende des 15. Jahrh., Verfertiger der kostbaren Teppichfolge von 7 Stück mit Darstellungen aus dem Leben Christi im Dome zu Trient. Als Verfertiger galt früher irrtümlich Francesco Veronese, der Kunststicker des Trientiner Kardinals und Bischofs Bern. Cles, indes findet sich die Künstlerbezeichnung Peeter de Arseti(s?) Bruesel in rückläufiger Schrift auf dem Mantelsaume eines Kriegers auf dem siebenten Teppich mit der Auferstehung.

Mitt. d. Zentralkomm. N. F. XII und XIV p. 15 (ausführlich). **

Arsigny, Jacques d', Maler in Paris um 1640, nur urkundlich bekannt.

Revue Univers. des Arts. XIII 324. *H. V.*

Arsing, Schweizer Emailleur des 18. Jahrh. Im kurfürstl. Schlosse zu Düsseldorf sollen sich von ihm nach Blainville vier Bildnisse des Kurfürsten und drei der Kurfürstin, in Schmelzwerk gemalt, befunden haben.

Blainville, Reisebeschreibung. I 75. *H. V.*

Arson, Alphonse (Alexandre), französ. Bildhauer, geb. 1822 zu Paris, Schüler von Combette, stellte 1859—1880 in den Pariser Salons kleine Bronze-Gruppen aus, die Hahnenkämpfe, Hennen mit ihren Küchlein, Fasanen und Rebhühner darstellten.

Bellier-Auvray, Dict. gén. — Champeaux, Dict. des fondeurs. *Lami.*

Arson, Mlle. Olympe, Malerin, geb. zu Paris 17. 9. 1814, Schülerin des berühmten Redouté, stellte von 1835—1842 im Pariser Salon Blumen und Früchte in Wasserfarben aus. Sie trat als Nonne in das Kloster von Neuilly (Dep. Indre). Im Annuaire der Chron. d. arts 1870 wird sie als noch dort lebend genannt; später versagen die Nachrichten über sie.

Bellier-Auvray, Dict. gén. **

Arssen, Hendrik van, Baumeister, 17. Jahrh. Erbaute 1643—1645 die Kerzenkapelle in Kevelaer.

Kunstdenkm. der Rheinprov. I 183. ***

Arstenius, Carel Augusti, geb. in Aurich, ein Maler, der aus Braunschweig nach Holland gekommen war, kaufte dort am 12. 6. 1749 das Bürgerrecht u. wohnt 1750 urkundl. in Amsterdam. Er erbte von seinem Vater eine Besitzung in Oldendorff (Braunschweig). Das von ihm gemalte Porträt des Amsterdamer Kaufmanns Johann Christian Cuno ist von C. F. Marstaller gestochen worden.

Aemstels Oudheid V 67. — E. W. Moes, Iconographia Batava. 1860. *A. B.*

Arstenius, J. A., Zeichner, fertigte 1711 eine Zeichnung vom Wolfenbüttler Schloß mit Bibliothek u. Zeughaus, wonach J. G. Baeck einen Stich (36×27½ cm) herstellte. (Ein Abdruck im Herzogl. Museum zu Wolfenbüttel.)

Bau- u. Kunstdenkmäler d. Herzogt. Braunschweig. III. Bd., I. Abt. p. 120. *H. V.*

Art, Berthe, Malerin in Brüssel, geb. daselbst 26. 12. 1857, Schülerin von Alfred Stevens in Paris. Sie malt Porträts, Phantasien und besonders Blumen sowohl in Öl als in Pastell. Im Museum zu Brüssel ist von ihr das Pastell: Pavots rouges. 1896—98 waren Bilder von ihr auf der Ausstellung der Roy. Academy in London, 1888 und 1906 im Pariser Salon, 1901 im Münchener Glaspalast. Von ihren Arbeiten seien besonders genannt: Faisan et Chrysanthèmes; Renard et Gibier; Port de Cannes; le Cap Ferrat; Vue du port d'Antibes; Vue de St. Honorat. *H. H.*

Arta, Antonio de, Marmorarbeiter in S. Lorenzo el Real (Eskorial). 1602 schließt er einen Kontrakt, in welchem er und Pedro Castelo sich verpflichten, die Nischen für die Statuen des Herzogs von Lerma und seiner Gattin in S. Pablo zu Valladolid in kostbaren Marmorarten auszulegen.

Martí y Monsó, Estud. histor. artist. S. 258. *M. v. B.*

Artachino, C., rumän. Genre-Maler, war auf der Exposition décennale des Beaux-Arts, Paris 1900 und auf der Jugendausstellung in Bukarest 1904 vertreten.

The Studio, Vol. 31 p. 171. *H. V.*

Artal, Ramos Manuel, span. Maler, geb. zu Madrid, Schüler der Akad. S. Fernando und von Carlos de Haes. Er widmete sich hauptsächlich der Landschaftsmalerei und nahm seit 1876 an zahlreichen Madrider Ausstellungen teil. Auf der Pariser Weltausstellung 1889 war er mit zwei Gemälden vertreten: Umgebung von Pau und einer anderen Landschaft. Unter seinen übrigen Werken führen wir an: Die Seine-Ufer in Asnières; Umgebung von Robledo de Chavela (Schneelandschaft); Buen Retiro (Regenlandschaft); Ansicht von der Casa del Campo aus; Abendlandschaft. Er hat auch an verschiedenen periodisch erscheinenden Zeitschriften mitgearbeitet, für die er zahlreiche Zeichnungen lieferte.

Siles, Bellas Artes. Madrid 1887. *P. Lafond.*

Artaldi, Leone (del q. m Carlo), nur von Zani, Enc. met. II 212 als Maler in Bologna um 1554 erwähnt. ***

Artall, s. *Artau.*

Artamème, Georges, französ. Bildhauer, arbeitete um 1787—1789 in Avranches (Normandie).

Réun. d. soc. d. beaux-arts. XXII 158. *Lami.*

Artan de Saint Martin, Louis, belgischer See- und Landschaftsmaler, geb. im Haag 21. 4. 1837, wo sein Vater, ein Belgier, bis 1842 Diplomat in holl. Diensten war.

A.s erster Erfolg datiert von 1864; er erhielt damals den 1. Preis in einem durch den Brüsseler Cercle artistique et littéraire veranstalteten Konkurs für seine Landschaft:

Die Ufer des Wayai. Im selben Jahre stellte er zu Lüttich einen „Sonnenuntergang in der Umgegend von Spaa" aus. Im folgenden Jahre wandte er sich fast ausschließlich der Marinemalerei zu, zu der er 1866 und 67 die Motive den Küsten der Nordsee, besonders zu Heyst bei Ostende entlehnte. 1868 besuchte er die Ufer des Kanals und malte u. a. die Falaises de Granville. 1869 malte er Ansichten von Blankenberge, Heyst und Havre, und machte eine Studienreise auf die englischen und französischen Inseln des Kanals. Auch Mondeffekte hat er veranschaulicht. Im Brüsseler Salon von 1869, wo er drei Bilder hatte, von denen eines durch Leopold II. angekauft wurde, erhielt er eine der für die Landschaftsmalerei ausgesetzten Medaillen. A. gehörte zu der neuen Schule der sogen. Realisten. Er ist unter den Mitgliedern des „Art Libre" auf einem Bilde des Brüsseler Mus. von Lambrichs (1866) abgebildet. Die Werke dieses Künstlers gehören zu den bedeutendsten der neueren belgisch. Schule. Er lebte am Strande, meistens in Nieuport, wo er den 23. 5. 1890 starb. Wenige seiner Bilder sind datiert. Eine „Kirmis" in Brüssel in der Vente Toussaint 24. 12. 1904 versteigert, war mit 58 (1858) datiert. Außer den Seestücken hat er auch einige Landschaften gemalt und auch in diesen zeigte er sich unter dem Einflusse der jungen Schule.

Am 18. 8. 1895 wurde ihm in Ost-Duinkerke bei Furnes ein Monument errichtet, dessen bildhauerische Arbeit von der Hand van der Stappens und dessen Architektur von Orta sind. — Die Museen zu Antwerpen und Brüssel haben Bilder von ihm, und sein Selbstporträt war 1905 in Brüssel ausgestellt. — Er hat auch einige, jetzt seltene Radierungen geschaffen.

Alex. Pinchart in Meyers Kstlerlex. — Nachträge von H. Hymans.

Artari, Giuseppe Colombo, italien. Maler des 19. Jahrh. in russischen Diensten, Schüler des Giac. Albertolli in Mailand, war um 1837 Lehrer an der Kunstschule in Moskau und wurde 1852 von der Petersburger Akad. zum Akademiker befördert. Von ihm die Plafondmalerei im „Parade-Divan-Salon" und die Wandmalerei in den eigenen Gemächern der kaiserl. Familie im 1849 vollendeten Kreml-Palast.

Отчетъ Имп. акад. худ. (Bericht d. Kais. Akad. d. K.) St. Petersburg 1854, S. 5. — Агеевъ, Краткій указат. достопр. больш. Кремл. дворца (Agejeff, Kurzer Anzeiger d. Merkwürdigkeiten d. gr. Kreml-Palastes) Moskau 1865, S. 24 u. 48. — Сборн. матер. для истор. акад. худ. (Mater. zu einer Gesch. d. Kunstakad.) St. Petersburg 1865, II 355 362; III 180. *W. Neumann.*

Artaria, Claudio, Kupferstecher, geb. zu Blevio bei Como 16. 2. 1810, † zu Wien im Februar 1862, Schüler von Longhi und Anderloni in Mailand, war nur während seiner Jugend künstlerisch tätig. Er stach nach den italien. Meistern des 16. und 17. Jahrh., so nach Lionardo das sogenannte Selbstporträt der Uffizien, nach Correggio eine Kinderbüste der Gal. Pitti, nach B. Luini Maria mit dem Kind und dem hl. Johannes, nach Carlo Dolci ein Bild des Erlösers (1832). Seine letzte und zugleich bedeutendste Arbeit ist das Porträt des Erzherzogs Rainer von Österreich nach G. G. Pagani (1838).

Meyer, Kstlerlex. — Heller-Andresen, Handbuch für Kupferstichsammler. Leipzig 1870. — Apell, Handbuch f. Kupferstichsammler. Leipzig 1880. *H. V.*

Artaria, Giovanni Battista, Architekt und Stuccator, um 1660 zu Arogno bei Lugano geb., erbaute im Verein mit Genone den Dom zu Fulda und mehrere große Bauten in Rastatt; die meisten seiner Werke finden sich in Norddeutschland, den Niederlanden und England, wohin er später Reisen unternahm. Außerdem gebührt ihm das Verdienst, dem Stuck das Aussehen und die Dauerhaftigkeit des carrarischen Marmors verliehen zu haben, weshalb sich seine Stuccaturen ihre ursprüngliche Frische bis auf den heutigen Tag bewahrt haben.

Meyer, Kstlerlex. — E. L. Girard bei Brun, Schweizer. Kstlerlex. — Boni, Biograf. degli Artisti, Venedig. 1840. *H. V.*

Artaria, Giuseppe, Stuccator (nach Heinecken und Zani, Enc. II 212 auch Architekt), geb. 1697 in Arogno bei Lugano, † 1769 in Köln, Sohn des Giov. Batt., studierte in Rom, war in Deutschland, Holland und England tätig und wurde später an den Hof des Kurfürsten von Köln berufen, wo er bis an seinen Tod verblieb. Sein Porträt findet sich in dem 4. Band der „Schweizer Maler" von Füssli (s. auch *Artario*).

Heinecken, Dict. des Artistes. Leipzig 1778. — Meyer, Kstlerlex. — Brun, Schweizer. Kstlerlex. *H. V.*

Artaria, Karl, geb. 17. 6. 1792 zu Mannheim als Sohn des bekannten Kunstverlegers Dominic A., wurde 1816 Begründer und Chef der bedeutenden Kunst- und Buchhandlung Artaria u. Fontaine, als welcher er auch mit Goethe in Berührung kam. In seiner Jugend radierte er Blätter nach W. Kobell u. Boissieu (Verz. s. Meyers Kstlerlex.). Im hohen Alter begann er die schönen Punkte aus der Mannheimer Umgebung in sorgfältigen Aquarellen aufzunehmen. (Öffentl. Bibliothek, Mannheim.) Er starb am 15. 1. 1866. *Beringer.*

Artaria, Mathias. Deutscher Maler, geb. 19. 6. 1814 in Mannheim als Sohn des Karl A. Lernte zuerst als Kaufmann, bezog aber 1836—1838 die Akad. in Düsseldorf, wo er, zunächst Schüler von Schadow, bald zu Andreas Achenbach in freundschaftliche Beziehungen trat. Reisen nach Paris und der

Besuch großer ausländ. Galerien erweiterten seine Anschauungen und lenkten ihn auf das Historien- und Genrebild hin. A.s Feld ist das Sittenbild, und zahlreiche Reisen nach Tirol führten ihn zuerst zur Schilderung des häuslichen Lebens und des Heldenkampfes der Tiroler im Jahre 1809. Wir nennen aus dieser Zeit „Die Verteidigung des Berges Isel" (einst im Besitz Kaiser Ferdinands von Österreich), das Gegenstück „Versehgang in Tirol" (Grf. Berckheim, Weinheim), sowie „Kirchgang in der Christnacht" (München, N. Pinakothek) und „Mädchen am Bildstöckl" (Bes. Hermann in Mannheim). 1844 unternahm A. eine Reise nach Spanien, als deren Frucht zahlreiche Bilder (Landschaften und spanische Volksszenen) entstanden. „Schloß Elche bei Alicante" und „Improvisator am Brunnen" (beide bei Frau Buhl in Deidesheim), „Marktszene in Valenzia" (Herzog von Hamilton, Schottland), „Karfreitag" (Freifrau von Hügel; Mergentheim), „Gitanos", durch Fr. Webers Kupferstich bekannt usw. Von histor. Darstellungen A.s befinden sich „die gefangenen Hugenotten" in der Galerie in Donaueschingen, „Ravaillacs Verhaftung" und eine „Wachtstube aus dem 30jähr. Kriege" waren im Besitz der Großherzogin Sophie von Baden. Erwähnt seien auch noch „Predigt in einer ital. Kirche" (Gal. Mannheim), „die frühere Fassade des Mannheimer Theaters" in der N. Pinakothek in München, sowie ein satyrisch-humoristisches Aquarell „Das Begräbnis der abgehauenen Hand" (in der „Räuberhöhle" in Mannheim). A. mußte infolge eines Augenleidens 1863 seiner künstlerischen Tätigkeit entsagen. Er starb in Mannheim 3. 2. 1885.

Meyer, Kstlerlex. — Boetticher, Malerwerke des 19. Jahrh. *Beringer.*

Artaria, Rudolf, Dilettant im Radieren, geb. zu Blevio 1812, † zu Mannheim 1836, Bruder des Claudio. Von ihm ein römisches Straßenbild von 1834 nach einer Zeichnung von F. Overbeck (1820), ferner eine Baumstudie (1833) und ein „Vergnügungslokal in weiter Talebene", letztere beide Blätter in der Sammlung H. H. Meier, Kunsthalle in Bremen (sehr selten).

Nagler, Monogr. IV 3537. — Meyer, Kstlerlex. *H. V.*

Artario, Stuckateur, war in dem 1729—1737 erbauten Schloß Falkenlust und 1743—1748 im Treppenhaus des Schlosses Brühl (Landkreis Köln) tätig und ist wohl mit Gius. *Artaria* identisch.

Kunstdenkm. der Rheinprov. IV 81, 108. ***

Artario, Alessandro, Schweizer Heiligen- und Madonnenmaler, um 1780 in Bergamo tätig.

Nagler, Monogr. I No. 107. *H. V.*

Artas, Glasfabrikant aus Sidon. Sein Name findet sich häufig in griechischer, wie in lateinischer Schrift auf Henkeln von Glasgefäßen.

Brunn, Gesch. d. gr. Kstler. II 743. — Pauly-Wissowa, Realenc. II 1308, 2. — Kisa, Die ant. Gläser der Frau M. v. Rath, S. 45. *Pernice.*

Artatsch (= Artey), Sebastian, fürstlicher Bildhauer in Neiße, tätig in dem letzten Viertel des 17. Jahrh. *E. Hintze.*

Artau (Artall, Ortall), Franz von Assis, Goldschmied in Barcelona, gebürtig aus Gerona. Am 15. 8. 1430 verpflichtet er sich, für die Kathedrale von Gerona binnen 3 Jahren ein großes silbervergoldetes Ostensorium (Custodie) abzuliefern. Er hat seine Arbeit aber erst am 19. 8. 1458 beendet. Dieses Prachtstück, welches bei einer Höhe von 1,85 m ein Gewicht von 29 Kilo 450 Gramm hat, existiert noch in der Kathedrale. Er hat auch mit anderen Goldschmieden das Silbergeschirr geliefert, welches die Stadt Gerona den Königen von Aragonien schenkte.

Davillier, Orfévr. p. 165. — Viñaza, Adic. (Ortall). *M. v. B.*

Artaud (Artaut?), kommt 1799 als Porträt- und Miniaturmaler zu Dresden vor. S. Dresden zur Kenntnis seiner Häuser etc. Ein vortrefflich ausgeführtes Miniaturbildnis des Malers Hero, bezeichnet: J. Ant. Artaud wurde mit der Sammlung Felix in Leipzig 1886 versteigert, Katalog-No. 1152. Wahrscheinlich eine Arbeit des Obigen. *R. Bruck.*

Artaud, François, französ. Archäologe und Maler, geb. in Avignon 17. 4. 1767, † Orange 27. 5. 1838. Schüler des Blumenmalers Gonichon in Lyon. Nachdem er für eine Fabrik gezeichnet hatte, trat er in das Haus des Kaufmanns und Blumenmalers Dechazelle als Zeichner ein. Er beschäftigte sich zugleich mit dem Handel, der Kunst und besonders mit Archäologie. Er begann um 1794 Porträts zu zeichnen und hatte Gelegenheit in Paris sich aufzuhalten, wo er Gros, Guérin, Girodet und David besuchte und sich in der Miniaturmalerei vervollkommnete. Um 1803 machte er eine Reise nach Italien. Die archäologischen Untersuchungen, die er, noch ganz jung, in Lyon und seiner Umgebung unternommen hatte, brachten ihm die Stellung als Generalinspektor zur Erhaltung der Kunst und Altertümer der Stadt ein. Er richtete das Mus. zu Lyon ein, zu dessen Direktor er 1824 ernannt wurde, und nachdem er seinen Abschied genommen hatte, ließ er sich zuerst in Avignon (September 1830) und dann in Orange nieder, wo er sich in der Nähe des Triumphbogens ein kleines Haus kaufte. Er wurde Verwalter des Mus. Calvet in Avignon und gründete ein Antikenmus. in Orange. In seiner freien Zeit Maler, hinterließ er einige Bilder, Miniaturen, Bleistift-, Kohle-, Feder- und Tuschzeichnungen (Porträts oder Ansichten von Denkmälern). Er nannte sich Schüler von

Saint. Das Mus. in Lyon besitzt eine Zeichnung von Artaud: Selbstporträt im 30. Lebensjahr.

Le Courrier de Lyon 17. 4. 1838. — J. B. Dumas, Hist. d. l'Académ. de Lyon, Lyon 1839 II p. 146. — Eloge histor. de A. F. M. Artaud, Lyon 1840. — Monfalcon, Hist. d. Lyon, Lyon 1847 II 1095. — Bellier-Auvray, Dict. gén. *E. Vial.*

Artaud, J. Ant., s. *Artaud* (p. 160).

Artaud, William, engl. Porträtmaler, Schüler der Royal Academy, an deren Ausstellungen er sich seit 1780—1822 mit mehr als 80 Herren- und Damenporträts und einigen Historienbildern beteiligte. 1786 erhielt er die goldene Medaille für das Bild: Das verlorene Paradies. Er war auch beteiligt an der Illustration von Macklins „Bible". Eine Reihe seiner Bilder sind von F. Bartolozzi, Fittler u. a. gestochen.

Redgrave, Dict. — Meyer, Kstlerlex. (hier 13 Num. Stiche nach ihm). — Graves, Royal Academy Exh. I. **

Artaude, Guillaume, französ. Bildhauer in Forez, † 1697 in Saint-Germain-Laval (Loire), nur urkundlich bekannt.

Réun. d. Soc. d. Beaux-Arts. XXIX 730. *H. V.*

Arteaga, Bartolomé, span. Kupferst. des 17. Jahrh. in Sevilla. Von ihm sind zwei Blätter bekannt: „Wappen des Herzogs von Olivarez" in dem Werke: Panegirico de la Poesia (1627 in Montilla gedruckt) und das Titelblatt zu einer Abhandlung über verschiedene Prozesse, die der Abt Gordilla an der Universität Sevilla einreichte.

Cean Bermudez, Dicc. I 76—77. △

Arteaga, Francisco de, span. Zeichner und Kupferst., ein Sohn des Bartolomé A. Arbeitete um 1671 in Sevilla. Er stach 6 Blatt für das 1671 (1673) in Sevilla herausgegebene Werk: Fiestas de la S. Iglesia metropolitana y patriarcal de Sevilla etc.

Cean Bermudez, Dicc. I 79. — Meyer, Kstlerlex. (Verz. d. Stiche No. 1. Die hier unter 2 u. 3 angeführten Stiche sind nicht von Franc. Arteaga, sondern von Francesco Artiga [s. d.].) △

Arteaga, Juan de, Steinmetz, welcher 1495 in Valencia arbeitete. 1519 wird ein gleichnamiger Künstler in Toledo erwähnt.

Alcahali, Artist. Valenc. p. 408. — Gomez, Escult. en Esp. S. 603. *M. v. B.*

Arteaga y Alfaro, Matias, Maler und Radierer in Sevilla. Sohn des Bartolomé und Bruder des Francisco A. Geb. in Villanueva de los Infantes um 1630, † in Sevilla am 12. 1. 1703. Schüler des Juan de Valdes Leal. A. nahm 1660 an der Errichtung der Sevillaner Zeichenschule teil und war 1666 Sekretär, 1669 Konsul derselben. Er besaß eine große Vorliebe für die Perspektive und malte meist Ansichten von Tempeln, Palästen, Gärten und Ruinen, die er mit Szenen aus dem Leben der Maria zu staffieren pflegte. Für den Sitzungssaal der Hermandad del Santissimo am Sagrario der Kathedrale führte er neun große Bilder aus, fünf für die Kapelle des hl. Laureanus in der Kathedrale, zwei für die Pfarrkirche S. Nicolas, andere für das Kloster de la Merced etc. Cean Bermudez bezeichnet als seine besten Werke die früher in der Kirche S. Pablo befindlichen Gemälde. Auch zahlreiche Staffeleibilder hat A. gemalt, von denen sich gute Beispiele in Sevillaner Privatsammlungen befinden sollen. Im dortigen Museum zwei Gemälde mit Melchisedek und Abimelech. Besondere Erwähnung verdient A. aber als Radierer; er ist einer der wenigen spanischen Stecher, die mit großem Geschick Malereien ihrer Landsleute reproduziert haben. Seine besten Blätter sind nach Herrera el Mozo und Valdes Leal, auch arbeitete er nach Cano und nach eigner Erfindung. Valdes Leal ließ ihn an den Platten für das Werk „Fiestas de la S. Iglesia metropolitana y patriarcal de Sevilla etc." teilnehmen, das Fernando de la Torre Farfan 1671 (1673) in Sevilla herausgab und für das die hervorragendsten Künstler der Stadt arbeiteten. Ein genaues Verzeichnis der Stiche A.s in Meyers Kstlerlex., dem noch eine „hl. Katharina von Alexandrien", nach A. Cano, sowie ein „Allegorisches Thesenblatt für Francisco de Prada, catedratico de Medicina" (1675) hinzuzufügen sind. Erwähnt sei auch, daß die in diesem Verzeichnis unter No. 5 angeführte Folge von 58 Szenen aus dem Leben des hl. Juan de la Cruz für die große Ausgabe der Werke dieses Heiligen (Sevilla 1703 Fol.) gearbeitet wurde.

Cean Bermudez, Dicc. I 77. — Viñaza, Adic. II 37; IV 87. — Defer, Cat. gén. I. — Weigel, Kunstlagerkat. No. 15508; 15817—20. — Nagler, Monogr. I 1214. — Gestoso, Artif. Sevill. I 402. — Cat. del Museo Prov. de Sevilla. 1897 (p. 92). △

Arteaga, s. auch *Artiaga.*

Artemidoros, Bildhauer, Sohn eines Menodotos aus Tyros. Bekannt durch die Inschrift einer in Halikarnaß gefundenen Basis aus dem 2.—1. Jahrh. v. Chr., und durch die sehr verstümmelte Inschrift einer Basis auf Rhodos. Von einem anderen Gliede derselben Familie, einem Menodotos, möglicherweise Vater oder Sohn des A., stammt eine athenische Künstlerinschrift (Löwy 308).

Brunn, Gesch. d. gr. Kstlr. I 472. — Löwy, Inschr. gr. Bildh. 309. — Hiller v. Gärtringen, Jahrb. d. I. 1894 S. 42, 16. — Pauly-Wissowa, Realenc. II 1335, 37 (Robert). *Amelung.*

Artemjeff, Michael Michailowitsch, geb. 1724, † nach 1774, besaß eine „Gravürenfabrik" (Kupferdruckanstalt) in der Nähe Moskaus, in der eine Reihe von Blättern sowohl geistlichen als weltlichen Inhalts, meist in Schwarzkunst gestochen und gedruckt wurde. Auf jedem der aus dieser Anstalt hervorgegangenen Stiche die Unterschrift: дѣлано в. Мос. на фабр. М. А. (gemacht in Moskau in der Fabrik des Michael Artemjeff), oder auch вырѣзано на фабр. М. Ар. (geschnitten in der Fabrik des M. Ar.). Die Stiche stammen wahrscheinlich von J. Stenglin, der von 1750 bis 1765 in Moskau lebte, oder sind doch unter seiner Leitung entstanden.

N. P. Sobko, Russ. Kstlerlex. — Ровинскій, Русск. граверы (Rowinski, Die russ. Grav.) Moskau 1870, S. 152, 341—343. *W. Neumann.*

Artemjeff, Prokofi (Procopius) Iwánowitsch, russ. Kupferstecher, geb. 1733, † 15. 10. 1811 im Armenhause zu Petersburg. Er trat 1749 in die „Zeichenkammer" der Akad. der Wissenschaften, wurde 1757 Schüler von G. F. Schmidt. Er stach Ansichten für Bücher.

N.P.Sobko, Russ. Kstlerlex. — Русск. энциклоп. словарь (Russ. encykl. Wörterb.) III 196. — Ровинскій, Русск. граверы (Rowinski, Die russ. Graveure) Moskau 1850, S. 153, 253, 273. *W. Neumann.*

Artemon I, Bildhauer unbekannter Zeit. Werke, die er gemeinsam mit einem Pythodoros gearbeitet hatte, standen nach Plinius in den Kaiserpalästen Roms.

Brunn, Gesch. d. gr. Kstlr. I 528. — Overbeck, Schriftq. 2300. — Pauly-Wissowa, Realenc. II 1448, 24 (Robert). *Amelung.*

Artemon II, Verfertiger einiger Terrakotta-Figuren, die sich in Myrina gefunden haben.

Pottier-Reinach, Nécrop. de Myrina S. 175, 519, 545. — Pauly-Wissowa, Realenc. II 1448, 26 (Rossbach). *Amelung.*

Artemon III, griechischer Maler der hellenistischen Zeit, unbekannter Herkunft. Er malte eine Königin Stratonike (welche der gleichnamigen Königinnen jener Epoche, ist nicht zu entscheiden), eine von Räubern angestaunte, d. h. die mit ihrem Söhnchen Perseus in der Kiste an den Strand getriebene Danaë (vgl. Behandlungen dieses Gegenstandes in der kampanischen Wandmalerei, Helbig, Beschreibung N. 119 ff.), Herakles und Deianeira, Herakles, der vom Oeta, der Sterblichkeit entkleidet, zum Himmel emporsteigt, und die Geschichte des Laomedon mit Herakles und Poseidon, d. h. wohl die Befreiung der Hesione durch Herakles; die beiden letzteren Bilder waren in Rom in der porticus Octavia.

Brunn, Gesch. d. gr. Kstler. II 284. — Helbig, Unters. über die camp. Wandmalerei 145 ff. — Pauly-Wissowa, Realenc. II 1448, 25 (Rossbach). *Sauer.*

Arter, Paul Julius, Dilettant im Malen und Kupferstechen, geb. in Zürich 1797, † in München 1839. Seine beste Leistung sind die 66 Illustrationen zu der 1853 erschienenen „Sammlung Zürich. Altertümer in Baukunst und Freskomalerei".

Brun, Schweiz. Kstlerlex. — Meyer, Künstlerlex. *H. V.*

Arteuser, s. *Ardüser.*

Artey, s. *Artatsch.*

Arthé, d', Bildhauer in Brüssel, führte 1745 das mit Emblemen verzierte Geländer einer noch bestehenden Monumentaltreppe in dem Hôtel du Prince de Hornes (heute: collège St. Michel) in der Rue des Ursulines daselbst aus.

A. Schoy im „Journal d. beaux-arts" 1880 p. 41. *H. V.*

Arthimos, Maler im Athos-Kloster Lawra, 19. Jahrh. Von seiner Hand ein gutes Panagia- (Madonnen-) Bild in der Nikolaus-Kapelle zu Lawra.

H. Brockhaus, Die Kunst in den Athos-Klöstern (Leipzig 1891) p. 259. *

Arthois (Heertooys), Hendrik, Antwerpener Maler, 1696/7 als Meester aufgeführt.

De Liggeren II. ***

Arthois. Es gibt drei Brüsseler Maler dieses Namens, *Jacques* d'Arthois, *Nicolas,* sein Bruder, und *Jean Baptiste* d'Arthois, sein Sohn. Ihr wahrer Familienname ist Artois, den man verschiedentlich geschrieben findet (Artoys, Artoes, Arthois, Artoies, Artoos, Artoois, Oortoes etc.). In den Urkunden des Zivilregisters über die Familie findet er sich nicht mit der Partikel (d'Arthois); diese kommt bloß bei den Namen von Nicolas und Jacques vor, und begleitet auch den von Jean in dem Einschreiberegister der Malergilde. Diese Form wurde von Jacques zuerst angewendet, der immer mit einem d' zeichnete, und so seinen Namen auf den Bildern schrieb: J. d'Arthois, Jac. d'Arthois, Jacques d'Arthois, Jacobus d'Arthois.

Jacques d'A., Sohn d. Henri A., wurde getauft in der Kirche der hl. Gudula 12. 10. 1613. Er zählte noch nicht 12 Jahre als ihn seine Mutter, damals Witwe, zu Jan Mertens, einem sonst unbekannten Maler, in die Lehre tat: im Gildeverzeichnis ist er unter dem 11. 1. 1625 eingeschrieben. 21 Jahre waren damals zur Zulassung in die Gilde erforderlich; nichtsdestoweniger datiert seine Einschreibung schon vom 3. 5. 1634. Er war damals schon verheiratet. Außer seinem Bruder Nicolas und seinem Sohne Jean Baptiste werden bis 1654 noch 6 Schüler von ihm in den Liggeren genannt; auch Corn. Huysmans soll bei ihm gelernt haben. Sein Talent verschaffte ihm Beliebtheit; bereits 1648 stach W. Hollar nach ihm. Er verdiente viel Geld, verschwendete es aber und starb arm. Das Jahr seines Todes kann nicht, wie Pilkington zuerst angegeben hat, 1665 sein, denn ein 1678 datiertes Bild und eine Zahlung von 1683/4 beweisen, daß er bis nach 1684 gelebt hat. Eine handschr. Notiz des Erasm. Quellinus, die als Todesjahr 1686 nennt, wird das Richtige treffen. Seine künstlerische Tätigkeit war sehr umfangreich, da er leicht und schnell arbeitete; Campo Weyerman, der um die Wende des 17. Jahrh. in Brüssel war, will mehr als 100 Bilder von großem Umfange von ihm gesehen haben. und Bilderverzeichnisse des 18. Jahrh. (vgl. Pinchart in Meyers Kstlerlex.) erwähnen zahlreiche, zumeist jetzt verschollene Arbeiten von ihm. Seine Stoffe entnahm er gewöhnlich dem ausgedehnten Wald von Soignies, der damals bis an die Tore Brüssels reichte. Ausgezeichnete Maler, u. a. G. de Crayer, ließen sich von ihm die Landschaften in ihre Bilder malen; andererseits benützte A. zur Staffage seiner Werke ebenfalls tüchtige Künstler, wie D. Teniers sen. und jun., P. Bout, A. F. van der Meulen, T. Michau, J. van Cleef, G. Coques, H. de Clerck, M. van Helmont, A. Sallaert und viele andere. In unsern Tagen sind die Bilder des Künstlers in der Tat unzählbar, und man findet deren eine Menge in den Mus. und Privatsammlungen. Es genügt, daß eine Landschaft des 17. Jahrh. große Bäume darstellt, einen Hohlweg in einem Forst, eine malerische und ungekünstelte Lage, halb bewaldet, halb bergig, eine Lichtung in einem Gehölze, ein Gewässer oder ein sandiges Terrain im Vordergrund, einen blauen oder leicht bewölkten Himmel, einen lichtvollen Horizont, einige gut gemalte Figuren und dabei einen breiten Vortrag und stark ausgesprochene Töne hat, um das Werk sofort dem Brüsseler Meister zuzuschreiben. Es ist nicht zweifelhaft, daß zu seinen Lebzeiten und bei seinem Erfolg sich viele Nachahmer gebildet, die sich gehütet haben, ihre Werke zu bezeichnen. Vermutlich muß man zu diesen seinen Bruder und seinen Sohn rechnen, deren Malereien mit den seinigen wohl zusammengeworfen werden.

Eine Durchsicht der europäischen Galerien ergibt folgende Zusamenstellung.

In *Belgien* befinden sich 5 Bilder (3 davon bezeichnet) im Brüsseler Mus. Ein anderes — bezeichnetes — Bild von J. d'A. sieht man im Mus. von Brügge.

Die Kataloge der *französischen* Mus., nämlich der von Besançon, Bordeaux, Caen, Dijon, Douai, Lille, Valenciennes, erwähnen 10 Bilder des Malers. Die zu Bordeaux stammen aus der Sammlung des Marquis de la Caze. Auf einem der Gemälde zu Lille liest man: Jacobus d'Arthois.

In den *deutschen* Galerien werden dem Maler zu Aschaffenburg, Augsburg, Darmstadt, Dresden, Frankfurt, Gotha, München, Schleißheim usw. gegen 15 Werke zugeschrieben.

In *Österreich* sind 4 Bilder in den Sammlungen des k. k. Hofmus. und der Kunstakad. Eines derselben (Hofmus.) trägt die Aufschrift: Jacques d'Arthois. Ebenso kommt Arthois in den Wiener Sammlungen Liechtenstein, Czernin und Schönborn vor. Das Bild der letzteren trägt die Bezeichnung des Künstlers und gilt als eines der schönsten seiner Werke.

Madrazo verzeichnet in seinem Katalog der *Madrider* k. Galerie 12 Werke unseres Künstlers; Lavice hat diese Zahl in seinem Buche über Spanien auf 14 erhöht. Die Mehrzahl derselben gehört sicher unserem Meister an.

In den Privatsammlungen *Englands* verzeichnet Waagen gegen 12 Bilder, während die National-Galerie kein Werk von ihm hat.

Auch Zeichnungen hat er hinterlassen, zum Teil in chinesischer Tusche, zum Teil in Tusche und Indigo, wieder andere in Gouache.

Nicolaes d'A. Sohn des Henri A. 4. 5. 1617 in der Kirche der hl. Gudula getauft. 11. 11. 1640 Meister. 1648 war Abraham von Avont, 1653 Joos Diericx sein Schüler. 28. 11. 1637 heiratete er Anna von Coninxloo.

Jean Baptiste d'A. Sohn des Jacques d'A. 26. 4. 1657 Meister. Bezeichnete Bilder des Nicolaus u. Jean Bapt. d'A. sind nicht bekannt, wahrscheinlich gehen ihre Werke mit unter Jacques d'A.s Namen, dessen Schüler beide waren.

Alex. Pinchart in Meyers Kstlerlex. (mit älterer Lit. und einem Verzeichn. der Stiche nach Jacques d'Arthois). — Mit Notizen von H. Hymans.

Arthur, J., Porträtmaler in London, stellte 1816—1824 in der Roy. Academy eine Reihe von Herren- und Damenporträts, 1821 auch sein Selbstporträt aus.

Graves, The Roy. Acad. of Arts, 1905, I 69.

Arthur de Loing, französ. Ornament-Bildhauer vom Ende des 15. und Anfang des 16. Jahrh., führte mit einem seiner Genossen, Robert Lefévre, in der Stadt Roye (Picardie) die plast. Ausschmückung der Chorgewölbe in der Kirche Saint-Pierre aus.

Lami, Dict. des sculpt. franç. au moy. âge et à la renaiss. *Lami.*

Arthur, Reginald, engl. Porträt- und Genremaler der Gegenwart, stellte von 1881 bis 1896 eine Reihe seiner fein ausgeführten, vornehmen aber etwas klassizistisch kühlen Figurenstücke und ein zierliches Porträt der Fürstin Heinrich von Pless in der Royal Academy aus; auch war er 1896 in der Walker Art Gallery vertreten.

Graves, The Roy. Academy of Arts, 1905, I 69. — Eigene Notizen. **

Arthur, Miß Winifred, vielbeschäftigte Landschaftsmalerin in Liverpool, war seit 1885 bis zur unmittelbaren Gegenwart mit zahlreichen Bildern sowohl auf den Ausstell. in Liverpool als auch auf denen in Birmingham, Manchester und Glasgow vertreten. In der Roy. Academy stellte sie 1889 „Falls on the Greta" und „Valley of the Greta", 1898 „The Luxembourg Gardens" und 1901 „The Wayside Calvary" aus.

Graves, The Roy. Academy of Arts, 1905, I 69. — Ausstellungsverzeichnisse. **

Arthurs, Stanley M., amerikan. Illustrator, geb. 27. 11. 1877 in Kenton (Delaware), studierte am Drexel Institute, Philadelphia. Seine bekanntesten Illustrationen sind die zu den Bigelow Papers und Turgenieff. Er zeichnet viel für die bedeutenderen Journale und Monatshefte. *Edmund von Mach.*

Arthus, Louis Albert, Porträt- und Landschaftsmaler in Paris, Schüler von Laporte, stellte im Salon 1880, 82 und 85 aus.

Bellier-Auvray, Dict. gén. Suppl. — Katal. d. Salon. *H. V.*

Arthus, s. auch *Artus.*

Arti, Nicolaus de, lombard. Bildhauer in Rom, um 1591, nur urkundlich erwähnt.

Bertolotti, Artisti Lombardi a Roma. Mailand 1881. *H. V.*

Artiaga, Alonso de, Maler, ein Biskayer, geb. 1661, lebte verheiratet 1691 in Sevilla.

Gestoso, Artif. Sevill. II 14. *M. v. B.*

Artiaga, Juan de, Bildhauer in Sevilla, arbeitet 1528 für die Casas Capitulares und lebt noch 1541.

Gestoso, Artif. Sevill. I 173—74. *M. v. B.*

Artiaga, Martin de, Bildhauer in Sevilla, arbeitet 1534 an den Casas Capitulares und 1540 für die Pferdeställe des Alcazar.

Gestoso, Artif. Sevill. I 174. *M. v. B.*

Artiaga, s. auch *Arteaga.*

Artiga, Francisco, span. Maler, Stecher u. Architekt, geb. zu Huesca um 1650, † daselbst 1711. Nach Cean Bermudez malte er Sibyllen, eine Empfängnis Mariä und einige Architekturbilder. Als Architekt zeichnete er die Pläne der Universität Huesca, die unter seiner Oberleitung erbaut wurde. Zugleich radierte er die Hauptfassade dieses Gebäudes, die Stiche in dem Werke Lastanosas, Tratado de la moneda Jaquesa, Huesca 1681, sowie einige Heiligenbilder. Als Schriftsteller war er ebenfalls tätig. Ein Manuskript gebliebenes Werk, das vortreffliche Zeichnungen von seiner Hand enthält, führt den Titel: Fortificacion elemental; ein anderes behandelt Gegenstände der Mathematik, in der Artiga sehr bewandert war, und die er lange Zeit auf der Universität zu Huesca lehrte.

Cean Bermudez, Dicc. I 78. — Viñaza, Adic. II 37. △

Artignone, Pietro, da Milano, Goldschmied in Ferrara um 1464. Ist von verschiedener Seite, nach C. v. Fabriczy ohne ausreichenden Grund, mit dem Hofmedailleur des Königs René von Anjou *Pietro* da Milano (s. d.) identifiziert worden.

Jahrb. d. preuß. Kunstsl. XX 14. ***

Artigue, Albert Emile, Genremaler und Radierer in Paris, geb. in Buenos-Ayres, doch französ. Abkunft, Schüler von Cabanel und Douard, stellte fast alljährlich im Salon (1875 bis 1901) aus und war auf der Expos. Nation. d. Beaux-Arts, Paris 1890 sowie auf der Münchener Jahres-Ausstellung 1900 vertreten. Er malt in einer etwas konventionellen und stark idealisierenden Manier. Schöne, junge, elegante Damen, die sich im Freien vergnügen, sind ein Lieblingsthema von ihm. (Salon 1896 „Colin-maillard" — 1897 Fleurs de printemps etc.) Er hat gelegentlich auch radiert und lithographiert, z. B.: „Albine" (Radierung) und „Moqueuse" (Lithogr.). Beide Blätter vertreten in der Sammlung H. H. Meier, Kunsthalle in Bremen.

Bellier-Auvray, Dict. gén. Suppl. — Katal. des Salon. (Abb. 1896, 97 u. 1900.) *H. V.*

Artigue, B. J., französ. Genremaler in Toulouse, später in Blaye (Tarn), stellte im Pariser Salon 1895, 97, 98 aus. *H. V.*

Artigues, Jusepe, span. Baumeister, leitete den Bau der Kirche zu Chelva in Valencia von 1657—1659. In dieser Zeit wurde der Bau des Sagrario, des Turms und der Sakristei vollendet.

Llaguno y Amirola, Not. IV 44. — Alcahali, Artist. Valenc. p. 408. △

Artigues, Tomás, Bildhauer und Archit. in Valencia im 18. Jahrh., Schüler des Ignacio Vergara (1715—76). Hauptwerke: der altar mayor des Colegio de S. Pablo, die Kanzel in S. Nicolás, Statuen in der Pfarrkirche zu Ibi u. a.

Alcahali, Artist. Valenc. p. 346. *M. v. B.*

Artillot, Edmond, Ornamentmaler, zu Paris tätig, wurde 1572 in der Bartholomäusnacht getötet.

Archives de l'Art Français. *H. Longnon.*

Artingstall, Margaret, amerikan. Malerin, geb. 1883, studierte am Chicago Art Institute und malt hauptsächlich in Aquarell und Pastell. *Edmund von Mach.*

Artioli, Giuseppe, da Cento, Porträtmaler in Mantua, wo er 1784 an der vom Marchese Giuseppe Bianchi eingerichteten Akademie für enkaustische Malerei mit Auszeichnung tätig war. Die Signatur eines 1784 von A. in Wachsenkaustik ausgeführten Gemäldes gibt Zani wieder.

Zani, Encicl. II 214, 327, nota 157. — C. d'Arco, Arti e Artefici di Mantova (1857) I 84, nota 2. *

Artioli, Spiridione, Maler aus Cento, Sohn des Giuseppe, arbeitete auch in enkaustischer Technik, blühte um 1785, nur bei Zani (Enc. II 214) erwähnt. *H. V.*

Artizzoni, s. *Ardizzoni.*

Artlett, Richard Austin, engl. Stahl- und Kupferstecher, geb. am 9. 11. 1807, † 1873, Schüler von Rob. Cooper und Jam. Thompson, lieferte eine große Anzahl Reproduktionsstiche nach Porträts und nach Skulpturen, besonders für das Art Journal.

Meyer, Kstlerlex. (hier 57 Num. s. Werke). — The Art Journal 1873 p. 377 (Nekrolog). **

Artmann, Emil, österreich. Architekt und Dr. techn., geb. 26. 7. 1871 in Rodaum bei Wien, Bruder des Malers Hans A., studierte die Architekur an der techn. Hochschule in Wien, Schüler Ferstels, Mayreders und Karl Königs, trat 1898 in das Hochbau-Depart. des k. k. Minist. des Innern ein und wurde 1906 zum ordentlichen öffentlichen Professor für Hochbau an der k. k. techn. Hochschule in Wien ernannt. 1899 erhielt er den zweiten Preis in der Konkurrenz um die Kaiser-Jubiläumskirche und erbaute nach eignen Plänen 1899—1900 das k. k. Staatsgymnasium in Wien-Hitzing und 1901—1905 den monumentalen Palast der k. k. Statthalterei in Triest.

Nach persönl. Mitt. durch G. Klement. *R.*

Artmann, Hans, Geschichts-, später auch Genre- und Landschaftsmaler, geb. in Rodaum bei Wien 15. 11. 1868, † 11. 8. 1902 in Thalkirchen bei München, Schüler der Akad. zu Wien, Düsseldorf und Paris, hier unter Paul Laurence und Benjamin Constant, erhielt 2 Preise der Pariser Akad. für „Christus unter den Kindern" und „Der verlorene Sohn", stellte in Düsseldorf und Wien aus.

Notiz von Gerh. Klement. *H. V.*

Artod de Montfalcon, französ. Werkmeister, tätig 1319 am Schloßbaue von Ambronay (Ain).

Bauchal, Dict. des Archit. *C. Enlart.*

Artoes u. **Artoies,** s. *Arthois.*

Artois, Mathurin d', gehörte zur Zahl der Bildhauer, die 1537—1540 am Schlosse zu Fontainebleau beschäftigt waren.

Lami, Dict. d. sculpt. 1898. *R.*

Artois, s. auch *Arthois.*

Artoois u. **Artoos,** s. *Arthois.*

Artopé, L., Landschaftsmaler in Berlin, stellte 1856 und 1860 in den Ausstellungen der kgl. Akad. Waldlandschaften mit oberbayrischen Motiven aus. **

Artorius. M. Artorius Primus, ein Freigelassener, römischer Architekt, der in augusteischer Zeit mehrfach in Pompei tätig war, wohl aus Campanien, wo der Name A. häufig ist. So übernahm er im Auftrag der Holconier den vierten Umbau des einst (c. 200 v. Chr.) rein griechisch entworfenen großen Theaters und paßte es den Bedürfnissen der römischen Bühne an: die Sitzstufen wurden in Marmor erneuert, die Tribunalien über den Parodoi gebaut, die Bühnenwand im reichsten sogen. 4. Stil u. mit 3 Türen aufgeführt, das einst 3 m hohe Logeion auf 1,15 m Höhe herabgesetzt, der Garderoberaum von hinten her durch eine Rampe zugänglich gemacht, in der Orchestra das alte tiefliegende Niveau wieder hergestellt und in seiner Mitte an Stelle des kreisrunden Bassins ein rechteckiges mit abgestumpften Ecken eingelegt Die Architekteninschrift des A. steht in lakonischer Kürze außen an der Rundung des Zuschauerraumes.

Brunn, Gesch. d. gr. Kstlr. II 342. — Pauly-Wissowa, Realenc. II 1461, 8 (Fabricius). — Mau, Pompei 157 u. Röm. Mitt. 1906, 1 ff. — Puchstein im Archäol. Anzeiger 1906, 301 ff. *H. Thiersch.*

Artos Tizon, span. Maler, geb. in Murcia. Nach einer Urkunde vom 1. 1. 1581 verpflichtete er sich, für die Kapelle der Lozanos in der Pfarrkirche von Jumilla ein Altarbild zu malen mit dem Martyrium der hl. Katharina, außerdem noch einige andere Kompositionen, deren Entwürfe er vorlegte.

Cean Bermudez, Dicc. I 79. △

Artoys, s. *Arthois.*

Arts, Hendrick. Nach seiner Zeichnung stach Joannes Londerseel die phantasierte Innenansicht einer katholischen Kirche. Ob er identisch ist mit dem Maler Hendrick Aertsz, der 1553 in Amsterdam an der Oude Zyds Voorburgwal wohnte und 8. 10. 1575 in der Oude Kerk daselbst begraben wurde, ist fraglich. *E. W. Moes.*

Arts, s. auch *Aerts* u. *Artsens.*

Artsen, s. *Aertsen.*

Artsens (Aertsens), Jean, Holzschnitzer, Schüler des Jan van Haecht in Antwerpen, in dessen Werkstatt er 1595 als Lehrling arbeitete. Von seinen Arbeiten ist nur urkundlich bekannt ein für die Ursula-Kapelle der Kirche St. Gommaire zu Lierre ausgeführter Beichtstuhl.

E. Marchal, La Sculpture etc., Bruxelles 1895 p. 366. *

Artsens, Isabella, unbedeutende Kupferstecherin zu Antwerpen um 1752. Le Blanc (Manuel) führt sie unter Aerts auf. **

Artuinus, Meister, französ. Maler, erhielt 1391 Bezahlung für einen Christophorus, den er über der Treppe des Hauses der Dombauverwaltung zu Pisa gemalt hatte.

Urkunde bei Ciampi, Notizie etc. p. 118. *H. V.*

Arturius, Maurermeister, wird 1272 zusammen mit Guerrerius und Guilelmus bei einem Umbau am Palazzo S. Quirico in der Capitanata erwähnt.

H. W. Schulz, Denkm. der Kst. in Unteritalien I 256. **

Artus. Ein vorübergehend in Antwerpen tätiger Maler dieses Namens wohnte 1516 bei Otto Venius und mußte der Antwerpener Lukasgilde 12 Gulden Fremdensteuer zahlen.

Liggeren I 519. **

Artus, französ. Bildhauer u. Architekt in Toulouse, Schüler von Dominique Bachelier, führte 1610—1612, gemeinsam mit Guépin le Tourangeau, den Triumphbogen der Kirche Saint-Etienne, sowie die plast. Ausschmückung des Palais des Präsidenten Clary aus. Man verdankte ihm auch das Modell einer Altartafel in der Kirche Saint-Nicolas

Lami, Dict. des sculpt. franç. au moy. âge et à la renaiss. *Lami.*

Artus, Emile, Schweizer Porträt-Zeichner und -Lithograph, geb. 1823 in Carouge, Schüler von Lugardon, stellte in Genf 1891 aus.

Brun, Schweizer Kstlerlex. *H. V.*

Artus, François, bekannter Genfer Porträt-Maler und -Lithograph, geb. 1823, Schüler von Lugardon. Einer seiner größten Stiche stellt das Leichenbegängnis des Generals Dufour dar, dessen Porträt A. auch lithographiert hat.

P. Veillon bei Brun, Schweizer. Kstlerlex.

Artus, s. auch *Arthus.*

Artusi, Domenico, Architekt und Dekorationsmaler in Parma, geb. 7. 7. 1754, † 18. 3. 1830. Ausgebildet durch E. Petitot an der Akademie seiner Vaterstadt, errang er sich 1778—80 mehrere akademische Preise, namentlich durch seinen Entwurf eines „Castello d'Acqua" (mit Fontänenanlage). 1821 wurde er selbst an Stelle des verstorbenen Donnino Ferrari zum Akademieprofessor ernannt. — Als Maler schuf er (um 1798) den ornamentalen Teil der Freskodekorationen der Cappella della B. Vergine di Caravaggio in S. Vitale zu Parma (die figürlichen Grisaillen von Domenico Muzzi ausgeführt).

Donati, Nuova Descriz. di Parma (1824) p. 86. — Scarabelli-Zunti, Mscr. in der Bibl. Palat. zu Parma. *St. Lottici.*

Artusi, Giovanni, genannt il Piscina, Bildhauer aus Piscina (Abruzzen), tätig in Rom. 1658 goß er zwei bronzene Leuchter für die päpstl. Kapelle in S. Maria del Popolo, sowie 1663—67 im Auftrage Papst Alexanders VII. nach dem Modell Berninis die Kathedra des hl. Petrus mit den vier überlebensgroßen Gestalten der lateinischen Kirchenlehrer für S. Peter in Rom. Für S. Luca e Martino machte er den Guß des imposanten Bronzealtars, für den Pietro da Cortona die Zeichnung und Modelle lieferte und außerdem die Kosten der Ausführung trug.

Titi, Descrizione etc. in Roma p. 15 u. 201. — Bindi, Art. Abruzzesi (1883) p. 42. — Bertolotti, Art. Bolognesi etc. in Roma (1885) p. 196. — Erculei, Catalogo etc. d'Intaglio (Roma 1885) p. 102. — Giorn. d'Erudiz. Artist. IV 193 ff., 257 ff., 329 ff., 353 ff. *R.*

Artusi, Niccolò, römischer Bildhauer um 1700, arbeitete eine der zahlreichen Statuen für den Außenbau von St. Peter.

Titi, Descrizione delle pitture etc. in Roma. Ausg. von 1763 p. 450. *H. V.*

Artuso, Raimondo, Bildschnitzer u. Dominikanermönch in Capua, wo er 1577 das Chorgestühl für S. Domenico ausführte.

Erculei, Catalogo etc. d'intaglio (Roma 1885) p. 98. *

Artuzzo, s. *Arcuccio.*

Artvelt, Andries van (oft Ertvelt), Seemaler, getauft zu Antwerpen 25. 3. 1590, Freimeister das. 1609/10, † 1652. Manches spricht dafür, daß er sich eine Zeitlang in Genua aufhielt, sicher aber war er seit 1630 wieder in Antwerpen. 1632 malte ihn van Dyck (Cal. Augsburg) in lebensgroßer Figur an der Staffelei sitzend. Das von Schelte a Bolswert nach van Dyck gest. Bildnis A.s ist nicht nach diesem Porträt, sondern wohl nach einer Grisaille van Dycks.

Gemälde A.s sind selten, wahrscheinlich, weil sie unter fremden Namen gehen. Unter öffentlichen Galerien besitzt das Hofmus. zu Wien eine große Marine auf Leinwand mit vielen Schiffen; im Vordergrund liegt Kriegsgerät. Das Suermondt-Mus. zu Aachen besitzt ein Seestück auf Leinwand; rechts am Strande ziehen zwei Matrosen ein Schiff zurück, bez. A. V. A. Das Genter Mus. besitzt einen Sturm, worin türkische Schiffe untergehen, auf Leinwand, datiert 1625. In Antwerpener Privatbesitz befanden sich vor Jahren von ihm: Eine von Kriegsschiffen beschossene Festung, die in Brand geraten ist; ferner ein Seegefecht zwischen Holländern und Spaniern und eine Ansicht von Antwerpen, Zeichnung in Medaillon. Schelte a Bolswert hat einen Seesturm mit Schiffen nach ihm gestochen. A. hat auch selbst ein Blatt: Ansicht der zugefrorenen Schelde 1621 radiert. Der Maler J. van Velsen war ein glücklicher Nachahmer des Künstlers.

Th. v. Lerius in Meyers Kstlerlex. (mit älterer Lit.). — Van den Branden, Geschiedenis d. Antw. Schildersch. 650—660. — Cat. d. Mus. de Gand (L. Maeterlinck) 1905. — Notizen von H. Hymans.

Artz, David Adolf Constant, bekannter holländischer Genremaler, geb. im Haag 18. 12. 1837, † daselbst 8. 11. 1890. Schüler der Amsterdamer Akad. unter Royer (zu gleicher Zeit mit Aug. Allebé) und dort wesentlich beeinflußt von seinem älteren Freunde Israels, mit dem er 1859 nach Zandvoort zog. Er stellte im selben Jahre in Amsterdam aus und weilte 1865 in Zweeloo (Drenthe). 1866—1874 mit Unterbrechungen (Mai-Juni 1869 Schottland, November 1869 Deutschland, Juni 1870 England, Januar 1872 Italien) arbeitete er in Paris, befreundet mit Jacob und Matthys Maris, welch letzterer sein Porträt malte (Städt. Mus. im Haag). Dann dauernder Aufenthalt im Haag. Sein verhältnismäßig enges Darstellungsgebiet ist das Leben der holl. Fischer am Strande oder in ihren bescheidenen Wohnungen, naive familiäre Szenen mit Wirklichkeitstypen, in altmeisterlicher Einfachheit und technischer Delikatesse gemalt. Auf den ersten Blick ähneln seine Bilder den Arbeiten Israëls, aber sie unterscheiden sich doch wesentlich von diesen durch Klarheit, Korrektheit und eine Leichtverständlichkeit, die etwas an das Prosaische streift. Wenn er der beste Schüler Israels genannt wird, so ist darunter nicht ein regelrechtes Schülerverhältnis zu verstehen, sondern ein dauerndes Freundesverhältnis, in dem er als jüngerer von dem älteren und an Genie ihm überlegenen Freunde wertvolle Anregungen erhielt, ohne seine persönliche Kunstsprache aufzugeben. Er zählte als Künstler weder zu den älteren noch zu den ganz modernen, aber zu den qualitätvollsten holländischen Künstlern, die für den Ruhm der modernen holländischen Malerei kräftig mitgewirkt haben. Der lange Pariser Aufenthalt hat seine holländische Eigenart wenig alteriert, denn auch in Paris malte er seine holländischen Fischerszenen, und nur einige Genrestücke à la Japonaise, d. h. Pariserinnen in japanischer Drapierung und japanisch ausgestatteten Interieurs, zeigen ihn ergriffen von der damals in Paris erwachenden Vorliebe für die japanische Kunst. Auch einige vortrefflich gemalte Porträts seiner Angehörigen bedeuten eine Ausnahme in seiner Tätigkeit, die sonst ganz seinen Fischerszenen aus Scheveningen oder Katwyk galten. Bekannte Bilder derart sind: Zondag te Scheveningen (Wien, Weltausstellg. 1873); Vryery op het duin (Sammlung A. van Naamen van Eemnes); Een gunstig oogenblik (Besitzer: Baron Creutz, Haag); By groot-ouders. — Ein gerngesehener Gast war er auf deutschen Ausstellungen wie im Salon in Paris. Bilder von ihm im Ryksmuseum und im Städtischen Museum zu Amsterdam, in Rotterdam und im Gemälde-Museum im Haag.

Rooses, Het Schilderboek III (Artikel von Haaxman jr.). — G. H. Marius, De holl. Schilderkunst. — Gram, Onze Schilders in Pulchri Studio. — Chronique des arts 1890, 279 (Nekrolog). — Mit Notizen von J. Veth u. E. 'tHooft. *F. Becker.*

Arum, P. van, hat nach Zeichnungen von R. J. van Arum Holzschnitte geliefert, die bei K. Fuhri um die Mitte des 19. Jahrh. im Haag gedruckt sind. *E. W. Moes.*

Arum, R. J. van, war ein geschätzter Holzschneider im Haag, der im 2. Viertel des 19. Jahrh. gearbeitet hat. Eine Folge Witzblätter: „Karakter-Typen, Twaalf houtgravuren" wurde 1847 von dem Haager Verleger K. Fuhri herausgegeben. *E. W. Moes.*

Arun, V. engl. (?) Stecher des 18. Jahrh. Von ihm der Stich: Morgan Graves of Mickleton, ob. 1770. fol.

Meyer, Kstlerlex. II 317. **

Arundale, Mrs. F., Miniaturmalerin in London, stellte 1839—1862 eine Reihe von Miniaturporträts in der Roy. Academy aus.

Graves, The Roy. Acad. of Arts, 1905, I 70. **

Arundale, Francis, engl. Architekt und Zeichner, geb. zu London den 9. 8. 1807, † zu Brighton den 9. 9. 1853, lernte bei dem Architekten Pugin (gotische Richtung), wo er 7 Jahre blieb. 1831 ging er nach Ägypten; ferner reiste er in Palästina, Italien, Griechenland, Sizilien und Frankreich, überall interessante Gegenden und Altertümer abzeichnend und skizzierend. Viele Winter brachte er in Rom zu. Er war nur theoretisch tätig und veröffentlichte: 1. The edifices of A. Palladio. London (1832). Fol. — 2. Illustrations of Jerusalem and Mount Sinai. London 1837. 4. — 3. F. Arundale und J. Bonomy, The Gallery of antiquities selected from the British Museum, with descriptions by S. Birch. Bloß der 1. Teil erschienen: Egyptian art, mythological illustrations. London 1842. 4. — 4. Examples and designs of Verandahs — 24 Pl. London 1851. 4.

Art-Journal 1854 p. 50. — Grässe, Trésor de livres rares. — Universal Catalogue of books on Art. — Redgrave, Dict. — Graves, Royal Acad. Exh. I 69. — Binyon, Catal. of drawings in the British Mus. **

Arundel, Thomas, Erzbischof von Canterbury, geb. 1353, † 1413, erwarb sich auch als Architekt Verdienste durch den Wiederaufbau des bischöfl. Palastes in Holborn. Auch der Palastbau zu York und der Kuppelturm und ein Teil des Schiffes der Kathedrale zu Canterbury werden mit ihm in Verbindung gebracht.

Redgrave, Dict. **

Arus, Raoul Joseph, Militär- u. Schlachtenmaler, geb. in Nîmes (Gard), Schüler der École des beaux-arts zu Marseille, lebt in Paris, stellte im Salon fast alljährlich von 1874—1905 aus. Er hat mehrmals Szenen aus dem Kriege 1870/71 (Salon 1875: siège de Paris) und aus dem österreich. Feldzug von 1859 (Salon 1887: Solferino) gemalt. Für das Stadthaus zu Alfortville hat er 1897 ein großes dekoratives Gemälde geliefert mit der Ansicht von Alfortville, von den Höhenzügen von Charenton aus gesehen.

Bellier-Auvray, Dict. gén. Suppl. — Katal. des Salon. *H. V.*

Arvano, Felice d', Holzschnitzer, um die Mitte des 16. Jahrh. in Neapel tätig.

Erculei, Catalogo etc. d'Intaglio (Roma 1885) p. 89. *

Arvay, Siegmund, Genremaler in Wien, stellte in der Jahres-Ausstellung im Künstlerhaus Wien 1880, sowie in den Wiener Jahres-Ausstellungen 1880 und 81 aus.

Bötticher, Malerwerke d. 19. Jahrh.

Arvesen, Agnes, geb. Sandberg, norweg. Malerin, geb. 26. 9. 1881 in Bergen, ausgebildet in Bergen bei dem Maler Asor Hansen um 1898, in Paris bei Colarossi und Chr. Krohg (während der Winter 1900—01 und 1901—02). Sie malte Akt und Porträts. Seit ihrer Verheiratung mit dem Violinisten Arve Arvesen Okt. 1902 wohnt sie abwechselnd in Göteborg und in Christiania und beschäftigt sich mit ausgesuchtem Geschmack mit der Herstellung von farbigen künstler. Photographien. 1904 stellte sie in Christiania aus. Wohnt seit 1905 in Christiania.

Eigene Mitteilungen. *C. W. Schnitler.*

Arvidson, Anders Arvid, schwed. Maler und Kupferst., geb. zu Landskrona in Schonen, † 1832, studierte zuerst an der Kunstakad. zu Kopenhagen, später wurde er Westins Schüler in Stockholm. Er wurde zweiter Lehrer an der Universität Lund, wo er den Landschafter Stäck unterrichtete. Von seinen Gemälden (Porträts) kennen wir keines; als Kupferstecher hat er zwei Bll. hinterlassen: 1. Jacob Pontus de la Gardie. Nach Ehrenstrahl. Mit seinem Namen bezeichnet, 8. 2. Sandgatan (die Sandgasse) in Lund, Fol.

Meyer, Kstlerlex. — Kpfstsamml. d. k. Bibl. u. d. Nat. Mus. in Stockholm. — Boye, Malarelex. — Mit Notizen von *J. Kruse.*

Arvidson, Christina, sonst unbekannte schwed. (?) Miniaturmalerin, signierte eine Miniatur auf Pergament (Schloßarchitektur mit Figurenstaffage), die 1895 mit der Stockholmer Sammlung Hammer, Ser. VI No. 1519, in Köln bei Heberle verkauft wurde. **

Arvidsson, T r u l s, schwed. Kupferst., geb. um 1660 in Westervik, in der Matrikel der ostgotischen Landsmannschaft der Universität Upsala Troilius Adsarant, auf einigen seiner Stiche Truls Arnvidson genannt. A. bezog 1680 die Universität Upsala u. ward Stecher am antiquarischen Archiv. Die neue Blüte der archäologischen Studien unter Karl XI. trug zur Belebung der Illustrations- und Kupferstecherkunst notwendig bei, und A. war einer der Schweden, welche die Berufung ausländischer Kräfte überflüssig machten, indem er selbst mit einem Swidde und van Aveelen wetteifern konnte. Während seines Aufenthaltes zu Upsala ließ ihn Örnhjelm, der Übersetzer von des Emanuel Thesaurus Gothicarum Longobardicarumque in Italia rerum Epitome, die Platten dieses Werkes nach den Originalen kopieren. A. erhielt ein Stipendium, um in den Niederlanden zu studieren, deren Schule man auch in seinen Werken wiedererkennt. Er ging nach Leiden. Wie lange er aber im Auslande verweilte, ist unbekannt; man weiß nur, daß er eine Nonne entführte, sie heiratete und nach Stockholm heimführte, wo sie aber noch in demselben Jahre starb. Sein Hauptwerk sind die Illustr. zu Peringskiölds „Monumenta ullerakensia cum Upsalia" Stockholm 1710. 1725 erschienen seine Illustr. zu Peringskiölds „Ättartal". In dem erstgenannten Werke hatte er mit schwarzem Sammet bedeckte Kenotaphe darzustellen. Nach Rembrandts Art kreuzte und vervielfältigte er die Striche und brachte so ein Dunkel heraus, das an die Wirkung der Schwarzkunst erinnert, und mit dieser verwechselt worden ist.

Irrigerweise gilt 1705 gewöhnlich als sein Todesjahr. Man kennt Kupferstiche von ihm mit der Jahreszahl 1706. Sivers erzählt, daß A. in dem Jahre nach der Pest starb; die Pest wütete aber in Stockholm nicht 1704, sondern sehr stark 1710, wonach er also 1711 gest. ist.

M e y e r, Kstlerlex. — Kupferstichsammlung der kgl. Bibl. u. des Nat. Mus. in Stockholm. Mit Notizen von *J. Kruse.*

Arvien, s. *Arbien.*

Arvier, F r a n ç o i s, französ. Maler des 17. Jahrh., Mitarbeiter des Charles Le Brun u. van der Meulen in der kgl. Gobelinsmanufaktur. Führt in den Taufakten seiner Tochter 1687 den Titel „peintre du Roy". Sonst nichts bekannt.

J a l, Dict. crit. 1872. *H. Stein.*

Arwyck, E t i e n n e v a n, Sohn des Cornelis, Bildhauer, aus Utrecht gebürtig, wird Bürger in Antwerpen 1559.

E. d e M a r c h a l, La sculpture etc. belge, 1898, p. 329. **

Arx, Gebrüder v o n, Schweizer Lithographenfirma, begründet von den drei Brüdern: Josef, Urs und Franz 1841 in Olten.

B r u n, Schweizer. Kstlerlex. *H. V.*

Arx, D i e p o l d v o n, Baumeister (?) in Basel, verfertigte 1511 den geschickt konstruierten Dachreiter des neuerbauten Rathauses daselbst.

B r u n, Schweizer. Kstlerlex. *H. V.*

Arx, H e i n r i c h v o n, Schweizer Zeichner und Maler in Olten, geb. 12. 9. 1802 in Bern (nach Pater A. Schmid) oder in Olten (nach F. Fiala), † 30. 1. 1858 in Bern, widmete sich hauptsächlich der Humoreske und Karikatur und war für mehrere Berner Zeitschriften („Der Guckkasten", Zeitschr. f. Witz, Laune und Satire 1840—1850, „Neuer Berner Kalender" herausgegeben von Pfarrer Bitzius 1838—1842 u. a.) als Illustrator tätig. Das Museum zu Solothurn bewahrt von ihm 2 kolorierte Lithographien: Junggesellen-Menage im Affenwald und Altjungfern-Menage auf dem Gyrizenmoos. Ein Porträt des Künstlers, gestochen von Hubert Meyer 1851, befindet sich im Besitz der Familie.

M. G i s i bei Brun, Schweizer. Kstlerlex. *H. V.*

Aryen, Meister, kommt 1610 als Maler in Leeuwarden vor.

K r a m m, De Levens en W., Aanhangsel.

Aryens, G h e e r t, Maler, wird 1533 in der Antwerpener St. Lukasgilde Freimeister.

Liggeren I 120. **

Aryensz., E w o u t, Maler zu Rotterdam, geb. 1591, war Zeuge bei einer Not. Akte in Rotterdam 2. 7. 1635.

Haverkorn van Rijsewijk.

Aryensz., J a n, Maler und Bürger von Rotterdam, war Zeuge vor dem Notar J. Duyfhuysen jr. 21. 11. 1652.

Haverkorn van Rijsewijk.

Arysz., W i l l e m, Maler in Amsterdam, der 1555 und 1557 dort als an der Nieuwe Zijds Achterburgwal wohnend erwähnt wird.

E. W. Moes.

Arzaro, s. *Arzere.*

Arzberger, C h r i s t o p h D a n i e l, Kupferstecher, geb. zu Kreglingen 1753, Schüler von W. Bock, tätig in Nürnberg, dann (um 1793) in Erlangen, arbeitete für den Buchschmuck und fertigte Porträts, darunter sein eigenes, von Bock 1781 gezeichnetes Medaillonbildnis.

F ü s s l i, Neue Zusätze, 1824. *H. V.*

Arze, J o s e p h d e, s. *Arce,* Jos.

Arze, P e d r o J o s e f d e, Maler in Sevilla, geb. 1641, lebte noch 1691.

G e s t o s o, Artif. Sevill. II 14. *M. v. B.*

Arzens, P i e r r e, Porträt-Maler und Zeichner in Auteuil, geb. in Montréal (Aude), Schüler von E. Leygue, Boulanger und J. Lefebre, stellte im Pariser Salon 1877 und 1880 aus.

B e l l i e r - A u v r a y, Dict. gén. Suppl. *H. V.*

Arzenti, Bernardino di Giovanni d'Antonio, Maler in Mantua, Schüler des Andrea Mantegna, berichtete in einem vom 8. 4. 1496 aus Pavia datierten Briefe an die Marchesa Isabella d'Este, daß er um einer Eheirrung seiner treulosen Gattin willen den Gonzaga-Hof habe verlassen müssen. Der Künstler scheint jedoch späterhin wieder in Mantua ansässig gewesen zu sein, da er 1504 unter den besoldeten Hofmalern der Gonzaga aufgeführt wird.

Zani, Encicl. II 216. — Coddè, Mem. biogr. — C. d'Arco, Arte e Artefici di Mantova (1857) I 45; II 37 f. *

Arzere, Battista dall', vielleicht ein Verwandter des Stefano dall' Arzere, mittelmäßiger Maler des 16. Jahrh.

Pietrucci, Biografia etc. — Moschini, Origine e vicende etc. in Padova p. 79. — Zanotto, Pittura Veneziana p. 78. — Meyer, Kstlerlex. *R.*

Arzere, Stefano dall', Maler in Padua um die Mitte des 16. Jahrh.; Geburts- und Todesdaten sind uns bisher völlig unbekannt geblieben. Obwohl der Künstler seine Gemälde „Stephanus patavinus" zu signieren liebte, wissen wir nicht, ob er in der Tat in Padua geboren war. Sein Familienname dall' Arzere (nach Scardeone = ab aggere) ist augenscheinlich hergeleitet vom „neuen u. alten Damm" (contrada dell' arzer novo e vecchio) im Dorfe Merlara (Landsch. Montagnana), wo der Künstler Landbesitz hatte, wie aus einer vom 10. 5. 1564 datierten und auf seinen Namen lautenden Einschätzungsurkunde hervorgeht. Wahrscheinlich also war er in Merlara selbst geboren u. siedelte dann erst späterhin nach Padua über. Hier wohnte er, wie aus einer zweiten Einschätzungsurkunde (gleich der ersten im Archivio civico zu Padua) von 1562 hervorgeht, in einem Hause neben der Ca' di Dio (Findelhaus). Der Anonymus Morellianus bezeichnet ihn als einen Schüler Tizians und berichtet, im Hause eines M. Antonio Pasqualino zu Venedig eine große, von unserem Stefano in Öl gemalte und von Tizian eigenhändig vollendete Darstellung des hl. Abendmahles gesehen zu haben. Gemeinsam mit seinen Mitschülern Domenico Campagnola und Gualtieri war Stefano dall' A. 1539—40 mit Malereien in der Sala dei Giganti im alten Palazzo der Fürsten von Carrara beschäftigt, während Meister Tizian selbst in einem anderen Saale desselben Palastes arbeitete. Augenscheinlich handelte es sich jedoch bei diesen Arbeiten der drei Schüler Tizians nur um Restaurierungen bezw. Erneuerungen älterer Malereien, und zwar sollen diese nach Angabe des Anonymus Morellianus in Heroendarstellungen der Trecentisten Avanzi und Guariento bestanden haben; auch die an jene Arbeiten der Tizianschüler erinnernde Gedächtnistafel der Sala dei Giganti berichtet nur über eine damalige Restaurierung. In der Tat sieht man noch jetzt an einigen Stellen die alten Originalmalereien durchschimmern, und ein Bildnis des Petrarca ist fast völlig intakt geblieben. Leider wurden bei einer 1612 wiederholten Renovierung des ganzen Saales jene alten Gemälde — ausgenommen das Petrarca-Porträt — und damit auch die Übermalungen Campagnolas und seiner Gehilfen völlig vernichtet. — 1549 hatte Stefano im Auftrage der Bruderschaft von S. Giacomo e S. Cristoforo da Ponte Molin eine kleine Fahne zu bemalen, wofür ihm nach Abschätzung des Werkes von seiten der Maler Domenico Campagnola und Geronimo Cesaro 34 Goldscudi ausgezahlt wurden. — 1551 malte er an der äußeren Apsismauer der zur Ca' di Dio gehörenden Kirche ein Freskobild, darstellend die Madonna mit dem Christkinde und den Hl. Antonius und Bernardinus, wofür er 37 Goldscudi als Bezahlung erhielt; 1596 wurde dieses Bild dann von der Mauer losgelöst und zum Hochaltargemälde der Findelhauskirche erhoben, um hierauf 1784 bei Verlegung des Hospizes in das eingegangene Kloster S. Giovanni di Verdara dorthin übergeführt zu werden und schließlich bei der nochmaligen Verlegung des Findelhospitals in der Kirche Ognissanti Aufstellung zu finden, wo es noch jetzt zu sehen ist. Das prächtige Gemälde darf als eine der Hauptarbeiten des dall' Arzere betrachtet werden, insbesondere wegen der Kraft seiner zeichnerischen Gesamtausführung und wegen der charaktervollen Schönheit der beiden Heiligenköpfe. — Ein Jahr später malte der Künstler in der Chiesa del Santo für den Preis von 48 Dukaten eine Auferstehung Christi, die gleichfalls noch heute existiert und in ihrer Komposition an Bellinis und Tizians Darstellungen der gleichen Szene erinnert. — In der Eremitani-Kirche malte Stefano 1560 (nicht 1550, wie Portenari und Rossetti irrtümlicherweise die zu Füßen der unteren Figur zur Rechten befindliche Datierung gelesen haben) die Gestalten der Propheten Moses und Josua und der Apostel Petrus und Paulus auf den Rahmenleisten des Hochaltaraufsatzes, reichfarbige und lebendig bewegte Figuren, die einen Vergleich mit ähnlichen Schöpfungen Tizians mit Ehren bestehen können. — 1568 verzichtete der Künstler laut Angabe des Statuts der paduanischen Malergenossenschaft auf seinen Posten als „massaro" dieser Genossenschaft. — 1560 malte er gemeinsam mit Campagnola (nach einigen Quellen sogar unter Mitwirkung Tizians) an den Oberwänden des Oratorio di S. Bovo eine Reihe von Freskodarstellungen aus dem Leben Christi, und zwar würde auf ihn selbst die Bemalung der drei Wandfelder zur Linken zurückzuführen sein. Leider wurden diese Fresken von unerfahrenen Restauratoren sämtlich so entstellt, daß so gut wie nichts von ihnen übrig geblieben ist. — Endlich galt gleichfalls noch als Werk des Stefano dall' A. ein mit 1573 datiertes Bildnis der Maria Mussato, das bis um die Mitte des 19. Jahrh. die Casa Lazzara zu Padua schmückte. Dieses Porträt würde also die letzte sicher datierte Arbeit des Künstlers darstellen, wenn man wüßte, wohin es nach der Erbteilung der Lazzaraschen Hinterlassenschaft gekommen sein mag.

Außer den bisher aufgezählten Werken mit bekannter Entstehungszeit gibt es in Padua noch einige weitere Gemälde Stefanos, deren Ausführung auf den oben festgelegten Zeitraum 1540—1575 zu verteilen wäre: 1) In der Servitenkirche ein jetzt an der Orgelwand aufgehängtes Altarbild, darstellend die Madonna mit dem Christkinde und den Hl. Hieronymus und Sebastian; die ehemalige Signatur „Stephanus Patavinus f." ist jetzt nicht mehr vorhanden. — 2) In S. Sofia neben dem Hochaltare ein Ölgemälde, darstellend die Grablegung Christi; von Rossetti fälschlich dem Marco Basaiti zugeschrieben. — 3) Auf dem Hochaltare der Chiesa del Carmine ein ursprünglich für den Porticus der Casa Salvazzi (in via Patriarcato) gemaltes, im Pestjahre 1576 jedoch in die genannte Kirche übergeführtes, als wundertätig geltendes Madonnenfresko, das trotz seiner Überfirnißung und partiellen Übermalung noch heute wahrhaft bewundernswert erscheint und seinem Schöpfer einen Ehrenplatz unter den Malern der Tizian-Schule sichert. — 4) Auf dem Hochaltare der kleinen Kirche des Ospitale Civile ein dem Meister Stefano zugeschriebenes Madonnenbild. — 5) Im Dom die Halbfigur der Madonna dei Ciechi auf dem 1. Altare zur Linken. — 6) An der Fassade des ehemaligen Palazzo Papafava (in via Vescovado) zwischen den Fenstern des 1. Stockwerkes die jetzt völlig zerstörten Kolossalfiguren der Wissenschaften und im 2. Stockwerke einige alttestamentliche Historienbilder, von denen gleichfalls nur wenige kaum noch erkennbare Reste übrig geblieben sind. — 7) Im Museo Civico ein großes Kreuzigungsbild, signiert STE. P. F., aus der Kirche S. Giovanni in Verdara stammend; sowie ein dem Künstler neuerdings zugeschriebenes, früher als Werk des Domenico Campagnola oder des Zelotti geltendes Altarbild aus der Kirche zu Praglia, darstellend den Erlöser, wie er dem Apostel Petrus das Amt der Schlüssel übergibt. — Schließlich sind noch einige heute zerstörte oder zurzeit nicht mehr auffindbare Werke unseres Künstlers aufzuzählen: 1) Aus der Chiesa dei Servi verschwunden ein Altarbild mit der Madonna und den Hl. Paulus, Maria Magdalena, Katharina etc. — 2) Aus S. Nicolò verschwunden ein Altarbild mit dem Martyrium des hl. Laurentius. — 3) Aus S. Maria del Parto (abgebrochen) ein Altarbild mit der Madonna und den Hl. Hieronymus und Christophorus. — 4) Aus S. Cristoforo a S. Croce (abgebrochen) ein Altarbild mit der Madonna u. den Hl. Christophorus u. Jacobus. — 5) Aus der Sakristei von S. Benedetto Novello (abgebrochen) ein Deckenfresko mit Gott Vater in der Engelglorie. — 6) Aus der Taufkapelle von S. Michele (abgebrochen) eine Freskodarstellung des hl. Hieronymus in der Einöde. — 7) Aus der Vorhalle der Bethlehemkirche (abgebrochen) Freskodarstellungen Gott Vaters (über dem Portale), Mariae u. des Verkündigungsengels (zu beiden Seiten des Portales), der vier Evangelisten (im Portalbogen), sowie ein angeblich den Lorenzino dei Medici darstellendes Bildnisfresko (an der unteren Wand zur Rechten). — 8) Vom oberen Stockwerke der Scuola dei Colombini (abgebrochen) ein Abendmahlsfresko. — 9) Von der Fassade eines in der Nähe des Hospitals gelegenen Hauses ein dreifiguriges Freskogemälde (abgekratzt).

Brandolese, Pitture di Padova. — Rossetti, Descr. di Padova, der für die Arbeiten im palazzo della ragione „Aula Zabarella illustrium Patavinorum" p. 175 zitiert. — Scardeonius, De antiqua urbe Patav., Basileae 1560 p. 373. — Moschini, Della origine e delle vicende della Pittura in Padova p. 77 etc. — Portenari, Della Felicità di Padova p. 448. — Ridolfi, Le Maraviglie etc. 1835 I 118. — Pietrucci, Biografia degli artisti Padovani. — Lanzi, Storia pittorica III 137. — Zanotto, Storia della Pittura Veneziana I 291. — Descrizione della chiesa di S. Maria del Carmine, Padova 1793. — Morelli, Notizia d'opere di disegno, ediz. 2, p. 147. — Rassegna d'Arte 1903 p. 159. — Rassegna bibliogr. d. Arte ital. II 281 f. — S. de Kunert, Mem. stor. sulla Casa di Dio in Padova 1898. — Moschetti, Per un antico ritratto del Petrarca (in „Padova a Francesco Petrarca nel VI centenario dalla nascita") p. 8. *A. Moschetti.*

Arzet, A., wenig bekannter französ. Zeichner; nach einem von ihm gezeichneten Stammbaum der Grafen von Montfort hat M. Wening 1675 einen Stich (Imp. Fol.) angefertigt.

Meyer, Kstlerlex. *H. V.*

Arzo, Tommaso d', s. *Maso* d' Abrugnano.

Arzoni, s. *Arcioni.*

Arzt, Franz Christoph von, Maler in München 1690. Für 2 lebensgroße Bildnisse der bayerischen Kurprinzen erhielt er 150 Gulden.

Lipowsky, Bayer. Kstlerlex. **

Arzt (auch Arzter), Georg, Bildhauer in Bozen (1494—1520), verfertigte 1517 den großen, schönen, gotischen Hochaltar für die St. Johanneskirche zu Vigo im Fassatale.

Fr. Innerhofer.

Arzt, Johann Georg, ungar. Maler, geb. zu Preßburg, wurde in Pest 1768 als Bürger registriert. 1772 heiratet er, dies die letzte Nachricht. *K. Lyka.*

Arzt (Artzt), Johann Leonhard, Steinmetzmeister zu Frankfurt a/M., errichtete laut Inschrift 1781 den Löwenbrunnen in der Fahrgasse daselbst. Die Bildhauerarbeit daran fertigte L. Aufmuth. Ferner war A. 1741 am neuen Stiegenhaus des Römers und 1753 am Bau des Darmstädter Hofes auf der Zeil mitbeschäftigt.

Die Baudenkmäler in Frankfurt a/M. II 167, 357, 358, 459. *H. V.*

Arzt, Karl, ungar. Maler, Bruder des Joh. Georg A. Heiratet 1774. *K. Lyka.*

Arzt, s. auch *Arzet.*

As, s. Asch.

Asa (阿佐), koreanischer Prinz aus dem Lande Kudara, kommt im 5. Regierungsjahre der Kaiserin Suiko (597) nach Japan. Er gilt als Maler des Bildes des Prinzen Shōtoku taishi (573—622) mit den Prinzen Yamashiro no Ōë und Eguri, früher im Tempel Hōryūji, Yamato, jetzt im Besitz des kaiserl. Haushaltes in Tōkyō.

Vgl. die Kritik von Kurokawa Mayori, Kokkwa H. 71, S. 442. — Ferner Hist. de l'art du Japon, S. 55 u. Tfl. VII. — Selected relics of jap. art VI 2. — Kokkwa, H. 147, Tfl. 1. *O. Kümmel.*

Asam, aus Pfalzen im Pustertale, Baumeister, baute 1525 die schöne Pfarrkirche zu Percha im Pustertale. *Fr. Innerhofer.*

Asam, Cosmas Damian, Maler, geb. 28. 9. 1686 zu Benediktbeuern, † im Kloster Weltenburg 11. 5. 1739. *S. folgend. Artikel.*

Asam, Egid Quirin, Bildhauer u. Stukkateur, geb. 1. 9. 1692 zu Tegernsee, † in Mannheim 29. 4. 1750. Meistens zusammen mit Cosmas Damian tätig. In Rom ausgebildet, wo Cosmas unter Giuseppe Ghezzi († 1721) studierte; seine Vorbilder waren vorzüglich Pietro da Cortona und Domenico Zampieri. Egid stand bei dem Bildhauer Faistenberger in München in der Lehre und geriet in Rom unter den Einfluß Berninis.

Von Rom zurückkehrend, arbeitet Cosmas zunächst gemeinsam mit seinem Vater Hans Georg A. Aus dieser Zeit stammen die meisten seiner Tafelbilder, die ausschließlich religiöse Motive behandeln und den Einfluß der Freskotechnik verraten. Beispiele: die Altarbilder von Harenzhofen (S. Egid; S. Michael; Jesus, Maria und Josef). Beide Brüder arbeiten zuerst gemeinsam in der Oberpfalz; dort ist ihr erstes Werk die Ausschmückung der Tillykapelle bei Freistadt (um 1710). 1715 zieren sie die Klosterkirche von Ensdorf. In demselben Jahre malt Cosmas die Dreifaltigkeitskirche in München aus (Deckenfresko: Verherrlichung der Trinität). Gleichzeitig entstehen die 7 Vorlagen zu Stichen für die „Descriptio utriusque fortunae Maximiliani Emanuelis" und ein Altarbild für das Kloster zu Metten. 1716 Ausmalung der Kirche in Günching (Oberpfalz); das Hochaltarbild: „Der englische Gruß" ist noch erhalten. 1717 Ausschmückung der Klosterkirche in Michaelfeld durch beide Brüder. 1717—18 die Fresken in der Mariahilfkirche zu Amberg.

In diesen frühen Werken tritt wenig Selbständigkeit zutage. Die Ausschmückung der Klosterkirche von Aldersbach (1720) leitet die 2. Periode ihrer Tätigkeit ein (1720—37), in der die am Münchener Hofe gepflegte französ. Kunst auf Egid einwirkte. In Weihenstephan dekorierten sie im gleichen Jahr die Kapelle über dem Korbiniansbrunnen. Im Kloster Metten malte C. um 1720 die Fresken im Presbyterium; die Kirche des Zisterzienserklosters Gotteszell, deren Ausschmückung ein Werk Egids war, ist einem Brande zum Opfer gefallen. Von 1721 datiert der große Plafond der Schloßkapelle (Martertod des hl. Maximilian) und das Kuppelgemälde (Vulkan, Waffen schmiedend) über der Haupttreppe in Schleißheim. Zur Vermählung des Kurfürsten Karl Albrecht mit Maria Amalia von Österreich fertigt C. 1722 Dekorationen, deren Entwürfe in Radierungen von J. Moerl erhalten sind.

Zu derselben Zeit baut und stukkiert Egid die Klosterkirche zu Rohr bei Abensberg. Das Kloster Weingarten beruft Cosmas um 1721 zur Ausmalung seiner neuen großen Kirche. Nach Vollendung von 7 großen Fresken (Gotteslamm der Offenbarung, Pfingstfest, Die triumphierende Kirche, Himmelfahrt Mariae, St. Benedikt in der Glorie, Das wundertätige Blut Christi, Die anbetenden Hirten) wird C. gemeinsam mit Egid (1722 bis 1723) mit der künstlerischen Ausstattung der Kirche St. Jakob in Innsbruck betraut.

Der Bischof von Freising sichert sich 1723 ihre Dienste zur vollständigen inneren Umgestaltung des Freisinger Domes (reiche Stuckdekoration; 5 große Deckenfresken, 20 kleinere an der Emporenbrüstung). 1724 schließen sie mit dem Abt von Einsiedeln in der Schweiz den Vertrag über Ausschmükkung der dortigen umgebauten Kirche. „Die Gesamtstimmung des Baues ist freier und klarer als zu Freising." Die Ausführung der Fresken (die Legende von der Engelweihe [4 Fresken], das Abendmahl, Weihnacht) und der umfangreichen Stuckaturen beschäftigte die Brüder bis 1726.

Noch im gleichen Jahre nahm C. die Fresken dogmatischen Inhalts in der hl. Geistkirche zu München in Angriff, bei denen auch Egid als Maler sich betätigte. 1727 wird C. zur Ausmalung des landschaftlichen Palais (sog. Landhaus) nach Innsbruck berufen. Nach Vollendung des großen Freskos (Huldigung der Kreise des Landes) malt er in Prag den äbtlichen Speisesaal im Brezewnower Stift und den Plafond der Kirche auf dem weißen Berge. Noch 1728 wird er vom Kurfürst Karl Philipp von der Pfalz mit der Ausmalung der Decke in der Schloßkapelle zu Mannheim beauftragt. Im nächsten Jahre treffen wir beide Brüder mit der Ausschmükkung der Pfarrkirche St. Anna auf dem Lehel zu München beschäftigt; C. malt das große Fresko „Aufnahme der Mutter Anna in den Himmel" und das Altarblatt „Erziehung Mariae". E. fertigt den Hochaltar mit den Statuen des Augustinus und Hieronymus. Inzwischen hatte der Fürstbischof von Speyer Damian Hugo C. zur Dekoration der neuen Schloßkirche in Bruchsal (Deckenfresko: Episoden aus der Geschichte der „hh. Cosmas und Damian") berufen. In seiner Abwesenheit scheint E. das Kirchlein der beiden Brüder zu Maria Einsiedel bei Thalkirchen unweit München vollendet zu haben.

Von Bruchsal ging C. wieder nach Mannheim, um das Treppenhaus des kurfürstlichen Schlosses mit mythologischen Fresken (Urteil des Paris, Athene mit den Waffen des jungen Achilles, Szene aus Virgils Aeneis) auszumalen. Die Decke des großen Rittersaales schmückte er mit einer Darstellung des Olymp. In Anerkennung seiner Arbeit wurde C., der schon kurbayerischer Hofmaler und bischöfl. Freisingscher Kammerdiener und Hofmaler war, 1732 zum kurpfälzischen Hofkammerrat ernannt. In Ettlingen in Baden bemalte er 1732 in der Aula des Schlosses die Wände mit einer Scheinarchitektur und lebensgroßen Allegorien. Dann kehrte er nach Bayern zurück, um alsbald zusammen mit seinem Bruder, der inzwischen den Hochaltar für St. Peter in München („Stuhl Petri mit zwei Kindeln") verfertigt hatte, vom Abt von St. Emmeram in Regensburg die völlige Umgestaltung der dortigen Stiftskirche übertragen zu erhalten; die dekorative Ausstattung der Langhauswände besteht in 10 überlebensgroßen Figuren u. ebensovielen Stuckrahmen mit Fresken. Das Hauptfresko behandelt das Martyrium des hl. Emmeram. 1733 war diese umfangreiche Arbeit vollendet. Gleichzeitig zierten sie die Kirche des Damenstifts in Osterhofen aus, deren Fresken — Scheinarchitektur mit Engeln und Heiligen in den Wolken und Einzelszenen aus dem Leben des hl. Norbert — nach Halm Cosmas' bestes Werk sind. Nicht minder glücklich im Aufbau wie in der plastischen Durchführung sind E.s reiche Altäre; in den dekorativen Formen nähert er sich ganz dem Rokoko. Es folgte die Ausstattung der Kirchen der Salesianerinnen und des St. Anna-Damenstiftes in München. Damals waren die Brüder schon für die Klosterkirche zu Fürstenfeld tätig, wo Egid auch als Maler arbeitete. Das perspektivische Meisterstück Cosmas' ist die Decke des Kongregationssaales zu Ingolstadt (Allegorische Darstellung: Ausbreitung des Christentums über die ganze Welt). In Straubing wurde den Brüdern die Innendekoration der Kirche des Ursulinerinnenklosters übertragen; das Kuppelfresko stellt dar die hl. Ursula in der Glorie und die 4 Weltteile. Um diese Zeit entwarf Egid auch die Altäre der Pfarrkirche zu Sandizell, deren ornamentale Details in ausgesprochenen Rokokoformen gehalten sind; den Hochaltar führte er selbst aus.

C.s letztes Fresko-Werk ist die Ausmalung der Klosterkirche zu Weltenburg, die nach seinen Plänen erbaut und von Egid stukkiert wurde. In der großen Darstellung der ecclesia triumphans bewährt er noch einmal seine alte Meisterschaft in perspektivischer Zeichnung und lebendiger Komposition. Der Hochaltar mit der eleganten Stukkogruppe des hl. Georg und den Figuren der Heiligen Martin und Maurus ist eines der besten plastischen Werke Egids. Cosmas' letztes Tafelgemälde ist das Bild Thassilos im dortigen Presbyterium. In die Jahre 1733—35 fällt der Bau der St. Johanniskirche in München, dessen Leitung in Egids Händen lag. C.s Fresken aus dem Leben des hl. Nepomuk treten gegenüber den plast. Werken seines Bruders bedeutend zurück. Im reinsten Rokoko gehalten ist die dekorative Ausstattung dieses Kirchleins das Meisterstück Egids, der in einer scheinbar freischwebenden Gruppe der Dreifaltigkeit seine vollendetste Arbeit geschaffen hat. Die reiche Fassade (1735) ist im Zusammenhang mit dem angebauten reizvollen Wohnhaus Egids entworfen. Die Kirche wurde 1746 vollendet. Egids Tätigkeit in Mannheim, wo er starb, scheint unbedeutend gewesen zu sein.

Den Brüdern Asam werden noch folgende Kirchenausstattungen zugeschrieben: In Pfaffenhofen die Franziskaner-, die Engel- und Seelenkirche; in Regensburg die Jesuitenkirche St. Paul und die Augustinerkirche; bei Schwäbisch-Gmünd die Kirche auf dem Bernhardusberg; in Pföring bei Regensburg die Pfarrkirche. Außerdem Schloß Lichtenberg und Hohenwart in Schwaben.

Ein Verzeichnis der Radierungen der beiden A. hat W. Schmidt in Meyers Kstlerlex. gegeben. Der „kurbayr. Hofmaler Cosmas Damian Assaut", der nach Lutsch (Denkmäler Schlesiens V 518) die Deckenmalereien in der Klosterkirche in Wahlstatt in Schlesien ausführte, ist wohl zweifellos mit Cosmas Damian Asam identisch.

Näheres sowie ein Verzeichnis der Tafelbilder C.s bei Ph. Halm: Die Künstlerfamilie der Asam. München 1896. *O. Weigmann.*

Asam, Engelbrecht, Mönch im Kloster Fürstenfeld bei München, Bruder des Cosmas Damian, wird auch als Maler genannt.

Nagler, Handschriftl. Nachr. **

Asam, Franz Erasmus, Maler, ein Sohn von Cosmas Damian, geb. 1720 zu München, tätig an verschiedenen Höfen, später besonders in Bamberg. Von ihm ein unbedeutendes Fresko: Christus als Richter, in der Vorhalle der Klosterkirche in Weltenburg. Halm nennt als erhaltene Werke: 1. Die Fußwaschung und der St. Johann in der St. Johanniskirche zu München. (Nach Westenrieder ist auch das darunter befindliche Bild: Johann Nepomuk im Kerker, von ihm.) 2. Ein Brustbild des hl. Bruno. 3. Der hl. Schutzengel: Osterhofen. Nach Jäck, Pantheon der Literaten und Künstler Bambergs, soll nur ein kräftiges Kolorit, nicht seine Zeichnung und Komposition lobenswert gewesen sein. Er starb in ärmlichen Verhältnissen 1795 unweit Morgenthal an der Jaxt.

Meyer, Kstlerlex. — Halm, Kstlerfam. der Asam, München 1896. **

Asam, Hans, Tapissier im Dienste des österr. Kaiserhauses, wird 1560 zuerst erwähnt, erhält 1565 und 1566 Bezahlung für 2 „claghimbln“ und sonstige Arbeiten und wird 1575 zum Obertapissier ernannt.

Jahrb. d. ksthist. Samml. d. österr. Kaiserh. V Reg. No. 4396; VII Reg. No. 5004, 5333; XI No. 6508. **

Asam, Hans Georg, Maler, geb. um 1649 zu Rott (bei Wessobrunn?), † im März 1711, Vater der Malerbrüder Cosmas Damian und Egid Quirin A. (Die Angabe des tirol. Kstlerlex. S. 17, welches einen angeblich „zu Gröden oder Enneberg“ gebürtigen Georg A. mit diesem bayerischen Künstler gleichstellt, ist irrig.) Über seine Lehrzeit ist nichts bekannt. Seit 1083 ist er in Bayern als Freskomaler und Stukkator tätig; er malte 1683—86 Fresken in der Klosterkirche Benediktbeuern (Szenen aus dem Leben Christi, Pfingstfest, jüngstes Gericht), 1688—94 in der Klosterkirche zu Tegernsee (Szenen aus dem Leben Christi, Allerheiligen). Dazwischen lieferte er 1692 den Freskenschmuck des Klosters Fürstenfeld und für St. Egid zu Gmund gemalte „Fensterrundeln“. In den Jahren 1700—1707 schmückte er das 1699 von Ferdinand Lorenz Grafen Tilly neuerbaute Schloß Helfenberg in der Oberpfalz mit Fresken biblischen, geschichtlichen und mythologischen Inhaltes. Von allen diesen Werken sind nur jene zu Benediktbeuern und Tegernsee erhalten. A. malte weiter Tafelbilder für die Kirchen zu Egern (hl. Lorenz, 1690), St. Egid zu Gmund (hl. Egid, 1692, hl. Nikolaus und Johannes d. T., 1695), Harenzhofen in der Oberpfalz (hl. Egid. hl. Michael, hl. Familie), Lengenfeld bei Welburg (St. Martin, 1703), Sulzbach (Himmelfahrt Mariä). Hans Georg A. wurde am 7. 3. 1711 zu Sulzbach begraben. — A.s Werke folgen der italien. Barockkirchenmalerei im Stile Pozzos: sie zeigen figurenreiche Komposition von vorwiegend dekorativer Wirkung mit pompösen Architekturen und kühn verkürzten Gestalten; kecke, oft übertriebene Untersicht, gewandte, aber vielfach nachlässige Zeichnung, lebhaftes, nicht durchaus harmonisches Kolorit. Doch zeigt sich in dem späteren Werke zu Tegernsee eine Mäßigung und Abklärung. Auch die Tafelbilder sind von wesentlich dekorativer Art. Während seine Söhne sich in heimischer Umbildung des fremden Musters zu einem selbständigeren Stil durcharbeiteten, blieb Hans Georg im ganzen bei der Nachahmung der Italiener stehen.

Halm, Die Künstlerfamilie der Asam. München 1896. *H. Hammer.*

Asam, Johann, Zeichner, zu Augsburg um 1710 tätig. Nach ihm gestochen: 1. Feuerwerk zu Augsburg zu Ehren Kaiser Karls VI. Das Brustbild desselben in Medaillon mitten darin. Johann Asam del. Heinrich Jonas Ostertag sculp., gr. Fol. 2. Ludovicus Pius Imp. Adalberto Comiti Fundatori Diploma pro Caenobio Lindaviensi concedit. Joh. Asam delin. Elias Schaffhauser Sculp. Aug. Vind. kl. Fol. Titelbl. zu M. Rasslers Vindicatio contra Vindicas etc. Campidonae 1711 (2. Aufl. 1714 mit demselben Bl.).

Meyer, Kstlerlex. **

Asanall, Juan, Goldschmied in Barcelona. Im Innungsarchiv zu Barcelona eine Zeichnung von ihm zu einem Medaillon aus dem Jahre 1535. (Reproduziert bei Davillier, recherches sur l'orfévrerie en Espagne. Paris 1879.)

Viñaza, Adic. II 37. *M. v. B.*

Asaro, Pietro, genannt il Monocolo, sizilian. Maler in Racalmuto (Prov. Girgenti), geb. 10. 6. 1597, † 11. 6. 1647, vielleicht Schüler des Zoppo di Gangi. Von seinen zahlreichen Werken befinden sich einige in Racalmuto.

Amico, Diz. topogr. della Sicilia tradotto ed annotato da Giov. Di Marzo, Palermo 1856 II 395. *E. Mauceri.*

Asarta, Inocente, span. Maler des 19. Jahrh., geb. zu Gastiani (bei Pamplona), Schüler von Jules Lefebvre und von Tony Robert Fleury in Paris, hat seine Werke seit etwa zehn Jahren sowohl in den Pariser Salons (1895, 1896), als auch auf Madrider Ausstellungen gezeigt. Wir nennen darunter: Die Mahlzeit der Schäfer; Bäuerin aus den Pyrenäen; Das kantabrische Meer; Ulysses und die Sirenen; Eine Idylle an der Küste; Das Fischerhaus; Die Andorra-Berge; außerdem verschiedene Porträts. *P. Lafond.*

Asato, Nicolò, Bildhauer in Abruzzo um 1295.

Falconi, Historia Marsorum p. 176—206. *H. V.*

Asbert, Berengario, Maler in Barcelona, 1389 unter den Waffenfähigen des Quartiers del Mar genannt.

Viñaza, Adic. I 21. *M. v. B.*

Asbestus von Syrakus, byzantin. Maler, 9. Jahrh. Verfertigte nach literarischen Berichten Karikaturen auf den Patriarchen Ignatios.

F. W. Unger, Quellen zur byzantinischen Kunstgeschichte S. 52. *Swarzenski.*

Asbjörnsen, Sigvald, norweg.-amerikan. Bildhauer, geb. 19. 10. 1867, studierte in Christiania unter B. Bergslien und M. Skeibrok und stellte 1884—1891 in Christiania aus. Kurz darauf wanderte er nach Amerika aus und ließ sich in Chicago nieder. Zu seinen bedeutendsten Werken gehören die Leif Ericson-Statue im Humboldt-Park in Chicago, die Louis Joliet-Statue in Joliet (Illinois), „Die Verteidigung der Fahne" in Decatur (Illinois) und die Büste des Professors H. H. Boyesen. *Edmund von Mach.*

Ascani, Bildhauer des 18. Jahrh. aus S. Ippolito, schuf in der Chiesa Metropolitana zu Fermo den prächtigen Hochaltar, den Altare del Suffragio, die Balustrade u. a. m. Der Vorname dieses Mitgliedes der Künstlerfamilie Ascani ist leider nicht zu ermitteln.

Raffaeli, Guida art. di Fermo. *E. Scatassa.*

Ascani, Agostino, Marmorbildhauer des 18. Jahrh. in S. Ippolito, Vater des Francesco Mario A., mit dem er mehrfach gemeinschaftlich tätig gewesen zu sein scheint. Arbeiten von seiner Hand sind nicht nachweisbar

Vernarucci, Di S. Ippolito e d. scalpell. del Luogo, Fossombrone 1900. *E. Scatassa.*

Ascani, Ascanio, Marmorbildhauer des 17. Jahrh. in S. Ippolito, der gemeinsam mit seinen Verwandten vielfach in den Städten der Marken tätig gewesen ist. Arbeiten von seiner Hand sind nicht nachweisbar.

Vernarucci, Di S. Ippolito e d. scalpell. del Luogo, Fossombrone 1900. *E. Scatassa.*

Ascani, Francesco, Bildhauer aus S. Ippolito, wo er 1798 Vorsteher der Stadtgemeinde war. Seine Arbeiten sind schwer von denjenigen seiner Zeit- und Familiengenossen zu unterscheiden. Einige sichere Werke von seiner Hand besitzt die 1802 erbaute Kirche S. Agostino zu Fossombrone in ihrem mit trefflichen Marmorintarsien geschmückten Hochaltare und in ihrer eleganten Tribuna, deren 8 Tragsäulen mit sizilianischem Jaspis bekleidet und von geschmackvoll geschnitzten Holzkapitellen von der Hand des Ghinelli da Sassoferrato bekrönt sind. Der nicht minder prächtig gezeichnete und ausgeführte, von den Grafen Batelli gestiftete Altar des hl. Nicola da Tolentino in derselben Kirche zu Fossombrone ist ebenfalls als Arbeit des Francesco A. zu betrachten.

Vernarucci, Di S. Ippolito e d. scalpell. del Luogo, Fossombrone 1900. *E. Scatassa.*

Ascani, Francesco Mario, Bildhauer des 18. Jahrh. in S. Ippolito, Sohn des Agostino A. Seine Signatur las ich auf einem prächtigen Altardossale in der jetzt leider abgebrochenen Kirche zu Isola del Piano. Dieses äußerst geschmackvoll ausgeführte Schnitzwerk zeigte sich dem Dossale der Urbinaten Ambrosi und Armellini im Oratorio della Morte zu Urbino so nahe verwandt, daß es meiner Ansicht nach dem Francesco Mario Ascani als direktes Vorbild gedient haben muß.

Vernarucci, Di S. Ippolito e d. scalpell. del Luogo, Fossombrone 1900. *E. Scatassa.*

Ascani, Giovanni Andrea d. A., Bildhauer aus S. Ippolito; arbeitete 1676 an einer Cantoria (Musikantentribüne) für die Compagnia della Grotta zu Urbino. Dieser Künstler ist nicht zu identifizieren mit dem von Vernarucci (a. a. O.) zitierten jüngeren Bildhauer gleichen Namens.

Le Marche IV 226. — Rassegna Bibliograf. d. arte ital. VIII 203. *E. Scatassa.*

Ascani, Giovanni Andrea d. J., Bildhauer aus S. Ippolito; schuf 1775 aus einer Nachlaßstiftung des P. Giacinto Fedeli († 1727) den eleganten, aus verschiedenfarbigen Marmorsorten zusammengesetzten Barockaltar für die Reliquien des S. Filippo in der Kirche dieses Heiligen zu Ripatransone.

Rass. Bibl. d. arte ital. IX 70. *E. Scatassa.*

Ascani, Giuseppe, Marmorbildhauer des 18. (?) Jahrh. in S. Ippolito, der gleich so vielen anderen Mitgliedern der Künstlerfamilie Ascani in Urbino, Loreto, Ascoli-Piceno und anderwärts zahlreiche Bildhauerarbeiten ausgeführt hat, ohne daß sich bisher bestimmte Werke von seiner Hand hätten nachweisen lassen.

Vernarucci, Di S. Ippolito e d. scalpell. del Luogo. Fossombrone 1900. *E. Scatassa.*

Ascani, Pellegrino, Maler, Kupferstecher und Medailleur, Bruder des Simone A., in Carpi und Modena tätig, um 1676, † 1714. Namentlich als Maler von Blumenstücken sehr beliebt, soll er außerdem verschiedenen Medailleuren seiner Zeit Entwürfe zu Schaumünzen geliefert haben.

Zani, Encicl. II 216. — Boni, Biogr. d. Artisti. — Lanzi, Stor. pitt. III 372. — Rosini, Stor. d. Pitt. ital. — Forrer, Dict. of Medallists. — Atti e Mem. etc. per l'Emilia, ser. II, vol. VII, parte II, p. 69 ff. *F. Malaguzzi-Valeri.*

Ascani, Simone, Maler in Modena um 1700, Bruder des Pellegrino, nach Zani, Enc. II. **

Ascani, Trajano, Bildhauer aus S. Ippolito, zum ersten Male erwähnt 1659 als Schöpfer eines prächtig ornamentierten Altaraufsatzes in der Kirche S. Gherardo zu Serradeconti, gestiftet vom apostolischen Protonotar Franc. Maria Honorati. Die meisten Arbeiten von der Hand dieses Künstlers befinden sich in Faenza: so in der Kirche S.

Benedetto die von der Familie Ambrosi gestiftete Altardekoration der Cappella di S. Ambrogio von 1683; in der Chiesa del Gonfalone der Madonnenaltar von 1684; in der Chiesa dei Conventuali die Altardekoration der Cappella di S. Antonio. 1687 war Trajano A. wieder in S. Ippolito ansässig, und 1695 wird er als bereits verstorben erwähnt.

Ricci, Mem. stor. di Ancona. — Gualandi, Memorie V 84. — Vernarucci, Di S. Ippolito e d. scalpell. del Luogo, Fossombrone 1900. — Nuova Rivista Misena 1894 p. 102. *E. Scatassa.*

Ascanio, Maler in Bologna 1532—1628, nur von Zani, Enc. met. II 216 ohne nähere Angaben erwähnt. **

Ascanio Cortese, Miniator des 17. Jahrh., tätig in Rom. Sein Name findet sich bei den Unterzeichnern eines Bittgesuchs an den Papst 1615.

A. Bertolotti, Artisti Bolognesi, Ferraresi etc. a Roma (Bologna 1885) p. 157. *P. d'Ancona.*

Ascanio da Cortona, Ornamentbildhauer, nach Zani 1475 in Cortona tätig.

Zani, Encicl. VII 69. *

Ascanio da Cortona, umbrischer Bildhauer, inschriftlich beglaubigt als Schöpfer eines 1602 vollendeten Weihwasserbeckens in der Kirche Madonna dell' Olivo bei Passignano.

Guardabassi, Indice Guida etc. nell' Umbria p. 164. *A. Bellucci.*

Ascanio di Giovanni, s. *Mari,* Asc.

Ascanio Guidoni (di Guidone), Maler in Urbino, wo er zu Anfang des 16. Jahrh. namentlich seiner trefflichen Majolikaarbeiten wegen gerühmt wird.

Pungileoni, Le Majoliche di Urbino (1870) p. 337. *E. Scatassa.*

Ascanio de Mafii oder de Mari di Tagliacozzo oder di Nello oder di Tagliacozzo, s. *Mari,* Ascanio.

Ascanius, Pater Don Guido, Mönch in Rom. Nach einer Zeichnung oder einem Gemälde von ihm, die allegorische Figur einer Oboedientia darstellend, hat B. Passari 1580 einen Stich gr. Fol. angefertigt.

Meyer, Kstlerlex. — Nagler, Kstlerlex. (unter Passari No. 78). *H. V.*

Ascenio Gualtieri, Florentiner Holzbildhauer um 1574, nur bei Zani (Enc. met. II 217) erwähnt. *H. V.*

Ascensio, José, Maler und Kupferst. in Valencia. Die Akad. von S. Fernando in Madrid ernannte ihn 1783 zum Professor der Kupferstechkunst; für eine Sammlung von Schreibvorlagen, welche er dem Infanten D. Carlos widmete, ernannte ihn der König zum Hofkupferstecher. Vielleicht identisch mit J. Asensio, welchen Zani, Encicl. erwähnt.

Alcahali, Artist. Valenc. p. 52. *M. v. B.*

Ascenzi (Assenzi), Carlo, italien. Maler aus Gennazzaro in der zweiten Hälfte des 17. Jahrh. Von ihm bewahrt die Sakristei der Kirche S. Giovanni ad Templum (auch S. Francesco di Paola genannt) in Ascoli eine Taufe Christi. In Rom in S. Carlo al Corso im Gang hinter der Tribuna eine Figur der Frömmigkeit und in S. Niccolò e Biagio ein S. Carlo Borromeo, der von anderen auch dem Avanzino Nucci zugeschrieben wird. Missirini nennt den A. unter den Mitgliedern der Accademia di S. Luca in Rom.

Titi, Descr. ecc. di Roma 154, 373. — Orsini, Descriz. delle Pitture ecc. di Ascoli. Perugia 1790 p. 103. — Missirini, Stor. dell' Accad. di S. Luca 1823. *Ozzola.*

Ascenzo, Nicola d', italien. Landschaftsmaler, geb. 1869, kam jung nach Amerika und wurde Schüler der Akademie zu Philadelphia.

Singer, Kstlerlex. V. Nachtr. (unter D'Ascengo). — The Studio, XXXV 260. *H. V.*

Asch, Hans van, als Porträtmaler 1603 in Delft erwähnt, ist dort 1655 oder kurz vorher gestorben. Er war verheiratet mit Maertgen Pietersdr. und der Vater von Pieter van A.

Oud-Holland VI 294, 295. *E. W. Moes.*

Asch, Pieter Jansz. van, oder van As, Sohn des Vorigen, ist geb. in Delft 1603. 22. 6. 1632 kam er in die Delfter Zunft, wohnte dort 1655 in der Choorstraat und 1678 in der Doelstraat; 6. 6. 1678 wurde er in der Alten Kirche begraben. Er malte Landschaften, welche er mit seinem vollen Namen oder mit einem Monogramm (P. V. A.) bezeichnete. Die Mus. in Amsterdam und Rotterdam haben einige unbedeutende Werke von ihm. Andere finden sich in den Mus. zu Darmstadt, Schwerin, Straßburg, Pest, Stockholm und St. Petersburg. Sehr gut ist das große Bild (mit Staffage von Hendrick Verschuring), ein Blick auf Delft, 1669 für seine Vaterstadt gemalt, und jetzt im Mus. daselbst ausgestellt, und eine Landschaft mit einer Jagdgesellschaft im Mus. zu Glasgow. Johannes Verkolje hat sein Porträt gemalt und in Schwarzkunst herausgegeben.

Houbraken I 235. — Ned. Spectator 1870 458, 458. — Obreens Archief I 28, III 200, 201, VI 12. — Oud-Holland VI 294—296. *E. W. Moes.*

Aschaffenburg, s. damit verbundene *Vornamen.*

Aschbach, s. *Aspach.*

Aschehoug, Dina Engel Laurentse, norweg. Malerin, geb. 17. 4. 1861 auf dem Pfarrhof von Rakkestad in Smaalenene, besuchte 1880—82 Kyhns Zeichenschule in Kopenhagen, bildete sich in Christiania unter Eilif Petersen aus, den Winter 1886—87 u. 1895 bei Colarossi in Paris unter Dagnan-Bouveret und Collin. Den Winter 1888—89 an der Akad. in Kopenhagen unter Viggo Johansen. Mehrere kurze Studienreisen in Deutschland, der Schweiz und anderen Ländern. Seitdem in Christiania als Zeichen- und Schreiblehrerin tätig. Ihr eigentl. Kunstgebiet sind Porträts; im Herbst 1906 reiste sie nach Amerika als

Malerin von Miniaturporträts. — Porträts im Privatbesitz in Christiania.

Kunstausstellungskataloge 1880—1900 in Christiania. — Mitteilungen der Künstlerin. — Ausstellungskatalog, Stockholm 1897. *C. W. Schnitler.*

Aschenbrenner, Heinrich, Zeichner und Lithograph in Warschau in der Mitte des 19. Jahrh. Arbeitete viel in der lithogr. Anstalt von A. Pecq, später in der von Dzwonkowski und schuf eine große Anzahl gut gezeichneter Porträts seiner Mitbürger und berühmter Personen. Unter den größeren Publikationen, an denen er Anteil nahm, sind hervorzuheben: 1. W. Baranowski: Die Erzbischöfe von Gnesen. Warschau 1857. Mit vielen Bildnissen seiner Hand. 2. W. Gerson: Die poln. Feldmarschälle in Krone und Littauen (nach den Zeichnungen von W. Gerson). Unter den anderen sind besonders zu nennen: Porträts von Theoph. Lenartowicz (1857), Friedrich Schiller (1859), Generalsuperintendent v. Ludwig (Warschau 1859), Erzbischof M. Fijalkowski (1861), Andreas Graf Zamoyski (1862) und Jos. Ign. Kraszewski (1862).

Kraszewski, Catalogue des Estampes. *Marian Gumowski.*

Aschenbroich, Heinrich, Genremaler in Düsseldorf, geb. 18. 12. 1839 in Volmerswerth bei Düsseldorf. Besuchte in den 60er Jahren die Akad. in Düsseldorf, wo er unter Karl Müller, Mücke, Bendemann und Deger ausgebildet wurde. Er malte zuerst (unter Deger) religiöse Bilder: „Christus am Ölberge" (im Bes. d. Fam. Bewerunge in Df.), „Madonna mit Kind" (in England, Wiederholung bei Frau Puricelli auf Rheinböllerhütte bei Bingen), dann Genrebilder, die hauptsächlich nach dem Auslande verkauft worden sind. A. ist als Restaurator alter Bilder in den letzten Jahren vielfach tätig gewesen.

Bötticher, Malerw. des 19. Jahrh. *Board.*

Aschieri, Angiolo Michele, wird von Campori in der Raccolta di cataloghi p. 251 Anm. 2. als tüchtiger Holzbildschnitzer (valente intagliatore di legnami) des 17. Jahrh. in Parma genannt. *P. K.*

Aschieri, Giovanni. Von ihm bezeichnete Federzeichnung: Genius mit Füllhorn, im Braunschweiger Kupferstichkabinett. Wahrscheinlich Originalentwurf für die etwas kleinere und im Gegensinne gehaltene Radierung derselben Darstellung, welche die Bezeichnung trägt: I. A. Sirano in: Ant.: V. D. Borcht fe: Dieser Giovanni Aschieri war bisher nicht bekannt, scheint aber nach den Beziehungen seiner Arbeit zu dem Bolognesen Giov. Andrea Sirani in der zweiten Hälfte des 17. Jahrh. gelebt zu haben. Da er sich selbst in seiner Unterschrift Romano nennt, wird er von Rom nach Bologna gekommen sein.

Notiz von E. Flechsig. **

Aschieri, Trlbisonda, aus der Familie Bonelli, Gemahlin? des Angiolo Michele. Malerin in Parma im 17. Jahrh. tätig. Ein Gemälde von ihr, das Bildnis einer Witwe, wird im Inventar des Palazzo del Giardino in Parma (von ca. 1880) erwähnt.

Campori, Racc. di cataloghi p. 251. *P. K.*

Aschmann, Joh. Jak., Zeichner u. Kupferstecher, geb. in Thalwil (Kt. Zürich) 12. 2. 1747, † 9. 4. 1809, Schüler von Martin Hurter in Schaffhausen. Seine Arbeiten haben nicht viel mehr als kulturhistorisches und lokaltopographisches Interesse; besonders genannt zu werden verdienen die verschiedenen „perspektivischen Vorstellungen" von Manövern der Milit. Gesellschaft in Zürich und die Darstellung einiger Szenen aus den Insurrektionen im Kt. Zürich von 1795 u. 1804. Eine Reihe von Handzeichnungen und 30 z. T. kolorierte Radierungen des Künstlers (meist Schweizer Landschaften) bewahrt die Kupferstichsammlung des Eidgen. Polytechnikums.

Meyer, Kstlerlex. — Brun, Schweizer. Kstlerlex. *H. V.*

Ascione, Aniello (Angelo), Maler zu Neapel um 1680 und 1708, hatte bei G. B. Ruoppoli gelernt. Er war seinerzeit ein geschätzter Stillebenmaler Italiens und stellte mit besonderem Beifall Früchte und Weintrauben aus. Die Behandlung ist kräftig, leider aber hat der durchgewachsene rote Grund die Harmonie zerstört. Auf einem Bilde fanden wir die Bezeichnung D. Aniel°. Ascione, D und A. verschlungen und nach dem D ein Punkt in das A hineingeschrieben. Möglich daher, daß Ascione noch einen Vornamen hatte, eher aber dürfte das D die spanische, für Neapel nicht auffallende, Abkürzung für Don sein.

Meyer, Kstlerlex. **

Ascione, Emanuele, neapol. Architekt. In den ersten Jahren des 19. Jahrh. wurde er Sekretär der Accad. di Belle Arti in Neapel, und bekleidete dieses Amt lange Zeit. Von ihm wurden die hervorragendsten Bauwerke Neapels (z. B. der Triumphbogen Alfons I., die Gräber der Anjou und Aragonier, der Tempietto del Pontano, das Mausoleo del Sannazzaro etc.) in vorzüglichster Weise gezeichnet und publiziert.

Napoli Nobilissima X 56. *G. Degli Azzi.*

Ascolano, Pietro, s. *Dini,* P.

Ascolano, Ascoli d', s. damit verbundene *Vornamen.*

Ascoli, Joseph, Porträt- und Genre-Bildhauer in Paris, stellte fast alljährlich im Salon (1890—1899 und 1905) aus; auf der Exposit. décennale des Beaux-Arts, Paris 1900, war er mit einem mythologischen Vorwurf: Klytia in eine Sonnenblume verwandelt, vertreten.

Katal. des Salon. — Katal. der Expos. décen. *H. V.*

Ascondo, Francisco, mit seinem Klosternamen Fray Juan genannt, Baumeister, geb. 1705 in Jurreta, Distrikt Durango in Biscaya, trat 1731 in das Kloster S. Benito zu Valladolid, und erlangte in ganz Kastilien einen guten Ruf als Baumeister. Er entwarf und baute die Kirchen zu S. Roman de Hornija, Villardefrades, die des Priorats Sta. Maria de Duero bei Tudela, beträchtliche Teile des Klosters von Frómesta, sowie des von S. Pedro de las Dueñas bei Sahagun, ein Landhaus zu Fuentes und das des Vizconde de Valoria zu Valladolid. Sein vorzüglichstes Werk aber waren zwei Galerien des Kreuzganges seines Klosters, bei denen er die beiden andern von Juan de Herrera und Juan de Ribero Rada im 16. Jahrh. aufgeführten zum Muster nahm. Außerdem baute er in seinem Kloster eine Galerie auf der Südseite, sowie den hinteren Teil der Kirche seines Klosters. Er starb 1781 in einem Alter von 76 Jahren.

Llaguno y Amirola, Not. IV 231. △

Ascroft, William, Landschaftsmaler, tätig in Chelsea bei London, war von 1859—1872 fast regelmäßig in den Ausstellungen der Royal Acad. mit seinen sorgfältig ausgeführten Landschaften der realistischen Richtung vertreten. Dann erschien er noch einmal 1878 mit dem Bilde „As Dry as a Bone", u. zum letzten Male 1886 mit dem Bilde „Is it a Hogarth?" — Nach 1889 versagen unsere Nachrichten über ihn.

Meyer, Kstlerlex. II 325 (Notiz von S. Colvin). — Graves, The Roy. Academy of Arts 1905, I 70. **

Asdrubalini, Bramante degli, s. *Bramante.*

Asé, Jacques de, verwelschte Lesart des Namens: *Hase,* Jacques de.

Asel, Gotthelf Rudolf, Porzellanmaler, geb. in Deutschland 18. 4. 1816, † in Stockholm 11. 9. 1851, war am Ende der Dreißiger Jahre nach Stockholm gekommen, wo er wahrscheinlich der Schüler von Wilh. Heinemann wurde. Nach dessen Hingang war er der einzige Repräsentant der Porzellanmalerei in Stockholm. Seine Arbeiten wurden hochgeschätzt. Ein reichverzierter Teller von ihm wurde mit der Sammlung Chr. Hammer, Stockholm, 1892 in Köln versteigert.

Trauungs- und Begräbnisbücher der deutschen Gemeinde in Stockholm. *G. Nordensvan.*

Asemort, A. P., katalan. Maler in Barcelona, dessen Name in Bruderschaftsregistern in den Jahren 1490, 1496, 1503, 1512, 1520 und 1525 erwähnt wird.

Sanpere y Miquel, Cuatroc. Catal. II 219. *M. v. B.*

Asemort, Juan, katalan. Maler in Barcelona, 1479—80 und 1490—96 in Akten und Bruderschaftsregistern erwähnt.

Sanpere y Miquel, Cuatroc. Catal. II 203. *M. v. B.*

Asenjo-Arozarena, Salustiano, span. Maler, geb. 1834 zu Pamplona, Schüler der Akad. San Carlos in Valencia, nahm später dort eine Professur f. Kunstgeschichte an und wurde dann Direktor der Kunstschule. Von diesem wenig fruchtbaren Künstler, der sich vornehmlich der Lehrtätigkeit widmete, müssen wir eine große Komposition hervorheben: Allegorie der Eroberung Valencias durch den König Don Jaime, bei deren Ausführung er sich von seinem Schüler Antonio Cartina unterstützen ließ. Von seinen anderen Werken nennen wir: Der Tod des Sokrates (1855); Eine Familienszene; Belisar; Die Einnahme von Tétuan; Don Rodriguez und die Caba (im Provinzial-Regierungsgebäude der Prov. Navarra); ebenso verschiedene Porträts, u. a. diejenigen von Gayarre, von Sarasate, von Santiago Dupuy, des Don Hilarion Eslava u. des Paborde Sala (letzteres ausgestellt im Paranymphe der literarischen Universität zu Valencia).

Ossorio y Bernard, Galeria biogr. de artistas españoles del siglo XIX. Madrid 1883/4. — Alcahali, Dicc. biogr. de artistas valencianos. Valencia 1897. *P. Lafond.*

Asensi, Gaspar, Archit. in Valencia, errichtete 1686 in der Kathedrale das Trauergerüst für die Leichenfeier der Königin Maria Louise von Spanien.

Alcahali, Artist. Valenc. S. 408. *M. v. B.*

Asensio, span. Maler in Saragossa, Ende des 17. Jahrh., wird als guter Porträtmaler erwähnt.

Palomino y Velasco, Museo pict. III 679. △

Asensio, Julio, genannt: El Pescadoret, span. Maler (19. Jahrh.), geb. zu Valencia, Schüler Goyas, den er bei der Ausführung seiner Freskomalereien in der Kirche San Antonio de la Florida, sowie bei zahlreichen anderen Arbeiten unterstützte Der Künstler hat sich in jedem Genre der Malkunst versucht; sein Stil nähert sich demjenigen seines großen Meisters. Von seinen Werken führen wir an: das Porträt des Guerillero Ruvera (ehemalige Sammlung des Herzogs von Montpensier zu Sevilla) und Ein Verzweifelter (ehemalige Galerie der Herzöge von Osuna).

Paul Lafond, Goya. *P. Lafond.*

Asensio, D. Xaverio, Archit. und Maler in Spanien um 1771.

Zani, Enc. II 219. △

Asensio y Mejorada, Francisco, span. Kupferst., geb. in Fuente de la Encina in Altkastilien, † 1794 in Madrid. Stach hauptsächlich Pläne, Tafeln und Schriften, aber auch einige Blätter mit Figuren von schwacher Zeichnung und ungeschickter Technik.

Von ihm wohl das von Ottley (Notices) erwähnte Porträt Pius VI.

Cean Bermudez, Dicc. I 79—80. — Meyer, Kstlerlex. — Rico y Sinobas, caligr. esp. S. 10. △

Aserti, Ercole, italien. Maler, schmückte 1724 das Oratorium des hl. Laurentius zu Parma aus.

Meyer, Kstlerlex. — Donati, Nuova descrizione della città di Parma. 1824 p. 86. *H. V.*

Asfahl, Markus, aus Reutlingen, malte 1500—1501 das große Freskobild „Die Kreuztragung Christi" an der Fassade der Pfarrkirche in Meran. Mit dem erst 1592 in Reutlingen tätigen *Markus Astfalk* (s. d.) kann dieser Künstler nicht identisch sein.

Fr. Innerhofer.

Ash, Albert Edward, Maler in Birmingham, stellte 1881 in der Roy. Academy das Bild „The Old Park, Cannock and Rugely" aus, ferner war er 1884 in der Dudley Gallery Art Society und in der Roy. Society of Artists in Birmingham 1884—1887 vertreten.

Graves, The Roy. Academy of Arts 1905, I 70. — The Years Art 1885—1888. **

Ash, H., Maler in London, stellte in der Roy. Academy 1851 „Evening", 1856 „View near Oxford" und 1858 „Rochester, on the Medway" aus.

Graves, The Roy. Academy of Arts 1905, I 70. **

Ash, J. W., engl. Maler in Pentonville, stellte in der Roy. Academy die Landschaften „From Tilbuster Hill" (1830) und Branksea Castle, Poole, Devon (1832) aus.

Graves, The Roy. Academy of Arts 1905 I 70. **

Ash, Percy, amerikan. Architekt, geb. 5. 11. 1865. Studierte an der University of Pennsylvania und besonders der Pennsylvania Acad. of Fine Arts 1886—1887, der American Acad. in Rom 1895—1896 und unter Godefroy und Frenet, Paris 1896, auch in Julians Acad., Paris. Seinen Bauten, deren sich die meisten in Washington D. C. und den Vororten von Philadelphia befinden, mangelt vielleicht positive Stärke, sie sind aber reizend durch ihre Details und schönen Proportionen. Der analytische Charakter seiner Kunst befähigt ihn im höchsten Grade zu seiner jetzigen Stellung als Professor der Architektur in der George Washington Universität, Washington D. C. Seine bedeutendsten Gebäude in Haverford und Bryn Mawr, Penn. und auf der St. Louis-Ausstellung 1904 sind abgebildet in American Architect. New York und Architectural Review Boston; auch in American House and Garden.

L. F. Pilcher.

Ashbee, Charles Robert, bekannter engl. Architekt und Kunstgewerbler in London, geb. 1863 in Isleworth bei London, studierte im Kings College in Cambridge und machte seine Lehrzeit als Architekt bei dem Kirchenbauer G. F. Bodley durch, dann aber entfaltete sich seine Künstlerschaft auf ganz selbständigen Bahnen und in selbstgefundenen neuen, modernen u. schönen Formen, so daß man ihn zu den Reformatoren des modernen engl. Kunstgewerbes wie der Architektur zählt. Gewiß hat er dem von ihm verehrten Will. Morris viele Anregungen zu verdanken, aber die Ziele und Lösungen seines künstlerischen Lebenswerkes sind selbstgesteckte und selbstgefundene. Er wollte als Architekt nicht Häuser entwerfen, sondern sie auch selbst bauen und einheitlich und bis ins letzte Detail künstlerisch ausstatten. In diesen Bestrebungen kam er, wie Morris, zu einer Reorganisation des Werkstattbetriebes. In ganz kleinen und bescheidenen Verhältnissen eröffnete er 1886/7 mit 2 Freunden u. einigen Schülern im Osten Londons eine Werkstätte und Lehranstalt für handwerklichen Betrieb von Innenausstattungen mit vielen künstlerisch und sozial wertvollen Neuerungen. Sehr bald wuchs diese „Guild and School of Handicraft" und wurde in das Essex House, dann nach dem Dorfe Campden in Gloucestershire verlegt. Nach W. Morris Tode gründete A. die Essex Press, die durch die Vortrefflichkeit ihrer Druckerzeugnisse bald einen solchen Ruf erhielt, daß A. beauftragt wurde, die Krönungsbibel für König Eduard VII. zu drucken, auszustatten und zu binden. Mit unermüdlicher Energie und Begeisterung und erstaunlicher Frische und Vielseitigkeit der Erfindung belebte er die künstlerische Tätigkeit der Guild of Handicraft, deren Arbeiten auch im Auslande, z. B. auf der Turiner Ausstellung 1902 ehrenvolle Anerkennung fanden. Besonders sind es die einfachen, gediegenen Möbel, der neuartige, geschmackvolle Damenschmuck (mit Verwendung von stilisierten Pflanzenformen und von Email, Edel- und Halbedelsteinen), die schönen getriebenen Gefäße und die Kamine, Gitter, Lampen, Beschläge und sonstigen Dinge der Innenausstattung, die als charakteristische Erscheinungen des modernen engl. Kunstgewerbes gelten können.

Als Architekt ging er ebenfalls seine eignen, originellen Wege und beschäftigte sich hauptsächlich mit dem Stadtwohnhause und der Einfamilienwohnung. Seine Häuser am Chelsea Embankment bedeuten eine Bereicherung Londons in architektonischer Hinsicht. Sein Ruf in Deutschland verschaffte ihm den Auftrag mit Baillie Scott zusammen das Großherzogl. Schloß in Darmstadt zu bauen. In den letzten Jahren baute er mehrere sehr persönlich empfundene Häuser am Cheyne Walk, darunter No. 39 mit einem Fries in der Halle, auf dem alle die von ihm seither gebauten Häuser dargestellt sind. Auch sein eignes Haus No. 74 und Nachbarhäuser hier sind von ihm. Über seine neuen Häuser am Dromenagh Estate hat er im Studio XXXVI 47 fg. interessant geschrieben. Auch sonst führt er gern die Feder und hat z. B. über seine neuen Silberpokale einen Artikel im Art Journal 1898, 230—32 veröffentlicht und den Traktat Benvenuto Cellinis, den er auf der Essex Press druckte, auch selbst übersetzt. — 1902 wurde er von der Münchener Akad. der Künste zum Ehrenmitgliede ernannt.

Kunst u. Ksthandwerk (Wien) III 167—176, IV 461—467. — The Artist XXXII 17—25. — The Studio, Winter No. 1901—2. XXVII 207, XXVIII 184, XXIX 207. — The Art Journal 1898 230—33, 1903 88, 148 fg., 1904 386—91. — Graves, Royal Acad. I. — F. Allen Whiting: A successful Engl. Experiment. — „Handicraft" publ. by Boston Society of Arts and Crafts. — Deutsche Kst. u. Dekoration, Dezember 1906 p. 213 illustr. Artikel von A. Fisch. **

Ashburner, William F., Maler der Gegenwart in Chelsea bei London, war seit 1900 auf vielen engl. Ausstellungen vertreten, z. B. in der Roy. Scottish Acad. (1900, 1902), in der Roy. Academy 1901, 1903 („The Miller's Daughter"), 1904 („Miss Constance R. de Lacy"), in der New Gallery, im Roy. Inst. of Water Colours.

Graves, The Roy. Acad. of Arts, 1905, I 70. — The Years Art. **

Ashby, H., hervorragender engl. Schriftstecher, geb. 17. 4. 1744 zu Wotton-under-Edge, Gloucestershire, † 1818. In London tätig als geschickter Banknotenstecher und Illustrator, führte um 1790 ein Vorschriften-Buch nach Will. Thomson aus, sowie das Widmungsblatt zu Th. Macklins engl. Bibel, welches das Datum Jan. 1791 trägt. Wahrscheinlich von ihm auch gestochene Exlibris, welche Fincham, British and American Book Plates p. 4 anführt. — Ashbys Porträt erschien 1803 und trägt die Unterschrift: H. Ashby, writing engraver. Brustb. in Medaillon. Nach Burckhardt punktiert von Holl. Wohl das Bl., das Le Blanc aufführt als von Rob. Ashby verlegt.

Meyer, Kstlerlex. — Dict. of Nat. Biography. **

Ashby, Harry, Porträtmaler in London, später in Mitcham, sandte seit 1794—1836 fast jedes Jahr Porträts und gelegentlich auch Genrebilder auf die Ausstellungen der Roy. Acad.

Redgrave, Dict. — Graves, Royal Academy Exh. **

Ashby, W., engl. Graveur mit der Radiernadel, dem Grabstichel und in Punktiermanier, hielt sich um 1821—1833 zu Paris auf. Er stach mehrere Blätter nach Reinagle und illustrierte die Oeuvres complètes de Béranger, Paris 1834. 8vo.

Meyer, Kstlerlex. **

Asher, Louis (Julius Ludwig), Historien- und Genremaler, geb. zu Hamburg 28. 6. 1804, † das. 7. 3. 1878. Von Gerdt Hardorff sen. und Leo Lehmann zuerst unterwiesen. 1821 Dresdener Akad., dann Düsseldorf, von wo 1825 mit Cornelius nach München. In der Glyptothek mit tätig. 1832 mit Erwin Speckter auf 3 Jahre nach Italien. Winter 1838/9 dort mit Kaulbach, der ihn auch später mehrmals nach München zog. Vorübergehend in Berlin; sonst in der Vaterstadt.

Von Cornelius und Kaulbach stark beeinflußt: Hl. Cäcilie; Lear und Cordelia (1854 Kunsthalle in Hamb.); Wanddekoration im böhm. Schloß Senftenberg; eine Auferstehung als Altarbild.

Porträts von Jenny Lind (1845 Stockholmer Nationalmus.); 1823 auf Stein gez. der Sänger Cornet und die Sängerin Betty Schröder als Masaniello und Fenella. Weiteres in Meyers Kstlerlex. Ausführl. Oeuvreverzeichnis im Besitz des Hamb. Geschichtsvereins. Sein Bildnis im Dtsch. Künstleralbum zu Rom.

Brulliot, Monogr. I No. 550. — Nagler, Monogr. IV No. 897. — Bötticher, Malerwerke des 19. Jahrh. — Gaedertz, Kunststreifzüge (Lübeck, Schmidt 1889). — Lichtwark, Das Bildnis in Hamb. II 159—161, 120, 170, 173, 214. — Ders., „Hermann Kauffmann und die Kunst in Hamb. v. 1800—1850" S. 50.
E. Benezé.

Ashfield, Edmund, engl. Bildnismaler, tätig um 1675, † um 1700, Schüler von Michel Wright, malte in Öl, hauptsächlich aber in Pastell. Man bezahlte seine Pastellporträts mit dem damals hohen Preise von 200 M.; H. Lutterel war sein Schüler. Waagen erwähnt die Bildnisse der Ladies Pembroke und Warwick, nach van Dyck, in Burghley House, wegen ihrer außerordentlich feinen Ausführung. Vertue lobt von ihm ein Porträt der Lady Herbert in Burghley und den Kopf von Sir John Bennet. Ein meisterhaft ausgeführtes Porträt des Duke of Lauderdale befindet sich in der Ham House Collection und trägt die Signatur E. A. fe 1674/5. Es ist bei Williamson, History of Portr. Miniat. I Taf. XXIII abgebildet, der auch noch auf Taf. LIX 4 das Porträt des William Lord Russel, von Ashfield 1683 ausgeführt, abbildet.

Pilkington, Dict. — Waagen, Treasures of Art in Great Britain. III 408. — Williamson, The history of Portrait Miniatures. *R.*

Ashfield, John, engl. Architekt, Werkmeister der Kathedrale zu Bristol 1472—1491. Ihm wird der Bau des Turmes und des südl. Querschiffs zugeschrieben.

Redgrave, Dict. **

Ashford, William, engl. Landschaftsmaler, geb. in Birmingham um 1746, † 17. 4. 1824 in Sandy Mount bei Dublin, kam als Beamter 1764 nach Dublin, widmete sich aber bald ganz seiner Neigung zur Kunst. Schon 1775 und 1776 sandte er 2 Landschaften in die Ausstellung der Roy. Acad. und dann öfter noch 1785—1811, meist Landschaften aus Irland und Wales. In seinen frühen Jahren beschickte er auch die Ausstellungen der Incorporated Society of Artists in London. Nachdem er in den achtziger und neunziger Jahren in London tätig gewesen war, in Freundschaft mit dem Marinemaler Serres, wurde er 1823 Mitbegründer und erster Präsident der Roy. Hibernian Acad. in Dublin. Er wohnte in Sandy-Mount bei Dublin. Seine Werke, sowohl die Ölgemälde als die Aquarelle, waren sehr geschätzt. Ein Hauptstück: „Orlando under the Oak" befindet sich in der Hibernian Gall.; sein Selbstporträt und mehrere Landschaften in der Fitzwilliam Collection in Cambridge. Nach ihm stach Th. Milton: Bally Finn. 1787. 4. Mount Kennedy. 1787. 4. The scalp in the County of Wicklow. 4. Belan-House in the County of Kildare. 4.

Ant. Pasquin, An authentic history of the professors of painting, sculpture and architecture, who have practised in Ireland (1794) p. 40. — W. B. Sarsfield Taylor, The origin. progress and present condition of the fine arts in Great Britain and Ireland II 282. — Graves, Royal Acad. Exh. I. — Redgrave, Dict. **

Ashley, Alfred, engl. Zeichner und Radierer, tätig um 1850, hatte ein lebhaftes Gefühl für Landschaften; dagegen mißriet ihm gänzlich die Zeichnung von Interieurs oder Figuren. Von seinen Illustrationen seien genannt: 1. The Art of Etching on copper. By Alfred Ashley. Illustrated with 14 Etchings by the author. London (1849), qu. 4. 2. Old London Bridge, a Romance of the Sixteenth Century. By G. Herbert Rodwell. Illustr. by Alfred Ashley. London. 8. Hierin sind 25 Bll. von Ashley und ein Holzschnitt nach seiner Zeichnung von Greenaway & Wright. 3. Christmas Shadows. A Tale of the Times. By Alfred Ashley. Mit Radierungen des Verfassers. London (1850). 8.

Meyer, Kstlerlex. **

Ashley, F. M., Maler in London, der in der Roy. Academy 1873 (Beating Nets), 1875 (Bargaining) und 1877 (At Newlyn, Cornwall) ausstellte.

Graves, The Roy. Academy of Arts, 1905, I 72. **

Ashley, Hector, engl. Architekt zur Zeit der Königin Elisabeth, soll am Bau von Hunsdon House tätig gewesen sein.

Redgrave, Dict. **

Ashley, J., Maler in London, stellte 1822 bis 1837 Blumenstücke, Landschaften und Porträts in der Roy. Academy aus.

Graves, The Roy. Academy of Arts, 1905, I 72. **

Ashley, s. auch *Astley.*

Ashlin, George C., bekannter irischer Architekt der Gegenwart in Dublin, Ex-Präsident d. R. Inst. of Architects of Ireland, war Schüler der Roy. Academy in London 1858 und des E. W. Pugin 1860—70. Seine Hauptwerke sind die SS. Peter u. Paulskirche in Cork, die Queenstown Cathedral und etwa 50 andere Kirchen in Irland. Er gewann viele Konkurrenzen, so auch diejenige für das Portrane Asylum, dessen Ausführung 6 Millionen Mark kostete.

Who's Who 1908. — Graves, The Roy. Academy of Arts, 1905, I 72. **

Ashpek, Christof, Büchsenmacher, 16. Jahrh. Im k. Arsenal in Wien eine Wallbüchse, die eingraviert seinen Namen trägt.

Böheim, Mitt. d. Zentr.-Komm. 1883. **

Ashpital, Arthur, Architekt in London, geb. 14. 12. 1807, † 18. 1. 1869, machte sich sowohl durch Wohnhausbauten in der City und durch Kirchenbauten (Battersea, Vernham, Dean, Blackheath, Ripple u. a.) bekannt als auch durch seine Publikationen und Schriften über Architektur (vgl. Universal Catal. of books on art, and Suppl.). Er war auch Mitarbeiter am Dict. of Architecture und der Encyclopedia Britannica. In den 50er Jahren war er mit Whichcord gemeinsam tätig.

Redgrave, Dict. — Graves, Royal Academy. **

Ashpital, William Hurst, Architekt in London, geb. 1776, † 20. 4. 1852, Schüler von Dan. Asher und John Rennie. Außer Mitarbeit an den London Docks und bedeutenden Kanal- und Tunnelanlagen sei von seinen übrigen Bauten Charles Talbot's house zu Deepdene genannt.

Dict. of Nat. Biography. — Graves, Roy. Acad. Exh. I 73. **

Ashton, A. F., Londoner Architekt, der 1837—1845 in der Roy. Academy, meist Villenentwürfe ausstellte.

Graves, The Roy. Academy, 1905, I 73. **

Ashton, Federico, engl.-italien. Landschaftsmaler, geb. 1836 in Mailand, Schüler der Accademia di Brera, später Calames. Seit 1872 war er jahrelang in Rom, seit 1880 in Domodossola, wo er Landschaften malte; seit 1884 in Pallanza am Lago Maggiore tätig. In den 70er und 80er Jahren des 19. Jahrh. erschienen seine Landschaften auf vielen italien. und ausländischen Ausstellungen und wurden mehrfach ausgezeichnet. Sein Bild: Der Anzofluß im Anzascatale wurde 1872 vom König Umberto angekauft und der „Piedilugo-See" kam nach New York. Andere mit Auszeichnung aufgenommene Bilder sind: „Eine Straße in Zermatt" und „Der Riffelsee".

De Gubernatis, Dizion. d. art. ital. viv. *H.*

Ashton, G. F., Maler in London, stellte 1861—1866 4 Gemälde, nämlich: The Time for Reflection; West Lynn, Devon; Windsor Castle und Sunshine and Schadow, aus.

Graves, The Roy. Academy of Arts, 1905, I 73. **

Ashton, H., engl. Maler in Prestwich, war in der Roy. Academy 1867 mit dem Gemälde:

A Fisherman und 1870 mit: Szene in Bombay Cotton Market vertreten.

Graves, The Roy. Academy of Arts, 1905, I 73. **

Ashton, Henry, Architekt, geb. 1801 in London, † am 18. 3. 1872, Schüler von Rob. Smirke u. später unter Sir Jeffrey Wyattville tätig. Schon seit 1816 sah man Entwürfe von ihm in den Ausstellungen der Roy. Acad. und, nach längeren Pausen, zum letzten Male hier 1856 die Zeichnungen zur Erweiterung der National Gallery. Ein Hauptwerk aus seiner mittleren Schaffenszeit ist der k. Sommerpalast im Haag. Gerühmt wegen ihrer Proportion und geschmackvollen Einfachheit werden die Häuser, die er besonders in der Victoria Street in London baute.

Redgrave, Dict. — Graves, Royal Academy. **

Ashton, Julian R., Maler in London, stellte 1873—1878 4 Genrebilder in der Roy. Academy aus.

Graves, The Roy. Academy of Arts, 1905, I 73. **

Ashton, Matth., engl. Maler in der ersten Hälfte des 18. Jahrh., sowohl in England wie in Irland tätig. Nach seinen Porträts wurde gestochen: Hugh Boulter, Bischof von Armagh in Irland. Gest. von Th. Beard. 1728. Ambrose Philipps, Dichter, † 1749. Gest. von Cook. 8.

Le Blanc, Manuel, bei Beard. **

Ashton, Nicholas William, engl. Maler, Präsident der 1783 zu Liverpool gestifteten Malerakademie.

Meyer, Kstlerlex. — Fiorillo, Gesch. d. zeichn. Kste. V 371. *H. V.*

Ashton, Will, austral. Porträt- und Landschaftsmaler, war auf der austral. Kunstausstell. in der „Grafton-Gallery", London 1898 und auf der „Exhibition of the Royal Art Society of New South Wales", Sydney 1906 vertreten.

Kst.-Chron. N. F. IX 379. — The Studio XXXVI 1906 p. 277. *H. V.*

Ashton, William, engl. Maler der Gegenwart, stellte in der Roy. Academy 1800 „Temple of Nectanebo", 1900 „The Sun's Last Gleam" und „A Reverie", 1904 „A Grey Day, Runswick" aus.

Graves, The Roy. Academy of Arts, 1905, I 73. **

Ashwell, Lawrence Tom, engl. Maler der Gegenwart, in Warlingham, Surrey, war seit 1883 auf vielen Ausstellungen mit Flachlandschaften vertreten, besonders in der Suffolk Street und 1889—1890 auch in der Roy. Academy.

Graves, The Roy. Academy of Arts, 1905, I 73. **

Asinaro, Tognone, Schilder- und Ornamenten-Maler, in Bologna tätig 1626—1640.

Malvasia, Felsina pittrice II 118. — Zani, Encicl. II 220. *R.*

Asinelli, Antonio, Karmeliterfrate, Zeichner und Intarsiator in Bologna, wo er angeblich mit dem Dominikanermönch Damiano da Bergamo an den Intarsien des Chores von S. Domenico und 1520 mit Paolo Sacca aus Cremona an denjenigen von S. Giovanni a Monte Oliveto arbeitete. Für seine angebliche Mitarbeit an den Intarsien des Chores von S. Michele in Bosco bei Bologna hat sich in den Urkunden dieses Klosters keinerlei Nachweis finden lassen.

Bumaldi, Minervalia p. 253. — Masini, Bologna perlustrata. — Erculei, Catal. etc. d'Intaglio etc. (1885) p. 79. — Rassegna d'Arte 1901 p. 27. *E. Scatassa.*

Asinio, M., span. Kupferst. in Madrid. Stach 1616 das Porträt der „Doña Margarita de Austria" (Gemahlin Philipps III.) für die Lebensbeschreibung der Königin von D. Diego de Guzman.

Cean Bermudez, Dicc. I 80. △

Asinius, Asino, s. *Lasne,* Michel.

Asins, B. de, span. Bronzegießer und Ziseleur der Gegenwart, einer der hervorragendsten Kunstgewerbler, ist der Schöpfer der inneren Gitter in der Kirche San Francisco el Grande, der Haupttür der Bank Spaniens zu Madrid, des Kronleuchters in der Bibliothek des Senatsgebäudes derselben Stadt, sowie zahlreicher Kunstwerke im gleichen Genre von höchstem Werte. *P. Lafond.*

Asioli, Giuseppe, Kupferstecher, geb. zu Correggio 24. 8. 1783, † daselbst 10. 1. 1845, Schüler des Franc. Rosaspina in Bologna, bildete sich zu einem geschickten Zeichner und Stecher in mancherlei Manieren. So kopierte er mit der täuschendsten Nachahmung in zehn Monaten den bekannten Stich von Edelinck, die hl. Familie. 1814 hielt er sich in London auf, wo er ein Jahr blieb und das angebliche Porträt des Correggio nach einem Gemälde Dossis und eine hl. Familie nach Raffael veröffentlichte. Nach Bologna 1815 zurückgekehrt, führte er verschiedene Stiche nach Gemälden der dortigen Pinakothek für das von Rosaspina herausgegebene Werk aus und heiratete 1817 dessen Tochter Henrietta. Er blieb dort, ganz seiner Kunst ergeben, bis 1821, in welchem Jahre er zum Professor der Kupferstichkunst an der Kunstakad. in Modena ernannt wurde. Ansehnliche Künstler gingen aus seiner Schule hervor; einige derselben überschritten nicht die Mauern von Modena, andere gingen weiter, um ihre Studien zu vollenden. Unter den ersten sind erwähnenswert Agostino Boccabadati, Geminiano Bruni und Agostino Cappelli, bekannt durch seine Kopie des Müllerschen Stiches der Sixtinischen Madonna.

Asiolis am meisten geschätzter Stich sind die drei Grazien nach Pellegrino Tibaldi, heute in Italien zu den Seltenheiten zählend, da ein gewisser Bacilieri die Platte nach England entführte.

Meyer, Kstlerlex. — G. Campori, Gli artisti ital. e stran. negli stati estensi 1855. **

Asioli, Luigi, Maler aus Correggio, Professor an der Akad. zu Modena, malte 1854 das Hochaltarbild der Chiesa di S. Chiara in Bologna. Er wird von Manfredini (delle arti d. disegno, Modena 1862, p. 17) als ein geschmackvoller und geschickter Künstler, insbesondere als ein guter Kolorist erklärt.

G. Campori, Gli artisti ital. e stran. n. stati estensi 1855 p. 188. **

Askaan, der Spitzname von Dominikus van Wynen in der Malerbent zu Rom.

Houbraken II 353. *E. W. Moes.*

Askaros, Erzbildner aus Theben. Tätig um die Wende des 6. und 5. Jahrh. v. Chr. Er war nach einer lückenhaften Notiz des Pausanias Schüler eines Sikyoniers, vielleicht des Kanachos oder Aristokles, und arbeitete im Auftrage der Thessaler nach einem Siege über die Phoker als Weihgeschenk für Olympia einen bronzenen Zeus, der mit Blumen bekränzt war und den Blitz in der Rechten trug.

Brunn, Gesch. d. gr. Kstlr. I 64. — Overbeck, Schriftq. 477. — Ders., Gesch. d. gr. Plastik I⁴ 145, 161. — Klein, Arch. epigr. Mitt. V 103. — Pauly-Wissowa, Realenc. II 1614 (Robert). — Studniczka, Kalamis (Abh. d. sächs. Ges. d. Wiss. 1907) 42. *Amelung.*

Askevold, Anders Monsen, norweg. Tier- und Landschaftsmaler, geb. 25. 12. 1834 in Askevold (Söndfjord, Stift Bergen). Sein Interesse für die Darstellung von Tieren (besonders Kühen) wurde durch sein Leben als Hirtenknabe früh geweckt. Durch die Bemühungen einiger Leute aus seiner Heimat und des hochverdienten Stiftamtmanns Christie kam er 1847 nach Bergen zu dem Landschaftsmaler Reusch, einem Schüler von J. C. C. Dahl, in die Lehre, der ihn später in sein Haus aufnahm. Unter seiner Anleitung malte A. Stilleben und ähnliches und auf eigene Faust Porträts. Im Herbst 1855 kam er nach Düsseldorf, wo er der Privatschüler seines Landsmannes Gude wurde und sich unter dessen Einfluß auch auf der Akad. rasch entwickelte. Mehrere von A.s Landschaftsstudien wurden für die Mustersammlung der Akad. erworben. Er besuchte jeden Sommer Norwegen (Söndfjord, Sogn, Hardanger, Voss). In Bergen 1858—60. In Düsseldorf Nov. 1860 bis Juli 1861 und dann mit Stipendium nach Paris, wo er 4 Jahre blieb (bis 1866); hier arbeitete er ohne Lehrer. 1862 Besuch in Bergen, um sich zu verheiraten. Blieb mit einzelnen Unterbrechungen (Düsseldorf 1869, München 1877—78) in Bergen von 1866 bis 1880. Diese Jahre bezeichnen den Höhepunkt seiner Kunst. Er war unterdessen von Fr. Voltzs Tierbildern beeinflußt worden. Nach 1880 hielt er sich abwechselnd in Paris, Düsseldorf und die späteren Jahre in Bergen auf, bis er 22. 10. 1900 in Düsseldorf starb. — A.s Spezialität ist das norweg. „Säterleben", d. h. das Leben auf den Sennhütten (Haustiere — Kühe — in der Umgebung der Landschaft mit Figurenstaffage). Er war ein sehr tüchtiger Kolorist in der Art der späteren Düsseldorfer, ein unterhaltender und liebenswürdiger Erzähler, wenn auch bisweilen etwas oberflächlich. 3 Bilder von ihm in Bergens Galerie, 3 in Drontheims Kunstverein, 2 in der Galerie in Christiania. Das Höchste erreicht er in seinen feinen und seelenvollen Landschafts- und Tierstudien, von denen sich ein Teil in der Galerie in Christiania befindet. Er hat auch Altarbilder (Kopien) für Landkirchen im Stift Bergen geliefert. Stellte u. a. 1862 in London aus, 1866 in Stockholm, 1872 in Kopenhagen, 1873 in Wien, wo er eine Medaille bekam, ebenso 1876 in Philadelphia. Das Bild „Heimkehr vom Säter" erwarb Kaiser Wilhelm I.

Meyer, Kstlerlex. — Bötticher, Malerwerke des 19. Jahrh. — Kunstchronik XXII 614 u. XXIV 411 u. N. F. I 498 VI 461. — Die Kunst III 1901 (Kunst für Alle XVI). — Salomonsen, Store Nordiske Konvlex. — Bögh, Bergens Kunstforening. Bergen 1888 S. 86. — Nordiskt Konstnärs Album 1879. Stockholm S. 62. — Lange, Nutids Kunst. Kopenhag. 1873 S. 404—405. — Lübkes Ksthist. v. Lange u. Beckett Kopenhag. 1897—1901 II 386. — Dietrichson, Adolph Tidemand, Christ. 1878 II 79. — Ders., Det norske Nationalgalleris historie, Christ. 1886 S. 42 u. passim. — Ders., Svundne Tider, Christ. 1899 II 238. — Aubert, Det nye Norges Malerkunst, Christ. 1904 S. 37. — Thiis, Norske Malere og Billedhuggere, Bergen 1904 S. 224—227. — Thommessen, Norsk Billedkunst, Christ. 1904 S. 113. — La Norvège, Christ. 1900 S. 563. — „Folkebladet" 1900 No. 21. — Selbstbiogr. schriftl. Mitteilungen. *C. W. Schnitler.*

Askew, engl. Porzellanmaler (Figuren), zweite Hälfte des 18. Jahrh., tätig für die Fabrik zu Derby.

Jaennicke, Grundr. d. Keramik p. 736. *H. V.*

Asklepiades, Sohn des Attalos, aus Kyzikos, Architekt frührömischer oder späthellenistischer Zeit, laut CIG 2158 zur Ausführung nicht mehr zu bestimmender Bauten nach Samothrake berufen. Vielleicht war er der Erbauer des über einer jetzt verschollenen Inschrift in Relief dargestellten Mysterienrundbaues (zwei riesige Fackeln am Portal), der indes mit dem samothrakischen Arsinoeion nichts zu tun hat. Eine Verwandtschaft mit dem ebenfalls aus Kyzikos stammenden Attalos, Sohn des Asklepiodoros, dessen Grabrelief erhalten ist, läßt sich nicht nachweisen, wäre aber wohl denkbar (Österr. Jahreshefte 1902 S. 191 ff.). In diesem Attalos, also etwa dem Vater des Asklepiades, ebenfalls einen Architekten zu sehen, liegt keine Veranlassung vor.

Der kleine Rundbau, der auf dem Relief von einer kleinen Dienerin seiner Frau, nicht ihm gereicht wird, ist kein Baumodell, sondern offenbar nur eine symbolische Andeutung des Berufes seiner Frau, die sich darnach umwendet. Sie wird eine der Kybelepriesterinnen gewesen sein, die in Kyzikos inschriftlich nachweisbar sind (Rubensohn, Mysterienheiligtümer von Eleusis und Samothrake S. 158 ff.). Der Kult der Kybele fand in Kyzikos ebenfalls in einem Rundbau statt, der abweichend von der Gestaltung des Arsinoeions auf Samothrake ein glatter Quaderbau mit horizontal abschließendem Kranzgesims war (Münzen unter Commodus, bei Rubensohn a. a. O. S. 173). Vielleicht war Asklepiades der Erbauer eben dieses Filial-Rundtempels der Kybele in Kyzikos. Ist der Rundbau auf dem Attalosrelief wirklich das Arsinoeion von Samothrake selbst, so kann er nur andeuten, daß die Frau in die samothrakischen Mysterien eingeweiht und mit irgendwelchen Funktionen dort betraut war. Auch Asklepiades war ja Myste und Epopte in Samothrake.

Brunn, Gesch. d. gr. Kstlr. II 342. — Conze-Benndorf, Untersuchgn. auf Samothrake II 113. — Pauly-Wissowa, Realenc. II 1634, 49 (Fabricius). — Benndorf, Österr. Jahresh. 1902 S. 191 ff. *H. Thiersch.*

Asklepiades, Sohn des Hilaros, Architekt aus Lampsakos, bekannt nur durch eine mit einem Ehrenkranz in Relief verzierte Grabstele aus Madytos am thrakischen Chersonnes (CIG 2016b).

Brunn, Gesch. d. gr. Kstlr. II 342. — Pauly-Wissowa, Realenc. II 1635, 50 (Fabricius). *H. Thiersch.*

Asklepiodoros I, Erzbildner unbekannter Zeit. Nach Plinius hatte er Porträtstatuen von Philosophen ausgeführt. Ob er mit dem Maler A. II eine Person ist, bleibt fraglich.

Brunn, Gesch. d. gr. Kstlr. I 423, 526. — Overbeck, Schriftq. 1956. — Pauly-Wissowa, Realenc. II 1636, 12 (Rossbach). *Amelung.*

Asklepiodoros II, athenischer Maler der 2. Hälfte des 4. Jahrh. v. Chr., dem der berühmteste Meister seiner Zeit, Apelles, den Vorrang in den mensurae, hoc est quanto quid a quoque distare deberet, oder der symmetria, d. h. in der Perspektive zuerkannte. Da Plinius ihn unter den griechischen Autoren seines Sammelwerks anführt, wird A. über diesen spezifisch lehrbaren Teil seiner Kunst geschrieben haben. Das einzige von ihm bekannte Bild war eine Darstellung der 12 Götter, deren jeden ihm der Tyrann Mnason von Elateia mit 30 Minen bezahlte. Im Hinblick auf die ihm nachgerühmte Beherrschung der Perspektive darf man sich dieses Bild nicht friesartig, sondern mit ausgesprochener Tiefenwirkung denken. Ob der Erzgießer A., von dem man Philosophenbildnisse kannte, mit dem Maler eine Person ist, steht nicht fest.

Brunn, Gesch. d. gr. Kstler. II 256. — Wustmann, Rh. Mus. 22, 13 (der die Brunnsche Auffassung der Überlieferung über mensurae und symmetria mit Unrecht bekämpft). — Robert, Arch. Märchen, 70. — Pauly-Wissowa, Realenc. II 1636, 12 (Rossbach). *Sauer.*

Asknasij, Isaak Lwowitsch (Itzig Leibowitsch), russ. Maler, geb. 16. 1. 1856 in Polotzk (Gouvernement Witebsk), † 29. 11. 1902 in Moskau, trat 1870 in die Petersburger Akad. und ging 1880 als ihr Pensionär auf 4 Jahre ins Ausland. 1885 Akademiker. Von ihm: Der Scharfrichter mit dem Haupte Johannes des Täufers (1879). Im Gefängnis. Moses in der Wüste. Die Sünderin vor Christus. (Eigentum der Akad. der Künste in Petersburg.)

N. P. Sobko, Russ. Kstlerlex. — Русск. энцикл. словарь (Russ. encykl. Wörterb.) III 296. — Θ. Булгаковъ. Наши художники (Th. Bulgakoff, Unsere Künstler) St. Petersb. 1859, I 19. *W. Neumann.*

Åslund, Johan Elis, schwed. Maler, geb. 2. 2. 1872 in Vesternorrland, studierte an der technischen Schule in Stockholm und 1899 bis 1900 in Italien, stellte italien. Motive und Stimmungen aus dem nördlichen Schweden aus: Sommernacht in Lappland (1900), Regennacht in Lappland (im selben Jahr). *G. Nordensvan.*

Asm, Maler von Tübingen, war um 1481 für den kaiserl. Hof tätig.

Diözesan-Arch. f. Schwaben, Jahrg. XVII 24. *Hs. Loose.*

Asm (Erasmus), Architekt und Bildhauer von München. 15. Jahrh. Architekt der Pfarrkirche von Schwaz (Unterinntal). Geleitbrief des Kaisers Max an die Innsbrucker Regierung für 2 Jahre zur Vollendung seines Kirchenbaues in Schwaz. Gegeben zu Zyrl 1492.

„Kunstfreund“ 1887 S. 47. (Vielleicht identisch mit Erasmus Grasser?) *H. S.*

Asmus von Hassfurt, Bildschnitzer des 16. Jahrh., Schüler T. Riemenschneiders. Leitete in Würzburg eine selbständige Werkstatt.

Niedermaier, Kunstgesch. d. Stadt Wirzburg (2. Aufl.) 257. *Fr. Leitschuh.*

Asmus, Heinrich, Architekturmaler, Zeichner und Lithograph in Berlin, stellte auf den Ausstellungen der Akademie 1838, 1840 und 1844 mehrere farbige Lithographien nach eigenen Entwürfen, meist für illustrative Zwecke, Titelblätter, Festkarten usw. aus.

Katal. d. k. Akad. *H. V.*

Asmus, s. auch *Assmus.*

Asmussen, Anton, Maler, geb. 23. 3. 1857 in Flensburg. Studierte in München und (1884—1886) in Karlsruhe unter Baisch und Schönleber, unternahm Studienreisen in Tirol und Italien und ließ sich nach einem vorübergehenden Aufenthalt in Rothenburg o. d. T. in Hamburg nieder, wo er am 12. 11. 1904 in der Alster ertrank. A. malte zuerst Architekturbilder und Interieurs, wie das Innere der Marienkirche in Lübeck, auch Stilleben, seit 1890 jedoch hauptsächlich Heide- und Moorlandschaften in Schnee und Winterstimmung (auch in Pastell). Von seinen Bildern befindet sich der „Rathaushof" und „Ein Wintertag" in Hamb. Privatbesitz, ein „Waldweg nach Regen" und „Niederdeutsche Landschaft" in Mannheim. *E. Benezé.*

Asmussen, Asmus, Glockengießer in Husum, Sohn des Klaus A., † 1728, erlangte 1724 ein Privilegium speciale für Schleswig und den kgl. Anteil Holsteins. Von ihm Glocken in Tondern (1722), Hemme in Ditmarschen (1726), etc.

Bau- u. Kstdenkmäler d. Prov. Schleswig-Holstein III. Bd., I. Teil p. 31 (Meisterverzeichn.). *H. V.*

Asmussen, Johan, Glockengießer in Husum, Sohn des Klaus A., erlangte 1706 das Glockenprivileg für Schleswig und Holstein fürstl. Anteils, † 1723. Von ihm Glocken in Ballum (1709), Bülderup (1711), Bordelum (1715), etc.

Bau- u. Kstdenkmäler d. Prov. Schleswig-Holstein, III. Bd., I. Teil p. 31 (Meisterverzeichn.).

Asmussen, Klaus (Claussen), Glockengießer in Husum, Sohn von Asmus Claussen, geb. zu Husum 1647, † 1704, erlangte 1689 ein Glockenprivileg für Schleswig und Holstein fürstl. Anteils, goß zahlreiche Glokken daselbst, so 1672 für Tönning, 1675 für Süderbrarup und Koldenbüttel, 1677 für Ulkebüll, Hoyer und Atzerballig, 1678 für Adelby, etc.

Bau- u. Kstdenkm. d. Prov. Schleswig-Holstein, III. Bd., I. Teil p. 31 (Meisterverzeichn.).

Asne, L', s. *Lasne.*

Asner, Franz, wenig bedeutender Kupferst., geb. 1742 in Wien und tätig daselbst, Sohn des Johann, Schüler seines Stiefvaters Joh. Adam Napert.

Meyer, Kstlerlex. (unter Assner; hier einige Arbeiten aufgeführt). — Heinecken, Dict. d. Artistes. *H. V.*

Asner, Johann, Kupferstecher, geb. zu Wien, † daselbst 1748, Schüler von Dietel, lieferte einige unbedeutende Andachtsbilder.

Heinecken, Dict. d. Artistes. *H. V.*

Asner, Leonhard, unbedeutender Kupferstecher, Sohn des Johann, Schüler des Johann Mansfeld.

Meyer, Kstlerlex. (unter Assner; hier einige Arbeiten aufgeführt). — Heinecken, Dict. d. Artistes. *H. V.*

Asola, Orazio d', Maler zu Cremona im letzten Drittel des 16. Jahrh., lernte bei Bernardino Campi. Er arbeitete gemeinsam mit seinem Mitschüler Cristoforo Magnani in den Kirchen S. Domenico und S. Abondio zu Cremona.

Baldinucci, Notizie de' Professori del Disegno, VIII 234 (im Leben des Crist. Magnani). — Zani, Encicl. II 221. — Meyer, Kstlerlex.

Asoleni, Asoletti, s. *Azzolini.*

Asopodoros I, Erzbildner aus Argos. Tätig um die Wende des 6. und 5. Jahrh. v. Chr. Er gehörte zur Schule des Hagelaidas und hat gemeinsam mit seinen Landsleuten Atotos und Argeiadas und mit Athanadoros aus Achaia ein umfangreiches Weihgeschenk für Olympia gearbeitet, dessen Basis sich unter dem Bauschutt des Zeustempels gefunden hat (s. Argeiadas).

Löwy, Inschr. gr. Bildh. 30a. — Pauly-Wissowa, Realenc. II 1705, 6 (Robert). — Inschr. v. Olympia 266, 630. *Amelung.*

Asopodoros II, Plinius nennt einen Asopodorus unter den Schülern Polyklets; s. Argeios. *Amelung.*

Aspa, Rosario, Landschaftsmaler in England, tätig in Leamington, stellte 1874—1885 in der Royal Academy in London, in der Suffolk Street und in Birmingham einige wenige Bilder aus.

Graves, The Roy. Academy of Arts, 1905, I 74. — Ders., Diction. of Artists, 1895, p. 9. **

Aspaas, Svend, norweg. Baumstr., geb. um 1735 in Aalen im Stift Drontheim, Bauer und Autodidakt, war im Stift Drontheim als Baumstr. tätig. Er erbaute die Kirche von Röros (1784 vollendet) und die Kirche von Vang in Hedemarken. Seit 1769 vielfach mit Bauten bei den nördlich von Dovrefjeld gelegenen Bergwerken beschäftigt, sowie mit Gruben- und Hüttenbau, namentlich bei Röros. In seinen späteren Jahren auch als Brükkenbauer gerühmt und zeichnete sich durch seine Schmiede- und Gußarbeit und durch mehrere sinnreiche mechan. Erfindungen aus. Er lebte noch 1804.

Bloch, Trondhjemske Blandinger, Drontheim 1804 S. 189. — Ders., Reiseiagtagelser (auf einer Reise von Trondhjem nach Christiania im J. 1806. Kopenhagen 1808 S. 40). — Meyer, Kstlerlex. — Weilbach, Nyt dansk Kunstnerlex. — Salomonsen, Store nordiske Konv.-Lex. — Folkebladet 1892 S. 26. — Dietrichson, Sammenlignende Fortegnelse over Norges Kirkebygninger, Christ. 1888 S. 33. *C. W. Schnitler.*

Aspach (Aschbach), Adam, Maler, seit 1558 in Nürnberg nachzuweisen, wird 1560 daselbst Bürger, bewirbt sich, nachdem seine Frau Margaretha 1572 gest., 1576 um das „Unterkäufelamt am Markt" und erhält es. In dieser Stellung läßt er sich, wie es scheint, Unregelmäßigkeiten zuschulden kommen, indem er einen vergoldeten Spiegel in silbernem Rahmen, offenbar ein Werk des kaiserl. Hofgoldschmieds Erasmus Hornay, das ihm dieser zum Verkauf übergeben hatte, auf eigene Rechnung versetzt. Seit April 1581 finden wir ihn deswegen in Prag in Haft. Die letzte Notiz über ihn — er ist noch immer „in der Verstrickung zu Prag" — datiert 5. 5. 1582. — Nach Doppelmayr soll er als Bildnismaler, sowohl was seine Kunst als auch was die Ähnlichkeit der Dargestellten betrifft, ein „habiler Meister" gewesen sein; da Doppelmayr indessen zugleich die sehr vage Nachr. „starb um a. 1580" überliefert, wird auch jener Mitteilung nicht allzuviel Glaubwürdigkeit beizumessen sein. Werke sind von A. nicht bekannt.

Doppelmayr 204. — Mitteilungen aus dem german. Nationalmus. II 70. — Hampe, Nürnberg. Ratsverlässe: an mehreren Orten (vgl. das Personenregister). *Th. Hampe.*

Aspari (Aspar, Asparri), Carlo Antonio, Sohn Domenicos, Architekt, nach Zani auch Kupferstecher, lernte bei Giac. Albertolli und erbaute 1810 die Arena del Sole zu Bologna. Er starb 1834 als Lehrer der Zeichenkunst an der k. k. Normalschule zu Mailand.

Meyer, Kstlerlex. **

Aspari, Domenico, italien. Maler und Radierer, geb. 4. 8. 1745 zu Olivone (Mailand), † 8. 4. 1831, in Parma ausgebildet, wo er dekorative Malereien im Palaste ausgeführt hat. Nach Mailand zurückgekehrt, beschäftigt er sich wesentlich mit der Radierung. Er wird dann Lehrer der Zeichenkunst an der Akad. in Mailand. Seine Kunst als Maler zeigen eine Madonna mit Heiligen in der Kirche von Osnago und sein Selbstbildnis in der Brera in Mailand. Als Stecher folgt er dem Vorbilde des Piranesi in seinen 23 Ansichten von Mailänder Gebäuden (1786 bis 92 datiert); für die italien. Übersetzung von Winckelmanns Kunstgeschichte (Milano 1779) hat er Illustrationen geliefert und außerdem Stiche nach Leonardos Abendmahl (ohne die Füße der Figuren) und nach der Correggio zugeschriebenen Flucht nach Ägypten bei G. B. Bianconi in Bologna (1784) ausgeführt.

Meyer, Kstlerlex. — Fumagalli, Un incisore Milanese della fine del' 700. Milano 1904. — Brun, Schweizer Kstlerlex. I 55. *P. K.*

Aspasios, bedeutender Gemmenschneider aus der Zeit der ersten römischen Kaiser. Berühmt ist seine Gemme mit dem Kopfe der Athena Parthenos in Wien. Von einer zweiten Arbeit ist nur ein Bruchstück in Florenz erhalten.

Brunn, Gesch. d. gr. Kstler. II 473. — Archäol. Jahrb. III Taf. 10, 10. 10, 9, IV 46 f. — Pauly-Wissowa, Realenc. II 1723, 6 (Rossbach). — Furtwängler, Die ant. Gemmen II 235, 12; III 357, Taf. XLIX 12, 15. *Pernice.*

Aspelin, Karl, schwed. Maler, geb. 27. 4. 1857 in Vestergötland, studierte 1878—85 an der Kunstakad. in Stockholm und 85—86 in Paris und machte sich durch einige historische Kompositionen bekannt. Dann malte er Motive und Charaktertypen von der Küste von Schonen. Auch als Illustrator tätig. Er wohnt in Kivik (Schonen). *G. Nordensvan.*

Asper, Adolph, Architekt, geb. 7. 11. 1860 in Zürich, Schüler von André an der Ecole des Beaux-Arts zu Paris, seit 1887 in Zürich tätig. Von ihm Schulhäuser in Albisrieden, Altstetten u. Schlieren, sowie die Neubauten „Du Nord" und „Schützengarten" am Bahnhofplatz Zürich.

Brun, Schweizer. Kstlerlex. *H. V.*

Asper, Andreas, handwerklich arbeitender Dekorationsmaler in Zürich, geb. daselbst 18. 8. 1581, † 1638, Sohn des Rudolf; mehrere seiner Arbeiten bei Brun von Paul Ganz aufgezählt, der A. außerdem einen Anteil an den zahlreich erhaltenen anonymen züricherischen Porträts der ersten Hälfte des 17. Jahrh. zuweist.

Brun, Schweizer. Kstlerlex. *H. V.*

Asper, Hans, ist aus Züricherischem Geschlechte 1499 in Zürich geboren, wird 1545 in den großen Rat gewählt, erhält seit dem 7. 1. 1569 von Staats wegen den Unterhalt, da er mittellos war und stirbt 21. 3. 1571. Er war in seiner Heimat in seiner besten Schaffenszeit hoch geschätzt, so daß 1540 zu seinen Ehren eine Medaille geschlagen und 1546 der Rat von Zürich an den von Solothurn die Worte schrieb „und also sin kunst und orbeyt mit Ringen houptguth und vilen Kinderen, menglichem getruwlich mitgetheylt".

Asper hat in der Heimat, wir wissen nicht, wo und bei wem gelernt, er scheint aber frühe durch indirekte Vermittelung mit der Kunst H. Holbeins d. j. bekannt geworden zu sein. Aspers Tätigkeit ist hauptsächlich der Bildnismalerei zugewandt. Er zeichnet gut, aber etwas trocken und geht nicht selten zu sehr ins Einzelne. Die warmen, klaren, tiefgestimmten Farben sind in den besten Arbeiten gut verschmolzen. Allmählich wird aber die Malweise trockener und die Farben brandiger, schwerer bezw. fahler. Die Charakteristik geht über ein Mittelmaß nicht hinaus. Von seinen Malereien seien zunächst noch die zwei 1567 gemalten, großen, naturgetreu, wenngleich etwas schwer und peinlich gemalten Blumen- und Fruchtstücke erwähnt (Rathaus in Zürich). Die Schildereien am Gesellschaftshause der Böcke, Darstellungen der 12 Monate mit ihren entsprechenden Beschäftigungen, sind nicht mehr erhalten. Über die heraldischen Malereien können wir kein eingehenderes Urteil abgeben, da die Restauratoren sich stark an ihnen versündigt haben. Die Schlachtenbilder, der Kampf bei Dorneck und im Bruderholz bei Basel sind, wie die gemalte Stadtansicht von Solothurn ebenfalls verloren gegangen. Von seinen Fassadenmalereien sind nur die Löwen mit Schild und Panier von Zürich am Kyburger Schlosse (1556) erhalten. Die handwerklichen Malereien, die er als Stadtmaler zu besorgen hatte, bedürfen keiner Erwähnung.

Außer den Gemälden lieferte Asper viele Zeichnungen für den Holzschnitt, die breit und kräftig gezeichnet sind. Das Ornament ist das der italien. Renaissance.

Asper war ein achtbarer, fleißiger, begabter Provinzmaler, der für die Züricherische Malerschule während der vierziger und fünfziger Jahre des 16. Jahrh. der wichtigste und tonangebendste Künstler gewesen ist.

Echte und erhaltene Werke.

Porträts: 1. Joannis Müller Aetatis suae 75 obiit An. 1524 (und Künstlermonogramm) scharf im Profil nach rechts, bekleidet mit Pelzschaube über schwarzem Untergewande und pelzverbrämter Mütze. (Künstlergesellschaft Zürich.) 2. U. Zwingli 1529 in Seeland. 3. U. Zwingli „occubuit Anno Aetatis XLVIII" (d. h. 1531). Im Profil nach links in der Tracht des Geistlichen. (Sammlung zu Winterthur; Kopie?.) 4. Peter Füssli, Glockengießer. 1535. Kniestück in dreiviertel Vorderansicht. Ein schwarzes Barett deckt den Kopf. Ein fast schwarzer Bart umrahmt das Antlitz. Ein schwerer Pelz liegt auf den Schultern. In den Händen hält Füssli einen Rosenkranz. Links und rechts vom Kopfe sind auf dem grünen Grunde die Abzeichen der Pilgerreise und das Monogramm des Künstlers wie Datierung angebracht. (Kunstsammlung zu Solothurn; Kopie oder Werkstattwiederholung in der Züricher Stadtbibliothek.) 5. 1536. Hans Wirz. Schweiz. Landes-Mus. 6. 1536. J. Stumpf, ebendort. 7. Escher vom Glas (?), Brustbild eines Mannes mit Federbarett, offenem Hemd und schwarzem Mantel. Halbe Lebensgröße. Monogramm. 1538. Künstlergütli Zürich. 8. Hans Holzhalb, Landvogt. Kniestück. Rotes Kleid, schwarzer Mantel und Kappe, gelbe Hosen und Schwert in der Hand. Anno Aetatis suae 35. Monogramm 1538, ebendort. 9. A. Schmid. Schweizer Landesmus. 10. Schmids Gemahlin. Weißes Atlaskleid mit schwarzem Kragen und rotem Besatz. Aetatis suae 42. Monogramm 1538. Züricher Künstlergütli. 11. Huldreich Stampfer. Monogramm 1540. Züricher Stadtbibliothek. 12. Jac. Werdmüller, Ratsherr. Halblebensgroß. 64 Jahre alt. Schloß Elgg. 13. Wilhelm Fröhlich. Ganze Figur, fast en face, lebensgroß. Das Gesicht umrahmt ein dunkler Bart, auf dem Haupte trägt er ein Barett mit Feder und über dem roten Anzug die Rüstung, dazu eine goldene Halskette. Die Hand liegt am Schwertgriff, zur Rechten steht ein kleiner Knabe, der einen Helm darreicht. Monogramm 1549. Solothurn. (Fam. Tugginer.) 14. Derselbe in bürgerlicher roter Tracht mit schwarzer Schaube und rotem Barett. Anno Aetatis suae 44. Monogramm 1549; ebendort. 15. Fröhlichs Gemahlin. Brustbild. Anno aetatis suae 23. Monogramm 1549; ebendort. 16. Ulrich Zwingli. Halbe Figur im Profil. In der Linken eine Bibel haltend, auf die er mit der Rechten deutet. Monogramm 1549. Züricher Stadtbibliothek. Huldrichus Zwinglius. Dum Patriae Quaero Per Dogmata Sancta Salutem Igrato Patriae Caesus Ab Ense Cado Obiit Año Dni M. D. XXXI Ocdob. XI. Aetatis Suae XLVIII.

Das Bild ist also nach Zwinglis Tode gemalt und zwar offenbar gleichzeitig und als Gegenstück zum vorigen, dem es in den Massen aufs genaueste entspricht. Gwalter wird, als er Frau und Kind malen ließ, auch das Bildnis seines großen Schwiegervaters zu besitzen gewünscht haben. Es kam im 17. Jahrh. durch Schenkung auf die Stadtbibliothek zu Zürich, wo es schon Sandrart sah und als ein Holbeins würdiges Werk lobte. Seither wird es immer als A.s vorzüglichste Arbeit bezeichnet. Es ist ein sehr tüchtiges Werk, und namentlich: es ist ein höchst charaktervoller Kopf. Aber es trägt die Mängel eines nicht nach dem Leben gemalten Bildes: eine gewisse Steifheit und Leblosigkeit. Es drängt sich bei sorgsamer Betrachtung auf, daß A. als er 1549 aufgefordert wurde, den verstorbenen Zwingli zu malen, den Profilkopf der Stapferschen Medaille durch Anfügung eines Rumpfes, so gut es gehen wollte, zu einem Bilde abrundete. Daher der so ganz beziehungslos über das Buch weggleitende Blick, daher überhaupt die ganz statuarische Haltung, endlich die etwas verzeichneten Hände. Nachbildungen dieses Porträts gibt es unzählige. Wir kennen mehr als 100, von denen wir nur ein paar nennen: Großer Holzschnitt, „getruckt zu Zürich bei Augustin Friess", um 1550. Holzschnitt in Pantaleons Heldenbuch, 1565, lateinisch und 1575 deutsch. Kupferstiche: Dietrich Meyer von Zürich sc. Anfang des 17. Jahrh. Conrad Meyer von Zürich sc., in den Abbildungen des Herren Oberstpfarrern von Zürich 1679. M. Esslinger, 1819. H. Lips, 1819. Kopien nach dem Bilde gibt es eine Unmasse, die wir nicht aufzählen. 17. Konrad Pellikan. Unbedeckter Kopf mit Hals. Dreiviertelwendung und Drittellebensgröße. Ohne alle Bezeichnung. Stadtbibliothek Zürich. Das Bild ist vielleicht von Asper. Woltmann schreibt: „Der geistvolle Ausdruck und die Technik erinnern an Holbein, dessen Modellierung und scharfe Zeichnung das Bild aber doch nicht völlig erreicht. Hingegen ist es augenscheinlich unter Holbeins direktem Einfluß entstanden. Es zeigt einen höchstens 45jährigen Mann, ist also, da Pellikan 1478 geboren ist, in den ersten zwanziger Jahren gemalt und würde, wenn von A., beweisen, daß er mit der Nachahmung Holbeins begonnen, dieselbe aber nachher verlassen hat." 18. Regula Zwingli mit Töchterchen. Halbe Lebensgröße. Anno Dei MDXLIX, Aetatis XXV. Monogramm; ebendort. 19. Propst Brennwald von Embrach. Unter halber Lebensgröße, en face. Monogramm 1551. Stadtbibliothek Zürich. 20. Heinrich Bullinger. In dreiviertel Wendung mit aufgeschlagener Bibel in der Hand. Undecim jam nunc labuntur sydera lustri Haec aetas, formam picta tabella refert. Heinricus B. gemalt 1555 bis 59. Werkstattbild (?). Stadtbibliothek Zürich. 21. Chr. Froschauer, † 1560. Unter halber Lebensgröße. Ganz übermalt. 1556 (?). Bei Orell, Füssli & Co. in Zürich. 22. Lor. Villani ca. 1557. Casa Borromeo, Mailand. 23. Herr und Dame. 1561. Karlsruhe. 24. Conrad Gessner. Halbe Figur in drittel Lebensgröße mit seinem Wappen und Anno Aetatis suae XLVIII (d. h., da G. 1516 geboren, 1564). Das Bild (übermalt) befindet sich in der Stadtbibliothek Zürich. 25. Georg Müller, Bürgermeister. Bez. mit Anno Christi incarnati MDLXIIII aetatis vero suae LX. Stadtbibliothek Zürich.

26. Hans Gessner. Brustbild. Das Wappen und: Hans Gessner eines alters 31 jar 1566. Familie Gessner, Zürich. 27. Selbstbildnis. St.-Bibl. Zürich.

Untergegangene Werke, die Asper zugeschrieben werden.

Sandrart bezw. sein Züricher Korrespondent, vielleicht der Maler Conr. Meyer, erwähnt auf der Stadtbibliothek in Zürich als Gemälde Aspers: 1. Heinrich Putlinger-Bullinger. 2. Conrad Pellikan s. o. 3. Josias Sifner, soll heißen Simmler. 4. Heinrich Gualther. 5. Leo Jodt, soll heißen Jud, Zwinglis Gehilfe und Freund. 6—7. Die beiden Ratsherrn Heinricus Holtzhalbius und Dirthelmus Reustius. 8—9. Bei Werdmüller werden „2 sonderlich schöne Contrafaite . . . gleich des Joh. Holbeins Arbeit“ erwähnt. Verschollen.

Holzschnitte: Bildnis Zwinglis zwischen Kandelabersäulen für Gemeyner loblicher Eydgnoschafft „Stetten, Landen und Völkeren Chronik des Joh. Stumpf“ 1546 bez. 1548. Er dürfte aber für diese Chronik wie für Conr. Gessners Historia animalium eine größere Anzahl Holzschnitte gezeichnet haben.

Bildnisse des Künstlers: 1. Die erwähnte Medaille von 1540, Kopf mit Halsansatz, gestutzter Vollbart. 2. Danach das Bildnis in J. Caspar Füesslis Geschichte der besten Künstler der Schweiz. I. J. Rudolf Füessli fecit. 3. Radierung ohne Angabe des Stechers. Halbfig., hält Pinsel und Palette in der Hand. Joannis Asper Pictor Anno Aetatis Suae. 72. 1571. in 12. 4. Hiernach scheint ein ganz geringes Ölbild (Leinwand) auf der Stadtbibliothek zu Zürich gefertigt zu sein.

S a n d r a r t, Teutsche Akademie II T. II 81; T. III 71. — J. C. F ü s s l i, Gesch. d. besten Künstler in der Schweiz. — M e y e r, Kstlerlex. (Woltmann-Vögelin). — B e r t h. H a e n d c k e, Geschichte der schw. Malerei im 16. Jahrh. Aarau 1893 p. 156—168. — Derselbe, Bibliographie der schweizerischen Landeskunde p. 56. — K. B r u n, Schweizer. Kstlerlex. 1902, Artikel von Ganz. — N a g l e r, Monogr. I No. 722, III No. 588. — Kunstchronik XIX 302, XXIII 673. — Repertorium f. K. W. XI 394, XIII 303. — P a s s a v a n t, Peintre graveur 1, 3. — Gaz. d. b.-arts II Per. XXXI 273. — L. C u s t, The Nat. Portr. Gal. I 29. *B. Haendcke.*

Asper, H a n s, Schweizer Maler, geb. 9. 9. 1554, Sohn des Hans Rudolf, wird von einigen für den Autor der Illustrationen in Heinrich Murers Helvetia sancta, seu Paradisus Sanctorum Helvetiae Florum gehalten, die von Rudolf Meyer radiert u. 1648 in Luzern publiziert wurden; sie tragen die Signaturen Joh. A., Jo. As., Jo. Asp. (vgl. *Asper,* Hans Kaspar).

P a u l G a n z bei Brun, Schweizer. Kstlerlex.

Asper, H a n s C o n r a d, Bildhauer u. Baumeister, Bruder des Hans, geb. in Zürich um 1588, wandte sich nach Konstanz, war um 1603 in Wien und dann 5 Jahre bei Herrn K. von Liechtenstein zu Waldtspurg als Bildhauer. Er nahm seit 1615 seinen Wohnsitz in Salzburg, wo damals der Dom und die St. Markuskirche gebaut wurden. In diese Zeit muß eine Skulptur fallen, die 1892 in Salzburg wiederaufgefunden wurde. Es ist der Marmordeckel eines Sarkophags und stellt ein in Purpur gehülltes Gerippe dar. Diese Barockarbeit trägt A.s Namensbezeichnung. 1628 wird der „Unterbaumeister Hans Conrad Asper zu Constanz“ in das Stift Maria Einsiedeln berufen, um die Gnadenkapelle auszuschmücken. Um 1630 wurde er Zeugmeister der Stadt. 1645 kam er nach München und trat in den Dienst des Kurfürsten Maximilian, wo er 9½ Jahr als Festungsbaumeister, aber auch künstlerisch tätig war. So arbeitete er 1653 „den Ölberg bei St. Peter“ und wahrscheinlich war er auch am Baue der Karmeliterkirche beteiligt. Am 15. 4. 1653 erbat er seinen Abschied und wird 1655 zum letztenmal erwähnt.

F. P i r c k m a y e r in den Mitt. der K. K. Centr.-Comm. N. F. XX 152 u. 223. **

Asper, H a n s K a s p a r, Bildhauer und Maler in Konstanz, vollendete 1630—1633 die künstlerische Verkleidung der 1798 zerstörten Gnadenkapelle von Einsiedeln im Auftrage des Grafen Kaspar von Hohenems. Vielleicht rühren von diesem A. die Zeichnungen her zu 37 von den 40 Kupferstichen der Helvetia sancta des Heinrich Murer. (Luzern 1648.) (Vgl. oben *Asper,* Hans.)

G a b r. M e i e r bei Brun, Schweizer. Kstlerlex. *H. V.*

Asper, H a n s R u d o l f, Züricher Maler, Sohn des Hans A., geb. 9. 3. 1531, wird seit Sandrart Schüler und Gehilfe seines Vaters genannt, ohne daß ihm bestimmte Arbeiten der A.schen Richtung zugewiesen werden könnten; 1554 wird er urkundlich als aus Zürich verzogen erwähnt.

P a u l G a n z bei Brun, Schweizer. Kstlerlex.

Asper, R u d o l f, handwerklich arbeitender Dekorations- und Wappenmaler in Zürich, geb. daselbst 12. 1. 1552, † 1611, Sohn des Hans und Bruder des Hans Rudolf. Mehrere seiner untergeordneten Arbeiten finden sich bei Brun, Schweizer. Kstlerlex. von Paul Ganz aufgeführt. Nach einer an derselben Stelle ausgesprochenen Vermutung dieses Forschers dürften außerdem mehrere in der Art des Hans Asper gemalte Bildnisse, die für diesen selbst zu schwach sind, Rudolf zuzuweisen sein.

B r u n, Schweizer. Kstlerlex. 1905. *H. V.*

Aspere, P i e t e r v a n, vläm. Bildhauer in Oudenaerde, wo er 1465 die beiden von Matheus Algoot erbauten Portale des Hospitals mit Ornamentskulpturen zu schmücken hatte.

K r a m m, De Levens en Werken etc. (1857) I 28 f. — M a r c h a l, La sculpture etc. Belges (1895) p. 215. *

Asperger, M a x, Landschaftsmaler und Radierer, geb. am 6. 3. 1864 in Apolda, Schüler der Weimarer Akademie 1883—91, siedelte 1895 nach Gotha über. Von seinen Stimmungslandschaften mit heimischen Motiven befindet sich „Frühlingsabend im Park" in der Weimarer Galerie. — Radierungen von ihm enthalten die Hefte des Weimarer Radierklubs (schon seit 1889); ferner gab er im Selbstverlag 1897, zusammen mit A. Arp, „Taormina" eine Folge von 6 Blatt Radierungen, heraus. **

Asperne, J., hatte in London im Beginne des 19. Jahrh. einen Verlag. Er wird auch als Verfertiger der folgenden Kupferstiche ausgegeben: 1. Mr. Betty, jugendlicher Schauspieler, als Douglas. 8. 2. Wm. Rae, Schauspieler, geb. 1782. 8. **

Aspertini, A m i c o, Bologneser Maler, Miniaturmaler, Bildhauer und Stecher, geb. um 1475, einem Dokument von 1525 zufolge, in dem er als Fünfzigjähriger erwähnt wird; † 1552. Malvasia berichtet, daß Amico schon mit 12 Jahren zu malen begann, ohne Schüler irgendeines Meisters gewesen zu sein. In gerichtlichen Dokumenten des Staatsarchivs von Bologna wird er beiläufig unter den Künstlern aus der Schule des Francia genannt; wahrscheinlicher aber ist, daß er eigentlich der Schule des Costa angehörte und auch nicht vom Einfluß der Werke Ercole Robertis frei war (Lehrer seines Bruders Guido A.), der 1486 Bologna verließ, nachdem er Fresken in der Kapelle Ganganelli in S. Petronio gemalt hatte. — Vasari und Malvasia berichten von zahlreichen Reisen A.s durch die italien. Städte, auf welchen er Zeichnungen u. Skizzen von allen Gemälden und Reliefs, die er sah, fertigte und die er für seine Werke benutzte. Das Ziel dieser Reisen war vor allem Rom, wie die Fülle der antiken Fragmente beweist, die in seinen Malereien verstreut sind, besonders in den Fresken von S. Cecilia. Achillini schreibt darüber im „Viridario": „Tutto il campo empie con le sue anticaglie Retratte dentro alle romane grotte". Auch Vasari betont besonders, daß A. in Rom war und dort viel arbeitete, jedoch ohne Näheres zu erwähnen. Die Verfasserin dieses Artikels hatte das Glück, zuerst eine Notiz über ein sicheres Werk des Amico in Rom zu finden, und zwar über seine Malereien mit dem Martyrium der Heiligen Pietro und Paolo u. dem Sturze Simons Magus, auf der Rückseite der Orgel, die Alexander VI. (1492) bis 1503) in der Basilika S. Pietro hatte aufstellen lassen (Grimaldi, Mss. della Biblioteca Vaticana, Fondo Barberini, Latino, N. 2733, c. 27). Dieser Fund bestätigt Venturis Hypothese, daß A. gegen 1500 bereits in Rom gewesen sein müßte. Daß er später noch öfters dorthin zurückkehrte, bezeugen die drei Skizzenbücher mit Zeichnungen von römischen Gebäuden, die kürzlich von Fabriczy ihm zugeschrieben wurden. Das eine stammt aus verschiedenen Zeiträumen, ungefähr zwischen 1516 u. 1525, während die beiden anderen noch später entstanden sind. 1506 malte Amico zusammen mit Francia, Costa u. anderen in der kleinen Kirche S. Cecilia in Bologna, kurz darauf in Lucca die Kapelle Cenami (1506 in S. Frediano errichtet), 1510 hatte er die Halbfigur eines Propheten für das Hauptportal von S. Petronio ausgeführt; 1512 eine Miniatur in dem Gebetbuche für die Hochzeit der Ginevra Salviati mit Francesco Baroncelli. 1514 malte er ein großes Fresko in der Bibliothek von S. Michele in Bosco; 1525 erhielt er Bezahlung für Malereien in der Kapelle S. Barbara in Bologna; 1526 fertigte er für die kleine Tür rechts in S. Petronio eine Marmorgruppe, den toten Christus in den Armen Nicodemus' darstellend; 1527 erhielt er Bezahlung für Arbeiten für Annibale Bentivoglio. 1530, gelegentlich des Einzuges Kaiser Karls V. in Bologna, führte er einen Triumphbogen aus. 1535 wurde er Mitglied der Malerzunft; 1546 Schatzmeister derselben. 1552 machte er sein Testament und hinterließ sein Vermögen seinen drei Söhnen.

A. arbeitete außerordentlich leicht und schnell und hat, von Bestellungen überhäuft, auch viel geleistet. Man erzählt, daß er es fertig gebracht habe, die ganze Fassade eines Hauses an einem Tage zu bemalen, und Vasari berichtet sogar, daß er mit beiden Händen zugleich, die Farbentöpfchen am Gürtel, gearbeitet habe, um die Zeit möglichst auszunutzen. Seine Werke, besonders die aus der späteren Zeit (z. B. das Fresko im Pal. Isolani bei Minerbio, Prov. Bologna) sind in der Tat auch so grob gemalt, daß Vasaris Mißbilligung gerechtfertigt erscheint. In seinen früheren, sorgfältiger ausgeführten Werken (z. B. die Fresken in S. Cecilia in Bologna und in S. Frediano in Lucca) tritt ein absonderlicher, fast bizarrer Zug hervor, der A. von allen anderen Künstlern seiner Zeit unterscheidet. Er erklärt sich aus dem anormalen Charakter des Künstlers, dessen Streitsucht öfters in Tätlichkeiten ausartete und der auch zwischen 1531 und 1534, als Franc. Guiciardini Gouverneur von Bologna war, sich zu einer allerdings vorübergehenden Geisteskrankheit steigerte. Gerade das Absonderliche macht uns aber A.s Werke interessant und wenn sie auch keinen allzuhohen künstlerischen Wert besitzen, so ist sein Streben nach einer gewissen Eigenart, gerade in dieser Zeit, in der sich mittelmäßig begabte Künstler einem der Sterne erster Größe anzuschließen pflegten, besonders hervorzuheben. A.s Hand erkennt man, außer an seinem im allgemeinen dunkelrötlichen Kolorit, an den Köpfen mit breiter Stirn, kleinen halbgeschlossenen und schielenden Augen, an den breiten jugendlichen Gesichtern und an der Unruhe der Komposition. Sein Hauptwerk sind die Fresken von S. Lucca, in denen gute Porträts „von bekannten Luchesiern", wie Vasari sagt, und schöne Landschaften sind.

Als hervorragende Werke A.s sind noch zu nennen: G e m ä l d e: *Bologna,* Pinakothek: Anbetung des Kindes mit Heiligen und Anbetung der drei Könige (früher Guido A. zugeschrieben); S. Cecilia: zwei Fresken mit der Marter und dem Begräbnis der hl. Tiburzio u. Valeriano. — *Lucca*: Sammlung Strozzi eine Predelle. — *Berlin,* Kaiser Friedrich-Mus.: Anbetung der Hirten. — *Frankfurt a. M.,* Städel. Inst.: Porträt (Kat. No. 23). — *London,* ein Frauenporträt bei J. Hanson-Walker, ein Männerporträt bei G. Salting. — Zahlreiche andere noch vorhandene Werke, die in letzter Zeit wieder gefunden worden sind, sind in den in der Literatur verzeichneten Artikeln von Fabriczy, Jacobsen und Venturi erwähnt. Hinzugefügt sei aber, daß das gewöhnlich dem A. zugeschriebene Altarbild in S. Martino in Bologna alle Eigentümlichkeiten Tamaroccis zeigt (Notiz v. A. Venturi). — M i n i a t u r e n: Horae Albani, c 1., früher in der Bibl. des Lord Ashburnham in London. — S k u l p t u r e n: Portale von S. Petronio in Bologna. — Z e i c h n u n g e n: Skizzenbücher auf Schloß Wolfegg in Württemberg und im Brit. Mus. in London, Einzelblätter in den Uffizien in Florenz, in der Akad. in Venedig und in den Mus. von Dresden, Berlin und Rom. — Über die dem A. zugeschriebenen Stiche s. W. Schmidt in Meyers Kstlerlex. — Von Amicos zugrunde gegangenen Werken in Bologna, deren Verzeichnis sich bei Vasari, von Malvasia ergänzt, befindet, war der malerische Schmuck eines Hauses auf der piazza Marsigli, mit einem sehr schönen Fries von kämpfenden Tieren (Vasari) besonders hervorragend, sowie das große Fresko der Bibliothek S. Michele in Bosco, die Ausmalung eines Stalles der Besitzung Marsigli mit Friesen von Sirenen, Tritonen, Amoretten und die Fresken in der Palazzina Bentivoglio, della Viola genannt.

L a m o, Graticola di Bologna (1560). — V a s a r i - L e m o n n i e r IX 4, 5, 85, 87—90. — M a s i n i, Bol. perlustrata. — M a l v a s i a, Fels. Pittr. I 141—4. — G u a l a n d i, Memorie I 33, III 178. — C i t t a d e l l a, Not. rel. a Ferrara II 355. — C r o w e u. C a v a l c a s e l l e, Hist. of P. I 575—77. — M e y e r, Kstlerlex. — L e r m o l i e f f, Die Gal. zu Berlin und Kunstkrit. Stud. über ital. Mal. — A. V e n t u r i in Arch. Stor. d. arte IV 248—255, in Nuov. Antologia, vol. 136 p. 245. — F r i z z o n i, Arte ital. del Rinasc. 1891 p. 371—393. — B r a d l e y, Dict. of Miniat. — Facsimiles etc., herausgeg. v. d. Palaeogr. Society, Ser. II parte II, II 38. — H e r m a n n im Jahrb. d. Kstsamml. d. Allerh. Kaiserh. XXI, 212. — M a l a g u z z i - V a l e r i in Arch. stor. ital. (1896), Ser. III vol. 18 p. 274. — B a r u f f a l d i, Vite dei pitt. I 107, 216. — G u i d i c i n i, Cose notabili di Bol. (1869) II 373. — G a t t i, La Fabbr. di S. Petronio (1882) 99, 113; Doc. 165, 227. — F a b r i c z y in Arch. stor. d. arte IV 308 und in L'Arte VIII 401 ff. — M a l a g u z z i - V a l e r i in Repert. f. Kstwissensch. XXII 297, in Rassegna d'arte 1901 p. 134, 135, 137. — C a n t a l a m e s s a in Arch. stor. d. arte III 235. — D a r c e l, Gaz. des b.-a. 2. pér. VIII (1873) p. 311. — W y a t t, Gaz. des b.-a. IV (1859) p. 349. — F e r r i, Cat. dei dis. degli Uffizi 1890 p. 283. — C. R o b e r t, Mitteil. des k. archaeol. Inst. Römische Abteilung XVI 209—242. — J a c o b s e n, L'Arte 1905 p. 81—93. *Lisetta Ciaccio.*

Aspertini, G i a n A n t o n i o aus Bologna, Vater des Amico und Guido, machte 1507, hochbetagt, sein Testament; 1509 war er schon längere Zeit verstorben. Zani versichert, daß er Maler (Encicl. II 222) und 1450 tätig war. In einem von Malaguzzi-Valeri veröffentlichten Dokument (in Rassegna d'arte, 1901 p. 137) wird er nur „magister" genannt.

Lisetta Ciaccio.

Aspertini, G u i d o, Bologneser Maler. Älterer Bruder des Amico; nach Vasari Schüler von Ercole Roberti, der 1486 Bologna verließ, nachdem er in der Kapelle Ganganelli von S. Pietro gemalt hatte. Achillini (Viridario), Hermico Caiado, Diomede Guidalotti schreiben mit großer Bewunderung über ihn und berichten, daß er sehr frühzeitig starb; wie Vasari sagt, noch nicht 35 Jahre alt. Nur sehr wenige seiner Werke sind erwähnt: ein Bild, Lucrezia darstellend, ein Porträt von Galeazzo Bentivoglio, einige Schränke, die er 1490 sich zu malen verpflichtete, eine Kreuzigung unter dem Portikus von S. Pietro in Bologna, 1491 datiert. Vasari berichtet, daß seine Werke sehr sorgfältig ausgeführt waren, und daß er, bei längerer Lebensdauer, seinen Lehrer überflügelt hätte, auch lobt V. Zeichnungen, die er selbst von ihm besaß. Heute ist nichts mehr von A. vorhanden: die

Anbetung der drei Könige der Pinakothek von Bologna, die man früher ihm zuschrieb, scheint von Amico zu sein.

Vasari-Lemonnier IV 252/3, IX 87 nota. — Masini, Bol. perlustrata (1650) p. 166. — Malvasia, Fels. Pittr. I 145. — Amorini, Vite dei pittori II 106. — Meyer, Künstlerlex. — Crowe u. Cavalcaselle, Hist. of P. I 577. — Venturi, Arch. stor. d. arte IV 250, 254. — Malaguzzi-Valeri, Rassegna d'arte 1901 p. 137. — Ricci, Guida di Bol. (1900) p. 108. — L. Frati in Nuova Antologia 1907, Jan. — Jacobsen, L'Arte 1905 p. 92. — Fabriczy, L'Arte 1905 p. 406 nota 1.

Lisetta Ciaccio.

Aspetti, Tiziano, Bildhauer aus Padua, wie der Künstler selbst sich auf seinen Bildwerken zu signieren pflegte — „Titianus de Aspettis patavinus sculptor" — und wie andererseits aus seiner Grabschrift im Klosterhofe der Carmelitani Scalzi zu Pisa hervorgeht: „Titiano de Aspectis civi patavino .. XLII annum agens Pisis obiit anno sal. MDCVII." Danach war er ferner 1565 geboren, ob in Padua selbst, bleibt zweifelhaft, da auch meine erneuten Nachforschungen in den paduanischen Archiven und Chroniken keinerlei Anhalt dafür ergeben haben, daß eine Familie des Namens Aspetti zu jener Zeit in Padua ansässig gewesen ist. Entweder müßte also der Künstler einer schon früher von Padua nach einer anderen Stadt übergesiedelten Familie entstammen, oder aber er müßte in einer kleineren paduanischen Provinzstadt geboren sein, deren Archivurkunden — mit Ausnahme der Einschätzungsakten — leider nicht mehr existieren. In der Tat sind die frühesten Arbeiten unseres Künstlers nicht in Padua entstanden, sondern in Venedig; erst späterhin wurde A. auf Grund seines bereits erworbenen Künstlerruhmes in diejenige Stadt berufen, die angeblich seine eigentliche Heimatstätte gewesen sein soll. — Ebenso unsicher wie die örtliche Herkunft A.s ist auch sein angebliches Verwandtschaftsverhältnis zu dem venezianischen Großmeister Tiziano Vecellio beglaubigt. Moschini berichtet in seiner „Guida di Padova", er kenne ein urkundliches Schriftstück, in dem auf Grund eines von Aspetti selbst herrührenden brieflichen Zeugnisses behauptet werde, die Mutter des Tiziano A. sei eine Schwester des Tiziano Vecellio gewesen. Wie jedoch Prosdocimi sehr richtig bemerkt, läßt es der große Altersunterschied zwischen beiden Künstlern (88 Jahre) kaum glaublich erscheinen, daß Vecellio zur Geburtszeit des A. noch eine der Mutterschaft fähige Schwester gehabt haben sollte. Wahrscheinlicherweise ist A. demnach von mütterlicher Seite nicht als ein Neffe, sondern als ein Großneffe des Vecellio zu betrachten. Den Vornamen Tiziano wird er jedenfalls seinem Großonkel zu Ehren erhalten haben. — Endlich ist auch über A.s Lehrmeister in der Bildhauerkunst keinerlei Nachricht auf uns gekommen. Prosdocimis Hypothese, A. könne sich nach den im Santo zu Padua befindlichen Meisterwerken der Renaissanceplastik zum Bildhauer herangebildet haben, ist deswegen für uns nicht annehmbar, weil es für uns als sicher gelten kann, daß A. seine Jugendzeit überhaupt nicht in Padua verlebt hat, und weil andererseits der Einfluß der Donatello-Schule erst in seinen späteren Werken zutage tritt. Viel wahrscheinlicher ist es, daß A. in Venedig inmitten der Sansovino-Schule zum Künstler heranwuchs, und daß er speziell den Unterricht des Alessandro Vittoria, des bedeutendsten venezianischen Bildhauers seiner Zeit, genossen hat.

A.s Künstlerlaufbahn läßt sich in drei natürlich gegebene Hauptperioden einteilen: in eine venezianische (1582—1590), eine paduanische (1591—1603) und eine pisanische (1604—1607). Dabei hat sich jedoch A. niemals dauernd in Venedig, Padua oder Pisa aufgehalten, da er zur Erledigung der zahlreichen, von überallher ihm zugehenden Aufträge häufig kürzere oder längere Reisen unternehmen mußte. So erfahren wir aus Notariatsurkunden von 1599 und 1605, daß er in diesen beiden Jahren längere Zeit in Carrara verweilt hat — „M. Titianus de Aspettis patavinus sculptor ad praesens Carrariae commorans" —, offenbar um sich den für seine jeweiligen Arbeiten am besten geeigneten Marmor auszusuchen. Aus Verona fernerhin ist ein an Laura Gonzaga in Mantua gerichteter Brief vom 2. 7. 1602 datiert, in welchem der Künstler über zwei zu dieser Zeit bereits fast vollendete Statuen Bericht erstattet, die ihm diese Herzogin in Auftrag gegeben hatte. Im ganzen jedoch scheint sich die künstlerische Tätigkeit A.s so gut wie ausschließlich an den obengenannten drei Hauptaufenthaltsorten seines Lebens abgespielt zu haben.

Die früheste venezianische Arbeit A.s, die wir kennen, ist die eine der beiden marmornen Kolossalstatuen in der Vorhalle der 1582 von Vincenzo Scamozzi erbauten Zecca zu Venedig (die zweite dieser Statuen schuf der Sansovino-Schüler Girolamo Campagna). In den fehlerhaften Maßverhältnissen der Körperteile, in den Übertreibungen der Muskelanatomie und im gekünstelten Manierismus der Pose und des Ausdrucks gibt sich diese am Sockel voll signierte Kolossalfigur auf den ersten Blick als die Arbeit eines noch jugendlich unsicheren Kunstnovizen zu erkennen. Hier wie in allen übrigen Arbeiten seiner venezianischen Periode zeigt sich A. außerdem noch völlig in dem manierierten und schwülstigen Geschmacke seines Zeitalters befangen. So sind die beiden marmornen Sklavenfiguren am Kamin der Sala dell' Anticollegio des Dogenpalastes zwar weniger fehlerhaft in den Proportionen, in der Muskelbehandlung jedoch immer noch allzu schwülstig. Das über diesem Kamine angebrachte, mit den Buchstaben T. A. P. F. signierte Flachrelief dagegen zeugt von trefflichem Verständnis für lebhaft bewegte Komposition und von ziemlich sicherer Beherrschung der Perspektive. Den gleichen Manierismus wie die vorhergenannten statuarischen Arbeiten zeigen wieder die beiden gewaltigen marmornen Gewölbeträger am Eingange der Scala d'Oro des Dogenpalastes, darstellend den Herkules mit der lernäischen Hydra und den Atlas mit der Weltkugel. Besser gelungen sind die Bildnisbüsten des Marcantonio Bragadin, des Agostino Barbarigo und des Sebastiano Venier, die A. im Auftrage des venezianischen Senates für die Sala d'arme des Consiglio dei Dieci ausführte, und die, nachdem sie eine Zeitlang dem Museum der Accademia di Belle Arti einverleibt waren, neuerdings wieder in den Dogenpalast zurückgebracht wurden. Augenscheinlich hatte A. als Porträtbildner bedeutenden Nutzen gezogen aus dem vorbildlichen Wirken des Alessandro Vittoria, mit dem er nunmehr im Ernst der Auffassung, in der Breite der Modellierung und in der Sorgfalt der Detailbehandlung in einen erfolgreichen Wettbewerb eintrat. Wenig erquicklich erscheinen mir die Bronzearbeiten A.s für S. Francesco della Vigna, nämlich die beiden nicht ganz lebensgroßen allegorischen Figuren zu beiden Seiten des Altares der 1. Kapelle zur Linken (mit den Mottoinschriften „duce judicio" und „comiti bello"), sowie die beiden kolossalen Nischenstatuen der Palladio-Fassade, signiert „Titiani Aspeti Patavini op." und darstellend den Propheten Moses und den Apostel Paulus. Wahrhaft häßlich ist die geradezu in einer Art von Tanzbewegung gewundene Paulus-Statue. Der lange, schmale Kopf mit der niedrigen Stirn und dem viel zu kleinen Schädel sitzt auf einem riesigen Schulterpaare; die Hände sind im Verhältnis zu dem sichtbaren Fuße viel zu groß geraten, und die Stellung des rechten Beines ist unter den verhüllenden Gewandmassen nicht einmal angedeutet. Der Moses ist im Ausdruck des Kopfes und in der Gelassenheit der Stellung etwas besser; nur macht das die mystischen Hörner des alttestamentlichen Gesetzgebers verhüllende Kopftuch einen ziemlich merkwürdigen Eindruck, auch ist der Faltenwurf des vom Sturmwinde bewegten Prophetenmantels reichlich summarisch und hart behandelt.

Mit A.s Übersiedelung von Venedig nach Padua (1591) nahm dessen künstlerisches Schaffen eine merkliche Wendung zum Besseren: Die großen Vorbilder, wie sie sich mit den in der Basilica Antoniana aufgespeicherten Werken eines Donatello, eines Bellano und eines Briosco dem undisziplinierten, aber von Natur doch vornehm veranlagten Künstleringenium A.s darboten, konnten nicht ohne Einfluß auf seine Kunst bleiben. Vor allem verzichtete A. von jetzt an auf das Modellieren von Kolossalstatuen, um sich dafür ausschließlich der Reliefplastik und der Ausführung halblebensgroßer Statuen zuzuwenden. Der Einfluß der Donatello-Schule trat schon in zwei Reliefs zutage, die A. 1591 für den Altar des hl. Daniel in der Krypta des Paduaner Domes zu modellieren hatte, und für die ihm das Domkapitel außer den im voraus vereinbarten 140 Scudi weitere 110 Scudi nachbewilligte, weil er das Werk anstatt in Flachrelief fast in vollen Rundfiguren ausgeführt hatte. Die beiden ca. 50 cm hohen Reliefplatten stellen zwei Marterszenen aus dem Leben des hl. Daniel dar, seine Schleifung am Schweife eines Rosses und seine Annagelung zwischen zwei Marterpfählen; sie sind in offenkundiger Anlehnung an die Reliefs der Bellano und Briosco im Presbyterium von S. Antonio conzipiert und durchgebildet. Dabei sind sie jedoch nicht frei von den üblichen Fehlern A.s: Die Figuren sind im Verhältnis zu den kleinen Köpfen viel zu lang, die Gelenkstruktur der Beine ist nicht immer richtig beobachtet, und die Köpfe stehen zu weit aus der Reliefläche hervor (bei einigen Figuren in fast voller Rundmodellierung, während dabei die Körper sich kaum merklich von der Hintergrundfläche abheben). Sehr zu loben ist dagegen bei diesen Reliefs das exakte Studium der Muskelanatomie, sowie auch die lebendige Bewegung und Gruppierung der Figuren und die ausdrucksvolle Beseelung der Köpfe. Besondere Beachtung verdienen auf dem zuerst genannten Relief die prächtigen Gestalten des Fahnenträgers, des Hauptmannes und eines Knaben, der sich auf dem Rücken eines sich bäumenden Rosses im Sitze zu halten sucht; auf dem zweiten Relief hingegen ein augenscheinlich dem berühmten Florentiner „Arrotino" nachgebildeter, am Boden kauernder Jüngling, ein wahres Kleinod der Reliefplastik. — Bald darauf begann A. mit der Ausführung von vier halblebensgroßen Statuen für S. Antonio; ursprünglich für den Altar des Heiligen selbst bestimmt, wurden diese vier Statuen 1651 auf den Presbyterium-Schranken zur Aufstellung gebracht. Nach allgemein gültiger Annahme sollten sie die vier christlichen Kardinaltugenden darstellen; drei derselben lassen sich jedoch leichter als Allegorien des Glaubens, der Liebe und der Hoffnung deuten, während für die vierte (in der einen Hand ein Gefäß, in der anderen einen jetzt leider zerbrochenen und unkenntlich gewordenen Gegenstand haltend) schwerlich eine plausible Erklärung zu finden sein dürfte. In geringerem Maße sind auch diesen Statuetten die alten Fehler des Künstlers eigen: Die schwankende Haltung der Figuren, die Schmalheit der Schultern und die konventionelle Stellung der Beine (das eine nach vorn gestreckt, das andere zurückgebeugt). Immerhin ist hier im Vergleich mit den Statuen von S. Francesco della Vigna in Venedig ein bemerkenswerter Fortschritt zu konstatieren, der dann noch auffälliger ist bei den drei gleichfalls halblebensgroßen Statuen der Hl. Antonius, Bonaventura und Ludwig, die A. laut Kontrakt vom 6. 11. 1593 für den Hochaltar des Santo auszuführen hatte, und die wohl als die beste Arbeit des Künstlers zu betrachten sind; namentlich die Statuette des hl. Ludwig mit dem Bischofstabe in der Linken und mit der wie zum Liebkosen eines (nicht mit dargestellten) Kindes vorgestreckten Rechten ist ein von warmer Empfindung inspiriertes Bildwerk von ebenso korrekter wie vornehmer Detaildurchbildung. Ziemlich verunglückt sind dagegen die vier kandelabertragenden Engel, schwer und barock die beiden bronzenen Altarschranken mit ihrem plumpen Volutenschmucke; köstlich wiederum durch die Grazie der Erfindung und die meisterliche Eleganz der Ausführung die beiden aus innig verranktem Laubwerk gebildeten Halbkandelaber, die auf ihren üppigen Blätterranken je drei Puttenfigürchen tragen, die ihrerseits die Symbole der Armut, der Keuschheit und der Beredsamkeit des hl. Antonius — nämlich Kuttenstrick, Lilie und Pergamentblatt — in den Händen halten. Diese Puttenfigürchen wären geradezu eines Bellano oder Briosco würdig; jedenfalls sind die beiden Halbkandelaber von S. Antonio zu den graziösesten Schöpfungen der dekorativen Kunst des damaligen Italiens zu rechnen. — Die voll signierte kleine Christusstatue über dem prächtigen marmornen Weihwasserbecken zur Linken des Hauptportales von S. Antonio (der Erlöser ist hier mit über der Brust gekreuzten Armen dargestellt, wie er geneigten Hauptes das Taufwasser des Jordanflusses empfängt) wurde zwar von den zeitgenössischen Kritikern wie auch von späteren Kunstschriftstellern als A.s Meisterwerk gerühmt, ist jedoch mit ihren kurzen und dicken Beinen und mit dem weichlichen Ausdruck des Kopfes meiner Ansicht nach keineswegs völlig tadelfrei. — Sicherlich wird A. in Padua für Privatbesteller noch verschiedene weitere Arbeiten ausgeführt haben. So werden ihm im dortigen Museo civico einige bronzene Kriegerstatuetten zugeschrieben, die den Figuren des Domreliefs nahe verwandt erscheinen, sowie auch zwei mit figürlichen Darstellungen geschmückte bronzene Tafelaufsätze. Irrtümlicherweise rechnete man zu diesen Paduaner Arbeiten A.s auch ein im Museo archeologico zu Venedig befindliches Relieffragment, das jedoch nach W. Bode wahrscheinlich den Bruchteil einer mißlungenen Relieftafel darstellt, die Bellano mit anderen Reliefs für den Chor von S. Antonio zu Padua ausgeführt hatte.

Wie es scheint, siedelte A. 1604 im Gefolge des Monsignore Antonio Grimani, Bischofs von Torcello und toskanischen Nunzius, von Padua nach Pisa über, wo er von dem toskanischen Nobile Camillo Berzighelli alsbald in freundschaftlichster Weise protegiert und mit zahlreichen bildnerischen Aufträgen bedacht wurde. So schuf er damals das Altardossale für die vom Senatoren Lorenzo Usimbardi, einem Oheim Berzighellis, erbaute Kapelle in der Trinità-Kirche zu Florenz, ein künstlerisch höchst wertvolles Bronzerelief mit der Darstellung des Martyriums des hl. Laurentius; ferner für den Palazzo Usimbardi die Statuen des Herkules und des Antaeus, die sich von den venezianischen Kolossalstatuen aus der Jugendzeit unseres Meisters äußerst vorteilhaft unterscheiden. Ein bronzenes Kruzifix von A.s Hand wurde der Orsola Fontebuoni, einer Nonne im Kloster S. Marziale zu Pistoja, zum Geschenke gemacht; ein anderes erwarb Berzighelli selbst, für den A. außerdem auszuführen hatte: die bronzene Hochreliefbüste der Luisa Paganelli, der zweiten Gemahlin seines Gönners; Marmorstatuen des Adonis und der schlafenden Leda; endlich acht bronzene Flachreliefs, darstellend Herkules im Kampfe mit dem kretischen Stiere, Jupiter mit Europa, Muzius Scaevola vor Porsenna, die Schmiede des Vulkan, Psyche mit Eros, die Verwandlung der Syringa in ein Schilfrohr, den Selbstmord der Thisbe und die Verwandlung der Dafne in einen Lorbeerbaum. Nach Berzighellis Tode sollen alle diese Werke A.s in den Palazzo Usimbardi übergeführt worden sein.

In der Blüte seiner Jahre und im größten Schaffenseifer wurde A. 1607 vom Tode ereilt. Sein Leichnam wurde, wie wir bereits erwähnten, im Karmeliterkloster zu Pisa beerdigt. Berzighelli ließ über dem Grabe des befreundeten Künstlers außer jener Inschrifttafel die von A.s Schüler Felice Palma in Marmor ausgeführte Bildnisbüste des Meisters aufstellen. — Einige Autoren verwechselten den Tiziano Aspetti mit Tiziano di Guido Minio da Padova und hielten ihn daher irrtümlicherweise für einen Schüler des Sansovino.

Z a b e o, Osservazioni relative alla vita ed all' arte di T. A. Padova 1821. — P i e t r u c c i, Biografia d'artisti padov., Padova 1858. — M o t h e s, Geschichte d. Baukunst und Bildhauerei Venedigs, Leipzig 1859. — S e l v a t i c o, Archi-

tettura e scultura in Venezia pp. 395—8. — Cicognara, Stor. d. scultura II 329 u. 344 (u. Tav. 70). — Perkins, Les sculpteurs italiens II 236, 258. — Moschini, Venezia, passim. u. Guida di Padova 251. — Selvatico und Lazari, Guida di Venezia, passim. — Rossetti, Guida di Padova, passim. — Brandolese, Guida di Padova, passim. — Gonzati, La basilica di S. Antonio di Padova I 86, 131, 191, 257. — Richa, Not. ist. d. chiese di Firenze III 154. — Baldinucci, Opere X 128. — Bode, Lo scultore B. Bellano, in Arch. stor. d. arte IV 1891 p. 404, No. 1. — Campori, Memorie d. scultori, architetti, pittori, ecc. di Carrara p. 275. — Bertolotti, Figuli, fonditori e scultori in relazione colla corte di Mantova p. 15. — Champeaux, Dictionnaire des fondeurs. — Cantalamessa, Cappella Grimani in S. Francesco della Vigna, in Rass. d'arte 1902 p. 52.
A. Moschetti.

Aspinall, George S., engl. Maler, tätig in den 80er Jahren des 19. Jahrh. in Holmburg St. Mary (Dorking), stellte seit 1881—1885 in der Suffolk-Street, in Birmingham, Liverpool und 1883 und 84 in der Roy. Academy in London aus, hier „The Oak and the Ash" und „Primrose Time".

Graves, The Roy. Academy of Arts, 1905, I 74. — The Years Art 1882 ff. **

Aspinall, J., sonst unbekannter engl. Maler um 1790—1800, von dem sich ein kleines Aquarell, Landschaft mit Wasserfall in der Handzeichnungssammlung des British Museum befindet.

L. Binyon, Catal. of drawings by British Artists 1898, I 62. **

Aspinwall, Reginald (A. R. C. A.), engl. Landschaftsmaler in Lancaster, stellte von 1884—92 Stimmungslandschaften in der Roy. Academy aus. Er muß dann jahrelang im Ausland geweilt haben, und nach 1903 versagen die Nachrichten über ihn.

Graves, The Roy. Academy of Arts, 1905, I 74. — The Years Art 1883 ff. **

Aspland, Theophil Lindsey, engl. Maler und Radierer, geb. in Hackney 1807, † 1890, Schüler des Radierers G. Cooke, wandte sich aber dann der Malerei zu. Zuerst in Manchester und Liverpool tätig, zog er sich 1848 nach Estwaite Water zurück, um dort die Seen-Szenerien zu malen. Seit 1871 lebte er in Bath und seit 1881 in Reigate. — Sieben Zeichnungen in Sepia oder Aquarell im British Mus.

Binyon, Catal. of drawings in the British Mus. I 1898. **

Asplund, Axel Gotthard, schwed. Medaillenschneider, geb. 3. 1. 1856 in Stockholm, Schüler von A. Lindberg daselbst und in Paris von Tasset und der Ecole des arts décoratifs. Hat verdienstvolle Medaillen ausgeführt. *G. Nordensvan.*

Asplund, Nils, schwed. Maler, geb. 7. 11. 1874 in Eskilstuna, Schüler der technischen Schule und der Kunstakad. in Stockholm, hat dekorative Gemälde — Altargemälde in der Kirche St. Ibbs (Hven) 1901, Heimdal bringt die Gaben der Götter zu den Menschen (Hochschule in Göteborg 1907) — u. kunstgewerbliche Musterzeichnungen ausgeführt.
G. Nordensvan.

Aspois, Jean, Glasmaler zu Lille, wo *Jacques Aspois,* aller Wahrscheinlichkeit nach sein Vater, dieselbe Kunst um 1385—1397 ausübte. Der Name Jeans wird zum ersten Male in einer Rechnung der Stadt Lille 1402 erwähnt, und zwar bei Gelegenheit der Arbeiten im Saal der Schöffen. 1424 lieferte er Glasbilder „pourtraictes d'images et tabernacles", die die Fenster der neuen Kapelle der genannten Halle zierten. Drei Jahre später lieferte A. noch sechs Wappenschilder für andere Fenster der Halle.

J. Houdoy, La Halle échevinale de la ville de Lille. 1870. p. 40—49. — Dehaisnes, Hist. de l'art, p. 170. **

Aspremont, d', Ingenieur in Toulon, machte den ursprünglichen Plan zu der schönen Porte-Royale in Toulon (gebaut 1681).

Nouv. Archives de l'art franç. 1895 p. 1, 4, 11. **

Aspri, Francesco, aus Camerino, italien. Holzschneider des 18. Jahrh. Führte die Holzstöcke für einige Heiligenbilder aus, z. B. S. Emidio di Ascoli, S. Pacifico da S. Severino, il Crocifisso di S. Agostino (alle ohne Datum) und 1780 il crocifisso di Gagliole, alles Werke von mittelmäßigem Wert.

Servanzi-Collio, S. Maria delle Macchie 1862 p. 43. *V. Aleandri.*

Asprucci, Antonio, Baumeister, Sohn des Architekten Mario A. d. Ä., geb. zu Rom 20. 5. 1723, lernte bei Nicola Salvi. Zuerst stand er seinem Vater bei, dann vergrößerte er allein den Palast des Herzogs von Bracciano. Für den Fürsten Marcantonio Borghese erbaute er ein Landhaus am Meere in der Nähe von Prattica. Ferner hatte er dessen Statuengalerie in der Villa Pinciana zu ordnen und die Wände und Gewölbe mit Malereien, Plastik und Mosaik auszuschmücken. Damit brachte er 20 Jahre zu. 1787 erbaute er im Garten dieser Villa einen Tempel des Äskulap, für eine antike Statue des Gottes. Die schönen Verhältnisse der vier jonischen Säulen, worauf Vorhalle und Giebel ruhen, und der einfache in antikem Muster gehaltene Stil fanden seinerzeit vielen Beifall. Asprucci war Mitglied der Akad. und Architekt der Großherzöge von Toskana zu Rom. Er starb daselbst 14. 2. 1808.

Meyer, Kstlerlex. — Tipaldo, Biografie d. ital. ill. 1835, II 427, 435. — Missirini, Storia d. rom. Acc. di S. Luca. p. 289. **

Asprucci, Mario d. Ä., s. *Asprucci,* Antonio.

Asprucci, Mario d. J., Sohn des Antonio, geb. zu Rom 10. 12. 1764, war gleichfalls Architekt und Schüler des Vaters. Er erbaute zwei Tempelchen des Aeskulap und der Diana für den Fürst Borghese und eine Kirche außerhalb Sienas. Nach seinen Plänen ließ Graf Bristol einen Palast (der auch im Stiche erschien) in England ausführen. Später wandte sich A. der Malerei von Kopien zu, starb jedoch bereits 7. 5. 1804 zu Rom.

Meyer, Kstlerlex. — Natura ed Arte 1897/98 I 121—28. **

Aspruck, Franz, Goldschmied, Bronzegießer, Kupferst., aus Brüssel, tätig in Augsburg 1598—1603. Die Angaben des Geburtsjahres 1590 bei Champeaux und des Geburtsortes Brügge in der Wiener Übersicht sind falsch. Da A. 1598 als fertiger Künstler auftritt, muß er zwischen 1570 bis 1580 geboren sein. Die Brüsseler Herkunft wird erwiesen durch die Bezeichnung auf einem Stich des Lukas Kilian: Gerards Augustusbrunnen nach der Zeichnung des A. Die Widmung des Blattes an einen Fugger ist unterschrieben: Franciscus Aspruck Bruxellensis 1598. Nach Augsburg kam er wahrscheinlich durch seine da tätigen Landsleute, die Erzgießer Hubert Gerard und Adrian de Vries. Stetten rühmt A. als Gold- und Silberschmied, Wachsbossierer und Kupferst. Zwei für den Erzherzog (späteren Kaiser) Matthias 1603 ausgeführte plastische Werke erwähnt Stetten, einen in Silber gegossenen Erzengel Michael (wohl nicht erhalten) und einen Kaiser Antoninus Pius von Messing. Letzterer ist offenbar die Reiterstatuette des Kaisers Marc Aurel in Bronzeguß des Wiener Hofmus., eine verkleinerte Nachbildung des antiken Originals in Rom. Eine Bronzegruppe Achilles und Briseis befindet sich im Schloß Windsor, bez. mit dem Monogr. (F im A), vielleicht dieselbe Gruppe, die Brulliot in Augsburg sah. Wichtiger ist A. als Kupferst. Zwar Erfinder der Schabkunst, wie vielfach angegeben wird, war A. nicht. Die Blätter, die zu diesem Irrtum den Anlaß gaben, sind nicht geschabt, sondern gepunzt, wie schon Stetten richtig erkannte, der sie als gehämmerte Arbeit „opus mallei" beschrieb. Das ist eine Folge von 13 Bl., Christus und die 12 Apostel vom Jahr 1601 nach Agostino Carracci. In der Widmung auf dem 1. Blatt so bezeichnet: „effigies nouo hoc in aere typi genere effor: .. Die Verwendung der Punze für den Kupferstich war freilich kein novum genus, sondern schon im ganzen 16. Jahrh. bei Goldschmiedevorlagen im Gebrauch. Vielleicht neu, aber kaum besonders rühmenswert, die Vereinigung von Linienstich und Punzenarbeit, auch nicht bei allen Blättern der Folge verwendet. Zur Hervorbringung der Schattenpartien auf den Gewändern und im Hintergrund hat A. vielleicht nicht die gewöhnliche, in nur eine Spitze endigende Punze gebraucht, sondern ein Instrument, das in mehrere Stacheln auslief. Mit einer Art Roulette hat A. nicht gearbeitet, dazu sind in den Punktreihen, die die Umrisse bilden, die einzelnen Punkte zu ungleichmäßig. Außer dieser Folge und einer mytholog. Darstellung nach J. Heintz hat A. nichts in seiner neuen Technik gestochen. Nach seinen Zeichnungen sind einige Kupferstiche in Linienmanier (die Erzengel, weibliche Heilige) bei Dominicus Custos erschienen, aber nicht von ihm selbst gestochen.

Stetten, Kunst- etc. Geschichte von Augsburg 1779 passim. — Brulliot, Monogr. I 314, II 755, 760. — Meyer, Kstlerlex. II 342. — Nagler, Monogr. I 285. — Champeaux, Dict. d. Fond. 39. — Wurzbach, Niederl. Kstlerlex. I 39. — Fortnum, Bronces in the S. Kens.-Mus. Einl. 179. — Übersicht der kk. Sammlgn. des Ah. Kaiserhauses 1899 S. 261. — Jahrb. d. pr. Ks. X 35, XIII 94. — Jahrb. d. kk. Samml. des österr. Kaiserh. I 140. *J. S.*

Asquer, Pedro, Maler in Mallorca, aus dem Königr. Valencia, bekannt durch ein Aktenstück vom 20. April 1454.

Aguiló, Artistes Mallorquins XIV. (Bolet. arqueol. Lul. Febr. 1905.) *M. v. B.*

Asquilinus, Abt des Klosters von Moissac bei Cahors, soll 1104—1108 den Kreuzgang und das Portal der Kirche seiner Abtei gebaut haben.

Lami, Dict. d. sculpt. 1898. *R.*

Assalone di Ottaviano, Maler zu Perugia, wird 1479 in die dortige Malerzunft aufgenommen und 1488 und 1493 unter den Mitgliedern der Compagnia di S. Giuseppe aufgeführt. 1489 vereinigt er sich mit Niccolo del Priore zu gemeinsamer Ausübung des Malerhandwerks. Von seiner künstler. Tätigkeit ist nichts weiter bekannt, als daß er 1498 von den Nonnen in Monteluce bei Perugia die bescheidene Zahlung von 14 Soldi für 2 Madonnenbilder auf Papier erhielt und daß ihm und seinem Sozius Francesco 1508 vom Kloster S. Pietro 1 Lire und 4 Soldi für Kerzenständer vergütet wurden, die sie zur Feier des Fronleichnamsfestes bemalt hatten. Sein Todesjahr ist nicht bekannt.

Lupattelli, Stor. d. Pittura in Perugia, Foligno 1895 p. 27. — Mariotti, Lettere pittoriche perugine, Perugia 1788 p. 74. *W. Bombe.*

Assan u. **Assaut,** s. *Asam.*

Assche, Amélie (nicht Emilie) van, belg. Porträtmalerin, geb. 26. 1. 1804, Tochter von Henri v. Assche. Sie malte Miniatur-, Aquarell- und Pastellbilder und war Schülerin zuerst von Mlle F. Lagarenne und d'Autissier, später in Paris, von Millet. Mit Aquarell- und Pastellbildern debutierte sie auf den Ausstellungen in Gent (1820) und Brüssel (1821). Miniaturen waren ausgestellt in den Brüsseler Salons 1830—48, in den Salons von Gent 1835 und 38. Mit dem Porträt Leopolds I., welches sie 1839 ausführte, erwarb sie den Titel einer Hofmalerin der Königin Louise Marie von Belgien.

Immerzeel, De Levens. — Meyer, Kstlerlex. **

Assche, Auguste van, Architekt, geb. zu Gent am 4. 7. 1826, † am 24. 2. 1907 daselbst. Er studierte zuerst an der Akademie in Gent, dann unter Roelandt und A. Pauli; später unter J. Bethune. Nach seinen Zeichnungen ausgeführte Gebäude: die Gemeindeschulen von Laathem, Nevele und Berchen (bei Audenaarde), ferner das Pensionat Saint-Henri zu Deynze, die Zeichenschule derselben Stadt und die Schule und das Kloster Petit-Sinay (im Stile des 15. Jahrh.); die Kirche und das Stift der englischen Fräulein zu Melle, endlich die Kirche und das Kloster der barmherzigen Schwestern zu Quatrecht, im Stile des 14. Jahrh.

Der Künstler ist ferner mit der Restauration verschiedener alter Gebäude beauftragt worden. In Flandern nennen wir die Kirchen von Welden, Lootenhulle, Deynze, Wieze, Scheldewindeke und Lophem, die St. Jakobskirche zu Gent und U. L. Frau von Pameele zu Audenaarde; in Brabant die Kollegiatkirche von St. Leonhard zu Léau; in Limburg die St. Peterskirche zu St. Truyen. Auch zur Vergrößerung der U. L. Frauenkirche zu Thienen hat v. A. die Pläne entworfen und die Wiederherstellung des merkwürdigen Schlosses von Spontin ausgeführt.

Alex. Pinchart in Meyers Kstlerlex. **

Assche, Auguste Lambert van, Bildhauer, Sohn des Jean Baptiste Charles v. A., geb. zu Brüssel 5. 3. 1797, taubstumm. Er war ein Verwandter des Landschaftsmalers Henri v. Assche. Da er für die Plastik größere Anlagen zeigte, so ging er später zu dieser über. Auf der Brüsseler Akad. erwarb er 1818 den ersten Preis und hatte 1820, nachdem er einige Zeit im Atelier des Bildhauers Godecharle gearbeitet hatte, bei der von der Genter Akademie ausgeschriebenen Konkurrenz den gleichen Erfolg. In Paris vervollkommnete er sich unter Bosios Leitung und ward hier als Eleve in die kgl. Akademie aufgenommen. Von seinen Arbeiten sind in Frankreich mehrere, namentlich Porträts, vorhanden. Die Julirevolution veranlaßte ihn, in sein Vaterland zurückzukehren.

Die Ausstellungskataloge von Brüssel 1818, 24 und 36, die von Gent 1820, 32, 35, 44 und 47 führen von ihm auf: Büsten- u. Medaillonporträts von Louis Philippe, General Belliard, Graf Frédéric de Mérode, O. Van Veen, Haydn, Grétry u. a., Statuetten in terra cotta, Modelle zu Statuen, Reliefs in Gips und Marmor, unter welchen letzteren eine Anzahl von Medaillons mit Engelköpfen und eine hl. Jungfrau von 1810 und 1820 datieren.

Viele Werke v. Assches besitzt das Schloß von Westerloo, darunter mehrere Büsten von Gliedern der Familie de Mérode, welcher das Schloß gehört. Von den beiden Büsten Jean Baptiste Thorns, des alten Gouverneurs von Hennegau, befindet sich die eine im Sitzungssaal des Provinzialrates zu Mons (Bergen), die andere auf dem Kirchhof dieser Stadt, auf dem 1842 nach dem Entwurf des Architekten Gouël errichteten Monumente Thorns. Das neue Museum von Brüssel besitzt von dem Künstler eine schöne Büste des Bildhauers Laurent Delvaux, kopiert nach Godecharle, die gezeichnet ist: A.L.V$\frac{\text{HE}}{1845}$. Er starb in seiner Geburtsstadt 7. 1. 1864.

Kunstblatt, 1820 p. 326. — Dictionnaire des hommes de lettres, des savants et des artistes de la Belgique, 1837 p. 198. — Immerzeel, De Levens en Werken etc. — Alex. Pinchart in Meyers Kstlerlex. **

Assche, Henri van, Landschaftsmaler. geb. zu Brüssel 30. 8. 1774, † 10. 4. 1841, besuchte das Atelier des damals sehr angesehenen Landschaftsmalers J. B. Deroy, dem er hauptsächlich die Gewöhnung an aufmerksames Naturstudium zu verdanken hatte, den er mit seinen Leistungen aber bald übertraf. Ähnlich, wie Ommeganck, suchte er in der Landschaftsmalerei zu einer Zeit, da die konventionelle Manier vorherrschend war, zu einer treuen und genauen Darstellung der Natur zurückzukehren. Gegen 1815 bereiste er das nördliche Italien, ein paar Jahre später die Vogesen, dann Holland, Deutschland, die Schweiz, und brachte von allen diesen Gegenden reiche Studienausbeute heim. Eine Sammlung der vorzüglichsten Ansichten der Schweiz, die P. Lauters herauszugeben begann, blieb unvollendet. Werke von ihm sah man auf den Ausstellungen in Gent 1808 bis 1838, in Brüssel 1816—1836, in Antwerpen 1819, 28, 34, 37 und 40, in Lüttich 1836 etc.

Mit Recht hat man ihn den Maler der Wasserfälle genannt. 1830 malte er den Wasserfall von Reichenbach und des Avers, 1833 der Lütschine im Tal von Lauterbrunnen, 1836 der Toccia, 1839 des Griesbach in der Schweiz, 1833 der Roer etc. Von „Mühlen" sind zu nennen: die Wassermühle bei Brüssel (1812), die Mühle von Eprave zwischen Dinant und Rochefort (1810), die Mühle von Salzinnes bei Namur (1814), ein Hammerwerk bei Fumay an der Maas (1814), ein Hammerwerk bei Stavelot (1820), eine Mühle im Luxemburgischen (1835), eine Mühle an der Dender bei Geersbergen (1836), eine Mühle an der Vesdre etc. Von anderen Darstellungen kann man erwähnen: die Ansicht des Schlosses Montaigle (1808), eine Ansicht von Perugia gegen den Trasimener See (1816), eine Ansicht der Vogesen bei Markirch (1818), das Schloß Montaigle (1827), die Ruinen der alten Abtei St. Bavo zu Gent (1828), Ansicht der Stadt Lugano (1836), das Tal und die Hohlwege beim Schloß Unspunnen in der Schweiz (1836), die Nolla-Schlucht in Graubünden (1839) etc.

Das früheste Gemälde v. A.s, das wir kennen, besitzt das Mus. zu Antwerpen (1805 datiert); es stellt eine Gewitterlandschaft dar (Le coup de foudre) und stammt aus der Sammlung Van Heke Baut de Rasmon. Im Mus. von Brüssel sah man bis vor einigen Jahren den Wasserfall der Toccia und die Ansicht einer Mühle; im Mus. von Brügge befindet sich eine Ansicht der Umgebung von Brüssel bei Gewittersturm. Im Rijksmus. zu Amsterdam: Gießbach in den Ardennen, 1821. — Von ihm gibt es auch eine Originallithographie von 1826 „Vue, prise dans le ci-dev.t Electorial de Trèves". Etude d'après nature (Lith. de Dewasme).

Alex. Pinchart in Meyers Kstlerlex. (mit älterer Lit.). — Notizen von H. Hymans.

Assche, Jacob van, Maler von Mecheln, Mitglied der dortigen Malergilde, am 21. 1. 1479 urkundlich erwähnt.

E. Neeffs, Histoire de la peinture etc. à Malines I 8, 122. *H. V.*

Assche, Isabelle Cathérine van, Landschaftsmalerin, Nichte u. Schülerin von Hendrik van Assche, geb. den 23. 11. 1794 zu Brüssel, vermählte sich 1828 mit Charles Léon Kindt. Schon 1812 und 1813 stellte sie zu Gent u. Brüssel Aquarellbilder aus; dann befanden sich Werke von ihr auf den Ausstellungen in Gent 1826, 29 u. 35, in Brüssel 1827 und 42, in Antwerpen 1834, 37 und 40, in Lüttich 1836 etc. Von der Genter Akad. erhielt sie 1829 den 1. Preis für Landschaften. Ihre Gemälde haben immer Partien aus der Umgebung von Brüssel zum Gegenstande; eines derselben, welches eine Gegend von Boitsfort darstellt, befand sich in der ehemaligen kgl. Sammlung im Pavillon zu Haarlem.

Meyer, Kstlerlex. *Pol de Mont.*

Assche, Simon van, Architekt in Gent, zum erstenmal erwähnt und zwar als „meester" in einer Akte vom 5. 2. 1414 (1415 neuen Stils), wo er als Bürge für den Grabsteinhauer Jan de Meyere erscheint. Aus einer Stadtrechnung von 1425/26 (fol. 305vo) geht hervor, daß er den Entwurf („bewerp") zu der Tuchhalle fertigte. Im folgenden Jahr wird „meester Symoen" in Angelegenheit desselben Baues erwähnt, für den „meester Hendric Boutsvoort" damals Hausteine lieferte. Als die Bauarbeiten einige Jahre darauf eingestellt wurden, waren der von zwei eleganten Türmchen flankierte Hauptgiebel und die sieben ersten Joche vollendet. Die Restaurations- und Vollendungsarbeiten an der Halle wurden 1889 durch seinen Namensvetter, den Architekten-Archäologen *August van Assche* (geb. in Gent am 4. 7. 1826, † daselbst am 24. 2. 1907) begonnen. Die beiden anderen Architekten an diesem 1903 beendeten Werk waren *Charles van Rysselberghe* in Gent und *Joseph de Waele* ebendort.

Nach eigenen Forschungen in den Genter Archiven. — F. de Potter, Gent van den oudsten tyd tot heden, V 224. — Gand, Guide illustré publié sous les auspices de la Commission locale de monuments. 2e édit. 1906 p. 105. *V. v. d. Haeghen.*

Asschoonebeck, A., s. *Schoonebeck.*

Assegnes, d', s. *Assignies,* d'.

Asselbergh (Asselberg od. Asselberch), Cornelis, Bildhauer, geb. zu Antwerpen in der 2. Hälfte des 18. Jahrh. Nachdem er Studien auf der Kunst-Akad. seiner Vaterstadt gemacht, ging er zu seiner weiteren Ausbildung nach Lyon, wo er seit dem Jahre 1783 künstlerische Erfolge zu verzeichnen hatte. In Belgien ist der Künstler ziemlich unbekannt geblieben und die auf seine Existenz bezüglichen Dokumente sind ziemlich ungenau. Nach seinem Aufenthalt in Frankreich übte er seine Tätigkeit besonders in Holland aus. Er scheint dort sogar einen gewissen Ruf genossen zu haben, denn 1791 schon zählt ein „Extract uit de notulen der Confrerie van Pictura te 'sGravenhage" 36 Zeichner nach der Verdienstordnung auf und reiht Cornelius A. als No. 6 unter diesen Künstlern ein. In Haarlem vollendete der Meister 1793 für „Teyler's Stichting" das Erinnerungsdenkmal, das zum Gedächtnis des Gründers dieses Museums (Pierre Teyler) errichtet wurde. Dieses Monument war bei Jan Swart bestellt worden, jedoch infolge Ablebens dieses Letzteren, von ihm unvollendet geblieben.

Kramm u. Immerzeel, De Levens en Werken etc. *E. de Taeye.*

Asselbergs, Alphons, Landschaftsmaler, geb. zu Brüssel 19. 6. 1839, Schüler von E. Huberti. 1867—69 studierte er die Natur zu Tervuren, und mehrere seiner Bilder sind der malerischen Umgebung dieses Ortes entlehnt; sodann brachte er die Herbste und den Winter 1870—71 bei Dinant an den Ufern der Maas und einen großen Teil des Jahres 1872 zu Kinroy im Limburgischen Kemperlande zu, wo er die Motive für die Gemälde im Mus. zu Lüttich (Sonnenuntergang in Kinroy) und im Rijksmus. in Amsterdam (Sonnenaufgang in de Kempen) und in Antwerpen (Sonnenuntergang in de Kempen) entnahm.

Weiter haben von ihm das Mus. von Mons eine Ansicht dieser Stadt, die Galerie zu Spa ein Winterbild, das Mus. zu Namur: Ferme en Flandre (ebenfalls Winterbild) und der Provinzial-Rat in Namur: Clairière à la Reine Blanche (Fontainebleau). Nachdem er zum ersten Male in Löwen 1868 und im folgenden Jahre in Brüssel ausgestellt hatte, fehlte er selten auf den Ausstellungen Belgiens und von Paris und erntete für seine kraftvoll realistischen Gemälde Auszeichnungen und Ehren aller Art.

Meyer, Kstlerlex. — Mit Notizen von H. Hymans. *Pol de Mont.*

Asseliers, Hans, Hof-Tapissier in Wien

um 1533 in den niederösterr. Herrschaftsakten erwähnt.

Jahrb. d. kunsth. Samml. d. Allerh. Kaiserh. V Reg. No. 4067. **

Asselin, französ. Maler in Saumur, lieferte 1633 den Entwurf für ein Tabernakel für die Kirche St.-Pierre.

C. Port, Artistes Angevins, Angers 1881. **

Asselin, Charles-Eloi, französ. Porzellan- und Aquarellmaler, Chef der Malerateliers in der Manufaktur in Sèvres, geb. 1742, † 1803. Von ihm in der Sammlung der Manufacture in Sèvres eine große Gouache, ein Nachtfest darstellend, bez.: Cle. Ei. Asselin invenit et fecit 1788, ferner eine kleine Aquarelle, darstellend die Ausst. der Sèvres-Manufaktur auf dem Marsfelde 1798. Er malte auch feine Miniaturbildnisse.

Richesses d'art, Prov. Mon. civ. V 33. — W. Chaffers, Marks and Monograms. **

Asselin, François, Maler, geb. in Coutances um 1767, emigrierte als Geistlicher zur Zeit der Revolution aus Frankreich, wandte sich dann der Kunst zu und studierte 1799 bis 1801 zu Dresden. Auf der dortigen Kunstausstellung sah man von ihm einen Amor nach Mengs, ferner zwei Bildnisse in Pastell, die sich durch Weichheit und gefällige Behandlung empfohlen haben sollen. Hierauf ging er wieder nach Frankreich und dann nach St. Petersburg, wo man ihm seine Arbeiten und seinen Kunstunterricht wohl bezahlte. Er starb daselbst nach Verlauf einiger Jahre.

Réunion d. Soc. d. b.-arts XXIII 163. — Meyer, Kstlerlex. *R.*

Asselin, Jehan, Stadtzimmermeister zu Paris, laut Urkunde 1526 bei Erneuerungsarbeiten an Notre Dame, 1533 am Bau des Stadthauses beschäftigt.

Nouv. Arch. de l'art franç., 3. Série, III 1887. — Invent. gén. d. Richesses d'Art. Monum. civ. III. Paris 1902. — Bauchal, Dict. d. archit. franç. *H. V.*

Asselin, Sebastian u. Pierre, Glockengießer in Le Mans, Vater und Sohn, ersterer 1667, letzterer bis 1767 erwähnt.

Esnault, Dict. des Artistes Manceaux, Laval 1899. **

Asselin, s. auch *Asselyn.*

Asselineau, Antoinette, französ. Porträt- und Genremalerin, geb. in Hamburg 15. 5. 1811, Schwester von Léon Auguste, stellte im Pariser Salon 1837—41 verschiedene Interieurstücke, Genreszenen und Bildnisse aus. Im Louvre befindet sich von ihr ein kleines Porträt des Dragonerrittmeisters Baron Dornier, in ganzer Figur.

Meyer, Kstlerlex. — Bellier-Auvray, Dict. gén. *H. V.*

Asselineau, Léon Auguste, französ. Lithograph und Landschaftsmaler, geb. in Hamburg 1808, † in Rouen 1889, Schüler von Roehn in Paris, tätig in Paris und in Le Havre, stellte im Salon wiederholt (1836 bis 1847) aus. Er hat seine Hauptbedeutung als Illustrator, als welcher er u. a. für das Moyen-Age Pittoresque unter Leitung Viollet-le-Duc's und für Werke wie Le Mobilier, Le Vieux Paris, die Gallerie Orléans, Vues pittoresques des principaux châteaux des environs de Paris etc. tätig war. Ein Verzeichnis seiner lithographischen Arbeiten findet sich bei Meyer, Kstlerlex.

Nagler, Kstlerlex. — Bellier-Auvray, Dict. gén. — Chronique des Arts 1889 p. 109. *H. V.*

Asselt, François van, vlämischer Maler, wird angeführt als Gehilfe von Gheeraert Pieters bei den malerischen Dekorationsarbeiten, die 1599 in Gent gelegentlich des feierlichen Empfanges des Erzherzogs Albert und seiner Gemahlin Isabella hergestellt wurden.

Archiv zu Gent, Reg. Inhuldingen, Serie 111 bis No. 2. — E. de Busscher, Recherches sur les peintres Gantois, t. II 93. *Victor van der Haeghen.*

Asselt, Jan van der (auch Jan van der *Hasselt,* Jehan *d'Asselt, del Asselt, de Hasselt* und *de le Hasselt*), bedeutender vlämischer Maler der 2. Hälfte des 14. Jahrh., wird in einer großen Zahl von französ. und vlämischen Dokumenten in den Jahren 1364 bis 1396 erwähnt. Er war in Gent tätig, wo auch seine Familie wohnte. Der Name existiert übrigens noch als Ortsname in der Nähe dieser Stadt. Er arbeitete bereits 1364 für Ludwig von Male, Grafen von Flandern. Im nächsten Jahre nahm ihn dieser Fürst mittelst Verfügung vom 9. Sept. in seinen besonderen Dienst, mit dem Verbot, sich für andere sonst ohne seine besondere Erlaubnis verwenden zu lassen, und setzte ihm einen Jahresgehalt von 20 livres de gros aus. Nach den Urkunden wurde ihm dann aufgetragen, die Malereien in der Kapelle des Grafen in Gent auszuführen (1365). Damit übrigens der Künstler keine Verzögerung in der Auszahlung seines Gehaltes erleide, schärfte der Graf ausdrücklich dem Zahlmeister von Gent ein, den Künstler vierteljährlich auszuzahlen und sich mit einer einfachen Quittung zufrieden zu geben. Der Graf von Flandern hatte an die U. L. Frauenkirche zu Kortryk eine große u. prächtige, der hl. Katharina gewidmete Kapelle anbauen lassen, welche 1373 eingeweiht wurde und sein Grabmal aufnehmen sollte. Diese Kapelle existiert noch. Man hat in derselben Reste alter Wandmalereien entdeckt, darunter Bildnisse der Grafen von Flandern, die als Bildsäulen in Nischen dargestellt sind. Heute weiß man, daß J. van der Asselt diese Kapelle 1372 ausmalte. Er hatte auch, wie wir glauben, die Zeichnung zu dem Grabmale geliefert, das der Fürst in dieser Kapelle für sich errichten lassen wollte. Es ist über allen Zweifel gestellt, daß der Künstler auf Befehl des Grafen 1374 von Gent nach Kortryk sich begab, wobei auch der Bildhauer Andreas Beauneveu aus Valenciennes berufen wurde; denn der Graf wollte von beiden ein Gutachten über das Mausoleum haben, unter welchem sein Körper ruhen sollte. Im Januar 1382 bekam J. v. A. vier Monate seiner Pension; dies war das letztemal, u. seinen Gehalt scheint er seitdem nicht mehr erhalten zu haben. Denn er wird in den Rechnungen nicht mehr angeführt; u. kurze Zeit später kommt der Name des Melchior Broederlam vor, der zum Maler und Kammerdiener Philipps des Kühnen, Herzogs von Burgund, mittelst Patentes vom 13. 5. 1384 ernannt wurde mit einem Jahresgehalt von 200 Franken, einer Summe, welche den Gehalt seines Vorgängers beträchtlich überstieg. J. van der Asselt scheint also in Mißgunst bei Ludwig von Male gefallen zu sein. Eine Urkunde aber beweist, daß der Herzog von Burgund, dessen Schwiegersohn und Nachfolger, das Talent des Künstlers zu schätzen wußte; er ließ nämlich von ihm ein Bild für die Franziskanerkirche in Gent ausführen, für welches demselben auf Anweisung vom 25. 8. 1386 84 livres ausgezahlt wurden. Im Jahre 1389 oder 1390 malte J. van der Asselt im Auftrage desselben Fürsten ein Marienbild für dessen Schloß van den Wal zu Gent. Er wird zum letzten Male in einem Testament erwähnt, das von Gent den 24. 11. 1396 datiert, durch welches Bondin van Loe ihm 2 silberne Löffel (2 selverine leple) vererbte.

Archiv zu Gent, Schöffenregister des 14. Jahrh., ferner Rechnungen und Quittungen der Genter Münze und Rechnungen der Generalrechnungsverwaltung von Flandern, beide in den Staatsarchiven von Brüssel. — Desgl. in den Archiven des Départ. du Nord zu Lille. — G a c h a r d, Rapport à M. le Ministre de l'intérieur sur les Archives de l'ancienne chambre des comptes de Flandre à Lille, pp. 64, 65. — L. d e L a b o r d e, Les Ducs de Bourgogne I 2, 6. — E. D e B u s s c h e r, Recherches sur les peintres gantois, 1859. — A. P i n c h a r t, Archives des Arts etc. II 143. — V a n d e P u t t e, La chapelle des comtes de Flandre à Courtrai (Courtrai 1875). — D e h a i s n e s, Documents concernant l'histoire de l'art dans la Flandre etc. 1886, t. I. — N a p. d e P a u w, Les premiers peintres et sculpteurs gantois (Bulletin de la soc. d'hist. et d'archéol. de Gand 1899). — V. v a n d e r H a e g h e n, Mémoire sur des documents faux relatifs aux anciens peintres etc. Flamands, 1899. (Mém. de l'acad. roy. de Belgique). — A. P i n c h a r t in Meyers Kstlerlex.

(Mit Notizen von *Victor van der Haeghen.*)

Asselyn, J a n, Maler, geb. in Dieppe 1610, längere Zeit in Rom, wo er in der „Bent" wegen seiner verwachsenen Hand den Namen „Krabbetje" erhielt, und beeinflußt wurde von Claude Lorrain, Pieter van Laer und Jan Miel. Auf seiner Heimreise heiratete er 1645 in Lyon Antoinette Houwaert, deren Schwester mit Nicolaes van Helt Stocade vermählt war, und zog dann nach Amsterdam, wo er aber erst 24. 1. 1652 das Bürgerrecht kaufte. 28. 9. 1652 wird er als am Singel bei der Heiligewegspoort wohnend erwähnt, aber schon im Okt. desselben Jahres starb er. Seine häufig vorkommenden Landschaften, deren Motive fast ausschließlich der italien. Natur entnommen sind, finden sich in den meisten holl. und ausländ. Sammlungen; vereinzelt sind sie mit seinem vollen Namen, meistens mit einem Monogramm (J. A.) bezeichnet. Eine in Verbindung mit Jan Baptist Weenix gemalte Landschaft in der Akad. in Wien ist von beiden bezeichnet. Die große Überschwemmung bei Amsterdam 5. 3. 1651 ist öfters von ihm gemalt, u. a. in einem Bilde in Schwerin (J. J. de Boissieu sc.). Besondere Erwähnung verdient eine große allegor. Darstellung im Mus. zu Amsterdam. Auch seine Handzeichnungen kommen häufig vor. G. Perelle hat eine große Reihe topographisch wichtiger, italien. Ansichten nach ihm radiert. Er war befreundet mit Rembrandt, der sein Porträt radiert hat. Frederick de Moucheron war sein Schüler.

H o u b r a k e n III 64. — S c h e l t e m a, Rembrandt 69. — Oud-Holland VIII 231.

E. W. Moes.

Asselyn, s. auch *Asselin.*

Asselyns, J o r i s, einer der guten Vertreter der Holzbildhauerkunst in Belgien. Er war 1538 zu Brüssel tätig und muß eine große Anzahl von Werken geschaffen haben, die anonym geblieben sind und überdies zum großen Teil zerstört wurden. 1527 erlangte der „houtenbeeldsnyder" und „houtsnyder", d. h. der Holzbildhauer und Holzschnitzer, Bürgerrechte zu Brüssel. Kurze Zeit darauf, 1538, vertrauten ihm die Mitglieder der Brüdergemeinschaft von Saint-Quentin zu Löwen die Ausführung einer Altartafel für ihre Kapelle an, deren Kosten 200 Gulden betrugen. Die Arbeit war mit Flachreliefs geschmückt, die dem Leben der Patrone der Bruderschaft gewidmet waren. Zu den Werken, welche der Künstler in Brüssel, besonders von 1546—47, ausführte, gehören die gesamten dekorativen Reliefs: Kartuschen, Wappenschilder, Kapitäle, Ornamente des neuen Audienz-Saales in der Kanzlei.

M a r c h a l, La sculpture belge, p. 239. — P i n c h a r t, Archives, t. I. — Archives de l'Etat à Bruxelles. — V a n E v e n, L'ancienne école de peinture à Louvain. *E. de Taeye.*

Assen, A. v a n, niederländischer (?) Zeichner und Kupferstecher in London, † daselbst 1817, meist nur nach fremden Vorlagen (P. Lely, Lochée, E. Penny, Zucchi etc.) arbeitend.

M e y e r, Kstlerlex. (Verzeichnis s. Werke). — O t t l e y, Notices. *H. V.*

Assen, J a n v a n, Maler, geb. in Amsterdam etwa 1635, wurde 20. 1. 1688 daselbst Bürger. Seine Landschaften und Historien, welche von einiger Entfernung gesehen einen wirkungsvollen Effekt gemacht haben sollen, und bei denen er sich vielfach Tempestas Stiche bedient haben soll, werden von Houbraken namentlich als Exportartikel für Indien erwähnt. Außerdem werden ihm jetzt noch einige Porträts zugeschrieben. Ein kleines ihm ohne Grund zugeschriebenes, auf Kupfer gemaltes männliches Porträt im Rijksmus. in Amsterdam vom Jahre 1666 ist nur mit den Initialen J. v. A. bezeichnet. 1866 wurde in Amsterdam von ihm verkauft: Daniel in der Löwengrube (bei Roos & Co.). Er starb in Amsterdam 1697.

Aemstels Oudheid IV 63. — Houbraken II 236. — Kramm, De Levens etc.

E. W. Moes.

Assen, J. van. Nach einem sonst unbekannten Maler dieses Namens aus dem 18. Jahrh. hat Beauvarlet: Le jardinier und La fruitière gestochen. *E. W. Moes.*

Assen, Johann Walter v., s. *Cornelisz, Jacob.*

Assenbaum, Fanny, Landschaftsmalerin in Baden bei Wien, geb. in Liebitz in Böhmen 1848, Schülerin von Haushofer und L. Willroider in München. Sie malt Waldlandschaften u. bevorzugte früher Motive aus Rügen. Noch 1900 und 1901 war sie im Münchener Glaspalaste mit den Landschaften: Herbst, Partie bei Schleißheim und Vorfrühling vertreten.

F. v. Bötticher, Malerwerke d. 19. Jahrh. — Ausstellungskataloge. **

Assenberg, Sebastian, Blumenmaler, „adiutor temporalis" des Köln. Jesuitenkollegiums, 1625 dort aufgenommen, † 1672. Von ihm rühren vermutlich Engelköpfe und Blumenranken an den Chorgewölben der Kölner Maria-Himmelfahrtskirche.

Kölnische Volkszeit. No. 226. 19. 8. 1889. — Merlo: Köln. Kstler. 2. Aufl. 1895, 50.

Firmenich-Richartz.

Assendelft, Cornelis, Maler, kommt 2. 11. 1742 in die Zunft zu Leiden.

Oud-Holland XXII 190. *E. W. Moes.*

Assendelft, Nicolaes van, holl. Bildschnitzer im 17. Jahrh., fertigte die Chorstühle der neuen Kirche in Delft.

Bleiswyck, Geschichte von Delft S. 278.

A. W. Weissman.

Assensio, s. *Asensio.*

Assenzi, s. *Ascenzi.*

Asser, s. *Adzer.*

Assereto, Maler in Genua, tätig bis um 1686; ein zweiter Sohn des Giovacchino A., dessen Vorname unbekannt geblieben ist.

Zani, Encicl. I 257. *E. Scatassa.*

Assereto (Axareto, Asserto), Giovacchino, Maler aus Genua, geb. 1600, † am 28. 7. 1649, kam zuerst zu Luziano Borzone in die Lehre, später zu Andrea Ansaldo. Noch nicht 16 Jahre alt, wurde er berufen für das Oratorium S. Antonio Abbate in Sarzano ein großes Bild zu malen; es stellte den Titularheiligen dar, wie er durch Gebet die Teufel vertreibt. Für das Oratorium S. Maria malte er bald darauf ein Abendmahl, ein anderes für das Oratorium S. Croce und für letzteres auch eine Fahne Einen Christus am Kreuz entwarf er für das Soldatenquartier vor der Porta dell' Irco, für das Oratorium S. Germano eine Auferstehung Christi und einen Christus mit S. Thomas, für das Oratorium S. Andrea einen S. Andreas Besessene heilend und für das Oratorium S. Stefano eine Auferstehung des hl. Lorenzo. Das Kloster der Agostiniani Scalzi S. Nicola schmückte er mit den Bildnissen einiger Ordensheiliger. Von Asseretos Hand erhielt die Kirche S. Cosma e Damiano zwei Bilder, erstens die beiden Titularheiligen Kranke heilend und über ihnen Maria mit dem Christkind, und dann die drei Hl. Agata, Apollonia und Lucia. Nach der Kirche S. Brigida kam eine Madonna del Rosario mit den Hl. Domenico, Francesco Saverio und Chiara. Auch für die Ortschaften Recco und Chiavari hatte Assereto Altarbilder auszuführen. 1639 ging er nach Rom. Die Domenichino, Lanfranco, Reni, Poussin machten jedoch dort nicht den Eindruck auf ihn, den er erwartete. Nach seiner Rückkehr nach Genua entstanden dort noch zahlreiche Werke, deren hervorragendste sind: In der Kirche der Minoriti osservanti: zwei Prophetenfiguren auf Leinwand, S. Petrus heilt den Lahmen und David wird von Abimelech umarmt; die beiden letzten al fresco gemalt. — In S. Agostino: die Wunder der Jungfrau Maria in ihrer Kapelle. — In einem Saale des Palazzo des Francesco Granello: die Geschichte Abrahams u. Personifikationen einiger Tugenden; diese Fresken wurden 1643 ausgeführt und gefielen durch die Vornehmheit der Komposition, sowie durch ihre reiche Fülle und Anmut. — Im Saale des Palazzo des Agostino Airolo an der Piazza Amorosa malte A. an der Decke die Geschichte des Marsyas. Die Lünetten füllte er mit Figuren einzelner Gottheiten aus und an den Wänden brachte er in Chiaroscuro eine Anzahl Termini an. Begonnen war diese Freskomalerei von Giovanni Maria Bottalla, der aber bereits 1644 starb. Francesco Granello, für den Assereto schon 1643 tätig war, übertrug ihm 1647 neue Arbeiten. Alle drei freien Seiten seines Hauses ließ er mit Fresken schmücken.

Nach seiner Rückkehr aus Rom hatte A. vorzugsweise Fresken gemalt. Von Bildern auf Leinwand ist noch eine Dornenkrönung Christi zu erwähnen, welche die Galerie Spinola aufbewahrt; die Malerei ist gut, ist aber sehr nachgedunkelt. Viele Werke unseres Meisters sollen nach Sevilla geliefert sein. Auch sein letztes Werk, das Abendmahl Christi, war für Spanien bestimmt. Eben hatte er die Skizze auf die riesige Leinwand hingeworfen, als ihn am 28. 7. 1649 der Tod ereilte. Leichtigkeit des Schaffens und eine gewisse Großartigkeit der Auffassung, sichere Zeichnung und wirkungsvolles Kolorit machten ihn seinerzeit zu dem besten Maler in Genua. Allein die Zerfahrenheit seines Charakters offenbart sich doch auch als Nachlässigkeit und Leichtfertigkeit in seinen Werken. Ihre Färbung erscheint heute fleckig und trübe.

Soprani, Pitt. etc. Genovesi. pp. 271 ff. — Millin, Voyage en Piémont etc. II 178. — Lanzi, Storia pittorica 1834 V 277. — Lavice, Revue des Musées d'Italie p. 114. — J. Meyer, Kstlerlex. *R.*

Assereto, Giuseppe, Maler in Genua um 1605, Sohn und Schüler des Giovacchino A. Reich begabt, malte er im Stile seines Vaters, starb jedoch eines frühen Todes.

Soprani, Pitt. Genovesi. — Zani, Encicl. I 257. *E. Scatassa.*

Assereto, s. auch *Axareto.*

Assey, Philippe, war 1601 als Bildhauer an der Kathedrale von Sens beschäftigt. Er führte die Bildhauerarbeiten am Brunnen des Kreuzganges dieser Kirche aus.

Lami, Dict. d. sculpt. 1898. *R.*

Assézat de Bouteyre, Ch.-L.-E., Genremaler, tätig in Paris, dann in Neuilly-sur-Seine, stellte im Salon fast alljährlich von 1887 bis 1905 aus. *H. V.*

Assier de la Tour, Edmond d', Hundemaler in Toulouse, geb. daselbst, Schüler der dortigen École des Beaux-Arts, stellte in den Pariser Salons 1881, 82, 84 aus.

Bellier-Auvray, Dict. gén., Suppl. — Katal. d. Salon. *H. V.*

Assier, d', s. auch *Dassier.*

Assig, Nicolaus, Maler aus Siegroth, in Breslau von 1598 ab nachweisbar, wird 1616 Meister und stirbt dort 1639.

Schultz, Schlesische Maler. — Kstdenkm. Schlesiens V 519. *C. Buchwald.*

Assignies, Gideon d', oder d'Assegnies, Medailleur im Haag, Sohn des gleichnamigen Goldschmieds u. Wappenschneiders, geb. 1599. Man kennt von ihm 2 Medaillen, die zu Ehren und mit dem Bilde Moritz' von Nassau geschlagen wurden und auf der Rückseite die Umschrift tragen: Tandem surculus arbor u. armata neqvitia mergitur, datiert 1618 und 1620. Eins dieser Stücke wurde von Van Loon, Hist. métallique des Pays-Bas, T. II 126 veröffentlicht. Der Name des Künstlers, welcher hier Gassegnies lautet, ist von dem Stecher, den der holl. Numismatiker beschäftigte, falsch gelesen, weil das G und d zusammengezogen ist. Pinchart meint, die Familie Assignies oder d'Assegnies stamme aus Tournai in Belgien.

Pinchart, in der Rev. belge d. numismat. 1860. — Obreen, Archief III 224, VII 136. — Oud Holland 1904 p. 239. *Fréd. Alvin.*

Assigny, Marie Joseph Louis Bonaventure, Baron d' (oder d'Assignies), Dilettant in der Malerei, geb. im gleichnamigen Schlosse zu Tourmignies, zog sich zur Zeit der französischen Revolution nach Tournai zurück, wo er sich mit der Malerei beschäftigte. Die Eroberung Belgiens durch die Franzosen zwang ihn zur Flucht nach Kleve, wo er im Verein mit einem Freunde aus der Pikardie Tabaksdosen, die ihnen von Nürnberg geschickt wurden, bemalte.

Nach der Rückkehr der Ausgewanderten nahm d'A. seinen Wohnsitz zu Tournai und dann in Lille. In der Kirche zu Tourmignies von ihm eine große Landschaft, die mit den nach Emmaus wandernden Jüngern staffiert ist. Ein anderes im Geschmacke Claude Lorrains gemaltes Bild, das leider seitdem durch Übermalungen verdorben wurde, befindet sich in der Kathedrale von Tournai; es ist bez.: LE BARON D'ASSIGNIES INV. 1806. Die St. Katharinenkirche zu Lille besitzt ein drittes Bild, worin die Figuren von Blanquart-Evrard, einem Maler von Lille, herrühren. Er starb in seinem Schlosse Assignies den 30. 9. 1831.

Meyer, Kstlerlex. **

Assinare, Constance, Landschafts- und Blumenmalerin in Lausanne, geb. 1868 in Genf, Schülerin von Josef Geisser in Lausanne, war auf den schweizerischen Ausstellungen der 90er Jahre vertreten.

C. Brun, Schweizer. Kstlerlex. *H. V.*

Assinare, Henri, Architekt, geb. in Lausanne 1826, † daselbst 22. 8. 1899, Schüler von Blavignac in Genf, seit 1873 mit der Aufsicht über die staatlichen Bauten betraut. Er leitete die Restaurierung der Kathedrale zu Lausanne unter Viollet-le-Duc und erhielt nach dem Tode des letzteren die Oberaufsicht über die von Viollet-le-Duc begonnenen Restaurationsarbeiten.

Ch. Vuillermet bei Brun, Schweizer. Kstlerlex. *H. V.*

Assiolo, s. *Pagolino.*

Assire, G., Porträtmaler in Paris, stellte 1900, 1901, 1905 im Salon aus.

Katal. d. Salon. *H. V.*

Assis, Da Branca, portug. Malerin, stellte 1900 in Paris ein Porträt aus.

Cat. de l'expos. déc. des b.-a. Paris 1900 p. 317. *A. Haupt.*

Assis, D. Nicolina de, amerikan. Bildhauer, Schüler von Rodolpho Bernardelli, war auf der „Annual Fine Arts Exhibition", Rio de Janeiro 1902 mit 2 Arbeiten (weibl. Studienkopf und „schlafendes Mädchen") vertreten.

The Studio, vol. 24 p. 294 und 295. *H. V.*

Assisi, Andrea d', s. *l'Ingegno.*

Assisi, Cesare d', s. *Sermei,* Ces.

Assisi d', s. damit verbundene *Vornamen.*

Asslinger, Wolfgang. Als Wolfgang Maller, auch Wolfgang Asslinger in den Bozener Urkunden von 1517 bis 1531 erwähnt. Vermutlich der Urheber der Holzgruppe

„Krönung Marias" im Schrein des Heiligenbluter Hochaltars, der nach einer Inschrift auf der Rückseite von Wolfgang Maller 1520 beendet wurde. — Mit dieser Schnitzgruppe stehen in engem stilistischem Zusammenhang und sind wahrscheinlich vom nämlichen Meister die Schnitzaltäre in der Franziskanerkirche zu Bozen, in Pinzon bei Bozen, von Tramin (jetzt im Nationalmus. zu München), ferner eine kniende Madonnafigur von einer Schnitzgruppe der Geburt Christi im Besitz von Dr. A. Figdor in Wien, ein Weihnachtsaltar im Besitz des Herrn Hans Schwarz in Wien, sowie 2 Figuren der hl. Anna und Katharina vom nämlichen Altar, ein Altar in Saubach (Südtirol), vier einen Vorhang haltende Holzengel in Relief, von einem Altar (Ferdinandeum, Innsbruck), eine Holzfigur des hl. Stephan ebenda u. a. m. Dieser ausgezeichnete Bildschnitzer, der unzweifelhaft aus Michael Pachers Werkstatt hervorging, jedoch dessen herben, großartigen Stil ins Mildere, doch auch Alltäglichere umwandelte, dürfte seinen Namen seiner Herkunft aus dem Orte Assling im Pustertal verdanken.

J. Graus, Heiligenblut in Kärnten und sein Hochaltar (Kirchenschmuck 1902 XXXIII. Jahrg. No. 6 p. 85 ff.). — H. Semper, Bildschnitzer aus Michael Pachers Werkstatt (Zeitschrift des Ferdinandeums 1893 S. 335); Ein Bildschnitzer aus M. Pachers Schule etc. (Zeitschrift des Ferdinandeums 1903 S. 233 f.); Monatsbericht über Kunst und Kunstwissenschaft. (Hugo Helbing, München) Jahrg. 1903. — R. Stiassny in den Mitteilungen der k. k. Zentr.-Komm. Wien 1904, III 62 ff. *H. S.*

Asslinger, s. auch *Aesslinger.*

Assman, Johan, eingewanderter deutscher Maler, lebte in Stockholm um die Mitte des 17. Jahrh. Malte für den Reichsadmiral Carl Gyldenheim schon von 1630 an; doch sind bis jetzt keine bestimmten Werke von ihm nachgewiesen.

Eichhorn in Meyers Kstlerlex. *O. S.*

Assmann, oberschwäbischer Maler des Rokoko, als Künstler nachweisbar durch ein Bild „Jesus am Ölberg" in der Ortskirche zu Obermarchthal (1766).

Wttbg. Viertelj.-Hefte, N. F. XII 1903 1/2 p. 50. *Hs. Loose.*

Assmann, Christian Gottfried, Professor der Ökonomie und Cameralia in Wittenberg, Dilettant im Radieren und Zeichnen, Schüler von Oeser in Leipzig, tätig in Wittenberg noch 1811.

Füssli, Neue Zusätze 1824. — Meyer, Kstlerlex. *H. V.*

Assmann, Franz, 1722—1727 in Breslau als Maler erwähnt. *C. Buchwald.*

Assmus, Robert, Maler und Illustrator in München (seit 1871), geb. am 25. 12. 1837 in Stuhm (Westpreußen), im wesentlichen Autodidakt. Er begann mit Illustrationen für die Gartenlaube, die Leipziger Illustrierte Zeitung, das Daheim usw., zu denen er meist auch den Text selbst lieferte. 1870 begab er sich im Auftrage der Leipziger Illustrierten Zeitung auf den Kriegsschauplatz, von wo aus er Kriegs-Illustrationen mit Begleittext veröffentlichte. Die nächsten Jahre arbeitete er an dem Prachtwerk: Bilder aus Elsaß-Lothringen (Stuttgart, Neff 1877/78), mit 200 Original-Illustrationen. In seinen Stimmungslandschaften behandelt er meist heimische Motive; in seinen Reiterbildern bevorzugt er das Kostüm des dreißigjährigen Krieges.

Meyer, Kstlerlex. II 354 (Verz. s. Illustr.). — F. v. Bötticher, Malerwerke d. 19. Jahrh. — Das geistige Deutschland 1898 I 17. — Kunstchronik III 128, XII 161, XIII 144. *H. V.*

Assmus, s. auch *Asmus.*

Assner, s. *Asner.*

Assonica, Giacomo Antonio, Maler aus Bergamo in der ersten Hälfte des 17. Jahrh., war Schüler des Talpino, genannt Salmeggia, u. heiratete dessen Tochter Chiara, die den Beinamen la Talpina führte und ebenfalls Malerin war. Über der Haupttüre der Kirche del Carmine zu Bergamo hängt ein Bild mit der Bezeichnung: „Jacobus Antonius Assonica Bergami pinxit 1629." Dargestellt ist unten die Stadt Bergamo, darüber in Wolken ein hl. Karmeliter und S. Maria Magdalena de' Pazzi, endlich ganz in der Höhe die Madonna umgeben von Heiligen. Dieses Werk gleicht durchaus dem Bilde, das Assonicas Frau in demselben Jahre für die Kirche delle Convertite verfertigte, und das bezeichnet ist: „Clara Sonica d. (d. h. detta) Talpina 1624."

Tassi, Vite de' Pittori Bergamaschi I 226. — Locatelli, Illustri Bergamaschi (1869) II 387 f. — Zani, Enciclop. — Meyer, Kstlerlex. *R.*

Assonica-Salmeggia, s. *Talpino,* Chiara.

Assonville, Gerrit d', geb. in Amsterdam 1627. Nachdem er 1652 in der St. Luciensteeg gewohnt hatte, war er 1653 im Auslande und heiratete in Amsterdam 29. 4. 1655 Jacomina van Avont (1. Aufgebot). Immer wieder sehen wir ihn an anderen Stellen wohnhaft; bei seiner Ehe in der Wolvestraat, 1663 in der Tuinstraat, 1664 in der Beerestraat, 1670/71 in der Utrechtsche straat, 1674 als er 23. Febr. eine zweite Ehe schloß mit Jannetje Jans an der Keisergracht, u. 1678 in der Reestraat. Er war ein rauher Geselle, der sich zwischen 1678 und 1681 häufig Gewalttätigkeiten gegen seine Frau zu schulden kommen ließ und im Jahr 1679 sogar wegen Unfugs mit einem 13jährigen Mädchen im Zuchthaus eingesperrt wurde. Übrigens kommt er vielfach als Käufer und Verkäufer von Häusern vor und war anscheinend ein vermögender Mann. In allen Akten wird er Maler („constschilder") gen. Bekannt sind aber nur von ihm seine hübschen Zeichnungen. Er war der Schwager des Holzstechers Christoffel van Sichem.

Oud-Holland II 208, III 140, IV 302. —

Obreens Archief V 12. — Urkundl. Notizen von A. Bredius. *E. W. Moes.*

Assonville, Jacques d', s. *Dassonville,* J.

Assonville, Jehan d', Ornament-Bildhauer in Lille um 1424, geb. in der Picardie.

Bérard, Dict. biogr. d. Artistes Franç. 1872. *H. V.*

Assonville, Melchior d', (auch d'Assonneville oder Dassonvylle), Dekorationsmaler und Bildhauer, geb. in der 2. Hälfte des 16. Jahrh. zu Brügge, wo wir einige Jahre früher in der Korporation der Maler einen Adrien Dassonvylle eingeschrieben finden, Sohn des Richard D., Dekorationsmaler, Schüler von Pierre Hespync 1518. — Melchior d'Assonville ließ sich in Mecheln nieder, wo er Barbara van der Hoeye ehelichte. 1588 beschäftigte er Henry Fayd'herbe als Lehrling, der später als Illuminator und auch als Vergolder und Bildhauer von Alabaster-Figürchen bekannt wurde. Von 1593 ab begegnet man d'Assonville mehrere Jahre nacheinander auf dem berühmten Mitfasten-Jahrmarkt in Gent. Bald darauf ließ er sich in dieser Stadt nieder und wurde mit seiner Gattin und seinen vier Kindern am 20. 10. 1600 ins Register der Bürgerschaft eingetragen. Jedoch die Genter Korporation der Maler und Bildhauer, die sich, nach den glänzenden Festen zu Ehren des Erzherzogs Albert und seiner Gemahlin Isabella, soeben von neuem organisiert hatte, machte Schwierigkeiten bezüglich der Zulassung dieses Fremden. D'Assonville wandte sich an den Magistrat, indem er geltend machte, er übe eine Kunst aus, die durch niemand anders in Gent vertreten sei. Die Korporation antwortete, daß d'Assonville das geforderte Meisterwerk der Bildhauer nicht ausgeführt hätte. Am 11. 12. 1600 gab der Magistrat endlich zu, ihn in der Eigenschaft eines „stoffeerder" anzunehmen; die Korporation entschloß sich dazu, indem sie ihn als Maler in die Liste eintrug. — Er hielt sich nicht lange in Gent auf. Seit 1601 war er als „stoffeerder" der St. Lukas-Gilde zu Antwerpen eingeschrieben. Der obengenannte Henry Fayd'herbe, der infolge von unangenehmen Zwischenfällen sein Atelier in Mecheln hatte schließen müssen, begab sich ebenfalls nach Antwerpen (zwischen 1605 und 1608) und verpflichtete sich seinem ehemaligen Lehrer. 1619 findet man Melch. d'Assonville in Mecheln wieder; er starb dort am 19. 4. 1621.

Es ist unwahrscheinlich, daß das Gemälde eines d'Assonville, das 1818 bei der Auktion Pansius verkauft wurde und „Concert grotesque de paysans dans une chambre" benannt ist, ein Werk Melchior d'Assonvilles sei (siehe: E. Neeffs!).—*Lit.*: Annales de la soc. d'Emul. Bruges 1866. — Ph. Rombouts en Th. van Lerius, De Liggeren (1872). — Em. Neeffs, Hist. de la peinture et de la sculpture à Malines (1876). — V. van der Haeghen, La corporation des peintres et des sculpteurs de Gand (1906). *Victor van der Haeghen.*

Assonville, Remeus d', Sohn des Vorhergenannten, geb. zu Mecheln, wurde zur selben Zeit wie sein Vater (1600) als Bildhauer in die Listen der Genter Korporation eingeschrieben. *Victor van der Haeghen.*

Assteas, Vasenmaler, wahrscheinlich aus Paestum, wo von seinen 5 signierten Gefäßen 3 gefunden sind, einer der wenigen unteritalischen Vasenmaler, deren Namen uns bekannt sind. In der Masse unteritalischer Vasen des 4. Jahrh., in denen die Art der jüngeren attischen, und durch sie vermittelt, ein Stück der monumentalen Malerei des 5. Jahrh. weiterlebt, nehmen die des Assteas eine Sonderstellung ein. Dem herrschenden Geschmack entsprechend bevorzugen sie mythologische Themen (Kadmos, Phrixos und Helle, das Hesperidenabenteuer des Herakles, in besonders dramatischer Fassung der rasende Herakles), verschmähen auch nicht die burleske Theaterszene, die damals in ganz Unteritalien einen beliebten Gegenstand der Vasendekoration bildete (Heydemann, Phlyakendarstellungen, archaeol. Jahrb. I (1886), 260 ff.). Mit den sog. apulischen, überwiegend wohl in Tarent entstandenen Vasen wetteifern sie in der farbenreichen Ausstattung (Gelb als Surrogat für Gold, Weiß, Rot), in der groß angelegten, in der Ausführung freilich nur zu leicht verkümmernden Komposition. Aber A. bleibt nicht nur hinter den besten der Gattung, sondern trotz einzelner tüchtiger Züge selbst hinter dem Durchschnitt zurück. Man merkt ihm an, daß er eine neue, effektvolle Mode mitmachen möchte, aus alten Gewohnheiten aber nicht heraus kann. Die freie Gruppierung nach verschiedenen Niveauhöhen gelingt ihm nur zum Teil; er kann es nicht lassen, einige seiner Nebenfiguren nach alter Streifenordnung über die Hauptfiguren zu setzen, und reduziert sie dann lieber auf Brustbilder, was er selbst in seinem besten Bild, dem des rasenden Herakles, nur sehr gezwungen — durch ein Obergeschoß, in dessen Interkolumnien die Brustbilder erscheinen — zu motivieren weiß.

Im einzelnen zeichnet er nicht ungeschickt, zuweilen sogar elegant und hat selbst im Physiognomischen glückliche Momente — die Angst der Helle, das Entsetzen der Megara, der stiere Blick der Mania, der trübe und unstete des rasenden Herakles sind gut wiedergegeben —; doch sind seine Gestalten schwerfällig und ungraziös, die Kompositionen gedrängt und unbeholfen. Eng wie sein Gesichtskreis scheint auch sein Wirken gewesen zu sein; seine singuläre Art findet sich wohl einmal wieder, wie in der Orestesvase (Millin, peint. de vases II 67. 68), vermutlich aber nur deshalb, weil dieses unsignierte Gefäß von ihm oder in seiner Werkstatt bemalt worden ist (v. Rohden bei Baumeister, Denkm. d. klass. Alt. III 2007).

Abbildungen der signierten Bilder des A. Wiener Vorlegebl. I 7; VIII 12, Bd. 1—3, eine revidierte des rasenden Herakles archaeol. Jahrb. 15 (1900), 60. — Heydemann, Archaeol. Jahrb. I (1886) 282. — Klein, Vasen mit Meistersignat.[2] 206 ff. — Winnefeld, Bonner Studien, Kekule gewidmet 166 ff. — Pauly-Wissowa, Realenc. II 1779, 2 (Robert). *Sauer.*

Assteyn, Bartholomeus, soll seit 1639 als Fruchtmaler gearbeitet u. eine große Tätigkeit entfaltet haben. Wenn man auch in alten Inventaren zum öfteren seinen Namen antrifft, so sind doch jetzt nur wenige seiner Bilder bekannt. Ein B. Assteyn 1647 bezeichnetes Fruchtstück war 1877 in Wien, ein Stilleben von 1656 ist im Mus. zu Emden.

Houbraken II 300. — Oud-Holland VIII 4. — Wurzbach, Niederl. Kstlerlex. *E. W. Moes.*

Assueruszoon, Henri, s. *Sweusz,* H

Assurance, Jean L' (eigtl. Jean Cailleteaux de l'A.), französ. Architekt, Sohn des Pierre L'A., geb. 1695. Reiste im Juli 1712 studienhalber nach Rom u. hielt sich einige Jahre in Italien auf. 1723 wird er Mitglied der Akad., 1724 folgt er seinem Vater als „contrôleur" des Schlosses von Marly, 1749 als Nachfolger de Cottes architecte du roi und 1750 in den Adelsstand erhoben. † 1755. Jean l'A. war ein Günstling der Marquise de Pompadour u. für diese in hervorragender Weise tätig. Er erbaute für sie das Schloß Bellevue zwischen Meudon und Versailles und verschiedene Hôtels in Compiègne, Paris (jetzt Elysée) und Versailles.

Bellier-Auvray, Dict. gén. Suppl. — Lance, Dict. des Archit. — Bauchal, Dict. des Archit. — Archives de l'art franç. Doc. I 421. — Nouv. Arch. de l'art franç. II 91, 104; VII 351. — Réunion des Soc. des b.-a. XXIV 466; XXVII 332. — Delaire, Les architect. élèves etc. 1907 p. 202. *H. Stein.*

Assurance, Pierre L', I (eigentl. Pierre Cailleteaux de l'A.), französ. Architekt, geb. 1655, Schüler von Mansart, 1600 Mitglied der Akad., † 1723 od. 1724. Nach seinen Zeichnungen wurde die Kapelle des Schlosses Clagny bei Versailles erbaut, das Schloß Petit-Bourg bei Corbeil, sowie zahlreiche Hôtels in Paris (Montmorency, Béthune, Noailles, Richelieu, Rothelin, Montbazon, Neuchâtel). Pierre L'A gehörte zu den meistbeschäftigten Architekten seiner Zeit.

Bellier-Auvray, Dict. gén. Suppl. — Lance, Dict. des Arch. — Bauchal, Dict. des Archit. — Guilmard, Les Maitres ornemanistes. — Delaire, Les architect. élèves. 1907 p. 202. *H. Stein.*

Assurance, Pierre L', II (eigentl. P. Cailleteaux de l'A.), französ. Architekt. Sohn des Pierre L'A. I. Von ihm nur bekannt, daß er nach dem Tode seines Bruders Jean diesem als „contrôleur" der Schlösser von Saint-Germain und Monceaux folgte.

Lance, Dict. des Arch.

Assy, H. d', französ. Pferde- und Hunde-Bildhauer in Bracieux (Loir-et-Cher), stellte wiederholt im Pariser Salon (1885—1899) aus. *H. V.*

Ast, Balthasar van der, Maler, geb. in Middelburg vor 1590, war dort wahrscheinlich Schüler von Ambrosius Bosschaert. 1619 kam er in die Gilde zu Utrecht und schenkte dort 1629 dem Hiobshospital ein Fruchtstück. 1632 kam er unter dem Namen Balthasar van der Ast alias van Aelst in die Gilde zu Delft, wurde daselbst 9. 4. 1633 Bürger und heiratete im selben Jahre Grietje Jansdr. van Buren. 7. 3. 1656 lebte er noch in Delft. In der Art des Sammetbrueghel malte er Blumen, Früchte, Muscheln usw., etwas kleinlich in der Pinselführung. 1622 datiert ist ein Bild mit Früchten und Papageien in Cambridge, vom selben Jahr ein Gefäß mit Blumen in Gotha, daselbst auch noch Früchte in einem Korb von 1624 und eine Schüssel mit Blumen und Früchten von 1625. Sonst haben auch die Gal. im Haag, Christiania, Emden, Dessau (Amalienstiftung), Berlin und Dresden Bilder von ihm; ein besonders gutes Bild in letztgen. Gal. Wahrscheinlich war in Utrecht Jan Davidsz. de Heem sein Schüler.

v. Eynden u. v. d. Willigen I 34, wo er fälschlich Bartholomeus genannt wird. — Muller, Utr. Arch. 113, 134. — Obreens Archief I 6, IV 279. — Oud-Holland XII 165. *E. W. Moes.*

Ast, Joachim d. J., Berliner Goldschmied, leistete 1693 den Bürgereid, erhielt 1720 für einen goldenen Schützenring 6 Tlr. und 1721 für Silber für das „Freyschießen" 25 Tlr. 9 Gr. Von seinen Arbeiten sind erhalten: eine weißsilberne ovale Dose mit getriebenem Laubwerk, beim Ksthändl. A. S. Drey-München; 1 Münzbecher, zurzeit im Rittersaal des Berliner Schlosses im Besitz S. M. des Kaisers und 1 vergoldeter Becher in sogen. Jamnitzerform, ein ehem. Zunft- oder Gesellschaftsstück in der früher Frhr. C. v. Rothschildschen Smlg. in Frankf. a. M. Besch.-Z.: Bär im oval. Sch. Meister-Z.: J. A S T.

Sarre, Berl. Goldschm.-Zft. Berl. 1895 p. 59, 60, 83. — Rosenberg, Der Goldschm. Merkzeichen I. Aufl. Berl. 1890, II. Aufl. Frankf. a. M. 1909. *Hs. Loose.*

Ast, Otto, Bildhauer, geb. am 26. 10. 1849 zu Schöneberg bei Berlin; 1868—1871 Schüler der Berliner Akademie, 1872—1876 Meisterschüler von Reinh. Begas. Von ihm u. a. die Statue des Urbanus Regius i. d. Schloßkirche in Wittenberg (1891) u. Goethebüste (im Besitz der Firma A. Wertheim, Berlin).

Dressler, Kunsthandbuch, 1908.

Ast, Peter von, (Asch?), Bildhauer von Metz, wird 1434 vor Antonitag Bürger zu Ulm. Was Weyermann in seinen handschriftlichen Nachträgen über ihn zu sagen weiß, beruht auf bloßen Vermutungen; mit der Familie der Herren von Asch in der Nähe Ulms ist er keinenfalls in Verbindung zu bringen.

Jäger, Ulms Verfassung etc. S. 579.
M. Bach.

Asta, Andrea dell', italien. Maler, geb. in Bagnoli bei Neapel 1673, † im Oktober 1721. Zuerst Schüler des Solimena, dessen Nachahmer er blieb, dann um 1700 in Rom zur Vollendung seiner Ausbildung. 1705 nach Neapel zurückgekehrt, wo er fortan tätig war. Auf Solimenas Veranlassung übernahm er die Ausmalung der kleinen Kirche S. Maria dell' Avvocata mit Fresken aus dem Leben der Maria. Dominici zählt noch mehrere Arbeiten des A. auf, so in *Neapel* im Chor von S. Agostino de' Scalzi, in Carmine Maggiore, in S. Giovanni delle Monache, in S. Pietro Martire, in der Congregazione del Rosariello di Palazzo, in S. Maria detta a Piazza, meist Fresken aus dem Marienleben. In *Amalfi* die Gemälde an der Decke von S. Andrea und in S. Nicola alla Carità „Maria mit dem Christuskind und Joseph", nach Dominici eines der frühesten Bilder des Meisters. Als seine beste Leistung wird die Geschichte der Aurora und des Kephalos mit der Jagd der Diana (die Landschaft von Martoriello) in der Halle des Schlosses des Marchese d'Angelis in Neapel gerühmt.

Dominici, Pittori Napolet. IV 550—552. — Lanzi, Stor. pittor. II 389. — Meyer, Kstlerlex. — Napoli Nobilissima IX 120, XV 82.
G. Degli Azzi.

Asta, Giuseppe, röm. Maler, am 3. 3. 1639 in Bologna urkundlich erwähnt.

Bertolotti, Artisti bolognesi etc. in Roma 1885 p. 164.
H. V.

Astafjeff, Tretjak, russ. Goldschmied des 16. Jahrh., ausgebildet unter dem Einfluß abendländischer Kunst. Von ihm der Reliquienschrein des hl. Sergius in Moskau.

Забѣлинъ, О метал. произвсд. въ Росс. въ зап. Имп. археолог. общ. (Sabelin, Die Metallarb. in Rußl. in d. Mitt. d. Kais. archäol. Ges.) St. Petersburg 1853, V 112.
W. Neumann.

Astanières, Clément comte d', französ. Bildhauer, geb. 3. 3. 1841 zu Paris, Schüler von Falguière, stellte zuerst 1873 im Salon aus. Er erlangte 1882 eine III. Medaille u. eine Bronzemedaille auf der Weltausstellung 1889. Seine hauptsächlichen Arbeiten sind: „L'Espiègle", Marmorstatue im Mus. von Amiens (1882); „L'enfant à la vague", Marmorstatue im Mus. von Douai (1886); „Exoriare", im Lyzeum Michelet zu Paris; „A la frontière", im Lyzeum Jonson von Sailly: eine Madonna u. Flachrelief in der Kirche Sainte-Clotilde.

Martin, Nos peintres et sculpteurs.
Lami.

Astarita, Giuseppe, Architekt in Neapel, Schüler des Dom. Andr. Vaccaro. Um 1750 ging er aus einer Entwurfkonkurrenz für den Umbau der alten Kirche S. Pietro Martire in Neapel als Sieger hervor, worauf diese Kirche nach seinen Plänen aus dem gotischen Spitzbogenstile in ihre heutige Gestalt übergeführt wurde. 1751 wurde nach A.s Entwürfen die Kirche S. Anna erbaut und gleichzeitig der Bau der unvollendet gebliebenen Kirche S. Maria Maddalena de' Pazzi begonnen. Endlich vollendete A. 1761 den mehr als ein Jahrh. früher nach Bart. Picchiatis Plänen begonnenen Bau der Kirche S. Agostino alla Zecca zu Neapel, die er mit ihrem heutigen Chor- und Querschiffanbau versah.

J. Meyer, Kstlerlex. (mit ält. Literatur). — Napoli Nobilissima I 93; IV 81 ff.; IX 26; XI 125.
E. Scatassa.

Astarita, Luigi, neapol. Architekt, von dem nur überliefert ist, daß er in der Kirche del Gesù Vecchio in Neapel den Hauptaltar, der Marcos dal Pino da Siena „Circoncisione" enthielt, umgestaltete und mit schönem Alabasterschmuck versah.

A. Filangieri in Napoli Nobilissima VII 174. — Celano, Notizie del bello etc. di Napoli (edit. Chiarini) III 675.
G. Degli Azzi.

Astasi, Giuseppe, römischer Maler, soll 1725 in Spanien gestorben sein, wohin er seinen Lehrer And. Procaccini begleitet hatte. Das Monogramm einer seltenen Radierung, (kl. qu.), eine hl. Familie darstellend (Kniestück) wird von Nagler vermutungsweise auf ihn bezogen.

Pascoli, Vite de' pittori etc. moderni II 407. — Nagler, Monogr. I 750.
H. V.

Astburg, John, engl. Töpfer, geb. 1688 (?), † 1743, soll durch List die Herstellungsgeheimnisse für rotes Steinzeug von den Gebr. Elers aus Nürnberg, die sich in Bradwell, Staffordshire, niedergelassen hatten, erkundschaftet haben. Dann errichtete er in Shelton eine Töpferei und machte eigene Erfindungen in seinem Betriebe. Seine Söhne *Thomas, John* und *Samuel* setzten das blühende Geschäft fort. Der letztgenannte heiratete Elisabeth, die Schwester von Josiah Wedgwood.

Dict. of Nat. Biography I 201 (mit Literatur).
**

Aste, s. *Asta.*

Aster, Carl Heinrich, Maler und Artillerie-Offizier zu Dresden, 1809 an der dortigen Artillerie-Schule Lehrer der Ingenieurwissenschaften und der Zeichenkunst. Er gab 1810 mit Hertel zusammen Kostümbilder des kgl. sächs. Militärs in malerischen Darstellungen heraus.

Füssli, Neue Zusätze 1824.
R. Bruck.

Aster, Friedrich, Architekt, Dresden. Geb. daselbst als Sohn des Friedrich Ludwig A., lernte seit 1800 als Architekt auf der Akad. seiner Vaterstadt. Von seinen Bauten, Wohnhäusern und Landkirchen etc., ist nichts mehr erhalten bezw. nachzuweisen. 1807 wurde er Offizier in dem kgl. sächs. Inf.-Rgt. Prinz Maximilian.

Füssli, Neue Zusätze 1824. *R. Bruck.*

Aster, Friedrich Ludwig, Wasser- und Festungsbaumeister, geb. 1732 zu Dresden. Er erlernte seit 1746 die Zeichenkunst bei dem Antiquar und Zeichenmeister Lippert und die Ingenieurwissenschaften bei J. C. Glaser. Dann trat er in das kursächs. Ingenieurkorps ein, erhielt 1780 die Direktion über die sächs. Landesvermessung. Er starb als Generalmajor und Kommandant des Ingenieurkorps zu Dresden 1804. Zeichnungen von ihm: Die Schlacht bei Torgau und ein Denkmal in der Annaburger Heide.

Füssli, Neue Zusätze 1824. *R. Bruck.*

Aster, Georg, Architekt in Loschwitz bei Dresden, geb. 23. 4. 1849 in Frauenstein (Sachsen), Schüler der Dresdener Akad. unter H. Nicolai, führte den Umbau des Rathauses und einige Villen zu Pirna aus und erbaute verschiedene Geschäfts- und Familien-Wohnhäuser in Gera, wo er ein Jahrzehnt ansässig war. Außerdem veröffentlichte er eine Reihe architektonischer Illustrationswerke und Bauentwürfe.

Das geistige Deutschland, Leipzig-Berlin 1898. *H. V.*

Aster, Joannes Andreas, Maler. In der sogenannten Welserkapelle (Kapelle 87) des Domes zu Konstanz finden sich ein Abendmahl und eine Kreuzabnahme, von geringem künstlerischem Wert mit der Signatur: Joannes Andreas Aster pinxit 1668.

Kstdenkm. d. Großherzogt. Baden, Bd. I, Kreis Konstanz p. 173. *De.*

Aster, Karl Friedrich Theobald, Genre- und Historienmaler, geb. 1833 zu Dresden, † 1864 zu Meran, Schüler der Dresdener Akad. unter J. Hübner, später unter Schnorr von Carolsfeld, erwarb verschiedene akad. Auszeichnungen auf Dresdener Ausstellungen.

Meyer, Kstlerlex. *H. V.*

Aster, W., nur bekannt durch einen Porträtstich der Königin Louise von Preußen, 8°.

Meyer, Kstlerlex. *H. V.*

Asterion, Erzbildner, Sohn eines Aischylos. Er war der Künstler einer Statue, die ein Sikyonier Chaireas für seinen Sieg im Faustkampf der Knaben nach Olympia gestiftet hatte, und lebte jedenfalls später als der jüngere Kanachos (Anfang des 4. Jahrh. v. Chr.), da dieser für Bykelos, den ersten Sikyonier, der im Faustkampf der Knaben in Olympia gesiegt hatte, die Statue lieferte.

Brunn, Gesch. d. gr. Kstlr. I 277. — Overbeck, Schriftq. 2079. — Pauly-Wissowa, Realenc. II 1785, 14 (Robert). *Amelung.*

Astesani (nicht Ostesani), Filippo, Ornamentmaler in Bologna, wird 1535—1575 unter den „consiglieri" der dortigen „Compagnia delle quattro arti" aufgeführt.

Zani, Encicl. II 228. — Rassegna d'Arte 1901 p. 134. —Arch. stor. d. Arte ital. ser. II, vol. III 310. *F. Malaguzzi-Valeri.*

Astesani (nicht Ostesani), Giovanni Battista, Maler in Bologna um 1502, wie aus Bologneser Gerichtsakten dieses Jahres hervorgeht.

Arch. stor. d. Arte ital. III 371. *F. Malaguzzi-Valeri.*

Astesano, Turiner Stempelschneiderfamilie vom Ende des 16. bis Ende des 17. Jahrh. als vielbeschäftigte Münz- und Siegelstempelschneider tätig. Der Ahnherr war *Orazio Astesano* oder *da Asti,* Dekan an der päpstlichen Münze zu Rom um 1600. Sein Sohn *Alessandro* war in den Jahren 1623—1633 ebenfalls an der päpstlichen Münze in leitender Stellung. Auch Alessandros Sohn *Antonio* hat in den Jahren 1656—1684 für den Papst, die Kardinäle und Verwaltungen Siegel geschnitten.

Bertolotti, Artisti Subalpini in Roma, 1884. **

Asteyn, s. *Assteyn.*

Astfalk, Markus, von Schw. Hall, malte nach Fizion, Reutlinger Chronik, 1592 die Orgel in der Marienkirche daselbst, welche damals erneuert wurde. Die betreffende Stelle lautet:

„Von Schwäb. Hall der Maler kam,
Markus Astfalckh, so war sein Nam,
hat dran verdient mit sondern Hulden
wol über die 500 Gulden."

Nach einer anderen Quelle: Gaylers Denkwürdigkeiten von Reutlingen I. 615 verdiente Markus Astfalk 800 fl. an den Malereien und Vergoldungen der 3 Orgeltürme (nicht Orgeltüren). Darüber sagt Fizion in seiner Reimchronik:

„Von Gold ist sie (die Orgel) gar schön geziert,
nach Meisters Kunst, wie sich gebührt,
das Pfeiffenwerk schön weiß erglast,
ist mit drey Thürmen eingefaßt,
uff jedem oben druff von Gold
ein Auszug schön gemalet wohl.
Das Statt u. kayserlich Wappen schön
thut uff dem mittlen Thurme stehen."

Von einem Altarwerk ist nirgends die Rede und alle daran geknüpften Folgerungen sind hinfällig (s. auch *Asfahl,* Markus).

Reutlinger Gesch. Blätter 1899 p. 24. — Diözesan Arch. 1898 p. 191, 1899 p. 91, 1901 p. 16. *M. Bach.*

Asti, Angelo, Damenporträt- und Genremaler in Paris, geb. 1847 (?), † 23. 3. 1903 in Gorbio bei Mentone, stellte im Salon 1890 bis 1901 alljährlich aus. Seine etwas weichlichen und stark idealisierten nackten und halbnackten Mädchengestalten „Songeuse" (Salon 1897), „Premier rêve" (Salon 1899), „Dans les rêves" (Salon 1900) sind leer im

Ausdruck und ermüdend in ihren Wiederholungen.

Singer, Kstlerlex. Nachtr. 1906. — Katal. d. Salon. *H. V.*

Asti, s. auch damit verbundene *Vornamen* sowie *Asta* und *Astesano.*

Astiaso, span. Bildhauer, Schüler des Micer Dominico, arbeitete 1548 mit anderen an der Steinskulptur der kgl. Kapelle der Kathedrale von Sevilla. Wahrscheinlich identisch mit Pedro de Astiasa, welcher 1555 4 Säulen für den patio principal (jetzt de las doncellas genannt) des Alcazar in Sevilla lieferte.

Cean Bermudez, Dicc. I 80. — Ders., Descripcion de la Catedral de Sevilla p. 111. — Gestoso, Artif. Sevill. I 174. — Jahrb. der kgl. preuß. K.-S. XIII 88, Anm. 3 *M. v. B.*

Astl, Leonard, Bildschnitzer. Sein Name findet sich auf dem Relief einer Beschneidung Christi an einem Außenflügel des großen Altarwerkes der Pfarrkirche zu Hallstatt in Oberösterreich, das ihm auf Grund dieser Inschrift zugewiesen wird. Die Reliefs sollen fränkische, speziell Dürerische Einflüsse zeigen und sind um 1515 anzusetzen.

Meyer, Kstlerlex. — Mitt. der k. k. Zentral-Kommission 1858 p. 23 und Taf. I. *H. V.*

Astl, Leopold, Maler, lebte um 1603 in Znaim.

Schweigel, Verz. der Maler etc. in Brünn 1588—1800 S. 52 (Ms. des Mähr. Landes-Arch.). *W. Schram.*

Astlett, G., Porträtmaler in London, stellte 1807 ein Gruppenporträt in der Roy. Academy aus.

Graves, Roy. Acad. of Arts I 74. **

Astley, John, engl. Porträtmaler, geb. in Wem, Shropshire um 1730, † zu Duckenfield in Cheshire 14. 11. 1787. Er lernte zu London bei Thomas Hudson, bei welchem auch Reynolds, Wright und Mortimer sich ausbildeten. Sodann unternahm er eine Reise nach Italien, wo er 1750 oder 1751 mit Reynolds in Rom zusammenkam. A. wußte sich die Gunst von Sir Horace Walpole zu erwerben, für den er Bildnisse und Kopien nach italien. Meistern ausführte. Nach seiner Rückkehr lebte er einige Zeit in London, dann aber ließ er sich zu Dublin nieder, wo er sich um 1759 aufhielt. Hier soll er so zu Ruf gekommen sein, daß er binnen drei Jahren 3000 Pfund Sterling erwarb. Infolge einer reichen Heirat betrieb er die Malerei nur noch in freien Stunden. Seine Porträts gehören zu den Seltenheiten.

Meyer, Kstlerlex. — Redgrave, Dict. **

Astoldo da Firenze, italien. Bildhauer, 1519—20 in Carrara in der Werkstatt des Bartholomé Ordoñez tätig.

Jahrb. der preuß. K.-S. XII 76a. *M. v. B.*

Astolfi, Achille, Maler in Padua um die Mitte des 19. Jahrh., Schüler des Vicenzo Gazzotto, zeigte sich als tüchtigen Porträtisten und malte auch einige Genrebilder und eine Altartafel.

Pietrucci, Biogr. d. artisti padovani, Padova 1858, 15.

Astolfi, Giorgio, Miniaturmaler in Venedig, unterzeichnet sich „Ego georgius de astulfis miniator de confinio sancti Juliani testis subscripsi" unter einem Testament vom 26. 10. 1466.

Arch. Veneto XXXIII parte II 404. *L. Ferro.*

Astolfi, Gio. Domenico, Maler in Pavia um 1594, nur von Zani, Enc. met. II 229, ohne nähere Angaben erwähnt. **

Astolfini, Gaetano, venetianischer Maler in der 1. Hälfte des 19. Jahrh., bildete sich als Autodidakt hauptsächlich durch Kopieren alter Meister wie Giorgione und Tizian. Später malte er Porträts und einige Kirchenbilder, z. B. einen Crucifixus in S. Maria Mater Domini (Venedig) und den Titularheiligen in S. Jacopo dall' Orio (Venedig). Er war auch als Bilderrestaurator tätig.

Meyer, Kstlerlex. — Füssli, Neue Zusätze, 1824 p. 180 (hier seine vortreffliche Ariostkopie von 1820 erwähnt). *H.*

Astolfo, Sienesischer Bildhauer um 1268, nur bei Zani (Enc. met. II 229) erwähnt. *H. V.*

Astolfo, italien. Baumeister in Rovigo um 1500, soll (nach Bartoli) daselbst den Campanile von S. Giovanni della Commenda errichtet haben, deren Fassade folgende Inschrift trägt: Astolfo · 1501 · Adi · 3 · Agosto.

Meyer, Kstlerlex. — Bartoli, Pitture di Rovigo etc., p. 75. *H. V.*

Aston, Charles Reginald (R. J.), engl. Landschafts- und Seemaler, stellte von 1862—1878 in der Roy. Academy in London eine Reihe von Gemälden aus, darunter auch 1869 „Sunset at Glaramara", ein Bild, das schon im Jahre vorher in den Ill. London News sehr gerühmt wurde.

Graves, Roy. Academy of Arts I 74. — Meyer, Kstlerlex. **

Astor, Diego de, span. Kupferst. und Siegelschneider in Toledo, Schüler des Dom. Theotocopuli (el Greco), unter dessen Leitung er 1606 einen hl. Franciscus nach Nic. de Vargas stach. 12. 1. 1609 ernannte ihn Philipp III. zum Stecher an der Münze in Segovia, und Philipp IV. sicherte ihm 14. 9. 1633 zu, daß sein Sohn Diego ihm im Amte folgen solle. 1636 vertrat der Sohn bereits seinen Vater, als dieser nach Madrid berufen wurde, um die kgl. Siegel zu gravieren. Schon 26. 8. 1617 war A. einmal nach Madrid beordert worden, um die Platten des Werkes über die Genealogie der span. Könige zu stechen, das der Portugiese Labanha unternommen hatte. Von den mittelmäßigen Arbeiten A.s sind mehrere Titelblätter und Stiche für Bücher bekannt (Verzeichnis s. Meyers Kstlerlex.).

Cean Bermudez, Dicc. I 80. — Füssli, Neue Zus. 180. — Ottley, Not. — Le Blanc, Manuel. — Bolzenthal, Skizzen zur Gesch. der mod. Medaillenarbeit 204. △

Astorga, Juan de, Bildhauer in Medina del Campo. 1553 urkundlich erwähnt.

Martí y Monsó, Estud. histor. artist. S. 178. *M. v. B.*

Astorga y Triay, Ricardo de, span. Maler der Gegenwart, geb. zu Alicante, Schüler der dortigen Kunstschule, widmete sich mit besonderer Hingabe dem Studium der Tiermalerei, speziell dem des Pferdes. Er debutierte 1876 auf der National-Ausstellung zu Madrid mit einem Gemälde, betitelt: Aristokratische Promenade. Ferner führen wir von seinen Werken an: La Gran Dumont, ein Porträt Alfons VII. zu Pferde und verschiedene andere Gemälde, auf denen das Pferd den ersten Platz einnimmt.

Ossorio y Bernard, Galeria biogr. de artistas españoles del siglo XIX. Madrid 1883/4. *P. Lafond.*

Astorgio di Bartolommeo, Maler in Bologna um 1495 laut Ausweis Bolognesischer Gerichtsakten aus diesem Jahre.

Arch. stor. d. Arte ital. VII 371. *F. Malaguzzi-Valeri.*

Astori, Alberto und Gio. Maria, Maler in Venedig, Brüder, geb. in Treviso und tätig in Venedig in der 2. Hälfte des 18. Jahrh. — Giov. Maria A. machte sich hauptsächlich durch die Erfindung eines besonderen Verfahrens für die enkaustische Malerei bekannt, und führte in der Art mehrere mit Beifall aufgenommene Gemälde aus. Mit Eifer versuchte er das Verfahren der antiken Malerei wiederzufinden, für welches Problem die Akademie von Frankreich eine Konkurrenz ausgeschrieben hatte. 1786 veröffentlichte er in Venedig ein Werk über die enkaustische Malerei und wurde zum Mitglied der Kunstakad. dieser Stadt ernannt.

Meyer, Kstlerlex. — Federici, Mem. Trev. II 188. — Campori, Lettere artistiche inedite. Modena 1866. *L. Ferro.*

Astori, Benedetto, Bildhauer in Friaul, von ihm 3 trefflich gearbeitete Putten am Taufbecken in Castel Belgrado (1523).

Maniago, Arte Friulana, p. 160 (nach Cortinovis, Lettera sulle Sculture del Friuli). *H. V.*

Astori, Enrico, Mailänder Bildhauer, geb. in S. Lazzaro Alberoni 1858, stellte 1884 in Turin eine Marmorstatue „La Serenata" und eine Büste König Umbertos I. aus. 1886 erschienen von ihm in Mailand eine Bronzegruppe „Compagni di sventura"; 1887 in Venedig ein Marmorputto und eine „Rondinella pellegrina"; 1888 in Bologna eine Statuette „Mammina" und die Marmorbüste einer Sklavin, die 1889 auch auf der Münchener Ausstellung Beifall fand. Auf der Dezenalausstellung in Paris 1900 war er mit der Marmorstatue „La filatrice araba" vertreten, die dann im nächsten Jahre auf der Ausstellung im Münchener Glaspalast zu sehen war.

Gubernatis, Diz. d. art. ital. viventi. — Natura ed Arte 1893/94 II 289—300, 918—35. — Kst. für Alle V 50. — Kunstchronik N. F. VI 5.

Astori, Giov. Maria, s. *Astori,* Alberto.

Astori, s. auch *Astorri.*

Astorino, Gherardo, Maler in Palermo, zugleich Bildhauer und Architekt, zog aus Ventimiglias mathematischem Unterricht großen Vorteil für die Baukunst. 1625 beauftragte ihn der Senat von Palermo mit der Ausmalung des Triumphbogens zur Feier der Auffindung des Leichnams der hl. Rosalia. Das Gemälde Martyrium der hl. Eulalia in S. Eulalia de' Catalani ist ein früheres Werk von ihm. Mit dem Maler Novelli aus Monreale zusammen arbeitete er an den ersten Gewölbefresken in S. Francesco dei Chiodari und malte mit ihm 1637 drei Zimmer (stanze della munizione) im Palazzo Reale aus.

Amico, Diz. topogr. della Sicilia, tradotto ed annotato da G. Di Marzo, Palermo 1856 II 304. — Archivio Stor. Sicil. IX 417 ff. — G. Di Marzo, La Pitt. in Palermo, 1899 p. 108. *E. Mauceri.*

Astorio, Tommaso, florentiner Holzschnitzer in Venedig, begann 1486 die Intarsiaarbeiten für das Presbiterium von S. Marco, die weich wie Malerei wirken. Dort hat er folgende Verse unterschrieben, die Sansovino erwähnt: „Millibus exactis centum et quater Astorum annis, Nonagintaque sex circuitu ista Thomas = Hoc opus exegit, genuit Florentia quem jam, Composuit Thomas hic fuit Astorius =."

Rassegna Nazionale vol. 113 p. 16. — Cicogna, Iscriz. Veneziane 1853 VI 811. — La Basilica di San Marco. Venezia 1888, 411. *L. Ferro.*

Astorri, Angelo, da Medicina, Architekt in Bologna, geb. 1601, † 1658; Bauten nicht bekannt.

Zani, Encicl. II 230. — Arch. stor. d. Arte ital. III 344. *F. Malaguzzi-Valeri.*

Astorri, s. auch *Astori.*

Astoud-Trolley, Louise, Bildhauerin in Paris, geb. daselbst 1828, Schülerin von Monanteuil, stellte wiederholt im Salon (1865 bis 1878) Porträt-Medaillons und -Büsten aus.

Bellier-Auvray, Dict. gén. und Suppl. *H. V.*

Aström, Eva Matilda, geb. Löwstädt, schwed. Malerin, geb. 5. 5. 1865 in Stockholm, hat in Stockholm, Paris und Italien studiert und Landschaften und Blumenstücke ausgestellt. *G. Nordensvan.*

Astruc, Frédéric, Genre- und Landschaftsmaler in Paris, geb. in Puivert (Aude), stellte im Salon (1868, 1882, 83, 84) aus.

Bellier-Auvray, Dict. gén., Suppl. — Katal. d. Salon. *H. V.*

Astruc, Marius Théodore, Landschaftsmaler in Paris, geb. daselbst, Schüler von Ponson, stellte im Salon 1876, 79, 80 aus.

Bellier-Auvray, Dict. gén., Suppl.

Astruc de Vissec, französ. Zeichner, Radierer und Kupferstecher, war ungefähr 1760 in Montpellier tätig. Er stach zuerst Blätter nach Teniers „les Mendiants“, nach della Bella Landschaften und Marinebilder. Er war ein Amateur von geringer künstlerischer Bedeutung.

Le Blanc, Manuel. *P. A. Lemoisne.*

Astruc, Zacharie, französ. Bildhauer u. Maler, geb. in Angers (Maine-et-Loire) im Febr. 1835. Er hat mehrere ehrenvolle Erwähnungen in den Pariser Salons und eine Bronzemedaille auf der Weltausstellung 1900 erhalten. 1890 Ehrenlegionär. Seine Hauptwerke sind: Moine agenouillé, Flachrelief im Mus. von Tarbes (1871); Le Réveil des Forces françaises, Bronzeflachrelief in Saint-Cyr (1879); L'enfant marchand de masques, Bronzestatue im Luxembourg-Garten (1883); Moine en extase, Marmorstatue im Mus. von Laval; Saint François d'Assise, in der Kirche Sacré-Coeur auf dem Montmartre (1889); Midas, Bronzestatue in Nizza; Hamlet, Marmorstatue, die dem Staat gehört; die Büste des Barbey d'Aurevilly, im Luxembourg-Mus. (1901) und die Büste der Sophie Germain, in der Ecole-Sophie-Germain zu Paris. Der Künstler hat außerdem eine große Anzahl von Aquarellen gemalt und mehrere Bücher wie kunstkritische Aufsätze veröffentlicht. — Er starb in Paris am 24. 5. 1907.

Bellier-Auvray, Dict. gén. — Persönl. Mitteil. d. Künstlers. *Lami.*

Astrup, Nicolai Johannes, norweg. Landschaftsmaler, geb. 30. 8. 1880 auf Fröien in Söndfjord, bildete sich 1899—1901 an der Malerschule von Harriet Backer in Christiania aus; später hielt er sich kürzere Zeit in Hamburg, Berlin, Dresden, München auf, ging von da nach Paris, wo er an der Akad. Colarossi unter dem norweg. Maler Chr. Krohg arbeitete. Seither teils in Christiania, teils in dem gebirgigen Jölster in Söndfjord tätig, woher er die meisten seiner Motive nimmt. 1905 erwarb die Nat. Gal. in Christiania seine Landschaft „Ein trauriger Herbsttag“. — A. ist eins der größten und eigenartigsten Talente unter den jungen Künstlern Norwegens.

Eigene Mitteilungen. *C. W. Schnitler.*

Astrup, Thorvald, norweg. Architekt, geb. 18. 5. 1876 in Christiania, ausgebildet an der dortigen techn. Schule und an der kgl. Kunst- und Gewerbeschule, dann an der techn. Hochschule in Charlottenburg; Studienreisen in Deutschland, Frankreich und 1900—01 mit Stipendium in England. Seit 1901 in Christiania selbständig, baute er das Heim für alte Seeleute in Christiania, die Sparkasse in Larvig, die Wohnung des Direktors an der Salpeterfabrik in Notodden usw.

Eigene Mitteilungen. *C. W. Schnitler.*

Astudillo, Alfonso Ruiz de, Goldschmied der Kathedrale von Burgos im Jahre 1416.

Viñaza, Adic. I 21. *M. v. B.*

Astudin, Nicolai, Landschaftsmaler in Berlin, stellte auf der akad. Kunstausstellung Berlin 1876 ein Spreewaldbild, 1877 und 78 zwei Tiroler Landschaften aus; auf der Schweizer. Kunstausstellung Zürich 1885 war er mit einem Miniaturbildchen „aus der Normandie“ vertreten.

Bötticher, Malerwerke d. 19. Jahrh., Dresden 1891. — Kunstchronik, XX. Jahrg. 1884/85, Sp. 649. *H. V.*

Asturino, s. *Astorino.*

Astyll, s. *Atsyll.*

Asuerus Woutersz., „Antieksnijder“, erhielt 16. 10. 1601 für das Schnitzwerk an der Bürgermeisterbank in der Groote Kerk in Alkmaar 65 Gulden.

C. W. Bruinvis, Levensschetsen van en Mededeelingen over Beeldende Kunstenaars te Alkmaar 1905. *C. W. Bruinvis.*

Aszentini, Francesco, Edelsteinschneider und Juwelier aus Venedig, kam im Juni 1601 nach Moskau, woselbst er drei Jahre sich aufhielt und für Zar Boris Gudunow eine Kreuzigung Christi in Achat, sowie einen großen Smaragd zu einem Ring schnitt. Im Mai 1604 begab er sich nach Kiew und kehrte über die Türkei in sein Vaterland zurück. Seine Memoiren, die er 1617 herausgab, wurden unter dem Titel „Mémoires d'Aszentini“ vom Abbé Bourier ins Französische übersetzt.

Meyer, Kstlerlex. — Ms. H. Rollett.

Atabours (od. Auxtabours), Jehan, Werkmeister des Königs von Frankreich, tätig 1345 am Bau des Amtshauses zu Mantes, 1347 und 1369 am Schloßbau daselbst, zwischen 1345 und 1392 an den kgl. Teichanlagen von Meulan. 1370 leitete er die Arbeiten an der Kathedrale in Chartres als „Magister lathomorum ecclesie“. Und vielleicht ist er mit „*Jean Tabur* l'aisné“, dem Werkmeister der Kathedrale von Alençon (1350) zu identifizieren. — Außerdem ist 1374—1399 ein in dem letzteren Jahre verstorbener *Jehan Atabours* Werkmeister der Stadt Rouen. Von diesem zweiten Jehan A. vermutet Bauchal, daß er nicht mit dem Meister von Mantes identisch, sondern dessen Sohn sei.

Bérard, Dict. des Artistes. — Bauchal, Dict. des Archit. — H. Stein, Jean Auxtabours, archit. de Mantes (Commission des Antiq. et des Arts de Seine et Oise 1894 et 1899; Antiquaires de France, séance 20. févr. 1907). *C. Enlart.*

Atalaya, Enrique, span. Maler, geb. zu Murcia, Schüler von German Hernandez, widmete sich der Genremalerei, die er mit viel Feuer und Geist behandelt, sowohl im Aquarell als auch im Ölgemälde. 1876 zeigte er auf der Madrider Ausstellung die beiden Bilder: Die Possenreißer und Das Abladen eines Maultiertransportes. Seit 1886 beteiligte sich der Künstler an zahlreichen Ausstellungen zu Paris, Berlin, Dresden, etc. — Wir nennen ferner von seinen Werken: Das Ende einer Schachpartie; Musik-Probe in einer Kirche;

endlich fünf Zeichnungen zu Illustrationen für das I. Kapitel des Don Quixote bestimmt (Pariser Weltausstellung 1889).

Ossorio y Bernard, Galeria biogr. de artistas españoles del siglo XIX. Madrid 1883/4. *P. Lafond.*

Atalaya, José, span. Maler der Gegenwart, geb. zu Murcia, widmet sich mit Vorliebe den Sujets der Genremalerei sowohl in Öl und Aquarell, wie im Pastell u. in Bleistift. Seit 1901 stellt er gewöhnlich in den Pariser Salons aus. Wir nennen von seinen Werken: Auf der Insel St. Denis; Das steile Ufer der Seine; In St. Cloud; Bravo toro; Sackgasse (Pastell-Bild); Die Lektüre (Pastell); Die triumphierende Liebe (Aquarell); Ansichten von Paris (Aquarellen); Don Quixote (Aquarell). Er hat außerdem die Novelle von Cervantes „Rinconete u. Cortadilla" mit 76 Zeichnungen (von wenig kastilianischem Charakter) illustriert. *P. Lafond.*

Atanasio (frate) da Coriano, italien. Maler des 18. und 19. Jahrh. Lebte viele Jahre und starb auch im Kloster von Macerata. In S. Croce daselbst befindet sich ein tüchtiges Bild seiner Hand, eine „Auffindung des Kreuzes". Ricci erwähnt ihn 1834 als von hohem Alter und lobt seine Restauration des Bildes von Malatesta mit dem Martyrium der hl. Katharina in der Olivetanerkirche in Fabriano. Die Bibliothek des erzbischöflichen Palastes in Ascoli-Piceno ist mit sehr schönen Darstellungen der 12 Apostel in Grisaillemalerei des Atanasio geschmückt.

Mannocchi, Guida prat. dei mon. della prov. di Ascoli-Piceno 1900. — Ricci, Mem. stor. II 336. *V. Aleandri.*

Atanasio (di Ricardo) Primario, Architekt in Neapel in Diensten des Hauses Anjou. 1336 wurde er nach dem Tode des Tino da Siena als dessen Nachfolger zum „protomagister operis castri Bellifortis" (auf dem Monte S. Erasmo bei Neapel) ernannt. 1337 beauftragte ihn der König Robert von Anjou mit der Leitung des Arsenalbaues an der Spiaggia Muricino (neben der Chiesa del Carmine) in Neapel. † 1. 8. 1340, worauf der Napoletaner Maestro Balduccio di Bazza mit dem Titel eines „Praepositus" zu seinem Nachfolger ernannt wurde.

Schulz, Denkm. d. Kst. des Mittelalt. in Unterital. (Index unter Primarius). — Arch. stor. Napoletano II 586. — Napoli Nobilissima III 47 f., V 28. — Registri Angioini im R. Arch. di Stato zu Neapel, ann. 1327, num. 269, fol. 69. *G. Degli Azzi.*

Atanasio, s. *Attanasio* u. *Bocanegra,* Pedro Atanasio.

Atché y Fané, Rafael, span. Bildhauer, geb. 28. 2. 1854 zu Barcelona, Schüler der Kunstakad. seiner Geburtsstadt und der Gebrüder Vallmitjana, wurde 1879 bei den Blumenspielen Kataloniens und 1897 auf der Madrider Ausstellung mit einer Medaille ausgezeichnet. Sein Hauptwerk besteht in dem Kolossal-Monument, das er mit Hilfe von anderen Künstlern auf der Plaza de la Paz zu Barcelona zu Ehren des Christoph Kolumbus errichtete. Er selbst führte die 8 m hohe Kolossalstatue des berühmten Seefahrers aus, sowie eine der allegorischen Sockel-Figuren, die das Königreich Leone personifiziert. Unter anderen Werken des Künstlers führen wir an: eine Unbefleckte Empfängnis (in Holz geschnitzt); die Gruppe der hl. Jungfrau von zwei Engeln begleitet (Kirche zu Bon in Katalonien); Der böse Schächer; Der Tod des Judas; Die Waisen (Gruppe); Der Tod des Königs Johann II. von Aragonien; Die vier Sirenen, in Bronze (bestimmt für das Grabmonument des Königs Alfons XII.). Er übernahm auch einen großen Teil der bildhauerischen Ausschmückung des Justiz-Palais, des klinischen Hospitals, der Akad. für Wissenschaft und Kunst zu Barcelona; ebenso führte er den bildhauerischen Schmuck zahlreicher anderer Gebäude der Provinz Katalonien aus.

Ossorio y Bernard, Galeria biogr. de artistas españoles del siglo XIX. Madrid 1883/4. *P. Lafond.*

Atemstedt, s. *Attemstett.*

Athanasio, s. *Atanasio, Attanasio* u. *Bocanegra.*

Athanodoros I, Erzbildhauer aus Achaia, tätig um die Wende des 6. und 5. Jahrh. v. Chr. Er arbeitet gemeinsam mit den Argivern Argeiadas, Asopodoros und Atotos an einem großen Weihgeschenk für Olympia, dessen Basis unter dem Bauschutt des Zeustempels zutage kam (s. Argeiadas).

Löwy, Inschr. gr. Bildh. 30. — Inschr. v. Olympia 266, 630. — Pauly-Wissowa, Realenc. II 2046, 24 (Robert). *Amelung.*

Athanodoros II, Erzbildhauer aus Kleitor in Arkadien, nach Plinius Schüler des älteren Polyklet. Er arbeitet für das große Weihgeschenk, das die Lakedaimonier nach dem Siege bei Aigospotamoi (405) in Delphi aufstellten, die Statuen des Zeus und Apollon. (Pomtow-Bulle, Athen. Mitt. 1906, 492 ff.).

Brunn, Gesch. d. gr. Kstlr. I 275 ff. — Overbeck, Schriftq. 978 f. — Ders., Gesch. d. gr. Plastik I[4] S. 529, 539. — Collignon, Hist. de la sculpt. gr. I 487, II 164 ff. — Klein, Arch. epigr. Mitt. 1883 S. 63. — Pauly-Wissowa, Realenc. II 2046, 25 (Robert). — Frazer, Pausanias V 264. *Amelung.*

Athanodoros III, Erzgießer, nach Plinius N. H. 34, 86 Bildner vornehmer Frauen. Brunn identifiziert ihn ohne Grund mit A. II.

Brunn, Gesch. d. gr. Kstlr. I 469 f. — Overbeck, Schriftq. 2032. — Pauly-Wissowa. Realenc. II 2047 unt. (Robert). *Amelung.*

Athanodoros IV, s. *Hagesandros.*

Athelwood, s. *Aethelwoed.*

Athemstet, s. *Attemstett.*

Athenades, Graveur eines goldenen Ringes in der Ermitage zu St. Petersburg aus der

Zeit um 450—400 v. Chr. Dargestellt ist ein Skythe, der einen Pfeil prüft.

Archäol. Jahrb. III 198, Taf. 8, 3. — Furtwängler, Die ant. Gemmen II 51, 27, Taf. X 27. *Pernice.*

Athenaios aus Byzanz, mit Kleodamos von Gallienus zur Instandsetzung und Befestigung der von den Goten in den Donauländern bedrängten Städte berufen. Wohl eher Militärbeamte als Architekten; vielleicht Garnisonsbaumeister.

Brunn, Gesch. d. gr. Kstlr. II 342. — Pauly-Wissowa, Realenc. II 2024, 14 (v. Rohden).

Athenaios, Bildhauer, Sohn eines Dionysios, aus Paros, etwa aus dem 1. Jahrh. n. Chr. Bekannt durch die Inschrift einer in Gortyn auf Kreta gefundenen, fragmentierten Gruppe von zwei Figuren, von denen sich nur die Nebenfigur, ein kleiner Attis, erhalten hat. Danach läßt sich derselbe Name an einer auf Melos entdeckten Basis herstellen. — Athenaeus bei Plin. N. H. 34, 52 gilt jetzt allgemein als Ethnikon des Künstlers Polykles, nicht mehr als Künstlername.

Löwy, Inschr. gr. Bildh. 466.—Savignoni, Röm. Mitt. 1890 S. 142 ff. — Pauly-Wissowa, Realenc. II 2036, 25 (Robert). *Amelung.*

Athenion, griechischer Maler aus Maroneia in Thrakien, der um die Wende des 4. und 3. Jahrh. v. Chr. lebte und sehr jung starb. Von seinen Werken werden erwähnt das in Eleusis befindliche Bildnis eines Reiterführers (vielleicht des Atheners Olympiodoros, der 297 bei Eleusis die Makedonen besiegte), ein συγγενικόν, d. h. ein Gruppenporträt etwa nach Art der holländischen Doelenstukken, ein mit jenem vielleicht identisches Gemälde von 6 Figuren, ein von Odysseus unter den Töchtern des Lykomedes entdeckter, als Mädchen verkleideter Achill, endlich als besonders berühmt ein Pferdeknecht mit einem Pferd. Mit dem Achillbild mögen bedeutende erhaltene Darstellungen desselben Themas zusammenhängen, deren Stil zur Zeit des Künstlers paßt. A. wird Schüler eines sonst unbekannten Korinthers Glaukion genannt, scheint aber in Attika tätig gewesen zu sein, woraus sich wohl auch erklärt, daß er mit dem Athener Nikias (s. d.) verglichen wurde, ein Vergleich, der manchmal zu seinem Vorteil ausfiel. Sein Kolorit soll strenger gewesen sein als das des Nikias, d. h. entweder härtere Farbenkontraste oder im ganzen weniger leuchtende Farben aufgewiesen, aber eben die hohe künstlerische Bildung des Meisters erfreulich bekundet haben; vielleicht darf man daraus schließen, daß er ein ausgezeichneter Temperamaler war, der die Leuchtkraft der u. a. von Nikias ausgebildeten Enkaustik nicht erreichte.

Brunn, Gesch. d. gr. Kstler. II 294 f. — Robert, Arch. Märchen 69 f. — Pauly-Wissowa, Realenc. II 2041, 10 (Rassbach). — Über die Darstellungen des Achill auf Skyros vergl. Herrmann-Bruckmann, Denkm. ant. Malerei zu Taf. 5. *Sauer.*

Athenion, hervorragender Steinschneider der hellenistischen Zeit (etwa des 2. Jahrh. v. Chr.). Von seiner Hand ist der berühmte Kameo im Neapeler Mus. mit der Darstellung des Zeus im Gigantenkampf. Von einem weiteren Werk besitzen wir Kopien in zwei antiken fragmentierten Glasnachgüssen späterer Zeit, die einen hellenistischen König auf einem von Athena gelenkten Wagen zeigen.

Brunn, Gesch. d. gr. Kstler. II 477 ff. — Archäol. Jahrb. III 113 ff.; 215 ff., Taf. 3, 3; IV 84 ff., Taf. 2, 1. — Pauly-Wissowa, Realenc. 2042, 11 (Rossbach). — Furtwängler, Die ant. Gemmen II 259; III 158, Fig. 110, Taf. LVII 2. *Pernice.*

Athenis, Bildhauer, Sohn des Archermos (s. d.), Bruder des Bupalos, aus Chios, tätig in der zweiten Hälfte des 6. Jahrh. v. Chr. Plinius setzt ihn als Zeitgenossen des Dichters Hipponax in Ol. 60 = c. 540. Er scheint stets gemeinsam mit seinem Bruder gearbeitet zu haben, während dieser in manchen Fällen allein genannt wird. Nach Plinius war in Chios selbst von den Werken der Brüder eine hoch angebrachte Maske der Artemis, deren Ausdruck dem Eintretenden traurig, dem Fortgehenden heiter erschien (vgl. Furtwängler, Aegina 426). Auch Statuen ihrer Hand werden auf Chios nicht gefehlt haben; Plinius erwähnt deren nur auf den benachbarten Inseln, wie auf Delos, wo die Künstler unter eine ihrer Skulpturen ein Epigramm des kindlich-stolzen Inhalts gesetzt hatten, Chios sei nicht nur durch seine Reben berühmt, sondern auch durch die Werke der Söhne des Archermos. In Iasos (südl. v. Milet) stand eine von ihnen gearbeitete Artemis. Endlich soll Augustus die Giebel des palatinischen Apollontempels und fast all der anderen Tempel, die er in Rom errichten ließ, mit Statuen ihrer Hand verziert haben. Augenscheinlich meint Plinius archaische weibliche Figuren im Spes-Typus, wie sie häufig als Akroterien verwendet wurden. Man wird wohl zur Ehre des Augustus annehmen dürfen, daß er sich für diesen Zweck mit Kopien begnügte; immerhin aber lehrt uns diese Nachricht deutlich, welches Aussehen die Figuren des B. und A. hatten. Statuen dieser Art sind tatsächlich in Delos gefunden worden (Homolle, De antiqu. Dianae simul. Deliacis Taf. VI—IXb); die französischen Ausgrabungen in Delphi haben uns die Verbreitung dieses Typus im Umkreis der ionischen Welt gelehrt (Fouilles de Delphes Taf. XVI—XXVI), die Funde im Perserschutt der athenischen Akropolis zeigen sein siegreiches Eindringen in die attische Kunst (s. zuletzt Lechat, La sculpt. av. Phidias, S. 168 ff.); wir finden ihn in Aegina, ebenso wie es für Rom überliefert ist, zu Akroterien verwendet (Furtwängler,

Aegina, Taf. 49 und 58), und auch in Rom selber fehlt es nicht an entsprechenden Funden von Originalen und Kopien (Ghirardini, Bull. comun. 1881, S. 106 ff., Taf. V). Die allgemeinen Kennzeichen dieser Figuren sind: große technische Bravour in der Bearbeitung des Marmors, feinste Durchführung, gesuchte Zierlichkeit in Erscheinung, Haltung und Kleidung, manierierte Liebenswürdigkeit im Ausdruck. Es sind in der Masse der aufgeführten Monumente sehr deutlich verschiedene Varianten kenntlich, die zweifellos auf verschiedene Individualitäten schließen lassen; welche von diesen Varianten den persönlichen Stil des Künstlerpaares von Chios repräsentiert, entzieht sich unserem Urteil. Mit dem Dichter Hipponax haben die Brüder in heftiger Fehde gelebt, und die Legende hat dieses Verhältnis verschieden begründet und ausgesponnen. Ob ein karikiertes Porträt des Dichters, das die Künstler nach einer Version geschaffen hätten, jemals existiert hat, ist sehr zweifelhaft. Murray schreibt ihrer Schule auch die Sima des ephesischen Artemistempels zu.

Brunn, Gesch. d. gr. Kstlr. I 40. — Overbeck, Schriftq. No. 314—19. — Ders., Gesch. d. gr. Plastik I⁴ 80 ff. II⁴ S. 420. — Brunn, Ber. d. Münch. Akad. 1884 S. 532 ff. — Robert, Archäol. Märchen S. 115 ff. — Winter in den Athen. Mitt. 1888 S. 123 ff. — Collignon, Hist. de la sculpt. gr. I 141 ff, II 655. — Murray, Journ. of hell. stud. 1889 S. 9 ff. — Pauly-Wissowa, Realenc. II 2042 f. (Robert). — Blake-Sellers, Plinius S. 186 f. *Amelung.*

Athenodoros, s. *Athanodoros.*

Athenokles, Toreut vermutlich hellenistischer Zeit. Von ihm waren metallene Becher mit Darstellungen der griechischen Sagengeschichte im Altertum berühmt.

Brunn, Gesch. d. gr. Kstler. II 404. — Pauly-Wissowa, Realenc. 2010, 6 (Rossbach). *Pernice.*

Athenon, Arnold, Bildhauer, übte 1384 in Poitiers seine Kunst aus, wo er 4 Köpfe von Engelsfischen und den Kopf eines Hirsches an dem Schiffe, welches sich der Herzog Jean de Berry erbauen ließ, schnitzte.

Lami, Dict. d. sculpt. 1898. — Meyer, Kstlerlex. *R.*

Atherton, Ezra, Holzstecher. In Amerika um 1830—35 tätig. Kopien nach Bewick, Harvey u. a.

Linton, History of Wood-engr. in America. *E. Richter.*

Athow, T., Porträt- und Landschaftsmaler in London, stellte 1806—1822 im ganzen 4 Landschaften und 3 Porträts aus. Zwei kleine Aquarelle von ihm und zwar eine Kopie eines alten Porträts und eine Ansicht des Penhurst Place befinden sich in der Handzeichnungssammlung des British Museum.

Graves, The Roy. Acad. of Arts I 74. — Binyon, Cat. of drawings by brit. artists I 63. **

Atienza Calatrava, Martin de, Maler in Sevilla, 1660 einer der Begründer der dortigen Akad., deren neue Statuten er 1673 mit unterschrieb; 1667 war er Mayordomus, 1669 Sekretär dieses Instituts. 1657 wohnte er in der Parochie von S. Cruz.

Cean Bermudez, Dicc. I 82. — Gestoso, Artif. Sevill. II 14—15. *M. v. B.*

Atkins, Miß Catherine J., engl. Genremalerin in Kensington, stellte 1877—1894 in der Roy. Academy in London eine Reihe von Genrebildern aus. Nach 1896 befanden sich in der Ausst. der Roy. Hibern. Academy 2 Gemälde von ihr.

Graves, The Roy. Acad. of Arts I 74. — The Years Art 1880—1897. **

Atkins, Miß Elsie, engl. Malerin der Gegenwart, stellte in der Roy. Acad. in London 1903 und 1904 mehrere Porträtminiaturen aus, hat sich aber dann mit Erfolg der Landschaftsmalerei zugewandt. Ein koloristisch sehr interessantes Bild „Water Meddows" sah man 1906 auch auf deutschen Ausstellungen.

Graves, The Roy. Academy of Arts, 1905, I 75. **

Atkins, James, irischer Porträtmaler, studierte in Rom, stellte 1831 u. 1833 in der Roy. Academy 2 Porträts aus, darunter dasjenige des J. Pennethorne, ging dann nach Konstantinopel, um den Sultan zu malen, und starb auf der Rückreise noch jung 1834.

Redgrave, Dictionary 1878. — Graves, The Roy. Academy of Arts, 1905, I 75. **

Atkins, Samuel, engl. Marinemaler, in London tätig, stellte 1787—1808 wiederholt Seestücke, seit 1792 (nach seiner Rückkehr von Ostindien) auch Darstellungen von Land und Leuten Ostindiens in der Roy. Acad. Exh. aus. Er malte in Öl und Aquarell und seine Werke wurden gelobt. Ein Seegefecht in Aquarell im Print Room des British Mus.

Redgrave, Dict. — Graves, Royal Acad. Exh. — Binyon, Catal. of drawings in the British Mus. I. — Meyer, Kstlerlex. **

Atkinson, Arthur G., engl. Bildhauer, stellte 1879—1891 in der Roy. Academy in London eine Reihe seiner Statuen und Statuetten aus. Zuerst erschienen die klassizistisch gehaltenen Statuen: A wounded Gladiator, Aenaes wounded, dann kirchliche Motive: Stephen the Martyr und die Statuette The Young Timothy und 1890 und 1891 die Idealstatuen: Out in the Fields und By the Wayside. In einer Satyrgruppe zeigte er eine gewisse Anlehnung an Carpeaux. — Seit 1900 versagen unsere Nachrichten über ihn.

Graves, The Roy. Academy of Arts, 1905, I 75. — Pariser Salonkatal. 1887. — Gaz. d. b.-arts II sér. XX 376. **

Atkinson, E., Tiermaler in London, stellte 1793—97 Bilder mit Schnepfen, Fischen etc. in der Roy. Academy aus.

Graves, The Roy. Academy of Arts, 1905, I 75. **

Atkinson, Elizabeth H., amerikan. Malerin der Jetztzeit, geb. in Philadelphia. Ihre Eltern waren Quäker, die ihrem Kunststudium widerstrebten. Sie studierte trotzdem zuerst in Philadelphia, wo sie jetzt lebt, und dann in der Julian Academie in Paris. Ihre Porträts sind vorteilhaft bekannt, und mehrere davon in Privathäusern in Washington, Baltimore und Philadelphia. *Edmund von Mach.*

Atkinson, Frederick, engl. Radierer, Amateur, von Beruf Seidenhändler, zu Ende des 18. und Anfang des 19. Jahrh. Er hat namentlich eine Anzahl von Bildnissen aus der engl. Geschichte radiert, die vielleicht zu einem Buche gehören. Ottley (Notices) führt von ihm das Bildnis des Hugh Robinson an und bemerkt, es sei in Worlidges Manier ausgeführt.

Meyer, Kstlerlex. (hier 28 Num. s. Blätter genannt). — Redgrave, Dict. **

Atkinson, James, Chefarzt der engl. Armee in Indien, geb. 1780, † 1852, Dilettant im Zeichnen und Malen von Porträts. Sein Selbstporträt und eine Reihe seiner andern Arbeiten in der National Portrait Gallery; abgebildet im illustr. Katal. von L. Cust. **

Atkinson, John Augustus, engl. Maler und Radierer, geb. zu London 1775, lebte daselbst noch 1831. 1784 begleitete er seinen Onkel James Walker, der als Kupferstecher in die Dienste der Kaiserin Katharina getreten war, nach St. Petersburg. Dort wurde er auf das Freigebigste von Katharina und nach ihrem Tode von Paul I. unterstützt. Für diesen malte er verschiedene große Bilder aus der russischen Geschichte. In einem Saale des Michael-Palastes zu St. Petersburg befanden sich von ihm zwei große Gemälde, welche einen von den Russen am Don über die Tataren erfochtenen Sieg und die Taufe des Großfürsten Wladimir vorstellten. Auch Porträts von Katharina, Paul I. und Suworow malte er damals. 1801 kehrte er nach London zurück und beschäftigte sich nun hier damit, Ansichten und Kostüme aus Rußland zu ätzen und herauszugeben. Über sein Hauptwerk „A Picturesque Representation of the Russians" 100 kol. Pl. 3 voll gr. Fol. London 1812 spricht sich Ottley folgendermaßen aus: „Die Platten sind im Umrisse auf weichem Grunde geätzt und mit ein wenig Aquatinta schattiert. Viele von ihnen sind sehr geistreich; alle zeigen die Hand eines geübten Zeichners und sind durch die dargestellten Gegenstände interessant. Man muß aber bedauern, daß sie im Detail nicht mehr studiert und ausgeführt sind, und daß das Kolorieren der Blätter nicht besser ausgefallen ist, oder noch eher vielleicht, daß diese Mode, sie der großen Menge gefälliger zu machen, überhaupt angewandt wurde." 1815 verließ A. mit dem Maler Devis England, um die Örtlichkeit der Schlacht von Waterloo in Augenschein zu nehmen. Zu dem Schlachtbilde malte Devis die Porträts, A. das übrige; gestochen wurde es von J. Burnet. Im British Mus. befindet sich die Originalskizze dazu in Aquarell, aber diese Skizze scheint auch in den Köpfen ganz von Atkinsons Hand zu sein und weicht von dem Gemälde im Detail ab. Eine Sammlung von 102 Blättern Originalaquarellen zu den Pittur. represent. of the manners . . . wurde 1905 von dem Antiquar H. Helbig in München für 1200 M. zum Verkauf angeboten. Seit 1803—1831 stellte A. fast alljährlich und meist mehrere Historienbilder und Landschaften in der Royal Acad. Exh. aus. — Von seinem radierten Werk ist noch zu nennen:

A picturesque Representation of the naval, military and miscellaneous Costumes of great Britain. 33 kol. Taf. London 1807. Vue panoramique de St Petersbourg prise de l'Observatoire. 4 kolorierte Blätter und Titelblätter mit der Statue Peters des Gr. London, Boydell. 1805—1807. Roy. qu. Fol. Blätter in: Miseries of human life. 1807. Zufolge Ottley lithographierte A. verschiedene Schlachten, die bei Ackermann erschienen und geistvoll entworfen sein sollen.

Meyer, Kstlerlex. (hier auch Stiche nach s. Werken). — Ottley, Notices. — Redgrave, Dict. — Graves, Roy. Acad. Exh. — Binyon, Catal. of drawings in the British Mus. — Roget, Hist. of the Old Water-Colour Society I p. 226/7. *R.*

Atkinson, John Gunson, Landschaftsmaler in London, stellte von 1849—1879 zahlreiche Landschaften, meist Flußansichten, aus, z. B. in der Suffolk Street nicht weniger als 108, in der Roy. Academy (1854—74) deren zwölf.

Graves, A Dictionary of Artists 1895, 9 und The Roy. Acad. of Arts, 1905, 77. **

Atkinson, Peter, d. ä., engl. Architekt, geb. zu Ripon 1725, † 19. 6. 1805, tätig unter John Carr in York und später dessen Nachfolger. Er baute für Sir John V. Johnstone das Wohnhaus in Hackness bei Scarborough und war viel beschäftigt in Yorkshire und Umgegend.

Redgrave, Dict. — Dict. of Archit. Publ. society. **

Atkinson, Peter, d. j., engl. Architekt, Sohn und Schüler Peters d. ä., geb. um 1776, † 1842, tätig in York, wo er 1810 den Brückenbau über die Ouse begann und später das Gefängnis und mehrere Kirchen baute.

Literatur s. oben.

Atkinson, Richard, engl. Landschafts- u. Porträtmaler, stellte 1772—1776 in der Roy. Acad. aus.

Graves, Royal Acad. Exh. I 77. **

Atkinson, Thomas Lewis, vorzüglicher engl. Kupferstecher in Mezzotinto, geb. 4. 4. 1817 zu Salisbury, Sohn des Kommandeurs Thomas Atkinson von der k. Marine. 1833 kam er zu Samuel Cousins in die Lehre und blieb bei ihm sieben Jahre. Er hat eine bedeutende Anzahl von Bildnissen und viele

Genrestücke, besonders Jagd- und Tierszenen gestochen. Außer den Epreuves d'artiste pflegte er auch Abdrücke mit Nadelschrift, vor der gestochenen Schrift, zu nehmen. Seit 1857 stellte er häufig in der Roy. Acad. aus und zwar 1889 das letztemal.

Meyer, Kstlerlex. (hier 70 Nummern s. Arbeiten). — Graves, Royal Acad. Exh. I 77 bis 78. **

Atkinson, Thomas Witlam, Baumeister und Maler, geb. 1799 im Norden Englands, † 13. 8. 1861 zu Little Walmer in Kent, war zuerst als Steinmetz bei Kirchenbauten tätig. Um 1829 ließ er sich in London nieder, wo er New Church in der Vorstadt Lower Tooting erbaute. Im gleichen Jahre veröffentlichte er sein Werk: Gothic Ornaments. Weitere Bauten aus seiner früheren Zeit sind: eine Kirche in Ramsgate und die Liverpool and Manchester District Bank in Manchester. Diese Bank, im griechisch-römischen Stil, machte in Manchester Aufsehen und bezeichnete hier den Anfang einer neuen Architekturrichtung. A. ließ sich um 1834 in Manchester nieder und erhielt nun die Aufträge zu ansehnlichen Bauten daselbst. Er baute zahlreiche Villen in Renaissance- und gotischem Geschmack in der Umgegend von Manchester und 1835 sein schönstes Werk, die Kirche von Cheetham Hill, in modifiziertem gotischen Stil mit reicher Ornamentik.

1840 kehrte er nach London zurück, wo er indes keinen Erfolg hatte, ging dann über Hamburg und Berlin nach St. Petersburg, indem er seinen Beruf als Baumeister mit dem eines Reisenden und Malers vertauschte. Er bereiste nun sieben Jahre lang Sibirien, die Mongolei, Mandschurei, worüber er 3 mit eignen Abb. geschmückte Reisewerke herausgab.

Meyer, Kstlerlex. — Redgrave, Dict. — Graves, Roy. Acad. Exh. I 78. — The Art Journal 1861 p. 312 (Nekrolog). *R.*

Atkinson, W. A., Genremaler in London, stellte von 1849—1862 im ganzen 9 Genrebilder in der Roy. Academy aus.

Graves, The Roy. Academy of Arts, 1905, I 78. **

Atkinson, W. E. (A. R. C. A.), Landschaftsmaler in Toronto in Kanada, geb. daselbst 1862, Schüler der Ontario School of Art und der Pennsylvania Academy of Fine Arts, studierte auch in Paris bei Julian und stellte hier im Salon 1890 „Ferme de Lesdomini" (Finistère) und „L'Hiver" aus und 1891 „Le vieux château" und „Soir". 1902 kehrte er nach langjährigen Studienreisen in seine Heimat zurück. **

Who's Who 1908. — Katal. des Salon. **

Atkinson, William, engl. Architekt, geb. in Bishops Auckland (Durham) um 1773, † 22. 5. 1839 in Cobham, Surrey, Schüler von Jam. Wyatt und der Roy. Acad., erhielt 1797 die goldene Medaille für einen Entwurf eines Justizpalastes. Er baute dann zahlreiche Herrenhäuser (Lord Mansfields house at Scone) und machte sich sowohl als geschickter Praktiker bekannt wie auch als Theoretiker durch die Herausgabe des Werkes: Views of picturesque Cottages, with plans, selected from a collection of drawings taken in different parts of England etc. London 1805. 4.

Redgrave, Dict. — Graves, Royal Academy I. **

Atkinson, William, amerikan. Architekt, geb. in Brookline, Mass. 7. 7. 1866. Absolvierte die Harvard University 1889, wo er durch die Schriften von John Ruskin und Viollet Le Duc tief beeinflußt wurde. Studierte später am Mass. Institute of Technology Boston und unter Duray in Paris. Seine besten Arbeiten sind: Newport, R. I. Hospital; Plymouth, Mass., Jordan Hospital.

L. F. Pilcher.

Atlesen, Niels, norweg. Baumstr., bekannt durch einige Runensteine, die bei dem Hof Thorsö in Norwegen zu sehen sind, und die eine Art Künstlerzeichen enthalten, das so lautet: „Niels Atlesen hug runer paa denne Sten" (N. A. schlug Runen auf diesen Stein). Er soll in der ersten Zeit des Christentums eine Kirche in Norwegen gebaut haben.

Weinwich, Kunstnerlex. *C. W. Schnitler.*

Atmirael, Gerrit Willem, Maler, kam 1787 als Schüler von Stoffel Staalenberg in die Zunft zu Gouda.

Obreens Archief II 46. *E. W. Moes.*

Atoche. Sonst unbekannter Maler oder Zeichner um 1800, nach dem R. Morghen das Porträt des Arztes Antonio Pittaro stach. (Vielleicht identisch mit dem Folgenden.)

Meyer, Kstlerlex. ***

Atoche, Louis Jean Marie, unbedeutender französ. Landschaftsmaler in Paris, geb. am 7. 9. 1785, † zu Paris am 22. 6. 1832.

Gabet, Dict. d. peintres, Paris 1831. — Bellier-Auvray, Dict. gén. **

Atotos, Erzbildner aus Argos; tätig um die Wende des 6. und 5. Jahrh. v. Chr. Er arbeitete mit seinen Landsleuten Argeiadas (s. d.) und Asopodoros und mit dem Achaier Athanodoros an einem großen Weihgeschenk für Olympia, dessen Basis sich unter dem Bauschutt des Zeustempels gefunden hat.

Löwy, Inschr. gr. Bildh. 30. — Inschr. v. Olympia No. 266, 631. — Pauly-Wissowa, Realenc. II 2134 (Robert). *Amelung.*

Atquié, Jean, französ. Architekt, erweiterte 1628—1629 in Gemeinschaft mit Jean Malgrin den Bau der Kirche von Les Treize-Pierres bei Villefranche (Aveyron) und errichtete 1630 für dieselbe Kirche einen neuen Glockenturm.

Bauchal, Dict. d. archit. franç. *H. V.*

Atre, de l', französ. „sculpteur-modelleur" in der Porzellanmanufaktur in Vincennes 1750.

Gaz. d. b.-arts XXV 159. **

Atrijganjeff, N i k o l a i A l e x é j e w i t s c h, russ. Maler, geb. 1823, † 2. 6. 1892, studierte Ingenieurwissenschaften u. diente als Kriegsingenieur im Kaukasus. Er nahm 1848 wegen Kränklichkeit seinen Abschied und wurde Schüler des Prof. N. Swertschkoff, dann von E. Meier und A. J. Meschtscherski. Von ihm eine Anzahl tüchtiger Landschaften, größtenteils in Privatbesitz.

N. P. S o b k o, Russ. Kstlerlex. — Θ. Б у л г а к о в ъ, Наши художники (T h. B u l g a k o f f, Unsere Künstler) St. Petersburg 1889, I 20 ff. *W. Neumann.*

Atrio, S t e p h a n u s d e, französ. Emailleur, der 1322 Zahlung erhielt für 5 Kronen, die er für die Königin von Frankreich mit Emaillen geschmückt hatte.

T e x i e r, Dict. d'Orfévrerie (Paris 1857) p. 50. *

Atsyll (Atzel, Astyll), R i c h a r d, Gemmenschneider im Dienste Heinrichs VIII. von England, dessen Kopf, in Sardonyx in der Sammlung Devonshire, er geschnitten haben soll. Wie aus Rechnungen hervorgeht, ist er dann auch für Edward VI. tätig gewesen u. wahrscheinlich auch der Verfertiger einer Reihe von Porträtkameen der Königin Elisabeth in ihren jüngeren Jahren.

Archaeologia XLV (1880) 16 (Aufsatz von C. Drury Fortnum). — Jahrb. d. ksthist. Sammlungen d. österr. Kaiserh. IV 25. **

Att, H e n n e q u i n d', Goldschmied in Dijon, wo er 1401 ein Diadem für eine Magdalenenstatue und eine Brille („unes besicles") für eine Hieronymusstatue auszuführen hatte.

T e x i e r, Dict. d'Orfévrerie (Paris 1857) p. 189. *

Att, M a t h i a s, Tapissier der Söhne Kaiser Maximilians II., erhielt 1567 eine Provision bewilligt und 1574 eine Gehaltszulage.

Jahrb. d. ksth. Samml. d. österr. Kaiserh. VII No. 4997, 5052, 5088; XV No. 11555. **

Attalos, Bildhauer unbekannter Zeit aus Athen, nach Pausanias der Künstler des Kultbildes im Heiligtum des Apollon Lykios in Argos.

B r u n n, Gesch. d. gr. Kstlr. I 558. — O v e r b e c k, Schriftq. 2067. — L ö w y, Inschr. gr. Bildh. 436. — P a u l y - W i s s o w a, Realenc. II 2179, 20 (Robert). — F r a z e r, Pausanias III 190. — H i t z i g - B l ü m n e r, Pausanias II 574 f. *Amelung.*

Attalos II., König von Pergamon, 159—138 v. Chr. Er beschäftigte sich nach Justin 36, 4 mit Erzbildnerei. *Amelung.*

Attama, J. Dieser Maler ist nur bekannt durch ein männliches Porträt von 1655 im Rijksmus. zu Amsterdam. 1659 bekam er das „Klein-burgerrecht" in Groningen.

Oud-Holland XXII 113. *E. W. Moes.*

Attan, G é r a r d, Bildhauer engl. Abkunft, machte 1615 in Avignon ein Kreuz, das auf der Place St. Didier errichtet wurde.

Archives de l'art franç. Docum. IV 185. **

Attanasio, N a t a l e, sizilian. Maler, geb. 24. 12. 1846 in Cattania, Schüler der Akad. zu Neapel, fand mit seinen Historien- und Genrebildern Beifall auf den Ausstellungen in Mailand 1881, in Rom 1883, in Venedig 1887, in Palermo 1892. Für die kgl. Familie hat er auch eine Reihe von Porträts gemalt.

G u b e r n a t i s, Dizion. d. art. ital. viv. p. 18 u. 567. — Archivio storico d'arte III 245, V 63. — Natura ed arte 1895/96 II 366—70. **

Attanasio, s. auch *Atanasio* und *Bocanegra,* Pedro Atanasio.

Attarge, D é s i r é, sehr geschickter französ. Ziseleur, der in den 60er und 70er Jahren des 19. Jahrh. besonders für die berühmten Pariser Goldschmiede Falize und Barbedienne tätig war. Er starb um 1878.

Gaz. d. b.-arts XIII 548, XXIII 422, 425, 565, II Pér. XVIII 615, 616. **

Attavante d i G a b r i e l l o d'i V a n t e d i F r a n c e s c o d i B a r t o l o, ital. Miniaturist, geb. 1452, und zwar wahrscheinlich in Castelfiorentino als zweiter Sohn der Madonna Bartola, einer natürlichen Tochter des Messer Stoldo de' Rossi, Pfarrers von Castelfiorentino. Der Name des Vaters, Gabriello di Vante, scheint auf das vornehme Florentiner Adelsgeschlecht der Attavanti hinzuweisen, die in S. Maria Novella zu Florenz ihre eigene Kapelle nebst Erbbegräbnis besaßen. — Milanesi, dem wir die wenigen biographischen Notizen über A. verdanken, glaubt als den Lehrmeister unseres Miniaturisten den Maestro Francesco d'Antonio del Cherico ansprechen zu dürfen. Diese ziemlich vage Vermutung erscheint bei einem stilkritischen Vergleiche der Werke beider Künstler keineswegs gerechtfertigt. Urkundlich erwiesen ist nur, daß A. die Grundelemente seiner Kunst in der Werkstatt eines „Cartolajo" erlernt hat. Aus seinem späteren Leben wissen wir zunächst, daß er zweimal verheiratet war, und zwar zuerst mit Violante, einer in Spanien geborenen Tochter des Florentiners Niccolò Berardi. Ein Jahr nach deren Ableben verheiratete er sich dann 1495 zum zweiten Male, und zwar mit Maria, einer Tochter des Fellgerbers Tommaso Uberti, die ihm eine Mitgift von 180 „fiorini di suggello" einbrachte. In Florenz bewohnte A. sein eigenes, 1491 käuflich erworbenes Haus in der Via Fiesolana im „popolo di S. Pier Maggiore". Außer einem Drittel-Anteile am Hause seines Vaters zu Castelfiorentino besaß er dann noch ein Haus mit Gartengrundstück in S. Maria a Montici bei Florenz. Das Todesjahr des Künstlers läßt sich nicht mit Sicherheit angeben; jedenfalls wird er nach 1517 nicht mehr als lebend erwähnt, wohl aber sein ihn überlebender einziger Sohn Francesco. Was wir über A.s Künstlertätigkeit wissen, ist gleichfalls nur wenig belangreich. In einer von Gaye publizierten Urkunde wird der Meister als Mitglied jener Sachverständigen-Kommission erwähnt, die

1503 über die Aufstellung der Davidstatue des Michelangelo zu entscheiden hatte. Endlich soll er nach Albertinis Memoriale die Erdkugel („palla della terra") für die berühmte Kunstuhr des Lorenzo della Volpaia angefertigt haben, die sich in Vasaris Vita des Alesso Baldovinetti erwähnt findet. A. selbst wird von Vasari als „celebre e famoso miniatore" flüchtig besprochen in den Viten des Gherardo und Bartolommeo della Gatta, sowie etwas ausführlicher in der Vita des Fra Giovanni da Fiesole; an der letzteren Stelle werden ihm irrtümlicherweise die Miniaturen eines Codex des Silio Italico zugeschrieben, dessen fragmentarische Reste in der Biblioteca Marciana zu Venedig aufbewahrt werden.

Attavante war ein außerordentlich fleißiger Künstler. Die leidenschaftlichsten Bibliophilen seiner Zeit — die Medici, Mathias Corvinus, der Herzog von Urbino u. a. — überboten einander im Wettbewerb um den Besitz eines aus seiner Werkstatt hervorgegangenen Miniaturenkodex. Unter den dem A. in unserer Zeit zugeschriebenen Codices sind jedoch viele, die mit seiner Kunst absolut nichts zu tun haben. Als ein Beispiel für viele kann hier Waagens vollkommen irrtümliche Zuweisung der prächtig ausgestatteten Historia Romana Orotsii in der Pariser Bibliothèque de l'Arsenal (H. L. 71. B.) gelten. Die Miniaturen dieses Codex sind sicherlich nicht florentinischen Ursprunges. Eine erschöpfende Darstellung der Lebensarbeit unseres Künstlers wird sich demnach nur nach einer sorgfältigen kritischen Durchforschung der hauptsächlichsten europäischen Bibliotheken geben lassen. Als frühestes Werk des A. ist vorläufig jenes vielgesuchte Missale zu betrachten, das ein Bischof von Dol in der Bretagne dem Miniaturisten in Auftrag gegeben hatte, und das erst in unserer Zeit durch Leopold Delisle in der Kathedrale zu Lyon wieder aufgefunden wurde. Auf die Ausmalung dieses Missale beziehen sich zwei von Bottari publizierte Briefe Attavantes, der eine am 7. 2. 1483 an Taddeo Gaddi, der andere 1484 an Niccolò Gaddi gerichtet. Der obengenannte Codex ist vom Künstler eigenhändig signiert und datiert: „Actavante de Actavantibus de Florentia hoc opus illuminavit A. D. M.CCCC.L.XXXIII". Dieses früheste Werk des Meisters ist zugleich auch schon eines seiner schönsten. Unter den sehr verschiedenwertigen Miniaturen der Mitarbeiter geben sich diejenigen, die von A. eigenhändig ausgeführt wurden, auf den ersten Blick zu erkennen. Es sind dies nur zwei oder drei Hauptszenen, wie das Weltgericht und eine leider aus dem Lyoner Codex herausgelöste und jetzt im Museum zu Le Havre aufbewahrte große Kreuzigungsdarstellung. — Zwei Jahre später hatte er ein zweites Missale für Mathias Corvinus, König von Ungarn, mit Miniaturen zu schmücken. Durch Maria d'Austria, eine Schwester Karls V., gelangte dieses Werk nach Brüssel, wo es noch jetzt unter den Miniaturenschätzen der Bibliothèque Royale den vornehmsten Rang behauptet. Es stimmt mit dem Lyoner Codex in Format, Seitenzahl und Wahl der biblischen Darstellungsmotive genau überein, ist jedoch matter und nachlässiger in der Ausführung der einzelnen Miniaturen. Auch hier trägt die erste Seite des Manuskriptes die Signatur „Actavantes de Actavantibus hoc opus illuminavit A. D. M.CCCC.L.XXXV." Als historische Kuriosität sei hier erwähnt, daß seit den Zeiten des Erzherzogspaares Albrecht und Isabella bis zum Ende des 18. Jahrh. den Statthaltern der Niederländischen Provinzen auf dieses Missale der Treueid geleistet wurde. — Auch die Biblioteca Marciana zu Venedig besitzt eines der kostbarsten Werke unseres Künstlers, nämlich Marcianus Capellas Schrift „De Nuptiis Mercurii et philologiae". Die Signatur dieses gleichfalls für Mathias Corvinus miniierten Manuskriptes lautet, „Attavantes flor. pinxit". Man kann sich kaum etwas graziöseres vorstellen, als die hier in den mannigfaltigsten charakteristischen Posen dargestellten Figuren der sieben Freien Künste mit ihren symbolischen Emblemen. — Außer diesen drei Hauptwerken tragen auch noch einige andere Codices die eigenhändige Signatur des Attavante, so namentlich die „Epistolae Aurel. Augustini" der Wiener Hofbibliothek (No. 653), das „Breviarium divi Hieronymi in Psalmos David" der Pariser Bibliothèque Nationale (lat. 16. 832) und fünf Codices der Biblioteca Estense zu Modena (Ambrosius, Augustinus, Chrysostomus, Gregorius und Thomas Aquinatis), sämtlich im Auftrage des Mathias Corvinus miniiert. — Hierzu kommt endlich noch eine Gruppe von Codices, die dem Attavante mit Sicherheit zugeschrieben werden können, sei es auf Grund urkundlicher oder sonstiger literarischer Nachrichten, sei es auf Grund ihrer stilistischen Verwandtschaft mit den signierten Werken des Meisters. Zu dieser Gruppe gehören die Antiphonarien A. und B. der Kathedrale zu Prato (vom Jahre 1500); das Graduale Laurentianum (von 1505, aus dem Monastero degli Angeli stammend) und die beiden Laurenzianischen Antiphonarien von 1508 im Museum der Florentiner Dom-Opera; ferner in der Bibliotheca Vaticana zu Rom außer dem Breviarium Romanum des Mathias Corvinus (Urb. lat. 112) viele Miniaturen der berühmten Urbinatischen Bibel, die der Herzog Federigo von Urbino 1476—1488 zu Florenz in der Werkstatt des Vespasiano da Bisticci hatte schreiben und ausmalen lassen. Weitere Arbeiten des Attavante und seiner Schule werden in der Bibl. Gambalunghiana zu Rimini, in der Trivulziana zu Mailand, in der Vaticana zu Rom und in der Mediceo-Laurenziana zu Florenz gezeigt. Die letztere Bibliothek besitzt sogar noch eine höchst beträchtliche Anzahl bisher völlig unbeachtet gebliebener Codices aus der Werkstatt des A. Um dem Leser einen Begriff zu geben von der ungeheuren Menge des noch zu durchforschenden Materiales, erwähne ich hier nur, daß ich allein im Schranke XII dieser Florentiner Bibliothek 15 Codices aufgefunden habe (No. 2—11, 13—15, 22 und 28), die ich auf den ersten Blick und ohne Zögern als Werke des A. wiedererkennen konnte. Besonders zahlreiche Miniaturencodices aus der Werkstatt des A. sind schließlich nach der Plünderung Budapests, bei der die Bücherschätze des Königs Mathias Corvinus in alle Winde zerstreut wurden, in die Bibliotheken Deutschlands und Österreich-Ungarns gelangt.

Im Stile seiner Kunst hat sich Attavante eng an jene großen Meister angeschlossen, die gegen Ende des 15. Jahrh. in Florenz tätig waren. Von fremdländischen Einflüssen, wie wir sie z. B. in den Werken eines Monte und eines Gherardo beobachten können, ist der ausschließlich seine heimatlichen Traditionen weiter pflegende Meister völlig freigeblieben. Eines seiner zeitgenössischen Vorbilder ist augenscheinlich Verrocchio gewesen. Wer das Pergamentblatt des Museums zu Le Havre studiert, wird zu seiner Verwunderung am unteren Rande des Blattes in besonderer Umrahmung eine genaue Miniaturkopie von Verrocchios berühmter Taufe Christi (jetzt in der Florentiner Akad.) entdecken. Am stärksten jedoch ist A. von der Kunstweise des Domenico Ghirlandajo beeinflußt worden, und gar häufig erscheinen die Miniaturen lediglich als winzig verkleinerte Kopien von Altargemälden des Ghirlandajo, nur daß es den Miniaturen A.s einigermaßen an Kraft und dramatischer Wirkung gebricht. So sucht er das Gefühl der Frömmigkeit und sonstige seelische Erregungen in den Gestalten seiner religiösen Kompositionen durch äußerliche Posen auszudrücken, die das Innere des Beschauers kalt lassen müssen. Dafür ist der Meister unerreicht in der Eleganz seiner Darstellungsweise und in der blühenden Schönheit seines Kolorites. Keiner versteht es besser als er, den knappen Raum eines Pergamentbogens mit Motiven aus der Antike oder aus der lebendigen Natur aufs reichste harmonisch zu dekorieren. Man betrachte nur die Loggien- und Tabernakelbildungen auf den Titelblättern seiner Codices. Klar heben sie sich ab von einem anmutigen toskanischen Landschaftshintergrunde, flankiert von jugendlichen Pagengestalten in florentinischer Stutzertracht und geschmückt mit prächtigen antikisierenden Medaillons, Kameen und Relieffragmenten, die mit einem unvergleichlich feinen Gefühl für dekorative Wirkungen über den architektonischen Rahmen verteilt sind. Die Farben solch einer Attavanteschen Buchminiatur aber haben noch heute, nach einem halben Jahrtausend, dieselbe Frische und Leuchtkraft, wie damals, als die verwöhnten Augen der berühmtesten Cinquecento-Maecene von ihnen geblendet wurden.

G. Milanesi, Di Attavante degli Attavanti miniatore, in Miscellanea Storica della Valdelsa, anno I fasc. I. — Ders., Nuove Indagini con documenti inediti per servire alla Storia della Miniatura Italiana (Firenze 1850), estratto dall' ediz. Vasari di Le Monnier, p. 174 ff. — Ders., Le Opere del Vasari (Firenze, Sansoni 1879) vol. III 231 seg. — Gaye, Carteggio etc. II 455 in nota. — F. Romer, Les manuscrits et miniatures de la Bibliothèque Corvinienne, in l'Art, 1877 p. 25 ff. — L. Fischer, König Mathias Corvinus u. seine Bibliothek (Wien 1878). — A. Reumont, La Biblioteca Corvina, in Archivio Storico Italiano, anno 1879 p. 58 ff. — J. Csontosi, Corvinische Handschriften von Attavantes, in Centralblatt für Bibliothekswesen, anno III, 1886 p. 209. — Magyar Könyv-Szemle, Közzebocsàtja, A. M. Nemzeti Múzeum Könyvtára (Budapest 1889). — F. Hermanin, La Biblia latina di Federigo d'Urbino, in l'Arte anno I 1898 p. 256 ff. — J. W. Bradley: A. Dictionary of Miniaturists, Illuminators etc. (London 1887) vol. I 79. — L. Delisle: Le Missel de Thomas James, évêque de Dol, in Bibliothèque de l'Ecole des Chartes, tomo XLIII 311—315. — Bottari, Raccolta di lettere sulla pittura, scultura e architettura (Roma 1759) tomo III 223—224. — E. Bertaux et G. Birot, Le Missel de Thomas James évêque de Dol, in Revue de l'art ancien et moderne, 1906 fasc. XX. — J. van den Gheyn, Catalogue des Manuscrits de la Bibl. Royale de Bruxelles vol. I 277. — Tullio Dandolo, D'una preziosità della Biblioteca Marciana, e d'un arte in cui furono principi gl' Italiani, in Gondoliere del 1837 fasc. 10—11. — Budik, Entstehung und Verfall der berühmten von König Mathias Corvinus gestifteten Bibliothek zu Ofen (Wien 1840). — M. P. Arnauldet: Etudes sur Attavante et son Ecole, in Le Bibliographe Moderne, 1898 No. 12. *P. D'Ancona.*

Attaviano, Sohn des Antonio di Duccio, Goldschmied in Florenz, fertigte 1470 zwei silb. Weihrauchgefäße für San Giovanni und 1477/8 eine große Menge Tafelsilber für die Signoria von Florenz.

Labarte, Hist. d. arts industr., 1872 II 107. **

Atte, Johann Christian, Bildhauer, fertigte 1755 den Altar mit Kanzel in Rokokoformen in der Kirche zu Wittgendorf bei Zittau. Abgebildet bei Gurlitt, Bau- und Kunstdenkm. Sachsens, Heft 29 p. 255. **

Attemstett, Andreas, Goldschmied aus Friesland, bildete sich in Italien, kam 1562 nach München, wo er Schützling des Herzogs Albrecht V. wurde, aber in die dortige Gilde keine Aufnahme finden konnte. 1562—1589 sind zahlreiche und verhältnismäßig hohe Zahlungsvermerke des Hofzahlamts über von ihm gelieferte silberne Leuchter, Gießkannen und Becher, Fruchtschalen, silberne Bilder (Statuetten?) und Kruzifixe erhalten, aber Arbeiten im Original noch nicht nachgewiesen. 1565 hatte er seine Werkstatt von München nach dem Dorfe Friedberg bei Augsburg verlegt, um wenigstens dieser kunstgewerblichen Metropole nahe zu sein, wenn er dort auch als Fremder und gefürchteter Konkurrent nicht Zunft- und Bürgerrecht erwerben konnte. Erst 1582, nachdem sich sein Gönner Herzog Wilhelm von Bayern und zuletzt der Kaiser beim Augsburger Rate für A. verwandten, erhielt er in Augsburg das Bürgerrecht. Er starb hier 22. 10. 1591, hochangesehen als einer der ersten Goldschmiede seiner Zeit, wie eine Grabschrift (bei Prasch III 30) bezeugt: Andreae Athemstet. Frisio Plastae Argentique Coelatori in urbi et orbi nemini secundo haer . . . moesti pos. Obiit Anno CDDXCI.

Sein Porträt, Brustbild in Oval, erhalten durch den Stich von 1592: Andreas Athemstet, Aetatis Suae LXV. Anno Chri. MDXCII. Io: ab Ach depinxit. aug. — Vind. Dominicus Custodis sculp.: D. D. — Unten 6 lateinische Verse mit Widmung an den Arzt Johannes Athemstett. Vgl. auch *Altenstetter,* David.

Weiss, Das Handbuch der Goldschmiede zu Augsburg — Schauss, Katal. der K. bayer. Schatzkammer p. 64. — Jahrbuch d. Ksthist. Samml. d. allerh. Kaiserhauses IV 67 fg. — XIX. Regesten No. 16 143. — Mitt. d. Zentralkomm. N. F. II 75. — Prasch, Epitaphia Augustana III 30. — Archiv in Augsburg, Goldschmiede-Akten 1581/90. — Mit Notizen von Marc Rosenberg. *F. Becker.*

Attemstett, David, s. *Altenstetter.*

Attenberger, Johann Bernhard, Hofsteinmetz zu Berlin, seit 1733 in der Lehre bei Christian Mittag in Dresden, † zwischen 1766 und 1771.

Füssli, Kstlerlex. Neue Zus. 1824. *H. V.*

Attenberger, Thomas, sächs. Hofsteinmetz, erhielt 1709 das Meisterrecht zu Dresden und starb daselbst 1720. Seine Marmorarbeiten genossen zu seiner Zeit einen guten Ruf.

Iccanders sächs. Kern-Chronicon 1721 S. 96. *R. Bruck.*

Attendolo, Ambrogio, italien. Architekt, geb. 1515 und † 1585 in Capua. Laut Grabschrift in der dortigen Franziskanerkirche war er unter Philipp II. in der Provinz Neapel namentlich als Festungs- u. Straßenbaumeister tätig; jedoch wird er in einer Urkunde von 1577 auch als Kirchenarchitekt beglaubigt, und zwar wurde damals nach seinen Bauplänen von Giov. Andrea di Domen. da Cava und von Giov. Lorenzo Ferrario da Napoli in Capua eine Kirche erbaut neben dem „palazzo del Maczone dell' ill.mo signor Principe de Stigliano".

G. Ceci, Per la biogr. d. Artisti etc. (Trani 1907). — Napoli Nobiliss. XIII 45. *

Attendu, Antoine Ferdinand, Stilllebenmaler in Paris, später in Neuilly-sur-Seine (Seine), geb. zu Paris, Schüler von Mettling, stellte fast alljährlich im Salon 1870—1898 und 1905, und zwar meist Küchen-Stilleben, aus.

Bellier-Auvray, Dict. gén., Suppl. — Katal. d. Salon. *H. V.*

Attenhofer, August, Schweizer Porträt- und Heiligenmaler in Zurzach, geb. daselbst 8. 8. 1828, † 18. 9. 1862, Schüler der Akad. zu München, dann der dortigen Malerschule von Prof. Schraudolph. Seine zahlreich in dieser Zeit entstandenen Porträts befinden sich z. T. in München, z. T. im Besitz Arnold A.s, zum Storchen in Zurzach. Für die Kirche in Unter-Endingen malte er 2 große Altarbilder, eine Madonna u. St. Georg. Die Vollendung eines Altarbildes des hl. Josef für eine Kirche im Kanton Schwyz verhinderte sein früher Tod, der den kaum 34jährigen von einem Lungenleiden erlöste.

Arn. Attenhofer bei Brun, Schweizer. Kstlerlex. *H. V.*

Atterbury, Grosvenor, amerikan. Architekt, geb. 1869 in Detroit, Mich. Nachdem er die Yale University absolviert hatte, studierte er an der Columbia School of Architecture, New York und der École des Beaux-Arts u. im Atelier von Paul Blondel in Paris (1894—1895). Mitglied der Century Association, New York u. anderer Klubs. Erhielt in St. Louis (1904) die silberne Medaille für Landhäuser und wurde 1905 zum Fellow of the American Institute of Architects gewählt. Seine bedeutendsten Gebäude sind in Pittsburg die Bessemer- und Fulton-Gebäude und in Newport die Residenz von T. S. Phipps und das erste Tennement der sogenannten Phipps Houses; in Islip, L. I. „Bayberry Point". *L. F. Pilcher.*

Atteslander, Sofie (Zo), geborene Kohn, poln. Malerin, geb. 12. 3. 1874 in Luborzyca (Königreich Polen), begann ihre Studien 1900 in Krakau bei Jacek Malczewski, begab sich darauf nach München, wo sie sich unter der Leitung Grocholskis, dann Lenbachs und Knirrs weiter ausbildete. 1902 studierte sie bei Hölzel in Dachau, 1904 wurde sie nach Wiesbaden berufen, um die rumän. kgl. Familie zu porträtieren. Sie wohnt in München und malt vorwiegend Bildnisse.

Swieykowski, Pamietnik Towarzystwa P. S. P. w Krakowie 1854—1904. *C. M. v. Górski.*

Attevelt, Claes Ariaensz. van, war 1611 „Conterfeytjongen" bei Jan van Malsen in Utrecht.

Muller, Utr. Arch. 92. *E. W. Moes.*

Attevelt, D i e d e r i k v a n, Sohn von Joost van A., beschäftigte sich wie sein Vater namentlich mit numismatischen und sphragistischen Arbeiten. Ein Band mit Zeichnungen der Utrechter Bischofssiegel von 1698 ist im Provinzial-Archiv in Utrecht. Für die 1726 von Frans van Mieris herausgegebene „Beschrijving der Bisschoppelijke munten en zegelen van Utrecht" hat er die Münzen und Siegel gezeichnet. Eine ziemlich rohe Handzeichnung im Kupferstichkabinett in Amsterdam, Anbetung der Hirten, ist bezeichnet: D. v. Atteveld F. In Septemb. A°. 1673.

v a n M i e r i s Jr., Beschrijving usw. Vorrede. — K r a m m, De Levens etc. Suppl. *E. W. Moes.*

Attevelt, J a n A d r i a e n s z. v a n, kam 1616/17 als Schüler in die Utrechter Gilde.

M u l l e r, Utr. Arch. 105. *E. W. Moes.*

Attevelt, J o o s t v a n, geb. 1621, war 1656 „Overman" des Malerkollegiums in Utrecht. Er war ein tüchtiger Genealoge und hat namentlich in dieser Richtung auch künstlerisch gearbeitet. 1647 kopierte er ein Glas aus dem Hause der Deutschordensritter daselbst, 1649 Siegel für die Stadt Utrecht. Mehrere von ihm gezeichnete Münz- und Medaillenabbildungen sind benutzt worden von Gerard van Loon in dessen numismatischen Werken. In einer Urkunde von 1680 wird er aber bestimmt „Constschilder" genannt. In der Sammlung Barchman Wuytiers, Utrecht 1792, waren zwei von ihm auf Pergament gezeichnete Porträts, wohl nach älteren Originalen kopiert. Er wohnte 1658 in der Voorstraat „over het Vleyshuys" und starb 13. 11. 1692. van der Willigen besaß sein von T. Jeljersma nach einem Original von 1683 gezeichnetes Porträt.

v. d. W i l l i g e n 73. — D o d t s Archief III 305, 306, 308. — K r a m m, De Levens etc. Suppl. — Ned. Heraut IV 82. — Urkundl. Notizen von A. B r e d i u s. *E. W. Moes.*

Attevoort, Mr. N i c o l a e s v a n, Maler, wird urkundl. 1623 in Amsterdam erwähnt. Er schreibt in sehr schöner Schrift: Niclaes van Attyvoort. *A. B.*

Atti, B a r t o l o m m e o d i B u o n o d e g l i, gen. Ungaro, Maler in Mantua, 1428 urkundlich erwähnt als pictor und civis Mantuae.

C. d ' A r c o, Arti e Artefici di Mantova (1857) II 8. *

Atticiati, B a r t o l o m m e o, Holzschnitzer und Intarsiator aus Florenz, seit 1597 im Dome zu Pisa tätig, und zwar zunächst gemeinsam mit seinem Oheim Domenico A. und dessen Sohne Bernardino A., mit denen er am Kassetten- und Wappenschnitzwerke der hölzernen Decke des Hauptschiffes und des Altarchores arbeitete; späterhin hatte er diese Deckenschnitzereien allein fortzusetzen, ebenso wie er bereits 1598 mit der selbständigen Ausführung der Schnitzarbeiten an den Orgelgehäusen des Domes betraut wurde. 1612 schuf er sodann „la predella e l'altare de' confessori" und „la sedia dove sta monsignore a udire la predica", sowie 1615 ein mit Intarsien geschmücktes Kirchengestühl für den Dom. Außerdem war ihm 1613 die Schnitz-Ausführung seiner eigenhändigen Entwürfe zu einem Chorgestühle für S. Michele in Borgo zu Pisa übertragen worden. Der Künstler starb zu Beginn des Jahres 1616.

T a n f a n i, Not. di Artisti etc. Pisani (1897) p. 61 ff. *

Atticiati, B e r n a r d i n o, Holzschnitzer in Pisa, urkundlich nachweisbar als Nachfolger seines 1597 von seiner Tätigkeit zurücktretenden Vaters Domenico A. bei Ausführung der Deckenschnitzereien im Dome zu Pisa.

T a n f a n i, Not. di Artisti etc. Pisani (1897) p. 139. *

Atticiati, D o m e n i c o, gen. Domenico di Filippo, Bildschnitzer aus Florenz in der zweiten Hälfte des 16. Jahrh. 1575 verfertigte er mit Benedetto di Giovanni da Montepulciano das Pult und die Chorstühle der Kathedrale zu Siena mit Bildwerken nach B. Neronis Zeichnung. 1590 (7. 1.) wurde ihm laut Urkunde der Mönchschor der Certosa di Pontijano bei Siena übertragen und zwar sollte er 12 piastre für jeden Sitz erhalten. (Staatsarchiv Siena; Pontignano, Liber III, a. c. 258t). An dem Tabernakel in der Kirche del Carmine, welches Bernardo Buontalenti gezeichnet hatte, machte Pocceti die Figuren und Atticiati die Schnitzereien, deren Anmut gerühmt wurde. Das Werk wurde 1593 vollendet. Für dieselbe Kirche fertigte er auch das schöne Ciborium. Um 1596 muß die Statue der hl. Katharina von Siena in deren Kapelle in S. Maria Novella in Florenz, ausgeführt in gepreßtem Papier (Carta pesta), entstanden sein, denn damals wurde auch der Altar daselbst nach Entwürfen von M. Bandinelli und Atticiati erneuert. 1597—98 schmückte er die Decke des Domes zu Pisa, eine Arbeit, die dann von seinem Sohne Bernardino u. seinem Neffen Bart. Atticiati fortgesetzt wurde.

M e y e r, Kstlerlex. (mit älterer Liter.). — R o m a g n o l i, Cenni stor.-art. di Siena. 1840. No. 29. — T a n f a n i C e n t o f a n t i, Not. d. Artisti, tratte da Doc. Pisani p. 137—139. — Urkundliche Notizen von Dr. Geisenheimer. **

Atticiati (Alticciati), S t e f a n o, neapol. Bildhauer, wird im neapol. Staatskalender von 1791 als „marmorario" des Bourbonischen Hofes und Restaurator der antiken Ornamente angeführt und war auch 1799—1805 noch mit der Restauration der antiken Funde aus neapol. Ausgrabungen beschäftigt. Vielleicht identisch mit dem Kriegsbaumeister Attigiati (s. d.).

F ü s s l i, Neue Zusätze, 1824. — Napoli Nobilissima X 5. *G. Degli Azzi.*

Attigiati, neapol. Kriegsbaumeister. Lieferte die Zeichnung zum Grabmal Philipps, des 1777 gestorbenen ältesten Sohnes des Königs Karl, das von Gius. Sammartino in

Marmor ausgeführt wurde und sich in S. Chiara in Neapel befindet. Vielleicht mit Stef. Atticiati identisch (s. d.).

Celano, Notizie del bello etc. di Napoli (1858) III 409. *G. Degli Azzi.*

Attikianos, Bildhauer des 3.—4. Jahrh. n. Chr. aus Aphrodisias, bekannt durch eine Inschrift an der Basis einer scheußlichen Musenstatue in den Uffizien in Florenz.

Brunn, Gesch. d. gr. Kstlr. I 575, 595. — Overbeck, Schriftq. 2291. — Ders., Gesch. d. gr. Plastik II⁴ S. 458. — Löwy, Inschr. gr. Bildh. 373. — Amelung, Führer d. d. Ant. in Florenz 97. — Pauly-Wissowa, Realenc. II 2239, 2 (Robert). *Amelung.*

Attikos, Bildhauer (?), Sohn eines Eudoxos, aus dem attischen Demos Sphettos. Sein Name steht mit dem Zusatz ἐποίησε am Schluß einer in Eleusis gefundenen Inschrift vom Ende des 2. Jahrh. n. Chr.; auf der Basis, an der die Inschrift angebracht ist, hatte die Ehrenstatue eines Keryken gestanden. Es ist zweifelhaft, ob A. wirklich der Künstler der Statue war, oder ob er nur ihre Aufstellung besorgt hatte.

Löwy, Inschr. gr. Bildh. 456. — Pauly-Wissowa, Realenc. II 2241, 20 (Robert) *Amelung.*

Atting, Johannes, 1734, signierte eine reichgravierte Pulverflasche in der ehemal. Züricher Sammlung J. J. Gubler, Verkaufskat. Heberle, Köln 1893, No. 2090. **

Attinger, Lucie, verehel. Caumont, Schweizer Malerin, geb. zu Neuchâtel 1. 3. 1859, Schülerin von Georges Grisel und Auguste Bachelin in Neuchâtel, dann von Julian in Paris, stellte seit 1880 in ihrer Vaterstadt figürliche Studien, Porträts und Landschaften aus. Im Pariser Salon 1889 war sie mit einem Interieur „Mon atelier" vertreten. Sie ist als Illustratorin für mehrere Pariser Zeitschriften tätig gewesen und hat auch einige Bücher wie die 2. Ausgabe der „Chansons de nos grand' mères", herausg. von Alfred Godet, illustriert.

Phil. Godet bei Brun, Schweizer. Kstlerlex. — Katal. d. Salon. *H. V.*

Attiret, Claude-André, Architekt, geb. in Dôle um 1752, † in Lous-le-Saulnier 1813. War tätig in Montmorot und Besançon, sowie in Arbois, wo er um 1780/86 das Rathaus erbaute.

Bellier-Auvray, Dict. gén. — Gauthier, Dict. d. artist. franc-comt. *De.*

Attiret, Claude François, französ. Bildhauer, geb. 14. 12. 1728 in Dôle (Jura), Neffe des Jesuiten Jean Attiret, des Malers des Kaisers von China, war ein Schüler von Pigalle. Als professeur de l'Acad. de St. Luc stellte er 1762 in Paris mehrere kleine Modelle aus, die einen sterbenden Gladiatoren darstellten, ferner „Romulus et Rémus", „la Charité romaine", „la Guerre", „David vainqueur de Goliath", die Büste von Daviel, des Augenarztes des Königs, u. den Kopf eines jungen Fauns; 1764: „Annibal chez le roi Prusias", den Kopf eines Philosophen, "Jeune Bacchus jouant avec des raisins", „Femme sortant du bain", u. den Kopf eines Amor; 1774: die Büste eines Philosophen (in Marmor) und die ebenfalls marmorne Büste eines jungen Mädchens. 1780 führte er für seine Vaterstadt Dôle eine Statue Ludwigs XVI. aus; dieselbe wurde 1793 vernichtet und es blieb davon nur der Sockel u. zwei Figuren von Genien erhalten. Auch übernahm er in Dôle die plast. Ausschmückung eines Brunnens, der noch heute existiert. Man verdankt ihm auch für das Schloß von Bussy-Rabutin (Côte-d'Or) einen Jupiter, der den Blitz schleudert, u. eine Statue der Cybele; im Mus. von Dijon: „La Chercheuse d'Esprit", Terrakottabüste und mehrere Flachreliefs: die vier Jahreszeiten, eine Karneval-Szene, nach dem Kriege, ein mit einem Ziegenbock spielendes Kind, die Ernte, ein Rosen pflückendes Kind, u. die Vergnügungen des Herbstes darstellend; in der Bibliothek von Besançon: die Büste des François Devosge, des Gründers der Ecole des Beaux-arts zu Dijon. Endlich schreibt man ihm eine Statue des hl. Andreas u. eine solche des hl. Johannes zu. A. starb 15. 7. 1804 im Hospital zu Dôle. Sein Porträt, das von Lenoir gemalt ist, befindet sich im Mus. von Dijon. — Seine Kunst war voll von Charme in der Form und geistreich in der Auffassung, wie vielleicht am besten die Marmorbüste in der Sammlg. Eudoxe Marcelle beweist (Replik davon im Mus. zu Dijon).

Journal de la Côte d'or 1804. — Laudon, Nouv. des arts. III 333. — Rev. univ. des arts. XIX 253. — Catalogue du Musée de Dijon 1883. — Rev. de l'art franç. 1884, 38; 1885, 155. *Lami.*

Attiret, Jean Denis, Maler, geb. zu Dôle (Jura 31. 7. 1702, † in Peking 8. (17.?) 12. 1768. Er studierte in Rom und hielt sich nach seiner Rückkehr einige Zeit in Lyon auf, wo er verschiedene mit Beifall aufgenommene Bildnisse malte; dann arbeitete er in Dôle. Kaum über 30 Jahre alt trat er in den Jesuitenorden; während seines Noviziats malte er vier Bilder für den Dom zu Avignon. Als die Jesuitenmission in Peking einen Maler suchte, nahm er das ihm gestellte Anerbieten an und schiffte sich 1737 nach China ein. Ein Gemälde, die Anbetung der hl. drei Könige, das er dem chinesischen Kaiser Kien-Long überreichte, fand dessen Beifall und im Innern des Palastes seinen Platz. Allein seine Stellung und Aufgabe an diesem Hofe war nicht beneidenswert. Er hatte bis dahin bloß Historie und Porträt gemalt, mußte aber jetzt mit allen Gattungen sich abgeben, und namentlich seine breite Malweise im europäischen Geschmacke gegen eine in Perspektive und plastischer Wirkung unentwickelte vertauschen. In einem Briefe vom November 1743 klagt er: „Tout ce que nous peignons (er und der Maler und Jesuit Castiglione) est ordonné par l'empereur. Nous faisons d'abord des dessins; il les voit, les fait changer, réformer comme bon lui semble. Que la correction soit bien ou mal, il faut en passer par là sans oser rien dire." Darnach richtete sich A. und gewann so die Gunst des Kaisers und der Hofleute. Doch fertigte er auch Kirchenbilder, malte viel für die Christen u. mehr als 200 Bildnisse der verschiedensten Personen. Zwischen 1753—60 fällt die Unterjochung der Dsongarischen Völker im Westen Chinas. 1754 wurde Attiret an das k. Hoflager daselbst gerufen, um verschiedene Gemälde auszuführen. Die Ehre, die ihm der Kaiser dafür antun wollte, ihn zum Mandarinen zu ernennen, schlug A. aus. Die Vorfälle jenes Krieges malte und zeichnete er zum Teil später in Peking. Eine Anzahl von Attirets Gemälden im kais. Palast zu Peking findet sich im Journal des Savants (Juin 1771) aufgeführt: Tempel des Ruhmes, Dame, die ihre Toilette beendigt hat, und Die vier Jahreszeiten.

Zum Teil nach ihm gestochen: Die Vorfälle des Krieges gegen die Tataren, 16 Blätter. Nach den Zeichnungen von Attiret, J. J. Damascenus, Jos. Castiglione und Ignaz Sichelbarth. Gest. unter der Leitung von N. Cochin durch L. J. Masquelier, J. Aliamet, J. P. Le Bas, A. de Saint-Aubin, F. de Née, B. L. Prévost, P. P. Choffart, N. de Launay. In größtem Formate, so daß man eigenes Papier dazu anfertigen mußte.

Diese Zeichnungen wurden 1765 durch die indische Kompanie nach Frankreich geschickt, um gestochen zu werden, was 1774 beendigt war. Sowie eine Platte abgedruckt war, wurde sie mit den Kupferstichen gleich nach China geschickt, so daß diese gar nicht in den Handel kamen und nur für die kgl. Familie und die k. Bibliothek ein paar Abdrücke zurückblieben.

Extrait d'une lettre du père Amiot im Journal des Savants. 1771. Juin. p. 406. — Briefe Attirets finden sich in den Lettres édifiantes. XXVII. — L. Dussieux, Les Artistes français à l'étranger 1876 p. 338 fg. — Meyer, Kstlerlex. *R.*

Attius Priscus, malte gemeinsam mit Cornelius Pinus den unter Vespasian restaurierten Tempel des Honos und der Virtus aus; er „näherte sich mehr den Alten". (Plin. N. H. 35, 120.)

Brunn, Gesch. d. gr. Kstlr. II 307 f. — Overbeck, Schriftq. 2391. — Pauly-Wissowa, Realenc. II 2255; 25 (P. v. Rohden). *Altmann.*

Attlmayr, Richard Isidor v., Historienmaler, geb. 2. 4. 1831 zu Innsbruck (Todesdatum unbekannt), besuchte zu München und Wien erst die polytechnische Schule, um Architekt zu werden, ging aber 1851 an die Münchener Akad., um unter Schlotthauer und Hiltensperger sich der Malerei zu widmen. Seine erste Komposition war eine Weihnacht für das Album der Kaiserin Elisabeth von Österreich. In Wien malte A. erst unter Blaas, dann unter Führichs Leitung verschiedene Bilder, darunter eine größere Altartafel (für Falterschein bei Landeck), die Himmelskönigin mit dem segnenden Christuskinde; doch wurde dieselbe von Mahlknecht, weil A. am Typhus erkrankte, vollendet. Übergesiedelt nach München, fand A. durch eine Komposition „Hagen mit den Wasserfrauen" Aufnahme in Schwinds Schule, wo er einen „hl. Christoph" in reicher, ganz altdeutsch gehaltener Landschaft, ebenso das „Mädchen aus der Fremde" malte. Der Karton zur Christophlegende war 1859 im Ferdinandeum in Innsbruck ausgestellt. Außerdem zeichnete er Legendenbilder für den Buchhändler Schuhmacher in Innsbruck, welche von Burger und Unger gestochen wurden. Auch entstanden dort drei größere Kartons: Madonna mit dem schlafenden Kinde und musizierenden Engeln, eine Immakulata und hl. Joseph zu Glasgemälden für die Kirche zu Absam bei Hall. Zurückgekehrt nach Tirol, versuchte er sich selbst in der Glasmalerei (Fenster für die Kirche St. Pauls bei Bozen) und ließ sich 1863 auf seinem Schlößlein Weierburg bei Innsbruck häuslich nieder, wo er als Lehrer auf jüngere Kräfte wirkte, alte Bilder restaurierte, Bildnisse und Fresken malte (Madonna am Hause des Baumeisters Spörr zu Innsbruck). Auf der Innsbrucker Ausstellung 1867 befanden sich von A. zwei Heiligenbilder, die hh. Romedius und Christophorus. Heiligenbilder vom Künstler selbst gestochen, erschienen bei Wagner in Innsbruck.

Meyer, Kstlerlex. — Tiroler Bote. 1859 No. 123. — Schützenzeitung 1859 No. 55. — Notizen von H. Semper.

Atto Lathomus (= Steinmetz), umbrischer Architekt und Bildhauer, in leoninischen Distichon-Inschriften als Erbauer der 1133 vollendeten Südfront des Domes zu Foligno, sowie der Abtei S. Pietro zu Bovara beglaubigt.

Guardabassi, Indice Guida etc. nell' Umbria p. 351. — A. Venturi, Storia d. Arte Ital. III 906. — Faloci-Pulignani, Un artista Umbro del sec. XIII di nome Atto. *A. Bellucci.*

Atto di Piero Braccini, s. *Braccini.*

Attolino (Dattolino), Giuseppe, Holzschnitzer von Palermo, schnitzte 1614 den kostbaren Chor der Hauptkirche von Ciminna und wird 1619 noch erwähnt.

Filangieri, Ind. d. artef. I 34. **

Atton, Bartholomew, Robert und William, engl. Glockengießer, von denen der erstere schon 1582 in Leicester, der letztere noch 1654 tätig war.

North, Bells of Bedfordshire. **

Attout-Tailfer, Pierre Alphonse, Architekturmaler in Paris, geb. daselbst, Schüler von Gérôme, stellte im Salon 1879 und 1880 Kirchenprospekte aus.

Bellier-Auvray, Dict. gén., Suppl. *H. V.*

Attuggi, Carlo, italien. Freskomaler, tätig im Schlosse zu Brühl unter Clemens August. Diese Fresken wurden 1861 von dem Bonner Maler W. Müller restauriert.

Dioskuren 1861 p. 216. **

Attwold, R., wenig bekannter Künstler um 1750 in England. Er stach ein satyrisches Doppelblatt auf das rasche Aufrücken vornehmer junger Leute im Heer und in der Flotte. Da es in Hogarth-Manier gehalten ist, wurde es diesem irrtümlich zugerechnet. Die Originalzeichnungen zu den Blättern im British Mus.

Ottley, Notices. — Redgrave, Dict. — Binyon, Catal. of drawings in the British Museum I. **

Atwater, Grace Elizabeth, amerikan. Malerin der Jetztzeit in Washington D. C. ansässig. Schülerin der Art Students League, New York und Corcoran Art School, Washington D. C. Sie ist Sekretär des Washington Water Color Clubs. Eines ihrer Bilder befindet sich im Besitz von Frau Theodor Roosevelt u. hängt im White House in Washington. *Edmund von Mach.*

Atwood, Charles B., amerikan. Architekt, geb. in Charlestown, Mass. 1849, † in Chicago U. S. 1895. Erzogen in der Lawrence Scientific School of Harvard University, trat er in die Ateliers von Ware und Brunt und erhielt so günstigere Gelegenheiten für seine Ausbildung als die meisten anderen jungen Architekten, da Ware, später Professor der Arch. in Boston und Columbia University, New York, einer der besten Lehrer des Landes war. Ihm verdankt A. ohne Zweifel seinen Erfolg, den er noch durch seine künstlerische Begabung erhöhte. Seine bedeutendste Leistung stand im Zusammenhang mit den Gebäuden der Weltausstellung in Chicago, 1893, deren Hauptentwerfer er war. Er selber baute den Peristyl, das Kunstgebäude u. die Endstation, die besten aller Gebäude. Seine ersten guten Bauten befinden sich in Worcester, Mass. und Nachbarschaft. Er ließ sich 1875 in New York nieder als Leiter der Firma Herter Brothers. Hier sind seine bekanntesten Leistungen die Vanderbilt Mansion und die Paläste der Vanderbilt Töchter. Oft besprochen in den Publikationen über die Chicagoer Ausstellung, und in vielen architekt. Zeitschriften für 1893 und 1894. *L. F. Pilcher.*

Atwood, K. C., amerikan. Holzstecher, um 1880 in Boston tätig. *E. Richter.*

Atwood, Thomas, Blumenmaler in London, tätig um 1761 und 1766. Im letzteren Jahre war er Mitglied der Incorporated Society.

Redgrave, Dict. **

Atzel (Azel), E., Landschaftsmaler um 1670, wird nur bei Nagler (Monogr. I No. 57) erwähnt; es sollen sich mehrere Gemälde von ihm, darunter eins mit seinem Namen bezeichnet, erhalten haben. *H. V.*

Atzel, Jacob, Architekt, Hofbauinspektor in Ansbach unter Markgraf Alexander, zweite Hälfte des 18. Jahrh.

Studien zur deutschen Kstgesch., Heft 32, Fr. H. Hofmann, Die Kunst am Hofe der Markgrafen von Brandenburg p. 252. *H. V.*

Atzel, s. auch *Atsyll* und *Azel.*

Atzelt, s. *Azelt.*

Atzger, Carl, Maler, geb. zu Wien 11. 2. 1833, † in Brünn 12. 6. 1875, war Schüler der Akad. der bildenden Künste in Wien und wirkte hierauf als Professor für das Freihandzeichnen in Brünn. Er genoß als Porträtmaler einen ausgezeichneten Ruf. Einige seiner Bilder und Handzeichnungen sind im Mährischen Landes-Mus. zu finden. *W. Schram.*

Atzinger, Joseph, Lithograph und Maler, geb. zu München 14. 6. 1814, † daselbst 20. 5. 1885. Erlernte die Lithographie bei J. N. Strixner, dessen Gehilfe und Mitarbeiter er blieb. Später wandte er sich der Malerei in Aquarell und Öl zu, in welch' letzterer Technik seine Frau Elise geb. Höhlein seine Lehrmeisterin war, und kopierte besonders in beiden Pinakotheken.

Meyer, Kstlerlex. (mit Verz. s. Lithogr.). — Jos. Maillinger, Bilder-Chronik Münchens II 239. — Allgemeine Zeitung 1885, Beilage No. 275 (Nekrolog). *P.*

Atzuara, Domingo, Miniaturmaler in Valencia, welchem Alcahali den größeren Teil der Miniaturen in den Handschriften des städt. Archivs in Valencia zuschreibt. 1425 erscheint er in einem Notariatsinstrument als Zeuge und lebte noch 1467.

Alcahali, Artist. Valenc. p. 54—55. *M. v. B.*

Atzuara, Miguel, Miniaturmaler in Valencia, der jüngere Bruder des vorigen, 1437 bis 1474 urkundlich erwähnt.

Alcahali, Artist. Valenc. p. 55—56. *M. v. B.*

Aub, Mme M., Porträt- und Genremalerin, stellte im Pariser Salon wiederholt (1887 bis 1894) aus.

Katal. d. Salon. *H. V.*

Aubais, Auguste, französ. Historien-, Genre- und Porträtmaler, geb. um 1795 in Chateaugontier, Schüler von Gros. Siret nennt von ihm einen S. Sebastian und ein Martyrium des hl. Gervasius.

Siret, Dict. des peintres. *R.*

Auban, Paul, französ. Bildhauer, geb. in Mirabeau-sur-Bèze (Côte-d'Or), Schüler von Falguière, erlangte 1894 eine ehrenvolle Erwähnung, 1899 eine III. Medaille u. 1901 eine

II. Medaille. Bemerkenswerte Arbeiten von ihm sind: ein Marmorbildnis der Jeanne d'Arc; „Souvenir", eine Marmorfigur; „Noël", Marmorfigur; „Malédiction il est mort", Gipsgruppe.

Kat. d. Salons. *Lami.*

Aubanel, Joseph, Heiligenmaler, geb. in Avignon (Vaucluse), Schüler von L. Cogniet und A. Glaize, stellte im Pariser Salon wiederholt (1847—1853) aus. Die Kirchen von Avignon bewahren Werke von seiner Hand.

Bellier-Auvray, Dict. gén. *H. V.*

Aubé, François, französ. Maler, geb. im Juni 1610 in Paris. Gelegentlich der Beerdigungsakte seiner Frau 1669 „maître peintre du Roy" genannt. Wird 22. 3. 1662 Mitglied der Acad. de Saint-Luc und schenkt 1679 und 1680 dem Hôtel-Dieu größere Geldsummen gegen eine Leibrente, sonst nichts bekannt. Jal vermutet, daß er nur „peintre-doreur-vernisseur" gewesen sei.

Jal, Dict. crit. 1872. — Nouv. Arch. de l'art franç. 3. sér. III (1887) p. 323. — Revue univ. des arts XIII 327. *H. Stein.*

Aubé, Jean Paul, französ. Bildhauer, geb. 3. 7. 1837 in Longwy (Meurthe-et-Moselle), Schüler von Duret u. dem älteren Dantan, trat am 6. 4. 1854 in die Ecole des beaux-arts ein u. stellte zum ersten Male 1861 im Pariser Salon aus. 1866 Studienreise nach Italien. 1874 erlangte er eine II. Medaille, 1876 eine Erinnerungsmedaille, auf der Weltausstellung 1878 eine III. Medaille, 1889 eine goldene Medaille und einen „grand prix" 1900. 1888 Ehrenlegionär. Seine Hauptwerke sind: „La Sirène", Bronzegruppe (1874) auf der Place du Peyrou in Montpellier; „Le comte Siméon", Marmorbüste (1875), in der Bibliothek des Conseil d'Etat; „Galathée", Marmorstatue (1876) im Mus. Montpellier; „Rabelais", Gipsstatue (1878), im Mus., zu Tours; „Dante Alighieri", Bronzestatue (1879) im Square des Collège de France; „Michel Lallier", Steinstatue (1882) an der Außenseite des Hôtel de ville; „Bailly", Bronzestatue (1883) im Garten des Luxembourg-Mus.; „La Republique française", Marmorstatue (1885) im Palais Bourbon; das Monument Gambettas, ausgeführt unter Mitarbeit des Architekten Boileau, welches 1888 auf der place du Carrousel errichtet wurde; „François Boucher", Marmorgruppe (1890) im Jardin de l'Infante, im Louvre; „Gaston Vuidet", Bronzestatue (1891) auf dem Père-Lachaise; „Borda", Bronzestatue (1892) in Dax (Landes); „Eugène Pelletan", Bronzestatue (1893) in Royan (Clarente-Inf.); die Bronzestatue des Generals Raoult (1894) in Meaux (Seine-et-Marne); der Ziergiebel des Hôtel de la Charité in der Rue Pierre Charron zu Paris (1900) und endlich im Luxembourg-Mus. ein Tafelaufsatz in Silber und Bergkristall, ein Symbol des Bündnisses Frankreichs und Rußlands. Er hat sich an den Ausstellungen von Kopenhagen, Antwerpen, Chicago und Saint-Louis beteiligt.

Bellier-Auvray, Dict. gén.— Ménard, L'art en Alsace-Lorraine. — Persönl. Mitteil. d. Künstlers. *Lami.*

Aubeaux, Guillaume des, Bildhauer in Rouen, Mitarbeiter des Guillaume Pontife am Skulpturenschmucke d. „Portail des Libraires" der Kathedrale von Rouen, und zwar werden ihm speziell die Statuen des hl. Jakobus und der hl. Katharina zugeschrieben. Les Aubeaux ist ein Dörfchen in der Nähe von Lille; bekanntlich sind im 15. Jahrh. viele Künstler aus Flandern in die Normandie eingewandert.

Abbé Blanquart, L'imagier Pierre des Aubeaux. (Congr. arch. de Caen, 1899.) *C. Enlart.*

Aubeaux, Pierre des, französ. Bildhauer in Rouen. Als sein frühestes Werk erscheint die um 1500 entstandene plastische Darstellung des Todes der Maria in der Trinité-Kirche zu Fécamp. 1521—23 schuf er eine Darstellung derselben Sterbeszene für die Marienkapelle der Kirche von Gisors, die er in Gemeinschaft mit drei anderen Bildhauern mit Skulpturen zu schmücken hatte. 1508 bis 1513 arbeitete er am Hauptportale der Kathedrale von Rouen, für das er 1511—12 allein 154 Statuen ausführte, also beinahe die Hälfte der sämtlichen Steinfiguren dieses Portales (im ganzen 418); das Portaltympanon mit der Reliefdarstellung der Wurzel Jesse vollendete er gleichfalls noch 1512. Endlich ist ein Teil der Skulpturen an dem 1520 begonnenen Grabmale der Kardinäle von Amboise in der Kathedrale von Rouen auf diesen Meister zurückzuführen, u. zwar sind speziell die zur Darstellung der Marienkrönung gehörigen Figuren der Propheten, Sibyllen und Apostel als sein Werk zu betrachten. Nach 1525 findet sich der Name des Pierre des A. nirgends mehr erwähnt. Von den erhalten gebliebenen Skulpturen des Meisters sind zu erwähnen: in Gisors die Leiden der Jungfrau Maria, in Fécamp der Tod der Maria (Zuschreibung nicht ganz sicher), in Rouen Fragmente des Tympanons sowie die Figuren der Bogenlaibungen des Hauptportales der Kathedrale und am Grabmale der Kardinäle von Amboise eine Folge wohlerhaltener, aber schwierig zu identifizierender Prophetenfiguren etc. Stilistisch geben sich alle diese Werke als den ersten Zeiten der Renaissancebewegung entstammend zu erkennen, jedoch nicht ohne bisweilen noch gotische Nachklänge zu zeigen. Die Haltung der Figuren ist von ungesuchter Schlichtheit. Die bauschigen Gewandmotive zeugen von eifrigen Draperiestudien, ohne dabei manieriert zu wirken. Die anatomische Zeichnung und plastische Durchbildung der Figuren ist ganz trefflich, obwohl sich bisweilen gewisse Verschwommenheiten in der Formgebung und gewisse Mißgriffe in den Proportionen bemerkbar machen. Offenbar basiert die Kunst des Meisters in der Hauptsache auf einem gewissenhaften Studium der Natur und des lebenden Körpers, während sie andererseits einigermaßen vom Stile Michel Colombes beeinflußt erscheint.

Abbé Blanquart, L'imagier Pierre des Aubeaux (Congrès archéol. de Caen 1899). — L. de Vesly, Notice sur Pierre des Aubeaux (Réun. des Soc. des Beaux-Arts 1901. XXV. 406). *C. Enlart.*

Aubée, Jean Martin, Maler, geb. mutmaßlich zu Lüttich. Er lernte zuerst bei seinem Vater Martin und begab sich dann nach Rom, wo er bei den Konkurrenzen der Akad. des Kapitols drei Medaillen erhielt. In der Société d'émulation in Lüttich stellte er folgende Bilder aus: Selbstbildnis und Porträt des Hrn. F. J. Dewandre 1782; Bacchus und Ariadne; eine stillende Mutter, welche Amor lächelnd betrachtet, beide 1783.

Meyer, Kstlerlex. II 367. *Pol de Mont.*

Aubée, Martin, Maler, geb. 1729 zu Lüttich, wo er Professor, und später Direktor an der Akad. war, † zu Paris um 1805. In der Société d'emulation zu Lüttich brachte er zwischen 1781—1788 eine Menge Bilder zur Ausstellung. A. besaß überhaupt mehr Fruchtbarkeit als Talent.

Meyer, Kstlerlex. — J. Helbig, La Peint. au Pays de Liège. *Pol de Mont.*

Aubel, Hermann, Landschaftsmaler in Karlsruhe, geb. zu Kassel 6. 2. 1834, Sohn Karls, Schüler der Kasseler Akad. und auf weiten Reisen, die ihn 1869 bis nach Lappland führten, gebildet. Tätig in Belgien, Köln, Kiel, Hamburg, Dresden, in den achtziger Jahren in Düsseldorf. Seine Bilder kamen selten auf Ausstellungen vor.

Meyer, Kstlerlex. — Hoffmeister, Hessische Kstler. (1885). *W. R. Valentiner.*

Aubel, Karl Christian, Porträt- und Madonnenmaler, geb. in Kassel 19. 11. 1796, † 23. 2. 1882, Schüler der dortigen Kunstakademie, dann von Gros in Paris. Nach einem Aufenthalt in Rom von 1825—1832, während dessen er sich am 16. 10. 1831 mit Wilhelmine Goltz vermählte, auch mit Richter und Preller befreundet war, erhielt er 1833 eine Professur an der Kasseler Akad., wurde dann Inspektor der Galerie. Dieses Amt setzte seiner künstlerisch schaffenden Tätigkeit ein Ende. Im Bildnisfach soll er Tüchtiges geleistet haben; seine Madonnendarstellungen sind im Stile der Hochrenaissance, besonders der Raffael'schen Richtung gehalten.

Meyer, Kstlerlex. — Hoffmeister, Künstler und Kunsthandw. in Hessen. Hannover 1885. — Mit Notizen von Dr. Fr. Noack. *H. V.*

Aubelet, Jehan, Werkmeister des Herzogs von Orléans u. gleichzeitig „sergent d'armes du roi de France"; hatte mehrfach Bauarbeiten zu begutachten, so 1400 in der St. Peterskapelle im Walde von Cuise und 1401 in der Kathedrale von Troyes. Außerdem verfügte er 1403 die Bezahlung von Wasserleitungsbauten im Schlosse von Beaumont sur Oise; auch ist er im Schlosse von Coucy als Architekt tätig gewesen.

Comte de Laborde, Ducs de Bourgogne, vol. III. — Assier, Bull. du Comité des trav. hist., vol. I. — Bérard, Dict. des Artistes. — Bauchal, Dict. des Archit. *C. Enlart.*

Aubelet, Jean, Architekt im Dienste des Herzogs von Orléans um 1490, nur urkundlich erwähnt bei Gelegenheit der Erbauung einer zu dem Cölestinerkloster von Châtres gehörigen Kapelle Saint-Pierre bei Cuise (Aisne).

Lance, Dict. d. Archit. Franç. 1872. *H. V.*

Aubelle, R., Landschaftsmaler in Paris, stellte wiederholt (1890—1896) im Salon aus.

Katal. d. Salon. *H. V.*

Aubépine, Marcel d', französ. Radierer, illustrierte das Werk „Jadis", souvenirs et fantaisies par Alexandre Piedagnel, avec six eaux-fortes par Marcel d'Aubépine. Paris 1886.

Béraldi, Grav. du XIXe s. II p. *J. Guibert.*

Auber, J.-A., französ. Architekt, † zu Toulon Ende 1888 als 57jähriger; Erbauer zahlreicher Privathäuser und mittätig am Bau der Kathedrale Sainte-Marie zu Toulon.

Nouv. Archiv. de l'art franç., 3. Sér. 1895, XI 2. — Réunion d. Soc. des Beaux-Arts XIX 192. *H. V.*

Auber, L., französ. Kupferst. um 1690, von geringer Bedeutung. Von ihm sind drei bezeichnete Blätter bekannt: Porträt von „Mr. Boylau" nach Fr. de Troy, ein Brustbild des Boccaccio und Christus am Kreuz, nach Ottley aus einer Folge, von denen einige Blätter von Le Clerc herrühren.

Meyer, Kstlerlex. *J. Guibert.*

Aubergeon, Marie Madeleine, Porzellanmalerin in Paris, geb. in Luc-sur-Mer (Calvados), Schülerin von Carbillet, stellte im Salon (1877—1882) Porträts eigener Erfindung und Blumen- und Genrestücke nach fremden Vorbildern (Bouguerau — E. Dubufe) aus.

Bellier-Auvray, Dict. gén., Suppl. *H. V.*

Auberjonois, René Victor, Schweizer Porträt-, Genre- und Landschaftsmaler, geb. zu Montagny bei Yverdon 18. 8. 1872, tätig daselbst, Schüler der Kensington Kunstschule in London, der École des beaux-arts zu Paris, dann von Luc Olivier Merson, endlich von Whistler. Er stellte aus auf der Société nationale des beaux-arts, Paris 1901, in Moskau und in Riga (Exposition d'artistes dessinateurs, 1901), auf der Exposition nationale in Vevey und Lausanne (1904), und auf der Düsseldorfer Internat. Kunstausstellung 1904.

A. de Molin bei Brun, Schweizer. Kstlerlex.

— Die Kunst, XI. Kst. f. Alle, XX — Katal. d. intern. K. A. Düsseldorf 1904. *H. V.*

Auberlen, Wilhelm, Porträtmaler in Berlin, geb. zu Stuttgart 6. 7. 1860, Schüler der dortigen Kunstschule und der Münchener Akad. unter Ludw. v. Löfftz, stellte auf der Berliner Jubil.-Ausstellg. der Akad. 1886, auf der akad. Kunst-Ausstellg. 1888 („Nähendes Mädchen") und auf der gr. Berliner Kunst-Ausstellg. 1893 („Abendstimmung in Tanger") und 94 aus. Besonders erwähnt seien seine Literatenporträts: Herm. Sudermann, Ludw. Fulda (beide Berl. Kstausstellg. 1894) u. Max Halbe und die Bildnisse einiger Fürstlichkeiten aus dem württembergischen Königshause.

Singer, Kstlerlex., Nachtr. 1906. — Bötticher, Malerwerke d. 19. Jahrh. Nachtr. zu Bd. I. *H. V.*

Aubert, gen. l'imagier, zu Paris, wird 1292 urkundlich erwähnt. Er muß eine gewisse Stellung gehabt haben, denn von allen Bildhauern seiner Zeit war er der Höchstbesteuerte.

Lami, Dict. des sculpt. 1898. — H. Bouchot, Primitifs Français, Paris 1904. *R.*

Aubert, französ. Bildhauer, war 1760—1775 mit den plast. Ausschmückungsarbeiten des Schlosses von Chantilly beschäftigt. Er war zweifellos ein Verwandter des Architekten Jean Aubert, dem man die schönen Marställe von Chantilly verdankt.

Macon, Les arts dans la maison de Condé, 116. *Lami.*

Aubert, Emailmaler in Paris, bemalt Tabatières mit Porträts, 1754 und 1771 erwähnt.

Molinier, Dict. d. Emailleurs p. 10. — Garnier, La Verrerie et l'Emaillerie 515 ff. *E. W. Braun.*

Aubert, Ornamentstecher, Paris um 1788. (Nennt sich auch Aubert Parent.) Von ihm mehrere Folgen von Möbeln, Arabesken, Vasen, Balkongittern.

Guilmard, Maitres ornemanistes, S. 266.

Aubert, graveur, rue Jean de Beauvais No. 2. Diese Adresse befindet sich auf einem farbigen Stich: „Le Joli Chien ou Les Petits Favoris", der von Chapuy nach Lavreince gestochen ist.

Portalis et Béraldi, Grav. du XVIIIe s. Append. III 716. *J. Guibert.*

Aubert, A., französ. Stecher, tätig am Anfang des 19. Jahrh. in Paris, Schüler von Tardieu. Er war taubstumm und unterzeichnete gewöhnlich: Aubert sourd-muet, sculp. — Von ihm einige Porträts nach F. Baroccio, J. F. Hollier, Dubos, sowie das Porträt des Abbé de l'Epée, des berühmten Taubstummenlehrers.

Meyer, Kstlerlex. — Heller-Andresen, Handb. f. Kupferstichsammler 1870 I. — Béraldi, Grav. du XIXe s. *J. Guibert.*

Aubert, Alfred Albert, Architekt, geb. 24. 4. 1855 in der Nähe von Genf, † 31. 8. 1891 in Genf, tätig in Paris, Schüler der Züricher Hochschule, dann der École des beaux-arts zu Paris. Er ist der Erbauer der reformierten Kapelle von Passy, der Häuser der „Illustration" und „Annales Politiques et Littéraires" und war mittätig am Umbau der Sorbonne.

P. Veillon bei Brun, Schweizer. Kstlerlex. *H. V.*

Aubert, Ambroise, Holzbildhauer und Architekt in Angers, † am 28. 4. 1720, 75 Jahre alt. Werke von ihm nicht bekannt.

Port, Les Artistes Angevins, Paris 1881. **

Aubert, André, Kanonengießer der Stadt Angers, erwähnt 1458—1488, goß auch für die Kirche St.-Maurice die 12 kupfernen Säulen, die den Hauptaltar umgaben.

Champeaux, Dict. d. fondeurs. **

Aubert, André, Architekt in Paris, † 21. 1. 1784, wahrscheinlich Verwandter (Sohn?) des Architekten und Kupferstechers Jean A., erbaute um 1780 das Palais d'Imécourt in der rue Boudreau (nur einer der Pavillons davon noch erhalten) und ein noch heute existierendes, doch in seinen oberen Partien verändertes, mit Reliefs geschmücktes Haus an einer Ecke der rue Caumartin und des Boulevard; außerdem hat er in diesem Viertel (rues Thiroux, Caumartin, Neuve-des-Mathurins) 28 Häuser errichtet.

Lance, Dict. d. Archit. Franç. — Nouv. Archiv. de l'art franç., 2. Série, Tome VI. — Thiéry, Guide des étrangers à Paris I 136, 137. *H. V.*

Aubert, Arthur, Bildhauer in Rußland, stellte 1891 in der Akad. der Künste in Petersburg eine Statuette des Reisenden Peschkoff zu Pferde aus; auf der Dezenalausstellung in Paris 1900 befanden sich von ihm die Tiergruppen: Schimpanse und Schildkröte, Gazelle von wilden Hunden verfolgt. *W. Neumann.*

Aubert, Augustin Raymond, Maler, geb. zu Marseille 23. 1. 1781, lernte zuerst unter J. Guenin, dann begab er sich 1802 nach Paris, wo er in der Werkstätte J. F. P. Peyrons eintrat. Zwei Jahre später kehrte er nach seiner Vaterstadt zurück. 1810 wurde er zum Direktor der Zeichenschule und des Museums von Marseille ernannt. 1845 zog er sich von den Geschäften zurück und begab sich auf sein Landgut bei Marseille, wo er 5. 11. 1857 starb.

A. nimmt in der Kunstgeschichte seiner Provinz einen nicht unbedeutenden Platz ein; sein Einfluß war beträchtlich, und er hat eine sehr große Anzahl Schüler, worunter viele namhafte, gebildet. Wir nennen von ihnen: Papety, J. Beaume, J. Bte. Bertrand, F. Reymond, A. Nancy, F. Simon, Lagier, B. B. Blanc, D. A. Nègre, F. Barry, Magaud, Estachon, Bouquet, Billet, Olivier, Pélicot, A. und J. Lamy u. a. m. Der Künstler selbst hat sich in verschiedenen Gattungen mit Glück bewegt; er malte Historie, Bildnisse und Landschaften. 1817, 1819, 1822, 1824, 1827,

1836 und 1845 waren Werke von ihm in den Pariser Ausstellungen. Eine in Lille ausgestellte Landschaft trug ihm eine Medaille ein. Auch die schönsten Punkte der Umgegend von Marseille hat er in Landschaften behandelt. Sein Name kommt übrigens schon im Verzeichnis der Ausstellung zu Marseille vom J. VIII (1801) vor.

Die Anzahl seiner Bilder ist beträchtlich. Wir zählen im folgenden diejenigen auf, die sich in den öffentlichen Gebäuden von Marseille finden. Im Mus.: das Opfer Noahs beim Verlassen der Arche (1817). In der Eglise de la Trinité à la Palud: die hl. Dreifaltigkeit (1822). In der Kirche Notre-Dame du Mont: Besuch der hl. Jungfrau bei der hl. Elisabeth (1822). In der Kirche Saint-Charles: die Verklärung Christi (1838). — In der Kirche von Ussel (Département Corrèze): der englische Gruß (1827), welcher vom Minister des Innern bestellt worden war. — In der Kirche St. Paul zu Beaucaire a. d. Rhône: das Martyrium des hl. Paulus (1836).

Parrocel, Annales de la Peinture. Marseille 1862 p. 432. — Bellier-Auvray, Dict. — Notice des tableaux et monuments antiques etc. du Musée de Marseille. 1840 p. 27. — Bouillon-Landais, Aug. Aubert, peintre marseillais . . . . in der Réunion d. Soc. d. b.-arts d. départ. XXV (1901) p. 472 fg. (hier Reprod. seines Porträts im Museum zu Marseille). — Magaud, Eloges de M. M. Aubert, Papety, Dassy, peintres de Marseilles. Discours de réception de l'Academie impériale d. sciences. Marseille 1869. *R.*

Aubert, Charles, Architekt zu Paris um 1797; von ihm das Haus Varin im Quartier der Champs Élysées (Abb. bei J. Ch. Krafft et A. N. Ransonette: Plans, coupes et élévations des plus belles maisons et hôtels construits à Paris. Cah. X. Paris 1801—1802).

Füssli, Neue Zusätze 1824. *H. V.*

Aubert, Charles Henri, Zeichner in Paris, geb. daselbst 1797, lieferte hauptsächlich Buch-Vignetten.

Gabet, Dict. des Artistes 1831. *H. V.*

Aubert, Claudius, (Aubarth, Auwert), Stückgießer in Graz, lieferte 1602 Mörser, Böller, 1617 4 Doppelfalkonetts und 12 Mörser, 1619 4 Haubitzen etc. für die Landschaft; goß auch Glocken und Schellen. Er starb 17. 9. 1638.

Wastler, Handschr. Nachtr. z. s. Steirischen Kstlerlex. (im Besitz der Techn. Hochschule in Graz). — Zahlreiche Erwähn. im Jahrb. d. Kstsammlgn. d. öst. Kaiserhauses. — Mitteil. d. Zent.-Komm. N. F. XV, 97. *R.*

Aubert, David, Miniaturmaler, Kalligraph, Kopist und Bibliothekar Philipps des Guten, geb. in Hesdin in Artois um 1435. Er ist der Urheber zahlreicher und wichtiger Manuskripte, z. B. 1) Le Roman du Roy Charles Martel et de ses successeurs, auf Befehl Philipps (1463) geschr., 4 Bde., Bibl. roy. zu Brüssel; 2) Histoire des conquètes de Charlemagne, 1458—1465, 3 große Bde. mit Miniaturen, ebenda; 3) Chronique de France, beendigt 1460, ebenda; 4) Chronique abrégée du Roy Philippe le Bel, ebenda; 5) Composition de la Sainte Ecriture, beendigt in Brüssel 1462, mit Miniaturen, ebenda; 6) Romuleon, contenant en brief les faits des Romains . . . ., verfaßt von Etienne Forestel und geschrieben 1468, mit Miniaturen, ebenda; 7) Romans des trois fils de Roy 1463; im Initiale des Textes das Wappen Philipps des Guten, auf dessen Befehl das Manuskript ausgeführt wurde. Das Schlußwort lautet: „Le présent livre fut grossé comme dessus en prologue est au long contenu dans la ville de Hesdin par Dd Aubert l'an de l'incarnation de Nostre Seigneur Jhesu Crist Mille quatre cens soixante trois.“ Und weiter unten: „Ce livre fut a feu Madame Agnes de Bourgoigne, en son vivant Duchesse de Bourbonnais d'Auvergne, et depuis au bon Jehan et a Madame Oe de France, filles, seurs et cousins de Roys.“ Agnes von Burgund, Tochter Johanns ohne Furcht, heiratete 1425 Charles I., Herzog von Bourbon. Sie starb 1476 in Moulins. Jean le Bon, Herzog von Bourbon, war der Sohn Charles I. und verheiratete sich 1447 mit Jeanne de France, Tochter Charles VII. Sie starb 1482 und Jean 1488. — Paris, Bibl. Nat. 8); Ein Exemplar der Vita Christi im British Mus. hat das Schlußwort: escript par David Aubert en la bonne ville de Gand l'an de grace mil CCCC. LXXIX.

Bradley, A dictionary of Miniat. I 80. — A. Bérard, Dict. biograph. — P. Durrieu, Alex. Bening etc. (Gaz. d. b.-arts, III Pér. V 364). — Gaz. d. b.-arts III Pér. XXIV 120, XXXIII 371. *H. H.*

Aubert, Denis, französ. Werkmeister zu Reims, wurde 1485 als Bausachverständiger nach Troyes berufen.

Assier, Comptes de l'oeuvre de la cathédr. de Troyes. — Bauchal, Dict. des Archit. *C. Enlart.*

Aubert, Desiderio, französ. Bildhauer um 1710, nur von Zani Enc. II erwähnt.

Aubert, Ernest Jean, s. *Aubert,* Jean.

Aubert, Felix, französ. „artiste décorateur“, geb. 24. 5. 1866 in Langrune sur mer, bei Bayeux, trat zum ersten Male bei der Gründung des „Salon des Six“: L'Art dans Tout, hervor, wo mit ihm Charles Plumet, Dampt, Tony Selmersheim, Moreau-Nélaton und Alexandre Charpentier vertreten waren. Dieser Salon, der 1895 und 1896 zwei Ausstellungen dekorativer Kunst veranstaltete, gab Gelegenheit, den echt französ. Geschmack Auberts zu würdigen, der durch Vereinfachung der Linie, durch die Klarheit des Motivs, durch die der Natur sehr nahe kommende florale Stilisierung, der Kunstweise von William Morris entgegentrat. — Seitdem hat A. unzählige Entwürfe für Tapeten, Möbelstoffe, Woll- und Seidenwebereien, gemalte Papiere, Fayenceplatten, Scheiben (Salon 1899) geschaffen. Er hat auch den Weg gezeigt, wie man durch bloße Friesmalereien selbst die einfachsten Wohnungen noch durch eine Probe originaler Kunst aufheitern kann. Von vielen seiner typischen Friesentwürfe seien hier nur die beliebtesten genannt: Die für Knabenzimmer mit Sinnsprüchen wie: Sois brave; Courage (die Buchstaben in ruhigen geometrischen Formen), dann die Friese für Zimmer junger Mädchen mit dem Motiv: Weiße Margariten in Fächerbuketts. — Er hat auch die fast in Vergessenheit geratene Spitzenindustrie in der Provinz Calvados und der sogen. Chantillyspitze wiedererweckt. Er komponierte das Spitzentuch, das der russischen Kaiserin von der französ. Republik bei ihrem ersten Besuche in Paris verehrt wurde. Zusammen mit G. Robert hat er auch glückliche Versuche zur Herstellung farbiger Spitzen gemacht (Salon de la Soc. Nat. d. b. arts 1902).

The Studio, Winter Number 1901/2. — Münchener Sezession 1899. — Revue d'art décoratif, passim. — Roger Marx, La décoration et les industries d'art à l'Exposition Univers. de 1900, passim. — Dekor. Kunst 1899 p. 148 ff., 172 ff. (Abb.); IX 112.
Gustave Geffroy.

Aubert, Jacques, französ. Bildhauer, übte seine Kunst am Ende des 17. Jahrh. in Angers.

Lami, Dict. d. sculpt. franç. sous Louis XIV.
Lami.

Aubert, Jean, französ. Bildhauer u. Goldschmied, arbeitete 1361 in Tours.

Lami, Dict. des sculpt. franç. au moy. âge et à la renais. *Lami.*

Aubert, Jean, Bildschnitzer und Elfenbeinarbeiter. Neffe des Elfenbeinschnitzers Pierre Aubert in Tournai. Arbeitete zwischen 1388 und 1395 in Paris für den Hof und lebte noch 1408. Wir wissen aus Rechnungen, daß er 1388 ein Elfenbeinkreuz restaurierte und eine Elfenbeintafel reinigte und daß er 1395 Zahlung für eine Elfenbeinlaterne für die Königin erhielt.

Pinchart, Quelques Artistes et quelques artisans de Tournai des XIV., XV. et XVI. siècles. (Bull. de l'acad. royale de Belgique 3. sér. IV.) *R. Koechlin.*

Aubert, Jean, 1386 in Lyon urkundlich als „ymager" erwähnt, ist vielleicht mit dem vorhergehenden identisch.

N. Rondot, Les Sculpteurs de Lyon p. 15.

Aubert, Jehan, französ. Kalligraph, Einnehmer von Gravelines, schrieb um 1441 2 Psalter für den Herzog von Burgund, scheint aber eher Beamter als Künstler gewesen zu sein.

De Laborde, Les ducs de Bourgogne I, art. n. 1359. **

Aubert, Jean, französ. Werkmeister, tätig 1562 am Bau des alten Louvre-Palais zu Paris.

Berty, Topographie artistique de l'ancien Paris. — Bauchal, Dict. des Archit.
C. Enlart.

Aubert, Jean; mehrere französ. Glockengießer des Namens im 16. und 17. Jahrh. durch Signaturen auf erhaltenen Glocken bekannt.

Champeaux, Dict. d. fondeurs p. 41. **

Aubert, Jean, französ. Architekt und Stecher, wurde 22. 1. 1720 in die Akad. für Architektur aufgenommen; † 13. 10. 1741. Er erbaute die großen Marställe zu Chantilly für den Herzog von Bourbon und das zur Wohnung der Edelleute bestimmte Gebäude. Er war auch einer der Architekten des Palais Bourbon in Paris. Seine anderen Werke in Paris sind: das Hôtel du Maine, das Hôtel de Beauvais, das von L'Assurance begonnen worden war, und in Soissons das Hôtel de ville. Man muß ihm oder einem Künstler gleichen Namens eine Serie von Kupferstichen zuschreiben, die in Paris bei Huquier veröffentlicht wurden und nach Gillot, Bouchardon, Natoire, Jeaurat, Watteau, ausgeführt sind. Le Blanc schreibt sie einem anderen Jean Aubert zu, der 1725 gestorben sein soll.

Meyer, Kstlerlex. — Bellier-Auvray, Dict. Gén. — Macon, Les Arts dans la maison de Condé 1903. — Guilmard, les Maitres ornemanistes. — Lance, Dict. des archit. — Bauchal, Dict. des archit. — Archives de l'art franç. I 421. — Réunion des Soc. des B.-A. XVII 506. — Portalis et Béraldi, Les Grav. du XVIIIe s. Append. III 716. *J. Guibert.*

Aubert, Jean, französ. Maler, geb. 11. 5. 1824 in Paris, † ebenda 2. 6. 1906, Schüler von Paul Delaroche und Achille Martinet, ging 1844 mit dem großen Preis nach Rom. Er wurde im Anfang als Radierer und Lithograph bekannt und hat viele Bilder zeitgenössischer Maler radiert oder lithographiert. Seit 1851 war er hauptsächlich als Maler tätig und hat einige Bildnisse, ein Historiengemälde „Die christlichen Märtyrer unter Diokletian", und zahlreiche Genrebilder gemalt, wovon sich nichts über eine ehrenvolle Mittelmäßigkeit erhebt, die aber wegen ihres süßlichen Anekdoteninhaltes beim Publikum großen Beifall fanden. Ein Bild von A. „Die Botschaft" befindet sich im Museum in Altenburg.

Meyer, Kstlerlex. (Liste s. Lithogr. und Stiche). — Bellier-Auvray, Dict. gén. und Suppl. — F. von Bötticher, Malerwerke d. 19. Jahrh. — Jules Martin, Nos peintres et sculpteurs, Paris 1897. — Béraldi, Les graveurs du XIXe siècle. — Gaz. d. b.-arts, Table alphab. I—XV, XVI—XXV, II. Pér. I—XXII. — Montrosier, Les artistes modernes, Paris 1882, II 129—131. — Pariser Salon 1885, 1887—91, 1898—99. *K. E. Schmidt.*

Aubert, Joseph, Porträt- und Historienmaler in Paris, geb. in Nantes am 20. 8. 1849, Schüler von Cabanel und Yvon. In seinen Historienbildern behandelt er meist ernste legendarische Stoffe. Im Pariser Salon erschien er zum ersten Male 1877 mit dem Bilde „L'Ange déchu"; 1882 zeigte er dort „Noyades de Nantes", ein Gemälde, das er dem Museum zu Nantes schenkte. Das Museum von Vannes besitzt von ihm „Légende celtique".

E. Maillard, L'Art à Nantes. — Jules Martin, Nos Peintres et Sculpteurs, Paris 1897. — Bellier-Auvray, Dict. gén. Suppl. **

Aubert, Louis, französ. Genre- und Landschaftsmaler, tätig um 1740—1780. Nach Heinecken soll er der Sohn eines „musicien, violon de l'Opéra" gewesen sein, und vielleicht ist damit Jacques Aubert, der Komponist der Ballettmusik, der um 1753 in Paris lebte, gemeint. — Louis Auberts Zeichnungen sind oft mit denen Chardins verwechselt worden. Von seinen Gemälden ist im Original nichts nachweisbar, nur eine Reihe von Stichen nach ihnen (von C. Duflos, F. Basan, H. Roberts, Angélique Papavoine), darunter auch sein Porträt, gibt eine Vorstellung von ihnen. Im übrigen sind wir auf urkundliche Nachrichten angewiesen. Danach malte er 1745 für die Summe von 240 livres 3 dekorative Gemälde für Fontainebleau und für denselben Preis 4 Supraporten für die Appartements des Dauphin in Versailles. 1746 erhielt er für eine Landschaft für Choisy 100 livres und für 4 Landschaften für die Zimmer der Madame Pompadour in Compiègne 400 livres; 1747 für 4 Landschaften mit Tierstaffage für die Zimmer des Dauphin in Compiègne 1000 livres. Er war noch um 1778 tätig.

Chronique d. arts 1895, 312. — Gaz. d. b.-arts XVI 166. — Meyer, Kstlerlex. (hier Liste der Stiche). *F. L. Bruel.*

Aubert, Louis François, kgl. Emailleur in Paris; † 20. 10. 1755, Schwiegervater des berühmten Pastellisten J. B. Perronneau. Er ließ sich seine Emaillen bis zu 50 louis bezahlen.

Nouvell. Arch. de l'art franç. V (1884) 215; III sér. XIX (1904) 186. *F. L. Bruel.*

Aubert, Michel, französ. Kupferstecher 1700—1757, stach Szenen aus dem alten und dem neuen Testamente nach alten Meistern und arbeitete auch nach Zeitgenossen, z. B. nach Watteau „la fête du dieu Pan", „le rendez-vous de chasse", „l'Indiscret", „les habillements de la Province de Houkouan"; nach Boucher: „la Mort d'Adonis"; nach Jeaurat: „l'Économe", „la Savante", „la Coquette", „la Dévote". Er stach auch Porträts und Vignetten, u. a. nach Oudry, für die Fabeln von La Fontaine. — In allem zeigt er sich als ein Stecher von sehr mittelmäßigem Reproduktionstalent.

Meyer, Kstlerlex. (hier Verz. von 59 Nummern). — Portalis et Béraldi, Les graveurs d. XIXe s. — Dussieux, Art. franç. à l'étranger. — Eugène Piot, Etat civ. — Herluison, Actes d'Etat civ. — Gaz. d. Beaux-Arts, table alphabétique, t. I—XV u. XVI — XXV. *P. A. Lemoisne.*

Aubert, Paul, französ. Bildhauer, geb. zu Aix (Bouches-du-Rhône), Schüler von Dumont und Truphème, stellte zuerst im Pariser Salon 1879 aus. Er erlangte 1886 eine ehrenvolle Erwähnung mit einem Gipsflachrelief „Hommage" und 1891 eine III. Medaille mit einer Statue des Orpheus.

Bellier-Auvray, Dict. gén. Suppl. *Lami.*

Aubert, Pierre, französ. Elfenbeinschnitzer in Tournai, wird 1380 Bürger, vor 1408 gestorben. Onkel des Jean Aubert.

Meyer, Kstlerlex. — A. de la Grange et L. Cloquet, L'Art à Tournai I 84. ***

Aubert, Pierre, französ. Kupferst. 1663 bis 1668 in Lyon erwähnt.

Rondot, Les grav. d'est. en cuivre à Lyon au XVIIe s. *J. Guibert.*

Aubert, Pierre, französ. Bildhauer, geb. zu Lyon, Schüler von Bonnassieux, Dumont und Thomas, stellte zuerst 1879 im Salon aus. 1899 erlangte er eine III. Medaille mit einer Gipsgruppe, die „die Quelle und den Geist der Wellen" verkörperte. Außerdem führte er ein Bronzebildnis des aus Lyon stammenden Dichters Josephin Soulary aus (1893), eine Marmor-Statue Meissonniers (1895) und ein Marmorbildnis des Malers Flandrin, das sich in Lyon befindet.

Bellier-Auvray, Dict. gén. Suppl. — Kat. d. Salons. *Lami.*

Aubert, Pierre Eugène, französ. Kupferst., geb. 17. 8. 1789 zu Paris, † daselbst im April 1847, war ein Schüler von Schender; er stellte seit 1827 im Salon aus. Unter anderen Arbeiten stach er für die Werke: Souvenirs du Golfe de Naples von Turpin de Crissé (Paris 1828); Mémoires du Maréchal Suchet (Paris 1834); Recueil d'estampes gravées d'après les peintures antiques, Paris 1821 (von Desnoyers oder unter seiner Leitung herausgegeben); les Galeries historiques de Versailles (Paris 1838); la Galerie Aguado (Paris 1837).

Meyer, Kstlerlex. — Bellier-Auvray, Dict. — Béraldi, Grav. du XIXe s. — Le Blanc, Manuel. *J. Guibert.*

Aubert, Stéphanie, Pastellmalerin in Paris, geb. daselbst, Schülerin von Mlle Voullemier, stellte fast alljährlich im Salon (1865 bis 1878) Damenporträts und weibl. Studienköpfe aus.

Bellier-Auvray, Dict. gén. und Suppl. *H. V.*

Aubert, William, Schweizer Genre- und Landschaftsmaler, geb. zu La Chaux-de-Fonds 13. 2. 1856, Leiter der dortigen Kunstschule, stellte seit 1895 in Neuchâtel aus.

Brun, Schweizer. Kstlerlex. *H. V.*

Aubert, Yves, Tischler und Maler in Mans, besserte 1563 das Holz des Schreines der hl. Scholastika aus und bemalte es neu, auf Rechnung des Kapitels von Saint-Pierre de la Cour.

Esnault, Dictionnaire des artistes et artisans manceaux. *H. Longnon.*

Aubertier, Alcide Francisque, Maler, geb. in Lyon 1. 1. 1827, Schüler von Lepage und Tissot, arbeitete in Paris, wo er im Salon von 1865—70 Genrebilder, Porträts (auch Pastelle) ausstellte. — Seine Folge der Jahreszeiten wurde von Gilbert lithographiert, 4 Bl. groß-fol. schwarz und farbig.

Bellier-Auvray, Dict. gén. u. Suppl. **

Aubertier, Eugène, Landschaftsmaler in Châtillon (Seine), geb. zu Lyon (Rhône), stellte im Salon 1876—1879 einige Kohlezeichnungen aus.

Bellier-Auvray, Dict. gén., Suppl.

Aubertin, Claude, lothring. Maler in Luneville bei Nancy, wird 1718 Hofmaler genannt und ist vor 1749 verstorben. Werke von ihm nicht bekannt.

Réun. d. Soc. d. b.-arts XXIII 401.

Aubertin, François, französ. Kupferst., geb. 6. 7. 1773 zu Metz, wurde mit 18 Jahren für ein Bataillon von Freiwilligen des Département de la Moselle angeworben, dem Stab des Generals Marceau als Zeichner zuerteilt, 1795 in Mainz gefangen genommen und nach Dresden gebracht. Dort arbeitete er bei einem Kupferdrucker und fing dann an selbständig Stiche auszuführen, indem er das Aquatintaverfahren anwandte, das damals in Deutschland noch wenig gebräuchlich war. Nach dem Frieden von Luneville (1801) reiste er nach Paris, wo er sich mehrere Jahre aufhielt, dann begab er sich nach Metz, von wo aus er nach Brüssel ging und später nach Gent, woselbst er sich 27. 8. 1821 das Leben nahm. — Er reproduzierte vornehmlich die Werke folgender Künstler im Stich: J. B. Isabey, F. Gérard, J. M. W. Turner, Potter, van Loo, Thormeyer, Daniell. Eine Anzahl Abzüge seiner Blätter sind in Farben à la poupée gedruckt, andere sind mit der Hand in Aquarelltönen aufgehöht.

Meyer, Kstlerlex. (hier Verzeichnis seiner Werke). — Le Blanc, Manuel. — Goetghebuer, Le graveur Aubertin (Gand 1853. S. A. aus d. Annales de la Soc. roy. des b.-a. et de Litt. 1853). *J. Guibert.*

Aubertin, Jean, lothringischer Maler, † 16. 12. 1681 zu Nancy, nur urkundlich erwähnt.

Réunion d. Sociétés d. Beaux-Arts XXIII 401. *H. V.*

Aubertin, Nicolas, französ. Bildhauer, geb. um 1649, arbeitete 1679 in Nancy an der plast. Ausschmückung der Kapelle des collège des Jésuites. † 1688.

Lami, Dict. d. sculpt. franç. sous Louis XIV. *Lami.*

Aubertin, Nicole d', Kunststickerin, Ursulinerin; schuf 1713 für das Ursula-Kloster in Metz 10 sehr kostbare Tapisserien, Szenen aus der Geschichte der hl. Ursula und des Augustin darstellend.

Kraus, Kunst u. Altert. in Els.-Loth. III. Lothringen, p. 740. *De.*

Aubery, Jean, Maler franz. Abstammung, geb. in Kassel am 13. 8. 1810; 1838—1848 in Paris am Hofe Louis Philipps tätig. Im Revolutionsjahre verließ er Frankreich, lebte bis 1853 in Italien und wanderte dann nach Cincinnati aus, wo er 1893 starb. Im Pariser Salon von 1839 stellte er aus „Rast der Pilger in der Wüste", 1841 zwei Porträts und 1845 einen Christus am Kreuz. Die Kirche Sainte-Marie des Batignolles zu Paris besitzt von ihm ein Gemälde „Ecce Homo".

Bellier-Auvray, Dict. gén. — Richesses d'art de la France: Paris, Mon. rel. II. — Münchener Neueste Nachr. vom 15. 12. 1893. — Vossische Zeit. vom 24. 11. 1893. *H. Longnon.*

Aubery, s. auch *Aubry.*

Aubigny, d', s. *Daubigny.*

Aubin, französ. Ornament-Bildhauer, führte 1836 den plast. Schmuck der Pavillons auf der Place de la Concorde in Paris aus, besonders die Statuen von Städten nach der Rue Royale zu.

Richesses d'art. Paris. Mon. civ. II 38. *Lami.*

Aubin, Etienne Gustave, Pariser Porträtmaler, namentlich in Pastell arbeitend, geb. am 20. 7. 1821 in Paris, † daselbst am 17. 10. 1865, seit 1848 in Brüssel ansässig. Schüler von L. Cogniet und der Ecole d. beaux-arts. Er stellte seit 1847 wiederholt in den Pariser Salons, in Antwerpen u. in Brüssel aus. 1851 erhielt er im Brüsseler Salon die goldene Medaille.

Meyer, Kstlerlex. III. *H. V.*

Aubin, Jean, französ. Bildhauer, arbeitete in der 1. Hälfte des 17. Jahrh. in Avallon (Yonne).

Lami, Dict. des sculpt. franç. au moy. âge et à la renais. *Lami.*

Aubin, Nicolas, Bildhauer und Architekt, arbeitete in Paris 1550 mit Liger de Parou an verschiedenen Bildhauerwerken, die nach Zeichnungen von Philippe de l'Orme in der Kapelle der Goldschmiede oder des St. Eloi ausgeführt wurden.

Lami, Dict. d. sculpt. 1898. *R.*

Aubin, Saint-, s. *Saint-Aubin.*

Aubirici, Domenico, Architekt am Baptisterium zu Pisa, unter dessen Leitung die Erhöhung des Emporengewölbes ausgeführt wurde. Die Inschrift seines Grabsteins lautet: S(epulcrum) venerabilis domini Dominici olim Raynerii Aubiricis operarii hujus operis, qui obiit die XVIII novembris Anni dni MCCCLXXXV indictione tertia.

Mothes, Die Baukst. d. Ma. in Italien p. 732. **

Aublé, L., französ. Ornament-Zeichner (Blumen, Früchte) um die Mitte des 18. Jahrh.; seine Entwürfe von Pariset gestochen.

Kronthal, Lex. d. techn. Kste. 1898. *H. V.*

Aublet, Albert, französ. Maler, geb. 18. 1. 1851 in Paris, Schüler von Claudius Jacquand und Léon Gérôme. Stellt seit 1873 im Salon des Artistes français aus. Er hat Bildnisse, geschichtliche und religiöse Gemälde und besonders Genrebilder gemalt. Eines seiner Bilder „Träumerei" befindet sich im Besitze des Prinzregenten von Bayern; in der Kirche von Tréport ist ein den Sturm beschwichtigender Christus von ihm; in Tunis das Porträt des Beys im Bardo-Palast, im Museum zu Philadelphia ein „Schlafendes Mädchen", im Museum von St. Etienne „Nero vergiftet seine Sklaven", bei Vanderbilt in New York „Die Ermordung des Herzogs von Guise im Schlosse von Blois". A. leistet auch als Illustrator Vorzügliches, und eine seiner besten Arbeiten auf diesem Gebiete ist die Illustration des Romans „Fort comme la mort" von Maupassant. — Auch auf Münchener Ausstellungen der 80er und 90er Jahre des 19. Jahrh. hat er mehrfach ausgestellt (zuletzt Glaspalast 1901) und Auszeichnungen erhalten.

Bellier-Auvray, Dict. gén. Suppl. — Jules Martin, Nos peintres et sculpteurs, Paris 1897. — Graves, Roy. Acad. I. — Gaz. d. b.-arts, Table alphab. II. Pér. I—XXII. — Zeitschr. f. b. Kst. XXIII 331, N. F. II 96, V 117, Kstchronik XIV 594, XXIII 634, XXIV 533, 687, N. F. II 96, V 117, VII 87, 537. — Kunst f. Alle 1888, 1890, 1891, 1894, 1896, 1897. — Kat. d. Pariser Salon 1885, 1887—89, 1906.
K. E. Schmidt.

Aublet, Nicolas, französ. Bildhauer, geb. 1833 zu Paris, † um 1860, Schüler von Rude, behandelte hauptsächlich religiöse Motive. Im Salon 1859 stellte er eine Marmorstatue aus: „Jésus enfant discourant dans le temple".

Bellier-Auvray, Dict. gén. *Lami.*

Aublinger, Berthold, Kanonikus zu St. Andreas in Freising, verfertigte (perfecit laut Inschrift) 1323 das Chorgestühl für seine Stiftskirche, welches jetzt zum Teil im dortigen Diözesan-Mus. aufgestellt ist.

Meyer, Kstlerlex. **

Auboin, Eusebè Albin, Landschaftsmaler, geb. in Orléans 1787, † in Paris 15. 3. 1824.

Artistes Orléanais, Orléans 1863. *H. V.*

Auboin, François Louis Étienne, Maler und Stecher, Bruder des Vorigen, geb. in Paris 1780, † daselbst 23. 7. 1828, Schüler von Bardin.

Artistes Orléanais, Orléans 1863. *H. V.*

Aubois, Auguste, französ. Genre- und Historienmaler, geb. zu Château-Gontier (Mayenne) 1795, † zu Paris 1831, stellte seit 1822 wiederholt im Salon aus. In der Kirche Saint-Germain-l'Auxerrois zu Paris befinden sich von ihm ein hl. Sebastian und ein Martyrium des hl. Gervasius; im Schlosse Villeneuve-L'étang hat er ein Boudoir mit mythologischen Szenen ausgemalt.

Bellier-Auvray, Dict. gén. *H. V.*

Aubonne, Jean d' (Dabonne), Bildhauer („masson et imageur") in Tournai, schließt 1499 einen Kontrakt auf Herstellung einer Kapelle in der Kathedrale zu Châlon-sur-Saône.

E. Marchal, La Sculpt. etc. 1895 p. 279. **

Aubourg, französ. Radierer, Dilettant zu Anfang des 19. Jahrh., von dem Meyer ein anonymes Blatt mit Ansichten ägyptischer Monumente anführt.

Catalogue Denon No. 575. — Le Blanc, Manuel. — Meyer, Kstlerlex. *J. Guibert.*

Aubout, Jacob, Glasmaler in Paris, verhandelte am 1. 7. 1518 mit dem Doyen Gabr. de Gouffier wegen Lieferung einer Folge von gemalten Glasfenstern für die Kirche St. Benoît in Paris.

Nouv. Archives de l'art franç. 1896, 10. **

Aubrat, Guillaume, Architekt u. Zeichner des Königs von Frankreich, erhält am 20. 6. 1716 Urlaub, um sich in die Dienste des Kurfürsten von Köln zu begeben.

Nouvelles Archives de l'art franç. VI 1878, p. 17. *H. V.*

Aubré, französ. Gemmenschneider des 18. Jahrh. Von ihm die schön ausgeführte Intaglie zu verzeichnen: Satyr, eine Nymphe umarmend; daneben sitzt ein Satyrweib. Bez. AVBRE.

Raspe, Descriptive Catalogue (der großen Gemmenpastensamml. von Tassie). London 1791 No. 5386. — Ms. H. Rollett.

Aubrée, Familie von Holzschnitzern in Angers vom Ende des 16. bis Anfang des 18. Jahrh. Acht ausübende Mitglieder werden urkundlich erwähnt, aber Arbeiten von ihnen sind nicht nachgewiesen.

C. Port, Les Artistes Angevins, Paris 1881.

Aubrée, Philippe, französ. Bildhauer in Angers, verpflichtete sich 1690 durch Vertrag, die Holztäfelungen des Chores in der Kirche Saint-Mainboeuf auszuführen. Er starb 1707 im Alter von 67 Jahren.

Lami, Dict. d. sculpt. franç. sous Louis XIV.
Lami.

Aubrée, Pierre, französ. Architekt, stellte das Schiff der Kirche von Saint-Romain-de-Colbosc (1780 vollendet) und gemeinschaftlich mit dem Maurermeister Michel Dubois aus Le Hâvre 1767 den Glockenturm der Kirche von la Remuée (Seine-Inférieure) wieder her; 1774 begann er nach den Plänen von Patte mit dem Neubau der Kirche von Bolbec (1781 vollendet).

Bauchal, Dict. d. Archit. Franç. 1887.

Aubri, s. *Aubry.*

Aubrier, französ. Kupferstecher des 18. Jahrh. Man kennt von ihm einen bezeichneten Stich mit dem Porträt des Cesare Borgia (gemalt von W.).

Heinecken, Dict. *P. A. Lemoisne.*

Aubriet, Claude, Miniaturmaler, namentlich von naturgeschichtlichen Gegenständen, geb. zu Châlons-sur-Marne. Als sein Geburtsjahr nimmt man 1651 an; in dem von Jal aufgefundenen Totenakte des Künstlers († 3. 12. 1742 zu Paris) dagegen heißt es, er sei ungefähr 77 Jahre alt gewesen. Demnach dürfte seine Geburt vielmehr um 1665 zu setzen sein. Er war der Schüler Jean Jouberts u. ersetzte diesen, laut Verfügung vom 23. 1. 1700, in seiner Stelle als Maler des k. Kabinetts und Gartens. Noch im Almanach royal von 1742 erscheint er als Maler und Zeichner bei der Akad. der Wissenschaften unter dem Titel: Peintre du Roi, au Jardin du Roi. Er begleitete als Zeichner den berühmten Botaniker Tournefort auf der Reise nach der Levante (März 1700—Juni 1702), nachdem er bereits früher für dessen Institutiones rei herbariae die Zeichnungen geliefert hatte. A. war für zahlreiche naturgeschichtliche Werke tätig und setzte die von Gaston von Orléans veranlaßten, durch Nicolas Robert begonnenen Pflanzenzeichnungen auf Pergament fort, an denen auch Joubert und die Mad. Basseporte teilhaben. Diese befinden sich jetzt auf dem Kupferstichkabinett der Nationalbibliothek zu Paris, die noch außerdem fünf Foliobände mit Zeichnungen von Muscheln und Fischen und zwei Folgen von Schmetterlingen, Vögeln und Fischen von ihm hat. Ebenso besitzt die Bibliothek zu Göttingen eine Menge Zeichnungen von seiner Hand. Wie sehr Aubriet bei den Naturforschern geachtet war, geht daraus hervor, daß de Candolle eine Pflanze aus der Familie der Kruziferen „Aubrietia" nannte, und daß Bernard de Jussieu, Vorstand der medizinischen Fakultät zu Paris, seinem Leichenbegängnis in erster Reihe beiwohnte.

H. Menu, Claude Aubriet, peintre de fleurs, 8° Châlons s. M. 1867. — Jal, Dict. crit. — Macon, Les Arts dans la maison de Condé 1903. — Nouv. Arch. de l'art franç. 1884 p. 28—38. — Meyer, Kstlerlex. — Gaz. d. b.-arts III Pér. (1890) 302. *R.*

Aubriot, Hugues, geb. in Dijon, war augenscheinlich als Architekt und Ingenieur in Paris tätig. Vor 1364 mehrfach als „Surintendant des finances" erwähnt und in letzterem Jahre vom König Karl V. von Frankreich zum „prevôt" von Paris ernannt, ließ A. in Paris neue Kloaken und neue Festungswälle errichten und erbaute außerdem die Bastille (1370), das „Petit Châtelet" und den Pont St. Michel. Späterhin der Ketzerei angeklagt, wurde A. zu lebenslänglichem Gefängnis verurteilt und in der Bastille eingekerkert. 1382 kehrte er, nachdem er durch den Aufstand der Maillotins die Freiheit wiedererlangt hatte, in die heimatliche Bourgogne zurück, woselbst er bis zu seinem Tode verblieb.

Juvénal des Ursins, Hist. de Charles VI. — Religieux de St. Denis, Docum. inéd. I 100. — Jaillot, Recherches sur Paris XV 26. — Sauval, Antiquités de Paris. — Leroux de Lincy, Hist. de l'hôtel de ville de Paris. — Bauchal, Dict. des Archit. *C. Enlart.*

Aubron, Louis, Maler in Beaupréau von 1495—1514 mit Zahlungen für Malerarbeiten mehrfach erwähnt.

C. Port, Les Artistes Angevins, Paris 1881. **

Aubry, französ. Stecher, lebte um 1680 in Paris. Von ihm erwähnt Ottley (Notices) einen roh ausgeführten Stich: Maria Magdalena. *J. Guibert.*

Aubry, Architekt des Königs von Frankreich, fertigte die Pläne für den Bau des Hospitals von Chaumes-en-Brie, zu dem am 7. 9. 1719 der Grundstein gelegt wurde.

Bauchal, Dict. d. Archit. Franç. *H. V.*

Aubry, Abraham, deutscher Kupferst. u. Kupferstichverleger, ein jüngerer Bruder und Schüler des Peter II A., wohl auch aus Straßburg gebürtig und von ebenso mittelmäßigem Talent, übte seine Kunst in verschiedenen Städten; er verweilte anfangs in Straßburg und arbeitete hier 1650 für den Verlag seines Bruders; auch tätig für den Kunsthändler Paul Fürst in Nürnberg, um 1653 in Frankfurt am Main ansässig und hatte daselbst eine Kupferstichhandlung in der „Mainzergassen"; von da scheint er nach Köln gegangen zu sein, wo ihn der Verleger und Kupferst. Gerhard Altzenbach beschäftigte, lebte noch, wie Füssli angibt, im Jahr 1682. Man hat von ihm verschiedene Prospekte und fliegende Blätter, d. h. Bilderbogen mit Abbildungen von merkwürdigen alten und neuen Begebenheiten, nebst erläuterndem Text, welche die heutigen Sammler und Liebhaber von speziellen Kuriositäten schätzen und eifrig aufsuchen, jedoch sind sie nicht häufig zu finden. Solche Blätter sind z. B. Abbildung unseres heutigen Deutschlandes u. der höchstgewündschten Vereinigung des Christen Reichs Haupt mit seinen Gliedern. Nach Joh. Toussyn. qu. Fol. Mit Text. (Koloff 3.) Krönung Karls II., Königs von Großbritannien, zu London, 3. Mai 1661 qu. Fol. Mit erklärendem Text. (K. 4.) Kurtze und eigentliche Fürstellung des prächtigen Einzugs, welchen Guidebaldus — Erzbischoff zu Salzburg — Hauptabgesandter in, Regensburg gehalten. (29. 8.) 1662. Zwei Darstellungen: Oben der Einzug über die Brücke, unten der Zug in 10 Reihen. Unten 3spaltige Beschr. gr. Fol. (K. 5.) Die Belagerung der ungarischen Grenzvestung Neuhäusel durch die Türken, 1663. qu. Fol. Mit Text. (K. 6.) Wunderbare Geschichte (Tod, Begräbnis und Wiederauferstehung) der Frau Richmuth zu Köln, zur Zeit des großen Sterbens im Jahre 1357. Nach J. Toussyn. qu. Fol. Mit erläuterndem Text. (K. 7.) Innere Ansicht des Straßburger Münsters, mit Figuren. gr. Fol. (K. 11.) Das Rathaus zu Köln. 1655 Nach J. Toussyn. Fol. (K. 12.) Der alte Markt in Köln. Nach Dems. Fol. (K. 13.) Der versammelte Rat der Stadt Köln. Nach Dems. Fol. (K. 14.) Das Schiff mit den Bürgermeistern und Ratsherrn der Stadt Köln. Nach Dems. Fol. (K. 15.) Ansicht der Stadt Köln mit weiter Fernsicht. Titel: Colonia Agrippina. Cöllen am Rheyn. Nach J. Toussyn. qu. Fol. Die Stadt ist auf der rechten Seite des Bl. (K. 16.) Dieselbe Ansicht mit dem Titel: Colonia Agrippina. Collen am Rhein. Nach Dems. qu. Fol. Die Stadt befindet sich auf der linken Seite des Bl. Ohne Angabe des Zeichners. (K. 17.) 1652. In der Höhe die Stadtpatrone auf Wolken, unten der Kölnische Bauer mit Inschrift: „Halt dich fest, Keiserlicher Baur/ Beim Reich ess fall sus of saur." Bei der Wappen-Jungfrau: „Halt dich fein Jungfraw seuberlich/ Geist- und Weltlich Bulen umb dich". L. Ennen: Prospekte der Stadt Köln. Jahrb. d. kgl. Pr. K. II 1881 S. 86, 87. Wo A. Aubry seinen Vornamen nicht ganz ausschrieb oder nur durch ein A andeutete, pflegte er dieses mit dem A des Hauptnamens zu verbinden.

Koloff: Meyers Kstlerlex. II 376, 377 mit Verzeichnis der Stiche. — Merlo: Köln. Kstler. 2. Aufl. 1895, 51 mit Verz. der Stiche. — Krudewig in Clemen's Kunstdenkmäler der Rheinpr. VI 1, 1906 Ansichten von Köln No. 92 (1654), No. 98 (1658) No. 100 (1659).
Firmenich-Richartz.

Aubry, Adrian, Zeichner, Radierer und Maler, geb. zu Brüssel 23. 6. 1834, Schüler der dortigen Kstakad., seit 1860 mehrere Jahre in Paris tätig (für das Haus Hachet). 1863 und 1869 stellte er zu Brüssel und 1864 in Antwerpen große landschaftliche Kohlenzeichnungen aus, die zum Teil Motive aus der Umgebung von Paris behandeln. Späterhin beschäftigte sich A. mit Malerei, sowohl mit Genre als mit Landschaft und Stilleben. So war im Salon von Gent 1871 eine Landschaft von ihm: Le mauvais Chemin (Regenstimmung). Seine Zeichnungen und Bilder bezeichnet er zuweilen mit einem fremden Vornamen (Marc). 1868 begann er das Werk: Le Dessin appliqué aux Arts et à l'Industrie, mit lithogr. Tafeln.

Meyer, Kstlerlex. (Artikel v. Pinchart, mit Verzeichn. von Radierungen). *Pol de Mont.*

Aubry, Alexandre Paul Victor, französ. Bildhauer, geb. 22. 4. 1808 in Paris, † 4. 7. 1864 daselbst, stellte wiederholt in den Salons 1842—1849 aus. 1845 erlangte er eine III. Medaille mit einer ruhenden Figur „Le dernier espoir".

Bellier-Auvray, Dict. gén. — Rev. de l'art franç. 1897, 239. *Lami.*

Aubry, Charles, bekannter französ. Lithograph von Jagd- und Militärszenen, tätig seit 1822, später Professor an der Militärschule in Saumur.

Béraldi, Les graveurs d. 19e siècle, I 64—66 (ausführl. Oeuvreangabe).

Aubry, Claude-Guillot, französ. Architekt, geb. 16. 2. 1703 in Chevillon (Haute Marne). Seit 1737 Mitglied der Académie d'architecture in Paris, er war „architecte du Roy" und bekleidete verschiedene Ehrenämter. 1761 wurde er in den Adelsstand erhoben und starb am 9. 9. 1771 in Paris. Von den von Aubry erbauten Palästen sind die von la Vrillière, Bouillon, Conti und besonders Villeroi hervorzuheben.

Lance, Dict. des Archit. — Bauchal, Dict. des Archit. — Nouv. Arch. de l'art franç. XII 297. — Réunion des Soc. des b.-a. XXVII 358. — Thiéry, Guide des Etrangers à Paris II 534. *H. Stein.*

Aubry, Dominique, lothring. Maler, war in der zweiten Hälfte des 18. Jahrh. in Nancy tätig.

Réunion d. soc. d. beaux-arts XXIII 401.
F. L. Bruel.

Aubry, Etienne, französ. Bildhauer in Bourges, wird in seinem Heiratsvertrage vom J. 1688 als „Bildhauer des Königs und der Stadt Paris" bezeichnet.

Lami, Dict. d. sculpt. franç. sous Louis XIV.

Aubry, Etienne, französ. Genre- und Bildnismaler, geb. zu Versailles 10. 1. 1745, † daselbst 24. 7. 1781. Er lernte bei J. A. Silvestre und Joseph Vien und wurde 30. 9. 1775 Akademiker infolge seiner Bildnisse von Adam dem jüngeren, Hallé und Vassé. Diese Porträts werden in der Ecole des Beaux-Arts aufbewahrt. In den Salons von 1771 und 1773 waren verschiedene Bildnisse von ihm; 1775—1779 stellte er, mit Ausnahme des Bildnisses von Hallé, Genreszenen aus, in denen das Bestreben, Greuze nachzuahmen, deutlich hervortrat. Sein letztes Bild war der Abschied Coriolans von seiner Gattin, das 1781 ausgestellt wurde. Der Künstler fing an sich einen bedeutenden Namen zu machen, als ihn der Tod in seinen besten Jahren traf. Gault de St. Germain urteilt von ihm: „Er war sehr unbeständig in seinem Geschmacke; zuerst in der Akad. als Bildnismaler aufgenommen, wandte er sich dann häuslichen Szenen zu und wollte sich zuletzt zur Historie erheben, wo er aber Schiffbruch litt. Jene Genreszenen gelangen ihm am besten." A. führte den Titel Maler des Königs.

Das Porträt des Künstlers, von ihm selbst gemalt, befindet sich im Mus. des Louvre, wohin es 1864 von seiner Enkelin, Mad. Charlotte Pierret, geschenkt wurde.

In dem Catalogue général von Defer werden 11 Bilder von ihm angeführt, die auf Versteigerungen sehr verschiedene Preise erreichten: von 50—1200 Fr.

Meyer, Kstlerlex. (hier 19 Stiche etc. nach seinen Bildern). — Bellier-Auvray, Dict. général. — Revue univers. d. arts XIII 48 fg., XIX 254. — Nouv. Archiv. de l'art franç. III sér. XXVIII (1903). — Richesses d'art, Prov. Mon. civ. VI. *R.*

Aubry, François, französ. Bildhauer, „fondeur ordinaire du roi", arbeitete von 1679 ab in Versailles, wo er sechs steinerne Vasen für die Balustrade des Schlosses ausführte, sowie sechs Vasen, die auf der Einfriedigungsmauer des großen Marstalls aufgestellt wurden. 1683 fertigte er mit Lespagnandel Modelle von Gruppen, die für die Drachen-Fontäne bestimmt waren und 1686—1695 übernahm er mit einigen seiner Genossen den Guß von acht Kindergruppen für die großen Bassins des Parterre d'Eau. Ungefähr 1690 arbeitete er mit am Guß einer Reiterstatue Ludwigs XIV., einem Werke von Le Hongre, das von den Landständen der Bourgogne bestellt worden war. Ungefähr zur selben Zeit begab sich A. nach Pau, um Marc Arcis bei der Ausführung einer Bronzestatue Ludwigs XIV. zu unterstützen.

Lami, Dict. d. sculpt. franç. sous Louis XIV. *Lami.*

Aubry, Gaston, Architekturmaler und Architekt in Paris, geb. 1853 zu Montargis (Loiret), † 1901 in Sèvres, Schüler von André, stellte im Salon 1878, 79 und 82 einige bei Bellier aufgeführte Aquarelle und Risse aus. Von ihm sind u. a. Schloß Loiret, eine Schule zu Amilly, Villen in Rouen usw.

Bellier-Auvray, Dict. gén. Suppl. — Delaire, Archit. élèves de l'école d. beaux-arts. 1907 p. 164. *H. V.*

Aubry, Girard, französ. Maler, geb. in Mont-sur-Courville bei Reims, vor 1601 in Paris ansässig, wo er um 1615 starb. A., der als peintre ordinaire de la reine bezeichnet wird, schreibt man einen hl. Hieronymus im Mus. von Reims (Kat. No. 32) zu.

Réun. des Soc. des b.-a. XXVIII 567. — Herluison, Actes d'état-civil d'artistes franç. *H. Stein.*

Aubry, Guillaume, Miniaturmaler, 1526 bis 28 mehrfach als Zeuge in Tours erwähnt.

Giraudet, Les Artistes Tourangeaux 1885. **

Aubry, Hubert, Bronzegießer, Frankreich, 19. Jahrh. Von ihm in der Sammlung San Donato in Florenz (aufgelöst 1880) ein springender Hirsch in Bronze. **

Aubry, Jacques, Architekt in Mans, machte zusammen mit seinem gleichnamigen Sohne 1769 den großen Altar der Eglise de Loué für den Preis von 1454 livres.

Esnault, Dict. d. art. et artisans manceaux I, publiés p. Denis, Laval, 1899. **

Aubry, Jean, Holzbildhauer in Tours, leistet Mitte Oktober 1471 König Louis XI. den Treueid.

Lami, Dict. d. sculpt. 1898. *R.*

Aubry, Jean, französ. Kupferst., lebte 1601 in Nantes (Loire-Inférieure).

Nouv. Archives de l'art franç. 3e sér. t. XIV 1898. *J. Guibert.*

Aubry, Jean, französ. Zeichner und Kupferstecher zu Paris, Ende des 18. Jahrh. — Man kennt von ihm Kupferstiche für „Le Cours de Botanique pour servir à l'Education des enfants de S. A. le duc d'Orléans", Paris 1789.

Le Blanc, Manuel. *P. A. Lemoisne.*

Aubry, Johann Philipp, Kupferstichverleger und Kupferstecher in Frankfurt a. M. in der zweiten Hälfte des 17. Jahrh., gehört ohne Zweifel zu derselben Familie, wie Peter und Abraham A. Stach zahlreiche schlechte Blätter, darunter Tierstücke zu J. Ludolf, Historia Aethiopica. Francof. 1681. Nach J. H. Roos.

Heinecken, Dict. — Füssli, Kstlerlex. II u. Neue Zus. — Gwinner, Kunst u. Künstler in Frankfurt. *—y.*

Aubry, Joseph, französ. Maler, arbeitete in Caen in der zweiten Hälfte des 18. Jahrh. Sein Name ist nur durch Steuerlisten 1763 bis 1783 bekannt.

Réun. des Soc. des b.-a. XXIII 84. *F. L. Bruel.*

Aubry, Louis, Schweizer Landschaftsmaler in Paris, geb. in La Chaux-de-Fonds 16. 8. 1867, Schüler von Barthélemy Menn in Genf, stellte seit 1895 in Neuchâtel, 1896 und 1901 in Genf, 1901 in Vevey aus. Er schließt sich der Richtung der Pleinairisten an.

Ph. Godet bei Brun, Schweizer Kstlerlex.

Aubry, Louis François, Maler u. Miniator, geb. zu Paris 1767, † 16. 6. 1851, Schüler von Vincent und später von Isabey, stellte seit 1798 aus. 1804 waren im Pariser Salon 3 Miniaturen von ihm, die gelobt wurden. Seine Blütezeit war während der Restauration. Eine vortreffliche Miniatur einer harfenspielenden Dame (Salon 1814) jetzt im Louvre. 1831 stellte er das Porträt der Gattin von Louis Philippe aus und im Salon 1838 fanden sich Arbeiten von ihm. Auf der Miniaturenausstell. in der Biblioth. Nat. in Paris, 1906, war er mit den Miniaturporträts der Schauspielerin Belmont und des Ministers Le Camus vertreten.

Meyer, Kstlerlex. — Bellier-Auvray, Dict. gén. — Catal. de l'expos. d'oeuvres d'art du 18 s. à la Bibl. Nat. à Paris. — Gaz. d. b.-arts 1894 I 322. *E. W. Braun.*

Aubry, Marc, s. *Aubry,* Adrian.

Aubry, Mathilde, französ. Porträt-Bildhauerin, stellte im Salon 1885—1890 einige weibl. Marmorbüsten und Studienköpfe aus.

Katal. d. Salon. *H. V.*

Aubry, Peter I., aus Francheville bei Marson in der Champagne gebürtig, Porträtstecher, kam in seiner Jugend nach Straßburg, wo er bei Germain de Loye, Kunstdruckerei, in der Lehre war. 1609 kaufte er das Bürgerrecht und übernahm das Geschäft seines Lehrherrn; er starb 1628. — Als Künstler ohne besonderes Verdienst, wenigstens heben sich die wenigen, nach den frühen Datierungen für ihn in Anspruch zu nehmenden Porträts aus der ausgedehnten Produktion seines und seines Sohnes Verlags nicht heraus. Ein solches Blatt ist das Porträt Michael Maurers, datiert 1618. *Seyboth.*

Aubry, Peter II., Sohn des vorhergeh., geb. 1610 in Straßburg, übernahm nach dem Tode des Vaters das Kunstverlagsgeschäft, das er bis zu seinem Tode 1686 betrieb. Es umfaßte eine große Menge Porträts namhafter Persönlichkeiten der Zeit, von denen er eine Anzahl eigenhändig aber ohne besondere Kunst gestochen hat. Auch einzelne Titelblätter, Illustrationen und Städteansichten gingen aus seinem Verlage hervor. Die Arbeiten des Vaters sind von denen des Sohnes nur durch einige ganz selten angegebene Jahreszahlen zu unterscheiden. Ziemlich häufig aber finden sich Blätter, die außer der Bezeichnung Peter Aubry sc. oder excud. noch die Adresse des Buchhändlers Joh. Tscherning tragen.

Meyer, Kstlerlex. — Nagler, Monogr. IV 2774, 2915. *Seyboth.*

Aubry, Pierre, Bildschnitzer von Tours, Sohn des dortigen Bildschnitzers Jehan A., erhält am 22. 12. 1539 den Auftrag zur Vollendung zweier Altaraufsätze.

Giraudet, Artist. tourangeaux. 1885 p. 7. *H. V.*

Aubry, Théodore, Maler in Nancy, nur dem Namen nach durch eine Urkunde vom 11. 9. 1764 bekannt.

Réunion des Soc. d. b.-arts XXIII 401. *F. L. Bruel.*

Aubry-Lecomte, Hyacinthe-Louis-Victor-Jean-Baptiste, Maler, Zeichner und vor allem Lithograph (gen. der König der Lithographen), von französ. Eltern geb. 31. 10. 1787 in Nizza, † 2. 5. 1858 zu Paris, Schüler von Girodet-Trioson, der ihn anregte, das neue Lithographie-Verfahren zu probieren. Als erste Versuche des Künstlers gibt man gewöhnlich 16 Lithographien an, die 1821 ausgeführt wurden nach dem Gemälde von Girodet: Les Oeuvres des héros français reçues dans le palais aérien d'Ossian. Indessen existiert von ihm noch ein kleines Porträt, das seine Frau darstellt und 1820 A. L. signiert ist. Er reproduzierte ein ganze Anzahl von Gemälden seines Meisters Girodet, aber vor allem war er ein vorzüglicher Interpret Prud'hons. Hinsichtlich der Technik des Verfahrens muß man wohl unterscheiden zwischen seinen Werken vor 1835—1840, und seinen späteren, die jene im allgemeinen weit übertreffen. Bei ersteren ist das Verfahren etwas monoton, das äußere Ansehen schwärzlich und ein wenig grob; man sieht die lithograph. Arbeit zu stark und die besondere Art des Originals kommt nicht genug zur Geltung. In der zweiten Periode seiner Künstlerschaft ist Aubry-Lecomte ein Virtuose, seine Arbeit verfeinert sich und wird so schmiegsam, daß man glaubt, einen wirklichen Prud'hon, Girodet oder Raffael vor Augen zu haben. Man könnte sagen, Aubry-Lecomte machte dasselbe aus der Lithographie, was Jules Jacquemart aus der Radierung machte. Bei allen beiden ein ausgezeichneter Sinn für die Eigenschaften ihrer Vorbilder und eine unvergleichliche Geschicklichkeit der Hand. Aubry-Lecomte ist es sogar gelungen, der Lithographie den täuschenden Anschein des alten Kupferstichs zu geben, z. B. mit „Eve", die von weitem wie ein Stich von Marc-Anton Raimondi nach Raffael wirkt. — Der Erfolg Aubry-Lecomtes war bedeutend; das Erscheinen eines neuen Werkes von ihm war stets ein Ereignis. Die berühmtesten Stücke aus seiner ersten Schaffensperiode sind: Joconde (Leon. da Vinci) 1824, l'Enlèvement de Psyché (Prud'hon) 1824. Nach 1840 sind alle seine Arbeiten nennenswert. Unter anderen Stücken führte er 1847 eine Madonna nach Prud'hon aus, dann: les Petits Fileurs, les Petits Dévideurs (1848), L'Etude guide l'essor du génie (1845), les Vendanges (1848) Faksimile-Meisterwerk nach einer Zeichnung Prud'hons, Marguerite (1849). — Außerdem schuf er Reproduktionen von Werken Hersents, des Baron Gérard, H. Vernets, Dejuinnes usw. — Gleich Jacquemart, dem wir ihn weiter oben verglichen, führte er auch Reproduktionen nach eigenen Zeichnungen aus, z. B.: Portrait de Mme Aubry-Lecomte (1820); Figures chinoises (1826—1829) 3 pl.; La Robe de soie (portr. de Mme Aubry-Lecomte) 1827; Toilette du matin (portr. de Mlle N.) 1830, Toilette du soir (portr. de Mlle B.) 1831; La Natte (portr. de Mme Blanqui) 1831; Ruines de Pierrefonds 1831; Portr. de Mlle Aubry-Lecomte 1834; Vue de Compiègne 1835; Abbaye d'Ourscamps 1835; Abbaye de St. Pierre 1835; St. Jean aux Bois 1835; Camp de Compiègne 1837; Marie (portr. de Mlle Aubry-Lecomte) 1835; Portr. de Mlle Aubry-Lecomte 1840; Modestie (portr. de Mlle Aubry-L.) 1841; Mme L., 1842; Portr. de Gust. Châtenet, 1847; Marie Potocka. — Aubry-Lecomte hinterließ dem Kupferstichkabinett der National-Bibliothek 307 Probedrucke, die er für diesen Zweck aufbewahrt hatte. Dort kann man den Künstler am besten kennen lernen.

Einen Katalog seines Oeuvre gibt Aug. Galimard, Les Grands artistes contemporains: Aubry-Lecomte 1860. — Meyer, Kstlerlex. (Kat. seiner Werke). — Bellier-Auvray, Dict. — Béraldi, Grav. du XIXe s. — Lavigne, Etat-civil d'art. franç. Paris 1881. *J. Guibert.*

Aubry, s. auch *Aubery.*

Aubryet, Maurice, Landschaftsmaler in Paris, geb. zu Pierry (Marne), Schüler von J. Lefebvre und Le Roux, stellte wiederholt (1875—1896) im Salon aus (Küstenmotive der Normandie, griech. Landschaften etc.).

Bellier-Auvray, Dict. gén., Suppl. — Katal. d. Salon. *H. V.*

Aubryot, s. *Aubriot.*

Aubuisson, Julien Honoré Germain Marquis d', französ. Historienmaler, geb. 1786. Im Pariser Salon 1812 befand sich von ihm: Abschied des Paris von Helena; 1814: Hektor zwingt Paris, Helena zu verlassen; 1822: Die Bändigung des Bukephalus durch Alexander und Bestrafung Hebes.

Bellier-Auvray, Dict. gén. I. — Bryan, Dict. of paint. Ed. 1903. *H. V.*

Auburtin, Francis, französ. Maler, geb. in Paris 2. 12. 1866, Schüler von Puvis de Chavannes, Mitglied der Société nat. d. b.-arts, debutierte mit dekorativen Landschaftsbildern aus der Bretagne, dann mit Motiven von der Küste des Mittelländischen Meeres. Im Salon 1903 stellte er zwei Werke dieser Art aus: Oktobermorgen und Oktoberabend. Schon seit 1897 hatte sich sein Geschmack für die dekorative Richtung im eigentlichen Sinne entschieden, und abgesehen von verschiedenen Landschaften, Marinen und Porträts (Miß Helen H., Salon 1905), ist er dieser künstlerischen Auffassung bisher treu geblieben. Seine Danses nues sur fond de soir (Salon 1902) im Freskostile zeigen das Streben des Malers, seine Kunst den Traditionen der großen Dekorateure früherer Zeit, insbesondere den lichterfüllten Landschaften Puvis de Chavannes zu nähern, und seine alljährlich in den Salons erscheinenden Gemälde verraten eine zunehmende Neigung für mythologische und antike Vorwürfe. Sein Gemälde im Salon 1907 „Der Wald und das Meer" bezeugt mit einer wirklichen Kraft des Ausdruckes, daß der Künstler unter der Form allegorischer Figuren Naturpoesien darzustellen vermag, ohne sich zu kindlichen oder rätselhaften Symbolen verleiten zu lassen. In diesem Gemälde von großem Format hat der Künstler Sirenen am schroffen Meeresufer dargestellt. Aus der weiten See kommend, lauschen sie mit sehnsüchtigen Gesten dem Flötenspiel des jungen Pan, der hoch oben unter dem Schatten einer sturmtrotzenden Pinie seine lockenden Weisen ertönen läßt. Das Werk ist in einer Märchenstimmung gehalten, graublau, grau und rosa, was zusammen ihm hohen Reiz und Wirkung verleiht.

Chronique des Arts 1897, 23. — L'art décoratif IV 265 67 u. a. O. — The Studio XXVIII 52; XXXV 242. — De Fabrice, Les peintres de la Bretagne 1898. — Katal. des Salons.
Gustave Geffroy.

Auburtin, H., Landschaftsmaler in Paris, stellte im Salon 1895 bis 1900 meist Schweizer Landschaften aus.

Katal. d. Salon. *H. V.*

Auburtin, Jacques Marcel, Architekt in Paris, geb. daselbst 1872, Sohn des Architekten *Alexandre Emile A.* (1838 in Metz geb., † 1899). Von ihm und G. Umbdenstock stammt der Entwurf zu dem sehr bemerkenswerten Palais des armées de terre et de mer auf der Pariser Weltausstelllung 1900.

Delaire, Les architect. élèv. 1907 p. 164. — Zeitschr. f. bild. Kst. N. F. XI 211. *H. V.*

Aubyn, Saint-, s. *Saint-Aubin.*

Aucel, Jehan, französ. Goldschmied, erhielt 1566 laut Ausweis der Comptes Royaux Zahlung für einen kupfernen Hostienbehälter („custode").

Texier, Dict. d'Orfévrerie (Paris 1857) p. 192. *

Auchemant, Pierre, burgundischer Werkmeister, überwachte 1511 den von Jean Perréal geleiteten Bau der Kirche von Brou.

Bauchal, Dict. des Archit. *C. Enlart.*

Auchentaller, Josef Maria, österreich. Maler und Zeichner für das Kunstgewerbe. Geb. in Wien-Penzing, Schüler der Wiener Akad. (1886, 1888 und 89 versch. Preise). Er zeichnete anfangs Plakate und auch in seinen Bildern („Unter den Sternen", „Venus Erwachen" u. a., auch Bildnisse), die von engl. Kunst nicht unbeeinflußt sind, bekundet er seine Zugehörigkeit zur modern-dekorativen Richtung. Außerdem vielfach hervorragend tätig für das moderne Kunstgewerbe und für die dekorative Ausgestaltung der Ausstellungen der „Sezession" in Wien (u. a. 1902 bei der Ausstellung von Klingers Beethoven). Lebt in Wien.

Hevesi, Österr. Kunst S. 306. — Ders., 8 Jahre Sezession. — „Die Kunst" (Bruckmann), Bd. IX, S. 414 (m. Abb.). *—y.*

Aucissa, etruskischer Bronzearbeiter, verfertigte Bronzefibeln.

Milani, Strena Helbigiana S. 193 ff.
Altmann.

Aucquier, s. *Anquier.*

Aucus, M. J. F., Töpfer der gallorömischen Epoche. Sein Name auf einer großen Schüssel mit Rand, im Museum zu Nancy.

Réunion d. Soc. d. b.-arts XXIII 507. **

Audebert, Glockengießerfamilie aus Arras im 16. Jahrh., deren tätigste Mitglieder nach Rechnungsvermerken *Pierre* (1508) u. seine Söhne *Jean* und *Simon* gewesen zu sein scheinen.

Champeaux, Dict. d. Fondeurs. **

Audebert, französ. Bildhauer in Toulon, führte 1757 die Darstellg. des hl. Geistes über der Pforte des Hôpital de la Charité aus.

Rev. de l'art franç. 1888, 178; 1894, 202.
Lami.

Audebert, Jean Baptiste, Miniaturmaler und Radierer für z. T. selbstverfaßte naturwissenschaftliche Werke, geb. zu Rochefort 1759, † zu Paris im Dez. 1800, bildete sich in Paris aus, bereiste darauf Holland und England. Seine früheste Arbeit sind die Zeichnungen in Oliviers Histoire des insectes, sein erstes selbstverfaßtes Werk die mit 60 eigenhändig gezeichneten und radierten, in Farben gedruckten Platten ausgestattete Histoire naturelle des singes etc., Paris 1800. Fol. Die Histoire des colibris etc. wurde nach seinem Tode 1802, die von ihm unvollendet zurückgelassene Histoire des grimpeaux et des oiseaux de paradis 1803 von J. P. Vieillot herausgeg.; beide Werke bilden den I. und II. Band der Oiseaux dorés ou à reflets métalliques, Paris 1803, gr. Fol. Eine verdienstliche Neuerung von ihm ist, daß er verschiedene Farben auf eine einzige Platte auftrug und sich dabei der Ölfarben statt der Aquarellfarben bediente. Außerdem hat A.

auch einige Miniaturporträts und Genrebildchen gemalt.

Meyer, Kstlerlex. — Nouv. Archiv. de L'Art Franç., 2. Série, II 342. *H. V.*

Audebertus. Dieser Bildhauer (aus Saint-Jean-d'Angely) muß der Schöpfer des plast. Schmuckes am Portal der Kirche Saint-Hilaire zu Foussay (Vendée) sein, das vom Ende des 12. oder Anfang des 13. Jahrh. datiert. Der Name des Künstlers findet sich an der Basis eines großen Flachreliefs eingraviert, das die Kreuzigung darstellt.

De Longuemar, Mémoires de la soc. des antiq. de l'ouest. 1853, p. 81—85. *Lami.*

Audefroy, Chrétien, Holz- und Ornamentbildhauer, lebte in Béthune, wo er 1470 die Chorbühne in der Kathedrale ausführte. 1495 war er an verschiedenen Werken beschäftigt, die ihm die Bürgerschaft für das Stadthaus aufgetragen hatte.

Lami, Dict. d. sculpt. 1898. *R.*

Audefroy, Jean, französ. Ornamentbildhauer, Sohn des Chrétien, geb. zu Béthune, arbeitete daselbst 1495 mit seinem Vater und war 1510 an einem Brückenbau ebendort mitbeschäftigt.

De La Fons-Mélicocq, Les Artistes du Nord de la France, 1848 p. 88, 194. *H. V.*

Audenaerd (oder Auden-Aert), Robert van, belg. Maler, Stecher und Radierer, geb. in Gent 1663, Schüler von Mierhop und H. von Cleef, seit 1685 38 Jahre lang in Rom, zuerst in C. Marattas Schule tätig, † in seiner Vaterstadt 1743 und in St. Bavo begraben.

Die Gemälde, welche das Mus. und die Kirchen von Gent besitzen, zeigen ihn als einen Maler von einem gewissen Verdienst, beeinflußt von seinem Lehrer Maratta, als eine Art Raphael Mengs. Ein Gemälde im Mus. in Gent, „Die Mönche der Abtei Baudeloo im Kapitelsaale vereinigt", zählt ca. 38 Personen. Aber das andere ihm früher dort zugeschr. Gruppenbild der Korporation des Bouchers ist jetzt als Werk seines Lehrers Cuyck (Mierhop) nachgewiesen. In der Kirche S. Nicolas sieht man von ihm eine Himmelfahrt Mariae; in S. Jacques das Martyrium der hl. Katharina; im Petit Béguinage Christus unter den Schriftgelehrten. Er hatte als Schüler J. B. van Volxsons und Franç. Pilsen, der hauptsächlich Stecher war und auch A.s Selbstbildnis im Stich reproduzierte. Man nennt als seinen Schüler auch Jean de Leyen, der 1728 Maler Louis' XV. wurde und ausgezeichnete Porträts unter dem Namen J. J. Deslyens malte. Als Radierer bildete A. außer Pilsen, A. Janssens. Seine Art zu radieren erinnert an C. Marattas geistreich skizzierende und malerisch wirksame Manier. Seine Kupferstiche sind ziemlich weich behandelt und haben dabei Kraft. Bisweilen nahm er sich C. Bloemaerts viereckige Kreuzschraffierung zum Muster, aber mit Anwendung des Vorätzens, was keine gute Wirkung hervorbringt, weil dieses Korn die ganze Sauberkeit und Gleichmäßigkeit der alleinigen Grabstichelarbeit erfordert. In einer anderen freieren, kräftigeren Weise und viel glücklicher stach er mehrere Blätter nach Maratta, Domenichino, Ann. Carracci. Er ist nicht zu leugnen, daß R. v. A. ein höchst achtbarer Künstler war. Die Geburt der Maria und ihr Tod sind sehr gute Blätter, am vortrefflichsten die Marter des hl. Blasius und die Rosenkranzverteilung. Das Werk dieses Meisters ist beträchtlich; den ansehnlichsten Teil desselben bilden die Blätter, die ihn C. Maratta nach seinen Zeichnungen und Gemälden ausführen ließ. Auf den Blättern, wo sein Name ganz ausgeschrieben ist, lautet derselbe: R. V. Auden Aerd oder R. V. Auden Aert, und nicht Audenaerde, wie sich überall angegeben findet.

Meyer, Kstlerlex. (Katal. s. Radier.). — Ed. de Busscher, Biogr. nat. — Chron. d. arts 1899, 196. — Not. von H. Hymans.

Audenaerde, J. d'. Von einem Maler dieses Namens sollen sich nach einem 1772 in Lille erschienenen Guide des étrangers Bilder in Lille befunden haben.

Houdoy, Etudes Artistiques, Paris 1877. **

Audenrith, Johann Heinrich, Zeichner und Aquarellmaler, doch nicht Künstler von Beruf, geb. am 8. 4. 1816 in Siegritz (Bez.-A. Ebermannstadt), lebte als Weber, später als Faktor in einer Drahtfabrik in Nürnberg, wo er am 13. 4. 1896 starb. Ihn reizten die malerischen Schönheiten Nürnbergs, und er wußte sie mit großem Geschick wiederzugeben. Die Staffage ward gelegentlich von Künstlern wie Jäger, Krämer, Lor. Ritter, Fried. Wanderer, Weigand u. a hinzugefügt. Die Hauptmasse seiner zahlreichen Blätter befindet sich in der Kunstsammlung der Stadt Nürnberg. Eine Auswahl seiner Ansichten von Nürnberg wurde 1881 von W. Biede in Lichtdruck herausgegeben. *T. H.*

Audéoud, Jean François (gen. James), Miniatur- und Emailmaler, geb. 2. 10. 1793 in Genf, † das. 12. 3. 1837. Von ihm im Musée Rat in Genf ein Kinderbild nach An. Carracci. Er ist auch der Verfasser eines Traité de la peinture sur émail und besaß eine renommierte Gemäldesammlung, deren Katalog er 1847 publizierte.

A. de Montet bei Brun, Schweiz. Kstlerlex. **

Auder, französ. Kupferstecher der zweiten Hälfte des 18. Jahrh. in Paris. Man kennt von ihm zwei Stiche, benannt: première et deuxième vues de Dunkerque, nach J. Vernet, ebenso: première et seconde vue de l'isle de la Grenade, nach Æ. Kobell.

Le Blanc, Manuel. — Portalis et Béraldi, t. III, Appendice. — Ottley, Notices. *P. A. Lemoisne.*

Audes, Manuel e de, span. Maler um 1754.

Zani, Enc. II 236. △

Audfray, Etienne J., Porträt- u. Genremaler in Paris, geb. in Saint-Christophe-du-Bois (Maine-et-Loire), Schüler von P. Flandrin, stellte wiederholt (1875—1894) im Salon aus.

Bellier-Auvray, Dict. gén., Suppl. — Katal. d. Salon. *H. V.*

Audiat, Félicie, Genremalerin in Paris, geb. daselbst, stellte im Salon 1864—1879 wiederholt aus.

Bellier-Auvray, Dict, gén. und Suppl. *H. V.*

Audibert (Audebert), Pierre Alphonse, französ. Lithograph, geb. vor 1870 in Montpont-sur-l'Isle, † Ende Oktober 1903 in La Garenne-Colombes, erhielt 1891 und 1893 Auszeichnungen auf den Pariser Salons und 1900 auf der Exposition universelle eine silberne Medaille.

Singer, Kstlerlex. Nachtr. 1906. — Bulletin de l'art ancien et mod. 1903 p. 275 (Nekrolog). *H. V.*

Audibran, François Adolphe Bruneau, französ. Stahl- und Kupferst., geb. 8. 9. 1810 in Paris, Schüler von Gérard, stellte 1840—1865 in den Salons aus. Er arbeitete nach Raffet, Winterhalter, C. Vernet, Steuben und Tony Johannot.

Le Blanc, Manuel. — Bellier-Auvray, Dict. gén. — Béraldi, Grav. du XIXe s. — Meyer, Kstlerlex. *J. Guibert.*

Audiffred, Charles-Edouard, französ. Landschaftsmaler, geb. in Dijon (Côte-d'Or) um 1818, † in Fontainebleau 1861, stellte im Salon 1841—1852 wiederholt aus (Motive aus der römischen Campagna, dem Loiregebiet etc.). Er hat gelegentlich auch lithographiert, z. B.: Ruines et vallée de la Rochepot, Fol.

Bellier-Auvray, Dict. gén. *H. V.*

Audiger, Toussaint, Glasmaler der Stadt Troyes, führte von 1594—1602 in der Kirche Sainte-Sabine les Troyes bemerkenswerte Glasmalereien aus.

Société archéologique de l'Aube. *H. Longnon.*

Audinet, Claude, französ. Bildhauer, tätig um 1629 in Nantes.

Nouv. arch. de l'art franç. 1898 II. *Lami.*

Audinet, Etienne, französ. Bildhauer, gebürtig aus dem Bezirk von Cambray, lebte 1447 in Carpentras (Vaucluse). Er ging dann nach Marseille und ließ sich 1450 endgültig in Aix (Provence) nieder. Am 22. 4. 1447 verpflichtete er sich der Brüderschaft von Notre-Dame-de-la-Garde in Marseille, für die 7 Betkapellen ihres Kirchenweges binnen 5 Jahren 7 Flachreliefs auszuführen, die „die sieben Freuden Mariae" darstellen sollten. Der Künstler lebte noch 1466, zu welcher Zeit er ein Steinkreuz in Marseille anfertigte.

Lami, Dict. des sculpt. franç. au moy. âge et à la renais. *Lami.*

Audinet, Philipp, mittelmäßiger Porträtstecher in Linien- und Punktiermanier, französ. Herkunft, tätig in London, geb. in Soho, London, 1766, † am 18. 12. 1837 daselbst, Schüler von John Hall. Er stach die Porträts für Harrisons Biographical Magazine und arbeitete viel nach Pierre Danloux, der sich während der französ. Revolution in London aufhielt. Zu seinen besten Blättern gehören die Porträts von Sir Benj. Hobhouse und von Sir Will. Domville.

Redgrave, Dict. — Meyer, Kstlerlex. (mit Oeuvre u. ält. Lit.). **

Audis, Jean, französ. Steinbildhauer, arbeitete um die Mitte des 15. Jahrh. an der Kathedrale zu Rouen und an der Kirche von Sées. 1463 erhielt er einen Freibrief nach Ferté Bernard zum Bau einer Kapelle. 1457 wird er als Schöpfer eines großen Steinbildes des hl. Michael an dem Portal der Libratiers in Rouen genannt.

Lami, Dict. d. sculpt. — Esnault, Dict. d. artistes manceaux. *R.*

Audit, Werkmeister aus Tréguier, erbaute 1500—1512 die Kirche zu Trédrez (Côtes du Nord.).

Bauchal, Dict. des Archit. *C. Enlart.*

Audouard, Louis und Philibert, Pariser Zeichner für Juwelen und Goldschmiedearbeiten in den 50er und 60er Jahren des 19. Jahrh., hauptsächlich für das Haus E. Froment-Meurice in Paris tätig.

Dussieux, Artistes franç. à l'étranger, 1876. — Gaz. d. b.-arts XIV 536, XXIV 127 bis 134. **

Audouin, Pierre, sehr geschickter Kupferstecher, geb. 1768 zu Paris, † 1822, Schüler von Beauvarlet, wurde Graveur der Kaiserin Mutter und Louis' XVIII. Er stach viel nach alten Meistern, z. B. Jupiter et Antiope nach Allegri; Vénus blessée nach Raphaël; jeune Femme étudiant sur la Mandoline nach Terburg; los Meninas nach Velasquez. Seine Haupttätigkeit aber waren Porträtstiche und die besten darunter sind: Heinrich IV. nach Pourbus; Ludwig XVI.; Ludwig XVIII. nach Laurent; Bonaparte als I. Konsul nach Bouillon; Napoleon nach de Chatillon und nach Vauthier; Marie-Louise nach Bosio; Ludwig XVIII. nach Bouillon; Karl X. nach Saint; Herzog von Angoulème nach Bralle, der Herzog von Berry nach Augustin, die Herzogin von Angoulème nach Dumont, und die Herzogin von Berry nach Hesse.

Meyer, Kstlerlex. (ausführl. Oeuvre). — Portalis et Béraldi, Les graveurs d. XIXe s. — Arch. de l'art franç. — Nouv. Arch. de l'art franç. IX 318. — Bellier-Auvray, Dict. gén. — Le Blanc, Manuel. *P. A. Lemoisne.*

Audouin, Pierre Elie, Maler u. Zeichner, geb. zu Poitiers 1798, † zu Niort 23. 8. 1864. Er leitete gegen 40 Jahre lang die öffentliche Zeichenschule zu Niort. Seine ersten künstlerischen Arbeiten sind Miniaturen. Später malte er meist in Aquarell und nur eine geringe Zahl Gemälde hat er in Öl ausgeführt. Eins der letzteren: Der Bettler, befindet sich im Museum von Niort, welches auch eine hübsche Ansicht der Stadt in Wasserfarben besitzt. — Die Ansicht des Genfer Sees gilt für eines seiner besten Werke.

Meyer, Kstlerlex. **

Audra, Jean François, Maler u. Kupferstecher, geb. in Genf 5. 11. 1766, † daselbst 29. 1. 1847, seit 1796 Direktor der dortigen Zeichenschule, malte und stach einige Landschaften und Veduten.

Ch. Eggimann bei Brun, Schweizer. Künstlerlex. *H. V.*

Audra, Paul, begabter französ. Genremaler, wurde 1891 27jährig von der Schwindsucht dahingerafft, war im Pariser Salon 1888 vertreten („Lawn-tennis"). Sein auf dem Champ-de-Mars ausgestelltes briefschreibendes Mädchen („La Lettre") trug ihm ein Reisestipendium von 3000 Francs ein.

La Chronique des arts 1891, p. 46. — Katal. d. Salon. *H. V.*

Audran, Antoine, französ. Stecher, getauft 26. 11. 1673 in Lyon, war der Sohn von Germain A.

Nouv. Arch. de l'art franç. 3e sér. III 202. *J. Guibert.*

Audran, Benoît, der erste dieses Namens unter den Stechern der Familie A. und darum Benoît I. genannt, geb. 22. 11. 1661 zu Lyon, Sohn des Stechers Germain A., wurde mit 15 Jahren nach Paris geschickt und dort von seinem Onkel, dem berühmten Gérard A., erzogen. 1715 wurde er „Conseiller de l'Académie de peint." und führte den Titel „Graveur du Roi". Er wohnte 1698 Rue St. Jacques à l'Image de St. Prosper und 1714 im Luxembourg in einem Logis, das ihm vom König bewilligt worden war. Er starb 2. 10. 1721 auf seinem Landgut L'Ouzouer bei Sens. — Ein Katalog seiner Werke von 266 Nummern findet sich in Le Blancs Manuel, ein anderer im Kstlerlex. von Meyer. Er führte Stiche mit allen möglichen Sujets nach verschiedenen Malern aus, religiöse, mytholog., allegor., geschichtl. Szenen, Porträts und Wappen. In gewissen Fällen ahmt er sichtbar Gérard nach; aber wenn er auch verstand, sich der feinen geschmeidigen Arbeit, der Zeichnung und Punktierung seines Lehrers zu assimilieren, hatte er doch nicht dessen großartige Breite der Behandlung. Um sich davon zu überzeugen, genügt es, die großen Kupferstiche Gérards nach Lebruns „les Batailles d'Alexandre" mit denselben von Benoît ausgeführten zu vergleichen. Das große, etwas theatralische aber sehr dekorative Gemälde Lebruns, so großzügig und malerisch von Gérard wiedergegeben, ist in der Benoîtschen Wiedergabe ganz kleinlich und süßlich. Benoît reproduzierte im Stich die Gemälde des Herzogs Philippe d'Orléans, z. B.: les Amours de Daphnis et de Chloé.

Meyer, Kstlerlex. — Bellier-Auvray, Dict. Suppl. — Dussieux, Les artistes franç. à l'étranger. — Arch. de l'Art franç. I 377; II 58, 60, 64, 97, 357; IV 56, 57. — Nouv. arch. de l'art franç. XII Reg. — Heller-Andresen, Handb. f. Kupferstichslr. I. — Jal, Dict. crit. — Portalis et Béraldi, Grav. du XVIIIe s. — Gaz. des Beaux-Arts an vielen Stellen, s. Tables alphabétiques. *J. Guibert.*

Audran, Benoît II., französ. Stecher, Sohn u. Schüler von Jean A., geb. 17. 2. 1698 in Paris, † 9. 1. 1772 daselbst, fügte sich würdig in diese Künstlerfamilie ein. Man hat seine Werke häufig mit denen seines Onkels Benoît I. verglichen. Er führte Stiche nach verschiedenen Malern aus, besonders nach Paolo Veronese, Poussin, Natoire, aber der interessanteste Teil seines Werkes ist derjenige, den er nach den „galanten Szenen" Antoine Watteaus ausführte. Wenn er in der Interpretation dieses berühmten Meisters auch nicht die Meisterschaft Laurent Cars' ereichte, so ist doch sein Talent nicht gering einzuschätzen.

Meyer, Kstlerlex. (Verz. seiner Werke). — Le Blanc, Manuel (Verz. seiner Werke). — Heller-Andresen, Handb. f. Kupferstichslr. I. — Jal, Dict. crit. — Portalis et Béraldi, Grav. du XVIIIe s. — Nouv. Arch. de l'Art franç. XII. — Piot, Etat civil. de quelques art. franç. Paris 1873. *J. Guibert.*

Audran, Charles, französ. Radierer und Kupferst., geb. 1594 zu Paris, ein Bruder des Claude, des Stammvaters dieser ganzen Künstlerfamilie. Charles wohnte lange Zeit in Rom, wo er, nach Aussage Mariettes, der Schüler de Greuters war. Er starb 1674 in Paris ohne Kinder. Die Manuskript-Aufzeichnungen Mariettes, die im Pariser Kupferstichkabinett aufbewahrt werden, enthalten einen Katalog seiner Werke. „Die Familie A." sagt Mariette, „so fruchtbar an geschickten Stechern, verdankt in gewissem Sinne die Begründung und den Anfang ihres Rufes Charles A. Er war es, der sich zuerst der Kupferstecherei zuwandte und der, nachdem er sich dafür entschieden hatte, durch sein Beispiel sowohl seinen Bruder, als auch seine Neffen bestimmte, einen Beruf zu ergreifen, in dem Gérard, der eine dieser Neffen, später mit so großem Erfolge tätig war. — Er war ein guter Zeichner und führte seine Stiche in künstlerischer Weise aus. Es hat ihm nur an Gelegenheit gefehlt, seine Talente in ihrer ganzen Ausdehnung zu entfalten." — A. führte eine große Menge von Stichen aus mit religiösen Sujets, Titelkupfer theolog. Bücher, Porträts und Wappen. Der Katalog seiner Werke (von Le Blanc aufgestellt) umfaßt 349 Nummern.

Meyer, Kstlerlex. (Katal. seiner Werke). — Le Blanc, Manuel. — Bellier-Auvray, Dict. Suppl. — Archives de l'Art franç. VI. 10. — Nouv. arch. de l'Art franç. 3e sér. III 1887, Reg. — Mariette, Abecedario. — Heller-Andresen, Handb. f. Kupferstichslr. I. — Jal, Dict. crit. — Gaz. des B.-Arts. 2e sér. XIV 420, 427. *J. Guibert.*

Audran, Claude I., französ. Stecher, Bruder und Schüler von Charles A., geb. 1597 zu Paris, ließ sich in Lyon nieder, wo er am 18. 11. 1675 starb. Germain, Claude II. und Gérard A. waren seine Kinder (alle drei Stecher und Schüler ihres Onkels Charles). Die Arbeit des Claude I. erinnert an gewisse Stücke Corn. Corts, Agostino Carraccis und Fr. Villamenas. Sein wenig bedeutendes Werk umfaßt einige religiöse Szenen sowie einige Porträts.

Meyer, Kstlerlex. (Katal. seiner Werke). — Le Blanc, Manuel (Katalog). — Bellier-Auvray, Dict. Suppl. — Guilmard, Les Maitres ornemanistes. — Jal, Dict. crit. — Nouv. Arch. de l'Art franç. 3e sér III 1887 Reg. — Gaz. des Beaux-Arts XVI 465.

Audran, Claude II., französ. Maler, zweiter Sohn von Claude I, geb. in Lyon, getauft 27. 3. 1639, † in Paris 5. 1. 1684, Schüler seines Vaters im Zeichnen und der beiden Guillaume Perrier (des Bruders und Neffen des François Perrier) im Malen und ferner Schüler des Lyoner Malers A. Virys oder Wairix. Um 1657 reiste er nach Paris, wo er sich mit Noël Coypel zusammentat. Dieser ließ ihn an seinen Werken arbeiten und stellte ihn Ch. Errard vor, mit welchem er darauf die Zimmer in den Schlössern Versailles, Louvre und Tuilerien ausschmückte, auch malte er in den Tuilerien mehrere Bilder für das Zimmer des Thronfolgers. Diese Gemälde gefielen Le Brun, welcher um 1661 oder 1662 Audran mit den Entwürfen seiner Bilder, La bataille d'Arbelles und Passage du Granique, beschäftigte. Dann bediente er sich seiner Hilfe bei den Gemälden im Louvre (in der Galerie des Apollo), im Schloß St. Germain, in Versailles und in der Chapelle de Sceaux. 1669 erhielt Audran den Titel eines „peintre ordinaire du Roi". Inzwischen, vor 1674, führte er einige Gemälde eigener Komposition in Versailles aus, wo sie noch zu sehen sind: Cyrus à la chasse au sanglier, César envoyant une colonie à Carthage (am Gewölbe des Diana-Saales), Mars sur un char trainé par les loups (Deckengemälde im Marssaal), César passant une légion en revue und Démétrius Poliorcète prenant une ville d'assaut (an der Attika im selben Saale). Er malte in Versailles auch noch andere Sujets, die heute verschwunden sind; in Paris, im großen Saale des Palais, die Religion und die Gerechtigkeit und ein Altarbild für die Kirche der Theatiner. Im Auftrag der Goldschmiedeinnung malte er für die Kirche von Notre Dame in Paris die Enthauptung Johannes des Täufers, ein Bild, das sehr bewundert wurde. 27. 3. 1675 wurde er in die Académie royale aufgenommen. Sein Werk für die Aufnahme war: das Abendmahl. Er führte darauf für den Erzbischof von Straßburg die Malereien im großen Treppenhaus des Palastes von Saverne aus; in Paris arbeitete er im Schloß von Malleville, im Hause des Buchhändlers Desalliers, in der Galerie von Perrault, des kgl. Bauaufsehers. Er malte auch drei Bilder in Chartreux: St. Louis enterrant les morts au siège de Tunis, St. Denis et ses compagnons recevant la communion des mains du Christ und Le Miracle des cinq pains, sein letztes Werk, 1683 beendigt, heute in der Kirche von Notre Dame des Blancs Manteaux. — Die Akademie hatte ihn 29. 11. 1681 zum Professor ernannt. Bei seinem Tode wurde er in die Plejaden-Gruppe von Künstlern, welche Le Brun in den Gobelins vereinigte, aufgenommen. Er ist Schöpfer der Figuren von Saturn und Diana in der Folge der Götter, welche von seinem Neffen Claude III Audran für die berühmte Manufaktur der Gobelins verfertigt wurden. — Jean Audran, ein anderer Neffe radierte eine gewisse Anzahl seiner Bilder. Claude II Audran ist bei aller Phantasie, Leichtigkeit und großen handwerklichen Geschicklichkeit nur ein Maler zweiten Ranges. Ihm fehlt das Persönliche, er ahmte Jouvenet nach, ohne seine Großzügigkeit zu erreichen, und besonders Le Brun, von dem er weder die kühne Zeichnung noch die breite, mächtige Malweise hat.

Archiv. d. l. ville de Lyon, Etat civ. (St. Nizier). — O. Fidière, Etat civ. d. peint. et sculpt. d. l'Acad. p. 39. — D'Argenville, Vie d. peint. IV 136. — Arch. d. l'Art franç. III 357, IX 220. — Jal, Dict. crit. 1872. — Bellier-Auvray, Dict. — Nouv. Arch. d. l'Art franç. 1877 p. 164. — Meyer, Kstlerlex. — Gaz. d. Beaux-Arts XVI 465. — Rev. univers., d. Arts IV 320. — L. Charvet, Les Audran (Rev. du Lyonnais, Lyon 1876 I 448). — E. Michel, Les Audran peint. et grav., Fontainebleau 1884. — C. Ginoux, Verdier, Audran etc. auteurs d. peintures d. vaisseau le Soleil-Royal. — G. Duplessis, Les artistes célèbres. Les Audran 1894. *E. Vial.*

Audran, Claude, genannt Claude III., französ. Maler, geb. 25. 8. 1658 zu Lyon, † 27. 5. 1734 zu Paris im Luxembourg-Palais, zu dessen Verwalter er 1704 ernannt worden war. Er war der Sohn von Germain A. und hatte sowohl diesen als auch seine Onkel Claude II. und Gérard Audran zu Lehrern. Vornehmlich für die kgl. Häuser beschäftigt, zeichnete er sich im Genre der Grotesken- und Arabesken-Malerei aus und wurde mit wichtigen dekorativen Arbeiten, von denen leider keine Spur geblieben ist, in den Schlössern zu Meudon, zu la Muette bei Passy und zu Marly beauftragt, ebenso hatte er solche Arbeiten in der „Ménagerie" zu Versailles und auch in mehreren Privathäusern von Paris auszuführen. Er verstand es, das Genre der im 18. Jahrh. sehr beliebten Dekorationsmalerei auf hohe Stufe zu bringen. Das Dekorative bestand in Laubwerk, in allerlei Attributen, in Arabesken, das Ganze mit Blumen und Figuren zusammengestellt.

Antoine Watteau arbeitete in Audrans Atelier und nahm, wie man sagt, an der Ausführung von Vorlagen teil, die von jenem der Gobelin-Manufaktur geliefert wurden, und von denen noch mehrere Originalstücke existieren. Die nach diesen Modellen ausgeführten Gobelins sind heute das einzige, was uns von A.s Kunst erhalten ist. Es genügt aber, ihm einen sehr hohen Rang unter den Malern vom Anfang des 18. Jahrh. oder aus der Zeit der Regentschaft Philipps von Orléans zu sichern.

In erster Reihe ist von diesen Gobelins, die von Claude Audran inspiriert waren, zu nennen: die Serie der 8 Teppiche, die die Elemente und die Jahreszeiten in Gestalt der hauptsächlichsten olympischen Götter darstellen. Dieselben mythologischen Personen erscheinen wieder in der Folge der 12 Monate, der „Mois Grotesque par bandes", die speziell zur Ausschmückung des Zimmers des Grand Dauphin bestellt wurden, im Schlosse von Meudon. Diese Folge trägt in den Bordüren Delphinenköpfe mit 2 verschlungenen L. — Audran kündigt in diesen hervorragenden Schöpfungen schon den Stil der Régence an oder bereitet ihn vor. Da er um 1700 die Höhe seines Talentes erreichte, hat er sicherlich einen Einfluß auf die Dekorationsmaler der Zeit, wie Gillot und Watteau, ausgeübt. Die Götter-Gobelins hatten bei ihrem Erscheinen einen Erfolg, der noch lange Zeit vorhielt. Diese Prachtstücke wurden während des 18. Jahrh. mit Veränderungen in der Färbung der Fonds in mehr als 200 Exemplaren in „haute und basse lisse" nachgewebt. Die „Mois grotesques" sind hingegen nur ein einziges Mal offiziell hergestellt worden, und zwar im kgl. Atelier. Die in Privatsammlungen befindlichen Nachbildungen (3 an der Zahl) wurden durch Liebhaber bestellt und von Teppichwirkern in ihrem Privatatelier gewebt. Diese Serie der „Monate" ist in vier Kupferplatten von Jean Audran, dem Bruder des Malers, gestochen worden. Es erscheint als gewiß, daß Claude mehrere Mitarbeiter hatte, die sich mit der Ausführung von Tieren, Blumen und anderem Beiwerk beschäftigten.

M. Fenaille, Etat général des tap. des Gobelins. *J. J. Guiffrey.*

Audran, Gabriel, französ. Bildhauer und Maler, geb. 1659 in Lyon, gehörte zur berühmten Kupferstecherfamilie des 17. Jahrh. 1694 ließ er sich in Paris nieder und starb dortselbst 17. 3. 1740.

Lami, Dict. d. sculpt. franç. sous Louis XIV.

Audran, Gabriel, s. auch *Audran,* Prosper Gabriel.

Audran, Gérard, französ. Kupferstech., † 7. 2. 1691 (nach Jal und Piot) oder 1681 (nach Herluison) in Paris, wird in der Todesurkunde als „graveur ordinaire du roi" bezeichnet. Der Künstler ist sonst unbekannt und von dem berühmten Stecher G. A. zu unterscheiden, dessen Onkel oder Vetter er vielleicht war. Möglicherweise sind ihm Kupferstiche zuzuschreiben, die die Kardinaltugenden nach Domenichinos Gemälden darstellen und G. Audran, sculp. Romae 1675 bezeichnet sind; dieselben können nicht von dem berühmten Namensvetter Gerard A. stammen, da dieser 1675 nachweislich in Paris tätig war.

Herluison, Actes d'état civ. d'art. franç. — Piot. Etat civ. d'art. franç. — Jal, Dict. crit. *J. Guibert.*

Audran, Gérard, französ. Radierer und Kupferst., geb. 2. 8. 1640 zu Lyon, † 26. 7. 1703 in Paris, Sohn des Claude I., Schüler seines Vaters und seines Onkels Charles A. Gérard ist das berühmteste Glied dieser Kupferstecher-Familie, vielleicht einer der größten aller Stecher, die Gemälde reproduziert haben. — Vor seiner Abreise nach Rom 1666 sind wenige Werke Gérards erwähnenswert. Die ältesten scheinen einige Kupfer zu sein, die der Künstler für das Werk: Les Pseaumes de David mis en vers français . . . Gér.-Audran inv. et sculp. 1660, ausführte. In seinen Stichen aus dieser Periode unterscheidet sich seine Arbeit nicht von derjenigen der meisten seiner Zeitgenossen. — In Rom war er der Schüler von Carlo Maratta. Zu erwähnen sind zwei hübsche kleine Porträts, das Samuel Sorbières und das von Jordanus Hilling. Er reproduzierte mit Vorliebe große Ensemble-Szenen: 1668 l'Histoire de David et de Goliath, nach P. da Cortona (Deckengem. der Vigna Sacchetti), l'Histoire d'Enée, nach P. da Cortona (Palazzo Pamfili). Diese Blätter sind eine Mischung von Radierung und Kupferstich, die Arbeit ist breit, aber noch weit entfernt von der malerischen und grandiosen Wirkung der „Batailles d'Alexandre". — A. muß spätestens am Anfang des Jahres 1670 nach Frankreich zurückgekehrt sein. Denn im August desselben Jahres wurde eine Zahlung an ihn geleistet für sein Werk „les Batailles". Den Auftrag für diese Arbeit verdankte er Le Brun. Dieser suchte die talentierten Künstler um sich zu gruppieren und hatte Colbert gebeten, A. anzuregen, nach Paris zu kommen und ihm dort eine Wohnung in den „Gobelins" zu geben. Jedes der vier großen Schlachtengemälde Lebruns wurde in mehreren Kupferplatten gestochen: Le Passage du Granique (4 Pl.) wurde 1672 vollendet, la Bataille d'Arbèles (4 Pl.) 1674, l'Entrée d'Alexandre dans Babylone (2 Pl.) 1675, Porus blessé amené devant Alexandre (4 Pl.) 1678. Man kann sich kaum schönere Kupferstiche vorstellen. Nicht allein die Zeichnung des Malers ist genau wiedergegeben, sondern auch die Wirkungen sind wunderbar genau hervorgebracht. Die Arbeiten sind je nach dem wiederzugebenden Sujet verschiedenartig ausgeführt. Das Scheidewasser und der Grabstichel werden gleichzeitig angewendet. Das Pariser Kupferstichkabinett bewahrt eine Serie von Etats und Probedrucken dieser Kupferplatten, die für die Kenntnis des Verfahrens von Gérard A. sehr interessant sind. — Der Künstler war ein Meister der malerischen Wirkung; sein breiter Stil eignete sich vorzüglich für die großen Kompositionen. Sein Grabstichel brachte noch andere derartige Werke hervor, die allerdings weniger berühmt, aber ebenfalls hervorragend sind: la Coupole de la Chapelle de Sceaux, nach Le Brun (1681), le Plafond du pavillon de l'Aurore, im Schlosse von Sceaux, le Plafond de la Galerie du petit appartement du Roi, in Versailles, nach Mignard (1688), la Coupole du Val de Grâce, nach Mignard (1693). Man hat den Vertrag aufbewahrt, der mit ihm abgeschlossen wurde für den Stich der „Galerie du petit appartement du Roi" von 1686; er erhielt 5000 livres (500 livres der Quadratfuß). — A. versprach in diesem Vertrag: „de graver pour le Roi, sur cuivre, à l'eau-forte retouchée au burin, les chairs pointillées, le reste traité suivant la manière du sieur Audran, le plus proprement et le plus correctement possible tout ce qui est peint de la main du sieur Mignard dans la galerie . . . . .". — Es ist unmöglich, hier eine vollständige Liste der Werke A.s aufzustellen. Er führte Gemälde geringster Dimensionen im Stiche aus, zeigte aber auch bei diesen Arbeiten dieselben Eigenschaften des farbenreichen Darstellers. Ein Stück ist hier besonders anzuführen, weil man daran klar erkennt, daß die gesamte Kupferstecherkunst im 18. Jahrh. von A. sich ableitet. Dies Werk ist „Bacchus et Ariadne" nach Coypel (1693). Man vergleiche diesen Kupferstich mit denen von Laurent Cars. Welche Identität des Verfahrens zwischen Lehrer und Schüler.

A. hatte seine Wohnung in den „Gobelins" verlassen und sich in der Rue St. Jacques aux Deux Piliers d'or niedergelassen, wo er einen Laden zu Geschäftszwecken innehatte. Man hat den Katalog der Stiche aufbewahrt, die er dort verkaufte: Catalogue des estampes qui se vendent chez G. Audran, graveur ordinaire du Roi, rue St. Jacques aux Deux-Piliers d'or. — Am 21. 11. 1681 gewährte ihm die kgl. Akad. den Titel eines „conseiller". Er heiratete Helene Licherie, Schwester des Malers Louis Licherie. 1683 veröffentlichte A. eine Abhandlung: Les Proportions du corps humain mesurées sur les plus belles figures de l'antiquité, Paris 1683. Kataloge seiner Werke befinden sich in Meyers Kstlerlex., Le Blancs Manuel, im P.-G. von Robert Dumesnil (s. auch Schluß des vorhergeh. Art.).

M e y e r, Kstlerlex. — B e l l i e r - A u v r a y, Dict. Suppl. — D u s s i e u x, Art. franç. à l'étranger. — H e l l e r - A n d r e s e n, Handb. f. Kupferstichslr. — G u i l m a r d, Maitres ornemanistes. — Arch. de l'art franç. I 200, 368; II 29, 62, 63, 89; III 111, 357; IV 58, 59; VI 249, 299. — Nouv. Arch. de l'art franç. 3e sér. III année 1887; VIII année 1892. — Revue univers. des Arts IV 322. — Gaz. des Beaux-Arts. — L'Art LII 180—184. — D u p l e s s i s, Les Audran. — D u p l e s s i s. Not. sur la vie et les oeuvr. de Gérard Audran, Lyon 1859. — C o u r b o i n, Cat. sommaire des grav. et lithogr. composant la réserve, au depart. des Estampes de la Bibl. Nat. Paris 1900. — J a l, Dict. crit. — H e r l u i s o n, Actes d'état civil d'art. franç. — P i o t, Etat civ. d'art. franç. — K r i s t e l l e r, Kupferstich und Holzschnitt 434 f. *J. Guibert.*

Audran, G e r m a i n, französ. Kupferst., ältester Sohn des Claude I., geb. 6. 12. 1631 zu Lyon, † dort 4. 5. 1710, Schüler seines Onkels Charles in Paris. Als ziemlich mittelmäßiger Künstler führte er wie alle seine Genossen religiöse Szenen (nach wenig bekannten Malern) aus, sowie Ornamente nach Georges Charmeton, Raim. La Fage, Ch. Le Brun, und vor allem Porträts.

M e y e r, Kstlerlex. (Verz. seiner Werke). — L e B l a n c, Manuel (Verz. seiner Werke). — B e l l i e r - A u v r a y, Dict. Suppl. — G u i l m a r d, Les maîtres ornem. — J a l, Dict. crit. — Nouv. arch. de l'art franç. 3e sér. III 197 bis 202, 298. *J. Guibert.*

Audran, J e a n, französ. Kupferst., geb. 28. 4. 1667 zu Lyon, † 17. 6. 1756 zu Paris, Sohn des Germain, Bruder des Benoit I., Schüler seines Onkels Gérard, dessen Berühmtheit er nicht erreichte, wenn er auch als sein würdiger Nachfolger zu bezeichnen ist. Er wurde 1707 „Graveur du Roi". Sein umfangreiches Werk ist im Manuel von Le Blanc und im Meyerschen Kstlerlex. katalogisiert. Er hat alle Arten von religiösen, mytholog., allegor. und histor. Sujets behandelt, außerdem Porträts und Wappen nach den verschiedensten Malern. Seine schönen Kupferstiche nach Poussin, Coypel und Mignard sind besonders hervorzuheben. Die Gemälde, welche sein Onkel Gérard in großen Dimensionen im Stich reproduzierte, führte Jean A. mit Erfolg im kleinen aus; z. B.: les Batailles d'Alexandre, von Lebrun und le Portement de croix, von Mignard.

M e y e r, Kstlerlex. — L e B l a n c, Manuel. — B e l l i e r - A u v r a y, Dict. Suppl. — D u s s i e u x, Artistes franç. à l'étranger. — D u m e s n i l, P.-Gr. — H e l l e r - A n d r e s e n, Handb. f. Kupferstichslr. I. — J a l, Dict crit. — P o r t a l i s et B é r a l d i, Grav. du XVIIIe s. — Gaz. des Beaux-Arts, 2e pér. II 375. — Arch. de l'art franç. I. II. — Nouv. Arch. de l'art franç. IX 26; 3e sér. XIII 1897 Reg. — P i o t, Etat civ. d'art. franç. *J. Guibert.*

Audran, J e a n J o s e p h, französ. Teppichwirker, Entrepreneur eines Ateliers der Gobelin-Manufaktur. Sohn des Michel Audran, ersetzte seinen Vater als Leiter des Ateliers (1771) und führte dessen Arbeiten fort, allerdings mit weniger Erfolg. Durch die Ansprüche seiner Arbeiter als selbständiger Unternehmer ruiniert, wurde er 1792 zum Direktor der Manufaktur an Stelle von Guillaumot ernannt. 1793 verhaftet, erlitt er eine Festungsstrafe von 10 Monaten in Sainte Pélagie. Während dieser Zeit verwaltete der Maler Augustin Belle die Gobelins. Wieder in sein Amt als Leiter der Manufaktur eingesetzt (14. 4. 1795), starb Audran noch im selben Jahre am 20. 6. und hatte als Nachfolger seinen ehemaligen Direktor, den Architekten Guillaumot.

Lacordaire, Notice historique sur la manufacture des Gobelins 1853. *J. J. Guiffrey.*

Audran, Louis, französ. Kupferst., Sohn des Germain A., geb. 7. 5. 1670 zu Lyon, † 1712 in Paris, Schüler seines Onkels Gérard, wenig produktiv. Er führte Stiche nach Lebrun und Poussin aus, aber hauptsächlich bekannt sind seine Kupfer der „oeuvres de miséricorde“ nach Séb. Bourdon.

Meyer, Kstlerlex. — Le Blanc, Manuel. — Bellier-Auvray, Dict. Suppl. — Jal, Dict. crit. — Duplessis, Cat. de la coll. des pièces sur les Beaux-Arts . . . . . recueillies par Pierre Jean Mariette, Ch. Nicolas Cochin et M. Deloynes . . . . par G. Duplessis. Paris 1881. — Nouv. Arch. de l'art franç. 3e sér. 1887 Reg. *J. Guibert.*

Audran, Michel, Entrepreneur an der Gobelin-Manufaktur, Sohn des Jean Audran, Neffe des Malers Claude Audran, Enkel von Germain A., Großneffe von Gérard A., geb. 20. 2. 1701 in Paris, heiratete am 13. 10. 1732 und starb 25. 3. 1771 in den „Gobelins“, in seiner dortigen Wohnung. Er hinterließ einen Sohn Jean-Joseph, welcher als Leiter eines der Ateliers für Haute-lisse-Weberei an seine Stelle trat. Michel A. hatte an der Spitze dieses Ateliers 1732 den letzten der Jans ersetzt. Während eines Zeitraums von mehr als 40 Jahren schuf er eine große Anzahl von Tapisserien, welche durch ihre außergewöhnlich schöne Ausführung bemerkenswert sind. Auf folgenden Serien hat man seinen Namen gefunden, der nur einige Male von einer Lilienblüte und von einem G. begleitet ist: „Les Mois Lucas“, eine Gobelinfolge von 12 Nummern zum ursprünglichen Preis von 55 076 Livres, wurde von 1733—1748 vollständig in seinem Atelier gewebt. Eine Wiederholung dieser Folge der 12 Monate (aber nur 11 Stück, da der April fehlt), unter Mitarbeit von Mommerqué hergestellt (1737—1740), wird in Dresden in den kgl. Gemächern aufbewahrt. Sie stammen nach dem Inventarvermerk aus dem Besitze des Grafen Brühl. In den Jahren 1744—1759 webte er mehrere der Schöpfungen Restouts und Jouvenets für die Folge aus dem Neuen Testament. Der wunderbare Fischfang, die Taufe Christi, die Fußwaschung, die Auferweckung des Lazarus, die aus dem Tempel verjagten Krämer, das hl. Abendmahl, Sa. Magdalena, gingen aus seinem Atelier hervor und trugen seine Signatur. Um dieselbe Zeit wurde unter seiner Leitung die „Geschichte Esthers“, in 7 Szenen, nach Jean-François de Troy, gewebt. Die mit seinem Namen bezeichneten Stücke sind unvergleichlich viel schöner als andere nach denselben Modellen ausgeführte Folgen, was man bei Gelegenheit der Ausstellung von Gobelins (1902) festgestellt hat. Michel Audran übernahm auch einen beträchtlichen Anteil an der Anfertigung mehrerer Gobelins aus der Geschichte Don Quixotes nach den Vorlagen von Charles Coypel. Nach dem Werke von M. Fenaille sind im ganzen 57 Gobelins mit Darstellungen aus der Geschichte Don Quixotes mit Audrans Namen bezeichnet. Diesen Darstellungen aus der Geschichte Don Quixoten Gobelin mit einer Jahrmarktszene, aus dem Besitze der Stadt Leipzig, jetzt im Kunstgewerbemus. daselbst, anreihen. Er ist bezeichnet: Jeurat Pinxit 1748 . . Audran. Unter seiner Leitung wurden ferner gewebt: das Opfer der Iphigenie nach der Iliade; die 4 Panneaux mit Opern-Fragmenten nach F. Coypel: Roland, die eingeschlafene Renaud, die ohnmächtige Armida, die Zerstörung des Palastes der Armida. Endlich ist von ihm die Folge der Jagden Ludwigs XV. in 9 Kompositionen, die heute in Florenz aufbewahrt werden, und im 18. Jahrh. von dem Infanten Don Philipp (Herzog von Parma) erworben wurden. Alle diese Gobelins tragen den Namen Audrans. Wie man sieht, ist der Beitrag dieses Künstlers zur Manufaktur der Gobelins ganz beträchtlich; seine Werke verraten ein ganz vorzügliches Talent. Er wurde in seinem Amt als Unternehmer der Kunstwebereien des Königs durch seinen Sohn Jean Joseph Audran ersetzt und hinterließ eine Sammlung von Kupferstichen, von Kupferplatten mit gestochenen Zeichnungen, von Gemälden aus seiner Familie stammend, die wenige Monate nach seinem Tode verkauft wurden.

Catalogue des planches gravées, desseins, estampes et tableaux après le décès de M. Michel Audran, entrepreneur des tapisseries pour le Roi, à la Manufacture royale des Gobelins, par Pierre Remy, Paris, Butard, imp. 1771. — Jal, Dictionnaire critique. — Le Blanc, Manuel de l'Amateurs d'estampes. — Fenaille, Etat Général des tapisseries de la manufacture des Gobelins II und III. — Revue de l'art français ancien et moderne (1897). — Etat civil d. tapissiers des Gobelins. *J. J. Guiffrey.*

Audran, Prosper-Gabriel, Zeichner u. Radierer, geb. 1744 zu Paris, † 1819, Sohn des Michel und Schüler von Benoît II A. Er verzichtete sehr bald auf die Stecherkunst und wurde „conseiller au Châtelet“, später Lehrer des Hebräischen im Collège de France.

Man kennt von ihm mehrere Serien von Studienköpfen.

Le Blanc, Manuel. — Portalis et Béraldi III, Appendice. — P. de Baudicourt, t. II 291. — Herluison, Actes d'Etat civ. — E. Piot, Etat civ. — Jal, Dict. crit. — Bull. de la Soc. de l'Hist. de l'Art franç. III 99. — Nouv. Arch. de l'Art franç. I. II. XII. 18 (hier fälschlich Pierre-Gabriel genannt) XIII. *P. A. Lemoisne.*

Audran, Thomas, Maler in Nantes, starb 21jährig daselbst am 4. 11. 1701, nur urkundlich bekannt.

Nouv. Archiv. de l'art franç., 3. Série, XIV 1898. *H. V.*

Audric, Antoine, französ. Bildhauer, geb. um 1653 in la Ciotat (Provence), führte 1676 mit einem seiner Genossen, Cot Taboué, die Holzschnitzereien aus, die die ehem. Kirche des Petits-Minimes zu Tours schmückten (jetzt Kapelle des Gymnasiums). 1679 trat er dann ins Kloster Plessis-de-Tours ein und führte zahlreiche Arbeiten für seine Brudergemeinde aus. Er starb 14. 4. 1690 in Orléans.

Lami, Dict. d. sculpt. franç. sous Louis XIV. *Lami.*

Audry, Ferdinand, Landschaftsmaler, geb. in Paris, stellte 1831—1848 wiederholt im Salon aus.

Bellier-Auvray, Dict. gén. *H. V.*

Audry, Jean, Miniaturmaler zu Angers in Frankreich, verzierte 1534 die von einem Geistlichen Namens Jean Piloche für die Kirche des Hotels Dieu daselbst geschriebenen Gesangbücher.

Port, Les Artistes peintres Angevins, Paris 1881, p. 8. **

Audubon, John James, amerikan. Maler und Zeichner von französ. Abstammung. Geb. 4. 5. 1780 in Louisiana, † 27. 1. 1851 in New York. 1795/96 Schüler Davids in Paris (hauptsächlich im Zeichnen). A. war berühmter Naturforscher, in erster Linie Ornitholog, und seine künstlerische Bedeutung liegt in seinen vorzüglichen, auf der Beobachtung lebender Tiere beruhenden Zeichnungen (die Originale in der Historical Society in New York) für seine monumentalen Werke. 1827—1838 erschien in London sein großes Werk „The Birds of America“ (4 Bände mit 435 kolorierten Platten in Kupfer gestochen von Rob. Havell jr., einige der ersten von W. H. Lizzars in Edinburgh, der Text dazu „Ornithological Biography“ 5 Bde. 1832—1839), das mehrere Auflagen erlebte. 1845—48 das zweite große Werk „The Viviparous Quadrupeds of North America“. (Gemeinsam herausgegeben mit Rev. J. Bachmann, 150 lithograph. und kolorierte Platten, deren Zeichnungen z. T. mit Hilfe seiner Söhne J. W. und V. G. A. ausgeführt wurden.) A. unternahm für seine Studien zahlreiche Reisen in Amerika und war auch öfters in England und in Paris. Zwei Ölgemälde von ihm „A Covey of Blackcock“ und „Canada Otter“ befanden sich 1876 auf der Ausstellung in Philadelphia.

The life of John James Audubon, the Naturalist. Edited by his widow. With an introduction by Jas. Grant Wilson, New York 1869. — Meyer, Kstlerlex. (ausf. Auszug aus diesem Buch und genaue Angabe der verschiedenen Ausg. der Werke A.s). *Edmund von Mach.*

Audubon, John Woodhouse, amerikan. Maler, geb. 30. 11. 1812, † 21. 2. 1862 in New York, Sohn von John James A. und Mitarbeiter an dessen „Quadrupeds in America“, und zwar malte er die Mehrzahl der Tierbilder. Er war Mitglied der Akad. in New York. *Edmund von Mach.*

Audubon, Victor Gifford, amerikan. Maler, geb. 12. 1. 1809, † 17. 8. 1860, Bruder des Vorigen. Auch er half seinem Vater bei der Herausgabe der „Quadrupeds in America“, und zwar malte er fast alle Landschaften. Er war Mitglied der Akademie in New York. *Edmund von Mach.*

Audusson, Jean, Holzbildhauer und Tischlermeister von Angers, schuf 1518 das Chorgestühl der Kirche von St. Pierre und war 1541 am Spital beschäftigt.

Lami, Dict. d. sculpt. 1898. *R.*

Audy, Jonny, Militär- und Pferdemaler in Paris, geb. daselbst, stellte im Salon 1872 und 1876 einige Aquarelle aus.

Bellier-Auvray, Dict. gén., Suppl. *H. V.*

Auegg-Dilg, Miniaturmalerin in Linz 1830 bis 70.

E. Lemberger, Beitr. z. Gesch. d. Miniaturmalerei, Berlin 1907. **

Auemann, s. *Avemann.*

Auer, Maler in der Fayencefabrik in Bayreuth. Von ihm 2 bezeichnete und datierte Stücke (1748 und 1762) im Museum zu Würzburg. *E. W. Braun.*

Auer, Anton, Porzellanmaler, geb. zu München 4. 3. 1778 (nach Nagler 1777), † daselbst 25. 10. 1814. Er erlernte seine Kunst 1795 bei Dominik Auliczek, 1797 bei Johann Peter Melchior, bis er 1801 Maler an der Nymphenburger Porzellan-Manufaktur wurde. 1809 ward er auf Kosten des Königs Max I. zu seiner weiteren Ausbildung nach Wien gesandt und nach seiner Rückkehr 1810 zum Obermaler der Manufaktur ernannt. Im Auftrage des Kronprinzen (späteren Königs) Ludwig kopierte er eine Reihe von Gemälden aus der kgl. Gemäldegalerie für ein Tafelservice, starb jedoch vor dessen Vollendung; sein Sohn Max und andere Künstler beendigten sein angefangenes Werk. Durch den Versuch der genauen Nachbildung von Ölgemälden auf Porzellan ist er der Begründer einer neuen Schule der Porzellanmalerei geworden. Seine Ausführung zeichnet sich durch Sorgfalt und Genauigkeit aus.

Meyer, Kstlerlex. — Lipowsky, Bayer. Kstlerlex. I 14. — Münchener Gesellschaftsblatt 1813 No. 8. — Morgenblatt 1814 S. 168. —

Kunstblatt, hrsg. von Schorn, Stuttgart 1822 S. 253. — Füssli, Kstlerlex. Neue Zusätze 1824. — Bayerische Annalen 1834 No. 108 S. 862. *P.*

Auer, Benedikt, der ält., ein Sohn des Nikolaus, Maler, geb. zu St. Martin in Passeier 25. 12. 1722, † ebendort 19. 12. 1792. Die ersten Kenntnisse erhielt er von seinem Vater Nikolaus, dann begab er sich nach Innsbruck, Trient, Verona und Venedig, wo er bei Wagner sich mehr ausbildete und auch bei Amiconi die Kupferstecherei erlernte; er arbeitete dann lange in Bologna für die dortigen Jesuiten. In seine Heimat zurückgekehrt, verlegte er sich hauptsächlich auf Miniaturmalerei und Kupferstechen.

Die außerordentliche Mannigfaltigkeit seiner Konzeptionen, die Leichtigkeit, mit der er arbeitete, das Kräftigderbe seiner Zeichnungen und Kompositionen verdienen alle Anerkennung. Das Bild des Rosenkranzaltars in der Pfarrkirche zu St. Leonhard in Passeier ist von ihm. *Dr. Franz Innerhofer.*

Auer, Benedikt, jun., Maler, geb. zu St. Martin in Passeier 8. 6. 1761, † das. 4. 4. 1845, der letzte Vertreter des Künstlergeschlechtes A., machte als Leutnant der Passeirer Schützenkompanie die Kriege von 1796 bis 1814 mit vielem Ruhme mit, während von seiner künstler. Tätigkeit sehr wenig zu berichten ist; es gibt vom Jahre 1811 ein Porträt des Andreas Hofer, von einem befreundet gewesenen Bauernmaler aus Passeier, der wohl Benedikt A. jun. sein dürfte. *Dr. Franz Innerhofer.*

Auer, Georg, s. *Aver,* Georg.

Auer, Hans Wilhelm, Schweizer Architekt, geb. 26. 4. 1847 in Wädenswil, † 30. 8. 1906 in Bern, wo er seit 1890 die Professur für Geschichte der Architektur und Plastik an der Universität innehatte; Schüler des Züricher Polytechnikums, dann der Wiener Akad. bei Prof. Theophil Hansen, in dessen Atelier er 1870—1884 tätig war. Unter seinen zahlreichen Bauten verdienen besondere Erwähnung: das Sanatorium Dr. Eders in Wien (1886/87), Renaissancebau mit Kuppelvestibule, das neue eidgen. Verwaltungsgebäude (Bundesratshaus-Ostbau), (Projekt ausgestellt auf der internationalen Jubiläumsausstellung, Wien 1888), das Parlamentsgebäude in Bern (1894—1902 ausgeführt) im Florentiner Renaissancestil, die Postgebäude in Solothurn und Liestal etc.

A. hat sich auch schriftstellerisch in seinem Fach betätigt; genannt seien die in Lützows Zeitschrift f. bild. Kst. publizierten Aufsätze über „die Bedeutung der Triglyphen" (1880) und eine auch in das Italienische übersetzte Abhandlung über Palladio (1882). Weitere Aufsätze von ihm in der Zeitschr. des österreich. Ingenieur- u. Architekten-Vereins (1881 und 1887), in der Försterschen Allgem. Bauzeitg. (1883 und 1885) etc. Die Phil. Fakultät der Universität Basel ernannte ihn 1902 zum Ehrendoktor.

C. Brun, Schweizer. Kstlerlex. — Kisa, Die Bauten Hans Auers, in der Allgem. Kunstchronik XI 19. — Chronique des arts 6. 10. 1906 (Nekrolog). *H. V.*

Auer, Jakob, Bildhauer aus Gries im Oberinntale, † zu Bozen, scheint sich lange in Bozen aufgehalten zu haben, von wo aus er Altäre für Gries bei Bozen und Stans bei Schwaz verfertigte. In den Jahren 1687 bis 1693 arbeitete er in Wien im Verein mit Strudl, Frühwirth und Rauchmüller an der Dreifaltigkeitssäule, welche die Stadt Wien zum Danke für die Befreiung von der Pest am Graben aufstellen ließ; auch die Arbeiten für die Wasserleitung in Wien soll er geleitet haben. In den Jahren 1697—1704 arbeitete er im Stifte St. Florian in Oberösterreich, wo er verschiedene Statuen für die Kirche und deren Fassade verfertigte.

Tschischka, Kunst u. Altertum. — Tiroler Kstlerlex. — Österr. biogr. Lex. — Czerny, Kunst und Kunstgew. im Stifte St. Florian. *Dr. Franz Innerhofer.*

Auer, Joh. Jos., Bildhauer aus Sipplingen am Bodensee, tätig in Rorschach, lieferte für die Klosterkirche zu Rheinau 1711—1713 zwei Altäre und Reliquienschreine, 1722 die Levitensitze nebst zwei weiteren Altären; er ist bis 1728 in den Rheinauer Akten nachweisbar.

Rothenhäusler bei Brun, Schweizer. Kstlerlex.

Auer, Johann Paul, Maler, geb. 20. 9. 1638 (nicht 1636) zu Nürnberg, wohin schon sein Großvater 1602 von Villach in Kärnten „aus Lieb zu der evangelischen Wahrheit", wie es in dem unten näher bezeichneten Paul Weberschen „Ehren-Gedächtnis", der Hauptquelle für A.s Leben, heißt, übergesiedelt war. Er lernte 1654—1658 bei Georg Christoph Eimmart d. ä. (†1663) in Regensburg, ging dann nach kurzem Aufenthalt in der Vaterstadt zu seiner weiteren Ausbildung 1660 über Augsburg und München nach Venedig, wo er „eine ziemliche Zeit" den Unterricht des Pietro Liberi genoß. Dort auch ward er mit dem „hochberühmten Herrn Molini" — gemeint ist wahrscheinlich Giovanni Battista Molinari — bekannt, bei dem er sich „nach mit ihme zurückgelegten schönen Reisen eine geraume Zeit zu Brescia" aufhielt. Von Brescia begab er sich nach Rom, wo er vier Jahre lebte, und von da über Florenz, Livorno, Genua, Mailand, Turin nach Lyon und weiter nach Paris, von wo er 1670 über Lothringen, Straßburg und das Württemberger Land nach Nürnberg zurückkehrte. Auch in der Folgezeit unternahm er noch mancherlei Reisen, wie sie sein Beruf insbesondere als Porträtmaler und Aufträge von auswärts mit sich brachten. Er verheiratete sich 1683 mit der als Malerin und Kupferstecherin bekannten Susanna Sandrart, der Tochter des Kupferstechers Jakob von Sandrart (des Neffen des Herausgebers der „Teutschen Akad.") und der Regina Christina Eimmart (der Tochter seines ersten Lehrmeisters), starb aber bereits 16. 10. 1687.

Den Werken des von seinen Zeitgenossen geschätzten Künstlers ist die Forschung noch wenig nachgegangen und kaum eines seiner Gemälde hat sich bisher im Original nachweisen lassen. Die Paul Webersche Trauerrede erwähnt u. a. eines Bildnisses des Bischofs von Bamberg, Marquard Sebastian Schenks von Staufenberg (1683—1693), das A., nachdem er vom Nürnberger Rat dem Fürsten empfohlen worden war, zu dessen „höchstem Contento" gemalt habe (ca. 1685). Mehrere andere Porträts von ihm, die wir aus den Stichen des jüngeren Eimmart, B. Kilians, J. A. Böners, J. Sandrarts und anderer kennen, werden in Meyers Allgem. Kstlerlex. II 433 f. aufgezählt. Schon Joachim von Sandrart hat überdies als Gemälde Auers „die bey dem curiosen Herrn Einwagen befindliche Historien von der Ariadne, den Triumph des Bacchi, die 4 Evangelisten und noch andere poetische Alludien" namhaft gemacht, denen noch die gleichfalls in Meyers Kstlerlex. erwähnten Darstellungen: Merkur über die Erdkugel fliegend, nach einer Zeichnung A.s von Joh. Jak. Thourneyser in Kupfer gestochen, und ein Mädchen, das Klavier spielt, während ein Junge aus einem Notenblatte hinter ihr singt, lebensgroße Halbfiguren auf Leinwand gemalt, einstmals in der Galerie von Salzdalum, anzureihen wären. Ein bestimmtes Urteil über die Kunst A.s läßt sich aus diesen Nachrichten und den Reproduktionen nach seinen Werken natürlich nicht gewinnen.

„Das schönste JEsus-Bild Auf wahrem Glaubens-Schild. Nach Angaben deß Heil. Geistes . . . nachgezeichnet, und zu unvergeßlichem Ehren-Gedächtniß Deß . . . HERRN Johann Paulus Auern, Kunstberühmten Mahlers und Contrefayers allhier in Nürnberg Seel.... Seinen hinterbliebenen . . . Verwandten . . . überreichet von Paul. Weber, Senior. Sebald." (1687). — Sandrart, Teutsche Akad. I 2, 337. — Doppelmayr, Histor. Nachr. 241. — Schmidt in Meyers Kstlerlex. *Th. Hampe.*

Auer, Josef Benedikt, Maler und Kupferst., geb. zu St. Martin in Passeier 21. 3. 1770, erhielt den ersten Unterricht von seinem Vater Nikolaus, zog dann später nach Italien und arbeitete längere Zeit mit seinem Bruder Benedikt bei Amiconi in Venedig, heiratete später ein Edelfräulein aus Neumarkt und starb in jungen Jahren. Außer einigen Radierungen, z. B. der selige Heinrich von Bozen in der Glorie und mehreren Bruderschaftszetteln, welche in Bozen erschienen, ist leider wenig der Nachwelt bekannt.

Dr. Franz Innerhofer.

Auer, Kaspar, Maler u. Lithograph, geb. zu Nymphenburg 1795, † zu München 1821, wurde in seinem 11. Jahre Schüler der Akad. und 1819 Lehrer am kgl. Erziehungsinstitute am Anger. Er war Mitarbeiter an dem von Strixner herausgegebenen: „Kgl. Baierischen Gemäldesaal zu München und Schleißheim. 2 Bde. München 1817—21", der 17 Lithographien von ihm enthält, dann war er auch bei den „Lithographischen Nachbildungen vorzüglicher in großen Privatsammlungen aufbewahrter Ölgemälde. München 1820" beteiligt. Seine Blätter zeigen Kraft und malerisches Gefühl.

Meyer, Kstlerlex. (mit Verz. s. Werke). — Kunstblatt, hrsg. von Schorn, Stuttgart 1820 S. 67, 403. *P.*

Auer, Max Joseph, Porzellanmaler, geb. zu Nymphenburg 14. 7. 1795, † zu München 11. 5. 1878. Er erhielt den ersten Zeichenunterricht von seinem Vater Anton A., nach dessen Tode in der Zeichenschule von Joseph Mitterer. 1823 trat er in die Nymphenburger Porzellanmanufaktur ein, vollendete mit Adler, Heinzmann, Le Feubre und Kristfeld das von seinem Vater begonnene Tafelservice. Außerdem malte er viele Teller- und Tafelbilder nach Originalen in der alten Pinakothek, die zum großen Teil in der Porzellan-Gemälde-Sammlung der neuen Pinakothek aufbewahrt sind. Später war er auch als Aquarell- und Glasmaler tätig.

Meyer, Kstlerlex. — Kunstblatt, Stuttgart 1829 S. 194. — Bayerische Annalen 1834 No. 111 S. 883. *P.*

Auer, Nikolaus (der ältere), Maler, geb. zu Meran 4. 12. 1690, † zu St. Martin in Passeier 19. 5. 1753, lernte die Malkunst bei Berger in Meran und dann bei Georg Bergmüller in Augsburg, 1719 übersiedelte er nach St. Martin in Passeier, wo er eine Malerschule gründete. Sein Sohn Benedikt, sowie Johann Holzer von Burgeis, Josef Haller von St. Martin und Josef Sieß von Sterzing waren seine besten Schüler, welche später den Meister weit übertrafen. Seine Gemälde sind voll Farbenfrische, von lebhaftem Ausdruck, derb in der Zeichnung. Altarbilder von ihm befinden sich in den Kirchen von St. Martin, Moos und Schweinsteg, Riffian Sterzing, des Klosters Marienberg, eine Taufe Christi im Mus. zu Meran. *Dr. Franz Innerhofer.*

Auer, Nikolaus (der jüngere), Maler, geb. zu St. Martin in Passeier 3. 2. 1777; von seinem künstlerischen Schaffen ist soviel wie nichts bekannt.

Meyer, Kstlerlex. *Dr. Franz Innerhofer.*

Auer, Peter, Bildhauer, kommt zu Ulm 1508 und von 1517—1535 vor. In den Ulmer Hüttenrechnungen heißt er schlechtweg Peter Bildhauer. Das ihm früher zugeschriebene Monogramm ist das Ulmer Hüttenzeichen.

Jäger, Ulms Verfassung etc. — Weyermann, Handschr. Nachträge. — Klemm, Baumeister u. Bildh. No. 289. *M. Bach.*

Auer, Susanne Marie, s. unter *Auer,* Johann Paul und *Sandrart,* S. M. v.

Auer, Thomas, Erzgießer (auch Büchsenmeister) in Graz, als tätig erwähnt von 1560 bis 1603, goß 1590 zusammen mit dem „Hof-Stuck- und Glockengießer" M. Wening die bronzene Brunnenlaube im Hofe des Landhauses in Graz, ein Hauptwerk der Renaissance-Plastik in Steiermark (abgeb. in d. Mitt. d. k. k. Zentral-Komm. VII p. 194 und bei Lüer, Gesch. d. Metallkst. I 441, ausführl. besprochen von Wastler im Repert. f. Kstwissensch. IX 189 f.).

Wastler, Steirisches Kstlerlex. *F. Becker.*

Auerbach, Alice, s. *Trübner,* A.

Auerbach, Johann Gottfried, Maler, geb. am 28. 10. 1697 zu Mühlhausen in Thüringen, † in Wien am 3. 8. 1753. Er hielt sich nach Füssli (Annalen) schon um 1716 in Wien auf, wo er 1735 Hofmaler und 1750 Mitglied der Akad. der bild. Künste wurde. 1735 (unter Karl VI.) und 1741 (unter Maria Theresia) erscheint er mit dem Titel Kammermaler. Als die erste bekannte Arbeit von ihm ist das Porträt des Abtes Anton in Admont vom Jahre 1725 zu erwähnen (vgl. *Wichner,* Kloster Admont). 1728 muß er bereits bei Hofe einen Namen gehabt haben, denn im Hofmuseum zu Wien befindet sich ein Ölbild Francesco Solimenas von 1728: Kaiser Karl VI. nimmt aus der Hand des Hofbaudirektors, Gundacker von Althan, das Inventar der Bildergalerie in Empfang, wozu unser Künstler die Köpfe des Kaisers und des Grafen Althan gemalt hat. Von tüchtiger Technik zeugt sein ebenfalls im Hofmuseum befindliches Porträt Karls VI. in reicher Staatskleidung, wie denn die Stärke des Künstlers im Bildnis gelegen zu haben scheint. Gleichfalls von ihm zwei Bildnisse des Prinzen Eugen von Savoyen (das eine im Hofmuseum). In Wien befinden sich ferner zwei Seitenaltäre von seiner Hand, die hl. Theresia und die hl. Anna, in der Kirche zu St. Joseph in Margarethen. Das Bildnis des Künstlers ist von A. J. von Prenner gestochen; A. hat sich auch selbst, seine Frau malend, in einer anonymen und sehr seltenen Radierung dargestellt.

Meyer, Kstlerlex. (mit ält. Lit.). — J. E. Schlager, Materialien f. österr. Kstgesch. im Archiv für Kunde österr. Gesch.-Quellen (Akad. d. Wissensch.) Wien 1850, 3. Jahrg. II. Bd. Heft III u. IV No. XIV (p. 661 f.). — Th. v. Frimmel, Kleine Galeriestudien I, 3. Folge 1898 p. 197. — Mit Notizen von O. E. Deutsch. **

Auerbach, Johann Karl, Porträt- und Historienmaler, Sohn des Vorigen, geb. den 9. 7. 1723 in Wien, † daselbst 31. 7. 1788, nach anderen 1786, lernte bei seinem Vater und wurde gleichfalls Mitglied der kais. Akad. der bild. Künste. Von ihm besitzt die St. Stephansdomkirche in Wien ein Altargemälde in der Katharinenkapelle und ein Deckengemälde in der untern Sakristei (1771). 1754 malte er laut Angabe einer Stadtarchivurkunde das große Fastenbild daselbst um 200 Gulden. Das Porträt eines Adeligen im Pelzkleide besitzt die Bildersammlung der Akad., ein Dreifaltigkeitsbild die Kapelle des kais. Lustschlosses Hetzendorf bei Wien, die Heiligenkreuzkirche in Innsbruck ein Hochaltarblatt (Christus am Kreuze mit Maria, Johannes und Magdalena).

Tschischka, Kunst und Altertum p. 54, 63, 141, 332. — Ogesser, Beschreibung der Metropolitankirche zu St. Stephan, Wien 1779 p. 129. — Österr. biogr. Lexikon. — A. Ilg in Meyers Kstlerlex. — Jahrb. d. Kstsamml. d. allerh. Kaiserh. XXIV, II. Teil No. 19 390. **

Auerbach, Maximilian, renommierter Glasmaler in Charlottenburg, geb. am 25. 5. 1861 in Danzig. Arbeiten von ihm z. B. in der Marienkirche, der Bartholomäus-Georgenkirche in Berlin und im Bismarck-Mausoleum in Friedrichsruh. **

Aufdermaur, Fridolin, populärer Schweizer Prospektenmaler, geb. 18. 7. 1802 in Ingenbohl (Kt. Schwyz), † daselbst 10. 1. 1884, Schüler von Michael Föhn in Schwyz, in dessen Manier er zahlreiche Aquarelle, Tusch- und Federzeichnungen schuf. Von seinen wenigen Ölgemälden sind erwähnenswert die Altarbilder in den Kapellen zu Unterschönenbuch (Ingenbohl) und in der Wart (Illgau),

M. Dettling bei Brun, Schweizer. Kstlerlex. *H. V.*

Aufdermaur, Johann Franz, Maler von Schwyz, 18. Jahrh. Von ihm stammen zwei Gemälde in der Kirche des Frauenklosters St. Peter daselbst sowie zahlreiche schwyzerische Familienporträts.

M. Dettling bei Brun, Schweizer. Kstlerlex. *H. V.*

Aufdermaur, Kaspar, Holz- und Elfenbeinschnitzer, geb. 25. 12. 1821 in Brunnen, Kt. Schwyz, † daselbst 23. 10. 1900, Autodidakt, schnitzte hauptsächlich Madonnen u. Christusbilder, sowie Porträts. Seine beste Arbeit, ein Kruzifix aus Stechpalmenholz, im Auftrage der Herzogin von Orléans angefertigt, befindet sich im Louvre zu Paris.

M. Dettling bei Brun, Schweizer. Kstlerlex. *H. V.*

Auffenbacher, Hilarius, Tiroler Maler, Laienbruder im Franziskanerkloster zu Bozen, † zu Bozen 2. 6. 1738, 56 Jahre alt. Schon 1712 malte er folgende Bilder: Todesangst Christi, Christus am Kreuze mit Dolorosa und Johannes, Christus mit der Samariterin, den hl. Antonius von Padua. 1715 vollendete er ein großes Altarbild für Freiburg im Breisgau, nämlich den hl. Petrus von Alcantara. In der Zeit von 1713 bis 1719 malte er alle großen Bilder für den Garten, den Kreuzgang u. die Kirche seines Klosters, Darstellungen aus dem Leben des hl. Franziskus von Assisi, im ganzen 24 Stück.

1719 scheint er von Bozen fortgezogen und in anderen Klöstern gemalt zu haben. 1730 kehrte er nach Bozen zurück und malte noch mehrere Bilder für die dortige Franziskaner-Kirche. Frater Hilarius war für seine Zeit ein tüchtiger, fruchtbarer und flotter Maler.

Nach Mitt. des Franziskaner-Konventes in Bozen. *Dr. Franz Innerhofer.*

Auffenwerth, Johann, Goldschmied in Augsburg, † 1728, wie seine Namensvettern *Mathias* († 1743) und *Jonas* († 1774). Eine größere Bedeutung verdient Johann A. als der älteste, bekannte Hausmaler deutschen Porzellans, das er wie auch seine Tochter *Sabina,* die 1731 den Silberstecher-Verleger Isak Heinrich Hohenestl geheiratet hatte, und in Gemeinschaft mit dem ebenfalls Augsburger Goldschmiede Bartholomäus Seuter (1708 bis 1754 nachweisbar) bemalte. Am häufigsten sind seine Goldchinoiserien auf Meißner Porzellan, Nachahmungen Heroldscher Malerei aber mit eigenartigem Spitzen-Bandelwerk, bezeichnet mit I A W (z. B. im Schlosse Raudnitz in Böhmen und im Schlosse Eggenberg bei Graz). Die deutlichste Signatur „I A W. Augsburg" trägt die Tasse im Bethnal-Green-Museum zu London (No. 122). Auch die Museen von Schwerin, Berlin (K. G. M.) und Wien (Ö. M.) besitzen bemaltes, aber nicht signiertes Porzellan von seiner Hand.

J. G. Keyßlers Reisen. — Stetten, Handwerksgeschichte. — Archiv. Mitteil. von Dr. Dirr, Augsburg. *G. E. Pazaurek.*

Auffraye, Philippe d', s. *Anffraye.*

Auffroy, Giacomo, französ. Miniaturmaler, 1552 in einem Rechtsstreite in Rom erwähnt.

Bertolotti, Artisti Francesi in Roma 1886, 33. **

Aufmuth, Bernhard, Bildhauer in Frankfurt a. M. 1789/92 in der neuen französ.-ref. Kirche tätig. Wohl derselbe, der als „Bildhauer Affmuth" 1808/9 an der künstlerischen Ausschmückung der renovierten St. Leonhardskirche beschäftigt war.

Baudenkm. in Frankf. a. M. I 9, 305. ***

Aufmuth, Joh. Michael, Bildhauer in Frankfurt a. M., geb. um 1710, † 1756. Über seine künstlerische Tätigkeit nichts bekannt.

Gwinner, Kunst und Künstler in Frankf. 465. *—y.*

Aufmuth, Leonhard, Bildhauer in Frankfurt a. M. Im ältesten Adreßbuch Frankfurts (ca. 1772) erwähnt, 1778 in der St. Katharinenkirche beschäftigt. 1799 fertigte er Kanzel und Altar der Johanneskirche in Bornheim.

Gwinner, Kunst und Künstler in Frankf. 465. — Baudenkm. in Frankf. a. M. I 195, 265, 269, 270. *—y.*

Aufrain, Jean, Goldschmied in Paris, erhält 1387/88 Zahlung für Arbeiten, die er für Philipp den Kühnen lieferte.

Dehaisnes, Doc. concernant l'hist. de l'art dans la Flandre etc. p. 649. **

Aufray de Roc' Bhian, Alphonse Edouard Enguérand, Landschaftsmaler u. -Radierer, geb. zu Paris 16. 11. 1833, tätig daselbst, später in Asnières, Schüler von Tabar, Baudit und Hébert, stellte im Salon wiederholt (1864—1882), meist graphische Arbeiten aus. In der Sammlung H. H. Meier, Kunsthalle Bremen befinden sich mehrere Radierungen von ihm: Mondaufgang über dem Teiche; Home, sweet home; Pferde in der Tränke; Im Gehölze; andere radierte Blätter von ihm sind bei Béraldi genannt.

Bellier-Auvray, Dict. gén. und Suppl. — Béraldi, Graveurs du XIX. Siècle. *H. V.*

Aufray, Joseph-Athanase, Genremaler, geb. zu Paris 4. 4. 1836, Schüler von F. Barrias, tätig in Ecouen bei Paris. Er war fast in allen Salonausstellungen 1865—76 vertreten, zum letztenmal 1885 mit einem Damenporträt. Auch in Deutschland sah man Arbeiten von ihm z. B. auf der Ausstellung in Köln 1873. Unter seinen Gemälden nennen wir: Les Dragées de baptême, — Le Chapeau de papier, — La Leçon de politesse au couvent, — Le Retour du bois, — Le Faux-pas, — Le Flagrant délit, — L'Annonce de la comédie etc.

Bellier-Auvray, Dict. gén. u. Suppl. — Salonkataloge. **

Aufré, Jacques, französ. Werkmeister, geb. 1371 in Montpellier, wurde daselbst 1403 bis 1429 dreizehnmal zum „consul peyrier" erwählt, † um 1430.

Bauchal, Dict. des Archit. *C. Enlart.*

Aufroy, Robert, 1409 in Mantes Werkmeister des Königs von Frankreich.

Bauchal, Dict. des Archit. — Bérard, Dict. des Artistes. *C. Enlart.*

Aug., J., s. *Augustello.*

Augé, französ. Werkmeister, tätig in Rouen; erbaute daselbst 1509 auf dem Domplatze ein Wohnhaus für den Kardinal von Amboise, das noch heute zu existieren scheint; und zwar wird das ehemalige „Bureau des Finances" hierfür angesprochen, ein Meisterwerk der französ. Renaissance-Architektur und Renaissance-Plastik.

Sauvage, Palais et châteaux de France. — Bauchal, Dict. des Archit. *C. Enlart.*

Augé, Claude, französ. Bildhauer und Archit., geb. in Lyon, war 1690—1698 beschäftigt, die Spitze des nördlichen Glockenturmes der Kathedrale von Chartres auszubessern und zu erhöhen, welche bei einem Gewittersturme beschädigt worden war. Ebenso stellte er die Laterne wieder her und übernahm die Bekrönung des Chorgitters; diese Arbeit wurde erst im Jahre 1716 vollendet.

Lami, Dict. d. sculpt. franç. sous Louis XIV. *Lami.*

Augé, E s t i e n n e, Genremaler in Paris, geb. zu Saintes (Charente-Inférieure), stellte im Salon wiederholt (1865—1872) aus.

B e l l i e r - A u v r a y, Dict. gén. und suppl. *H. V.*

Augener, Dom- und Diözesanbaumeister in Limburg a. L., restaurierte 1877 den Dom zu Limburg und baute 1879 die abgebrannte Kirche St. Kilianus zu Seck (Reg.-Bez. Wiesbaden) wieder auf.

Baudenkmäler Wiesbadens p. 511. — Kunstchronik XII 838. **

Auger, A d r i e n V i c t o r, französ. Genre- und Historienmaler und Radierer, geb. in Saint-Valéry en Caux (Seine-Inférieure) Okt. 1787, stellte im Salon 1810, 1824 und 1832 aus. 2 Radierungen von ihm und eine Porträt-Lithographie werden bei Brulliot (Monogr. I 753) erwähnt. Eine vollbezeichnete Lithographie „Le petit Corps d'Armée" von 1818 im Kupferstichkabinet zu Amsterdam.

B e l l i e r - A u v r a y, Dict. gén. *H. V.*

Auger, C h a r l e s, Porträtmaler in Paris, geb. daselbst, stellte im Salon wiederholt (1842 bis 1864) aus.

B e l l i e r - A u v r a y, Dict. gén. *H. V.*

Auger, E d m o n d, Jesuit und Architekt, tätig 1575 als Erbauer der Jesuitenkirche zu Toulouse.

B a u c h a l, Dict. des Archit. *C. Enlart.*

Auger, J a c q u e s, Goldschmied, Münzgraveur und Siegelstecher in Bourges, † 1581, führte für die Kathedrale St. Etienne ein neues Siegel in Silber aus, ebenso schnitt er 1564 ein solches für die Stadt und 1575 eins für das Kapitelhaus. 1577 erhielt er Bezahlung für die Stempel zu einer Medaille auf François, Herzog von Alençon.

L. F o r r e r, Biogr. Dict. of Medallists. I. — N. R o n d o t, Les Méd. etc. en France p. 203. **

Auger, J e a n, Münz- und Medaillengraveur und Goldschmied zu Paris, 1582 erwähnt.

B a r r é, Graveurs de monnais de Paris. **

Auger oder Augier, L u c a s, französ. Maler 1685—1765, Schüler der Ecole des Elèves Protégés de Paris 1720, ist der Urheber von 4 dekorativen Panneaux im Mus. von Nantes. Sie stellen die Jahreszeiten dar und bildeten gewiß den Schmuck eines Salons. Der Künstler verließ aber dieses Feld der Tätigkeit und fand es vorteilhafter, Kutschen und Portechaisen auszumalen.

Gaz. d. beaux-arts II Pér. XXII 247. — Rich. d'art. Prov. Mon. civ. II. — Nouv. Arch. de l'art franç. VII 373. *F. L. Bruel.*

Auger, V i c t o r, französ. Bildhauer, beteiligte sich 1772—1774 an den Arbeiten, die auf Befehl des Prinzen von Condé im Palais Bourbon in Paris unternommen wurden. In der Kirche Saint-André-des-arts führte er das Monument des Abbé Charles Le Batteux († 1780) aus. Dieses Monument ist in der Revolution zerstört worden u. nur noch davon das Bronzebildnis des Verstorbenen im Mus. des Petits-Augustins erhalten. Von A. waren auch die (nach der Antike kopierten) Figuren, welche früher den Säulengang des Hauses der Mlle. de Saint-Germain schmückten (rue Saint-Lazare in Paris, erbaut vom Archit. Ledoux). Im 8. Jahre der Republik erlangte der Künstler, unter Mitarbeit des Archit. Sobre, in einem Wettbewerb den Preis für den Entwurf zu einer Departements-Säule. Ein Bildhauer *Augé* arbeitete 1777 an der plast. Ausschmückung des Schlosses zu Cramazel bei Melun (Brie); wahrscheinlich handelt es sich hier um Victor Auger (s. a. Art. *Albert* I 186).

T h i e r y, Guide des étrangers à Paris, I 143; II 355. — Archives du Musée des Mon. franç. I 238; II 194; III 194, 193. — Réun. des soc. des b.-a. VI 283, note. *Lami.*

Auger, s. auch *Augier.*

Augero, A m e d e o, italien. Maler, geb. in Chivasso (Piemont). 1833 sah man von ihm in Rom in einer Kunstausstellung neben einigen Porträts und neben Kopien nach Raffael und Giulio Romano 2 römische Veduten mit zahlreichen Staffagefiguren, darstellend die „Piazza di Venezia in tempo di Carnevale", die „Piazza Navona allagata", — und ein Gemälde, betitelt „Incendio di un globo aerostatico".

Giornale Arcadico 1833, vol. 56, p. 180. *G. Degli Azzi.*

Augetel. Eine Bronzeschüssel im South-Kensington Museum trägt in gotischer Schrift die Signatur: Vilelmus Augetel me fecit.

C. D r u r y E. F o r t n u m, South Kensington Mus. Art Handbook. **

Augeul, französ. Bildhauer, in Anjou ansässig, führte 1642 die Statuen des hl. Franziskus und der hl. Margarete aus, die auf dem Altare der Kirche von Candé (Maine-et-Loire) aufgestellt wurden.

L a m i, Dict. des sculpt. franç. au moy. âge et à la renais. *Lami.*

Augier, J e a n, Goldschmied in Angers, wurde 1477 beauftragt, für ein Evangeliar und ein Epistolier der Kirche Saint-Laud nach seiner Zeichnung silberne Deckel zu machen.

C. P o r t, Les Artistes Angevins, Paris 1881. **

Augier, L, französ. Maler, Ende des 17. Jahrh. Nur bekannt durch zwei nach ihm von Nic. Pitau d. J. gestochene Blätter. 1. Claudius de Bourdaloue und 2. Ch. Mavelot.

M e y e r, Allgem. Kstlerlex. *H. Stein.*

Augier, P i e r r e, Holz- und Ornamentbildhauer in Montpellier, schuf 1491 für den Ratssaal herrliches Holzgetäfel mit den Wappen der Stadt.

L a m i, Dict. d. sculpt. 1898. *R.*

Augier, s. auch *Auger.*

Augiers, Jean, französ. Bildhauer in Tours, schuf um 1511 ein großes Steinkreuz am Eingange des Kirchhofes von Bueil (Indre-et-Loire).

Lami, Dict. des sculpt. franç. au moy. âge et à la renais. *Lami.*

Augis pinxit 1630. Diese Signatur soll eine mit der Sammlung A. Diez in München 1896 verkaufte Porträtminiatur einer älteren Frau nach der Katalognotiz tragen. Vielleicht ist Augier zu lesen und an L. Augier zu denken. **

Augk, Nickel, Rotgießer in Leipzig, Ende 15. Jahrh., fertigte um 1496 die Metallteile für einen figürlich verzierten, vorwiegend steinernen „neuen Born" auf dem Marktplatz zu Leipzig.

Gurlitt, Bau- und Kunstdenkm. des Kgr. Sachsen XVIII 390. *A. Ky.*

Augos, Juan de, span. Bildhauer, einer von den 18 Meistern, die 1500 an der Monstranz (custodia) des Hauptaltars der Kathedrale von Toledo arbeiteten.

Cean Bermudez, Dicc. I 82. △

Augrand, Parfait, französ. Kupferst. (in Punktiermanier), geb. 1782 zu Joinville. Er unterzeichnete sich zuweilen Parfait, mitunter auch P. A., oder Parf. Aug. — Seine Stiche sind meistenteils nach wenig bekannten Künstlern vom Anfang des 19. Jahrh. ausgeführt, z. B. Scheriski, Choquet, Julien Potier, Blaisot, Esbrard, Marlet, Royer, Coeuré, Mme Auzou, Firmin, Dutaillis, Busset, Dubrusle usw., indes einige andere auch nach Raffael, Tizian, Petitot, Lafitte, Mallet, Chasselat. Unter diesen Reproduktionen sind einige hinsichtlich der Kostüme und Moden aus der Zeit Napoleons und Ludwigs XVIII. interessant. — Auch sein Sohn nennt sich Maler und Verleger.

Meyer, Kstlerlex. — Le Blanc, Manuel. — Füssli, Allgem. Kstlerlex. Neue Zusätze. 1824. *J. Guibert.*

Augros, französ. Kupferst., tätig zwischen 1827 und 1835 in Paris, führte einige Stiche nach Chasselat aus. *J. Guibert.*

Augstaindreyer, Hans, Steinmetz von Wiesensteig, baute an der Tübinger Kirche 1478; sein Brustbild mit seinem Zeichen und dieser Jahreszahl befindet sich an einer Konsole an der Westwand des nördlichen Seitenschiffes. 1488 fertigt er das Sakramentshaus in Wannweil O.-A. Reutlingen.

Klemm, Württ. Baumeister u. Bildhauer. *M. Bach.*

Auguin, Louis-Auguste, Maler, geb. in Rochefort 1824, † 1904. Schüler von J. Coignet und Corot in Paris. Er lebte in Bordeaux. Zahlreiche Landschaften von ihm aus der Charente, der Saintonge, dem Poitou, dem Périgord, dem Limousin, den Landes und den Pyrenäen. Er stellte in den Salons seit 1846—1904 aus; Arbeiten von ihm in den Museen von Reims und Niort.

La Grande Encyclopédie IV 643. — Bellier-Auvray, Dict. gén. I 28. *François Monod.*

Augur, Hezekiah, amerikan. Bildhauer, geb. 21. 2. 1791 in New Hampshire (nach anderen in New Haven, Conn.), † 10. (18.?) 1. 1858 in New Haven. Wandte sich erst nachdem er als Kaufmann Bankerott gemacht hatte, der Kunst zu. Seine ersten Werke, die er direkt aus dem Block heraus arbeitete, erregten großes Aufsehen, so die Kopie eines Apollokopfes, ein Kopf Washingtons, 1827 die Statue der Sappho und später eine Gruppe „Jephta und dessen Tochter" (jetzt in der Yale Art School in New Haven), die sich durch poetische Empfindung und vortreffliche Gewandung auszeichnet. Erst jetzt nahm A. das gewöhnlich übliche Verfahren an, seine Werke vorerst zu modellieren und fertigte noch verschiedene Statuen und Büsten, unter letzteren die des Oberrichters Elsworth in Washington. A. war ein kluger Kopf, hat mehrere einträgliche Erfindungen gemacht, als Schnitzer in seiner Jugend bereits Gutes geleistet und es auch später zu einer anerkennenswerten künstlerischen Höhe gebracht. Ehrenmitglied der Akademie in New York.

Meyer, Kstlerlex. — A. W. French, Arts and Artists of Connecticut. — Taft, Americ. Sculpt. 24. *Edmund von Mach.*

August, Kurfürst von Sachsen, regierte 1553—1586, geschickter Dilettant im Schnitzen von Elfenbein und Kokosnuß. Sein Hauptwerk derart ist ein elfenbeinerner Krug (im Grünen Gewölbe) mit einer Schlacht im Relief. Auf der K. Bibliothek in Dresden sind Handzeichnungen von ihm.

G. K. Nagler, Kstlerlex. XIV 136. **

August Wilhelm, Prinz v. Preußen, Vater Friedrich Wilhelms II., geb. zu Berlin 1722, † 1758 in Oranienburg, geschickter Dilettant in der Landschaftsmalerei. Die Berliner Galerie besaß früher, nach dem Puhlmannschen Kataloge von 1790, 3 Gemälde von ihm. **

Augusta, Kurfürstin von Hessen-Kassel, Gemahlin Wilhelms II., Tochter des Königs Friedrich Wilhelm II. von Preußen, geb. in Berlin 1780, † 1841, wird als gute Zeichnerin und Porträtmalerin gerühmt. Sie war Ehrenmitglied der Berliner Akademie und beteiligte sich auch an deren Ausstellungen 1810 und 1812.

Nagler, Kstlerlex. VI 162. **

Augusta, Cristoforo, genannt Fra Cristoforo, Maler aus Casalmaggiore, in der zweiten Hälfte des 16. Jahrh., Schüler des Malers Trotti, erweckte große Hoffnungen, starb aber schon in früher Jugend. Von ihm das Gemälde des Hauptaltares von S. Matteo zu Cremona, worin er die Anmut Correggios, namentlich im Ausdruck der Gesichter, nachzuahmen suchte. Für S. Domenico daselbst malte er die Verlobung der hl. Katharina von Siena mit dem Christkinde. Die Engelsglorie in der Höhe ist besonders ansprechend. Das Werk trägt die Bezeichnung: F. Cristoforus August. De Casali Majori Faciebat 1590.

P a n n i, Distinto Rapporto delle Dipinture nelle chiese di Cremona 1762 p. 77. — L a n z i, Storia pittorica d'Italia III 473. — R o s i n i, Storia della Pittura italiana VII 143. — Z a n i, Encicl. — Z a i s t, Not. de' Pitt. etc. Cremonesi II. — V i d o n i, La Pitt. Cremonese p. 133. — M e y e r, Kstlerlex. *R.*

Augusta, M i c h e l e, Goldschmied zu Reggio in der 2. Hälfte des 17. Jahrh. Nach ihm sind verschiedene Bll. in: Maria Vergine coronata. Descrizione della Solennità fatta in Reggio, composta dall' Abbate Giac. Certani, 15 Bll., radiert von G. M. Mitelli. Reggio 1675. Fol.

Z a n i, Encicl. II 240. **

Augustalis, s. *Austalis.*

Auguste, A l e x a n d r e, französ. Bildhauer, arbeitete in Bayeux (Normandie) 1779—1785.

Réun. d. soc. d. beaux-arts. XXII 160. *Lami.*

Auguste, H e n r i, französ. Goldschm. und Med., geb. 18. 3. 1759, Sohn des Robert Jacques A. (s. d.), mit dem er oft gemeinsam tätig war. Orfèvre du roi und „Fermier des affinages". Von ihm der vielbewunderte Toilettentisch, den die Kaiserin Josephine 1804 zum Geschenk erhielt. 1806 stellte er mehrere kirchliche Goldarbeiten und zwei Kandelaber aus, welche Napoleon I. für die Kirche von St. Denis bestellt hatte. A. war unter Denon auch an der Pariser Münze tätig, fertigte mehrere Medaillen Napoleons und gemeinsam mit N. G. A. Brenet Medaillen auf die Schlacht von Marengo und den Tod des Generals Desaix (1800).

F o r r e r, Dict. of Med. — Weitere Literatur siehe *Auguste,* Rob. Jacques. *H. Stein.*

Auguste, J u l e s R o b e r t, französ. Bildhauer und Maler, erhielt 1810 zu Rom den „grand prix" für Bildhauerei für das Werk: Othriades, der letzte der Lakedämonier. Nach Paris zurückgekehrt, vernachlässigte der Künstler die Bildhauerei und wandte sich der Genremalerei zu, ohne jedoch besonderen Erfolg zu haben.

Arch. de l'art franç. IX 313. — Nouv. Arch. 1893, 305. *Lami.*

Auguste, R. S., Goldschmied in Paris 1784. Von ihm bildet Eudel, Orf. 1884 Taf. 6 eine Aiguière mit Bassin ab. Vielleicht ist der Künstler identisch mit dem Ziseleur Robert-Jacques (Joseph) *Auguste,* der 1757 bei den Goldschmieden in Paris Meister wurde.

M. R o s e n b e r g, Der Goldschm. Merkzeichen, Frankf. 1890, No. 1996. **

Auguste, R o b e r t J a c q u e s (oder J o s e p h), französ. Ziseleur und Goldschmied in Paris, seit 1757 Meister. Führt für die Marquise von Pompadour in Gold eine Salzbüchse (Matrosenfigur) und eine Pfefferbüchse (Knabe mit Sack) aus, für welche er 16 000 Livres erhielt. Sie gelangten 1766 in die Sammlg. des Generalpächters Randon de Boisset, mit welcher sie 1777 versteigert wurden. 1770 entstand eine andere Pfefferbüchse für den Herzog de La Trémoïlle, die später im Besitz des Barons Pichon war. A.s Arbeiten wurden sehr geschätzt und nach der Thronbesteigung Ludwigs XVI. (1774) war er dessen bevorzugter Goldschmied. Er fertigte (zusammen mit dem Juwelier Aubert) die Krone für die Krönungsfeier und einen Kelch sowie andere Arbeiten in Gold u. Email, die der König gelegentlich dieser Feier der Kathedrale von Reims schenkte. 1785 arbeitete A. und sein Sohn Henri, der den Vater in der Arbeit unterstützte, im Auftrage des Königs einen Putztisch von vergoldetem Silber, der zum Geschenk für das portugiesische Königspaar bestimmt war. 1788 wurde A. zum „Fermier et Régisseur des affinages de Paris, Lyon et Trévoux" ernannt. Er starb im Louvre, wo er seit 1784 wohnte, am 23. Ventôse An XIII (1805). In seinen Arbeiten wußte A. sich allmählich vom Stile Louis XV loszulösen und sich antiken Formen zu nähern.

Im Auktionskatalog Blondel de Gagny 1776 kommen zwei dreiarmige Leuchter von A. vor, im Kabinett Jaquin befand sich eine Dose, in den Sammlgn. von Hamilton Palace Möbel mit Silberschmuck und Emailmalereien. Er war auch für das Schloß Choisy bei Paris tätig und arbeitete goldene Salz -und Pfefferbüchsen nach Falconets Entwurf.

J a l, Dict. — B l a n c, Le Trésor de la Curios. I 346, 363. — S c h l i c h t e g r o l l, Numism. Annalen II 50. (Der Name E. Auguste hier offenbar ein Irrtum.) — D a v i l l i e r, Le Cabinet du duc d'Aumont 1870 p. XXV. — G a z e t t e des B.-A. XI 349, 356; XIV 240; XIX 347. — Catal. du Mus. rétrosp. expos. de Paris, 1865. — Catal. gén. de l'expos. univ. de 1867. Hist. du travail, 2e partie p. 469, 470. — R o s e n b e r g, Der Goldschm. Merkz. — Nouv. Arch. de l'art franç. 1872 p. 101, 1888 p. 268, 1903 p. 377. — D u s s i e u x, Art. franç. à l'étr. 499, 539. — Mit Notizen von H. Stein.

Auguste, s. *Jassaud.*

Augustello, G i o v a n n i M a r i a. Einem piemonteser Bildhauer dieses Namens, der uns sonst unbekannt ist, schreibt Armand, les médailleurs ital. III 127, eine Medaille auf Carl Emanuel, Herzog von Savoien (1562 bis 1630) zu, welche die Signatur I. AVG. trägt.

Augustin, poln. Maler in Lemberg, siehe *Porucznik.*

Augustin, Kartenmaler in Straßburg, urkundlich erwähnt 1475.

G é r a r d, Art. de l'Alsace II 270. **

Augustin, J e a n B a p t i s t e J a c q u e s, Miniatur- und Schmelzmaler, geb. zu Saint-Dié in Lothringen den 15. 8. 1759, Autodidakt, tätig zu Paris, bis ihn die Cholera-epidemie von 1832 den 13. 4. wegraffte. In den Pariser Salons stellte er seit 1791 bis 1831 ohne Unterbrechung aus. Die bedeutendsten Personen seiner Zeit hat er in Miniatur abgebildet; Napoleon, Ludwig, König von Holland, dessen Gattin, die Königin von Neapel, ihre Schwester Mad. Recamier, die Fürstin von Schwarzenberg, die Vicomtesse de Chaptal etc., zur Napoleonischen Zeit; Ludwig XVIII., die Herzöge von Berry und Orléans, die Herzogin von Angoulême etc. zur Zeit der Restauration. Die Emailbildnisse von Nadermann, Denon, der Kaiserin Josephine usw. fanden der Reihe nach in den Ausstellungen von 1810, 1812 und 1831 große Bewunderung. Seine Miniaturbildnisse sind allerdings zwar etwas trocken in der Auffassung, aber von intensiver Naturwahrheit, Wärme des Kolorits und zarter Ausführung, und man verdankt ihm nicht unwesentlich den Fortschritt, den diese Kunst in Frankreich machte. 1819 wurde er erster Miniaturmaler der Kammer und des Kabinetts des Königs. Die von ihm geleitete Zeichenschule wurde lange Zeit stark besucht, und eine große Zahl verdienstvoller Künstler erhielten darin ihre Ausbildung, so Besselièvre, der Chevalier de Lestang-Parade, der Vicomte Desfossez, Fontallard, Ménageot, Pinchon u. Sieurac, die Fräulein Delacazette, Alex. Orcelle und Pfenninger, die Frauen Davin geb. Mirvault, Gaillard geb. Chacerée de Beaurepaire, Lemoine geb. Blot, und Swagers etc. Ein Bildnis seiner Schülerin Fanny Charrin wurde kürzlich für den Louvre erworben. In der Wallace-Collection zu London befinden sich von ihm 5 Bildnisse; eines von Ludwig XVIII., 2 von Napoleon I. und 2 weibliche Porträts mit den Daten 1815 und 1824; in der Miniaturenausstellung in der Bibl. Nat. in Paris 1906 waren 46 seiner Arbeiten ausgestellt und es hat sich auch eine Liste seiner Arbeiten, die er bis 1793 ausführte, (360 Nummern) erhalten.

Catal. de l'exposit. d'oeuvres d'art d. 18e s. à la Bibl. Nat. Paris 1906. — Henri Bouchot, La Miniature franç. 1906 (mit Abbildungen). — Jaffé, Katal. s. Miniaturenausst. No. 49, 2038. — Miniaturenabteilung d. Dresdener Galerie. — Meyer, Kstlerlex. — Notizen über sein Leben u. s. Werke, verfaßt von s. Frau, abgedr. Revue univers. d. arts XV 41 n. daselbst p. 42 autobiogr. Notizen. — Jal, Dict. crit. II éd. 1872. — H. Bouchot in der Gaz. d. b.-arts 1894 I 247 ff. — Maze-Sencier, Le Livre des Collectionneurs, Paris 1885, 480 ff. — Williamson, History of Portr. Miniat. — Macon, Les arts dans la maison de Condé 1903. — Les arts, 1907 No. 63 p. 4. Abb. p. 8. — Mit Notizen von E. W. Braun. *F. Becker.*

Augustin, Maria, Freiin von, (als Schriftstellerin Maria von Thurnberg), geschickte Malerdilettantin, geb. zu Verschetz im Banate 23. 12. 1810, lebte noch 1851 in Wien. Sie hat zahlreiche Porträts gemalt, auch Kopien und einige Kirchenbilder, z. B. 14 Stationsbilder für die Kirche in Pyhra bei Pölten und eine Madonna für die Kapelle der Rennwegkaserne in Wien.

Wurzbach, Biogr. Lex. **

Augustin, Pauline, geb. Du Cruet, Miniaturmalerin in Paris, geb. 1781, † 1865, malte ganz in der Art ihres Mannes J. B. J. Augustin. Im Pariser Salon stellte sie 1822, 1824, 1827, 1831, 1834, 1835, 1838 Porträts und Miniaturen aus und erhielt Medaillen. Sie signierte: Augustin oder wie z. B. 2 von ihr in der Miniaturausst. 1906 in der Pariser Biblioth. Nat. ausgestellte Miniaturporträts: Pauline Augustin 1819. — Abbildungen ihrer Arbeit bei Bouchot, la miniature francaise 1906/7.

Catal. d. miniatures, gouaches etc. Expos. d'oeuvres d'art du 18e s. à la Bibl. Nat. Paris 1906. — Le Bulletin d. B.-Arts, Repert. d. Art. Français I Paris 1883/4 p. 175. *E. W. Braun.*

Augustini, Jacobus Luberti, geb. in Haarlem 30. 4. 1748, war Sohn und Schüler von Jan A. Anfangs malte er Allegorien und Grisaillen, wandte sich später aber dem Porträtfach zu. Im Amsterdamer Rijksmus. ist von ihm ein 1773 datiertes Regentenstück des Leprosenhuis und im Archiv zu Haarlem das Porträt eines Pfarres, 1778. Kurz nachher entsagte er der Malerei, wurde „Collecteur der gemeene middelen" und schließlich, spätestens seit 1799, Buchhändler und Verleger in Haarlem, namentlich von erbaulichen Schriften, welche er zum Teil selbst geschrieben hat. Nach längerem Leiden starb er in Haarlem 4. 8. 1822, seit 21. 3. 1779 verheiratet mit Aletta Catharina Baart. In der Sammlg. Ekema in Haarlem war eine Radierung von ihm, die Abbildung eines Bisons, mit Haarlem im Hintergrund, bez.: „Jac. Augustini fec. 1766".

v. Eynden u. v. d. Willigen II 192. — Ledeboer, De Boekdrukkers enz. in Noord-Nederland, Deventer 1892, 194, 195. — Meyer, Kstlerlex. — Mitteilungen des Herrn C. J. Gonnet, Archivars zu Haarlem. *E. W. Moes.*

Augustini, Jan, auch gen. Degelenkamp, Maler, geb. 1725 zu Roderwolde in der Provinz Drenthe. Schüler von Philips van Dijk im Haag, heiratete zu Haarlem 10. 3. 1748 Aaltje Heere. Er malte 1759 das Bildnis von Gilbertus Matthias Elsnerus, Professors in Utrecht, und 1760 dasjenige von Theodorus Haganeus, Pfarrers in Haarlem, beide Bilder gestochen von Jac. Houbraken. Ein 1759 datiertes Porträt ist im Depot des Amsterdamer Rijksmus. Als Blumenmaler zeichnete er 1757 für den Botaniker Jac. Schuermans Stekhoven in Leiden eine große Aloë (A. Delfos sc.). Namentlich hat er aber als Dekorationsmaler Gutes geleistet. Der Entwurf zu einem Plafond für Herrn van der Mieden von 1760 ist im Kupferstichkabinett in Weimar, und im Schloß Assenburg (Nord-Holland) ist noch ein von ihm 1767 ausgemaltes Zimmer mit Vogelstaffage. Die von ihm 1759 gezeichnete Kopie nach einem Bilde von Ph. Wouwerman ist im Kupferstichkabinett zu Amsterdam. Auch war er Kunsthändler, und wahrscheinlich in dieser Beziehung wurde 8. 8. 1761 seine Sammlg. in Haarlem versteigert. Er wurde begraben in Haarlem 3. 12. 1773. In der Darstellung eines 20. 2. 1762 bei Zandvoort auf den Strand geworfenen Cachelotfisches hat er sich selber zeichnend abgebildet (H. Spilman sc.). Schüler von ihm waren sein ältester Sohn Jacobus Luberti A. u. Egbert van Drielst.

v. Eynden u. v. d. Willigen II 190 bis 192. — Mitteilungen des Herrn C. J. Gonnet, Archivars zu Haarlem. *E. W. Moes.*

Augustinus, Maler, wird 1478 urkundlich in Breslau erwähnt. Vielleicht identisch mit Augustin Glockener.

Schultz, Breslauer Malerinnung, 68. *C. Buchwald.*

Augustinus, Mönch u. Steinmetz zu Maulbronn, verfertigte unter Abt Entenfuß 1517 die zum östlichen Eingang des Oratoriums führende Wendeltreppe im dortigen Kloster, welche durch Inschrift als sein Werk bezeichnet ist. Das einer anderen etwa gleichzeitigen Wendelstiege des Klosters entnommene steinerne Geländer dieser Treppe trägt das Meisterzeichen (Faks. abgeb. bei Klemm), welches von Klemm als das des Bruders Augustinus angenommen wird.

Klemm, Württembg. Baumeister und Bildhauer, Stuttgart 1882. *H. V.*

Augustinus, Maler in Paderborn, folgte 1596 und 1599 einem Ruf des Caspar von Fürstenberg zum Schellenberge, wahrscheinlich um dort Wandgemälde und Dekorationen auszuführen.

Nordhoff in Prüfers Archiv f. kirchl. Baukunst u. Kirchenschmuck X Berlin 1886, 20. — Pieler: Leben u. Wirken Caspars v. Fürstenberg 1873, 132, 184. *Firmenich-Richartz.*

Augusto, Giovanni, Bildhauer aus Padua, in Venedig um die Mitte des 16. Jahrh. Er arbeitete hier unter Sansovino, welcher ihm am 9. 8. 1553 eine Abschlagszahlung von 20 Dukaten leistete für die Ornamente und für die Politur der Tür in der Sakristei von S. Marco.

Mothes, Gesch. d. Baukunst Venedigs II 187. *L. Ferro.*

Augustyn, Maler, Schüler von Anthonie van Blocklandt und Lehrer von Michiel Jansz. van Mierevelt, wahrscheinlich in Delft 1581 gest.

van Mander, ed. 1618, Appendix. *E. W. Moes.*

Augustyn, Moyses, kommt als Maler 5. 7. 1602 in die Gilde zu Dordrecht.

Obreens Archief I 190. *E. W. Moes.*

Augustynowicz, Alexander, poln. Maler, geb. 7. 2. 1865 zu Iskrzynia (Ostgalizien), studierte 1883—1884 in der Krakauer Kunstschule, dann bei Holossy in München. Lebt in Lemberg, malt besonders Porträts, in der letzten Zeit auch Landschaften. Silb. Medaille Landesausstellung Lemberg 1894, kleine goldene Medaille, Berlin, Intern. Kunstausstellung 1895.

Swieykowski, Pamietnik Towarzystwa P. S. P. w Krakowie 1854—1904. — Czapelski, Tyg. Ill. 1896, p. 751. *C. M. v. Górski.*

Augustyns, Peter, Maler in Antwerpen, 1517 in der Lukasgilde erwähnt.

Liggeren I 89. **

Augustynsz., Gysbert, Maler, war 1611 Schüler von Abraham Bloemaert in Utrecht.

Muller, Utr. Arch. 93. *E. W. Moes.*

Augustynsz., Jan, geb. um 1593, wird 1624 in Delft erwähnt, tätig in der Tapetenfabrik von Aert Spierincx. Er hat auch außerhalb Delfts gewohnt.

Obreens Archief I 5. — Oud-Holland III 9. *E. W. Moes.*

Aujollest-Pagès, François, Maler, geb. zu Bordeaux 1746. Nachdem er unter Boucher gelernt hatte, ließ er sich in Poitiers nieder, wo er 1775 die k. Schule der Malerei, Bildhauerei etc. gründete, deren Direktor er bis an seinen Tod, 27. 8. 1801 zu Poitiers, blieb. Die Kirche Sainte-Radegonde daselbst bewahrt von ihm zwei Gemälde: den hl. Sebastian und den hl. König Ludwig in Anbetung vor der Dornenkrone. Es gibt viele von A. gemalte Bildnisse. Mehrere seiner Werke kamen auf einer Ausstellung zu Poitiers 1777 vor.

A. Pinchart in Meyers Kstlerlex. — Bellier-Auvray, Dict. général. *R.*

Aukes, Jacob, Maler, geb. in Amsterdam, kaufte dort 30. 8. 1698 das Bürgerrecht.

Aemstels Oudheid IV 63. *E. W. Moes.*

Aula, Marquis de, span. Kunstsammler und -kenner des 17. Jahrh. in Madrid. War auch als Maler tätig.

Pacheco, Arte de la Pintura. — Palomino, Museo pict. I 186. △

Aula, Giovanni Battista, neapol. Silberarbeiter. Führte 1731 zwei silberne Füllhörner von künstlerischem Wert für 605 Dukaten aus, die der Kirche des Convento della Trinità delle Monache geschenkt wurden.

Napoli Nobilissima VIII 184. *G. Degli Azzi.*

Aula, Nicola de, Silberarbeiter in Neapel. Verpflichtet sich 7. 11. 1691, dem Abt von S. Pietro a Maiella einen Altarvorsatz aus Silber im Gewicht von 75 Pfund für den Hauptaltar der Kirche zu fertigen und erhielt dafür 240 Dukaten.

Napoli Nobilissima XI 25. — Filangieri, Doc. per la storia delle Arti ecc. II 278, 433, 434. *G. Degli Azzi.*

Aulbier, Raoul de l', französ. Bildhauer in Orléans, übernahm 1556 für die Kapelle des Schlosses de la Chataigneraie (Poitou) die Bildhauerarbeit am Grabmal des seigneur André de Vivonne. Dieses nicht mehr vorhandene Monument zeigte außer einer bekrönenden Urne ein Flachrelief in Marmor, auf dem der Verstorbene vor seinem Schutzpatron, dem hl. Andreas, kniend dargestellt war.

Lami, Dict. des sculpt. franç. au moy. âge et à la renais. *Lami.*

Aulbry, Guillaume, Ornamentmaler in Tours, wo er in der 1. Hälfte des 16. Jahrh. tätig war.

L. de Grandmaison, Les Peintres de Tours. *H. Longnon.*

Auld, P. C., Maler in London, stellte in der Roy. Academy mehrfach aus, so 1850 „Port Crawford Castle" und „Balmoral Castle", 1854 „Ardternish Castle" und 1855 „Lower Heath Pond". Nach ihm hat W. Forrest gestochen „View of Burns Monument and surrounding Scenery on the Banks of Doon."

Meyer, Kstlerlex. — Graves, The Roy. Acad. of Arts, 1905, I 79. **

Auldon, Jehan, französ. Werkmeister aus Sens, übernahm 1492 den Bau des Glockenturmes der Abtei St. Loup zu Troyes.

Assier, Maîtres maçons de Troyes. — Bauchal, Dict des Archit. *C. Enlart.*

Auldre, Christophe, Holzbildhauer in Saint-Germain-en-Laye um 1542, fertigte für den Hochaltar der dortigen Kirche ein reiches, figurengeschmücktes Holztabernakel, ferner die Steinfiguren der 4 Evangelisten und der hl. Apollonia sowie die große Holzstatue eines Engels. Von seinen Werken hat sich bisher nichts als erhalten nachweisen lassen.

Chron. des Arts 1893, p. 237. *H. V.*

Aulhorn, Hans, Radierer in München, geb. 10. 12. 1878 in Dresden, studierte auf den Akad. von Karlsruhe, Stuttgart und München. Auf der Dresdener Großen Kunstausstellung 1904 sah man von ihm die Radierungen: Im Gespräch und Das Skelett. Auf der Ausstellung des deutschen Künstlerbundes in Weimar 1906 war er mit einer Zeichnung: Erster Ausflug, vertreten.

Notizen von Brodersen. *R.*

Auliček, Dominik, Bildhauer, Modelleur in Porzellan, geb. 1. 8. 1734 zu Polička im östl. Böhmen. Ursprünglich für den geistlichen Stand bestimmt, studierte er zuerst in Prag, ging aber zu dem Bildhauer Franz Pacak in Leitomischl in die Lehre über. Nach mehr als einjährigem Aufenthalte bei Joh. Georg Leutner in Wien besuchte er Paris und London. Der darauffolgende sechsjährige Aufenthalt in Rom (teils an d. päpstl. Akad. der bild. Künste, teils bei dem Architekten Gaetano Chiaveri) übte auf seine Kunst den größten Einfluß aus. Er führte hier auch zwei monumentale Plastiken und einige Tonstatuen aus. Schon 1763 in München wurde er mit dem damaligen Direktor der Nymphenburger Porzellanmanufaktur, Sigm. Grf. Haimhausen bekannt, der ihm 1765 die eben erledigte Stelle eines Oberbossierers in der Manufaktur verlieh. Seit 1772 war er Hofbildhauer Max Josephs III., 1773 Inspektor d. Manufaktur, später (1782 unter Karl Theodor) Hofkammerrat. Er verblieb bis zu seinem Tode (15. 4. 1804) in Nymphenburg. Das künstlerische Wirken Auličeks steht trotz der Feinheit und Zierlichkeit seiner Schöpfungen, infolge der erwähnten Romstudien unter dem Einflusse des späten römischen Barocks. Zwei allegorische Kindergruppen vor dem Nymphenburger Schlosse sind nachweisbar Spuren von seiner Beteiligung an der Ausschmückung des Nymphenburger Hofgartens. Im Gebiete der großen Plastik wird von seinen Arbeiten noch eine lebensgroße Porzellan-Büste des Grafen Haimhausen erwähnt. Die eigentliche Bedeutung A.s liegt in seinen kleinen Porzellanfiguren und -Gruppen, die ein gutes Naturstudium verraten. Als bemerkenswerte Schöpfungen dieser Art werden besonders einige Tiergruppen (Tierkämpfe) und ein Tafelaufsatz (Flora und Amphitrite mit Genien) sowie mehrere Götterstatuen bezeichnet.

Nouvelle biogr. génér. — Lipowsky, Bayer. Kstlerlex. — Dlabacz, Böhm. Kstlerlex. — Trautmann, Kurzgef. Nachr. v. d. kurbayer. Hofbildhauer u. Modellmeister H. Dom. Auliček (Altbay. Monatsheft 2. 1900 S. 25—30). — E. Bassermann-Jordan, Dom. Auliček. S. Leben u. s. Kunst, München 1902. 4°, eine Arbeit, welche alle bisherige Literatur zusammenfaßt. — Brüning, Porzell.-Ausst. Berlin 1904, XLVI. *Emler.*

Aulion, Olivier, Glasmaler in Rennes in der zweiten Hälfte des 16. Jahrh. tätig.

Villeneuve, Mélanges d'archéologie bretonne. *H. Longnon.*

Aulmont, Nicolas, Maler in Troyes (1564—1583), nur urkundlich erwähnt.

Nouv. Archiv. de l'art franç. 1886. *H. V.*

Aulmont, s. auch *Aumont.*

Aulne, de l', s. *Delaune.*

Aulnette du Vautenet, Louis Julien Jean, Genremaler, Kunstliebhaber, geb. zu Rennes 1786, † auf seinem Landgute Breil in Meillac 1853. Einige seiner Arbeiten sah man auf den Pariser Salons von 1817, 19, 22, 31 und 33. Das Museum von Lisieux besitzt von ihm den Schlaf Psyches, bez. A D V (im Monogramm) 1831, und das von Rennes ein anderes Bild: Bianca von Kastilien befreit die Gefangenen.

Meyer, Kstlerlex. — Bellier-Auvray, Dict. gén. **

Aulney, Hugues, Werkmeister des Duc de Bourgogne, inspizierte 1397—1400 zahlreiche Schlösser dieses Herzogs.

Bauchal, Dict. des Archit. *C. Enlart.*

Aulos, Sohn des Alexas, vielseitiger Gemmen- und Kameenschneider der ersten römischen Kaiserzeit. Seine Motive sind teils streng klassisch, teils hellenistischer Art. Von ihm sind über ein halbes Dutzend echter Steine erhalten, weit mehr sind in der Renaissancezeit auf seinen Namen gefälscht worden. Am bedeutendsten unter seinen Arbeiten ist eine mit Eros spielende Aphrodite.

Brunn, Gesch. d. gr. Kstler. II 546. — Archäol. Jahrb. III 131 ff., Taf. 3, 11; 10, 14, 18; IV 51 ff., Taf. 2, 3; 4. — Pauly-Wissowa, Realenc. II 2415, 2 (Rossbach). — Furtwängler, Die ant. Gemmen III 358 Taf.

XLIX 17, 23, 27, 31, L 8, LVII 9 (dazu die Beschreibungen Bd. II). *Pernice.*

Auman, J e a n, Uhrmacher um 1750. Eine runde Tischuhr auf Kugelfüßen mit durchbrochener, ornamentierter Seitenwandung in der ehemal. Sammlung Hammer in Stockholm, verkauft in Köln 1894, Serie V No. 996, trägt die Signatur: Jean Auman 1750. **

Aumann, J., sonst unbekannter Künstler. Unter diesem Namen finden wir verzeichnet: Landschaft mit Entenjäger, in Reinharts Manier. kl. qu. 4. **

Aumann, s. auch *Avemann.*

Aumeyer, ungar. Maler, Anf. 19. Jahrh. in Budapest tätig. Sein Gemälde „Neugieriger Knabe" daselbst 1840 ausgestellt und von der zeitgenössischen Kritik gelobt.

Pallas-Lex. II 342, Budapest. *K. Lyka.*

Aumonier, J a m e s (R. J., M. E.), engl. Landschaftsmaler (in Öl und Aquarell), geb. in London 1850 (?), einer der besten Vertreter der modernen engl. Landschaftsmalerei. Die Elemente seiner Kunst lernte er in der Art School of S. Kensington, aber er hat eigentlich keinen Lehrmeister gehabt als die Natur. Erst 1891 sah er Venedig u. bekannte selbst, daß er nie ein Gemälde zu Studienzwecken kopiert oder eine Photographie benutzt habe. So stört nichts Fremdes die frische und originale Naturauffassung seiner Landschaften, die er mit allen Reizen einer schlichten und gemütvollen Stimmung ausstattet. Seinen ersten Erfolg hatte er 1876, als er für das Gemälde: Toilers of the Field die Heywood Gold-Medaille erhielt. Zu seinen Hauptwerken zählen: Sheep-washing in Sussex 1889 (Chantrey Bequest Gall.) und The Black Mountains (1905) in derselben Sammlung; andere wichtige Bilder von ihm sind in den öffentlichen Galerien von Birmingham, Leeds, Manchester und in der Nat. Gal. von Adelaide. — Seit 1870 stellte er fast Jahr für Jahr in der Royal Acad. aus. — Auch in München (1901) und Berlin war er vertreten.

Studio XX 141 fg. (ill. Artikel mit s. Portrait). — G r a v e s, Roy. Acad. I. *R.*

Aumont, H o r a c e H e n r i P h i l i p p e, Sohn des Malers Louis Aumont, geb. 16. 12. 1839, † 6. 2. 1864, nachdem er tags zuvor in der Schlacht bei Sankelmark (zweiter schleswigscher Krieg) verwundet worden war. Er war in Kopenhagen (seit 1842 dort) Porzellanmaler und hat auch Blumenstücke gemalt.

W e i l b a c h, Nyt dansk Kunstnerlex. I 1896. — Ausstellungs-Kataloge (Charlottenborg) 1861 bis 1863. *A. R.*

Aumont, J a c q u e s, französ. Maler in Dreux 1628. 1660 noch einmal urkundlich ohne nähere Angaben erwähnt.

Réunion d. sociétés d. b.-arts 1907 (XXXI) p. 363. **

Aumont, J e a n, Maler in Troyes, um 1564, verschwägert mit der Künstlerfamilie Pothier, nur urkundlich erwähnt.

Nouv. Archiv. de l'art franç. 1886. *H. V.*

Aumont, J u l i e n, französ. Maler in Angers, nur urkundlich bekannt und von 1629 bis 1674 erwähnt.

C. P o r t, Artistes Angevins, Angers 1881. **

Aumont, L o u i s A u g u s t e F r a n ç o i s, dän. Maler, geb. in Kopenhagen 7. 1. 1805, † daselbst 6. 5. 1879, Schüler der Kunstakad. dort und des Bildnismalers Hans Hansen und des Prof. Eckersberg. 1828 reiste er nach Paris und wurde Schüler von Gros. 1829 kehrte er nach Kopenhagen zurück und wurde ein gesuchter Bildnismaler. Unzufrieden mit seiner Stellung in Kopenhagen, nachdem er zweimal vergebens gesucht hatte, Mitglied der Kunstakad. zu werden, verließ er Kopenhagen 1834, zog nach Hamburg und wurde 1839 daselbst Bürger. 1842 war er wieder in Kopenhagen, reiste dann 1847 nach Westindien und wurde Proviantverwalter in der dän. Marine 1853—1865. — Von seinen Bildnissen werden erwähnt: König Christian VIII. (1831), Königin Caroline Amalie (1830), Prinzessinnen Caroline (1830) und Wilhelmine Marie (alle im Schlosse Rosenborg). Bedeutender als seine etwas leeren größeren Modebildnisse sind die kleinen Porträts, „in denen er mit großer Unbefangenheit in Form und Farbe die Tracht seiner Zeit festgehalten hat und für Haltung und Charakter Empfindung zeigt" (Lichtwark).

M e y e r, Kstlerlex. (mit Lit.). — R a c z y n s k i, Gesch. d. mod. Kunst III 548. — W e i l b a c h, Nyt dansk Kunstnerlex. — B r i c k a, Dansk biogr. Lex. I 381. — L i c h t w a r k, Das Bildnis in Hamburg II (1898) S. 203. — B e e n und H a n n o v e r, Danmarks Malerkunst I 69, 107—108. — Ausstellungs-Kataloge (Charlottenborg) 1824—1844. — Mitteil. d. Vereins f. Hamb. Gesch. 1891 p. 208 ff. *A. R.*

Aumont, M a r i e - S u z a n n e, französ. Porzellan- und Miniaturmalerin in Montreuil-sous-Bois (Seine), geb. in Paris, Schülerin von Chaplin und Pommayrac, stellte im Salon 1875—1880 verschiedene Porträts eigener Erfindung und einige Arbeiten nach Chaplin, Lazerges, Guillemin etc. aus.

B e l l i e r - A u v r a y, Dict. gén., Suppl. *H. V.*

Aumont, N o e l, französ. Maler, Ende des 18. Jahrh., nur urkundlich erwähnt im Zusammenhang mit dem 1784 verstorbenen Maler Claude Florentin Sollier.

Nouv. Archiv. de l'art franç. VI, 2 Serie 1885. *H. V.*

Aumont, P i e r r e, Former im Atelier Tassaerts, Paris und Berlin, 18. Jahrh., wo er mit einem Gehalt von 450 Talern besoldet wurde.

Jahrb. der preuß. Kst.-Sammlg. XIV 126. *H. V.*

Aumont, Pierre, Maler und Vorsteher der Zunft der „vitriers" in Troyes, 18. Jahrh., nur urkundlich bekannt.

Nouv. Archiv. de l'Art Franç. V, 2. Série 332. — Réunion des Soc. des beaux-arts XXVII 558.

Aumont, Pierre Hippolyte, Porträt- und Landschaftsmaler, geb. zu Evreux, † zu Paris 20. 11. 1865, stellte 1843—47 im Pariser Salon Pastellbilder aus.

Bellier-Auvray, Dict. gén. *H. V.*

Aumont, s. auch *Aulmont.*

Aumüller, Xaver, Dilettant im Radieren und Zeichnen, Ende des 18. und Anfang des 19. Jahrh. in München. Eine Anzahl seiner fein behandelten Landschafts-Zeichnungen u. Radierungen aufgeführt in Maillingers Bilderchronik, Bd. IV 58. Augsburg 1886.

Meyer, Kstlerlex. *H. V.*

Aunay, de l', s. *Delaunay.*

Aune, Charles Marcel, wenig bekannter Historienmaler, geb. 27. 6. 1726 in Aix en Provence, † 1785 in Amerika, Lehrer an der 1765 von Honoré-Armand, Herzog von Villars gegründeten Zeichenschule zu Aix.

Réunion d. Soc. d. Beaux-Arts XXIX 269, 271. *H. V.*

Auphan, Joseph, französ. Bildhauer aus Marseille, war 1668 in Toulon mit Schiffsbildhauereiarbeiten beschäftigt.

Lami, Dict. d. sculpt. franç. sous Louis XIV. *Lami.*

Auquier, Emanuel, französ. Dilettant im Malen, stellte zwischen 1858—68 verschiedene Pastell- und Aquarellbilder in Mons (Hennegau) aus.

Meyer, Kstlerlex. *H. V.*

Aur, Anton, ein Geistlicher im Krakauer Kloster der Reformaten, hat 1704 ein Blatt gestochen, welches den hl. Kasimir vor Maria kniend darstellt.

Rastawiecki, Lex. der poln. Kupferst. — Meyer, Kstlerlex. *Marian Gumowski.*

Auracher von Aurach, Josef Christian, Generalmajor und Lithograph, geb. zu Olmütz 20. 12. 1756, † zu Wien 30. 12. 1831, lithographierte ein Bildnis des Kaisers Franz und lieferte die Lithographien zu folgenden Werken: „Perspektivische Ansichten der Stadt Baden" (Wien, 1822—1824), „Perspektivische Ansichten von Obersteyer" (Wien, 1825) und „Perspektivische Ansichten aus dem Eisenburger Komitate und Ungarn" (Wien, 1825).

Wurzbach, Biogr. Lex. des Kaisert. Österreich I. *W. Schram.*

Auran, B., französ. Porträtmaler, stellte wiederholt (1888—1899) im Pariser Salon aus. *H. V.*

Auray, Guillaume, französ. Bildhauer und Maler, in der Normandie ansässig, verpflichtete sich am 27. 1. 1647, einen mit der Figur des hl. Michael geschmückten Stab zu fertigen, und zwar für die hl. Brüderschaft von Saint-Michel im Kirchspiel Notre-Dame de la Couture zu Bernay.

Lami, Dict. d. sculpt. franç. sous Louis XIV.

Aurbach, s. *Auerbach.*

Aurdell, Richard, Tiermaler, geb. in Liverpool 1814, † am 20. 4. 1885. Er wurde erwähltes Mitglied der Roy. Academy 1870, scheint aber dort nicht ausgestellt zu haben. 1855 erhielt er auf der Pariser Ausst. die goldene Medaille.

The Years Art 1886 p. 223. **

Aure, Mlle de l', s. *Passy,* Cath.

Aurèche, E., französ. Porträt- und Figurenmaler, stellte 1894, 95 und 97 im Pariser Salon aus. *H. V.*

Aureggio, Antonio, Landschaftsmaler zu Brescia um 1700. Chizzola erwähnt von ihm „zwei große Landschaften" in der Galerie Barbisoni zu Brescia. Er war der Lehrer J. B. Cimarolis und A. Toresanis.

Zani, Encicl. — Chizzola, Le Pitture etc. di Brescia 1760 p. 171. — Meyer, Kstlerlex. *R.*

Aurèle, Marc, Genremaler und Radierer in Paris, geb. in Belleville-Paris, stellte in den Salons 1876—85 wiederholt aus. Ferner radierte er: „Der junge Angler", „Der Abschied", „Sainte Cécile".

Bellier-Auvray, Dict. gén. Suppl. — Kat. d. Salon. *H. V.*

Aureli, Benedetto, Architekt in Perugia, wo er 1579 neben Marcantonio Buoni, Giulio Caporali und Antonio Saccucci für die Stellung eines Stadtbaumeisters in Vorschlag gebracht wurde.

Mariotti, Lett. pitt. Perugine p. 260. — Zani, Encicl. II 243. *A. Bellucci.*

Aureli, Cesare, bekannter römischer Bildhauer und Schriftsteller, geb. in Rom 1844, Schüler der Accad. di San Luca. Von ihm die Statue des hl. Thomas im Vatikan und das Grabmonument des Missionars Kardinal Massaia (1893). Dieses letztere Werk, eine Sitzstatue, ist als eine wirklich künstlerische Arbeit voll Geist und Natürlichkeit von der Kritik gerühmt worden. 1903 wurde in der Peterskirche seine Kolossalgruppe des St. Jean-Baptiste de la Salle mit 2 Zöglingen aufgestellt.

Gubernatis, Dizion. d. art. ital. viv. p. 21. — Archivio storico d'arte p. 218. — Kunst f. Alle VIII 42, 74. — Natura ed Arte 1903—4 II 351. **

Aureli, Filippo, italien. Bildhauer, Schüler der Accademia di S. Luca in Rom. 1821 schuf der damals noch sehr jugendliche Künstler im Auftrage des Fürsten Francesco Borghese eine Aktstatue des mit Helm und Lanze bewehrten Diomedes.

Giornale Arcadico 1821, vol. 12, p. 263 f. *G. Degli Azzi.*

Aureli, Giuseppe, Maler, in Rom, geb. 5. 12. 1858, stellte auf vielen italien. Ausstellungen, auch in München 1888 und 1900 und in Paris seine ziemlich bunt gehaltenen Aquarelle und Ölgemälde mit Darstellungen aus der älteren und neueren Geschichte aus.

Gubernatis, Dizion. d. art. ital. viv. p. 22.

— Kunst für Alle 1888, 379. — Natura ed Arte 1901—2, II 363 ff. (mit Abb.). **

Aureli, L o d o v i c o, Maler und Lithograph, Professor der Ornamentik an der Kunstschule zu Bologna, geb. daselbst 9. 1. 1816, † 9. 8. 1865. Außer einigen Altarbildern malte er vorwiegend Blumenstücke.

M e y e r, Kstlerlex. **

Aureli, N i c o l ò, mittelmäßiger italien. Reproduktions-Kupferstecher, geb. in Poli im letzten Drittel des 18. Jahrh., tätig in Rom um 1805—36.

L e B l a n c, Manuel. — H e l l e r - A n d r e s e n, Handb. f. Kupferstichsammler. — M e y e r, Kstlerlex. **

Aurelio d'A n s e l m o d i G i o v a n n i, Maler in Perugia 15. Jahrh. Aufgeführt in der Matrikel der dortigen Malergilde.

Rassegna Bibliograf. d. Arte ital. II 211. *

Aurelio, Fra, s. *Lombardo.*

Aurelius Antoninus, Architekt, baute zur Zeit des bosporanischen Königs Ininthimaeos, um 237 n. Chr., ein turmartiges Brunnenhaus.

B r u n n, Gesch. d. griech. Künstler II 343. — P a u l y - W i s s o w a, Realenc. II 2434, 40 (P. v. Rohden). *Altmann.*

Aurelius. Marcus Aurelius C., angeblich Verfertiger einer Kasserolle vom Hildesheimer Silberfund, in die dieser Name eingraviert erscheint. Wahrscheinlich der Name des ehemaligen Besitzers.

P e r n i c e - W i n t e r, Hildesh. Silberfund, S. 20. — N. Jahrb. f. d. klass. Alt. 1902, S. 400 ff. (O. Seeck). *Pernice.*

Aurelius N(e)ikephoros, Bildhauer spätrömischer Zeit, Sohn eines N(e)ikephoros; Verfertiger einer Ehrenstatue, deren Inschrift sich in Sparta gefunden hat.

CIGr, 1402. — B r u n n, Gesch. d. gr. Kstlr. I 604. — O v e r b e c k, Schriftq. 2298. *Amelung.*

Aurelius V i n c e n t i u s, altchristlicher Sarkophagbildhauer in Rom, dessen Namen und Standesabzeichen (Hammer, Winkelmaß etc.) ein römisches Epitaph uns überliefert hat.

A. V e n t u r i, Storia d. Arte Ital. (Milano 1901) vol. I, p. 436. *

Aureller, J o h a n, d. ä., schwacher Barockmaler aus der Richtung Ehrenstrahls, geb. 1626 in Stockholm, † 1696. Wurde 1668 von dem Reichsrat G. Posse nach Hellekis in Vestergötland berufen, arbeitete auch für Per Brahe d. j., dessen Bildnis von A. gemalt im Skokloster sich befindet, und für Magnus Gabriel de la Gardie. Für die Kirche in Lidköping malte er 1679 ein mehrteiliges Altarwerk und das Epitaphium des Pfarrers Rudberus 1687.

Aureller, J o h a n, d. j., geb. 1657 in Gefle, wurde der Nachfolger seines Vaters auf Hellekis und lebte noch 1731 als Mitglied des Maleramtes in Stockholm. Malte ein großes Epitaphium mit den Bildnissen seines Vaters, seiner Mutter, seiner Frau u. seiner selbst in der Medelplana-Kirche. Ein großes Altarbild, Christus auf dem Kreuze darstellend, malte er 1706 für die Kirche in Varnhem. A. war auch Stadtmaler in Gefle.

E i c h h o r n in Meyers Kstlerlex. — H a h r, Konst och Konstnärer vid M. G. de la Gardies hof. Upsala 1905. *O. S.*

Aurelli, Gemmenschneider zu Rom in der zweiten Hälfte des 18. Jahrh., welcher hauptsächlich Kameen schnitt.

B i e h l e r, Über Gemmenkunde. Wien 1860 p. 79. — Ms. H. Rollett.

Aurenque, A i m é J e a n B a p t i s t e, Baumeister in Paris, geb. in Laspeyres (Lot-et-Garonne), Schüler von Lesch. Von ihm u. a. die Entwürfe einer Schule für Agen (Salon 1873), eines Rathauses für Rodez (Salon 1880) und eines Theaters (Salon 1882).

B e l l i e r - A u v r a y, Dict. gén. Suppl. *H. V.*

Auria, A n t o n i o d e, d i P e n t a, Kunsttöpfer in Sanseverino, wo er mit seinem Bruder *Giulio* und seinen Söhnen *Camillo* und *Santolo* in gemeinsamer Werkstatt arbeitete. Urkundlich erwähnt in einem Verkaufskontrakte auf glasierte Töpferwaren, den Maestro Antonio 1569 in Neapel mit Nicolantonio und Giov. Carlo Carola aus Cava abschloß.

F i l a n g i e r i Indice degli Artefici Napoletani etc. (1891) I 35. *

Auria, D o m e n i c o d', Bildhauer in Neapel um die Mitte des 16. Jahrh., war der beste Schüler des Giovanni Merliano von Nola und ein Gehilfe bei vielen von dessen Arbeiten, wie z. B. bei den Kolossal-Statuen aus Stuck, welche derselbe zur Feier des Einzuges Kaiser Karls V. mit Annibale Caccaviello und anderen Schülern verfertigte. Seine erste fast selbständige Arbeit war eine Marmortafel mit der Bekehrung des Paulus in kleinen Figuren, die er für eine Kapelle der Familie Poderico in Sta. Maria delle Grazie zu Neapel machte. Ein Relief mit der Madonna als Schützerin der Seelen im Fegefeuer in St. Aniello in Neapel, Kapelle der Lottieri, gelang so, daß es von vielen für ein Werk seines Lehrers gehalten wurde. Infolge davon bestellten die Hieronymitaner von Sta. Maria delle Grazie eine Tafel mit demselben Gegenstande. Unter andern wird die Statue des Alfonso Rota, umgeben von kriegerischen Trophäen, auf dessen Grabmal in S. Domenico Maggiore erwähnt. Auf Empfehlung des Merliano wurde ihm aufgetragen, in der Straße Sta. Lucia eine Fontäne mit Statuen und Reliefs herzustellen, die in Komposition und Ausführung noch heute Beifall verdient. Auch auswärts erhielt A. jetzt Aufträge; namentlich soll er einige Statuen in die Kathedrale von Palermo und in eine Kirche zu Cosenza geliefert haben. Nach dem Tode des Santacroce wurde er am 15. 4. 1547 mit Merliano, Caccaviello und Pietro della Piatta ausersehen, die reiche Kapelle des Col' Antonio Caracciolo, Marchese di Vico, in S. Giovanni a Carbonara zu Neapel zu vollenden. Ihm fielen das Standbild des hl. Paulus und das Grabmal des Marchese mit dessen Statue zu. In den Jahren 1550—52 machte er die Sirenen, Monstra und Masken für die große Fontäne im Park von Castelnuovo, sowie eine marmorne Jupiter-Statue für den vizeköniglichen Palast zu Castelnuovo. Dann folgte 1560 bis 62 die noch reichere Fontana al Molo, die er auf Bestellung des Duca d'Alcala im Verein mit Caccaviello nach Zeichnungen des Antonio Castaldi ausführte, und 1566 die Fontana della Sellaria. Noch während dieser Arbeiten übernahm er die Ausschmückung der Kapelle der Familie Turbolo in Sta. Maria della Nuova, führte jedoch nur die Statuen der Heiligen Franz von Assisi und Bernhardin aus. An dem Grabmal des Bernardino Turbolo in derselben Kapelle verfertigte er bloß die Medaillons mit den Bildnissen des Turbolo und seiner Gemahlin und überließ das Übrige seinen Schülern. Besonders gerühmt wird endlich noch das Grabmal des 1575 verstorbenen Dichters Bernardino Rota in S. Domenico Maggiore, wo man ferner noch die Grabmäler Alfonso Rotas (s. oben), Carafas und des Fürsten von Fondi, Niccolò di Sangro bewahrt. Die Ausschmükkung einer Kapelle in S. Giuseppe Maggiore ist bei dem Umbau der Kirche 1733 zerstört worden, und in ähnlicher Weise sollen noch manche andere seiner Werke untergegangen sein. Dominici irrt übrigens in der Angabe von A.s Todesjahr, da ein erhaltener Brief von 1589 den Künstler als damals in Rom lebend nachweist. Von seinen Schülern sind nur zwei bekannt, Domenico oder Micco d'Ambrogio, den er viel als Gehilfen benutzte, und der bedeutendere Andrea Barchetta.

D o m i n i c i, Vite de' pittori Napol. II 166. — C i c o g n a r a, Storia della Scultura II 373. — B u r c k h a r d t, Cicerone (Ausg. 1901) II 196 p. — S c h u l z, Denkmäler der Kunst des Mittelalters in Unteritalien II 296. — Archivio Storico Napoletano V fasc. I 158—194, VI 531 bis 542, XII 47—78. — Napoli Nobilissima III 45, 72, 89, 105, 141, IV 185, V 123, 178—183, VI 43, VII 124, 144, VIII 14, 150, IX 40, XI 145. — Mit Notizen von L. Serra. *R.*

Auria, G e r o n i m o (oder Girolamo) d', Bildhauer in Neapel, laut urkundlichen Nachrichten 1577—1620 tätig, und zwar hauptsächlich für die Annunziatenkirche: 1577 verpflichtete er sich, den Skulpturenschmuck der Sakristei zu vollenden, ferner für das Marmorgrabmal des Duca di Maddaloni, dessen Gesamtausführung die Meister Giov. Angelo Galluccio und Angelo Landi übernommen hatten, eine Marmorstatue zu liefern, desgleichen zwei Marmorstatuen für die beiden Pfeiler vor der Chorschranke zum Hochaltare und endlich die Marmorgrabmäler für Tommaso Caracciolo, Giov. Battista Pignatelli und Bartolomeo Ajutamicristo; 1578 wurde ihm zur rascheren Vollendung aller dieser Arbeiten der Maestro Salvatore Caccaviello als Gehilfe beigegeben; 1579 hatte er eine päpstliche Privilegien- und Wappentafel für den Altar der Cappella Brancaccio zu meißeln und 1586 in Gemeinschaft mit Michele di Guido das mit figürlichen Reliefs zu schmückende Grabmal für Felice d'Antenora. 1587 arbeitete A. sodann am Grabmale des Giov. Batt. Capece-Minutolo im Kreuzschiffe des Domes. 1598 übernahm er wiederum für die Annunziatenkirche die Ausführung eines der acht marmornen Reliquientabernakel, von denen die übrigen sieben den Meistern Cristofano Monterusso, Geccardo Bernucci, Fabbrizio Guido, Scipione Galluccio, Clemente Giotto, Angelo Landi und Fabbrizio Pagano zur Ausführung übertragen wurden; die Entwurfzeichnungen zu diesen 8 Tabernakeln hatte der Architekt Giov. Antonio d'Osi geliefert. 1620 endlich schmückte A. die Porta di Chiaja zu Neapel mit drei marmornen Wappenreliefs. — Die Signatur des Künstlers ist auch unter einer marmornen Reliefdarstellung der Auferwekkung des Lazarus in einer Kapelle vor der Sakristei von S. Severino zu Neapel zu lesen, sowie auf einer allegorischen Statue der Astronomie im Mus. naz. zu Neapel. — Geronimo d'A. war ein dem Manierismus der michelangelesken Richtung verfallenes mittelmäßiges Talent, wurde jedoch ebenso wie die übrigen Mitglieder der Familie A. von seinen Zeitgenossen als Künstler sehr hoch geschätzt, wie bezeugt wird durch das Epigramm:

„Natura invita lapidi das, Auria, vitam —
Te facit invita vivere morte lapis."

F i l a n g i e r i, Indice degli Artefici Napolitani etc. (1891) I 35 f. — C a t a l a n i, Discorsi su monumenti patrii etc. p. 35. — Arch. Stor. Napoletano VI 531 ff.; XII 47 ff. — Napoli Nobiliss. VI 147; VII 78; VIII 14, 164; XIII 165. — C e c i, Artisti del XVI e XVII sec. 1907 p. 52—58. *G. Degli Azzi.*

Auria, G i o v a n n i F r a n c e s c o d', Bildhauer in Neapel, arbeitete 1550—52 mit Giovanni Domenico d'A. am Brunnenbecken für die Fontana della Sirena (alias dei Satiri).

Arch. Stor. Napolet. XII 76. *G. Degli Azzi.*

Auria, G i o v a n n i T o m m a s o d e, neapol. Bildhauer des 16. Jahrh. Von seiner Tätigkeit in Neapel wissen wir nur, daß er 1566 an der von dem Architekten Aloise Impò entworfenen Fontana della Sellaria beschäftigt war (er erbot sich, die drei marmornen Löwen daran auszuführen) und am. 2. 1. 1607 eine Marmorstatue für die Annunziatenkirche übernahm, dagegen sind wir durch eine noch unveröffentlichte Urkunde davon unterrichtet, daß er 1576 in Antwerpen war, wo er die Kapelle der Familie Fulgori in der 1533—1571 im spätgotischen Stil erbauten Kirche St. Paul errichten sollte. Er übernahm diese Arbeit gemeinsam mit dem Bildhauer Giuseppe di Lazzaro, der die Zeichnung dazu entworfen hatte. In dem Kontrakt (beglaubigte Abschrift bei einem Briefe eines der Besteller, des Raffaello Fulgori, an den Großherzog von Toskana vom 5. 12. 1576 im Arch. di Stato in Florenz), der zwischen den beiden „magistri incisores marmorei" und den Fulgori geschlossen wurde, wird bestimmt, daß die Kapelle im gotischen Stil, die Säulen mit Blattwerk geschmückt, in feinkörnigem karrarischen Marmor ausgeführt werden, die Wappen des Großherzogs von Toskana, des Bischofs von Antwerpen und der Familie Fulgori tragen und innerhalb eines Jahres vollendet sein sollte. Man kam auch überein, daß die beiden Künstler darin auf eigene Kosten eine Kanzel aus Nußbaumholz ausführen sollten. Als Anzahlung wurde ihnen 500 Dukaten gewährt, der Rest sollte nach der Vollendung des Baues beglichen werden.

Archivio Stor. Napolet. VI 531—542, XII 47 bis 78. — Milanesi, Spogli inediti dell' Arch. Mediceo in Florenz p. 290. — R. Archivio di Stato in Florenz: Mediceo, filza no. 692, cc. 21 bis 23. — Ceci, Artisti del XVI e XVII sec. 1907 p. 58. *G. Degli Azzi.*

Auria, Giulio u. Santolo de, s. *Auria,* Antonio de.

Auria, Vincenzo d', Bildschnitzer in Neapel, verpflichtete sich 1509, für die Cappella Ricca in S. Pietro ad Aram Schnitzarbeiten auszuführen.

Filangieri, Indice d. Artef. Napoletani etc. (1891) I 36. — Arch. stor. Napoletano XII 74. — Napoli Nobiliss. V 64. *G. Degli Azzi.*

Aurich, Oskar, Bildhauer, geb. in Neukirchen im Erzgebirge 1877, Schüler der Dresdener Kunstgewerbeschule, tätig in den letzten Jahren in Dresden. Von seinen von der Kritik günstig erwähnten Arbeiten seien genannt die Bronze-Statuette „Der dumme Junge von Meißen", ferner Porträtbüsten und eine Lutherporträtplakette, die in ihrer kräftigen Technik an alte Holzschnittporträts erinnert.

Singer, Nachtr. 1906. — Eigene Notizen. **

Auricx, s. *Auwercx.*

Aurifaber, Christian, bekannter Goldschmied in Wittenberg im 16. Jahrh., Freund Luthers und Cranachs, auch genannt Kersten oder Christian der Goldschmied, oder der Thüringer, Düring, Döring, oder latinisiert Aurifaber, Aurifex, hatte zwischen 1511 und 1517 Lieferungen an Ketten und Goldgulden für den Fürstenhof.

P. Lehfeldt, Luthers Verhältnis zu Kunst und Künstlern, Leipzig 1892 S. 46. — Bruck, Friedrich der Weise, p. 222. **

Aurifuso (oder Aufuso), s. *Arifusus.*

Auriga, Hermannus (wahrscheinlich Latinisierung eines deutschen Namens wie Führer, Fuhrmann, Karcher, Wagner oder Wagenmann), war 1190—1202 Werkmeister in Straßburg u. erbaute in diesem Zeitraume im Auftrage des Bischofs Conrad von Hunenburg den schon im 18. Jahrhundert wieder verschwundenen alten Festungsgürtel dieser Stadt. Über dem ehemaligen „Zolltore" zu Straßburg fand sich seinerzeit die sitzende Bildnisstatue des Meisters aufgestellt, und zwar mit dem Symbole seines Namens, einem Wagenrade, das auf seinem Reifen die Inschrift trug: Hermannus Auriga Magister hujus operis. Schneegans und Gérard glaubten demselben Architekten auch den Bau des südlichen Querschiffarmes der Straßburger Kathedrale zuschreiben zu dürfen, der um dieselbe Zeit in einem prächtigen, fast schon rein gotischen Übergangsstile errichtet wurde.

Gérard, Les artistes de l'Alsace I 93. *C. Enlart.*

Aurili, R., italien. Bildhauer, war 1893, 1894 1896 im Pariser Salon mit Porträtbüsten und anderen plast. Arbeiten vertreten. **

Aurillaud, Guillaume, Architekt in Nantes um 1721, nur urkundlich bekannt.

Nouv. Archiv. de l'Art franç. III. Sér. XIV (1898). *H. V.*

Aurimon, Jehan d', d. Ä., genannt Roubiseau (Roubiscon), Holzbildhauer in Bordeaux, † 23. 9. 1650, fertigte in Gemeinschaft mit seinem Sohn Jehan d. J. den noch bestehenden Hochaltar für die Kollegiatkirche St. Blaise zu Cadillac. (Vertrag vom 27. 6. 1632, abgedruckt in der Réunion des Soc. des Beaux-Arts X 472/73; s. auch dort p. 465.) *H. V.*

Aurimon, Jehan d', d. J., Sohn des Vorigen, Holzbildhauer in Bordeaux, geb. 1617, † 31. 10. 1699, wurde 29. 4. 1691 zum Lehrer an der dortigen Akad. ernannt. Über seine Tätigkeit s. bei Jehan A. d. Ä.

Réunion des Soc. des beaux-arts X 465, 472/73. — Lami, Dict. des Sculpteurs. *H. V.*

Auriol, Charles Joseph, Landschaftsmaler, geb. zu Genf 13. 11. 1778, † zu Choully bei Genf 25. 5. 1834, Schüler von P. L. de la Rive und J. L. David in Paris, pflegte einige Zeit in Rom die Historienmalerei. Seit seiner Rückkehr nach Genf (1810) widmete er sich fast ausschließlich der Landschaftsmalerei. Das Mus. Rath in Genf besitzt als Schenkung von ihm 2 Arbeiten (Ansicht des Genfer Sees und die Kapelle St. Gingolph).

Brun, Schweiz. Kstlerlex. — Meyer, Künstlerlex. *H. V.*

Auriol, Georges, französ. Zeichner und Maler der Gegenwart. A. ist nicht nur bildender Künstler, sondern auch Schriftsteller und hat zahlreiche Humoresken geschrieben. Er gehörte Anfang der 90er Jahre zu der ständigen Genossenschaft der Künstlerkneipe Chat noir, aus der mehrere andere tüchtige Künstler wie Steinlen, Willette usw. hervorgegangen sind. Als Künstler zeichnet sich A. durch ein starkes dekoratives Talent aus, das er besonders bei Ausschmückung von Büchern, Umschlägen usw. dargetan hat.

Hier verwendet er mit Vorliebe ornamentale Motive aus der Pflanzenwelt, die er in Verbindung mit weiblichen Idealgestalten bringt. Auch hat er Vorlageblätter für Tapeten und andere kunstgewerbliche Muster geliefert, aus denen stets ein trefflicher dekorativer Sinn spricht. — 1902 publizierte er: Le premier Livre des cachets, marques et monogrammes (Paris). Wie man seine Arbeiten in England schätzt, so fand er auch in Deutschland bei seiner Ausstellung in der Münchener Sezession 1896 verdiente Anerkennung.

K. E. Schmidt.

Aurion, Guillaume, Ornamentmaler, geb. in Rouen, wo er 1502 mehrere vornehme Häuser ausmalte, 1506 wurde er vom Kardinal von Amboise mit der Ausschmückung des Hauptgebäudes des Schlosses Gaillon beauftragt.

Bérard, Dict. biogr. d. Artist. franç. *H. V.*

Aurioust, Paul, französ. Architekt, wurde 3. 5. 1667 zum Aufseher der Bauten der Grafschaft Blois ernannt.

Lance, Dict. d. Archit. franç. *H. V.*

Auripert (Aribert oder Aurispert), Maler im 8. Jahrh. zu Lucca, wurde vom Langobardenkönig Aistulf der Überlieferung nach mit dem Bau von S. Pier Somaldi zu Lucca beauftragt.

Hans Semper in der Zeitschr. f. bild. Kst. 1871, S. 337. — A. Venturi, Storia d. Arte, Vol. II 246. *H. V.*

Aurispa, Narciso, aus Macerata, italien. Festungsbaumeister des 17. Jahrh. Stand im Dienst des Herzogs Francesco Maria II. von Urbino, dem er das unveröffentlichte Werk „De extruendis propugnaculis" widmete (Bibl. Vaticana, codici urbinati No. 285). Zwei unveröffentlichte Briefe des A. v. 1606/7 aus Cagli an den Herzog von Urbino gerichtet und Fragen der Kriegsbaukunst behandelnd in R. Arch. di Stato in Florenz (Estratti dall' Arch. di Urbino. Classe I G. filza 262, carte 583—584). (Mitt. von Marchese Degli Azzi.)

Ricci, Mem. stor. II 200. *V. Aleandri.*

Aurnhammer, E. J., Gymnas.-Prof., Dilettant; geb. 14. 11. 1772 in Regensburg, † 6. 8. 1817 in Passau. Von ihm 6 lithographierte Landschaften. Eine italien. Landschaftszeichnung von 1799 bei Maillinger genannt.

Lipowsky, Bayer. Kstlerlex. 1810. Nachtr. — Maillinger, Bilderchronik N. F., Bd. IV, Augsburg 1886. *H. V.*

Aurora, Francesco („Monsieur Aurora"), Architektur- und Porträtmaler in Neapel um 1700, nur bei Zani, Enc. met. II 243 ohne Näheres erwähnt. **

Auroté, französ. Goldschmied von Ruf, war 1762 mit Pauzié in St. Petersburg mit Herstellung der Kaiserkrone für Katharina II. beschäftigt.

D. Roche in Bull. de l'art anc. et mod. 1908 p. 119.

Auroux, Nicolas, französ. Kupferst., geb. zu Pont-Saint-Esprit, arbeitete in Turin und in Lyon und führte zahlreiche Werke aus, deren Kataloge man im Meyerschen Kstlerlex. und in Le Blancs Manuel findet. Sein Gesamtwerk besteht aus einigen 30 Kupferstichen und Vignetten von 1649 bis 1670 datierend, unter diesen Porträts, Titel- und Frontispice-Kupfer, Devisen- u. Druckerzeichen. Er starb noch vor dem 9. 5. 1689 (Datum der Heirat einer seiner Töchter). Zani, Enciclop. nennt einen Kupferst. *A. Auroux* 1664, der aber wohl mit obigem identisch ist.

Rondot, Les Grav. d'est. sur cuivre à Lyon au XVIIe s. p. 59. — Le Blanc, Manuel. — Dussieux, Art. franç. à l'étranger. — Nouv. Arch. de l'art franc. 1887 Reg. *J. Guibert.*

Aury, Pierre, französ. Medailleur, geb. 4. 12. 1622. Sohn des Augustin Aury, Siegelschneiders Ludwigs XIII. Wohl sicher der Verfertiger der mit F. Avry (s. d.) bezeichneten Gedächtnismedaille auf die Ermordung der Gebrüder de Witt im Haag 1672. A. muß sich demnach um 1672 kurze Zeit in Holland aufgehalten haben. Nach seiner Rückkehr nach Frankreich gravierte er mehrere Medaillen für das Kabinett des Königs.

1673 datiert ist die Medaille mit dem Porträt Ludwigs XIV. Sie trägt die Bezeichnung AVRY ET BERTHINET und auf der Rückseite außer der Jahreszahl die Inschrift: Quas condidit eruit arces. 1687 entstand eine Medaille mit dem Schlosse von Versailles, 1692 eine andere mit dem Rheinübergang.

Meyer, Kstlerlex. — Guiffrey, La monnaie des méd. (Revue de numismat. 1887). — N. Rondot, Les méd. et les grav. de monnaies et de médailles en France. Paris 1904.

Fréd. Alvin.

Aus, Carol, norwegisch-amerikan. Maler, geb. 27. 3. 1868 in Norwegen, studierte in der Academie Julian und unter Jules Lefebvre in Paris, hat sich in Chicago niedergelassen und gehört zu den vorzüglichsten Miniaturmalern unserer Zeit. *Edmund von Mach.*

Auser, Sebastian, Maler aus Antwerpen, übernimmt 1546 in Neapel Kuppelmalereien etc. in der Chiesa delle Grazie a Caponapoli.

Filangieri, Indice degli Artefici I 38. **

Ausfeld, Friedrich Armin, geb. 15. 2. 1808 in Stuttgart, † am 27. 5. 1885 als Kirchenrat in Wasungen, war als Maler-Dilettant tätig. Erwähnt wird von ihm ein Miniaturbildnis der Frau Dr. Müller-Liegnitz aus den Jahren 1833—37, zurzeit im Besitz von Frl. Ausfeld-Wasungen.

Neue Beitr. z. Gesch. deutsch. Altert. . . . Meiningen Lfg. 19. *Hs. Loose.*

Ausfeld, Johann Carl, Kupferstecher und Lithograph, geb. am 16. 11. 1782 in Jena, Schüler des Kupferstechers Prof. Joh. Gotth. Müller in Stuttgart und später daselbst als

Ingenieur-Geograph und für den Cottaschen Verlag tätig. 1813—17 wohnte er in Meiningen, 1817—38 in Schnepfental als Landkartenzeichner und Kupferstecher und seit 1838 wieder in Meiningen, wo er am 25. 10. 1851 starb. — Ausfeld hat sich außer als Kupferstecher auch als Maler und Lithograph betätigt. Stiche von ihm befinden sich in Salzmanns Heinrich Glaskopf (1820) und das Miniaturbildnis des Kirchenrates Ausfeld als Knabe im Besitz von Frl. Amalie Ausfeld-Wasungen. Sein eigenes Pastellporträt, Kopie eines älteren Bildes von Christophine Reinwald geb. Schiller, der Lieblingsschwester des Dichters, befindet sich noch im Besitz des Herrn Prof. Ausfeld-Hildburghausen.

Neue Beitr. z. Gesch. d. Altert. . . . Meiningen Lfg. 19 p. 22, 23, 49, 64. *Hs. Loose.*

Ausiter, T., Blumenmaler in London, stellte 1783, 1785 und 1786 in der Roy. Academy verschiedene Blumenstücke aus.

Graves, The Roy. Academy of Arts, 1905, p. 80. **

Ausola, Juan de, Sohn des Miguel de A., baute 1646—1662 die Kapellen und den Turm der Pfarrkirche von Eybar in Guipúzcoa nach den Zeichnungen des Jesuiten Francisco de Issasi.

Ausola, Miguel de, span. Baumeister, Lehrer seines Sohnes Juan, scheint gleich diesem an der Kirche zu Eybar in Guipúzcoa gearbeitet zu haben, da Juan nach der Vollendung des Turmes im Jahre 1662 neben seinen eigenen Arbeiten auch die seines Vaters taxieren ließ.

Llaguno y Amirola, Not. III 122. △

Aussandon, Hippolyte, Porträt- und Genremaler, geb. zu Paris 1836, Schüler von Horace Vernet, Gleyre und Pils, in seinen Porträts Nachahmer von Carolus-Duran, stellte wiederholt (1863—1891) im Salon aus.

Bellier-Auvray, Dict. gén. und Suppl. — Kunstchronik 1878 XIII. Sp. 683. — Katal. d. Salon. *H. V.*

Austalis de Sala, Name einer Baumeisterfamilie in Prag im 16. Jahrh. Der Name kommt noch in folgenden Formen vor: *Austales, Austali, Aostali, Austalo, Auostalli, Fasstallis, Vastalis, Vasstalles, Vostali, Volstal, Vastiosa.* Die Familie stammt aus Oberitalien (Lugano). Das Verwandtschaftsverhältnis der drei folgenden Meister Andreas, Giovan. Baptista, Ulrich ist noch nicht aufgeklärt, doch gehören sie sicher nicht derselben Linie an, was aus erhaltenen Dokumenten hervorgeht.

Jahrb. d. ksthist. Samml. d. Allerh. Kaiserh. XI. Reg. No. 6470. *Oskar Pollak-Prag.*

Austalis de Sala, Andreas, wird 1559 bis 1567 als Maurer- und Baumeister am Prager Schlosse erwähnt, doch nicht in leitender Stellung. 1559 will er durch einen billigeren Voranschlag dem Baumeister Bonifacius Wolgemut den Bau der Landstube auf dem Prager Schlosse wegnehmen, was ihm aber nicht gelingt.

Jahrb. d. Kstsamml. des Allerh. Kaiserh. V (1887) Regesten No. 4282, 4283; XII (1891) Reg. No. 8017.

Austalis de Sala, Giovanni Baptista, Baumeister Kaiser Ferdinands I., Maximilians II. u. Rudolfs II. beim Schlosse Podiebrad (Böhm.), † am 31. 7. 1575 in Podiebrad. 1548 begann der Neubau des Podiebrader Schlosses, den A. schon damals in untergeordneter Stellung geleitet haben dürfte. 1554 wird er gelegentlich der Verleihung eines adeligen Wappens durch Ferdinand I. „kaiserlicher Baumeister" genannt. Er hat dieses Amt bis zu seinem Tode bekleidet.

Schon vor 1553 hatte er sich in Podiebrad angekauft. 1558 und 1566 vergrößert er seine Besitzungen, gleichzeitig mit dem Schloßbau führte er den Bau des neuen Spitalhauses, den eines Sommerhauses im Fasanengarten und endlich die Restauration, resp. den Umbau der gotischen Pfarrkirche durch. In dieser Kirche befindet sich noch sein Grabstein.

Dlabacz, Böhm. Kstlerlex., III 310. — Jahrb. d. Kstsamml. d. Allerh. Kaiserh. V., Reg. No. 4248; XI Reg. No. 6470. — Zigm. Winter, Kulturní obraz českých měst (Kulturbild böhmischer Städte), 1. Teil (1890) p. 360. — Mádl in Mitteil. der Zentr.-Komm. zur Erf. u. Erhalt. der Kunstdenkm., Neue Folge, XXI (1895) 191.

Austalis de Sala, Ulrich, kais. Hofbaumeister in Prag unter Maximilian II. und Rudolf II., gebürtig aus Lugano, † am 10. 5. 1597 in Prag. Sein Geburtsjahr und die Zeit seiner Ankunft in Prag ist unbekannt. Seit 1540 steht er als Baumeister in Diensten des Oberstlandrichters Johann von Waldstein und des Jaroslaw von Smiřitz. (Jahrb. d. K. S. d. Allerh. Kaiserh. X. Reg. No. 6175.) Seit 1558 wird er vom kaiserl. Baumeister in Prag, Bonifazius Wolmut (oder Wolgemut) beim Bau des Prager kaiserl. Schlosses am Hradschin als Maurermeister zu untergeordneten Arbeiten verwendet. (A. a. O. V. Reg. Nr. 4292.) Kurz vor 1561 wird er von Kaiser Ferdinand I. als „kaiserlicher Maurermeister" angestellt und heiratet in diesem Jahre. (A. a. O. V. Reg. No. 4307.)

1562—1567 baut er nach den Plänen des Bonif. Wolmut am kaiserl. Schlosse zu Lissa bei Prag. Da er sich eigenmächtige Abweichungen vom ursprünglichen Bauplan erlaubt, ergeben sich Mißhelligkeiten mit Erzherzog Ferdinand, dem Stellvertreter des Kaisers. (A. a. O. X. Reg. Nr. 6229 und XII. Nr. 8014.) Erzherzog Ferdinand schlägt auch dem Kaiser die Auflassung einer eigenen Maurermeisterstelle (neben dem Baumeisteramte) vor, doch wird Austalis 1567 auf Fürbitte der böhmischen Kammer auch von Kaiser Maximilian II. als kaiserl. Maurermeister angestellt. (A. a. O. XII. Reg. Nr. 8018.)

Im Jahre 1569 ist er wieder beim Prager Schloßbau tätig. (A. a. O. V. Nr. 4430.) 1570 erscheint er bereits als „kaiserl. Baumeister" (a. a. O. XII. No. 8095), und baut 1570—72 als leitender Architekt das kaiserl. Schloß in Chlumetz. (A. a. O. XII. Nr. 8087 und 8127.)

Seit 1573 bekleidet er das Amt eines „kaiserl. Bauamtsverwalters", d. h. er ist kais. Baumeister und kais. Maurermeister zugleich. (A. a. O. XII. Nr. 8144.) Dieses Doppelamt versah er auch unter Rudolf II. bis zum Jahre 1583; in diesem Jahre wird das Amt wieder geteilt und neben ihm, dem Baumeister, wird wieder ein Maurermeister angestellt. (A. a. O. XII. No. 8226.) 1574 baut er am kaiserl. Schlosse in Pardubitz (Ostböhmen). 1575—76 baut er für den Prager Erzbischof Anton Brus von Müglitz († 1580) die S. Adalbertskapelle vor der damaligen provisorischen Fassade des Prager S. Veitsdoms, die aber anläßlich des Domausbaues im J. 1879 demoliert wurde. (A. a. O. XII, Reg. No. 8213.) In dieselbe Zeit dürften auch die Bauten an der Prager Residenz des genannten Erzbischofs zu setzen sein. (A. a. O.) 1581 erwarb er bei den böhmischen Ständen das Inkolat (Herain, s. u.) und wurde 1581 oder 1586 in den Ritterstand erhoben. 1582 baut er wiederum am Prager kaiserl. Schloß. In demselben Jahre liefert er auch dem Kaiser die Vermessungen, die Risse und den Kostenüberschlag für ein „lebenhaus im lustgarten" (Jahrb. der Kstsl. d. Allerh. Kaiserh. XII. No. 8215), in welchem nichts anderes erkannt werden kann als das sog. „Ballhaus Kaiser Rudolf II." im kaiserl. Hofgarten am Hradschin. Kurz nach 1582 entstand die schöne marmorne Grabtumba des Oberstkanzlers des Königreiches Böhmen, Wratislaw von Pernstein, der 1582 starb u. kurz vor seinem Tode mit dem Meister in Verbindung trat. (A. a. O. XII. No. 8216.) Deshalb, sowie aus stilistischen Gründen ist es höchst wahrscheinlich, daß der Entwurf zu diesem Grabmal, das sich noch heute in einer der nördlichen Kapellen des Prager Domes befindet, auf Austalis zurückgeht. Nicht minder wahrscheinlich ist es, daß der Meister 1583 im Auftrage der Witwe des Wratislaw von Pernstein den Umbau der Trinitätskapelle vor dem Prager Dom ausführte. Auch dieses Werk fiel dem Domausbau 1884—87 zum Opfer. Vor 1585 war der Meister für die Gräfin von Salm beschäftigt. (A. a. O. XII. No. 8233.) Alle Anzeichen sprechen dafür, daß diese dokumentarische Bemerkung auf das Palais Salm auf dem Karlsplatze in Prag Bezug hat. Ein späterer Umbau hat nur das Portal unversehrt erhalten, doch genügt dieses, den Meister zu erkennen. Um 1587 tritt er eine Reise in seine Heimat an. (A. a. O. XII. Nr. 8233 u. 8245); doch scheint er sehr bald wieder zurückgekehrt zu sein, da er bereits im Frühjahre 1588 bei der Restauration der baufälligen Burg Karlstein bei Prag beschäftigt ist. (Landt.-Verhandl. u. Mareš, Reg. No. 87.)

1589 interveniert er beim Baue des Lagrandschen Hauses auf dem Fünfkirchenplatze in Prag-Kleinseite; man nimmt deshalb an, er sei auch der Erbauer dieses Hauses (Herain). 1591—93 baut er für die Herrn von Rosenberg das Schloß in Wittingau (Südböhmen) (Mareš, Reg. No. 107). Da die Rosenberge 1590—91 ihren großen Palast auf dem Hradschin in Prag errichteten (a. a. O.), so darf man annehmen, daß Austalis auch diesen Bau geführt hat. Ein völliger Umbau im 18. Jahrh. hat diesem Gebäude seinen ursprünglichen Charakter völlig genommen.

1592—93 leitete er die gründliche Renovierung der Prag-Kleinseitner Thomaskirche (Herain).

1596 wurde die Barbarakapelle im Kreuzgange des Augustinerklosters bei S. Thomas auf der Kleinseite vollendet. Zwei schöne Portale, die in die Kapelle führen, weisen unzweifelhaft auf Austalis als Urheber hin.

Der Meister wurde in seinen späteren Jahren stets zum Ältesten der Maurerzunft gewählt. Aus seiner Ehe hatte er einen Sohn Peter Caranca, der auch bei den kaiserlichen Bauten beschäftigt war, doch 1585 als bereits gestorben erwähnt wird. (Jahrb. d. Kstsl. d. Allerh. Kaiserh. XII. No. 8233.) Eine Tochter, Anna, war mit Mathias Fuch v. Fuchýřow verheiratet. (A. a. O. XII. Nr. 8299 u. 8301.) Auch sie überlebte den Vater nicht.

Austalis besaß mehrere Häuser in Prag, sowie mehrere Höfe und Felder in der Umgebung, und scheint, gemäß der Inventaraufnahme seiner Hinterlassenschaft, sehr vermögend gewesen zu sein. (A. a. O. XII. Nr. 8276, 8296, 8299, 8301.) Dafür spricht auch, daß er Geld verlieh. (A. a. O. XII. Nr. 8293.) Sein Polier Casagrande, der nach des Meisters Tode mit einem Teil von dessen Habe nach Italien floh, stand unter dem Verdachte, ihn vergiftet zu haben. (A. a. O. XIX. Nr. 16330.) Austalis ist im Kreuzgange des Augustinerklosters bei S. Thomas auf der Kleinseite begraben, wo sich sein Grabstein noch heute eingemauert befindet.

Jahrb. der Kstsamml. d. Allerh. Kaiserh. V Reg. No. 4283 A, 4292, 4293, 4294, 4307, 4430; X Reg. No. 6175, 6225, 6229; XII Reg. No. 7984, 8013, 8014, 8018, 8084, 8087, 8089, 8095, 8102, 8127, 8144, 8200, 8202, 8213, 8215, 8216, 8226, 8232, 8233, 8245, 8272, 8276, 8293, 8296, 8299, 8301; XIX Reg. No. 16330. — Pamatky archaeol. a místop. (cěchische Kunstzeitschr.) XVI (1893 bis 95) Sp. 792 (Mareš), XVII (1896—97) Sp. 240/1, Reg. No. C VII (Mareš) und XVII Sp. 88 u. 106 (Matějka). — Hammerschmid, Prodromus gloriae Pragenae 1723, p. 464. — Dlabacz, Kstlerlex. III 310. — Ekert, Posvátná místa kr. hl. města Prahy (Die geheiligten Orte Prags) (1883) I 220. — Winter, Kulturní obraz českých měst (Kulturbild böhm. Städte) 1890. I 360. — Die böhmischen Landtagsverhandlungen u. Landtagsbeschlüsse 1526 ff. VII (1891) 286 u. 313. — Herain, Alt-Prag, 1902, p. 13, 140, 146. — Podlaha u. Hilbert, Chrám sv. Víta v Praze (s. Veitsdom in Prag). In der Topogr. d. Bau- u. Kunstdenkm. Böhmens. 1906 p. 128—131. *Oskar Pollak-Prag.*

Austée, Abt von Gorze, † 960, war Archidiakon und Baumeister an der Kathedrale zu Metz.

Bégin, Hist. de la cath. de Metz. — Réunion des Soc. des B.-Arts. XXV 302. *C. Enlart.*

Austen, Anton, poln. Maler, geb. 1865 in Warschau, wo er (1883—1887) die Zeichenschule besuchte, studierte dann in der Akad. Julian (1889—1892) in Paris unter der Leitung Jules Lefebvres, Benjamin Constants und Robert Tony-Fleurys. Er malt Genre-Bilder und Landschaften, worunter sich besonders die luftigen und farbenfrischen spanischen und bretagnischen Küsten auszeichnen. Lebt in Warschau, wo er auch literarisch, namentlich auf dem Gebiete der Kunstkritik, tätig ist.

Swieykowski, Pamietnik Towarzystwa P. S. P. w Krakowie 1854—1904. *C. M. v. Górski.*

Austen, William, Metallgießer des 15. Jahrh. in England, Mitarbeiter an den Figuren des prächtigen Grabmals Richards von Beauchamp, Grafen von Warwick († 1439), das sich in einer dem Chor der Kollegialkirche zu Warwick angebauten Kapelle befindet. Die Kapelle, die die Gräfin testamentarisch gestiftet, wurde 1443 angefangen und 21 Jahre später vollendet.

Sein Arbeitsanteil wird betreffen: die Statue des Grafen Richard, der liegend in seiner Rüstung dargestellt ist mit dem Helme zur Seite des Kopfes, einem Bären mit Maulkorb und einem Greif zu den Füßen; ferner vierzehn Statuetten von Leidtragenden und 18 kleine Engelsgestalten. Das Messinggitter, welches die Statue des Grafen schützt, ist gleichfalls von Austen gefertigt. Barth. Lambespring, ein holländischer Goldarbeiter in London, übernahm die Ziselierung, Vergoldung und Politur aller Erzteile und außerdem die Lieferung von 14 vergoldeten und emaillierten Wappen. Auch Thomas Stevens, der Kupferschmied, hatte wesentlichen Anteil an der Arbeit der Hauptfigur und den 14 „weepers", während John Essex nur die Steinarbeit geliefert haben wird. Jede Langseite des marmornen Unterbaues enthält elf Abteilungen von ungleicher Größe, jede Schmalseite fünf. In diesen Abteilungen, die durch schöne architektonische Ornamente eingefaßt werden, sind für die Statuetten größere und kleinere Nischen angebracht, über denen sich marmorne Baldachine erheben. In den großen Nischen sieht man die Statuetten der Trauernden, in den kleinen, die mit jenen abwechseln, die Engelsfiguren aufgestellt. Die Trauernden stellen Heinrich von Beauchamp, den Sohn des Verstorbenen, und dessen Gemahlin Caecilie Neville,. die vier Töchter des Grafen mit ihren Gatten und andere Glieder der Familie Neville dar.

Walpole, Anecdotes of painting I 38. — Lübke, Gesch. der Plastik p. 440. — Flaxman, Lectures on Sculpture p. 44, 45. — Fortnum, Bronzes p. 150/1. — Meyer, Kstlerlex. Abbildungen finden sich in: Dugdale, The Antiquities of Warwickshire 1656 p. 354. Gestochen von W. Hollar (Parthey 2357). — Britton, Archit. antiquities IV. — Stothard, Monumental effigies of Great Britain pl. 120 bis 126. **

Austen, Miß Winifred, Tiermalerin der Gegenwart, in London tätig, stellte von 1899—1903 regelmäßig in der Roy. Academy ihre Raubtierdarstellungen und Tierfabeln aus.

Graves, The Roy. Academy of Arts, 1905, I 80. **

Austen, s. auch *Austin* u. *Brown,* T. Austen.

Austerlitzer (Austerliczer), Lorenz, Gold- und Silberarbeiter in Brünn, wurde 1575 Bürger. 1591 in den Rat aufgenommen, welchem er auch 1594, 1597 und 1600 angehörte; in letzterem Jahre war er Bürgermeister. Er starb 1607. Für den Brünner Rat lieferte er 1601 einen Becher, ein Hochzeitsgeschenk an Paul Honorio, 1602 ein Silberkandel, ein Geschenk an die Frau Unter-Kämmererin anläßlich einer Kindstaufe und 1604 einen Kredenzbecher, ein Hochzeitsgeschenk an den Landeshauptmann von Mähren, Ladislaus Berka.

C. Schirek, Mitteil. des Mähr. Gew.-Mus. 1898 p. 157. *—k.*

Austin, Mrs., Porträtmalerin in Bristol, stellte 1835 und 1838 in der Roy. Academy Herren- und Damenporträts aus.

Graves, The Roy. Academy of Arts, 1905, I 81. **

Austin, Miss Christina, engl. Miniaturmalerin, stellte in den Jahren 1783—97 4 Miniaturen in der Society of Artists und 5 in der Royal Academy aus.

Graves, The Roy. Acad. of Arts, 1905, I 81.

Austin, George, Dombaumeister der Kathedrale zu Canterbury, geb. in Woodstock, † 26. 10. 1842 zu Canterbury, bekannt wegen seiner wichtigen Restaurationen an der Kathedrale zu C. und an anderen gotischen Kirchen.

Redgrave, Dict. **

Austin, H., Maler in London, stellte 1833 in der Roy. Academy „East End of York Minster" aus.

Graves, The Roy. Academy of Arts, 1905, I 81. **

Austin, Richard T., Holzschneider und Maler, in London tätig um 1800—1818, Schüler von J. Bewick, machte zierliche kleine Schnitte und Vignetten, war viel für Buchhändler tätig und illustrierte u. a. auch Linnaeus' Travels in Lapland (1811). 1802 erhielt er eine silb. Medaille von der Soc. of Arts. 1803 und 1806 stellte er 2 Landschaften in der Royal Acad. aus und 1818 daselbst den Holzschnitt vom Blenheim Park. — Er bezeichnete bisweilen nur abgekürzt: Aust.

Redgrave, Dict. — Graves, The Roy. Acad. of Arts, 1905, I. *R.*

Austin, Samuel, engl. Aquarellmaler von Landschafts- und Seestücken, in Liverpool geb. 1796, † im Juli 1834, Autodidakt, der nur von de Wint einige Anleitung erhielt. Er stellte 1820 zum ersten Male in der Royal Acad. aus und zwar das Bild: Spellow Mill, Walton, near Liverpool; 1824 war er einer der Mitbegründer der Society of British Artists, an deren Ausstellung in der Suffolk Street er teilnahm, bis er 1827 Mitglied der Old Water Colour Society wurde und nun deren Ausstellung beschickte, im ganzen mit 61 Zeichnungen. Seine besten Bilder sind staffierte Küsten- und Flußszenen aus seiner Heimat, später auch aus Holland, Belgien und vom Rhein. Ein Aquarell von ihm: Stratford on Avon im British Museum und „Shakespeares Cliff" im South Kensington Museum.

Roget, History of the Old Water Colour Soc. I 526—8. — Graves, The Roy. Acad. of Arts, 1905, I. — Binyon, Cat. of drawings I. *R.*

Austin, William, Zeichner und Kupferstecher, geb. zu London 1721, † 11. 5. 1820 zu Brighton, lernte das Stechen bei G. Bickham. Da er aber wenig Erfolg im Kupferstiche hatte, ward er Zeichenlehrer und betrieb zugleich einen Handel mit Stichen. Seine meisten Blätter sind Landschaften, z. B. die Folgen: The Ruins of Palmyra (4 Blätter von ihm), Ruins of ancient Rome (4 Blätter), Seelandschaften nach van Goyen (6 Bl.), die 4 Tageszeiten (4 Blätter); außerdem stach er auch noch eine Folge von 6 politischen Karikaturen in Bistermanier. 1776—86 stellte er auch dreimal in der Royal Acad. Landschaften und Studien aus.

Le Blanc, Manuel. — Meyer, Kstlerlex. (hier ausführliche Liste s. Arbeiten). — Graves, The Roy. Acad. of Arts I. — Redgrave, Dict.

Austin-Carter, Matilda (R. M. S.), engl. Miniaturmalerin, geb. 1840 in Bristol, Schülerin ihrer Mutter, Mrs. S. H. Carter, malte in ihrer Jugend Aquarelle mit poetischen und historischen Sujets, seit 1890 ausschließlich Miniaturen auf Elfenbein. *R.*

Austin, s. auch *Austen.*

Austorffer, Friedrich, Maler in Erding, um 1678—1692, nur urkundlich bekannt.

Die Kunstdenkmale d. Königr. Bayern. Bd. I. Oberbayern. p. 1208. *H. V.*

Austria, D. Juan de, Dilettant in der Malerei und Kupferstechkunst. Sohn König Philipps IV. von Spanien u. der Maria Calderón, geb. Madrid 1629, † ebenda 17. 9. 1679. Vizekönig von Aragonien, Minister Karls II. etc. In der Malerei Schüler des Jusepe Martinez, nach anderen des Eugenio de Las Cuevas. In der Bibl. Nacional zu Madrid eine von ihm radierte verkleinerte Kopie eines Stiches von Callot.

Cean Bermudez, Dicc. I 82—83. — Viñaza II 37. — Sentenach y Cabañas, Pintura en Madrid 157. *M. v. B.*

Austyn, Peeter, Maler in Antwerpen, wird 1507 in die dortige Lukasgilde aufgenommen.

Liggeren I 66. **

Autelli, Jacopo, Musivarbeiter in Florenz, Sohn des um 1620 in gleicher Technik tätigen *Giovanni A.*, genannt *Monicca* oder *Monnicca,* ebendaselbst. Gemeinschaftlich mit anderen arbeitete er von 1633—1649 eine reizende achteckige Tischplatte mit rundem Mittelstück, wozu die Zeichnung von Poccetti, der Fries rings herum von Ligozzi herrührte (jetzt in den Uffizien). Andere Werke von derselben Meisterschaft — Reliefs oder vollständige Statuetten von edeln Steinen — befinden sich im Kabinett der Gemmen und Kameen in S. Lorenzo und im Palazzo Pitti zu Florenz.

Lanzi, Stor. pittorica d. Italia V Ed. 1834, I 225. — Meyer, Kstlerlex. II (mit ält. Lit.). *H. V.*

Autenrieth, Ludwig Friedrich, Kupferstecher, geb. zu Stuttgart 12. 3. 1773, besuchte die Karlsschule und lernte das Kupferstechen unter J. G. Müller. Er arbeitete meistens für Buchhändler, namentlich für Cotta, und gab sich nebenbei besonders mit landschaftlichen Zeichnungen und Aquarellen ab. Lange Zeit war er Zeichenlehrer an Stuttgarter Lehranstalten und starb arm am 28. 9. 1857.

Bach, Stuttgarter Kunst S. 148, 265. — Meyer, Kstlerlex. *M. Bach.*

Autenzio, S., italien. Bildhauer, war 1888 bis 1893 fast regelmäßig im Pariser Salon mit Porträtbüsten in Bronze und Terrakotta vertreten.

Kat. d. Salon 1888—91, 1893. **

Autereau, s. *Autreau.*

Auteri-Pomar, Michele, Schriftsteller, Dichter und Bildhauer, geb. 1838 in Palermo, kam erst spät zur Bildhauerei. Genannt seien von seinen Arbeiten das Denkmal des Gius. Lafarina (Turin, Piazza Solferino) und sein Konkurrenz-Entwurf für das Victor Emanuel-Denkmal in Rom.

Gubernatis, Dizion. d. art. ital. viv. p. 22. **

Auteroche, Alfred Eloi, Tier- u. Landschaftsmaler, geb. zu Paris 1831, Schüler von Brascassat und L. Cogniet, stellte wiederholt (1859—1887) im Salon aus; auf der Wiener Weltausstellung von 1873 sah man von ihm 2 Arbeiten: „le marchand de vaches" und

„animaux au paturage" (französ. Staatseigentum). † in Paris im Mai 1906.

Bellier-Auvray, Dict. gén. und Suppl. — Bullet. de l'art anc. et mod. 1906 p. 163. *H. V.*

Auteroche, Eugénie Venot d', Porträt- und Blumenmalerin in Paris, Schülerin von Léon Cogniet, stellte 1876—1880 im Salon aus.

Bellier-Auvray, Dict. gén., Suppl. *H. V.*

Auteuil, Gilon d', Ornamentbildhauer, arbeitete in Poitiers 1383 unter Guy de Dammartin am Turm von Maubergeon und am Palais des Herzogs Jean de Berry.

Lami, Dict. d. sculpt. 1898. *R.*

Auteuil, Jean d', französ. Maler, führte wichtige Arbeiten, insbesondere Wandmalereien in Paris von 1322—1327 aus.

Marcel Poëte, Les primitifs parisiens, Paris 1904. *P. Durrieu.*

Autguers, G., französ. Kupferst., tätig zwischen 1624 und 1630 in Lyon.

Meyer, Kstlerlex. (mit Verz. d. Werke). — Le Blanc, Manuel. — Rondot, Les Grav. d'est. en cuivre à Lyon au XVIIe s. *J. Guibert.*

Auther, Bildhauer, vermutlich italien. Ursprungs, war 1577 bei der inneren Ausschmückung des herzoglichen Schlosses von Nancy beschäftigt.

Lami, Dict. d. sculpt. 1898. *R.*

Authiat, Eugène Alfred, Landschafts- und Stillebenmaler in Paris, stellte wiederholt (1879—1889) im Salon aus.

Bellier-Auvray, Dict. gén., Suppl. — Katal. d. Salon. *H. V.*

Autin (oder Autrin), Jean Barthélemy, französ. Gießer, Versilberer und Ziseleur in Paris, scheint für die berühmten Ebenisten Ch. A. Boulle u. Ch. Cressent vielfach tätig gewesen zu sein, da er bedeutende Forderungen an die Nachlassenschaft derselben (1745 u. 1757) geltend machte.

Champeaux, Dict. d. fondeurs p. 46. — Macon, Les Arts dans la maison de Condé 1903 (ob identisch mit Obigem?). **

Autinans, Vilam, Glockengießer, goß laut Inschrift 1413 eine Glocke zu Feddewarden in Oldenburg.

Mithoff, Mittelalt. Kstler. u. Werkm. Nieders. u. Westf. 1885. *H. V.*

Autissier, Jean François, s. *Autissier,* Louis Marie.

Autissier, Louis Marie, Miniaturmaler, geb. in Vannes (Frankreich) 8. 2. 1772, studierte in Frankreich unter Vautrin und ließ sich nach einem langen Aufenthalte in den Niederlanden naturalisieren. Seine Beliebtheit scheint sehr groß gewesen zu sein zu der Zeit, wo die Miniaturmalerei blühte, die er wirklich mit Geschick ausübte. König Willem I. der Niederlande beauftragte ihn mit seinem Porträt. Wir konstatieren übrigens, daß er auch Phantasiekompositionen malte, z. B. Hebe im Olymp Nektar spendend (Gent 1812), Eine friesische Waffelverkäuferin (Brüssel 1828), Eine Magdalena (Haag 1827), Eine Brüsselerin im Strohhut (Brüssel 1827). Zwischen 1812 und 1821 muß der Maler zeitweise nach Paris zurückgekehrt sein, bald danach finden wir ihn in Brüssel ansässig, wo er 4. 9. 1830 starb. Er hatte, wie es scheint, nach der Revolution die Vornamen *Jean François* angenommen. Die Katal. geben ihm keine Initialen und van Eynden und van der Willigen kennen seinen Vornamen nicht.

v. Eynden en v. Willigen, Geschiedenis d. Nederlandsche Schilderkunst III. — Meyer, Kstlerlex. — Ausstellungskataloge. *H. H.*

Autobulos, griechischer Maler unbekannter Zeit und Herkunft, nur als Schüler einer Malerin Olympias erwähnt.

Brunn, Gesch. d. gr. Kstler. II 300. — Pauly-Wissowa, Realenc. II 2595, 4 (Rossbach). *Sauer.*

Autoriello, Francesco, neapolitan. Maler, Professor am R. Istituto di Belle Arti, geb. 1824 in Neapel, Schüler von Filippo Palizzi. Genannt seien von seinen Gemälden: Der Tod Colignys (angekauft vom Municipio von Neapel) und das große Bild: Sokrates besucht Aspasia (Ausstell. in Turin 1884). 1870 veröffentlichte er ein Werk über Linearperspektive, von dem eine Neuauflage erschien.

Gubernatis, Diz. d. art. ital. viventi p. 23. — Rass. bibliogr. d. arte it. II 263. *H.*

Autran, Augustin, Architekt in Paris, geb. in Marseille, war im Salon 1870 mit 12 Zeichnungen, Plänen für die Abtei von Mont-Saint-Michel vertreten.

Bellier-Auvray, Dict. gén., Suppl.

Autran, Eugène, Emailmaler, geb. zu Genf 1838, tätig in Paris, malte Porträts und figürliche Darstellungen, letztere auch nach fremden Vorbildern wie z. B. nach Gleyre („Les Helvètes", Royal Academy Exhibition, London 1881); auf der Pariser Weltausstellung 1878 war er mit 6 Arbeiten, darunter einem Selbstporträt in Aquarell vertreten; ebenso auf den Weltausstellungen von 1889 und 1900 in Paris sowie auf der Genfer National-Ausstellung 1896. Vier Proben seiner Kunst, darunter eine Kopie nach Pénicaud, befinden sich in dem Musée des Arts décoratifs zu Genf.

Brun, Schweiz. Kstlerlex. 1902. — Graves, The Royal Academy of Arts 1905. — Gaz. d. beaux-arts III Pér. II (1889) pag. 88 mit Abb. pag. 85. *H. V.*

Autreau, Jacques, französ. Porträtmaler und dramatischer Dichter, getauft 30. 10. 1657 in Paris, † daselbst 16. 10. 1745 im Hospice des Incurables. Eines der bekanntesten Bilder A.s stellte Fontenelle, Houdart de la Motte und Danchet dar, es wurde von M. de la Faye erworben, ist aber verschollen. 1738 malte er zu einem Porträt des Kardinals Fleury nach Rigaud sich selbst als Diogenes mit der Laterne (gestochen von H. S. Thomassin, J. Houbraken, G. Bodenehr, Cl. Roy, S. Pinssio und Thévenard). Das einzige bekannte erhaltene Bild A.s ist wohl sein

Selbstporträt im Mus. von Versailles. Im Alter von 60 Jahren begann A. Theaterstücke zu schreiben, und verfaßte auch den Text zu Rousseaus Oper Platée. Seine „Oeuvres dramatiques" (mit einem Vorwort über das Leben von Pesselier) erschienen 1749 in Paris. A. starb im Elend, Voltaire nennt ihn „homme assez franc, d'ailleurs mauvais peintre et mauvais poète".

Mémoires de Trévoux 1756 p. 1171. — Jal, Dict. crit. — Bellier-Auvray, Dict. gén. — Heinecken, Dict. des Art. — Meyer, Allgem. Kstlerlex. ✝ *H. Stein.*

Autreau, Louis, Bildnis- und Genremaler, Sohn des vorigen, geb. zu Paris um 1692, † daselbst 25. 8. 1760, wurde 24. 2. 1741 Mitglied der Akad. infolge seiner Porträts des Bildhauers René Fremin und des Malers Favannes. Das erstere befindet sich in der Akad. zu Paris. J. Baléchou, P. Aveline P. Dupin, Thérèse Rousselet haben nach ihm gestochen resp. radiert. Auf den Ausstellungen des Pariser Salon war er 1738, 39, 40, 43, 45, 47, 48, 50, 55, 59 mit verschiedenen Bildnissen vertreten.

J. J. Guiffrey in Meyers Kstlerlex. — Jal, Dict. crit. — Bellier-Auvray, Dict. gén. — Notizen von F. L. Bruel. *R.*

Autrique, Edouard, Sohn des Jean, belg. Maler, geb. um 1800, Schüler seines Vaters, dann von Kinson. Er stellte 1823 im Salon von Gent vier Porträts aus und sandte 1827 von Paris auf den Brüsseler Salon zwei Genrebilder. Gabet (1834) nennt von A. religiöse Gemälde und eines, dessen Gegenstand der griechischen Geschichte entnommen ist, und gibt an, sie seien zu Paris in der Galerie Lebrun ausgestellt gewesen. Er fügt hinzu, der Künstler habe zu Vaugirard bei Paris gewohnt, und gibt ihm den Titel eines Malers des Herzogs von Gloucester.

Alex. Pinchart in Meyers Kstlerlex. **

Autrique, Jean Baptiste Joseph, untergeordneter Maler, geb. zu Brügge den 28. 11. 1777, machte seine Studien zu Paris unter seinem Landsmanne Suvée. 1811 wurde er als Zeichenlehrer an die Akad. von Ypern berufen, deren erster Professor er wurde. F. Böhm, A. de Bruck, Roffiaen u. a. waren hier seine Schüler. Drei Bilder von ihm erschienen auf dem Brüsseler Salon von 1837; sie stellten Ansichten französ. Gegenden, aus der Brie, Dauphiné etc., dar. Zu Ypern, wo er den 21. 1. 1853 starb, hat er einige Bildnisse gemalt.

Meyer, Kstlerlex. **

Autun. Zwei Miniaturporträts des Marquis Lafayette und seiner Gemahlin (auf Elfenbein, in Wiener Privatbesitz) tragen die Signatur eines sonst nicht bekannten Miniaturisten *Autun.* — Vermutlich *Autissier,* s. dort.

Katal. d. Miniat. Ausst. bei Friedmann u. Weber, Berlin 1906. **

Auvera, Jakob van der, Bildhauer, geb. um 1700 zu Mecheln, † zu Würzburg um 1760. Der bedeutendste Künstler aus der Familie A., Schwiegersohn des Malers Onghers. Würzburgischer Hofbildhauer. Arbeitete mit Vorliebe in der Manier des Bernini. Von ihm Kolossalbrunnen im Kloster Ebrach, Chorstühle mit den Wappen der adligen Domherren im Dom zu Würzburg (1749), die Statuen an den Portalen der Neumünster-Kirche, des Klerikalseminars und der Peterskirche zu Würzburg. Unter seiner Leitung wurde auch die dekorative Plastik der Würzburger Residenz ausgeführt.

Meyer, Kstlerlex. — Niedermaier, Kstgesch. d. Stadt Würzburg (2. Aufl.). — G. Dehio, Deutsche Kunstdenkm. I. *Fr. Leitschuh.*

Auvera, Johann Wolfgang van der, Würzburgischer Hofbildhauer, † in Würzburg 1756. Sohn des Jakob van der A., ausgebildet in Rom, beteiligt an der dekorativen Plastik in der Residenz zu Würzburg. Von ihm die Kanzel der Benediktinerabtei Amorbach, die beiden Gruppen aus der Geschichte des Herkules in den Würzburger Glacisanlagen, Ölberg im Würzburger Friedhof, zahlreiche Skulpturen an Würzburger Kirchen (Johannesstatue am Portal von Stift Haug), Kurien und Privathäusern, schwerfällige Marmorgrabmäler für Lothar Franz und Friedrich Karl von Schönborn in Bamberg (früher im Dom, jetzt Michaelsberg) Auch in Mainz tätig.

Meyer, Kstlerlex. — Niedermaier, Kunstgesch. d. Stadt Würzburg (2. Aufl.). — Dehio, Deutsche Kunstdenkm. I. — Sponsel, Klosterkirche Amorbach. *Fr. Leitschuh.*

Auvera, Lukas Anton van der, Bildhauer, † zu Würzburg 1766. Sohn des Jakob van der A., beteiligt an der plastischen Ausschmückung der Würzburger Residenz, von ihm auch viele Statuen an Würzburger Privathäusern.

Meyer, Kstlerlex. — Niedermaier, Kunstgesch. d. Stadt Würzburg (2. Aufl.).

Auvera, s. auch *Auwera.*

Auvergne, Lina, Emailmalerin, geb. 29. 11. 1871 zu Genf, tätig in Paris, später in Genf; Arbeiten von ihr sind auf mehreren Ausstellungen (Genf 1896, Brüssel 1898, Paris 1900) ausgezeichnet worden. Das Stuttgarter Kunstgewerbemus. hat den „Falkner zu Pferde" von ihr angekauft.

Brun, Schweiz. Kstlerlex. 1905. *H. V.*

Auvigny, Charles d', französ. Maler, tätig in Polen ca. 1780—1830; geb. 1740, kam nach Polen wahrscheinlich mit seinem Vater, der Tanzmeister beim Fürsten Adam Czartoryski war. Er malte Miniaturen und kleinere Ölbilder, welche in den Jahren 1819 und 1821 in Warschau ausgestellt waren; er gab auch Zeichenstunden in derselben Stadt, wo er am 4. 2. 1830 starb.

Rastawiecki, Slownik mal. polskich I 14. — Füssli, Neue Zusätze.

Dr. Graf Georg Mycielski.

Auvray, Alexandre Hippolyte, Maler, geb. zu Cambray 15. 3. 1798, † zu Valenciennes 2. 6. 1860, Bruder des Felix u. Louis A., studierte bei Momal in Valenciennes, wandte sich hauptsächlich der Dekorationsmalerei zu. Mehrere Kirchen in der Umgebung von Valenciennes bewahren Gemälde von ihm. Eine Lithographie mit der Ansicht des großen Platzes von Valenciennes ist im Besitz des dortigen Mus.

Bellier-Auvray, Dict. gén., Suppl. — Meyer, Kstlerlex. *H. V.*

Auvray de la Bataille, französ. Zeichner, tätig zu Anfang des 18. Jahrh., zeichnete die zu seiner Zeit in der Abbaye de la Trinité zu Caen befindlichen, Ende des 18. Jahrh. zerstörten Grabsteine der Äbtissinnen und das ehemals an demselben Ort befindliche, heute gleichfalls zerstörte, 1592 errichtete Grabmal der 3 Schwestern Montmorency.

Réunion des Soc. d. Beaux-Arts XIX 523. *H. V.*

Auvray, Félix, Bruder des Al. Hipp. A., Maler, geb. zu Cambrai 31. 3. 1800, kam mit seinen Eltern noch als kleines Kind nach Valenciennes. Nach glänzenden Fortschritten auf der dortigen Akad. kam er 1820 nach Paris in das Atelier von Gros. Im Salon 1824 debutierte er unter dem Namen Félix mit der Eifersucht der Oenone und unter seinem Familiennamen mit dem hl. Ludwig als Gefangenen. Bald darauf ging A. nach Rom, wo er mehrere Jahre verweilte. 1826 hielt er sich in Florenz auf, ging aber im folgenden Jahre nach Rom zurück. Daselbst entstanden einige seiner besten Werke, so das Gastmahl des Damokles, welches das Datum 1827 trägt. Im Salon desselben Jahres brachte der Künstler: Hl. Paulus in Athen, Aufopferung von Gautier de Chatillon (Mus. von Cambrai) und Spartanischer Flüchtling von den Thermopylen (Gruppe von sechs Figuren), Mus. von Valenciennes. Dem letzteren gehören auch andere Gemälde des Künstlers, darunter die Erhebung Pipins des Kurzen auf den Thron, Der Tod Meleagers usw. Vom J. 1831 datiert Der letzte Tag von Pompeji. A. starb 11. 9. 1833 in seiner Vaterstadt (und nicht in Paris, wie mehrere Biographen angeben).

A. Pinchart in Meyers Kstlerlex. — Durieux, Les artistes cambrésiens 1873 p. 460. *R.*

Auvray, Louis, französ. Bildhauer, Archit. und Schriftsteller, Bruder des Félix A., geb. 7. 4. 1810 zu Valenciennes, arbeitete zunächst in seiner Vaterstadt mit Léonce de Fieuzal, kam dann 1830 nach Paris in das Atelier David d'Angers. Außer zahlreichen Bildhauereiarbeiten, die er ausführte, veröffentlichte der Künstler die Revue des Salons 1857—1868, gründete 1860 die Revue artistique et littéraire und vollendete den Dictionnaire général des artistes français, von Bellier de la Chavignerie begonnen. Louis Auvray starb 1890. Seine Hauptwerke sind im Museum von Valenciennes: die Büsten seines Bruders Félix, des Bildgießers Jacques Saly, Antoine Watteaus und des Bildgießers Milhomme, der Kopf eines Greises und die Anlage des Grabmals Napoleons I. im Invalidendom; in der Kirche Saint-Nicolas zu Valenciennes eine steinerne Statue der hl. Cäcilie; in der Kathedrale von Valenciennes ein Christus in Marmor; im Palais des Louvre „die Astronomie", eine Gruppe in Stein, und 2 Marmorstatuen, die die aus dem Bade steigenden Göttinnen Ceres und Venus darstellen; in den Galerien des Louvre: die Büsten Watteaus und A. Sauvageots; im Palais des Instituts: die Büsten Condillacs und des Bildgießers Moitte; im ehem. Hôtel de ville zu Paris: eine steinerne Statue Jean de la Vacqueries; im Taubstummen-Institut: die Büsten des Abbé Sicard und des Abbé de l'Epée; in Nogent-le-Rotrou: das Monument Watteaus (das 1865 feierlich eingeweiht wurde); im Mus. zu Versailles: die Büste Jean Froissards; im Mus. von Douai: die Büste Solons; an der Fassade des Hôtel de ville in Valenciennes: 5 steinerne Karyatiden; auf dem Platz von Forges-les-Eaux (Seine-Inférieure): das Monument des Kupferst. Brévière, und im Opernhause zu Paris: die Büste des Komponisten Lesueur.

Bellier-Auvray, Dict. gén. — Richesses d'art de la France, Paris, mon. civ. I. *Lami.*

Auvray, Philipp Peter Joseph, gen. *Noël,* Porträtmaler, geb. zu Dresden 1778, † daselbst 1815, Schüler der Dresdener Akad., dann Casanovas und Schenaus; er war auf den Dresdener Ausstellungen bis 1807 teils mit Kopien nach historischen Gemälden, teils mit originalen Erfindungen, Porträts in Miniatur und Öl, vertreten.

Füssli, Neue Zusätze 1824. *H. V.*

Auvray, Pierre-Laurent, französ. Kupferstecher und Radierer, geb. 1736 zu Paris, Schüler von Laurent Cars, tätig zu Paris und Basel. Von ihm les Pétards und les Jets d'eau, nach Fragonard; La Marchande de marrons et la marchande d'herbes, nach Jean Bertaux. Er fertigte auch Kupfer für „Voyage pittoresque de la France, Paris Lamy 1787"; für „le voyage pittoresque ou description des royaumes de Naples et de Sicile, par l'abbé de St. Non, Paris 1781"; für die „tableaux pittoresques de la Suisse, Paris 1780" und führte auch Porträts aus, u. a. diejenigen von Préville und von Lamette, nach Ch. Monet. Seine Manier war etwas kalt und glanzlos.

Le Blanc, Manuel. — Portalis et Béraldi, Les graveurs d. XIXe s. — Meyer, Kstlerlex. *P. A. Lemoisne.*

Auwelier, Peeter, Maler in Antwerpen, wurde 1669/70 Meister in der dortigen St.

Lukasgilde und wird 1689/90 als verstorben erwähnt.

Liggeren II 295, 297, 394, 398, 546. **

Auwera, Franz, Bildhauer, geb. zu Aub (Unterfranken), † zu München um 1816, Schüler des Bamberger Bildhauers J. L. Kamm und des Müncheners Roman Anton Boos.

Jäck, Leben und Werke der Bamberger Künstler. — Deutsches Kunstblatt 1851 S. 415.

Auwera, s. auch *Auvera.*

Auwercx, Familie von Brüsseler Teppichwirkern, deren Name sich auch Auwerickx oder Auricx schrieb. Sie waren in der 2. Hälfte des 17. und im 18. Jahrh. tätig. Der erste dieser Teppichwirker, Namens *Albert,* wurde 1657 in die Korporation eingeschrieben und war „conseiller communal" 1679 u. 1680. Die Kartons zur Geschichte des Grafen Guillaume Raimond de Moncade, seigneur d'Airola in Sizilien, in 5 Nummern, ausgeführt in Auwercx' Atelier, wurden ihm 1663 von den Malern van Herp und Jean van Kessel geliefert. Diese Folge befindet sich heute beim Grafen Potocki in Paris. Man arbeitete zur selben Zeit an einer „Geschichte des hl. Paulus", von der einzelne Stücke und im besonderen die „Enthauptung des Heiligen" A.s Signatur tragen. Das Modell gehörte dem Grafen Vilain XIV.

Ist dieser Meister nun identisch mit dem gleichnamigen, der 1707 noch 7 Webstühle besaß und unter den acht letzten Brüsseler Fabrikanten vom Anfang des 18. Jahrh. aufgeführt wird? — Dieser *Albert Auwercx* war Witwer von Claire van den Bossche, von der er 7 Kinder gehabt hatte. Mehrere davon übten den Beruf ihres Vaters aus. Ihre Namen sind: *Nicolas,* der noch 1738 genannt wird und 1703 sein Privilegium von der Stadt erhielt; *Guillaume* war Ältester (Doyen) 1719 und wohnte nahe dem Hôtel d'Orange. *Philippe* war 1732 als Teppichwirker tätig und starb vor 1749. Ein anderer Teppichwirker aus derselben Familie, mit dem Vornamen *Philippe,* starb zwischen 1772 und 1776. Man kennt noch einen *Nicolas,* einen *Gaspar* und einen *Paul Auwercx,* deren Namen in den Registern der Korporation der Teppichwirker verzeichnet sind.

Wauters, Les tapisseries bruxelloises.

J. J. Guiffrey.

Auxentius, römischer Architekt und Ingenieur, nach dem späten Epigramm aus Adana CIG 4440 Erbauer einer steinernen Bogenbrücke (nicht einer Wasserleitung, auch nicht von Uferdämmen) über den Fluß Kydnos in Kilikien. Vielleicht identisch mit dem „comes et mechanicus (= Ingenieur)" Auxentius, der um 384 n. Chr. mit dem Bau ebenfalls einer Brücke, in Rom, beschäftigt war.

Brunn, Gesch. d. gr. Kstler. II 343. — Kaibel, Epigram. gr. 1078. — Pauly-Wissowa, Realenc. II 2615,4 2616,7 (Fabricius).

H. Thiersch.

Auxion, François, französ. Bildhauer aus Toulouse, war 1668 unter der Direktion Pierre Turreaus mit den Arbeiten der Schiffsbildhauerei in Toulon beschäftigt.

Lami, Dict. d. sculpt. franç. sous Louis XIV.

Lami.

Auxonne, Jehan d', französ. Werkmeister, arbeitete 1427—1431 am Portal der Jakobinerkirche zu Dijon.

Bauchal, Dict. des Archit. *C. Enlart.*

Auzard, s. *Alizard.*

Auzière, französ. Maler in Toulon, erhielt gemeinschaftl. mit dem Maler Jean Jacques 1653 Zahlungen für ein Porträt des Gouverneurs der Provinz, Herzog von Mercoeur, sowie für Arbeiten, die sie in demselben Jahre gelegentlich des Einzugs des Herzogs fertigten. Seine Tochter Catherine heiratete 1685 den Bildhauer Denis Herpin.

Nouv. Arch. de l'art franç. 3. sér. V (1889) p. 305/6.

H. Stein.

Auziers, Emailmaler des 18. Jahrh. in Genf. Eine Arbeit von ihm (Uhrkasten) im Musée de Cluny.

E. Molinier, Dict. des Emailleurs.

Auzoni, Antonio, italien. Dekorationsbildhauer und Stuckarbeiter, tätig in Dänemark, † in Vallö (Seeland) 1729. Von seinen Arbeiten werden erwähnt: Stuckarbeiten im Schlosse Rosenborg (1706), im Schlosse Frederiksberg (1723, 1724 und 1728) u. a.

F. J. Meier, Fredensborg Slot (Kopenhagen 1880) S. 172. — F. R. Friis, Samlinger til dansk Bygnings- og Kunsthistorie (Kopenhagen 1872 bis 78) S. 111. — F. R. Friis, Bidrag til dansk Kunsthistorie (Kopenhagen 1890—1901) S. 273 und 394.

A. R.

Auzou, Pauline, geb. Desmarquêts, Malerin, geb. zu Paris 24. 3. 1775, lernte bei Regnault; sie verheiratete sich 1794 oder 95. 1793 stellte sie zuerst im Salon des Louvre einen Studienkopf und eine Bacchantin aus. Bis 1817 ließ sie keine Ausstellung vorübergehen, ohne durch ein Genrebild und ein Porträt, fast immer sogar durch mehrere Werke, vertreten zu sein.

Der größere Teil ihrer ersten Arbeiten ist der griechischen Geschichte entnommen, die dazumal an der Tagesordnung war. Sie versuchte es auch mehrmals mit dem historischen Genre, so 1810 mit der Ankunft Maria Luisens in Compiègne und 1812 mit dem Gegenstück dazu, Abschied Maria Luisens von ihrer Familie, welche beide sich in den Galerien zu Versailles befinden. Zum historischen Genre gehören auch ihre Agnes de Méranie (1808) und Diana von Frankreich und Montmorency (1814), die Landon sehr günstig beurteilt. Mehrere ihrer besten Werke befanden sich in den Sammlungen des Königs Ludwig XVIII. und der Herzogin von Berry; auch der Staat und die Gesellschaft der Kunstfreunde haben einige derselben erworben. Von Bildnissen malte Frau Auzou die des berühmten Volney, ihres Lehrers Regnault, des älteren Picard und des Placide-Bruno Valayer, Pfarrers von S. Nicolas des Champs um 1816—23. Dieses Porträt noch heute in der Sakristei dieser Kirche. Hauptsächlich aber zeigte sich ihr Geschick in den weiblichen Porträts, deren sie eine große Anzahl gemalt hat. Gegen 20 Jahre lang hielt sie ein Atelier für junge Leute. Sie starb zu Paris 15. 5. 1835.

A. Pinchart in Meyers Kstlerlex. — Notizen von F. L. Bruel. *R.*

Aval, Goldschmiedfamilie in Genf, 18. Jahrh., nur urkundlich bekannt.

Brun, Schweiz. Kstlerlex. 1905. *H. V.*

Avalla, Juan, Goldschmied in Barcelona. Aus dem Jahre 1559 im Innungsarchiv zu B. eine Zeichnung von ihm zu einem kleinen Aquamanile.

Viñaza, Adic. II 38. *M. v. B.*

Avalla, Narciso, Goldschmied in Barcelona. Aus dem Jahre 1575 im Innungsarchiv zu Barcelona eine Zeichnung von ihm zu einem Halsschmuck. (Reprod. von Davillier, Orfévr. en Espagne.)

Viñaza, Adic. II 38. *M. v. B.*

Avallone, Giovanni, neapolitaner Bildhauer, Professor an der technischen Schule, geb. in Neapel 10. 8. 1859, stellte in Neapel, Turin etc. Büsten in Bronze und Terrakotta aus.

Gubernatis, Dizion. d. art. ital. viv. p. 23. **

Avalos, Simeon, span. Architekt, geb. 1829, † 16. 3. 1904 zu Madrid, nahm eine sehr angesehene Stellung in seinem Vaterlande ein, war Direktor der National-Schule f. Architektur, Inspektor der Zivil-Bauten, Bürgermeister von Madrid und ständiger Sekretär der Kunst-Akad. Er hat zahlreiche Gebäude errichtet, aber sein rühmlichstes Werk bleibt die Bauleitung an der Basilika San Francisco el Grande in Madrid, die 1784 von Fray Francisco Cabezas begonnen worden war.

Chronique des Arts. Paris 1904. *P. Lafond.*

Avancini, Giustiniano degli, Historienmaler, geb. den 17. 1. 1807 in Levico bei Trient, † daselbst den 22. 7. 1843, lernte zunächst in Padua unter dem Belluneser Giovanni Demin, und war erst 18 Jahre alt, als er 1826 nach einem vom Ferdinandeum in Innsbruck ihm vorgeschlagenen Thema sein erstes Bild malte: Erzherzog Ferdinand erblickt am Fenster in Augsburg die Philippine Welser. Er studierte hierauf 4 Jahre bei Pelagio Palagi in Mailand und zog hernach von da nach Rom, wo er gleichfalls ungefähr vier Jahre weilte, während welcher er Cornelius, Ingres, Delacroix, Tenerani und andere unter den bedeutendsten Künstlern seiner Zeit kennen lernte. In Rom malte A. die Madonna della Concezione mit Engelsglorie und zwei Heiligen, welches Bild er der Pfarrkirche seines Geburtsortes schenkte. Nach Beendigung seiner Studien besuchte er München, und begleitete von hier aus Cornelius nach Paris, wo er die Festlichkeiten mitmachte, womit die Franzosen den großen deutschen Künstler feierten, weilte etwa ein Jahr in der französischen Hauptstadt, und nachdem er auf kurze Zeit London besucht hatte, kehrte er über Hamburg, Dresden, Berlin und Wien nach Hause zurück. Kurz hierauf unterlag er im Alter von nur 36 Jahren einer Gehirnentzündung.

Außer den zwei bereits angeführten Bildern sind hauptsächlich noch zu erwähnen: Der Levit von Ephraim vor seinem ermordeten Weibe, und Kolumbus mit seinem Sohne Diego im Kloster von Sta. Maria de la Rabida, beide im Trientiner Museum.

A. zeichnete korrekt u. verfügte meistens über sehr anmutsvolle Farbenakkorde. Ein tiefer Ernst und eine große Vornehmheit sprechen aus seinen Werken. Auch als Schriftsteller hat er sich mit Glück versucht. Die Novelle Ferdinando Conte del Tirolo (Rovereto, 1825, 8°), welche er als 18jähriger Jüngling schrieb, zeichnet sich aus durch Reinheit der Sprache und Gefühlstiefe.

Il Messaggiere Tirolese vom 4. 10. 1843. — Österr. Biograph. Lexikon. — Meyer, Kstlerlex. — Wurzbach, Biograph. Lexikon. — Tschischka, Kunst u. Altertum p. 139. — Kunstblatt 1844 p. 100. — F. Ambrosi, Scrittori e artisti Trentini, 2. Aufl. p. 288. *L. O.*

Avancini, s. auch *Avanzini.*

Avançon, Ernest Thiérion d', Stilllebenmaler in Paris, Schüler von C. Busson und Comte, stellte 1868—1873 im Salon aus.

Bellier-Auvray, Dict. gén., Suppl. *H. V.*

Avantino dal Borgo, sonst unbekannter ital. Zeichner, von dem in der Albertina in Wien eine Kreide- und Rötelzeichnung, histor. Szene mit gefesselten Greisen, erhalten ist.

Jahrb. d. kunsth. Samml. d. österr. Kaiserh. XIII 2. Teil. **

Avanzarani, Francesco, gen. „il Fantastico", italien. Maler des 15. Jahrh. in Viterbo. Schöpfer eines in der dortigen Pinacoteca comunale befindlichen Gemäldes, das früher dem Spagna zugeschrieben wurde, von Cesare Pinzi („Storia di Viterbo") jedoch auf Grund urkundlicher Forschungen als Werk des A. erkannt worden ist. Auch mehrere andere in Viterbo vorhandene Gemälde werden jetzt infolge ihrer stilistischen Verwandtschaft mit dem ersteren Bilde dem A. zugeschrieben. Ein Triptychon im Museo Cristiano der Vatikanischen Bibliothek dürfte gleichfalls als Werk des A. zu betrachten sein. 1494 erhielt A. in Città di Castello Zahlung für Gemälde, die er dort im Palazzo Communale (Camera dei Priori) ausgeführt hatte, die jedoch nicht mehr vorhanden sind. Der Künstler gehört dem Stilcharakter seiner Gemälde nach augenscheinlich zu den Schulnachfolgern des Perugino.

G. Mancini, Illustr. etc. di Città di Castello, Perugia 1832 I 47 f., II 56. — L'arte II 279. *A. Muñoz.*

Avanzi, Agostino, Architekturmaler zu Brescia, geb. 1585. Er malte die architektonischen Prospekte zu Camillo Ramas Fresken aus dem Leben der hl. Katharina von Siena in der Cappella di S. Tomaso in S. Domenico zu Brescia, sowie angeblich auch diejenigen zu Giov. Giac. Barbellas Fresken im Oratorio di S. Rocco zu Brescia, die von anderen für Arbeiten des Ottavio Viviani gehalten werden. Noch 1663 fertigte A. einige Zeichnungen für die Filippiner-Patres zu Brescia.

Meyer, Kstlerlex. (mit ält. Lit.). — Zani, Encicl. II 247. — Fenaroli, Art. Bresciani. *F. Malaguzzi-Valeri.*

Avanzi, Bartolomeo, Majolikatöpfer (und vielleicht auch Terrakotta-Reliefbildner) in Parma, urkundlich erwähnt 1487.

Campori, Not. stor. art. d. Majolica etc. in Ferrara etc. (1871) p. 225. *E. Scatassa.*

Avanzi, Giovanni Antonio, Architekt in Brescia, reichte 1603 gleichzeitig mit Pietro Maria Bagnadore und Giov. Batt. Lantana einen Entwurf ein für den Neubau der dortigen Kathedrale. Um dieselbe Zeit war A. außerdem mit der Anfertigung von Plänen zur Restaurierung der Kirche S. Giovanni Evangelista zu Brescia beauftragt.

Zani, Encicl. II 248. — Fenaroli, Art. Bresciani. — Jahrb. d. Kgl. preuß. Kstsammlgn. III 125 (über Lantana 1603). *F. Malaguzzi-Valeri.*

Avanzi, Giuseppe, Maler, geb. in Ferrara 30. 8. 1645, † daselbst 29. 5. 1718. In seiner Jugend Fechtkünstler, studierte A. später in der Werkstatt seines Freundes Costanzo Cattaneo die Malkunst und setzte nach dessen Tode (1665) seine Malstudien durch Kopieren nach Tizian und Correggio, Guercino und den Carracci weiterhin selbständig fort. Leichtschaffend und außerordentlich aneignungsfähig, aber oberflächlich und mehr imitatorisch veranlagt, brachte der Künstler in kurzer Zeit eine ungewöhnlich große Anzahl von Malwerken für die Kirchen und Paläste Ferraras hervor. Cesare Cittadella, Barotti, Baruffaldi und andere zitieren eine Menge von Arbeiten dieses Künstlers, von denen jedoch einige (wie z. B. das Altarbild und die Fresken von S. Francesco della Mirandola) heute nicht mehr existieren. Von den besseren Werken A.s sind zu erwähnen: Die Enthauptung Johannes des Täufers in der Certosa, die Verkündigung und Heimsuchung Mariä in S. Giuseppe, der Sturz Luzifers in der Casa Bartoli und die Verlobung der hl. Katharina in S. Domenico zu Ferrara. Besonders geschickt war A. als Maler von Landschaften sowie von Blumen- und Früchte-Stilleben, die er in großer Anzahl für die Paläste der Ferraresischen Nobilität zu liefern hatte.

Baruffaldi, Vite de' pittori etc. Ferraresi II 306. — Laderchi, La Pitt. Ferrarese (1856) p. 175. — Ces. Cittadella, Catalogo istorico IV 52. — Barotti, Pitture di Ferrara (1770) passim. — Campori, Gli artisti etc. negli Stati Estensi p. 15. — Rosini, Storia della Pittura VII 27. — Lanzi, Storia pitt. IV 293, 301. — Meyer, Kstlerlex. *E. Modigliani.*

Avanzi, Nicolo, Edelsteinschneider aus Verona im Anfang des 16. Jahrh. Er machte sich zu Rom einen großen Namen durch die Schönheit seiner Kameen und Intaglien. Eine dieser letzteren zeigte die Darstellung der Geburt Christi in Lapis Lazuli, welche Gemme von Isabella Gonzaga, Herzogin von Urbino, erworben worden ist. In der Sammlung Zanettis befand sich von ihm ein schöner Kameo: der Kopf Alexanders d. Gr. in der Rüstung und im Schmuck der Minerva.

Meyer, Kstlerlex. — Nuova Antologia vol. 63 fasc. 11 p. 441—469, fasc. 14 p. 294—324. — Ms. H. Rollett.

Avanzi, Vittorio, italien. Landschaftsmaler, geb. 21. 2. 1850 in Verona (nach anderen im Tessin), studierte in München und fand, in seine Heimat zurückgekehrt, verdienten Beifall mit Bildern wie „Umgegend von Dachau" (angekauft vom Herzog von Genua) und „Isarlandschaft". Daneben malte er auch italien. Sujets, z. B. La marina di Capri und venetianische Marinen. Wiederholt sah man seine Bilder auf Schweizer Ausstellungen und im Glaspalast in München noch 1901 ein Bild „Oktober".

Gubernatis, Dizion. d. art. ital. viventi. — F. v. Bötticher, Malerwerke d. 19. Jahrh. — Rassegna Nazionale vol. 114 p. 793—802. — Natura ed arte 1893/4 I 961—66, II 289—300, 918—35. *H.*

Avanzi, s. auch *Avanzo.*

Avanzini, Bartolomeo, d. Ä., Architekt aus Genua, 1600 in Rom mit Bauarbeiten bezw. Bausteinlieferungen für den Palazzo Vaticano beschäftigt.

Bertolotti, Art. Subalpini in Roma (1884) p. 164, 165.

Avanzini, Bartolomeo d. J., Architekt, geb. im 1. Jahrzehnt des 17. Jahrh. zu Rom als Sohn des päpstlichen Hofmalers Sante Avanzini. 1634 vom Herzog Francesco I. nach Modena berufen, entwarf Bartolomeo A. (wohl unter Zugrundelegung der schon vorher eingereichten Bauzeichnungen des modenesischen Architekten Girol. Rainaldi) die Pläne zum Umbau und teilweisen Neubau des dortigen Palazzo Ducale, deren Ausführung unter seiner persönlichen Leitung alsbald in Angriff genommen wurde. Jedoch war bis zum Tode des Künstlers (1658) in der Hauptsache nur der architektonisch wenig erquickliche Fassadenbau des Palastes vollendet, worauf dann Antonio Luraghi, der Schüler und Erbe A.s, mit der Weiterführung des Baues betraut wurde. Die glänzende, der Palladio-Basilika zu Vicenza nachgebildete Hofarchitektur wie auch die nicht minder prächtige Haupttreppenanlage des Palazzo Ducale zu Modena wurden bisher gleichfalls noch auf die Entwürfe des Bartolomeo A. zurückgeführt, sind jedoch neuerdings von Sandonnini als Schöpfungen des Padre Guarini erkannt worden, der auch den von A. begonnenen Kuppelaufbau von S. Vincenzo zu Modena nach eigenen Entwürfen fortgesetzt hatte. — Gleichzeitig mit dem Bau des Palazzo Ducale begann A. 1634 auch mit demjenigen der Kirche Madonna di Fiorano, während sein Modell zum Oratorio di S. Carlo zu Reggio Emilia erst 1666 durch den dortigen Architekten Girol. Beltrami zur Ausführung gelangte. Der angeblich von A. besorgte Umbau der Kirche S. Giovanni zu Parma reduziert sich auf einen Entwurf unseres modenesischen Hofarchitekten zu dem 1657 von Arcioni gestifteten Hochaltare dieser Kirche. — Einen zweiten großen Palastbau unternahm A. im Auftrage des Herzogs von Modena 1645 mit dem Umbau der alten Rocca di Sassuolo zum herzogl. Lustschlosse. Auch dieser Schloßbau wurde erst von Antonio Luraghi vollendet, jenem Schüler des A., den dieser bei seinem am 3. 7. 1658 in Modena erfolgenden Ableben nicht nur zu seinem Vermögenserben bestimmt hatte, sondern auch zu seinem Nachfolger im Amte eines Architetto Ducale.

Campori, Art. Ital. etc. negli Stati Estensi p. 16—22, 301, 398, 438. — Affò, Scritt. Parmigiani (1797) V 245. — Arcioni, Pompe festive etc. di Parma (1661) p. 15. — Sandonnini, Del Padre Guarino Guarini (Modena 1890). — Arch. stor. d. Arte ital. III 221, 223. — Illustraz. Emiliana-Romagnola, Bologna 1899, No. 4. — Burckhardt, Cicerone. — Meyer, Kstlerlex. *F. Malaguzzi-Valeri.*

Avanzini, Pier Antonio, italien. Maler, geb. 1656 in Piacenza, lernte bei Marc-Antonio Franceschini in Bologna, der zu vielen Bildern die Zeichnungen geliefert haben soll, während A. sie in Farben ausführte. Franceschini erhielt um 1686 den Auftrag zu umfassenden Malereien im Dome von Piacenza, an deren Ausführung A. wohl einen Hauptanteil hat. In der Kirche S. Vergine di Campagna, Kapelle des hl. Bernhardin von Siena, zu Piacenza, sieht man von A. ein Gemälde mit der Madonna und Heiligen. Die Kirche Madonna di Piazza besaß von ihm den hl. Philippus Benizzi die Messe lesend, im Chor, und über den Türen drei andere Bilder, wovon eines die Esther darstellt. Die Kirchen S. Giovanni, S. Simone, S. Protasio, della Morte etc. enthalten ebenfalls verschiedene Gemälde des Künstlers. Auch soll er (nach anderen dagegen Giuseppe Nogari) um 1728 die Kopie der Sixtinischen Madonna gemalt haben, die in S. Sisto zu Piacenza an der Stelle des nach Dresden verkauften Raffaelischen Originales ihren Platz fand. — Er soll um 1733 gestorben sein.

Carasi, Le pubbliche pitture di Piacenza 1780 pp. 41, 83 f. — Ambiveri, Artisti Piacentini (1878) p. 112 ff. — Lanzi, Storia pitt. 1822 IV 94. — Boni, Biogr. — Scarabelli, Guida di monumenti storici ed artistici. Lodi 1841. — Zahn, Jahrb. für Kunstwissenschaft III 251. — Notizen von St. Lottici nach den Mscr. Zanis und Scarabelli-Zuntis in der Bibl. Palat. zu Parma. *R.*

Avanzini, Sante, italien. Maler, geb. in Siena 1581, tätig in Rom, wo er im Auftrage des Antonio Bosio für dessen Tafelwerk „Roma Sotterranea" mit dem Kopieren der antiken Malereien in den Katakomben beschäftigt war. Sein Name findet sich häufig an den Wänden der Katakomben verewigt, zum ersten Male 1600, zum letzten Male 1632, mehrmals auch mit dem Zusatze „pittore senese". Die Katakomben der Hl. Petrus und Marcellinus hat A. aus Lokalpatriotismus sogar mit einem eigenhändigen Wandgemälde geschmückt, auf dem die hl. Katharina von Siena dargestellt ist. Für seine Zeit kann er noch als ein außerordentlich gewissenhafter Zeichner gelten, und obwohl er in der Interpretation der antiken Malereien bisweilen starke Irrtümer begangen hat, sind seine Kopien doch weit wahrheitsgetreuer als diejenigen der übrigen Zeichner Bosios.

Valeri, Cenni biografici di Antonio Bosio. — Wilpert, Die Malereien der Katakomben Roms, p. 174. *A. Muñoz.*

Avanzini, s. auch *Avancini.*

Avanzino, Maler aus Gubbio, 17. Jahrh., soll ein Freskobild mit dem Erzengel Michael in S. Maria de Vettorino zu Gubbio ausgeführt haben. — Ein Maler des Namens soll auch nach Baldinucci, Elenco de' Pittori etc. in Neapel tätig gewesen sein.

Baldinucci, Opere XIX 163. *H. V.*

Avanzo, Dominik, Architekt, Professor für Fach- und Ornamentzeichnen am k. k. technolog. Gewerbe-Mus. in Wien, geb. in Köln 4. 1. 1845, Schüler von Wiethase in Köln und F. v. Schmidt in Wien, war 1874—80 Bauführer am k. k. Justizpalast in Wien. Teils allein, teils in Verbindung mit Paul Lange baute er u. a. die k. k. Unterrichtsanstalt I, Wien, Hegelgasse, das k. k. anatomische Institut daselbst, Schloß Oslavan, Achleithen, Grimschitz, das Gasthaus „Zur güldenen Waldschnepfe" in Dornbach, Villa Ernst in Kaltenleutgeben, Villa Pauer in Landshut, Villa Lövenich in Heidelberg, Villa Kobierski in Hakking. Er publizierte auch ein Möbelwerk: Renaissance-Möbel, Verlag J. Stockinger & A. Morsack, Wien und 3 Serien für Hausindustrie. Unter mancherlei Medaillen und Auszeichnungen erhielt er den II. Preis bei der Konkurrenz um das Hamburger Rathaus.

Kosel, Deutsch-österr. Kstler- u. Schriftstellerlex. I 1902. **

Avanzo, G i o v a n n i, Baumeister in Venedig, war 1475 Vorsteher des Salzamtes und wurde in demselben Jahre als Sachverständiger mit Taxierung einiger Häuser auf der Guidecca beauftragt.

P. P a o l e t t i, Arch. e scult. nel Rinasc. in Venezia II 117. *L. Ferro.*

Avanzo, J a c o p o, Paduaner Maler der zweiten Hälfte des 14. Jahrh., Schüler und Mitarbeiter Altichieros (s. dort). In Verona sind keine Arbeiten von ihm nachweisbar; er scheint erst in Padua mit Altichiero zusammengetroffen zu sein. Lange Zeit glaubte man aus der Inschrift unter den Fresken in S. Michele in Padua von 1397 schließen zu sollen, daß Jacopo aus Verona stamme. Aber Schubring (Altichiero S. 121) hat nachgewiesen, daß der hier tätige Jacopo da Verona ein späterer und weniger bedeutender Maler ist; zu demselben Resultat kam neuerdings, unbekannt mit den Ergebnissen der deutschen Forschung, Giuseppe Badego in der Schrift: Il pittore Jacopo da Verona 1355—1442 (Treviso 1906). Auch mit Jacopo Avanzo da Bologna (s. d.) ist der Paduaner nicht zu identifizieren. Seine Hauptleistung ist die Lucialegende im Oratorium S. Giorgio beim Santo in Padua und die Fresken der Schmalwände dieser Kapelle (Kreuzigung und Geburtsgeschichte Christi), während die Fresken der Caterinalegende einem zweiten Altichiero-Schüler angehören, der seinem Meister näher steht als Jacopo. Liegt Altichieros Stärke im malerischen Aspekt und in der Bewältigung der Gruppe, so spricht Jacopo mehr mit der Linie, dem Umriß und mit der perspektivischen Freiheit. Auch gelingt es ihm, den aus vier Bildern bestehenden Freskenzyklus der Lucialegende in einheitlichem Duktus vorzuführen, so daß das Ganze wie eine Prozession vorüberzieht, um im mächtigen Kirchenportal des letzten Bildes zu verschwinden. Jacopo steht der Florentiner Tradition näher als sein Lehrer, und die Fresken der Arena haben ihn beeinflußt. Aber er sucht statt des monumentalen Lebens, wie es Giotto gibt, viel lieber das Idyll und den Zufall der Erscheinungen zu malen, so daß eine bürgerlich-innige Stimmung die Bilder durchzieht. Ihm fehlt das Romantische und Ritterliche, das Altichiero, der „familiaris" der Scaliger, hat und das diesen mit Simone Martini verbindet. Paduaner Lokalpatriotismus (Mich. Savonarola) hat Jacopo mit Altichiero in eine Linie gestellt; nichts falscher als dies. Der Genosse seiner Heimat und seines Stils ist Guariento, dem er so nahe kommt, daß man ihn seinen Lehrer nennen möchte. — Von dem oben erwähnten Jacopo da Verona ist außer den genannten Fresken in S. Michele in Padua, die von dem 42jährigen stammen, festgestellt seine Tätigkeit für die Carraresen in Verona 1404 (nach der Eroberung der Stadt); er bleibt dann in Verona, wo er bis 1442 nachweisbar ist. Seine Söhne Lamberto (1375—1399) und Battista (1385 bis ca. 1464) sind ebenfalls Veroneser Maler.

Lit. s. unter Altichiero; außerdem die im Texte genannte Schrift von G. B i a d e g o. — B e r n a s c o n i, Studi sopra la storia della pittura Italiana dei secoli XIV e XV e della scuola pittorica Veronese. Verona 1864. — Z a n n a n d r e i s, Le vite dei pittori etc. veronesi, ed. Biadego, 1891. *P. Schubring.*

Avanzo, J a c o p o, d a B o l o g n a, Bologneser Maler des Trecento, (nicht zu verwechseln mit Altichieros Genossen in Padua, noch mit dem ebenfalls in Padua tätigen Jacopo da Verona, der die Freske in S. Michele in Padua u. a. gemalt hat), ein Genosse des Vitale, Simone und Cristoforo da Bologna. Von ihm eine kleine bez. Tafel mit der Kreuzigung in Rom, Galleria Colonna, bez.: Jacobus de Avanciis de Bononia f. Außerdem befindet sich in der Akad. in Venedig auf dem Bilde No. 410 die Bezeichnung Jacobus Avanzi 1367. Ähnlich die Kreuzigungstafel der Bologneser Pinacoteca No. 160 und die Tafel No. 159 ib. mit dem Tod Mariae, der Geburt Christi, der Anbetung der Könige, der Beschneidung, Flucht nach Ägypten, der Disputa des 12jähr. Jesus, Himmelfahrt und dem Pfingstbild. Der Künstler scheint der zweiten Hälfte des 14. Jahrh. angehört zu haben; er ist auch noch an den 1404 vollendeten schönen Fresken der Chiesa di Mezzarata bei Bologna (alt- und neutestamentl. Darstellungen von der Schöpfung bis zum Tod des Moses) beteiligt. Nach Vasari III 41 soll hier Cristofano gemalt haben. Aber unter dem Fresko des Wunders am Teich Bethesda (Phot. Alinari 10523) liest man: Jacobus fecit. Von ihm stammt, gemeinsam mit Simone de'Crocifissi gemalt, das Fresko der Beschneidung Christi, und allein die Anbetung der Könige; ebenso wird sich der unter der Josephgeschichte der rechten Wand früher (Guida di Bologna 1792) lesbare Name Jacobus f. auf unseren Künstler und nicht auf Jacobus Pauli da Bologna (s. dort) beziehen. Unser Künstler repräsentiert mit den obengenannten Bolognesern die wenig bedeutende von Rimini und Padua beeinflußte Trecentomalerei der alten Bononia, die dem Buchstaben und dem Wissen stets mehr gehuldigt hat als der Form und Farbe. Der starke Einfluß Altichieros, der sich in den Fresken in S. Petronio (rechts die ersten drei Kapellen) verrät, fällt erst in die Zeit nach Avanzos Tode.

C r o w e u. C a v a l c a s e l l e, Italien. Ausg. IV 77 ff. — A. B r a c h, Giottos Schule in der Romagna S. 95 ff. — S c h u b r i n g, Altichiero etc. S. 80. *P. Schubring.*

Avanzo, J o h a n n, Landschafts- und Bildniszeichner und Kunsthändler zu Köln, geb. am 2. 8. 1804 zu Pieve Tessino bei Trient, † zu Köln am 1. 7. 1853. Eine Folge von 10

Rheinlandschaften ist nach Zeichnungen von ihm lithographiert.

Merlo, Kölnische Kstler. 1895. *H. V.*

Avanzo, s. auch *Avanzi.*

Avarne, C., Miniaturmaler in London, stellte 1793 drei Porträtminiaturen (Mrs. Kell, Sir W. Dolben u. Miß Linwood) in der Roy. Academy aus.

Graves, The Roy. Academy of Arts, 1905, I 81. **

Avayn, s. *Havein.*

Avé, Emile Georges, Landschaftsmaler, geb. in Saint-Denis, Schüler von Mouchot und Grollan, tätig in Villeneuve-la-Garenne; stellte im Salon 1880—1888 aus.

Bellier-Auvray, Dict. gén., Suppl. — Katal. d. Salon. *H. V.*

Avecilla, Crispulo, span. Stecher und Nielleur, geb. im Juni 1828 zu Toledo, Schüler der Akad. S. Isabella daselbst, trat 1842 in die Waffenfabrik zu Toledo ein, wo er bis 1876 verblieb, um dann ein Privat-Atelier einzurichten. Er führte zahlreiche Waffen aus, ebenso andere Gegenstände im arabischen und im Renaissance-Stil mit Gold- und Silber-Inkrustationen, wie Degen, Spieße, Dolche, Jagdmesser, Schnallen, Kandelaber, Kästchen usw. Wir erwähnen besonders eine Vase in maurischem Stil, die von Kennern für ein antikes Kunstwerk gehalten wurde. Er beteiligte sich an einer großen Anzahl spanischer sowie fremdländischer Ausstellungen, ganz besonders an den Madrider Ausstellungen von 1848, 1862 und 1864, ebenso an der zu Wien von 1868, wo seine sehr geschätzten Kunstwerke Auszeichnungen erlangten.

Ossorio y Bernard, Galeria biogr. de artistas españoles del siglo XIX. Madrid 1883/4. *P. Lafond.*

Aved, Mme Anne Charlotte geb. Gauthier de Loiserolle, Französ. Malerin. Tochter eines Offiziers, 1695 geb., heiratete 1725 den Maler Jacques-André-Joseph-Camelot A., der zwei Porträts von ihr gemalt hat (gestochen von Balechou). Mme Aved soll auch selbst einige gute Porträts gemalt haben.

Jal, Dict. crit. — Bulletin des b.-a. I 170. *E. Langevin.*

Aved, Jacques-André-Joseph-Camelot, französ. Porträtmaler, geb. 12. 1. 1702 wahrscheinlich zu Douai und von vlämischen Eltern. Früh des Vaters beraubt, wurde er in Amsterdam erzogen und kam ganz jung zu dem Stecher Bernard Picart, seinem Landsmanne, in die Lehre, später nach Paris zu dem Porträtmaler A. S. Belle († 1734) u. war befreundet mit dessen Schülern Carle Vanloo, Boucher, Dumont le Romain und besonders mit Chardin. Mit letzterem arbeitete er gemeinsam, und manches seiner Bilder wird Chardin zugeschrieben, der ihn in seinem berühmten Bilde Le Souffleur porträtiert hat. A. heiratete 1725 und wurde 1734 Akademiemitglied auf Grund der Porträts von J. F. de Troy und von Cazes; 1744 wurde er Conseiller der Akad. und 1764 Pensionär. Das Gemälde, das ihn auf die Höhe seines Rufes brachte, war das Porträt des Mehemet-Effendi, Gesandten des Sultans, ausgestellt im Salon 1742, jetzt im Mus. zu Versailles. 1744 wurde er beauftragt, das Porträt Louis' XV. zu malen, das ihm den Hofmalertitel eintrug, und 1751 malte er im Haag den Statthalter Willem IV. (in mehreren Wiederholungen, eine im Mauritshuis, 2 im Rijksmus., alle 3 1751 datiert). Er stellte in 9 Salons von 1737 bis 1759 aus, eine lange Reihe meist hervorragender Persönlichkeiten, Männer wie Frauen. Mariette zufolge, der ihm sonst schwache Zeichnung nachsagt, war eins seiner schönsten das Porträt des Marschall Clermont-Tonnerre, in ganzer Figur, 1759 gemalt. Außer den genannten Mus. hat der Louvre von ihm die Porträts des Marquis de Mirabeau, des P. J. Cazes und des J. F. de Troy; das Mus. zu Versailles außer dem Porträt des Mehemet-Effendi noch das des J. B. Rousseau; das Mus. von Valenciennes das Bildnis der Frau von Tencin; das Mus. zu Montpellier das der Mme Crozat. — Im Besitz der Familie Cournault-Aved in Nancy befinden sich noch 16 seiner Bilder. — Er starb in Paris am 4. 3. 1766 u. hinterließ eine wertvolle Kunstsammlung, die z. B. das volle Oeuvre der Radierungen Rembrandts enthielt.

Castillon, Nécrologe des artistes et des curieux de 1765—1782 (Revue universelle des arts t. XII. 113). — Catal. raisonné de tableaux . . . . par P. Remy, Paris, Didot 1766, mit der biogr. Notiz von Aved von Loizerolle. — Gaz. d. b.-arts, I sér. XVI 152—156, XVII 165; II sér. VIII 234, XV 522, 528, 529; sér. de 1869—1880, XI 480, XII 274, III. sér. XXXII 89—100, 215—224, 341—352. — Mémoires inédits sur la vie et les ouvrages des membres de l'acad. roy. de peinture et de sculpture 235, 436. — Vitet, L'académie roy. de peinture et de sculpture 361. — Dussieux, Les artistes franç. à l'étranger. — Guiffrey, Collection des livrets des anciennes expositions . . . passim. — Mariette, Abecedario I 41. — La Bigarrure vol. 9. — De Fontenay, Dict. des Artistes. — Jal, Dict. crit. — Bellier-Auvray, Dict. gén. — Réun. des Soc. des Beaux-Arts III 107. — Archives de l'art franç. I 384; II 358, 366, 375; V 207. — Obreen, Archief IV. — Wurzbach, Niederl. Kstlerlex. 1904. — Meyer, Kstlerlex. (hier zahlreiche Stiche nach ihm). — Oud Holland 1901. — Bredius, Kat. d. Mauritshuis. — Guide ou nouvelle description de la Haye et de ses environs. La Haye 1785 p. 129. — Revue univ. des Arts XXI 351. — Oeuvres de J. B. Rousseau. Lettres. 18. Oct. 1738. 10. Mai et 26. Sept. 1738. 10. Mai 1739. 2. Sept. 1739. 2. Janvier 1740. 3. Janvier 1740. 9. Juillet et 9. Aout 1740. 25. Sept. 1740 (à Boutet de Montheri, à Aved, à Louis Racine, à M. B. chanoine d'Anvers. — Oeuvres de Voltaire. — Richesses d'art de Fr.: Arch. d. Mus. Rg. Bd. III. — Duthilloeul, Galerie Douaisienne. *E. Langevin.*

Aveele, Johannes van den, früher wahrscheinlich ansässig in Leiden, wurde, als

Willem Swidde gestorben war, 1698 nach Schweden berufen, um an der Ausführung des großen Prachtwerkes „Suecia antiqua et hodierna" zu helfen, das 1716 vollendet wurde; gegen 160 Blatt sind darin von seiner Hand. Von seinen noch in der Heimat radierten Blättern ist die frühest bekannte Arbeit die große Darstellung eines aufgetakelten Schiffes „J. van den Aveele Fec. et aqua forti", erschienen in Jac. Robyn, Hollandsche Scheepsbouw, Amsterdam 1678. Die große Folge von Ansichten des Landgutes Sorgvliet bei Haag und eine ähnliche Folge über das Landgut Anguien sind verdienstvolle Leistungen. In Schweden hat er außer seiner Mitarbeitung an dem obengen. Werke auch viele Porträts usw. für Bücher radiert. Er wurde später Vorleser in der holländ. Kirche zu Stockholm, geriet in dürftige Verhältnisse u. starb dort am 18. 5. 1727. Der Künstler zeichnete sich Aveelen, Aveele, Avelen und Avele und bediente sich auch eines aus J. V. D. A. ligierten Monogramms sowie der Initialen J. V. D. A.

Meyer, Kstlerlex. (Verz. v. 38 Nummern). — S. L. Gahm.-Pehrssens Künstlerbiogr. in der Bibl. der Univ. Upsala. — Klercker, Geneal. Samml. in der kgl. Bibl. in Stockholm. — Kupferstichsamml. d. kgl. Bibl. und des Nationalmus. in Stockholm. (Mit Notizen von J. Kruse.) *E. W. Moes.*

Aveiro, Maria de Guadelupe, Alencastre e Cardennas, Herzogin von A., portug. Malerin, geb. 1630, † 1715, malte zahlreiche Bilder für Lissaboner Kirchen und wurde 1659 durch die Maler in das Schiedsgericht der Lukasgilde gewählt.

Cyrillo Machado, Collecção de mem. p. 41. — Raczynski, Dict. p. 127. — Bermudez, Dicc. — Quilliet, Dict. des p. espagn. — Fiorillo, Gesch. d. z. Kste. IV. — Dict. biogr. da Pintores, Sev. 1875. *A. Haupt.*

Avela, Juan, Goldschmied in Barcelona. Aus dem Jahre 1532 eine Zeichnung von ihm zu einem Medaillon im Archiv der Innung zu Barcelona.

Viñaza, Adic. II 38. *M. v. B.*

Avelar, Braz (Blasius) d', portug. Maler. Von Cyrillo unter den ältesten portug. Malern erwähnt. Nach Taborda, der sich auf Fr. Jos. Pereira de Sta. Anna beruft, arbeitete er um 1510. Er erzählt, daß A. sicher für das Kloster zu Belem malte. Carvalho gibt an, daß über der Treppe des Haupteinganges Malereien von ihm und Arrerino sich befänden. Er schwankt aber, ob das Gemälde des kreuztragenden Christus von ihm oder dem letztgenannten stamme. Cyrillo schreibt dies Bild dem Campello zu. — Taborda zählt A. zu den Malern, die durch König D. Manuel zu ihrer Ausbildung nach Italien geschickt wurden.

Cyrillo Machado, Collecção de mem. p. 17. — Raczynski, Dict. p. 17. — Taborda, Regras da arte da pintura 1815 p. 152. — Carvalho, Chorographia T. 3 p. 660. *A. Haupt.*

Avelar, Rebello José, d', Maler zu Lissabon, der 1639—56 erwähnt wird. Er malte 1639—48 für die Decke der Kirche dos Martyres 72 Gemälde aus dem Leben Jesu und die Einnahme von Lissabon über dem Chorbogen; besonders gerühmt wird der Knabe Christus unter den Schriftgelehrten in S. Roque; ferner Gemälde in der erzbischöfl. Bibliothek, in Sakristei und Bibliothek zu Belem (dort ein hl. Hieronymus). Ebenso in der Vorhalle von S. Bento ein mächtiges Bild Triumph der hl. Jungfrau von 1656. Die zuerst genannten Deckengemälde wurden 1746 durch eine reiche Stuckdekoration von Jo. Grossi und ein großes Gemälde des Vieira Lusitano ersetzt. — Cyrillo rühmt seine Begabung, die ihn ohne Lehrmeister, nur durch großen Fleiß, zu bedeutenden Leistungen gelangen ließ. — A. war 1644 Schiedsrichter in der Lukasgilde.

Cyrillo Machado, Collecção de mem. p. 76. — Raczynski, Dict. p. 17. — Ders., Les arts en Portugal p. 288—89. *A. Haupt.*

Avele u. **Avelen,** s. *Aveele.*

Aveline, französ. Medailleur, gravierte 1810 eine Erinnerungsmedaille auf den General Decaen, den Gouverneur von Mauritius (Ile-de-France).

Forrer, Biogr. Diction. of Medall. *H. V.*

Aveline, Antoine, französ. Maler, wurde 16. 4. 1646 Mitglied der Académie de St. Luc in Paris und starb daselbst am 26. 10. 1678. Sonst nichts bekannt.

Revue univers. des arts XIII 324. — Herluison, Actes d'état civil d'art. franç. *H. Stein.*

Aveline, Antoine, französ. Kupferstecher, geb. 1691, † 1743, stach Ansichten von Schlössern und Städten, z. B.: Saint Cloud, Chantilly, Meudon, Versailles, Chambord, Mailand, Lissabon und nach Mondon le fils 1736 sechs Hefte mit Ornamenten und Modefiguren im Rokokostil; weiterhin führte er nach demselben Maler aus: l'heure du matin und l'heure du midi. Vornehmlich stach er aber topographische Ansichten. Seine Stechmanier ist ziemlich hell.

Meyer, Kstlerlex. (Verz. von Werken). — Portalis et Béraldi, Les graveurs d. XIXe s. — Arch. de l'art français I 398; III 178; IV 49, 339. — Nouv. Arch. de l'art franç. IX 191. — Eugène Piot, Etat civ. — Le Blanc, Manuel. *P. A. Lemoisne.*

Aveline, François Antoine, gen. der jüngere, französ. Zeichner und Kupferstecher, geb. zu Paris 21. 5. 1727, † zu London 1780, Schüler seines Vetters Pierre. Da er in Paris keine Anerkennung fand, ging er im Alter nach England, um dort sein Glück zu suchen. Man kennt von ihm: la Vue perspective de l'Illumination de la rue de la Ferrouerie; Chinoiseries, nach Boucher, chinesische Sujets nach Pillement; andere Stiche nach Velsen und Teniers; ferner: le temps de l'après-dîner und le temps de la soirée, nach Mondon le fils; außerdem führte er Illustrationen für die „Histoire générale des Voyages de l'abbé Prévost" aus.

Meyer, Kstlerlex. (33 Num. s. Oeuvre). — Fontenai, Dict. des Art. 1776. — Portalis et Béraldi, Les graveurs. — Le Blanc, Manuel. *P. A. Lemoisne.*

Aveline, Jean, französ. Maler, wahrscheinlich der Sohn des Antoine A., geb. in Paris im Mai 1658, † daselbst bereits am 2. 3. 1685. Sonst nichts bekannt.

Herluison, Actes d'état civ. d'art. franç. — Piot, Etat civil. *H. Stein.*

Aveline, Jean, französ. Stecher, geb. 1739, † 4. 9. 1781. Man kennt von ihm Akademie-Darstellungen, gestochen für die „Série de diverses figures d'Académie dessinées par Edm. Bouchardon". Er arbeitete meist für Verleger.

Herluison, Actes d'Etat civ. — Eugène Piot, Etat civ. *P. A. Lemoisne.*

Aveline, Joseph, französ. Kupferstecher, von Heinecken als 1638 geb. und 1690 gest. erwähnt. *P. A. Lemoisne.*

Aveline, Louis, französ. Stecher, Sohn des Antoine A., starb 1753, 21 Jahre alt, zu Paris.

E. Piot, Etat civ. — Herluison, Actes d'Etat civ. *P. A. Lemoisne.*

Aveline, Pierre, gen. „le Vieux", französ. Kupferstecher, 1654—1722, Schüler von Adam Perelle. Er stach Kostümkupfer und viele Ansichten von Paris und anderen Städten Frankreichs, vornehmlich auch topographische Ansichten.

Meyer, Kstlerlex. (52 Num. s. Oeuvre). — Guilmard, Les maîtres ornem. — Portalis et Béraldi. — Gaz. des Beaux-Arts I, XV, XVI, XXV; 2e pér. XXIII, XXXVIII; 3e pér. I, XIII, table alphabétique. — E. Piot, Etat civ. — Le Blanc, Manuel. — Mariette, Abecedario. *P. A. Lemoisne.*

Aveline, Pierre, Maler, Sohn des Stechers Pierre A., geb. 28. 11. 1679; nach einer Urkunde vom 7. 4. 1742 scheint er später die Malerei aufgegeben zu haben, um sich der Medizin zu widmen.

Herluison, Actes d'Etat-Civil 1873, p. 15. *H. V.*

Aveline, Pierre Alexandre od. Pierre II, 1702—1760, französ. Kupferstecher, Sohn von Pierre A., Schüler von J. B. de Poilly. 1737 wurde er Akademiemitglied, indessen 1742 im Register ausgestrichen, weil er seine erforderlichen beiden Porträts nicht ausgeführt hatte. Er stach nach einigen alten Gemälden, aber vornehmlich reproduzierte er solche seiner Zeitgenossen, wie Bouchers und Bouchardons, von dem er z. B. les livres d'enfants stach; nach Oudry: le gibier mort, gardé par un chien; nach Lebrun stach er Ornamente. Am besten interpretierte er Watteau, z. B. la Récréation italienne, les Charmes de la Vie, l'Enlèvement d'Europe, Vénus blessée par l'amour, Diane au bain, l'Amante inquiète, l'enseigne de Gersaint, le May. Er führte auch Porträts aus; seine besten sind Chuppin nach J. Autreau; Joseph Paris Duverney nach Vanloo; Kardinal Fleury nach Jean Chevalier. Er stach endlich auch Vignetten nach Boucher, Le Mesle etc. Seine Manier ist sehr hell und leuchtend.

Meyer, Kstlerlex. (hier Katal. 159. Nummern). — Bellier-Auvray, Dict. gén. — Dussieux, Artistes franç. à l'Etranger. — E. Piot, Actes d'Etat civ. — Jal, Dict. crit. — Portalis et Béraldi, Les graveurs d. XIXe s. — Le Blanc, Manuel. *P. A. Lemoisne.*

Avellà, Guillermo, Archit. in Barcelona im Jahre 1391.

Viñaza, Adic. I 21. *M. v. B.*

Avellaneda, Francisco de, Holzbildhauer in Madrid, 1551—1568.

Gomez, Escult. en Esp. S. 603.

Avellanus, P. Albericus, florent. Maler, wahrscheinlich des 18. Jahrh., nur bekannt durch das von G. Guttierez nach ihm gestochene Blatt: Der hl. Bernhard von Siena.

Heinecken, Dict. d. Artistes I 597. *H. V.*

Avellar, s. *Avelar.*

Avelli, Francesco Xanto, s. *Xanto,* Fr.

Avelli, s. auch *Avello.*

Avellino, Gaetano, Silberschmied in Neapel, arbeitete 1756 verschied. Kirchengerät für Carmine Maggiore daselbst.

G. Filangieri, Indice d. artefici etc. Napoli 1891, I 39. **

Avellino, Giulio (od. Giacinto), gen. il Messinese, italien. Landschaftsmaler, geb. in Messina, † 3. 8. 1700 im Hospital dei Battuti Bianchi in Ferrara und in der Parochialkirche S. Salvatore begraben. Studierte zuerst in Messina bei Niccolò Francesco Maffei Mathematik, Perspektive und Architektur, ging nach Neapel, kehrte dann wieder nach Messina zurück, hielt sich vorübergehend in Rom und Venedig auf und ließ sich schließlich in Ferrara nieder. Man weiß nicht, wer sein Lehrer in der Landschaftsmalerei war. Vielleicht ließ er sich in Rom durch Salvator Rosas Gemälde beeinflussen, dessen eigentlicher Schüler er jedoch nicht gewesen ist. In seinen Gemälden behandelte er Szenen aus der alten Geschichte und schmückte seine Landschaften, in der Art des Gian Paolo Pannini, mit den Ruinen antiker Bauwerke und Säulenhallen mit zierlicher Staffage. Seine Hauptwerke führte er in Ferrara aus, wo er den Vorraum des großen Saales der Residenza dei Consoli ausmalte und für verschiedene vornehme Familien wie die Donati, Pomatelli, Cremona und andere tätig war. Er gehörte auch verschiedenen literarischen Gesellschaften, wie der der Intrepidi an.

Barotti, Pitt. di Ferrara p. 193. — Baruffaldi, Vite dei pittori ecc. Ferraresi 1846 II p. 222. — Cittadella, Cat. istor. IV 341. — Lanzi, Stor. pitt. IV 300. — Rosini, Stor.

della pitt. VII 129. — Memorie dei Pitt. Messinesi, Messina 1821 p. 202. — Meyer, Kstlerlex. *Ozzola.*

Avellino, Onofrio, neapol. Maler, † 17. 4. 1741 in Rom, 67 J. alt. Zuerst Schüler des Luca Giordano, dessen Art er in geschicktester Weise nachahmte. Er kopierte zahlreiche Bilder seines Lehrers, besonders Schlachten (mehrmals z. B. Gideon, der die Sonne anhält) und vollendete mehrere unfertige Werke desselben. Nachher trat er in die Schule Solimenas ein, von dem er viel in bezug auf die Figurenmalerei und besonders das Porträt lernte. Er arbeitete in Sorrent (Madonna mit Engeln und Heiligen in der Karmeliterkirche), Vico (die Hl. Ciro und Giovanni Kranke heilend), Neapel (2 Gemälde mit der Geschichte des hl. Dominicus in der Kirche del Rosariello delle Pigne vor der Porta S. Gennaro), und ließ sich schließlich in Rom nieder. Hier malte er u. a. einen S. Alberto, der Kranke heilt in der Kirche von Monte Santo. Lanzi nennt als sein größtes Werk die Decke von S. Francesco di Paola in Rom. A. v. Westerhout stach nach ihm das Porträt des Kardinals Rufus.

Dominici, Vite dei Pitt. etc. Napolet., Napoli 1843 IV 450, 675. — Heinecken, Dict. I 598. — Lanzi, Stor. pitt. — Napoli Nobilissima VII 19. *Ozzola.*

Avellino, Scipione di, neapol. Maler, 1711 in die Liste der Korporation der Maler eingeschrieben.

Napoli Nobilissima VII 11. *G. Degli Azzi.*

Avello, Francesco Xanto, s. *Xanto,* Fr.

Avello, Gabriele, Mailänder Bronzegießer in Rom, wo er 1502 für die von Alberto Piacentino errichtete Fontana der Piazza di S. Pietro verschiedene Bronzearbeiten lieferte.

E. Müntz, Les Arts à la Cour des Papes Innocent VIII etc. (1898) p. 174, 196, 198. *

Avemann (Auemann, Aumann), Wolf, Maler aus Cassel, kam um 1610 nach Nürnberg und ward hier alsbald, obgleich er von den einheimischen Malern angefeindet wurde, zum Bürgerrecht zugelassen, weil er, wie es heißt, „vor anderen seiner Kunst halben berühmt" war. Das Jahr 1611 verbrachte er vermutlich in Italien, kehrte aber von dort nach Nürnberg zurück und ward hier 28. 7. 1612 Meister. „Nach 1620," wie Doppelmayr sagt, zog er wieder nach Hessen, wo er dann — das berichtet auch Johann Hauer (1586 bis 1660), dessen Aufzeichnungen sich auf alte, verloren gegangene Malerbücher stützen — durch einen Stich ums Leben kam. Hauer oder dessen Vorlage ist auch wohl Doppelmayrs Quelle gewesen für die Angabe, daß A. sich namentlich durch perspektivisch gemalte Kirchen, also Kirchen-Interieurs, in der Art des älteren Hendrick van Steenwyck ausgezeichnet habe. Nachgewiesen ist bisher kein Werk seiner Hand.

Doppelmayr 215. — Mitteilungen aus dem german. Nationalmus. 1899 S. 126 (Hauers Aufzeichnungen). — Hampe, Nürnberg. Ratsverlässe II No. 2341 u. 2344. *Th. Hampe.*

Aven, L. d', s. *Thiry,* Leonh.

Avena, neapol. Maler, arbeitete mit anderen Malern am Ende des 18. Jahrh. an der Ausschmückung des Palazzo Gravina in Neapel.

Napoli Nobilissima VI 4. — R. Archivio di Stato in Neapel: Ufficio di Giustizia, num. 3823 della Pandetta de' Processi. *G. Degli Azzi.*

Avenarius, Tony, Maler, geb. am 17. 4. 1836 zu Bonn, studierte auf der Münchener Akademie und ließ sich 1861 in Köln nieder. Von ihm die 5 monumentalen Porträts der Stifter des Kölner Gesangvereins im Vereinshause „Wolkenburg". Sein weit bekannt gewordenes Hauptwerk sind die Aquarelle des glänzenden Festzuges zur Feier der Vollendung des Kölner Doms im Oktober 1880; sie wurden in Farbendruck reproduziert. In einer späteren Arbeit, drei Friesbildern, faßte er alle historischen Persönlichkeiten Kölns, an 600 Figuren, in Gruppen zusammen. — Er war auch auf musikalischem Gebiete tätig und hat 14 komische Opern und Operetten verfaßt. — Er starb am 31. 1. 1901.

Merlo, Köln. Künstler, herausg. v. Firmenich-Richartz. — Das geistige Deutschland, Leipzig 1898. — Kunst f. A. 1901, 294. **

Avendaño, span. Maler, führte 1718 für das Kloster Eslonza ein Bild mit dem Martyrium des Petrus aus.

Viñaza, Adic. II 38. *M. v. B.*

Avendaño, Diego, span. Maler 1661 in Valladolid erwähnt.

Cean Bermudez, Dicc. I 83. *M. v. B.*

Avendaño, Serafin de, span. Maler, geb. 12. 10. 1838 zu Vigo, Schüler der Akad. S. Fernando in Madrid und von Esquivel und Villamil, widmete sich fast ausschließlich der Landschafts- und Marine-Malerei, in welchen beiden Genres er eine allgemein anerkannte Berühmtheit erlangte. Einige der Sujets seiner Gemälde sind den italien. Gegenden entlehnt, in denen er jahrelang lebte. Er hat verschiedene Auszeichnungen auf nationalen und fremdländischen Ausstellungen erlangt. Er ist Mitglied der Akad. zu Genua, Turin und Mailand. Unter seinen Hauptwerken führen wir an: Idylle; Ein Brunnen in Galizien; Auf dem Lago maggiore (alle drei im Mus. für moderne Kunst zu Madrid); Der Frühling (im Nationalmus. zu Rom); Umgebung von Genua (Akad. zu Genua); La Rosa; Eine Mühle; Eine Ecke der Barxa in Vigo; August in den Pyrenäen; Eine Straße in den Pyrenäen; Herbst in den französ. Pyrenäen; Die Prozession in St. Hilario; Klippen und Riffe in der Umgebung von Genua.

Ossorio y Bernard, Galeria biogr. de artistas españoles del siglo XIX. Madrid 1883/4. — Murguia, Los Precursores. — Chirtani, Historia de la pintura. — El Calderini,

Vida de Fontanesi. — Archivio storico d'arte VI 75. *P. Lafond.*

Avendaño Fernandez, Donato, span. Maler, geb. 12. 12. 1840 zu Laredo (Prov. Santander), Schüler des Instituts zu Santander und von Carlos de Haës, wurde Lehrer für Zeichnen, Malkunst und Lithographie an der Nationalschule der Taubstummen zu Madrid. Seit 1878 beteiligte er sich an den meisten Madrider Kunstausstellungen mit Landschaften, Seestücken und Porträts.

Ossorio y Bernard, Galeria biogr. de artistas españoles del siglo XIX. Madrid 1883/4. *P. Lafond.*

Avendorp, Cornelis Cornelisz., 1635 als Mitglied der Lukasgilde in Alkmaar genannt.

Obreen, Archief II. ***

Avent, s. *Avont.*

Aventi, Carlo, Kunststicker in Ferrara, lieferte 1721 eine gestickte Decke für den dortigen Magistratstisch.

Cittadella, Not. relat. a Ferrara p. 648. *F. Malaguzzi-Valeri.*

Aventi, Giovanni Antonio di Francesco, Maler in Ferrara, urkundlich erwähnt 1539.

Cittadella, Doc. ed Illustr. etc. Ferrar. p. 109. *F. Malaguzzi-Valeri.*

Aventi, Giovanni Maria, Maler in Ferrara, in einer Urkunde von 1520 bereits als verstorben erwähnt.

Cittadella, Not. relat. a Ferrara, p. 596; Doc. ed illustr. etc. Ferrar. *F. Malaguzzi-Valeri.*

Aventi, Michiel degli, Architekt in Ferrara, erhielt mit seinen Brüdern 1472 Bezahlung für die Errichtung von Festungsmauern in der dortigen Citadelle (Casteltedaldo?).

Cittadella, Not. relat. a Ferrara p. 237. *F. Malaguzzi-Valeri.*

Aventi (da Vento), Sigismondo, Architekt in Ferrara, lieferte 1600 zwei für den Papst und für den Kardinal Aldobrandini bestimmte Aufrißzeichnungen des damals seiner Vollendung entgegengehenden Campaniles der dortigen Kathedrale.

Cittadella, Not. relat. a Ferrara p. 103. *F. Malaguzzi Valeri.*

Aver, Giorgio (= Georg Auer?), deutscher Holzschnitzer, der um 1700 in Süditalien tätig war. Von seiner Hand stammt das reichgeschnitzte Chorgestühl in der Kathedrale zu Gallipoli.

Erculei, Catalogo etc. d'Intaglio etc. (Roma 1885) p. 100. — Schulz, Denkmäler der Kunst in Unteritalien. *

Aver, s. auch *Auer.*

Averani, Antonio, florentinischer Maler, von dessen Hand in der Pfarr- und Klosterkirche S. Francesco bei Chiusi ein von 1755 datiertes, voll signiertes Altargemälde erhalten geblieben ist, darstellend die Madonna in Engelglorie auf Wolken thronend und darunter fünf Heiligengestalten. — Kronthal erwähnt außerdem einen Florentiner Miniaturmaler des 17. Jahrh. namens *Averani.*

F. Brogi, Invent. gen. etc. della prov. di Siena (1897) p. 141. — P. Kronthal, Lex. der techn. Künste (1898) p. 44. *

Averara, Ambrosio da, Maler in Brescia, 1465 urkundlich erwähnt.

Fenaroli, Art. Bresciani, Append.

Averara, Cristoforo da, Maler in Brescia, 1465 urkundlich erwähnt. Vgl. auch *Baschenis, Cristoforo d. Ä. u. d. J.*

Fenaroli, Art. Bresciani, Append. *F. Malaguzzi-Valeri.*

Averara, Dionigi da, lombardischer Maler, der laut eigenhändiger Inschrift 1493 die noch jetzt erhaltenen Malereien in der Kirche S. Antonio Abate (zwischen Pelugo und Borzago) im Val Rendena (Südtirol, nördlich des Lago d'Idrio) ausgeführt hat. — 1507 malte er die Apsis der Curatiekirche in Lodrone (Welschtirol) mit schönen Fresken aus, die die Hl. Katharina, Appolonia, Vigilius u. verschiedene andere und den Erlöser darstellen (Mitt. von Dr. Fr. Innerhofer).

Malaguzzi-Valeri, Pitt. Lombardi, p. 244. *F. Malaguzzi-Valeri.*

Averara, Giambattista (oder Averaria, Avernaria, d'Averara), Freskomaler in Bergamo, † 5. 11. 1548. Schüler des Cam. Boccaccino in Cremona und des Correggio in Parma. Um 1533 verfertigte er die Malereien der Kapelle S. Bernardino in der Kirche S. Francesco, die im 19. Jahrh. abgebrochen wurde. Ebenso sind seine Fresken, die Ridolfi im Vallombrosaner Kloster in Astino sah, nicht mehr vorhanden. Erhalten dagegen die Marienfresken an der Presbyteriumdecke des Nonnenklosters S. Grate in Bergamo, ferner die Fresken in S. Michele al Pozzo Bianco und in Sa. Maria Maddalena, die Olymp- und Psychefresken im Salon der Casa Morandi daselbst. In diesen wenigen erhaltenen Resten einer nach der Überlieferung reichen Tätigkeit zeigt er sich als ein talentvoller Schüler seiner obengen. Lehrer. — Im Refektorium des Klosters zu Astino befindet sich ein Christus am Kreuz und die vier Evangelisten mit ihren Symbolen. Das Bild trägt die Bezeichnung: „Joanny Baptista de Averaria et Cristoforus de Bergamo pinxerunt anno domini MDLXIX die octavo Aprilis". Da aber Averara bereits 1548 starb, so muß ein jüngerer *Giambattista d'Averara* angenommen werden.

Meyer, Kstlerlex. (mit ält. Lit.). — Locatelli, Illustri Bergamaschi (1869) II 112—203. *R.*

Averara, Giov. Antonio da, s. *Baschenis,* G. A. de.

Averara, Scipione da, Maler in Bergamo, malte im 1. Jahrzehnt des 16. Jahrh. Fresken in der dortigen Kirche S. Maria delle Grazie, die von Antonio Boselli begutachtet wurden.

Tassi, Pitt. etc. Bergamaschi (1793) I 48, 51. — Crowe u. Cavalcaselle, Gesch. d. ital. Mal., VI 598, Anm. 77. *F. Malaguzzi-Valeri.*

Averara, Simone da, s. *Baschenis,* S. de.

Averardo da Cremona, ital. Maler des 15. Jahrh., nur dem Namen nach bekannt.

Alizeri, Not. dei Prof. d. disegno in Liguria 1870, I 214. **

Averardo di Francesco, Miniaturist in Perugia. Er war im 2. Semester 1425 Massaio der Zunft der Miniaturisten.

L'arte dei Miniatori in Perugia, Giorn. di Erud. art. II 1873 fasc. 11—12 p. 317. *W. Bombe.*

Averaria, Averario, s. *Averara.*

Averbeke, Emil van, belg. Architekt und Zeichner, geb. in Berchem bei Antwerpen, Schüler der dortigen Akad. und dann von 1892—1899 unter Emil Thielens praktisch tätig. Sein Arbeitsfeld ist sowohl die Außen- und Innenarchitektur wie das Kunstgewerbe in moderner Auffassung. Sein Werk umfaßt jetzt Herren- und Mietshäuser, Villen und auch Möbel, farbige Fenster, Plakate, Buchillustrationen und Exlibris. Zusammen mit dem Architekten van Asperen in Antwerpen richtete er in der Mailänder Weltausstellung 1906 eine Antwerpener Abteilung ein. Seit 1902 ist er Mitarbeiter an den „Modernen Bauformen"; Zeichnungen von ihm im „Studio", „Art décoratif", „Art et Décoration", „de Architekt" (Amsterdam).

Pol de Mont.

Averberg, H., Maler in Hamburg, 1806 tätig.

Averberg, J. Ed., Landschaftsmaler, geb. in Hamburg 1. 1. 1811, in München ausgebildet und 57 Jahre alt gestorben.

Füssli, Kstlerlex. Neue Zus. 1824.

E. Benezé.

Avercamp, Berend, Sohn von Peter Avercamp und Lysbeth van Ingen, Neffe von Hendrick Averkamp, malte 1654 Wappen für den Amtmann Witten in Kampen, und war 1656, 1662 und 1677 „Deken" der dortigen Gilde. In erster Ehe war er verheiratet mit Mechtelt Oberinck, 1671 heiratete er Aechtken Geerts.

Obreens Archief II 234. *E. W. Moes.*

Avercamp, Hendrick, Maler, wegen eines Sprachfehlers „de Stomme van Kampen" gen., geb. Amsterdam 25. 1. 1585 als Sohn des Apothekers und vormaligen Schullehrers Barend Hendricksz. A. und Beatrix Pietersdr. Vekemans van Meerhout und war somit ein Enkel des bekannten Gelehrten Petrus Meerhoutanus. Schon 1586 zog sein Vater nach Kampen; er ist aber wahrscheinlich in Amsterdam erzogen, wo er meistens zu den vielen Schülern von Gillis van Coninxloo gezählt wird. Es gibt eine in Kupfer gestochene Landschaft, ganz in Coninxlooscher Art, mit den Trümmern eines Turmes mitten in einem breiten Fluß, bezeichnet: M. J. Schulptor H. de Stom· inventer. Visscher excudebat. Jedenfalls war er 1607 in Amsterdam bei Pieter Isaacsz. Wenn auch schon 1619 30 Gulden für eine Winterlandschaft von ihm bezahlt wurden, so war seine Familie wohl wegen seines hilfsbedürftigen Zustandes um seine Zukunft besorgt, und er wurde in dem Testament seiner Mutter 1633 — der Vater war schon 1603 gestorben — besonders bevorzugt. Zu dieser Zeit wohnte er wahrscheinlich wieder in Kampen. In Holland ist seine Anwesenheit nur bis 1625 nachzuweisen, wo er eine Zeichnung des „Haarlemermeers" verfertigte (S. Fokke sc.). Er war ein sehr tüchtiger und selbständiger Künstler, dessen Landschaften mit reicher Staffage von buntgekleideten Figürchen belebt sind; namentlich seine Winterlandschaften mit Eisstaffage zeigen die hohen Vorzüge seiner Kunst. Da seine ziemlich häufig vorkommenden Bilder (u. a. in Amsterdam, Berlin, Christiania, Hamburg, Köln, London und Rotterdam) nur selten datiert sind — von 1620 ist eine Winterlandschaft im Amalienstift zu Dessau, von 1655 eine andere in der Sammlung Gottschald im Leipziger Mus. — ist sein Entwickelungsgang schwierig zu verfolgen, zumal er archaïstisch veranlagt war, wie sich deutlich in der großen 1663 datierten Winterlandschaft mit einem Blick auf Kampen im dortigen Rathause zeigt. Bald nach 1663 muß A. gestorben sein. Sehr häufig sind seine farbigen Handzeichnungen, ebenfalls meistens Eisszenen, von denen man gute Exemplare in den Sammlgn. zu Amsterdam, Berlin, Dresden, Frankfurt, Haarlem (Teyler), Hamburg, Wien (Albertina) und namentlich in Windsor findet. S. Fokke hat mehrere (datiert 1619—1625) radiert, und C. Ploos van Amstel faksimiliert. In der Sammlg. Gerritsen im Haag ist sein gezeichnetes Selbstbildnis.

Obreens Archief II 195—234. — Lerius, Biogr. d'artistes anversois II 141—152. — Oud-Holland II 46, 53. — Dr. Johanna de Jongh, Het Hollandsche landschap 83—89. — Bulletin Ned. Oudh. Bond V 151, 152. *E. W. Moes.*

Averdieck, Eduard, Archit., geb. in Hamburg 17. 2. 1810, † das. Febr. 1882. Schüler Gärtners und Stiers. 1832 in der Vaterstadt niedergelassen. Nach dem großen Brande von 1842 viele Privatbauten, ferner Kirche der deutsch-reform. Gemeinde und Kapelle der französ.-reform. Gemeinde; Stiftskirche und das Kinderhospital in St. Georg. Bevorzugte den roman. Stil.

Hamb. Kstlerlex. — Meyer, Kstlerlex.

E. Benezé.

Averecht, Malerfamilie zu Brügge:

Jacob A., Maler (Schildere), der zuerst in der städtischen Rechnung von 1382/83 erwähnt wird, wonach er 55 mit den Wappen des Königs verzierte Fahnen gemalt hatte. Ebenso malte er 1388/89 eine große Anzahl Wimpel und Wappenschilde mit dem städtischen Wahrzeichen. In den Jahren 1402 und 1403 wurde er dazu verwendet, das Holzgewölbe des Schöffensaales im Rathaus zu bemalen, ebenso die Türen und das Portal des gleichen Saales nebst den darin befindlichen Statuetten, welche Cornelius van Aeltre ausgeführt hatte. 1412 machte er die Statuetten der Lettner in der Stiftskirche St. Donatianus in Brügge. Auch bekleidete er verschiedene Ämter in der St. Lukas- und St. Eligiusgilde: 1399—1400 war er Dekan, 1400—1401 Gouverneur, 1406—07 wieder Dekan und 1415—1416 Vinder. Er starb um 1420. — Einem Mitgliede der Familie Averecht dürfte das mit: Awerchs bezeichnete Gemälde mit der Darstellung der Grablegung der Heil. Stephan und Laurentius im Museum zu Moulins gehören (vgl. Gonse, Les chefs-d'oeuvres d. Mus. de Frances, Sculpture, 1904 p. 128).

Jan A., Maler (Beildescrivere), Vinder der Brügger Zunft 1405—6, 1410—11, 1419—20, 1429—30, und Dekan 1416—17. † um 1435.

Willem A., Maler (Scilder), Vinder der Brügger Zunft 1420—21, 1431—32. † um 1440.
James Weale.

Averlino, Ant., s. *Filarete.*

Averman, J. J., Zinngießer in Naumburg, 18. Jahrh., fertigte namentlich zierliche Tischgeräte mit trefflich modellierten, reich geschweiften Rändern. *Demiani.*

Avernaria, s. *Averara.*

Avern(e), Edward, engl. Medailleur, tätig um 1818—1830 und bekannt durch die Medaillen auf den Tod Georgs III. und des IV., ferner auf Izaak Walton und Charles Cotton.

Forrer, Dict. of medallists — Graves, Royal Academy I. **

Avernier, Antoine, französ. Bildhauer, wohnhaft in Amiens, führte 1508—1522 die Chorstühle in der dortigen Kathedrale aus. Bei dieser Arbeit halfen ihm die Holzbildhauer Arnould Boullin, Alexandre Huet und Jean Turpin. Die Gesamtkosten beliefen sich auf 11 230 livres. Das schöne Schnitzwerk existiert nur noch unvollständig; es fehlen 8 Chorstühle, die im 18. Jahrh. beseitigt wurden, und 80 Statuetten, die 1839 gestohlen wurden.

Lami, Dict. des sculpt. franç. au moy. âge et à la renais. *Lami.*

Aversa, Mercurio d', neapolitan. Maler des 17. Jahrh., von geringer Bedeutung, Schüler des G. B. Caracciuoli. Genannt seien von ihm die vier Bilder über den Türen der Jesuitenkirche S. Giuseppe an der Chiaja in Neapel.

Dominici, Vite dei Pittori Napol. III 62. — Lanzi, Storia pitt. **

Aversa, Paolo, sizilian. Silberschmied. Nach Inschrift ergänzte er 1634 das Traggestell des Reliquiariums der hl. Agata im Dome von Catania (s. Atti e Memorie d. Società Sicil. di Stor. patr. Palermo 1892), das 1542/3 von Ant. Archifel (s. d.) begonnen worden war. Italien. Quellen (s. *Franc. Paternò Castello,* Descriz. di Catania 1841 p. 161 und *G. Di Marzo,* I Gagini, Palermo 1880 I 631) versetzen Aversa wohl irrtümlich in das 16. Jahrh. und halten ihn für den eigentlichen Meister des Traggestells. ***

Aversa, Simone d', sizilian. Silberschmied. Das einzige erhaltene Werk seiner Hand in Sizilien ist ein kostbarer silberner Reliquienschrein im Dome von Piazza Armerina mit Inschrift: Simon de Aversa fecit hoc opus sub anno Domini Millesimo CCCC° quinto indictione duodecima.

E. Mauceri, L'Arte IX p. 16. *E. Mauceri.*

Aversa, d', s. auch damit verbundene *Vornamen.*

Aversano, Francesco Paolo, neapolitan. Landschaftsmaler, geb. in Caserta 1. 2. 1853, tätig in Neapel.

Gubernatis, Dizion. d. art. ital. viv. p. 24. **

Averulino, Antonio, s. *Filarete.*

Avery, Henry Ogden, amerikan. Architekt, geb. in Brooklyn 31. 1. 1852, † 30. 4. 1890 in New York, studierte in der Cooper Union Art School und unter Russel Sturgis, später (1872—1879) an der École des Beaux-Arts, Paris. Dann wurde er Assistent von Richard M. Hunt, und selbständig 1883. Er war Mitglied der Architectural League und entfaltete eine ausgebreitete Tätigkeit, er entwarf die Pläne zu mehreren Monumenten, Kapellen und zahlreichen Häusern. *Edmund von Mach.*

Avery, Samuel P., amerikan. Sammler, Kupfer- und Holzstecher, geb. 17. 3. 1822, † New York, 11. 8. 1904. Lernte die Kupferstichkunst und arbeitete in einer Banknotenfirma. Wandte sich darauf dem Holzstich zu, hauptsächlich humoristischen Genres. 1865 wurde er Verleger und Kunsthändler und gab bald darauf den Holzstich ganz auf.
E. Richter.

Avesaet, Cornelis Pietersz., war 1569 als „Cleedtschryver" Mitglied der Zunft in Utrecht.

Muller, Utr. Arch. 61. *E. W. Moes.*

Avesani, (Avvesani), Saverio, Kriegsbaumeister, geb. 1690 zu Verona. Nach Zeichnungen von ihm hat Fr. Zucchi die Pläne zu dem Theater in Verona (gr. qu. Fol.), einen Stadtplan und einige Vignetten (in dem Buche: Verona illustrata) gestochen.

Meyer, Kstlerlex. — Dal Pozzo, Aggiunta, p. 31. *H. V.*

Avesnes, Fanny d', s. *Dubois,* F.

Avesnes, Jean d', von Averkerques, Bildhauer-Architekt, tätig 1387 an der Kirche S. Pierre in Lille, wurde 1398 Werkmeister der Stadt und wird 1399 zum letztenmal erwähnt.

Lami, Dict. d. sculpt. 1898. — Bauchal, Nouv. Dict. d. architectes franç. *R.*

Avesnes, Jean d', Zinngießer in Amiens. 1516/7 erwähnt: „pour XXXV petis pots à pied, esquels ont été présentés les vins au Roy et à la Règne". Die besondere Gelegenheit, bei welcher die erwähnten Zinngeräte verwendet wurden, berechtigt wohl zu der Annahme, daß dieselben sich durch schöne

Form oder beachtenswerte Verzierungen auszeichneten.

Nouv. Arch. de l'art franç. VI 232. ***

Avesnes, d', s. auch damit verbundene *Vornamen* und *Davesnes.*

Aveta, Gennaro, Stukkateur im 19. Jahrh. Unter der Regierung Ferdinands II., Königs von Neapel, führte er im Schlosse von Caserta die Ornamente der Wände und der Kuppel des prächtigen Thronsaals aus. Man erwähnt von ihm noch eine Anzahl Basreliefs, im Hauptschlafgemach des Palastes Stagliano zu Neapel, die nach den Zeichnungen des Architekten G. Turi ausgeführt sind.

Meyer, Kstlerlex. — Napoli Nobilissima I 158. **

Aveta, Vincenzo, neapol. Medailleur. Prägte gelegentlich der Rückkehr Ferdinands III. aus Palermo nach Neapel eine Medaille mit dem Brustbild des Königs in Rüstung zwischen zwei Lorbeerzweigen, von der 32 Exemplare in Silber ausgeführt wurden. Daß A. der Schöpfer dieser Medaille ist, geht aus einem Brief des Marchese G. Zurlo an den Principe di Cutò vom 19. 2. 1803 hervor (befindet sich im Staatsarchiv in Palermo).

Napoli Nobilissima VIII 78—79. — R. Archiv. di Stato in Palermo: R. Segreteria, fasc. 3409. *G. Degli Azzi.*

Avezino, Santo, Miniaturmaler unbekannter Herkunft, 1640 in Rom nachweisbar; Arbeiten von ihm sind nicht bekannt.

Bertolotti, Artisti bologn. etc. in Roma. 1885. p. 184. *H. V.*

Avezzi, Virginia, s. *Vouet,* V.

Avgherinos, N., Genremaler in Paris, geb. in Konstantinopel, griechischer Abkunft, stellte im Salon 1893 und 1896 aus. *H. V.*

Avialo, Tomaso, s *Aiala,* T.

Aviani, Maler in Vicenza, geb. um 1560, soll Schüler des Palladio gewesen sein und zeigt sich wohlbewandert in der Architektur in seinen 4 prächtigen Prospekten im Palazzo della Rotonda. Er blieb immer in seiner Vaterstadt und starb jung. *S. Rumor.*

Aviani, Francesco, Sohn des Bernardo, Maler in Vicenza, geb. daselbst in der 2. Hälfte des 17. Jahrh., war 1713 Zeuge beim Testamente des Camillo Seroffa, der ein Ovalbild A.s mit einer Darstellung der Zerstörung Karthagos dem Marchese Saraceno hinterließ. Für den Conventssaal des Servitenklosters auf Monte Berico malte er: Einen Meeressturm, einen Hafen, eine Winterlandschaft und eine Feuersbrunst. Ferner malte er hier ein Zimmer in Fresko mit schöner Architektur. Im Museo Civico in Vicenza von ihm 3 Gemälde: 2 Landschaften mit Architektur und Der wunderbare Fischzug. *S. Rumor.*

Aviani, s. auch damit verbundene *Vornamen.*

Avianius. C. Avianius Euander, Bildhauer und Toreut aus der Zeit des Caesar und Augustus. Er war gebürtig aus Athen, von wo ihn M. Antonius nach Alexandreia mitnahm. Von dort kam er als Gefangener nach Rom, wo er im Hause des M. Aemilius Avianus zunächst als Sklave, dann als Freigelassener lebte. Augustus vertraute ihm den Auftrag an, den Kopf der Artemis des Timotheos, die er im palatinischen Apollontempel aufstellen wollte, zu ersetzen; der ursprüngliche Kopf wird schadhaft gewesen sein, und man muß A. E. für fähig gehalten haben, einen des Originals und des neuen Aufstellungsortes würdigen Ersatz, wahrscheinlich doch eine Kopie zu schaffen (vgl. über diese Statue und ihre Nachbildung auf der Sorrentiner Basis Amelung, Röm. Mitt. 1900, S. 199). Um Kopien nach älteren Werken, wenn nicht geradezu um Originale, wird es sich auch bei dem Ankauf von zwei Bacchantinnen u. einem Mars gehandelt haben, die Cicero zum Schmuck seiner Villa durch Q. Fadius Gallus von ihm bezog; daraus, daß Cicero bei der Bestellung augenscheinlich nicht Skulpturen, sondern Gemälde gemeint hatte, gewinnt man den Eindruck, daß A. E. den Kunsthändler machte, wozu ihn seine Beziehungen zu Athen und Alexandreia befähigen mochten. Bei derselben Gelegenheit ist auch von einem Trapezophoros die Rede, augenscheinlich einem kunstvoll skulpierten Tischfuß. Dieses rein dekorative Stück erinnert an das catillum Euandri manibus tritum bei Horaz (Sat. I 3, 90 f.), doch wohl feines Erzgerät, wie es in Pompeji gefunden worden ist.

Brunn, Gesch. d. gr. Kstlr. I 547 f. — Overbeck, Schriftq. 2227—8. — Hauser, Neuatt. Reliefs S. 186. — Collignon, Hist. de la sculpt. gr. II 611. — Pauly-Wissowa, Realenc. II 2372, 5 (Robert). *Amelung.*

Aviat, Jules Charles, Porträt- und Genremaler in Paris, geb. in Brienne-le-Château, Schüler von Hébert, Bonnat und Lafrance, stellte wiederholt (1876—1905) im Salon aus.

Bellier-Auvray, Dict. gén., Suppl. — Katal. d. Salon. *H. V.*

Aviat, Louis Auguste, Landschaftsmaler in Troyes, geb. in Arcis (Aube), Schüler von Pron, stellte im Salon 1866—1870, meist Kohlezeichnungen aus.

Bellier-Auvray, Dict. gén. und Suppl. *H. V.*

Aviati, Ercole di Cento, wenig bekannter italien. Ornamentmaler der zweiten Hälfte des 16. Jahrh., malte in den Kreuzarmen und Seitenkapellen der Karthäuserkirche zu Ferrara.

Gruyer, L'Art ferrarais 1897 II 393. *H. V.*

Avibus, Caesar ab, italien. Stecher im 16. Jahrh. in Padua tätig, von Heinecken (Dict.) erwähnt. S. auch *Osello,* Gasparo, ab Avibus. *P. K.*

Avibus, Gasparo ab, s. *Osello,* Gasparo.

Avice, Henri d', französ. Zeichner und Stecher (Amateur); das erste bekannte Datum aus seinem Leben ist 1642, in dem er ein Titelblatt für das Werk: Tombeaux des personnes illustres von Le Laboureur zeichnete und stach. 1654 zeichnete er auf Befehl des Königs „la cérémonie du sacre" (1655 veröffentlicht).

Meyer, Kstlerlex. — Arch. de l'art franç. VI 249, 410. — Le Blanc, Manuel. *J. Guibert.*

Avice, Noel, Maler, erhält 1603—1605 Bezahlung für ein für St. Nicolaus in Caen geliefertes Johannesbild nebst Umrahmung.

Réunion d. Soc. d. Beaux-Arts XXII 113.

Avigdor, René, Porträtmaler in Paris, stellte wiederholt (1891—1905) im Salon aus. *H. V.*

Avignon, Clotaire Philippe Jean Gabriel d', französ. Stecher und Schriftenmaler, geb. im Dezember 1783, unterhielt 1831 ein Kupferstecher-Atelier.

Gabet, Dict. des art. de l'Ec. franç. Paris 1831. *J. Guibert.*

Avignon, F. d', Lithograph, um die Mitte des 19. Jahrh. in Amerika tätig. War 1859 Teilhaber der Firma D'Avignon & Brainard in Boston. Seine Porträts nach Daguerreotypen wurden in einem Bande in den 50er Jahren veröffentlicht. *E. Richter.*

Avignon, d', s. auch damit verbundene *Vornamen.*

Avignone, Antonio d', Stukkateur in Rom, mit Pierino del Vaga tätig im Palazzo Apostolico, erhält Lohn nach den Rechnungsbüchern von 1542—48.

Bertolotti, Artisti Bologn. in Roma 1885 p. 37. **

Avigny, Simon, französ. Bildhauer und Archit., der sich in Châlons-sur-Marne niederließ, arbeitete 1525 mit seinen Genossen Huguet und Jean Lecomte für die Kirche des Augustinerklosters eine Predigtkanzel in Stein, die mit 5 Figuren geschmückt war.

Lami, Dict. des sculpt. franç. au moy. âge et à la renais. *Lami.*

Avila, Antonio de, Maler in Valladolid. Arbeitet 1565 mit an den Malereien der Triumphbögen, welche die Stadt zu Ehren der nach Bayonne reisenden Königin Elisabeth errichten ließ. Er war verheiratet mit Maria de Ribera und hatte 1569 einen Sohn.

Martí y Monsó, Estud. histor. artist. S. 424 etc. *M. v. B.*

Avila, Ceferino de, Modelleur der kgl. Porzellanmanufaktur in Buen Retiro, 1799 bis 1808 erwähnt.

Riaño, Industr. arts in Spain S. 224. △

Avila, Cristobal de, Goldschmied in Toledo. Im Archiv der dort. Kathedrale eine Quittung von ihm aus dem Jahre 1568. 1553 erhält er eine Zahlung für ein Räuchergefäß für die Kirche S. Maria la Antigua in Valladolid.

Viñaza, Adic. II 38. — Martí y Monsó, Estud. histor. artist. S. 343. *M. v. B.*

Avila, Diego de, Goldschmied in Toledo. 1567 schätzen er und Francisco Carrillo ein silbernes Siegel, welches Alejo de Montoya angefertigt hatte.

Viñaza, Adic. II 38. *M. v. B.*

Avila, Francisco d', span. Maler, 17. Jahrh. in Sevilla. Stand in den Diensten des Erzbischofs Don Pedro de Castro. Pacheco gibt an, er habe aus dem Gedächtnis die ähnlichsten Porträts malen können. 1606 schätzt er die Custodie der Kirche S. Martin in Valladolid. Ein bezeichnetes Stilleben des Malers (Wand mit aufgehängten Utensilien, darunter Palette, Uhr, Spielkarten usw.) in der Galerie Liechtenstein in Wien.

Cean Bermudez, Dicc. I 83. — Martí y Monsó, Est. art. 371. — Kat. der Galerie Liechtenstein. △

Avila, Hernando de, Maler und Bildhauer des Königs Philipp II. von Spanien, Schüler des Francisco Comontes, † 1595. 1565 wurde er zum Maler des Kathedral-Kapitels von Toledo ernannt, für welches er 1568 ein Altarbild, den hl. Johannes d. Täufer und die Anbetung der Könige, vollendete. 1576 entwarf er die Zeichnungen für den Hauptaltar von S. Domingo el antiguo, 1586 wählte ihn das Kapitel zum Schiedsrichter, um mit Miguel Barroso den Wert des berühmten Gemäldes von Luis Velasco, hl. Jungfrau mit den hh. Anton und Blasius, zu bestimmen. Durch einen notariellen Akt vom 27. 8. 1594 (Madrid), verband sich A. mit Luis de Carvajal und Miguel Martin, um die Ausführung der monumentalen Grabstätten zu übernehmen, die in der Kapelle del Obispo errichtet werden sollten; doch blieb es beim Projekt. Aus einem Dokument im Archiv der Kathedrale von Burgos erhellt ferner, daß A. auch an dem Wettbewerbe teilnahm, den das Kapitel zur Neugestaltung des Hauptaltars eröffnet hatte; indessen wurden seinen Plänen, die das Kapitel um 200 Realen ankaufte, jene von Martin del Haya vorgezogen. Die von ihm im Auftrag Philipps II. begonnenen Malereien im Alcazar von Segovia beendigten Balth. Ordóñez und Juan Lagarte.

Cean Bermudez, Dicc. I 83—84. — Ponz, Viage en España. — Rico y Sinobas, caligr. esp. S. 11. △

Avila, Fr. Juan de, Mönch im Hieronymiten-Kloster Guadalupe. Mit dem Ordensbruder Francisco de Salamanca verfertigte er 1520 das prachtvolle Eisengitter des Chores in der Klosterkirche.

Ponz, Viage VII 60. — Riaño, Industr. arts in Spain S. 67. — Cean Bermudez, Dicc. I 85. *M. v. B.*

Avila, D. Juan, Goldschmied in Sevilla, Schüler des Diego Alvarez. Er besteht seine Prüfung 1739 und wird in Dokumenten des Innungsarchivs 1764 und 1775 nochmals genannt, in letzterem Jahr arbeitet er in Gemeinschaft mit Joseph Alvarez.

Gestoso, Artif. Sevill. II 143. *M. v. B*

Avila, Juan de, Modelleur der kgl. Porzellanmanufaktur in Buen Retiro, 1771 und 1808 genannt.

Riaño, Industr. arts in Spain S. 224. *M. v. B.*

Avila, Martin de, Miniaturmaler in Sevilla. 1525 erhält er eine Zahlung für drei Initialen, welche er für ein Offizium B. M. V. ausgeführt hat.

Gestoso, Artif. Sevill. I 317. *M. v. B.*

Avila, Miguel Fausto de, Maler, Spanien um 1750.

Zani, Enc. II 254.

Avila, Pedro de, Maler in Sevilla. 1610 urkundlich genannt.

Gestoso, Artif. Sevill. II 15. *M. v. B.*

Avila Calderon, Franz Jakob Alphons d', span.-niederl. Archit., 1660—1666 Oberbauinspektor in Württemberg.

Kst.- u. Altertumsdenkmale i. Königr. Württemberg, Neckarkreis 566. *H. V.*

Aviler, Charles Augustin d', Hofarchitekt, geb. 1653 zu Paris, † 1700 in Montpellier, studierte 1676—1681 in Rom, arbeitete darauf 8 Jahre unter dem jüngeren Mansart in Paris, um dann in Montpellier mit dem Bau des Triumphtores Peyrou eine reiche Tätigkeit zu entfalten, von der Städte wie Nimes, Carcassone, Béziers und Montpellier ein glänzendes Zeugnis ablegen. 1693 übertrug man ihm die Würde eines „architecte de la province" (Languedoc). Zu seinen bedeutendsten Werken zählt der erzbischöfliche Palast zu Toulouse, den er für den Erzbischof Colbert ausführte. A. hat auch als Theoretiker große Verdienste. So gab er 1685 eine Übersetzung des VI. Buches des Tractates des Scamozzi heraus und lieferte einen vorzüglichen Kommentar zum Vignola, dessen Werk ihm als Muster zu einer eigenen Abhandlung, dem „Cours complet d'architecture" diente. (In mehreren Auflagen erschienen, von Sturm ins Deutsche übersetzt.) An der Vollendung eines architektonischen Wörterbuches „Explication des termes d'architecture" verhinderte ihn der Tod; das Material verwertete A. Le Blon bei der Abfassung seines Wörterbuches, das bis zur IIerausgabe des Dict. hist. d'Architecture des Quatremère de Quincy als das beste Werk seiner Art galt.

Lance, Dict. d. Archit. (unter Daviler). *H. V.*

Aviler (Daviler), Claude Louis d', französ. Hofarchitekt, † 14. 9. 1764 zu Paris, vielleicht identisch mit einem Architekten Daviler, der nach urkundlicher Notiz 1730 bei der Akademie-Konkurrenz um einen Triumphbogen den grand prix d'architecture erhielt, und welchem Lance noch folgende Arbeiten zuweist: Bau der Abtei Saint-Julien, des erzbischöfl. Palastes in Sens, der Kirchen in Trucy und Malôme und des Glockenturmes der Kirche zu Vincelottes.

Lance, Dict. d. Archit. franç. 1872. — Archives de l'Art franç., Documents V 290. — Nouv. Archiv. de l'Art franç., II Série, Bd. V (1884), p. 271, 335—338. *H. V.*

Avink, Warnaar, Maler, geb. in Amsterdam, kaufte dort 1. 6. 1735 das Bürgerrecht.

Aemstels Oudheid V 67. *E. W. Moes.*

Avi(o)nello (Avinello), Balthasar, Baumeister Kaiser Ferdinands I., erhält 1553 und 1554 rückständige Lohnzahlungen.

Jahrb. d. ksthist. Samml. d. österr. Kaiserh. VII Reg. No. 4874, 4898. **

Avisard, Guillaume, französ. Glasmaler in Fougères (Bretagne), lieferte 1443—46 gemalte Glasfenster für die dortige Kirche S. Sulpice.

Villeneuve, Mélanges d'archéologie bretonne. **

Avisart (Avissart), Robin oder Robert, „mestre des ouvraiges de la conté de Blois", quittiert 1398, 1. 8. 1400 und 1401 über Empfang seines Gehalts im Dienste des Herzogs von Orléans; 1410—1412 leitet er Befestigungsarbeiten am Schlosse Chambord.

De Laborde, Les Ducs de Bourgogne III N. 5923. — Bauchal, Dict. d. Archit. franç. 1887. *H. V.*

Avisse, François Remi Joseph, französ. Genremaler, geb. zu Douai am 29. 5. 1763, † daselbst am 10. 11. 1843, studierte in Antwerpen. Das Museum von Douai besitzt von ihm einen Fischmarkt bei Abendbeleuchtung.

Meyer, Kstlerlex. II. *H. V.*

Avisse, Jean, französ. Zimmermeister, geb. in Rouen, von wo er 1500 vom Kardinal von Amboise nach Gaillon berufen wurde zur Konstruktion des Dachstuhles für den dortigen Schloßbau.

Bérard, Dict. des Artistes. *C. Enlart.*

Avisse, Paul, einer der ersten Zeichner der Porzellanmanufaktur in Sèvres, starb anfangs Dez. 1886, nachdem er dort 34 Jahre lang künstlerisch tätig gewesen war.

Chronique d. arts 1886 p. 319. — Labarte, Hist. d. art. industr. 1872 vol. III 236. **

Avisseau, Charles Jean, Steinzeugfabrikant, geb. zu Tours am 25. 12. 1796, † daselbst am 6. 2. 1861, seit 1825 in der Manufakturei zu Beaumont (Eure et Loire) tätig. Der Anblick eines Werkes von B. Palissy spornte ihn zu Untersuchungen an, um die Geheimnisse des berühmten Entdeckers der emaillierten Geschirre wieder aufzufinden; 1843, nach jahrelanger Arbeit, kam er zu dem gewünschten Resultate. Nach seiner Entdeckung gründete er in seiner Geburtsstadt eine Fabrik, die von seinem Sohne *Edouard* fortgeführt wurde, und deren Erzeugnisse die Aufmerksamkeit der Kenner früh erregten. Er erhielt zahlreiche Aufträge, namentlich für England. Die Nachahmer der Palissyfayencen sind heutzutage zahlreich; Avisseau war es, der ihnen den Weg eröffnete. Da er alle seine Werke langsam und sorgfältig ausführte, ist ihre Zahl nicht beträchtlich; sie zieren die Sammlungen der reichsten Liebhaber in und außerhalb Frankreichs. Eines davon erwarb 1845 das Museum von Sèvres. Eine Schale und einen Henkelkorb von ihm besitzt das Museum von Tours.

Nagler, Monogr. V 992. — L. Clément de Ris: C. Avisseau, biographie Paris 1864. — Dussieux, Artist. franç. à l'étrang. 3. Aufl. 1876. Reg. — Meyer, Kstlerlex. II (mit ält. Lit.). — Giraudet, Artist. tourangeaux 1885 *H. V.*

Avisseau, Edouard, Keramiker von Tours, Schüler seines Vaters Charles Jean, den er übertrifft und dessen Manufakturei zu Tours er fortsetzte. Er machte seine künstlerischen Studien unter L. Lobin. Auf der Londoner Ausstellung 1862 erhielt er eine Medaille: er hatte zwei Leuchter und eine Schüssel in der Art der Fayencen von Heinrich II. eingesandt, ferner eine Gruppe, Reiher eine Schlange verschlingend. Das Museum des Louvre besitzt von ihm eine prachtvolle ovale Schüssel mit einem Seekrebs, die 1863 als ein echtes Werk von Palissy der Sammlung zum Geschenk gemacht wurde. Das South-Kensington-Museum bewahrt von ihm einen Reiher, der einen Fisch verschlingt, das Museum von Tours eine Gruppe: Kampf zwischen Vogel und Schlange (1861).

Gazette des Beaux-Arts XIII 379, XIV 72, XV 197. — Nagler, Monogr. V 992. — Dussieux, Artist. franç. à l'étranger, Ed. 1876 p. 158. — Richess. d'art. Prov. Monum. civ. V 390. *H. V.*

Avitabile, Geronimo, wird in den „Rime" des Horatio Comite (Napoli, Beltrano 1627, p. 47) als vorzüglicher zeitgenössischer Maler genannt, ebendort (p. 27) ist ein Sonett zum Lobe eines seiner Werke.

Napoli Nobilissima VII 16. *G. Degli Azzi.*

Avitabile, Teodato, Silberschmied in Neapel, arbeitete 1737 zusammen mit G. Tumo ein silbernes Ostensorium für die Kirche del Carmine.

Filangieri, Indice d. Artefici I 39. **

Avogadro, Pietro, Maler in Brescia, 17. und 18. Jahrh. Schüler von Pompeo Ghiti († 1704), nach dessen Tode er in Bologna lernte. In seine Heimat zurückgekehrt, zeichnete er sich nicht nur durch die Absonderlichkeit seiner Kompositionen aus, sondern auch durch die Kühnheit der Verkürzungen und die Farbenharmonie seiner Bilder, in denen mehr der venezianische Einfluß, als der bolognesische sichtbar ist. Nach Moretto, Romanino, Savoldo und Lattanzio Gambara wird er als der beste Brescianer Maler angesehen. Unter seinen vielen Bildern, deren Verzeichnis sich im Meyer und im Diz. von Fenaroli befindet, ist sein Hauptwerk das Altarbild in S. Giuseppe in Brescia, die Marter der Heiligen Crispino und Crispiniano darstellend. Andere Werke in S. Pietro Martire, S. Maria Maddalena, S. Giuseppe, S. Barnaba, S. Francesco (Kapelle S. Pietro), S. Carlo alla casa di Dio etc. Avogadro fertigte auch Zeichnungen für Stiche, die von Luciani (siehe Meyer, Kstlerlex.) gestochen wurden.

Chizzola, Le pitt. e scult. di Brescia (1760) p. 19, 21, 22, 67, 73, 77, 80, 95. — Zanotto, Stor. d. pitt. Venez. p. 379. — Meyer, Künstlerlex. — Fenaroli, Diz. d'art. Bresc. 1877 p. 14. *Lisetta Ciaccio.*

Avogaro, Marco di Giovanni dell', angesehener Miniaturmaler der älteren ferraresischen Lokalschule, vielbeschäftigt für die Herzöge Lionello und Borso von Este, in deren Rechnungsbüchern von 1449—1476 erwähnt. Er erhält am 14. 11. 1449 Bezahlung für 2 Titelbl. und Initialen in einem Psalmenkommentare des Alexander von Hales; am 30. 9. 1450 für weitere Initialen dieser Handschrift, ferner am 23. 3. 1450 für Miniaturen in den Reden des Augustinus. Im nächsten Jahre wurde er bezahlt für ein Titelblatt und 9 große, figurengeschmückte Buchstaben in einer Liviushandschrift, die Campori mit Unrecht in dem Codex ital. MXV der Bibl. Estense zu Modena wiederzuerkennen glaubte. Ferner wurde A. am 5. 4. 1452 und am 31. 8. 1453 für Initialen einer Suetonhandschrift bezahlt. Alle diese Arbeiten sind verschollen, aber seine Mitarbeit an der berühmten Prachtbibel Borsos (jetzt in Wien) ist durch 3 Quittungen vom 24. 1. und 11. 11. 1458 und vom 31. 12. 1461 belegt. Freilich zeigen nun grade die in erster Linie in Betracht kommenden Stellen die Arbeit von mehreren Gehilfenhänden, so daß seine eigene künstlerische Handschrift noch problematisch ist. Ein mit ihm erwähnter *Vincentio dell' Avogaro,* vielleicht sein Sohn, wird nur für Rubrikenschreibereien bezahlt.

Campori, Notizie dei miniatori dei principi Estensi. — Venturi, La miniatura ferrarese nel sec. XV, in Gallerie Nazionali Ital. IV 194; derselbe: L'arte a Ferrara etc. in Rivista stor. ital. II 732. — H. J. Hermann in den Jahrb. d. Kstsamml. d. Allerh. Kaiserh., XXI (s. Register) mit Dokumenten. **

Avoli, Ludovico, italien. Maler vom Anfang des 17. Jahrh., malte die Kuppel der 1611 erbauten Cappella Paolina in Sta. Maria Maggiore in Rom aus; mit Ausnahme der vier Propheten, die von Giuseppe Cesari d'Arpino ausgeführt wurden.

Diego Angeli, Chiese di Roma, 324. *H. V.*

Avolio, Gennaro, neapol. Maler, arbeitete um 1750 in der kgl. Porzellanfabrik von Capodimonte und malte hauptsächlich Tiere und Schlachten, gemeinsam mit Gius. Della Torre.

Napoli Nobilissima III 133. *G. Degli Azzi.*

Avondo, Vittorio, Direktor des Museo Civico in Turin (seit 1891), Landschaftsmaler, Schüler Calames in Genf.

Rassegna Nazionale III 219—20, 872; XIX 284. **

Avont, oder *Avent,* van oder van den. Häufig vorkommender Name belg. Künstler, meist wenig bekannt, da sie der Gewohnheit ihrer Zeit folgend, ihre Werke fast niemals unterzeichneten. Bildhauer sind folgende:

Jean I. A., Vater von Rombaut, Jean II. und Abraham, † 13. 11. 1604 zu Mecheln, scheint nur untergeordnete Arbeiten ausgeführt zu haben. Dokumente bestätigen, daß dieser Künstler im Jahre 1595 für die Summe von 12 Gulden ein Kruzifix herstellte, das für die Karfreitags-Feierlichkeiten bestimmt war. Im vorhergehenden Jahre hatte er ebenfalls eine kleine, wenig bedeutende Arbeit ausgeführt, die „gloire" oder „soleil", welche hinter dem Bilde der Madonna in der Notre-Dame-Kirche angebracht wurde.

Hans van A., Vater und Lehrer des bekannten Malers von Ruf Peeter Avont (geb. 1600 zu Mecheln), war Bildhauer in Mecheln, das damals die religiöse Metropole Belgiens geworden war.

George van A., ein Bildhauer, dessen Arbeiten unbekannt sind. 1570 war er Meister in Mecheln und starb daselbst 1608.

Josse van A., war 1588 in Mecheln tätig, ist ebenfalls ganz unbekannt geblieben.

Jean II. van A., in Mecheln, geb. daselbst 1571, erhielt 1599 das Meisterrecht und war zugleich Bildhauer und Illuminator. Man hat ihm die Statuen des hl. Johannes und des hl. Joseph zugeschrieben, die 1608 für den Altar Notre-Dame der Kirche gleichen Namens (Notre-Dame-au-delà de la Dyle) ausgeführt wurden.

Rombaut van A., Sohn von Jean I., Maler und Bildhauer, übte seine Tätigkeit ebenfalls in Mecheln um 1616 aus, zu welcher Zeit er ein Bild der hl. Jungfrau für die Kirche Saint-Jean zum Preise von 12 Gulden ausführte.

Abraham van A., Statuenbildhauer und Maler zu Mecheln, wurde dort 1593 geboren (oder 1595) und starb 1631. Zur Meisterschaft in der Gilde des Quatre-Couronnés in Brüssel 1621 zugelassen, ließ er sich in dieser Stadt nieder, die vom Glanz Mechelns geerbt hatte, und wurde dort einer der tüchtigsten Mitarbeiter von Luc. Fayd'herbe. Indes sind seine eigenen Arbeiten unbekannt.

Pierre van A., aus Mecheln gebürtig, arbeitete ebenfalls in Brüssel. Im Zulassungsregister der Gilde des Quatre-Couronnés wird er 1622 aufgeführt. Er war im Atelier des Abraham van A. tätig und wurde 1625 zur Meisterschaft zugelassen. 1631 lebte er noch. Seine Werke sind nicht bekannt.

Jean III. van A., geb. 1607 zu Mecheln, starb im jugendlichen Alter von 22 Jahren.

Guillaume van A., geb. 1605 zu Mecheln, studierte dort, nahm dann längeren Aufenthalt in Holland, wo er sich 1625 zu Amsterdam verheiratete. Im folgenden Jahre kehrte er in seine Vaterstadt zurück als „cleynstekker" und „belthouwer". Er hat in Belgien keine Arbeit hinterlassen, die der Anführung würdig wäre.

Jean van A. IV. lebte 1653 in Brüssel, zu welcher Zeit er bereits der Gilde des Quatre-Couronnés angehörte.

Jean van A. V., Bildhauer in Brüssel, wo er 1710 zur selben Gilde zugelassen wurde. Die beiden Jean IV. und V. aus Brüssel sind vielleicht Nachkommen von Pierre III. Ihre Arbeiten sind fast alle unbekannt.

Chev. Edm. Marchal, La sculpture belge, p. 389, 390, 391 und 534. — „Les Liggeren" de la Gilde de Saint-Luc, à Anvers.

E. de Taeye.

Avont, Augustin van, Maler und Illuminator von Mecheln, getauft 24. 1. 1602 daselbst, Bruder des Peter van A., ging 1622 nach Deutschland, kehrte 1624 von Köln in seine Heimat zurück und ließ sich darauf in Brüssel nieder.

E. Neeffs, Histoire de la peinture etc. à Malines (1876) I 387—88. *H. V.*

Avont, Melchior van, Maler in Mecheln, Bruder des Rombaut v. A., getauft am 5. 1. 1592, † am 3. 11. 1619; nur urkundlich bekannt.

Siret, Dict. d. Peintres III, Ausg. 1883. — E. Neeffs, Hist. de la peinture etc. à Malines 1876, I. *H. V.*

Avont, Nicolaus van, Maler von Mecheln, geb. 4. 9. 1604, nur urkundlich bekannt.

E. Neeffs, Histoire de la peinture etc. à Malines (1876) I 482. *H. V.*

Avont, Peeter van, Maler, Radierer u. Kupferstichverleger, wurde getauft zu Mecheln 14. 1. 1600. Sein Lehrer ist unbekannt, dagegen weiß man, daß er 1622/23 als Freimeister in die Antwerpener St. Lukasgilde zugelassen wurde. 1625/26 nahm er als Schüler Peeter van de Cruys, 1629 Frans Wouters und 1631/32 dessen Bruder Peeter auf. 17. 10. 1631 wurde Avont Bürger von Antwerpen, nachdem er sich 26. 6. desselben Jahres das Haus „de Backerye" in der Kaiserstraße gekauft hatte. Zu gleicher Zeit (1632/33) wurde der Künstler in die Rederykkamer der Violiere aufgenommen, verließ aber 1633/34 dieselbe wieder. Er stand mit Jan Brueghel dem Jüngeren in Freundschaft, ebenso wie mit Wenzel Hollar, der mehrere Stiche bei Avont verlegte. — 1. 11. 1632 starb A. in seinem neu erbauten Hause in Deurne bei Antwerpen, aber so überschuldet, daß die Erben auf die Hinterlassenschaft verzichteten. Seine traurigen Vermögensverhältnisse mögen auch die Schuld sein, daß der begabte Künstler teilweise Werke hinterlassen hat, die seiner wenig würdig sind.

Avonts Gemälde sind nicht sehr selten. C. de Bie rühmt mit Recht die Weichheit seiner

Fleischtöne, die Zartheit und zugleich die Kraft seines Vortrages in der Malerei seiner kleinen Kinder, ebenso wie die Grazie seiner Kompositionen. Der Künstler zierte öfter die Landschaften anderer Maler mit Figürchen, so die des David Vinckeboons, Jan Brueghel des Älteren und des Jüngeren, Luc. van Uden, Jan Wildens, J. d'Arthois, Luc. Achtschellinckx und Lod. de Vadder, kopierte ferner mehr als einmal. Bilder von Rubens und A. van Dyck und scheute sich manchmal nicht, den Liebhabern wenig ausgeführte Bilder zu liefern. In der St. Jakobskirche in Antwerpen ist eine hl. Familie, dabei die hl. Margaretha, eine andere Heilige (wie es scheint Maria Magdalena), der hl. Georg und der kleine Johannes der Täufer, der sein Lamm liebkost und von zwei Engeln begleitet wird. In einzelnen Teilen dieser Komposition ist eine freie Nachahmung von Rubens erkennbar; das Christkind selbst läßt zu wünschen übrig, die anderen Figuren aber sind vortrefflich und namentlich der kleine Johannes und die Engel entzückend. Die schöne Landschaft ist ganz die Erfindung des Meisters. Dieselbe Kirche bewahrt von Avont noch eine hl. Jungfrau mit dem schlafenden Kinde, darum ein fein ausgeführter Blumenkranz, der von Frans Ykens 1636 gemalt ist. Die St. Nikolauskapelle der Krämerinnung in Antwerpen besitzt ebenfalls ein ausgezeichnetes Werk des Künstlers: hl. Jungfrau mit dem Kinde; der geschnitzte Rahmen ist mit zwei Engelsköpfen verziert, und über ihm erhebt sich eine Büste der hl. Anna. Ein verdienstliches Bild, eine hl. Familie mit Engeln in einer Landschaft, bewahrt auch die Spitalverwaltung daselbst.

Die Galerie zu Wien enthält drei Bilder: 1) Waldige Landschaft mit der von Engeln umgebenen hl. Familie. 2) Waldige Landschaft mit Maria, dem Kind und dem kleinen Johannes. 3) Flora mit Genien im Vordergrunde eines großen Ziergartens. Alle drei sind Peeter van Avont bezeichnet.

Die Galerie Liechtenstein zu Wien hat ebenfalls drei Bilder: 1) Landschaft; im Vordergrund ruht eine Mutter mit zwei Kindern, auf welche Diana aus den Wolken mit Pfeil und Bogen zielt. 2) Hl. Jungfrau mit dem Kind und dem hl. Johannes. Engel spielen mit dem Lamm. Bez. P. V. Avont. 3) Silen mit dem Bacchus.

In der Pinakothek zu München befindet sich die hl. Familie, dabei der kleine Johannes der Täufer und mehrere Engel; die Landschaft und das einrahmende Blumen- und Fruchtgehänge, das den Namen Maria bildet, sind von Jan Brueghel dem Älteren gemalt.

In Terwestens Katalog (3. Teil zu Hoets Catalogus of naamlijst van schilderijen) sind drei Bilder verzeichnet: 1) Hl. Magdalena, von Engeln umgeben. 2) Hl. Jungfrau, von Engeln umgeben. Beide stammten aus der Sammlung des Antwerpener Malers u. Kunsthändlers Jan Siebrechts und wurde daselbst 1754, das erste um 64, das zweite um 16 fl. verkauft. 3) Die hl. Jungfrau mit dem Kinde, von zwei Engeln begleitet, umgeben von einem Blumenkranz. Dies Bild kam in der Versteigerung der Verlassenschaft des Lambert van Gemert zu Antwerpen 1764 auf 11 fl. 10 Stüber. In dem Verzeichnis der Gemälde des Malers Snyers von Antwerpen wird eine Landschaft von Luc. van Uden erwähnt, wozu Avont die Figuren gemalt hatte. Terwesten, der bloß einen Teil jener Sammlung gibt, hat das bezeichnete Bild weggelassen.

A. hat auch radiert. Mit Sicherheit werden ihm die beiden Gegenstücke: 2 Kinder in einer Landschaft mit weinlaubbekränztem Satyr (P. V. A F E in umgekehrten Buchstaben) und ein Engel und ein Kind auf Wolken sitzend (ebenso bez.) zugeschrieben. Auch die in der Zeichnung und Technik feinere Folge von 24 numerierten Blättern mit Kindern, deren 1. Blatt bezeichnet ist P. van Avond fecit F. de Widt Exc. wird ganz sein Werk sein. Ferner trägt die Folge der 4 Elemente seine Signatur: Pet. van Auont inu. et exc., und eine unbezeichnete Folge der 4 Tageszeiten schließt sich diesen stilistisch unmittelbar an. — Außer Hollar haben auch P. Pontius, Susanne Verbruggen und Th. v. Merlen nach A. gestochen.

Th. v. Lerius u. W. Schmidt in Meyers Kstlerlex. mit älterer Lit. u. Oeuvreang. — Notizen von H. Hymans.

Avostalis, s. *Austalis.*

Avramovic, Demetrius, serb. Maler, geb. 27. 3. 1815 zu Sveti-Ivan im Tschaikisten-Distrikte, † zu Neusatz 13. 3. 1855, Schüler der Wiener Akad., 1840 nach Belgrad berufen zur Ausmalung der Metropolitankirche, darauf nach Topola, um die dortige Kirche auszumalen. 1846/47 unternahm er im Auftrag der Regierung eine Studienreise durch Serbien und nach dem Berge Athos, deren Ergebnisse er in 2 illustrierten Schriften (Belgrad 1848 und 1849) niederlegte. Er befaßte sich auch mit der Lebensbeschreibung serb. Maler, die jedoch Manuskript geblieben ist.

Meyer, Kstlerlex. *H. V.*

Avrial y Flores, Federico, span. Maler, geb. zu Madrid, Schüler der Akad. San Fernando und von Manuel Dominguez, wurde auf der Madrider Ausstellung von 1904 ehrenvoll erwähnt. Von seinen Arbeiten, Genre- und Landschaftsbildern, führen wir an: La Atalaya; Eine Herberge; Zwischen zwei Lichtern; Ein Stall; Ein Dorfplatz; Eine Ansicht der Arena von San Pablo in Avila.
P. Lafond.

Avrial y Flores, José Maria, span. Maler, geb. 26. 2. 1807 zu Madrid, trat im Alter von 12 Jahren in die Akad. San Fernando ein, wo er sich durch außergewöhnlich rasche Fortschritte auszeichnete und 1832 den Preis für Perspektive erlangte. Seine Lehrer José de Madrazo und Fernando Brambilla stellten sein junges Talent auf die Probe: der erstere, indem er ihn verschiedene Gemälde der Meister des Prado-Mus. lithographisch reproduzieren ließ (für seine Veröffentlichung der Gemälde des kgl. Mus.), der andere, indem er ihn beauftragte, Ansichten der kgl. Domänen zu malen. Er wurde 1837 Professor an der Zeichenschule zu Segovia, 1840 an der Kunstschule zu Cadiz, 1857 wurde er in gleicher Eigenschaft an die höhere Schule zu Madrid berufen. Unter seinen Hauptwerken (fast nur Landschaften), von denen die meisten auf Madrider Ausstellungen vertreten waren, führen wir an: Der Manzanares; Die Gemäldegalerie; Madrid, vom Castilla-Wege aus gesehen; das Haus des Juan-Bravo in Segovia; Die Castillana von San Andres; Philipp III., das Pantheon der Könige von Leon besuchend; Lot und seine Töchter; Tobias und der Erzengel St. Michael; Eliesar und Rebekka; Vorhalle der Kirche San Esteban; Der Landungsplatz des Manzanares-Kanals. Er führte auch große dekorative Malereien aus, z. B. für die Kirche von Pastrana, die Kapelle „de la Présentation" zu Madrid; ferner die malerische Ausschmückung der Theater zu Gijon, Leon, Oviedo (1849), ebenso diejenige mehrerer Madrider Bühnen, ohne seine Beteiligung bei der Erbauung von Triumphbögen und bei anderen Kunstbauten von ebenso kurzer Dauer zu erwähnen. Er hat außerdem zahlreiche Zeichnungen und Lithographien für die hervorragendsten illustrierten Publikationen Spaniens geliefert.

Ossorio y Bernard, Galeria biogr. de artistas españoles del siglo XIX. Madrid 1883/4. *P. Lafond.*

Avril, Edouard Henri, Maler in Paris, geb. in Algier, Schüler von Pils und P. Lehmann, stellte im Salon 1878—1884 Porträts und Figurenbilder aus.

Bellier-Auvray, Dict. gén., Suppl. 1885. — Katal. des Salon. *H. V.*

Avril, Etienne, Kunsttischler in Paris um 1774. Ein bezeichnetes Möbel, aus St. Cloud stammend, erwähnt:

Maze-Sencier, Livre de Collectionneurs, 1885 p. 32.

Avril, Jean Jacques, der ältere, französ. Kupferst., geb. 16. 12. 1744 (1756 nach den Angaben Hubers) zu Paris, † 26. 11. 1831 dortselbst (nach Béraldi † 1823), war ein Schüler von Wille. Er gilt als ein sehr fruchtbarer Künstler; nach Joubert müßten seine gesamten Werke 500 Blatt übersteigen. Er führte eine ganze Anzahl Reproduktionen von Ornamentzeichnungen aus, Blumen nach Bapt. Monnoyer, Louis Tessier, und chinesische Sujets nach Jean Pillement. Ebenso Stiche nach Gemälden von van der Werff, J. F. de Troy, Guido Reni, Sebast. Bourdon, Eust. Lesueur, Carle van Loo, Ann. Carracci, Rubens, Carlo Maratta, J. Bapt. Le Barbier, Ant. Fr. van der Meulen, Alex. Wille, Jos. Vernet, Mme Vigée-Lebrun, Jan Steen u. a. — Sein Genre ist dasjenige seines Lehrers Wille, jedoch übertrieben: es ist etwas kalt und langweilig. „Dennoch", sagt Béraldi, „hat diese Art von Kunst eine ganze Generation zur Bewunderung hingerissen."

Meyer, Kstlerlex. (Katal. seiner Werke). — Le Blanc, Manuel (Katal. seiner Werke). — Bellier-Auvray, Dict. — Portalis et Béraldi, Grav. du 18e s. — Apell, Handb. f. Kupferstichslr. — Guilmard, Les maitres ornem. *J. Guibert.*

Avril, Jean Jacques, d. j., französ. Kupferst., Sohn von J. J. A. d. ä., geb. 19. 4. 1771 zu Paris, † dortselbst 8. 11. 1835, Schüler seines Vaters, von Lebarbier, Suvée und Bervic. Er führte eine Anzahl von Stichen antiker Statuen für das Musée Royal aus, die von Henri Laurent (Paris, Didot 1816) veröffentlicht wurden, außerdem verschiedene Kupferstiche nach Ann. Carracci, Guido Reni, Drouais, David, Gérard, Lebarbier.

Meyer, Kstlerlex. (Verz. seiner Werke). — Le Blanc, Manuel. — Bellier-Auvray, Dict. — Heller-Andresen, Handb. für Kupferstichslr. — Béraldi, Grav. du XIXe s.

Avril, Paul, französ. Zeichner und Radierer, geb. zu Algier 19. 10. 1843; seine Illustrationszeichnungen wurden von anderen Künstlern gestochen, durch Lichtdruck reproduziert oder auch von ihm selbst radiert. In der 1. Kategorie muß man seine Zeichnungen anführen, die von Gaujean für die „Contes de Moncrif" (Paris 1882) gestochen wurden, ferner diejenigen, welche Taluet für die „Contes du baron de Besenval" (Paris 1882) ausführte, die, welche Depollier für die „Contes de La Fontaine" im Stich reproduzierte, sowie endlich diejenigen, die Monziés für „Faublas" gleicherweise reproduzierte. — In der 2. Kategorie sind zu erwähnen: eine Serie von Zier-Buchstaben für den Fortunio von Th. Gautier, Illustrationen für die Erzählungen von Fromaget (Paris 1883); für die „Ornements de la femme" von Oct. Uzanne (Paris 1881—1882), für „Hier" von A. Piedagnel. — Zur 3. Kategorie gehören „Moeurs secrètes du XVIIIe siècle" von Oct. Uzanne, „Salambô" von Flaubert, „Mon oncle Barbassou" von Mario Uchard usw. — Unter Mitarbeit von François Courboin stach er auch die Zeichnungen von Rochegrosse für „Les Débuts de César Borgia" von Richepin (Ausgabe der Société des Cent bibliophiles). Endlich sind noch einige Zeichnungen zu erwähnen für den Fächermaler Tourneur, sowie Exlibris.

Béraldi, Les Grav. du XIXe s. — Fincham, Art. and engr. of Brit. and Amer. bookplates. London 1897. *J. Guibert.*

Avry, F., Signatur eines Medailleurs, der in der 2. Hälfte des 17. Jahrh. arbeitete, und den die meisten Schriftsteller, wie Immerzeel, Bolzenthal und Pinchart, für einen Holländer gehalten haben, da sich sein Name auf einer großen Medaille befindet, die zum Gedächtnis der Ermordung der Gebrüder de Wit im Haag 1672 gefertigt wurde. Wir haben allen Grund anzunehmen, daß dieser Avry mit dem französ. Medailleur Pierre Aury identisch ist (s. dort). *Fréd. Alvin.*

Avy, französ. Miniaturmaler, nur durch ein 1804 auf Elfenbein gemaltes Miniatur-Brustbild des Grafen Barras im Mus. Calvet zu Avignon bekannt. Es trägt die Signatur: Avy pt. an. 12.

Meyer, Kstlerlex. *H. V.*

Avy, Marius Joseph, französ. Maler, geb. 21. 9. 1871 in Marseille, Schüler von Léon Bonnat und Albert Maignan. A. gehört zu den modernen Malern, die mit Vorliebe den Problemen des Lichtes nachgehen, und zwar sucht er nicht das helle Sonnenlicht im Freien auf, sondern er schildert die delikaten Wirkungen dämmriger Zimmer oder des stillen Lampenscheins. Eines seiner besten Bilder dieser Art ist sein „Mädchenball" vom Jahre 1903, den die Stadt Paris angekauft und im Petit Palais der Champs Elysées untergebracht hat. Im Museum von Marseille ist eine „Frühstücksszene", in dem von Lyon eine „Tanzstunde" von ihm. A. hat auch einige religiöse Gemälde und zahlreiche gute Bildnisse gemalt.

Kat. d. Salon 1895—1901. *K. E. Schmidt.*

Aw (Ow), Meinrad von, geb. zu Sigmaringen 20. 11. 1712, Kirchenmaler, ein Mitglied der adeligen Familie von Ow. Von seinen Werken werden genannt: Fresken in der Kirche zu Pfullendorf 1742—50 mit Bildnissen der Ratsherren und Geistlichen; die Decke der Pfarrkirche zu Klosterwald, 1753 bezeichnet mit A. W. de Owe pinxit. Fresken in der Stadtkirche zu Haigerloch 1756, desgl. zu Sigmaringen 1757—61, zu Meßkirch 1775. In der Kirche zu Otterswang malte er 1776 Darstellungen aus der Oswaldlegende, 1780 den Plafond der Kirche im Kloster Roth. Ferner sind von ihm die Seitenaltäre in der Kirche zu Bittelschieß und der Hochaltar in Harthausen auf der Scheer; auch einige Porträts kennt man von ihm.

Beck im Diözesanarchiv von Schwaben 1902 p. 71. — Zingeler u. Laur, Die Bau- und Kunstdenkmäler der hohenzollernschen Lande. *M. Bach.*

Awdei, russ. Steinmetz des 13. Jahrh., führte um 1250 die Skulpturen und die Portale in der dem hl. Johannes Chrysostomus geweihten Kathedrale zu Cholm im Auftrage des Fürsten Daniel Románowitsch Galitzki aus. Die Ipatjeffsche Chronik nennt ihn „Chitrez", d. i. der Pfiffige, Schlaue, wegen seiner besonderen Kunstfertigkeit.

N. P. Sobko, Russ. Kstlerlex. — Русск. библ. словарь (Russ. Bibliogr.) I 30. — Полн. собр. русск. лѣтопис. Ипатіевская лѣтопись (Vollst. Sammlung russ. Chroniken. Die Ipatjeff'sche Chronik) II. St. Petersburg 1843, S. 196. *W. Neumann.*

Awdejeff, Alexei Alexándrowitsch, russ. Architekt, geb. 12. 3. 1819 in dem Dorfe Betkowo im Tulaschen Gouvernement, † 18. 3. 1855 in Petersburg, wandte sich auf Anregung des Akademikers Bykoffski dem Studium der Architektur zu. Er bereiste 1851 Deutschland, Frankreich und Italien und veröffentlichte die gewonnenen Eindrücke in der Moskauer Zeitung und in den von Prof. Leontjeff herausgegebenen „Propyläen". 1853 beteiligte er sich an den archäologischen Ausgrabungen an der Stelle des alten Tanais (an der Mündung des Don) durch das Zeichnen der aufgefundenen Gegenstände. Nach einer zweiten italienischen Reise (1856) wurde er 1857 vom Fürsten Wassiltschikoff zur Ausführung einer Kirche in Sewastopol berufen und siedelte in die Krim über, wo sich die Mehrzahl seiner Bauten befindet. Außer mehreren Privatgebäuden in Moskau, einer Kirche im Dankoffschen Kreise des Rjansanschen Gouvernements, führte er in Sewastopol die Gedächtniskirche St. Nikolaus zum Andenken an die bei Verteidigung Sewastopols Gefallenen aus (vollendet 1870), die Kapelle über dem Grabe des Fürsten Gortschakoff, die Kapelle auf der Höhe von Inkermann, zur Erinnerung an die Heerschau des Kaisers Alexander II. nach dem Falle von Sewastopol und die Wladimirkirche in Sewastopol.

N. P. Sobko, Russ. Kstlerlex. — Zeitung „Голосъ" (Die Stimme) St. Petersburg 1770, No. 32. — Catal. illustr. Expos. Moscou 1882, S. 56, 65. *W. Neumann.*

A Wengen, s. *Wengen.*

Awerchs, s. *Averecht.*

Awram (= Abram, Abraham). Meister Awram, russ. Erzbildner, wahrcheinlich aus Deutschland stammend, inschriftlich einer der Verfertiger der berühmten ehernen, mit Reliefs geschmückten „Korssunschen Tür" an der Westseite der Sophienkathedrale zu Nowgorod. Als seine Mitmeister werden Riquin und Waismuth genannt.

N. P. Sobko, Russ. Kstlerlex. mit Abb. d. Tür. — Meyer, Kstlerlex. — Mitthoff, Mittelalt. Kstler. Nieders. u. Westf. — Champeaux, Dict. des Fondeurs (aus Magdeburg stammend). — Adelung, Die Korssunschen Türen etc., Berlin 1823. — Макарій, Археолог. опис. церк. древн. въ Новгор. (Makari, Archäol. Beschreibung kirchl. Altertümer in Nowgorod) II 271—274. — Соловьевъ, Опис. Новгор. Соф. собора (Ssoloffjeff, Beschreibung d. Nowgor. Sophien-

Kathedr.). — Eine gute Abb. d. Korssunschen Tür in: Древн. росс. госуд. (Altertümer d. russ. Reichs) Abt. VI, No. 21—26. *W. Neumann.*

Awramoff (Abramoff), Gregor, russ. Zeichner und Buchmaler des 17. Jahrh., wurde von 1668—76 an der Staatsdruckerei in Moskau beschäftigt; später außeretatsmäßig angestellt. Von ihm Bildnis des Ephraim Syrus, gestochen von F. J. Petrow für das 1647 von Ephraim herausgegebene Werk. Mit dem „Goldmaler des Gesandtenamts" Gregor Blaguschin verzierte er 1649 zwei Drucke über das Leben des Wundertäters Sabbas, die dem Zaren dargebracht werden sollten. Im Mai 1677 wird er für eine Zeichnung der Figur des Evang. Lukas bezahlt.

N. P. Sobko, Russ. Kstlerlex. — W. Rumjanzoff in Ровинскій: Русск. граверы (Rowinski: Russ. Stecher) Moskau 1870, S. 367, 374, 375. *W. Neumann.*

Axandri, Tommaso, renommierter Glasmaler in Venedig, wurde um 1400 nach Mailand berufen, um die Fenster im Dom zu malen.

Atti dell' Ateneo Veneto. Ser. II vol. II 172. — Nuova Antologia, vol. 140 fasc. IX 57. — P. Molmenti, Stor. di Venezia nella vita privata, Bergamo 1905 I 311. *L. Ferro.*

Axareto (Assereto), Antonio, Goldschmied in Genua im Anfang des 17. Jahrh., vielleicht ein Verwandter des Giocch. Assereto. Von ihm ein großes Medaillon, welches 1626 in den Grundstein der Mauern Genuas gelegt worden war.

Olivieri, Un medaglione storico Genovese. Genova 1862. *H. V.*

Axareto, s. auch *Assereto.*

Axbeck, Maler um 1800. Nach seinem Porträt der Schauspielerin Betty Roose († 1808) stach Stubenrauch ein bezeichnetes Blatt 8vo.

Meyer, Kstlerlex. *H. V.*

Axele, s. *Axpoele.*

Axelson, Axel, schwed. Maler, geb. 24. 10. 1854 in Stockholm, † 10. 4. 92 in Lund, studierte an der Akad. in Stockholm 1872—76, nachher in Düsseldorf und machte Studienreisen in Italien, Spanien und Nord-Afrika. Er malte Kircheninterieurs aus der Rheingegend, spater meistens und am besten in Aquarell, Architekturmotive aus Venedig, Rom, Tunis und Marokko. *G. Nordensvan.*

Axelt, s. *Azelt.*

Axenfeld, Heinrich, russ. Maler des 19. Jahrh., geb. in Odessa, Schüler von L. Cogniet in Paris und dort tätig. Er malte anfangs Porträts, später landschaftliche Genrebilder. Sein Bild einer Hexe (La Strega), 1873 im Salon, machte ihn in weiteren Kreisen bekannt.

Kunstchronik 1873, S. 194. — Singer, Kstlerlex. — Chronique des arts 1865, S. 14. — Pariser Salon 1885, 1887, 1888, 1889, 1890. *W. Neumann.*

Axentowicz, Theodor, poln. Maler, geb. 13. 5. 1859 zu Brassó (Kronstadt, in Siebenbürgen), absolvierte die Realschule in Lemberg, studierte 1879—83 in München, dann bei Carolus Duran in Paris, wo er längere Zeit lebte. Ein Aufenthalt in London 1893 machte ihn mit der älteren und der heutigen englischen Kunst bekannt. Ein Moderner durch und durch, hat er doch während seiner im Auslande verbrachten Jahre alte Meister studiert und kopiert: Correggio, Tizian, Velasquez und sogar Lebrun. 1895 wurde er Professor der Krakauer Kunstschule und blieb auf diesem Posten, als die Anstalt zur Kunstakad. erhoben wurde. Seit 1891 Associé der Société Nationale des Beaux-Arts (Champde-Mars), gehört er zu den Begründern der poln. Künstlergenossenschaft „Sztuka" (= Sezession). Abgesehen von Jugendwerken, wie „Würzburg im Jahre 1811" und „Polnische Gesandtschaft bei Heinrich III. von Valois", lassen sich drei zeitlich nebeneinander laufende Richtungen in A.s Tätigkeit verfolgen: 1. Szenen aus dem Leben der ostgalizischen Bauern: Der Tanz, Begräbnis (1887, 1895), ferner huzulische Frauentypen (1887, 1905). Diese Bilder tragen das Merkmal einer frischen, kräftigen, unmittelbaren Naturanschauung. 2. A. wirkt auch als Porträtist, besonders als Maler von bald vornehmen, bald pikanten Frauenbildnissen, in denen er eine feine Empfindung für Farbe und Verständnis für weibliche Grazie und Schick zeigt. Diese Eigenschaften kommen ebenso auch seinen aristokratischen Männerporträts zugute. Von seinen Porträts seien genannt: die Tragödin Sarah Bernhardt, ihr Sohn mit seiner Frau, Gräfin Dzialynska — alle in Paris entstanden. In London erfreute sich A. einer außerordentlichen Beliebtheit und malte eine Reihe von Bildnissen der engl. Aristokratie; auch das vorzügliche, auf der Lemberger Landesausstellung 1894 mit einer goldenen Medaille ausgezeichnete Porträt seiner Frau stammt aus dieser Londoner Zeit. Zu den in Krakau ausgeführten Porträts gehören vor allem: Fürst Wladyslaw Czartoryski, Erzherzog Karl Stefan (1900, 1903), die Töchter desselben etc. 1905 stellte A. ein breit und flott gemaltes Bildnis des Krakauer Stadtpräsidenten Friedlein aus. 3. In innigem Zusammenhange mit seinen Porträts stehen A.s ideale Frauenköpfe. Durch ihre Verträumtheit den engl. Praerafaeliten nahe, haben sie anderseits einen feinen, leise sinnlichen Zug. (Gelbe Blume, Blaue Vase, beide 1900.) Voll innerlichen Lebens sind die „beiden Frauen in tiefster Trauer" (1903). Er wirkt auch als Autolithograph; im Jahre 1896 lieferte er den Entwurf zu einem Fenster für die Lemberger Kathedrale ritus latini.

Swieykowski, Pamietnik Towarzystwa P. S. P. w Krakowie 1854—1904. — K. M. Kuzmany in Die Kunst (Bruckmann) IX 289 f. *C. M. v. Górski.*

Axeochos (Axiochos?), vielleicht Name eines antiken Gemmenschneiders. Jedoch beruht die Kenntnis dieses Meisters lediglich auf dem Abdruck einer jetzt verschollenen Gemme, deren Echtheit nicht nachweisbar ist. Andere erhaltene Steine mit diesem Namen sind sehr verdächtig.

Brunn, Gesch. d. gr. Kstler. II 557. — Archäol. Jahrb. III, Taf. 11, 11; IV 72. — Pauly-Wissowa, Realenc. II 2627, 3 (Rossbach). *Pernice.*

Axereto, s. *Asserćto* u. *Axareto.*

Axilette (Axilète), Alexis, Porträtmaler in Paris, stellte wiederholt im Salon (1885—1901) und bei Georges Petit aus. Außer Porträts malt er auch Figuren in Landschaft wie „L'été", drei nackte Mädchen im Freien. Salon 1891 (Abb. im Katalog). Auf der Münchener Sezessions-Ausstellung 1896 war er mit einem großen Pastell: Aurora (Mädchenakt) vertreten.

Kunst f. Alle XI (1896), S. 291. — The Studio, vol. 35, p. 80. — Katal. d. Salon. *H. V.*

Axios, Gemmenschneider? Der Name begegnet auf einem (antiken?) Stein mit der Darstellung eines Steinbocks.

Brunn, Gesch. d. gr. Kstler. II 606. *Pernice.*

Axmacher, Karl, Porträtmaler in Düsseldorf, geb. 2. 6. 1874 in Düsseldorf. Besuchte nach Absolvierung des Realgymnasiums (1880—89) die Kunstakad. in Düsseldorf (1890—97) und bildete sich privatim in Brüssel 1898 und in Paris 1905 weiter aus. Porträt und Figuren. *Board.*

Axmann, Anton, Maler, nur bekannt als Verfertiger eines Deckengemäldes in der Pfarrkirche zu Zentbechhofen (Oberfranken) aus dem Jahre 1735.

Meyer, Kstlerlex. *H. V.*

Axmann, Ferdinand, Historienmaler, Sohn des Kupferstechers Josef Axmann, geb. zu Wien 3. 11. 1838, besuchte die Malerschule der Akad. der bildenden Künste und die Meisterschule unter Kupelwieser u. C. Rahl, wurde 1866 Professor an der Staatsoberrealschule in Salzburg und 1876 an der Staatsoberrealschule des III. Bezirks in Wien, wo ihm auch die Stelle eines Administrators der Pensionsgesellschaft bildender Künstler übertragen wurde. Letzteres Amt bekleidet er noch heute, während er als Professor des Freihandzeichnens 1897 in den Ruhestand trat. Wir verdanken ihm eine Reihe ausgezeichneter Altargemälde und Porträts, unter letzteren die Bildnisse Adalbert Stifters (Linz, Privatbesitz), Stelzhammers (Linzer Landesgalerie), Grillparzers (Eigentum des ersten Kaufmännischen Vereins in Wien) und seines Vaters, des berühmten Kupferstechers Axmann (Axmann-Zimmer im Brünner Museum).

Bodenstein, Hundert Jahre Kunstgesch. Wiens 1788—1888 S. 11 f. *W. Schram.*

Axmann (Achsmann), Johann Ignatz Anton, Porträt- und Historienmaler in Breslau, geb. 1778, Sohn des Stadtchirurgen Joseph A. in Neiße, lernt in Breslau bei Adalbert Longinus Höcker von 1795—1798. Ist selbständig tätig seit etwa 1805. Erwirbt das Bürgerrecht am 28. 11. 1817. Geschickter Kopist alter Gemälde. *E. Hintze.*

Axmann, Josef, Kupfer- u. Stahlstecher, geb. zu Brünn 7. 3. 1793, erhielt von dem geschickten Historienmaler Weidlich den ersten Unterricht im Zeichnen und Malen. 1811 kam er an die Akad. der bildenden Künste in Wien und erhielt bald darauf infolge seines Stiches „Die Macocha" von den mährischen Ständen ein Stipendium für 6 Jahre. Seine Ausbildung in der Kupferstechkunst gewann er bei Joh. Blaschke. Auch der berühmte Bartsch förderte sein künstlerisches Streben. Nachdem A. durch viele Stiche für ausländische Almanache einen Ruf erworben hatte, erfand er 1829 eine Art Hochätzung auf Zink und Kupfer. 1843 beschäftigte er sich mit Versuchen des Ätzens von Daguerrotypen und wurde wirkl. Mitglied der k. Akad. der bildenden Künste. Nach langer und angestrengter Tätigkeit in Wien übersiedelte er 1866 nach Salzburg, wo er 9. 11. 1873 starb. Die vollständigste Sammlung der Werke Axmanns befindet sich in der Wiener Hofbibliothek. (Sie enthält auch Probedrucke und verschiedene Stände einzelner Platten.) Sehr reichhaltige Sammlungen auch in der Wiener Albertina und im Axmann-Zimmer des Stadtmuseums in Brünn, nach Inhalt und Ausstattung ein Geschenk des Wiener Historienmalers Prof. Ferd. Axmann. Die Zahl der nachweisbaren Stiche A.s, welche durchweg eine vollendete klassische Technik und daneben eine poetische Art des Vortrags offenbaren, beträgt 537 (Porträts, Landschaften, religiöse Gegenstände, Genre, Kostümbilder und Vignetten). Von diesen sind in dem von Dr. Cyriak Bodenstein verfaßten Werke: „Hundert Jahre Kunstgeschichte Wiens 1788—1888" nicht weniger als 308 sorgfältig verzeichnet. Zu den populärsten Grabstichelarbeiten unseres Künstlers gehören die zahlreichen Blätter, welche er zu den Werken des Dichters Adalbert Stifter, seines intimen Freundes, lieferte, und das herrliche Blatt „Dichterliebe" nach J. Danhauser (Österr. Kunstvereinsblatt 1848).

Schram, Verz. mähr. Kupferstecher (Brünn 1894) mit Literaturangaben und Schrams Aufsatz „Das Axmannzimmer in Brünn" (Österr. Rundschau IV 231 ff.). *W. Schram.*

Axmann, Karl, Miniaturmaler in Breslau um 1835.

E. Lemberger, Beitr. z. Gesch. d. Miniaturmalerei 1906. **

Axmann, Martinus, ungar. Maler des 17. Jahrh. Einzig beglaubigte Arbeiten sind die reich ornamentierten Sgrafitto-Werke, ungar. Könige, Helden und Allegorien darstellend, am Schloß Frics im Kom. Sáros, unweit von Eperjes. Daselbst signiert: Martinus · Axmann · Pinx · 1630. Wahrscheinlich sind ihm auch andere derartige Sgrafitto-Werke in Oberungarn, z. T. noch erhalten, zuzuschreiben.

„Archaeologiai Ertesitö, ú. f.“ XI 38, Budapest 1891. *K. Lyka.*

Axpoele, D a n e e l, G e r a r d, J a c o b und H e n r i, s. Schluß d. Art. *Willem v. Axpoele.*

Axpoele, J a n v a n, Sohn des Daneel A., wurde in die Korporation der Genter Maler 1409 aufgenommen; einer seiner Bürgen war Willem van Axpoele.

Victor van der Haeghen.

Axpoele (Axpole, Axele), M a r t i n v a n, Miniaturmaler von Brügge, 1489—92 nachweisbar. Arbeiten von ihm sind nicht bekannt.

L e B e f f r o i IV 319/22. *H. V.*

Axpoele, W i l l e m v a n, Maler, erscheint zuerst in dieser Eigenschaft in einem Aktenstück von 1402, das den Schöffen zu Gent vorgelegt wurde, und in dem der Glasmacher Jan van Aken als Bürge aufgeführt ist. — Er nahm als Lehrling für 8 Jahre den jungen Willem (Willekine) van Lovendeghem, Sohn des Daneel, laut einem Aktenstück vom 17. 11. 1404. W. van Axpoele ist in der Geschichte der vläm. Malerei durch den äußerst merkwürdigen Vertrag vom 3. 6. 1419 bekannt (zuerst 1815 vom Chevalier Charles Diericx veröffentlicht: Mémoires sur la ville de Gand, t. II, p. 73; zuletzt in den: Bulletins de la société d'histoire et d'archéologie de Gand, 1899 p. 72, Artikel von A. van Wesveke, und p. 270, Artikel von Nap. de Pauw). Zufolge dieses Vertrags verpflichteten sich Willem van Axpoele und ein anderer Maler aus Gent, „Jan Martins“, die Porträts der Grafen von Flandern mit guter Ölfarbe (met goeder olieverwen) wieder aufzufrischen, die schon früher die Wände des ersten Vorsaales des Schöffenhauses von der Keure schmückten. Diese Porträts, welche ungefähr 30 Wandflächen füllen und alle Grafen und Gräfinnen von Flandern bis zum regierenden Fürsten, Jean sans Peur, Herzog von Burgund darstellen, sollen in gewisser Beziehung denjenigen gleichen, die in Kortryk existieren. — (Zu bemerken ist hier, daß man im 19. Jahrh. in der Notre-Dame-Kirche zu Kortryk sehr wichtige Spuren der Porträts entdeckt hat, auf welche in diesem Aktenstück angespielt wird, und die das Werk des Malers Jan van der Asselt [1372] waren). — Die Rechnungen der Stadt Gent 1418 bis 1419, fol. 255v und 1419—1420, fol. 292, geben Einzelheiten über die Zahlungen, die für obengenannte Gemälde geleistet wurden. Willem van A. wird zum letzten Male in einem Aktenstück genannt, das am 23. 10. 1436 den Genter Schöffen vorgelegt wurde. Das ist alles Authentische, was man über den Künstler weiß.

Die biographischen Details, die E. de Busscher gibt in den: Recherches sur les peintres gantois, 1859, und in der: Biographie nationale de Belgique, t. I (1866) enthalten mit Wahrheit vermischte falsche Angaben. Was die Maler Gerard, Daneel, Jacob und Henri van Axpoele anbetrifft, die von einigen Autoren angeführt werden, so sind dies Personen, welche niemals gelebt haben, ebensowenig wie der Bildhauer Willem von Axpoele, Sohn des Henri. — Cf. V. van der Haeghen, Mémoires sur les documents faux relatifs aux anciens peintres, sculpteurs et graveurs Flamands. (Acad. roy. de Bruxelles) 1899. *Victor van der Haeghen.*

Axter, I g n a t i u s, schles. Maler, nachweisbar 1735—1746, Schüler des Christian Philipp Bentum, malte Fresken und Altarbilder für die Stadtkirche und das Kloster Leubus und die Dorfkirche in Seitsch und Camöse in Schlesien.

S c h u l t z, Untersuchungen zur Geschichte der Breslauer Maler, Breslau 1882.

C. Buchwald.

Axtmann, J. P., Porträtmaler in Prag, nach ihm stach A. Birkhart 1725 das Porträt des Grafen Jos. Joh. Franz in Wrbna und Freudenthal.

D l a b a c z, Böhm. Kstlerlex. 1815 p. 158 No. 32. *R.*

Axtmann, L e o p o l d, geb. 29. 4. 1700 zu Fulnek in Mähren, war ein Schüler Hamiltons zu Wien und wurde einer der besten Tiermaler seiner Zeit, besonders in Pferden und Hunden. Sein Gönner war Graf Czernin in Prag, in dessen Diensten er dort am 12. 10. 1748 starb.

Neue Bibl. der schönen Wissensch. und Kste., 20. Teil S. 146. — C e r r o n i, Gesch. der bild. Künste in Mähren und Schlesien III (Ms. des Mähr. Landes-Arch.). — B ä u e r l e, Zeitschr. f. Theater, Kunst und Lit. v. 29. 4. 1842. — D o b r o w s k y, Böhm. Literatur I 229.

Ayala, B e r n a b é, span. Maler, geb. in Sevilla im Anfang des 17. Jahrh., † daselbst um 1672. Schüler und Nachahmer des Zurbaran. Eine Zeit lang auch in Madrid tätig. 1660 Mitgründer der Kunstakad. in Sevilla, deren Mitglied er bis 1671 blieb. Bei der Neugestaltung der Akad. 1673 fehlt sein Name, so daß er wohl vorher gestorben ist. A. malte für die Kirche S. Juan de Dios in Sevilla eine Himmelfahrt Mariae, sowie verschiedene andere Werke. Das Mus. in Sevilla besaß 6 Bilder von ihm mit Aposteln und Heiligen.

C e a n B e r m u d e z, Dicc. I 85. — M e y e r, Kstlerlex. △

Ayala, D i e g o d e, Goldschmied in Medina del Campo, fertigte 1504 einen goldenen Becher für die Königin Isabella.

M a r t i y M o n s ó, Estud. histor. artist. S. 304. *M. v. B.*

Ayala, D i e g o d e, span. Maler. 1533 und 1534 in Sevilla urkundlich erwähnt.

G e s t o s o, Artif. Sevill. II 15. *M. v. B.*

Ayala, Diego de, span. Bildhauer aus Murcia. Bruder des Francisco de A. Arbeitete 1583 mit diesem an dem Tabernakel des Hauptaltars für die Pfarrkirche von Jumilla und zwar führte er die Bildwerke an den Seiten aus.

Cean Bermudez, Dicc. I 86—87. △

Ayala, Francisco, Glasmaler, 1516 verpflichtet er sich, die Fenster des Querschiffes der Kathedrale von Palencia, sowie jene der Capilla mayor, der Kapellen S. Pedro und S. Ursula, Corpus Christi, S. Miguel und N. Señora la Blanca insgesamt für 30 Dukaten in Gold auszubessern. Er starb 16. 12. 1519.

Viñaza, Adic. II 38/39. *M. v. B.*

Ayala, Francisco de, Bildhauer in Vitoria, geb. 1518. 1553 als Zeuge erwähnt.

Martí y Monsó, Estud. histor. art. S. 178. *M. v. B.*

Ayala, Francisco de, Bildhauer zu Murcia zu Ende des 16. Jahrh., lernte bei Pedro Martinez de Castañeda zu Toledo, und ließ sich dann in seiner Vaterstadt nieder, wo er vorzügliche Arbeiten im Königreich Murcia ausführte. In Jumilla übernahm er 1583 mit seinem Bruder Diego das Tabernakel für den Hauptaltar der Pfarrkirche und lieferte selbst davon die ganze Vorderseite, namentlich die bewunderten großen Reliefs mit der Himmelfahrt und dem hl. Jacobus. 1584 vollendete er in Valencia das von Joseph Gonzalez hinterlassene Tabernakel.

Cean Bermudez, Dicc. I 85—87. — Araujo Gomez, Escultura en España S. 603. △

Ayala, Josefa de, span. Malerin in Obidos (Portugal) und deshalb meist Josefa de Obidos genannt. Geb. in Sevilla um 1630, Schülerin und vielleicht auch die Tochter des Landschaftsmalers Baltasar Gomez Figueira oder Figueiredo. † 22. 7. 1684. Sie malte meist Blumen, aber auch Heilige und Bildnisse, und stach auch in Kupfer. Bekannt von ihr ist ein bezeichnetes, 1653 datiertes Blatt in der Ausgabe der Statuten der Universität Coimbra von 1654. Auch Arbeiten in Kupfer und Silber werden von ihr angeführt, die in „Pontinho" gearbeitet sind (mit dem Hammer getriebene Punktierung).

Machado, Collecção de Memorias p. 77. — Raczynski, Dict. p. 211 und Les Arts en Portugal p. 246, 357. △

Ayala, Juan de, Goldschmied der Königin Isabella der Katholischen. Er war ein Sohn des Diego de A., welcher um 1510 Münzmeister von Kastilien war. Die Namen beider erwähnt Juan de Arphe in seinem Quilatador.

Viñaza, Adic. II 38—39. *M. v. B.*

Ayala, Luis de, Waffenschmied des 17. Jahrh. in Toledo, von dem die Madrider Armería Real (Catal. 1898, p. 243) einen Galadegen mit reichem (späterem) Gefäß besitzt. Er war der Sohn des berühmteren Thomas *Aiala;* s. dort.

Nagler, Monogr. V 328 (Marken). *

Ayala, Martin de, Maler in Valladolid um 1609.

Martí y Monsó, Estud. histor. artist. S. 495. *M. v. B.*

Ayala, Melchior de, Kunst-Sticker, der hauptsächlich für das Eskurial tätig war, wo er anscheinend seit 1582 lebte und 3. 8. 1610 starb.

Viñaza, Adic. II 39. *M. v. B.*

Ayala, Pedro de, Bildhauer von Vitoria, führte 1628 den schlichten Hochaltar der Pfarrkirche von Mondragón in Guipúzcoa aus, ein dreigeschossiges Werk mit Säulenstellungen, zwischen denen Nischen angeordnet sind, im ersten Stockwerk die Statue Johannes des Täufers, im zweiten die hl. Jungfrau, im dritten ein Kruzifix mit einem abermals dreigeschossigen Tabernakel.

Viñaza, Adic. II 39—40. *M. v. B.*

Ayala, s. auch *Aiala.*

Ayanza, Geronimo de, Maler u. Kunstfreund, Ritter des Alcantaraordens, lebte in Madrid um 1620. Pacheco u. Palomino nennen ihn einen geschickten Maler.

Cean Bermudez, Dicc. I 87—88. △

Aybar Ximenes, Pedro, span. Maler um 1682 in Calatayud. Schüler und Verwandter des Francisco Ximenes, der eine Zeitlang in Rom studierte und den Stil der römischen Schule auf seinen Schüler übertrug. A. malte für die Marienkirche in Calatayud 1682 eine hl. Familie, die Geburt Christi und die Anbetung der Könige. Das Museo provincial in Zaragoza besitzt von ihm drei Bilder mit Passionsszenen.

Ponz, Viage de España XIII. — Cean Bermudez, Dicc. I 88. — Viñaza, Adic. IV 88. △

Aycard, Bildhauer in Marseille, nur bekannt durch ein Schreiben vom 24. 6. 1777, in welchem er den Rat von Toulon um den Ankauf dreier von ihm verfertigter Porträtbilder von Louis XVI. angeht.

Nouv. Archiv. de l'Art franç., III Sér. 1887, p. 340, 1894, p. 202. *H. V.*

Aycart, Clemente, um 1789 Modelleur der Fayence-Manufaktur zu Alcora bei Valencia; besonderen Ruf genossen seine Tiere.

Riaño, Industr. arts in Spain S. 196.

Aychmayer, Johan Christiaan, der Sohn eines Laurens A., hat, noch nicht großj., 1786 in Rotterdam eine Kompanie für sechs Jahre mit Matthys d'Sallieth ebendaselbst geschlossen. Zu dem von ihm selbst übersetzten Schauspiel „De dubbele Kinderliefde" von F. G. von Nesselrode, Haag 1789, hat er ein Titelblatt radiert.

Rotterdamsche Historiebladen III 1 675—677. *E. W. Moes.*

Aye, Caspar, Steinmetz in Görlitz, urkundlich nachweisbar 1479—1500, als Parlirer der Kreuzkapelle des „Heiligen Grabes" in Görlitz erwähnt. *C. Buchwald.*

Ayembre (Aijembre), Giovanni, vläm. Maler, 1597 in Rom, nur urkundlich dadurch bekannt, daß Paul Bril 27. 3. 1597 die Bürgschaft für die Mitgift von Ayembres Frau übernahm.

Obreen, Archief III 212. *H. V.*

Ayers, C. R., Architekt in London, stellte 1827—1829 Entwürfe für Wohnhäuser in der Roy. Academy aus. — Ein *C. Ayers* (vielleicht der Obige?) war dort schon 1823 mit einem Tierbilde (Sau mit Ferkeln) vertreten.

Graves, The Roy. Academy of Arts, 1905, I 81. **

Ayes, Francesco, wenig bekannter Veroneser Maler (u. Stecher?) des 18. Jahrh.

Bernasconi, Studi p. 383. **

Ayettes, J. des, französ. Bildhauerin, stellte im Pariser Salon 1889—1893 Porträtmedaillons und weibl. Studienköpfe aus. *H. V.*

Aylesford, Heneage Finch, 4th Earl of, früher Lord Guernsey, Dilettant im Radieren u. Aquarellieren, aber von besonderem Geschick und Geschmack, geb. 15. 7. 1751 in London, † 20. 12. 1812. Ein großer Bewunderer der Landschaften von Rembrandt, ist er in seinen Radierungen einer der glücklichsten Nachahmer dieses Meisters. Manchmal bezeichnet er seine Blätter mit A unter Beifügung eines Datums und hie und da eines Titels; doch fehlen diese Kennzeichen in den ersten Drucken oft. Ottley, Notices, hat das Oeuvre, wohl ziemlich vollständig, zusammengestellt. Aylesford stellte auch in den Jahren 1786—1790 als „Ehren-Aussteller" in der Royal Academy 7 Architekturansichten, darunter dreimal Alnwick Castle, aus. Drei Sepiazeichnungen von ihm im British Mus.

Meyer, Kstlerlex. — Redgrave, Dict. — Graves, Royal Acad. Exh. I. — Binyon, Catal. of drawings in the British Mus. **

Ayling, Albert W. (R. C. A.), engl. Porträtmaler der Gegenwart, † um 1905, stellte seit mehr als einem halben Jahrhundert aus. Von 1853—1892 war er fast alljährlich in der Roy. Academy vertreten, seitdem stellte er meist in Liverpool und in der Roy. Cambrian Academy bis 1905 aus.

Graves, The Roy. Academy of Arts, 1905, I 81. — The Years Art. **

Ayling, J., Porträtmaler in London, stellte von 1823—1842 eine lange Reihe von Porträts, meist Herrenbildnissen, in der Roy. Academy aus.

Graves, The Roy. Academy of Arts, 1905, I 82. **

Ayllón, D. José de, Goldschmied aus Cordova und Schüler des D. Blas Antonio de la Cruz. 1745 lieferte er sein Meisterstück, eine Monstranz, und 1747 ließ er sich in Aguilar de la Frontera nieder, wo er zum Aufseher der dortigen Goldschmiede bestellt wurde.

Ramirez, Artist. Cordob. S. 87. — Viñaza, Adic. IV 88. *M. v. B.*

Ayllon, Martin, Maler in Sevilla. 1530 erscheint sein Name in Urkunden des Archivs des Alcazar.

Gestoso, Artif. Sevill. II 15. *M. v. B.*

Aylmer, George R., engl. Zeichner der Gegenwart in London, machte sich durch sehr tüchtige, aber etwas altmeisterlich gehaltene Zeichnungen historischer oder biblischer Sujets bekannt. Genannt seien davon: Christi Berufung an St. Peter, Seine Lordschaft, Velazquez aufgebahrt; letztere beiden abgebildet im Art Journal 1896, 58 u. 1898, 280. **

Aylmer, T. B., engl. Landschaftsmaler, Zeichner und Aquarellist, tätig im II. Drittel des 19. Jahrh. Er stellte 1838—1855 zahlreiche Ansichten und Landschaftsbilder von seinen Reisen in Belgien, Deutschland und Italien in der Roy. Academy aus. — W. J. Cook hat nach ihm „Rock and Promontory of Scylla" gestochen und G. P. Nicholls seinen „Marktplatz von Lüttich" in Holz geschnitten.

Meyer, Kstlerlex. II 493. — Graves, Roy. Acad. of Arts 1905, I 82. **

Aylward, William James, amerikan. Illustrator, geb. 5. 9. 1875 in Milwaukee. Er ist besonders gut in Bildern von der See. Seine bedeutendste Arbeit sind die Illustrationen zu Jack Londons „The Sea Wolf". *Edmund von Mach.*

Aymard, Simon, Ornamentbildhauer, arbeitete 1383 an der Ausschmückung des Schlosses, welches Herzog Jean de Berry sich in Poitiers bauen ließ.

Lami, Dict. d. sculpt. 1898. *R.*

Ayme, Genfer Goldschmiedfamilie, Ende des 17. bis Ende des 18. Jahrh., deren Vertreter: *Isaak, Pyramus* und *Marc* nur urkundlich bekannt sind.

Brun, Schweiz. Kstlerlex. 1905. *H. V.*

Aymeric, Kanonikus und Werkmeister an der Kathedrale von Toulouse, † 1282. Nur bekannt durch sein bilderreich geschmücktes Grabmal, früher im Kreuzgange der Kathedrale, jetzt im Museum zu Toulouse.

J. de Lahondès, L'église St. Etienne, cathédr. de Toulouse p. 32. — E. Roschach, Catalogue du Musée de Toulouse p. 235. — Bauchal, Dict. des Archit. *C. Enlart.*

Aymeric, s. auch *Aimeric.*

Aymericus Christiani, Goldschmied u. Emailleur in Limoges. Ein kupfervergoldetes Reliquiar mit dem Haupte des heil. Ferréol in der Kirche zu Nexon (Haute-Vienne) trägt auf der Rückseite seine ausführliche Signatur mit dem Datum 1346. Das Werk selbst ist nach Molinier nur eine ziemlich mittelmäßige Arbeit. — Auch ein *Aymericus, Petrus,* Emailleur in Limoges, wird 1335 erwähnt.

Molinier, Dict. d. Emailleurs 1885 p. 19

(mit Faksimile der Inschrift). — Ardant, Les émailleurs limousins. **

Aymerie oder **Esmery**, Michel, französ. Bildhauer, in Paris tätig, wurde 1669 Mitglied der Acad. de St. Luc. Er lebte noch 1682.

Lami, Dict. d. sculpt. franç. sous Louis XIV. *Lami.*

Aymery, Nicolas, Münzgraveur, Paris, geb. 1502, machte die Wappenjetons für die Königin von Navarra (1531) und für ihre Offiziere, 1534 auch für ihren Sekretär Galliot Mandot.

J. A. Blanchet, Les grav. en Béarn. **

Aymieutz, Pierre, Architekt, geb. 1221, † um 1269, seit 1254 maître des oeuvres und vereidigter Sachverständiger in Montpellier, nur urkundlich bekannt.

Bérard, Dict. biogr. d. art. franç. 1872. *H. V.*

Aymonier, Jean Charles, Architekturmaler und Zeichner in Genf, geb. 18. 9. 1803 daselbst, † 26. 6. 1892, studierte an der Genfer Akad. und in Italien, später als Zeichner bei der Stadtverwaltung beschäftigt. Zahlreiche Zeichnungen von ihm in dem Album pittoresque de la Suisse romande. Auch ein großes Ölgemälde (Kircheninneres) u. Lithographien werden von ihm erwähnt.

Brun, Schweiz. Kstlerlex. 1905. *H. V.*

Aynard, J., Genremaler in Paris, stellte im Salon 1898, 1900 und 1901 aus. *H. V.*

Ayné, L. A., französ. Landschaftsmaler, stellte im Pariser Salon 1879, 1884 und 1888 aus. *H. V.*

Aynssa, Fr. Aniceto de, Architekt, geb. zu Aynssa 1640. 1671 legte er im Dominikaner-Kloster zu Zaragoza Profeß ab und starb 24. 11. 1698. Er führte den Cimborio der Kirche seines Klosters auf und verfaßte 1691 einen Traktat, in dem die Sicherheit der Konstruktion desselben bewiesen wurde. (Diese Kirche ist jetzt dem hl. Herzen Jesu geweiht.)

Viñaza, Adic. II 40. *M. v. B.*

Ayrard, s. *Errard.*

Ayrer, Christian Victor, Radierer, doch nur Dilettant in dieser Kunst, zu Nürnberg. Geb. 15. 6. 1650 — die Bezeichnung „aetatis LIX" auf dem von 1705 datierten Bildnis A.s von P. Decker beruht vermutlich auf einem Versehen — zu Bernburg, wurde 1688 „Genannter" in Nürnberg, später Spitalmeister und starb — als letzter seines Geschlechts in Nürnberg — am 12. 11. 1719. Es rühren von ihm eine Anzahl künstlerisch ziemlich minderwertiger Bildnisradierungen her, die zumeist Verwandte von ihm darstellen und sich von W. Schmidt nach Panzers „Verzeichnis von Nürnberger Porträten" in Meyers Kstlerlex. aufgezählt finden.

Kroker in den Mitteilungen d. Vereins f. d. Gesch. der Stadt Nürnberg XIV 188. — Panzer, a. a. O. — Nagler, Monogrammisten II No. 764, 782; III No. 1346. — Meyers Kstlerlex. *Th. Hampe.*

Ayrer (Airer), Georg, „Ätzer" — also wohl Ätzmaler, doch kaum im Sinne von Radierer, sondern eher ein Künstler, dessen Tätigkeit im Verzieren von Harnischen mit Ätz- und Emailarbeit oder auch im Ätzen steinerner Tischplatten usw. bestand — und Bürger zu Nürnberg, mußte 1539 nach dem Tode seiner Frau Katharina, mit der er „ein Kind mit Namen Jorgle" erzeugt hatte, seine gesamte Habe „inventiern und schatzen" lassen, wobei sich nach Abzug der Schulden die Summe von 17 fl. 3 ℔ 11 ₰ ergab (Nürnberger Stadtarchiv: Inventare IX Bl. 201a). *Th. Hampe.*

Ayrer (Airer), Johann, von Nürnberg, hinterließ nach Naglers schwer zu kontrollierender Angabe (Monogrammisten III No. 1782) „Zeichnungen, welche einen geschickten Dilettanten verraten. Eine solche mit I. A. und der Jahreszahl 1579 stellt den hl. Franziskus in der Stigmatisation nach A. Dürers Holzschnitt (Bartsch 110) vor. Das Bild ist mit der Feder umrissen und in Farben übergangen". *Th. Hampe.*

Ayrer, Justine, geb. zu Danzig 1704, Schülerin von Dumas, malte Bildnisse und Genrebilder in Miniatur. Sie war die Tante und erste Lehrerin des berühmten Daniel Chodowiecki.

Füssli, Kstlerlex. — Fiorillo, Gesch. der Malerei in Deutschland. III 405. — W. Engelmann, Daniel Chodowieckis sämtliche Kupferstiche. 1857 p. XXXIII. **

Ayrer, Michael I, Hofseidensticker, Dresden. Er wurde 1539 geboren und kam später als Hofseidensticker nach Dresden, wo er die Tochter des Hofseidenstickers C. Bleyfelder heiratete und 1582 starb.

Füssli, Neue Zusätze 1824. *R. Bruck.*

Ayrer, Michael II, Sohn des Michael I A., geb. 1579 in Dresden, † das. 1635, Goldschmied und Ratsmitglied.

Füssli, Neue Zus. 1824. ***

Ayres, Pietro, Turiner Porträtmaler, geb. in Savigliano 9. 11. 1794, † 11. 7. 1878 in Turin, nahm 1812 an Napoleons I. Feldzügen teil, arbeitete in Warschau (Willanow) und England und war nach seiner Rückkehr ins Vaterland zuerst in Rom, später in Turin tätig. 1830 ernannte ihn König Carlo Alberto zu seinem Hofmaler und zum Professor der Akad. Seine zahlreichen Porträts fanden seinerzeit lebhaften Beifall. Gelegentlich malte er auch Historienbilder, z. B. Hagar in der Wüste und dekorative Bilder in Schlössern und Kirchen.

Stella, Pittura e scultura in Piemonte. — Meyer, Kstlerlex. *H.*

Ayres do Quental s. *Quental.*

Ayres, Thomas, Kupferstecher, am Ende des 17. Jahrh. zu London. Von ihm:

2 Bll. zu einem Schreiblehrebuche. Sehr zierlich gestochen und mit Ornamenten verziert. Das Buch wurde (nach einer handschr.

Notiz auf dem Ottley vorliegenden Exemplr.) 1694/95 herausgegeben und dem König Wilhelm gewidmet. Auf dem einen dieser Bll. steht: Ayres Londini Faciebat, auf dem andern: Tho. Ayres fecit.

Meyer, Kstlerlex. **

Ayrton, Mme Annie, engl. Blumen- und Stillebenmalerin in Paris, stellte von 1879 bis 1888 wiederholt in der Roy. Academy, von 1881—1887 auch im Pariser Salon aus. — Sie hat auch radiert, z. B. einen Kinderakt und „Küchenecke".

Graves, The Roy. Academy of Arts, 1905, I 82. — Katal. des Salon. **

Ayrton, O. Maxwell, moderner engl. Architekt, stellte seit 1899 mehrmals in der Roy. Academy in London Bauentwürfe aus. Besonders erwähnt seien die originellen Wetterfahnen, die er entworfen und in seinem Artikel über Wetterfahnen (im Studio XXVIII 129 ff.) abgebildet hat. **

Aysteter (Eichstätter?), Georg, Maler, ward 19. 11. 1496 in Nürnberg als Bürger aufgenommen.

Gümbel im Repert. f. Kstwiss, XXIX 331. *Th. Hampe.*

Ayton, Charles W., amerikan. Bildhauer der Jetztzeit, geb. in St. Louis, Schüler von Dubois und Gauquié in Paris, wo er lebt und sich einen guten Ruf erworben hat. Seit mehreren Jahren stellt er im Salon aus. Eine seiner besten Arbeiten befindet sich im Museum of Fine Arts, St. Louis.

Edmund von Mach.

Ayuso, Emilio Rodriguez, span. Architekt, geb. 28. 9. 1845 zu Madrid, dessen Hauptwerk der große Stierkampfplatz in Madrid ist, aus Stein u. Eisen in arabischem Stil unter Mitarbeit von Alvarez Capra erbaut.

J. Sanchez Neira, El Toreo 2 vol. Madrid 1879. *P. Lafond.*

Ayz (?), Castellanus van Leverden, „Schilder" (Maler), 1618 im Emder Bürgerbuch genannt (civis factus, juravit et solvit).

Jahrb. d. Gesch. für bild. Kst., Emden 1899 p. 182. *Hs. Loose.*

Azaire, Etienne d', Kanonikus der Kathedrale zu Angers, leitet den Bau des Kreuzschiffes dieser Kirche 1230—1236.

Bauchal, Dict. d. Archit. franç. 1887. *H. V.*

Azaldegui, Juan de, Bildhauer, ein Biskayer. 1603 vergrößerte er den Hochaltar der Pfarrkirche von Rentería, 1605 fertigte er noch 4 Statuen für denselben an. 1608 machte er für die gleiche Kirche das Monument, welches in der Karwoche aufgeschlagen wird. 1610 starb er.

Viñaza, Adic. II 40. *M. v. B.*

Azalte y Ramira, Jos. Ant. In der Auktion der Bibl. Jussieu in Paris am 11. 1. 1858 kamen von ihm 25 Zeichnungen von amerikanischen Tieren und Pflanzen, fol., vor.

Nouv. Arch. de l'art franç. III sér. VIII (1892) p. 223. **

Azam, Jean-Baptiste, Blumen- und Stillebenmaler in Paris, stellte 1876, 78, 79 im Salon aus.

Bellier-Auvray, Dict. gén., Suppl. *H. V.*

Azambre, Etienne, französ. Maler der Gegenwart, stellte im Pariser Salon 1885 bis 1901 fast regelmäßig aus. Er behandelte meist religiöse und Genrestoffe wie: S. Franziskus predigt den Vögeln; Jesus bei Maria u. Martha; Traum d. hl. Caecilie; Inspiration; Zimmermusik. In allen diesen Bildern spricht sich eine altertümelnd-naive und wenig phantasievolle Auffassung aus.

Katal. des Salon (z. T. mit Abbild.). *H. V.*

Azara (Dazara), span. Maler im 17. und 18. Jahrh.

Zani, Enc. II. 258.

Azard, Guyon, genannt Guinet de Lacus oder le Phifon, französ. Maler, wird in einer Liste der „Maitres Peintres de Bordeaux", die von 1525—1620 reicht, aufgeführt.

Réun. des Soc. des b.-a. XXI 820. ***

Azarello, venezianischer Maler und Mönch um 1639, nahm den Namen des Ortes Azarello bei Piove di Sacco an, den er als Geistlicher zu versorgen hatte und wo er jung starb. Im Museum Gualdo in Vicenza ist von ihm ein Bild auf Holz von schöner Erfindung und gutem Kolorit, das den Apostel Petrus darstellt mit vielen Personen, einem schönen Brunnen und einem schönen jungen knienden Mädchen mit gefalteten Händen (S. Thekla), welches die Taufe empfängt.

Nuovo Arch. Veneto VIII, parte II p. 415. *L. Ferro.*

Azbe, Anton, Maler u. Leiter einer sehr bekannten Münchener Malschule, aus der viele tüchtige Künstler hervorgegangen sind. Er stammte aus Laibach (geb. 1859), war anfangs Kaufmann, studierte in Wien und München und wirkte lange Jahre als Lehrer der Jugend, die ihn wegen seiner Unterweisung und der Originalität seines Wesens schätzte. Er starb in München anfangs August 1905.

Kunstchronik N. F. XVI 505 (Nekrol.). *H. V.*

Azberto Dezplà, Jaime, Maler in Barcelona. In einer Urkunde vom Jahre 1408 erwähnt.

Viñaza, Adic. I 21. *M. v. B.*

Azcutia, Cosme de, Maler in Valladolid. 1578 malte er ein Bild der hl. Elisabeth über dem Portal des Klosters; im gleichen Jahre übernahm er in Gemeinschaft mit dem Bildhauer Andrés de Rada einen Altar für die Michaelskapelle der Kirche S. Paul. 1596 übernimmt er mit Juan de Vila, Kunsttischler, den Altar für die capilla mayor der Kirche der hl. Jungfrau in Castrobeça. 1597 hat er ein Gitter im Franziskaner-Kloster zu Benavente zu bemalen und zu vergolden. 1599 arbeitet er mit anderen an dem Trauergerüst, welches die Universität in Valladolid für die feierlichen Exequien Philipps II. aufschlagen ließ.

M a r t i y M o n s ó, Estud. histor. art. S. 235 etc. *M. v. B.*

Aze (od. Asse), Pariser Gießer u. Ziseleur, um 1789, geschätzt wegen seiner Fassungen von Porzellan und kostbarer Vasen. — Ein Ziseleur *Asse* machte in der Empirezeit eine Reiterstatuette von Napoléon I., von der im Musée Napoléon in S. Martino auf Elba ein Exemplar war.

C h a m p e a u x, Dict. d. fondeurs. **

Aze, französ. Kupferst. (auch in Punktiermanier), in Paris zwischen 1828 und 1835 tätig. Genannt wird von ihm ein Porträt Gregors XVI. und „Siége de York-Town etc. 1781" nach Couders Gemälde in Versailles.

M e y e r, Kstlerlex. — L e B l a n c, Manuel. *J. Guibert.*

Aze, A d o l p h e, französ. Maler, geb. 4. 3. 1823 in Paris, † ebenda 19. 3. 1884, Schüler von Robert-Fleury, besuchte in den Jahren 1842—44 Italien und den Orient und stellte nachher teils Historien in der kalten und korrekten Art Robert-Fleurys, teils orientalische Volksszenen aus, wie sie damals durch Decamps, Marilhat, Delacroix usw. in die Mode gekommen waren. Einige dieser Bilder, so das Eingeborenen-Tribunal in Algerien und die Waschungen in der Moschee vom Jahre 1865, sind recht tüchtige Leistungen, indessen erhebt sich A. doch nur selten über ein anständiges Mittelmaß hinaus. Im Museum von Rodez befindet sich eine Ratssitzung von Kardinälen aus dem Jahre 1851 von ihm.

B e l l i e r - A u v r a y, Dict. gén. u. Suppl, — Chronique d. arts 1884 p. 105 (Nekrolog). *K. E. Schmidt.*

d'Azeglio, M a s s i m o T a p a r e l l i, Marchese, Staatsmann und Minister König Karl Alberts, geb. 2. 10. 1798 in Turin, hatte in seiner Jugend eine Zeitlang in Rom als Maler studiert. In den Jahren 1835—43 stellte er seinerzeit gerühmte Landschaften (oft mit historischer Staffage, z. B. mit der Schlacht bei Legnano oder dem Kampfe bei Barletta) aus. † 15. 1. 1866 in Turin.

M. T a b a r r i n i, Di Massimo d'Azeglio. — Rassegna Nazionale vol. 106, 477—94. — V i n c. G a r e l l i, I contemporanei ital. — M e y e r, Kstlerlex. *H.*

d'Azeglio, R o b e r t o T a p a r e l l i, Marchese, Bruder des Massimo, Begründer und Direktor der Turiner Galerie seit 1830, geb. zu Turin am 24. 9. 1790, † daselbst am 24. 12. 1862. Sein Hauptverdienst liegt in der Organisation der Galerie, über die er 1836—46 das Tafelwerk La Reale Galleria di Torino illustrata (4 Bde. mit 164 Kupfern, fol.) herausgab; ferner in einer Reihe von ästhetischen und kunsthistorischen Studien. Als Kunstdilettant malte er einige Historienbilder und Aquarelle und zeigte sich als geschickter Zeichner in Karikaturen-Federzeichnungen.

S t e l l a, Scultura e pittura in Piemonte. — M e y e r, Kstlerlex. *H.*

Azel, E., s. *Atzel.*

Azel, J o h a n n J a k o b, Baumeister in Württemberg, geb. 1754, † 1820, Schüler der Karlsakademie.

Kst.- u. Altertumsdenkmale i. Königr. Württemberg, Neckarkreis 587. *H. V.*

Azelt (Azold, Atzelt etc.), J o h a n n, Zeichner und Kupferst. zu Nürnberg, geb. daselbst 1654, nachweislich — namentlich im Porträtfach und für Buchausstattung — tätig von 1672—1692, talentvoll und fruchtbar, aber bald in Handwerksmäßigkeit ausartend. Ein Verzeichnis seiner Blätter in Meyers Kstlerlex.

Vgl. P a n z e r, Verzeichnis von nürnberg. Porträten (1790) S. 8. — B a a d e r in Zahns Jahrbüchern f. Kstwissensch. I 252. — N a g l e r, Monogrammisten Bd. I No. 60, 726 u. 741; III No. 1771 u. 1781. — S c h m i d t in Meyers Kstlerlex. (mit weiteren Literaturangaben). *Th. Hampe.*

Azer, s. *Adzer.*

Azevedo, R a m o n J o s é d', Ornamentbildhauer in Holz zu Lissabon, arbeitete an der Orgel zu Mafra und starb etwa 1825, 70 Jahre alt.

R a c z y n s k i, Dict. p. 18. *A. Haupt.*

Azibert, J., Porträtbildhauer in Paris, stellte zwischen 1887 und 1897 wiederholt und zwar meist Medaillons in Terrakotta im Pariser Salon aus. *H. V.*

Azilli, D o m e n i c o, italien. Kupferstecher, geb. in Piacenza am 4. 5. 1818, † ebenda am 11. 3. 1896. Ausgebildet am dortigen Istituto Gazzola, widmete sich A. mit gutem Erfolge der Ausführung von Illustrationsstichen kleinsten Formates, für die er auf der Wiener Weltausstellung 1873 prämiiert wurde.

G e m m i, Not. d'uom. illustri Piacentini (Mscr. in Piacenza, Bibl. Passerini Landi). — A m b i v e r i, Art. Piacentini (1879) p. 235. *St. Lottici.*

Azilo (Acillo), G i u l i o d', Maler, arbeitete 1558 als Gehilfe seines Verwandten Marco Mazzaroppi an den Fresken der Unterkirche zu Monte Cassino.

C a r a v i t a, I codici e le arti a Monte Cassino 1871, III 45, 49, 50. — M e y e r, Kstlerlex. *H. V.*

Azling, K a r l, ungar. Bildhauer und Holzschnitzer, geb. zu Ofen, Ungarn, Ende des 18. Jahrh., wirkte daselbst als Holzschnitzer und bekam 1819 Anstellung an der Akad. zu Leipzig.

S z a n a, „Száz év a magyar müvészet történetéböl." Budapest 1901. *K. Lyka.*

Aznar, Fray A t a n a s i o d e, Franziskanermönch und Baumeister in Aragonien. Sein Hauptwerk ist die Pfarrkirche von Munebrega im Distrikt Calatayud, die aber erst nach seinem Tode 1766 ihre Vollendung fand. Er wurde 1758 zum Ehrenmitglied der Akad. S. Fernando ernannt und starb 1764.

Llaguno y Amirola, Notic. IV 276. △

Aznar, Jaime, Goldschmied, Bürger in Zaragoza, fertigte 1618 einen reichen Kelch für die Pfarrkirche von S. Felipe und Santiago.

Viñaza, Adic. II 41. *M. v. B.*

Aznar, Oliver Mariano, span. Maler der Gegenwart in Zaragoza, stellte 1904 auf der internat. Kunstausstellung in Düsseldorf die beiden Bilder aus „Chordirektorprüfung im Jahre 1800 in der Kirche El Pilar in Zaragoza" und „Der Vater kommt". **

Aznar y Garcia, Francisco, span. Maler, geb. in der 1. Hälfte des 19. Jahrh. zu Zaragoza, Schüler der Akad. San Fernando zu Madrid, ging 1854 nach Rom. Sein erstes Gemälde, das von 1858 datiert, wurde sehr günstig aufgenommen; 1860 sandte er ein Gemälde auf die National-Kunstausstellung zu Madrid: St. Hermenegild im Gefängnis, das alsbald berühmt und von der Regierung für das National-Mus. erworben wurde (heute in der Universität zu Barcelona befindlich). Von weiteren Werken nennen wir: Ein verwundeter Krieger; Sappho (in der Akad. San Fernando); Der König Recaredo II. (für die chronologische Serie der Könige von Spanien ausgeführt); Die Schlacht von las Navas de Tolosa (von der Provinzial-Gesandtschaft Tarragonas bestellt); Das Leichenbegängnis Karls V.; Die Meuchelmörder von Escobedo; das Porträt von Ventura de la Vega (Eigentum des wissenschaftlichen Athenäums zu Madrid); das Porträt der Gattin des Architekten Jareño u. a. Man verdankt ihm ferner die ebenso glänzende als geistvolle malerische Ausschmückung des Café Madrid in dieser Stadt. Er lieferte auch Zeichnungen für die Iconografia española von Carderera, für das Museo español de antiquidades und veröffentlichte das wertvolle Werk der „Indumentarias españolas". 1875 wurde er zum Hilfslehrer für Zeichnen am Konservatorium der Künste zu Madrid ernannt und 1881 wurde er von der Regierung abgeordnet, um im Auslande die Organisation der Kunstschulen und des Unterrichts in diesen Instituten zu studieren.

Ossorio y Bernard, Galeria biogr. de artistas españoles del siglo XIX. Madrid 1883/4. *P. Lafond.*

Azold, s. *Azelt.*

Azon, 986 Bischof von Séez, soll selbst Werkmeister am Bau der von ihm neu errichteten dortigen Kathedrale gewesen sein. Das Baumaterial hierfür wurde aus der abgebrochenen älteren Domkirche sowie aus den Befestigungsbauten der Stadt gewonnen. Die fast ausschließlich aus Holz erbaute Kirche wurde 1048 durch eine Feuersbrunst wieder zerstört.

Félibien, Réc. Hist. de la vie et des ouvrages des plus célèbres architectes. — Bauchal, Dict. des Archit. — V. Ruprich-Robert, La cathédr. de Séez. *C. Enlart.*

Azure, Jacques, Maler in Paris, am 21. 3. 1778 daselbst genannt.

Nouv. archiv. de l'art franç. VI 1885 p. 96. *H. V.*

Azurmendi, D. Felipe, Bildhauer und Architekt, geb. in Idiazabal in Guipúzcoa vor der Mitte des 18. Jahrh., † in Alzo de Abajo 1798. Für die Kirchen Guipúzcoas hat er eine überaus große Anzahl von Statuen, Basreliefs und Altarwerken geliefert, fast alles im churrigueresken Styl, einiges allerdings auch nach Plänen von Ventura Rodriguez, Diego de Villanueva und Silvester Perez. Seine Hauptwerke befinden sich in den Kirchen und Klöstern von Allegría, S. Sebastian, Rentería, Andoain, Alsásua, Ibarguren, Segorretan, Urbieta, Azcoitia, Ezurquil, Tolosa etc.

Viñaza, Adic. II S. 41—42. *M. v. B.*

Azzali, Baldassare und Giovanni Battista, Holzschnitzer in Ferrara um 1582. Der erstere machte ein Tabernakel für die Compagnia della Morte 1599.

Cittadella, Doc. ed. illustr. etc. Ferrara 1868 p. 242. **

Azzalini, s. *Azzolini.*

Azzanelli, Giovanni Battista, Historienmaler, geb. zu Bergamo 1646 oder 1647, † 1719. Er lernte bei Giacomo Cotta, von dem er vortreffliche Anleitung zum Zeichnen erhielt, vervollständigte seine Studien in Padua und Venedig, wo er die Akademie besuchte und mit großer Sorgfalt die Werke alter Meister, P. Veroneses, Tizians und anderer, in Federzeichnungen kopierte, ließ sich dann in seiner Vaterstadt nieder und malte verschiedene Bilder für die Kirchen derselben und der Umgegend. Zu Ende des 18. Jahrh. sah man noch zu Bergamo in der Kirche San Alessandro in Colonna ein Altarbild des hl. Cajetan, ein anderes mit Engeln in der Kirche der hl. Anna, in der Vorstadt Palazzo, und den 12jährigen Jesus im Tempel in der Kirche des hl. Rochus, in der Vorstadt S. Leonardo. Nach Tassi soll A. auch radiert haben. Pasta führt in seinem Werke (Le pitture notabili di Bergamo 1775) kein Werk des Meisters an.

Tassi, Vite de' pittori, scultori e architetti Bergamaschi. I 239. — Meyer, Kstlerlex. *R.*

Azzara, s. *Adzara.*

Azzemino, s. *Rizzo,* Paolo.

Azzerboni, Giovanni, italien. Kupferst., tätig in Rom um 1800, Schüler des Guglielmo Morghen. Von ihm wird nur eine hl. Magdalena nach Guercino aufgeführt. Sein Werk ist wohl auch ein kleines Medaillonbildnis des Juvenal im Berliner Kabinett.

Meyer, Kstlerlex. *P. K.*

Azzerboni, Giuseppe, italien. Kupferst., tätig am Ende des 18. Jahrh., von dem Kupferstiche nach Zeichnungen von Francesco Lapegno sich finden in: Oronzio de' Bernardi, L'uomo galeggiante e l'arte ragionata del nuoto. Parte II. Napoli 1794.

Meyer, Kstlerlex. *P. K.*

Azzi, de' oder dei Dipintori, Malerfamilie in Modena im 15. u. 16. Jahrh. Erwähnt werden: Antonio (1433) — Francesco — Tommaso (1476) — Gian Antonio (1485) — Marco († 1531, 72 Jahr alt) — Azzo (1542, ungewiß, ob Maler) — Ludovico und Gian Battista (beide 1577).

Venturi in Atti e Mem. della R. Deput. di Stor. Patr. per le Prov. Mod. e Parm., Ser. III vol. 3 parte 1 p. 247. — Ferrari-Moreni, ebenda, Ser. IV vol. 9 p. 267/8.

Lisetta Ciaccio.

Azzi, Alberto di Prendiparte, Miniaturmaler des 14. Jahrh. in Bologna, Vater des Stefano di Alberto Azzi, mit dem zusammen er häufig als Handschriften-Illustrator Erwähnung findet.

Arch. stor. d. Arte ital. VII 4, 10. — Arch. stor. ital., ser. V, vol. 18, p. 243 ff. — Malaguzzi-Valeri in Atti e Mem. etc. per la Romagna, ser. III, vol. XI, fasc. I—III (I codici miniati di Nic. di Giacomo etc.).

F. Malaguzzi-Valeri.

Azzi, Giovanni degli, Miniaturist und Missalenschreiber des 15. Jahrh. Ein von diesem „Dominus Johannes de Aciis" geschriebenes und mit Miniaturen geschmücktes Missale stiftete der Parmesaner Nobile Luca di Colombino Carissimi laut erhaltener notarieller Urkunde der Kirche S. Maria Maddalena in Collucchiello. Der Künstler war 1441 Erzpriester in S. Prospero zu Collechio, 1443 Besitzer des Ospedale di S. Nicolò del ponte zu Fornovo und 1444 Prior von Sant' Ermanno bei Parma.

Zani, Encicl., Appendice (in der Bibl. Palat. zu Parma). — Scarabelli-Zunti, Mscr. in Parma, Bibl. Palatina. *St. Lottici.*

Azzi, Giovanni Battista, italien. Maler, geb. in Mantua um 1781, † am 24. 3. 1857 in Parma als Professor der dortigen Kunstakademie. 1826 malte er hübsche Medaillons im Redoutensaale des Regio Teatro sowie eine Darstellung des Gastmahles in Emmaus auf den Außenflügeln des Altartabernakels in der 8. Kapelle der Annunziatenkirche; 1844 ein Martyrium des hl. Quintinus in der 2. Kapelle zur Rechten in der Pfarrkirche dieses Heiligen. Außerdem ist A. in Piacenza und Borgotaro für Privatbesteller tätig gewesen.

Scarabelli-Zunti, Mem. e doc. fasc. IX u. Guida (Mscr. in Parma, R. Museo). — Grazioli, Guida di Parma 1887. *St. Lottici.*

Azzi, Giuseppe, Maler aus Ferrara, in der ersten Hälfte des 18. Jahrh., ein Schnellmaler und lustiger Marktschreier. Ein Bild von ihm sieht man in der Kirche S. Giuseppe zu Ferrara.

Meyer, Kstlerlex. II (mit ält. Lit.). *H. V.*

Azzi, Niccolò, Maler in Castelnuovo di Garfagnana, erste Hälfte des 17. Jahrh., nur bekannt durch ein in der Sakristei der Votivkirche zu Modena aufbewahrtes Ölbildnis des Herzogs Alfons III. von Modena in der Tracht eines Kapuziners. Eine latein. Inschrift erklärt, daß das Bild nach dem (1644 erfolgten) Tode Alfons' auf Befehl des Kardinals d'Este gemalt worden sei.

Campori, Memorie biografiche . . . 1873, p. 13. — Meyer, Kstlerlex. *H. V.*

Azzi, Scipione, Maler, Sohn des Giuseppe, geb. zu Ferrara, wo er auch seine Studien machte. 1782 hielt er sich in Bologna auf, wo er verschiedene Gemälde ausführte: so in der Spitalkirche von S. Giovanni Decollato zwei Bilder, eines den hl. Spiridion, das andere den hl. Joachim, die hl. Anna und Maria vorstellend, sowie eine Kopie nach M. A. Franceschini, den Tod des hl. Joseph u. s. f. Auch in Rom hat der Künstler gemalt, wo sich in S. Giuliano eine hl. Jungfrau von ihm befindet.

Meyer, Kstlerlex. II 497 (mit ält. Lit.).

H. V.

Azzi, Stefano di Alberto, Miniaturmaler 1388—1410, in Bologna tätig; Sohn des Alberto di Prendiparte A. und Schüler des Maestro Niccolò di Giacomo. Malte nach Ausweis einer Zahlungsurkunde im Bologneser Staatsarchiv 1388 in den ebenda befindlichen „Statuti della Società dei Notai" eine Pergamentminiatur, auf der ein schreibender Notar in Amtstracht dargestellt ist. Offenbar ebenfalls 1388 von seiner Hand gemalt sind die vier Miniaturdarstellungen von Notaren sowie die zahlreichen mehrfarbigen Inizialen der Bologneser „Matricola dei Notai" (1280—1530). Die gleiche Maltechnik zeigen auch die „Statuti dell' Arte dei Barbieri" von 1376, sowie einige andere Miniaturenwerke derselben Zeit mit beschränktem Ornamentdekor. Urkundlich findet sich der Künstler um 1400 mehrfach erwähnt; so erhielt er 1391 von der Bologneser Kommune den Auftrag, in dem leider nicht erhalten gebliebenen „Libro dei Defraudanti" die Hölle und das Paradies in Miniaturen darzustellen. Das späteste Werk, das dem Stefano A. seinem Stilcharakter nach zuzuschreiben ist, nämlich die „Statuti dell' Arte della Seta" von 1410, zeigt auf dem Titelblatte Miniaturdarstellungen der Heiligen Petronius, Petrus und Michael (mit dem Drachen); und darunter in einem goldfarbenen Ornamentfries (auf schwarzem Grund) die Wappen der Bologneser Notare und der Bologneser Kommune.

Repertor. f. Kstwissensch. XXI 184. — Arch. stor. d. Arte ital. VII 4, 8—10. — Arch. stor. ital., ser. V, vol. XVIII, p. 243 ff. — Malaguzzi-Valeri in Atti e Mem. etc. per la Romagna, ser. III, vol. XI, fasc. I—III (I codici miniati di Nic. di Giacomo etc.).

F. Malaguzzi-Valeri.

Azzo, Erzgießer des 11.—12. Jahrh. Von ihm laut Inschrift ein romanischer Leuchterfuß aus Bronze mit der Darstellung der Paradiesflüsse und Evangelisten in der Sakristei des Domes zu Chur.

C. Brun, Schweizer. Kstlerlex. *H. V.*

Azzo, Steinmetz in Venedig. Arbeitete 1391 bis 92 für die Kirche S. Giovanni e Paolo und machte am 14. 1. 1405 (nach venez. Zeitrechnung) sein Testament. † vor dem 2. 7. desselben Jahres.

P. Paoletti, Arch. e Scult. del Rinasc. in Venezia. 1893 I 73, 100. *L. Ferro.*

Azzo, Angiolo, da Varignana, Steinmetz in Bologna, arbeitete 1384 gemeinsam mit Niccolò da Firenze an den Kragsteinen und Zinnen des Dachgesimses des Palazzo dei Notai zu Bologna.

Repertor. f. Kstwissensch. XXI 167 ff. *F. Malaguzzi-Valeri.*

Azzola, Bernardo und Pierantonio, Architekturmaler in Bergamo um 1700, die wenig bedeutenden Söhne des Giovanni Battista Azzola.

Zani, Enc. met. II 260. **

Azzola, Giovanni Battista, vielbeschäftigter Dekorationsmaler aus Desenzano in der Valle Seriana bei Bergamo, geb. 1614, † 13. 5. 1689, Schüler des Architektur-Malers Viviani in Brescia. 1649 schmückte er zwei Zimmerdecken des Palazzo Francesco Morone zu Bergamo mit Fresken in Chiaroscuro, 1660 malte er den Chor der Pfarrkirche von Desenzano aus, in den nächsten Jahren lieferte er Malereien in Öl und Fresko für die Karmeliterkirche in Desenzano und die Kirche in Albino, seit 1665 war er mit der Ausmalung von Chor und Decke der Kirche S. Andrea zu Bergamo beschäftigt, woran sich die Arbeiten an der Fassade des Hauses Mojoli in Bergamo anschlossen. Ein Auftrag der Königin Maria Anna rief ihn 1666 nach Spanien, wo er wahrscheinlich bis 1684 weilte, von wo ab wir ihn wieder in seiner Heimatstadt antreffen, mit Aufträgen für den Grafen Carlo Carrara in Bergamo beschäftigt. Durch einen Sturz vom Gerüste während einer Arbeit in Albino ereilte den schon hochbetagten Künstler ein jäher Tod.

Tassi, Vite de' pitt. Bergamaschi II 125. — Lettere sulla pittura V 208. — Meyer, Künstlerlex. *H. V.*

Azzolini, Antonio Maria, Architekt u. Ingenieur, Generalbaudirektor des Herzogtums Mantua, geb. 1687, † 1754. Unter seinen Werken nennt man den Erneuerungsbau der 1188 von Albertus Pitentinus errichteten Brücke de'Mulini (1752).

Coddè, Memorie biografiche dei Pittori etc. Mantovani, p. 9. — C. d'Arco, Arti e Artefici di Mantova I 102 f., II 252 f. — Susani, Nuovo prospetto della pittura etc. di Mantova 1830 p. 105. — Meyer, Kstlerlex. *R.*

Azzolini, Domenico de, Maler aus Mantua, geb. 1476, † am 7. 8. 1501.

C. d'Arco, Arti e Artefici di Mantova I 45, II 253. — Gualandi, Memorie etc. III 21. — Meyer, Kstlerlex. *R.*

Azzolini, Ercole degli, Bildhauer aus Reggio, lebte um 1574 und gehört zu den vielen mittelmäßigen Talenten, welche durch die Este in Ferrara Beschäftigung fanden.

Perkins, Les Sculpteurs Italiens II 280, Not. 2. — Cittadella, Notizie relative etc. a Ferrara p. 662. — Meyer, Kstlerlex. *R.*

Azzolini, Giacomo, Baumeister und Theater-Dekorations-Architekt in Lissabon, geb. zu Bologna, wurde von J. Carlo Bibbiena 1752 nach Lissabon mitgebracht, um ihm bei seinen Arbeiten für das kgl. Theater Hilfe zu leisten. 1755 ging er nach Coimbra zum Bau des Seminars, 1767 oder 1768 wurde er als Leiter der Dekorationen für das kgl. Theater zu Ajuda berufen, in welchem Amte er 1786 oder 87 starb, ungefähr 70 Jahre alt. Er erbaute auch die Türme von S. Francisco de Paula und anderes. Schüler: José Carlos Binhetti und Manoel Piolti.

Cyrillo Machado, Collecção de mem. p. 190. — Raczynski, Dict. p. 18. — Sousa Viterbo, Dicc. dos archit. p. 84. *A. Haupt.*

Azzolini, Giovanni Bernardo oder Bernardino, genannt Massolini und Mazzolini, geb. um 1560 in Neapel, Wachspossierer und Maler. In seiner Vaterstadt und in Rom übte er seine Kunst, aber erst in Genua, wohin er um 1610 kam, gelangte er zu Ansehen. Namentlich durch seine Arbeiten in Wachs gewann er Beifall: kleine Figuren, Porträts oder Allegorien, denen er sowohl durch die Form als durch die Farbe eine überraschende Lebenswahrheit verlieh. Für Marcantonio Doria brachte er in vier Halbfiguren „die vier letzten Dinge", d. h. vier Zustände der Seele nach dem Tode, in farbigem Wachs zur Darstellung (die Seele in der Gestalt eines Kindes innerhalb eines Skeletts, im Fegefeuer, im Paradiese, in der Hölle). Man rühmte hier die unsagbare Genauigkeit und Feinheit der Ausführung und die Wahrheit des Ausdrucks. Letzteren bewunderte man auch in einem lachenden und einem weinenden Kind, die Freude und Schmerz des Lebens versinnbildlichen sollten. Auch in großen Ölgemälden offenbarte Azzolini ein nicht gewöhnliches Talent. Für den Hauptaltar der Monache Turchine in Genua verfertigte er eine Verkündigung und für die Kirche S. Giuseppe eine hl. Apollonia (mit besonders realistischer Darstellung der Henker, die dieser Märtyrin die Zähne ausbrechen).

Soprani, Vite de' pittori etc. Genovesi. I 417 (Druckfehler 1510 statt 1610!). — Orlandi, Abecedario. — Mariette, Abecedario. — Bottari, Raccolta V 35, VI 2. — Fr. Pacheco, Arte de la Pintura etc. Sevilla 1649 p. 26 und 29. — Dominici, Pittori etc. Napoletani II 407 (z. t. irrtümliche Nachrichten). — Meyer, Kstlerlex. II 498. — Napoli Nobilissima VI 109, VII 18, VIII 47. **

Azzolini, Giuliano, wird in einer Anmerkung Petruccis in Baruffaldis Vite dei pittori e scultori Ferraresi (I 66) als „cesellatore e bulinatore" erwähnt, der nach Dokumenten an der Ausschmückung der Chorbücher des Domes in Ferrara (der Einbände oder der Vergoldungen?) beteiligt gewesen ist. *P. K.*

Azzolini, Tito, Architekt, Professor am R. Istituto di Belle Arti in Bologna, geb. daselbst 1837, hat sich besonders als Theaterbauer einen Namen gemacht. 1887 lieferte er auch einen der 15 besten Entwürfe für die Mailänder Domfassade.

Gubernatis, Dizion. d. art. ital. viv. p. 24. — Natura ed Arte 1895/96 II 529—35. **

Azzon, Ottavio, Waffenschmied des 18. Jahrh., nur bekannt durch die Signatur auf dem Mascaron-Relief am Lauf eines Steinschloßgewehrs in der ehemaligen Sammlung Gubler in Zürich.

Katal. d. Kst.-Sammlg. J. J. Gubler in Zürich, 1893 No. 1984. *H. V.*

Azzone di Benello, Miniaturmaler in Bologna, 1410 in der Mitgliederliste der dortigen Società delle quattro Arti aufgeführt.

Arch. stor. d. Arte ital. VII 14. *F. Malaguzzi-Valeri.*

Azzurri, Francesco, römischer Architekt, Professor und Präsident der Accademia di San Luca, geb. in Rom 1831, † daselbst 8. 7. 1901, Neffe des tüchtigen Architekten Giovanni Azzurri, Schüler der Università romana und der Accademia di San Luca, baute außer Palästen und Villen in Rom z. B. das Hôtel Bristol an der Piazza Barberini und das neue Teatro Nazionale; sein Hauptverdienst liegt aber in seinen musterhaften großen Hospital- und Asylbauten. Besonders erwähnt sei auch seine Restaurationsarbeit an der Basilica Sta. Maria Maggiore in Rom und die Erbauung des neuen Regierungspalastes in S. Marino.

Gubernatis, Diz. d. art. viventi. — A. R. Willard, History of modern ital. art. p. 568. — L'Arte XIV 43—44, XV 87—88. *R.*

Azzurri, Giovanni, italien. Architekt, tätig in Rom, wo er 1828 den Plan für ein Gebäude am Arco del Monte di Pietà für die Familie Bonomi machte, das als ein Beispiel schlichter Eleganz und rein-klassischen Stiles erwähnt wird.

L. Poletti in Giornale Arcadico 1829, vol. 42, p. 120 ff.; 1830, vol. 47, p. 219 ff. *G. Degli Azzi.*

B

Baade, Knud Andreassen, norweg. Landschafts- u. Marinemaler, geb. am 28. 3. 1808 im Kirchspiel Skjold in der Nähe von Stavanger, † am 24. 11. 1879 in München. Zunächst Autodidakt (seit 1823 bei dem Porträtisten Lehmann in Bergen ausgebildet) u. als Porträt- u. Landschaftsmaler in Bergen tätig. Seit 1825 studierte er auf der Kopenhagener Akad., in der Hauptsache Figurenmalerei bei C. W. Eckersberg. Er behandelte dann Stoffe aus der Mythologie des Nordens „Heimdal ruft die Götter zum Kampf" und „Hermoder in Helheim". 1829 verließ er Kopenhagen u. zog nach Kristiania, wo er bis 1831 als Porträtmaler lebte. In diesem Jahre lernte er die großartige Natur im innern Sogn kennen u. ging allmählich ganz zur Landschaftsmalerei über. Er machte nun ausgedehnte Studienreisen im Amt Bergen, sowie (1834) über Drontheim nach dem Nordland (bis nach Bodö), um die Natur hoch im Norden zu studieren. Im Sommer 1836 traf er seinen großen Landsmann J. C. C. Dahl in Sogn u. begleitete ihn auf seine Aufforderung hin nach Dresden, wo er mehrere Jahre lang dessen Schüler war. 1839 befiel ihn ein Augenleiden, das ihn auf mehrere Jahre, die er in der Heimat verbrachte, zur Aufgabe seiner Arbeit zwang. 1843 kehrte er nach Dresden zurück und lebte hier, bis er 1845 auf Dahls Rat nach München ging, wo er bis zu seinem Tode (1879) blieb. [Studienreisen in Norwegen (Sogn, Hardanger), Bayern, Sachsen, Tirol, Schweiz.] In München hatte er seinen ersten großen Erfolg, als er 1849 im Kunstverein ein Mondscheinbild von der norweg. Küste ausstellte. Dies Bild wurde vom Kunstverein angekauft, für Prinz Luitpold von Bayern wiederholt und machte Baade mit einem Schlag berühmt. Selbst Kaulbach und Rottmann sprachen sich anerkennend aus. Dieser Erfolg wurde für Baade entscheidend, sowohl für seine Wahl von Stoffen wie für seine Zukunft überhaupt. Bisher hatte er Motive, meist aus Bergens Umgebung in Dahls Richtung gemalt, von jetzt an werden Mondscheinbilder, in der Regel Strandpartien aus Norwegen mit unruhiger See, seine Spezialität, bei der sich seine Vorliebe für Mystik u. unklare Umrisse recht entfalten konnte. Sein effektvolles Kolorit, das ihn seinerzeit berühmt machte, kann seine nachlässige Behandlung der Formen, die Eintönigkeit und den Mangel an Lokalgepräge freilich nicht überdecken.

Gleichwohl wurde er in München sehr geschätzt und stand bei König Ludwig in Gunst, der 1861 B.s Büste in der Künstlergalerie der Pinakothek aufstellen ließ. Andere Ehrungen für ihn waren die erste Medaille bei einer Ausstellung in Genf 1861 und die Ernennung zum Mitglied der Akademie zu Stockholm im Jahre 1872. Er stellte aus in Kopenhagen (1827, 28, 29, 45, 47, 50, 64, 66), in London, auf der nordischen Ausstellung in Stockholm (1866), in Paris (1878), Wien (1873), Philadelphia (1876), oft in München, sowie auf den Ausstellungen der Akademie in Stockholm 1856—73 und im Kristianiaer Kunstverein (nach 1836). Seine Bilder sind meist im internationalen Privatbesitz verstreut, aber auch folgende Galerien haben Bilder von ihm: die Pinakothek in München (Aus der norweg. Sagazeit, 1851), das Nationalmuseum in Stockholm (Mondscheinlandschaft, 1857), die Galerie des Großherzogs von Oldenburg (1869), die Galerie in Bergen, das Kunstmuseum in Kristiania (1870, 76), die Galerie des Prinzen Luitpold von Bayern (1849, 50, 70).

Meyer, Kstlerlex. (hier auch Lithogr. nach s. Bildern). — F. von Bötticher, Malerwerke des 19. Jahrh. — Weilbach, Nyt dansk Kunstner-Lex. 1896 II. — Regnet, Münchener Künstlerbilder I (Nekrolog). — Nordisk Familiebok (1904 Stockh.). — Salomonsens Nordiske Konversations-Lex. — Jul. Lange, Nutidskunst, Kopenhagen 1873, S. 396. — Bögh, Bergens Kunstforening, Bergen 1888, S. 87 u. passim. — Aubert, Det nye Norges Malerkunst, Kristiania 1904, S. 10. — Thommessen, Norsk billedkunst, Kristiania 1904, S. 53. — Thiis, Norske malere og billedhuggere. Bergen 1904. I 26, 46—49; II 106. — Illustreret Nyhedsblad, 27. Aug. 1865. — Skillingmagazin, 9. Mai 1868. — Diethrichson, Det Norske Nationalgallerie, Kristiania 1887, S. 38 u. 43. — Eigene Mitteilungen des Künstlers.

C. W. Schnitler.

Baader, Amalie, s. *Schattenhofer,* A. v.

Baader, Johann, bayer. Heiligen- und Historienmaler, geb. 1709 als Müllerssohn in Eichstätt in Mittelfranken, † 1779 im Kloster Polling, studierte mit Martin Knoller in Italien (1749—1754 in Rom, wo er 1750 an der Accad. di S. Luca einen Preis erhielt). Bilder von ihm befinden sich in den Kirchen von Wessobrunn (Choraltarblatt und ein Fresko), Polling (kreuzschleppender Christus), Diessen (Geburt Christi), Schlehdorf (Apostelgruppe) usw. Er ist wohl identisch mit einem Maler Baader, der sich um 1774 von Basel aus vergeblich um den Auftrag für 2 Altargemälde für die Kirche zu Beromünster bewirbt und ebenso mit einem von Zani (Enc. met. III 5) erwähnten, 1753 in Rom befindlichen Jo. Bapt. Baader.

Lipowsky, Bayer. Kstlerlex. — Brun, Schweiz. Kstlerlex. — Notizen von Dr. F. Noack.

H. V.

Baader, Johann Michael, Maler und Radierer, geb. zu Eichstädt 1736, studierte in Paris 1759 und wurde 1788 Maler des Erzbischofs von Eichstädt, wo er im Schlößchen des fürstbischöfl. Hofgartens die Geschichte der Jephta malte.

Meyer, Kstlerlex. II 499 (hier Radierungen von und nach ihm genannt). — Portalis-Béraldi, Graveurs du XVIIIe siècle III Appendice. *H. V.*

Baader, Johannes, Architekt der Gegenwart, tätig in Dresden, dann in Berlin, bewies in zahlreichen Entwürfen ein starkes monumentales Können und eigenartige Phantasie. Von ihm u. a. das große Schreibersche Mausoleum in Eberswalde, das eine wuchtig ernste, in wenigen starren aber ausdrucksvollen Linien sich bewegende Architektur zeigt.

Die Kunst für Alle 1904 (14. Jahrg.) p. 189, 192. *Hnl.*

Baader, Louis Marie, französ. Maler, geb. am 20. 6. 1828 in Lannion (Côtes-du-Nord), Schüler von Yvon, malte in seinen früheren Jahren Stoffe der antiken Mythologie, Historien- später Genrebilder. Er hat im Salon von 1857—1907 ausgestellt. Eins seiner Historienbilder „Washington, zum Präsidenten erwählt und von seiner Mutter Abschied nehmend" befindet sich im Museum von Dunkerque.

Bellier-Auvray, Dict. gén. und Suppl. — Katal. der Salons. *Fr. M.*

Baader, Tobias, Bildschnitzer zu München in der zweiten Hälfte des 17. Jahrh. Von ihm ein Crucifixus mit Maria in der früheren Klosterkirche zu Attl, eine Maria mit Kind in der Kirche zu Schlehdorf und eine Mater dolorosa vom Jahre 1651 in der Herzogs-Spitalkirche zu München (Stiche dieses Bildes von Jungwirth, S. Sondermayr, B. Stückhler u. Gottfr. Steinberg). In der Sakristei dieser Kirche befand sich ehedem des Künstlers Bildnis.

Meyer, Kstlerlex. — Lipowsky, Bayer. Kstlerlex.

Baader, s. auch *Bader.*

Baadhauser, Schreinermeister, erhält 1760 Bezahlung für die Schnitzereien am Hochaltar der Kirche zu Rott in Oberbayern.

Kunstdenkmale des Königr. Bayern I 2035.

Baadsgaard, Alfrida Vilhelmine Ludovica, geb. Madsen, dän. Blumenmalerin, geb. am 17. 9. 1839 in Kopenhagen, Schülerin von O. D. Ottesen, Balsgaard und O. A. Hermansen. Sie hat seit 1876 ausgestellt.

Weilbach, Nyt dansk Kunstnerlex. I 1896. — Ausstellungskatal. (Charlottenborg) seit 1876.

A. R.

Baagöe, Carl Emil, dän. Seemaler, geb. in Kopenhagen am 22. 8. 1829, † am 16. 4. 1902, kurze Zeit Schüler der Kunstakademie, später selbständig ausgebildet. Reisen nach Island 1855, nach Norwegen 1866 und 1868. Seit 1855 stellte er alljährlich aus, meist Marinebilder mit stiller See und Strandbilder von dänischen Fischerdörfern. Er war auch Zeichner für „Illustreret Tidende".

Bricka, Dansk biograf. Lex. I. — Weilbach, Nyt dansk Kunstnerlex. I (1896). — Ausstellungskatal. (Charlottenborg) 1855—1887. *A. R.*

Baagöe, Peder, dän. Kupferstecher, geb. in Dragör (Amager) am 27. 2. 1789, † am 13. 10. 1826, stach für das botanische Werk „Flora danica", außerdem Blätter mit Schiffen.

Weilbach, Nyt dansk Kunstnerlex. I (1896).

Baak, Marie, Porträtmalerin in Potsdam, Schülerin von C. Burggraf, stellte in der Berliner Akademie 1842, 44, 64 und 66 einige Bildnisse in Öl aus.

Katal. d. Akad.-Ausstellgn. — Dioskuren 1864 p. 400. *H. V.*

Baak Hattigh, Jan, s. *Hattigh.*

Baalen (Baelen), Jacob van, Maler, wird am 23. 9. 1756 in die S. Lukasgilde von Antwerpen aufgenommen. Er ist wahrscheinlich identisch mit dem von Siret genannten *J. v. Bael,* der 1751—53 Akademiepreise in Antwerpen errang.

Liggeren II 807. — Siret, Dict. d. peintres. 3e édit. 1883 I. *H. V.*

Baalen, s. auch *Balen.*

Baan, Baane, s. *Baen.*

Baar, Hugo, Maler, geb. am 3. 3. 1873 zu Neutitschein in Mähren, kam nach Wien an die Kunstgewerbeschule zu Direktor Hofrat Stork, der ihn dann, da B. mehr Interesse für das Naturalistische hatte, zu Prof. Rud. Ribarz brachte. Nach Absolvierung dieser Schule ging er nach München zu Prof. Hackl und später zu Heinrich Knirr, der ihn besonders fesselte. 1903 schlug er sein Heim in Wien auf, seit 1907 hat er sein Atelier in seiner Vaterstadt. Schon früh empfand er den Drang, seine Heimat bildlich zu schildern. In den letzten Jahren entstanden „Alte Kirche im Kuhländchen" (im Besitz der Gesellschaft der Kunstfreunde in Olmütz), „Alter Friedhof in den Beskiden" (Eigentum des regier. Fürsten von und zu Liechtenstein), „Beskidenlandschaft" (im mähr. Landes-Mus.), „Waldandacht" (im Besitze der modernen Galerie in Wien), „Fasanen im Schnee" (von J. J. Löwy in Wien reproduziert) etc. 1906 bekam der immer vorwärtsstrebende Künstler auf „Weiden im Schnee" die silb. Medaille der Stadt Graz. *W. Schram.*

Baar, s. auch *Bahr* u. *Slangenburgh.*

Baardt, C., holl. Goldschmied des 17. Jahrh. in Bolsward. Boeles (Bulletin uitgeg. door d. Nederl. Oudheidkundigen Bond, II 1900—1901 p. 143) schreibt ihm die Abendmahlsschüssel in Ytens zu. Das Niederländische Museum in Amsterdam besitzt von ihm den Untersatz eines getriebenen Kandelabers und eine Tischbürste mit silbernem Rücken, und (nach Notizen von Marc Rosenberg) befindet sich ein Präsentierteller im Besitz des Herrn H. W. de Blocq van Scheltinga in Oranjewoud und Tafelgeschirr mit einem getriebenen Reitergefecht bei Herrn D. Franken in Paris. *J. C. E. Peelen.*

Baars, Jan Hendrik, holl. Bildhauer und Medailleur, geb. am 4. 8. 1875 in Amsterdam, † daselbst am 15. 6. 1899. Schüler von B. v. Hove, Ludwig Jünger und F. Leenhoff. Von ihm Porträtmedaillen der Königin Wilhelmina, B. W. F. v. Riemsdijks, F. Leenhoffs usw.

H. J. Dompierre de Chaufepié, Les Méd. et Plaq. mod., La Haye 1899—1902 (mit Abb.). — Forrer, Dict. of Med. — The Studio XXVII 280, 281. ***

Baarsel, C. van, in Amsterdam, hat von etwa 1790 an mehrere Landkarten und Ähnliches gestochen, z. B. in diesem Jahre eine Situationskarte der preußischen Quartiere vor Amsterdam 1787, und 1825 mit seinem Sohne eine Karte des Überschwemmungsgebiets in der Provinz Overyssel. Seit etwa 1817 tragen diese Arbeiten öfters die Bezeichnung C. van Baarsel & Zoon. *E. W. Moes.*

Baarsel, W. C. van, der Sohn von C. van Baarsel, ist um 1791 geboren. Er wohnte 1832 in der Halsteeg in Amsterdam und ist dort am 17. 4. 1854 gestorben. Außer Landkarten, auch in Verbindung mit seinem Vater gestochen, hat er u. a. 1832 mit Tuyn eine Abbildung der Leiche van Speijks gestochen.

Baas, Marie, Malerin in Hamburg, geb. am 19. 11. 1844, studierte im Haag bei Margarete Roosenboom. Malt seit 1883 feine Blumenstücke und Stilleben. Ihre „Weißen Stockrosen" erzielten 1889 auf der Melbourner Zentenarausst. einen 2. Preis. *E. Benezé.*

Baasch, Frederik Theodor, dän. Maler, geb. 1821 in Eckernförde als Sohn des Malers Hans Frederik B., Schüler Eckersbergs in der Kunstakademie in Kopenhagen (1839—44). Im letzteren Jahre war er wieder in Eckernförde, wo er sich namentlich mit Porträtieren beschäftigt. Er hat in Kopenhagen 1841—44 Bildnisse und Genrebilder ausgestellt. Ein Genrebild: „Der Vater tadelt den Sohn" (1844), wurde von König Christian VIII. angekauft.

Weilbach, Nyt dansk Kunstnerlex. I (1896). *A. R.*

Baasch, Hans Frederik, dän. Maler, Schüler der Kunstakademie in Kopenhagen 1806—1811. Er stellte 1810—12 und 1823 einige Bildnisse und einen Prospekt vom Schlosse Gottorp in Schleswig aus. 1823 wird er in Eckernförde ansässig erwähnt, wo er nach 1847 gestorben ist.

Weilbach, Nyt dansk Kunstnerlex. I (1896). *A. R.*

Babandi, Antonio, italien. Glockengießer, goß 1725 eine Glocke für die Kathedrale zu Ferrara.

Cittadella, Not. rel. a Ferrara. 1864 p. 111. *H. V.*

Babano, Jacopo, Bildhauer und Bronzebildner von Padua, 18. Jahrh., nur bei Zani (Enc. met. III 6) erwähnt. *H. V.*

Babarigo, Giovanni, Stukkator, fertigte um 1670 die Stukkaturen für die Servitenkirche in Wien.

Böckh, Merkwürdigkeiten der Haupt- und Residenzstadt Wien, I 513.

Babb, Stanley Nicholson, engl. Bildhauer der Gegenwart, Mitglied der Soc. of British Sculptors, studierte auf der Roy. Academy und gewann 1902 die große goldene Medaille und das Reisestipendium durch ein figurenreiches Basrelief: „Boadicea urging the Britons to avenge her outraged daughters". Man sah Reliefs, Porträtmedaillons, Statuetten und Figurengruppen von ihm auf verschiedenen Ausstellungen, und er war auch seit 1898 ein regelmäßiger Aussteller in der Roy. Academy.

Graves, Roy. Acad. of Arts I 85. — The Studio XVI 127, XVIII 288, XXII 43, XXV 41. — Forrer, Biogr. Dict. of Medallists I 109. *N. Peacock.*

Babbo, il, s. *Petroni,* Bened. di Franc.

Babcock, H. E., amerik. Holzstecher. Um 1885 für Zeitschriften tätig. *E. Richter.*

Babcock, William P., nordamerik. Maler, geb. am 17. 1. 1826 zu Boston, † 1899, studierte mit einer schon in der Heimat erhaltenen Vorkenntnis 1847 in Paris unter Couture und ließ sich dauernd dort nieder. „An seinen Bildern lobt man die Kraft der Farbe und den warmen gediegenen Gesamtton, tadelt dagegen oft die inkorrekte Zeichnung." Schon 1855 stellte er in der Royal Academy in London ein Bild „Repose" aus. Eins seiner Figurenstücke hängt im Athenäum in Boston, im Salon in Paris stellte er 1868 bis 1878 ein Stilleben und Landschaften aus. — B. gehörte zu den Freunden Millets.

Meyer, Kstlerlex. II 500. — Bellier-Auvray, Dict. gén. I. — Graves, Royal Acad. of Arts I. *Edmund v. Mach.*

Babel (Bable), Johann Baptist, Barockbildhauer, wahrscheinlich französ. Abstammung, verfertigte in den 60er Jahren des 18. Jahrh. die 12 Apostel und 4 allegorische Figuren (Stuck) für den Chor der neuen Stiftskirche zu Einsiedeln (Schweiz) und arbeitete 1772—1775 für die Fassade der Stiftskirche zu Solothurn. Ferner sind von ihm die allegorischen Gestalten von Heiligen und Putten für die Balustrade der Kramgasse in Einsiedeln.

Alb. Kuhn bei Brun, Schweizer. Kstlerlex.

Babel, Jorge, span. Glasmaler, dem 1605 von Philipp III. der Hoftitel verliehen wurde. 1617 empfing er eine Gehaltszulage.

Cean Bermudez, Dicc. I 89. *M. v. B.*

Babel, P. E., französ. Ornamentenzeichner und Kupferätzer in der ersten Hälfte des 18. Jahrh. Man kennt ihn aus zierlich radierten Blättern nach eigenen und fremden Zeichnungen in reifem Rokokostil, hauptsächlich für Ausschmückung von Büchern. In den von ihm selbst erfundenen und radierten Blättern zeigt er sich als bemerkenswerter Vertreter jener kleinen Ornamentik, die für die Kunsttendenzen seiner Zeit und Nation gerade dadurch besonders bezeichnend ist, daß sie die Neigung hat, sie auf die Spitze zu treiben. Die Angaben über seine Herkunft, über sein Geburts- und Sterbejahr sind nicht zuverlässig. Einen gewissen Anhalt gewährt aber seine erste bekannte Arbeit, nämlich für das zu Paris 1725—1735 herausgegebene Oeuvre de J. A. Meissonnier drei große radierte Blätter, die zu seinen vorzüglichsten Arbeiten gehören. Die Spuren seiner Tätigkeit lassen sich nicht über 1765 hinaus verfolgen; aber das von Zani gegebene Todesjahr 1770 hat einige Wahrscheinlichkeit. Die von ihm selbst komponierten Radierungen unterzeichnet er bisweilen: P. E. Babel inv. et sculpsit, gewöhnlich aber: Babel inv. et sculp., Babel fecit und die von ihm nach fremden Zeichnungen ausgeführten Platten sind bezeichnet: Babel sculp., Babel sculpsit. Die wichtigsten seiner Blätter sind: a) Von ihm selbst erfunden und radiert: 1) 72 Schlußvignetten und Zierleisten für: Traité de perspective à l'usage des artistes, von E.-S. Jeaurat. Paris 1750 4. — Die Schlußvignette auf Seite 40, mit dem Datum 1738. 2) Randverzierungen zu zwanzig Seiten des gestochenen Textes in: Représentation des fêtes données par la ville de Strasbourg pour la convalescence du Roi, à l'arrivée et pendant le séjour de Sa Majesté en cette ville (octobre 1744). Inventé, dessiné et dirigé par J. M. Weiss. Prachtwerk mit 12 Kupfern. Imprimé par L. Aubert, à Paris. gr. Fol. 3) Randverzierungen zu achtzehn Seiten des gestochenen Textes in: Description des Festes données par la ville de Paris, les 23 et 26 Février 1745, à l'occasion du mariage de Monseigneur le Dauphin avec Madame Marie-Thérèse, Infante d'Espagne. Prachtwerk mit Kupfern. gr. Fol. — Diese Randverzierungen sind unbezeichnet, aber gewiß von Babel erfunden und geätzt. 4) Titelblatt und Randverzierung der Dedikation des Verlegers au Monseigneur le Dauphin für: Nouveau Recueil des Troupes Légères de France. A Paris chès F. Chereau. kl. Fol. 5) Titelblatt und zehn Zierleisten, Kartuschen und Schlußvignetten für: Le Nouveau Vignole ou Règles des cinq ordres d'architecture. Par Jacques Barozzio. Enrichi de moulures, cartels et culs de lampes, composés et gravés par Babel. Dedié aux artistes. M.DCC.LV. A Paris, chez F. Chereau. 4. — 6) Randverzierungen mit weißen Feldern. Folge von 13 Blättern. kl. Fol. 7) Kartuschen mit weißen Zierfeldern, gebildet aus Springbrunnen, Wasserwerken und Ziergartensachen. 8 Blätter. Unter dem Einfassungsstrich links: Babel delineavit et sculp.; rechts: Avec Priuilège du Roy. Im Unterrande Titel und die Adresse: A Paris chez Jacques Chereau . . . kl. Fol. — Kopien: Blondel del. Joh. Georg Hertel excud.. Aug. Vind. 8) Kartusche mit Landschaft im Zierfelde. Oben rechts: Pl. 85. Unten in der Mitte: Babel invenit et sculpsit. 8. 9) 20 Blätter Passe-partout. Umrahmungen von Muschel- und Blumenornament. 4. Für die Quartausgabe von Dreux du Radier, L'Europe illustre. 6 Bände. Paris. Odieuvre. 1755—1765. Die meisten sind unten bezeichnet: Babel invenit et sculpsit. 10) 4 Blätter Cartels nouveaux. livre 3me. Schilder auf schraffiertem Grund, dem Stil Ludwigs XVI. sich nähernd. A Paris chez Jacques Chereau. Fol.

b) Von ihm nach andern gestochen: 1) Drei Platten für: Oeuvre de Juste Aurèle Meisonnier. A Paris chès Huquier. gr. Fol. (1725 bis 1735.) 2) Sieben Platten für: Livre d'Architecture, von Boffrand. Paris 1745. Fol. Alle sieben Blätter radiert nach den Zeichnungen dieses Architekten für Ausschmückung von Zimmern im Hôtel de Soubise zu Paris. 3) 12 Blätter in den beiden ersten Teilen von: Architecture française, von J. Fr. Blondel. Paris, M. DCC. LII. Fol. 4) Premier livre de desseins de jouaillerie et bijouterie. Nach Maria. 35 Blätter. 4. Lebl. 33—67. 5) Nouveaux Livres de plusieurs Projets d'Autels et Baldaquins. J. F. Neufforge inv. A Paris chez Jacques Chereau. gr. Fol. In Heften zu 7 Blättern. Seine künstlich verschlungenen Titel für Métastase sind um 1879 von Mr. Loizelet in Paris in Nachbildungen herausgegeben worden. — Babel war übrigens der Lehrer von Choffard.

Meyer, Kstlerlex. (Artikel von E. Kolloff). — Portalis et Béraldi, Les Graveurs du XIXe s. I 68. — Guilmard, Les Maîtres Ornemanistes I 173 (ausführl. Oeuvre). — G. Macon, Les Arts dans la Maison de Condé, p. 103. **

Babelli, Giovanni Battista, italien. Kupferstecher des 17. Jahrh. Als sein Werk gilt eine mit dem Monogramm aus G. B. J. bezeichnete Radierung, die eine Caritas darstellt.

Nagler, Monogr. I 2346. *P. K.*

Baber, J., Architekt in London; stellte 1806—12 in der Roy. Academy Entwürfe von Mausoleen, Moscheen, Observatorien usw. aus.

Graves, The Roy. Acad. of Arts I 85. **

Babère, Porträt- und Stillebenmaler (Pastell) in Paris, um 1756.

Siret, Dict. d. Peintres. III. Ausg. 1883. *H. V.*

Babeur, s. *Baburen.*

Babin, Ornamentstecher in Paris, um 1750. Von ihm: 7 Folgen Eisenarbeiten, Gitter, Geländer, Wappentiere für Gitterverzierungen, zusammen 68 Blätter; (1—4. 7. je 10 Blätter, 5 zu 6 Blättern, 6 zu 12 Blättern). Guilmard, Maîtres ornemanistes, p. 184 nennt von einem Meister desselben Namens Schmuckvorlagen: Nouveau Livre fait par Babin, dessinateur pour le metteur en oeuvre à Paris.

Orn.-stich-slg. Berlin. 768 (seither ergänzt).

Bable, s. *Babel.*

Babo, ein Architekt aus dem Laienstande, baute 1117 in Bamberg für Bischof Otto die Benediktinerkirche auf dem Michelsberge von Grund auf. Sie wurde 1121 geweiht, aber 1147 erweitert und 1189 neugebaut.

Meyer, Kstlerlex. II 502. **

Babo, Lambert von, Radierer (Dilettant), geb. 1790 in Mannheim, † am 20. 6. 1862 in Weinheim, radierte um 1810—15 9 Blätter: „Erinnerungen aus dem Neckartale", in denen er den Jean Jacques de Boissieu nachzuahmen strebte. Ferner sind von ihm: Ansichten aus der Schweiz und vom Bodensee (6 Bll.), Le triomphe de Louise, reine de Prusse 1799 (12 Bll.) u. a.

Meyer, Kstlerlex. II 502. — Nagler, Monogr. II No. 963, IV No. 1022. *H. V.*

Baboccio (Babosius), Antonio, von Piperno, Abt, „Maler und Bildhauer in Stein und Metall" (wie er sich selbst nennt), tätig in Neapel, geb. 1351, † 1435. Als erste seiner Arbeiten gilt (nach seiner Inschrift auf dem Grabmale des Ant. Penna: Abbas Antonius Babosus me fecit et Portam majorem Kathedralem Ecc. Neapolis Honophrius de Penna Regis Ladislai Secretarius fieri fecit) das in reichem, spätgotischem Stile 1407 vollendete Portal der Kathedrale von Neapel. Im Jahre 1412 fertigte er mit Alesius Dominicus das Grabmal der Margareta von Durazzo, der Gemahlin Karls III. für S. Francesco zu Salerno (jetzt in der Kathedrale); 1421 arbeitete er „anno septegenaio" das Grabmal des Admirals Lodovico in San Lorenzo Maggiore und zwei Jahre später das Grabmal des Geheimschreibers Antonio da Penna in Sa. Chiara. — Als ein Frühwerk gibt ihm St. Fraschetti aus stilistischen Gründen mit viel Wahrscheinlichkeit das Grabmal der Agnese und Clemenza d'Angiò, ausgeführt bald nach 1381, ebenfalls in Sa. Chiara (abgebildet in L'Arte I 436).

L'Arte I u. II. — Filangieri, Indice d. Artefici etc. I 43. — Napoli Nobilissima III—IX, XI, XIV. — A. Venturi, Storia dell' Arte ital. IV 315, 320 — Rivista d'Italia III fasc. 10 p. 247 ff. **

Baboneau, Henri François Marie, Glas- und Grisaillemaler in Paris, geb. in Nantes, Schüler von Echappé und Chalot, stellte in den Salons 1876—1879 aus.

Bellier-Auvray, Dict. gén. Suppl. *H. V.*

Babosius, s. *Baboccio.*

Babouot (Babonot), Antoine, französ. Graveur und Elfenbeinschnitzer. In den Salons 1791—1822 waren verschiedentlich Arbeiten von ihm in Metall, Elfenbein u. Wachs, meist Porträts in Medaillonform, ausgestellt.

Bellier-Auvray, Dict. gén. — Forrer, Biogr. Dict. of Medallists I. — A. Maze-Sencier, Livre des Collect. 1885 p. 624. *H. V.*

Babron, A., französ. Genremaler; von ihm eine bezeichnete Aquarell-Miniatur im Museum zu Orléans.

Richesses d'art de la France. Prov. Monum. civ. I 141. *H. V.*

Babson, R. E., amerik. Kupferstecher, um 1850; von ihm das Porträt von John Adams. *E. Richter.*

Babst (Babpst, Bobst), Caspar, Freiberger Maler und seit 1543 Bürger, wurde 1546 im Domkirchspiel mit 100 Schock eingeschätzt.

Mitt. d. Freiberger Altert.-Ver. Heft 36, p. 68. *Hs. Loose.*

Babst (Pabst), Paul, Steinmetz in Rochlitz (Sachsen), fertigte 1522 für 10 fl. eine Gruppe: Christus am Ölberge, für die Kirche von Penig, eine Arbeit, deren Reste schon 1609 abgetragen wurden. Bei S. G. Heine, hist. Beschr. der Stadt u. Grafsch. Rochlitz, Leipzig 1729, übertriebene Nachrichten über ihn. — 1573 wird unter den Rochlitzer Steinmetzen „der alte Babst" erwähnt, der wohl nicht identisch mit dem Obigen ist.

Repert. f. Kstwissensch. XVIII 169. — Bau- u. Kstdenkm. d. Königr. Sachsen, XIV. Heft p. 43. **

Babu, Porträtminiaturmaler in London, stellte 1765 vier Miniaturen in der Free Society und 1775 ein Herrn- und zwei Knabenporträts in der Society of Artists aus.

Graves, The Society of Artists etc., London 1907. **

Baburen, Dirck, geb. in Utrecht, war 1611 dort Schüler des Paulus Moreelse und dann wohl namentlich in Rom tätig (dort zusammen mit David de Haen), wo Caravaggios Bilder ihn beeinflußten. Für die Kirche von S. Pietro in Montorio malte er drei große Bilder, eine Grablegung (1617), eine St. Veronika und Christus als Knabe im Tempel, ersteres bezeichnet: Theod. Bab. pinx. Seine Rückkehr nach Holland wird durch den Umstand wahrscheinlich, daß Corn. Bloemaert 1625, also noch vor dessen italien. Reise, ein Bild von ihm gestochen hat. In seinen lebensgroßen Genrefiguren schloß er sich ganz seinen Stadtgenossen Gerard van Honthorst und Jan van Bylert an. Sehr kräftig in den Farben und kühn in der Pinselführung, gehört er dennoch wegen seines derben, oft übertriebenen Naturalismus zu den wenig erfreulichen Meistern seiner Zeit, wenn auch Huygens ihn 1631 zu den tüchtigen Malern im historischen Fache zählt. Datiert sind von seinen ziemlich seltenen Bildern u. a. noch ein Christus als Knabe im Tempel (1622) in Christiania, eine Darstellung des verlorenen Sohnes (1623) in Mainz und ein gefesselter Prometheus, vom selben Jahre, in Amsterdam. Er gehörte zu den Künstlern, welche für Prinz Friedrich Heinrich von Oranien Brustbilder von römischen Kaisern gemalt haben. Von der obengenannten Grablegung in Rom existiert eine gegenseitige Radierung, welche ihm wahrscheinlich mit Unrecht selber zugeschrieben wird. Cr. de Passe, Corn. Bloemaert, J. F. Leonart u. a. haben nach ihm gestochen.

S. Muller, Utr. Arch. 93. — de Bie, Gulden Cabinet. 155. — Oud-Holland IX 118. — Gaz. d. b.-arts XVI 310. — Hofstede de Groot, Houbraken, 210. — Nagler, Monogr. V 561, 667. — Helbings Monatsberichte I 136. *E. W. Moes.*

Babynga, Timotheus, Glasmaler in Ypern, malte 1612 ein Glasfenster für die Kirche von Woumen bei Dixmude.

Notiz von James Weale.

Bac, Daniel, s. *Louvet,* Emile.

Bacalari, s. *Baccalari.*

Bacallao, Mlle, Malerin auf Cuba, war auf der Exposition décennale, Paris 1900, mit einem Landschaftsbild vertreten.

Catal. ill. officiel p. 297. *H. V.*

Bacareel, s. *Backereel.*

Bacarelli, s. *Baccherelli* u. *Beccarelli.*

Bacari, s. *Baccarit.*

Bacarino, s. *Baccarini.*

Bacarisas, Gustavo, span. Maler der Gegenwart, in Rom tätig. Er zeigte sich in den Freilichtbildern, die er 1897 in der Roy. Academy in London und 1899 und 1905 in Venedig ausstellte, als ein scharfer Beobachter der Natur und des modernen Lebens.

V. Pica, L'Arte mond. alla Espos. di Venezia 1899, 1905. — Graves, Roy. Acad. of Arts I. — Rassegna Nazionale vol. 108 p. 262 ff. — Arte e Storia XVIII 53, 54. **

Bacauda, soll nach Agnello (s. u.) zusammen mit seinem Schwiegervater Giuliano Argentario die Kirche S. Michele „ad Frigiselo" in Ravenna erbaut haben, die 545 geweiht wurde.

Rassegna d'Arte V (1905) 136. **

Baccalari, Dante de, verones. Maler. Anfang 15. Jahrh. In der S. Zenokirche in S. Giovanni Ilarione bei Verona befindet (oder befand) sich eine Bildtafel mit der Bezeichnung: „Dante de' Baccalari 1409". Vielleicht identisch mit dem Maler des 4. Kreuzgewölbesystems am Domkreuzgang von Brixen, welcher sich nach Tinkhauser an einer Stelle mit P. Baccar. bezeichnete. (Contraction?) An anderer Stelle die Jahreszahl 1417. Diese Fresken nähern sich in der Tat dem Stil der gleichzeitigen veron. Malerei.

Zannandreis, Le vite de' pitt., scult. ed archit. veronesi. Ed. G. Biadego. Verona 1891, p. 33. — Tinkhauser, Beschreibung der Diözese Brixen. Brixen 1851. I 107 f. — H. Semper, Wandgemälde u. Maler des Brixen. Kreuzganges. Innsbruck 1887, p. 20 f. — Walchegger, Der Kreuzgang am Dom zu Brixen. 1895. p. 69 f. — Vortrag von H. Semper am kunsthist. Kongreß 1902. Innsbruck. (Offiz. Bericht. Berlin, Sittenfeld p. 63.) *H. S.*

Baccalario, Angelo, italien. Maler, geb. 1852 in Acqui, lebt in Turin, wo er 1873 in das Atelier des Malers C. F. Biscarra eintrat und nach einem weiteren Studienaufenthalte bei Serafino Avendano in Quinto al Mare bei Genua seine künstlerische Ausbildung schließlich unter der Leitung Umberto Pafinis vollendete. Durch seine auf zahlreichen Ausstellungen gezeigten Landschafts- und Marinebilder hat sich B. bedeutenden Ruf erworben.

Gubernatis, Diz. d. Art. Ital. — Chirtani in Illustraz. Ital. 1883, I 342; II 183.

Baccanelli, Gianantonio di Giulio, Florentiner Maler um 1647, nur bei Zani, Enc. met. III 7 ohne Näheres erwähnt. **

Baccani, Attilio, Porträtmaler, meist in London tätig, stellte 1859—1882 zahlreiche Herren- und Damenporträts der englischen Gesellschaft aus, gelegentlich auch Idealporträts (Dante in Florenz) oder die Bildnisse von Schauspielern in ihrem Rollenkostüm. Seit 1884 scheint er nach Paris übergesiedelt zu sein und stellte 1889 ein Bild: Die Fruchthändlerin im Salon aus.

Gaz. d. B.-Arts II 243. — Graves, Roy. Acad. I 85. — Kat. des Pariser Salon 1889. **

Baccani, Gaetano, Architekt, Professor der Accad. di belle Arti zu Florenz, geb. zu Florenz am 6. 6. 1792, † am 12. 7. 1867, Schüler der dortigen Akad. unter Paoletti und Cacialli, die in Toscana den architektonischen Klassizismus jener Zeit vertraten. Ihrem Beispiel folgend, erstrebte B. in seinen Bauten vor allem Reinheit der Linien und eine gewisse, an die Antike erinnernde Großartigkeit. Seine Hauptwerke in Florenz sind: Der Palast Borghese (in via Ghibellina), ein reicher und eleganter Bau mit glänzenden Festsalen, ausgeführt nach den Intentionen des fürstlichen Bestellers Camillo Borghese, Gemahls der Schwester Napoleons I., Paolina Bonaparte; der Neubau des Domherrngebäudes (canonica) am Domplatz (1826); die innere Restauration des Domes (1842), bei welcher der Chorraum und der Orgelbau erneuert wurden; der Glockenturm von Santa Croce (1847); das große Vestibül und die Ausschmückung des Theaters della Pergola (1857); endlich die Restauration der Kirche San Lorenzo (1860).

Meyer, Kstlerlex. II 504. *H. V.*

Baccani, Giovanni, Maler in Rom, Mitte des 16. Jahrh., war namentlich in den Grotten des Vatikan beschäftigt.

Meyer, Kstlerlex. II 504. *H. V.*

Baccarat, französ. Glas- und Kristallkünstler der Gegenwart, liefert feine Services, Vasen, Flaschenkühler, Lampen, Kästchen usw. Er war auf der Exposition universelle, Paris 1878, mit zahlreichen Arbeiten vertreten.

Gazette d. beaux-arts. XVIII 1878 II 697—99.

Baccarelli, s. *Baccherelli* u. *Beccarelli.*

Baccarini (Bacarino), Jacopo, ital. Maler, Schüler des Orazio Talami; geb. um 1605 u. † 1682 in Reggio Emilia, wo er für die Kirche S. Filippo eine Ruhe auf der Flucht nach Ägypten und den Tod des S. Alessio malte (gestochen von Buonvicini). Ein großes Genregemälde von seiner Hand, darstellend einen „Zahnbrecher" (acht Figuren) befand sich 1698 im Palazzo der Fürsten Foresto, Cesare und Luigi d'Este zu Ferrara.

Tiraboschi, Not. de' Artefici Modenesi (1788). — Lanzi, Storia pitt. d. Italia (1834) IV 47. — Rosini, Storia d. Pittura (1839) VI 237. — Boni, Biogr. d. Artisti (1840). *R.*

Baccarit (Bacari), Louis Antoine, französ. Bildhauer; Sohn des Pariser Hofarchitekten Baccarit und Schüler der Bildhauer Lecomte, Pajou und Vassé, wurde 1778 und 1780 durch Akademiepreise augsezeichnet, ging hiernach auf 5 Jahre nach Rom und präsentierte sich 1788 der Acad. Royale, ohne jedoch in diese aufgenommen zu werden. 1791 beschickte er den Pariser Salon mit der Gipsstatue eines „Soldat en repos" und 1793 mit dem Wachsmodell zu einem Rousseau-Monumente, darstellend die Zeit und die Freiheit, wie sie das Standbild des Philosophen aufrichten. Um dieselbe Zeit arbeitete B. im nördlichen Seitenschiffe des Pariser Panthéon am Ersatze der Zwickeldarstellungen byzantinischer Kirchenväter durch Allegorien der Wissenschaften; und zwar fiel ihm die Darstellung der „Physik" zu, wie sie die Geheimnisse der Natur enthüllt.

Bellier-Auvray, Dict. gén. des artistes. — Archives de l'art français 1857—58, p. 303 f. — Nouv. Arch. de l'art français 1879, p. 353; 1885, p. 167 f. — Gaz. des B.-Arts 1872, II 234; 1880, II 510. *S. Lami.*

Baccaro, Carlo, italien. Architekt, geb. 1776 in Grottaglie (Prov. Otranto); 1804—6 und 1817 Professor für Architektur an der Neapeler Universität. Er war beteiligt an der topographischen und kartographischen Aufnahme des Provinzialbezirkes Neapel, an der Aquäduktregulierung des Carmignano u. von Caserta und am Hafenbaue zu Brindisi. Von künstlerischen Bauwerken entwarf er den Campanile für die Kathedrale zu Oria (Prov. Otranto) sowie einen Triumphbogen zur Feier der Rückkehr Ferdinands IV. nach Neapel.

Amodeo in Atti dell' Accad. Pontaniana XXXIV 5. — Villani, Scritt. ed Art. Pugliesi, p. 85. — Napoli Nobiliss. XIV 94. *G. Ceci.*

Baccelli, Bartolomeo di Piero, da Settignano, gen. *il Baccellino,* italien. Bildhauer der 2. Hälfte des 15. Jahrh., der mit seinem Sohne Piero B. in der Kathedrale zu Arezzo arbeitete. Er war der erste Bearbeiter jenes mächtigen Carrareser Marmorblokkes, den Michelangelo späterhin für seinen David verwendete. B. hatte diesen Block im Auftrage des Bildhauers Agostino d'Antonio Fiorentino in Carrara für eine Gigantenstatue aus dem Rohen zu behauen und hatte sich dabei verhauen.

Vasari-Milanesi, Vite II 178, Anm. †; VII 153, Anm. 2. — Romanelli in Rass. naz. VIII 276. — A. Melani in Arte e Storia XVIII 80. *G. Degli Azzi.*

Baccelli, Matteo, italien. Maler, tätig besonders in Polen. Geb. in Lucca 1769, kam nach Rom 1787, wo er sich in der Malerei bildete und Mitglied der Accad. di S. Luca wurde; er blieb dort bis 1803. Als Thaddäus Czacki das berühmte Gymnasium in Krzemieniec in Volhynien stiftete, berief er auch Baccelli 1807 in diese Stadt, wo der Künstler Privatstunden im Zeichnen und Malen an dieser Schule gab. Im Jahre 1817 ging er nach Kamieniec in Podolien und verblieb dort bis 1827 als Zeichenlehrer am Gymnasium. Im Jahre 1827 kehrte er nach Krzemieniec zurück und endlich von 1830 an weilte er im Schlosse des Grafen Przezdziecki in Czarny-Ostrow in Podolien, wo er 1850 starb. Er malte viele Kirchenbilder und Porträts, meistens in den Provinzen Volhynien u. Podolien; seine zwei größten Kirchenbilder befinden sich in der Pfarrkirche zu Czarny-Ostrow, sein Porträt von Thaddäus Czacki wurde von Saunders in Wilno gestochen.

Rastawiecki, Słownik mal. polskich I 17, 18; III 117. — Ciampi, Notizie degli Artisti etc. in Polonia p. 87.
Dr. Georg Graf Mycielski.

Baccelli, Piero, italien. Bildhauer, Sohn des Bart. di Piero B. da Settignano, mit dem er in der 2. Hälfte des 15. Jahrh. im Dome zu Arezzo arbeitete.

Romanelli in Rass. naz. VIII 276.
G. Degli Azzi.

Baccellino, il, s. *Baccelli,* Bart.

Baccetti, Marcello Andrea, italien. Holzbildhauer, geb. 1850 in Florenz, † daselbst 1903. Seit seinem 13. Jahre Schüler des Bildschnitzers Angelo Barbetti und späterhin Gehilfe verschiedener anderer Meister (darunter zuletzt auch des berühmten Frilli), eröffnete B. schließlich eine eigene Werkstatt, die er zu hohem Ansehen brachte. Er arbeitete für Auftraggeber aus allen Gegenden Europas, Amerikas und Australiens und wurde vielfach ausgezeichnet. Mit Feinheit und Eleganz arbeitete er in den verschiedensten dekorativen Stilarten, in den orientalisch-maurischen und den byzantinischen so gut wie in denjenigen der Gotik und der Renaissance. Besonders Hervorragendes leistete er in der holzbildnerischen Darstellung von Früchten und Tieren, sowie in Paneelen und Medaillons mit Puttengruppen, die er nach den Vorbildern der hellenistischen Reliefkunst wie nach denjenigen der italienischen Renaissancegrottesken in heiteren Spielen oder in ernster Arbeit begriffen darstellte, und zwar in einem weichen und reizvollen Hochreliefstile. Unter den zahllosen Schnitzarbeiten B.s seien hier nur seine Schmuckmöbel für die Inszenierung von Gabriele d'Annunzios „Francesca da Rimini" erwähnt.

Gubernatis, Diz. d. Art. Ital. — Arte e Storia 1882, p. 175. — Rassegna Naz. Vol. 104, 1898, p. 367. — Natura ed Arte 1901—2, II 651; 1902—3, II 888; 1903—4, I 247 ff. — Il Marzocco, 1903 No. 45 p. 3. *N. Tarchiani.*

Baccherelli (oder Baccarelli), Vincenzo, italien. Maler, geb. 1672 und † 1745 in Florenz; Schüler von P. da Cortona, Dom. Gabbiani und Gherardini. Einzelne seiner Werke befinden sich in Livorno und Florenz (Depot der Uffizien); in der Porträtgalerie der Uffizien sein Selbstbildnis. Eine gewisse kunstgeschichtliche Bedeutung hat B. durch seinen Aufenthalt in Lissabon, wo er der Cortonesken Dekorationsmalerei zuerst Eingang verschaffte und eine förmliche Schule gründete. Unter den zahlreichen Arbeiten, die er hier ausführte, gelten die Deckengemälde in S. Vincente aus dem Jahr 1710 für die besten. Durch das Erdbeben von 1755 teilweise zerstört, wurden sie 1796 von Manuel da Costa wieder hergestellt.

Pazzi, Serie di Ritratti di cel. pitt., Firenze 1764, I 2, p. 41. — Cyrillo Machado, Coll. de memorias. p. 181. — Lanzi, Pitt. ital. I 236. — Raczynski, Dict. hist. art. d. Portugal 19. — Meyer, Kstlerlex. *R.*

Baccherelli, s. auch *Beccarelli.*

Baccheri, Francesco, Architekt und Mönch aus Lendinara, nach dessen Plänen 1782 der Neubau der Chiesa della Trinità zu Forlì unter Benutzung der Fundamente einer älteren Kirche auf Kosten des Erzpriesters Franc. Quartaroli errichtet wurde.

Calzini e Mazzatinti, Guida di Forlì (1893) p. 31. *G. Degli Azzi.*

Baccherini, Anna, s. *Piattoli.*

Bacchetta, s. *Bachetta.*

Bacchi, Pietro, s. *Bacchius.*

Bacchi (Bachy), Raffaele, gewöhnlich *Raphael* genannt, Porträtminiaturmaler aus Turin, geb. 1716, jüdischer Herkunft, † zu Paris am 11. 4. 1767. Nach seiner Zeichnung hat Pietro Monaco das Porträt der Herzogin Maria Teresa von Modena gestochen. B. hat die Mitglieder der höchsten französ. Aristokratie, u. a. auch den Prinzen Condé zweimal gemalt.

Campori, Gli artisti etc. neg. stati Estensi. 1855 p. 22, 321. — Nouv. archiv. de l'art franç. V 1884 p. 396—403; VII 1891 p. 278. — G. C. Williamson, History of Portrait-Miniatures, II 71. *H. V.*

Bacchiacca, il, s. *Ubertini,* Franc.

Bacchini, Achille, italien. Bildhauer in Modena, wo er 1576 mit anderen Meistern die Formen für die Stuckdekorationen an der Decke und an den Wänden des Oratoriums im Ospedale della Morte modellierte.

A. Venturi in Atti e Mem. etc. per le Prov. Mod. e Parm., ser. III, vol. III, parte I, p. 275. *G. Degli Azzi.*

Bacchini, Maurizio, Architekt und Maler aus Borgo S. Donnino, geb. 1545, † 1616. 1596 in Piacenza als Wasserbauingenieur tätig, baute dann 1599 die prächtige Dorfkirche zu Stirone bei Piacenza, die leider 1813 im Interesse eines Brückenbaues abgebrochen worden ist.

Zani, Encicl. III 8. — Scarabelli-Zunti, Mem. di B. Arti. (Mscr. in Parma, Bibl. Palat.) — Trecasali, Cron. di Borgo S. Donnino, (Mscr. in Parma). *St. Lottici.*

Bacchiocco, Carlo, Maler des 17. Jahrh. aus Mailand, von dem in Brescia eine Reihe von Werken erhalten geblieben ist: in S. Girolamo eine Madonna del Carmine mit Joseph und Johannes d. Täufer; in S. Giacomo e Filippo ein hl. Antonius von Padua mit dem Christkinde und ein S. Carlo Borromeo; in S. Orsola Szenen aus dem Leben der hl. Angela Merici (gemeinsam mit Pompeo Ghitti ausgeführt); endlich einiges in S. Marta.

Averoldo, Scelte pitt. di Brescia. — Chizzola, Descriz. etc. di Brescia, p. 35, 38, 83, 132. *L. Ozzola.*

Bacchione, s. *Pacchioni.*

Bacchius (od. Bacchus, Bacchi), Petrus, niederländ. (?) Maler und Kupferstecher in Neapel, nach Zani † um 1650. Seine Signatur trägt ein vom 7. 7. 1647 datiertes, für authentisch geltendes Kupferstichbildnis des berühmten Neapeler Volksführers Masaniello.

Zani, Encicl. III 9 (Signatur: *Petrus Bacchius inv. fecit et sculpsit*). — Capasso in Arch. Stor. Napoletano XXII 86. *G. Ceci.*

Bacci, Agnese Dolce, s. *Dolci,* Agnese.

Bacci, Andrea, Bildhauer zu Rom, in der zweiten Hälfte des 16. Jahrh. Wir wissen von ihm, daß er ein Freund der Cavaliere Gaddi in Florenz war und für diese Aufträge hatte. Für den Kardinal Este lieferte er 1572 Statuen nach Tivoli. — *Gandellini* erwähnt ohne Zeitangabe einen Stecher gleichen Namens, der einige allegorische Blätter gestochen haben soll und vielleicht mit Obigem identisch ist.

Meyer, Kstlerlex. II. — Gandellini, Notiz. istor. deg. Intagl. 2. Ausg. 1808 I. *H. V.*

Bacci, Antonio, Stilleben- und Blumenmaler, wurde um 1600 in Padua oder Mantua geboren und war noch 1663 in Venedig tätig. Von seinen Bildern, an denen man große Naturwahrheit rühmt, werden in der Galerie Casilini am Dome in Rovigo erwähnt: zwei Bilder mit Fischen und zwei mit Küchengeräten.

Bartoli, Descr. di Rovigo. p. 198. — Pietrucci, Artisti di Padova. — Lanzi, Pitt. ital. III 211. — Coronelli, Viaggi. I 81. — Meyer, Kstlerlex. *R.*

Bacci, Domenico, italien. Bildnismaler des 18. Jahrh. Man kennt 2 Radierungen von Franc. Zuccarelli nach Bildnissen von ihm.

Meyer, Kstlerlex. II. *H. V.*

Bacci, Giovanni, italien. Bildhauer, um 1670, nur bei Zani (Enc. met. III 9.) erwähnt. *H. V.*

Bacci, Pietro, italien. Bildhauer im 17. Jahrh., verfertigte für Ravenna die Statue Alexanders VII.

Meyer, Kstlerlex. II. *H. V.*

Bacci, Torello, von Livorno, anfangs als Bildhauer tätig, später Kunsthändler und Restaurator. Von seiner Hand ist in Florenz das Monument seines Vaters im Kloster von Santa Croce und die Statue Pier Capponis im Portikus der Uffizien. — Er lebte noch 1873.

Meyer, Kstlerlex. II. *H. V.*

Bacciameo, Goldschmiedefamilie vom Ende des 13. bis Anfang des 15. Jahrh. in Pisa, deren Mitglieder nur urkundlich bekannt sind.

Tanfani Centofanti, Notiz. di artisti pisani 1897 p. 55 ff. *H. V.*

Bacciarelli. Von einem Maler dieses Namens wird in Privatbesitz in Ascoli die Darstellung eines Eremiten erwähnt. Zani (Enc. met. III 10) nennt zwei Maler desselben Namens, *Carlo* und *G. B.*, die nach seiner Angabe beide im 18. Jahrh. lebten, und von denen er den ersteren nach Rom versetzt.

Orsini, Descr. di Ascoli. p. 139. *H. V.*

Bacciarelli, Anna, Miniaturmalerin des 18. Jahrh. in Polen. Tochter des Malers Marcello B. und seiner Frau, geb. Richter. Sie erbte der Eltern Malertalent, deren Schülerin sie auch wurde. Im poln. Mus. in Posen befinden sich von ihr zwei ein wenig dilettantisch ausgeführte Miniaturen, deren eine die berühmte schöne Griechin, Sophia Tchelitche, damals Frau des Generals von Witt, später Gräfin Felix Potocka, darstellt. Sie malte auch religiöse Bilder, z. B. eine „Verkündigung Mariä“, welches Bild sich in der Pfarrkirche in Odechòw bei Sandomir befindet. Dort starb sie auch unvermählt.

E. Rastawiecki, Słownik mal. polskich III 118. — Prof. Dr. Georg Graf Mycielski, Sto lat dziejòw malarstwa w Polsce (Hundert Jahre Polnischer Malerei) p. 63. *Dr. Georg Graf Mycielski.*

Bacciarelli, Carlo u. G. B., s. Artikel *Bacciarelli* (oben).

Bacciarelli, Johanna Juliana Friederike, geb. Richter, Miniaturmalerin. Geb. in Dresden am 21. 5. 1733. Sie heiratete 1756 den Maler Marcello Bacciarelli, ging mit ihm auf eine kurze Zeit nach Polen, später nach Wien 1761. Beide kamen 1765 wieder nach Warschau, wo sie bis zu ihrem Tode 1812 blieb. Sie malte dort Miniaturen auf Elfenbein, welche jedoch in Polen selten sind. Das von ihr gemalte Porträt des jungen Königs Stanislaus August wurde 1765 von Marcenay gestochen. Nähere Daten über ihre künstlerische Tätigkeit in Polen fehlen.

Rozmaitości (Varia) zur „Warschauer Zeitung“ v. Jahre 1819, No. 41 p. 108, wo sich ein über sie von ihrem Sohne Fr. Bacciarelli

geschriebener Artikel befindet. — E. Rastawiecki, Słownik mal. polskich I 46, 47.
Dr. Georg Graf Mycielski.

Bacciarelli, Marcello, italien. Maler, tätig hauptsächlich in Polen. Geb. in Rom am 16. 2. 1731, bildete sich dort unter Benefiali in der Malerei aus und wurde schon 1753 nach Dresden vom Könige August III. von Polen berufen. Dort begann er seine künstlerische Laufbahn mit Zeichnungen von Bildern für das große Kupferstichwerk der Dresdener Galerie. Er vermählte sich in Sachsen 1756 mit der Miniatur-Malerin Friederike Richter und besuchte auch mit dem Könige wahrscheinlich in diesen Jahren mehrmals Warschau. Im Jahre 1761 ging er nach Wien und malte dort für die Kaiserin Maria Theresia Porträts der ganzen kaiserl. Familie. Nach dem Tode August III. lehnte er den Antrag des Fürsten Kaunitz in kaiserl. Dienst zu treten ab und ging im Jahre 1765 nach Warschau, wohin ihn der neu erwählte König Stanislaus August (Poniatowski) berufen hatte. In Polen blieb nun der Künstler bis zu seinem Tode als der gefeiertste ausländische Maler und übte den größten Einfluß auf die künstlerische Tätigkeit einer ganzen Schar von poln. Malern, die ihn für ihren Meister hielten. Er wohnte seit 1766 mit seiner Familie im kgl. Schlosse und eröffnete dort seine berühmte Maler-Schule. Im Jahre 1768 erhielt er den poln. Adel und wurde bald darauf zum General-Baudirektor und Verwalter der kgl. Paläste und Schlösser sowie der Kunstsammlungen des Königs ernannt. Im Jahre 1787 begann er eine längere Reise nach Italien über Wien, Venedig, Bologna, Florenz nach Rom und Neapel, wo er Mitglied mehrerer Kunst-Akademien wurde und eine große Anzahl von Bildern und anderen Kunstwerken für die Sammlungen des Königs erwarb. Bis zur dritten Teilung Polens blieb er im Dienste Stanislaus Augusts, der ihn als den größten Künstler in seinem Reiche mit seiner besonderen Gnade auszeichnete. Nach der Abdikation des Königs 1795 verließ er Warschau nicht mehr, wurde im Jahre 1807 zum Mitglied der Warschauer „Gesellschaft der Freunde der Wissenschaft" ernannt und starb dort am 5. Januar 1818. Er wurde, sowie seine Frau, in der Domkirche zu Warschau begraben, wo das schöne Doppelgrabmal des Künstlerpaares sich befindet. Mehr als ein halbes Jahrh. dauerte die sehr fleißige, vielseitige und einflußreiche Tätigkeit des Künstlers in Polen. Er schuf die angesehenste akademische erste Malerschule in Warschau und bildete in derselben mehrere poln. Künstler von Bedeutung aus. Am Hofe des Königs wurde er der brillante Repräsentant der höfischen Residenzmalerei der zweiten Hälfte des 18. Jahrh. und war in seiner Produktion äußerst vielseitig und charakteristisch für seine Zeit. Das Königsschloß in Warschau besitzt seine großen, prunkvollen dekorativen Decken-Freskogemälde in den Marmor-, Ritter- und Konzert-Sälen: allegorische und mythologische Kompositionen, unter dem Einfluß von G. B. Tiepolo ausgeführt. Das Lustschloß des Königs „Łazienki" („Die Bäder") in Warschau wurde von ihm mit eleganten Szenen aus der Geschichte des Königs Salomo geschmückt, in welchen viele Persönlichkeiten vom Hofe porträtiert wurden und wo der Künstler die Coypel, die Vanloo, die Lemoine und die Natoire nachgeahmt hat. Er malte auch mehrere affektierte Bilder aus der poln. Geschichte für das Schloß in Warschau, sowie einige Szenen aus dem Leben des Königs. Als Maler von Altarbildern war er süßlich und akademisch. Seine größte Tätigkeit aber war die Porträt-Malerei, in der er der angesehenste Künstler in Polen bis zu seinem Tode blieb. Er malte wenigstens 30 Porträts des Königs, Bildnisse der ganzen Familie Poniatowski, sowie beinahe alle Repräsentanten des Hofes und der poln. Aristokratie seiner Zeit: die Czartoryski, Radziwiłł Lubomirski, Sapieha, Potocki, Branicki, Tyszkiewicz, Zamoyski, Mniszech, Massalski, Małachowski usw. Diese Porträts sind alle vornehm in der Haltung, sehr fein gedacht und ausgeführt, im duftigen französ. Stil der Zeit gehalten, in der Technik fließend und leicht und immer in einem goldenen, hellen Ton ausgeführt. Als Porträtmaler hat Bacciarelli gewiß das beste geleistet und ist als einer der feinsten Künstler seiner Zeit anzusehen.

S. Szaniawski, Biographie des Künstlers in den Jahrbüchern der kgl. Warschauer Gesellschaft der Freunde der Wissenschaft XVI 222, 232. — Seb. Ciampi, Notizie etc., Lucca 1830 und Bibliografia critica II 238—244. — M. Wiessner, D. Akad. d. b. K. zu Dresden 1864. — Rastawiecki, Słownik mal. polskich I 18—46, 332; III 117, 118. — Prof. Dr. Georg Graf Mycielski, Sto lat dziejòw malarstwa w Polsce (Hundert Jahre poln. Malerei) 1760—1860, Krakau 1897 p. 27—34. — Sitzungsberichte der Kommission zur Forschung der Kunstgeschichte in Polen, an der Akad. der Wissenschaften in Krakau, von 1880—1906: passim. — Fournier-Sarlovèze, Les peintres de Stanislas Auguste roi de Pologne, Paris 1907 p. 5—20. — Katal. der Bilder-Galerie des Königs Stanislaus August Poniatowski (2227 Bilder), Handschrift in der Sammlung des Grafen L. Branicki in Sucha, von Bacciarelli redigiert u. korrigiert, welcher nächstens in Bearbeitung des Unterzeichneten in den Publikationen der Krakauer Akad. der Wissenschaften erscheinen wird. *Dr. Georg Graf Mycielski.*

Bacciccia (Bacciccio), Giov. Batt., s. *Gaulli.*

Baccigaluppo, Giuseppe, Landschaftsmaler aus Genua, wurde 1772 von seinem Gönner Giac. Gentile nach Rom geschickt. In der Galerie Durazzo seiner Vaterstadt befinden sich von ihm sechs mittelmäßige Landschaften mit mythologischer Staffage. Er starb um 1812 und hinterließ eine Tochter, die eine tüchtige Malerin gewesen sein soll.

Meyer, Kstlerlex. II. — Alizeri, Notizie etc. 1864 I. — Descrizione di Genova 1846 III 61. *H. V.*

Baccilleri, s. *Bacilleri.*

Baccio d'Agnolo Baglioni (und seine Söhne), s. *Baglioni.*

Baccio d'Agnolo di Lorenzo da Firenze, Bildschnitzer in Perugia, † 1529 daselbst.

Erculei, Catal. d. op. ant. d'Intaglio (1885) p. 49. **

Baccio di Fino di Ventura de Puntellis oder

Baccio da Firenze, s. *Pontelli,* B.

Baccio da Montelupo, s. *Montelupo.*

Baccio della Porta, s. Fra *Bartolommeo.*

Baccio di Puccione, Gehilfe Michelangelos, aber wohl mehr Steinmetz als. Bildhauer (vgl. Milanesi, Le Lettere 585), ging Michelangelo bei der Ausführung der Tonmodelle für die Grabfiguren der Sakristei von S. Lorenzo in Florenz 1524 zur Hand (Jahrb. d. preuß. Kunstsamml. I 18, 19). Ein „scarpellino" Bacio wird auch in einem Briefe Buonarrotis an Michelangelo vom 14. 8. 1518 genannt (vgl. Frey, Ausgew. Briefe 112). *E. Steinmann.*

Baccio da Urbino, italien. Architekt in Senigallia (Prov. Marche), wo er 1491 gemeinsam mit Sabatino da Fabriano nach eigenem Entwurfe die wegen der Harmonie ihrer architektonischen Linienführung gerühmte Chiesa delle Grazie erbaute.

G. Natali in Italia Moderna 1905, V 128. *G. Degli Azzi.*

Baccio, s. auch *Pacio.*

Bacciocchi (oder Baciocchi), Fra Cesare, italien. Maler, geb. am 30. 11. 1626 in Cattolica bei Rimini als Sohn des Marcantonio B. und der Caterina Pronti, von der er selbst den Beinamen *Pronti* erhielt (auch Padre *Cesare da Ravenna* genannt); † am 22. 10. 1708 in Ravenna. Ausgebildet durch Guercino, war als Historien-, Architektur- und Porträtmaler tätig. Besonders gerühmt wurden seine Arbeiten in S. Nicolò in Ravenna (Altarbilder u. Fresken), ein Altargemälde in der Kathedrale v. Ravenna (Martyrium des hl. Ursicino) und ein „Samson u. Dalila" im Pal. Guiccioli in Venedig. Auf der Mostra d'Arte sacra in Ravenna 1904 befand sich ein bez. Bild des Meisters.

Crespi, Lettere pitt. I 9. — Baruffaldi, Vite dei pitt. etc. Ferraresi. — Pascoli, Vite d. pitt. II 176. — Meyer, Kstlerlex. — Martinetti Cardoni, Vite Brevi degli artefici defunti etc. Ravenna, 1873 p. 34. — Rassegna d'arte. 1904 p. 94. *R.*

Bacciocchi, Fra Ferrante, Maler in Ferrara, im 17. Jahrh. Er gehörte zu dem Orden der Filippini und malte für die Kirche S. Stefano in Ferrara alle Bilder der Hauptkapelle, sowie die Steinigung des Stephanus über der Porticella des Campanile.

Barotti, Pitture di Ferrara. p. 67, 96. *H. V.*

Baccot, Philippe, französ. Maler, Ende des 16. und Anfang des 17. Jahrh.; nach damals häufiger Sitte zugleich Kammerdiener und Hofmaler Heinrichs II. von Bourbon, Prinzen von Condé, in dessen Palais er wohnte. Werke von ihm sind nicht bekannt; von seinen Familienverhältnissen weiß man nur, daß er mit Catherine de La Landre verheiratet war. Langlois (Geschichte der Glasmalerei) führt ihn ohne nachweislichen Grund unter den Glasmalern auf.

Jal, Dict. critique. — Herluison, Actes d'état civil d'artistes français.

Baccot, s. auch *Bacot.*

Baccuet, Genfer Goldschmiedefamilie vom Ende des 17. bis Mitte des 18. Jahrh., deren Vertreter *Daniel, Jacques* und *Moïse* nur urkundlich bekannt sind.

Brun, Schweiz. Kstlerlex. *H. V.*

Baccuet, Prosper, französ. Landschaftsmaler, Schüler Watelets, geb. 1798 in Paris, † daselbst am 28. 6. 1854, beschickte seit 1827 fast regelmäßig die Salonausstellungen. Er begleitete als Landschaftszeichner 1830 die wissenschaftliche Expedition nach Morea. In den Salons der folgenden Jahre war von ihm eine große Anzahl von Ansichten griechischer Städte und Gegenden ausgestellt; in den Salons von 1845—1853 außer einigen italienischen u. spanischen Landschaften hauptsächlich Ansichten von nordafrikanischen Gegenden. Arbeiten von ihm befinden sich in den Museen zu Baguères-de-Bigorre und zu Bordeaux. Ein Altarbild für die Eglise de Saint-Gervais et de Saint-Protais in Paris, darstellend den Guten Hirten, wurde ihm 1849 in Auftrag gegeben.

Bellier-Auvray, Dict. gén. — Richesses d'art de la France. Paris. Monum. relig. III 173. *H. V.*

Bach, Abraham, Formschneider u. Briefmaler zu Augsburg um 1680. Man kennt nur 3 sehr seltene Folioblätter von ihm: eine hl. Familie im Garten; Familie beim Essen; Der neue Komet.

Meyer, Kstlerlex. II 507. *H. V.*

Bach, Alois, Genre-, Tier- u. Landschaftsmaler, geb. am 12. 12. 1809 zu Eschlkam a. d. Cham, † 1893 zu München, Schüler der Münchener Akad. unter Heinrich Hess, vertauschte aber die alten Heiligen desselben bald mit dem neueren Genre. Einflüsse Wagenbauers u. Bürkels, besonders aber Wouwermans sind in seinen zahlreichen, häufig militärische Szenen behandelnden Bildern erkennbar. Das Landschaftliche spielt bei ihm durchweg eine so vorherrschende Rolle, daß die Figuren mehr nur als Staffage erscheinen und als Mittel zur Vervollständigung der koloristischen Stimmung, die er mit Vorliebe in einem kühlen grauen Tone hält. In der Behandlung des Landschaftlichen schloß er sich an seinen Freund Ed. Schleich an, zu dessen Schule man ihn rechnen kann. Seine bedeutendsten Bilder aus der späteren Zeit sind: Ein oberbayerisches Dorf zur Erntezeit u. Eine Viehherde bei herannahendem Gewitter. Neben der Malerei haben ihn auch Radierung und Lithographie vielfach beschäftigt. Ein Aquarelle von ihm befindet sich in der Handzeichnungen-Sammlung der Kgl. National-Galerie in Berlin.

Maillinger, Bilderchronik 1876. II 223, IV 163. — Meyer, Kstlerlex. II. — Müller, Biogr. Kstlerlex. 1882. — F. v. Bötticher, Malerwerke d. 19. Jahrh. — Nagler, Monogr. I No. 1620. — Dioskuren 1860/61, 1865/66, 1870 passim. *H. V.*

Bach, Armand Eugène, Porträt- und Genremaler in Paris, geb. daselbst, Schüler von Cabanel, stellte in den Salons 1879—1896 fast alljährlich aus.

Bellier-Auvray, Dict. gén., Suppl. — Kat. d. Salon. *H. V.*

Bach, Carl Daniel (später, als er evangelisch geworden, David) Friedrich, Maler, geb. im Mai 1756 in Potsdam als Sohn eines jüdischen Kaufmanns, † in Breslau am 8. 4. 1829. Er erhielt seine erste künstlerische Ausbildung bei dem Maler Krüger in Potsdam; später wurde er Schüler des Berliner Akademiedirektors Lesueur und mit Künstlern wie Frisch, Chodowiecki und Berger ein eifriges Mitglied der Gesellschaft für Aktzeichnen. Seine ersten Erfolge hatte er mit Porträts in Öl und Pastell. 1780 trat er in die Dienste des Grafen Ossolinsky in Warschau, für den er Porträts, auch ein lebensgroßes Reiterbild des Königs Johann Sobiesky malte. Vier Jahre später ging er mit dem Grafen Johann Potocki auf Reisen nach den Niederlanden, Frankreich und Italien. In Rom kopierte er Gemälde, namentlich Raffaels und Michelangelos, in Neapel und Portici zeichnete er antikes Kunsthandwerk. Nach der Rückkehr nach Berlin veranstaltete er 1789 eine Ausstellung seiner Arbeiten. 1791 wurde er als „Professor der Mal- und Zeichenkunst" erster Lehrer und Leiter der neugegründeten Kunstschule in Breslau, welches Amt er bis zu seinem Tode bekleidete. Für das schlesische Kunsthandwerk, insbesondere für die Proskauer Fayencefabrikation lieferte er Vorlagen; nach diesen ausgeführte Proskauer Vasen in antikem Geschmack sind im Schlesischen Museum für Kunstgewerbe und Altertümer in Breslau erhalten. Von seinen Gemälden läßt sich heute keines nachweisen. Erwähnt werden außer vielen Kopien nach Raffael, Michelangelo, Rubens, Snyders Porträts des Königs Friedrich Wilhelm II. und des Ministers Grafen von Hoym (von Sinzenich gestochen 1795), ein hl. Hieronymus, ein Christus am Kreuz (1824), eine Geburt Christi „in altdeutschem Geschmack" und besonders viel Allegorien. Namentlich machte er die Ereignisse der vaterländischen Geschichte, soweit sie das preußische Königshaus betrafen, zum Gegenstande figurenreicher allegorischer Kompositionen.

Im Besitz der kgl. Kunst- u. Kunstgewerbeschule in Breslau befinden sich 19 Sammelbände und Mappen mit Zeichnungen und Radierungen seiner Hand, darunter mehrfach sein Selbstbildnis, ferner Entwürfe religiösen Inhalts, Tierdarstellungen und Studien nach antiken Skulpturen und Geräten. Mit dem Schriftsteller Benkowitz gab er 1796—1797 eine Kunstzeitschrift „Der Torso" heraus, für die er literarische und künstlerische Beiträge lieferte. Auch legte er durch seinen Schüler Mützel ein großes Federzeichnungssammelwerk an „Abbildungen der vorzüglichsten Altertümer und Denkmäler der Stadt Breslau an Bauwerken, Malereien, Bildhauerarbeiten und anderen Merkwürdigkeiten, gesammelt und herausgegeben von Carl Bach, königlicher Hofrat und Professor" (heute aufbewahrt im Schlesischen Museum der bildenden Künste in Breslau).

Rastawiecki, Słownik Malarzów Polskich III (Warschau 1857) 118 u. Robert Becker, Aus Alt-Breslau 1900 (Text). *C. Buchwald.*

Bach, Christian Wilhelm, deutscher Porträtmaler und Kupferstecher, 2. Hälfte des 18 Jahrh. Von ihm gestochen: Bildnis des Arztes J. G. Dennewitz, nach eigener Zeichnung, 1775.

Meyer, Kstlerlex. II. *H. V.*

Bach, Edward, Genre- u. Stillebenmaler in London, war in der Roy. Academy 1875—1893, in der Roy. Hibernian Acad. und in anderen englischen Ausstellungen vertreten.

Graves, Roy. Acad. of Arts I 85. — The Years Art 1880—1894. **

Bach, Gottlieb Friedrich, Kabinettsmaler und Hoforganist in Meiningen, geb. am 10. 9. 1714, † am 25. 2. 1785, war väterlicherseits ein Verwandter des Joh. Sebastian B., mütterlicherseits ein Enkel des beim Bau der Meininger Elisabethenburg tätigen Baumeisters Samuel Rust. — Bach hat sich vorwiegend als Pastellmaler betätigt und seinen Bildern werden — wenngleich sie denen seines Sohnes nachstehen — edle Auffassung und frisches Kolorit nachgerühmt. Von seinen Ölgemälden befinden sich 5 Porträts der Söhne und Töchter Herzog Anton Ulrichs im Besitze der Stadt Meiningen, teils im Vorzimmer des Sitzungssaales des Gemeinderates, anderenteils im Trauungszimmer, 3 weitere Porträts in Meininger Privatbesitz. Was sich sonst an Pastellporträts und Skizzen in letzterem befindet, war 1904 auf der Meininger Gemäldeausstellung vereinigt.

Neue Beitr. z. Gesch. d. Altert., Meiningen, Lf. 19. — Schenk, Verz. aller weltl. u. gstl. Beamten, Meiningen 1862, p. 14. *Hs. Loose.*

Bach, Guido, Porträt- und Genremaler, geb. 1828 zu Annaberg im Erzgebirge, † am 10. 9. 1905 in London, wo er seit 1862 lebte. Schüler der Dresdener Akademie und von Julius Hübner. Er zeichnete sich namentlich in der Aquarellmalerei aus. In der Royal Academy 1880 und 1883 sowie auf der Dresdener Aquarell-Ausstellung 1887 waren Arbeiten von ihm ausgestellt.

Meyer, Kstlerlex. II. — Bötticher, Malerwerke d. 19. Jahrh. — Graves, Royal Academy I. *H. V.*

Bach, Henri, Architekt in Toulouse, Professor an der dortigen Ecole d. Beaux-Arts, geb. 1815, † am 11. 5. 1899 daselbst, baute im Stile des 13. Jahrh. Von ihm die Jesuitenkapelle in Toulouse, der Kapitelsaal des Dominikanerklosters daselbst.

Chronique d. Arts. 1899. p. 180. *H. V.*

Bach, Hermann, Bildhauer, lebt Sommers in Berchtesgaden, im Winter in Locarno, geb. zu Stuttgart am 11. 10. 1842. Er wurde 1862 Zögling der Stuttgarter Kunstschule, wo Prof. Wagner sein Lehrer war. Nachdem er später in dessen und in Prof. Kopps Atelier gearbeitet, ging er mit einem Staatsstipendium nach Italien und hielt sich von 1868—1870 in Rom auf. Dort nahm er eine Wendung zur religiösen Kunst. Von seinen Arbeiten sind zu nennen: 1) Die Spinnerin, halb lebensgroße Figur in karrar. Marmor, im Besitz I. M. der Königin von Württemberg. — 2) Der Pifferaro, Pendant zum vorigen. — 3) Madonna, überlebensgroß in Sandstein, in der F. Löwenstein-Wertheimschen Schloßkapelle zu Klein-Heubach bei Wertheim. — 4) Schiller und Liszt, überlebensgroße Figuren in Sandstein an der Fassade des Georgenäums in Calw. — 5) Kalksteinstatuen von Winckelmann, Schöpflin, Sleidanus und Niebuhr für die Universität in Straßburg. — 6) Die allegor. Gestalten des Handels und der Industrie für eine Villa in Offenburg a/M. — 7) Das Grabdenkmal für Dr. Löwe in Stuttgart. — 8) Zwei Apostelfiguren für das Mausoleum des Fürsten von Hohenzollern in Sigmaringen. — 9) Schillerstatue im Auftrag der Königin Olga für die Aula des Polytechnikums in Stuttgart. — Außerdem verschiedene dekorative Arbeiten und zahlreiche Büsten, u. a. die der Kaiser Wilhelm I. und II.

Meyer, Kstlerlex. — Notizen von M. Bach.

Bach, Johann, Siegburger Töpfer, 1573 und 1580 als „berühmter" Meister urkundlich erwähnt.

Beffroi, IV 155, 158, 185. *H. V.*

Bach, Johann Philipp, Sohn des Gottlieb Friedr. B., wurde am 5. 8. 1752 in Meiningen geb. und starb als Kabinettsmaler und Hoforganist daselbst am 2. 11. 1846. — Von seinem Vater vorgebildet, widmete er sich neben der Ölmalerei vorwiegend dem Pastellbildnis und ist auf diesem Gebiete äußerst produktiv gewesen. Einen Beleg hierzu liefert sein erhaltenes Einnahmebuch, das, abgesehen von der großen Zahl seiner Crayonzeichnungen, allein 985 Pastelle verzeichnet. Wir finden darunter fast sämtliche Mitglieder der Fürstenhöfe zu Sachsen-Meiningen, Hildburghausen, S.-Koburg u. Schwarzburg-Rudolstadt. Außerdem porträtierte er im Juni 1802 in Regensburg und Mai 1804 in Marchthal die gesamte fürstliche Familie Turn und Taxis. Einen wesentlichen Einfluß hat Bach auf den Erlanger Porträtisten Konrad Geiger ausgeübt, mit welchem ihn seit seiner Erlanger Tätigkeit im Jahre 1779 eine innige Freundschaft verband. Einen Überblick über Bachs Tätigkeit gewährte die Meininger Gemäldeausstellung 1904, die annähernd 120 seiner Bilder aus Meininger Privatbesitz vereinigte (vgl. Verz. u. Abb. in nachstehender Lit.).

Neue Beitr. z. Gesch. d. Altert., Meiningen, Lf. 19. (m. Abb.). — Ludw. Bechstein, Kunstfleiß und Gewerbefleiß, Leipzig 1860. — Schenk, Verz. aller weltl. u. geistl. Beamten, Meiningen 1862. *Hs. Loose.*

Bach, Johann Samuel, Maler, Sohn des Philipp Emanuel Bach, geb. 1749 in Berlin, studierte in Berlin und Potsdam bei Krüger, seit 1770 in Leipzig bei Oeser, 1772 versuchte er sich in Dresden zuerst mit Landschaften. † am 11. 9. 1778 in Rom, wohin er im Februar 1777 gekommen war. Ein 1790 gedrucktes Nachlaßverzeichnis (J. F. Goldschmidts Abschrift davon im Besitz des Hamb. Geschichtsvereins) beschreibt 103 Blatt Zeichnungen verchiedener Manieren, vielfach leicht koloriert, voll Kraft und farbiger Wirkung: Aktstudien nach Antiken, Baumstudien, Landschaften mit Tempeln, Schalmei blasenden oder tanzenden Nymphen, Faunen, Hirten, Bacchanalen, ferner Vignetten mit Genien. Zuweilen verzichtet er auch auf die mythologische Staffage, z. B. Bauernhaus mit arbeitenden Landleuten: römische Landschaft mit dem zeichnenden Künstler darin neben einem zuschauenden Freunde, Mönchskopf etc. Erwähnt werden anderen Orts: Ruinen von der Brücke Augusts bei Narni. Wir hören gelegentlich von Anlehnung an Salvator Rosa, van der Meer und Geßner. — In der Kunsthalle zu Hamburg befindet sich eine südliche Ideallandschaft in Öl von 1776: Terrasse mit Blick über breiten Fluß, Felswände, Aquädukt, Kaskaden, bewaldete Höhen mit Tempel. Auf der Terrasse Frauen und Kinder. — Der Verein für Hamb. Geschichte besitzt von ihm aus demselben Jahre eine Zeichnung mit Villa und Hain, an dessen Eingang eine Vase und mythologische Personen, eine getuschte Landschaft befindet sich im Städt. Mus. in Leipzig. — Ferner genannt ein Porträt des Musikdirektors J. B. Ziegler in Halle; einige seiner Zeichnungen stach J. F. Bause.

Meyer, Kstlerlex. — Lebensbeschr. von G. Wustmann in der Wissensch. Beilage der Leipziger Ztg. 1907 No. 8. *E. Benezé.*

Bach, Joseph, Situations- und Landkartenstecher, an der Akad. zu Dresden, geb. am 17. 1. 1774, † am 29. 5. 1843. Zu seinen besten Arbeiten gehören: ein großer sorgfältig gestochener Plan der Gegend um Leipzig und ein solcher der Gegend bei Tharandt.

Nagler, Kstlerlex. I 217. *H. V.*

Bach, Karl Theodor, Architekt in Wien, geb. daselbst am 17. 11. 1858, Schüler der dortigen Hochschule, von Ferstel, Baurat Theyer und Prof. Karl König. Von ihm zahlreiche Wohn- und Geschäftshäuser in Wien (darunter die Häusergruppe „Casa piccola"), Salzburg, Padua und Bukarest, ferner die Bauten der Volkswohnungen in Breitensee und der Arbeiterhäuser in Florisdorf (mit Arch. Simony). Gemeinsam mit dem Arch. Ludwig Schöne erbaute er die dritte evangel. Kirche in Wien sowie die evangel. Kirche in Währing.

Das geistige Deutschland, Leipzig-Berlin 1898. — Kosel, Deutsch-österr. Kstler.- u. Schriftst.-Lex. Wien 1902. Bd. I. *H. V.*

Bach, Max, Maler in Stuttgart, Bruder des Hermann, geb. in Stuttgart den 17. 10. 1841, erhielt den ersten Zeichenunterricht von seinem Vater und dem Maler Obach. 1858 in die dortige Kunstschule eingetreten, widmete er sich vornehmlich der Landschaft unter Prof. Funks Leitung. Da aber die Richtung seines Talentes weniger auf die Ölmalerei ging, besuchte er von 1864—66 neben der Kunstschule auch das Polytechnikum, um dort das technische Zeichnen zu erlernen. Zugleich machte er Versuche im Lithographieren und Radieren, worin er sich 1868—70 zu Nürnberg und München tüchtig ausbildete, nicht ohne sich auch umfassende Kenntnisse in der Geschichte der Kunst und des Kunstgewerbes anzueignen. 1871 bis 1873 war er Lehrer an der Real- und der Handwerkerschule zu Alzey und 1875—76 desgl. an der Zeichen- und Modellierschule zu Basel. 1877—83 nahm er seinen Wohnsitz in Ulm und hat dort, angeregt durch die mittelalterlichen Kunstdenkmale der Stadt und den dortigen Kunst- und Altertumsverein, sich mehr und mehr dem Studium mittelalterlicher Kunst und Kunstgeschichte gewidmet, welches Fach ihn besonders anzog und schon während seines früheren Aufenthalts in Nürnberg vielfach beschäftigt hatte. 1883 nach Stuttgart zurückgekehrt, widmete er sich künstlerischen und kunstliterarischen Arbeiten aller Art, worunter besonders hervorzuheben ist eine illustrierte Geschichte von Württemberg und ein Werk über die Renaissance im Kunstgewerbe mit Farbendrucktafeln. 1889—91 war er beim k. statistischen Landesamt verwendet und beteiligte sich in den folgenden Jahren bei allen einschlagenden Arbeiten auf dem Gebiete Württembergischer Landesgeschichte und Altertumsforschung. 1895 erschien sein Buch „Bilder aus Alt-Stuttgart", 1900 „Stuttgarter Kunst 1794—1860", außerdem schrieb er zahlreiche Artikel in Kunst- und historischen Zeitschriften. 1904 wurde er in den Verwaltungsausschuß der k. Staatssammlg. vaterländ. Kunst- und Altertumsdenkmale berufen. Von ihm radiert: Architektur-Skizzen aus Nürnberg. Nürnberg 1869—71. 30 Bll. 4. Von ihm lithographiert: 1) Das Lenninger Tal, Panorama mit Randansichten. Stuttg. gedruckt bei F. Malté 1866. gr. Fol. — 2) Ansicht von Waldenbuch. gr. 4. — 3) Stuttgart im Jahre 1592, Faksimile nach der Radierung von J. Sauter (2 Bl. gr. Fol. 1867). 4) Ulm im Jahre 1570, Faksimile nach der Radierung von Georg Rieter (1870).

Nach Mitteilungen des Künstlers.

Bach, Nikolaus, Bildhauer, geb. am 27. 1. (8. 2.) 1853 in Petersburg, † daselbst am 17. 1. (29.) 1885, Schüler seines Vaters Robert B. und der Petersburger Akad. Hauptwerke: Prometheusbüste; Pythia; David mit der Schleuder (Gipse auf den Petersburger akad. Ausstellgn. 1881—1885).

Bulgakoff, Unsere Künstler (russisch) I 27—29. *W. Neumann.*

Bach, Paul, Maler in Berlin, geb. am 27. 8. 1866 in Dresden, Schüler der Düsseldorfer Akademie, bildete sich weiter in Paris und war dann 10 Jahre in München tätig, von wo er nach Berlin übersiedelte. Abgesehen von einigen Porträts, die im Privatbesitz sind, hat er Stilleben, Interieurs und figürliche Bilder geschaffen. Er malt am liebsten im Freien und geht den feinen Wirkungen und Problemen von Luft und Licht nach. Viel Anerkennung fanden auch seine feinen und stimmungsvollen Zeichnungen sowohl mit Motiven aus alten Städten wie aus dem großstädtischen modernen Getriebe. Man hat auch einige Radierungen von ihm, z. B.: Dame mit Papagei und Kakadu, Mutter und Kind.

Mit Notizen von Th. Brodersen. **

Bach, Robert d. J., Bildhauer, geb. am 28. 1. (9. 2.) 1859 in Petersburg, Schüler seines Vaters Robert B. und der Petersburger Akad. Hauptw.: Denkmal des Kaisers Alexander III. in Feodosia (Bronze), Porträtbüsten in Bronze von Puschkin, Gogol, Turgenjew, Dostojewski, Krylow, Shukoffski, Lefort u. a. 1887; Undine, Marmorstatuette.

Bulgakoff, Unsere Künstler (russisch) I 27 u. ff. — Meyer, Kstlerlex. *W. Neumann.*

Bach, W. H., Landschaftsmaler in London, stellte 1829—1859 eine lange Reihe von Landschaften und Ansichten in der Roy. Academy aus.

Graves, The Roy. Acad. of Arts I 86. **

Bach, i m, s. *Imbach.*

Bache, O t t o, dän. Maler, geb. in Roskilde am 21. 8. 1839, zehnjährig bereits Schüler der Kunstakademie in Kopenhagen und gleichzeitig Schüler W. Marstrands. 1866—68 unternahm er Reisen nach Paris und Italien, wurde 1872 Mitglied der Kunstakademie in Kopenhagen, 1887 Professor an derselben, 1889—92, 1896—99 und jetzt wieder (seit 1905) Direktor der Kunstakademie. Er ist einer der vielseitigsten der gegenwärtigen dänischen Maler. Er malt Historien- und Genrebilder, Landschaften und Porträts und ist ein vorzüglicher Tiermaler. Von seinen Historienbildern seien erwähnt: Die Verschwörer reiten von Finnerup fort nach der Tötung des Königs Erik Glipping (1882, Frederiksborg-Museum). Die berittene Garde wird eingeschifft (1888) und „König Christian IX. besucht die Schanzen bei Dybböl" (1888), letztere beide dem Könige Christian IX. geschenkt; „Die Krönungsfeier des Königs Christian IV." (Frederiksborg Schloß); „Die Heimkehr der Soldaten 1849" (1894, ebenda). Monumentale Bildnisse von ihm sind: Admiral Suenson (1882), General Krog (1889), General Max Müller (1887), General Schleppegrell (1896), sämtlich im Frederiksborg-Museum. — B. ist der bevorzugte Porträtmaler des Hofes und der Aristokratie. Von höherem Interesse aber als diese Bildnisse sind diejenigen von seinen Kunstkollegen, z. B. dem Dekorationsmaler Hilker (1871), dem Bildhauer Peters (1882) und dem Marinemaler Blache (1904). Sein eigenes Bildnis hat er 1888 für die Uffizien in Florenz gemalt. — Von seinen populären Genre- und Tierbildern seien genannt: „Arbeitswagen an einem Ziegelwerk" (1864 kgl. Gemäldegalerie); „Dachshund mit Jungen" (1866); „Die Hunde werden gefüttert" (1871); „Nach der Eberjagd" (1876, kgl. Gemäldegalerie); „Eine Koppel Pferde bei einer Schenke" (1878); „Pferde am Strande" (kgl. Gemäldegalerie 1892); „Die Kühe werden aus dem Stalle getrieben"; „Oktobermorgen" (1885, kgl. Gemäldegalerie); „Edelwild im Kornfeld" (1892). — In allen diesen Arbeiten zeigt B. sich als ein phantasievolles, frisches Temperament, als ein sicherer Kompositor und Zeichner, während er als Kolorist vielleicht weniger bedeutend ist.

Kunst für Alle III 1888, VI 1891. — Illustreret Tidende: Af Samtidens Kunst S. 193. — Sigurd Müller, Nyere dansk Malerkunst (1884) S. 18. — Julealbum 1895. — Weilbach, Nyt dansk Kunstnerlex. I (1896). — Bricka, Dansk biografisk Lex. I. — Kunst (Kopenhagen) V Heft 11/12: Knud Söeborg, Otto Bache. — Been-Hannover, Danmarks Malerkunst II 89, 107—112. — Karl Madsen, Kunstens Historie i. Danmark S. 379. — Emil Hannover, Dänische Kunst des 19. Jahrh. (Lpz. 1907) S. 75. *A. R.*

Bachelard, M a r c e l i n, französ. Maler, geb. in Firminy (Loire) am 5. 5. 1816, Schüler der Ecole des Beaux-Arts in Lyon 1834 bis 1837, wohnte daselbst 1842—1848 und stellte alljährlich im Salon aus (Porträts u. Genrebilder). Im Museum zu Lyon ist von ihm: Jeune fille vêtue de noir (Reserven des Museums). *A. Granger.*

Bacheler, J e a n, Miniaturmaler in Brügge, um 1478 Mitglied der Gilde der Enlumineurs.

Le Beffroi IV 297—323. *H. V.*

Bacheler, s. auch *Bachelier.*

Bachelet, M., Goldschmied in Paris, der in den 60er Jahren des 19. Jahrh. wegen seines Kirchengeräts nach Kompositionen von Viollet-Le-Duc bedeutenden Ruf genoß.

Gaz. d. B.-Arts XIV 540; XXIV 141. — Richesses d'art. Paris. Mon. rel. I. **

Bachelet, M a t h i e u, französ. Bronzegießer des 18. Jahrh., bezeichnete mit seinem Namen eine kunstvolle, kleine Wanduhr in cuivre doré, die 1883 bei M. Georges in Paris verkauft wurde.

Champeaux, Dictionnaire des Fondeurs etc. **

Bacheley, J a c q u e s, französ. Stecher und Zeichner, geb. 1712 zu Pont-l'Evêque, in der Normandie, † 1781 in Rouen, Schüler von Ph. Le Bas und Mitglied der Akademie von Rouen. Er stach hauptsächlich Landschaften und Marinen nach holländ. Meistern. Man kennt von ihm eine Ansicht von Rotterdam nach van Goyen, eine Ansicht von Ryswyck nach Ruisdael, nach demselben eine solche von Utrecht, einen Sturm an der Küste von Grönland nach J. Peters usw. Es gibt auch einige Originalstiche von ihm mit Ansichten von Le Havre, Rouen usw., sowie ferner einige Vignetten nach Gravelot mit Kinderspielen und allegorischen Darstellungen.

Le Blanc, Manuel. — Meyer, Kstlerlex. II. — Portalis et Béraldi, Les Graveurs du XVIIIe siècle. 1880. I. *P. A. Lemoisne.*

Bacheley, J e a n, französ. Maler, am 13. 10. 1691 in die Malergilde von Rouen aufgenommen und 1699 zum Vorsteher der St. Lukas-Gilde ernannt, lebte noch 1713. Vielleicht Vater des Kupferstechers Jacques B.

Archives de l'art français. VI 199, 201, 212. *H. V.*

Bacheley, L. G. M., Zeichner und Radierer zu Paris um 1800.

Le Blanc, Manuel I. *H. V.*

Bachelier, C., französ. Ornamentstecher, von dem ein kleines Blatt mit Laubwerk, bezeichnet: C. Bachelier F 1712, bekannt geworden ist.

Guilmard, Les maitres ornemanistes 1880 I 154. **

Bachelier, C h a r l e s C l a u d e, Landschafts- und Architekturmaler und Lithograph in Paris, geb. daselbst, stellte in den Salons 1834 bis 1836 und 1852 aus. Ein Verzeichnis seiner meist nach eigenen Zeichnungen angefertigten, aber mittelmäßigen Lithographien bei Meyer, Kstlerlex.

Bellier-Auvray, Dict. gén. *H. V.*

Bachelier, Dominique, französ. Bildhauer und Architekt, Sohn des Nicolas B., † 1615, lebte in Toulouse, wo er verschiedene Arbeiten des Vaters fortsetzte, wie den Bau der Brücke St. Cyprien, der 1543 begonnen war und erst 1601 von Pierre Souffron beendigt wurde. Gemeinschaftlich mit letzterem baute er das Palais des Präsidenten Clari zu Toulouse. 1607—1612 errichtete er das Portal der Kirche Saint-Pierre.

Lami, Dict. d. sculpteurs 1898. — Rassegna Nazionale XCIII 493 ff. *H. V.*

Bachelier, Jean-Jacques, französ. Maler u. Ornamentzeichner, geb. zu Paris 1724, † ebendaselbst am 13. 4. 1806. Er malte Blumen, Früchte, Jagdstücke und — weniger glücklich — Historienbilder. Mit einem solchen (Tod Abels) gewann er 1763 die Mitgliedschaft als Peintre d'histoire der k. Akad., ersetzte dieses Gemälde aber durch „Cimon im Gefängnis", das sich noch im Louvre befindet. Sein Talent als Blumenmaler verschaffte ihm die Leitung der Porzellanmalereien in der kgl. Fabrik zu Sèvres, in welchem Amte er mit vielem Erfolge tätig war. Ebenso rühmlich und nachhaltiger wirkte er durch die 1766 auf seinen Betrieb und seine Kosten gestiftete freie Zeichenschule für Kunsthandwerker in Paris. Von 1751 an stellte er bis 1767 immer ein um das andere Jahr im Salon aus. Er muß ein besonderer Günstling des Hofes gewesen sein, denn aus publizierten Rechnungen (Chronique des arts 1905, p. 319 ff.) erfährt man seine zahlreichen Aufträge auf dekor. Tierbilder für die kgl. Schlösser und zugleich die ungewöhnlich hohen Preise dafür. Nach seinen Zeichnungen wurde gestochen: Collection de cul de lampes et fleurons inventés et dessinés par M. Bachelier, peintre du Roy, tirée de la grande Edition in folio des Fables de Lafontaine, et gravés par P. P. Choffard. Distribués en quatre suites. A Paris chés la Vve. Chereau. 4. Erste Folge. Sechs Blätter, numeriert von 1a—6a. Zweite Folge. Sechs Blätter, numeriert von 7b bis 12b. Als eifriger Experimentator auf dem Gebiete der Enkaustik veröffentlichte er die Schrift: Histoire et secret de la peinture à la cire contre le sentiment du comte de Caylus. Paris 1755. 8.

Meyer, Kstlerlex. II 512 (mit ält. Lit.). — Guilmard, Maitres ornemanistes p. 225. — Chronique des arts 1905 p. 319 ff. — Forrer, Biogr. Dict. of Medallists. — Nouv. Archiv. de l'art franc. XII (1885) 310; III sér. II (1886), V (1889), XIII (1897), XXII (1906 Reg.). — Bull. d. l. soc. de l'hist. de l'art franc. II 48. — Jahrb. d. k. preuß. Kstsamml. XIV 143, 147, 151, 154. 157. **

Bachelier, Nicolas, französ. Werkmeister und Bildhauer, geb. in Toulouse um 1485, † nach 1566 (nach Angabe einiger Autoren 1572); anerkannt als führender Meister der Toulouser Schule in der Renaissance, so daß sein Name geradezu zur Bezeichnung jenes prunkvollen Dekorationsstiles verwendet wird, der seit ca. 1550 in Languedoc herrscht. Seit dem 17. Jahrh. hat man diesem Künstler eine große Zahl von Werken verschiedener Stilarten zugeschrieben, von denen viele ihm in der Tat nicht angehören können; von den authentischen Werken B.s dagegen ist nur weniges erhalten geblieben, und ebensowenig von sicheren Daten aus seinem Leben.

Der erste Lehrer B.s scheint sein Vater gewesen zu sein, ein aus Lucca stammender, in Toulouse verheirateter und ansässiger Künstler. In Italien soll dann Nicolas B. seine Studien vollendet haben, und zwar in der Werkstatt Michelangelos. 1510 nach Toulouse zurückgekehrt, wurde er zum Werkmeister der Stadt ernannt und mit der Verschönerung des Rathauses (Capitols) beauftragt, in dessen Hof er zwei Portale errichtete. Eines derselben ist samt seinem aus 3 Statuen bestehenden Skulpturenschmucke erhalten geblieben; die Reste des 1817 zerstörten zweiten Portales werden im Museum zu Toulouse aufbewahrt. — 1528 arbeitete B. an der Maison de Pierre (dem einzigen Hause von Toulouse, das ohne Verwendung von Ziegeln erbaut wurde), einem reichen, aber schwerfälligen und wenig geschmackvollen Prunkbaue, dessen Skulpturenschmuck erst in neuester Zeit vollendet worden ist. 1553—54 arbeitete er am Hôtel du Parlement; 1555 am Hôtel Lasbordes, dessen zweite Hälfte er in einem sehr reichen Stile erbaute und mit geschickt behandeltem statuarischem Schmuck versah. Auch sonst war er am Baue des Hôtel Lasbordes beteiligt (wahrscheinlich errichtete er den Turmbau). 1543 begann er mit dem Brückenbaue von St. Cyprien, der dann nach seinem Tode von seinem Sohne Dominique B. vollendet wurde. — Zugeschrieben werden dem Künstler: die Porte de l'Esquile (rue du Taur), die Porte de la Commutation (Jardin des Plantes), eine Fensterumrahmung im Museum zu Toulouse (von einem abgebrochenen Hause aus der Umgebung der Place Bourbon); ferner das Portal der Eglise de la Dalbade (altertümlicher als die übrigen Werke B.s mit nordfranzösisch-gotischen Stilnachklängen) und das Triumphportal vor der St. Sernin-Kirche (in rein klassischem Stil, sehr schlicht und ohne Statuenschmuck). In der Eglise de la Daurade hat er 1550 einen Kapellenbau ausgeführt. Außerdem hat er für die Kirchen zu Toulouse zahlreiche Bildwerke geschaffen, die zur Revolutionszeit zerstört worden sind: Für die St. Etienne-Kathedrale ein Altarwerk mit Darstellung des Todes der Maria in

Rundfiguren; für die Trinitarierkirche ein Altarwerk mit der Geburt Christi; anderes für die Kirchen St. Nicolas, La Dalbade (nach Inschrift beendigt 1545) und Des Cordeliers. Skulpturenreste aus der letzteren Franziskanerkirche und aus St. Etienne verwahrt das städtische Museum; eine Beschreibung der verschiedenen Bildwerke B.s hat Dupuy du Grez im 17. Jahrh. veröffentlicht.

Die außerhalb von Toulouse geschaffenen Werke B.s sind noch weniger bekannt. Man weiß nur, daß er 1541 in der Kirche zu Montgiscard gearbeitet hat. Ohne jeden Grund und mit wenig Wahrscheinlichkeit schreibt man ihm zu das Schloß und die Kirche zu Assier (Lot) und in letzterer das Grabmal des grand-maitre de l'artillerie Gourdon de Genouillac (1515 im Stile der Loire-Gegend begonnen), das Sakristeiportal der Kathedrale zu Rodez, das Chorgestühl in St. Bertrand zu Cominges, einen Teil des Chorgestühles in Ste. Marie zu Auch, endlich den gotischen Glockenturm zu Villefranche de Rouergue. — Sicherlich hat B. auch Möbel in Holz ausgeführt; unter den aus Toulouse stammenden Renaissancemöbeln und Boiserien sind wahrscheinlich hie und da eigenhändige Arbeiten von ihm. Als Goldschmied hat B. einen prachtvollen Reliquienschrein des hl. Georg geschaffen. — Ohne jeden Beweis behauptet man schließlich, B. sei gegen das Ende seines Lebens von Karl V. oder Philipp II. nach Spanien berufen worden und sei dort nächst Berruguete als Bahnbrecher des Renaissancestiles aufgetreten.

Die Büste dieses berühmten Künstlers von der Hand des Toulouser Bildhauers M. Arcis wurde in der „Salle des Illustres" auf dem Kapitol in Toulouse aufgestellt.

Dupuis du Grez, Traité de peinture 1699. — Roschach, Catal. du Musée de Toulouse 1865. — A. Berty, La Renaissance monumentale en France. — L. Palustre, L'architecture de la Renaissance. — F. de Verneilh, Rapport sur les monuments civils de Toulouse (Congrès archéol. 1874). — V. Advielle, Les beaux-arts en Rouergue (Réunion d. soc. d. b.-arts d. départ. 1879). — Lavigne, Etude biogr. sur N. Bachelier (Mém. de l'acad. de Toulouse 1879). — A. Thiers, Nic. Bachelier (La Grande Encycl.). — J. de Malafosse, Rech. sur l'archit. à Toulouse à l'époque de la Renaiss. (Revue des Pyrénées, 1890; Bulletin d. l. soc. archéol. du Midi, 1888). — Bern. Benezet, Hist. de l'art toulousain dans Toulouse, 1887. — Abbé Douais et Pasquier, Communication à la société nat. d. antiquaires (Bull. d. l. soc. 1896, p. 246). — J. de Lahondès, Cathédrale de Toulouse, 1890. — Ed. Bonaffé, Etudes sur le meuble en France (Gaz. d. b.-arts, II pér. XXXII 142). — Meyer, Kstlerlex. — Bellier-Auvray, Dict. gén. et suppl. — Lance, Dict. d. archit. franç. — Bauchal, Nouv. Dict. d. archit. franç. — Dussieux, Artistes franç. à l'étranger. — Bertolotti, Artisti francesi in Roma, 1882, p. 48. — Rassegna Nazionale vol. 93, p. 493. *C. Enlart.*

Bachelier, Nicolas, geschätzter Pariser Blumenmaler, wurde am 30. 9. 1752 in die Akademie daselbst aufgenommen. 1760 fertigte er 4 Supraporten für das château de Choisy mit den 4 Erdteilen, die durch Vögel charakterisiert waren.

Nouv. archiv. de l'art franç. 3 sér. XX. 1904. Reg. XIX—XX. *H. V.*

Bachelin, Auguste, bekannter Schweizer Historien-, Genre- und Landschaftsmaler und belletristischer Schriftsteller, geb. am 30. 9. 1830 in Neuchâtel, † am 3. 8. 1890 in Bern. Schüler von W. Moritz d. J. 1850 ging er nach Paris, zunächst zu Charles Gleyre, dann zu Couture. Mehrere Jahre arbeitete er in Paris und beschickte neben Ausstellungen seiner Heimat seit 1857 alljährlich den Pariser Salon (zuletzt 1874). Seine Neigung ging auf das historische Fach und nur widerwillig beschränkte er sich anfangs auf Genre und Landschaft. Auf der Neuchâteler Ausstellung von 1853 trat er zum erstenmal, und zwar mit 6 Bildern sehr verschiedener Art auf. Neben mehreren, im Charakter bestimmter Jahreszeiten gehaltenen Landschaften stellten die „Primavères et Marguérites" zwei Damen in städtischer Toilette auf einer Blumenwiese dar; „Mai" eine ziemlich freie Gesellschaft von Damen und Herren im Grünen. Man erkannte sogleich den originellen Künstler, der sich der Natur mit einem strengen, aber noch ziemlich kühlen Realismus anschloß. Mit solchen Stoffen befand sich B. noch nicht auf dem eigentlichen Felde seines Talents. 1856 war er bei den eidgenössischen Truppen, welche die Rheingrenze besetzten, und 1859 begleitete er in Italien die Freischar unter Garibaldi, um von den Gefechtsfeldern Skizzen und Korrespondenzen an illustrierte Journale zu schicken. Hier entschied sich seine Vorliebe für militärische Szenen; in die Heimat zurückgekehrt, wurde er bald zum beliebten Darsteller der nationalen Tagesgeschichte. Gelegentlich griff er auch in fremdes Volkstum hinüber: im Pariser Salon von 1861 sah man die Vedette (einen französischen Garde-Kürassier auf Vorposten) und die Erstürmung des Kirchhofs in der Schlacht bei Magenta; vorwiegend blieben aber die heimischen Stoffe. So hat B. aus dem Marsch- und Lagerleben der Schweizer Armee eine große Zahl Ölbilder gemalt. Von lustigen Szenen der Verproviantierung, der Feldpost usw., steigt er zu ernsten und tragischen Darstellungen auf. Ein großes Hauptbild war auf der Neuchâteler Ausstellung von 1860: Der Marsch eines Schweizer Infanteriebataillons zur Grenzbesetzung von 1857, wirksam besonders durch die düstere Stimmung der winterlichen Landschaft. Aus dem Kriege 1870—1871, bei dem er die Schweizer Armee an die französische Grenze im Jura begleitete, hat er das Hauptereignis an dieser Grenze, den Übertritt von Bourbakis flüchtiger Armee auf Schweizer Boden, in einem großen, sehr wirkungsvollen Gemälde dargestellt. Gern hat der Künstler auch auf nationale Erinnerungen zurückgegriffen. So brachte die Neuchâteler Ausstellung von 1866 eine Szene aus der Verteidigung der inneren Schweiz gegen die eindringenden Truppen der französischen Republik und Den Tod des Fähnrichs von Montmollin. Das letztere Bild jetzt im Museum von Neuchâtel. Von den historischen Darstellungen wendete sich B. zuweilen auch zu genremäßiger heimatlicher Schilderung. Zu den Bildern dieser Art gehören die prächtigen „Faucheurs des Alpes" im Pariser Salon von 1863, und das Schwingfest („lutteurs du Hasli"), ein großes lebensvolles Bild, das auf der Pariser Ausstellung von 1867 die Aufmerksamkeit auf sich zog. Reich an Erfindung, glücklich in der Wahl neuer und anziehender Stoffe, führte Bachelin seine Bilder mit rascher Hand aus. Er liebte, ähnlich wie sein Landsmann und Freund A. Anker, einen flotten Vortrag; um Feinheit der Durchführung war es ihm weniger zu tun. Seine Büste wurde 1892 im musée historique zu Neuchâtel aufgestellt.

G. Kinkel in Meyers Kstlerlex. II. — Ph. Godet bei Brun, Schweizer. Kstlerlex. — Leben des Malers u. Schriftstellers Auguste Bachelin (Neujahrsbl. d. Künstlerges. in Zürich f. 1893. N. F. 53) gr. 4°. Zürich. *H. V.*

Bachellarii (oder Bachalarius), Enrico, italien. Maler, 1450 und 1458 urkundlich erwähnt in Pinerolo, wo er wahrscheinlich als Gehilfe des bekannteren gleichzeitigen Pinerolesen Giov. Canavesio gearbeitet hat.

A. Caffaro in Bollet. Stor. Bibliogr. Subalp. I 156. *G. Degli Azzi.*

Bacher, Alois, zeitgenössischer Tiroler Bildhauer aus Gais (Pustertal). Kopierte das schöne Holzkruzifix von Vulpmes (jetzt in Breslau) für die Krypta der Stiftskirche Innichen, schuf 1907 das Modell für das Denkmal der Freiheitskämpfer von 1809, welches 1909 zu Sand in Taufers aufgestellt werden soll und stellte 1905 in Bozen eine Marienstatue aus.

Kunstfreund 1898, S. 22. — Mitteilungen des Herrn Dr. *Fr. Innerhofer.* *H. S.*

Bacher, Franz, Tiroler Bildhauer des 18. Jahrh., geb. zu Fügen im Zillertal. Schüler des berühmten Holzbildhauers Franz Xaver Nissl von Fügen. Näheres unbekannt.

F. (Ferdinandeumshandschrift) 2735. *H. S.*

Bacher, Gideon, Ulmer Baumeister und Mathematiker, baute 1590 ein Schloß für den Markgrafen von Baden in Hochberg, nachdem er vorher die Tortürme in Nördlingen errichtet hatte. Stand dann in Diensten des Markgrafen Georg Friedrich von Brandenburg und errichtete 1594—97 den mittleren Turm der Stiftskirche St. Gumpert zu Ansbach. 1601 leitete er die umfassenden Restaurationsarbeiten am Schlosse zu Hof. Im Dezember 1604 wurde er nach Ulm zum Festungsbau berufen. 1614 war er am Bau der Veste Coburg tätig.

Weyermann, Nachrichten von Gelehrten, Künstlern etc. aus Ulm. p. 31. — Löffler, Geschichte der Festung Ulm. S. 108 ff. — Klemm, Württ. Baumstr. u. Bildhauer. S. 153. — Fr. H. Hofmann, Kst. am Hofe der Markgrafen von Brandenburg (Stud. z. deutsch. Kstgesch. Heft 32) 1901. — Bau- u. Kstdenkm. Thüringens: Sachs.-Cob.-Gotha, Heft XXXIII, Bd. IV 497. *M. Bach.*

Bacher, Girolamo, italien. Goldschmied in Neapel, wo er 1725—35 im Auftrage der Suore della Trinità delle Monache an einer für den Hochaltar der gleichnamigen Klosterkirche bestimmten, reich mit Edelsteinen verzierten Altarbekleidung aus Kupfer und vergoldetem Silber arbeitete. Der vom Maler Giacomo del Po gezeichnete Entwurf zu diesem „paliotto" war nach dessen Tode einigen Veränderungen unterworfen worden durch den Architekten Filippo Marinelli, der unter Mitwirkung des Malers Paolo De Matteis auch die Ausführung des Werkes leitete. Nach Vollendung seiner Arbeit erhielt Girolamo B. die Gesamtsumme von 6000 Dukaten ausgezahlt, in die wahrscheinlich die hohen Materialauslagen des Goldschmiedes mit inbegriffen waren.

A. Fiordelisi in Napoli Nobiliss. VIII 184. *G. Degli Azzi.*

Bacher, Leonhard, Kunstschreiner von Amberg, verfertigt 1779 gemeinschaftlich mit dem Bildhauer Joh. Philipp Luz den Choraltar der Kirche zu Oberviechtach. Am 20. 9. 1790 liefert er einen Voranschlag zu einem neuen Hochaltar für die Kirche in Weiden, doch wurde das einfachere Konkurrenzprojekt des Bildhauers Friedr. Wagner zur Ausführung bestimmt.

Kunstdenkmäler d. Königr. Bayern II, Heft VII 41, Heft IX 129. *H. V.*

Bacher, Otto Henry, amerik. Maler u. Radierer, geb. am 31. 3. 1856 in Cleveland, Ohio, Schüler von Duveneck in Cincinnati, studierte später in Paris unter Carolus-Duran, Boulanger und Lefebvre. 1882 stellte er in der Royal Acad. in London eine Ansicht von S. Marco in Venedig aus, 1894 in der Jahresausstellung amerikanischer Künstler in New York zwei nackte Figuren im Freien. B. ist besonders hervorragend als Radierer; ein Verzeichnis seiner Blätter, meist flott hingeworfener Landschaften, befindet sich in der Americ. Art Review von 1881. 1904 erhielt er für seine Radierungen auf der Weltausstellung in St. Louis die silberne Medaille.

Mit Notizen von E. Richter.
Edmund von Mach.

Bacher, Peter, Kunstschreiner von Amberg, Verwandter des Leonhard, lieferte 1757 die Schreinerarbeiten an Hochaltar, Kanzel, Beichtstühlen und Kirchengestühl für die

Wallfahrtskirche Wies bei Moosbach. 1762 stellte er gemeinschaftlich mit dem Bildhauer Peter Hirsch den südl. Nebenaltar der Kirche zu Weiden auf. 1776 wird sein und des Bildhauers Philipp Luz' Hoch- und Seitenaltarprojekt für die Kirche zu Neudorf genehmigt.

Kunstdenkmäler d. Königr. Bayern, II, Heft VIII 76, Heft IX 75, 128, 166. *H. V.*

Bacher, Rudolf, Maler u. Bildhauer, geb. am 20. Jan. 1862 in Wien, besuchte Mitte der 1880er Jahre die Wiener Akademie, wo Leop. C. Müller sein Lehrer war, erhielt 1886 den 1. Hofpreis und schuf später hauptsächlich Gemälde mit religiösen Stoffen (1888 „Erlöst", jetzt in der Galerie in Graz; 1889 „Mater dolorosa"; 1891 „Ave Maria", Petrus begegnet Christus 1899), daneben auch Bildnisse, darunter besonders das Porträt seiner Mutter u. drei Herrenporträts (Wiener Sezession, Frühjahr 1907) hervorzuheben. Bei Gründung der „Vereinigung bildender Künstler Österr. (Sezession)", schloß er sich derselben an. Seit 1903 ist er Professor an der Wiener Akademie und hat sich neuerdings auch als Bildhauer betätigt; die Ausstellung der Wiener Sezession im Frühjahr 1907 zeigte die realistisch aufgefaßte Bronzebüste einer Greisin.

Bötticher, Malerw. d. 19. Jahrh. — Das geistige Wien 1893. — Kosel, Deutsch-österr. Kstlerlex. I. — Hevesi, Österr. Kst. p. 302. — Ders., Acht Jahre Sezession. — Zeitschr. f. b. K. XXIV 194 (m. Abb.). — Die Kunst XV 397. — Ausstellungs-Kat. Wien, Dresden, München, Berlin. *-y*

Bachère, Gaspard de, s. *Backère.*

Bachereau-Reverchon, Victor, französ. Maler, geb. zu Batignolles (Paris) 1842, Schüler von G. Deville, stellte von 1863—1888 eine lange Reihe von dekorativen Panneaux, Stilleben und Genrebildern aus. 1877 war er auch in der Ausst. der Berliner Akademie mit dem Bilde: Galerie de Glaces (Versailles als Lazarett 1870/71) vertreten.

Bellier-Auvray, Dict. I u. Suppl. — Gaz. d. b.-arts II Pér. XVI 69. — Kataloge der Ausstellungen. **

Bacherelli, s. *Baccherelli* u. *Beccarelli.*

Bacherini, Anna, s. *Piattoli,* Anna.

Bachet, Leon und Louis, Pariser Dekorationsmaler, vielleicht ein und dieselbe Person und besser *Bachot,* Louis, genannt; siehe dort.

Bachet, Macé, französ. Bildhauer in Paris, verpflichtet sich 1524 für das Karthäuserkloster ein Bild der Madonna „assise dedens ung tableau" auszuführen.

Lami, Dict. des sculpt. 1898. *R.*

Bachetta, Pietro, sizil. Bildhauer, 1584 in Palermo urkundlich erwähnt als Begutachter einer Arbeit des Vincenzo Gagini in der Crucifixus-Kapelle des dortigen Domes.

Di Marzo, I Gagini I 575, II 307. *E. Mauceri.*

Bachi, s. *Bacchi.*

Bachiacca, s. *Ubertini,* Franc.

Bachiller, Doroteo, span. Zeichner und Lithograph, geb. zu Beginn des 19. Jahrh., † 1866. Ausgebildet in Paris und London, späterhin Mitarbeiter an Werken wie „Atlas de España" — „Album artistico de Toledo" — „Viaje artistico a los sitios" — „Plano de Madrid" — „Mapa historico de las Catallas en tiempo de los Romanos" — „Memoria descriptiva del Teatro Real de Madrid" usw.

Ossorio y Bernard, Galeria biogr. de art. españoles del siglo XIX (1883—84). *P. Lafond.*

Bachin, Franz Ferdinand, als Maler in Breslau zwischen 1673 u. 1684 urkundlich erwähnt. *C. B.*

Bachlechner, Anton, Tiroler Maler, geb. zu Bruneck am 5. 12. 1806, † daselbst am 27. 12. 1854 (nach Mitteilung von Dr. Fr. Innerhofer). Studierte mit gutem Erfolg seit 1826 an der k. Akad. zu München. Stellte 1827 im Ferdinandeum aus. Von 1829 stammt von ihm die Lithographie einer Madonna, welche er 1832 in einem großen Gemälde ausführte. Andere Werke von ihm: In der S. Nicolauskirche zu Issing (Pustertal) am linken Seitenaltar Gemälde der hl. Elisabeth. S. Annakirche der Franziskaner zu Reute (Lechtal): Entwurf zu drei Dekkengemälden in der Schiffswölbung: 1) Der hl. Franziskus das Christkind anbetend. — 2) Derselbe erbittet den Portiuncula-Ablaß. — 3) Derselbe auf einer Tragbahre segnend. Ausgeführt vom Maler Kärle.

Kstlerlex. 1830. — Tiroler Bote 1826, S. 348, 1830, S. 336, 1832, S. 236. — Kunstfreund 1897, S. 26. — H. Semper, Wanderungen u. Kunststudien in Tirol. Innsbruck 1894, S. 135. *H. S.*

Bachlechner, Eduard, Sohn des Anton B., lernte in den Jahren 1853—1857 bei dem Maler Mühlmann in Brixen die Malerei, wurde aber nicht so tüchtig wie sein Vater. *Dr. Franz Innerhofer.*

Bachlechner, Joseph, Holzbildhauer, geb. 28. 10. 1871 in Bruneck im Pustertal. Besuchte die Fachschule für Bildhauerei in Bozen unter Prof. Haider. Arbeitete dann bei Parth in Brixen und Diechtl in Hall, und studierte in Rom und an der Münchener Akademie unter Prof. Eberle. Seit 1900 dauernd in Hall ansässig. Seine Werke, hauptsächlich Statuen mit Reliefs, befinden sich in verschiedenen Kirchen Tirols, Salzburgs, Ober- und Nieder-Österreichs, Böhmens etc. Hauptwerke: 14 Stationen in Relief, S. Nikolauskirche bei Innsbruck, 1897. Seitenaltar ebendort, rechts vom Chor, mit Holzskulpturen aus dem Leben Jesu. Am Hochaltar der Pfarrkirche von Kauns (Oberinntal) die Reliefs: Berufung und Martyrium des hl. Jacob, 1899 bis 1900. An einem Seitenaltar der Kirche von Untermieming (Oberinntal), dessen Architektur von seinem Bruder Ludwig nach einem Entwurf des Architekten Müller in München ausgeführt wurde: Holzreliefbild des hl. Isidor im Gebet. Im Aufsatz Holzstatuen der Hl. Cassian, Andreas von Rinn und Simon von Trient. An der Predella S. Franciscus und S. Antonius v. Padua in Relief. Ein zweiter Seitenaltar ebenda, gleichfalls von Ludwig B. erbaut, von Joseph B. mit Statuen und Reliefs von Holz geschmückt, 1900 bis 1901. In der Kirche von Hochgallmig (Tirol) gotischer Flügelaltar, von Ludwig B. gebaut, von Joseph B. mit Schnitzfiguren und Reliefs geschmückt. Mittelgruppe: Geburt Christi. Relieffiguren des hl. Isidor und Wendelin, 1902—1903. In der Franziskanerkirche zu Telfs (Oberinntal) Holzgruppe der Pietà. In der Curatiekirche von Burgstall (Südtirol) Holzstatue der Unbefleckten, 1904. Ebenda: Seitenaltar (Herz Jesu-Altar), Holzfiguren: Jesus, Anna, Maria, Notburga, Engel, 1904. In der Pfarrkirche von Umhausen (Ötztal) Statuen der Unbefleckten und des guten Hirten, 1905. Außerdem Statuen und Reliefs für die Pfarrkirche von Schmirn am Brenner, für 2 Altäre in Völturns bei Brixen, für Marling, Matrei am Brenner, Wenns im Pitztal, für die neue Kirche d s Frauenklosters in Wien, für zwei Altäre in der neuen S. Andreaskirche in Salzburg u. s. f. Für einige Altäre stellte er auch die Gemälde her. — B. schloß sich früher mit feinem Nachempfinden dem altdeutschen Schnitzstil vom Ende des 15. und Anfang des 16. Jahrh. an, neuerdings folgt er mehr der Beuronschen Kunstschule.

Kunstfreund 1897—1905 passim. — Mitteil. des Künstlers. *H. S.*

Bachlechner, L u d w i g, Kunsttischler und Altarbauer, tätig in Hall in Tirol. Bruder des Joseph B. (s. d.). *H. S.*

Bachler, Glasmaler, tätig in der Westminster-Abtei, London, im 17. Jahrh.

L a s t e y r i e, Les peintres-verriers etc. Paris 1880 p. 34. **

Bachman, Goldschmiede in Augsburg, von denen ein *Hans Jacob* 1624 Gschaumaister, 1633 Vorgeher in der Zunft war und 1651 starb. — Ein *Jacob B.* starb 1678; ein gleichnamiger Goldschmied daselbst † 1709.

Notizen von M. Rosenberg. — S c h a u s s, Histor. Katalog d. K. Bayr. Schatzkammer, München 1879 p. 62, 67. **

Bachmann, A d a m, Glasmaler, von Zug, um 1602—1611 daselbst erwähnt. Zugeschrieben wird ihm ein A. B. 15 . . bezeichneter Scheibenriß im Museum daselbst.

A. W e b e r bei Brun, Schweizer. Kstlerlex. *H. V.*

Bachmann, A d è l e, s. *Corby.*

Bachmann, A l f r e d, Landschaftsmaler, geb. am 1. 10. 1863 in Dirschau bei Danzig, Schüler der Königsberger Akademie unter Prof. Max Schmidt; seit 1891 in München tätig. Die Motive zu seinen Bildern (Seestücke, Dünen- und Moorlandschaften) gewann er auf ausgedehnten Studienreisen nach den nordischen Küsten und Nordseeinseln, nach Island und den Scilly-Inseln, in die Normandie, an die portugiesische Küste und nach Teneriffa. Doch tritt bei seiner Darstellungsart das Gegenständliche der Szenerie zumeist zurück vor einer intimen Beobachtung der Luft und Lichterscheinungen. Mit Vorliebe behandelt er den flachen Meeresstrand mit heranrollenden und im Sande verlaufenden Wellen. In den Werken, die er seit 1887 alljährlich im Münchener Glaspalast ausstellte, kehrt das Thema des Sonnenunterganges auf hoher See, mannigfach variiert, häufig wieder. Feine malerische Wirkung erzielt er auch in seinen meisterhaften Pastellen. Von ihm besitzt das städtische Museum in Leipzig das Ölbild: „Das Meer", die Münchener Pinakothek das Pastell „Sonnenuntergang" 1907. Ende 1907 vollendete er im Hause des Landgerichtsdirektors Quincke in Frankfurt a. M. einen großen Temperafries: Landschaft im Charakter Islands, dessen dekorative Wirkung gerühmt wird.

Kataloge der Ausstellungen im Münchener Glaspalast. — Abbildungen: Kunst f. Alle XV 554, XXII 575. — F. v. B ö t t i c h e r, Malerwerke des 19. Jahrh. — D r e ß l e r, Kunsthandbuch 1906 S. 39. — Mitteilungen des Künstlers. *Wgn.*

Bachmann, A n t o n, Architekt in München, 1871 zu Aschaffenburg geboren, bildete sich an der gewerblichen Fachschule, der Kgl. Kunstgewerbeschule und dem Polytechnikum in München aus. Ein Reichsstipendium ermöglichte ihm 1896 Studienreisen nach Italien, der Schweiz, nach Tirol. Darnach trat er in das Bureau des Prof. Romeis an der Kunstgewerbeschule ein und wurde gleichzeitig Fachlehrer an der städtischen Gewerbeschule in München. Seit 1898 führt er selbständige kunstgewerbliche und architektonische Arbeiten aus. Hauptwerke sind: Grabdenkmäler in München, Innsbruck, Brixen, Cham und Reichenhall; das Winklerhaus zu Innsbruck; Villenbauten in Mühlau, Traunstein, Reichenhall, München; Neuausstattungen, z. B. des Sitzungssaales des Rathauses in Landshut; Kirchenrenovationen, u. a. der Morizkirche in Augsburg, der Stadtpfarrkirche in Traunstein; verschiedentlich Konkurrenzerfolge (für einen kath. Kirchenbau, für Kölner Dom-Fassaden u. a.). 1900, 1905 und 1906 stellte er Skizzen und Entwürfe zu Kirchen, zu einem Rathaus und einem Grabdenkmal im Münchener Glaspalast aus (Aquarelle).

Katalog d. Ausst. im Glaspalast, München, 1900 S. 170, 1905 S. 208 und 1906 S. 136. — Mitteil. des Künstlers. *H. F. Nasse.*

Bachmann, B e a t J a c o b, schweiz. Maler, hat (nach einem Schreiben des Statthalters und Rats der Stadt Zug an Schultheiß und Rat von Luzern vom 1. 2. 1620) im Kapuzinerkloster zu Sursee die Legende des hl. Franziskus gemalt. Bis Weihnachten 1619 sollte er die Restzahlung von 160 Gulden dafür erhalten.

Notiz von Dr. von Liebenau im Anz. f. schweiz. Altertumskunde V (1903/4) p. 285. **

Bachmann, Christian, Bildhauer, wird am Schloßbau zu Ludwigslust als Schüler des Bildhauers Rud. Kaplunger erwähnt und wird 1795 Nachfolger des Hofbildhauers Sievert an der „Karton-Fabrik" daselbst, welche aus Papiermaché Reliefs, Büsten und Statuen herstellte. Er ist wohl identisch mit dem Bildhauer C. Bachmann, welcher 1793 in der Berliner Akademie 2 Arbeiten ausstellte.

Kst.- u. Gesch.-Denkmäl. d. Großherzt. Mecklenburg-Schwerin. 2. Aufl. 1900. III 255, 269. — Kat. d. Berlin. Akad.-Ausstellg. 1793 p. 47. *H. V.*

Bachmann, Enoch d. Ä., Freiberger Goldschmied, Vater des später in Dresden tätigen Enoch Bachmann d. J. Er wurde in der Werkstatt seines Vaters, Hans B. d. Ä. ausgebildet, war seit 1587 Meister und Bürger und starb 1632 im Domviertel. — Dem Rate lieferte er 1604—5 einen Becher, beiderseits mit dem Ratswappen, 1605 zwei Wappenschilde, 1606—7 einen Becher zur Hochzeit von Wolf Pragers Tochter und der Gold schmiede-Innung 1587 das Handwerkssiegel (vgl. Abb. in nachstehender Lit.). Außerdem erneuerte er 1605—6 das noch erhaltene Kruzifix in der Ratsstube.

Mitt. d. Freiberger Altert.-Ver. Heft 31, p. 40 f. *Hs. Loose.*

Bachmann, Georg, auch Pachmann und Bachman, Kirchenmaler, geb. wahrscheinlich 1600 in Friedberg in Böhmen, † zu Wien 1652. Er scheint ziemlich viel beschäftigt gewesen zu sein, denn Bilder von seiner Hand sind in den barocken Kirchen Wiens nicht selten. Die Schottenkirche besitzt von ihm das Bild des Papstes Gregor, die der Dominikaner einen Thomas von Aquino. Das Hochaltarblatt der Stephanskirche zu Eggenburg in Niederösterreich, 1642 datiert, ist gleichfalls von seiner Hand. In Melk besitzt die Stiftskirche, und zwar als einen Rest der Ausschmückung des ältern Baues, ein Altarbild B.s, bezeichnet 1650; ein zweites von ähnlicher Größe die sog. Wintersakristei daselbst, darstellend die Übertragung der Leiche des hl. Coloman nach Melk (1014), die Vorhalle des Kapitelsaales endlich ein großes Altarblatt, die Heiligen in der Glorie. Auch als Porträtmaler genoß B., wie es scheint, eines nicht geringen Ansehens, so malte er (nach dem Panzerschen Porträtkatalog p. 93) das Porträt des Nürnberger Senators G. Ph. Harsdörffer (gestochen von Elias Wiedemann). — Sein Grabmal entdeckte man im J. 1852 in der ehemaligen Dreifaltigkeits-Kapelle im Lazenhof zu Wien beim Umbau dieses Gebäudes. Die Grabschrift ist mitgeteilt in Freih. von Sackens Aufsatz über den Lazenhof im Literaturblatt der Wiener Zeitung, 1853, p. 89.

Sandrart, T. Akad. I 323. — Füssli, Kstlerlex. — Fiorillo, Gesch. der zeichnenden K. in Deutschland etc. II 142. — Dlabacz, Böhm. Künstlerlex. **

Bachmann, Hans, d. Ä., siehe unter *Bachmann,* Enoch.

Bachmann, Hans, Genremaler, geb. am 1. 5. 1852 in Winikon (Luzern), war 1870—74 auf der Akademie in Düsseldorf Schüler von Eduard von Gebhardt und Carl Hoff, kehrte bald darauf in seine Heimat zurück. Er malte ernste und heitere gemütvolle Szenen aus dem schweizerischen Volksleben, unter denen genannt seien: „Eine Beerdigung im Hochgebirge" in der Kunsthalle zu Düsseldorf (ein Bild gleichen Inhalts im Museum Luzern); „Weihnachtssingen im Kanton Luzern" (Museum Basel); „Zum erstenmal ins Tal" (Museum Bern); „Abendglocken" (Museum Aarau); „Holzschlitten" (Bundespalast Bern).

Das geist. Deutschland. 1898 I. — C. Brun, Schweizer. Kstlerlex. *Board.*

Bachmann, Johann („Hans"), Dekorationsmaler von Säckingen, malte 1608 in Beromünster das von Meister Antony ausgebaute „Siegelthal" der Stiftskirche mit ornamentalen Fresken aus.

F. Heinemann bei Brun, Schweizer. Kstlerlex. *H. V.*

Bachmann, Johann Andreas, Glockengießer zu Zwickau, später zu Glauchau, goß 1733 die große Glocke für Langenleuba-Oberhain, 1753 diejenige für Thurm, ferner die für Lobsdorf, Ernstthal.

Bau- u. Kstdenkm. d. Königr. Sachsen Heft 13 p. 6, 21, 34; Heft 14 p. 20. *H. V.*

Bachmann, Johann Christian, Glokkengießer in Halle, goß 1711 eine Glocke für Dahlen, 1712 zwei Glocken für Zwenkau, 1713 für Niederlungwitz und Glauchau, 1731 eine solche für Domnitz.

Otte, Glockenkunde. — Bau- u. Kstdenkm. d. Königr. Sachsen, Heft 7 p. 6; Heft 13 p. 8, 26; Heft 16 p. 148. *H. V.*

Bachmann, Jürgen, Architekt in Charlottenburg, geb. am 16. 5. 1872 in Nübel an der Flensburger Förde, Schüler der Baugewerkschule in Eckernförde und der Techn. Hochschule in Berlin, dann im Atelier Jürgen Krögers tätig, für den er auch Kirchenbauten in Sachsen leitete. 1903 assoziierte sich B. mit dem Architekten Peter Jürgensen, und ihre Firma Jürgensen und Bachmann entfaltete eine umfangreiche Bautätigkeit und beteiligte sich mit Erfolg an zahlreichen Konkurrenzen. Unter den ausgeführten Bauten ist besonders zu erwähnen die Synagoge für die Israelitische Religionsgesellschaft in Frankfurt a. M., ein unter freier Benutzung romanischer Formen hergestellter Gebäudekomplex, ausgezeichnet durch eine Fülle reizvoll behandelter Details u. überaus stattliche Raumwirkung des 20 m breiten, tonnengewölbten Mittelschiffes des Hauptgebäudes, das ein malerischer Vorhof mit seitlichen Flügelbauten von der Straße trennt. Ferner: Marienkirche in Flensburg, Kirche in Stellingen bei Hamburg, mehrere Schulen, Privatwohnhäuser usw.

Deutsche Bauztg. 1903 S. 236, 499, 578, 656, 1904 S. 520, 1905 S. 72, 348, 360, 1906 S. 154. — Der Baumeister VI. Jahrg. (1907) Heft 2 (mit zahlr. Abb.). — Deutsche Konkurrenzen XVII (1904) Heft 5 u. 6 S. 40—43, Heft 11 S. 15—17. — L. Bernoully in d. Frkf. Zeit. 29. 8. 07 (2. Mgbl.). *H. V.*

Bachmann, Károly (Karl), ung. Maler, geb. 1874 in Budapest, war 1890—92 Schüler von Agghàzy und B. Székely, kam dann nach Paris zu Lefèvre, Jean Paul Laurens und Robert-Fleury, stellte sein erstes Bild „Rast in der Csárda" 1892 in Budapest aus. Nach seinem größeren Gemälde „Anarchisten" widmete er sich ganz der Miniaturmalerei. Hält zurzeit eine Kunstschule in Ujpest. *K. Lyka.*

Bachmann, Nikolaus, Porträtmaler und Illustrator in Berlin, geb. in Heide (Holstein) am 20. 11. 1865, studierte in Dresden, Weimar, Berlin und Paris. Von ihm im Kieler Museum das Bild: „Kinder mit Laterne" u. Ehrenbürgerbrief für Klaus Groth. **

Bachmann, Simon, Schweizer Bildschnitzer des 17. Jahrh., geb. in Muri (Aargau), kehrte nach weiten Reisen gegen Ende des 30jährigen Krieges in die Heimat zurück. Um 1650/51 fertigte er ein neues Chorgestühl für die Klosterkirche in Muri mit 26 kleinen Reliefs mit Darstellungen aus der Jugendgeschichte Christi und der Passion und 26 krönenden Heiligenfiguren. Nach Vollendung dieses Werkes siedelte B. nach Luzern über, wo er 1662 zum letzten Male erwähnt wird. Außerdem sind 2 kleine Holzstatuen in der hl. Angelsachsenkapelle bei Sarmensdorf (Aargau) als Arbeiten von ihm nachgewiesen.

H. Lehmann bei Brun, Schweiz. Kstlerlex. *H. V.*

Bachmanssen, Hugo Elias, Maler, Finnland (Rußland), geb. am 17. 4. 1860 zu Åbo. Russ. Infanterie-Offizier (1898 Abschied mit Oberstleutnantsgrad). 1899—1902 Reserve-Kapitän bei den finnländischen Truppen. Kunststudien in Åbo, St. Petersburg, Paris (1895 bei E. Boutigny) und München (bei H. v. Bartels und 1904 Zügel). Hat Kadetten- und Soldatenbilder, genremäßige Studien (oft in Aquarell) aus Tunis (1898), der Mandschurei (bei dem russisch-japanischen Kriege), Spanien und Marokko (1906—7) und Porträts gemalt. Eine große „Rekognoszierung der russ. Armee bei Kara-Lom" in Bulgarien 1877 (gemalt 1895—7) hängt in der Militär-Galerie des Winterpalastes, eine Abendgesellschaft der Offiziere des Ismailoffschen Regiments (mit über 40 Porträts, vollendet 1903) im Offiziers-Klub des Regiments in St. Petersburg. *J. J. Tikkanen.*

Bachmatoff, Iwan Jákowlewitsch, russischer Heiligenbildmaler aus Kostroma, tätig Ende des 17. Jahrh. und im ersten Viertel des 18. Jahrh., schmückte 1702 mit dreißig unter seiner Leitung stehenden Malern aus derselben Stadt die Snamenski-Kathedrale zu Nowgorod mit Wandgemälden.

Russ. Bibliog. II 600. — Rowinski, Ист. русск. шк. иконоп. (Gesch. d. russ. Schulen d. Heiligenbildmalerei i. d. Mit. d. Kaiserl. arch. Ges.) Petersburg 1856, VIII 131 u. 132. *W. Neumann.*

Bachmatowicz, Kasimir, Maler und Lithograph, geb. 1808, † in Dobrowslany 1837, studierte und lebte in Wilna, war Schüler von Prof. Rustem dort, malte nur kleinere Landschaften und Porträts und hinterließ folgende lithographische Werke: 1) Souvenir de Dobrowlany 1835. 10 Blätter in der Anstalt von Oziemblowski in Wilna abgedruckt. — 2) Orlosiady 1836. 5 Bl. nach den Zeichnungen Alexanders Orlowski lithographiert u. in Dobrowlany gedruckt. — 3) Souvenir pittoresque des petits ouvrages de J. Rustem. Album von 6 Bl. und Rustems Porträt. — 4) Przypomnienie Wilna 1837. Album von 4 Bl. in der Art V. Adam. — 5) Fortsetzung des Vorigen. Album von 6 Bl. in Dobrowlany gedruckt. — 6) Costumes et scènes. Album von 6 Bl.

Rastawiecki, Słownik rytowników pol., Posen 1886 I 47. — Kraszewski, Ikonotheka, Wilna 1858 S. 70. — Kołaczkowski, Słownik rytowników pol., Lemberg 1874. *Marian Gumowski.*

Bachmayr (Pachmayr), Peter, kaiserl. Kammer-Goldschmied in Wien seit 1656, lieferte 1670 eine Medaille auf die Grundsteinlegung in der Leopoldstadt und 1675 eine silberne Statue des heil. Joseph für die Carmeliter in der Leopoldstadt.

A. Ilg, im Monatsblatt d. Altertums-Vereins zu Wien, II. Bd. V. Jahrg. Febr. 1888. **

Bachmayr, s. auch *Pachmayr.*

Bachnotser, Bernhard, Kunstschlosser von Stams in Tirol (Oberinntal). 1716 lieferte er das schöne Eisengitter der hl. Blutskapelle in der Stiftskirche von Stams. Er war der Lehrmeister des Laienbruders Michael Neurauter, der mehrere andere schöne Eisengitter daselbst verfertigte.

Nachträge zum Tirol. Künstlerlex. Handschrift der Ferdinandeumsbibl. 1212 n. 11, S. 24.

Bachofen, Joh. Heinrich, Hafner zu Zürich, arbeitete gemeinsam mit dem Ofenmaler Jakob Hofmann. Ein hübsches Ofenmodell, bez. „Joh. Heinrich Bachoffen. Jacob Hoffmann pinxit 1755" befindet sich im schweiz. Landesmuseum. Ihre blau bemalten Turmöfen trifft man häufig in Zürich und Umgebung. Eine signierte Standuhr aus vergoldetem Messing von ihm wurde 1893 mit der Sammlung Gubler in Köln versteigert.

H. Lehmann bei Brun, Schweizer. Kstlerlex. — Katal. d. Sammlg. Gubler in Zürich 1893 No. 189 u. 851. *H. V.*

Bachofen, Matthias, Schweizer Landschaftsmaler, geb. zu Reigoldswil (Baselland) 1776, † zu Basel 1829, studierte in Paris und war später als Lehrer an der Zeichenschule zu Basel tätig. Die Motive zu seinen in harter Zeichenmanier ausgeführten, meist aquarellierten Landschaften sind zum größten Teil der Umgebung Basels entnommen.

D. Burckhardt bei Brun, Schweizer. Kstlerlex. *H. V.*

Bachoit, Jacques, s. *Bachot.*

Bachot, Hierosme, französ. Ingenieur und Kupferstecher, geb. in Paris 1588 (?), † in Nantes am 8. 11. 1635; Schwiegersohn des Ch. Errard d. Ä. und dessen Nachfolger im Amt eines „commissaire architecte des fortifications et réparations de Bretagne". Man kennt nur zwei gestochene Blätter von ihm, darunter ein Porträt des Kardinals Bérulle.

Nouv. archiv. de l'art franç. 3 sér. (1898) XIV 14/5. *J. Guibert.*

Bachot, Jacques, franz. Bildhauer und Werkmeister. In den städtischen Rechnungsbüchern erwähnt 1493—1526 in Troyes in der Champagne, wo er im erstgenannten Jahre zunächst nur als Ornamentbildhauer arbeitete, entfaltete der Künstler um 1500 eine umfangreiche Tätigkeit für die Grabkapelle des Hauses Lothringen in der St. Laurentiuskirche bei Schloß Joinville, wo er die Marmorarbeiten an den 3 Altären und an den Grabmälern Heinrichs von Lothringen, Bischofs von Metz, sowie Ferrys II. von Lothringen, Grafen von Joinville, und seiner Gemahlin Jolanthe von Anjou auszuführen hatte. Leider sind diese Marmorgrabmäler, von denen dasjenige Heinrichs von L. durch den lothringischen Bildhauer Henrion Costerel mit der bronzenen knienden Bildnisstatue dieses Bischofs geschmückt worden war, 1793 durch die Revolutionäre zerstört worden. — Späterhin war B. längere Zeit in Lothringen selbst tätig, u. zwar schuf er in der Krypta unter dem Hochchore der 1495—1544 erbauten Abteikirche St. Nicolas-du-Port bei Nancy die noch jetzt daselbst existierende, achtfigurige Grablegungsgruppe. — In Troyes arbeitete B. 1504—5 an einer Statue des Apostels Petrus für die Kathedrale, 1506—7 an einer Gruppe „Notre Dame-de-Pitié" mit 2 Engeln etc. für die Kirche St. Jean, 1510—11 an einer Madonnenfigur für die „grande volte" der Kirche St. Pantaléon und 1524—25 an der Madonnenstatue für den Hochaltar der Kirche St. Nicolas. 1526 wird B. zum letzten Male erwähnt mit Arbeiten für St. Jean zu Troyes. — Vermutlich ist dieser Künstler zu identifizieren mit einem 1519 in Troyes erwähnten *Maler* gleichen Namens.

Dom. Calmet, Hist. de Lorraine IV 69. — Nouv. Archives de l'art français 1887, p. 78 ff. — Lami, Dict. des Sculpteurs (1898). *S. Lami.*

Bachot, Louis, Maler zu Troyes in der 2. Hälfte des 16. Jahrh., vielleicht Schüler von Dominique Florentin oder François Gentil. Er arbeitet in Paris, in Fontainebleau unter Primaticcio, scheint aber nach dem geringen Gehalt, den er bezog, nur ein mittelmäßiger Maler gewesen zu sein.

Les Comptes des Bâtiments du roi, publ. par L. de Laborde 1877. I 191. — L. Dimier, Le Primatice. 317. — Babeau, Fr. Gentil im Annuaire de l'Aube, 1879. 2. p. 59—61. *H. Langevin.*

Bachot, Marc, französ. Bildhauer, Bruder oder wenigstens Verwandter von Jacques, tätig in Troyes, wo er 1517—18 Zahlung erhielt für Restaurierung der damals arg zerstörten Statuen der Hl. Petrus u. Michael am Friedhof-Portale der Kirche Ste. Madeleine. In einem an die Stadtschöffen gerichteten Bittgesuche seiner Gattin Barbara von 1524 wird der Künstler als zu dieser Zeit jung vermählt, arm und häufig auf längeren Berufsreisen von Troyes abwesend dargestellt.

Nouv. Archives de l'art français 1887, p. 86. — Lami, Dict. des Sculpteurs (1898). *S. Lami.*

Bachot, Yvon, französ. Bildhauer und Bildschnitzer, vermutlich verwandt mit Jacques und Marc. B., geb. in Troyes um 1490, tätig daselbst, und zwar 1524—25 in der Kirche St. Nicolas, 1531—34 in der Kathedrale; für letztere hatte er 1531—32 nach den Zeichnungen und unter der Leitung des maître Mathieu de Rommelles das Chorgestühl und 1532—33 eine Anzahl von Lettner-Engeln in Holz zu schnitzen sowie 1533—34 „zwei kleine Historien" zur Ausschmückung des Hauptportales zu liefern. Außerdem war er 1534 mit figürlichen Schnitzarbeiten an den Triumphdekorationen für den Einzug der Königin Eleonora beteiligt.

Nouv. Archives de l'art français 1887, p. 87. — Lami, Dict. des Sculpteurs (1898). *S. Lami.*

Bachrach-Barée, Emanuel, Genremaler und Illustrator, geb. am 11. 4. 1863 in Oderberg in Schlesien, Autodidakt, seit 1885 in München. Stellte im Münchener Glaspalast (Luitpoldgruppe) aus: 1890 Erntenachlese, Der Maler; 1891 Im Hauptquartier Napoleons; 1892 Konskription in Deutschland; 1893 Einsamer Posten, Unterbrochene Flucht; 1901 Studienkopf; 1902 Invalidenandacht; 1906 Alter Bauer, Pastellmaler; 1907 Der Spieler, außerdem 1896 in der Sezessionsausstellung: Meine Bedienerin. Als Illustrator für deutsche illustrierte Zeitungen tätig. *Wgn.*

Bachstett (Backstedt, Badstedt), Bendix, Zinngießer in Dresden, 16. Jahrh. Lieferte 1590 zusammen mit Gottschalch Specht (vgl. den betr. Artikel) für 800 Gulden Kannengießerarbeit für kurfürstliche Gebäude in Dresden.

Demiani, „Sächsisches Edelzinn", Neues Archiv für sächs. Geschichte und Altertumskunde, Band XXV, S. 27. — Bau- u. Kunstdenkm. Sachsens, Heft 21—23, S. 406, 414. *Demiani.*

Bachsturz, Johann, steirischer Bildhauer in Leibnitz, verfertigte 1711 vier Statuen und vier Engel dazu für den St. Josef-Altar zu Schwanberg.

Handschriftl. Notiz von J. Wastler. **

Bachta, Eva, s. folg. Artikel.

Bachta, Jakob, Historienmaler in Koblenz, geb. 1806, † 1855, Schüler seines Vaters *Joh. B.* und des Peter Cornelius. Er hat für verschiedene Kirchen an der Mosel Altarbilder gemalt. Auf der Berliner Akad.-Ausstellg. 1838 war er mit dem Gemälde „Tobias, seinem blinden Vater die Augen heilend" vertreten. Seine Schwester *Eva B.* galt als geschickte Blumenmalerin.

Püttmann, Die Düsseldorfer Malerschule, 1839. — Meyer, Kstlerlex. II. — Berlin Kat. d. Akad. 1838 p. 103. *H. V.*

Bachta, Johann, Historien- und Landschaftsmaler, auch Radierer in Trier, geb. 1782 in dem Schlosse Schönbornslust bei Koblenz, † daselbst 1856, Schüler von J. Zick und J. L. E. Morgenstern. Altarbilder von ihm finden sich in verschiedenen Kirchen an der Mosel. Von seinen landschaftlichen Darstellungen, meist Rhein- und Moselansichten, hat er mehrere selbst radiert. Besonderen Beifall fanden seine Porträts und Miniaturbilder. Im J. 1820 wurde ihm die Wiederherstellung der Fresken von Zick in der St. Floriankirche zu Koblenz übertragen. In der Oldenburger Galerie von ihm ein bezeichnetes Bild, „Plündernde Soldaten" (1806), das auf ein unbekanntes holländ. Original um 1630/40, vielleicht von Pieter Codde zurückgeht.

Meyer, Kstlerlex. II. — Bode, Galerie Oldenburg p. 25. *H. V.*

Bachuc (Bacus oder Bacqus), Jehan oder Haquinet, Bildhauer zu Tournai, erhält Bezahlungen: 1460 für eine in die Kapelle Saint-Loys in der Notre-Dame-Kirche gelieferte Steintafel; 1466 für 2 Altarbilder in privatem Auftrag und 1469 für eine Statue des hl. Lehire (Eleutherius) für die Kuppel der „Halle".

Marchal, La Sculpture etc. 1895 p. 177.

Bachy oder **Bassist,** Jacques de, Bildhauer zu Tournai, erhält 1516 Bezahlung für die geschnitzten kgl. Wappen am Zeughaus daselbst u. 1519 für ähnliche Arbeiten. Am 19. 6. 1526 schließt er mit dem Maler Jehan Féroul einen Vertrag behufs Lieferung eines kreuztragenden Christus für den Kirchhof Saint-Amé.

E. Marchal, La Sculpture etc. 1895 p. 187.

Bachy, Raph., s. *Bacchi.*

Baciccia (Baciccio), s. *Gaulli,* Giov. Batt.

Bacigaluppo, s. *Baccigaluppo.*

Bacile, Filippo, italien. Architekt des 19. Jahrh., geb. in Spongano als Mitglied der alten Adelsfamilie der Baroni di Castiglione, Schöpfer eines prächtigen, im Stile des 11. Jahrh. gehaltenen Entwurfes für die Kathedrale zu Nardò, der von der staatlichen Baubehörde zur Ausführung angenommen, bis jetzt jedoch noch nicht ausgeführt worden ist. Als Architekturhistoriker hat B. die Kunstdenkmäler von Lecce sehr sachkundig bearbeitet.

C. Villani, Scritt. ed Artisti pugliesi (Trani 1904) p. 86; 1206. — Napoli Nobiliss. XIV 94. *G. Degli Azzi.*

Bacilleri, Sebastiano, italien. Stuckbildner in Palermo. 1600—1601 hatte er gemeinsam mit Giovan Maria Cannivali aus Mailand die Stuckdekorationen auszuführen in der Kapelle des Giov. Andrea de Ballis in der Hauptkirche zu Alcamo, darstellend Engelgruppen und andere Figuren, sowie in der Mitte des Deckengewölbes die Gestalt des Gott-Vater.

Di Marzo, I Gagini II, 425, nota. *E. Mauceri.*

Bacio u. **Baciocchi,** s. *Baccio* u. *Bacciocchi.*

Back, Jakob Conrad, mittelmäßiger Kupferstecher, nach den Angaben auf seinen Arbeiten um 1760 in Frankfurt a. M. tätig. Nähere Lebensumstände sind unbekannt. Gwinner erzählt, daß B. viel in Offenbach gelebt habe und lobt seine Arbeiten in dem seltenen Werk des Chev. Berny de Nogent, Atlas de Porträts et Figures etc. 1761 fol.

Gwinner, Kunst u. Künstler in Frankf. S. 283 u. Nachtrag S. 120. — Meyer, Kstlerlex. II. *Schrey.*

Back, W. M., Porträtmaler in London 1836.

Graves, The Roy. Acad. of Arts I 86. **

Backelee (Baklé), Salomon, Maler, 1626—27 als Meister in die S. Lukasgilde zu Antwerpen aufgenommen.

Liggeren I 572, 637. *H. V.*

Backenberg, Felix, deutscher Kupfer- u. Stahlstecher, Mitte des 19. Jahrh. (in Frankfurt a. M.) tätig. Apell (Handbuch für Kpfstch.) verzeichnet von ihm nur einen Amor, in Ornamentbordüre, nach R. Mengs, bekannt sind ferner von ihm die Stahlstiche: 1) Mignon und der Harfner (8°) nach M. Oppenheim; 2) Lili geb. Schönemann verm. Frau v. Türkheim (nach einer Zeichnung von deren Tochter Elise v. T. gr. 8°); 3) Sonntagmorgen nach Jac. Becker; 4) Thronende Madonna mit Kind nach Steinle. *Schrey.*

Backenius, s. *Pakeni.*

Backer, Adriaen, geb. in Amsterdam 1635 oder 1636, Sohn von Tjerck Backer, war ein Neffe von Jacob Backer, dessen Unterricht er noch genossen haben kann, der aber bereits 1651 starb. Längere Zeit verweilte er in Italien und war 1666 zusammen mit Dirck Freres in Rom. Er heiratete Elsje

Colyn am 27. 8. 1669 in Amsterdam, wo er damals an der „Kolk" wohnte. Dort verkehrte er namentlich in den Kreisen der Remonstranten und wurde am 23. 5. 1684 begraben. Von seinen tüchtigen Porträts (Daniel Niëllius 1671, Rijksmuseum, Amsterdam) sind einige von Hendr. Bary, Jan Verkolje und Petr. Schenck gestochen. Auch hat er mehrere Korporationsstücke geschaffen, deren drei (von 1670, 1674 und 1683) sich im Amsterdamer Museum befinden, ein viertes von 1676 im Rathaus daselbst und ein fünftes von 1683 im Bürgerwaisenhause. In seinen historischen und allegorischen Darstellungen änderte er seine anfangs mehr naturalistische Richtung allmählich in Nachahmung von italien. Meistern. Von seinen übrigen Werken sind hervorzuheben: Die Darstellung des Jüngsten Gerichts als Deckenbild des großen Saales im Kgl. Palais zu Amsterdam; für das Rathaus in Haarlem eine Justitia (1671) und im dortigen Museum ein Bild mit der Semiramis (von 1669) sowie im Museum zu Braunschweig ein Raub der Sabinerinnen und im Museum zu Bremen eine badende Diana. Er bezeichnete seine Bilder entweder mit seinem vollen Namen oder mit einem Monogramm, zusammengestellt aus den Buchstaben A und B. — Christoffel Lubienietzki war sein Schüler.

Houbraken II 186. — Meyer, Kstlerlex. II 519. — Oud-Holland III 59. — Riegel, Beiträge II 302—304. — Gasp. Brandt, Poëzy, Amst. 1723, S. 69. *E. W. Moes.*

Backer, Catharina, Tochter des Amsterdamer Patriziers Willem Backer, geb. daselbst am 22. 9. 1689, heiratete im Aug. 1711 den reichen Leidener Kaufmann Allard de la Court van der Voort, den Besitzer einer ausgezeichneten Gemäldesammlung, und starb in Leiden am 8. 2. 1766. Sie malte Genrebilder und namentlich Blumen- und Fruchtstücke, die sehr gerühmt wurden, und von denen Kramm einige bei einem Nachkommen gesehen hat. Mit Porträts aus der Familie de la Court wurden am 21. 9. 1904 bei Fred. Muller & Cie. in Amsterdam zwei voll bezeichnete Blumenstücke, eins davon 1712 datiert, und ebenda am 14. 11. 1905 mit der Sammlung Guimbail ein voll signiertes Blumenstück verkauft. — Ihr 1713 von Arn. Boonen gemaltes Porträt ist bei Jhr. C. H. Backer in Amsterdam.

Kramm, De Levens etc. — Elias, De Vroedschap van Amsterdam. II 824. *E. W. Moes.*

Backer, Christoffel, geb. in Zerbst, kaufte am 22. 10. 1726 in Amsterdam das Bürgerrecht und war Maler.

Aemstels Oudheid V 68. *E. W. Moes.*

Backer (Backere), Dierick de, Maler, wird 1538 als Meister in die S. Lukasgilde zu Antwerpen aufgenommen.

Liggeren I 131, 161, 172. *H. V.*

Backer, Frans de, s. *Backer,* Joh. Franz de.

Backer, Frans Cornelisz., geb. in Amsterdam, kaufte dort am 14. 1. 1672 das Bürgerrecht und war Maler.

Aemstels Oudheid IV 63. *E. W. Moes.*

Backer, François Joseph Thomas de, Historien- und Genremaler, geb. am 2. 5. 1812 zu Gheel bei Antwerpen, † Dez. 1872 zu Antwerpen, Schüler der Antwerpener Akad. Das Genrebild „Eine unglückliche Familie", das er 1843 im Salon von Antwerpen ausstellte, versprach Bedeutenderes als der Künstler später geleistet. Außer Genrebildern malte er eine Reihe religiöser Bilder: 1851—58 die Stationen, die für Kirchen der Umgegend von Antwerpen bestimmt waren. Für die Kirche St. Bavo zu Wilryck eine Darstellung des Patrons dieser Kirche, für den Altar einer Kapelle in Sainte-Dymphne zu Gheel das Martyrium des hl. Georg. 1837—1867 waren Bilder von ihm in den Salons von Antwerpen, Brüssel und Gent ausgestellt.

Meyer, Kstlerlex. II. *H. V.*

Backer, Gilles de, Graveur von Medaillen, Münzen und Siegeln in Namur, wie sein Name lehrt vlämischer Herkunft, wird 1711 bis 1715 erwähnt. Die Medaillen, die man von ihm kennt, beziehen sich auf Ereignisse aus der Regierung des Kurfürsten Maximilian-Emanuel von Bayern in seiner Eigenschaft als comte de Namur, duc de Luxembourg und comte de Chiny. Seine Arbeiten sind bezeichnet mit B., G. D. B., G. D. BAC und D. BA. In der Siegelstempelsammlung der Archives du royaume de Belgique in Brüssel befindet sich ein mit seinem vollen Namen und 1715 bezeichnetes kupfernes Petschaft des Hauptamtes der Grafschaft Namur. Er ist vermutlich auch der Verfertiger der Stempel für die Münzen mit dem Bildnis Maximilian Emanuels, die 1713 in Namur geschlagen wurden.

Pinchart, Recherches s. les grav. de méd. I 307. — Nagler, Monogr. I No. 1591, II No. 985, 2849. — Forrer, Biogr. Dict. of medallists. *Fréd. Alvin.*

Backer, Hans Henrik Sartz, norweg. Landschafts- u. Dekorationsmaler, geb. in Skedsmo am 20. 9. 1865. Er wohnte 1873—79 im Nordland, wo sein Künstlerdrang durch den Maler Gunnar Berg geweckt wurde, besuchte dann 4 Jahre lang die Kgl. Kunst- und Gewerbeschule in Kristiania, malte bei dem Marinemaler Hjalmar Johnsen in Frederiksvaern 1888—89 u. zeichnete 1889 in einer Pariser Akademie. Sein Gebiet ist die Landschaft, vor allem Winterbilder, oft mit Schneegestöber und Motiven aus Nordland, das er wiederholt besucht hat. Allmählich widmete er sich immer mehr der Dekorationsmalerei (Theatermaler am Zentraltheater in Kristiania 1899—1900), sowie der billigen und geschmackvollen Dekoration von Möbeln und Wohnungen. Er hat auf den staatlichen Ausstellungen in Kristiania 1898, 1900, 1902 ausgestellt und selbst eine Reihe von Ausstellungen eingerichtet.

Mitteilungen des Künstlers. *C. W. Schnitler.*

Backer, Harriet, norweg. Malerin, geb. am 21. 1. 1845 in Holmestrand in Norwegen. Schülerin zunächst von Eckersbergs, dann von Bergsliens Malerschule in Kristiania. Diese Zeit wurde durch wiederholte Aufenthalte in Berlin und Weimar unterbrochen. Den Winter 1870 verbrachte sie in Italien, studierte dann Figurenmalerei in München (zuerst bei Linder, später bei ihrem Landsmann Eilif Petersen) vom Herbst 1874 an, bis sie 1878 nach Paris zur Weltausstellung reiste. Hier blieb sie ungefähr 10 Jahre und studierte bei Gérôme und Bonnat und kurze Zeit bei Bastien Lepage. 1883—84 malte sie in Rochefort-en-Terre in der Bretagne und kehrte 1889 nach Kristiania zurück, wo sie seitdem ansässig ist. Seit Anfang der 90er Jahre des vorigen Jahrh. hat die Künstlerin eine größere private Malerschule in Kristiania geleitet und übt dadurch einen großen und günstigen Einfluß auf die jüngste Generation der norweg. Maler aus. Interieurs mit reichen Licht- und Reflexwirkungen nehmen den größten und bedeutsamsten Platz in ihrer Produktion ein. Sie hat außerdem nach 1889 in Norwegen Landschaften und einzelne Porträts gemalt. Fast alles von ihrer nicht sehr umfassenden, aber um so wertvolleren Produktion ist in öffentlichem oder privatem Besitz und gehört durch seinen ungemein kräftigen und eigenartigen malerischen Stil zu dem Vornehmsten u. Höchsten in der neueren norweg. Kunst. Gemälde von ihr befinden sich im Kunstmuseum in Kristiania, auf dem Kgl. Schloß daselbst, in den Kunstvereinsgalerien in Stavanger und Drontheim und in der Galerie in St. Louis U. S. A. Sie hat auf dem Pariser Salon 1880 ausgestellt (mention honorable), auf der Weltausstellung in Paris 1889 (silberne Medaille) und sehr oft auf den staatlichen Ausstellungen, Kristiania (nach 1884).

Mitteilungen der Künstlerin. — Aubert, Det nye Norges Malerkunst, Kristiania 1904, S. 42, 48, 08, 74. — Thiis, Norske malere og billedhuggere, Bergen 1904, I 308, 311, 312, 315; II 173, 317—321. — Thommessen, Norsk billedkunst, Kristiania 1904, S. 170. — Die Festschrift „La Norvège" im Figaro Illustré 1906. — Gazette des Beaux-Arts 1880.

C. W. Schnitler.

Backer, Hendrick, Porträtmaler aus Kopenhagen, der in der Mitte des 17. Jahrh. in Rom lebte.

J. Six van Chandelier, Poëzy S. 335.

E. W. Moes.

Backer, Henry le, Goldschmied in Brüssel 1456, verfertigte kostbares Goldgerät, darunter auch die Figuren für ein Kruzifix für den Grafen von Charolais 1456. Am Fuße des Kreuzes brachte er auch die Porträts des Stifters und seiner Gemahlin in den Gestalten des heil. Georg und der heil. Elisabeth an.

Texier, Dict. d'orfévrerie, Paris 1857. **

Backer, Herman Major, norweg. Architekt, geb. am 30. 10. 1856 in Kristiania, besuchte drei Semester lang des Architekten v. Hannos Zeichenschule für Architektur in Kristiania, wurde 1875 Assistent des Staatsbaumeisters daselbst, studierte von 1876 ungefähr 3 Jahre lang an der Hochschule in Dresden bei den Professoren Weißbach, Heyn und Zeuner, im wesentlichen Renaissance-Architektur. Nach der Rückkehr war er 3 Jahre stellvertretender Bauinspektor in Kristiania, wo er noch gegenwärtig als Architekt tätig ist. Er hat eine Reihe Hôtels und Kurhäuser in Norwegen und auch Villen (besonders in Kristiania) gebaut. In den 90er Jahren errichtete er sein Hauptwerk: die Johanneskirche in Bergen.

Private Mitteilungen des Künstlers.

C. W. Schnitler.

Backer, J., s. unter *Backer,* Nic. de.

Backer, Jacob de, vläm. Maler, um 1560 geb. zu Antwerpen als Sohn eines Malers. Er arbeitete zuerst beim Maler A. van Palerme, nach welchem er von den Zeitgenossen gewöhnlich Jacob van Palermo genannt wurde. Die Einzeichnung seines Namens in das Register der St. Lukas-Gilde ist aus unbekannten Motiven unterblieben. Aus der Werkstatt Palermes ging B. später zu Hendrick van Steenwyck d. Ä. (Jedenfalls nicht vor 1577, da Steenwyck das Meisterrecht erst in diesem Jahre erwarb.) Er starb, wie berichtet wird, in den Armen der Tochter seines ersten Meisters, Katharine van Palerme, die damals Witwe des Malers P. Goetkint war. Das Grabmal des letzteren in der Kirche des Grands Carmes in Antwerpen war, wie wir aus alten Beschreibungen wissen, mit einem Gemälde Backers, der Darstellung des jüngsten Gerichts, geschmückt; vermutlich ward das Bild 1583, im Todesjahr Goetkints, oder kurz nachher ausgeführt. Eine andere Darstellung des jüngsten Gerichts malte B. für das Grabmonument des berühmten Buchdruckers Christoph Plantin († 1589) in Notre-Dame zu Antwerpen; das Gemälde befindet sich jetzt in der Kapelle der Quatre-Couronnés derselben Kirche. Die verloren gegangenen Seitenflügel des Bildes, die vorn die Porträts Plantins und seiner Familie, auf der Rückseite die Gestalten des hl. Christoph (oder Rocchus?) und Johannes des Täufers zeigten, wurden von anderer Hand 1591 gemalt. Dieser Umstand und das Datum von Plantins Todesjahr machen es wahrscheinlich, daß B. 1590 oder 1591 starb.

Die beiden genannten Bilder befanden sich unter der französischen Kriegsbeute von 1796 und sind in der Liste der Gemälde erwähnt, die von Belgien 1815 reklamiert wurden. Das zweite wurde um diese Zeit zurückgegeben; die Seitenflügel desselben und das andere Bild sind auf dem Wege nach Paris verloren gegangen. In diesem einzigen authentischen Gemälde zeigt sich B. als ein Manierist in der Nachfolge des Fr. Floris, während van Mander ihn als einen der besten Koloristen seiner Zeit rühmt. Ein bekannter Sammler jener Epoche, Melchior Wyntgis von Middelburg, besaß von ihm mehrere Bilder: Adam u. Eva, Caritas, Christus am Kreuz. Bei einem gewissen Oppenberch sah van M. drei zusammengehörige Bilder Backers, Venus, Juno u. Pallas (Fig. in halber Lebensgr.). (In der von Hoet und Terwesten veröffentlichten Sammlung niederländischer Auktionskataloge (vom Ende des 17. Jahrh. bis 1708) sind unter dem Namen Jacob Backers des „Älteren" drei Werke aufgeführt, womit aber sicher der gleichnamige B. aus Harlingen gemeint ist.) Ferner erwähnt von ihm der Gemäldekatalog Ernsts von Österreich: „Peccatum originale, Annonciatio, Passio, Resurrectio, Tempus et Adolescens"; der Antwerpener Bilderhändler Duarte besaß von ihm 1682 ein fein ausgeführtes Jüngstes Gericht. Im Inventar der Prager Schatz- und Kunstkammer von 1621 erscheint er mit folgenden Werken: 1) Ein großes Marienbild mit Kind und Johannes; 2) Ein weibliches Porträt; 3) Schlafende Venus mit Satyren.

Ant. und Hier. *Wiericx* haben nach B. gestochen, und zwar der erstere: Eine nackte Frau an einen Felsen geschmiedet und von einem Engel gekrönt; der andere: Einen Kruzifixus umgeben von den Gestalten Glaube, Liebe, Hoffnung. *Crisp. de Passe* hat nach ihm eine Deckenkomposition mit den Emblemen der Temperantia gestochen. — Die *Albertina* in Wien besitzt eine Federzeichnung von ihm mit Figuren zu einem Jüngsten Gericht.

Van Mander, Het Schilderboeck, éd. Hymans, I 286. — De Bie, Het Gulden Cabinet p. 130. — Houbraken, De groote Schouburgh etc. I 336. — Descamps, La vie des peintres. 1753, I 142. — Ders., Voyage pittoresque. 1769 p. 147, 177. — Mariette, Abecedario I 48. — Description des principaux ouvrages de peinture etc. d'Anvers. 1763 p. 14, 49; 1768 p. 15, 58. — Hoet et Terwesten, Catalogues I 3, III 10, 373. — Huber u. Rost, Handbuch, V 154. — Siret, Journal des Beaux-Arts 1862. — Inscriptions funéraires et monumentales de la province d'Anvers I 43, 44. — Alvin, Catalogue de l'oeuvre des trois frères Wierix. No. 1027. — Van den Branden, Geschiedenis d. Antw. Schilderschool. — A. Pinchart in Meyers Kstlerlex. II 216. — A. v. Wurzbach, Niederl. Kstlerlex. I 40 (erwähnt noch einen Stich: Magdalena, nackt, im Walde kniend; Jacobus pistorius pinxit. Joannes barra sc. Fol.). — Oud Holland, 1905 p. 141. — Jahrb. d. ksthist. Samml. d. Allerh. Kaiserhauses XXV. **

Backer, Jacob Adriaensz., geb. in Harlingen 1608, war erst in Leeuwarden Schüler von Lambert Jacobsz., dann etwa 1632 in Amsterdam von Rembrandt. 1638 muß er in Vlissingen gewohnt haben, wie die Inschrift auf einem Selbstporträt in der Albertina zu Wien bezeugt. Sonst war er in Amsterdam ansässig, wo er am 27. 8. 1651 gestorben ist. Schon 1634, also sehr bald, nachdem er Rembrandts Atelier verlassen hatte, zeigte er seine Meisterschaft, als ihm der Auftrag zufiel, die Regentinnen des Bürgerwaisenhauses zu Amsterdam zu malen. Diese ausgezeichnete Leistung wird noch an Ort und Stelle bewahrt. Auch das großartige Schützenstück von 1642, jetzt im Amsterdamer Rathause, zeigt ihn als einen der begabtesten Schüler Rembrandts. Weniger schön ist ein Regentenstück von etwa 1650 im Rijksmuseum. Auch in seinen Einzelporträts kommt er seinem Meister oft sehr nahe, wie in dem wundervollen Bildnis des Johannes Wttenbogaert (1634) in der Remonstrantenkirche zu Amsterdam (L. Visscher sc.). Andere Porträts sind gestochen von S. Savry, J. Lutma und namentlich von Th. Matham. Für das Prinzenschloß Buren malte er 1645 eine jetzt verschollene Darstellung der Freiheit. Im Gegensatz zu seinen tüchtigen Leistungen im Porträtfach sind seine mythologischen Darstellungen, u. a. in den Museen zu Braunschweig und Cassel, gemein in der Auffassung, manieriert in der Komposition und unangenehm in der Farbe. Besser ist eine Darstellung von Christus und der Kanaänitischen Frau, von 1644, in der Sammlung der Herren Vincent van Spaendonk in Tilburg. M. Mosyn hat einige dieser mythol. Bilder gestochen. Von der Schnelligkeit, mit welcher B. gemalt haben soll, wie Sandrart als Augenzeuge erzählt, ist in seinen Werken wenig zu spüren. Meistens bezeichnete er seine Bilder mit einem Monogramm, zusammengestellt aus den Buchstaben J A B. Geschätzt sind auch seine mit Kohle oder schwarzer und weißer Kreide auf blauem Papier ausgeführten Aktstudien und Porträts. Ob die radierte Folge von den fünf Sinnen, dargestellt als Nymphen in Landschaften, welche ihm immer beigelegt wird, wirklich von ihm ist, bleibt fraglich; er steht nur als der Erfinder verzeichnet, und der Verleger Joannes Meyssens wohnte in Antwerpen. Außer dem obengenannten Selbstporträt von 1638 ist ein anderes von P. Bailliu gestochen und ein drittes Porträt hat Th. Matham nach Thomas de Keyser gestochen. Ein Selbstbildnis nebst vielen Bildern und 100 Zeichnungen von ihm befand sich, nach einer Notiz von A. Bredius, im Nachlaß des Bruders des Künstlers, 1659. Als seine Schüler werden genannt sein Neffe Adriaen Backer, David van Stapelen, David Eversdyck, Joh. Lyster, Wipper Dormans,

Jan de Baen, Jan van Neck, Bern. Vaillant, Mich. Willmann und Michael Neidlinger.

De Bie, Het Guldenkab. 129, 130. — Sandrart 304. — Houbraken I 336—338. — Kunstkronyk N. F. II 38. — Hofstede de Groot, Houbraken 239. — Oud Holland XVIII 226. — Catalog de Ridder No. 21. *E. W. Moes.*

Backer, Jan de, Illuminator, wird 1674—75 als Meister in die S. Lukasgilde zu Antwerpen aufgenommen.

Liggeren II 337, 340, 437, 442. *H. V.*

Backer, Johann Franz de, aus Antwerpen, wo er 1693/4 in den Liggeren (II 566, 570) als Lehrjunge des Malers Andries van Hooff genannt wird. Hofmaler des Kurfürsten von der Pfalz, Johann Wilhelm, der in Düsseldorf residierte. Begleitete wahrscheinlich nach dessen Tode (1716) die Kurfürstin Anna Louise de Medici nach Florenz an den Hof ihres Vaters, Cosimos III. 1721 war er in Rom, wo er sein Selbstporträt malte, das auf Veranlassung seiner Gönnerin in die Sammlung der Malerbildnisse der Florentiner Galerie aufgenommen wurde (abgeb. im Museo Fiorentino, G. Rossi sc., IV 293). Von 1725 ab ist B. in Breslau tätig; 1733 verliert er dort seine Frau Maria Magdalena, geb. Bischoff aus Antwerpen, auf deren Grabstein in der Adalbertskirche es heißt: „Mein Leben war ein Wandern von einer Stadt zur andern". 1749 war B. noch am Leben. 1725 malte er ein Porträt des kais. Rates Daniel Riemer von Riemberg, von Barth. Strahowsky gestochen. 1725 und 1726 entstanden ferner 2 Bilder für die Ceslauskapelle der Adalbertkirche mit Szenen aus der Geschichte dieses Heiligen, 1727 eine „Unbefleckte Empfängnis" für die Mauritiuskirche in Breslau, auf der er sich „Pictor Principis Palatini et electoris Trevirensis" (d. h. des Breslauer Fürstbischofs Franz Ludwig 1683—1732) bezeichnet. In derselben Kirche ferner von ihm eine Himmelfahrt, in der kurfürstl. Kapelle des Breslauer Domes die Opferung Melchisedeks und das Abendmahl, in der Kreuzkirche in Breslau eine Kreuzfindung, in der Klosterkirche in Wahlstatt das Hochaltarbild mit der Auffindung des Leichnams Herzog Heinrichs II. und in der Kirche in Deutsch-Lissa eine Himmelfahrt. — Als Jugendarbeiten dieses de Backer sind wohl auch mit Sicherheit die „F. de Backer" bez. Radierungen aus dem Jahre 1704 nach Gemälden A. Schoonjans anzusehen („Kain erschlägt Abel", das Gegenstück „Der erschlagene Abel", sowie „Kimon u. Pera"), da Schoonjans um dieselbe Zeit wie Joh. Fr. de Backer in Düsseldorf tätig war. Diese Blätter wurden bisher meist fälschlich dem Holländer F. de Bakker (s. d.) zugeschrieben.

Meyer, Kstlerlex. *C. Buchwald.*

Backer, Joh. Jak., s. *Backer,* Nic de.

Backer, Joos de, vläm. Maler, von dem 1642 eine Kopie nach Brouwer im Nachlasse des Kunsthändlers H. van Nyt in Delft erwähnt wird.

Oud Holland 1901 p. 58. **

Backer, Josse de, Messinggießer aus Antwerpen, goß 1540 in Mecheln den Taufbrunnen für die Groote Kerk in Breda.

Gaz. d. b.-arts 1903 II 484. **

Backer, Markus de, Maler im 16. Jahrh. Nach dem Inventar der Prager Kunst- und Schatzkammer von 1621 sind folgende Werke von ihm: 1) Judith (Originalgemälde No. 19421, Inv.-No. 816). 2) „Die Tugend gegen die Untugend streitend" (Inv.-No. 1197).

Jahrb. d. kunsthist. Sammlgn. des Allerh. Kaiserhauses XXV. *Br. Bischoff.*

Backer, Nicolas de, Maler aus Antwerpen, geb. um 1648, tätig in London, Gehilfe Gottfried Knellers, † daselbst 1697. Er soll Draperien, (Porträts) und Kircheninterieurs gemalt haben. — Sein Vorname ist nicht sicher; einige Autoren nennen ihn Johann Jacob und identifizieren ihn mit dem J. Backer, nach dem Earlom das Porträt des Sir Stephan Fox radierte.

Meyer, Kstlerlex. II 519. — A. v. Wurzbach, Niederl. Kstlerlex. **

Backer, Peter, s. *Backert.*

Backer, Thomas de, Kupferstecher, wird 1697—98 als Freimeister in die S. Lukasgilde zu Antwerpen aufgenommen.

Liggeren II 525, 527, 599, 604. *H. V.*

Backer, s. auch *Baker* u. *Bakker.*

Backere, Gaspard de, Siegelschneider in Brüssel und wahrscheinlich ebendorther gebürtig, wird 1483—87 erwähnt als „valet de chambre" und Goldschmied Erzherzog Philipps des Schönen. Er ist der Verfertiger eines Silbersiegels, das die vereinigten Provinzen Flandern, Hennegau und Brabant ihm beim Tode Marias von Burgund in Auftrag gaben, und das Philipp mit dem Schwert in der Hand und von Kopf bis zu Füßen gepanzert auf reichgeschirrtem, galoppierendem Pferde darstellt, sowie eines silbernen Gegensiegels und eines kleinen goldenen Petschaftes mit den Wappen dieses Fürsten. Nach den Abdrücken dieser Arbeiten in dem Brüsseler Staatsarchiv zu urteilen, war B. ein äußerst geschickter Graveur.

Pinchart, Recherches sur les grav. de méd. I. — Forrer, Biogr. dict. of medallists. *Fréd. Alvin.*

Backere, Loys (Éloi) de, Miniaturmaler von Brügge, wird am 21. 3. 1500 als Mitglied der S. Lukasgilde daselbst erwähnt.

Beffroi II 298. *H. V.*

Backereel, Gilles, Historienmaler, geb. zu Antwerpen, nach der Angabe der meisten Biographen 1572, wurde 1630 Freimeister, hatte 1651 vier Lehrlinge und starb vor 1662 daselbst. Er gehörte zur Klasse der italienisierenden niederländischen Meister, studierte in Rom und lebte dann fast ausschließlich in seiner Vaterstadt. Von vielen Bildern, an denen die kräftige Färbung gerühmt wird, befand sich früher eine große Anzahl in den Kirchen Antwerpens. Jetzt bewahrt noch daselbst die St. Jacobskirche zwei Darstellungen: „St. Franziskus predigt den Vögeln" und „S. Jacob della Marcha", und die St. Antoniuskapelle der Hauptkirche einen heil. Felix; ferner die St. Salvatorkirche in Brügge den h. Carolus Borromaeus, den Pestkranken die letzte Ölung bringend. Auch besitzt das Museum in Brüssel zwei Gemälde von ihm: die Anbetung der Hirten und die Vision des hl. Felix; die k. k. Gem.-Gal. in Wien: Hero, Leander betrauernd. — Der Name des Künstlers findet sich häufig entstellt: Baccarelles, Bakarel, Baccarelli, Bacareel und Bakkarell.

Houbraken, Groote Schouburgh. — Campo Weyerman, Levens-Beschr. II 6. — Oud-Holland VIII 9. — Van den Branden, Antwerpsche Schilderschool p. 660. — Jahrb. d. ksthist. Samml. d. Allerh. Kaiserh. Reg. No. 495 fol. 184. — A. v. Wurzbach, Niederl. Kstlerlex. I. *Pol de Mont.*

Backereel, Jacques, Maler in Antwerpen, wird in den Liggeren 1612 als Schüler des Tob. Verhaecht, 1618 als Freimeister erwähnt. Er hatte als Schüler Hendrik Backereel (1645), Abr. Genoels (1651—1656 nach Houbraken) und J. B. Huybrecht (1658). Arbeiten von ihm sind nicht bekannt.

Liggeren I u. II. *Pol de Mont.*

Backereel (Baquereel), Peter, Kupferstecher, wird 1617 als Freimeister in die S. Lukasgilde zu Antwerpen aufgenommen, † vor 1637.

Liggeren I 432, 535, 538; II 97. *H. V.*

Backereel, Willem, Maler von Antwerpen, Bruder des Gilles B., geb. 1570 daselbst, † am 2. 1. 1615 in Italien, wohin er sich jung begeben hatte; 1605 wurde er als Freimeister in die Gilde aufgenommen. Er malte vorzugsweise Landschaften, doch ist kein Werk seiner Hand bekannt.

Immerzeel, De levens en werken 1842 I. — Rooses, Gesch. d. Malersch. Antwerpens. Deutsche Ausg. 1889. p. 156. *H. V.*

Backert (Backers), Bildhauer, Anfang des 17. Jahrh. nach Hamburg gekommen u. dort gestorben. Von ihm ein Epitaphium im Dom.

Hamb. Kstlerlex. *E. Benezé.*

Backert (Backers), Peter, Hamb. Bildhauer, Sohn des Vorigen u. Schüler Schlüters, nach dessen Modellen er mehrere Statuen ausführte. An den Sklavenfiguren am Denkmal des Großen Kurfürsten in Berlin war er 1703 gemeinschaftlich mit Henri Herfort, Henzi und Nahl beschäftigt. Außerdem modellierte er mit letzterem die Reliefs am Sockel nach den Entwürfen des Malers Wentzel.

Hamburg. Kstlerlex. I 1854. — Lüer-Creutz, Gesch. d. Metallkunst I 516 (fälschlich Backer genannt). *H. V.*

Backerwerd, Wilhelm, Baumeister aus Utrecht, vollendete 1486—1493 den Bau des nördlichen Seitenschiffes der S. Viktorskirche in Xanten.

Kunstdenkm. der Rheinprov. I 339. ***

Backhoffner, Mrs. Caroline (geb. Derby), Miniaturmalerin in London 1835.

Graves, Roy. Acad. of Arts I 86. **

Backhouse, Mrs. Margaret (geb. Holden), wurde 1818 in Summer Hill bei Birmingham geboren, studierte in Paris und zeichnete sich namentlich als Porträtistin graziöser Frauen und anmutiger Kinder aus. Sie war ständige Ausstellerin in der Roy. Academy (1846—1882) und der Society of Lady Artists.

Clayton, Engl. Female Artists (1876) II 21. — Graves, Roy. Acad. of Arts I 86. **

Backhouse, R. William, Architekt in London, tätig um 1783—1818.

Graves, Roy. Acad. of Arts I 87, und The Society of Artists etc. (1907) p. 18. **

Backhuysen, Ludolf, geb. zu Emden am 18. 12. 1631 als Sohn des Gerhard Backhaus, dem früheren Schreiber am Gerichtshofe zu Aurich, kam 1649 als Kommis nach Amsterdam ins Geschäft des ebenfalls in Emden geborenen Großkaufmanns Guilielmo Bartolotti. Er betrieb auch die Kalligraphie u. wird noch 1656 als Schreiblehrer erwähnt. Unterdessen übte er sich bei Aldert von Everdingen und Hendrick Dubbels im Zeichnen und Malen und wurde ein so geschätzter Marinemaler, daß z. B. 1665 die Stadt Amsterdam bei ihm ein großes Marinebild bestellte als Geschenk für den französ. Minister Hugues de Lionne (nicht für Ludwig XIV., wie Houbraken fälschlich berichtet; das Bild ist jetzt im Louvre). Zar Peter der Große, der König von Preußen, der Kurfürst von Sachsen und der Großherzog von Toskana sollen sein Atelier besucht und ersterer auch Zeichenunterricht bei ihm erhalten haben. Viermal heiratete er, starb nach längerem Leiden in Amsterdam im Nov. 1708 und wurde am 17. 11. in der Westerkirche begraben. In seiner Zeit und noch das ganze 18. Jahrh. hindurch wird er neben Willem van de Velde als der größte Marinemaler bewundert. Nachher hat sein Ruhm etwas nachgelassen, als man erkannte, daß das Schwere in der Darstellung der Wolkenmassen, das undurchsichtig Wollige in seinen Wellen, das öfters Bunte in der Staffage allzusehr absticht von dem poetischen Reiz in van de Veldes Meisterwerken. Immerhin war er ein tüchtiger Marinemaler, der es namentlich in seinen früheren Arbeiten verstanden hat, die Natur glücklich wiederzugeben. Als die frühest datierten seiner eben nicht seltenen Seestücke und Hafenansichten gelten ein trotz der deutlichen Bezeichnung auch dem Jan van de Cappelle zugeschriebenes Seestück in der Kunsthalle zu Hamburg und ein ähnliches Bild im Museum zu Leipzig, beide von

1658. In fast sämtlichen größeren Museen findet man seine Marinen, vereinzelt mit biblischer Staffage (Kopenhagen), öfter mit zeitgenössischen historisch. Begebenheiten als Sujets (Amsterdam, Haag). Auch Porträts hat er gemalt, und zwar in kleinem Format nicht unglücklich, aber seine lebensgroßen Bildnisse sind wenig beachtenswert wie die Ganzfigur des Professors Petrus Francius in der Universität zu Amsterdam (1688) und das Brustbild des Dichters Johannes Antonides van der Goes ebendaselbst (1680, P. van Gunst sc.). Seine Bilder sind fast immer bezeichnet, entweder mit seinem vollen Namen oder mit Initialen. Auch Handzeichnungen von ihm findet man häufig; namentlich die Sammlungen in Dresden, wo eine zusammengehörige große Folge von Skizzen, in London und in Amsterdam haben deren aufzuweisen. Im 18. Jahrh. haben holländische, französische und englische Stecher sich vielfach bemüht, seine Marinen zu reproduzieren (Sibelius, Beauvarlet, Maloeuvre, Tardieu, Canot u. a.). Mit geübter Nadel hat er auch selber mehrere Blätter radiert; für eine Folge hat er am 22. 10. 1701 von den Staaten von Holland das Verlagsrecht bekommen. — Als seine Schüler werden genannt Jan Claesz. und Hendrick Rietschoof, Michiel Maddersteg, Jan Dubbels, Pieter Coopse und der Dilettant-Zeichner Anthonie Rutgers. Öfters hat er sein eigenes Porträt gemalt, 1699 im Museum zu Amsterdam. Sein von Willem van Mieris 1697 gemaltes Bildnis ist im Museum zu Schwerin. J. Golc hat es geschabt und J. Houbraken gestochen.

Houbraken, De groote Schouburgh II 236 bis 244. — Smith, Katalog VI 405—455, IX 777—785. — Jahrbücher Emden VII 2, 67. — Oud-Holland III 59, 60, XI 30—33. — Obreens Archief VII 161. — Van der Willigen, Les artistes de Haarlem, 73. — Bartsch, Peintre-graveur IV 275—283. — Weigel, 197—200. — Moes, Iconographia Batava. — Meyer, Kstlerlex. II 527. — Waagen, Handbuch II 234. *E. W. Moes.*

Backhuijzen, Gerrit, Maler-Dilettant, von Beruf Ziegelbrenner, geb. in Amsterdam um 1700, begraben in Rotterdam am 27. 12. 1760. Enkel des Marinemalers Ludolf B., Sohn des Johannes B. († 1731), Bruder des jüngeren Ludolf B., übte als Dilettant die Bildnismalerei. Er kaufte 41 Jahre alt eine Ziegelei zu Rotterdam, wo er am 1. 6. 1741 Bürger wurde. Die Ziegelei wurde nach seinem Tode von seinem Bruder Ludolf weitergeführt. Nach Gerrit gestochen: 1) Porträt von Wilhelmus Vinck, Dr. med. zu Rotterdam, gestochen von P. Tanjé, gr. Fol. — 2) Porträt von Cornelis van Oeveren, wagemaker, op de Haagsche veer, te Rotterdam, 1747 gestochen von P. Tanjé.

Van Eynden en van der Willigen II, 1817 S. 83. — Immerzeel, De Levens en Werken I. 1842, 24. — C. Kramm, De Levens en Werken etc. I 1857, 41. — Rotterd. Historiebladen III. 1871, 555. — Heinecken, Dict. des artistes II. *Haverkorn v. Rijsewijk.*

Backhuijzen, Ludolf d. J., Maler (und Ziegelbrenner), geb. in Amsterdam am 29. 8. 1717; † in Rotterdam am 6. 4. 1782, begraben in Amsterdam am 12. 4. 1782. Sohn des Johannes B., Enkel des Marinemalers Ludolf Backhuysen und Bruder von Gerrit Backhuijzen. Er bildete sich anfangs auf Wunsch seiner Mutter, gegen die eigene Neigung, die ihn zum Kriegsdienst zog, zum Kaufmann aus, um das Geschäft seines Vaters zu übernehmen. Später entwickelte sich jedoch bei ihm Liebe zur Kunst, so daß er 1738 unter der Leitung des Porträtmalers Quinkhard Zeichnen und Malen erlernte. Seiner alten Neigung folgend, stellte er meist kriegerische Szenen dar und machte zu diesem Zwecke auch 1743 einen Feldzug in Deutschland mit. Nach dem Tode seines Bruders Gerrit im Jahre 1760 übernahm er dessen Ziegelbrennerei in Rotterdam, wo er 1771 u. 1772 Hauptmann der Ziegelbrennergilde war. Tiebaut Regters malte 1748 sein Bildnis. Ein fragliches Selbstporträt im Rijksmuseum.

J. van Gool, De Nieuwe Schouburg II 354, 366. — Van Eynden en van der Willigen II 81. — C. Immerzeel, De Levens en Werken I 24. — C. Kramm, De Levens en Werken I 41. — Rotterdamsche Historiebladen III 555. *Haverkorn v. Rijsewijk.*

Backhuijzen, s. auch *Bakhuijzen.*

Backmeister, Hans, Maler zu Lübeck, erhält am 8. 9. 1456 und am 14. 2. 1457 Bezahlungen für ein noch in Arbeit begriffenes Gemälde für die Dominikaner im Kloster Nestwede in Seeland.

Mithoff, Mittelalt. Kstler. u. Werkmstr. Niedersachs. u. Westf. 1885. *H. V.*

Backmester, Clawes, Glockengießer zu Magdeburg, goß laut Inschrift 1507 zwei Glocken für Kerkau und für Kleinau (Altmark).

Mithoff, Mittelalt. Kstler. u. Werkmstr. Niedersachs. u. Westf. 1885. *H. V.*

Backmester, Jacob, pictor, wird 1446 in den Lübecker Stadtbüchern genannt.

Goldschmidt, Lübecker Mal. u. Plastik bis 1530, p. 98. *Hs. L.*

Backofen, Lamb., Maler, geb. um 1810; in Rom 1835—1836.

Pfarr. S. Vincenzo in Rom. *Friedr. Noack.*

Backoffen, Hans, Bildhauer und Bürger zu Mainz, † am 21. 9. 1519, ist der Verfertiger der schönen Kreuzigungsgruppe auf dem St. Peters-Kirchhof in Frankfurt a. M., wie sich aus neuerlich aufgefundenen Akten ergeben hat. Die Gruppe besteht aus 3 überlebensgroßen Figuren: dem Gekreuzigten, Maria und Johannes und erhebt sich auf einem altarähnlichen Unterbau, der bei der Versetzung des Denkmals 1895 erneuert wurde. Als das Jahr der Errichtung der Gruppe wird von einigen 1509, von anderen 1510 bezeichnet. Auf Grund dieses beglaubigten Werkes lassen sich B. mit Sicherheit auch die weit bedeutendere 7figurige Kreuzigungsgruppe auf dem Dom-Kirchhofe daselbst sowie die mit letzterer bis auf geringe Unterschiede identische sechsfigurige Gruppe an der Pfarrkirche zu Wimpfen am Berg zuweisen. Der Kalvarienberg des Dom-Kirchhofes ist, wie eine Inschrift am Unterbau besagt, eine Stiftung Jakob Hellers und Katharinas von Molheim aus dem Jahre 1509. Eine in das Kreuz eingelassene Bronzeplatte überliefert den 17. 8. 1509 als den Tag der Weihe. Die Gruppe umfaßt die Gestalten von Maria, Johannes, Magdalena u. Longinus zwischen dem Kreuze Christi und den beiden Schächern; Großartigkeit der Auffassung und eine „für jene Zeit ganz überraschend vorzügliche Vollendung in der Behandlung des Nackten" sprechen aus ihr. Wie Farbspuren beweisen, trug sie ehemals reiche Bemalung und Vergoldung. Mit diesen beiden Werken steht in naher Beziehung die gleichfalls sechsfigurige Gruppe auf dem ehemaligen Kirchhof der St. Ignazkirche in Mainz, deren Inschrift am Unterbau besagt, daß die Ehefrau des am 21. 9. 1519 † „ . . . *ersam meister Hans Backoffenn von Sultzpach, Bildhauer* . . . . . diss Crucifix uss irem testament haben lassen machen", und deren Sockel das Bildnis des Stifters zeigt, der unzweifelhaft identisch ist mit dem als Verfertiger der Kreuzesgruppe auf dem Peters-Kirchhofe erwähnten Bildhauer B. Auch diese Mainzer Gruppe geht wahrscheinlich auf eine Skizze von B. zurück. Durch diese drei, dem Künstler mit Sicherheit zuzuschreibenden Werke gebührt demselben ein Rang unter den ersten deutschen Bildhauern seiner Zeit.

Die Baudenkmäler in Frankfurt a. M. 1898 II 366—390 u. Tafel XVIII u. XVIIIa. *H. V.*

Backstedt, B e n d i x, s. *Bachstett.*

Backvis, F r a n ç o i s, belg. Tiermaler um die Mitte des 19. Jahrh.

S i r e t, Dict. d. peintres, 3. Ausg. p. 50. **

Bacle, A n d r i e n n e P a u l i n e, geb. *Macaire,* Miniaturmalerin, geb. am 15. 8. 1796 in Genf, † am 22. 10. 1855. Von ihr ein männl. Porträt auf der Ausstellung des Museums Rath 1826.

B r u n, Schweizer. Kstlerlex. *H. V.*

Bacler d'Albe, Baron L o u i s A l b e r t G u i l l a i n, Brigadegeneral unter Napoleon I. und Landschaftsmaler und Zeichner, geb. 1761 zu St. Pol (Pas de Calais), † 1824 zu Sèvres. Seine Landschaften zeigen nur die akademisch-klassische Richtung, während seine Schlachtenbilder aus dem italien. Feldzuge 1797 und einige Porträts historisches Interesse haben. Auch als Landkartenstecher und Lithograph war er tätig.

M e y e r, Kstlerlex. II 525 (Oeuvreangabe). — B e l l i e r - A u v r a y, Dict. gén. **

Baco, A n d r é E t i e n n e, französ. Maler in Auxerre, Sohn des Claude B., urkundlich genannt 1773.

Nouv. Arch. de l'art franç. II sér. tom. VI (1885) p. 46. **

Baco, C h a r l e s, französ. Maler, urkundlich genannt 1711.

Nouv. Arch. de l'art franç. III sér. tom. XII (1896) p. 271. **

Baco, C l a u d e und C l a u d e N o ë l, französ. Maler des 18. Jahrh., bloß dem Namen nach erwähnt, und zwar der erstere als Maler der Akademie St. Luc in Paris, † am 17. 1. 1773, der zweite, Sohn des Vorhergehenden und ebenfalls Maler der Akademie St. Luc, im selben Jahre.

Nouv. Arch. de l'art franç. II sér. tom. VI (1885) p. 46. **

Baçó, J a c o m a r t, katalan. Maler aus Valencia, welchen König Alphons von Aragonien 1440 nach Neapel kommen ließ. Im Auftrage desselben führte der Künstler dort 1444 einen Altar für die Kirche S. Maria della Pace aus (der 1528 bei der Zerstörung der Kirche untergegangen sein dürfte), malte 1447 Fahnen im Feldlager des Königs auf dem Zuge nach Toskana, befand sich aber seit 1451 wieder in Valencia, wo er am 16. 7. 1461 gestorben ist. Ein authentisches Werk seiner Hand, durch den am 23. 1. 1460 abgeschlossenen Kontrakt beglaubigt, befindet sich in der Kirche zu Cati unweit Tortosa, ein Polyptychon mit Predella der HH. Laurentius und Petrus Martyr. Sein Stil zeigt in diesen Bildern außer einer mehr oder minder direkt erworbenen Kenntnis der Kunst und Technik des Jan van Eyck charakteristische Motive rein Valencianischer Überlieferung. Auf Grund dieses Werkes haben D. Luis Tramoyeres und E. Bertaux das Oeuvre des Malers wenigstens teilweise herzustellen versucht. Danach würden ihm angehören: eine Heimsuchung und S. Petrus mit Kardinälen (vor 1440 gemalt) in der Kirche S. Juan zu Morella; ein Triptychon S. Anna selbdritt mit S. Augustin und S. Ildephons und dem Stifter, Kardinal Alfonso Borgia (zwischen 1444 und 1457 ausgeführt) in der Kollegiat-Kirche zu Jativa; ein 1457 datiertes Polyptychon S. Martin von Tours in der Sakristei des Klarissinnen-Klosters in Segorbe. Ferner S. Franciscus seine Regel gebend (bisher dem maestro Colantonio zugeschrieben) in der Sakristei der Franziskaner Kirche S. Lorenzo in Neapel; S. Vincenz Ferrer in der Sakristei der Kathedrale in Valencia; ein ganz übermaltes Altarwerk S. Egidius u. S. Jakob im Museum in Valencia, schließlich ein Dominikaner Profeß ablegend im Musée des Arts décoratifs in Paris.

E. B e r t a u x, Revue de l'Art ancien et mod. XXII 339 ff. — Gaz. d. beaux-arts 1908 I 92/3, 96 f. — S a n p e r e y M i q u e l, Cuatroc. Catal. II 253—59. *M. v. Boehn.*

Baco, Jean Guillaume, französ. Maler, Sohn des Claude B., 1773 als abwesend von Paris erwähnt.

Nouv. Arch. de l'art franç. II sér. tom. VI (1885) p. 46. **

Bacon, C., Architekt in London, der von 1800—1812 Architektur-Skizzen und Entwürfe in der Roy. Academy ausstellte.

Graves, Roy. Acad. of Arts I 87. **

Bacon, Charles, Bildhauer in London, war von 1842—1884 ständiger Aussteller in der Roy. Academy. In den früheren Jahren arbeitete er eine Reihe von Gemmen nach Flaxman, E. H. Baily u. a., später widmete er sich ganz der zeitgenöss. Porträtbüste und Statue.

Graves, Roy. Acad. of Arts I 87. **

Bacon, Frederick, reproduzierender Stecher und Radierer, geb. in London 1803, † 1887 in Kalifornien, war Schüler der Roy. Academy unter H. Füssli, später Schüler und Gehilfe Findens. Er war meist als Buchillustrator tätig, bis er 1869 seine Kunst aufgab.

Meyer, Kstlerlex. II 526 (mit Oeuvreangabe). — Bryan, Dictionary, 1903, I 69. **

Bacon, Geo. C., amerik. Maler, geb. um 1855, † am 27. 12. 1883 in Malden bei Boston. Zeichnete sich besonders durch dekorative Wandmalereien aus. *Edmund von Mach.*

Bacon, Henry, nordamerikan. Maler, geb. am 8. 10. 1839 zu Haverhill, Mass., studierte in Boston. 1864 ging er nach Frankreich, wo er unter Cabanel und später 1866—67 unter Ed. Frère studierte. Auch in Dresden war er ein Jahr. Nach einem Besuch in der Heimat 1871 ließ er sich dauernd in Paris nieder. Bacons Bilder stellen meist Szenen des Volks- und Kinderlebens dar. Seine Komposition ist gut, seine Farbe aber nicht immer angenehm. Zu seinen bekanntesten Bildern gehören „Boston Boys und General Gage" (1875), Luck of Roaring Camp (1881) und Der Doktor.

Meyer, Kstlerlex. II 526. — Bellier-Auvray, Dict. gén. Suppl. *Edmund von Mach.*

Bacon, Humbert, Kunstschlosser, Delémont (Schweiz), schmiedete um 1714 die schönen Chorschranken in der Klosterkirche der Prämonstratenser Abtei. Dieses Gitter befindet sich jetzt an der Gartenpforte des ehemal. Hauses Wildernett in Bienne.

S. Schwab, L'Art et les Artistes du Jura Bernois 1888. **

Bacon, John, der Ält., Bildhauer in London, R. A., geb. am 24. 11. 1740 zu Southwark, † am 4. 8. 1799 in London, Schüler der Roy. Academy seit 1758, machte sich zuerst durch eine Statue des Mars bekannt. Später führte er eine Anzahl von Denkmälern aus, unter welchen dasjenige der Miß Draper in der Kathedrale von Bristol und besonders die Monumente William Pitts in der Guildhall und in der Westminster-Abtei und die des Dr. Johnson, Mr. Howard und Sir William Jones in St. Paul's genannt seien. Zahlreiche seiner Arbeiten stellte er von 1769—99 in der Roy. Academy aus, während er schon 1762—64 in der Free Society mit Reliefs vertreten war. — Er war Methodist, schrieb Fabeln und moralische Betrachtungen; auch einige Aufsätze über Kunst. — Seine Biographie verfaßte der Geistliche Rich. Cecil 1801.

S. Redgrave, Dict. of artists, London 1878. — Graves, Roy. Acad. of Arts I 88. — Binyon, Catal. of drawings etc. in the British Museum I 66. — Dict. of Nat. Biography II. **

Bacon, John, der Jüng., Bildhauer in London, geb. im März 1777 als zweiter Sohn John B.s des Älteren, Schüler der Roy. Academy, stellte schon als Fünfzehnjähriger aus und gewann 1794 die goldene Medaille der Academy. 1796 stellte er zwei Figuren „Wachsamkeit" und „Klugheit" aus, die in das Trinity House kamen. Nach dem Tode seines Vaters 1799 vollendete er verschiedene Werke desselben und stellte bis 1824 in der Roy. Academy Büsten, Statuen und allegorische Darstellungen aus. Mehrere seiner Monumente findet man in der St. Pauls Kathedrale, andere in der Westminster-Abtei. — Er starb 1859.

S. Redgrave, Dict. of artists, 1878 p. 18. — Graves, Roy. Acad. of Arts I 88. — Dict. of Nat. Biography II. **

Bacon, John H. F., Maler in London, geb. 1868, Associate der Royal Academy seit 1903, studierte auf der Roy. Academy, stellte dort seit 1889 eine lange Reihe von Gemälden mit genreartigen oder kirchlichen Stoffen und mehrere Porträts aus. Besonders sein Bild „A Romance" (ausgestellt 1903) zeigte eine neue Seite von Bacons Talent in Hinsicht der Feinheit, minutiösen Ausführung und des sprühenden Glanzes. — Mehrere seiner ausdrucksvollen Porträtskizzen abgebildet im Studio XXII, XXIII und XXV. *N. Peacock.*

Bacon, Sir Nathaniel, of Culford, geschickter Amateurmaler, geb. 1585, † 1627. Sein Grabmal in der Culfordkirche zeigt eine Palette u. Pinsel; Zeitgenossen rühmen seine Kunst und Familientradition nennt ihn als Urheber zweier Selbstporträts (eine Vollfigur, ein Brustbild) im Schloß Gorhambury, wo sich auch die Darstellung einer Frau mit Fischen („The Cook Maid") befindet, die schon in einem Inventar von 1659 als seine Arbeit bezeichnet wird.

H. H. Prince Frederick Duleep Singh im Burlington Magazine XI 236 (mit Abbildungen u. Richtigstellung älterer ungenauer Nachrichten). **

Bacon, T., Bildhauer in London, Sohn des älteren John B., stellte 1793—95 drei plastische Arbeiten: der verlorene Sohn (Terrakotta), Christus und die Samariterin, ferner

Christus im Garten in der Royal Academy aus.

Redgrave, Dict. of Artists 1878. **

Bacon, W., Maler in London, stellte 1809—1823 landschaftliche Kompositionen aus Nord-Wales u. a. O. in der Roy. Academy aus.

Graves, Roy. Acad. of Arts I 90. **

Bacor, Josse, lothr. Teppichwirker, war in der 1. Hälfte des 18. Jahrh. in Lunéville tätig. Er hat dort 13 Portieren gewebt, die in der kaiserl. Sammlung zu Wien aufbewahrt werden. Sie zeigen die Wappen des Herzogs Leopold und der Herzogin Elisabeth-Charlotte v. Orléans, und in ihrer Bordüre ist das Doppelkreuz von Lothringen in mehreren Wiederholungen eingewebt. Das eine dieser Stücke trägt die Signatur: F. J. Bacor u. S. M. 1717 führte Bacor zwei Porträts des Herzogs Leopold in haute lisse aus. Er war mit Sigisbert Mengin associert in der Leitung des Ateliers zu Lunéville, das übrigens nur ein Dutzend Jahre bestanden zu haben scheint und 1723 mit demjenigen von Malgrange vereinigt worden sein muß.

E. Müntz, Les fabriques de tapisserie de Nancy, 1883. — H. Lepage, Les tapisseries des ducs de Lorraine, Journal de la Soc. d'Archéologie lorraine, 1886. *J. J. Guiffrey.*

Bacot, Edmond, französ. Landschaftsmaler, stellte während der 40er Jahre des 19. Jahrh. in den Pariser Salons wiederholt aus.

Bellier-Auvray, Dict. gén. *H. V.*

Bacot, Emile, französ. Porträt- u. Miniaturmaler, Schüler von Lepoittevin, tätig in Caen 1834.

Siret, Dict. d. peintres I 50 (ohne nähere Angaben). **

Bacot, Jacques, Maler in Nantes, gebürtig aus Paris, verheiratete sich am 22. 1. 1674. — Sonst unbekannt.

Nouv. Arch. de l'art franç. III sér. tom. XIV (1898) p. 16. **

Bacot, s. auch *Baccot.*

Bacquet (Le Père), französ. Architekt und Karmelitermönch, begann 1584 in Gray (Haute-Saône) den Bau des Klosters de la Visitation.

Gattin et Besson, Hist. de la ville de Gray. — Bellier-Auvray, Dict. gén. des artistes u. Suppl. — Lance, Dict. des Archit. franç. — Bauchal, Nouv. Dict. des Archit. franç. *C. Enlart.*

Bacquet, Paul Eugène Victor, französ. Bildhauer, geb. in Villemaur (Aube) 1848, † am 28. 8. 1901, Schüler von Farochon und Dumont. Er stellte im Salon von 1870—1899 aus. Unter seinen Arbeiten seien genannt eine Säule mit dem Bildnis Ferd. Poises für die Stadt Nîmes und mehrere Büsten bekannter Männer.

Bellier-Auvray, Dict. gén. Suppl. — Chronique d. arts 1901, 239 (Nekrolog). — Katal. des Salon. **

Bacqueville, P. P., Ornamentstecher (Dilettant), Paris, um 1720. Von ihm: Liure d'Ornemens propre pour les meubles et pour les Peintres.

Guilmard, Maitres ornemanistes. 94: 2 Serien zu je 6 Bl.

Bacquoy, s. *Baquoy.*

Bacsák, György (Georg), ung. Maler, geb. 1870 zu Pozsony (Preßburg), absolvierte seine Studien bei Lotz in Budapest und Hollósy in München. Stellte zum erstenmal in Budapest 1891 eine Waldpartie aus. *K. Lyka.*

Bácsszentiványi, Dömötör (Demetrius de Bácsszentivány), ung. Maler vom Ende des 15. Jahrh. zu Kassa, dokument. erwähnt.

Archaeologiai Értesitő, új f. XV 55. *K. Lyka.*

Bacueil, französ. Architekt („architecte des Quinze-Vingts"), um 1777.

Bauchal, Dict. d. archit. franç. *H. V.*

Bacx, Josse, Maler oder Bildhauer von Mecheln, nur bekannt durch seine Signatur unter der von 96 Künstlern unterzeichneten Bittschrift der Lukasgilde daselbst vom 8. 5. 1619.

E. Neeffs, Histoire de la peinture etc. à Malines (1876) I. *H. V.*

Baczaldo, Antonio, Wachsbossierer, erhält in Prag am 9. 5. 1596 für etliche Kaiser Rudolf II. gewidmete „Kunststuckh" in Wachs den Betrag von 58 fl. 20 H. ausbezahlt.

Urkunden aus dem Archiv der K. K. Hofbibliothek Reg. No. 5555; im Jahrb. d. kunsthist. Sammlgn. des Allerh. Kaiserhauses VII.

Baczko, Margarete von, Malerin in Weimar, geb. am 21. 6. 1842 in Görlitz, Schülerin von Prof. Max Schmidt in Weimar, malte meist Landschaften aus dem Harz und von der pommerschen Küste.

Das geist. Deutschland, Leipzig 1898 (Selbstbiogr.). — F. von Bötticher, Malerwerke des 19. Jahrh. — Katal. der Berliner Akademie-Ausstellungen 1874—79. **

Baczynski, Joseph, Maler aus Wolhynien, † 1838 in Dawidówka im Zytomirskischen, malte Karikaturen und historische Szenen.

Meyer, Kstlerlex. II 527. **

Bada, Josef, span. Architekt, Oberbaumeister an der Kathedrale zu Granada, wurde 1719 nach Malaga berufen, um den seit 1623 betriebenen Bau der dortigen Kathedrale weiter zu führen. B. baute an der Fassade nach dem Plane des Vicente Acaro bis an seinen Tod 1756, worauf Antonio Ramos das Werk zu Ende führte.

Llaguno y Amirola, Not. I 201, IV 99.

Badajoz, Juan de, aus Badajoz gebürtig, war einer der ausgezeichnetsten span. Baumeister des 16. Jahrh. und ein Anhänger der Renaissance. Dem Bau der Kathedrale von Leon stand er 1512 als Obermeister vor. Wie groß schon damals sein Ansehen war, zeigt seine Berufung nach Salamanca 1512 und 1522 und nach Sevilla 1513 zur Begutachtung der Pläne und Arbeiten für die dortigen Kathedralen. Zeugnisse seiner Kunst sind außerdem in Leon die Fassade des prachtvollen Klosters S. Marcos und die Hauptkapelle der

Stiftskirche S. Isidoro. Die erstere wurde von 1537—1543 bis über die Hälfte ausgeführt. Auch der Bau des Kreuzganges an dem Benediktinerkloster S. Zoil zu Carrion de los Condes (Königreich Leon) wurde nach B.s Zeichnung ausgeführt (laut Inschrift am 7. 3. 1537 begonnen und am 27. 3. 1604 vollendet). — B. hat endlich noch 1545 laut Inschrift im Kloster Exlonga unweit Leon den Bau des Kreuzganges begonnen, der erst 1719 zur Vollendung gelangte. 1548 war er Sachverständiger in dem Prozeß des Franc. Giralte gegen Juan de Juni.

M e y e r, Kstlerlex. II 527. — C e a n B e r m u d e z, Dicc. II 43. — L l a g u n o y A m i r o l a, Not. I. — M a r t í y M o n s ó, Estud. hist. artist. △

Badalocchi, A n t o n i o, Maler aus Parma, um 1650, nur bei Zani (Enc. met. III 17) erwähnt. *H. V.*

Badalocchio, S i s t o, italien. Maler u. Kupferstecher, nach landläufiger Annahme der meisten Autoren geb. 1581 (nach anderen 1585) in Parma, † 1647 in Ordogno; Bartsch vermutet jedoch, daß diese Zeitangaben in der Tat nicht auf die Lebensdauer des Sisto B., sondern auf diejenige des G. Lanfranco zu beziehen seien. Wenn diese Vermutung richtig sein sollte, dann würden für die Biographie des Sisto B. nur die Jahresdaten 1606—9 (Aufenthalt in Rom) feststehen; jedoch sind mit ziemlicher Sicherheit auch diejenigen urkundlichen Nachrichten auf ihn zu beziehen, in denen ein „Maler Sisto" um 1613 in Bologna erwähnt wird. Malvasia identifiziert mit Sisto B. einen Schüler des Annibale Carracci namens *Sisto Rosa,* ohne jedoch für die Verschiedenheit der Namen irgendwelche Erklärung zu geben; nach Campori stammte die Familie B.s aus Modena. Mit seinem Lehrer Annibale Carracci und seinem Mitschüler G. Lanfranco ging B. (nach Malvasia) 1606 von Bologna nach Rom. Dort war er zunächst als Gehilfe Carraccis an der Ausmalung des Pal. Farnese beteiligt. Gemeinsam mit Lanfranco veröffentlichte er dann 1607 in Kupferätzung eine Sammlung von Zeichnungen nach Raffaels vatikanischen Loggienfresken. Endlich malte B. im Palazzo Verospi (jetzt Pal. del Credito Italiano) zu Rom 4 mythologische Szenen nach Cartons von Francesco Albani. — Nach Carraccis Tode kehrte B. 1609 nach Bologna zurück. 1613 malte er im Bentivoglio-Palaste zu Gualtieri Freskodarstellungen aus dem Herakles-Mythus sowie eine Allegorie des Ruhmes. Ohne diese Malereien völlig vollendet zu haben, ging er noch in demselben Jahre über Correggio (vergl. Pungileoni) nach Reggio d'Emilia (laut einer von Campori publizierten Briefstelle), wo er dann zahlreiche Arbeiten ausführte. Sein Hauptwerk in dieser Stadt sind die Kuppelgemälde über dem Altarchore der Kirche S. Giovanni, darstellend Christus in der Engelglorie und in den 4 Pfeilerzwickeln die allegorischen Gestalten der Tugenden; das Ganze ist sichtlich von den Kuppelmalereien Correggios beeinflußt, jedoch keineswegs, wie Lanzi behauptet hat, direkt nach ihnen kopiert. Außerdem schuf B. in Reggio Malereien im Oratorio della Morte (Gefangennahme und Grablegung Christi), in S. Maria del Carmine (Malereien am Deckengewölbe und in der Madonnenkapelle) und in S. Pietro Martire (einen hl. Ubaldus). — Die Familie Coccapani in Parma erwarb 1640 eine Zeichnung und 9 Gemälde von seiner Hand. Auch in den alten Katalogen anderer Parmenser Gemäldesammlungen (Palazzo Farnese, Casa Boscoli etc.) figuriert mehrfach der Name unseres Künstlers. Die Pinakothek der Akademie zu Parma besitzt von ihm nur ein aus der dortigen Kapuzinerkirche stammendes Altarbild des hl. Franziskus von Assisi. Von den Parmenser Kirchen beherbergen noch jetzt Malereien von B.s Hand: S. Anna (Madonna zwischen zwei Heiligen), S. Maria delle Grazie (Schutzengel), S. Trinità de' Rossi (Madonna mit 3 Heiligen), S. Bernardino (Altarbild mit 4 Heiligen). — Bemerkenswert ist, daß B. von einigen Autoren unter denjenigen Künstlern genannt worden ist, die als Urheber des angeblichen Selbstporträts des Leonardo da Vinci in den Florentiner Uffizien in Frage kommen könnten. — Bekannter und verbreiteter als die Gemälde B.s sind seine Radierungen, flüchtig und skizzenhaft behandelte, aber mit einer leichten und geistreichen Nadel ausgeführte Platten, teils nach eigenen Kompositionen, teils nach anderen Meistern. Seine Hauptarbeit auf diesem Kunstgebiete repräsentieren die schon oben erwähnten Radierungen nach Raffaels Vatikanischen Loggienfresken, jene sogen. „Bibel Raffaels", die B. gemeinsam mit G. Lanfranco 1607 bei Giov. Orlandini in Rom erscheinen ließ unter dem Titel: Historia del Testamento Vecchio dipinta in Roma nel Vaticano da Raffaelle di Urbino; im ganzen 51 Blätter, von denen 23 von B.s Hand herrühren. Das Werk erlebte in demselben Jahre 1607 drei Auflagen, deren jeder eine Widmung an Annibale Carracci vorgedruckt ist. Später gelangten die Platten nach Amsterdam, wo sie 1614 von Michael Colyn und 1638 von C. Jz. Visscher neu aufgelegt wurden.

S c a r a b e l l i - Z u n t i, Doc. e Mem. di Belle Arti (Mscr. im Museo d'Antichità zu Parma) fasc. IV—V. — B e r t o l u z z i, Guida di Parma (1830) p. 6, 43, 147, 150, 181. — P. M a r t i n i, Guida di Parma (1871), p. 41, 47, 137 f. — M e y e r, Kstlerlex. (mit weiterer ält. Lit. u. graph. Oeuvre-Verzeichnis). — C. R i c c i, La R. Galleria di Parma (1896) p. 155—159, 162. — Catalogo della R. Pinacoteca di Torino (1899) p. 542. — Mit Notizen von Stef. Lottici. *L. Ozzola.*

Badaloni, Paolo, s. *Schiavo,* P.

Badarocco, Giovanni Raffaello, italien. Maler, geb. 1648 in Genua als Sohn des Giuseppe B., † 1726. In Rom war er zuerst Schüler Marattas, folgte aber nachher der herrschenden Manier Pietros da Cortona. Nach achtjährigem Aufenthalte in Rom besuchte er noch Neapel und Venedig u. kehrte dann nach Genua zurück.. Von seinen Bildern, in denen er ein sehr dauerhaftes Ultramarin mit Vorliebe verwendete, war die Mehrzahl für genuesische Kirchen bestimmt. Zwei der größten (nach Ratti und Rosini die besten des Malers) besitzt die Certosa von Polcevera.

Soprani, Pitt. Genovesi p. 206. — Ratti, Genova, II 69. — Rosini, St. della pitt. VII 155. — Lanzi, Pitt. It. V 286. — Meyer, Kstlerlex. *R.*

Badarocco, Giuseppe, genannt „il Sordo", Maler aus Genua, geb. 1588, † 1657, zuerst Schüler Strozzis, dann Andrea Ansaldos. Später ging B. nach Florenz, wo er namentlich Andrea del Sarto studierte und nachzuahmen strebte. Fast vierzig Jahre alt, kehrte er nach Genua zurück. Hier sah Lanzi bei einem Signor di Novi ein Bild, Achill in Skyros, das den Namen B.s mit der Jahreszahl 1654 trug, aber nicht in der Weise des Andrea del Sarto, sondern in der naturalistischen Art der Genueser Maler jener Zeit behandelt war. — Ein anderes Gemälde B.s, S. Filippo Neri, der den Gekreuzigten anbetet, befand sich in der Sakristei von S. Nicolò zu Voltri.

Zani, Encicl. — Soprani, Pittori Genovesi I 212. — Rosini, Storia della Pittura VI 255. — Lanzi, Pitt. Ital. V 277. — Meyer, Kstlerlex. *R.*

Bade, Jean de, Bildhauer deutschen Ursprungs, 1479 als Bürger von Straßburg genannt.

Lami, Dict. des sculpt. 1898. *R.*

Badel, Jules Louis, Schweizer Landschaftsmaler, geb. in Longirod (Vaud) 1840, † in Genf 1869. Das Genfer Museum erwarb 1888 2 Landschaften von ihm.

P. Veillon bei Brun, Schweizer. Kstlerlex. *H. V.*

Badely, C. J., englischer Porträtist der ersten Hälfte des 19. Jahrh. Nach ihm stach Finden das Porträt der Lady Alicia Conroy. **

Baden, Kupferstecher in Krakau aus dem 18. Jahrh., bekannt nur nach einem Blatte, eine Art Dekoration darstellend, mit der Unterschrift: Baden sc. et excud. Cracoviae.

Kraszewski, Ikonotheka, Wilna 1858. *Marian Gumowski.*

Baden, Meister Hans von, Steinmetz zu Horb, baute 1498—99 die Kirche von Diessen (Hohenzollern).

Bau- u. Kstdenkm. in den Hohenzollernschen Landen, p. 65, herausg. von Zingeler u. Laur. **

Baden, Hans Jurriaensz. van, Holl. Maler, etwa 1604 geb., wohnte in Amsterdam, verheiratete sich dort viermal und starb 1663 (Notiz von Dr. Bredius). Er malte Kirchen-Interieurs und sonstige Architekturstücke, die ziemlich selten vorkommen u. meist nur in kleineren Privatsammlungen. Ein Architekturstück von 1636 ist in der Sammlung Peltzer zu Köln a. Rh., ein kleines Kircheninterieur von 1637 in der Sammlung Berg in Stockholm, ein größeres von 1638 in der Sammlung Glitza zu Hamburg, eine Kirche staffiert mit Christus und der Ehebrecherin von 1641 war in der Sammlung Hammer in Stockholm, und ein Kircheninterieur von 1645 ist in der Sammlung Clasen in Upsala. Auch in Stuttgart, in der Ermitage zu St. Petersburg, in Pommersfelden finden sich noch ähnliche Bilder vor. 1648 wurde eine kathol. Kirche von seiner Hand auf 24 Gulden taxiert, während ein Bild von Fr. Hals nur auf 10 Gulden geschätzt wurde (Notiz v. Bredius).

Oud-Holland III 60. — Obreens Archief V 13. — Granberg, Les collections privées 189. *E. W. Moes.*

Baden, J. van, hat für das 1675 in Amsterdam erschienene Buch „'t Verwaerloosde Formosa" von C. E. S. einige Radierungen gemacht. *E. W. Moes.*

Baden-Powell, Frank Smyth (F. R. G. S.; F. Z. S.), engl. Maler und Bildhauer, geb. in Oxford 1850, in Paris Schüler von Carolus-Duran und Rodin. Er stellte seit 1880 wiederholt in der Roy. Academy aus, darunter auch zwei Darstellungen aus dem Bodetale im Harz; ferner sah man seine Arbeiten im Pariser Salon (1895) und auf anderen Ausstellungen. Zu seinen wichtigsten Gemälden gehören: „The Last Shot at the Spanish Armada", „Nelson at St. Vincent", „Trafalgar Refought", „Queen Victoria's Wooden Walls", „Wreck of the Foudroyant", „Nelson nearing Trafalgar", „Colonel Baden-Powell at Mafeking" und zahlreiche Porträts.

Graves, Roy. Academy of Arts I 90. — Who's Who 1908. *N. Peacock.*

Badenier, Alexandre Louis, Architekt („Architecte du domaine privé du roi") und Lithograph in Paris, geb. 1793 daselbst, Schüler von Vignon und Huvé, stellte in den Salons 1833—47 aus (lithographierte Pläne zur Verbindung des Louvre und der Tuilerien, etc.).

Bellier-Auvray, Dict. gén. *H. V.*

Badens, Carel, holl. Maler; lebte 1635 in Amsterdam und wird im Testament des Malers Christoffel Grylich erwähnt, der mit seiner Schwester verheiratet war. Beide sind wohl Kinder des Malers Francesco Badens.

Urkundl. Notizen. *A. B.*

Badens, Francesco, geb. in Antwerpen 1571, wahrscheinlich als Sohn des Joost Badens, der kurz nach dem 18. 11. 1576 nach Amsterdam übersiedelte. Von etwa 1593 bis

1597 war er mit Jac. Matham in Italien und 1598 kaufte er in Amsterdam ein Haus in der Kalverstraat, wohnte dort ständig, war verheiratet mit Maryken Munnicx, und war am 17. 11. 1618 schon tot (Notiz von Dr. Bredius). Er war ein sehr geschätzter Maler, den der Dichter Theod. Rodenburg 1617 rühmend erwähnt, ebenso wie im selben Jahre der Maler Cornelis Claesz. Heda, welcher ihm aus Indien schönes Ultramarin zuschicken ließ. Er malte große biblische, mythologische und Genre-Darstellungen in Anlehnung an die Venezianer, von denen aber nichts erhalten zu sein scheint; denn das in der Samml. Hammer in Stockholm erwähnte Bild ist ihm jedenfalls falsch beigelegt. Karel van Mander beschreibt aber mehrere, wie auch ein ebenfalls verschollenes, 1618 gemaltes Schützenstück für einen der Amsterdamer Doelen. E. van Paenderen hat nach ihm einen hl. Hieronymus gestochen, B. Lens eine Darstellung von Bacchus, Venus und Ceres geschabt. H. Hondius gibt in seiner Sammlung von Malerporträts B.s Bildnis. Als seine Schüler werden erwähnt: Adriaen van Nieulandt, Jeremias van Winghe, Philips Lysart, Cornelis Jansz., Anthonie Barnaert, Caspar Duyff, Lenaert Gerritsz. und der berühmte Dichter Gerbrand Adriaensz. Bredero.

C. v. Mander, Het Schilderboeck ed. 1618 211 uff. — Obreens Archief VI 35. — Oud-Holland I 197, III 172, IX 189, XXI 79. — G. Az. Bredero, Nederduytsche Poëmata, Amsterdam 1644. — V. d. Willigen, Les artistes de Haarlem, 155. *E. W. Moes.*

Badens, Jan, Bruder des Francesco Badens, geb. in Antwerpen am 18. 11. 1576, bereiste Deutschland und Italien u. hatte schon einen guten Ruf als Maler, als er bei seiner Rückkehr in die Heimat von Soldaten gefangen und geplündert wurde, infolgedessen er 1603 gestorben ist.

C. v. Mander, Het Schilderboeck ed. 1618, S. 212 recto. *E. W. Moes.*

Badens, Joost, wird als Meisterssohn 1569 in den Liggere zu Antwerpen erwähnt und ist wahrscheinlich der Vater von Francesco u. Jan. Kurz nach dem 18. 11. 1577 siedelte er nach Amsterdam über, wo er 1604 starb. Von seinen Bildern, welche van Mander unbedeutend nennt, ist nichts übrig geblieben.

C. v. Mander, Het Schilderboeck ed. 1618 S. 211 verso. *E. W. Moes.*

Badens, s. auch *Batens.*

Bader, Ravensburger Malerfamilie des 15. und 16. Jahrh. Nachweisbar sind von 1482 bis 97 *Jörg,* 1482—94 *Hans,* 1482 *Andreas* und 1515 *Oswald.*

Württembergische Vierteljahreshefte XII. Heft 2—3, p. 121. *Hs. L.*

Bader, Augustin, Landschafts- und Porträtmaler in Paris, geb. in Tours (Indre-et-Loire), Schüler von Renoux, stellte in den Salons 1835—1868 wiederholt, meist Schweizer Landschaften, aus.

Bellier-Auvray, Dict. gén. *H. V.*

Bader, Christian Gottlieb aus Torgau, seit 1732 Maler an der Meißner Porzell.-Manufakt., † am 15. 7. 1797. Ein *Christian B.* war dort bereits unter Böttger als Maler tätig.

W. Loose, Lebensläufe Meißner Künstler, p. 206. — Mannschaftsb. d. kgl. Manuf. 1744—95. — Berling, Meißn. Porz., 1900. — Zimmermann, Erfindg. d. Meißn. Porz. etc., Berl. 1908.

Bader, Constantin, Bildhauer von München, fertigte die rotmarmorne Grabplatte des Hainerich Jörg, Grafen zu Hohenwaldeckh u. Mäxelrain, † am 14. 4. 1639 und seiner (nach 1643 gestorbenen) Gemahlin Maria Elisabeth in der Kirche zu Beiharting in Oberbayern.

Kunstdenkmale d. Königr. Bayern I 1580.

Bader, Friedrich Wilhelm, bekannter Wiener Holzschneider, geb. am 3. 7. 1828 in Brackenhein bei Heilbronn, Schüler von Deis in Stuttgart. Im Jahre 1850 schnitt er im Atelier August Gabers in Dresden die Lud. Richterschen Werke: Beschauliches und Erbauliches, Illustrationen zu Bechsteins Märchenbuch, der Kalender: Die Spinnstube. 1851 siedelte er nach Wien über, wo er 1855 mit Rud. von Waldheim eine Kunstanstalt gründete und 1869 ein bald blühendes eigenes Institut für Holzschneidekunst eröffnete. Er pflegte als erster wieder in Österreich den echten Holzschnitt im Stile des 16. Jahrh. und schnitt u. a. die Trachtenbilder nach Dürers Zeichnungen in der Albertina, die große Ansicht Wiens 1873, ferner die Textbilder für das Kronprinzenwerk „Eine Orientreise" und die Illustr. für das Werk: Der Reliquienschatz des Braunschweig-Lüneburgschen Hauses.

Meyer, Kstlerlex. II 531. **

Bader, Johann, Bildhauer zu Margreid um 1776. *Dr. Franz Innerhofer.*

Bader, Joseph, Vater und Sohn, Schweizer Kunstschreiner in Rüttnau bei Solothurn, fertigten in den 70er Jahren des 18. Jahrh. nach den Angaben des Architekten Gaëtano Mattheo Pisoni das im Museum zu Solothurn aufbewahrte große Holzmodell der neuen Kathedrale von St. Urs und Victor daselbst.

Zetter-Collin bei Brun, Schweizer. Kstlerlex. *H. V.*

Bader, M. Hans, Kunstgießer in Frankfurt a. M., fertigte 1623 eine verschollene Platte für das Epitaphium des Nicolaus Lohr für den St. Peterskirchhof daselbst. Dargestellt waren N. Lohr, seine Frau und vier Kinder, die betend in einer Landschaft knieten.

Hüsgen, Nachrichten v. Frankf. Künstlern. — Gwinner, Kunst u. Künstler in Frankfurt. S. 129. *Schrey.*

Bader, Micher, Geschützgießer in Stockholm, fertigte 1494 und 1495 zwei Kanonen, die sich heute im kaiserl. Arsenal in St. Petersburg befinden.

Champeaux, Dict. d. fondeurs etc. 1886.

Bader, Wilhelm Joh., Maler und Radierer, geb. zu Darmstadt am 24. 7. 1855, seit 1873 Schüler der Berliner Akad., ging 1874 nach einer Studienreise durch Tirol an die Akad. zu München und wurde Schüler von Löfftz, Dietz, O. Seitz und A. Müller. Von hier aus kehrte er 1897 nach Darmstadt zurück, wo er eine Malschule leitet. Zu seinen früheren Arbeiten gehören: Sisyphus und Danaïde, Unschuld und Liebe (1881), Im Reich der Töne (1883); dekorative Malerei des „Café Danner" (München), Malerei der Sängerlaube auf Schloß Neuschwanstein. — Spätere Arbeiten: Waldquelle, Ruine am Meer, Windig Wetter, Dämmerung, Das Alter (v. Heyl), Flora (Hofrat Koch) und mehrere Porträts. Er liebt poetisch-innige Darstellungen einfacher Art, die er in leuchtenden Farben gibt. Von besonderem Reiz sind seine zart aquarellierten Landschaften nach Motiven seiner Heimat. Von ihm sind radiert: Der Sack in der Winde, Der betende Pilger, Sturmabend auf der Heide, Der Esel mit dem Sack, Die Wassermühle, Die alte Eiche, Die alte Windmühle (Glasradierung). Lithographien: Die Figur mit dem Heiligenschein, Waldkapelle, Einöde, Mondnacht, Am Waldrand, Die Quelle, Vergänglichkeit, Altar im Walde, Es lacht die Au, Betender Eremit, Die Felskapelle (Waitz' Verlag, Darmstadt).

Kunstchronik XVII 210. — Kunst f. Alle III (1888), VII (1892), XIX (1904), (Die Kunst, IX), XX, (Die Kunst XI). — Die Graphischen Künste 1903. Mittlgn. p. 20. — Deutsche Kunst u. Dekoration IX T. 1. *Beringer.*

Bader-Pfaff, Caecilie, s. *Graf,* C.

Bader, s. auch *Baader.*

Badereau, Pierre, französ. Steinmetz („maître Maçon"), arbeitete 1630 an der Vollendung der Altäre der Kirche von Angrie.

C. Port, Les Artistes Angevins. *H. V.*

Baderl, Maler des 19. Jahrh. aus dem Ötztal (Tirol). Zu Huben im Ötztal zwei Seitenaltarbilder von ihm: Herz Jesu und Maria, von c. 1820.

Ritter von Alpenburgs Reise ins Ötztal. *H. S.*

Baderna, Bartolomeo, Maler und Kupferstecher in Piacenza, wo er durch den Cav. Ferrante ausgebildet und gemeinsam mit seinem Bruder *Pietro* B. ca. 1655—85 künstlerisch tätig war. Nach Boni sollen die besten Bilder von der Hand dieses Malers (Madonnen und Porträts) unter anderen Namen gehen. Sicher von ihm stammen einige in den Kirchen seiner Vaterstadt befindliche Altargemälde, so der Dreieinigkeitsaltar in S. Andrea, der hl. Petrus von Alcántara in der Chiesa di Campagna und die um 1685 entstandenen Malereien in S. Paolo (Fassadenfresken und biblische Historien im Innern). Ebenso hat B. gemeinsam mit seinem stilistisch nicht von ihm unterscheidbaren Bruder und Gehilfen Pietro die großen Gemälde in einem Saale der Casa Fogliani zu Piacenza ausgeführt.

Rosini, Storia d. Pitt. VI 240. — Lanzi, Stor. Pitt. (ediz. V) IV 94. — Boni, Biogr. d. Art. — Carasi, Le pubbl. pitt. di Piacenza (1780). — L. Scarabelli, Guida di Piacenza (1841). — Ambiveri, Artisti Piacentini (1879) p. 116 ff. *St. Lottici.*

Baderna, Pietro, s. *Baderna,* Bartolomeo.

Badeslade, Thomas, topographischer Zeichner, tätig in London um 1718—1750, zeichnete für die Stecher Toms und Harris englische Herrenhäuser und machte die Zeichnungen für Dr. John Harris' History of Kent 1719.

Redgrave, Dict. of Artists 1878. — Meyer. Kstlerlex. II 532. **

Badessa, italien. Zeichner u. Kupferstecher vom Ende des 17. Jahrh., von dem nur eine Radierung, der Tod zu Roß der Zeit folgend, bezeichnet: „Il Badessa di sua Inventione" bekannt ist.

Meyer, Kstlerlex. *P. K.*

Badger, T., amerik. Maler-Lithogr. Sein 1825 auf Stein gezeichnetes Porträt von Col. James Clark, einer der frühesten guten Steindrucke in Amerika. *E. Richter.*

Badia, Antonio, span. Maler und Zeichner, geb. in Valencia, ausgebildet seit 1854 an der dortigen Acad. de San Carlos. Als geschickter Zeichner entwickelte B. eine reiche Tätigkeit auf dem Gebiete der Buchillustration u. zwar sowohl für Sonderpublikationen wie Madoz' „Diccionario geografico" als auch für Zeitschriften wie „El Fénix" und „Las Bellas Artes".

Ossorio y Bernard, Galeria biogr. de art. españoles del siglo XIX (1883—84). — Alcahali, Diccion. biogr. de art. valencianos (1897). *P. Lafond.*

Badia, Juan, Goldschmied in Barcelona. Im dort. Innungsarchiv eine Zeichnung von seiner Hand zu einem Halsschmuck, dat. 15. 2. 1565.

Viñaza, Adic. II 43. *M. v. B.*

Badia, Juan, Maler in Valencia. Am 30. 5. 1618 empfängt er eine Zahlung für ein Bild des hl. Narcissus.

Alcahali, Artist. Valenc. S. 56. *M. v. B.*

Badiale, Alessandro, italien. Maler u. Kupferätzer, geb. 1623 zu Bologna, † ebendaselbst 1668, wurde von Flaminio Torre, einem Schüler des Guido Reni, unterrichtet, und lieferte angeblich schätzbare Gemälde für verschiedene Staats- und Privatgebäude seiner Vaterstadt. Er hinterließ auch eine kleine Anzahl Radierungen in freier, etwas nachlässiger, aber geistreicher Manier, Bartsch beschreibt von unserem Künstler nur fünf Bll.; zwei weitere erwähnt Kolloff in Meyers Kstlerlex. Es sind: 3 Madonnendarstellungen nach Carlo Cignani (B. 1) u. Flaminio Torre (B. 2 u. 3), eine Kreuzabnahme (B. 4), ein

Evangelist Johannes (Bartsch XIX 216, No. 5 unter Flaminio Torre), ein Ziegenhirt (B. 5, gleich den beiden vorhergehenden nach Flaminio Torre) und eine Dame mit ihrem Sohne am Schreibpulte (Katal. Malaspina II 322). — Die beiden Heiligen Familien, die ihm Heinecken, Huber u. andere beilegen, sind, wie Bartsch (XIX p. 152, No. 8 u. p. 156, No. 8) versichert, von Elisabetta Sirani nach G. A. Sirani radiert.

Zani, Encicl. III 19. — Malvasia, Felsina Pittrice II 130. — Huber u. Rost, Handbuch IV 47. — Bartsch XIX 225. — Le Blanc, Manuel I 117. — Nagler, Monogr. I No. 144, 175, 215. — E. Kolloff in Meyers Kstlerlex. *R.*

Badiaschi, Giuseppe, italien. Maler, geb. in Piacenza am 29. 3. 1795, † ebenda am 26. 1. 1883. Ausgebildet am dortigen Istituto Gazzola, führte B. später dekorative Malereien aus in den Palazzi Scotti della Scala, Calciati, Fogliani und Scotti di Vigoleno. Für die Theater zu Piacenza, Turin und Venedig malte er Bühnendekorationen. Unter seinen zahlreichen Bildnismalereien ist hervorzuheben das Porträt des Conte Paolo Scotti, letzten bourbonischen Gouverneurs von Piacenza (jetzt im Besitze der Familie Scotti in Piacenza).

Gazzetta di Parma 1858. — Gemmi, Not. d'uom. illustri Piacentini (Mscr. in Piacenza Bibl. Passerini-Landi). — L. Scarabelli, Mem. (Mscr. in Piacenza, Bibl.). — L. Ambiveri, Art. Piacentini (1879) p. 227. *St. Lottici.*

Badier, Florimond, französ. Buchbindekünstler des 17. Jahrh. Wir kennen 2 Einbände, die er selbst mit seinem Namen als seine Arbeiten bezeichnet hat (Nationalbibliothek in Paris). Einige Gelehrte wollen ihn mit seinem berühmten Zeitgenossen *Le Gascon* identifizieren, indem sie des letzteren Namen als bloßen Beinamen („der Gascogner") auffassen, doch bleibt diese Ansicht Hypothese.

J. Loubier, Der Bucheinband (Bd. X d. Monogr. d. Kunstgew., herausg. v. Sponsel) p. 155, 156. *H. V.*

Badile, Angelo, Maler des 16. Jahrh. in Verona, Sohn (oder Neffe) und Schüler des Antonio IV Badile, dessen Bildnis er auf einer ihm zugeschriebenen Darstellung der Beschneidung Christi in der nicht mehr vorhandenen Kirche S. Zeno in Monte zu Verona angebracht haben soll.

Dal Pozzo, Le vite de' pitt. etc. Veronesi, p. 270. — Arch. stor. d. arte ital. 1890, 220. — Zannandreis, Vite dei pitt. etc. Veronesi (ed. G. Biadego 1891). *L. Simeoni.*

Badile, Antonio I, Maler in Verona, † vor 1409, wie aus der urkundlichen Bezeichnung seines Sohnes Giovanni B. in der Veroneser Steuereinschätzung von 1409 hervorgeht. *L. Simeoni.*

Badile, Antonio II, Maler in Verona, geb. 1424 als Sohn des Giovanni B.; urkundlich erwähnt bis 1507. Zani sah von ihm ein Gemälde mit der Signatur: Anno 1481. Antonius Bailus de Veña. Pinxit. Für S. Maria della Misericordia (jetzt S. Alò) malte er 1497 im Auftrage der Veroneser Goldschmiede 2 Altarbilder, darstellend 3 Heilige und die Pietà (jetzt verschollen).

Zani, Encicl. III 260. — Bernasconi, Studj etc. della scuola pitt. Veronese (1864) p. 225, 243. — Arch. stor. d. Arte ital. 1890, 220. — Zannandreis, Vite dei pitt. etc. Veronesi (ed. G. Biadego, 1891). — Nuovo Arch. Veneto 1906. II 91—134; 1907, I 152—170.

Badile, Antonio III, Maler in Verona, Sohn des älteren Bartolomeo B., urkundlich erwähnt 1492.

Arch. stor. d. Arte ital. 1890, 220. — Zannandreis, Vite dei pitt. etc. Veronesi (ed. G. Biadego, 1891). *L. Simeoni.*

Badile, Antonio IV (oder *Giov. Antonio B.*), Maler in Verona, geb. daselbst um 1516 als Sohn des Girolamo B., † 1560; Schüler des Francesco Torbido gen. il Moro, Lehrer seines Neffen und späteren Schwiegersohnes Paolo Veronese. In Verona sieht man von ihm in der Kirche S. Nazaro e Celso eine Madonna in Gloria mit 4 Heiligen, signiert A. B. und datiert 1544; in S. Benedetto eine Auferweckung des Lazarus, datiert 1546; in der Pinakothek eine Wiederholung der letzteren Darstellung, eine von Tizians Pesaro-Madonna inspirierte Madonna in Trono mit den Aposteln Petrus und Andreas (aus S. Spirito) u. ein Kinderbildnis; ferner in der Kirche zu Quinzano eine Madonna mit Heiligen. Verschiedene von Ridolfi erwähnte Bildnismalereien B.s sollen nach Bernasconi teils unter den dem Paolo Veronese usw. zugeschriebenen Werken noch existieren (nach Wickhoff z. B. das Porträt der Caterina Cornaro im Wien. Hofmus.), teils verschollen sein (darunter ein Porträt des 1543 verstorbenen Bischofs Giberti). — Das Turiner Museum besitzt von B. ein zwar unsigniertes, aber auf Grund einer alten Überlieferung ihm offenbar mit Recht zugeschriebenes, vortreffliches Altargemälde, eine ziemlich große Darstellung der Jungfrau im Tempel, bei der man merkwürdigerweise im einzelnen den Einfluß Carotos, Girolamos dai Libri, Bonifazios, ja sogar Morettos da Brescia nachweisen kann. In der ausgezeichnet schön behandelten Architektur, besonders in den Marmorsäulen, erkennt man deutlich das Vorbild für die Architekturen Paolo Veroneses. Auch erhellt aus dem Ganzen die Richtigkeit der Angabe, daß B. als einer der ersten in Verona eine freiere Darstellungsweise und eine breitere malerische Behandlung eingeführt habe. Zu Badiles Schülern gehörte Battista Zelotti und nach den neueren Herausgebern des Vasari auch Orlando Fiacco.

Meyer, Kstlerlex. (mit ält. Lit.). — Zani, Encicl. III 20, 260. — G. Cignaroli in Miscell. ser. IV dei Monum. ed. dalla R. Deputaz. Veneta di storia patria, vol. XI p. 19.—62. — C. Bernasconi, Studj etc. della scuola pitt. Veronese (1864) p. 308. — R. v. Eitelberger in Zeitschr. f. bild. Kst. 1873 p. 213 ff. — Catal. delle R. Gallerie di Venezia (1887) p. 63. — P. Caliari, Paolo Veronese (Rom 1888) p. 12 f. — Zannandreis, Vite dei pitt. etc. Veronesi (ed. G. Biadego, 1891). — Arch. stor. d. Arte ital. 1897 p. 134, 242. — Catal. della R. Pinacoteca di Torino (1899) p. 567. — Catal. dell' Esposiz. d'Arte Sacra a Cremona 1899. — G. Biermann, Verona (Leipzig 1904) p. 176 f. — J. Burckhardt, Cicerone II. — Mit Notizen von L. Simeoni. *R.*

Badile, Bartolomeo I, Maler in Verona, Sohn des Giovanni B., urkundlich erwähnt 1445 und 1451. Seine Signatur „Bartolomeus Baili" findet sich auf einem der neuerdings von ihrer Übertünchung wieder befreiten Votivfresken in S. Pietro Martire zu Verona, auf denen unter steter Wiederholung des gleichen Kompositionsschemas die Madonna dargestellt ist mit 2 Heiligen u. einem knienden Ritter. In der handwerksmäßigen Ausführung dieser Fresken lassen sich gleichwohl verschiedene Hände nachweisen; Biermann vermutet daher, daß außer Bartolomeo B. auch dessen Brüder (Antonio II u. Pier Paolo, nicht Francesco und Girolamo B.) an diesen Votivmalereien beteiligt waren. — Außerdem betrachtet Biermann diesen älteren Bartolomeo B. auch als den Schöpfer des Triumphbogenfreskos in S. Fermo Maggiore zu Verona, darstellend Gott Vater und die in Anbetung knienden Vollender des Kirchenbaues Guglielmo da Castelbarco und Abt Daniele Gusmano. In den älteren Veroneser Guiden dagegen wird dieses Fresko als das Werk eines jüngeren, erst 1545 verstorbenen Bartolomeo B. ausgegeben, der augenscheinlich identisch wäre mit unserem Bartolomeo Badile II.

Arch. stor. d. Arte ital. 1890 p. 220. — Tanfani-Centofanti, Art. Pisani (1897) p. 234. — G. Biermann, Verona (Leipzig 1904) p. 102. — Nuovo Arch. Veneto 1906, II 91—134. — Zannandreis, Vite dei pitt. etc. Veronesi (ed. G. Biadego, 1891). — Mit Notizen von L. Simeoni. *R.*

Badile, Bartolomeo II, Maler in Verona, Sohn des Antonio II B.; urkundlich erwähnt 1464—1544. Über das nach Persico u. Rossi angeblich von ihm gemalte Triumphbogenfresko in S. Fermo Maggiore zu Verona s. *Badile,* Bartolomeo I.

Persico, Descriz. di Verona (1820) p. 190. — G. M. Rossi, Nuova Guida di Verona (1854) p. 146. — Arch. stor. d. Arte ital. 1890, p. 220. — Zannandreis, Vite dei pitt. etc. Veronesi (ed. G. Biadego, 1891). *R.*

Badile, Francesco I, Maler und Bildschnitzer in Verona, Sohn des Antonio II B., urkundlich erwähnt 1476—1544. Im Museo Civico zu Verona wird ihm ein Gemälde mit der Darstellung der Ausgießung des hl. Geistes zugeschrieben, ebenso im Hospital ein aus S. Bovo stammender Madonnenaltar.

Persico, Descriz. di Verona (1820) p. 228. — Bernasconi, Studj etc. della scuola pitt. Veronese (1864) p. 308. — Arch. stor. d. Arte ital. 1890, p. 220. — Zannandreis, Vite dei pitt. etc. Veronesi (ed. G. Biadego, 1891). — Biadego, L'Arte degli orefici. — Nuov. Arch. Veneto 1906, II 91—134. — Mit Notizen von L. Simeoni. *R.*

Badile, Francesco II, Maler in Verona, Sohn des Bartolomeo II B.; urkundlich erwähnt 1505—1557.

Arch. stor. d. Arte ital. 1890 p. 220. — Zannandreis, Vite dei pitt. etc. Veronesi (ed. G. Biadego, 1891). *R.*

Badile, Giovanni, Maler in Verona, Sohn des Antonio I B., 1409—1447 urkundlich erwähnt, † vor 1478 laut einer auf seinen Sohn Antonio II B. bezüglichen Urkunde („Antonius Baylus pictor q. Magistri Johannis pictoris"). Schwächerer Schulnachfolger des Stefano da Zevio. Seine (von L. Venturi angezweifelte) Signatur „Johēs Baili" findet sich auf einem aus S. Tommaso Cantuariense stammenden 7teiligen Altarwerke des Museo Civico zu Verona, darstellend die Madonna zwischen 6 Heiligen und stilistisch übereinstimmend (nach Simeoni) mit dem Madonnenaltare der Kirche zu Boi (Caprino Veronese). Außerdem hat Giovanni B. nach Simeoni 1443 die Cappella Guantieri in S. Maria della Scala zu Verona mit den noch jetzt daselbst vorhandenen Freskodarstellungen aus dem Leben des hl. Hieronymus geschmückt.

Bernasconi, Studj etc. d. scuola pitt. Veronese (1864) p. 224 f. — Crowe u. Cavalcaselle, Gesch. d. ital. Mal. (1873) V 487. — G. Cignaroli in Miscell. ser. IV de' Monum. ed. dalla R. Deputaz. Veneta di storia patria XI 19—62. — Arch. stor. d. Arte ital. 1890, p. 220. — Zannandreis, Vite dei pitt. etc. Veronesi (ed. G. Biadego, 1891). — Tanfani-Centofanti, Art. Pisani (1897) p. 233 f. — J. Burckhardt, Cicerone (Leipzig 1904) II 735 i. — G. Biermann, Verona (Leipzig 1904) p. 101 f. — L. Venturi, Le Origini d. pitt. Veneziana (1907) p. 72—75. — L. Simeoni in Nuovo Arch. Veneto 1907, I 152—170. — Mit Notizen von L. Simeoni. *R.*

Badile, Girolamo, Maler in Verona, Sohn des Antonio II B. und Vater des Antonio IV B.; urkundlich erwähnt 1465—1531.

Arch. stor. d. arte ital. 1890, p. 220. — Zannandreis, Vite dei pitt. etc. Veronesi (ed. G. Biadego, 1891). *R.*

Badile, Niccolò, Maler in Verona, ältestes bisher bekanntes Mitglied der Künstlerfamilie B.; in einer Urkunde von 1393 als bereits verstorben erwähnt. *L. Simeoni.*

Badile, Pietro Paolo I, Maler in Verona, geb. zu Beginn des 15. Jahrh. als Sohn eines Francesco B. (vermutlich eines Bruders des Antonio I B.).

Bernasconi, Studj etc. d. scuola pitt. Veronese (1864) p. 226. *R.*

Badile, Pietro Paolo II, Maler in Verona, Sohn des Giovanni B.; urkundlich erwähnt 1446—76.

Lit. s. *Badile,* Girolamo. *R.*

Badillo, Felix, span. Porträtmaler und Lithograph, der 1872—73 eine große Sammlung von Bildnissen in Steinzeichnung veröffentlicht und auch für die Zeitschrift „La Ilustración" eine reiche Tätigkeit als Bildniszeichner entwickelt hat. Von seinen Porträtgemälden sind besonders erwähnenswert die Bildnisse des Königs Alfonso XII. von Spanien (gemalt im Auftrage der Deputación provinciale zu Guadalajara), der Königin Mercedes von Spanien und des Antonio Alcala Galiano.

Ossorio y Bernard, Galeria biogr. de art. españoles del siglo XIX (1883—84). *P. Lafond.*

Badin, Jean Jules, Maler, geb. zu Paris 1843, Sohn des P. A. Badin, folgte seinem Vater in der Direktion der kgl. Manufaktur von Beauvais. Schüler von Cabanel und Baudry, stellte im Salon seit 1873 Porträts, Genre- und Historienbilder aus. Die hauptsächlichsten sind: Haydée (1873), die Königin Mabe (1874), Circe (1875), die Tochter des Landsknechts (1881), Kleine Musikantinnen (1884).

Bellier-Auvray, Dict. gén. — Salonkataloge 1873—1899. *G. Geffroy.*

Badin, Jean Victor, französ. Bildhauer, geb. in Toulouse, Schüler von Falguière und De Mercier; im Pariser Salon stellte er aus: 1897 „Arion" (Gipsgruppe), 1899 „Schlummernde Quellnymphe (Marmor), 1902 „Ruhender Faun" (Gipsgruppe), 1903 „Bethmalaise aux champs" (Gipsstatue), 1904 „Erwachende Nymphe" (Gipsrelief).

Pariser Salon-Kataloge 1897—1904. *S. Lami.*

Badin, Pierre Adolphe, französ. Porträt- und Genremaler, geb. zu Auxerre am 28. 7. 1805, † 1877, Schüler von Edouard Picot, studierte seit 1826 an der Ecole des B.-A. und stellte 1833 zuerst im Salon einen sich vor dem Sturme schützenden Bettler aus. In den nächsten Jahren sandte er Porträts, Geschichts- und Genrebilder; unter diesen sind hauptsächlich erwähnenswert: „Der sterbende Wouwermans verbrennt seine Studien" (Salon von 1834), „St. Germain, Bischof von Auxerre, die Gnade des Königs Eocarix erflehend" (Salon 1849), „Die Verteidigung von S. Jean de Losne 1636" (Salon 1847, im Mus. von Avignon). Diese beiden Gemälde waren vom Ministerium des Auswärtigen beim Künstler bestellt. „Das kranke junge Mädchen" (Museum von Le Havre). Sein „Landarzt" brachte ihm 1839 eine Medaille 3. Klasse. Als Porträtist malte er das Bildnis des Marschalls, Herzog Gaspard de Clermont-Tonnerre (1835) und eins von Louis, Herzog von Orléans (1839), das sich im ehemaligen Palais von St. Cloud befand. Einige Werke von Badin sind mit dem Namen Godefroy bezeichnet. Im Salon von 1848 stellte er zum letzten Male aus, und zwar „Die Predigt des hl. Antonius". In diesem Jahre wurde er zum Direktor der Gobelin-Manufaktur, 1850 zum Direktor der Manufaktur von Beauvais ernannt. Dort führte er nützliche Verbesserungen im technischen Verfahren ein und blieb bis 1870 Direktor der vereinigten Gobelinmanufakturen.

Bellier-Auvray, Dict. gén. *G. Geffroy.*

Badioli, Nicola, italien. Goldschmied in Neapel, wo er 1750 für den Altar des Klosters „Trinità delle Monache" eine goldene Krone mit Lapislazuli-Knauf auszuführen hatte.

Fiordelisi in Napoli Nobiliss. VIII 184. *G. Ceci.*

Badiou de La Tronchère, Jacques Joseph Emile, französ. Bildhauer, geb. am 16. 11. 1826 in Monastier, † 1888 in Puy. Ausgebildet seit 1849 an der Pariser Akademie unter Jouffroy, blieb B. in Paris selbst hauptsächlich als Porträtbildner tätig. Seine Hauptwerke sind: Zwei Schwestern (Gipsgruppe 1852), Valentin Haüy gründet das Pariser Blindenheim (Gipsgruppe 1855, in Marmor ausgeführt 1861 für den Hof jenes Institutes), La Prodigalité (Marmorstatue 1859), Bronzestatue des Baron Larrey für die Stadt Tarbes (1864), Marmorstatue der Marguerite de Valois für die Stadt Angoulème (1872), Marmorbüste des Pariser Universitätsrektors von 1694, Charles Rollin, für die École normale zu Paris (1872), bronzenes Medaillon-Bildnis des Ingenieurs Alex. Clair für dessen Grabmal auf dem Montparnasse-Friedhofe (1885).

Bellier-Auvray, Dict. gén. des artistes (mit Supplément). — Nouv. Arch. de l'Art français 1897, p. 277. — Kunst f. Alle 1889, p. 61. *S. Lami.*

Baditz, Ottó, ung. Genremaler, geb. 1849 in Tót-Keresztúr, studierte anfangs Rechtswissensch., widmete sich jedoch bald künstlerischen Studien, erst in Wien, dann 3 Jahre bei Diez in München und malte schon hier Szenen aus d. ung. Bauernleben. Sein erstes größeres Werk „Verurteilt" wurde als Prämienblatt für d. Ung. Landesverein f. bild. Künste von Papp radiert. 1882 wurde sein Gemälde „Weihnacht" vom Kultusetat mit 500 fl. prämiiert. 1885 stellte er die Engelmacherin aus, welche für d. Residenzst. (Museum Budapest) erworben wurde. 1890 gewann er den Künstlerpreis mit dem Genre „Vor dem Richter" (jetzt im Museum d. schönen Künste, Budapest). In diesem Jahre verließ er München, um fortan in Budapest zu wirken, wo er auch für Zeitschriften Federzeichnungen machte und u. a. Gedichte Josef Kiss' illustrierte. Sein malerischer Stil ist vom Münchener Genrebild der 80er Jahre abhängig. Lebt in Budapest. *K. Lyka.*

Badius, J. F., Architekt, Schöpfer der 1520—28 neu erbauten Abteikirche zu Montbenoît, wie aus der neuerlich am Schlußstein der Gewölbe entdeckten Inschrift: J. F. Badius faciebat 1525 Kl. Martii hervorgeht. Er ist vielleicht ein Sohn oder Verwandter des berühmten Druckers Jodocus Badius (geb. 1462 in Assche bei Brüssel).

Réun. d. sociét. d. beaux-arts XXI 245 ff., XXIII 682. *H. V.*

Badlowsky, s. *Batlowsky.*

Badollet, Abraham, Ornamentstecher, Frankreich, um 1700. Von ihm eine Folge Dosenteile, Uhrdeckel, Flacons u. a.

Badouin, Claude, französ. Freskomaler, erst unter Rosso, dann unter Primaticcio 1535—1550 in Fontainebleau tätig und da als Hilfsarbeiter von erstem Rang bezahlt. Er arbeitete dort Teppichkartons und, nach Félibien, soll er für die noch zum Teil erhaltenen Glasmalereien in der heiligen Kapelle zu Vincennes Handzeichnungen gefertigt haben. Vielleicht ist er mit dem von Vasari erwähnten Claudio da Parigi identisch.

Félibien, Entretiens sur la vie des plus fameux peintres I 704. — Vasari-Milanesi, IV 418, 420. — Laborde, Comptes des Batiments du roi I 89, 204. — F. Herbet, Le château de Fontainebleau 1903, p. 28. *L. Dimier.*

Badoureau, J. F., Kupferstecher in Paris, um 1819 bis 1835, arbeitete meist nach fremden Vorbildern (Raffael, Tizian, Lionardo, Tassaert etc.). Unter den Blättern eigener Erfindung ist namentlich erwähnenswert das Porträt Ducrows, premier Ecuyer de Londres (gr. Fol.).

Meyer, Kstlerlex. (hier ausführl. Verzeichnis seiner Arbeiten). — Béraldi, Les Graveurs du XIXe Siècle. *H. V.*

Badoux, Robert de, s. *Baudous.*

Badowski, Adam, poln. Maler, geb. zu Warschau 1857, † daselbst am 23. 9. 1903. Studierte seit 1878 in der Krakauer Kunstschule unter Florian Cynk und Leopold Loeffler, dann mehrere Jahre in Wien, München und Rom. Seinen Jugendwerken (z. B. Columbarium), in welchen er als Historienmaler auftrat, folgten fast ausschließlich Porträts, die ihm die Anerkennung seiner Vaterstadt und auch des Auslandes erwarben. Er wurde zum Nachfolger Gersons an der Warschauer Zeichenschule ernannt. Abgesehen von einer allgemeinen braunen Tönung im Kolorit, zeichnen sich seine Porträts durch scharfe Charakteristik aus (Warschauer Erzbischof Vinzenz von Popiel 1896).

Auf deutschen Ausstellungen war er vertreten: in München 1893, in Berlin 1891 und 1896, in Dresden 1901.

Świeykowski, Pamietnik T. P. S. P. w Krakowie 1854—1904, mit weiteren bibliogr. Angaben. — Wielka Encyklopedya Illustr. *C. M. v. Górski.*

Badstedt, Bendix, s. *Bachstett.*

Badstüber, Christoph (nicht Christian), in Nürnberg, geb. 1613, der in Meyers Kstlerlex. (wohl auf Grund des anonym erschienenen Werkes von Panzer „Beytrag zur Geschichte der Kunst oder Verzeichnis der Bildnisse der Nürnbergischen Künstler". Nürnberg 1784 S. 1) fälschlich als Kupferstecher figuriert, hat mit dieser Kunst nur insofern etwas zu tun, als er Kupferplatten für die Stecher verfertigte. Dies geht aus dem Spruch auf dem Schabkunstblatt des Georg Fennitzer, der 1674 B. „ad vivum" porträtierte, deutlich hervor:

„Der so der Blatten viel zum stechen hat gemacht
wird von den Stecher selbst zu kupffer hier gebracht." *Th. Hampe.*

Baduel, französ. Architekt, geb. in Bournazel (Aveyron), tätig um die Mitte des 16. Jahrh., studierte in Italien und war später am Bau des Louvre beschäftigt.

Lance, Dict. d. Architectes franç *H. V.*

Baduel, Paul Antoine, Genre- und Porträtmaler in Paris, geb. daselbst, Schüler von Pils, Léon Cogniet und Feyen-Perrin, stellte in den Salons 1875, 77, 80 aus.

Bellier-Auvray, Dict. gén., Suppl. *H. V.*

Badur, John, schott. Maler in Rom im 18. Jahrh.

Missirini, Storia d. rom. Accad. di S. Luca 1823 p. 463. **

Baeck, Elias, genannt Heldenmuth, Maler und Kupferstecher, geb. 1679. Er studierte in Rom, wo er den Beinamen erhielt, war 1705 in Venedig, lebte dann längere Zeit in Laibach und ließ sich später in Augsburg nieder, wo er 1747 starb. Er malte und stach hauptsächlich Porträts, Landschaften, Bataillen, Krönungszüge und sonstige Darstellungen zeitgeschichtlicher Ereignisse. Einige seiner Stiche sind bezeichnet: E. B. a. H. (Elias Baeck alias Heldenmuth).

Meyer, Kstlerlex. II 534 (mit Oeuvre). — Nagler, Monogr. II No. 513, 1520. **

Baeck, s. auch *Beck.*

Baeckelmans, François, Architekt in Antwerpen, geb. daselbst 1827, † 1896, Schüler der Antwerpener Akademie und von Bergmans. Sein Hauptwerk ist die Kirche Notre-Dame de bon Secours in Péruwelz. Gemeinsam mit seinem Bruder *Louis* erbaute er das Palais de Justice und die Kirche St. Amand in Antwerpen, gemeinsam mit H. Beyaert die Kirche Saint Jean in Borgerhout.

Cat. ill. de l'expos. rétrosp. de l'art belge. Brüssel 1905. *H. V.*

Baeckelmans, Louis, Architekt und Professor an der Akad. zu Antwerpen, Bruder von François, geb. daselbst 1835, † im November 1871, Schüler der Antwerpener Akad., wo er 1856 den prix de Rome erhielt. Er reiste darauf drei Jahre in Frankreich, Italien und Deutschland. Seine beiden Hauptwerke in Antwerpen sind der an die französ. Schloßbauten aus der Zeit Louis' XIII. erinnernde Justizpalast und die in frühgotischem Stil erbaute Backstein-Kirche St.

Amand. In der Konkurrenz um den Bau eines Justizpalastes in Brüssel errang er den ersten Preis, doch kam sein Entwurf nicht zur Ausführung.

Zeitschrift f. bild. Kunst. XII 51, 78, 79. — Journal d. beaux-arts 1871 pag. 168 (Nekrolog). *H. V.*

Baede-Martini, Johann, kunstvoller Beindrechsler in Breslau, stirbt 88 Jahre 8 Monate alt, wird begraben am 1. 12. 1748. *E. Hintze.*

Bähr, Adam, Goldschmied, Augsburg, † 1759, „berühmter Gold-Arbeiter allhier", wie er in einer Dedikationsschrift zu seiner Wiederverheiratung 1734 genannt wird. Sein Wappen, ein schreitender Bär u. sein Todesdatum ergibt sich aus der Augsb. G. S. Wappentafel 1741.

Notizen von M. Rosenberg. **

Baehr, Georg, Baumeister, geb. 1666 zu Fürstenwalde bei Lauenstein im Sächsischen Erzgebirge, † am 16. 3. 1738 als Ratszimmermeister zu Dresden, ist in der Geschichte des protestantischen Kirchenbaues von epochemachender Bedeutung. Sein Hauptwerk, die Frauenkirche zu Dresden, ist, wenn auch nicht die erste, so doch die charakteristischste und monumentalste Erfüllung der zu seiner Zeit zuerst aufgestellten Forderungen nach einer den besonderen Kultbedürfnissen evangelischer Gemeinden dienenden Raumgestaltung. Der gelehrte Baumeister Leonhard Christoph Sturm (1669—1729) bekundet in seinen Schriften (1718) das Streben der Zeit, eine dem protestantischen Gottesdienst dienende Kirchenbauform zu finden. Zentrale Raumanlagen mit eingebauten Emporen; Orgel, Kanzel und Altar in der Hauptaxe des Baues und im Angesicht der zu gemeinsamem Gesang und Gebet und zum Anhören der Predigt zusammengeschlossenen Gemeinde werden gefordert und hier und da schon zu bilden versucht. Schon war im sächsischen Erzgebirge zu Carlsfeld (1684—1688) die neue Form in einer kleinen Dorfkirche gefunden worden, und an der einen Seite des viereckigen Innenraums Altar und darüber Kanzel und Orgel zusammengruppiert worden. Zunächst konnte dann Baehr an solchen kleinen Aufgaben von Dorfkirchen an der weiteren Lösung der Bauaufgabe arbeiten. Die Kirche in Loschwitz bei Dresden wurde 1705—1708 nach seinen Plänen errichtet. In einem länglich achteckigen saalartigen Raum sind die Emporen hufeisenförmig bis zum Altarplatz herumgeführt. In der Kirche zu Schmiedeberg (1713—1716) wird dann von ihm die zentrale Raumanlage noch mehr betont. Von außen in der Form eines griechischen Kreuzes mit Mansardendach und zentralem Glockenturm zeigt die kleine Kirche im Innern drei im Achteck an den Altarraum angelegte Emporenreihen unter einer seitlich gewölbten Decke. Eine ganz ähnliche symmetrische Zentralanlage von etwas größeren Maßen zeigt dann die Kirche zu Forchheim bei Lengefeld, 1719—1721 von Baehr errichtet, mit geräumigerem Altarplatz. Es folgt 1725—26 die Kirche zu Hohnstein bei Pirna, bei der infolge Benutzung vorhandener älterer Bauteile der Altarraum eine größere Tiefe bekommt, aber der quadratische Gemeinderaum mit abgestumpften Ecken auch im Innern durch die im Kreisbogen angelegten Sitzreihen als zentrale Raumbildung klar betont wird.

An diesen kleineren Aufgaben hatte Baehr sein Bauprogramm für den evangelischen Kirchenbau mehr und mehr festigen können. Vom Jahr 1722 ab erhält er Gelegenheit, dieses in weit größeren Verhältnissen und in monumentaler Form im Bau der Dresdener Frauenkirche zum Ausdruck zu bringen. Schon der beschränkte Bauplatz drängte zu einer zentralen Anlage mit mehrfach übereinander liegenden Emporen. Sein erster Entwurf in der Form eines griechischen Kreuzes von 1722 mit einem achteckigen Mittelsaal zeigt deutlich die enge Verwandtschaft mit seinen Dorfkirchen. Aber das Verlangen nach größerer Monumentalität führt zum Abschluß des Saales durch eine Innenkuppel und darüber zu einem hohen Kuppelbau mit bekrönender schlank aufstrebender Laterne. Die Beanstandung der den Kreuzarmen vorgelegten Treppenhäuser führte zu einer neuen Planung mit kreisrundem von acht Pfeilern getragenem Innenraum, ringartigen Emporen u. quadratischen Außenmauern und Anlage der Treppen in den verbrochenen Ecken des Quadrates. Wiederum ist das Innere mit einer offenen Kuppel abgeschlossen, Kanzel, Orgel und Altar in dem angebauten Altarraum vereinigt. Wiederum wächst, die innere Anlage charakteristisch zum Ausdruck bringend, aus der Bedachung des unteren Baukörpers der mittlere Kuppelturm organisch empor. Die Treppen in den vier Ecken erhalten jetzt kleine Türmchen. So hat Baehr in dem 1726 genehmigten, zunächst für eine Holzkuppel entworfenen Plan, im Innern den Bedingungen des evangelischen Kirchenbaues in vollkommener Weise Rechnung tragend, in der äußeren Erscheinung eine Form gefunden, an der durch die Überführung aus dem würfelförmigen Unterbau mittels der eingeschweiften Bedachung zu der Wölbung des Kuppelturmes das Dach für die künstlerische Gesamterscheinung des von hohen Häusern eingeschlossenen Bauwerkes eine höchst reizvolle bisher bei keinem Kuppelbau entsprechend ausgebildete Bedeutung bekommen hat. Während der Ausführung faßt plötzlich Baehr den Plan, das ganze Bauwerk bis in die Spitze des Kuppelturmes in Stein auszuführen, und er vermag es auch, trotz mannigfacher Bekämpfung seines kühnen Vorhabens, trotz steter Knappheit an Geldmitteln, den Plan durchzuführen. Indem er an der äußeren glücklich gefundenen Silhouette festhält, wird ihm diese der Anlaß, die Kuppel auch konstruktiv aus dem Unterbau herauswachsen zu lassen, dadurch, daß er die Last der Kuppel und deren Seitenschub auf die Umfassungsmauern überführt. Dies geschieht durch die in das eingeschweifte Dach eingebauten Strebebögen (Spiramen, wie er sie nennt). So ist der konstruktive Organismus des Baues in seiner äußeren Erscheinung klar zum Ausdruck gelangt und hat zu einer im Zentral- und Kuppelbau einzigartigen künstlerischen Monumentalität geführt. Die Bedeutung Baehrs als Baukünstler ist mehr noch durch diese seine geniale schöpferische Tat begründet als durch Erfüllung der Forderungen des protestantischen Kirchenbaues. Als Baehr 1738 infolge eines Schlaganfalles starb, war der Bau erst bis zu dem Schlußring der Außenkuppel aufgeführt. Statt der schlanken steinernen Laterne mit hohem bekrönendem Obelisken, wodurch der Charakter des von ihm gewollten Kuppelturmes besser zum Ausdruck gelangt wäre, wurde dann wegen auftauchender Bedenken gegen die Tragfähigkeit des Unterbaues von seinem Schüler Johann Georg Schmidt eine Laterne mit gedrungener, kupferbedeckter Haube dem Bau als Abschluß gegeben. Ein Gutachten des Erbauers der katholischen Hofkirche, Gaetano Chiaveri, forderte sogar die Abtragung der Steinkuppel, die nur durch das Gegengutachten des Leipziger Stadtbaumeisters David Schatz verhindert wurde. Am 27. 5. 1743 erhielt die Laterne das bekrönende Kreuz. Die Ausführung des Baues in den damals herrschenden Barockformen ist der Konstruktion glücklich angepaßt, sie hat aber im 19. Jahrh. lange verhindert, seiner künstlerischen Bedeutung vollauf gerecht zu werden. Gottfried Semper war dann der erste, der sich in die Baehrschen Baugedanken vertieft hat. Baehrs Schüler Schmidt hat an der Annenkirche in Dresden (1764—1769) die Errungenschaften Baehrs im protestantischen Kirchenbau weiter fortführen können, doch mußte er in dem Neubau der Kreuzkirche in Dresden (1764—1792) der Gegnerschaft der Klassizisten weichen. In Sachsen ist der Einfluß der Dresdner Schule an der nach dem von Hünichen 1765 gefertigten Entwurf ausgeführten Johanniskirche in Zittau wahrnehmbar, außerhalb Sachsens an Joh. Leonhard Preys bedeutendstem Werke, der 1906 durch Brand zerstörten St. Michaelskirche in Hamburg (1751—62).

Zu dem Bau der Dreikönigskirche in Dresden-N. hatte M. D. Pöppelmann die Pläne angefertigt, aber die Ausführung wurde Fehre und Baehr von der Stadt übertragen. Seit 1732 wurde daran gebaut, 1734 wird Baehr Leiter des Baues, im Herbst dieses Jahres aber ist die Kirche schon unter Dach. In dem länglichen Saalbau konnten also Baehrs Baugedanken nur unvollkommen zum Ausdruck kommen. — Baehr war auch vielfach im Privatbau tätig, eines seiner Hauptwerke mit kräftiger Barockfassade ist das ehemalige Palais de Saxe (jetzt Löwenbräu), einer der wenigen erhaltenen Paläste des 18. Jahrh. in Dresden.

E. Sulze, Die Dreikönigskirche in Dresden, 1889. — J. L. Sponsel, Die Frauenkirche in Dresden. 1893. — Bau- u. Kstdenkm. des Kgr. Sachsen, Heft 1, 2, 5, 6, 16, 18, 19, 21—23, 24, 26, 28. — Dohme, Gesch. d. Baukunst 400 ff. — A. Barth, Zur Baugesch. d. Dresdner Kreuzkirche. 1907 p. 43—65. *Sponsel.*

Baehr, Johann Karl, Historien- und Porträtmaler, geb. am 18. 8. 1801 in Riga, † am 29. 9. 1869 in Dresden. Schüler der Dresdner Akad. und Matthäis. 1827 und 1834 in Italien, zuerst im Verkehr mit Thorwaldsen und J. A. Koch, später mit Cornelius, F. Reinhart und Horace Vernet. 1837 siedelte er nach Dresden über, wurde 1843 Lehrer und 1846 Professor der Akad. Hauptw.: Virgil und Dante vor der Stadt des Dis (Bes. Frl. Cäcilie Bähr, Dresden); die Wiedertäufer in Münster (Bes. Geh. Finanzrat v. Berlepsch, Dresden; eine Wiederholung in der Kunsthütte zu Chemnitz. Lithogr. v. Fr. Hanfstängl. 1840. Fol.); Iwan dem Schrecklichen verkünden finnische Zauberer den nahen Tod. 1850. Dresdner Gal.; der barmherzige Samariter. 1855 (Bes. R. Stauwe, Riga). Christus am Kreuz in der Kirche zu Zschoppau; kleinere Wiederholung in der Frauenkirche zu Dresden; Tod des Franz von Sikkingen 1865 (Bes. v. Kyber, Riga). — Er schrieb: die Gräber der Lieven, 1850, 4° mit 21 Tafeln; Vorträge über Dante 1852; der dynamische Kreis, Dresden 1862. 2 Bde. in Fol.; auch in französ. Übersetzung erschienen; der animalische Magnetismus und die experimentierenden Naturwissenschaften, 1862; Vorträge über Newtons und Goethes Farbenlehre 1863. — B. war ein Urenkel Georg Baehrs.

Raczynski, Gesch. d. modern. Kst. III. — Schorns Kunstblatt 1837, p. 332. — Meyer, Kstlerlex. — Nagler, Monogr. I No. 2286. — Bötticher, Malerwerke des 19. Jahrh. Nachträge z. I. Bd. — W. Neumann, Balt. Maler u. Bildh. des 19. Jahrh. — Kat. d. Ausst. Dresdn. Maler, 1800—1850. Dresden 1908.

W. Neumann.

Baehr, s. auch *Baer, Beer, Behr.*

Baehrenstecher, s. *Baerenstecher.*

Baeilleur, s. *Baellieur.*

Baekare, Jaeppa (Jakobus Bikare), schwedischer Baumeister, † den 15. Mai 1404, gehörte einem adeligen Geschlechte an, das sich in der Geschichte Schwedens unter der calmarischen Union hervortat. 1398 wurde er

Laienbruder des Birgittinerklosters zu Wadstena und stand dem Bau der Klosterkirche, die 1388 durch eine Feuersbrunst zerstört worden war, bis zu seinem Tode vor.

Ericus Benzelius, Diarium Vazstenense. (Ups. 1721.) — Svensk Biogr. Lex. Ny följd. 2. — Meyer, Kstlerlex. *R.*

Bael, s. *Baalen.*

Baelberghe (Bamelberghe), Jannekin van, Illuminator von Brügge, um 1474—88.

Beffroi IV 288, 315. *H. V.*

Baelemans, Peter, Maler von Mecheln, Schüler von Nicolaus Smeyers seit 14. 5. 1636, nur urkundlich bekannt.

E. Neeffs, Histoire de la peinture etc. à Malines (1876) I. *H. V.*

Baelen, s. *Baalen* u. *Balen.*

Baella, il, s. *Cortesi,* Jac.

Baellieur, Cornelis de, der Ältere, Maler, geb. am 5. 2. 1607 in Antwerpen, trat schon 1617 bei Antoon Lisart in die Lehre, wurde neun Jahre später Freimeister in der St. Lukasgilde, heiratete zweimal 1633 und 1636, war 1644 Dekan der „Schilders-Kamer", machte am 16. 5. 1671 sein Testament und starb am 26. 7. 1671 in Antwerpen, wie sein Grabstein in St. Jacques meldet. Man kannte früher von seinen Werken nur die Darstellung „Christus und die Ehebrecherin" in der Braunschweiger Galerie, bezeichnet Cor. d. Baellieur fec. (auf Kupfer); 1879 kam dann eine ebenfalls bezeichnete Anbetung der Weisen in das Brüsseler Museum (jetzt wohl im Dépôt, da der neue Katalog von 1906 das Bild nicht mehr aufführt) hinzu.

Van den Branden, Antwerpsche Schilderschool 907, 1422. — Th. van Lerius, Biogr. d'artistes anversois, Antw. 1880. — De Liggeren I. — Katal. der Galerien von Braunschweig und Brüssel. **

Baellieur, Cornelis de, der Jüngere, Maler in Antwerpen, Sohn des Cornelis d. Ält., getauft 1642, wurde erst 1683—84 Meister in der St. Lukasgilde und starb 1687. Er scheint Basreliefs in Grau gemalt zu haben.

Th. van Lerius, Biographies d'artistes anversois, Antwerpen 1880 p. 188 ff. — De Liggeren II. **

Baemler (Bemler, Boemler), Hans (Johannes), Maler, Miniaturmaler, Schreiber u. Buchdrucker zu Augsburg. Geb. um 1435. 1453 erscheint sein Name zum ersten Male in den Augsburger Steuerbüchern, mit der Ortsbezeichnung „vor dem Tor", 1457 bezeichnet er sich unter 2 Miniaturen (s. u.), 1460 ist Thoman Burgkmair bei ihm als Lehrjunge. 1462 wohnt B. in der Katherinengasse, 1463 bis 73 (mit Unterbrechung) „beim Rathaus", 1465 wird er in die Zunft der Schreiber und Miniatoren aufgenommen. Von 1466 an war er bei Straßburger Druckern als Rubricator beschäftigt; 1466 findet sich ein Rubricatorvermerk von ihm in dem Exemplar einer bei Eggestein gedruckten Bibel (Hain 3035), das früher im Besitze der Herzöge von Braunschweig-Lüneburg gewesen ist, 1468 kommen ähnliche Vermerke in einer bei Mentelin erschienenen „Summa" des Thomas v. Aquino (Hain 1454; Exemplar der Münchener Hof- u. Staatsbibl.) und in dem „Augustinus, De arte praecandi" desselben Druckers (Hain 1956) in der Bibliothek von Manchester (Dibdin, Aedes Althorpianae II S. 20) vor. Diese Bücher sind von dem Rubricator reich verziert worden. 1474 läßt sich B. selbst als Drucker in Augsburg nieder, wo er bis 1495 eine große Anzahl, meist mit Holzschnitten reich geschmückter Volksbücher herausgab. 1477 wird er in den Akten zuerst als Drucker genannt. 1474—1503 wohnt er „Von Predigern". 1504 ist er gestorben. Die einzige bezeichnete künstlerische Arbeit, die man von ihm kennt, sind zwei 1457 datierte Miniaturen auf Pergament, eine „Kreuzigung" und „St. Leonhard befreit Gefangene" (B. Quaritch, General Catalogue of Books. London 1887. Vol. VI No. 35777), in Farben auf Goldgrund gemalt, von Arabeskenumrahmungen umgeben. Die von ihm gedruckten Bücher scheint er nicht selbst illustriert zu haben, was daraus hervorgeht, daß der hauptsächlich von ihm beschäftigte Formschneider auch für andere Augsburger Drucker gearbeitet hat. Die Holzschnitte der 1487 bei Schoensperger erschienenen Bibel (Hain 3139) werden ihm von Nagler zu Unrecht zugewiesen.

Zani, Encicl. III 50 u. 266, 22. — Nagler, Monogr. I No. 1605 u. III No. 653. — A. Bernard, De l'origine et des débuts de l'imprimerie. II 101 u. 122. — Gazette des Beaux-Arts. XVI 335. — Repert. f. K.-W. I 226. — Jahrb. d. preuß. Kst.-Samml. III 8, IX 186, XV 184. — Meyer, Kstlerlex. III 495. — R. Vischer, Studien zur Kunstgeschichte S. 488 u. 566. — Bradley, Dict. of miniat. I 90 f. — Muther, Bücherillustration I 15. — Pollard, Early Illustrated Books. S. 46. — L. Baer, Die illustrierten Historienbücher. S. 29 u. 42. — K. Burger, Index to Copinger's Supplement to Hain's Repertorium bibliographicum. S. 19 f. *L. Baer.*

Baen, Jacobus de, Sohn und Schüler von Jan de Baen, geb. im Haag März 1673, und dort 1684 und 1687 als Schüler erwähnt, kam 1693 unter dem Hofstaat des Königs Wilhelm nach England, wo er ein gesuchter Porträtmaler wurde; u. a. malte er den 1700 verstorbenen Thronfolger, den Herzog von Gloucester, in Lebensgröße in ganzer Figur. Schon einige Jahre vorher war er durch Frankreich nach Italien gereist, wo er längere Zeit am Hofe des Großherzogs von Toskana in Florenz verweilte, und außer Porträts auch historische Darstellungen in fresco malte. In Rom erhielt er wegen seiner kräftigen Gestalt in der Malerzunft den Namen Gladiator. Schließlich folgte er einem deutschen Fürsten nach Wien und soll dort bald darauf 1700 gestorben sein.

Houbraken II 314. — v. Gool II 466.

— Obreens Archief IV 168, 169. — G. Hoet, Aanmerkingen, 27. *E. W. Moes.*

Baen, Jan de, geb. zu Haarlem am 20. 2. 1633, war der Sohn eines Kaufmannes und der Schwester des Malers Heinrich Pieman in Emden, der dem jung verwaisten Knaben den ersten Unterricht erteilte. Etwa 1645 zog er nach Amsterdam zu Jacob Backer, blieb bei ihm drei Jahre und bildete sich zu einem tüchtigen Bildnismaler aus. Von den Porträts, die er in der nächsten Zeit in Amsterdam malte, ist keins nachzuweisen. Nur die sehr verdienstvolle Radierung, den Brand des dortigen Rathauses (1652) darstellend, erinnert an seinen Amsterdamer Aufenthalt. 1660 siedelte er nach dem Haag über, wo er namentlich in fürstlichen Kreisen ein hochgeschätzter Porträtmaler wurde. Karl II., König von England, lud ihn an seinen Hof, wo der Künstler den König, die Königin und viele Persönlichkeiten des Hofstaates malte, wie nach seiner Heimkehr den Herzog von Celle (Universität Göttingen), den Großherzog von Toskana, öfters den Prinz von Oranien (u. a. von 1667 im Besitz des deutschen Kaisers) und die Führer der antioranischen Partei Jan und Cornelis de Witt (u. a. Museum Dordrecht). Als der Pöbel die Gebrüder de Witt ermordet hatte, fand Baen es ratsam, sich zu verstecken. Auch als Ludwig XIV. sich bei seinem Aufenthalt in Holland (1672) von ihm malen lassen wollte, soll sich B. entschuldigt haben, und so blieb er der bevorzugte Hofmaler der Oranier. 1675 war er Taxator der künstlerischen Hinterlassenschaft der Prinzessin-Witwe Amalia. Der Große Kurfürst, der ihn 1676 besucht haben soll, ernannte ihn am 23. 7. 1676 zu seinem Hofmaler. Von 1666 an war er öfters Hoofdman, 1671, 1672 und 1676 Dekan des Malerbundes Pictura und 1699 Regent der Akademie. 1672 war er Kapitän der Schützen. Auch von seinen Mitbürgern wurde er geschätzt. Schon 1668 nannte Jacob van der Does ihn neben Johannes Mytens u. Adriaen Hanneman unter den besten Porträtisten der Residenz. Sein großer Erfolg hatte mehrfach den Neid der Fachgenossen dermaßen erregt, daß sogar zweimal von ihnen ein Attentat auf sein Leben ausgeübt wurde, wobei er einen Finger einbüßte. Sehr zahlreich sind die Porträts, welche man namentlich in Privatbesitz von ihm findet; zwei der besten sind wohl die Bildnisse des Staatsmannes Hieronymus van Beverningk und seiner Frau, 1673, im Museum zu Amsterdam. In seinen großen Regentenstücken (1675 Museum zu Leiden, 1682 Gemeinde-Museum, Haag, 1683 und 1684 Museum zu Amsterdam, 1686 Museum zu Hoorn) steht er weit hinter seinen Vorgängern zurück. — Barend Appelman malte öfters die Hintergründe in de Baens Porträts und Johannes Vollevens die Kleider. Im Schlosse Podhorce in Galizien sollen zwei Darstellungen aus der polnischen Geschichte von seiner Hand sein. Er verdiente sehr viel, hatte aber außer seinen vier eigenen Kindern drei seiner Schwester und fünf seiner Schwägerin zu erziehen. Er wohnte am Noordeinde und wurde am 8. 3. 1702 begraben. — H. Bary, A. Bloteling, J. Visscher, Ph. Philippe, P. van Gunst, D. Coster u. a. haben viele seiner Porträts gestochen. Außer seinem Sohne Jacobus, seinem Schwiegersohne D. Vincentius und seinem Neffen Jan van Sweel, werden als Schüler von ihm genannt Joh. Volleven Sr., Nic. van Ravesteyn, J. F. Bodecker, Jac. van de Roer, Hendr. van Limborgh, Hendr. Brey, D. Godyn u. a. Sein Selbstporträt ist im Museum zu Dresden; ein anderes hat Sam. von Blesendorff nach dem Leben gezeichnet und geschabt.

Houbraken, De Groote Schouburgh, II 303—314, 321, 322. — Jac. van der Does, 's Graven Hage (1668) 91. — J. C. Weyerman, Leven der Schilders IV 136. — Obreens Archief IV 79, 136, 173, V 85—89, 131. — Ned. Spectator 1875, 349; 1877, 4, 5. — Tijdschrift voor Geneeskunde XXI 1080. — Jahrb. der k. preuß. Kunstsamml. XI 131. *E. W. Moes.*

Baena, Alfonso de, s. *Alfonso,* Jaime.

Baena, Diego de, span. Baumeister, welcher von 1585—89 die Kirche vom süßen Namen Jesus in Puente Genil errichtete. Er starb 1589.

Viñaza, Adic. IV 89. — Ramirez, Artist. Cordob. S. 88. *M. v. B.*

Baena, Juan de, Bildhauer in Sevilla. Am 15. 12. 1571 zahlte die Stadt an ihn und Diego Hernandez Cerezo 12 750 maravedis für Tischler- u. Bildhauer-Arbeiten am Gefängnis.

Gestoso, Artif. Sevill. I 174. *M. v. B.*

Baena, Pedro de, span. Maler, lebte um 1670 in Madrid, wo sich ein mittelmäßiges Bild von ihm, der hl. Franziskus, im Kapuzinerkloster befindet. Für besser gelten seine Leistungen im Porträtfach.

Cean Bermudez, Dicc. I 90. △

Baener, Joh. Alex., s. *Boener.*

Baer, Christian, Tischler in Breslau, wird 1736 Meister; sein Meisterstück, ein Ausziehtisch mit reichen figürlichen und ornamentalen Intarsien, in der Ratsstube des Rathauses in Breslau.

Lutsch, Kunstdenkm. der Prov. Schlesien, I 257. *E. Hintze.*

Baer, Christian Maximilian, Maler in München, geb. am 24. 8. 1853 in Nürnberg, Schüler der Münchener Akademie unter W. Lindenschmit. Er schloß sich frühzeitig den koloristischen Bestrebungen des Leibl-Trübnerkreises an. Seine Frühwerke sind durch tiefe kräftige Farben ausgezeichnet. Eine Reihe von Jahren malte er für Speisesäle in Schlössern Jagdstilleben mit lebensgroßen Hirschen, Rehen, Geflügel usw. Daneben pflegte er das Stilleben mit Figuren (Interieurs), aus dem sich allmählich das reine Genre entwickelte. Auch in der Bildnismalerei war er mit Erfolg tätig. Von seinen Werken waren im Münchener Glaspalast ausgestellt: 1879 Wild und Geflügel, Stillleben; 1883 Martin Behaim erklärt seinen ersten Globus (jetzt im Besitze des Königs von Rumänien, Schloß Sinaia); 1888 Nach der Jagd; 1889 Gemüsegarten; 1890 Durch den Boten, Garteninterieur; 1894 Fastenzeit (II. Medaille), Garteninterieur, Genre; 1896 Garten in Frauenchiemsee; 1897 Bei der Arbeit; 1899 Am Fischtrog; 1901 Im Fischgewölbe; 1902 Violinspielerin; 1903 Dem Sieger; 1904 Kücheninterieur; 1905 Bauernmädchen aus dem Chiemgau; 1907 Sommermorgen im Garten; Stilleben. In der Mannheimer Ausstellung 1907: Studienkopf; in der städtischen Galerie in Nürnberg; Netzstrikkender Chiemseefischer (1883); Bei der Arbeit (1897). Abbildungen seiner Werke: in den Katalogen des Münchener Glaspalastes 1889, 1890, 1894, 1907; der Großen Berliner K.-A. 1898; der Düsseldorfer Ausstellung 1902; Kunst unserer Zeit 1899, II. S. 47. Kunst für Alle. XIII. S. 356.

Müller, Biogr. Kstlerlex. 1882. — F. v. Bötticher, Malerwerke des 19. Jahrh. *Wgn.*

Baer, Ernst, Historienmaler zu Anfang des 19. Jahrh., geb. in Durlach, Schüler von Russ in Wien. Er behandelte zumeist Gegenstände aus der Geschichte des Mittelalters und wird namentlich als gewandter Zeichner gerühmt. Mit besonderem Lob wurde sein Gemälde „Die Befreiung Friedrichs III. durch Podjebrad" von der Kritik 1820 erwähnt.

Meyer, Kstlerlex. II. *H. V.*

Bär, Eugen, Architekt in München, geb. am 16. 5. 1865 zu Nordhausen, lernte an der Kunstschule und dem Polytechnikum zu München und führte verschiedene städtische und staatliche Bauten aus. 1901 und 1905 waren Entwürfe zu einer fürstlichen Residenz und zu einem Rathaus im Münchener Glaspalast von ihm ausgestellt.

Katalog d. Ausst. im Glaspalast in München, 1901 S. 185; 1905 S. 208. *H. F. Nasse.*

Baer, Franz, erzbisch. Bauinspektor in Freiburg (Br.), † 1891. Von ihm die Entwürfe für das großherz. Mausoleum in Karlsruhe, für das große Steinkreuz auf Mainau und die Herz Jesu-Kirche in Freiburg. — 1889 erschien in Freiburg von ihm die Schrift: Baugeschichtliche Betrachtungen über Unserer lieben Frauen Münster. **

Bär, Franz Michael, Schweizer Kupferstecher, geb. am 4. 2. 1800 in Cham (Zug), † daselbst am 10. 6. 1880, stach hauptsächlich Porträts und religiöse Sujets nach fremden Vorbildern.

Brun, Schweizer. Kstlerlex. *H. V.*

Baer, Fritz, k. Professor, Landschaftsmaler, geb. am 18. 8. 1850 in München, tätig in Pasing. Er widmete sich erst nach vollendetem juristischen Studium (1875) unter Leitung von Prof. Baisch der Landschaftsmalerei. Großen Einfluß gewannen auf ihn die Werke der Schule von Barbizon. Dupré und Troyon bezeichnet er selbst als seine eigentlichen Leitsterne; doch wußte er stets seine künstlerische Selbständigkeit zu wahren, deren Eigenart sich in großer, fast leidenschaftlicher Naturauffassung und in äußerst temperamentvollem Vortrag ausspricht. Die zerrissene, nervöse Technik seines Farbenauftrages, die auf Fernwirkung berechnet ist, verleiht seinen Bildern stark dramatische Belebung. Die hohe künstlerische Wertung verdanken seine Werke ihrer zwingenden Stimmungsgewalt. In den ersten beiden Jahrzehnten seiner Tätigkeit entnimmt er seine Motive vorwiegend der intimen Landschaft der bayerischen Hochebene: Frühlings- und Herbststimmungen aus dem bayerischen Moos, aus dem Allacher Eichwald, aus der Gegend von Blutenburg und Pasing sind seine Lieblingsthemen. Von 1900 an ist er mit Erfolg bestrebt, die Hochgebirgswelt malerisch zu erschließen. „Der große Eiger" (1901), „Aus den Liechtensteinschen Bergen" (1902), „Der Patteriol" (1903), „Die Kuchenspitze" (1904) bedeuten die Hauptwerke dieser auf wahrhaft monumentale Wirkung abzielenden Richtung seiner Kunst. In öffentlichen Galerien befinden sich: Herbstabend (Gal. Budapest), Sonnenuntergang (Mus. Weimar), Herbstabend im Mühltal (Gal. Solothurn), Vorfrühlingsabend (Kunsthalle Bremen), Blutenburg (Pinakothek München); ferner ein Bild in der städt. Galerie in Nürnberg und eines im Besitze der Verbindung für historische Kunst. Charakteristische Proben seiner Zeichnungskunst verwahren das Kupferstichkabinett in Darmstadt und die graphische Sammlung in München. Eine radierte Landschaft in der Jahresmappe 1902 des Münchener Radiervereins, dessen Vorsitzender B. lange Jahre war. Von seinen Auszeichnungen seien nur genannt: Gold. Med. I. und II. Kl. München, kl. Gold. Med. Berlin.

Abbildungen seiner Werke in den Katalogen der Glaspalastausstellungen in München: 1896, 1898, 1900, 1901, 1902, 1903, 1904, 1905, 1906, 1907; ferner in „Die Kunst unserer Zeit" 1890, S. 156; 1895 II 68; 1901 S. 171; 1903 S. 199; 1904 S. 164; 1905 S. 237; 1907 S. 215. — Mitteilungen des Künstlers. *Wgn.*

Baer, Jean de La, s. *Barre,* J. de La.

Baer, Johann Friedrich, Graveur, geb. 1724 in Straßburg, † 1794, machte sich besonders durch Erfindung einer Art Guillochiermaschine verdient. Als sein vorzüglichstes Werk wird ein in Mainz in Privatbesitz befindlicher Kelch bezeichnet, für welches Werk der Künstler von der Pariser Akademie durch ehrenvolle Erwähnung ausgezeichnet wurde. — Er ist wahrscheinlich mit *Baer von Schle(tt)stadt* identisch, s. dort.

Baer (Beer), Joh. Heinrich, Glockengießer von Aarau, Sohn des Glockengießers *Friedrich Jakob B.*, geb. am 11. 10. 1773, † am 9. 2. 1826, lieferte mit seinem Bruder *Friedr. Jac.* (1770—1845) mehrere Glocken für verschiedene Kantone (Aargau, Bern, Glarus).

W. Merz bei Brun, Schweizer. Kstlerlex.

Bär, Karola, geb. v. Mathes, Landschaftsmalerin, Gemahlin des Prof. Fritz Baer-Pasing; geb. am 26. 9. 1857 in Ried in Oberösterreich. Schülerin ihres Gatten, ist sie sowohl in der Wahl ihrer Motive (Abendstimmungen, herbstliche Wälder) wie in ihrer Malweise stark von ihm beeinflußt. Im Münchener Glaspalast stellte sie von 1891 bis 1899 alljährlich aus. Von 1890—94 leitete sie die Landschafts- und Stillebenklasse des Münchener Künstlerinnenvereins.

Mitteilungen von Prof. F. Bär-Pasing. *Wgn.*

Baer *„von Schle(tt)stadt"*, elsässicher Edelsteinschneider in Paris in der 2. Hälfte des 18. und in der 1. Hälfte des 19. Jahrh., stellte in den Salons von 1776 u. 1793 aus. 1791 berichten von ihm die *Tablettes de renommée*: „Baer, der berühmte Edelsteinschneider des Grafen von Artois, graviert in größter Vollendung Schrift und Devisen auf Christall, Petschafte und Porträts nach der Natur." Von seinen sehr seltenen Arbeiten, bezeichnet: Baer F., finden sich einige erwähnt z. B. in der Sammlung Tassie (Porträt Heinrichs IV. von Frankreich), bei Leturcq (auf beiden Seiten tief gravierter Cornalin) und in der Sammlung von Paul de Bussières (Porträt Napoleons I.); hier auch ein Miniaturporträt Baers, von oder nach Greuze gemalt.

Almanach des Artistes, Paris 1777 p. 110 u. 186. — Tablettes de renommée, Paris, 1791, Supp. Cahier Q. — Catal. du Salon 1793 (édit. Guiffrey) p. 44. — Babelon, Catal. des camées antiques et modernes de la Bibl. Nat. p. CIX. — Raspe, Catal. de Tassie, Londres, 1791, p. 732 No. 13947. — Leturcq, Notice sur Jacques Guay, Paris, 1873, p. 192 Anm. — Catal. de l'Expos. rétrosp. de la Maison Kammerzel, Strasbourg, 1893, No. 60 u. 63. — Vgl. auch *Baer,* Johann Friedrich. *André Girodie.*

Baer, William Jacob, amerikan. Maler, geb. am 29. 1. 1860 in Cincinnati, Ohio, widmete sich zuerst der Lithographie, studierte dann von 1880 an mehrere Jahre in München, und ebenda auch 1891—92. In diesem Jahre malte er seine ersten Miniaturbilder, die lebhaften Beifall fanden. Seine besten Idealminiaturen sind: „Die Goldene Stunde" (1895), „Aurora" (1896), in der Walter's Collection in Baltimore, „Daphne" und „Halcyon Days". Im ganzen hat er nur elf solche Kompositionen gemalt (Nymphe, Madonna, In Arkadien, Der Apfel, Betty, Laodicia und Flora), alle übrigen sind Porträts oder Idealköpfe. Man könnte ihn mit Recht den Vater der modernen Miniaturmalerei in Amerika nennen. Er ist Präsident der American Society of Miniature Painters.

Scribner's Magazine Feb. 1897. — New York Evening Post, Feb. 1898. *Edmund von Mach.*

Baer, s. auch *Baehr, Beer* u. *Behr.*

Bärath, Joh. Stef., s. *Barath.*

Baerdemaeker, Félix de, belg. Landschaftsmaler und Radierer, geb. in Löwen 1836, † in Gent 1878. Zuerst Militär, wurde er nach dem Beispiel mehrerer Familienmitglieder Künstler und zwar ohne Lehrer, was ihn indes nicht hinderte, ein geschickter Praktiker und ein Mann von Geschmack in der Wahl seiner Gegenstände zu werden. Er wählte seine Motive meist in den hügeligen Teilen des Landes. Seine Arbeiten waren mit Erfolg auf den belgischen Ausstellungen bis zu seinem Tode. Das letzte Gemälde: Le Barrage à Anseremme wurde noch 1878 in Brüssel ausgestellt. Das Museum zu Gent besitzt eine Landschaft von ihm.

L'Art Universel 1875. — Gaz. d. b.-arts II Pér. XII 350/1. — Journal d. b.-arts 1877, 169; 1878, 174 (Nekrolog). — Meyer, Kstlerlex. *H. Hymans.*

Baerend, Karl, Bildhauer und Medailleur, geb. in Dukla in Polen 1770, † in Warschau nach 1824. Studierte in Dresden unter Matthaei, Mattersperger, Casanova und Höckner. Verschiedene in Wachs ausgeführte Reliefs seiner Hand befanden sich 1794 auf der Dresdener Kunstausstellung. Bei der Bildung der neuen Münze in Warschau 1810 wurde er zum ersten Graveur ernannt und blieb in dieser Stellung bis zu seinem Ende. Während dieser Zeit beschäftigte er sich fast ausschließlich mit der Medaillenkunst und schuf folgende Medaillen: 1813 Fürst Joseph Poniatowski. 1814 Graf Wincent Krasinski. 1815 Alexander I. von Rußland. 1816 Onufry Kopczynski. 1816 Samuel Gottlieb Linde. 1818 Maria, Mutter Alexanders I. von Rußland. 1819 Karl Kurpinski. 1821 General Stanislaus Mokronowski. 1824 Adam Fürst Czartoryski. Giov. Batt. Casanova. Von seinen anderen Arbeiten sind noch zu nennen: Ein Denkmal des in Rom verstorbenen Malers A. C. Kirsch, das B. noch unter Prof. Mattersperger in Dresden ausgeführt hatte, und mehrere modellierte Brustbilder, 1821 in der Kunstausstellung in Warschau ausgestellt.

Meyer, Kstlerlex. — Kraszewski, Ikonotheka, Wilna 1858. *Marian Gumowski.*

Bärenfänger, Max, Radierer, Holzschneider und Porträtmaler in München, geb. am 1. 1. 1860 daselbst, Schüler der dortigen Akademie unter den Professoren Gysis, Löfftz und Raab. Stellt seit 1890 regelmäßig im Münchener Glaspalast aus (1900 Selbstporträt in Ölmalerei). In seinen Radierungen und Holzschnitten arbeitet er teils nach fremden Meistern (Holbein, v. Dyck, W. Diez,

L. Löfftz, Gysis usw.), teils nach eigenem Entwurf.

Kunstchronik N. F. VII 138. — Kunst f. Alle VI 355. *Wgn.*

Bärenhart, Rudolf, Bildhauer, geb. am 5. 5. 1814 in Karlsburg in Siebenbürgen, † 1837 in München an der Cholera, kam 11 Jahre alt nach Wien. Erst bei einem Holzschnitzer, dann als Gefäßmodelleur an der kaiserl. Porzellanfabrik beschäftigt, gelangte er dann in die Akademie und trat 1833 mit seiner ersten selbständigen Arbeit hervor, einer Gruppe aus der Sintflut, die vom Grafen Palffy in Hemals gekauft wurde. Die Gruppe Bacchus und Ariadne, die im folgenden Jahre entstand, erweckte allgemeine Aufmerksamkeit. Er erhielt den Auftrag, für die Kirche der Wiener Vorstadt Schottenfeld ein kolossales Steinbild des Gekreuzigten auszuführen und ging, von der Erzherzogin Sophie unterstützt, 1835 nach München, wo er den Entwurf eines Monuments für Kaiser Franz I. und wahrscheinlich auch das Modell zum Triumph der Venus arbeitete.

Meyer, Kstlerlex. II. *H. V.*

Baerens, Magdalene Margrethe, geb. Schäffer, dän. Blumenmalerin und Stickerin, geb. in Kopenhagen am 30. 9. 1737, † am 7. 6. 1808. Ihre Blumenstücke (hauptsächlich Gouache) wurden viel bewundert, und erwarben ihr die Gönnerschaft der Königin Juliane Marie von Dänemark und der Kaiserin Katharina II. von Rußland. 1780 wurde sie Mitglied der kgl. Kunstakademie in Kopenhagen und stellte im Salon 1794 21 Arbeiten aus.

Bricka, Dansk biograf. Lex. III 303. — Weilbach, Nyt dansk Kunstnerlex. I (1896) 133. *A. R.*

Baerenstecher, Jakob Gottlieb, Maler und Dichter des 18. Jahrh., Galerieaufseher in Ludwigsburg; Vater des Nicolaus Gottlieb B., mit dem er in Meusels Teutschem Kstlerlex. zusammengeworfen wird.

Meyer, Kstlerlex. (unter Nic. Gottl. Baerenstecher).

Baerenstecher, Nicolaus Gottlieb, Maler und Kupferstecher, geb. am 12. 6. 1768 in Ludwigsburg, Sohn des dortigen Galerie-Aufsehers, auch Malers und Dichters Jakob Gottlieb B., besuchte seit 1789 die Zeichenstunden der Karlsschule und lernte das Kupferstechen unter der Leitung Joh. Gotth. Müllers; später zog er nach Nürnberg, wo er vorzügliche Miniaturbilder malte und als Stecher tätig war. Er scheint daselbst um 1808 gestorben zu sein.

Meyer, Kstlerlex. II (mit ält. Lit.). *H. V.*

Baerentzen, Emilius Ditlev, dän. Porträtmaler, geb. in Kopenhagen am 30. 10. 1799, † ebenda am 14. 2. 1868, 1821—26 Schüler der dortigen Kunstakademie, hauptsächlich unter Einfluß von Eckersberg ausgebildet; studierte darauf in München und Paris. Er hat eine außerordentliche Produktivität als Bildnismaler entfaltet. Mehr als 2000 Bildnisse soll er gemalt haben, darunter mehrere größere Familienstücke. Zu seinen besten Arbeiten gehören: König Christian VIII. und Königin Caroline Amalie (Schloß Jaegerspris); die Schauspielerin Johanne Louise Heiberg (Thorwaldsen-Museum, Kopenhagen), ein 110jähriger Invalide (kgl. Gemäldesamml. Kronborg). Er hat auch Miniaturen und einzelne Genrebilder gemalt. 1837 gründete er ein lithographisches Institut, das er bis 1845 leitete. Eine Reihe künstlerisch wertvoller Lithographien, teils von ihm selbst, teils von jüngeren Künstlern ausgeführt, sind aus dieser Anstalt hervorgegangen. In seinen letzten Jahren malte er besonders kleine Kopien nach älteren Meistern. (Rembrandt, Velazquez u. a.)

Bricka, Dansk biografisk Lex. III 304. — Weilbach, Nyt dansk Kunstnerlex. I (1896). — Reitzel, Ausstellungs-Verzeichnis (Kopenhagen 1883). — Been-Hannover, Danmarks Malerkunst I (1902) 69, 108—110. — Meyer, Künstlerlex. II. (hier fälschlich Emanuel B.). *A. R.*

Baerentzen, Thomas Vilhelm, dän. Bildhauer, geb. in Kopenhagen am 6. 4. 1869, Schüler Stefan Sindings, weiterausgebildet in Paris, in Rom und in Florenz. Von seinen Werken seien erwähnt: „Waldstimmung", Statue (1890); Relief über einem Armenstock (1895); Modell zur Rekonstruktion der alten Fontäne im Schloßhofe zu Kronborg (1899); „Greisenalter", Statuette, Bronze (1906) und „Diogenes als Laternenträger", Sandstein (1907). In den letzten Jahren hat er besonders größere dekorative Arbeiten ausgeführt, meist gemeinschaftlich mit dem Architekten C. Brummer.

Weilbach, Nyt dansk Kunstnerlex. I (1896). — Ausstellungskataloge (Charlottenborg) 1889 bis 1907. — Kunst (Kopenhagen). *A. R.*

Bärer (Beer), Blasius, Steinmetz in Ulm. Nach Weyermann, II 646, kommt derselbe als Steinmetz in den öffentlichen Büchern zu Ulm das letztemal 1495 vor. Von ihm wurde 1492 nach einem aus Jerusalem gekommenen Modell das heilige Grab gefertigt, das in der 1817 abgebrochenen Rothschen Kapelle am Münster stand. Mit ihm ist wahrscheinlich identisch der Steinmetz „Blasi", welcher bei Jäger, Ulms Leben im M. A. p. 574, mit der Jahrzahl 1495 aus Ulmer Bürgerbüchern aufgeführt wird.

Klemm, Württemb. Baumstr. u. Bildhauer. No. 61. *M. Bach.*

Baerer, Henry, deutsch-amerikan. Bildhauer, geb. am 22. 3. 1837 in Kirchhain, Hessen-Kassel, siedelte 1854 nach Amerika über, wo er unter v. Launitz studierte. Später ging er nach München, wo er mit Prof. Widemann zusammen die Kolossalstatuen der Viktoria für das kgl. Schloß und der

Thalia für das Opernhaus schuf. 1866 kehrte er nach New York zurück. Von ihm das Beethoven-Monument im Centralpark, New York; Franz Schubert-Monument im Fairmount Park, Philadelphia; die Statue J. H. Paynes im Prospektpark zu Brooklyn und viele Porträtbüsten.

Kunst u. Kunsthandwerk, Wien, 1903 p. 246. — Archivio storico del arte III 84. — Kunst für Alle V. 1890. — Kstchronik N. F. I 106; XI 7. *Edmund von Mach.*

Bärin, Hans Konrad, Maler aus Schaffhausen, geb. 1592, seit 1617 mit einer Ulmerin verheiratet, daher vielleicht in Ulm tätig gewesen, nur urkundlich bekannt.

Brun, Schweizer. Kstlerlex. *H. V.*

Bärki, s. *Berki.*

Baerlem, Hortense van, Miniaturmalerin in Belgien, tätig 1842.

Siret, Dict. d. peintres. **

Baerll, van. Man kennt 3 holl. Medailleure dieses Namens in der 2. Hälfte des 18. Jahrh.:

Adrian (der bedeutendste unter ihnen) erhält am 15. 4. 1765 die Stelle eines Graveurs an der holl. Münze zu Dordrecht, welches Amt er noch 1781 inne hatte. Von ihm sind gefertigt: 1) Jeton auf die Zweihundertjahrfeier der Utrechter Union mit der Darstellung des Statthalters Wilhelm V. von Oranien als Gott Mars mit dem Wappenschild Oranien-Nassau, 1779 (Verv. van Loon, No. 538); 2) Jeton auf die Bewaffnete Neutralität zwischen Rußland, Dänemark, Schweden und den vereinigten Niederlanden, 1780 (Verv. van Loon, No. 548); 3) Jeton zu Ehren Jacobs van der Wint, Kommandanten des Aviso Vlaardingen, 1781 (Verv. van Loon, No. 554); 4) Medaille zur Erinnerung an die Reise Kaiser Josephs II. in die Niederlande, 1781 (Verv. van Loon, No. 561); 5) Jeton zur Erinnerung an die Seeschlacht von Doggersbank, 1781 (Verv. van Loon, No. 563); 6) Jeton der Munizipalität von Delft, 1785 (Verv. van Loon, No. 634).

J. van Baerll, wahrscheinlich Bruder des Vorigen, tätig 1781—84. Man kennt von ihm 5 Arbeiten: 1) Jeton zur Erinnerung an die Reise Kaiser Josephs II. in die Niederlande, 1781 (Verv. van Loon, No. 560); 2) Medaille auf den Stapellauf des Schiffes Herkules, 1782 (Verv. van Loon, No. 571); 3) Medaillenjeton auf die Unabhängigkeitserklärung der Vereinigten Staaten von Nordamerika und den Freundschafts- und Handelsbund derselben mit den Niederlanden im Haag, 1782 (Verv. van Loon, No. 576); 4) Medaille auf das 25jährige Jubiläum der Freimaurerloge „Die Tugend" in Leyden, 1782 (Verv. van Loon, No. 589); 5) Medaillenjeton für die Ehrenmitglieder der St. Georgsgilde in Dordrecht, 1784 (Verv. van Loon, No. 600).

Endlich: Johannes Josephus van Baerll Adz., geb. im Haag als Sohn des Adrian, kam nach Rotterdam, wo er am 2. 8. 1786 heiratete und am 11. 2. 1788 als Bürger der Stadt zugelassen wurde. Er verfertigte zu dem Feste der Alliance mit Frankreich am 24. 4. 1786 eine Medaille mit symbolischen Darstellungen (Verv. van Loon, No. 642).

Meyer, Kstlerlex. II. — Kramm, De Levens en Werken I. — Forrer, Biogr. Dict. of medallists. — Mit archivalischen Notizen von Haverkorn v. Rijsewijk. *Fréd. Alvin.*

Bärnkopf, Hans Jakob, Goldschmied in Kremsier, war der Brünner Zeche einverleibt. Anläßlich eines Streites mit Gesellen 1691 geht hervor, daß er an der „fürstl. Arbeit oft ziemlichen Abgang befunden" und unter dem 1. 10. 1689 gestattet ihm der Olmützer Fürstbischof Karl von Liechtenstein auf sein Ansuchen, die Probe mit den „Saulen oder Pyramides" des fürstl. Wappens aufzuschlagen, wenn er sich der in Mähren gebräuchlichen Probe von 12 Lot bedienen werde. Daß dies geschehen, zeige die Probe C (= Crembsier) in der Spezifikation vom 29. 10. 1713 des von Kardinal Schrattenbach als Gesandten nach Rom mitgenommenen Tafelsilbers — es waren dies 24 „Kuchel-Täller". Von ihm rühren vielleicht aber auch die Brünner Proben in dem Verzeichnis des Liechtensteinschen Tafelsilbers von 1691 her; es sind dies „12 Zokolady Lefferle sambt 12 Dartzue gehörigen Schalelen". — 1694 (17. 6.) wird ein Jakob Bernkopf, Goldschmied und Goldarbeiter von Kremsier als (Land-)Meister in die Olmützer Zeche aufgenommen, welcher mit dem vorstehenden Hans Jakob B. identisch sein könnte; denn daß dieser das Meisterrecht bereits früher ausgeübt haben muß, geht daraus hervor, daß er schon am 27. 6. 1694, also kurze Zeit nach der Einwerbung, den Wenzel Stupka, welcher 5½ Jahre gelernt hatte, freisprechen konnte; er ist also in diesem Jahre wahrscheinlich nur aus der Brünner in die Olmützer Zeche übergetreten.

Dr. K. Lechner, Mitteil. der k. k. Zentral-Kommission, Wien N. F. XXII 140 und 147. — C. Schirek, Mitteil. des Mähr. Gew.-Mus. in Brünn 1893 p. 25. — Ders., Journal der Goldschmiedekunst, Leipzig 1896, No. 18 p. 129. — Ders., Punzierung in Mähren 1902 p. 122 und 135. *—k.*

Baers, André, Miniaturmaler von Brügge, wird 1500 als Schüler von Adrien Metteneye erwähnt; Arbeiten von ihm sind nicht bekannt.

Le Beffroi II 303. *H. V.*

Baers, Jacques de, s. *Baerze.*

Baers, Joannes, ein Maler in Utrecht, von dem 1638 zwei Genrebilder in einem Amsterdamer Inventar erwähnt werden, das erstere eine Küche, das andere einen Soldaten mit einem Bauern darstellend.

Oud-Holland V 236. *E. W. Moes.*

Bärschin, David, Goldschmied in Brugg (Schweiz), 2. Hälfte des 16. Jahrh. Sichere Arbeiten von ihm sind nicht nachweisbar; der Abendmahlsbecher im Pfarrhause zu Mönthal (Aargau) mit den Wappen von Brugg (1596) wird ihm vermutungsweise zugeschrieben.

H. Lehmann bei Brun, Schweizer. Kstlerlex. *H. V.*

Baerse, Jacques, s. *Baerze.*

Baerstraet, s. *Beerstraeten.*

Baert, Alexander, Teppichweber, war aus Oudenaarde nach Holland verzogen und mietete am 1. 5. 1699 im städt. Arsenal von Amsterdam für 150 G. jährlich Atelierräume. Am 20. 1. 1701 wurden ihm Zimmer auf der Börse überlassen, um seine Teppiche zum Verkauf auszustellen. 1728 muß er, gemäß einer Urkunde, verstorben gewesen sein. Nach seinem Tode wurde von der Witwe und den Söhnen die Werkstätte fortgesetzt. Sein Sohn, *Alexander* d. Jüng., scheint 1742 in Middelburg noch ein Atelier einrichten haben zu wollen. 1760 war das Amsterdamer Atelier leer und das „Tapijthuis" wurde als Remise verwandt. — Das Nederl. Museum zu Amsterdam bewahrt 2 wollene Gobelins, ohne Borten. Einer davon trägt die Bezeichnung: Baert und das Wappen von Amsterdam. Bei Fred. Muller in Amsterdam wurde im November 1907 eine Gobelinborte verkauft, die mit: A. Baert signiert war (mit dem Wappen von Amsterdam). Sichere Arbeiten des jüngeren Alexander B., und zwar 6 Gobelins, darstellend die 5 Weltteile (Asien in 2 Teilen), einer signiert: A. Baert 1735, wurden im Febr. 1897 beim Antiquar Schulman in Amsterdam verkauft. Im Katalog dieser Auktion auf Tafel IV und V 3 dieser Gobelins abgebildet.

Algemeen Handelsblad vom 17. 2.(?) 1897. — J. Guiffrey, Histoire de la tapisserie p. 383, 388. — Amsterdamsch Jaarboekje 1904 p. 104. *J. C. E. Peelen.*

Baert, H., Landschaftsmaler in Belgien, tätig um 1842.

Siret, Dict. des peintres. **

Baert, eine vläm. Tapissier-Familie, deren erster nachweisbarer Vertreter *Jean Baert* ist. Er verließ seine Vaterstadt Oudenaarde nach dem Bombardement 1684 und ließ sich zuerst in Lille nieder, wo er bis 1692 wohnte. Dann lockten ihn besondere Privilegien nach Tournai. Hier erhielt er den Auftrag auf 4 Fauteuil-Bezüge, die als Geschenk für den Marschall von Boufflers bestimmt waren. Nach etwa 20jähriger Tätigkeit erlangte B. Patentbriefe zur Niederlassung in Torcy, aber er verließ auch diese Stadt wieder, um sich 1724 nach Cambrai zu wenden, wo er 1741 starb.

Sein Nachfolger wurde sein Sohn *Jean Jacques,* der damals schon 60 Jahre alt war und 1766 im Alter von 85 Jahren starb.

An die Spitze des Ateliers trat nun sein Sohn *Jean Baptiste* (geb. 1726); indes wurde das Atelier nach mancherlei Wechselfällen bei Beginn der Revolution geschlossen.

J. Guiffrey, Histoire générale de la tapisserie: Tap. françaises. — Durieux, Les tapisseries de Cambrai 1879. *J. J. Guiffrey.*

Baerts, Corneille, s. *Rutz.*

Baertson, Albert, vläm. Maler, geb. in Gent im Januar 1866, begann in seinem neunzehnten Jahre das Studium der Malerei, entwickelte sich auffallend selbständig und debutierte 1886 in der Kunstvereinigung L'Essor in Brüssel. Er malte, was er von Jugend auf kannte: Gent, Brügge, Nieuport, die Ufer der Schelde, die Küste der Nordsee, aber mit ausgesprochener Vorliebe die stillen Plätze, Kanäle und Gäßchen der Armenviertel in ihrer Melancholie. Seine besondere Stärke liegt in der Luft- und Lichtmalerei, freilich keines sonnigen Lichtes, sondern vorwiegend eines trüben, sanften, trauernden Lichtes, wie es Wintermorgen oder Abenddämmerungen an seinen Lieblingsplätzen zeigen. Sein wichtigstes Jugendbild (um 1891 entstanden) ist „Abend in einer vlämischen Stadt"; zu seinen vollendetsten Gemälden aus der Folgezeit gehören: „Abend auf der Schelde" und „Abend in Nieuport". Das Museum in Gent besitzt von ihm „Schneemorgen in einer vlämischen Stadt" (1895), das Musée Luxembourg „Oude Vlandersche Vaart" (1895), das Museum zu Antwerpen „Pleintje in een Volksbuurt" (1897), das Museum zu Brüssel „Beurtschepen in de Sneeuw". — Neben der Ölmalerei übt B. auch meisterhaft Pastell und Zeichnung und begann vor einer Reihe von Jahren zu radieren, wobei er meist seine eigenen Gemälde zum Gegenstand nahm. Die ersten Radierungen waren ziemlich schwarz und schwer, bald aber kam er zu einer leichten, skizzierenden Behandlung und feinen Wiedergabe atmosphärischer Probleme. — Baertsons stille, anspruchslose, künstlerisch aber sehr wertvolle Malerei hat auch im Ausland volle Anerkennung gefunden und sichert dem Künstler seinen Platz in der vordersten Reihe der modernen vlämischen Maler.

Pol de Mont in Het Schilderboek, herausg. von M. Rooses, Antwerpen 1901. — Pol de Mont in den Graphischen Künsten XXIV 19 ff. The Studio XIV 227 ff., XXXIX 38 ff. — Vitt. Pica im Emporium 1902 p. 96 ff. — Fiérens-Gevaert, L'Art moderne vom 4. 9. 1904 — Art et Décoration XIV p. 258 ff. **

Bärwald, Robert, Bildhauer, geb. am 2. 12. 1858 in Salwin bei Bromberg, † in Wilmersdorf am 11. 11. 1896, war 1880—1884 Schüler der Berliner Kunstakademie. Tieferen Einfluß erfuhr er durch Reinh. Begas und entscheidend für seine Denkmalsplastik wurde das Vorbild Schlüters, dessen Denkmal des Großen Kurfürsten und Zeughausskulpturen. B. machte sich außer durch kleinere Arbeiten durch seine Denkmäler Kaiser Wilhelms I. einen ehrenvollen Namen. In dem Jahrzehnt seines Wirkens hat er mit nimmer rastendem Geiste geschaffen. Sein Konkurrenzentwurf zum Berliner Bismarckdenkmal erhielt den 1. Preis.

Werke: 1886—88 Denkmal Kaiser Wilhelms I. für Posen; die Gestalt des Kaisers (in Bronze) schlicht, wahr, ohne Theaterpose, aber stark und edel, eine der besten und aufrichtigsten Darstellungen des liebenswürdigen alten Kaisers; am kreisförmig vortretenden unteren Teil des oblongen Postaments zwei allegorische weibliche Marmorfiguren, die Trauernde weiht den Gefallenen Lorbeerkränze, die andere, in erhobener Feststimmung, spendet Siegeskränze. Schönes Gleichgewicht des idealen und realistischen Moments. Die Sockelfiguren von reiner Schönheit und Liebreiz, das Ganze von sicherer Kraft. — Ähnliche Statuen desselben Kaisers für Altenburg, Pforzheim, Ravensburg, Liegnitz (Kaiser in stehender Figur, am Sockel sitzende Viktoria, Trophäen, Wappen). 1893 Reiterstatue Kaiser Wilhelms I. für Bremen. Der Kaiser auf hohem Postament, hoheitsvoll, friedfertig, mild, in leise antikisierendem Kostüm von Hermelin umwallt, vollendet lebenswahr; das kräftig gebaute, in schönen Linien gezeichnete Roß beugt sich gebändigt unter der Hand seines Lenkers; Roß und Reiter vereinigen sich in vollkommener Weise zu einem harmonischen Ganzen; eins der besten Reiterbilder seiner Zeit. — Konkurrenzentwürfe zum Berliner und Düsseldorfer Bismarckdenkmal (einfach u. geistvoll, Bismarck eine innerlich starke Kraftgestalt). — Für Wiesbaden Bodenstedt-Denkmal (Marmorpostament mit Bronzebüste); für Schwerin Denkmal Heinr. Schliemanns (1895). Marmorgruppe Mutterglück.

B. war ein strenger, gediegener Arbeiter, übermütigem, genialem Schaffen u. glänzenden Effekten abhold. Von Schlüter lernte er den gewaltigen Schwung, die selbstsichere Stärke und die bei aller Wahrheit schöne Linie, die seinen Denkmälern eine geschlossene, kräftig geschwungene Einheitlichkeit geben. B. war kein Nachahmer des großen Barockbildners, er erkannte Schlüters kraftvollen Geist und bildete ihn immer freier und freier aus. Begas vermittelte ihm einen frischen, sinnlich-warmen Realismus. B. war frei von genialen Allüren, aber seine aus tiefer Phantasie geborenen Werke umweht ein Hauch echten Künstlertums, selbständiger, poetischer Empfindung. Man kann seine Kunst, ähnlich wie die Siemerings, bezeichnen als Vermittelung zwischen idealem und realem Element, als realisierenden Idealismus. Die Vereinigung von realistischer Schärfe und monumentaler Charakteristik ist für B.s Kunst bezeichnend. Als Meister des Nackten erweist sich B. in der Marmorgruppe „Mutterglück"; das frische, warme Leben des Fleisches läßt an die Vorbilder der guten Antiken und die reizvollsten Arbeiten Begas' (Venus und Amor) denken; wundervoll zarte Schilderung des mütterlichen Körpers; weiches schwellendes Fleisch des Kinderkörperchens.

S i n g e r, Kstlerlex. — Robert Bärwald, Ein Nachruf von M. S c h m i d - Aachen (Kunst f. Alle, XII 102 f.). — Das Kaiser Wilhelm-Denkmal in Bremen von D. K r o p p (Kunstchronik N. F. V 114). *P. Kühn.*

Baerze (Baerse, Barse), J a c q u e s d e, vläm. Holzbildhauer aus Termonde, einer der bedeutendsten unter den zahlreichen Künstlern, die am Hofe der burgundischen Herzöge zu Dijon tätig waren. 1390 verpflichtete sich dieser „Houtenbeeldsnyder" alias „bakmaker" (Altarschnitzer) Philipp dem Kühnen, nach dem Muster seiner Altarschnitzwerke in der Kirche zu Termonde und in der Abtei Byloke (Biloque) bei Gent zwei ebenfalls bemalte und vergoldete Altarwerke für die 1383 gegründete Karthäuserkirche zu Champmol bei Dijon zu liefern. — Als Schnitzwerke vollendet zu Termonde 1392, dann zu Ypern von Melchior Broederlam in den Figuren polychromiert und auf den Außenflügeln bemalt und endlich 1399 in Champmol aufgestellt, wurden beide Altarschreine, für die Jacques de Baerze 600 und Broederlam 800 Franken erhalten hatte, zur Zeit der französ. Revolution beiseite geworfen, wobei der eine seiner Malereien verlustig ging. In den Jahren 1841—43 notdürftig restauriert, kamen die beiden Altäre in das Mus. zu Dijon und zeigen in ihren skulpierten Teilen die Enthauptung Johannes des Täufers, die Anbetung der Könige, die Kreuzigung Christi, die Grablegung Christi, das Martyrium der hl. Katharina, die Versuchung des hl. Antonius und eine Reihe Heiligenstatuen.

A. D a r c e l in Gaz. des B.-Arts 1887, I 298 f. — L. G o n s e, L'Art gothique (1890), p. 376. — E. M a r c h a l, La sculpt. etc. belges (1895), p. 269 f. — S. L a m i, Dict. des Sculpteurs (1898). — Annales de la Soc. d'Archéologie de Bruxelles 1904, p. 83. — H. B o u c h o t, Expos. des Primitifs franç. (Paris 1904). — F i é r e n s - G e v a e r t, La Renaiss. septentr. p. 26, 30, 33, 34. — A. K l e i n c l a u s z in Revue de l'Art anc. et mod. 1906, XX 256 f., 174 (Abb.).
E. de Taeye.

Baes, E d g a r A l f r e d, belg. Maler, Radierer u. Schriftsteller, geb. am 24. 6. 1837 in Ostende. Als Maler schuf er neben zahlreichen Landschafts- und Marinebildern in Öl und Aquarell die größeren Gemälde „Le martyre de Marguerite de Louvain" u. „Un ouragan dans les Dunes". Als Radierer historische Darstellungen wie „La Mort de Marguerite de Bourgogne", Künstlerporträts wie diejenigen des Heri met de Bles, des Joachim Patinir, des Paulus Bril, sowie Genre- und Landschaftsstudien wie „Le modèle“, — „Feu de joie“, — „Les inondations“ etc. Als Kunstschriftsteller historische Abhandlungen über den Grundcharakter der vlämischen Malerschule (1864 gleichzeitig mit der Ant. Wiertzschen Abhandlung über dasselbe Thema mit der goldenen Medaille der Brüsseler Akademie prämiiert und in deren Annalen veröffentlicht), über die Kunst des Mittelalters, über die französische Malerei des 18. Jahrh. etc., sowie zahlreiche Einzelaufsätze im Brüsseler „Journal des B.-Arts“ und in anderen belgischen und französischen Zeitschriften. Außerdem veröffentlichte er mehrere Romane (darunter in der Revue Générale den Künstlerroman „La famille Floris“), sowie zahlreiche Novellen. Er wurde zum Offizier der Pariser Akademie und dann des öffentlichen Unterrichts ernannt und vom Cercle Artistique zu Brüssel, von der Société des B.-Arts zu Gent etc. durch Medaillen ausgezeichnet. *E. Baes.*

Baes, Emile, Professor, Maler, Illustrator und Literat in Brüssel, geb. am 12. 11. 1879 daselbst, studierte auf den Akademien in Brüssel und Paris und bei dem Belgier J. Stallaert. Nach eifrigem Studium der großen Meister in den Galerien entschied er sich dann für die ihm zusagenden Gebiete des reichen Interieurbildes, des historischen Genre und des Porträts. Er ist ein Kolorist mit den Ausdrucksmitteln des Impressionismus. Von seinen Werken seien genannt: Soumission à Charlemagne (Brüsseler Salon 1903), L'école de Platon (1904) und Leonardo da Vinci (1904). **

Baes, Firmin, belg. Maler, geb. in Brüssel am 19. 4. 1874, Sohn des Henri B., einer der besten Schüler des Léon Frédéric. Seine Darstellungen mit Kinderszenen vom belgischen Badestrande und mit ländlichen Idyllen aus dem Luxemburgischen, aus Knocke, aus Seeland etc. erregten durch die Korrektheit und Frische ihrer malerischen Ausführung und durch die Originalität ihrer künstlerischen Auffassung auf den Kunstausstellungen der letzten Jahre die Aufmerksamkeit der Kenner.

Kunstchronik, 1897, p. 3. — Die Graphischen Künste 1900, p. 31. — Die Kunst XI (Kunst f. Alle XX, 1905) 460. — Kataloge der Kunstausstellungen in Brüssel (seit 1897), Paris, München, Ostende etc. *E. Baes.*

Baes, Henri, belg. Maler, geb. in Brüssel am 11. 8. 1850, Bruder des Jean B., dessen Mitarbeiter er war bei dessen dekorativen Arbeiten in Brüssel und dessen Nachfolger er wurde als Leiter der Brüsseler Ecole des arts décoratifs. Hochbegabt auf dem Gebiete der dekorativen Malerei, war Henri B. fast an allen größeren Arbeiten dieser Art, die in unserer Zeit in Brüssel entstanden sind, beteiligt. Er ist Mitglied der belgischen Kommission des Monuments. *E. Baes.*

Baes, Jean, belg. Architekt u. Maler der Gegenwart, geb. 1848 in Brüssel, wo er Schüler des Emile Janlet war und die Kuppelbekrönung des Palais de Justice geschaffen hat. Seine so glänzend beginnende, von einem großen Talente getragene Architektenlaufbahn wurde leider durch schwere Krankheit unterbrochen. Ein von ihm in feinstem Aquarelldruck veröffentlichtes Werk „Tours et tourelles de la Belgique“ trug ihm die Ernennung zum Präsidenten der Brüsseler Société des aquarellistes et aquafortistes ein. Dort hat er auch eine Anzahl prächtiger Zeichnungen ausgestellt. Er war Sous-Directeur der Brüsseler Académie des B.-Arts.

Journal des B.-Arts (Bruxelles) 1876 p. 147; 1877 p. 87; 1885 p. 157. — Kunstchronik, N. F. III 40. *E. Baes.*

Baes, Lionel Oscar, belg. Maler, geb. am 18. 7. 1839 in Ostende, Schüler der Antwerpener Akademie, war später lange Zeit Vorsteher der Académie Libre zu Brüssel. Hier malte er zahlreiche Einzelfiguren, Studienköpfe und Porträts, die er im Cercle Artistique ausstellte; darunter ein Bild, das die Gräfin v. Flandern ankaufte. Außerdem malte er Landschaften aus den Ardennen, Marinen u. Strandbilder von Ostende, Aquarellstudien, Genrebilder und dekorative Darstellungen mit mythologischen Figuren, namentlich für die Theater in Namur und in Loewen. Auch als Landschaftsradierer hat sich Lionel B. bekannt gemacht.

Journal des B.-Arts (Bruxelles) 1877 p. 87; 1887 p. 138, 161. *E. Baes.*

Baes (Bas, Basse, Bassius), Martin, Zeichner und Kupferstecher von Antwerpen, lebte vermutlich in Douai, da er 1618—31 für Verleger dieser Stadt beschäftigt war, tätig laut Datierung seiner Stiche seit 1614. Er stach in der Manier des Hieron. Wiericx und Joh. Valdor und lieferte hauptsächlich Porträts für verschiedene Schriftwerke; seine Art der Behandlung ist sauber, aber etwas hart und trocken. Er bezeichnete seine Stiche in verschiedener Weise: M. B. f. — M. Bass. od. Mart. Bass. f. — Mart. Baes. — M. Baes, zuweilen auch Mart. Bast. — Er war wohl der Vater des *Martin Bast* (s. d.).

Nagler, Monogr. IV 1627, 1657, 1680. — Meyer, Kstlerlex. II 540 u. III 103 (mit ält. Lit. und Aufführung seines Werkes). — Merlo, Köln. Kstler. 1893—95 (unter Bas). *H. V.*

Baeschlin (Baeschelin), Johann Jakob, Maler und Kupferstecher aus Schaffhausen, geb. 1745, † daselbst 1789, arbeitete in Nürnberg, Augsburg und Lyon, kehrte dann in seine Heimat zurück. Es gibt einige gemalte Bildnisse von seiner Hand, die er z. T. selbst gestochen hat.

Vogler bei Brun, Schweizer. Kstlerlex. *H. V.*

Baese, Baven de, Maler, wird 1533 als Freimeister in die S. Lukasgilde zu Antwerpen aufgenommen.
Liggeren I 119. *H. V.*

Baese, Johann C., Maler aus Braunschweig. Wahrscheinlich in den letzten Jahren des 18. Jahrh. geb., endete in Madrid durch Selbstmord und wurde am 7. 8. 1837 dort begraben. Tätig in Rom (nach Mitteil. von Dr. F. Noack von 1821 bis Frühjahr 1824), dann in Florenz und Madrid. Er leistete als Spezialist in Kopien nach Raffael Ausgezeichnetes. Seine letzte Arbeit war die für den Bremer Dom von der Familie Retberg bestellte Kopie nach Raffaels Spasimo di Sicilia, deren unzureichendes Gelingen jedoch den Künstler in den Tod trieb. Drei Raffaelkopien B.s in der Bremer Kunsthalle. — Für die bekannte Lackwarenfabrik von Joh. Heinr. Stobwasser in Braunschweig ist der Künstler auch als Miniaturmaler tätig gewesen.
Kunstblatt 1821, 1824. — Beschr. Verz. d. Gem. u. Bildhauerw. d. Kunstvereins, Bremen 1892. *Pauli.*

Baeseler, s. *Beseler.*

Baesing, s. *Haesling,* Dan.

Bässler, W., wenig bekannter Maler und Lithograph in Dresden, † daselbst um 1853.
Meyer, Kstlerlex. (hier einige seiner Lithographien aufgeführt). *H. V.*

Bässner, Heinrich, Schweizer Maler, 1644 in das Landrecht von Uri aufgenommen, nur urkundlich bekannt.
P. Ganz bei Brun, Schweizer. Kstlerlex. *H. V.*

Baesten, Maria, belgische Malerin in der ersten Hälfte des 19. Jahrh., eine Tochter von Balthazar Paul Ommeganck. Ihr Bild bei: J. J. Eeckhout, Collection de portraits etc. Brüssel 1882, 4to. — Sie ist in der älteren Literatur öfter mit Maria Jacoba Myin, einer Schwester Ommegancks verwechselt worden.
Kramm, De Levens en Werken etc., Aanhangsel 112. **

Baesteroy (Basteroey oder Baestrooy), Andries, Maler, wird 1652—53 als Freimeister in die S. Lukasgilde zu Antwerpen aufgenommen. Desgleichen die gleichnamigen Maler: *Jacob* (1687—88), *Jan Baptist* (1695—96) und *Peter I* u. *II* (1657—58 u. 1688—89).
Liggeren II Reg. p. 882. *H. V.*

Baetenborch, Michiel van, Maler, wird 1626—27 als Freimeister in die S. Lukasgilde zu Antwerpen aufgenommen.
Liggeren I 637. *H. V.*

Baetes, François Ignace, Medailleur, geb. am 3. 8. 1826 in Antwerpen, † daselbst am 15. 10. 1890, Schüler von Veyrat; begründete ein Gravierinstitut, das jetzt von seinen Söhnen *Jules* und *Léon* geleitet wird. Seine Signatur findet sich auf einer Medaille mit dem Bildnis Wilhelms III. von Holland (1883).

Jules B., Graveur, Bildhauer und Medailleur, Sohn des Vorigen, geb. am 6. 10. 1861 zu Antwerpen, Schüler des Bildhauers Th. Vinçotte und der dortigen Akademie. 1896 erhielt er einen 1. Preis in einem von der Académie royale de Belgique ausgeschriebenen Medaillenwettbewerb. Von seinen zahlreichen Medaillen seien erwähnt: diejenigen der Antwerpener Handelskammer, Börse und S. Lukasgilde, sowie eine Medaille, die den Triumph der Kunst darstellt.
De Witte, La méd. en Belgique au XIXe siècle. — Forrer, Biogr. dict. of medallists. — Eigene Notizen. *Fréd. Alvin.*

Baets, Angelus de, Maler und Zeichner, Sohn von Joannes de Baets und der Joanna Judoca Vereecke, geb. in Evergem bei Gent am 24. 11. 1793, † in Gent am 23. 4. 1855, Schüler der dortigen Akademie, an der er später als Lehrer wirkte. Er beteiligte sich an den Genter Ausstellungen 1832—1850. Bekannt sind seine Stadt- und Architekturansichten sowie seine Interieurdarstellungen, doch malte er auch Porträts. Er hat Zeichnungen und schöne Aquarelle hinterlassen, darunter ein Inneres der Dominikanerkirche zu Gent, 1835; Die Weihe des Bischofs Delbecque, 1838. — Er war verheiratet mit M. B. van der Haeghen.
Collection gantoise à la bibliothèque de Gand. — Catal. des expos. — Piron, Levensbeschrijving. — Biogr. nation. de Belgique IV. *V. v. d. Haeghen.*

Baets, Jan Frans, Bildhauer, wird 1749—50 als Meister in die S. Lukasgilde zu Antwerpen aufgenommen.
Liggeren II 792. *H. V.*

Baets, Paul, Bildhauer, wird 1697—98 in die S. Lukasgilde zu Antwerpen als Meister aufgenommen, 1707 noch tätig.
Liggeren II 599, 604. — Marchal, La sculpture etc. 1895 p. 501. *H. V.*

Baets, Peter und Marc, Landschaftsmaler in Antwerpen, um 1700, Brüder und durch Heirat ihrer Schwester Schwäger des Bildhauers J. P. van Bauerscheit. Peter wird 1693—94 als Freimeister in die S. Lukasgilde aufgenommen.
Siret, Dict. d. peint. 3e Édit. 1883. — Liggeren II 563, 569. *H. V.*

Baetsoleyr (?), Periin, Illuminator in Brügge, 1464—67.
Beffroi IV 273. *H. V.*

Bäuerlein, s. *Beuerlein.*

Bäumchen, s. *Bäumgen.*

Bäume, Andreas, Bildhauer in Dresden, mittätig am Neubau des Schlosses Heidecksburg in Thüringen (1737 begonnen, 1786 vollendet).
Bau- u. Kunstdenkmäler Thüringens. Schwarzburg-Rudolstadt I 55. *H. V.*

Bäumer, Georg, Bildhauer in München, geb. in Rottenburg 1763. Von seinen Arbeiten (nach Lipowsky) im kgl. bayer. Familienbesitz eine Kreuzabnahme mit 19 Figuren in Basrelief und eine Büste Napoleons I.; ein Altar von ihm in der Studienkirche ist nicht mehr erhalten.

Lipowsky, Bayer. Kstlerlex.

Bäumer, Heinrich, Bildhauer, geb. am 25. 2. 1836 in Warendorf (Westfalen) als Sohn eines Schreinermeisters. Bei seinem Vater lernte er als Modelleur, und wandte sich 1859 als Schüler Wilhelm Schwencks in Dresden ganz der Bildhauerei zu. Nachdem er in den Jahren 1866—68 in Rom gewesen war, lebte er bis zu seinem Tode am 27. 4. 1898 in Dresden. Seine erste größere Arbeit war die Kolossalfigur Salomos für das Mausoleum des Prinz-Gemahls Albert in Frogmore. Von seinen weiteren Werken sind zu nennen: Prometheus und Zeus (Hoftheater), Justitia, Schuld und Unschuld (Landgericht), vier Evangelisten (Johanneskirche), Büste König Alberts (Amtsgericht), Venus und Amor (in den Anlagen der Bürgerwiese), diese sämtlich in Dresden, ferner der Stadtbrunnen in Zittau; dann ein Satyrknabe in Marmor als Brunnenfigur, und allerlei Kleinplastik, besonders in Bronze: Susanna, Hausfrau, Prometheus, Das verlorene Paradies u. a. Bei ausgesprochen klassizistischer Formensprache eignet seinen Werken eine große Anmut des Ausdrucks und eine Zartheit des Umrisses, die z. B. die Gruppe Venus und Amor in Dresden sehr populär gemacht haben.

Das geistige Deutschland, Leipzig 1898 (Autobiogr.). — Kunst für Alle 1890, 1891, 1894, 1898. — Zeitschr. f. bild. Kst. u. Kunstchronik an vielen Stellen, s. Registerband. *E. H.*

Baeumer, Wilhelm, Baumeister, geb. am 18. 4. 1829 in Ravensburg. Nachdem er das Polytechnikum in Stuttgart besucht, ging er 1854 nach Paris und trat in die Ecole des Beaux-Arts ein, wo er mehrere Medaillen und Preise erhielt. Aus der Zeit seiner Lehrerwirksamkeit am Stuttgarter Polytechnikum, an das er 1858 berufen wurde, sind namentlich die baugeschichtlichen Exkursionen hervorzuheben, deren Resultate zum Teil in hübschen, von seinen Schülern gezeichneten Studienblättern veröffentlicht wurden. (Aufnahmen und Skizzen der Architekturschule des k. Polytechnikums zu Stuttgart. Stuttgart 1869. Fol. Architektonische Reiseskizzen aus Belgien. gez. von Ad. Schill. Stuttgart 1869. Fol.) Im Interesse des Kunstgewerbes war er in besonders verdienstlicher Weise tätig: 1863 begann er im Verein mit Jul. Schnorr die Herausgabe der kunstgewerblichen Zeitschrift „Gewerbehalle", von welcher schon 1870 in 6 Sprachen 20 000 Exemplare verbreitet wurden; 1869 entstand unter seiner Leitung die Kunstgewerbeschule in Stuttgart. — Zur Ausführung seines Entwurfs für den Wiener Nordwestbahnhof, der bei der Konkurrenz den Preis erhalten hatte, siedelte B. 1870 nach Wien über. Der Bau wurde 1873 beendigt und ist von ihm selbst in der Wiener Allg. Bauzeitung ausführlich beschrieben. 1874 kehrte der Künstler nach Stuttgart zurück und erhielt nach einigen Jahren privater Tätigkeit die Stelle eines Vorstandes der Baugewerbeschule zu Karlsruhe, welche er aus Gesundheitsrücksichten nach 5 Jahren niederlegen mußte. Der durch schwere Verluste niedergebeugte Mann raffte sich aber immer wieder auf, gründete zu Anfang der 80er Jahre eine kunstgewerbliche Schule im Bad Freiersbach und zog 1884 nach Straßburg, wo er als Privatarchitekt und Privatdozent an der Universität bis zu seinem Tode am 4. 11. 1895 tätig war.

In der Mehrzahl der ersten Stuttgarter Bauten zeigte sich B. sehr entschieden von den Eindrücken seines Pariser Aufenthalts bestimmt; seine spätere Richtung geht mehr auf italien. Renaissance mit gräzisierenden Details, übrigens immer noch hier und da mit Anklängen an die alt- und neufranzösische Schule. Weitere Schriften von ihm sind: 1) Das bürgerliche Wohnhaus der Stadt bei den Griechen und Römern, im deutschen Mittelalter, im 16., 17., 18. und 19. Jahrh. Stuttgart 1862. — 2) Das ehemalige Lusthaus in Stuttgart als Monument des früheren Renaissancestils. Stuttgart 1869.

Meyer, Kstlerlex. — Notizen von M. Bach.

Bäumgen (Bäumchen), Josef, Bildhauer, geb. 1714 in Düsseldorf, † 1789 daselbst. Lebte 20 Jahre als Hofbildhauer in Petersburg, dann in Düsseldorf als Professor an der vom Kurfürsten Carl Theodor gegründeten Kunst-Akademie. Die Marmorstatue Johann Wilhelms im früheren Galeriehofe in Düsseldorf (jetzt Hof der Kunstgewerbeschule) schreibt Clemen (Kunstdenkmäler d. Rheinprovinz III 61) einem *Johann Baumgärtgen* nach Theod. v. Haupt (die Düsseldorfer Galerie, Düsseldorf 1818, S. 131) zu. Dieser Name geht wohl auf „Mindels Wegweiser von Düsseldorf", 1817, wo er zuerst vorkommt, zurück. Wahrscheinlich ist dieser Baumgärtgen aber identisch mit Bäumgen. Der Sockel der erwähnten Statue war ehemals mit Marmorplatten bekleidet, die sich jetzt im historischen Museum der Stadt befinden, die Vorderseite trägt die Inschrift: „Serenissimo Joanni. Wilh. Electori Palatino etc. Artium Protectori" und die Rückseite: „Jos. Bäumgen fec. 1780." Andere Arbeiten von B. sind: Sandsteinfiguren der 4 Jahreszeiten in einem dem Düsseldorfer Hofgarten benachbarten Garten (1774. — drei erhalten), Zwölf Kindergruppen, die Monate darstellend (1777). — Die Figuren Bäumgens sind in dem schwülstigen Stile des niederländischen Rokoko gehalten, entbehren aber gleichwohl nicht einer gewissen malerischen Wirkung.

Meyer, Kstlerlex. II 542. — Schaarschmidt, Geschichte der Düsseldorfer Kunst 1902 S. 24, 27, 375. — Strauven, Über künstlerisches Leben und Wirken in Düsseldorf, 1862 S. 41, 42. *Board.*

Bäumler, Georg, Bildhauer in Frankfurt a. M., geb. am 26. Dez. 1871 in Kitzingen, besuchte vom April 1891 bis Herbst 1896 die Städelsche Kunstschule zu Frankfurt a. M., wo er den Unterricht Kauperts und Hausmanns genoß, ging dann mit Professor Hilgers nach Italien und lebt seit seiner Rückkehr (1898) ständig in Frankfurt. Sein 1901 zuerst ausgestelltes Bildwerk „Erwachen" fand vielen Beifall; in den folgenden Jahren schuf er den plastischen Schmuck am Gebäude des Physikalischen Vereins (Karyatiden, Giebelfeld und Bekrönungsfiguren) in Frankfurt a. M. und am Fürstenbau des neuen Bahnhofes in Homburg v. d. H., außerdem viele Bildnisbüsten (u. a. Baurat Fr. v. Hoven für die Künstlergesellschaft). 1908 wurde er Lehrer der Bildhauerklasse der Städelschen Kunstschule.

Schülerverzeichnis der Städelschen Kunstschule. — Die Kunst V. *Schrey.*

Bäurlein, Johann, Wismutmaler, wird am 15. 3. 1693 in Nürnberg Bürger und zahlt dabei von einem Vermögen von 150 fl. als Abgabe 4 fl. (Bürgerbuch 1631—1725 im Nürnberger Kreisarchiv S. 209). *Th. Hampe.*

Baëyens, Louis Emile, französ. Maler, geb. in Roubaix (Nord) am 7. 12. 1872. Als Sohn eines Ausländers in seiner Laufbahn behindert, mußte er in seiner Vaterstadt zunächst für Stoff- und Möbelfabrikanten als Musterzeichner arbeiten. Nachdem er jedoch 1894 nach Paris übergesiedelt war, machte er sich sehr bald vorteilhaft bekannt durch die persönliche Eigenart seiner der Flora wie der Fauna entlehnten ornamentalen Entwürfe für bedruckte Stoffe und Buntpapiere, die bei den Konkurrenzen der Union Centrale des Arts Décoratifs mehrfach ausgezeichnet wurden. Im Pariser Salon stellte er seit 1902 ebenfalls erfolgreich eine Anzahl von Friesdekorationen für Kinderzimmer aus. Als Mitarbeiter kunstgewerblicher Publikationen, wie „Ameublements de Style Moderne" (Herausgeber Archit. Lambert), — „Album de la Décoration" (Herausgeber Calavat), — „Der moderne Stil" (Herausg. Hoffmann-Stuttgart), sucht B. neue Schönheitsformen zu schaffen, die einen billigen Ersatz bieten sollen für die in bescheideneren Wohnungen so geschmackverderbend wirkenden Häßlichkeiten der niederen Kunstindustrie. *G. Geffroy.*

Baez, Andrés, Goldschmied in Sevilla, wurde am 21. 5. 1677 geprüft. Er fertigte ein Kleinod des Calatrava-Ordens als Meisterarbeit.

Gestoso, Artif. Sevill. II 146. *M. v. B.*

Baez, Diego, Maler in Sevilla, wo er 1534 in der Pfarrei S. Salvator wohnte.

Gestoso, Artif. Sevill. II 15. *M. v. B.*

Baez, Fructuoso, Goldschmied in Valladolid. 1586 lieferte er für die Kirche S. Juliana in Villarmentero den Fuß eines silb. Kruzifixes.

Martí y Monsó, Estud. hist. artist. 543. *M. v. B.*

Baez, Juan, Goldschmied in Salamanca, der 1608 für die Herzogin von Alba eine silberne Lampe anfertigte.

Martí y Monsó, Estud. hist. artist. 245. *M. v. B.*

Baeza (Vaeça), Gaspar de, span. Maler, 1555 in Tordesillas bei Simancas ansässig, wo er damals eine bedeutende Zahlung erhielt für Fahnen- und Wandmalereien sowie für Vergolderarbeiten, die er aus Anlaß der Leichenfeier für Johanna, die Mutter Karls V., in der dortigen Klosterkapelle S. Clara ausgeführt hatte. — Wohl nicht identifizierbar mit dem gleichfalls Gaspar de Baeza (in Andalusien) genannten *Gaspar Becerra.*

Jahrb. der kunsthistor. Samml. d. österr. Kaiserhauses XII (1891) II p. CLIII. *

Baeza, Matthias, span. Waffenschmied, Sohn und Schüler des Nicolas Bis, 1739 zum Waffenschmied Philipps V. ernannt.

Ed. Laforge, Des arts et des artistes en Espagne p. 308. — Catalogo de la Real Armería de Madrid (1898), p. 321, Note 1. △

Baeza, Pedro, Kupferstecher, der 1682 in Sevilla lebte.

Gestoso, Artif. Sevill. I 283. *M. v. B.*

Baeza, Rafael de, Kunststicker in Sevilla, 1594 empfängt er 14 960 Maravedi für die Ausbesserung einer der Kathedrale gehörigen Stickerei.

Gestoso, Artif. Sevill. I 27. *M. v. B.*

Baeza, Salvador, Silberschmied in Sevilla, der am 18. 9. 1687 geprüft wurde und als Meisterstück eine getriebene silberne Schüssel fertigte. 1694 tritt er als Bürge für den Tischler Pedro de Luque auf.

Gestoso, Artif. Sevill. II 146. *M. v. B.*

Baeza y Bis, Francisco, span. Lauf- u. Büchsenmacher in Madrid, Sohn und Schüler des Matías Baeza, Enkel des Nicolás Bis; 1740 zum Arcabucero del Rey ernannt, † 1765. Die Madrider Armería Real besitzt eine Anzahl von Jagdbüchsen aus der Sammlung des Königs Carlos II. usw., deren goldtauschierte Schlösser die Signatur „Francisco Baeza y Bis" zeigen, während die Läufe in der Regel die Marke des Nicolás Bis tragen; dazu 2 reichverzierte Pistolen mit den goldtauschierten Medaillonbildnissen des Königs Fernando VI. und seiner Gemahlin und mit der Marke des Francisco B. In der Sammlung des Fürsten Joh. von und zu Liechtenstein in Feldsberg befinden sich sechs prachtvoll ausgestattete Schrotflinten mit goldtauschierten Läufen, signiert „Franco Bis en Madrid 1734".

Kunstgewerbebl. II 76. — W. Boeheim, Meister d. Waffenschmiedekst. 1897, p. 20. — Catalogo de la Real Armería de Madrid (1898), p. 327 f., 324 f., 336. *M. v. B.*

Bafcop, Alexis, Porträt- und Genremaler, geb. am 6. 11. 1804 zu Cassel in Flandern, † 1895 daselbst. Gemälde von ihm waren in den Pariser Salons von 1831—1848 wiederholt ausgestellt.

Bellier-Auvray, Dict. gén. *H. V.*

Baffi, Filippo, Bildschnitzer in Perugia, wo er 1625 für die Confraternità della Giustizia ein Prozessionskruzifix schnitzte.

Siepi, Descriz. etc. di Perugia (1822) p. 814. *G. Degli Azzi.*

Baffier, Jean Eugène, französ. Bildhauer, geb. am 18. 11. 1851 in Neuvy-le-Barrois, ausgebildet an der Kunstschule zu Nevers, an der Pariser École des Arts décoratifs und durch Aimé Millet in Paris. 1883 und 1889 in den Pariser Salons prämiiert, gehört B. jetzt zu den angesehensten Mitgliedern der Société nationale des Beaux-Arts. Seine Hauptwerke sind: La République (Gipsbüste im Salon 1880, 1881 in Marmor ausgeführt für die Mairie des 14. Arrondissements zu Paris), Bronzestatue Marats (1883, Besitz der Stadt Paris), Bronzestatue Ludwigs XI. und des Jacques Bonhomme (1884 und 1885, in den Museen zu Bourges und Uzès), Bronzebüsten der Mutter und des Vaters des Künstlers (1886—87, in den Museen zu Bourges und Nevers), Marmorbüsten La Mariette (1888) und La Jeannette (1891, Besitz der Stadt Paris), endlich Denkmäler für Georges Regnault und für Michel Servet (Salon 1907, letzteres für die Place de la Vieille Estrapade zu Paris bestimmt). Auch als Kunstgewerbler, insbesondere als Zinngießer, hat sich B. mehrfach erfolgreich betätigt; so zeigte er im Salon 1893 einen zinnernen Tafelaufsatz (zwei Bäuerinnen einen Fruchtkorb tragend, — weitere wertvolle Zinnarbeiten B.s in Pariser Privatsammlungen) und 1898 einen großen Kaminaufbau für einen Speisesaal.

Bellier-Auvray, Dict. gén. des artistes, Supplément. — J. Martin, Nos Peintres et Sculpteurs (1897). — Gaz. des B.-Arts 1893, II 141 ff. — The Studio 1898, III 8. — Pariser Salon-Kataloge 1880—1907. *S. Lami.*

Baffini, Tommaso, Maler von Modena, um 1380, nur bei Zani (Enc. met. III 22) erwähnt. *H. V.*

Baffo, Battista, italien. Goldschmied u. Münzstempelschneider, † vor dem 24. 5. 1540 in Venedig, wo er unter Andrea Spinelli als „torsello" (II. Münzstempelschneider) an der Münze angestellt war. Auch als Schriftsteller und als Freund des Pietro Aretino bekannt.

Zani, Encicl. III 22, 261, Anm. 7. — Archivio Veneto XXXV 275. — Rivista ital. di Numismatica I, fasc. II p. 357. — Forrer, Biogr. Dict. of Medallists. *A. Baracchi.*

Bagard, César, Bildhauer, geb. 1620 in Nancy als Sohn des Nicolas B., † daselbst 1709. Schüler von Jacquin, tätig zunächst in seiner Vaterstadt, insbesondere 1658 an einer steinernen Brunnengruppe für den Garten des Palais Ducal, darstellend Amor als Löwenbändiger. Bald darauf begleitete er seinen Lehrmeister nach Paris, wo er für den 1659 zur Hochzeitsfeier Ludwigs XIV. und der Maria Theresia von Österreich errichteten Triumphbogen die allegorischen Statuen der Stärke und der Tugend ausführte. Nach Nancy zurückgekehrt und 1669 zum Hofbildhauer Herzog Karls IV. ernannt, schuf B. zahlreiche Werke in Marmor, Sandstein und Holz für dortige Kirchen und Klöster etc., darunter 1673 das Mausoleum für Jean des Porcelets, Bischof von Toul; einzelne Fragmente davon in der Franziskanerkirche und im Musée Lorrain zu Nancy erhalten, geben von dem kraftvollen plastischen Stile ihres Schöpfers Kunde. Die Mehrzahl seiner übrigen Werke — Kruzifixe, Madonnen- und Heiligenstatuen in oft kolossalen Proportionen, Grabmäler, eine Büste Ludwigs XIV. für die ehemalige Porte Royale zu Nancy etc. — ist in der Revolutionszeit zugrunde gegangen. Daß der Künstler gelegentlich auch als Möbelschnitzer tätig war, geht aus Zahlungsurkunden hervor, wonach er 1687 für die Kapelle des „Auditoire" zu Nancy einen Schrank und ein anderes Mal für die Pfarrkirche St. Sébastian außer einem noch existierenden Kruzifixe ein Chorpult zu liefern hatte. Ausgeschlossen jedoch erscheint es, daß B. als vielbeschäftigter Großplastiker (vergl. das umfangreiche Oeuvreverzeichnis in Lamis Dictionnaire) auch jene Unzahl gleichzeitiger lothringischer Schnitzarbeiten u. Kleinkunstwerke (Truhen, Rahmen, Holzstatuetten etc.) geschaffen haben könnte, die ihm im heutigen französischen Kunsthandel wie in Museen, Privatsammlungen etc. zugeschrieben werden.

Lami, Dict. des Sculpteurs sous Louis XIV. (1906, mit weiterer Literatur). — Gaz. des B.-Arts 1864, II 164: 1865, II 342; 1874, I 196; 1875, II 282 f.; 1907, II 153 ff. *S. Lami.*

Bagard, Emile, Zeichner und Maler in Paris, seit 1855 namentlich für die Pariser Gazette illustrée tätig, deren Holzschnittabbildungen aus dem Alltagsleben mit seinem Monogramme E. B. signiert sind.

Nagler, Monogr. II No. 1514. *

Bagard, Jean, lothr. Bildhauer, tätig 1551 in Nancy; vermutlich Vorfahre der dortigen Künstlerfamilie B.

Réunion des Soc. des B.-Arts XXIV 312. *S. Lami.*

Bagard, Nicolas, lothr. Bildhauer, tätig in Nancy in der 1. Hälfte des 17. Jahrh.; nur bekannt als Vater des César B.

Réunion des Soc. des B.-Arts des Départements 1900, p. 312. — Gaz. des B.-Arts 1907, II 158. *S. Lami.*

Bagard, Toussaint, französ. Bildhauer, Sohn und Schüler des César B., tätig in

Nancy, wo er 1695 für die maréchale de Lorge ein Kruzifix zu schnitzen hatte, sowie 1700 am Katafalke Herzog Karls V., 1701 im Gendarmeriegebäude und 1702 für das Schloß Lunéville arbeitete. Für den Kirchenchor des Jesuitennoviziates schuf er die noch jetzt vorhandenen Kolossalstatuen der Heil. Stanislaus Koska und Luigi Gonzaga. Er starb um 1712.

L a m i, Dict. des Sculpteurs sous Louis XIV. (1906, mit Lit. u. Oeuvreverzeichnis). — Gaz. des B.-Arts 1907, II 158 ff. *S. Lami.*

Bagatti (Baggattino), G i o v a n n i, Zeichner in Mailand, † 1781; nur erwähnt bei Z a n i, Enc. met. III 22. **

Bagatti-Valsecchi, P i e t r o, Glas- u. Emailmaler in Mailand, geb. 1801, † am 27. 11. 1864. In der Bibliotheca Ambrosiana daselbst von ihm eine Emailkopie nach Francesco Podestis 1838 in Mailand ausgestellt gewesenem Gemälde „Raffaello Santi in seiner Werkstatt“. Für eines der Fassadenfenster des Mailänder Domes und für die Kirche S. Carlo zu Mailand lieferte B. umfangreiche Glasgemälde nach den Entwürfen des Mailänder Malers M. Conconi.

Schorns Kunstblatt 1837, p. 229. — C a i m i, Arti del disegno etc. di Lombardia (1862), p. 132, Anm. — M o n g e r i, L'Arte in Milano (unter Valsecchi). — W i l l a r d, Hist. of mod. ital. art (1902), p. 327 f. *E. Verga.*

Bagazotti, C a m i l l o (auch Bagazoto), Maler aus Camerino in den Marken, geb. 1535. Vom 30. 11. 1554 an ist er als Gehilfe Lorenzo Lottos tätig und am 6. 2. 1555 erhält er eine Zahlung von 9 Fl. 6 Bol. 4 Quatt. für 2 Monate und 8 Tage Arbeit, die er unter Lotto an den Bildern im Chor der S. Casa zu Loreto geleistet hatte (Pietro Gianuizzi, Nuov. Riv. Misena VII p. 88). Frizzoni ist geneigt, von den genannten Bildern die Darstellung im Tempel, das Opfer an Melchisedek und die Anbetung der Könige, welche sich durch graues, trübes Kolorit von den Werken Lottos unterscheiden, dem Bagazotti zuzuschreiben. Am 26. 4. 1557 erhielt er 1 Fl. für die Zeichnung zu einem Holzschnitt zum Schmuck der Statuten von Camerino. (Titelblatt.) Die ältere Lit. über den Künstler enthält sich widersprechende Angaben über seinen Lehrmeister. Lanzi u. Ricci, (Mem. etc. della Marca di Ancona) rieten auf Benedetto Nucci aus Gubbio, andere auf Sebastiano del Piombo und auf Felice del Tesoro (Felice Damiani, der sehr viel in den Marken gearbeitet hat). Nach den oben mitgeteilten Notizen ist es aber weit wahrscheinlicher, daß er Schüler Lorenzo Lottos gewesen ist. Er malte in Camerino, Rimini und Spello, wo in der Kollegiatkirche S. Maria Maggiore ein Leinwandbild mit der Darstellung der Kommunion der hl. Lucia firmiert und 1573 datiert ist. Für die Kirche S. Venanzo in Camerino malte B. einen hl. Perfirio, der zugrunde gegangen ist. Der Charakter seiner Kunst ist venezianisch.

M e y e r, Kstlerlex. — Arch. Stor. dell' arte Ser. II Vol. II p. 440, 442, 444 (Frizzoni). — Nuova Rivista Misena VI 164, VII 88 (Gianuizzi). — A l e a n d r i, Le Stampe degli Statuti di Camerino. Camerino 1902 (angezeigt in Rass. d'Arte 1902 p. 144). — Arte e Storia XIII 140 bis 43 (Urbini). — B e r e n s o n, Lorenzo Lotto, New York-London 1895 p. 292, 302, 303. *Walter Bombe.*

Bagelaar, E r n s t W i l l e m J a n, Dilettant im Zeichnen und Radieren, geb. am 16. 9. 1775 zu Eindhoven in Brabant. Zuerst Militär, gab er als Major den Kriegsdienst auf, um sich auf sein Landgut Zon bei Eindhoven zurückzuziehen, wo er am 8. 2. 1837 an Gift starb. Im Radieren übte er sich mit Hilfe von A. Bosses Handbuch und er erhielt dann für eine neue Art von Radierungen in Handzeichnungsmanier 1816 von der Nederlandsche Huishoudelyke Maatschappy zu Haarlem die silberne Medaille. Seine Abhandlung über das Verfahren erschien in den Werken der Maatschappy 1817 in 8. In dieser Manier reproduzierte er namentlich Zeichnungen von Jan Luyken, welchen er besonders hochschätzte und von dem er eine große Sammlung von Handzeichnungen besaß. Unter seinen Nachahmungen älterer Radierungen sind besonders die Kopien nach A. Cuyps Folge von 6 kleinen Bll. mit Kühen bemerkenswert. Der größere Teil seiner andern Bll. besteht aus Radierungen nach von ihm selbst entworfenen Landschaftszeichnungen u. nach Kompositionen von Rembrandt, A. van de Velde, Jac. Janson und J. Kobell; bemerkenswert sind auch mehrere Porträts, unter denen sich sein Selbstbildnis befindet.

Daß B. auch gemalt, beweist die Unterschrift auf einem Bl. mit zwei nach links gewendeten Stieren: Bagelaar pinx. et fecit. kl. Fol. — Nach Zeichnungen von ihm hat L. Portman das Porträt des Herm. Hagedoorn (1807), und J. E. Marcus einige Landschaften gestochen.

V a n E y n d e n e n v a n d e r W i l l i g e n, Geschiedenis etc. III 188. — I m m e r z e e l, Geschiedenis etc. — C h. K r a m m, De Levens en Werken etc. — H i p p e r t e t L i n n i g, Le Peintre-Graveur hollandais et belge du XIXme Siècle. Bruxelles 1874. (In der Ksthalle zu Bremen, Sammlg. H. H. Meier, 283 Blätter B.s, von denen einige bei Hippert u. Linnig nicht verzeichnet sind, andere derart im Amsterdamer Kupferstichkab.) — Le Bibliophile Belge, 1869 (5. Jahrg.). — M e y e r, Kstlerlex. II 543 (mit Oeuvre). — Mit Notizen von J. Veth und C. G. 't Hooft.

Bagenier(s), T h o m a s, Maler, wird 1649—50 als Freimeister in die S. Lukasgilde zu Antwerpen aufgenommen.

Liggeren II 208, 210. *H. V.*

Bager, J o h a n n C o n r a d, Sohn u. Schüler des Joh. Dan. B., geb. am 18. 12. 1780 zu Frankfurt, † am 25. 1. 1855 ebenda. Nach

Gwinner geschickter Miniaturmaler, fand aber seinen Hauptberuf als ausübender Musiker.

Gwinner, Kunst u. Künstler in Frankfurt. S. 385. *Schrey.*

Bager, Johann Daniel, Maler und Radierer in Frankfurt a. M., geb. 1734 in Wiesbaden, † am 17. 8. 1815, Schüler von Johann Christian Fiedler in Darmstadt und Justus Junker in Frankfurt. Er malte Bildnisse, Genrestücke, auch Landschaften, hauptsächlich aber Fruchtstücke, die nicht ohne Feinheit ausgeführt sind, und in denen er bisweilen A. Mignon nahe kommt. Seine Bilder sind fast alle sehr sichtbar mit dem vollen Namen bezeichnet. In dem Städelschen Institut und der städtischen Gemäldesammlung zu Frankfurt, in der Großherzoglichen Galerie zu Darmstadt finden sich treffliche Arbeiten des Meisters. Weniger bedeutend sind seine Versuche im Radieren (eine Frau mit einem Kinde an der Brust und Bildnis eines Knaben: seines Sohnes Isaak).

Gwinner, Kunst u. Künstler in Frankfurt a. M. p. 384. — Meyer, Kstlerlex. II. — Sammlg. Goldschmidt, Versteigerungskatalog, Wien 1907. *Schrey.*

Bager, Isaak, Historienmaler, Sohn und Schüler des Joh. Dan. B. Geb. 1768 zu Frankfurt, † am 16. 9. 1797 zu Mainz. Im Städelschen Institut zu Frankfurt zwei Handzeichnungen von ihm nach J. C. Seekatz, die als Vorlagen für seine nicht sehr geschickten Radierungen dienten.

Gwinner, Kunst u. Künstler in Frankfurt. S. 385. *Schrey.*

Baget, Jules Pierre, Blumenmaler (Aquarellist) in Paris, geb. am 27. 1. 1810, † am 31. 1. 1893.

Bellier-Auvray, Dict. gén. — Chronique des arts 1893 p. 46 (Nekrolog). **

Bagetti, Giuseppe Pietro, Aquarellmaler und Architekt von Turin, geb. 1764, † 1831, Schüler von Palmieri, begab sich 1807 nach Paris, wo er den Auftrag erhielt, die Siege der Napoleonischen Armee zu malen; diese Aquarelle befinden sich jetzt im Mus. von Versailles. Landschaften von ihm, meist Ansichten von Italien, waren in den Salons 1812 und 1814 ausgestellt. Eine kolossale Aquarelle, die eine Totalansicht Italiens von den Alpen bis Neapel darstellt, ist besonders bemerkenswert. Später kehrte der Künstler, der sich auch durch eine kunsttheoretische Arbeit hervorgetan hat, nach Turin zurück.

Meyer, Kstlerlex. II. — Siret, Dict. d. peintres. 1883 I. — Kugler, Kleine Schriften III 482. — G. Claretta, I Reali di Savoia protettori delle Arti, in Miscell. di St. Ital. edita dalla Deput. Piemontese di St. Patria, XXX 279/80. *H. V.*

Bagg, William, Porträtmaler in London, stellte 1827—29 mehrere Herren- und Damenporträts in der Roy. Academy aus.

Graves, Roy. Acad. of Arts I 90. **

Bagge, Hamb. Miniaturporträtmaler um 1790, nicht näher bekannt. — 1791 ein *Bagge* Zögling der Bau- und Zeichenschule der Patriot. Gesellschaft in Hamburg. *E. Benezé.*

Bagge, Bertha, Malerin und Radiererin, geb. am 5. 3. 1859 zu Frankfurt a. M. Schülerin des Städelschen Kunstinstitutes, Heinrich Hasselhorsts (1884—86), Anton Burgers in Cronberg (1886—1891) und Peter Halms in München (Sommer 1895). Seit 1897 krankheitshalber an der Ausübung künstlerischer Tätigkeit in größerem Umfange gehindert. Werke: 1) Aus dem alten Frankfurt. 36 Radierungen in 6 Heften 1891—1896. 2) Lieder und Bilder. Illustrationen zu Gedichten. 12 Heliogravüren nach Federzeichnungen 1892. 3) Die alte Peterskirche und ihre Umgebung in Frankfurt a. M. 14 Lichtdruckblätter nach Federzeichnungen 1895. 4) 12 Radierungen (1892—95) zu dem in 60 Exemplaren gedruckten und nicht im Buchhandel erschienenen Werke: „Simon Moritz von Bethmann und seine Vorfahren" von Dr. Heinr. Pallmann. — Außerdem verschiedene einzelne Radierungen: Ex libris, Ansichten aus Tirol, München und vom Walchensee. Endlich zahlreiche Aquarelle, Pastelle und Ölbilder im Privatbesitz.

Die Graphischen Künste 1896. Mitteilungen No. 3 S. 10. — K. E. Graf zu Leiningen-Westerburg, Deutsche u. österr. Bibliothekzeichen, Ex libris. 1901 p. 451. *P.*

Bagge, Eva, schwed. Malerin, geb. in Stockholm am 15. 12. 1871, studierte an der Kunstakademie 1892—95, in Paris und Italien 1896 bis 98. Sie malt Porträts, Genre- und Landschaftsbilder. *G. Nordensvan.*

Bagge, Herman, dän. Maler, geb. in Flensburg, wird 1701 als wohnhaft in Kopenhagen erwähnt.

Weilbach, Nyt dansk Kunstnerlex. I (1896). *A. R.*

Bagge, Johann, norweg. Stempelschneider des 18. Jahrh., geb. in Bergen, widmete sich der Medailleurkunst. Christian VI. schickte ihn ins Ausland und ernannte ihn am 6. 6. 1746 zum Zollbeamten in Drammen in Norwegen. In der Kgl. Münzsammlung in Kopenhagen befinden sich 3 Medaillen von ihm: eine auf die Einweihung des Schlosses Hörsholm (1739), die zweite auf den Einzug des Hofes in Christiansborg (1740) und die dritte mit den Porträts des Königs und der Königin.

„Minerva" 1800, IV 288. — Weinwich, Kunsthistorie, Kopenhagen 1811, S. 147. — Weinwich, Kunstnerlex., Kopenhagen 1829. — Weilbach, Nyt dansk Kunstnerlex. I, Kopenhagen 1896. *C. W. Schnitler.*

Bagge, Magnus Thulstrup, norweg. Landschaftsmaler, geb. am 9. 8. 1825 in Christianssund, † wahrscheinlich in den 90er Jahren in Berlin. Besuchte die kgl. Zeichen- und Kunstschule in Kristiania, und studierte ungefähr 3 Jahre, seit 1843 oder 44, an der Akad. in Kopenhagen und hatte gleichzeitig Unterricht bei Prof. J. P. Möller. 1845—47 stellte er norweg. Landschaften in Kopenhagen aus und 1846 u. 47 zum erstenmal im Kunstverein zu Kristiania. Ein größeres Bild „Der Labrofoß" galt für einen vielversprechenden Anfang. Seit 1850 war er in Düsseldorf, vornehmlich bei Professor Leu und bekam, nachdem er mehrere Bilder in die Heimat geschickt hatte, 1852 ein Staatsstipendium. In Düsseldorf begann schon eine zahlreiche norweg. Kolonie sich um Tidemand und Gude zu sammeln, und Bagge trug im Verein mit diesem Kreis dazu bei, das neu aufkommende Interesse für die heimatliche Kunst in Norwegen zu befestigen und aufrecht zu erhalten. Er unternahm in diesen Jahren wiederholt Studienreisen nach Norwegen, besonders nach Valders und Telemarken und malte meist Berg- und Waldpartien, in der Regel mit Binnenseen und weiter Aussicht. 1866 wohnte er noch in Düsseldorf, zog aber später nach Berlin, wo er 1894 noch lebte. Er war in den 50er Jahren in Kristiania Henrik Ibsens Lehrer im Ölmalen. Stellte bis 1860 oft in norwegischen Kunstvereinen aus, auf den skandinavischen Ausstellungen in Stockholm 1866 und in Kopenhagen 1872. — Eine Landschaft aus Valders (1857) ist in der Kgl. Sammlung auf Bygdö bei Kristiania; einen Sonnenuntergang am Bydingsee besitzt der deutsche Kaiser.

L. Diethrichson, Skandinav. Konstexpositionen in Stockholm 1866, S. 80. — Meyer, Kstlerlex. — Kunstchronik V 52. — Weilbach, Nyt dansk Kunstnerlex. II. — Rosenberg, Düsseld. Malersch. 1890 p. 65. — F. von Bötticher, Malerwerke des 19. Jahrh. — L. Diethrichson, Af Hans Gudes Liv og Vaerker, Kristiania, 1898, S. 39. — Derselbe, Adolph Tidemand II, Kristiania 1879, S. 29 u. 47. — Thiis, Norske malere og billedhuggere, Bergen 1904, I 222. — Henrik Ibsens breve, hg. von H. Koth u. J. Elias, Kristiania 1904, II 181.
C. W. Schnitler.

Bagge, Oluf Olufsen, dän. Kupferstecher und Schriftsteller, geb. am 22. 12. 1780, † am 22. 9. 1836, studierte im Auslande 1821—24. Er hat u. a. eine Reihe Blätter für das botanische Werk „Flora danica" und „Blumenzeichnungen für die Jugend" (nach J. L. Camradt) gestochen.

Bricka, Dansk biograf. Lex. — Weilbach, Nyt dansk Kunstnerlex. I (1896). *A. R.*

Baggenstoss, Adalbert, Schweizer Maler in Stans, geb. daselbst am 31. 5. 1863, † am 28. 10. 1897, Schüler der Münchener Akad., schloß sich der Schule Deschwandens an. Auf der ersten schweizer. Kunst-Ausstellung, Bern 1890 war er mit einem Stilleben „Wohnzimmer in der Rosenburg in Stans" vertreten.

Brun, Schweizer. Kstlerlex. — Kunst f. Alle V 1890. *H. V.*

Baggi, Ludovico, italien. Bildhauer, 1664 urkundlich erwähnt als „console de' maestri di pietra" in Rom; tätig speziell in der dortigen Chiesa de' Quattro Santi Coronati.

Bertolotti in Arch. stor.-art. di Roma III 225. *G. Degli Azzi.*

Baggs, Arthur E., Keramiker in Marblehead, Mass. U. S. A., geb. in Alfred, N. Y. am 27. 10. 1886, studierte an der New York State School of Clay Working and Ceramics und besonders unter Prof. Charles F. Binns. Erst seit kurzem selbständig, hat er schon viele Poterien gemacht, die in Form, Farbe und Textur einen außerordentlich hohen Grad von Kunst und Können zeigen.
F. A. Whiting.

Bagier, Jean, Architekt, erhält 1607 den Auftrag, die zerstörte Chorbühne der Kathedrale zu Le Mans wiederherzustellen.

Esnault, Dict. d. artist. manceaux. 1899. *H. V.*

Bagioli, Tobia, Bildhauer des 19. Jahrh. in Ravenna, wo er für den Arkadenhof des Cimitero die Büste des Angelo Mariani und die Grabmäler Boggi, Lovatelli, Rambaldi, Randi und Vignuzzi ausführte. Nach seinem Modell schuf außerdem Enrico Pazzi die Büste des Dichters Jacopo Landoni in der Kirche S. Giovanni Evangelista zu Ravenna.

C. Ricci, Guida di Ravenna (1900) p. 67, 146 f. *G. Degli Azzi.*

Bagioni, Marco, Sohn des Rocho, wird im Jahre 1597 in einem Dokumente als Maler in Venedig erwähnt.

Cicogna, Inscrizioni Venete IV 346. **

Bagley, engl. Geschütz- und Glockengießerfamilie von Chacombe, Northants, 17.—18. Jahrh., deren Mitglieder sind: *Henri I; Matthew* (seit 1687 in London ansässig, † daselbst 1715; von ihm Glocken in Sharnbrook 1683, Tooting 1705); *James* (Glocke in Woodmansterne, 1707); *Henri II* (in Reading ansässig). Von einem Mitglied dieser Familie stammt eine Kanone im Arsenal zu Woolwich, laut Inschrift aus dem vierten Jahr der Regentschaft der Königin Anna (1702—14).

Champeaux, Dict. d. fondeurs etc. 1886. *H. V.*

Baglieto, Leoncio, span. Bildhauer, geb. in Murcia, ausgebildet an der Escuela especial de pintura, escultura etc. zu Madrid; späterhin Leiter der Modellierklasse an der Escuela de bellas artes zu Sevilla. Von seinen Werken sind erwähnenswert die Statue des Bischofs Fray Domingo de Silos Moreno in Cadiz (1854) und eine Kolossalbüste Murillos (1860 in Madrid ausgestellt).

Ossorio y Bernard, Galeria biogr. de art. españoles del siglo XIX (1883—84).
P. Lafond.

Baglione (Baglioni), Cavaliere Giovanni, Maler, geb. in Rom 1571, † daselbst 1644, tätig namentlich in Rom, kurze Zeit in Neapel (1609/10), Schüler des Florentiners Francesco Morelli. Weitergebildet unter der Einwirkung des Cav. d'Arpino, dann auch beeinflußt von Caravaggio. Die Hauptzahl seiner Werke noch heute in den Kirchen und Palästen von Rom. Anfangs tätig unter der Leitung der römischen Unternehmer großer Freskodekorationen: in der Scala Sancta beim Lateran (um 1589); in S. Maria dell' Orto (Tribuna): Geschichten der Maria; unter der Leitung des Cav. d'Arpino: Fresken im Querschiff von S. Giov. in Laterano (um 1600); in S Maria Maggiore (Capp. Paolina und Gewölbe vor dieser) um 1606. Für den Gesù malte er um 1603 das Altarbild der Auferstehung Christi (vgl. die von Bertolotti, Art. Lomb. veröffentlichten Akten seines Prozesses gegen Caravaggio); Fresken im Palazzo Santacroce (um 1604). Sein Hauptwerk die Auferweckung der Tabitha in S. Peter, für das ihm Clemens VIII. das Kreuz des Christusordens verlieh, ist im 18. Jahrh. zugrunde gegangen (Kopie aus dem 18. Jahrh. in S. Maria degli Angeli). Malereien in der Anima (vollendet 1607); in S. Cosma e Damiano: Johannes der Evangelist erweckt einen Toten (1618); in S. Peter (Capp. Gregoriana): Fußwaschung um 1630 (nicht mehr vorhanden). Auch tätig für Perugia (Cattedrale di S. Lorenzo: Martyrium der hl. Barbara, die hl. Clara als Befreierin ihres Klosters in Assisi von den Sarazenen, Steinigung des hl. Stephanus), Mantua und Loreto. Mehrmals Principe der Akademie von S. Luca (z. B. 1618). Von ihm gestochen: Jakobs Traum. Baglioni fec. Kl. Fol. (in Rumohrs Katalog erwähnt). Verfasser des für die Kunstgeschichte wichtigen Werkes über die Künstler, welche in Rom von 1573—1642 gearbeitet haben, eine Art Fremdenführers und biographischen Lexikons in Dialogform.

Seine Schriften:

1) Le vite de' pittori, scultori, architetti ed intagliatori dal Pontif. di Gregorio XIII. del 1572 fino a' tempi di Papa Urbano VIII. nel 1642. Roma 1644. Am Schluß: La vita del Baglione, unter dem Namen des Stampatore. — Die in Neapel erschienene Ausgabe von 1733 hat als Anhang die Vita Salvator Rosas von Passari (Gio. Batt. Passeri. S. in: Passeri, Le vite etc. die Anmerkung des Herausgebers. p. 416).

2) Le nove Chiese di Roma, nelle quali si contengono le Istorie, Pitture, Scolture e Architetture. Roma. 1639.

Titi, Descriz. delle pitt. di Roma. — Orsini, Guida di Perugia. — Lanzi, Storia Pitt. II 157. — Siepi, Descr. etc. di Perugia, 1822 p. 81, 99. — Campori, Raccolta de' cataloghi, p. 82. — Bertolotti, Artisti Bologn. in Roma. — Ders., Artisti subalpini in Roma und Artisti Lombardi in Roma. — Baruffaldi, Vite dei pittori e scult. Ferraresi. — Arch. Stor. d'arte. ser. II, Bd. II, p. 147. — Nuova Rivista Misena IV 156. — Napoli Nobilissima VI 132. — Heinecken, Dict. (Stiche nach B.). — A. Riegl, Entstehung d. Barockkst. in Rom. 1908 p. 18. — Mit Notizen aus dem lit. Nachlaß W. Kallabs, die durch Herrn Dr. W. Koehler in Wien freundlichst zur Verfügung gestellt wurden. *Posse.*

Baglioni, Alessandro, Architekt in Perugia um 1700.

Orsini, Guida di Perugia 1784 p. 291. **

Baglioni, Andrea di Puccino, Goldschmied in Pistoja, verfertigte 1387 für den Silberaltar der Kapelle S. Jacopo im Dom zu Pistoja silberne und emaillierte Kandelaber.

Ciampi, Notizie della Sagristia Pistojese, p. 134. **

Baglioni, Angelo, da Monte-novo, Bildhauer von Perugia, um 1733, nur bei Zani (Enc. met. III 24) erwähnt. *H. V.*

Baglioni, Baccio d'Agnolo, hervorragender Architekt und Holzschnitzer, geb. 1462 zu Florenz, † ebenda 1543. Ursprünglich einfacher „legnaiuolo", d. h. sowohl Zimmermann als Holzschnitzer und Meister in eingelegter Arbeit, blieb er diesem Handwerk auch dann noch treu, als er im Laufe der Zeit, begünstigt durch nahen Umgang mit den hervorragendsten Künstlern zu einem der führenden Baumeister von Florenz geworden war. Sein Ansehen als Architekt drückt sich besonders durch die Wahl zum „capomaestro" des Dombaues aus, welches Amt er von 1506 an wiederholt längere Zeit, wenn auch häufig mit anderen zusammen, innegehabt hat. Immerhin beruht die Stellung Baccios als eines der Hauptvertreter der Hochrenaissance in Florenz wesentlich mit darauf, daß während der kurzen Blütezeit dieser Stilperiode die hervorragenden Baukünstler auch dieser Stadt selbst meist außerhalb derselben beschäftigt gewesen sind und daß dann die politischen Verhältnisse von 1529 an auf längere Zeit das Entstehen bedeutender Bauwerke verhindert haben.

Das Hauptgewicht von Baccios Tätigkeit liegt auf dem Gebiet der bürgerlichen Baukunst. Aber auch hier gründet sich sein Ruhm als Bahnbrecher eigentlich nur auf ein einziges, noch dazu nicht umfängliches Bauwerk, den Palazzo Bartolini in Florenz, via Tornabuoni 8, begonnen 1520. Das, was an diesem nach einer Anekdote Vasaris den Florentinern neu und sogar lächerlich erschien, war die Umrahmung der Fenster und des Portals mit Halbsäulen, Gebälk und Giebel. Aber dieses Dekorationsmotiv war nicht Baccios Erfindung, sondern entstammte ebenso wie das am Pal. Bartolini gleichfalls verwandte Nischensystem der Bramante-Raffaelschen Schule in Rom, wo es in dem (später abgerissenen) Pal. d'Aquila Raffaels seine Hauptverkörperung gefunden hat. Doch auch in Florenz selbst ist der derselben Schule entstammende Pal. Pandolfini mit derselben Fensterumrahmung in größeren Verhältnissen mindestens gleichzeitig mit Pal. Bartolini entstanden. Baccio hat seine Studien in Rom gemacht. Er hat auch mit Raffael und anderen hervorragenden Architekten des römischen Kreises in engen Beziehungen gestanden. Die Annahme liegt deshalb nahe, daß er beim Pal. Bartolini direkten Inspirationen von dieser Seite gefolgt ist. Der ästhetische Wert dieser Bauwerke liegt nun aber nicht allein in der Anwendung jener neuen Dekorationsmittel, sondern vor allem in der harmonischen Durchbildung des Äußern und Innern im Geiste der festlich-heiteren aber noch nicht überladenen u. schweren Pracht der beginnenden Hochrenaissance, insbesondere auch in der feinsinnigen Ausbildung der Details. Die schmale Fassade mit nur drei Achsen ist in wohlabgewogenem Verhältnis der Vertikal- zur Horizontalgliederung gehalten. Denn während einerseits die Portal- und Fenstersäulen sowie die kräftige Rustikaeinrahmung der Ecken nach oben streben, stellen Gurtgesimse u. Kranzgesims sowie die Fortführung des Fenstergebälks an der Wandfläche das Gleichgewicht im horizontalen Sinne her, u. die Nischen zwischen den Fenstern wirken mit Erfolg nach beiden Richtungen. Die Fensteröffnungen sind dem Aedicula-Motiv entsprechend rechtwinklig und durch je zwei übereinandergestellte und durch Querbalken getrennte Säulchen belebt. Über den Fenstern wechseln Rund- und Spitzgiebel ab. Das von Vasari als zu schwer getadelte Kranzgesims wird ohne rechten Grund einer späteren Hand zugeschrieben. Die Seitenfronten nach zwei engen Gassen sind entsprechend einfacher gehalten, ohne den Charakter der Hauptfassade aufzugeben. Die Raumdisposition des Innern mit anmutigem Säulenhof an der einen Seite weiß sich geschickt der schmalen etwas unregelmäßigen Grundfläche anzupassen. Alle Profile, Decken usw. sind auf das Sorgfältigste ausgearbeitet.

Stellt nach alledem der Pal. Bartolini einen bedeutsamen Fortschritt auf dem Gebiete des bürgerlichen Wohnhauses dar, so läßt sich ein Gleiches von den anderen beglaubigten Bauten Baccios keineswegs behaupten, dieselben halten vielmehr den eingeführten Florentiner Palasttypus (Rundbogenfenster und -türen mit Quaderumrahmung, Rustikaeinfassung der Ecken, Sparrendach usw.) im allgemeinen durchaus fest. Fortgeschrittenere Renaissanceformen zeigen nur das Innere, insbesondere Vestibüle, Höfe, Treppen, Dekken usw. An erster Stelle wäre zu nennen der Pal. Borgherini jetzt Roselli del Turco, via Borga Apostoli 15. Hier erfreuen besonders die schönen Kompositkonsolen-Kapitäle im Vestibül, sowie die vortreffliche innere Raumeinteilung und die Treppenanlage. Ferner der Pal. Taddei, später Pecori-Giraldi dann Ginori, via dei Ginori 13 mit höchst reizvollem Hof, dessen Kapitäle den dorischen Stil Bramantes zeigen. Einen gleichfalls sehr anmutigen Hof mit korinthischen Säulen hat der Pal. Lanfredini, später Corboli, jetzt Palace Hôtel, Lungarno Guicciardini 7, welcher in neuerer Zeit geschmackvoll restauriert worden ist. Die ehemaligen Sgraffitti der Fassade sind leider verschwunden. Über den ursprünglichen Zustand des Pal. Torrigiani, ehemals Nasi, dann del Nero, piazza dei Mozzi 6, welcher 1547 infolge eines Bergsturzes teilweise eingestürzt, durch Baccios Sohn Domenico fortgeführt und durch Tommaso del Nero ausgebaut worden ist, läßt sich wenig feststellen. Dasselbe gilt von der Tätigkeit Baccios an dem ehemaligen Gartengrundstück der Familie Bartolini in via Valfonda, welches später in den Besitz der Familien Riccardi, dann Stiozzi-Ridolfi, schließlich Strozzi überging.

Es ist bei der vielfach bezeugten außerordentlichen Bautätigkeit in Florenz von ca. 1490 bis zur Belagerung von 1529 sowie der angesehenen Stellung Baccios ohne weiteres anzunehmen und wird auch von Vasari ausdrücklich bestätigt, daß B. noch bei einer großen Anzahl anderer bürgerlicher Bauten erheblich beteiligt gewesen ist. So wird ihm der Umbau des älteren Pal. Bartolini, später Torrigiani, jetzt albergo della Porta Rossa, via Porta Rossa 13, ferner der Pal. Ginori, via Ginori 11, auch der Pal. Cocchi, später Serristori, dann Agostino della Seta, piazza S. Croce 1 und anderes zugeschrieben. Die Autorschaft an dem höchst eigenartigen zuletztgenannten Bauwerk würde für Baccios Kunst von hervorragender Bedeutung sein, sich aber nicht halten lassen, wenn die Notiz Redtenbachers zutrifft, daß der pal. Cocchi schon 1469—1474 erbaut ist.

Ein anmutiges Werk Baccios auf dem Gebiete der Landhaus-Architektur ist die villa Castellani, früher Borgherini auf Bellosguardo bei Florenz mit großem Säulenhof und Terrassen. Von geringerer Bedeutung die villa Bartolini, jetzt Favard in Rovezzano.

Nicht unbedeutend ist die Beschäftigung des Meisters an öffentlichen Bauten. Im Verein mit Antonio da Sangallo schuf er am Dom die nur auf einer der Seiten des Tambours ausgeführte Galerie, aufgestellt 1514—1515, welche bekanntlich den Tadel Michelangelos fand, ferner an piazza SS. Annunziata die der gegenüberliegenden Halle der Innocenti Brunellescos nachgebildete Portikus (1516—1519). Die Kirche S. Giuseppe in via dei Malcontenti ist kein hervorragendes Werk. Ebensowenig sind dies die beiden Glockentürme von S. Spirito u. S. Miniato al monte.

Die Entwickelung von Baccios Stil insbesondere auf dem Gebiet des bürgerlichen Bauwesens ist bei dem Mangel genauerer Daten auch bei den meisten seiner beglaubigten Bauten schwer festzustellen. Immerhin spricht die Vermutung dafür, den 1520 begonnenen Pal. Bartolini als das fortgeschrittenste Werk an das Ende der Reihe zu stellen. Der Mangel weiterer Werke Baccios dieser Richtung erklärt sich aus den politischen Verhältnissen besser als aus der Kritik, die dieser Bau bei den Florentinern fand.

Als Holzschnitzer und Intarsiator schuf Baccio eines seiner wichtigsten Werke bereits 1491—1496 in dem Chorgestühlwerk von S. Maria Novella in Florenz. Mit verschiedenfarbigen Hölzern eingelegte Renaissance-Ornamente, Arabesken von anmutigstem Fluß der Zeichnung und zierlich in den Raum verteilt. Der von Baccio gleichfalls gelieferte Orgellettner derselben Kirche ist zum Teil in das South-Kensington Museum, zum Teil in die Kirche von Rueil bei Paris gewandert. Das Holzschnitzwerk an dem Hauptaltar der SS. Annunziata (1500) ist nicht mehr vorhanden. Von 1497 an war Baccio mit der Holzschnitzarbeit in dem Saal der 500 im Pal. Vecchio beschäftigt, wo er sowohl die ganze Decke, wie das Schnitzwerk für den Altar der daselbst errichteten Kapelle und den Rahmen eines Altarbildes ausführte. Diese Arbeiten sind bei dem späteren Umbau des Saales durch Vasari verschwunden. 1502 übernahm der Meister, die geschnitzten und eingelegten Chorstühle von S. Agostino zu Perugia angeblich nach der Zeichnung des Pietro Perugino zu fertigen. Dreißig Jahre später führte er die Arbeit weiter, aber in reicherer, überladener Ornamentation. Auch weiterhin war Baccio mit großen Holzarbeiten im Auftrage der Stadt Florenz beschäftigt, so mit den Triumphbögen für die Ankunft Leos X. und später 1536 mit seinem Sohne Giuliano für den Einzug Karls V. In den Häusern, die er baute, waren die innere Einrichtung, die Vertäfelung und die Möbel öfter von seiner Hand, so besonders in dem oben erwähnten pal. Borgherini (Roselli del Turco). Vasari berichtet uns auch von verschiedenen Bilderrahmen, die Baccio für Bilder des ersteren lieferte.

Inwieweit der Fußboden des Domes zu Florenz von unserem Künstler stammt, ist nicht genau festzustellen.

V a s a r i - M i l a n e s i. — M e y e r, Kstlerlex. (mit ält. Lit.). — G u h l - R o s e n b e r g, Kstlerbriefe. — Giornale stor. d. archivi toscani I 50 ff. — Jahrb. d. Preuß. Kstsamml. XVII 12, 237. — Arch. Stor. Ital. ser. III, tom. XVIII 294 ff. — R e d t e n b a c h e r, Die Architektur der ital. Renaissance p. 216 ff. — Il nuovo Osservatore Fiorentino 1885/6 p. 114, 126, 206. — G e y m ü l l e r - W i d m a n n, Die Architektur der Renaissance in Toskana. *W. Limburger.*

Baglioni, C e s a r e, Sohn des unbedeutenden Malers Giovanni Pietro B., geb. um die Mitte des 16. Jahrh. in Cremona, † im ersten Viertel des 17. Jahrh. Keiner bestimmten Schule angehörig, bald diesem, bald jenem Muster folgend, arbeitete B., mit untergeordnetem Talent, aber mit handfester Fertigkeit auf den verschiedensten Gebieten der Malerei: er lieferte Historienbilder und Stilleben, Kirchengemälde und Tierstücke, Landschaften und architektonische Prospekte. Zahlreiche Aufträge erhielt er vom Herzog Ranuccio von Parma, bei dem er in besonderer Gunst stand, u. a. 1610 den Auftrag zur malerischen Ausschmückung der 1599 von Maur. Bacchini erbauten, 1812 zerstörten Kirche zu Stirone bei Parma und der S. Sepolcro-Kirche in Parma selbst. Anspruch auf ein gewisses Verdienst haben seine jetzt größtenteils zerstörten dekorativen Malereien in Bologneser und Parmenser Adelspalästen. Gut erhalten geblieben sind namentlich seine 13 Freskodarstellungen aus der Geschichte der Grafenfamilie Rossi in der Rocca di S. Secondo, dem Parmenser Kastell jenes jetzt ausgestorbenen Adelshauses.

M a l v a s i a, Felsina pittr. I 253 ff., 344, 347; II, passim. — B a l d i n u c c i, Not. dei prof. del disegno III 414. — G u a l a n d i, Memorie IV 157, I. — A m o r i n i, Vite dei pitt. Bologn. III. — M a s i n i, Bologna perlustrata, p. 617. — B e r t o l u z z i, Guida di Parma (1830) p. 162. — P. M a r t i n i, Guida di Parma (1871) p. 134 f. — M e y e r, Kstlerlex. — H a i n h o f e r, Korresp. Quellenschr., N. F. VI 123. — Arte e Storia XII 65—70. — Notizen von Stef. Lottici. *R.*

Baglioni, D o m e n i c o, Architekt u. Holzschnitzer in Florenz, geb. 1511 als der jüngste Sohn Baccios d'Agnolo. Er ist Erbauer des pal. Niccolini, ursprünglich für Bastiano Ciani Montaguto um 1550 erbaut, jetzt Boutourlin. Unbekümmert um die baulichen Errungenschaften seines Vaters wendet Domenico hier wieder den alten toskanischen Palasttypus an, mit der Besonderheit, daß kleine Pfeilerchen mit Sockel und Kämpfer auf beiden Seiten in die Rundbogenfenster und das Portal eingestellt sind. Die Gartenloggia ist erst 1650 hinzugefügt worden. Am pal. Torrigiani, ursprünglich Nasi, piazza dei Mozzi 6, hat Domenico nach dem Übergang dieses von Baccio d'Agnolo erbauten Palastes an die Familie del Nero im Jahre 1552 gewisse Arbeiten ausgeführt, dagegen hat er ebensowenig wie sein Vater Baccio etwas mit dem angrenzenden pal. Torrigiani, piazza dei Mozzi 5, zu tun, wie irrtümlich behauptet worden ist.

Lit. s. *Baglioni,* Baccio d'A. *W. Limburger.*

Baglioni, F i l i p p o, Bildschnitzer u. Architekt in Florenz in der 2. Hälfte des 16. Jahrh., Sohn des Baccio d'Agnolo.

Arte e Storia I 82/3. — B o c c h i - C i n e l l i, Bellezze di Firenze, 1677 p. 274. **

Baglioni, G i o v. P i e t r o, s. *Baglioni,* Ces.

Baglioni, G i u l i a n o, tüchtiger Architekt und Holzschnitzer, in Florenz geb. 1491, † 1555, der älteste Sohn Baccios d'Agnolo u. in dessen Werkstätte gebildet. Als Architekt sucht Giuliano bereits seinem Vater gegenüber wenigstens im Detail nach neuen Ausdrucksmitteln. Von seinen größeren bürgerlichen Bauten hat der pal. Grifoni, jetzt Catanti in S. Miniato al Tedesco noch den gewöhnlichen Florentiner Typus mit Rundbogenfenstern, Rustikaecken und Sparrendach sowie einer hübschen Säulenloggia im obersten Geschoß. Nur zwei große Fenster im Erdgeschoß (finestre inginocchiate) erscheinen im Gewande der späteren Zeit. Wichtiger der pal. Campana in Colle an aussichtsreicher Stelle, leider nur bis zur Fensterbrüstung des oberen Stocks von Giuliano ausgeführt. Die Fenster umrahmt von Säulen mit Gebälk und teils Rund-, teils Spitzgiebeln. Unter den Fensterplatten Konsolenpaare. Allerlei antike Details sind in etwas gesuchter Weise angebracht. Alles dies schon in der Art Michelangelos. Ein anmutiges Werk ist die kleine frühere villa Campana, jetziges Pfarrhaus in Montughi mit hübscher doppelter Loggia. Die Kapelle Turini im Dom zu Pescia ohne besondere Bedeutung.

Giuliano mühte sich auch als architektonischer Beirat Bandinellis an der Ausschmükkung der sogenannten Udienza am Nordende des Saales der 500 des pal. Vecchio zu Florenz. Von ihm dürfte insbesondere auch das Fenster nach der piazza herrühren. Schließlich schuf er in derselben Eigenschaft die jetzt verschwundenen Chorschranken des Domes ebenda (vollendet ca. 1549) mit schon etwas komplizierterem Säulen- und Pilastersystem. Das Haus des Giovanni Conti, an welchem Giuliano nach Vasari zwei besonders reich gegliederte Parterrefenster („finestre inginocchiate") einbaute, scheint abgerissen zu sein. Allerdings glaubt ein Autor diese Fenster in den noch vorhandenen beiden Fenstern der casa Fiaschi ursprünglich Almeni, via dei Servi 10 wiederzuerkennen, aber kaum mit Recht.

Vasari führt eine Reihe von Holzschnitzarbeiten Giulianos auf, so für den Chor des Domes von Arezzo (1554).

Lit. s. unter *Baglioni,* Baccio d'Agnolo, besonders Geymüller-Widmann, Die Architektur der Renaissance in Toskana.

W. Limburger.

Baglioni, Orazio, italien. Maler, fertigte nach Angabe Camporis eine Magdalena, die sich 1640 zu Reggio im Studio des Coccapani befand.

Campori, Raccolta de' Catal. p. 152. *H. V.*

Baglioni, Pietro, weitgereister Architekt und Schriftsteller, geb. am 30. 1. 1629 in Perugia, † am 23. 8. 1705, stammte aus dem in der Geschichte Perugias berühmten altadeligen Geschlecht der Baglioni. Nach seiner Zeichnung wurde 1692 das Oratorium der Padri Filippini in Perugia erbaut und ihr Wohnhaus erweitert und restauriert. Das Kloster und die Kirche der Väter des hl. Bernhard sind ebenfalls sein Werk.

Orsini, Guida di Perugia 1784 p. 286/7, 321. — Meyer, Kstlerlex. II. *H. V.*

Bagmihl, Julius Theodor, Architekturmaler in Stettin, stellte in der Berliner Akademie 1834 zwei innere Ansichten der St. Nikolaikirche und der Klosterkirche zu Berlin aus.

Kat. d. Akad.-Ausstellg. Berlin 1834 p. 3.

H. V.

Bagnacavallo, s. damit verbundene *Vornamen* sowie *Ramenghi.*

Bagnadore (oder Bagnatore), Pier Maria, italien. Architekt und Maler, geb. um 1550 in Orzi Nuovi bei Brescia, † um 1619; nach Rosini Schüler des Bergamasken Giov. Batt. Moroni. In Rom trat er 1566 in die Dienste des Alfonso Gonzaga, Grafen von Novellara. Seitdem blieb er zum Hause der Gonzaga in naher Beziehung, und in späteren Jahren verkaufte er dem Grafen Camillo Gonzaga seine ansehnliche Kunstsammlung. Er arbeitete viel in Novellara und in Reggio d'Emilia, hauptsächlich aber in Brescia, wo er nach Zamboni 1572 den Neubau der Kathedrale leitete, 1580 die Kirche S. Afra architektonisch erneuerte und mit ornamentalen und figürlichen Malereien schmückte (über der Cappella di S. Angela Merici von ihm ein trefflich verkürzter „Redentore morto"), 1591 den Monte Grande und 1595 die Portikus vor dem Palazzo Municipale erbaute, 1596 das Modell zu dem Schmuckbrunnen an der Torre della Pallata u. schließlich 1611 den Kirchenbau von S. Domenico ausführte. — „Seine Malereien, unter denen ein bethlehemitischer Kindermord und das Martyrium der hl. Margarete in S. Francesco zu Brescia zu den umfänglichsten gehören, sind ziemlich schwach und geistlos, mit verwässertem Rot im Fleisch, ein blasser Nachklang Morettos. Das erste jener Bilder ist bezeichn.: BALNEATOR. F. MDXCIIII." (O. Mündler.) Das Gemälde Morettos in S. Faustino in riposo zu Brescia (Das Wunder des Faustino und der Giovita) kopierte B. für das Oratorium derselben Kirche. Brescia besitzt von B. außerdem noch eine Geburt der Maria in der Sakristei von S. Maria delle Grazie, sowie eine Verkündigung und eine Geburt der Maria in S. Maria dei Miracoli. Endlich malte er für seine Geburtsstadt Orzi Nuovi die Kreuzabnahme in der Pfarrkirche und das Martyrium des hl. Laurentius sowie die Heiligen Bartholomäus und Georg im Munizipalgebäude. — Nach Rossi hat B. drei vorzügliche Landschaften von Muziano, die eine mit dem hl. Onophrius, die andere mit dem hl. Eustachius, die dritte mit der hl. Magdalene, in Federzeichnungen kopiert, nach denen sie von Cornelis Cort gestochen wurden. Die Zeichnungen befanden sich eine Zeitlang in Rubens' Besitz, später in der Sammlung Crozat.

Campori, Art. it. e stran. negli stati est. — Fenaroli, Diz. d. Art. Bresciani (1877) p.

15. — Chizzola, Le Pitture di Brescia. p. 24. — Crowe u. Cavalcaselle, Gesch. d. ital. Malerei (1871) VI. — Meyer, Kstlerlex. — Bradley, Dict. of Miniaturists (1887). — Arch. Stor. Lomb. VI 566—575. — Commentari dell' Ateneo di Brescia (1896) p. 179—198. *L. Ozzola.*

Bagnara (Bagnaja oder Baynara), Padre Pietro da, aus Imola, Maler und „Canonico Lateranense". Um 1550 tätig in Ravenna. Die Angabe, daß er ein Schüler Raffaels gewesen, ist wenig glaublich, da ein Bild von ihm in S. Maria della Passione zu Mailand das Datum 1579 trägt. In Padua besitzt die Kirche S. Giovanni di Verdara ein Gemälde von seiner Hand, das 1537 bezeichnet ist: oben Maria mit dem Kind, unten in einer Landschaft Johannes der Täufer und Augustin. In der Sakristei ebendort von ihm eine hl. Familie. Für die Kirche seines Ordens, S. Maria in Porto zu Ravenna, malte er einen hl. Sebastian und eine figurenreiche Kreuzigung Christi; für das Refektorium die wunderbare Speisung in der Wüste. Der Inschrift auf seinen Gemälden pflegte er beizufügen: Orate Deum pro anima hujus pictoris.

Lanzi, Storia pittor. d. Italia. 5. Ausg. 1834. II 85, V 57, VI 18. — Meyer, Kstlerlex. II (mit ält. Lit.). *H. V.*

Bagnaschi (Begnaschi), Alessandro, eine in der Kunstliteratur bis auf die Neuzeit wiederkehrende Verwechslung mit *Magnasco,* Alessandro, genannt auch Lissandrino, dem bekannten Nachahmer Salvator Rosas.

Siehe unter *Magnasco,* A.

Bagnasco, Rosario, italien. Bildhauer, geb. 1845 in Palermo, ausgebildet daselbst unter N. Morello, in Florenz unter Dupré und in Rom unter Monteverde. Eine in Florenz von ihm ausgeführte Statue „Un primo dolore" wurde in Syrakus mit einer silbernen Medaille prämiiert. 1873 eröffnete er in Palermo eine eigene Werkstatt, und gleichzeitig ging er aus einer dortigen Konkurrenz um eine marmorne Reliefdarstellung der Grundsteinlegung des Palazzo di Città als Sieger hervor. Ebenso siegte er 1880 in Catania mit einer Konkurrenzarbeit. Seine Hauptwerke sind: L'Uragano (angekauft vom König Umberto), Aurora u. Doni dell' Onda (Marmorstatuetten, angekauft vom Principe di Baucina), Bildnisbüsten des Maestro Petrella (angekauft vom Munizipium von Palermo) u. des Filippo Parlatore (im Istituto Tecnico zu Palermo) usw.

Gubernatis, Diz. d. Art. ital. viventi (1889). — Dupré, Ricordi autobiografici (Firenze 1880). *G. Tutino.*

Bagnato, Franz Anton, s. folg. Artikel.

Bagnato, Giovanni Gaspare, Architekt aus Como, † 1757 im Sommersitz des Land-Komturs auf der Insel Mainau im Bodensee, wo er seit 1732 die Kirche und seit 1739 das großherzogl. Schloß errichtete. Vorher war er Deutschordensbaumeister zu Altshausen, wo er aber „mehr geplant als ausgeführt" hat. Im Auftrage des Abtes von St. Gallen baut er 1746—47 das Kornhaus in Rorschach, „einen etwas nüchternen Barockbau", und entwirft 1750 einen Plan für eine neue Stiftskirche. Aus demselben Jahr stammt das Schloß in Meersburg, einstige Residenz des Bischofs von Konstanz, „ein wohlangelegter, weiträumiger Bau". Seit 1753 war er in Salem beschäftigt; 1756 entwarf er Pläne für die neue Münsterkirche von St. Gallen, die aber bei der Ausführung stark modifiziert wurden, wie das auf der Stiftsbibliothek aufbewahrte Modell beweist; nur die Ostfassade ist wesentlich sein Werk. Außerdem baute er 1747 ff. am Kloster zu Marchthal, 1754 ff. an der Stadtpfarrkirche zu Ehingen, wo ihm als Baudirektor sein Sohn *Franz Anton Bagnato* (1732—1810) folgte.

Ad. Fäh bei Brun, Schweizer. Kstlerlex. — Kraus, Kst.-Denkm. d. Großherzogt. Baden I. Kr. Konstanz p. 301, 538. — Kst.- u. Altert.-Denkm. i. Königr. Württemberg. Donaukr. p. 42. *H. V.*

Bagnatore, s. *Bagnadore.*

Bagni, Alessandro, s. *Alessandro* da Modena.

Bagni, Carlo, s. *Bagnini,* Carlo.

Bagni (Bagno), Federico di, Maler aus Mantua, geb. 1527, † am 8. 6. 1561.

C. d'Arco, Delle arti etc. di Mantova notiz. II 145. *H. V.*

Bagni, Stefano, Maler in Siena um 1670.

Zani, Enc. III 25. — Rassegna Bibliogr. I (1898) 229 ff. *R.*

Bagnieux (oder Vaigneux), Emmanuel, Bildhauer in Lyon, wo er um 1675 nach den Entwürfen des Thomas Blanchet mit Nic. Bidau und Simon Lacroix an der plastischen Ausschmückung der Abteikirche St. Pierre arbeitete.

Lami, Dict. des Sculpteurs sous Louis XIV (1906). *S. Lami.*

Bagnini, Carlo (auch Bagni genannt), italien. Kupferstecher, tätig in Siena um die Mitte des 17. Jahrh. Von ihm werden eine Allegorie auf die Familie Medici nach Deifobo Burbarini, Moses auf dem Sinai nach Antonio Maria Ruggieri und eine hl. Brigitta von Schweden angeführt.

Heinecken, Dict. — Gualandi, Memorie V 91. — Meyer, Kstlerlex. *P. K.*

Bagno, Cesare da, italien. Medailleur und Gemmenschneider, mit vollem Namen: Cesare di Niccolo di Mariano Federighi, geb. um 1530 in Santa Maria in Bagno, † in Mailand 1564. Er signierte die schöne, michelangeleske Medaille mit den Porträts des Alfonso II. von Avalos und des Ferdinando Francesco II. Avalos. Hieran reiht sich eine andere auf Giambattista Castaldo. — Der Künstler wird auch identisch sein mit einem *Cesare Federico* *da Bagno,* der um 1558 eine (nicht mehr existierende) Statue der Fides für die Loggia Municipale zu Brescia arbeitete.

Armand, Les Médailleurs I 173, III 77. — Forrer, Biogr. Dict. of Medallists I. — Commentari del Ateneo di Brescia, 1889, p. 60 ff. **

Bagnoli, Bernardo, Bildhauer von Reggio, nach Zani (Enc. met. III 26) um 1575, arbeitete gemeinsam mit seinem Bruder *Vincenzo* die Evangelistenstatuen und Reliefornamente in der cappella maggiore von S. Pietro (Dom) zu Bologna.

Gualandi, Memorie etc. Serie IV 158/9. *H. V.*

Bagnoli, Giovanni, italien. Maler, geb. am 29. 3. 1678 in Florenz, † ebenda 1713; Schüler des Domen. Tempesta, besonders als Tier-, Früchte- und Blumenmaler geschätzt.

Zani, Encicl. III 26. — Meyer, Kstlerlex. *R.*

Bagnoli, Pompeo, Maler aus Bologna, seinem Stile nach wahrscheinlich Schüler des Orazio Sommacchini oder des Lorenzo Sabbattini. 1620 malte er in der Chiesa del SS. Rosario zu Amandola (Prov. Ascoli) eine Freskodarstellung der Madonna mit dem Christkinde, die beim Umbaue der Kirche (1655—57) über dem versetzten Hauptportale erhalten blieb. Nach dem Urteile G. Cantalamessas würde der Stil dieses Bildes eher auf einen Maler der 2. Hälfte des 16. Jahrh., als auf einen solchen der 1. Hälfte des 17. Jahrh. schließen lassen. — Vielleicht war Pompeo ein Bruder des Vincenzo B.

Nuova Rivista Misena II (1889) 215 ff. *M. Morici.*

Bagnoli, Vincenzo, Bildhauer von Reggio, Bruder des Bernardo (s. dort), mit dem zusammen er für S. Pietro zu Bologna tätig war. 1573 übertrugen ihm die Mönche von S. Procolo zu Bologna eine lebensgroße Porträtstatue eines gewissen Graziano, Verfassers des Decreto, zur Ausführung in Terrakotta. Am 24. 9. 1584 erhält er Bezahlung für Stuckarbeiten am Chor der Kathedrale zu Ferrara. 1604 errichtete er einen Stucco-Altar in der Kirche del Rosario zu Amandola.

Gualandi, Memorie etc. Serie IV 158/9. — Cittadella, Not. relat. etc. a Ferrara 1864 p. 58, 61. — Mit Notiz von Stef. Lottici. *H. V.*

Bagnolino, Giov. Maria, s. *Cerva.*

Bagnolo, Giorgio (Zorzi), italien. Maler in Venedig, wo er 1463 Zahlung erhielt für Malereien, die er in der „chiesa piccola" von S. Zaccaria ausgeführt hatte.

P. Paoletti, Archit. e Scult. etc. in Venezia (1893) p. 67. *A. Baracchi.*

Bagolini, Leonardo, Maler in Verona, tätig in Sizilien, wo er zunächst längere Zeit in Termini als Bürger ansässig war, um dann gegen 1557 nach Alcamo überzusiedeln; † daselbst 1585. — In Alcamo schuf B. 1557 die jetzt nicht mehr existierenden Fresken der Cappella di S. Marco in der Franziskanerkirche; 1566 die Madonna della Grazia in der Sakristei und die Darstellungen Gott-Vaters und der Heil. Petrus und Paulus in der Tribuna von S. Maria del Soccorso; ferner in der Sakramentskapelle der Annunziatenkirche einen Gott-Vater, 6 Propheten, 4 Heilige und eine Auferstehung; in S. Maria di Gesù eine Verkündigung Mariä und eine Madonna dei Pericoli mit den Heil. Franziskus und Katharina; in der Chiesa Madre die Fresken der Hochaltar-Tribuna und der Cappella di S. Sebastiano, sowie ein Altarbild mit den Heil. Cosmas u. Damianus; in der Cappella Maggiore von S. Oliva das Freskogemälde der Madonna del Rosario und den Madonnenaltar mit den Heil. Vitus und Franziskus; endlich im November 1580 die Bemalung und Vergoldung des von Antonio Gagini ausgeführten, jetzt leider nicht mehr existierenden Sakramentschreines in der Kirche der Confraternità del Sacramento.

Filangieri, Ind. d. Artefici etc. Napolet. e Sicil. (1891) I 41. — Mirabella in Arch. Stor. Sicil., N. S. VI 3 f. — Di Marzo, I Gagini I 411, 489. *L. Ozzola.*

Bagolino, Giov. Maria u. Pierantonio, s. *Cerva.*

Bagolino, Sebastiano, italien. Maler u. Dichter, geb. in Alcamo am 19. 1. 1560 als Sohn des Malers Leonardo B., † am 27. 7. 1604, tätig in Alcamo (Sizilien). Von seinen urkundlich erwähnten Malereien ist nichts erhalten geblieben. Einige Zeichnungen von seiner Hand befinden sich in Alcamo und in der Biblioteca Comunale zu Palermo.

Zani, Encicl. III 26. — Mirabella in Arch. Stor. Siciliano IX, 430 ff. *E. Mauceri.*

Bagshaw, J. Richard (R. B. A., 1904), engl. Landschafts- u. Marinemaler, Schüler der South Kensington School of Art, dann von van Hove in Brügge u. Hubert Vos in London. Er stellte 1897 zum ersten Male in der Roy. Academy aus und zwar: Calm in the Channel; dann folgten 1900: The Eve of a Storm, Her last Signal, etc. 1901: In Peril und The Ebb Tide, 1903: Off to the Fishing Ground, 1904: A Summers Day off Whitby.

Graves, Roy. Academy of Arts I 91. — Who's Who 1908. *N. Peacock.*

Baguès, Eugène Joseph Antoine, Porträt- und Genremaler in Paris, geb. daselbst, Schüler von Laporte und J. Lequien, stellte in den Salons 1881—1895 wiederholt aus.

Bellier-Auvray, Dict. gén., Suppl. — Kat. des Salon. *H. V.*

Bagueuil 1794 ist die Bezeichnung einer Miniatur auf Elfenbein, Halbfigur eines jungen Mädchens, in der ehemal. Sammlg. Georg Hirth in München. Verkaufskatalog II 1148. **

Bagutti, Abbondio, Freskomaler, geb. in Rovio 1788, † am 4. 10. 1850, Schüler der Mailänder Akad. und seines Vaters *Giov. Battista.* Seine Hauptarbeiten sind die Fresken an den Seitenwänden des Hochaltars in der Torrianischen Kirche zu Mendrisio mit Szenen aus der Zeit der Christenverfolgungen, sowie die gemeinsam mit Francesco Catenazzo 1816 ausgeführten Fresken in der Kirche S. Sixinius ebendort.

Bianchi, Artisti Ticinesi 1900. — E. L. Girard bei Brun, Schweizer. Kstlerlex. *H. V.*

Bagutti, Gaetano, Maler aus Rovio, fertigte 1830—32 die allegorischen Wand- und Deckenmalereien im Großratssaale des früheren Regierungspalastes zu Locarno.

E. L. Girard bei Brun, Schweizer. Kstlerlex. *H. V.*

Bagutti, Giovanni Battista, Maler aus Rovio, geb. 1744, † am 28. 11. 1823. Von seinen Gemälden seien erwähnt: Ein St. Sixinius am Hochaltar der Kirche alla Torre in Mendrisio und ein St. Ludwig Gonzaga in der Sakristei der dortigen Kirche beim Gymnasium.

Bianchi, Artisti Ticinesi. — E. L. Girard bei Brun, Schweizer. Kstlerlex. (Hier Giov. Baltasaro B. genannt.) *H. V.*

Bagutti (Baguti), Pietro Martire, tüchtiger Dekorationsbildhauer und Stuckateur aus Bologna, um 1760—80. Erwähnt werden Bildhauerarbeiten von ihm in den Kirchen Uomobono und Aldobrando zu Bologna.

Füssli, Kstlerlex. — Zani, Enc. met. III 26. *H. V.*

Bahamontes-Agudo, José, span. Maler, geb. in Madrid, ausgebildet an der dortigen Escuela especial de pintura etc. Seit 1866 beschickte er mit seinen Gemälden die Madrider Exposición nacional de bellas artes, die ihn 1887 und 1897 durch Medaillen auszeichnete. Unter seinen Genrebildern und Architekturstücken sind erwähnenswert: „Blumenmädchen" — „Zeitungsverkäufer" — „Straße in Toledo" —„Patio der Kathedrale zu Toledo" — „Inneres der Capilla de Buen Consejo in S. Isidro zu Madrid" (letzteres Gemälde angekauft für das Muséo de Arte moderna zu Madrid). Außerdem hat der Künstler zahlreiche Porträts gemalt.

Ossorio y Bernard, Galeria biogr. de art. españoles del siglo XIX (1883—84). *P. Lafond.*

Bahieu, J. G., Landschaftsmaler in Champigny, stellte in den Pariser Salons 1885—1895 wiederholt aus (Küstenmotive bei Granville, Dieppe etc.).

Kat. d. Salon. *H. V.*

Bahlsen, Goldschmied der Empirezeit. Zwölf Leuchter von seiner Hand mit dem Monogr. des Kurfürsten Friedr. Wilhelm wurden in der Auktion des Fürsten von Hanau 1889 in Köln verkauft. — Ein Goldschmied *Heinrich Ludwig Bahlsen* war 1822 und vermutlich in Erfurt tätig.

Notizen von M. Rosenberg. **

Bahmann, Ferdinand, deutscher Kupferstecher, geb. um 1800, stach Bildnisse nach eigener u. anderer Erfindung f. d. Bibliogr. Inst. in Hildburghausen, sowie 2 Blätter nach Lionardo und Dominichino.

Bahner, Hermann, Landschaftsmaler in Düsseldorf, geb. am 12. 7. 1867 in Kaiserswerth, Schüler von Jernberg auf der Düsseldorfer Kunstakademie, später in Bensheim in Hessen tätig. Er malt mit Vorliebe holl. Motive: Abendstimmung am holländischen Kanal (Mus. Magdeburg); Aprilabend (Nat.-Gal. Berlin); Holl. Dörfchen am Kanal.

Das geist. Deutschland. 1898, I. — VIII. Jahresausstellung der Freien Vereinigung Düsseldorfer Künstler 1899. — Kat. d. Gr. Berliner Kstausstellg. 1904. *Board.*

Bahns (Behns oder Bauss), George, Kunsttischler aus Zittau, verfertigte 1657 in der alten, 1868 abgebrochenen Kirche zu Friedersdorf die Holzdecke und zusammen mit dem Maler Kremsier die Kanzel (1656) und den Altar (1659), die bei dem Abbruch der Kirche leider mit verloren gingen. Für die Petri-Paulikirche in Zittau lieferte er 1661—62 mit mehreren anderen Meistern das Gestühl und erhielt am 14. 1. 1668 mit Hans Kunert und Heinr. Prescher den Altar und die beiden Statuen Petri und Pauli in Auftrag. In demselben Jahr fertigt er mit dem Bildhauer Hans Bubenik die Kanzel für diese Kirche (nicht mehr in völlig ursprünglichem Zustand). Am 14. 11. 1654 (laut Inschrift) stellt er mit Martin Feist den Altar der Kreuzkirche daselbst auf, „ein charakteristisches Beispiel für die verwilderte Stilbildung in Knorpelwerk nach dem 30jährigen Kriege". In ähnlichem Stil das Epitaph des Georg Schnitter daselbst von 1662.

Bau- u. Kstdenkm. d. Königr. Sachsen. Heft XXIX 11; Heft XXX 31, 32, 35, 100, 101, 104, 105. *H. V.*

Bahr (Boer), Hans, wälscher Maurer, Bruder Jakobs, vielleicht identisch mit Johann Baptista Parr, der 1555—1572 an den Schloßbauten in Schwerin und Güstrow tätig war. Er wird als Baumeister des 1582 vollendeten Rotschlosses im Kreis Nimptsch genannt. 1559 erscheint er beim Kauf eines Hauses in der Burgstraße zu Brieg, wobei sein Bruder Jakob Boer (Baar) Zeuge war. — Vermutlich ein dritter Bruder: *Franz Parr* (Boer) genannt, ist Baumeister in schwedischen Diensten, s. *Parr.*

Schlesiens Vorzeit III 270, 271, 432. — Anzeiger für Kunde der deutschen Vorzeit 1878, Sp. 82, 165. — Fr. Sarre, Beiträge zur Mecklenb. Kunstgesch., Berlin 1890, p. 85. — Verzeichnis der Kunstdenkmäler Schlesiens II 418; V 521. *L. Burgemeister.*

Bahr (Baar, Bavor, Bavaro, Pahr, Pawer, Parr), Jakob, meist Jakob der Wahle genannt, aus Mailand, „wälscher Maurer". Er erscheint 1547 in Brieg als Schloßbaumeister. 1548 nimmt er an einer Beratschlagung mit Lorenz Gunther, Baumeister der Stadt Breslau, und Jakob dem Stadtmüller wegen des

Fortganges der Arbeiten am Schloß teil. Sein Anteil am Schloßbau bis wenigstens 1556 steht fest. 1548 erbaut er mit Antoni von Theodor (Anthonis von Zerusa, Zerroen, Szerrunn?) die Stadtschule auf dem Pfarrkirchhofe in Brieg. Gegenüber den Anfeindungen der einheimischen zünftigen Maurer bescheinigt ihm unterm 26. 10. 1564 Herzog Georg, daß er ihm sein fürstlich Schloß mehrenteils gebaut und noch andre ansehnliche Bauten gefördert und sich stets eines ehrbaren Lebens beflissen habe; er nimmt ihn in besonderen Schutz. Im gleichen Jahre 1564 wird B. zum Bau des Brieger Gymnasiums berufen, das ehedem reiche Giebel mit den Bildnissen der neun Musen hatte, während der Turm mit dem Bilde Apollos geschmückt war. Auch bei kleineren Arbeiten niederer handwerksmäßiger Art erscheint er in dieser Zeit im Dienste des Magistrats von Brieg. Es ist dies ein charakteristischer Zug der wälschen Maurer, daß ihnen jeder Verdienst gut genug war. So hatte B. auch unter den Kaufkammern einen Stand. Am 12. 6. 1570 schließt der Magistrat in Gegenwart des Herzogs mit dem vorsichtigen Jacob Baar, Baumeister und Maurer, den Kontrakt wegen Wiederaufbaues des im Jahre vorher abgebrannten Rathauses ab. Der Bau wurde von ihm 1572 vollendet. B. war das Haupt der italien. Maurerkolonie in Brieg und besaß ein Haus in der Burgstraße nahe dem herzoglichen Schloß. Er starb am 15. 8. 1575. Der Gatte seiner Tochter Lucretia war Bernhard Niuron, ebenfalls ein Wahle, der Hofarchitekt des Herzogs Georg II. und seines Nachfolgers Joachim Friedrich.

Schlesiens Vorzeit in Bild und Schrift (Zeitschrift des Museums-Vereins zu Breslau) II 149, 195; III 267—272, 299—301, 308, 427, 428, 431, 433; VI 220, 223—225, 228; VII 489. — Anzeiger für Kunst der deutschen Vorzeit, Organ des Germanischen Museums in Nürnberg 1878, Sp. 77—83, 97, 98, 100, 166, 201, 202, 203, 205, 295. — Lübke, Deutsche Renaissance, 2. Aufl. II 186. — Dohme, Gesch. d. deutschen Baukunst 1887, 296, 360. — Fr. Sarre, Beiträge zur Mecklenb. Kunstgesch., Berlin 1890, p. 84 ff. — Verzeichnis der Kunstdenkmäler Schlesiens II 314, 325, 326, 335, 337, 338; V 521. *L. Burgemeister.*

Bahr, Johann, Maler und Illustrator, geb. in Flensburg am 22. 6. 1859. Wohnt in Friedenau bei Berlin. Während kurzer Zeit Studium auf der Kgl. Hochschule f. bild. Künste zu Berlin, sonst Autodidakt. Humoristische Illustrationen, besonders für die „Fliegenden Blätter", „Lustige Blätter" u. a. Wochenschriften. Hochgebirgsbilder in Tempera. Aquarelle humoristischen Inhalts, „Schulzens Lene" (1900), „Gaudeamus" (1902), „Sie kommen" (1905), „Kriegskameraden" (1906) u. a. m. *J. Svs.*

Bahr, Theodor Anton, norweg. Maler, geb. am 20. 9. 1868 in Stavanger, bildete sich vom Herbst 1884 bis 1886 auf Bergsliens Malerschule in Kristiania aus, war den Winter 1886—87 Schüler von Chr. Krohg, E. Werenskiold und Eilif Peterssen in Kristiania. Er hielt sich 1887 in Kopenhagen auf, reiste 1889 nach Melbourne, 1896 nach Kapstadt. Im Winter 1901—02 nahm er Studienaufenthalt in Paris und lebt zurzeit in Südafrika. Er malt meist Landschaften und Porträts und stellte auf den staatlichen Ausstellungen in Kristiania 1887 und 88, sowie in Kopenhagen 1887 aus.

Mitteilungen der Gattin des Künstlers. *C. W. Schnitler.*

Bahr, s. auch *Baar* u. *Parr.*

Bahren, s. *Baren.*

Bahuche, Jean, französ. Hofmaler, in den Listen derselben 1636—48 erwähnt. Wahrscheinlich ein Verwandter der bekannten Malerin Margareta Bunel, geb. Bahuche.

Jal, Dict. crit., Paris 1872 p. 92. **

Bahuche, Margarethe, s. *Bunel.*

Bahuet, Alfred, französ. Zeichner und Lithograph, geb. in Paris, Schüler von Hébert, Roll, Sirouy und Chauvel. Man hat von ihm folgende Lithographien: Maréchal Prim nach Henri Regnault; Ismaël nach Cazin (Salon 1885); Faust au Combat, Faust au sabbat, nach Chifflart (Salon 1902).

Livrets de salons 1885, 1902. — Gaz. d. beaux-arts. 1885. 2. p. 126; 1891. 1. p. 484. *J. Guibert.*

Bahuet, Jeannin, französ. Maler im Dienste des Herzogs von Mantua gegen Ende des 16. Jahrh. Von den Arbeiten dieses seinerzeit renommierten Malers scheint nichts erhalten zu sein. In einem Briefe an den Herzog vom 2. 12. 1581 erwähnt er das von ihm gemalte Porträt der Herzogin. Ein anderer Brief vom 1. 2. 1582 zeigt B. als Leiter bei den Vorbereitungen für ein Turnier; endlich finden wir in der Korrespondenz des Muzio Manfredi, veröffentlicht Venedig 1606, einen Brief, datiert aus Nancy am 21. 6. 1591, in dem Manfredi den Bahuet freundschaftlich tadelt, daß er ihm die Bildnisse noch nicht gesandt hat, die B. ihm von der Komtesse von Mirandola und der Komtesse von Sale versprochen hatte. Er bittet den B., ihm nun zur Entschädigung das Bildnis der Schönsten von Mantua zu malen. — Die Daten seiner Lebensgrenzen sind nicht bekannt.

Bertolotti, Artisti francesi in Roma, 1886. — Réun. des Soc. des b.-a. XXIII 402. *H. Longnon.*

Baja, Angelo, Maler in Padua, urkundlich erwähnt 1565.

Moschini, Della pitt. in Padova Mem. (1826) p. 83. *

Bája, Stefan, ung. Maler vom Ende des 18. Jahrh. Wirkte vornehmlich in Déva, woselbst er auch Grundbesitzer und ref. Oberkurator war. Malte zumeist Miniaturporträts.

Einiges von ihm wurde in den 20er Jahren des 19. Jahrh. gestochen.

Müvészet, 1904, 207 u. 1907, 419. Budapest. *K. Lyka.*

Baia, il, s. *Corso,* Jacopo di.

Baiardi, Francesco, Maler in Parma, Sohn des Goldschmieds Giberto B., malte 1542 „il quadro di S. Giacomo".

Baistrocchi, Spogli Storici (Mscr. in Parma, Bibl. Palat.). *St. Lottici.*

Baiardi, Giberto di Bertolino, Goldschmied in Parma, 1444 zum ersten Male erwähnt in einem Prozeß um die Bezahlung von ihm gefertigter und an den Goldschmied Melchiorre de' Posterla verkaufter Goldschmucksachen. 1495 erwarb er vom Kloster S. Giovanni Evangelista eine Familienkapelle, für die einige von ihm gearbeitete silbervergoldete Kelche mit in Zahlung genommen wurden. Von seinen drei Söhnen Gaspare, Palamino und Francesco wird der letztere als Maler erwähnt. Giberto B. † 1506.

Scarabelli-Zunti, Mem. di B. Arti. (Mscr. in Parma, Bibl. Palat.) — Baistrocchi, Spogli Stor. (Mscr. in Parma, Bibl. Palat.). *St. Lottici.*

Baiardi, Mercurio, Maler in Parma; malte 1574 am Hause eines seiner Freunde ein Freskobild der ihr Kindlein säugenden Madonna mit dem in Anbetung knienden hl. Franciscus von Assisi. Späterhin wurde dieses als wundertätig verehrte Gemälde von der Mauer losgelöst und auf dem Altare der nach ihm benannten Kirche S. Maria del Quartiere aufgestellt. — Auch die Chiaroscuro-Malereien auf den Pilastern einer Nische dieser Madonnenkirche wurden von Mercurio B. ausgeführt.

Scarabelli-Zunti, Mem. di B. Arti. (Mscr. in Parma, Bibl. Palat.) *St. Lottici.*

Bajardo, Giovanni Battista, italien. Maler, geb. um 1620 in Genua, † 1657 daselbst an der Pest. Von den zahlreichen Gemälden, die er für genuesische Kirchen etc. ausführte, werden besonders gerühmt: die Fresken im Kloster S. Agostino und in S. Pietro di Banchi, die Heil. Hieronymus und Franziskus Xaverius in der Jesuitenkirche, das Wunder und das Begräbnis des hl. Stephanus im Oratorio dei Disciplinati di S. Stefano, das Hochaltarbild mit der Christus-Vision der hl. Clara in S. Chiara di Carignano und dasjenige mit der Kreuzauffindung in der Chiesa dei Frati Minimi. — Zani, Enc. met. II erwähnt auch einen Bruder des Obigen als Maler in Genua um 1640 (ohne Vornamen).

Soprani-Ratti, Vite de' pittori etc. Genovesi (1768) I 334 f. — Lanzi, Storia pitt. d. Italia (1834) V 278. — Baldinucci, Not. dei prof. del Disegno (1847). *L. Ozzola.*

Baiatta, F., italien. Kupferstecher, nur von Zani, Enc. III 27, erwähnt. *P. K.*

Baier (Bayer, Bair, Pair), Hans, Maler und wohl auch Bildschnitzer in Nürnberg, wo er sich 1530 verheiratete (Ehebücher bei St. Sebald in Nürnberg). Am 4. 6. 1541 ließ ihm der Rat 8 fl. für ein Modell („patron"), der Stadt Nürnberg, das er verfertigt und dem Rat dediziert hatte, verehren, ihm aber gleichzeitig einschärfen, „ferner dergleichen nit mehr weder zu schnitzen noch zu malen".

Bayer. Gewerbe-Zeitung 1897 S. 31 f. *Th. Hampe.*

Baier (Bayr), Jeremias, Maler zu Nürnberg, verheiratete sich daselbst am 16. 4. 1599 (Ehebücher bei St. Lorenz) und ward am 16. 10. 1604 Meister. Da Hauer drei Lehrlinge von ihm nennt: Barthel Wernlein, Matthes Trost und Christoph Melonius, so scheint er einen größeren Werkstattbetrieb gehabt zu haben. Arbeiten von seiner Hand sind nicht bekannt.

Mitteilungen aus dem german. Nationalmus. 1899 S. 126 (Aufzeichnungen Johann Hauers). *Th. Hampe.*

Baier (Bair, Bayr etc.), Melchior, einer der hervorragendsten und meist beschäftigten Goldschmiede der Nürnberger Hochrenaissance, wurde am 4. 2. 1525 zu Nürnberg gegen eine Gebühr von 4 fl. Bürger und 2 Tage darauf gegen Erlegung von 10 fl. Meister. Wenn er in dem Arnoldschen Verzeichnis der Nürnberger Goldschmiede (1652) als „Silber- und Goldarbeiter" bezeichnet wird, so kommt dies vielleicht daher, daß Arnold, wie es scheint, 2 Meister des Namens Melchior Baier (oder Payer, Peuer, Pewer), einen Silberschmied (Meister 1521) und unseren Goldschmied (Meister 1525) zusammengeworfen hat. Die Möglichkeit eines Doppelgängers ist auch für die folgenden Angaben gelegentlich in Betracht zu ziehen.

1528 kommt B. als Vertrauensmann in der Veit Hirschvogelschen Nachlaßsache vor; 1531 fertigte er Silbergeschirr (Waschgeschirr und Tafelsilber) für Adam Grafen von Beichlingen; von 1532 bis in den Anfang der 40er Jahre ist er vielfältig für den bekannten Rechtsgelehrten Dr. Christoph Scheurl und durch dessen Vermittelung auch für den Kardinal von Trient, Bernhard von Cles, tätig: eine Reihe bedeutender Arbeiten von B. werden in Scheurls Schuld- und Rechnungsbuch genau beschrieben. Der Meister wohnte damals in der Bindergasse. 1532—38 ist Heinrich Lautensack (s. d.), der 1550 zu Frankfurt Meister wurde, bei ihm in der Lehre (Meisterbuch der Frankfurter Goldschmiede im Besitz des Barons v. Erlanger in Oberingelheim — nach Hofrat Rosenbergs mir freundlichst zur Verfügung gestellten Exzerpten). 1534—37 ist er Geschworener seines Handwerks. Von 1538 ist der mit *M*B* signierte Silberaltar in der Jagellonenkapelle des Doms zu Krakau datiert, den wir mit annähernder Sicherheit als eines der Hauptwerke B.s betrachten dürfen; schreibt doch

Neudörfer 1547 über unseren Meister, daß er „im Treiben, Reißen (Zeichnen, hier wohl auch Gravieren) und großen Werken, von Silber zu machen, berühmt" gewesen sei und dem „König in Polen (Sigismund I. regierte 1506—1548) eine ganz silberne Altartafel" gemacht habe; „die wog viel Mark". „Zu solcher Tafel", heißt es bei Neudörfer weiter, „machet Peter Flötner die Patron (d. h. die Zeichnung, den Karton) und Figuren von Holz (also die Buchsbaum(?)-Modelle), aber Pankraz Labenwolf goß dieselben hölzernen Patronen von Messing; über diese messingene Tafeln wurden die silbernen Platten eingesenkt und getrieben." Überdies ist auch noch später in den Akten von Beziehungen B.s zu Krakau die Rede. Da Neudörfer auch von Hans (recte Albrecht) Glim bemerkt, daß er „in den großen Werken der silbernen Bilder von ganzen Stücken zu treiben hoch berühmt" gewesen sei, und man auf diesen Freund Dürers um die Mitte des 19. Jahrhunderts größere Werke der Silberschmiedekunst der Nürnberger Renaissance zu beziehen liebte, so ist vielfach auch, doch, wie mir scheint, ohne Grund, jener silberne Flügelaltar Sigismunds I. mit Albrecht Glim, wenigstens als Mitarbeiter, in Verbindung gebracht worden. In seiner heutigen Form vollendet wurde der Altar allerdings erst unter Sigismund II. (regierte 1548—1572). — Nicht ohne Grund möchte neuerdings Peartree auch die beiden kunstvoll gearbeiteten silbernen Altarleuchter im Krakauer Dom, gleichfalls ein Geschenk König Sigismunds I., bereits aus dem Jahre 1536, Melchior Baier zuschreiben.

1540 lieferte er eine größere Anzahl von Magöllein, d. h. kleinen Bechern (16 silberne „mit vergulten Rälfen und Füßen" und 16 silbervergoldete) für den Silberschatz des Nürnberger Rates, der im Februar desselben Jahres auch jenes vergoldete Trinkgeschirr „mit einer deck (= Deckel), darauf die siben planeten mit iren efecten künstlich geschmelzt (= emailliert) und ausgetriben", für 460 Gulden von B. kaufte, das dann im Februar des folgenden Jahres vom Rat Kaiser Karl V. als Ehrengeschenk gewidmet wurde. 1544 hatte unser Meister Unannehmlichkeiten wegen einiger wohl älterer Becher, die er einem Händler zum verkaufen gegeben hatte, die aber nicht das seit 1541 gesetzlich vorgeschriebene Kontrollzeichen der geschworenen Meister trugen. Von einer Bestrafung B.s sah der Rat indessen ab. Im Februar 1545 erbat sich und erhielt der Künstler mit zwei anderen Goldschmieden (Rüdiger von der Burg und Nikolaus Nunhart) vom Rat eine „Fürschrift gen Krakau"; es handelte sich dabei möglicherweise um eine Restforderung für den König Sigismund I. gelieferten Altar. Zum 25. 2. 1548 hören wir von einer Beschwerde seiner Frau, daß ihr Mann „ganz kindisch und wahnwitzig" sei, nicht zu handeln verstände und nicht mit Geld umzugehen wisse etc.; sie wird damit vom Rat an das Gericht verwiesen. Noch im gleichen Jahre — zwischen Crucis (14. 9.) und Lucie (13. 12.) 1548 — starb „Anna Melchior Bairin, goldschmidin an S. Egidiengassen". In den Jahren 1549—1551 ist B. verschiedentlich für den Nürnberger Patrizier Lienhard Tucher tätig, wie aus dessen Haushaltungsbuch (im Freiherrl. von Tucherschen Familienarchive) hervorgeht. Etwa um die gleiche Zeit mag die köstliche silbervergoldete, mit plastischen Zutaten und reicher Emailmalerei auf das geschmackvollste verzierte Schale in der kgl. Silberkammer zu München, ein Meisterwerk ersten Ranges, aus seiner Hand hervorgegangen sein. Sie trägt außer dem Nürnberger Beschau- und dem Wüchsenzeichen eine Meistermarke mit einem aus M und B zusammengesetzten Monogramm, das auch als Merkzeichen Melchior Baiers auf den zugleich mit der Stempelung seitens der Meister 1541 eingeführten Goldschmiedstafeln erscheint. Für ein Mitglied etwa der Goldschmiedsfamilie Bauch (s. d.), der im übrigen wohl die in Rosenbergs Buche „Der Goldschmiede Merkzeichen" (No. 1249) unter Melchior Baiers Namen vereinigten Werke auch nach der Meinung unseres besten Kenners, eben des Verfassers jenes Buches selbst, zugeteilt werden müssen, ist aber die Arbeit nach Ausweis ihres Stiles, ihrer ganzen Art enschieden zu früh.

Nach 1551 hören wir nichts mehr von B. bis zu seinem Tode, der nach Dopplmayr am 3. 8. 1577 erfolgte. Das offizielle Totenbuch von 1575/79 im Nürnberger Kreisarchive enthält auf Bl. 132 zum 6. August 1577 die Notiz: „Der ersam Melchior Bair der elter, goltschmidt in Sant Egidiengassen" und nennt damit wohl den Tag des Begräbnisses. Nur ein Sohn „Jobst Bair, instrumentist" (also Instrumentenmacher) überlebte ihn und trat das für die damalige Zeit und für handwerkliche Verhältnisse nicht unbeträchtliche Erbe an, das nach Begleichung aller Passiva noch 1852 fl. 7 h 9 ₰ betrug.

Wie in bezug auf sein Leben bleibt auch hinsichtlich der Arbeiten B.s noch vieles, ja fast alles dunkel oder unsicher. Wenn, wie es den Anschein hat, in der Tat sowohl die Silberarbeit am Krakauer Altar als auch die wundervolle Münchener Schale von B. herrühren, so muß er ein vielseitiger Künstler und ein Meister in den verschiedensten Techniken gewesen sein. Der geistige Hauptanteil an dem Altar gebührt ja allerdings Flötner, der sich dabei — vielleicht gemäß seines Auftrages — namentlich in den Darstellungen aus dem Leben der Jungfrau Maria, stark an Dürersche Vorbilder anlehnte. Für den hochentwickelten Geschmack B.s zeugt vor allem die Münchener Schale. Wie weit er auch im einzelnen schöpferisch tätig gewesen ist, das müßte eine besondere genaue Untersuchung und die Auffindung weiterer Werke des Meisters, die an der Hand der oben erwähnten eingehenden Beschreibungen Christoph Scheurls nunmehr in das Bereich der Möglichkeit gerückt scheint, lehren. Mit der Veröffentlichung dieses und anderen ungedruckten Materials über den Künstler ist der Unterzeichnete zurzeit beschäftigt.

Archivalische Quellen u. handschriftliche Notizen Marc Rosenbergs (s. o.), dem für seine frdl. Unterstützung hiermit herzlichster Dank gesagt sei. Ferner zu M. B.s *Leben* vgl.: Neudörfers Nachrichten von Künstlern u. Werkleuten (Edition Lochner) S. 125 u. 149. — Heinrich Arnolds Verzeichnis der Nürnberger Goldschmiede (1652, fortgeführt bis 1868) nach der Hs. im Bayer. Gewerbemuseum hrsgg. von Stockbauer als Beiträge zum VI. Bde. (1893) der Bayerischen Gewerbezeitung. — Doppelmayr, Historische Nachricht S. 204. — Roth, Geschichte des Nürnberger Handels I (1800) S. 310. — Kunst und Gewerbe X (1876) S. 122 u. 123. — Boesch, Revers des Goldschmieds M. B. von Nürnberg für Adam Grafen von Beichlingen etc. in den Mitteilungen aus dem german. Nationalmuseum I 164 f. — Derselbe, ebenda II 162. — Th. Hampe in der Bayer. Gewerbezeitung X (1897) S. 30 f. — Derselbe, Nürnberger Ratsverlässe I No. 3080 (der hier u. a. vorkommende Daniel Engelhard war ein ausgezeichneter Edelsteinschneider).

Vorzugsweise die *Werke* betreffend: Essenwein, Die mittelalterlichen Kunstdenkmale der Stadt Krakau (1866) S. 92 f. — Bergau in der Zeitschrift für bildende Kunst XV (1880) S. 18 (hier werden, um die Frage hinsichtlich Albrecht Glims zu lösen, 2 verschiedene Altäre konstruiert). — Marian Sokolowski, Hans Sues von Kulmbach. Krakau 1883, S. 115—116 (in polnischer Sprache); vgl. dazu: Derselbe im Repertorium für Kunstwissensch. VIII 418. — Bode, Geschichte der deutschen Plastik (1887) S. 189. — Jahrbuch der Kunstsammlungen des Allerhöchsten Kaiserhauses X (1889) No. 5862. — Domanig, ebenda XVI (1895) 2, dazu Anm. 3. — Marc Rosenberg, Der Goldschmiede Merkzeichen (1890) S. 200 und No. 1249 d (vgl. im übrigen oben und unten Meinrad Bauch d. ä.). — Mummenhoff, Das Rathaus in Nürnberg (1891) S. 283, 286. — Odrzywolski, Die Renaissance in Polen (1899) S. 6 u. Taf. 11 u. 12 (gute Abbildungen des Krakauer Altars). — Gazette des Beaux-Arts 1901 I 423. — Leonard Lepszy, Krakau (Berühmte Kunststätten No. 36) S. 130 (Abb.) u. S. 132. — (F. T. Schulz), Katalog der histor. Ausstellung der Stadt Nürnberg (1906) No. 365. — Peartree im Burlington Magazine No. XLIV (November 1906) S. 117 f. (daselbst auch leidliche Abbildung der Münchener Schale). *Th. Hampe.*

Baier, Michel, Geschützgießer zu Riga, goß 10 reichverzierte Kanonen in den Jahren 1566—1582, die 1837 von Riga nach Petersburg geschafft wurden, und von denen das kaiserliche Arsenal zu St. Petersburg noch drei Stück mit den Daten 1566, 1568 und 1575 bewahrt.

Champeaux, Dictionnaire des fondeurs etc. — Meyer, Kstlerlex. II 549. *Th. Hampe.*

Baier (Bair), Nikolaus, Bildschnitzer, wurde am 8. 7. 1503 in Nürnberg Bürger und zahlte dabei 4 fl. Stadtwährung als Steuer.

Gümbel im Repertor. f. Kunstwiss. XXIX 333.

Baier, s. auch *Bair, Bayer, Bayr, Beyer, Pair* etc.

Baierle, s. *Bayerle.*

Baietti, Antonio, s. *Antonio* Baietti.

Baignol, Étienne, namhafter Porzellanfabrikant zu Limoges, geb. um 1740, † 1824, begründete 1797 die erste große Porzellanfabrik in Limoges, nachdem er vorher die Fabrik de la Seynie in Saint-Vrieix geleitet hatte. Er lieferte zahlreiche Biskuits, die sich durch Schönheit der Masse wie durch künstlerische Ausführung auszeichnen. Aus seiner Fabrik gingen namentlich hervor: Statuetten, Vasen, der verschiedensten Form u. Dekoration, zierliche Karaffen, Schalen in Gondelform, Schmuckkästchen, Tintenfässer, zahlreiche Kaffeeservice usw.

Réun. d. soc. d. beaux-arts XXV 458—67.

Baiitsu, Gō (Künstlername) des Yamamoto B. 山本梅逸 eines japanischen Malers der neuchinesischen Schule (1770—1857). Na (eigtl. Name) Ryō (亮), Azana (Beiname) Meikyō oder Meikei (明卿). Geb. in Nagoya, studiert die Meister der Chin. Yuan-, Ming- und Ch'ing-Dynastien, außerdem Nakabayashi Chikudō (s. d.), dem er nach Kyōto folgt. † Ansei 4. Jahr, 1. Monat, 2. Tag = 27. 1. 1857, 68 Jahre alt. Unter Baiitsus Werken — Landschaften, Figuren-, Tier- und Pflanzenbildern — stehen reiche, phantastische Pflanzenkompositionen obenan, die er mit größter technischer Meisterschaft ohne die übliche Kohlenvorzeichnung entwarf. Reproduktionen seiner Bilder Kokkwa H. 132, Selected relics of jap. art XII 37, XIII 40. XV 37, XVI 37. — Nanshū-Meigwaen (Tōkyō, Shimbi Shoin) H. 2. H. 12.

Hist. de l'art du Japon S. 215. — Anderson, Catalogue S. 191. — Dai Nihon jimmei jisho (5. A., Tōkyō 1903) S. 2057. — Kurokawa etc., Honchō gwaka jimmei jisho (17. A., Tōkyō 1903) S. 165. — Asaoka, Kogwa Bikō (Tōkyō 1903) S. 1285. — Yokoyama, Bijutsu meika shōden S. 190 (Osaka 1901). — Fujioka, Kinsei kwaigwashi (4. A., Tōkyō 1906) S. 205, 206. — Yokoi, Nihon kwaigwashi (Tōkyō 1901) S. 174. — Kosugi etc., Dai Nihon meika zensho (2. A., Tōkyō 1903) S. 743. — Kohitsu, Dai Nihon shogwa jimmei jisho (3. A., Tōkyō 1903) S. 273. *O. Kümmel.*

Baikoff, Feodor, russ. Maler, geb. 1825 in Petersburg, † 1879 in Tiflis, Schüler der Petersburger Akad., malte ansprechende Landschaften und Genrebilder aus Südrußland. In Tiflis hat er die Kathedrale und das Stadttheater mit Gemälden ausgestattet. Zwei Landschaften des Künstlers befanden sich auf der Jubiläumsausstellung in Wien 1888.

Zeitschr. f. bild. Kunst. Chronik 1873. S. 388. — Singer, Kstlerlex. *W. Neumann.*

Bail, Antoine, französ. Maler, geb. am 8. 4. 1830 in Chasselay (Rhône), Vater des Joseph und des Franck B., ausgebildet 1844 bis 1845 und 1853—54 an der Ecole des B.-Arts zu Lyon, debütierte im Salon von Lyon 1854—55 mit einem Intérieur d'atelier, dem er 1857 zwei Stilleben folgen ließ; den Pariser Salon 1861 beschickte er mit dem Bilde „Les Cerises". Seitdem hat er in Paris und Lyon zahlreiche Interieurs und Stilleben, seltener Landschaften ausgestellt. Seine fein durchgeführten und breit gemalten Gemälde stellen meist häusliche Szenen aus dem Leben der Landleute und der kleinen Handwerker vor Augen. Seit 1876 in Paris ansässig, ist B. bis jetzt mit folgenden Hauptwerken in öffentlichen Galerien vertreten: Le petit peintre und La fanfare de Bois-le-Roi (Salon de Lyon 1881, Mus. zu Lyon), Soldat Louis' XIII. (Mus. zu Montpellier), La soupe (Salon de Paris 1875, Mus. zu Pau), Tisserand normand (Mus. zu St. Etienne), Le dimanche en Auvergne (Salon de Paris 1894, Mus. zu Washington). Außerdem seien noch genannt die Gemälde: Auberge de Normandie (Salon de Paris 1882), Cour de ferme à Champagne (Salon de Paris 1890 Artistes français), Bric à brac (Salon de Paris 1891), Le pain bénit (Salon de Paris 1892), L'écuelle vide (Salon de Paris 1897). Ferner hat er einige Radierungen veröffentlicht. Seine Signatur ist in der Regel *„Bail"* oder *„A. Bail"*, (die beiden Initialen zum Monogramm verschlungen).

Bellier-Auvray, Dict. gén. des artistes u. Suppl. — Gaz. des B.-Arts I. pér., V 265, 338; VII 312; X 40; XVI 226; XVIII 285; XX 368. — Bulletin des B.-Arts I 178. *E. V.*

Bail, Franck, französ. Maler, geb. am 15. 8. 1858 in Paris, Schüler seines Vaters Antoine B. und später von Gérome, seit 1876 in Paris ansässig, debütierte im Pariser Salon 1878 mit Poissons, sowie gleichzeitig im Lyoner Salon mit Le pot au feu, denen er dann zahlreiche Stilleben, Interieurs mit Figuren und Porträts folgen ließ. Seine Arbeiten zeigen sorgfältigste Durchführung bei breitem Auftrag und kühner Farbengebung. Hauptsächlich erwähnenswert sind: Portrait de mon père (Salon de Paris 1886), Un enlumineur d'images (Exposit. universelle de Paris 1889, mention honorable), Un coin de cellier (Salon de Paris 1890 Artistes français), G. Déchaume dans son atelier (Salon de Paris 1891, Trocadero-Museum), L'écaillère (Salon de Paris 1900, III. Medaille), Méditation (Salon de Paris 1901), Intérieur auvergnat u. Intérieur normand (1904, II. Medaille), Intérieur de ferme und Servante à la fontaine (Salon de Paris 1906). Er lithographierte auch zwei Gemälde seines Bruders Joseph B., s. dort. Seine Signatur ist: *Bail Franck.*

Bellier-Auvray, Dict. d. artistes, Suppl. — Gaz. des B.-Arts I. pér., XV, XVI, XXV. *E. V.*

Bail, Jean, s. *Bail,* Pierre.

Bail, Joseph, französ. Maler, geb. am 22. 1. 1862 zu Limonest (Rhône), Schüler seines Vaters Antoine B., später von Gérome und Carolus Duran, debütierte 1878 im Pariser Salon mit einem Stilleben und gleichzeitig im Lyoner Salon mit dem Stilleben: Les huîtres. Seitdem malte er außer Stilleben, auch Genre-Interieurs und einige Tierstücke. Seine wohlstudierte, dabei breite Malweise und seine Kraft der Modellierung und des Kolorits sichern ihm seinen Platz unter den Besten der französ. zeitgenössischen Stilleben- und Interieurmaler. Nachdem er sich dauernd in Paris niedergelassen hatte, wurde er 1887 durch eine Medaille 2. Klasse, 1900 durch eine goldene Medaille auf der Pariser Weltausstellung und 1902 durch die médaille d'honneur du Salon de Paris ausgezeichnet. Seine Hauptwerke sind: Le verre d'eau (Salon de Paris 1883), Bibelots du Musée de Cluny (Salon de Paris 1886, im Mus. zu Nancy), Le marmiton (Salon de Paris 1887), Oeufs sur le plat (Salon de Paris 1891, Artistes français, Mus. zu Lyon), Reflets de soleil (Salon de Paris 1895, Mus. zu Lyon), La ménagère (Salon de Paris 1897, Luxembourg-Mus.), Les Joueurs de cartes (Salon de Paris 1897, Pariser Stadtmus., Petit Palais), Une cendrillon (Salon de Paris 1900, Luxembourg-Mus.), Les dentellières (Salon de Paris 1902), Le bénédicité des hospitalières de Beaune (Salon de Paris 1903), Petites filles de l'Ile de Marken (Salon de Paris 1905), Une boulangerie en Bretagne (Salon de Paris 1906) etc. Er signiert: *Bail Joseph.* — Mehrere seiner Arbeiten sind reproduziert worden: Besogne faite (Salon de Paris 1893) und Les joueurs de cartes, lithogr. von Maurou; Bataille de chiens (Salon de Paris 1899), lithogr. von Franck Bail; La servante (Salon de Paris 1899), lithogr. von demselben und gestochen von Lefort. Les dentellières, gestochen von Focillon; Petites filles de l'Ile de Marken, gestochen von Chiquet.

Bellier-Auvray, Dict. gén. des artistes, Suppl. — J. Martin, Nos peintres et sculpteurs. — Les Arts 1904, No. 30, p. 3, 8. *E. V.*

Bail, die Brüder Pierre und Jean, französ. Architekten, die 1464 die Gewölbe der Kapelle zu Kernascleden (Morbihan, Gemeinde Caradec-Trégomel) vollendeten laut einer Inschrift im Altarraume dieser großen Kapelle. Begonnen 1443, präsentiert sich dieses Bauwerk in einem flachbogigen Flamboyantstile.

Bellier-Auvray, Dict. gén. des artistes u. Suppl. — Lance, Dict. des archit. franç. — Bauchal, Nouv. Dict. des archit. franç.

Bailardi, Ettore, Maler aus Bologna, † 1590, nur von Zani (Enc. met. III 27) erwähnt. *H. V.*

Bailardino di Perino da Modena, Maler in Modena um 1351, nur von Zani, Enc. met. XIII 301 erwähnt. **

Baildon, W. A., Landschaftsmaler in London, stellte 1824 eine Ansicht von Edgeroft und 1841 eine Landschaft in der R. Academy aus.

Graves, Roy. Acad. of Arts I 91. **

Baile, Joseph, französ. Maler, geb. am 3. 9. 1819 in Lyon, † am 11. 3. 1856 daselbst, ausgebildet 1833—39 an der dortigen Ecole des B.-Arts als Schüler von Thierriat und arbeitete später bei Lepage. Nachdem B. darauf in Lyon als Fabrikzeichner tätig gewesen war, ließ er sich für längere Zeit in Paris als Musterzeichner nieder, kehrte jedoch 1844 nach Lyon zurück, um sich nunmehr ausschließlich der Malerei zu widmen. Bereits 1840 hatte er die Lyoner Kunstausstellung mit einem Porträt beschickt (falls dies nicht etwa von der Hand eines gleichnamigen Künstlers herrührte); 1848—50 stellte er dann eine Anzahl weiterer Porträts in Lyon aus, sowie späterhin eine Reihe sorgfältig durchgeführter, in leichten Farben gehaltener Blumenstilleben, ebenso auch in den Pariser Salons der Jahre 1848—51 und 1855. Neben einigen Bildniszeichnungen hat er nur etwa 15 Ölgemälde gemalt, darunter: Fleurs au pied d'un rocher (1851) und: Nid d'oiseau et fruits (1853) (beide im Museum zu Lyon), ferner Corbeille de fruits (Pariser Weltausstellung 1855). Seine Signatur ist: *J. Baile* oder *J. Baile de Lyon.*

F. Gros, Baile peintre (Notiz u. Oeuvre-Liste) in Revue du Lyonnais 1856, II 148. — Le Salut Public de Lyon 15. 3. 1856. — Bellier-Auvray, Dict. gén. — Revue univers. des arts III 26, — E. Vial, Catalogue illustré de l'Expos. rétrospect. des Art. Lyonnais, Lyon 1904. *E. V.*

Baile, s. auch *Baille* u. *Badile.*

Bailey, Albert E., engl. Landschaftsmaler in Leicester, von 1890—1904 regelmäßiger Aussteller in der Roy. Academy.

Graves, Roy. Acad. of Arts I 91. **

Bailey, E., Maler in London, stellte 1796 in der Roy. Academy ein Porträt aus.

Graves, Roy. Acad. of Arts I 91. **

Bailey, Edward Hodges, s. *Baily, E. H.*

Bailey, G., Miniaturmaler in London, stellte 1786—97 Herren- und Damenporträtminiaturen in der Roy. Academy aus.

Graves, Roy. Acad. of Arts I 91. **

Bailey, Mrs. Gervase, s. *Levick,* Miß Ruby.

Bailey, Henry, engl. Landschafts- u. Figurenmaler der Gegenwart in Chelmsford, stellte seit 1880 in der Roy. Academy aus.

Graves, Roy. Acad. of Arts I 92. **

Bailey, J., engl. Architekt in Lambeth, war 1803—1820 in der Roy. Academy mit Entwürfen für Villen und mit einem solchen für ein Nationalmuseum vertreten.

Graves, Roy. Acad. of Arts I 92. **

Bailey, J., engl. Bildhauer in Paddington, stellte 1851—61 eine Reihe von Porträtbüsten hervorragender Persönlichkeiten, Gelehrten, Militärs usw., und auch 3 Damenporträts in der Roy. Academy aus.

Graves, Roy. Acad. of Arts I 92. **

Bailey, John, engl. Radierer u. Zeichner des 18. Jahrh., Autodidakt und später Agronom, radierte in seiner Jugend für Hutchinson's Histories of Northumberland and Durham 1781—84, Culley's Observations on Life etc. — Ein Exlibris für Geo. Allan, bezeichnet: J. Bailey ft. 1780 wird von ihm sein.

Redgrave, Dict. 1878. — Fincham, Artists and Engravers of British and American Bookplates, London, 1897. **

Bailey, John W., geschickter Emailmaler in London, stellte von 1859—97 eine Reihe von Arbeiten in der Roy. Academy aus.

Graves, Roy. Acad. of Arts I 92. **

Bailey, Vernon Howe, amerikan. Zeichner der Gegenwart, Schüler der Pennsylvania School und der Academy of Fine Arts in Philadelphia. Viele seiner flotten und sicheren Skizzen alter Architekturen und modernen Straßenlebens aus London, Oxford und Cambridge sind in Studio XXV, XXXI, XXXIII abgebildet. **

Bailey, Whitman, amerikan. Illustrator, geb. am 2. 4. 1883 in Providence, R. J., studierte am Pratt Institute, Brooklyn, N. Y. Hat sich in New York niedergelassen. Viele Illustrationen von ihm in den laufenden Nummern der besten Monats- u. Wochenschriften, auch in Büchern, z. B. in Maurice Hewlett's „A sacrifice at Prato". *Edmund von Mach.*

Dailget, Jacop, wird als Freimeister 1423/4 in der Genter Malergilde zugelassen.

V. van der Haeghen, Mem. sur des documents faux, Bruxelles 1899 p. 52. **

Baili, s. *Badile.*

Baillargé, Alphonse Jules, Architekt in Tours, geb. in Melun, Schüler von Duban, stellte in den Pariser Salons aus: Pläne zur Wiederherstellung der Basilika Saint-Martin zu Tours (1875); Château de Loches (1876); Entwurf zu einem Grabdenkmal des Abtes Guéranger für die Kirche u Solesmes (1877). Er leitete die Restaurationsarbeiten am Schlosse zu Blois.

Bellier-Auvray, Dict. gén. Suppl. — Gaz. d. beaux-arts 1873. 1. p. 570; 1875. 2. p. 132. *H. V.*

Baillart oder Billart, Charles, französ. Werkmeister und Steinmetz („expert juré du roi et maître maçon du connétable de Montmorency"), war laut Vertrag vom 10. 3. 1540 an der großen Treppe des Schlosses Fontainebleau mitbeschäftigt. Er wird zuletzt 1554 erwähnt. Nach L. Palustre (la Renaissance) soll er 1531—1550 als erster Architekt am Schlosse zu Écouen tätig gewesen sein und die Pläne dazu gefertigt haben.

Bauchal, Dict. d. archit. franç. *H. V.*

Baille, Alexander, s. *Baillie.*

Baille, Edouard, französ. Historien- und Porträtmaler, geb. in Besançon am 14. 10. 1814, † daselbst am 22. 5. 1888, Schüler von Picot, stellte von 1837—1885 im Salon aus. Das Museum seiner Vaterstadt bewahrt die „Funérailles de s. Sébastien" und mehrere Porträts von seiner Hand.

Bellier-Auvray, Dict. gén. — Richesses d'art, Prov. Mon. civ. V 88, 89, 260. — Bergeret, Le peintre Ed. Baille etc. Besançon 1891. — A. F. Ducat, Le peintre Ed. Baille et son oeuvre, Besançon 1891. **

Baille, Louis, französ. Kapuziner und Maler von Besançon, genannt: Père Raphael, stellte von 1885—1899 wiederholt im Pariser Salon Interieurs und landschaftliche Motive aus. In der Bibliothek zu Besançon von ihm 2 Zeichnungen nach alten Porträts. **

Baille, Pierre, Goldschmied in Paris, wurde Meister 1646. Von ihm eine Vase im Catal. Pichon, Paris 1878 p. XI und 29. abgebildet.

Notiz von M. Rosenberg. **

Baillenil, s. *Bailleul.*

Baillet, Architekt in Paris („architecte du roi"), 18. Jahrh., erbaute das hôtel de Brunoy, faubourg Saint-Honoré.

Bauchal, Dict d. Archit. franç. *H. V.*

Baillet, Ernest, französ. Landschaftsmaler in Paris, stellte von 1877—1897 im Salon aus.

Bellier-Auvray, Dict. gén. Suppl. **

Baillet, Marie Caroline Elisa, Comtesse de, Malerin in Antwerpen, geb. 1821, † 1879, Schülerin von Swerts und Guffens, malte die Wandbilder in der chapelle des enfants de l'hospice zu Antwerpen.

Siret, Dict. d. peint. 3. Ausg. Suppl. *H. V.*

Baillet, Nicolas, Bildhauer und Maler in Paris, 1689 urkundlich als Meister und Werkstattbesitzer erwähnt.

Lami, Dict. des Sculpteurs sous Louis XIV (1906). *S. Lami.*

Baillet, Pierre, französ. Bildhauer, Anfang des 15. Jahrh. urkundlich in Dijon genannt.

Lami, Dict. des sculpt. 1898. *R.*

Bailleul, Baudouin oder Baudecon de, Maler von Arras, erhält 1419—1420 Bezahlung für Bemalung des herzoglichen Sitzes im Ratssaal daselbst mit Wappenschilden. Er ist wohl identisch mit dem gleichnamigen Maler, der 1448 für Philipp den Guten Teppichmuster lieferte.

L. de Laborde, Les ducs de Bourgogne I 164, 172, 394. — Réun. d. soc. d. beaux-arts XIII 229. — Kramm, De Levens en Werken I. *H. V.*

Bailleul, F., französ. Porträt- und Landschaftsmaler des 18. Jahrh., nur bekannt durch einen Stich des B. Picart nach ihm, darstellend den Erzbischof von Cambrai de la Motte Fénelon, ferner durch einen solchen des C. Duflos mit dem Porträt eines Bischofs und einige Landschaftsstiche von Le Bas.

Heinecken, Dict. d. artist. 1788 (hier Baillenil genannt). *H. V.*

Bailleul (Baillieul), François, französ. Kupferstecher, um 1720—1748 in Paris tätig. Man kennt von ihm einige Blätter mit Darstellungen der Feierlichkeiten bei der Krönung Ludwigs XV., eine Ansicht der festlich beleuchteten rue da la Ferronerie nach A. Slodtz usw. Außerdem hat er verschiedene geographische Karten gestochen.

Ein jüngerer Bruder von ihm, *Nicolas B.*, gleichfalls Stecher, war 1742 an dem großen Plan von Paris mitbeschäftigt, eine Schwester beider, *Marie B.*, stach für die Verlegerwerke ihres Vaters Gaspard Bailleul.

Heinecken, Dict. d. artist. 1788 (unter Baillenil). — Meyer, Kstlerlex. II. — Portalis-Béraldi, Les Graveurs du XVIIIe siècle, Appendice. *P. A. Lemoisne.*

Bailleul, Marie u. Nicolas, s. *Bailleul,* François.

Bailleul, Pieter, s. *Bailliu.*

Bailleur, s. *Baellieur.*

Bailli, Jean, Ornamentbildhauer, arbeitet 1324 am Karthäuserkloster von Val-Saint-Esprit-de-Gosnay in Artois.

Lami, Dict. des sculpt. 1898. *R.*

Bailli, s. auch *Bailly.*

Baillie, Alexander, wenig bekannter schottischer Stecher, 1764 in Rom, später in Edinburgh. Erwähnt werden von ihm die Stiche der Sta. Cecilia und der hl. Familie, beide nach Francesco Imperiali, ferner einige Porträts, darunter dasjenige des Arztes Rob. Simon, datiert 1776.

Redgrave, Dict. of artists. — Meyer, Kstlerlex. II 549. — Graves, Society of Artists 1760—91. **

Baillie, William, engl. Amateur-Radierer und Kunsthändler, gewöhnlich „Captain Baillie" genannt, geb. in Killbride (Carlow) am 5. 6. 1723, † im Dez. 1792 in London. Er war einige Jahre Militär, kämpfte auch in Deutschland, muß aber schon während seiner Militärzeit die Radierkunst geübt haben, da man ein Blatt, Porträt des Grenadiers J. Golding, mit dem Datum 1753 von ihm hat. Von 1760—79 fertigte er Jahr für Jahr einige Werke in Ätz-, Kreide-, Tusch-, Schab- und Farbenmanier, das Beste aber leistete er wohl in seinen Schabkunstblättern. Eine Reihe von Arbeiten bezeugen seinen Aufenthalt in Rom

1759—63. Er hat sich offenbar an Rembrandts Radierungen geschult und in seinen Blättern oft eine gewisse äußerliche Ähnlichkeit mit denen Rembrandts erreicht, freilich in der Wirkung des Plattengrades und der Schatten meist zu viel getan.

Baillie war sein eigener Verleger. Seine Werke erschienen zuerst einzeln, nachher gesammelt in zwei Foliobänden, von welchen jeder einige 50 Bll. enthält, und die er für 33 Pfund Sterling 6 Schilling verkaufte. Dreizehn oder vierzehn Stücke sind nach Baillies eigener Erfindung, die andern nach verschiedenen italienischen, holländischen u. brabantischen Meistern, die er sehr verständig wiedergegeben hat. Das früheste Datum auf den Bll. ist 1753, das späteste 1787. Mit dem Verlag seiner Kupferstiche verband er einen ausgedehnten Kunsthandel und hatte dabei zugleich die günstigste Gelegenheit zum Anlegen einer eigenen Privatsammlung. Die ihm ehemals zugehörigen Handzeichnungen und Kupferstiche führen sein mit der Feder aufgezeichnetes Monogramm, das bei heutigen Versteigerungen ein Attestat guter Herkunft ist und den Marktwert erhöht.

An seinen Kupferstichverlag und Kunsthandel knüpft sich ein kunsthistorisch sehr merkwürdiger, fast unglaublicher Umstand: die Verstümmelung der Rembrandtschen Kupferplatte, die unter dem Namen „das Hundertguldenblatt" weit und breit berühmt ist. In stark abgenutztem Zustande hatte er die Platte von einem Mr. Greenwod übernommen, stach sie wieder auf und machte Abdrücke von der wiederaufgestochenen Platte, die auf gewöhnlichem Papier den Pränumeranten für 4, den Nichtsubskribenten für 5 Guineen (die auf chinesischem Papier ½ Guinee teurer) verkauft wurden. Diese Neudrucke haben nichts mehr von dem zauberischen Totaleffekte der früheren Drucke, sondern eine harte, klecksige Wirkung. Um seinen Neudrucken hochgeschätzten Vorzug der Seltenheit zu bewahren, machte B. davon nur eine geringe Anzahl, und beging nachher die von seiten eines Kesselflickers erklärliche, aber von seiten eines Kupferstechers unbegreifliche Grausamkeit, daß er die Platte in vier Stücke verschiedener Größe zerschnitt, die er einzeln abdruckte und ebenfalls unter seine gesammelten Werke aufnahm.

A Catalogue of prints engraved by Capt. W. Baillie etc. London, by Boydell. 1792, 2 vol. fol. — L e B l a n c, Manuel I 119. — M e y e r, Kstlerlex. II 549 (mit ausführl. Oeuvre, von E. Kolloff). — R e d g r a v e, Dict. of Artists, 1878. **

Baillieu, C h r é t i e n, Maler, wird 1738 als von auswärts kommend in die S. Lukasgilde zu Brüssel aufgenommen; lebt noch 1744.

S i r e t, Dict. d. peintres. 3. Ausg. *H. V.*

Baillieu, d e, s. auch damit verbundene *Vornamen.*

Baillieul, s. *Bailleul.*

Baillieur, s. *Baellieur.*

Baillif, R e n é, Architekt in la Flèche, erhält am 14. 6. 1703 den Auftrag zur Wiederherstellung des großen Portals seiner Priorei von Sainte-Colombe. Der Entwurf wird aufbewahrt in den Archiven des Schlosses Chavigné bei Brion.

C. P o r t, Artist. angev. 1881. *H. V.*

Bailliu, B a r e n d d e, belg. Kupferstecher, geb. zu Antwerpen, getauft daselbst am 3. 5. 1641, trat als Meisterssohn 1662/3 in die St. Lukasgilde. Im Verlage von G. G. Rossi in Rom sind alle seine Kupferstiche herausgekommen; man darf daher annehmen, daß er sich lange in Rom aufhielt. In der damals hier bestehenden nordischen Schildersbent hatte er den Beinamen Hemel (Himmel). Er war, wie es scheint, ebensosehr Maler als Kupferstecher und bildete sich in letzterer Eigenschaft wohl nach Cornelis Bloemaert, der gleichzeitig mit ihm in Rom lebte. Ohne den schönen und brillanten Grabstichel dieses Meisters zu haben, betätigte er sich doch mit gutem Erfolg u. hinterließ eine kleine Anzahl schätzbarer Blätter. Er soll aus Rom in die Heimat zurückgekehrt und daselbst gestorben sein; es wird aber nicht gesagt, wann und wo. Die Namenunterschriften auf seinen Kupferstichen lauten sehr verschiedenartig: Bernard Baleu, de Baleu, de Bailliu, Baliu und Balliu. Sein Hauptblatt sind die fünf von Clemens X. am 12. 4. 1671 kanonisierten Heiligen in einer Reihe nebeneinander: der h. Kajetan von Thiena, der hl. Franciscus Borgia, der hl. Philippus Benizzi, der hl. Ludwig-Bertrand und die hl. Rosa de Santa Maria. — gr. fol.

M e y e r, Kstlerlex. (mit Oeuvreverzeichnis). Notizen von H. Hymans. *R.*

Bailliu, C o r n e l i s, s. *Balliu.*

Bailliu (oder Bailleul), P i e t e r d e, belg. Kupferstecher, getauft zu Antwerpen am 1. 5. 1613, und daselbst 1629 in die St. Lukasgilde aufgenommen. Er lernte in seiner Vaterstadt und ging dann nach Italien. Sandrart, der sich damals in Rom aufhielt, spricht rühmend von ihm und gebrauchte ihn mit mehreren anderen niederländischen, französischen und italienischen Stechern für die Ausführung der Kupferplatten zur Galleria Giustiniana (1631). P. de Bailliu verweilte ziemlich lange in Rom; er arbeitete daselbst noch 1637. Später ging er nach Antwerpen zurück u. gehörte hier in den Jahren 1640—1660 zu den namhaften und vielbeschäftigten Meistern seiner Kunst. Man könnte ihn für einen Schüler des Schelte à Bolswert halten, dessen Behandlungsweise seine Stiche augenscheinlich zur Grundlage haben. Er bediente sich ausschließlich des Grabstichels, freilich nicht mit der Kraft und Geschicklichkeit jenes Meisters, an die er niemals nahe hinankommt, doch bisweilen ziemlich glücklich erinnert, zumal in seinen besten Bll., als: Jakobs Versöhnung mit Esau und Die Hochzeit der Epidamia, nach Rubens; Der gekreuzigte Christus und Der eingeschlummerte Rinaldo, nach A. van Dyck; Der tote Christus auf dem Schoß der Maria, nach Annib. Carracci, den er begreiflicherweise in seine heimische Sprache, d. h. in die Rubenssche Schulmanier übersetzte. Zu den von E. Kolloff (s. unten) angeführten 103 Stichen fügte Lerius (s. unten) noch ein Kleinfolioblatt hinzu mit der Darstellung des hl. Franz Xaver im Gebet, bezeichnet: Theodor. à Tulden delin. — Petrus de Baillue fecit et excudit. Sein Todesjahr ist unbekannt. Er schreibt seinen Namen auf sehr verschiedene Art: P. de Bailleu, P. de Bailliu, P. de Baillieu, P. de Baillue, Balieu, P. Balleu, P. de Balliu, so daß man nicht weiß, welche unter diesen Varianten vorzuziehen ist.

E. Kolloff in Meyers Kstlerlex. II 556 (mit ausführl. Oeuvre). — H. Hymans, La gravure dans l'école de Rubens p. 465. — Lerius, Biogr. d'artistes anversois, I 196 ff. **

Bailliu, Pieter de, d. Jüng., Grisaillenmaler, getauft am 27. 5. 1644 in Antwerpen, † um 1727 daselbst, Sohn des Obigen, war lange in der Fremde und trat erst 1689 als Freimeister in die Antwerpener St. Lukasgilde. 1708 malte er für das kleine Kollegium im Stadthaus die zwei Wandbilder, Gerechtigkeitsdarstellungen in überlebensgroßen Figuren und grau in grau. Auch in die Stilleben Antwerpener Blumenmaler soll er nach J. C. Weyerman (s. unten) zierliche Vasen in Grisaille gemalt haben. Von einem Christusbilde des Künstlers spricht Weyerman allerdings in sehr geringschätzenden Worten.

Campo Weyerman, De Levensbeschryvingen etc. III 230. — F. J. van den Branden, Geschiedenis der Antwerp. Schilderschool 949/50. — Lerius, Biographies d'artistes anvers. I 205. **

Baillon, Jean, französ. Bildhauer in Rom, wo er nach Deseines „Rome moderne" vor 1713 (dem Erscheinungsjahre dieses Buches) für S. Giovanni in Laterano eine Statue des hl. Philipp ausgeführt haben soll.

Dussieux, Les Art. franç. à l'étranger, p. 488. *S. Lami.*

Baillon, Nicolas de, französ. Bildhauer, ist nach den Baurechnungen 1537—1540 am Schloß von Fontainebleau beschäftigt.

Lami, Dict. des sculpt. 1898. *R.*

Baillon, Nicolas de, Werkmeister in Amiens, gibt mit Jean Bullant und Ant. Lombart 1562 ein Gutachten über die Wiederherstellung des 1561 niedergebrannten Beffroi ab. — Vielleicht identisch mit dem Vorhergehenden.

Bauchal, Dict. des archit. franç. *R.*

Baillot, Charles, Kupferstecher, geb. 1791 in Neufchâtel, † am 18. 6. 1824 in Rom.

Evang. Pfarrbuch Rom. *Friedr. Noack.*

Baillou, s. *Bailliu.*

Baillu, Ernest Joseph (auch Bailly genannt), Maler, geb. zu Lille am 17. 10. 1753, † in Gent 1823. Studierte zuerst an der Akademie von Gent und entlehnte dort den vlämischen Kunstcharakter, der seine ganze Tätigkeit beherrscht und der nur wenig von den französ. Einflüssen, die er während seines Aufenthalts in Paris empfing, berührt wurde. Dort vollendete er seine Studien, nachdem er in Gent und Antwerpen gearbeitet hatte. An der Kunstakademie in Paris blieb er nur zwei Jahre (1775—77), dann kehrte er nach Gent zurück und hatte dort viel Erfolg, nachdem er vier Porträts des Kaisers Leopold II. und ein Porträt von Marie Christine von Österreich gemalt hatte. 1792 erhielt er von der Genter Akademie einen Preis für seinen Ödipus auf Kolonos. Dieses Werk veranlaßte ihn, sich fast ausschließlich der Historienmalerei zu widmen. Auch war er ein geschickter Landschafter. Für seine Allegorie: „Die Geburt des Königs von Rom" erhielt er 1811 von der Genter Akademie eine goldene Medaille. Gleichfalls errang sich Baillu eine Berühmtheit in der Dekorationsmalerei und in der ornamentalen Ausschmückung von Innenräumen, ohne jedoch nennenswerte Arbeiten in diesem Genre hinterlassen zu haben. Baillu stellte von 1796 ab im Salon von Gent eine Anzahl Landschaften (Öl) und Aquarelle aus, in denen er mit Geschick Landschaften und Genreszenen mit mythologischen Allegorien verband. Diesem letzteren Genre entnahm er auch die Motive zu seinen oben erwähnten Kamin- und Türdekorationen.

Biogr. nat. de Belgique. — Meyer, Kstlerlex. *G. Geffroy.*

Baillu, s. auch *Bailliu* u. *Bailly.*

Bailly, Adolphe, französ. Genremaler, stellte in den Pariser Salons 1840—1848 aus.

Bellier-Auvray, Dict. gén. *H. V.*

Bailly (Bally), Alexandre, französ. Porträtmaler, geb. 1764 zu Paris, Schüler Davids, tätig zuerst in Nîmes, später in Marseille. Im Mus. zu Orléans befinden sich von ihm die *Bally* signierten Bildnisse von M. und Mme Cretté (1798).

Siret, Dict. d. peintres. 1883. — Invent. gén. d. richesses d'art de la France. Prov. monum. civ. I 75. *H. V.*

Bailly, Antoine Nicolas Louis, französ. Architekt, geb. 1810 in Paris, wo in den Jahren 1860—66 mehrere öffentliche Gebäude von ihm aufgeführt wurden, † 1892. Schüler der École d. beaux-arts. Seine hauptsächlichsten Werke sind: das tribunal de commerce, die mairie du IVe arrondissement, die hôtels Schneider, Montmorency-Luxembourg und marquis de Ganay. Außerdem war er mit bedeutenden Arbeiten namentlich an der Kathedrale von Bourges beschäftigt, erbaute den Turm der Kathedrale von Valence und restaurierte die Kathedrale von Digne, sowie das Haus des Jacques Coeur in Bourges. B.

wurde 1891 an Stelle Meissoniers zum Präsidenten der Pariser Akad. ernannt.

Delaire, Les architectes élèves etc. Paris 1907 p. 166. — Bellier-Auvray, Dict. gén. u. Suppl. — Chronique d. arts 1892 p. 13 (Nekrolog). — A. Ancelet, Notice sur A. N. Bailly. Paris 1893. *H. V.*

Bailly, Charles Eloy, französ. Bildhauer, geb. am 7. 1. 1830 in Remenoville, † im September 1895 in Paris. Ausgebildet seit 1855 unter Robinet an der École des B.-Arts, blieb dauernd in Paris tätig, stellte 1863 zum ersten Male im Salon aus (Gipsstatue des hl. Sebastian) und wurde im Salon 1867 prämiiert für seine Gipsstatue „La besace" (nach Lafontaine). Unter seinen spätern Werken sind bemerkenswert: Junge Römerin am Altare der Fortuna Virilis (1868, Gipsstatue), Amphorenträgerin (1869, Gipsstatue), Grabmal mit Medaillonbildnis des Bildhauers Jean Bart. Daumas auf dem Montparnasse-Friedhofe zu Paris (1879), Marmorbüste des Edmond Valentin (1881, Besitz des französ. Staates), Statue der Stadt Brest (1881, am Pariser Hôtel de Ville), Gipsbüste Garibaldis (1882, im Pariser Hôtel de Ville), bronzene Denkmalstatue des Abbé Grégoire in Lunéville (1885), Bronzebüste der Mme Julie Kieffer-Grandidier auf dem Père Lachaise (1887), Chiromantie (Gipsgruppe, Salon 1892), Diogenes (Salon 1895).

Bellier-Auvray, Dict. gén. d. Artistes u. Supplément. — Richesses d'Art, Paris, Monum. civils, III 13, 50, 356 f. — Nouv. Arch. de l'art français 1897, p. 106. — Pariser Salon-Katal. 1863—95. — Chron. d. Arts 1895, p. 296. *S. Lami.*

Bailly, Charles François, französ. Bildhauer, geb. in Tarare (Rhône), Schüler des Joseph Fabisch, stellte im Pariser Salon 1886 eine „Amphitrite" aus (Terrakotta), 1895 eine Marmorstatue Duphots (für die Rhônepräfektur), 1899 die Marmorstatue eines Erdarbeiters mit der Hacke, 1903 die Gipsstatue eines Kugelspielers, 1906 die Marmorgruppe „Das Echo und die Welle".

Pariser Salon-Kataloge 1886—1906. *S. Lami.*

Bailly, Claude, Maler in Paris, läßt am 26. 9. 1655 einen Sohn taufen und wird am 16. 5. 1662 in die St. Lukas-Akad. daselbst aufgenommen.

Jal, Dict. crit. 2e édit. 1872. — Revue univers. d. arts XIII 327. *H. V.*

Bailly, David, Sohn des Pieter Bailly, geb. in Leiden 1584, lernte bei seinem Vater, bei dem Kupferstecher Jacques de Gheyn, bei Adr. Verburch und kam 1601 nach Amsterdam zu Corn. van der Voort, der ihn zu einem tüchtigen Porträtmaler ausbildete. Bis etwa 1607 blieb er dort, kam dann wieder nach Leiden und machte 1608 eine längere Reise über Hamburg, wo er etwa ein Jahr blieb, Frankfurt, Nürnberg, Augsburg, durch Tirol und über Venedig nach Rom, zog aber bald wieder für einen fünfmonatlichen Aufenthalt nach Venedig und kehrte von dort wieder denselben Weg entlang heimwärts. Unterwegs hatte er viel für hohe Herrschaften zu malen, u. a. für den Herzog von Braunschweig und die Grafen von Stirum, Lippe, Schaumburg und Oldenburg. Erst 1613 kam er wieder nach Leiden, wo er als Porträtmaler geschätzt wurde. So war er 1626 Joris van Schooten behilflich bei dessen erstem Schützenstück. Namentlich war er aber tätig in Universitätskreisen, und mehrere seiner Professorenporträts sind gestochen von W. Jz. Delff, C. van Dalen, S. Savry, J. Suyderhoeff, H. Danckerts u. a. Am 23. 6. 1626 reichte er eine Bitte ein, von den Schützendiensten befreit zu werden, da er beabsichtige, sich außerhalb Leidens niederzulassen, welche Bitte aber abgeschlagen wurde. Bei der Vorbereitung zur Gründung einer Malerzunft in Leiden, 1642, war er beteiligt, und 1648 war er Hoofdman. Am 3. 5. 1642 heiratete er Agneta van Swanenburgh. Er soll in Leiden 1657 gestorben sein. Von seinen seltenen Bildern sind zu erwähnen die Porträts von Maria van Reygersbergen (1626) in Amsterdam, des Prinzen Ulrich von Dänemark (1627) in der Sammlung Konow in Kopenhagen, von Ant. Walaeus (1636) in der Sammlung Crespi in Mailand und ein männliches Porträt mit Stilleben als Vanitas (1651), früher in der Sammlung Dumont in Cambrai. Namentlich das Stilleben im letztgenannten Bilde ist eine verdienstvolle Leistung, und so kann es nicht überraschen, daß seine Neffen, die Brüder Harmen und Pieter Steenwyck, seine Schüler gewesen sind. Weniger selten als seine Gemälde sind seine sorgfältig ausgeführten, bisweilen getuschten Federzeichnungen, z. B. in den Samml. zu Amsterdam, Berlin u. Dresden. Eine Folge von Kupferstichen „Bambocci diversi" wird in der älteren Literatur erwähnt. Joris van Schooten hat 1626 sein Porträt gemalt als Fähnrich der Leidener Schützen in einem Schützenstück im dortigen Museum, und sein Selbstbildnis ist von C. Waumans für de Bie gestochen.

Orlers, Leiden, 371, 372. — Oud-Holland II 133, V 151, VIII 146, XXII 124. — Obreens Archief V 41, 187, 196, — Nederlandsche Kunstbode I 49. — Werken van de Maatsch. der Nederl. Letterkunde N. F. VII, 2 S. 107. — Gazette des Beaux-Arts VIII 306, 307, 2. Pér. X 485. — Navorscher XXI 351. — Martin, Dou 27. *E. W. Moes.*

Bailly, Ernest Joseph, s. *Baillu.*

Bailly, Felix, französ. Landschaftsmaler in Melun, geb. in Troyes (Aube), stellte in den Pariser Salons 1870 und 1872 aus.

Bellier-Auvray, Dict. gén., Suppl. *H. V.*

Bailly, François, lothr. Bildhauer in Nancy, geb. um 1645, Mitglied seiner Zunft seit 1667, † am 9. 12. 1685.

Réunion des Soc. des B.-Arts des Départ. 1900, p. 314. *S. Lami.*

Bailly, François, Tischler in Mirecourt (Vogesen), erhielt um 1733 für die Kanzel der dortigen Kirche 670 livres ausbezahlt.

Nouv. Arch. de l'art franç. III sér. IV (1888) 268. **

Bailly, Gérard, Bildhauer in Reims, † 1548. Für die Kathedrale schuf er den jetzt nicht mehr existierenden Skulpturenschmuck an den Altären der Transfiguration und des Saint-Lait; von letzterem ist in den Archiven des Domkapitels wenigstens eine Zeichnung erhalten geblieben. Das Museum zu Reims besitzt von B. einen dreiteiligen steinernen Altaraufsatz, darstellend die Geburt Christi.

Bellier-Auvray, Dict. gén. des artistes, Supplément. *S. Lami.*

Bailly, Guillaume de, Illuminator, illuminierte 1381 ein Exemplar der Chronik von Jean Froissart, das letzterer für den König von England bestimmte.

L. Delisle, Le Cabinet d. Manuscrits d. l. Bibl. Nat. I 55. *Cte. P. Durrieu.*

Bailly, Huguenin I, Bildhauer in Troyes, arbeitete 1439—1440 als Gehilfe des Jeannin Oudot am Tabernakel der Kathedrale daselbst.

Nouv. Archiv. de l'art franç. 3 Série. III 1887 p. 71. *H. V.*

Bailly, Hugues oder Huguenin II, Bildhauer u. Architekt in Troyes, wo er 1508 bis 1516 unter der Leitung des Jean Gailde mit anderen Meistern am Lettner und an der Cronceaulx-Pforte der Madeleinekirche arbeitete, zu deren Vollendung er 1515 seine Tätigkeit in der Kirche Ste. Savine unterbrechen mußte. 1511 und 1520—21 hatte er mit seinem Bruder Jean I und mit Jehan Gailde die Bauarbeiten an der Kirche St. Jean zu inspizieren.

Lami, Dict. d. sculpteurs de l'Ecole franç. d. moyen-age au règne de Louis XIV. — Bauchal, Dict. des Archit. français (1887). *S. Lami.*

Bailly, Jacques I, französ. Blumen-, Miniaturmaler und Kupferätzer (Peintre du Roi), geb. zu Graçay (Cher) um 1634, † zu Paris in seinem Logement im Louvre am 2. 11. 1679, wurde Mitglied der Akademie 1664. Man hat von ihm 12 radierte Bll. mit Blumenbuketts; sie sind unten links numeriert, und auf dem ersten liest man: Diverses fleurs mises en bouquets. Dessignées et Gravées par I. Bailly. Fol. (s. Robert-Dumesnil, II. 89, No. 1—12). Nach Basan (I 38) radierte J. B. auch kleine Stücke mit lasziven Darstellungen für Tabaksdosen und Schmuckkästchen, die nicht mehr bekannt sind. Séb. Leclerc und P. Lepautre stachen nach seinen Miniaturen die drei Titelbll., die zwei Vignetten und die auf Ludwigs XIV. Tugenden bezüglichen 32 Devisen für die Tapisseries du Roy, auf welchen die vier Elemente und die vier Jahreszeiten nach Ch. Lebrun dargestellt sind. Paris, 1668. gr. Fol. (in der unter dem Namen „Le Cabinet du Roy" bekannten Sammlung von Prachtkupferwerken). Die Beschreibung dieser Bll. findet man im Catalogue raisonné de l'oeuvre de Sébastien Leclerc, von Ch. Ant. Jombert (Paris, 1774, 2 Bde. 8). I 93 ff.

Mariette, Abecedario I. — Archives de l'art franç. III 315/6. — Fidière, État civil. — Nouv. Archives de l'art franç. IV 50. — Jal, Dict. crit. p. 95. — Bradley, Dict. of Miniat. I 87. — J. J. Guiffrey in L'Art II 193 und J. J. Guiffrey et F. Engerand in den Archives de l'art franç. 1896 p. 113 ff. (wichtige Dokumente). **

Bailly, Jacques II, Maler des Königs und Inspektor der k. Gemäldesammlungen, geb. in Paris 1700, † am 18. 11. 1768, Sohn des Nicolas B., verfaßte den Katalog der Gemälde des k. Kabinetts im Luxembourg.

Jal, Dict. crit. — J. J. Guiffrey et Engerand in Nouv. Archives de l'art franç. 1896 p. 113 ff. **

Bailly, Jean I, Werkmeister in Troyes, geb. um 1480, † um 1530. Seit ca. 1500 Gehilfe des Jean Garnache bei der Leitung der Arbeiten an der Kathedrale, scheint B. mit demselben Meister 1506—7, während nach den Plänen des Martin Chambiges die Portale und Türme der Kathedrale erbaut wurden, an anderen Teilen des Kirchenbaues beschäftigt gewesen zu sein; 1508 figurierte er unter den Begutachtern des Turmbaues und arbeitete, nachdem er im letzteren Jahre zum Werkmeister beim Kirchenbaue von St. Pantaléon ernannt worden war, auch 1509 noch am Kathedralenbaue. In St. Pantaléon erneuerte er die Pfeiler und die Flachwölbungen. Beim Kirchenbaue von St. Jean fungierte er 1509 mit Jean Garnache als Sachverständiger, führte 1511 gemeinsam mit letzterem den Erneuerungsbau des kleinen Glockenturmes aus und besichtigte die ganze Kirche 1520 gemeinsam mit Jean Gailde und mit seinem Bruder Huguenin Bailly, wahrscheinlich wegen Abnahme der fertigen Arbeiten. Ein Parochialregister von St. Jacques zu Troyes von 1529—31 erwähnt eine Stiftung von ihm, woraus hervorgeht, daß Jean B. um 1530 gestorben sein muß.

Arnaud, Voyage archéol. dans l'Aube. — Assier, Maitres maçons et comptes de la cathédr. et de St. Jean. — Duhalle, Comptes de la constr. de l'égl. St. Jean de Troyes. — L. Pigeotte, Etude sur les trav. d'archit. de la cathédr. de Troyes. — Bauchal, Nouv. Dict. des Archit. franç. *C. Enlart.*

Bailly, Jean II, Bildhauer und Architekt in Troyes, tätig an der Kathedrale daselbst und 1532 in Nachfolge seines Schwiegervaters Jean de Soissons zum Werkmeister am Dombau ernannt. Er arbeitete hier bis zu seinem Tode am 19. 8. 1559. Außer anderem vollendete er nach den Plänen des Martin Chambiges die große Portalrose, die reich skulpierten Pyramiden der Fassadentürmchen, die

Tour St. Pierre bis zum Kranzgesimse über der Uhr und 1554 nach eigener Zeichnung den prächtigen steinernen Abschluß der Chapelle Drouyn.

Lit. s. vorhergeh. Artikel und S. Lami, Dict. d. sculpteurs, 1898. *S. Lami.*

Bailly, Jean III, französ. Werkmeister, geb. 1480 in Bourges, wo er 1516 als Steinvermesser der Kathedrale mit der Begutachtung des baulichen Zustandes dieser Kirche betraut wurde, nachdem damals einer der Kathedralentürme zusammengestürzt war. 1537 wurde B. zum städt. Werkmeister und zum geschworenen Sachverständigen ernannt.

De Girardot, Les artistes de Bourges depuis le Moyen-age. — De Girardot et Durand, La cathédrale de Bourges. *C. Enlart.*

Bailly, Jean IV, lothr. Bildhauer, ansässig in Damas-aux-Bois; schuf 1725 das Altartabernakel in der Klosterkirche zu Bayon (Meurthe-et-Moselle).

Réunion des Soc. des B.-Arts des Départements, 1900, p. 314. *S. Lami.*

Bailly, Jesson, französ. Werkmeister in Rethel, wo er 1512 das reiche und elegante gotische Portal des südlichen Querschiffes der Stadtkirche errichtete. 1517 leistete er Bürgschaft für seinen Mitarbeiter an demselben Kirchenbaue Rambaut Le Buz, der mit der Bauvollendung betraut werden sollte.

Jadart et Demaison, Monogr. de l'église de Rethel (1899). *C. Enlart.*

Bailly, Joseph A., französisch-amerikan. Bildhauer, 1825 in Paris geboren, kam früh nach Philadelphia, wo er am 15. 6. 1883 starb. Arbeitete zuerst als Holzschnitzer, dann als Bildhauer; war jahrelang Professor an der Pennsylvania Academy of Arts. Von ihm „Washington", 1869 vor dem Regierungsgebäude in Philadelphia errichtet; „Franklin" ebenda; „General Grant" in Washington und die Reiterstatue des Präsidenten Blanco von Venezuela.

Meyer, Kstlerlex. II 564. — Clement and Hutton, Artists of the 19th Century, London 1893. — Taft, American Sculpture S. 505. *Edmund von Mach.*

Bailly, Léon Charles Adrien, französ. Maler, geb. 1826 zu Saint-Omer (Pas de Calais), Schüler Cogniets, stellte seit 1859 im Pariser Salon historische Bilder, Genrestücke und auch einzelne Porträts aus.

Bellier-Auvray, Dict. gén. I 36 u. Suppl. p. 34. — Gaz. d. b.-arts V 264; VII 63, 249; XVI 266; XVIII 284, 473. **

Bailly, Maurice, Maler in Paris, † am 19. 9. 1774, sonst unbekannt.

Nouv. archiv. de l'art franç. 2e sér. (1885) VI 298. *H. V.*

Bailly, Nicolas, lothring. Maler, sonst unbekannt, läßt am 22. 1. 1711 in Lunéville einen Sohn taufen.

Réun. d. soc. d. beaux-arts XXIII 402. *H. V.*

Bailly, Nicolas, französ. Miniaturmaler und Radierer, „garde des tableaux du Roi" (1699), geb. am 3. 5. 1659 in Paris, † daselbst am 13. 11. 1736, Sohn des Miniaturmalers Jacques B. und Großvater des Jean Sylvain B., des ersten Bürgermeisters von Paris während der französ. Revolution, der 1793 das Schafott bestieg. Er malte Landschaften und radierte nach eigenen Zeichnungen in etwas trockener und kleinlicher, aber niedlicher Manier eine Sammlung von Ansichten aus der Umgegend von Paris unter dem Titel: Livre de diverses vuës des Environs de Paris et d'autres endroits. A Paris chez S. Thomassin. Titelbl. und 17 Bll. (nicht 10, wie Nagler und Le Blanc angeben). Ferner gibt es von ihm ein wertvolles „Inventaire des tableaux du Roy", das kürzlich von Fernand Engerand veröffentlicht wurde.

Jal, Dict. crit. 1872. — E. Kolloff bei Meyer, Kstlerlex. II. — Archiv. de l'art franç. (1851) I 239. — Nouv. archiv. de l'art franç. 3e sér. (1887) III 204/5; (1896) XII 113 ff. (Les Bailly, peintres et gardes d. tableaux du Roi, J. Guiffrey u. F. Engerand). — P. Marcel, La Peinture française 1690—1721 p. 126, 128, 193. *J. Guibert.*

Bailly, Paul-Ernest, Bildhauer in Paris, Schüler des Vital-Dubray und des Aimé Millet. Von seinen Arbeiten sind erwähnenswert: Bronzebüste des Simon Saint-Jean (1885), Weinlese (1886, Gipsstatue), Genius der Musik (1887, Gipsstatue), Kindliches Gebet (1898, Gipsgruppe).

Pariser Salon-Kataloge seit 1885. *S. Lami.*

Bailly, Pieter, gebürtig von Antwerpen, war Schreiblehrer in Leiden und heiratete dort am 28. 12. 1577 Willempje Wolphertsdr. Als 1594 Prinz Moritz von Oranien seinen Einzug in Leiden hielt, entwarf B. eine 60 Fuß hohe Ehrensäule in der Gracht am Rapenburg und schrieb die Verse an der Ehrenpforte. Seit 1597 war er auch Fechtlehrer in der Schule des bekannten Mathematikers Ludolf van Ceulen. Als 1602 der Leidener Magistrat ihm verboten hatte, auch außerhalb dieser Schule Fechtunterricht zu geben, zog er nach Amsterdam und heiratete dort zum zweiten Male am 19. 5. 1604 (erstes Aufgebot) Cathelina de Witt.

Kronick Hist. Genelschap 1846, 352—354. — Navorscher 1858, 317— 1871, 351. — Oud-Holland V 236. *E. W. Moes.*

Bailly, s. auch *Bailliu, Baillu* u. *Baily.*

Bailo, Pietro, italien. Kupferstecher, † zu Mailand 1792, nur von Zani, Enc. III 29, erwähnt. *P. K.*

Bailo, s. auch *Badile.*

Baily, Mlle Caroline Berthe Alice, französ. Miniaturporträtmalerin, geb. in Havre, stellte anfangs der 80er Jahre des 19. Jahrh. mehrfach im Pariser Salon aus.

Bulletin d. Beaux-Arts I 187. **

Baily, Edward Hodges, engl. Bildhauer, geb. am 10. 3. 1788 in Bristol, † am 22. 5. 1867 in Holloway, Sohn eines Schiffsbildschnitzers. Zwei Gruppen, die er nach Flaxmans Kompositionen zu Homer ausführte, erregten das Interesse dieses Meisters und verschafften B. Eintritt in das Atelier desselben, in dem er über 7 Jahre arbeitete und u. a. Flaxmans kolossale Britannia ausführte. Gleichzeitig besuchte er die kgl. Akademie, wo er 1811 die goldene Medaille erhielt. 1818 begründete B. seinen Ruf mit einer Statue, Eva am Brunnen, die er für das literarische Institut in Bristol in Marmor ausführte. 1821 wurde er Mitglied der Akademie und erhielt den Auftrag zur Ausführung von Skulpturen für den Buckingham-Palast (Reliefs im Thronsaal, Grazien, Jäger, schlafende Nymphe). Von idealen Bildwerken, die sämtlich an einer gewissen Einförmigkeit leiden, arbeitete er noch eine große Anzahl: Eva auf die Stimme lauschend, Herakles und Lykos, Mütterliche Liebe, Apollo, Die Grazien, Der müde Jäger (die letzten 5 für Jos. Noeld), Helena sich vor Paris entschleiernd, Schlafende Nymphe (für Lord Monteagle). Doch war sein eigentliches Kunstgebiet, auf dem er sich mit Auszeichnung bewährte, die Porträtstatue und Porträtbüste. Von ersteren sind zu nennen: Telford, Graf Egremont, Sir Ast. Cooper, Sir S. Bourke, Herzog von Sussex, Sir Rob. Peel, Nelson für Trafalgar Square, Lord Holland für Westminster; von Büsten: Flaxman, Byron, Brougham, Herschel. — Er war regelmäßiger Aussteller in der Roy. Academie, wo von 1810 bis 1862 im ganzen 186 Werke erschienen. Mehrere davon jetzt in der National Portrait Gallery.

The Art-Union 1847 p. 260. — Art-Journal, 1867 p. 170 (Nekrolog), 1903 p. 331/2, mit seinem Porträt von G. Mogford. — Athenäum, 1867. — Redgrave, Dict. of artists. — Graves, Roy. Acad. of arts I 93. **

Baily, J., engl. Radierer gegen Ende des 18. Jahrh., führte eine Anzahl guter Aquatintaradierungen von Landschaften und Ansichten, ferner auch einige Sujets nach Morland aus. — Vielleicht ist der Obige identisch mit J. Bayly; s. dort.

Redgrave, Dict. of artists. **

Baily, R. H., Maler in London, stellte 1843 und 1845 2 Fruchtstilleben und 1847 eine Landschaft in der Roy. Academy aus.

Graves, The Roy. Acad. of Arts I 95. **

Baily, s. auch *Bailly* u. *Bayly*.

Bain, französ. Architektenfamilie des 16. und 17. Jahrh. in Angers; ihre Mitglieder sind: *Mathurin,* erneuerte die Kirche Saint-Aubin in Les Ponts-de-Cé und den Hochaltar daselbst (1526); *Jean I,* Sohn des Vorigen, † am 29. 3. 1622; *Jean II,* Sohn des Vorigen, † am 5. 12. 1649; *Etienne,* † am 7. 7. 1676.

C. Port, Artist. angev. 1881. *H. V.*

Bain, Barthélémy, s. folgenden Artikel.

Bain, Pierre, französ. Goldarbeiter, geb. um 1640, † am 30. 11. 1700. Er war besonders durch emaillierte Goldarbeiten berühmt, bei denen er hauptsächlich das émail clair (das durchscheinende Email) anwendete. Für Ludwig XIV. arbeitete er um 1684 eine große, am Rande mit Schmelzwerk versehene Schale, die 100 000 Livres kostete. Sein Schwager Gédéon Lesgaré, mit dem er im Louvre eine gemeinschaftliche Wohnung hatte, war sein Gehilfe; sein jüngster Sohn *Barthélémy,* geb. am 27. 4. 1689, war gleichfalls Goldschmied.

Jal, Dict. crit. 2e Édit. 1872. — Meyer, Kstlerlex. II. — Nouv. archiv. de l'art franç. 2e série IV 1883 p. 234. — Gaz. d. beaux-arts X 155; 1869, 2. p. 188/89. *H. V.*

Bain, W., Medailleur, geb. in Edinburgh gegen Ende des 18. Jahrh., kam um 1823 nach London und lebte dort noch 1862. Von ihm eine Anzahl Porträtmedaillen auf hervorragende schottische und englische Persönlichkeiten, wie W. Scott, James Watt, Herzog von Wellington u. a. Er stellte in der Roy. Academy von 1823 bis 1847 aus.

L. Forrer, Biogr. Dict. of Medallists I 144 — Graves, The Roy. Acad. of Arts I 96. **

Bainer, Hans, Baumeister, errichtete 1507 die Kirche zu Predel im Kreise Zeitz.

Bau- u. Kunstdenkmäler d. Prov. Sachsen, I. Heft 1. p. 26, 65.

Baini, italien. Bildhauer, tätig in Rom, wo er 1829 vom päpstlichen Schatzmeister Kardinal Belisario Cristalli den Auftrag erhielt, gemeinsam mit drei anderen jungen Bildhauern die Endsockel der beiden Halbrund-Balustraden an der Piazza del Popolo mit den allegorischen Statuen der vier Jahreszeiten zu schmücken. Und zwar schuf B. für diesen Zweck die Darstellung des Winters in Gestalt eines in einen weiten Mantel gehüllten Mannes, der zu seiner Erwärmung die linke Hand über ein Kohlenbecken ausstreckt.

F. Gerardi in Giornale Arcadico 1829, vol. 44, p. 349 ff. *G. Degli Azzi.*

Bainville, Charles, Pariser Maler und Dichter, † 1754; Gemälde von ihm sind nicht bekannt.

Meyer, Kstlerlex. II. *H. V.*

Bajodt, Benedict, Magister, ein Glockengießer, aus Lothringen gebürtig, goß 1659 eine fein geschmückte Glocke für die Pfarrkirche in Soutic in Böhmen. *Teige.*

Bair, Paulus, namhafter Goldschmied von Nürnberg, laut Inschrift auf Arbeiten seiner Hand bis 1673 tätig. M. Rosenberg nennt von ihm zwölf Pokale, meist Ananaspokale, in verschiedenen Sammlungen. Ein kleiner Abendmahlskelch aus vergoldetem Silber befindet sich in der Kirche zu Hausen (Großherzogtum Hessen).

M. Rosenberg, Goldschm. Merkzeich. 1890 No. 1318. — Kunstdenkm. d. Großherzogt. Hessen II. Kr. Friedberg, p. 131. *H. V.*

Bair, s. auch *Baier, Bayer, Bayr, Beyer, Pair* etc.

Baird, Nathaniel Hughes J., engl. Maler der Gegenwart in Dawlish, Devon., stellte seit 1883 in der Roy. Academy Porträts und Genrebilder aus.

G r a v e s, The Roy. Acad. of Arts I 96. **

Baird, W i l l i a m B a p t i s t e, Maler in Paris, geb. in Chicago, ausgebildet in Paris, stellte von 1872—1899 im Pariser Salon Genrebilder, Landschaften und Viehstücke aus. Von 1877—1899 war er auch in der Roy. Academy in London vertreten.

B e l l i e r - A u v r a y, Dict. gén. Suppl. — G r a v e s, The Roy. Acad. of Arts I 96. — Katal. der Salons 1872—1899. **

Baisch, H e r m a n n, Maler und Radierer, geb. als Sohn des Lithographen B. am 12. 7. 1846 zu Dresden, † am 18. 5. 1894 in Karlsruhe, siedelt als Kind mit seinen Eltern nach Stuttgart über und ist bei seinem Vater im Geschäft tätig; besucht hierauf die Stuttgarter Kunstschule und geht 1868 nach Paris, wo er sowohl fleißige Galeriestudien an den alten Holländern (Potter, Cuyp) machte, als auch starke Anregungen durch die Schule von Fontainebleau (Rousseau, Daubigny, Dupré, Troyon) empfing. 1869 geht er zu A. Lier nach München und wird neben seinem Meister der Bahnbrecher einer neuen Richtung: Die Natur zu erfassen wie sie ist und den einfachsten Motiven und Gegenständen durch die idealisierende Macht des Lichtes zu bedeutender Wirkung zu verhelfen. 1881 wird er Professor an der Karlsruher Kunstakad., bildet von da an seinen kraftvollen Stil zu höchster Vollendung aus und wird einer der trefflichsten Freilichtmaler in Deutschland. Durch Ferienreisen nach Holland erweitert er sein bis dahin fast nur auf die Münchener Umgebung beschränktes Stoffgebiet. Neben den Bildern aus Süddeutschland entstehen jetzt Strand- und Marinebilder, holländ. Weiden u. s. f. Er wird, nachdem er verschiedene goldene und silberne Medaillen (Berlin, Wien, München, Karlsruhe, London, Melbourne) erworben hat, Ehrenmitglied der Akad. in München, Wien und Berlin. Durch die massive Kraft im Tierstück, durch die Schlichtheit und Natürlichkeit seiner Landschaft, durch die Feinheit seines Naturgefühls, durch die leuchtende Farbengebung erzielt er bedeutende Wirkungen. Er wählt einfache Motive landschaftlicher Art, belebt sie meist mit Tier- oder Menschenstaffage, gibt ihnen tiefgefühlte wahre Stimmungen und hat einen energischen u. flüssigen Farbenauftrag. Wichtige Werke von ihm sind: Maimorgen, Weidenbach, Frühlingsmorgen, Dünenlandschaft, Viehherde am Wasser (Karlsruhe), Mühle im Mondschein (1878, Stuttgart), Viehherde im Regen am Kanal hinziehend, Waldinneres im Herbst, Serfauser Alp, Holländische Viehweide (München), Tauholer, Krevettenfischer, Schiffswerft in Volendam, An der Tränke (Hannover), Bei Dordrecht zur Ebbezeit (Berlin), Aufschleppung eines holländ. Fischerfahrzeugs, Ankunft des Fischerbootes (Aquarell), Vorfrühling bei München, holländ. Flußlandschaft, Kanallandschaft (Dresden), holländ. Krautgarten, Auf der Höhe der Dünen etc. Als Radierer und Illustrator zu Gedichten und Sprüchen seines Bruders Otto hat er sich auch in der Schwarzweißkunst betätigt. Gemälde von ihm befinden sich in den Gal. zu Breslau, Frankfurt, München, Prag (Rudolphinum), Stuttgart etc.

F. v. B ö t t i c h e r, Malerwerke d. 19. Jahrh. u. Nachtr. zu Bd. I. — Zeitschr. f. bild. Kunst XVI—XXIV, N. F. IV u. V. — Kunstchronik X—XXIV, N. F. I—VII an zahlr. Stellen. — Kunst f. Alle III (1888), IV (1889), V (1890), VII (1892), IX (1894) Nekrolog v. P. Schultze-Naumburg. p. 282. *Beringer.*

Baisch, O t t o, Lithograph und Maler, geb. am 4. 5. 1840 in Dresden. Außer lithographierten Blumen- und Fruchtstücken lieferte derselbe hauptsächlich Genrebilder größeren Formates in Farbendruck für Amerika. 1873 verkaufte er seine lithographische Anstalt und siedelte nach München über, um sich ausschließlich der Malerei zu widmen, für welche er sich schon früher in der Stuttgarter Kunstschule ausgebildet hatte. Jedoch erzielte er auch als Maler keine größeren Erfolge und wandte sich der Schriftstellerei zu. 1882 erschien sein Buch: Christian Reinhard u. s. Kreise; 1885 wurde er der Hauptredakteur von „Über Land und Meer". Erst 52 Jahre alt starb er am 18. 10. 1892.

Eigene Mitteilungen. — Schwäb. Chronik 1892 No. 245. — Über Land u. Meer 1892/3. No. 6. *M. Bach.*

Baisch, W i l h e l m H e i n r i c h G o t t l i e b, Lithograph, geb. am 3. 6. 1805 in Stuttgart, † daselbst am 3. 1. 1864. Als artistischer Leiter der Hofdruckerei von C. C. Meinhold in Dresden hat er viel zur Entwickelung des Farbendruckes beigetragen. Auch als er nach 26jähr. Abwesenheit wieder in seine Vaterstadt zurückgekehrt war, pflegte er in dem daselbst errichteten lithographischen Institut vorzugsweise die Chromolithographie.

M e y e r, Kstlerlex.

Baisch, s. auch *Beisch* u. *Beusch.*

Baise, A l b e r t o, A r d u i n o etc. d a, s. *Abaisi.*

Baise oder Baize, J e a n, Architekt in Le Mans, † vor dem 3. 12. 1659, schließt am 22. 7. 1646 einen Vertrag mit den Nonnen von Sainte-Marie in Beau-mont-le-Vicomte behufs Erbauung eines Klostergebäudes. 1642 war er für die Nonnen von Ave Maria in Le Mans beschäftigt, wo er auch das Oratorium baute (Vertrag vom 22. 6. 1650).

E s n a u l t, Dict. d. artist. manceaux. 1890. *H. V.*

Baise, s. auch *Bèze.*

Baisier, s. *Baizier.*

Baisio, Baiso, s. *Abaisi.*

Baistrocchi, P i e t r o, Kupferstecher vom Ende des 17. Jahrh. in Parma, vermutlich der

Verfertiger der mit P. B. F. signierten Titelblattradierung zu Pompeo Sacco's 1693 von Giuseppe dall' Oglio in Parma herausgegebenem „Novum sistema medicum". Das Bildnis des Künstlers selbst ließ P. Isidoro Grassi für seine Sammlung von Porträts berühmter Parmesaner Künstler durch Dionigi Valesi in Kupfer stechen.

Scarabelli-Zunti, Mem. di B. Arti. IV. (Mscr. in Parma, Bibl. Palat.) *St. Lottici.*

Baittler, s. *Beutler.*

Baiulardus, Maler, Süditalien, 1249. In einer von Muratori überlieferten Künstlerinschrift, die zugleich das Datum der Entstehungszeit angibt, nennt sich B. als Maler eines zugrunde gegangenen Madonnenbildes in der Abteikirche (später Kathedrale) zu Nardò bei Gallipoli. Die Inschrift lautet:

Gosfridi cura virgo geniti genitura
Pio Biscardi doctaque manu Baiulardi
Hic, sub felici regno divi Friderici,
Praeses erat quando fecit te venerando.
Annus millenus Christi decesque vicenus
Quartus agebatur quindenus ter comitatur.

Das hier angegebene Datum ist zu lesen als $1000 + (10 \times 20) + 4 + (15 \times 3) = 1249$, womit sich die Angabe, daß der Künstler unter der Regierungszeit Friedrichs (II.) lebte, deckt. Das Madonnenbild selbst ist zugrunde gegangen, doch bewahrt die Kirche in einem abgenommenen Freskenrest mit der Darstellung des segnenden Christus ein Fragment hohenstaufischer Malerei, welches vermutlich in Zusammenhang mit jenem Madonnenbilde entstanden ist. Der Stil der Malerei ist byzantinisierend; doch deutet der Name des B., der sicher nicht byzantinisch ist, eher auf normannische oder lombardische Heimat des Künstlers.

Muratori, R. I. S. XXIV col. 898. — Zani, Enc. I, III 27. — Schulz, Denkm. d. Kst. in Unterit. I 273. — Bertaux, L'art dans l'It. mérid. I 147. *Swarzenski.*

Baix, Juan, Goldschmied in Barcelona; im Innungsarchiv daselbst eine Zeichnung von ihm zu einem Aquamanile vom 9. 9. 1575.

Viñaza, Adic. II 43. *M. v. B.*

Baixas-Garratê, Juan, span. Maler, geb. in Barcelona; Schüler des Antonio Caba, beschickte B. 1892 mit Auszeichnung die Kunstausstellung seiner Vaterstadt und 1896 diejenige zu Berlin. Von seinen Gemälden sind erwähnenswert: „Forellenangler" — „Kinderspiele" — „Auf dem Flusse" usw.

Ausstellungskataloge von Barcelona u. Berlin 1892 u. 1896. *P. Lafond.*

Baixeras-Verdaguer, Dionisio, span. Maler, geb. in Barcelona, ausgebildet an der dortigen Academia de Bellas Artes und unter der Leitung des A. Rigalt, errang er Medaillen und Auszeichnungen auf den Ausstellungen zu Madrid (1884), Paris (1886) und Barcelona (1888). Von seinen Gemälden sind erwähnenswert: „Schiffer im Hafen von Barcelona", „Szenerie in Hoch-Katalonien", „Ausbesserung der Seeschäden", „Erwartung der Fischerboote" (Pariser Weltausstellung 1900). Außerdem betätigt sich der vielseitig begabte Künstler als Porträtmaler.

Ossorio y Bernard, Galeria biogr. de art. españoles del siglo XIX (1883—84). — A. Opisso, Arte y Artistas Catalanes (Barcelona 1900) p. 8 ff. — Pariser Salonkataloge seit 1886. *P. Lafond.*

Baixet, Juan, span. Architekt, war 1586 am Bau des Collegium Corpus Christi zu Valencia beschäftigt.

Llaguno y Amirola, Not. III 3, 69. — Alcahali, Art. Valenc. S. 408. △

Baize, s. *Baise.*

Baizier, Pierre François Joseph, französ. Porträtmaler in Öl und Miniatur, geb. am 19. 2. 1800 zu Saint-Amand (Nord), † 1863 zu Valenciennes, Schüler von Momal und Aubry und der Ecole des Beaux-Arts, hauptsächlich in Valenciennes tätig. Das dortige Museum besitzt von ihm: Bildnis des Bischofs von Cambrai, Louis Belmas. Auf der Miniaturen-Ausstellung Berlin 1906, im Salon Friedmann u. Weber, sah man von ihm ein Herrenporträt in Ovalform, datiert 1831.

Bellier-Auvray, Dict. gén. — Kat. d. Miniat.-Ausstellg. Berlin 1906 No. 1077. *H. V.*

Bak, Willem ter, geb. in Amsterdam, kaufte dort am 20. 5. 1732 das Bürgerrecht und war Maler.

Aemstels Oudheid V 68. *E. W. Moes.*

Bak, s. auch *Back.*

Bakalowicz, Ladislaus, poln. Porträt- u. Genremaler, geb. 1833 in Chrzanow. Schüler der Warschauer Kunstschule, tätig in Paris. Beschickte mit seinen eleganten, auf Effekt berechneten Bildern die Ausstellungen in Paris, London, New York, Wien etc.

Meyer, Kstlerlex. — Bötticher, Malerw. d. 19. Jahrh. — Katal. d. Polnischen Kunstausstellung in Lemberg, 1894 p. 164. ***

Bakalowicz, Stephan Wladislawowitsch, russ. Maler geb. 1857, besuchte von 1874—76 die Warschauer Kunstschule und seit 1876 die Petersburger Akad., war von 1881—85 Pensionär der Akad. und wurde 1886 zum Akademiker ernannt. Tätig vorherrschend in Rom. Von ihm: Der hl. Sergius segnet den Großfürsten Dmitri Donski vor seinem Zug gegen die Tartaren (Slg. der Petersburger Akad.); Abendunterhaltung (Gal. Soldatenko); Maiabend (in kaiserl. Bes.); Kassandra prophezeit den Untergang Trojas; Nachbarinnen (Gal. K. T. Soldatenko); die Ode (Bes. Großfürst Konstantin Konstantinowitsch); Klienten den Ausgang ihres Patrons im Atrium erwartend (in kaiserl. Bes.).

Kunst für Alle II 4; III 200; VI 223. — Kunstchronik N. F. II 468. — Catalogue Expos. Moscou 1882, S. 2. — Berlin, Jub. Ausstellg. Akad. 1886. — Internat. Kst.-Ausst. Berlin 1891. — Наши художники (Unsere Künstler) I 23 u. 24. *W. Neumann.*

Bake, Willem de, Maler, Sohn von Arend de Bake und Catherina Ysewyn, geb. um 1450, gehört zu den Malern, die unter dem Dekanat des Hugo van der Goes in die Genter Korporation aufgenommen wurden. Ungefähr 21jährig erbte er am 21. 3. 1470 (1471 neuen Stils) von seinen Eltern ein großes Vermögen, das andere Erbschaften in der Folge noch vermehrten. Nichtsdestoweniger suchte er die Freimeisterschaft nach, die er am 28. 11. 1474 erlangte. Er wird zum letztenmal am 28. 11. 1488 erwähnt.

Genter Archive. *V. v. d. Haeghen.*

Bake, Willem Archibald, holl. Maler, Schüler von J. J. Eeckhout und Pieneman, starb, nachdem er Proben besonderen Talentes gegeben hatte, kaum 24jährig in Aricia 1845.

Kramm, De Levens en Werken I 47 u. Aanhangsel p. 7. — Koelman, In Rome, I 19.

Baker, Alfred R., engl. Landschafts- und Porträtmaler in Belfast, stellte 1889—1901 in der Roy. Academy aus.

Graves, The Roy. Acad. of Arts I 96. **

Baker, Charles, amerik. Landschafts-Radierer, um 1888/9 tätig. *E. Richter.*

Baker, Frau Elizabeth Gowdy, amerikan. Porträtmalerin, geb. 1860 in Xenia, Ohio, begann ihre Studien im Alter von zwölf Jahren. Ihre besten Leistungen sind Aquarell-Porträts (Oberst J. M. Jarvis, Dr. Edmund Carleton, Frau Allen B. Forbes u. a.). Bilder von ihr hängen in den Regimentssälen des 8. und 72. Regiments in New York.

„Town and Country" July 30. 1904 (mit Abbildung). — New York Herald, Dec. 2. 1905. *Edmund von Mach.*

Baker, F. W., jun., engl. Maler der Gegenwart, stellte See- und Küstenbilder 1881—1893 in der Roy. Academy, in späteren Jahren auch in der Roy. Hibernian Academy aus.

Graves, The Roy. Acad. of Arts I 97. **

Baker, Frederick W., Landschaftsmaler in London, stellte in der Roy. Academy 1850—1868 aus.

Graves, The Roy. Acad. of Arts I 97. **

Baker, George A., amerikan. Porträtmaler, geb. 1821 in New York, † ebenda am 2. 4. 1880. Erhielt den ersten Unterricht von seinem Vater, *George A. Baker,* einem Miniaturmaler, u. an der National Academy, studierte 1844—46 in Europa. 1851 wurde er Mitglied der Akademie in New York. Seine liebenswürdigen und oft sehr anmutenden Porträts machten ihn zu einem der gesuchtesten Maler seiner Zeit, besonders von Frauen und Kindern. Zu seinen besten Bildern gehören: Porträt eines kleinen Kindes (A. M. Cozzens), welches 1867 auf der Pariser Weltausstellung erschien, und „Coming from the Woods" (ein junges Mädchen in Zigeunerhut).

Tuckermann, Book of the Artists, S. 489 f. — Meyer, Kstlerlex II 567. — Clement and Hutton, Artists of the 19. Cent. *Edmund von Mach.*

Baker, Henry Aaron (R. H. A.), Architekt in Dublin, Schüler von Gandon, † 1838. Er errichtete den Triumphal Arch zu Derry.

Redgrave, Dictionary of artists. **

Baker, Horace, amerik. Holzstecher, um 1885 für Zeitschriften tätig. *E. Richter.*

Baker, J., engl. Radierer in Islington, tätig gegen Ende des 18. Jahrh. Erwähnt werden von ihm niedliche Illustrationskupfer, namentlich Porträts. Er arbeitete auch für „European" und andere Zeitschriften.

Redgrave, Dictionary of artists. **

Baker, J., hat 1830 eine Ansicht des State House in Boston auf Stein gezeichnet. *E. Richter.*

Baker, J., s. auch unter *Backer,* Nic. de.

Baker, J. H., amerik. Stecher in Punktiermanier. Hat um 1860 in Boston gute Porträts gefertigt.

D. Mc N. Stauffer, Americ. engravers 1907. *E. Richter.*

Baker, James Barnes, amerikan. Architekt, geb. 1864 in Elizabeth, New Jersey, absolvierte das Lafayette College 1884 und ließ sich in New York nieder. Bauten: Das Handelskammergebäude und die Hanover Bank, beide in New York. Ersteres bemerkenswert wegen des Reichtums des verwendeten Materials und der vielen schön skulpierten Einzelheiten. *Lewis F. Pilcher.*

Baker, James H., Kupferstecher zu London, geb. zu Beaconsfield 1829, Schüler der Akademien zu London und Ryalls. Er arbeitet meist für das Art-Journal, wo von ihm eine große Anzahl von Stichen, sämtlich nach Bildwerken, erschienen ist.

Meyer, Kstlerlex. II 566 (zahlr. Arbeiten aufgeführt). **

Baker, John, engl. Blumen- und Früchtemaler, geb. um 1736, † am 30. 4. 1771, Mitglied und einer der Gründer der kgl. Akademie in London. Dort stellte B. 1769—1771 4 Blumenstücke aus, nachdem er 1762—1768 häufig in der Society of Artists mit Blumenstücken vertreten gewesen war. Ein Gemälde von ihm soll sich im Ratssaal in Somerset-House befinden.

Bryan, Dict. of painters and engravers I. — Redgrave, Dict. of artists. — Graves, The Roy. Acad. of Arts I 98 und The Society of Artists (1907) p. 19. **

Baker, John, amerik. Kupferstecher und Radierer. Von ihm: Battle of Bunker's Hill, Washington Crossing the Delaware, auch eine große gestochene Auferstehung, alle 1832 bis 35 erschienen.

D. Mc N. Stauffer, Americ. engravers 1907. *E. Richter.*

Baker, Joseph, engl. Schauspieler und Architekturzeichner, † am 25. 4. 1770. Er zeichnete die Kathedralen von York und Lincoln, die von Fr. Vivares gestochen wurden.

Redgrave, Dict. of artists. — Bryan, Dictionary of painters and engravers I. **

Baker, Joseph E., amerik. Lithograph. Letzte Hälfte des 19. Jahrh. tätig. Porträts. *E. Richter.*

Baker, Martha Susan, amerikan. Malerin, geb. am 25. 12. 1871 in Evansville, Indiana. Erhielt ihren Unterricht am Art Institute of Chicago, wo sie eine große Zahl von Porträts, auch Miniaturbildnisse gemalt hat und eine sehr erfolgreiche Lehrtätigkeit entwickelt. Sie war mit vier Bildern (darunter „In an old gown") an der Ausschmükkung des Fine Arts Building in Chicago beteiligt.

International Studio 1904. — The World Today 1905. — Pariser Salonkat. 1907. *Edmund von Mach.*

Baker, Miß Mary, Miniaturmalerin in London, stellte 1842—56 eine Reihe von Porträtminiaturen und auch eine Innenansicht der National Gallery in der Roy. Academy aus.

Graves, The Roy. Acad. of Arts I 98. **

Baker, Oliver (A. R. C. A., R. E.), Maler, Radierer, Kunstgewerbler und Antiquar, geb. in Birmingham 1856, tätig in Stratford-on-Avon, stellte 1883—96 in der Roy. Academy Landschaften aus. Auch auf der Ausstellung der graphischen Künste in Wien 1883 sah man 7 Radierungen von ihm und auf der Internat. Kstausst. Berlin 1891 deren zwei.

Graves, The Roy. Acad. of Arts I 98. — The Studio XIX 127—129, XXIII 125, XXXII 345; Winter Number 1901/2, Summer-Number 1902. — Who's Who 1908. **

Baker, Peter, s. *Backert,* P.

Baker, S., Maler in Lewes, Sussex, stellte 1788 eine Landschaft in der Roy. Academy aus.

Graves, The Roy. Acad. of Arts I 98. **

Baker, S. F., amerik. Holzstecher, um die Mitte des 19. Jahrh. tätig. Illustrationen. *E. Richter.*

Baker, Samuel, engl. Kupferstecher um 1690, stach für eine Serie von Kostümen einige wenig bedeutende Blätter.

Redgrave, Dict. of artists. **

Bakor, Samuel H. (R. E.), Maler und Radierer in Birmingham, stellte 1875—96 vorwiegend Landschaftsbilder in der Roy. Academy aus. Noch in den letzten Jahren war er in der Roy. Cambrian Academy und in der R. Society of Artists in Birmingham vertreten. — Er hat auch Radierungen publiziert, z. B. in den English Etchings, und einige auf der Intern. Kstausst. in Berlin 1891 ausgestellt. **

Baker, Thomas („Baker of Leamington"), engl. Landschaftsmaler in Aquarell, geb. am 8. 10. 1809, † am 10. 8. 1869, holte seine Motive meist in den Midland Counties. 1831—1858 stellte er in der Roy. Academy aus. Im British Museum befindet sich ein kleines Aquarell, darstellend Kenilworth Castle, bezeichnet T. Baker, und im South Kensington Museum eine Viehstudie, bez.: T. B. 1862.

Redgrave, Dictionary und Descriptive Catal. . . . . in the South Kensington Mus. (1877). — Graves, The Roy. Acad. of Arts I 99. — L. Binyon, Catal. of drawings . . . in the British Mus. 1898. **

Baker, W. M., Porträtmaler in London, stellte 1827—33 eine Reihe von Porträts und ein Interieur in der Roy. Academy aus. Wahrscheinlich ist er auch der Urheber einiger Exlibris, die die Signatur tragen: W. M. Baker Southampton. **

Baker, William, engl. Maler des 15. Jahrh., malte 1479—1488 über den Chorschranken der Kapelle im Eton college 32 Szenen aus dem Leben Mariae: Verkündigung, Himmelfahrt, Begräbnis und eine Reihe von Wundern, dazwischen Ganzfiguren von Propheten, den 4 Evangelisten, 4 Kirchendoktoren und anderen Heiligen. Diese Malereien wurden 1560 auf Befehl der Königin Elisabeth weiß überstrichen, aber 1847 wiederentdeckt und sorgfältige Zeichnungen nach ihnen von R. H. Essex gemacht. Diese Zeichnungen und farbige Kopien nach zwei Köpfen befinden sich in der College Library. Die Originale bilden die beste Reihe von Wandmalereien in England. Eine ähnliche Reihe befindet sich in der Lady chapel zu Winchester und ist zwischen 1498—1524 gemalt.

Willis and Clark, Architectural History of Eton college I 411—412, 1886. — M. R. James, Frescoes in the chapel of Eton college with facs. of the drawings, 1907. *James Weale.*

Baker, William Bliss, amerikan. Landschaftsmaler, geb. in New York 1859, † am 20. 11. 1886 in Hoosic Falls, N. Y., Schüler von Bierstadt, M. F. H. de Haas und von der National Academy. Seinen größten Erfolg hatte er 1884 mit „Woodland Brook" und 1886 mit „Under the Apple-Trees".

Champlin-Perkins, Cyclop. of Painters etc. *Edmund von Mach.*

Baker, William H., amerikan. Maler, geb. 1825, † 1875 in New York, studierte zuerst in New Orleans, tätig seit 1865 in New York, seit 1869 in Brooklyn, wo er 1871 die Aufsicht über die Schulen der Art Association übernahm. Außer Porträts malte er Genrebilder und ideale Vorwürfe. Mehr noch als seine Künstlerschaft wird seine Geschicklichkeit als Lehrer hervorgehoben.

Clement and Hutton, Artists of the 19th Century 1893 p. 29. — L'Art III 24 (Nekrolog). *Edmund von Mach.*

Baker, s. auch *Backer* u. *Bakker.*

Bakereel, s. *Backereel.*

Bakewell, Thomas, Zeichner und Kupferstecher in Schwarzkunst, war zu London in der ersten Hälfte des 18. Jahrh. tätig. Von ihm gestochen: 1) The Cook maid. Fol. — 2) The Contrast. Brustbilder eines Traurigen und Fröhlichen oder Heraklit und Demokrit. In Hogarths Manier. In Ovalen. gr. Fol.

Meyer, Kstlerlex. II 367. **

Bakhuijzen, Alexander H., um 1830 im Haag geb., Schüler seines Oheims Hendrik B., war wie dieser als Landschafts- und Tiermaler tätig. Von ihm radiert: Eine Landschaft. A. H. Bakhuijzen f. 1856 (in 3 Etats).

Bakhuijzen, Gerardina Jacoba van de Sande, Tochter und Schülerin von Hendrik Bakhuijzen, geb. im Haag am 27. 7. 1826, † am 19. 9. 1895 daselbst. Sie hat sich durch eine reiche Produktion von Blumen- und Fruchtstücken (in Öl und Aquarell) weit bekannt gemacht und zahlreiche Auszeichnungen erhalten. In den 70er u. 80er Jahren des 19. Jahrh. erschienen ihre technisch sehr vollendeten Blumenstücke: Rosen, Feldblumen, Azaleen u. a. auch häufig auf deutschen und österr. Ausstellungen. Von öffentlichen Sammlungen besitzen die Museen zu Amsterdam, Haag (Gem. Mus.), Haarlem, Hannover und Rotterdam je ein Gemälde von ihrer Hand.

Meyer, Kstlerlex. II 525. — J. Gram in Rooses, Het Schilderboek (ausführlich mit Abb.). — F. v. Bötticher, Malerwerke d. 19. Jahrh. — Marius, De Hollandsche Schilderkunst etc. 1903. — Mit Not. von J. Veth u. C. G. 't Hooft.

Bakhuijzen, Hendrik(us) van de Sande, Maler im Haag, geb. am 2. 1. 1795, † am 12. 12. 1860 daselbst. Er war Schüler von J. Heijmans, bildete sich aber wesentlich durch fleißiges Studium der Natur in Holland, Belgien u. Deutschland. Seine ungekünstelten Landschaften: Weiden mit Vieh, Winterbilder und Seestücke, erregten früh die allgemeine Aufmerksamkeit. Sie wurden auf verschiedenen Ausstellungen preisgekrönt, und der Künstler selbst bereits 1822 zum Mitglied der Akademie von Amsterdam und zum Vorstand der Zeichenschule im Haag ernannt. Mit B. C. Koekkoek und A. Schelfhout war B. einer der Führer der holländ. Landschaftsmalerei der 1. Hälfte des 19. Jahrh., eigentlich ihr Wiedererwecker. Seine Gemälde finden sich in den bedeutenderen öffentlichen und Privatsammlungen Hollands und Belgiens, auch in den Kunsthallen zu Hamburg (Vieh auf der Weide, 1832) und Karlsruhe (Schneelandschaft u. Seestück) und in der Münchener Neuen Pinakothek (2 Winterlandsch.). Man kennt von ihm auch 6 kleine (8vo) seltene Landschaftsradierungen und eine farbige Lithographie: Weidende Kuh bei 3 Schafen (qu. fol.). — Der treffliche W. Roelofs gehört zu seinen Schülern.

Immerzeel, De Levens en Werken I 24. — F. v. Bötticher, Malerwerke des 19. Jahrh. — Meyer, Kstlerlex. II 524. — Marius, De Hollandsche Schilderkunst etc. 1903 130 ff. — Mit Notizen von J. Veth u. C. G. 't Hooft.

Bakhuijzen, Julius Jacobus van de Sande, wurde am 18. 6. 1835 im Haag geb., Schüler seines Vaters Hendrik, studierte mit Sadée 1866 ein halbes Jahr in Düsseldorf und ließ sich dann in seiner Vaterstadt nieder. Er blieb der Richtung seines Vaters treu, fand aber seine selbständige Note und eine modernere Technik. Seine früheren Bilder haben viel Licht und Farbe, die späteren sind gedämpfter. Für seine Aquarelle wie Ölgemälde erhielt er auf verschiedenen Ausstellungen Preise, so 1871 die große Medaille auf der Ausstellung zu Amsterdam. Das städt. Museum im Haag und das Rijksmuseum in Amsterdam haben waldige Landschaften von ihm. Prägnanter und frischer sind seine beiden ausgezeichneten Stadtansichten im Teyler-Mus. in Haarlem und im Museum Boymans zu Rotterdam. — Gelegentlich radierte er auch, z. B. 3 Waldlandschaften und J. v. Goijens Ansicht des Haag.

L. Mulder in Het Schilderboek von M. Rooses. — Joh. Gram, Onze Schilders in Pulchri Studio p. 102. — F. v. Bötticher, Malerwerke d. 19. Jahrh. — Vosmaer, Onze hedendaagsche Schilders II. — Marius, De holl. Schilderkunst etc. 1903. — Mit Notizen von J. Veth u. C. G. 't Hooft.

Bakhuijzen, s. auch *Backhuijzen.*

Bakkarell, s. *Backereel.*

Bakker, Arend, Maler in Rotterdam, geb. daselbst am 14. 8. 1806, † in Matenesse, in der Nähe von Schiedam, am 10. 1. 1843 als dritter Sohn von Cornelis Bakker. Nachdem er den Unterricht seines Vaters genossen, ging er auf ein Jahr nach Antwerpen in das Atelier von G. Wappers. In seine Vaterstadt zurückgekehrt, war er als Genremaler tätig. Sein Porträt, 1835 von J. E. J. van den Berg gemalt, befindet sich im städt. Museum im Haag. In den Jahren 1832, 1836, 1840 stellte er zu Rotterdam Interieurs mit Figuren aus, ebenso befand sich daselbst bei der Auktion de Bie am 26. 10. 1840 ein Interieur von A. Bakker. Nach ihm gestochen ein Vignette-Titelblatt zu G. van Rijn, Gesch. d. St. Rotterd. I 1832, bezeichnet: A. Bakker del. W. Nieuwhoff sc.

Immerzeel, De Levens en Werken I 26. — Rotterdamsche Historiebladen III 558.

Haverkorn v. Rijsewijk.

Bakker, Barent de, Kupferstecher in Amsterdam, dessen Arbeitszeit nach Datierungen auf Stichen von 1762 bis 1804 begrenzt ist. Er wohnte 1777 an der Elandsgracht bei der Baangracht. Namentlich für den Buchhandel tätig, hat er Bibelillustrationen, Stadtansichten, Titel usw. gestochen, sowie mehrere Porträts von Pfarrern. Am besten ist wohl die Darstellung des Leichenbegängnisses von Baron Bentinck in Amsterdam 1781 nach einer Zeichnung von H. P. Schouten. *E. W. Moes.*

Bakker, Cornelis, Maler, geb. am 5. 6. 1771 zu Goedereede, † am 9. 1. 1849 zu Rotterdam. War daselbst Schüler von A. C. Hauck, dessen Tochter er am 20. 11. 1795 heiratete. Am 24. 3. 1803 wurde er in Rotterdam Bürger und am 24. 9. desselben Jahres

Hauptmann der St. Lukasgilde. Er war als Zeichenlehrer sehr bekannt und malte Porträts in Öl und auch Miniaturen, sowie kleine Interieurs, welche in seiner Zeit sehr rühmend erwähnt werden. Nach ihm gestochen: 1) Porträt des Predigers D. Barbé 1797, Aet. 66, gestochen von J. Snoek. — 2) Porträt des Predigers H. van Hasselt, † 1806 in Amsterdam, gestochen von H. Roosing 4°. — 3) Porträt des Predigers Jac. Rijsdijk Takens, † 1804 Amsterdam, gestochen von H. Roosing; sowie eine von ihm und A. C. Hauck gestochene Serie von 14 kolorierten Typen von Sansculottes, bezeichnet A. C. H(auck) und C. B(akker).

Nagler, Mon. I 142. — J. F. van Someren, Catal. v. Portretten II 105. — Van Eynden en van der Willigen III 159. — Immerzeel, De Levens en Werken I 25. — Kramm, De Levens en Werken I 28. — Rotterdamsche Historiebladen III 556.
Haverkorn v. Rijsewijk.

Bakker, F. de, Kupferstecher in Amsterdam, tätig von 1736—1765. Von seinen Werken sind nur Buchillustrationen bekannt, so von 1752 ein Folge von Bildnissen der Statthalter und von 1765 eine große Ansicht des Amsterdamer Rathauses nach einer Zeichnung von R. Vinkeles. *E. W. Moes.*

Bakker, Hubert, Maler, wird 1763 Schüler von Pieter Snyders in Middelburg.

Obreens Archief VI 249. *E. W. Moes.*

Bakker, Job Augustus, Maler, geb. am 4. 9. 1796 zu Rotterdam, daselbst † am 7. 6. 1876, ältester Sohn des Cornelis B. und Bruder des Arend B. Neben dem Unterricht seines Vaters genoß er auch den der Maler W. van Leen und J. Kouwenhoven. 1816 wurde er Zeichenlehrer des Vereins „Hierdoor tot Hooger", worin seine Haupttätigkeit bestand. Er malte auch Landschaften mit Vieh. Später widmete er sich kunstphilosophischen und kunsthistorischen Studien und schrieb verschiedene Abhandlungen. Gleichzeitig war er Mitarbeiter an literarischen Zeitschriften.

Van Eynden en van der Willigen III 306, IV 274. — Immerzeel, De Levens en Werken I 25. — Rotterdamsche Historiebladen III 556—57. *Haverkorn v. Rijsewijk.*

Bakker-Korff, Alexander Hugo, bekannter holl. Genremaler, Sohn des Schriftstellers Johannes Bakker-Korff u. Neeltje Stark, geb. am 31. 8. 1824 im Haag, † am 28. 1. 1882 in Leiden. Er besuchte anfangs das Schüler-Atelier von Corn. Kruseman und später die Haager Akademie unter Prof. von den Berg. 1845 zog er nach Antwerpen, wo er bei Wappers und de Keyser studierte. 1848 kehrte er zurück und wohnte dann in Oegstgeest, 1850 in Leiden, 1852 im Haag, seit 1856 definitiv in Leiden. Die historische Richtung seiner Lehrer sagte ihm auf die Dauer nicht zu; sobald er selbständig war, trat er mit sittenbildlichen Darstellungen vor das Publikum, die jedoch anfangs nicht den erwarteten Erfolg hatten. Seine Gemälde erregten aber allmählich die allgemeine Aufmerksamkeit, sein Ruhm mehrte sich und man nannte ihn mit einigem Recht „den holländischen Meissonier". Auf verschiedenen Ausstellungen erhielt er Medaillen, war Mitglied mehrerer Akademien in Belgien und Holland.

In seinen Bildern führt er uns meist in den Anfang des 19. Jahrh. zurück, am liebsten in den Kreis des wohlhabenden Bürgerstandes seiner Heimat, in die kostbar ausgestatteten Wohnungen alter Tanten und Jungfern, deren Gehaben er mit ebenso großer Treue, als altmeisterlicher Feinheit schildert. Seine sorgfältig komponierten Figuren (wofür Nahverwandte immer wieder mit großer Hingabe Modell saßen), gewöhnlich im kleinsten Maßstabe gehalten, sind sicher, sauber und geistreich gezeichnet, die Farbe ist harmonisch und lebhaft, die Durchführung von seltener Schärfe und Zartheit. Ein Hauptwerk ist „Die Romanze", drei alte Kaffeeschwestern in vornehmem Interieur, von denen die eine ihre Lieblingsromanze auf dem Piano spielt (1869). Durch Ausstellungen sind u. a. bekannt: Die Zeitungslektüre, Der Toast, Die Verleumdung, Die Kranke, Gläsersammlung, ein Bild, das er selbst für sein bestes erklärt haben soll. — Gemälde von ihm im Rijksmuseum und im Stedelijk Museum in Amsterdam, Haag (Städt. Mus.), Haarlem (Teyler) und in der Lakenhal zu Leiden, wo man Skizzen, Zeichnungen und allerhand Erinnerungen an ihn vereinigt hat.

Meyer, Kstlerlex. — J. Gram in Rooses, Het Schilderboek (ausführlich mit Abb.). — Vosmaer, Onze hedendaagsche Schilders I. — Marius, De hollandsche Schilderkunst etc. 1903. — Mit Not. von J. Veth u. C. G. 'tHooft.

Bakker, s. auch *Backer* u. *Baker.*

Baklewski, Peter Michailowitsch, russischer Pastellmaler und Zeichner des 19. Jahrh. In der Pastellmalerei Schüler von Latour und Vidal in Paris. Zu seinen besten Pastellen gehören die Bildnisse des Grafen L. A. Nesselrode, K. T. Soldatenkos und sein Selbstporträt. Später vorherrschend als Illustrator tätig. Er lieferte Illustrationen zu den Werken Stachowitschs; zu W. J. Dahls Erzählung vom Kampf bei Sinope, zu den Lustspielen von Ostrowski „Armut ist kein Laster", „Setz' dich nicht in einen fremden Schlitten" und zum 2. Teil von Gogols „Tote Seelen".

Рамазановъ, матер. д. истор. худож. въ Россiи (Ramasanoff, Mater. z. Gesch. d. Künste in Rußland) Moskau 1863, S. 278—282. *W. Neumann.*

Bakof, Julius, Landschaftsmaler, geb. am 23. 3. 1819 in Hamburg; 1839—47 in München und im bayer. Hochgebirge; bis 1849 in Hamburg, während des Sommers in der

Göhrde; 1849/50 in Schleswig als Freischärler und Kriegszeichner mit General Gerhard; 1852—60 besuchte er das Atelier A. Calames in Genf und machte mit diesem Studienreisen in der Schweiz. 1857 (Jan. bis Okt.) in Paris und Barbizon. Er starb am 9. 11. 1857 in Hamburg. — Er malte und zeichnete Wald- und Gebirgspartien, Mühlen, Schmieden, Ruinen, Kapellen und sonstige Romantik, Vierwaldstätter und Genfer See zu verschiedenen Tages- und Jahreszeiten. 2 Landschaften (Morgen und Abend, 1843), im Besitz Sigm. Freih. v. Pranckh, München, waren auf der retrospekt. Ausstellung 1906 im kgl. Glaspalast ausgestellt. — 12 Federzeichnungen zu deutschen Liedern. — Ein gedrucktes Verzeichnis von ziemlich 300 Gemälden, Zeichnungen und Studien begleitete Juni 1897 eine Ausstellung des Hamb. Kunstvereins.

Hamb. Kstlerlex. — Deutsches Kunstbl. IV 1853, 441. — F. von Bötticher, Malerwerke des 19. Jahrh. — Hamb. Nachr. 14. 6. 1897. — Meyer, Kstlerlex. *E. Benezé.*

Bakotić, Fulgentius, Bildschnitzer und Minoritenmönch, geb. im Anfang des 18. Jahrh. zu Gomiliza im Kreise von Spalato in Dalmatien, † 1793 in Umbrien. Seine Heiligenbilder, in Holz und Elfenbein geschnitzt, befinden sich in verschiedenen Kirchen und Klöstern Dalmatiens und Italiens.

Meyer, Kstlerlex. II. *H. V.*

Bąkowski, Johann, poln. Maler, geb. am 19. 6. 1872 in Krakau. Studierte 1895—1898 an der dortigen Kunstschule, wo Axentowicz und Wyczolkowski den größten Einfluß auf ihn ausübten. Er kopierte viele Porträts berühmter Persönlichkeiten, besonders für das fürstbischöfliche Palais in Krakau, meistenteils koloristisch noch harte Arbeiten. 1903 studierte er an der Münchener Akad. Seitdem malte er hauptsächlich Porträts und fand viel Beifall in den Kreisen der polnischen, österreichischen und böhmischen Aristokratie. Sein letztes und wohl bestes Bildnis (Gräfin Valerie Mycielska) ist noch etwas flau in Kolorit und Zeichnung.

Świeykowski, Pamietnik T. P. S. P. w Krakowie 1854—1904. *C. M. v. Górski.*

Bakowski, Graf Johann Wincent, Schriftsteller und Dilettant im Zeichnen und Stechen, geb. 1760 in Wisniowczyk, † 1826 in Lemberg. Von seinen Arbeiten sind bekannt: 1) Porträt von Johann Andreas Morsztyn, poln. Großschatzmeister des 17. Jahrh. Eine Nachzeichnung nach dem Kupferstiche J. Edelincks, 1792 gemacht. — 2) Dasselbe Blatt radiert. — 3) Porträt des pommerschen Woiwoden Gerhard Dönhof, gestochen. — 4) Alte Münzen und Medaillen. Stich. — 5) Verschiedene Zeichnungen und Skizzen in der Ossolinskischen Bibliothek in Lemberg.

Orgelbrand, Enzykl., Warschau 1900. — Kołaczkowski, Słownik rytowników pol., Lemberg 1874. — Kraszewski, Ikonotheka, Wilna 1858. — Zeitschrift Ossolinski p. 123. *Marian Gumowski.*

Bakst, Leon Nikolajewitsch, russ. Maler und Zeichner der Gegenwart, Schüler der Petersburger Akad., weitergebildet in Paris, tätig in Moskau. Er malt zierliche Genreszenen, doch liegt seine Hauptstärke auf dem Gebiet der dekorativen Graphik. Auf der Ausstellung der Münchener Sezession 1899 befand sich ein Pastellporträt B.s.

Kunst f. Alle XVIII 483; XXII 285. — Berlin, Int. Kst.-Ausst. 1896. — Kunstchronik. N. F. XVIII 466. — A. Benois, Geschichte der russ. Malerei im 19. Jahrh. (russ.) II 268. *W. Neumann.*

Bal, Jean Baptiste Edouard, Landschafts- u. Porträtmaler, geb. in Paris, stellte seit 1868—1901 ziemlich regelmäßig im Salon aus.

Bellier-Auvray, Dict. gén. Suppl. — Salonkataloge. **

Bal, Joseph, Kupferstecher, geb. am 7. 4. 1820 zu Antwerpen, † daselbst am 31. 7. 1867. Nachdem er auf der Akademie in Antwerpen seine ersten Studien unter E. Corr gemacht, ging er nach Paris und bildete sich hier namentlich unter der Leitung Achille Martinets.

1848 wurde ihm der große Preis für Rom zuerkannt. Nach einem Aufenthalt in Italien und mehreren Reisen ließ er sich in Paris nieder und begründete seinen Ruf durch einen Stich nach der Versuchung des hl. Antonius von Gallait. Nach dem Tode des Kupferstechers E. Corr wurde er 1862 an dessen Stelle zum Professor an der Antwerpener Akademie ernannt. Seine Hauptwerke sind: Die Versuchung des hl. Antonius nach Gallait, La belle Jardinière (1856) nach Raffael, Johanna die Wahnsinnige nach Gallait, Die Montenegrinerin nach Czermack. Die Abdankung Karls V. nach Gallait war unvollendet bei B.s Tode.

Meyer, Kstlerlex. — Chronique des arts 1867, 238 (Nekrolog). — Gaz. d. b.-arts III 186, XI 192. *H. Hymans.*

Bal, Willem, holländ. Holzschneider, geb. in Rotterdam am 4. 8. 1808, begann als Schriftsetzer im Haag, widmete sich aber dann mit bemerkenswertem Verdienst der Holzschneidekunst. Nach Immerzeel zeigte er seinen ersten Holzschnitt im Nederlandsch Magazijn 1834 p. 360 und betätigte sich weiterhin als Buchillustrator z. B. in Aardbol, Nederlanders door Nederlanders geschetst, de Klok van Meester Humphry etc.

J. Immerzeel, De Levens en Werken, p. 26.

Bal, s. auch *Ball.*

Bala, s. *Balla.*

Balaam, S., Bildhauer in London, stellte 1817 eine Reiterstatuette des Herzogs von Wellington in der Roy. Academy aus.

Graves, The Roy. Acad. of Arts I 99. **

Balabarca, Juan de, Glockengießer aus Cordova, der am 7. 9. 1588 die große Glocke der Giralda in Sevilla goß.

Gestoso. Artif. Sevill. I 47. *M. v. B.*

Balabin, Patrikei, russ. Kupferstecher, geb. 1734 als Sohn eines Soldaten, wurde 1749 Schüler der Zeichenkammer bei der Akad. der Wissenschaften in Petersburg, seit 1755 Schüler von Iwan Sokoloff und seit 1757 Schüler von G. F. Schmidt. Von ihm mehrere Ansichten von Moskau nach Zeichnungen von M. Machajeff (1761); die Schlacht bei Palzig, 1761 mit N. Ssablin gest.; die Statuen am Katafalk der Kaiserin Elisabeth zu der Beschreibung der Begräbnisfeierlichkeiten 1765.

Ровинскiй, Русск. грав. (Rowinski, Russ. Grav.) Moskau 1870, S. 38, 40, 97, 155, 254 *W. Neumann.*

Balaca, José, span. Maler, geb. 1810 in Cartagena, † 19. 11. 1869 in Madrid, ausgebildet seit 1838 an der Escuela especial de pintura etc. zu Madrid, ließ sich 1844 in Lissabon als Öl- und Miniaturporträtist nieder, wo er u. a ein Ganzfigurbildnis der portugiesischen Königin Doña Maria de la Gloria malte. Nach einem längeren Aufenthalte in England und Frankreich kehrte er dann 1850 für immer nach Madrid zurück und beschickte seit 1852 die dortigen Kunstausstellungen mit seinen Porträtgemälden.

Ossorio y Bernard, Galeria biogr. de art. españoles del siglo XIX (1883—84). *P. Lafond.*

Balaca y Canseco, Eduardo, span. Maler, geb. 1840 in Madrid, ausgebildet an der dortigen Escuela especial de pintura etc., beschickte er seit 1858 die Ausstellungen seiner Vaterstadt mit zahlreichen Gemälden. Besonders erwähnenswert sind: „Eine Kastanienverkäuferin", „Episode aus dem Leben der hl. Therese", „Die Philosophie" (für das Athenäum zu Madrid), Die Evangelisten Matthäus und Markus (für die Kuppel der Kirche Buen Suceso zu Madrid), sowie namentlich zahlreiche Porträts (darunter mehrere des Königs Alfonso XII. von Spanien, der den Künstler außerdem 1867 mit 9 anderen span. Malern beauftragte, in Sevilla seine Braut, die Infantin Doña Maria Mercedes, zu porträtieren).

Ossorio y Bernard, Galeria biogr. de art. españoles del siglo XIX (1883—84). — Grande Encyclopédie Lamirault-Paris *P. Lafond.*

Balaca y Canseco, Ricardo, span. Maler, geb. am 31. 12. 1844 in Lissabon als Sohn des José B., † am 12. 2. 1880. Ausgebildet durch seinen Vater sowie an der Escuela especial de pintura etc. zu Madrid, beteiligte sich B. schon als 13jähriger Knabe mit Auszeichnung an der dortigen Exposición de Bellas Artes. 1876 wurde er vom spanischen Kriegsminister beauftragt, die Schauplätze des spanischen Bürgerkrieges zu bereisen und die Hauptepisoden dieses Krieges malerisch darzustellen. In der Tat hat sich der Künstler, der übrigens auf allen Gebieten des malerischen Schaffens wohl bewandert war, als Schlachtenmaler besonders ausgezeichnet. Seine bedeutendsten Gemälde sind: „Episode aus der Schlacht von Bailen" und „Schlacht von Almansa" (beide für das Madrider Museo de Arte moderna angekauft), „Der Ursprung der Wappenembleme in der Kathedrale zu Cadiz" (jetzt im dortigen Museo provincial), „Episode aus der Schlacht von Castillejos", „Husarenattake im afrikanischen Feldzuge", „Kaperung einer türkischen Galiote durch die Bevölkerung von Cadiz", „Jesus mit seinen Jüngern", „Francisco Pizarro, den Plan zur Eroberung von Peru entwerfend", „Don Pedro de Castilla stürzt sich bei Empfang der Nachricht von seiner Exkommunizierung mitsamt seinem Rosse in den Guadalquivir", „Angriff der Navarresen", „Christoph Kolumbus wird nach Rückkehr von seiner ersten Amerikafahrt am Hofe der katholischen Könige empfangen". Außer einer Reihe trefflicher Porträtgemälde hat B. sodann noch die farbigen Illustrationstafeln zu der von Montaner und Simon in Barcelona verlegten Don Quijote-Ausgabe geliefert; auch für die „Crónica de la Guerra", für die „Ilustración Española y Americana" und für die von ihm selbst künstlerisch geleitete „Academia" ist er als Illustrator tätig gewesen.

Ossorio y Bernard, Galeria biogr. de art. españoles del siglo XIX (1883—84). — F. M. Tubino, El arte y los artistas contemporáneos (1877). — Grande Encyclopédie Lamirault-Paris. *P. Lafond.*

Balacescu, Constantin, Bildhauer, geb. 1865 in Balbosi in Rumänien, besuchte die Gewerbe- und Kunstschule zu Craiova, dann die Kunstakad. in Venedig und Mailand. B. vertritt die italienische Bildhauerkunst in Rumänien und ist der Schöpfer zahlreicher Büsten hervorragender Männer Rumäniens. Hauptwerke: die Statuen des Nationalhelden Tudor Vladimirescu in Tirgu-Jiu, des Woiwoden Mircea des Großen in Tulcea u. a. — Professor an der Kunstakad. zu Jassy. *T. S.*

Balagny, Pierre, Maler und Bildhauer in Paris, 1753 dem Namen nach erwähnt.

Nouv. Arch. de l'art franç. 1884 p. 172. **

Balaguer, Juan, Goldschmied in Barcelona um 1510. Er führte ein reichverziertes Aquamanile im Übergangsstil aus; die Zeichnung im dortigen Innungsarchiv.

Viñaza, Adic. II 43. — Davillier, Orfévr. en Esp. pl. 2. *M. v. B.*

Balaguer, Juan Bautista, span. Bildhauer, geb. in Valencia, † daselbst 1747, Schüler des Francisco Estebe. In den Klöstern und Kirchen von Valencia finden sich mehrere seiner Werke, ein Eccehomo im Convento del

Pilar, vier Statuen auf dem Hauptaltar in S. Miguel de los Reyes.

Cean Bermudez, Dicc. I 90. — Alcahali, Art. Valenc. S. 346. △

Balaire, Charles, Holzschneider in Paris, geb. daselbst, Schüler von Fagnion, stellte in den Pariser Salons 1875—77 und 1882 aus. Er arbeitete für verschiedene Zeitschriften: Le Monde illustré, l'Art, für eine Geschichte Karls d. Gr., für eine Walter Scott-Ausgabe.

Bellier-Auvray, Dict. gén. Suppl. *J. Guibert.*

Balan, Eugène, französ. Maler und Lithograph, geb. 1809 zu Rouen, † daselbst 1858. Er malte Stilleben und hauptsächlich Architekturstücke, die sich durch große Feinheit der Behandlung auszeichnen. Von letzteren waren einige im Pariser Salon von 1837 und in der Berliner Akademie 1835, 1838 und 1842 ausgestellt (Das Innere der Kirche St. Etienne du Mont in Paris, Ansicht der Kathedrale von Rouen u. a.). Einige vorzügliche Lithographien von ihm mit Ansichten von Amiens befinden sich in der Kunsthalle zu Bremen (Sammlg. H. H. Meier). Eine Zeichnung von ihm, Kathedrale und Häuserpartie am Fluß, bez. E. Balan, 1837, bewahrt die Berliner Nationalgalerie.

Meyer, Kstlerlex. II. — Bellier-Auvray, Dict. gén. — Kat. d. Handzeichn. i. d. K. Nation.-Gal. 1902. *H. V.*

Balanche-Richarde, Blaise, Maler in Grand' Combe, geb. daselbst am 24. 3. 1622, † am 11. 1. 1695. Von seinen Porträts, Genre- und Kirchenbildern haben sich einige erhalten, z. B. das Porträt des Schöffen Boichard im Schloß Champagne (1655) und der hl. Joseph in der Kirche von Pirey (1684), ferner ein Exvoto-Bild aus dem Schwedenkriege in der Kirche von Morteau. — Er bezeichnete mit B. B. Richarde.

Gauthier, Dict. d. artist. franc-comt.

Balanche-Richarde (oder Richard), Claude-Adrien, Maler, 1662 in Grand' Combe als Sohn des Blaise B. geb., starb 1748 in Besançon. Er malte in den Jahren 1680 bis 1748 eine sehr große Anzahl von Bildern meist religiösen Inhaltes, teils mit seinem Vater, teils mit seinem Sohne Claude-Marie zusammen. Diese Bilder befinden sich zumeist in den Kirchen von Bonnétage, Grand'-Combe, Marchaux, Pirey u. a.

Gauthier, Dict. d. artist. franc-comt.

Balanche-Richarde (oder Richard), Claude-Marie, Maler, Sohn des Claude-Adrien. Ein Bild von ihm aus dem Jahre 1743 befindet sich in der Kirche von Villers-le-Sec.

Gauthier, Dict. d. artist. franc-comt.

Balanche-Richarde (oder Richard), Gaspard, Maler, Sohn des Blaise, geb. um 1670, † 1725. Ein bezeichnetes Bild von ihm, der Schutzengel, befindet sich in der Kirche von Pontarlier.

Gauthier, Dict. d. artist. franc-comt.

Balanche, s. auch *Ballanche.*

Balante da Tiene, Maler des 17. Jahrh., Schüler des Cavaliere Liberi, malte vier große Bilder (Jagd- und Reiterszenen) im Palazzo Orazio Porto zu Vicenza.

Descrizione di Vicenza etc. II 86. *H. V.*

Balanza, Luis de, Kunststicker, der 1584 an den Ornaten im Escorial arbeitete.

Viñaza, Adic. II 43. *M. v. B.*

Balarino, Giorgio, de Ostravia, Steinmetzmeister, bekannt aus einem im Kamaldulenserkloster Bielany bei Krakau aufbewahrten Vertrage aus dem Jahre 1618, wonach er unter Leitung des Baumeisters Andreas Spezza an der schönen und großgedachten Barockfassade der dortigen Klosterkirche Steinmetzarbeiten ausführen sollte.

Spraw, Kom. h. szt. Bd. VI. *St. Tomkowicz.*

Balarino, s. auch *Ballarino.*

Balassa, Ferenc (Franz), ung. Maler; Mitte des 19. Jahrh. wird ein Gemälde von ihm, „Tod des Mathias Corvinus" lobend erwähnt.

Szana, Száz év a magyar művészet történetéből, Budapest 58. *K. Lyka.*

Balassi, Mario, Maler aus Florenz, geb. 1604, † am 3. 10. 1667. Seine Lehrer waren Jacopo Ligozzi, Matteo Rosselli, zuletzt Passignano, bei dessen Arbeiten in Rom er als Gehilfe beschäftigt war. Für den Fürsten Taddeo Barberini malte er hier eine ziemlich plumpe Kopie nach Raffaels Transfiguration, die sich jetzt in der Kapuzinerkirche zu Rom befindet. Später gewann B. die Gunst des Fürsten Ottavio Piccolomini, der ihn mit sich nach Wien nahm, wo Kaiser Ferdinand III. sich von ihm porträtieren ließ. Vielleicht malte er in dieser Zeit auch die Madonna mit dem Christuskind und dem kl. Johannes, ein Bildchen auf Stein, das sich jetzt in der k. k. Gemäldegal. in Wien befindet. Eine Zurücksetzung, die ihm widerfuhr — die Ausführung eines bei ihm bestellten Altarbildes für die Stephanskirche wurde an Joachim Sandrart übertragen — verleidete ihm den Aufenthalt in Wien; er kehrte nach Italien zurück, wo er für verschiedene Kirchen in Prato, Florenz und Empoli eine beträchtliche Anzahl von Altarbildern ausführte (in Florenz für S. Michele eine Himmelfahrt der Maria, für die Compagnia delle Stimate einen hl. Franziskus, in Prato für S. Agostino den hl. Nikolaus von Tolentino, der für eines seiner besten Werke galt); für die Porträtgalerie der Florentiner Uffizien malte er außerdem sein Selbstbildnis. Ein Gemälde B.s, das Martyrium des Ev. Johannes kam nach Kastilien. In späteren Jahren suchte er die Malweise älterer Meister nachzuahmen; so malte er für den Kardinal Carlo de' Medici im Stile Albrecht Dürers den Großherzog Ferdinand II. und dessen Gemahlin Viktoria von Toskana als hl. Georg und als hl. Viktoria. Salvatore Rosa richtete gegen diese archaisierenden Tendenzen seiner Zeitgenossen die satirische Schrift „La pittura".

Baldinucci, Not. dei prof. del disegno (1847) III 450; IV 586. — Richa, Chiese Fiorentine, I 142, III 78, 216, 224, V 94, 327, 228, VII 178. — Titi, Descr. di Roma. p. 299. 337. — Gaetano Guasti, Alcuni quadri della Galleria Comunale di Prato. — Arte e Storia XII 65—70. *L. Ozzola.*

Balat, Alphonse, angesehener belgischer Architekt, geb. in Gochenée (Namur) 1818, † in Ixelles-les-Bruxelles 1905, Schüler der Antwerpener Akademie, Architekt des Königs, tätig in Brüssel. Seine Hauptwerke dort sind: Palais des Beaux-Arts, Hôtel du marquis d'Assche, Vergrößerung des kgl. Palais, ferner das Schloß von Presle.

Seine Büste von Vinçotte war auf der Ausstellung des L'Art Belge, Brüssel 1905, wo auch Entwürfe und Zeichnungen Balats ausgestellt waren. **

Balat, Jacques Christophe Paul, jung verstorbener Maler, geb. in Bordeaux am 22. 3. 1804, † daselbst am 17. 11. 1828. Die dortige Galerie bewahrt von ihm das Bild: Skythe, den väterlichen Bogen spannend, das Musée d'Aquitaine einige Stadtansichten von Bordeaux.

Bellier-Auvray, Dict. gén. *H. V.*

Balateti, Ginot, s. *Baletet,* Guyot.

Balatri (oder Balatrio), Giambattista, Bildhauer und Architekt aus Florenz, nach Zani (Enc. met. III 31) um 1627—69. Nach seiner Zeichnung ist in Florenz die kleine einschiffige Kirche S. Paolo di padri Teresiani gebaut (begonnen 1669).

Meyer, Kstlerlex. II. *H. V.*

Balay, Charles, französ. Maler, geb. in St. Etienne (Loire) am 29. 9. 1861, Schüler von A. Morot und T. Chartran, stellte in Paris im Salon und in der Société d. art. franç. Genrebilder u. Porträts aus. Z. B.: Eine Straße in El Kantara, 1890; versch. Porträts (1891, 1894, 1897); Soldat Ludwigs XV., 1904; Kartenspiel, 1905; Geheime Versammlung, 1906. *A. Granger.*

Balay, s. auch *Ballay.*

Balázs (Blasius), ung. Maler, 1533 in Kassa, Ung., dokum. erwähnt.

Művészet, Budapest 1903, 341. *K. Lyka.*

Balbach, Othemar, Bildhauer und Stempelschneider, ein Schüler Schwanthalers, geb. am 20. 8. 1810 in Karlsruhe, 1848 Münzmedailleur, seit 1856 Lehrer für den Unterricht in der Skulptur an der technischen Hochschule zu Karlsruhe, † am 22. 4. 1897. Reliefdarstellungen: die kaledonische Jagd, Kompositionen zur Odyssee u. a., badische und hohenzollernsche Münzstempel mit Herrscherbildnissen, signiert BALBACH.

Nagler, Kstlerlex. II 569. — E. Bahrfeldt, Das Münz- und Geldwesen der Fürstentümer Hohenzollern 1900, p. 140. *N.*

Balbas, Alonso, Bildhauer, der um 1650 das Chorgestühl der Dominikanerkirche S. Esteban in Salamanca ausführte.

Araujo Gomez, Escult. en España 367. *M. v. B.*

Balber, Johannes, Goldschmied, geb. in Zürich am 25. 12. 1761, † daselbst am 22. 1. 1845. In Züricher Privatbesitz befinden sich von ihm angefertigte zierliche Services im Empirestil.

F. O. Pestalozzi bei Brun, Schweizer. Kstlerlex. *H. V.*

Balbi, Miniaturmaler, Wien 1770.

E. Lemberger, Beiträge z. Gesch. d. Miniaturmalerei, 1907.

Balbi, Alessandro, Architekt aus Ferrara, in der 2. Hälfte des 16. Jahrh. Nach seinem Entwurf ist die Kirche S. Maria della Chiara in Reggio ausgeführt, ein Kuppelbau mit der Grundform des griechischen Kreuzes, der namentlich durch die schöne Anlage des Innern zu den besten derartigen Architekturwerken jener Zeit gehört. Der Bau wurde unter Balbis Leitung 1597 begonnen und später von Francesco Pacchioni vollendet. — In S. Maria del Vado in Ferrara erbaute B. im Auftrag des Herzogs Alfons II. von Este, in dessen Diensten er stand, die elegante Vorhalle der Capella del miraculoso Sangue (1594). Vielleicht ist auch, nach Cittadellas Vermutung, die Fassade der Universität in Ferrara (Palazzo del Paradiso), die gewöhnlich Aleotti (s. diesen) zugeschrieben wird, ein Werk Balbis.

Campori, Gli artisti negli Stati Estensi etc. p. 25. — Avventi, Guida per Ferrara 1838 p. 129, 170. — Barotti, Ferrara p. 144. — Baruffaldi, Le vite dei pittori etc. Ferraresi. I 22. — L. N. Cittadella, Notizie relative a Ferrara. 1864 p. 344, 546. — Burckhardt, Cicerone. **

Balbi, Andrea, Maler in Venedig, nur bekannt durch sein Testament vom 7. (?) 5. 1471.

Archivio Veneto XXIII 400. *A. Baracchi.*

Balbi, Andrea, venezian. Goldschmied, der im Pestjahre 1631 „per placare con opere propiziatorie la clemenza divina" vom Consiglio Municipale zu Padua die Ausführung von 5 Silberstatuetten in Auftrag erhielt. Diese 5 Statuetten im Metallwerte von insgesamt 16591 Lire, darstellend die Madonna del Carmine und die 4 Stadtheiligen von Padua, waren erst 1643 vollendet; dem Künstler wurden für seine Arbeit 1000 Dukaten (ca. 6200 Lire) ausgezahlt. Neuere Nachforschungen nach dem Verbleib dieser Statuetten waren erfolglos.

A. Moschetti, Un voto art.-relig. della città di Padova (1900, per le nozze Lazzarini-Sesler, Padova). — Rassegna bibliograf. d. Arte ital. 1900, p. 246. *

Balbi, Filippo, italien. Maler, geb. in Neapel, tätig um 1855 in Rom, wo er damals im Kloster und in der Kirche S. Maria degli Angeli eine Anzahl malerischer Arbeiten ausführte, für die ihm Papst Pius IX. bei einem Besuche des Klosters hohes Lob spendete.

Vita italiana, 1896, II 450. *G. Degli Azzi.*

Balbi, Marco, italien. Maler, 1491 in Venedig urkundlich erwähnt.

Arch. Veneto XXXIII 400. *A. Baracchi.*

Balbierer (Balbyrer, Barbieri), Albrecht, Architekt von Roveredo, Kanton Graubünden, baute mit seinem Bruder Martin 1627 ff. den Chor der Klosterkirche von Weißenau bei Ravensburg (Württemberg). 1642 wurde ihm der Bau der Klosterkirche zu Neu St. Johann im Thurtal in Auftrag gegeben.

Rothenhäusler bei Brun, Schweizer. Kstlerlex. — Kst. u. Altertumsdenkm. i. Königr. Württemberg. Donaukr. p. 49. *H. V.*

Balbierer, Julius, Architekt von Roveredo, Sohn des Albrecht B., leitete mit seinen Brüdern seit 1660 den Neubau der Klosterkirche zu Isny im Allgäu.

Rothenhäusler bei Brun, Schweizer. Kstlerlex. *H. V.*

Balbierer, Martin, Architekt aus Roveredo, Bruder von Albrecht, erbaute 1617 die kathol. Pfarrkirche zu Frohnstetten bei Sigmaringen (das Schiff im 18. Jahrh. umgebaut). 1627 war er mit seinem Bruder in Weißenau beschäftigt (s. unter Albrecht B.).

Zingeler-Laur, Die Bau- u. Kstdenkm. in d. Hohenzollernschen Landen. 1896 p. 3. — Rothenhäusler bei Brun, Schweizer. Kstlerlex. *H. V.*

Balbirer, Hans, Bildhauer zu Schleiz, erhält 1642 den Auftrag, zum Schmuck der Burgkischen Gruft in der dortigen Bergkirche ein Epitaphium anzufertigen. Das Denkmal wurde — nach einem ausführlichen Programm in Holz ausgeführt — erst 1706 fertiggestellt, wie die Inschrift im Fries besagt.

Bau- und Kst.-Denkm. Thüringens. Heft XII Fürstent. Reuß j. L. p. 70/71. *H. V.*

Balbulus, Notker, s. *Notker* Balbulus.

Balbus, N., Miniator des 16. Jahrh., erwähnt ohne nähere Angaben von Bradley, im Appendix zum III. Bde. seines Dict. of Miniaturists. **

Balbyrer, s. *Balbierer.*

Balcewicz, Franz Wenzel, Kupferstecher in Wilna in der Mitte des 18. Jahrh., wahrscheinlich Geistlicher oder Ordensbruder, stach meistens Heiligenbilder und zeichnete sich gewöhnlich mit verkürztem Namen: F. B. — Fr. Balc. — Franc. Wenzell. Balc. — F. Balcewicz sc. Wilnae. Folgende Blätter sind von ihm bekannt: 1746 Marie Josephe, reine de Pologne. Aus der Schrift: Panegiryk X. Reginalda Illiusza. Wilno. 1747 R. P. Petrus Skarga S. J. Stephani ac Sigismundi III. Regum Pol. concionator. 1749 Effigies S. Casimiri Regii Poloniae AMDL. principis. Mater pulchrae dilectionis. Der hl. Joseph Kalasanty. S. Joannes Nepomucenus. S. Antonius Paduanus. Mater admirabilis Eysymontoviensis. Der hl. Johann Nepomuk. S. Petrus Regalis. S. Albertus Villeoniensis. Muttergottesbild in der Michaelskirche zu Wilna. Muttergottesbild in Lukiski. Der hl. Winzenz Ferrerius.

Kraszewski, Ikonotheka, Wilna 1858. — Rastawiecki, Słownik rytowników polskich., Posen 1886. *Marian Gumowski.*

Balcewski, E., poln. Maler, tätig in Litauen in der ersten Hälfte des 18. Jahrh. Er malte Porträts des Königs August III. und seiner Gemahlin, der Königin Maria Josepha. Weitere Nachrichten über ihn fehlen bis jetzt.

Heinecken, Dict. des Artistes II 51. — Rastawiecki, Słownik mal. polskich III 121. *Dr. Georg Graf Mycielski.*

Balch, Vistus, amerik. Kupferstecher, geb. Williamstown, Mass., am 18. 2. 1799, † Johnstown, N. Y., am 25. 10. 1884. In New York tätig. Illustrat., Porträts. Hat nach 1820 einige Flußlandschaften zaghaft auf Stein gebracht, auch 1825 ein Porträt von Dr. Mitchell. Teilhaber der Firmen Balch, Rawdon & Co. in Albany, und später Balch & Stiles in New York.

D. Mc N. Stauffer, Americ. engravers 1907. *E. Richter.*

Balçisqueta, Martin de, Bildhauer in Sevilla, von dem 1566 gesagt wird, daß er schon länger als 20 Jahre für die Kathedrale arbeite.

Gestoso, Artif. Sevill. I 174. *M. v. B.*

Balcke, Alfred Julian, Architekt in Berlin, geb. am 1. 5. 1857 daselbst, Schüler der dortigen Bauakademie, weiter ausgebildet in den Ateliers von Ende u. Böckmann, dann Hon.-Ass. an der Techn. Hochschule zu Charlottenburg, arbeitete 15 Jahre als künstlerischer Leiter der Baufirma Schulz-Schlichting in Berlin. Unter seinen eignen Werken sind das Landhaus G. Röhlich, Wildpark und das Palais des Barons von Besser in St. Petersburg zu nennen. Der große Repräsentationssaal der Ausstellungshalle am Lehrter Bahnhof, den er 1903 schuf, ist eine glänzende Arbeit, nicht ohne selbständige Formgedanken und von kräftigem, dekorativem Geschmack. *E. H.*

Balckenende (Balkenende, Balkeneynde), Claes Dirksz. van, holl. Baumeister im Haag, 1664 †. Schwiegervater des Malers Paul Potter. Restaurierte für den Prinzen Friedrich Heinrich das Schloß Honsholredijk u. erhielt 1636 den Auftrag, das Doelenhuis neu zu erbauen. Jan v. Ravesteijn hat ihn auf dem aus diesem Jahre stammenden Bild (Haag, Musée Municipal) unter den Magistratsmitgliedern porträtiert, die über das Bauprojekt beraten.

Houbraken, Groote Schouburgh (Übers. v. A. v. Wurzbach, Quellenstud. z. Kunstgesch. XIV 216). — Oud-Holland XIV 124. — Wurzbach, Niederl. Kstlerlex. I 50. ***

Balckeneynde, Maerten Ariaensz. van, Maler, begraben zu Rotterdam am 10. 1. 1631. Mit diesem Namen wird er in einer Urkunde vom 26. 2. 1631 genannt, worin der Maler

Adriaen Fransz. Verwilt zum Vormund über seine Kinder gestellt wird.

Rotterdamer Archiv. *Haverkorn v. Rijsewijk.*

Balcone, Bartolomeo, italien. Holzbildhauer, wahrscheinlich aus Rom stammend, ansässig in Sulmona, wo er 1577—79 das Chorgestühl der Annunziatenkirche schnitzte, eine reiche und geschickte, aber nicht besonders geschmackvolle Arbeit. Außerdem schuf er noch das Chorgestühl für die dortige Kathedrale, das späterhin in die Krypta dieser Kirche übergeführt wurde und dort bis heute in wenig erfreulichem Zustande erhalten geblieben ist.

Piccirilli in Rassegna Abruzzese I 1. *G. Ceci.*

Balcone, Paolo, italien. Holzbildhauer, wahrscheinlich aus Rom stammend, ansässig in Sulmona, wo er 1602 das Orgelgehäuse der Annunziatenkirche schnitzte.

Piccirilli in Rassegna Abruzzese I 6. *G. Ceci.*

Baldacci-Gozzi, Maria Magd., s. *Gozzi,* M. M.

Baldamus, A., Maler in Berlin, stellte in der dortigen Akademie 1844 zwei Bildnisse, eine Landschaft und ein Genrebild aus.

Kat. d. Berlin. Akad. Ausstellg. 1844 p. 154. *H. V.*

Baldancoli, Pietro, Maler, geb. am 7. 12. 1834 in Florenz, † daselbst 1901; Schüler des Vinc. Saccardi und seit seinem 12. Jahre des Aless. Maffei an der Florentiner Kunstakademie. Da er im 14. Lebensjahre den rechten Arm verlor, brachte er es durch ausdauernde Übung zu nicht minder geschicktem Gebrauche des linken Armes. Unter den zahlreichen dekorativen Malereien, die er in Florenz ausführte, sind hervorzuheben: Zwei Salons und eine Galerie in der Villa Stibbert, ein Saal im Palazzo Borghese, Deckenmalereien in Theatern und Privathäusern, Friesdekorationen in Künstlerateliers etc. Außerdem malte er in Bern die Treppenhausdecke des Museums der Bildenden Künste und das Vestibül des Naturhistorischen Museums.

Gubernatis, Diz. d. Art. Ital. Viventi (1889); sowie In memoria di P. Baldancoli (Florenz 1906). *N. Tarchiani.*

Baldanza, Luca, sizil. Goldschmied, † vermutlich 1548 in Palermo. 1537 übernahm er die Ausführung eines silbernen Hostienschreines für das Kloster S. Maria del Cancelliere zu Palermo. Ebenso lieferte er den Hostienschrein für die Sakramentskapelle der Hauptkirche zu Petralia Soprana.

Di Marzo, I Gagini I 629. *E. Mauceri.*

Baldassare, maestro, Bildhauer („marmorarius") in Rom, erhält 1452 Bezahlung für Lieferung einiger Wappen, zweier Marmor-Kamine und eines kleinen Portales in den Kapitolspalast.

Müntz, Les arts à la cour d. papes 1878 I 150. *H. V.*

Baldassare, Mastro, Töpfer in Pesaro. Die keramischen Kunstprodukte der Werkstätte Baldassars sind, wie ein von einem Arbeiter desselben signierter Teller von 1530 beweist, hochentwickelt gewesen.

Passeri, Maioliche Pesaresi p. 37. *E. Scatassa.*

Baldassare, Holzschnitzer von Florenz, nach Zani (Enc. met. III 31) um 1700, arbeitete zwei Putten, die sich 1722 in der Galerie Gaburri zu Florenz befanden.

Meyer, Kstlerlex. II. *H. V.*

Baldassarre, genannt Baroccio, Maler in Perugia. Aus seinem Beinamen darf geschlossen werden, daß er Schüler und Nachahmer des großen Federigo B. gewesen ist. Wir wissen, daß er viel in der Kirche und im Kloster S. Pietro zu Perugia gemalt hat und daß er daselbst 1632 den Plafond neu vergoldet hat, der durch Blitzschlag beschädigt war.

Manari, Doc. 63 u. Note 63 im „Apologetico". — Lupattelli, Storia della Pitt. in Perugia p. 61. *Walter Bombe.*

Baldassarre di Bartolommeo. Wohnte zu Perugia im Quartier Porta S. Angelo und war im 2. Sem. 1460 Massaio und im 2. Sem. 1461 Camerlengo der dortigen Miniaturistenzunft.

L'arte dei Miniatori in Perugia (Giorn. di Erud. Art. II, 1873 p. 317). *Walter Bombe.*

Baldassare di Bartolommeo da Modena, in Gerichtsakten 1485 als Maler in Bologna erwähnt.

Archiv. stor. d. arte VII 371. **

Baldassare da Cividale, Architekt, stellte 1463 gemeinsam mit seinem Sohn und den Meistern Haelias und Beltram die am 25. 1. 1448 durch Erdbeben zerstörte Kathedrale (später S. Antonio genannt) zu Cividale wieder her (1631 wegen Baufälligkeit abgetragen).

Mothes, Bauk. d. Mittelalt. in Italien 1883 p. 267. *H. V.*

Baldassare Estense, italien. Maler und Medailleur, geb. als natürlicher Sohn des Niccolò III d'Este, Herrn von Ferrara, in Reggio d'Emilia u. deswegen auch *Baldassare da Reggio* genannt. Seine künstlerische Ausbildung scheint er in Mailand erhalten zu haben, wo er im Dienste der Herzöge Francesco und Galeazzo Maria Sforza stand. Die früheste auf ihn bezügliche Urkunde, datiert vom 16. 1. 1461, besteht in einem ihm vom Mailänder Herzoge bewilligten Reisepasse, gültig auf 2 Jahre für ihn und 2 Begleiter. Am 25. 2. 1469 finden wir B. im Castell zu Pavia mit der Ausführung von Bildnissen des Gal. Maria Sforza und seiner Gemahlin Bona von Savoyen beschäftigt. 1469 begab er sich mit einem warmen Empfehlungsschreiben des Gal. Maria an Borso d'Este nach Ferrara „perche vale molto nel mestiere suo, nel che in molte cose ci ha soddisfatto benissimo, e ne ha riportato commendazione assai". Auf diese Empfehlung hin veranlaßte Borso den Künstler, ganz in seine Dienste überzutreten, wozu der Herzog von Mailand nur ungern die erbetene Zustimmung gab. Noch vor Eintreffen der letzteren (am 20. 9. 1469) ließ Herzog Borso seinen Halbbruder nebst Familie und Hausrat zu Schiffe von Pavia nach Ferrara überführen, um ihn von da an mit Ehrungen und Gunstbezeugungen zu überhäufen. Gleich Cosmè Tura wurde B. offiziell zum Hofmaler der Este ernannt und 1469—74 seinem speziellen Rufe gemäß namentlich mit zahlreichen Porträtaufträgen bedacht. Nach dem Leben porträtierte er den Antonio da Correggio vor dessen Flucht aus Ferrara; für den Herzog Borso malte er zum zweiten Male die Bildnisse des Galeazzo Maria Sforza und der Bona di Savoia. An Beatrice d'Este, Gemahlin des Tristano Sforza in Mailand, sandte er das Bildnis der Marietta Calcagnino; ebenso porträtierte er den Conte Lorenzo Strozzi und den Monsignor di Foy mit einem seiner Freunde. Den Herzog Borso selbst hatte er mehrfach zu malen: 1) Auf einem großen Leinwandgemälde hoch zu Roß, umgeben von den gleichfalls berittenen Hofkavalieren Alberto d'Este, Lorenzo Strozzi u. Teofilo Calcagnino, — 2) im Brustbilde auf Leinwand (auf eine Holztafel gespannt), — 3) ebenfalls im Brustbilde (dem Monsignor di Foy als Geschenk zugedacht), — 4) in ganzer Figur. Letzteres Bild wurde von Baldassare selbst in Begleitung zweier Gehilfen dem Herzoge Galeazzo Maria Sforza zur Erinnerung an den am 24. 5. 1471 verstorbenen Este-Fürsten im Oktober desselben Jahres in Mailand überreicht. Galeazzo war so entzückt von dieser Porträtleistung (— „ci pare vederlo vivo quasi non li manchi altro che l'animo", schrieb er in einem Briefe), daß er den Maler in Mailand zurückbehielt, um sich selbst von ihm porträtieren zu lassen. Baldassare kehrte jedoch noch vor Vollendung dieses Bildnisses nach Ferrara zurück, da der Herzog an den Pocken erkrankte. — Alle diese zahlreichen Porträtmalereien schuf der Künstler — mit Ausnahme des erst nach 1473 vollendeten großen Reiterbildnisses des Borso d'Este und seiner Kavaliere — in nicht ganz 2 Jahren. Dazu kamen noch 36 Porträtköpfe und eine Anzahl Brustbilder des Herzogs Borso, die Baldassare (vermutlich um sie ähnlicher zu machen) zu übermalen hatte, sowie eine Reihe von Köpfen im Palazzo Schifanoia, wo Francesco Cossa und die Schüler des Cosmè Tura den großen Festsaal ausgemalt hatten. — Für Borsos Nachfolger Ercole I. d'Este malte Baldassare 2 Porträts dieses neuen Herzogs selbst, die bei dessen Verlobung mit Eleonora von Aragonien an den Neapeler Königshof gesandt wurden, sowie gleichzeitig 2 Porträts des Fabrizio Caraffa, Gesandten des Königs von Neapel in Ferrara.

Von all diesen Porträtmalereien B.s ist nichts erhalten geblieben. Als einziges Zeugnis für sein künstlerisches Schaffen dient uns heute eine von ihm gegossene Medaille mit dem Brustbilde des Ercole I. auf der Vorderseite und dem Reiterbildnisse desselben Herzogs auf der Rückseite. — 1472 arbeitete B. im Auftrage des Simone Ruffini, eines Mailänder Kaufmannes und Bürgers von Ferrara, an der Ausmalung einer Kapelle in S. Domenico zu Ferrara. Und zwar malte er dort die Fresken aus dem Leben des hl. Ambrosius um dessen Altarbild, auf dem man den Heiligen selbst dargestellt sieht nebst der in Anbetung knienden Stifterfamilie (Simone Ruffini mit seiner Gattin und seinen Neffen Antonio und Ambrogio) und dem Notar Giovanni di Castello, dem Abfasser des Lieferungsvertrages zwischen dem Maler und dem Stifter. Einige Zeit nach Vollendung dieser Fresken siedelte B. nach seiner Vaterstadt Reggio d'Emilia über, wo er zum Capitano di Porta Castello ernannt wurde. Von dort aus wandte er sich 1493 an den Herzog Ercole I., um von diesem Rache für die Entehrung einer seiner Töchter zu fordern. 1497 kehrte er wiederum nach Ferrara zurück und blieb daselbst bis 1504; wahrscheinlich ist er im letzteren Jahre daselbst gestorben. In dieser seiner letzten Schaffensperiode war ein Bildnis des Tito Strozzi entstanden, das noch im vorigen Jahrh. sich in der Sammlung Costabili zu Ferrara befand, jetzt jedoch nicht mehr auffindbar ist. Es zeigte den Dichter im Profile, das Haupt mit einem Barett bedeckt, daneben nach Baruffaldi die Signatur: BALDASARES · ESTENSIS · NOB. PIX. ANOR. 36. 1499 Feb. 24. — 1502 malte B. eine Altartafel mit den 12 Aposteln für die Nonnen von Mortara, die damals in Ferrara Unterkunft gefunden hatten. Ich bin zu der Vermutung gelangt, es sei dies vielleicht jenes Altarbild gewesen, das sich früher in der von den Mortara-Nonnen gegründeten Kirche S. Maria delle Grazie befand, späterhin gleich so vielen anderen Gemälden aus den in Napoleonischer Zeit aufgehobenen ferraresischen Kirchen in die Sammlungen Saroli und Lombardi überging und jetzt zur Sammlung des Duca Massari gehört. Es stellt den Tod der Maria dar und wurde im 18. Jahrh. dem Mantegna und dem Michele Coltellini, von Morelli dem Bianchi Ferrari, von Crowe u. Cavalcaselle dem jugendlichen Grandi bezw. dem jugendlichen Lorenzo Costa oder dem Michele Coltellini zugeschrieben. — Baruffaldi erwähnt noch einige weitere Malwerke mit Baldassares Signatur, so in S. Maria degli Angeli zu Ferrara ein Altarbild mit den Heil. Thomas von Aquino und Katharina, — ein zweites Altarbild in der Chiesa della Consolazione, eine Predella im Besitze des Abtes Carlo Lalli; auch diese Gemälde sind jedoch heute verschollen. — Trotz seiner doppelten Berufsstellung als Maler und als Capitano von Castel Tedaldo befand sich B. 1502 in schwerer Notlage. Gleichwohl konnte er bei seinem Ableben seinen Töchtern, die in Reggio verheiratet waren, und seiner zweiten Gemahlin aus der Reggianer Adelsfamilie der Fogliani ein nicht unbeträchtliches Erbe hinterlassen. Während seines ersten Aufenthaltes in Ferrara war sein „garzone" ein gewisser Andrea da Como, während des zweiten hingegen Bartolomeo di Jacopo Benati aus Parma.

Barotti, Pitt. e scult. etc. di Ferrara (1770). — C. Cittadella, Catal. ist. de' pitt. etc. Ferraresi (1782) I 66; II 212. — Rosini, Storia d. pitt. ital. (1839 ff.) III 199 (II. Ausg. 1850, III 152, mit Abb.). — Baruffaldi, Vite de' pitt. etc. ferraresi (1844) I 92 f. — Laderchi, La pitt. ferrarese (1856), p. 38; sowie Descriz. della quadr. Costabili (1838). — L. N. Cittadella, Not. relat. a Ferrara (1864) p. 581 f.; sowie Ricordi e docum. etc. di Cosimo Tura (1866). — Crowe u. Cavalcaselle, History of painting in North Italy (London 1871) I 526 f. — Heiß, Les méd. de la Renaiss. (Paris 1881). — Armand, Médailleurs ital. (1883). — Campori, I pittori degli Estensi (Modena 1886, Estratto dagli Atti e Mem. delle Dep. di stor. patria p. le Prov. Mod. e Parm. Ser. III, vol. III, pte. II). — A. Venturi, Balthazar d'Este (L'Art, Paris, 1884); ders., Gli affreschi di Schifanoia secondo recenti pubblicazioni e nuove ricerche (Atti e mem. della Dep. di Storia Patria per le Romagne, 1885); ders., L'arte a Ferrara nel periodo di Borso d'Este (Rivista storica italiana II 4, 1885); ders., L'arte ferrarese nel periodo di Ercole I d'Este (Atti e mem. della R. Dep. di St. Patria per le prov. di Romagna, III seria, VI e VII, 1888). — E. Motta in Archivio Storico Lombardo 1889. — G. Gruyer, L'art ferrarais (Paris 1897). — F. Malaguzzi-Valeri, Pitt. Lombardi (Milano 1902); sowie in Rassegna d'arte 1903, p. 148; und in L'Arte 1900, p. 146. — Forrer, Biogr. Dict. of Medallists (London 1901) — Arch. stor. lombardo XII 225—280; XVI 403—9; XVII 999; XXII 408 ff. — Arch. stor. d. Arte ital. I 142; II 380 f.; VII 95. — Jahrb. d. preuß. Kst.-Sammlgn. I 9 f.; II 51 f.; V 101, 120 ff.; VIII 71, 79 ff., 123, 126; IX 15 ff., 21; XI 188. — Repertor. f. Kstwissensch. XXII 358. — Gaz. d. B.-Arts 1879, I 371, 382; 1883, I 82 f.; 1890, II 95.
Adolfo Venturi.

Baldassare da Faenza, Majolikafabrikant, erhält 1574 eine Abschlagszahlung auf Albarelli für die Apotheke von Isola.

Gaz. d. beaux-arts XVII 222. **

Baldassare da Forlì, s. *Carrari,* Bald., il vecchio.

Baldassarre, Francesco di, ital. Goldschmied in S. Angelo in Vado. Er heiratete 1551 Girolama, Tochter des Michelangelo Fagnani mit einer Mitgift von 550 Fiorini. Er war „capo-maestro d'arte" und fertigte geschätzte Arbeiten.

Lanciarini, Dei Fratelli Nardini etc. p. 16. *E. Scatassa.*

Baldassarre di Matteo, italien. Miniat. In die Zunft der Miniaturisten zu Perugia eingeschrieben. Wohnte daselbst im Quartier Porta Sole, im Hause des Costantino dei Ranieri und bekleidete dreimal das Amt des Camerlengats: Im 2. Semester 1455, 1458 u. 1463. Im 2. Sem. 1456 war er Massaio.

Giorn. di Erud. Art. II 315, IV 47.
Walter Bombe.

Baldassarre di Matteo di Ercolano. War im 2. Semester 1505 und im ersten Semester 1509 Camerlengo der Peruginer Malerzunft. In der Matrikel findet sich sein Name nicht. *Walter Bombe.*

Baldassare di Paolo da Grona (Carona), s. *Alberto* di Pietro da Grona.

Baldassare da Prato, italien. Goldschmied, tätig in Padua, wo er 1505 für S. Antonio 2 silbervergoldete Tabernakel für Reliquien des hl. Felix und des hl. Bonaventura ausführte; eines dieser Tabernakel ist mit dem Bildnis des letzteren Heiligen geschmückt.

Gonzati, S. Antonio di Padova I 209, 224; u. p. CXXIV, Doc. CXV. *R.*

Baldassare da Reggio, italien. Maler, urkundlich erwähnt am 17. 8. 1498 als Sohn „olim Francisci de Regio habitatore Forlivii" und in einem anderen Dokument vom 28. 9. 1502; deshalb zu unterscheiden von dem gleich ihm in Reggio d'Emilia geborenen *Baldassare Estense* (s. diesen).

C. Grigioni in Rassegna bibliograf. d. Arte ital. 1898 p. 4 f.

Baldassare da Siena, Sohn des Vito, Maler in Siena um 1487, nur von Zani, Enc. met. XVII 259 erwähnt. **

Baldassare da Siena, s. auch *Peruzzi,* B.

Baldassare di Simone d'Aliotto, s. *Embriachi,* B. degli.

Baldassare di Terzago, venezian. Miniator des 16. Jahrh.

Bratti, Miniatori Veneziani (Nuovo Archivio Veneto 1901, nuova ser. tom. II parte I p. 74). *P. d'Ancona.*

Baldassare da Varignana, Steinmetz in Bologna, errichtet den steinernen Hauptaltar in S. Giovanni in Monte daselbst und erhält 1456 dafür Bezahlung.

Arch. stor. d. arte, ser. II, Bd. III 227. **

Baldassari, Valerio, wenig bekannter Maler in Pescia, um 1715, Schüler des Pier Dandini.

Lanzi, Stor. d. Pittura, Firenze 1838, I 232. — Zani, Enc. met. III 31. **

Baldassini, Giovanni Maria, Maler in Gubbio, geb. 1540, † am 29. 3. 1610. Schüler des Benedetto Nucci. Er malte eine S. Caterina für die Kirche S. Agostino und andere Altarbilder in Gubbio, sowie eine Madonna del Rosario für die Kirche S. Niccolo in Cantiano.

Gualandi, Memorie etc. Ser. IV 49. — Lucarelli, Guida di Gubbio p. 448.
Walter Bombe.

Baldassini, s. auch *Baldissini.*

Baldauf (Baldauff), Anton, Kupferstecher, geb. 1777 in Klagenfurt, † 1812 in Wien.

Er stach in punktierter Manier und radierte Bll. nach Kompositionen H. Fügers. Die Albertina in Wien bewahrt von ihm u. a. eine gehöhte Kreidezeichnung: Herkules am Scheideweg.

M e y e r, Kstlerlex. II. *H. V.*

Baldauf, C., Landschaftsmaler des 18. Jahrh., wahrscheinlich Sohn des Eugen Baldauf. Einige seiner Bilder mit den Buchstaben C. B. bezeichnet.

N a g l e r, Monogr. I 2335. — L i p o w s k y, Bayer. Kstlerlex. — M e y e r, Kstlerlex. II 570. *Wgn.*

Baldauf, E u g e n, deutscher Landschafts- und Porträtmaler, wahrscheinlich Sohn des Ignaz Baldauf, geb. 1753 in Inchenhofen, † in Besançon (nach anderen um 1790 in München). Er hielt sich längere Zeit in den Niederlanden und in Frankreich auf und wurde 1783 Hofmaler des Fürstbischofs von Freising. Einige seiner Bilder sind mit einem aus E. .und B. zusammengesetzten Monogramm bezeichnet.

N a g l e r, Monogr. I 1777. — G a u t h i e r, Dict. d. artist. franc. comt. — M e y e r, Kstlerlex. 570. *Wgn.*

Baldauff, I g n a t z, Freskomaler, Hofmaler des Bischofs von Augsburg, geb. in Inchenhofen (Oberbayern), † 1783 in Augsburg; nähere Lebensverhältnisse unbekannt. Einer der Schnellmaler aus der Augsburger Schule, die über ein nicht unbedeutendes Dekorationsgeschick verfügten, aber durch sehr ungleiche technische Ausführung ihre Leistungen herabminderten. Von ihm stammen: 1) Die Deckenfresken in St. Salvator in Schrobenhausen (Christus am Teiche Bethesda, Speisung der 5000) 1760; 2) Das Deckenfresko in der Pfarrkirche zu Obergriesbach (Gründung der Rosenkranzbruderschaft) 1763; 3) Die Deckenbilder in der Kirche zu Lauterbach (David und Abigail; Maria als Trösterin der Betrübten) 1765; 4) Die Fresken in der Kirche in Hollenbach (aus der Geschichte des hl. Kreuzes) 1765; 5) Die Fresken in der Kirche zu Beinberg 1767 (Die 7 Todsünden, Maria, die Zuflucht der Sünder, Die Kreuzigung); 6) Die Deckenbilder in der Kirche zu Langenmoosen 1780 (Glorifikation, Berufung des hl. Andreas); 7) Desgleichen in der Kirche zu Inchenhofen 1780 (Leben des hl. Leonhard); 8) Die Fresken in St. Martin in Unterwessen 1781 (Das Abendmahl, Ein heiliger Mönch). Ferner die Fresken in den Kirchen zu Zahling (Dekkenbilder aus der Legende des hl. Gregor), zu Bruck (Die Ungarnschlacht), zu Mering 1779 (verdorben), Sandizell (Kommunion eines Priesters, Tod des hl. Joseph; in der Art des B.). Altarbilder seiner Hand befinden sich in der Kirche zu Halsbach (Erzengel Michael), in der Klosterkirche zu Altomünster (Salvator mundi), in der Kirche zu Einertshofen (Beweinung Christi), in der Kirche zu Fürstenfeld (2. u. 3. Seitenaltar r., Petrus und Paulus Abschied nehmend; hl. Bernhard. 3. u. 4. Seitenaltar l., Tod des hl. Benedikt, hl. Florian) und in der Pfarrkirche zu Aichach (Himmelfahrt Mariä). Letzteres wird als eine seiner besten Arbeiten gerühmt.

W e l i s c h, Augsburger Maler im 18. Jahrh. 1901 p. 85/86. — Kunstdenkm. d. Kgr. Bayern I 151/52, 169, 184/5, 187, 191, 196, 205, 211, 240, 449, 1884. *Wgn.*

Baldauf(f), s. auch *Balduff.*

Baldazar oder Baltiser, Krakauer Maler, tätig 1443—1452, steht in Beziehungen zu dem Augustinerkloster, wo sich Denkmäler der Malerei aus dieser Zeitepoche erhalten haben.

A. G r a b o w s k i, Skarbniczka p. 39 u. Kraków i jego okolice, 5. Ausg. p. 188. — R a s t a w i e c k i, Slownik mal. pol. III 125. *Leonard Lepszy.*

Balde, J. Senator Semenov in St. Petersburg besitzt ein männliches Porträt, beeinflußt von Rembrandt und bezeichnet: J. Balde. Vielleicht sind von derselben Hand einige von Kramm erwähnte Werke.

S e m e n o v, Etudes sur les peintres etc. Catalogue S. 9. — K r a m m, 49. *E. W. Moes.*

Baldegora, s. *Baldigara.*

Baldelli, F r a n c e s c o, Maler aus Urbino. Schüler und Neffe des Barocci. Malte vielleicht 1588 die Tafel der hl. Lucia über dem Altare der Danzetta in S. Agostino zu Perugia, ferner daselbst für S. Maria del Popolo (nach Lancellotti, scorta sacra, Ms. der Bibl. Comunale zu Perugia, c. 493 t u. 500) die Geburt Christi auf dem Altar der Floramonti, unvollendet und noch erhalten in der städtischen Pinakothek, Sala della Decadenza No. 25. Das erste dieser Bilder wird ihm von Orsini abgesprochen und einem anderen Schüler des Barocci, dem Antonio Viviani (il Sordo) gegeben. Als Werk des Sordo wurde es 1797 nach Frankreich entführt. Seitdem ist es verschollen. Vielleicht trägt die Angabe der dargestellten Personen: „Madonna mit dem Kinde, S. Lucia und S. Antonio Abate" dazu bei, es wieder aufzufinden.

O r s i n i, Guida di Perugia p. 142—3, wo in der Anm. weitere Literatur. *Walter Bombe.*

Baldelli, L u i g i, Architekt in Pesaro, wo er um 1760 geboren war. In Fossombrone erbaute er die in einem einzigen Bogen den Fluß Metauro überspannende Brücke, deren ursprüngliches Projekt allerdings der Cav. Cosimo Morelli aus Imola entworfen haben soll. Von seiner Vaterstadt wurde B. zum Oberintendanten des öffentlichen Bauwesens ernannt. Außerdem wurde er für seine künstlerischen Verdienste in den Grafenstand erhoben.

Z a n i, Encicl. III 32, sowie Appendice alla Encicl. (Mscr. in Parma, Bibl. Palatina.) *St. Lottici.*

Baldelli, Suor Maria Chiara, Malerin in Perugia. Nonne des Klosters S. Giuliana für dessen Kirche (r. u. l. vom Hauptportal) sie zwei Bilder malte, einen S. Matthäus und eine hl. Familie mit Joh. dem Täufer. † 1805.

Siepi, Descr. etc. di Perugia p. 689. — Lupattelli, Stor. della Pitt. a Perugia p. 81. *Walter Bombe.*

Baldello di Nello, 1334—37 gemeinsam mit Angelo di Luccolo in seiner Vaterstadt Gubbio Bauvorsteher, „soprastante", bei den Neubauten des Palazzo dei Consoli und des Palazzo del Podestà und legte 1337 Rechnung ab über 17161 Lire Baukosten.

Mazzatinti in Arch. stor. per le Marche e l'Umbria, vol. IV, fasc. 13—14, p. 27—30. *G. Degli Azzi.*

Baldenbach, Peter, Medailleur, geb. 1762 zu Linz a. Rh., kam 1784 nach Wien, 1797 bis 1800 Graveur-Adjunkt an der Kaiserl. Münze, † 1802. Medaillen auf die Siege der österreichischen Armee unter dem Prinzen von Sachsen-Koburg, auf die Siege der russisch-österreichischen Armee in Italien, auf die Hinrichtung Ludwigs XVI. und der Marie Antoinette, auf den Erzherzog Karl u. a. Signatur B. und B. D. B.

Nagler, Monogr. I 1592, 1766. — H. Bolzenthal, Skizzen zur Kunstgesch. der modernen Medaillen-Arbeit, p. 273. — Forrer, Biogr. Dict. of Medallists I 116. *N.*

Baldensperger, Hans, Maler des 17. Jahrh., dessen nähere Lebensumstände nicht bekannt sind. In der Sammlung Roïas du Rosey befanden sich zwei Handzeichnungen desselben, beide effektvoll in Tusche auf bräunlichem Grunde ausgeführt: eine Geißelung Christi und eine Kreuzerhöhung, die letztere 1621 bezeichnet. Beide Bll. trugen den Stempel der alten Kabinette: J. D. und J. P. V.

Meyer, Kstlerlex. II. *H. V.*

Baldenwyn, s. *Balduin.*

Balder, G., Zeichner und Maler in Luzern, um 1837, nur bekannt durch eine Porträtzeichnung des Jos. Karl Amrhyn.

F. Heinemann bei Brun, Schweizer. Kstlerlex. *H. V.*

Balder (Balderer), Georg, Lithograph, Zeichner, Historien- und Heiligenmaler, geb. in Zürich 1810, † in Freiburg i. Br. am 2. 2. 1882, Schüler K. Weidenmanns in Winterthur und der Münchener Akademie, später in Freiburg i. B. ansässig, wo er als Maler von Porträts u. Kirchenbildern beschäftigt war. Die Samml. d. Kst.-Vereins in Winterthur und die Kupf.-Samml. d. Polyt. in Zürich bewahren von ihm einige Handzeichnungen und lithographierte Bildnisse.

A. Ernst bei Brun, Schweizer. Kstlerlex. *H. V.*

Balderas, Alonso de, Maler in Sevilla, der 1597 mit anderen bei der Restauration der Kuppelmalereien im Gesandten-Saal des Alcazar beschäftigt wird.

Gestoso, Artif. Sevill. II 15. *M. v. B.*

Balderrain, Martin de, Bildhauer in Cizurquil, der 1626 die Arbeiten, welche Esteban de Ostiza am Hauptaltar der Pfarrkirche in Fuentarrabia ausgeführt hatte, schätzte.

Viñaza, Adic. III 201. *M. v. B.*

Baldery, J. K., engl. Maler in Holborn, stellte in der Roy. Academy 1793 ein Porträt, 1794 ein Bild „The Gamekeeper" aus.

Graves, The Roy. Acad. of Arts I 99. **

Baldes, s. *Valdes.*

Baldeschi, Conte Federigo, Maler des 19. Jahrh. in Perugia. Schüler des Minardi. Einige seiner Landschaften befinden sich noch jetzt im Palazzo Baldeschi und in anderen Häusern in Perugia.

Lupattelli, Stor. della pittura in Perugia p. 90. *Walter Bombe.*

Baldewein, Eberhard, Baumeister. Erbaute laut Inschrift im Jahr 1582 für den Landgrafen Ludwig von Hessen die stattliche Herrenmühle in Marburg. Der Bau steht noch (am Rudolfsplatz), die Inschrift ist erneuert.

Jacob Hoffmeisters gesammelte Nachrichten über Künstler u. Kunsthandwerker in Hessen usw. Herausgeg. von G. Prior. Hannover 1855, S. 7. — Dehn-Rotfelser und Lotz, Die Baudenkmäler im Reg.-Bez. Kassel. Kassel 1870, S. 163. *R. Kautzsch.*

Baldewin, s. *Balduin.*

Baldewinus, angelsächs. Goldschmied, der um 1170 für die Abtei Saint Albans arbeitete. Im Auftrage des Abtes Simon schuf er einen großen goldnen, mit reichem Rankenwerk und mit Blumen aus Edelsteinen verzierten Abendmahlskelch „quo non videmus in regno Angliae nobiliorem", sowie einen ebensolchen Hostienbehälter, der über dem Hochaltare der Abteikirche aufgehängt und unter König Heinrich II. in eine von diesem gestiftete, nicht minder kostbare Cuppa eingelassen wurde. Außerdem lieferte B. an die Abtei 3 kleinere Meßkelche, einen goldenen für die „major missa quotidiana" und zwei silberne für die „missa quotidiana" und für den St. Petersaltar.

Texier, Dict. d'Orfévrerie (1857). *S. Lami.*

Baldi, Bildhauer in Venedig, im 17. Jahrh., ein untergeordneter Nachahmer Berninis. Im Oratorio degli Scalzi daselbst ist von ihm die Marmorstatue einer hl. Theresa, deren Herz von einem Engel durchbohrt wird. Vielleicht rühren auch die beiden Engel zwischen den Säulen des Altares und oben das Relief mit der engelumschwebten Dreieinigkeit von ihm her.

Moschini, Venezia p. 73. — Cicognara, Storia della Scultura III 108. *H. V.*

Baldi, Accursio . . . . da Monte S. Savino, Bildhauer und Erzgießer in Florenz in der 2. Hälfte des 16. Jahrh. Für den Hauptaltar der Hospitalkirche in Siena verfertigte er zwei Engelfiguren, über deren Bezahlung Streit entstand. Aus dem Briefe, den B. am 6. April 1585 aus Florenz darüber an

Scipione Cibo schrieb, erfährt man zugleich, daß Baldi auch den architektonischen Schmuck des Altares modelliert hatte. — In Fermo ist von B. die Bronzestatue Papst Sixtus' V. am dortigen Kommunalpalast, die irrtümlicherweise Andrea Sansovino zugeschrieben worden ist, ein zu jener Zeit durch verschiedene Lobgedichte gefeiertes Werk. (*Rime Toscane e versi Latini da diversi Autori composti in lode di Sisto V. e della statua di Bronzo della Città di Fermo dedicata a sua Santità e fatta da Accursio Baldi Sansovino. In Fermo per Sertorio Monti* 1590. 4.) — Nach einem von Ricci zitierten Manuskript von Catalani ist auch das marmorne Denkmal des Orazio Brancadoro am Haupteingang des Domes in Fermo von B. ausgeführt.

Gaye, Carteggio III 464. — Milanesi, Documenti Senesi. III 257. — Ricci, Memorie storiche degli artisti della marca di Ancona. II 64. — Mazzuchelli, Gli scrittori d'Italia. II 114. **

Baldi (Baldo), Antonio, Maler und Kupferstecher, geb. in La Cava im Neapolitanischen um 1692, † um 1773 (nach Boni), Schüler des Francesco Solimena. Gemälde seiner Hand finden sich in Neapel, wo er tätig war. Die Kupferstechkunst, der er sich später ganz widmete, hat er von Andrea Magliard erlernt. Heinecken, Dict., führt eine Anzahl von Stichen auf, die B. nach Solimena, Guido Reni u. a. und auch nach eigenen Zeichnungen angefertigt hat. Hervorzuheben sind der hl. Gregor (1738), die Kommunion der hl. Maria Aegyptiaca (nach eigener Zeichn.), der hl. Filippo Neri, Antonius von Padua, S. Emigdius, drei Widmungsbilder zur Hochzeit des Königs beider Sizilien und der Einzug des Königs in Neapel, ferner die Bildnisse Kaiser Karls VI., des Königs Don Carlos von Sizilien, des Arztes Nic. Cyrillus und der Maria Aurelia Caracciola.

Meyer, Kstlerlex. — Boni, Biografia etc. — Heinecken, Dict. *P. K.*

Baldi, Bernardino, italien. Maler, geb. und tätig in Bologna, † am 25. 2. 1615; am 5. 12. 1599 wurde er in das Ratskollegium der Bologneser Malerzunft gewählt. Von Masini wird eine Reihe von Gemälden namhaft gemacht, die B. für die Kirchen S. Maria de' Servi, S. Maria di Miramonte, S. Paolo in monte und S. Cristina in Bologna ausführte. Hier gründete er auch die Academia degl' Indifferenti, die bis zu der Zeit, wo die Carracci ihre Akademie eröffneten, ein gewisses Ansehen genoß. B. war ein eifriger Sammler und hinterließ verschiedene Manuskripte antiquarischen Inhalts, die von Malvasia häufig zitiert werden.

Masini, Bologna perlustrata, p. 132, 170, 563. — Malvasia, Felsina pittrice, passim. — Mazzuchelli, Gli scrittori d'Italia, II, I 125. — Zani, Encicl. — Gualandi, Memorie III 186, IV 164. — Arch. Stor. d. Arte Ital., ser. II, vol. III, p. 313. *R.*

Baldi, Bernardino, Architekt, Gelehrter und Dichter, geb. 1553 in Urbino, † ebenda 1617 (begraben in S. Francesco). Sein Leben und seine bedeutende literarische Wirksamkeit ist in den unten angeführten Werken von Mazzuchelli, Affò und Tiraboschi eingehend geschildert. 1580 trat B. als Mathematiker in die Dienste Ferrantes II., Herzogs von Guastalla, der ihn 1586 zum Abt (Abbate ordinario) von Guastalla ernannte. Von 1609 bis zu seinem Tode lebte er in seiner Vaterstadt Urbino. Aus den von Campori mitgeteilten Dokumenten geht hervor, daß er in Guastalla verschiedene bauliche Unternehmungen des Herzogs leitete. Seine künstlerische Bedeutung im Gebiete der Architektur erhellt aus dem Umstand, daß die Kirche S. Chiara in Urbino, die, wie Pungileoni nachgewiesen, von B. erbaut wurde, lange Zeit für ein Werk Bramantes gegolten hat.

Campori, Gli artisti etc. negli stati Estensi. p. 26. — Mazzuchelli, Gli scrittori d'Italia. — Affò, Vita di Monsignore Bernardino Baldi da Urbino. Parma 1783. — Tiraboschi, Storia della Lit. It. *H. V.*

Baldi, Carlo, italien. Kupferstecher, tätig in Neapel um die Mitte des 18. Jahrh., hat besonders nach Solimena gestochen.

Heinecken, Dict. — Zani, Enc. III 33. *P. K.*

Baldi, P. Filippo di Bartolomeo, Architekt, 17. Jahrh. Von ihm die Zeichnungen für die Fassade und für den inneren Ausbau des Benediktinerinnenklosters S. Maria degli Angeli zu Pistoia.

Tolomei, Guida di Pistoia 1821 p. 127, 152. *Walter Bombe.*

Baldi, Giovanni, Bildhauer aus Mailand, der laut brieflicher Mitteilung des Ministers Co. Ignazio Rocca an den Herzog Francesco Farnese, datiert aus Piacenza vom 16. 8. 1720, bald nach Absendung jenes Briefes in Piacenza eintreffen sollte, um dort oder in Parma eine Anzahl in Mailand für den Herzog begonnener kupferner Statuen zu vollenden.

Scarabelli-Zunti, Mem. di B. Arti. (Mscr. in Parma, Bibl. Palat.) *St. Lottici.*

Baldi, Giovanni Battista, Architekt aus Pistoja, baute 1720 den Palazzo Amati Cellesi daselbst sowie eine Kapelle im Palazzo Vescovile. Außerdem schreibt ihm Gurlitt die Palazzi Marchetti und Talini in Pistoja vermutungsweise zu.

Gurlitt, Gesch. des Barockstiles in Italien. Stuttgart 1887 p. 262. *H. V.*

Baldi, Giuseppe. Nach Zani, Enc. met. III 33 ein vortrefflicher Wandmaler in Neapel im 18. Jahrh., den wir aber sonst nicht erwähnt finden. **

Baldi, Lazzaro, Maler, geb. um 1624 zu Pistoja, † zu Rom den 30. 3. 1703, tätig in Rom, Schüler und Nachfolger des Pietro da Cortona, beeinflußt durch Carlo Maratta. Zahlreiche Fresken und Ölgemälde von seiner Hand in den Kirchen von Rom, Perugia, Camerino, Pistoia, Massa. Der hl. Martin, ein totes Kind erweckend, im Wiener Hofmuseum. Als Radierer durch ein einziges Blatt bekannt (Bekehrung Pauli, bez.: DE. SAVLO. PAVLVS. ET. DOCTOR. GENTIVM. LAZZERVS. BALDVS. PISTORIENSIS. INVENIT. ET. EXCVDIT. kl. Fol. (B. XXI. 88, No. 1.) Verfasser einer Lebensbeschreibung seines Schutzpatrons, des griechischen Malers S. Lazzaro (9. Jahrh.) mit Kupfern nach eigenen Zeichnungen (Breve compendio della vita e morte di S. Lazzaro monaco et insigne pittore. Roma 1681).

Pascoli, Vite de' Pittori etc. II 153 ff. — Fil. Titi, Descr. delle pitture di Roma. — Heinecken, Dict. — Le Blanc, Manuel I 125. — Arch. della Soc. Rom. di Storia Patria VIII 549. — Orsini, Guida di Perugia. — Tolomei, Guida di Pistoia 1821. — Cancellieri, Il Mercato, il Lago dell' Acqua Vergine ed il Palazzo Panfiliano. . Roma, 1811. — Arch. stor. dell' arte I 460. *Posse.*

Baldi, Pier Maria, italien. Maler und Architekt, tätig in Florenz; um 1680 großherzoglicher Oberaufseher der Bauten in Livorno und Pisa. In Florenz wurde nach seiner Zeichnung 1673 die Fontäne auf der Piazza S. Croce ausgeführt (erneuert 1816). In S. Domenico al Maglio ebenda malte er den hl. Dominikus, der von der Madonna den Rosenkranz empfängt, in S. Spirito die Taufe des hl. Augustin.

Richa, Chiese Fiorentine I 39, VII 106, IX 56. — Zani, Encicl. III 33. — Meyer, Kstlerlex. *R.*

Baldi, Valentino di Raffaello, Blumen- und Dekorationsmaler, geb. zu Pistoia 1744. Lernte die Anfangsgründe der Malerei unter Francesco Beneforti, ging dann nach Bologna, wo er Gehilfe des Malers Mauro Tezi wurde und die Förderung des Grafen Massimiliano Gini erfuhr. Er starb in Bologna am 22. 10. 1810. Tat sich als Maler von Blumenstücken, Architekturen und Dekorationen hervor, nach Zani III p. 33 war er auch Stecher. Er war auch als Bilderrestaurator tätig.

Tolomei, Guida di Pistoia 1821 p. 41, 154, 155. *Walter Bombe.*

Baldi, s. auch *Baldo.*

Baldigara, Julius u. Octavius, italien. Architekten im Dienste Kaiser Maximilians II. Julius erhält 1571 Gehaltszahlung und wird als Baumeister zu Görz noch 1608 beim Aufbau des Schlosses Maranut erwähnt. Octavius wird 1571 nach Prag berufen; 1588 erhält seine Witwe eine Pension.

Jahrb. d. Kstsamml. d. Allerh. Kaiserh. IV, VII, XI, XV, XIX. **

Baldin, Hermann, Schweizer Bildhauer, geb. 1877 in Zürich, Schüler der dortigen Kunstgewerbeschule und der Berliner Akademie, weitergebildet in Florenz. 1897 und 1904 stellte er im Züricher Künstlerhause aus (Porträtbüsten). Von ihm die Rütligruppe für den Kuppelbau des Parlamentsgebäudes in Bern.

C. Brun, Schweizer. Kstlerlex. — Die Kunst XI (Kunst f. Alle XX) p. 439. *H. V.*

Baldinacci, Pietro Paolo, Maler in Gubbio. Schüler des Bernardino di Nanni, arbeitete in der ersten Hälfte des 16. Jahrh. Ging später zur Manier des Sinibaldo Ibi und des Orlando Merlini über. Von ihm viele Altarbilder in Gubbio, die Lucarelli angibt. — Wohlindentisch mit *Pierpaolo di Filippo Baldinacci,* der gemeinsam mit Mastro Silvio ein Pallium für S. Croce della Foce in Gubbio bemalte und für die Confraternita von S. Maria dei Laici ebenda einen Baldachin und ein Pallium. 1525 und 1527 erhielt er Zahlungen dafür (s. Giorn. di Erud. art. III 290—297).

Gualandi, Memorie IV 49. — Lucarelli, Guida di Gubbio p. 446. *Walter Bombe.*

Baldinelli, Baldino, Florentiner Maler, von Vasari unter den Schülern des Dom. Ghirlandaio erwähnt, war 1476 als der Sohn des Antonio d'Ubaldino del Rosso geboren und lebte noch 1515. Arbeiten von ihm sind nicht bekannt.

Vasari, Vite, ed. Milanesi III 277 u. Anm. **

Balding, H. C., engl. Kupferstecher, von dem man Blätter im Art Journal 1869—1876 findet. **

Baldinger, Arnold Karl, Maler und Radierer, Sohn des Architekten Franz Heinrich B., geb. am 10. 4. 1850 in Wien. Schüler der Stuttgarter Kunstschule und der Wiener Akademie. Er radierte für die Gesellschaft für vervielfältigende Kunst in Wien mehrere Bll., darunter Rahls Vorhang im Wiener Opernhaus. Späterhin hat er sich mit Vorliebe dem Illustrationsfache zugewendet und eigene Kompositionen für verschiedene illustrierte Zeitschriften ausgeführt.

Meyer, Kstlerlex. II. — Oud-Holland II (1884) 247, VI (1888) 140. *H. V.*

Baldinger, Franz Heinrich, Architekt in Stuttgart, geb. am 19. 9. 1827 in Zurzach, Kanton Aargau, † zu Stuttgart am 8. 8. 1887. Er kam 1838 nach Wien und machte seine Fachstudien im dortigen polytechnischen Institut. Später arbeitete er im Atelier des Dombaumeisters Ernst an der Restauration der Stefanskirche, von welcher er eine große Ansicht mit genauester Wiedergabe der Details aufnahm (abgeb. in d. Leipz. Ill. Zeitg. 1857 No. 721). 1859 nach der Schweiz zurückgekehrt, erhielt er bei der Konkurrenz für das St. Jakobs-Denkmal in Basel für seinen (nachher nicht ausgeführten) Entwurf den ersten Preis. In Stuttgart, wohin er 1866 übersiedelte, bekleidete er seit 1869 an der Baugewerkeschule eine Lehrstelle für Bauzeichnen. Seine Spezialität waren architektonische Illustrationen, wie er sie zu verschiedenen kunstgeschichtl. Werken, hauptsächlich zu denen Lübkes, ausgeführt hat.

Meyer, Kstlerlex.

Baldini, Antonio, italien. Bildhauer in Neapel, 1618 an der Abfassung der Statuten der dortigen Bildhauerkorporation beteiligt.

Ceci in Napoli Nobiliss. VI 125. *G. Ceci.*

Baldini, Baccio (Bartolomeo), italien. Goldschmied und Kupferstecher, tätig in Florenz in der zweiten Hälfte des 15. Jahrh. Unsere Kenntnis von diesem Künstler beschränkt sich auf das, was Vasari im Anschluß an seine anekdotenhafte Erzählung von der Erfindung der Kupferstechkunst durch Maso Finiguerra in Florenz über ihn mitteilt (Vasari, ed. Milanesi V 396): „Fu seguitato costui (Finiguerra) da Baccio Baldini orefice fiorentino, il quale, non avendo molto disegno, tutto quello che fece fu con invenzione e disegno di Sandro Botticelli." Sonst wird B. von zeitgenössischen Schriftstellern nicht erwähnt. Es läßt sich auch kein einziger Florentiner Kupferstich mit Sicherheit als sein Werk bezeichnen. Alle Zuschreibungen späterer Autoren beruhen auf Vermutungen. Vasaris Worte gestatten nur den einen Schluß, daß wir B.s Arbeiten unter denjenigen florentinischen Kupferstichen des 15. Jahrh. zu suchen haben, deren Zeichnung den Stil Botticellis erkennen läßt. Vasari erzählt im Leben Botticellis (III, 317), daß dieser mit der Illustration von Dantes Inferno und mit der Vervielfältigung anderer seiner Zeichnungen viel Zeit vertan habe: „.. per essere persona sofistica, comentò una parte di Dante, e figurò lo Inferno, e lo mise in stampa; . . . mise in stampa ancora molte cose sua di disegni ch'egli aveva fatti, ma in cattiva maniera, perchè l'intaglio era mal fatto: onde il meglio che si vegga di sua mano è il trionfo della Fede di Fra Girolamo Savonarola da Ferrara . . ." Der hier erwähnte Trionfo della Fede hat sich nicht mehr nachweisen lassen, die Illustrationen zum Inferno könnte man dagegen vielleicht in den 19 Kupferstichen wiedererkennen, die für die am 30. August 1481 in Florenz von Nicolò di Lorenzo Dellamagna vollendete Ausgabe der von Landini kommentierten Comedia divina angefertigt worden sind. (Bartsch, P.-Gr. XIII 175 No. 37—56, Kolloff, Baldini in Meyers Kstlerlex. No. 124—142.) In die meisten Exemplare dieses Druckes sind nur 2 oder 3 der Kupfer eingedruckt, manche haben überhaupt keine Illustrationen und nur in einige wenige sind, offenbar später, Abdrücke auch der übrigen Platten eingeklebt worden. Die stilistische Beziehung dieser Stiche zu Botticelli ist augenfällig. Sie scheinen einzelne Szenen und Gruppen der großartigen Zeichnungen Botticellis im Berliner Kupferstichkabinett in abgekürzter Form wiederzugeben. Die Technik dieser Blätter charakterisiert sich durch sehr kräftige, dicke Linien der Umriß- und Innenzeichnung und durch eigentümliche Modellierung der Formen mittels breiter Schattenflächen, die aus engen, unregelmäßigen, feinen Strichmassen zusammengesetzt sind. Die Absicht dieser Technik ist offenbar die, eine malerische Wirkung durch die zu Tönen sich zusammenschließenden Schraffierungsmassen hervorzubringen. Im Gegensatze zu einer anderen ebenso großen Gruppe Florentiner Kupferstiche, die nur durch gleichlaufende, weite Schraffierungen, wie Federzeichnungen modelliert sind, scheint hier die Nachahmung der getuschten (lavierten) Federzeichnung beabsichtigt zu sein. Kolloff hat (in Meyers Kstlerlex.: Baldini) den Stil dieser Gruppe von Stichen als die „feine Manier", den jener anderen, den Federzeichnungen ähnlichen als die „breite Manier" bezeichnet. Man könnte die Gruppe der „feinen Manier" auch die Botticelleske, die der „breiten Manier" die Pollaioleske nennen, weil jene fast ausschließlich Zeichnungen im Stile Botticellis wiedergeben, diese nicht nur von der Technik der eigenhändigen Stiche Antonio Pollaiolos ausgeht, sondern auch zum größten Teil den Kunstcharakter dieses Meisters erkennen läßt. Ob die ganze Masse der Stiche der feinen Manier, die, wie gesagt, wegen ihrer künstlerischen Beziehung zu Botticelli allein für B. in Betracht kommen können, von einem und demselben Stecher herrührt, ist zum mindesten sehr zweifelhaft. Kolloff rechnet in seinem Verzeichnis (a. a. O. p. 580 ff.) zu dieser Gruppe sogar noch zahlreiche nicht zugehörige Blätter, auch Werke, die überhaupt gar nicht florentinischen Ursprungs sind, wie die venezianische Folge der sogenannten „Tarocchi" (Lehrbilderbuch No. 64—113), den ebenfalls venezianischen Tod des Orpheus (No. 52) u. a. m. — Außer den 19 Kupferstichen für die Danteausgabe von 1481 sind nur noch die drei Illustrationen zu Antonio Bettinis Monte Santo di Dio, der 1472 in Florenz von dem Drucker des Dante herausgegeben wurde (Bartsch, P.-Gr. XIII 187 ff. No. 57—59, Kolloff 121—123), sicher zu datieren. Diese drei Stiche sind wesentlich besser gezeichnet und sauberer, sorgfältiger und zarter gestochen als die Bilder zum Dante. Von anderen Florentiner Stichen gleichen Stils und gleicher Technik, die möglicherweise zu B.s Werk gehören könnten, sind zu nennen: Die Folgen der 24 Propheten und der 12 Sibyllen (in der feinen Manier K. 1—36), der Erzengel Gabriel (K. 37), die Geburt Christi (K. 38 u. 39), Christus vor Pilatus (K. 41), die Bekehrung Pauli (K. 42), Madonna mit Sebastian und Katharina (K. 46), hl. Nikolaus (K. 174), Theseus und Ariadne (K. 53), der Bacchuszug (K. 54), einer der vorzüglichsten und Botticellis Art am nächsten stehenden Stiche dieser Gruppe, die Folge der 7 Planeten (K. 114—120), Dante nach dem Bilde im Florentiner Dom (K. 145), das „Jagdabenteuer" (K. 146), ferner eine Folge reizvoller, meist runder Blätter mit allegorischen und erotischen Darstellungen, die wohl zum Bekleben von Schachteln und dergl. bestimmt gewesen sind. 24 dieser Blätter (K. 150—173) waren ehemals in der Sammlung Otto vereinigt, einzelne andere gleichartige Stücke finden sich im British Museum (K. 61, 62, 148), in der Trivulziana zu Mailand, in der Samml. Rothschild zu Paris u. a. O., ein Rahmen (Albertina, K. 176). Außer den von Kolloff aufgeführten Stichen sind noch zu erwähnen ein hl. Antonius von Padua (Rom, Casanatense), eine Maria Magdalena (Trivulziana), Allegorie auf Leben und Tod (Passavant V 70 u. 71), der Kampf um die Hosen (München), der Kaufmann und die Affen (Pass. V 190 u. 105), die Bärenjagd (Pass. V 190 u. 104). ein Tierkampf (Rothschild), drei Schiffe (Pass. V 192 u. 111), Ornamentstreifen (Pass. V 24, 52—60, Trivulziana). *P. K.*

Baldini, Bernardo, italien. Goldschmied in Florenz, von wo aus er in einem Briefe vom 23. 5. 1548 dem Herzoge Cosimo I. de' Medici die Zusendung einer Anzahl wertvoller Kunstgegenstände ankündigte, darunter zweier „bellissimi bicchieri di cristallo".

Milanesi, Unpubl. Urkundenforschungen im Archivio Mediceo (R. Arch. di Stato) zu Florenz, filza 388, c. 102. *G. Degli Azzi.*

Baldini, Domenico, Zeichner u. Stecher in Vicenza um 1810. Nur von Zani, Enc. met. III 34 erwähnt. **

Baldini, Francesco Maria, Bildhauer, geb. ca. 1600 in Urbino, hat vermutlich in der Schule des Brandani oder des Barocci die erste Ausbildung erhalten, später ging er, wie es scheint, nach Florenz. 1654 von der Universitätsverwaltung seiner Vaterstadt zurückgerufen, führte er eine Statue von großen Dimensionen, die Empfängnis Mariä, der Beschützerin des Studiums, innerhalb dreier Jahre in Bronze aus.

Am 2. 12. 1657 erhielt er von der Compagnia della Grotta zu Urbino 25 scudi für ein Prozessions-Kruzifix. 1660 bestellte dieselbe Bruderschaft von ihm ein großes Hochrelief in Bronze, die Auferstehung Christi darstellend, für eine neue Kapelle ihres Bethauses (1798 von den Franzosen eingeschmolzen). Während der Arbeit erhielt er einen Ruf nach Bologna, aber die Proteste der Bruderschaft hielten ihn bis zur Fertigstellung der Arbeit zurück. Als Greis lebte er in Urbino und war 1685—86 Prior der Gemeinde.

Rass. bibl. d'Arte ital. V 138. — Le Marche IV 362. *E. Scatassa.*

Baldini, Giacomello, wenig bekannter Bildhauer des 16. Jahrh. in Ravenna. Von ihm in der dortigen Akademie die Marmorstatue eines toten Kriegers.

Cardoni, Vite brevi d. artefici defunti, che fecero per Ravenna (1873) 12mo p. 5. **

Baldini, Giovanni, Maler aus Florenz. Um 1500. Nach Vasari ein „ziemlich geübter Meister", mit dem Garofalo während seines ersten Aufenthalts in Rom eine Zeitlang zusammenlebte (1499). Zani gibt 1559 als sein Todesjahr an. Milanesi vermutet in diesem Namen einen Druckfehler statt Busini, da der Künstlername Giovanni Baldini sonst nirgends vorkommt.

Vasari, ed. Milanesi VI 460 u. Anm. **

Baldini, Giuseppe, italien. Maler, tätig um 1730 in Florenz; erwähnt als Schüler Ant. Dom. Gabbianis u. als jung verstorben.

Zani, Encicl. III 34. — Lanzi, Stor. pitt. d. Italia (1834) I 234. *R.*

Baldini, Pietro Paolo, italien. Maler, tätig um 1660 in Rom, Schüler des Pietro da Cortona, genoß seinerzeit bedeutenden Ruf. In verschiedenen Kirchen Roms, in S. Marcello al Corso, S. Nicolo da Tolentino, S. Eustachio u. a., malte er Decken-, Wand- u. Altarbilder, die bei Titi aufgeführt sind.

Titi, Descr. di Roma, passim. — Lanzi, Stor. pitt. d. Italia (1834) II 181. — Meyer, Kstlerlex. *R.*

Baldini, Taddeo, italien. Maler, tätig um 1680 in Florenz; erwähnt als Schulnachfolger des Salvatore Rosa.

Zani, Encicl. III 34. — Lanzi, Stor. pitt. d. Italia (1834) I 220.

Baldini, Fra Tiburzio, italien. Maler des 17. Jahrh. aus Bologna. Im Chor von S. Maria delle Grazie zu Brescia sind von ihm zwei Bilder: ein Sposalizio und ein bethlehemitischer Kindermord. Daß er in Brescia tätig war, besagt die von Lanzi und Zani mitgeteilte Inschrift der „Darstellung im Tempel" in S. Jacopo zu Ancona: F. Tiburtius Baldinus Bononiensis F. Brixiae 1611 (bei Zani 1671). Ein anderes Bild, mit der Bezeichnung: FRATE TIBVRTINVS BALDINVS BONONIENSIS PINGEBAT, sah Otto Mündler in Privatbesitz zu Mailand: ein Presepe, links oben die Verkündigung an die Hirten, die, wie er bemerkt, an Bassano erinnert. „Das Ganze, fügt er hinzu, sieht eher ferraresisch oder veronesisch aus, als bolognesisch und nähert sich der Art des Scarsellino. Von Carracis Einfluß keine Spur; die lebensgroßen Figuren sind auffallend breit, kurz und klotzig."

Zani, Encicl. III 34. — Lanzi, Stor. pitt. d. Italia (1834) V 51. — Meyer, Kstlerlex. *R.*

Baldini, Vincenzo, Maler zu Perugia, geb. 1809. Schüler des Monotti und später des Sanquirico, eines hervorragenden Theaterdekorationsmalers. Zusammen mit seinem Mitschüler Annibale Angelini führte er in zahlreichen Städten Italiens Theaterdekorationen aus, in Rom und Neapel gemeinsam mit Vernier. Auch das Ausland überhäufte ihn mit Aufträgen: für Valencia, Athen, Corfu, Berlin, Oxford, Rio de Janeiro und andere Städte schuf er Bühnenbilder. Er starb am 26. 11. 1881 zu Perugia, als Lehrer an der dortigen Akademie.

Lupattelli, Storia della pittura in Perugia, Foligno 1895 p. 88—89. — Ces. Fani, Elogio funebre di Annibale Angelini, Perugia 1881 *Walter Bombe.*

Baldini, Vittorio, italien. Buchdrucker und Holzschneider, tätig in Ferrara erst als herzoglicher, dann, seit 1598 als päpstlicher Drucker, † in Ferrara 1618. Er hat mehrere Sonette gedichtet und eine „Cronologia ecclesiastica" (1591) verfaßt. Das Titelblatt mit dem Bildnis des Heiligen in der „Orazione in lode di S. Carlo Borromeo" von Gasparo Levalori (1611) ist bezeichnet V. B. F. Als seine Arbeiten werden auch die 35 Holzschnitte in den „Profetie dell' Abbate Gioachino et di Anselmo Vescovo di Marsico", deren einer ein liegendes B als Künstlersignatur aufweist, angesehen, ebenso die topographischen Tafeln in der 1601 von ihm gedruckten „Difesa per riparare alla sommersione del Polesine di S. Giorgio" von Aleotti. Papillon (Traité hist. et prat. d. l. grav. s. bois) schreibt ihm auch die Illustrationen zur Ausgabe von Tassos Amyntas von 1599, Nagler (Monogr. I 1557) die in der 1606 in Venedig erschienenen Ausgabe von Guarinos „Pastor fido" zu.

Cittadella, Not. rel. a Ferrara p. 482 f. u. 702 u. desselben Memorie int. a. vita dell' Aleotti in seiner 1847 in Ferrara erschienenen Ausgabe von Aleottis „Interrimenti del Po di Ferrara". — Gaz. d. Beaux-Arts 1889 I 345. — Meyer, Kstlerlex. *P. K.*

Baldino, Maler in Rom, wo er 1513 eine Zahlung von 655 Golddukaten erhielt für Fahnenmalereien zur Krönungsfeier Papst Leos X.

Rossi im Giorn. di Erudiz. Artist. VI 279. *G. Degli Azzi.*

Baldino di Cino da Firenze, italien. Architekt, ist gemeinsam mit einem Meister Nicolo di Francesco 1363 als Architekt des Palazzo della Fraternità in Arezzo in einer im dortigen Archiv bewahrten Urkunde genannt.

L. Cittadini, Storia di Arezzo. Firenze 1893 (mit Abdruck d. Urkunde). *Swarzenski.*

Baldino di Surso, italien. Holzbildhauer aus Pavia, dessen Signatur nebst dem Datum des 20. 10. 1477 in das wundervoll geschnitzte und mit Intarsien geschmückte Chorgestühl von S. Giovanni de Dommate zu Asti eingemeißelt ist. Dieses Gestühl, demjenigen von S. Ambrogio zu Mailand stilistisch nahe verwandt, blieb bis 1764 an Ort und Stelle unversehrt erhalten; 1866 wurde es von barbarischen Restauratoren leider wesentlich umgestaltet. — Demselben Künstler werden außerdem vier meisterhaft geschnitzte Türfüllungen mit Darstellungen aus dem Leben des S. Secondo — des Stadtheiligen von Asti — zugeschrieben, die sich zurzeit im Besitze von Maggiora-Vergano befinden.

A. Melani in Arte e Storia XXIV 65 f. — A. Taramelli in Arte ital. decor. e industr. VIII 83. — Dell'Acqua, Ricordi biografici. *G. Degli Azzi.*

Baldino, s. auch *Baldinus.*

Baldinotti, Domenico, Architekturmaler von Pisa, 18. Jahrh., ohne nähere Angaben nur bei Zani (Enc. met. III 34) erwähnt. *H. V.*

Baldinucci, Filippo, bekannter Florentiner Kunstschriftsteller sowie Dilettant im Malen und Zeichnen, geb. in Florenz 1624, † dort 1. 1. 1696. Mehrere von ihm gezeichnete Bildnisse bewahrt das Handzeichnungen-Kabinett des Louvre. Sein literarisches Hauptwerk sind die in mehreren Auflagen erschienenen Notizie de' professori del disegno da Cimabue etc. — Firenze, 1681—1728. 6 Bde. 4.

Meyer, Kstlerlex. II (mit ält. Lit.). *H. V.*

Baldinus de Varisio, lombard. Freskomaler des 15. Jahrh., von dem Caffi ein signiertes und 1428 oder 1478 datiertes Fresko in Bizzozero gesehen haben will.

Fr. Malaguzzi-Valeri, Pittori lombardi, Milano 1902 p. 208. **

Baldissari, s. *Baldassari.*

Baldissera, s. *Baldassare.*

Baldissera da Ferrara, s. *Mascare,* B. da.

Baldissini (auch Baldassini), Nicolò, Maler in Venedig, lebte von 1709 bis 1783. Sein Lehrer war Pasquali. In Venedig malte er die Allegorien der Fortezza und Temperanza in S. Pantaleone und die Engelsglorie an der Decke der Kirche Raffaello Arcangelo. Außerdem war er auch in Padua tätig.

Moschini, Venezia, p. 243, 247, 278. — Brandolese, Pitture etc. di Padova, p. 114, 115. *H. V.*

Baldissini, s. auch *Baldassini.*

Baldner, Baumeister von Straßburg, baute im 14. Jahrh. zu Hagenau den im Anfang des 19. Jahrh. zerstörten Chor der Augustiner-Kirche, wo sich in einem Fenster hinter dem Altar sein Bildnis befand.

Bernhard-Hertzog, Elsässische Chronik, Straßburg, 1592. Buch IX. p. 158. — Gérard, Les art. de l'Alsace I 328.

Baldner, Leonhard, Maler in Straßburg, geb. daselbst 1612, † 1694. Von Beruf Fischer und Hagemeister, hatte er sich nebenbei zu einem geschickten Maler von allerhand Getier, Wasservögeln und Insekten in Aquarellfarben herangebildet. Auf der Ausstellung von Kunst und Altertum in Straßburg 1895 sah man von ihm auch ein: Schifferstechen auf der Ill von 1666.

Nagler, Kstlerlex. — Reiber, L'Histoire naturelle des eaux strasbourgeoises, 1887. — Repertorium für Kstwissensch. XVIII 476. — Mit Notizen von A. Seyboth.

Baldner, Oswald, Büchsengießer, wird am 16. 6. 1540 in Nürnberg Bürger, wobei ihm das Bürgergeld nachgelassen wird. 1545 und 1546 ist verschiedentlich von dem Pulverhandel die Rede, den er nach Solothurn, Mühlhausen i. E., Straßburg betreibt; 1546 fertigte er für das Zeughaus des Nürnberger Rats Haubitzen. Im September 1547 hatte er, wie es scheint, einige Rotschmiede (vielleicht als Büchsenmeister) für fremde Kriegsdienste anwerben wollen, wofür er mit Turmhaft bestraft wird. Am 28. 11. 1547 sagt er sein Bürgerrecht auf, soll aber zuvor noch die ihm vom Rate angedingte Kartaune fertig machen. Zwei Jahre darauf kommt er aufs neue um das Nürnberger Bürgerrecht ein, das ihm auch am 3. 3. 1550 wiederum unentgeltlich zuteil wird. Im August desselben Jahres kauft er dem Kunsttöpfer Paulus Preuning (s. d.) einen Stadel in der Nähe des Karthäuserklosters ab, pfuscht im September den Beutlern, Nestlern und Handschuhmachern ein bißchen ins Handwerk, worüber dieselben sich beim Rate beschweren, und verbüßt im November (1551) abermals eine Turmhaft, weil er einen Rotschmied geschmäht und beschimpft hat. Im April 1555 liefert er der Königin Maria von Böhmen, der Tochter Kaiser Karls V. und Gemahlin Maximilians II., 3 Falkonette und „etliche müsterlein", im Oktober 1555 dem Kurfürsten von Sachsen 18 kleine Büchsen, August 1556 nach Frankfurt etliche kleine Geschütze, Dezember 1557 Sigismund II. August König in Polen 2 Büchsen. Bald darauf scheint er ganz in die Dienste des Polenkönigs getreten zu sein. Er ließ sich in Krakau nieder,*) wenn auch die Beziehungen zu Nürnberg nicht völlig aufhörten und er sein Bürgerrecht daselbst vielleicht überhaupt nicht aufgegeben hat. Ein prächtiger Bronze-Vorderlader im Zeughause zu Berlin trägt die Inschrift: „Oswaldus Baldnerus Cracovie me fecit anno 1561", und in den Jahren 1564, 1567 und 1568 erfolgten aus der Kasse des Herzogs von Preußen kleinere und größere Zahlungen an B. „kgl. Majest. Bücksengießer zu Krakau", für allerlei von ihm geliefertes Geschütz.

Man ist den Spuren des Meisters bisher nicht nachgegangen. Daß er ein vielbeschäftigter Geschützgießer war, zeigt die obige Zusammenstellung seiner Lebensdaten; und nach dem erwähnten Geschütz im Berliner Zeughaus verdient er ohne Zweifel auch den Namen eines Künstlers. Es weist außer reichem, vortrefflich ausgeführtem Zierat und den üblichen zwei Delphinshenkeln auch eine figürliche Darstellung: Herkules den Antäus bekämpfend in teilweise beinahe vollrundem Hochrelief auf.

Nürnberger Staats-Calender auf das Jahr 1786 Bl. G 1 (Beschreibung des Zeughauses). — Hampe, Nürnberger Ratsverlässe, an vielen Orten (vgl. das Register). — Hermann Ehrenberg, Die Kunst am Hofe der Herzöge von Preußen 246, 250. — (Ubisch), Das Kgl. Zeughaus (1900) 185 f. *Th. Hampe.*

*) Über Baldners Aufenthalt in Polen fügen wir folgende Nachricht hinzu: Er kam 1559 nach Krakau und trat als „regius tormentorum fusor" in die kgl. Dienste ein. Nach wenigen Jahren (1567) kaufte er sich in Krakau ein Haus um 1000 poln. Gulden und betrieb hier seine Kunst bis ca. 1575, um welche Zeit er starb. Zu den von ihm zu Krakau ausgeführten Werken gehört das obengenannte prächtige, sich im Berliner Zeughause befindliche Geschütz, dann eine schöne Glocke in der galizischen Dorfkirche zu Olpiny von 1569. Unter den in Flachrelief ausgeführten Verzierungen ihrer Oberfläche ist ein Medaillon mit der Darstellung des Urteils des Paris zu sehen, das mit der Flötnerschen Plakette im Rijksmuseum zu Amsterdam identisch ist. Seiner Werkstatt dürften auch zwei mit Flachreliefs verzierte Handglocken im Diözesanmuseum zu Tarnów zuzuschreiben sein.

Przezdziecki und Rastawiecki, Wzory sztuki średniowiecznej, III. Teil, O. o. — Sprawozdania kom. hist. sztuki IV p. LXXI; V p. XLI; VI p. XXVI, XLII; VII p. XIV bis XXI, CCCLXXI. — M. Sokołowski, O wpływach włoskich p. 23. — Teka konserwatorów Galicyi zach. II p. 320. — Zegota Pauli, Ms. in d. Jagell. Bibliothek zu Krakau No. 5348 T. II 399, 410. *Leonard Lepszy.*

Baldo (maestro), Intarsiator, 1450 zusammen mit Giac. Pellegrini an den Deckenintarsien des Palazzo dei Notai beschäftigt.

Repertor. f. Kstwissensch. XXI 172. **

Baldo d'Alberto di Cambio, Architekt in Bologna, 1396 urkundlich erwähnt als Gehilfe des Giovanni da Siena bei dessen Bologneser Kastellbauten und gleich diesem sowie gleich seinem Vater Alberto di Cambio (de' Canetoli) vermutlich hauptsächlich als Festungsbaumeister tätig. — Vielleicht ist er zu identifizieren mit jenem *maestro Baldo,* der 1447 den Kreuzgang von S. Michele in Bosco bei Bologna erbaute, an dessen Stelle im 17. Jahrh. der 8eckige Loggienhof der Carracci errichtet wurde.

C. Ricci in Arte Antica Senese (1904) p. 262. — Arch. stor. d. Arte ital., ser. II, vol. I, p. 195. *

Baldo di Giovanni, Maler, 1415 in der Florentiner Malergilde genannt.

Gualandi, Memorie VI 178. **

Baldo di Giovanni di Paolo, Holzschnitzer in Perugia. Arbeitet 1440 an einem Scrittoio für die Dieci dell' Arbitrio, verpflichtet sich am 19. 9. 1420 ein hölzernes Ciborium für den Altar des hl. Bartholomeus in der Kirche S. Domenico zu fertigen und wählt 1442 in einer Streitsache mit seinem Genossen Senso di Francesco di Renzo einen Schiedsrichter. Sein Name findet sich in der Matrikel der Maestri di Pietra e Legname zu Perugia.

Giornale di Erudizione Artistica Vol. I p. 34, 353. *Walter Bombe.*

Baldo di Piero u. **Baldo** di Rusticho, 2 Malernamen, von denen sich der erstere 1350(?) der andere 1337 im Gildenbuche der Florentiner Maler verzeichnet findet.

Gualandi, Memorie VI 178/9. **

Baldo di Simone di Bernardino, Maler in Perugia, im Quartier Porta S. Angelo ansässig.. Erhält 1528—1553 verschiedene Zahlungen für Malereien, die er im Ospedale della Misericordia daselbst ausgeführt hatte. *Walter Bombe.*

Baldo, s. auch *Baldi.*

Baldolf, Maler in Straßburg, um 1470 erwähnt. Vielleicht verwandt mit dem Baseler Hans Balduff; sonst unbekannt.

Nagler, Monogrammisten I No. 1608.

Baldolf, s. auch *Balduff.*

Baldouin, Claude, s. *Badouin.*

Baldovinetti, Alesso, Maler u. Mosaizist, wurde in Florenz vermutlich am 14. 10. 1425 geboren. Dieses Jahr ergibt sich aus einer Steuererklärung seines Vaters und aus der Angabe eines Nachkommen, des Francesco Baldovinetti in seinem „Memoriale" (Milanesi scheint das Datum in den Libri dell' Età verlesen zu haben). Als Todesdatum ist durch die Eintragung im Libro de' Morti der 29. 8. 1499 gesichert. Welche künstlerische Erziehung B. durchgemacht hat, läßt sich mit Hilfe literarischer Zeugnisse nicht nachweisen. 1448 ließ er sich in die Florentiner Malergilde aufnehmen. Gleich im nächsten Jahr setzt sein uns abschriftlich erhaltenes Geschäftsbuch, die Ricordi, ein, in das er seine Aufträge, Arbeiten, Schulden, Ansprüche etc. aufgezeichnet hat. Die früheste Tätigkeit B.s ist in Dunkel gehüllt, da uns für diese Zeit kein Werk überliefert ist. Möglicherweise war er in seiner Jugend als Geselle bei der Ausmalung der Kirche S. Egidio im Hospital von S. Maria Nuova beschäftigt, wo Domenico Veneziano von 1439 bis 1445 tätig war und Castagno 1451 die Arbeit fortsetzte. Seine Beteiligung an diesen Fresken wird bei Vasari und Albertini erwähnt, während seine Ricordi darüber schweigen. Urkundlich wissen wir über Arbeiten von ihm in S. Egidio nur, daß er 1460 eine kleine Zahlung für einige Figuren am Hochaltar erhielt und 1461 eine Geschichte der Maria, die Domenico Veneziano unfertig gelassen, zu vollenden hatte. Auf Beziehungen zu Castagno weist ein Auftrag, den er von diesem 1454 übernahm: eine Hölle für das Hospital der Servi zu malen. Das früheste erhaltene und beglaubigte Werk ist das Fresko der Geburt Christi im Vorhofe der S.S. Annunziata, an dem er von 1460 bis 1462 malte. Gewisse Eigenschaften seiner Kunst werden trotz starker Zerstörung daran noch deutlich. Er zeigt sich als Anhänger jener realistischen Richtung, die auf exakte zeichnerische Durchbildung besonderen Wert legt. Kein hoher Schönheitssinn ist ihm eigen; er strebt mehr dem Wahren als dem Gefälligen zu. Um eine möglichst natürliche Wiedergabe der Figuren und des Beiwerkes ist es ihm zu tun. Die Gestalten sind meist schmächtig und feingliedrig und treten mit einer gewissen Steifheit auf. Um sie legen sich schwunglos, hart und brüchig die Gewandungen. Alles Beiwerk wird mit liebevollem Eingehen der Wirklichkeit nachgebildet. Die Landschaft ist ein besonderes Forschungsgebiet des Künstlers. Vasari sucht dessen Fähigkeit nach der Richtung in ein helles Licht zu rücken. Und in der Tat ist B. in dem einheitlichen Zusammenfassen eines größeren landschaftlichen Ausschnittes einer von den Bahnbrechern gewesen. Für das Arnotal hat er die künstlerischen Darstellungsmöglichkeiten entdeckt. Der Reiz seiner Kunst liegt in der ihm eigenen etwas herben Art seines zeichnerischen Stils, der wie das Quattrocento überhaupt zum streng Dekorativen neigt. Für dekorative Arbeiten der verschiedensten Richtungen wurde er auch vielfach in Anspruch genommen. Dem Giuliano da Majano zeichnete er 1463 für seine Intarsien der Florentiner Domsakristei fünf Köpfe und die Geburt Christi, die, wie man noch heute an dem Holzmosaik erkennen kann, dem Fresko der Annunziata sehr nahe steht. Eine malerisch dekorative Aufgabe, die viel Takt erforderte, war die Ausschmückung der an Kunstwerken so reichen Kapelle des Kardinals von Portugal in S. Miniato, wo B. an der Wand eine Verkündigung, an der Decke Evangelisten und Kirchenväter malte. Der Zeitraum der Ausführung wird durch die Jahre 1466 und 1473 begrenzt. Ein dem Künstler am 14. 2. 1469/70 in Auftrag gegebenes Altarbild mit einem Tabernakel in der Mitte für die Sakramentsreliquie in der Kirche S. Ambrogio ist kürzlich von Herbert Horne, allerdings in sehr schlechtem Zustand, in einem Nebenraum der Kirche wiedergefunden worden. Da die Reliquie später in einem andern Tabernakel untergebracht wurde, so wurde in dem Bilde die Mitte durch eine bei B. bestellte Anbetung des Christkindes ausgefüllt, die Horne nicht unwahrscheinlich einem Schüler Graffione zuschreibt, so daß sich jetzt dieses Mittelstück von den anbetenden Heiligen und Engeln der ursprünglichen Tafel umgeben darstellt. Den Höhepunkt seines Lebenswerkes bildeten wohl die Fresken in der Chorkapelle von S. Trinità, die er Anfang der 70er Jahre in Angriff nahm. Leider sind mit Ausnahme von vier Propheten an dem Kreuzgewölbe nur traurige Reste erhalten. Ein sehr lebendiger männlicher Kopf der Gall. Morelli in Bergamo, der aus S. Trinità stammt, soll von diesen Fresken herrühren und wird als das Selbstbildnis des B., das sich auf einer der Darstellungen unter den Porträts befunden haben soll, ausgegeben. Auf uns gekommen ist aber sein Altarwerk für S. Trinità, die Trinität mit Heiligen und Engeln (1470—71, Akademie, Florenz), das die etwas vulgären Typen seiner späteren Periode und eine ziemlich plumpe Formgebung zeigt. Als Vision gedacht ist das Bild doch mit seiner brutalen Deutlichkeit in dieser Absicht verfehlt. Aus der letzten Zeit seines Lebens hören wir noch, daß er 1491 als Preisrichter für die Florentiner Domfassade fungierte. — Die Tätigkeit seiner späteren Jahre war besonders der Mosaikarbeit gewidmet. In seinem langen Leben hat er sich, wie wir aus seinen Ricordi ersehen, ebenso wie seine meisten Zeitgenossen auch mit den kleinen handwerklichen Arbeiten seines Berufes abgeben müssen und Truhen, Kästchen, Schilde, Wappen bemalt. Auch als Glasmaler muß er sich eines gewissen Rufes, auch außerhalb, erfreut haben. Man ließ ihn in den 70er Jahren Entwürfe für Glasfenster in S. Martino in Lucca anfertigen; 1481 lieferte er Kompositionen für Fenster in S. Agostino in Arezzo. Erhalten hat sich von diesen Glasgemälden nichts. Horne möchte aber ein Fenster mit dem hl. Andreas in der Pazzi-Kapelle von S. Croce auf ihn zurückführen, dessen Zeichnung in der Tat seinem Stil nahesteht.

Spärlich ist die Zahl der Arbeiten, die sich auf Grund stilistischer Übereinstimmung mit den beglaubigten Werken B. zuweisen lassen. Drei Madonnenbilder dürfen, wie ich glaube, auf eigenhändige Ausführung ohne weiteres Anspruch machen: Maria, das Kind anbetend, mit 8 Heiligen aus der ehemaligen Mediceervilla in Caffaggiolo (Uffizien), eine kleine Madonna, die das auf ihrem Schoße liegende Kind in ähnlicher Weise wie dort anbetet (Paris, Mad. André) und eine Madonna in einer Landschaft, die einen weiten Blick über das Arnotal gewährt (Louvre, ehemal. Slg. Duchatel); die letztere besonders reizvoll durch den innigen Blick der Mutter und die muntere Anmut des lockigen Kindes. In S. Marco hat man jüngst einen starkbeschädigten Crucifixus mit dem hl. Antoninus entdeckt, der B.s Richtung nahekommt. In S. Pancrazio, der Palastkapelle der Rucellai, wird ihm ein auferstandener Christus von einigen Forschern zugeschrieben. Die Gürtelspende der Maria an den Apostel Thomas in S. Niccolò oltr' Arno, die zuweilen unter seinem Namen geht, ist sicher kein eigenhändiges Werk. Von Handzeichnungen, die man versucht hat auf B. zu taufen, ist keine auch nur einigermaßen glaubwürdig. Allgemein anerkannt ist jetzt aber das Gemälde einer Verkündigung Mariae, die in einer Säulenhalle vor sich geht (Uffizien), eines seiner anmutigsten Bilder. Um der Zartheit des Ausdruckes willen ist man geneigt, es in seine Jugendperiode zu setzen. Als früheste Arbeiten B.s hat man sich entschlossen, drei kleine Bildchen in der Florentiner Akademie anzusehen, die zu dem Zyklus gehören, den Fra Angelico, wahrscheinlich am Ende der 40er Jahre, für die Sakristeitüren der S.S. Annunziata herstellte: Taufe Christi, Hochzeit zu Kana, Verklärung. Stilistische Zusammenhänge verknüpfen sie mit den beglaubigten Werken, und die naive Unbeholfenheit läßt sie wohl als frühe Versuche eines begabten Künstlers erscheinen. Diese Bildchen bringen zum Teil einen fremden Geist in die Folge Angelicos. Sie zeigen, daß der junge Künstler mehr einer Richtung zuneigte, die man als die realistische zu bezeichnen pflegt, als deren Vertreter ihn auch alle seine späteren Werke erweisen. Mit Angelico steht er in keinem unmittelbaren Schulzusammenhange. Er hat jedenfalls von Anfang an mehr zu der Kunst eines Domenico Veneziano und Castagno geneigt. Sein Madonnentypus steht besonders dem Domenicos nahe. Vielleicht hat er auch zu Giuliano Pesello in Beziehungen gestanden, wenn dieser, wie ich nachzuweisen versuchte, mit dem Meister des Carrandschen Triptychons zu identifizieren ist. Dafür spräche auch der Umstand, daß uns der alte Pesello als Mosaizist bekannt ist, daß B. also von ihm die Kunst des Mosaizierens gelernt haben könnte, in der er zu seiner Zeit unübertroffen war, und die er dann auf seinen Schüler Ghirlandajo vererbte. Da die Mosaikkunst damals in Florenz wenig verbreitet war, so dürfte die Annahme eines solchen Zusammenhangs nicht der Berechtigung entbehren. Die Anekdote, die Vasari erzählt, wie B. zur Kenntnis dieser Kunst gelangte, ist jedenfalls höchst unwahrscheinlich. – Urkundlich wissen wir von einer ganzen Anzahl seiner Mosaikarbeiten. 1461 wurde er nach Pisa berufen, um an der Außenseite des Domes über einer Tür einen Johannes Baptista zu mosaizieren, der jedoch durch die späteren Restaurationsarbeiten gänzlich entstellt worden ist. 1481 besserte er das Fassadenmosaik von S. Miniato aus. In derselben Kirche führte er Restaurationsarbeiten in der Chorkapelle aus, für die er 1491 bezahlt wurde. Die umfangreichste Arbeit auf dem Gebiete war die Ausbesserung der Mosaiken des Baptisteriums, die 1482 begonnen wurde und ihn Jahre hindurch in Anspruch nahm. Er galt als erste Autorität in der Mosaikkunst und soll auch ein Lehrbuch über diese Technik verfaßt haben.

Das Technische spielt überhaupt in seiner Kunst eine große Rolle. Auf dem Gebiete der Malerei scheint er ein Experimentator gewesen zu sein. Vasari nennt ihn mit Giuliano Pesello und Domenico Veneziano zusammen als die, welche zuerst (vor Antonello da Messina) Versuche mit Ölmalerei machten. In welcher Weise das Öl dabei verwendet wurde, hat bisher nicht aufgeklärt werden können. Nach dem heutigen Aussehen Baldovinettischer Bilder läßt sich sagen, daß sie tiefer und kräftiger in der Farbenwirkung besonders an einzelnen Gewandpartien sind, als etwa Werke anderer gleichzeitiger Maler, wie Angelicos oder Filippo Lippis. Die Zusammenstellung der Farben ist bunt, ohne Rücksicht auf eine Gesamtharmonie. Bezeichnend für ihn ist, daß er es liebt, einzelne kleine Stücke mit intensiver Lokalfarbe grell heraustreten zu lassen. Wenn Werke von ihm auch wohl intimere künstlerische Reize besitzen, so ist er seiner Richtung nach zu sehr Techniker, als daß das Technische ganz hinter der Verwirklichung großer künstlerischer Ideen zurückträte. Durchaus originell und stellenweise anziehend, ist er für uns nicht so sehr bedeutsam durch Genialität der künstlerischen Gestaltungskraft wie historisch interessant als Mittelglied zwischen den Generationen am Anfang und in der zweiten Hälfte des Quattrocento.

G. Pierotti, Ricordi di A. B., Lucca, 1868. — Crowe u. Cavalcaselle, Storia della pittura in Italia, VI. — Emilio Londi, Alesso Baldovinetti, Florenz, 1907. — B. Berenson, The study and criticismé of Italian art, II series. — Derselbe, Drawings' of the Florentine Painters I. — Repertorium f. Kstwiss. XXV 1902, S. 393 (Fabriczy, Dokumente f. Annunziata-Fresko), XXVIII 1905, S. 540 (Fabriczy, Memoriale des Francesco Baldovinetti). — Jahrbuch der k. preuß. Kunstsamml. XXII 1901, S. 51 (Weisbach, Der Meister des Carrandschen Triptychons). — Kunstchronik, N. F. IX 325 (Weisbach, Duchatel-Madonna im Louvre). — Archivio storico dell' arte V, 1892, S. 221 (Frizzoni, Selbstbildnis, Gall. Morelli), VI, 1893, S. 419 (Supino, Mosaik, Pisa). — Misc. d'arte I, 1903 S. 50 ff. — Rivista d'arte III, 1905, S. 206 (Giglioli, S. Egidio), IV, 1906, S. 89 (Giglioli, S. Miniato), ebenda S. 191 (Londi, Geburtsdatum). — Rassegna d'arte VII, 1907, S. 26 (Giglioli, S. Marco). — Arte e Storia VII, 1889, S. 42 (Cavallucci, Mosaiken in S. Giovanni). — The Burlington Magazine II, 1903, S. 22, 167 (H. Horne, A newly discovered „Libro di Ricordi" of A. B.); VIII. 1905, S. 51 (Horne, Altar in S. Ambrogio).
Werner Weisbach.

Baldovini, Bernardo, Maler und Porträtist in Mailand um 1681; nur von Zani, Enc. met. III 35 ohne nähere Angaben erwähnt.

Baldrey, John K., engl. Radierer u. Zeichner, geb. um 1750, tätig in London und Cambridge um 1780—1810, zog sich später nach Hatfield zurück, wo er noch 1821 lebte. Er hat in Punktiermanier, z. T. in Farben, eine Reihe von Darstellungen nach Salv. Rosa, Maratti, Reynolds u. a. radiert. Sein Hauptwerk ist nach Redgrave: Ansicht des Ostfensters der King's College Chapel in Cambridge, gezeichnet, radiert und fein in Farben ausgeführt.

Meyer, Kstlerlex. II 615. — Le Blanc, Manuel. — Redgrave, Dict. of artists. **

Baldrighi, Costanza, italien. Malerin u. Kupferstecherin, Tochter des Giuseppe B. und seit 1808 Gattin des Malers Biagio Martini, nach Zani, Enc. XIII 83, geb. in Parma. Nagler, Monogr. I 2339, schreibt ihr vermutungsweise eine C. B. f. signierte Radierung, Narcissos darstellend, zu.

Meyer, Kstlerlex. — Campori, Lettere art. p. 386. *P. K.*

Baldrighi, Gaetano, italien. Maler um 1760 (vielleicht ein Verwandter von Giuseppe), nur von Zani, Enc. met. III 36 erwähnt. **

Baldrighi, Giuseppe, Maler in Parma, geb. 1723 in Stradella bei Pavia, † 1802. Zunächst Schüler des Vincenzo Meucci in Florenz, ging B. 1756 auf Kosten des Herzogs von Parma nach Paris, wo er unter François Boucher an der Académie des Beaux-Arts studierte. Seine akademische Preisarbeit, ein lebensgroßes Gemälde der „Caritas Romana" (1757 im Pariser Salon ausgestellt) ist 1872 aus dem Depot des Louvremuseums in die Galerie zu Angers übergeführt worden. Nach Parma zurückgekehrt, wurde B. zum Hofmaler des Infanten Philipp von Bourbon, Herzogs von Parma, ernannt, den er dann im Kreise seiner Familie auf einem lebensgroßen Gruppenbilde porträtierte. Letzteres Kolossalgemälde befindet sich jetzt in der Pinakothek zu Parma, ebenso ein gleichzeitig entstandenes Gemälde mit der Befreiung des Prometheus durch Herakles. Späterhin war B. hauptsächlich als Porträtist in Öl-, Pastell- und Miniaturmalerei tätig. Besonders zu erwähnen ist sein von P. A. Pazzi in Kupfer gestochenes Bildnis des Herzogs Antonio de' Medici, sowie außerdem das Selbstbildnis des Künstlers in der Florentiner Uffiziengalerie (ebenfalls gestochen von Pazzi). Interessant sind auch drei Gruppenbildnisse in der Pinakothek und in der Biblioteca Palatina zu Parma, auf denen man Giuseppe Baldrighi mit seinen Parmenser Freunden und Kunstgenossen Gaetano Callani und Pietro Ferrari dargestellt sieht; und zwar ist jedes dieser drei Bilder von einem der drei Künstler selbst gemalt.

Lanzi, Stor. Pitt. (ediz. IV) IV 112. — Boni, Biogr. d. Art. (1840). — Martini, La Scuola Parmense di B. Arti (1862). — Campori, Lettere artistiche. — Meyer, Kstlerlex. — Archives de l'Art Français, Documents I 389, II 358. — Richesses d'Art en Province, Monum. civils, III 53. *St. Lottici.*

Baldry, Alfred Lys, engl. Maler, geb. 1858 in Torquay, Schüler der South Kensington School of Art, dann von Alb. Moore, stellte seit den 80er Jahren in vielen Londoner und Provinzialausstellungen aus. Im Febr. 1906 bot er in der Ryder Gallery eine kleine Separatausst. von Porträts, Figurenstudien und Landschaften in Öl und Aquarell meist aus der Gegend von Christchurch. — Bekannter noch sind seine kunstgeschichtlichen Publikationen: Alb. Moore, his Life and Works, 1904; The Life and Works of Marcus Stone, 1896; Sir J. E. Millais, 1899; H. von Herkomer, 1901; Modern Mural Decoration 1902; The Wallace Collection 1904, G. H. Boughton 1904 und viele Artikel in Zeitschriften.

The Studio XXXVII 154. — Who's Who 1908.

N. Peacock.

Baldtauf, Thaddäus, Salzburger Hoftischlermeister, fertigte den am 28. 1. 1718 aufgestellten Hochaltar der Kapelle Maria-Ponlach bei Tittmoning in Oberbayern. Guter Säulenaufbau mit älterem, dem Anfang des 17. Jahrh. angehörendem Gnadenbild (bemalte Holzstatue). Das Altarblatt im Aufsatze mit einer Darstellung Gott-Vaters malte der Salzburger Hofmaler Jacopo Zanusi.

Kunstdenkmale des Kgr. Bayern I. 2814.

H. V.

Balduc, französ. Goldschmied unter Louis XV., führte 1771 für die Kapelle des Hôtel des Menus-Plaisirs in Versailles Altargerät aus.

A. Maze-Sencier, Le Livre d. collectionneurs p. 70—74, Paris 1885. **

Balduc, Roque, Bildschnitzer in Sevilla, † 1561. Er erhielt 1550 mit Pedro Becerril, Juan de Villaloa, Diego Vazquez und Pedro Bernal den Auftrag, das große von Vancart 1482 begonnene und von Jorge Fernandez Aleman 1526 vollendete Tabernakel des Hauptaltars durch Seitenflügel zu erweitern. 1559 fertigte er die Modelle für die silbernen Engel, die Hernando de Ballesteros ausführte. 1547 war ihm und Guillen Ferraz die Ausführung eines Altars für die Kirche S. Maria la Mayor in Caceres übertragen worden.

Cean Bermudez, Descripc. de la catedral de Sevilla, p. 40 und Dicc. I 90, V 147. — Gestoso, Artif. Sevill. I 324. — Marti y Monsó, Estud. hist. artist. 158. *M. v. B.*

Balducci, Giovanni (oder *Giovanni di Balduccio, Giovanni da Pisa*), Bildhauer, geb. in Pisa, wo er 1317—18 in der Dom-Opera handwerklich arbeitete unter Leitung der Capomaestri Giovanni Pisano, Tino di Camaino u. Lupo di Francesco. Sein erstes selbständiges Werk ist die mit seinem Namen signierte Kanzel der Kirche S. Maria del Prato (jetzt Oratorio dalla Misericordia) in S. Casciano bei Florenz; sein zweites, das nach 1328 entstandene, gleichfalls signierte Grabmal des Guarniero, Sohnes des Castruccio Castracane, in S. Francesco bei Sarzana, ausgeführt im Stile der sienesischen Grabmonumente und speziell derjenigen des Tino da Camaino. Von Sarzana wurde Giov. di B. (angeblich durch Azzone Visconti) nach Mailand berufen, wo er 1339 die große Arca des hl. Petrus Martyr in S. Eustorgio vollendete, u. zwar unter Mitwirkung von Campionesen, denen diese Arca bei späteren Arbeiten als typisches Vorbild diente. Von Giov. di B. selbst kennen wir nur noch ein späteres authentisches Werk, nämlich die von 1347 datierte bildnerische Ausschmückung der Porta di S. Maria di Brera (zur Zeit des Regno Italico zerstört, Reste im Mailänder Museo Archeologico). — 1349 wurde er von Mailand nach Pisa berufen als Capomaestro der dortigen Dom-Opera; jedoch scheint er diesem Rufe nicht gefolgt zu sein. Spätere Nachrichten über ihn sind nicht vorhanden. — Sein Einfluß auf die lombardischen Bildhauer seiner Zeit war so bedeutend, daß er als der eigentliche Bahnbrecher des neuen Stils in der norditalienischen Plastik bezeichnet werden darf. Mit Recht zugeschrieben werden ihm die großen Statuen über der Vorhalle des Domes zu Cremona sowie die im Palazzo Trivulzio zu Mailand befindlichen Reste des Grabmonumentes für Azzone Visconti. Von seinen Schulnachfolgern stammt der marmorne Altaraufsatz der Cappella de' Magi und das Grabmonument für Stefano I. und Uberto III. Visconti in S. Eustorgio zu Mailand, die Grabmäler für Salvarino Aliprandi († 1344) und Lanfranco Settala in S. Marco zu Mailand, die Arca des hl. Augustinus in S. Pietro in Ciel d'Oro zu Pavia usw.; sie gehen direkt unter dem Namen des Giov. di B., sind jedoch nur als Schulwerke zu betrachten.

Tolomei, Guida di Pistoia (1821) p. 100. — M. Caffi, Della chiesa di S. Eustorgio in Milano (1841); u. Nanni Pisano scult. in Arch. stor. Lombardo XVIII (1866); cf. XVII 129—156 (D. Sant' Ambrogio über die Badia von Morimondo). — P. Landini, Ist. dell' Orat. etc. di S. M. d. Misericordia (Florenz 1843). — Cassina, Le fabbr. più cosp. di Milano (1844). — L. Calvi, Not. sulla vita etc. dei princip. archit. etc. in Milano (1859). — Crowe u. Cavalcaselle, Gesch. d. italien. Mal. (1869) I 288 f. — Mongeri, L'Arte in Milano (1872). — Alizeri, Not. dei prof. etc. in Liguria (1870—80) IV 39 ff. — Zeitschr. f. bild. Kst. 1873 p. 55. — V. Marchese, Mem. dei pitt. etc. Domenicani (1878) I 159. — E. Lechevalier-Chevignard in Gaz. des B.-Arts 1879, I 229 f. — L. Scott, Balduccio di Pisa etc. (London 1882). — Belgioioso, Guida del Famedio nel Cimit. monum. di Milano (1888). — Beltrami, La Capp. di S. Pietro Mart. in Arch. stor. d. Arte ital. V (1892); cf. I 126. — Bollettino d. Consulta del Museo archeol. di Milano 1892 p. 37 f. — Arzano, Degli altorilievi d. scult. Balducci in Pizzighettone, in Arte e Storia XII (1893) 60; cf. XI 163 f. — A. G. Meyer, Lombard. Denkm. des 14. Jahrh. (Stuttgart 1893); sowie in Repertor. f. Kstwissensch. XVII 18 ff.; cf. 147 ff. — Tanfani-Centofanti, Not. d. artisti etc. Pisani (Pisa 1898). — Maiocchi, L'Arca di S. Agostino in S. Pietro in Ciel d'oro; u. L'Autore d. Arca di S. Agost. etc. (Pavia 1900 u. 1901). — Jahrb. der preuß. Kstsammlgn. XXIV (1903) p. 270. —

Supino, Arte Pisana (Florenz 1904). — A. Venturi, Storia d. Arte ital. (Milano 1906) IV 540—635. *Adolfo Venturi.*

Balducci, Giovanni, nach seinem mütterlichen Oheim Cosci zubenannt, Maler aus Florenz, in der 2. Hälfte des 16. Jahrh. Er war ein Schüler des Battista Naldini. An dem Kardinal Alessandro de' Medici, dem nachmaligen Papst Leo XI., fand er einen Gönner, der ihn reichlich beschäftigte. Von Florenz, wo er im Dom das Abendmahl und andere Fresken, im Kloster della Crocetta die Auffindung des Kreuzes Christi malte, ging er um 1590 nach Rom und führte auch hier zahlreiche Bilder aus, unter denen die Fresken in S. Prassede und in S. Giovanni in Laterano für die besten gelten. Später folgte er einem Rufe des Kardinals Alfonso Gesualdo nach Neapel, wo er um 1603 starb.

Baglioni, Le Vite de' pittori etc. p. 74. — Heinecken, Dict. des artistes II. — Lanzi, Pitt. It. I 176. — Richa, Chiese Fiorentine, passim. — Descrizione del regale Apparato etc. Firenze 1589 (unter A. Allori I. 506). — Celano, Notizie della città di Napoli. — Rassegna d'arte 1904 p. 91 (eine feine Zeichnung von ihm abgebildet). — Arte e Storia XXIV 7/8, 27/28, 56/57, 87/89. **

Balducci, Gregorio, italien. Maler in London, stellte 1777 in der Society of Artists ein Bild „Tod des Adonis" aus. — Dieser Künstlername ist uns sonst nicht begegnet.

Graves, The Society of Artists etc. London 1907. **

Balducci, Matteo (di Giuliano di Lorenzo), umbrischer Maler, geb. im letzten Viertel des 15. Jahrh. in Fontignano bei Perugia, Schulnachfolger Pinturicchios, zu dem er laut Zeugenunterschrift unter einer Vertragsurkunde von 1509 in persönlichen Beziehungen gestanden zu haben scheint. 1517 trat er, bis dahin bereits in Città della Pieve ansässig, auf 6 Jahre als Gehilfe in die Sieneser Werkstatt des Sodoma ein. 1523 hatte er für die Kirche S. Francesco zu Pian Castagnaio (Montamiata) ein Altarbild zu malen. 1543 wird er in Città della Pieve als Grundbesitzer, 1550 und 1554 ebenda als Mitglied des Gemeinderates aufgeführt. — Zugeschrieben werden ihm die folgenden Pinturicchio-Schulwerke, in denen freilich von einem Einflusse Sodomas keine Spur wahrnehmbar ist: In der Cappella Borghesi von S. Spirito zu Siena das Altarbild der Assunta in der Engelglorie zwischen den Heil. Franziskus und Katharina; in der Akademie zu Siena die zu diesem ersteren Altare gehörige Predella mit einer Pietà zwischen Darstellungen der Stigmatisierung derselben beiden Heiligen, — zwei Halbfigur-Madonnen zwischen anbetenden Heiligen, — ein anbetender Engel, — 4 allegorische Einzelfiguren der christlichen Kardinaltugenden; in S. Maddalena zu Siena eine Geburt Christi und eine Madonna mit den beiden Kindern; im Minoritenkloster zu Cetona (Prov. Siena) eine Madonna zwischen den Heil. Laurentius und Franziskus und mit 6 Heiligen-Rundbildern auf der Predella; in der Pfarrkirche Madonna delle Nevi zu S. Giusto bei Murlo (Prov. Siena) eine Halbfigur-Madonna mit dem segnenden Christkinde; in der Klosterkirche S. Agnese bei Montepulciano eine Halbfigur der hl. Katharina von Siena; endlich im Pariser Louvre-Museum eine Madonna mit Heiligen und in der Sammlung des Earl of Crawford in London ein Tondo mit Diana und Aktaeon.

Crowe u. Cavalcaselle, Gesch. d. italien. Malerei (1871) IV 319 f. — Milanesi, Arte Toscana (1873) p. 194 f. — Lermolieff in Zeitschr. f. bild. Kst. 1887, p. 148; sowie Die Galerie zu Berlin (1893) p. 29, 248, 358. — Kunstchronik 1893, p. 159. — Brogi, Inventario gen. d. prov. di Siena (1897) p. 107, 323, 379. — Arch. Stor. d. Arte Ital. II 52; VII 174. — Rassegna d'Arte 1904, p. 153. — Les Arts 1904, No. 33, p. 14; No. 34, p. 14. — Frizzoni, Le Gallerie dell' Acc. Carrara in Bergamo. 1907, p. 63. *

Balducci, Mauro, s. *Malducci.*

Balducci, Niccolo, Maler in Venedig, den nur Zani, Enc. met. III 37 und zwar ohne Zeitangabe erwähnt. **

Balducci, Pier Antonio, italien. Steinmetz, der laut Zahlungsurkunde vom 14. 1. 1564 seit Juli 1563 an den Neubauten der Porta del Popolo und der Porta Pia zu Rom tätig war, von denen der erstere erwiesenermaßen, der letztere wahrscheinlich nach den Entwürfen und unter der Leitung Michelangelos ausgeführt wurde. Vermutlich war B. nicht nur Steinmetz, sondern auch Baumeister, da er in obiger Urkunde unter den Architekten und Bauleitern der beiden Stadttore aufgeführt wird; ebenso auch in einer Urkunde vom 22. 8. 1566 über Zahlungen für Arbeiten an den römischen Stadtbefestigungen.

Bertolotti, Art. Subalpini in Roma (1884) p. 44; und in Arch. stor.-art. di Roma I 165. *G. Degli Azzi.*

Balduccio de Bacza, italien. Architekt in Neapel, wo er 1340 als Nachfolger des Atanasio Primario zum Leiter der Bauarbeiten am Castello di Belforte und an der hiermit verbundenen Certosa ernannt wurde, die König Robert auf dem St. Erasmus-Berge bei Neapel errichten ließ (jetzt bekannt unter dem Namen Castello di S. Elmo).

Staatsarchiv in Neapel: Registro Giovanna I, No. 340 E, f. 194 (cf. Schulz, Denkm. der Kunst des Mittelalters in Unterital. IV, Doc. 417). — Mothes, Baukunst des Mittelalt. in Italien, p. 650. — F. Colonna di Stigliano in Napoli Nobiliss. V 28; X 97. *G. Ceci.*

Balduccio di Cecco, s. *Andrea* di Neri.

Balduff (Balluff, Ballof, Baldolf, Baldus), Hans, Maler, seit 1451 in Basel wohnhaft, wird 1461 Bürger daselbst, 1488 zum letztenmal erwähnt, † am 3. 9. 1492. Arbeiten von ihm sind nicht nachweisbar. Er ist vielleicht verwandt mit dem 1470 in Straßburg nachweisbaren Maler *Baldolf*.

D. Burckhardt u. Ganz bei Brun, Schweizer. Kstlerlex. — Nagler, Monogr. I No. 1608. *H. V.*

Balduff (Baldauf), Michael, Glockengießer von Bern (?), 1454—87 urkundlich nachweisbar, ansässig in Luzern, seit 1471 in Bern. In diesem Jahre goß er Glocken für Saanen u. Rougemont (Kt. Waadt); 1480 erhielt er die große Glocke von Saint-Nicolas in Freiburg (Schweiz), 1487 eine Glocke in Thun in Auftrag.

F. Heinemann bei Brun, Schweizer. Kstlerlex. — Champeaux, Dict. d. fondeurs etc. 1886. *H. V.*

Balduff, s. auch *Baldauf(f)*.

Balduin (Balduwin, Baldewin), Peter, Schweizer Glasmaler, doch niederl. Abstammung. 1558 ward er Bürger zu Zofingen, zuletzt 1602 erwähnt. Signierte Arbeiten von ihm sind bisher nicht nachgewiesen, doch stammen einige der im städt. Museum daselbst aufbewahrten Glasgemälde zweifellos von seiner Hand. Seine 3 Söhne, *Jörg, Josua* und *Peter d. J.* setzten die Kunst des Vaters fort; von ersteren beiden kennt man einige signierte Scheibenrisse.

H. Lehmann bei Brun, Schweizer. Kstlerlex. *H. V.*

Balduino, Sebastiano, Zeichner und Bildhauer in Genua, geb. 1794.

Cervetto, I Gaggini p. 201 u. Anm. **

Balduinus, Paganus, Bürger von Messina und Münzmeister zu Brindisi unter Kaiser Friedrich II., der ihm 1221 in Anerkennung seiner Verdienste Besitzungen in Viareggio bei Lucca verlieh. In Messina, Brindisi und Amalfi ließ der Kaiser damals die berühmten goldenen Augustalen prägen, die in Nachahmung antiker Münzen den Profilkopf Friedrichs II. und auf der Rückseite einen sitzenden Adler mit ausgebreiteten Flügeln zeigen, und die zu den schönsten Münzen gehören, welche das Mittelalter aufzuweisen hat.

Meyer, Kstlerlex. II (mit ält. Lit.). — Forrer, Biogr. Dict. of Medallists I. *H. V.*

Baldung, Hans, genannt *Grien*, Maler, Kupferstecher, Zeichner für Holzschnitt und Glasmalerei. Der Meister signiert mit H G (ineinandergestellt), mit H B (aneinandergestellt), gewöhnlich aber mit H G B (G im H). Geb. um 1480 in dem Dorfe Weyersheim „am hohen Turm", unfern von Straßburg, als ein Sohn eines rechtsgelehrten Beamten des Bischofs von Straßburg. Die Familie stammt aus Schwäbisch-Gmünd (B. nennt sich „Gamundanus" in der Inschrift des Freiburger Hochaltares) und führte ein silbernes Einhorn auf rotem Grund im Wappen. Abgesehen von einem Aufenthalt in Freiburg, wo er Altäre und Glasbilder für das Münster schuf, war der Meister hauptsächlich in Straßburg tätig. In seiner Kunst wurde er von Dürer angeregt und war nachweislich mit dem Nürnberger Meister in persönlicher Beziehung. Dürer führte Blätter von „Grünhans" mit sich auf der niederländischen Reise, und eine Locke Dürers kam in den Besitz des Straßburgers. Man nimmt an, daß B. zwischen 1500 und 1506, oder, was weniger wahrscheinlich ist, zwischen 1507 und 1509 in Dürers Werkstatt gearbeitet habe. Das erste datierte und durch Signatur (H G) gesicherte Malwerk B.s ist der Flügelaltar mit dem Martyrium des hl. Sebastian bei Frau H. Goldschmidt in Brüssel von 1507. Dieser Altar stammt angeblich, wie ein stilistisch verwandter und annähernd gleich großer, mit der Anbetung der Könige im Kaiser-Friedrich-Museum zu Berlin, aus der Stadtkirche von Halle. Seit 1509 ist B. in Straßburg nachweisbar. Das Bürgerbuch enthält zu diesem Jahre die Eintragung: Item Hans Baldung der molor hat das Burgrecht Koufft tertia post quasimodo geniti. — Man nahm an, daß B. in der 1. Hälfte des Jahres 1511 nach Freiburg übergesiedelt wäre, weil ein Hansen von Gmünd uff Montag nach Cantate (19. Mai) dieses Jahres in einem Freiburger Ratsprotokoll genannt wird. In den Rechnungen der Münsterfabrik kommt B. erst am 14. 1. 1513 vor. Vielleicht ist er mit jenem Hans von Gmünd nicht identisch und kam erst gegen Ende 1512 nach Freiburg, wo er etwa 4 Jahre blieb und außer dem umfangreichen Hochaltare mindestens noch einen Altar und viele Glasfenster ausführte oder entwarf. 1510 heiratete B. Margarete Herlin, die 1552 starb. Seit 1517 bis zum Tode scheint B. ohne längere Unterbrechungen in Straßburg tätig gewesen zu sein. Er ward dort bischöflicher Hofmaler und kurz vor seinem Tode Ratsherr. Er starb 1545.

Die vermeintlichen Jugendwerke B.s in Lichtenthal bei Baden-Baden — mit dem Datum 1496 und Signatur — haben schärferer Prüfung nicht standgehalten (Repertorium f. Kstw. XXV 477 ff.). Die Signatur ist falsch.

Hypothetisch als Jugendwerke sind dem Meister namentlich von Scheibler und Rieffel (Repertorium XV 288 ff.) mehrere stilistisch miteinander verwandte Bilder zugeschrieben worden, nämlich die Darreichung Christi im Tempel im städt. Museum zu Frankfurt a. M. und der Flügelaltar mit der Anbetung der Könige in der städt. Galerie zu Mainz (abg. Repertorium XV, bei Rieffels Aufsatz). Dieser Gruppe angereiht hat man das als „Dürer" von H. Thode im Jahrbuch d. k. pr. Ksts. XIV 208 publizierte Männerporträt bei Georg Freiherrn v. Holzhausen zu Frankfurt a. M. (Haack im Repertorium XXIV 376 ff.) und das Altarblatt in Ansbach mit Christus in der Kelter, das nach einer Zeichnung Dürers geschaffen ist. Weizsäcker trennt die Gruppe von B.s Werk und gibt sie einem besonderen Dürer-Nachfolger, der um 1506 etwa in Frankfurt tätig gewesen sei (Repertorium XXV 82 ff.).

In der Vorstellung, daß B. in Dürers Werkstatt gelernt habe, hat man ihm die guten Wiederholungen der Adam- und Eva-Tafeln in Florenz zugesprochen (No. 14, in Eisenmanns Liste in Meyers Kstlerlex.).

Erst von 1507 an ist die Tätigkeit B.s ununterbrochen zu übersehen. Die Freiburger Periode (1512—1516) kann als die eigentliche Blütezeit seiner Malkunst angesehen werden. Der Freiburger Hochaltar ist sein Meisterstück, durch Umfang, Gestaltenreichtum und Dekorationswirkung hervorragend. (F. Baumgarten, der Fr. Hochaltar, 49. Heft d. Stud. z. Deutsch. Kstg. Straßburg i. E.) Von 1512 ist die spät bekannt gewordene Beweinung Christi in der Londoner National Gallery datiert, die zu den vollkommen, auch koloristisch befriedigenden Schöpfungen des Meisters gehört. 1517, soweit wir sehen, zum ersten Male, hat B. einen profanen Vorwurf im Gemälde behandelt, den Tod, der ein junges Weib angreift (Basel, Öffentl. Kunsts.). Von dieser Zeit an hat er oft nackte Gestalten gemalt, mit besonderer Vorliebe, unter verschiedenen Vorwänden, gewöhnlich allegorisierend. Von 1513 und 1515 sind die ersten Bildnisse datiert, die wir von B. besitzen.

B. stand mit dem Markgrafen Christoph von Baden, dessen Holzschnittporträt er schon 1511 herausgab, in Beziehung und hat für diesen Fürsten mehrere Aufträge ausgeführt. Für das Ansehen, dessen er sich bei Lebzeiten erfreute, spricht die Erwähnung seines Namens („Hans Grün") in Jean Pelerins De artificiali perspectiva von 1521.

Die beste Übersicht über die Gemälde des Meisters bietet G. v. Téreys große Publikation (Straßburg, bei Heitz 1896, mit 96 Lichtdrucktafeln), eine bessere Übersicht als das von demselben Verfasser 1893 herausgegebene Verzeichnis (Straßburg, bei Heitz, als 1. Heft der Studien zur deutschen Kunstgeschichte). Seitdem haben einige Gemälde Eigentümer und Ort gewechselt, so sind die Tafeln mit Adam und Eva aus dem Besitz des Grafen Schönborn zu Wien in die Galerie von Pest gekommen, das Fragment des Amor, das G. v. Térey besaß, ist in den Pariser Handel gelangt, und mehrere Bilder hat die Straßburger Galerie an sich gezogen. Wenige Nummern der Téreyschen Liste sind mit einem Fragezeichen zu versehen, wie die Madonna mit der Meerkatze zu Nürnberg und Christus am Kreuz in Breslau.

Einige Werke führe ich zur Vervollständigung des Bilderkataloges hier an: 1) Venus in natürlicher Größe, zweimal signiert mit H B (aneinandergestellt) und von 1525 datiert, im Pariser Handel (1906). — 2) Die Beweinung Christi, 1906 für das Kaiser-Friedrich-Museum in Berlin erworben, aus Süd-Frankreich stammend. Dem Stil nach um 1515 anzusetzen. — 3) Maria mit dem Kinde und dem kleinen Johannes, Venedig, Sammlung Manfrin. — 4) Maria mit dem Kinde, Sigmaringen (1907 in Basel erworben). — 5) Maria mit dem Kinde und Engeln, Straßburg städt. Museum (neuere Erwerbung). — 6) Bildnis des Grafen Ludwic zuo Lewenstein von 1513, signiert HB, in Berliner Privatbesitz.

Zum Verständnis des Meisters sind die *Holzschnitte* mindestens ebenso wichtig wie die Bilder. B. entfaltet im Holzschnitt seine Phantasie freier, wählt die Aufgaben mehr nach eigener Lust. Die gedruckten Blätter verraten mehr von seinem Innern als die Malereien. B. ist eher Zeichner als Maler. Seine Farbentechnik ist zumeist, namentlich in der späteren Zeit, ohne Feinheit, sein Farbensinn unsicher. Namentlich im Holzschnitt sind ihm einige kühne Erfindungen, markige, große und gut bewegte Gestalten gelungen. Das beste Verzeichnis seiner Holzschnitte findet man bei Eisenmann (Meyers Kstlerlex.), wo den älteren Listen von Bartsch und Passavant allerlei zumeist mit Recht hinzugefügt ist. Zweifelhaft ist die Apostelfolge, die Eisenmann unter No. 50—62 katalogisiert hat. Für den Straßburger Buchholzschnitt hat B. einiges geschaffen (a. 1511 und 1516). Einige wirkungsvolle Blätter hat er mit mehreren Platten gedruckt, wie die bekannte Hexendarstellung von 1510 (E. 140). Ein unbeschriebenes Blatt mit dem Studienkopf eines bärtigen Mannes im Berliner Kupferstichkabinett.

Im Kupferstich ist die Leistung B.s auffallend gering. Auf diesem Felde folgte der Meister dem Dürerschen Vorbild nicht. Seine Grabsticheltechnik ist ohne Schmiegsamkeit. Er scheint nach wenigen Versuchen in früherer Zeit diese Technik aufgegeben zu haben. Eisenmann führt nur vier Kupferstiche auf, dabei ein Blatt mit dem Datum 1507 und der Signatur H. G. Der Stich mit Herkules u. Omphale, den Passavant (No. 5) notiert, von dem Eisenmann meint „dürfte echt sein" (Meyer, Kstlerlex. S. 635), ist nicht einmal süddeutsch, vielmehr in der Art Jan Gossaerts.

B. hat eine große Zahl Zeichnungen hinterlassen, eine größere Zahl als irgendein anderer deutscher Maler seiner Zeit, von Dürer und dem jungen Holbein abgesehen. Diese Zeichnungen sind zum Teil Studien, zum Teil Entwürfe zu Glasscheiben, zum Teil sorgsam in Helldunkeltechnik durchmodellierte, in sich abgeschlossene Schöpfungen. G. v. Térey hat fast alle Zeichnungen des Meisters in einer dreibändigen, bei Heitz in Straßburg erschienenen Publikation (1894—1896) auf 276 Tafeln reproduziert. Viele Blätter sind freilich aus dieser Veröffentlichung als Kopien, Nachahmungen oder Arbeiten verwandter Meister auszuscheiden (vgl. H. A. Schmid im Repertorium XXI 304 ff.). Das sogenannte Skizzenbuch B.s in Karlsruhe enthält Stiftzeichnungen, Studien aller Art, auch Bildnisse, die der Meister zu verschiedenen Zeiten seines Lebens ausgeführt hat (veröffentlicht von M. Rosenberg, Frankfurt a. M. 1889). Die Scheibenrisse mit Wappen von B.s Hand befinden sich in größerer Zahl in der Albertina zu Wien (veröffentlicht von A. Greuser, Wien 1877/8 H. B. Gr. und seine heraldische Tätigkeit, 20 Wappenentwürfe im Besitz der Albertina) und in Koburg (veröffentlicht von Rob. Stiaßny, Zeitschrift der k. k. heraldischen Gesellschaft Adler, Wien 1895).

Umfangreich und glücklich war die noch nicht nach Gebühr geschätzte Tätigkeit B.s für die Glasmalerei. Reiche Proben seiner Kunst auf diesem Felde im Freiburger Münster (Fr. Geiges, d. alte Fensterschmuck des Fr. M., Freiburg 1902 ff. Herder). Auf gleicher Höhe wie die besten Fenster in Freiburg stehen die 14 Scheiben der gräfl. W. Douglasschen Sammlung, die 1897 auf einer Versteigerung bei J. M. Heberle in Köln (25. November) zerstreut, zum Glück fast ausnahmslos in deutsche Museen gerettet wurden (Berlin, Nürnberg, Basel, Karlsruhe, Freiburg). Über diese angeblich aus der Karthäuserkirche zu Basel, wohl eher aus Freiburg i. B., stammenden, dann im Klostergymnasium zu St. Blasien bewahrten, zu Anfang des 19. Jahrhunderts vom Großherzog Ludwig von Baden für Schloß Langenstein erworbenen Scheiben ist der mit Abbildungen versehene Auktionskatalog zu vergleichen und der Bericht im Repertorium XXI 71 ff.

In der Glasmalerei, im Heraldischen, im Holzschnitt, entfaltet B. seine Gaben am glücklichsten. Breitspurige, landsknechtmäßige Figuren gelingen ihm zuweilen vortrefflich. Eine dreiste Sinnlichkeit ließ ihn gern schwere nackte Frauen in starker Bewegung in Holzschnitten und Zeichnungen gestalten. Für die Landschaft, für Architektur und Renaissance-Ornamentik zeigt er geringeres Interesse als die meisten seiner Zeit- u. Landsgenossen. Den Ton für das Idyllische und für das Andachtsbild fand er nicht leicht.

Literatur: Die ganze ältere Literatur ist in *Eisenmanns* Aufsatz in Meyers Kstlerlex. sorgfältig aufgeführt und verarbeitet. Die Publikationen *G. v. Téreys,* die das Material an Zeichnungen und Gemälden (auch einige Glasmalereien) ausbreiten, wie mehrere neuere kritische Beiträge, sind im Text zitiert. Die Holzschnitte und Kupferstiche sind bei *Bartsch* (peintre graveur VII 202 ff.) und bei *Passavant* (p. gr. III 318 ff.) beschrieben.

Ferner: R. Vischer, Über H. B. Gr., Münchener Allgemeine Zeitung 1896 Beil. 15. — H. Geiger, Einiges über H. B. Gr., die Rheinlande V 85 (1902/3). — F. Wolff, Ein altes Glasfenster in der Klosterkirche zu Niedermünster, nach H. B.s Zeichnung, Das Kunstgewerbe in Elsaß-Lothringen III (1902/3) 141. *Friedländer.*

Baldus, s. *Balduff.*

Balduwin, s. *Balduin.*

Baldwin, A. H., amerik. Radierer. Hat 1879—92 in New York ein paar Studienköpfe usw. ausgestellt. *E. Richter.*

Baldwin, B., Porträtmaler in London, stellte 1842—45 3 Porträts in der Roy. Academy aus.

Graves, Roy. Acad. of Arts I 100. **

Baldwin, Robert, vielbeschäftigter Architekt in London, der 1762—83 in der Society of Artists und 1767—73 in der Free Society zahlreiche Entwürfe für Villen, Mietshäuser, Brücken (Black-Fryars bridge) usw. ausstellte.

Graves, The Society of Artists etc. London 1907 p. 19. **

Baldwin, Thomas, bekannter engl. Architekt, tätig in Bath um 1775, entwarf dort viele Mietshäuser, das Stadthaus, die Badehallen, die Westfront und die Portikus für „King's pump-room" (1796). Er starb dort 70jährig am 7. 3. 1820.

Redgrave, Dict. of artists. **

Bale, Edwin (R. J.), Maler, Art Director bei Cassell & Co. in London, geb. daselbst 1842, Schüler der South Kensington Schools und der Akademie in Florenz, stellte von 1870—83 Genrebilder und Landschaften in der Roy. Academy aus.

Who's who 1908. — Graves, Roy. Acad. of Arts I 100. **

Balechini, Nicolò, Karrossenmaler in Ferrara, tätig 1654 für den Marchese Tassoni.

Cittadella, Not. rel. a Ferrara p. 632. **

Balechou (Baleschoux), Jehan, Maler in Tours, 1557 daselbst urkundlich erwähnt.

Giraudet, Artist. tourangeaux. p. 12. *H. V.*

Balechou, Jean Joseph, französ. Kupferstecher, geb. zu Arles am 9. 7. 1719, † zu Avignon am 18. 8. 1764. Zuerst Schüler des Petschaftstechers Michel in Avignon, bildete sich weiter bei Lepicié in Paris. Hier wurde er Mitglied der kgl. Malerakademie, aber 1752 aus ihren Listen gestrichen, nachdem er unredlicherweise von einer Platte mit einem Bildnis König Augusts III. von Polen, die er nach Rigaud gestochen hatte, gegen sein Versprechen einige Abdrücke für sich behalten hatte. Er mußte nach Avignon fliehen, wo er sein Leben beschloß.

B. hat eine Sammlung Ornamentzeichnungen gestochen unter dem Titel: Livre de divers dessins d'ornements. Ferner gibt es große Blätter von ihm nach Vernet: Der Gewittersturm, Die badenden Frauen, Die Windstille; nach Jeaurat hat er Die Näherin gestochen, Der Imbiß, Der eifersüchtige Gatte, Der Operateur Barri, Die entlassene Dienerin; nach C. Van Loo eine hl. Genoveva. Aber die Eigenart B.s offenbart sich recht erst im Porträt. Seine berühmtesten Porträtstiche sind die der Mme Aved nach J. A. Aved; des Grafen Brühl nach L. Silvestre; Augusts III. von Polen nach Rigaud; der Herzogin von Châteauroux nach Nattier; des M. de Julienne nach de Troy; des M. de la Popelinière nach L. Vigée; der Mme Louise Elisabeth de France, Herzogin von Parma nach Nattier usw.

B. gehört zu den eleganten französischen Kupferstechern des 18. Jahrh., die sich vornehmlich durch die effektvolle Wiedergabe der stofflichen Dinge auszeichnen. Es lag ihm mehr daran, die Bravour seiner Hand zu zeigen und seinen Stichen einen schimmernden Glanz zu verleihen, als die geistige Eigentümlichkeit des Vorbildes getreu wiederzugeben. Bei aller Schönheit haben seine Bll. durch die übertriebene Glätte und Brillanz der Behandlung etwas Hartes und Kaltes und entbehren der Naturwahrheit, besonders im Nackten der Figuren, das meist ein eigentümlich metallenes Ansehen hat.

E. Kolloff bei Meyer, Kstlerlex. II (mit ausführl. Oeuvre). — Portalis et Béraldi, Les Graveurs du XVIIIe siècle. 1880. — Bellier-Auvray, Dict. gén. *P. A. Lemoisne.*

Balegno, Giuseppe, Maler, geb. in Turin, tätig um 1793, nur von Zani, Enc. met. III 39 ohne Näheres erwähnt. **

Baleman, Jan, geb. in Groningen, kaufte am 30. 7. 1727 in Amsterdam das Bürgerrecht und war Maler.

Aemstels Oudheid V 68. *E. W. Moes.*

Balen, Fernande van, Antwerpener Maler, wird 1546 Lehrling des Pieter Aertsen und 1561 Freimeister in der Gilde. Sonst nicht weiter bekannt.

Liggeren I 157, 226. **

Balen, Gaspard van, Maler, zweiter Sohn Hendricks des alten, geb. in Antwerpen, getauft am 12. 5. 1615, † in Rom am 7. 3. 1641, Schüler seines älteren Bruders Jan, den er 1639 nach Italien begleitete. Wie sein Bruder und sein Schwager Dirck van Thulden, beteiligte sich Gaspard um 1635 an der Dekoration von Triumphbögen, die unter Rubens' Leitung in Antwerpen zum Einzug des Kardinal-Infanten Ferdinand von Österreich errichtet wurden.

J. van den Branden, Geschiedenis der Antw. Schilderschool, 1883 p. 467. *H. Hymans.*

Balen, Hendrik van, Maler, geb. in Antwerpen 1575, † daselbst am 17. 7. 1632. Nach van Mander Schüler des Adam van Noort, wurde er 1592 — also mit 17 Jahren — als Freimeister in die Lukasgilde aufgenommen, deren Dekan er 1609—1610 war. Ohne Zweifel hielt er sich in Rom auf, denn er gehörte in Antwerpen zur Bruderschaft der „Romanisten", die sich aus Vlamen, die Rom besucht hatten, rekrutierten; 1613 war er auch hier Dekan. 1605 heiratete er in Antwerpen Margareta Briers, die ihm 11 Kinder gebar, von denen mehrere Maler wurden. Die Gildenregister erwähnen 26 seiner Schüler, von denen die meisten unbekannt blieben, dafür aber zwei zu Weltruhm gelangten: Anton van Dyck und Frans Snyders. Das Porträt des Meisters von der Hand van Dycks befindet sich in der Ikonographie. Öfters hat er mit andern Malern gemeinschaftlich gearbeitet, zuweilen mit Josse de Momper und seinem Schüler Fr. Snyders, besonders häufig mit den Jan Brueghel, denen er in einer großen Zahl seiner Bilder die Ausführung des Hintergrunds und des Beiwerks überließ, während er viele ihrer Landschaften mit Staffage versah. Die figurenreichen mythologischen und biblischen Darstellungen, die er meist in kleinem Maßstab auf Holz oder Kupfer malte, sind gut komponiert und erfreulich durch die Sorgfalt der Ausführung und die Frische und Durchsichtigkeit der Farbe. In den Werken seiner späteren Zeit gewahrt man deutlich den glücklichen Einfluß, den sein großer Schüler van Dyck auf ihn ausübte, so unter den drei Gemälden der Jakobskirche zu Antwerpen, einer Dreieinigkeit, einer Verkündigung und einer Auferstehung, besonders in dem letzteren Bild, welches sein Grabmal in dieser Kirche ziert und so elegant in der Form, so klar in der Färbung und so fein im Ton ist, daß man es vielfach für eine Arbeit van Dycks gehalten hat. Von den vortrefflichen Bildnissen Balens und seiner Frau, die gleichfalls an dem Grabmal aufgestellt sind, ist bis auf den heutigen Tag ungewiß, ob sie von ihm oder von van Dyck herrühren; jedenfalls sind sie des letzteren würdig. Die Kathedrale von Antwerpen besitzt von B. eine hl. Familie, das dortige Museum die Seitenflügel dazu, musizierende Engel; das Museum im Haag: Die Jahreszeiten, der Kybele opfernd; die Galerie in Brüssel: Die Fruchtbarkeit; das Museum in Amsterdam: Die Götter des Olymp; die Uffizien in Florenz: Vermählung der Maria; der Louvre in Paris: Ein Göttermahl; das Museum in Berlin: Die Schmiede Vulkans (das Beiwerk von Jan Brueghel); die Galerie in Dresden: Diana und ihre Nymphen, von Satyrn belauscht (mit Landschaft von Jan Brueghel), Hochzeitsfest des Peleus und der Thetis, Hochzeitsfest des Bacchus und der Ariadne, Diana und Aktäon; die Galerie in München: Hieronymus in Betrachtung, Ein Göttermahl, Ein Bacchanal, Diana, nach der Jagd ruhend (die Landschaften auf den drei letzten Bildern von J. Brueghel), Die vier Jahreszeiten (Folge von vier Bildern, die Landschaften gleichfalls von J. Brueghel), Erlegtes Wild, von Nymphen auf Maultiere geladen (Tiere von Fr. Snyders); die Gal. in Wien: Jupiter und Europa; die Galerie in Kassel: Diana und Aktäon (Landschaft von Brueghel). Auch kleinere Galerien besitzen Bilder von ihm, so die Gemäldesammlung in Sanssouci. — Übrigens hat er auch Kartons für Glasfenster geschaffen.

Er bezeichnete seine Bilder gewöhnlich H. V. BALEN, auch H. V. BAEL; die Bezeichnung *HVbale*, nach Brulliot, auf einigen, von Crispin de Passe, L. Vorsterman, Cornelis Galle, Hieronymus Wierx u. a. nach Gemälden oder Zeichnungen Balens ausgeführten Stichen.

van Mander, Het Schilder Boeck, Fol. 208a und die Übersetzung von H. Hymans II 292. — Houbraken, De groote Schouwburgh etc. I 81. — C. de Bie, Het Gulden-Cabinet. — Campo Weyerman, De Leven-Beschryvingen I 349. — Descamps, La Vie des peintres flam. etc. I 237. — Biogr. nationale de Belgique. — De Liggeren I u. II. — Meyer, Kstlerlex. — J. van den Branden, Geschiedenis der Antw. Schilderschool, p. 463. — Van Lerius, Biogr. d'Artistes Anvers. 1881, II 235—337. — Mit Notizen von H. Hymans. *R.*

Balen, Hendrik van, d. J., Maler, Sohn Hendriks d. Ä., geb. in Antwerpen am 16. 1. 1623, † daselbst am 2. 3. 1661. Zuerst Schüler seines Bruders Jan, hatte er dann seit 1638 Jan Wildens zum Lehrer u. wurde 1640 Freimeister in der Antwerp. Lukasgilde. 1645 war er in Frankreich und scheint sich in Tours bis 1648 aufgehalten zu haben. Man findet ihn dann (am 18. 1. 1653) in Rom, im November desselben Jahres in Genua. Er malte religiöse Gegenstände, kam aber weder zu Vermögen noch zu Ruf. Man weist ihm die Staffagefiguren in einigen Gemälden des Samt-Brueghel zu, besonders in dem Bilde im Museum zu Besançon: Christus erscheint der Magdalena; da aber Johann Brueghel 1625 tot war, kann Hendrik v. B. nicht sein Mitarbeiter gewesen sein.

Th. van Lerius, Biogr. d'artistes anvers. p. 352 ff. — J. van den Branden, Antwerp. Schilderschool, p. 368. *H. Hymans.*

Balen, Jacob Wolfertsz. van, kommt 1637 und 1643 vor als Glasmaler in Haarlem.

Van der Willigen, 73. *E. W. Moes.*

Balen, Jan van, Maler, Sohn Hendriks d. Ä., getauft am 21. 7. 1611 zu Antwerpen, † daselbst am 14. 3. 1654. Er bildete sich unter der Leitung seines Vaters und besuchte dann Italien, von wo er 1642 nach Antwerpen zurückkehrte. Seine Malereien, in denen er besonders gern Kindergruppen, Engel und Amoretten darstellte, haben ein frisches und heiteres Kolorit und erinnern öfters an die Bilder Albanis, die er mit Vorliebe studierte. 1635 nahm er mit seinem Bruder Gaspard teil am Schmucke von Triumphbögen, die für den Einzug des Kardinal-Infanten Ferdinand von Österreich in Antwerpen errichtet wurden. Die K. K. Gemäldegalerie in Wien besitzt unter mehreren Bildern Balens eine Kopie desselben nach Rubens' Liebesgarten. Sein Selbstbildnis, gestochen von W. Hollar, in: C. de Bie, het Gulden-Cabinet.

Lerius, Biogr. d'artistes anvers. II 338 ff. — J. van den Branden, Geschiedenis der Antw. Schilderschool 467 ff. — Mit Notizen von H. Hymans. *R.*

Balen, Matthys, geb. in Dordrecht am 24. 2. 1684, war der Sohn von Jan Balen und Dina Schepens und der Enkel des bekannten Dordrechter Historiographen Matthys Balen. Er war Schüler von Arn. Houbraken, heiratete am 8. 6. 1728 Maria van Bavel und starb zu Dordrecht am 7. 1. 1766. In der Samml. Bonde in Eriksberg ist ein kleines Bildchen mit einem lesenden Eremiten, bezeichnet M. Balen; und in der Galerie in Darmstadt wird ihm von altersher eine Landschaft mit einer hl. Familie zugeschrieben. Nach seinen Vorzeichnungen sind die Bildnisse der holländischen Generalgouverneure von Indien gestochen in Fr. Valentyns Ouden Nieuw-Ost-Indiën, Dordrecht, Amsterdam 1724—26. Selber radierte er einen Hausierer (Kopie nach Adr. van Ostade).

v. Gool, II 55—57. — Oud-Holland XII 195. — Mitt. von J. L. van Dalen, Archivar von Dordrecht. *E. W. Moes.*

Balen, Nicolaus van, Maler oder Bildhauer von Mecheln, am 19. 11. 1540 in die Lukasgilde daselbst aufgenommen.

E. Neeffs, Histoire de la peinture etc. à Malines (1876). I 302. *H. V.*

Balen (Balem), Pieter, Maler, geb. 1580 zu Lüttich, erhielt den ersten Unterricht bei Jean Ramaye, einem Schüler von Lambert Lombard, studierte später in Italien und kehrte dann nach Lüttich zurück, wo er noch 1656 am Leben war. Er soll nur Kabinettstücke kleinen Formates gemalt haben; eine Ausnahme wäre dann die in großen Dimensionen ausgeführte Dreieinigkeit in der Kirche St. Christoffel zu Lüttich. — Unter den Gemälden im Besitze des Erzherzogs Leopold Wilhelm, deren Inventar im Archive des Fürsten von Schwarzenberg erhalten ist, figuriert unter No. 151 der vläm. Werke: „Ein Stuckh von Öhlfarb auf Holcz worin ein Ecce homo auf einem Althan . . . hoch 4 Span und 3 Span 5 Finger breidt, von Petro von Baelen Original, Mahler von Antorff." — Ob es sich um unseren Künstler handelt, läßt sich freilich nicht sicher sagen.

K. van Mander, Het Schilderboeck ed. Hymans I. — Immerzeel, De Levens en Werken etc. — Biographie nationale de Belgique. — Mit Notizen von H. Hymans.

Balen, s. auch *Baalen.*

Baleno (Balen?), Ruggiero, Maler in Rom 1622, nach eigener Aussage aus Antwerpen stammend. In den Liggeren nicht erwähnt und sonst unbekannt.

Bertolotti, Artisti subalpini II. Ausg. 1884. **

Balester, s. *Ballester.*

Balestra, Architekt aus Rom. Er begleitete den Lord Hamilton 1799 auf seiner Reise nach Griechenland, Asien und Ägypten und lieferte zur Beschreibung dieser Expedition eine Reihe architektonischer Aufnahmen. Später baute er den englischen Gesandtschaftspalast in Pera bei Konstantinopel.

Meyer, Kstlerlex. II. *H. V.*

Balestra, Angelo, italien. Maler, geb. in Bassano am 4. 9. 1803, † in Rom am 5. 5. 1881; Schüler von Paroli. Seine Hauptwerke sind eine Kopie von Tizians Assunta und eine Maria im Museo Civico zu Bassano.

Brentari, Storia di Bassano (1884) p. 717. — G. Gerola, Catal. dei dipinti della pinacoteca di Bassano. *P. M. Tua.*

Balestra, Antonio, italien. Maler u. Kupferstecher, geb. am 12. 8. 1666 in Verona, † daselbst am 21. 4. 1740; ausgebildet durch Giov. Zeffio in Verona, Ant. Bellucci in Bologna u. Carlo Maratta in Rom, tätig und ansässig meist in Venedig. Seine Gemälde wurden von den Zeitgenossen sehr hoch geschätzt u. sind in den Kirchen zu Venedig, Vicenza, Padua, Verona, Brescia, Bergamo, Cremona noch zahlreich vorhanden, darunter verschiedene Nachahmungen von Correggios berühmter „Notte Santa". Auch für den Marchese di S. Tommaso in Turin und für den Kurfürsten von der Pfalz hatte B. mehrfach Gemälde zu liefern. Aus seinen Briefen an den Florentiner Kunstsammler Gabburri, der Zeichnungen von seiner Hand besaß, geht hervor, daß er auch literarische Studien betrieb. Als Maler ein mittelmäßig begabter Eklektiker, hat B. als Lehrer seiner Kunst hervorragende Talente wie Mariotti, Nogari und die Rosalba Carriera gleichwohl erfolgreich zu fördern gewußt. Als Radierer hat er eine kleine Anzahl frei und geistreich behandelter, aber sehr nachlässig ausgeführter, jetzt ziemlich seltener Blätter hervorgebracht, und zwar 2 Madonnen mit Engeln (datiert 1702), eine Madonna mit 2 Heiligen, eine Soldatenszene u. ein Blatt mit leicht hingekritzelten Studienköpfen; dazu noch 6 Radierungen für ein 1735 von B.s Freund u. Schüler Conte Aless. Pompei in Verona veröffentlichtes Werk, betitelt „Le cinque ordini dell' architettura civile di Michele San Micheli" (Titelblatt mit Allegorie der Architektur und mit San Michelis Bildnis, Vignette mit allegor. Putto, endlich Porträts der Architekten L. B. Alberti, A. Palladio, V. Scamozzi und G. Vignola).

Federici, Biogr. di A. Balestra (1733). — Zanetti, Descriz. d. pitture di Venezia (1733). — Brancolini, Suppl. II 221. — Dal Pozzo, Vite dei pitt. etc. Veronesi. — Zannandreis, Vite dei pitt. etc. Veronesi. — Morrona, Pisa illustr. (1793). III 136. — Maniago, Guida di Udine (1825) p. 42. — Susani, Nuov. prosp. d. pitt. etc. di Mantova (1830) p. 16. — Bertoluzzi, Guida di Parma (1830) p. 89. — Scarabelli, Guida di Piacenza (1841) p. 173. — Martini, Guida di Parma (1871) p. 107. — Carboni, Pitt. e Scult. a Brescia p. 150, 152, 171, 174. — Federighi, Mem. Trevigiane II 135. — Cignaroli in Miscell. ser. IV della R. Deput. Veneta di Stor. Patr. XI 19—62. — Miscell. della R. Deput. Piemontese di Stor. Patr. XXX 66. — Nagler, Monogr. I 153, 219, 221, 222, 1058. — Wessely in Repertor. f. Kstwissensch. V 44. — Meyer, Kstlerlex. (mit weiterer ält. Lit. u. graph. Oeuvre-Verzeichnis). — Ferro, Catal. dei disegni d. Uffizi. — Moschetti, Boll. del Mus. Civ. di Padova (1900) p. 136. — Matteucci, Le Chiese del Mantovano (1902). — Gonzati, La Basil. del Santo etc. di Padova I, Doc. CXXIX. — Rivista d'Arte V 66 ff. *L. Ozzola.*

Balestra, Carlo Pio, röm. Architekt und Hydrauliker, † 1776.

Zani, Enc. met. III 40. **

Balestra, Giovanni, italien. Kupferstecher, geb. in Bassano 1774, † in Rom 1842. Ausgebildet durch Suntach sowie in der Calcografia Remondini zu Bassano, war B. seit 1803 in Rom ansässig, wo er Gemälde alter Meister (namentlich Raffaels) sowie Skulpturen Canovas und Thorwaldsens in Kupferstich reproduzierte.

Catal. d. Art. Bassanesi viv. (1807) p. 20. — Di Bassano e dei Bass. ill. (1847) p. 205. — Meyer, Kstlerlex. (mit Oeuvre-Verzeichnis). — Brentari, Storia di Bassano (1884) p. 727. *P. M. Tua.*

Balestra, Pietro, lombard. Architekt in Atri (Abruzzen), wo er 1554 den Bau der Kathedralen-Sakristei vollendete.

Sorricchio in Rivista Abruzzese XII 6. *G. Ceci.*

Balestra, Pietro, Maler aus Piacenza, geb. 1711, † 1789, hauptsächlich in Busseto tätig, wo sich in den Kirchen S. Bartolomeo, S. Nicolò, S. Ignazio und in verschiedenen Villen eine große Anzahl Gemälde von ihm befinden.

Zani, Enc. met. III 40. — Vitali, Le Pitture di Busseto 1819 p. 52 ff. *H. V.*

Balestra (Balestri), Pietro, aus Siena (genannt Pietruccio), mittelmäßiger Bildhauer aus der Schule Berninis, in der ersten Hälfte des 18. Jahrh. Er arbeitete in Rom und stand längere Zeit in den Diensten der Königin Christina von Schweden. Unter den Marmorwerken des großen Gartens in Dresden, die unter August II. angekauft wurden, befindet sich eine Gruppe von ihm: der Gott der Zeit, von welchem die Schönheit entführt wird; zu Füßen ein weinender Amor. Mehrere andere Skulpturen Balestras, ein Meleager, Venus mit Amor, Herkules und der Silen mit dem Bacchuskind, Kopien nach der Antike, wurden zu derselben Zeit für Dresden erworben. Die beiden letzteren stehen jetzt vor dem Palais des Großen Gartens. Im Kreuzgang des Doms von Siena ist von B. die Statue Papst Pius' III.

Meyer, Kstlerlex. II (mit ält. Lit.). — Bau- und Kunstdenkm. d. Königr. Sachsen. Heft XXI bis XXIII 479, 480, 482, 594. *H. V.*

Balestra, s. auch *Balestri.*

Balestri, Francesco, italien. Maler des 17.—18. Jahrh. aus Argenta (Prov. Ferrara), erwähnt in Bertoldis Storia d. Mad. d. Celletta (p. 20).

Baruffaldi, Vite de' pitt. etc. Ferraresi (1846) II 595. *R.*

Balestri, Marco Nicolò, italien. Maler, Bildhauer und Architekt aus Argenta (Prov. Ferrara), geb. 1555, † 1609. Von ihm ist die Kirche der Madonna della Celletta bei Argenta erbaut. Als Maler schuf er für das Oratorio di S. Giov. Battista zu Argenta ein Altarbild mit der Geburt Johannes des Täufers, signiert „Marcus de Balestris Pictor Argentanus 1594". — Mit ihm ist wohl ein 1605 in Argenta erwähnter *Nicolò B.* zu identifizieren.

Zani, Encicl. III 40 f. — Baruffaldi, Vite de' pitt. etc. Ferraresi (1846) II 595. *R.*

Balestri, s. auch *Balestra.*

Balestrieri, Domenico, Maler des 15. Jahrh. aus S. Ginesio in den Marken, nach Lanzi der Schule von Fabriano entstammend und um 1463 mit der Ausführung eines Altarbildes des hl. Rochus für die Kirche dieses Heiligen in S. Ginesio beauftragt. Ricci dagegen verwechselt die Kirche S. Rocco zu S. Ginesio mit derjenigen zu Fabriano und möchte auf Grund der aus dieser Verwechselung entspringenden Ungereimtheiten die Existenz dieses Malers überhaupt in Zweifel ziehen. Offenbar entstammte Domenico B. der gleichen Familie, wie jener Pietro B., den Ricci selbst unter der Jahreszahl 1440 als Prioren der Hauptkirche von S. Ginesio anführt.

Lanzi, Stor. pitt. II 19. — Ricci, Mem. stor. etc. d'Ancona I 192. — Salvi, Mem. Stor. di S. Ginesio (Camerino 1889). *V. Aleandri.*

Balestrieri, Gabriello, Maler in Parma, tätig 1634—44, wie aus seinen Briefen an Paolo Coccapani, Bischof von Reggio d'Emilia hervorgeht, für den er außer zahlreichen Gemälderestaurierungen auch einige Originalmalereien (Madonna mit Christkind etc.) auszuführen hatte. Außerdem war er für den Herzog Franz I. von Modena als Berater und Agent bei dessen Gemäldeankäufen tätig.

F. Testi, Opere scelte II 176. — G. Campori, Artisti ital. e stran. negli Stati Estensi (1855) p. 29 f. *St. Lottici.*

Balestrieri, Giuseppe, Maler und Geistlicher in Messina, geb. 1632, † 1719; nach Zani hauptsächlich als Kopist tätig. Seine Arbeiten werden häufig mit denjenigen des Gabriello B. verwechselt.

Zani, Encicl. III 41. *St. Lottici.*

Balestrieri, Lionello, ital. Maler, geb. 1874 in Cetona (Prov. Siena), studierte in Siena, später bei dem großen Süditaliener Domenico Morelli in Neapel, dessen Lieblingsschüler er wurde. Gleichwohl bekundete er alsbald eine völlig abweichende künstlerische Veranlagung. Denn während jener biblische Historien und christliche Legenden, landschaftliche Studien und Naturszenerien bevorzugte, neigte er selbst vielmehr zu sentimentalen Vorwürfen, zu Darstellungen aus dem freien und bewegten Leben der Künstlerbohème. Im Jahre 1897 siedelte er dann nach Paris über, wo sich sein Leben zunächst ebenso reich an Entbehrungen, wie an phantastischen Illusionen gestaltete. Diese letzteren haben auch dem gesamten bisherigen Künstlerschaffen Balestrieris sein so ungemein charakteristisches Gepräge verliehen.

Ein 1897 im Pariser Salon ausgestelltes symbolistisches Gemälde „In attesa della gloria" blieb so gut wie unbeachtet, ebenso auch das 1898 ausgestellte Bild „La morte di Mimi", das in seinem Schöpfer bereits den leidenschaftlichen Verehrer und begeisterten Interpreten von Murgers „Vie de Bohème" erkennen ließ. Mit einem Schlage wurde B. dann weit bekannt durch sein Beethoven-Gemälde, das ihm auf der Pariser Weltausstellung 1900 eine goldene Medaille eintrug, und das er dann 1901 von der venezianischen Kunstausstellung aus eine so erfolgreiche „Tournée" durch Europa und Amerika antreten ließ. Dieses durch photomechanische Reproduktionen alsbald weit verbreitete Gemälde führt das Innere eines Künstlerateliers vor Augen. Im Hintergrunde des Bildes sieht man zwei Musiker in der Ausführung eines Musikstückes für Klavier und Violine begriffen. Drei junge Künstler und eine elegante junge Dame — vermutlich die Gattin oder die Geliebte eines der Anwesenden — lauschen in ekstatischer Begeisterung den magischen Harmonien des großen Tondichters, dessen Bildnismaske an der Wand sichtbar ist. Der leidenschaftliche Empfindungsgehalt war es, der gewisse Schwächen der Malerei des Bildes leicht übersehen ließ und ihm die enthusiastische Anerkennung der gesamten zeitgenössischen Kritik eintrug. — Geringeren Erfolg hatte B. mit seinem 1903 in Venedig ausgestellten Gemälde „Gli ultimi giorni di Domenico Morelli". Die hoch gesteigerte Ausdruckskraft des Beethoven-Bildes fand er dagegen wieder mit seinem Chopin-Triptychon (Venezianische Kunstausstellung 1905). Im letztgenannten Jahre schuf er sodann das reich belebte, von künstlichem Licht durchflutete Interieurbild „Una birreria a Montmartre", eine meisterliche malerische Verherrlichung des Pariser „Nachtlebens"; ferner 1906—07 „La moglie del poeta", gleich einigen früher entstandenen Malereien des Künstlers (wie z. B. „Il bacio", — „Il disaccordo", — „La Riconciliazione") wiederum eine Darstellung aus dem Privatleben der Künstler-Bohème; schließlich 1907 das Gemälde „Decadenza", ebenfalls jenem von B.

etwas allzu einseitig gepflegten Stoffgebiete der Bohème entlehnt. — Diejenige Kunstgattung jedoch, in der B. bisher die größte und beständigste Frische und Kraft des Schaffens gezeigt hat, ist in der Tat nicht die Malerei, sondern die mehrfarbige Kupferätzung; und zwar übt er diese Technik nicht in dem komplizierten Druckverfahren von mehreren Farbplatten, sondern er trägt nach dem Vorgange des jungverstorbenen Malerradierers Vitalini die verschiedenen Töne einer allerdings ziemlich beschränkten Farbenskala auf eine einzige Ätzplatte auf, wobei er durch Verreiben der Farben vermittels der Fingerspitze (oder auch eines leinenen Wischers) außerordentlich harmonische und zarte Übergänge hervorzubringen weiß. Von diesen seit 1902 entstandenen, mehrfarbig gedruckten Radierungen B.s, unter denen (ebenso wie auf seinen Gemälden) die mannigfaltig belebten Darstellungen aus dem Pariser Weltstadtleben überwiegen, seien hier als die bekanntesten hervorgehoben: Notturno, — A Montmartre (eine trübe und regnerische Pariser Dämmerungsstimmung mit einem leidenschaftlichen Liebespaare unter dem Regenschirme), — Fra Lucerta (Klostermauer-Idyll mit einem Mönchlein und drei lachend an ihm vorübereilenden jungen Mädchen), — Notre Dame (eine wundervolle Sonnenuntergangsvision mit der in abendliches Sonnengold getauchten Pariser Kathedrale und mit der bereits von rötlichen Dämmerungsschatten überlagerten, von Dampfern und Lastkähnen belebten Seine), endlich: In viaggio, Crepusculo und Heidelberg (die beiden letzteren Blätter 1907 in Venedig ausgestellt.).

V. Pica, L'Arte Mondiale a Venezia 1901, 1903, 1905, 1907; sowie im Emporium (Bergamo) 1904, p. 477 ff. — R. Paralupi, L'Arte Europea a Venezia (Florenz 1901). — R. Pàntini, L'Arte Italiana (herausgeg. von der Rassegna Internaz., Florenz 1901). — A. Colasanti in L'Arte 1901, p. 266. — Willard, History of Modern Italian Art (1902) p. 580 f. — K. E. Schmidt in der „Woche" 1908 No. 4. *Dr. M. Maffii.*

Balestrieri, Marco, Miniaturist und Kalligraph in Parma, wo er 1541 eine Zahlung von 13 Goldscudi erhielt für seine Kalligraphenarbeiten im Dienste der Stadtbehörden. In der Tat sind die Aktenbände des Parmenser Stadtarchives, in denen die „Ordinationes" aus den Jahren vor 1541 enthalten sind, mit einer Anzahl trefflicher Miniaturmalereien geschmückt.

Scarabelli-Zunti, Mem. di B. Arti. (Mscr. in Parma, Bibl. Palat.) *St. Lottici.*

Balestrini, Carlo, Maler in Mailand, geb. daselbst 1868, Schüler Bertinis an der dortigen Akad., tätig als Historien-, Genre-, Bildnis- und Landschaftsmaler; jedoch bevorzugte er sittenbildliche Freiluftmotive aus seiner engeren lombardischen Heimat. Für seine Gemälde „Abel" u. „Le Slitte" wurde B. auf Mailänder Ausstellungen prämiiert (letzteres für die Brera-Galerie angekauft); der König von Italien erwarb von ihm das Ölbild „Cavallanti di ritorno". Auf vielen europäischen Kunstausstellungen sah man Bilder von ihm, z. B. 1901 im Münchener Glaspalaste „Eissammler bei Mailand", 1903 in Venedig „La calata della neve", „La quiete del Vespero", „Triste vigilia" und „Fiori del Convento", 1907 in Venedig „Rimorchiatori del Naviglio".

Rassegna Nazionale, vol. 133, p. 581; 134, p. 217. — Natura ed Arte 1898—1905, passim. — Arte e Storia XVIII 53 f., XXIV 67 ff., 82 ff., 100 ff., 150 ff., 181 ff. *E. Verga.*

Baletet, Guyot, Miniaturmaler von Avignon, 1468—91 daselbst urkundlich vorkommend, † vor 1510, von welchem Jahre das Testament seiner Witwe datiert. Auf der Bibliothek zu Avignon befindet sich ein mit figürlichen Initialen verziertes Gebetbuch von ihm, das er laut Inschrift am 28. 4. 1488 vollendete. Es ist dies das einzige Miniatur-Manuskript sicher bezeugten Avignoneser Ursprungs aus dieser Zeit, daher besonders wertvoll. Die 27 Miniaturen stellen biblische Szenen u. Heilige dar u. sind mit außerordentlicher Sorgfalt u. Delikatesse ausgeführt. B. scheint ein sehr beschäftigter Miniaturist gewesen zu sein, denn am 21. 9. 1468 muß er die Anfertigung zweier Manuskripte an den Bruder Jeoffroy de Closo abgeben, vermutlich weil er nicht allen ihm erteilten Aufträgen nachkommen konnte. (Sein Testament ist vom 7. 8. 1494 datiert.)

L. H. Labande in der Réunion d. sociét. d. beaux-arts XXII (1898) p. 501 ff. — Ders. in der Gazette d. beaux-arts 1907 I 303 ff. *H. V.*

Baleu, s. *Bailliu.*

Balfour, David, dän. Architekt, wird 1618 als Baumeister des Königs Christian IV. erwähnt. Scheint vor 1634 gestorben zu sein.

Weilbach, Nyt dansk Kunstnerlex. I. *V. Lorenzen.*

Balfour, Robert S., Architekt in London, stellte 1897—1902 mehrere große Bauentwürfe in der R. Academy aus.

Graves, The Roy. Acad. of Arts I 100. **

Balfourier, Adolphe-Paul-Émile, französ. Maler und Kupferstecher, geb. am 11. 8. 1816 in Montmorency (Seine-et-Oise). War zuerst Advokat in Paris. Nachdem er aber bei Ch. Raymond Malerei studiert hatte, der damals mitten in der romantischen Bewegung fast allein den alten klassischen Stil von David repräsentierte, besuchte B. Italien, Spanien, Süd- und Mittelfrankreich und schickte dem Salon, von 1843 bis 1875, fast ohne Unterbrechung, Bilder, die er selbst charakteristischerweise als „Komponierte Landschaften" bezeichnete. Seine Ansichten vom Luganer See brachten ihm 1844 eine Medaille 2. Klasse, trotz ihres ein wenig monotonen

Kolorits. Andere Werke sind: Umgebung von Valldemuza, Insel Majorka (Salon 1854), jetzt im Museum von Nantes; Mündung des Gapeau (Weltausstellung 1867). B. hat auch eine Anzahl Landschaften radiert, von denen mehrere in L'Artiste publiziert wurden.

Bellier-Auvray, Dict. gén. u. Suppl. — Meyer, Kstlerlex. *G. Geffroy.*

Balgiano, Taviano di Niccolò del, Bildschnitzer aus Volterra; hatte 1392 gemeinsam mit Andreoccio di Bartolomeo die Schnitzarbeiten des Barna di Turino und seiner Gehilfen im Chore des Domes zu Siena abzuschätzen.

Milanesi, Docum. Senesi (1854) I 369. *

Balhami, Giovanni, italien. Edelsteinschneider, schnitt unter anderem auch die Kameen für die Agraffen am Krönungsmantel Napoleons I. B. starb Ende April 1854 in Cremona.

Oettinger, Moniteur des Dates, Suppl. 14. **

Balicki, Karl, Illustrator und Vedutenzeichner in Krakau, geb. 1820, † daselbst am 15. 6. 1854.

Meyer, Kstlerlex. II 648. **

Balieu, s. *Bailliu.*

Baligand, Jean Jacques, Architekt und Ingenieur, geb. 1697 zu Bauves im Hennegau, † am 21. 12. 1762 in Nancy. Er bekleidete das von Stanislaus 1750 gestiftete Amt eines Präfekten für Brücken- und Straßenbau in Lothringen. Zu der großen Straße von St. Dié entwarf er den Plan; in Nancy erbaute er 1747 das gegenwärtige Präfekturgebäude und das Hôtel Génin. Von architektonischen Entwürfen sind mehrere, mit seinem Namen bezeichnete, bekannt.

Wahrscheinlich ein Bruder von ihm war der 1746 † Architekt *François B.* „inspecteur des bâtiments du roi Stanislas".

Réun. d. Soc. d. beaux-arts. XXV 302, XXVII 339. *H. V.*

Balin, Jehan, Illuminator, wohnte 1547 in der Parochie St. Benoit in Paris.

Herluison, Actes d'état civil d'artistes franç. — Jal, Dictionnaire crit. II éd. p. 534. *Cte. P. Durrieu.*

Balin, s. auch *Ballin.*

Balinski, Stanislas, Zeichner und Kupferstecher, geb. 1782 in Wilno, † 1813 in Krakau. Studierte auf der Universität in Wilno unter Prof. Rustem und hinterließ aus dieser Zeit viele schöne Kreidezeichnungen und einige Proben des Kupferstechens. Von seiner ausländischen Reise zurückgekehrt, beschäftigte er sich immer mehr mit literarischen Arbeiten und 1810 wurde er zum Sekretär des Justizministeriums in Warschau ernannt, welche Stellung er bis zum Tode behielt. Von ihm gestochen ist das Porträt des Fürsten de la Rochefoucault 1812; nach ihm stach David Weiß die Porträts: Taddaeus Czacki und Georg Mniszech, 1818.

Meyer, Kstlerlex. — Orgelbrand, Enzykl., Warschau 1900. *Marian Gumowski.*

Bálint (Valentin), ung. Maler, in Siebenbürgen, am 6. 6. 1496 dokum. erwähnt.

Művészet, Budapest 1902, 434. *K. Lyka.*

Bálint, Zoltán, ung. Architekt, geb. 1871 in Nagyvárad, absolvierte das Polytechnikum in Budapest und gewann 1896 die Ybl-Medaille des Ung. Architekten-Vereins. Seit 1897 arbeitet er mit dem Architekten Ludwig Jámbor gemeinschaftlich, errang mit ihm den I. Preis bei den arch. Konkurrenzen für das Redoute-Gebäude in Szatmár, für den isr. Tempel in Budapest-Lipótváros. Gemeinschaftlich installierten beide die ung. Abteilung der großen Pariser Weltausstellung 1900 und bekamen daselbst den Grand Prix. 1902 wurde ihnen eine goldene Medaille in Turin und 1903 ein erster Preis bei der Konkurrenz für das Gymnasium in Nagykanizsa zuteil. Öfters gewannen sie auch Preise für architektonische Arbeiten bei plastischen Wettbewerben. Bálint u. Jámbor repräsentieren die jüngere Richtung der ung. Architektur, ihre Arbeiten charakterisiert das streng Tektonische und Materialgerechte, bei den Wohnbauten wohl auch ein Hervorheben ung. orn. Motive in Majolika und Eozin, wobei der Farbe eine pointierte Rolle zufällt. Derlei Bauten in Budapest. *K. Lyka.*

Baliu, s. *Bailliu.*

Balkay, Pál (eigentl. Derbalkay), ung. Maler, geb. am 29. 6. 1785 in Tisza-Örs, war 1804—1808 bei Füger in Wien, ging dann nach Ungarn, wo er Altarbilder für die Kirchen von Tiszafüred, Besnyő, Födémes, Eger usw. malte und Porträtvorlagen für Stecher lieferte. 1820 malte er für das Nationalmuseum die „Segnungen des Friedens", ein allegorisches Bild im Geschmack der Zeit. 1835 besuchte er Venedig, kopierte auch dort manches. Wird von den zeitgenössischen ung. Kritikern hauptsächlich als Kopist gelobt, seine Originalwerke verraten einen biederen Eklektizismus. † am 14. 7. 1846.

Művészet, Budapest, versch. Jahrg. — Alte Briefschaften. *K. Lyka.*

Balke, Peder, norweg. Landschaftsmaler, geb. in Hedemarken am 4. 11. 1804, † in Kristiania am 15. 2. 1887, kam 1827 nach Kristiania, wo er die Kgl. Zeichen- u. Kunstschule durchmachte und bei Jakob Munch malte. Später studierte er Landschaftsmalerei in Stockholm, unternahm mehrere Auslandreisen, so war er 1844 mit Staatsstipendium in Dresden, wo er J. C. C. Dahls Schüler war. Er malte häufig Mondscheinlandschaften und Motive aus Nordland nach einer Studienreise dorthin 1833. In den Jahren 1836 bis 1844 stellte er mehrere Arbeiten in den Kunstvereinen von Bergen und Kristiania, 1849 in Stockholm aus und verkaufte 1852 zwei Landschaften an Friedrich Wilhelm IV. von Preußen. Bilder von ihm finden sich in Bergens städt. Bildergalerie und im Nationalmus. in Stockholm.

Private Mitteilungen. — Thiis, Norske Malere og billedhuggere, Bergen 1904, I 62. — Kunstblatt, Stuttgart 1851. — Meyer, Kstlerlex. *C. W. Schnitler.*

Balkema, Cornelis Filippus, holländ. Zeichner und Schriftsteller, geb. am 25. 12. 1805 zu Holwierda. Einige seiner Zeichnungen sind gestochen worden.

Immerzeel, De Levens en Werken p. 28.

Balkenende, Balkeneijnde, s. *Balckenende.*

Balko, s. *Palko.*

Ball, Arthur E., engl. Maler und Radierer in Richmond, stellte 1880—85 in der Roy. Academy Stimmungslandschaften und Straßenansichten aus und behandelte auch in seinen meist kleinen Radierungen ähnliche Sujets, z. B. Altenglische Straße und Benfleet marsh. **

Ball, Frau Caroline Peddle, amerikan. Bildhauerin, geb. am 11. 11. 1869 in Terre Haute, Indiana, studierte in Philadelphia, New York, Florenz und Paris. Ihr Hauptlehrer war der irisch-amerikanische Bildhauer Aug. St. Gaudens in New York. Von ihr die Viktoria auf dem Vereinigte Staaten-Gebäude auf der Pariser Weltausst. 1900. Eine andere Hauptarbeit von ihr ist der „Gedächtnisbrunnen" in Flushing, Long Island; außerdem seien noch Porträtstatuen und das Rundrelief „Der Kuß" genannt.

„Scrip", July 1906. — „Harpers Bazaar". *Edmund von Mach.*

Ball, Hugh Swinton, amerikan. Maler, † am 16. 1. 1838, seinerzeit hochgeschätzt und 1837 zum Mitglied der National Academy gewählt.

Cummings, History of the National Academy. *Edmund von Mach.*

Ball, L. Clarence, amerikan. Landschaftsmaler, geb. am 4. 7. 1855 in Mount Vernon, Ohio, bekannt durch seine Bilder von dem „Kaukakee Marsh", die sowohl auf der Ausstellung in Chicago (1893) als auf der in St. Louis (1904) rühmend erwähnt wurden. *Edmund von Mach.*

Ball, Percival, Bildhauer in London, Schüler der Roy. Academy, 1866 prämiiert für sein Basrelief: Aufrichtung der ehernen Schlange, wandte sich später hauptsächlich der Porträtbildhauerei zu. Er stellte 1865—82 in der Roy. Academy aus. In der Nat. Portrait Gallery befindet sich von seiner Hand die schlichte Marmorporträtbüste der Schriftstellerin A. Blandford Edwards (in Rom 1873 vollendet).

L. Cust, The Nat. Portrait Gall. II 181. — Graves, The Roy. Acad. of Arts I 101. **

Ball, Thomas, amerikan. Bildhauer, geb. am 3. 6. 1819 in Charlestown bei Boston Mass., zuerst Maler, widmete sich aber später ganz der Bildhauerei. Seine Erstlingswerke z. B.: Büste von Jenny Lind, haben nur historischen Wert, obgleich auch sie schon die wahrhaft künstlerische Auffassung B.s zeigen. 1854 ging er zum erstenmal nach Florenz, kehrte nach zwei Jahren zurück und ist dann wiederholt in Europa gewesen. Seine Tätigkeit erstreckte sich bis beinahe zu seinem 80. Lebensjahr. Seitdem hat er sich immer mehr von der Öffentlichkeit zurückgezogen. Er lebt in Montclair, New Jersey.

Seine bedeutendsten Werke sind: in Boston Reiterstatue von Washington im Public Garden, Josiah Quincy vor dem Rathaus und Lincoln und der kniende Neger (Kopie der Emanzipationsgruppe in Washington) im Park Square, Charles Sumner im Public Garden, St. John the Evangelist im Forest Hill Cemetery; in Cambridge, Mass. im Mt Auburn Cemetery das Chickering Monument; in Methuen, Mass. das Washington Monument, vielleicht sein bedeutendstes Werk. „Es ist pyramidal auf einem ungeheueren Block von Carrara-Marmor aufgebaut. Auf der untersten Stufe sitzen vier Bronze-Figuren: Cincinnatus, Viktoria, Revolution und Bedrükkung. In Nischen darüber sind vier Porträtbüsten von Washingtons berühmten Generälen, Lafayette, Greene, Knox und Lincoln u. oben steht Washington selbst, eine Kolossalfigur." Diese Statue von Washington war 1893 auf der Weltausstellung von Chicago in der großen Rotunda des Kunstpalastes ausgestellt. In Washington: Emanzipationsgruppe. In New York: Kolossalstatue von Daniel Webster im Centralpark; in Philadelphia: Edwin Forest als Coriolanus im Actors Home; in Concord, N. H. eine Statue von Daniel Webster. Seine Büsten sind sehr zahlreich, und es seien von ihnen nur genannt: Napoleon I., Rufus Choate, Henry Ward Beecher, Ephraim Peabody (in der King's Chapel, Boston). Von Idealfiguren seien erwähnt: „Weihnachten", „St. Valentines Morgen", „Der Liebe Gedächtnis", „Pandora" (eine seiner wenigen Aktstücke) und „Eva ins Leben tretend". Dies letztere hält Ball für sein bedeutendstes Werk. Sein Idealkopf „La Petite Pensée" ist sehr berühmt. Gerühmt werden auch seine Statuen vom Gouverneur John A. Andrew und dem Zirkusbesitzer P. T. Barnum.

Wer Ball richtig würdigen will, darf seine historische Stellung nicht vergessen. Er fing an zu arbeiten, als das Land gute Kunst nicht kannte und war schon beinahe vierzig Jahre alt, als er nach Italien ging. So fehlt denn der Oberfläche seiner meisten Figuren die Grazie einer leichten Technik; auch zeigt sich hier und da (z. B. in der Emanzipierungsgruppe in Washington und Boston) eine gewisse Härte in der ganzen Komposition. Eleganz ist erst ganz langsam in seine Werke eingezogen. Bewundernswert ist aber der gediegene Ernst, die Würde und die künstlerisch strenge Auffassung. Man darf wohl sagen, daß er einer der bedeutendsten amerikanischen Bildhauer ist und daß er den Ansporn zu der neueren amerikanischen Bildhauerkunst gegeben hat.

Meyer, Kstlerlex. II 649 (Artikel von S. R. Köhler). — Taft, American Sculpture, S. 141 ff. — Ball, My three Score Years and Ten, Boston 1891. — New England Magazine (N. S.) vol. 12 S. 291. *Edmund von Mach.*

Ball, Wilfred Williams (R. E.), engl. Aquarellmaler u. Radierer, geb. in London am 4. 1. 1853, trieb, im kaufmännischen Berufe stehend, seine Kunsttätigkeit lange Zeit als Amateur, widmete sich aber später der Radierung mit solchem Erfolge, daß er für einige seiner Szenen vom Themsestrand das warme Lob Whistlers erhielt. Von 1877 bis 1903 war er alljährlich mit Radierungen oder Aquarellen in der Roy. Academy vertreten, häufig auch in der New Gallery. Was seine Arbeiten so reizvoll macht, ist die schlichte Wiedergabe liebevoll eindringender Naturbeobachtung, sein Geschmack in der Auswahl der wirksamsten Punkte in einer Landschaft und seine sichere Technik. Er arbeitet eigentlich mit wenig Farben, erreicht aber immer harmonische Farbeneffekte, während seine Skizzen im Freien sich durch Ursprünglichkeit und Frische auszeichnen. Sein Oeuvre umfaßt eine Reihe von Zeichnungen der Norfolk Broads (1886) und die Folgen: Venedig (1887), Holland (1889), Nürnberg und Rothenburg (1891), Ägypten (1893) und Englische Szenerien.

Studio XVI 3 ff. mit Abb., XXXI 72/3. — The Art Journal 1905 219 ff. — Graves, Roy. Academy of Arts I 101/2. *N. Peacock.*

Ball, s. auch *Bal.*

Balla, Giacomo, Maler der Gegenwart in Rom, geb. in Turin, machte sich durch eigenartige derbe, kontrastreiche Landschaften bekannt. Auf der Intern. Ausst. in Düsseldorf 1904 sah man von ihm das Bild: Das Vorspannpferd.

Roma Letteraria 1904 p. 168—175. — L'Italia moderna 1905 vol. II 931—35. — Kstchronik N. F. XVIII 476. — Rivista d'Italia V, fasc. 4 p. 695 ff. **

Balla, Michele, Goldschmied (u. Medailleur?) in Rom, heiratete 1546 u. wird mehrfach bis 1572 urkundlich erwähnt. — L. Forrer schreibt ihm eine Medaille auf Gregor XIV., signiert: Caval. Mi. B. (1591) zu.

Bertolotti, Artisti subalpini in Roma 116, 118/9. — L. Forrer, Dict. of Medallists p. 117. **

Ballador, Johann Georg, Edelsteinschneider in Nürnberg und als solcher ein Schüler des Christoph Dorsch (s. d.). Nach Murr ward der in dürftigen Verhältnissen lebende Künstler von dem gelehrten Schulmann Andreas Götz auf den Kardinal Quirini als großen Kunstfreund aufmerksam gemacht, dessen Bildnis er alsdann nach einer Medaille oder einem Kupferstich auf das vortrefflichste in einen Karneol schnitt. Von dem falschen Freunde indessen um den Lohn seiner Arbeit betrogen, verließ B. Nürnberg und begab sich nach Amsterdam, wo er sich verheiratete und 1757 starb.

Christoph Gottlieb von Murr, Denkmal zur Ehre des sel. Herrn Klotz . . . Frankfurt und Leipzig 1772, S. 16 Anm. 2. *Th. Hampe.*

Ballaert, Hendrik van, vläm. Bildhauer in Gent, wo dieser „antyksnyder, Albastwerker en steenhouwer in beelden" 1571 für die Kapelle des Notre Dame-Hospitales zu Audenaerde das Altar-Tabernakel der hl. Agnes ausführte, sowie gleichzeitig einige Ornamentskulpturen für die Kapelle und den Friedhof desselben Hospitales. Für alle diese Arbeiten erhielt B. 112 „livres parisis" ausgezahlt. 1573 schuf er dann in Gent für die Kapelle des Hôtel du Conseil de Flandre „trois imaiges d'allebastre", die ihm mit „20 livres de 40 gros" bezahlt wurden. Nach einem noch unveröffentlichtem Archivfund von *Victor van der Haeghen* übernahm B. bereits 1553 den Sculpturenschmuck des Hauses „Grenoet Appel" in der rue Langhemunte mit den Statuen von Glaube, Liebe und Hoffnung. Die Unterschrift des Künstlers findet sich in den Akten im Stadtarchiv in Gent (1553—1555).

Pinchart, Messager des sciences histor. de Belgique, 1855. — Biographie nationale de Belgique. — E. Marchal, La sculpture etc. belges (1895), p. 240. *E. de Taeye.*

Ballanche, Antoine, französ. Architekt („tailleur de pierres et maître d'oeuvres"), unternahm 1565—66 den Umbau des Schlosses in Avenches, wohin er mit seinem Bruder unbekannten Namens berufen war. Auf seinen Anteil entfällt ein einstöckiger, reichskulpierter Flügel samt dem Treppenturm, der zu den vornehmsten schweizerischen Baudenkmälern aus dieser Zeit gehört.

A. Näf bei Brun, Schweizer. Kstlerlex. *H. V.*

Ballanche, s. auch *Balanche.*

Balland, Heinrich, deutscher Maler des 17. Jahrh. Von ihm ein Gemälde auf Kupfer mit der Auferweckung des Lazarus im Amalienstift in Dessau (1636).

Cat. d. Gem.-Sammlg. der Amalienstift. zu Dessau 1877 p. 28. *H. V.*

Ballante, Gaspare, italien. Glasmaler aus Ferrara, der am 8. 6. 1564 die Summe von 6 Scudi und 15 Grossi ausgezahlt erhielt für Ausführung eines 7½ Ellen messenden Glasgemäldes in der Kapelle der Tesoreria Apostolica zu Perugia, eines Baues, an dem die besten umbrischen Künstler der Zeit mitgearbeitet hatten.

L. Fumi in Append. II al Bollett. della R. Deput. di Stor. Patr. per l'Umbria (1901) p. 204. *G. Degli Azzi.*

Ballanti, Francesco, italien. Terrakottabildner in Faenza, wo er um 1796 gemeinsam mit seinem Bruder Giov. Batt. B. für die Majolikafabrik von Ferniani als Modelleur tätig war.

Lit. s. u. *Ballanti,* Giov. Batt. *N. Tarchiani.*

Ballanti, Giovan Battista, gen. Graziani, italien. Bildhauer u. Modelleur, geb. 1762 in Faenza, † 1835. Zunächst als Zeichner für den Kupferstich ausgebildet, widmete er sich später ausschließlich der Bildhauerkunst, studierte die Kunstdenkmäler Venedigs, Paduas, Ferraras, und Roms (1826). In Faenza hat er zahlreiche Schüler ausgebildet. Für die Kirchen der Romagna und der Emilia hat er eine große Anzahl von Heiligenstatuen in Gips modelliert, darunter diejenigen in der Klosterkirche des SS. Sacramento zu Fognano, sowie auch den Sarkophag des heil. Emilianus im Dome zu Faenza. Ferner arbeitete er Kruzifixe, Engelfiguren etc. für Turiner, Mailänder, Florentiner und Römische Kirchen und für ein Stadttor zu Imola ein Terrakottarelief, darstellend die Madonna zwischen den Heil. Cassianus und Petrus Chrysologus. Auch Grabdenkmäler und Bildnisbüsten hat er ausgeführt. Endlich arbeitete er gemeinsam mit seinem Bruder Francesco B., sowie mit Trentanove, G. B. Sangiorgi und Giulio Tomba als Modelleur für die Majolikafabriken von Ferniani und Dal Borgo zu Faenza; für die letztere Fabrik fertigte er in der durch ihn wieder zu Ehren gebrachten Robbiatechnik einen heil. Franziskus, der die Wundmale empfängt (jetzt in der Vernia).

D. Vaccolini in Giorn. Arcad. 1834—35, p. 343 ff.; sowie in Tibaldos Biogr. d. Ital. Illustri IV 315, 318. — G. Campori, Art. Ital. etc. negli Stati Estensi (1851) p. 30. — C. Malagola, Mem. stor. sulle maioliche di Faenza (1880) p. 198 ff., 216 f., 273, 528. — Arte e Storia 1882, p. 126. *N. Tarchiani.*

Ballantyne, Miß Edith, engl. Malerin in Melksham, Wilts., stellte von 1866—84 in der Roy. Academy und bis 1887 in der Roy. Scottish Acad. Genrebilder aus.

Graves, The Roy. Acad. of Arts I 102. **

Ballantyne, John (R. S. A. 1845), schott. Porträtmaler, geb. 1815 zu Kelso, † am 12. 5. 1897, studierte in Edinburgh, kam 1832 nach London, stellte schon 1835 in der Roy. Academy ein Porträt aus und war dort fast alljährlich bis 1883 vertreten. Bekannt ist seine Reihe von Porträts berühmter Maler in ihren Ateliers. So stellte er auf dem Bilde in der Nat. Portr. Gallery den berühmten Tiermaler Sir E. Landseer in Baron Marochetti's Studio dar, wie er einen der großen Löwen für den Trafalgar Square (31. 1. 1867) modellierte.

Graves, Roy. Acad. of Arts I 102/3. — Bryan, Dict. of painters I. — Nat. Portr. Gall. Cat. 1903. — Studio 1907, Roy. Scottish Academy. — People of the Period, vol. I. *N. Peacock.*

Ballard, F., französ. Kupferstecher, der um 1625, wahrscheinlich in Limoges, tätig war. Man kennt von ihm drei Blätter, darunter zwei Stiche nach Bamboccio.

Meyer, Kstlerlex. II. *J. Guibert.*

Ballard, Jean, Glasmaler, fertigte 1249 Glasmalereien für die Kathedrale zu Chartres.

Bulteau, Description de la cathéd. de Chartres. *H. V.*

Ballard, Laurent, französ. Geschützgießer. Eine mit seinem Namen und 1676 bez. kleine, mit trefflichen Gravierungen verzierte Kanone befindet sich im Musée d'artillerie in Paris.

Champeaux, Dict. d. fondeurs etc. 1886. *H. V.*

Ballard, Thomas, Maler in London, stellte 1865—77 Genrebilder in der Roy. Academy aus.

Graves, The R. Acad. of Arts I 103. **

Ballarini, Anna de, vermählte *de Hebra,* Malerin, geb. in Trient am 11. 11. 1820, † in der Pflegeanstalt in Pergine am 6. 2. 1906, malte kleine Landschaften, meistens Aquarell, versuchte sich aber auch mit Glück in der Figurenmalerei. Ein vortreffliches Selbstporträt von ihr besitzen die beiden Nichten der Künstlerin, Frls. de Ballarini in Trient. *L. O.*

Ballarini (Ballerini), Carlo, Maler aus Ferrara, nach Zani (Enc. met. III 42) um 1640, malte hier verschiedene Deckenbilder in der Kirche S. Francesco.

Cittadella, Not. rel. a Ferrara, p. 28, 29. — Ces. Barotti, Pitt. e Scult. a Ferrara, 1770 p. 130. *H. V.*

Ballarini, Domenico de, Onkel der Anna de B., Aquarellist, † 1891 fast 90jährig in Rovereto. Seine kleinen Landschaften sind sehr graziös und zeichnen sich durch Farbenharmonie und poetisches Gefühl aus. *L. O.*

Ballarini, Ernesto, geschätzter ital. Holzschneider der Gegenwart, geb. im September 1845 zu Bologna, Schüler der dortigen Akademie und von Ratti, seit 1880 Professor an der Holzschneideschule im Ospizio di S. Michele in Rom. Er hat für verschiedene illustrierte Werke mitgearbeitet und begründete 1883 gemeinsam mit Becchetti und Bianchi die Italia artistica illustrata.

Gubernatis, Dizion. d. Art. Ital. Viventi 1889. — Chron. f. vervielf. Kunst II 37, III 14. Wien 1889 u. 90. *H. V.*

Ballarini (oder Ballerini), Giambattista, italien. Architekt in Bologna, wo er 1583 gleichzeitig mit Pietro Fiorini zum Stadtbaumeister ernannt wurde. An der Porta delle Lamme (bei S. Filippo e Giacomo) errichtete er 1589 eine Portikus, und 1606 erhielt die Kirche S. Benedetto nach seinem Plane ihre jetzige Gestalt. Im Hause B.s befand sich die Akademie der Carracci.

Bianconi, Guida di Bologna (1826) p. 15, 65. — Gualandi, Memorie (1843—45) IV 161, VI 9 f., 28. *R.*

Ballarini, J., Radierer des 19. Jahrh., in Wien tätig. Von ihm die Blätter: 1) Dorfkirche, 1834, gr. 8. 2) Landschaft, Ansicht von Sievering bei Wien, 1834. qu. 8.

Ballarini, Paolo, Architektur- und Landschaftsmaler, geb. in Bologna am 10. 10. 1712, kopierte häufig Tiepolo, war 1736—39 in Wien tätig, malte nach seiner Rückkehr in Bologna zusammen mit Gius. Galli Bibbiena das Theater Malvezzi. Später malte er auch in Petersburg während eines fünfjährigen Aufenthaltes viele Decken- und Wandbilder in Palästen. Zurückgekehrt soll er nach Crespi in Bologna und Venedig sich hauptsächlich der Landschaftsmalerei gewidmet haben.

Crespi, Vite de' pitt. Bolog., non descr. nella Felsina pittrice, 1769. **

Ballarino, Andrea, italien. Zeichner und Kupferstecher des 17. Jahrh., vermutlich aus Brescia und dort tätig, hat das Autorenbildnis, das Wappen und die 68 Illustrationen in Marin Brescianis „Trastulli guerrieri", die 1668 in Brescia erschienen sind, radiert. Diese Arbeiten sollen an Rembrandts Art erinnern.

Cittadella, Doc. e Illustraz. risguard. la storia artist. Ferrara p. 159. *P. K.*

Ballarino, Domenico, italien. Glaskünstler in Murano; erhielt 1532 eine Zahlung von 1111 cent escus sol . . . für venezianische Glas- und Kristallgefäße, die er an König Franz I. von Frankreich geliefert hatte.

G. d'Adda in Gaz. d. B.-Arts 1876, II. 119, Anm. *R.*

Ballarino, Francesco, italien. Glaskünstler, 1498 in Murano zum ersten Male erwähnt, † nach dem Oktober 1536 als der bedeutendste unter den muranesischen Kunstgläserfabrikanten seiner Zeit; befreundet mit Pietro Aretino, der ihm von Giovanni da Udine Skizzen für die Dekorierung seiner Gläser besorgte.

Moschini, Guida di Murano (1808) p. 14. — V. Lazari in Gaz. d. B.-Arts XI (1861) p. 323 ff. — Cecchetti, Sulla storia d. arte vetr. Muranese (1865) p. 28. — G. d'Adda in Gaz. d. B.-Arts 1876, II 118 (mit Anm.). — C. A. Levi, L'Arte del vetro in Murano (1895) p. 29 f. *A. Baracchi.*

Ballarino, Giorgio, italien. Glaskünstler, geb. 1450 in Spalato (Dalmatien), † vor dem 9. 10. 1506 in Murano. Als Gehilfe des dortigen Glaskünstlers Angelo Barrovieri hatte er dessen Glasfärbemethoden erlernt, um dann in Murano mehrere eigene Kunstgläserwerkstätten zu errichten; die bedeutendste darunter war die 1491 bei S. Stefano errichtete. 1497 war Giorgio B. Prokurator beim Baue der letztgenannten Kirche, 1503—4 Gastaldo der muranesischen Glasmacherzunft.

V. Lazari, Not. d. opere d'arte etc. della Raccolta Correr a Venezia (1859) p. 91; sowie in Gaz. d. B.-Arts XI (1861), p. 323 ff. — G. d'Adda in Gaz. d. B.-Arts 1876, II 119 (Anm.). — C. A. Levi, L'Arte del vetro in Murano (1895) p. 22—27. — P. Molmenti, La Storia di Venezia nella vita priv. (1905) I 316. *A. Baracchi.*

Ballarino da Vicenza, s. *Bittonte,* Giov.

Ballarino, s. auch *Balarino.*

Ballause, Michel, Ornamentmaler in Tours, war 1516 bei den Vorbereitungen für den festlichen Einzug Franz' I. mit beschäftigt.

L. de Grandmaison, Les peintres de Tours. *H. Longnon.*

Ballavoine, Jules Frédéric, französ. Maler der Gegenwart, geb. in Paris, Schüler von Pils. 1880 im Pariser Salon für sein Gemälde „La séance interrompue" mit einer 3. Medaille ausgezeichnet, brachte er seitdem alljährlich Genre-, Historien- und Bildnisgemälde daselbst zur Ausstellung, darunter: Surprise (1882), Le Marché aux fleurs, Petite Bohémienne (1883), Parmi les rochers (1885), Sur la terrasse (1890), Mademoiselle Satan und Männliches Bildnis (1897), L'étude du rôle und Matin d'été (1901).

Bellier-Auvray, Dict. gén. des Artistes, Suppl. — Gaz. des B.-Arts 1880, II 50. — Pariser Salonkataloge seit 1880. *G. Geffroy.*

Ballay, Guillaume, Medailleur in Paris, wo er 1512 an der Münze beschäftigt war, wird 1507—1518 erwähnt und ist wohl Verwandter des Josué B. Er ist hauptsächlich als Jetonstempelschneider bekannt. Von ihm die Jetons für die Kirche Notre-Dame von Rouen, 1507; für Guillaume Guyon, 1516; für die Königin von Aragonien, Germaine de Foix, 1518.

Rondot, Les médailleurs etc. en France, 175. — Forrer, Biogr. dict. of medallists. — Mazerolle, Les médailleurs franç. CLI. *Fréd. Alvin.*

Ballay, Josué, Med. u. Graveur von Jetons, Paris, Verwandter des Guillaume, um 1525 bis 53 tätig, aus welchen Jahren man Jetons für die Königinnen von Frankreich und Navarra und andere bedeutende Persönlichkeiten der französ. Gesellschaft von ihm kennt. 1549 wird er angeklagt, Stempel für falsche Testons mit dem Bildnis Karls V. gefertigt zu haben.

Rondot, Les médailleurs etc. en France, 186. — Forrer, Biogr. dict. of medallists. — Mazerolle, Les médailleurs franç., CLIII. *Fréd. Alvin.*

Ballay, s. auch *Balay.*

Balle, Otto Petersen, dän. Maler, geb. am 17. 4. 1865 in Törlslev (Jütland), Schüler der Kunstakademie und von P. S. Kröyer. Er malt ländliche Genrebilder und Interieurs, namentlich aber Landschaften, häufig mit Tierszenen.

Weilbach, Nyt dansk Kunstnerlex. I (1896). — Ausstellungskatal. (Charlottenborg) 1888 bis 1907. *A. R.*

Ballebrera, Pedro, Kunststicker in Zaragoza am Anfang des 17. Jahrh. Er führte u. a. einen Teil des Antependiums am Altar der

Virgen de los Remedios der Kirche S. Gil in Z. aus.

Viñaza, Adic. II 44. *M. v. B.*

Ballecto, Francesco del, s. *Francesco* d'Antonio.

Balleis, Macarius, Kupferstecher, geb. am 1. 1. 1761 zu Aindling in Bayern. Er kam 11jähr. in die Karlsschule nach Stuttgart, wurde dort Schüler von Joh. Gotth. Müller und erhielt 1789 die Ernennung zum Hofkupferstecher. † am 4. 2. 1790. Er stach vorzugsweise architektonische Entwürfe und Landschaften.

Meyer, Kstlerlex. (hier 11 Num. s. Arbeiten). — Wagner, Gesch. d. H. Karlsschule I 361, 474.

Ballenberger, Friedrich, Maler, geb. am 6. 4. 1865 zu München, Schüler der dortigen Akademie. Längere Jahre in München ansässig, betätigte er sich zumeist im Porträtfach. Auch versuchte er sich in landschaftlichen Studien, die er auf seinen Reisen in Italien gesammelt hat.

Das geistige Deutschland, Leipzig 1898, S. 25. — Singer, Kstlerlex. Nachtr. 1906.

Ballenberger, Karl, Maler, Radierer und Lithograph, geb. am 24. 7. 1801 zu Ansbach, † am 21. 9. 1860 zu Frankfurt a. M. Er war anfänglich Tassenmaler in der Porzellanfabrik zu Bruckberg, dann Steinmetz, als welcher er durch ein heimlich verfertigtes Basrelief die Aufmerksamkeit des Ansbacher Architekten Keim (Vater) auf sich lenkte, bei dem er die gotische Kunst gründlich studierte. 1831 kam er nach München, wo er von dem begeisterten Gotiker Fr. Hoffstadt Zeichenunterricht erhielt und die Akademie besuchte. In Frankfurt, wo er 1833 seinen Aufenthalt nahm, schloß er sich an Phil. Veit an und studierte im Sinne der romantischen Richtung jener Zeit mit großer Hingebung die „altdeutsche" Kunst. Seine Bilder, klein im Format, meist hart in Zeichnung und Färbung, aber sorgfältig durchgeführt, fanden damals lebhafte Anerkennung. (Kleine Heiligenbilder in Öl, aquarellierte Zeichnungen: Götz von Berlichingen, Siegfried mit dem Drachen.) Zu seinen tüchtigsten Leistungen gehören die für den Kaisersaal des Römers zu Frankfurt von ihm ausgeführten Bildnisse von Konrad I., Ludwig dem Bayer, Ruprecht von der Pfalz und Günther von Schwarzburg. Zu den von J. von Hefner herausgegebenen „Trachten des christlichen Mittelalters" (Mannheim 1840) lieferte er verschiedene Beiträge. Seine zahlreichen Studien hierzu befinden sich in der Trachtensammlung des Städelschen Instituts zu Frankfurt, daselbst auch zwei Ölgemälde und zahlreiche Handzeichnungen, meist Aufnahmen mittelalterlicher Gebäude, nur wenige ausgeführte Studien zu Gemälden. Die durch seine ersten Lehrer ihm eingepflanzte Vorliebe für die Gotik äußert sich auch in der Anbringung gotisierender Ornamente und Umrahmungen auf und um seinen Bildern. Er lithographierte ein Blatt „Das Fahrtor in Frankfurt" und radierte ein Künstlerwappen. B. beschäftigte sich auch mit der Herstellung von Modellen für Monstranzen, Kelche, Abendmahlkannen, Grabsteine und schnitzte Wappen und Figuren in Holz. Im Jahre 1843 zog er in der Gefolgschaft Ph. Veits in das Deutschordenshaus in Sachsenhausen.

Gwinner in Mitteilgn. d. Ver. f. Gesch. u. Altert.-Kde. in Frankf. IV 98 ff. (ausführlich; wieder abgedruckt in Rittwegers Frankf. Hausblätter N. F. 1. Jahrg. S. 234, 235). — J. B. Bauer, Biographie (Manuskript in der Sammlung der Frankf. Künstlergesellsch.). — Meyer, Kstlerlex. II. — F. v. Bötticher, Malerwerke d. 19. Jahrh. — Raczynski, Gesch. d. mod. Kst. III 379, 380. — Weizsäcker, Frankf. Kunstleben S. 37. — Eggers, Dtsch. Kunstbl. 1854 S. 199. — Kunstchronik X 397. *Schrey.*

Ballerini, Giovanni, italien. Architekt, erbaute 1606 die einschiffige Kirche S. Benedetto zu Bologna; die Fassade zeigt Einflüsse Pellegrino Tibaldis.

C. Gurlitt, Gesch. d. Barockstiles in Italien 1887 p. 141. *H. V.*

Ballerini, s. auch *Ballarini.*

Ballerino da Vicenza, s. *Bittonte,* Giov.

Ballero (Balleri), Giovanni, reproduzierender ital. Kupferstecher des 19. Jahrh., geb. in Genua, Schüler von G. Longhi.

Alizeri, Not. d. Prof. d. dis. in Liguria 1866. III 366, 479. — Meyer, Kstlerlex. II. *H. V.*

Balleroy, Albert, comte de, Tier-, Genre- und Porträtmaler und Radierer in Paris, geb. in Igé (Orne) am 15. 8. 1828, † 1873, Schüler von Schmitz, stellte in den Salons 1853—1870 fast alljährlich aus. Einen besonders beliebten Vorwurf für ihn bildeten Jagdszenen (Hirsch-, Eberhetzen etc.). Zu seinen besten Arbeiten gehören die Meuten von Jagdhunden in Lebensgröße („La Meute sous bois", Salon 1861, Landschaft von L. Belly, etc.), die er auch in der Radierung festgehalten hat (Hunde, sich um einen Hasen streitend, 1862, Société des Aqua-fortistes. qu. fol.).

Bellier-Auvray, Dict. gén. u. Suppl. — Singer, Kstlerlex. Nachtr. 1906. — Heller-Andresen, Handbuch f. Kupferstichsammler. 1870. *H. V.*

Balleroy, Charles de, Maler in Paris, geb. in Limoges (Haute-Vienne), Schüler seines Vaters Albert d. B. und von Gérôme, stellte in den Salons 1878 und 1880 aus.

Bellier-Auvray, Dict. gén., Suppl. *H. V.*

Ballester, M°, Bildhauer, geb. Lluchmayor auf den Balearen, † in Palma 1. 12. 1681.

Viñaza, Adic. II 46. *M. v. B.*

Ballester, Gabriel, katalan. Maler um 1478.

Sanpere y Miquel, Cuatroc. Catal. I 8. *M. v. B.*

Ballester, Joaquin, Maler und Kupferstecher aus Valencia, geb. um 1741, wurde

1778 Direktor der Akad. von S. Carlos in Valencia. Als Maler besonders im Porträt ausgezeichnet, sind von seinen Stichen die bekanntesten jene zu der Ausgabe des Don Quijote, welche die Madrider Akad. veranstaltete, und die Blätter nach Bildern von Alonso Cano, Murillo u. a. B. † anfangs d. 19. Jahrh.

Meyer, Kstlerlex. II 643 (mit Oeuvreverz.). — Alcahali, Artist. Valenc. S. 36. *M. v. B.*

Ballester, Juan, Maler in Barcelona, wo ihm am 10. 6. 1434 die Wappenmalerei eines Schildes bezahlt wird. Vielleicht ist er identisch mit jenem J. B., der die von Pablo de Aregio (s. d.) und Francisco da Napoli in der Kathedrale von Valencia 1471—1478 ausgeführten Fresken zu schätzen hatte.

Viñaza, Adic. I 22. — Alcahali, Artif. Valenc. S. 56. *M. v. B.*

Ballester, Julian, Kupferstecher, geb. zu Campos de Mallorca am 24. 1. 1750, † in Sevilla im Okt. 1800. Schüler des D. José Muntaner, dem er bei der Fertigstellung der großen Karte der Balearischen Inseln zur Hand ging. Er studierte an der Universität Palma, machte große Reisen durch Spanien und Italien und wurde 1795 Schatzmeister des Erzbischofs von Valencia. Er stach nach Alonso Cano, Maella, Carnicero u. a., meist Porträts, Ansichten v. Aranjuez, Festdekorationen usw.

Viñaza, Adic. II 44—46. *M. v. B.*

Ballester y Ayguals, Juan, span. Maler, geb. am 24. 12. 1837 in Vinaroz, † am 19. 3. 1868 in Barcelona, studierte in Paris, widmete sich hauptsächlich der Dekorationsmalerei für die Theater der Stadt Barcelona.

Ossorio y Bernard, Galeria biogr. de art. españoles del siglo XIX (1883—84). *P. Lafond.*

Ballesteros, Francisco de, Glocken- u. Geschützgießer in Sevilla, dessen Tätigkeit für die Jahre 1613, 1627, 1630 urkundlich belegt ist. 1631 ist er gestorben, da ihm sein Schwiegersohn Juan Banber im Besitze eines Hauses in der Pfarrei S. Bernardo folgt.

Gestoso, Artif. Sevill. I 47, 274, 401. *M. v. B.*

Ballesteros, Francisco, span. Stückgießer, Vetter des Vorhergehenden und in Malaga tätig. Von ihm eine „Francisco Ballesteros inventor et fezit 1622" bez. Kanone in der Real Armería in Madrid.

Champeaux, Dict. des fondeurs S. 55. ***

Ballesteros, Hernando de, d. Ä., Goldschmied in Sevilla, wo sein Name als Mitglied der S. Eligius-Bruderschaft 1544 zum ersten Male erscheint. Bis 1593 war er Goldschmied des Kathedral-Kapitels, in welcher Eigenschaft er 1551, 1559, 1569, 1577, 1581 bedeutende Zahlungen empfing, teilweise für Originalarbeiten wie Reliquiarien, Leuchter u. a. teils für Reparaturen. 1580—87 arbeitete er mit Juan de Arfe an der berühmten silbernen Custodie. Er war verheiratet mit Anna de Narvaez, 1554 wohnte er in der calle Jimios und war 1579 Vorstand der Eligius-Bruderschaft.

Cean Bermudez, Dicc. I 90. — Gestoso, Artif. Sevill. II 147—48. *M. v. B.*

Ballesteros, Hernando de, d. J., Goldschmied in Sevilla, Sohn und Schüler des Vorigen. Er war verheiratet mit Anna de Illescas, war 1576 Beschaumeister der Innung und 1582 Alcalde der Eligius-Bruderschaft.

Gestoso, Artif. Sevill. II 148. *M. v. B.*

Ballesteros, Valentin, span. Architekt. Er arbeitete seit 1608 als Baumeister an der von Ordóñez 1602 begonnenen Jesuitenkirche in Alcalá de Henares. Der bei Llaguno als Steinmetz aufgeführte *Agostin de Ballesteros* ist nach der Note des Cean Bermudez vermutlich kein anderer als Valentin B.

Llaguno y Amirola, Not. III 115. △

Balletta, s. *Francesco* d'Antonio.

Balleyguier-Duchatel, Mme M., französ. Porträt- und Genremalerin, stellte in den Pariser Salons 1888—1893 wiederholt aus.

Kat. d. Salon. *H. V.*

Balli, Paola (nach Zani: Giulia Paola de Balli Casanova), Malerin aus Bologna, daselbst tätig in der Zeit von 1702 bis 1730. Im Oratorium der Kirche Madonna della Grada zu Bologna ist von ihr ein Gemälde, die Madonna und der hl. Antonius, welches die Inschrift trägt: Pavola de Ballis fecit 1701.

Zani, Encicl. met. III 44. — Bianconi, Guida di Bologna 1826. p. 60. *H. V.*

Balli, Simone, italien. Maler und Kupferstecher, geb. in Florenz, tätig im Anfange des 17. Jahrh. in Genua, wohin er mit seinem Lehrer Aurelio Lomi gekommen war, und wo er auch gestorben ist. Er hat zahlreiche Gemälde für Genueser Kirchen, für S. Giacomo, S. Maria del Carmine und S. Spirito gearbeitet, in denen er sich stark von Andrea del Sarto beeinflußt zeigen soll. Besonders geschätzt waren seine kleinen auf Kupfer gemalten Bildchen. B. soll auch Devotions-Kupferstiche angefertigt haben.

Meyer, Kstlerlex. — Soprani, Pittori Genovesi I 467. — Le Blanc, Manuel. *P. K.*

Ballichon, Benoit, französ. Werkmeister, war unter Leitung des Jean Perréal 1505—1509 an den Klosterbauten in Brou beschäftigt. Am 7. 4. 1507 erhalten er und die Werkmeister Amé de Rogemont und Claude Chardon den Auftrag zum Neubau der Klosterkirche.

Bauchal, Dict. d. archit. — Réun. d. Soc. d. beaux-arts XXI 294. *H. V.*

Ballicq, Jacques, Maler, leistet am 20. 10. 1693 den Eid der Malergilde von Cambrai.

Réun. d. Soc. d. beaux-arts XII 433. *H. V.*

Ballier, Abraham, Maler zu Nürnberg, der (nach Joh. Hauer) 1649—53 bei dem Maler Georg Krauß (s. d.) seine Lehrzeit absolvierte. Sonst wissen wir nichts von ihm.

Mitteilungen aus dem german. Nationalmuseum 1899, S. 126. *Th. Hampe.*

Ballin, Auguste, französ. Radierer und Maler, geb. in Boulogne-sur-Mer am 17. 3. 1842, Schüler von J. Noël, stellte im Pariser Salon 1868—1880, nach seiner Übersiedlung nach England in der Roy. Academy von 1872 bis 97 Gemälde und Radierungen aus. In seiner Frühzeit malte er Marinebilder, z. B. Hafen von Le Havre, Hafen von Boulogne-sur-Mer. Später wandte er sich vorwiegend der Radierung zu. Er gab bei Cadart in Paris ein Heft von 25 Radierungen heraus unter dem Titel: Paysages et Marines à l'eau forte. Seine Arbeiten sind sehr ungleich, oft trocken und zerfahren, am geringsten die Seegefechte und bewegte See, dagegen zumeist besser die Architekturblätter.

Bellier-Auvray, Dict. gén. Suppl. — Béraldi, Graveurs du 19e siècle I. — Graves, The Roy. Acad. of Arts I 103. — Eine ziemlich vollständige Samml. seiner Radierungen in der Bremer Kunsthalle, Samml. H. H. Meier. **

Ballin, Claude I, Bildhauer und Goldschmied in Paris, geb. um 1615, † am 22. 1. 1678. Schüler seines Vaters Pierre B., trieb er bereits 1634 für Kardinal Richelieu vier große silberne Schalen mit Darstellungen der vier Weltalter. Seine späteren Hauptwerke sind: Silberne Reliefs mit Darstellungen der Träume Pharaos, der erste Degen und der erste Brustharnisch Ludwigs XIV. (reich ziseliert), zahlreiche für denselben König gearbeitete kostbare Gefäße und Geräte, Armleuchter, silberne Tische etc. (1689—90 zur Bestreitung von Kriegskosten eingeschmolzen), 6 silberne Kandelaber, ein Kruzifix, ein Ostensorium und ein Lampadarium für die Pariser Notre-Dame-Kirche (während des siebenjährigen Krieges eingeschmolzen), ein in Silber gearbeitetes Haupt des hl. Remigius für die Kathedrale zu Reims (von Ludwig XIV. zur Krönungsfeier gestiftet). Erhalten sind nur Nicolas De Launay's Zeichnungen nach den für Ludwig XIV. geschaffenen Silberarbeiten B.s, sowie eine Anzahl bronzener Vasen in den Gärten von Versailles (Parterre du midi und Parterre du Nord). — 1676 wurde B. als Nachfolger Jean Warins zum Direktor der Pariser Münze („garde de la monnaye du moulin aux galleries du Louvre") ernannt. Die Stadt Paris hat diesem größten Goldschmiede Ludwigs XIV. an einer der Fassaden des Hôtel de Ville durch den Bildhauer Alfred Roß 1882 eine Statue errichten lassen.

P. Mantz in Gaz. des B.-Arts 1861, X 138 ff., 149 f., 154 f., XI 115. — Meyer, Kstlerlex. — Lami, Dict. d. Sculpt. sous Louis XIV. — Forrer, Biogr. Dictionary of Medallists (1904). — Eug. Piot, Etat Civil (1873) p. 8. — Nouv. Archives de l'art français 1872, p. 265; 1876, p. 307; 1885, p. 39. — Richesses d'Art, Paris, Monum. civils III 18. *S. Lami.*

Ballin, Claude II, Pariser Goldschmied, Sohn des Malers Michel B., geb. 1661, † am 18. 3. 1754. Er kam an Talent und Ruf dem älteren Claude B., seinem Oheim, nicht gleich, gehörte aber zu den angesehensten Goldarbeitern seiner Zeit. Unter seinen zahlreichen für kirchliche Zwecke bestimmten Arbeiten wird besonders eine große, reich mit Figuren geschmückte Monstranz von vergoldetem Silber gerühmt, die er 1708 für die Kathedrale Notre Dame in Paris ausführte; die Zeichnung lieferte de Cotte, das plastische Modell der Bildhauer Bertrand. 1722 fertigte er die Krone Ludwigs XV. Für den Prinzen Eugen und verschiedene europäische Höfe, für den König von Spanien und den König von Dänemark war er vielfach beschäftigt. Für den Marschall Daun lieferte er 1726 ein berühmtes Silbergeschirr. In seinen Arbeiten, von denen ein beträchtlicher Teil zugrunde gegangen, tritt das reine Ornament gegen den figürlichen Schmuck mehr und mehr zurück, und in der Überladung mit dekorativen Details zeigen sich schon die Ausartungen des Rokokogeschmacks. Zwei weißsilberne Tafelaufsätze von ihm bewahrt die kaiserl. Silberkammer in Petersburg, einen vergoldeten Aufsatz von 1726 Graf Scheremetreff daselbst. — Sein Sohn Jacques war gleichfalls Goldschmied, geb. gegen Ende des 17. Jahrh., † 1764 zu Paris.

Jal, Dict. crit. 1872 p. 102/03. — Gazette d. b.-arts XI 111 ff. — Dussieux, Artist. franç. à l'étrang. 1876 p. 105, 149, 374. — Rosenberg, Goldschm. Merkzeichen 1890 No. 1977. — Kunstgewerbeblatt III (1887) p. 62. *H. V.*

Ballin, Henry Edward, Graveur, Kupferstecher und Kupferdrucker in Hamburg; geb. ca. 1783 in London, † am 11. 1. 1853 in Hamburg. *E. Benezé.*

Ballin, Hugo, amerikan. Maler und Illustrator, geb. am 7. 3. 1879 in New York City. Mit achtzehn Jahren besuchte er die Art Students League in New York und machte dann eine dreijährige Studienreise nach Europa. Er ist einer der vielversprechendsten jungen amerikanischen Künstler und gehört als Associate bereits der National Academy of Design an. In seinen großaufgefaßten, farbigen Figurenstücken zeigt er Einflüsse sowohl von italien. Renaissancemalerei als auch von Meistern wie Böcklin und Stuck. Von seinen bedeutendsten Bildern sind zu nennen: Susanna im Bad, Die Lautenschlägerin, Drei Frauen in Renaissancetracht einen Amor umringend (Shaw-Preis 1905) und Mutter und Kind (Clarke-Preis 1906). Neuerdings widmet er sich auch der dekorativen Wandmalerei.

Homer St. Gaudens, Critic Mag. 1905. — Kunst u. Kunsthandwerk (Wien) 1906 p. 684, 685. *Edmund von Mach.*

Ballin, Jacques, s. *Ballin,* Claude II.

Ballin, Joel (im Auslande häufig John genannt), dän. Kupferstecher, geb. am 22. 3. 1822 in Vejle (Jütland), † am 21. 3. 1885 in Kopenhagen, Schüler der Kunstakademie und J. L. Lunds und Eckersbergs. Zuerst als Maler tätig, stellte er 1841 ein Gemälde: Prozession in der Synagoge aus, weihte sich aber dann ausschließlich den graphischen Künsten. Um die Kupferstichkunst zu studieren, ging er 1846—48 nach Leipzig, dann nach Paris, 1870 nach London; 1883 folgte er einem Rufe nach Kopenhagen (1877 war er Mitglied der dortigen Kunstakademie geworden), um daselbst eine Schule für Kupferstecher zu gründen. Seine Blätter sind im Anfang mit Nadel und Grabstichel ausgeführt, später hat er in „gemischter Manier" gearbeitet, worin er eine große technische Fertigkeit erreichte. Außer den in Meyers Kstlerlex. genannten Blättern seien erwähnt: „A question of propriety" und „The pool of Bethesda" (nach E. Long), „Day dream" (nach Mac Lean), „Les adieux" (nach Tissot), Bildnisse der Herzogin von Northumberland, der Mr. William Hogg und Mrs. Hogg, „Hans Tausen verteidigt Bischof Rönnow" (nach Carl Bloch) und endlich sein letztes unvollendet gebliebenes Blatt: „König Christian IV. im Schiffe Trefoldigheden" (nach W. Marstrand).

Meyer, Kstlerlex. II. — Heller-Andresen, Handb. für Kupferstichsamml. 1870. — Weilbach, Nyt dansk Kunstnerlex. I (1896). — Bricka, Dansk biograf. Lex. I. — Ausstellungskatal. (Charlottenborg) 1841—85. — Illustreret Tidende 1885 (Nekrolog). *A. R.*

Ballin, Joseph, Porzellanmaler, 19. Jahrh. Vier Arbeiten von ihm nach Carlo Dolci und den Carraccis in der neuen Pinakothek zu München.

Kat. d. Neuen Pinak. 1895. p. 181. *H. V.*

Ballin, Michel, untergeordneter Porträt- und Historienmaler in Paris, Bruder des Goldschmiedes Claude I und Vater des Claude II, geb. um 1619, † im Dezember 1706. Von ihm in der Chapelle de Saint-Crépin in der Notre-Dame-Kirche eine „Trennung der Heiligen Paulus und Barnabas", datiert 1676.

Jal, Dict. crit. 1872 p. 102/03. — Nouv. archiv. de l'art franç. 1890 p. 31. *H. V.*

Ballin, Mogens Francesco Hendrik, dän. Maler und Kunstgewerbler, geb. in Kopenhagen am 9. 3. 1871. Als Maler ist er unter Einfluß der Werke Gauguins und van Goghs und durch das Studium der alten Meister des Trecento ausgebildet. In den letzten Jahren hat er eine kunstgewerbliche Werkstatt gegründet, wo er in Verbindung mit verschiedenen Künstlern (u. a. dem Bildhauer Siegfried Wagner und dem Maler Gudmund Hentze) Geräte in Zinn, Bronze und Silber für den Gebrauch des täglichen Lebens, aber auch Schmucksachen wie Gürtelschnallen, Broschen, Nadeln, Handspiegel entwirft und ausführen läßt. Diese Werkstatt hat bereits eine ehrenvolle Stellung innerhalb des modernen Kunstlebens sich errungen.

Die Kunst VI (Dekor. Kst. V) 1902 S. 244 ff., VIII (Dekor. Kst. VI) 1903 S. 115. — Kunstgewerbeblatt N. F. XV (1904) 121—140. — Tidskrift for Industri 1901 S. 249. — Über das gemalte Werk B.s siehe Ausstellungskataloge (Die freie Ausstellung, Kopenhagen) 1898. *A. R.*

Ballin, Paul, s. *Ballin,* Pierre.

Ballin, Pierre, Pariser Goldschmied, † am 31. 1. 1676, nur urkundlich bekannt, Vater des berühmten Goldschmiedes *Claude I* (s. dort), des Malers *Michel B.* und des ebenfalls nur urkundlich bekannten Goldschmiedes *Paul B.* (geb. 1617, † am 5. 8. 1674).

Jal, Dict. crit. 1872 p. 102/03. — Herluison, Actes d'état civ. 1873 p. 17/18. *H. V.*

Ballin, s. auch *Balin.*

Balling, Ole Peter Hansen, norweg. Maler, geb. am 13. 4. 1823 in Kristiania, † daselbst am 1. 5. 1906. Bildete sich als Dekorationsmaler in Kristiania aus und besuchte die Kgl. Zeichen- und Kunstschule. Er hielt sich einige Zeit in Kopenhagen, Bremen (1842), sowie in Berlin auf, erst als Dekorationsmaler, dann ein paar Jahre als Schüler der Akad. Im Sommer 1845 war er in Kristiania, im Frühling 1846 wieder in Kopenhagen, wo er den Winter 1846—47 an der Akad. zubrachte. 1848—50 nahm er als dänischer Offizier am schleswig-holsteinischen Kriege teil und widmete sich gleichzeitig seiner Kunst; 1852 begann er auf den Kopenhagenschen Ausstellungen auszustellen (Porträts, Genrebilder, historische Bilder u. Tierstücke), wo Oberst Helgesens Porträt (im Auftrag Fredriks VII. gemalt, jetzt auf Schloß Jagers-priis) u. ein „Reitergefecht bei Rendsborg" die allgemeine Aufmerksamkeit auf sich zogen. Er malte auch mehrere Bilder für den Grafen Moltke-Bregentved und den Grafen Friis-Friisenborg. Im Frühling 1854 kam er nach Paris zu Couture, zog im Herbst desselben Jahres über München und Berlin zurück nach Kopenhagen und hielt sich den Sommer 1855 in Norwegen auf. Im Herbst 1856 ließ er sich in New York nieder, wo er sich mit allerhand künstlerischer Tätigkeit durchschlug; 1859—61 hatte er eine photographische Akad. in Broadway, N. Y., und malte Porträts, wurde dann im Frühling 1861 beim Ausbruch des Sezessionskrieges Hauptmann einer skandinavischen Kompagnie von Freiwilligen, avancierte zum Oberstleutnant und nahm als solcher seinen Abschied im Januar 1863. Von ihm die Porträts mehrerer Helden des Krieges z. B. des Generals Sedgwick (in der Militär-Akad. in West Point und in der Militärischen Gesellschaft, New York), des Generals Bank (Historische Gesellschaft in Brooklyn), ferner der Generäle Sherman, Grant, Wadsworth, des Präsidenten Lincoln (1864), sowie das große Reiterbild von Grant mit seinen 26 Generälen („The Heroes of the Republic") (1865—66). Dieses Gemälde wurde 1866 in New York ausgestellt, hing lange im Kriegsministerium in Washington, wurde aber in den 90er Jahren für 25 000 Dollars verkauft. Er führte dann 48 Illustrationen zum alten und neuen Testament aus, sowie Kolossalbilder zu Bunyans Pilgrims Progreß (1867), „Grant in the Trenches before Vicksburg" und eine Reihe Porträts von den großen Männern der Republik (wie z. B. Admiral Ferragut, in der Seekadettenakad. in Annapolis, die Generäle Thomas und Reynolds in Union League in Philadelphia). Aus Norwegens alter Geschichte malte er die Schlacht in Hafrsfjord. Im Mai 1874 ließ er sich in Horten in Norwegen nieder, wo er 34 Porträts von norweg. Marineoffizieren für die Porträtgalerie der Marinewerft malte. Im Herbst 1879 zog er wieder nach New York, wo er Porträts malte (General Roome im Tempel der großen Loge in New York) und mehrere größere Dekorationsarbeiten ausführte. 1881—90 weilte er in Mexiko und führte auch dort große Dekorationsarbeiten aus (die Metropolitanbank, die Kirche St. Maria, die Blindenanstalt, Zentralbahnhof in Vera Cruz u. a.), ferner auch Porträts (General Grant, amerikan. Hospital, daselbst). Seit 1890 wohnte er in Kristiania als mexikanischer Konsul, abgesehen von einem Aufenthalt in New York 1895—96.

Mitteilungen der Gattin des Künstlers. — Selbstbiographie, „Erinnerungen aus einem langen Leben", Kristiania 1905. — Norsk Folkeblad 1870, S. 124. — Folkebladet 1898 (s. 225), 1899 (s. 317), 1901 (s. 151, s. 159). — Meyer, Kstlerlex. *C. W. Schnitler.*

Ballini, Camillo, Maler in Venedig, Schüler des Jacopo Palma Giovane, zweite Hälfte des 16. Jahrh. Mehrere seiner manieristischen Dekorationsmalereien sind im Dogenpalast zu Venedig: in der Sala dello Scrutinio Der Seesieg des Marco Gradenigo und Jacopo Dandolo im Hafen von Trapani, in der Galerie, die zu diesem Saale führt, drei Deckenbilder: Flora, Pallas und Venezia, vom Ruhme gekrönt. Carlo d'Arco nennt B. unter einer Reihe von Malern, die in Sabbioneta arbeiteten; in der Tat wird ihm im Testamente des Vespasiano Gonzaga ein Andenken vermacht.

Vasari-Milanesi, V 116, Anm. 5. — Zani, Encicl. — Moschini, Venezia. p. 460. 472, 474, 475. — Zanetti, Venezia. p. 362. — Rossetti, Padova. 354. — Lanzi, Pitt. It. III 171. — Carlo d'Arco, Arti etc. in Mantova. II 206. — Gaz. d. b.-arts 1898, I 213. **

Ballini, Giulio, italien. Kupferstecher und Verleger, tätig in Venedig in der 2. Hälfte des 16. Jahrh., soll die 1569 in Venedig von ihm herausgegebenen „Disegni delle più illustri città e fortezze del mondo" gestochen haben. Die Tafeln dieses Werkes sind aber jedenfalls von verschiedenen Stechern, z. T. von Domenico Zenoi, gearbeitet worden.

Meyer, Kstlerlex. *P. K.*

Balliu (Ballyus), Cornelis, Maler, trat kurz nach der Reorganisation der Genter Malergilde 1575 in dieselbe ein. 1599—1600 beteiligte er sich an den wichtigen Arbeiten, die zu dieser Zeit für den Empfang des Erzherzogs Albrecht von Österreich und seiner Gemahlin Isabella von Spanien in Gent ausgeführt wurden.

E. de Busscher, Peintres gantois II. — Reg. de la Corporation de Gand. *V. v. d. Haeghen.*

Balliu, s. auch *Bailliu.*

Balló, Ede (Eduard), ung. Maler, geb. 1860 in Liptó-Szent-Miklós, absolvierte die ung. Landes-Zeichenschule in Budapest unter J. Greguss u. B. Székely und verbrachte lange Jahre auf Studienreisen. Erst in München bei Seitz u. Benczúr, in den 90er Jahren in Paris bei Bouguereau u. J. P. Laurens, dann in Belgien, Madrid und Rom. 1895 wurde er zum Professor an der ung. Landes-Zeichenschule ernannt und wirkt noch jetzt daselbst. Seine ersten Bilder sind Genredarstellungen, doch widmete er sich bald ausschließlich der Bildnismalerei, malte u. a. Hohenlohe, Statthalter von Elsaß-Lothringen (1893), Kardinal Schlauch, den Tondichter Franz Erkel, die Politiker Grafen Albert Apponyi u. Desider Szilágyi, den Chemiker Vincenz v. Wartha u. a. Wurde 1892 in Madrid mit 2 Medaillen, auf der Jubil.-Kunstausstellung in Rom 1893 mit der gold. Medaille der Stadt Rom, in Budapest 1897 mit der kleinen gold. Medaille ausgezeichnet. Sein malerischer Stil lehnt sich an den der jüngeren Pilotyschüler an.

Ezredéves Orsz. Kiállitás. A Képzőm. csoport képes tárgymutatója. Budapest 1896, 66. — Pallas-Lex. *K. Lyka.*

Ballof, s. *Balduff.*

Ballon, Spitzname von Jean Petit und von Pieter Verbruggen in der Malerzunft zu Rom.

Houbraken II 356.

Ballors, Henri, Bildhauer und Maler, 1536 in Fontainebleau beschäftigt, wo er verschiedene Stuckarbeiten in der großen Galerie des Schlosses herstellte.

Lami, Dict. des sculpt. 1898. *R.*

Ballot, Georges Henri, französ. Maler, geb. am 14. 6. 1866 in Paris, Schüler der dortigen Ecole des B.-Arts, beschickte seit 1885 den Salon der Soc. des Artistes Français und seit 1896 denjenigen der Soc. Nat. des B.-Arts. 1905 und 1906 bereiste er Algier und Tunis und stellte hierauf im Salon der Soc. des Peintres Orientalistes aus, wo sein Gemälde „Mosquée à Bou-Saada" vom Staate angekauft wurde. B. gehört zu den modernen „Intimisten", malt aber außer Interieurs auch Bildnisse. Im Salon 1907 sah man von ihm: La vieille et les deux servantes u. Tisserands tunisiens à Raz-el-Djebel.

Pariser Salonkataloge seit 1885. *G. Geffroy.*

Ballu, Albert, Architekt in Paris, geb. daselbst 1849, Schüler von Magne, F. Barrias und seinem Vater Théodore B., erhielt zahlreiche Auszeichnungen und Medaillen. Unter seinen Bauten seien erwähnt: Die Gerichtsgebäude in Charleroi und Bukarest, die Pavillons de la République Argentine und de l'Algérie auf der Exposit. univ. 1878, das Kasino Biskra, Vollendung der Kathedralen von Algier und Aix. Auch als Restaurator hat B. einen bedeutenden Namen. Er stellte wiederholt in den Pariser Salons 1875—1880 und 1889 Entwürfe und Aquarelle mit Ansichten von Toledo, Tanger, Algier, Tunis usw. aus.

Bellier-Auvray, Dict. gén., Suppl. — Delaire, Les architect. élèv. 1907 p. 167. — Gaz. d. beaux-arts 1877. II 91; 1889. II 475.

Ballu, Symonet le, Illuminator, wird am 1. 1. 1462 in die Brügger Malergilde aufgenommen.

Beffroi IV 268. *H. V.*

Ballu, Théodore, französ. Architekt, geb. am 8. 6. 1817 zu Paris, † daselbst am 21. 5. 1885, Schüler von Hippol. Lebas und der Ecole d. beaux-arts, weitergebildet in Rom und Griechenland. Nach seiner Rückkehr nach Paris wurde er Mitarbeiter Gaus an dem Bau der Kirche Ste. Clotilde daselbst, den er seit 1850 selbständig leitete, ohne jedoch die Pläne Gaus wesentlich zu verändern. Seine Hauptwerke in Paris sind die Kirche de la Trinité und Saint-Ambroise; erstere in sehr gemischten, aber geschickt angewandten Stilformen, mit mächtigem Fassadenturm — letztere in romanischem Stile erbaut. Ferner leitete er die Wiederherstellungen der 1508—22 erbauten tour Saint-Jacques-la-Boucherie und der Kirche Saint-Germain-l'Auxerrois. Außerhalb von Paris ist von ihm die Parochialkirche von Argenteuil. In dem Wettbewerb um die Wiederherstellung des Pariser Stadthauses errang er gemeinschaftlich mit Deperthes den 1. Preis und widmete sich seit 1873 ausschließlich dieser hervorragenden Aufgabe. Sein besonderes Verdienst ist es, die alte Fassade des Boccador ihrem richtigen Werte nach gewürdigt und der Nachwelt erhalten zu haben, indem er dieselbe mit peinlicher Sorgfalt wieder aufbaute und die beiden, erst 1835 angebauten Flügel stärker zurücktreten ließ, um so den originalen Eindruck möglichst wieder herzustellen.

Bellier-Auvray, Dict. gén. u. Suppl. — Chron. d. arts 1885 p. 172. — P. Sédille, Th. Ballu, architecte. Notice lue dans la séance solennelle du congrès des architect. franç. à l'école nat. d. b. arts le 12. 6. 1886 (Extrait du Bull. de la Société centr. d. architectes). — Delaire, Les architectes élèv. 1907 p. 166. — G. Riat, Paris (Berühmte Kunststätten No. 6).

Ballue, Hippolyte Omer, Maler in Aquarell und Pastell, geb. im Mai 1820 in Paris, † am 18. 10. 1867 in Belleville, Schüler von Diaz. Er malte Landschaften und war besonders als Kostümzeichner für die ersten Theater von Paris und des Auslandes viel beschäftigt. In den Pariser Salons war er 1842—1851 wiederholt mit Ansichten von Paris, Sizilien, Algier usw. vertreten.

Bellier-Auvray, Dict. gén. *H. V.*

Ballue, J., malte 1668 das Porträt des Jesuiten Philippe Briet (Rathaus in Abbeville).
E. W. Moes.

Ballue, Pierre Ernest, Landschaftsmaler in Paris, geb. in la Haye-Descartes (Indre-et-Loire), Schüler von E. Vallée, stellte in den Salons seit 1875 fast alljährlich heimatliche Motive aus der Gegend von Fontainebleau, Barbizon etc. aus.

Bellier-Auvray, Dict. gén., Suppl. *H. V.*

Balluerca, span. Maler; für den Konvent de las Baronesas zu Madrid malte er 1695 ein Bild, welches den Santo Cristo de Burgos darstellt.

Cean Bermudez, Dicc. I 91. △

Balluff, s. *Balduff.*

Bally, Johannes, Fayencier aus Holland; erhält 1679 in Hanau, wo er seit 1668 Bürger war, ein ausschließliches Privileg für die Porzellanfabrikation, das 1689 seiner Witwe auf weitere zehn Jahre bestätigt wird.

Brinckmann, Hamburg. Mus. f. Kunst u. Gew. 1894. p. 323.

Bally, Michel de, Maler von Caen, malte 1545/6 für die Kirche St. Nicolas daselbst einen Crucifixus.

Réunion d. Sociét. d. beaux-arts XXII 113.
H. Longnon.

Bally, s. auch *Bailly.*

Balmaseda, Juan de, span. Bildschnitzer. Am 10. 1. 1516 erhielt er den Auftrag, für den Retablo der Hauptkapelle in der Kirche zu Palencia einen Crucifixus und die Figuren der Madonna und des Evangelisten Johannes auszuführen.

Zarco del Valle, Docum. ined. para la hist. de las bellas artes en España. Madrid 1870. — Viñaza, Adic. II 44. — Martí y Monsó, Estud. hist. artist. 627. *M. v. B.*

Balme, Johan de, Holzbildhauer in Montpellier, urkundlich erwähnt Ende des 15. Jahrh.

Lami, Dict. des Sculpteurs (1898). *S. Lami.*

Balme, Ros de, gen. Potus, französ. Holzbildhauer, der 1470 im Auftrage der Prinzessin Yolande von Savoyen die Schnitzereien am Orgelgehäuse der Schloßkapelle zu Chambéry ausführte.

Lami, Dict. des Sculpteurs (1898). *S. Lami.*

Balmer, Alois, Maler und Kunstgewerbler in München, geb. am 28. 11. 1866 in Luzern als Sohn des Malers Joseph B. Schüler Kleins in München und der dortigen Kunstakademie, 1888—91 weitergebildet in Paris, dann in München bei Rud. Seitz, wo er seit 1895 dauernd ansässig ist. Sein Hauptfeld sind monumentale Wanddekorationen und Entwürfe zu Glasgemälden und kräftige, in Holzschnittmanier gehaltene Exlibris

Von seinen Arbeiten seien noch genannt: Konkurrenzentwürfe für die Ausschmückung des Treppenhauses im Bundesgerichtsgebäude in Lausanne und die Dekoration der Fassade des „Union-Hôtel" in Luzern. Im Münchener Glaspalast war B. 1900 und 1901 mit einigen Skizzen und Kartons für Wand- und

Glasmalereien vertreten. 1908 erhielt der Künstler gemeinsam mit Alb. Welti den Auftrag, ein Freskogemälde für den Ständeratssaal in Bern zu malen.

J. Zemp bei Brun, Schweizer. Kstlerlex. — P. Ganz, Schweizer. Exlibriskünstler: Aloys Balmer. Schweizer. Blätter für Exlibrissammler II 108—110. — Kunst u. Handwerk. 54. Jahrg. 1903/04 p. 241—49 (ausführl. Aufsatz von M. O. Baron Lasser, mit zahlr. Abbldgn.). *H. V.*

Balmer, George, engl. Aquarellmaler, geb. in North Shields um 1806, † am 10. 4. 1846 zu Ravensworth. Er fand zuerst mit einer Anzahl aquarellierter Landschaften, die er 1831 zu Newcastle ausstellte, lebhaften Beifall. Auf einer Reise durch Deutschland, die Niederlande, die Schweiz und Frankreich malte er die Ansichten von Bingen, St. Goar, Rotterdam, Haarlem usw. Späterhin wandte er sich hauptsächlich der Seemalerei zu. Sein Hauptbild ist die Schlacht bei Trafalgar in Trinityhouse zu Newcastle. 1836 begann er im Verlag von Finden eine große, aber unvollendet gebliebene Publikation: The Ports and Harbours of Great Britain. — Ein kleines Seestück in Aquarell, bezeichnet: Balmer, im British Mus.

The Art Union 1846 p. 280/1 (Nekrolog). — Redgrave, Dictionary. — Binyon, Catal. of drawings in the British Mus. I. **

Balmer, Joseph A., Schweizer Historien- u. Heiligenmaler, geb. am 27. 11. 1828 zu Abtwyl im aargauischen Freiamt, lebt in Luzern. Den ersten Unterricht empfing er durch Ant. Bütler in Luzern († 1874), kam 1852 auf die Düsseldorfer Akad. und trat bald in das Atelier des Heiligenmalers Professor Mücke. Ein Bild von lokalem Interesse, das er in seiner Heimat malte: Wie die Bürger von Zofingen nach der Schlacht bei Sempach die Leiche ihres Schultheißen Niklaus Thut finden, der gegen die Eidgenossen kämpfend in das Banner der Stadt mit den Zähnen sich eingebissen hatte, verschaffte ihm ein kleines Stipendium. Nach einer Studienzeit in Karlsruhe unter Des Coudres u. später unter Canon, erhielt er zahlreiche Bestellungen für katholische Kirchen im Badischen und in der Schweiz. Für die Kirchen in Küsnacht hat er Decken- und Wandbilder ausgeführt, sowie Altarbilder für die Kirchen zu Mühlau (Kanton Aargau) und Oos (Großherzogt. Baden). 1865 nahm er seinen dauernden Aufenthalt in Luzern und ist dort für die Kirchen in Baldegg, Oberrüti, Dietwyl (Aargau), St. Oswald in Zug, St. Imien (Bern) u. a. mit Bestellungen für Altarbilder und Wandgemälde beschäftigt gewesen. Auf der Schweizer Ausstellung von 1871 hatte er einen Zyklus von Aquarellskizzen für neue Fresken in der Tellskapelle auf der Tellenplatte bei Fluelen, die lebhaft gemalt, ausdrucksvoll komponiert und sehr ansprechend waren. Dies Werk ist aber nicht zur Ausführung gelangt. — Unter den Arbeiten der letzten Jahre sind die Wandmalereien in Tempera in der neuen Kirche zu Nottwill, sodann ein Hochaltarbild für Appenzell (der hl. Mauritius) und eine Kreuzabnahme für die Kirche in Meierskappel (Kant. Luzern) wohl die bedeutendsten. — Auch für Glasgemälde (z. B. für die Kirche von Schaffhausen) hat er die Kartons entworfen. In seinen mittleren Jahren entfaltete er als Illustrator eine erfolgreiche Tätigkeit, und man findet seine Arbeiten in „Über Land und Meer“, „Die Schweiz“, „Die Monatrosen“ (Bern), „Christliche Abendruhe“ (Solothurn), in J. Näfs „Hausiererfranz“ und in X. Herzogs „Der Götti“. Als Radierer versuchte er sich in 2 Blättern für Krüsis „Album von Schweizerkünstlern“.

Meyer, Kstlerlex. — Franz Heinemann bei Brun, Schweizer. Kstlerlex. **

Balmer, Wilhelm, Maler und Radierer, geb. in Basel am 18. 6. 1865, Schüler der Münchener Akademie, namentlich unter Prof. G. Hackl u. Prof. Ludw. Löfftz, weiter ausgebildet auf Reisen nach Paris, England, Holland und Italien. 1892 stellte er im Pariser Salon zwei Bilder: „In den römischen Thermen“ und „Aktstudie“ aus. 1892—97 lebte er in Basel, dann in München, seit 1902 in Florenz ansässig.

Sein Hauptgebiet ist das Porträtfach (namentlich Kinderbildnisse). Von seinen zahlreichen Bildnissen seien erwähnt die des Regierungsrates Dr. Karl Burckhardt-Burckhardt und des Musiklehrers R. Löw. Das Basler Museum besitzt ein lebensgroßes Damenporträt von ihm, das Museum Rath in Genf ein Bildnis seiner Gattin mit den beiden jüngeren Knaben des Künstlers (1900) sowie den „Erstgeborenen“ (Mutter mit Kind im Arm, 1896), der Basler Kunstverein sein Selbstporträt und nacktes Mädchen am Meer. Arbeiten von ihm waren in Basel, Bern, München (Sezession 1899), Berlin (1896), Düsseldorf (1904), Paris (Expos. decen. 1900) usw. ausgestellt. In letzter Zeit hat B. auch die dekorative Malerei gepflegt. So hat er in Basel ein Zimmer mit einem Fries von Kinderköpfen ausgemalt und den neuen Basler Rathausturm mit einem über 6 m hohen Bannerträger geschmückt; auch hat er die Fassadenmalereien des alten Rathauses 1900—01 neu hergestellt, sowie im Inneren und im Hof Malereien ausgeführt. Seine Radierungen behandeln teils Landschaften (für das „Basler Jahrbuch“), teils Bildnisse.

H. Trog bei Brun, Schweizer. Kstlerlex. — Kst. f. Alle V 1890; Die Kunst I 1900 (Kst. f. Alle XV); X (1904) p. 529; XI (1905) p. 210, 438; XIII (1906) p. 71. — The Studio, vol. 27 p. 307 (mit Abb.). *H. V.*

Balmette, Jules Jean, französ. Porträt- und Genremaler, geb. in Cognac (Charente),

Schüler von Yvon, stellte in den Pariser Salons 1868—1879 wiederholt aus.

Bellier-Auvray, Dict. gén. Suppl. *H. V.*

Balmier, A., Landschaftsmaler in Paris, stellte in den Salons 1890—1896 wiederholt aus. (Neben heimatlichen Motiven solche aus Rom und Algier.)

Kat. d. Salon. *H. V.*

Balmond, André, Goldschmied u. Emailleur in Paris, urkundlich erwähnt um 1739 und genannt als Verfertiger von emaillierten Tabatières, von denen eine 5489 liv. kostete.

Nouv. Arch. de l'art franç. X (1883) 370. — Maze-Sencier, Livre d. Coll. p. 154. **

Balmont, Jacques de, Maler u. Bildhauer („peintre ymagier") in Lyon 1512—1538, 1533 bei den Vorbereitungen für den Einzug der Königin von Frankreich daselbst tätig.

Nat. Rondot, Les peintres de Lyon p. 75. *Cte. P. Durrieu.*

Balmont, Jean de, Maler und „faiseur d'ymaiges" in Lyon, 1524—1538.

Nat. Rondot, Les peintres de Lyon p. 82. *Cte. P. Durrieu.*

Balneator, s. *Bagnadore.*

Baloches (Balloches), Pierre (Perrin), Dekorateur und Anstreicher in Paris, von 1394—1402 häufig für König Charles VI. und die Königin Isabeau von Bayern tätig, aber mit geringfügigen Arbeiten (Anstreichen von Möbeln bis zum Papageienkäfig) erwähnt.

Nouv. Archiv. de l'art franç. 1878 p. 176. *Cte. P. Durrieu.*

Balouzet, Auguste, französ. Maler, geb. am 18. 2. 1858 in St. Genis Laval (Rhône), † am 13. 5. 1905 in Charbonnières (Rhône). Seine künstlerischen Neigungen, denen von seiner Familie entgegengearbeitet wurde, fanden Unterstützung durch den im benachbarten Oullins ansässigen Maler L. Lortet, der den Jüngling in den Grundelementen der Landschaftsmalerei unterrichtete und mit ihm Studienreisen in die Schweiz unternahm. B. debütierte im Lyoner Salon 1878 mit den Landschaften: Le Besso (Valais) und Après la pluie, environs de St. Genis Laval, sowie im Pariser Salon 1883 mit dem Bilde: Solitude. Er wurde bald als Landschafter bekannt, da seine Gemälde viel Harmonie bei kunstgerechter, sicherer Ausführung zeigten. Er suchte nicht das Detail, sondern die Gesamtwirkung. Besonders Hervorragendes leistet B. in grauen und trüben Regenstimmungen sowie in düsteren Gewitterlandschaften; seine Sonneneffekte dagegen sind oft hart. Ausnahmsweise hat er auch Blumen-, Tierstücke und Interieurs gemalt. Seine Hauptwerke sind: La Rosée (Salon von Lyon 1885), Lever de lune dans la vallée haute (Paris 1888), Soir d'automne à Poncin und Le lac du Riffel (Paris 1891), Crépuscule sur l'étang de Billionnay (Lyon 1894), Soir d'automne à Morestel (Paris 1897), Le Rhône à Miribel (Lyon 1901) und andere Landschaftsdarstellungen von den Ufern der Rhône, der Loire, der Isère sowie aus dem Juragebirge und aus den Schweizer Alpen. 1889 schuf er außerdem für den Cercle International zu Vichy eine Folge von 7 Gemälden: Matinée de mai. 1892 und 1895 veranstaltete man in Lyon Sonderausstellungen seiner Werke; 1893 und 1897 wurde er in Paris durch Medaillen ausgezeichnet. Seine Signatur ist: *A. Balouzet.*

Tairig, Nos peintres chez eux (Lyon 1888), p. 27. — Edmond-Durand in Revue du Siècle (Lyon) 1892, p. 652; 1897, p. 117. — L'exposition Balouzet (La vie française, Lyon 1895, p. 384). — J. B. Sisley in La vie française (Lyon) 1897, p. 24. — Atelier A. Balouzet, Lyon 1905 (Katalog der Nachlaßversteigerung). *E. V.*

Balsamo, Giacomo, Miniator, tätig um 1500 an den Choralbüchern der Kathedrale von Bergamo.

Bradley, Dict. of Miniat. I 89. *P. d'Ancona.*

Balsano (nicht *Belsono*), Gaspare, sizil. Maler, geb. in Palermo, wo er in den letzten Jahrzehnten des 16. Jahrh. durch den 1611 verstorbenen Maler Gius. Albina, gen. il Sozzo, zum Künstler ausgebildet wurde. Von den Werken B.s ist in der Cappella Triolo der Chiesa-madre zu Alcamo ein prächtiges Altarbild erhalten geblieben, darstellend die Madonna mit dem Christkinde, umgeben von den Heil. Vitus und Bartholomaeus und von Engelscharen. Das Gemälde wurde dem Künstler am 11. 5. 1612 von dem alkamesischen Bürger Don Vincenzo Triolo in Auftrag gegeben; und zwar sollte es binnen 10 Monaten vollendet sein und mit dem Preise von 25 Oncien bezahlt werden. B. zeichnet sich mit diesem Bilde vor den meisten seiner Zeit- und Schulgenossen aus durch Schlichtheit der Komposition, Korrektheit der Zeichnung, Harmonie des Kolorites und Sicherheit im Erzielen der beabsichtigten Wirkungen; von dem eklektischen Manierismus jener Zeit hat er sich ziemlich freizuhalten gewußt.

P. M. Rocca in Arte e Storia XXV 72; und in Arch. Stor. Sicil., Nuova Serie VIII 511 ff. *G. Degli Azzi.*

Balsgaard, Carl Vilhelm, dän. Maler, geb. in Kopenhagen am 29. 12. 1812, † am 14. 8. 1893, Schüler der Kunstakademie in Kopenhagen. Er malte anfänglich Genrebilder und Bildnisse (auch auf Porzellan), später ausschließlich Blumen- und Fruchtstücke und sonstige Stilleben. 1855 unternahm er eine Reise nach Paris, 1858 wurde er Mitglied der Kunstakademie in Kopenhagen, 1864 Konservator der Privatsammlung des Königs Christian IX. Die kgl. Gemäldesammlung erwarb 1858 zwei seiner Blumenstücke und — als testamentarisches Geschenk — sein großes, nach seiner eigen Meinung sehr tiefsinniges, aber in Wirklichkeit recht kindisches Bild „Allegorie des Menschenlebens"

(1883). Ein bezeichnetes und 1856 datiertes Bild aus seiner Pariser Zeit befindet sich in der Hamburger Kunsthalle; ein kleines Stillleben (1845) aus der Sammlung des Hamburger Malers Eiffe gelangte 1903 mit zur Versteigerung.

F. v. Bötticher, Malerw. d. 19. Jahrh. — Weilbach, Nyt dansk Kunstnerlex. I (1896). — Bricka, Dansk biograf. Lex. I. — Katal. d. Hamburger Kunsthalle 1887. — Verkaufskat. d. Sammlg. Eiffe, Köln 1903. *A. R.*

Balsimelli, Francesco di Giulio, neapol. Bildhauer, verpflichtete sich 1603, ein Grabmal für Monsignor Resca zu machen.

G. Ceci, Per la biogr. d. artisti etc., Trani 1907, p. 30. **

Balsimelli, Giulio di Lessandro und Lessandro di Niccolajo, italien. Steinmetzen, arbeiteten 1567 unter Vasari an der Lanterna von S. Maria dell' Umiltà in Pistoia.

O. H. Giglioli, Pistoia, 1904 p. 14. **

Balsimelli, Romolo, italien. Bildhauer u. Architekt, aus Florenz stammend, tätig in Neapel als geschickter Renaissance-Dekorateur; er schuf daselbst 1512—15 die Kapelle der Carafa, Grafen von S. Severina, in S. Domenico Maggiore mit ihrem köstlichen Reliefdekor, sowie 1519 im Brunellesco-Stile den Wiederaufbau der Kirche S. Caterina a Formello.

Filangieri in Doc. per la Storia, le Arti etc. III 35, V 24. — Ceci in Napoli Nobiliss. IX 70. *G. Ceci.*

Balsimelli, s. auch *Balzimelli.*

Baltanel, Juan, Bildhauer in Sevilla um 1541.

Gestoso, Artif. Sevill. I 174. *M. v. B.*

Baltard, Jules, französ. Maler, geb. am 3. 6. 1807 zu Paris als Sohn des Architekten Louis-Pierre B., ausgebildet an der Ecole des B.-Arts unter der Leitung von Hersent, beschickte er die Pariser Salon-Ausstellungen 1837 und 1849 mit einigen Porträts.

Baltard, Louis Pierre, französ. Architekt, Maler u. Kupferstecher, geb. am 9. 7. 1764 in Paris, † am 22. 1. 1846 in Lyon. In der 1766 von J. J. Bachelier zu Paris gegründeten Freischule zunächst im Zeichnen und Kupferstechen ausgebildet, wurde er später in die damals im Louvrepalais installierte Ecole académique d'architecture aufgenommen, wo er durch die Professoren Mique (Hofarchitekten der Marie-Antoinette), Peyre le jeune, Ledoux u. Brongniard unterrichtet wurde. 1784—88 hatte er für den Comte de Caylus u. für den Baron de Breteuil Baupläne zu entwerfen und Abbildungen von Kunstaltertümern zu zeichnen. 1788 wurde er vom Minister des Kgl. Hauses mit einer Jahrespension nach Rom geschickt zur zeichnerischen Aufnahme der Hauptmonumente der römischen Antike. Von dort brachte er zahlreiche Ölstudien sowie Sepia-, Rötel- und Tuschzeichnungen mit nach Frankreich zurück. Nachdem er in Lyon eine Zeitlang als Ölmaler tätig gewesen war, ging er 1791 wieder nach Paris, wo er am Opernhause als Dekorationszeichner angestellt wurde und später beim Geniekorps der französ. Armee als Konstruktionszeichner Dienste leistete. 1818 wurde er dann zum Professor für Architekturtheorie an der Pariser Ecole des B.-Arts ernannt und schließlich, nachdem er inzwischen verschiedene andere städtische Ämter bekleidet hatte, 1837 zum Inspecteur général des Travaux de Paris. Die Pariser Salonausstellungen 1791 bis 1835 beschickte er mit einer Reihe von Gemälden sowie Tusch-, Feder- und Bleistiftzeichnungen, darstellend historische Landschaften, Ansichten aus Italien, aus der Schweiz und von der Isère, sowie Bauentwürfe und Rekonstruktionen antiker Baudenkmäler. Unter den in Paris von ihm ausgeführten Bauwerken seien erwähnt die Kapellen in den Gefängnissen von Ste. Pélagie und St. Lazare sowie einige Gebäude zu Bicêtre (1815 und 1818); unter denjenigen zu Lyon der Salzspeicher (1828, jetzt abgebrochen), das Gefängnis von St. Joseph zu Perrache (1836) und das Palais de Justice (1836—42). Von der umfangreichen Liste der Architekturwerke, die B. herausgegeben oder an denen er mitgearbeitet hat, sind hier anzuführen: Recueil de vues des monuments antiques et des principales fabriques de Rome (1801); — Paris et ses monuments, dessinés et gravés par Baltard, avec des descriptions historiques par le citoyen Amaury Duval (1803); — Essai méthodique sur la décoration des édifices (1817); — Grands Prix d'Architecture . . ., Projets couronnés . . ., gravés et publiés par Baltard et Vaudoyer (2 Bde., 1818 und 1834); — Pariseum des monuments de France etc. Die Mehrzahl der häufig in Aquatinta-Technik geätzten Kupfertafeln aller dieser Werke stammt von seiner Hand. Außerdem hat er zahlreiche Illustrationsplatten in Kupfer gestochen für das große Werk der Expedition nach Ägypten und für Denons: Voyage dans la haute et basse Egypte. Endlich schuf er ein Kupferstichporträt des Philibert de Lorme. Auch als Steinzeichner ist er tätig gewesen. Die Pariser Ecole nat. des B.-Arts besitzt von ihm zwei Handzeichnungen, darstellend das Innere der Cappella Sistina zu Rom. Zwei Kupferstiche F. Godefroys mit Darstellungen der Wasserfälle von Tivoli sind nach B.s Zeichnung ausgeführt.

A. Lance, Dict. des artistes franç. — Bellier, Dict. — Meyer, Kstlerlex. (Oeuvreverzeichnis, 27 Nrn.). — Quérard, France littéraire. — Gabet, Dict. des Artistes. — Portalis et Béraldi, Les graveurs du XVIIIe s. — Béraldi, Les graveurs du XIXe s. appendice. — Invent. des richesses d'art. Paris, Monum civils I. — Gaz. des Beaux-Arts, Ière série XI 44. — Arch. de l'Art franç. VI 312, 317, 329.

— G a y (Notiz im Bulletin de Lyon, 1826). — C h. L u c a s (La grande Encyclopédie). — Notice biographique sur L. P. B., Paris 1846. — C. D a l y, Notiz in der Revue de l'Architecture et des Travaux publics, 1846, pp. 285, 547 ff. — J. M. D a l g a b i o, Eloge hist. de L. P. B., Lyon 1846. — A. G. B e l l i n, Notice sur l'édification du Palais de Justice, Lyon 1855. — L. C h a r v e t, Lyon artistique, Architectes 1899, p. 11. — E. D e l a i r e, Les archit. élèves de l'Ecole des B.-Arts (1907), p. 167. *E. V.*

Baltard, P r o s p e r, französ. Architekt, geb. am 1. 11. 1796 zu Paris als Sohn des Architekten Louis-Pierre B., † am 19. 8. 1862 zu Billancourt. Ausgebildet 1811—17 an der Pariser Ecole des B.-Arts, wurde er um 1850 zum Inspecteur bei den Neubauten des Louvre-Palastes ernannt.

H. L a v i g n e, État civil d'artistes franç. p. 55.

Baltard, V i c t o r, französ. Architekt, geb. am 10. 6. 1805 in Paris als Sohn des Architekten Louis Pierre B., † am 13. 1. 1874 ebenda. Ausgebildet durch seinen Vater sowie seit 1824 durch Lethière an der Ecole des B.-Arts, an der er seit 1828 auch Malstudien betrieb, errang B. 1833 mit dem Entwurfe einer Ecole militaire den großen Rompreis und bereiste dann 1834—39 Italien, wobei er für Huillard-Bréholles': Recherches sur les monuments de l'histoire des Normands et de la maison de Souabe dans l'Italie méridionale die Illustrationen in Aquarell und Federzeichnung ausführte. Den Pariser Salon 1844 beschickte er mit seinen Studien nach den Ornamentumrahmungen der Raffaelischen Loggiengemälde, die Weltausstellung 1855 mit einer Ansicht des Theaters zu Pompeji, den Salon 1859 mit einer Aufnahme der Kirche St. Eustache zu Paris („état actuel"). Bereits 1842 zum Inspecteur des B.-Arts de la Ville de Paris erwählt, nahm er wesentlichen Anteil an der Betrauung junger Künstler mit der malerischen Ausschmückung der Pariser Kirchen. Nachdem er dann 1860 zum Architecte en chef der Stadt Paris avanciert war, wurde er schließlich 1870 zum Inspecteur général des bâtiments civils ernannt. — Von seinen Pariser Bauten sind außer den von ihm durchgeführten Restaurationen der Kirchen St. Germain des Prés, St. Eustache u. St. Etienne du Mont besonders erwähnenswert: Die Flügelbauten des Hôtel de Ville, der Neubau des Hôtel du Timbre, das riesige Bauwerk der Halles centrales (1852—59 in Gemeinschaft mit Callet), die Kapelle u. das Presbyterium der Kirche St. Etienne du Mont, die Apsis der Kirche St. Nicolas du Chardonnet (1857—60), Apsis, Kapelle u. Presbyterium der Kirche St. Leu (1857—1862), die Kirche St. Augustin (1860—1871) und das Monument für den Prinzen Eugen (1863). Außerdem leitete B. die Ausführung der Pariser Festdekorationen zur Hochzeitsfeier Napoleons III. und zur Tauffeier des kaiserl. Prinzen und zeichnete den Entwurf zu der von der Stadt Paris gestifteten Prunkwiege für den letzteren. Ferner entwarf er einen Tafelaufsatz für die Préfecture de la Seine und die Zeichnung zum architektonischen Aufbaue des Denkmales für H. Flandrin in der Kirche St. Germain des Prés. Sein Hauptwerk ist die Kirche St. Augustin in Paris, die mit ihren mächtigen, von einer Eisenkonstruktion getragenen Kuppelgewölben eine der kühnsten und ingeniösesten Schöpfungen der neueren Baukunst darstellt. — Er hat das von seinem Vater begonnene Werk „Les grands prix d'architecture" weitergeführt; außerdem veröffentlichte er Monographien über die „Villa Médicis" (1847—48), über die „Halles Centrales" (1863 gemeinsam mit Callet herausgegeben) u. über die „Peintures et arabesques de l'ancienne Galerie de Diane à Fontainebleau". Auf der Pariser Weltausstellung 1855 durch eine 3. Medaille ausgezeichnet, wurde er 1863 zum Mitgliede der Académie des B.-Arts erwählt.

B e l l i e r - A u v r a y, Dict. gén. — M e y e r, Kstlerlex. — D i d o t, Biogr. générale IV 314. — H. L a v i g n e, Etat civil d'art. franç., p. 119. — Arch. de l'Art franç. V 323. — Invent. des richesses d'Art, Province, Mon. civ. V; Paris, Mon. relig. I, III, Mon. civ. II, III. — Gazette des Beaux-Arts Ière période III 31, V 255, VII 297, IX 191, XII 204, 214, XIII 316, XVI 285, XVII 86, XVIII 188, XX 94, XXI 65, XXIV 128, 600, 2me période I 193, III 232, V 401, IX 485 ff., 583, XXI 193, XXII 194, 207. — C. C o l i g n y, V. Baltard (L'Artiste 1863 I 242). — Chronique des Arts, 17 janv. 1874. — D u s s i e u x, Art. franç. à l'étranger. — C. G a r n i e r, Institut de France, Acad. des Beaux-Arts, Notice sur V. Baltard, Paris 1874. — H. D e l a b o r d e, Architectes contemporains, M. V. Baltard (Rev. des Deux Mondes 16 avril 1874). — P. S é d i l l e, V. Baltard (Gaz. des Beaux-Arts IX 2, 485, 1874). — M. F. D e c o u c h y, V. Baltard sa vie et ses oeuvres. — C h. L u c a s (La grande Encycl.). — L. C h a r v e t, Lyon artist., Architectes. *E. V.*

Baltat, . . italien. Radierer des 17. Jahrh. Nagler, Monogr. I 1582, führt eine: „Baltat inv. et fe." bezeichnete Madonna mit dem Kinde in Landschaft, im Geschmacke des Guido Reni an und glaubt auf Grund dieses Blattes auch eine von Bartsch (XXI 203) beschriebene und vermutungsweise Biscaino zugeschriebene hl. Familie im Stil der Elisabeta Sirani als eine Arbeit des B. bezeichnen zu können. *P. K.*

Baltazard d e N a n c y, s. *Balthazar,* Franç.

Baltedan, R e y n a l d e, span. Maler, der 1601 unter Leitung des Bartolomé Carducho im Königl. Palast zu Valladolid arbeitete.

M a r t í y M o n s ó, Estud. hist. artist. 607.

Balten, D o m i n i c u s, s. *Custos.*

Balten, P i e t e r, Maler, Stecher u. Dichter, geb. in Antwerpen um 1525, wurde unter dem Namen Pierken Custodis (de Costere) 1540 in die Lukasgilde aufgenommen und als Dekan 1569 Pieter Balthasar („Balten") alias Custodis genannt. Martin de Vos war sein

Unter-Dekan. K. van Mander gibt irrtümlich 1579 als Jahr der Zulassung Baltens in die Gilde an, aber er bringt die interessante Notiz, daß B., befreundet mit Corn. Ketel, mit diesem Epistel in Versen gewechselt habe. Man setzt B.s Tod in das Jahr 1598. Seine Arbeiten, hauptsächlich Genrebilder, haben eine gewisse Ähnlichkeit mit denen Pieter Brueghels d. Ä., wozu noch die Gleichheit der Initialen P. B. tritt. Ein Stich des N. Guérand z. B. nennt P. Brueghel als Autor einer großen Komposition des Festes des hl. Martin, eines Werkes Pieter Baltens, das in mehreren bezeichneten Exemplaren, besonders in Amsterdam und in Antwerpen erhalten ist. Lukas Kilian hat mit dem Datum 1609 das Porträt des Künstlers gestochen. — 1558 hatte P. B. die Orgelflügel in der Hauptkirche in Antwerpen zu malen. Van Mander zitiert von ihm eine Predigt Johannis, mit der unkontrollierbaren Notiz, daß Kaiser Rudolph II. den Heiligen in diesem Bilde durch einen Elefanten habe ersetzen lassen. Nach dem Mechelschen Kataloge besaß die Wiener Galerie von B. eine Predigt Johannis in Aquarell auf Pergament, während das betr. Ölgemälde nicht mehr nachweisbar ist. Die Stiche B.s tragen seinen Namen oder seine Initialen, mit Ausnahme der Folge der brabantischen Herzöge im Kostüm des goldenen Vlieses, herausgeg. 1575 unter dem Namen Petrus Balthazarus. Dem in Meyers Kstlerlex. gegebenen Verzeichnisse der Stiche ist noch hinzuzufügen: 1) Dörfliche Hochzeit, wo zum Dudelsack getanzt wird, mit der Beischrift „Noch prys ick ons bruyt. Sy en can niet proncken . . .“ Signiert P. B., querfol. — 2) Der Hochzeitsabend, Halbfiguren, mit der Beischrift: Maintenant pleurer icy voyez l'Epousée, Nu schryt de bruyt, nochtans ick wedde. . . . Signiert P. B. breit quart. Dominicus Custos, der fruchtbare Stecher, war sein Sohn.

Karel v. Mander, Het Schilderboeck ed. Hymans II 17. — Meyer, Kstlerlex. (mit Verz. der Stiche). — Biographie Nationale de Belgique. — Th. v. Frimmel, Kleine Galeriestudien II 50. — van Bastelaar et de Loo, P. Brueghel l'ancien, son oeuvre et son temps, Bruxelles, 1906 p. 371 ff. *H. Hymans.*

Baltenius, s. *Balten.*

Baltens, Dominicus, s. *Custos.*

Baltens, Pieter, s. *Balten.*

Balteser, Floris, s. *Berckenrode.*

Balthasar („Paltzer“), „Meister“, Ratsmaurer zu Leipzig 1499—1503, erneuerte 1498 bis 1503 die Treppengiebel des nicht mehr vorhandenen gotischen Gewandhauses daselbst, dessen Erbauung 1477 begonnen war, baute 1500 auf 1501 am Grimmaischen Tor in Leipzig und tünchte 1502 auf 1503 das neu erbaute städt. Wagegebäude daselbst, das 1555 abgebrochen und durch die in veränderter Gestalt jetzt noch erhaltene „alte Wage“ ersetzt wurde.

Bau- u. Kunstdenkm. d. Kgr. Sachsen XVII—XVIII 293, 305, 347/9, 377. *A. Kurzwelly.*

Balthasar, Glasmaler, 1487—1517 in Luzern nachweisbar, wo er eine reiche Tätigkeit entfaltete, von der sich jedoch keine Spuren erhalten haben.

F. Heinemann bei Brun, Schweizer. Kstlerlex. *H. V.*

Balthasar von Balingen, Steinmetz, 1513 in Konstanz am Münsterbau beschäftigt.

Kunstdenkm. d. Großherzogt. Baden. I. Kr. Konstanz. p. 124. *H. V.*

Balthasar, Casimir Victor Alexandre de, Maler in Paris, geb. am 4. 11. 1811 zu Hayange, † im April 1875, Schüler von Paul Delaroche. Die Mehrzahl seiner Gemälde, Historienbilder und Porträts, waren in den Pariser Salons von 1833 bis 1868 ausgestellt. Von ihm sind in der Galerie zu Versailles das Porträt der Marie Louise Gabrielle von Savoyen, Königin von Spanien (Kopie nach dem Gemälde von Menendez) und das Porträt des General Law. Die letzten 10 Jahre seines Lebens verbrachte er in Toul, wo er mit der Wiederherstellung der Glasmalereien der dortigen Kathedrale beauftragt war.

Schorns Kunstblatt 1836 p. 136; 1837 p. 182 (Balthazar). — Bellier-Auvray, Dict. gén. — Chron. d. arts 1875 p. 142 (Nekrolog).

Balthasar von Darmstadt, Baumeister, seit 1535 am Schloßbau zu Tübingen mittätig, aber nicht als leitender Architekt. Klemm urteilt: „Neben Hieronymus Latz war er ausführender Werkmeister. Der sächsische Edelmann Heintz von Lütter scheint beratend als des Festungsbaues kundig mitgewirkt zu haben. Die Oberleitung hatte der jeweilige fürstliche Baumeister.“ Klemm teilt auch das vermutliche Steinmetzzeichen des Meisters mit.

Die Kunst- und Altertumsdenkmale im Königreich Württemberg. Inventar. Schwarzwaldkreis. Anhang (Klemm, Baumeister und Bildhauer) S. 519. Stuttgart 1897. *R. Kautzsch.*

Balthasar, Franç. Sav., s. *Balthazar,* Fr.

Balthasar v. Gaislingen, s. *Guidoni,* Bald. dei.

Balthasar von Horrheim, Arch., zuerst 1458 genannt in einer Inschrift über dem westl. Eingang der Kirche zu Mühlhausen an der Enz. Eine Inschrift vom 28. 7. 1459 über dem südl. Portal der Kirche zu Lomersheim, O.-A. Maulbronn, nennt ihn als deren Erbauer und bezeichnet seine Herkunft aus Horrheim. Wahrscheinlich ist auch die Inschrift am östl. Sakristeifenster der Kirche zu Tiefenbronn in Baden: 1463 mayster balthasar auf ihn zu bezlehen. Er ist vielleicht identisch mit einem 1460—81 in Pfaffenhofen, O.-A. Brackenheim vorkommenden Balthasar, Murer.

Klemm, Württ. Baumstr. u. Bildh. 121. — Kst.- u. Altert.-Denkm. im Königr. Württemberg. Neckarkr. p. 429, 478, 577. *H. V.*

Balthasar, J ü r g e n, Maler aus Rostock, 1552 nur urkundlich erwähnt.

F r. S a r r e, Beitr. z. Mecklenb. Kstgesch. Berlin 1890 p. 33. ***

Balthasar v o n O t t i n g e n, Steinmetz, kommt 1479 in den Ausgaberegistern der Abtei Heidenheim in Schwaben vor; 1508 findet sich sein Name in den Ansbacher Gerichtsbüchern wieder.

A l b. G ü m b e l im Repertor. f. Kstwissensch. XXVIII 451; XXIX 137 (Anmkg.). *H. V.*

Balthasar, Mme S i d o n i e, geb. Gagelin aus Paris, Zeichnerin von Genrebildern in Kreidemanier, seit 1830 in Luzern ansässig, wo sie in den 40er Jahren des 19. Jahrh. starb.

F. H e i n e m a n n bei Brun, Schweizer. Künstlerlex. *H. V.*

Balthasar, s. auch *Balthazar.*

Balthauser, M i c h a e l, Kupferstecher in Graz, lieferte 1712 60 Landkarten für die Steiermark.

W a s t l e r, Steirisches Kstlerlex. 1883. *H. V.*

Balthazar, Pariser Goldschmied des Zeitalters Louis' XIV. Sein Name findet sich auf einer prächtigen großen Boulle-Uhr mit Schildpattbelag und reichen Goldbronze-Applikationen in der ehem. Samml. des Konsuls Carl Becker in Frankfurt a. M.

Kat. d. Kunstsammlg. des Konsuls B e c k e r, Köln 1898 No. 279 (mit Abb.). *H. V.*

Balthazar, D o m i n i c u s, s. *Custos.*

Balthazar, F l o r i s, s. *Berckenrode.*

Balthazar (Balthasar, Baltazar, Baltazard), F r a n ç o i s, französ. Maler, Ende des 18. Jahrh. Er war ein Schüler Restouts und malte hauptsächlich Kirchenbilder, u. a. eine Auferstehung für den Hauptaltar der Petites-Maisons in Paris. In den Pariser Salons von 1791 und 1793 waren Gemälde, Zeichnungen und Skizzen von ihm ausgestellt. Mehrere Gemälde seiner Hand werden in dem Inventar des Karmeliterklosters an der rue Saint-Jacques in Paris aufgezählt. In den Archives nationales zu Paris findet sich die Beschreibung eines allegorischen, auf die Entbindung der Königin Marie Antoinette bezüglichen Bildes, welches die Bezeichnung trägt: Baltazard de Nancy, 1779. Vermutlich ist François B. mit dem Maler dieses Bildes dieselbe Person, sonach aus Nancy gebürtig, und somit wohl auch mit dem Maler *François Savary Balthasar* identisch, der als Mitglied der Akademie in Nancy erwähnt wird. Ein Maler Allin, der um 1800 Porträts malte, nennt sich einen Schüler Balthazars.

Nouv. archiv. de l'art franç. 2e série II 33 ff.; 3e série (1890) VI 72/73. — Réun. d. Soc. d. beaux-arts XXIII 402. — M e y e r, Kstlerlex. II 659. *H. V.*

Balthazar, P i e t e r, s. *Balten.*

Balthazar, s. auch *Balthasar.*

Balthazard, G o d o n, namhafter Glasmaler in Troyes im 15. Jahrh.

L a b a r t e, Histoir. d. arts industr. 1872. **

Baltner, s. *Baldner.*

Baltram, N a z e i, Schweizer Ornamentmaler, malte laut Inschrift am 23. 4. 1575 gemeinsam mit Guilmo Plot und anderen die Ornamente an der Decke der zweischiffigen Kirche Sta. Maria di Castello bei Giornico.

C. B r u n, Schweizer. Kstlerlex. *H. V.*

Baltrami, s. *Beltrami.*

Baltz, J. G e o r g e s, französ. Maler, geb. 1760 zu Straßburg. Er malte in Miniatur u. auf Porzellan Porträts u. Landschaften, die in französischen, russischen und deutschen Kunstsammlungen zerstreut sind und sehr geschätzt waren. Er hatte sich frühzeitig in Paris niedergelassen und starb daselbst nach 1831. Auf der Miniaturen-Ausst. bei Friedmann u. Weber, Berlin 1906, war ein „Baltz" bez. Damenporträt auf Elfenbein ausgestellt.

G a b e t, Dict. d. artist. 1831. — Kat. d. Miniat.-Ausstellg. Berlin 1906 No. 301. *H. V.*

Baltzer, K a r l E m i l L a u r i t z, schwed. Zeichner, geb. in Kopenhagen am 16. 3. 1875, studierte an der dortigen Akademie, war Zeichenlehrer in Göteborg und hat Zeichnungen von Altertümern in Bohnslän ausgeführt.

G. Nordensvan.

Baltzer, s. auch *Balzer.*

Balugani, F i l i p p o, Bildhauer, Stempelschneider und Stukkateur in Bologna, geb. 1734, † 1780, Schüler des Vittorio Bigari. Plastische Arbeiten seiner Hand finden sich in verschiedenen Kirchen Bolognas, mehrere Statuen im Hof des dortigen Palastes Baciocchi (früher Ranuzzi). Er hatte das städtische Amt eines Münzgraveurs. Seine Medaillen pflegte er *F. B., F. BAL.* oder *F. B. F.* zu bezeichnen. Die letzteren Buchstaben finden sich auf einem Medaillon mit dem Bildnis des Mathematikers Francesco Zanotti aus Bologna.

Z a n i, Encicl. — B i a n c o n i, Guida di Bologna 1826 p. 203. — N a g l e r, Monogr. II 1960. — F o r r e r, Biogr. Dict. of medallists I. **

Balugani, L u i g i, italien. Architekt, geb. 1737 in Bologna, † 1770 in Gondar (Aethiopien). 1758 von der Akademie zu Parma durch Verleihung eines Preises ausgezeichnet, wurde er bereits 1759 zum Mitgliede der Accademia Clementina zu Bologna und zum Leiter des Architekturunterrichtes an dieser Akademie ernannt. 1761 begab er sich zur Vervollkommnung seiner Ausbildung nach Rom, wo er seines hervorragenden Zeichentalentes wegen von dem engl. Orientreisenden James Bruce zum Reisebegleiter erwählt wurde. Mit diesem Gelehrten bereiste er dann die antiken Kulturstätten Nordafrikas und Westindiens und zeichnete dabei eine große Anzahl prächtiger Architekturaufnahmen der Denkmälerreste von Karthago, Palmyra, Baalbek usw. Diese im ganzen 4 starke Bände füllenden Zeichnungen Baluganis wurden nach dessen Tode von Bruce nach England gebracht, wo sie unpubliziert in der Londoner Royal Library aufbewahrt werden.

E. Panzacchi in Vita Italiana 1896—97, I 295 ff. *G. Degli Azzi.*

Baluschek, Hans, Maler, Zeichner und Graphiker, geb. am 9. 5. 1870 zu Breslau, wohnt in Schöneberg bei Berlin. Studium auf der kgl. Akad. d. bild. Kste. in Berlin, 1889—1894, ohne Anschluß an einen bestimmten Lehrer, frühzeitige Herausbildung der später eingeschlagenen Richtung. B. ist Mitglied der Berl. Sezession, des Deutsch. Kstler.-Bundes, des Vereins Berlin. Kstler. u. d. Verbandes Deutscher Illustratoren. Nur für seine größten Bilder bedient sich B. der Ölmalerei, meist bevorzugt er eine Kombination von Aquarell- resp. Gouachefarben mit Ölkreidestiften. —

Eigenartige, oft unbeholfene perspektivische Behandlung, klare, häufig nüchterne Farbengebung. Die Farbtöne stehen etwas unvermittelt nebeneinander, wodurch leicht der Eindruck einer gewissen Buntheit entsteht. —

Er entnimmt die Vorwürfe zu seinen Kompositionen in erster Linie dem Leben der unteren Volksschichten Berlins, er schildert ihr Treiben in den zum Teil noch halbbebauten Straßen an der Peripherie der Großstadt und beobachtet das Volk an den dürftigen Stätten, die seinem Vergnügen dienen, in zweifelhaften Kneipen und Lokalen mit zweifelhaften Kunstgenüssen. Ferner den Arbeiter bei seiner Tätigkeit, auf dem Heimwege und in seiner freien Zeit, wie er mit Frau und Kind Erholung sucht in der mageren Natur, die ihm die Nähe von Wohnung und Fabrik bietet, den „kleinen Mann" am Sonntag, auf dem Spaziergang, in Bier- und Kaffeegärten und in den vorstädtischen Tanzlokalen. Weiter gibt die Eisenbahn dem Künstler mannigfache Anregung zu Darstellungen von Bahnhöfen und nächtlichen Rangierfeldern mit ihrem Gewirr von bunten Lichtern, Signalen und endlosen Güterzügen. — Schließlich schuf B. auch Landschaftsbilder in Zyklen, mit der besonderen Tendenz die Entwicklung einer Gegend durch Menschenhand darzulegen.

Der Künstler steht jedem Pathos, jeder Sentimentalität ebenso fern, wie einem karikierenden Betonen des Gewöhnlichen oder Lächerlichen. Er will nicht tendenziös wirken, er kritisiert auch nicht, sondern beschränkt sich lediglich auf die Schilderung von Dingen, an denen er ein warmes Interesse nimmt. —

Seine *Hauptwerke* sind: „Berliner Bilderbuch: Zwischen O. und W." (Schwarzweißrotzeichnungen), „Die Betrunkene", „Montagmorgen", „In der Sonne". — 1897: Kriegerverein „Düppel". — 1898: Zyklus „Die Eisenbahn" (6 Buntzeichnungen), „Kohlenzug" (Mus. zu Magdeburg), Landschaftszyklus „Sylt". — 1900: „Fabrikarbeiterinnen". — 1901: „Kohlenfuhren". — 1902: „Bahnwärterglück", „Der Mai ist gekommen", „Auf der Lokomotive". — 1903—04: „Sonntagssänger", „Der Bahnhof". — 1904: Zyklus „Aus dem Riesengebirge". — 1905: „Die Spiritisten". — 1906: „Bettlerfamilie", „Der Vagabond", „Mittag", „Tippelschicksen". — 1907: „Zur Walderdbeere", „Dachgarten", „Artistenfamilie", „Sonntag auf dem Tempelhofer Feld", Zyklus „Opfer" (12 Berliner Kohlezeichnungen). Graphische Arbeiten u. a. „Der Landstreicher", farb. Lithogr.

Das geistige Deutschland, Leipzig 1898 (autobiogr. Angaben). — H. Esswein, Moderne Illustratoren II. Hans Baluschek (Piper, München). — F. Servaes, „Präludien" (Schuster u. Löffler, Berlin). — G. Hermann, „Monographie" (Schuster u. Löffler, Berlin). — W. Pastor, „Charakterköpfe" (Essays). — H. Mackowsky, Aufs. i. Kst. u. Künstler, I Jahrg. 1903. *J. Sievers.*

Balvay, s. *Bervic.*

Balzac, Charles Louis, Architekt, geb. 1752 zu Paris, † daselbst am 29. 3. 1820; er wurde der Expedition nach Ägypten beigeordnet und entwarf zahlreiche Zeichnungen für das große Werk der Kommission Denon über die Monumente Ägyptens. Unabhängig von diesen Arbeiten machte er zahlreiche Aufnahmen der interessantesten Gebäude, die er in Ägypten sah: der Moschee von Hassan, des Karnac-Palais, der Pyramiden von Ghizeh.

B. war nicht nur Architekt, er verfaßte auch Gedichte, unter denen „douleur et guérison" 1819 ziemlich berühmt war. Er dichtete auch das Textbuch zu einer komischen Oper: „Les deux meuniers", die in Kairo mit Musik von Rigal aufgeführt wurde. 1817 veröffentlichte er ein „Recueil de poésies ad libitum". Betreffs seiner Architekturentwürfe sind seine Ausstellungen im Salon erwähnenswert: Der Triumph der Freiheit, Der Plan eines öffentlichen Platzes auf dem Terrain der Bastille, Das Innere des französ. Pantheons (1793), Die Ruinen antiker Bäder, Plan einer Schwimmschule und eines Wasserschlosses (1810), Innere Ansicht der großen Moschee (1811), Ansicht des Carnac-Palais in Theben (1814). *G. Geffroy.*

Balzac, Jean François, Goldschmied in Paris, tätig um 1748—55.

Eudel, Orf. 1884, Taf. 30, 38. **

Balzac, s. auch *Baudry* de Balzac.

Balzafiori, Antonio, Maler und Stecher, wahrscheinlich von Vicenza, um 1808, nur bei Zani (Enc. met. III 47) erwähnt. Ebendort wird auch ein gleichzeitig tätiger *Palladio Balzafiori,* Maler und Architekturzeichner, wahrscheinlich von Viterbo, genannt. *H. V.*

Balzan, Peter (Pierre), Ziseleur aus Lüttich, 17. Jahrh. Er wurde nach Paris berufen, wo Ludwig XIV. ihm verschiedene Arbeiten auftrug. 1784 befanden sich in der Mobilienkammer des Königs noch mehrere von B. ausgeführte silberne Tische und Toilettenkästen; in der Kathedrale von Lüttich bis zur französ. Revolution ein besonders fein gearbeiteter Reliquienschrein.

Meyer, Kstlerlex. II. — E. Marchal, La Sculpture etc. 1895 p. 463. *H. V.*

Balzani, Giov. Girolamo, Maler und Bildhauer in Bologna, geb. 1657, † 1734, Schüler Pasinellis; malte Altarbilder für verschiedene Kirchen Bolognas und Porträts, die mit Lob erwähnt werden.

Crespi, Vite de' pitt. Bol. non descr. nella Felsina Pittrice. p. 136. — Guida di Bologna, 1782 u. 1826. — Zani, Encicl. — Meyer, Kstlerlex. *R.*

Balzani, Giuseppe, Maler aus Bologna, Ende des 18. Jahrh. Er lernte bei Antonio Gionima und Giov. Battista Grati und hielt sich lange Zeit außerhalb Italiens, namentlich in Polen, auf. Später lebte er vielbeschäftigt wieder in seiner Vaterstadt.

Zani, Encicl. met. III 48. — Guida di Bologna, 1782. *H. V.*

Balzano, Battista, Intarsiator in Ferrara um 1571.

Cittadella, Not. rel. a Ferrara 1844 p. 326, 705. **

Balzaretti, Giuseppe, Architekt, geb. am 29. 1. 1801 in Pavia, † am 30. 4. 1874 in Mailand, wo er hauptsächlich tätig war und 1857 bis 1858 im Auftrage des Erzherzogs Maximilian von Österreich die Parkanlagen der Giardini Pubblici schuf, in denen ihm selbst späterhin ein Ehrendenkmal errichtet wurde. Eine eigenartige Bauschöpfung des Künstlers ist das kirchturmartige, in romanischen Zierformen reich gegliederte Mausoleum, das er über dem Grabe des letzten Gonzaga im Parke der Villa Poldi-Pezzoli (jetzt Trivulzio) bei Bellagio am Lago di Como zu errichten hatte.

Illustraz. Ital. 1874, No. 26, p. 207. — Natura ed Arte 1897—98, II 567. — Th. Gsell-Fels, Oberitalien (1892), p. 121. *E. Verga.*

Balzari, (Claudio) Salvatore, italien. Landschaftsmaler, geb. am 25. 12. 1761 in Colorno, † am 17. 4. 1839 in Parma. Landschaftsgemälde von seiner Hand befinden sich in einigen Adelspälästen in Parma; sein Selbstbildnis in der Pinakothek zu Parma.

F. De Castagnola, Not. biogr. zu S. B. (Parma 1839); und in Gazetta di Parma 1839, No. 33. — Scarabelli-Zunti, Mscr. fasc. IX im R. Museo zu Parma. — C. Ricci, La Galleria di Parma (1896) p. 259. *St. Lottici.*

Balze, Paul, französ. Maler u. Emailleur, von französ. Eltern in Rom geboren am 29. 4. 1815, † in Paris am 24. 3. 1884, Schüler von Ingres und zwar einer derjenigen, die sich des Meisters Lehren am engsten anschlossen. So hat er auch Kopien nach mehreren Kompositionen desselben hergestellt. Seine wichtigsten Arbeiten sind: 1) Wandmalereien in der Kirche St. Roch in Paris (Die Pest in Mailand. — Der Tod Pius' IV., dat. 1857) und in der Vorhalle der Kirche Ste. Trinité in Paris (versch. auf die Trinität bezügl. Darstellungen, 1868). 2) Ausgezeichnete Kopien, zusammen mit seinem Bruder Raymond, nach den Loggien und Stanzen Raffaels. 3) Malereien auf Email, auf glasierten Lavaziegeln und auf Fayenceplatten, interessant wegen der dekorativen Verwendung dieser Technik für Arbeiten großen Formats. Derartige Arbeiten sind die Kopien nach der Vision Ezechiels und dem Triumph der Galate von Raffael (Ecole Nat. d. Beaux-Arts), ferner die drei theologischen Tugenden in der Kirche S. Augustin in Paris (1862) und die Fassadenmalereien der Kirche Notre Dame in Puiseux (Loiret) (1862).

Bellier-Auvray, Dict. gén. I 40 und Suppl. p. 36. — Notice sur les fresques de Raphaël et de Michel-Ange, dont les copies exécutées par MM. Raymond et Paul Balze sont exposées au Panthéon, Paris 1847. — A. Pichot, P. Balze et la peinture d'Email, Paris 1863 (Auszug aus der „Revue Britannique" 1863). — Journal d. Beaux-Arts, Bruxelles 1864, 101. — Gaz. d. Beaux-Arts, Table alphab. I—XV, XVI—XXV, II Pér. I—XXII. *Fr. M.*

Balze, Raymond, französ. Maler, Pastellist und Zeichner, von französ. Eltern in Rom geb. am 4. 5. 1818, Bruder Pauls und wie dieser ein Schüler von Ingres. Er malte Historien und stellte im Salon von 1849—1898 aus. Seine wichtigsten Arbeiten sind: Christus beschwichtigt den Sturm (1849), Die Apotheose des h. Ludwig (1859), Päpstlicher Segen in S. Maria Maggiore in Rom (1874), Jeanne d'Arc in Patay (1877). Mit seinem Bruder arbeitete er an den Kopien nach den Stanzen Raffaels, und lieferte ferner zahlreiche Kartons für die Glasmalerei-Manufaktur von Saint-Galmier.

Bellier-Auvray, Dict. gén. I 40 und Suppl. p. 36. *Fr. M.*

Balzer, Andreas und Hans, ausgezeichnete Baumeister aus Neiße in Schlesien, am Hofe des Ladislaus Welen von Zierotin 1589 bis 1622 in Mähr.-Trübau tätig. 1603 erbauten sie die dortige Friedhofskirche zur Auffindung des hl. Kreuzes.

Mitteil. der k. k. Zentral-Kommission für Kunst- u. histor. Denkm. N. F. X p. CLXXXI u. CLXXXII. — Czerny, Der polit. Bezirk M. Trübau 1882. S. 40 u. 62. — Prokop, Die Markgrafschaft Mähren in kunstgeschichtl. Beziehung III 680. *W. Schram.*

Balzer, Anton, Kupferst., Sohn des Johann B., geb. zu Prag 1771 (nach Dlabacz), † am 19. 12. 1807. Nach den ersten vom Vater erlernten Anfangsgründen studierte er gemeinsam mit seinem Bruder Johann Karl an der Wiener Kunstakademie unter dem Kupferstecher Jak. Schmutzer. In Dresden lernte er später bei Schulze und Klengel. Er bereiste Böhmen, die Alpenländer, Tirol, Venedig und widmete sich ausschließlich dem Landschaftsstich. In seinen Stichen und Zeichnungen herrscht zwar oft eine ideale

Zeitauffassung als auch phantastische Dekoration vor, er erreicht aber trotzdem auf einfache Art getreue Abbildung, u. manchmal kommt auch das Streben nach gehöriger Beleuchtung zur Geltung. Die Reise in das Riesengebirge 1792 hatte die Herausgabe von 24 Blättern mit Ansichten desselben als auch mit Motiven von Adersbach zur Folge. Nach des Vaters Tode arbeitet er gemeinschaftlich mit seinem Bruder in Prag. Seine Werke dediziert er mit großer Vorliebe seinen Gönnern, deren Gastfreundschaft er wohl bei seinen Reisen in Anspruch genommen hatte.

Über Literatur u. Oeuvre s. *Johann Balzer.*
A. D.

Balzer, Ferdinand, Frankfurter Maler, stellte auf der VII. Jahresausstellung Frankfurter Künstler 1905 einige aquarellierte Kinderszenen, „Aus meinem Skizzenbuch" betitelt, aus.

Die Kunst XIII (Kunst f. Alle XXI) p. 133.
H. V.

Balzer, Gregor, Kupferstecher, Bruder des Johann B., † am 9. 6. 1824 in Prag, 70 Jahre alt (nach den Matrikeln). Wahrscheinlich zu Gradlitz geboren, wo seine Eltern um 1750 weilten. Anfangs half er bloß seinem älteren Bruder, nach dessen Tod jedoch errichtete er seine eigene Werkstätte und einen Verlag. Nur wenige Stiche von ihm sind erhalten, deren einige das Monogramm Gr. B. führen (siehe Nagler, Monogr. III 324). In künstlerischer Hinsicht steht er seinem Bruder nach.

Über Literatur u. Oeuvre s. *Johann Balzer.*
A. D.

Balzer, Hans, s. *Balzer,* Andreas.

Balzer, Johann, k. k. privilegierter Kupferstecher, geb. 1738 zu Kukus in Böhmen, † am 14. 12. 1799 in Prag. Sein Lehrer war der an Schöpfungen historischen und religiösen Inhalts fruchtbare Kupferstecher Mich. H. Rentz, welcher sich in Diensten seines Gönners, des bekannten Kunstfreundes Grafen Fr. v. Sporck, befand. Nach seiner Ausbildung in Deutschland trat B. in Sporcks Dienste ein und ließ sich auf dessen Herrschaft Lysa (Lissa) nieder, wo er jahrelang verblieb. Nachdem er bekannt geworden und ein Vermögen erworben hatte, zog er nach Prag, wo er mit seinen Brüdern Gregor und Matthias eine große Werkstätte mit einem Kupferstichverlage errichtete. Es gibt eine große Anzahl seiner Stiche; über 1000 Blätter von sehr ungleicher künstlerischer Bedeutung werden ihm zugeschrieben, die nicht selten bloß handwerksmäßig gearbeitet sind. Von seinen besseren Arbeiten ist besonders zu erwähnen die Sammlung von Bildnissen böhmisch-mährischer Künstler, die ursprünglich mit dem lateinischen, später mit dem von Pelzl erweiterten deutschen Texte erschienen ist. Ähnlich wie dieses Album hat er noch viele Bildnisse gleichzeitiger Herrscher und hervorragender Männer nach Kleinhardt und Jahn herausgegeben. Am meisten wurde er (selbst im Auslande) durch phantastische Landschaften und Genres bekannt, die er nach den Bildern seines Freundes Norbert Grund gestochen. Diese phantastischen Landschaftsbilder und reizenden „Fêtes champêtres", deren Originale nur in geringer Anzahl in Prager Sammlungen erhalten sind, entsprachen dem Geschmack der Zeit und waren sehr verbreitet.

Füssli, Kstlerlex. II 33. — Dlabacz, Kstlerlex. für Böhmen I 73 f. — Le Blanc, Manuel. — v. Wurzbach, Biogr. Lex. I 140. — Meyer, Kstlerlex. — Nagler, Monogr. III. — Ottuv Slovník Naučný III. — Neue Bibl. der schönen Wissensch. u. Künste XVIII, 1775, S. 324. — Karel Chytil, Norbert Grund in der Monatschrift „Květy" V 1883, S. 427—40. — Jan Herain, Jahn Jakub Quirin. Biographische Daten als Einleitung z. Katalog d. Privatgalerie Ing. Richard Jahn in Prag 1902. — Das Kupferstichkabinett des böhmischen Landesmuseums in Prag besitzt eine große Anzahl von Stichen der Balzer. Der Unterzeichnete bereitet eine monographische Arbeit über die verschiedenen Mitglieder dieser Familie vor, auf die besonders auch des Oeuvreverzeichnisses halber hiermit verwiesen wird. *A. Dolenský.*

Balzer, Johann Karl, Bruder Antons, geb. in Prag 1768 (nach einem Reisepaß im Prager Stadtarchiv), † dorts. am 14. 5. 1805. Seine künstlerische Bildung gewann er mit dem Bruder Anton in Wien und Dresden. Er brachte wohl mehr die Zeichnung zur Geltung, denn auf einigen Blättern des Vaters ist er als „Delineator" bezeichnet; und selbst seine eigenen Arbeiten haben einen mehr kompositiven Charakter. Einige Zeit verbrachte er teils auf Reisen mit seinem Bruder, teils in London.

Über Literatur u. Oeuvre s. *Johann Balzer.*
A. D.

Balzer, Matthias, Kupferstecher, Bruder des Johann und Gregor. Geburts- und Todesjahr sind unbekannt. Lernte mit seinem Bruder Johann bei Rentz und trat später in Johanns Werkstätte ein. Seine nicht zahlreichen Arbeiten bezeugen eine sorgsame Durcharbeitung, sowie das Bestreben, die Vorbilder richtig zu erfassen. Am meisten bekannt sind die Abbildungen von Münzen im Werke: Nic. Adauct. Voigt, Beschreibung böhm. Münzen. Prag, 1771—1787.

Über Literatur u. Oeuvre s. *Johann Balzer.*
A. D.

Balzer, s. auch *Baltzer.*

Balzico, Alfonso, italien. Bildhauer, geb. 1820 in Cava de' Tirreni bei Neapel, † am 2. 2. 1901 in Rom; ausgebildet an der Neapeler Akademie unter Tito Angelini u. Franc. Citarelli, erhielt für seine Reliefdarstellung der „Befreiung Petri aus dem Gefängnisse" den Rompreis zuerkannt. Während seiner römischen Studien schuf er neben einer Kolossalstatue Johannes des Täufers, einer „Vergine della purità“, einem „Noli me tangere“ seine prächtige Büste des Flavio Gioja, die ihm eine goldene Medaille eintrug, und die er späterhin zur Ausführung eines der schönsten Monumente Amalfis verwertete. Auf Studienreisen durch Italien wurde er dann in Mailand mit Vela, Hayez, Magni und Bertini bekannt, sowie in Florenz mit Massimo d'Azeglio, der ihn seitdem protegierte. Nach seiner Rückkehr nach Neapel verkaufte er an verschiedene Mitglieder des bourbonischen Königshauses seine 3 Statuetten „L'Ingenua“, — „La Povera“, — „La Vendetta“, und 1860 an die Stadt Neapel als Geschenk für den König Vittorio Emanuele eine ähnliche Statuette, betitelt „La Civetta“. Im letzteren Jahre vollendete er außerdem für eine Neapeler Preiskonkurrenz das Modell zu einer patriotischen Denkmalgruppe „Il plebiscito“, das ihm eine Einladung an den Turiner Königshof und die Aufträge auf 2 Porträtbüsten des Principe di Carignano, auf das Turiner Massimo d' Azeglio-Monument und auf ein bronzenes Reiterdenkmal für den Duca Ferdinando di Genova eintrug. Letzteres Monument, das Hauptwerk des Künstlers, das den Lieblingsbruder des Königs in der Schlacht von La Bicocca auf seinem todeswund unter ihm zusammenbrechenden Rosse darstellt, wurde 1867 in Turin enthüllt. Der mächtige Marmorsockel ist mit bronzenen Schlachtenreliefs geschmückt. Das Bronzestandbild des Dichters Massimo d'Azeglio wurde 1872 vollendet. Nach der Enthüllung dieses zweiten Turiner Monumentalwerkes siedelte B. nach Rom über. Dort schuf er das 1886 in Neapel enthüllte Marmorstandbild des Opernkomponisten Vincenzo Bellini und die 1897 vollendete Reiterstatue zu dem von Emilio Franceschi begonnenen Neapeler Victor Emanuel-Monument (die Sockelfiguren und Reliefs sind von Tom. Saleri ausgeführt). Von seinen übrigen römischen Bildwerken sind noch zu erwähnen: die Porträtbüsten des Erbprinzen von Portugal und des Botschafters Conte Nigra, sowie die 1900 in Paris mit einer goldenen Medaille prämiierte marmorne Aktstatue „Kleopatra“. Zahlreiche Skulpturen und Modellskizzen aus seinem Nachlasse werden in seinem römischen Atelier in Via S. Susanna aufbewahrt, darunter eine besonders gerühmte Gruppe des Romulus und Remus. Bei einer 1907 in Neapel veranstalteten Sonderausstellung der hinterlassenen Hauptwerke B.s kam man zu der Erkenntnis, daß B. in der sonst so wenig glücklichen letztvergangenen Epoche der italienischen Plastik in der Tat eine der erfreulichsten Künstlererscheinungen gewesen ist.

Dioskuren 1872, p. 294; 1873, p. 28. — Kunstchronik 1883—84, p. 95, 239, 645; 1885—86, p. 722; 1896—97, p. 476. — Gubernatis, Diz. d. Art. ital. viventi (1889). — Natura ed Arte 1896—97, II 342 ff., 853 ff.; 1900—1901, p. 711—717 (mit Abb.). — Arte e Storia VII 49 f., VIII 82 ff., XVI 102 f., XVII 146 f. — Napoli Nobiliss. IX 32. — Illustraz. Ital. 1900, I 121.

G. Tutino.

Balzimelli, Jacopo, Bildhauer in Rom um 1600, nach Zani, Enc. met. III 48.

Balzimelli, s. auch *Balsimelli.*

Bambaglioli, Uguccione, Zeichner, Miniaturist und Kalligraph, geb. gegen Ende des 13. Jahrh. in Bologna, wo er 1313 durch Kaiser Heinrich VII. als Feind der Ghibellinenpartei vor Gericht geladen wurde, 1318 Mitglied guelfischer Kampfgenossenschaften war, 1323 zum Notar im Ufficio dei Memoriali erwählt wurde und 1325 dem Consiglio del Popolo und dem Consiglio degli Anziani angehörte. In einem der von B. eigenhändig geführten Urkundenbücher findet sich nun eine graziöse Handzeichnung, darstellend eine üppige Frauenfigur, die einem vor ihr knienden Manne einen Kranz darreicht, — nach einer wohlbegründeten Hypothese die „grassa e dotta Bologna“, durch deren Hand Dante Alighieri mit dem Dichterlorbeer bekrönt wird. Die Vermutung, daß wir es hier in der Tat mit einer der ältesten bildlichen Darstellungen des Dichters der Divina Commedia zu tun haben, hat Giov. Livi, der Direktor des Bologneser Staatsarchives, des weiteren durch den Nachweis zu erhärten vermocht, daß der Schöpfer dieser Zeichnung, Uguccione Bambaglioli, in nahen Verwandtschafts- und Freundschaftsbeziehungen zu Ser Graziolo Bambaglioli gestanden hat, der ebenfalls in Bologna als Notar tätig war, als einer der ersten Kommentatoren Dantes hervortrat und sicherlich mit dem großen Dichter persönlich bekannt war.

G. Livi in Nuova Antologia vom 1. 4. 1904, p. 10—23; u. vom 1. 6. 1906, p. 442—456.

G. Degli Azzi.

Bambaja, s. *Busti,* Agostino.

Bambelli, s. *Damiano* u. *Stefano* da Bergamo.

Bamberg, Peter von, Schweizer Architekt, erbaute laut untergegangener Inschrift 1505 die spätgotische Kirche S. Maria bei Lenz (Graubünden).

J. R. Rahn bei Brun, Schweizer. Kstlerlex.

H. V.

Bamberger, Fritz, Landschaftsmaler, k. Professor; geb. am 17. 10. 1814 in Würzburg, † am 13. 8. 1873 in Neuenhain bei Bad Soden. Die erste geregelte Unterweisung erhielt B. 1828 an der Berliner Akademie unter G. Schadow; er trat jedoch bald wieder aus der Anstalt aus und nahm bei dem Marinemaler Wilhelm Krause Unterricht. Nach Übersiedelung seiner Eltern nach Kassel (1830) wurde er Schüler des kurfürstl. Hofmalers Primavesi. 1832 kam er nach München, wo er unter den Einfluß Carl Rottmanns geriet.

Verlegeraufträge, malerische Ansichten aus dem Rhein- und Maintal zu zeichnen, führten ihn 1835 nach Frankfurt zurück. 1836 bereiste er zum ersten Male die Küsten von Nordfrankreich und England. Nachdem er 1837—40 in Würzburg seiner Militärpflicht genügt hatte, wurde ihm zu Beginn der 40er Jahre (wahrscheinl. 1841) die Gelegenheit geboten, als Begleiter eines Frankfurter Herrn die pyrenäische Halbinsel zu bereisen. Mit Studienmaterial reich beladen, nahm er nach seiner Rückkehr dauernden Aufenthalt in München, das er in späteren Jahren noch zweimal (1851 und 1863) zu längeren Reisen nach Spanien verließ. Hatte ihn die Reise nach England zu einem seiner besten Bilder: Das Schlachtfeld von Hastings mit dem Ausblick auf das Meer, angeregt, so wandte er sich nun ganz der Schilderung der südspanischen Landschaft zu. — In seiner Kunst schließt er sich eng an Rottmann an, ohne jedoch die Größe seiner Auffassung zu erreichen. Bei unruhiger Detailausführung bleibt er in rein äußerlichen Farbeneffekten stehen, die in unerfreuliche Manier ausarten. Einen regen Förderer seiner Kunst fand B. in München in Graf Schack, der seiner Galerie 7 von B.s besten Bildern — Ansichten von Gibraltar, Toledo, Granada, aus der Sierra Nevada u. a. — einverleibte. Auch für die Höfe in Stuttgart, München und Schwerin war B. viel beschäftigt, hat er doch seine dritte spanische Reise im Auftrage des Großherzogs von Mecklenburg unternommen. Bekanntere Gemälde seiner Hand besitzt die k. Neue Pinakothek in München (Felsschlucht bei Cuenca, San Geronimo in Kastilien) und das k. Landhaus Rosenstein bei Stuttgart (Sorrent, Alcazar, Cuenca). Von seinen sehr exakt durchgeführten Handzeichnungen befinden sich charakteristische Proben in der Maillinger-Sammlung und in der k. graphischen Sammlung in München. Man hat von ihm auch eine Originallithographie: Auf der Alp.

Meyer, Kstlerlex. II 665. — Allg. Deutsche Biographie II 38/39. — Rechenschaftsbericht des Kunstvereins in München f. d. Jahr 1873, S. 65/66. — Bötticher, Malerw. — Schack, Meine Gemäldesammlg. 3. A. 1884 S. 217—222. — Kataloge der Ausstellungen im k. Glaspalast in München, 1888 S. XII und 1906 II. Abt. S. 6. — Maillinger, Bilderchronik, II 3621—36, IV 1918—27. *Wgn.*

Bamberger, Gustav, Aquarellist in Krems a. d. Donau, geb. 1860 in Würzburg, studierte zuerst das Baufach auf dem Wiener Polytechnikum und war von 1884—91 im Atelier des Oberbaurats Friedr. von Schmidt in Wien mit dekorativen Arbeiten am Wiener Rathaus und im Dom zu Fünfkirchen beschäftigt. 1896 wandte er sich ganz der Malerei zu, studierte in Karlsruhe bei Carlos Grethe, und fand dann viel Beifall mit seinen ungekünstelten landschaftlichen Aquarellen.

Die Graphischen Kste. XXII 96. — Kst.-Chronik IV 423, V 243, VI 4, 298. — Kataloge des Wiener Aquarellistenklubs, des Hagenbundes usw. **

Bamberger, Johann, Zinngießer des 18. Jahrh. in Linz. Im Stifte St. Florian bei Linz befinden sich zwei Werke von ihm von künstlerischem Wert: zwei große, je hundert Pfund schwere Apothekervasen aus Zinn vom Jahre 1768, auf Schlangengewinden ruhend und gekrönt von einem mit einer Schlange kämpfenden Adler aus vergoldetem Messing.

A. Czerny, Kunst u. Kunsthandw. im Stift St. Florian. Linz 1886, p. 212. ***

Bamberini, Domenico (oder Anton Domenico), Maler in Florenz, geb. 1666, † 1741. Schüler des Simone Pignoni, studierte einige Zeit in Rom und malte nach seiner Rückkehr nach Florenz für dortige Kirchen und Paläste eine große Anzahl Fresken und Ölbilder. Auch als Porträt- und Stillebenmaler ist er bekannt. Die Uffiziengalerie besitzt das Selbstbildnis des Künstlers.

Zani, Encicl. III 48. — Pazzi, Serie de' Ritratti etc. I 229. — Arte e Storia XXIII 147 f., 161 f. *R.*

Bamberini, Giuseppe, namhafter Mosaikmaler in Florenz um 1700.

Zani, Enc. met. III 48. **

Bambi, Giuseppe Francesco (einst genannt der Michelangelo der Silberschmiede), tätig in Florenz um 1586. Von ihm im Dom zu Florenz ein silbernes Tabernakel.

Zani, Enc. met. III 48.

Bambini, Giacomo, Maler, geb. um 1582 in Ferrara, † ebenda 1629. Schüler des Domenico Mona, von dessen bizarrer Manier er sich später befreite. Mit dem Maler Giulio Cromer (genannt Croma) gründete er in Ferrara die erste Akademie, jedenfalls unter dem Einflusse der Bestrebungen der Carracci. In den Kirchen seiner Vaterstadt sind von ihm viele Gemälde zu finden: in der Kathedrale eine Verkündigung und ein Abendmahl sowie 2 weitere Bilder im Altarchore; in S. Stefano mehrere die Ikona di Maria Vergine umgebende Malereien; in S. Giov. Battista eine Madonna mit S. Carlo Borromeo; im Jesuitenkolleg eine Assunta u. eine Christusvision des hl. Ignatius; in S. Margherita das Deckenfresko mit dem Martyrium der hl. Margarete und eine Darstellung der Patientia; in S. Guglielmo eine hl. Katharina; in der Chiesa alle Stimmate eine Madonna in Gloria mit den Heil. Carlo und Francesco Saverio; in S. Francesca Romana eine Madonna mit den Heil. Benediktus und Bernardo Tolomei; im Oratorio della Dogana eine Madonna mit den Heil. Georg, Carlo u. Franziskus; in S. Giuliano das Altarbild des Namensheiligen (B.s letzte Arbeit, vollendet von Cesare Cromer). Außerdem in der Pinakothek des Ateneo Civico zu Ferrara die Heil. Nikolaus und Ludwig von Frankreich und in der Chiesa del Gesù zu Mantua 3 Altarbilder mit den Heil. Ignatius de Loyola, Luigi Gonzaga und Francesco Saverio.

Avventi, Guida per Ferrara (1838) p. 110 passim. — Frizzi, Mem. etc. di Ferrara (1847 ff., 2. Ausg.) V 429. — Campori, Raccolta dei catalogi (1870). — Meyer, Kstlerlex. (mit weit. ält. Lit.). — Arte e Storia XIV 187 ff. *L. Ozzola.*

Bambini, Giovanni, italien. Maler des 17.—18. Jahrh., nur erwähnt als Sohn des Nicolò B. *R.*

Bambini, Giovanni Battista, Maler in Ferrara, nur dem Namen nach urkundlich genannt 1646.

Cittadella, Not. rel. a Ferrara p. 631. **

Bambini, Nicolò, italien. Maler, geb. 1651 in Venedig, † ebenda 1736. Ausgebildet unter Mazzoni in Venedig und unter Maratta in Rom, geriet nach seiner Rückkehr nach Venedig unter den Einfluß Liberis. Schwächer in der Farbe als in Kompositionen, ließ er manche seiner Bilder durch den Genuesen Cassana retouchieren. Unter den zahlreichen Malwerken B.s sind hervorzuheben: in Venedig die Deckenmalereien in S. Mosè (früheste Arbeit des Künstlers), die Geburt Christi in S. Stefano und die Anbetung der Könige in S. Zaccaria; in Udine die Deckenmalereien in der Privatkapelle des erzbischöfl. Palastes, die Gemälde in der Bibliothek und die Heimsuchung Mariae im Convertitenkloster; im Auslande das Urteil des Midas im Museum zu Basel, die Rache der Fulvia in der Galerie zu Kassel und das Achilles-Bild im Neuen Palais zu Potsdam.

Meyer, Kstlerlex. (mit ält. Lit.). — Kunstsammlung Basel, Katalog 1889, p. 63. — Maniago, Guida di Udine (1825). — Moschini, Guida di Murano 1808, p. 6, 116. — Federigi, Mem. Trevigiane II 134. — Crico, Lettere, p. 295. *R.*

Bambini, Stefano, italien. Maler des 17. bis 18. Jahrh., nur erwähnt als Sohn des Nicolò B. *R.*

Bambocci, Pietro-Sante di Carlo, Maler aus Florenz, um 1711, nur bei Zani (Enc. met. III 49) erwähnt. *H. V.*

Bambocciate, Michelangelo delle, s. *Cerquozzi.*

Bamboccio, s. *Baboccio* u. *Laer,* Pieter v.

Bambost, Jean, Holzbildhauer von Gent, fertigte 1657 die schönen durchbrochenen Holztüren der Einfriedigung der Notre-Dame-Kapelle in St. Bavo zu Gent.

E. Marchal, La Sculpture etc. 1895 p. 386. *H. V.*

Bambridge, Arthur, engl. Porträt- und Stillebenmaler, stellte in den 80er und 90er Jahren des 19. Jahrh. sowohl in der Roy. Academy in London wie auch auf deutschen Ausstellungen aus.

Graves, The Roy. Acad. of Arts I 103. — Kstchronik XXII 615. — Kst. f. Alle V (1890).

Bamelberghe, s. *Baelberghe.*

Bamesbier, Hans, nach van Mander ein geborener Deutscher, war Schüler von Lambertus Lombardus und wohnte als Porträtmaler in Gouda und in Amsterdam, wo er ungeachtet seiner Trunksucht in einem Alter von beinahe 100 Jahren gestorben sein soll.

C. v. Mander, Het Schilderboeck ed. 1617, 148 verso. *E. W. Moes.*

Bamford, Alfred Bennett, engl. Maler der Gegenwart, tätig in Chelmsford, stellte hauptsächlich Architektur- und Seestücke seit 1883 in der Roy. Academy, im Roy. Inst. of Painters in Water Colours und auf anderen Ausstellungen aus.

Graves, The Roy. Acad. of Arts I 103/4. **

Bamfylde, Copplestone Warre, engl. Baron, Amateur-Maler und -Radierer, Ende des 18. Jahrh., † 1791. Auf den Ausstellungen der Londoner Akademie 1771—83 befanden sich von ihm eine Landschaft, Gegend von Devonshire, eine Ansicht von Southampton u. a.

Meyer, Kstlerlex. (daselbst einige Arbeiten aufgeführt). — Redgrave, Diction. — Graves, The R. Acad. of Arts I 104. *H. V.*

Bamler, s. *Baemler.*

Bampfylde, s. *Bamfylde.*

Bampton, Thomas, Silberschmied, London, 16. Jahrh. Ein kunstvoll im Renaissancestil ausgeführtes Salz- und Pfeffergefäß, Tempietto-Form, silbervergoldet mit Bergkristall, mit der Londoner Hall Mark 1577 wird von J. W. Caldicott, The Values of old English Silver, Lond. 1906, dem Bampton zugeschrieben. Abgebildet Taf. IV (1902 für 3000 Pfd. Sterl. verkauft). **

Ban, Aernkin van der, vläm. Bildschnitzer, erhält 1468 Bezahlung im Dienste der Herzöge von Burgund.

De Laborde, Les ducs de Bourgogne, II No. 4746.

Ban, Benedikt, Maler zu Luzern, um 1565, nur urkundlich bekannt; wohl identisch mit dem *Benedikt Bann,* der (nach Brun, Schweizer. Kstlerlex.) um dieselbe Zeit Mitglied der Luzerner Lukas-Bruderschaft war.

P. Ganz bei Brun, Schweizer. Kstlerlex. *H. V.*

Ban, Christoffel, Maler und Formschneider (?) von Zürich, geb. daselbst am 17. 12. 1554, lebte 1596 in Frankfurt a/M., nur urkundlich bekannt.

P. Ganz bei Brun, Schweizer. Kstlerlex. *H. V.*

Ban, Gerbrand, geb. in Haarlem etwa 1613, heiratete am 26. 7. 1640 (erstes Aufgebot) in Amsterdam, wohnend Achterburgwal, Willemyntje Boelen, und war dort auch als Kunsthändler beschäftigt. In der Sammlung des Herzogs von Leicester zu Carton in Irland ist ein männl. Porträt von 1649 (Notiz von Dr. Hofstede de Groot), im Museum zu Amsterdam ein kleines männliches Porträt, bezeichnet: G. Ban 1650, und ein ähnliches von 1652 in Privatbesitz in Haarlem. Da dies letztere und einige andere seiner Porträts Enkhuiser Patrizier darstellen, ist es wahrscheinlich, daß er um diese Zeit dort gewohnt hat. In der Ausstellung in Bremen 1904 war bei den Anonymen (No. 77) eine von ihm bezeichnete Judith (Notiz von Dr. Hofstede de Groot).

Obreens Archief V 11. — Moes, Iconogr. Bat. n° 7147. — Pauli, Gemälde alter Meister im bremischen Privatbesitz 1904. *E. W. Moes.*

Ban, Hans Heinrich, Glasmaler und Glaser von Zürich, geb. daselbst 1536, † nach 1583, Sohn Ulrichs d. J., nur urkundlich bekannt.

P. Ganz bei Brun, Schweizer Kstlerlex. *H. V.*

Ban, Heinrich, Maler und Glasmaler von Zürich, geb. daselbst vor 1525, † 1599, Sohn von Ulrich B. d. Ä., mutmaßlicher Schüler des Hans Funk in Bern, 1540—1550 in Freiburg (Schweiz) ansässig, wo er am 11. 2. 1541 als Stadtglasmaler angestellt wird, darauf bis an seinen Tod in Zürich tätig. Hier gab er die Glasmalerei vollkommen auf und arbeitete ausschließlich als Maler und Flachmaler. Eine Rundscheibe mit den Wappen des Peter Ammann und seiner Ehefrau Isabelle de Gruyère von 1545 legt ein glänzendes Zeugnis von seinem hohen zeichnerischen und malerischen Können ab.

P. Ganz bei Brun, Schweizer Kstlerlex. *H. V.*

Ban, Jan Matthysz., Goldschmied und Kunstfreund in Haarlem, begleitete um 1591 Hendrik Goltzius nach Neapel. Er war auch mit Karel van Mander nahe befreundet, der ihm und C. G. Vlasman sein Schilderboek 1604 widmete.

K. van Mander, Het Schilder-Boek, edit. Hymans II 367. *J. C. E. Peelen.*

Ban, Ulrich d. Ä., Glaser und Glasmaler in Zürich, Stammvater einer bedeutenden Züricher Künstlerfamilie, nur urkundlich erwähnt: 1513, 1514 und 1532—1535.

P. Ganz bei Brun, Schweizer. Kstlerlex. *H. V.*

Ban (Bann, Pan), Ulrich d. J., einer der vielbeschäftigtsten Glasmaler in Zürich, seit 1532 für den Rat tätig, lieferte er 102 Wappenscheiben, darunter zweibogige u. vierbogige, also prunkvolle Stücke, von denen aber noch keines nachgewiesen worden ist. Neben der Kunst des Glasmalens verschmähte er auch einfache Glaserarbeiten nicht und muß andererseits auch als Maler tätig gewesen sein, denn er gehörte auch der Malerzunft zur Meise an und wurde 1571 bei seiner Aufnahme in den Rat Maler genannt. — Er starb 1576.

H. Meyer, Die Schweiz. Sitte der Fenster- u. Wappenverschenkg. p. 191. **

Banato, Carlo, Maler in Genua im 18. Jahrh., nur von Zani, Enc. met. III 50 mit unvollständigen Angaben erwähnt. **

Banaurek, Martin, Maler in Kunstadt in Mähren, malte in der 2. Hälfte des 18. Jahrh. das Altarblatt „des hl. Martin" für die Kirche in Rowetschin.

Cerroni, Verzeichnis von Malern u. ihren Arbeiten in verschiedenen Kirchen Mährens u. Schlesiens. S. 9 (Ms. im mähr. Landes-Archiv). *W. Schram.*

Banc, s. *Banck.*

Bance, Albert, Tier- und Landschaftsmaler in Paris, geb. daselbst um 1848, † im Februar 1899, Schüler von Butin und van Marcke, stellte wiederholt in den Salons 1875—1885 aus (Landschaften mit weidenden Kühen, Marinen usw.).

Bellier-Auvray, Dict. gén., Suppl. — Chron. d. arts 1899 p. 60 (Nekrol.). *H. V.*

Bancelin, Etienne, Bildhauer in Paris, urkundlich erwähnt 1667.

Jal, Dict. crit. de biogr. et d'hist. (1872) p. 206 (unter Bernard, Nicolas). *S. Lami.*

Banchero, Angelo, Maler, geb. in Sestri bei Genua am 30. 7. 1744, † am 18. 11. 1794 in Rom. Er bildete sich hier unter der Leitung Battonis, malte anfangs Porträts, so z. B. 1772 in Genua das Bildnis des Dogen Giambatt. Cambiaso. Seit 1773 blieb er dauernd in Rom und malte eine Reihe von Altarbildern wie für die Kirche delle Romite in Rom (bei S. Maria Maggiore) das Hochaltarbild mit der Predigt Johannes' des Täufers (1777), für die Kapuzinerkirche zu Genua 2 ovale Bilder mit Halbfiguren von Heiligen, für die Annunziata al Guastato eine Mater Dolorosa. — Nach Alizeri (s. u.), der ausführliche Nachrichten und Berichtigungen über diesen Künstler gibt, war B. ein begabter Eklektiker, dessen Arbeiten doch ein gewisser künstlerischer Wert innewohnt.

Alizeri, Not. dei prof. etc. in Liguria (1864) I 391. **

Banchi, Giovanni, Bildhauer in Ferrara, machte für die Festdekoration bei Ankunft des Papstes Paul III. die Figuren der Prudentia und der Justitia.

Cittadella, Not. rel. a Ferrara p. 667. **

Banchieri, Agostino und Francesco, Genueser Sticker, für den Papsthof im 17. Jahrh. tätig.

Bertolotti, Art. Subalpini, II. Ausg. 1884. **

Banchieri, s. auch *Banchero.*

Bancio, Antonio de, Maler in Ferrara, 1423 dem Namen nach erwähnt.

Cittadella, Doc. ed illustr. Ferraresi, 1868. **

Banck (auch Banc oder Bank), Johan oder Jan van der, Maler, der in der ersten Hälfte des 18. Jahrh. in London tätig war und daselbst am 23. 12. 1739 ungefähr 45 Jahre alt gestorben ist; vermutlich war er ein Sohn des Pieter van der B. Er malte hauptsächlich Bildnisse in leichter, oft ziemlich nachlässiger Manier, die großenteils von J. Faber in Schabmanier reproduziert wurden. Sehr häufig findet man Bildnisse ihm zugeschrieben, die von Johan de Baen herrühren. Geschickt als Karikaturist, zeichnete er die Illustrationen für die Übersetzung des „Don

Quichote" von Lord Carteret. In der Nat. Portr. Gall. befinden sich von v. d. Banck das Porträt des Rev. Sam. Clarke und das von Isaac Newton; ferner ein weniger gelungenes großes Figurenstück in Hampton Court.

Walpole (und Vertue), Anecdotes of painting in England. — Van Eynden en Van der Willigen, Geschiedenis der vaderlandsche Schilderkunst. I 280. — Sternberg, Kat. IV No. 4796, 5408. — Nagler, Kstlerlex. I 249, 252. — Le Blanc, Manuel. — Redgrave, Dict. — Meyer, Kstlerlex. (Verz. von Stichen nach ihm). — Kat. d. Nat. Portr. Gallery, London. **

Banck (oder Banc), Pieter van der, Kupferstecher, geb. 1649 in Paris, † 1697 in Bradford, Schüler von François Poilly. Um 1674 ging er mit dem französischen Maler Henri Gascard nach London, wo er bis zu seinem Tode tätig war. Seine Stiche, meistenteils Bildnisse, sind durch große Sauberkeit und Feinheit der Behandlung ausgezeichnet und haben zum Teil besonderes historisches Interesse, wie seine Porträtköpfe für Kennet's History of England, seine Stiche nach vielen bedeutenden Porträts Knellers und nach Verrios Gemälden in Windsor.

Walpole, Anecdotes of painting in England p. 137. — Ders., A Catal. of engravers p. 10. — Meyer, Kstlerlex. (Verz. s. Werke). — Redgrave, Dict. 1878 p. 441. **

Banck, s. auch *Bank*.

Banckaert, Jooris, Glasmaler in Brügge, lernte bei Buekel Herman seit dem 26. 7. 1523, wurde Freimeister am 2. 11. 1536, „Vinder" 1539/40 und Regent der Gilde 1546/7. Am 7. 5. 1544 wurde ein Kontrakt mit ihm abgeschlossen betreffs Lieferung von 6 gemalten Glasfenstern für den neuen Saal im Schöppenhause. Die Fenster sollten enthalten die Porträts des Königs, des Kaisers und der Kaiserin, das Wappen der Königin-Regentin, die Devise Plus oultre, das Wappen von Vlandern und dasjenige von Brügge. Für jedes sollte er 14 s. gr. erhalten. — Bald darauf, am 11. 8. desselben Jahres, übernahm er auch die Lieferung 2 gemalter Fenster für die Kapelle im Schöppenhause.

Ferie Boucken der Tresorie van der stede van Brugge, vol. 2. *James Weale.*

Bancks, s. *Banks*.

Banco, Abramo, italien. Kupferstecher aus Siena, tätig in der 1. Hälfte des 17. Jahrh., von dem nur eine Reihe von Begräbnisfeierlichkeiten nach Zeichnungen des Francesco Perucci (Sohn des Orazio P.), die 1639 in Venedig erschienen, bekannt ist.

Meyer, Kstlerlex. — Le Blanc, Manuel. *P. K.*

Banco, Antonio di, florentinischer Bildhauer gegen Ende des 14. und zu Anfang des 15. Jahrh. In den Jahren 1394—1407 war er bei den Arbeiten an der äußeren Ausschmükkung des Domes von Florenz beschäftigt, ursprünglich, wie es scheint, als bloßer Steinmetz (lastrajuolo), später als Bildhauer und Maestro. In dem letztgenannten Jahr arbeitete er mit seinem Sohn Giovanni oder Nanni (s. diesen) gemeinschaftlich an den Skulpturen des (nach dem Chor zu) zweiten nördlichen Domportals. 1414 ist er Dombaumeister. Neuerdings schrieb man ihm eine streng gehaltene Verkündigung im Dommuseum zu, aber die Urkunden ergaben Jacopo di Piero als Verfertiger.

Vasari-Milanesi, II 161 ff. — Quellenschriften zur Kunstgesch. etc. herausg. von Eitelberger, IX: Donatello, seine Zeit u. Schule, von H. Semper p. 55, 56, 58, 60, 61. — H. Semper, Die Vorläufer Donatellos, in Zahns Jahrb. f. Kstw. III 26 ff. — Jahrb. d. preuß. Kstsamml. VIII 148, 149, 152, 153, 227—230; XI 98. — A. Venturi, Storia d'arte IV 716. *Fritz Knapp.*

Banco, Nanni d'Antonio di, florentinischer Bildhauer, Sohn des Antonio, geb. ca. 1373, am 12. 2. 1421 schon gestorben, Schüler Niccolo d'Arezzos, nicht Donatellos, dessen Altersgenosse er war. An Talent und Bedeutung diesem nicht gleich, gehört er im Gebiet der Skulptur jedoch jedenfalls mit zu den bahnbrechenden Meistern der Renaissance. Er wurde am 2. 2. 1405 in der Steinmetzenzunft immatrikuliert. Zusammen mit seinem Lehrer arbeitete er 1407—09, gemeinschaftlich mit seinem Vater und gleichzeitig mit Donatello, an dem zweiten nördlichen Seitenportal des Florentiner Doms ein Kranzgesims mit Blattwerk und einen Fries mit Engelfiguren. 1408 wurde er, zugleich mit Niccolò d'Arezzo, Donatello und Ciuffagni beauftragt, für die Fassade des Doms die sitzenden Evangelistenstatuen auszuführen, die seit 1586 in den Seitenkapellen des Domchores ausgestellt sind. Seine Statue des Evangelisten Lukas ist noch vorwiegend im Stile Niccolòs. Mehr als Donatello, der eher von ihm gelernt hat, wirkte das Vorbild der Antike auf ihn wie bei keinem andern Plastiker seiner Zeit. Besonders seine frühen Statuen an Or San Michele zeigen das sowohl in den schweren untersetzten Proportionen, wie in der Bildung der Köpfe und der stark eingebohrten Haare. Der hl. Philippus und die seit 1408 gearbeiteten vier Heiligen für die Nische der Bauhandwerker bekunden das am besten. Freilich lassen sie in ihrer Unbelebtheit und starren Haltung sehr die frische Naturanschauung vermissen. Darunter ist ein vorzügliches, von antikem Reliefstil stark influenziertes Relief, das einen Bildhauer bei der Arbeit an einer Knabenfigur, andere mit architektonischen Arbeiten beschäftigt darstellt. Bezüglich der Gruppe der vier Heiligen erzählt Vasari, daß Donatello dem Künstler für ein Abendessen Hilfe geleistet, indem er die Statuen durch Verkürzung der Schulterbreite und andere Veränderungen dem Raume angepaßt habe; doch ist an den Figuren von solchen gewaltsamen

Verbesserungen nichts zu bemerken. Donatellos Einfluß macht sich an einem hl. Petrus ebenda bemerkbar. Unter Ghibertis Einfluß lebendiger, zugleich gotischer ist der hl. Eligius, um 1515, an Or San Michele, der in seiner frischen Haltung vielleicht auf Donatellos Ritter Georg gewirkt hat.

Ein Meisterwerk, das den Geist der Renaissance schon in voller Deutlichkeit zeigt, ist seine letzte Arbeit, die schöne, zu Vasaris Zeit dem Jacopo della Quercia zugeschriebene Giebelgruppe über dem oben erwähnten, nördlichen Seiteneingang des Domes: Die Madonna, in einer Mandorla von Engeln umgeben, dem hl. Thomas ihren Gürtel reichend. — Über Bancos architektonische Tätigkeit haben wir nur die eine Notiz, daß er 1416 im Auftrag der Dombauverwaltung gemeinschaftlich mit Brunelleschi und Donatello ein Konkurrenzmodell für die Domkuppel herstellte. — Ein Porträt des Künstlers, Brustb. im Profil, gez. von Vasari, Holzschn. in versch. Ausg. des Vasari, in der Bottarischen Radierung. Gest. von Cecchi, in: Serie degli uomini i piu illustri etc. 4.

Vasari-Milanesi, II 161—5. — Vasari-Heitz, III 21. — Baldinucci, Op. V 172—180. — M. Reymond, Gazette d. b.-arts 1895 I 40. *Fritz Knapp.*

Banco, s. auch damit verbundene *Vornamen.*

Bancoli, italien. Kupferstecher des 18. Jahrh., nur von Zani, Enc. III 51, erwähnt. *P. K.*

Bancosis, Lotto de. Seine Signatur: „Ego Presbyter Lottus de Bancosis hanc praefatam primam partem scripsi, hac die prima mensis Novembris explevi 1471“ sah Zani (Enc. met. III 51, 266) und nennt ihn einen vortrefflichen Schreiber u. Miniator, ohne nähere Angaben über den betreffenden Codex. **

Bancroft, Elias (R. C. A.), engl. Landschaftsmaler in Manchester, stellte seit 1874 bis in die letzten Jahre häufig in der Roy. Academy und in der Roy. Cambrian Academy aus. Unter den Motiven seiner Bilder begegnen uns auch mehrere aus Rothenburg o. d. T.

Graves, The R. Acad. of Arts I 104. **

Band, engl. Gemmenschneider des 18. Jahrh., bekannt durch eine Gemme, darstellend: Kastor und Pollux, mit Helm u. Lanze, zu Pferd. Bez. BAND. INV.

Raspe, Descriptive Catalogue (der großen Gemmenpastensammlung von *Tassie*). London 1791, No. 1266. — Manuscr. Rollett.

Band, Franz, gen. *Bandinelli,* Zeichner und Maler, aus Porrentruy im Bern. Jura, † daselbst 1813. Von ihm ein Jugendporträt Léopold Roberts, der 1805—06 sein Schüler war (im Besitz Nicolet in Chaux-de-Fonds). Ein anderes Gemälde von ihm stellt den Durchmarsch schweiz. Gefangener bei Courrendlin 1798 dar. Ein besonderes Verdienst Bands ist die zeichnerische Aufnahme der alten Schlösser und Ruinen des Berner Jura.

E. L. Girard bei Brun, Schweizer. Kstlerlex. *H. V.*

Bandar, Claude, Radierer, 1651 in Paris, nur dem Namen nach urkundlich genannt.

Herluison, Actes d'État-Civil, Orléans 1873 p. 18. **

Bandarth. Jesuitenbruder aus Antwerpen, beendete gegen 1619 den von Bernardoni und anderen begonnenen Bau der Jesuitenkirche zu St. Peter in Krakau, eines umfangreichen und zu den edelsten im Nordosten Europas gehörenden Denkmals der Barockarchitektur. *St. Tomkowicz.*

Bandau, Carl, wenig bekannter Porträtmaler in Berlin, stellte auf der Ausstellung der k. Akad. der Künste, Berlin 1834 mehrere Bildnisse in Öl aus.

Kat. d. Ausstellg. *H. V.*

Bandeira, D. Laura Saurinet, Malerin, Portugal, war auf der Dezennal-Ausstellung, Paris 1900 mit dem Porträt des Geigenmachers Victor Wagner vertreten. *A. Haupt.*

Bandel, Ernst von, Bildhauer, geb. am 17. 5. 1800 in Ansbach, kam 1817 nach München auf die Kunstakademie und arbeitete im Atelier Karl von Fischers plastische Architekturornamente. Nach Fischers Tod (1820) ging B. von der Architektur zur Malerei über und zeichnete und malte als Schüler von P. v. Langer, der der streng antikisierenden Auffassung in der Malerei huldigte, korrekt und fleißig nach der Antike. Andere Lehrer B.s auf der Akademie waren Kellerhoven, J. Hauber, A. Seidl, W. v. Kobell, C. E. Heß. B. kopierte Rubens und van Dyck; seine Familienbildnisse in Öl, Aquarell, Bleistift und Farbstift zeigen früh seine Begabung im Bildnis. Zahlreiche Aktstudien nach dem lebenden Modell (Auswahl der besten in der Technischen Hochschule in Hannover). König Maximilian von Bayern nahm sich seiner väterlich an; im Auftrage der Königin malte er in großen Aquarellen die Zimmer der kgl. Familie im Münchener Schloß (1821). B. fing auch zu modellieren an, geriet 1820 in die Werkstatt des durch seine Porträtbüsten bekannten Bildhauers Haller und ging zur Bildhauerei über. 1825 ging er auf 2 Jahre nach Italien; in Rom trat er zu Thorwaldsen in Beziehung, mit dessen Klassizismus er nicht einverstanden war; er suchte nach Wahrheit und Natürlichkeit und einer gesunden volkstümlichen Kunst. In Rom strenges Studium der Antike und des lebenden Modells, gezeichnet, modelliert, gemeißelt; er haut die Büste Ebelings direkt aus dem Marmor. Die beiden römischen Jahre sind die arbeitsreichsten u. glücklichsten seines Lebens. Freundschaftlicher Verkehr mit Schwanthaler, ohne Möglichkeit eines dauernden Verständnisses. September 1827 kehrt er nach München zurück; hier gehört er 7 Jahre zu dem Kreise der klassizistischen Bildhauer, die Ludwig I.

um sich versammelte und beschäftigte (Giebelschmuck der Glyptothek, Walhalla); B. arbeitet zusammen mit Rauch, Rietschel, Schwanthaler. 1834 ging er nach Berlin; hier sagte ihm die realistische Richtung Schadows und seine scharf charakterisierende Arbeit sehr zu; auch zu Rauch trat er in nähere Beziehung. Größere Aufträge führten ihn noch 1834 nach Hannover, wo er Reliefkompositionen für den Tanzsaal im Schloß und die Schloßkirche schuf und im Anschluß daran Gipsreliefs in der Aula der Universität Göttingen. Schon in München hatte er den Plan eines monumentalen Armin-Denkmals gefaßt; dieser Plan führte ihn 1836 nach Detmold; er wählte die Grotenburg (Teutberg) im Teutoburger Wald als Denkmalsplatz. Das erste kleine Modell zum Denkmal entstand 1830, ein größeres stellte B. 1834 in Berlin aus, 1836 entstand in Hannover ein weiter ausgeführtes. Die lange Entstehungsgeschichte durchzieht das ganze fernere Leben B.s. Der architektonische Unterbau, eine Art Rundtempel mit kuppelförmiger Bedachung war 1846 vollendet. Dazwischen unternahm B. wieder zwei Reisen nach Italien, 1838—39 war er in Carrara aufs eifrigste mit Marmorarbeiten beschäftigt; es entstanden einige seiner besten Werke. 1844 war er abermals zu diesem Zwecke in Carrara. 1847 siedelte er von Detmold wieder nach Hannover über; von 1846 bis 1862 trat ein vollständiger Stillstand in der Denkmalsfrage ein; in diesen Jahren schuf B. in Hannover eine große Reihe neuer Werke. 1862 wurde die Denkmalsarbeit wieder aufgenommen; eigenhändig hämmerte B. die Riesenfigur des Armin in Kupfer. Am 16. 8. 1875 wurde das Denkmal in Gegenwart Kaiser Wilhelms I. und vieler deutscher Fürsten eingeweiht. B. starb auf der Rückkehr aus Italien am 25. 9. 1876.

Werke: Büste P. v. Langers (in Marmor 1834) auf dem Friedhof in Haidhausen. Lebensgroße Statue eines ruhenden Mars, Faun, der einer Ziege auf einer Schalmei vorbläst, Amor, Caritas (1834 in Marmor, Museum Hannover), Mädchen mit Orakelblume, sämtlich 1820 in Gips. 1821—22 in Nürnberg zur Restaurierung des Schönen Brunnens sechs große Figuren in Sandstein und die Modelle zu Moses und den Propheten. 1824 die Figuren am Skelldenkmal in München, in Sandstein. — In Rom entstanden in Marmor die Büsten von Sickingen (Walhalla), Ebeling, Maximilian I., des Bankiers Eichthal, ein Grabrelief in Marmor (auf B.s eigenem Grab, Friedhof Hannover), die Figur eines sich verhüllenden Amor und die Büste der schönen Albanesin Vittoria (Hannover, Privatbesitz). — In der Münchener Zeit von 1827 bis 1834 entstanden meist im Auftrage Ludwigs I. die Glyptothek-Giebelfiguren „Bildhauer" und „Hoffnung", lebensgroß in Marmor, Karyatidenköpfe für das Herzog Max-Palais, ein segnender Christus für die Michaeliskirche in Hof (beide in Gips), eine Marmorvase für Graf Schönborn, eine Kopie der griechischen Vase von St. Cäcilia in Trastevere, Büsten von P. Heß, Stieler, Gärtner, Dominik Quaglio, Skizzen zu den Büsten von H. Heß, Zimmermann, Rottmann, Ohlmüller, Voigt, Amsler, Ziebland; die ersten Skizzen des Armin-Denkmals. In Berlin 1834 Büste Chamissos (Gips), in Hannover Relief der 9 Musen u. von Orpheus und Arion im Schloß, die Reliefs aus der Heilsgeschichte Christi in der Schloßkirche, in Göttingen das Giebelrelief für die Aula Der Genius der Wissenschaften (Sandstein), zwei Grabmäler in Sandstein und die Statue Wilhelms IV. vor der Universität. In Hannover wiederum: Büste der Prinzessin Augusta von Cambridge (Marmor), die Figur Heinrichs des Löwen (Gips). In Carrara 1838—39 und 1844—45: Thusneldastatue in Marmor (Detmold, Schloß), Thusneldabüsten in Gips, die Marmorgruppe Herakles und Iphiklea (Berlin, Privatbes.), Christus auf dem Kreuz schlafend (Marmor), Madonna mit dem Christuskinde (Gips), Taufstein für die St. Petrikirche in Hamburg, Sich schmückende Venus (Marmor, Hannover, Museum), Büsten des Fürsten und der Fürstin Pauline zu Lippe (Marmor, Detmold, Schloß), Mädchen mit Amor, Venus in der Muschel (beide in Gips), Merkur, der die Leier erfindet (Cumberland-Galerie Hannover), Jahreszeiten (Statuetten in Marmor, Blasewitz Privatbes.), Skizze von Venus, Juno, Minerva, zu einer Gruppe Paris' Urteil, Erste Skizze der Amor u. Psyche-Gruppe, Jäger mit Hunden. In Hannover von 1846 bis 1862: Sandsteinreliefs am Militärhospital, der Entbindungsanstalt, Taufsteine in Marmor für die Kirche in Rosdorf u. die Schloßkirche in Hannover, Apostelfiguren in Sandstein für den Loccumer Altar, Bronzemedaillons von F. Andreä und Röhrs (Hannov., Grabmal), Büste Grabbes (Gips, Detmold Bibliothek), Shakespeare- und Goldoni-Statuetten in Sandstein (Hannov., Hoftheater), Goethe-Statuette, Amazone, Ruthstatue (Berl., Privatbesitz), David-Statuette (Hannover, Mus.), Tag und Nacht (kl. Gruppe), Gerechtigkeit und Einigkeit (Statuetten), sämtlich in Gips, Marmormedaillons von König Georg V. und Königin Marie, Wandmalereien im Saale des Kunstvereins in Hannover, bis 1875: Arminstandbild.

B. wollte der herrschenden antikisierenden Richtung nicht angehören und auch der Romantik (Schwanthalers) sich nicht in die Arme werfen; er wollte ganz selbständig sein, aber er war nicht groß genug, eine Plastik, die er ahnte, zu verwirklichen, wie es in Frankreich Rude und David d'Angers getan hatten. Ähnlich wie Rauch und Rietschel erstrebte er eine realistische, nationale Plastik, ohne sich über die Mittel ihrer Verwirklichung klar zu sein, denn B. war kein bahnbrechendes Genie, auch nicht in seinem Armindenkmal, sondern nur ein Talent; sein deutscher Charakter war größer als sein künstlerisches Ingenium. So ist er im Grunde über die Schranken der Hallerschen Kunstrichtung nicht hinausgekommen; er ist im wesentlichen in der klassizistischen Formenwelt im Sinne Thorwaldsens gebannt geblieben. Dabei leidet er zuweilen an dem Grundfehler Schwanthalers, der Flüchtigkeit der Mache. Sein Bestes und Eigenstes gab B., wie sein Lehrer Haller, in seinen Porträtbüsten. Sie bekunden am deutlichsten seinen gesunden Blick für das wirkliche Leben und für das Charakteristische, eine frische Natürlichkeit und Realistik, die ihn in die Nähe von Rauch führt; man spürt das gründliche Studium der Porträtplastik der römischen Kaiserzeit. Von seinen Idealfiguren sind die bedeutendsten die Caritas (durch Brand vernichtet) und die sich schmückende Venus.

Herm. Schmidt, Ernst von Bandel. Ein deutscher Mann u. Künstler. Neue Aufl. Hannover 1900. — Bandel, Die Arminsäule, Hannover 1861. — H. Thorbecke, Zur Geschichte des Hermannsdenkmals. Festschrift m. e. biogr. Skizze. Detmold 1875. — Das Hermannsdenkmal u. d. Teutoburger Wald, nach d. Nat. aufgen. v. J. Menke. Mit e. Titelbl. in Farbendruck von Scheuren u. poet. Text v. F. Dahn, F. Freiligrath, E. Geibel, R. Gottschall u. a. Detmold 1875. — Zeitschrift f. bild. K. Beiblatt VI (1871) 212 ff., X 736 ff. *P. Kühn.*

Bandel, F. A. Ein diesen sonst unbekannten Namen tragendes Stilleben (totes Geflügel) wurde mit der Sammlung Brade (Wiesbaden) bei Heberle in Köln im Dez. 1897 verkauft. **

Bandel, Heinrich von, Sohn des Ernst, Bildhauer, geb. am 23. 6. 1829 in München, † am 10. 10. 1864 in London. Er bildete sich unter Leitung seines Vaters, zeigte außergewöhnliche Begabung für das Porträt. Im Winter 1844—45 war er mit seinem Vater in Carrara, wo er seine erste Marmorarbeit, ein Reliefbildnis des Fürsten von Lippe-Detmold ausführte. 1849 folgte er einem Ruf nach London, arbeitete dort zuerst für den Bildhauer Campbell ein überlebensgroßes Modell Lord Benticks und entwarf zahlreiche Kompositionen für andere Künstler. In den Jahren 1853—1861 war er auch regelmäßiger Aussteller in der Royal Academy.

Werke: Lebensgroßes Gipsmodell eines jungen Achill, eine auf springendem Panther sitzende Bacchantin, Gruppe Venus u. Amor, beide in Gips. Eine Gruppe Bacchantin mit Satyr, eine sterbende Amazone zu Pferd, mit Figuren reich verzierter Kandelaber, sämtl. in Bronze, 12 Relieffiguren (Tages- u. Jahreszeiten) im Bridgewater-House in London (Gips), eine lebensgroße Mignon in Marmor auf Marmorpostament mit bronzenem Relief.

Meyer, Kstlerlex. II 670. — Graves, The Roy. Academy of Arts, 1905 p. 104. *P. Kühn.*

Bandel, Johann Georg, Medailleur in Kassel, dessen Monogramm J. G. B. auf einer ovalen Schaumünze des Landgrafen Ludwig VI. von Hessen-Darmstadt, datiert 1666, erscheint. — Auch im 18. Jahrh. werden in Kassel noch mehrere Münzmeister des Namens (auch Bandell, Bantel geschrieben) erwähnt.

Hoffmeisters gesammelte Nachr. über Kstler. u. Ksthandw. in Hessen. Hannover 1885. **

Bandell, Eugenie L., Landschaftsmalerin und Radiererin zu Frankfurt a. M., geb. daselbst am 21. 12. 1863 Schülerin von G. Cornicelius, B. Mannfeld und W. Trübner.

Dreßlers Kunstjahrbuch 1908. — Hirsch, Künstlerinnen der Neuzeit S. 30. — Kunst für Alle XVIII. — Weizsäcker, Kunst u. Kstl. in Frankf. S. 99. — Ausstellungskataloge u. a. München, Berlin (Sezession). -y.

Bandeville, französ. Bildhauer, 1863 erwähnt unter denjenigen Künstlern, die zur Ausschmückung des 1862—64 neu erbauten Grand Théâtre zu Toulon dekorative Skulpturen zu liefern hatten.

Richesses d'Art, Province, Monum. civ. VI 277. *S. Lami.*

Bandiera, Benedetto, Maler in Perugia, geb. 1564 in Perugia, † am 1. 5. 1634 daselbst (nach Lancellotti, Eph. Perusina, Ms. der Bibl. Communale, ad diem.). Nach Lanzi ist er ein Verwandter des Sienesen Franc. Vanni. Als sein Lehrmeister gilt Federigo Baroccio, unter dessen Einfluß ihn seine Gemälde in S. Angelo della Pace, im Hospital der Misericordia, in S. Caterina, in S. Francesco al Prato und anderen Peruginer Kirchen zeigen. Von 1590—1619 war er für die Kirche und das Kloster S. Pietro dei Cassinesi vor Perugia tätig. Mehrere Werke von ihm sind dort noch vorhanden. Eine Madonna mit S. Caterina, Maria Maddalena und anderen Heiligen wurde von den Franzosen 1811 auf Grund eines kaiserlichen Dekretes aus der Kirche S. Caterina im Quartier Porta S. Angelo entführt, aber 1817 wieder zurückgegeben. Seine Fresken in den Lunetten des ersten Klosterhofes von S. Agostino und vier Lunetten im Klosterhof von S. Girolamo, letztere Taten des Hl. Franz darstellend, sind zugrunde gegangen. In der Matrikel der Peruginer Malerzunft wird er unter den Mitgliedern fuori del Collegio aufgezählt und zur Steuer von jährlich 10 Soldi herangezogen.

Pascoli, Vite de' pitt. scult. e archit. perug., Roma 1732 p. 162. — Orlandi, Abeced. pitt. — Orsini, Guida di Perugia (an vielen Stellen). — Lanzi, Storia pitt. II 135. — Manari, Doc. e Note 63 in: Apologetico. —

Rossi, Giornale di Erud. Art. IV 212, 214, V 326, VI 23, 105. — Lupattelli, Storia della Pitt. in Perug., Foligno 1895 p. 59, 61, 62.

Walter Bombe.

Bandinelli, Bartolommeo, gen. *Baccio Bandinelli,* geb. am 12. 11. 1493 in Florenz, Sohn des angesehenen, von den Medici viel beschäftigten Goldschmieds Michelangelo di Viviano de' Brandini da Gaiuole, nahm 1530 statt seines eigentlichen Familiennamens *de' Brandini* unberechtigterweise den Geschlechtsnamen der altadeligen Sieneser Familie Bandinelli an (Vasari-Milanesi VI 133, Anm. 2). Er bildete sich als Schüler seines Vaters und des Giovanfrancesco Rustici, unter dem Einfluß der Schlachtenkartons von Michelangelo und Lionardo.

Die zeitgenössischen Quellen über sein Leben sind nicht ungetrübt: teils stehen sie unter dem Eindruck des Hasses, den sein unseliger Charakter sich selbst gesät, teils der verlogenen Schönfärberei, mit der er die eigene Entwickelung der des von ihm beneideten Michelangelo anzunähern suchte. Cellinis Ausfälle wie Vasaris ausführliche, auf eigene Angaben B.s zurückgehende Notizen wollen darum mit gleicher Kritik aufgenommen sein. Von dem Vorwurf, aus Mißgunst Michelangelos Karton 1516 zerschnitten zu haben, hat ihn die neuere Forschung befreit. Schon Vasari, auf dessen Biographie diese Nachricht zurückgeht, widerspricht sich selbst im Leben Michelangelos; auch erwähnen weder Condivi noch Benedetto Varchi in seiner Leichenrede auf Buonaroti diese Tatsache, und nicht einmal Cellini, der 1518 noch vor dem Karton studierte, weiß davon zu melden. Herrscht über seinen Charakter bei Mit- und Nachwelt ziemliche Einmütigkeit, so ist seine künstlerische Persönlichkeit desto mehr umstritten.

Als Bildhauer hat er sich selbst geschädigt, indem er sich ohne Aufhören neben die Größten stellte und ihre Wege kreuzte, dabei in ewiger Gier nach Erwerb Auftrag über Auftrag an sich reißend, seine unausgereiften Arbeiten halb fertig ließ oder flüchtig durchführte. Die Malerei hat er nach geringen Versuchen, über die Vasari anekdotisch berichtet, aufgegeben (sein gutes Bildnis in der Malersammlung der Uffizien soll von B.s eigener Hand herrühren). Als Meister der Zeichnung hat der Vielgetadelte der Florentiner Schule zweifellos Ehre gebracht. So hat nach ihm Marcanton den Kindermord und das berühmte große Blatt mit dem Martyrium des hl. Laurentius gestochen, Agostino Veneziano anatomische Studien, eine Komposition der Iphigenie, eine nackte Cleopatra.

Als Bildhauer begann er seine Laufbahn mit einer 1½ Ellen hohen in Wachs anatomisch subtil und naturalistisch durchgeführten Hieronymusstatue, die Lionardo gelobt haben soll (vielleicht eine der ersten dieser später so beliebten anatomischen Akademien), und einem jugendlichen Merkur, der später an Franz I. nach Frankreich kam. — Mit der Rückkehr der Medici setzte für B. die Protektion dieser Familie ein. Der Herzog von Nemours verschaffte ihm den Auftrag zu einer der Apostelstatuen für den Dom, dem hl. Petrus. Beim Einzug Leos X. in Florenz fiel sein Kolossalentwurf einer Gruppe Herkules und Cacus auf, sein größter künstlerischer Gedanke, dessen Ausführung oft durchkreuzt, sich durch sein ganzes Leben hinziehen sollte.

Besonders reich ist er in Rom mit Aufträgen bedacht worden: die Arbeit für den Papst an der Santa Casa in Loreto unterbrach er zwar nach einem Zerwürfnis mit Sansovino, soll aber doch 1531 sein Relief der Geburt Mariä selbst vollendet haben. Auf Verwendung des ihm besonders gewogenen Kardinals Giulio bestellte Leo bei Ba. eine Marmorgruppe Orpheus u. Cerberus für den Hof des Pal. Medici, die später ins Casino di S. Marco kam. Die Kopie des Laokoon, die der Papst an Stelle des versprochenen Originals für Franz I. bestimmt hatte, ist noch heute in den Uffizien erhalten.

Für den Eingang der Villa des Kardinals am Monte Mario (später Villa Madama) hat B. damals zwei „giganti" gearbeitet, die zugrunde gegangen zu sein scheinen.

Als Günstling des mediceischen Hauses mußte er zwischen 1527 und 1530 die Vaterstadt meiden. Zu Genua und Bologna tritt er damals in Beziehungen mit Karl V.; auf das Geschenk eines Bronzereliefs der Kreuzabnahme machte ihn der Kaiser zum Ritter von S. Jago. Das Standbild des Andrea Doria als Neptun für die Genueser Republik ließ er trotz empfangener Bezahlung unvollendet. Unausgeführt blieb auch das Modell eines hl. Michael, der nach dem Wunsch des Papstes die Engelsburg krönen sollte.

Die Wiederkehr der Medici bringt eine Zeit der Triumphe für B.: der mächtige Marmorblock aus Carrara, seit 1508 bestimmt von Michelangelo zu einer Gruppe des Herkules und Cacus am Eingang des Palazzo vecchio dem David gegenüber verarbeitet zu werden, wurde unter Einwirkung seiner jetzt fürstlichen Gönner dem republikanisch gesinnten Meister aberkannt und dem loyalen Bandinelli übergeben. Die 1534 erfolgte Aufstellung der Gruppe, die seither ihren Platz vor dem Pal. Vecchio (anders wie ihr Gegenstück) behauptet hat, bedeutete zwar den ersten wirklichen Triumph über sein mit Neid verfolgtes großes Vorbild, brachte aber die abfällige Meinung über den künstlerischen Charakter seiner Arbeiten in vernichtender Schärfe zum Ausdruck. Dafür äußerte sich die Zufriedenheit seiner Auftraggeber in Belohnungen, wie der Dedikation eines Landgutes oder in neuen großen Aufträgen. Die Gräber der beiden Medici-Päpste — heute im Chor der Minerva in Rom — waren ihm von Clemens VII. zugedacht, sollten aber nach des Papstes Tode 1554 an Alfonso Lombardi vergeben werden. Durch die Gunst der Donna Lucrezia Salviati, einer Schwester Leos X., wußte B. den Auftrag wieder an sich zu bringen, erfüllte ihn aber erst nach Jahren, wobei er gerade die Hauptfiguren dem Raffaello da Montelupo und dem Nanni di Baccio Bigio überließ. Denn inzwischen hatte er sich dem Monument zugewandt, das der junge Herzog Cosimo I. seinem Vater Giovanni delle bande nere in S. Lorenzo setzen wollte. Der Sockel mit seinem historischen Relief wird zu B.s befriedigendsten Arbeiten gerechnet; mit der unfertigen Statue ist er erst 1850 zu dem heutigen unerfreulichen Ensemble vor der Kirche zusammengefügt.

Durch seine Berufung als Baumeister und Bildhauer bei Vollendung der von Michelangelo begonnenen Kirche der Madonna della Quercia vor Florenz zum Renommee eines Architekten gekommen, wurde er ähnlich wie Michelangelo bei Paul III. vom Herzog zum Leiter aller Arbeiten beim Dom bestellt.

Als der Herzog 1540 den alten Familienpalast der Witwe Alessandros, Margareta von Österreich überließ und selbst den Pal. Vecchio bezog, projektierte B. gemeinsam mit Giuliano di Baccio Bigio einen großen Audienzsaal, dem in Wirklichkeit später Vasari die endgültige Gestalt geben durfte. Ausgeführt wurden von ihm nur die Porträtstatuen der Medici: Herzog Alessandro, Leo X., und die nur zum Teil von ihm gearbeitete Krönung Karls V. durch Clemens VII.

Als Leiter des Dombaus ging er im Auftrag des Herzogs an die Verwirklichung von Brunnellescos ursprünglichem Plan für den „coro", Schranken, die in weitem Achteck mit architektonischen Abschlüssen den riesigen Altar unter der Kuppel umziehen sollten. Die Einzelstatuen hatten ihre Schicksale: eine, den Adam, arbeitete er gleich zu einem Bacchus um (Pal. Pitti); die schließlich aufgestellten Figuren der Voreltern sind als indezent unter Spott entfernt und ins Bargello gekommen; die Statue Gottvaters (von Vincenzio de' Rossi ausgeführt) und die Gruppe des toten Christus stehen heute in der Kirche und im vorderen Klosterhof von S. Croce. Die 88 Relieffüllungen mit Propheten und Heiligen an der Balustrade zeigen ihn endlich von seiner glücklichsten Seite: als Zeichner voll Grazie und Kraft, mit feinem Sinn für die Füllung eines gegebenen Raums und unermüdet im Finden neuer Motive für das gleiche Thema. Als man die Chorschranken enger machte, brachte man 24 Reliefs in die Opera del Duomo.

Die unglücklichen Arbeiten der Altarfiguren haben das günstige Urteil, das diese Reliefs verdienten, beeinträchtigt. In den Augen des Herzogs begann die Menge der Arbeiten, die er an sich gerissen und dann unvollendet gelassen, gegen ihn zu sprechen. Der schwunglose, aber gewissenhafte und brauchbare Vasari hat ihn für die letzten Lebensjahre zurückzudrängen vermocht. Dem Einfluß des Aretiners mag auch zuzuschreiben sein, daß des abwesenden Michelangelo Bedeutung für den Herzog und Florenz wieder stieg.

An Bandinellis Stelle hat Vasari dann den Ausbau u. die Ausschmückung der neuen Säle im Pal. Vecchio besorgt. Doch hat jener gegen sein Ende hin wenigstens die Gunst der Herzogin Eleonora v. Toledo zurückzugewinnen gewußt; einige dekorative Arbeiten im Giardino Boboli mögen am Ende der langen Reihe für die Medici geschaffener Werke stehen. Der Herzogin dankt er auch den vornehmen Platz für sein eigenes Grab in der SS. Annunziata; hierfür hatte sein Sohn Clemens die Gruppe des toten Christus und Nikodemus (dem er die Züge des Vaters gab) begonnen. Kurz nachdem diese Gruppe ihren Platz erhalten, ist Bandinelli am 7. 2. 1560 (1559 flor. St.) gestorben. Baccios vielumstrittene Erscheinung verknüpft auch da, wo sie unbefriedigt läßt und durch Mangel an Seele und Gewissen verletzt, kunstgeschichtlich sehr interessant die alte toskanische Herrschaft über den Stein mit der Bravour der Barockzeit. Alle Vorzüge der Florentiner Schule aber offenbaren die Zeichnungen.

Bandinellis Züge überliefern uns außer dem erwähnten ihm selbst zugeschriebenen Porträt der Künstlergalerie in den Uffizien und dem Holzschnitt bei Vasari das Marmorrelief der Opera del Duomo in Florenz und das Tonmodell dazu im Kaiser Friedrich-Museum zu Berlin, eine Medaille von Leone Leoni (Armand I 163) und schließlich ein dem Sebastiano oder Salviati zugeschriebenes Porträt (Sammlg. Mrs. Gardener, Boston) in ganzer Figur, sitzend, im Schmuck des S. Jagoordens, mit einer Rötelzeichnung des Herakles u. Cacus, seiner Lieblingsschöpfung.

Biographien in Meyers Kstlerlex. III (H. Lücke) und Zeitschrift f. bild. Kst. XI (1876) (Jansen), in denen wichtigste ältere Lit. — Dazu: Molini, La metrop. fiorentina 1820 p. 43 ff. — Berenson, Drawings of the Flor. Painters, 1903. — Colasanti, Il memoriale di B. B. (Repert. f. Kstwiss. XXVIII 406 ff.).

O. Fischel.

Bandinelli, Clemente, italien. Bildhauer, geb. 1534 in Florenz als natürlicher Sohn des Baccio B., in dessen Werkstatt er später als Gehilfe tätig war; † 1554 in Rom. Als vielversprechende eigenhändige Arbeiten hinterließ Clemente B. das Terrakottamodell des Kopfes zu einer Bildnisstatue des Herzogs

Cosimo de' Medici, die für die Udienza in dessen Florentiner Palazzo bestimmt war; einen fast vollendeten Marmorkopf Cosimos, den Baccio B. später über dem Portale seines in der Via de' Ginori gelegenen Hauses aufstellte; sowie eine unvollendete Gruppe des Nikodemus mit dem Leichnam Christi, die von Baccio B. in der Familienkapelle der Bandinelli in der Chiesa de' Servi zu Florenz aufgestellt wurde. Der Nikodemus der letzteren Gruppe soll nach Vasari ein wohlgetroffenes Bildnis des Baccio B. dargestellt haben.

Zani, Encicl. III 53. — Vasari-Milanesi, Vite, VI 162, 185 f. — Repert. XXVIII 439, 441. *

Bandinelli, Francesco, da Imola, Maler zu Anfang des 16. Jahrh., wird von Malvasia unter den Schülern des Francesco Francia aufgeführt.

Malvasia, Felsina pittrice. **

Bandinelli, Franz, s. *Band.*

Bandinelli, Marco, gen. *Marchino di Guido Reni,* Maler in Bologna, erwähnt 1642 als Modell, Hausmeister, Gehilfe und Schüler des Guido Reni. Für das Oratorium der Bologneser Confraternità di S. Giacomo malte er (nach Malvasia) ein Altarbild.

Malvasia, Felsina pittrice (Ausg. 1841) II 42, 410 etc. — Crespi, Vite dei pitt. Bologn. non descr. nella Fels. pittr. (1769). — Zani, Encicl. III 53. — Boni, Biogr. d. Artisti (1840). *R.*

[**Bandinelli**], Michelangelo di Viviano (richtiger *de' Brandini,* da erst der Sohn Baccio den Namen Bandinelli annahm), italienischer Goldschmied, geb. 1459 in Florenz; Vater und erster Lehrer des Bildhauers Baccio B. Nach dem übereinstimmenden Urteile des Benven. Cellini, des Raffaello da Montelupo und Vasaris war er einer der bedeutendsten Goldschmiede, Niellisten und Emailleure seiner Zeit. Nach Vasari wurde er von Lorenzo il Magnifico de' Medici und dessen Brüdern und Söhnen, die ihn 1494 bei ihrer Vertreibung aus Florenz auch mit der Verwahrung ihrer Gold- und Silberschätze betrauten, hauptsächlich mit der Anfertigung von prunkvollem Turniergerät beschäftigt, wie auch Raffaello da Montelupo, der 1515—17 in B.s Werkstatt als Lehrling arbeitete, in seiner Autobiographie bestätigt. Ein silbernes Kruzifix mit Passionsreliefs, das B. seit 1514 gemeinsam mit Antonio di Salvi im Auftrage Papst Clemens' VII. für den Florentiner Dom auszuführen hatte, hinterließ er bei seinem Tode (13. 8. 1528) unvollendet (auf päpstlichen Befehl wurde es wieder eingeschmolzen).

Zani, Encicl. III 52. — Vasari-Milanesi, Vite, IV 553; VI 133 ff. — Texier, Dict. d'Orfévr. (Paris 1857) p. 224. — Repert. f. Kstwissensch. XXVIII 409, 418 f. *

Bandinelli, Michelangelo, Bildhauer in Florenz, legitimer Sohn des Baccio B., in dessen Memoriale 1552 noch als Kind erwähnt; nach Zani jung verstorben.

Zani, Encicl. III 52 f. — Repert. f. Kstwissensch. XXVIII 416, 440 ff. *

Bandinelli, Michelangelo, Bildhauer in Florenz, Neffe oder Enkel des Baccio B.; arbeitete 1596 mit Domen. Atticciati am Altare der hl. Katharina von Siena in S. Maria Novella zu Florenz. — S. unter *Atticciati,* Domenico.

Meyer, Kstlerlex. *

Bandini, Candido, italien. Kupferstecher des 18. Jahrh., von dem 1904 in Siena eine Stichdarstellung des Oratorio del Palazzo Reale ausgestellt war.

C. Ricci im Catal. gen. della Mostra d. ant. arte Senese 1904 p. 30. *G. Degli Azzi.*

Bandini, Francesco, Florentiner Bildhauer, Freund Michelangelos. Ihm und seinem Diener Antonio schenkte Michelangelo die berühmte Pietà, die er für sein Grabmal bestimmt hatte, dann zerbrach und liegen ließ. Sie wurde von Bandini und Tiberio Calcagni restauriert, befand sich dann im Besitz seines Sohnes Pierantonio Bandini und wurde später hinter dem Hauptaltar des Florentiner Domes aufgestellt. Francesco B. gehörte auch zu den Männern, die Michelangelo veranlaßten, ein Modell für die Kuppel der Peterskirche auszuführen. Im August 1561 wird B. noch als lebend erwähnt, im März 1564 war er bereits gestorben.

Vasari-Milanesi, VI 125, VII 243, 244, 249, 277. — Daelli, Carte Michelang. inedite, Milano 1865, p. 34, 55. — Nuova Antologia vol. 125 (1906) p. 443. *E. Steinmann.*

Bandini, Francesco Maria, s. *Baldini.*

Bandini, Giorgio, italien. Maler, geb. 1830 in Siena, † daselbst 1899. Schüler von Maffei, Bruni und Mussini an der Akademie zu Siena. Seine Erstlingsarbeiten waren dekorative Malereien in einigen Sieneser Palästen und ein Freskobild im Teatro dei Rinnuovati. Ihnen folgten, nachdem B. nach den Raffaelischen Loggienfresken im Vatikan zu Rom, sowie nach den Malereien Peruzzis und der Venezianer erneute Studien gemacht hatte, die Deckenfresken der Sala Monumentale des Palazzo Pubblico zu Siena, Wanddekorationen in den Palästen der Odescalchi und der Lavaggi in Rom, Malereien im Dome zu Orvieto, in S. Margherita zu Cortona, sowie in Salisbury-Castle in England. Als Restaurator hat B. namentlich an den Fresken des Pastorino und der Rustici am Deckengewölbe der Loggia di Mercanzia zu Siena gearbeitet, sowie an den Peruzzi-Fresken im Schlosse zu Belcaro.

F. Petrucci Bargagli in Arte e Storia 1899, p. 66 ff. — L. Fumi, Il Duomo di Orvieto (1891) p. 255, 258, 382, 384. *N. Tarchiani.*

Bandini, Giovanni, Miniaturmaler in Avignon unter Papst Clemens VII., Ende des 14. Jahrh.

Gazette d. beaux-arts 1907 I 219. *H. V.*

Bandini, Giovanni di Benedetto, da Castello, Florent. Bildhauer, geb. 1540, † am 18. 4. 1599, Schüler Baccio Bandinellis, mit dem Beinamen Giovanni dall' Opera (del Duomo), weil er immer in einer Werkstatt des Dombauplatzes arbeitete. Er war bei der Ausführung von Bandinellis Relieffiguren an den Chorschranken im Florentiner Dom beteiligt und arbeitete später für den Dom die Statuen der Heil. Philippus und Jakobus d. J., die sich in jener Zeit des beginnenden Barock durch eine gewisse Schlichtheit der Behandlung auszeichnen (abgebildet bei Cicognara, II. Tav. LXI); für die Kirche S. Maria Novella in Florenz lieferte er die Altarreliefs in der Kapelle Gaddi (eines derselben abgebildet bei Cicognara, II. Tav. LV.), für das von Vasari entworfene Grabmal Michelangelos in S. Croce zu Florenz die allegorische Figur der Baukunst, gleichfalls eine tüchtige, an die Muster der früheren Epoche erinnernde Arbeit (abgebildet bei Cicognara, II. Tav. LXV). Eine große Arbeit aus seinen letzten Jahren war die marmorne Kolossalstatue des Großherzogs Ferdinand I. für Livorno. Die Porträtbüsten Bandinis, deren Baldinucci mehrere erwähnt, waren sehr geschätzt.

Vasari, ed. Milanesi VII 298, 304, 317, 638. — Baldinucci, Not. d. Prof. d. disegno III 529. — G. Campori, Gli artisti ital. etc. negli stati estensi, 1855. — Arte e Storia XXIV. — L'Arte II (1899) 388. **

Bandini, Niccolo di Francesco, Bildhauer aus Florenz, erwähnt in einem Gerichtsakt in Siena von 1570, wo er erklärt, 49 Jahre alt zu sein.

Milanesi, Docum. d'arte sen. III 237. **

Bandini, Tommaso, italien. Bildhauer, geb. 1807, Schüler Lor. Bartolinis in Florenz, tätig in Parma als Akademielehrer. Er starb daselbst am 3. 5. 1849 als ein Vorkämpfer des Verismus gegen den Konventionalismus. Seine in Parma erhalten gebliebenen Hauptwerke sind: Im Dome das Grabmal des Kardinals Caselli (in der 3. Kapelle des nördl. Seitenschiffes); in der Kirche der Madonna della Steccata die 1845 von der Erzherzogin Marie Louise gestiftete Pietà-Gruppe und die Reliefkomposition über dem Hauptportale; in der Kirche der Madonna del Quartiere die Statue des heil. Ludwig von Frankreich; endlich die Porträtstatue der als „Harmonie" dargestellten Sängerin Giulietta Gresi.

Campori, Lettere. — P. Martini, Guida di Parma (1871) p. 127, 134. — Scarabelli-Zunti, Mem. di belle Arti (Mscr. in Parma, R. Museo). — Mit Notizen von Stef. Lottici.
G. Tutino.

Bandino di Ser Rainuccio, in die Zunft der Miniaturmaler zu Perugia eingeschrieben; wohnte daselbst im Quartier Porta Santa Susanna. Er war Camerlengo der Miniaturisten im 1. Semester 1377.

L'arte dei Miniatori in Perugia (Giorn. di Erud. Art. Vol. II, 1873 p. 311). *Walter Bombe.*

Bandino di Stefano, Florent. Bildhauer oder Bronzegießer, Gehilfe Ghibertis an den Baptisterium-Türen, um 1403.

Vasari, ed. Milanesi II 255. **

Bandol, s. *Bondol.*

Banducci, s. *Vanducci.*

Banegas, Antonio, Bildhauer in Sevilla, fertigte zwischen 1639 und 1657 den Retablo der Bruderschaftkapelle vom allerheil. Sakrament in der Pfarrkirche von S. Isidoro.

Gestoso, Artif. Sevill. I 219. *M. v. B.*

Banelli, Francesco, italien. Zeichner und Holzschneider, tätig in Lucca um 1630. Zani, Enc. III 54 u. 267 erwähnt einen Holzschnitt aus 2 Blättern, mit dem Crocifisso di Lucca, umgeben von 17 Darstellungen aus der Legende des hl. Nicomedes, der die Bezeichnung: „Fran. Banelli. inven. e scul." trägt.
P. K.

Banfi, Antonio, Historien- und Genremaler in Mailand. In den zwanziger und dreißiger Jahren des 19. Jahrh. sah man Arbeiten von ihm auf den Kunstausstellungen der Brera. (Diomedes, Orest und Iphigenie, Francesca da Rimini, Kaiser Joseph II. am Krankenbett einer Witwe, römische Osterie.)

Meyer, Kstlerlex. II. *H. V.*

Banfi, Girolamo, Maler von Mailand, tätig daselbst um 1720 (nach Zani, Enc. met. III 54). Gemälde von ihm in mehreren Kirchen Mailands.

Meyer, Kstlerlex. *H. V.*

Bang, Christian, dän. Maler, geb. in Rönne (Bornholm) am 29. 4. 1868. Er hat Bildnisse, Genrebilder (Besucher der Werkstatt Thorwaldsens, 1899) und auch einige Altarbilder gemalt.

Ausstellungskatal. (Charlottenborg) seit 1897.
A. R.

Bang, Dietrich, s. *Bang,* Theodor.

Bang, Georg, Nürnberger Silberschmied, Sohn des Hieronymus B., bei dem er 1605—9 lernte. Von ihm ein prächtiger Tafelaufsatz, aufbewahrt im Romanoffschen Hause in Moskau und bestehend aus chinesischer Porzellanschale auf einem Korallenzweige, der sich von einem Berge aus vergoldetem Silber erhebt. Am Fuße des Zweiges ist ein Mann dargestellt, der ihn mit einer Axt fällen will. Bezeichnet: 1630. Georg Bang.

Martin, Dänische Silberschätze in Moskau; Stockholm 1900, No. 15. **

Bang, Hieronymus, Goldschmied, Ornamentstecher und Kunstverleger in Nürnberg, war 1553 zu Osnabrück geboren und, wie es scheint, von Haus aus Färber. Als Goldschmiedsgeselle kam er 1587 nach Nürnberg, ward daselbst 1588 als Silberarbeiter Meister und am 12. 7. 1589 gegen eine Gebühr von 4 fl. Bürger (Bürgerbuch 1534 bis 1631 Bl. 122a). 1598 liefert er Goldschmiedearbeit für ein Mitglied der Scheurlschen Familie. Jakobi 1598 bis Jakobi 1604 erlernt ein Jakob Michel bei ihm das Goldschmiedehandwerk; desgleichen Ostern 1605 bis Ostern 1609 sein Sohn Georg Bang und Neujahr 1628 bis Neujahr 1633 ein Paulus Kriegbaum. Letzterem gibt nach Schluß der Lehrzeit „sein lerfrauch zeignis, das er sich erlig hat ferhalten und ausgelerned" (Lehrlingsrolle der Nürnberger Goldschmiede 1595 bis 1639 in der Bibliothek d. Kunstgewerbemus. in Berlin). Zum 31. 10. 1629 erscheint „Anna, Hieronymi Bangs, goldtschmidts, filia", als Taufpatin: der Meister wird hier noch nicht als „s(elig)" bezeichnet. Er starb also zwischen dem 31. 10. 1629 und 1. 1. 1633.

Goldschmiedearbeiten von B. haben bisher nicht nachgewiesen werden können. Wenn ich früher meinte, er möge etwa mit dem Meister HB — No. 1228 bei Rosenberg, Der Goldschmiede Merkzeichen — identisch sein, so widerspricht dem doch die Verschiedenheit der Monogramme auf dem betr. Goldschmiedestempel und B.s Stichen. Über diese, Folgen der 12 Monate, der 5 Sinne usw., namentlich aber Ornamentstiche, die wohl in erster Linie auf Verwendung in der Goldschmiedekunst berechnet waren, vgl. die unten zitierten Bücher von Heller, Nagler, Andresen und das Meyersche Künstlerlexikon. Man wird daselbst auch einiges über die Signierung der Blätter — außer dem HB erscheint gelegentlich ein zweites aus C und F bestehendes Monogramm, das man auf einen Gehilfen B.s hat deuten wollen — angegeben finden, indessen ist die Forschung über den Künstler und sein Werk noch nach keiner Richtung hin abgeschlossen, was zum Teil in der großen Seltenheit der B.schen Blätter seinen Grund haben mag. Insbesondere seine Ornamentstichfolgen sind noch nirgends genauer beschrieben worden, und eine derselben, 10 numerierte Bll. mit Fruchtgehängen und der Bezeichnung „HBang fecit — Paulus Fürst Excudit" auf Bl. 1 (Kupferstichkabinett des Germanischen Museums in Nürnberg) scheint überhaupt in der Literatur noch nicht erwähnt worden zu sein. Ebensowenig vermag ich eine Folge von 10 unnumerierten Bll. — bez.: „Hieronimus Banng in Nürnberg Excudit" (er war also vielleicht nur der Verleger) und je 75 mm hoch und 110 mm breit, mit Fruchtbündeln, Vögeln und Grotesken in lambrequinartiger Anordnung — mit einer der in der Literatur bisher allerdings nur ungenügend beschriebenen Folgen zu identifizieren. In den besten seiner Blätter zeichnet er sich durch Geschmack und Eleganz aus; in ihnen klingt noch die große Zeit der Renaissance nach. Punzenstiche von B.s Hand, von denen Heinecken spricht, scheint es nicht zu geben.

Vgl. B.s Brustbild („aet. 76. 1629"), Schabkunstblatt von Joh. Friedr. Leonart. — Goldschmiedeverzeichnis in der Beilage zum 6. Bde. der Bayerischen Gewerbezeitung No. 545. — Hampe, Nürnberger Ratsverlässe II No. 930, 932. — Derselbe in den Mitteilungen aus d. germ. Nationalmus. 1900 S. 113. — Heller, Handbuch f. Kupferstichsammler S. 29. — Nagler, Monogrammisten III No. 678. — Andresen, Handbuch I 59. — Meyer, Kstlerlex. — Winkler im Jahrbuch d. Kgl. preuß. Kunstsammlungen XIII 105. *Th. Hampe.*

Bång, J. August, schwed. Maler, geb. 1831, Gutsbesitzer, machte Malstudien bei Holm u. Kallenberg, malte eine Menge Landschafts- und Küstenbilder. *G. Nordensvan.*

Bang, Jens, dän. Architekt, geb. am 1. 8. 1737 in Kopenhagen, † daselbst am 23. 2. 1808. Seinem eigentlichen Beruf nach Arzt, trieb er als Liebhaberei architektonische Studien und erhielt 1765 die goldene Medaille der Kopenhagener Akademie, in die er 1788 als Ehrenmitglied aufgenommen wurde. Es gibt Entwürfe von ihm für eine Strafanstalt und ein Hospital.

Weilbach, Nyt dansk Kunstnerlex. I. *V. Lorenzen.*

Bang, Ingeborg Marie, dän. Malerin, geb. am 27. 8. 1833, Schülerin von F. Helsted und Rasmus Eilersen, stellte 1871—93 eine Reihe Landschaften aus.

Weilbach, Nyt dansk Kunstnerlex. I (1896). — Ausstellungskatal. (Charlottenborg) 1871—93. *A. R.*

Bang, Knut Sevaldsön, norweg. Kupferstecher, geb. in Kristiania 1633, † 1694, kam 1648 nach Dänemark und absolvierte 1656 die Schule zu Sorö, wurde 1662 Pfarrer in Toten, im Amt Kristiania, 1690 Propst in Totens-Lands und Hadelands Propstei. Von seinen religiösen Schriften, die zum Teil mit Stichen von seiner Hand ausgestattet sind, können genannt werden: Ein neues Gesangbuch für die Kinder Gottes in Totens Gemeinde (Kopenhagen 1679); die Katechismuserklärung: Die süße und wohlschmeckende Cathechismi Brustmilch (Kopenhagen 1681). Er hat außerdem den Titel-Kupferstich in: Niels Thomesen, Cestus Sapphicus (Kristiania 1661) hergestellt.

Dansk biographisk Lex. von C. F. Bricka, Kopenhagen 1887, I 485. — Worm, Lex. over laerde Maend. Helsingör 1771, I 85. — C. P. Casparis Ausgabe von Bangs Katechismuserklärung, Kristiania 1865. — Salomonsen, Nordisk Konversationslex. *C. W. Schnitler.*

Bang, Paul, dän. Maler, Sohn des Malers Peter Marius B., geb. in Aarhus (Jütland) am 11. 8. 1869, Schüler der Kunstakademie in Kopenhagen. Er malt hauptsächlich Bildnisse.

Weilbach, Nyt dansk Kunstnerlex. I (1896). *A. R.*

Bang, Peter Marius, dän. Blumenmaler, geb. in Aarhus (Jütland) am 22. 10. 1829, Schüler der Kunstakademie in Kopenhagen, Ottesens und J. L. Jensens. Eine

Augenkrankheit bereitete seiner künstlerischen Laufbahn ein frühzeitiges Ende.

Weilbach, Nyt dansk Kunstnerlex. I (1896). *A. R.*

Bang, Theodor, Kupferstecher, ist wahrscheinlich identisch mit einem Silberarbeiter Dietrich Bang und war wohl ein Verwandter von Hieronymus B. (s. d.), der gelegentlich B. zugeschriebene Blätter verlegte. Nach einer handschriftl. Nürnberger Chronik von 1629 wird er 1606 in Nürnberg Meister; von 1611 ist seine Ansicht von Bamberg datiert. Mit seinem vollen Namen bezeichnet ist eine bei Balthasar Caimox verlegte Folge von 12 mit Schwung und Geschmack gezeichneten Ornamentstichen, Stickereivorlagen mit Vögeln, Blumen und Früchten in reichem Arabesken- und Rankenwerk. Außerdem wird ihm noch eine Folge mit Darstellungen der 7 freien Künste zugeschrieben.

Goldschmiedeverzeichnis i. d. Beilage zum 6. Bde. der Bayer. Gewerbezeitung No. 630. — Nagler, Monogrammisten II No. 950. — Andresen, Handbuch I 59. — Meyer, Kstlerlex. *Th. Hampe.*

Bang, Vilhelmine Marie, dän. Malerin, geb. in Kopenhagen am 3. 3. 1848, Schülerin von Vilh. Kyhn, 1876—79 in Paris unter Robert Fleury weiter ausgebildet. Sie malt besonders Landschaften, Interieurs und Bildnisse.

Weilbach, Nyt dansk Kunstnerlex. I (1896). *A. R.*

Bange, Claude, Bildhauer in Troyes, wo er 1627 am Statuenschmuck der Kathedrale arbeitete und 1644 für das Hauptportal der Kirche St. Pantaléon eine Madonnenstatue ausführte.

Lami, Dict. des Sculpteurs (1898). *S. Lami.*

Bangert, Karl Eduard, Berliner Architekt, stellte auf der großen Berliner Kunst-Ausstellung 1904 und 1906 mehrere Entwürfe (Villen im Grunewald, Neu-Ruppin, Etablissement Kaiser-Wilhelm-Garten, Treptow etc.) aus. Von ihm stammt u. a. die stattliche Villa Hecht im Grunewald (1898/99 erbaut).

Kat. d. Ausstellgn. — Berliner Architekturwelt II (1899) 196 ff. *H. V.*

Bangerth, Christian Gottfried, Bildhauer der zweiten Hälfte des 18. Jahrh., wird tätig am Neubau der Kreuzkirche zu Dresden erwähnt.

Bau- u. Kstdenkmäler d. Kgr. Sachsen, Heft 21—23 p. 34. *H. V.*

Bangillon, Emile, französ. Bildhauer, geb. 1826 in Méru (Oise), ausgebildet unter der Leitung Rudes. Von seinen Werken sind erwähnenswert: Steinstatue des hl. Julien, Bischofs von Le Mans, für die Kirche zu Gouy (Maine-et-Loire, 1859), — Prometheus-Gruppe (1861, Gips), — Bronzestatuette einer Bacchantin (1864).

Bellier-Auvray, Dict. gén. des artistes (1882). — Gaz. des B.-Arts 1859, III 186. *S. Lami.*

Banhard(t), Johannes, Maurermeister aus Ludwigsburg, † 1756; baut 1739 unter Aufsicht des Frater Aegidius das ehemalige Kapuziner-Hospiz auf dem Michaelsberg bei Cleebronn (O.-A. Brackenheim).

Kst.- u. Altert.-Denkm. im Königr. Württemberg. Neckarkr. p 113, 568, 582. *H. V.*

Banier, Louis, französ. Historienmaler, um 1675 als Hofmaler in Piemont erwähnt.

Lanzi, Storia pittorica. V Ed. 1834. V 318, VI 19. *H. V.*

Baninck, Pauels, Maler, wird 1542 als Freimeister in die S. Lukasgilde zu Antwerpen aufgenommen.

Liggeren I 143. *H. V.*

Bank, Heinrich, Landschafts- und Architekturmaler in Graz, geb. am 23. 11. 1834 in Dux (Böhmen), 1855—62 an der Akademie der bild. Künste in Prag unter Ed. Engerth, 1864 ordentl. Professor an der techn. Hochschule in Graz. 1906 trat Bank in den Ruhestand.

Im „Steirischen Künstlerlexikon" (Graz 1883) gibt J. Wastler ein Verzeichnis seiner hauptsächlichsten Werke. Seine Aquarelle (seit 1870; vorher malte er in Öl) sind meist Landschaften (Böhmen, Schweiz, Italien, Kärnten, Kroatien) und Architekturbilder. Wastler rühmt das getreue Erfassen des architektonischen Details, die korrekte Perspektive, die klare, durchsichtige Behandlung der Ferne.

Mitteilungen der K. K. Technischen Hochschule in Graz. *Wilhelm Gärtner.*

Bank, John, engl. Bildhauer, Schüler des Franc. Fancelli, tätig noch 1713.

Walpole, Anecdotes of painting.

Bank, s. auch *Banck.*

Bankart, G. P., engl. Plastiker der Gegenwart, hat sich besondere Verdienste um die Wiederbelebung des engl. Wand- u. Deckenstucks erworben, der sich übrigens von dem italienischen „stucco duro" unterscheidet. Seine im besten Sinne modernen Arbeiten z. B. Weinrebengewinde oder figürliche einfache Motive an Wänden, Friesen, Deckenflächen u. Deckenbalken, in leichtem Relief weiß auf weiß, den besonderen Bestimmungen der Räume angemessen, zeigen einen vornehmen, feinsinnigen Geschmack. Auch in reliefiertem Zinnguß zu bauornamentalen Zwecken z. B. als Dachrinnenköpfe, hat er interessante und künstlerisch wertvolle Arbeiten geschaffen.

Studio, XXVII 268 ff. mit Abb.; XXIX 90 ff. mit Abb. von Zinngüssen; XXXIX 144 ff. mit Abb. *N. Peacock.*

Bankel, Johann, Kupferstecher, geb. 1837 in Nürnberg, † am 12. 6. 1906 in München; Schüler und Schwager des Kupferstechers u. Radierers Albr. Schultheiß, dessen malerische Wiedergabe der Originale er sich aneignete. 1866 in Paris, ließ er sich 1867 dauernd in München nieder. Unter seinen Arbeiten befinden sich viele Blätter für Pechts „Lessing- und Shakespeare-Galerie" (Leipzig, Brockhaus). Eine seiner bekanntesten Arbeiten ist der Stich nach Watters „Lustige Fahrt" (1871), ein vielbeliebtes Nietenblatt für Kunstvereine. Seit 1874 lieferte er Porträts v. Liebig (nach Trautschold), Mozart, Händel, Richard Wagner (im Auftrag König Ludwigs II.) usw., die ihn den besten Farbenstechern der Münchener Schule anreihten. Zu seinen glänzendsten Leistungen zählt der „Raub der Sabinerinnen" und „Kastor u. Pollux" (nach Rubens).

Fr. Pecht in Meyers Kstlerlex. — Zeitschr. f. bild. Kst. VII 88. — Wien, Graphische Ausstell. 1886 p. 2. *Hyac. Holland.*

Banken (Banquy), Quirinus van, Maler, der von 1618—1640 in Avignon arbeitete und daselbst starb. Sein Name scheint auf vlämische Herkunft hinzuweisen. 1640 malte er ein großes Altarbild für die Chapelle du Refuge in Avignon. Sein Grab befindet sich in der dortigen Kirche Saint Agricol.

Archives de l'art français, Documents. IV 185. — Barjavel, Dict. biogr. de la Vaucluse. — Meyer, Kstlerlex. *H. V.*

Banks (eigentlich Bancks), Charles, schwed. Miniaturmaler, tätig in England seit 1746. Sein Selbstminiaturporträt von M' Ardell gestochen. Eine Handzeichnung von ihm im South Kensington Mus.

Redgrave, Dict. of artists. — Williamson, History of Portrait Miniat. I 182. **

Banks, Charles, engl. Bildhauer, Bruder des Thomas, Schüler der Roy. Academy, deren goldene Medaille er 1774 gewann. Auf den Ausstellungen der R. Academy war er von 1775—92 gelegentlich vertreten, zuerst mit dem Modell eines schlafenden Adonis, zuletzt mit der Gruppe Diana und Endymion.

Redgrave, Dict. of artists. — Graves, The R. Acad. of Arts I 104. **

Banks, J. O., engl. Genremaler in Dulwich, stellte 1856—73 in der R. Academy aus.

Graves, The R. Acad. of Arts I 105. **

Banks, R., engl. Maler, stellte 1816 und 1822 in der Roy. Academy die Bilder: Near St. Ives, Front of Penhurst Palace and Interior of Leigh Church, Kent, aus.

Graves, The R. Acad. of Arts I 105. **

Banks, R. R., s. *Barry,* Charles.

Banks, Thomas, R. A., engl. Bildhauer, geb. am 22. 12. 1735 zu Lambeth, † am 2. 2. 1805 zu London. Schüler der Roy. Academy, deren goldene Medaille er 1770 für das Basrelief „Raub der Proserpina" erhielt. Von 1772—79 studierte er in Rom, ging dann nach kurzem Aufenthalte in London nach Petersburg, wo er der Kaiserin sein Werk „Cupido quält einen Schmetterling" verkaufte. Nach etwa 2 Jahren nach London zurückgekehrt, beendigte er hier sein erstes großes Werk, eine Kolossalstatue des „Achilles, der den Verlust der Briseis beweint". Seit 1770—1803 war er regelmäßiger Aussteller in der Roy. Academy, deren gewähltes Mitglied er seit 1785 war. Von seinen klassizistischen Werken befinden sich mehrere in der Westminsterabtei und in der Paulskirche zu London; in der letzteren die Statue des Marquis von Cornwallis und das Monument des an Nelsons Seite gefallenen Kapitäns Blaydon Westcott. Bekannt sind ferner zwei Reliefs von seiner Hand: Shakespeare zwischen der tragischen und komischen Muse und ein gestürzter Gigant, im Hintergrund flüchtender Satyr, Hund und Ziege.

Cunningham, The lives of the most eminent painters etc. 1830, III. — Redgrave, Dict. of artists. — Graves, The Roy. Acad. of Arts I 105. — The Art Journal 1890, 342. — Catal. der Nat. Portrait Gallery. **

Banks and Barry, s. *Barry,* Charles.

Bann, s. *Ban.*

Bannatyne, J. J., schott. Landschaftsmaler, stellte von 1869—86 in der Roy. Academy, 1898 zum letzten Male im Glasgow Institute seine meist der Umgebung der schottischen Lochs entnommenen Landschaftsbilder aus.

Bannerman, Alexander, engl. Kupferstecher, geb. in Cambridge um 1730, in London bis gegen 1780 tätig. Er stach mehrere Bll. für Boydells Kollektion und eine Reihe von Bildnissen für Walpoles Anecdotes of Painting. Seinen Ruf begründete er mit dem sorgfältig ausgeführten Stich nach Velazquez „Der Tod des hl. Joseph". — Eine Reihe seiner Stiche nach Reni, Le Nain, Pourbus, Ostade usw. stellte er 1761—74 in der Society of Artists in London aus.

Meyer, Kstlerlex. II. — Redgrave, Dict. of artists. — Graves, The Society of Artists 1760—91, London 1907. **

Bannerman, J., amerik. Kupferstecher. Anfang des 19. Jahrh. tätig. Porträts.

D. Mc N. Stauffer, Americ. engravers 1907.

Bannerman, W. W., amerik. Kupferstecher. Erste Hälfte 19. Jahrh. tätig. Porträts für Zeitschriften.

D. Mc N. Stauffer, Americ. engravers 1907. *E. Richter.*

Bannes du Port de Pontcharra Puygiron, Frédéric Charles Edmond de, Militärmaler und Gardeoffizier in Paris, geb. am 1. 11. 1824 in Straßburg, Schüler von Jobbé-Duval, stellte 1863—1866 in den Pariser Salons aus. Seine Bilder behandeln meist Szenen aus den Kriegen der Franzosen in China und Rußland. Eins derselben, „Abend nach der Einnahme des Forts Ta-Kow in China", befand sich auf der Ausstellung des rheinischen Kunstvereins in Karlsruhe 1865.

Bellier-Auvray, Dict. gén. — Dioskuren 1865. p. 325. *H. V.*

Bannestet, Clawes, Glockengießer von Magdeburg, goß 1415 die große Glocke für die St. Nicolaikirche zu Kalbe.

Mithoff, Mittelalterl. Kstler. u. Werkmstr. Niedersachsens u. Westf. 1885. *H. V.*

Banning, William J., geschickter amerikan. Porträtmaler, geb. in Lyme, Ct. 1810, † 1856, Schüler der Nat. Acad. unter Sam. Waldo, tätig in Long Island und Connecticut.
Clement and Hutton, Artists of the XIXth cent. **

Bannister, Edward M., amerikan. Maler, geb. 1833 in St. Andrews, New Brunswick, † am 9. 1. 1901, kam jung nach Boston, wo er unter Dr. Rimmer studierte. Seine Bilder erschienen jahrelang auf den Ausstellungen des Boston Art Club. Trotz guter Leistungen ist sein Ruf lokal geblieben, nur ein „Under the Oaks", welches 1876 auf der Weltausstellung in Philadelphia erschien, machte ihn weiter bekannt. Er lebte lange in Boston, und zog sich dann nach Providence zurück. B. war einer der wenigen Neger, die in der Kunst Gutes geleistet haben.
Edmund von Mach.

Bannister, James, anglo-amerik. Kupferstecher, geb. England 1821, † Brooklyn am 11. 10. 1901. Banknotenstecher, einer der Gründer der Franklin Bank Note Engr. Co. und darin langjährig tätig. *E. Richter.*

Bannois. Diesen sonst unbekannten Stechernamen trägt ein Porträtstich der Königin Elisabeth von England.
Strutt, Biogr. Dict. of Engravers. **

Bano, Francesco, Mailänder Kunststicker, erhält seit 1594—1619 große Summen für Gold- und Silberstickereien, die er für den Papsthof z. T. als Geschenke für die Könige von Spanien und England geliefert hat.
Bertolotti, Art. lomb. a Roma I 376, II 265. **

Banon, Pierre de, Werkmeister von Montpellier, 1489 zum Konsul seiner Korporation ernannt, nur urkundlich bekannt.
Bauchal, Dict. d. Archit. franç. *H. V.*

Banpene, D. Jacobo, Goldschmied in Sevilla. Im Juli 1755 war er Obermeister der Innung.
Gestoso, Artif. Sevill. II 148. *M. v. B.*

Banquy, s. *Banken.*

Banse, französ. Architekt, entwirft 1756 den Marienaltar in der Kirche Saint-Sylvestre, Gemeinde Grand-Camp.
Bauchal, Dict. d. Archit. franç. *H. V.*

Bansi, Barb. (Babette), verehel. Nannoni, Genremalerin, geb. am 26. 10. 1777 zu Fläsch bei Maienfeld in Graubünden, † am 27. 5. 1863 im Kloster Ste. Clotilde in Paris, wo sie seit 1823 als Lehrerin der Malerei tätig war, Schülerin von Vestier, Gérard und Suvée in Paris. Sie lebte lange Jahre in Italien und begleitete hier Lätitia Bonaparte, die Mutter Napoleons I., einige Zeit nach Rom und Neapel, um 1814 nach Paris zurückzukehren. Sie lieferte mehrere Porträts für die Familie Murat.
C. Jecklin bei Brun, Schweizer. Kstlerlex. — Gazette d. beaux-arts 1890. 2 p. 462. *H. V.*

Bansis, s. *Pensieri.*

Bant, G., süddeutscher Freskomaler des 18. Jahrh., malte das Gewölbe der Kirche in Tegernbach aus.
Kunstdenkmale d. Königr. Bayern. Bd. I. Oberbayern. p. 446. *H. V.*

Bantel, J. Chr. Diesen Namen tragen 3 Zeichnungen für Rokokogießer u. Tafelaufsätze. Die Blätter waren vor einigen Jahren im Kunsthandel und sollen aus dem Anfang des 18. Jahrh. stammen. **

Bantelmann, Joh. Friedr. Ludwig, Amtsmaler in Hamburg, geb. 1774 bei Hannover, † am 25. 7. 1842 in Hamburg. Kopierte Landschaften, Blumenstücke und Historienbilder.
Hamb. Kstlerlex. *E. Benezé.*

Bantelmann, Joh. Wilh. David, Porträtist und Landschafter in Hamburg, geb. am 8. 2. 1806, † am 21. 3. 1877. Er war Sohn des Vorigen, Schüler von G. Hardorff; studierte in Berlin, München und Wien. Reiste im Harz, in der Sächs. Schweiz und in Tirol und stellte 1826 Kopien nach Battoni u. Salvator Rosa aus; 1831 „Das belauschte Rendezvous"; 1833 „Hof in der Burg in Lübeck"; ferner Heidegegenden, Waldhütten, Sommerlandschaften aus Holstein, Blankeneser Strand, Familienbilder usw. In der Kunsthalle zu Hamburg „Heide im Hannöverschen"; „Diele in Blankenese" u. a.
Hamb. Kstlerlex. *E. Benezé.*

Banti, Cristiano, italien. Maler, geb. 1824 in Santa Croce (am Arno), † 1904 in Florenz. Ausgebildet an der Akademie zu Siena unter Nanis Leitung, errang er seinen Erstlingserfolg mit einem „Galileo dinanzi all' Inquisizione". Er siedelte nach Florenz über und widmete sich dort unter dem Einflusse der bekannten „Macchia"-Genossenschaft des Caffè Michelangelo mit Feuereifer naturalistischen und Freilichtstudien. Unter seinen nur selten auf Ausstellungen gezeigten Gemälden sind besonders bekannt geworden: Le tre vecchie in riposo, — Le predone, — Il ritorno dalla pesca dal lago di Bientina; letzteres Bild erweckte namentlich in England großen Beifall. Alle drei Werke sind mit anderen Bildern von Bantis Hand und mit zahlreichen Gemälden, Studien und Zeichnungen der berühmtesten unter den übrigen Florentiner „Macchiaiuoli" bisher im Besitze der Familie Banti in Florenz verblieben. Ein großer Teil dieser interessanten Sammlung wurde auf der 1905 in Florenz veranstalteten Toskanischen Kunstausstellung in einem besonderen Saale vorgeführt. — Reich begütert, konnte B. in Florenz ein wahres Maecenatenleben führen. Auch Fontanesi hat seine Gastfreundschaft genossen, und die wertvollsten Gemälde dieses Künstlers befinden sich noch jetzt im Besitze der Familie Banti. Als allgemein geschätzter Kenner wurde er 1870 zum Juror der Kunstausstellung zu Parma ernannt. Er starb als Professor der Florentiner Kunstakademie.

L'Arte in Italia 1871, tav. 32. — Gubernatis, Diz. de Art. Ital. Viventi (1889). — Chirtani in Natura ed Arte 1893—94, II 926. — A. Franchi, Arte e Artisti Toscani (1902) p. 95 ff. — A. Cecioni, Scritti e Ricordi (1905), p. 312 ff. — C. J. Cavallucci, Manuale di Storia dell' Arte IV 322. *N. Tarchiani.*

Banti, Domenico, italien. Bildhauer, geb. in Verona, tätig um 1810 in Carrara, wo er damals eine Statue Napoleons I. vollendete, die ihm von der Camera di Commercio zu Venedig in Auftrag gegeben worden war. Der Imperator war in heroischer Haltung dargestellt, in der Linken den Globus tragend, die Rechte zum Friedensgruße ausgestreckt, wie aus einem seltenen Kupferstiche von Felice Zuliani zu ersehen ist. B. wurde für dieses Werk zum Ehrenmitgliede der Akademie zu Carrara ernannt.

G. Campori, Mem. biogr. d. scult. etc. di Carrara (1873) p. 180 f. — Comandini, L'Italia nei Cento Anni (1901) p. 503. — P. Marmottan, Les Arts en Toscane sous Napoléon (1901) p. 49, 228 f. *N. Tarchiani.*

Bantli, Leonhard, Schweizer Dilettant im Aquarellmalen, geb. in Meilen am 17. 1. 1810, † daselbst am 5. 2. 1880, Neffe und Schüler des Aquarellmalers J. J. Meyer von Meilen. Eine größere Aquarelle von ihm mit der Ansicht der Jungfrau von der Wengernalp (1829 ausgestellt) befindet sich in der Sammlung der Züricher Kunst-Gesellschaft, andere Arbeiten werden in der Kupferstich-Sammlung des Eidgen. Polytechnikums aufbewahrt.

F. O. Pestalozzi bei Brun, Schweizer. Kstlerlex. *H. V.*

Bantzer, Carl Ludwig Noah, Maler, geb. am 6. 8. 1857 in Ziegenhain (Hessen), studierte 1875—1880 auf der Berliner Akademie als Schüler von Thumann, Knille, Michael und Gussow, dann in Dresden bei Leon Pohle, und lernte, zweimal in Paris weilend, besonders technisch allerhand von den Franzosen. Schon in den feinen kleinen Genrebildern, die man Ende der 80er Jahre von ihm sah, konnte man die Intimität der Auffassung und den sichern Geschmack der Komposition bewundern. Ein historisches Sittenbild von 1888 „Wallfahrer am Grabe der hl. Elisabeth in Marburg" (Dresdner Galerie), verriet seine Fähigkeit, den Stoff tiefer zu beseelen, als die geschichtliche Atmosphäre sonst herzugeben pflegte, und dazu eine Beherrschung des Malerischen, wie sie nur ein reifer Künstler geben konnte. In seinem Heimatland Hessen holte sich B. von nun an die Anregung zu seinem weiteren Schaffen, und so gelang ihm mit der „Abendmahlsfeier in einer hessischen Dorfkirche" (1899, Berlin, Nationalgalerie) ein wahrhaft großer Wurf. Die ernste und kraftvolle Stimmung, die diese prachtvollen Bauern in ihrer schlichten Andacht umschwebt, hat er in glänzendem Realismus festgehalten, für die ganze Szene eine geradezu monumental zu nennende malerische Form gefunden. Die „Hessische Bauernhochzeit", die 1904 auf der Dresdner Kunstausstellung erschien, bezeichnet auf diesem Wege einen Fortschritt in der Richtung der farbigen Delikatesse und intimen Charakteristik, in dem „Dorftanz" wird ein schwieriges malerisches Problem, das Wogen und Rauschen der faltigen Frauenröcke, meisterhaft gelöst. In dem „Bildnis" seiner Frau, wie in dem Bildnis einer alten hessischen Bäuerin (Dresdner Galerie) bewies er seine gesunde und ernste Künstlerschaft auch auf diesem Gebiete. B. ist kein Künstler, dem das Schaffen leicht von der Hand geht; er läßt seine Werke ruhig ausreifen, bis sie jene innere Konzentration, jene Einheit gewinnen, die allein bleibende Bedeutung gewährleistet. Auch als Organisator — er war der erste Vorsitzende der Dresdner „Sezession", die später in die Kunstgenossenschaft zurückkehrte — und Lehrer — seit 1897 Professor an der Dresdener Akademie — hat B. eine ungemein fruchtbare Tätigkeit entfaltet. Die Universität Marburg hat den Künstler, in dessen Arbeiten das Hessenland und seine Bewohner sich so eindringlich verkörpern, zum Ehrendoktor gemacht.

Bötticher, Malerw. d. 19. Jahrh. u. Nachtrag zu Bd. I. — The Studio XIX 65, XX 126. — Katalog Künstlerhaus Wien 1894, p. 43. — Kunst f. Alle III, IV, V, VIII, IX, XI, XII, XVIII, XX. — Zeitschrift für bild. Kst. u. Kst.-Chronik an vielen Stellen, s. Registerbände. — Eine Sammlung seiner Lithographien in der Bremer Kunsthalle. *E. H.*

Bantzer, Christof, Augsburger Goldschmied, † 1653; ein vergoldeter Pokal von ihm im Budapester National-Museum, ein ähnliches Stück mit der Sammlg. Agath im Nov. 1906 in Berlin bei Lepke verkauft.

M. Rosenberg, Goldschmiede Merkzeich. II. Aufl. 1909 p. 75 (hier weitere Werke von B.). *H. V.*

Banu el Mu'allim ist der arabische Name eines Stammes oder einer Familie in Ägypten, welche, wie es scheint, die Malerei zunftmäßig betrieb. Als die Moschee am großen Karâfa-Berge bei Kairo im Stadtteile des Stammes el Ma'âfir 976 n. Chr. durch die verwitwete Fürstin Derzân nach dem Vorbilde der großen Moschee el Azhar in Kairo umgebaut und in eine Hauptmoschee verwandelt wurde, schmückten die Banu el Mu'allim gemeinschaftlich mit den Basrensern (s. diese) das Innere der Moschee, Wände, Decken, Bögen und Pfeiler mit reichen Malereien. Diese erlangten eine große Berühmtheit und waren ohne Zweifel Dekorationen im Charakter jener hauptsächlich auf mathematischen Formen beruhenden, an den Dekorationsstil der Byzantiner anknüpfenden Ornamentik, die späterhin bei den Arabern zur höchsten Ausbildung gelangte. Zur Schule der Banu el Mu'allim gehören Al-Kutâmi und El-Nâzûk, von denen der erstere auch als Maler menschlicher Figuren bekannt war (s. den Art. Al-Kutâmi).

Makrizi, Gesch. von Ägypten, Ausg. von Bulak. II 318. *H. V.*

Banu Zureik, berühmte Architektenfamilie unter den Abbasiden Chalifen zu Bagdad, welche dort außer anderen Bauten auch die große Brücke über den Kanal el Rufeil oder Nahr'Isa aufführte, die nach ihnen den Namen Cantara Banu Zureik erhielt.

Meyer, Kstlerlex.

Bañuelos y Aguayo, D. Juan, Goldschmied in Cordova, Schüler des Seb. Torralvo. Am 8. 12. 1734 legte er als Meisterstück eine silbervergoldete Skulptur, den Hl. Antonius darstellend, vor.

Viñaza, Adic. IV 89. — Ramirez, Artist. Cordob. 88. *M. v. B.*

Bañuelos-Thorndike, Antonia de, spätere Marquise d'Alcedo, span. Damenporträt-, Genre- und Kindermalerin, geb. in Rom von einem span. Vater und einer amerikan. Mutter, Schülerin von Charles Chaplin in Paris, lebt in Paris und Biarritz, stellte in den Madrider und Pariser Salons wiederholt aus (1879, 80, 87, 89). Auf der Weltausstellung in Paris 1900 erhielt sie eine Bronzemedaille. Besonderer Beliebtheit erfreuen sich ihre Kinderbildnisse, von denen Shaw-Sparrow: Women Painters of the World, London 1905, 2 charakteristische Proben in Abbildungen bringen.

Ossorio y Bernard, Gal. biogr. de art. esp. del siglo XIX. Madrid 1883/4. — A. Hirsch, Die bild. Kstlerinnen d. Neuzeit. Stuttgart, 1905. — Kat. d. Ausstellgn. *H. V.*

Banyai, Stef., Goldschmied in Ungarn um 1695. Ein kleiner silberner und vergoldeter Pokal von ihm auf der Ausstellung in Budapest 1896. Kat. No. 3777.

Notiz von M. Rosenberg. *H. V.*

Banzati, Giacomo (nicht Banzoli oder Banzoti), italien. Kupferstecher, tätig in Venedig und Verona (?) am Ende des 18. Jahrh., von Zani, Enc. II 55 u. Anm. 28, erwähnt, der die Bezeichnung „Jacobus Banzati Del. Et Sculpsit V (Veronae?) 1781 oder 1789" anführt. *P. K.*

Banzenmacher, Martin, Stadtbaumeister von Ulm 1617, nur urkundlich bekannt.

Klemm, Württemberg. Baumstr. u. Bildh. 1882. *H. V.*

Banzer, Christian Gottlob, Bildhauer der zweiten Hälfte des 18. Jahrh., fertigte einige Kapitäle am zweiten und dritten Turmgeschoß der Kreuzkirche zu Dresden.

Bau- u. Kstdenkmäler d. Kgr. Sachsen, Heft 21—23 p. 35. *H. V.*

Banzi, Ercole, Maler in Bologna, 1519 in Gerichtsakten erwähnt.

Arch. stor. d. arte, VII 371. **

Banzo, Antonio, Stecher in Rom um 1810, stach meist nach Raffael.

Meyer, Kstlerlex. II (Verz. s. Arbeiten). **

Banzoli (Banzolo), Giammaria, Architekt aus Guastalla, um 1619, nur bei Zani (Enc. met. III 55) erwähnt. *H. V.*

Baour, F., Kupferstecher zu Toulouse, erste Hälfte des 18. Jahrh. — Von ihm gestochen: 1) Joseph de Caulet, Präsident des Parlaments von Toulouse. 2) P. Goudelin. Nach einer Büste von Marc Arcis. Gez. von Despax. 1725. 4. 3) Ferreol de Lafage, Historiker.

Meyer, Kstlerlex. *H. V.*

Bapst, Alfred, geschätzter Hofjuwelier in Paris, † 1879 als 56jähriger. Besonders auf der Exposition universelle 1878 wurden seine größtenteils selbst entworfenen und ausgeführten Fassungen von Juwelen bewundert.

Chronique d. arts 1879 p. 278/79. *H. V.*

Baptendier, Imbert, Gießer von Marseille, erhielt am 15. 1. 1510 die Rahmenstücke der Türen der Kirche Saint-Sauveur zu Aix (Provence) in Auftrag. Die in feinem Messing ausgeführten Arbeiten waren am 29. 11. 1510 beendet.

Réunion d. Soc. d. beaux-arts XX 419. *H. V.*

Bapteur, Jean, de Fribourg, Miniator, im Dienste der Herzöge von Savoyen 1428—1435, hat hauptsächlich an der Illustration einer bildergeschmückten Apokalypse gearbeitet, die der Unterzeichnete seinerzeit in der Bibliothek des Eskorial wiedergefunden hat.

A. Vesme et Fr. Carta in L'Arte IV (1901) 35. — Mém. et Doc. publiés par la Soc. Savois. XII (1870) 60, 67, 273 (mit Urkunden). *Cte. C. Durrieu.*

Baptist, Jacobus, nach einer nicht verbürgten Notiz bei Le Blanc in Doetinchem geb., stach in Amsterdam um die Wende des 17. und 18. Jahrh. für den Buchhandel. Von seinen Stichen, die von 1696—1704 datieren, sind die Illustrationen zu Mortiers großem Bibelwerk die bekanntesten. Von den Porträts ist dasjenige des Pfarrers Martinus Geier voll bezeichnet. *E. W. Moes.*

Baptist, Jan, Maler in Amsterdam, 1629 als bei einem Straßenskandal beteiligt erwähnt. Auch ist er 1640 dort noch tätig. 1654 unterschreibt zu Amsterdam ein vielleicht mit obigem identischer Maler *Jan Batista,* der mit Johan van Pitten in Lübeck Bilderhandel trieb (Notiz von Bredius). Blumenstücke von „Jan Baptist" kommen in der Mitte des 17. Jahrh. in Delfter und Haagschen Inventaren häufig vor. *E. W. Moes.*

Baptist, Jan. Am 14. 6. 1659 wird der Maler Jan Baptist zu Rotterdam zum Vormund ernannt (Archiv in Rotterdam) und 1674 als in der Walensteeg wohnhaft erwähnt (Rotterdamsche Historiebladen III 558). *Haverkorn v. Rijsewijk.*

Baptist, Jan Jasper (gen. Lely's Baptist), s. *Jaspers,* J. B.

Baptist, Johannes, geb. in Amsterdam, kaufte dort am 10. 1. 1731 das Bürgerrecht und war Maler.

Aemstels Oudheid V 68. *E. W. Moes.*

Baptista (frère), französ. Maler in Rom; von ihm stammen 3 Wandgemälde in einer Kapelle des Klosters der hl. Dominikus und Sixtus in Rom, bez.: Fra Baptista Francese de' Predicatori Pingebat An. 1697, mit den Darstellungen der Heimsuchung Mariä, der Geburt und der Darstellung im Tempel.

Nouv. archiv. de l'art franç. 3e sér. XI 1895 p. 35/6. *H. V.*

Baptista, Bernabé, Steinschneider in Sevilla, 1599 urkundlich erwähnt.

Gestoso, Artif. Sevill. I 333. *M. v. B.*

Baptista, Hans, italien. Maurer, wird 1545 in Breslau Bürger, lebt um 1550 in Neiße. Er arbeitete wahrscheinlich mit dem Steinmetzen Hans Bernhard von Verona an dem Schloßbau des Hertwig Seidlitz auf Töpliwoda bei Münsterberg.

Anzeiger f. Kunde d. deutsch. Vorzeit 1879 Sp. 74. — Schultz, Wälsche Maurer, S. 147. *E. Hintze.*

Baptista, padre João, portugies. Architekt, 18. Jahrh. Entwarf die Kirche Nossa Senhora de Ayres in Vianna do Alemtejo, die 1743 zu bauen begonnen wurde; geweiht 1760.

Sousa Viterbo, Dicc. dos arch. 87. *A. Haupt.*

Baptista, Johann, Hofmaler des Kurfürsten Joachim I. zu Berlin, der erste besoldete Hofmaler daselbst. Er wird schon 1524 erwähnt und war vermutlich Italiener. 1571 malte er das Bildnis der Kurfürstin Katharina: um dieselbe Zeit das Porträt Thurneissens in Küstrin, von dem in einem Briefe die Rede ist, in welchem sich B. „fürstlich Pommerscher Konterfaitmaler" unterschreibt.

Nicolai, Nachrichten von Künstlern Berlins. p. 12. — Meyer, Kstlerlex. *H. V.*

Baptista, Juan, Steinschneider, der 1528 ein Kreuz von Bergkristall für die Kathedrale von Sevilla arbeitete, das ihm mit 50 Dukaten bezahlt wurde.

Gestoso, Artif. Sevill. I 333. *M. v. B.*

Baptista, Juan, Kupferstecher in Valladolid, der 1605 eine Zahlung von 440 Realen für eine Arbeit, den Stich eines Gnadenbildes U. L. Fr. in der Pfarrkirche S. Lorenzo in V. erhielt.

Viñaza, Adic. II 47. *M. v. B.*

Baptista, Luiz, Architektur- und Dekorationsmaler in Lissabon, geb. 1725 oder 1726, † 1785. Angeleitet von Thomaz Gomes, war er zuerst Gehilfe bei Francisco de Moura bei der Deckenbemalung der Kapelle in der Karmeliterkirche, dann bei Lourenço da Cunha im Theater do Bairro Alto; dann malte er um 1781 den perspektivischen Plafond der Pfarrkirche der Pena unter Beihilfe von José Thomaz Gomes und Jeronimo de Andrade. Schüler: die Brüder Manoel und Eusebio Lopes Macario. — Cyrillo Machado, Coll. de memorias, p. 206. — Raczynski, Dict. p. 20. — Meyer, Kstlerlex. *A. Haupt.*

Baptista, Fr. Manoel, Baumeister aus Damão (Portugal) 16. Jahrh. Erbaute das Kloster Nossa Senhora do Pilar in Goa (Indien).

Sousa Viterbo, Dicc. dos arch. 87. *A. Haupt.*

Baptista, Michel, italien. Waffenschmied, dessen Signatur auf den Bügeln zweier 1772 in der kgl. Waffenfabrik zu Neapel gearbeiteten, auf den Läufen mit Goldeinlagen verzierten Jagdflinten der Madrider Armería Real zu lesen ist.

Catálogo de la Real Armería de Madrid (1898) p. 328. *

Baptista, s. auch *Battista.*

Baptiste, renommierter französ. Blumenmaler, tätig für die kgl. Gobelinmanufaktur in Paris; er malte z. B. 1683 die Blumen für die Bordüre des Gobelins „Passage du Rhin".

Nouv. Arch. l'art franç. IIIe sér. XII 1896 p. 141. — Gaz. d. b.-arts XII 391, IIe Pér. VII 370. **

Baptiste, französ. Bildschnitzer, Schüler des Pierre Puget; schnitzte 1692 eine Anzahl Holzreliefs mit Darstellungen aus dem Leben verschiedener Heiligen des Dominikanerordens für das Sanktuarium der Kirche zu St. Maximin (Var).

Lami, Dict. des Sculpteurs sous Louis XIV (1906). *S. Lami.*

Baptiste, Porträt- und Miniaturmaler in Paris um 1790, nur bekannt durch seine Geschäftsanzeige.

Maze-Sencier, Le Livre des collectionneurs (1885) p. 482. **

Baptiste, Hennequin, vläm. Maler, 1468 in Brügge tätig erwähnt.

De Laborde, Les ducs de Bourgogne I.

Baptiste, Martin Sylvestre, Maler und Lithograph, geb. am 21. 4. 1791 zu Paris, † daselbst 1859, Schüler von Vincent Guérin. Er malte hauptsächlich Genrebilder, die in den Pariser Salons 1822—1840 ausgestellt waren. In die Galerie von Versailles kam ein Gemälde von ihm: Die Belagerung von Namur (1692). In Lithographie veröffentlichte er eine Folge von Darstellungen zur Geschichte des Gil-Blas und eine Reihe von Volksszenen (die letzteren bei Engelmann in Paris).

Gabet, Dict. — Bellier-Auvray, Dict. gén. *H. V.*

Baquero, Girolamo, span. Maler um 1757.

Zani, Enc. III 56.

Baquero, Mariano, span. Maler, geb. in Aranjuez. Ausgebildet an der Escuela especial de pintura etc. zu Madrid sowie durch Gleyre in Paris, debütierte B. in der Madrider Ausstellung 1860 mit einem Gemälde „La bonne aventure" (nach einer Romanze des Duque de Rivas).

Ossorio y Bernard, Galeria biogr. de art. españoles d. s. XIX (1883—84). *P. Lafond.*

Baquero y Rodado, Isabel, span. Malerin, geb. in Madrid, wo sie an der Escuela especial de pintura etc. ausgebildet wurde und auf den Kunstausstellungen 1892 und 1895 Auszeichnungen erhielt. Von ihren Gemälden seien genannt: „Museumsinterieur", „Die Barken".

Madrider Ausst.-Kat. seit 1892. *P. Lafond.*

Baquero y Zarza, Juan, span. Maler, geb. zu Iman (Prov. Guadalajara), debutierte auf der Madrider Kunstausstellung 1881 mit dem Gemälde „Gestörtes Frühstück" und malte seitdem hauptsächlich Genrebilder.

Ossorio y Bernard, Galeria biogr. de art. españoles d. s. XIX (1883—84). *P. Lafond.*

Baquoy, Angélique Rosalie Adèle, französ. Stecherin, geb. am 29. 7. 1796 zu Paris als jüngste Tochter von Pierre Charles B., stach Vignetten nach A. Devéria und a.

Meyer, Kstlerlex. *H. V.*

Baquoy, Henriette, s. *Baquoy,* Louise Sebastienne.

Baquoy, Jean Charles, Kupferstecher in Paris, Sohn des Stechers Maurice B., geb. daselbst am 16. 6. 1721, † am 24. 2. 1777. Er signierte seine Arbeiten meist C. Baquoy und gehört zu den guten Vignettenstechern des 18. Jahrh. Er fertigte Platten für die von Basan verlegte französ. Übersetzung der Ovidschen Metamorphosen; Vignetten nach J. B. Oudry für die Fabeln des Lafontaine, Paris 1755; Vignetten nach Ch. Eisen für die Erzählungen des Lafontaine usw.

Ferner stach er: Le contract de mariage nach Jan Steen; Le coup de l'étrier nach Wouwerman; Les Laveuses nach Vernet usw.

E. Kolloff b. Meyer, Kstlerlex. II. — Portalis et Béraldi, Les Grav. du 18e siècle. — Piot, Etat civil 1873. — Invent. gén. d. rich. d'art Paris, Monum. civ. I 46. *P. A. Lemoisne.*

Baquoy, Louise Sebastienne, gen. Henriette, französ. Stecherin, geb. am 2. 8. 1792 zu Paris, Tochter von Pierre Charles B., stach hauptsächlich Vignetten, z. B. 8 solche nach Chasselat für eine Voltaire-Ausgabe und eine Reihe von Vignetten für das Musée Royal de France, Filhol, Paris 1827, 10 Bde. Sie stach auch Blätter nach A. Carracci, Albrier u. a.

Meyer, Kstlerlex. *H. V.*

Baquoy, Maurice, Kupferstecher in Paris, geb. um 1680, † am 6. 8. 1747, stach namentlich Vignetten für historische Werke. Man kennt von ihm Vignetten nach Zeichnungen Fr. Bouchers für die Histoire de France von Gabr. Daniel, Paris 1713; Vignetten für die Histoire de l'abbaye de St. Germain-des-Prez von Jacq. Bouillart, Paris 1724; das Seegefecht bei Hangouss (am 27. 7. 1714) nach P. D. Martin junior; Eine Ansicht vom Portal des Hospitals St. François in Rouen etc.

Le Blanc, Manuel I. — E. Kolloff bei Meyer, Kstlerlex. II. — Dussieux, Artist. franç. à l'étranger 3e édit. 1876 p. 549. *P. A. Lemoisne.*

Baquoy, Pierre Charles, Kupferstecher in Paris, geb. daselbst am 27. 7. 1759, † am 4. 2. 1829, Sohn und Schüler des Jean Charles B. Er stach hauptsächlich Vignetten; so nach Moreau le Jeune für die bei Kehl herausgegebene Voltaire-Ausgabe, 1784—1789; ferner nach Marillier, Monnet, Monsiau, Challiou, Chasselat und Le Barbier für die Ausgaben der Pucelle, des Faublas, der Religieuse, der Idyllen des Theokrit, der Liaisons Dangereuses usw. Er stach ferner einige große Blätter wie: Der hl. Vincenz von Paula nach Monsiau, 1819; Fénélon nach Evar. Fragonard, 1822; Montaigne und Torquato Tasso nach L. Ducis usw.

Le Blanc, Manuel I. — E. Kolloff bei Meyer, Kstlerlex. II. — Portalis et Béraldi, Les Graveurs du 18e siècle 1880. — Béraldi, Les Graveurs du 19e siècle 1885 I. *P. A. Lemoisne.*

Bar, Alexandre de, Landschaftsmaler und Radierer in Paris, später in Auteuil, geb. am 14. 7. 1821 zu Montreuil-sur-Mer, Schüler von Alexis de Fontenay. Landschaftsgemälde, Zeichnungen und Radierungen von ihm waren in den Pariser Salons 1848—1881 fast alljährlich ausgestellt. 1856 beteiligte er sich als Zeichner an der ägyptischen Expedition zur Erforschung der Nilquellen. Er hat sich namentlich als Illustrator betätigt, so z. B. an dem Magasin pittoresque, dem Tour du monde, sowie für le lac von Lamartine (16 Bl. gr. in 4). Ein vollständiges Verzeichnis seines radierten Werkes, das 72 Bl. umfaßt, gibt Béraldi. Eine Orientlandschaft von ihm bewahrt das Museum in Châlon-sur-Saône.

Bellier-Auvray, Dict. gén. und Suppl. (mit Aufzählung seiner ausgestellten Arbeiten). — Béraldi, Les Graveurs du XIXe siècle. 1885. I 92. — Inv. d. rich. d'art de la France. Prov. monum. civ. I 20. *H. V.*

Bar, Bastien de, Bildhauer, machte 1531 dekorative Skulpturen im Schlosse des Herzogs von Lothringen zu Gondreville und 1532 im herzogl. Schlosse zu Nancy.

Réunion d. soc. d. beaux-arts XXIV 314. **

Bar, Bonaventure de, Maler in Paris, geb. daselbst 1700, † 1. 9. 1729. Ein Jahr vor seinem Tode (25. 9. 1728) wurde er, gleichzeitig mit Chardin, in die Akademie aufgenommen. Seine Rezeptionsarbeit („Fête champêtre", von D'Argenville „Foire de Bezons" genannt) befindet sich im Louvre; dieselbe zeigt ihn als einen geistvollen Nachahmer Watteaus. Seine Bilder sind selten. Eine „Danse en plein air" von ihm besitzt der Marquis de Barthélémy. Im Louvre wird eine Handzeichnung (bez. De Bar F.), einen Bauerntanz darstellend, im Museum zu Rennes einige Bleistiftzeichnungen mit Figurenstudien von ihm aufbewahrt. Ein Gemälde von seiner Hand „La Nôce champêtre" befand sich in der ehemal. Sammlung Sedelmeyer in Paris (Abb. im Cat. I p. 143, Paris 1907).

Chronique d. arts 1905, p. 335 u. 343, ausführl. Aufsatz v. Antony Valabrègue. — D'Argenville, Descr. d. ouvrages exp. dans les salles de l'Académie 1728. *H. V.*

Bar, Mlle Clémentine de, Porträt-, Genre- und Heiligenmalerin, geb. in Paris 1807, † in Martincourt (Vosges) am 5. 9. 1856, Schülerin von Paul Guérin, später Zeichenlehrerin an der maison de la Légion d'honneur zu Saint-Denis, stellte in den Pariser Salons fast alljährlich 1836—1849, hauptsächlich Damenbildnisse, aus. In der Kirche zu Saint-Goudon befindet sich von ihr das Gemälde: Esther, das 1841 im Salon ausgestellt war.

Bellier-Auvray, Dict. gén. — Invent. gén. d. rich. d'art etc. Prov. Mon. rel. I 213. *H. V.*

Bar, Etienne de, Bildhauer-Architekt u. Bischof von Metz, † am 29. 12. 1163, schmückte den Hochaltarraum seiner Kathedrale und restaurierte die Kirchen Saint-Pierre-aux-Images und Notre-Dame-la-Ronde.

Bégin, La cathédrale de Metz. *H. V.*

Bar, Jacques Charles, französ. Radierer und Arbeiter in Tuschmanier, war zwischen 1776 und 1800 in Paris tätig. Er ist besonders bekannt durch die Herausgabe eines großen Kostümwerks: Recueil de tous les costumes des ordres religieux et militaires, enrichi de notes et de planches coloriées par M. Bar, à Paris, etc. Bei Beginn der Revolution (1792) setzte er diese Publikation unter dem Titel: Mascarades monastiques und unter dem Pseudonym *Rabelli* fort.

Le Blanc, Manuel I. — Portalis et Béraldi, Les Graveurs du 18e siècle I. *P. A. Lemoisne.*

Bar, Nicolas de, französ. Architekt in Pont-Saint-Vincent (Meurthe), wurde 1515 zum „maître des oeuvres de maçonnerie" der Grafschaft Vaudémont (Lothringen) an Stelle des verstorbenen Mengin-Chevron ernannt. Wichtige Arbeiten von ihm am Schloß zu Nancy.

Lance, Dict. d. archit. I. — Réunion d. Sociétés d. beaux-arts. XXV 337. *H. V.*

Bar (auch Bari), Simon de, Bildhauer und Maler, geb. wahrscheinlich in Bar-le-Duc gegen Ende des 15. Jahrh., arbeitete 1532 am Louvre. — Ein gleichnamiger Münzschneider in Nancy 1515—1526 tätig.

Lami, Dict. d. sculpteurs etc. 1898 p. 34. — Rondot, Médailleurs en France. **

Bar, de, s. auch damit verbundene *Vornamen.*

Bara, Johann, s. *Barra,* Joh. u. *Barre,* Jean de la.

Bara, Joseph, Bildhauer in Angers, nur urkundlich dadurch bekannt, daß er am 20. 8. 1784 ein Gutachten über einige Statuen abgibt, welche der Bildhauer Gaultier für den Chor der Kathedrale daselbst geliefert hatte.

C. Port, Artistes angevins. *H. V.*

Bara, Leopold, Genre-, Porträt- und Historienmaler in Wien, geb. daselbst am 23. 10. 1846, Schüler der dortigen Akademie unter A. Feuerbach, bildete sich dann in Italien weiter und beteiligte sich an der wissenschaftlichen Expedition des Grafen Lanckoronski nach Griechenland und Kleinasien. Er stellte seit Mitte der 70er Jahre in Wien in den Jahresausstellungen des Künstlerhauses und in den internat. Kunstausstellungen in München vielfach aus.

F. v. Bötticher, Malerwerke d. 19. Jahrh. 1891. — Kosel, Deutsch-österr. Kstlerlex., Wien 1902 I. *H. V.*

Baraban, Louis Victor, Architekt in Paris, geb. daselbst am 8. 10. 1839, Schüler von J. Hénard und der École des Beaux-Arts, stellte in den Salons 1867, 1869 und 1872 aus (Kirchbauentwurf: Saint-Michel in Lille etc.) und führte zahlreiche Privatbauten aus. B. war Inspecteur des monuments historiques und starb 1903.

Bellier-Auvray, Dict. gén. u. Suppl. — E. Delaire, Les architectes élèves etc., Paris 1907. *H. V.*

Baraban, s. auch *Barraban.*

Baraband, s. *Barraband.*

Barabás, Miklós (Nikolaus), sehr bekannter und populärer ung. Maler und Graphiker, geb. 1810 in Márkusfalva, zeichnete sich schon als Schulknabe durch frappante Porträtzeichnungen aus. Lange, bevor er in Wien an der Akademie einen eigentlichen Unterricht genossen hatte, war er schon als Porträtzeichner bekannt. 1830 ging er von der Wiener Akademie in seine Heimat, Siebenbürgen, wo er viele Porträts (in Kolozsvár, Nagyszeben) zeichnete und malte, kam dann nach Rumänien und verdiente viel Geld in Bukarest, konnte somit auf längere Zeit nach dem lange ersehnten Italien reisen. Er hielt sich in Venedig, Bologna, Florenz, Rom und Neapel auf, überall fleißig zeichnend und die alten Meister studierend, ohne seinen eigenen, schwer erworbenen, anmutig-weichen, peinlich genauen Vortrag beeinflussen zu lassen. 1840 siedelte er nach Pest über und konterfeite mit seinem staunend fruchtbaren Stift fast alle berühmten Zeitgenossen. Eine Galerie, welche in die Tausende zählt und alles in sich birgt, was damals bekannt war oder sein wollte. Seine äußerst sauberen und spiegelblanken Ölporträts finden sich heute noch fast in jeder wohlhabenden ungar. Familie, eine Unzahl Albumblätter, Almanach-Illustrationen, Zigeuner- und Bauernszenen, humoristischer Aperçus, Lithographien waren Jahrzehnte hindurch der stereotype Wandschmuck des kleinen Mannes. Eines seiner Ölgemälde, die wandernden Zigeuner (1843 bis 44), besang der große Dichter Petőfi in einem längeren Gedichte. Außer diesem befinden sich von ihm noch im Bestande des Museums d. schönen Künste Budapest: Die Ankunft der Braut (1856), Grundsteinlegung der Kettenbrücke (1865); dann von den Porträts: Erzh. Albrecht, Benj. Egressy, Franz Joseph I., General Gosztonyi, Baron Jeszenák, Palatin Erzh. Josef, Franz Liszt, Rosalie Schodel usw. Kaum ist es heute noch möglich, all seine graph. Porträts zu sichten. In jeder Weise geehrt, setzte er seine Tätigkeit auch noch im Greisenalter bis zu seinem 1898 eingetretenen Tode emsig fort. Ein Teil seines künstl. Nachlasses war 1899 in Budapest ausgestellt. Inmitten dieser regen Arbeitsamkeit verfaßte er auch einen theoretischen Traktat über neue Gesichtspunkte der Perspektive und wurde hierfür 1836 zum Mitglied der ung. Akademie der Wissenschaften gewählt. Seine Memoiren sind nach seinem Tode unter dem Titel „Barabás Miklós emlékiratai" Budapest, 1902, Franklin, erschienen. Ihm auch ist es zu verdanken, daß das Künstlerleben in Budapest reger geworden ist und der noch heute blühende Landes-Kunstverein gegründet wurde.

Szegedy-Maszák, Barabás. — Budapesti Napló 1898, Feb. 23. „Barabás Miklós". *K. Lyka.*

Barabasz, Stanislaus, poln. Architekt, 1857 in Bochnia (Westgalizien) geb., studierte am Wiener Polytechnikum, darauf in der Wiener Kunstgewerbeschule am österr. Mus. für Kunst u. Industrie. 1884—91 war er Leiter der städtischen Zeichen- und Modellier-Schule in Krakau, 1891—1901 Professor an der Staats-Gewerbeschule daselbst. Seit 1883 stellt er im Kunstverein Ölbilder und Aquarelle aus: Ansichten, Interieurs, Kanzeln Krakauer Kirchen, 1891 das schöne Projekt eines Reliquienschreines. 1900 fertigte er die Zeichnung zu dem etwas schweren Rahmen der Gedächtnistafel, welche von dem Krakauer Stadtrat der Jagellonischen Universität zur fünfhundertjährigen Feier ihrer Wiedergeburt gewidmet wurde (Hof der Univ.-Bibliothek). 1901 wird er Direktor der Fachschule für Holzarbeiten in Zakopane (am Tatragebirge). — Er publizierte Ornamente aus der Renaissanceepoche in Polen.

Świeykowski, Pamietnik T. P. S. P. w Krakowie 1854—1904. *C. M. v. Górski.*

Barabbino, s. *Barrabbino.*

Barabé, Pierre André, Architekt und Radierer in der 1. Hälfte des 18. Jahrh., geb. zu Rouen, um 1730 in Paris und Versailles tätig. Er war einer der ersten, die in Aquatintamanier (Gravure dans le goût du lavis) arbeiteten.

Fiorillo, Gesch. d. zeichn. Kste. 1805 III 375. — Meyer, Kstlerlex. II. *H. V.*

Barabini, Gaetano, Freskomaler des 19. Jahrh. in Mailand, erwähnt als Schüler des Pelagio Palagi.

Caimi, Artisti nelle prov. di Lombardia (1862), p. 57. *E. Verga.*

Barabino, Carlo Francesco, Architekt, geb. zu Genua am 11. 2. 1768, † daselbst am 3. 9. 1835. Er gehört zu den Künstlern, welche unmittelbar vor und während der französ. Revolution von der Kunstweise des Rokoko sich vollständig ab- und einem strengen Studium der Antike zuwendeten. Schüler von Giuseppe Barberi in Rom. Nach Genua zurückgekehrt, wurde er zum Stadtbaumeister ernannt, durch Umtriebe dieser Stelle jedoch bald entsetzt (1798). 1818 wurde ihm vom Könige von Sardinien das Stadtbaumeister-Amt wieder anvertraut; damit fiel ihm der Entwurf und die Ausführung aller öffentlichen Bauten der Stadt zu. Indessen blieben viele seiner umfassenden Pläne, denen man Hinneigung zu allzugroßer Pracht vorwarf, unausgeführt. 1820 führte er die „kaltnüchterne" Westfassade von S. Siro in Genua aus. Auch der Entwurf zu dem neuen großen Friedhofe rührte von ihm her; doch starb B. über dessen Ausarbeitung. Seine Büste wurde zur Ehre seines Andenkens in der Akad. aufgestellt.

F. Alizeri, Notizie dei Professori del Disegno in Liguria. 1864—66. III 7—147. — N. d'Althan, Gli artist. italiani 1902. — Natura ed arte 1902/3. I 470—74. — Mothes, Bauk. d. Mittelalt. i. Italien 657 Anm. *H. V.*

Barabino, Nicolo, bekannter Historien- und Freskomaler zu Genua, geb. in Sampierdarena bei Genua 1832, † in Florenz 1891. Er hatte seinen ersten Erfolg mit seiner „Madonna Consolatrice degli afflitti" und fand dann lebhaften Beifall mit dem Gemälde: Der Tod Bonifaz' VIII., das er 1856 in Florenz ausstellte. Neben der Tafelmalerei widmete er sich auch der Freskomalerei und schuf in Genua in einem Saale der palazzina Celesia seine Hauptwerke in drei Fresken: Galilei vor der Inquisition, Pier Capponi vor Carl VIII. und die Sizilianische Vesper. Andere bedeutende Fresken malte er im Palazzo des Advokaten Orsini und im Ospedale der Herzogin von Galliera, beide in Genua.

A. de Gubernatis, Dizionario d. art. ital. viventi, Firenze 1889. — E. de Fonseca, Nic. Barabino. Studio sulla vita etc., Firenze 1892. — Archivio stor. d. arte, IV 5 (Nekrolog). — Arte e Storia, X 23 (Nekrolog) **

Barabino, Pietro, Maler und Zeichner in Genua, 19. Jahrh., Schüler des Gius. Isola.

Alizeri, Not. d. Prof. d. disegno in Liguria, 1866, III 435. **

Barabino, s. auch *Barrabbino.*

Baracchis, Andriola de', Äbtissin des Benediktinerinnenklosters S. Felice in Pavia um 1489, signierte als Malerin ein jetzt im Museo Civico in Pavia befindliches Madonnenbild (No. 70): Opus reveren — due Andriole de Baracchis hujus monasterii abbadisse 1489. Nach Malaguzzi-Valeri zeigt das kleine, mäßige und nicht gut erhaltene Bild den Einfluß Borgognones.

Rassegna d'Arte, 1901, 152; 1905, 90. **

Barach, Guillaume de, schrieb und illuminierte 1352—67 Bücher für die Kathedrale von Troyes.

Nouv. Archiv. de l'art franç. IX 43.

Baradel, Pariser Goldschmied und Ziseleur vom Anfang des 18. Jahrh., Verfertiger physikalischer Instrumente, von Sonnenuhren u. den kleinen, unter dem Namen „écritoires à la Baradel" bekannten Schreibzeugen. Ein *Baradel* „le jeune" wird in gleicher Tätigkeit 1779 in Paris erwähnt und ist wohl Sohn des Obigen.

Im Besitz des Majors v. Baldinger, Stuttgart, befindet sich ein Etui mit silbernen Meßinstrumenten, bezeichn. *Baradelle, Paris,* dessen Verfertiger vermutlich mit einem der beiden obengenannten Künstler identisch ist.

Champeaux, Dict. d. Fondeurs etc. 1886. — Mit Notiz von M. Rosenberg. *H. V.*

Baräth, s. *Barath.*

Baraguay (Baraguey), Thomas Pierre, Pariser Architekt, geb. am 24. 6. 1748, † am 16. 8. 1820, „architecte du roi et du palais du Luxembourg", leitete 1818 mit Chalgrin den Umbau des Théâtre de l'Odéon. Sein Grabmal auf dem Père-Lachaise mit einem Marmormedaillon von der Hand Davids d'Angers.

Lance, Dict. d. archit. 1872. — Nouv. Archiv. de l'art franç. 3e Série, XIII. 1897, p. 133. *H. V.*

Barahona, Sebastian de, Maler in Sevilla um 1597.

Gestoso, Artif. Sevill. II 15. *M. v. B.*

Baral, Ludwig, Berliner Hofgoldschmied, erhielt am 27. 7. 1665 das Recht als Freimeister.

Sarre, Berliner Goldschm.-Zft., Berlin 1895, p. 6, 80, 113. *Hs. L.*

Baralet, s. *Barralet.*

Baralis, Louis A., französ. Bildhauer, geb. am 7. 7. 1862 in Toulon. Ausgebildet in Paris unter Cavelier und Barrias, stellte B. seit 1888 im Pariser Salon aus und erwarb sich damals wie 1894 und 1902 mehrfache Auszeichnungen. Seine Hauptwerke sind: Gipsstatue des Philoktet (1888 für das Mus. zu Toulon angekauft), — 2 Gipsgruppen, darstellend „Rettung" und „Schiffbruch" (1894 und 1902, ebenfalls jetzt im Mus. zu Toulon), — Gipsbüste des Bildhauers Barrias (1896), — Allegorie der Mechanik (dekorative Figur an der Gare de Lyon zu Paris).

Pariser Salon-Kataloge seit 1888. — Persönliche Mitteilungen. *S. Lami.*

Barambio, Fray Gregorio, span. Mönch aus dem Orden dela Merced Calzada, der im Kloster seines Ordens zu Burgos die Malerei übte. 1738 malte er für die Kirche dieses Klosters einen hl. Pedro Nolasco. Er war der Lehrer des Bildhauers Celedonio de Arce.

Cean Bermudez, Dicc. I 91. *M. v. B.*

Baran, Samuel, Maler aus Brieg in Pr.-Schlesien, wurde 1721 in Brünn getraut und starb dort am 22. 4. 1738.

Schweigel, Verzeichnis der Maler etc. in Brünn von 1588—1800, S. 20 (Ms. des mähr. Landes-Arch.). *W. Schram.*

Baranetzki, Glykeri, russ. Formschneider des 18. Jahrh. in Kiew. Von ihm das Titelblatt zu dem Kiewschen Kalender von 1718, daselbst auch die Geburt Jesu. — In dem Buche der Apostel (1722) das Bild des Apostels Petrus.

Ровинскій, Русск. грав. (Rowinski, Russ. Grav.) Moskau 1870, S. 155. *W. Neumann.*

Barangier, s. *Barengier.*

Baranin, Rados, Architekt des 14. Jahrh., geb. zu Antivari in Albanien. 1336 übernahm er, laut eines noch vorhandenen schriftlichen Kontraktes mit dem Steinmetz Peter von Cattaro, den Bau des schönen Benediktinerklosters von Cattaro in Dalmatien, welchen er auch vollendete.

Meyer, Kstlerlex. *H. V.*

Baranoff, Nikolaus v., balt. Porträt- und Genremaler, geb. am 1. (13.) 5. 1808 zu Wätz, Kirchspiel Turgel in Estland, † am 6. (18.) 8. 1863 in Weißenstein in Estland. B. war taubstumm und wurde seit seinem 10. Jahre in der Wachschen Taubstummenanstalt in Berlin erzogen. Er studierte in München und Wien. Nach längerem Aufenthalt in Petersburg lebte er in Weißenstein. 1859 wurde er auf Grund eines Landschaftsbildes zum freien Künstler der Akad. ernannt. Von Genrebildern des Künstlers sind bekannt: Der Waffenherold, Jäger am Brunnen u. a.; unter seinen Porträts eine große Reihe von Bildnissen russ. Schauspieler und Schauspielerinnen: A. P. Bobrows, A. G. Schtschenikows, der Ssemjonowa, Ponomarews, Botschenkows u. a.

Raczynski, Gesch. der neueren deutschen Kunst. III 27. — Ramasanows Artikel: „Einige Briefe S. F. Schtschedrins" in der Kunstzeitschr. der Gesellsch. der Kunstfreunde zu Moskau, red. vom Grafen A. S. Uwarow. p. 185. — Mitteil. d. Frau M. v. Baranoff. *W. Neumann.*

Baranoff, Wassili, russ. Medailleur war bis 1843 Schüler der Petersburger Akad., wurde 1846 als Medailleur beim Petersburger Münzhof angestellt, 1852 zum älteren Medailleur ernannt und 1866 wegen Erblindung pensioniert. Er hat vorzugsweise kopiert, und daher trägt die Mehrzahl seiner Medaillen ein K. Hauptarbeiten: Verdienstmedaille der medico-chirurgischen Akad. in Wilna; Medaille zu Ehren des Admirals Adam Joh. v. Krusenstern; Medaille der kaukas. landwirtschaftlichen Gesellschaft.

Ю. Иверсенъ, Слов. Мед. (Jul. Iversen, Lex. d. Medailleure). — Russ. Bibl. II 482. *W. Neumann.*

Barassi, s. *Barrassi.*

Barat, A., Uhrmacher in Paris um 1750. Eine prächtige Rokoko-Wanduhr, reich mit

Rocaillen in Goldbronze verziert, ehemals in der Sammlung Hammer in Stockholm (Verkaufskat. I 1249 mit Abb.), trägt auf dem Zifferblatt seine Signatur. **

Barat, Jacques, französ. Bildschnitzer, der 1577 an Dorothea von Lothringen, Herzogin von Braunschweig, eine Anzahl künstlerisch skulpierter Möbel lieferte.

Réunion des Soc. des B.-Arts des Départements, 1900, 314. *S. Lami.*

Barat, Jean, Maler von Cambrai, um 1568/69, nur urkundlich bekannt.

Réunion d. Sociét. d. Beaux-Arts. XII 434. *H. V.*

Barat (Barrat, auch Berat), Pierre Martin, französ. Porträtmaler der 2. Hälfte des 18. Jahrh., „professeur de l'Académie royale de peinture et sculpture de Lyon et peintre de la ville de Nîmes". 1774 malte er ein Porträt Voltaires (von B. L. Henriquez gestoch. Folio), der in einem Brief vom 28. 6. 1775 an die Kaiserin Catharina II., in deren Besitz das Bild überging, des Malers Verdienste rühmt. Um 1784 ist das „Barat" bezeichnete Bildnis des in diesem Jahre verstorbenen berühmten Antiquars J. François Séguier anzusetzen, das in seiner geistvollen Konzeption den Maler in bestem Lichte zeigt (abgeb. in der Réunion, s. u.). 1784 verpflichtet B. sich, in einer noch erhaltenen vom 25. 8. datierten „proposition", ein Ölbildnis von Louis XVI. für den Beratungssaal des Stadthauses in Nîmes zu malen, das 1785 an seinem Bestimmungsort aufgestellt wurde. Im Museum zu Grenoble wird eine Schwarzstift-Zeichnung von einem Pierre Barat aufbewahrt: Junges Mädchen mit einer Mausefalle, der wohl mit Obigem identisch ist.

Réunion d. Sociét. d. beaux-arts XXVIII 557 ff. (ausführl. Aufsatz von Paul Clauzel). — Invent. gén. d. rich. d'art: Prov. Monum. civ. VI 99. *H. V.*

Barat, s. auch *Barrat.*

Barata, Antonio, katalan. Maler in Barcelona, erwähnt 1426 u. 1434.

Sanpere y Miquel, Cuatroc. Catal. I 177. *M. v. B.*

Barata, Gabriel, katalan. Maler in Barcelona, erwähnt 1400.

Sanpere y Miquel, Cuatroc. Catal. I 114. *M. v. B.*

Barata, Laurens, geb. in Rom, wohnte 1628 in Utrecht und schenkte 1629 dem Hiobsstift daselbst eine von ihm gemalte Landschaft mit Figuren. Er hat auch einige Folgen von italienischen Ruinenlandschaften radiert, bezeichnet mit seinem Namen oder mit Initialen.

Kramm, De Levens etc. — Muller, Arch. 134. — Meyer, Kstlerlex. II 689. *E. W. Moes.*

Barata, Manoel, Kalligraph, Portugal, 16. Jahrh., geb. zu Lissabon. Wird gerühmt als „die ausgezeichnetste Feder, die man bis zu seiner Zeit in Europa gekannt habe". Lebte zur Zeit König Sebastians, dessen Schreibmeister er war; gab das kalligraphische Werk: „Arte de escrever" 1571 heraus. Nach seinem Tode erschien (1590) eine Sammlung verschiedener Alphabete von ihm.

Raczynski, Dict. p. 20. — Barbosa Machado, Bibl. lusitania III 190. *A. Haupt.*

Barata, s. auch *Baratta.*

Baraterio, s. *Barattiero.*

Barath (Baräth, Bäräth Woräth), Johann Stefan, Maler, wurde am 7. 4. 1684 auf Empfehlung des Grafen Nicola von Lodron trotz des Widerspruches der übrigen Maler zu Innsbruck als Inwohner aufgenommen. *A. Sikora.*

Barath (Baräth, Bäräth), Stefan d. J., Maler zu Innsbruck, war mit Anna Gast verheiratet; seine 3 Kinder: Franz Xaver (geb. 1700), Johann Anton (geb. 1701) und Maria Theresia (geb. 1702) wurden zu Innsbruck getauft. *A. Sikora.*

Barati, Innocenz, Maler zu Burghausen, malte das Innere der Kirche zu Varmbach 1637 in Fresko.

Lipowsky, Bayer. Kstlerlex.

Barati, s. auch *Baratti.*

Baratieri, s. *Barattiero.*

Baratoni, Luigi, Architekt in Rom. Von ihm die Fassade der Kirche S. Giovanni Calabita gelegentlich der Wiederherstellung der Kirche 1741.

Angeli, Le Chiese di Roma p. 164. **

Baratta, italien. Bildhauer, wurde aus Carrara nach Spanien berufen, wo er zwischen 1736 und 1740 am Palast S. Ildefonso die Karyatiden und sonstigen plastischen Dekorationen der Fassade auf der Gartenseite nach Zeichnungen des Yubarra ausführte. Er ist vielleicht identisch mit dem Bildhauer *Giov. Maria B. d. J.*, der 1702 einen Preis von der Accad. di S. Luca in Rom erhält.

Cean Bermudez, Dicc. hist. 1800 p. 91. — Ant. Ponz, Viage de España X 122. — Campori, Mem. biogr. di Carrara. 1873 S. 22.

Baratta, Alessandro, italien. Vedutenzeichner und Kupferstecher, tätig 1629—30 in Neapel, wie aus zwei mit seinem Namen signierten Kupferstichpanoramen von Neapel hervorgeht. Auf diesen aus je 6 Querfolioblättern zusammenzusetzenden friesartigen Kompositionen ist dargestellt der Einzug des Herzogs von Alcala am 16. 8. 1629 und die Abreise der Infantin Maria d'Austria am 19. 12. 1630. — Vielleicht ist dieser Künstler zu identifizieren mit einem nach Zani allerdings erst 1708 in Parma verstorbenen Architekten und Vedutenstecher gleichen Namens. — Außerdem wirkte in Parma ein nach Zani 1637 geborener und 1714 gestorbener Architektur- und Theatermaler namens Alessandro B.

Zani, Encicl. III 60. — Bertoluzzi, Guida di Parma (1830) p. 54. — Le Blanc, Manuel de l'amat. d'estampes (1854) I 142. — G. Capasso, Il Collegio dei Nobili di Parma (1901). — Napoli Nobiliss. X 130. XIII 161. *R.*

Baratta, Andrea, italien. Bildhauer aus Carrara, 1665 in Rom tätig; und zwar erhielt er damals Zahlung für die von ihm ausgeführten Statuen der Religion und der Caritas über dem Portale der von Giov. Maria Baratta neu erbauten römischen Klosterkirche S. Nicola di Tolentino. Späterhin arbeitete er hauptsächlich für den herzoglichen Hof zu Modena. So schuf er eine Statue des Kardinals u. späteren Herzogs Rinaldo (laut eigener Briefangabe dieses Fürsten) und eine Büste des Herzogs Francesco II. (jetzt im Treppenhause der kgl. Galerie zu Modena), 2 allegorische Figuren für die Haupttreppe und eine Neptun- und Amphitrite-Gruppe für den Brunnen im Hofe des herzoglichen Palastes (1690), endlich gemeinschaftlich mit Andrea Vannucci den Altar für die Kirche der Madonna del Voto zu Modena.

G. Angelini, I marmi santificati etc. della Mad. del Voto (Modena 1694). — Tiraboschi, Notizie de' pitt. etc. di Modena (1786). — Campori, Mem. biogr. d. scult. etc. di Carrara (1873) p. 19, 380. — Bertolotti, Art. Modenesi etc. in Roma (1882) p. 96 f. — Arte e Storia XXV 97 ff., 113 ff. — Notizen von L. Ozzola. *R.*

Baratta, Antonio (oder Baratti), italien. Kupferstecher, geb. 7. 1. 1724 in Belluno, † 23. 7. 1787 in Venedig, wo er hauptsächlich tätig war, hat nach G. B. Piazetta (Halbfigur des hl. Hieronymus Aemilianus, u. eine hl. Theresa), nach G. Reni (hl. Joseph mit dem Christkinde), nach Paolo Veronese, Francesco Vanni (Verzückung des hl. Franciscus), nach Fr. Maiotto u. O. Marinari gestochen, nach P. A. Novelli die Religionsgebräuche der Juden und der Kaffern, je 6 Blatt, nach J. B. Canale eine Vorstellung im Theater S. Benedetto vor den Großfürsten von Rußland (22. Jan. 1782), nach Petitot ein Blatt zu den „Feste celebrate in Parma per le nozze dell' Infante Don Ferdinando colla Arciduchessa Maria Amalia", Parma 1769, nach Giacoboni zwei Genredarstellungen in der Art Joseph Wagners. Von B. sind auch Bildnisse, z. B. die Papst Benedicts XIV., des Patriarchen F. M. Giovanelli und Buchillustrationen und Buchtitel, z. B. für P. E. Pampis Tragödie „Bibli" (Modena 1744) und für Lecchis „Memorie idrostaticostoriche" (Modena 1773) u. a. m. bekannt. Er hat auch an den Stichen des von Monaldini in Rom herausgegebenen Virgilcodex und in Declaustres Dizionario mitologico (Venedig 1755) mitgearbeitet. Seine drei Söhne: Domenico, Pietro und Tomaso haben als seine Gehilfen mit ihm in Venedig gearbeitet.

Meyer, Kstlerlex. — Le Blanc, Man. — Campori, Art. n. Stati Estensi p. 31 und 495. — Volpe, Cat. cronol. d. scult. etc. Bellunesi. Nozze Monti-Crocini, Belluno 1892. *P. K.*

Baratta, Carlo, Bildhauer, in Berlin tätig, Schüler von Rauch, beteiligte sich dort 1836—1842 an den Ausstellungen der Akademie mit Marmorporträts und einer Nymphenstatuette. 1864 und 1865 wird ein gleichnamiger Bildhauer in Carrara erwähnt, der wohl mit Obigem identisch ist.

Katal. d. Berl. Akad. 1836—42. — Dioskuren 1864—65. **

Baratta, Carlo Alberto, italien. Maler, geb. zu Genua 1754, † 1815.

Alizeri, Not. d. Prof. d. dis. in Liguria II 45, 300, 371, 384, 391; III 112. — Arch. stor. d. arte 2a Serie, II 126. *P. K.*

Baratta, Domenico, Bildhauer von Carrara, fertigte 1747 das Ciborium des Sakramentsaltars im Dom zu Pietrasanta.

Campori, Mem. biogr. deg. scult. etc. di Carrara. 1873 p. 23. *H. V.*

Baratta, Eumone, italien. Bildhauer, geb. 1823 in Carrara als ein Nachkomme der dort seit Jahrhunderten ansässigen Künstlerfamilie. Seine erste Ausbildung erhielt er in seiner Vaterstadt, um dann seit 1847 in Rom seine Studien zu vollenden. Von hier aus stiftete er der Kunstakademie zu Carrara einige noch jetzt daselbst befindliche Studienarbeiten, wie: Gesù legato alla colonna, — L'educazione materna, — Una compagna di Diana cacciatrice. Beim Ausbruche der römischen Revolution von 1849 beteiligte er sich als leidenschaftlicher Republikaner eifrig an der Verteidigung Roms gegen die päpstlichen Belagerer. Nach dem Wiedereinzuge des Papstes in Rom siedelte B. nach Florenz über und schuf dort eine Anzahl romantischer Gruppenkompositionen, deren Darstellungsmotive er meist den Dichtungen Ariosts und Tassos entlehnte. 1855 zum Lehrer an der Akademie zu Carrara ernannt, kehrte er schließlich für immer in seine Vaterstadt zurück. Sein bekanntestes Werk ist die 1860 vollendete, maßvoll abgewogene und ausdrucksvoll durchgebildete Gruppendarstellung aus Tassos Gerusalemme Liberata: Olindo e Sofronia condannati ad esser bruciati vivi. In seinen reiferen Jahren bevorzugte B. dann religiöse Stoffe aus dem Neuen Testamente. Seine schönsten Schöpfungen dieser Art sind: Gesù a dodici anni che disputa fra i Dottori u. Gesù nel sepolcro. In Rom wurden besonders geschätzt seine heiter-gelassen und friedlich-maßvoll aufgefaßten allegorischen Bildwerke, wie: Fedeltà, Amore e Fedeltà, Mansuetudine etc.; für letzteres Werk wurde ihm 1870 auf der Esposizione Romana delle Opere d'arte relative al culto cattolico sogar der 1. Preis zuerkannt. Gleichzeitig errang er auch einen ziemlich bedeutenden schriftstellerischen Erfolg mit seiner satyrischen Komödie „Onestà e valore". In höherem Alter wurde er bei abnehmender Produktivität in seiner bildnerischen Darstellungsweise immer banaler und konventioneller. Er starb zu Carrara gegen Ausgang des 19. Jahrhunderts.

Gubernatis, Diz. d. Art. Ital. Viventi (1889). *Dr. M. Maffii.*

Baratta, Francesco, italien. Bildhauer, geb. als Sohn des Steinmetzen Jacopo B. in Massa di Carrara, † 1666 zu Rom, ein geschickter Schüler Berninis, arbeitete längere Zeit als dessen Gehilfe. In Berninis Auftrag führte er für den Altar der Kapelle Raimondi in S. Pietro in Montorio zu Rom ein Relief aus (der hl. Franziskus, die Wundmale empfangend); für den von Bernini entworfenen Hauptbrunnen auf der Piazza Navona in Rom die Statue des einen Flußgottes, der in der Gestalt eines Mohren den La-Plata-Strom darstellt, eine der besten Figuren des Künstlers, in welcher die Manier Berninis ziemlich gemäßigt auftritt. In S. Nicolo di Tolentino zu Rom arbeitete B. an dem nach Algardis Plänen errichteten Hauptaltar die Engelfiguren im Frontispiz. Von den übrigen sehr zahlreichen Arbeiten des Künstlers wurden mehrere von August II. für Dresden erworben: Herkules, Marsyas, Kleopatra, Lukretia, Herkules und Omphale (meist im Großen Garten aufgestellt), eine Statue der büßenden Magdalena (in der kathol. Hofkirche) etc.

Bellori, Le Vite etc., Roma, 1728 p. 258. — Passeri, Le Vite etc., Roma, 1772 p. 360—363.— Pascoli, Le Vite etc., Roma, 1736 p. 437—445. — Campori, Mem. biogr. etc., Modena 1873 p. 15. — Meyer, Kstlerlex. — Bertolotti, Art. Lombardi a Roma; Art. Modenesi a Roma; Art. Svizzeri a Roma. — Bau- u. Kstdenkm. des Königr. Sachsen XXI—XXIII (1903) 242, 479 ff. (mit Abbildgn.). *R.*

Baratta, Francesco, Bildhauer von Carrara, † am 21. 5. 1747. Von ihm: der Altar in der Kirche der Madonna delle lacrime in Carrara (Vertrag vom 23. 7. 1722); Statue des Castagnola für das Hospital degli Incurabili in Genua (Vertrag vom 24. Oktober 1724); die beiden allegorischen Figuren der Jungfräulichkeit und der Demut für die Steccata zu Parma (bestellt 1726, vollendet 1736).

Campori, Mem. biogr. degli scult. etc. di Carrara 1873 p. 23. *H. V.*

Baratta, Francesco, italien. Maler, geb. 1805 in Genua, wo er hauptsächlich als Historienmaler tätig war und gegen 1870 starb. Sein Hauptwerk ist ein umfangreiches Gemälde aus der Geschichte der ligurischen Guelfen- und Ghibellinenkämpfe mit der die gesamte wilde Kampfesszene beherrschenden Mönchsgestalt des Jacopo da Voragine, des Verfassers der „Legenda aurea". In seiner Darstellung hat er einen gewissen grandiosen Zug, zeigt sich aber doch als ein echtes Kind seiner im klassizistischen Akademismus befangenen Zeit.

Giorn. Arcad. 1824, p. 112 f. — Alizeri, Not. dei Prof. d. Dis. in Liguria dalla Fondaz. dell' Accad. (1864 ff.), I 129, 138, 194, 216; II 132 f., 148; III 437. *Dr. M. Maffii.*

Baratta, Francesco, s. auch *Baretta.*

Baratta, Giovanni, d. J., Bildhauer von Carrara, in der zweiten Hälfte des 18. Jahrh. Er wird in dem Briefe eines deutschen Bischofs vom 21. 10. 1767 als Verfertiger einer trefflichen Puttengruppe gerühmt. In einem Brief vom 15. 3. 1768 an den Conte Alderano Luciani bewirbt er sich um den Auftrag zu einigen Statuen für die Neapler Stadtmauer.

Campori, Memorie biogr. di Carrara 1873 p. 23/24. *H. V.*

Baratta, Giovanni Battista, italien. Bildhauer, tätig um 1614 in Massa Carrara. Nach Zani war er ein Sohn des Jacopo B. und Bruder des Francesco und des Giov. Maria sen. B. (also nicht zu verwechseln mit dem Conte Giov. di Isidoro B.); Werke unbekannt.

Zani, Encicl. III 59. — Campori, Mem. biogr. di Carrara (1873) p. 14. *R.*

Baratta, Giovanni Giacomo, d. J., Bildhauer von Carrara. Er führte mit Hilfe seines Bruders zwei Kolossalstatuen des David und Joachim aus, die 1722 am Marienaltar in der Steccata zu Parma aufgestellt wurden.

Campori, Memorie biogr. di Carrara 1873 p. 23. *H. V.*

Baratta, Giovanni Jacopo, Maler, geb. in Carrara 1539, † im 17. Jahrh., malte u. a. die große Pietà auf dem Hauptaltar in der Kirche S. S. Giacomo e Cristoforo daselbst. Von ihm ist auch das Martyrium der 5 Schutzheiligen von Carrara im Dome S. Andreae.

Lazzoni, Carrara, Guida, II ed. 1905, p. 207. *H. V.*

Baratta, Conte Giovanni di Isidoro, italien. Bildhauer, geb. zu Carrara am 13. 5. 1670, † daselbst am 21. 5. 1747. Schüler von Foggini und Soldani in Florenz und in Rom durch einen Preis ausgezeichnet, erhielt er bald für Genua und Turin zahlreiche Bestellungen, und zwar sowohl für vornehme Private als für Kirchen. Darunter sind hervorzuheben in Genua: zwei Statuen der Kleopatra und Artemisia für den Palazzo Durazzo (jetzt Pal. Reale), die Aeneas und Anchises-Gruppe für den Brunnen der Piazza di Fossatello, die Grabmäler des Giulio und Francesco Spinola in der Kirche S. Caterina, sowie die Statuen des Ignazio Bona und des Marcello Durazzo im Hofe des Ospedale di Pammatone; in Turin: die Statuen an der Kirche S. Teresa, die Statuen an der Fassade des Palazzo Reale (1720), sowie die Statuen der vier Kirchenväter in der Kirche della Venerìa. Ferner schuf B. für Livorno den Sakramentsaltar im Dome, die Statuengruppe auf dem Hochaltare von S. Ferdinando und die Seitenaltarstatuen in der Chiesa Armena; für Florenz die Nischenstatue des hl. Thomas an der Kirche S. Michele degli Antinori, sowie die Gruppe Tobias und Raphael in S. Spirito; für Pistoja den Hauptaltar mit zwei

Statuen in S. Giovanni Battista; für Lucca den Sakramentsaltar in S. Ponziano, endlich für Pisa die Büste des Mathematikers Giov. Grandi auf dessen Grabmal in S. Michele. Die Leichtigkeit, mit der er im Geschmack seiner Zeit arbeitete, erwarb ihm vielen Beifall und sogar 1722 von seiten des Königs einen Ruf nach England, dem er aber nicht gefolgt zu sein scheint. Als Auszeichnung für seine Werke verlieh ihm der Herzog von Massa den Grafentitel.

Meyer, Kstlerlex. (mit ält. Lit.). — Lazzoni, Guida di Carrara (1905) p. 209 f. *L. Ozzola.*

Baratta, Giovanni Maria d. Ä., italien. Steinmetz und Architekt, geb. in Massa di Carrara als Sohn des Jacopo B. und als Bruder des Francesco B., mit dem er nach Rom ging. Dort unter der Leitung Algardis zum Architekten ausgebildet, wurde B. von letzterem mit der Ausführung seiner bedeutenden Bauentwürfe betraut, insbesondere mit dem Baue der Villa Pamfili vor der Porta S. Pancrazio und mit der Restaurierung des Palazzo Pamfili am Corso. Nach dem Tode Algardis (1654) erbaute dann B. nach eigenen Entwürfen im Auftrage des Principe Camillo Pamfili die Kirche S. Nicola da Tolentino in Rom; nur für den Hauptaltar dieser Kirche hatte Algardi Entwurfzeichnungen hinterlassen. Außerdem schuf B. für die Kirche S. Agostino zu Rom den Altar des hl. Thomas von Villanova. — 1660 wurde B. zum Mitgliede der Accademia di S. Luca ernannt; 1666 findet er sich beim Tode seines Bruders Francesco zum letzten Male urkundlich erwähnt.

Campori, Mem. biogr. di Carrara (1873) p. 17 f. — Bertolotti, Art. Modenesi etc. a Roma (1882) p. 83, 96; sowie in Arch. stor. art. etc. di Roma III 316 f. — Lazzoni, Guida di Carrara (1905) p. 208. *R.*

Baratta, Giov. Maria d. J., s. Artikel *Baratta,* p. 454.

Baratta, Giuseppe Antonio, Bildhauer von Carrara, Sohn des Giov. Maria d. J., in der zweiten Hälfte des 18. Jahrh. tätig, lebte noch 1818. Er war dem französ. Bildhauer L. Guiard bei der Ausführung des Denkmals für den hl. Bernhard in der Abtei von St. Clairvaux behilflich und erhielt nach dessen Tode (1788) den Auftrag zur Vollendung, die indes durch die Revolution unterbrochen wurde.

Campori, Memorie biogr. di Carrara. 1873. *H. V.*

Baratta, Lorenzo, ital. Bildhauer, geb. 1782 in Carrara als Sohn des Giuseppe Antonio B., von dem er den ersten Kunstunterricht erhielt. Nachdem er bis gegen 1806 in Toscana gelebt hatte, ging er nach Mailand, wo Napoleon I. damals die Vollendung der Domfassade in Angriff nehmen ließ. B. fand bei diesem Werke reichliche Beschäftigung als Ornamentbildhauer u. hatte auch eine ganze Reihe von Statuen für den Dom auszuführen, ohne jedoch in diesen ziemlich harten und groben Arbeiten höhere künstlerische Begabung zu bekunden. Er starb in Carrara um 1850.

Campori, Mem. biogr. di Carrara (1873) p. 25. *Dr. M. Maffii.*

Baratta, Lorenzo, s. auch *Barata,* Laurens.

Baratta, Paolo, italien. Maler, geb. 1874 in Noceto bei Parma, ausgebildet an der Akademie zu Parma unter Barilli und nach Erlangung des großen Rompreises an derjenigen zu Rom; seit 1897 Lehrer an der Kunstakademie seiner Vaterstadt. Noch während seiner römischen Studienzeit erhielt er Auszeichnungen für die Gemälde: Il giuramento in Pontida und Paolo davanti ad Agrippa. Von seinen späteren Werken seien genannt: Enthauptung des B. Pietro Fabbre in S. Giovanni decollato (1897) u. B. Diego da Cadice in der Chiesa dei Cappuccini zu Parma (1898), In attesa (1898 in Turin ausgestellt), enkaustische Medaillongemälde mit Heiligen in der Kirche zu Cicognara bei Mantua, Kirchenmalereien in Chiavari bei Genua. Die Pinakothek zu Parma besitzt von ihm die Gemälde: Povertà e Quiete und Una visita al convento. In jüngster Zeit malte B. für die Scuola Centrale di Tiro zu Parma ein lebensgroßes Bildnis des Königs Vittorio Emanuele III.

C. Ricci, La R. Galleria di Parma (1896) p. 185. — U. Ojetti in Corriere d. Sera 1898. — U. Fleres in Rivista d'Italia 1898, XII 749. — Rivista d. Esposiz. d'Arte Sacra in Torino 1898, II 292 (mit Abb.). — Rondani in Gazzetta di Parma 1898 u. 1905. — Propaganda Socialista, Nov. 1905, No. 60. *St. Lottici.*

Baratta, Pietro, Bildhauer von Carrara, nach Zani (Enc. met. III 59) um 1695. Von ihm soll das Denkmal der Kardinäle und Päpste mit Engeln in der Kapelle Casoni des Domes zu Sarzana gefertigt sein.

Campori, Memorie biogr. degli scultori etc. di Carrara, 1873. *H. V.*

Baratta, Pietro, Bildhauer in Venedig, in der ersten Hälfte des 18. Jahrh. Er arbeitete für die Fassaden der Jesuitenkirche und der Chiesa di S. Eustachio sowie den Altar der Kirche S. Sebastiano (für letzteren zwei Statuen: Joseph und Anna). Als Hauptwerk des Künstlers gelten die Statuen und Basreliefs am Grabmal des Dogen Bertucci Valier in der Kirche S. Giovanni e Paolo in Venedig. Mehrere seiner zopfigen, sehr unbedeutenden Skulpturen, die allegorischen Figuren des Ruhms, der Stärke, der Pracht und der Großmut, kamen zur Zeit Augusts II. nach Dresden.

Bartoli, Pitt. Scult. etc. di Rovigo. 1793 p. 24. — Meyer, Kstlerlex. *H. V.*

Baratta, s. auch *Baratti.*

Barattella, Z a n i n u s, Maler in Treviso im 15. Jahrh.

Memorie Trevigiane sulle opere di disegno etc. Venezia 1803 (herausg. von Federigi de' Predicatori). **

Baratti, G i o v a n n i, italien. Kupferstecher, geb. in Venedig; tätig in der 1. Hälfte des 19. Jahrh. in Bassano für die Calcografia Remondini. Unter seinen Kupferstichen waren besonders beliebt: Il Pescatore und Il Macellajo.

Di Bassano e dei Bass. illustri (1847) p. 170. *P. M. Tua.*

Baratti, s. auch *Baratta.*

Barattiero, N i c c o l o, Baumeister und Ingenieur aus der Lombardei, in Venedig tätig. Auf der Piazzetta daselbst hat er 1172 die beiden Granitsäulen aufgerichtet, die der Doge Domenico Michele 1125 von seinem siegreichen Zuge gegen den griechischen Kaiser mitbrachte. Die Sockel und Kapitelle der Säulen wurden wahrscheinlich nicht mit aus dem Orient herübergebracht, sondern von Barattiero hinzugefügt; sie sind im byzantinischen Stil gehalten, jedoch sehr eigentümlich behandelt. Erst viel später sind der bronzene Markus-Löwe und die Marmorstatue des hl. Theodorus auf die Spitze dieser Säulen gestellt worden.

Von B. wird außerdem berichtet, daß er Mathematiker und Baumeister gebildet, Maschinen zum Heraufschaffen des Baumaterials auf den Campanile erfunden und ein Modell zu der Rialtobrücke gemacht habe. Nach diesem Modell kam die Brücke, aus Holzbalken bestehend, die über eine Anzahl Barken gelegt wurden, 1180 zur Ausführung. Es war wohl dieselbe hölzerne Rialtobrücke, die noch 1252 eine Restauration erfuhr. Erst 1264 trat an ihre Stelle eine auf eingerammten Pfählen errichtete Brücke.

M e y e r, Kstlerlex. (mit ält. Lit.). — P. M o l m e n t i, Storia di Venezia nella vita priv. (1905) I 349. *A. Baracchi.*

Barattini, F r a n c e s c o, wird als Holzschneider genannt. Nagler, Monogr. I 1612 und 2040, schreibt ihm ohne Begründung die mit b oder b. R. bezeichneten Holzschnitte in Marozzos zuerst in Modena 1536, dann in Venedig 1550 erschienener „Opera nova chiamata Duello" zu, deren Verfertiger Drugulin (Naumanns Archiv f. d. z. Künste IX 409) in Giovanni Britto, dem Gehilfen Francesco Marcolinis, vermutet (s. dort). Die frei zeichnerisch und rauh geschnittenen Illustrationen im Marozzo haben jedoch mit der einzig bekannten Arbeit Brittos, dem Bildnis Tizians (Passavant, P. gr. VI 244 No. 103a) nichts gemein.

G a n d e l l i n i, Not. I 39. — M e y e r, Künstlerlex. *P. K.*

Barattini, F r a n c e s c o, Holzbildschnitzer und Münzstempelschneider, geb. in Bologna, tätig um 1760, zeichnete nach Nagler, Monogr. II 1960, mit den Buchstaben F. B. F. Drugulin (Meyers Kstlerlex.) identifiziert ihn vermutungsweise mit einem Holzschneider, der zwei Holzschnitte, die Heiligen Crispin und Crispinian und den hl. Alò, F. B. BOL bezeichnet hat.

F o r r e r, Biogr. Dict. of Medallists. — M e y e r, Kstlerlex. *P. K.*

Barau, E m i l e, französ. Landschaftsmaler in Neuilly, geb. in Reims am 11. 3. 1851, Schüler von Gérôme an der Ecole des b.-arts, reiste in Holland und Dänemark und fand dann lange Zeit die Lieblingsmotive für seine einfachen, sonnigen Freilichtbilder in Reims und Umgegend. Im Luxembourg sind von ihm die Gemälde „Sur la Suippe" (1884) und „Vue de la butte de Châlons" (1895); andere Arbeiten von ihm findet man in den Museen von Tours und Blois. Er stellte öfter im Salon aus, so 1906 und 1907 die Bilder „Le vieux parc et l'aqueduc d'Arcueil" und „Le Printemps".

J. M a r t i n, Nos peintres et sculpteurs. — B e l l i e r - A u v r a y, Dict. gén. Suppl. — Gaz. d. b.-arts 1887 p. 500. — Kataloge des Salon 1885—1907. **

Barauderie, J e a n M i c h e l, französ. Bildhauer, geb. 27. 4. 1674 in Angers als Sohn des Pierre B., schon 1688 urkundlich als „sculpteur" erwähnt, mehrere Jahre in St. Georges-sur-Loire tätig, † 1728 in Vern (Maine-et-Loire), wo er an der plastischen Ausschmükkung des Hauptaltares der Pfarrkirche arbeitete.

L a m i, Dict. des Sculpteurs sous Louis XIV (1906). *S. Lami.*

Barauderie, P i e r r e, französ. Architekt u. Bildhauer, geb. 1643 in Poitiers, † 2. 4. 1729 in Angers, wo er sich seit 1666 niedergelassen und zunächst unter der Leitung des Pierre Biardeau gearbeitet hatte. Im Stile dieses Meisters, dessen dekorative Begabung sich bei ihm in erhöhtem Maße wiederfindet, war Pierre Barauderie namentlich für die Kirchen St. Samson, St. Maimboeuf, des Augustins und de Fontaine-Couverte zu Angers tätig. Erhalten geblieben sind von ihm 2 plastische Gruppen in der Kirche zu Allençon und ein Altar in der Kirche zu Faye bei Angers.

L a m i, Dict. des Sculpteurs sous Louis XIV (1906). *S. Lami.*

Barba, A l o n s o, span. Architekt. Er wurde von Andres de Valdevira in dessen Testamente vom 16. 4. 1575 zu seinem Nachfolger als Oberbaumeister der Kathedrale von Jaen empfohlen. Der Bau blieb nach wenigen Jahren, nachdem Barba die Sakristei 1577 zu Ende geführt hatte, aus Mangel an Geldmitteln liegen und wurde erst 1634 wieder aufgenommen.

L l a g u n o y A m i r o l a, Not. I 132, II 191, III 36. — C e a n B e r m u d e z, Dicc. I 91, V 100. △

Barba, G a e t a n o, italien. Architekt in Neapel, wo er 1787 die Entwürfe zeichnete für den Marmordekor der Cappella Cito in S. Chiara. Gleichzeitig veröffentlichte er im Verlage von Barbiellini in Rom eine Denkschrift über die Restaurierung der Stuckdekorationen am Kuppeltambour der St. Januariuskapelle im Dom zu Neapel. 1788 leitete er die Dekorierung des Hochaltares in S. Giuseppe zu Neapel.

Catalani, Chiese di Napoli II 134. — Celano, Not. etc. di Napoli (Ausg. 1792) III 62. — Missirini, Storia d. rom. Acad. di S. Luca (1823) p. 462. *G. Ceci.*

Barba, Galeazzo della, s. *Rivello,* G.

Barba, Genesio del, Maler, geb. am 17. 10. 1691 zu Massa di Carrara, lebte noch 1736. Er malte hauptsächlich Tapeten (Nachahmungen von Arazzi) und war mit solchen Arbeiten in Rom für die Paläste Corsini, Odescalchi, Pamfili u. a. vielfach beschäftigt. Bildnis des Künstlers bei *Pazzi,* Serie di ritratti di cel. pitt. 1784.

Campori, Mem. biogr. 1873 p. 84/85. *H. V.*

Barba, Giuseppe, italien. Bildhauer, tätig in Rom, wo er 1830 im Auftrage des Monsignore Muzzarelli für die Protomoteca des Kapitols die Bildnisherme des Jesuiten-Schrifstellers Daniello Bartoli auszuführen hatte; die prächtige Büste zeigt treffende Ähnlichkeit mit dem in der Bibliothek des Collegio Romano befindlichen Porträt des dargestellten Jesuitenpaters. — In der Bawowskischen Bibliothek in Lemberg befindet sich die Statue eines liegenden Satyrs, bezeichnet *Giu. Troyse Barba F. Roma 1849,* wahrscheinlich gleichfalls ein Werk des obengenannten Künstlers (Mitteil. von Herrn Z. Batowski).

A. Bianchini in Giornale Arcadico 1830, vol. 46, p. 115 ff. *G. Degli Azzi.*

Barba, Jacopo della, Florent. Bronzegießer des 16. Jahrh., der nach Vasari mehrere Güsse für Baccio Bandinelli vortrefflich ausführte.

Vasari, ed. Milanesi VI 153. **

Barba, Juan, Kunstschmied in Sevilla, der für die Kathedrale, den Alcazar und das Rathaus verschiedene Arbeiten geliefert hat. 1572 mit Francisco Lopez für die Kapelle der Antigua beschäftigt, führt er dann von 1586 bis 1590 die Reja der gleichen Kapelle aus und empfängt inzwischen 1587 eine Zahlung von 764 338 maravedis für einen Balkon des Rathauses.

Gestoso, Artif. Sevill. II 362. *M. v. B.*

Barba, Juan Sanchez, s. *Sanchez.*

Barba, Luigi, italien. Maler, geb. 1828 in Palermo, studierte zunächst die Baukunst, widmete sich dann ausschließlich der Malerei, in der er mit Vorliebe historische und religiöse Darstellungsstoffe behandelte. Ein 1861 in Florenz ausgestelltes Odaliskenbild B.s wurde mehrfach prämiiert. Die Pinakothek zu Palermo besitzt von ihm mehrere Arbeiten, darunter das Gemälde „Ruggero di Lauria". Für den Palazzo Municipale seiner Vaterstadt malte er eine Episode aus der Schlacht bei Novara, für die Real Chiesa zu Calascibetta ein riesiges Velarium mit einer Kreuzigungsdarstellung.

Gubernatis, Diz. d. Art. Ital. Viventi (1889). *N. Tarchiani.*

Barba, Nunzio (oder Nuzzo), italien. Bildhauer und Architekt, geb. in Galatina (Prov. Otranto), tätig in einigen Städten der Nachbarprovinz Bari; und zwar schuf er zu Conversano 1481 das Grabmal des Giul. Ant. Acquaviva in der Kirche S. Maria dell' Isola und zu Bitonto 1485 das Grabmal des Pietro Bovio in der Kirche S. Domenico. In letzterer Stadt leitete er außerdem 1484—86 die bauliche Wiederherstellung eines der Kathedralentürme.

Napoli Nobiliss. VIII 10, 29, 57, XIV 95. *G. Ceci.*

Barba, Ramon, span. Bildhauer, geb. 1767 in Moratella, † 1831 in Madrid. Von König Carlos IV. zum Studium der Bildhauerkunst nach Italien gesandt, führte er in Rom für die Kirche St. Alexis ein Basrelief aus, ferner die jetzt in Madrid befindlichen Statuen des Königs und seiner Gemahlin Doña Maria Luisa. Nach seiner Rückkehr in die Heimat beteiligte sich B. 1821 an der plastischen Ausschmückung der damals neu aufgebauten Puerta de Toledo zu Madrid und modellierte eine Merkurstatue sowie eine allegorische Gruppe, darstellend die Hispania, wie sie der Göttin Minerva die jugendliche Infantin Isabella zuführt. Nach dem Tode des Pedro Hermoso wurde B. zum ersten Hofbildhauer der Königin, 1823 zum Mitgliede der Acad. de San Fernando und 1828 zum Leiter der Bildhauerkurse an dieser Akad. ernannt.

Ossorio y Bernard, Galeria biogr. de art. españoles del siglo XIX (1883—84). — Viñaza, Adiciones al Diccion. hist. de Ceán Bermudez (1894). — Missirini, Stor. della romana Accad. di S. Luca (1823). — Grande Encyclopédie Lamirault-Paris. *P. Lafond.*

Barba, s. auch *Morelli,* Giuliano di Niccolò.

Barbabin, François, Landschaftsmaler und Radierer, in der 1. Hälfte des 18. Jahrh. tätig, wahrscheinlich Franzose. Seine Arbeiten erinnern an die Art Abraham Genoels, dessen Schüler er vielleicht gewesen. Von ihm radiert: 1) Wasserfall mit doppeltem Sturz. F. Barbabin in et fecit 1710. — 2) Ein monumentaler Brunnen. Bez. F. B. F. — 3) Befestigte Brücke. Bez. F. B. F. — 4) Felsige Landschaft. Bez. F. B. F. Jedes Bl. h. 58 mm, br. 62 mm.

R. Dumesnil, Le Peintre-Graveur III 313. — Nagler, Monogr. 2. No. 1944. *H. V.*

Barbachoux, Pierre, französ. Glasmaler der 2. Hälfte des 16. Jahrh. Von ihm ein Fenster im rechten Nebenschiff (vom Chor aus) der Kirche Saint-Ithier in Sully-sur-Loire mit 5 Szenen aus dem Leben des hl.

Jacobus, deren Reihenfolge bei einer Restaurierung des Fensters (1842) verändert wurde.

Invent. gén. d. rich. d'art: Prov. Monum. relig. I 240, 248. *H. V.*

Barbacovi, Francesco, Bildhauer, geb. um 1640 zu Taio im Nonsberge bei Trient, erhielt seine künstlerische Bildung in Salzburg. Sonst ist sein Leben in tiefes Dunkel eingehüllt. Sein Geburtsort Taio besitzt mehrere Stücke von ihm: so die Medaillons mit der Büste der Mutter Gottes und dem hl. Johannes v. Nepomuk im Hause Depero-Maurizi; ferner ein Medaillon mit der Madonna und dem Kinde auf dem Platze vor der Mariakirche und ein Weihwasserbehälter von zwei Engeln getragen, Privateigentum einer Familie Barbacovi; unweit von Taio, im Schloß Bragher ein Basrelief, die Mutter Gottes mit ihrem göttlichen Sohne darstellend. Überdies kennt man von B. eine kleine Zierplatte mit dem hl. Sebastian und eine Madonnenbüste, Basreliefs im städt. Museum in Trient, und zwei weitere Stücke im Museum Ferdinandeum in Innsbruck, Lot mit den zwei Töchtern und Rinaldo und Armida aus Tassos befreitem Jerusalem. Ein Meisterwerk des Künstlers ist die Gruppe von Adam und Eva, aus einem Block, oberhalb des Marmoraltars der Kruzifix-Kapelle im Dom von Trient. Eine allerdings nicht sehr alte Überlieferung schreibt dem B. noch das schöne Portal (zwei Karyatiden tragen einen mit drei kleinen Putti gezierten marmornen Balkon) des Palazzo Sardagna in Via Calepina in Trient zu. Jedoch Francesco Bartoli aus Bologna (Manuskript No. 1207 der Trienter Biblioteca comunale), der in einer dem Entstehen des genannten Werkes näher liegenden Epoche lebte, weist es mit mehr Recht dem Christoph Benedetti (s. diesen) zu, mit dessen Stil das Eingangstor des Palazzo Sardagna in der Tat auch mehr im Einklang steht.

Fr. Ambrosi, Scrittori ed artisti Trentini. 2. Aufl. Rovereto 1893, 8° p. 66. — Nic. Toneatti, Saggio d'illustrazione del Duomo di Trento. Trento, 1872, 16°, p. 76. — Tirol. Kstlerlex. p. 20. *L. O.*

Barbade, Pierre, Maler von Bordeaux, erhält am 23. 9. 1620 mit *Pierre Barbot* Bezahlung für die Bemalung der Jacht des Königs anläßlich dessen feierlichen Einzugs in Bordeaux.

Réun. d. Sociét. d. beaux-arts XXI 320, 862, 954, 1125, 1130. *H. V.*

Barbadillo y Oserio, D. Michele, span. Maler um 1757.

Zani, Enc. III 62.

Barbagelata, Giovanni di Niccolò, von Rapallo, Maler in Genua, 1484 zuerst erwähnt. Von seinen zahlreichen Altarwerken und Fresken ist allein erhalten das Altarbild in der Kirche zu Candiasco bei Sestri mit den Darstellungen der Verkündigung Mariä, Christi am Kreuze und Johannes des Täufers zwischen St. Paulus und dem Erzengel Michael. Es ist bezeichnet: Joannes Barbazerata pinxit MCCCCLXXXXVIIII. Um 1508 muß er gestorben sein, da am 16. 11. dieses Jahres seine Werkstatt an Lor. Fasolo weitervermietet wird.

Alizeri, Not. d. prof. d. disegno in Liguria II 169—205, 251 (ausführliche Angaben).

Barbaglia, Giuseppe, Genremaler in Mailand, geb. daselbst 1841, Schüler Bertinis an der dortigen Akad. Sein Erstlingswerk, ein „Christus am Ölberge", wurde vom König von Italien, eine seiner frühesten Genredarstellungen, die „Ziviltrauung", vom Mailänder Bürgermeister G. Bellinzaghi angekauft. Von seinen späteren Werken seien genannt: „Hungersnot in Sizilien" (jetzt im Munizipalpalaste zu Pavia), — „Pompejanisches Bad" (durch einen Akademiepreis ausgezeichnet), — „L'alloggio forzato" (Quartier eines Napoleonischen Grenadiers in einem Pfarrhause, das populärste Bild des Künstlers), — „L'arlecchino ardito" (Hintergrund wie auf vielen Gemälden B.s ein meisterlicher Prospekt des großen Saales im Palazzo Clerici zu Mailand). Unter den ihrer altmeisterlichen Durchführung wegen vielgerühmten Porträts B.s ist das bekannteste dasjenige des Komponisten Giuseppe Verdi (1887).

Gubernatis, Diz. d. Art. ital. viventi (1889). — Zeitschr. f. Bild. Kst. IV 22. *E. Verga.*

Barbaglia, Leonello, ferrares. Künstler, † 1589.

Baruffaldi, Vite dei pitt. e scult. ferrar. II 589. *

Barbai, Ursin, französ. Architekt, geb. am 21. 1. 1750 bei Les Andelys, † am 17. 10. 1824 in Montmirail, lieferte in den letzten Jahren der Regierung Louis' XVI. die Pläne zu dem Schloß seines Heimatsdorfes.

Lance, Dict. d. Archit. franç. *H. V.*

Barbalonga, Antonio, italien. Maler aus der edlen Familie der Alberti (häufig verwechselt mit Ant. Ricci), geb. 1600 zu Messina, † daselbst 1649. Er studierte die Malerei in seiner Vaterstadt bei Simone Comandé, dann in Rom, in der Schule des Dominichino, dessen Manier er sich vollkommen zu eigen machte, wie die Himmelfahrt der Maria in S. Andrea della Valle zu Rom und noch mehr das große Altarbild, die Heil. Gaetano und Andrea Avellino in einer Engelglorie, in S. Silvestro a Monte Cavallo beweisen. 1631 kehrte er nach Messina zurück. Das erste Bild, das er hier malte, war der hl. Filippo Neri in der dortigen Chiesa dell' Oratorio; ein anderes Gemälde in der nämlichen Kirche, eine Pietà, hat die Inschrift: Antonius Aliberti Barbalonga 1634. Als das Hauptwerk unter den zahlreichen übrigen Gemälden, die er für verschiedene Kirchen Messinas ausführte, gilt die Bekehrung des

Paulus in der Klosterkirche S. Anna. Für die öffentliche Galerie in Messina malte er eine Anzahl Bilder, die vom Conte di S. Stefano nach Spanien gebracht wurden (eines derselben, die „Signora della Lettera", ist in der Iconologia Samperis gestochen). Einige Bilder des Künstlers werden als in Palermo befindlich erwähnt (in der Galerie des Principe di Belmonte und in der Compagnia del Sangue di Cristo). Im Museo del Prado zu Madrid ist von ihm eine hl. Agathe (im Kataloge Madrazos irrtümlich dem Ant. Ricci zugeschrieben). In seiner Vaterstadt gründete B. eine Malerschule, die lange Zeit in Blüte stand.

Meyer, Kstlerlex. (mit ält. Lit.). *R.*

Barbalonga, s. auch *Ricci,* Ant. u. *Vermeyen,* J. C.

Barbani, Nicolo, Maler aus Capodistria, wird in Modena von 1453—83 verschiedenfach urkundlich erwähnt.

G. Campori, Gli artisti ital. e stran. negli stati estensi. **

Barbani, Pietro, Miniator und Architekt von Carpi, um 1476, nur bei Zani (Enc. met. III 62) rühmend erwähnt. *H. V.*

Barbant, Charles, bekannter Reproduktionsholzschneider in Paris, geb. daselbst. Schüler von Best, stellte fast alljährlich in den Salons 1869—1882 aus.

Bellier-Auvray, Dict. gén., Suppl. (mit Verzeichnis seiner Arbeiten). *H. V.*

Barbantan, Charles, französ. Heiligenmaler, malte laut Inschrift 1886 die Antoniuskapelle der Kirche Saint-Pierre in Avignon aus u. schmückte 1887 die Josephskapelle derselben Kirche mit 7 figürlichen Fresken aus der Geschichte des alttestamentlichen Joseph und des Pflegevaters Jesu.

Invent. gén. d. Richesses d'Art. Province. Monum. religieux. III 149, 154. *H. V.*

Barbara, Alonso u. Thomas, span. Geschützgießer um 1477.

Champeaux, Dict. des Fondeurs 58. *M. v. B.*

Barbara y Belza, Joaquin, span. Maler, geb. in Llodio (Prov. Alava). Ausgebildet an der Escuela especial de pintura etc. zu Madrid, errang er auf der dortigen Kunstausstellung 1897 eine Medaille 2. Klasse. Von den bisherigen Gemälden dieses vielversprechenden jungen Künstlers sei als das bedeutendste hier angeführt „Der Gang nach Emmaus".

Madrider Ausstellungskataloge seit 1897. *P. Lafond.*

Barbaran, französ. Bildhauer in Nevers, wo er 1710 für die Johanneskapelle der St. Père-Kirche ein Altarbild meißelte.

Lami, Dict. des Sculpteurs sous Louis XIV (1906). *S. Lami.*

Barbaran, Louis, französ. Zeichner und Stecher, gehörte dem Prämonstratenserorden an und war 1673 ordentlicher Kanonikus von S. Martin de Laon und Prior von Missy. Man kennt von ihm zwei Blätter mit Aufriß und Perspektive der Prämonstratenser-Abtei (1656) und einen Plan der Abtei St. Jean des Vignes zu Soissons (1673).

Meyer, Kstlerlex. II. *J. Guibert.*

Barbarat, Jean, Glasmaler von Troyes, tätig daselbst um 1653—1694. In der Kirche St. Martin daselbst stammt von ihm laut Inschrift die obere Hälfte des Fensters des südl. Querschiffes (1654). Der vom 1. 2. 1653 datierte Vertrag hat sich erhalten. Wohl ein Bruder des Obigen ist der 1692 und 1694 mit ihm erwähnte Glasmaler *Edme B.*

Réun. d. Soc. d. beaux-arts XXVII 557, 566. — Levy, Histoire de la Peint. sur verre. *H. V.*

Barbarelli, Giorgio, s. *Giorgione.*

Barbari, Jacopo de', italien. Maler, Kupferstecher und Zeichner für den Holzschnitt, ist in Venedig geboren und zwar etwa 1440 bis 50, da er 1511 von Margarete von Österreich, der Statthalterin der Niederlande, deren Hofmaler er damals war, als alt und gebrechlich mit einer Pension bedacht wird. So sicher es ist, daß B. mit dem von Dürer und Neudörffer genannten Jacob Walch identisch ist, wie jetzt auch allgemein anerkannt wird, so wenig wahrscheinlich ist es, daß der vom Anonimo des Morelli (M. A. Michiel) mehrfach erwähnte Miniaturmaler Jacometto ein und dieselbe Person sei wie B. Der Stil seiner erhaltenen Gemälde und seiner Kupferstiche zeigt deutlich, daß B. aus der Schule der Vivarini hervorgegangen ist und in ihrer Art gearbeitet hat. Bis zum Ende des 15. Jahrh. ist B., soweit wir wissen, in Venedig geblieben, 1494—95 scheint ihn, wie wir sehen werden, Dürer dort getroffen zu haben, seit 1497 ist er mit der 1500 von Anton Kolb herausgegebenen großen Ansicht von Venedig, deren Zeichnung ihm mit der allergrößten Wahrscheinlichkeit zugeschrieben werden kann, beschäftigt gewesen. 1500 tritt er in die Dienste Kaiser Maximilians als „contrafeter und illuminist", wie es in der Bestallung vom 8. April 1500 heißt, und ist vornehmlich wohl in Nürnberg ansässig. Anfang 1504 erfolgt die endgültige Abrechnung zwischen ihm und Anton Kolb einerseits und dem Kaiser andererseits. Er war also auch hier, wie vermutlich in Venedig, in Gemeinschaft mit Kolb tätig und mag wohl durch diesen, der nach Dürers Äußerung sein Bewunderer war, dem Kaiser empfohlen worden sein. 1503—1505 steht B. in festem Dienst als Maler des Kurfürsten Friedrich III. des Weisen. Er wird in den Urkunden mit vollem Namen oder „Meister Jacob der weylische oder wellische Maler" genannt und arbeitet in Torgau, Naumburg, Weimar und in Wittenberg, wo wahrscheinlich die Gemälde des Schlosses, die vornehmlich Gegenstände aus der Mythologie und der römischen Geschichte darstellten, von ihm ausgeführt worden sind, und wo er auch u. a. im August 1504 mit Dürer zusammentraf. 1508 ist B. für Joachim I. von Brandenburg tätig. Bildnisse der Ursula, der Tochter des Kurfürsten Johann von Brandenburg und ihres Gemahls, des Herzogs Heinrich von Mecklenburg vom Jahre 1507 werden im Heidelberger Schloßinventar von 1685 aufgeführt. Nach dieser Zeit muß B. nach den Niederlanden gegangen sein. Er wird hier als Maler des kunstsinnigen Grafen Philipp von Burgund von dessen Biographen Gerardus Noviomagus (Geldenhauer) genannt. 1510 ist er als „varlet de chambre et peintre" in Diensten der Statthalterin Margarete von Österreich, die ihn augenscheinlich sehr hoch schätzt und ihm am 1. März 1511 in Ansehung seiner guten und dauernden Dienste und in Anbetracht seines Alters und seiner Gebrechlichkeit eine Pension von 100 livres anweist. In den Inventaren von 1515 und 1516 wird er als verstorben bezeichnet, sein Tod muß also zwischen 1511 und 1515 eingetreten sein. In diesen Inventaren (von 1515, 1516 und 1524) werden Gemälde B.s als besonders vorzüglich hervorgehoben, und zwar ein großes Bild mit einem Armbrustschützen mit einem Hirschkopf (begleitet von seinem Armbrustspanner?), ein hl. Antonius, ein Kruzifix, der Kopf eines Portugiesen in Helldunkel (sans couleur) und ein Bildnis der Fürstin selber, ferner 23 gestochene und zum Abdruck benutzbare Kupferplatten verschiedener Größe „de divers mystères". Es wären das, wenn man den Ausdruck „mystères" als gleichbedeutend mit „représentation", Darstellung überhaupt, auffassen darf, die Platten der bekannten Stiche B.s. Als Dürer 1521 in Mecheln von der Erzherzogin Margarete empfangen wird, bewundert er gute Werke von B., den er Jacob Walch und, wie in seinem Briefe von 1506 aus Venedig, Meister Jacob nennt, und erbittet ein Zeichenbuch des Meisters von der Fürstin, die es aber, wie sie sagt, schon ihrem Hofmaler versprochen hatte. Marcantonio Michiel (der Anonimo des Morelli) sah 1521 Werke von „Barberino Venetiano, che ando in Alemagna et Borgogna et presa quella maniera fece molte cose" im Hause des Kardinals Grimani in Venedig. Neudörffer, der uns auch mitteilt, daß Hans von Kulmbach sein Schüler gewesen sei, kennt von „Jacob, Walch genant" zwei Stücke, ein Bildnis des Friedrich Behaim, des Vaters und ein anderes, dessen Gegenstand er nicht mehr zu nennen weiß. Von den erhaltenen Gemälden B.s befand sich das wichtigste, eine Madonna mit dem Kinde, Johannes und Antonius Abbas in Landschaft, im Besitze Galichons, der in der Gaz. d. Beaux-Arts 1861, XI 318/9 eine Abbildung gibt, bezeichnet mit I. A. D. B. und dem Schlangenstab. Sein gegenwärtiger Aufbewahrungsort ist nicht bekannt. Ganz gleichen Stils scheint das Bild der Berliner Galerie, die Madonna mit dem Kinde, Barbara und Johannes, der die Stifterin Caterina Cornaro empfiehlt. Die Dresdener Galerie besitzt eine Halbfigur Christi, die der Inschrift auf einem Holzschnitte von 1553 zufolge 1503 gemalt worden ist, ferner zwei Halbfiguren der hl. Barbara und Katharina und endlich eine Galatea, die nackt auf einem Delphin durch das Meer fährt. Die Sammlung zu Weimar bewahrt eine Wiederholung des Dresdener Christus (aus dem Praunschen Kabinett in Nürnberg), die mit IA DB und dem Caduceus bezeichnet ist. Eine zweite Wiederholung ist aus den Sammlungen F. Lippmann und Przibram zu Frau Goldschmidt in Brüssel gekommen. Die Augsburger Galerie besitzt ein mit dem vollen Namen „Jac° de barbarj P. 1504" und dem Caduceus signiertes Stilleben, ein Rebhuhn, ein paar Eisenhandschuhe und ein Armbrustbolzen, die an einem Nagel aufgehängt sind. Ein Bild mit einem Falken befindet sich in der Sammlung Layard in Venedig. Die Darstellung einer Mandoline hatte Mündler in Regensburg gekauft (s. Zeitschr. f. bild. Kunst 1869. IV 162 f.). Ebendaher stammt auch das Bild der Sammlung Weber in Hamburg, die Halbfiguren eines Alten, der eine junge, mit Lorbeerkranz gekrönte Frau umarmt, bezeichnet: IA. DA. BARBARI. MDIII, und Schlangenstab (S. Arch. stor. d. Arte IV [1891] p. 86). Die anderen B. zugeschriebenen Gemälde und Fresken sind wenig gesichert. Am meisten Wahrscheinlichkeit hat der von Frizzoni B. zugeschriebene Fries am Grabmal des Melch. Trevisani in S. M. d. Frari zu Venedig für sich. Dagegen würden die von Morelli als B.s Werke aufgeführten Fresken des Onigo-Grabmals im Dom zu Treviso und das Bildnis der Wiener Galerie, die auch untereinander wie gegenüber anderen von Morelli B. zugeschriebenen Werken starke Verschiedenheit zeigen, eine ganz andere künstlerische Potenz und Auffassung voraussetzen, als die, die sich aus den gesicherten Werken B.s ergibt. Das neuerdings von der Galerie zu Neapel erworbene schöne Bildnis des Luca Pacioli hat mit B. gar nichts zu tun (S. Napoli Nobilissima XII [1903] 27. — L'Arte 1903 p. 95 m. Abb. — Kunstchronik XIV [1903] 506. — Rassegna d'Arte 1905 p. 28.). Außer den aufgeführten Gemälden und einigen wenigen Zeichnungen gehören noch etwa 30 Kupferstiche und 3 große Holzschnitte zu dem, was noch von B.s Werk erhalten geblieben ist. Bartsch (P.-Gr. VII 516 ff.) beschreibt von dem „maitre au caducée", wie er B. in Unkenntnis seines Namens nannte, 24 Blätter. Er führt diese Stiche der Tradition folgend unter den deutschen Arbeiten auf, obgleich er ihren italienischen Charakter wohl erkannt hatte. Passavant, Nagler u. a. haben zu Bartschs Verzeichnis Nachträge geliefert. Daß diese Kupferstiche, wie man behauptet hat, von B. alle im Norden ausgeführt worden seien, ist nicht bewiesen — auch nicht durch die nordischen Wasserzeichen des Papiers — und auch nicht wahrscheinlich. B. bleibt in diesen, in Komposition und Formgebung schwächlichen aber doch anziehenden Werken seinem italienischen Zeichenstil immer treu; die einzelnen Blätter zeigen aber untereinander so große Verschiedenheit in der technischen Behandlung, daß ihre Entstehung sich ohne Zweifel über einen größeren Zeitraum als den seines Aufenthaltes im Norden erstreckt haben muß. Wie andere italien. Stecher um die Wende des 15. Jahrh. hat sich auch B. die Technik Schongauers und der frühesten Arbeiten Dürers zum Vorbilde genommen. Diese kann er aber, wie die anderen italienischen Stecher, auch sehr wohl in seiner Heimat studiert haben. Der große 1500 herausgegebene Plan von Venedig beweist, daß B. schon in Venedig sich längere Zeit mit den graphischen Techniken vertraut gemacht haben muß. B.s früheste Stiche, wie Sieg und Ruhm (Kristeller 26), die Madonna (K. 3), das große Priapopfer (K. 25), die Viktoria (K. 27) zeigen noch eine wenig schmiegsame, oft sogar ungeschickte und wenig eingehende technische Behandlung, seine spätesten und vorzüglichsten Arbeiten dagegen, wie der Sebastian (K. 8), die Kleopatra (K. 28), Mars und Venus (K. 12), Pegasus (K. 29), der Kentaur (K. 21), sind mit großer Subtilität ausgeführt und lassen in ihrer runden Stichelführung und in ihrem silbrigen Ton den Einfluß des Lucas von Leyden (schon vor 1508 tätig) deutlich erkennen. Fünf Stiche (K. 1, 10, 16, 17, 18), die der mittleren Periode von B.s Tätigkeit als Kupferstecher angehören, müssen jedenfalls vor 1504 entstanden sein, da sie von Hartman Schedel in ein in diesem Jahre angefertigtes Manuskript während der Arbeit eingeklebt worden sind. B. würde als venezianischer Maler dritten Ranges die Beachtung, die man ihm geschenkt hat, keineswegs verdienen, wenn seine Beziehungen zur deutschen Kunst und im besonderen zu Dürer seiner Person als Mensch und Künstler nicht eine besondere Bedeutung für uns gäben. Was B. den deutschen Malern von italienischer Kunst vermitteln konnte, war weniger die eigenartige südländische Auffassung der Natur oder gar technische Fertigkeit, als die Gegenstände und Bewegungsmotive, die man in seiner Heimat der Antike abgewonnen hatte, und auf die man hier wie dort ein großes Gewicht gelegt haben muß. Daneben war es ohne Zweifel auch ein gewisser Wohllaut der Formen, ein harmonisches Verhältnis der Glieder zueinander, was die Nordländer auch in den Werken dieses schwachen venezianischen Malers, da es ihnen hier zum ersten Male entgegentrat, bewunderten. Vor allem scheint B. das modern gewordene antike Stoffgebiet und die Formen antiker Trachten und Geräte gut beherrscht zu haben, sodaß auch die Professoren u. Studenten der Wittenberger Universität seinen Umgang suchten. Daß Dürer B. schon 1494—95 in Venedig kennen gelernt hat, muß eine unbefangene Beurteilung aus der bekannten Stelle in Dürers Brief vom Februar 1506 an Pirckheimer mit Notwendigkeit folgern, ebenso wie aus dem vollständigen und plötzlichen Umschwung, der in Dürers ganzer künstlerischer Auffassung nach jener Zeit eintritt, aus der Änderung sozusagen seiner künstlerischen Gangart, aus den zahlreichen Studien nach italienischen Werken, die in diesem Umfange nur durch die lebendige Anschauung vermittelt worden sein können, ein Aufenthalt in Italien vor der Apokalypse unabweisbar erscheint. Hier in Venedig muß es auch gewesen sein, wo Dürer, wie er selber in seinem Entwurf zu einer Vorrede der Proportionslehre von 1523 erzählt, von B. die ersten Anregungen zu seinen Proportionsstudien und zu zahlreichen antikisierenden Darstellungen erhielt. Dürer selber schien später dieser Moment epochemachend in seiner Entwickelung. B. mag gewiß auch seinerseits durch Dürers Stichtechnik u. seine feine Naturbeobachtung gefördert worden sein, in der Kunst der Bildgestaltung, der Verwendung von Motiven nach antiken Vorbildern kann nur der viel jüngere und unerfahrenere Dürer der Lernende, der ältere B. der Gebende oder Vermittelnde gewesen sein. Dürer scheint sich 11 Jahre später fast geschämt zu haben, daß ihm jene Gegenständlichkeiten damals so sehr imponiert hatten. In B.s Gemälden hat man einen starken Einfluß der deutschen Kunst zu bemerken gemeint. Die miniaturartige Behandlung des Details, die man in einzelnen Bildern B.s als spezifisch nordisch anspricht, ist aber an sich gar nicht unitalienisch; sie kann einem „Illuministen", wie B. es ja war, nicht fremd gewesen sein. Das Berliner Bild mit der Caterina Cornaro und gewiß auch das verschollene aus Galichons Besitz sind sicher in Italien entstanden; die Landschaften sind durchaus italienisch. Sie haben mit den Stichen in Formgebung und in den Motiven, besonders z. B. auch in den wie aus dem Boden auftauchenden Halbfiguren, die engste Verwandtschaft, vgl. K. 4, 5, 14, 19, 20. Sie stehen aber auch zu den später in Deutschland entstandenen Gemälden nicht in Gegensatz, wenn auch hier nordische Elemente in den Typen und in der Technik vielleicht stärker hervortreten. Es ist aber auch zu beachten, daß B.s lichte, flüssige Farbengebung und sein Stil nicht bloß auf den als seinen unmittelbaren Schüler bekannten Hans von Kulmbach sondern wahrscheinlich auch auf andere deutsche Maler jener Zeit stark eingewirkt haben müssen.

Literatur. *Urkunden*: Jahrb. d. kunsth. Samml. d. allerh. Kaiserh. III. Wien 1885, Urk. No. 2880, 2284, 2397, 2550. — Repertorium XVII (1894) p. 425 u. XVIII (1895) p. 113. — Bruck, Friedr. d. Weise als Förd. d. Kst. Straßb. 1903 p. 166 ff. u. 286 f. — Geldenhauer (Ger. Noviomagus), Vita Philippi Burgundi in Frehers Rer. germ. script. Straßb. 1717, III 224. — Le Glay, Maximilien I et Marguerite d'Autriche, Paris 1839 p. 96 ff. — Société de l'hist. de France, vol. 16 u. 17: Le Glay, Correspond. de Maximilien et de Marguerite. Paris 1839 II p. 466 ff. — Cabinet de l'Amateur (Piot) 1842 p. 216 ff. — Révue archéologique VII (Paris 1850) p. 36 u. 80. — Mitteilungen z. Gesch. d. Heidelberger Schlosses III (1896) p. 201 u. 225. — Dürers Tagebücher, hgb. v. Thausing p. 6 u. 126; hgb. v. Leitschuh (1884) p. 87. — Zahns Jahrb. f. Kstwiss. I (1868) p. 14. — Anonimo Morelliano, Notizie, hgb. v. Frimmel (Wien 1888) p. 102 u. Beiblatt II zu d. Blättern für Gemäldekunde. Wien 1907. — Neudörffer, Nachrichten (Wien 1875) p. 130 u. 134. — Cicogna, Iscrizioni Veneziane IV 699 u. 751. — Marin Sanuto, Diario III 730. — Vincentii Ravenatis (de Thomais) Oracio, Wittenberg 1505. 4°, Fol. A IIIa. — Publikation der Kupferstiche B.s durch die Internat. Chalcogr. Gesellsch. 1896 (hgb. v. Kristeller).

Abhandlungen: Renouvier, Kstbl. 1854, p. 99. — Harzen im Archiv f. d. zeichn. Künste I (1855) p. 210 ff. — Galichon, Gaz. d. Beaux-Arts 1861 (XI) p. 311 u. 445; 1873 (VIII) p. 223. — Passavant, P. gr. (1862) II 134. — Grimm, Über Künstler u. Kunstw. I (1865) p. 142 ff. — Mündler, Zeitschr. f. bild. Kunst IV (1869) p. 162 f. — Crowe u. Cavalcaselle, Gesch. d. italien. Mal. (1873) V p. 237 ff. — Gaz. d. Beaux-Arts 1894, X 399. — Ephrussi, Notes biogr. sur. J. d. B. Paris 1876 (Gaz. d. Beaux-Arts 1876, XIII 529 ff. Dazu s. Jahrb. d. k. pr. Kunsts. IV (1883) p. 138 u. Zeitschr. f. bild K. XI (1876) p. 383. — Zeitschr. f. bild. K. XII (1877) p. 1 u. 38. — Gaz. d. Beaux-Arts 1878, XVII p. 122 ff. — Kolloff in Meyers Kstlerlex. (1878). — Frizzoni im Arch. Veneto XV u. XVI (1878). — Wickhoff, Mitt. d. Inst. f. österr. Gesch.-Forsch. I (1880) p. 415 ff. u. ebenda (Lehrs) II (1881) p. 281 ff. — Grimm, Jahrb. d. k. pr. Kunsts. II (1881) p. 189 f. — A. E. Canditto, Jac. de Barbari et A. Dürer, Bruxelles 1881 (Appendice par A. W. François). — Ephrussi, Dürer et ses dessins. Paris 1882. — Thode, Jahrb. d. k. pr. Kunsts. III (1882) p. 107 ff. — Janitsch, ebenda IV (1883) p. 60 ff. — Frizzoni, Gaz. d. Beaux-Arts 1883 (XXVII) p. 365. — Delaborde, Grav. en Italie. Paris (1883) p. 134 ff. — Errard, Lucas de Leyde et A. Dürer. Brux. 1884. — Thausing, A. Dürer 2. A. 1884, I 289 ff. — Thode, Kunstfreund I (1885) p. 59. — Fisher, Introd. to a Cat. of the early ital. prints in the Brit. Mus. Lond. 1886 p. 291 ff. — Lippmann, Italian Woodengr. in the 15 Cent. Lond. 1888. — Stiassny, Repertorium XI (1888) p. 385. — Jahrb. d. k. pr. Kunsts. XI (1890) p. 92 f. — Morelli, Gal. zu München u. Dresden (1891) p. 19, 47, 254 f., 370 u. Gal. zu Berlin (1893) p. 96. — Schmidt, Repertorium XV (1892) p. 69 u. 433. — Cust, Jahrb. d. k. pr. Kunsts. XIII (1892) p. 113. — Paoletti, Arch. e Scult. in Venezia (1893), bes.: II 150 u. 174. — Berenson, Venetian painters 2nd ed. 1895 p. 34 ff. — Jacobsen, Arch. stor. d. Arte 1895 p. 109. — Reinach, Gaz. d. Beaux-Arts 1896 (XVI) p. 326 ff. — Frimmel, Kleine Galeriestudien, N. F. V (1897) 51 ff. — Frizzoni, Zeitschr. f. bild. K. N. F. VIII (1897) p. 97. — Biscaro, Note e doc. d. arti Trevigiane (1897) p. 25 ff. u. 38. — Haendcke, Jahrb. d. k. pr. Kunsts. 1898 (XIX) p. 161 ff. — Justi, Repertorium XXI (1898) p. 346 u. 439 (u. XXIX [1906] p. 372). — Lange, Zeitschr. f. bild. K. N. F. IX (1898) 123 u. XI (1900) 204. — Berenson, Gaz. d. Beaux-Arts 1899 I p. 377 ff. — Ders., Lorenzo Lotto 2d ed. London 1901 p. 26 ff. — Justi, Konstruierte Figuren u. Köpfe unter den Werken Dürers, Leipz. 1902. — Burckhardt, Cicerone, IX Aufl. (1904) p. 731. — Wölfflin, die Kunst Albrecht Dürers. München 1905 p. 313 ff. — Daun, Kunstchronik N. F. XVI (1905) 152. — Wurzbach, Niederländ. Kstlerlex. 1906 I 32 ff. — Weisbach, Der junge Dürer. Leipzig 1906. *P. K.*

Barbari, Niccolò de', Maler aus Venedig, Zeitgenosse und vielleicht Verwandter des Jacopo de' Barbari. Im Palast Aluise Mocenigo zu Venedig befindet sich von ihm ein Gemälde, die Ehebrecherin vor Christus, mit der Bez.: Nicholaus de barbaris fecit; darunter ein Dreizack.

Der Charakter dieses Bildes, dem Crowe u. Cavalcaselle „Härte der Farbengebung", „Inhaltlosigkeit und Häßlichkeit der Physiognomien", sowie Steifheit der Gewandbehandlung vorwerfen, läßt Einflüsse der Schule Giov. Bellinis und auch von nordischer Malerei erkennen. Andere Arbeiten des Künstlers sind nicht bekannt. Der einzige urkundl. Nachweis über ihn ist eine Zahlung, die er 1516 im Kloster zu Montecassino erhalten hat.

Meyer, Kstlerlex. II. — Crowe u. Cavalcaselle, Gesch. d. italien. Mal. Deutsche Ausg. 1873, V 237/38. — Burckhardt, Cicerone. *H. V.*

Barbarin, Thomas de, französ. Porträt- und Genremaler, † am 23. 3. 1892 zu Paris 71jährig, Schüler von Delaroche und Scheffer, stellte in den Salons seit 1846 wiederholt aus.

Chronique d. Arts. 1892. p. 117. *H. V.*

Barbarini, Franz, Landschaftsmaler und Radierer, geb. 1804 in Znaim, trat beim Bildhauer Jos. Kempel in Wien in die Lehre, widmete sich später der Landschaftsmalerei und lieferte Graveurarbeiten für Gold- und Silberwarenfabrikanten. Er schuf zahlreiche ansprechende Ölgemälde, Aquarelle und Radierungen, die hauptsächlich als Frucht seiner Studienreisen durch die österr. Alpen und die Schweiz zu betrachten sind. Sein Ölbild „Tiroler Landschaft mit einer in den Felsen gehauenen Straße zur Rechten" (1842) befindet sich im kunsthistor. Hofmuseum in Wien. Die Radierungen u. Lithographien des Künstlers hat F. K. Zimmermann in Meyers Kstlerlex. sorgfältig verzeichnet. Barbarini starb zu Wien am 20. 1. 1873.

Meyers Kstlerlex. II. — A. v. Wurzbach, Österr. biogr. Lex. 1856 I. *W. Schram.*

Barbarini, Giov. Battista, Maler in Ferrara, nur nach seinem Todesdatum 16. 4. 1621 bekannt.

Cittadella, Not. rel. a Ferrara p. 625.

Barbaro, Antonio (Marcantonio), Architekt aus Venedig, um 1560, nur bei Zani (Enc. met. III 63) erwähnt. *H. V.*

Barbaroux, Edmond Paul Auguste, französ. Maler, geb. in Toulon am 5. 7. 1882, Schüler von Montenardet de Cauvin, debütierte im Salon der Soc. Nat. des B.-Arts mit geschickt gemalten Landschaften und Marinen. Er schildert mit Vorliebe die malerischen Reize seiner Heimat. 1903 brachte er Landschaftsstudien aus der Provence in Paris zur Ausstellung sowie Veduten von alten Straßen und Gäßchen in Ollioules (Var), die ihm auf der Marseiller Exposition Coloniale et Maritime desselben Jahres einen Grand-prix eintrugen; 1904 Ste. Anastasie, Provence, Les bords du Loiret und La Moisson (letzteres Bild auf der Lyoner Exposit. Internat. desselben Jahres mit dem Grand-prix ausgezeichnet); 1905 Le Cannet du Luc (Ausstellung zu Bastia) und 1906 La vieille garde (Exposit. Coloniale des B.-Arts zu Paris), letztere beiden Bilder für den französ. Staat angekauft; endlich im Pariser Salon 1907 dekorative Entwürfe für Buntpapiere und für Fayencen. *G. Geffroy.*

Barbaroux, Jean, Glockengießer von Toulon, goß 1657 eine Glocke für das Stadthaus daselbst.

Champeaux, Dict. d. Fondeurs etc. 1886. *H. V.*

Barbaroux, Joseph, Gießer von Toulon, erhält 1635 gemeinsam mit *François Bérage* den Auftrag für zwei große Messingleuchter für die chapelle du Corpus Domini in der Kathedrale daselbst, für die er die Zeichnungen geliefert hatte. Er wird zuletzt am 15. 11. 1663 erwähnt.

Nouv. archiv. de l'art franç. 3e sér. X 1894 p. 30/31; XI 1895 p. 13. *H. V.*

Barbaroux, Joseph, Maler von Toulon, vielleicht ein Sohn des Vorigen, kommt 1682—1696 daselbst urkundlich vor, † nach 1720, in welchem Jahre sein Name in einer dortigen Steuerrechnung erscheint.

Nouv. archiv. de l'art franç. 3e sér. IV 1888 p. 150; VI 1890 p. 215; X 1894 p. 203. — Réun. d. Soc. d. beaux-arts VIII 355. *H. V.*

Barbaroux, Pierre François, französ. Bildhauer, geb. in Marseille; beschickte seit 1880 die Pariser Salonausstellungen, in denen er 1884, 1888 und 1889 durch Medaillen ausgezeichnet wurde. † 1903. Von seinen Werken sind erwähnenswert: Graziella l'Almée (Gipsstatue 1884), La Nuit (Gipsstatue 1888), Joseph und Potiphars Weib (Gipsgruppe 1893), L'adieu au mousse (Gipsgruppe 1899).

Pariser Salonkataloge seit 1880. *S. Lami.*

Barbás, Geronimo, Bildhauer von Cadix, arbeitete 1709 den Hochaltar des Sagrario der Kathedrale zu Sevilla. Die Kolossal-Statuen daran gehören noch zu den besten Arbeiten des Pedro Duque Cornejo. Barbás fertigte vermutlich auch die Tabernakel der Seitenaltäre.

Cean Bermudez, Dicc. I 92. *M. v. B.*

Barbasan, Louis, s. *Barbaran.*

Barbasán, Mariano, Maler in Anticoli Corrado (Italien), geb. in Saragossa am 3. 2. 1864 malt Straßenszenen, Marktbilder (Markt in Toledo, in Anticoli) und Landschaften. Er war auch auf deutschen Ausst., z. B. Intern. Kstausst. Berlin 1891, Münchener Glaspalast 1901, ferner im Wiener Künstlerhaus 1894 vertreten. **

Barbat. Familie von Tapissiers in Aubusson im 17. und 18. Jahrh.

Réunion d. sociétés d. b.-arts XVIII 559.

Barbatelli, Bernardino, s. *Poccetti,* B.

Barbato, Antonio, neapolit. Bildschnitzer in Sizilien, Schwager des Giovanni Gili, des bedeutendsten Bildschnitzers von Palermo. 1520 hatte er die Hälfte des Chorgestühles von S. Maria di Gesù zu Alcamo auszuführen. 1530 arbeitete er gemeinsam mit Andrea del Ponte aus Neapel unter Vito la Pica aus Trapani am Chorgestühle der Hauptkirche zu Alcamo, sowie 1543 gemeinsam mit seinem Sohne *Geronimo B.* an Schnitzarbeiten für den Dom zu Palermo.

Erculei, Catalogo etc. d'intaglio (Rom 1885) p. 110, 112. — Filangieri, Indice d. artefici etc. Napoletani (1891) I 44. *

Barbato, Marco, italien. Bildhauer, um 1490. Man schreibt ihm die von einigen auf Ovid getaufte Statue im Gymnasium zu Sulmona zu, welche früher vor dem Prätorenpalast daselbst aufgestellt war.

Filangieri, Indice degli Artefici. *H. V.*

Barbato da Sulmona, italien. Goldschmied, dessen Signatur auf einem 1340 im Auftrage des Bischofs Giovanni di Gocco ausgeführten Reliquiar der Kirche S. Nicandro zu Venafro (Prov. Campobasso) zu lesen ist. Das prächtig in Silber getriebene Büstenreliquiar umschließt den Schädel des hl. Nikander. — Irrtümlicherweise ist dieser Künstler früher mit dem gleichzeitigen Sulmoneser Staatsmanne und Kleriker Marco Barbato verwechselt worden, der in Neapel mit Petrarca in freundschaftlichem Verkehr stand und 1343 von dort nach Sulmona zurückkehrte.

Meyer, Kstlerlex. II 718. — Gmelin, L'Oreficeria medioev. negli Abruzzi (Übers. von L. Crugnola, Teramo 1891) p. 23, 43. *G. Ceci.*

Barbault, Jean, französ. Maler und Kupferstecher, geb. um 1705, † zu Rom 1766. Er erhielt das Studienstipendium für den Aufenthalt in der französ. Akademie zu Rom, wo er den größten Teil seines Lebens zubrachte und sich vorzüglich mit Zeichnen und Radieren antiker Architektur- und Skulpturüberreste beschäftigte. Seine illustrierten Werke enthalten zahlreiche Radierungen nach eigenen Zeichnungen. (Les plus beaux monuments de Rome ancienne, Rom 1761 u. a.) Außerdem radierte B. etliche große Blätter, die in der kecken, effektvollen Manier des Tiepolo behandelt sind. Seine Gemälde sind ziemlich selten; 12 Naturstudien von ihm hat Léon Gaucherel gestochen und unter dem Titel „douze costumes d'Italie d'après les peintures inédites de B." herausgegeben. Sein Hauptgemälde: Les quatre parties du Monde, 1751 befindet sich im Museum zu Besancon.

E. Kolloff bei Meyer, Kstlerlex. II. — P. Mantz in der Chron. d. arts 1863 p. 157 ff. — Inv. gén. d. rich. d'art. Prov. Mon. civ. V 90. *H. V.*

Barbazelli, Teodoro, italien. Kupferstecher, tätig zu Rom um 1750. Von ihm werden nur die Illustrationen zu Zabaglias Werk: Castelli e ponti . . . con la descrizione del trasporto dell' obelisco Vaticano e di altri del Cav. Dom. Fontana (Rom 1743) erwähnt.

Meyer, Kstlerlex. — Boni, Biogr. *P. K.*

Barbazerata, s. *Barbagelata.*

Barbazza, Antonio Giuseppe, italien. Maler und Kupferstecher, geb. zu Rom 1722. Er soll, nach Heinecken, Mitglied der Akad. zu Bologna gewesen und 1771 nach Spanien gegangen sein. Von seinen Radierungen werden aufgeführt 4 Köpfe nach der Natur (1765), ein Medaillon mit einem Kopfe mit der Umschrift: „GENIO P. R. F. Barbazza inc." und ein karikierende Darstellung von Musikanten. B. hat an den Kupfern zu Monaldinis Ausgabe des Virgilcodex und zu Bianchinis „Istoria Ecclesiastica" mitgearbeitet. Einen *Antonio Barbazza,* der in Rom um 1670 (Druckfehler?) gearbeitet habe, erwähnt Zani Enc. III 65.

Meyer, Kstlerlex. *P. K.*

Barbazza, Francesco, italien. Kupferstecher, tätig zu Rom am Ende des 18. Jahrh. Er hat nach Ant. Barbazza den Aloysius Centurionus Januensis und nach Francesco Pannini eine Reihe von Ansichten römischer Gebäude (Calcograha Romana 1797) und Visitenkarten gestochen.

Meyer, Kstlerlex. — Kunst-Chronik N. F. VIII (1897) 275. *P. K.*

Barbe, französ. Glockengießer, goß laut Inschrift 1544 die Glocke der Kirche zu Fontenay-le-Vicomte.

Champeaux, Dict. d. fondeurs etc. 1886. *H. V.*

Barbe, Genfer Goldschmiedefamilie der zweiten Hälfte des 17. und ersten Hälfte des 18. Jahrh., nur urkundlich bekannt.

Brun, Schweizer. Kstlerlex. *H. V.*

Barbe, La, s. *Pins,* Hennequin du.

Barbe, Ancelet, Pariser Goldschmied u. Graveur von Jetons, fertigte Jetons für mehrere hohe Persönlichkeiten, darunter 1503 für den Sieur de Taillebourt, 1513 für Suzanne, Herzogin von Bourbon.

Forrer, Biogr. dict. of medallists. — Rondot, Les médailleurs etc. en France 173. — Mazerolle, Les médailleurs français, 1902. *Fréd. Alvin.*

Barbé, Antoine, französ. Architekt, wird 1656 unter den zur Erhaltung des Louvre angestellten Architekten erwähnt.

Nouvelles Archives de l'art franc. I 1872. p. 9. *H. V.*

Barbe, Claude, französ. Maler und Bildhauer, seit 1653 Mitglied der Académie de St. Luc zu Paris; übernahm 1674 die Ausführung verschiedener Arbeiten im Hause des ehemaligen conseiller du roi Claude Baudoin in der rue St. Louis en l'Ile.

Revue univers. des arts 1861, p. 325. — Lami, Dict. des Sculpteurs sous Louis XIV (1906). *S. Lami.*

Barbe, Guillaume und Jean, Glasmaler in Rouen im 15. Jahrh., werden urkundlich als mittätig an den Fenstern der Kathedrale von Rouen erwähnt. *Jean* B. führte auch in Gemeinschaft mit Ant. Chenessen die Fenster des Schlosses Gaillon aus.

Labarte, Histoire d. arts industr. 1872. **

Barbe, Jacques, französ. Architekt, wird am 25. 7. 1527 als am Bau der Kathedrale von Limoges tätig erwähnt, woselbst die zwischen 1515 und 1530 errichtete Nordfassade ihm zugeschrieben werden dürfte.

Louis Bourdery in Réunion d. Sociét. d. Beaux-Arts. XX 312 u. f. *H. V.*

Barbe, Jacques, französ. Bildschnitzer, seit 1668 Mitglied der Acad. de St. Luc zu Paris; schnitzte 1670 für den garde-meuble du roi vier große Schränke aus Eichenholz, arbeitete 1676—78 in St. Germain-en-Laye, Versailles und Clagny und † 1679.

Revue univers. des arts 1861, p. 329. — Lami, Dict. des Sculpteurs sous Louis XIV. *S. Lami.*

Barbe, Jehan la, Illuminator, in Dijon um 1490 erwähnt.

Gaz. d. b.-arts, IIIe Pér. VI 170.

Barbe, Jean, s. auch *Barbe,* Guill.

Barbé, Jean Baptiste, Zeichner, Kupferstecher und Kupferstichverleger in Antwerpen, getauft daselbst am 28. 7. 1578, Schüler von Philips Galle, wurde 1610 Meister in der St. Lukasgilde. In der Zwischenzeit war er in Italien und begegnete dort Rubens. Nach seiner Rückkehr nach Antwerpen heiratete er Christine Wiericx, eine Tochter des Stechers Hieron. Wiericx. 1633 führte er einen Prozeß gegen N. Lauwers wegen Usurpation von Privilegien, in dem die meisten Antwerpener Künstler der Zeit, Rubens mit einbegriffen, als Zeugen vorkamen. Er starb in Antwerpen 1649 und wurde in der Hauptkirche begraben. Sein Bildnis, von van Dyck gemalt, hat Schelte a Bolswert für die Ikonographia gestochen. Seine Blätter zeigen dieselbe Manier wie die der Galle und Wiericx, die nämliche außerordentlich feine und sorgsame Behandlung. Man hat von diesem fleißigen Künstler eine Menge sowohl nach seiner eigenen Erfindung, als nach andern Meistern gestochener Heiligen- und Andachtsbildchen, die, im Geist und Geschmack der jesuitischen Religiosität gedacht, zu seiner Zeit sehr gesucht waren.

Zu dem ausführlichen Oeuvreverzeichnisse, das E. Kolloff in J. Meyers Kstlerlex. gibt, ist hinzuzufügen: 1) zu No. 75. Vita beati P. Ignatii Loyolae, Rom 1609, 78 Bll. 4to, als Komposition dem Rubens zugeschrieben, doch als solche zweifelhaft; 2) Die hl. Cecilie, oval. für das Werk des Agilonius: Opticorum libri VI, Antwerpen 1613.

Meyer, Kstlerlex. II 720 ff. — Hymans, Histoire de la Gravure dans l'Ecole de Rubens 26—36. — A. v. Wurzbach, Niederl. Kstlerlex. — Mit Notizen von H. Hymans. *R.*

Barbé, Jules Edouard Désiré, Stilllebenmaler in Paris, geb. daselbst, Schüler von Diéterle und Séchan, stellte in den Salons 1865—1876 wiederholt aus.

Bellier-Auvray, Dict. gén. u. Suppl. *H. V.*

Barbecca, s. *Giovanni* di Feo.

Barbedienne, Ferdinand, Fabrikant von Bronzen, geb. am 10. 1. 1810 zu St. Martino de Fresnoy (Calvados). Seine Eltern waren einfache, mittellose Bauern und schickten 1822 ihren Sohn nach Paris, wo er einige Zeit bei einem Sattler und dann 4 Jahre bei einem Tapetenhändler arbeitete. Nach einigen Jahren der Tätigkeit in derselben Branche fand er die Mittel, die ihm erlaubten auf eigene Kosten in kurzer Zeit eines der wichtigsten Handelshäuser der Hauptstadt zu gründen. 1833 schloß er sich mit Ungestüm der romantischen Bewegung an und auf den Rat von Künstlern versuchte er die Meisterwerke der französ. u. italien. Renaissance in Bronze zu reproduzieren. 1839 assoziierte er sich mit einem Erfinder Achille Collas, dessen geschickten Versuchen es gelungen war, die größten Kunstwerke mathematisch zu verkleinern. Durch das Verfahren Collas' kannte Barbedienne keine Schwierigkeiten mehr, die besten Kunstwerke unserer europäischen Museen in allen Formaten herzustellen. Mit Hilfe von 300 Arbeitern und Künstlern fabrizierte er durchschnittlich 1200 Stück im Jahr.

Leider hatte das Unternehmen Barbedienne-Collas nach einem großen Erfolg kritische Zeiten, da eine finanzielle Krise es zu ruinieren drohte. Jedoch gelang es durch Arbeit und unausgesetzte Energie das Werk fortzusetzen, die Werkstätten und die Produktion zu vergrößern und zu vervollkommnen, sowie die Fabrikation von Bronzen zu dekorativen Zwecken neu anzufügen. Barbedienne ist es zu verdanken, daß die Meisterwerke der Plastik zum Allgemeingut wurden, die ohne ihn so gut wie unbekannt geblieben wären, und hierdurch gewinnt er die Berechtigung, in diesem Werke erwähnt zu werden. Auch japanische Bronzen und chinesische Emaillen brachte er in die Mode; diese führte er mit größter Sorgfalt weniger in cloisonné als in champ levé aus. 1850 wurde er mit dem Ameublement der Salons des Pariser Rathauses betraut. 1855 erhielt er die Ehrenmedaille auf der Pariser Weltausstellung und von Jahr zu Jahr bis zu seinem Todesjahre 1892 unzählige Auszeichnungen.

Gazette d. b.-arts I Pér. XXIII 420, 422—25, 428, 433, XXIV 76, 78—79. — J. Falke, Die Kunstindustrien der Gegenwart, Leipzig 1868, 101, 103. — Kunst und Kunstindustrie auf der Wiener Weltausst. 1873, herausg. von C. von Lützow, Leipzig 1875 p. 146/7, 327. — Meyer, Kstlerlex. — Vict. Champier, Ferd. Barbedienne. *G. Geffroy.*

Barbedor, Guillaume, Pariser Goldschmied um 1439—79, und Stammvater einer während des 15. und 16. Jahrh. tätigen Goldschmiedefamilie, unter deren Mitgliedern jedoch nur *Jehan B.* erwähnenswert ist, der 1494 für Karl VIII. einen Schmuck mit 3 figurengezierten Kameen lieferte.

Bérard, Dict. biogr. 1872. — Forrer, Biogr. Dict. of Medallists 1904 I. *H. V.*

Barbee, William Randolph, amerikan. Bildhauer, der in der ersten Hälfte des 19. Jahrhunderts einen großen Ruf besaß. Gestorben im Juni 1868 in Virginien. Heute kennt man eigentlich nur noch seine etwas exzentrische Statue „Kokette". — Sein Sohn *Herbert* war auch Bildhauer.

Meyer, Kstlerlex. II 724.

Edmund von Mach.

Barbei, s. *Barbey.*

Barbella, Costantino, italien. Maler, geb. 1852 in Neapel, lebt in Chieti. Schüler der Neapeler Kunstakademie. 1874 debütierte er auf der Promotrice-Ausstellung mit dem Gemälde „Due contadinelli abruzzesi", das vom König von Italien für die Gemäldesammlung zu Capodimonte angekauft wurde. Seitdem beschickte er die Kunstausstellungen mit frischen und lebensvollen Darstellungen aus den Abruzzen. Diese Gemälde fanden in viele Kunstsammlungen Italiens und des Auslandes Eingang. Auch als Porträtist hat B. Hervorragendes geleistet, insbesondere mit den 1899 in Venedig ausgestellten Porträts der Musiker Braga und Mascagni.

M. Della Rocca, L'Arte moderna in Italia (1883) p. 351 ff. — Gubernatis, Diz. d. Art. Ital. Viventi (1889). — L. Lucilio in Natura ed Arte 1895—96, II 376. — Willard, History of mod. ital. art (1898) p. 177 ff. — Lo scultore C. B. in „Regina" 1907, No. 11—12, p. 14 ff. — Vita Ital., 1895, vol. 2 p. 452. — Rivista Abruzzese, 1894, vol. 9 p. 262; 1896, vol. 11 p. 223; 1897, vol. 12 p. 29. — Secolo XX, 1906, p. 707. *N. Tarchiani.*

Barbella (oder Barbello), Giovanni Giacomo, italien. Maler u. Kupferstecher, geb. 1590 in Crema, † 1656; tätig in Bergamo, wo er für S. Lazzaro das von Pasta besonders gerühmte Altarbild mit dem Titularheiligen der Kirche malte, und in Brescia, wo er für S. Francesco den Kirchenheiligen im Paradiese darstellte. Außerdem soll B. nach Franc. Paglias Beschreibung der Kunstschätze von Brescia (vom Anf. des 17. Jahrh.) im Oratorio di S. Rocco zu Brescia eine Reihe von Fresken gemalt haben, zu denen angeblich Agostino Avanzi die architektonischen Prospekte ausführte. Zani sah von ihm eine Handzeichnung, darstellend eine Heilige, die durch ihre Fürbitte Seelen aus dem Fegefeuer befreit; u. signiert „Gio. Giacomo Barbella D.". Als Kupferstecher ist B. bekannt geworden durch einen dem Sr. Conte Ponzoni zugeeigneten Foliostich, darstellend die Madonna in Gloria mit 2 Heiligen und signiert „Jac. Barbella pinx. et sc. 1634".

Averoldo, Scelte pitt. di Brescia (1700). — Pasta, Le pitt. not. di Bergamo (1775). — Zani, Encicl. (1820) III 65, 285, nota 31. — Brognoli, Guida di Brescia (1826). — Rosini, Storia pitt. d. Italia (1834) III 210. — Meyer, Kstlerlex. II 724; cf. 455 (u. Avanzi). — Napoli Nobiliss. VII 18. *R.*

Barber, Charles Burton, engl. Tiermaler, geb. in Great Yarmouth 1845, tätig in London und † daselbst am 27. 11. 1894, Schüler der Academy Schools in London. Er malte meist Hundeporträts, auch kombiniert mit Kinderporträts; so auch die Lieblingshunde der Königin Viktoria zusammen mit ihren Enkeln. Er stellte von 1866—1893 regelmäßig in der Roy. Academy aus.

Bryan, Dict. of painters etc. — Graves, Roy. Acad. of Arts 1905 I 107. *N. Peacock.*

Barber, Charles E., geb. London 1840. Wurde 1869 als Graveur an der Ver. St. Münze in Philadelphia angestellt. Seine besten Arbeiten die Garfield-Arthur-Medaille, Indian peace medal und das große Siegel der Ver. Staaten. Folgte seinem Vater, William Barber, 1880 als Hauptgraveur der Münze.

D. Mc N. Stauffer, Americ. engravers 1907. *E. Richter.*

Barber, Charles Vincent, engl. Landschaftsmaler, geb. in Birmingham, tätig in Liverpool, zuerst Lehrer, seit 1813 Präsident des Institute of Art. 1812 wurde er Associate der Water-Colour Society, deren Ausstellungen er 1813—16 beschickte. Er war regelmäßig in den Lokalausstellungen vertreten, gelegentlich auch (1829 u. 1849) in der Roy. Academy. Sein eigentliches Gebiet waren Landschaften mit Figuren und Stimmungsbilder wie Sonnenaufgänge, neblige Tage, Abend nach dem Regen und ähnliche Motive. Indes ist er doch nur zu lokalem Ruf gekommen. Er starb in Liverpool im Januar 1854.

Redgrave, Dictionary 1878 u. Water-Colour Paintings 1877 p. 73. — The Art Journal 1854 p. 50 (Nekrolog). — J. L. Roget, Hist. of old Water-Colour Society 1891 I 341. **

Barber, Christopher, engl. Porträtminiaturist, geb. um 1736, † in Marylebone, London, am 8. 3. 1810. Im Jahre 1763 wurde er Mitglied der Incorporated Soc. of Artists, aber 1765 wieder ausgeschlossen, da er mit der konkurrierenden Free Society ausgestellt hatte. Von 1770—1808 zeigte er zahlreiche Damenporträts in Crayon wie in Ölmalerei, auch einzelne kleine Landschaften und 1808 sein Selbstporträt, in der Roy. Academy.

Redgrave, Dict. 1878. — Graves, Roy. Acad. of Arts I 107. — Williamson, History of portr. miniatures, London 1904 (Tafel LXXV 5 u. 7 Abb. von 2 Kinderporträts). *N. Peacock.*

Barber, D., Porträtmaler um 1828 in London, um 1837 in Paris, stellte in diesen Jahren in der Roy. Academy in London verschiedene Porträts aus.

Graves, The Roy. Acad. of Arts I 108. **

Barber, J., engl. Medailleur, führte 1814 eine schöne Medaille auf die Wiederherstellung des Friedens in Europa aus, ferner 1838 als sein bestes Werk die Porträtmedaille auf Geo. Walter und 1841 eine sehr seltene Medaille auf Sir Charles Nappier. In den Jahren 1823—1838 war er mehrfach mit Porträts, einer Pferdegruppe, Medaillen usw. in der Roy. Academy vertreten.

Redgrave, Dict. of artists. — Graves, The Roy. Acad. of Arts I 108. — Forrer, Dict. of medallists I 122. **

Barber, J., engl. Kupferstecher um 1830, stach malerische Ansichten von der Isle of Wight, aus Schottland usw.

Meyer, Kstlerlex. II 725. **

Barber, John Thomas, s. *Beaumont,* John Th. Barber.

Barber, John (?) Vincent, engl. Landschaftsmaler und Zeichner, geb. vermutlich in Birmingham gegen Ende des 18. Jahrh., wo sein Vater Joseph (1757—1811) Zeichenlehrer war, † in Rom bald nach 1830. In der Roy. Academy war er 1812—1830 mit Bildern wie: Luganer See, Morgen, Abend u. a. vertreten. Er war auch an den Illustrationen für „Graphic Illustrations of Warwickshire" (1829) mit anderen namhaften Aquarellmalern beteiligt.

Redgrave, Dict. 1878. — Graves, Roy. Academy of Arts I 108. — Dict. Nat. Biography. *N. Peacock.*

Barber, John Warner, amerik. Holz- und Kupferstecher; geb. Windsor, Conn. am 2. 2. 1798, † New Haven, Conn. Juni 1885. Gab eine Anzahl geschichtlicher u. religiöser Werke heraus, deren selbstverfaßten Text er mit hunderten von kleinen selbstgezeichneten Holzstichen, zuweilen auch Kupferstichen, ausstattete.

W. J. Linton, History of Wood-engraving in America. — Appleton, Cyclop. of American Biography. *E. Richter.*

Barber, Joseph Moseley, engl. Maler, früher in Birmingham, später in Chelsea, debutierte 1859 in der Ausst. der Institution of Fine Arts mit dem Genrebilde „Falsehood, and a Mother's Admonition" u. stellte Landschaften und Genrebilder in der Roy. Academy von 1864—78, auf anderen Ausstellungen bis 1889 aus. Er hatte in Birmingham David Cox und John Pye zu Schülern.

The Art Journal 1859, 121. — J. L. Roget, Hist. of the Old Water-Colour Soc. I 331/2. — Graves, The Roy. Acad. of Arts I 108. **

Barber, Lucius, s. *Barbor.*

Barber, R. (?), unbekannter engl. Zeichner um 1775, von dem das British Mus. 2 Illustrationen zu Sterne's „Sentimental Journey" besitzt.

Binyon, Catal. of drawings etc. in the British Mus. I 67. **

Barber, Reginald, engl. Genre- u. Porträtmaler der Gegenwart in Manchester, stellte 1885—93 in der Roy. Academy, 1894/5 im Pariser Salon, später meist in Manchester aus. **

Barber, Thomas, engl. Porträtmaler in Nottingham, geb. daselbst um 1768, † ebenda am 12. 9. 1843. Er hatte (nach Redgrave) einigen Unterricht bei Sir Th. Lawrence genossen und malte unter dessen Einflusse, aber ohne rechte Kraft u. Ausdruck Porträts, die ihm wenigstens einen lokalen Ruf verschafft zu haben scheinen. 1810—1829 stellte er wiederholt in der Roy. Academy aus, darunter 1819 auch ein Porträt der Mrs. Siddons. Auch einige Landschaften hat er gemalt.

Redgrave, Dict. 1878. — Graves, Roy. Acad. of Arts 1905 I 109. *N. Peacock.*

Barber, W. T. Scott, engl. Miniaturmaler, früher in Clifton, später in Florenz tätig, sandte 1893—1901 zahlreiche Porträtminiaturen in die Roy. Academy-Ausstellungen.

Graves, The Roy. Acad. of Arts I 108. **

Barber, William, geb. London am 2. 5. 1807, † Philadelphia am 31. 8. 1879. Kam mit seinem Vater John B. nach Amerika, lernte von diesem das Stechen auf Silbergerät und betrieb diese Tätigkeit 10 Jahre in Boston. Wurde 1865 Assistent des James B. Longacre an der Ver. St. Münze in Philadelphia und folgte diesem 1869 als Hauptgraveur.

D. Mc N. Stauffer, Americ. engravers 1907. *E. Richter.*

Barber, William Thompson, Miniaturporträtmaler in London, war mit zahlreichen Miniaturporträts (meist von Damen) in der Roy. Acad. von 1876—85 vertreten.

Graves, The Roy. Acad. of Arts I 109. **

Barbera (la), Vincenzo, italien. Maler des 17. Jahrh., aus Termini. In der Kirche San Domenico seiner Vaterstadt wird ein Bild mit der Darstellung des hl. Cosimo erwähnt. — Ferner findet man seinen Namen auf einem großen Stiche mit der Bezeichnung: Arcus genvensis nationis Vincentius Barbera inv. et pict. (1 Exemplar in der Bibl. Nat. in Paris).

Rosini, Storia d. pitt. VI 176. — Guilmard, Les maitres ornemanistes, Text. p. 312. **

Barbereau, Claude, Maler, nur bekannt durch Erwähnung seiner Aufnahme in die Acad. de Saint-Luc in Paris am 17. 10. 1671.

Revue univers. d. arts XIII 330. *H. V.*

Barberet, Goldschmiedefamilie in Lyon, deren Mitglieder *François* (1623—1628), *Claude* (1680—1705) und *Pierre* (1704—1712) nur urkundlich bekannt sind.

Nouv. Archiv. de l'art franç. 3e Série, IV. 1888, p. 105, 109, 111. *H. V.*

Barberi, C., Goldschmied zu Anfang des 19. Jahrh. in Petersburg (?). Von ihm Dosen mit Mosaikdarstellungen auf der Petersburger Ausstellung 1885.

Notiz von M. Rosenberg. **

Barbèri, Enrico, italien. Bildhauer und Schriftsteller, geb. am 22. 7. 1850 in Bologna, Schüler u. späterhin Lehrer an der dortigen Accademia di Belle Arti. Seine späteren Hauptwerke sind neben einer Statue des hl. Franziskus (in der Chiesa dei Cappuccini zu Imola) einige Grabmonumente in der Certosa zu Bologna, darunter diejenigen der Familien Trombetti, Bisteghi u. Cavazza. 1896—97 schuf er das Denkmal für Marcello Malpighi zu Crevalcore bei Bologna mit der bronzenen Sitzstatue dieses großen Bologneser Arztes u. Naturforschers.

T. Tozzi in Natura ed Arte 1892—93, II 601—9 (mit Abbildgn.); cf. 1896—97, II 664 u. 662 (Abbildg.). — L'Italia artistica e Industriale (Roma) 1893, p. 5. — La Vita Italiana 1895, p. 234. *E. Verga.*

Barberi, Francesco, Bildhauer aus Rom, 18. Jahrh., nach Zanis unvollständiger Angabe (Enc. met. III 66), wohl identisch mit dem von Erculei, Catalogo etc. d'intaglio (Rom 1885) p. 112 erwähnten gleichnamigen Holzbildhauer in Sizilien. *H. V.*

Barberi, Giovanni, Architekt und Architekturmaler in Rom, entwarf 1786 den Prospekt der neuen Sakristei der Peterskirche.

Meyer, Kstlerlex. *H. V.*

Barberi, Michel Angelo, Mosaicist in Rom, 19. Jahrh. Seine Arbeiten gehören zu den vorzüglichsten Leistungen der neueren italienischen Mosaikkunst. 1843 vollendete er für den Kaiser von Rußland zwei große Mosaiktafeln, welche die Stadt Rom in den 4 Hauptepochen ihrer Geschichte darstellen, 1854 im Auftrage des Fürsten Demidoff in Florenz ein Mosaikbild, das Forum romanum, das wegen seiner harmonischen Farbenwirkung besonders gerühmt wird. Ein anderes Mosaik desselben, den Triumph der Liebe darstellend, wird unter den Kunstwerken des kaiserl. Museums in St. Petersburg erwähnt.

Kunstblatt 1843 p. 368; 1854 p. 87, 450. — Петровъ краткое обозр. мозаичн. дѣла особ. въ Россіи (Petrow, kurze Übersicht der musivischen Kunst, bes. in Rußland). St. Petersburg 1864, p. 56, 57, 63, 64. — G. C. Servi, Su di una tavola in Musaico rappr. le 24 ore del giorno in Roma, eseguita da M. Barberi. s. l. n. d. 8vo. — Alcuni Musaici usciti d. studio del Cav. M. Barberi, 22 pl. fol. Roma 1856. — Gaz. d. b.-arts, IIe Pér. XVI 10. — L'Art XX 40 (mit Abb.). **

Barbériis, E. d e, Landschafts-, Genre- und Porträtmaler in Marseille, stellte in den Pariser Salons 1883—1901 fast alljährlich aus (Schlachtfeldszenen: „Égarés" 1893. — „Fraternité 1894 etc.).

Kat. d. Salon. *H. V.*

Barberiis, P i e t r o d e, italien. Bildhauer in Neapel, wo er 1684 den Marmordekor des Altarchores von S. Croce di Lucca und 1688 die Weihwasserbecken für dieselbe Neapeler Kirche ausführte.

C e c i in Napoli Nobiliss. XII 147. *G. Ceci.*

Barberin, Le chevalier, französ. Architekt und Ingenieur, fertigte um 1777 die Pläne zu dem von Dupoux und Martin ausgeführten Zeughause zu Lyon.

B a u c h a l, Dict. d. archit. franç. *H. V.*

Barberini, G i o v a n n i B a t t i s t a, lombard. Bildhauer, geb. in Laino di Val d'Intelvi bei Como (nach anderen aus Mendrisio stammend), † 1666 in Cremona. Letztere Stadt besitzt von seiner Hand in der Kirche S. Agostino außer verschiedenen Stuccoarbeiten eine Anzahl plastischer Passionsszenen; Mantua im Palazzo dei Sordi gleichfalls Stuccoarbeiten und einige Statuen; Bologna in S. Petronio verschiedene Ornamentskulpturen am Hochaltare, am Sakramentshause und am Orgelgehäuse.

M a l v a s i a, Le pitture di Bologna (1686) p. 241. — P a n n i, Cose notevoli di Bologna p. 83, 86, 90. — B i a n c o n i, Guida di Bologna (1826) p. 114. — M. C a f f i, Di alc. archit. e scult. d. Svizzera ital. (1885) p. 18. — Arch Stor. Lomb. XII 65—85. *St. Lottici.*

Barberino, F r a n c e s c o d a, Dichter und Allegorienzeichner in Florenz und Treviso in der 1. Hälfte des 14. Jahrh.

A l b. Z e n a t t i, Trionfo d'Amore ed altre allegorie di Franc. da Barberino (Rivista d'Italia 1891 fasc. 7—8). — L'Arte V 1902 p. 1 ff.

Barberis, L u i g i, Architekt in Turin, wo er 1764 die Fassade der Karmeliterkirche S. Teresa ausführte. Außerdem soll er nach Bartoli die Kapelle der Madonna del Rosario in S. Domenico und die Cappella de' Sartori in S. Francesco d'Assisi zu Turin neu ausgebaut haben.

F. B a r t o l i. Not. d. pitt. etc. d'Italia (1776) I 19, 23, 48. *

Barbery, L o u i s, französ. Kupferstecher, tätig in Paris, geb. um 1652, † am 28. 12. 1729. Er ist vielleicht ein Bruder eines gleichzeitig in Paris tätigen Stechers (oder Verlegers) *Charles B.*, denn einige Blätter von Louis tragen auch die Pariser Adresse des letzteren. E. Kolloff in Meyers Kstlerlex. II zählt 13 Stiche, meist biblische Vorwürfe, Porträts, einen Plan von Paris von ihm auf.

J a l, Dict. crit. 2e édit. 1872. — L e B l a n c, Manuel I 146. *J. Guibert.*

Barbery, Fra L u i g i, Maler aus Savoyen, um 1670—90, Schüler des P. Pozzi und Gehilfe desselben bei der Ausmalung der Kuppel der Kirche S. Bartolomeo in Modena. Er wird häufig mit dem gleichzeitigen Pariser Stecher *Louis B.* verwechselt.

C a m p o r i, Gli artisti ital. etc. estensi 1855. *H. V.*

Barbesti, G i a m b a t t i s t a, Maler aus Mailand, um 1700, nur bei Zani (Enc. met. III 68) erwähnt. *H. V.*

Barbet, A d r i e n, Medailleur und Steinschneider in Paris, geb. daselbst am 9. 9. 1832, Schüler von Caillouette und Levasseur, stellte in den Salons 1864—1882 wiederholt Medaillen und Kameen mit Porträts usw. aus.

B e l l i e r - A u v r a y, Dict. gén. u. Suppl. *H. V.*

Barbet, J., Architekt, Frankreich, um 1635. Nach ihm: Livre D'Architecture d'Autels, et de Cheminées de J. Barbet. Gravé à l'eau forte Par A. Bosse. 1632. — Ein Architekt Barbet — vielleicht identisch mit Obigem — baute 1642—1653 einen Glockenturm „à la moderne" auf den Nordturm der Kathedrale von Orléans.

G u i l m a r d, Maîtres ornemanistes. S. 49. — B u z o n n i è r e, Histoire d'Orléans.

Barbet, J e a n (genannt Barbet de Lyon), Bildhauer und Bronzegießer in Lyon. 1475 modellierte und goß er eine mächtige bronzene Engelfigur, die ein hohes und schlankes Kreuz in der Linken hält und auf der Rückseite des linken Flügels die gotische Inschrift zeigt: „Le XXVIIe jour de mars l'an Mil CCCCLX + XV Jehan Barbet dit de Lyon fist cet angelot". Diese prächtige spätgotische Bronzestatue schmückte bis 1867 eine der Turmspitzen des Schlosses Le Lude (Sarthe) als Wetterfahne, wurde dann im Treppenhause dieses Schlosses aufgestellt und gelangte schließlich in die Kunstsammlung des Amerikaners Pierpont Morgan (Gipsabguß im Pariser Trocadéro-Mus.). — Seit 1491 führte B. den Titel „canonnier du Roy" und war dann mit seinem Bruder *Valentin B.* bis 1512 für die Stadt Lyon als Kanonengießer und Pulverfabrikant tätig. Zwei von der Insel Rhodos in das Pariser Musée d'Artillerie gelangte Kanonen mit den Namensinschriften „Le Saint-Gilles" und „Le Furieux" zeigen die Signatur „faict à Lyon 1507" und sind daher mit Sicherheit als Erzeugnisse der Barbetschen Gießerwerkstatt zu betrachten. Jehan B. starb um 1514.

Gaz. des B.-Arts 1867, II 316. — C h a m p e a u x, Dict. des Fondeurs (1886). — L a m i, Dict. des Sculpteurs (1898). — E s n a u l t, Dict. des artistes etc. Manceaux (1899, mit Abbildg.). *S. Lami.*

Barbet, P i e r k i n, Maler von Arras, um 1470, Schüler des Jacques Lombart, sonst nicht weiter bekannt.

S i r e t, Dict. d. peintres 3e édit. 1883. *H. V.*

Barbet, Valentin, s. *Barbet,* Jean.

Barbetta, Giovanni Battista, Bresciáner Maler um 1780, ohne Näheres erwähnt im:

Arch. Stor. per Trieste, l'Istria e il Trentino III 96.

Barbetta, Paolo, Baumeister in Venedig, der nach Sansovino (Venetia descr. fol. 10b.) den 842 begonnenen Bau der dortigen Kirche S. Maria formosa 1075 nach dem Vorbild des mittleren Teils der Markuskirche zum Abschluß brachte. Die Fassade von istrischem Stein ist jedoch erst durch den Senator Vincenzo Capello († 1541) hinzugefügt.

Fälschliche Angabe von Mothes (Geschichte der Bauk. u. Bildh. Vened. I 129): die Kirche sei 1350 durch Barbetta restauriert worden. Er fügt hinzu: im 15. Jahrh. habe Turin Tonon die Kirche neu bauen lassen, nachdem der Blitz eingeschlagen, und spätere Ausschmückung habe jede Spur der alten Form vertilgt.

Meyer, Kstlerlex. *H. V.*

Barbetta, Silvestro (fu Pietro), Mosaicist an San Marco in Venedig, urkundlich 1492 und 1512 erwähnt.

Archivio Veneto, t. XXXIII parte II, anno XVII N. S. (1887) p. 40, XXXIV 205. — P. Saccardo, Les mos. de S. Marc à Venise. 1897 p. 40. **

Barbette, Josias (Josie), Email- und Miniaturmaler, geb. in Straßburg um 1660, flüchtete 1685 nach Kopenhagen, † nach 1728. Von seinen Arbeiten werden erwähnt: Bildnisse des Königs Christian V. und der Königin Sophie Hedevig, sowie einige „Tugenden" (im Schlosse Rosenborg). — Sehr zierliche bezeichnete Emailmalereien von ihm aus den Jahren 1690—98, die er auf seinen Reisen gemalt, befinden sich im Museum zu Cassel, bei Herrn Bankdirektor Klemperer in Dresden und Herrn Dr. List in Magdeburg. Er zeichnete auch manchmal nach seiner Heimat: Argentinae (Notiz v. Dr. E. W. Braun).

Bricka, Dansk biograf. Lex. I 516. — Weilbach, Nyt dansk Kunstnerlex. I (1896). — Dussieux, Artistes français à l'étranger p. 347. — Molinier, Dict. des émailleurs 1885. — Curiosité d'Alsace II 163 (hier Barbet, Jos.). — H. Meyer, Straßb. Goldschm.-Zunft S. 219. *A. R.*

Barbetti, Angiolo, italien. Bildschnitzer, geboren im Jahre 1803 in Siena, † um 1880 in Florenz; mit seinem Heimatgenossen Manetti, mit den Florentinern Spighi und Falcini und mit dem Brescianer Rosani einer der Wiedererwecker der italien. Bildschnitzer- und Intarsiatorenkunst. Gemeinsam mit Manetti restaurierte er ein altes Schnitzaltarwerk in der Kirche der Contrada della Tartuca zu Siena und fertigte dann im Anschlusse an ältere Vorbilder eine Anzahl trefflicher Originalarbeiten, die auf verschiedenen Kunstausstellungen prämiiert wurden. Nach seiner Übersiedelung nach Florenz errichtete er daselbst eine vielbesuchte Bildschnitzerschule, in der auch seine Söhne Raffaello und Rinaldo ihre Ausbildung erhielten.

Finocchietti, Della scult. e tarsia in legno (1873) p. 210 f., 221, 228; sowie in L'Arte in Italia 1869, p. 112 ff. — P. P. Cocchi, Intorno ad Angelo e Rinaldo Barbetti (Florenz 1879). *N. Tarchiani.*

Barbetti, Cristofano di Bartolomeo, Architekt aus Pistoia, tätig um 1538 nach Fioravanti (Mem. Car. 430). Baute für die Venezianer das Kastell Alma Nuova.

Tolomei, Guida di Pistoia, 1821 p. 155. *Walter Bombe.*

Barbetti, Raffaello, italien. Bildschnitzer, geb. 1828 in Siena als Sohn des Angiolo B., mit dem er gleich seinem Bruder Rinaldo gemeinschaftlich auf verschiedenen Kunstausstellungen für Schnitzarbeiten prämiiert wurde.

Gubernatis, Diz. d. Art. Ital. Viventi (1889). *N. Tarchiani.*

Barbetti, Rinaldo, italien. Bildschnitzer, geb. 1830 in Siena, † 1903 in Florenz. Schüler und Gehilfe seines Vaters Angiolo B., fertigte dann Statuetten und Flachreliefs, die er nach eigenen Tonmodellen in Holz schnitzte. Seine bekanntesten Werke sind: Die Tür der russischen Kirche S. Donato mit 24 Reliefdarstellungen aus dem Alten Testamente, die in Elfenbein und Ebenholz geschnitzte Kassette für die italien. Königskrone, 6 große Reliefdarstellungen aus dem Alten Testamente für die Kollegiatkirche zu Nottingham, sowie die Decken- und Möbelschnitzereien im Kabinett der Camera dei Deputati zu Rom. Zahlreiche Arbeiten des Rinaldo B. wurden auf Kunstausstellungen prämiiert.

Fioretti in L'Esposiz. Ital. del 1861, p. 19 ff., 23 ff., 56. — Finocchietti, Della scult. e tarsia in legno (1873) p. 226, 227; sowie in L'Arte in Italia (1869) p. 113 f. — P. P. Cocchi, Intorno ad Angelo e Rinaldo Barbetti (Florenz 1879). — Gubernatis, Diz. d. Art. Ital. Viventi (1889). *N. Tarchiani.*

Barbey (Barbei), Antonio, Kupferstecher, tätig in Rom in der zweiten Hälfte des 17. Jahrh., nach der Biographie nationale de Belgique vielleicht niederländischer Herkunft. Er hat einen großen, 1697 veröffentlichten Plan von Rom u. 36 Blätter für das von Domenico Rossi 1702—21 herausgegebene „Studio d'Architettura civile sopra gli ornamenti . . . tratti da alcune fabbriche insigni di Roma" und auch ein Blatt für desselben Verlegers „Palazzi di Roma" gestochen.

Meyer, Kstlerlex. — Boni, Biogr. — Heinecken, Dict. (unter Barberi). *P. K.*

Barbi, Francesco, italien. Maler und Schriftsteller, tätig im 17. Jahrh. in Brescia.

Zani, Encicl. III 68. — Fenaroli, Art. Bresciani, Append. *R.*

Barbiani, Andrea, italien. Maler, geb. um 1709 in Ravenna als Sohn des Dekorationsmalers Pier Damiano B., † daselbst 1779. In Ravenna und Rimini sind in Kirchen und öffentlichen Gebäuden seine Bilder sehr zahlreich. In Ravenna malte er in der Domkapelle der Madonna del Sudore an den Tragsteinen der Kuppel die vier Evangelisten in Fresko und in der Kruzifixus-Kapelle von S. Domenico schmückte er die Kuppel selbst mit Freskomalereien. Als sein bestes Ölgemälde wird ein in S. Vitale zu Ravenna befindliches Altarbild gerühmt, auf dem die hl. Gertrudis von Engeln gen Himmel getragen wird. F. Morghen stach nach B.: S. Angelo, der Karmeliter verkündet dem hl. Franz Xavier die Stigmata, dieser jenem das Märtyrertum.

Zani, Encicl. III 69. — Cardoni, Vite brevi etc. per Ravenna (1873) p. 5. — Meyer, Kstlerlex. — Ricci, Guida di Ravenna, 1900. — Calzini e Mazzatinti, Guida di Forlì, 1893. *R.*

Barbiani, Bartolommeo, Maler aus Montepulciano. Von ihm eine Altartafel (1632) mit einer Szene aus der Legende der Kreuzfindung in S. Maria delle Grazie in Montepulciano, andere Altarbilder in S. Michele in Stroncone (1628); S. Niccolò in Montecastrilli (1639); S. Silvestro, S. Ilario (1640) und S. Antonio (1642) in Todi; u. S. Monaca (1642) in Amelia.

Guardabassi, Ind.-guida dei mon. dell' Umbria (1872). — Brogi, Inv. gen. d. prov. di Siena (1897).

Barbiani, Domenico, Maler und Architekt in Ravenna, Bruder des Andrea, malte Fresken in einer Kapelle von S. Girolamo und entwarf auch den Plan für den Palazzo Guiccioli (später im Besitz der Familie Baronio).

Gasp. Martinetti Cardoni, Vite brevi d. artef. defunti, che fecero per Ravenna (1873) p. 6. — C. Ricci, Guida di Ravenna 1900. **

Barbiani, Giovanni Battista, italien. Maler, geb. am 27. 1. 1619 in Ravenna als Sohn eines sonst unbekannten Malers *Giovanni B.* Nach Lanzi haben seine mehr oder minder manieristischen Arbeiten eine besondere Ähnlichkeit mit denen des Cesi. Zu Ravenna sind von ihm in der Kirche S. Francesco zwei Altarbilder der Heil. Andreas und Joseph, in der Kirche S. Agata ein hl. Petrus und (nach Lanzi) ein Bild der Titularheiligen, in S. Romualdo über der Orgel die Freskodarstellung einer Vision des Titularheiligen, endlich im Dome an der Kuppelwölbung der Kapelle der Madonna del Sudore die Himmelfahrt der Maria, das in Ölmalerei ausgeführte Hauptwerk des Künstlers. — Die Florentiner Uffiziensammlung besitzt 2 Handzeichnungen B.s mit Darstellungen von Anbetungen. Bei Zani findet sich eine datierte Signatur: „Joannes Baptista Barbianus Ravenas pingebat 1650".

Zani, Encicl. III 68, 289, nota 34. — Lanzi, Storia d. pitt. ital. (4. Ausg.) V 152. — Fr. Manni, Il forestiere in Ravenna p. 6, 55. — Cardoni, Vite brevi etc. per Ravenna (1873) p. 5 f. — Ricci, Guida di Ravenna, 1900. *R.*

Barbiani, Luigi, Maler aus Ravenna, 18. Jahrh., Sohn des Domenico, nur bei Zani (Enc. met. III 69) erwähnt. *H. V.*

Barbiani, Pier Damiano, s. *Barbiani,* Andrea.

Barbiani, Simone, Maler aus Ravenna, um 1700, Sohn des Giambattista, nur bei Zani (Enc. met. III 69) erwähnt. *H. V.*

Barbié, Fr., „Zeichenmeister" in Berlin, stellte 1787 in der Akademieausst. 5 Landschaften (in Aquarell u. Tusche) aus.

Kat. d. Akademie-Ausst. 1787 p. 18. **

Barbié (Barbier), Jacques, französ. Stecher in Linien- und Punktiermanier, arbeitete 1755—1790 in Paris. Er ist besonders durch seine Porträtstiche bekannt, worunter die besten sind: Brustb. des Fr. de Chevert; des Charles Henri, Grafen von Estaing; die Medaillonbilder des Dauphin Louis-Auguste und der Dauphine Marie-Antoinette; das Bildnis des Marquis de Mont-Calm nach J. B. Massé, diejenigen Rousseaus und Voltaires.

Le Blanc, Manuel I. — E. Kolloff bei Meyer, Kstlerlex. II. — Portalis et Béraldi, Les Graveurs du 18e siècle I (hier Jean-Baptiste B.). *P. A. Lemoisne.*

Barbié, Jacques, s. auch *Barbier.*

Barbié, Jean Bapt., s. *Barbié,* Jacques.

Barbier, Adriaen, s. *Dape,* A.

Barbier, Antoine, französ. Aquarellist, geb. am 8. 5. 1859 in St. Symphorien-de-Lay (Loire), Membre lauréat de la Société des artistes français, Officier d'Académie etc., hat dekorative Gemälde ausgeführt und zwar für die Kirche von Matarieh (Cairo) eine „Flucht nach Ägypten"; für das Palais in Sophia „Die bulgarische Sobranje", und für die Ecole Malesherbes in Paris verschiedene Arbeiten. Er leitet auch periodische Kurse in der Aquarellmalerei nach der Natur in Frankreich, der Schweiz und England, und man findet Gemälde von ihm in allen größeren Provinzialmuseen Frankreichs, auch im Stadthaus zu Algier, in der Union artistique in Cairo. *A. Granger.*

Barbier de Blignier, Architekt in Paris, erbaute das am 18. 2. 1744 eingeweihte anatomische Amphitheater in der rue de la Bûcherie daselbst.

Lance, Dict. d. archit. I. *H. V.*

Barbier, Charles, Miniaturmaler von Paris, am 6. 5. 1682 das. urkundl. erwähnt, † vor dem 9. 4. 1701, dem Todestag seiner Witwe.

Herluison, Actes d'état-civil. *H. V.*

Barbier, Charles Auguste, Medailleur, Sohn des Nicolas François, geb. am 20. 2. 1806 in Namur, † am 26. 9. 1887 in Walcourt, Schüler seines Vaters und des Graveurs Braemt. Erwähnenswert ist unter seinen Arbeiten nur die Porträtmedaille des Baron de Stassart, 1830.

Forrer, Biogr. dict. of medallists. *Fréd. Alvin.*

Barbier, Désiré, Tier- und Landschaftsmaler, geb. in Paris im August 1822, Schüler von Budelot, stellte in den Salons 1840 bis 1848 wiederholt aus (Kühe auf der Weide etc.).

Bellier-Auvray, Dict. gén. *H. V.*

Barbier, François, Maler, nur bekannt durch Namenserwähnung bei seiner Aufnahme in die Acad. de Saint-Luc in Paris am 26. 4. 1673.

Revue univers. d. arts XIII 330. *H. V.*

Barbier, G. P., französ. (?) Porträtmaler, gegen Ende des 18. Jahrh. in London tätig, stellte 1792—1795 jedes Jahr eine Reihe von Herren- und Damenporträts in der Roy. Academy aus.

Graves, The Roy. Acad. of arts I 107. **

Barbier, J. B., französ. Glockengießer, goß 1743 eine Glocke für Auzainvilliers (Vosges) und schmolz 1747 mit Jean Buret die große Glocke von Saint-Epvre in Nancy um.

Champeaux, Dict. d. Fondeurs etc. 1886. *H. V.*

Barbier, Jacques, französ. Maler der ehem. Provinz Gâtinais, arbeitete 1645 — damals 19jährig — im Königszimmer im Schloß zu Fontainebleau.

Réunion d. Sociét. d. beaux-arts XXVI 442. *H. V.*

Barbier, Jacques, s. auch *Barbié.*

Barbier, Jan, s. *Dape,* J.

Barbier, Jehan, Goldschmied in Paris, wird 1463 als Lieferant für Louis XI. erwähnt.

Labarte, Arts industr. II 400. **

Barbier, Nicolas Alexandre, Landschaftsmaler, geb. am 18. 10. 1789 zu Paris, † am 4. 2. 1864 in Sceaux, Schüler von Xavier Leprince. Ursprünglich malte er Genrebilder mit architektonischen Motiven, dann wurde er von Courbet und Daubigny beeinflußt. Er hinterließ zahlreiche Werke, die seinerzeit geschätzt waren. Im ganzen war er ein verdienstvoller, gewissenhafter Künstler. Während einiger Jahre war er Zeichenlehrer der Söhne Louis-Philippes. Bellier veröffentlichte eine lange Liste der vom Künstler in den Pariser Salons von 1824 bis 1861 ausgestellten Werke. Die geschätztesten sind: Schloß de la Muette (die Figuren von Leprince), Kirche von Verneuil (Salon v. 1824), Bauernfamilie (S. 1839), Ansichten vom Seine-Ufer und Das Dorfwirtshaus (S. 1842), verschiedene Interieur-Szenen und Ansichten von Denkmälern (S. 1843—1850), Umgebung von Paris, Ansichten von Sceaux, Meulan, Bougival (S. 1858—1861). Der Salon von 1861 war der letzte, in dem der Künstler vertreten war.

Er war ein vielseitig gebildeter Künstler. In Gemeinschaft mit Chenet (1845, 12mo) schrieb er das „Resumé du manuel de morale pratique et religieuse" und zusammen mit seiner Tochter Victoire (1861, 8vo) „Le Maître d'aquarelle". Er ist auch der Verfasser der „Lettres familières sur la littérature" (1862, 12mo) und verschiedener Artikel in Zeitschriften.

Gabet, Dict. d. artistes 1831. — Bellier-Auvray, Dict. gén. — Meyer, Kstlerlex. — Chronique des arts 1864 p. 301 (Nekrolog). *G. Geffroy.*

Barbier, Nicolas-François, belg. Architekt, Bildhauer, Graveur und Ziseleur, geb. am 8. 9. 1768 zu Namur, † am 10. 6. 1826 daselbst. Ausgebildet in Antwerpen und später in Paris bei J. Verberkt aus Antwerpen, wurde B. dann zum „sculpteur des bâtiments du roi" ernannt mit Amtswohnung im Louvre. Nach Namur zurückgekehrt, zeichnete er sich besonders aus durch kleinere Arbeiten in getriebenem Metall, sowie durch Figuren und Medaillons in Terrakotta. Seinen Haupterfolg erzielte er 1825 in der Nationalausstellung zu Harlem mit den getriebenen ziselierten Medaillon-Darstellungen einer Christusfigur, einer Vestapriesterin, eines sinnenden Greises, eines Löwen etc. Die Mehrzahl seiner durch eine silberne Medaille ausgezeichneten Arbeiten wurde vom König Wilhelm von Holland angekauft. Das 1816 übernommene Amt als Stadtbaumeister von Namur legte er bald wieder nieder, um sich ganz seiner bildnerischen Tätigkeit wieder widmen zu können.

J. Helbig, La Sculpt. au pays de Liège (1890), p. 196. — E. Marchal, La sculpture etc. belges (1895), p. 644. — Biographie Nationale de Belgique I 208. *E. de Taeye.*

Barbier, Nicolas Louis, Maler von Paris, Mitglied der Académie de Saint-Luc, † daselbst am 11. 6. 1779, nur urkundlich bekannt.

Nouv. archiv. de l'art franç. VI 1885. p. 102 u. 103. *H. V.*

Barbier, Simon, Bildhauer zu Laon um 1538—49, war an der Ausschmückung der Kapellen der Kathedrale und von Saint-Martin beschäftigt.

Lami, Dict. d. sculpteurs etc. 1898. — Nouv. archiv. de l'art franç. 3e sér. XI 1895 p. 78/9. *H. V.*

Barbier, Victorine, s. *Regnier,* V.

Barbier-Walbonne, Jacques Luc, Geschichts- und Porträtmaler, geb. zu Nîmes 1769, Schüler von David, malte verschiedene Bilder mit Sujets aus der römischen Geschichte, und seine Arbeiten waren sehr geschätzt. Zwei davon sind im Museum von Versailles: Porträt von Moreau und Porträt von Moncey, die während des Kaiserreichs mit dem Porträt des Herzogs von Ragusa (Salon v. 1810) in der „salle des maréchaux" in den Tuilerien sich befanden. 1797 erhielt er einen Preis von 3000 Frcs. für sein Gemälde „Moralpredigt eines Vaters an seinen Sohn".

Barbier-Walbonne stellte 1822 im Salon einen neapolitanischen Fischer aus, den der

Herzog von Berwick kaufte. Sein „Tod des Paulus Emilius" und „Numa Pompilius bei der Nymphe Egeria" waren im Salon von 1827 bemerkenswert. Seitdem stellte er nur noch selten aus, er wurde Misanthrop und zog sich von seinen Zeitgenossen zurück.

Er starb 1860 in Passy, 91 Jahre alt, nachdem man ihn schon seit Jahren verstorben wähnte.

Gabet, Dict. d. artistes 1831. — Meyer, Kstlerlex. — J. van den Branden, Antwerp. Schilderschool, Antwerpen 1883 p. 1270—78. *G. Geffroy.*

Barbier, s. auch *Barbié* u. *Lebarbier*.

Barbiere, Alessandro, s. *Fei*.

Barbiere, Domenico del, Bildhauer, Stukkateur, Maler, Kupferstecher und Architekt, geb. um 1506 zu Florenz (genannt Domenico Fiorentino). Er war ein Schüler des Rosso, den er nach Frankreich begleitete, als dieser 1540 von Franz I. dorthin berufen wurde, um an der Ausschmückung des neuen Schlosses in Fontainebleau teilzunehmen. Hier und im Palast von Meudon war B. unter Rossos und Primaticcios Leitung vornehmlich mit Stuckarbeiten beschäftigt, in denen er sich, wie Vasari in den Biographien jener beiden Künstler rühmt, besonders auszeichnete. Bei Cte. De Laborde, in den Auszügen aus den Rechnungsbüchern von Fontainebleau, sind Zahlungen für verschiedene Arbeiten Barbieres während des Zeitraums von 1537—1562 aufgeführt. Er wird da meist als Bildschnitzer und Maler bezeichnet u. hatte z. B. 1560 9 Statuen von Göttern u. Göttinnen, aus Holz geschnitzt, für die Gärten von Fontainebleau zu liefern. Seit 1541 hatte er seinen Wohnsitz in Troyes, arbeitete dort viel für Kirchen, z. B. St. Etienne einen Lettner (von dem sich 4 Reliefs, jetzt in der Kirche von Bar-sur-Aube, erhalten haben) und für St. Pantaléon. Auf der Höhe seines Ansehens stand er, als er 1548 zum Einzug Heinrichs II. und Katharinas von Medici in Troyes die großartigen Festdekorationen zu entwerfen hatte. 1565 machte er auch das Modell für die Grabstatue Heinrichs II. in St. Denis.

Am meisten bekannt machte sich B. als Kupferstecher. Seine Blätter sind mit zierlichem Grabstichel und sicherer Hand ausgeführt; der Stil seiner Zeichnung ist aber ganz in der manierierten Geschmacksrichtung des Rosso befangen. Er bezeichnete seine Platten zuweilen: Domenico Fiorentino, Domenico del Barbiere, zuweilen mit den Buchstaben: D. F. — Früher ist B. nicht selten mit dem französischen Kupferstecher Dominique Barrière († 1678) verwechselt worden.—Von plastischen Arbeiten desselben wird noch das Piedestal u. das Modell zur Bronzevase am Grabmonument Heinrichs II. von Frankreich erwähnt; die Vase, in welcher das Herz des Königs aufbewahrt wurde, ging zugrunde, die drei allegorischen Gestalten von Germain Pilon, die sie trugen, befinden sich jetzt im Louvre zu Paris. — Sein Todesdatum ist nicht bekannt, muß aber zwischen 1565 und 1575 liegen.

Alb. Babeau, Dominique Florentin, in der Réunion des Soc. d. beaux-arts I (1877) p. 108 ff. — Meyer, Kstlerlex. II 728 (mit ält. Lit. u. Verzeichn. seiner Stiche). **

Barbierer (Palbierer, Palberer), Dominikus, Maler aus Dillingen, bat schon 1637 um Aufnahme als Inwohner zu Innsbruck, wurde aber erst, nachdem er am 9. 2. 1638 die Waldburg Lederer, Witwe des Malers Balthasar Moser, geheiratet hatte, aufgenommen. Er führte um 1646 Malereien am hl. Dreifaltigkeitsaltar der Pfarrkirche aus, wofür er 5 Gulden erhielt. 1654 verlangt er 8 Gulden als Bezahlung für seine Arbeit bei dem in der Pfarrkirche aufgerichteten Altar. 1662 war er des Todschlags an seinem Gesellen angeklagt, wurde aber auf die Vorstellungen seiner Frau freigelassen. *A. Sikora.*

Barbieri, Alessandro, Bildhauer von Reggio, im 18. Jahrh. zu Bologna tätig, Schüler des Petronio Tadolini. An der Türe von S. Petronio zu Bologna, die nach dem Platze del Pavaglione führt, sind die Ornamente und Figuren von seiner Hand (Nachahmung von Marmor); andere Arbeiten in S. Apollonia daselbst.

Meyer, Kstlerlex. *H. V.*

Barbieri, Alessandro, Genremaler in Mailand, geb. daselbst 1850. 1881 debütierte er in der Kunstausstellung seiner Vaterstadt mit dem Gemälde „In attesa del morticino". Seitdem beschickte er die Ausstellungen Mailands und Venedigs. Hervorgehoben seien die Genrebilder „Avanti la cresima", — „Dolorose rimembranze", — „Bufera infernale", — „Dopo vespro" usw. Auf der Mailänder Ausstellung 1906 sah man von ihm das Gemälde „Alba Cristiana".

Gubernatis, Diz. d. Art. ital. viventi (1889). — Natura ed Arte 1893—94, II 673 ff. — Arte e Storia VII 142 f. *E. Verga.*

Barbieri, Alessandro, s. auch *Fei*.

Barbieri (Barbier), Annibal, Maler in Paris, erhält 1685 als II. Akademiepreis eine goldene Medaille. — Er scheint der Sohn des gleichnamigen „peintre-décorateur" der kgl. italien. Oper gewesen zu sein, der 1665 in Paris begraben wurde.

Archives de l'art franç. V 280. — Herluison, Actes etc. p. 20. **

Barbieri, Antonio, Bologneser Maler des 16. Jahrh., nur in Gerichtsakten erwähnt.

Archivio stor. d. arte, VII 371.

Barbieri, Carlo, lombardischer Maler, geb. Ende November 1816 zu Mailand, ausgebildet an der Brera-Akademie unter Comerio, Sabatelli, Sala u. Palagi, war in seiner Vaterstadt hauptsächlich als Illustrationszeichner, Lithograph u. Zeichenlehrer tätig. Die lithographische Illustrierung von Manzonis „Promessi Sposi" mußte er nach Ausführung der ersten, von Manzoni selbst sehr gelobten Platten infolge des Todes des Verlegers D'Apel unvollendet lassen. Als Maler beschickte er in jüngeren Jahren mehrfach die Mailänder Brera-Ausstellungen; unter seinen späteren Altargemälden wird dasjenige in der Privatkapelle des Priesters Giuseppe Silva zu Mailand lobend hervorgehoben.

Gubernatis, Diz. degli Art. Ital. viventi (1889), p. 567 f. *E. Verga.*

Barbieri, Domenico, Goldschmied in Parma, wo er 1750 von der Familie Scarabelli Zahlung erhielt für Ausführung eines Salzfasses sowie mehrerer Eßbestecke und 1763 für den Dom-Altar des hl. Bernhard eine silberne Altarbekleidung zu liefern hatte.

Scarabelli-Zunti, Mem. di B. Arti. (Mscr. in Parma, Bibl. Palat.) — Sgavetta, Cronaca (im Archivio di Stato zu Parma). *St. Lottici.*

Barbieri, Domenico, s. auch *Barbiere.*

Barbieri, Enrico, italien. Maler, geb. 1818 in Parma, † daselbst 1888; ausgebildet an der Akademie seiner Vaterstadt und nach Erlangung des großen Rompreises an derjenigen zu Rom. Seit 1860 Inspektor und späterhin Professor an der Akademie zu Parma, wurde er 1882 zum Direktor der dortigen Pinakothek ernannt. Die letztere besitzt von ihm außer seinem Selbstbildnis das Gemälde „L'incredulità di S. Tommaso". Andere Gemälde von seiner Hand befinden sich in Parma in Privatbesitz.

Scarabelli-Zunti, Mscr. fasc. IX im R. Museo zu Parma. — Gazzetta di Parma 1888, No. 323 f. — C. Ricci, La R. Galleria di Parma (1896) p. 170, 264. *St. Lottici.*

Barbieri, Francesco, Bildhauer aus Manerbio, um 1550 unter Palladio am Baue des Palazzo Comunale zu Brescia beschäftigt.

Zani, Encicl. III 71. — Fenaroli, Diz. d. Art. Bresciani (1877) p. 17. *

Barbieri, Francesco (genannt Francesco Sfrisà oder Sfrisato oder il Legnago), Maler, geb. 1623 zu Legnago bei Verona, † 1698. Er war ein Schüler Pietro Ricchis und malte außer Historienbildern hauptsächlich Landschaften und Architekturen, meist in kleinem Format. Im Palazzo Canossa zu Verona schmückte er 1673 einige Gemächer mit Dekkengemälden. Kirchliche Gemälde von seiner Hand sieht man in S. Pietro zu Legnago, in S. Vito zu Cerea und im Duomo Vecchio zu Brescia (Evangelisten Matthaeus und Johannes). Das große Deckenbild aus S. Maria della Ghiara zu Verona ist neuerdings nach Ungarn ausgeführt worden. — B.s Schüler war Giov. Batt. Lanceni.

Meyer, Kstlerlex. (mit ält. Literatur). — Zannandreis, Vite dei pitt. etc. Veronesi (ed. G. Biadego, 1891). *L. Simeoni.*

Barbieri, Francesco, Maler in Pavia, wo er 1742 den Kreuzaltar mit Maria, Joseph u. Pius V. für die Pfarrkirche S. Maria Cappella malte. Auch für andere Kirchen Pavias schuf er laut Bartoli größere Altarbilder, darunter für den Hochaltar von S. Francesco die figurenreiche Darstellung der Gründung des Franziskanerordens.

F. Bartoli. Not. d. pitt. etc. d'Italia (1776) I 14, 25, 37, 38. *

Barbieri, Francesco, s. auch *Guercino.*

Barbieri, Franz Dominik, italien. Maler in Prag 1732—41, um 1732 Lehrer des dortigen Malers Joh. Wenzel Spitzer. Er war kirchlicher Historienmaler, und es sind folgende Werke von ihm bekannt: 1) Der hl. Bartholomäus für die St. Bartholomäuskirche in Dobrowitz. 2) Für den 1736 aufgestellten Hauptaltar der St. Nikolaikirche in Zerčič malte er ein Bild, wofür er 90 fl. bekam. Abbildg. des Altares p. 411 Fig. 345. 3) Für die Pfarrkirche zu Sejcin malte er den hl. Wenzel. Als von seiner Hand herrührend, werden noch die Altargemälde St. Johann Nepomuk in der St. Nepomuk-Pfarrkirche von Rejschitz (1737) und St. Martin in der Pfarrkirche von Luschtenitz, wofür der Künstler 42 fl. bekam, bezeichnet.

Soupis pamatek histor. a umĕl v Cĕchách, XXI 1905 Bez. Jung-Bunzlau p. 44, 140, 339, 348, 411. — Dlabacz, Kstlerlex. I 89. *Br. Bischoff.*

Barbieri, Giacomo, Bildhauer in Parma, wahrscheinlich Schüler des Luca Reti, angeblich Schöpfer des grandiosen Reliefschmuckes über dem Portale der Annunziatenkirche (Stuckdarstellung der Verkündigung Mariae), der ihm nach einigen Quellen 1652, nach Affò dagegen erst nach 1680 vom Pater Guardianus Don Diego da Parma in Auftrag gegeben worden sein soll. Ebenso sollen die 1091 vollendeten Statuen der hl. Lucia, Agathe und Hilarius Episcopus an der Fassade des Oratorio di S. Lucia von B. ausgeführt sein.

Zani, Encicl. III 67, 71. — Affò, Ricerche stor. sulla chiesa dell' Annunziata (Parma 1796) p. 73. — Bartoluzzi, Guida nuoviss. di Parma (1830) p. 7; 148. Mscr. in Parma. — Scarabelli-Zunti, Mem. di B. Arti (Mscr. in Parma, Bibl. Palat.) und Guida di Parma (Mscr. in Parma, R. Museo). *St. Lottici.*

Barbieri, Giacomo de, Bildhauer, geb. in Genua 1844, Schüler von S. Varni daselbst, vielbeschäftigt in Genua, Neapel und Rom mit Porträtbüsten, Grabmälern und Reliefs für Kirchenschmuck.

Gubernatis, Dizion. d. art. ital. viv. 1889 p. 584. **

Barbieri, Giambattista di Pellegrino, Bildhauer aus Correggio, tätig in Parma in der 2. Hälfte des 16. Jahrh. (Bei Zani, Encicl. III 70 und Nota 37, wird der Künstler schon 1544 zum ersten Male urkundlich in Parma erwähnt, und zwar als Maler.) Sein Hauptwerk ist das Grabmal des Conte Guido da Correggio in der Kirche Della Steccata zu Parma, mit dessen Ausführung er 1568 von der Compagnia della Steccata beauftragt wurde; 1570 ward das Denkmal vollendet. (Abgebildet in Littas Albero Genealogico de' Correggesi.) Aus den Rechnungsbüchern der Kathedrale in Parma ergibt sich, daß B. in der Zeit von 1564 bis 1578 für Herstellung eines zur Aufnahme der Gebeine des hl. Agapito bestimmten marmornen Reliquiariums in verschiedenen Raten 175 Goldscudi, und 1573 für Ausführung eines marmornen Weihwasserbeckens 25 Goldscudi erhielt. Das Reliquiarium, in der Unterkirche der Kathedrale, besteht aus einem Sarkophag mit der Statue des Heiligen und allegorischen Darstellungen. Außerdem von B. ein Relief der Verkündigung über dem Haupttor, das zum inneren Vorhof der Annunziata zu Parma führt.

Pungileoni, Mem. Stor. d'A. Allegri. I 177, II 206. — Gualandi, Mem. orig. etc. V 121—126. — Donati, Nuova Descrizione di Parma, p. 24, 111, 171. — Martini, Guida di Parma, 1876. p. 108, 126 ff. — Meyer, Kstlerlex.

Barbieri, Giovanni, italien. Landschaftsmaler, geb. am 17. 3. 1780 in Bologna, † daselbst am 18. 11. 1864. Schüler Tambronis, wurde er 1835 zum Mitgliede der Akademie in Parma ernannt. Die dortige Pinakothek besitzt von ihm die beiden 1832 datierten Ölgemälde: Monastero sopra un colle und Villa Aldini presso Bologna.

Scarabelli-Zunti, Mscr. fasc. X im R. Museo zu Parma. — P. Martini, Guida di Parma (1871) p. 56. — C. Ricci, La Galleria di Parma (1896) p. 367. *St. Lottici.*

Barbieri, Giovanni Battista, Maler, geb. zu Soncino 1580, tätig daselbst um 1614 und 1616. In Cremona ausgebildet, dann in seine Heimat zurückgekehrt, verblieb er daselbst bis an sein Ende. Er malte 1616 eine Madonna mit Heiligen und dem Stifterpaar für die Kirche S. Maria bei Soncino.

Grasselli, Abecedario biograf. dei Pittori etc. Cremonesi. — Meyer, Kstlerlex. *H. V.*

Barbieri, Giovanni Domenico, Architekt und Theatermaler aus Parma, ausgebildet in der Schule der Bibbiena, tätig in Mailand, wo er 1717 im Auftrage der Nobilität und des österreichischen Gouverneurs Fürsten von Loewenstein das 1708 durch eine Feuersbrunst zerstörte Teatro Ducale wieder aufbaute, das dann 1776 von neuem abbrannte. Nach Zani war der Künstler 1740 noch am Leben.

Lattuada, Descriz. di Milano (1737) II 138. — F. Bartoli, Not. d. pitt. etc. d'Italia. 1776 I 210. — Zani, Encicl. III 71. — Scarabelli-Zunti, Mem. di B. Arti (Mscr. in Parma, Bibl. Palat.). *St. Lottici.*

Barbieri, Giovanni Francesco, s. *Guercino.*

Barbieri, Giuseppe, italien. Architekt, geb. am 2. 12. 1777 in Verona, † am 10. 1. 1838 daselbst als Ingegnere Municipale, war Schüler von Bart. Giuliari und Luigi Trezza, in seinem Schaffen ein strenger Klassizist. Seine Veroneser Hauptwerke sind: Der im dorischen Stile durchgeführte Cimitero Monumentale, der Palazzo del Municipio (korinthisch), die Loggia Arvedi in Via Mazzini, der Palazzo Palmarini (jetzt Goldschmiedt) in Stradone S. Fermo etc.

Zani, Encicl. III 72. — B. Morelli, Il Cimitero d. R. città di Verona (1833). — Schorns Kunstblatt 1843 p. 413. *L. Simeoni.*

Barbieri, Giuseppe, Architekt in Ferrara, erwähnt als Erbauer des 1741 geweihten Oratorio di S. Teresa zu Ferrara nebst dem zugehörigen Karmeliternonnenkloster.

Avventi, Guida per Ferrara (1838) p. 150. *

Barbieri, Giuseppe Maria, Maler in Carpi, geb. 1682, † 1767, nach Boni hauptsächlich als begabter Kopist tätig. Auf zwei um 1750 entstandenen Kupferstichdarstellungen der Kreuzabnahme Christi, gestochen von Gius. Benedetti da Bologna und vom Monaco Pietro da Belluno, wird Gius. Maria B. als Zeichner der Stichvorlagen genannt.

Boni, Biogr. d. Artisti ital. 1840. — Campori, Art. Ital. etc. negli Stati Estensi (1855) p. 61, 321. — Zani, Encicl. III 73. *

Barbieri, Lodovico (zuweilen verwechselt mit Luca B.), italien. Maler und Kupferstecher, 1660—1704 in Bologna tätig; vielleicht zu identifizieren mit einem von Zani erwähnten Savoyarden gleichen Namens, einem Schüler des Andrea Pozzo. In Bologna malte er für S. Gabriele eine Madonna mit Heiligen und für die Chiesa de' Servi einen S. Pasquale. Als Kupferstecher ist er bekannt geworden durch einen seltenen Foliostich in der Art des Pietro Cantarini, darstellend eine Krankenheilung des „B. Pellegrino Laziosi servita“ und signiert „Lod.co Barbieri Invent. et fecit“.

Zani, Encicl. III 72, 290, nota 39. — Bartsch, Peintre-Graveur, XIX 418. — Meyer, Kstlerlex. (mit weit. ält. Lit.). *R.*

Barbieri, Lorenzo, Maler in Fano. Von ihm ein Bild in der Kirche S. Pietro in Valle zu Fano mit der Darstellung des S. Paulus, der den jungen Eutichius erweckt.

Rass. Bibliogr. dell' Arte Ital. I 1898 p. 233 (Scipioni). *Walter Bombe.*

Barbieri, Luca, italien. Maler des 17. Jahrh., nach Malvasia Schüler des A. Tiarini, tätig in Bologna als Gehilfe des Freskomalers Franc. Carboni; in der älteren Literatur mehrfach mit Lodovico B. verwechselt.

Meyer, Kstlerlex. (mit ält. Lit.). *R.*

Barbieri, Niccolò, Architekt aus Ferrara. Von ihm der Bau des Oratoriums S. Teresa daselbst v. 1741.

Avventi, Guida per Ferrara. 1838 p. 150. *Walter Bombe.*

Barbieri, Paolo Antonio, Bruder des Giov. Francesco Barbieri gen. Guercino, geb. am 7. 5. (nach Baruffaldi), getauft am 16. 5. 1603 zu Cento, † 1649 zu Bologna. Einer der italien. Hauptmeister in dem Fache der Stillebenmalerei (Frucht-, Blumen- u. Tierstücke); auch Maler von Landschaften, die sein Bruder mehrfach staffiert haben soll. Fünf Tier- und Fruchtstücke in der Galerie zu Modena, ein Geflügelstück und ein Stillleben (Pflanzen, Pilze, dazwischen lebende Vögel) in der Gall. Nazionale (Pal. Corsini) in Rom, andere ehemals in Privatbesitz in Modena und in der Galerie Costabili zu Ferrara. Von seiner Hand ist das durch Malvasia publizierte, mit dem 4. 1. 1629 beginnende Verzeichnis seiner Werke und der Werke seines Bruders mit Angabe der dafür eingenommenen Summen.

Malvasia, Felsina Pittrice II. — Campori, Gli artisti negli Stati Estensi, p. 56. — Baruffaldi, Vite dei pitt. e scult. Ferraresi. *Posse.*

Barbieri, Pietro, Maler von Ferrara, tätig in der ersten Hälfte des 18. Jahrh., zumeist in Bologna, wo er zum Ehrenmitgliede der Accademia Clementina ernannt wurde, u. in Rom. Fresken und Altarbilder von ihm daselbst in den Kirchen S. Giovanni e Paolo, S. Girolamo della Carità, S. Maria in Araceli und S. Claudio.

Titi, Descrizione delle Pitture etc. in Roma. 1763 p. 77, 118, 194, 350. — Ces. Barotti, Pitt. e Scult. a Ferrara 1770 p. 188. *H. V.*

Barbieri, Pietro Antonio, Maler, geb. 1663 zu Pavia, † 1704, ein Schüler Bastiano Riccis. Bilder von ihm finden sich in verschiedenen Kirchen Pavias.

Bartoli, Not. d. pittor. etc. d'Italia (1777) II 4—58 u. 187. — Lanzi, Stor. Pitt. Ed. 5 (1834) IV 211. — Zani, Enc. met. III 72. *H. V.*

Barbieri, Sebastiano, Ornamentmaler in Bologna, geb. 1720, † 1770; nur erwähnt von Zani, Encicl. III 72. *

Barbieri, Tommaso, Maler aus Modena, um 1636, nur bei Zani (Enc. met. III 71) erwähnt. *H. V.*

Barbieri, Vincenzo, Bildhauer aus Manerbio, tätig in Brescia, wo er um 1556 mit Giacomo Fostinelli und Arone da Fine am Baue des Palazzo Comunale arbeitete und speziell die prächtigen Architrave und Gesimsornamente an der Nordseite dieses Palastes ausführte.

Zani, Encicl. III 71. — Fenaroli, Diz. d. Art. Bresciani (1877) p. 17. — Commentari dell' Ateneo di Brescia 1889, p. 60—89. *

Barbieri, Vittorio, Bildhauer (nach Zani Encicl. met. Bd. 3, p. 72 auch Maler), geb. 1678 zu Florenz. Von ihm das schöne Grabmal des Otto Melani (Sekretärs des Ministers Mazarin unter Ludwig XIV.), in der Kapelle Melani in S. Domenico zu Pistoia. Gori, in den Anmerkungen zu der Vita di Michelagnolo Buonarroti des Condivi, Florenz 1796, rühmt ihn als einen der besten Bildhauer seiner Zeit. Von B. ist auch die marmorne Pietà in S. Trinità (firmiert und datiert 1743), welche er dem zugehörigen Kloster schenkte.

Zani, Enc. met. — Gori, s. oben. — Tolomei, Guida di Pistoia, 1823 p. 122. — Meyer, Kstlerlex. *Walter Bombe.*

Barbieri, Zaccaria, Maler aus Pieve di Cadore, tätig um 1680(?) im Friaul.

Zani, Encicl. III 70. *

Barbiers, Anthony, getauft zu Rousselaere in Flandern am 14. 5. 1676, war der ältere Bruder des in Antwerpen geborenen Balthazar Barbiers, ist also in jungen Jahren wohl schon dorthin übergesiedelt. Auf längeren Reisen soll er sich namentlich große Kenntnis in fremden Sprachen erworben haben, deren er elf sprach. In Rom war er zusammen mit Pieter van Bloemen. Er heiratete in Amsterdam am 4. 4. 1711 (erstes Aufgebot) Geertruy Natrop. Als Maler übte er das historische Fach, aber keines seiner Bilder ist nachzuweisen. In Amsterdam ist er 1726 gestorben.

v. Eynden u. v. d. Willigen II 141, 142. — Oud-Holland III 60. *E. W. Moes.*

Barbiers, Balthazar, Maler in Antwerpen, getauft das. 5. 12. 1685, trat 1703 in die Lehre, wurde 1708 Freimeister, malte 1713 noch jetzt erhaltene Plafondverzierungen im Antwerpener Gemeinderatssaale u. 1715 ebenfalls noch erhaltene Grisaillen (Genien) in der „Tresorierskamer" daselbst. B. heiratete am 2. 7. 1709 und muß 1728 gestorben sein.

Van den Branden, Antwerpsche Schilderschool, p. 1178 ff. **

Barbiers, Bartholomeus, zweiter Sohn und Schüler von Pieter Barbiers, geb. in Amsterdam 1740, † Anfang 1808. Er wurde Landschaftsmaler, hat aber namentlich für die Bühne gearbeitet und Unterricht in Perspektive gegeben. Er malte mit der linken Hand. Aus seiner Ehe mit Johanna Hendrica Kleman ist Pieter Barbiers Barthsz. geboren.

v. Eynden u. v. d. Willigen II 300, 301. *E. W. Moes.*

Barbiers Pietersz., Bartholomeus, Sohn und Schüler von Pieter Barbiers Pietersz., geb. in Amsterdam 1784, † daselbst am 28. 4. 1816. Er hat Landschaften gezeichnet.

v. Eynden u. v. d. Willigen III 50. *E. W. Moes.*

Barbiers, Maria Geertruida, Tochter und Schülerin von Pieter Barbiers Bartholomeusz., zeichnete sich als Blumenzeichnerin aus. 1823 heiratete sie den Maler Pieter de Goeje. † am 30. 1. 1849 in Haarlem.

Immerzeel, De Levens etc. *E. W. Moes.*

Barbiers, Pieter, geb. Amsterdam 1717, lernte Zeichnen bei seinem Vater Anthony, der aber schon 1726 starb. Er übte sich nun nach dessen Skizzen und malte anfangs namentlich Fächer, wofür er eine größere Fabrik gründete. Am 16. 5. 1737 heiratete er Pieternella de Maagd, und um seine sich bald stark vermehrende Familie zu ernähren, fing er auch eine Fabrik von Tapeten, Zimmer- u. Gartendekorationen an, deren er viele für die Landsitze in der Umgebung von Amsterdam lieferte. Eine Folge „Verzameling von verscheide Tuin-gezigten naar Chinees gevolgt, zoogenaamde Grotwerken, Koepels, Kabinetten, Boogen en Zitbanken enz. van nieuwe en vreemde vinding, zoo hier als elders, op Buitenplaatsen gebouwd en geschilderd van Pt. Barbiers" ist von H. Henke in Kupfer gestochen. Er zeichnete sich aber namentlich in vorzüglichen Theaterdekorationen aus, nicht nur für das Amsterdamer, sondern auch für die Theater in Leiden, Haag und Rotterdam. Von den Amsterdamer Dekorationen sind mehrere von C. Philips, C. Bogerts und R. Vinkeles gestochen. Sein großes Interesse für das Theater hatte er auch früher schon gezeigt, als er in seinen Mußestunden ein „Theatrum Artificiosum" oder „Migniatur Theater" anfertigte, das er selber in einer bei Frans Sadelaar in Amsterdam erschienenen Broschüre beschrieb, am 14. 5. 1756 dem Hofe im Haag zeigen durfte, und das danach in der Kalverstraat in Amsterdam für das Publikum zugänglich war. Von seinen gemalten Kabinettstücken scheint nichts übrig geblieben zu sein; erwähnt wird eine Innenansicht der Amsterdamer Reitschule, wozu Lud. Bakhuysen die Pferde malte. Mehrere seiner Zeichnungen sind gestochen; so eine Folge Darstellungen des Theaterbrandes in Amsterdam 1772 (C. Bogerts sc.), zwei Folgen von Bettlern (P. Langendijk und A. Smit sc.) usw. Selber hat er 1766 das Brustbild eines Greises mit Pelzmütze radiert. Er gab Unterricht im Zeichnen und in Perspektive, spielte mehrere Musikinstrumente, war Dichter, namentlich für die Bühne, und schließlich ein ungemein geschickter Gaukler. Er wohnte 1756 in der Anjelierstraat und starb in Amsterdam am 7. 9. 1780. Sein Nachlaß wurde dort am 16. 1. 1781 versteigert. J. E. Marcus hat sein Porträt für van Eynden u. v. d. Willigen gestochen. Außer seinen Söhnen Peter und Bartholomeus werden als Schüler genannt J. P. van Horstok, J. Kamphuysen und J. Hulswit.

v. Eynden u. v. d. Willigen II 141—145, IV 193. — de Roever, Uit onze oude Amstelstad II 38—50. — Mitteilungen von W. R. Veder, Archivar von Amsterdam. *E. W. Moes.*

Barbiers Bartholomeusz., Pieter, Sohn u. Schüler von Bartholomeus Barbiers, geb. Amsterdam am 23. 1. 1772, übte neben der Landschaftsmalerei auch das historische Fach und war ein sehr gesuchter Zeichenlehrer in Haarlem. Seine Zeichnungen mit historischen Darstellungen wurden wiederholt von der Gesellschaft Felix Meritis in Amsterdam preisgekrönt (1804, 1807, 1810). Im Haarlemer Museum ist von ihm eine Szene aus der Belagerung dieser Stadt i. J. 1573. Seine Darstellung der Trümmer der Abtei Rijnsburg (1812) ist von J. P. Visser Bender gestochen. Er heiratete Maria Geertruida Snabilié, selber eine bekannte Blumenmalerin. Er starb am Schlage am 10. 9. 1837 in Haarlem, wo im selben Jahre noch sein Nachlaß versteigert wurde. Einige Aquatintablätter, wovon eines zusammen mit A. Serné, eine radierte Landschaft mit Figurenstaffage und eine größere Zahl lithographischer Versuche bilden sein graphisches Werk. Er war der Vater von Pieter Barbiers Jr. Sein Porträt ist von seinem Sohne auf Stein gezeichnet.

v. Eynden u. v. d. Willigen III 164 bis 166, IV 60, 61. *E. W. Moes.*

Barbiers Pietersz., Pieter, Sohn und Schüler von Pieter Barbiers, geb. in Amsterdam am 26. 10. 1749, bildete sich zu einem tüchtigen Landschaftsmaler aus, malte aber auch viele Zimmerdekorationen (z. B. ein Zimmer im städtischen Archiv zu Haarlem), öfters staffiert mit Figuren von J. Lauwers. Von seinen Landschaften, meistens mit Motiven aus der Umgebung von Haarlem, aus Drenthe und aus Brabant, besitzt das Amsterdamer Museum ein Bauerngehöft bei Helvoirt (Brabant). Sehr zahlreich sind seine Handzeichnungen, außer Landschaften auch vorzügliche Tierstudien, von denen eine große Zahl im Amsterdamer Kabinett ist. 1822 wurde er Mitglied der Kgl. Akademie in Amsterdam. Er starb daselbst am 26. 10. 1842; im nächsten Jahre wurde sein Nachlaß versteigert. Außer seinem Sohne Bartholomeus werden als seine Schüler genannt J. Hulswit, J. Jelgerhuis Rz., C. L. Hansen, D. Kerkhoff und A. J. Ruytenschildt. B.s Porträt wurde 1814 von J. E. Marcus für dessen „Studiewerk" gestoch.; in hohem Alter ist B. bei Immerzeel abgebildet, eine Ganzfigur von J. P. Visser Bender gezeichnet im Amsterdamer Kabinett.

v. Eynden u. v. d. Willigen III 49, 50. — Immerzeel, De Levens etc. *E. W. Moes.*

Barbiers Jr., Pieter, geb. in Haarlem am 27. 4. 1798, Sohn des Pieter Barbiers Bartholomeusz., bildete sich unter Leitung seines Vaters zum Landschaftsmaler. 1823 wurde er Stadtzeichenlehrer zu Zalt-Bommel, 1824 zu Kampen und 1826 Lehrer an der Kunstschule zu Herzogenbusch, wo er bis 1846 blieb. Er war verheiratet mit Maria Agnes Meyerink und starb in Zwolle am 29. 11. 1848. Außer den von Hippert u. Linnig genannten Landschaften existieren noch andere Radierungen seiner Hand, und auf Stein hat er mehrere Porträts gezeichnet, u. a. die seines Vaters und seiner Mutter. Sein gemaltes Porträt ist in der Kunstschule zu Herzogenbusch.

Immerzeel, De Levens etc. — van der Aa, in voce. — Hippert u. Linnig, 62.
E. W. Moes.

Barbiette, Pierre, französ. Maler in Rom, im Januar 1617 daselbst erwähnt.

Bertolotti, Artisti Francesi in Roma. 1886 p. 97. *H. V.*

Barbieur, Jehan le, Archit. in Cambrai, um 1437—39, nur urkundlich bekannt.

Réunion d. Sociét. d. Beaux-Arts. VIII 310, XII 437. *H. V.*

Barbieux, Glockengießer des 18. Jahrh. in Tournay, woselbst in der Kirche S. Jacques bezeichnete Glocken von ihm sind.

L. Cloquet, St. Jacques à Tournay. **

Barbiez, Jacques, aus der Champagne stammend, wird als Stempelschneider in Berlin im 18. Jahrh. genannt. Werke von ihm sind nicht bekannt.

Forrer, Biogr. Dict. of Med. I 123. *N.*

Barbiez, Ludwig Heinrich, Sohn des Medailleurs Jacques B., seit 1741 Stempelschneider an der Kgl. Münze in Berlin, † 1754. Ein Reihe von Medaillen auf Friedrich d. Gr. und dessen Kriegstaten. Signiert L. H. BARBIEZ, BARBIEZ und L. H. B.

Forrer, Biogr. Dict. of Med. I 123. *N.*

Barbillon, Jacques, Maler und Glasmaler in Nantes, zwischen dem 23. 3. 1665 und dem 20. 1. 1676 daselbst urkundlich vorkommend.

Nouv. Archiv. de l'art franç. 3e Série, XIV. 1898, p. 16. *H. V.*

Barbin, Porzellanmaler in Sèvres, malte mit Moriot 1832 ein Tee-Service, welches Napoleon III. 1861 dem Könige von Siam zum Geschenk machte.

Dussieux, Artist. franç. à l'étranger. 3. Aufl. 1876, p. 346. *H. V.*

Barbini, Silvio, wenig bekannter Maler aus Modena, um 1750, Schüler von Antonio Consetti. Ein mit Barbini bezeichnetes Damenporträt in Miniatur wurde mit der Sammlung Jaffé 1905 in Köln verkauft.

Boni, Biografia degli Artisti 1840. *H. V.*

Barbino, Pietro, genannt *Bacco,* Florentiner Bildhauer des 18. Jahrh., nur bei Zani (Enc. met. III 73) erwähnt. *H. V.*

Barbioni, Niccola, Arch. aus Città di Castello, geb. 1637, Schüler des Antonio Gabrielli. Von ihm Bauten in den Klöstern Spirito Santo, Tutti Santi und S. Pietro in Città di Castello, ferner der Bau der Kapelle des S. S. Sacramento im Dom daselbst (in der Form des griech. Kreuzes), des Campanile am Dom, der Fassade des Palazzo apostolico in Piazza Vitelli. Gemeinsam mit seinem Lehrer Ant. Gabrielli begann er 1669 den Bau der Madonna di Belvedere (gleichfalls in der Form des griech. Kreuzes, die Kuppel flankiert von zwei Glockentürmen) 1684 vollendet. Diese Kuppel, wie auch die von ihm 1683 vollendete Kuppel des Doms, litt schweren Schaden bei dem Erdbeben von 1789. Sein letztes Werk in Città di Castello war die Portikus vor der Kirche S. Giovanni Battista der Minori Osservanti, 1687 beendet. Er wurde dann an den Hof des Großherzogs von Toskana berufen, aber noch bevor er dort seine Tätigkeit beginnen konnte, starb er am 29. 8. 1688 und wurde in der Servitenkirche S. Maria delle Grazie begraben. — Barbioni war gelegentlich auch als figürlicher Zeichner tätig und lieferte z. B. Kartons für die Malereien an der Decke und an den Wänden der Kirche der Brüderschaft S. Sebastiano, welche von dem mittelmäßigen Maler Gius. Gasparini ausgeführt wurden. Auch als Schriftsteller ist B. tätig gewesen. Er ist Verfasser des nur lokalgeschichtlich interessanten Diario Sacro de' notabili di Città di Castello.

Titi, Ammaestramento ecc. nelle Chiese di Roma p. 439—442. — Mancini, Istr. Stor. Pitt. di Città di Castello, 1832, I 65, 174, 267, 293, 298, II 177 (daselbst Lebensskizze). — Meyer, Kstlerlex. *Walter Bombe.*

Barbizet, A., französ. Emailleur, lieferte seit 1850 Imitationen nach Palissy, sowie eigene Kompositionen in diesem Genre, besonders Jardinieren, aber auch andere Fayencen und moderne Majoliken, meist in stark barockem Geschmack. Seine Arbeiten zeichnen sich sämtlich durch gute Modellierung aus, während seine Farben oft flau und geschmacklos sind. Seine Erzeugnisse sind teils unbezeichnet, teils mit B. V. gestempelt.

Jaennicke, Grundr. d. Keramik 1879, p. 839. — Gazette d. beaux-arts 1859 I 315, 1865 II 376, 1874 II 235, 315, 316. *H. V.*

Barbò, Maria Felice (eigentlich Clara), Miniaturmalerin, Schwester im Kloster S. Quirico zu Cremona, geb. daselbst 1700, † am 13. 7. 1734, Schülerin des Angelo Masseroti. In Cremona fanden sich vor wenigen Jahrzehnten im Privatbesitz noch Arbeiten von ihrer Hand.

Grasselli, Abecedario etc. — Meyer, Kstlerlex. *H. V.*

Barbona, Pietro di (in den Akten Petrus Borbon, oder Barbon Italus, Murator), italien. Baumeister in Lemberg, im 16. Jahrh. tätig. Wahrscheinlich aus der Gegend von Padua. † 1588 in Lemberg. Arbeitete eine Zeitlang im Verein mit Paolo Romano. Sein Monumentalwerk ist der Turm der Walachischen Kirche in Lemberg (vollendet 1580), eines der gelungensten Baudenkmäler der Renaissancearchitektur in Polen. Ferner das Korniakt-Haus am Lemberger Ringplatz, später Eigentum des Königs Joh. Sobieski.

Wł. Łozinski, Sztuka lwowska. Lwów 1898. *Z. Batowski.*

Barboni, Matteo, reproduzierender Kupferstecher, nach Zani (Enc. met. III 74) auch Maler, geb. zu Bologna, arbeitete gegen Ende des 18. Jahrhunderts in Spanien und um 1810 in Rom. Er stach nach Poussin, Claude Lorrain u. a.

Meyer, Kstlerlex. III. *H. V.*

Barbonnois (Bourbonnois), François,

Maler aus Nancy, tätig daselbst, † am 22. 8. 1636, nur urkundlich bekannt.

Réunion d. Sociét. d. Beaux-Arts. XXIII 402/03. *H. V.*

Barbor, Lucius, schwed. (?) Miniaturmaler des 18. Jahrh. in London, gerühmt wegen seiner geschickten Miniaturporträts sowohl in Aquarell wie in Ölmalerei und in Email, stellte in den Spring Gardens Exhibitions, 1763—66 in der Society of Artists aus. Er starb am 7. 11. 1767. — Zwei Selbstporträts eines Mr. Barbor werden von Williamson, History of Portr. Miniatures, II 138 erwähnt. **

Barborini, Domenico, Gießer in Parma, wo er 1763—81 zahlreiche Glocken ausführte für die Kirchen S. Basilide, S. Maria del Carmine, S. Vitale und dei Serviti in Parma, sowie für die Pfarrkirchen zu Marano und Soragna. *St. Lottici.*

Barbosa, Albino Pinto Rodrigues, Maler, Portugal, war auf der Dezennalausstellung in Paris 1900 mit Porträts auf Fayence vertreten. — Eine Mme *A. V. Barbosa,* Malerin in Lissabon stellte im Pariser Salon 1898 ein Gemälde: Matin de la Saint-Jean aus.

Katal. d. beiden Ausst. *A. Haupt.*

Barbot, Gabriel, Maler in der Gemeinde Saint-Pierre de Saumur, zwischen 1684 und 1693 urkundlich vorkommend.

C. Port, Les Artistes angevins. *H. V.*

Barbot, Jean-François, französ. Bildhauer in Caen, urkundlich erwähnt 1775—83.

Réunion des soc. des B.-Arts des départements 1899, p. 93. *S. Lami.*

Barbot, Mathieu, Dekorationsmaler in Nantes, malte 1551 für den feierlichen Einzug Heinrichs II. und der Katharina von Medici Figuren zum Schmucke von Schaugerüsten und Bühnen, die hier aufgerichtet wurden.

Nouvelles Archives de l'art franç. tom. XIV (1898). *H. Longnon.*

Barbot, Pierre, s. *Barbade,* Pierre.

Barbot, Prosper, französ. Landschaftsmaler in Le Caire bei Nantes, geb. in Nantes 1798, Schüler von Watelet und Jules Coignet, stellte in den Pariser Salons fast alljährlich 1827—1840, anfangs hauptsächlich italienische Landschaften aus. Im Mus. zu Nantes 2 Bilder von ihm: Antiker Aquädukt bei Tivoli (1833) und Wald bei Woodstock (1833), im Mus. zu Angers: Umgegend von Dieppe (1835).

Bellier-Auvray, Dict. gén. — Invent. gén. d. rich. d'art, Prov. Monum. civ. II 11, 12, III 12. *H. V.*

Barbotin, William, Maler, Bildhauer und Radierer in Paris, geb. in Ars-en-Ré (Char. Infér.) am 25. 8. 1861, Schüler von Bouguereau, Robert-Fleury u. a. Er debütierte im Pariser Salon 1880, wo er auch 1891, 94 und 96 Radierungen und Skulpturen ausstellte. Das Museum von La Rochelle hat von ihm „Paysan et Paysanne". Eine seiner delikaten Radierungen nach Prud'hon abgebildet in der Revue de l'art anc. et mod. 1903, II 364.

J. Martin, Nos peintres et sculpteurs, Paris 1897. — Kataloge der Salons. **

Barbotti, Paolo, Maler in Pavia um 1850; ausgebildet an der dortigen Kunstschule unter der Leitung Giacomo Trecourts, malte Ende der 50er Jahre des vorigen Jahrh. ein großes Ölgemälde, darstellend den hl. Epiphanius, Bischof von Pavia.

G. d. C., Illustr. di un gran quadro di Barbotti (Pavia 1858). *E. Verga.*

Barbudo-Sanchez, Salvador, span. Maler, geb. 1858 in Xeres de La Frontera (nach And. in Sevilla); ausgebildet durch José Villegas, ließ er sich dauernd in Rom nieder und widmete sich dort hauptsächlich der Interieur- und Bildnismalerei. Unter seinen Gemälden sind hervorzuheben: Das Fest des Erlösers, Ein Gala-Konzert, Genesung, Atelierinterieur usw. Ein 1886 in Mailand prämiiertes Hamlet-Gemälde dieses Künstlers wurde für das Mus. zu Barcelona angekauft.

L'Art en Italie 1885, No. 47, p. 3—16. — Gubernatis, Diz. d. Art. Ital. viventi (1889). — A. G. Temple, Modern Spanish Painting, London, 1908, p. 97.

Barbulis, Giuseppe de, Maler des 16. Jahrh. in Bergamo, nur erwähnt bei Locatelli, Illustri Bergamaschi II (1869) 271. *

Barbut, James, Insektenmaler in London, stellte 1777—86 zahlreiche Bilder in der Roy. Academy aus.

Graves, The Roy. Acad. of Arts 1905, I 110.

Barbut, Salomón, jüd. Goldschmied in Barcelona. Im Mai 1349 verpflichtet er sich, für das Kloster der Augustiner-Eremiten ein silbervergold. Reliquiarium auszuführen. Er scheint 1361 gestorben zu sein.

Viñaza, Adic. I 22. *M. v. B.*

Barbut-Davray, Luc, französ. Maler, geb. im Oktober 1862 zu Nimes, Schüler Cabanels während seines fünfjährigen Studiums an der Pariser Ecole des B.-Arts. Seine ersten Arbeiten waren Porträts und Historienbilder wie David vor Saul (Pariser Salon 1888), Biblis (Salon 1895) etc., aus denen zunächst noch die streng akademische Schulung spricht. Späterhin dagegen wandte sich B. der Genre- und Interieurmalerei zu, in der er ausgezeichnete Werke voll Leben und Charakter schuf. Mehrere derselben wurden auf den Ausstellungen zu Reims, Nimes und Angers prämiiert, auch für deutsche (Berliner), englische und amerikanische Privatsammlungen angekauft. Das Charakteristische in seiner Kunst ist sein sorgfältiges Studium von Luft und Licht in intimen Ausstattungen.

Pariser Salonkataloge seit 1885. *G. Geffroy.*

Barbuzza, Matteo, sizil. Maler, der 1465 für einen gewissen Marco Burza ein Altarbild zu malen hatte.

Di Marzo, La Pittura a Palermo, p. 81. *E. Mauceri.*

Barby, Johann (Matthaeus), Bildhauer in Breslau, Sohn des Zimmermeisters Matthaeus Barby in Altenburg i. Sachs., heiratet am 12. 10. 1723 Anna Margareta, die Tochter des Breslauer Kupferstechers Johann Oertl. Stirbt vor 1741; am 20. 10. 1741 wird seine Witwe begraben. *E. Hintze.*

Barca, Architekt, seit 1809 Hofbaumeister in Ludwigslust an Seydewitz' Stelle; vollendet 1817 den Turm der katholischen Kirche daselbst (Weihe am 18. 8. 1817) und entwirft die Zeichnungen zur Kanzel und zum Beichtstuhl. Ferner stammen von ihm der Rathausneubau in Wismar (1817/19), „ein etwas schwerer Bau klassizierenden Stils", sowie wahrscheinlich auch das Mausoleum der 1808 verstorbenen Herzogin Louise zu Ludwigslust.

Die Kst.- u. Geschichts-Denkm. d. Großherzgt. Mecklenburg-Schwerin. 2. Aufl. (1900) II 176, III 262, 268. *H. V.*

Barca (Barcha), Ettore, Architekt aus Mailand, um 1580, nur bei Zani (Enc. met. III 74) erwähnt. *H. V.*

Barca (oder Barchi), Giovanni Battista, Maler aus Mantua, hauptsächlich in Verona tätig, in der ersten Hälfte des 17. Jahrh.; vielleicht ein Schüler Dom. Fetis. Er gehörte in Verona zu den geschätztesten Malern jener Zeit und wurde zum Cavaliere ernannt. Für die Kirche S. Fermo in Verona malte er eine Pietà, für S. Maria della Scala ebenda eine Madonna mit Heiligen und das Martyrium der hl. Crispin und Crispinian; andere Gemälde von seiner Hand in den Kirchen S. Bernardino, S. Niccolò, S. Maria Antica, in der Pinacoteca comunale (Besuch der Maria bei Elisabeth), sowie in Kirchen der Umgebung Veronas (Illasi, Volargne, Avio, Lonato, Concamarise). 1650 war B. noch am Leben.

Meyer, Kstlerlex. (mit ält. Lit.). — Zannandreis, Vite dei pitt. etc. Veroni (ed. G. Biadego, 1891). *L. Simeoni.*

Barca, Giuseppe, Architekt von Mailand, um 1617—1639, Neffe des Pietro Antonio Barca. Die alte Kirche S. Romano in Mailand wurde nach seinen barocken Plänen restauriert.

Meyer, Kstlerlex. *H. V.*

Barca, Joh. Petrus, Baumeister aus Porletia im Mailändischen, stellte 1574—1582 das Kloster- und Kirchengebäude zu Bruck bei Znaim wieder her. Er wurde von dem dortigen berühmten Abt Freytag von Cziepiroh als ingeniosus architectus bezeichnet und zum Stiftsbaumeister ernannt.

Schram, Der Abt von Kloster-Bruck Freytag von Cziepiroh. S. 6 u. Zeitschr. d. deutsch. Ver. f. die Gesch. Mährens und Schlesiens, 1897, 3. Heft, S. 107 f. *W. Schram.*

Barca, Pietro Antonio, Architekt in Mailand, beteiligte sich 1600 an der Konkurrenz für den Bau der Fassade des Mailänder Domes. Die Konkurrenzarbeiten (Modelle und Zeichnungen) werden im Mailänder Dome aufbewahrt. Eine Schrift Barcas über die bürgerliche und Kriegs-Baukunst erschien 1620 in Mailand.

Meyer, Kstlerlex. III. — Mothes, Bauk. d. Mittelalt. in Italien 1883 p. 507 (Anm.). — Arch. Stor. Lomb. ser. 2 XIII 298—362. — Arte e Storia XXI 39—41. *H. V.*

Barca, de la, s. *Calderon* de la B.

Barcaglia, Donato, ital. Bildhauer, geb. in Pavia am 1. 12. 1849, tätig hauptsächlich in Mailand, wo er unter der Leitung des A. Sangiorgio an der Akademie ausgebildet wurde. Sein Erstlingswerk war die „Il ritorno dalla vendemmia" betitelte Aktstatue eines Jünglings (im Palazzo Reale zu Mailand). Nachdem er in Rom seine Studien beendet hatte, errang er sich 1875 in der Florentiner Kunstausstellung die große goldene Medaille mit einer Gruppe „Junges Mädchen, von Amor geblendet". Seine in Philadelphia prämiierte Gruppe „Das Leben versucht den Lauf der Zeit zu hemmen" wurde für das Museo Civico zu Triest angekauft, ebenso seine Statue „La Vergogna". In Boston wurde seine Gruppe „Seifenblasen" prämiiert. Sein Meisterwerk ist eine 1902 in Petersburg durch die große goldene Medaille ausgezeichnete Athletenstatue. Auch seine Gruppe „Großvaterfreuden" wurde 1904 in Petersburg prämiiert. Größere Monumentaufträge hatte der Künstler auszuführen für Mailand, Triest, Fiume, London u. Warschau. Neuerdings wurde er für Entwurf u. Ausführung des grandiosen Ossariums bei Melegnano (für die Gefallenen vom 8. 6. 1859) vom König von Italien zum Commendatore u. vom Präsidenten der französ. Republik zum Ritter der Ehrenlegion ernannt.

Gubernatis, Diz. d. Art. Ital. viventi (1889). — Natura ed Arte, 1903—4, II 202; 1905—6, II 321 ff., 371 ff. — L'Arte all' Esposiz. di Torino 1898, No. 22, p. 170. — Zeitschr. f. bild. Kunst XVI 365. — Kunst f. Alle III 233. *E. Verga.*

Barcás, D. Salvadore de, Töpfer, der im 18. Jahrh. in Sevilla feines Steingut, eine Art von Porzellan, herstellte.

Gestoso, Artif. Sevill. I 74. *M. v. B.*

Barcatta, Fabian P., zurzeit Franziskanermönch zu Kaltern, verfertigte 1907 die Porträtbüste des Erzherzogs Heinrich in Marmor und ein Modell für das Speckbacher-Denkmal am Berg Isel. Er ist ein geborener Bozener. *Dr. Franz Innerhofer.*

Barceló, Joaquin Garcia, span. Maler, geb. in Valencia, † am 30. 3. 1879 in Madrid, wo er Lehrämter an der Acad. de San Fernando und am Conservatorio de Bellas

Artes bekleidete. Unter seinen Gemälden sind erwähnenswert mehrere Porträts der Königin Isabella II. (im Justizpalaste zu Madrid, im Ayuntamiento zu Talavera und in der Infanterieschule zu Toledo) sowie das Kolossalbild „Die Virgen del Carmel als Retterin der Seelen aus dem Fegefeuer".

Alcahali, Diccion. biogr. de art. valencianos (1897). *P. Lafond.*

Barceló, Miquel, Bildhauer in Palma auf Mallorca um 1682.

Viñaza, Adic. II 48. *M. v. B.*

Barcelon, Juan, Kupferstecher in Madrid in der zweiten Hälfte des 18. Jahrh. Stach (gemeinsam mit Nic. Barsanti) 24 Blatt nach Luca Giordanos Fresken im Palast Buen Retiro (nach Zeichnungen Castillos), das Porträt des Juan de Torquemada (nach J. Maëa) und 2 Blatt für die 1780 in Madrid erschienene Ausgabe des Don Quijote.

Meyer, Kstlerlex. III 12. △

Bárcena, Gonzalo de la, span. Baumeister, gebürtig aus Guënnes in den Bergen von Santander, um 1585 in Valladolid tätig. Er baute zwischen 1583 und 1631 einen Brunnen im Schlosse Simancas in Altcastilien nebst der dazu gehörigen Wasserleitung und erneuerte den von Juan de Cerecedo († 1568) aufgeführten Aquäduct de los Pilares bei Oviedo.

Llaguno y Amirola, Noticias. II 330, III 96. — Martí y Monsó, Estud. hist. artist. 561. △

Barcet, Désiré, französ. Bildhauer in Lyon; ausgebildet an der dortigen Ecole des B.-Arts und unter der Leitung Caveliers in Paris, figurierte B. seit 1888 im Pariser Salon mehrfach als Porträtbildhauer und erzielte 1893 eine „mention honorable" mit einer Gipsgruppe „Ismael".

Pariser Salonkataloge seit 1888. *S. Lami.*

Barch, s. *Barck* u. *Bark.*

Barcha, s. *Barca.*

Barchetta, Andrea, s. *Borghetta,* Agostino.

Barchi, s. *Barca.*

Barchmann (Berchmann, Borchmann), Jacob, Glaser in Bremen, wurde 1614 Meister und starb 1644. Laut Reederbuch von 1617 u. ff. lieferte er mehrfach Wappenfenster, 1641 auch eines für den Dom im Werte von 88 Mark.

Focke, Bremische Werkmstr., p. 8. *Hs. L.*

Barchmann, Sivert, Lüneburger Grapengießer, goß laut Inschrift 1540 den bronzenen Taufkessel der ehemaligen Lambertikirche zu Lüneburg, der heute im Chor der Johanniskirche daselbst steht. Wahrscheinlich sind von ihm auch einige für die Stadt Lüneburg gegossene, mit S. B. und der Jahreszahl 1534 bezeichnete Geschütze.

Mithoff, Mittelalterl. Kstler. u. Werkm. Nieders. u. Westf., 2. Aufl. 1885. — Kunstdenkmäler d. Prov. Hannover. III. Reg.-Bez. Lüneburg. Heft 5 u. 6, p. 122, 129. *H. V.*

Barchmann, Valentin, Lüneburger Erzgießer, goß 1553 eine Uhrglocke für die (jetzt abgebrochene) Lambertikirche daselbst, 1560 eine Schelle für den Heiligengeistturm (hängt heute im Turm der Nikolaikirche), sowie mehrere Geschütze in den Jahren 1542—1574. Seine Initialen V. B. auf einer Bronzetafel von 1554 an einem der Garlopenhäuser in Lüneburg.

Mithoff, Mittelalterl. Kstler. u. Werkm. Nieders. u. Westf., 2. Ausg. 1885. — Kunstdenkmäler d. Prov. Hannover. III. Reg.-Bez. Lüneburg. Heft 5 u. 6, p. 154, 310. *H. V.*

Barchof, Hans, Glockengießer goß laut Inschrift 1555 eine Glocke für die Kirche zu Ivenack in Mecklenburg und wahrscheinlich noch eine zweite Glocke daselbst.

Mithoff, Mittelalterl. Kstler. Nieders. u. Westf., 2. Ausg. 1885. *H. V.*

Barci, Andrea, Goldschmied in Vicenza, ziselierte um 1730 die Messingplatten, welche die südliche Eingangstür von S. Antonio in Padua zieren, mit heiligen Geschichten. Man liest darauf sein Monogramm A. B.

Moschini, Guida di Padova. p. 18, 252. — Gonzati, S. Antonio di Padova. I 191. — Meyer, Kstlerlex. *H. V.*

Barcia y Pavon, Angel, span. Maler, geb. in Cordova. Ausgebildet an der Academia de San Fernando zu Madrid, debutierte er 1858 in der Provinzialausstellung zu Cadiz mit einer Landschaft mit Staffagefiguren und beschickte dann bis 1871 die Madrider Kunstausstellungen mit Gemälden wie „Tintoretto an der Leiche seiner Tochter", „Sub umbra illius", „Eine Synagoge", „Heilige Familie", „Hl. Hieronymus und Erzengel Raphael", „Darstellung der Jungfrau Maria im Tempel". — Späterhin trat B. in einen Mönchsorden ein und widmete sich dem Kunstunterrichte und der Kunstkritik. An der Biblioteca Nacional zu Madrid war er Vorsteher der Abteilung für die bildenden Künste.

Ossorio y Bernard, Galeria biogr. de art. españoles del siglo XIX (1883—84). *P. Lafond.*

Barck, Nils Ivan Joakim, Graf, schwedischer Künstler, geb. in Malmö am 30. 12. 1863, seit der Kindheit in Paris wohnhaft, machte sich in den „Salons" durch Küstenmotive aus Nordfrankreich bekannt: Das Rettungsboot sticht in See (1897), Marine (1900) u. a. Er hat sich indessen besonders in der angewandten Kunst ausgezeichnet und viele verdienstvolle Arbeiten in gebranntem Ton ausgeführt. Eine Kollektion solcher Arbeiten stellte er auf der Weltausstellung 1900 aus und erhielt die silberne Medaille. Er ist vertreten im Stockholmer Nationalmuseum.

G. Nordensvan.

Barck, s. auch *Bark.*

Barcke, Francesco di Francesco aus Antwerpen, Maler in Perugia. Erhielt 1578 das Peruginer Bürgerrecht. Am 3. 9. 1580 wurde er in die Peruginer Malergilde aufgenommen und 1590 starb er. In der Kapelle des Hl. Gregorius im Klosterhofe von S. Pietro malte er 1578 die Jungfrau Maria mit S. Cecilia, S. Agata, S. Ildefonso und S. Bernardo Abate. Diese Malereien sind mit der Kapelle zerstört worden.

Mariotti, Lettere pittor. perug., Perugia 1788 p. 70. — Rassegna bibl. dell' arte II p. 212 (Mazzatinti). *Walter Bombe.*

Barckhan (Barkhan), Johann Hieronymus, Maler und Lithograph in Hamburg, geb. am 25. 3. 1785, lebte 1855 noch. Er lernte bei seinem Onkel Joh. Ad. Koch aus Hildesheim, später bei G. Hardorff. 1805 bis 1807 ermöglichte ihm ein Stipendium der Patriot. Gesellschaft das Studium in Dresden unter Graff und Schubert. 1821 war er wieder in Hamburg und lithographierte „Aussicht von Itzehoe". Seit 1822 Zeichenlehrer am Hamburger Waisenhause. Bildnisse in Pastell, Steindruck und Öl. 1828 Pastor Noodt für die Petrikirche. Miniaturen des Kaufmanns Kinnecke u. seiner Frau (Kunsthalle). Viele Wappen für die Wappenbücher der bürgerlichen Deputationen. Porträts in Lith.: J. C. Gläser (1829); R. D. Prale (1833); Schenkwirtin Marianne und Erbprinz von Oldenburg.

Hamb. Kstlerlex. — E. Zimmermann, Gesch. d. Lith. in Hamburg. 29. *E. Benezé.*

Barckhaus, s. *Barkhaus.*

Barckhuis, Joost. Einige 1729 von ihm gemalte Porträts sind in holländischem Privatbesitz.

Moes, Iconographia Batava No. 4336—4338. *E. W. Moes.*

Barckhuysen, J. B., vläm. Goldschmied und Edelsteinschneider, 18. Jahrh. Seine Signatur befindet sich auf einer großen Silberdose in der ehemal. Samml. Perlbach in Hamburg, deren Deckel, eine Perlmutterplatte, in geschnittenem Relief eine Darstellung des Parisurteiles zeigt. Drei weitere Arbeiten von ihm, zwei Basreliefs und ein Bürstenrücken mit einer Diana- und Actaeon-Szene im Pariser Privatbesitz.

Katal. d. Sammlgn. J. H. Perlbach zu Hamburg, Köln 1899 No. 842. — Maze-Sencier, Livre d. Collectioneurs, Paris 1885 p. 654. *H. V.*

Barclay, Edgar, engl. Landschafts- und Figurenmaler und Radierer in Hampstead, war 1864 Schüler von Schnorr in Dresden, studierte 1874—75 in Rom, und stellte seit 1869 bis in die letzten Jahre fast regelmäßig seine einfachen, kraftvollen, oft an Millet erinnernden Landschaften mit wirksamer Figurenstaffage aus dem Volksleben in der Roy. Academy aus. — Eine seiner stimmungsvollen Radierungen bringt das Art Journal 1894 p. 266.

The Art Journal 1894 p. 266. — Graves, The Roy. Acad. of Arts I 111. — The Years Art. — Catal. de l'expos. décennale des b.-arts, Paris 1900. — Catal. du Salon 1885. — Notizen von Dr. F. Noack in Rom. **

Barclay, Hugh, Miniaturmaler, geb. in London 1797, tätig daselbst und in Paris, wo er im Louvre die großen italien. Meister kopierte. Er starb 1859.

Redgrave, Dict. of artists. **

Barclay, J. M., schott. Porträtmaler, geb. in Perth, tätig in Edinburgh, Mitglied der Roy. Scottish Academy seit 1871, stellte 1850—75 eine Reihe von Porträts hervorragender Persönlichkeiten der engl. Gesellschaft in der R. Academy in London, später meist in Edinburgh aus. Er muß um 1887 gestorben sein.

Clement and Hutton, Artists of the 19th century. — Graves, The Roy. Acad. of Arts, II 111. — The Studio 1907: Royal Scottish Academy. **

Barclay, William, Miniaturmaler in Tottenham in Middlessex, war 1764—69 regelmäßig mit mehreren Porträtminiaturen (auch nach antiken Gemmen) in den Ausstellungen der Free Society in London vertreten.

Graves, The Society of Artists of Great Britain 1760—91 etc., London 1907 p. 21. **

Barclay, William, Miniaturmaler in London, stellte von 1832—1856 eine lange Reihe von Porträtminiaturen in der Roy. Academy aus.

Graves, The Roy. Acad. of Arts, I 111. **

Barco, Alonso, Kunstschmied in Valladolid, welcher im Anfang des 16. Jahrh. an der Reja des Chors der Kathedrale in Palencia arbeitete.

Viñaza, Adic. II 48. — Zarco del Valle, Docum. S. 364. *M. v. B.*

Barco, Alonso del, Maler, geb. in Madrid 1645, † daselbst 1685. Schüler des Josef Antolinez, wendete sich von der Historienmalerei später ausschließlich der Landschaftsmalerei zu, in welcher er zu ziemlichem Rufe gelangte. Von seinen Bildern befinden sich die meisten in span. Privatsammlungen.

Palomino, El museo pict. III 609. — Cean Bermudez, Dicc. I 92. △

Barco, Gabriel del, Fliesenmaler, Portugal, 17. Jahrh. Von ihm sind in der Kapelle des Landgutes der Familie Cordes bei der Kirche von Barcarena die Wände mit blauer Fliesenmalerei geschmückt. Diese stellen dar: die Taufe S. Johannis, und diesen Heiligen in der Wüste; sonst Ornamentwerk mit Kindern. Links vom Eingang liest man: D. Gabriel del Barco F. 1691 (92?). — In der Kirche S. Thiago zu Evora sind schöne Fliesenmalereien, die Geschichte des verlorenen Sohnes darstellend, bez.: Gabriel del Barco 1699. In der Kirche S. Bartholomeu da Charneca sind ebenfalls zwei Fliesenbilder von ihm, eines bez.: G.el B.co F. 1699.

Bei der ungeheuren Verbreitung besonders blauer Fliesenmalereien aus dem 17. und 18. Jahrh. in Portugal, mit denen Kirchenwände innen und außen, wie auch die Wände von Zimmern und Sälen bedeckt waren, sind die sehr spärlichen Namen von solchen Malern von Wichtigkeit.

Sousa Viterbo, Noticia de alguns pintores portuguezes, Lissabon 1903. *A. Haupt.*

Barco, Garcia del, span. Maler aus Avila, verpflichtete sich im Okt. 1476, in Gemeinschaft mit Juan Rodriguez aus Béjar im Palast des Herzogs von Alba in Barco de Avila verschiedene Räume auf maurische Weise auszumalen.

Cean Bermudez, Dicc. VI 59—61. *M. v. B.*

Barco, Juan del, Kunstschmied in Valladolid. 1596 liefert er ein Gitter für die von Luis de Mercado gestiftete Kapelle S. Jacinto im Kloster S. Pablo in V.; 1601 empfängt er eine Zahlung für 8 Balkons, die er in dem Kloster S. Pablo ausgeführt hat; 1616 übernimmt er die Anfertigung zweier Gitter für 2 Kapellen der Kirche S. Maria la Real delas Huelgas, die nach Entwürfen des Francisco de Prades angefertigt werden sollen.

Martí y Monsó, Estud. hist. artist. passim. *M. v. B.*

Barco, Pedro del, Kunstschmied in Valladolid. 1608 liefert er ein eisernes Kreuz für das Dach der capilla de S. Catalina in Valladolid, 1635 das Gitterwerk für die Kirche S. Maria de la Espina ebenda.

Martí y Monsó, Estud. hist. artist. 186, 231. *M. v. B.*

Barcone, s. *Bargone.*

Bard, Jean Auguste, Historien-, Genre- und Porträtmaler in Paris, geb. daselbst am 15. 1. 1812, Schüler von Paul Delaroche und Ingres, stellte in den Pariser Salons 1831 bis 1861 wiederholt aus. Im Museum des Louvre befindet sich von ihm eine Madonna mit dem Christuskinde (1841).

Bellier-Auvray, Dict. gén. *H. V.*

Bard, Nicolas Vernier, französ. Bildhauer, geb. 1721 in Ornans (Doubs), tätig um 1750 in Besançon.

Gauthier, Dict. des art. franc-comtois. *S. Lami.*

Bard, Olivier, s. *Bart.*

Bardanelli, Jacopo, goß laut Inschrift im Jahre 1400 eine Glocke der Kathedrale zu Andria.

Schulz, Denkm. d. Kst. des MA in Unteritalien I 152. **

Bardault, s. *Bardoul.*

Bardaxi, Francisco, katalan. Maler in Barcelona, erwähnt 1516.

Sanpere y Miquel, Cuatroc. Catal. I 8. *M. v. B.*

Barde, Joseph, Goldschmied, geb. 1715 in Grenoble, tätig in Nancy, † daselbst am 26. 2. 1785. Er war Hofgoldschmied des Königs Stanislas Leczinski. 1769 hatte er für das Damenkloster in Nancy 2 massiv silberne Leuchter zu machen.

Réunion d. sociétés d. b.-arts XXIX 489. **

Barde, Leroy, vicomte de, s. *Leroy.*

Bardel, Louis Thomas, französ. Genre- und Militärmaler, geb. in Paris am 2. 2. 1804, Schüler der École des Beaux-Arts, stellte in den Salons 1833—1841 wiederholt aus.

Bellier-Auvray, Dict. gén. *H. V.*

Bardelle, Léon-R., französ. Bildhauer, geb. in Limoges; ausgebildet unter Bonnassieux, Dumont und Thomas, hat B. seit 1891 im Pariser Salon zahlreiche Bildnisbüsten ausgestellt und ist 1895 für seine Gipsstatue „Désespoir" mit einer 3. Medaille prämiiert worden.

Pariser Salonkataloge seit 1891. *S. Lami.*

Bardelli, Alessandro, Maler, geb. 1583 zu Uzzano bei Pescia, 1633 wegen eines Liebeshandels getötet. Er arbeitete in der Manier der Guercino und Curradi, welch letzterer vermutlich sein Lehrer war. Für das früher dem Margaritone zugeschriebene, aber dem Bonaventura Berlinghieri gehörige Gemälde in der Kathedrale von Pescia, das den hl. Franziskus darstellt, malte er friesartige Randbilder (Die Tugenden des Heiligen), oben eine Engelglorie; in der Taufkapelle derselben Kirche die Taufe Christi.

Zani, Encicl. met. III 76. — Lanzi, Stor. Pitt. 4. Ed. I 251. — Crespi, Descr. delle pitt. etc. di Pescia. p. 25. — Meyer, Kstlerlex. *H. V.*

Bardellini, Pietro, neapolit. Maler des 18. Jahrh.

Napoli Nobiliss., VIII 25; IX 73, 125; X 4, 23.

Bardenwerper, Goldschmiedefamilie der 2. Hälfte des 16. Jahrh. in Braunschweig, deren Vertreter: *Epiphanius, Hans, Hennig* und *Zacharias* nur urkundlich bekannt sind.

Mithoff, Mittelalt. Kstler. u. Werkmstr. Niedersachs. u. Westf. 1885. *H. V.*

Bardery, Louis Armand, französ. Bildhauer, geb. in Neuilly-sur-Marne, ausgebildet unter Thomas, Injalbert und Vital Cornu, errang im Pariser Salon 1905 eine „Mention honorable" mit seiner Gipsstatue „Première désillusion".

Pariser Salonkataloge seit 1905. *S. Lami.*

Bardewiek, Wilhelm, Maurermeister in Glückstadt (seit 1739), später kgl. Bauinspektor daselbst, geb. daselbst 1715, † am 25. 1. 1778. Von ihm die neue Kirche in Breitenberg (1764—68), die St. Georgskirche in Horst (1768—1771, 1861 restauriert) und das neue, von Mose 1851—53 umgebaute Herrenhaus in Heiligenstedten.

Bau- u. Kunstdenkmäler d. Prov. Schleswig-Holstein II 445, 468, 476; III, I. Teil, Kstler.-Reg. *H. V.*

Bardey, Auguste, französ. Bildhauer, geb. in Beaume-les-Dames (Doubs), Schüler Dumonts in Paris, † daselbst 1876. Von seinen Werken sind erwähnenswert: „Le berger Tircis" (1869, Marmorstatue) und „Le barbier du roi Midas" (1876, Gipsstatue).

Bellier-Auvray, Dict. gén d. artistes. — Lavigne, État civ. d. art. français. *S. Lami.*

Bardey, Louis, französ. Maler u. Dekorateur, geb. am 1. 10. 1851 in Lyon, seit 1867

Schüler der dortigen Ecole des B.-Arts unter Bonirote, Guichard u. L. Charvet, arbeitete nach Vollendung seiner Studien für die Lyoner Seidenindustrie sowie für die Architekten André u. L. Charvet und zeichnete Dekorations- und Möbelentwürfe für das Geschäftshaus Flachat et Cochet. Den Lyoner Salon beschickte er 1872 mit einer Bildniszeichnung (Portrait de Dardel), 1874 mit einer Landschaft. Um 1880 etablierte er sich in Lyon als Dekorateur und hat seitdem für Lyon und Umgegend eine große Anzahl Entwürfe für verschiedene Industrien, für Webereien, für Architektur, Möbel, Bucheinbände, Goldschmiedewaren etc. geliefert. Seit 1897 Professor für dekorative Kunst an der Lyoner Ecole des B.-Arts, hat B. durch sein Wissen und seine eigenartige Begabung für Dekor zur Erneuerung der alten Stilformen beigetragen. Häufig stellt er in seinen Kompositionen die natürlichen Blumenformen den dekorativen Formen gegenüber. In der Lyoner Kunstgewerbeausstellung 1883 erhielt er eine Große Medaille für sein allegorisches Wandbild: Les arts décoratifs à Lyon à l'époque de la Renaissance, sowie für 3 Plafondentwürfe. Unter seinen Dekorationsarbeiten sind noch hervorzuheben diejenigen im Ratssitzungssaale des Lyoner Hôtel de Ville, im Festsaale der Rhône-Präfektur, in der Kirche St. Louis, in der Brasserie Tantonville und in den Café-Häusern Maderni und Maison Dorée zu Lyon, sowie diejenigen im Schlosse zu La Perollière bei Sain Bel und in den Theatern zu Bourg und zu Besançon. Endlich hat er auch für das Grand Théâtre zu Lyon eine Reihe von Bühnendekorationen gemalt.

J. B. Giraud, Les Industries d'Art à Lyon (1890) u. L. Magnin, relieur lyonnais (1905).

E. V.

Bardi, Antonio di Giovanni Minelli de', Bildhauer in Padua, wo er vermutlich um 1480 als Sohn des Giov. d'Antonio Minelli de' B. geboren wurde und seit 1500 als Gehilfe seines Vaters an der Ausschmükkung der S. Antonius-Kapelle im Santo beteiligt war. Die im „Cicerone" enthaltene Notiz, wonach Antonio bereits 1503—6 in Venedig tätig gewesen sein soll als Gehilfe des Lorenzo Bregno bei Ausführung des Grabmales für Benedetto Pesaro in der Frarikirche, erscheint nicht haltbar, da sie durch keine einzige zeitgenössische Nachricht beglaubigt wird. Wohl aber arbeitete er 1510 und auch späterhin vorübergehend in Bologna; u. zwar schuf er dort gemeinsam mit Antonio da Ostiglia 15 Halbfiguren von Propheten für das Hauptportal von S. Petronio. In Padua sind außer den in dem Artikel über seinen Vater Giovanni aus stilistischen Gründen ihm zugewiesenen Arbeiten 3 Bildwerke Antonios mit Sicherheit nachweisbar. Zunächst das erste der die Innenwände der S. Antoniuskapelle im Santo schmückenden Marmorreliefs, darstellend die Einkleidung des Heiligen als Ordensbruder, eine ärmliche, nüchterne und phantasielose Arbeit, die trotz gewisser technischer Fertigkeiten schon den Zeitgenossen des Bildners mißfiel: Laut Beschluß der Bauverwaltung vom 20. 5. 1512 mußte dieser sich mit einem Arbeitslohne von 60 Dukaten „ad summum" zufriedengeben, andernfalls er außer den bereits empfangenen Teilzahlungen den von der Bauverwaltung gelieferten Rohstein zurückerstatten sollte „et accipiat pro se tabulam satis inepte exculptam". Gleichzeitig wurde ihm, allerdings unter entsprechender Preisnormierung, die Ausführung eines zweiten Marmorreliefs übertragen, auf dem die Wundererweckung des Knaben Parrasio darzustellen war. Antonio förderte jedoch diese ursprünglich dem Venezianer Giov. Batt. Bregno übertragene Arbeit so langsam (1522 hatte er noch immer das Modell nicht abgeliefert) und wiederum zu so geringer Zufriedenheit seiner Auftraggeber, daß diese 1528 den Meister Jacopo Sansovino mit der Vollendung des Reliefs betrauten. Nach weiteren 6 Jahren kam die Arbeit endlich zustande; jedoch verweigerte Sansovino die Signierung der Platte mit seinem Autornamen, — und in der Tat läßt das Relief trotz den von Sansovino angebrachten Veränderungen die bereits bei dem ersten Relief Antonios gerügten Mängel deutlich genug wiedererkennen. — Gleichzeitig mit jener ersten Reliefarbeit für die Santokapelle hatte Antonio auch die Ausführung des Grabdenkmales für Giov. Calfurnio, Lehrer des Griechischen an der Universität Padua, übernommen. Ursprünglich in S. Giovanni di Verdara aufgestellt, wurde dieses Monument erst im vorigen Jahrh. in den Chiostro del Noviziato bei S. Antonio übergeführt. Die Bildnisfigur des Gelehrten ist in der für Professorengräber üblichen Weise auf dem Lehrstuhle sitzend dargestellt. Die im Quattrocentostile von graziösen Fruchtgehängen flankierte Relieftafel wirkt trotz einer gewissen auch hier sich geltend machenden Nüchternheit der Ausführung immerhin recht gefällig infolge einer gewissen primitiven Schlichtheit der Auffassung wie auch durch die an Bellano erinnernde Genauigkeit der technischen Behandlung. Obwohl Calfurnio bereits 1503 gestorben war, ist die Ausführung des Monumentes laut Pietruccis Angabe erst 1512 erfolgt. — Der Hauptgrund, weshalb A. das zweite Antoniusrelief für die Santokapelle unvollendet ließ, dürfte in seiner 1524 bewerkstelligten Übersiedelung nach Venedig zu suchen sein. In eben diesem Jahre war Lorenzo Bregno gestorben, und Antonio übernahm jetzt die Vollendung des von diesem venezianischen Bildhauer bereits ziemlich weit geförderten, von Paolo Trevisan gestifteten Altarwerkes in S. Maria Mater Domini. Anfang 1525 erwarb er von Lor. Bregnos Witwe Maddalena das gesamte Werkstattinventar des Verstorbenen mit der Verpflichtung, einige von diesem unvollendet hinterlassene Bildwerke zu Ende zu führen. Unter anderem hatte er zu einem von Lorenzo gemeißelten Engel das Gegenstück anzufertigen sowie eine für den Dom zu Montagnana bestimmte Madonnenfigur zu vollenden. Letztere ist vermutlich zu identifizieren mit der über dem Portal jener Kirche erhalten gebliebenen Madonnenstatue, die in der Tat von einem zu Beginn des 16. Jahrh. vorgenommenen Erneuerungsbaue des Domes herzurühren scheint.

Lit. s. u. *Bardi,* Giovanni. *A. Moschetti.*

Bardi, Baldassare, Bronze-Bildhauer, wahrscheinlich aus Rom, um 1743, nur bei Zani, Enc. met. III 77, erwähnt. *H. V.*

Bardi, Boniforte Conte de', Maler aus Pavia, jüngerer Bruder des Donato d. B., erscheint 1434 zuerst in Genua. Am 21. 6. 1434 bittet er gemeinsam mit seinem Bruder den Dogen um Entlastung von öffentlichen Abgaben. Am 7. 7. 1438 übergibt B. getreulich einige Gegenstände, die er im Hause eines an der Pest gestorbenen, aus Pavia gebürtigen Priesters übernommen hatte, den Erben desselben. Auch bei dem Volkstumult gegen den Dogen Tomaso da Campofregoso hat B. wieder Räubern ihre Beute abgekauft und stellt sie am 9. 1. 1443 den rechtmäßigen Eigentümern zurück. Gegen einen Zunftgenossen, der sich ungebührlich benommen, Gaspare dell' Acqua (s. d.) verbindet sich B. mit zwei anderen Malern in dem gegenseitigen Versprechen, den Geächteten in keiner Weise unterstützen zu wollen. Genaueres über seine Person berichtet B.s Eingabe an den Rat vom 20. 4. 1450: Er sei aus edlem Geschlecht, Krieg habe die heimatlichen Güter verwüstet, er habe die Malerei nur zum Vergnügen gelernt und jetzt solle er sein Brot damit verdienen; als Fremder sei er preisgegeben, er bitte um eine jährliche Unterstützung, um mit 6 Töchtern und 3 Söhnen ruhig und sicher leben zu können. Zum letzten Male findet sich B. am 10. 10. 1453 erwähnt, als er einen seiner Söhne zu einem Tuchweber für 6 Jahre in die Lehre gab.

Ein malerisches Werk B.s ist nicht bekannt, bisher auch kein Dokument, das einen Auftrag auf ein solches enthielte.

Fed. Alizeri, Notizie de' Professori del disegno in Liguria, Pittura I p. 248—260, 444—447. — M. Staglieno, App. e Doc. sopra div. art. etc. in Genova (1870) p. 28—33.

Wilhelm Suida.

Bardi, Cristofero de', mailänd. Maler der 2. Hälfte des 15. Jahrh., im Dienste König Ludwigs XI. von Frankreich; vielleicht mit dem 1474 in einem Briefe erwähnten „Magistro Cristoforo de Mediolano pictor" identisch.

Fr. Malaguzzi-Valeri, Pittori lombardi (Milano 1902) p. 233. — Arch. Stor. lomb. ser. III fasc. XXII (1895) p. 408 ff. **

Bardi, Donato Conte de', Maler aus Pavia, tätig in Ligurien. Zum erstenmal in einem Akt von 1426 in Genua als Bürge genannt. Ein adeliger Pavese, hatte er in Kriegswirren seine heimatlichen Güter verloren und kam so wie sein Bruder Boniforte nach Ligurien, um dort als Künstler seinen Unterhalt zu verdienen. Am 20. 3. 1433 erhielt er von dem Kanonikus Oderico da Cremona den Auftrag auf ein Altarwerk mit Malereien und Schnitzereien, darstellend die hl. Magdalena und andere Heiligen und Historien, wahrscheinlich für den Dom von Genua. Über die schlechten Vermögensverhältnisse des Künstlers unterrichtet ein Akt vom 13. 9. 1448: Eine Zahl von Goldschmieden richtet eine Petition an den Rat der Republik, Donato möge Steuerfreiheit gewährt werden wegen der hohen Kunst des Meisters und dessen Nutzen für ihr Gewerbe. Vor dem 30. 6. 1451 ist Donato gestorben. An diesem Tage wurde ein von ihm unvollendet gelassenes Altarwerk dem Paveser Maler Giovanni Giorgio zur Fertigstellung übergeben.

Erhalten ist von Donato ein bezeichnetes Gemälde auf Leinwand: Der Gekreuzigte mit Maria, Johannes und Magdalena nebst Scharen kleiner schwebender Engel im Museum von Savona, bezeichnet: Donatus Comes Bardus papiensis pinxit hoc opus. — Eine zweite noch im Spitzbogen abschließende Kreuzigungstafel Donatos habe ich in S. Giuliano d'Albaro bei Genua gefunden. Man weiß, daß Donato auch Wappen für die Comune und Dekorationen an Häusern gemalt hat, doch ist davon nichts erhalten geblieben.

Die beiden sicheren Werke zeigen, daß Donato, mit dessen Auftreten das Vorherrschen des lombardischen Einflusses in der ligurischen Malerei beginnt, ein Meister von sehr hohem Range war. Er erhebt sich weit über den Stil der Übergangsmeister, seiner Zeitgenossen, eines Michelino Mulinari da Besozzo, Lionardo da Besozzo od. der Zavattari. Nicht unbeeinflußt durch den florentinischen Frührenaissancestil, der ihm etwa durch Domenico Veneziano vermittelt sein könnte, schafft er als Lombarde etwas den Werken dieses letztgenannten Künstlers Analoges. Von Donato leitet dann Vincenzo Foppa, seit 1461 in Ligurien nachweisbar, seinen Stil ab.

Fed. Alizeri, Notizie de' Professori del disegno in Liguria; Pittura I 248—260, 444—447. — M. Staglieno, App. e Doc. sopra div. art. etc. in Genova (1870) p. 28—33. — W. Suida, Genua, Leipzig 1906 p. 71 f.

Wilhelm Suida.

Bardi, Donato di Niccolò di Betto, s. *Donatello.*

Bardi, Emilio, italien. Architekt und Kunstschriftsteller, geb. in der 1. Hälfte des 19. Jahrh. in Florenz, † 1905 durch Selbstmord; namentlich bekannt als Restaurator einiger bedeutender Florentiner Baudenkmäler, wie z. B. des Palazzo Vecchio.

Arte e Storia 1888, p. 62 f. *N. Tarchiani.*

Bardi, Giovanni d'Antonio Minelli de', Bildhauer und Architekt in Padua, wo er vermutlich um 1460 als Sohn eines Magister Antonio Minelli de' B. geboren wurde und 1527 starb. Laut urkundlichen Nachrichten von 1490, 1500 und 1503 war der Meister in der via di S. Luca (alias SS. Agata e Cecilia) wohnhaft. Seine früheste urkundlich erwähnte Arbeit war die am 17. 11. 1482 ihm übertragene Marmorbekleidung und bildnerische Ausschmückung des Hochaltarchores von S. Antonio, für den er damals 24 Heiligenstatuen, 20 von Jacopo da Montagnana entworfene Kandelaber, einen Fries mit Seraphimköpfen und prächtige Pilaster und Flachreliefs zu meißeln hatte. Mit diesen umfangreichen Arbeiten war Giovanni noch immer beschäftigt, als er 1490 die Marmorumrahmung der 10 Bronzereliefs des Bart. Bellano für die Seitenwände der Chorschranken übernahm. Infolge mehrfacher Umbauten der gesamten Choranlage sind heute nur noch die zuletzt genannten Seitenwände vorhanden, und auch diese in veränderter Aufstellung und in einer im 17. Jahrh. teilweise erneuerten Ausführung; von Giovannis Marmorarbeiten sind jedenfalls nur die mit Arabesken verzierten Pilaster am Presbyteriumeingange sowie das Schmuckgebälk an den Außenseiten der beiden Seitenwände erhalten geblieben. Von der Herbheit der Formensprache und des Ausdrucks, die den marmornen Chorstatuen Giovannis zur Zeit der Barockumbauten des Santo-Chores zum Verhängnis geworden sein mag, geben uns nur noch drei beinahe lebensgroße Terrakottastatuen von seiner Hand im Mus. Civico zu Padua eine Vorstellung, die mit einer nicht mehr vorhandenen vierten Figur der gleichen Art ursprünglich am Eingange zum großen Saale des bischöflichen Palastes aufgestellt waren. Den Auftrag hierfür hatte Giovanni 1487 vom Bischof Pietro Barozzi erhalten und Ende 1490 die 4 Figuren bereits vollendet. Die 3 noch vorhandenen stellen Christus und die Apostel Petrus und Johannes dar und zeigen als charakteristische Stileigentümlichkeiten: die Bildung des halbgeöffneten Mundes und der vorspringenden Backenknochen, die etwas wirre Anordnung des starklockigen Haar- und Bartwuchses, die Zeichnung der bald faltig vorgebauschten, bald straff niederfallenden, in der Regel grob empfundenen u. etwas knitterigen Gewanddrapierung. Ferner die Modellierung der Hände mit ihrer stark eingedrückten Mittelhand, die eigentümliche Art, die Gewandzipfel gleichsam um die Füße herumzuwickeln, u. einige weitere Besonderheiten, die Fabriczy (s. unten) mit scharfem Blick hervorgehoben hat. — Gleichzeitig arbeitete Giovanni im bischöflichen Palaste an der ornamentalen Umrahmung einer Tür, von der aus man über eine offene Treppe in den Cortile delle Scuderie hinabgelangte; diese nach Fabriczy nicht mehr auffindbare Türumrahmung (nach Abbruch der Treppe vermauert) ist in der Tat ca. 5 m über dem Erdboden noch jetzt vom Hofe aus sichtbar. Verschwunden ist dagegen ein 1500 ebenfalls für den Vescovado gemeißelter Zierbrunnen Giovannis.

Seit 1500 war der Meister dann von neuem im Santo tätig, und zwar als Leiter der Bau- und Bildhauerarbeiten an dem vom Franziskaner-Ordensgeneral Sansone gestifteten, von Andrea Briosco entworfenen Erneuerungsbaue der Grabkapelle des hl. Antonius. Als eigene, zum Teil unter Mitwirkung seines Sohnes Antonio ausgeführte Skulpturen Giovannis haben sich aus den Rechnungsbüchern der Bauverwaltung feststellen lassen (außer zahlreichen Ornamentpfeilern, Kapitellen, Friesen u. Gesimsen): Die in den Sockel der Rückwand eingelassenen 2 Reliefplatten mit den Bildnisfiguren des Stifters Sansone und des Kardinals Oleario, die 8 Puttenreliefs an den Aussenfriesen der Kapellenfront, die 8 Evangelisten- und Prophetenmedaillons der Arkaden, die beiden Reliefs mit den Opferszenen Kains und Abels am großen Fensterbogen, endlich die erste der Heiligenstatuen über der Frontattika, darstellend die hl. Justina. Ausserdem schuf Giovanni für den Altar der gegenüberliegenden Kapelle eine Statue des hl. Felix und den Sarkophag-Altar für den Leichnam desselben Heiligen, letzteren ebenso wie das von der Justina-Statue des Pirgotele überragte Weihwasserbecken im linken Querschiffe des Santo (und wie vermutlich auch die beiden Weihwasserbecken am Hauptportale des Mittelschiffes) unter Mitwirkung des Bildhauers Francesco di Cola. Alle diese 1500—1521 entstandenen Santoskulpturen lassen einen bemerkenswerten, jedoch keineswegs glücklichen Stilwechsel des Künstlers erkennen, einen Übergang von seiner früheren Energie und Herbheit zu einer flauen und unsicheren Nachahmung der Antike. Vieles davon dürfte allerdings auf Rechnung seines künstlerisch weit schwächer begabten Sohnes und Gehilfen Antonio de' B. zu setzen sein, so nach Fabriczy namentlich die 4 Evangelistenmedaillons, wie ein Vergleich mit dem als selbständige Arbeit des Antonio beglaubigten ersten Antonius-Relief der Kapelle bestätigen kann.

Sein Amt als Leiter der Arbeiten in der St.

Antonius-Kapelle legte Giovanni 1519 wieder nieder. — Die letzte urkundliche Nachricht über ihn besagt, daß ihm 1526 die Ausführung des Stadtwappens von Padua und des venezianischen Marcus-Löwen für die Loggia del Consiglio in Auftrag gegeben wurde, von denen der letztere beim Sturze der Dogenrepublik vernichtet wurde, während das erstere sich noch jetzt am alten Platze befindet.

Den bisher besprochenen urkundlich beglaubigten Arbeiten Giovannis reihen sich einige weitere an, die diesem Künstler aus stilkritischen Gründen zuzusprechen sind, darunter mehrere zeitlich ziemlich genau bestimmbare. Vor allem sind hier die beiden prächtigen polychromen Terrakotta-Altäre der Eremitanikirche zu nennen (zu beiden Seiten des Hauptportales, jetzt ihrer Altartische beraubt). Ihre Zuweisung an Giovanni de' B. stammt von W. Bode. Der Altar zur Rechten wurde 1495 von der Scuola di S. Nicola di Tolentino errichtet. Er zeigt drei von 4 eleganten Pilastern und einem Lunettenfronton umrahmte Nischen, deren zwei seitliche die mit den Tonstatuen des Museo Civico stilistisch völlig übereinstimmenden Statuen der Apostel Philippus und Jacobus enthalten. — Der ähnliche Altar zur Linken enthält in den Seitennischen die Statuen der Apostel Johannes und Petrus, in der Mittelnische dagegen ein altertümliches Madonnenfresko mit Engeln und Heiligenfiguren zu beiden Seiten, über dem Abschlußgesimse Puttenfigürchen und einige Heiligenbüsten. Die Madonna des Freskobildes zeigt den Stil der paduanischen Trecentomalerei, während die Gestalten der Engel und der Heil. Christina und Katharina in einem allerdings etwas archaisierenden Cinquecentostile gehalten sind. Mitten unter dem Bilde ist die Jahreszahl MDXI aufgemalt, die jedoch Fabriczy nicht als Datum für die Errichtung des Altares akzeptieren möchte, und zwar auf Grund einer ihm von mir selbst angegebenen testamentarischen Urkunde vom 2. 8. 1478, worin der Altarstifter Francesco Polcastro das Jahr 1481 als Termin für die Errichtung des Altares angibt. In der Annahme, die Errichtung sei in der Tat zu diesem Termine erfolgt, glaubt nun Fabriczy die offenkundige Inferiorität der Statuen dieses Madonnenaltares gegenüber denjenigen des Nikolausaltares u. des Museo Civico aus der Unentwickeltheit des 1481 allerdings wohl noch sehr jugendl. Giovanni de' B. erklären zu können. Nach meinen neuerlichen Untersuchungen und Urkundenforschungen hat sich jedoch jene Annahme Fabriczys mitsamt den daraus abgeleiteten Schlußfolgerungen als irrtümlich erwiesen. Den neu von mir aufgefundenen Urkunden zufolge gab das Kapitel der Eremitanimönche erst 1503 den Erben des Stifters Polcastro seine Einwilligung zur Errichtung des Altares, und wurde dieser selbst erst am . . . . . 1520 geweiht. Das zwischen diesen beiden Jahreszahlen in der Mitte liegende Datum MDXI kann sich also nur auf die Vollendung des Freskogemäldes und auf den Beginn der Arbeiten an dem zur Umrahmung bestimmten Altare beziehen. Dieser Zeitangabe entspricht dann auch der Ornamentstil an den Pilastern dieses Altares, der jedenfalls jünger ist als derjenige des Nikolausaltares (mit Ausnahme eines einzigen Pfeilers, der merkwürdigerweise mit denen des älteren Altares stilistisch zusammengeht). Ebenso die Formenbehandlung der beiden Apostelstatuen, die nach meiner festen Überzeugung nicht von Giovanni de' B. herrühren können, sondern in den weniger bauschigen und dafür zierlicheren, enger an die Körper sich anschmiegenden Gewandfalten, in der viel feineren Ausführung des Haupt- und Barthaares, in den weniger vorspringenden Backenknochen und in der flaueren Gesamtwirkung die Manier des Sohnes Antonio de' B. erkennen lassen, wie sie uns in dessen beglaubigten Bildwerken in der St. Antonius-Basilika entgegentritt.

Als weitere schätzenswerte Arbeiten Giovannis sind nach Fabriczy auf Grund ihrer stilistischen Eigenart mit Sicherheit zu betrachten: Der nach meinen Feststellungen 1483—87 entstandene, aus S. Agostino in Padua nach Boston in den Besitz der Mrs. Gardener gelangte Terrakotta-Altar mit der Reliefdarstellung der Grablegung Christi und der in Anbetung knienden Stifterin Carlotta, Tochter des Königs Jakob von Cypern (von Bode dem Bellano zugeschrieben, von Fabriczy dagegen weit richtiger als Jugendarbeit des aus der Werkstatt des ersteren hervorgegangenen Giovanni de' Bardi nachgewiesen). Ferner die wahrscheinlich um 1493 entstandene, in farbigem Stuck modellierte, aus 9 fast lebensgroßen Hochrelieffiguren zusammengesetzte Gruppe der Taufe Christi mit 5 Engeln und 2 Propheten in S. Giovanni Battista zu Bassano. Dann eine Terrakottatafel mit den Hochrelieffiguren der Hl. Franciscus und Antonius im Besitze des Sign. Acton zu Florenz; die Terrakottastatuen der Hl. Augustinus und Monika im Besitze des Herrn von Beckerath zu Berlin (letztere meiner Ansicht nach wohl eher dem Antonio de' B. zuzuweisen). Hierzu kommen nach meinen eigenen Feststellungen im Museo Civico zu Padua eine Hochrelieffigur des St. Bernardinus (Gips), ein prächtiger Kamin mit biblischen und mythologischen Flachreliefs, der Kopf eines weinenden Johannes (wohl aus einer Pietàkomposition), sowie vielleicht auch ein Tondo mit der Ganzfigurdarstellung Gott Vaters. — Nicht beistimmen kann ich der Fabriczyschen Zuschreibung der Madonnenstatuette der Sakristei von S. Giustina zu Padua, die ich schon als unzweifelhafte Arbeit des Giovanni da Pisa nachgewiesen habe auf Grund ihrer nahen Stilverwandtschaft mit der Madonnenstatue dieses Meisters in der Mantegna-Kapelle der Eremitanikirche. Auch Bode hat im „Cicerone" die Madonna von S. Giustina mit der Manier des Giovanni da Pisa in Zusammenhang gebracht. Der von der Porta Ognissanti zu Padua zur Revolutionszeit in den Stadtgraben gestürzte und jetzt auf dem Palazzo delle Assecurazioni Generali zu Rom (Piazza Venezia) aufgestellte Marcus-Löwe wurde früher dem Gigli Bergamasco als dem Erbauer jenes Stadttores, dann dem Giovanni Minelli und schließlich dem Angelo Buono zugeschrieben, ohne daß für eine dieser Zuschreibungen überzeugende Beweise beigebracht worden wären.

C. v. Fabriczy, Giov. Minello, ein Paduaner Bildner vom Ausgang des Quattrocento (Jahrb. d. Preuß. Kstsamml. XXVIII 53 fg. mit Abb. und Zusammenfassung der ält. Lit.). — Eigene Notizen. *A. Moschetti.*

Bardi, Pietro, italien. Bildhauer, der 1818 in der Akademie zu Carrara eine Reliefkomposition „Joseph als Traumdeuter" ausstellte; späterhin hauptsächlich als Ornamentbildhauer tätig, † in Carrara als Akademieprofessor.

G. Campori, Mem. Biogr. d. Scult. etc. di Carrara (1873) p. 25. *G. Tutino.*

Bardili, Alessandro, Maler des 15. Jahrh. in Parma(?), nur dem Namen nach erwähnt.

Gallerie Nazionali Ital. I 22.

Bardin, Ziseleur und Gießer des 18. Jahrh. in Paris, tätig für die kgl. Schlösser.

Champeaux, Dict. d. Fondeurs. **

Bardin, Ambroise Marguérite, Porträtmalerin und Stecherin, vermählt mit Molière, dem Direktor einer Porzellanmanufaktur zu Orléans, geb. am 20. 6. 1768 zu Charmentray, Tochter und Schülerin von Jean B. Ein Miniaturbildnis ihres Vaters von ihrer Hand im Mus. zu Orléans. Von ihr gestochen 2 Blätter: Exercice de Diane und L'Amour guerrier, nach Jean Bardin. Von ihr lithographiert das Porträt ihres Bruders, des Baron Etienne Alexandre.

Herluison, Artistes Orléanais. Orléans 1863. — Meyer, Kstlerlex. (mit älterer Lit.). — Nouv. archiv. de l'art franç. 3e Série I 1885, p. 156. — Réunion d. sociét. d. beaux-arts. XXVI 82. *H. V.*

Bardin, Jean, Historienmaler, geb. am 31. 10. 1732 zu Montbard, † am 6. 10. 1809 zu Orléans. Er war ein Schüler Lagrenées d. Ä. und Pierres und ging 1765 mit dem akad. Stipendium nach Rom. Von da nach Paris zurückgekehrt, erwarb er sich 1779 mit dem Gemälde „Disputation der hl. Katharina" das Recht zum Eintritt in die Akad., ließ sich jedoch nicht in dieselbe aufnehmen. 1788 wurde er zum Direktor der Ecole des Beaux-Arts zu Orléans und nach der Revolution zum korrespondierenden Mitglied des Institut français ernannt. Die Pariser Salons beschickte er seit 1776 mit seinen Gemälden, teils religiösen, teils historischen Inhalts. Für die Kapelle von Fontainebleau malte er 1780/81 eine Anbetung der Könige (oval), für die Kirche Saint André von Douai 1770 das Martyrium des hl. Andreas. Als Künstler war er von geringer Bedeutung; seine Zeichnung ist zwar elegant und korrekt, sein Kolorit aber matt und ohne Feuer. Als Lehrer ist er jedoch nicht ohne Verdienste; seine berühmtesten Schüler waren David und Regnault. Im Mus. zu Orléans befinden sich von ihm das Gemälde: Mars und Venus, sowie eine 1799 datierte Skizze zu diesem Bilde; ferner eine signierte Zeichnung von 1786: Der Ruhm. Ebendort wird ihm das Bildnis eines Greises zugeschrieben; ferner daselbst sein Minaturporträt, von seiner Tochter Ambroise Marguérite gemalt.

Meyer, Kstlerlex. (mit älterer Lit.). — Bellier-Auvray, Dict. gén. (mit Aufführung seiner ausgest. Arbeiten). — Chronique d. arts. 1895, p. 347. — Revue univers. d. arts XXII 167 u. f. — Invent. gén. d. richess. d'art de la France. Prov. Monum. civ. I 75—76, 97, 141—142. *H. V.*

Bardin, Jean Hippolyte, französ. Zeichner der ersten Hälfte des 19. Jahrh. (?). Im Mus. zu Besançon von ihm eine lavierte Federzeichnung: Entwurf für den plastischen Schmuck einer Gebäudefront mit der Darstellung einer Caritas. Auf demselben Blatt finden sich außerdem 2 Zeichnungen von Jean Honoré Fragonard (Allegorien der Malerei und Skulptur). In der Bibliothek daselbst von ihm eine Bisterzeichnung: Heimkehr der Winzer.

Invent. gén. d. richesses d'art de la France. Prov. Monum. civ. II 222; V 185. *H. V.*

Bardon, Michel François d'André, s. *Dandré-Bardon,* M. F.

Bardon, Théodore, französ. Landschaftsmaler, stellte in den Pariser Salons 1839, 1848 und 1849 aus (Motive der Normandie etc.).

Bellier-Auvray, Dict. gén. *H. V.*

Bardot, Jehan, Werkmeister von Blois, erhält 1420 Bezahlung für Arbeiten an der Kirche Saint-Sauveur daselbst.

Bauchal, Dict. d. archit. franç. *H. V.*

Bardou, französ. Bildhauer in Paris, wo er 1782 im Salon de la Correspondance eine Anzahl Wachsreliefs mit Tierdarstellungen ausstellte.

Revue univers. des arts 1864, p. 254. *S. Lami.*

Bardou, Alexander, jun., Porträtmaler in Berlin, stellte auf den Ausstellungen der kgl. Akad. d. Kste. 1838, 1839 und 1842 verschiedene Pastellbildnisse aus.

Kat. d. Ausstellgn. *H. V.*

Bardou, Emanuel, Bildhauer, geb. 1744 in Basel, † 1818 in Berlin, wo er seit 1775 Modelleur an der kgl. Porzellanmanufaktur war. Er stellte in den Akad.-Ausstellungen seit 1786 häufig aus, so 1786 eine Bronzestatuette Friedrichs des Großen (ausgest. auf der histor. Abtlg. der Berliner intern. Ausstellung 1896) und eine Statue Schwerins, 1787 eine Leda, 1789 einen Faun und eine Karyatide usw. Namentlich beschäftigte ihn das Porträt. Der Verein für die Geschichte Berlins besitzt von ihm eine Chodowiecki-Büste. In der Marienkirche daselbst von ihm das Rohloffsche Grabmal, Standbild der Hoffnung (1794).

Deutsches Kunstblatt 1851, p. 173—197 u. 210. — R. Walden, Die Chodowiecki-Büste d. Vereins f. d. Gesch. Berlins (Sonderabdruck aus d. Schriften d. Vereins f. d. Gesch. Berlins. Heft 37. Berlin 1900). — Katal. d. Berliner Akademie-Ausstellgn. 1786 p. 33, 1787 p. 40, 1788 p. 46, 1789 p. 47, 1791 Anhang p. 15, 1794 p. 46, 47, 1802 p. 13. — Katal. der intern. Kst.-Ausstellg. 1896 p. 190. — Dehio, Handb. der deutschen Kunstdenkm. II 24. *H. V.*

Bardou (Bardow), Johann P., Berliner Pastell-Maler, kam 1775 nach Warschau und arbeitete hier einige Jahre, aber ohne größeren Erfolg. Er war kgl. Maler, und in der Galerie des Königs Stanislaus August befanden sich 4 seiner Bilder: Porträt eines Grafen im Jagdanzug, Porträt des Fürsten Adam Czartoryski, der Fürstin Jablonowska vom Hause Czaplic und der Gräfin Potocka. Während dieses Aufenthaltes in Warschau fertigte er auch einige unbedeutende Kupferstiche und 3 russische Porträts: 1784 Graf Lanskoj und Katharina II., 1788 Fürst A. M. Golitzyn. Vielleicht sein schönstes Blatt ist das Porträt der Sängerin Henriette Baranius, in Schwarzkunst. Gr. Fol.

Rastawiecki, Słownik rytowników pol., Posen 1886. III 125. — Kraszewski, Ikonotheka, Wilna 1858. — Rowinski, Словарь русскихъ гравер. портрет., Petersburg 1872. IV. — Le Blanc, Manuel. — Meyer, Kstlerlex. *Marian Gumowski.*

Bardou, Karl Wilhelm, Porträtmaler in Berlin, stellte auf den Kunstausstellungen der kgl. Akad. der Kste. 1797, 1836, 1838, 1839 und 1842 verschiedene Öl- und Pastellbildnisse aus.

Kat. d. Ausstellgn. *H. V.*

Bardou, Paul Joseph, Porträt- u. Genremaler in Berlin, geb. daselbst 1745, † 1814, stellte auf der Ausstellung der k. Akad. der Künste 1797 verschiedene Öl- und Pastellgemälde aus. Von ihm war in der histor. Abteilung der intern. Kunstausstellung, Berlin 1896 ein Pastell: „Der Künstler" (Eigentum der k. Akad. der Künste).

Kat. d. Ausstellgn. *H. V.*

Bardoul de la Bigottière, Michel, französ. Architekt, geb. in Angers um 1735, † in Trélazé 1806, Schüler der Pariser Akad. (seit 1752). Nach 3jährigem Aufenthalt in Italien ließ er sich in seiner Vaterstadt nieder, wo er am 28. 2. 1780 zum „inspecteur des travaux, édifices etc. de la ville" ernannt wurde. Seine beiden Hauptwerke sind das 1781—1784 errichtete Hôtel Besnardière in Angers und Schloß Pignerolles in Saint-Barthélemy. Andere Werke von ihm sind: Schloß Châteaubriand am Einfluß der Maine in die Loire sowie die hôtels Livois, Maquillé und Lantivy zu Angers.

C. Port, Les Artistes Angevins. 1881. — Godard-Faultrier, L'hôtel Besnardière. Angers 1887. *H. V.*

Bardow, s. *Bardou.*

Bardt, Balthasar, Maler in Brieg (Schlesien), 1605 erwähnt.

Lutsch, Kstdenkm. Schlesiens, V 522

Bardtenschlager, Andreas, Stadtwerkmeister und Steinmetz in Reutlingen, 1717, baut laut Inschrift 1731 am Spital daselbst.

Klemm, Württemberg. Baumstr. u. Bildh. 1882. — Kunst- u. Altertumsdenkmale im Königr. Württemberg. Schwarzwaldkr. p. 528. *H. V.*

Bardtenschlager, Johann Kaspar, Werkmeister in Reutlingen, um 1726—1749, vermutlich Sohn des Andreas B., plant nach dem Brand 1726 den Wiederaufbau des Salmannsweiler Hofs.

Kunst- u. Altertumsdenkmale im Königr. Württemberg. Schwarzwaldkr. p. 528. *H. V.*

Bardtenschlager, Joseph, Werkmeister in Reutlingen, vermutlich Sohn des Johann Kaspar B., erbaut 1770 das jetzige Pfarrhaus daselbst.

Kunst- u. Altertumsdenkmale im Königr. Württemberg. Schwarzwaldkr. p. 528. *H. V.*

Bardua, Caroline, Porträt- und Historienmalerin in Berlin, Schülerin von Heinrich Meyer und Franz Gerhard Kügelgen. Von ihr 2 Bildnisse Goethes, das eine von 1805 „frommsüßlich", das andere in römischem Kostüm. Ein „dilettantenhaftes" Bildnis von Christiane Vulpius befindet sich im Goethehaus in Weimar. Sie stellte in den Ausstellungen der Berliner Akad. zwischen 1822 und 1840 verschiedentlich aus.

H. Grimm, Die Malerin Carol. Bardua, Berlin 1874. — W. Bardua, Jugendleben der Malerin Carol. Bardua. Nach e. Manuskr. herausgeg. von W. Schwarz. Breslau 1874. — Zeitschrift f. bild. Kunst N. F. V 252, 284. *H. V.*

Barducci, V., italien. Kupferstecher, tätig um 1768. Diese Jahreszahl trägt das von ihm gestochene Bildnis des korsischen Generals Pascale Paoli.

Meyer, Kstlerlex. — Le Blanc, Man. *P. K.*

Barduleck, Max, moderner Medailleur, Kgl. sächs. Münzgraveur, fertigte außer Münzstempeln auch verschiedene Medaillen, so auf König Albert u. Königin Carola von Sachsen, im Auftrage des deutschen Münzforschertages auf mehrere hervorragende Numismatiker, Jos. v. Mader, K. F. W. Erbstein, Jos. v. Bergmann, Julius Friedländer.

Forrer, Biogr. Dict. of Medallists I 124. — Kunstchronik N. F. V. 13. *N.*

Bardwell, Thomas, engl. Porträtmaler u. Kopist, † um 1780. In der Sammlung der

Universität Oxford von ihm die Bildnisse des Earl und der Countess of Pomfret in ganzer Figur. Er veröffentlichte ein Buch: „The Practice of Painting and Perspective made easy" (1756).

Redgrave, Dict. of artists etc. 1878. *H. V.*

Bardwell, William, Architekt in London, stellte 1829—1845 fast alljährlich in den Ausstellungen der Roy. Acad. aus (Pläne für eine Kirche, für ein Konzerthaus in Liverpool u. a.).

Graves, The Royal Academy I 1905. *H. V.*

Baré, Jehan, französ. Ornamentstecher, um 1618, arbeitete vielfach gemeinschaftlich mit Pierre Guillebaud (Arabesken, Friese, Schlüsselschilder, Schlüssel, etc.).

Gazette d. beaux-arts. II 27. *H. V.*

Baré, s. auch *Barre.*

Bareau, Georges, französ. Bildhauer, geb. 1866 in Paimboeuf (Loire-infér.), seit 1887 an der Ecole des B.-Arts zu Paris, sowie im Atelier Thomas' ausgebildet, errang in den Pariser Salonausstellungen 1893, 1895, 1897 und 1906 immer höhere Auszeichnungen. Seine Hauptwerke sind: Sterbender Leander (1893, Gipsstatue im Mus. zu Nantes), — „Pour le drapeau" (1895, Denkmalgruppe in Nantes), — „Le temps créant la Sagesse" (1897, Gruppe im Mus. zu Nantes), — Victor Hugo-Monument (1902 angekauft von der Stadt Paris), — „Le réveil de l'Humanité (1906, Marmorstatue). Außerdem schuf B. eine „Diane chasseresse" (im Petit Palais des Champs-Elysées), eine allegorische Statue „L'Art asiatique" (im Grand Palais des Champs-Elysées), die Bildnisstatuen Jehan Foucquets und Briçonnets am Hôtel de Ville zu Tours, die Denkmäler des Dr. Benoît zu St. Nazaire, des Chirurgen Alph. Guérin zu Ploërmel, des Jacques Cartier zu St. Malo, endlich das „Monument aux Morts pour la Patrie" zu Nantes.

Pariser Salonkataloge seit 1889. — Chronique des Arts 1905, p. 214. — Kunstchronik 1902, p. 452. — Eigene Notizen. *S. Lami.*

Bareau, s. auch *Barreau.*

Bareis, Wilh. Friedr. Karl, Architekt, geb. am 18. 3. 1819 in Tübingen, † am 12. 7. 1885 in Stuttgart, wo er seit 1877 Professuren an der königl. Baugewerkschule und am Polytechnikum bekleidete, nachdem er vorher (seit 1860) Stadtbaumeister in Winterthur war. Schüler der Bauakademien zu München und Berlin, bildete er sich auf Studienreisen durch Italien, Österreich, Holland, Belgien und Frankreich weiter aus. Seine Hauptwerke sind die katholische Kirche, das Postgebäude, die Friedhofkapelle, die stattliche Badeanstalt, der Umbau der Kunsthalle und die Kavalleriekaserne, sämtlich in Winterthur. Vor 1860 leitete er den Umbau des Schlosses bei Neeresheim, 1866—68 führte er nach den Plänen Gottfr. Sempers das Stadthaus zu Winterthur aus.

Alfr. Ernst bei Brun, Schweizer. Kstlerlex. *H. V.*

Barelet, s. *Barralet.*

Barella, Carlo, italien. Architekt, erbaute 1680 die Chiesa dell' Araceli zu Vicenza und vollendete die Kirche S. Stefano daselbst

C. Gurlitt, Gesch. d. Barockstil. in Ital. 1887 p. 391. *H V.*

Barelli, Agostino, Baumeister, geb. (zu Bologna?) 1627 als Sohn des Architekten Giambattista Barelli. Kurfürst Ferdinand Maria von Bayern berief ihn nach München, wo er für den Kurfürsten und seine Gemahlin Adelheid Henriette den Bau der Theatinerklosterkirche St. Cajetan plante und begann. Der Grundstein wurde 1663 gelegt, die Kirche 1675 geweiht.

Barelli entwarf und baute auch für die Kurfürstin das erste Lusthaus zu Nymphenburg (um 1665), ein einfaches, aber stattliches Gebäude mit einer großen zweiläufigen Freitreppe, das seit 1702 unter Max Emanuel durch Giovanni Antonio Viscardi erweitert wurde. Von der ursprünglichen Anlage Barellis gibt Michael Wening (s. u.) eine deutliche Vorstellung.

Zurückgekehrt, wurde er Ratsbaumeister in Bologna und führte hier noch eine ganze Reihe vor allem kirchlicher Bauten aus.

Meyer, Kstlerlex. — Die Kunstdenkmale des Kgr. Bayern I. 1895. S. 957 ff. und 793 ff. — Zeitschr. f. bild. Kst. XIII. 1878. S. 289 ff. — Gurlitt, Gesch. des Barockstils usw. in Deutschland. S. 126. Stuttgart 1889. — Michael Wening, Beschreibung d. Kurfürsten- und Herzogtums Ober- und Niederbayern. I. 95. München 1701. — K. Th. Heigel, Nymphenburg = Bayr. Bibliothek, begründet und herausgeg. von Reinhardstöttner u. Trautmann. 25. Band. Bamberg 1891. S. 11. — Gius. Guidicini, Cose notabili della città di Bologna. Bologna 1868 ff. vol V. — Ascoso, Le pitture di Bologna. Bologna, Longhi. 1754 p. 169 u. 291. *R. Kautzsch.*

Barelli, Bernardino, s. *Beltramelli,* Cipr.

Barelli, Giambattista, Architekt zu Bologna, 1. Hälfte des 17. Jahrh., Vater des Agostino B., sonst unbekannt.

Meyer, Kstlerlex. (unter Agostino Barelli). *H. V.*

Barelli, Nicolo, Sohn des Agostino, Architekt in Bologna, Nachfolger seines Vaters im Amte des Stadtbaumeisters. Um 1680 erbaute er daselbst die Kirche S. Nicolo degl Alberi.

Meyer, Kstlerlex. *H. V.*

Barelli, Fra Pellegrino, Theatinermönch von Bologna und Dilettant in der Architektur, um 1628—1706, Bruder des bekannten Agostino B., nur bei Zani (Enc. met. III 78) erwähnt. *H. V.*

Baren, Johannes Antonius van der, Blumenmaler, Hofkaplan und Galeriedirektor, starb am 30. oder 31. 12. 1686 in Wien im Alter von 71 Jahren. Wo er geboren wurde, ist nicht nachzuweisen. Er war Kanonikus zu Soignies (Henegau, Belgien) und trat um 1650 als Nachfolger des Hofkaplans Vincenz Jellich in die Dienste des Statthalters der Niederlande, des Erzherzogs Leopold Wilhelm, in dessen Gefolgschaft er 1656 nach Wien übersiedelte. Hier führte er dann die Aufsicht über die Kunstsammlungen des Erzherzogs und verfaßte wahrscheinlich selbst jenes von ihm und zwei andern Hofbeamten unterzeichnete, außerordentlich interessante und wichtige Inventar des erzherzoglichen Kunstbesitzes von 1659, das im 1. Bde. des „Jahrbuchs der kunsthist. Sammlungen des Allerh. Kaiserhauses" publiziert ist. Nach dem Tode Leopold Wilhelms wurde van der B. in die kaiserlichen Dienste übernommen und verwaltete weiterhin die Sammlungen, die jetzt Kaiser Leopold I. gehörten. — Das genannte Inventar beschreibt auch zwölf Gemälde des van der Baren, Stilleben, Blumenstücke und von Blumen bekränzte Darstellungen, eine Gemäldegattung, die in der Sammlung des Erzherzogs zahlreich vertreten war. Von diesen zwölf Bildern sind nur noch zwei im Wiener Hofmuseum ausgestellt, ein drittes befindet sich im Vorrate der Galerie, andere sind nur in Reproduktion bei Storffer und bei Stampart und Prenner nachzuweisen. Ein Gemälde des Wiener Hofmuseums, das erst jüngst als van der Baren erkannt wurde, kommt im Inventar von 1659 noch nicht vor. Außerdem besitzt dann noch das Stift Heiligenkreuz ein Werk des Künstlers, das dort aber als Daniel Seghers verzeichnet ist. Ein Gemälde der Schleißheimer Galerie, das der Katalog dem van der Baren zuschreibt, hat mit diesem Künstler nichts zu tun, es gehört eher dem Philipp van Thielen. — Van der Barens Malweise ist bestimmt durch subtilste Zeichnung von fast photographischer Treue. Die malerischen Qualitäten liegen nicht in der Pinselführung, sondern nur in der Zusammenstellung der Farben, die immer vornehm und harmonisch bleibt. Von Seghers unterscheidet sich van der Baren durch größere Naturtreue des Kolorits und durch das Bestreben, seine Blumengewinde in geschlossenen Linien zu gruppieren. Die Nachricht, daß er ein direkter Schüler des Seghers sei oder ihn überhaupt persönlich kannte, ist nicht zu erweisen und geht wohl nur darauf zurück, daß beide Maler Priester waren.

Literatur: Register des „Jahrbuch der kunsthistorischen Sammlungen des allerhöchst. Kaiserhauses" I, V, X, XXIV. — Die lexikalischen Quellen sind durchaus falsch oder unzureichend. Eine größere Studie von V. Fleischer erscheint in einem der nächsten Bände d. Jahrb. d. Kstsamml. d. Allerh. Kaiserh., Wien. *Vict. Fleischer.*

Baren, Josse van der, Maler zu Löwen um 1600, wahrscheinlich Schüler von M. Coxie. Er gehörte zu den italienisierenden Manieristen dieser Epoche. In der Peterskirche zu Löwen befindet sich ein Triptychon seiner Hand: Die Enthauptung der hl. Dorothea (1594), in der St. Gertrudskirche ein Altarfragment. Für die Abbaye du Parc in Löwen malte er ein Bildnis des Abtes Fr. van Vlierden und eine Szene aus dem Leben des hl. Norbert; 1604 entwarf er Zeichnungen für das „Lovanium" mit Ansichten von Löwen und Héverlé.

Meyer, Kstlerlex. — Even, L'anc. école de peint. de Louvain, 1870 p. 435. — Biogr. Nat. de Belgique. *H. V.*

Barenburg, D., wenig bekannter Porträtzeichner. Von ihm eine bezeichnete und 1845 datierte Bildniszeichnung des Kaspar Maximilian von Droste-Vischering, Bischofs von Münster, in der Handzeichnungen-Sammlung der Berliner National-Galerie.

Katal d. Handzeichn. etc. d. kgl. Nation.-Gal. 1902. *H. V.*

Barend, ein Glasmaler in Haarlem, der 1498 in den Rechnungen der dortigen St. Bavokirche erwähnt wird.

v. d. Willigen, Les Artistes de Haarlem 53. *E. W. Moes.*

Barends, Barendsen, s. auch *Barendsz, Barents, Barentsen* u. *Barentsz.*

Barendsz., Anthony, s. den 1. Artikel *Barendsz.*, Dirck.

Barendsz., Cornelis, geb. in Amsterdam, kaufte dort am 15. 10. 1684 das Bürgerrecht und war Maler.

Aemstels Oudheid IV 63. *E. W. Moes.*

Barendsz., Dirck (Theodoricus Bernardi), Maler, aus Amsterdam stammend, kam 1519 (oder etwas früher) nach England. Er scheint sich in Sussex und zwar in Chichester niedergelassen zu haben. Robert Sherborne, Bischof dieser Diözese, hat ihn häufig beschäftigt. So sind noch in der Kathedrale von Chichester zwei umfangreiche historische Malereien von B.: 1) König Ceadwalla verleiht Selsey an St. Wilfrid und 2) König Heinrich VII. bestätigt die Schenkung an Bischof Sherborne. Beide Gemälde wurden 1747 von Mr. Tremaine restauriert. Ferner malte er dort die Reihe von Halbfigurenporträts der Könige von England und der Bischöfe von Selsey und Chichester (alle in Ölmalerei auf Holz). In Amberley Castle, für das Königszimmer, malte er in Halbfiguren die Reihe von 9 berühmten Frauen der Welt: Cassandra, Tomyris, Sinope, etc. (jetzt in das bischöfliche Palais in Chichester übergeführt). Ferner bemalte er die Chorwölbung der Kirche der Boxgrove Priorei; bemerkenswert ist daran das eigentümlich blaugrüne Laubwerk. — Alle diese Arbeiten werden Dirck zugeschrieben, aber wahrscheinlich gehören sie wenigstens zum Teil seinem Sohne *Anthony*, der in Chichester im Alter von 105 Jahren starb und am 29. 12. 1619 begraben wurde.

Sussex Archaeological Collections XVII 201. — History of Western Sussex I 181. *J. Weale.*

Barendsz., D i r c k, Sohn und Schüler von Barend Dircksz., wurde geboren zu Amsterdam 1534. 1555 zog er nach Italien und kam in Venedig ins Atelier zu Tizian, dessen Porträt er gemalt hat. Als Weltmann — er war angenehm im Umgang, beflissen in der Literatur, der lateinischen Sprache mächtig und ein großer Musikliebhaber — wurde er mit mehreren bedeutenden Männern eng befreundet. Philips Marnix machte in Italien seine Bekanntschaft und besuchte ihn später öfters in Amsterdam; mit Dominicus Lampsonius führte er eine ständige Korrespondenz. Durch Frankreich kehrte er 1562 in seine Vaterstadt zurück und heiratete dort in diesem Jahre Agnies Florisdr. aus vornehmer Familie. Als Porträtmaler bekam er bald wichtige Aufträge. Von 1564 an malte er mehrfach Schützenstücke, welche z. T. noch im Amsterdamer Rijksmuseum sich befinden und einen wesentlichen Fortschritt in der Entwickelung der Korporationsmalerei bedeuten. Bei Einzelporträts wurde ihm öfters Nachlässigkeit in der Behandlung vorgeworfen. Auch das historische Genre fand in ihm einen eifrigen Pfleger, aber wenn auch van Mander noch mehreres gesehen hat, so beschränkt sich unsere Kenntnis auf ein einziges großes Triptychon, mit Darstellungen aus dem Leben der Maria, gemalt für das Brüderhaus in Gouda, jetzt im Museum daselbst aufgestellt. Zwar manieriert in der Komposition, hat es in figuraler Beziehung manche Vorzüge, während man über das Kolorit bei dem kläglichen Zustande des Bildes kein Urteil mehr haben kann. Als 1587 Leicester seinen feierlichen Einzug in Amsterdam hielt, arbeitete B. mit an der Bemalung einer Ehrenpforte. 1567 wohnte er am Turfmarkt und am 7. 11. 1569 hatte er ein Grundstück außerhalb des Regulierstores am Amstelfluß gekauft; als er aber am 26. 5. 1592 in der Neuen Kirche begraben wurde, stand seine Wohnung in der Nähe des Gasthuismolentores. Bei seiner Tochter sah van Mander das 1562 gemalte Selbstporträt des Künstlers und dasjenige seiner Frau. Vielleicht geht das Porträt in der Hondiusschen Sammlung auf dieses Bild zurück. Viele seiner Handzeichnungen mit biblischen, mythologischen und allegorischen Darstellungen sind schon während seines Lebens von den bedeutendsten Stechern reproduziert worden, wie von Hendr. Goltzius, Adr. Collaert, Harmen und Jan Muller, Joh. und Raph. Sadeler, Jac. Matham u. a. Die Vorzeichnung einer Darstellung von Jonas ist in der Albertina zu Wien. Schüler von ihm waren Hans de Weerdt von Antwerpen, Willem Betz von Mecheln und Andries Jacobsz. von Delft.

H a d r. J u n i u s, Batavia, L-B. 1588, 239. — C. v. M a n d e r, Het Schilderboeck ed. 1617, 176, 177. — P o n t a n u s, Rerum et urbis Amst. historia, 1611, 245. — H o o f t s Brieven No. 133. — T a u r e l, Christelijke Kunst II 175—202. — R i e g e l, Das holländische Gruppenporträt 136 bis 145. — De Wapenheraut, 1903, 186. — E l i a s, De Vroedschop van Amsterdam I 139, 140. — O b r e e n s Archief VI 36. — Oud-Holland XXI 65—80. — A r e n d v a n B u c h e l (in seinem kürzlich erschienenen Tagebuche) erzählt, daß er 1592 im Garten der Bogenschützen kunstvolle und lebenswahre Gemälde von „Theodorus Bernardus" sah (Notiz von Bredius). — Noch unveröffentlichte Notizen von Dr. N. de Roever. *E. W. Moes.*

Barendsz., D i r c k, wurde 1644 Schüler von Zacharias Paulusz. in Alkmaar.

O b r e e n s Archief II 44. *E. W. Moes.*

Barendsz, s. auch *Barentsz.*

Barenger, J. R., Maler in Camberwell; von ihm auf der Ausstellung der Roy. Acad. 1853 2 Bilder: Plumstead Church und Eltham Palace in Kent.

G r a v e s, The Royal Acad. of arts 1905. *H. V.*

Barenger, J a m e s, Tiermaler in Kentish Town, geb. zu London den 25. 12. 1780, † daselbst nach 1831. Schon sein gleichnamiger Vater (1745—1813) hatte sich durch Zeichnungen von Insekten in Wasserfarben bekannt gemacht (1793—1799 in der Roy. Acad. vertreten). James hatte namentlich mit der Darstellung von Rennpferden Erfolg; doch malte er auch Park- und Wald-Szenen, die er mit allerhand Tieren belebte. Um 1820 war er für die Tattersalls mit Porträts von Pferden und Hunden viel beschäftigt. In der Roy. Acad. waren von 1807—1831 gegen 40 seiner Gemälde ausgestellt.

R e d g r a v e, Dictionary. 1878. — G r a v e s, The Royal Academy of arts 1905. *H. V.*

Barengler, A n t o i n e, Hofmaler („peintre ordinaire du Roi") in Laon, geb. daselbst, † Anfang Febr. 1667, erhält am 3. 9. 1641 gemeinsam mit dem Maler Nicolas Bellot und den Bildschnitzern Louis Cocquelet und Jacques Ducastel den Auftrag zur Lieferung zweier Altarblätter für die Franziskanerkirche daselbst. Er kommt urkundlich in Laon 1639—1667 vor.

Réunion d. Sociétés d. beaux-arts. XIX 124. — Nouv. Arch. de l'art franç., 3e Série. XI 1895 p. 85—87. *H. V.*

Barents(z), G e r i j t, „glaessemaicker" zu Amsterdam, lieferte 1568 für den verhältnismäßig hohen Preis von 18 Gulden eine gemalte Scheibe auf Bestellung des dortigen Bürgermeisters.

Oud Holland 1905 p. 242. *H. V.*

Barents, J a n, holl. Bildhauer, 1659 urkundlich in Amsterdam genannt.

O b r e e n, Archief V 19. ***

Barentsen, D i r i k, Goldschmied, Leeuwarden um 1625. Von ihm eine reliefierte weißsilberne Platte auf der Ausstell. Amsterdam 1883 im Stile der Vianen.

Notiz von M. Rosenberg. **

Barentsen, s. auch *Barendsz* u. *Barentsz.*

Barentsz, Dirk, s. *Barendsz.*

Barentsz, Jan, holländ. Maler, geb. 1588/1589 zu Leiden, wohnte schon vor 1618 in Amsterdam, wo er in diesem Jahre, und 1623 zum zweiten Male heiratete. *A. B.*

Barentsz, Jan, holländ. Maler, aus Leiden gebürtig, geb. 1579/1580, heiratete 1618 Hendrickje Hermansdochter und lebte als Witwer wieder 1623 in Amsterdam. 1667 beklagte sich ein Maler *Jan Barentsz* in Amsterdam, daß er nicht malen könne, weil man ihm das Licht seines Ateliers, nahe beim Dach, zugezimmert habe. Wahrscheinlich ein anderer Maler dieses Namens, vielleicht Jan Barentsz *Muyckens* (s. dort). Eigentümlich ist, daß am 7. 11. 1626 ein Mr. *Jan Barentsz,* „Schilder" (Maler) alt 31 Jahre ungefähr, in Amsterdam vor dem Notar Carels erklärt, er habe 1622 dem Kaufmann Benjamin Bonnel, in Amsterdam, wohnend auf der Heerengracht, ein großes Gemälde Salomo und Bathseba und ein männliches und weibliches Bildnis (Kopf) geliefert, alle drei von ihm selbst gemalt; und 1623 habe er im Hause Bonnels dessen Gattin auch selbst contrafeihet. Das Geburtsjahr stimmt nicht mit dem in Leiden geborenen Maler. 1631 wohnt ein Jan Barentsz, Maler, in Amsterdam; seine Frau heißt Lysbeth Valckenburgh. *A. B.*

Barentsz, Michiel, holländ. Maler, zwischen 1625—1651 in Amsterdam erwähnt. Er starb dort im März 1651. Heißt Maler der Ost-Indischen Compagnie. In seinem Nachlaß unfertige Bilder, viele Landschaften, Bacchus, Venus und Ceres, Judith und Holofernes, ein David, ein nacktes Kind; zahllose Zeichnungen, Radierungen, Kuriositäten usw. Einmal wird er merkwürdigerweise Michiel Barentsz *Keyser* genannt. *A. B.*

Barentsz, s. auch *Barendsz.*

Barère, Jean Louis, Maler, † am 3. 8. 1778 in Paris, wohl identisch mit dem Verfertiger des Kruzifixus in der Kirche Saint-Germain in Sully-sur-Loire, bez.: Barere 1718, und dem bei Heinecken (Dict. d. Artistes. 1788. II) erwähnten gleichnamigen Pariser Maler, nach dessen Porträt des Louis Chaubert, Abtes von St. Geneviève, Ficquet 1760 einen Stich gefertigt hat.

Nouvelles Archives de l'art franç. 2e Série. VI 255. — Inventaire général d. Richesses d'art de la France. Province Monum. relig. I 242. *H. V.*

Barescut, Mlle Estelle Félicité Marie de, Porträt- und Genremalerin, geb. in Versailles, stellte in den Pariser Salons 1842 bis 1851 wiederholt aus (meist Damen- und Kinderbildnisse).

Bellier-Auvray, Dict. gén. *H. V.*

Baret du Coudert, Mme, geb. Rozier, Porträtminiaturenmalerin, geb. in Chartres am 31. 1. 1832, Schülerin von Mlle Durieu, stellte in den Pariser Salons 1857—1877 wiederholt Arbeiten teils eigener Erfindung, teils nach alten Meistern (Mme Lebrun, van Dyck, etc.) aus.

Bulletin d. beaux-arts. I 188. *H. V.*

Baret, s. auch *Barret.*

Baretta, Miniator aus Mailand, soll 1571 für die Certosa da Pavia 13 große Choralbücher miniiert haben.

Mongeri, L'arte del minio nel Ducato di Milano (Arch. stor. Lombardo XII 544, 791). *P. d'Ancona.*

Baretta, Francesco, römischer Mosaikkünstler der ersten Hälfte des 17. Jahrh., fertigte im Auftrage Urbans VIII. eine Kopie der Giottoschen Navicella in S. Pietro in Vaticano für die 1624 gegründete Kirche S. Maria della Concezione in Rom.

Angeli, Le Chiese di Roma, 293. *H. V.*

Baretta, Francesco (od. Baratta), italien. Stecher, tätig in Venedig in der 2. Hälfte des 18. Jahrh. Er hat nach Pietro Mainotti die vier Fakultäten und einige Genredarstellungen: lo Speziale, il Seggiolajo, l'Ortolano, il Barbiere gestochen.

Meyer, Kstlerlex. *P. K.*

Baretta, Baretti, s. auch *Baratta.*

Barettone, Niccolò, röm. Maler von geringer Bedeutung, erwähnt von Bertolotti im Arch. stor. art. di Roma IV 30.

Bareuille, Mlle, Kupferstecherin zu Paris um 1780; von ihr 2 Blätter nach Gemälden Angelica Kauffmanns.

Le Blanc, Manuel. *H. V.*

Barezzi, Stefano, italien. Maler und Bilderrestaurator, aus Busseto, 1820 in Rom, um 1854—1856 in Mailand tätig, Erfinder eines Verfahrens, Freskogemälde von der Mauer auf Holz zu übertragen. Vermutlich identisch mit dem bei Brun (Kstlerlex.) erwähnten Schweizer Fresken- und Dekorationsmaler *Barozzi* aus Brissago, der 1825 die Malereien an der Schlachtkapelle zu Sempach erneuerte.

Meyer, Kstlerlex. III. — F. Heinemann bei Brun, Schweizer. Kstlerlex. — Arte e Storia XXVI 66—72. — Emilio Scletti, Commemorazione del pittore Barezzi. Milano 1899. *H. V.*

Barfoot, J. R., Miniaturmaler in London, stellte 1830—1857 wiederholt in der Roy. Acad., meist Porträts, aus.

Graves, The Royal Academy Exhib. I 1905. *H. V.*

Barfraleri, Giovanni, Maler aus Pinerolo. Erhielt 1501 den Auftrag, das Haus der Disciplinati (Geißelbrüder) in Bussana (Ligurien) für den Preis von 12 Dukaten zu dekorieren. Es scheint, daß er diese Arbeit nicht ausgeführt oder doch nicht zu Ende geführt hat, denn gegen Ende des Jahres ist er im Kloster S. Francesco in Ventimiglia tätig. Während der Arbeit erkrankte er, machte am 21. 12. 1501 sein Testament und starb wenige Stunden danach.

Arte e Storia X, 1891 p. 33—34 (Girol. Rossi). *Walter Bombe.*

Barfus, Martin, Briefmaler und Formschneider in Breslau um 1459—1471, † vor 1477.

Lutsch, Kstdenkm. d. Prov. Schlesien V 521. *H. V.*

Barfus, Paul, Kupferstecher, geb. am 17. 8. 1823 zu Großgründlach bei Nürnberg, † am 24. 3. 1895 in München, wo er seit 1851 tätig war. Schüler der Kunstschule in Nürnberg unter Reindel, der Akad. in Leipzig unter Neher, dann in München in der Schule von Prof. Julius Thäter weiter ausgebildet. Er stach hauptsächlich Bildnisse nach fremden, meist zeitgenössischen Vorbildern, z. B. Mozart und Beethoven nach Fr. Schwörer (gr. Fol.), Luther, Brustbild nach L. Cranach (4°), etc., dann aber auch Genreszenen nach Gemälden von Defregger („Die Brüder"), W. Lindenschmitt („Auerbachs Keller"), J. Schnorr (Kreuzigung Christi).

Heller-Andresen, Handbuch f. Kupferstichsammler 1870. — Meyer, Kstlerlex. — Kunstchronik. N. F. VI 347 (Nekrolog). — Allg. Deutsche Biogr. Bd. 46 (1902) p. 215. *H. V.*

Barg, Erhard, Bildhauer aus Schwäbisch-Gmünd in Freiburg, um 1500, nur urkundlich bekannt.

Kunst- u. Altertumsdenkm. im Königr. Württemberg. Jagstkr. p. 352. *H. V.*

Barg, Erhard, Bildhauer, der zweite dieses Namens, geb. 1544 zu Schwäbisch-Gmünd, Mitarbeiter des bekannten Bildhauers Simon Schlör. Als Wappenbildner 1582 tätig am Portal des alten Würzburger Universitätsgebäudes, auch in Württembergisch-Franken nachweisbar. Er arbeitete zu Komburg 1585 wahrscheinlich an den Bauten Neustetters und in Kocherstetten, übernahm die Anfertigung des Grabdenkmals für Eberhard von Stetten. Wird als „ehrloser, verlogener und versoffener Bösewicht und Hadler" bezeichnet, arbeitet aber trotzdem mit seinem Meister Schlör 1586 in Stuttgart. Zuletzt 1587 erwähnt, wo er verklagt wird wegen Nichtlieferung eines für Eichstätt bestimmten Alabaster-Epitaphiums.

Niedermaier, Kstg. d. St. Wirzburg, 2. Aufl. 274. — Klemm, Württ. Baumstr. und Bildh. (auch unter *Barsch*). — Kst.- u. Altert.-Denkm. im Königr. Württemberg, Jagstkreis 354, 488, 590, 624. *Fr. Leitschuh.*

Bargas, A. F., Radierer (und Maler?) in Brüssel, wo er 1692 Meister wurde. Er war vermutlich ein Schüler von Pieter Bout; seine teils nach Kompositionen desselben, teils nach eigener Erfindung radierten Blätter sind leicht und sicher behandelt und meist mit seinem Namen bezeichnet (die Anfangsbuchstaben der Vornamen zuweilen verschlungen). Nagler in den Monogrammisten I No. 561 erwähnt ein mit A F (ligiert) B f. bez. Gemälde „eine Landschmiede", für dessen Urheber er B. hält, das aber wahrscheinlicher dem A. F. Baudewyns zuzuschreiben sein wird. Für seine Tätigkeit als Maler haben wir vorläufig keinen anderen Anhalt als die dokumentarische Notiz, daß der „Figurenmaler de Bargas" 1692/3 als Meister in die St. Lukasgilde zu Brüssel aufgenommen wurde.

Meyer, Kstlerlex. (mit ält. Lit. u. Oeuvreverzeichnis). — Journal d. b.-arts 1878 No. 4 p. 31. — Biographie Nat. de Belgique. — A. v. Wurzbach, Niederl. Kstlerlex. — Mit Notizen von H. Hymans. R.

Bargas, Armand, Medailleur der Gegenwart, geb. in Paris, Schüler von Mayeux und Valton, stellte im Salon 1887 1 Porträt und 2 Medaillen, 1902 2 Plaketten, 4 Medaillen und 1 Bildnis aus.

Forrer, Biogr. dict. of medallists. — Kat. d. Salon. *Fréd. Alvin.*

Bargas, Paul, Pariser Bildhauer und Medailleur der Gegenwart, Schüler von Vimonti. Er stellte im Salon 1901 zwei Porträtmedaillons der MM. di Marso und Chevalier und 1903 eine Bildnisplakette der Mme Madeleine Tellier aus.

Forrer, Biogr. dict. of medallists. *Fréd. Alvin.*

Bargellesi, Floriano, italien. Steinmetz, tätig in Bologna, wo er 1545 beim Baue des Klosters S. Giovanni in Monte erwähnt wird; und zwar hatte er damals (vermutlich unter der Leitung des Ant. Terribilia) den Bau des zweiten Klosterhofes vollendet sowie den dem Refektorium zugewandten Teil des Klosterbaues. In den damals entstandenen Dekorationsskulpturen dieses Baues, von denen wenigstens ein Teil ihm zuzuschreiben sein wird, bekundet sich B. als ein korrekter und gewissenhafter Bildhauer, wenn er auch nur nach Modellen des Terribilia gearbeitet zu haben scheint. Erhalten sind von diesen Klosterbauten: Eine reich dekorierte Vorhalle, deren Türumrahmungen an den Architraven mit Triglyphen, Metopen, Stierköpfen, Disken und Schilden (nach dem Muster der von Peruzzi am Palazzo Massimo in Rom angebrachten Wappenschilde) geschmückt sind; der erste Hof mit doppelter Loggienanlage, deren Arkadenpfeiler bis zum Dachgesimse durchgeführt sind, während die Fenster des Obergeschosses von toskanischen Säulen flankiert werden; ein noch reicherer zweiter Hof mit ebenfalls zweigeschossigem Arkadenumgange (Erdgeschoß dorisch, Obergeschoß jonisch), der bekrönt wird von einem dritten Geschosse mit korinthischen Halbsäulen. Außerdem sind im Treppenhause und in anderen Räumen des Klosters an den architektonischen Bindegliedern aufs feinste in Sandstein gemeißelte Ornamentfriese des Cinquecento erhalten geblieben, die vermutlich auf B.s Bildhauerhand zurückzuführen sind.

O. Mazzoni-Toselli, Mem. etc. di S.

Giov. in Monte (Bologna 1844). — C. Ricci, Guida di Bologna (1893). — F. Malaguzzi-Valeri, L'Archit. a Bologna nel Rinasc. (1899) p. 197 f.; und in Arch. stor. d. Arte ital. Ser. II, Vol. III, p. 230. *F. Malaguzzi-Valeri.*

Bargellesi, Girolamo, italien. Bildhauer, 1520—30 in Bologna tätig, nur von Zani, Enc. met. III 80 erwähnt. *R.*

Bargellesi, Sigismondo, italien. Bildhauer in Bologna, wo er 1524 nach Modellen des Ercole Leccadenari einen Teil der Marmordekorationen an den beiden seitlichen Fassadenportalen von S. Petronio ausführte und um 1550 als Gehilfe des Andrea da Formigine an den Reliefdekorationen der Portikus von S. Petronio arbeitete.

Zani, Encicl. III 80. — C. Ricci, Guida di Bologna (1893). — F. Malaguzzi-Valeri, L'Archit. a Bologna nel Rinasc. (1899) p. 197 u. f. *F. Malaguzzi-Valeri.*

Bargellesi, Stefano, italien. Steinmetz der 1. Hälfte des 16. Jahrh. in Bologna.

O. Mothes, Die Baukunst des Mittelalt. in Italien (1883) p. 499, Anm. *R.*

Bargellini, Sigismondo, Bildh. in Bologna, 1504 urkundlich erwähnt. Vielleicht identisch mit *Sig. Bargellesi.*

Rep. f. K.-W. XXII 299.

Bargelioso, s. *Bargellesi.*

Bargen, Cordt, Glockengießer, goß laut Inschrift 1597 eine Glocke für Sack bei Alfeld a. d. Leine.

Mithoff, Mittelalterl. Kstler. u. Werkmstr. Niedersachs. u. Westf. 1885. *H. V.*

Bargiacchi, Flaminio, reproduzierender Kupferstecher des 19. Jahrh. zu Florenz, Schüler des Perfetti.

Meyer, Kstlerlex. III. *H. V.*

Bargigli, Paolo, italien. Architekt, geb. in Livorno in der 2. Hälfte des 18. Jahrh. Zu Beginn des 19. Jahrh. wurde er, nachdem er laut Alizeris Angabe vorher „architetto del Consolato Romano" gewesen war, von der Fürstin Elisa Baciocchi als Lehrer für Architektur und Ornamentzeichnen an die Kunstakademie zu Carrara berufen, wo er dann 1809 als Nachfolger Fantonis zum Sekretär ernannt wurde. In dieser Stellung blieb er bis 1814; einige Jahre später starb er. Seinen ausgezeichneten Ruf scheint er mehr seiner Lehrtätigkeit, als eigenen Arbeiten von künstlerischem Wert zu verdanken gehabt zu haben.

Campori, Mem. biogr. di Carrara (1873) p. 281. — Alizeri, Not. dei Prof. d. Dis. in Liguria dalla fondaz. d. Accad. (1864 ff.), III 37 f. *Dr. M. Maffii.*

Bargman, Hinrich, Glockengießer zu Hannover, goß laut Inschrift 1510 die große Glocke für den Dom zu Verden und wahrscheinlich auch die aus demselben Jahre stammende Cäcilienglocke daselbst.

Mithoff, Mittelalterl. Kstler. u. Werkmstr. Niedersachs. u. Westf. 1885. *H. V.*

Bargnola, Giacomo, s. *Paracca,* Giov. Giac.

Bargone (Barcone), Giacomo (von einigen irrtümlich Barbone genannt), Dekorationsmaler von Ruf in Genua, Ende des 16. und Anfang des 17. Jahrh.

Lanzi, Storia pittor. d. Italia, V. Ausg. 1834 V 249. *H. V.*

Bargue, Charles, Maler und Lithograph, geb. zu Paris, † 1883; er war ursprünglich Genremaler unter der Leitung von J. L. Gérôme, aber er stellte niemals Bilder im Salon aus. Bald wendete er sich der Lithographie zu und erhielt bei den Ausstellungen von 1867 und 1868 Medaillen für seine nach Zeichnungen alter und moderner Meister ausgeführten Arbeiten. Die Lithographien nach den Genrebildern Ed. de Beaumonts gehören zu den besten seiner Arbeiten. Seine Malerei fand aber auch Liebhaber, wie man nach hohen Preisbewertungen annehmen muß. So brachte ein Bild von ihm: Flötenbläser, vente Pillet 1881, 30 000 Frcs. Gemälde von Bargue befinden sich in der Sammlung C. L. Wolf in New York und in der Sammlung W. H. Vanderbilt: Die Wache in Algier, der Künstler und sein Modell, Die Almeh.

Von seinen lithographischen Publikationen seien genannt: 1) Cours de dessin exécuté avec le concours de J. L. Gérôme. 1. Partie: Modèles d'après la bosse. 70 pl. 2. Partie: Modèles d'après les maîtres de toutes les époques et de toutes les écoles. 67 pl. Paris, Goupil. Fol. — 2) Exercices au fusain pour préparer à l'étude de l'academie d'après nature. 60 pl. Paris, Goupil 1870, fol.

Bellier-Auvray, Dict. u. Suppl. — Meyer, Kstlerlex. — Béraldi, Les Graveurs de XIXe siècle. — Gazette d. b.-arts Ie Pér. XXIII 263, XXIV 118. *G. Geffroy.*

Bargues, Jean de, Schreiber, Illuminator und Buchbinder, tätig in Troyes 1480—86.

Nouv. Archiv. de l'art franç. IX 49.

Bari, Johann Christoph, Kupferstecher zu Regensburg, stach um 1625 nach der Zeichnung eines Monogrammisten S. C. (Simon Cato) eine Ansicht von Karlsbad in Vogelperspektive.

Nagler, Monogr. II No. 245. *H. V.*

Bari, Niccolò da, s. *Arca,* Nic. dall'.

Bari, Peter, Maler in Polen in der ersten Hälfte des 17. Jahrh., ohne Zweifel italien. Herkunft, vielleicht aus Bari. Er malte Altarbilder für die Kapuziner-Kirche in Krakau, in welcher sich auch sein Grabmal befindet.

S. Ciampi, Viaggio in Polonia 135 (Firenze 1831). — Derselbe, Bibliographia critica II 245. — Rastawiecki, Słownik mal. polskich I 48. *Dr. Georg Graf Mycielski.*

Bari, s. auch damit verbundene *Vornamen* und *Bary.*

Baric, Jules Jean Antoine, Karikaturenzeichner, geb. 1830 in St. Catherine de Fierbois (Indre-et-Loire), † am 27. 6. 1905 in Monnnaie (Indre-et-Loire). In Tours erzogen, erst Postbeamter, ging dann nach Paris und wurde seit 1857 Illustrator der

Witzblätter „Petit Journal pour rire“ und des „Journal amusant“ und bildete sich zu einem der fruchtbarsten und schärfsten französischen Karikaturisten aus. Von seinen Einzelpublikationen sind die geschätztesten die Proverbes travestis und Balivernes militaires (1857), die Parodie der Misérables von Victor Hugo (1862) „un tour au salon“ (1865) und die Parodie de Quatre-Vingt-Treize von Victor Hugo (1874).

Auch für das Theater ist er als Mitverfasser von Revuen und Operetten tätig gewesen und hat selbst ein Drama in 5 Akten: La tête noire, mit Musik von Laurent de Rillé geschrieben.

Chronique d. arts 1905, 198 (Nekrolog). — Bulletin de l'art ancien et moderne 1905, 204 (Nekrolog). — M. Legrand, Jules Baric et ses paysans, in der Revue de Bien I, IX.
G. Geffroy.

Baricolo, F., Maler in Paris im 18. Jahrh., fertigte nach J. S. Duplessis die Kopie des Brustbildes Benj. Franklins, die sich jetzt in der National Portrait Gallery in London befindet; abgeb. in L. Custs Catalogue I 289. **

Barier (Barrier), François Julien, Edelsteinschneider, geb. am 31. 1. 1680 zu Laval als Sohn eines später zu Paris arbeitenden Goldschmiedes und Schmelzmalers, führte in Hoch- und Tiefschnitt Köpfe nach Antiken, Bildnisse nach dem Leben, die sehr geschätzt waren, Figuren, Tiere und reiche Kompositionen aus. Er war in technischer Beziehung sehr geschickt und er wußte ganz kleine Figuren, besonders auf Karneol- und Achat-Vasen, mit großer Deutlichkeit zu schneiden; doch fehlte es ihm dabei an Sicherheit der Zeichnung. Viele seiner Arbeiten kamen in den Besitz des Königs Ludwig XV., welcher ihn zum Hof-Edelsteinschneider ernannte. Der Künstler starb am 12. 5. 1746 zu Paris. Von seinen Arbeiten sind hervorzuheben: 1) Weibliches Brustbild, mit Weinblätterkranz im Haar (Bacchantin?). Bez. BA. — 2) Fontenelle, Bildniskopf. — 3) Bildnis des Marchese Rangoni, Gesandten des Herzogs von Modena am französ. Hofe. (Besonders gerühmte Arbeit.) — 4) Vase mit der Darstellung von Venus und Amor u. mit aus Sirenen gebildeten Henkeln.

Mariette, Traité des pierres gravées. Paris 1750. I 149. Giulianelli, Memorie etc., p. 72. — Leturcq, Notice sur Jacques Guay etc., Paris 1873, p. 38—39. — L. Forrer, Biogr. Dict. of Medallists etc. I 1904. — Bucher, Geschichte der techn. Künste, Stuttg., 1875, p. 350 (im Abschnitt „Glyptik“ von Hermann Rollett). — Manuscr. H. Rollett.

Barier, Jacques, Werkmeister am Bau der Kathedrale zu Le Mans, wo sich außen an der Galerie des um 1420 erbauten Nordgiebels sein Name eingehauen findet.

Esnault, Dict. d. artist. manceaux. 1899.
H. V.

Barier, s. auch *Barrier.*

Barigiani, Sismondo (oder Giocondo) di Vincenzo, Maler in Perugia 1613.

Rass. Bibl. d. arte ital. II 212, 215.

Barigioni, Filippo, Architekt und Bildhauer, geb. 1690 in Rom, † ebenda 1753, angeblich Schüler Matteo Rossis. Erbaute verschiedene öffentliche Gebäude in Rom; in der Peterskirche daselbst ist von ihm die Statue des hl. Norbert und das Grabmal der Maria Clementina Sobieska. Die Katafalke für die Exequien beim Tode der Päpste Clemens XI., Innocenz XIII. u. Clemens XII. in der Peterskirche, sowie der Katafalk für die Leichenfeier Augusts II., Königs von Polen, in S. Clemente zu Rom wurden nach seinen Entwürfen errichtet. Von ihm ist auch die reich mit Marmor und Bronze ornamentierte, dem hl. Franciscus von Paola geweihte Kapelle des Querschiffes von S. Andrea delle Fratte erbaut. 1729 renovierte er die Kirche S. Gregorio della Divina Pietà in Rom, 1732 die bis dahin gotische Kirche di S. Domenico in Urbino.

Meyer, Kstlerlex. III (mit ält. Lit.). — Angeli, Le Chiese di Roma (hier fälschlich Barigoni). — E. Calzini, Urbino e i suoi Monum. (1899) p. 92.
H. V.

Barigioni, Giannantonio, Maler und Zeichner in Rom, um 1696—1706 (nach Zani, Enc. met. III 81), malte Allegorien, Madonnen, Heilige und Porträts.

Heinecken, Dict. d. Artistes. 1788. II. (mehrere Arbeiten aufgeführt).
H. V.

Bariglietto, Antoine, Maler; Hofmaler des Herzogs Karl Emanuel I. von Savoyen, 1603 zuerst erwähnt, 1609 seines Amtes als „peintre du château de Rivoli“ enthoben und zum Gouverneur des Schlosses ernannt. Von Werken seiner Hand ist nichts bekannt.

Mém. de la Société Savoisienne T. XV 2, p. 216.

Bariglione, Ascanio, Maler des 17. Jahrh. in Rom.

Missirini, Storia d. rom. Accad. di S. Luca p. 462.

Barile (Barili), Antonio (di Neri di Antonio), geb. in Siena am 12. 8. 1453, † am 20. 2. 1516, berühmter Holzschnitzer und Intarsiator. Seine Arbeiten, namentlich seine durch reiche und phantasievolle Erfindung, durch Eleganz und Kraft der Formen und Feinheit der technischen Behandlung gleich ausgezeichneten Intarsien gehören zu den vorzüglichsten Leistungen im Gebiete der Dekorationskunst der Renaissancezeit. Über die Lebensverhältnisse des Künstlers ist wenig bekannt; er war mit Maddalena di Domenico del Rossi vermählt, von der er vier Kinder hatte; sein Neffe war der unten genannte Giovanni B. Hinsichtlich seiner Tätigkeit wird berichtet, daß er mehrfach auch mit architektonischen Arbeiten, namentlich mit Entwürfen zu Befestigungswerken beschäftigt war; 1484 restaurierte er die durch Hochwasser zerstörte Brücke von Buonconvento, 1485 erhielt er Bezahlung für das Modell zu einer anderen Brücke, die er später gemeinschaftlich mit einem Ingenieur ausführte. 1503, für die Feier der Krönung Pius' III. (Franc. Piccolomini), errichtete er vor dem Palast der Signoria in Siena eine reich dekorierte Tribüne. Sein erstes bedeutendes Werk im Gebiet der Holzschnitzerei war das Chorgestühl der Taufkapelle des Doms von Siena, an welchem er während eines Zeitraums von 19 Jahren (von 1483—1502) arbeitete. Gegen Ende des 18. Jahrhunderts ward dasselbe wegen seines schadhaften Zustandes aus der Kapelle entfernt; einzelne Teile desselben befinden sich gegenwärtig in der Kirche S. Quirico d'Orcia (Prov. Siena), eine Intarsientafel mit dem Selbstbildnis Ant. Bariles, die zu diesem Werke gehörte, besitzt das k. k. österr. Museum für Kunst u. Industrie in Wien. Nach der ausführlichen von Della Valle in den Lettere Senesi (s. u.) publizierten Beschreibung Landis zog sich das Stuhlwerk rings um die Wände des achteckigen Kapellenraumes; die Lehne (spalliera) über den Sitzbänken war durch Pilaster in neunzehn mit Intarsien ausgefüllte Felder geteilt, Architrav und Gesims über den Pilastern mit reichem Schnitzwerk geziert. Die erwähnte Intarsientafel, die eines der Felder schmückte, trägt die Inschrift: Hoc ego Antonius Barilis opus coelo (sic) non penicello (mit dem Messer, nicht mit dem Pinsel) excussi An. Dn. MCCCCCII. Stellenweise ist die Tafel ungeschickt restauriert. Näheres über dieselbe s. in den Mitteilungen des k. k. österr. Museums für Kunst und Industrie, XIV. Jahrg. (1879), No. 166. — Von anderen Arbeiten Bariles sind zu erwähnen: die Büchergestelle, die er 1496 im Auftrag des Kardinals Francesco Piccolomini für die Libreria des Domes ausführte, die Ergänzung des Stuhlwerks im Hauptchor des Doms, die ihn 1506 gemeinschaftlich mit seinem Neffen beschäftigte, die Lettner der Orgel und der Sängertribüne des Doms, mit deren Ausführung er und sein Neffe zugleich mit Giovanni di Pietro gen. Castelnuovo 1510 beauftragt wurden. Bald nachher (um 1511) fertigte er die Wandbekleidung eines Zimmers im Palast des Pandolfo Petrucci, von welcher sich 8 ungemein reich und zierlich ornamentierte Pilaster erhalten haben, die jetzt in der Akademie (Saal 8 u. 9) in Siena aufbewahrt werden. Das Stuhlwerk der Certosa von Maggiano, zu dessen Ausführung er und Gio. B. 1511 den Auftrag erhielten, eine mit Intarsien, teils architektonischen Perspektiven, teils Figuren, reich geschmückte Arbeit, ist vollständig zugrunde gegangen. Besonderen Ruf hatten die von B. geschnitzten Bilderrahmen, von denen Landi a. a. O. mehrere ausführlich beschreibt. Von einem derselben, der ein der Familie Savini gehöriges Madonnenbild Sodomas einfaßte, besitzt das österr. Museum das mit Rankenwerk und Greifen in starkem Relief geschmückte Friesstück, das auf einem Täfelchen die Bezeichnung hat: Antonius Barilis Senensis Opus (sic). Nach einer Bezeichnung an anderer Stelle stammte diese Arbeit vom Jahr 1501. Im folgenden Jahre lieferte B. einen Rahmen für das Altarbild Raffaelinos del Garbo in der Kirche S. Maria degli Angeli vor der Porta Romana von Siena. (Das Gemälde ist bezeichnet: Raphael de Florentia pinxit a. d. 1502.) — Wir erwähnen noch von Arbeiten, die ihm zugeschrieben werden: in der Nische des Klosters della Osservanza bei Siena die verzierten Schränke in der Sakristei, auf Kosten des Pandolfo Petrucci ausgeführt; in dem Kloster Il Santuccio zu Siena den reich geschnitzten Rahmen um die „Geburt Christi" von Pinturicchio, ferner eine kleine Truhe im Besitze des Municipiums von Siena. Auch die schönen Schränke in der Sakristei des Klosters Montoliveto Maggiore in der Nähe von Siena, vom Jahre 1487, ebenso die fein geschnitzten Türen der Libreria daselbst wurden und werden noch bisweilen als ein Werk des B. angesehen; da aber der nicht minder berühmte Bildschnitzer und Intarsiator Giovanni da Verona zu den Brüdern des Ordens gehörte und seit 1476 in jenem Kloster sich aufhielt, werden diese Arbeiten ohne Zweifel ihm angehören.

Vasari-Milanesi, III 518; IV 409—415; VI 396 No. 3. — Della Valle, Lettere Senesi. Venezia e Roma. 1782—1786. — Milanesi, Documenti per la storia dell' arte Senese, 1856 und Sulla storia d. arte toscana, Siena 1873, p. 69/70, 160, 176—181. — Finocchietti, Della scultura e tarsia in legno. Firenze, 1873. — Burckhardt, Gesch. der Renaissance in Italien. 2. Aufl. p. 303, 307, 308, 314, 323. — Mitteilungen des k. k. österr. Museums für Kunst u. Industrie. XIV. Jahrg. No. 166. (Artikel von Prof. H. v. Tschudi, mit einem Holzschnitt nach dem oben erwähnten Selbstbildnis A. Bariles und einem Holzschnitt nach dem gleichfalls oben erwähnten Fries vom Rahmen des Sodomaschen Gemäldes.) — Guida artistica di Siena. p. 82, 130, 137, 148, 152, 158. — Borghesi e Banchi, Nuovi Docum., Appendice alla racolta dei docum. p. d. G. Milanesi, p. 342, 359, 385/6, 407. — Rivista Storica Benedittina, I 31—53, 196—225. — Nuova Antologia, vol. 16 fasc. 2 p. 467—475. — Archivio Storico Ital. ser. III, tom. X, parte I, p. 178 ff. — Arte e Storia XXIII 128—131. — Brogi, Inventario Generale d. oggetti d'arte d. prov. di Siena (1897). — Calzini e Mazzatinti, Guida di Forlì (1893). — Ricci, Mostra d. antica arte senese; Catal. generale, Siena 1904. **

Barile (Barilla oder Barilli), Aurelio, Maler in Parma, Schüler und Nachahmer des Franc. Mazzola (il Parmegianino), in dessen Stil er 1574—75 die Cappella dei Canonici im rechten Seitenschiffe des Domes sowie die an diese anstoßende Altarkapelle mit Wandgemälden schmückte. Nur diejenigen der letzteren Kapelle sind erhalten geblieben, und zwar sieht man hier die Gestalten der Heiligen Anastasius, Katharina und Agathe, die letztere an einen Baumstamm gefesselt, sowie ein Madonnenbild; in der Cappella dei Canonici dagegen sind nur noch Reste der alten Ornamentumrahmungen wahrnehmbar. In S. Pietro Martire malte B. die Glorie der Cappella di S. Croce dell' Inquisizione. Nach Lanzi u. Boni soll B. außerdem 1588 in der Steccata-Kirche Malereien ausgeführt haben.

Affò, Il Parmigianino Servitor di Piazza (1794). — Bertoluzzi, Guida di Parma (1830). — Lanzi, Stor. Pitt. (ediz. IV) IV 102. — Boni, Biogr. d. Art. (1840). — Zani, Encicl. III 85; u. Mscr. in Parma, Bibl. Palat. No. 3622. — Scarabelli-Zunti, Guida di Parma (Mscr. in Parma, R. Museo). *St. Lottici.*

Barile, Gian, Maler in Florenz gegen Ende des 15. Jahrh., ein Künstler von untergeordnetem Rang, bekannt nur als erster Lehrer Andreas del Sarto. Milanesi identifiziert ihn irrtümlicherweise mit dem 1525 in den Florentiner Malerlisten vorkommenden Giovanni di maestro Salvi e casagi, genannt Gaiuole, der erst 1486 geboren ist.

Vasari-Milanesi V 7. — Gualandi, Memorie VI 183. *H. V.*

Barile, Giovanni, Holzschnitzer und Intarsiator, Neffe des Antonio, geb. in Siena, † daselbst 1529 (?). Die Werke, die er mit seinem Oheim gemeinschaftlich ausführte, s. unter *Barile,* Antonio. Er war namentlich in geschnitzten Arbeiten berühmt. Um 1514 siedelte er nach Rom über, wo Raffael ihn kennen lernte. An den Türen der Raffaelschen Stanzen des Vatikans, die durch eine besonders schöne Verbindung von Intarsien mit Schnitzarbeit ausgezeichnet sind, ist die letztere von B. (in der Zeit von November 1514 bis Oktober 1521, für 5 Dukaten monatlich) nach Zeichnungen Raffaels ausgeführt. (Die Intarsien sind von Fra Giovanni Veronese.) Für Raffaels Transfiguration schnitzte er einen Rahmen, der nicht mehr vorhanden ist.

Vasari-Milanesi, IV 363, 372; V 571. — Milanesi, Doc. senesi III 42, 147; ders., Arte toscana etc., Siena 1873 p. 69, 70, 160, 176—181. — Gaz. d. b.-arts 1879 II 524. — Archivio Stor. Ital. ser. III, tom. X, parte I, p. 178 ff. **

Barile, s. auch *Barili* u. *Barilli.*

Barilhault, Jean, Maler von Bordeaux, 16. Jahrh., nur urkundlich bekannt.

Réunion d. Sociétés d. beaux-arts. XXI 819. *H. V.*

Barili, Salvi d'Andrea di Domenico, Steinmetz von Rovezzano, geb. 1438, † 1503. Er war Oberaufseher am Neubau der Kirche Santo Spirito in Florenz u. hatte 2 Söhne, *Andrea* (geb. 1468) und *Giovanni* (geb. 1486), die beide Maler waren und am 10. 11. 1517 bez. am 16. 1. 1525 in die Florentiner Malergilde aufgenommen wurden. Letzterer wird von Milanesi mit *Gian Barile,* dem Lehrer des Andrea del Sarto, verwechselt.

Vasari-Milanesi, V 7 Anm. 2. — Gualandi, Memorie VI 183. *H. V.*

Barili, s. auch *Barile* u. *Barilli.*

Barilla, s. *Barile.*

Barillari, Bildschnitzer in Serra in Calabrien, von denen außer *Domenico B.* namentlich *Michele B.* mit Auszeichnung erwähnt wird. Ein von letzterem 1854 gearbeitetes Madonnenrelief wurde von Lenormant seltsamerweise als spätrömisches Bildwerk aus der Zeit des Justinian beschrieben und abgebildet.

R. Erculei, Catalogo etc. d'intaglio (Rom 1885) p. 102. — E. Caviglia in Byzant. Zeitschr. 1904, p. 294 ff. *

Barille, Jacques, s. *Barilli,* Giac.

Barillet, Étienne, Gießer in Paris, erhält am 17. 4. 1521 Bezahlung für Lieferung des Chorgitters in die Kirche Notre-Dame daselbst.

Nouv. archiv. de l'art franç. 3e sér. III 1887 p. 90/1. *H. V.*

Barilli, Cecrope, italien. Maler, geb. in Parma, wo er als Akademielehrer tätig ist; stellte 1883 in Parma, 1885 in Turin, 1888 in Bologna, 1896 in Genua Genregemälde aus.

Gubernatis, Diz. d. Art. Ital. Viventi (1889). *N. Tarchiani.*

Barilli, Giacomo (*Jacques Barille*), Dekorationsmaler aus der Schule der Bibbiena. Trat 1701 mit Franc. Galli da Bibbiena in den Dienst des Vizekönigs von Neapel; 1703—1706 war er an der Ausmalung der Gemächer im Palazzo Farnese zu Colorno beteiligt und 1710—1722 in Nancy tätig. Er malte daselbst zahlreiche Paläste und Theater aus, darunter die in einen Theatersaal umgewandelte salle des machines (1710), die hôtels Mahuet und Lupcourt (1712) und die Chapelle du Collège (1717), letztere gemeinschaftlich mit Claude Charles, der die Figuren und Blumen lieferte.

Réun. d. Soc. d. beaux-arts. XXIII 403. — G. Lombardi, La Versailles dei Farnesi. *H. V.*

Barilli, s. auch *Barile* u. *Barili.*

Barillot (Barillat, Barillet), Bildnismaler in Angers, Anfang des 18. Jahrh., wurde vom Stadtrat daselbst häufig mit der Ausführung von Bürgermeister- oder Schöffenporträts für die salle d'honneur des Stadthauses beauftragt (Delaunay und Romain 1725, Olivier und Rousseau de Pantigny 1726, Portelise, Delorme, Crosnier, Trioche de Boispineau 1727). Das Museum zu Angers besitzt von ihm das Porträt von Claude Pocquet de Livonnière.

C. Port, Les artistes angevins. 1881. — Inv. d. rich. d'art de la France. Prov. monum. civ. III 298/9. *H. V.*

Barillot, Léon, Maler, geb. in Montigny-les Bains (Lothringen) 1844, war in seiner Vaterstadt Schüler von C. Cathelinaux, debütierte dann im Pariser Salon 1869, nachdem er noch Bonnats Atelier besucht hatte. Er machte sich besonders als Tiermaler bekannt. Sein Gemälde: Le gué de Las-Laudies (1878) wurde auf der Ausst. in Melbourne mit einer Medaille ausgezeichnet. Seine Motive fand er nacheinander in Haute Marne, Lothringen, Somme und in der Niedernormandie. — Seine Bilder zeigen einen klaren, lichten Ton und eine sehr eingehende Durchführung. Bei der Wiedergabe der Tiere, besonders der Kühe, trägt der Künstler Sorge, die verschiedenen Tierrassen immer genau in diejenige Naturumgebung zu stellen, in der man sie gewöhnlich findet: Sologne, Charolais, Normandie oder Dombes. Er exzelliert in der Darstellung der Wiederkäuer auf den grasigen und feuchten Wiesen, er weiß sie in der Munterkeit des Morgens, in der Melancholie des Abends zu geben. Die Kühe, die roten, weißen, schwarzen, scheckigen, die dahinziehen oder im hohen Grase am Saume der Weidenreihe ruhen, zeigen ein langsames Gehaben oder gähnen ernst, und ihre starren Augen reflektieren die Ruhe der Dinge, die sie umgeben. — Solche Bilder B.s gehen jetzt unter in der Überfülle der jährlichen Salons, aber man wird sie später schätzen wegen ihrer einsichtigen Wahrheitsliebe und ihrer feinen und harmonievollen Poesie.

Hauptwerke von ihm sind: Les étangs de St. Paul de Varax (Ain) (Museum von Amiens); La barrière (Museum zu Rouen); Matinée d'été (Mus. zu Lille); Bergères Lorraines (Mus. du Luxembourg); Embarquement de bestiaux au marais Poitevin (Mus. zu Nancy).

Außer Gemälden hat B. auch Radierungen in die Salons geschickt, von denen genannt seien: Verhungerte Pferde vor Metz (Salon 1872) und einige vortrefflich radierte Wiedergaben seiner Gemälde.

Seine Biographie in „La galerie contemporaine", herausg. von L. Baschet. — Le Dictionnaire illustré des contemporains, herausg. von E. Dentu. — Bellier-Auvray, Dict. gén. II Suppl. 38. *G. Geffroy.*

Barillot-Bonvalet, Mme Léonie, Blumenmalerin in Paris, geb. in Montigny-les-Metz (Moselle), † am 12. 12. 1901 in Paris, Schülerin von Jules Lefebvre, Benjamin Constant und ihrem Bruder Léon Barillot, stellte in den Salons seit 1878 fast alljährlich aus.

Bellier-Auvray, Dict. gén., Suppl. (auch unter Bonvalet). — Chronique des arts 1901. p. 327 (Nekrolog). *H. V.*

Barilotto (Barilotti, Barlotti), Pietro, Bildhauer von Faenza. Im Dom zu Faenza befinden sich zwei von ihm ausgeführte Grabmäler; das eine — das des Africano Severoli († 1522) — „zierlich aufgebaut und dekoriert", trägt die Inschrift: Petrus Barilotus Faventinus fecit 1528, das andere — das des Giovanbatt. Bosi —, das bereits späte Renaissanceformen zeigt, die Inschrift: Petrus Barilottus Civis Faventinus faciebat 1542.

Zani, Enc. met. III 82. — Burckhardt, Cicerone. — Rass. bibl. d. arte ital. II (1899) 2, 5. *H. V.*

Barina, Juan, Goldschmied in Barcelona am Ende des 15. Jahrh. Im dort. Innungsarchiv die Zeichnung seines Meisterstücks (abgebildet bei Davillier).

Viñaza, Adic. I 22. — Davillier, Recherches pl. 1. *M. v. B.*

Barinci, Giovanni Battista, Bildhauer und Bronzearbeiter in der 1. Hälfte des 17. Jahrh., geb. in Siena. Er ging 1620 mit G. B. Crescenzi, dem Philipp III. den Bau der Königsgruft (des „Pantheon") im Eskorial übertragen hatte, nach Spanien und war bei der plastischen Ausschmückung derselben beschäftigt.

Zani, Encicl. met. III 82. — Bermudez, Dicc. — Meyer, Kstlerlex. *H. V.*

Barinelli, Niccolò, Bildhauer in Forli, wo er nach Cignani — vermutlich 1786 beim Umbaue der Pfarrkirche S. Mercuriale — die Marmorskulpturen in der Kapelle zur Linken des Hochaltares ausführte.

C. Cignani, Cenni stor. ecc. d. città di Forlì (1838) p. 25. *

Barjolle, französ. Bildhauer in Rouen, wo er 1731 nach den Zeichnungen des Architekten Jean-Pierre Defrance den Altarvorsatz und das Tabernakel der Kirche St. Jean ausgeführt hat.

Bauchal, Dict. des Architectes français (1887) p. 161. *S. Lami.*

Barjon, Victor, französ. Maler, geb. am 12. 12. 1845 in Moirans (Isère), ließ sich, nachdem er 14 Jahre lang mit dem Maler J. A. Achard aus der Dauphiné zusammengearbeitet hatte, 1887 in Lyon nieder, wo er in demselben Jahre ein: Dans le ruisseau de Morges à Moirans betiteltes Gemälde im Salon ausstellte, das er 1886 schon im Salon de Paris gezeigt hatte. Seitdem sah man von ihm in den Lyoner Salons alljährlich Landschaften von der Loire und aus der Bretagne sowie Marinen von der Küste des Mittelländischen Meeres, und zwar sowohl in Öl-, Aquarell- und Pastell-Malerei, wie in Federzeichnung. Auch hat er ca. 40 Blatt Radierungen geschaffen. Seine Gemälde haben Luft und Licht. Er ist übrigens auch der Erfinder eines Verfahrens, durch das Zeichnungen in Ätztechnik faksimiliert werden können. Seine Signatur ist: Vor Barjon. *E. V.*

Barisanus da Trani, süditalien. Bildhauer u. Erzgießer der 2. Hälfte des 12. Jahrh., Schöpfer der 3 zweiflügeligen Bronzetüren an den Domkirchen zu Trani, Ravello und Monreale. Die älteste ist diejenige von Trani. Sie besteht aus zwei Eichenholzflügeln, auf die 32 durch schmale Tierfriese voneinander getrennte Bronzeplatten aufgenagelt wurden.

Die Darstellungen dieser in 8 Querreihen zu je 4 Reliefs angeordneten Bronzeplatten zeigen (von oben beginnend): 2 kniende Engel und dazwischen den Erlöser und den Evang. Matthäus; die Madonna, Apostel Petrus, Prophet Elias, Johannes d. Täufer; Apostel Simon, die Anastasis, Evang. Johannes, Apostel Paulus; Evang. Markus, Apostel Andreas, Simon und Bartholomäus; St. Nikolaus (mit dem daneben knienden Schöpfer der Reliefs), die Grablegung, St. Georg mit dem Drachen, St. Eustachius; 2 Trophäen und 2 Armbrustschützen; 2 Paare von Kämpfenden, 1 Trophäe und einen Armbrustschützen. Neben der erwähnten Bildnisfigur des Künstlers liest man die Inschrift: Barisanus Tran. me fecit. — Die Türflügel von Ravello sind mit 54 in 9 Reihen zu je 6 Reliefs angeordneten Bronzeplatten geschmückt. Die Darstellungen dieser Reliefs zeigen (von oben beginnend): Zwischen 2 knienden Engeln 2 Erlöserfiguren, den Verkündigungsengel und die Maria; Apostel Thomas, Kreuzabnahme zweimal, dazwischen die Evangelisten Johannes und Matthäus, Apostel Simon; Evang. Markus, Auferstehung Christi zweimal, dazwischen die Apostel Petrus und Filippus, Apostel Bartholomäus; Apostel Thomas und Bartholomäus, St. Nikolaus zweimal, Apostel Philippus und Petrus; Johannes d. Täufer, Madonna mit Christkind dreimal, Prophet Elias, St. Eustachius; Prophet Elias, St. Georg dreimal, Apostel Paulus, St. Eustachius; 3 Armbrustschützen in unregelmäßigem Wechsel mit 3 Paaren von Kämpfenden; endlich in den beiden letzten Reihen Trophäen mit Greifen und Löwen. — Die Türflügel des Nordportales am Dom zu Monreale sind weniger reich ornamentiert und nur mit 28 Bronzeplatten bekleidet, die in 7 Reihen zu je 4 Reliefs angeordnet wurden; und zwar zeigen sie (von oben beginnend): 2 Erlöserfiguren zwischen zwei ihnen zugewandten Darstellungen Johannes d. Täufers; Kreuzabnahme, Auferstehung Christi, Madonna mit Christkind und St. Nikolaus von Bari (mit der Inschrift „Barisanus Tranensis me fecit"); St. Georg und St. Eustachius; einen jugendlichen Herkules, einen Armbrustschützen, ein Wappen und anderes.

Häufig begegnen wir auf diesen drei Domtüren (und mehrfach sogar auf ein und derselben Tür) identischen Wiederholungen der einzelnen Darstellungsmotive; offenbar wurden derartige Wiederholungen sämtlich aus der gleichen Form gegossen. Datiert ist nur die Tür von Ravello, und zwar wurde sie laut Inschrift 1179 im Auftrage des Patriziers Sergio Muscetola ausgeführt. Etwa 4 Jahre früher entstand die Tür von Trani; erst später dagegen diejenige von Monreale: vermutlich gleichzeitig mit der 1186 vom Pisaner Bonannus vollendeten zweiten Domtür von Monreale. Ein Vergleich der Türen des Barisanus und des Bonannus ergibt wesentliche und interessante Stilunterschiede: Der Pisaner verschmäht fast jegliche Ornamentierung und beschränkt sich darauf, die Umrahmungen mit einfachen Akanthusvoluten zu schmücken; der Apulier dagegen legt größeres Gewicht auf die Ornamentierung als auf die figürlichen Kompositionen, die er ungescheut in schematischen Repliken anbringt, um dafür die Laubwerkumrahmungen um so sorgfältiger und reicher durchzubilden. Seine Kentauren, Pfeilschützen, Sirenen usw. sind byzantinischen Metallarbeiten und Elfenbeinschnitzereien entlehnt, und auch seine religiösen Reliefdarstellungen geben sich in ikonographischer wie in stilistischer Hinsicht als genaue Wiederholungen byzantinischer Vorbilder zu erkennen. Auf einigen der Bronzeplatten an den Türflügeln von Trani und Ravello wurden sogar die griechischen Inschriften beibehalten. Augenscheinlich bestand die künstlerische Tätigkeit des Barisanus in der Hauptsache darin, von den in seinem Besitze befindlichen Formen eine größere Anzahl von Reliefabgüssen herzustellen und diese dann (ohne besondere Rücksicht auf die logische Reihenfolge der Darstellungen oder auf etwaige Wiederholungen) auf die hölzernen Türflügel aufzunageln.

S c h u l z, Denkm. der Kunst usw. in Unteritalien. — P a l m a r i n i in L'Arte 1898, p. 15-26 (mit Abb.). — B e r t a u x, L'Art dans l'Italie Méridionale (Paris, 1904) p. 418—423. — Arch. storico d. Arte I 24 f.; II 257. — Arch. stor. ital., ser. III, vol. XVI, p. 324. — Napoli Nobiliss. V 85; VII 63. — A. V e n t u r i, Storia d. arte II 566 ff. *A. Muñoz.*

Bariscord, J e a n - B l e y e r d e, Ornament- und Wappenmaler aus Lothringen, seit 1572 in Nancy ansässig, wo er an den Malereien in der Galerie des Cerfs und in den Gemächern des herzogl. Palastes mit tätig war. 1593 ist er für die aus Anlaß der Hochzeit der Prinzessin Elisabeth mit Herzog Maximilian von Bayern stattfindenden Hoffeierlichkeiten daselbst beschäftigt. Er ist in Nancy ferner 1612, 1613 und 1618 urkundlich nachweisbar.

Réunion d. Sociétés d. beaux-arts. XXIII 403. — B é r a r d, Dict. biogr. d. Artistes franç. 1872. *H. V.*

Barisel, französ. Holzschnitzerfamilie in Béthune, deren Mitglieder sind: *Jean,* tätig um 1465; dessen beide Söhne: *Florent* und *Mathieu,* die 1492 gemeinschaftlich das Chorgestühl der Kirche Saint-Barthélemy daselbst anfertigten; endlich *Nyet,* Sohn und Schüler von Florent, tätig um 1509.

L a m i, Dict. d. sculpteurs etc. 1898. *H. V.*

Barisiel, J e a n, Maler in Cambrai 1421 bis 1422, nur urkundlich bekannt.

Réunion d. Sociétés d. beaux-arts. XII 440.

Barisien, F r i e d r i c h H a r t m a n n, Porträtmaler, geb. am 13./27. 2. 1724 in Koburg, † am 19./30. 8. 1796 in Mitau, erhielt seine künstlerische Ausbildung in Dresden. 1750 folgte er der Aufforderung eines russ. Edelmannes nach Astrachan, kam 1767 nach Riga, wo er sich als Porträtmaler beschäftigte, und 1770 an den herzogl. kurländischen Hof als Hofmaler. Im Mus. zu Mitau eine große Anzahl seiner Porträts, viele in Privatbes. und in den Rigaschen Mus. Mehrere seiner Porträts wurden von Joh. Fried. Martin in Stockholm gestochen. 1786 erteilte ihm die Petersburger Akad. für das Bild der 102 Jahre alten Frau des Rigaschen Brandmeisters Link, die er mit einem verlöschenden Licht in der Hand dargestellt hatte, den Künstlergrad. In Deutschland ist bisher nur eine Jugendarbeit, das Porträt des Grafen Johann Christian v. Hennicke in der Kirche zu Wiederau bei Pegau in Sachsen nachgewiesen. 1783 malte er die Dekorationen zur Oper Cyrus u. Kassandra für das herzogl. Hoftheater. Im herzogl. Schloß zu Mitau befanden sich Deckengemälde von ihm; im ehemaligen herzogl. Schloß zu Ruhental (jetzt in Gräfl. Schuwallowschem Bes.) werden ihm die Deckenmalereien in 10 Zimmern zugeschrieben.

Meyer, Kstlerlex. — Bau- u. Kunstdenkmäler in Sachsen. XV 118. — Sitzgsber. der kurländ. Ges. f. Lit. u. Kunst. 1866. p. 44. *W. Neumann.*

Barisini, Barisino dei, Maler in Modena, † 1343, Vater des Tommaso da Modena. Federicis Identifikation Barisinos mit dem Treviser Maler Buzacarino ist durch neuere Dokumentenfunde widerlegt.

G. Bertoni e E. P. Vicini, Tommaso da Modena, in Atti e Memorie d. R. Deput. di Storia patria p. l. prov. Modenesi, ser. V vol. III (1903). **

Barisini, s. auch *Tommaso* da Modena und *Bonifacio* di Tommaso.

Barison, Giuseppe, italien. Genremaler in Triest, geb. daselbst am 6. 9. 1853, Schüler der Wiener Akademie unter Prof. Ed. v. Engerth. Seine häufig Motive aus Venedig behandelnden Bilder sind trefflich beobachtet. Er stellte in Berlin (1884, 1886), in München (1888, 1900, 1901, 1907) und in Wien (intern. Jubil.-Ausstell. 1888) aus. Zwei Arbeiten von ihm: „Heitere Lektüre" und „Erwartung" kamen mit der ehemaligen Sammlung Zeller in Prag 1906 in Berlin zur Versteigerung. Ein anderes Bild „Venezianische Familie" bewahrt die Stuttgarter Gemäldesammlung.

F. v. Bötticher, Malerwerke d. 19. Jahrh. I 1. — Zeitschr. f. bild. Kst. XXIII 231. — Kst.-Chronik IX 741, XVII 632, XIX 352, XXII 553. *H. V.*

Barizeu (Baryzeu), Jan, Bildschnitzer, wird 1499 als Freimeister in die S. Lukasgilde zu Antwerpen aufgenommen.

Liggeren I 32, 54, 67, 70, 115. *H. V.*

Barizon, Robert Louis, Maler in Paris, Bruder des 1788 daselbst verstorbenen „peintre en rubans" *Jean Antoine Marie B.*, nur urkundlich bekannt.

Nouv. Archiv. de l'art franç. 2 Série. VI 212. *H. V.*

Bark (Barch), Klaus, Maler, erhält 1611 die Bezahlung von 18 Tlr. 24 Groschen für Arbeiten im Innern der Schloßkapelle zu Gottorf bei Schleswig.

Bau- u. Kstdenkm. d. Prov. Schleswig-Holstein. II 354, III 1. Teil, Nachtrag p. 15. Reg. p. 18. *H. V.*

Bark, s. auch *Barck.*

Barkenman, Willem, vläm. Gießer. Von ihm ein bezeichneter und 1436 datierter Apothekermörser im Musée de la porte de Hal in Brüssel.

Champeaux, Dict. d. fondeurs etc. 1886. *H. V.*

Barkentin, Hanss, 1598 Maler zu Hamburg, 1611 Ältermann des Maleramts, † am 4. 2. 1624.

Hambg. Zeitschr., N. Folge II 356. *E. Beneš.*

Barkentin and Slater, Bronzegießer in London um 1804. Von ihnen eine reliefierte, vergoldete und versilberte Tischglocke im South-Kensington Mus. **

Barkenwerd, s. *Backerwerd.*

Barker, Benjamin, d. Ä., engl. Pferdemaler, seinerzeit geschätzt wegen seiner Pferdeporträts, geb. in Newark, † am 12. 6. 1793 in Bristol.

Redgrave, Dict. of artists. **

Barker, Benjamin, d. J., engl. Landschaftsmaler, Bruder des Thomas, geb. 1776, † am 2. 3. 1838 in Totness (Devonshire), tätig in Bath, stellte 1800—1831 gelegentlich in der Roy. Academy und regelmäßig in der Water-Colour Society seine verdienstvollen, aber etwas altmodischen Landschaftskompositionen (sowohl Ölmalerei als Aquarelle) aus. — Theodore Fielding hat 48 derselben in Aquatinta reproduziert. Mehrere seiner Aquarelle befinden sich im South-Kensington Mus.

The Art Union 1843 p. 36. — Redgrave, Dict. of Artists und Descript. Catal. of the histor. Coll. of Water-Colour Paintings in the South Kensington Mus. (1877) p. 74/5. — J. L. Roget, Hist. of old Water Colour Society I 395. — Graves, The Roy. Acad. of Arts, I 113. **

Barker, Henry Aston, engl. Panoramenmaler, geb. in Glasgow 1774, Sohn Robert B.s, † am 19. 7. 1856 in Bitton bei Bristol. Schüler der R. Academy, befreundet mit Turner und Robert Ker Porter. 1792/3 vollendete er sein erstes Panoramenbild mit einer Londoner Ansicht. Die Zeichnungen dazu gab er in Radierungen (datiert 1792 und 93) heraus. 1802 war er in Paris und vollendete dort sein Panorama von Paris; sein letztes Werk dieser Art war der Krönungszug Georgs IV. 1822.

J. L. Roget, History of the „Old Water-Colour" Society I 103—5, 112. — Redgrave, Dict. of artists. — The Art Journal, 1857, 46/7 (Nekrolog). **

Barker, J., Porträtmaler in London, stellte 1818 in der R. Academy aus. — Ein *Barker, J. S.,* war dort ebenfalls mit Historien und Porträts in den Jahren 1841—58 vertreten.

Graves, The Roy. Acad. of Arts I 113. **

Barker, John Joseph, engl. Genremaler in Bath, stellte 1835—63 in der R. Academy aus.

Barker, Robert, Panoramenmaler, geb. 1739 zu Kells in Irland, † am 8. 4. 1806 in Lambeth. Sein erstes noch sehr unvollkommenes Panoramenbild war eine Ansicht von Edinburgh, wo er sich längere Zeit aufhielt; er stellte dasselbe 1788 in dieser Stadt, im folgenden Jahr in Glasgow und London aus, ohne besondere Aufmerksamkeit für seine interessante Erfindung zu erregen. Später jedoch erlangte seine in Perspektive u. augentäuschender Naturdarstellung wesentlich verbesserte Panoramenmalerei Popularität, namentlich durch die Panoramen von London, das er von den Albion Mills aufnahm, von Elba, Athen, Lissabon und der russischen Flotte bei Spithead. — Nach ihm stach Th. Gaugain „The wood boy". Sein Porträt, von C. Allingham gemalt, ist von J. Flight in Mezzotinto geschabt.

Germ. Bapst, Essai sur l'histoire des Panoramas et des Dioramas, Paris, Masson 1891. — S. Hausmann, Die Erfindung der Panoramen (in Kst. f. Alle, IV) p. 198 ff. **

Barker, Samuel, engl. Blumenmaler, † 1727 in jugendlichem Alter. Er war ein Vetter und Schüler von J. van der Banck und malte zuerst Bildnisse, wandte sich aber bald der Blumen- und Früchtemalerei zu, wobei er hauptsächlich Monnoyer nachahmte. — Nach ihm stach J. Sturt das Bildnis von W. Addy (Fol.).

Redgrave, Dict. of artists, 1878. — Meyer, Kstlerlex. *H. V.*

Barker (genannt *Barker von Bath*), Thomas, Landschafts-, Porträt- und Genremaler, Lithogr., Bruder des Benjamin, geb. 1769 zu Pontypool (Monmouthshire), † am 11. 12. 1847 in Bath. Er studierte anfangs hauptsächlich nach holländischen Meistern, in den Jahren 1790—93 hielt er sich in Italien auf und fand in England später besonders mit seinen genreartigen Bildern Beifall. Darstellungen, wie Der alte Tom, Die Zigeunerin, Der Holzhauer u. a. wurden damals auf Porzellan- und Tongefäßen und selbst in Geweben vielfach nachgebildet. Zu seinen größeren Gemälden gehört Das Verhör der Königin Karoline von England (mit zahlreichen Porträts, 1821); in seinem Hause malte er 1822 in Fresko den Angriff der Türken auf Chios. In der Roy. Academy war er von 1791—1829 gelegentlich vertreten. Zwei seiner mit Hirten und Herden staffierten Landschaften kamen in die National Gallery; zwei Aquarellskizzen in das South-Kensington Museum und eine Aquarellskizze ins British Museum. Von seinen lithogr. Veröffentlichungen sind zu nennen: 1) Bll. in den Inkunabeln der engl. Lithographie aus den Jahren 1801—1807 Landschaften u. historische Darstellungen. Qu. Fol. 2) Forty Lithographic impressions, from drawings by T. B., selected of Rustic Figures after Nature. Fol. Bath 1813. 3) Thirty-two Lithogr. impressions from Pen drawings of Landscape scenery (nur in 50 Exempl. gedruckt). Fol. Bath 1814.

The Art-Union, 1848 p. 51 (Nekrolog). — P. Bate, Thomas Barker of Bath im Connoisseur X 107—112, XI 76—81, mit Abbildungen. — Graves, The Roy. Academy of Arts I 114. — Katal. des South Kensington Mus., des British Mus., der National Gallery etc. **

Barker, Thomas Edward, engl. Panoramenmaler, ältester Sohn Roberts B., tätig anfangs für seinen Vater, seit 1802 in Gemeinschaft mit R. Reinagel. Außer Panoramen hat er gelegentlich auch Seestücke gemalt wie A Fresh Breeze und Weymouth Harbour, die er 1800 und 1801 in der Roy. Academy ausstellte.

J. L. Roget, Hist. of the old Water Colour Society, I 537. — Graves, The R. Acad. of Arts, I 114. **

Barker, Thomas Jones, Schlachtenmaler, geb. zu Bath 1815, † zu Haverstock Hill am 29. 3. 1882, Sohn u. Schüler des Thomas B. 19 Jahre alt ging er nach Paris, wo er im Atelier Horace Vernets arbeitete, dem er sich im Stil seiner Darstellungen und in der Wahl der Gegenstände am nächsten anschloß. In der Zeit von 1835—1845, wo er nach England zurückkehrte, waren von ihm in den Pariser Salons zahlreiche Bilder ausgestellt. Eines seiner Hauptwerke aus dieser Zeit, im Auftrag Louis Philippes ausgeführt, war Der Tod Ludwigs XIV. (1848 bei der Plünderung des Palais Royal zerstört), ein anderes, für das er das Kreuz der Ehrenlegion erhielt, Die Braut des Todes, für die Prinzessin Maria gemalt. Die bedeutendsten unter seinen späteren Arbeiten, wegen deren man ihn den engl. Horace Vernet nannte, waren fast ausschließlich Kriegsszenen und Schlachtenbilder: Napoleon nach der Schlacht bei Bassano, Die Begegnung Wellingtons und Blüchers bei Waterloo, Wellingtons Übergang über die Pyrenäen, eine Episode aus Wellingtons Einnahme von Pamplona, Die verbündeten Generale vor Sebastopol, Die Räumung von Kars, Die Belagerung von Lucknow. Mehr genreartige Schilderungen waren „Salvator Rosa unter den Räubern" und „Das Rennen auf dem Corso in Rom", welches letztere Bild namentlich wegen der trefflichen Darstellung der Pferde gerühmt wird. 1870—71 befand er sich auf den Hauptschauplätzen des deutsch-französischen Krieges, aus welchem er verschiedene Vorgänge geschildert hat (den Angriff preußischer Kürassiere auf Chasseurs d'Afrique bei Vionville, Napoleon nach der Schlacht bei Sedan, Herrenlose Pferde nach dieser Schlacht zwischen den Leichen ihrer Reiter). — Von anderen Bildern des Künstlers sind noch zu nennen: „A Poacher's Cottage in the Olden Time" (von 1871), „Balaklava; One of the Six Hundred" (von 1874), „The Return through the Valley of Death" (von 1876). Von 1845—1876 war er fast regelmäßiger Aussteller in der Roy. Academy.

Clement and Hutton, Artists of the 19th century. — The Art Journal 1858, 126; 1860, 183; 1861, 253; 1867, 158; 1878, 69—72; 1882, 159. — Graves, The Roy. Acad. of Arts, I 114. **

Barker, W. Bligh, Blumenmaler in London, tätig um 1835—50. — Auch seine Frau malte Blumen.

Graves, The Roy. Acad. of Arts, I 115. **

Barker, William, amerik. Kupferstecher, um 1795—1803 in Philadelphia u. New York tätig. Stach meist Landkarten. *E. Richter.*

Barker, Wright (R B A), engl. Maler der Gegenwart, tätig in Ollerton, Newark, stellte seit 1893 ziemlich regelmäßig in der Roy. Academy seine einfachen aber eindrucksvollen Landschaften und Figurenbilder aus.

Graves, The Roy. Acad. of Arts, I 115. **

Barkhaus-Wiesenhütten, Charlotte von, geb. von Veltheim, Dilettantin im Malen und Radieren, geb. am 12. 2. 1736 in Frankfurt a. M., † am 29. 3. 1804 ebenda. Ihre radierten Blättchen, mit Bildnissen oder Genredarstellungen sind wenig geschickt gearbeitet, auch die von ihr gelegentlich angefertigten gemalten Porträts werden wohl auf gleicher Stufe stehen.

Brulliot, Dict. — Le Blanc, Manuel. — Nagler, Monogr. I No. 2446. — Gwinner, Kunst u. Künstler in Frankfurt. S. 353. *Schrey.*

Barlacchi, Francesco, Kupferstichverleger des 16. Jahrh. Seinen Namen vermutet Nagler, Monogr. II 1936 in der Adresse F. B. exc. auf einem Stich nach Battista Franco. *P. K.*

Barlacchi, Tommaso (auch Barlacca, Barlacch, Barlacchio), italien. Kupferstecher und Verleger des 16. Jahrh., aus Salona (in Dalmatien) oder Saloniho (Salonichi?) gebürtig. Er hat in Rom zahlreiche Platten von Stechern der Marcantonschule herausgegeben, die er vielleicht retuschiert hat. Von ihm selber gestochen ist ein Kranz von Grotesken in der Art des Enea Vico, bez.: Tommaso Barlacchi faciebat.

Meyer, Kstlerlex. — Nagler, Monogr. V 690 u. 803. — Gandellini, Not. I. *P. K.*

Barlach, Ernst, Bildhauer in Friedenau b. Berlin, geb. am 2. 1. 1870 in Wedel in Holstein, Schüler der Dresdener Akademie unter Robert Diez, bildete sich in Paris weiter. Er stellte 1906 in der Großen Berliner Kstausst., 1907 in Düsseldorf, 1907 und 1908 in der Berliner Sezession und 1908 in Dresden aus. Er bevorzugt stilisierte russische Bauern- u. Bettlertypen und als Material Ton und Holz. Seine sensible, phantasievolle Art kommt besonders in seinen stark ornamental gehaltenen Zeichnungen zum Ausdruck.

Singer, Kstlerlex. Nachtr. 1906. — Die Kunst V (1902) 78 ff. — Kunstgewerbeblatt N. F. XIII 225. — Deutsche Kst. u. Dekoration XI (1902/03). *H. V.*

Barlach, Jacob August Georg, dän. Maler und Lithograph, geb. 1822 in Flensburg, † ebenda nach 1856. Schüler der Kunstakademie in Kopenhagen, wo er 1845 bis 1850 Bildnisse und Genrebilder ausstellte. Drei dieser letzteren hat der Kunstverein angekauft.

Weilbach, Nyt dansk Kunstnerlex. I (1896). *A. R.*

Barlaer, Abraham van, Glasmaler, kam als Meisterssohn 1649/50 in die Zunft in Middelburg und starb 1668. Wahrscheinlich war er ein Sohn von Cornelis van Barlaer Sr.

Obreens Archief VI 176, 204. *E. W. Moes.*

Barlaer, Abraham van, kam 1665 in die Zunft in Middelburg. Er zeichnete das Porträt von Cornelis van den Brande (R. à Persyn sc.).

Obreens Archief VI 201. *E. W. Moes.*

Barlaer, Cornelis van, Glasmaler in Middelburg, war 1631 und 1639 „Beleeder" in der Zunft und starb daselbst 1643/44. 1638 lieferte er der Stadt ein Glasgem. für die Kirche von Westersouburg. Er war verheiratet und wahrscheinlich der Vater von Abraham van Barlaer Sr. und Cornelis van Barlaer Jr.

Obreens Archief VI 171, 262, 263. — Archief Zeeland VIII—3 S. 73. *E. W. Moes.*

Barlaer, Cornelis van, Glasmaler in Middelburg, ist wahrscheinlich ein Sohn von Cornelis van Barlaer Sr., 1662/63 und 1666 bis 67 war er „Deken" der Zunft. Von 1647 bis 1672 lieferte er der Stadt Middelburg Glasgemälde für das Rathaus und für die Kirchen von Oostcapelle, St. Laurens, Oosterland, Westcapelle usw. 1658 zeichnete er Wappen für den Magistrat und 1672 entwarf er einen Leuchter für die Neue Kirche in Middelburg. 1674 dedizierte er dem Magistrat ein Gedicht. 1681 war er bereits tot. Als sein Schüler wird Abraham de Roose erwähnt.

Obreens Archief VI 197, 202, 203. — Archief Zeeland VIII—3, S. 45, 74, 75, VIII—4, S. 32, 41, 43, 58, 59, 62, 78, 126, 142. *E. W. Moes.*

Barläum (Barläus?), Johann, Maler, bemalte (laut untergegangener Inschrift) 1649 den schönen aus teils geschnitzten, teils stukkierten Reliefs sich zusammensetzenden Barock-Altar der Marienkirche zu Rendsburg vom Jahre 1640.

Bau- u. Kstdenkmäler d. Prov. Schleswig-Holstein. 1888. II 203/204 (mit Abbildg.). *H. V.*

Barlag, Isak Philip Hartvig Rée, norweg. Landschaftsmaler, geb. am 7. 12. 1840 in Kristiania. Schüler der Kgl. Zeichenschule in Kristiania, dann in Eckenbergs Malerschule, wo er von 1861 bis 1863 arbeitete. In diesem Jahr zog er mit Staatsstipendium nach München und studierte dort ohne Lehrer bis 1864. Tätig seitdem in Kristiania, wo er 1879 Lehrer im Zeichnen an der Kgl. Kunst- und Gewerbeschule, 1880 Oberlehrer wurde. Er stellte von ca. 1865 bis in die achtziger Jahre im Kunstverein zu Kristiania aus, 1866 auf der nordischen Ausstellung in Stockholm, 1872 auf der nordischen Ausstellung in Kopenhagen. Seine Motive sind Hochgebirgs-, Winter- und Fjordbilder.

Private Mitteilungen des Künstlers. — Thiis, Norske malere og billedhuggere, Bergen 1904, I 268—69; II 142. — Jul. Lange, Nutidskunst, Kopenhagen 1873, S. 400. — Meyer, Kstlerlex. — L. Diethrichson, Den Skandinaviska Konstexpositionen in Stockholm 1866, S. 80. — Aubert, Det nye Norges Malerkunst, Kristiania 1904, S. 28. *C. W. Schnitler.*

Barland, Adams, Landschaftsmaler in London, stellte von 1843—63 regelmäßig in der Roy. Academy Wald- und Flußlandschaften aus.

Graves, The Roy. Acad. of Arts, I 115/6. **

Barlese, Domenico, Architekt aus Caldarola, wurde gemäß Kontrakt vom 17. 5. 1449 in Sanseverino nach mangelhafter Arbeit verschiedener Meister mit der Wiederherstellung der Stadtmauer zwischen den Türmen Abramo und Peso betraut. Die Arbeit wurde schnell ausgeführt und am 22. 6. 1449 bezahlt.

Nuova Rivista Misena III 140. *E. Scatassa.*

Barlese, Giovanni, Architekt aus Caldarola in den Marken, vollendete 1435 einen grandiosen Stauwerk- und Brückenbau über den Potenza-Fluß bei S. Severino und erhielt 1437 den Auftrag, den Neubau des Podestà-Palastes zu Caldarola auszuführen.

Ricci, Mem. stor. etc. d'Ancona I 132. — Aleandri in Arte e Storia 1895, No. 12—13. — Nuova Guida stor.-art. di S. Severino, 1898. *V. Aleandri.*

Barlet, Claudius, Architekt, war 1746 mit Johannes Louis zusammen beim Bau des S. Arnulfklosters in Metz beschäftigt.

Kraus, Kunst u. Altert. in Els.-Loth. Bd. III, Lothringen, p. 663.

Barletta, da, s. damit verbundene *Vornamen,* sowie *Bonolio,* Pietro de.

Barlien, Hans, norweg. Bildschnitzer, geb. in Overhalden in Namdalen um 1770, † in Nordamerika am 31. 10. 1842. Seit 1803 wohnte er einige Jahre in Drontheim, wo er einen kleinen Hof kaufte, um den Betrieb einer Töpferwerkstatt zu übernehmen. Nebenbei beschäftigte er sich mit der Herstellung verschiedener Arten mechanischer Arbeiten, z. B. von Uhren und wurde ein tüchtiger Holzschnitzer. Später erwarb er den Hof Overgaard in Namdalen und legte dort eine Buchdruckerei an. Wegen seiner Kunstfertigkeit wurde er am 28. 6. 1809 zum Danebrogmann ernannt, wanderte 1837 nach Nordamerika aus. Er ist auch Verfasser mehrerer politischer und ökonomischer Schriften.

Halvorsen, Norsk Forfatterlex. I, Kristiania 1885. — B. Moe, Biographiske Efterretninger om Eidsvolds Repraesentanter og Storthingsmand, Kristiania 1845. — Weinwich, Kunstnerlex., Kopenhagen 1829. — Ders., Kunsthistorie, Kopenhagen 1811, S. 222. — Sevel Block, Trondhjemske Blandinger I 92—94, Drontheim 1804. — C. Pavels, Dagbogsoptegnelser 1815 bis 1816, Kristiania 1867, passim. — E. Sundt, Beretning om Fantefolket, 2. Ausg., S. 143—44, Kristiania 1852. — L. Diethrichson, Den norske Traeskjaererkunst, Kristiania 1878, S. 89. — Historiske Afhandlinger tilegnet Prof. Dr. J. E. Sars, Kristiania 1905, S. 162. *C. W. Schnitler.*

Barlösius, Georg, Illustrator und Maler in Charlottenburg, geb. am 8. 6. 1864 in Magdeburg, Schüler der Berl. Kstgew.-Schule, der Münchener Akad. u. Otto Knilles. † im Juli 1908. Besonders bekannt sind seine Illustrationen für Kalender, für die Publikationen des Jungbrunnens, für die Meistersinger usw., die in altdeutscher Manier voll herber Charakteristik mit klaren energischen Linien wirken. Ferner lithographierte er Burgenbilder, Ex-libris etc. Von seinen malerischen Arbeiten seien erwähnt: Bildnis des Staatssekretärs Stephan (Reichspost-Mus. Berlin), Wandgemälde im Theater des Westens in Charlottenburg, im Rathause zu Halberstadt, im neuerbauten Dompropsteigebäude daselbst, Glasfenster in der Berliner Dankeskirche. Außerdem Genrebilder voll behaglichen, originellen Humors, die ihre Stoffe gern aus der Biedermeierzeit holen. Er stellte in Berlin (Große Kstausst. 1896, 1906, 1907) und in Düsseldorf (Deutschnat. Kstausst. 1902) aus.

Singer, Kstlerlex. Nachtr. 1906. — Die Kunst II 1900 (Dekor. Kst. III) p. 240/41; VII 1903 (Kst. f. Alle XVIII) p. 267; XIII (Kst. f. Alle XXI) p. 47. *H. V.*

Barlotti, s. *Barilotto.*

Barlow, Francis, engl. Tiermaler, geb. in Lincolnshire 1626, † 1702, Schüler des Porträtmalers Will. Sheppard. Anfangs malte er auch Porträts, folgte aber dann seiner besonderen Begabung für die Darstellung von Tieren, besonders Pferden, Hunden, Vögeln. Man rühmt an seinen Tierbildern die Kraft und Naturwahrheit und die schönen landschaftlichen Gründe. Seine Bilder sind meist in englischem Privatbesitz. Von deutschen Sammlungen dürfte allein die Amalienstiftung in Dessau ein Werk von ihm besitzen (Jagdgesellschaft im Freien, früher irrtümlich als von Pieter *Baroldt* im Katalog bezeichnet). Er hat auch in Kupfer gestochen und viel radiert und gezeichnet. Eine Hauptarbeit von ihm derart sind die Illustr. zu: Aesop's fables with his life in English French and Latin etc.

Illustrated with one hundred and twelve sculptures by Francis Barlow. London 1666. — II. Ausg. Amsterdam 1714. — Die Originalzeichnungen hierzu im British Museum.

Redgrave, Dict. of artists. — Le Blanc, Manuel. — Meyer, Kstlerlex. III 24. — Binyon, Catal. of drawings by British Artists etc. I 67—73. **

Barlow, Miß Hannah Bolton, engl. Tierzeichnerin, geb. in Little Hadham bei Bishop's Stortford, Herts, seit 1868 Schülerin der Mrs. J. Sparkes, auf deren Anregung hin sie anfangs der 70er Jahre begann, Tierzeichnungen in Sgraffitomanier in die Poterien von Doulton & Co. zu machen. Diese Arbeiten fanden vielen Beifall; eine Vase und ein Becher derart von 1873 im Hamburgischen Kunstgewerbemuseum. In der Roy. Academy war sie mit ihren Arbeiten 1881—1890 vertreten.

Clayton, English Female Artists (1876) II 303. — Graves, The R. Academy of Arts I 116. — Brinckmann, Katal. d. Hamburger Kstgewerbemus. **

Barlow, Inigo, Kupferst. in London um 1790, radierte ein Porträt der Mrs. Siddons als „Rosalind" und zahlreiche Illustrationen für Rees' Encyclopaedia und andere derart. Werke. Er hat auch Ornamente und eine Reihe von Exlibris radiert.

Redgrave, Dict. of artists. — Fincham, Artists and Engravers of Bookplates etc., London 1897. **

Barlow, John Noble, engl.-amerikan. Landschaftsmaler, geb. 1861 in Manchester, Engl., studierte in Paris unter Constant, Lefebvre und Dalauce und wurde 1887 amerikanischer Bürger. 1893—1902 stellte er in der Royal Academy in London aus; auch auf den Salons in Paris befanden sich Bilder von ihm (1889, 1890, 1899), auf der Pariser Weltausstellung von 1900 sein „Sommerabend".

Graves, The Royal Acad. of Arts.
Edmund von Mach.

Barlow, Thomas Oldham, engl. Kupferstecher, geb. am 4. 8. 1824 zu Oldham bei Manchester, † in Kensington am 24. 12. 1889, Schüler der dortigen Stecher Stephenson und Royston, ließ sich 1846 in London nieder, wo er dann Lehrer an der South-Kensington Schule, 1881 Mitglied der R. Academy wurde. Besonders geschätzt sind seine Stiche nach John Phillip, J. E. Millais und Turner. Von 1851—1890 war er regelmäßiger Aussteller in der R. Academy.

The Art Journal 1890 p. 94 (Nekrolog). — Clement and Hutton, The artists of the 19th century. — Graves, The R. Academy of Arts I 116. — Heller-Andresen, Handbuch für Kupferstichsammler, I 65. **

Barly, Cosme de, französ. Architekt, erhält 1558 gemeinsam mit Louis Dupuy Bezahlung für Arbeiten am Palais von Tournelles und in demselben Jahr weitere Bezahlungen für Arbeiten am Arsenal und am Grabmal Franz' I.

Bauchal, Dict. d. Architectes franç. *H. V.*

Barly, Pierre de, französ. Steinmetz, war 1376—79 mit den Arbeiten am Turmhelm der Kathedrale zu Cambrai beschäftigt.

Lami, Dict. d. sculpteurs 1898. *H. V.*

Barmann, Michael, Bildhauer aus Sulzbach, fertigte 1757 den noch an Ort und Stelle befindlichen Hochaltar der Kirche zu Kaltenbrunn.

Kunstdenkmäler d. Königr. Bayern. II. Bd. IX. Heft, p. 58, 166. *H. V.*

Barmont, Honoré, Landschafts-, Architektur- und Stillebenmaler in Paris, geb. daselbst 1810, Sohn von Jean Honoré Marmont de B., Schüler von V. Bertin, stellte in den Salons 1839—1851 wiederholt aus.

Bellier-Auvray, Dict. gén. *H. V.*

Barmont, Jean Honoré Marmont de, Landschaftsmaler in Paris, geb. daselbst 1770, † 1846, Schüler von V. Bertin, stellte in den Salons 1817—1834 wiederholt aus.

Bellier-Auvray, Dict. gén. *H. V.*

Barna (oder Berna, nicht zu identifizieren mit dem Bildschnitzer Barna di Turino da Siena), Maler aus Siena, wo er in S. Agostino Freskomalereien ausführte, die jedoch ebenso zugrunde gegangen sind, wie diejenigen, die er in S. Spirito zu Florenz (Capp. di S. Niccolò) und in verschiedenen Kirchen von Cortona und Arezzo malte. In Arezzo, wohin B. 1369 übersiedelte und wo er unter anderem die bereits in Florenz dargestellte Legende des hl. Jacobus wiederholte, ist von seiner Hand nur eine Kreuzigung mit Heiligen, die er für Guccio di Vanni Tarlati malte, im bischöflichen Palaste erhalten geblieben. Am besten jedoch ist er uns heute noch bekannt durch seinen großen Freskenzyklus in der Pfarrkirche zu S. Gimignano, der in der Tat unvollendet blieb, da B. nach einer von Vasari überlieferten Tradition 1380 bei dieser Arbeit durch einen Sturz vom Malgerüste seinen Tod fand. Seine Fresken bedecken die gesamte rechte Kirchenwand. In drei Reihen übereinander angeordnet sind hier ca. 30 Szenen aus dem Leben Christi geschildert, von der Verkündigung Mariä an bis zur Ausgießung des hl. Geistes. Die verschiedenen Tendenzen der sienesischen Schule des Trecento treten in diesen Freskomalereien B.s deutlich genug zutage; und zwar sind seine Bildkompositionen aus denjenigen auf Duccios berühmtem Sieneser Altarwerke hergeleitet (Christus an der Säule usw.), seine dramatischen Bewegungsmotive aus den Gemälden der Lorenzetti (Judas' Verräterlohn usw.), seine Typen endlich häufig aus denjenigen des Simone Martini (man vergleiche z. B. seinen Johannestypus auf der Darstellung des hl. Abendmahles). — Zugeschrieben werden dem Künstler (allerdings nicht widerspruchslos) einige Tafelgemälde, wie die

Kreuztragung der Sammlung Benson in London, die Madonna zwischen den Hl. Bernardin und Katharina von Siena in der Kirche der Confraternita della Misericordia zu Colle di Val d'Elsa, die Madonna del Latte in der Cappella dei SS. Chiodi zu Siena etc. Völlig irrig, wenn auch heute noch immer wieder behauptet, ist die Zuweisung der Malereien am Ciborium von S. Giovanni in Laterano zu Rom an Barna, da diese Malereien in der Tat von Antoniazzo Romano ausgeführt wurden.

Vasari-Milanesi, I 647—651. — Baldinucci, Not. d. prof. d. dis. (1767) II 192 ff. — Crowe u. Cavalcaselle, Gesch. der italien. Mal. II 280—284. — Arch. Stor. Ital., ser. V, vol XII, p. 70 f., 299, 301. — Rassegna d'Arte 1904, p. 117, 147. — Arte e Storia IX 45 f. — A. Venturi, Stor. d. Arte ital. V (1907) 740 f. — W. Rothes, Die Blütezeit d. Sien. Malerei, Straßb. 1904. *G. De Nicola.*

Barna Bertini, Maler in Siena, 1340 unter den Geschworenen auf der Mercanzia daselbst erwähnt; nach Milanesis Vermutung (Vasari, I 647) identisch mit dem bekannten Sieneser Maler Barna, s. dort.

Barna di Turino, Bildschnitzer in Siena, wo er seit 1378 erwähnt wird in Schätzungsurkunden über die von Francesco del Tonghio u. dessen Sohn Jacopo ausgeführten Schnitzarbeiten am Chorgestühle des Domes. Nachdem B. am 6. 2. 1387 von seinem Vater Turino di Bernardo für „sui juris" erklärt worden war, übernahm er 1388 selbständige Arbeiten am Domchorgestühle, u. zwar schnitzte er bis 1394 nach den Entwürfen des Mariano d'Agnolo Romanelli gemeinsam mit Giov. di Franc. del Cicchia u. Luca di Giovanni eine Reihe von Tabernakeln und anderen Zierstücken, für die er nebst seinen Genossen 1398 Zahlung erhielt; 1388—91 fungierte er außerdem als Capomaestro der Domopera. — Nachdem er ferner bereits 1379—80 für die Compagnia della SS. Trinità zu Siena eine Altartafel gefertigt hatte, erhielt er 1397—98 Zahlungen für eine von ihm geschnitzte und von Paolo di Giovanni bemalte Altartafel für die Capp. di S. Pietro im Dome sowie für ein gleichfalls für den Dom bestimmtes Weihwasserbecken; auch schnitzte er 1400 im Auftrage des Domkanonikus Mino für den Hochaltar von S. Stefano eine Altartafel, deren Bemalung von Andrea di Vanni ausgeführt wurde. — Schließlich übernahm er 1408, nachdem er gleichzeitig für eine von ihm gelieferte Aktentruhe von der Signoria Zahlung erhalten hatte, nach dem Muster der früher ebenfalls von ihm gearbeiteten Möbelausstattung der „sala dove si mangia" die Ausführung des Prunkgestühles und der Sitztruhen für die Sala di Balìa im Palazzo Comunale zu Siena; 1510 war diese Arbeit bereits vollendet und bezahlt.

Milanesi, Doc. Sen. (1854) I 306, 318, 335, 346, 354, 356, 361, 368, 375, 382. — Borghesi e Banchi, Nuovi Doc. Sen. (1898) p. 49, 50, 55, 62, 66 f. — P. Martini in Arch. Stor. Ital., ser. III, vol. X, p. I, p. 178 ff. — V. Lusini in Arte Ant. Senese (1904) p. 203. — A. Venturi, Storia d. Arte Ital. IV (1906) 882. *

Barna, s. auch *Barnaba* und *Bartolommeo* di Nuto.

Barnaba di Bruno da Siena, Maler in Genua, wo er sich 1360 dem Giovanni Re da Rapallo auf 6 Monate und 1362 dem Barnaba da Modena auf 2 Monate als Gehilfe verdingte.

Alizeri, Not. dei prof. etc. in Liguria (1870 ff.) I 131 f., 405 f. *G. De Nicola.*

Barnaba da Modena, Maler aus Modena, 1367 in Genua ansässig, wo er damals die Madonna der Frankfurter Galerie malte, signiert „Barnabas de mutina pinxit in ianua MCCCLXVII". Wahrscheinlich arbeitete er in Ligurien und Piemont bis 1380, also bis er von den Pisanern nach Pisa berufen wurde zur Vollendung der von Andrea da Firenze begonnenen Camposanto-Fresken aus der St. Rainerius-Legende. Von 1369 ist Barnabas Bild in der Berliner Galerie, von 1370 dasjenige der Turiner Galerie, von 1374 dasjenige des Lord Wensleydale, von 1377 die Madonna in der Kirche S. Giovanni Battista zu Alba datiert. Alle diese Gemälde lassen in B. einen hinter seinen Zeitgenossen zurückgebliebenen Künstler erkennen, der wahrscheinlich in Siena oder in Pisa, wo damals sienesische Maler das Feld behaupteten, ausgebildet wurde. Man findet bei ihm nicht nur einige der hieratischen Formen der sienesischen Schule im allgemeinen wieder, sondern in seinen Putten sogar einige der besonderen Charakteristika der Lorenzetti. Bei seiner Übersiedelung nach Pisa i. J. 1380 reiste er über Modena. Die Camposanto-Malereien, die von ihm verlangt worden waren, hat er nicht ausgeführt. Der letzten über ihn vorhandenen Nachricht zufolge war er 1383 wieder in Genua anwesend. Hier sieht man in SS. Cosma e Damiano noch jetzt eines seiner typischen Madonnenbilder; ein zweites (aus Finalborgo stammend) in der Pinakothek zu Savona, ein drittes (gleich den übrigen mit der üblichen Goldhöhung des Madonnenmantels) in der Cappella di S. Secondo des Domes zu Ventimiglia, ein viertes im Museo Civico zu Pisa, ein fünftes im Besitze des Prof. Schiff, ein sechstes (dem Simone Martini zugeschrieben) im Kölner Museum. Ausser diesen Madonnen malte B. das große, 1857 von Lord Wensleydale in Manchester ausgestellte Altarwerk, sowie ein ähnliches, von dem jedoch nur zwei Teilstücke erhalten geblieben sind: Die Himmelfahrt Christi in der Sammlung Sterbini zu Rom und die Ausgießung des hl. Geistes in der Londoner National Gallery. B.s Geburtsstadt Modena endlich besitzt von ihm ein aus der Sammlung Puccini zu Pistoja stammendes Altärchen, signiert „Barnabas de Mutina pinxit".

Alizeri, Not. dei prof. del disegno in Liguria (1870—80) I 129 ff. (Urkundliche Nachrichten über Barnaba von 1361 an). — A. Venturi, La R. Gall. Estense in Modena (1883); ders., La Gall. Sterbini in Roma (1905); ders., Storia d. Arte ital. (Milano 1906) V 948 ff. — E. Jacobsen in Repertor. f. Kstwissensch. XVIII (1895) p. 99 f. — Bertoni e Vicini in Rassegna d'Arte 1903 p. 117 ff. — Suida, Genua (Leipzig 1906). — Archivio stor. d. Arte ital. I 90, 139; ser. II, vol. III, p. 122. — Gallerie Naz. Ital. I 108. — L'Arte 1905 p. 427; 1906 p. 461 f. — Arte e Storia XXIII 90 ff. — Rassegna Nazionale XXIX, fasc. 616, p. 483 ff.
Adolfo Venturi.

Barnabas, Anton, Bildhauer in Kranowitz bei Ratibor in Oberschlesien, arbeitet in den Jahren 1750—1789 den Hochaltar in der kath. Pfarr- und Wallfahrtskirche in Pschow Kr. Rybnik nach dem Muster des Marienaltares der Pfarrkirche in Troppau.

Lutsch, Kunstdenkm. der Prov. Schlesien, IV 362. *E. Hintze.*

Barnabe, Felice Antonio Maria, s. *Bernabe.*

Barnabei, Tommaso, s. *Papacello.*

Barnabei, s. auch *Bernabei.*

Barnaert, Anthony, war 1612 Schüler von Francesco Badens in Amsterdam.

Obreens Archief VI 35. *E. W. Moes.*

Barnard & Dick, amerik. Kupferstecherfirma um die Mitte des 19. Jahrh. *E. Richter.*

Barnard, Edward Herbert, amerikan. Landschaftsmaler, geb. am 10. 7. 1855 in Belmont. Mass. Erhielt eine vorzügliche technische und akademische Ausbildung in Boston und Belmont und studierte dann von 1885—1889 in Paris unter Julian und Collin. Bradford Academy in der Nähe von Boston besitzt mehrere seiner Werke, ebenso der St. Botolph Club in Boston und die Nebraska Art Association in Lincoln, Nebraska. Er entwickelt eine sehr erfolgreiche Lehrtätigkeit.

Art Interchange. June 1901.
Edmund von Mach.

Barnard, Frederick (Fred), Illustrator und Genremaler in London, geb. daselbst am 26. 5. 1846, † in Wimbledon am 28. 9. 1896, Schüler von Bonnat in Paris. Er war Mitarbeiter am Punch (schon seit 1863), an den Good Words, Once a Week und Illustrated London News. Von seinen Gemälden seien genannt: „Die Gardemusik in St. James-Park", „Die Samstag-Nacht im Ostviertel von London" (letzteres Bild befand sich auf der Pariser Weltausstellung von 1878). Eine Reihe anderer Bilder von ihm erschienen seit 1858 (?) bis 1887 auf den Ausstellungen der Roy. Academy.

Bryan, Dictionary, I 84. — Graves, The R. Acad. of Arts, I 117. — The Year's Art 1897 p. 309. — Dict. of Nat. Biogr. 1908. **

Barnard, George, engl. Landschaftsmaler, soll Schüler von J. D. Harding gewesen sein, † um 1890. Von 1837—73 war er in der R. Academy meist mit Alpenlandschaften vertreten.

J. L. Roget, Hist. of the Old Water-Colour Society II 179. — Graves, The R. Acad. of Arts I 117. **

Barnard, George Grey, bekannter Bildhauer in New York, geb. 1863 in Bellefonte, Pennsylvania, verlebte seine Knabenzeit in Muscatine, Iowa, und erhielt, durch schwierige Verhältnisse sich hindurchringend, seinen ersten Kunstunterricht im Art Institute in Chicago. Mit dem ersten Ertrage einer Arbeit, einer Mädchenbüste in Marmor, eilte er 1883 nach Paris, wo er 3½ Jahre unermüdlich studierte und die volle Meisterschaft in der bildnerischen Technik erwarb. Seine erste Arbeit dort war „Boy", eine fein modellierte Marmorstatue eines kriechenden Kindes; 1887 folgte ein Grabdenkmal „Brotherly Love" für Norwegen, in seiner Behandlung übrigens an Rodinsche Arbeiten anklingend, was man von den späteren Werken höchstens noch in betreff mancher geheimnisvoller Titel sagen kann. Im Jahre 1891 folgte „Norwegian Stove" mit Reliefdarstellungen aus der altnordischen Sage. In den nächsten beiden Jahren entstand dann das Hauptwerk seiner Jugendzeit, die Marmorgruppe mit dem seltsamen Titel: „Ich fühle zwei Naturen in mir." Es ist eine echt plastisch aufgefaßte und wirkungsvoll dreieckig aufgebaute Gruppe aus einem liegenden und einem wie triumphierend über ihm stehenden nackten Jünglinge. Man glaubt das Ende eines Ringkampfes dargestellt zu sehen, bei dem der Sieger nach dem Publikum schaut und auf den Unterliegenden hinweist. Eine Fülle von plastisch wirksamen Formen und Linien hat sich dem Künstler aus diesem Motiv ergeben und ihm Gelegenheit geboten, seine Formenbeherrschung und glänzende Technik zu zeigen. Kein Wunder, daß dies Werk ihm auf der Exposition Nationale des B.-Arts (1904) starken Beifall der Kritik einbrachte und später für das Metropolitan-Museum erworben wurde. 1896 kehrte er nach New York zurück, zeigte in einer Separatausstellung seine Arbeiten und errang sich in unermüdlichem Streben nach Vervollkommnung allmählich den Ruf eines der kraftvollsten und selbständigsten unter den modernen nordamerikanischen Bildhauern. Im Jahre 1902 vollendete er die marmorne Kolossalfigur „The Hewer", eines athletischen nackten Jünglings, der halbkniend in weit ausholender ziehender Bewegung einen kraft- und machtvollen Eindruck macht. Ebenso meisterhaft wie er gigantische Jünglingskörper in schwierigen Stellungen darstellt, so zart und sinnig und in echt weiblichem Gehaben weiß er weibliche Gestalten zu verkörpern. Zu nennen sind da seine oft erwähnte Grabfigur „Rose Maiden" (in Muscatine) und die reizvoll halb aufgerichtete und schlicht-anmutige Mädchenfigur „Maidenhood". In den letzten Jahren erhielt er den Auftrag für das Staatskapitol von Pennsylvanien in Harrisburg eine Reihe von Kolossalgruppen zu schaffen, deren Mittelstück eine 35 Fuß hohe Apotheose der Arbeit bilden soll.

The World's Work, Dez. 1902 (mit Abb.). — Taft, The History of American Sculpture, New York 1903 p. 356 ff. (mit Abb.). — Kunst u. Kunsthandw., Wien 1903 p. 243.
Edmund von Mach.

Barnard, J. Langton, engl. Maler der Gegenwart, geb. 1853 in London, tätig in W. Drayton, Middlesex, stellte 1878—1902 in der Roy. Academy, 1906 im New English Art Club aus. — Auch seine Frau ist Malerin und stellte in der Roy. Academy, meist Blumen, aus.

Graves, The R. Acad. of Arts, I 118. **

Barnard, J. P., Bildhauer u. Gemmenschneider in London, stellte 1840—50 in der Roy. Academy Porträt-Intaglien etc. aus.

Graves, The R. Acad. of Arts, I 118. **

Barnard, Mrs. P. A., s. *Saunders,* Hebe.

Barnard, Philipp Augustus, Porträtmaler in London, stellte 1840—84 Herren- u. Damenporträts in der Roy. Academy aus, darunter 1851 auch das Bildnis der Miniaturmalerin Miß Hebe Saunders, die später seine Frau wurde.

Graves, The R. Acad. of Arts, I 118. **

Barnard, Walter, Porträtminiaturmaler in London, stellte 1876—1891 eine Reihe von Damen- und Herrenporträtminiaturen in der R. Academy aus.

Graves, The R. Acad. of Arts, I 118. **

Barnard, William, reproduzierender Kupferstecher in Schwarzkunst-Manier zu London, geb. 1771, † am 11. 11. 1849. Er stach meist Bildnisse (Nelson, nach L. F. Abbott). Zu seinen bekanntesten Blättern gehören Sommer und Winter nach G. Morland.

Le Blanc, Manuel I. — Redgrave, Dict. of Artists. *H. V.*

Barneby, John, engl. Maler, mit Hugo von St. Albans an den 1350—1358 ausgeführten Malereien der Stephanskapelle im Schlosse von Westminster beschäftigt (die Kapelle 1834 niedergerissen). Diese Gemälde wenigstens erhalten durch im Jahre 1800 von Smirke danach angefertigte Zeichnungen und Stiche.

Schnaase, Gesch. d. bild. Kste. 2. Aufl. 1874. VI 548 (mit weiterer Literatur). *H. V.*

Barnekow, Albert, schwed. Maler, geb. am 30. 4. 1820, † in Anagria (Italien) am 17. 2. 1889, war Offizier 1845—47, zog später nach Rom und malte im Auftrag König Oskars I. Raffaels Apotheose (das Gemälde später in Chr. Hammers Sammlungen).
G. Nordensvan.

Barnekow, Brita, dän. Malerin, geb. in Kopenhagen am 4. 1. 1868, Schülerin der Frauenschule der Kunstakademie unter Viggo Johansen. Sie malt besonders Bildnisse in Öl und Pastell.

Weilbach, Nyt dansk Kunstnerlex. I (1896). — Ausstellungskataloge (Charlottenborg) 1892 bis 1907. *A. R.*

Barnekow, Robert, dän. Maler, geb. in Faaborg (Fünen) am 2. 10. 1848, Schüler der Kunstakademie in Kopenhagen, stellte 1878—82 einige Arbeiten (Interieurs, Genrebilder und Landschaften) aus. 1890 ist er nach New-Zeeland übersiedelt.

Weilbach, Nyt dansk Kunstnerlex. I (1896). *A. R.*

Barners, s. *Berneč.*

Barnes, James, Landschaftsmaler der Gegenwart in Liverpool, stellte meist in Liverpool, von 1870—1901 auch in der Roy. Academy aus.

Graves, The R. Acad. of Arts, I 119. **

Barnes, Johann, Kupferstecher, um 1770 in Dresden tätig, nach Le Blanc vielleicht mit dem gleichzeitigen engl. Kupferstecher *Barns* identisch. Bei Heinecken und im Katalog Paignon-Dijonval (No. 2444) sind als von J. B. gestochen angeführt: eine Ansicht der Elbe bei Mühlberg und eine Ansicht des Liliensteines in Sachsen. Außerdem soll er nach Zingg und van de Velde gestochen haben.

Heinecken, Dict. — Le Blanc, Manuel. — Meyer, Kstlerlex. *H. V.*

Barnes, Joseph H., engl. Genremaler der Gegenwart, in Liverpool tätig. **

Barnes, Robert (A. R. S. A. — A. R. W. S.), engl. Genremaler, zuletzt in Brighton tätig in den 70er bis 90er Jahren des 19. Jahrh., war 1873—91 in der R. Academy, 1888 auf der Wiener Intern. Kstausst. vertreten. **

Barnes, W., angesehener Architekt in London, tätig hauptsächlich in den 30er Jahren des 19. Jahrh., seit 1837 assoziiert mit W. Smith.

Graves, The R. Acad. of Arts, I 120. **

Barnes, Zacharias, Kunsttöpfer zu Liverpool, † 1820.

Jaennicke, Grundr. d. Keramik. 1879. p. 690 und Anhang p. 59 No. 1671. *H. V.*

Barneto y Vazquez, Vicente, span. Maler, geb. in Jerez de los Caballeros (Prov. Badajoz), debutierte 1871 in der Madrider Exposición Nacional mit einer Innendarstellung des römischen Colosseum Flavianum und brachte 1876 ein Gemälde „Die Verdammnis des Don Juan de Lanuza" zur Ausstellung, ferner eine „Gemeinderatssitzung in einem Dorfe der Provinz Estremadura". Außerdem zeichnete er vielfach für die Zeitschrift „Ilustración Católica".

Ossorio y Bernard, Galeria biogr. de art. españoles del siglo XIX (1883—84).
P. Lafond.

Barnett, James D., engl. Maler der zweiten Hälfte des 19. Jahrh., schuf hauptsächlich malerische Stadtansichten sowohl aus England als aus Burgund, der Normandie und vom Rhein. Er stellte 1855—72 in der R. Academy aus.

Graves, The R. Acad. of Arts, I 120. **

Barnett, R. C., Porträtmaler in London um 1798. **

Barnett, W., engl. Gemmenschneider und Medailleur, mit dem Titel: Siegelstecher und Medailleur des Prinzen von Wales, in London tätig von 1786—1824. Von seinen zahlreichen Carneol-Intaglien mit antik-mythologischen u. allegorischen Darstellungen hat Raspe in seinem Descriptive Catalogue (der Gemmenpastensammlung von Tassie) London 1791 eine Reihe aufgeführt. Mehrere Gemmen und Medaillen stellte er 1786—1824 in der Royal Academy aus.

Manuscr. H. Rollett. — Forrer, Biogr. Dictionary of Medallists — Graves, The Royal Academy of Arts I 120.

Barneveld, Gerrit van, geb. in Neerlangbroek, kaufte am 3. 1. 1737 in Amsterdam das Bürgerrecht und war Maler.

Aemstels Oudheid V 68. *E. W. Moes.*

Barneveld, Jacobus, holl. Bildhauer in Alkmaar. Tritt 1720 als Lehrling bei J. Getterlingh ein, wird 1728 Mitglied der Lukasgilde u. † 1749.

Obreen, Archief II 38, 50. ***

Barnevelt, Maler in Rotterdam. Die Zunft der Weinhändler zu Rotterdam gab im 18. Jahrh. öfters Festlichkeiten. In einer Rechnung vom 9. 11. 1731 steht: An Barnevelt, den Maler, laut seiner Rechnung fl. 9.

Obreen, Archief III 230.

Haverkorn v. Rijsewijk.

Barnevelt, Hendrik van, geb. in Utrecht etwa 1759, war dort Tapetenmaler und gab Zeichenunterricht. Er ist 1833 in Utrecht bei einer Cholera-Epidemie gestorben. Kramm, der sein Schüler gewesen ist, besaß sein gezeichnetes Selbstporträt.

Kramm, De Levens etc. *E. W. Moes.*

Barnewitz, Bildhauer, von ihm die Grabsteine des Cordt Rudolph Köneke († 1737) und des Hans Heinrich Rahlwes († 1758) in Kirchhorst (Hannover).

Kunstdenkmäler d. Prov. Hannover 1902. III. Regierungsbezirk Lüneburg. Heft 4 p. 66 (mit Abb.). *H. V.*

Barney, Joseph, reproduzierender engl. Kupferstecher, gegen Ende des 18. Jahrh., arbeitete meist in Punktiermanier.

Le Blanc, Manuel I. — Redgrave, Dict. 1878. *H. V.*

Barney, Joseph, engl. Maler, namentlich von Blumen- und Fruchtstücken, geb. 1751 zu Wolverhampton. Schüler von Zucchi und Angelica Kauffmann, war dann 27 Jahre Zeichenlehrer an der Royal Military Academy. Zum ersten Male stellte er 1777 in der Society of Artists in London aus und war von 1784—1827 regelmäßiger Aussteller in der Roy. Academy; seine frühesten Bilder behandeln vorzugsweise Szenen aus Tasso und Shakespeare (Calypso, Erminia u. a.); 1791 folgte eine Kreuzabnahme, dann Darstellungen häuslicher Vorgänge, gelegentlich auch Bildnisse. Viel Beifall fanden dann seine Blumen- und Fruchtstücke wegen ihrer zarten Ausführung. Dieser Gattung widmete er sich nun vorzugsweise und wurde auch 1815 als Blumenmaler beim Prinz-Regenten angestellt.

Redgrave, Dict. of artists. — Graves, The R. Acad. of Arts, I 120 und The Society of Artists etc., London 1907. **

Barney, Joseph, Blumenmaler in Southampton, Sohn des Vorhergehenden, tätig um 1818.

Redgrave, Dict. of artists. **

Barney, William Whiston, Bruder des Vorhergehenden, Kupferstecher in Mezzotinto (Porträts und Sport), Schüler von Reynolds, gab um 1805 seine Kunsttätigkeit auf.

Redgrave, Dict. of Artists. — Illustr. Cat. of Engl. Mezzotint Portraits. Burlington Fine Arts Club. London 1902, p. 57. **

Barnhorn, Clement J., amerikan. Bildhauer, geb. in Cincinnati, Ohio, studierte in Paris, wo er seinen ersten großen Erfolg 1895 hatte. Auf der Weltausstellung in Paris 1900 erschien seine Magdalene, ein tief ergreifendes Werk trotz der zu realistischen Wiedergabe des durch moderne Kleidung verunschönten Körpers seines Modells. Die Statue ist jetzt im Kunstmuseum in Cincinnati, wo B. eine große Lehrtätigkeit entwickelt. Für die Rockwood Pottery Co. in Cincinnati modellierte B. 1905 einen schönen Wandbrunnen.

Taft, American Sculpt. 520.

Edmund von Mach.

Barni, Giuseppe, reproduzierender ital. Stahlstecher um 1850.

Meyer, Kstlerlex. III. — Apell, Handb. f. Kupferstichsammler. *H. V.*

Barnicle, James, Maler in London, stellte als Honorary Exhibitor 1821—1843 wiederholt Landschaften und Architekturansichten in den Ausstellungen der Roy. Acad. aus.

Graves, The Royal Academy 1905, I 121.

H. V.

Barnikel, C., Kupferstecher um 1728 in Wittenberg, meist für Buchhändler tätig.

Nagler, Monogr. I No. 2311. *H. V.*

Barnoin, Camille, Porträtmaler in Paris und Avignon, Schüler von Cabanel und Yvon, stellte in den Salons 1869—1879 wiederholt aus.

Bellier-Auvray, Dict. gén., Suppl. *H. V.*

Barnola, José, Geschützgießer in Barcelona um 1756.

Champeaux, Dict. d. Fondeurs S. 72.

M. v. B.

Barnoud, französ. Maler des 18. (?) Jahrh. Eine Himmelfahrt des hl. Franziskus von Paula von ihm wird in den Inventarangaben der Franziskaner an der Place royale in Paris vom 20. 12. 1790 als im Sanktuarium daselbst befindlich aufgeführt.

Nouv. Archiv. de l'art franç. 3e Série. VI 1890 p. 94. *H. V.*

Barnouin, Vincent, Maler in Toulon, geb. daselbst 1760, wurde 1793 auf Grund falscher politischer Verdächtigungen zu Toulon erschossen. 1782 erhielt er Bezahlungen für im Hafen ausgeführte Malereien und am 25. 1. 1789 solche für ein großes Gemälde der Geburt der Maria für das Sanktuarium der neuen Pfarrkirche von la Garde bei Toulon. (Das Bild wurde 1793 bei der Belagerung von Toulon zerstört.) Eine „heilige Familie" in der Kirche zu Six-Tours-le-Vieux wird ihm vermutungsweise zugeschrieben.

Nouv. Archiv. de l'art franç. 3e Série. I 1885 p. 119—121, IV 1888 p. 158, X 1894 p. 203, 246, 358. *H. V.*

Barnouw, Nicolaas, Maler, geb. am 22. 4. 1809 zu Schiedam, † zu Overschie 1873 oder 1874, Schüler des J. de Meijer zu Rotterdam. Er verheiratete sich am 2. 4. 1851 zu Schiedam und lebte dort in einer amtlichen Stellung, die seine Kunsttätigkeit einschränkte. Am 14. 5. 1869 zog er nach dem Dorfe Renkum (Prov. Gelderland), vertauschte jedoch bald Renkum mit Overschie, in der Nähe von Rotterdam. Er malte Landschaften und schickte seine sehr unbedeutenden Gemälde zu den Ausstellungen nach Rotterdam von 1840—1870.

Immerzeel, De Levens en Werken I 31. — Catal.-Ausst. Rotterdam. — Archiv Schiedam. *Haverkorn v. Rijsewijk.*

Barns, engl. Kupferstecher, um 1783 in Paris tätig, stach nach Jos. Marie Vien, Jos. Vernet, Pierre Devos, Louis Belanger etc. und ist vielleicht mit *Joh. Barnes* identisch.

Meyer, Kstlerlex. III 27.

Barnsley, James, amerik. Radierer, um 1889 tätig. Marinen. *E. Richter.*

Barnuccio, italien. Holzbildhauer, stellte 1483 die alte, wahrscheinlich aus Holz gefertigt gewesene Kanzel der Kirche Santo Stefano zu Empoli wieder her (1582 durch eine neue ersetzt).

Giglioli, Empoli artistica (1906) p. 129.

Barnuevo, s. *Herrera.*

Barnum, Emily Keene, amerikan. Malerin, geb. am 29. 3. 1874 in New York City. Studierte daselbst und in Paris. Sie hat besonders Gutes in Aquarellen geleistet. Bilder von ihr im Privatbesitz in New York, Portland, Buffalo, Cincinnati, Philadelphia usw.

New York Sunday Herald, Nov. 1899 u. 1906. — Harper's Bazaar, Nov. 1899. *Edmund von Mach.*

Baro, Jean, Maler, 1398 in Lyon erwähnt, wo er 1413 oder 1414 in Armut starb.

Nat. Rondot, Les peintres de Lyon, p. 47. *Cte. P. Durrieu.*

Barocci, Ambrogio d'Antonio, s. *Ambrogio* da Milano.

Barocci, Ambrogio di Federico (auch Barozzi, Baroccio, Barozio, Barotius), Bildhauer, geb. zu Mailand in der 2. Hälfte des 15. Jahrh., † zu Urbino. Er wurde vom Herzog Federico Montefeltro zur Ausschmükkung des von ihm neu erbauten Palastes mit einer Anzahl anderer Künstler nach Urbino berufen. Er war der Vater des urbinatischen Malers Federico Barocci und ein Enkel des Ambrogio d'Antonio Barocci.

Bellori, Le vite de' Pittori etc. 1728. *R.*

Barocci, Bernardino u. Cristoforo d'Ambrogio, s. *Stoporone*

Barocci (auch Baroccio), Federico, gen. *Fiori da Urbino,* geb. 1526 (nach älteren Angaben 1528) in Urbino, † daselbst 1612, ist der Urenkel des Mailänder Bildhauers Ambrogio B. und der Sohn des Ambrogio di Federico *Barocci* (s. oben). Seine erste artistische Erziehung verdankt er neben seinem Vater wahrscheinlich dem Maler Battista Franco, der, obgleich Venetianer, doch ganz in den Spuren Michelangelos wandelte; Franco malte 1546 (und 1551) Decken im Dom zu Urbino. Kaum zum Jüngling herangewachsen, begab sich B. nach Pesaro zu seinem Onkel Bartolommeo Genga, der damals Architekt des Herzogs Guidobaldo II. war. Dieser Genga brachte dem jungen B. Architektur, Geometrie und Perspektive bei, auch verschaffte er ihm Zutritt zu der herzoglichen Guardaroba, in der er hauptsächlich Werke von Tizian, aber auch von anderen Meistern studieren konnte. Als er ungefähr 20 Jahre alt war, schickte ihn sein Vater nach Rom, damit er dort an den Werken Raffaels sich weiterbilden könne. Durch Vermittlung eines anderen Onkels, der Hausmeister des Kardinals Giulio della Rovere war, kam er unter den Schutz dieses mächtigen Mannes, dessen Porträt er auch malte, und konnte sich nun ungestört dem Studium seines großen Landsmannes Raffael widmen.

Nach einigen Jahren kehrte er nach Urbino zurück. Er führte dort viele Arbeiten aus, u. a. das große Gemälde des hl. Sebastian (1557), das sich jetzt im Dom zu Urbino befindet. Besonders die Madonna in den Wolken, die über dem hl. Sebastian schwebt, aber auch anderes in diesem Bild — das markante Gelb, das Eindringliche des Contraposto — erinnert stark an Correggio, obgleich Bellori (der Hauptbiograph B.s) behauptet, daß ihm erst kurz nach dieser Zeit Zeichnungen und Pastelle dieses Meisters, die ein Maler von Parma nach Urbino brachte, bekannt geworden seien. Jedenfalls gerät er von nun an stark in den Bann Correggios, ohne ihn jedoch jemals sklavisch zu imitieren. Denn nach Parma selbst ist er — zu seinem Glück — niemals gekommen, und so konnte sich sein Farbengefühl ganz unabhängig entwickeln. 1560 ist er neuerdings in Rom und führt dort gemeinsam mit Fed. Zucchero Fresken aus speziell in dem sogenannten Kasino des Papstes Pius IV. in den vatikanischen Gärten, das um diese Zeit unter Leitung von Pirro Ligorio vollendet wurde. Diese Fresken sind noch erhalten (wenn auch teilweise beschädigt). Besonders die 4 Tugenden in den Zwickeln der Wölbung des vorderen Saales sind von außergewöhnlicher Kraft und Eleganz sowohl der Zeichnung, wie der Farbe und zeichnen sich bei weitem vor zeitgenössischen Werken dieser Art aus. Doch konnte B. diese Fresken nicht vollenden, da er mitten im Werke schwer erkrankte, nach Bellori infolge eines Vergiftungsversuches seiner auf sein Talent neidischer Kollegen. Die Krankheit hat ihm jahrelang zu schaffen gemacht, so daß er angeblich nur wenige Stunden am Tage zu arbeiten vermochte. Trotzdem hat er eine überaus große Anzahl von Ölgemälden, Zeichnungen und Pastellen hinterlassen. Er nahm von nun an in Urbino seinen ständigen Aufenthalt. Für verschiedene Kirchen der Stadt (S. Francesco, Cappucini) schuf er religiöse Bilder, u. a. die Madonna detta di S. Simone, jetzt in der Pinakothek zu Urbino — ein farbig sehr fortgeschrittenes Bild trotz Anklänge an Correggio. Sein Ruf verbreitete sich schnell, sodaß die Bürger von Perugia ihm das große Bild für den Altar der Kapelle S. Bernardino der Kathedrale in Auftrag gaben — eine Kreuzabnahme, die 1569 vollendet wurde. In der Lichtwirkung ist auch dieses große Gemälde noch von Correggio abhängig, farbig geht es aber darüber hinaus und läßt ebenso, wie in der Komposition fast schon an Rubens oder van Dyck denken. Ein wenig später fällt ein Gemälde „Die Flucht nach Ägypten", das er seinem Gastfreund Simone Anastagi als Dank nach Perugia sandte (1573). In der Galleria di S. Luca in Rom befindet sich ein kleineres Bild, das dieses Thema behandelt, es ist besonders in der Komposition stärker von Correggio abhängig, als gewöhnlich (eine Duplik befindet sich in engl. Privatbesitz).

Nach diesem Zwischenspiel schuf er in Urbino für S. Francesco eine große Altartafel „il perdono di S. Francesco d'Assisi", das Innere einer Kirche, in der der hl. Franziskus zu der in Wolken thronenden Madonna als Fürsprecher betet. Er soll 7 Jahre an diesem Werk gearbeitet haben. Ein Originalstich danach erschien 1581. Für die Pieve in Arezzo malte er ein großes Gemälde einer Misericordia, die sogenannte Madonna del popolo — die Madonna als Fürsprecherin der Armen und Kinder (sign. 1579, jetzt in den Uffizien zu Florenz), ein Bild, das ihm ebenso, wie das Altarbild in Perugia großen Ruhm schon bei den Zeitgenossen eintrug. Im einzelnen, in Genrefiguren zeigt es malerisch große Schönheiten, wenn es auch im ganzen ziemlich zerflackert. Als er von Arezzo aus, wohin er das Bild persönlich gebracht hatte, Florenz besuchte, wollte ihn der Großherzog für Florenz gewinnen. Er lehnte aber diesen Antrag (ebenso wie die späteren von Kaiser Rudolph II. und Philipp II.) ab und blieb in Urbino.

Sehr berühmt war auch die für die Confraternità di Santa Croce in Sinigaglia 1582 gemalte Grablegung, die viel kopiert wurde. (Sie ist von ihm selbst am Ende seines Lebens restauriert worden.) In der Brera zu Mailand befindet sich ein Martyrium des hl. Vitalis (aus S. Vitale in Ravenna stammend, gez. 1583), ein großes Bild, das dieselben Fehler in der Komposition und dieselbe virtuose Behandlung des Fleisches und des Stofflichen zeigt wie die Florentiner Madonna. In der Chiesa nuova zu Rom (S. Maria in Vallicella) befinden sich 2 Altarbilder von B.: eine Heimsuchung (jetzt sehr geschwärzt) und ein Tempelgang Mariä (der aber erst später, ca. 1594 entstand). Letzterer sehr schön im Ton und genremäßig in der Auffassung. 1584 vollendete er die Berufung der Apostel Andreas und Paulus zunächst für die Confraternità di S. Andrea in Pesaro; doch wurde das Bild von dem Herzog Francesco Maria II. als Geschenk für Philipp II. nach Spanien gesandt. (Ein Bild dieses Gegenstandes jetzt in Brüssel.) Für die Chiesa di S. Francesco in Pesaro entstand ein Bild der Beata Michelina im Pilgerkleid, die auf dem Kalvarienberg kniet, das sich jetzt in der vatikan. Galerie befindet. Ebenda ist auch eine Verkündigung, wahrscheinlich dieselbe, die ursprünglich für Loreto gemalt wurde (eine andere Verkündigung kam nach Spanien, eine dritte soll sich angeblich in der Sammlung Stroganoff in St. Petersburg befinden, eine Duplik des vatikan. Bildes in den Uffizien). Für Fossombrone malte B. eine Madonna auf einer Wolke thronend, vermutlich identisch mit dem Louvre-Bild zu Paris. 1590 ist die Darstellung der Beschneidung in Pesaro datiert. Ebenso das Noli me tangere in den Uffizien (ders. Gegenstand München Pin. und Pal. Corsini, Rom). Einige Jahre später fällt der Kruzifixus im Dom zu Genua, im Auftrag des Dogen gemalt, vom Cicerone für das beste Werk des Meisters erklärt. Ein anderer Kruzifixus mit der Jungfrau und Maria Magdalena, gemalt für die Compagnia della morte in Urbino, ist ungefähr um die Wende des Jahrhunderts entstanden (doch sind die Figuren von Alessandro Vitali, dem begabtesten Schüler B.s gemalt). Auch das einzige nicht religiöse Werk, das wir von B. kennen: der Brand von Troja mit der Errettung des Anchises, jetzt in der Galleria Borghese in Rom (ein identisches war von Kaiser Rudolph II. bestellt worden) fällt in diese Spätzeit (bez. 1598). Zwei Darstellungen des Abendmahls fallen in sein hohes Alter, die eine für den Papst Clemens VIII., jetzt in S. Maria sopra Minerva zu Rom, die andere größere und bedeutendere in der Kapelle des erzbischöflichen Palastes zu Urbino, sein letztes größeres Werk, aber vielleicht auch sein bedeutendstes — in der Raumwirkung schon fast seicentistisch und von einer unveränderten Süßigkeit des Tones im einzelnen.

Von anderen Bildern des Meisters mögen noch erwähnt werden: eine Stigmatisation des hl. Franz für die Kapuzinerkirche in Urbino (jetzt in der Pinak. daselbst), ein ziemlich schwerflüssiges Bild, aber durch eine Radierung B.s sehr bekannt geworden; die sogen. Madonna del Gatto, eine hl. Familie mit einer Katze, ursprünglich für den Conte Brancaleoni gemalt — wahrscheinlich das jetzt in der Nationalgalerie zu London aufbewahrte Bild (dasselbe in Chantilly, und ein wenig verändert in der Galleria Corsini zu Rom); eine schöne und farbenfrohe hl. Familie in Spoleto; eine außerordentlich feine und auch in den Schatten von Licht erfüllte Geburt Christi (Joseph öffnet ein wenig die Tür des Stalles) in der Ambrosiana zu Mailand (vielleicht nur eine Kopie des im Prado zu Madrid befindlichen Originals), Bilder in Turin, Ferrara, Dresden, Bologna (letzteres unvollendet).

Als Porträtist zeichnete er sich ebenfalls aus. Hier ist das glänzende Porträt des Herzogs Francesco Maria II. von Urbino in den Uffizien zu Florenz zu nennen, sowie das kleine Kinderporträt eines Prinzen, der gewickelt auf blauem Lager ruht, aus dem Jahr 1605, im Palazzo Pitti.

Zahllos sind die Zeichnungen und Skizzen B.s, von denen die Uffizien eine reiche Sammlung besitzen. Besonders sind seine Pastellköpfe hervorzuheben.

Auch als Radierer hat sich B. ausgezeichnet, ja eine ganz neue und eigenartige Technik punktierter Halbtöne erfunden. Nur wenige Radierungen B.s sind von seiner eigenen Hand (Verkündigung, Maria auf den Wolken, Stigmatisation des hl. Franz und der hl. Franz in der Kapelle), dagegen sind seine Gemälde vielfach und schon früh im Stich vervielfältigt worden.

Bellori feiert B. als Bahnbrecher — er ist es auch in gewissem Sinne. Gegenüber den sich immer mehr in nüchterne Stilisierung verlaufenden Bestrebungen der Michelangelisten — der Vasari, Salviati usw. — betonte er das Studium der Natur, die eifrige Arbeit des Zeichnens, was seine vielen Studien beweisen. Es wird von ihm erzählt, daß er die Figuren seiner Bilder mitunter erst in weichem Wachs formte, was wohl vereinbar scheint mit der Weichheit seiner Umrisse, die von der schneidigen Kälte der Florentiner überaus absticht. Er übt dadurch einen großen Einfluß auf die spätere Generation aus und ist in diesem Sinne als ein Vorläufer der Carracci anzusehen. Sein Hauptverdienst liegt aber darin, daß er als erster wieder in Mittel-Italien ein stark malerisches Element vertritt im Sinne der weichen Verschmelzung der Töne. Besonders in seinen späteren Werken geht er über Correggio und die Norditaliener hinaus. Mitunter setzt er sogar ganz moderne blaue Töne in die Fleischschatten. Am meisten erinnert er in seiner Farbengebung an Rubens — ohne dessen Kraft. Sicherlich haben die Werke B.s auf Rubens während seines italienischen Aufenthalts großen Eindruck gemacht.

A. Lazzari, Memorie di Federico Barocci. — Bellori, Le vite de' Pittori 1728 p. 98 ff. — Baldinucci, Opere IX. — Mezzanotte u. Vermiglioli, La Deposizione della Croce nella Cattedrale di Perugia, Perugia 1818. — D. C. Farabulini, Sopra una sacra famiglia di Barocci nell' Esposizione romana, Roma, 1870. 8°. — Calzini, Urbino e i suoi Monumenti, Rocca S. Casciano 1897 (an vielen Stellen). — The Athenaeum 30. 1. 1904 p. 153, 181. — Gazette des Beaux-Arts 1904 I p. 424. — Il Rosario. Memorie Domenicane, Nov. 1905 (Anselmi). — Schmerber, Italien. Malerei im 17. Jahrh. 1906 p. 150, 179—80. — Meyer, Kstlerlex. — Rassegna bibliogr. dell' arte ital. I 103 (Calzini) II 255 (Castellani und Grigioni). III 78 (Scatassa). IV 81 (Cantalamessa), 129 (Scatassa). VIII 140 (Anselmi). — E. Scatassa in Le Marche, giugno 1901. — F. Brogi, Invent. gen. . . . della Provincia di Siena 1897. — L'Arte IV 384 (Calzini). — Repertor. f. Kstwiss. XXV 444. *W. Friedlaender.*

Barocci, Francesco, italien. Maler, Neffe u. Schüler des Federico B., tätig 1580—1600. Siepi sah von ihm in der 1595 gestifteten Cappella Floramonti in S. Maria del Popolo (neuerdings als Börsenhalle ausgebaut) zu Perugia ein unvollendetes Altarbild, darstellend die Anbetung der Hirten, das sich jetzt im Oratorium S. Bernardino befindet.

Siepi, Descriz. di Perugia (1822) p. 649. *W. Bombe.*

Barocci, Luigi, reproduzierender Kupferstecher in Rom, erste Hälfte des 19. Jahrh.

Le Blanc, Manuel I. — Apell, Handb. f. Kupferstichsammler 1880. *H. V.*

Barocci, s. auch *Barozzi* u. *Vignola.*

Baroccio, s. *Barocci* u. *Baldassarre* (II 387).

Barod, Richard, Maler, 1593—1611 in Besançon.

Gauthier, Dict. d. artist. franc-comt.

Barodio, Maler um 1720, wird als der Verfertiger eines der Altarbilder in der Dreifaltigkeitskirche in der Baura bei Lambach (Oberösterr.) erwähnt.

Mitt. d. C.-Commission, N. F. XVI 101. **

Baroffio, Antonio, Schweizer Heiligenmaler, geb. in Mendrisio 1760, † 1820 in Moskau, wo er an den Dekorationsarbeiten des Kremls beschäftigt war, Schüler der Akad. in

Rom. Arbeiten von ihm in Bellinzona (Allegorie im Großratsaal), Mendrisio (Heilige Familie in der Pfarrkirche, Johannes Baptista in der Sakristei des Gymnasiums), Cagno in der Lombardei (hl. Michael am Hauptaltar der Pfarrkirche).

E. Motta bei Brun, Schweizer. Kstlerlex.

Baroffio, Giuseppe, Maler des 18. Jahrh. in Pavia; malte daselbst perspektivische Scheinarchitekturen in S. Andrea in Cittadella (Deckenwölbung) und in der Jesuitenkirche.

F. Bartoli. Not. d. pitt. etc. d'Italia (1777) II 2. *

Baroffio, Tommaso, Schweizer Freskomaler, von Mendrisio, † im August 1877 daselbst. Genannt seien seine Fresken in den Kirchen von Marseille, Nîmes und Avignon, in den Theatern von Marseille und Montpellier, sowie im Schlosse des Marschalls Soult in St. Amans-la-Bastide (Départ. du Tarn.).

E. Girard bei Brun, Schweizer. Kstlerlex. *H. V.*

Baroja, Gregorio de, Goldschmied in Toledo. 1584 beendet er für die Kathedrale einen silbernen Leuchter, den Franc. Merino begonnen hatte. 1585 erwirbt das Kapitel von ihm ein silbervergold. Prozessionskreuz und läßt es von Marcos Hernandez und Lorenzo Marches schätzen. 1589 und 1592 lieferte er Reliquiarien, Gefäße u. a. für das Sagrario der Kathedrale von Toledo. 1589 hatte er Gefäße des Diego de Valdivieso und 1592 den Sarkophag der Hl. Leocadia zu schätzen, welchen Fr. Marino nach Zeichnungen des Nic. Vergara ausgeführt hatte.

Cean Bermudez, Dicc. I 93. — Davillier, Orfévr. S. 245—46. *M. v. B.*

Barois, Bonaventure, französ. Bildhauer, 1678—82 als Mitglied der Pariser Acad. de Saint-Luc aufgeführt.

Revue univers. des arts 1861, p. 333. *S. Lami.*

Barois, s. auch *Barrois.*

Barolet, s. *Barralet.*

Baron, Sänftenmaler in Montpellier, erste Hälfte des 18. Jahrh.

Gazette d. beaux-arts. XXII. 1867 p. 181. *H. V.*

Baron, Fayencemaler in Rennes, 18. Jahrh. Es gibt mit „Baron 1775" bezeichnete Arbeiten von ihm, welche ein reines Manganviolett zeigen und häufig mit einem liegenden Schaf verziert sind.

Jaennicke, Grundr. d. Keramik. 1879. p. 545. — Gazette d. beaux-arts. XVIII 1865 p. 169, 170 (hier fälschlich 1675 statt 1775). *H. V.*

Baron, Abel François, kam 1663 als Schüler in die Haager „Confrerie", wird aber schon 1658 dort erwähnt (Notiz von Dr. Bredius).

Obreens Archief V 147. *E. W. Moes.*

Baron, Balthazar Jean, s. *Baron,* Jean.

Baron, Bernard, französ. Stecher und Radierer, geb. i. J. 1696 in Paris, † am 24. 1. 1762 (nach anderen 1766) zu London, Schüler und Schwiegersohn von Nicolas Tardieu, war in Paris und in London tätig. Er stach zahlreiche Porträts für den Londoner Verleger Boydell, darunter: Karl I. im Kreise seiner Familie nach van Dyck; Robert, Earl of Carnarvon und seine Gemahlin nach van Dyck usw. Ferner stach er mehrere Blätter nach Watteau: l'Amour paisible; les Comédiens italiens; l'Accord parfait; les deux Cousines; a village ploundered by the Enemy; the Country-People's Revenge. Auch für die Sammlung Crozat war er mitbeschäftigt und stach 13 Vignetten nach Wotton und Kent für die Fabeln des M. Gay, London 1727.

Le Blanc, Manuel I. — Meyer, Kstlerlex. III. — Portalis et Béraldi, Les Graveurs du 18e siècle. — Invent. gén. d. rich. d'art Paris, Monum. civ. I 141. *P. A. Lemoisne.*

Baron, Claude, Kupferstecher, geb. 1738 zu Paris, Schüler von Le Bas. Er hat nur einige ziemlich unbedeutende Arbeiten hinterlassen, darunter 83 Blätter für Buffons Naturgeschichte nach de Sève, ferner einige Porträts nach zeitgenössischen Meistern.

Portalis et Béraldi, Les Graveurs du XVIIIe siècle. 1880 I 97 (hier einige Arbeiten aufgeführt). *H. V.*

Baron, Claude Jean Accary, Architekt, geb. 1783 in Paris, Schüler von Labarre. Er erhielt 1812 den zweiten akademischen Preis und wurde später Inspecteur des travaux de la ville de Paris. Das Collège Saint-Louis und ein Teil der Gefängnisse in Paris wurden von ihm erbaut.

Gabet, Dict. — Bellier-Auvray, Dict. gén. — Meyer, Kstlerlex. *H. V.*

Baron, Denis-Guillaume, Maler, 1765 bis 71 in Besançon.

Gauthier, Dict. d. artist. franc-comt.

Baron, Dominique, Genre- und Landschaftsmaler in Toulouse, später in Paris, geb. in Toulouse, stellte in den Pariser Salons 1842—1881 wiederholt aus.

Bellier-Auvray, Dict. gén. u. Suppl. *H. V.*

Baron, Emile, Genremaler (Aquarell) in la Turballe, geb. in Paris, Schüler von Mac-Henry und Ingres, stellte in den Salons 1870 und 1878 aus.

Bellier-Auvray, Dict. gén., Suppl. *H. V.*

Baron, Enrico, span. Bildhauer in Rom, wo er um 1890 als Pensionär der span. Akademie 2 Hochreliefkompositionen aus dem Leben des hl. Joseph ausführte als Predellenstücke für den 1890 nach dem Entwurfe des Architekten G. Sacconi vollendeten Altar der Cappella di S. Giuseppe in der Basilika zu Loreto.

Nuova Rivista Misena III (1890) 90. *M. Morici.*

Baron, F., Prospektmaler und Stecher zu Potsdam um 1775. Von ihm gestochen: Drei Prospekte der Stadt Potsdam. Nach eigener Zeichnung.

Füssli, Kstlerlex. II. *H. V.*

Baron, G u i l l a u m e, Maler von Montpellier, war 1498 bei den Leichenfeierlichkeiten für Karl VIII. tätig.

B é r a r d, Dict. biogr. d. artistes franç. *H. V.*

Baron, Henri Charles Antoine, französ. Maler, geb. am 23. 6. 1816 in Besançon, † am 13. 9. 1885 in Genf, Schüler seines Landsmannes Jean Gigoux, debütierte im Pariser Salon 1840 mit einem Intérieur de sculpteur und Villa dans le pays latin und ließ sich nach einer mit seinem Lehrer unternommenen langen Reise durch Italien in Paris nieder. Er malte leuchtend farbige, bisweilen etwas manierierte Genreszenen (auch zeitgenössische Sittenbilder) in Öl und Aquarell; seine Malweise ist temperamentvoll und elegant und wirkt reizvoll durch sprühende Farben. Besonders in Mode waren seinerzeit seine Aquarellbilder. Seine Hauptwerke waren im Pariser Salon in folgenden Jahren ausgestellt: L'enfance de Ribeira (1841); Une sieste en Italie (1842); Les oies du frère Philippe Balducci (dies Bild sein erster großer Erfolg, 1845); A. del Sarto peignant la madone dans le cloître de l'Annunziata à Florence (1847); Un printemps de Toscane und Enfant vendu par des pirates (1848); Les noces de Gamache (1849); 3 Supraporten (Le Bouquet, Le Toûcher, l'Ouie) für das Ministerium des Innern und Les vendanges en Romagne (1855, Pariser Weltausst.); La fête de St. Luc à Venise (1859); Retour de chasse (1861); Tir à l'arc en Toscane (1864). Dieses Gemälde war dann auf der Pariser Weltausst. 1867 zugleich mit dem schon genannten La fête de St. Luc. Ferner waren im Salon ausgestellt: Le Bénitier et Fête officielle aux Tuileries pendant l'exposition univers. de 1867 (Aquarell, 1868); Les Patineurs (1870); Le vieux fou de son Altesse und Son Eminence chez ses neveux (1874); Bébé (1878). — Seit 1879 beteiligte er sich auch an den Ausstellungen der Société des Aquarellistes français. Außerdem zeichnete er für illustrierte Publikationen und illustrierte zahlreiche Werke gemeinsam mit Johannot, Français, C. Nanteuil. Treffliche Lithographien schuf er nach seinen eigenen Jugendwerken (L'enfance de Ribeira, L'Empirique, Condottieri, Une sieste en Italie, Les oies du frère Philippe, La Soubrette, Le madrigal etc.) sowie nach Gemälden von Couture, P. Huet und Leleux. 1847, 48, 55 und 67 wurde B. in Paris durch Medaillen ausgezeichnet. Gemälde von seiner Hand befinden sich in den öffentlichen Galerien zu Besançon (Les noces de Gamache), Chantilly (Chantilly au 16e siècle. „La Pêche"), Genf (Joueur de mandoline und das Aquarell „Le cerf-volant"), Paris, Luxembourg-Museum (Les vendanges en Romagne und Fête officielle aux Tuileries pendant l'Exposition universelle de 1867, aquarelle).

Gaz. des B.-Arts V 62, 241, VI 110, 265, VIII 57, 113 f., XI 55, XVI 175. — B e l l i e r - A u v r a y, Dict. gén. des artistes u. Supplément. — B é r a l d i, Les graveurs du XIXe siècle. — L'Artiste, passim (Reproduktionen der Hauptwerke B.s). — Chronique des Arts 3. 10. 1885. — La Grande Encyclopédie. *E. V.*

Baron (Baronius, auch *Tolosano* genannt), J e a n, französ. Kupferstecher, geb. in Toulouse 1631 (nach anderer Version 1616), begab sich frühzeitig nach Rom, wo er bis zu seinem Tode blieb. Er arbeitete dort unter der Leitung und in Gemeinschaft mit Corn. Bloemaert. Seine Stiche zeigen eine sorgfältige, aber etwas trockene Behandlung. Sein 99 Blätter umfassendes Werk ist bei Le Blanc, Manuel I, aufgeführt; es behandelt namentlich religiöse Vorwürfe und Porträts berühmter italien. Künstler (Folge von 67 Bildnissen.)

M a r i e t t e, Abecedario I 71. — M e y e r, Kstlerlex. III. *J. Guibert.*

Baron, J e a n, Maler in Montpellier, um 1733/34, nur urkundlich bekannt.

Nouv. Archiv. de l'art franç. 2e Série. IV 1883 p. 306. *H. V.*

Baron, J e a n, Bildhauer, geb. in Angers, † vor 1770, nur urkundlich bekannt.

C. P o r t, Artistes angevins. 1881. *H. V.*

Baron, J e a n (eigentlich Balthazar Jean B.), französ. Seidenfabrikant und Radierer, geb. am 14. 7. 1788 zu Lyon, † am 24. 6. 1869 ebendaselbst. Er lernte ohne Lehrer Zeichnen und begann mit einigen Lithographien und widmete sich dann um 1826 der Radierung. Seine Geschäftsreisen nach Paris benutzte er dazu, im Walde von Fontainebleau zu zeichnen; außerdem bereiste er ganz Frankreich und besuchte Illyrien. Anfangs stand er als Radierer völlig unter dem Einflusse seines Landsmannes de Boissieu, von dem er sich jedoch dank den Ratschlägen des Pariser Radierers E. Bléry befreite. Sein radiertes Oeuvre, von dem sich in der Bibliothek des Palais des Arts zu Lyon eine Sammlung befindet, umfaßt 178 in den Jahren 1826 bis 1868 entstandene Radierungen meist kleinen Formates (viele davon nur in Visitenkartengröße). Mit wenigen Ausnahmen sind es Landschaftsdarstellungen, und zwar meist in Radierung; nur eine kleine Anzahl von Blättern ist in Vernis-mou-Technik; 89 Blatt zeigen Ansichten aus Lyon oder dem Lyonnais. Sie sind signiert: J. B. (getrennt oder im Monogramme), — B. J. B., — Baron fecit., — J. Baron fecit., — B. J. Baron fecit. — Er zeigt in ihnen echtes Naturgefühl und eine klare, schlichte und sichere Zeichnung. Die Bäume, die er mit Geschicklichkeit und Leichtigkeit wiedergibt, sind sein Lieblingsmotiv, während er in den Staffagefiguren fast immer unbeholfen erscheint. Häufig kommt er de Boissieu in der Kraft und im Effekt nahe. Als seine besten Blätter sind zu nennen: Les aqueducs du vallon d'Ecully (1830), L'Ile

Barbe (1831), Tuilerie à Rochecardon (1836), Bois à Yzeron und Les chataigniers à Yzeron (1846), Vue de Francheville (1849). Sein künstlerischer Nachlaß enthielt Zeichnungen in Feder-, Bleistift-, Tusch- und Sepia-Technik sowie Aquarelle. In Paris hat er 1833, 1865 und 1866, in Lyon 1851—52 und 1858 ausgestellt.

Meyer, Kstlerlex. — Le Blanc, Manuel. — Nagler, Monogr. III, No. 1934. 1982. — L'oeuvre de Baron aquafortiste (Kopie des von M. Chatelain aufgestellten, 123 Nummern umfassenden Baronschen Oeuvre-Kataloges in der Bibliothek des Palais des Arts zu Lyon). — Ch. Fraisse in: Le Salut public de Lyon 30. 8. 1869. — Gaz. d. B.-Arts XIX 84. — Catalogue de la Collection Agassis (Lyon 1891). — A. Bleton in Revue du Lyonnais 1899, I 385.
E. V.

Baron, Martin, poln. Maler, geb. am Ende des 16. Jahrh. in Jaroslaw (Galizien), dann wahrscheinlich in Deutschland tätig. Er malte Heiligenbilder, nach welchen Peter Overadt in Köln zwei in den Jahren 1605 und 1606 gestochen hat, den hl. Stanislaus Kostka und den hl. Hyazinth darstellend. Weitere Nachrichten über ihn fehlen gänzlich.

Sancti et Sanctae Poloniae (seltene Ausgabe in der Bibliothek zu Wolfenbüttel). — Rastawiecki, Słownik mal. polskich III 126.
Dr. Georg Graf Mycielski.

Baron, Paul, französ. Maler, geb. am 11. 11. 1827 zu Givry (Saône et Loire), Schüler der Ecole des B.-Arts zu Lyon 1846—1852 unter der Leitung Bonnefonds. Er scheint in der dortigen Kunstausstellung 1855—56 debütiert zu haben mit einem Gemälde „Le Vin". Er hatte einen Namensvetter. Nach seiner Übersiedelung nach Paris beschickte er die dortigen Salonausstellungen mit Gemälden, wie Le Parasol und Portrait de Femme (1859), Mariage mystique de Ste. Catherine (1865, dasselbe 1867 in Lyon ausgestellt zusammen mit dem Genrebilde: Départ pour la promenade und mit 2 Porträts), L'Amour désarmé (1868), Odalisque (1870).

Bellier-Auvray, Dict. gén. des Artistes.

Baron, Stéphane, französ. Maler, geb. um 1830 in Lyon als Sohn des Radierers Balthazar Jean B., Schüler seines Vaters, dann seit 1853 des Léon Cogniet in Paris, debütierte im Lyoner Salon 1851 mit seinem Selbstbildnis und mit einem Fruchtstück und beschickte diese Ausstellungen auch weiterhin mit Stilleben, Landschaften und Porträts. Im Pariser Salon stellte er zum 1. Male 1853 aus, und zwar ein von der Kritik erwähntes Gemälde: Le Fou, dem er dann eine Reihe temperamentvoller und origineller Historien- und Genrebilder sowie einige Landschaften und Seestücke folgen ließ. Genannt seien noch die Gemälde: Le doute de Faust und Episode des massacres de Mérindol en 1540 (Salon de Paris 1857) und ebenda: Rolla (1859), Un rêve d'amour (1861), L'enfance de Jupiter (1865), Mariage de raison (1867), Barques en perdition à Capri (1868), La Comédie de l'Amour (1869), Retour de la fontaine, Golfe de Naples (1870), Joueur de guitare de la vieille Espagne (1875), Une consultation (1879), La Tragédie (dekoratives Panneau für das Theater zu Belfort (1880). Seit 1863 malte er in Aquarell eine Anzahl trefflicher Kopien nach Gemälden Raffaels, Tiepolos, Murillos und Velazquez' in den Galerien zu Madrid und Sevilla, sowie nach Watteaus „Embarquement pour Cythère (Salon de Paris 1882). Für seine Aquarellkopien nach Velazquez erhielt er im Pariser Salon 1863 eine „mention honorable". Als Radierer hat er einige Reproduktionen nach Gemälden spanischer und italienischer Meister veröffentlicht.

Bellier-Auvray, Dict. gén. des artistes u. Supplément. — Gaz. des B.-Arts IV 186. — Nouv. Archives de l'Art français, sér. III, vol. III. — A. Thiers, Grande Encyclopédie. *E. V.*

Baron, Théodore, bekannter belgischer Landschaftsmaler, Direktor der Akademie in Namur, geb. in Brüssel 1840, † am 4. 9. 1899 in Saint-Servan bei Namur, war Schüler von de la Charlerie u. L. Dubois. Sein Lieblingsthema wurde die Dünenlandschaft und die Ufer der Maas, meist in ernster, melancholischer Stimmung. Sein echt künstlerisches Schaffen blieb nicht ohne Einfluß auf die moderne belgische Landschaftsmalerei (Rosseels, Crabeels, Hymans), und er kann als der Begründer der sogen. Grijze School (Ecole grise, 1865—75) angesehen werden. Gemälde von ihm besitzen die Museen von Brüssel, Antwerpen, Mons, Lüttich, Namur, sie finden sich auch häufig im Privatbesitz z. B. in Brüssel, wie die retrospektive Ausstellung L'Art Belge in Brüssel im Sommer 1905 zeigte; als sein Meisterwerk ist „Die Maas bei Profondeville" (Mus. in Antwerpen) zu betrachten.

Meyer, Kstlerlex. III 32. — Chronique des arts 1899 p. 269 (Nekrolog). — Catal. ill. de l'Exposition rétrosp. de l'Art Belge 1905. — M. Des Ombiaux, Th. Baron, le peintre de la Meuse (in der Wallonia 1902 p. 209). — E. Picard, A la memoire de Th. Baron (im Art moderne 1902, 278). — Lemonnier, L'Ecole belge de peinture 1906. *Pol de Mont.*

Baron, Vincent-Alfred, französ. Bildhauer und Medailleur, geb. am 11. 6. 1820 in Meximieux (Ain). Ausgebildet seit 1837 an der Ecole des B.-Arts zu Paris unter Ramey und Jacquot, stellte B. 1849—61 im Pariser Salon eine Anzahl Bildnismedaillen aus, unter denen diejenigen des Schauspielers Debureau und des Generals Comte Boutourlin besonders hervorgehoben zu werden verdienen. Seit 1841 hatte sich B. außerdem am Pariser Conservatoire zum Schauspieler ausbilden lassen und als solcher an den Pariser

Theatern Odéon, Ambigu, La Gaité und Porte St. Martin mit Erfolg die Bühne betreten.

Bellier-Auvray, Dict. gén. des artistes. *S. Lami.*

Baron, s. auch *Barone, Baroni* u. *Barron.*

Baroncelli, Antonio di Niccolò, da Firenze, Holzschnitzer, Sohn des Niccolò di Giovanni B. (genannt Nicolò dal Cavallo), erhält laut Vertrag vom 20. 3. 1451 Bezahlung für eine in die Sakristei der Kathedrale zu Ferrara gelieferte Holzschnitzerei, darstellend Gott-Vater und zwei Engel.

Cittadella, Notize relative a Ferrara 63. *H. V.*

Baroncelli, Carlo, Bronzegießer u. Architekt von Florenz, um 1440, Sohn des Nicolò „dal Cavallo", nur bei Zani (Enc. met. II 87) erwähnt. *H. V.*

Baroncelli, Giov. Franc., Maler in Turin, um 1672 (nach Zani, III 87), nur bekannt durch den von G. Tasnière nach ihm gestochenen Entwurf der Schauseite für den kgl. Jagdhof daselbst und die Zeichnung eines Feuerwerks, von Gius. Abbiati gestochen.

Heinecken, Dict. d. Artistes. 1788. II. — Ottley, Notices. *H. V.*

Baroncelli, Giovanni di Niccolò, s. folgenden Artikel.

Baroncelli, Nicolò di Giovanni (gen. *Nicolò dal Cavallo*), Bildhauer und Bronzegießer aus Florenz, nach Vasari Schüler des Brunelleschi. Schon früh siedelte er mit seiner Familie nach Ferrara über, wo er sein ganzes Leben im Dienste des Lionello d'Este zubrachte. Im Auftrage des letzteren schuf er 1443 für S. Maria degli Angeli (am Palazzo di Belfiore) eine Exvoto-Figur aus bemaltem Wachs, darstellend einen lebensgrossen Falkonier mit zwei Jagdfalken, und 1445 für die Cappella di Corte die Wachsmodelle zu 6 Engelfiguren, die 1446 in Kupfer gegossen, ziseliert und von Michele Ongaro vergoldet wurden. B. erhielt für diese Engelfiguren einen Lohn von 237 Lire marchesine und 10 Soldi ausgezahlt, war jedoch mit dieser Bezahlung nicht zufrieden. 1444 faßte Lionello den Plan, Nicolò III d'Este (1393—1441 Regenten von Ferrara) ein Reiterstandbild zu errichten, und beauftragte die Bildhauer Nic. Baroncelli und Ant. di Cristoforo (gleichfalls Schüler des Brunelleschi) mit der Herstellung von Konkurrenzmodellen. Da beider Modelle von den Schiedsrichtern — darunter Leon Battista Alberti — einander ebenbürtig befunden wurden, erhielten die Konkurrenten den Auftrag zu gemeinsamer Ausführung des Monumentes. Wahrscheinlich übernahm jedoch Baroncelli speziell die Ausführung des Rosses, da er von da an — ebenso wie sein Gehilfe Domenico di Paris — den Beinamen „dal cavallo" führte. Das Monument fand so großen Beifall, daß Borso d'Este sich entschloß, noch bei Lebzeiten sich ein ähnliches Reiterstandbild setzen zu lassen und bereits am 1. 9. 1451 Baroncelli die Ausführung übertrug. Dieser starb jedoch bereits zwischen dem 24. und 29. 10. 1453, sodaß das Borso-Monument von seinem Sohne *Giovanni B.* unter der Mitwirkung des Domenico di Paris u. zahlreicher anderer Bildhauer (der Mehrzahl nach Florentiner) vollendet werden mußte. Das Denkmal des Nicolò III wurde am Himmelfahrtstage 1451 enthüllt, dasjenige des Borso d'Este 1454 und zwar vor dem Palazzo della Ragione. Von dort wurden beide Monumente 1472 auf den Platz vor dem Hauptportale des Palazzo Estense versetzt. Bereits 1532 durch eine Feuersbrunst beschädigt, wurden sie schließlich 1796 durch die Republikaner völlig vernichtet. — Für die Cappella di Corte hatte B. 1447 zwei weitere Engelfiguren gegossen. Gleichzeitig arbeitete er an einer Madonna und einem Johannes d. T., für die er 1448 Zahlung erhielt; dann 1450—53 an den 5 Bronzestatuen, die er im Auftrage des Bischofs von Ferrara für den dortigen Dom auszuführen hatte. Und zwar vollendete er selbst mit seinem Sohne Giovanni den gekreuzigten Christus zwischen Maria und Johannes, während die Statuen der Heiligen Georg und Maurilius von seinem Sohne Giovanni unter Mitwirkung des Domenico di Paris geschaffen wurden. Diese bis heute erhalten gebliebenen, überlebensgroßen Bronzestatuen des Domes zu Ferrara sind die einzigen Bildwerke, die mit Sicherheit als Arbeiten B.s betrachtet werden können. Obwohl sich B. hier als ein ziemlich mittelmäßiger Künstler bekundet, wurden früher verschiedene Meisterschöpfungen Donatellos ihm zugeschrieben, wie z. B. die beiden Büsten des Ludovico III Gonzaga im Berliner Museum und in der Sammlung André zu Paris; ja sogar die Bronzestatuetten am Santo-Altare zu Padua galten ehemals als Arbeiten des Nicolò B.

Vasari-Milanesi, II 386. — Gualandi, Mem. orig. ital. IV 33—48; V 178—183. — Cittadella, Not. relat. a Ferrara (1864) p. 46—49, 74, 100, 415—422, 668; Docum. ed Illustr. etc. Ferrar. (1868) p. 21, 221. — Gruyer, L'art Ferrarais (1897) I 42, 62, 287, 301, 309, 475, 510—517, 559, 593, 601; II 507. — Gaz. des B.-Arts Ie pér., XXV 314, 318; IIe pér., XXV 234; XXVII 78; IIIe pér., VI 184. — Arch. stor. d. Arte ital. IV 414. — L'Arte 1904 p. 158. — Arte ital. decor. e industr. III 85. *G. de Nicola.*

Baroncelli-Javon, Henriette-Marie de Chazelles marquise de, französ. Malerin, geb. im April 1845 auf Schloß Belle-Côte bei Nîmes, † am 1. 8. 1906 zu Avignon. Seit 1884 beschickte sie den Pariser Salon de la Soc. des Art. français mit fein ausgeführten, harmonisch und vornehm wirkenden Miniaturporträts, unter denen besondere Erwähnung verdienen diejenigen des Comte de Chambord, der Comtesse d'Eu, des Kaisers

Dom Pedro von Brasilien, des Dichters Frédéric Mistral (1891) etc. *E. V.*

Baroncini, Vincenzo, Bildhauer, geb. in Brescia, tätig um die Mitte des 18. Jahrh. Er arbeitete mehrere Statuen für die Kirche S. Martino zu Alsano.

Meyer, Kstlerlex. III. *H. V.*

Baroncz (Barącz), Tadeusz von, Bildhauer, geb. in Lemberg 1849, stammt aus einer polnisch-armenischen Familie. Schüler der Krakauer Kunstschule und der Münchener Akad. Nach 2jähr. Aufenthalte in Italien und Wien machte er sich in seiner Vaterstadt selbständig, wo er 1905 starb. Sein namhaftestes Werk: Sobieski-Denkmal in Lemberg (1898). Außerdem modellierte er viele Bildnisse und einige kleinere Denkmäler für galizische Provinzstädte. Zeichnet sich durch gewandte Kompositionsgabe aus.

Intern. Kst.-Ausst. Berlin 1891 p. 212. — Swieykowski, Pamiętnik p. 196, 262. — W. Encyklopedya Illustr. VI p. 926. *Z. Batowski.*

Barone, Andrea, italien. Bildhauer, fertigte 1544 eine Statue der hl. Helena für den Dom zu Palermo.

Filangieri, Indice degli artefici 1891 I. *H. V.*

Barone, s. auch *Baron* u. *Baroni.*

Baroni, Andrea, wenig bedeutender Maler, geb. in Bologna, tätig daselbst von 1620 bis 1650, Lehrer Lorenzo Pasinellis.

Crespi, Vite de' Pittori Bolognesi non descritte nella Felsina Pittrice. p. 130, 131. — Meyer, Kstlerlex. *H. V.*

Baroni (Barone), Antonio, gen. Baroni il vecchio, Maler zu Verona, um 1650—1670 tätig, nur bei Zani (Enc. met. III 88) erwähnt. *H. V.*

Baroni, Antonio, gen. Baroni il giovane, Maler, geb. zu Verona 1678, † daselbst 1744, nach Zani (Enc. met. III 88) vielleicht Sohn des Vorigen. Er machte seine ersten Studien in Verona unter Simone Brentana und ging dann nach Bologna in die Schule des Marcant. Franceschini. In seine Vaterstadt zurückgekehrt, malte er daselbst für das Refektorium des Klosters Della Carità eine Szene aus dem Leben des hl. Gualfardo Guidotti, für die Kirche S. Biagio ein Opfer Abrahams. — D. Zannandreis führt noch eine Reihe anderer Werke auf.

Dal Pozzo, Le Vite de' Pittori etc. Veronesi p. 198. — Meyer, Kstlerlex. — D. Zannandreis, Le Vite dei pitt. etc. Veronesi (ed. Biadego 1891) p. 343. *H. V.*

Baroni, Bartolommeo, Bildhauer von Vicenza, 18. Jahrh., nur bei Zani (Enc. met. III 89) erwähnt. *H. V.*

Baroni, Bernardino, Maler zu Siena um 1630. Von ihm u. a. in der Kirche der Certosa vor der Porta Romana daselbst die Altartafel mit der Himmelfahrt der Maria (früher Prozessionsfahne der Kirche). Eine Madonna in der Wolkenglorie mit den h. Bernard u. Catarina in der Kirche in S. Nicolò a Maggiano (Commune delle Masse del Terzo di S. Martino).

Romagnoli, Cenni storico-artistici di Siena. 1840. p. 84, 99, 114. — Meyer, Kstlerlex. — Brogi, Inv. gen. d. Prov. di Siena 1897 p. 215. *H. V.*

Baroni, Bernardino di Simone, Maler, geb. 1735 in Siena, Todesjahr unbekannt. Er malte Altarbilder für verschiedene Kirchen seiner Vaterstadt.

Meyer, Kstlerlex. (mit älterer Lit.). *H. V.*

Baroni, Carlo, italien. Kupferstecher aus Mantua, tätig in Rom um 1761—75. Er hat nach Rubens die Salbung Sauls und nach Poussin (?) das Martyrium der hl. Caecilie gestochen, mit C. Faucci zusammen: Acis und Galatea und Herkules als Kind die Schlange würgend nach Pomp. Batoni.

Meyer, Kstlerlex. — C. d'Arco, Di cinque valenti incisori Mantovani (Mantova 1840) p. 60. *P. K.*

Baroni, Celso, Sieneser Maler des 18. Jahrh., von dem in der Prioria di S. Ansano zu Dofana und in den Pfarrkirchen S. Donato zu Vallerano und S. Giov. Evang. zu Basciano (Prov. Siena) Altarbilder mit Darstellungen der Madonna in der Wolkenglorie und mit lebensgroßen, in Anbetung knienden Heiligenfiguren erhalten geblieben sind.

F. Brogi, Invent. gen. etc. della prov. di Siena (1897) p. 85, 351, 374. *

Baroni, Cosimo de', Miniaturmaler von Ferrara, um 1458—1471, lebte noch 1475; schmückte 1468 „sonetti e canzoni" für den Herzog von Ferrara mit Miniaturen. Nach Cittadella (Docum. ed illustr. etc. Ferrarese. Ferrara 1868) darf man ihm vielleicht die früher fälschlich Cosimo Tura zugeschriebenen, in der Bibliothek der Certosa zu Ferrara aufbewahrten Miniaturen der 18 Chorbücher zuweisen, welche Herzog Borso der Certosa zum Geschenk machte, und von denen ein Blatt das Datum 1468 trägt.

Gruyer, L'art ferrarais. Paris 1897, II 427, 451. — Jahrb. d. kunsthist. Sammlgn. d. Allerh. Kaiserh. XXI 182, 190. *H. V.*

Baroni, Domenico, Maler in Bologna, † daselbst 1671. Für den Hauptaltar der Kirche S. Giovanni de' Fiorentini zu Bologna malte er Johannes den Täufer, für das Oratorium derselben Brüderschaft mehrere Wandbilder.

Crespi, Vite de' Pitt. Bol. non descr. nella Fels. pittr. p. 28. — Pitture etc. di Bologna. 1782 pp. 122, 197. *H. V.*

Baroni, Domenico, italien. Maler, † um 1860 in Modena, wo er als Akademielehrer tätig war; Schüler des Pietro Benvenuti aus Arezzo, malte er hauptsächlich Genrebilder sowie Szenen aus Dantes „Divina commedia".

Manfredini, Arti del disegno in Modena (1862) p. 17. — G. Campori, Lettere artist. (1866) p. 483 f., 500. *N. Tarchiani.*

Baroni, Elena, s. *Baroni,* Giuseppe.

Baroni, Francesco, Glasmaler aus Perugia, aus der Familie der Brunacci stammend, Mönch des dortigen Benediktinerklosters S. Pietro, seit 1450 in Rom für Nicolaus V. tätig. 1446 bekommt er vier Glasmalereien für den Dom zu Orvieto in Auftrag, nachdem er 1443 ein Fenster für Sta. Maria de' Servi in Perugia geliefert hatte. Am 20. 2. und am 30. 3. 1450 erhält er Zahlungen für Glasmalereien für den Neubau von St. Peter in Rom (weitere Zahlungen am 20. 12. 1451, 29. 12. 1452, 17. 2. 1453). 1453—54 finden wir ihn mit seinem Neffen Neri da Monte für den Palast des Vatikan beschäftigt. 1458 ist ein Aufenthalt in Perugia bezeugt, wo er 1460 für sein Kloster arbeitete. 1461—63 war er Kaplan von S. Costanzo daselbst. Er ist begraben in S. Paolo in Rom.

Müntz, Les arts à la cour d. papes, 1878 I 69, 77, 134—38. — L. Manzoni in Repert. f. Kstwissensch. XXVI 124, 126, 130 ff. — Vasari-Milanesi, II 530. — L. Fumi, Il Duomo di Orvieto (1891) p. 108, 194 f., 207, 228, 231—235. *H. V.*

Baroni, Francesco, Ornamentbildhauer aus Rovigo, um 1609, nur bei Zani, Enc. met. III 88 erwähnt. *H. V.*

Baroni, Giovanni, Schlachtenmaler aus Sacco bei Rovereto, um 1690 in Rovereto tätig, erster Lehrer und Vetter des G. A. *Baroni* di Cavalcabo (s. d.).

Zani, Enc. III 88.

Baroni, Giovanni, Verfertiger von Fayencen zu Nove bei Bassano, Ende des 18. Jahrh. Eine schöne Vase von ihm mit feinen Kopien nach Lebrun auf blauem Grunde in der Sammlung Reynolds in London, bez.: „Fab Baroni Nove" und „Bracciano alle Dove" (der letztere Name wohl den Maler bezeichnend).

Jaennicke, Grundr. d. Keramik. 1879. p. 573 (mit Faksimile der Fabrikmarke. Anhang No. 1193). *H. V.*

Baroni, Giuseppe, italien. Kupferstecher aus San Giuliano, tätig in Rom und Venedig, wo er 1730 starb. Von ihm das „Joseph Baronius sculps." bezeichnete Blatt mit der grossen Regatta von 1709 nach Luca Carlevaris, ein hl. Ignatius (bez. Giuseppe Baroni) usw. Mit Dom. Rossetti u. Andrea Zucchi arbeitete er an den Kupfern für „Il gran teatro delle pitture e prospettive di Venezia" (das Titelblatt ist Iseppo Baroni incid. 1720 bez.) und nach Heinecken u. Basan soll er auch nach einer ganzen Reihe italien. Maler, wie Pietro Liberi, Franc. Maffei, J. B. Piazzetta, Poussin, Pompeo Batoni usw. gestochen haben. Die von Heinecken angeführten *Giuseppe Baron* (Dict. II 153) und *Joseph Baroni* (II 159) sind wohl sicher identisch. — Auch die Tochter des Giuseppe, *Elena Baroni,* nennt Heinecken als geschickte Kupferstecherin. ***

Baroni, J. B., conte di Taviglianо, italien. Kupferstecher, hat 1758 Juvaras Entwürfe zur Kirche S. Filippo Neri zu Turin in 20 Blättern herausgegeben.

Meyer, Kstlerlex. — Le Blanc, Man. *P. K.*

Baroni, Paolo, italien. Maler und Kupferstecher, tätig in Venedig im Anfange des 18. Jahrh. Sein Name findet sich auf einem geistreich radierten Blatte, das die Enthauptung eines Heiligen darstellt. Auf einer Radierung, die neun Musen, die einen Fürsten, dessen Bildnis oben in einem Oval erscheint, verherrlichen, findet sich ein Monogramm aus P. B., das Nagler Monogr, IV 2813 auf B. bezieht. *P. K.*

Baroni (Baronni), Paul Nicole François, Maler aus Piacenza, spätestens seit 1750 in Angers ansässig, † daselbst am 12. 2. 1771, 68jährig. In der Kirche zu Cheffes, deren Chor und Schiff er ausgemalt hatte, sieht man von ihm noch eine Taufe Christi. In Angers malte er in der Kapelle des Grand-Séminaire und lieferte zahlreiche Arbeiten für dortige Kirchen.

C. Port, Artistes angevins. 1881. *H. V.*

Baroni, Pietro di Nicola, Maler in Orvieto, 1447 Gehilfe des Fra Angelico bei Ausführung der Gewölbefresken in der Cappella Nuova des Domes. Nach Fra Angelicos Weggange (im Herbst desselben Jahres) erhielt Baroni noch bis 1450 fortlaufende Zahlungen für Malereien im Dom, ebenso 1458 für Ausführung eines Madonnenbildes „in prodo". Ferner hatte er 1470 und 1471 Madonnenbilder zu malen „nella bottega di piazza" sowie in S. Sepolcro fuori porta maggiore. Zum letzten Male findet er sich 1489 als Mitglied des Dombauvorstandes erwähnt.

L. Fumi, Il Duomo di Orvieto (1891) p. 367, 370, 394—397. *

Baroni, Siro, Maler zu Mantua um 1750. Altartafeln von seiner Hand in den Kirchen S. Andrea und S. Catarina zu Mantua.

Coddè, Memorie biografiche. — Meyer, Kstlerlex. *H. V.*

Baroni di Cavalcabo, Gaspare Antonio, Maler, geb. 1682 in Sacco bei Rovereto, † 1759. Schon als Knabe verriet er große Neigung zur Kunst, indem er ohne Anleitung Zeichnungen improvisierte und hie und da sich selbst in der Freskomalerei versuchte. Den ersten Unterricht gab ihm sein Vetter Giovanni Baroni, welcher sich in der Schule des Alessandro Marchesini und des Antonio Calza in Verona eine gewisse Gewandtheit im Malen erworben hatte. Hierauf schickte ihn sein Vater selber nach Verona in die Schule des Antonio Balestra, mit dem er bald nach Venedig übersiedelte. Hier verblieb B. von 1703 bis 1705, und nachdem er hierauf auf kurze Zeit die Heimat besucht hatte, ging er 1707 dem Rate des Balestra folgend zu Carlo Maratta nach Rom. Der Tod seines Vaters zwang ihn aber schon nach 2 Jahren wieder heimzukehren, um der Mutter in der Hausverwaltung behilflich zu sein. B., der damals 26 Jahre zählte, empfand schmerzlich nebst dem herben Verluste die ihm aufgenötigte Unterbrechung in seiner

Kunsttätigkeit, aber kaum war sein jüngerer Bruder Quintilio herangewachsen, so überließ er diesem ganz die häuslichen Sorgen und kehrte mit verdoppelter Energie wieder zur Malerei, von welcher er sich seitdem während seines langen, ehelosen, allein dem künstlerischen Schaffen gewidmeten Lebens nicht mehr trennte. Baroni starb fast 78jährig in Villa Lagarina, während er nahe daran war, die Dekorierung des Presbyteriumsgewölbes der Pfarrkirche daselbst zu vollenden.

Dank dem unermüdlichen Eifer des genialen Künstlers gibt es heute noch kaum eine Kirche oder ein herrschaftliches Palais im Lagertal, welche nicht von einem oder mehreren Bildern von ihm geschmückt seien. Von seinen Werken verdienen hauptsächlich erwähnt zu werden sechs große biblische Darstellungen in der Kirche von S. Maria del Carmine und das Abendmahl in S. Maria Lauretana in Rovereto, die reichen Freskomalereien der Pfarrkirche in Sacco und der Dreieinigkeitskirche daselbst, das Bild mit dem Rosenkranz und eine Madonna mit dem auf einem Kissen ruhenden Kinde in der Vincenzkirche zu Isera, das herrliche Altargemälde, den Märtyrertod des hl. Stephan vorstellend, in der Dekanatskirche von Mori, die Jungfrau, das Kind dem hl. Anton von Padua überreichend in der Annunziatakirche in Trient, etc. Auch schmückte B. mit Freskogemälden das Gewölbe des Trienter Domes. Leider aber gingen diese Malereien infolge von Ablösungen der Mauer großenteils bald zugrunde u. mußten von L. d'Origny erneuert werden. Gelegentlich des unlängst erfolgten Umbaues der Domkirche wurden sie jedoch insgesamt vernichtet. Die einzigen übriggebliebenen Spuren sind ein himmlischer Vater und ein Engelskopf, welche nun im Trienter Kommunalmuseum aufbewahrt werden.

Nebst einer reichen Phantasie und einem tiefen Naturgefühl besaß B. eine genaue Kenntnis der prospektischen Kunst. Die Haltung seiner Figuren ist edel und die Köpfe voll Begeisterung, die Darstellung des Nackten ganz vortrefflich. In seinen letzten Jahren verlor er jedoch den richtigen Farbensinn, seine Pinselführung wurde schwer und unsicher, und von seiner früheren Naturtreue abweichend wurde er plump und geziert.

Clementino Vannetti, Notizie intorno al pittore Gasparantonio Baroni Cavalcabo di Sacco (Verona 1781, 8°). — Adamo Chiusole, Notizie antiche e moderne della Valle Lagarina e degli uomini illustri della medesima (Verona 1787, 8°), p. 212 u. f. — Agostino Perini, Statistica del Trentino (Trento 1852, 8°), II 45 u. f. — Tirol. Kstlerlex. — Francesco Ambrosi, Scrittori ed artisti trentini. 2. Aufl. (Trento 1894, 8°) p. 152 u. f. *L. O.*

Baroni, s. auch *Baron* u. *Barone.*

Baronino, Bartolomeo, Architekt von Casal Monferrato, geb. 1511, tätig in Rom seit 1535 als Unternehmer großer Arbeiten wie Straßenbauten, Platzanlagen, des Baus des Palazzo des Duca di Castro usw. Er führte in Rom auch einen Brunnen aus, den Vasari gezeichnet hatte. — B. wurde 1554 in Rom erstochen. Man ehrte sein Andenken durch sein Begräbnis im Pantheon und Aufstellung seiner Büste auf dem Kapitol.

Bertolotti, Artisti Subalpini in Roma, Mantova 1884; derselbe: Archivio stor. art. etc. di Roma, I 74 ff. — G. Minina, Di B. Baronino, in der Riv. di stor. d. arte etc. d. provincia di Alessandria, IV (1895) fasc. 9. **

Baronius, s. *Baron, Barone* u. *Baroni.*

Baronzio, Giovanni, da Rimini, wenig bekannter, aber zweifellos erfolgreicher Verbreiter giottesker Kunst in der Romagna, † vor 1362. Tonini erwähnt seinen Namen mit einigen anderen rimineser Künstlern in dem Werke „Rimini nella Signoria dei Malatesta", als er beim Jahre 1345 auf das bekannte Polyptychon im Refektorium der Minori Conventuali di Macerata Feltria, seit 1861 oder 62 in der Galleria di Urbino, hinweist. Cavalcaselle spricht ebenfalls von dem kostbaren Bild, dessen Unterschrift nicht mehr vollständig leserlich ist, die aber genügt, um das Werk mit dem verloren geglaubten zu identifizieren. Das Triptychon mit kleinen Figuren auf Goldgrund wurde in den alten Katalogen der Galerie von Urbino dem Taddeo Gaddi zuerteilt, obgleich die Unterschrift sagt: *Anno dni millo CCCXL quinto tpe dni clemtis pp. oc. opus fecit Jonnes barontius de arimino.* Diese Inschrift bei der geringen Anzahl der Werke des Giovanni machen das Gemälde doppelt interessant. Es wurde von Prof. Calzini zuerst in der Arte 1901 unter den wichtigsten Gemälden der Galerie von Urbino publiziert. Im Mittelpunkt des Gemäldes die Jungfrau auf dem Thron, den zu ihren Füßen stehenden Christus liebkosend, auf der einen Seite ein Engel und ein heiliger Mönch mit Bischofsstab, hierauf 2 Kompositionen übereinander, oben die Anbetung der hl. 3 Könige, unten die Darstellung im Tempel, auf der andern Seite ein Engel und S. Francesco und in der letzten Abteilung: Das Abendmahl Christi, darunter die Gefangennahme. Von den 7 Giebeln fehlt einer (kürzlich durch einen Holzgiebel, aber ohne die Figur des Heiligen, welche verloren, ersetzt). In dem mittleren Giebel die Kreuzigung, im linken vom Beschauer die Heiligen Pietro, Agostino und Gio. Battista, in den beiden rechts die Verkündigung. Die Figuren, obgleich arm an Formen, haben schon einen bestimmten Charakter, die weiblichen besonders eine gewisse Grazie. Die technische Ausführung ist gut, das Kolorit klar, die Rundung etwas mangelhaft. Die langen Köpfe, mandelförmigen

Augen, zarten Nasen, wächsernen Fleischfarben und grauen Schatten werden durch die Frische der Farbe und den zarten Ausdruck des Gesichtes kompensiert, wie Thode bemerkt. Nach der Ansicht des letzteren gehören zwei kleine Tafeln No. 756 u. 757 mit 8 Passionsszenen im Kölner Museum dem Giuliano da Rimini oder dem Giovanni Baronzio an. — Einstimmig schreibt die Kritik unserem Künstler die Ausmalung von Santa Maria in Porto fuori in Ravenna zu. Cavalcaselle nannte zuerst Giovanni Baronzio als einen der rimineser Künstler, die in dieser Kirche arbeiteten, und der Charakter des nach Urbino gekommenen Tafelbildes scheint die neue Hypothese zu bestätigen. Die Malereien von S. Maria in Porto, von Rosini dem Giotto zugeteilt, zeigen in der Wölbung des Presbyteriums die 4 Doktoren der Kirche, an den Wänden S. Joachim aus dem Tempel gejagt, die Geburt der Madonna, die Darstellung im Tempel; auf der andern Seite den Kindermord, das Abendmahl der Apostel, den Tod und die Verklärung Mariae, die Himmelfahrt und die Krönung Mariae. In einer der Seitenkapellen Szenen vermutlich aus dem Leben des Apostels Matthäus, auf dem Bogen Christus zwischen 2 Propheten mit einem Buch in der Linken, die Rechte zum Segnen erhoben. In der andern Kapelle sieht man die Reste von Fresken, darunter noch am besten die Lünette und die Figur eines jungen Heiligen, der auf einem Tuche von 2 Engeln zum Himmel getragen wird. Auf den Pfeilern und Bögen noch andere wenig erhaltene Figuren von Heiligen. Diese Gemälde mit langen Figuren und übertriebenen Bewegungen scheinen trotz der nachgeahmten Florentiner Manier nicht von einer Hand. Baronzio könnte vielleicht bei der Ausführung von romagnolen Künstlern unterstützt worden sein.

Hermanin schreibt dem B. in einer römischen Zeitschrift (s. Lit.) auch die Gemälde in der großen Kapelle von San Nicola in Tolentino zu, welche von anderen dem Orcagna, Gaddi, Giotto zuerteilt werden. Wie von andern schon bemerkt worden ist, können diese Malereien aber nicht von B.s Hand sein, da sie trotz gewisser Verwandtschaft weit über den Fresken von S. Maria in Porto und den Werken der giottesken Meister, welche gegen Mitte des 14. Jahrh. in der Romagna arbeiteten, stehen. — E. Scatassa beschreibt in Arte e Storia 1904 ein Bild mit der Verkündigung an die Jungfrau in Macerata Feltria und glaubt es wegen seiner Ähnlichkeiten mit dem Triptychon des Baronzio in Urbino mit letzterem in Beziehung setzen zu können.

Rosini, Storia della pittura vol. II p. 63. — C. Tonini, Rimini nella Signoria de' Malatesta vol. IV p. 389 u. f. — Crowe u. Cavalcaselle, Storia della pittura italiana, vol. 4°. — H. Thode in Arch. stor. dell' arte I 138, II 51. — E. Calzini, Urbino e i suoi monumenti 1897 p. 31 und in l'Arte IV 1901, 364. — A. Brach, Giottos Schule in der Romagna, Straßburg, Heitz 1902. — E. Scatassa in Arte e Storia 1904, p. 92. — Graf Vitzthum im Sitzungsbericht d. Berliner Kunstgeschichtlichen Gesellschaft 1905 III 18. — Rivista Ligure di Scienze, Lettere XXIV 249—262. — J. Hermanin, Gli affreschi di G. Baronzio e dei suoi seguaci in Tolentino, in Bollettino della soc. filol. romana 1905 No. 7 p. 65. — A. Colasanti in Rivista Marchigiana illustr. I 71 und in L'Arte 1907 p. 272. *E. Calzini.*

Baronzio, Laurentio, Maler in Mailand 1481.

Arch. stor. lomb. ser. IIIa, fasc. VI anno XXII (1895) p. 408 ff. **

Barosso, Andrea und Franceschino, s. unter *Barosso,* Girolamo.

Barosso, Girolamo d'Andrea (*Jeronimo Baroxo*), italien. Steinmetz, 1378—1409 in Venedig urkundlich erwähnt, darunter 1403 als Miterbe im Testamente des Pier Paolo dalle Masegne, unter dessen Leitung er 1391—99 am Baue von S. Petronio zu Bologna mitarbeitete. — Sein Vater *Andrea Barosso* scheint in der Frarikirche zu Venedig gearbeitet zu haben, da 1376 ein „Andrea maestro tajapiera" für sich und seine Familie in dieser Kirche eine Grabstätte erhielt. Ein zweiter Sohn dieses Andrea B. war wohl der Steinmetz *Franceschino Barosso,* der 1382 seine Gattin Margarita beerbte und 1414 im Testamente seiner Tochter Dominica als bereits verstorben erwähnt ist.

P. Paoletti, Archit. e Scult. etc. in Venezia (1893) p. 4, 5, 20, 39, 46, 50, 54, 94. *A. Baracchi.*

Barotte, Jean, Bildhauer und Architekt in Chaumont, errichtete 1587 die nicht mehr bestehende porte Chamarande und schmückte dieselbe mit einer Statue des hl. Michael.

Bauchal, Dict. d. archit. franç. *H. V.*

Barotti, Odino, Maler aus Fossano, um 1574, nur bei Zani, Enc. met. III 90 nach seiner Signatur: Odinus Barottus Foss. fecit 1574 ohne nähere Angaben erwähnt. *H. V.*

Barou (Mrs.), Miniaturmalerin in London, die von 1797—1801 Porträtminiaturen in der R. Academy ausstellte.

Graves, The R. Acad. of Arts, I 122. **

Barovicino, Giovanni, Maler in Parma, nur dem Namen nach durch seinen Ehekontrakt vom 21. 8. 1583 bekannt.

Bertolotti, Artisti modenesi etc. a Roma; Modena, 1882 p. 57. **

Barovieri (oder Barroero, Beroviero, Beruerio), Angelo, gen. *Agnolo da Murano,* Glaskünstler in Murano, zum ersten Male erwähnt 1424, † zwischen dem 18.—24. 2. 1461. Er war 1434 Camerlengo u. 1435 Cancelliere der Stadt Murano, 1453 Cancelliere des Patriarchen von Venedig. Noch vor 1453 wurde B. an den byzantinischen Kaiserhof berufen, dann auch an den römischen Papsthof, wo er zum Lettore Apostolico und Segretario

Papale ernannt wurde; ebenso erhielt er Einladungen an die Höfe des Königs Alfonso von Neapel, der Medici in Florenz und des Herzogs Francesco Sforza. Er war Schüler des venezianischen Chemikers Paolo Godi da Pergola, von dem er die Buntfärbung von Glasflüssen erlernte, und Freund des Antonio Filarete, der ihn in seinem „Trattato d'Architettura" als hochbegabten Verfertiger kunstvoller Kristall- und Glasgefäße rühmte und ihn für den geeignetsten Künstler erachtete, zur Ausführung der Fußbodenmosaiken für den Fürstenpalast seiner Idealstadt „Sforzinda". Marcou hat dem Angelo B. eine in der Pariser Sammlung Dutuit befindliche frühvenezianische Kanne aus dunkelblauem Glas mit farbigem Emaildekor zugewiesen; ähnliche Stücke in den Sammlungen Davillier und Rothschild in Paris.

Ant. Filaretes Traktat über die Baukunst in Quellenschr. f. Kstgesch., N. F. III 302. — V. Lazari in Gaz. des B.-Arts XI (1861) p. 322 ff. — A. Jacquemart in Gaz. des B.-Arts 1874, II 136. — E. Müntz, Les Arts à la Cour des Papes (1878) II 295 (mit Anm. 1). — C. A. Levi, L'Arte del vetro in Murano (1895), p. 12—18. — F. Malaguzzi in Rassegna bibliograf. d. Arte ital. 1900, p. 218. — Nuov. Antologia, vol. 63, fasc. 11, p. 441 ff., fasc. 14, p. 294 ff. — P. F. Marcou in Gaz. des B.-Arts 1903, I 146 (cf. Abbldg. p. 145). *A. Baracchi.*

Barovieri (oder Beroviero etc.), Antonio, Glaskünstler (phiolarius), urkundlich erwähnt in Murano in der 2. Hälfte des 13. Jahrh. und demnach Stammvater der gleichnamigen muranesischen Künstlerfamilie.

C. A. Levi, L'Arte del vetro in Murano (1895) p. 11. — P. Molmenti, La storia di Venezia nella vita priv. (1905) I 314 f. *A. Baracchi.*

Barovieri, Giacomo di Bartolomeo, italien. Glaskünstler aus Murano, der 1416 in Padua eine Gläserwerkstatt eröffnete.

C. A. Levi, L'Arte del vetro a Murano (1895) p. 12. *A. Baracchi.*

Barovieri, Giovanni di Angelo, Glaskünstler in Murano, wo er 1481 zum Gastaldo dei vetrai ernannt wurde; 1489 hatte er die Glasflüsse für Mosaikarbeiten in S. Marco zu Venedig zu liefern.

C. A. Levi, L'Arte del vetro a Murano (1895) p. 19—24. — P. Paoletti, Archit. e Scult. etc. in Venezia (1893) p. 118. *A. Baracchi.*

Barovieri, Giovanni di Giacomo, italien. Glaskünstler des 15. Jahrh. in Murano, nur urkundlich erwähnt.

C. A. Levi, L'Arte del vetro a Murano (1895) p. 12. *A. Baracchi.*

Barovieri (oder Beroviero etc.), Marino, Glaskünstler in Murano, wo er als Sohn des Angelo B. geboren war und vor 1490 starb. Er war seit 1460 Gastaldo dei vetrai und späterhin Cavaliere del Podestà und Richter in Murano. Aus seiner Schule gingen die besten venezianischen Glaskünstler des 16. Jahrh. hervor. Nach den Entwürfen Vivarinis hatte Marino B. das Hauptfenster der Kirche S. Pietro Martire zu Murano mit Glasmalereien zu schmücken.

Moschini, Guida di Murano (1808) p. 13. — V. Lazari, Not. d. opere d'arte etc. della Raccolta Correr di Venezia (1859) p. 91; sowie in Gaz. des B.-Arts XI (1861) p. 326. — M. Caffi in Arch. Stor. Ital., ser. III, vol. XXVI, p. 328 f. — C. A. Levi, L'Arte del vetro a Murano nel Rinasc. (1895) p. 18 f. *A. Baracchi.*

Barovieri, Pietro, italien. Glaskünstler in Murano, der 1480 von der venezianischen Signoria an den Herzog von Mailand empfohlen wurde unter gleichzeitiger Übersendung zweier von ihm gearbeiteter kunstvoller Glasgefäße.

F. Malaguzzi in Rassegna bibliograf. dell' Arte ital. 1900, p. 218. *R.*

Barozzi, Ambrogio, s. *Ambrogio* da Milano.

Barozzi, Bartolommeo, da Vignola, Maler von Modena, um 1555, nur bei Zani (Enc. met. III 91) erwähnt. *H. V.*

Barozzi (Barocci), Gaetano, Maler von Bologna, 18. Jahrh., Bruder des Giuseppe Gioachino B., nur bei Zani, Enc. met. III 85, erwähnt. *H. V.*

Barozzi (Barocci), Giuseppe Gioachino, Dekorations- und Ornamentmaler von Bologna, † daselbst 1780, Schüler Gio. Zanardis. Mit seinem Bruder Serafino ging er nach Rußland und war hier als Dekorateur bei den Bauten des chinesischen Palais und des „Rutschberg" (Russischer Berg, Katálnaja Gorka) in Oranienbaum bei St. Petersburg sowie in Moskau eine Zeitlang beschäftigt. In Bologna hat er im Oratorium der Kirche SS. Simone e Taddeo und in S. Giorgio gemeinschaftlich mit Serafino verschiedene dekorative Arbeiten ausgeführt (Festons an den Pilastern, Bogenverzierungen etc.).

Meyer, Kstlerlex. (mit ält. Lit.). — Repertorium f. Kstwissenschaft XXVI 239. *H. V.*

Barozzi, Guarniero di Bartolommeo, da Vignola, Maler von Modena, um 1555, Sohn des Bartolommeo B., nur bei Zani (Enc. met. III 91, 92) erwähnt. *H. V.*

Barozzi (Barocci), Serafino Lodovico, Ornament- und Architekturmaler, Bruder des Giuseppe Gioachino B., † 1810 in Bologna. Er lernte bei seinem Bruder, ging mit diesem nach Rußland und war nach seiner Rückkehr in Bologna mit zahlreichen und umfänglichen Arbeiten beschäftigt. Außer den mit Giuseppe gemeinschaftlich ausgeführten (siehe diesen) sind zu erwähnen seine Ornamentmalereien in SS. Cosma e Damiano, S. Caterina, S. Maria della Vita zu Bologna, in der Sala Armonica des Theaters zu Ferrara, im Pal. Gini, Pal. Pallavicini, Pal. Bovi Silvestri und im Istituto delle Scienze e dell' Arti ebenda. Ähnliche Dekorationen sind von ihm in der Kirche S. Vitale zu Ravenna. Auch gab er 1782 eine Beschreibung dieser Kirche nebst Plänen und Aufriß heraus.

Meyer, Kstlerlex. III (mit ält. Lit.). — Cittadella, Notiz. rel. a Ferrara 1864 p. 636. — L'Arte III 1900 p. 406. — Calzini e Mazzatinti, Guida di Forlì (1893) — C. Ricci, Guida di Ravenna (1900). *H. V.*

Barozzi, s. auch *Barezzi, Barocci* u. *Vignola.*

Barozzo, Ariodante (auch Bramante genannt), Stukkator aus Vercelli, arbeitete 1573 in der Sala dei Re im Vatikan.

Bertolotti, Artisti subalpini, 1884 p. 110.

Barques, Vincent de, Goldschmied in St. Omer, verfertigte für das Schützenfest daselbst 1438/9 als Siegespreise: Bogen u. Pfeil, Schwert und Schild aus Silber.

De Laborde, Les ducs de Bourgogne, I 360.

Barra, Joannes, wahrscheinlich aus Middelburg stammend, stach 1598 eine Susanna nach Hendr. Goltzius, herausgegeben von W. P. Zimmermann in Augsburg, 1599 ein Jüngstes Gericht, erschienen in Nürnberg, und im selben Jahre einen Titel zu Barth. Dolendos Folge „Justitie over Willem den Goede" (Balth. Caymox exc.). Eine allegorische Darstellung des Todes, 1604 verlegt von Richard Schilders in Middelburg, ist von dem Stecher dem dortigen Schulmeister Johannes Coutereels gewidmet. Andere Blätter, wobei nach Jod. van Winghe, Hans von Aachen, Abr. Bloemaert, P. Stephani u. a. sind vielfach von ihm selbst herausgegeben. 1611 wohnte er in Amsterdam, aber von 1623 an, wahrscheinlich schon früher, in London. Im letztgenannten Jahre ist dort von ihm gestochen eine Folge „De Grotesco perutilis atque omnibus quibus pertinebit valde necessarius liber" nach Nicasius Rousseel, dem Goldschmied George Heriot gewidmet.*) Ein ausgezeichnetes Porträt von Lodovic Duke of Richmond & Lenox nach Paulus van Somer, ist 1624 datiert. Die letztbekannte Datierung ist 1627, wiederum auf einer Darstellung der Susanna. Er soll erst 1634 in England gestorben sein. Öfter ist er mit dem Antwerpener Glasmaler *Jan de la Barre* (s. dort) verwechselt worden.

Obreens Archief VII 248. — Sidney Colvin, Early engravings and engravers in England, 114, 115. — A. von Wurzbach, Niederl. Kstlerlex. *E. W. Moes.*

*) Wird von H. Hymans dem J. de la *Barre* zugewiesen (Anmerk. d. Redaktion).

Barra, s. auch *Barre.*

Barraban oder **Barraband,** weitverzweigte Teppichmacherfamilie zu Aubusson, 2. Hälfte des 16. bis Ende des 18. Jahrh. Deren Mitglieder sind: *Denys,* 1578; *Jacques I* (auch als Maler erwähnt) 1655—79; *Isaac,* † 1673 in Kopenhagen; *Elie,* Sohn des Jacques, auch als Maler erwähnt 1679—85; *Pierre,* Sohn des Vorigen; *Jacques II,* 1685—1700; *Léonard; Sébastien,* Sohn des Vorigen, 1725; *Charles,* 1723—53; *Jacques III,* 1760—86, Vater des gleichnamigen Malers (siehe dort). — Über *Jean I* u. *II* s. *Barraban,* Jean.

Réun. d. soc. d. beaux-arts XVIII 559. *H. V.*

Barraban (oder Barraband), Jacques, französ. Maler, geb. 1767 (oder 1768?) in Aubusson (Creuze), † am 1. 10. 1809 in Lyon (im Totenregister als 39jährig bezeichnet und Jacques Barraband genannt). Schüler von Malaine, beschickte er die Pariser Salons 1798—1806 mit Porzellangemälden, für die er 1804 mit einer goldenen Medaille ausgezeichnet wurde. Er malte hauptsächlich Blumen und Vögel und war nach Bellier nicht nur für die Porzellanmanufaktur zu Sèvres, sondern auch für die Gobelinsmanufaktur als Zeichner tätig. Ferner dekorierte er den Speisesaal im Schlosse zu St. Cloud, bemalte nach Perciers Entwürfen ein „cabinet portatif" für Joseph Bonaparte und zeichnete Illustrationstafeln zu Le Vaillants „Histoire naturelle des oiseaux de Paradis", zu Buffons „Histoire naturelle" (édition Sonnini) und zu Latreilles „Histoire des insectes". 1807 siedelte B. von Paris nach Lyon über, um an der dortigen neu gegründeten Ecole des B.-Arts die Professur für Blumenmalerei zu übernehmen. Noch nach seinem Tode wurden Malereien von seiner Hand in den Pariser Salons 1812 und 1814, sowie in der Lyoner Ausstellung 1828 (Gemälde mit Darstellungen von Vögeln) dem Publikum vorgeführt.

Meyer, Kstlerlex. — Gabet, Dict. des Artistes. — Bellier-Auvray, Dict. gén. des artistes. — Réunion des Soc. des B.-Arts XIII 739. — Bryan, Dict. of Painters 1903. — Archives municipales de Lyon, Série R^2 (Ecole des B.-Arts). — Lyoner Ausstellungs-Katalog 1828. *E. V.*

Barraban (Barraband), Jean, Tapissier aus Aubusson, war mit seinem Schwager Paul Mercier 1685 nach Berlin gekommen und wohl in dessen Atelier, der kurfürstl. Hoftapissier geworden war, tätig. In einem Inventar von 1699 wird indes ausdrücklich vermerkt, daß B. 6 Tapeten mit Landschaften angefertigt habe, und daß ihm eine zweite Folge von 6 Landschaften abgekauft worden ist. Er starb in Berlin am 30. 3. 1709, 62 Jahre alt. — Sein gleichnamiger Sohn, Jean *Barraban II,* gründete 1720 in Berlin mit Kaufmann Charles Vigne ein Kompagniegeschäft, das nach seinem Tode am 7. 8. 1725 von Vigne allein weitergeführt wurde.

Jahrb. d. preuß. Kstsamml. XII 138, 153, 194 (urkundl. Forschungen, die die Angaben in der Réunion d. sociétés d. b.-arts XIII 737 in allen Punkten berichtigen). **

Barraban, s. auch *Baraban* u. *Barraband.*

Barraband, Isaac, Teppichweber in Berlin, Erbe des Jean II B., 1725 dort erwähnt.

Jahrb. d. preuß. Kstsamml. XII 196. **

Barraband, Pierre Paul (falsche Vornamen), s. *Barraban,* Jacques.

Barraband, s. auch *Barraban.*

Barrabbino (Barabbino), Simone, italien. Maler, geb. um 1585 in Polcevera im Genuesischen, tätig in Genua und Mailand. Schüler des Bern. Castello. Von B.s selbständigen Arbeiten in Genua hebt Soprani besonders ein Gemälde in S. Giacomo e Leonardo hervor, darstellend ein Wunder des hl. Leonhard, sowie ein anderes in der Annunziata del Guastato, darstellend ein Wunder des hl. Diego. Die geringe Anerkennung, die B. in seiner Heimat fand, veranlaßte seine Übersiedelung nach Mailand, wo er rasch zu Ansehen gelangte. Für die dortige Kirche S. Girolamo malte er ein Altarbild der Madonna mit dem Leichnam Christi und zwei Heiligen, das von Lanzi als eine sehr tüchtige Leistung bezeichnet wird. Später begann B. einen Handel mit Farben, der schlechten Erfolg hatte; er verlor sein Vermögen und starb im Mailänder Schuldgefängnisse.

Soprani-Ratti, Vite de' pitt. etc. genovesi. (1768) I 165 ff. — Lanzi, Pitt. It. V 256. — Bossi, Guida di Milano. — Meyer, Kstlerlex. *L. Ozzola.*

Barrable, George Hamilton, Landschafts- und Figurenmaler in London, stellte 1875—87 wiederholt in der R. Academy aus.

Graves, The R. Acad. of Arts, I 122. **

Barrable, Miß Millie und Mrs. T. J. (Amalia), Miniaturmalerinnen, London, erstere 1883—86, letztere 1847—1880 in der Roy. Acad. mit Miniaturporträts vertreten.

Graves, The R. Acad. of Arts, I 122. **

Barracchi, s. *Baracchis.*

Barrachin, Verfertiger von Porzellan in Paris, seit 1773. Er fand Unterstützung durch Charles Philippe, Grafen von Artois, daher die Erzeugnisse seiner Fabrik „porcelaine du comte d'Artois" genannt werden und das Monogramm des Protektors mit der Krone darüber tragen. Seine Arbeiten zeichnen sich durch „geschmackvolle, sorgfältig behandelte Verzierung" aus.

Jaennicke, Grundriß d. Keramik. 1879 p. 798, 806. *H. V.*

Barrachin, Honoré, Maler in Lyon, erwähnt 1507—1547; 1516 war er beschäftigt bei den Vorbereitungen zum Einzuge der Königin von Frankreich.

Nat. Rondot, Les peintres de Lyon, p. 75. *Cte. P. Durrieu.*

Barrachin, Louis, Sohn des Honoré, Maler in Lyon 1516—1533.

Nat. Rondot, Les peintres de Lyon, p. 80. *Cte. P. Durrieu.*

Barraga, Frau, geb. Ott, Lithographin in München um 1825. Von ihr einige Landschaften und Städteansichten, bez.: B. geb. O.

Nagler, Monogr. I No. 1863. *H. V.*

Barral, Ornamentbildhauer in Paris, wo er 1873 die Steinvasen auf den Front-Akroterien der Sorbonne-Kirche zu restaurieren und 1875 bis 1877 die dekorativen Skulpturen am Mairie-Gebäude des XVI. Arrondissements auszuführen hatte.

Richesses d'art, Paris, Monum. relig. III 122; Monum. civils II 25. *S. Lami.*

Barralet, James, Zeichner und Maler in London, stellte 1770—1772 in der Roy. Academy und zwar zuerst Landschaftszeichnungen, dann Historienentwürfe aus dem Altertum aus (Alexander und Diogenes, Telemach und Kalypso). 1778 und 1779 stellte er in der Free Society Landschaften mit Hirten- und Viehstaffage aus.

Graves, The R. Acad. of Arts, I 123; derselbe, The Society of Artists etc. (1907) p. 22.

Barralet, J. Melchior, engl. Aquarellist, Bruder des John James B., Schüler der Roy. Academy, stellte dann in deren Ausstellungen 1775—1787 eine Reihe von Veduten in Zeichnungen aus. 1783 war er auch in der Society of Artists mit 10 Ansichten in farbiger Zeichnung und Aquarell und 2 Porträts in Aquarell vertreten.

Redgrave, Dict. — Graves, The R. Acad. of Arts, I 123; ders., The Society of Artists (1907) 22. **

Barralet (Barelet, Barolet), John James, engl. Aquarellmaler und Kupferstecher, geb. 1747 in Irland, bildete sich in Dublin zum Lehrer aus, betrieb einige Zeit die Glasmalerei und wandte sich dann besonders der Aquarellmalerei zu. Er wurde Mitglied der Society of Artists in London und stellte dort 1773—1780 aus, 1773 und 1776 auch in der Royal Academy: Landschaften, Bildnisse und historische Zeichnungen. 1795 wanderte B. nach Philadelphia aus und starb dort 1815. B. hat selbst einige Blätter gestochen und zeichnete auch für andere Stecher, z. B. für Bartolozzi.

Redgrave, Dict. of art. — Meyer, Künstlerlex. — L. Binyon, Cat. of Drawings . . in the Brit. Mus. 1898. — Graves, The Royal Academy 1905 u. The Society of Artists 1907. — D. Mc N. Stauffer, Americ. engravers 1907. *E. Richter.*

Barranco, Bern., s. *Martinez* del B., B.

Barranco, Francisco, Maler, geb. in Andalusien, um 1646 tätig. Er malte hauptsächlich Genrebilder im Geschmack der sog. Bambocciaden und galt in solchen Darstellungen als ein geschickter Meister.

Cean Bermudez, Dicc. I 93. △

Barranco, Pedro, span. Künstler der zweiten Hälfte des 18. Jahrh. Er hat für die Prachtausgabe des Don Quijote, Madrid 1780, einige Illustrationen gezeichnet.

Heinecken, Dict. d. art. II 159. *M. v. B.*

Barras, Sébastien, Maler und Stecher, geb. 1653 zu Aix in der Provence, † daselbst 1703. Boyer d'Aiguilles, ein reicher Sammler zu Aix, der selbst die Malerei und Radierkunst übte, sorgte für seine Erziehung, gab ihm den ersten künstlerischen Unterricht und ließ ihn dann zu seiner weiteren Ausbildung nach Rom reisen. Nach seiner Rückkehr in die Vaterstadt war B. lange Zeit mit Malereien im Hause seines Gönners (Hôtel d'Aiguilles) beschäftigt; im großen Saale desselben malte er eine Kopie des von Pietro da Cortona im Palast Barberini zu Rom ausgeführten Deckengemäldes (Sieg der Tugend über die Laster). Von größerer Bedeutung war er als Kupferstecher. Mehrere Porträts stach er nach eigenen Zeichnungen. Den größten Teil seiner Stiche (Schwarzkunstblätter) fertigte B. nach Gemälden der Sammlung Boyers. Sie finden sich in einigen Exemplaren der ersten, von dem Stecher J. Coelemans 1709 zu Aix publizierten Ausgabe des „Recueil des plus beaux Tableaux du cabinet de M. Boyer, seigneur d'Aguilles", sonst nur selten. In dem Recueil wurden die Platten später, bis auf zwei Blätter nach R. Montagne durch J. Coelemans überarbeitet, der eine Anzahl von Platten zu dem nämlichen Sammelwerk geliefert hatte, da Boyer, wie P. J. Mariette berichtet, Gleichförmigkeit in der Behandlungsweise der Blätter wünschte. Die Stiche von Coelemans kommen denen von B. nicht gleich. Eine zweite Ausgabe des Recueil wurde von P. J. Mariette (1744), eine dritte von Basan veröffentlicht.

Mariette, Abecedario I 71/2. — Le Blanc, Manuel I. — Meyer, Kstlerlex. III (mit ält. Lit.). *J. Guibert.*

Barrassi (Barassi), Giov. Domenico, Steinmetz aus Arsegno, † 1530, Sohn des 1473 im Uffizio delle biade in Ferrara tätigen Steinmetzen *Giacomo* dito *Barasso* Er war um 1519 mit dem Architekten Ambrogio Muttoni di Legiuno in Carpi beschäftigt.

Campori, Gli artisti etc. estensi 1855. — Cittadella, Notiz. rel. a Ferrara 1864 p. 662. *H. V.*

Barrat, Adolph, malte zusammen mit Lodewyk van Pais 9 Glasfenster im Chor der Kirche von Sinte Niclaus zu Dixmude (Westflandern).

Notiz von James Weale.

Barrat, s. auch *Barat.*

Barratt, Reginald (A. R. W. S.), Maler, geb. in London am 25. 7. 1861, studierte Architektur bei Norman Shaw und Malerei bei Lefèbvre u. Bouguereau in Paris. Auf weiten Studienreisen, besonders im Orient, fand er die Motive für seine Darstellungen des Volkslebens und der Architektur. Er stellte in der Roy. Academy (seit 1885), in der R. Society of Painters in Water-Colours und der New Gallery aus. Zwei seiner Gemälde „The Mooled Ahmadee" und „Courtyard of Ducal Palace, Venice", befinden sich in der Manchester Corporation Gallery.

Who's Who 1908. — Graves, Roy. Acad. of Arts 1905, I 123. *N. Peacock.*

Barratt, Thomas, engl. Tier- und Landschaftsmaler, stellte 1852—1893 in der R. Academy aus.

Graves, The R. Acad. of Arts, I 124. **

Barrau, Kupferstecher in Paris um 1820. Seine Stiche nach Aubry, Bouchot u. a. erschienen bei Cereghetti in Paris.

Le Blanc, Manuel. *H. V.*

Barrau, Laureano, Maler in Madrid, geb. in Caldatas im Jahre 1864, ausgebildet in Barcelona durch Antonio Caba und in Paris durch Gérôme, brachte B. schon mit 18 Jahren in Barcelona ein Gemälde zur Ausstellung, auf dem ein Aquarellistenatelier dargestellt war, sowie gleichzeitig im Madrider Aquarellistenklub vier Zeichnungen, darstellend eine „Regenstimmung", das „Portal des Latina-Klosters", die „Plaza del Angel zu Barcelona" und „Die Arbeit". Auf den Ausstellungen zu Barcelona 1892 und zu Madrid 1904 wurde er durch Medaillen ausgezeichnet, und die Société Nationale des B.-Arts zu Paris ernannte ihn zu ihrem „associé". Von B.s späteren Gemälden sind erwähnenswert: „Feigenverkäuferin", „Paresse", „Rêverie", „Kinder des Kain", „Heimkehr vom Fischzuge", „Strand am Mittelländischen Meere", sowie eine Anzahl Porträts.

Pariser Salonkataloge seit 1889. — Temple, Modern Spanish Painting, London, 1908 p. 110. *P. Lafond.*

Barrau, Théophile Eugène Victor, französ. Bildhauer, geb. in Carcassonne (Aude). Ausgebildet in Paris unter Jouffroy und Falguière, debutierte B. im Salon 1874 und errang Medaillen in den Salons von 1879, 1880, 1892 und 1900. Seine Hauptwerke sind: Caprice (Gipsgruppe 1878), Steinstatue der Stadt Le Mans am Pariser Hôtel de Ville (1880), Salome (Marmorstatue 1889), Matho und Salambó (Marmorgruppe 1892), Susanna (Marmorstatue 1895), Le sommeil de l'innocence (Bronze 1897) etc.

Bellier-Auvray, Dict. gén. des artistes. Bulletin des B.-Arts I 114. — Richesses d'Art, Paris, Monum. Civils III 13. — Gaz. des B.-Arts 1887, II 43; 1892, II 32 (mit Abbildg.). — Zeitschr. f. Bild. Kst. 1880, p. 320; 1900, p. 288. — Kunst für Alle 1887, p. 336. — Pariser Salonkataloge seit 1874. *S. Lami.*

Barraud, Allan F., Maler u. Radierer, stellte 1873—1900 fast regelmäßig in der R. Academy aus.

Graves, The R. Acad. of Arts, I 124. **

Barraud, Henry, engl. Porträt- u. Genremaler, geb. 1811, † am 17. 6. 1874, in London, Schüler von J. J. Middleton, malte Porträts in Verbindung mit Pferden und Hunden, aber auch Landschaften und Figurenstücke wie „The Pope blessing the Animals" (1842). Er stellte 1833—1859 in der Roy. Academy und 1831—1868 in der Soc. of British Artists aus. Bisweilen arbeitete er mit seinem Bruder William gemeinsam, z. B. in dem obengenannten Bilde von 1842. Seine populärsten Bilder waren „We praise Thee, O God", „The London Season", „Lord's Cricket Ground" und „Lobby of the House of Commons".

Redgrave, Dict. 1878. — Graves, Roy. Acad. of Arts 1905, I 125. — Dict. Nat. Biography. — Sir W. Gilbey, Animal Painters I. *N. Peacock.*

Barraud, William, engl. Tiermaler, geb. 1810, † im Oktober 1850, Bruder Henrys, Nachkomme einer französischen Emigrantenfamilie, Schüler des Abrah. Cooper. Bisweilen arbeitete er mit seinem Bruder Henry gemeinsam. Sein eigentliches Gebiet war die Darstellung von Pferden und Hunden. Eine lange Reihe seiner selbständigen, wie seiner mit dem Bruder gemeinsam gemalten Bilder stellte er in der Roy. Academy von 1829 bis 1850 aus. Gelegentlich war er auch in der British Institution und in der Soc. of British Artists vertreten.

Art Journal 1850, 339 (Nekrolog). — Redgrave, Dict. 1878. — Graves, Roy. Acad. of Arts I 125. — Dict. Nat. Biography. — Sir W. Gilbey, Animal Painters I. *N. Peacock.*

Barré, Bildhauer, 1767 in Nantes tätig, nur urkundlich bekannt.

Nouv. Archiv. de l'art franç. 3e Série. XIV. 1898 (unter J. Bapt. B.). *H. V.*

Barré, französ. Architekt, um 1777, baute in Paris das Hôtel Grimod de la Reynière, Ecke der rue des Champs-Élysées und der avenue Gabriel.

Lance, Dict. d. archit. franç. 1872 I. *H. V.*

Barre, Porzellanmaler in Sèvres; eine 1778 datierte, aus dem Service der Kaiserin Katharina II. von Rußland stammende, von ihm mit Blumen bemalte Teekanne kam 1907 mit der Sammlung des Dr. Fritz Klemm in Berlin zur Versteigerung.

Versteiger.-Katal. d. Sammlg. Dr. F. Klemm, Berlin 1907 No. 145. *H. V.*

Barre, Albert Désiré, Historienmaler und Medailleur zu Paris, geb. daselbst am 6. 5. 1818, gestorben am 29. 12. 1878, Sohn des Jean Jacques B., dessen Nachfolger im Amt eines Graveur général de l'hôtel des Monnaies er 1855 wurde. Schüler von P. Delaroche und der École des beaux-arts. Er stellte in den Salons 1843—1851 wiederholt, meist biblische Vorwürfe aus. Seine besten Gemälde waren dort: Die Rückkehr des verlorenen Sohnes (Salon 1846), Der Komödiendichter Plautus (Salon 1848), J. J. Rousseau im Alter von 16 Jahren (Salon 1851). In der Chapelle des SS. Innocents der Kirche Saint-Eustache zu Paris sieht man 3 von Gourlier 1855 beendete Fresken von ihm (2 kniende Engel zu seiten des Altares, Josephs Traum und David).

Bellier-Auvray, Dict. gén. — Réunion des Sociétés d. beaux-arts. XII 448. — Invent. gén. d. Richesses d'Art de la France. Paris, Monum. relig. III 372. — Forrer, Biogr. Dict. of Medallists. 1904. I. — La Grande Encyclopédie (Artikel von Ad. Thiers). *Fréd. Alvin.*

Barré, Aristide, französ. Bildhauer und Ziseleur, geb. in Trappes (Seine-et-Oise) am 23. 10. 1840; stellte im Salon 1901 acht Plaketten in getriebenem Silber aus. Man sieht in den europäischen Hauptmuseen zahlreiche dekorative Arbeiten in Silber von ihm.

Forrer, Biogr. dict. of medallists. *Fréd. Alvin.*

Barré, Armand Désiré, französ. Bildhauer, geb. in Champsecret (Orne), ausgebildet in Paris unter Leharivel-Durocher, stellte seit 1868 im Pariser Salon aus. Unter seinen Werken sind erwähnenswert: Junger Faun (Marmorstatue (1874), Traum der Armida (Marmorstatue 1878), La Vierge (Marmorbüste 1880).

Bellier-Auvray, Dict. gén. des artistes, Supplément. *S. Lami.*

Barre, Auguste, s. *Barre,* Jean Auguste.

Barre, Bertrand de la, Maler in Avignon 1407—1422. Nach seinem Titel „homme d'armes du pape" könnte er auch Bildhauer gewesen sein. Er malte für den Dauphin (den späteren König Charles VII.) besonders 2 Banner mit St. Michel gegen den Dämon kämpfend.

Jal, Diction. crit. IIe éd. p. 116. — Nouv. Archiv. de l'art franç. IV 184. — Abbé Requin in Réunions des Sociétés d. b.-arts d. départ. XIII 123. *Cte. P. Durrieu.*

Barre, Charles de la, Maler in Paris, † 1691, 64jährig (bestattet am 13. 1.), sonst nicht weiter bekannt. Seine beiden Söhne, *René* und *Jacques* waren ebenfalls Maler.

Herluison, Actes d'état-civ. 1873. *H. V.*

Barre (oder Barrée), Claes, holländ. Maler, machte am 4. 11. 1693 in Amsterdam sein Testament. Seine Frau hieß Adriaentge Barents, „toegenaemt" Boelema. Vielleicht war sie eine Verwandte des Malers Boelema. *A. B.*

Barre, David, Maler in Arras, machte (nach einer Archivnotiz) 1419 einige Arbeiten für die dortige Kirche St. Vaast.

Réun. d. Soc. des b.-a. XIII 237. *H. Longnon.*

Barre, Désiré, s. *Barre,* Albert Dés. und Armand Dés.

Barré, F., französ. Zeichner und Wappenstecher, zu Anfang des 17. Jahrh. tätig. *J. Guibert.*

Barre (Delabarre), Gervais I, Bildhauer und Maler, geb. in der 2. Hälfte des 16. Jahrh. in Le Mans, skulpierte 1610 in der dortigen Kathedrale ein hl. Grab (zerstört 1793). Schon 1593 führte er in Angers 2 Altäre mit den Gruppen der Grablegung und des Todes Mariä aus. 1619 verpflichtete er sich in Poitiers zur Herstellung des Hauptaltars in der Kirche Puy-Notre-Dame (arrond. Saumur), der 1621 fertiggestellt wurde. Noch 1642 erhielt er Bezahlung von Arbeiten für die Königin Anna von Österreich.

S. Lami, Dict. d. sculpt. (1898) p. 161. — Esnault, Dict. d. artistes et artisans manceaux, Laval (1899) p. 178. **

Barre (Delabarre), Gervais II, Bildh. von le Mans, Sohn von Gervais I, getauft am 15. 6. 1603, wird zum ersten Male erwähnt am 4. 6. 1646, † vor 1677. 1650 erhält er für den

Mauritius-Altar der dortigen Kathedrale eine Statue des hl. Liborius in Auftrag.

Esnault, Dict. d. artist. manceaux 1899, I 180/1. *H. V.*

Barre, Guillaume de la, französ. Bildhauer in Le Mans, der 1619 für die Abtei Beaumont-les-Tours einen Altaraufsatz nebst Altarvorsatz auszuführen hatte.

Bauchal, Dict. d. Archit. français (1887). *

Barré, Guillaume, s. auch *Barrey.*

Barre, Jacques de la, s. *Barre,* Charles de la.

Barre, Jean de la, Maler und Glasmaler von Avignon, tätig 1465—1514, Sohn des Pierre B. und Schwiegersohn des berühmten Bildhauers Francesco Laurana, nur urkundlich bekannt.

Réun. d. Soc. d. b.-a. XIII 147, 148. *H. V.*

Barré, Jean, französ. Maler, geb. um 1603, † am 22. 2. 1663 in Fontainebleau, wo er hauptsächlich gewohnt zu haben scheint und wo er 1626 mit seinen Kollegen C. Bouzé und Guy Vernansal sich für Malereien im Hause des Herrn de Loménie, k. Kabinettssekretärs, verpflichtet. 1640—42 arbeitete er im Schlosse von Fontainebleau unter Louis Coubichon.

Réunion d. Soc. d. Beaux-Arts XXVI 427. — F. Herbet, Artistes de Fontainebleau IIe série p. 7. *H. Stein.*

Barre, Jean de la (auch Bara, Barra od. La Baer), Glasmaler, Zeichner und Stecher, Sohn des Antoine, geb. zu Herzogenbusch 1603, † in Antwerpen 1668. Diese Daten genügen, um frühere Angaben zu entkräften, nach denen der Künstler mit einem Stecher Joannes Barra identisch sein sollte, der mit 1599 datierte Stiche gemacht hat und 1634 in London gestorben sein soll (s. unter Barra). — Den obigen Künstler betreffend, wissen wir, daß er in Amsterdam unter dem Einflusse des Goltzius I gelebt hat. Im Februar 1625 als Freimeister in die Antwerpener St. Lukasgilde aufgenommen (ohne Angaben über seine Lehrzeit), wurde er im August desselben Jahres Bürger. Er bezeichnete sich selbst als „pictor vitrarius", und mehrere seiner Glasmalereien existieren noch. In Antwerpen beteiligte er sich 1634 unter Rubens an den Dekorationen für den Einzug des Statthalters Kardinal-Infanten Ferdinand von Österreich. Als ein wirklich hervorragender Künstler bewies sich Jean de la B. in seinen Glasmalereien in St. Jacques und in St. Paul in Antwerpen und ganz besonders in denen der Capelle de la Vierge von St. Michel und Gudule in Brüssel. Sie sind nach erhaltenen Kartons von Th. van Thulden ausgeführt, der ebenfalls aus Herzogenbusch stammte. Die Fenster sind 1649—1663 datiert und stellen dar: Albert und Isabella, den Erzherzog Leopold Wilhelm, den Kaiser Ferdinand III. und seine Gemahlin Eleonore, endlich den Kaiser Leopold. Oben in den reichen Architekturumrahmungen sind dargestellt: Die Verkündigung, die Heimsuchung, Mariae Vermählung und Reinigung. Dies alles bildet ein glanzvolles und fast einzigartiges Ganzes durch seine Stilgröße und die Pracht der Farben und das zu einer Zeit, wo die Glasmalerei sonst ihre Bedeutung verloren hatte. Die Kartons im Kunstgewerbe-Museum in Brüssel sind bezeichnet: J. de la Baer Antverpiensis pictor. Designatis a Theodoro van Thulden anno 1656, habitante Sylvae Ducis. La Barre erhielt die Summe von 1390 Gulden für diese bemerkenswerte Arbeit. Seinem Stichel weist man eine Reihe bezeichneter Blätter zu, freilich nicht mit voller Sicherheit. Die Hauptblätter davon sind: Die Fassade der Jesuitenkirche (jetzt St. Carolus-Borromaeus) in Antwerpen. Bekanntlich wurde die Architektur dieses Baus lange Zeit dem Rubens zugeteilt, aber einer der Stiche berichtigt diesen Irrtum; nämlich die Darstellung der Fassade trägt die Inschrift: Petrus Huijsens Brugensis Soc. Jesu Architectus est. — Joannes de la Barra, imaginum pictor delineavit, in aere sculpsit et excudit. — Nach van den Branden bezahlte die Regierung von Antwerpen dem Künstler am 8. 1. 1645 60 Gulden für den ihm gewidmeten Abdruck dieser Platte. Indes trägt ein Probedruck die Widmung an Gregor del Plano. 1650 stach er auch die Errichtung des Turmes, ein großes Blatt (1,20 m hoch), das noch seltener als das vorhergenannte ist und die Signatur trägt: Hanc famosissimi templi Dom. profess. Soc. Jesu Ant. turrim in aere expressit Joan. de La Barre Pictor vitrarius 1650. Dieses Blatt ist sehr wichtig.

Barre hielt sich in London auf und zwar vor seiner Ankunft in Antwerpen. Man hat nämlich mit dem Datum 1623*) eine Folge von Ornamentstichen nach Nicasius Rousseel, betitelt: De Grotesco perutilis atque omnibus quibus pertinebit valde necessarius Liber: Per Nicasium Rousseel ornatissimo generosissimo atq. variarum artium peritissimo viro: Domino G. Heriot. Diese außerordentlich seltene Folge ist in verschiedener Hinsicht beachtenswert. Nic. Rousseel war vläm. Herkunft und Goldschmied Jacobs I ebenso wie Georges Herriot, der Gründer des berühmten und heute noch bestehenden College in Edinburgh. Auch noch andere Arbeiten de La Barres bezeugen seine Beziehungen zu England, wie besonders das Porträt Ludwigs von Richmond und Lenox nach Paul van Somer. Dieser Stich, datiert 1624, zeigt den Dargestellten in Ganzfigur in Kniehosen. Andere Blätter z. B. Nr. 44, 45, 47 und 48 des Oeuvre bei Meyer (s. u.) gehören offenbar in dieselbe Zeit; Nr. 44 mit: D. L. inv. ist zweifellos nach David Loggan.

*) Wird von E. W. Moes Joannes *Barra* zugewiesen (Anmerk. d. Redaktion).

Michel Natalis hat nach J. de la „Baer" gestochen: Vrai pourtrait de la dévote et très vertueuse soeur C. M. Fr. de Cusance, Religieuses de l'ordre de la Visitation Ste. Marie, fondatrice du couvent de Champlit. Dieses Blatt in fol. stellt die Nonne († 1640) in Vollfigur in Ordenstracht dar.

Meyer, Kstlerlex. (mit ält. Lit. u. Oeuvreverz.). — A. v. Wurzbach, Niederl. Kstlerlex. — Henne et Wauters, Histoire de la ville de Bruxelles 1845 III 269. — Sidney Colvin, Early Engraving and Engravers, London, 1905. *H. Hymans.*

Barre, Jean Auguste, französ. Bildhauer und Medailleur, geb. am 25. 9. 1811 in Paris als Sohn des Medailleurs Jean Jacques B. u. älterer Bruder des Albert Désiré B. Schüler seines Vaters und seit 1826 Cortots an der Ecole des B.-Arts, wurde 1834 und 1840 in den Pariser Salons prämiiert, † 1896. Seine Hauptwerke sind: Odysseus als Bettler von seinem Hunde wiedererkannt (Marmorstatue 1834), Puttenallegorien der 4 Jahreszeiten an der Fontaine du Cirque aux Champs-Elysées (Eisenguß, 1840), Statue des Evang. Lukas an der Fassade der Kirche St. Vincent de Paul zu Paris (1843)), Marmorstatue des Mathieu Molé (1845 im Musée du Luxembourg). Bronzebüsten Napoléons III. und des Prinzen Louis-Napoléon (1852 von Patry gegossen, im Palais des Archives Nationales zu Paris) sowie Napoléons III. und der Prinzessin Marie Clotilde (im Musée Napoléon zu Ajaccio), Grabmal für Alfred de Musset auf dem Père Lachaise (1858), Prudentia-Statue an der Fontaine St. Michel zu Paris (1861), Bronzestatue des Pariser Erzbischofs Mgr. Affre für die Stadt Rodez (1864), Bronzestatuetten der Tänzerinnen Fanny Elsler und Maria Taglioni (1870, Coll. San Donato zu Paris), ein Bronzemedaillon mit dem Haupte des Apollon (1881), sowie eine große Anzahl weiterer Bildnisstatuen, Büsten und Medaillons berühmter Persönlichkeiten vom Hofe und aus der Zeit Napoléons III. Unter seinen nicht in den Salons ausgestellten Arbeiten sind zu erwähnen die Büsten Louis' II., Herzogs von La Trémouille, und Isabellas von Aragonien im Museum zu Versailles sowie die Statue Gutenbergs in Straßburg (1860). — Als Medailleur schuf B. unter anderen Bildnismedaillen diejenigen des Königs Leopold von Belgien (1834) und des Dichters Alexandre Dumas-père (1838).

Bellier-Auvray, Dict. gén. des artistes u. Supplément. — Champeaux, Dict. des Fondeurs. — Forrer, Biogr. Dict. of Medallists. — Chron. des Arts 1896, p. 51. — Nouv. Archives de l'art français 1897, p. 331, note 2. — Richesses d'Art, Paris, Monum. relig. I; Monum. civils I, II, III. — Gaz. des B.-Arts 1859, III 33; 1860, IV 54; 1862, II 318; 1874, I 492. — Pariser Salonkataloge seit 1831. — Mit Notizen von Fréd. Alvin. *S. Lami.*

Barré, Jean-Baptiste, Maler u. Vergolder in Nantes, vermutlich der Sohn eines 1767 ohne Vornamen urkundlich erwähnten dortigen Bildhauers Barré; 1769 verheiratet, übernahm Jean-Bapt. B. 1780 die Restaurierung der Altäre in St. Julien-de-Concelles. 1793 findet er sich zum letzten Male erwähnt als „officier municipal" zu Nantes.

Nouv. Arch. de l'art français 1898 p. 18. *

Barré, Jean-Baptiste, französ. Bildhauer, geb. 1807 in Nantes, Schüler Debays und Malknechts, wurde 1843 im Pariser Salon prämiiert. † 1877. Seine Hauptwerke sind: Ecce Homo (Gipsstatue 1846), Bronzebüsten der Dichter Ev. Boulay-Paty und Ed. Turquety (1851, Mus. zu Nantes), René Descartes (Gipsstatue 1866), Bronzebüste des 1793 zum Maire der Stadt Rennes ernannten Bürgers Leperdit (1874, Mus. zu Rennes).

Bellier-Auvray, Dict. gén. des artistes u. Supplément. — Richesses d'Art, Province, Monum. civils II 168. — Pariser Salonkataloge seit 1843. *S. Lami.*

Barre, Jean Jacques, Medailleur, geb. am 3. 8. 1793 in Paris, † am 10. 6. 1855. Aus einer armen Arbeiterfamilie hervorgegangen, trat er erst 12jährig bei einem Ziseleur in die Lehre, ging aber bald, da er sich hier nicht befriedigt fühlte, in das Atelier Thioliers, eines Graveurs der Pariser Münze, über. Da ein Übermaß von Arbeit, wozu ihn die materiellen Sorgen um seine Familie zwangen, es ihm nicht erlaubte, den Studiengang der École d. beaux-arts zu verfolgen, bildete er sich autodidaktisch weiter, indem er einen Teil der Nächte zum Zeichnen und Modellieren benutzte. Ohne den elementaren Unterricht genossen zu haben, erregte er doch gleich mit seinen ersten Arbeiten — zahlreichen Beiträgen für die Galerie numismatique des grands hommes français und die Series numismatica universalis — die Aufmerksamkeit des Publikums und wurde einer der besten Mitarbeiter des Direktors der Monnaie des médailles, M. de Puymaurin. Im Salon 1819, seiner erstmaligen Ausstellung, fanden einige Medaillen von ihm die beste Anerkennung; seitdem stellte er häufig Medaillen, Porträts, Münzstempel, Denkmünzen und auch Entwürfe in Wachs aus. 1843 wurde er zum „graveur général des monnaies de France" ernannt, welches Amt er bis zu seinem Tode innehatte. Von seinen zahlreichen Arbeiten, die sämtlich auf Hauptereignisse der französ. Geschichte Bezug nehmen, seien nur die folgenden Hauptstücke erwähnt: Salon 1822: Der Minister Marquis de Lauriston, Wachsbildnis; Tod des Prinzen Condé; Opfer an Aeskulap; Salon 1834: Erinnerungsmedaille auf den Besuch des Königs und der kgl. Familie in der Münze; 2 Porträtmedaillons (Studien für letztgenannte Arbeit); Salon 1835: Der König schlägt zugunsten seines Sohnes die Krone der Belgier aus (Entwurf zu einer Medaille); Salon 1836: Belohnungsmedaille für die „actes de dévouement", Med. der kgl. Familie, ein wahres Meisterstück; Salon 1837: Erinnerungsmedaille auf die lateinisch-französ. Bibliothek des M. Panckoucke und auf die Eröffnung der Eisenbahn von Saint-Germain-en-Laye; Salon 1838: Medaille auf die Hochzeit des Herzogs und der Herzogin von Orléans; Salon 1840: Medaille auf die Erhaltung der öffentl. und histor. Denkmäler; Erinnerungsmedaille auf den Tod des Generalprokurators Bellart, auf die französ. Siege und Eroberungen von 1792—1815, auf das Denkmal des Herzogs von Berry in Lille, auf die Wiedereinführung des alten Kultus in der Kirche St.-Geneviève, auf die Salbung Karls X. (2 Med. großen Formats), auf die Statuen Ludwigs XIV. in Bordeaux und Montpellier, auf die Heimbringung der Gebeine Napoleons, auf die Errichtung der Statue des Herzogs von Orléans usw. In dem Wettbewerb um die Münze der Republik von 1848 erlangte B. die 3 Nebenpreise; er erhielt darauf den Auftrag zur Anfertigung der Siegel der Nationalversammlung und der des Staates. Ferner gravierte er die Medaille auf den Präsidenten der Republik (1850) und auf den vom Herzog von Luynes 1851 gegründeten landwirtschaftlichen Verein.

Ebenso geschickt im Kupferstechen wie im Gravieren von Medaillen, hat er 1841—43 die Platten gearbeitet, die lange für den Druck der Banknoten der Banque de France dienten, sowie die für die Banken von Rouen, Lyon und Toulouse. Seine letzte bedeutende Medaille war die auf das Comité des monuments historiques, dessen Mitglied er war und für das er 1851 einen beachtenswerten Bericht über ältere und neuere Verfahren des französ. Münzwesens erstattete. Sein Porträt ist 1840 von Amaury Duval gemalt worden.

Didot, Biogr. génér. — Bellier-Auvray, Dict. gén. — Dussieux, Art. franç. à l'étr. 3. Aufl. 1876. — Gabet, Dict. d. art. 1831. — Lavigne, Etat-civil. — Inv. gén. d. Richess. d'art. Prov. Monum. civ. III; Paris, Monum. civ. I. — Annuaire de la Soc. franç. de numism., 1867. — La Grande Encyclopédie. — Forrer, Biogr. Dict. of medallists. *Fréd. Alvin.*

Barré, Louis Désiré, Porzellanmaler (Blumen) an der Manufaktur zu Sèvres, seit 1872 Chef der Malerateliers daselbst. Zwei von ihm 1862 bemalte Vasen (Winden auf hellblauem Grund) machte Napoleon 1868 dem König von Griechenland zum Geschenk.

Dussieux, Artistes franç. à l'étranger. 3e Édit. 1876. — Chronique d. Arts. 1871—72 p. 340. *H. V.*

Barre, Paul de la, Goldschmied in Paris, hat eine Reihe von ihm entworfener Ornamentstiche (Blumenbuketts für Goldschmiede) veröffentlicht.

Guilmard, Les maitres ornemanistes, Paris 1881, Textband p. 49. **

Barre, Pierre de la, Maler in Avignon 1441—67, Neffe des Bertrand. Unter anderen Arbeiten erhielt er 1441 von Jean de Quiqueran, Ritter von Arles, den Auftrag auf ein Altarwerk mit der Darstellung der Madonna als Trösterin auf Goldgrund mit den Porträts des Stifters und seiner Frau.

Abbé Requin in Réunion des Sociétés des b.-arts XIII 129. *Cte. P. Durrieu.*

Barre, René de la, s. *Barre,* Charles de la.

Barre, Roland de la, Maler von le Mans, Sohn des Bildhauers Gervais II de la B., tätig daselbst um 1687—1719, nur urkundlich bekannt.

Esnault, Dict. d. artist. manceaux 1899, I 181/2. *H. V.*

Barre, s. auch *Debarre, Delabarre* u. *Labarre.*

Barreau de Chefdeville, François Dominique, französ. Architekt, geb. 1725, Schüler von Boffrand und der Akademie in Rom. Er wurde nach dem Tode von L'Assurance einer der Architekten des Palais-Bourbon in Paris. 1749 errang er den großen Architekturpreis in der Konkurrenz um einen Friedenstempel.

Lance, Dict. de Archit. franç. 1872. *H. V.*

Barreau, s. auch *Bareau.*

Barreda, Melchor de la, Maler in Valladolid, 1543 an der Ausschmückung der Triumphbogen tätig, welche die Stadt zum Einzug des Infanten Philipp (II.) und seiner ersten Gemahlin errichten ließ.

Martí y Monsó, Estud. hist. artist. 443. *M. v. B.*

Barreda, Miguel de, Maler in Valladolid. 1548 ist er Sachverständiger im Prozeß des Francisco Giralte gegen Juan de Juni; 1550 beurteilt er in der gleichen Eigenschaft Arbeiten des Innocencio Berruguete, mit dem zusammen er sich 1551 zur Anfertigung des Hochaltars in der Kirche der Trinitarios calzados in Valladolid verpflichtet. Im gleichen Jahre übernimmt er mit anderen die Ausführung des Hochaltars der Kirche S. Francisco in Talavera. Er hat nicht sowohl Bilder gemalt als das Bemalen (estofado) der Statuen besorgt. Ob er es ist, der 1587 noch als lebend erwähnt wird?

Martí y Monsó, Estud. hist. artist. passim. *M. v. B.*

Barreda, Miguel de, Bildhauer, Schüler und Gehilfe des Juan de Juni, dem er 1570 bis 1583 bei den Arbeiten für den Hauptaltar der Pfarrkirche in Santoyo zur Hand ging.

Cean Bermudez, Dicc. I 93. *M. v. B.*

Barrena, Martin de, Architekt, der von 1578—85 an verschiedenen Bauten des Alcazar in Toledo tätig war.

Llaguno y Amirola, Not. II 314. *M. v. B.*

Barrera, Antonio, Porträt- und Historienmaler in Savoyen 1782.

Mém. d. l. Société Savoisienne, tom. XII 260. — Miscellanea di Stor. Ital. ed. d. Dep. Piemontese di Stor. Patria XXX 237. **

Barrera, Carlo, Architekturzeichner von Vicenza um 1785, nur bei Zani (Enc. met. III 94) erwähnt. *H. V.*

Barrera, Diego (von einigen Jacobo genannt), span. Maler untergeordneten Ranges. Er malte 1522 die Bilder und bemalte die Statuen an der Puerta del Perdon der Kathedrale von Sevilla.

Cean Bermudez, Dicc. I 93. — Gestoso, Artif. Sevill. II 15. △

Barrera, Francisco, span. Maler von Blumen- und Fruchtstücken im 17. Jahrh. Er beteiligte sich 1640 an dem Protest der Kunstmaler gegen die Abgabe der Alcabala.

Cean Bermudez, Dicc. I 93. — Viñaza, Adic. II 49. *M. v. B.*

Barrera, Jacobo, s. *Barrera,* Diego.

Barrère, s. *Barère.*

Barres, Pierre, Goldschmied des Königs und „valet de chambre du Dauphin" in Paris, arbeitete 1352 für die Gemahlin des Dauphin.

Labarte, Arts industr. II 389. **

Barresa, Juan, Architekt, der 1580 das zweite Stockwerk (mit jonischen Säulen) des Kreuzgangs im Kloster S. Miguel de los Reyes in Valencia aufführte.

Llaguno y Amirola, Not. III 36. *M. v. B.*

Barret, Félix Claude Auguste Louis, Porträt- und Genremaler, geb. 31. 8. 1807 zu Brest (Finistère), Schüler von F. Gérard. In den Pariser Salons war er 1831 bis 1848 wiederholt, hauptsächlich mit Darstellungen aus dem bretagnischen Volksleben vertreten.

Bellier-Auvray, Dict. gén. *H. V.*

Barret, George, d. Ä., R. A., Landschaftsmaler, geb. in Dublin 1732 (1728 ?), † am 29. 5. 1784 in Paddington. Er war Autodidakt, ging 1762 nach London, kam dort schnell zu Ruf und wurde 1768 einer der Gründer der R. Academy. In den Ausstellungen derselben war er von 1769—82 regelmäßig und meist mit mehreren seiner Landschaften und Ansichten von Schlössern vertreten. Viel sprach man zu seiner Zeit von einer Serie von Landschaften von Cumberland Lake, die er in einem großen Saale zu Norburg Park als Wandbilder gemalt hatte. Man rühmt an seinen Landschaften das starke Gefühl für die besonderen Reize englischer ländlicher Szenerie. Er hat auch aquarelliert und radiert. Das R. Victoria and Albert Mus. besitzt von ihm eine staffierte Landschaft und das British Mus. eine Landschaft mit Figuren (Aquarell).

R. u. S. Redgrave, Century of Painters (1866) I 104—9. — L. Roget, Hist. of the old Water-Colour Society, I 149 ff. — Graves, The R. Acad. of Arts, I 126 u. The Society of Artists (1907) p. 22. — Binyon, Cat. of drawings etc. in the British Mus. I 74. **

Barret, George, d. J., hervorragender engl. Aquarellist der klassischen Landschaft, Sohn des Vorhergehenden, geb. in London um 1767, † 1842. In den Jahren 1800—1802 war er in der R. Academy mit Landschaften vertreten und nachdem er 1804 Mitglied der Old Water-Colour Society geworden, war er in deren Ausstellungen regelmäßiger Aussteller. Vor allem liebte er die wunderbaren Effekte der aufgehenden oder sinkenden Sonne und zartgestimmte Mondscheinlandschaften darzustellen. Manche seiner Landschaften erinnern wohl in der Komposition, in der Weiträumigkeit und dem ernsten klassischen Eindrucke an Werke Claude Lorrains, haben aber dabei auch einen ganz bestimmten persönlichen Stil. Mehrere seiner Arbeiten befinden sich in der Art Gallery in Manchester, andere im Printroom des British Mus. — 1840 veröffentlichte er in Briefform: Theory and Practice of Water-colour Painting.

Redgrave, Dict. of artists, I. — J. L. Roget, Hist. of the old Water-Colour Society, I 176. — A. E. Cropper, George Barret jun. in The Artist, 1896 p. 78. — J. Orrock, George Barret in The Art Journal 1898 p. 129—132 (mit Abb.). — The Studio 1905: The old Water-Colour Society. — Binyon, Cat. of drawings etc. in the British Mus. I 74. **

Barret, James, engl. Aquarellist, tätig in Paddington, Bruder des George d. J., war von 1785—1819 mit einer langen Reihe von Hochlandslandschaften, Park- u. Waldszenerien und Schloßansichten vertreten. Zwei Aquarelle von ihm im British Museum.

Redgrave, Dict. of artists. — Graves, The R. Acad. of Arts, I 127. — Binyon, Cat. of drawings etc. in the British Mus. I 75. **

Barret, Miß M., Aquarellistin und Miniaturmalerin, Schwester des George d. J., stellte 1797—1800 Porträtminiaturen in der R. Academy aus, wurde 1823 Mitglied der Water-Colour Society und stellte dort ihre Arbeiten (auch Stilleben) bis 1836 aus, um welche Zeit sie starb.

Redgrave, Dict. of Artists. — Graves, The R. Acad. of Arts, I 128. **

Barret, Ranelagh, engl. Kopist, besonders gerühmt wegen seiner Rubenskopien, † 1768.

Redgrave, Dict. of Artists. **

Barret, s. auch *Barrett.*

Barreto, Maler, Portugal, Anfang des 19. Jahrh., aus Porto. Raczynski sah von ihm ein Gemälde, Tod der Kleopatra, im Stil des David. (Wohl identisch mit *Jos. Teix. B.*)

Raczynski, Dict. p. 21, 22. *A. Haupt.*

Barreto (oder Barretto), Antonio Correa, portugies. Kupferstecher von Landschaften, Schüler von Comte, geb. 1818 in Lissabon, 1843 Lehrer an der Akad. daselbst.

Raczynski, Dict. p. 22. *A. Haupt.*

Barreto, Joseph Teixeira, portugies. Maler und Kupferstecher, geb. 1767 zu Porto. Mit 15 Jahren wurde er Benediktinermönch; 1790 wurde er von Lissabon aus nach Rom geschickt, wo er hauptsächlich bei Gagneraux, einem französ. Pensionär, studierte. Seit 1791 ging er zur Kupferstecherei über und stach zuerst Umrisse zu den Scherzi poetici des Rossi; nach eigenen Gemälden dann Moses im Flusse, Darius' Frau vor Alexander, Ruhe in Ägypten, Venus und die Nymphen und ähnliches. 1797 kehrte er heim und folgte 1805 Vieira im Amte des Direktors der Akademie zu Lissabon. Er starb 1810. Es werden von ihm zahlreiche Gemälde im Kloster de Tibães in Porto erwähnt.

Cyrillo Machado, Collecç. de memorias p. 298. — Raczynski, Dict. p. 283. *A. Haupt.*

Barrett, Charles Robert, engl. Illustrator von topographischen Werken in Federzeichnung, tätig um 1890. Er veröffentlichte: „Essex", Serie I mit 99 Illustr. (13 Radier.), Serie II mit 128 Illustr. (13 Radier.), ferner „Somersetshire" mit 167 Illustr. (6 Rad.), „Surrey" mit 140 Illustr. (5 Rad.), 1 Band „The Battlefields of England" mit 102 Ill. und Studien von alten Bauwerken z. B. The Tower of London mit 26 Ill. (13 Rad.).

Sketchley, English Book-Illustr. of to-day. *N. Peacock.*

Barrett, Jerry, engl. Maler, geb. um 1814, † am 21. 1. 1906. Als seine besten Bilder werden genannt: Miß Florence Nightingale, die Verwundeten in dem großen Hospital von Skutari empfangend; der erste Besuch der Königin im Hospital zu Chatham 1855, und Mrs. Fry bei den Gefangenen in Newgate. In der Roy. Academy war er bis 1883 vertreten.

Art Journal 1861, 191. — Meyer, Kstlerlex. — Graves, Roy. Acad. 1905, I 128. — The Years Art 1907. *N. Peacock.*

Barrett, s. auch *Barret.*

Barrey, Guillaume, französ. Holzbildhauer und Maler in Rouen. Er lieferte 1622 für die Notre Dame-Kapelle der Kirche St. Maclou die reich geschnitzte Umrahmung zu einem Altarbilde sowie einen vergoldeten hölzernen Reliquienschrein. 1625 für die Pfarrkirche St. Victor die Statuen der Apostel Jacobus und Andreas und 1627 für die Kirche Notre Dame de la Couture zu Bernay (Eure) einen umfangreichen, mit verschiedenen figürlichen und ornamentalen Skulpturen und Malereien geschmückten Lettneraufbau. — Augenscheinlich ist dieser Künstler identisch mit jenem *Guillaume Barré,* der 1653 die Schnitzarbeiten am Orgelgehäuse der Pfarrkirche St. Jean zu Rouen auszuführen hatte.

Lami, Dict. des Sculpteurs 1898, p. 36; 1906, p. 21. — Réunion des Soc. des B.-Arts des Départements 1892, p. 349 f. *S. Lami.*

Barri, Giacomo, Maler und Kupferstecher französ. Herkunft, tätig in Venedig um 1670. Als Maler ist er, nach Lanzi, Nachahmer Tizians, Tintorettos und Paolo Veroneses gewesen. Er hat nach Paolo Veronese 1667 die Anbetung der Hirten und Christus beim Pharisäer Simon, nach Filippo Gherardi: die Sibylle mit Kaiser Augustus und nach Giov. Colli Luchesi und Gherardi: Seleukus und Stratonike am Bette des Antiochus, die beide die Bezeichnung: „Giacomo Barri francese" tragen, radiert, außerdem die von Lucini gestochenen Platten nach 12 der bedeutendsten Grabdenkmäler in Venedig herausgegeben und ein Werk: „Viaggio pittoresco, in cui si notano tutte le pitture famose, che si conservano in qualsivoglia citta d'Italia", verfaßt, das 1671 und 1679 in englischer Übersetzung von W. L. (Lodge) erschienen ist.

Meyer, Kstlerlex. — Campori, Artisti it. e stran. n. stati estensi (1855) p. 57. — Mariette, Abécéd. I 72. — Malvasia, Fels. pittr. I 251. — Le Blanc, Man. *P. K.*

Barri, Hendrick, s. *Bary.*

Barrias (le Vieux), Rouleaux- und Porzellanmaler, in den ersten Dezennien des 19. Jahrh. in Paris tätig, Vater des Félix Joseph B. und des Ernest B.

Meyer, Kstlerlex. *H. V.*

Barrias, Ernest, französ. Bildhauer, geb. am 13. 4. 1841 in Paris als Sohn des Rouleaux- und Porzellanmalers Barrias und als jüngerer Bruder des Historienmalers Félix-Joseph B., † am 4. 2. 1905. Ausgebildet wurde B. seit 1854 in der Werkstatt Caveliers als Lehrling und seit 1857 in derjenigen Jouffroys als Schüler der École des B.-Arts, die ihn 1861 mit dem Rompreise an die römische Académie de France entließ und ihm 1865 für die Relieffriese „Die Gründung von Marseille" sowie „Krieg, Handel und Fischerei" den 1. Ehrenpreis verlieh. Im Pariser Salon, den B. von da an regelmäßig beschickte, wurden B.s Bildwerke 1870, 72, 78, 89 und 1900 mit den höchsten Medaillen prämiiert. 1884 wurde B. an Dumonts Stelle zum Mitgliede des Institut de France erwählt, ferner 1894 als Nachfolger Caveliers zum Leiter des Meisterateliers für Bildhauerkunst an der Académie des B.-Arts und 1897 zum Vizepräsidenten dieses Institutes. — Als Hauptwerke dieses Künstlers, der einen Kompromiß anstrebte zwischen den traditionellen Schönheitsidealen des akademischen Klassizismus und den naturalistischen Zielen der neueren Zeit, sind hier hervorzuheben: Marmorstatue eines Mädchens von Megara (1870, Musée du Luxembourg), Der Eid des Spartacus (Marmorgruppe, 1871 im Tuileriengarten aufgestellt), Les premières funérailles (Adam und Eva den Leichnam Abels bestattend, 1878 in Gips, 1883 in Marmor ausgeführte Hauptgruppe des Meisters), La Comptabilité (Steinrelief von 1878 am Pavillon de Marsan in den Tuilerien), Die Verteidigung von Paris (Denkmalgruppe von 1880 am Rond-Point zu Courbevoie), Bernard Palissy (Bronzestatue von 1881 am

Square de St. Germain-des-Prés), Die Verteidigung von St. Quentin (Denkmalgruppe von 1882), Mozart als Knabe seine Geige stimmend (Bronzestatue von 1887 im Musée du Luxembourg), Blumenstreuendes Mädchen von Bou Saada (Grabmal für den Orientmaler Guillaumet auf dem Montmartre-Friedhofe, 1890), Bronzegrabmal des Anatole de la Forge (auf dem Père Lachaise, 1893), Bronzemonument für Emile Augier (auf der Place de l'Odéon, 1896), Der Madagaskar-Feldzug (Denkmalgruppe von 1897), Monument Lavoisiers (1898), La Nature se dévoilant (polylithe Marmorstatue von 1899 im Musée du Luxembourg), Die große Uhr an der Bibliothèque Nationale (1901), das Victor Hugo-Monument für Paris (1902), Jeanne d'Arc als Gefangene (1903), Grabstatue der Herzogin von Alençon (1904); endlich eine große Anzahl von Bildnisbüsten, darunter diejenigen Jules Favres, Henri Regnaults, Munkácsys und Caveliers.

Bellier-Auvray, Dict. gén. des artistes u. Supplément. — Journal des Arts 8. 2. 1905. — Chronique des Arts 1905, p. 47. — Gabr. Mourey in Les Arts 1905, No. 40, p. 29 ff. — A. Soubies, L.-E. Barrias, Notes biogr. (Paris 1905). — Ausführl. Aufs. von G. Lafenestre in Revue de l'art anc. et mod. XXIII (1908) p. 321 ff. *S. Lami.*

Barrias, Félix Joseph, Maler, geb. in Paris am 13. 9. 1822, † daselbst am 25. 1. 1907, Sohn des Miniatur- und Porzellanmalers *Barrias d. Ä.* Schüler von Léon Cogniet und während der ganzen 2. Hälfte des 19. Jahrh. einer der ernstesten Vertreter der historischen und akademischen Malerei in Frankreich. Er stellte in den Salons 1840—1904 fast alljährlich aus. Unter seinen Werken seien als die hauptsächlichsten erwähnt: Gallischer Krieger mit seiner Tochter, 1849; Pilger auf dem Wege nach Rom zur Jahrhundertfeier im Jahre 1300, 1855; Verschwörung unter den Courtisanen Venedigs (1530), 1861; Horaz, Augustus und Maecenas, 1864; Sokrates nimmt Abschied von seinen Freunden, 1873; Tod Chopins, 1885; Triumph der Venus, 1886; Camille Desmoulins im Palais Royal am 12. 7. 1789, 1888; Pause während einer Sitzung, 1895; außerdem zahlreiche Porträts (1890, 92, '96, 1902) usw. Ferner betätigte er sich als Illustrator; zu seinen bekanntesten Arbeiten auf diesem Gebiet gehören die Illustrationen zu den bei Didot erschienenen Virgil- und Horazausgaben. Als Wandmaler hat sich B. namentlich während der Jahre 1860—75 hervorgetan. So fertigte er: 1852 einen Rundfries für den Pariser Winterzirkus mit Darstellungen gymnastischer und equestrischer Spiele; 1855 die Plafonddekorationen des Großen Saales und die des Lesesaales im Hôtel du Louvre (letztere sowie den Zirkusfries in Gemeinschaft mit Gosse); gleichfalls 1855 die Malereien der Chapelle Saint-Louis in der Kirche St. Eustache in Paris; 1863 einen Plafond in Wachsmalerei für das große Treppenhaus des Museums zu Amiens (die Picardie umgeben von ihren Hauptstädten); 1865 Grisaillefiguren für die Kuppel des Museums zu Amiens (Der Ruhm krönt die großen Männer der Picardie); 1868 Malereien der Giebelfelder des Hauptschiffes der Eglise de la Trinité in Paris mit Darstellung der Kirchenväter; 1877 Malereien der Chapelle Sainte-Geneviève in derselben Kirche; 1868 verschiedene dekorative Arbeiten für das Hôtel Hoare in London; 1873 einen Fries mit Darstellung der Künste und Wissenschaften in der großen Galerie des Grosvenor House, Palais des Herzogs von Westminster, in London; 1874 die Malereien in einem der seitlichen Foyers in der Grand Opéra mit Darstellungen der lyrischen, der ländlichen und der dramatischen Musik sowie den Plafond mit einer Verherrlichung der Harmonie.

Im Musée du Luxembourg befinden sich von ihm: Die Verbannten des Tiberius (Salons 1851 und 1855); andere Gemälde von ihm in den Museen zu Versailles, Nantes, Laval, Autun und Tarbes.

Bellier-Auvray, Dict. gén. u. Suppl. — Grande Encyclopédie V 490, Artikel von Ad. Thiers. — Expos. univer. de 1900, Rapports de Jury, introd. gén. 2e partie, Beaux-Arts, von Léonce Bénédite, Paris 1904 p. 200. — Gaz. d. beaux-arts, passim. — Invent. d. richess. d'art, Paris, monum. rel. I, II, III, monum. civ. I; Province, monum. civ. II, V. — Chronique d. arts 1907 p. 39 (Nekrol.). — Bulletin de l'art ancien et mod. 1907 p. 36 (Nekrol.). *François Monod.*

Barrias, Paul, Architekt in Paris, geb. 1875, Sohn des berühmten Bildhauers Ernest B., erhielt bei der Konkurrenz für das Museum in Beauvais den II. Preis.

Delaire, Les Architectes etc. Paris 1907. **

Barriat, Porzellanmaler an der Manufaktur zu Sèvres. 2 von ihm mit Darstellungen der Jagd und des Fischfanges bemalte rhodische Vasen machte Napoleon III. 1868 der preußischen Königin zum Geschenk. Eine mit Orchideen bemalte Vase von Nîmes (1874) von ihm im Besitz des belgischen, 2 weitere Vasen (1868, Landmädchen bei der Arbeit) im Besitz des schwedischen Königshauses.

Dussieux, Artistes franç. à l'étranger. 3e Edit. 1876. *H. V.*

Barriat, Charles, Landschafts- und Genremaler in Paris, geb. daselbst 1821, Schüler von Séchan, Diéterle und Despléchin, stellte in den Salons 1852—1865 wiederholt aus.

Bellier-Auvray, Dict. gén. *H. V.*

Barric, Hugues, Bildhauer in Montpellier, wo er 1493 die Ausführung des Hochaltaraufsatzes für die Kirche St. Amans zu Rodez übernahm.

Bauchal, Dict. des Archit. Français (1887). *S. Lami.*

Barricelli, Maurizio, junger italien. Maler der Gegenwart, tätig in Rom. 1901 beschickte er die venezianische intern. Kunstausstellung mit dem Gemälde „Al di là della morte", dessen Feinheiten in der Perspektive und in der Farbe von der Kritik hervorgehoben wurden. Lebhafte Anerkennung erntete B. dann mit seinem durch die Kühnheit der Komposition und der Lichteffekte auffallenden, umfangreichen Gemälde „Le rovine", das er 1904 im römischen Palazzo di Belle arti ausstellte.

Roma Letteraria 1901, p. 276; 1904, p. 168 ff. *G. Degli Azzi.*

Barrier, Guy, Maler zu Lyon, nur dadurch bekannt, daß er am 16. 12. 1626 als Pate einer Zwillingstochter des Bildhauers Simon Hardoin daselbst urkundlich erwähnt wird.

Nouv. Archiv. de l'art franç. 3e Série. 1887 p. 294. *H. V.*

Barrier, Jehan, Glasmaler in Rennes, wo er 1496 in der Kathedrale beschäftigt war.

Villeneuve, Mélanges d'archéologie bretonne. *H. V.*

Barrier, s. auch *Barier.*

Barrière, Dominique, französ. Zeichner u. Kupferstecher, geb. in Marseille, wahrscheinlich zwischen 1610 und 1620, da das früheste seiner Blätter in dem 1640 erschienenen Werke von Strada „De bello Belgico" sich findet. Er lebte lange Zeit in Rom, wo er vermutlich 1678 starb. Das späteste Datum in der Reihe seiner Blätter ist 1674. Seine Radierungen, unter denen besonders diejenigen nach Claude Lorrain bemerkenswert sind, zeichnen sich fast durchgehends durch geistreiche Leichtigkeit und Sicherheit der Behandlung aus. Sein Stecherwerk ist ein sehr umfangreiches (208 Nummern in Meyers Kstlerlex. aufgeführt); es umfaßt Marinestücke, Landschaften, Ansichten von Rom, römischen Feststraßen, Palästen und Villen (Pamfili, Aldobrandini), Allegorien, antike Statuen usw. Ferner lieferte er Zeichnungen für einen kleinen römischen Führer: Roma ricercata nel suo sito . . . da Fioravante Martinelli Romano. Roma 1658.

Mehrere seiner Blätter tragen das Monogramm B u. D (ligiert), andere die Bezeichnung: *Dom. Barr. fe.*, noch andere den vollständigen Namen.

Le Blanc, Manuel I. — Meyer, Kstlerlex. III (mit ält. Lit.). — Bertolotti, Artisti Francesi in Roma 1886. *J. Guibert.*

Barrigioni, s. *Barigioni.*

Barrigues (Barrigue) de Fontainieu, Prosper François Irénée, Landschaftsmaler, geb. am 17. 7. 1760 zu Marseille, † daselbst am 28. 9. 1850. Er war portugiesischer Herkunft und widmete sich anfänglich dem Marinedienst. In der Malerei war S. Denis in Neapel sein Lehrer. Von 1801 bis 1819 beschickte er ziemlich regelmäßig die Pariser Salons mit Landschaften, deren Motive großenteils den Umgebungen von Neapel und Marseille entnommen waren. 1822 erblindete er. Eines seiner Gemälde, eine Ansicht von Cava im neapolitanischen Gebiet, befindet sich im Museum zu Marseille, ein anderes, „François I. et la reine Claude de France visitant la sainte Beaume", im Palais zu Fontainebleau.

Etienne Parrocel, Annales de la peinture. Paris. 1861. — Bellier-Auvray, Dict. gén. (hier seine ausgestellten Arbeiten aufgeführt). *H. V.*

Barrili, s. *Barile* u. *Barrilli.*

Barrillet, Louis, Maler in Paris, † vor 2. 5. 1727, nur urkundlich bekannt.

Nouv. Archiv. de l'art franç. 2 Série. IV 292. *H. V.*

Barrilli, (ital.?) Maler, stellte 1783 in der Free Society in London einen Seehafen und eine Seeschlacht, letztere in Miniatur, aus.

Graves, The Society of Artists etc., London 1907. **

Barrio, Evaristo, span. Maler, geb. in Burgos, seit 1874 korrespondierendes Mitglied der Acad. de San Fernando, hat seit 1876 die Madrider Kunstausstellungen regelmäßig mit seinen Genremalereien beschickt, unter denen besonders hervorzuheben sind: Ein Eingeborener von Zaragoza, Die Fernan Gonzales-Straße zu Burgos, Kreuzgang der Kathedrale zu Burgos, Grabmal des Kardinals Fernando de la Puente.

Ossorio y Bernard, Galeria biogr. de art. españoles del siglo XIX (1883—84). *P. Lafond.*

Barriot, Claude (gen. Claudius), französ. Maler, geb. am 9. 11. 1846 zu Lyon, † im April 1908. Ausgebildet an der Ecole des B.-Arts in Lyon 1861—66 unter Guichard und später in Paris 6 Jahre lang in den Ateliers von Gérome, Gleyre und Jules Lefebvre tätig, kehrte dann nach Lyon zurück und debütierte im Lyoner Salon 1865 mit seinem Selbstbildnis und mit einer Kopfstudie (Zeichnung), sowie im Pariser Salon 1888 mit dem Gemälde „Une Faneuse". Neben Porträts hat er hauptsächlich Freilichtszenerien ausgestellt, darstellend Motive von den Gestaden der oberitalienischen Seen, aus der Schweiz, aus Südfrankreich, sowie Marinen, und zwar in Öl- und Aquarellmalerei wie in Pastell-, Kohle- und Bleistiftzeichnung. Licht und leicht sind seine dekorativen Malereien im Cercle International zu Vichy (1884, darstellend den Tanz, die Olympischen Spiele), in der Kirche zu St. Euphémie (Ain, um 1899) u. in der Kirche St. Pierre de Vaise zu Lyon (um 1900—1905). Außerdem lieferte er die Cartons zu den Dekorationen der Karmel-Kapelle zu Kaïpha (um 1900) und für die Krypta-Mosaiken in St. Nizier zu Lyon (1904—5 ausgeführt). Unter seinen besten Staffeleigemälden sind zu nennen: Le roi du tapis (Lyoner Salon 1884), Aux champs (Pariser Salon, Marsfeld 1891), La cueillette des haricots (Lyoner Salon 1892), En silence doucement sur les flots clapoteux (Pariser Salon 1899, Soc. nat. des Beaux Arts), Le Lac du Grimsel (Lyoner Salon 1903), Les joueurs de dominos en Normandie (Pariser Salon 1906). Im Lyoner Salon wurde er 1891 durch die Médaille d'honneur ausgezeichnet; 1892 veranstaltete er in Lyon eine Sonderausstellung seiner Werke. Sein Bestes gibt er in Figuren im Freilicht oder im Sonnenschein. Seine Zeichnung ist äußerst gewissenhaft, seine Malerei licht, harmonisch und breit hingesetzt. Die Signatur ist: C. Barriot.

Tairig, Nos peintres chez eux (Lyon 1888), p. 7. — Exposition Barriot et Balouzet in „Revue du Siècle" (Lyon) 1892, p. 852. — J. L. Vitton in „La Vie française" (Lyon) 10. 8. 1898. — H. Petit in „Revue du Siècle" (Lyon) 1899, p. 337. *E. V.*

Barriot, Judith, französ. Malerin, geb. um 1881 in Lyon als Tochter des Malers Claude B., Schülerin ihres Vaters, sowie der Lyoner Cours municipaux, beschickt sie die Salons ihrer Vaterstadt seit 1901 mit figürlichen Freilichtdarstellungen und mit Landschaften. *E. V.*

Barritt, W., amerik. Holzstecher. Tätig um die Mitte des 19. Jahrh. Illustrationen. *E. Richter.*

Barroero, s. *Barovieri.*

Barroeta, Juan, span. Maler, geb. am 10. 10. 1835 in Bilbao, † 1906. Ausgebildet an der Escuela especial de pintura etc. zu Madrid unter der Leitung des Federico de Madrazo, bewarb er sich mehrmals erfolglos um den Rompreis, und zwar 1854 mit einer „Auferstehung des Lazarus" (prämiiert auf der Madrider Ausstellung 1856, jetzt im dortigen Museo de Arte Moderna) und 1859 mit einem „Auszug des Cajus Gracchus und seiner Anhänger". Von den späteren Gemälden B.s sind erwähnenswert: Allegorie der Republik (1873 für das Ayuntamiento zu Bilbao gemalt), Idealbildnisse des Chindosvinto und des Leovigildo (für eine chronologische Bildnisserie der spanischen Könige) sowie eine Anzahl nach dem Leben gemalter Porträts (darunter König Alfonso XII. von Spanien, datiert 1875). Außerdem lieferte B. eine Reihe von Zeichnungen für die „Ilustración" und andere spanische Zeitschriften.

Ossorio y Bernard, Galeria biogr. de art. españoles del siglo XIX (1883—84). *P. Lafond.*

Barrois, François, französ. Bildhauer, geb. 1656 in Paris, † daselbst am 10. 10. 1726. Ausgebildet an der Académie des B.-Arts, gewann er 1683 den Rompreis und wurde 1700 für seine Marmorstatuette der sterbenden Kleopatra zum Mitgliede, 1706 zum Professor und 1720 zum stellvertretenden Rektor der Akademie ernannt. — Nach dreijährigem Studienaufenthalte in Rom nach Paris zurückgekehrt, schuf B. für Versailles 1686 bis 88 die Hermenstatuen des Vertumnus und der Pomona sowie eine Marmorvase mit Füllhörnern (am Tapis vert des Schloßparkes) und 1707 die allegorische Statue der Religion (an der Außenseite der Schloßkapelle); für das Trianon-Palais neben ornamentalen Sculpturen in Stein und Holz 1688 die vier Puttengruppen über dem Peristyl (gemeinsam mit Jouvenet und Mazeline); für das Schloß zu Marly neben dekorativen Arbeiten 1706 eine Nymphengruppe (gemeinsam mit Bertrand in Gips und Zinn ausgeführt) und 1709 eine Marmorstatue der Pomona; endlich für den Pariser Invalidendom 1690—98 eine Anzahl Engelfiguren und Cherubimköpfe zur äußeren Ausschmückung der Kirche sowie 1705—9 eine Gipsstatue des hl. Gregorius (seinerzeit in der Kapelle dieses Heiligen aufgestellt). Die Salonausstellungen beschickte B. 1700 mit der bereits erwähnten Kleopatra-Statuette und 1704 mit einem Marmorrelief, darstellend die Mutter Maria mit dem auf ihren Knien ruhenden Leichname Christi.

Lami, Dict. des Sculpteurs sous Louis XIV (1906, mit Oeuvreverzeichnis u. Literatur). *S. Lami.*

Barrois, Jean Pierre Frédéric, Porträt- und Genremaler in Öl und Miniatur, geb. 1786 zu Paris, † in Meaux (Todesjahr unbekannt), Schüler von Fontallard und Hersent. In den Pariser Salons von 1806—1841 waren wiederholt Arbeiten von ihm ausgestellt. In der Kathedrale zu Clermont befindet sich ein Heiligenbild von seiner Hand, ein anderes Bild (sterbender Savoyarde, 1827 ausgest.) wurde für die Galerie der Herzogin von Berry seinerzeit erworben.

Bellier-Auvray, Dict. gén. — Gabet, Dict. d. artistes. 1831. *H. V.*

Barrois, Pierre François, Kupferstecher in Paris, geb. daselbst um 1770. Er war ein Schüler Bervics und stach hauptsächlich Vignetten und naturgeschichtliche Darstellungen.

Meyer, Kstlerlex. (mit ält. Lit.). *H. V.*

Barrois, s. auch *Barois* u. *Barroy.*

Barron, Maler und Bildhauer in Vezelize (Lorraine), 17. Jahrh., sonst unbekannt.

Réunion d. Sociétés d. beaux-arts. XXIII 404. *H. V.*

Barron, Eduardo, span. Bildhauer, geb. in Moraleja del Viso (Prov. Zamora). Ausgebildet an der Escuela especial de pintura, escultura etc. zu Madrid unter der Leitung des R. Alvarez, errang auf der Madrider Ausstellung 1884 eine Medaille 2. Klasse. Später an der Spanischen Akademie in Rom, wo sich in S. Pietro in Montorio eine Gipsstatue des heil. Joseph von ihm befindet. Unter seinen Bildwerken sind hervorzuheben: Die Bronzestatue des Lusitaniers Viriathus im Museo de Arte Moderna zu Madrid, die

Statue des Hernan Cortes, das Monument für Roncevalles sowie eine Anzahl von Bildnisbüsten und -Medaillons. Vor einigen Jahren ist B. zum Konservator und Restaurator für die Skulpturenabteilung des Madrider Museo Nacional de Arte antica ernannt worden.

L'Art en Italie 1885, No. 47, p. 2. — Arte e Storia VII 64. — D. Angeli, Chiese di Roma p. 465. *P. Lafond.*

Barron, Giovanni, bologn. Freskomaler oder Stuckarbeiter, unter der Leitung des Primaticcio in Fontainebleau 1538—1540 tätig; vielleicht mit Virgilio Barun verwandt.

Laborde, Comptes des Bâtiments du roi I 132. *L. Dimier.*

Barron, Hugh, Porträtmaler, geb. um 1745 in London, † daselbst 1791. Er war Schüler von Joshua Reynolds; auf seiner Reise nach Italien, die er 1770 antrat, blieb er eine Zeitlang in Lissabon, wo er einige Porträts malte. Nach einem zweijährigen Aufenthalte in Rom kehrte er nach London zurück. In den Jahren 1766—1778 stellte er zahlreiche Porträts in der Society of Artists und 1782, 1783 und 1786 in der Academy daselbst mehrere Bildnisse aus, schwache Nachahmungen der Manier seines Lehrers. Er beschäftigte sich viel mit Musik und war als vorzüglicher Violinspieler bekannt.

Redgrave, The Dict. of Artists. — Graves, The R. Acad. of Arts, I 129 und The Society of Artists, I 23. **

Barron, William Augustus, Landschaftsmaler, jüngerer Bruder des Hugh, Schüler von William Tomkins, tätig um 1764—91. 1766 gewann er einen Preis von der Society for the encouragement of Arts; in den Ausstellungen der Londoner Academy von 1774—1777 war er mit verschiedenen Landschaften, großenteils Veduten, vertreten. Die von ihm gemalte Ansicht von „Wanstead House" wurde von Picot gestochen. Späterhin gab er die Malerei auf. — Ein Aquarell von ihm, Ansicht der Richmond-Brücke 1776, bewahrt das British Museum.

Redgrave, Dict. of Artists. — Graves, The R. Acad. of Arts, I 129. — Binyon, Catalogue of drawings etc. in the British Mus. I 75. **

Barron y Carrillo, Manuel, span. Maler, geb. in Sevilla. Ausgebildet 1828—31 an der dortigen Escuela de Bellas Artes, wurde er späterhin an dieser Schule als Lehrer angestellt. Als produzierender Künstler erschien er auf der Madrider Ausstellung 1834 mit den Gemälden „Posada del Huesca" und „Campana de Cordova". Von seinen späteren Werken sind hervorzuheben: Büffelherde an der Tränke, Kathedrale von Sevilla, Panorama von Sevilla (1862 von der Königin Isabella von Spanien angekauft), Der Guadalquivir mit der Torre de Oro (im Besitze der Familie Montpensier).

Ossorio y Bernard, Galeria biogr. de art. españoles del siglo XIX (1883—84). — Grande Encyclopédie Lamirault-Paris. *P. Lafond.*

Barron, s. auch *Baron.*

Barros, Antonio de, Wappenmaler, Portugal, 16. Jahrh., † 1601. Philipp II. ernannte ihn 1596 zu seinem Tempera-Maler als Nachfolger seines indischen Wappenmalers Gaspar Carvalho.

Raczynski, Dict. p. 23. — Sousa Viterbo, Noticia de alguns pintores portuguezes. p. 38. *A. Haupt.*

Barros, Eleuterio Manoel de, portugies. Maler und Kupferstecher, geb. zu Lissabon, Schüler in der 1769 errichteten Schule des Joaquim Carneiro da Silva; dann in Rom bei Lodovico Esterni. Er brachte von dort das große Bild Batonis für die Kirche da Estrella zu Lissabon mit, für deren Kloster er „Elias seinen Mantel zurücklassend" malte. Er entwarf die Decken für den Palast des João Ferreira, die durch Francisco de Setubal, Domingos de Sequeira u. a. ausgeführt wurden. Später trat er in die Direktion der Akad. zu Lissabon und wurde Leiter der Zeichenschule. Sein Nachfolger war 1823 Faustino José Rodrigues.

Cyrillo Machado, Collecç. de memorias p. 294. — Raczynski, Dict. p. 22. *A. Haupt.*

Barros, João Baptista, Architekt, Portugal. Wurde 1715 zum Architekten der Ritterorden von S. Thiago und S. Bento ernannt, als Nachfolger von João Antunes. † 1743. War auch Architekt des Senates zu Lissabon und Festungsbaumeister.

Sousa Viterbo, Dicc. dos archit. p. 90. *A. Haupt.*

Barros-Ferreira, Jeronymo de, Maler u. Architekt, Portugal, geb. am 3. 9. 1750 zu Guimarães, † am 30. 10. 1803 in Lissabon. Mit Miguel Antonio de Amaral in letzterer Stadt studierend, dann Mitglied der Akad. S. José, übernahm er zuerst das Bemalen von Prachtkutschen für Pedro Alexandrino, der auf diesem Gebiete angesehen war, es aber aufgab, um sich Größerem zuzuwenden. Barros-Ferreira gelangte hierin zu großem Rufe; insbesondere durch seine Blumen, Ornamente und Bambocciaden; außerdem pflegte er die Miniatur im Porträtfache. Größere dekorative Malereien führte er aus am Plafond der Klosterbibliothek von S. Domingos, der Speisesaaldecke beim Marquis von Marialva; Dekken beim Marquis von Niza in Xabregas; an dem Gewölbe über dem Altar der Trinas auf dem Rato; die Architektur und die Gemälde der Brigittenkapelle in der Kirche zu Lumiar; Porträts der Königin, der Eltern des D. Miguel Pereira Forjas und vieles andere. — Sein Sohn *Silence-Chrétien* war Kupferstecher an der Akad. zu Lissabon.

Cyrillo Machado, Collecç. de memorias p. 127. — Raczynski, Dict. p. 22. *A. Haupt.*

Barros-Laborão, Joaquim José de, Bildhauer, geb. 1762 zu Lissabon, † daselbst am

30. 3. 1820. Zehn Jahre alt kam er zu João Grossi, bei dem er vier Jahre blieb, um Zeichnen und Modellieren zu lernen, dann ging er zu dem Holzbildhauer João Paulo; darauf war er Gehilfe bei Raymundo da Costa u. Pater João Chrisostorno, zuletzt 5 Jahre bei Manoel Vieira. Sodann ließ er nach eigenen Modellen die Statuen von Sta. Clara und S. Francisco durch Francisco Xavier und Antonio Machado ausführen. Unter seinen zahlreichen Werken werden gerühmt das marmorne Tympanon der Kirche zu Bemposta und die Fama mit den Bildnissen des Königspaares am Obelisk von Bellas. Der König übertrug ihm die Weiterführung der Bildhauerarbeiten am Klosterschlosse zu Mafra, die aber durch den Einbruch der Franzosen unterbrochen wurde. Später verfertigte er eine Reihe von allegorischen Figuren und anderes für den neuen Palast von Ajuda, unterstützt von seinen Söhnen *Manoel Joaquim* und *José Pedro,* sowie seinem Mitschüler Gaspar Joaquim da Fonseca aus Vizéu.

Cyrillo Machado, Colecç. de memorias p. 274. — Raczynski, Dict. S. 23. *A. Haupt.*

Barroso, Miguel, span. Maler, geb. 1538 zu Consuegra (Neu-Castilien), † am 29. 9. 1590 im Escorial, Schüler Becerras. 1585 malte er ein Altarbild für die Kirche des Hospitals S. Juan de Afuera in Toledo, dann führte er eine Anzahl Gemälde im Claustro de los evangelistos im Escorial aus; an den Außen- und Innenseiten der Türen des Oratoriums: die Himmelfahrt Christi, die Ausgießung des hl. Geistes, Christus nach der Auferstehung den Jüngern erscheinend, die Predigt des hl. Petrus; auf den Außenwänden des Oratoriums dieselben Gegenstände in Fresko. 1589 ernannte ihn Philipp II. zum Hofmaler.

Cean Bermudez, Dicc. I 93—95. — Palomino, Museo pict. II 388. △

Barrovieri, s. *Barovieri.*

Barrow, J., Miniaturmaler in London, stellte 1798—1836 zahlreiche Damen- und Herrenporträts aus.

Graves, The R. Acad. of Arts, I 130. **

Barrow, John, Maler in London, stellte 1812—23 Porträts und Idealfiguren (Madonna, Venus) in der Roy. Academy aus.

Graves, The R. Acad. of Arts, I 130. **

Barrow, Joseph Charles, (F. S. A.), Maler und Antiquar in London, stellte 1789—1802 in der Roy. Academy und 1790 und 91 in der Society of Artists zahlreiche Landschaften und Architekturansichten aus. Eine Zeichnung von ihm (Feder und Aquarell): Ansicht von Croyland Abbey im British Mus.

Graves, The R. Acad. of Arts, I 130; The Society of Artists etc. (1907) p. 23. — Binyon, Cat. of drawings etc. in the British Mus., I 75. **

Barrow, Thomas, engl. Porträtmaler, war 1792—1819 in der R. Academy, 1770—1775 in der Society of Artists Aussteller von Porträts (gelegentlich auch in Miniatur).

Graves, The R. Acad. of Arts, I 130; The Society of Artists etc. (1907) p. 24. **

Barrowsky, Johann Christoph, Goldschmied in Riga, tätig um 1773—76. Terrinen, Becher etc. von ihm im Privatbesitz in Riga u. St. Petersburg, eine Patene in der Nicolaikirche zu Waldheim (i. S.), ein überreich in Rokokoformen ornamentiertes silbernes Räuchergefäß, früher im Besitz der Kaiserin Friedrich, abgeb. im Jahrb. d. preuß. Kstsamml. XIV p. 30.

M. Rosenberg, Der Goldschmiede Merkzeichen (1890) p. 490. **

Barroy (Barrois), Antoine, Dekorationsmaler zu Paris („peintre ordinaire du Roy"), † daselbst am 6. 11. 1678, nur urkundlich bekannt. Er schuf mit einem gewissen de Quarmes zusammen die Bühnendekoration zu der Oper Isis, welche 1677 zuerst in Paris aufgeführt wurde. Es werden 4 Gemälde von ihm als nach seinem Tode in seinem Atelier befindlich erwähnt: Die Samariterin, der Parnaß, eine Madonna und eine Landschaft.

Nouv. Archiv. de l'art franç. 2e Série. IV p. XXI u. 15—25. — Eug. Piot, État civil etc. 1873. *H. V.*

Barroy, s. auch *Barrois.*

Barru, Jean, französ. Kupferstecher, tätig in Aix, um 1690, später in London; man kennt Porträtstiche von ihm.

Le Blanc, Manuel I. *J. Guibert.*

Barrueta, Bildhauer in Sevilla, 1549 in den Büchern der Kathedrale genannt.

Gestoso, Artif. Sevill. I 175. *M. v. B.*

Barrufat, Juan, span. Architekt, welcher 1487 den Bau der Kirche S. Maria in Cervera, Prov. Lerida, beendigte.

Viñaza, Adic. I 23. *M. v. B.*

Barry, August, amerik. Radierer, um 1879—89 tätig. Landschafts- und Genreblätter nach einheimischen und französ. Künstlern. *E. Richter.*

Barry, Sir Charles, Knt. R. A., hervorragender Architekt, geb. am 23. 5. 1795 zu London, † daselbst am 12. 5. 1860. Seine ersten Studien im Architekturfach machte er bei Middleton und Bailey in London (Lambeth). Am 28. 6. 1817, nach dem Tode seines Vaters, ging B. zu seiner weiteren künstlerischen Ausbildung zunächst nach Italien, dann bereiste er Griechenland, die Türkei, Ägypten, Palästina und Syrien. Nach seiner Rückkehr nach England (1820) beteiligte er sich bald an mehreren Konkurrenzen, die für ihn glücklich ausfielen. Zunächst erhielt er den Auftrag zur Erbauung der St. Peterskirche in Brighton, dann folgten rasch einander Aufträge von Manchester und Oldham, gleichfalls zu Kirchenbauten, bald nachher ward er zum Architekten des Dulwich College ernannt und 1832 vollendete er sein erstes bedeutendes Werk in London, das Haus des

Traveller's Club (in Pall Mall), einen ebenso einfachen wie eleganten und graziösen Bau. Später wurde daselbst das Reformklub-Haus, das College of Surgeons und das Bridgewater-Haus nach seinen Plänen ausgeführt. In allen diesen Londoner Gebäuden schloß sich B. dem italienischen Renaissancestil an.

Dasjenige Werk des Künstlers, das seinen Namen berühmt machte, ist das Parlamentsgebäude in London (the new Palace of Westminster). Nachdem 1834 das alte Parlamentshaus niedergebrannt war, hatte man im folgenden Jahr die Errichtung eines neuen großartigen, der Bedeutung der englischen Volksvertretung entsprechenden Gebäudes beschlossen und eine Konkurrenz dafür ausgeschrieben, bei welcher B. den Preis davon trug. Am 27. 4. 1840 wurde zu dem kolossalen Gebäude, der größten architektonischen Aufgabe der Zeit, der Grundstein gelegt. Die Wahl des Stiles war nicht frei gegeben, sondern der englisch-gotische als der am meisten nationale von der Baukommission ausdrücklich verlangt. Er zeigt sich an dem Gebäude in reichster Gestalt, namentlich in der vorwiegend in geometrischen Formen gehaltenen Ornamentik der ganz in Hausteinen ausgeführten Hauptfassade. Die Kosten des Baues, die auf eine Million Pfund veranschlagt waren, haben diese Summe bedeutend überschritten. Das House of Lords war zur Session von 1847 fertig, während das House of Commons 1852 eingeweiht wurde. Abschließende Arbeiten hat dann noch sein Sohn Edw. Middleton B. auszuführen gehabt. Bald nach dem Tode B.s entspann sich eine auch heute nicht vollständig aufgeklärte Kontroverse über den vielleicht sehr bedeutenden Anteil des Gotikers Welby Pugin an den Entwürfen für die Aufrisse des Parlamentshauses; indessen stammt wohl zweifellos die Komposition und der Generalplan von Barry. Im einzelnen leistete W. Pugin noch wichtige Dienste, denn er war praktisch der Leiter für die Modellierarbeiten, für die Holzschnitzereien, die Inneneinrichtung, die Metallarbeiten, die Glasmalereien und Ziegelbrennereien. — Von den Bauten Barrys, die ihn gleichzeitig mit dem Bau des Parlamentshauses beschäftigten, sind noch die vornehmen Landhäuser zu nennen, die er für Lord Tankerville zu Walton-on-Thames, für den Herzog von Sutherland zu Trentham, Cliefden und Dunrobin Castle (in Schottland) ausführte. Auch als Landschaftsgärtner hat er Ausgezeichnetes geleistet. Er war Mitglied der Royal Academy (seit 1841), der Royal Society und des Institute of British Architects und Ehrenmitglied zahlreicher Akademien des Auslandes.

Sir D. Wyatt, On the architectural career of the late Sir C. Barry. — E. W. Pugin, Who was the Art Architect of the Houses of Parliament, London 1867. — A. Barry, Architect of the New Palace at Westminster, London 1868. — A. Barry's Reply to Mr. E. Pugin, London 1868. — E. M. Barry's Correspondence with J. R. Herbert, London 1868. — A. Barry, Memoir of the life and works of Sir Ch. Barry, 2. Ausg., London 1870. — Eastlake, Hist. of the Gothik Rivival, London 1872. — Fergusson, Hist. of the modern styles of archit., London 1873. — Graves, The Roy. Academy of Arts, 1905, I 130. — Dict. Nat. Biography. — The Studio, Summer Number 1904. — R. Dell, Who was the architect of the Houses of Parliament? im Burlington Magazine VIII 403 ff.

N. Peacock.

Barry, Charles, Architekt, Sohn des Sir Charles B., geb. 1823, Mitarbeiter des R. R. Banks († 1872), des bekannten Schülers von Sir Charles Barry. Die Front des Burlington House wurde von Banks & Barry entworfen, ferner Dulwich New College, viele Kirchen und Wohnhäuser. Von 1876—78 war Barry Präsident des Royal Institute of British Architects.

People of the Period vol. I. *N. Peacock.*

Barry, Charles A., amerikan. Zeichner und Maler, geb. am 14. 7. 1830 zu Boston. Studierte in London und Paris und ließ sich später in Boston nieder, wo er sich um den Zeichenunterricht in Schulen großes Verdienst erwarb. 1860 wurde er zum Mitglied der National Academy erwählt, trat ihr aber nie bei. Seine Zeichnungen von Idealköpfen waren in den sechziger Jahren besonders beliebt.

Meyer, Kstlerlex. *Edmund von Mach.*

Barry, Edward Middleton (R. A.), hervorragender Architekt, dritter Sohn des Sir Charles, geb. am 7. 6. 1830 zu London, † daselbst am 27. 1. 1880. Er machte seine künstlerischen Studien beim Architekten T. H. Wyatt und zuletzt unter der Leitung seines Vaters, mit dem er später gemeinschaftlich mehrere Bauten ausführte. Nach dem Tode desselben ward ihm die Vollendung des Parlamentshauses übertragen (s. oben). Von seinen zahlreichen, meist im Charakter des Renaissancestils gehaltenen Bauwerken sind zu nennen: die Grammar-School von Leeds, das Covent-Garden-Theater (1859—60), die dicht neben dem letzteren gelegene Floral Hall, Duxbury Hall, Lancashire, 1859, Burnley Grammar-School, 1860, die Birmingham Free Public Library, 1861, das Midland-Institute zu Birmingham, New Opera House, Malta, 1861—4, Barbon Park Lodge, Westmoreland, 1862—3, die Bahnhôtels von Charing-Cross u. Cannon Street, 1863—6, im New Palace, Westminster: Arcade-Enclosure, New Palace Yard, St. Margaret's Square 1866—8, Crewe Hall, Cheshire, 1866—71, im New Palace: Queen's Robing Room, Royal Staircase, 1866—9, Anbau an das Fitzwilliam-Museum und Downing-College zu Cambridge, das Kinderhospital von Great Ormond-Street zu London und die neuen, großartig angelegten, im Charakter des italienischen Palaststils entworfenen Partien der Nationalgalerie in London, welche letztere zu seinen bedeutendsten Leistungen gehören; sie wurden nur teilweise unter seiner Leitung ausgeführt. Mehrere alte Schlösser und Landhäuser der englischen Aristokratie hat er im Stil der alten Architektur mit großem Geschick restauriert und ergänzt. Seit 1869 war B. Mitglied der Royal Academy, seit 1873 Professor der Architektur, seit 1874 Schatzmeister an genannter Akademie.

Bitard, Biographie générale. — Clement u. Hutton, Artists of the nineteenth century and their works. — Art Journal 1880 139, 140. — Builder, Lectures on Architecture, with Introductory Memoir, 1880. — The Portfolio 1880, 56; Nekrolog. — Dict. Nat. Biogr. — Graves, Roy. Acad. of Arts I 131/2 (zahlr. Entwürfe von 1850—1876). *N. Peacock.*

Barry, François Pierre Bernard, Landschafts- und Marinemaler, geb. am 5. 5. 1813 zu Marseille, † Ende August 1905 in Saint-Laurent-du-Var. Ursprünglich Coiffeur, bildete er sich in seiner freien Zeit an der Akademie seiner Vaterstadt unter Aubert aus. 1838 stellt er bereits einen „Schiffbruch" und „Inneres einer Schmiede" aus. Er ging dann 1840 nach Paris in das Atelier Gudins und erhielt 1840 im Salon eine Medaille 3. Klasse für 2 Marinebilder „Nebelstimmung" und „Fischerboot". Er war ein sehr guter Zeichner und leistete Hervorragendes in der Wiedergabe von Luft- und Wasserstimmung. Die meisten seiner Motive sind dem Hafen von Marseille entnommen. Seine hauptsächlichsten Werke sind: „Ankunft des Prinzen von Joinville, des Herzogs und der Herzogin d'Aumale in Marseille" (Salon 1845, Galerie in Versailles), „Fischerboot" (Salon 1845, Museum in Lyon), „Franz I. das Schloß d'If in Marseille besuchend" (Salon 1847), Zwei Episoden aus der Seeschlacht von Punto-Obligado (Salon 1847), Ankunft der Königin von England auf der Reede von Cherbourg am 5. August 1857 (Salon 1859, Museum in Marseille) und der Empfang des Kardinals Patrizzi, in Marseille, am 6. 6. 1856. Im Gefolge des Prinzen Napoléon besuchte Barry Ägypten und brachte von dort verschiedene Bilder mit, unter denen die Ruinen von Carnak u. Ansicht des 1. Katarakts, Tal der Kalifengräber (Salon 1867) hervorzuheben sind. Er war auch ein tüchtiger Aquarellist.

Eins seiner Hauptwerke: Die Einnahme von Algier, besitzt das Museum zu Versailles. In den letzten Jahren seines Lebens hat er nichts mehr gemalt.

Bellier-Auvray, Dict. gén. u. Suppl. — Gaz. d. b.-arts Ie Pér. IV 188; X 34. — Chronique des arts 1905, 247 (Nekrolog). *G. Geffroy.*

Barry, Frederick, engl. Maler, stellte 1848 zwei Seestücke, 1849 ein Architekturbild (Oldenham Church) in der Roy. Academy aus.

Graves, The R. Acad. of Arts, I 132. **

Barry, G., Porträtmaler in London, um 1793—1800 tätig. **

Barry, Gustave, Porträt- u. Landschaftsmaler und Lithograph in Paris, geb. in Avesnes-sur-Helpe (Nord), stellte in den Salons 1848—1882 wiederholt, meist Porträtzeichnungen sowie Lithographien nach fremden Vorbildern (Bouguereau, Leroy, Linder etc.) aus. Sein umfangreiches lithographisches Oeuvre ist bei Béraldi in den Hauptstücken aufgeführt.

Bellier-Auvray, Dict. gén. u. Suppl. — Béraldi, Les Graveurs du XIXe Siècle. 1885. *H. V.*

Barry, Hendrick, s. *Bary.*

Barry, James (R. A.), Maler u. Radierer, geb. am 11. 10. 1741 zu Cork in Irland, † am 22. 2. 1806 zu London, Schüler der Zeichenschule Wests in Dublin. 22 Jahre alt, malte er ein großes Historienbild, „Die Bekehrung und Taufe des Königs von Leicester", welches Aufsehen machte und ihm die Freundschaft Edmund Burkes u. Reynolds gewann. Ersterer ließ ihn 1764 nach London kommen und gab ihm die Mittel zu einer Reise nach Italien, die er im folgenden Jahre antrat. In Rom, wo er sich 5 Jahre aufhielt, hat er außer einem Gemälde, das an die Akademie in Bologna kam („Der verwundete Philoktet"), wenig produziert. Nach seiner Rückkehr nach London stellte er daselbst in der Royal Academy 1771 und 1772 zwei Gemälde aus, „Adam und Eva" und „Venus Anadyomene", später ein drittes, „Jupiter und Juno", die mehr Widerspruch als Anerkennung fanden, so daß er lange Zeit ganz ohne Aufträge blieb. 1773 wurde er Mitglied der Akademie. Zwei Jahre später veröffentlichte er über „die wirklichen und eingebildeten Hindernisse des Fortschreitens der Künste in England" eine Schrift, die sich hauptsächlich gegen Winckelmann richtete. Ein Gemälde, das er 1776 vollendete und in welchem er ein modernes Sujet in antikisierendem Geschmack behandelte, „der Tod des Generals Wolf", erregte gleichfalls den Widerspruch der Kritik. Im folgenden Jahre endlich fand er die Möglichkeit zur Ausführung eines umfänglichen Werkes, wie es seinen Neigungen entsprach. Er hatte sich erboten, für den großen Versammlungssaal der Society for the Encouragement of Arts, Manufactures and Commerce in London einen Cyklus von Bildern auszuführen und nur die Bedingung gestellt, daß die Gesellschaft die Kosten für Leinwand, Farben und die nötigen Modelle übernehme. Letztere war auf das Anerbieten eingegangen; in einem Zeitraum von 6 Jahren malte B. für den genannten Saal eine Reihe von 6 allegorischen Bildern, von denen die zwei größten je 14 m lang sind, und zu denen er selbst einen ausführlichen Kommentar verfaßte. Sie schildern den Entwicklungsgang der menschlichen Kultur und haben in ihrer klassizistischen Auffassung vielfach entschiedene Züge von Großartigkeit. Nach diesen Bildern sowohl, wie nach anderen seiner Hand hat B. selbst Radierungen gefertigt. 1782, nach dem Tode Pennys, wurde er Professor der Malerei an der Royal Academy. Seinen hochgehenden Intentionen, mit denen er in England als ein Vertreter der klassischen, auf den großen Stil der Kunst gerichteten Bestrebungen jener Zeit erscheint, war das künstlerische Vermögen nicht in vollem Maße entsprechend. Ein exzentrisches Naturell, ein Sonderlingscharakter, zum Lehrer wenig geeignet, mißtrauisch und empfindlich, verwikkelte er sich mit der Londoner Akademie in Streitigkeiten, infolge deren er schließlich (1792) abgesetzt und sein Name aus der Liste der Akademiker gestrichen wurde. Die letzten Jahre seines Lebens verbrachte er in dürftigen Verhältnissen und völliger Zurückgezogenheit. Von seinen Radierungen seien genannt: 1) Der Sturz des Satan. 1777. Roy. Fol. — 2) Die Bekehrung des Polemon (Gegenstand aus den Memorabilien des Valerius Maximus). 1778. Aquatinta. Gr. Fol. — 3) Der verwundete Philoktet. 1777. Aquatinta. Gr. Fol. — 4) A Series of 16 Etchings by J. B. from his original paintings in the Great Room of the Society of Arts etc. London. 1808. Fol. — 5) Milton, seine Dichtung diktierend. — 6) William Pitt. 1778. Aquatinta. Fol. — Sein Selbstporträt bewahrt die National Portrait Gallery.

Fryer, The works of J. Barry, historical painter, London 1809, 2 Bde. (mit einer biogr. Einleitung). — Redgrave, Dict. of artists. — The Art Journal 1890 p. 258—61 (mit Porträt) — Binyon, Catal. of drawings etc. in the British Mus. I 76—78 (Verzeichnis von 18 Originalzeichnungen). — Graves, The Roy. Acad. of Arts, I 132. **

Barry, John, Miniaturmaler in London, stellte von 1784—1827 zahlreiche Porträtminiaturen (und eine landschaftliche) in der Roy. Academy aus. Nach Redgrave soll er 1788 in Lissabon gewesen sein. **

Barry, Nicolas de, französ. Werk- und Zimmermeister, wurde 1572 mit der Vollendung des Glockenturmes Saint-Pierre der Kathedrale von Troyes beauftragt. 1584 schloß er mit dem Kapitel der Kirche von Sainte-Savine-les-Troyes einen Vertrag betreffs Anfertigung einer Chorbühne, welche er um 1598 vollendet haben soll.

Bauchal, Dict. d. Archit. franç. 1887. *H. V.*

Bars, Nicolas, Maler in Bourg, wird 1504 urkundlich erwähnt als bei den Beisetzungsfeierlichkeiten des Herzogs Philibert von Savoyen tätig.

Mém. de la Société Savoisienne T. XII. p. 118.

Barsac, Mlle Laure, Genre- und Porträtmalerin in Paris, geb. 1808 daselbst, Schülerin von Regnault.

Gabet, Dict. d. Artistes etc. 1831. *H. V.*

Barsac, Mlle Zulime, Genre- und Landschaftsmalerin in Paris, geb. daselbst 1809, wie ihre Schwester Laure Schülerin von Regnault, stellte in den Salons 1835—1844 wiederholt aus.

Bellier-Auvray, Dict. gén. *H. V.*

Barsanti (Bersanti), Ferdinando, Maler von Rom, um 1793, Schüler des Ant. Cavallucci. Ein von ihm gemaltes Porträt des Padre Abate di Governo befindet sich über einer Tür im Kloster S. Bartolommeo zu Rovigo.

Fr. Bartoli, Pitture, Sculture etc. di Rovigo 1793 p. 39, 277. *H. V.*

Barsanti, Nicolo, Kupferstecher in Madrid, 2. Hälfte des 18. Jahrh. Stach (gemeinsam mit Juan Barcelon) 24 Blatt nach Luca Giordanos Fresken im Palast Buen Retiro (nach Zeichnungen Castillos). ***

Barsch, Erhard, s. *Barg.*

Barschall, M., Maler in Berlin, war 1830 u. 1832 in den Ausstell. der kgl. Akademie mit Porträts (darunter auch Bildnis Napoléons als Konsul) und kirchlichen Darstellungen vertreten.

Akademiekat. 1830/32. **

Barschall, Th. Carl, Porträtmaler in Liegnitz, stirbt am 11. 3. 1873. *E. Hintze.*

Barscher, Gregor, Glasmaler in Freiburg i. d. Schweiz, erhält Bezahlungen: 1484 für Fenster mit den Wappen der Herzöge von Zähringen in die Kathedrale St. Nicolas und das Stadthaus, 1485 für ein Fenster in die Kirche von Marcens. Arbeiten von ihm haben sich bisher nicht nachweisen lassen.

J. Zemp bei Brun, Schweizer. Kstlerlex.

Barse, G. R. Jr., amerik. Radierer, um 1888 bis 1889 tätig. Genreblätter. *E. Richter.*

Barse, George R., Jr., amerikan. Maler, geb. 1861 in Detroit, Mich., studierte 1878—1884 in Paris unter Cabanel, Boulanger und Lefebvre. Seine besten Leistungen sind im Ideal-Genre und besonders in der Dekorationsmalerei, darunter seine „Literatur" in der National-Bibliothek in Washington. Viele Privathäuser in New York verdanken ihm ihren würdigsten Schmuck. Er ist auch vertreten im Carnegiemuseum in Pittsburg und in der Bibliothek in Syracuse. Mitglied der Nat. Academy of Design. Abbildungen unter den Copley Prints, Curtis und Cameron. Boston. *Edmund von Mach.*

Barse, Jacques de la, französ. Werkmeister und Bildhauer, arbeitete 1404 mit Claux Sluter an der großen Karthause zu Dijon und am Grabmal Philipps des Kühnen.

Bauchal, Dict. d. archit. franç. *H. V.*

Barsimaker, Paulus, „Waterschilder", 1577 als Mitglied der S. Lukasgilde zu Antwerpen erwähnt.

Liggeren I 264. *H. V.*

Barspalm, Michiel van, Figurenmaler aus Flandern, unterzeichnete am 8. 1. 1674 in der römischen Schilderbent den Aufnahmebrief für A. Genoels. Sonst unbekannt.

Houbraken, Groote Schouburgh III 102. **

Barst (Parst), Georg, Goldschmied zu Nürnberg, wo er am 25. 11. 1627 als Silberarbeiter Meister wird. 1641 ist er Geschworener seines Handwerks. Sein Meisterstempel zeigt ein aus einem G mit angeschlossenem, etwas kleinerem B bestehendes Monogramm. Außer den bei Rosenberg angegebenen Werken des Meisters in Wien, Mariazell und Gotha nenne ich noch die hübsche silbervergoldete Fassung eines Glases im Nationalmuseum zu Kopenhagen (Höhe 16, größte Breite 9 cm) und die ähnliche Fassung einer prächtigen Schale aus Bergkristall im Nationalmuseum zu Stockholm (Höhe 36, größte Breite 18 cm).

Beilage zur Bayer. Gew.-Zeitung VI (1893) S. 10. — Marc Rosenberg, Der Goldschmiede Merkzeichen No. 1336. *Th. Hampe.*

Bart, Ferdinand, Maler von Courtrai, Sohn des Oliver B., wurde als Freimeister in die Lukasgilde zu Brügge am 28. 7. 1619 zugelassen. Er war viel als Kartograph tätig und führte 1619 ein Gemälde des Jüngsten Gerichts für das Brügger Stadthaus aus, wofür er 20 l. 16 s. 8 d. g. erhielt. Indes war es bei seinem Tode 1623 noch nicht vollendet.

Pinchart, Arch. I 205. — Casteele, Keuren p. 254. — Eigene urkundl. Notizen. *James Weale.*

Bart, Jean, Maler (sonst unbekannt) in Lyon 1415—1444.

Nat. Rondot, Les peintres de Lyon, p. 49. *Cte. P. Durrieu.*

Bart, Oliver, Maler in Brügge, wird 1580 in einer Vormundssache erwähnt.

Le Beffroi, III 299. — C. van Mander, Het Schilderboeck, I 399. **

Bart, Thomas, Kupferstecher aus Salzburg, sucht 1575 die Erlaubnis zur Niederlassung in Braunschweig nach.

Mithoff, Mittelalt. Kstler. u. Werkmstr. etc. p. 26. **

Bart, Wilhelm, Bildhauer aus Gent, fertigte 1593 den steinernen Kamin in der 1596 vollendeten Sommerratsstube (sogen. „roter Saal") des Danziger Rathauses. Bemalt und vergoldet wurde derselbe von Vredeman de Vries.

Dohme, Gesch. d. Deutschen Bauk., 1887 p. 328, 364. — Dehio, Handb. d. deutschen Kstdenkm. II (1906) p. 96. *H. V.*

Bart, s. auch *Barth.*

Bartalache, Simon, Bildhauer in Avignon, 1615 dem Namen nach erwähnt.

Arch. de l'art franç., IV 185. **

Bartali, Lorenzo, Marmor- und Bronzebildner von Siena, um 1480, nur bei Zani (Enc. met. III 96) erwähnt. *H. V.*

Bartalini, s. *Bartolino.*

Bartalo, s. *Bartolo* u. *Bartolommeo.*

Bartaumieux, Charles Victor, Architekt in Paris, geb. daselbst 1832, † im Dezember 1907, von ihm zahlreiche und künstlerisch wertvolle Nutzbauten in den neuen Pariser Stadtvierteln.

Delaire, Les architect. élèv. 1907 p. 169. — Bulletin de l'art anc. et mod. 1907 p. 315 (Nekrolog). *H. V.*

Bartel, Adalbert, Architekt der Gegenwart in Troppau. Von seinen zahlreichen Bauten sind besonders nennenswert: das Palais für den Fürsten Grigori Sturza in Bukarest, die Bank in Troppau, mehrere Villen in Reinowitz und Johannesberg, die Schule in Josefstal, die Kirche in Grünwald.

Kosel, Deutsch-österr. Kstler- u. Schriftst.-Lex. II. 1906. *H. V.*

Bartel, s. auch *Barthel.*

Bartelli, Giuseppe, italien. Bildhauer in Neapel, wo er mit anderen Künstlern an der bildnerischen Ausschmückung der Kirche S. Trinità delle Monache beteiligt war.

Napoli Nobiliss. VIII 186, XI 176. *G. Ceci.*

Bartelloni, Giovanni Lorenzo, Majolikatöpfer in Osimo, urkundlich erwähnt 1738.

Nuova Rivista Misena III 73. *M. Morici.*

Bartels, Bartold, aus Osterode, 1620 bis 1624 Münzmeister in Lauenburg, zugleich 1619 bis 1620 u. 1623—1625 Münzmeister des Herzogs Julius Ernst zu Dannenberg, 1630—1631 in Harburg. Münzstempel; auch die ovale Medaille auf Herzog Julius Heinrich von Lüneburg wird ihm zugeteilt.

M. Bahrfeldt, Beitr. z. Münzgesch. der Lüneburg. Lande 1893, S. 225. — E. Merzbacher, Kunstmedaillen-Katal. 1900, No. 423. *N.*

Bartels, C. E., Geschützgießer in Hannover um 1794. Von ihm laut Inschrift eine Kanone im kaiserl. Arsenal zu St. Petersburg.

Champeaux, Dict. d. Fondeurs etc. 1886. *H. V.*

Bartels, Daniel, Bildhauer von Hannover. Von ihm die Schnitzarbeiten (Mittelteil: Auferstehung Christi) des 1678 aufgestellten Altarblattes der Kirche zu Kirchhorst. Die [gemalten?] Seitenteile gingen 1774 bei einer Umgestaltung des Altars verloren.

Kunstdenkmäler d. Prov. Hannover 1902, Reg.-Bez. Lüneburg. Heft 4. p. 60. *H. V.*

Bartels, Gerrit, wird von Houbraken erwähnt als ein Maler in Amsterdam, der durch einen Steinwurf tödlich verwundet wurde. Er muß um die Mitte des 17. Jahrh. gelebt haben.

Houbraken I 220. — Jan Vos, Gedichten 1662, 721. *E. W. Moes.*

Bartels, Hans, Holzschnitzer im Anfange des 16. Jahrh. Im Lübecker Dom befindet sich von ihm ein dreisitziges Gestühl mit Relieffigur der hl. Katharina (aus der Katharinenkirche stammend).

Dehio, Handbuch d. deutschen Kunstdenkmäler. II (1906) 258. *H. V.*

Bartels, Hans von, Maler, geb. zu Hamburg am 25. 12. 1856, Sohn des einige Monate später verstorbenen russischen Kollegienassessors Dr. von Bartels. Schon als 12- bis 14jähriger Knabe hatte sich B. auf Reisen mit seiner Mutter im Skizzieren geübt u. Lust zum Malerwerden bekommen, zumal er frühzeitig zufällig durch einen englischen Aquarellisten in Genf wichtige technische Winke empfangen hatte. — Drei Jahre lang war der Hamburger Marinemaler Rud. Hardorff Bartels Lehrer. Der wollte ihn zum Landschaftsmaler machen. Der Zwang, der so verschlossenen anderen Gebiete der Malerei künstlerisch teilhaftig zu werden, steigerte im jungen Künstler früh die Fähigkeit raschen, gedächtnisartigen Aufnehmens der Außenwelt nach ihrer wichtigsten künstlerischen Erscheinung.

Auf der ersten Studienreise 1874 nach Lütjenburg in Holstein reizte B. bereits viel mehr das Studium des Wassers nach Bewegung und Farbe, als das der Eichen. Andere Studienreisen nach deutschen Küsten folgten. Inzwischen (1876/77) war B. nach Düsseldorf übergesiedelt zu Ad. Schweitzer. 1877 stellt er in Hamburg sein erstes Bild „Rahlstedter Mühle" aus. Luft und Lichtfreude ist hier noch mehr Richtung des Zeitgeschmackes als Eigenart. 1879 in Hamburg, kommt er unter den Einfluß des jungen Oesterley, dessen stärkere Farbfreudigkeit, dessen Liebe für die Wässer Norwegens B.s zweifellosem Hang zu Meer und Strand neue Unterstützung gab. Jetzt schon versucht er sich im Aquarell, also der Technik, die rascheres Erfassen und Schaffen verlangt als Ölmalerei. Die Momentanität, Impulsivität des Erfassens und künstlerischen Festhaltens bleibt ja eine wichtige Eigentümlichkeit Bartelsscher Kunst. Schon in den ersten Aquarellen sparte er jedoch nicht das Weiß aus, sondern verwendete auch für Weiß Deckfarben. Das fiel den Hamburgern als revolutionär auf, zumal B. unerhört große Formate für seine Aquarelle bevorzugte. Wie Ed. Hildebrandt, wie Ad. Menzel erweiterte auch B. unbeeinflußt und aus eigener Beobachtung und Kühnheit heraus die traditionellen technischen Grenzen und Möglichkeiten der Aquarellmalerei.

Im Winter 1879 zu 1880 macht er eine Reise nach Rom und Pästum. In Italien führte B. nur die Studien in Wasserfarben, die Bilder darnach aber meist in Ölfarben aus. — Bald darauf ist er wieder an seiner Waterkant, um für das Krönersche Verlagswerk „Künstlerfahrten an der Nord- und Ostsee" Zeichnungen zu liefern. — Neu gibt er sich als Künstler bei seiner zweiten italienischen Studienreise 1881. Statt bisheriger Vielfarbigkeit sucht er nun mehr symphonische Harmonien in einem Farbenton zu schaffen. — Auf der Hochzeitsreise — er hatte sich am 17. August 1882 mit der Dichterin Wanda Groß, einer Rittergutsbesitzerstochter von Düsterwalde in Ostpreußen vermählt — trifft er auf Rügens Mönchgut mit Hans Gude zusammen. 1881 wohnt B. in Berlin, dann in Hamburg. In den nächsten Jahren führen ihn Studienreisen wiederholt nach Ober-Italien, bis er endlich, um Italien näher zu sein, 1885 nach München übersiedelt. Seine Erwartung, sich in Münchens frohgemuter Luft am ehesten und tüchtigsten entwickeln zu können, hat ihn nicht getäuscht. Wenn auch die Erfolge nun gerade eher von Norddeutschland kommen sollten. Und von München aus geht's nun erst recht oft — nicht nach Italien sondern an die Ost- oder Nordsee. Seine Bemühungen, dem Aquarell endlich die der Ölmalerei gleiche Stellung in den Kunstausstellungen zu verschaffen, hatten endlich Erfolg. Sicher ist kein deutscher Aquarellist durch seine Leistungen in technischer, seine Schöpfungen in künstlerischer Hinsicht so sieghaft gegen das alte Vorurteil — das Aquarell sei minderwertig — losgezogen wie Bartels. Und mit der allgemeinen Rangerhöhung, die B. dem Aquarell erwirbt, verdient er sich ersten auffallenden Ruhm, erweitert er sein Gebiet und sein Können in erstaunlich rascher Weise. Sein „Fischerdorf auf Mönchgut" und seine „Heringsfischer am Mönchguterstrande" bringen ihm auf der Berliner Jubiläumsausstellung von 1886 die zweite Medaille. Er wird in einem Lipperheideschen Wettbewerbe für Vorlagen zur Holzschnittwiedergabe zweiter Sieger neben Hans Hermann.

Auf der Dresdener Aquarellausstellung von 1887 bekommt B. das Ehrendiplom. — In diese kunstgeschichtlich bedeutsame Wendezeit für die Aquarellmalerei Deutschlands, deren Bahnbrecher B. zu nennen ist, fällt auch eine andere Erweiterung seines Schaffenskreises. Die Figuren treten jetzt mehr und mehr in seinen Bildern als wichtige, ja oft entscheidende Werte auf. Die Neigung zu der ihm vom ersten Lehrer absichtlich verschlossenen Figurenmalerei bekam in dem warmen Sommer von 1887, den Bartels in Katwijk verbrachte, zufällig neue Nahrung. Die Seemalerei fesselte ihn in diesem Sommer nicht so wie sonst. Jetzt entsteht auch eine ganze Reihe jener fröhlichen und frischen holländischen Interieurs, die mit Israels ernsten, Höckers stillvergnügten und Max Liebermanns oder Kühls sachlichen Bildern ähnlicher Art verglichen, erst recht die ganz persönliche malerische und lebensfrische impulsive Art Bartels' deutlich hervortreten lassen. — Diese Jahre, in denen Bartels volle Meisterschaft in der malerischen Darstellung des Meeres, der bewegten Fluten, erreicht, bringen ihm manchen Triumph in Norddeutschland ein. Die Nationalgalerie erwirbt sein „Fischerdorf am holländischen Strande". In des Kaisers Besitz kommt die erste der vielen Bartelsschen Marinen: „Schleppdampfer mit dänischer Flagge verläßt die Mole bei starker Brandung." Bornholm, die Studieninsel B.s 1888, hatte auch dieses Bild gezeitigt.

Dann wird Holland wieder die eigentliche Heimat der meisten künstlerischen Schöpfungen B.s. Mehr als ein dutzendmal war Katwijk sein Wohnsitz.

Die Hollandreisen wurden selten unterbrochen. Nach England ging B. erst 1894. Das Ziel war ein Ort lauterster, blauweißer Brandung: Landsend mit seinen Klippen und Felsen, die Frucht: große Ölgemälde des brandenden Meeres. Doch die ganze Tendenz der Entwickelung scheint auf ein anderes zu gehen: die Figur als malerisch und menschlich Interessantes. Immer mehr rückt er sie in den Vordergrund seiner Bilder. Jetzt ist die Figur oft genug alles, nur glücklich umrahmt von allen Farbenwundern, die er zu bannen weiß in den fliesenumkleideten Wänden, in der Luft mit dem Meer als Hintergrund. Neu ist jetzt die psychologische Vertiefung in B.s Bildern. Gesichtsfarbe und Bewegung lassen sich oft schwer darauf prüfen, ob Malerisches, Physisches oder Psychisches ausschlaggebend wirkte.

1896 wird B. Ehrenmitglied des Royal Institute of Painters in Water-Colours. Technisch immer selbst erfinderischer, entschlossener, scheint er seine Motive nicht zu suchen, sondern wie ein Glücklicher nur zu finden. Tatsächlich geht B. nie auf eine bestimmte Studie aus, sondern studiert und hält das malerisch intensiv fest, was ihm gerade der Tag zeigt. Das schließt freilich nicht aus, daß er dann zur Vollendung begonnener Studien denselben Ort wiederholt aufsucht, der ihn einmal zufällig gefesselt hat. Ich sah einen ganzen Zyklus von Studien des gleichen Raumes — alle aber bei anderer Stimmung aufgenommen. — Auch die Bilder B.s entstehen nicht nach einem vorher durchdachten Plane, sondern aus der Verwertung der Studien heraus so, daß immer die Frische momentaner Eingebung und Beobachtung allein alle Folgeerscheinungen der allmählichen Gesamtkomposition künstlerisch notwendig zeitigt.

Nun umfaßt sein künstlerisches Gebiet, außer der großen See- und Wassermalerei, Landschaften und Genre und Figürliches von durchaus selbständigem Wert. — So hat B. eine Entwickelung als Maler durchlaufen, die uns jetzt pädagogisch überdacht vorkommen könnte. Die Steigerung der Aufgaben findet aber in B.s künstlerischem Naturell allein schon volle Erklärung. Es ist nichts ausgeklügelt Planmäßiges, aber konsequente Entwickelung von Fall zu Fall — wie in seinen Schöpfungen von Wert zu Wert.

B. führt seit 1887 das Adelsprädikat, das er früher abgelegt hatte. — Er hat nie Wert darauf gelegt, einer bestimmten Gruppe unserer vielgespaltenen Künstlerschaft anzugehören. Lange Jahre hat er in der Münchener Künstlergenossenschaft ausgestellt, und nie hat er den Ehrgeiz gefühlt, als Gruppenführer zu gelten und zu glänzen.

Die von Heyck gegebene Liste ausgeführter Gemälde finde hier nur eine Ergänzung durch Angabe öffentlicher Sammlungen und der Orte, die Werke B.s besitzen: Nationalgalerie Berlin, Prager Galerie, Hamburger Senat, Kgl. Schloß in Berlin, K. Pinakothek in München, St. Petersburg, Kunsthalle Hamburg, Ungarische Nationalgalerie zu Budapest, Museum zu Indianapolis, Museum zu Barcelona, Museum in Brest, Galerie Magdeburg, Villa Hügel bei Essen, Städtisches Museum zu Leipzig, Museum Rivoltilles in Triest, Museum zu Elberfeld, Museum zu Brüssel, Freiburger Galerie, Glasgow, Musée du Luxembourg, Paris.

Ed. Heyck, Hans von Bartels (1903). — F. von Bötticher, Malerwerke des 19. Jahrh.; desgl. Nachträge zu I. — Das geistige Deutschland 1898 (auf Grund eigener Angaben). — Die graphischen Künste XVI 21. — Ferner an vielen Stellen in: Zeitschrift f. b. Kunst und Kunstchronik, Kunst für Alle, Leipziger Illustrierte Zeitung, Kunst unserer Zeit. *E. W. Bredt.*

Bartels, Hans Georg, Glockengießer, goß 1704 eine Glocke für die Barfüßerkirche in Frankfurt a/M. und 1707 eine solche für den Dom daselbst.

Otte, Glockenkunde. *H. V.*

Bartels, Johann Philipp, Glockengießer in Bremen, goß laut Inschrift 1781 die größte Glocke der Kirche zu Goldenstedt. Bezeichneter Bronze-Einpfünder mit dem Wappen von Bremen (1786) in der Berliner Ruhmeshalle.

Bau- u. Kstdenkmäler d. Herzogt. Oldenburg. 1900. II Heft. p. 122. *H. V.*

Bartels, Konrad Heinrich, Bildhauer aus Celle, fertigte 1702 das Schnitzwerk an der Kanzel der Kirche zu Walsrode und um 1716—18 dasjenige am Altar der Kirche zu Barsinghausen.

Kunstdenkmäler d. Prov. Hannover I Reg.-Bez. Hannover. Heft 1. p. 58; III Reg.-Bez. Lüneburg. Heft 4. p. 169. *H. V.*

Bartels, Wera von, Zeichnerin, Bildhauerin, Tochter des Hans von Bartels, geb. am 4. 1. 1886.

Sie zeigte schon als Kind auffallende künstlerische Begabung, die ohne Lehrer sich vorzüglich entwickelt hat. Sie modellierte aus verschieden gefärbten Wachstafeln immer lebendiger erfaßte, oft lebensgroße Tiergruppen. Solche Werke wurden bei Tiffany in New York, in Paris und München ausgestellt und machten Aufsehen durch Auffassung und Technik. Prinzregent Luitpold von Bayern kaufte mehrere Tiergruppen. Auf der Ausstellung in Paris „L'art de la femme" 1906 erwarb sie sich den prix d'honneur. Die Nymphenburger Porzellanmanufaktur erwarb einen „Dackel" als Modell. Außer den modellierten Tierfiguren hat W. v. B. auch durch gezeichnete Porträts schon Merkenswertes, etwas, das Außergewöhnliches verspricht, geliefert.

New-Art Magazine. — L'Art et les Artistes. — L'Art de la Femme. *E. W. Bredt.*

Bartels, s. auch *Barthels.*

Barter, Joseph, Maler in Brüssel, malte hauptsächlich Städteansichten, von denen sich zwei auf der Brüsseler Ausstellung von 1836 befanden (der große Platz von Brüssel zur Zeit des Mittelalters, eine Ansicht des Kanals in Brüssel).

Immerzeel, De Levens en Werken etc. *H. V.*

Barter, R., engl. Bildhauer in Cork, stellte 1864—74 Porträtbüsten und Reliefs in der Roy. Academy aus.

Graves, The R. Acad. of Arts, I 134. **

Bartermann, Johann, Silberschmied in Augsburg, soll dort 1693 von Danzig zugezogen sein. Er wurde 1709 in der Zunft Geschaumeister, 1714 Vorgeher und † 1732. Nach Füssli, Kstlerlex. soll er für den Herzog von Sachsen-Weißenfels u. a. ein silbernes Bettgestell in getriebener Arbeit gemacht haben. Zwei silberne Weinfontänen in der herzogl. Silberkammer in Dessau erhalten.

A. Buff, Das Augsb. Kstgewerbe etc. Beil. z. Allgem. Ztg., München, 29. 9. 1887. — M. Rosenberg, Der Goldschm. Merkzeichen, 2. Aufl. 1909. **

Bartesch, J., Silberschmied, Ungarn (?). Von ihm ein Deckelpokal von 1634, ausgestellt in der ungar. Abteilung auf der Pariser Weltausst. 1900.

Notiz von M. Rosenberg. **

Bartezago, Enrico, lombard. Maler, geb. in Lugano, tätig in Mailand, von wo aus er seit 1873 die Kunstausstellungen Italiens und des Auslandes mit Genrebildern, Porträts und Aquarellen beschickte. Unter seinen Genrebildern werden hervorgehoben: Bauernfamilie (Wien 1873), Trompeter u. Drehorgelspieler (Zürich 1877), Getreidetenne eines lombardischen Gutshofes (Paris 1878), Hausierer im Bauernhofe (München 1879), Kinder mit Vogelnest (Zürich 1879), Fuhrmannspferde (München 1883), Der Affe, Markt in Varallo usw. (Venedig 1887). 1892 ging B. aus einer Mailänder Preiskonkurrenz für Genremalerei als Sieger hervor. In der Mailänder Kunstausstellung 1894 fanden seine impressionistisch behandelten Tierstücke die Aufmerksamkeit der Kenner, in derjenigen von 1901 einige Bildnisgemälde von seiner Hand.

Gubernatis, Diz. d. Art. ital. viventi (1889). — F. v. Bötticher, Malerwerke des 19. Jahrh. (1891). — Zeitschr. f. bild. Kunst, Beiblatt 1878, p. 159; 1879, p. 604. — Natura ed Arte 1892, II 1176; 1893—94, II 685. — Arte e Storia VII, 119 f. — The Studio XXIII 60. *R.*

Bartezago, Luigi, Maler in Mailand, geb. 1820, † 1905. Von ihm waren in der Münchener Kunstausstell. 1883 2 Architekturveduten, darstellend S. Lorenzo in Mailand und das Rathaus in Zug. — In seiner Heimat wird er als Theatermaler erwähnt.

Illustraz. Ital. 1905, II 44. *E. Verga.*

Barth, Maler, wird 1772 als an der Porzellanfabrik zu Kelsterbach a. M. beschäftigt erwähnt.

Kunstgewerbeblatt 1886 II 31. *H. V.*

Barth (Warth), Andreas, Steinmetz in Neuhaus in Böhmen 1688—1696; von ihm ein Springbrunnen daselbst in Form einer fünfblättrigen Rose. *Teige.*

Barth, Carl Wilhelm Böckmann, norweg. Marinemaler, geb. am 9. 11. 1847 in Kristiania, 1871 Offizier der norweg. Marine, aus deren Dienst er 1884 austrat. Inzwischen hatte er D. Arnesens Zeichenschule in Kristiania besucht und war 1881—83 Meisterschüler der Kgl. Akad. der Künste in Berlin in Professor H. Gudes Atelier. Er beschäftigte sich fast ausschließlich mit Marinemalerei und nahm seinen Wohnsitz in Kristiania, wenn ihn nicht weitere Studienreisen nach der norweg. Küste, nach England, Frankreich, Italien und Tunis führten. Eins seiner frühesten Bilder (Marine mit Lotsenboot, 1882) ist im Kunstmus. in Kristiania, außerdem sind Gemälde von ihm im Nationalmus. in Stockholm (1891), auf dem kgl. Schloß in Kristiania (1883), in der Galerie des Drontheimer Kunstvereins, in der Marine-Gesellschaft in Horten, in der „Norweg. Gesellschaft" in Kristiania, im Besitz des Königs Oskar von Schweden (1894), sowie in norweg. und ausländischem Privatbesitz. Er hat bis 1905 ungefähr 600 Bilder gemalt und auf den staatlichen Ausstellungen in Kristiania nach 1883 ausgestellt.

Mitteilungen des Künstlers. — Thiis, Norske Malere og Billedhuggere, Bergen, 1904, S. 269 (das Jahr 1880, das für seine Studienzeit bei Gude angegeben ist, muß in 1881 umgeändert werden). — Thommessen, Norsk Billedkunst, Kristiania 1904, S. 170. — Aubert, Det nye Norges Malerkunst, Kristiania 1904, S. 40. — L. Diethrichson, Det norske Nationalgallerie, Kristiania 1887, S. 51. — Ders., Af Hans Gudes Liv og Vaerker, Kristiania 1899, S. 124. — Folkebladet 15. Febr. 1898 (als Datum seines Geburtstages ist fälschlich 9. 12. für 9. 11. angegeben). *C. W. Schnitler.*

Barth, Christian, Maler in Breslau; zwischen 1703 und 1716 urkundlich erwähnt. *C. B.*

Barth, F. W., Glockengießer von Erfurt, goß 1765 eine Glocke für Gebesee, 1766 eine solche für Ottenhausen.

Otte, Glockenkunde. *H. V.*

Barth, Ferdinand, vielseitig begabter Bildhauer, Maler und Zeichner, geb. am 11. 11. 1842 in Partenkirchen (Oberbayern), † am

30. 8. 1892 ebendort. Er begann mit der Schnitzerei und Holzskulptur, bildete sich bei Kreling in Nürnberg, ging dann zu Knabl u. Ludwig Foltz nach München, wo er insbesondere als stilgerechter Plastiker bei der Restauration der Frauenkirche beschäftigt war. Nebenher zeichnete er viele Illustrationen für Braun u. Schneider und die Fliegenden Blätter und gab eine Serie von 25 Totentanzblättern („Die Arbeit des Todes" 1865) heraus. Mit einem vorzüglichen Farbensinn begabt, ging B. bei Piloty zur Malerei über; hier malte er (1869) eine Szene aus der Zeit des sechzehnten Jahrhunderts. Mit Glück pflegte er das Genre („En passant", „Sonntag - Nachmittag", „Paganini im Kerker", 1871), insbesondere sind zu erwähnen die koloristisch hervorragende „Wahl der Kästchen" (Kaufmann von Venedig) und ein duftiges „Märchen" (1878). Dazwischen schuf B. seit 1873 viele kunstgewerbliche Entwürfe zu Kästchen, Krügen, Schmuckgegenständen und zierlichen Gerätschaften, darunter einen köstlichen „Nautilus" (1879) und andere Erzgüsse der Kleinkunst; lieferte zahlreiche Kartons zu Glasgemälden, Modelle zu Denkmälern und entwickelte als Professor an der Kunstgewerbeschule eine vielseitige Tätigkeit. In die 80er Jahre fällt die Anfertigung von Kartons für Wandgemälde im Treppenhaus des neuen Münchener Rathauses und in dem von Berger erbauten Münster zu Partenkirchen. Bekannt sind: eine Radierung (Maskierter Amor), sowie einige Federzeichnungen auf Stein (Einladungskart. usw.).

Kunst f. Alle III 112; VI 314; VIII 11, 28. — Zeitschrift des Münch. Kunstgewerbe-Vereins 1894 S. 13 ff. — F. v. Bötticher, Malerwerke d. 19. Jahrh. I 150. — Allgemeine Deutsche Biogr. 1902 XLVI 217. — Fr. Pecht in Meyers Kstlerlex. — Ders., Gesch. d. Münch. Kst. 1888 S. 240 u. 470. *Hyac. Holland.*

Barth, Franz Xaver, Historienmaler, geb. am 12. 2. 1821 zu Velden (Niederbayern), † am 9. 2. 1894 in München. Schüler von Schnorr, dem er bei dem Nibelungenzyklus in der Residenz assistierte, ging dann zu Schwind; half mit Nilson, Echter, Palme an Kaulbachs Fresken an der Außenseite der Neuen Pinakothek; malte die neun Musen in den Deckenfeldern des Zuschauerraumes im Hoftheater (1851), mit Hiltensperger Fresken für das Museum zu Petersburg; erhielt vier Wandbilder mit historischen Darstellungen im Bayer. Nat.-Museum. Schwind nahm ihn mit nach Wien zur Ausführung seiner Temperabilder im Opernhaus. Zu B.s selbständigen Arbeiten gehören der auferstandene Welterlöser auf dem Nord-Friedhof zu München, ein Ölbild mit „Hero und Leander" (Münchener Ausstellung 1854), zahlreiche Kirchen- und Altargemälde, ein „Friedensengel" (1858) usw. Ein „Totentanz" für die Friedhofkapelle zu Velden blieb Projekt (die Entwürfe dazu in der Kgl. Graphischen Sammlung in München). Für König Ludwig II. malte B. eine „Bavaria als Beschützerin der Künste auf der Trausnitz bei Landshut; sieben Fresken mit den „Werken der Barmherzigkeit" für die hl. Geistkirche in Landshut. Sein treffliches Kompositionstalent bewährte B. in zahlreichen für die Glasmalereien von Mayer u. Zettler gezeichneten Kartons. Die Entwürfe zu Wandbildern in dem Empfangsgebäude eines Bahnhofes kamen leider nicht zur Ausführung.

F. v. Bötticher, Malerwerke d. 19. Jahrh. I u. Nachtr. zu I. — Fr. Pecht, in Meyers Kstlerlex. III. — Zeitschr. f. bild. Kst. N. F. V 243. — Maillinger, Bilder-Chronik III 114. — Allg. Ztg. No. 42 (12. 2. 1894). — Allgem. Deutsche Biogr. 1902, XLVI 218. — Beil. 52 der Augsb. Postztg. vom 25. 6. 1879. *Hyac. Holland.*

Barth, Friedrich, Radierer in Karlsruhe, der seit 1903 eine Reihe von vielversprechenden Arbeiten ausgestellt hat. Ein lebensgroßer Männerkopf in kräftiger Strichmanier in der Zeitschr. f. bild. Kst. N. F. XV 96.

Kat. d. Großen Kstausst. in Berlin 1907; der deutsch-nat. Ausst. in Düsseldorf 1907. **

Barth, Gottlob Georg, Baumeister, geb. am 21. 6. 1777 zu Stuttgart, † daselbst am 2. 1. 1848. Er erhielt seine Bildung in der hohen Karlsschule, bei einem Stuttgarter Baumeister und auf der Bauakademie in Berlin. Nach einer Reise durch Norddeutschland und Holland und einem 2jähr. Aufenthalt in Paris, wo er im Atelier von Durand arbeitete, begab er sich 1803 nach Rom und trat hier in Berührung mit vielen bedeutenden Künstlern, wie Thorwaldsen, Koch u. a. Im Frühling 1805 nach Stuttgart zurückgekehrt, wurde er 1806 zum Hofbaukontrolleur ernannt; 1811 ward er Hofbaumstr., 1818 Oberbaurat im Finanzministerium u. 1835 techn. Referent in Bausachen beim K. Bergrat. Er hatte während seiner langen Dienstzeit die wichtigsten öffentlichen Bauten in der Residenz und sonst im württembergischen Lande auszuführen. Nach der Zeitfolge geordnet sind seine hervorragendsten Leistungen folgende: Der Ausbau des v. Rauchschen Hauses in Heilbronn (1805); Teilnahme am Ausbau des Stuttgarter Residenzschlosses unter Thourets Oberleitung (1806); Erweiterung der ständischen Gebäude und Bau des Ständesaales in Stuttgart (1819); Erbauung des für das K. Haus- und Staatsarchiv und die K. Naturalien-Sammlung dienenden Gebäudes in Stuttgart (1821—27, drittes Stockwerk 1837); Errichtung des Kanzlei-, (sogen. Stock-) Gebäudes daselbst in Gemeinschaft mit Oberbaurat von Groß (1833—38) u. des Museums der bildenden Künste in Stuttgart (1838—43); Neugestaltung der K. Badeanstalt Teinach (1840—42); Erbauung des Neuen Universitäts-Gebäudes in Tübingen (1841—45). B. war in Württemberg der bedeutendste Vertreter der in seiner Studienzeit aufgekommenen antikisierenden Richtung und hatte das Glück, eine Reihe von Aufträgen zu monumentalen Bauwerken zu erhalten, für die sich der antike Stil besonders eignete.

Nekrolog von Baurat L. Fischer in der Schwäbischen Chronik, d. Schwäbischen Merkurs 2. Abteilung, 1848; p. 694. — Meyer, Kstlerlex.

Barth, J. S., engl. Maler u. Radierer, stellte von 1797—1809 Alpenlandschaften und andere Ansichten in der R. Academy aus. Ein Aquarell von ihm, signiert J. S. Barth 1807, im British Museum.

Graves, The R. Acad. of Arts, I 134. — Binyon, Cat. of drawings etc. in the British Mus., I 78. **

Barth, Jacob, Goldschmied in Posen, während der letzten Jahre des 15. Jahrh. mehrmals urkundlich genannt, wahrscheinlich identisch mit dem Goldschmied Jakob aus Posen, der 1494 das Reliquiar für das Haupt des hl. Adalbert im Dom zu Gnesen fertigte und vermutlich auch jenes in der Kirche zu Samter vom Jahre 1496.

Kunstdenkmäler d. Prov. Posen. 1898. I 78, 80, 126. *H. V.*

Barth (Parth), János (Johann), aus Kassa gebürtiger und daselbst 1565—86 bezeugter Goldschmied. Sein Bruder Jakab (Jacob) war ebenfalls Goldschmied daselbst. Joh. B. erhielt nach seinen ausländischen Wanderungen 1565 das Bürgerrecht und war viermal auch Senator von Kassa. Eines seiner Werke, ein getriebener Silberkelch, befindet sich in der ref. Kirche zu Vilmány. Sein Meisterzeichen ist ein (HP).

Mihalik, Kassa város ötvösségének története. Budapest. — Magyar Iparmüvészet 1897 II. *K. Lyka.*

Barth, Johan Hendrik (Heyn), van Kervel, norweg. Maler, geb. in Horten am 13. 9. 1877 als Sohn des Marinemalers C. W. Barth. Von 1896 an Schüler von Alfred Ph. Roll in Paris, 1901 Schüler von Professor Ehrentraut an der Akad. in Berlin. Reisen in Italien, Holland, Bretagne, Tunis. 1904 bis 1906 in Tunis ansässig, später in Kristiania. Er malt Landschaften, Interieurs, Porträts und stellte auf den staatl. Ausstellungen in Kristiania 1898—1906, auf der norweg. Ausstellung in Stockholm 1904, Ausstellung in Tunis 1903 aus.

Mitteilungen des Künstlers. *C. W. Schnitler.*

Barth, Joseph von, Geistlicher und Dilettant in der Malerei, geb. zu München um 1730, † um 1794 zu Augsburg, lebte in Wiesensteig, später in Augsburg. Von ihm einige Landschaftsbilder (2 Landschaften einst im Besitz von Lipowsky), Allegorien etc.

Lipowsky, Bayerisches Kstlerlex. 1810. *H. V.*

Barth, Karl, Zeichner und Kupferstecher, geb. am 12. 10. 1787 in Eisfeld, † am 11. 9. 1853 zu Kassel. Anfänglich Goldschmiedslehrling, zeigte er bedeutende künstlerische Begabung, so daß die Fürstin Thurn und Taxis die Sorge für seine Ausbildung übernahm. 1805—1812 studierte er in Stuttgart bei Joh. Gotth. Müller, eignete sich die brillante Pariser Manier an, lieferte Illustrationen für kunstgeschichtliche Werke; 1814 ging er zur weiteren Ausbildung nach München und 1817 nach Rom, wo er bis 1821 blieb. Dort wohnte er mit Sam. Amsler und Joh. Ant. Ramboux zusammen, schloß sich, obwohl ein starrer Protestant, der neudeutschen, romantischen Richtung der Overbeck, Cornelius usw. an; wurde befreundet mit Frdr. Rückert, mit dem er den Sommer 1818 in Ariccia verlebte. Unter dem Einfluß seiner römischen Freunde machte er sich mit der Manier Dürers und anderer Stecher des 16. Jahrh. vertraut, wurde Meister in ihrer engen Schraffierung von vorwiegend zeichnerischem Charakter, verband aber infolge seiner früheren Schulung damit Weichheit, Eleganz und lebenswahren Ausdruck. Auf der deutschen Ausstellung im Palazzo Caffarelli, Frühling 1819, ernteten seine Arbeiten Lob wegen ihrer eigenen kräftigen Manier. Von Rom wandte B. sich nach Nürnberg, wurde dann Leiter der Herderschen Kunstanstalt in Freiburg i. B., arbeitete bis 1830 in Frankfurt a. M., dann in Darmstadt und während der letzten zwei Jahrzehnte seines Lebens in Hildburghausen für das Bibliogr. Institut. Von ihm hat man mehr als 400 Bildnisse, nach dem Leben gezeichnet und gemalt, an Stichen 12 historische Blätter, 54 Porträts, 24 Vignetten und 11 Radierungen, wovon die besten: der segnende Heiland und die betende Madonna von Holbein, die 7 mageren Jahre von Overbeck, die Caritas von Vogel v. Vogelstein (Dekkengemälde in Pillnitz), ein Blatt der 6 Darstellungen zu Fouqués Undine und die Bildnisse Schlegels, Rückerts, Chamissos, Hegels, des Fürsten Alex. v. Thurn u. Taxis. B. war auch schriftstellerisch tätig, veröffentlichte volkstümliche Erzählungen und Gedichte (z. B.: „Alles nur ein Hauch") in der Dorfzeitung und gab 1837 in Hildburghausen unter dem Titel: „Die Kupferstecherei", eine deutsche Bearbeitung von Longhis „La teorica della calcografia" (Milano 1830) heraus, deren praktischer Teil ganz seine eigene Arbeit ist.

Allgem. dtsch. Biographie. — Passavant, Ansichten d. bild. Künste S. 205. — Kunstblatt 1819 No. 7; 1820 No. 66. — Seidler, Erinnerungen a. d. Leben, S. 263. *Friedr. Noack.*

Barth, Paul, Zinngießer in Breslau, wird c. 1640 Meister. Stirbt 47 Jahre 5 Wochen alt am 5. 8. 1655. Sein Meisterzeichen ein heraldischer Löwe (Greif?), darüber die Initialen PB. Stadtzeichen das Breslauer W. Von ihm eine mit Ornamenten und Hirschen gravierte Kuffe im Dresdener Kunstgewerbemuseum und eine Kanne von 1655 im Museum in Oppeln O.-S. *E. Hintze.*

Barth, Sigmund, Porträtmaler von Bern, † 1772, Schüler von Joh. Rud. Huber d. Ä., seit 1767 Meister der Himmelzunft in Basel. Werke seiner Hand sind bisher nicht nachgewiesen.

D. Burckhardt bei Brun, Schweizer. Kstlerlex. 1902. *H. V.*

Barth, Wilhelm, Maler an der kgl. Porzellanmanufaktur zu Berlin, stellte auf den Akademie-Ausstellungen 1800, 1804, 1830 und 1840 mehrere Landschaften in Öl und Aquarell sowie einige farbige Radierungen aus.

Katal. d. Akad.-Ausstellungen. *H. V.*

Barth, s. auch *Bart.*

Barthautz, W. Im kgl. Kupferstichkabinett in Amsterdam befindet sich eine Reihe von Aquarellen mit Darstellungen aus dem holländischen Bauern- und Alltagsleben, von denen einige „W. Barthautz fecit 1796" bezeichnet sind. *E. W. Moes.*

Barthe, Gérard de la, französ. Landschaftsmaler, hielt sich um 1787—1810 in Petersburg u. Moskau auf, wo er eine Reihe von Ansichten der Stadt mit reicher Staffage zeichnete, die von Eichler, Guttenberg, Laminit u. a. gestochen und koloriert wurden. Außerdem lieferte er namentlich schöne Aquarelle.

Wohl zu Unrecht ist von Le Blanc und Meyer mit Obigem der als Radierer und Maler bekannte, um 1730 zu Rouen geb. *Comte J. de la Barthe* identifiziert worden, von dem man aus den 70er Jahren einige D. L. B. S. et p. bez. radierte Landschaftsblätter, meist in Rundformat, kennt.

Ein *B. de la Barthe* ätzte Landschaften nach Both.

Nagler, Kstlerlex. I 289/90; Monogr. II 1210. — Le Blanc, Manuel I. — Meyer, Kstlerlex. III. — Lempertz sen., Autographen-Katalog, verst. in Köln bei Heberle 13. 11. 1905. *H. V.*

Barthe, Xavier, französ. Bildhauer, geb. in La Selve (Aveyron), † 1908, ausgebildet unter Falguière, Puech u. Mercié; seine Gipsgruppe „L'amour indiscret" wurde im Pariser Salon 1901 mit einer Medaille prämiiert.

Pariser Salonkataloge seit 1899. *S. Lami.*

Barthe, de la, s. auch *Labarthe,* de.

Barthel, Maler in Breslau; malt 1489 Fresken im dortigen Dominikanerkloster. *C. B.*

Barthel, Antonius, Bildhauer von Freiberg i. S., das er 1623 verließ; sonst unbekannt. Er ist vermutlich Sohn des Christoph B.

K. Knebel, Bau- u. Bildhauerkunst in Freiberg usw. in Mitteil. d. Freiberger Altertumsvereins Heft 34 (1897) p. 70, 87/8. *H. V.*

Barthel, Balzer (oder Balthasar), Bildhauer und Bürger zu Meissen, von Freiberg i. S. gebürtig, † am 14. 3. 1621, lieferte 1604 den nicht mehr vorhandenen Taufstein in die Ägidienkirche zu Oschatz. Sein gleichnamiger Sohn *Balthasar B. d. J.* war ebenfalls Bildhauer in Meissen, wo er sich 1627 vermählte.

K. Knebel, Bau- u. Bildhauerkunst in Freiberg in Mitteil. d. Freiberg. Altertumsvereins Heft 34 (1897) p. 87. — W. Loose, Lebensläufe Meißner Kstler. p. 7. *H. V.*

Barthel, Christoph, Bildhauer von Dresden, vielleicht ein Sohn des Melchior B., wird seit 1589 urkundlich genannt, † 1612. 1590 erwarb er das Bürgerrecht in Freiberg i. S., 1600 ließ er eine Tochter in der Petrikirche daselbst taufen. Er war bei der Errichtung der Freiberger Fürstengruft unter Joh. Maria Nosseni beschäftigt. Vielleicht ein Bruder von ihm ist der 1590 in Freiberg genannte Steinmetz *Christian B.*

K. Knebel, Bau- u. Bildhauerkunst in Freiberg, Mitteil. d. Freiberg. Altertumsvereins Heft 34 (1897) p. 20, 70/1, 87. *H. V.*

Barthel, Friedrich, braunschw. Maler und Kupferstecher, geb. zu Leipzig 1775, † in Braunschweig 1846, war Schüler von Bause. Da er ganz mittellos war, mußte er sich an einen Kupferstecher Böttcher verkaufen, unter dessen Namen seine ersten Arbeiten, landschaftliche Radierungen, erschienen. Nachdem er sich von Böttcher losgemacht, lieferte er einige sechzig Stiche, meist nach eigenen Kompositionen, für den Buchhandel. Später übte er sich in Dresden in der Malerei und ging von da aus nach Braunschweig, wo er sich mit dem Stecher K. W. Schenk zu gemeinsamer Herausgabe von Kupferstichen vereinigte und wo er im herzogl. Schlosse einige Gemälde, auch einen Hoftheatervorhang, ausführte. Die besseren seiner meist nur für den Buchhandel gearbeiteten Stiche, insbesondere seiner früheren, finden sich in Meusels „teutschem Künstlerlexikon" verzeichnet. B. beschäftigte sich auch mit Ästhetik u. schrieb ein Buch unter dem Titel: „Eumorphea oder Anleitung zur Geschmacksbildung für die zeichnenden Künste, mit besonderer Hinsicht auf landschaftliche Darstellung. Mit 20 Kupfern. Leipzig 1807."

Meusel, Teutsches Kstlerlex. II. Aufl. 1808, I 38. — K. Steinacker, Die Graphischen Künste in Braunschweig; Sonderabdr. a. d. Braunschweigischen Jahrb. 1906. **

Barthel, Gustav Adolf, Maler in Braunschweig, geb. dort 1819, ausgebildet durch seinen Vater, den Maler, Stecher und Zeichner Friedr. Barthel und auf dem Collegium Carolinum in seiner Vaterstadt, dann, mit Unterstützung seines Landesherrn, seit 1838 in München durch Stieler und Kaulbach, in Düsseldorf durch Lessing, tätig in Braunschweig seit 1843, besonders als geschickter Bildnismaler. Er malte wiederholt Bildnisse des Herzogs Wilhelm, dessen Hofmaler er seit 1852 war (sein Bildnis in hannoverscher

Kürassieruniform von Knolle gest.), ferner zahlreiche Bildnisse von Braunschweiger Hofschauspielern in ihren besten Rollen für Schloß Sibyllenort (vielfach in Lithographien verbreitet) und von mehreren Pastoren für die Katharinenkirche in Braunschweig. 1857 bis 1880 Inspektor der Herzogl. Gemäldegalerie. † 1898.

Meyer, Kstlerlex. — F. v. Bötticher, Malerwerke des 19. Jahrh. — H. A. Müller, Kstler. d. Gegenw. — Dioskuren 1856 p. 59, 1863 p. 383, 1870 p 238. — Neueste Nachrichten, Braunschweig 1898 31. Juli. *P. J. Meier.*

Barthel, Hieronymus, Bildhauer in Prag, erwähnt 1626. König Georg von Podiebrad hatte, als Prag unter seiner Regierung utraquistisch geworden war, seine Statue zwischen den Türmen der Theinkirche (am Altstädter Ringplatz) aufstellen lassen. Über der Statue war der utraquistische Kelch angebracht. Nachdem Ferdinand II. nach der Schlacht am weißen Berge die Macht der Utraquisten gebrochen u. die Gegenreformation in Böhmen eingeführt hatte, hatte er die Absicht, diese Statue entfernen und dafür die seine an jener Stelle aufstellen zu lassen. Unter dem 29. 5. 1626 schickt der Bildhauer Barthel einen Kostenüberschlag an den Kaiser, dessen Wortlaut bei Schottky erhalten ist. Das Projekt kam nicht zur Ausführung, da sich heute an jener Stelle eine Marienstatue befindet. — 1625 wird ein gleichnamiger Bildhauer in Dresden erwähnt (Vater des Melchior B.), der vielleicht mit Obigem identisch ist.

Schottky, Prag wie es war und wie es ist. I 265—267. — G. O. Müller, Vergessene und halbvergessene Dresdener Kstler. 1895 p. 3. *Oskar Pollak-Prag.*

Barthel (Bartelt), Melchior, Dresdener Steinmetz, tätig 1579 am Turmbau der dortigen Kreuzkirche und an der Moritzburg.

Lindau, Geschichte der Haupt- u. Residenzstadt Dresden. — Bau- u. Kstdenkm. d. Königr. Sachsen, Heft III p. 41, XXVI p. 96. **

Barthel, Melchior, Bildhauer, geb. am 10. 12. 1625 zu Dresden, † daselbst am 12. 11. 1672. Er lernte bei seinem Vater, dem Bildhauer Hieron. B., und vollendete nach dessen Tode von 1640—1645 seine Lehrzeit bei Johann Boehme in Schneeberg. Er ging dann auf Reisen und weilte in Augsburg, Ulm, Venedig, Rom, an welchen Orten er nicht bloß als Bildhauer, sondern auch als Baumeister tätig gewesen sein soll. In Venedig ist von ihm das kolossale Grabmal des Dogen Giovanni Pesaro in S. Maria de' Frari, ferner eine Statue des Täufers im Oratorium S. Maria in Nazaret und ein Grabmal in S. Giovanni e Paolo. Auch von zwei Statuen des Petrus und Paulus, die er für das Kastell ausführte, wird berichtet. B. blieb 17 Jahre in Venedig. 1670 kehrte er nach Dresden zurück, wo er zum Hofbildhauer ernannt wurde. In Dresden kam er zu keiner größeren Arbeit mehr. Sein letztes Werk soll ein Monument für den Kammerrat v. Adlershelm zu Leipzig (Nicolaikirche, zerstört bei Dauthes Umbau) gewesen sein. — Die oben gen. größeren Skulpturwerke in Venedig zeigen den Künstler ganz der Richtung Berninis ergeben. Maßvoller zeigt sich die Kunst B.s in seinen kleineren, in Elfenbein ausgeführten Arbeiten, die öfters in Sammlungen vorkommen, u. an denen namentlich das k. Grüne Gewölbe in Dresden reich ist, darunter zwei Gruppen, Nachbildungen bekannter antik römischer Skulpturen. Ein Kruzifixus in Elfenbein von ihm im Mus. Naz. in Florenz.

Curios. Sax. — Sandrart, Deutsche Akad. — J. Burckhardt, Cicerone. — G. O. Müller, Vergessene u. halbvergess. Dresdner Kstler., Dresden, 1895 p. 1 ff. — Bau- u. Kstdenkmäler d. Königr. Sachsen an vielen Stellen. — P. Molmenti, Venezia negli ultimi secoli (Rassegna Naz. vol. 120 p. 401—413). **

Barthel, Paul, Aquarellmaler in Valentinswerder bei Spandau, dann in Charlottenburg, geb. am 24. 3. 1862 in Zwickau, Schüler der Berliner Akademie, stellte auf der Dresdener Aquarell-Ausstellung 1887 3 Genrestücke und auf den Berliner akad. Kunstausstellungen 1887 („Am Eibsee"), 1888 („Strand von Capri") und 1889 (2 pompeianische Landschaften) aus. Er war ferner auf der Großen Berliner Kunstausstellung 1896 („Frühling im Walde"), 1904 („Madonna", Tempera) und 1906, sowie auf der Münchener Jahresausstellung 1900 („Nixenreigen") vertreten. Im Mus. zu Magdeburg befindet sich ein Bild von ihm: Träumerei (1896).

Bötticher, Malerwerke d. 19. Jahrh. 1891. I. — Singer, Kstlerlex. Nachtr. 1906. — Kunst f. Alle. V. 1890. — Katal. d. Ausstellgn. *H. V.*

Barthel, s. auch *Bartel.*

Barthélemi, s. *Barthélemy* u. *Bartholot.*

Barthélemy, französ. Werkmeister, erbaut 1294 in Gemeinschaft mit seinem Sohn den alten Chor der Kathedrale von Elne.

Bauchal, Dict. d. archit. franç. 1887. *H. V.*

Barthélemy, Werkmeister in Lille, wo er 1429 die Kollegiatkirche Saint-Pierre erbaute.

Bérard, Dict. biogr. etc. 1872. *H. V.*

Barthélemy, Maler in Lyon, 1493—1529, war 1494 bei den Einzugsfeierlichkeiten für Karl VIII. unter Jehan Perréal beschäftigt.

N. Rondot, Les Peintres de Lyon, p. 67. *H. V.*

Barthélemy, Architekt, „commis des bastiments" de l'hôpital général zu Paris, 1688, und Leiter am Bau des Findelhauses daselbst.

Lance, Dict. d. archit. franç. 1872. *H. V.*

Barthélemy, Maler zu Paris. Von ihm wird ein um 1776 gemaltes Porträt der berühmten Julie de Villeneuve de Vence, Mme de Saint-Vincent, erwähnt.

Nouv. Archiv. de l'art franç. 3e Série. IV. 1888 p. 123. *H. V.*

Barthélemy (Berthelemy) de Clerc, Maler, in der Provence und in Anjou tätig

1447 bis ca. 1476. Sein Familienname wird in den Dokumenten sehr verschieden geschrieben: de Clerc, de Eilz, de Cilz, de Gils, de Ecle. Vielleicht ist er identisch mit dem „Berthelemy le paintre", der 1440 für den Grafen von Charolais, den späteren Karl den Kühnen, tätig war. Sicher ist indes, daß er 1447 spätestens in Tarascon für den König René von Anjou arbeitete und der bevorzugte Künstler desselben wurde. Der letztere machte ihn nicht nur zu seinem Hofmaler u. Kammerdiener (vor 1449), indem er ihm einträgliche Ämter in der Provence und in Anjou gab, sondern führte ihn bei den häufigen Verlegungen der Hofhaltung mit sich und ließ ihm das Atelier immer in der eigentlichen königlichen Residenz einrichten. B. starb zwischen 1472 und 1476, aber sein Ruf überlebte ihn, denn er wird noch 1521 unter den größten Malern der Zeit aufgeführt.

Der Unterzeichnete hat darauf hingewiesen, daß man Gründe hat, dem Barthélemy de Clerc die schönsten Miniaturen der wundervollen Manuskripte der *Cour d'amour épris* u. der *Théseide,* beide in der k. k. Hofbibliothek in Wien (No. 2597 und 2617), zuzuschreiben. Ebenso die gleichfalls sehr beachtenswerten Aquarellskizzen des *Livre des Tournois du roi René* (Paris, Bibl. Nat. Ms. franç. 2695).

Cte. Paul Durrieu in der Bibliothèque de l'École des Chartes 1892 p. 142 u. in der Hist. de l'Art, herausgeg. v. André Michel t. IV. — Lecoy de la Marche, Le roi René II 88. — Rud. Beer in Kunst u. Kunsthandwerk 1902, 312. *Cte. P. Durrieu.*

Barthélemy, Guillaume, Maler zu Avignon, gebürtig aus der Diözese Besançon, tritt 22jährig am 22. 6. 1434 bei Jacques Iverni in Avignon in die Lehre. Am 22. 6. 1444 erhält er den Auftrag, den ornamentalen Teil an den Malereien im Hause des Doctor Jean Isnard anzufertigen. Er wird zuletzt urkundlich genannt am 14. 11. 1466.

Réunion d. Sociét. d. beaux-arts. XIII 127. *H. V.*

Barthélemy, Henry, Münzmeister von Genf während der Jahre 1571—1578 und vom 17. 1. bis 29. 2. 1588. Seine zahlreichen Arbeiten tragen keine Signatur.

Paul Ch. Stroehlin bei Brun, Schweizer. Kstlerlex. *H. V.*

Barthélemy, Jacques Eugène, Diözesen-Architekt von Rouen, geb. daselbst am 13. 10. 1799, † 31. 5. 1868. Er hat zahlreiche Restaurierungsarbeiten an älteren Kirchenbauten der Gegend geleitet. Als seine beiden gelungensten Schöpfungen der Art werden der neue Glockenturm von Saint-Romain und die Spitze des Turmes von Saint-Maclou bezeichnet. Ein Werk seiner eigenen Erfindung ist die Ende der 30er Jahre in den Stilformen des 13. Jahrh. erbaute stattliche Kirche Notre-Dame de Bon-Secours in Rouen.

Bellier-Auvray, Dict. gén. — Journal d. beaux-arts. 1878 p. 150. — Gazette des beaux-arts. 2e Pér. VII. 1873 p. 30. *H. V.*

Barthélemy, Jean, französ. Maler am Anfang des 17. Jahrh. Der Abbé Marolles erwähnt ihn mit Lob in seinem „Livre des Peintres". Möglicherweise identisch mit dem Lehrer Sébastien Bourdons und vielleicht mit dem bei Jal erwähnten *Josias Bertélemy* oder mit dem 1620 als Mitarbeiter des Claude B. erwähnten Emailmaler von Fontainebleau: *Jehan Berthélemy.*

Jal, Dict. — Meyer, Kstlerlex. — Herbet, Les émailleurs sur terre de Fontainebleau. 1897. p. 26. *H. V.*

Barthélemy, Laurent, französ. Glasmaler, geb. in der Provence, ließ sich in Agen nieder um die Mitte des 16. Jahrh.

Bérard, Dict. biogr. des art. franç. *H. Longnon.*

Barthélemy, Louys, Maler zu Nantes, am 18. 1. 1662 daselbst urkundlich erwähnt.

Nouv. Archiv. de l'art franç. 3e Série. XIV. 1898 p. 19. *H. V.*

Barthélemy de Perpignan, französ. Bildschnitzer, arbeitete 1294 mit seinen zwei Söhnen am Chorgestühl der Kirche zu Elne (Ost-Pyrenäen).

Lami, Dict. des Sculpteurs (1898) p. 438. *S. Lami.*

Barthélemy, Pierre, Porträtmaler in Nancy, malte 1505 für das Oratorium Renés II. ein Porträt des Papstes St. Gregor, das jedenfalls mit dem noch erhaltenen Wandgemälde in der Kirche von Malzéville bei Nancy identisch ist.

Lepage, Quelques mots sur les peintres lorrains. — Réun. des Soc. des b.-a. XXI 250, XXIII 403. *H. Longnon.*

Barthélemy, Raymond, französ. Bildhauer, geb. am 18. 6. 1833 in Toulouse, † am 1. 10. 1902 in Paris. Seit 1857 Schüler der Pariser Ecole des B.-Arts sowie Francisque Durets, stellte er 1859 zum ersten Male im Salon aus und errang 1860, 67, 69 und 89 hohe Ehrenpreise. Seine Hauptwerke sind: Faun mit jungem Bock (Bronze von 1866 im Musée du Luxembourg), Darstellung des Christkindes im Tempel (Steinrelief von 1870 in Notre Dame de la Croix zu Ménilmontant), die Ruhmesgöttinnen am Deckengewölbe des Zuschauerraumes in der Großen Oper zu Paris (Relieffiguren in Gips), Le Sacré-Coeur (Steinstatue von 1876 in der Kirche St. Joseph zu Paris); Marmorbüsten Baltards im Institut de France (1877), des Kardinals de La Rochefoucaulds in der Bibliothèque Ste. Geneviève (1878), des Elie de Beaumont in der Ecole des Mines (1879), Bacheliers in der Ecole des arts décoratifs (1880), Jean Bérains in der Académie nationale de musique (1881); endlich die Steinstatuen des Arztes Fagon an der Fassade des Pariser Hôtel de Ville und des Malers Sébast. Bourdon an der Museumsfront zu Montpellier (1882), die Bronzestatue einer Nymphe beim

Reifenspiele (1885), die Marmorgruppe „Pastourelle du Faune“ (1888) etc.

Bellier-Auvray, Dict. gén. des artistes u. Supplément. — Chronique des Arts 1902, p. 268. — Richesses d'Art, Paris, Monum. civils I, III; Monum. relig. II, III. — Gaz. des B.-Arts, Table alphabét. zu Vol. I—XV, XVI—XXV. — Pariser Salonkataloge seit 1859. *S. Lami.*

Barthélemy (Berthélemy) de Sommière, Werkmeister von Paris, erbaute seit 1358 für Karl V. das Schloß Melun.

Bérard, Dict. biogr. etc. 1872. *H. V.*

Barthélemy de Vire, Werkmeister und Bischof von Laon, leitete 1113—1150 den Bau der von ihm entworfenen Kirche Sainte-Marie daselbst und erbaute die Kirche der Abtei von Flogny.

Bérard, Dict. biogr. etc. 1872. *H. V.*

Barthélemy, s. auch *Bertélemy* u. *Berthélemy.*

Barthelier, Jean-François, Bildschnitzer in Toulon, wo er 1688 unter Raymond Langueneux an der bildnerischen Dekorierung von Schiffen mitarbeitete.

Archives de l'Art français 1856, p. 238. *S. Lami.*

Barthelme, Hugo, Historienmaler, geb. 1822 zu Eußenhausen (Franken), † am 4. 2. 1895 in München, Schüler von Heinr. Heß und Joh. Schraudolph in München. Von ihm zwei große Fresken in Birmingham (1857) und zahlreiche Porträts; zwei Zeremonienbilder im Nat.-Museum zu München: „Gründung der Universität Erlangen 1743“, „Festrede des Fürstbischofs Ludwig von Würzburg 1782“. Ein Ölbild „Herzog Albrecht III. bestraft die Raubritter“ (für König Max II., Karton in der Maillingersammlung), Fresken-Zyklus in der Kirche zu Weißenhorn (Leben Marias und der 12 Apostel), mit Max Huber 1868/69 Fresken in der Universitätskirche zu Würzburg 1891 (vgl. Nirschel, Würzb. 1891 mit 10 Illustr.). Ein „Ave Maria“ von Pilgern nach Jerusalem gestiftet. Ferner malte er viele Andachts- u. Altarbilder, aber auch Bildnisse, Genre- und Familienszenen. Die Traditionen seiner Lehrer fanden nach Kolorit und Zeichnung in ihm einen gewandten, mitunter etwas einseitigen Vertreter.

Fr. Pecht in Meyers Kstlerlex. III. — Allg. Ztg. vom 8. 2. 1895. — Münchener Kunstvereins-Bericht 1895 S. 74. — Kunstchronik XXI 603. — Allgem. Deut. Biogr. 1902 XLVI 223. *Hyac. Holland.*

Barthelmess, Nikolaus, reproduzierender Kupferstecher, geb. am 27. 6. 1829 zu Erlangen, † am 29. 8. 1889 in Düsseldorf, Schüler der Akademien in München u. Düsseldorf, hier unter Joseph von Kellers Leitung, vollendete seine Ausbildung in Paris, um sich dann (1857) in Düsseldorf niederzulassen. Er war Mitglied der Akademie der Künste in Berlin.

Seine Stiche in Linienmanier zeichnen sich durch Gewandtheit der technischen Behandlung und durch Anpassung an die charakteristischen Eigentümlichkeiten des Originals aus, sie reproduzieren hauptsächlich Werke von Düsseldorfer Genremalern, wie Vautier, Defregger („Der Salontiroler“) u. a. Der Kunstverein für Rheinland und Westphalen und der Kölnische Kunstverein haben fast alle seine Blätter erworben und sie als sog. Nietenblätter an ihre Mitglieder gegeben.

Meyer, Kstlerlex. III 51. — Kunstchronik XXIV 690. — Becker, Deutsche Maler, Leipzig 1888 S. 502, 556. *Board.*

Barthelmy, Carl, Bildhauer in Breslau, Sohn des Kaufmanns Ludwig Barthelmy in Hanau, heiratet am 17. 10. 1758. *E. Hintze.*

Barthels, Artus und Jaques, Maler zu Antwerpen, werden 1620/21 Meister daselbst.

Liggeren I 569. *H. V.*

Barthels, Mathias, Bildhauer zu Köln, 1706 daselbst urkundlich erwähnt.

Merlo, Köln. Künstler, 2. Aufl. 1895. *H. V.*

Barthels, s. auch *Bartels.*

Barthem, Jacobus van, ein Maler in Middelburg, kam 1663 in die Zunft daselbst und schrieb in dem Jahre das Zunftbuch. Kurz darauf starb seine Frau und 1666/67 er selber.

Obreens Archief VI 197, 199, 203, 252. *E. W. Moes.*

Barthlimé, Urs Joseph, Glasmaler von Solothurn, tätig daselbst um 1722—1730. Von seinen Arbeiten ist nur bekannt der Schild im Wappenbuch der Gilde.

Brun, Schweizer. Kstlerlex. 1902. *H. V.*

Barthol, David, Exlibris-Zeichner, geb. in Bardonviller (Meuse), wird am 27. 12. 1631 Bürger von Genf und starb daselbst, 50jährig, am 6. 6. 1639. Die Exlibris der Bibliothek der Genfer Akademie sind von ihm gezeichnet und gestochen.

A. Choisy bei Brun, Schweizer. Kstlerlex. *H. V.*

Bartholdi, Frédéric Auguste, französ. Bildhauer, geb. am 2. 4. 1834 in Colmar, † am 4. 10. 1904 in Paris. Ausgebildet zunächst in Colmar als Architekt, dann in Paris im Atelier Ary Scheffers als Maler, widmete sich B. schließlich unter der Leitung von Soitoux der Bildhauerkunst, stellte 1852 und 1853 zum ersten Male im Pariser Salon aus (Reliefkomposition „Francesca da Rimini“ u. Gipsgruppe „Der barmherzige Samariter“) und unternahm dann mit dem Orientmaler Gérôme eine Reise nach Griechenland und Ägypten. — Die Hauptwerke dieses mit Vorliebe in kolossalen Dimensionen arbeitenden und nach architektonischen Wirkungen in der Denkmälerplastik abzielenden Künstlers sind: Standbild des Generals Rapp in Colmar (1855), bronzene Brunnengruppe „La lyre berbère, souvenir du Nil“ für Bordeaux (1857), „Le génie dans les griffes de la misère“ (Gipsgruppe 1859), Grabmal des Violinvirtuosen Robberechts auf dem Montmartre-Friedhofe (1860), Brunnendenkmäler Martin Schongauers und des französ. Admirals Bruat in Colmar (1861 u. 1863), „Martyr moderne" (Gipsstatue von 1864 im Museum zu Colmar), Bronzestatue der „Trauer" (Grabmal G. Nefftzer von 1866 auf dem Montmartre-Friedhofe), Standbild des Generals Arrighi, Herzogs von Padua, in Corte auf Corsica (1867), Les loisirs de la Paix (Bronzegruppe 1868), Bronzestatue eines Elsässer Winzerknaben für Colmar (1869), Standbild des Marschalls Vauban in Avallon (1870, mit dekorativer Architektur); — ferner nach dem deutsch-französischen Kriege 1870—71, an dem der Künstler im Generalstabe Garibaldis persönlich teilnahm: bronzenes Reiterstandbild des Vercingetorix in Clermont-Ferrand, Grabmal der Gefallenen der Nationalgarde in Colmar und die Denkmalgruppe „La malédiction de l'Alsace" für Paris (sämtlich 1872 vollendet), Lafayettes Landung in Amerika (Denkmalstatue in New York, 1873), Reliefdarstellungen der Taufe, der Kommunion, der Trauung und des Sterbesakramentes für den Kirchturm der von Richardson erbauten Brattle Street Church zu Boston (1874), Marmorstatue Campollions für das Collège de France (1875); — ferner 1875—85 die beiden berühmtesten Werke des Künstlers: der Löwe von Belfort (Monument zur Erinnerung an die Verteidigung dieser Festung im Kriege 1870—71, in Belfort selbst 1878 in den das dortige Schloß bekrönenden Granitfelsen eingehauen — 22 m lang, 11 m hoch —, in Paris eine verkleinerte in Kupfer getriebene Nachbildung auf der Place Denfert-Rochereau) und die in Kupfer getriebene Kolossalstatue der Freiheit (Geschenk der französ. Republik an die Vereinigten Staaten von Nordamerika, 1886 am Eingange zum Hafen von New York als Leuchtturm aufgestellt); — endlich als Werke der letzten Schaffensperiode des Künstlers: die Bronzestatue Diderots in Langres (1884), das Grabmal für Paul Bert in Auxerre (1888), das Gambetta-Monument in Ville d'Avray (1891), das bronzene Doppelstandbild Washingtons und Lafayettes auf der Place des Etats-Unis zu Paris (1892), das Standbild Adolphe Hirns in Colmar (1894), die Denkmalgruppe „La Suisse secourant les douleurs de Strassbourg en 1870" zu Basel (1895), das Grabmal für die 1871 in Schinznach gefallenen Franzosen auf dem Friedhofe zu Birr bei Brugg in der Schweiz (1899), die Aluminiumstatue des Christoph Columbus (1900), die bronzene Brunnengruppe „Les grands soutiens du monde" für Lyon (1902), das Denkmal für den Sergeanten Hoff (1904) und das Monument zur Erinnerung an die Leistungen der Luftschiffahrt während der Belagerung von Paris 1870—71 (nach dem Tode B.s vor der Porte des Ternes zu Paris enthüllt).

Meyer, Kstlerlex. — Bellier-Auvray, Dict. gén. des artistes u. Supplément. — Chronique des Arts 1895, p. 370; 1904, p. 266. — Ch. Lefebvre, L'oeuvre de Bartholdi (Paris 1881). — Discours prononcés aux obsèques de F. A. Bartholdi (Paris 1904). — Mémoire par M. Aug. Bartholdi contre la ville de Marseille (Paris, ohne Jahreszahl). — Tägliche Rundschau (Berlin) 6. 10. 1904. *S. Lami.*

Bartholet, s. *Bertholet.*

Bartholomaeus, italien. Architekt, erbaute 1160 die 1694 durch ein Erdbeben zerstörte Kirche S. Cataldo in Campagna, wie ein erhaltenes Inschriftfragment besagt.

Schulz, Denkm. d. Kunst d. Mittelalt. in Unter-Italien II 305. *H. V.*

Bartholomäus, Glockengießer, goß laut Inschrift 1415 eine Glocke für die Kirche zu Mecklenburg und 1417 eine solche für die Kirche zu Kalkhorst.

Kunst- u. Geschichtsdenkm. d. Großherzogt. Mecklenburg-Schwerin. 2. Aufl. 1889. II 285, 385. *H. V.*

Bartholomaeus, Maler zu Lüneburg, 1511 als „pictor insignium" erwähnt.

Mithoff, Mittelalt. Kstler. Niedersachs. u. Westf. 2. Ausg. 1885. *H. V.*

Bartholomaeus aus Florenz, baut 1520 die Jagellonische Kapelle am Dom in Krakau und stellt dort 1536 das abgebrannte Schloß wieder her.

Kugler, Gesch. d. Baukst., V 570. — Jahrb. d. Kstsamml. d. Allerh. Kaiserh. XVI, I. Teil. **

Bartholomaeus v. Cymperg, s. *Briccius,* B.

Bartholomäus („Bartolmes") „von Keczz" (Ketsch am Rhein unterhalb Speyer?), Maler, wurde am 25. 5. 1421 in Nürnberg Bürger, und zwar ohne Entgelt, was auf eine gewisse Bedeutung als Künstler schließen läßt.

Gümbel im Repertorium f. Kunstw. XXIX 333. *Th. Hampe.*

Bartholomaeus Paieroli, Maler aus Miraguello, urkundlich mehrfach erwähnt von 1529—1543.

Jahrb. d. preuß. Kstsamml. XXIV, Beiheft p. 91. **

Bartholomaeus von Prag, s. *Briccius,* B.

Bartholomaeus, s. auch *Bartholomeo, Bartholomeus, Bartolo, Bartolomaeus, Bartolom(m)eo* u. *Bartoss.*

Bartholomé, Albert, französ. Bildhauer und Maler, geb. am 29. 8. 1848 in Thiverval (Seine-et-Oise). Im Alter von 23 Jahren verließ er das Studium der Rechtswissenschaften, um nach kurzem Studienaufenthalte in den Ateliers Barthélemy Menns in Genf und Léon Gérômes in Paris die Malkunst als Autodidakt zu studieren. Seine 1879 im Pariser Salon ausgestellten Erstlingswerke, ein Frauenporträt und das Sitzbildnis eines alten Mannes, schlossen sich stilistisch eng an das weiche Pleinair und die breite Vortragsweise von Bastien-Lepage an. Ihnen folgte in den Salons der nächsten 7 Jahre eine Reihe ähnlich gestimmter ländlicher Sittenbilder, darunter „Kinderreigen im Dorfschulhofe", — „Abendmahlzeit alter Männer", — „Musiker im Hofe", — „Die letzten Ähren", — „Alte Frau für ihre Enkelkinder Brot abschneidend" (der Studienkopf für die Alte im Luxembourg-Museum), — „Amme mit dem Kinderwagen im Gewächshause" (lebensgroße Beleuchtungsstudie in der Art Manets) etc. — 1886 verlor der Künstler seine Lebensgefährtin, und in völliger Zurückgezogenheit widmete er sich nunmehr dem autodidaktischen Studium der Bildhauerkunst, um der Verstorbenen ein Grabmal zu errichten. Bereits nach einjähriger Arbeit hatte B. dieses Monument vollendet und am Grabe seiner Gattin auf dem Dorffriedhofe zu Bouillant bei Crépy-en-Valois (Oise) aufgestellt; es zeigt zu Füßen eines leidenschaftlich-naturalistisch behandelten Crucifixus auf ovalem Sockel die ruhende Halbfigur der Toten und neben ihr diejenige des um sie weinenden Gatten. — Gleichzeitig reifte in B. der Plan zu einem der Todestrauer der gesamten Menschheit geweihten plastischen Monumentalwerke, dessen Ausgestaltung der Künstler weitere vier Jahre einsamer Arbeit widmete. Seit 1891 stellte er Einzelstudien zu diesem Gruppendenkmale (Einzelfiguren und Gruppen todgeweihter Grabeswanderer, junges Menschenpaar an der Todespforte, ruhendes Elternpaar im offenen Sarge und Todesgenius vor dem Deckel des Sarges) und 1895 das Modell zum Gesamtmonumente (eine schlicht gegliederte, pylonenartige Mausoleumsfront mit der Todespforte im Obergeschosse und der Grabesöffnung im Untergeschosse) im Pariser Salon aus. Im gemeinsamen Auftrage des französischen Staates und der Stadt Paris hatte B. hierauf sein großes Werk in Kalkstein auszuführen, und am 1. 11. 1899 wurde das „Monument aux Morts" am Eingange des Père Lachaise-Friedhofes feierlich enthüllt. — Noch während seiner Arbeiten am Pariser Totenmonumente schuf B. die Bronzestatuette eines weinenden Kindes (1894, Musée du Luxembourg), eine kleine marmorne Brunnenkomposition mit einer vom Rücken gesehenen weiblichen Aktfigur (1896, Musée des Arts décoratifs in Paris), eine Gipsgruppe „Die ersten Menschen", die meisterliche Bildnismaske des japanischen Kunstsammlers Hayashi (in Japan in Bronze gegossen) etc.; sodann seit 1900: eine Anzahl weiblicher Aktfiguren in Marmor (darunter die bekannte Hochreliefgruppe „Le secret", das ein drittel lebensgroße Figürchen eines weinend über einen Marmorblock gebeugten jungen Mädchens [im Besitze des Herrn Georg Hirzel in Leipzig] sowie die köstlich durchgebildete Sitzstatue eines sein Haar flechtenden Mädchens im Dresdener Albertinum), — eine Reihe von Bildnisbüsten (Gattinnen der Maler Forain und Jeanniot, Mme de La Laurencie etc.), — sowie mehrere originelle Grabmonumente (für den Librettisten Meilhac auf dem Montmartre, für Mme Mabel de La Croix auf dem Montparnasse-Friedhofe zu Paris etc.). Außer den Pariser Museen sind als Besitzer von Bildwerken B.s zu nennen die öffentlichen Kunstsammlungen zu Marseille, Béziers, Pau, Brüssel, Mühlhausen i/E., Düsseldorf und Dresden. — Als Autodidakt, der niemals von einem Lehrvorbilde abhängig war, hat B. im engsten Anschlusse an die Natur sich seinen eigenen bildnerischen Formenstil und seine eigene ungemein feinfühlige Stein- und Bronzetechnik geschaffen und hat hierin, wie auch insbesondere durch seine im Pariser Totendenkmale zur Durchführung gebrachten monumentalen Kompositionsprinzipien seinerseits in Paris wie im Auslande vielfach schulbildend gewirkt.

M. Demaison, Bartholomé et le Monument aux Morts (Paris 1900; sowie in Revue de l'Art anc. et mod. 1899, VI 265 ff., mit Abbildungen; cf. 1906, XIX 449 ff. u. Les Arts 1906, No. 53, p. 8). — L. Denise in Zeitschr. f. Bild. Kunst 1901, p. 169 ff. (mit Abbildgn.). — P. Lafond in Helbings Monatsber. üb. Kunstwissensch. II 163 ff. — P. Clemen in Kunst für Alle 1903, p. 33 ff. (mit Abbildgn.). — Mit Notizen von S. Lami. *R.*

Bartholomé, Jean, Maler in Chambéry, lieferte in den Jahren 1470—97 Malereien verschiedener Art für den savoyischen Hof, wie Wappenschilder, Epitaphien, Zimmerdekorationen u. dergl. 1470 bemalte er im Auftrag seiner Vaterstadt die Uhr und das Innere der Kirche Saint-Léger daselbst.

Mém. de la Société Savoisienne T. XII. p. 101. XV, II. p. 205.

Bartholomé, Léon, Radierer u. Aquarellist der Gegenwart, tätig in Brüssel. Radierungen von ihm in den Publikationen der Société des Aquafort. Belges, 1899, 1902 etc. In den letzten Jahren stellte er auch im Pariser Salon (1906 und 1907) und im Münchener Glaspalaste (1907) aus. **

Bartholomé, Paul Thomas, Architekt in Paris, geb. das., Schüler von Antoine, erbaute seit 1813 das hôtel des Invalides in Paris.

Gabet, Dict. d. Artist. etc. 1831. *H. V.*

Bartholomeesz, Pieter, Maler, geb. um 1597 zu Rotterdam, wo er auch in der Woche vom 6. bis 13. 10. 1630 gestorben ist. Er ist nur in notariellen Akten genannt; am 19. 1. 1623 zum Vormund der Kinder aus der ersten Ehe des Malers Jan Daemen Cool ernannt. Werke unbekannt.

Rotterdamer Archiv. *Haverkorn v. Rijsewijk.*

Bartholomeo, Werkmeister, erhält 1468 Bezahlung für Arbeiten am Dombau in Frankfurt a. M.

Baudenkmäler im Reg.-Bez. Wiesbaden 1880 p. 127. *Schrey.*

Bartholomeo, maestro, venezian. Bildhauer und Gießer, der einen bedeutenden Ruf zu seiner Zeit genossen haben muß, da er 1479 von der Signoria erwählt wird, Gentile Bellini nach Konstantinopel zu begleiten.

Gaz. d. beaux-arts XX 286/7. *H. V.*

Bartholomeo, s. auch *Bartholomaeus, Bartolommeo* u. dort verz. *Varianten.*

Bartholomeus, Meister, Bildhauer von Udine, erhält am 11. 9. 1495 Bezahlung für eine für die Kirche von Agnello (?) gelieferte Statue des hl. Nikolaus. Wahrscheinlich identisch mit dem Holzbildhauer Bartolommeo di Biagio, der 1499 u. 1501 in Udine erwähnt wird.

Repert. f. Kunstwissensch. I. 1876. p. 99. — Crowe u. Cavalcaselle, Ital. Mal., deutsche Ausg., VI 230. *H V.*

Bartholomeus Fabius de Sandallo, signierte mit seinem vollen Namen und dem Datum 1469 ein Offizium Virginis, italien. Übersetzung von Filelfo in terza rima, jetzt in der Abtei von Montecassino. Die Stadtbibliothek in Breslau bewahrt von ihm: Livii Historiae decas I, geschrieben 1468 u. 1470, aber mit meist nur vorgetuschtem Initialschmuck. Allein die Initialen des VII. Buches sind fertig ausgemalt und zwar sehr kunstvoll (Notiz von Dr. Buchwald).

P. A. Caravita, I codici e le arti a Montecassino, Montecass. 1869 p. 430. *P. d'Ancona.*

Bartholomeus, s. auch *Bartholomaeus* u. dort verz. *Varianten.*

Bartholomew, Alfred, engl. Architekt, bekannt als Architekturschriftsteller und Herausgeber des „Builder", geb. in Clerkenwell am 28. 3. 1801, † am 2. 1. 1845.

The Art-Union, 1845 p. 38 (Nekrolog). — Redgrave, Dict. of artists. — Graves, The R. Acad. of Arts, I 134. **

Bartholomew, Anne Charlotte, gebor. Fayerman, engl. Miniatur- u. Blumenmalerin und Schriftstellerin, geb. am 28. 3. 1800 zu Loddon, Norfolk, † am 18. 8. 1862 in London. Verheiratet in erster Ehe mit dem Komponisten W. Turnbull, in zweiter Ehe mit dem Blumenmaler V. Bartholomew. Eine Reihe ihrer Miniaturporträts (auch für Broschen) stellte sie 1841--1857 in der Roy. Acad. aus. Eine Aquarellstudie von ihr (Gartenlandschaft) im British Museum.

Clayton, Engl. Female Artists, I 398. — Graves, The R. Acad. of Arts, I 134. — Binyon, Cat. of drawings etc. in the British Mus. I. **

Bartholomew, Edward Sheffield, amerikan. Bildhauer, geb. 1822 zu Colchester, † am 2. 5. 1858 zu Neapel; ein künstlerisches Genie, dem Schulung und Gesundheit fehlten, um gebührenden Erfolg zu erringen. Er war Direktor der Wadsworth Gallery in Hartford, wo sich die meisten seiner Werke befinden. Am bekanntesten ist „Die reuige Eva", sonst noch „Sappho" und das Reliefporträt der Dichterin Lydia H. Sigourney.

Meyer, Kstlerlex. (mit ält. Lit.). — Taft, Amer. Sculpture, 194. *Edmund von Mach.*

Bartholomew, Valentine, engl. Blumenmaler, geb. am 18. 1. 1799 in Clerkenwell, † am 21. 3. 1879 in London. Er war „Flower-Painter in Ordinary to Her Majesty" und seit 1835 Associate der Water-Colour Society, deren Ausstellungen er mit Blumen- und zuweilen auch mit Fruchtstücken beschickte. Von 1826—1854 war er auch ziemlich regelmäßig in der Roy. Acad. vertreten.

The Art Journal 1879 p. 109. — J. L. Roget, Hist. of the Old Water-Colour Society, II 245 ff. — Graves, The R. Acad. of Arts, I 134. **

Bartholomieu de Chambéry, Glasmaler, war 1442 als Gehilfe des „Jean le paintre" (= Jean Bapteur) bei den Einzugsfeierlichkeiten des Duc de Bourbon in Savoyen tätig und arbeitete auch 1445 noch für den genannten Meister.

Mém. de la Société Savoisienne T. XII. p. 72, 77.

Bartholomieu, Jehan, Werkmeister von Montpellier, 1366 Vorsteher seiner Korporation. Wohl identisch mit ihm oder ein Sohn von ihm der 1391 in gleicher Eigenschaft Genannte desselben Namens.

Bauchal, Dict. d. archit. franç. 1887. *H. V.*

Bartholomieu (oder Barthomieu) de Lafont, französ. Goldschmied in Montpellier; seit 1410 Mitglied und bis 1420 fünfmal Konsul der dortigen Zunft, wurde er 1427 mit 7 anderen Meistern von Montpellier wegen Verkaufs von nicht vollwertigen Gold- und Silberwaren zu einer Geldstrafe verurteilt.

Texier, Dict. d'Orfévrerie (1857) p. 1207; cf. 1205, 1047, 235. *S. Lami.*

Bartholony, Charles, Landschafts- und Genremaler in Paris, geb. daselbst, Schüler von J. Noël, Saal und Palizzi, stellte in den Salons 1868—1889 wiederholt aus.

Bellier-Auvray, Dict. gén., Suppl. — Kat. d. Salon. *H. V.*

Bartholot de Paris, Illuminator in Avignon 1357, tätig für die dortige päpstliche Bibliothek zur Zeit Clemens' VI. B. ist vielleicht identisch mit einem öfter erwähnten *Barthélemi.*

Faucon, La Librairie des papes d'Avignon I 52. *Cte. P. Durrieu.*

Bartholus, Glaskünstler aus Mantua, wurde 1598 mit seinem Gefährten Busson von Heinrich IV. nach Rouen berufen, um Kristall-, vergoldete und geschmelzte Gläser, wie sie zu Venedig gemacht wurden, zu verfertigen. Mit B. beginnt die Glasindustrie von Rouen.

Lobmeyr, Ilg und Böheim, Die Glasindustrie. Stuttg. 1874. p. 118. — Meyer, Kstlerlex. *H. V.*

Bartholus, s. auch *Vidal.*

Bartholus Falconetti, wird unter den consules artium zu Florenz 1326/7 genannt,

Schulz, Denkm. d. Kst. des M. A. in Unteritalien, IV 152.

Barthomieu, s. *Bartholomieu.*

Barthouts, Leendert, Maler, war 1623

und 1624 Schüler von Jan van Ravesteyn im Haag.

Obreens Archief IV 7. *E. W. Moes.*

Bartinger, Josef, Maler, geb. und † zu Innsbruck, malte in vielen Gärten und Veranden von Innsbruck Landschaften und Karikaturen al fresco. Für Herrn Ludwig v. Comini malte er im Auftrage der Gemeinde Algund ein wundervolles Diplom mit 6 Aquarellen, das jetzt das Meraner Museum besitzt. *Dr. Franz Innerhofer.*

Bartinger, Otto, geb. zu Innsbruck 1824, † zu Wilten am 31. 10. 1891. Er trat ins Stift Wilten, wurde Priester, malte die Fresken in der Kirche zu Sistrans und verfertigte auch Holzschnitzereien. *Dr. Franz Innerhofer.*

Bartius, s. *Bartsius.*

Bartl, Johann, Maler, geb. 1765 zu Tarvis, Kärnten, † 21. 11. 1830. Von seinem Vater, *Mathias B.*, der in Tarvis Maler und Vergolder war, notdürftig im Zeichnen unterwiesen, machte B. in Graz u. Wien einige Fachstudien, zog sich aber schon nach zwei Jahren in die Heimat zurück. Er versorgte nun, anfangs mit seinem Vater arbeitend, Kärnten mit Kirchenbildern, in deren Produktion er eine erstaunliche Fruchtbarkeit entwickelte. 1798 siedelte er nach Ober-Villach über und durchstreifte von hier auf Bestellungen als Wandermaler die Umgegenden; zuweilen erstreckten sich seine Exkursionen bis nach Istrien, Krain, Salzburg und Tirol.

Gräffer und Czikann, Österr. Nat. Encycl. — Meyer, Kstlerlex. *H. V.*

Bartle, G. P., amerikan. Holzstecher, in den 80er Jahren des 19. Jahrh. tätig. Gute Illustrationsarbeiten. *E. Richter.*

Bartlet, Thomas u. James, englische Glockengießer des 17. Jahrh., von denen signierte Glocken erhalten sind.

Champeaux, Dict. d. fondeurs etc. Paris 1886. **

Bartlett, Charles W., moderner engl. Maler, tätig jetzt in Beer, Devon, früher in Paris, Holland und Venedig schaffend, fand dort die Motive für seine schlicht und ruhig, dabei sehr malerisch aufgefaßten Figurenstücke und Landschaften in Freilicht, sowohl in Öl- als in Aquarellmalerei. Weiteren Kreisen bekannt geworden sind bisher: Pardon en Bretagne (Aquarell), Begräbnis in Holland (in Winterlandschaft), The Scandalmonger, The Doge's Palace, Festival in Brittany etc. Auch Porträts hat der vielseitige Künstler geschaffen.

The Art Journal, 1906 p. 184. — The Studio, Art in 1898 p. 30. — Die Kunst f. A. 1903/4 p. 70, 312. — Graves, The R. Acad. of Arts, I 135. **

Bartlett, Frederic Clay, Dekorationsmaler in Chicago, geb. am 1. 6. 1873 in Chicago, studierte in München und Paris, auch unter Whistler. Bilder von ihm im Museum in Mainz und Universitätsmuseum, Chicago. *Edmund von Mach.*

Bartlett, Frederic Eugene, amerikan. Landschaftsmaler, geb. am 13. 11. 1852, studierte unter Carolus Duran. Seine Bilder erschienen auf Ausstellungen in New York, Boston und St. Louis. *Edmund von Mach.*

Bartlett, Paul Wayland, Bildhauer in Paris, geb. 1865 in New Haven, Connecticut, Sohn des Bostoner Kritikers und Bildhauers Truman H. Bartlett. Schon als Knabe kam er mit seiner Mutter nach Paris, trat mit 15 Jahren in die Ecole des B.-Arts ein und genoß dann den Unterricht von Fremiet und J. Carriès. In jüngeren Jahren reizte ihn die Tierplastik und zwar sowohl die fein ausgeführte und schön patinierte Kleintierplastik wie die monumentale Tierstatue. Als das berühmteste Werk der letzteren Art gilt sein „Dying Lion". Der Jardin des Plantes in Paris enthält andere schöne Tiergruppen von ihm. Die Bronzegruppe „Böhmischer Bärenführer" brachte ihm 1888 im Salon die goldene Medaille. Zugleich stellte er damals die seltsame, aber fein balanzierte und ausgezeichnet durchgebildete Statue „The Ghost Dancer" aus, die ihn von einer neuen Seite zeigte. Aber zu voller Größe erhob er sich erst in seinen mächtig belebten und prachtvoll durchgebildeten Statuen des Kolumbus (in der Congressional Library in Washington), ferner Michelangelos (ebenda) und in seinen Reiterstatuen von Washington, Mc Clellan (Philadelphia), General Warren (Boston) und Lafayette (auf der Place du Carroussel im Tuileriengarten). Mit der Aufstellung dieser Statue in ihrer feierlichen Eleganz auf so bevorzugtem Platze hat Paris dem bei ihm heimisch gewordenen amerikanischen Künstler eine seltene Ehre erwiesen, aber auch in seinem Vaterlande schätzt man seine monumentale und dabei so lebensvolle Kunst. Denn man findet Werke von ihm, außer den obengenannten, auch in den Museen von New York, Chicago, Philadelphia und St. Louis.

Taft, The History of Americ. Sculpt., New York 1903, 373 ff. (mit Abb.). — Fr. Keyzer, in The Studio XIII 245 ff. (mit Abb.). — Katal. des Salon. — Bulletin de l'art ancien et mod. 1907 p. 200. *Edmund von Mach.*

Bartlett, Truman H., amerikan. Bildhauer, geb. 1835 in Dorset, Vermont. Seine größte Tätigkeit entwickelte er jahrelang in Boston. Seine bedeutendste Statue ist „Horace Wells" vor dem State House in Hartford. In derselben Stadt das Grabmonument für die Familie Clark: „Der Engel des Lebens"; und in Waterbury Connecticut das Grabmal der Familie Benedikt „Weisheit", in Hartford ferner noch „Der verwundete Trommelschläger" und die Quellenfigur für Bushnell Park. Seine meisten Werke sind in Bronze gegossen.

Meyer, Kstlerlex. — Clement and Hutton, Artists of the 19th Century. — Taft, Americ. Sculp. 489. *Edmund von Mach.*

Bartlett, William H., engl. Landschaftsmaler und Zeichner, geb. 1858? Mitglied des Inst. of Oil Painters, studierte auf der Ecole d. b.-arts in Paris unter Gérôme. Sein Gemälde „Soft Persuasion" in der Nat. Gal. in Melbourne. Zahlreiche seiner feinen, scharfen Zeichnungen als Illustrationen zu den von ihm selbst verfaßten Landschaftsschilderungen im Art Journal, 1894, 247—51; 1897, 292—5

Graves, The R. Acad. of Arts, I 135. — Abbildungen in den Roy. Acad. Pictures 1891 ff. **

Bartlett, William Henry, bekannter engl. Architektur- und topographischer Zeichner, geb. am 26. 3. 1809 zu Kentish Town, † am 13. 9. 1854 auf einer Reise von Malta nach Marseille. Er war anfangs für J. Britton beschäftigt, zu dessen „Picturesque Antiquities of English Cities" er eine Anzahl Zeichnungen lieferte. Später unternahm er zu wiederholten Malen Reisen nach dem Orient und Amerika. Von der großen Menge seiner Zeichnungen, die während dieser Reisen entstanden, sind die meisten in Stahlstich in folgenden Werken publiziert: „Das malerische und romantische Nordamerika", nach Bartletts Zeichnungen in Stahl gestochen von H. A. Payne, Mit Text von N. B. Willis. Ins Deutsche übertragen von Susemihl. Leipzig. 1840; „Walks about Jerusalem". 1845; „Forty Days in the Desert", 1848; „The Nile Boat." 1849; „The Overland Route." 1850; „Footsteps of our Lord." 1851; „Pictures from Sicily." 1852; „The Pilgrim Fathers." 1853. — Zwei Zeichnungen von ihm im British Museum.

W. Beattie, Brief Memoir of the late W. H. Bartlett, London 1855. — W. Britton im Art Journal, 1855 p. 24—26. — Redgrave, Dict. of artists. — Binyon, Catal. of Drawings etc. in the British Mus., I 79. **

Bartlme, Meister, Maler in Bozen (1528—1542) verfertigte den berühmten gotischen Flügelaltar für die Pfarrkirche zu Heiligenblut in Kärnten. *Dr. Franz Innerhofer.*

Bartlome, Maler von Basel, 1487 und 1495 urkundlich erwähnt. Werke seiner Hand sind bisher nicht nachgewiesen.

D. Burckhardt bei Brun, Schweizer. Kstlerlex. 1905. *H. V.*

Bartning, Ludwig, Maler in Grunewald bei Berlin, geb. am 30. 4. 1876 in Hamburg, Schüler von Schultze-Naumburg, später in Rom und Karlsruhe, war schon 1899 in der Münchener Sezession mit den Landschaften „Pappeln" und „Herbst" vertreten. In den nächsten Jahren erschienen seine Bilder auf den Sezessionsausst. in Berlin, auch auf der internat. Kstausst. in Dresden (1901 „Campagna") und fanden wegen ihrer starken und vielversprechenden Eigenart anerkennende Beachtung.

Kunst f. Alle 1900, 1902, 1905. — Katal. der Berl. Sezession 1900, 1901, 1908; der internat. Kstausst. Dresden 1901. **

Barto, Münzmeister in Erfurt im 10. Jahrh.

Dannenberg, Die deutsch. Münzen d. sächs.-fränk. Kaiserzeit, 1876 p. 31. **

Bartoccini, Bartolommeo, reproduzierender Kupferstecher, geb. 1816 zu Perugia, tätig zu Rom, woselbst er sich hauptsächlich unter dem Einfluß deutscher Kupferstecher der Amslerschen Richtung bildete. Seine Hauptblätter sind nach Fr. Overbeck gestochen.

Meyer, Kstlerlex. III. — Lupatelli, Pitt. Perug. 1895 p. 90. *H. V.*

Bartoccini, Francesco, gen. il Gubbino, Maler und Töpfer in Urbania, bester Schüler des Tomaso Amantini (nach dessen Tagebuch), ging infolge des abnehmenden Interesses des Publikums für die Keramik zur Malerei über. Gemälde von seiner Hand befinden sich in Ferro und Cagli. Er heiratete am 26. 11. 1636 Caterina Centi.

Raffaelli, Maioliche Durantine p. 152. *E. Scatassa.*

Bartoccini, Francesco, Bronzegießer in Perugia, wo er 1723 im Auftrage des Abtes Baldizzappi den bronzenen Hochaltaraufsatz für die Basilica di S. Pietro goß u. ziselierte.

L'Apologetico II fasc. 13 (1865) p. 59. *

Bartolam (da) Biella, Waffenschmied in der 2. Hälfte des 16. Jahrh. Seine Bezeichnung auf einer Stabrunka im k. Hist. Museum zu Dresden. — Biella, Stadt in der oberital. Provinz Novara.

Führer durch das K. hist. Mus. 3. Aufl. p. 151. — Zeitschr. f. hist. Waffenkunde II 315. *E. H.*

Bartolamio. Ein mit Figuren geschmückter, gotischer Altaraufsatz in zierlicher Holzschnitzerei, ehemals in Pressana (Cologna Veneta), jetzt im Privatbesitz in Venedig, trägt die Signatur: Questa ancona ha fatto Bartolamio intaliatore di Verona 1470.

Rassegna d'arte, 1905 p. 109 (mit Abbild.). **

Bartolammasi, Giminiano, Zeichner aus Modena, tätig in Mailand, † in Faenza um 1750.

Boni, Biografia degli artisti, 1840. **

Bartolanio, Felice di Giuliano, Maler in Rom, um 1468—1490, nur urkundlich bekannt.

A. Bertolotti im Repert. f. Kstwissenschaft. VI 217. *H. V.*

Bartoldo, s. *Bertoldo.*

Bartoldus, Papirius und Simon, s. *Bartoli,* P. u. S.

Bartolena, Cesare, italien. Maler, geb. 1830 in Livorno, † daselbst 1903. Nachdem er bereits in früher Jugend in Florenz unter Pollastrini studiert hatte, nahm er an den Befreiungskämpfen von 1848 als Freiwilliger teil. Hierauf betätigte er sich zunächst als Porträtmaler und seit 1859 auch als Schlachtenmaler, wobei er mit historischen Kriegsszenen begann, um dann zu jenem anekdotisch-novellistischen Soldatengenre überzugehen, das durch Edmondo De Amicis in die italienische Literatur eingeführt worden war. So beschickte er die Mailänder Ausstellung von 1872 mit dem umfangreichen Gemälde „La partenza dei volontari livornesi per la guerra liberatrice della Sicilia" (jetzt in der Pinacoteca Municipale zu Livorno), und diejenige von 1886 mit dem Gemälde „La morte del generale Cosimo del Fante". Bilder von B. wurden von der italien. Königsfamilie und von der Turiner Stadtgemeinde angekauft; mehrere derselben sind durch Reproduktionen, die in den illustrierten Zeitschriften Italiens veröffentlicht wurden, sehr populär geworden. Der Künstler hat eine bisher noch unveröffentlicht gebliebene Selbstbiographie hinterlassen.

Yorick, Fra quadri e statue (Milano 1873), p. 119 f. — M. Calderini in Illustraz. Ital. 1878, II 20; 1885, II 305, 340, 347; 1886, I 498. — Gubernatis, Diz. d. Art. Ital. Viventi (1889). — F. Pera, Quarta serie di Nuove Biogr. Livornesi (Siena 1906) p. 105 ff. *N. Tarchiani.*

Bartolet, s. *Bertholet.*

Bartoletti, Giovanni, Baumeister in Graz, baute 1604 das äußere Paulustor daselbst.

Wastler, Steirisches Kstlerlex. 1883. *H. V.*

Bartoli, Enrico, italien. Architekt, geb. 1837 in Prato, tätig in Parma als Akademielehrer. Im Dome zu Parma schuf er das Denkmal für Girolamo Cantelli. Gemeinsam mit dem Architekten Presenti arbeitete er an den Verschönerungsplänen für Florenz. Auch bei der Herausgabe der „Ricordi di Architettura" war er als Mitarbeiter tätig.

Gubernatis, Diz. d. Art. Ital. Viventi (1889). *N. Tarchiani.*

Bartoli, F., Porträtmaler, stellte 1783 in der Roy. Academy in London ein Porträt aus. Zehn Jahre später war dann dort ein *F. Bartoli* jun. mit 2 Porträts und dem Gemälde Cupido und Psyche vertreten.

Graves, The R. Acad. of Arts, I 136. **

Bartoli, Francesco, Maler in Florenz, 1365 urkundlich erwähnt.

Crowe u. Cavalcaselle, Gesch. d. ital. Malerei. Deutsche Ausg. 1869. I 327. *H. V.*

Bartoli, Francesco, italien. Kupferstecher und Händler, geb. zu Rom um 1675, † um 1730. Sohn, Schüler und Gehilfe seines Vaters Pietro Santo B. Als selbständige Arbeiten werden nur der Katafalk zum Andenken Johann Sobieskis nach G. B. Cipriani erwähnt und 2 Tafeln (No. 117 u. 118) mit Fenstermustern in Rossis „Studio d'Architettura". Nagler, Monogr. II 1931 schreibt ihm eine F. B. bezeichnete Allegorie zu. — Wahrscheinlich ist der Künstler auch identisch mit dem *F. Bartoli,* der im Auftrage des engl. Sammlers John Talman mit G. Grisoni und anderen kolorierte Zeichnungen nach Werken der kirchlichen Kunst aus dem Besitz der Peterskirche in Rom ausgeführt hat. Der Sammelband mit diesen Zeichnungen seit 1893 im British Museum in London (s. *Herbert Thurston* in The Burlington Magazine VIII 37).

Meyer, Kstlerlex. — Boni, Biogr. — Gandellini, Notizie.

Bartoli, Francesco, wenig bekannter Architekturmaler, Zeichner und Stecher aus Reggio, † im Februar 1779.

Zani, Enc. met. III 100. — Boni, Biografia d. artisti.

Bartoli, Gennaro, italien. Kupferstecher der 2. Hälfte des 18. Jahrh. in Neapel, wo er als einer der besten Schüler des Joh. Heinr. Wilhelm Tischbein, damaligen Direktors der Neapeler Kunstakademie, viel Beifall fand.

A. Borzelli in Napoli Nobiliss. IX 74. *G. Degli Azzi.*

Bartoli, Giacomo, Ledertapetenfabrikant und Maler in Ferrara, tätig um 1628—1650.

Cittadella, Not. rel. a Ferrara, p. 655. — Baruffaldi, Vite dei pitt. e scult. Ferr. II 591. **

Bartoli, Giovanni, Silber- u. Goldschmied, geb. zu Siena, fertigte 1369 gemeinschaftlich mit Gio. Marci im Auftrag des Papstes Urban V. die silbernen Büsten der Heil. Petrus und Paulus für S. Giovanni in Laterano zu Rom.

Cicognara, Storia della Scultura I 327. *H. V.*

Bartoli, J., Maler in New York. Sein 1796 gemaltes Porträt des Seneca-Indianer-Häuptlings Ki-on-twog-ky befindet sich in New York, in der Galerie der historischen Gesellschaft.

Meyer, Kstlerlex. *Edmund von Mach.*

Bartoli, Papirius (Bartoldus). Nach seinen und seines Neffen Simone Zeichnungen hat Matthias Greuter 1623 Triumphzüge und Kavalkaden gestochen.

Marolles, Catalogue 1666 p. 109. — Heinecken, Dict. II 170. — Nagler, Kstlerlex. (Greuter). *P. K.*

Bartoli, Pietro, Majolikatöpfer in Osimo, urkundlich erwähnt 1738.

Nuova Rivista Misena III 74. *M. Morici.*

Bartoli, Pietro Santo (Sante, Santi), Maler, Kupferstecher und Radierer, geb. um 1635 in Perugia, † am 7. 11. 1700 in Rom, wohin er bereits in jugendlichem Alter gekommen war. Zuerst dort als Maler Schüler P. Lemaires und Nic. Poussins, widmete er sich später ausschließlich der Kupferstichkunst, in der er namentlich durch die große Anzahl seiner Reproduktionen nach Werken der antiken Kunst zu bedeutendem Rufe gelangte und „als der Hauptvertreter dieser archaeologischen Richtung des römischen Kupferstichs" (Kristeller, s. u.) anzusehen ist. B. war „Antiquar" des Papstes u. der Königin Christine von Schweden. In Meyers Kstlerlex. befindet sich ein ausführliches Oeuvreverzeichnis Bartolis, im ganzen 1126 Blatt, wovon 886 antike Werke wiedergeben. Hervorgehoben seien die Folgen nach den Reliefs der

Marc Aurel- und Trajansäule (Meyer No. 275—352 und 353—380), die Serien der „Antichi sepolcri etc." (Meyer No. 381—490) und „Pitture antiche delle grotte di Roma etc." (Meyer No. 526—600), letztere gemeinsam mit seinem Sohne Franc. B. ausgeführt, ferner die Gemmen des „Museum Odescalchum" (Meyer No. 717—818) und die Bilder des vatikanischen Virgilcodex (Meyer No. 887—941); aus der späteren italien. Kunst die Wiedergabe der reliefartigen Bilder aus Raffaels Schule am Wandsockel unter den Fenstern der Loggien des Vatikans (Meyer 942—953) und in den Fensterleibungen der Stanzen (Meyer No. 954—968), ferner Einzelblätter und Folgen nach Fr. Albani, C. Maratta, A. Carracci, Giov. Lanfranco, Polidoro da Caravaggio etc. Bezeichnet sind seine Arbeiten in verschiedener Weise: *P. B. F.; P. S. B. del. inc.; P. S. B. S.; P. S. B. D. S.; Petr. S. Bart. sculp.; Petrus Santus Bart. sculpsit; Pi. San. Bart.* — Nach Kristeller (s. u.) wählt B., „dem Zwecke seiner Arbeit gemäß eine schnell fördernde, leicht, aber mit regelmäßiger Linienführung zeichnende Radiertechnik, die ohne malerische Prätensionen, den Umriß und alle Einzelheiten scharf hervorhebend, die Formen des Reliefs flächenhaft wiedergibt".

Meyer, Kstlerlex. (mit ält. Lit. u. Oeuvreverz., vgl. dazu wegen der verschiedenen Ausgaben der einzelnen Folgen den Univ. Cat. of Books on Art. 1870 I u. Suppl. v. 1877). — Archives de l'art franç. I 25, 26, 37, 61, 154. — Lupatelli, Pitt. Perug. 1895 p. 74. — P. Kristeller, Kupferst. u. Holzschn. 1905. ***

Bartoli, Simone, italien. Kupferstecher, der eine Reihe von Thesenumrahmungen gestochen hat.

Heinecken, Dict. II p. 174. — Gandellini, Notizie. — Le Blanc, Man. *P. K.*

Bartoli, s. auch damit verbundene *Vornamen* sowie *Bartolo* u. *Bartolommeo.*

Bartolini, Francesco, Maler von Siena, geb. 1569, † 1609, Schüler des Franc. Vanni. Von ihm eine Fran.cus Bartholinus Sen.sis bez. und 1601 datierte Immaculata Conceptio in S. Francesco zu Sarteano.

Brogi, Invent. gener. d. Prov. d. Siena. 1897 p. 544. *H. V.*

Bartolini, Giuseppe, da Castel-Fiardo, Architekt von Loreto (?), um 1751, nur bei Zani (Enc. met. III 101) erwähnt. *H. V.*

Bartolini, Giuseppe Maria, Maler, geb. 1657 zu Imola, † 1725. Er war Schüler des Lorenzo Pasinelli und Cignani und hat für verschiedene Kirchen seiner Vaterstadt und der Romagna zahlreiche Altarbilder gemalt, unter denen „das Wunder des St. Blasius" in S. Domenico als eines der besten genannt wird.

Lanzi, Storia Pitt. 5. Ed. V 1834 p. 169. *H. V.*

Bartolini, Lorenzo, italien. Bildhauer, geb. am 7. 1. 1777 zu Vernio bei Savignano (Toskana), † am 20. 1. 1850 zu Florenz. Von Vernio, wo sein Vater Hufschmied war, kam B. jung nach Florenz, arbeitete hier wie in Volterra eine Zeitlang als alabastrajo und ging 1797 nach Paris, wo er neben seiner handwerklichen Tätigkeit anfing, künstlerische Studien zu treiben und an dem etwas jüngeren Ingres einen Freund fand. Durch ein Relief „Kleobis und Biton", mit dem er den zweiten Preis der Pariser Akademie gewann, lenkte er zuerst die Aufmerksamkeit auf sich. Kurze Zeit nachher erhielt er von Denon, dem Generalinspektor der Pariser Museen, den Auftrag zur Ausführung einer Büste Napoleons; für die Vendôme-Säule entwarf er das Relief der Schlacht bei Austerlitz. 1808 sandte ihn Napoleon nach Carrara mit dem Auftrag, eine Schule für Bildhauer daselbst zu gründen; er blieb hier bis zum Sturz des Kaiserreichs, siedelte dann nach Florenz über und ward nach dem Tode des Bildhauers Ricci an dessen Stelle zum Professor an der dortigen Akademie ernannt (1839).

B. war nach Canova der gepriesenste italienische Bildhauer und galt in Italien als der Begründer einer neuen Richtung der Plastik. Er wollte in der Skulptur etwas Ähnliches, wie Ingres in der Malerei, eine Belebung des Klassizismus, der die Kunst des Empire beherrschte, durch das Studium der Natur; er verlangte, daß die Plastik, um sich von den Fesseln konventioneller Formen zu befreien, den Weg der italienischen Quattrocentisten einzuschlagen habe. In der Florentiner Akademie geriet er mit den Anhängern der alten Schule bald in heftige Konflikte. Doch blieben seine Reformbestrebungen vorwiegend theoretischer Art; seine eigenen Werke stehen mit den Grundsätzen, die er lehrte, keineswegs in völligem Einklang, vielmehr erscheinen sie noch vielfach im Manierismus der früheren Kunstepoche befangen und bezeichnen, im ganzen genommen, kaum einen wesentlichen Fortschritt über Canova hinaus; jedenfalls steht B. der Manier des letzteren in seiner nicht selten weichlichen, zuweilen auch auf drastische Effekte ausgehenden Darstellungsweise näher, als dem strengen und einfachen Stil seines größeren Zeitgenossen Thorwaldsen. Sein Ruhm war weitverbreitet, und zu verkennen ist nicht, daß er in der italienischen Plastik eine lebendige und fruchtbringende Bewegung hervorrief; seine begabtesten Nachfolger waren Giovanni Dupré und Fedi.

Nach Bartolinis Übersiedlung von Carrara nach Florenz war seine erste bemerkenswerte Arbeit die Statue eines Winzers, der Weintrauben keltert („l'ammostatore"), in der sich vielleicht am meisten ein Anschluß an den Charakter der Renaissanceplastik zu erkennen gibt. Florenz besitzt von den Werken des Künstlers eine Carità educatrice (im Pal. Pitti), die Statue Macchiavellis (vom J. 1846; im Portico degli Uffizi), das Denkmal des Commendatore Nic. Demidoff auf der Piazza Demidoff, die Grabmäler der Contessa Zamoyska und des Ministers Vittorio Fossombroni († 1844), sowie das Denkmal Leon Battista Albertis (die drei letzteren in der Kirche S. Croce); endlich im Refektorium von S. Salvi eine Reihe von Gipsbüsten, von denen diejenige des Schauspielers Vestri für die Certosa bei Florenz in Marmor ausgeführt ist Als seine bedeutendste Arbeit gilt die an Canovas „Herkules und Lichas" erinnernde, leidenschaftlich bewegte Gruppe „Neoptolemos (Pyrrhos), den Astyanax von der Mauer Trojas herabstürzend; zu Füßen desselben die in Ohnmacht gesunkene Andromache" (jetzt im Museo Poldi-Pezzoli in Mailand). Von seinen übrigen Werken sind zu nennen: Das Grabmal des Grafen von Neipperg (jetzt in der Steccata zu Parma); das Kenotaph für die Lady Stratford-Canning (im Dome zu Lausanne); eine ruhende Bacchantin (gearbeitet für den Herzog von Devonshire); die Nymphe des Arno; ein Mädchen von einem Skorpion gebissen; die vielfach reproduzierte Figur des christlichen Glaubens (Fiducia in Dio); zwei Kolossalstatuen Napoleons I. (in Bastia auf Corsica und in Amerika); die Büsten seiner Freunde Ingres und Byron, der Frau v. Staël, Denons, Rossinis, Cherubinis, Thiers', Méhuls, Liszts u. a. — B. ward in der Kirche S. Croce zu Florenz bestattet; sein Grabdenkmal wurde von seinem Schüler Romanelli ausgeführt.

G. Pepe, La Carità educ. di L. B. (Firenze 1836). — L. Tonti, La Fiducia in Dio di L. B. (Firenze 1836). — Bonaini, Dell' arte secondo la mente di L. B. (1852). — Scartabelli, Biogr. di L. B. (1852). — H. Delaborde, Sculpt. modernes: Lor. B. (Paris 1855; aus Revue d. Deux-Mondes). — E. Poggi, Della scult. etc. in Italia dall' ep. di Canova etc. (1865). — Alizeri, Not. dei prof. del dis. in Liguria, dalla fond. d. Accad. (1866) III 506 (Ind.). — Campori, Lettere artist. (1866) p. 485 ff., Mem. biogr. di Carrara (1873) p. 281. — P. Martini, Guida di Parma (1871) p. 129. — Maranghi, Onoranze etc. al Bartolini (1873). — Dupré, Ricordi autobiograf. (Firenze 1880). — Primo Levi, Il secondo rinascimento (Roma 1883). — Meyer, Kstlerlex. III 57. — C. Ricci, La R. Galleria di Parma (1896) p. 297. — Willard, History of mod. ital. art (1902) p. 61—100 u. passim. — L. Testi in L'Arte 1905, p. 219. — Natura ed Arte 1906, II 508—516. — Richesses d'Art, Paris, Monum. Civils I 140, 347, 352; Province, Monum. Civ. I 361. — Gaz. des B.-Arts I 59, 111 ff., 240 ff.; II 40—46; III 113 ff., 237 f.; V 323; IX 360; X 308; XIII 192, 375; XIV 12 f.; XVI 286; XXII 422 ff.; XXIII 67 f., 208, 225, 443 ff., 450 ff.; XXIV 10 f., 366, 550; Nouv. série III 104; XVI 6. *G. Tutino.*

Bartolini, Matteo, s. *Castello,* M.

Bartolini, Paolo, italien. Maler, Kupferstecher, Bildhauer und Keramiker der Gegenwart, tätig in Rom. Seinen hervorragenden Ruf verdankt er hauptsächlich einem 1895 in Rom ausgestellten, dort und in Neapel prämiierten und schließlich vom italienischen Staate für die römische Galleria Nazionale angekauften großen Gemälde, auf dem in einem von jeglichem akademischen Konventionalismus frei gebliebenen, mittelalterlichstimmungsvollen Darstellungsstile die Leichenfeier für den hl. Franziskus von Assisi geschildert ist mit dem charaktervoll wiedergegebenen Stadtbilde von Assisi im Hintergrunde. Im Staatsauftrage hatte er den König und die Königin von Italien zu porträtieren. Gegenwärtig leitet er gemeinsam mit Augusto Bompiani die Accademia Raffaello Sanzio in Rom.

Vita Italiana 1896, II 29 f. — Arte e Storia XXIV 40, 48, 56. — Willard, History of modern Ital. art (1902) p. 581. *G. Degli Azzi.*

Bartolini, s. auch *Bartolino* und *Bertolini.*

Bartolino, Bernardino di Teseo, s. *Bartolino,* Teseo.

Bartolino da Ferrara, s. *Bartolino* da Novara.

Bartolino (Bertolino), Fra Gianantonio, Theatiner-Laienbruder in Florenz, Medailleur und Bronzegießer, tätig um 1620—1660, nur von Zani, Enc. met. III 101, erwähnt.

Bartolino, Lelio, Giuseppe und Filippo, die Söhne des Teseo B., sind als Holzschnitzer und Intarsisten in Siena im 16. Jahrh. tätig gewesen.

Milanesi, Arte Toscana. Siena 1873, p. 71 u. 201. *P. K.*

Bartolino (Bertolino, Bartolomeo) da Novara, hervorragender Baumstr. u. Festungsingenieur, erwähnt seit 1368, Erbauer des schönsten Bauwerks in Ferrara, des Kastells, das Markgraf Nicolaus II. 1385 errichten ließ. Von Ferrara berief ihn Markgraf Giov. Francesco Gonzaga nach Mantua zum Bau des festen Castello di Corte (1395—1406). 1400 wurde er zusammen mit Bernardo da Venezia als Sachverständiger nach Mailand gesandt, um Streitigkeiten über die Festigkeit der Fundamente und der Widerlager des Dombaus aufzuklären. Er starb in Ferrara zwischen 1406 und 1410.

Archivio stor. d arte, II 120; V 258—60. — Gruyer, L'art ferrarais, I 12, 29, 265—69, 317, 324, 400, 469. — Atti e Memorie d. R. Dep. di stor. p. le prov. Modena e Parma, ser. III, vol. I parte I p. 1—70.

Bartolino (oder Bertolino) da Piacenza. Dieser Name ist zweimal am unteren Teile einer der 16 Nischen des Baptisteriums zu Parma zu lesen, nämlich einmal steht bei einem Johannes dem Täufer „Bertolin' d. Placencia. fecit", und dann bei einem Fragment der hl. Lucia „Bertolin d. Placen. f." Außerdem sollen sich aber auch am oberen Teile der Nische noch mehrere Spuren desselben Namens finden. Crowe und Cavalcaselle (D. A. II 419), die nur die letztere, von Bertoluzzi zuerst entdeckte und im Guida di Parma p. 32 publizierte Inschrift kannten, schrieben ihm daher nur die rohen Fresken an den unteren Wänden zu, unter denen das Fragment der hl. Lucia noch am besten erhalten ist, und setzten dieselben etwa in das Ende des 13. Jahrh. Wenn Bertolinus aber die ganze Nische ausgemalt hat, wie Lopez (Battistero di Parma, p. 28, 226) annimmt, und wenn wirklich eine der dort vorkommenden Figuren den hl. Nikolaus von Tolentino darstellt, der erst 1310 starb und durch eine päpstliche Bulle von 1331 öffentliche Verehrung erlangte, so können diese Gemälde frühestens um die Mitte des 14. Jahrh. entstanden sein. Die Umgebung des Hauptes des Nikolaus mit einem Strahlenkranze anstatt des Heiligenscheins spricht jedenfalls dafür, daß sie vor der Kanonisation desselben, die erst 1446 erfolgte, gemalt sind. — Vielleicht ist der Schöpfer dieser Fresken, wie Bertoni und Vicini vermuten, zu identifizieren mit jenem von Alizeri erwähnten Maler *Bartolomeo da Piacenza,* der 1414 gemeinsam mit Michele da Piacenza im Palazzo des Niccolò Grimaldi zu Genua Wand- und Deckengemälde mit Wildnisdarstellungen, figürlichen Kompositionen u. a. m. zur Ausführung brachte.

Rosini, Stor. d. Pitt. Ital. I 149. — Lopez, Il Battistero di Parma p. 32 passim. — Crowe u. Cavalcaselle, Gesch. d. Italien. Mal. II 419. — Meyer, Kstlerlex. III 722. — Alizeri, Not. dei Prof. del Disegno in Liguria (1870) I 215 f. — Ambiveri, Artist. piacent. 1879 p. 30 ff. — G. Bertoni u. E. P. Vicini in Rassegna d'Arte 1903, p. 158 (mit Nota 1). — (Mit Notizen von St. Lottici.)

Bartolino (Bartalino), Teseo, Holzschnitzer und Intarsiator von Pienza, tätig in der 2. Hälfte des 16. Jahrh. zu Siena. 1569 arbeitete er, nach Zeichnungen Riccios, gemeinschaftlich mit Benedetto da Montepulciano, Baccio Descherini und Domenico de Chiari an einem Teil des reichen Schnitzwerks im Chor des Doms von Siena. Für die Kirche von Certano lieferte er einen Altar, der später in die Sakristei von S. Bernardo vor der Porta Tufi von Siena gelangte. Er wird am 13. 5. 1572 erwähnt, wo Arbeiten von ihm für die Università dei Notari begutachtet werden, und zuletzt am 5. 6. 1574, wo Domenico Capo und Benedetto Amaroni ein von ihm geschnitztes Prunkbett auf 124 Goldscudi abschätzen.

Offenbar ein Sohn von ihm ist der Sieneser Holzschneider *Bernardino di Teseo B.*, der am 22. 1. 1576 ein Gutachten über eine Arbeit des Ansano di Francesco abgibt.

Meyer, Kstlerlex. III. — Milanesi, Storia dell' arte toscana. 1873 p. 71, 201. — Borghesi e Banchi, Nuovi Documenti Senesi, Appendice zu Milanesi 1898 p. 549, 551, 579, 589, 597. — Erculei, Catalogo etc. d'Intaglio (Rom 1885) p. 144. *H. V.*

Bartolino, s. auch *Bartolini, Bartolommeo* und *Bertolino.*

Bartolo, Bildhauer in Florenz, stellt am 4. 10. 1449 den dem hl. Julius geweihten Altar in der Kirche S. Miniato fra le torri in Florenz auf. Er ist vielleicht identisch mit dem Gehilfen Ghibertis *Bartolo di Niccolò.*

Rivista d'Arte III 90/1. *H. V.*

Bartolo, maestro, Maler von Treviso, um 1651, nur bei Zani, Enc. met. III 102 erwähnt. *H. V.*

Bartolo Bruni, Maler, in der Florentiner Malergilde 1353 erwähnt.

Gualandi, Memorie, VI 178.

Bartolo di Cristoforo di Francesco, Architekt, Bildhauer und Maler (?) in Gubbio, wo er 1337—50 urkundlich erwähnt wird; 1338 war er mit Gian Angelo Donti und anderen Meistern in der Kirche S. Maria de' Laici zu Gubbio tätig, wo er an der Ausführung einer verloren gegangenen Statue der Madonna mit Kind und zwei Engeln beteiligt war.

Mazzatinti in Arch. stor. per le Marche etc. vol. III, fasc. 9—10, p. 1—47; vol. IV, fasc. 13—14, p. 38. — Lucarelli, Guida di Gubbio p. 456, 459. *G. Degli Azzi.*

Bartolo di Donato, s. *Donato* Veneziano.

Bartolo da Firenze, Goldschmied in Rom, mehrfach für den Vatikan tätig, erhält 1501 und 1502 Bezahlung für 2 vergoldete Bronzestiere und 1 Wappen des Papstes Alexander VI. an der Fontäne am St. Petersplatze.

Müntz, Les Arts à la Cour d. Papes Innocent VIII etc. 1898. **

Bartolo da Firenze, s. *Gioggi,* Bart.

Bartolo (oder Bartolomeo) da Forlì, Architekt in Macerata, wo er 1286—89 den Neubau des Palazzo del Comune und 1290 denjenigen des anstoßenden Palastes auszuführen hatte.

Foglietti, Conf. di stor. medioev. Maceratese (Torino 1885). — Colini-Baldeschi in Atti e Mem. d. R. Deputaz. di stor. patr. per le Marche, vol. VI (1903). *V. Aleandri.*

Bartolo, Francesco di, sizilian. Stecher und Radierer der 2. Hälfte des 19. Jahrh., geb. in Catania, Professor an der Akademie zu Neapel, arbeitet außer nach fremden Vorbildern auch nach eigenem Entwurf (namentlich Bildnisse).

Meyer, Kstlerlex. III. — Gubernatis, Dizion. 1889. *H. V.*

Bartolo di Fredi Battilori, sieneser Maler des Trecento. Man lernt den Künstler am besten aus zwei Freskencyklen in S. Gimignano (Collegiata u. S. Agostino) und — für die Tafelmalerei — aus dem Bild des Louvre (No. 1151, jetzt No. 54) kennen; das letztere (von Venturi, Storia dell' arte italiana V 743 Barna zugeschrieben) schließt sich eng an Ambrogio Lorenzettis schöne Präsentation in der Florentiner Akademie (No. 154, aus dem Spital der Mona Agnese in Siena, 1342 gemalt) an und dürfte daher in die frühe Zeit Bartolos fallen, als er von Ambrogio lernend abhängig war (um 1355). So eng er sich an sein Vorbild anschließt, so wenig gelingt es ihm, den Zauber malerischen Lebens und duftiger Tiefe zu erreichen, den Ambrogio gab. Alles ist vereinfacht, selbst die Architekturbekrönung des Oberteils massiver und reizloser, und der Innenraum hat die deliziöse Pracht verloren, durch welche Ambrogio den heiligen Tempel verschönte. Vermutlich wurde das Bild für eine Dorfkirche gemalt, wo bescheidene Reize genügten — die Provenienznotizen führen nicht über das Musée Napoléon III. (ehem. Sammlung Campana) zurück. Aber diese demokratische Dürftigkeit erweist sich als Vorzug bei den Figuren; sie geben eine muntere Frische der Erscheinung und kommen nicht so vorsichtig, freilich auch nicht so feierlich heran, wie die des Lorenzetti. Deutlich ist der Drang nach lebendiger Natürlichkeit zu spüren; in diesem Sinne wird auf die Manipulationen Wert gelegt, und die Erzählung ist frisch und ohne Umstände. Es hat einen eigenen Reiz zu beobachten, wie Bartolo sich vom Preziösen lossagt, das damals in Siena über alles geschätzt wurde. So ist er auch mehr dem Fresko geneigt, als der so viel Geduld erfordernden Tafel; die beiden Zyklen in S. Gimignano bestätigen dies. Derjenige in der Collegiata mit 24 Szenen aus dem alten Testament soll nach Vasari 1356 datiert und signiert gewesen sein. Diese Fresken wären dann, abgesehen von Lippo Memmis Maestà im Pal. communale, der früheste erhaltene Freskenzyklus dieser Stadt gewesen, früher jedenfalls als Barnas (1380) u. Taddeo di Bartolos (1393) Arbeiten. Die Bilder sind schon deshalb bemerkenswert, weil eine so vollständige Darbietung alttestamentlicher Vorgänge sonst in der sieneser Schule nicht existiert. Hervorzuheben sind Abrahams Abreise aus Chaldaea, Noahs Bau der Arche und der Durchzug durchs rote Meer. Die erste Szene stellt ein Mahl dar, dem Abraham mit Sarah präsidieren; Musik und Pagen, munteres Treiben. In der Höhe erscheint Gott, in der Glorie der Engel, aber auch vom Teufel begleitet, um Abraham die Abreise zu befehlen. Diese Gruppe erinnert an das Hiob-Fresko im Pisaner Camposanto, das Sirén („Giotto" S. 151) mit Recht Francesco da Volterra genommen und Taddeo Gaddi gegeben hat. Da dieser Florentiner 1355 in Siena war (vergl. das datierte Bild der dortigen Galerie), so ist es sehr wahrscheinlich, daß Bartolo das Motiv von Taddeo entlehnt hat. Nicht weniger munter als bei diesem Festmahl, geht es bei dem Bau der Arche zu, wo der Weinkrug umgeht und wo tüchtig gesägt, gezimmert, gebohrt und gehobelt wird. Beim Durchzug durchs rote Meer versucht sich der Künstler an einem landschaftlichen See- und Stadtstück; in den Fluten fängt man hinten die fettesten Karpfen, während vorn das ganze Pharao-Heer elendiglich ertrinkt. Staunend sehen dies am Strande die trockenen Israeliten, deren Frauen auf Dromedaren behaglich durch die Wüste reiten. Alles ist mit einer solchen Fülle von Einfällen gesättigt, daß man den in Siena sonst herrschenden lyrischen Grundton kaum noch durchfühlt. — Etwa 10 Jahre später entstand der 2. Zyklus in S. Gimignano, Geburt und Tod der Jungfrau (1859 aufgedeckt) in S. Agostino, in der Kapelle rechts vom Hochaltar; seltsam großzügig und feierlich, namentlich in der Geburtsszene. Auch hier ist die Erzählung frisch; aber das Detail ist begrenzt. 1368 kam Bartolo nach Siena zurück, wo er erst um 1410 starb. Ob er vor 1380 in Volterra in der Kathedrale gemalt hat, ist zweifelhaft. Für Montalcino hat er zwei datierte Altäre 1382 und 1388 gemalt. Teile von letzteren sind in der sieneser Galerie (II. Saal No. 84, 87—89). Andere Werke in Chianciano, Val d'Orcia bei Pienza und manches kleinere in der Terra di Siena verstreut; ferner im Museo cristiano des Vatikans Schrank Q, No. 3. Der Stil Bartolos ist der der Lorenzettischule, aber mit einem deutlichen Einschlag des Realistischen im Sinne lebhafter Erzählung. Das kleine kostbare Zieraltärchen war weniger seine Domäne, wenn er auch in dem Madonnenbild des Berliner Kaiser Friedrich-Museums No. 1072, das früher Lippo Memmi zugeschrieben wurde, schöne Leuchtkraft und feine Durchführung erreicht. Noch wichtiger aber ist die Stellung Bartolos als Lehrer, denn nicht nur Andrea di Bartolo und Taddeo di Bartolo haben unter ihm gelernt, selbst Sassetta dürfte sein, wenn auch nicht persönlicher Schüler genannt werden. Ist es wahr, daß die beiden Lorenzetti 1348 der Pest zum Opfer gefallen sind, dann war der damals kaum 20jährige Bartolo der Erbe ihres Ateliers. Wichtig ist der Florentiner Einschlag, der durch Taddeo Gaddi vermittelt wurde.

An Daten wird noch überliefert, daß der 1330 geborene Bartolo di Fredi Battilori 1353 mit Andrea Vanni eine Bottega geführt habe. Aus der 1359 geschlossenen Ehe stammt der Maler Andrea di Bartolo (s. Bd. I 449). Aus den Doc. senesi Milanesis erfahren wir noch manches Persönliche.

A. Venturi, Storia dell' arte ital. V 744. — Rassegna d'arte 1903 p. 22; 1904 p. 118, 147; 1905 p. 102. — Archivio stor. d. a. III 41. — Miscell. Stor. d. Valdelsa XIV 194—211, XV 1—18, 57. — Rassegna nazionale XXVIII fasc. 598 p. 33—48. — O. Sirén in l'Arte IX, fasc. V. — Brogi, Inventario . . . . della Provincia di Siena 1897 Reg. — Vgl. außerdem die engl.

Ausgabe Crowe u. Cavalc., Milanesis u. Borghesi-Banchis Doc. sen. *P. Schubring.*

Bartolo di Giovanni, Maler, wird 1410 als Mitglied der S. Lukas-Bruderschaft von Florenz aufgeführt.

Gualandi, Memorie VI 178. *H. V.*

Bartolo, Giovanni, gen. Rosso, s. *Rosso,* Giov. d. B.

Bartolo, Jacomello di, Steinmetz aus Venedig, ansässig in Ancona, erhielt 1457 für Arbeiten an der Veste Roccacontrada (Arcevia) bedeutende Zahlungen.

Rivista Misena V 54. *E. Scatassa.*

Bartolo da Lobiano, Steinmetz in Ancona, wo er 1495 gemeinsam mit Antonio da Lobiano am Palazzo degli Anziani arbeitete.

Nuova Rivista Misena IX 38. *M. Morici.*

Bartolo, Matteo di Giovanni, s. *Matteo* di G.

Bartolo di Michele, s. *Bartoluccio* di Michele.

Bartolo, Nencio (d. h. Lorenzo), Bildhauer und Architekt in Florenz um 1436, nur von Zani, Enc. met. III 102 erwähnt.

Bartolo di Niccolò, Bronzebildner in Florenz, erhält als Gehilfe Ghibertis bei Anfertigung der ersten, 1424 vollendeten Tür des Baptisteriums eine jährliche Bezahlung von 75 Goldgulden (vgl. auch Artikel *Bartolo,* p. 558).

Patch, Le Porte del battistero di S. Giovanni, Firenze 1774. *H. V.*

Bartolo di Paolo, Miniaturmaler von Venedig, um 1597, nur bei Zani, Enc. met. XIV 266, mit Lob erwähnt. *H. V.*

Bartolo di Richo di Lapo, s. *Richo* di L.

Bartolo della Roccacontrada, Steinmetz aus Arcevia, der 1356—57 aus Rovigno (Istrien) Marmorblöcke für den Bau des päpstlichen Kastells zu Ancona herbeizuschaffen hatte.

Nuova Rivista Misena V (1892) 55. *M. Morici.*

Bartolo di Romolo, s. *Romolo,* B. di.

Bartolo, Taddeo di, s. *Taddeo* di B.

Bartolo, s. auch *Bartoli, Bartolommeo* und *Bortolo.*

Bartolomaeus de Artusis de Cremona; ein Fresko, darstellend Maria mit dem Kinde und dem hl. Leonhard (Halbfig.) in der Cappella dell' Incoronata des Domes zu Mantua, trägt die Inschrift „d btolomeus de artusis de cremona fecit fieri die 26. 8. 1432", womit nur der Stifter gemeint ist.

Crowe u. Cavalcaselle, Gesch. d. ital. Malerei. Deutsche Ausg. 1873. V 444. *H. V.*

Bartolomaeus Brixiensis, s. *Bartolomeo* da Brescia.

Bartolomaeus, s. auch *Bartholomaeus, Bartholomeus, Bartolo* und *Bartolommeo.*

Bartolomé (el maestro), span. Bildhauer, lieferte 1278 neun Apostelstatuen in Lebensgröße für die Hauptfassade der Kathedrale von Tarragona.

Cean Bermudez, Dicc. I 95. △

Bartolomé, Maese, Goldschmied und Architekt, welcher von 1320—25 verschiedene Arbeiten in der Kathedrale von Gerona ausführte. Am 10. 5. 1325 erhielt er für seine Mitarbeit an dem Altar allein 1000 sueldos. Vgl. auch *Berneč.*

Viñaza, Adic. I 23. *M. v. B.*

Bartolomé, Maler in Barcelona um 1374.

Viñaza, Adic. I 23.

Bartolomé, maestro, Kunstschmied, der in den 20er Jahren des 16. Jahrh. das köstliche Gitter anfertigte, welches die Capilla real in Granada abschließt. 1524 erhält er eine Zahlung für Arbeiten an dem Gitter vor dem Hochaltar der Kathedrale in Sevilla. Auch in Jaen scheint er tätig gewesen zu sein.

Gestoso, Artif. Sevill. II 362. — Cean Bermudez, Dicc. I 95. — Lüer-Creutz, Metallkunst I 161. — Martí y Monsó, Estud. hist. artist. 77. *M. v. B.*

Bartolomé, span. Waffenschmied in Valladolid, dessen Signatur auf zwei von 1722 datierten, meisterhaft ziselierten Büchsenschlössern der Armeria Real zu Madrid zu lesen ist.

Catálogo de la Real Armería de Madrid (1898) p. 329. *

Bartolomei, Luca, Töpfer in Urbania, von P. Pungileoni, zuerst am 4. 2. 1542 erwähnt; schließt am 26. 2. 1543 mit den Meistern Fedele di Giovanni, Francesco qu. Bertini und mastro Merlini eine Werkstattvereinigung, aus welcher gute Arbeiten hervorgingen. Aus dem Kontrakte ist Art und Preis der Arbeit ersichtlich. Nach einem weiteren Dokumente lebte er noch 1567.

P. Pungileoni, Storia delle Maioliche Urbinati p. 337. — Rass. bibl. d'Arte ital. IV 202. *E. Scatassa.*

Bartolommeo, Maler in Florenz, 1236 erwähnt.

Vasari-Milanesi, Vite etc. I 264.

Bartolommeo, einer der ersten in Florenz erwähnten Maler, soll um 1240 dort tätig gewesen sein und wird in der älteren Kunstliteratur als Urheber des Verkündigungsbildes in der S. Annunziata angenommen. Nach Milanesi könnte er höchstens für ein etwa zugrunde gegangenes Original der jetzt dort befindlichen Verkündigung in betracht kommen.

Vasari-Milanesi, Vite etc. I 542.

Bartolomeo, Maler in Verona, urkundlich erwähnt 1350.

P. Molmenti, Stor. di Venez. nella vita priv. (1905) I 392. *A. Baracchi.*

Bartolomeo, Bildschnitzer in Venedig, urkundlich erwähnt 1344—1371 als Guardian Grande der Scuola Grande della Carità.

P. Paoletti, Archit. e Scult. etc. in Venezia (1893) p. 81. *A. Baracchi.*

Bartolomeo, Maler in Venedig, urkundlich erwähnt 1382.

Archivio Veneto XXXIII 400. *A. Baracchi.*

Bartolomeo (Fra), Abt von S. Felice, Miniator und Architekt in Bologna, begann 1384 unter Frate Andrea Manfredi den Bau des Glockenturms von S. Maria dei Servi, Bologna.

M o t h e s, Die Baukunst des Mittelalters, p. 496.

Bartolomeo, maestro, italien. Architekt, erwähnt in einer Urkunde vom 18. 1. 1400 als „homo valde fructuosus", der damals beim Baue der Stadtmauern von Reggio Emilia beschäftigt war.

G. B. V e n t u r i in Atti e Mem. etc. per l'Emilia (1883), ser. III, vol. II, p. 29 ff. *F. Malaguzzi-Valeri.*

Bartolomeo, Holzbildhauer in Venedig, schnitzte 1463 die Laub- und Blumenornamente an einem Kruzifix für die Kirche S. Zaccaria.

P. P a o l e t t i, Archit. e Scult. etc. in Venezia (1893) p. 63. *A. Baracchi.*

Bartolomeo, Bildhauer in Venedig, † vor dem 3. 9. 1476.

Archivio Veneto XXXIII 419. *A. Baracchi.*

Bartolommeo, Fra. „Bartolomeo et Sancti di Paulo di Jacopo popolo di San Felice", am 28. 3. 1472 in Florenz geboren. Sein Vater, Maultiertreiber und Wagenbesitzer (Fattorino), aus Genua stammend, wurde 1478 in Florenz ansässig und erwarb vor der Porta S. Pier Gattolino ein Haus, wonach Bartolommeo familiär *Baccio della Porta* genannt wurde. 1485 trat er bei dem Maler Cosimo Rosselli in die Lehre. Mit seinem dortigen Mitschüler Mariotto Albertinelli schloß er enge Freundschaft, und sie beide taten 1492 eine gemeinsame Werkstatt in dem väterlichen Hause auf. Ein kurzer Bruch zwischen beiden Freunden, ein erneutes Zusammenarbeiten, wiederum Trennung in den Jahren der Bußpredigten des Fanatikers Savonarola bezeichnen den Wechsel der äußeren Verhältnisse. 1496 und 1497 verbrennt Bartolommeo alle seine Bilder und Zeichnungen nicht streng religiösen Inhaltes bei den von Savonarola veranstalteten „Bruciamenti delle vanità". 1498 am 23. Mai wird der Fanatiker selbst von der erregten Gegenpartei auf den Scheiterhaufen gebracht und verbrannt. Bartolommeo zaudert noch, übernimmt den Auftrag eines Jüngsten Gerichts für den Kirchhof von S. Maria Nuova. 1500 bricht er mitten in der Arbeit ab und tritt am 26. 7. als Novize in das Dominikanerkloster zu Prato ein. 1501 kehrt er als Frate Bartolommeo nach Florenz zurück, wo er in S. Marco weiterhin sein Leben verbringt. Anfänglich entsagt er der künstlerischen Tätigkeit, offenbar nur im stillen für sich, wie die außerordentlich zahlreichen Handzeichnungen erweisen, dieselbe übend. 1504 jedoch übernimmt er einen neuen Auftrag für ein Bild: die Erscheinung der Maria vor dem hl. Bernhard, heute in der Akademie zu Florenz. Mühselig offenbar, da er erst nach drei Jahren das Bild abliefert, arbeitet er sich wieder hinein. 1505 wird er zum Vorsteher der Malerwerkstatt von S. Marco ernannt. Vielleicht um neue Anregungen zu gewinnen, geht er im April 1508 nach Venedig. — Florenz war damals gänzlich verlassen, Leonardo da Vinci war nach Frankreich gegangen, Michelangelo weilte schon seit einigen Jahren in Rom, Raffael hatte sich ebenfalls dorthin begeben. — Nach einigen Monaten kehrt er zurück, und nun beginnt eine außerordentlich rege künstlerische Tätigkeit. Um all die Aufträge zu erledigen, zieht er seinen Jugendfreund Albertinelli heran und errichtet mit diesem 1509 in S. Marco eine große Werkstatt. Das Werkstattzeichen ist ein Kreuz in zwei verschlungenen Ringen stehend. Am 3. 1. 1512 wird die Arbeitsgemeinschaft aufgelöst, und der Frate ist auf geringere Gehilfen, unter denen Fra Paolino und Giovanni Sogliani voranstehen, angewiesen. 1514 begibt sich Fra Bartolommeo nach Rom, wo er neue Anregungen von Michelangelo und Raffael in sich aufnimmt. Im Juli desselben Jahres kehrt er malariakrank zurück und begibt sich auf das Landgut der Dominikaner in Pian' di Mugnone zusammen mit Fra Paolino und Fra Agostino. Anfang 1515 geht er über Pistoja nach Lucca, seinen alten Freund Pagnini, der ihm dereinst nach seiner Einkleidung den ersten großen Auftrag zukommen ließ, zu besuchen. Dort malte er seine große Mater misericordiae. Zugleich ergeht eine Aufforderung König Franz' I. von Frankreich an ihn, nach Paris zu kommen. Am 4. 10. 1515 ist er wieder in Pian' di Mugnone. Am 30. 11. beehrt ihn Papst Leo X., der damals seinen festlichen Einzug in Florenz, seiner Vaterstadt, hielt, mit einem Besuch seiner Werkstatt in S. Marco. Im Sommer 1517 ist der Künstler wieder leidend in Pian' di Mugnone, wo er, wohl an einem erneuten Malariaanfall, am 31. 10. 1517 starb.

Die künstlerische Entwicklung des Meisters gliedert sich durch genannte Ereignisse deutlich in vier Epochen. Die Jugendzeit (bis 1500), die durch den Eintritt ins Kloster ihren Abschluß findet. Die zweite Lehrzeit (1500—1508), wo im Anschluß an seine venetianische Reise seine Maltechnik einen außerordentlichen Aufschwung nimmt. Dann folgt die erste Blütezeit (1508—1514). Der Stil seiner letzten Epoche wird durch die starken römischen Eindrücke bestimmt (1514—17).

Als die einzigen absolut echten Werke seiner Frühzeit sind zu nennen: zunächst das Porträt Savonarolas im Kloster von S. Marco, wo in den hartgeschnittenen Zügen des groben, häßlichen Profils mit der großen Nase, den geschwollenen Lippen und dem flammenden Auge der Fanatiker gut charakterisiert ist. Bedeutsamer ist das 1498 begonnene große Fresko auf dem Kirchhof von S. Maria Nuova. Hier setzt Fra Bartolommeos außerordentliche kompositionelle Begabung mächtig ein. Er malt ein jüngstes Gericht feierlich groß von tiefreligiösem Geiste erfüllt, ohne jene Kleinlichkeit der Detailbildung, die im Quattrocento immer das große Ganze vergessen ließ. Domenico Ghirlandajos Fresko der Krönung Mariae im Chor von S. Maria Novella mag das Vorbild gewesen sein. Aber der Frate geht in der Disposition der Figuren ganz bedeutend über dieselbe hinaus. In der Himmelszone, die allein eigenhändig von ihm vollendet ist, wagt er den bedeutsamen Schritt aus der auch bei Ghirlandajo vorhandenen flächenhaften Reliefkomposition in die Raumkomposition. Gewiß war Leonardo da Vinci in seiner Epiphanie als Entdecker der Raumwerte in der Gruppenkomposition aufgetreten. Das Jahrhundert hatte besonders in der ersten Hälfte mit allen Mitteln der perspektivischen Verkürzung und Überschneidung auf dem Wege verstandesmäßiger Betrachtung auf räumliche Wirkungen im Bild hingestrebt. Das spätere Quattrocento hatte den Kampf aufgegeben. Ghirlandajo bedeutet ein Zurückgreifen auf Giottos Flächenkomposition. Leonardo hatte das Problem des Raumes wieder aufgegriffen. Fra Bartolommeo sucht in seiner Weise in die Tiefen des Raumes zu dringen. Wenn Leonardo als Grundriß den in die Tiefe gelegten Kreis annahm und auf diesem die Raumpyramide errichtete, so ist hier der nach vorn geöffnete Halbkreis gegeben. Die Jünger rechts und links bilden zusammen einen Halbkreis. Starke Überschneidungen verstärken die räumliche Wirkung. Christus schwebt etwas erhöht im Hintergrunde am äußersten Rande des Halbkreises. Diese neu gewonnene Verwertung der Tiefe zur Ausbreitung der Gestalten, oder umgekehrt gesagt, diese Konstruktion des Raumes mit Hilfe strenger, fast architektonischer Entwicklung in bewußter Gliederung ist außerordentlich wichtig geworden für die große Komposition. Raffaels Disputa liegt das gleiche Schema zugrunde, nur daß er das, was Fra Bartolommeo hier bescheiden begonnen, reicher ausgestaltet. Wenn wir die einzelnen Gestalten prüfen, so entdecken wir starke Reminiszenzen besonders an Lorenzo di Credi und dessen schwere, volle Formgebung, während die Manier seines Lehrers Rosselli vollkommen überwunden ist. Der untere Teil des Bildes ist ebenso wie die Engel von Albertinellis Hand vollendet. In dem sehr ruinierten Zustand lassen sie immerhin die schwächere Hand erkennen. Auch hier ist der auf Fra Bartolommeos Entwurf zurückgehende Grundgedanke der der räumlichen Figurendisposition im Halbkreis mit starker Aushöhlung der Mitte.

Außerdem gehören dieser Zeit noch die mit Hilfe Albertinellis vollendete Verkündigung im Dom zu Volterra (datiert 1497) und die entzückenden kleinen Flügelbilder zu einer Marmormadonna Donatellos in den Uffizien mit der Geburt, der Darbringung im Tempel auf der Vorderseite und der Verkündigung auf der Rückseite. Die Delikatesse der Malweise ließe fast eine spätere Entstehung vermuten, wenn nicht die ganze Sauberkeit der Arbeit, die solide Durchbildung der Falten, die rundliche Bildung der Kopftypen ganz analog denen des Jüngsten Gerichts wären und ebenso wie diese stark an Lorenzo di Credi erinnerten, auf den auch der landschaftliche Grund auf der Geburt hinweist. Das Triptychon in der Slg. Poldi-Pezzoli von 1500 ist neuerdings als Albertinelli erkannt und ist sicher von den Bildchen des Frate influenziert.

Bei der sehr geringen Anzahl von Gemälden sind wir nun auf eine andere Quelle zur Erkenntnis von Fra Bartolommeos Entwicklung hingewiesen. Das sind seine sehr zahlreichen Handzeichnungen, mit denen besonders die Uffizien, ferner der Louvre, das Münchener Kupferstichkabinett und das British Museum in London reich bedacht sind. Endlich kommt Weimar hinzu, wo in zwei Bänden Zeichnungen des Frate und seiner Werkstatt vereint sind. Fra Bartolommeos Handzeichnungswerk, an Größe das aller andern Renaissancemeister übertreffend, birgt neben vorzüglichen Gewandstudien von ganz hervorragender Schönheit, sorgsamen Kreide- und Rötelstudien nach der Natur, eine außergewöhnlich große Zahl von Bildskizzen, Kompositionsentwürfen. Das ist etwas ganz Eigenartiges. Die Kompositionsskizze ist eigentlich erst durch Leonardo da Vinci geschaffen worden. Fra Bartolommeo und Raffael sind darin seine besten Schüler. Zumeist mögen diese Skizzen während der Zeit entstanden sein, als der Künstler, der seiner künstlerischen Tätigkeit entsagte und still für sich seinen bildnerischen Gedanken nachging, dieselben in leichter Federskizze festhielt. Es sind vorzüglich Madonnenkompositionen, die Madonna mit Kind und Engeln, die er in immer neuen liebenswürdigen Variationen hinwirft. Raffaels Madonnenkompositionen sind gewiß manches Mal von diesen anmutigen, frischen Zeichnungen des Frate angeregt. Was die Technik betrifft, so scheint sie teils von Ghirlandajo, teils von Perugino abzustammen: feiner Kreuzstrich, leichte schwunghafte Linienführung. Anders deuten seine sorgfältigen Studien in Kreide mehr auf Lorenzo di Credi in der sorgsamen Behandlung und runden Formgebung und zugleich etwas unbewegten Haltung. Bei der weiteren Entwicklung sind es immer grade die Zeichnungen, die den andauernden Fortschritt des Meisters besonders glänzend offenbaren. Die nächste Epoche bringt in der Skizze lebendigere Linienführung, frischere, mehr leonardeske Kompositionsmotive, in der Studie weitere, geschmeidigere Formgebung. Die Zeichnungen der dritten Epoche — Kompositionsskizzen sind selten — vorzüglich Gewandstudien, sind die Hauptdenkmale des großen Gewandstiles in Florenz, groß bewegte, machtvolle Gestalten in ausdrucksvoller Bewegung in groß geworfene Gewänder gehüllt, deren schöner Faltenwurf in seiner Breite die großen Formen der Körper geistvoll akkordiert. Dabei herrschen noch feste Formgebung, strenge Zeichnung, sorgsame Einzelbildung. Mit welcher Gründlichkeit der Künstler seine Studien machte und wie er nicht allein nur einem malerischen Gewandstil zustrebte, sondern die Größe des Wurfes durchaus plastisches Gepräge trägt, erweist, daß er seine gewandeten Figuren immer erst als Akt studierte — zahlreiche Aktstudien zeigen das — und daß er erst nach vollkommener Erkenntnis des funktionellen Körperbaues die Gewandstudien machte. So haben seine faltenreichen Gewänder etwas durchaus Organisches, voll innerer Wahrheit. Kreide und Rötel sind das Material, die Feder tritt ganz zurück. In seiner letzten Zeit überwiegt Rötel. Die Strenge der Zeichnung und plastischen Durchmodellierung weicht einer mehr flüchtigen, schwunghaften, breiten Manier. Raffaels Einfluß wirkt in ihnen nach. In den Skizzen, die sich jetzt wieder öfters finden, ist er aufgeregt und unruhig.

Wir haben damit seine Entwicklung in der Zeichnung voraus genommen, weil der Frate sich da am ungezwungensten ausgesprochen, am natürlichsten gegeben hat. In seinen Gemälden — es sind fast alles Tafelbilder, die er seit seinem Wiedereintritt in die Malerwerkstatt 1504 geschaffen, — beobachten wir zunächst eine schwankende Unsicherheit. Die Erscheinung der Maria vor dem hl. Bernhard in der Akademie zu Florenz zeigt, wieviel er verlernt hatte. Filippino Lippi und Perugino inspirieren ihn; ein reiner Stil resultiert noch nicht. Nur nähert er sich hier schon der großartigeren Auffassung des Cinquecento in dem Herabschweben der Maria, während das Quattrocento die Szene als natürliche Erdenszene mit dem einfachen Herantreten der Mutter Gottes an das Lesepult des Heiligen faßte. Ein Christus als Gärtner im Louvre zeigt ebenfalls noch Unsicherheit mit dem deutlichen Streben nach einem starken, lebendigen Ausdruck von noch quattrocentistischer Eckigkeit. Sein Christus in Emmaus in S. Marco zu Florenz, in der Feierlichkeit des Ausdruckes vielleicht das schönste, was der Künstler geschaffen, zeigt im Vergleich zu der gleichen Darstellung Fra Angelicos ebenda eine schon stark cinquecentistische Auffassung in der weichen Abrundung des Bildes und den großen geschlossenen Formen. Eine niedliche kleine Geburt in der Slg. Hertz zu London gehört in die gleiche Zeit. Wohl nur Werkstattbild, aber ganz im Geiste des Frate, ist die Himmelfahrt der Maria im Kaiser-Friedrich-Museum zu Berlin.

Auf eine eigne Höhe sollte sich jedoch Fra Bartolommeos Technik erst unter Einwirkung venetianischer Kunst erheben. 1508 kehrt er von Venedig heim. Vorzüglich Giovanni Bellinis glänzende Lokalfarben haben auf ihn gewirkt. Das zeigt besonders sein prachtvoll gemaltes Altarbild der Madonna zwischen den Hl. Johannes und Stephanus im Dom zu Lucca. Glanz und Klarheit strahlender Farben vereinen sich mit außerordentlicher Bestimmtheit der Modellierung und Geschlossenheit der Komposition. Die verdeckte Symmetrie wirkt ebenso wie die lineare Verbindung der Gestalten für die kompositionelle Einheit. Zum ersten Male venezianische Glühkraft der Farbe in Florenz, zum erstenmal auch der kleine musizierende Putto von dort. Aber neben Bellini hat auch Giorgione sichtlich auf den Frate eingewirkt. Das verrät seine im Ausdrucke so reiche Verklärung der hl. Katharina und Magdalena im Museum zu Lucca. Die Feinheit der Akzente, die Zartheit der Empfindung sind hier ganz außergewöhnlich. Zwei auf Wolken kniende Gestalten: die eine, die hl. Katharina, überirdisch verklärt den Blick nach oben richtend, ein schlichtes Schwarz-Weiß im Gewand, äußerste Delikatesse in dem zartbewegten Linienspiel der feinen Profilgestalt, alles leicht beschwingt, weltentrückt; die andere, die Magdalena, eine weltlich schöne Gestalt von den Reizen weicher venezianischer Schönheit, strahlend in lichtem roten Gewand und einem prachtvollen, schweren, braunroten Mantel, den Blick zur Erde gerichtet, das Gesicht in weicher Dreiviertelansicht, der Ausdruck gleichgültig, leer: zwei große psychische Kontraste auf vielfache Weise in die physische, sinnliche Augenerscheinung umgesetzt. Die begeisterte Askese in mageren feinen Linienspielen und schlichten Farben, die träge Sinnenlust in weicher Fülle, in runden Schwingungen und glühender Farbenpracht! Am meisten werden wir jedoch in der schönen Landschaft, die weit in der Ferne uns entgegenstrahlt, an Venedig und Giorgione gemahnt. Der obere Teil des Bildes ist leider nicht mehr eigenhändig, sondern von Albertinelli vollendet.

Die fruchtbarste, reichste Epoche in der Kunst des Frate hat damit begonnen. Emsig wird in der Werkstatt von S. Marco gearbeitet. Ein glänzendes Altarbild nach dem andern wird vollendet. Eine entwicklungsgeschichtlich interessante Serie von Bildern erfolgt. Das Thema ist die Madonna von Heiligen umgeben, die sagra conversatione der venetianischen Malerei in florentinischer Umgestaltung. Nach dem Muster Bellinis sind die Gruppen vor eine mächtige Nische gestellt mit kräftigem Seitenlicht. Das erste

Bild dieser Reihe ist eine stehende Madonna mit sechs Heiligen in der Kirche von S. Marco zu Florenz (1509), wirkungsvoll in der Kraft der Helldunkelbeleuchtung, die geschickt der Aufstellung des Bildes angepaßt wird. Besonders interessant der schwebende Engel rechts, der von oben her vom Licht getroffen wird. Die nächste Redaktion, eine Verlobung der hl. Katharina im Louvre (1511) bringt eine neue kompositionelle Belebung. Mit dem venezianischen Helldunkelnischensystem vereint sich das Leonardeske Kompositionsprinzip der kraftvollen Raumpyramide. Maria ragt empor, ringsherum im Kreis gruppieren sich die Gestalten räumlich klar in der Tiefe. Dazu beleben sich die einzelnen Figuren in lebensvollen Motiven mit frischen Kontraposten. Den Höhepunkt dieses Themas bezeichnet die Vermählung der Katharina im Pitti (1512). Der Reichtum der Bewegungsmotive, die Lebendigkeit der Gestalten, deren monumentale Bildung und Gewandbehandlung, dazu die prachtvolle Raumgestaltung, bald durch die architektonische Gruppierung der Gestalten, bald durch das kraftvolle Helldunkel herausgeholt, sind hervorragend. Bewegungskontraste wie Licht- und Schattenkontraste geben ein außerordentlich lebendiges Zusammenspiel. Das ist eine der großartigsten Altarkompositionen, die die florentinische Kunst geschaffen hat. Die Madonna in Gloria in der Kathedrale zu Besançon (1511), nicht ganz eigenhändig mit Hilfe Albertinellis ausgeführt, hat wieder mehr malerische Reize. Besonders schön sind die Aktfigur eines hl. Sebastian, eine Reminiszenz aus Bellinis Konversation in der Akademie von 1479 und ein pathetischer hl. Bernhard. Das letzte Stück in der Reihe ist eine hl. Anna selbdritt inmitten von Heiligen in den Uffizien, die nicht über die Untermalung herausgekommen ist. Die Komposition ist streng architektonisch und bei aller Großartigkeit etwas nüchtern. Die Grenzen der Kunst des Frate sind hier am besten zu erkennen. Die Erfindung ist mangelhaft und es fehlt an der nötigen Zusammenfassung. Man merkt, jedes Motiv ist für sich mühsam herausgearbeitet und eine Figur ist neben die andere gestellt. Die Erfindungskraft versagt bald. Und so ist auch die Zahl der behandelten Themen gering. Außer dem vielfigurigen Altarbild hat er nur noch die heilige Familie im Grünen gegeben. Eine solche bei Conte Visconti-Venosta in Mailand, eine bei Mond in London, eine andere bei Earl Cowper in Panshanger (England). Verschiedene Köpfe, Christus und Heilige in der Akademie zu Florenz.

In der letzten Epoche wird der Stil des Frate durch Michelangelo und Raffael bestimmt. Die Kraft der Helldunkelmodellierung und der Glanz der Lichtbehandlung, wie sie so schön die unter venezianischem Einfluß stehenden Werke der vorigen Epoche zeigen, schwinden. Das Kolorit wird bunt und nüchtern und verliert die Kraft. Aber dafür wachsen die Proportionen der Gestalten ins Monumentale, die Bewegungen werden im Geiste Michelangelos machtvoll belebt: Starke Kontraposte, energische Haltung, kolossale Bildungen; ein hl. Petrus und Paulus im Lateran zu Rom, und ein hl. Markus in den Uffizien, endlich jedoch die Mater misericordiae im Museum zu Lucca bezeichnen das Emporwachsen der Kunst des Frate ins Ungeheure. Auf letztgenanntem Bild sucht der Künstler große Massenwirkungen zu wecken. Auch da gruppiert der Künstler nach dem System der Pyramide, die Scharen schieben sich hintereinander in mächtigen Massen um die stehende Maria. Ein lebendiges Licht überstrahlt die Gestalten. Das Ganze hat etwas Gequältes, Konstruiertes und trotz der starken Belebung der Figuren eine gewisse Leere des Ausdrucks und eine gewisse Armseligkeit der Motive. Auch die Darbringung im Tempel in Wien zeigt ähnliche Mängel. Man bedauert, daß die malerischen Anlagen, die der Frate nach Venedig entwickelte, hier mehr und mehr verloren gehen. Man sieht auch an letztgenannten Bildern eine gewisse Freude an der lebendigen kraftvollen Lichtbehandlung.

Die beiden Hauptwerke dieser Epoche sind ein Christus als Salvator mundi zwischen den vier Evangelisten im Pitti und eine Beweinung ebenda (beide 1516). Der Einfluß Michelangelos tritt zurück und Raffaels milde Weise klingt mehr durch. Das entsprach besser dem sanften Empfinden des Frate. Auf ersterem die alte Figurenpyramide, Christus auf erhöhtem Sockel stehend, vor einer fein gezeichneten Nische, deren leichte Linie die Gestalt in ihrer schönen Bewegung kräftig heraushebt. Milde sanfte Linien durchbeben den Körper; man wird an Raffaels sixtinische Madonna erinnert in dem Wurf des Gewandes, in der Haltung der Figur. Die vier Evangelisten, die die Pfeiler der Komposition bilden, haben in ihrer Haltung in der gleichmäßigen Abwägung der Bewegungen etwas Schematisches. Die Engel unten schließen die Komposition nach unten ab. Das Ganze hat gegenüber der einstigen weiträumigen und der deutlichen Absicht der Komposition auf räumliche Ausdehnung in die Tiefe hinein etwas Flaches, Reliefartiges. Der Toncharakter des Bildes ist licht durchsichtig, entgegen dem tiefen Helldunkel etwa auf dem großen Pittibilde von 1512. Das andere Meisterwerk der späteren Zeit, die Beweinung im Pitti, bedeutet den Höhepunkt an Ausdruck, Verinnerlichung und edler Bildung. Schlichte große Linienführung in den beiden Profilen der Hauptpersonen, vornehme Dämpfung des Schmerzes; ruhige Abwägung der Massen gegeneinander, der Linien zueinander. Johannes und Magdalena auch kompositionell nur Zutaten zu dem starken Kern der Hauptgruppe, die vollkommen in sich geschlossen ist: ein auf die Langseite gelegtes rechtwinkeliges Dreieck.

Die anderen Hauptwerke der Spätzeit, zwei sitzende Prophetengestalten in den Uffizien, eine kleine Verkündigung Mariae zwischen Heiligen im Louvre, eine Himmelfahrt Mariae in Neapel (von Fra Paolino vollendet) zeigen übertriebene Steigerung der inneren Erregung. — Ruhiger, geschlossener sind verschiedene Madonnen. Eine Madonna zwischen Engeln in Petersburg, eine hl. Familie in Galerie Corsini zu Rom, eine ähnliche Komposition mit der hl. Elisabeth in Richmond geben Variationen der auf der Erde sitzenden oder knienden Maria, zu vergleichen mit Raffaels Canigiani-Madonna in München. Ein Christus als Gärtner und eine von Fra Paolino vollendete Verkündigung in Pian' di Mugnone, beide al fresco gemalt, sind die Zeugnisse seiner Kunst, die Fra Bartolommeo während seines Leidens dort hinterlassen hat.

Der Kreis der Darstellungen Fra Bartolommeos ist, wie wir sehen, ein geringer. Vorzüglich das vielfigurige Altarbild von monumentalen Proportionen hat er mit eigner Konsequenz weiterentwickelt. Seine wenig aus dem Frischen schöpfende Phantasie, sein sanftes, etwas mattes Temperament bedurften gewissermaßen eines Haltes, eines Gewichtes, um den leichten Schwingungen seines Gemütes lebendigen Ausdruck zu verleihen. Sein durchaus religiöses Gemüt verlangte nicht über die von der Kirche gestellten Aufgaben hinauszudringen. All seine Werke haben etwas Zeremonielles, Feierlichernstes, das manchmal sogar leicht in das Theatralische hinüberspielt. Immerhin ersetzt die durchaus edle Gesinnung und die vornehme Zurückhaltung seines bescheidenen Geistes wenigstens etwas doch, was ihnen an Leidenschaftlichkeit des Erfassens, Reichtum der Erfindung zu vollkommener Größe fehlte. — Von Schülern und Gehilfen sind neben Mariotto Albertinelli, Fra Paolino, Giovanni Antonio Sogliani u. a. zu nennen.

Verzeichnis der Gemälde nach Standorten:

Berlin: *Kaiser-Friedrich-Museum.* No. 249 Himmelfahrt der Maria; bez.: orate pro pictore. Aus dem Jahre 1508. — Besançon: *Kathedrale.* Madonna in Glorie mit Heiligen und Stifter (Ferry Carondelet) 1511—12 gemalt mit Albertinelli, der auch die Lünette mit der Krönung der Maria (heute in Stuttgart) vollendete. — Florenz: *Uffizien.* No. 1. Das Jüngste Gericht (von S. Maria Nuova), 1498—99 mit Hilfe Albertinellis ausgeführt. No. 1126 Jesaias und No. 1130 Hiob (beide 1516). No. 1161 Darbringung im Tempel und hl. Familie. Auf der Rückseite die Verkündigung. Flügel zu einem Klappaltar ca. 1499. No. 1265 Heilige Anna selbdritt, unvollendet, 1510 vom Konvent der Republik Florenz bestellt. 1512 in der Untermalung fertig. *Pitti.* No. 64 Beweinung (1516), No. 125 hl. Markus (ca. 1515), No. 159 Christus zwischen den Evangelisten, bez.: Bartolomeus C. C. pinxit 1516. No. 208 Vermählung der hl. Katharina zwischen Heiligen. Bez.: orate pro pictore 1512. No. 256 Heilige Familie (ca. 1516). *Akademie.* No. 66 Erscheinung der Maria vor dem hl. Bernhard (1504—07). No. 168 Christuskopf und neun Köpfe von Heiligen, bez.: orate pro pictore 1511. *Kloster S. Marco.* Christus in Emmaus: Fresko ca. 1507. Zwei Madonnen in Halbfigur ca. 1515. Porträt Savonarolas ca. 1497. — Florenz (Umgebung): *Pian' di Mugnone.* Verkündigung (1515), Christus als Gärtner, u. a. — London: *Slg. Mond.* Heilige Familie. *Slg. Hertz.* Heilige Familie. — Panshanger: *Slg. Cowper.* Heilige Familie. Auf Rückseite: O. Fra Bartol. di S. Marco. . ., ferner Apotheose des hl. Antonius. Farbenskizze. — Richmond: *Slg. Cook.* Maria mit Elisabeth und Kind, bez.: F. Barto. or. pre. 1516. — Lucca: *Dom* (S. Martino). Madonna zwischen hl. Johannes und Stephanus, bez. Fris barthol. florentini opus 1509. oris predicator. *Museum.* No. 12 hl. Katharina und Magdalena in Verklärung (1508/9). — (Saal III, 3) Mater misericordiae, bez.: MDXV. F. Bartholomeus or. pre. pictor. Florentinus. — Paris: *Louvre.* No. 1115 Christus als Gärtner und Magdalena (ca. 1506). No. 1153 Verkündigung mit Heiligen, bez. F. Barto Florent. oris pre. 1515. No. 1154 Verlobung der Katharina, bez.: orate pro pictore MDXI Bartholome Floren or prae. — Petersburg: *Ermitage.* No. 20 Madonna zwischen Engeln. Bart. Fiorn. Ord. P. — Mailand: *Conte Visconti-Venosta.* Heilige Familie. — Neapel: *Museum.* Himmelfahrt Mariae. 1516 mit Hilfe Fra Paolinos vollendet. — Rom: *Lateran.* Paulus und Petrus. Letzterer 1516, unvollendet. *Gal. Corsini-nazionale.* No. 579. Heilige Familie, bez.: F. B. or. pr. 1516. — Volterra: *Dom.* Verkündigung. Von Albertinelli vollendet. Dat. MCCCCIIIC. — Wien: *Hofmuseum.* No. 41 Darbringung im Tempel, bez.: 1516 orate pro pictore olim sacelle hujus novitio.

Vasari-Milanesi, IV 175. — Vasari-Heitz (deutsche Ausg.) VI 27. — Marchese, Memorie dei più insigni pittori etc. Domenicani. II. — Crowe and Cavalcaselle, Hist. of painting in Italy, III 434 ff. (deutsche Ausg. IV 439 ff.). — A. v. Zahn, Jahrbücher für Kunstwissenschaft III 174 ff. („Die Handzeichnungen Fra Bartolommeos etc."

von A. v. Zahn). — E. Frantz, Fra Bartolommeo della Porta. Regensburg, 1879. — Rio, L'Art chrétien. I. — Mündler, Essai d'une analyse critique etc. Paris. 1850. p. 84 ff. — Dohme, Kunst und Künstler. No. LIX. Fra Bartolommeo (von Lücke). — Leader Scott, Fra Bartolommeo. London 1881. — Archivio storico d'arte III 73, 217, IV 118, Ser. II vol. III, p. 87. — Rassegna nazionale vol. VIII, p. 390 ff., vol. 110, p. 273—309, 462—500. — Auguste Castan, La physionomie primitive du retable de Fra Bartolommeo à la cathedrale de Besançon. Besançon 1889 (cf. Cesare Pinzi: Guida di Viterbo. Rom 1889.). — Archivio Stor. Lombardo III 101—115, 258—269. — Nuova Antologia anno 34, fasc. 665, p. 13—20. — Giornale Ligustico vol. V, p. 81—127. — Fritz Knapp, Fra Bartolommeo. Halle 1903 (mit Abbildungen sämtlicher Bilder und zahlreicher Zeichnungen). *Fritz Knapp.*

Bartolommeo, Frate, s. auch *Bartolommeo* da Bologna.

Bartolomeo di Alberto da Bergamo, venezian. Steinmetz, arbeitete 1473 mit anderen Meistern in S. Michele zu Murano.

P. Paoletti, Archit. e Scult. etc. in Venezia (1893) p. 165, 167. *A. Baracchi.*

Bartolommeo d'Amandola, Maler um 1490. Von ihm erwähnt Ricci, Mem. stor. I 195, ein geringes Bild in der Kirche di S. Agostino in Amandola. **

Bartolommeo d'Amico, Maler aus Castelazzo, tätig in Genua um 1470.

Alizeri, Not. d. Prof. d. Disegno in Liguria, vol. I 284, 294; VI 20/1.

Bartolommeo d'Andrea Bocchi, Maler aus Pistoja, erhält 1450 den Auftrag auf ein Gemälde für S. Bastiano di Piuvica und 1465 Zahlungen für Reparaturen an einem Altarwerke in S. Trinità in Florenz.

Rivista d'arte, 1904 p. 176/7. — Milanesi in der Zeitschr. Buonaroti, 1885, Augustheft, p. 109 ff.

Bartolommeo (Banco) d'Andrea della Scarperia, Glasmaler, vielbeschäftigt für den Dom von Pisa und erwähnt von 1455—1502. Im Jahre 1466 hatte er u. a. 7 Fenster für den Camposanto daselbst zu machen.

Tanfani Centofanti, Artisti Pisani (1897) p. 59 ff. **

Bartolommeo d'Andria di Somenti, Holzschnitzer, arbeitete für S. Petronio in Bologna, insbesondere an der mittleren Türe der Fassade.

Rassegna d'Arte, 1901 p. 26.

Bartolommeo d'Angelo Donati, Holzschnitzer gegen Ende des 15. Jahrh., arbeitete an den Boiserien und Sitzen im Saale und in der Kapelle der Signoria in Florenz.

Gaye, Carteggio, I 577, 581, 587/8.

Bartolommeo (Bartoluccio) di Angeluccio del Signor Jacobo. War im 2. Semester 1390 Camerlengo der Peruginer Malerzunft. *Walter Bombe.*

Bartolomeo di Antonio, Bildhauer, wird 1350 als Mitglied der S. Lukas-Bruderschaft in Florenz aufgeführt.

Gualandi, Memorie VI 179. *H. V.*

Bartolomeo di Antonio, Bildschnitzer in Venedig, urkundlich erwähnt 1431 als „intajator credentiarum".

P. Paoletti, Archit. e Scult. etc. in Venezia (1893) p. 99. *A. Baracchi.*

Bartolommeo di Antonio. In die Zunft der Miniaturisten zu Perugia eingeschrieben. Wohnte daselbst im Quartier Porta Sole und bekleidete zweimal das Amt des Camerlengats, im 2. Semester 1451 und im 1. Semester 1457. Im 2. Sem. 1449 und 1459 war er Massaio.

L'Arte dei Miniatori in Perugia (Giorn. di Erud. Art. Vol. II 1873 p. 315). *Walter Bombe.*

Bartolomeo di maestro Antonio „quondam Budonis de Forlivio sartoris". Die erste Nachricht aus dem Jahr 1465 über diesen Künstler gab C. Grigioni im Bullettino della Società fra gli Amici dell' arte, Forlì 1895 p. 134: Bartolomeo erhält 1467 Auftrag für ein Tafelbild der Chiesa dei Santi Pietro e Paolo di Pieve Quinta (Forlì), welches der Künstler in wenigen Monaten fertigstellte. Die letzte Nachricht von Bartolomeo datiert von 1477. Vermutlich ist er nicht identisch mit dem *Bartolomeo da Forlì* (s. d.), dem Schüler des Francia, welcher Ende des 15. Jahrh. lebte und darf auch nicht mit dem *Bartolomeo di Sante Mercuriali* (s. d.) verwechselt werden. *E. Calzini.*

Bartolommeo d'Antonio, Miniator in Florenz im 15. Jahrh., schmückte zusammen mit seinem Bruder Giovanni ein Lectionarium für die Kathedrale S. Maria del Fiore (jetzt in der Laurenziana).

Milanesi, Storia d. miniatura ital., Firenze 1850, p. 164, 326. — Bradley, Dict. of Miniat. (1887). *P. d'Ancona.*

Bartolommeo d'Antonio da Mantova, Maler in Bologna, in Notariatsakten 1384 genannt.

Arch. stor. d. arte, VII 370.

Bartolommeo di Antonio Nutoli, Bildhauer in Ancona, 1391 urkundlich erwähnt.

Nuova Riv. Misena, VI 37.

Bartolomeo da Aquila, italien. Maler in Neapel; erhielt 1328 Zahlung für Malereien, die er in einer Kapelle der Kirche S. Chiara ausgeführt hatte, die jedoch beim Barockumbau dieser Kirche verloren gegangen sind.

Schulz, Denkm. etc. in Unterital. IV, Doc. CCCXC. — Crowe u. Cavalcaselle, Ital. Mal. I 263. *G. Ceci.*

Bartolomeo da Arezzo, Maler u. Zeichner, tätig in Rom, nach Zani, Enc. met. II 187, um 1560—70; noch 1578 daselbst erwähnt. Er gehörte mit zu jenen Bewunderern Michelangelos, die in der Sistina nach seinem jüngsten Gericht zeichneten.

Fiorillo, Gesch. d. zeichn. Kste. 1798 I 379. — Bertolotti, Artisti lombardi a Roma (1881) II 294. *H. V.*

Bartolomeo di Bartolomuccio, Bildhauer in Orvieto, wo er 1337 einige der Marmortabernakel an der Domfassade auszuführen hatte.

L. Fumi, Il Duomo di Orvieto (1891) p. 53 f. *

Bartolommeo di Benedetto, s. *Bartolommeo* del Palazzo sowie *Busolo, Coda, Turola,* Bart.

Bartolommeo da Bergamo, Maler, † 1439 in Brescia.

Fenaroli, Artisti Bresciani, Appendice.

Bartolommeo da Bergamo (Bergamasco), s. auch *Bartolommeo* di Alberto da B., *Bartolommeo* di Francesco und *Buon,* B.

Bartolommeo di Bernardino, s. unter *Bernardino* di Bart. da Roma.

Bartolomeo di Bertino, Maler, wird 1525 als Mitglied der S. Lukas-Bruderschaft in Florenz aufgeführt.

Gualandi, Memorie VI 179. *H. V.*

Bartolommeo di Biagio, s. unter *Bartholomeus,* Meister.

Bartolomeo Bolgarini (oder *Bolghini* nach Ugurgieri, *Bologhini* nach Vasari), Maler in Siena, in einer Pistojeser Urkunde von 1347—1350 als einer der tüchtigsten Sieneser Meister jener Zeit aufgeführt; † 1378. Nach Vasaris Angabe war er Schüler des Pietro Lorenzetti. Seine früheste Arbeit war ein 1345 für die Sala dei Nove des Palazzo Pubblico zu Siena gemaltes Tafelbild. 1353 war er für die Biccherna als Miniaturist tätig. Vom 19. 7. bis zum 2. 10. 1369 arbeitete er am Papsthofe zu Rom; und zwar schuf er wohl damals jene Gemälde, die allein bis heute von ihm erhalten geblieben sind, nämlich die thronende Madonna in S. Francesco zu Tivoli (signiert „Bartolomeus de Senis") und die ebenda befindlichen 2 Triptychonflügel mit Maria und dem Verkündigungsengel auf den Vorderseiten und mit den Hl. Franciscus und Ludovicus de Tolosa auf den Rückseiten (ebenfalls signiert). Endlich malte er 1373 für das Ospedale della Scala zu Siena ein Tafelbild, dessen Signatur lautete: Frater Bartolomeus Dni Bulgarini de Senis. — Die ältere Annahme, B. sei der Vater des Malers Martino di Bartolomeo (di Biagio), ist nicht haltbar.

Vasari-Milanesi, I 477 (mit No. 2). — Milanesi, Doc. Sen. I 49 f., 275. — Crowe u. Cavalcaselle, Gesch. der italien. Malerei II 340. — Repertor. f. Kstwissensch. 1900, p. 497. — L'Arte 1904, p. 19—22. — Bullettino d. Soc. filol. Romana 1904, VI 11. *G. De Nicola.*

Bartolomeo da Bologna, italien. Maler, 1461 als Gehilfe des Cosmè Tura in Bologna erwähnt; 1462—67 in Modena tätig, wo er gemeinsam mit Antonio Rignone den Palazzo di S. Martino in Rio mit Malereien zu schmücken hatte.

Atti e Mem. etc. per le prov. Modenesi e Parmensi, ser. III, vol. III, parte II, p. 560 ff. *G. Degli Azzi.*

Bartolomeo da Bologna, italien. Miniaturmaler des 15. Jahrh., von Orlandi und anderen älteren Autoren mehrfach erwähnt. Vielleicht ist dies jener *Frate Bartolomeo,* der um 1472 die 30 von seinem Ordensbruder Fra Marco geschriebenen Chorbücher des Bologneser Dominikanerklosters mit einigen mittelmäßigen Miniaturen schmückte.

Marchese, Mem. dei pitt. etc. Domenicani (1878) I 208, Anm. — Malaguzzi in Arch. stor. ital., ser. V, vol. XVIII 243 ff., 287. *G. Degli Azzi.*

Bartolomeo da Bologna (di Giangiacomo), Bildschnitzer in Venedig, urkundlich erwähnt 1508.

Arch. Veneto XXXIII 414 f. *A. Baracchi.*

Bartolommeo genannt Bonaventura, Maler in Ferrara, urkundlich erwähnt 1473.

Cittadella, Not. rel. a Ferrara p. 580.

Bartolommeo gen. il Bontaca, s. *Bontaca.*

Bartolomeo da Brescia, italien. Maler, im 14. Jahrh. in Padua tätig.

A. Venturi, Storia d. Arte Ital. V (1907) 1000. *

Bartolomeo da Brescia (Olmo, Lolmo oder Lulmus), italien. Kupferstecher und Holzschneider, geb. 1506 in Brescia, dort tätig bis nach 1578. Er hat für den Drucker Vincenzo Sabbio Vignetten zu der „Raccolta delle rime d. accademici occulti" (Brescia 1588, bez.: Bs. B., Meyer, Kstlerlex. No. 5) und zu den „Carmina accademicorum occultorum" (Brescia 1570, bez.: B. L. F., Meyer, Künstlerlex. 6) gestochen, ferner einige Einzelblätter: Christus am Kreuze mit Maria, Johannes, Nicodemus und Magdalena (B. 1, Meyer, Kstlerlex. 2, Kopie eines 1562 von C. Cort nach Giulio Clovio gestochenen Blattes, bez.: Bartolomeus Lulmus Brix. 1576), Christus am Kreuze mit 3 Engeln (Meyer, Kstlerlex. 3, bez.: Bar. Brix F.); Christus am Kreuze zwischen den Schächern mit vielen Figuren (Meyer, Kstlerlex. 1, bez.: Bs. Lu. Brix), die Klage um den Leichnam Christi (B. 2, Meyer, Kstlerlex. 4, bez.: Bar. Brix. F. 65), hl. Hieronymus (Nagler 3, nach Katalog Sternberg).

Meyer, Kstlerlex. — Bartsch, P.-Gr. XV p. 533. — Zani, Enc. V 37. — Nagler, Monogr. I 1684. — Fenaroli, Diz. d. art. Bresciani p. 62 u. 190. — Zanetti, Catal. Cicognara p. 526. — Gandellini, Notizie VII. — Guilmard, Maitres ornem. I 294. *P. K.*

Bartolomeo da Brescia, Glockengießer, goß 1576 die Glocken der Kirche S. Francesco in Mirandola.

Campori, Gli artisti estensi, 1855. *H. V.*

Bartolomeo da Busseto, s. *Bartolomeo* da Piacenza.

Bartolomeo da Camogli (de Camulio), Maler in Genua, 1358 als bereits verstorben erwähnt. 1346 hatte er für einen gewissen Raffo di Tomaso zu Rapallo ein Altarbild zu malen, und zwar nach dem Muster eines wohl gleichfalls von ihm für die dortige Cappella di S. Siro ausgeführten Altargemäldes. Jenes Bild von 1346 ist wahrscheinlich identisch mit einem aus S. Francesco zu Palermo in das dortige Museo Nazionale gelangten Altarwerke mit der Inschrift: Nra. Dna. de Humilitate. MCCCXXXXVI hoc opus pinsit magister Btolomeu de Camulio pintor. Es zeigt (in Tempera auf Goldgrund) die sitzende Gestalt der Madonna mit dem Christkinde, in den Dreipaßzwickeln der Umrahmung eine Verkündigung und auf der Predella zu beiden Seiten des Kreuzsymboles Reihen von Büßern und betenden Stiftern (ca. 30 Figürchen).

G. Di Marzo, La Pitt. in Palermo (1899) p. 38—41. — S. Varni, Appunti artist. sopra Levanto (1870) p. 46 f., 135 f. — H. Janitschek in Repertor. f. Kstwissensch. I 355 f. — Meyer, Kstlerlex. III 52. — Suida, Genua (Leipzig 1906) p. 42. — A. Venturi, Stor. d. Arte Ital. V (1907) p. 999 f. *

Bartolomeo di Carlo Valentini, Maler in Perugia, wo er nach Ausweis der dortigen Malermatrikel 1497 starb.

Mazzatinti in Rass. Bibliograf. II 212. — Append. II al Boll. della R. Deputaz. Umbra di Stor. Patr. 1901, p. 109. *G. Degli Azzi.*

Bartolommeo di Carlo di Valentino, Maler in Perugia. Bekleidete das Amt des Camerlengo der Peruginer Malerzunft in den ersten Semestern 1514 und 1524, war Prior im 1. Bimester 1521. Vom Kardinallegaten von Perugia erhielt er am 22. Sept. 1515 das Privilegium, alljährlich das Bild der Inquintana zu malen. Erhält am 29. 10. 1511 einen Dukaten für ein Altarbild in der Madonna di S. Gilio (Egidio) vom Kloster S. Giuliana. Für dasselbe Kloster verpflichtet er sich am 22. 10. 1515 eine Madonna mit S. Bernardo und dem Täufer zu malen, und ein Parament für die Madonna di S. Gilio.

Giornale scientifico letterario perugino 1861 p. 552. *Walter Bombe.*

Bartolomeo da Carrara, Maler um 1500; sonst nicht weiter bekannt.

Campori, Memorie biogr. di Carrara 1873.

Bartolomeo da Carrara, Bildhauer, wird 1564 als einer der Gehilfen des Francesco Moschino bei Gelegenheit dessen Statuenauftrags für die Kapelle der Incoronata (jetzt Ranieri) im Pisaner Dom erwähnt.

Campori, Memorie biogr. di Carrara 1873. — Tanfani Centofanti, Notizie di Artisti pisani 1897 p. 202. *H. V.*

Bartolomeo da Carrara, Maler des 17. Jahrh., malte in den Grotten des Vatikan in Rom.

Campori, Memorie biogr. 1873, 25. *H. V.*

Bartolomeo da Cassino, italien. Maler in Mailand, 1481 als Mitglied der dortigen „università dei pittori" aufgeführt.

Torre, Ritratto di Milano, p. 82. — Arch. Stor. Lombardo 1895 p. 408 ff. *F. Malaguzzi-Valeri.*

Bartolommeo da Castiglioni, italien. Maler des 16. Jahrh., von Vasari unter den Schülern des Giulio Romano erwähnt.

Vasari-Milanesi, V 533.

Bartolommeo di Checco, s. *Bartolommeo* di Francesco.

Bartolommeo della Cisterna, Architekt in Udine; 1448 erhält Bartolommeo Buon durch seine Vermittelung den Auftrag, eine Madonna für den Palazzo pubblico in Udine zu malen. Am 6. 6. 1457 wird ihm der Neubau des Domes zu Cividale übertragen. Der Bau war zur Hälfte vollendet, als eines Nachts die Hälfte einstürzte. Er blieb dann liegen, bis 1502 Pietro Lombardo den gotisch begonnenen Bau in Renaissanceformen weiterführte; das schöne Portal Bartolommeos blieb erhalten.

Mothes, Baukunst d. Mittelalt. in Italien S. 519. — Repert. f. Kstwissensch. XVIII 187. *H. V.*

Bartolommeo Coffanario, s. *Bartolommeo* di Giovanni.

Bartolommeo da Como, Maler, wird am 31. 8. 1492 in Neapel erwähnt. Er ist vielleicht identisch mit dem von Bertolotti 1478 als Mitglied der Accademia di S. Luca in Rom erwähnten, sonst ebenfalls nicht weiter bekannten Maler *Bartolomeo da Napoli.*

Filangieri, Indice deg. Artefici I 133. — Bertolotti, Artisti Bolognesi etc. in Roma 1885 p. 11. *H. V.*

Bartolomeo da Como, Steinmetz aus Scaria in Valle d'Intelvi, fertigte, wie urkundlich beglaubigt, 1509 die Marmorsäulen und Kapitelle im Kreuzgang der Certosa von Farneta bei Lucca. Er ist vielleicht identisch mit dem von Paoletti (Archit. e Scult. del Rin. in Venezia II 225) 1492 in Venedig nachgewiesenen *Bartholomeus de Cumis.*

Repertorium f. Kstwissensch. XXX 539. *H. V.*

Bartolomeo da Como, Goldschmied in Rom, wo er 1545 gemeinsam mit einem spanischen Goldschmiede namens Alfonso dem Papste Paul III. verschiedene Goldarbeiten zu liefern hatte, die als Geschenke für einen Gesandten des Schweizer Kantons Graubünden bestimmt waren.

Bertolotti in Arch. Stor. Lomb. II 139; und in Arch. Stor.-Art. di Roma I 31, 78. *G. Degli Azzi.*

Bartolommeo Corradini, s. *Carnevale,* Fra.

Bartolomeo da Cremona, Stückgießer der Republik Venedig, Vorgänger des Sigism. Alberghetti. Vor seiner dortigen Tätigkeit war er im Dienste der Stadt Ragusa (seit 1454), wo sich noch in der Dominikanerkirche eine von ihm signierte und mit 1463 datierte Glocke befindet. Er starb 1487.

Mitt. d. Centr.-Commission, N. F. XVII 20. — Arch. stor. ital. ser. Va, tom. XV p. 316 ff. — Paoletti di Osvaldo, Architett. e Scult. del Rin. in Venezia, II 266. **

Bartolommeo di David, Maler zu Siena, † daselbst im Jan. 1544. Von seinen Arbeiten in öffentlichen Gebäuden und Kirchen Sienas, die er in der Zeit von 1506 bis 1539 ausführte, haben wir nur noch urkundliche

Nachrichten. Ein Werk von ihm in der Kapelle der Mad. del Manto im Krankenhaus zu Siena wurde 1513 von Giacomo Pacchiarotto abgeschätzt. Er selbst hatte einmal gemeinschaftlich mit Beccafumi ein Gemälde Sodomas im Palazzo pubblico in Siena zu taxieren und scheint demnach ein angesehener Künstler gewesen zu sein. 1534 lieferte er gemeinsam mit Bartolommeo Neroni eine Rosenkranzmadonna in eine Kapelle der Collegiata des Castello zu Asciano.

Milanesi, Doc. Senesi. III 40—47. — Crowe u. Cavalcaselle, Gesch. der italien. Malerei (deutsche Ausg.) 1871, IV 395 Anm. — Borghesi e Banchi, Nuovi Docum. senesi. Append. zu Milanesi, 1898 p. 468, 471. — Vasari-Milanesi VI 412. *H. V.*

Bartolommeo, Dionisio di, Architekt in Neapel. Er war ein Schüler Cavagnis und erbaute 1586—1597 die Kirche der P. P. dell' Oratorio in Neapel.

Dominici, Vite dei pitt. etc. Napoletani, II 172. *H. V.*

Bartolomeo di Domenico Lombardo (Sohn des Domenico gen. Duca), s. *Duca,* Bartolomeo.

Bartolommeo di Domenico da Padova, s. *Bartolommeo* di Domenico da Verona.

Bartolommeo (Fra) di Domenico da Siena, Miniator und Kalligraph, Siena um 1472, nur von Zani, Enc. met. XVII 258, erwähnt.

Bartolomeo di Domenico da Verona (auch *da Padova*), italien. Steinmetz, arbeitete 1438 in S. Giov. e Paolo zu Venedig und 1442—46 als protomaestro im Chore und an den späten, mit den berühmten Donatello-Bronzen geschmückten Hochaltarschranken von S. Antonio zu Padua.

P. Paoletti, Archit. e Scult. etc. in Venezia (1893) p. 47, 73, 163. *A. Baracchi.*

Bartolomeo di Donato, Maler in Florenz. Nach Zani 1355 zu Florenz geboren, wird 1411 in die Matrikel der Compagnia der Florentiner Maler eingeschrieben und lebte nach Zani noch 1427.

Zani, Encicl. met. VII 362. — Gualandi, Mem. Orig. VI 178. *Walter Bombe.*

Bartolommeo di Donato, Maler in Perugia. Erhält von 1428—1430 Zahlungen für Malereien in der Kirche des Ospedale zu Perugia. *Walter Bombe.*

Bartolommeo da Faenza, Maler, Faenza um 1500, nur von Zani, Enc. met. VIII 175, erwähnt.

Bartolommeo da Fano, s. *Presciutti,* Bart.

Bartolomeo da Ferrara (frate), Miniaturmaler, 1471—73 in Siena nachweisbar, wo er zwischen dem 20. 12. 1471 und dem 8. 5. 1473 mehrmals Zahlung erhält. In den Malermatrikeln der Bruderschaft S. Francesco zu Bologna findet sich sein Name wieder. Ferner wird er in einem vom 7. 9. 1461 datierten Briefe des Herzogs Borso d'Este erwähnt.

Borghesi e Banchi, Nuovi docum. senesi (Appendice zu Milanesi) 1898 p. 207. — Arch. Stor. Ital., ser. Va to. XVIII 290. — Mit Notiz von G. Degli Azzi. *H. V.*

Bartolommeo da Ferrara, s. auch *Bartolino* da Novara.

Bartolomeo Fiammingo, Maestro di Legname in Perugia. Erhält 1561 11 Gulden und 10 Soldi für Ausschmückung der „Cassa" eines Altarbildes für die Brüderschaft von S. Francesco in Perugia als Nachfolger des Holzschnitzers Benedetto di Giovanni da Montepulciano, der die Arbeit übernommen und begonnen hatte.

Giorn. di Erud. Art. I 223 (Rossi). *Walter Bombe.*

Bartolomeo Fiorentino, Architekt in Rom. Erhält im Juli 1500 eine Zahlung von 36 Fl. bol. 25 für Arbeiten, welche er in der Engelsburg ausgeführt hatte, am 8. 10. 1501 25 Dukaten (Teilzahlung der ihm zustehenden 100 Dukaten) für Wappen des Papstes auf dem Petersplatz und am 19. 3. 1502 40 Dukaten für ähnliche Arbeiten.

Giorn. di Erud. Art. VI 204. *Walter Bombe.*

Bartolomeo Fiorini, Wappenmaler zu Bologna, malte 1386 ein Wappen für die dortige compagnia dei Notai.

F. Malaguzzi-Valeri in Repert. f. Kstw. XXI 169. *H. V.*

Bartolomeo da Firenze, Bildschnitzer in Montecassino, wo er zwischen 1374 und 1395 im Auftrage des Abtes Pietro de' Tartari und unter der Oberleitung des Giovanni Morigia da Milano mit seinen Gehilfen für die Abteikirche ein aus zwei Sitzreihen bestehendes Chorgestühl zu schnitzen und mit Laubwerkornamenten und figürlichen Darstellungen zu schmücken hatte.

Erculei, Catalogo etc. d'intaglio (Rom 1885) p. 94. *

Bartolommeo da Firenze, Bildhauer, war um 1445 im Dom zu Mailand beschäftigt, ohne daß man ihm hier bestimmte Arbeiten zuweisen könnte. Er ist vielleicht identisch mit dem Bildhauer-Architekten Bartolommeo di Francesco, genannt Bartolommeo di Checco da Firenze (siehe unter *Bartolommeo di Francesco*).

Boni, Biogr. deg. artisti 1840. *H. V.*

Bartolomeo da Foggia, italien. Architekt in Apulien, wo er beim Baue der Kastelle u. Paläste Kaiser Friedrichs II. beschäftigt war. In seiner Vaterstadt Foggia arbeitete er als Haupt einer ganzen Künstlerfamilie wahrscheinlich auch am Kathedralbaue; vor allem aber begann er daselbst 1223 den Bau des kaiserlichen Palastes, von dem nur noch ein jetzt in ein Nachbarhaus eingebauter, von zwei Adlern getragener und mit Akanthusblättern geschmückter Arkadenbogen nebst Originalinschrift erhalten geblieben ist.

Meyer, Kstlerlex. III 60 (mit ält. Lit.). — E. Bertaux, L'Art dans l'Italie mérid. I (1904) p. 703, 705. — A. Venturi, Storia d. Arte Ital. III (1904) p. 632, 660, 672. *G. Ceci.*

Bartolommeo da Foligno, s. *Bartolommeo* di Tommaso da F.

Bartolomeo da Forlì, Maler, durch Malvasia als Schüler des Francia aus dessen Registern festgestellt. Lanzi, Ticozzi, Rosini, Orlandi wiederholen diese Mitteilung ohne weitere Angaben, da Werke nicht bekannt sind. Lanzi nennt ihn trotzdem „etwas trockner als die Menge seiner Studiengenossen". In der Galleria Civica, Forlì (bis Mitte des 19. Jahrh. in S. Biagio, daselbst) befindet sich eine Pietà (No. 106), bisher Bartolomeo da Forlì, jetzt Michele Lambertini zugeteilt. Auch das ihm bisher zugeschriebene Gemälde No. 107 daselbst mit dem knienden Girolamo wird nach meiner Bestimmung wieder dem Baldassarre Carrari d. J. zuerteilt. Die Nachforschungen Bertolottis in den römischen Archiven ergaben, daß ein Maler Bartolomeo da Forlì 1538 mit einem Mailänder Kaufmann im Streite lag. Nach Zani war Bartolomeo 1510 tätig (vgl. auch *Bartolomeo* di maestro Antonio u. *Bartolomeo* di Sante Mercuriali).

Malvasia, Felsina Pitt. I 56. — Lanzi, Scuola Bolog. Epoca prima. — Ticozzi, Diz. II 102. — Rosini, Stor. d. pitt. V, 120. — Orlandi, Abec. Pitt. 90. — Casali, Guida di Forlì, 1838, 88. — Calzini e Mazzatinti, Guida di Forlì 1893, 81. — Arch. stor. d. Arte VII 190. *E. Calzini.*

Bartolomeo da Forlì, s. auch *Bartolo* da F.

Bartolomeo di Francesco, italien. Bildhauer, nach Zani 1400—1439 in Venedig tätig.

Zani, Encicl. III 105. *A. Baracchi.*

Bartolommeo di Francesco, Holzschnitzer in Florenz um 1420, hilft Brunelleschi beim Modell für die Kuppel von Sa. Maria del Fiore. — Vielleicht ist er identisch mit einem schon 1388 in Siena erwähnten Holzschnitzer *Bartolommeo* di Francesco, genannt *Cavicchio.*

Vasari-Milanesi, Vite etc., II 353. — Milanesi, Docum. Senesi, I 346/7. — Lusini in Arte Antica Senese (1904) p. 240. **

Bartolommeo di Francesco, genannt Bartolommeo (Meo) di Checco da Firenze, Bildhauer, geb. in Florenz, Schüler des 1453 † Niccolò Baroncelli, wird zuerst 1431 als in Ferrara wohnhaft erwähnt. 1451—1454 war er daselbst als Gehilfe des Baroncelli und nach dessen Tode als Gehilfe seines Sohnes Giovanni mit Marmorarbeiten für die Postamente der beiden später zugrund gegangenen Bronzestatuen des Niccolò und Borso d'Este, in der folgenden Zeit hauptsächlich mit Arbeiten für den Campanile der Kathedrale von Ferrara beschäftigt, wo er unter Oberleitung des Pietro Benvenuto mit den Marmorarbeiten für das erste Stockwerk beauftragt war (1458 vollendet). Bei der Marmorbekleidung der zweiten und dritten Etage wird er durch Albertino und Jacopo Rusconi ersetzt. 1458 fertigte er gemeinsam mit seinem Vetter Paolo di Lucca die vier roten Marmorsäulen für das Grabmal Papst Urbans III. in der Tribuna der Kathedrale zu Ferrara (das Grabmal wurde im 18. Jahrh. zerstört, die Säulen für den Altar der Hl. Vincentius und Margareta daselbst verwandt). 1461 arbeitete er marmorne Brunnendeckel für den Belriguardo in Ferrara. Über seinen späteren Aufenthalt in Rom, wo er in die Dienste Pius' II. trat, findet sich eine erste Notiz vom 26. 4. 1464. (Vgl. auch d. Art. *Bartolommeo* da Firenze.)

Meyer, Kstlerlex. III (mit ält. Lit.). — Gruyer, L'art ferrarais. Paris 1897, II Reg. *H. V.*

Bartolommeo di Francesco. Sein Name findet sich unter den Mitgliedern der Miniaturistenzunft in Perugia. Er wohnte daselbst im Quartier Porta S. Angelo und war im 2. Semester 1436 und 1452 Camerlengo, im 2. Sem. 1455 und 1461 Massaio der Zunft. Das Amt des Priors bekleidete er im 3. Bimester 1440.

L'Arte dei Miniatori in Perugia (Giorn. di Erud. Art. Vol. II, 1873 p. 316). *Walter Bombe.*

Bartolommeo di Francesco, genannt „il Pronto", Maler in Siena um 1535, nur von Zani, Enc. met. IX 140, erwähnt.

Bartolommeo di Francesco Almi, s. *Almi.*

Bartolomeo di Francesco da Bergamo (gen. *Bartolomeo Bergamasco,* nicht zu verwechseln mit *Bartolomeo Buon* aus Bergamo), Bildhauer in Venedig. Seit 1506 arbeitete er mit anderen Künstlern unter Leitung des Tullio Lombardo in S. Marco am architektonischen Dekor der Grabkapelle des Kardinals Giov. Batt. Zeno. Ferner schuf er für den Hochaltar der Kirche S. Geminiano die drei jetzt in der Villa Nazionale zu Strà befindlichen schönen Statuen und für S. Andrea della Certosa 1524 vier kleine Bronzereliefs mit dem Wappen der Guerini auf der Umrahmung. Im selben Jahre erhielt er außerdem von den Procuratori de Citra eine Zahlung von 40 Dukaten für eine Statue der hl. Magdalena, die für den von Donna Verde di Martino della Scala gestifteten und dem Maestro Guglielmo dei Grigi für S. Maria dei Servi in Auftrag gegebenen Altar bestimmt war. Dieser Altar, an dessen dekorativer Ausstattung B. gleichfalls mitgearbeitet hatte, befindet sich jetzt in S. Giovanni e Paolo, ebenso auch die Magdalenenstatue, indes hat diese Figur auf einem anderen Renaissancealtar derselben Kirche Aufstellung gefunden. Endlich war nach Paoletti dieser Bartolomeo Bergamasco (nicht aber, wie bisher nach Sansovino angenommen wurde, Bartolomeo Buon) der Schöpfer der Statue des hl. Rochus auf dem in seinen übrigen Teilen

1516—1524 von Venturino Fantoni und dessen Söhnen sowie von Gianmaria Mosca ausgeführten Hochaltare von S. Rocco zu Venedig.

F. Sansovino, Venetia città nobilissima (1663) p. 110. — P. Paoletti, Archit. e Scult. etc. in Venezia (1893) p. 228, 245, 281 f., 295. *A. Baracchi.*

Bartolommeo di Frigiristo, Maler in Sanseverino, Schüler der dort ansässigen Meister Lorenzo und Giacomo di Salimbene; 1406 malte er ein Freskobild in der dortigen Chiesa della Pitturetta.

Nuova Rivista Misena IV (1891) 170. *M. Morici.*

Bartolomeo di Fruosino, Maler u. Miniator, tätig in der 1. Hälfte des 15. Jahrh. für das Spedale von S. Maria Nuova in Florenz. 1394 wurde er in die Florentiner Malergilde aufgenommen.

G. Milanesi, Storia d. miniatura ital., Firenze 1850, p. 243. — F. Rondoni, Guida d. Museo fiorent. di San Marco, Firenze 1876 p. 60, 97. *P. d'Ancona.*

Bartolomeo di Fruosino, Goldschmied in Florenz, erhält am 28. 2. 1457 Bezahlung für Arbeiten an der Domkuppel; 1467 fertigt er unter Verrocchios Leitung gemeinsam mit Giovanni di Bartolomeo die Kugel für das die Kuppel krönende Kreuz.

Champeaux, Dict. d. fondeurs etc. 1886. *H. V.*

Bartolommeo de Gandino, s. *Buon,* Bart.

Bartolommeo della Gatta, s. *Gatta.*

Bartolommeo di Gennaro, Maler in Perugia. Sein Name findet sich in der Matrikel unter den im Quartier Porta S. Angelo ansässigen Zunftmitgliedern. Er bekleidete das Amt des Camerlengo in der Zunft im II. Sem. 1365, 1376, 1384, 1392, 1395, im I. 1400, im II. 1403, im I. 1411, im II. 1415, im I. 1421. Er war Prior im 6. Bimester 1378. *Walter Bombe.*

Bartolomeo di Maestro Gentile, Maler der alten Schule von Urbino, vermutlich gegen 1470 geb., ein Verist, welcher, wie sein Lehrer Giovanni Santi im Hintergrund seiner Gemälde die heimatliche Landschaft verherrlichte. Von ihm kannte man nur eine Madonna für S. Agostino da Pesaro, 1497 ausgeführt, als der Advokat A. Alippi zuerst 1892 auf den Maler hinwies. Hierauf folgten Schriften von E. Müntz und anderen.

Das von Lanzi in Pesaro gesehene Gemälde, seit vielen Jahren in Lille, wurde am 21. 9. 1840 auf Verfügung des Generalleutnants Cubierès für 800 Lire für den Louvre gekauft. Es zeigt die Jungfrau auf dem bogenförmig bekrönten, mit Marmor belegten Thron mit dem Christuskind auf den Armen. Dieses trägt einen Korallenschmuck um den Hals. Am Fuße des Gemäldes auf einem Zettel steht: *Bartolommeus M. Gentilis de Urbino pinxit. Ann. MCCCCLXXXXVII.* Katalognummer des Louvre, Ausgabe 1873 No. 66.

Im Mai 1502 stellte Bartolomeo für die Akten des Tommaso Oddi (Arch. notar. di Urbino) eine Abtretungsurkunde aus. Zwei Jahre später malte er in einer kleinen Kirche 10 Miglien von Pesaro ein Gemälde, das 1892 für 4000 Lire an das Museum zu Pest verkauft wurde. (Kurz vorher vom Pfarrer Magnami als sein Eigentum für 150 Lire verkauft). Alippi beschreibt das Gemälde: Auf dem üblichen Thron die Madonna das segnende Christkind auf dem rechten Knie, rechts S. Caterina d'Alessandria, links eine andere heilige Märtyrin, ebenfalls stehend mit einem geschlossenen Buch in der Linken. Der Hintergrund eine des Giovanni Santi würdige Landschaft mit den Flüssen Isauro rechts und Metauro links, die sich am Fuße der Türme des Palazzo ducale von Urbino hinschlängeln. Am Fuße des Thrones die Bezeichnung: *Bartholomeus Mi Gentilis de Urbino pinsit a^o MCCCCCIIII die 21 mensis octubris.* Alippi erinnert auch an einige Arbeiten, die Bartolomeo in Montemarciano ausführen sollte. Nach einem kürzlich von Anselmi veröffentlichten Dokument wohnte Bartolomeo 1507 in jenem kleinen Ort an dem winzigen Hofe des Conte Giacomo Piccolomini, Herrn des Kastells. Nach Anselmi könnte ein altes Fresko mit der Maria in einer Kirche außerhalb des Kastells, in der contrada degli Alberici dem Bartolomeo angehören. Jedenfalls verließ er die Piccolomini 1507, denn das Gemälde in Monteciccardo auf dem Hochaltar der Parrochialkirche S. Sebastiano ist von 1508. Dieses wichtigste seiner Gemälde ist 2,10 m hoch und 1,65 m breit. In der Mitte die Madonna auf dem Thron mit dem Kind auf den Knien, rechts die Heiligen Pietro und Francesco, links Caterina und Sebastiano. Auf einem Blättchen an der ersten der 2 Thronstufen heißt es „Bartolomeus Gentilis de Vrbino pinxit anno MCCCCCVIII".

Am 27. 4. 1513 verkaufte Bartolomeo ein Stück Land in Urbino und am 8. 1. 1514 verfaßte er mit Francesco di Montegrimano ein seine Kunst betreffendes Dokument, welches Alippi mit einem anderen, wonach Bartolomeo ein eigenes Atelier mit Schülern hatte, erwähnt. Durch schwere Krankheit veranlaßt, machte er am 23. 4. 1514 sein Testament, aus welchem sein Biograph die hauptsächlichsten Daten nahm. Nach einem Dokument von 1531 versprachen Bartolino di Giacomo, Accorsino Baldi und Giovan Lazzaro de Sanctis aus Montefabbri (Urbino) dem Bartolomeo 8 Fiorini und 58 Bolognini für in der Kapelle von S. Gaudenzio di Montefabbri ausgeführte Gemälde. Nach Alippi starb der Künstler vor 1538, denn es heißt in einem Akt dieses Jahres, Piergentile „quondam Bhartolomei pictoris de Urbino": vermutlich starb er um 1534.

Lanzi, Storia pitt. dell' Italia III. — A. Alippi, Nuova Riv. Misena V (1892) 35, VII (1894) 48 und 182. — E. Müntz, Chronique d. arts 1884, 69. — E. Scatassa, Rassegna bibl. d. arte it. I 1898, 198. — E. Calzini, Urbino e i suoi monumenti 1897, 177, 196. *E. Calzini.*

Bartolomeo di Giacomo, italien. Architekt in Chieti (Abruzzen), wo er 1335 laut Inschrifttafel den Campanile der Kathedrale erbaute, ein schlankes Bauwerk gotischen Stiles mit trefflichem Ornamentdetail.

Bindi, Monum. stor. ed artist. degli Abruzzi (1889) p. 642. — De Laurentiis, La Cattedrale di Chieti, p. 5. *G. Ceci.*

Bartolomeo di Giacomo da Firenze, Bildschnitzer in Venedig, 1457 urkundlich erwähnt als Mitglied der Bruderschaft der Scuola Grande di S. Marco.

P. Paoletti, Archit. e Scult. etc. in Venezia (1893) p. 99. *A. Baracchi.*

Bartolommeo di Giordano, s. *Giordano.*

Bartolomeo di Ser Giovanni, Bildhauer von Siena um 1337, nur bei Zani, Enc. met. X 72, erwähnt. *H. V.*

Bartolomeo (di) Giovanni, Miniaturmaler, wird 1351 als Mitglied der S. Lukas-Bruderschaft von Florenz erwähnt.

Gualandi, Memorie VI 178. *H. V.*

Bartolomeo di Giovanni, Maler in Padua, urkundlich erwähnt 1374. — Vielleicht identisch mit einem gleichnamigen paduanischen Maler vom Ende des 14. Jahrh., der den Beinamen *Coffanario* (Truhenmaler) führte.

Gloria, Doc. ined. intorno al Petrarca, p. 41. *A. Moschetti.*

Bartolommeo di Giovanni, Maler in Florenz, bekannt geworden durch einen von Bruscoli (s. u.) publizierten Vertrag mit dem Prior der Hospitalkirche der Innocenti, datiert vom 30. 7. 1488, in dem der Künstler sich verpflichtet, die 7 Predellenbilder zu Ghirlandajos berühmtem Altarwerk der Anbetung der Könige in den Innocenti noch bis zum Oktober des Jahres zu malen. Mit diesem Dokumente ist ein fester Punkt in der alten Streitfrage über Mitarbeit von Schülerhand an Ghirlandajos schönstem Altarwerk gewonnen. Mehrfach, in den letzten Jahren besonders von Steinmann und Berenson, ist auf die evidente Stilähnlichkeit zwischen den Predellenbildern und dem im Hauptbilde im Hintergrunde dargestellten Bethlehemitischen Kindermorde hingewiesen worden, und das genannte Dokument nennt uns offenbar den Namen dieses bevorzugten und geschickten Schülers des Domenico. An den Kindermord im Hauptbilde schließen sich nun stilistisch unmittelbar ein paar Cassonebilder mit den Darstellungen des Kindermordes und der Versöhnung zwischen den Römern und den Sabinern, in der Colonna-Galerie in Rom, an. Bernhard Berenson hatte schon vor dem Bekanntwerden des Kontraktes das Werk des interessanten Künstlers, der nicht nur von Ghirlandajo, sondern auch von Botticelli und Piero di Cosimo Einflüsse erfahren hat, zusammenzustellen versucht und nannte den damaligen Anonymus: *Alunno di Domenico.* Als Nachschrift konnte er seiner Studie noch den ihm eben bekannt gewordenen dokumentarischen Fund Bruscolis anfügen, mochte aber doch den vorgeschlagenen Hilfsnamen nicht ohne weiteres mit dem dokumentarisch bekannt gewordenen Namen vertauschen. Eine solche Reserve dürfte jetzt betreffs der obengenannten Werke unnötig sein, aber das weitere ihm stilkritisch zugeschriebene Oeuvre bedarf noch der Überprüfung von mehreren Seiten.

Bernh. Berenson in The Burlington Magazine, 1902 p. 6 ff. — G. Bruscoli, L'Adorazione dei Magi. Tavola di Dom. Ghirlandaio nella chiesa dello Spedale degl' Innocenti. Con documenti inediti. Per le Nozze Canevaro-Ridolfi, Firenze, April 23, 1902.

Bartolommeo di Giovanni, s. auch *Bartolommeo* di Nanni und *Buon,* B. di G.

Bartolommeo di Giovanni di Manno, Maler, wird 1525 als Mitglied der S. Lukas-Bruderschaft von Florenz aufgeführt.

Gualandi, Memorie VI 179. *H. V.*

Bartolommeo di Giovanni di Uzio di Cinaglia. Unter den im Quartier S. Pietro ansässigen Mitgliedern der Peruginer Malerzunft eingeschrieben. War Camerlengo der Zunft im 1. Semester 1408.

Rass. Bibl. dell' Arte Ital. II 219. *Walter Bombe.*

Bartolomeo di Girolamo della Massa, s. *Bartolommeo* della Massa.

Bartolommeo della Grazia, s. *Bartolommeo* (del) Palazzo.

Bartolommeo di Guidone da Como, Bildhauer, ist 1394 mit seinem Bruder Giovanni für den Pisaner Dom beschäftigt.

Tanfani Centofanti, Notiz. di artisti pisani 1897 p. 226. *H. V.*

Bartolommeo di Guidone da Siena, s. *Meo* da Siena.

Bartolommeo di Jacopo, Bildhauer und Holzschnitzer von Siena, lieferte 1418 ein gemeinsam mit Simone d'Antonio angefertigtes Modell für die Florentiner Domkuppel.

Vasari-Milanesi, II 351 Anm. *H. V.*

Bartolomeo di Jacopo di Martino, Florentin. Maler aus der Familie der Carucci, 2. Hälfte des 15. Jahrh., Schüler von Domenico Ghirlandajo, bekannt aber nur als Vater des Jacopo da Pontormo. Er soll in Valdarno und in Empoli gearbeitet haben.

Vasari-Milanesi, VI 245. *H. V.*

Bartolomeo da Imola, italien. Bronzegießer, dessen Signatur mit der Jahreszahl 1549 auf einer 1904 in Siena ausgestellten, mit

Wappen u. Laubwerkornamenten geschmückten kleinen Glocke zu lesen war.

C. Ricci in Catal. gen. della Mostra d. ant. arte Senese 1904 p. 184. *G. Degli Azzi.*

Bartolommeo da Langasco, italien. Maler, wird 1236 in Genua erwähnt, sonst unbekannt.

Alizeri, Not. dei Prof. del Dis. in Liguria (1870) I 120. *H. V.*

Bartolommeo del q. Leonardo, Maler in Padua um 1441.

Moschini, Della pittura in Padova, 1823 p. 23.

Bartolomeo da Levanto, italien. Holzschnitzer, der als Mönch und Kaplan in Sarzana lebte und 1502 die dortige Cittadelle in einem von seinen Zeitgenossen viel gerühmten, kunstvoll geschnitzten Holzmodell abbildete.

Neri in Giorn. Ligustico IV 304. *G. Degli Azzi.*

Bartolomeo da Limito (auch dal Limite), italien. Architekt; nach Lamo geb. in Bologna und 1517 Erbauer des dortigen Klosters S. Salvatore, mit dessen plastischer Ausschmükkung der Bildhauer Bernardino da Milano betraut wurde. Das jetzt als Kaserne benutzte Bauwerk zeigt z. T. noch die glänzende, augenscheinlich von B. herrührende Cinquecentoanlage. Im ersten Hofe sieht man über dem zweigeschossigen Arkadenumgange einen Relieffries von Fruchtfestons mit den Emblemen Christi und der Caritas Christiana (Pelikan), sowie über den schlicht aber vornehm profilierten kleinen Fenstern des 2. Obergeschosses ein reiches Dachgesims mit Konsolen und Rosetten in Terrakotta. Inmitten dieses Hofes ist ein schöner Marmorbrunnen aufgestellt, dessen Pfeiler mit Laubwerkornamenten verziert sind. Der zweite Hof ist größer und noch reicher dekoriert: Die Bogenwölbungen des Erdgeschosses ruhen auf 24 Marmorsäulen, von denen diejenigen in den 4 Ecken des Hofes noch verdoppelt sind; über den Kompositenkapitellen dieser Erdgeschoß-Säulen erheben sich die jonischen Marmorsäulchen des 1. Obergeschosses, und über dessen Loggienbögen öffnen sich die schlicht umrahmten Fenster des 2. Obergeschosses, das schließlich von einem hohen Architrave im Stile des 15. Jahrh. bekrönt wird. Der noch größere, aber weniger reich mit Marmor geschmückte 3. Hof ist gleichfalls mit 2 Loggiengeschossen umgeben. Das Ganze ist in einem vornehmen und doch streng klösterlichen Stile ausgeführt. Die von Trombelli erwähnten malerischen Dekorationen sind verschwunden.

Trombelli, Mem. istor. etc. di S. Salvatore (Bologna 1752). — Lamo, La Graticola di Bologna. — Zani, Encicl. XII, —. — Bianconi, Guida di Bologna. — Malaguzzi-Valeri, L'Archit. a Bologna nel Rinasc. (1899) p. 177 ff. *F. Malaguzzi-Valeri.*

Bartolomeo da Lodi, italien. Holzbildschnitzer, tätig in Rom um 1498—99.

Bertolotti, Art. Lombardi a Roma I 32. *P. K.*

Bartolomeo di Lorenzo da Figline, ital. Miniaturmaler. Eine Miniaturhandschrift mit der ital. Übersetzung einiger Schriften des Aristoteles gibt inschriftlich B. als Verfertiger mit dem Datum 1425 an. (Questo libro e scripto di mano di Bartolomeo di lorenco da fighine — Figline — computo a di 16 di marzo 1425.) Die Handschrift enthält 53 Miniaturen, deren Stil offenbar florentinisch ist und die Hand eines Übergangsmeisters zeigt, der vermutlich von Lorenzo Monaco beeinflußt ist. Die Handschrift befindet sich zurzeit im Kunsthandel. Vielleicht ist B. identisch mit einem Meister *Bartolommeo di Lorenzo,* den Gualandi (Memorie VI 178) aus dem Jahre 1388 erwähnt. *Swarzenski.*

Bartolomeo de' Lupoti, Miniator aus Novara, auch Schreiber und Buchbinder, tätig im 15. Jahrh., † in Genua. Er signierte ein Manuale des Archivs von S. Giorgio in Genua.

Mongeri, L'arte del minio nel Ducato di Milano (Archiv. Stor. Lombardo XII 557). — S. Varni, Appunti art. sopra Levanto etc. p. 29 u. 62. Genova 1870. *P. d'Ancona.*

Bartolommeo di Manfredi, s. *Bartolo* di Fredi.

Bartolommeo da Mantova, Bildhauer u. Stukkateur, nach Zani (Enc. met. XII 302) um 1570, aus der Schule des Giulio Romano; er war am Bau der 1536—43 errichteten herzogl. Residenz zu Landshut mit mehreren seiner Landsleute beschäftigt.

Lübke, Gesch. d. deutsch. Renaissance 1872 p. 524. *H. V.*

Bartolommeo di Mariano, genannt *il Mandriano,* Bildhauer zu Siena, führte 1450, wahrscheinlich nach dem Entwurf des Nastagio di Guasparre, vor der linken Seitentüre von S. Giovanni in Siena die Zeichnung des Fußbodens aus.

Milanesi, Doc. Senesi. II 265. — Ders., Storia d. arte toscana. Ed. 1873 p. 85. — Guida artistica di Siena. p. 35. *H. V.*

Bartolommeo della Massa, Holzschnitzer in Siena, erhält 1525 die ganzen Holzschnitzarbeiten der Sakristei des Klosters von S. Maria del Carmine in Auftrag und wird noch 1544 als Sachverständiger betreffs der Holzschnitzereien in der Kirche San Spirito erwähnt.

Milanesi, Documenti Senesi, III 82; Arte Toscana, p. 179. — Borghesi e Banchi, Nuovi Doc. Sen. 1898. III 491. **

Bartolommeo di Mattiolo, s. *Mattioli,* B.

Bartolommeo di Michelangelo, s. *Bandinelli,* Baccio.

Bartolommeo di Michele, s. *Bartoluccio* di Michele.

Bartolomeo del Milanese, Bildhauer, wird am 1. 4. 1462 als in Rom für Pius II. tätig erwähnt.

Müntz, Les arts à la cour d. papes 1878, I 261. *H. V.*

Bartolomeo Milanese, Miniaturist und Kalligraph, dessen Signatur „Bartolom. 1482. Mediolanus" zu lesen ist auf dem reich ornamentierten Titelblatte eines zweibändigen Psalteriums in der Biblioteca Classense zu Ravenna. Der Noten- und Textinhalt der beiden fortlaufend paginierten Pergamentcodices ist mit einer Anzahl prächtig ornamentierter und figurierter, mehrfarbig auf Goldgrund gemalter Initialen geschmückt. (Die in Rot und Blau gehaltenen Initialen bis fol. 38 des 1. Bandes und fol. 135—185 des 2. Bandes sind von anderer Hand.)

St. Lottici.

Bartolomeo (Meo) di Mino, Bildschnitzer in Siena, wo er 1382 mit Barna di Turino etc. die Arbeiten des Francesco und Giacomo del Tonghio am Chorgestühle des Domes zu Siena zu begutachten hatte.

Milanesi, Doc. Senesi (1854) p. 339 f. — Lusini in Arte Antica Senese (1904) p. 240. *

Bartolomeo da Modena, italien. Miniaturist, 1265 in Bologna urkundlich erwähnt.

Malaguzzi-Valeri in Arch. stor. ital., ser. V, vol. XVIII, p. 243.

F. Malaguzzi-Valeri.

Bartolomeo da Modena, italien. Glockengießer, goß laut Inschrift am 20. 11. 1352 eine der Glocken des Domes zu Carpi.

Campori, Gli artisti estensi 1855 p. 496. *H. V.*

Bartolomeo da Modena, italien. Maler, in der 2. Hälfte des 15. Jahrh. in Bologna urkundlich erwähnt.

Malaguzzi-Valeri in Rassegna bibl. d. Arte ital. I 3. *F. Malaguzzi-Valeri.*

Bartolommeo (Fra) da Montenapoli, Miniaturmaler und Dominikanermönch in Florenz, malte 1455 auf Bestellung des Herzogs Borso d'Este ein Graduale und ein Antiphonarium, welche in den Besitz der Certosa von Ferrara übergingen.

Gruyer, L'art ferrarais, Paris 1897, II 435. *H. V.*

Bartolommeo da Murano, s. *Vivarini,* B.

Bartolommeo di Nanni, Pistoieser Maler, tätig 1413. Findet sich im Priorista (63, 69).

Tolomei, Guida di Pistoia 1821 p. 155.

Walter Bombe.

Bartolommeo da Napoli, s. *Bartolommeo* da Como.

Bartolomeo di Nasseio, Maler aus Fabriano, von dem im Oratorio di S. Mariano zu Albacina (Marken) einige gemeinsam mit Tommaso di Nasseio 1481 ausgeführte Freskogemälde erhalten geblieben sind.

Nuova Rivista Misena V (1892) 9. — Arte e Storia IX 122 ff. *M. Morici.*

Bartolomeo di Ser Nereo. Maler in Città di Castello. Erscheint in einem Rogito des Notars Marco di Vanni daselbst im Jahre 1354 als Maler.

Mancini, Città di Castello 1832, II 51.

Walter Bombe.

Bartolommeo di Nicolò, Maler in Verona um 1367 erwähnt, nach Zani, Enc. met. XIX 138.

Bartolommeo di Niccolò Giovanni, italien. Holzschnitzer und Intarsiator, war um 1450 für den Herzog Borso d'Este bei der Ausschmückung des Kabinetts des Lionello im Palazzo Belfiore in Ferrara mitbeschäftigt.

Gruyer, L'art ferrarais. Paris 1897. I 469, 558. *H. V.*

Bartolommeo da Novara, s. *Bartolino* da N. und *Bartolomeo* de' Lupoti.

Bartolommeo di Nuto (Nutino), Maler in Siena gegen Ende des 14. Jahrh. In der Akademiesammlung zu Siena wird ihm eine Madonna mit Kind, auf den Seiten 4 Heilige, freilich ohne nähere Begründung, zugeschrieben; Abbildung bei E. Jacobsen, Sienesische Malerei des Trecento, Straßb. 1905 p. 55 u. Taf. XXV. — Um die Mitte des Jahrh. begegnet man einem *Meo* Nuti (s. dort) als Capomastro in Orvieto. **

Bartolomeo di M. Pace, Goldschmied in Forlì, lebte nach den Ricordanze A. fol. 10 des Archivs von S. Mercuriale in Forlì gegen Ende des Quattrocento. In dem 1895 durch Mazzatinti und 1904 in der Rassegna bibl. dell' a. it. publizierten Dokument heißt es, daß Abt Nicolò di Sancti von S. Mercuriale am 10. 4. 1495 dem Bartolomeo ein Kreuz von Silber von 9 Pfund Gewicht innerhalb von 18 Monaten zu fertigen gab. „Bartolomeo filius magistri Pasii aurifex de Forlivio" wird noch 1488 und 1529 in den Akten des Archivio Notarile in Forlì vol. 92 fol. 137 und vol. 126 fol. 280 erwähnt.

G. Mazzatinti, Bull. della soc. fra gli amici dell' arte per la provincia di Forlì 1895, p. 149 und Rassegna bibliogr. dell' a. ital. 1904 p. 87. *E. Calzini.*

Bartolommeo (del) Palazzo (auch della Grazia oder della Riverenza), Maler und zugleich Possenreißer am Hofe zu Ferrara unter den Herzögen Borso und Ercole, wird 1469—94 erwähnt. Auch als Bildhauer muß er gelegentlich tätig gewesen sein, denn es wird von seiner Hand ein Wachs- oder Stuccoporträt der Eleonore von Aragonien mit ihrer kleinen Tochter Isabella vom Jahre 1478 erwähnt.

Cittadella, Not. rel. a Ferrara (1864) p. 215. — Adolfo Venturi, L'Arte Ferrarese nel periodo di Ercole I d'Este. — Gruyer, L'Art Ferrarais, II 135. — Repertor. f. Kstwissensch. XXIV 492. **

Bartolomeo di Paolo, venezian. Maler, 1389 zum ersten Male urkundlich erwähnt. Um 1404 malte er für die Corpus Domini-Kirche zu Venedig das jetzt im Museo Civico Correr befindliche Altarbild, dessen Rahmenschnitzereien von Caterino di maestro Andrea Moranzone ausgeführt wurden.

P. Paoletti, Archit. e Scult. etc. in Venezia I 80, Anm. 4. — Archivio Veneto XXXIII

p. 401. — Jahrb. der preuß. Kstsammlgn. XXIV, Beiheft p. 29. *A. Baracchi.*

Bartolomeo di Paolo da Teramo, italien. Goldschmied in Teramo (Abruzzen), von dem in S. Flaviano zu Giulianova ein 1394 datiertes silbernes Reliquiar in Form eines Armes (für Gebeine des S. Biagio) erhalten geblieben ist, signiert „Bartholomeus Sir Pauli de Teramo“; ebenso in der Pfarrkirche zu Casacastina ein silbervergoldeter, mit Emailmedaillons geschmückter Abendmahlskelch von 1426. Beide Werke waren 1905 in Chieti ausgestellt.

Bindi, Artisti Abruzzesi (1883) p. 53. — Rivista Abruzzese 1893 p. 54; 1897 p. 66. — Catal. della Mostra d'arte antica abruzz. in Chieti 1905, p. 141. — G. Pellicola in Rassegna d'Arte 1905, p. 156. — A. Venturi, Storia d. Arte ital. IV (1906) p. 899. *G. Ceci.*

Bartolomeo da Pavia, Maler, tätig 1465 an den einfachen Deckenornamenten im Chiostro Piccolo der Certosa in Pavia.

L. Beltrami, La Certosa di Pavia, Milano, 1907 p. 63 (Abb. p. 59). **

Bartolommeo di Pero, Maler in Siena um 1383, nur urkundlich bekannt.

Milanesi, Docum. Senesi I 33, 36, 37. **

Bartolomeo (maestro) di Pesaro, Töpfer, bat den Herzog Guidobaldo von Urbino († 1508) namens aller „pignatari“ von Pesaro, allen Fremden in ihrem Stadtgebiete die Ausführung von Majolikaarbeiten zu verbieten. — Wohl identisch mit dem nach Zani 1528 in Pesaro tätigen Maler gleichen Namens.

Zani, Encicl. XV 68. — Passeri, Maioliche Pesaresi, p. 17. *E. Scatassa.*

Bartolomeo da Petritoli, Maler in San Severino, 1445 urkundlich erwähnt als Empfänger einer Zahlung für Ausführung einer Wappenmalerei.

Archivio Comun. di S. Severino, Camerlingato 1445, c. 56. *V. Aleandri.*

Bartolomeo da Piacenza, italien. Bildschnitzer des 15.—16. Jahrh., der die Rücklehnen des noch jetzt vorhandenen Chorgestühles von S. Sisto zu Piacenza mit historischen u. religiösen Darstellungen schmückte. — In Arte e Storia IX 2 wird ein *Bartolomeo da Busseto* als an demselben Chorgestühl tätig erwähnt, wohl mit Obigem identisch.

L. Mensi, Kunstgeschichtl.-Biograph. Mscr. in Piacenza, Bibl. Passerini-Landi. *St. Lottici.*

Bartolommeo da Piacenza, s. auch unter *Bartolino* da P.

Bartolomeo da Pian Castagnajo Franziskaner-Frate und Glasmaler in Siena, wo er nach Zani noch 1461 tätig war; nach Guardabassi soll er mit Fra Gualberto Giotti und anderen Glasmalern an der Ausführung des prächtigen, zum Teil vermutlich schon um 1400 entstandenen St. Antonius-Fensters der Unterkirche von S. Francesco zu Assisi beteiligt gewesen sein.

Zani, Encicl. XV 104. — Guardabassi, Ind.-Guida etc. dell' Umbria (1872). — Fratini, Stor. d. Bas. di S. Franc. di Assisi (1882) p. 213 f. — C. de Mandach in Arch. stor. d. Arte 1897, p. 69. — A. Venturi, Stor. d. Arte ital., V (1907) 1083. *

Bartolommeo di Piero, Maler, 1415 in der Florentiner Malerzunft genannt.

Gualandi, Memorie, VI 178.

Bartolommeo di Pietro, Mönch von S. Domenico in Perugia, Glasmaler zu Ende des 14. und Anfang des 15. Jahrhunderts, Sohn eines Pietro di Giovanni aus der Familie Accomodati in Perugia. Aus dem Testament seines Vaters vom 8. 4. 1370 geht hervor, daß B. schon damals seine Kunst ausübte. In der Matrikel der Peruginer Malerzunft von 1366 findet sich sein Name an zehnter Stelle unter den im Stadtviertel von S. Pietro ansässigen Mitgliedern. Am 18. 11. 1382 wird er zum Sindaco des Klosters S. Domenico ernannt, 1413 zum Prior von Perugia (Niccolo Alessi, Elogia Virorum ill. Predicat. Ms. der Comunale, Perugia 60), und 1420 war er vielleicht schon tot, weil er in einer Versammlung des Kapitels am 27. 2. nicht genannt wird. Das gewaltige Chorfenster von S. Domenico (21 m hoch und 8,5 m breit) trägt seine Namensinschrift und das Datum 1411. Dieses großartigste Werk seiner Art in Italien ist durch Francesco Moretti in 12jähriger Arbeit, wie eine zweite Inschrift angibt, 1879, bis auf wenige intakt gebliebene Teile, leider völlig erneuert worden, so daß die Frage, wie weit Bartolommeo di Pietro daran beteiligt ist, nicht mehr mit Sicherheit beantwortet werden kann. Die schon von Mariotti (Lett. pitt. perug. p. 80) und neuerdings von Manzoni (Repertorium für Kunstwissenschaft XXVI, 1903 p. 120 ff.) verfochtene Ansicht, daß B. nur den älteren Teil des Fensters ausgeführt habe, gründet sich auf den Bericht des Campanus im Leben Papst Pius' II., demzufolge der Papst bei der Einweihung der Kirche 1459 befahl, das große Fenster hinter dem Altar mit einem künstlich, mosaikartig zusammengesetzten Glasfenster (artificio et textura tesellata opere vitreo) zu verschließen. Man hat daher vermutet, daß ein älteres und kleineres Fenster einer Kapelle später an seine jetzige Stelle versetzt und nach 1459 vergrößert worden sei. Tatsächlich zeigen die Darstellungen aus der Legende des S. Giacomo im unteren Teile, der die Inschrift trägt und von der Erneuerung weniger betroffen wurde, einen altertümlicheren Stil und deutliche Anlehnungen an die Weise des zu Anfang des Quattrocento in Perugia tätigen Taddeo Bartoli aus Siena. An dem älteren Teil des Fensters ist außer B. auch der Florentiner Mariotto di Nardo beteiligt, der die Figur einer S. Caterina 1404 datiert und firmiert hat. Manzonis Ansicht, daß auch Benedetto Bonfigli an dem Werke mitgearbeitet habe, ist unzutreffend.

Manzoni Mariotti, s. Text. — P. Vincenzo Marchese, Memorie Dom. II 530—44. *Walter Bombe.*

Bartolomeo di Pietro, Miniatur-, Mosaik- und Freskomaler in Orvieto, wo er 1410 zum ersten Male erwähnt wird mit einer Kruzifixusminiatur, die er zu einem dem Prete Angelo di Pietro für den dortigen Dom in Auftrag gegebenen Missale beisteuerte. 1417 arbeitete er dann mit Andrea di Giovanni da Orvieto und 1424—26 wiederum mit Giovenale da Orvieto an der Restaurierung der älteren und an der Ausführung neuer Mosaikbilder an der Fassade des Domes. Außerdem malte er 1425 im Dom an der Wand neben dem Choreingange im Auftrage des Ser Francesco Guidi die Legende der hl. Katharina al fresco. Er lebte noch 1437.

L. Fumi, Il Duomo di Orvieto (1891) p. 108, 140—142, 278 f., 370, 378, 392 f. *

Bartolomeo di Pietro, Holzschnitzer in Perugia. War von 1487—88 Gehilfe der Brüder Giuliano und Antonio da Sangallo bei der Fertigstellung der Paneele im Refektorium von S. Pietro, für deren Dekoration (Intarsien, Rosetten etc.) Domenico del Tasso am 27. 4. 1488 bezahlt wird. — Ein Bildschnitzer *Bartolomeo fu Pietro* wird 1475 in Venedig urkundlich erwähnt. (Archivio Veneto 1887, p. 415.)

Giorn. di Erud. Art. Vol. I. Doc. 21 (Rossi). *Walter Bombe.*

Bartolomeo di Pietro, Maler in Venedig, urkundlich erwähnt 1510.

Archivio Veneto XXXIII 401. *A. Baracchi.*

Bartolommeo di Pietro da Cortona, Bildhauer, Bruder des Urbano, mit dem er um 1450 von Padua nach Siena übersiedelte. Auf einer der beiden Inschrifttafeln an dem Donatelloschen Relief mit dem Wunder des Herzens im Santo zu Padua findet sich die Inschrift: S di Pietro e Bartolom e suo, die von C. v. Fabriczy auf die beiden Brüder gedeutet wird, die als Mitarbeiter Donatellos auch sonst beglaubigt sind. Am 19. 10. 1451 übernehmen er und Urbano den Auftrag, die Kapelle der Madonna della Grazia im Sieneser Dom zu errichten. Er wird zuletzt 1453 in Siena erwähnt, als er mit seinem Bruder mit einem Grabmal für den Spitalvorsteher Urbano beschäftigt ist.

C. v. Fabriczy in Repertor. f. Kstwissensch. XII 103/4. — Milanesi, Docum. senesi II 271 u. f., 460. — Ders., Storia dell' arte toscana (1873) p. 138. *H. V.*

Bartolommeo di Pietro da Settignano, s. *Baccelli,* B.

Bartolomeo Pisano, vielbeschäftigter Glockengießer des 13. Jahrh. in Pisa, von dem mehrere signierte und z. T. datierte Glocken erhalten sind, z. B. 2 im Campanile der Kirche S. Paolo a ripa d'Arno, 1 im Turme von San Francesco von Assisi, 1 in der Kirche San Galgano (1244). Von weiteren und auch einigen zerstörten Glocken gibt Morrona, Pisa illustr. (2. Ausg. 1812) II 105 ff., 417 die Inschriften an; im übrigen hier aber eine Verwechslung mit *Bartolommeo da Foggia.*

Supino, Arte Pisana (1904) p. 68. — Giornale Ligustico IV 300 ff., XVII 41 ff. — Arch. stor. ital. ser. IV, tom. XI 320 ff.

Bartolomeo De Pistorio Me Fecit An. Dom. 1532. Diese Signatur eines Pistojeser Gießers (vermutl. von einer Glocke) überliefert Zani, Enc. met. XV 185, ohne nähere Angaben.

Bartolommeo da Pola, s. *Palla,* B. della.

Bartolommeo da Prato, genannt Bresciano, Maler in Mailand um 1470, stand mit dem Mäcen Pigello und dem Condottiere Bartolommeo in Beziehung, wird hauptsächlich als Maler von Pferdeprunkgeschirr erwähnt, hat sich aber auch in Wandmalereien betätigt. Reste von solchen in Cascina di Mirabello an dem ehemaligen Landhause Portinaris erhalten, die freilich nur eine ziemlich schwache Hand verraten. Höher steht das Votivbild der Capella Portinari, der Stifter vor dem hl. Petrus Martyr kniend, aber die Autorschaft Bartolommeos ist hier nicht völlig gesichert.

Rassegna d'Arte, 1901 p. 165. — W. Suida im Repert. f. Kstwissensch. 1902 p. 344. — Malaguzzi-Valeri, Pittori lombardi, Milano 1902, p. 152—162 (ausführlich). **

Bartolomeo da Reggio, Bildhauer, wird 1461—62 als in Rom für Pius II. tätig erwähnt.

Müntz, Les arts à la cour d. papes 1878, I 262. *H. V.*

Bartolommeo da Reggio, s. auch *Maineri,* B.

Bartolommeo da Rimini, s. *Coda,* B.

Bartolommeo della Riverenza, s. *Bartolommeo* Palazzo.

Bartolommeo del Rosa, s. *Torregiani,* B.

Bartolomeo da Saltri, italien. Mosaicist und Steinbildner aus Mailand, tätig in Rom um 1563.

Bertolotti, Art. Lombardi a Roma I 175 u. Artisti Svizzeri a Roma p. 20. *P. K.*

Bartolommeo da San Marco, s. Fra *Bartolommeo,* p. 561.

Bartolomeo di Santa Maria Formosa, Maler in Venedig, urkundlich erwähnt 1463.

Archivio Veneto XXXIII 401. *A. Baracchi.*

Bartolomeo di Sante Mercuriali, Maler in Forlì, in einem Vertrag des Spinuzio Aspini vom Dezember 1487 erwähnt „teste Magistro Bartolomeo quondam Santis Mercurialis pictore". Ein anderes Dokument ohne Angabe der Herkunft vom 26. 1. 1475, wodurch der Maler einen gewissen Giovanni Albanese wegen einer Schuld von 10 Soldi „pro resto picture unius tabule" vorladen läßt, betrifft ihn sicherlich. Am 31. 3. 1488 kauft er ein Stück Land, aber 1492 ist er schon tot. C. Grigioni veröffentlichte ein Dokument mit dem Verzeichnis von B.s Hinterlassenschaft vom 5. 6. 1492 (sämtlich Gegenstände seines Ateliers) vermutlich für seine Kinder Taddeo und Maria (vgl. auch *Bartolomeo* di maestro Antonio u. *Bartolomeo* da Forlì).

Carlo Grigioni im Bullettino etc. dell' arte per la provincia di Forlì, 1895 p. 134 u. 135 und in Rassegna bibl. dell' a. ital. II p. 257.
E. Calzini.

Bartolommeo da S. Vito, s. *Pietro* da S. Vito

Bartolommeo da Siena, s. *Meo* da Siena.

Bartolommeo da Subiaco, Freskomaler in Tivoli, 1313.

Attilio Rossi, S. Maria in Vulturella, Roma 1905.

Bartolommeo da Teramo, s. *Bartolommeo* di Paolo da T.

Bartolomeo del Tintore, italien. Miniaturist in Bologna, wo er 1459 die von Nic. Mamelini und Bart. di Ces. Panzacchi geschriebenen „Statuti della Soc. dei Notai" mit Miniaturen schmückte; ebenso 1476 für die Canonici von S. Salvatore ein Psalterium und für die Kirche S. Petronio ein Missale. 1491 scheint B. bereits tot gewesen zu sein, da die Bezahlung für Miniaturen, die er in einem „innario novo" und einem „manoalle novo" ausgeführt hatte, damals an seine Erben entrichtet wurde; nach Frati hingegen soll er erst 1495 gestorben sein. In einer Urkunde von 1479 über Miniaturen und Einbände B.s zu Psalterien, Breviarien, Missalen, Hymnarien und Evangeliarien wird der Künstler „dom." genannt, woraus Frati schließt, daß B. Mönch gewesen sei; sein Beiname „del Tintore" scheint darauf hinzudeuten, daß sein Vater Giovanni von Beruf Färber war. In einer Urkunde von 1461 wird B. als Ferrarese bezeichnet. — Die im Bologneser Staatsarchive leider in arg ruinösem Zustande erhalten gebliebenen „Statuti dei Notai" von 1459 enthalten neben ornamentalen Randleisten und neben einer Figur des hl. Augustinus auf der ersten Seite in eleganter Festonumrahmung vor allem die Darstellung zweier einen Lorbeerkranz tragenden Puttenfigürchen, die in ihrer lebendigen und graziösen Zeichnung an analoge Motive Attavantes erinnert. B. bekundet sich hier als Vertreter eines Übergangsstiles, der die örtlichen Kunsttraditionen in der Behandlung des herkömmlichen Laub- und Rankenwerkes der Randleisten zu vereinigen suchte mit korrekterer Zeichnung und mit dem in Bologna damals erst zur Geltung gelangenden Renaissancegeiste. — Von seinen Arbeiten für S. Petronio scheint nichts erhalten geblieben zu sein.

L. Frati, I corali d. basil. di S. Petronio in Bol. (1896) p. 25. — Malaguzzi-Valeri in Arch. Stor. Ital., ser. V, vol. XVIII, p. 243 ff.; in Arch. stor. d. Arte ital. VII 12, 14; und in Repertor. f. Kstwissensch. XXI 184 f. — H. J. Hermann in Jahrb. der Kstsammlgn. des Österreich. Kaiserh. XXI, T. I 190.
F. Malaguzzi-Valeri.

Bartolommeo di Tomacello, italien. Maler, wird 1478 als Mitglied der S. Lukasbruderschaft in Rom erwähnt.

Müntz, Les arts à la cour d. papes III 99, 102. *H. V.*

Bartolommeo Tommasi, Maler in Ferrara um 1396, nur urkundlich genannt.

Cittadella, Doc. ed illustr. Ferraresi, 1868 p. 145.

Bartolommeo di Tommaso, Maler, wird 1415 als Mitglied der S. Lukas-Bruderschaft von Florenz aufgeführt.

Gualandi, Memorie VI 178. *H. V.*

Bartolomeo, di Tommaso, Florentiner Glasmaler, fertigte 1431/2 ein großes Fenster mit kirchl. Darstellungen für das Baptisterium von Pistoja. Reste des Fensters sind dort noch erhalten. — Auch schon 1402 hatte er Glasmalereien für S. Stefano in Empoli ausgeführt.

Rivista d'Arte, 1906 p. 189. **

Bartolommeo di Tommaso, aus Venedig, Goldschmied und Juwelier, tätig in Rom, wo er am 3. 11. 1467 auf päpstliche Rechnung als Gehilfe des Goldschmiedes Michele da Bologna Zahlung erhält. 1484 überträgt ihm Sixtus IV. die Anfertigung einer prächtigen Tiara, deren Vollendung der Papst jedoch nicht mehr erlebte (Zahlungen vom 27. 4., 3. 6. 1484). B. ist auch noch päpstl. Hofjuwelier unter Innocenz VIII. und Alexander VI. (Zahlungen an ihn im September 1500).

Müntz, Les arts à la cour d. papes II 1879 p. 112 Anm. 6; III 1882 p. 243, 259; Innocent VIII etc. 1898 p. 108, 234. *H. V.*

Bartolomeo di Tommaso da Foligno, umbrischer Maler, Patriarch der Schule von Foligno und wahrscheinlich Lehrer des Niccolò Alunno. Urkundlichen Nachrichten zufolge 1425 und 1433 in Ancona ansässig, leistete er 1444 mit zahlreichen anderen Bürgern von Foligno in letzterer Stadt den Treueid. Ferner erfahren wir, daß er 1446 und 1447 seine beiden Töchter und seine Gattin durch den Tod verlor u. daß er 1448 u. 1455 der Magdalenenkirche zu Foligno, die sein Familienbegräbnis enthielt, wertvolle Stoffe u. einen Kelch aus Kupfer und emailliertem Silber stiftete. — Von seinen Gemälden ist das früheste ein 1430 im Auftrage des Rinaldo di Corrado de' Trinci, Dynasten von Foligno, gemaltes Triptychon in der Collegiata di S. Salvatore zu Foligno, darstellend die Madonna mit dem Christkinde und dem knienden Stifter zwischen zwei Heiligen; die jetzt in einem gemeinsamen Rahmen vereinigten drei Bilder sind ihrer alten Inschrift mit dem Datum 1430 leider verlustig gegangen. Die Fassade von S. Salvatore hatte B. außerdem mit einer Freskodarstellung der Flucht nach Ägypten geschmückt. Ein die Legende der hl. Katharina darstellendes Freskogemälde, das B. im Kloster dieser Heiligen ausgeführt hatte, ist neuerdings auf Leinwand übertragen und in die Pinacoteca Communale zu Foligno übergeführt worden. Zwei nach urkundlichem Ausweis für die Kirchen S. Domenico u. S. Maria Maddalena zu Foligno gemalte Madonnenaltäre sind leider verloren gegangen. — Späterhin war B. in Rom tätig, und zwar arbeitete er 1451 in der „secunda sala" des vatikanischen Palastes u. 1451—53 im Palazzo di Campidoglio, wo er im Treppenhause ein Madonnenbild zu malen und im großen Saale Friesmalereien auszuführen hatte. Aus der Berufung des Künstlers an den römischen Papsthof ist zu schließen, daß B. unter den umbrischen Meistern seiner Zeit eine ehrenvolle Stellung eingenommen hat.

Crowe u. Cavalcaselle, Gesch. der ital. Malerei 1871, IV 131 ff. — Cibo, Niccolò Alunno (1872), p. 5—9, 31—33. — Müntz, Les Arts à la Cour des Papes (1878), I 93 f., 131—150. — Faloci-Pulignani, Le Arti e le Lettere alla Corte dei Trinci (Foligno 1888); sowie in Arch. stor. per le Marche e l'Umbria, vol. IV, fasc. 13—14, p. 124, 161—164; Augusta Perusia II 129 u. Arte e Storia VI 3 ff. — Giorn. di Erudiz. Artist. I 250; VI 268. — Nuova Rivista Misena III 182 · VI 36. — Nuova Antologia 1907, p. 442 ff. *G. Degli Azzi.*

Bartolommeo di Tommè (di Tommaso di Ser Giannino) genannt *Pizzino,* Bildhauer und Goldschmied zu Siena. Mit noch vier anderen Meistern lieferte er seit 1375 einige der 6 erhaltenen Apostelgestalten in den Tabernakeln der Turmkapelle am Palazzo communale daselbst. Am 24. 6. 1381 übernahm er in Gemeinschaft mit Nello di Giovanni die Anfertigung von vier silbernen Reliquienbehältern für die vier Heiligen des Doms von Siena mit Vergoldung und Email-Schmuck. Die letzte Arbeit, die von ihm erwähnt wird, ist 1404 ein Nimbus für den vermutlich von ihm selbst gefertigten Petrus an der erwähnten Kapelle.

Milanesi, Doc. Sen. I 277, 279, 285, 289, 335, 351. — Ders., Storia dell' arte Toscana 1873 p. 35, 65. — Donati in Arte Antica Senese 1904 p. 348. *H. V.*

Bartolomeo Trevisano, gen. *Napoli,* Miniaturist in Venedig, wo er 1684 die „Professione" einer Nonne mit geringen Miniaturen ausmalte.

Nouv. Arch. Veneto, N. S., vol. II, parte I p. 88 f. *A. Baracchi.*

Bartolomeo da Treviso, Maler in Ferrara, erwähnt 1467—73 unter Herzog Borso und im Anfange der Regierung Ercoles I., beteiligte sich neben mehreren anderen Künstlern an den Festdekorationen der glänzenden Hochzeit Ercoles I. mit Eleonore von Aragon 1473.

A. Venturi, L'arte a Ferrara nel per. di Ercole I d'Este, p. 73/4. — Gruyer, L'art ferrarais, s. Register. **

Bartolomeo da Udine, venezian. Architekt, Leiter des Kastellbaues zu Udine, urkundlich erwähnt 1554.

P. Paoletti, Archit. e Scult. etc. in Venezia II 255. *A. Baracchi.*

Bartolomeo di Vanni, Maler in Pistoja, der 1356 eine urkundl. beglaubigte, aber lange schon verlorene Tafel mit S. Giovanni Evang. für den Hochaltar von S. Giovanni Fuorcivitas in Pistoja lieferte.

L. Zdekauer im Bullettino senese di Storia patria VIII p. 176. — Miscell. Stor. Senese, vol. IV p. 132. — C. v. Fabriczy im Repert. f. Kstwissensch. XXIII 497. — Gigliolі, Pistoia, p. 146.

Bartolomeo Veneto, venezian. Maler der 1. Hälfte des 16. Jahrh., dessen künstlerische Persönlichkeit erst seit wenigen Jahren in einigermaßen sicheren Umrissen bekannt geworden ist, dank den Untersuchungen einiger neueren Kunstforscher u. insbesondere Adolfo Venturis. Das früheste bisher bekannt gewordene Werk B.s ist augenscheinlich eine Madonna mit dem Christkinde, aus der Casa Martinengo in Val Sansibio stammend, jetzt im Besitze des Conte Donà delle Rose zu Venedig befindlich. Die Signatur dieses Bildes lautet: „1502. 9 apr. Bartolamio mezo Venizian e mezo cremonese". Viele seiner stilistischen Besonderheiten lassen sich von Giov. Bellini herleiten und sind auch für andere Jugendarbeiten B.s charakteristisch; so für die gleichfalls signierte und 1505 datierte Madonna mit dem Christkinde in der Galerie zu Bergamo u. für die beiden nahe verwandten Madonnenbilder der Galleria Crespi zu Mailand u. der Akad. zu Venedig (letztere früher dem Bissolo zugeschrieben). Andere Madonnenbilder aus dieser Frühzeit B.s sind diejenigen der Sammlung Delaroff zu Petersburg und des Palazzo Ducale zu Venedig, sowie (nach Venturi) auch dasjenige mit dem eine jugendliche Heilige segnenden Christkinde im Museum zu Stuttgart (von einigen dem Marco Basaiti, von anderen dem Vincenzo Catena zugeschrieben). — 1506—8 war B. in Ferrara tätig, und zwar hatte er Maler- u. Vergolderarbeiten in den Gemächern der Lucrezia Borgia auszuführen, für die er außerdem noch einen Madonnenaltar mit Heiligen malte. Aus dieser Zeit stammt die echt bez., 1506 dat. Beschneidung, ein wichtiges Bild des Meisters, das auf der Akademie-Ausstellung in London im Februar 1907 zu sehen war. Inzwischen hatte B. seine Studien nach Gemälden Giov. Bellinis (und vielleicht auch nach solchen des Frate Marco Pensaben) durch die Aufnahme anderweitiger Formen ergänzt, namentlich aus Gemälden des Cima da Conegliano. In Bergamo ist ihm nach Venturi das Altarbild mit den Heil. Johannes, Antonius Abbas, Antonius von Padua, Laurentius und Nikolaus von Bari in der Galleria Lochis zuzuweisen (dort dem Girolamo da S. Croce zugeschrieben); derselben Bergamasker Zeit B.s entstammt auch lie gleichfalls dem Girolamo da S. Croce stilistisch nahestehende heil. Katharina des Städelschen Institutes zu Frankfurt a. M. — In der Biblioteca Ambrosiana zu Mailand befindet sich eine Handzeichnung B.s mit der Darstellung der Hintergrundlandschaft zu der aus der Casa Roncalli zu Bergamo in das Berliner Museum gelangten Auferstehung Christi (dort irrtümlich dem Giov. Bellini zugeschrieben). Dieselbe Landschaft sieht man auch auf dem Pietà-Gemälde in S. Pietro zu Orzio bei Bergamo, auf den Madonnenbildern der Galerie zu Bergamo und des Palazzo Ducale zu Venedig und leicht variiert auch auf dem schönen Bildnis eines Edelmannes in der Galleria Nazionale zu Rom. Dem ebengenannten Bildnisse stehen sehr nahe das Nobileporträt der Sammlung Crespi zu Mailand und das Bildnis des Massimiliano Sforza in der Londoner Sammlung des Capt. Holford, letzteres datiert 1512, sodaß man für die beiden erstgenannten Porträts etwa die gleiche Entstehungszeit annehmen darf. Auch zwei Handzeichnungen der Wiener Albertina und zwei Frauenbildnisse, dasjenige in der Sammlung des Marchese Ambr. Doria zu Genua und das Courtisanenporträt des Städelschen Institutes zu Frankfurt a. M., sind dem Londoner Sforzabildnis zeitlich anzuschließen. Das Frankfurter Courtisanenporträt zeigt die gleiche, für B. so charakteristische Haartracht (Reihen von langen, gleichsam metallisch-starren Ringellocken), wie die Frauenbildnisse B.s in den Sammlungen Melzi u. Del Mayno (1520) zu Mailand, wie die Salome der Dresdener Galerie und wie die Darstellungen der hl. Katharina in der Galerie zu Glasgow und in der Sammlung Borromeo zu Mailand.

Besonders zahlreich sind die Spuren einer längeren Tätigkeit B.s in Mailand, wo seine Kunst unter dem Einflusse der lombardisch-leonardesken Schule eine neue Richtung nahm. In dem Madonnenbilde der dortigen Ambrosiana nahm er das Kompositionsmotiv seiner Jugendmadonnen wieder auf, jedoch mit tiefgreifenden stilistischen Veränderungen. Auch auf dem Bilde der Madonna mit Engeln in der Sammlung Benson in London erscheinen die Formen voller und gerundeter. Zu den Bildnissen dieser Mailänder Periode sind diejenigen eines Mannes und einer Frau in der dortigen Sammlung Perego zu rechnen, ebenso der „Uomo del labirinto" in der Galerie zu Cambridge und ein durch Restaurierung arg verdorbenes Porträt der Mailänder Ambrosiana. Ein in der Samml. des Frhrn. v. Tucher in Wien befindliches männliches Bildnis scheint dagegen etwas früher entstanden zu sein.

Die letzte Phase des Kunstschaffens unseres Meisters wird schließlich in charakteristischer Weise repräsentiert durch das prächtige Bildnis des Ludovico Martinengo in der Londoner National Gallery, signiert: „Ludovicum Marti. aetatis suae an. XXVI. Bartolom. Venetus faciebat MDXXX. XVI zun." Hier hat die vornehme Stilgröße B.s ihren höchsten Ausdruck gefunden. In vielen Einzelheiten erinnert dieses Bild noch an die früher entstandenen Porträtmalereien des Künstlers, jedoch ist hier alles grandioser, vornehmer, erhabener.

Die aus der Mailänder Periode stammenden Werke B.s sind vielfach mit denjenigen des Andrea Solario vermengt worden. Die Stilverwandtschaft beider Künstler erklärt sich aus ihrer gemeinsamen Entwicklung unter venezianischen und vlämischen Einflüssen. Diese Vereinigung venezianischer und vlämischer Formen ist das Hauptcharakteristikum der Arbeiten beider Künstler. Nur eignet dem robuster veranlagten Solario, der an ausgezeichneter Technik wie an Tiefe der psychologischen Charakteristik bisweilen sogar einem Antonello da Messina ebenbürtig erscheint, die ganze „gravità" des Lombarden, während Bartolomeo Veneto hingegen sich in allem als der Vornehmere und Elegantere erweist, der eine reichere und glänzendere Inszenierung bevorzugt, — als ein allerdings mannigfach von außen her beeinflußter echt venezianischer Geist.

C i t t a d e l l a, Not. relat. a Ferrara (1864) p. 215, 569; Doc. risguard. la storia artist. ferrarese p. 51, 146 f. — C r o w e u. C a v a l c a s e l l e, Gesch. der italien. Malerei V (1873) 310 ff. — L e r m o l i e f f, Gal. Borghese u. Doria-Pamf. (1890); Gal. München u. Dresden (1891). — G r u y e r, L'art ferrarais (1897) II, Reg. — H. W e i z s ä c k e r, Katal. der Gem.-Gal. des Städ. Inst. in Frankfurt a. M. (1900). — A. V e n t u r i, La Gall. Crespi in Milano (1900). — L. V e n t u r i, Orig. d. pitt. venez. (1907). — Arch. stor. d'arte IV 65, VI 297 f., II. ser. I 78. — L'Arte II 432, III 155, 306, VI 105, 316, 319, VIII 51 f. — Rassegna bibliogr. d. arte ital. III 147. — Arte e Storia XXVI 25 f. — Atti e Mem. etc. per la Romagna III. ser. VI 91, 350—422, VII 368—412. — Les Arts 1902, No. VIII, p. 19, 26. — The Burlington Magazine XI 227, 231. — Repertor. f. Kunstwissensch. XIX 256 f. — Zeitschr. f. bild. Kunst, N. F. VI 332, VIII 94. — Kunstchronik, N. F. XVIII 241 (Beschneidung in engl. Privatbesitz, dat. 1506). *P. D'Achiardi.*

Bartolomeo d a V e r c e l l i, italien. Maler in Ferrara, wo er 1504 im Hause des Don Giulio d'Este Malereien auszuführen hatte.

A. V e n t u r i in Atti e Mem. della R. Deput. etc. di Romagna VII 392. *G. Degli Azzi.*

Bartolomeo d i Z a n o b i G e t t i, Maler in Florenz, in der Gilde 1525 erwähnt. Er soll auch in Bologna tätig gewesen sein.

G u a l a n d i, Memorie, VI 179. — Archivio stor. d'arte, III 281.

Bartolommeo d i Z e n o b i o, Maler in Pistoja um 1497, nach Zani, Enc. met. XV 184.

Bartolommeo, s. auch damit verbundene *Ortsbezeichnungen, Vornamen* u. *Patronymika* sowie *Baccio, Bartholomaeus, Bartholomeo, Bartholomeus, Bartolo, Bartolomeus, Bartoluccio* und *Meo.*

Bartolomuccio d i P i e t r o, Bildhauer, erhält am 21. 1. 1335 und am 28. 6. 1337 Bezahlung für am Dom zu Orvieto geleistete Arbeiten.

Fumi, Il Duomo di Orvieto. 1891. *H. V.*

Bartoloni, s. *Bartolucci,* Mattia.

Bartolotti, Antonio, nach Zani (Enc. met. II 95) eigentlich *Anceschio* oder *Ancini* (genannt Tognino), Maler, geb. um 1450 in Correggio, † daselbst 1527. Er war, wie es scheint, unter den zu Anfang des 16. Jahrh. in Correggio ansässigen Malern der angesehenste und soll Lehrer des Correggio gewesen sein. Werke seiner Hand sind nicht mehr mit Sicherheit nachzuweisen; zugeschrieben wird ihm ein A B D N D F MCCCCCXI bezeichnetes Fresko in der Galerie Estense zu Modena, Maria mit dem Christuskind und einem Engel sowie den Heil. Franziskus und Quirinus, welch letzterer ein kleines Votivmodell der Stadt Correggio trägt. Die Inschrift wird entweder: „Antonio Bartolotti Da Novellara Dipintore Fece" oder: „Antonio Bartolotti de Nostra Devotione Facta" ergänzt. Dieses Fresko stammt aus der abgerissenen Kirche San Quirino zu Correggio und galt früher als Arbeit des Correggio, für den Ad. Venturi das sehr übermalte Bild (s. u.) von neuem in Anspruch nimmt.

Meyer, Kstlerlex. III. — L'Arte IV (1901) p. 312/13 (mit Abb. des Bildes in Modena). *H. V.*

Bartolotto, Camillo, lombard. Bildhauer, am 9. 6. 1591 als tätig an der Kirche dei Santi Quattro Coronati in Rom urkundlich erwähnt.

Bertolotti, Artisti Lombardi a Roma. 1881. I 228. *H. V.*

Bartolozzi, Francesco, italien. Maler und Kupferstecher, geb. in Florenz 1727 als Sohn des Goldschmiedes Gaetano B., begann seine Studien beim Vater, dann an der Florentiner Akad., wo er besonders eifrig Anatomie trieb und, ebenso wie während eines Aufenthaltes in Rom, nach der Antike zeichnete. Nachdem er sich der Kupferstichkunst zugewandt und in Florenz besonders durch das Kopieren von Stichen Giacomo Freys nach Domenichino sich vorgebildet hatte, trat er 1745 in das Atelier Joseph Wagners in Venedig ein. Hier arbeitete er unter des Lehrers Leitung und auch schon selbständig für dessen Verlag. Die Madonna del Casentino nach G. B. Piazzetta z. B. ist bezeichnet: „F. Bart. sculp. J. Wagner recognovit et vend.", andere Stiche: „F. Bartolozzi sculpsit. appo. Wagner Venezia." In vielen seiner venezian. Arbeiten, besonders nach A. Zucchi, Zuccarelli, Marco und Sebastiano Ricci, G. B. Piazetta u. a. m., nähert sich B. der leichten, flockigen, silbrig wirkenden Technik der Venezianer, die Tiepolo zu einer ganz eigenartigen, vollendeten graphischen Ausdrucksform entwickelt hat; er betont jedoch immer mehr als jene die kräftige Linie und die tiefen Schatten. Auch als Maler von Miniaturporträts in Aquarell und als vorzüglicher Zeichner verschaffte sich B. schon in Venedig Ansehen und eine Stellung, die ihm möglich machte, sich hier zu verheiraten. Durch Dalton, den Bibliothekar und künstlerischen Berater König Georgs III. von England, der von ihm eine Reihe von Zeichnungen Guercinos hatte stechen lassen, wurde er 1764 veranlaßt, nach England überzusiedeln. Hier gut aufgenommen, wurde er bald zum Mitgl. der Society of Artists, dann zum Kupferstecher des Königs ernannt und 1769 in seiner Eigenschaft als Maler und Zeichner in die damals gegründete Roy. Acad. gewählt, für die er auch das von Cipriani entworfene Diplom für die Aufnahme der Mitglieder ausführte. In London stach B. zuerst für Dalton die Guercino-Zeichnungen der kgl. Sammlung, sein erstes Werk in England, das „Silence" nach Annibale Carracci, den „sleeping boy" nach Sirani u. a. m. Später arbeitete er für verschiedene private Auftraggeber und für Verleger, besonders für Boydell und eine Zeitlang auch für den Verlag, den er seinem Sohne Gaetano eingerichtet hatte, der aber bald aufgelöst wurde. In London traf B. wieder mit seinem Landsmann G. B. Cipriani zusammen, mit dem er an der Florentiner Akad. gemeinsam studiert hatte, und mit dem ihn eine herzliche Freundschaft dauernd verband. Auch zu Angelica Kauffmann, die wie Cipriani in England mit großem Erfolge tätig war, und zu verschiedenen Meistern der englischen Kunst trat er in Beziehung. Bald nach seiner Übersiedelung nach England lernte B. die von Bylaert in Leyden und von Demarteau in Paris ausgeübte, von Ryland und Picot in England eingeführte Punktier- oder Crayon-Manier (red-chalk manner) kennen, die er von nun an sehr viel verwendete und zu dem höchsten Grade der Vollendung brachte. Cipriani und Angelica Kauffmann begünstigten diese Technik, die sich für ihre weichliche und süßliche, geleckte Formengebung besonders eignete und dem englischen Geschmacke vorzüglich zusagte. B. hat die Crayonmanier in selbständiger Weise weiter- und umgebildet, indem er die Formen nicht wie Demarteau u. a. zeichnerisch durch aus Punkten gebildete Striche wiedergibt, sondern sie malerisch — oder vielmehr miniaturartig — flächenhaft mit breiten, zart vertriebenen, duftig im Licht verschwindenden Massen feiner Punkte modelliert. Er schafft so eine neue Abart dieser Technik, die mit der alten gehämmerten Punktiermanier, die Giulio Campagnola, später Lutma u. a. verwendet hatten, Ähnlichkeit hat, und die man in England als „stippled work" zu bezeichnen pflegt. Besonders die Stiche kleinen Formates, die er oft auch in verschiedenen Farben auszudrucken liebte, nähern sich, in dieser Punktiermanier ausgeführt, dem Eindrucke von Miniaturbildern in feinster Aquarelltechnik. Durch B.s vorzügliche Arbeiten wurde diese Technik in England so sehr Mode, daß sie für längere Zeit den strengen Linienstil und selbst die freiere, mit Radierung verbundene Stich-Technik aus der Gunst des Publikums verdrängte. Die Feindschaft Robert Stranges gegen B. wird, abgesehen von seinem Zorn über seine Zurückweisung von der Roy. Acad., wohl in diesem Gegensatze begründet sein. B. stand aber auch im Linienstich hinter keinem zurück und hat eine Reihe der vorzüglichsten Werke besonders nach italienischen Gemälden in dieser Technik geschaffen. Gérard Audrans Meisterwerke erklärte er für seine Vorbilder. Seinen italienischen Stil hat B. in England kaum abzuwandeln gebraucht. Der hier herrschende Geschmack begünstigte die italienische, antikisierende Formenauffassung. B. hat deshalb in England seine Nachbildung italienischer Meisterwerke ruhig fortsetzen und als Zeichner und Stecher Italiener bleiben können. Seine Erfolge und seine historische Stellung verdankt er jedoch wesentlich der neuen Manier des stippled work. Diese rasch fördernde Technik gab B., der außerordentlich leicht und schnell arbeitete, reiche Erträgnisse, die der gutmütige und leichtlebige Mann aber ebenso schnell und leicht auszugeben pflegte. Sie führte ihm auch eine große Anzahl von Schülern und Gehilfen zu, die an seinen Werken mitarbeiteten, und denen er auch öfters gestattete, ihre Arbeiten durch seinen Namen leichter verkäuflich zu machen. So erklärt sich die Ungleichheit seiner Werke. B. galt als vorzüglicher Zeichner, von dem viele, selbst bedeutende Maler, nicht nur eine getreue sondern auch eine verbessernde und verschönernde Wiedergabe ihrer Werke erwarteten. Trotz seiner großen Erfolge in England und trotz seines hohen Alters von 75 Jahren ließ sich B. doch 1802 bestimmen, dem Rufe des Prinz-Regenten von Portugal nach Lissabon zu folgen. Hier mit Ehren aufgenommen und zum Direktor der Kunstakad. ernannt, wirkte er als Stecher und als Lehrer unermüdlich weiter bis an seinen Tod am 7. 3. 1815.

B. hat sehr feinsinnig und verständnisvoll seine Technik stets dem Charakter seiner Vorbilder anzupassen gesucht. Er verwendet deshalb die Punktiermanier keineswegs immer und überall. Seine ersten Londoner Arbeiten in Linienmanier zeigen schon eine sehr starke Verwendung von Punkten, durch die er den Formenübergängen und Tönen größere Weichheit zu geben sucht, z. B. das Puttenbacchanal nach Franceschini (1765), Venus und Amor nach Luca Giordano (1767), Mater dolorosa nach Dolce (1769) und die berühmte Clytia nach Annibale Carracci. In den stippled work-Arbeiten mischt er Crayonstriche und flächenhafte Punktierung. Die letztere findet zumeist für das Nackte, für Gesicht und Hände Anwendung, in den Gewändern verbindet er Crayonstriche mit Nadel- und selbst mit Grabstichellinien. So gewinnt er durch markige Linien tiefe Töne und kräftige Formen in den männlichen Bildnissen nach Reynolds (Lord Thurlow 1782, Earl of Mansfield 1786), nach Gainsborough (Charles Earl Camden 1795, Marquis of Lansdown 1787), nach Northcote (Lord Longborough 1800); in den weiblichen Bildnissen gibt er den punktierten Flächen auch in den Kleidern und im Beiwerk das Übergewicht, um die zarten Seidenstoffe, das weiche Linnen, Spitzen u. dgl. wiederzugeben. Bildnisse, wie die der Christine von Sachsen-Tetschen nach Roslin (1782), der Lady Beauclerc nach Fr. Cotes (1792), der Miß Farren nach Lawrence (1792), der Lady Elizabeth Forster, der Countess Harrington, der Angelica Kauffmann nach Reynolds, der Maria Cosway, der Signora Alegranti, der Miß Brunton nach Cosway, der Miß Crouch nach Romney, der Charlotte Lenox u. a. m. gehören zu den vorzüglichsten Arbeiten B.s, ja, man kann sagen, in ihrer Art zu den besten gestochenen Bildnissen überhaupt. Sie wurden aufs höchste bewundert und sind auch heute noch sehr geschätzt und hoch bezahlt. Vor allem entzückten das Publikum jener Tage die Punktier-Stiche, die B. nach den anmutigen, süßlichen Bildchen der englischen Modemaler, besonders nach G. B. Cipriani, nach Angelica Kauffmann, W. Hamilton, George Morland, H. W. Bunbury, Benwell, Cosway u. a. m. ausführte. Hier fand diese weichliche Technik in den nackten Alabasterfigürchen und in den Puppengesichtern seiner Vorbilder die geeignetsten Aufgaben. Es wurden hauptsächlich antike, mythologische und allegorische Gegenstände bevorzugt, Venus und Kupido, Triumph der Venus, Vulkan u. Venus, Psyche, Tod der Dido, Tragödie und Komödie (nach Cipriani), Venus und die Grazien, Diana, Telemach und Mentor, Zeuxis eine Juno malend, die Religion, die Künste, die Jahreszeiten (nach A. Kauffmann), Cornelia, die Gracchenmutter (nach B. West), Venus und Adonis (nach Hamilton); ferner Genrebilder und Szenen aus der engl. Geschichte, unter denen der „Tod des Lord Chatham" nach Singleton Copley eines seiner Hauptwerke ist. Auch zahlreiche Illustrationsfolgen hat B. gestochen, Bilder zum Orlando furioso, zu Werthers Leiden, zum Vicar of Wakefield (beide nach Ramberg), zu Miltons Paradise lost (nach Thom. Stothard) u. a. Für die Landschaft scheint B. weniger Interesse gehabt zu haben. In mehreren seiner Stiche hat er die Landschaft von anderen Stechern, wie Vivarès, Byrne, Browne, ausführen lassen. Meist aus Gefälligkeit stach B. Blätter für Einladungen und Eintrittskarten, besonders für Wohltätigkeitsvorstellungen, Bälle u. dgl. (sog. benefittickets), eine Gattung des Stiches, der er durch seine leichte, duftige Formgebung und seinen feinen Geschmack einen eigenen Charakter gegeben hat. Ernstere künstlerische Absichten verfolgten die zahlreichen Nachbildungen von Zeichnungen alter Meister, für die B. seine ganze technische Geschicklichkeit aufgewandt hat. Der Auftrag Daltons zur Reproduktion der Guercino-Zeichnungen gab, wie schon erwähnt, den Anlaß zu seiner Berufung nach England. Hier hat er dann noch eine zweite Folge von Zeichnungen Guercinos und anderer italien. Maler, besonders Castigliones, ausgeführt und sich bemüht, durch verschiedene Techniken, durch Schabkunst und Aquatinta, den Charakter der Originale wiederzugeben. Besonders berühmt sind die „Imitations of orig. drawings by Hans Holbein in the Coll. of H. Majesty" (1792), die vornehmlich in Punktiermanier und in Farben ausgeführt sind. Als eigentliche Faksimiles können sie nicht gelten, und sind als solche wohl auch nicht beabsichtigt gewesen. B. hat seine Vorlagen auch in diesem Falle ziemlich selbständig behandelt und ihnen einen mehr bildmäßigen Charakter gegeben, dafür dann neben viel Lob auch manchen Tadel hinnehmen müssen. Besondere Erwähnung verdienen in diesem Zusammenhange die vorzüglichen Nachbildungen, die B. nach den Gemmen der Sammlung des Herzogs von Marlborough angefertigt hat (2 Bde., 1789—90). Obwohl B. ein vorzüglicher, selbstständiger Zeichner war, hat er doch nur wenige Blätter nach seiner eigenen Erfindung gestochen, wie den Market of Love (1795), Eros und Psyche (1789), Caritas und Prudence und einige andere ähnliche Darstellungen.

B.s ganzes Werk hat sein letzter Biograph, A. W. Tuer (Bartolozzi and his works, a biogr. and descript. account of his life and career, Lond. 1882) in 2200 Numm. zusammengestellt. Ein neues eingehendes, wie zu erwarten ist, sehr gründlich gearbeitetes Verzeichnis bereitet Graf Baudi di Vesme seit längerer Zeit vor. Von anderen Schriften über B. sind zu erwähnen: Zani, Enc. III 110 u. Anm. 57. — Mariette, Abécédario I 78. — Meyer, Kstlerlex. — Gaz. d. Beaux-Arts 1889, I, 387. — Portalis-Béraldi, Les graveurs du XVIIIe siècle. I (1880) 98 ff. — L'Arte II (1899) 1197. — Bibliofilia I (1899) 73. — Brinton, Bartolozzi and his pupils in England. London 1904. — J. T. Herbert Bailly, Fr. Bartolozzi, London 1907 („The Connoisseur", Extra Number 3). *P. K*

Bartolozzi, Gaetano Stefano, italien. Kupferstecher, Sohn des Francesco B., geb. 1757, lebte mit seinem Vater in London bis 1797, dann in Paris, wo er am 25. 8. 1821 starb. Er beschäftigte sich viel mit Musik — die Sängerin Frau Vestris war seine Tochter — und nur nebenbei mit dem Kupferstich. Das British Museum bewahrt eine Zeichnung von ihm, das Bildnis des George Viscount Macartney nach W. Edridge. Von seinen Kupferstichen werden nur erwähnt: das Bildnis der Madame. Recamier nach Cosway und eine weibliche Aktfigur nach einer Zeichnung von Ann. Carracci für Ottleys Italian School of Design (London 1823). S. auch *Francesco B.*

Meyer, Kstlerlex. — Bryan, Dict. — Binyon, Cat. of drawings in the British Museum. *P. K.*

Bartolozzi, Pietro, Maler des 18. Jahrh., in Rom tätig; nur erwähnt bei Zani, Enc. met. III 110.

Bartolt van Hemmynghe (Hemmingen bei Hannover), Baumeister, 1480—1509 urkundlich genannt. Er wird bei dem Bau des Zwingers zu Hannover (1492) unter den Maurermeistern aufgeführt, kommt später vielfach am Rathausbau daselbst vor (namentlich 1503) und wird zuletzt 1509 am Bau des Brodscharrens ebendort erwähnt.

Mithoff, Mittelalterl. Kstler. u. Werkmstr. Niedersachs. u. Westf. 2. Ausg. 1885. *H. V.*

Bartolucci, Giovanni, Maler in Siena im 18. Jahrh., nach Zani, Enc. met. III 110. — Vielleicht identisch mit einem bei Oettinger, Moniteur des dates, erwähnten Giov. *Bartalucci,* Maler und Architekt in Siena (1732—1802).

Bartolucci, Mattia, da San Bellino, hat die von Bibiena begonnenen Kuppelfresken im Sanctuarium von N. D. di Vico bei Mondovi (Piemont) laut Dokument 1746 fortgeführt.

Rass. Bibliogr. d. arte it. II 134. — L. Melano Rossi, The Santuario of the Madonna di Vico, London, 1907.

Bartoluccio di Angeluccio, s. *Bartolommeo* di A.

Bartoluccio di Maestro Bartolo. In die Zunft der Miniaturisten zu Perugia eingeschrieben. Wohnte daselbst im Quartier Porta Sole und bekleidete das Ehrenamt des Priors im 4. Bimester 1364.

L'Arte dei Miniatori in Perugia (Giorn. di Erud. Art. Vol. II, 1873 p. 314). *Walter Bombe.*

Bartoluccio di Costanziolo, war Camerlengo der Peruginer Malerzunft im ersten Semester 1377. In der Matrikel wird er nicht genannt. *Walter Bombe.*

Bartoluccio (Bartolo) di Michele, Goldschmied in Florenz, Adoptivvater und erster Lehrer des Lorenzo Ghiberti, Mitarbeiter beim Konkurrenzrelief für die erste Bronzetür am Baptisterium und den weiteren Arbeiten. Sein Tod fällt um 1422. Vasari will Zeichnungen von ihm besessen haben, irrt aber in der Angabe, daß Ghiberti an der Paradiesestür in der Nähe seiner Künstlersignatur Bartoluccios Porträt angebracht habe. Es ist dies in der Tat Ghibertis eigenes Porträt, wie H. Brockhaus (s. u.) nachgewiesen hat.

Vasari-Milanesi, Vite, II 225, 256. — Milanesi, Doc. Sen. II 91. — H. Brockhaus, Forschungen über Florentiner Kstwerke., Leipzig, 1902 p. 15. **

Bartolus, Aloysius, Architekt von Venedig, erbaute mit dem kurfürstl. Oberbaudirektor Graf Matteo Alberti 1706—10 das Neue Schloß zu Bensberg.

Kunstdenkm. d. Rheinprov. V. Heft II 66. *H. V.*

Bartoluzzi, s. *Bartolucci* u. *Bortoluzzi,* Millo.

Barton, Miß Rose, Malerin (A. R. W. S. 1893), Tochter des Augustine B. (†), stellte in der Old Water Colour Society, in der Roy. Academy (seit 1884) aus und beteiligte sich an der Ausstellung irischer Kunst in der Guildhall 1904. Im selben Jahre erschien von ihr die Publikation „Familiar London".

Graves, Roy. Acad. of Arts I 136. — Studio XXV—XXIX. — Shaw-Sparrow, Women Painters, 1905. *N. Peacock.*

Bartonek, Adalbert, Maler, geb. 1859 zu Prag, besuchte seit 1876 die dortige Malerakademie, studierte 1889 an der Kunstschule zu Paris und lebt gegenwärtig in der Stadt Kgl. Weinberge bei Prag. Seine Genrebilder behandeln zumeist das Prager Leben. Hervorzuheben wären: „Unehrliche Teilung" (Die Ministranten), „Der antike Vasenmaler", „Vor der Lotto-Kollektur", „Der letzte Trunk", „Der alte Schwätzer", „Die Rekruten", „Der Klub der Kartenspieler", „Vom Kohlmarkt", „Böse Nachbarschaft", „Der Streit im Hofe" (Eigentum des Prager Rudolphinums) etc. Bartoněk hat auch als Freskomaler Gediegenes geleistet. Er restaurierte u. a. in moderner Technik die Fresken in der Kirche des hl. Nikolaus auf der Kleinseite in Prag. *W. Schram.*

Bartoš, Baumeister, Böhmen, 1504; erbaute laut der im Erdgeschosse eingesetzten tschechischen Inschrift den in der Nähe der St. Bartholomäuskirche in Kolin befindlichen Glockenturm 1504, 3 Stock hoch. Das jetzige Dach stammt aus dem Jahre 1872.

Topogr. d. hist. u. Kunstdenkm. Böhmens I 1898 (Bezirk Kolin), p. 73, wo die Inschrift mitgeteilt ist. *Br. Bischoff.*

Bartoss, Illuminator, ein Sohn Johanns v. Katschitz, des Prager Brückenzollschreibers, arbeitete in Prag um das Jahr 1495 (H. des Prager Stadtarchivs No. 2107 f. 83 und 94 fol. 123). *Teige.*

Bartoss, Steinmetz, 1508—1528 in Prag auf der Neustadt. Vgl. Památky arch. a mistop. Bd. 21, p. 41. *Teige.*

Bartoss, ein Prager Maler, 1511—39 (H. des Prager Stadtarchivs No. 986 f. 243; 2211 f. O 3; 2007 f. 200—324). *Teige.*

Bartoszewicz, Pater Anton, senior, Pauliner-Mönch, poln. Miniatur-, Arabesken- und Waffenmaler. Geb. im Jahre 1710, seit seiner Jugend im Pauliner-Orden in Warschau als Mönch ansässig. Er malte in der zweiten Hälfte des 18. Jahrh. Miniaturen und Arabesken auf Pergament-Diplomen, mehrere für den König Stanislaus August, das schönste im Jahre 1764. Tätig auch im Pauliner-Kloster zu Częstochowa, wo seine Miniaturen und Kalligraphie-Werke noch vorhanden sind.

F. M. Sobieszczanski, Wycieczka archeologiczna w Bibl. Warsz. 1851 IV 411. — Rastawiecki, Słownik mal. polskich III 127, 128. *Dr. Georg Graf Mycielski.*

Bartrán, Rafael, Goldschmied in Barcelona, dessen Innungsarchiv eine Zeichnung von ihm zu einem Aquamanile vom 4. 4. 1551 enthält.

Viñaza, Adic. II 49. *M. v. B.*

Barts, Hendrik, vläm. Bildhauer in Loewen, wo er 1424 gemeinsam mit Hendrik van der Weyden die Skulpturen des von Jan Baten errichteten großen Saalanbaues am Palaste Herzog Johanns IV. ausführte.

E. Marchal, La sculpture etc. belges (1895), p. 205. — Meyer, Kstlerlex. III (unter Baten, Jan). *R.*

Bartsch, Adam von, Zeichner, Kupferstecher, Radierer und Kunstschriftsteller, geb. am 17. 8. 1757 in Wien, † daselbst am 21. 8. 1821. Er kam frühzeitig in die damals von Schmutzer geleitete Kupferstecherschule in Wien und machte sich zuerst durch Zeichnungen der unter Maria Theresia geprägten Denkmünzen bekannt (1775). Bald darauf ward er Skriptor an der kaiserl. Hof-Bibliothek und der mit derselben verbundenen Kupferstichsammlung, zu deren Kustos er später ernannt wurde.

Seit 1794 veröffentlichte er eine Reihe kritisch beschreibender Kataloge (catalogues raisonnés), zunächst das Verzeichnis der Handzeichnungen, die zum Kabinett des Fürsten Karl von Ligne gehörten, dann die Kataloge der Kupferstiche und Radierungen einzelner Meister (Waterloos, Guido Renis, Rembrandts, Lucas' van Leyden), von 1803—1821 sein Hauptwerk, den „Peintre-Graveur", und zuletzt die „Anleitung zur Kupferstichkunde". Durch diese mit großer Genauigkeit und gründlicher Sachkenntnis gearbeiteten Werke ward er der Begründer der modernen Kupferstichwissenschaft. — Nicht minder verdienstlich war die von ihm veranstaltete neue Ausgabe des großen Holzschnittwerkes von Dürer: Die Ehrenpforte. Arc triomphal de l'Empereur Maximilien I. Vienne. 1799. B. kopierte für diese Ausgabe in 3 Bll. 20 Holzschnitte des Werkes, von denen die Stöcke nicht mehr vorhanden; ferner gab er folgende Holzschnittwerke neu heraus: Le Triomphe de l'Empereur Maximilien I., en une suite de cent trente-cinq planches gravées en bois d'après les dessins de Hans Burgkmair. Wien. 1796; Der Weiss Kunig. Tableau des principaux événements de la vie et du règne de l'Empereur Maximilien I. etc. Wien. 1798, mit Holzschnitten nach H. Burgkmair; Images des Saints et Saintes issus de la Famille de l'Empereur Maximilien I., en une suite de cent dix-neuf planches gravées en bois d'après les dessins de Hans Burgkmair. Wien. 1799.

Neben seiner schriftstellerischen Arbeit war er unausgesetzt auch als Kupferstecher tätig; ein vollständiges u. ausführlich beschreibendes Verzeichnis der von ihm gestochenen Blätter — die Zahl derselben beläuft sich auf 505 — veröffentlichte sein Sohn Friedrich 1808. Einige derselben hat B. nach eigener Erfindung gestochen, die meisten nach Zeichnungen verschiedener Meister, wenige nach Gemälden. Den Grabstichel und die Radiernadel führte er mit gleicher Sicherheit und verstand insbesondere, in seinen Kopien von Stichen und Radierungen älterer Meister, die verschiedenartigen Manieren derselben treffend nachzuahmen. Außer diesen Kopien gehören zu seinen besten Blättern die Faksimile-Stiche nach Handzeichnungen Dürers und Guercinos und die Tierstücke nach Roos, Potter, Berchem, van Bloemen u. a. Für einige der letzteren, die nur Teile der Originalkompositionen wiedergeben, erfand und zeichnete Molitor die landschaftlichen Hintergründe. Seine Blätter sind entweder mit dem oben angegebenen Monogramm, oder den Buchstaben: A. B., A. B. f., A. B. sc. oder mit den Abbreviaturen seines Namens: A. Btch. und A. Btsch. bezeichnet.

Meyer, Kstlerlex. III 78—82 (mit Aufzählung seiner Schriften und seines vollständigen oeuvre). *H. V.*

Bartsch, Carl Frederik, dän. Maler u. Radierer, geb. am 19. 11. 1829, Schüler der Kunstakademie in Kopenhagen, später an der kgl. Porzellanfabrik angestellt. Er hat Landschaften mit Tierstücken gemalt und einige Blätter radiert, welche der Kopenhagener Kunstverein 1850 herausgab.

Meyer, Kstlerlex. III (wo seine Radierungen angeführt sind) nennt ihn fälschlich Christian B. und † 1867. — Weilbach, Nyt dansk Kunstnerlex. I (1896). — Ausstellungskataloge (Charlottenborg) 1848—1857 und 1877—1895. *A. R.*

Bartsch, Else, Landschafts- und Blumenmalerin in Breslau, Tochter des Rittergutsbesitzers R. Bartsch in Lilienthal bei Breslau, besucht etwa sieben Jahre die Kgl. Kunstschule in Breslau, an der sie darauf einige Jahre als Hilfslehrerin tätig war. Seit 1903 selbständige Mallehrerin. War kurze Zeit Schülerin von Frau Wisinger-Florian in Wien. Auf der Großen Kstausst. Berlin 1906 war sie mit 2 Gouachen: Kornblumen und Märzblüten vertreten. *E. Hintze.*

Bartsch, Friedrich, Zinngießer in Breslau, wird c. 1665 Meister. Stirbt 43 Jahre alt am 26. 12. 1681. Sein Meisterzeichen eine Hausmarke, darüber die Initialen FB. Stadtzeichen das Breslauer W. Von ihm eine schöne große Zinnkanne auf Löwenfüßen vom Jahre 1666 in der Innungsstube der Weißgerber in Breslau. *E. Hintze.*

Bartsch, Gustav, Porträt- u. Genremaler, geb. am 12. 7. 1821 in Gleiwitz (Oberschles.), tätig in Blasewitz bei Dresden, vielgenannt gelegentlich der Kunstausstellungen in den 60er und 70er Jahren des 19. Jahrh. Eine Handzeichnung von ihm, Brandlöschung durch Feuerwehr, in der Nationalgalerie, Berlin.

Dioskuren 1856 p. 6; 1860 p. 10, 417; 1861 p. 330; 1864 p. 10, 27, 165; 1868 p. 364; 1872 p. 306. — Katal. der Akademieausst. Berlin 1856, 1860. — F. v. Bötticher, Malerwerke d. 19. Jahrh. **

Bartsch, Hans, Maler, lernt bei dem Maler Martin Bucella in Kanth in Schlesien und bei Wenzel Buhl in Breslau u. wird 1637 in die Breslauer Malerinnung aufgenommen. *C. B.*

Bartsch, Johann Gottfried, reproduzierender Kupferstecher, Schönschreiber und Zeichner, geb. zu Schweidnitz in Schlesien, erhielt 1674 in Berlin die Stelle eines Hofkupferstechers, die er bis 1684 innehatte. In den 90er Jahren finden wir ihn für den bekannten Breslauer Sammler Joh. Sigismund von Haunold beschäftigt. Die Anzahl seiner Blätter beläuft sich auf gegen 150, von denen indes nur der geringere Teil sein Monogramm trägt. Er stach u. a. 29 Platten nach Gemälden der kurfürstl. Galerie in Berlin, außerdem namentlich Porträts. Mehrere von ihm im Auftrage v. Haunolds angefertigte Manuskripte werden in der Breslauer Stadtbibliothek aufbewahrt.

Le Blanc, Manuel I 183. — Nagler, Monogr. I No. 1632. — Jahrb. d. k. pr. Kstsammlgn. IV 126. — Mit Notizen von C. Buchwald. *H. V.*

Bartsch (Partsch, Pars), Johann Joseph, Goldarbeiter in Olmütz, am 27. 10. 1715 von dem dortigen Paul Hanikh freigesagt, wurde am 13. 7. 1722 Meister und ist 1723 Besitzer des Hauses Elisabethstraße 6, Verlorenegasse 43. Er dürfte identisch sein mit jenem Partsch, welcher 1723, gelegentlich der Anfertigung seines Meisterstückes, einmal Johann, das andere Mal Joseph genannt wird, wobei ihm eine Geldstrafe auferlegt wurde, weil er die Zeit überschritten hatte, wogegen er protestierte. Außerdem kommt er 1729 (26. März) vor und als Johann Partsch auch 1732 in einer Konsignation der Goldschmiede in Mähren. Aus diesem letzteren Jahre ist ein Verzeichnis der von ihm für den Abt des Klosters Hradisch (bei Olmütz) gelieferten „goldt Arbeuther Arbeit" erhalten, welches die Edelsteine und Fassungsarbeit aufzählt, in Summe 2204 fl. 30 xr., wofür er am 6. 1. 1733 rund 2200 fl. erhielt. 1735 finden wir ihn zweimal genannt. 1745 erscheint Joseph Partsch, Weinhändler, früher Goldarbeiter, als Besitzer des Hauses Oberring 18. Am

14. 1. 1766 ist Johann Partsch mit Tod abgegangen.

C. Schirek, Mitteil. des Mähr. Gew.-Mus. in Brünn 1893 p. 26 und 30, 1894 p. 81. — Ders., Punzierung in Mähren 1902 p. 39, 41 und 151. — K. k. Statthalterei-Archiv Brünn. Faszikel F 38, G 85. *—k.*

Bartsch (Partsch), Joseph, Maler aus Wölfelsdorf in der Grafsch. Glatz; malt 1753 die Minoritenkirche in Glatz aus und staffiert 1774 einen Altar in der Kirche in Habelschwerdt. *C. B.*

Bartsch, Joseph, Maler in Breslau, erwirbt das Bürgerrecht am 6. 2. 1795. *E. Hintze.*

Bartsch, Philipp Anton, Maler, geb. am 12. 12. 1742 in Breslau, † daselbst 1788. Malte Vögel, Blumen (eine Flora Silesiaca) und Landschaften. *C. B.*

Bartsch, Zacharias, tüchtiger Formschneider und Buchdrucker in Graz, wo er wahrscheinlich kurz vor 1588 starb. Er gab 1567 die im Rittersaal des Landhauses al fresco gemalten Wappen der steir. Landstände in 166 Holzschnitten heraus. Diese Wappen sind vor einiger Zeit bei einer Restaurierung des Landhauses von den Wänden entfernt worden. Vier Jahre später erschien bei ihm: „Dav. Saxen rhetoris Elegiacon de Miseria humanae vitae. Graecii Styriae metropoli ex officina typographica Zachariae Bartschii MDLXX." Ferner illustrierte er das Werk von Sponrieb: „Wahrhafte Beschreibung des Einzuges Carl II . . . in Graz, 1571" mit den Abbildungen der 9 Triumphpforten, des Brunnens, dem Einritt und dem Turnier, sowie zahlreichen Wappen in Holzschnitt. Für das bei ihm erschienene Werk: „Des Ertzhertzogthumbs Khärndten verbessert und New aufgerichte Policeyordnung, Graz 1578" fertigte er die Wappen und eine Randleiste, für die „Kalender" die Titelblätter in Holzschnitt.

Meyer, Kstlerlex. III. — Wastler, Steirisch. Kstlerlex. 1883. *H. V.*

Bartscher, P., Maler zu Osnabrück, Anfang des 19. Jahrh., königl. westphäl. Hof- und Kabinettsmaler, versuchte sich um 1811 mit Glück in der enkaustischen Malerei.

Nagler, Kstlerlex. I. *H. V.*

Bartsius, Willem, geb. in Enkhuizen etwa 1612, Sohn des dortigen „Pensionaris" Paulus Bartsius und der Frederickgen Meynertsdr., kam 1634 in die Zunft in Alkmaar, wohnte jedoch 1636 in Amsterdam und war 1639 noch am Leben. Seine Schwester Aecht war die Frau von Pieter Potter. 1634 hat er ein sehr verdienstvolles Schützenstück gemalt für Alkmaar, noch jetzt im Museum daselbst. Außerdem sind nur wenige seiner Porträts und Genredarstellungen bekannt. Ein kleines männliches Bildnis, ganze Figur, von 1634 war als von Willem Buytewech 1887 in Mainz ausgestellt. In der Sammlung James Simon in Berlin ist ein reizender Lautenschläger von 1633. Auch in einigen anderen Privatsammlungen sind noch Werke seiner Hand. Er bezeichnete seine Bilder mit seinem vollen Namen oder mit den Initialen W. B. Abraham Meyndertsz. war 1634 in Alkmaar sein Schüler.

Oud-Holland XI 36—38. — Obreens Archief II 41. — Nederl. Kunstbode II 90. — Kramm, De Levens etc.

C. W. Bruinvis und *E. W. Moes.*

Bartuccio di Rustichello, Steinmetz in Orvieto, wo er 1321—37 an der Ausführung der Ornamentskulpturen der Domfassade beteiligt war.

L. Fumi, Il Duomo di Orvieto (1891) p. 28, 42, 55. *

Bartus, Stanisław, poln. Porträtmaler, geb. 1821 in Galizien, lebte in Lemberg, wo er 1859 starb. Seine Arbeiten in der Baworowskischen Bibliothek in Lemberg und sonst im Privatbesitz.

Antoniewicz, Katalog wystawy. Lwów 1894 p. 212. — Mycielski, Sto lat malarstwa w Polsce. — Singer, Kstlerlex. V. Nachträge. *Z. Batowski.*

Bartusch, ung. Maler 1505 in Brassó, Ung. dokumentarisch erwähnt.

Archaeologiai Értesitő, új f. Budapest VIII 167. *K. Lyka.*

Bartzfeldt, Adolf, Glockengießer von Erfurt, goß laut Inschrift 1638 die mit reichen plastischen Friesverzierungen geschmückten drei Glocken der Kirche zu Syrau.

Bau- u. Kstdenkmäler d. Kgr. Sachsen, 1888 Heft 11 p. 82. *H. V.*

Baruan, Fernando, Maler in Sevilla, 1503 erwähnt.

Gestoso, Artif. Sevill. II 15. *M. v. B.*

Barucci, Pietro, italien. Landschafts-, Genre- und Marinemaler, geb. am 20. 4. 1845, ausgebildet unter Achille Vertunni an der Akademie in Rom, die ihm 1878 eine Medaille für Landschaftsmalerei verlieh; tätig in Rom als Landschafter im Stile Vertunnis. Unter seinen pittoresken Stimmungslandschaften aus der römischen Campagna und den Bergen der Apenninen werden mit besonderem Lob erwähnt die Gemälde „La palude", — „Castel Fusano" (1883 in Rom ausgestellt), — „Lake in the Apennines" (1893 in Chicago ausgestellt), — „I timoleti di Maccarese" und „L'albucceto di Castel Fusano" (1901 in Rom ausgestellt).

Gubernatis, Diz. d. art. ital. viventi (1889). — L'Art en Italie 1885, No. 46 p. 6. — Katalog der Wiener Künstlerhaus-Ausstellung 1894, p. 23 f. — L'Arte 1901, p. 182. — Natura ed Arte 1901—2, II 95—104. — Willard, History of modern Ital. art (1902) p. 582.

G. Tutino.

Barucco, Giacomo, Maler, geb. 1582 in Brescia, tätig daselbst noch 1630. Lanzi erwähnt ihn unter den Manieristen der Palmesken Richtung; er arbeitete vielfach gemeinschaftlich mit Ant. Gandini und Camillo Rama (so im Hauptschiff der Kirche Carmini in

Brescia die Propheten und Sibyllen; in S. Domenico ebenda die 15 Mysterien — von B. „li Gaudiosi" —; im Oratorio von S. Giovanni das Leben Johannes des Täufers und Johannes des Evangelisten in Fresko). In S. Afra zu Brescia malte er über der Haupttür das Inferno, in der Kirche Della Misericordia ebenda die Kreuztragung.

Lanzi, Storia pittor. 5. Ed. 1834 III 205. — Meyer, Kstlerlex. III (mit ält. Lit.). — Vita, Catal. dell' Esposiz. Bresciano 1878 p. 50. — Commentari del Ateneo di Brescia 1896 p. 179—198. *H. V.*

Baruch, Salomon, Fayencier, erwirbt 1803 die von Beaumont in Ostrog bei Ratibor gegründete Manufaktur für Steingut u. Wedgwood-Ware. *E. Hintze.*

Baruch, Samuel, Maler, geb. um 1823 in Frankfurt a. M., trat 1839 in die Kunstschule des Städelschen Instituts, verblieb dort bis 1842, ging dann nach Antwerpen, um sich unter Wappers weiter zu bilden. „Hat ein Aufsehen machendes großes Gemälde „Die Sintflut" gemalt, ging später nach England und hat nichts Hervorragendes mehr geleistet." (Malß im Schülerverzeichnis der Kunstschule.)

Schorns Kunstblatt 1847 S. 4 u. 88. *Schrey.*

Baruël (Barruel), Jean Guillaume Euchaire, Maler in Kopenhagen, geb. am 20. 2. 1809, † am 6. 10. 1862. Sohn des eingewanderten französ. Dekorationsmalers *Jean Mathieu Baruël.* Studierte seit 1825 auf der Kunstakademie und stellte von 1829—1839 Porträts aus. Übernahm später das Geschäft des Vaters.

Weilbach, Nyt Dansk Kunstnerlex. ***

Baruffaldi, Francesco, Bildhauer in Mailand, wo er 1841—58 für den Dom die Statuen der Heil. Eugenius, Eutimius, Maximus, Gaetan und Margarete von Cortona schuf; von Caimi wird er 1862 als bereits verstorben angeführt.

Caimi, Artisti nelle Prov. di Lombardia (1862), p. 175. — Annali della Fabbrica del Duomo di Milano, p. 244. *E. Verga.*

Baruffaldi, Giovanni Antonio, italien. Maler, geb. um 1796 in Ferrara, † 1832 in Rom. Man kennt von ihm ein Madonnenbild und ein umfangreiches Gemälde mit einer Darstellung aus Tassos „Gerusalemme Liberata".

G. Baruffaldi, Vite de' pittori etc. Ferraresi (1840) II 594. *N. Tarchiani.*

Baruffi, Alfredo (Barfredo), Zeichner und Maler in Bologna, geb. daselbst 1874, autodidaktisch gebildet, besonders tätig für künstlerischen Buchschmuck (Illustrationen, Initialen, Einbanddecken, Exlibris usw.). Seine bisherigen durch Phantasie und delikate Ausführung bemerkenswerten Arbeiten sind Illustrationen zu Alinaris Ausgabe von Dantes „Divina Commedia" und zur „Vita Nuova", zu Tassos „Aminta" usw. Als Maler beschickte er die Jahresausstellungen der Bologneser „Società Francesco Francia" mit verschiedenen Ölbildern und Aquarellen, darunter z. B. „Il primo bacio della primavera".

The Studio 1901, XXII 166, 169; 1905, XXXIV 137 ff. (mit Abb.). — V. Pica, L'Arte decorat. all' Esposiz. di Torino 1902, p. 339; u. L'Arte mond. all' Esposiz. di Venezia 1905, p. 238 ff., 296 (Abb.). — Emporium (Bergamo 1904) XX 372 ff. — Kunst f. Alle XX (Kunst XI, 1904—5) 472 ff. *G. Tutino.*

Baruffi, Giovanni Giacomo, Holzschnitzer in Parma, wo er 1505—7 im Auftrage der Äbtissin Cabrina Carissimi das prächtige Chorgestühl der Kirche S. Ulderico ausführte.

Scarabelli-Zunti, Mem. di B. Arti. (Mscr. in Parma, Bibl. Palat.) *St. Lottici.*

Barulo, s. *Barletta.*

Barun (oder Buron), Virgilio, bologn. Freskomaler, unter der Leitung des Primaticcio in Fontainebleau 1538—1540 tätig und da als Hilfsarbeiter von erstem Rang bezahlt. Schüler des Ferraresen Lorenzo Costa in Bologna.

Laborde, Comptes des Bâtiments du roi I 132. — Malvasia, Felsina pittrice I 60. *L. Dimier.*

Baruzzi, Andrea, s. unter *Andrea* di Alessandro.

Baruzzi, Cincinnato, Bildhauer aus Imola, arbeitete in Imola, Ferrara und Rom und ließ sich schließlich in Bologna nieder, wo er im Anfang des Jahres 1878 in hohem Alter starb. B. war wohl ausschließlich Marmorbildner und gehörte als Schüler Canovas der klassizistischen Richtung an. Grabdenkmäler von ihm auf dem städtischen Friedhof zu Ferrara (Certosa). Erwähnt werden ferner (Giornale Arcadico 1822, Vol. 15. p. 391, 1827, Vol. 35, p. 97—101) eine sitzende Nymphe, einst im Besitz des Herzogs von Bedford, und eine Marmorfigur Sylvia.

Avventi, Guida per Ferrara 1838 p. 226, 228. — Chronique des arts 1878 p. 44. — C. Ricci, Guida di Ravenna, 1900 p. 30, 112. *Walter Bombe.*

Barvitius, Anton, Architekt, geb. 1823 in Prag, studierte in Wien unter Ed. v. d. Nüll, bildete sich weiter aus auf einer Reise nach Italien, während welcher er sehr genaue Aufnahmen von spätmittelalterlichen und Frührenaissancebauten anfertigte. In Rom wurde ihm 1854 die Leitung der Restauration am österreichischen Gesandtschaftspalais, Palazzo di Venezia, übertragen, welche Arbeit die politischen Ereignisse von 1866 unterbrachen, worauf B. nach Prag zurückkehrte; auf dem Friedhofe von Volsan bei Prag führte er den Bau einer großen Doppelgruft in modernisiert romanischem Stile aus, deren Vorhalle mit Fresken und Basreliefs geschmückt wurde. Dann erbaute er mehrere Landhäuser bei Prag, in Bubene, u. leitete deren Dekoration mit Grotesken, Fresko- u. Temperamalereien

Meyer, Kstlerlex. III. — Zeitschr. f. bild. Kst. IV 247, V 215. — Kunstchronik II 159.
H. V.

Barvitius, Victor, Maler, Böhmen, wurde am 28. 3. 1834 als Sohn des Kassiers bei d. Grafen Buquoy geb. und besuchte die Prager Malerakademie unter Ruben und Engerth. Von Prag aus ging er nach Paris, wo er sich 1865 bis 68 aufhielt und im Gegensatze zu den Prager Studien, die ihn vornehmlich auf den großen historischen Stil verwiesen, dem Genrebild widmete. Auf diesem Gebiete zog Barvitius insbesondere Motive vor, in denen er den edlen Schwung des Pferdes verwenden konnte. Die Bilder fanden viel Anklang und wurden zumeist nach Amerika verkauft. Auch das kaiserliche Haus besitzt Werke von seiner Hand. Nach Prag zurückgekehrt, führte er, dem Einflusse seiner ersten Meister folgend, figurale Fresken aus. (Villa Lanna, Bubentsch, — Rathaus in Weinberge, Prag u. a.) — Ein schwieriges aber überaus dankbares Gebiet erschloß sich Barvitius, als er zum Inspektor der Gemäldegalerie des Vereins patriotischer Kunstfreunde in Böhmen ernannt wurde. Als solcher hatte er auch die Aufgabe, an der Malerakademie Perspektive zu lehren, und die meisten namhaften Künstler Prags waren seine Schüler.

Besonders wertvoll für die künstlerische Geschichte Prags ist seine Festschrift: „Die ersten 25 Jahre des St. Lukas-Vereines und Rückblick auf die früheren Vereinigungen bildender Künstler in Prag von 1848—95.“ Er starb den 9. Juni 1902 zu Prag.

Biographisches Jahrbuch u. deutscher Nekrolog VII 102 (H. Schmeder). — Jahrbuch der bildenden Kunst II 102. — Bohemia Nekrolog 1902.
S. Scheglmann.

Barwell, Frederick Bacon, englischer Genre- und Landschaftsmaler, geb. in Norwich, Schüler der R. Academy. In deren Ausst. war er von 1855—1887 regelmäßig vertreten. Später stellte er nur noch selten aus, z. B. 1894 im Inst. of painters in Oil Colours. Er wohnte zuletzt in Swansea und muß 1897 gestorben sein.

Meyer, Kstlerlex. III 83. — Graves, The R. Acad. of Arts, I 137. — The Years Art 1880—1897.
**

Barwell, Henry George, engl. Aquarellmaler, tätig in Norwich, geb. 1829, † am 9. 7. 1898, malte meist englische Szenerien, die viel Beifall fanden.
**

Barwig, Franz, Bildhauer, geb. zu Schönau bei Neutitschein in Mähren am 19. 4. 1868, besuchte die Wiener Kunstgewerbeschule von 1888—1897 und beschäftigte sich dann mit kunstgewerblichen Arbeiten modernen Stils in jedem Material und mit kirchl. Arbeiten in Holz und Stein. Als Lehrer der k. k. Fachschule für Holzbearbeitung in Villach ist er gegenwärtig dem Lehrmittelbureau am österr. Museum für Kunst und Industrie in Wien zugewiesen.

Kosel, Deutsch-österr. Künstler- u. Schriftstellerlex. I (1902). — Jahrbuch d. höheren Unterrichtswesens in Österreich (1907) S. 449.
W. Schram.

Bary, David, wird 1661 als Maler in Haarlem erwähnt.

v. d. Willigen, Les Artistes de Harlem 38.
E. W. Moes.

Bary, Eduard Robert, Geschichtsmaler, geb. am 2. 12. 1813 zu Dresden, studierte dort und in Düsseldorf, ging als sächsischer Stipendiat Ende 1840 nach Italien, weilte in Rom von Januar 1841 bis Sommer 1843, wo sein Bildnis im Künstleralbum dat. 1. 5. 1843. Seit Nov. 1849 war er Lehrer, seit 1853 Professor an der Dresdener Akademie, † am 28. 6. 1875 in Dresden. Im Auftrage der sächs. Reg. entwarf er den Karton zu einer großen Glasmalerei für die Kirche in Wildenfels im Erzgeb.

Wolfg. Müller, Düsseldorfer Künstler, S. 42. — Ponte Molle-Akten zu Rom. — Dresdener Akad.-Akten. — Bötticher, Malerwerke d. 19. Jahrh. (mit Verz. einiger Werke). — Kat. d. Ausst. Dresdn. Maler 1800—1850; Dresden 1908.
Friedr. Noack.

Bary, Hendrick, um 1640 in Gouda geboren, Sohn des Tabakhändlers Hendrick Bary und Heyltje Aerts. Nachdem sein Vater sehr bald nach seiner Geburt gestorben war, heiratete seine Mutter am 28. 12. 1642 den Rotterdamer Willem Govertsz. Bosboom. Wahrscheinlich hat der junge Hendrick also seine Jugendjahre in Rotterdam verlebt. Er wurde aber in seiner Vaterstadt zu einem tüchtigen Kupferstecher von Reynier à Persyn erzogen, für den er auch ein Blatt zur Galeria Giustiniana gestochen hat. Sein ältester datierter Stich, eine noch schülerhaft behandelte Befreiung Petri nach Gysbert van der Kuyl, ist von 1657. Schon viel erfreulicher ist ein Porträt, das er 1658 von seinem Schwager Aernout Carlier stach. Von 1659 und 1660 sind zwei kleine Selbstporträts. Am 6. 3. 1666 zahlte er seinen Jahresbeitrag der Confrerie im Haag und am 10. 12. 1667 unterschrieb er deren Statuten. Nachher ist er aber wieder nach Gouda gezogen, wo er 1672—1675 Fähnrich der Schützen und 1677 bis 1703 Zuchthausvater war. Da sein letztdatierter Stich von 1675 (Porträt des Pfarrers Simon Simonides) ist, scheint er in späteren Jahren nicht mehr als Künstler tätig gewesen zu sein. Vielleicht hat seine Verheiratung in Gouda am 4. 2. 1676 mit der Bürgermeisterstochter Margriete Suys dazu beigetragen. Jedenfalls ist er 1683 als Holzhändler daselbst erwähnt. Am 16. 2. 1707 wurde er von seiner Wohnung in der Wachterstraat in vornehmer Weise begraben. Von seinen sechs Kindern hat sich keines der Kunst gewidmet. In sauberer und eleganter Manier hat er mit kräftiger Hand eine ziemlich große Zahl Porträts gestochen, unter denen hervorragen: die Bildnisse von Hier. van Beverningk nach Jan de Baen, Joannes de Bout nach H. van Vliet, Barth. Praevostius nach A. Backer, Corn. Tromp nach J. de Baen, David Vlugh, Joh. de Witt nach Caspar Netscher und namentlich das herrliche Porträt des Admirals de Ruyter, nach F. Bol (1673). Weniger bedeutend sind seine sonstigen Arbeiten, Genredarstellungen nach Pieter Aertsz, Frans van Mieris u. a. und Buchtitel. Auch hat er sämtliche Illustrationen in R. de Graaf, De mulierum organis generationi inservientibus, L-B. 1672 gestochen.

J. Oudaan, Roomsche Mogentheid, Amst. 1664, Vorrede. — Obreens Archief II 12, IV 65, 67, 152, V 134, VI 65—69. — Meyer, Kstlerlex. III 83 (Artikel von W. von Seidlitz).

E. W. Moes.

Bary, P. de. Von ihm ist ein kleines Ornamentblatt für Goldschmiede bekannt, bezeichnet: P. de Bary Anno 1727.

E. W. Moes.

Barye, Alfred, französ. Bildhauer, geb. in Paris als Sohn des Antoine-Louis B. Ausgebildet in der Werkstatt seines Vaters, war er hauptsächlich als Tier- und Bronzebildner im Stile seines Vaters tätig. So stellte er in den Salons 1864—66 eine Anzahl Rennpferd-Bronzen und 1874 eine Rebhühnergruppe aus; 1882 sah man von ihm eine Genrebronze, darstellend einen italien. Buffone des 16. Jahrh.

Bellier-Auvray, Dict. gén. des Artistes u. Supplément.

S. Lami.

Barye, Antoine-Louis, französ. Bildhauer, geb. am 24. 9. 1796 in Paris, † am 25. 6. 1875. Sohn eines Goldschmieds, kam mit 14 Jahren in die Lehre des Metallgraveurs Fourier, wurde 1818 in die École des B.-Arts aufgenommen, studierte zunächst unter der Leitung Bosios (die Bildhauerkunst), dann unter Gros (die Malerei). 1820 errang er den Rompreis. Der ersten bedeutenden Erfolg hatte er im Salon von 1831 mit der plastischen Gruppe: „Ein Tiger, der ein Krokodil zerreißt" (Louvre-Mus.). Mit diesem Werk und noch mehr mit dem folgenden: „Ein Löwe im Kampf mit einer Schlange" (im Salon von 1832) trat in der französischen Plastik eine neue Richtung hervor, derjenigen verwandt, die Géricault, der auf Baryes Entwicklung nicht ohne direkten Einfluß war, in der Malerei verfolgte. Mit ihrer packenden Naturwahrheit und der leidenschaftlichen Energie in Ausdruck und Bewegung bezeichneten diese Werke die entschiedenste Abwendung von der bisher herrschenden akademisch konventionellen Manier. Bald nachher hatte B. für den Herzog von Orléans eine Reihe von Tafelaufsätzen in Bronze auszuführen, Szenen von Tiger-, Löwen- und Bärenjagden, an denen die Kraft und Kühnheit der Erfindung ebensosehr, wie die Feinheit der Detailbehandlung gerühmt werden. In die folgende Zeit (bis 1836) gehören: Das Bronzerelief am Postament der Julisäule auf dem Bastilleplatz, das einen ruhig und majestätisch schreitenden Löwen darstellt, die tote Gazelle und der Bärenkampf, die der Herzog von Orléans erwarb, ein Elefant, für den Herzog von Nemours, und die schöne Gruppe: „Ein junger Löwe im Kampf mit einem Pferd", für den Herzog von Luynes modelliert. In den Salons von 1835 und 1836 waren der oben erwähnte „Tiger" und der „Löwe im Kampf mit der Schlange" in Bronze ausgestellt, später wurden sie vom Staate erworben, jener für das Ministerium des Innern, dieser für den Tuileriengarten.

1837 erklärte sich die akademische Jury des Salons gegen die Richtung Baryes, indem sie die von ihm eingesandten Bronzen nicht in die Ausstellung aufnahm. Er hielt sich nun 10 Jahre lang vom Salon gänzlich fern, nahm ein Patent als Bronzier und gründete als solcher ein eigenes Geschäft. Eine Menge von kleineren und größeren Bronzearbeiten entstand in dieser Zeit, außer Tierdarstellungen, die seine Spezialität blieben, auch kunstgewerbliche Gegenstände, Vasen, Kandelaber u. dgl., sowie einige mythologische Figuren, die Grazien, Venus und Juno, die in ihrer eigentümlichen, fein naturalistischen Behandlung kaum geringeren Beifall fanden, als die Tierbilder. Für die Kirche De la Madeleine lieferte er auf Bestellung die Marmorfigur der hl. Clotilde, eine Arbeit, die allerdings nicht verkennen läßt, daß der Künstler seiner Aufgabe ziemlich fremd gegenüberstand.

Auf dem Feld seiner eigentlichen Begabung trat B. 1847 mit einem großen Werke hervor, in dem sich eine neue Phase seiner künstlerischen Entwicklung kundgab. Es stellte einen ruhenden Löwen dar und zeigte die naturalistische Kraft seiner früheren Darstellungen mit einer stilvollen Größe der Auffassung verbunden, die er in seinen späteren Arbeiten fast durchgehends festhielt. Das Werk erlangte große Berühmtheit und wurde mehrfach in Abgüssen reproduziert. (Einen derselben bestellte die Akademie der Künste in Petersburg.) 1848 zum Direktor der Abteilung der Gipsabgüsse im Louvre ernannt, bezog B. daselbst ein Atelier, in welchem während der folgenden Zeit die beiden Meisterwerke entstanden: „Der Kentaur und der Lapith" (in der späteren Umarbeitung genannt: „Theseus im Kampf mit dem Kentauren Bienor") u. „Der Jaguar". Beide Werke wurden in Bronze ausgeführt; das erstere befindet sich im Museum von Puy, das letztere im Musée du Luxembourg zu Paris. Die Vorzüge derselben beruhen ebensosehr in der Gewalt des Ausdrucks und der Energie der Bewegung, wie in jener Vereinfachung der Formen, die dem Charakter derselben Stil und Größe verleiht. Zugleich sind diese Werke Musterleistungen der Bronzetechnik. Im Louvre findet man die vollständigste Sammlung dieser entzückenden Kleinbronzen vereinigt. Natürlich sind sie begehrte Objekte auch für Privatsammler wegen der Feinheit ihrer Ziselierung und der Schönheit ihrer Patina.

Von den übrigen plastischen Arbeiten Baryes sind noch zu nennen: die 4 Steingruppen „Krieg und Friede", „Stärke und Mäßigung" an der Fassade des Pavillon Denon und Pavillon Richelieu des Louvre, die Giebelgruppe „Napoleon I. als Beherrscher der Geschichte und der Künste" am Pavillon de Sully des Louvre, die bronzene Reiterstatue Napoleons I. in Ajaccio. Ferner zwei Jünglingsstatuen (Allegorien von Flüssen) am Eingang der Cour du Carrousel im Louvre; „Tiger einen Hirsch zerreißend" im Museum zu Lyon; „2 Tiger im Kampfe mit Hirschen" und „2 Löwen im Kampfe mit einem Eber und eine Gazelle zerreißend" vor dem Museum zu Marseille. Wie früher, widmete er auch in späterer Zeit dem Kunstgewerbe ein lebhaftes Interesse und entwarf für dasselbe eine beträchtliche Zahl von Modellen, unter denen das für eine große Pendule im Hôtel Pereire zu Paris (mit Apollo und den Horen) besonders gerühmt wird.

Wenn sich in Baryes Vorliebe für die Bronze und in der leidenschaftlichen Bewegtheit seiner plastischen Darstellungen eine gewisse Hinneigung zum Malerischen zu erkennen gibt, so hat der Umstand um so mehr als charakteristisch zu gelten, daß er neben der Plastik die Malerei selbst zu keiner Zeit völlig aufgab. Seine Ölbilder, unter denen sich zahlreiche Landschaften befinden, sind nicht ohne koloristische Kraft, wenn auch technisch unvollkommen; sie stehen gegen die Aquarelle des Künstlers entschieden zurück, die zum großen Teil, landschaftliche sowohl, wie Tierschilderungen, von seltener Vorzüglichkeit sind. Meisterhaft sind seine Zeichnungen von Tieren, die in den letzten Jahren, als er die Zeichen-Professur am naturgeschichtlichen Mus. in Paris übernommen hatte, in großer Zahl entstanden. Zuweilen hat er sich auch in Lithographie und Radierung versucht.

Th. Silvestre, Hist. des artistes vivants et étrangers 1856. — Bellier-Auvray, Dict. gén. des artistes de l'école franç. — V. Fournel, Les artistes franç. cont. 1884. — A. Alexandre, Barye, 1889. — Ballu, L'oeuvre de Barye, Paris 1890. — Béraldi, Graveurs du XIXe s. (Radier. u. Lithogr.). — Chron. des arts 1887 p. 293. — Mit Notizen von S. Lami. *R.*

Barzaghi, Francesco, Bildhauer in Mailand, geb. am 10. 2. 1839, † am 21. 8. 1892, ausgebildet an der Brera-Akademie unter Giov. Strazza u. V. Vela, wurde schon 1856 von der Akademie zu Bologna für seine Marmorgruppe „Herkules u. Antaeus" durch einen Ehrenpreis ausgezeichnet. Die Brera-Akademie selbst, zu deren Leiter er später ernannt wurde, prämiierte u. erwarb seine Marmorstatuen „Judith", „Ecce Homo" u. „Il primo amico". Für den Mailänder Dom schuf er noch in seinen Anfängerjahren die Statuen der Heil. Hilarius, Wenzeslaus u. Adelaide. Seinen großen Ruf erwarb er sich jedoch erst in der Pariser Ausstellung 1878 durch seine 1863 bereits in Mailand ausgestellte „Phryne" und durch die 1869 vollendete „Mosca cieca" (Mädchen beim Blindekuh-Spiele), graziöse weibliche Statuen von feiner Realistik, Eleganz und Virtuosität der Marmorbehandlung, die auch die späteren Arbeiten ähnlicher Art auszeichnen. In dieser Hinsicht seien noch die zu Beginn der 70er Jahre entstandenen Bildwerke „Silvia", „Vanerella" (kleines Mädchen im seiden. Schleppkleide) und „Kind mit Sonnenschirm" (20mal wiederholt), sowie die 1881 in Turin prämiierte „Innocenza"-Statue genannt. Unter seinen Monumentalskulpturen verdienen hervorgehoben zu werden: Die Bildnisstatuen des Raffaello Santi in der Galleria Vittorio Emanuele, des Pompeo Litta auf der Freitreppe des Palazzo Brera, des Francesco Hayez auf der Piazza di Brera, des Alessandro Manzoni auf der Piazza S. Fedele u. des Giuseppe Verdi im Atrium des Scala-Theaters zu Mailand; ferner die Denkmäler für Nicolò Tommaseo in Venedig, für Francesco Dall' Ongaro in Neapel, für König Vittorio Emanuele in Genua, Bergamo, Lodi u. Udine, und endlich das prächtige Reiterstandbild Napoleons III. im Hofe des Mailänder Senatorenpalastes, das demnächst auf einem der öffentlichen Plätze Mailands Aufstellung finden soll. Ein unvollendet hinterlassenes Denkmal für Luciano Manara vollendet B.s Schüler Enrico Cassi.

C. Boito in Nuova Antol. 1871, p. 406 f. — Gubernatis, Diz. d. Art. ital. viventi (1889). — Natura ed Arte 1892, p. 745 ff. — Illustraz. Ital. 1892, II 135. — Willard, Hist. of Modern Ital. Art (London 1902). *E. Verga.*

Barzaghi, Jole, Landschafts- und Blumenmalerin in Lugano, geb. 1866, Nichte und Schülerin von Antonio Barzaghi-Cattaneo, stellte in London und Bern aus.

E. L. Girard bei Brun, Schweizer. Kstlerlex. 1905. *H. V.*

Barzaghi-Cattaneo, Antonio, Schweizer Historien-, Genre- und Porträtmaler, geb. am 15. 3. 1837 zu Lugano, Schüler der Kunstakad. in Mailand, bildete sich weiter auf Reisen nach Venedig und Florenz; vorzugsweise nahm er die Altvenezianer zum Vorbild. Ursprünglich für Porträt und Genre sich bestimmend, wurde er, nachdem sein Talent sich Anerkennung errungen, durch größere Aufträge auf die Monumentalmalerei und das Fresko geführt. Die ersten Arbeiten dieser Gattung waren 1867 in der Kirche S. Spiridione zu Triest die Einzelfiguren zwischen den Kompositionen eines Bilderfrieses (die letzteren von G. Bertini). Einen Saal im Hôtel National zu Luzern hat er in Fresko mit weltlichen Darstellungen geschmückt. Sein erstes Staffeleibild (1861) war eine Beatrice Cenci, fast lebensgroß. Es folgten ein Tasso (im Mus. zu Basel) und Die Republikaner in Florenz. Beifall fand ein kleines Bild, welches anfangs der 70er Jahre auf den Schweizer Kunstausstellungen auftrat: Diana von Poitiers, welche bei Franz I. für ihren verurteilten Vater um Gnade bittet. Hier trat bereits, neben den fein individualisierten Köpfen, an Kleidern und Gerät ein ungemein prächtiges und harmonisch gestimmtes Kolorit hervor. Raschen Absatz fanden seitdem seine zum Teil lebensgroßen Halbfiguren besonders von Frauen, durch Üppigkeit und glänzende Karnation anziehend. In Wien sah man 1873, außer zwei Studienköpfen dieser Art (Page und sinnendes Mädchen), ein interessantes Genrestück: „Alte und neue Korrespondenzen", ein Bildchen, reich und glänzend in der koloristischen Wirkung.

Eine der bedeutendsten Arbeiten dieses originalen Künstlers sind aber die beiden (1875 vollendeten) Fresken in der reformierten Kirche zu Horgen, zwei mächtige Kompositionen: „Die Gesetzgebung Mosis an sein Volk" und „Die Bergpredigt Christi". Das Kolorit ist von ungewöhnlicher Brillanz und Pracht und trotz der außerordentlichen Kraft der Kontraste von harmonischer Wirkung. Nach längerem Aufenthalt in Mailand führten ihn die 80er Jahre nach Paris und London, wo er 5 Jahre verweilte, mit zahlreichen Bildnisaufträgen beschäftigt. In dieser Zeit entstand eines seiner Hauptgemälde: Magdalena mit dem Leichnam Christi. Seit 1896 lebt der Künstler in Lugano; seine letzte größere Arbeit sind die Bilder für die Wandelhalle des Parlamentsgebäudes in Bern.

Arbeiten von ihm besitzen folgende Mus.: Basel, St. Gallen, Winterthur, die Brera in Mailand und die Doré-Galerie in London.

Gottfried Kinkel in Meyers Kstlerlex. III. — H. Appenzeller bei Brun, Schweizer. Kstlerlex. *H. V.*

Barzelli, Antonio, italien. Dekorationsmaler und Miniaturist des 16. Jahrh., geb. in Carpi, tätig daselbst für den Herzog Ercole II. In einem Privathaus zu Modena soll sich eine reich verzierte Zimmerdecke von ihm erhalten haben.

Meyer, Kstlerlex. (mit ält. Lit.). *H. V.*

Barzelli, Giovanni, Architekt von Carpi, blühte gegen Ende des 15. Jahrh. und starb zu Anfang des 16. Jahrh. im Alter von 102 Jahren. Er war tätig für die Signoria seiner Vaterstadt, wo er den einen der mit prächtigen Portiken nach der Piazza sich öffnenden Paläste erbaut haben soll, sowie im Dienste der Herren von Lionello und Marco Pico.

Meyer, Kstlerlex. — H. Semper, Carpi, ein Fürstensitz der Renaissance. Dresden 1882. Fol. *H. V.*

Barzelli, Giovanni-Matteo (Giovanni-Maria), Architekt u. Künstler in „Scagliola-Technik" aus Carpi, nach Zani (Enc. met. III 113), tätig um 1556—1567, Schüler von Gavignani.

Boni, Biograf. deg. Artisti. 1840. *H. V.*

Barzius, s. *Bartsius.*

Bas, Martin, s. *Baes.*

Bas, Nicholas du, von Brüssel, malte 1695 für die Behörden des ehemaligen Hauses der „Vrijen" in Brügge ein Porträt Kaiser Karls II. für den Preis von 6 l. 16 s. 6 d. g. Möglicherweise identisch mit dem Pariser Maler *Lebas;* Nicolas; s. dort. *James Weale.*

Bas, Pedro, span. Bildh., geb. in Benimámet 1675, um 1700 in Valencia tätig. Schüler des Conchillos u. eines Cuevas. Von ihm eine hl. Magdalena in San Gregorio, Bildhauerarbeiten an dem Hauptaltar der Kapelle San Pedro in der Kathedrale, sowie an einigen Altartabernakeln in S. Juan del Mercado, ein Prozessionsbild der hl. Monica in San Agustin, und der Kalvarienberg in der Kirche des Nonnenklosters der Santa Catalina de Sena etc.

Cean Bermudez, Dicc. I 95. — Alcahali, Art. Valenc. 347. *M. v. B.*

Bas, le, s. *Lebas.*

Basabe, Martin, span. Bildhauer zu Auleztia in Vizcaya. Von 1603—1606 arbeitete er den dreigeschossigen Hauptaltar der Pfarrkirche von Guetaria in Guipuzcoa, mit Statuen und Basreliefs aus dem Leben Christi. Für die gleiche Kirche führte er in Stein einen Salvator für 80 Dukaten aus. 1612 war er schon tot. Cean Bermudez I 96 nennt ihn *Vicente* B.

Viñaza, Adic. II 50. *M. v. B.*

Basacheni, s. *Baschenis.*

Basaiti, Andrea. Nur von Zani, Enc. met. III 114 als Maler in Venedig um 1666 angeführt.

Basaiti, Marco, Maler, tätig zu Venedig in der Zeit von 1500 bis 1521. Er unterzeichnet: Basaiti, Baxaiti, Marcus Basitus oder Baxiti. Vasari erwähnt zwei Künstler *Marco Basarini* und *Marco Basaiti* als tätig in Venedig in derselben Zeit (Vasari, Edit. Milanesi 1878 III 628, 646) und schreibt dem Marco Basarini außer anderen Werken Christi Gebet in Gethsemane in S. Giobbe zu Venedig (jetzt Akademie) zu; dem Marco Basaiti: Die Berufung des Jacobus und Johannes in S. Andrea della Certosa zu Venedig (jetzt Akademie). Angesichts der Ähnlichkeit dieser beiden Werke hat man erkannt, daß Vasari sich irrt, und daß es sich um ein und dieselbe Person handelt. Dagegen hat man bezweifelt (A. Venturi, Galleria Crespi-Milano

1900 p. 121), daß der venetianische Künstler, der unter einer Darstellung einer Madonna mit dem segnenden Kinde (Galerie in Stuttgart No. 429) unterzeichnet: „marcho d. ioa. B. P." (wohl aufzulösen: Marcho, Schüler des Johannes Bellini) identisch sei mit dem Maler, der gewöhnlich Basaiti genannt wird u. Schüler des Alvise Vivarini war. Von Marco Basaiti fehlen urkundliche Nachrichten, nur hat man in einem Testamente 1526 die Bezeichnung: „Manoli Basaiti quondam ser Demetri" gefunden (Ludwig-Paoletti) und aus dem Namen Demetrius erkannt, daß die Basaiti, wie Vasari sagt, griechischer Abstammung seien, womit es immerhin nicht ausgeschlossen ist, daß Marco aus Friaul herkam (wie Ridolfi und Zanetti behaupten), wo sich viele griechische Familien niedergelassen hatten. Die erste sichere Nachricht gibt uns die Altartafel von S. Maria dei Frari, Cappella dei Milanesi, von Alvise Vivarini, mit der Inschrift: Quod Vivarine tua fatali sorte nequisti Marcus Basaitus nobile prompsit opus. Das Gemälde ist 1503 angefangen worden, und da Alvise Vivarini gleich darauf starb, mußte Basaiti, der in anderen Werken als Schüler des Vivarini sich offenbart, als der beste Gehilfe der Werkstatt die Vollendung des Werkes übernehmen. Die zwei vorderen Heiligen des Bildes, Sebastian und Hieronymus, sind nicht recht harmonisch mit der ganzen Komposition verbunden und stammen sicher von Basaiti; da sie aber ziemlich gut gearbeitet sind, lassen sie annehmen, daß B. schon vor 1500 eine künstlerische Tätigkeit gehabt habe. Doch ist es schwer, die Werke anzugeben, welche dieser Zeit angehören, weil der Künstler sich niemals von einer gewissen Härte in der Bewegung der Figuren und in den Farben befreit hat. Zwei wirklich monumentale Werke von B. sind uns geblieben: Die Berufung des Jacobus und Johannes (Akademie Venedig. No. 31), bez. MDX M. BAXITI, die einst den Hochaltar von S. Andrea della Certosa zierte, und Christi Gebet in Gethsemane (Akad. Venedig, No. 69), bez. 1510 Marcus Basitus, welches früher auf dem Altare des Hauses Fornari in S. Giobbe stand. Man kann nicht sagen, daß B. hier mit Giambellino gewetteifert hätte, da der letztere sein großes Altarbild für S. Giobbe wenigstens 20 Jahre früher gemalt hatte. Ungefähr um diese Zeit malte Carpaccio seine Darstellung im Tempel für S. Giobbe. Jedenfalls mußte B. von diesen zwei großen Künstlern, welche damals Venedig beherrschten, eine Beeinflussung erfahren haben; in diesen seinen beiden Hauptwerken aber spürt man den Schüler des Alvise Vivarini durch in den scharf umrissenen Figuren, in den vereinfachten Flächen, in den metallartig modellierten Gewändern, den harten Faltenbrüchen und der unnaturalistischen Art der Beleuchtung. Eine verkleinerte und im Gegensinn komponierte Wiederholung noch fast höherer Qualität befindet sich in der Wiener Galerie, datiert 1515. Besonders gelungen ist in diesen Bildern die Landschaft, für die B., wie namentlich einige kleinere Bilder zeigen, eine ganz besondere Begabung besaß. Daher findet man bei ihm auch eine starke Vorliebe für das Thema des hl. Hieronymus in schöner Landschaft, ein Bildvorwurf, der vielleicht auch Alvise Vivarini, Cima und Lotto oftmals beschäftigt hat. Der hl. Georg zu Pferde in S. Pietro di Castello in Venedig (jetzt Akademie), datiert MCCCCCXX ist das letzte wichtige Werk Basaitis; das Vorbild ist Carpaccio, aber das Bild ist kraftlos in der Modellierung und dunkel in der Farbengebung, das Werk eines altgewordenen Meisters.

Wie die Porträts des Alvise Vivarini eine große Abhängigkeit zeigen von jenen des Antonello da Messina, so halten auch diejenigen des B. denselben Typus fest, unterscheiden sich jedoch durch die Härte der Modellierung. Das männliche Bildnis, bez. M. Basaitus 1521, in der Sammlung Morelli in Bergamo ist sein letztes datiertes Bild. Von den ihm gehörenden übrigen Werken seien noch folgende genannt: In der Galerie von Venedig: der hl. Jacobus, bez. Marcus, der hl. Antonius, bez. Basaiti, und der Leichnam Christi zwischen zwei Engeln, später im Kloster von S. Maria de' Miracoli in Venedig. Im Museo civico Correr: No. 34, Maria mit dem Kinde und Stifter, bez. Marchus Bassaiti. Im Museo civico in Padua: No. 8, Maria das Kind verehrend zwischen den Heiligen Petrus und Liberalis, bez. Marchus Baxaiti P. Im Museum zu Berlin: No. 6, Klage um den Leichnam Christi, falsch bez.: Joannes Bellini P.; der hl. Sebastian und Maria mit dem Kinde. In der Pinakothek zu München: Maria mit dem Kinde und Stifter zwischen den Heil. Hieronymus und Sebastian. In der Galerie von Budapest eine hl. Katharina; in der Galleria Crespi zu Mailand eine Madonna; in der Galleria Agliardi zu Bergamo eine Madonna.

Über den von Gust. Ludwig *„Pseudo-Basaiti"* benannten Künstler siehe den Artikel Andrea B u s a t i.

R i d o l f i, Maraviglie I 56 f. — Z a n e t t i, Pittura Veneziana I 98 f. — O. O c c i o n i, Marco Basaiti, Venezia 1868. — M e y e r, Kstlerlex. (mit ält. Lit.). — J. L e r m o l i e f f, Kunstkrit. Stud. über italien. Malerei. Die Gal. zu München und Dresden; Die Gal. zu Berlin; Die Gal. Borghese und Doria Panfili in Rom. — Repertorium f. Kstwissensch. XX 1897 p. 301 ff. (G. Gronau, Über ein Madonnenbild des M. B.); XXII 1899 p. 455 ff. (P. Paoletti u. Gust. Ludwig, Neue Beitr. zur Gesch. d. venezian. Mal.). — The Burlington Magazine V 574; VIII 338 ff. — L i o n. V e n t u r i, Le Origini d. Pittura Venez. 1907. *G. Fogolari.*

Basan, P i e r r e F r a n ç o i s, französ.

Kupferstecher und Radierer, geb. in Paris am 23. 10. 1723, † daselbst am 12. 1. 1797, Schüler von Jean Daullé und Et. Fessard. Obgleich er zahlreiche Blätter gestochen hat, unter denen das beste La Guinguette nach Gabr. de S. Aubin ist, war Basan doch in erster Linie Kupferstichverleger. Er beschäftigte in seinem Hause eine Schar der tüchtigsten Stecher seiner Zeit, und die Blätter, die aus seinem Verlage hervorgingen, sind sehr vorzüglich. 1760 ließ er eine erste Serie von 100 Blättern nach alten Meistern erscheinen. 1762 veröffentlichte er eine zweite Serie mit 150 Blättern, der vier weitere Serien, jede 100 Blätter umfassend, folgten, von denen die letzte 1779 erschien. Dieses unter Mitarbeiterschaft der besten Stecher der Zeit entstandene Werk Basans ist ein glänzendes Zeugnis für den Geschmack der Kunstliebhaber dieser Epoche. Ferner publizierte B. 1770 das wichtige Kabinett des M. de Choiseul und 1781 dasjenige Poullains. Außerdem gab er prächtig illustrierte Bücher heraus, darunter als berühmtestes eine Ausgabe der Metamorphosen des Ovid, deren Vignetten von Le Mire und anderen zeitgenössischen Stechern nach Zeichnungen von Moreau, Eisen u. a. gefertigt sind. In seiner Eigenschaft als Kunstverleger leitete B. zahlreiche Kunstverkäufe, wie die von Bouchardon, J.-B. Le Prince, van Loo, Mariette usw.

Neben all dieser vielseitigen Tätigkeit fand B. noch Zeit zur Herausgabe eines Dictionnaire des Graveurs anciens et modernes, suivi d'un catalogue des estampes gravées d'après P. P. Rubens, Paris 1767. Nach seinem Tode setzten seine beiden Söhne das Geschäft fort; der jüngere derselben starb schon 1798; der ältere, *H. L. Basan,* vermehrte noch bedeutend den Verlagsfonds und veröffentlichte darüber ein Verzeichnis.

Le Blanc, Manuel I. — Portalis et Béraldi, Les Graveurs du 18e siècle I. — Meyer, Kstlerlex. III. *P. A. Lemoisne.*

Basan, s. auch *Eaduvius.*

Basarini, Marco, s. *Basaiti.*

Basch, Arpád, ung. Maler und Graphiker, geb. 1873 in Budapest, wo er anfangs in einer Gewerbeschule studierte, später kam er nach München zu Hollósy und nach Paris zu Bonnat u. J. P. Laurens. Frühzeitig arbeitete er für ill. Zeitschriften und entwarf eine Reihe Plakate (reprod. in The Poster u. Maitres de l'Affiche). Ist derzeit in Budapest graphisch tätig. *K. Lyka.*

Basch, George Heinrich, „berühmter" Kunst- und Porträtmaler und Krambäudner in Bernstadt Kr. Oels, heiratet dort am 1. 11. 1718 Anna Katharina, die Tochter des Glasers Wilhelm Pohl. Muß sich zeitweise auch in Breslau aufgehalten haben, da er hier am 17. 10. 1719 und 15. 5. 1730 taufen läßt, während die Taufen von 1721, 1726, 1728 in Bernstadt stattfanden. Basch stirbt in Bernstadt 49 Jahre 10 Monate 25 Tage alt, wird begraben am 13. 11. 1740. *E. Hintze.*

Basch, Gyula (Julius), ung. Porträt- und Genremaler, geb. 1851 in Budapest, kam ganz jung zu Moritz von Schwind, dann aufs Polytechnikum in Zürich, wo er das Ingenieur-Diplom erhielt. Doch setzte er bald seine künstlerischen Studien in Paris, Ecole des Beaux-Arts 1873—74, 1885 bei Franz Paczka, 1888 bei Horowitz in Wien fort. Inzwischen, 1886, stellte er sein erstes, lebensgroßes Porträt in Budapest aus, dem dann Genrebilder, wie „Habt acht", „Die erste Uniform", „More patrio" und Porträts, so des Tonkünstlers David Popper, des Politikers Max Falk, ferner einige bibl. Szenen, so „Jairi Töchterlein" folgten. Lebt in Budapest. *K. Lyka.*

Baschenis, Antonio di Cristoforo, Maler aus Averara, tätig in Bergamo, wo er 1613 urkundlich erwähnt wird.

Locatelli, Illustri Bergamaschi II (1869) 93, Anm. *

Baschenis, Antonio di Giacomo, Maler aus dem kleinen Tale Averara bei Bergamo, daher auch *Baschenis d'Averara* genannt, wird 1451 in Bergamo erwähnt. Stammvater einer während des 16. und 17. Jahrh. in Bergamo blühenden Künstlerfamilie.

P. Locatelli, Illustri Bergamaschi (1869) II 85. Anm. — Commentari del Ateneo di Brescia 1876 p. 118—121. *H. V.*

Baschenis, Battista d'Antonio, Maler aus Averara, Sohn des Antonio di Giacomo B., tätig in Bergamo, wo er 1490 und 1500 urkundlich erwähnt wird.

Locatelli, Illustri Bergamaschi II (1869) 86. *

Baschenis, Cristoforo, d. Ä., Maler von Bergamo, Sohn des Simone B., wird am 30. 9. 1572 urkundl. erwähnt, an welchem Tage ihm sein Neffe, der jüngere Cristoforo, auf 5 Jahre in die Lehre gegeben wurde. B. d. Ä. scheint, wie auch sein Neffe, nur Fresken gemalt zu haben, sowohl in Kirchen als an Häusern zum Schmuck der Fassaden. Von dem älteren werden Fresken in den Kirchen S. Maddalena u. S. Croce zu Bergamo, in der Pfarrkirche von Santo Stefano und in der alten Kirche von Gorlago (beide in der Umgegend von Bergamo, letztere von 1570) erwähnt. Schüler des B. war außer seinem Neffen noch Giampolo Cavagna.

Meyer, Kstlerlex. III (mit ält. Lit.). — P. Locatelli, Illustri Bergamaschi (1869) II 86 Anm. 4., 87 ff. — Commentari del Ateneo di Brescia 1876 p. 118—121. — Catal. dell' Esposiz. d'arte sacra. Bergamo 1898 p. 75. *H. V.*

Baschenis, Cristoforo d. J., da Averara, Freskomaler zu Bergamo, Sohn eines Antonio di Simone de B., Neffe des Vorigen und sein Schüler seit 1572, 1618 noch mit dem Schmuck von Häuserfassaden beschäftigt, 1626 urkundlich als † angeführt. Von ihm die Fresken mit Darstellungen aus der Legende des hl. Benedikt im Klosterhof von S. Benedetto, bez. Christophorus Baschenis de Averaria pinsit 1597, fünf Fresken mit der Geschichte der hl. Susanna in der Torre der Familie Vacis zu Ossanesga, bez. und datiert 1604, sowie ein Fresko der Verkündigung in der Kirche S. Lucia in Bergamo.

P. Locatelli, Illustri Bergamaschi (1869) II 86 ff. — Meyer, Kstlerlex. III. *H. V.*

Baschenis, Evaristo, Maler und Priester, Sohn des Pietro d'Antonio B., geboren am 4. 12. 1617 zu Bergamo, † daselbst am 15. 3. 1677, wendete sich mit besonderer Liebe der Gattung des Stillebens zu, wobei es ihm in erster Linie um naturalistische Wahrheit zu tun war. Namentlich waren in dieser Art seine Darstellungen musikalischer Instrumente als „unübertrefflich" gerühmt und gesucht. Doch kam es ihm dabei auch auf malerische Anordnung an: die Instrumente liegen auf oder lehnen an mit kostbaren Teppichen bedeckten Tischen, dazwischen Vasen, Bücher, Früchte, Blumen, Federn, plastische Figuren, Noten usw. Außerdem malte er auch genrehaft aufgefaßte Bildnisdarstellungen mit fast lebensgroßen Figuren und hauptsächlich phantastische Schlachtenbilder im Stile des mit ihm befreundeten Jacques Courtois, gen. Bourguignon, dessen Gemälde er täuschend zu kopieren verstand. Wahrscheinlich ist daher manches vermeintliche Originalwerk des letzteren als Kopie oder Nachahmung Baschenis' zu betrachten. Fast sämtliche Paläste und vornehmen Häuser von Bergamo besaßen von seinen Bildern, doch waren dieselben auch auswärts begehrt. In der Bibliothek von S. Giorgio Maggiore zu Venedig sollen sich noch acht derartige Gemälde befinden.

P. Locatelli, Illustri Bergamaschi (1869) II 93—103. — Meyer, Kstlerlex. III. — Arte Storia XI 35/36. *H. V.*

Baschenis, Filippo di Simone, Maler aus Averara bei Bergamo, 1544 im Trientinischen nachweisbar, wo er damals mit seinem Vater Simone B. an den Totentanzfresken von S. Vigilio zu Pinzolo (Val di Rendena) gemalt zu haben scheint.

Arch. Stor. per Trieste, l'Istria e il Trentino 1884 p. 96—98. *

Baschenis, Giovanni Antonio, da Averara, Maler in Brescia, wo er 1477 bis 79 urkundlich erwähnt ist. 1486 malte er in Fuipiano bei Bergamo in der Casa Busi (später Volpi) ein Freskobild, darstellend die Madonna mit dem toten Christus.

Fenaroli, Art. Bresciani, Append. p. 304. — Malaguzzi-Valeri, Pitt. Lombardi (1902) p. 239. *F. Malaguzzi-Valeri.*

Baschenis, Pietro, Maler von Bergamo, Sohn des Antonio di Cristoforo B. Signierte Madonnenbilder von 1616 in Bergamo und 1624 in Locate sind verloren gegangen. Dagegen sind von ihm erhalten: Allegorische und dekorative Wand- und Deckenmalereien im Archivio Municipale zu Bergamo, signiert und datiert 1615.

P. Locatelli, Illustri Bergamaschi (1869) II 93. *H. V.*

Baschenis, Simone, Maler aus Averara bei Bergamo, bekannt als Schöpfer der mit seinem Namen signierten, vom Juli 1519 datierten, leidlich erhaltenen Totentanzfresken an der Friedhofskapelle S. Stefano zu Carisolo im Val di Rendena (bei Trient). Auch die einige Jahrzehnte später entstandenen stilverwandten Totentanzfresken an S. Vigilio im benachbarten Pinzolo wurden augenscheinlich von ihm ausgeführt, und zwar wohl unter Mitwirkung seines Sohnes *Filippo B.*, mit dem er 1544 wiederum im Trentino nachweisbar ist. Jedenfalls mit ihm identisch ist jener *Simone de Averario,* der am 6. 4. 1527 die Freskodarstellung der Carità di S. Martino an der Kirche zu Sacco im Valtellin mit seinem Namen signierte.

Arch. Stor. per Trieste, l'Istria e il Trentino 1884 p. 96 ff.; 1886 p. 137—218. — Malaguzzi-Valeri, Pittori Lombardi (Milano 1902) p. 239. *

Baschenis, Simone di Filippo, Maler aus Averara, Sohn des Filippo di Simone B., 1590 in Bergamo urkundlich erwähnt.

Locatelli, Illustri Bergamaschi II (1869) 86, Anm. 3. *

Baschenoff, s. *Bashenoff.*

Baschet, Marcel André, Maler in Paris, geb. in Gagny (Seine-et-Oise) am 5. 8. 1862, Schüler von J. Lefebvre und Boulanger an der Ecole des Beaux-Arts. Seine erste große Arbeit war ein dekoratives Gemälde für das Théâtre d'Application (1888) in Paris. Dann wandte er sich dem Porträt zu und hat eine Reihe sehr eindrucksvoller, scharf gefaßter Bildnisse hervorragender Persönlichkeiten geschaffen. Auf der Expos. décennale, Paris, 1900, sah man 12 Bilder von ihm; andere in den Salonausst. 1889—1901 und in den letzten Jahren, z. B. 1907, das Porträt seines Vaters und 1908 dasjenige Henri Rocheforts.

J. Martin, Nos peintres et sculpteurs. — Kataloge des Salon seit 1889. — Gaz. d. b.-arts 1907, I 455. **

Baschet, Nicolas, französ. Bildhauer in Tours, wo er 1519 für Jean Thinel, den Sekretär des Königs und Gehilfen des Generalsteuereinnehmers von Frankreich, eine Reihe von Terrakottabildwerken auszuführen hatte. Es waren dies 7 Bildnismedaillons, auf denen Jean Thinel selbst und der Sohn des Generalsteuereinnehmers, das verstorbene und das regierende Königspaar und die Mutter des regierenden Königs in Brustbildern dargestellt sein sollten, sowie außerdem eine bemalte und vergoldete Statuengruppe, darstellend die Madonna mit dem Christkinde und den in Anbetung vor ihr knienden Auftraggeber selbst.

Nouv. Archives de l'art français 1879, p. 33 f. *S. Lami.*

Baschiera, Niccolò di, Ingenieur und Architekt, geb. zu Rom; um 1760 in kaiserlichem Dienste, Kommandant der Befestigungsbauten von Mantua. Nach seiner Zeichnung wurde 1761 die schwerfällige Fassade des Domes (S. Pietro) zu Mantua ausgeführt.

G. Susani, Nuov. Prospetto delle Pitt. etc. di Mantova 1830 p. 13. — Meyer, Kstlerlex. (mit ält. Lit.). *H. V.*

Baschiera, Simone (eigentl. S. gen. Baschiera), Goldschmied zu Pisa um die Mitte des 14. Jahrh. Ihm, in Gemeinschaft mit den Meistern Coscio di Gaddo und Nino Pisano wurde von dem Werkmeister des Pisaner Doms Bonaggiunta Maschari die Anfertigung der silbernen figurenreichen Tafel für den Hochaltar des Domes übertragen. Die Urkunde vom 15. Mai 1358 ist noch erhalten.

Meyer, Kstlerlex. III. — Archivio storico d. arte. Ser. II, Bd. I 344. — Tanfani Centofanti, Not. di artisti etc. Pisani (1897), 123 ff. *H. V.*

Baschiloff, Michael, russ. Maler u. Zeichner, † Ende 1870 in Moskau, wurde 1854 von der Petersburger Akad. für von ihm ausgestellte Genreszenen mit der silbernen Medaille prämiiert. In der Gal. Soldatenko sein Bild „Der Bauer im Unglück". Von ihm ferner die Illustrationen zu „Kummer aus Verstand" von Gribojedoff, zu dem Roman „Krieg und Frieden" von L. Tolstoi, zu den „Skizzen aus dem Provinzleben" von Schtschedrin u. a.

Russ. Bibliogr. II 611. — Bulgakoff: Unsere Künstler (russisch) I 31. *W. Neumann.*

Baschkirzewa, Maria Konstantinowna, Malerin, Musikerin und Schriftstellerin, geb. am 11. 11. 1860 in Gawronzi bei Poltawa, † am 31. 10. 1884 in Paris, wurde, da die Eltern getrennt lebten, von ihrem Großvater mütterlicherseits erzogen und kam 1870 mit ihm ins Ausland. In Paris erhielt sie den ersten Kunstunterricht, übte sich aber auch gleichzeitig im Gesang und studierte die alten Sprachen. 1877 wurde sie Schülerin von Tony Rob. Fleury, dann von Rud. Julian und arbeitete später unter der Leitung von Bastien-Lepage. Ihre ersten Arbeiten stellte sie unter dem Pseudonym Marie Konstantinowna Russ aus, später im Atelier „Giuliano" unter dem Namen Andrei. 1883 stellte sie unter ihrem eigenen Namen aus „eine Pariserin" (Pastell) und „Jean und Jacques", zwei bleiche Pariser Knaben. Auf der Märzausstellung der Union des femmes sah man ihr Bild „trois rire", im Salon die Bilder „Herbst" und „Meeting". 1878 bereits begann sie zu kränkeln. Nach ihrem Tode wurde eine Ausstellung ihrer Arbeiten veranstaltet. Sie hinterließ ein Tagebuch, das 1887 in 2 Bänden auszugsweise von A. Terier unter dem Titel: „Journal de Marie Baschkirtzeff" in der Bibliothek Charpentier veröffentlicht wurde. (Deutsch, mit biograph. Einleitung von T. Lessing; 2 Aufl. Oppeln 1900.) Die „Lettres de Marie B." erschienen 1891 in Paris.

Больш. Энциклоп. (Grosse Encyklop.) II 709. — Kunstchronik N. F. XVIII 245. — Meyers Konvers.-Lex. — Catal. des œuvres de Mlle. B. 1885 (Union des femmes peintres et sculpteurs). 4°. Paris 1885. — J. Bastien-Lepage and his art. A Memoir by André Theuriet .. and a Study of Marie B. by Mathilde Blind, London 1892. — F. Bournand, Trois grandes artistes: Elis. Vigée-Lebrun, Rose Bonheur et Marie Bashkirtseff, Paris 1906. *W. Neumann.*

Baschta, Joh., goß (1589) ein Taufbecken für die Kirche zu Častolovic (Böhmen). *Teige.*

Basconi, Luigi, Maler in Rom um 1786; nur erwähnt von Zani, Enc. met. III 116.

Base (Basel), Andries van den, Bildschnitzer in Antwerpen, in der Zunft von 1685—99 mehrfach genannt.

Liggeren II.

Basebe, C., Porträtminiaturmaler u. Lithograph in London, stellte 1843—1879 in der R. Academy ziemlich regelmäßig aus.

Meyer, Kstlerlex. III. — Graves, The R. Acad. of Arts, I 137. *

Baseggi, Giovanni Battista, Architekt von Mailand, geb. 1789, † am 19. 6. 1838, Schöpfer des schönen Palazzo Melzi an der contrada del Monte daselbst.

Boni, Biografia degli artisti. *H. V.*

Baseggio, Antonio, italien. Holzbildschnitzer, tätig in Ferrara um 1740.

Cittadella, Not. rel. a Ferrara 1864, I 703. *P. K.*

Baseggio, Giuseppe, Holzschnitzer, Sohn und Schüler von Sante B. d. Ä., geb. um 1727 zu Rovigo, † am 2. 8. 1775 in Sinigaglia. Er fertigte zu Rovigo verschiedene Holzstatuen für Brüderschaften zu Prozessionszwekken und nach der Zeichnung seines Bruders Massimino eine Statue der Maria für die Kirche S. Concezione; einige Zeit war er auch zu Ferrara tätig.

Bartoli, Le Pitture etc. di Rovigo. p. 55, 322. — Meyer, Kstlerlex. *H. V.*

Baseggio, Massimino, Ornament- und Architekturmaler in Fresko, Sohn des Sante B. d. Ä., geb. zu Rovigo den 13. 5. 1737, † 1813. Früh mit seinem Vater nach Ferrara gezogen, lernte er dort unter dem Maler Giuseppe Facchinetti und dem Baumeister Antonio Foschini; er scheint später nach Rovigo zurückgekehrt zu sein, da er dort vielfach tätig war. Er schmückte Fassaden von Häusern und das Innere von Kirchen mit architektonischen Darstellungen in Fresko, farbig oder grau in grau. So in Ferrara die Kirchen S. Maria de' Servi und S. Agostino; in Rovigo S. Bartolommeo u. S. Concezione, wie auch das Theater Roncale. Auch in der

Umgegend von Ferrara, in Lendinara usw. war er tätig.

M e y e r, Kstlerlex. III (mit ält. Lit.). *H. V.*

Baseggio (Basseggio, Basejo), P i e t r o, Baumeister in Venedig. In einer nach seinem Tode ausgestellten Urkunde vom 16. 9. 1361 (worin den drei Kindern des „Basejo" eine Forderung an den Nachlaß des wegen Hochverrats hingerichteten Filippo Calendario gerichtlich zuerkannt wird) „magister prothus palatij novi" genannt. Nach derselben Urkunde ist B. schon vor Calendario gestorben, der seine Beteiligung an der Verschwörung des Dogen Marino Falieri am 16. 4. 1355 mit dem Leben büßte. B. käme also nach Urkunden als „Protomagister" an dem 1340 begonnenen Neubau des palazzo ducale bis spätestens 1354/55 in Betracht. Ob er aber auch als der Schöpfer des Planes des neuen Dogenpalastes, an dem in der langen Bauzeit desselben festgehalten wurde, anzusehen ist, läßt sich nicht erweisen. Da in den Urkunden gleichzeitig mehrere „protomagistri" des Dogenpalastes genannt werden (so z. B. 1351 u. 1356 ein maestro Enrico oder Henricus als „protomagister palacii" und „protomagister Communis"), so können unter diesem Titel auch nur die Obermeister der verschiedenen an dem Baue beschäftigten Gewerke gemeint sein. — Eine bis ins 14. Jahrh. zurückgehende Tradition nennt den oben erwähnten *Filippo Calendario* (s. d.) als den eigentlichen Erbauer des Dogenpalastes, wofür sich aber nach den Veröffentlichungen Vitt. Lazzarinis (s. Lit.) kein einziger urkundlicher Beweis erbringen läßt.

G i o. C a d o r i n, Pareri di XVI archit. intorno al pal. duc. di Venezia dopo l'incendio del 1577. Venezia 1837 p. 122 127, 160. — L o r e n z i, Monumenti del pal. duc. I No. 80, 94—96, 98, 102—104. — S e l v a t i c o, Archit. etc. in Venezia. p. 108, 520. — M o t h e s, Gesch. d. Bauk. in Venedig. I 193, 242. — Z a n o t t o, Guida di Venezia, p. 120. — R i c c i, Stor. dell' archit. II 334—336. — G u a l a n d i, Mem. orig. ital. etc. 1843, VI 114. — P. P a o l e t t i, Archit. e Scult. del rinasc. in Venezia, 1893 I 10. — V. L a z z a r i n i, Fil. Calendario etc. (Nuov. Archiv. Veneto. IV 429—446) Venezia 1894. — Repert. f. K.-W. XVIII 181, 438. — M o l m e n t i, Stor. di Venezia nella vita priv. 1905 I 357. ***

Baseggio, S a n t e d. Ä., Holzschnitzer, geb. zu Venedig, † zu Ferrara um 1766, meist zu Rovigo tätig. Ihm werden u. a. die Holzstatuen der Hl. Bartholomäus und Benedikt in der Kirche S. Madonna de' Sabbioni und die geschnitzte Kanzel in S. Francesco zugeschrieben.

B a r t o l i. Le Pitture etc. di Rovigo. p. 90, 92, 267. — M e y e r, Kstlerlex. *H. V.*

Baseggio, S a n t e d. J., Sohn und Schüler des Giuseppe B., Holzschnitzer und Baumeister, geb. zu Ferrara am 1. 11. 1749, 1793 zu Rovigo, wohin er als Knabe mit seinem Vater übergesiedelt war, noch am Leben; ausgebildet in Rom. Seine geschnitzten Möbel, Rahmen u. s. f. waren sehr gesucht; auch führte er größere Arbeiten für Kirchen, z. B. S. Bartolommeo zu Rovigo aus, wo er auch das Theater Roncale neu herstellte.

B a r t o l i, Le Pitture etc. di Rovigo. p. 37, 157, 215, 326. — M e y e r, Kstlerlex. *H. V.*

Baseilhac, J a c q u e s, französ. Maler und Graphiker, geb. 1874 zu Trebours (Hautes Pyrénées), † im Oktober 1903 zu Savigny-sur-Orge. Er stellte mehrere Jahre im Salon de la Société Nationale des Beaux-Arts aus, darunter 1901 Illustrationen zu der Chanson des Geux sowie einige Zeichnungen.

Chronique d. Arts. 1903 p. 271. — Die Graphischen Künste. XXVII. 1904. Mitteilgn. p. 80. *H. V.*

Basejo, s. *Baseggio.*

Basel, F., vläm. Bildschnitzer, wird 1730 als einer der Mitarbeiter des Theod. Verhagen erwähnt bei Anfertigung des Chorgestühls für die Kirche St. Jean-Baptiste et Jean l'Evangéliste in Mecheln.

E. M a r c h a l, La Sculpture etc. 1895 p. 546. *H. V.*

Basel, s. auch damit verbundene *Vornamen* sowie *Base.*

Baseleer, R i c h a r d, Marinemaler, einer der interessantesten unter den jungen modernen belgischen Malern. Nach anfänglichen Ablehnungen von seiten des Publikums wurde er durch seine erste Kollektivausstellung in Antwerpen 1902, wo er Studien und Gemälde in Pastell und Öl zeigte, mit einem Schlage bekannt. Er ist der Verherrlicher der Unterschelde („Benedenschelde") geworden und weiß mit einer breiten impressionistischen Technik Leben u. Treiben, Luft, Licht, Wasser und alle atmosphärischen Reize in feingestimmten Gemälden frisch und fesselnd darzustellen. Von seinen Werken aus den letzten Jahren seien genannt: De Garnalenvangst, De Visschers in den Morgen, Het Kerkhof, De Bui (3 verschiedene Ansichten), Het Drieluik der Antwerpsche Reede. Das erstgenannte Bild, ein Pastell, sah man auch auf der Düsseldorfer Ausst. 1904, das Gemälde „Die Abreise" auf der großen Berliner Ausst. 1907 und „Die Fischer" auf der Jahresausst. in München 1907.

Onze Kunst, 1905 p. 89 ff., Artikel von V. d e M e i j e r e, mit Abb. — L e m o n n i e r, L'école belge de peinture, Bruxelles 1906 p. 225. **

Baseler, C o r n e l i s (de jonge) u. L u c a s, Maler, 1554 als Mitglieder der St. Lukasgilde in Antwerpen genannt.

De Liggeren I 186.

Basemont, s. *Bazemont.*

Baset, D. J a i m e, Maler, geb. in Valencia 1762. Schüler der dort. Akademie von S. Carlos, die ihm 1782—89 verschiedene Preise zuerkannte. Hauptsächlich Blumenmaler.

V i ñ a z a, Adic. II 50. — A l c a h a l i, Art. Valenc. 57. *M. v. B.*

Baset, Maese Pedro, span. Architekt, der in Gemeinschaft mit Jaime Alfón 1476 den got. Kreuzgang des Klosters auf dem Montserrat ausführte.

Viñaza, Adic. I 23. *M. v. B.*

Basevi, George, (F. R. J. B. A.; F. R. S.; F. S. A.), Architekt, geb. in London am 1. 4. 1794, † in Ely am 16. 10. 1845. Er war der jüngere Sohn von George B., dessen Schwester Maria Isaac D'Israeli heiratete und die Mutter des Benjamin D'Israeli, Earl of Beaconsfield, wurde. Erzogen in der Schule des Dr. Burney in Greenwich, wurde er dann Schüler des Architekten Sir John Soane 1811. Im Jahre 1816 trat er seine Studienreise nach Italien und Griechenland an, wo er 3 Jahre blieb. 1819 kehrte er nach England zurück und errichtete bald darauf die St. Thomaskirche in Stockport, Cheshire, und die Kirche S. Mary in Greenwich, beide im romanischen Stile. Zwischen 1825—40 entwarf und leitete er den Bau der Häuser im Belgrave Square (ausgenommen derjenigen an den Ecken). Ferner leitete er den Bau des Thurloe Square und anderer Häuser in South Kensington. 1834 erweiterte er das Middlesex-Hospital in London, 1835 gewann er den Wettbewerb um den Bau des Fitzwilliam-Museums in Cambridge und begann im nächsten Jahre diesen Bau, der sein Meisterwerk ist. Bei B.s Tode, 1845, wurde C. R. Cockerell (R. A.) mit der Vollendung des Baues betraut, befolgte aber im allgemeinen die Pläne Basevis. In dessen letzte Lebensjahre fällt auch noch ein anderer wichtiger Bau, nämlich das Conservative Club House, in der S. James' Street, das er 1843—45 zusammen mit Sidney Smirke (A. R. A.) erbaute. Im letzteren Jahre hatte er auch übernommen, den Carlton Club in Pall Mall umzubauen, aber noch vor Beginn der Arbeit starb er plötzlich infolge eines Sturzes bei Besichtigung des Glockenturmes der Ely-Kathedrale. In den Jahren 1820—37 stellte er sechsmal in der R. Academy aus und zwar hier auch die Entwürfe für Belgrave Square u. das Fitzwilliam-Museum.

The Builder, 1845, vol. III p. 229, 269, 510. — The Art Union, 1845 p. 345 (Nekrolog). — Civil Engineer & Architect's Journal, vol. IX, May 1846, p. 129; December 1846, p. 361. — Architectural Publication Society's Dictionary of Architecture, 1853 p. 33. — Gaz. d. b.-arts, II Pér. XXXIII p. 199. — Graves, The R. Acad. of Arts, I 138. — Dictionary of Nat. Biography, 1908, I 1274. *M. W. Brockwell.*

Basgapé, s. *Bescapé.*

Bashenoff, Wassili Iwánowitsch, russ. Architekt, geb. am 1. 3. 1737 im Malojaroslawschen Kreise des Gouvernements Kaluga; † am 2. 8. 1799 in Petersburg, erhielt den ersten Unterricht in der Lateinschule in Moskau, besuchte von 1751 an die Bauschule des Fürsten Dmitri Uchtomski, dann die Moskauer Universität und kam 1758 in die Petersburger Kunstakad. 1760 wurde er Gehilfe des Hofarchitekten Grafen F. Rastrelli und 1761 zur weiteren Ausbildung nach Paris geschickt. Nach einem Besuche Italiens kehrte er 1765 nach Petersburg zurück u. wurde unter Ernennung zum Artillerie-Kapitän am Hofe mit der Bearbeitung verschiedener Projekte beschäftigt, worunter das Projekt eines neuen Kremls in Moskau das bedeutendste war. (Das Modell kostete 60 000 Rbl., die Ausführung war auf 30 Mill. Rbl. berechnet.) 1784 wurde er zum Mitglied der Kunstakad. erwählt und von Kaiser Paul zu ihrem Vizepräsidenten ernannt. Von ihm stammt das Projekt zum Palais im Katharinenhofschen Park mit der Orangerie und dem Tiergarten; in Petersburg erbaute er das Arsenal (jetzt Gerichtsgebäude) an der Liteinaja, das Arsenal im Kreml zu Moskau u. das Palais in Zaritzina. Der Bau des letztgenannten wurde von der Kaiserin für unschön gefunden und B. aus dem kaiserl. Dienste entlassen. 1792 wurde er begnadigt und nach Petersburg zurückberufen, wo er ein Palais für den Großfürsten-Thronfolger ausführte, dem mehrere Gebäude für die Flotte in Kronstadt folgten. Von ihm auch ein Versuch zu einer Gesch. d. bild. Künste in Rußland.

Fiorillo, Kleine Schriften II 67. — Больш. Энциклоп. Große Encyklop.) II 402. — Kunst u. Kstler. VI 281, 283. *W. Neumann.*

Bashkirtseff, s. *Baschkirzewa.*

Basile, Ernesto, italien. Architekt, geb. am 31. 1. 1857 in Palermo, tätig daselbst als Direktor des R. Istituto di Belle Arti und als Architekturprofessor an dieser Akademie wie an der Universität zu Palermo. Schüler seines Vaters Giov. Batt. Filippo B., wurde Ernesto B. 1877 Hilfslehrer für Architektur an der Scuola di Applicazione zu Palermo, 1880—90 Professor der Architektur an der Scuola di Applicazione in Rom und errang erste Preise mit Konkurrenzarbeiten für den dortigen Palazzo di Giustizia (1884—87) und für den Parlamentspalast (1884—89), und gleichzeitig erbaute er dort das Palais des Malers Villegas. 1885 übertrug ihm die italien. Regierung Entwurf und Ausführung des Nationaldenkmales für die Gefallenen von Calatafimi (enthüllt 1892). 1888 entwarf er die Monumentalbauten für den Zugang zur Avenida da Libertaçao zu Rio de Janeiro. Sodann wurden nach seinen Plänen die Bauten der Esposizione Nazionale zu Palermo von 1891—92 errichtet. Seine Hauptwerke in Palermo sind: Die Vollendung des von seinem Vater entworfenen und errichteten Teatro Massimo Vittorio Emanuele (1891—97), die Palazzi Bordonaro, Francavilla, Paternò, Beliella, die Villen Vincenzo Florio, Fassini, Basile, das Grand Hôtel Villa Igiea, das Sanatorium für Lungenkranke u. die Adelskapellen Nicosia, Guarnaschelli, Scalea, Gangi, Alagona; in Rom der Palazzo Antonio di Rudinì und die Villa Carlo di Rudinì, in Caltanissetta das Erlöser-Monument, in Canicattì das Theater und die Villa Lombardo, in Licata der Palazzo Municipale usw. Ferner entwarf er die Pläne für die Esposizione Agricola in Palermo 1902 und die durch ein Ehrendiplom ausgezeichneten Dekorationen für die Ausstellungssäle der südlichen Provinzen in der Mostra Internazionale zu Venedig. Auf der Mailänder Ausstellung 1906 erhielt er für die von ihm ausgestellten Baupläne ein Ehrendiplom und für den nach seinen Plänen ausgeführten Pavillon Florio den Grand-Prix. Zur Zeit arbeitet B. in Rom am Baue des neuen Sitzungssaales des Palazzo di Montecitorio, in Palermo am Baue der neuen Universitätsaula, des Sparkassengebäudes usw. — Als Architekturschriftsteller veröffentlichte er: Sulla costruzione dei teatri (1883), Sul Palazzo di Giustizia in Roma (1884), Il monumento nazionale di Calatafimi (1885), Su i mezzi alti a garantire la sicurezza dei teatri in capo d'incendio (1883), Sul palazzo del parlamento italiano (1890), Illustrazione del Teatro Massimo Vittorio Emanuele in Palermo (1896). Er ist Ehrenmitglied vieler italienischer Akademien und seit 1893 beratendes Mitglied der Giunta Superiore di Belle Arti per elezione degli artisti. — In allen seinen Bauten weiß er die Stilelemente der älteren sizilian. Architektur mit den Motiven des modernen „Stile floreale" in graziöser und korrekter Weise zu vereinigen. Auf diesem Wege ist er zu einer charakteristischen Eigenart gelangt, die seine Arbeiten leicht von denjenigen anderer Architekten des heutigen Italiens unterscheiden läßt. Als hochbegabter Zeichner bringt er in seinen Bauten außerdem eine Dekoration von ebenso anmutigem wie erlesenem Geschmack zur Geltung. Endlich ist er einer der ersten italien. Baukünstler, die sich auch auf dem Gebiete der Möbelarchitektur erfolgreich betätigt haben.

Gubernatis, Diz. d. Art. ital. viventi (1889). — Illustraz. Ital. 1891, I 222, 399. — Natura ed Arte 1896—1906 an vielen Stellen. — Arte e Storia IX 17 ff.; XXV 134 ff. — Willard, History of mod. ital. art (1902) p. 571. — The Studio 1904, XXX 75 (mit Abb.). — Nuova Antologia 1907, vol. 128, p. 166 ff. — V. Pica, Esposiz. Venez. 1907, p. 36 ff., 42 ff. (Abb.). — Càllari, Palazzi di Roma (1907) p. 233. *G. Tutino.*

Basile, Francesco, Porträtmaler in Neapel um 1700.

Zani, Enc. III 117. — Napoli Nobil. VII 12.

Basile Francese, s. *Basilio* Francese.

Basile, Gennaro, k. k. Hofmaler, wurde 1722 im Neapolitanischen geboren, malte 1756 im Schlosse Seeburg im Salzburgischen das Altarblatt „Der hl. Rupert" und ließ sich später dauernd in Brünn nieder, wo er am 22. 7. 1782 starb. Sein Bildnis befindet sich im Schlosse Leopoldskron bei Salzburg. Von seinen in Mähren ausgeführten Arbeiten sind bekannt: Das Gemälde des hl. Nikolaus auf dem Hochaltarblatt in Gr. Meseritsch, welches aber nicht mehr existiert und durch ein neues von dem Iglauer Maler Franz Preiss gemaltes Bild ersetzt ist, das Seitenaltarblatt der schmerzhaften Muttergottes daselbst, das Hochaltarblatt „Der hl. Wenzel" in der Kirche zu Swratka und das Hochaltarblatt „Der hl. Martin" in der Kapelle St. Michael, gemalt 1775. — Von ihm auch das Porträt des letzten Abtes d. Benediktinerklosters Kladran, Amandus Streer, auf der Rückseite bez. G:ro Basille pinx. 1770 (s. G. Schmidt, Eine Mieser Chron. d. 18. Jahrh., Mies 1907 p. 111 [mit Abb.]). (Notiz v. Br. Bischoff.)

Cerroni, Gesch. der bild. Künste in Mähren u. Ö.-Schlesien, III (Ms. des mähr. Landes-Arch.). — Schweigel, Verzeichnis der Maler etc. in Brünn von 1588—1800 (Ms. des mähr. Landes-Arch.). — Wolný, Kirchl. Topographie, Brünner Diözese III 53, 78 u. 88. — Meyer, Kstlerlex. III. *W. Schram.*

Basile, Giovanni Battista Filippo, sizil. Architekt, geb. 1825 in Palermo, ausgebildet am dortigen Ateneo, an dem er dann nach Vollendung seiner Studien schon frühzeitig als Lehrer wirkte, sowie später in Rom unter Tortolini, Venturoli, Cavalieri, Canina etc. 1848 nach Palermo zurückgekehrt, widmete er sich zunächst dem Studium der historischen Baudenkmäler Siziliens, um dann an der bald nach 1860 in Palermo gegründeten Architekten- und Ingenieurschule eine ordentliche Professur und schließlich das Direktorat zu übernehmen. 1864 errang er bei der für den Neubau eines Opernhauses in Palermo ausgeschriebenen Preiskonkurrenz, in deren Jury Gottfried Semper als Vorsitzender fungierte, den ersten Preis. Mit der Ausführung dieses größten Theaterbaues ganz Italiens, des „Teatro Massimo", war B. dann bis zu seinem Tode (16. 6. 1891) dauernd beschäftigt. (Sein Sohn Ernesto B. vollendete den Bau 1897.) — Daneben schuf B. im Auftrage der italien. Regierung die Entwürfe für die italienische Abteilung der Pariser Weltausstellung 1878; ferner für Palermo die Entwürfe zur Piazza Marina und zur Piazzetta S. Spirito sowie für die Villen Santocanale, Cruillas, Favaloro etc.; endlich die Entwürfe für die Theaterbauten zu Girgenti, Militello u. Marsala, für die Cimiteri zu Monreale und Mistretta, für die Villa pubblica zu Caltagirone etc. — Als Schriftsteller veröffentlichte B. seit 1855 eine Reihe ingenieurwissenschaftlicher und architekturgeschichtlicher Bücher und Periodica. Er war Präsident bezw. Ehrenmitglied zahlreicher gelehrter und künstlerischer Körperschaften, Akademien etc.

Gubernatis, Diz. degli Artisti ital. viventi (1889). — Kunstchronik 1891 p. 545. — Illustraz.

Italiana 1891, 2. sem. No. 27 p. 4. — Napoli Nobiliss. XIII 109. — A. R. Willard, History of modern Italian art (1902) p. 570—73 (mit Abb.). *

Basiletti, Luigi, Maler zu Brescia, geb. daselbst 1780, † 1860. Schüler von Santo Cattaneo, bildete sich in Bologna und Rom weiter aus. In Rom wurde er mit Canova bekannt und malte dessen Bildnis. Nach Brescia zurückgekehrt, gelangte er bald zu Ansehen und fand reiche Beschäftigung. Im Duomo Nuovo ist von ihm ein Altarbild, der Schutzengel mit einem Knaben, oben Gott Vater mit Engeln; in der Galerie Tosio der Tod der Niobiden. Ebendort befinden sich auch mehrere Landschaften von ihm (Tempel der Sibylle zu Tivoli, die Insel Ischia u. a.); eine der besten, La Cascata di Tivoli, in der Brera zu Mailand. — Von ihm auch eine Radierung: Ausgegrabene römische Ruinen. qu. Fol. und eine Lithographie: Das Grabmal des Nero. 4.

Meyer, Kstlerlex. III. (mit ält. Lit.). — Campori, Lettere. — Fenaroli, Diz. d. art. Bresc. 1877. — Giorn. Arcadico, 1819 vol. IV 102, 240. *H. V.*

Basili, Giacomo, Architekt von Palermo, erbaute 1500 für Olivetaner Mönche daselbst das Kloster S. Maria dello Spasimo.

H. Janitschek in Repertor. f. Kstwissenschaft. III. 1880 p. 146. *H. V.*

Basili, Pier Angelo, Maler, geb. in Gubbio nach 1550, † daselbst 1604. Schüler und Nachahmer des Felice Damiani und des Cristoforo Roncalli. Lanzi rühmt seinen Stil und sein Kompositionstalent. Er malte 1593 im Auftrage der Stadt einen Gonfalone mit den Figuren des S. Ubaldo und des Täufers, der an Ort und Stelle nicht mehr existiert, restaurierte 1600 die Madonna della Misericordia des Ottaviano Nelli in S. Agostino in Gubbio, unter Hinzufügung von 8 neuen Figuren, und malte gemeinsam mit Brunorino 1601—1602 Fresken im Presbyterium von S. Croce daselbst (zugrunde gegangen). Seine Fresken im Kloster S. Ubaldo und eine figurenreiche Bergpredigt in der Kirche S. Marziale, mit reicher Architektur, waren besonders geschätzt.

Ranghiasci, Elenco de' Professori Eugubini in der Sienes. Ausg. des Vasari IV (am Ende). — Ricci, Belle Arti a Gubbio, 1831 p. 16. — Lanzi, Storia pitt. 1834, II 114. — Bonfatti, Mem. stor. di Ottav. Nelli, Gubbio 1843 p. 9. — Crowe u. Cavalcaselle, Gesch. der ital. Malerei. D. Ausg. IV 99. — Lucarelli, Guida di Gubbio, 1895 p. 449. *Walter Bombe.*

Basilicata, Aurelio di, italien. Bildhauer aus Neapel (de regno Neapoli), bis 1539 in Palermo urkundlich erwähnt.

Di Marzo, I Gagini I 27, 474 ff.; II 217 ff., 221. *E. Mauceri.*

Basilicata, Francesco di, Architekt in Palermo, Bruder des Aurelio di B., 1526—1545 urkundlich erwähnt.

Filangieri, Indice degli Artefici, Napoli 1891.

Basilicata, Pietro della, s. *Afesa,* P.

Basilio, Bildhauer in Venedig, † vor dem 20. 6. 1451.

Archivio Veneto XXXIII 419. *A. Baracchi.*

Basilio (Basile) Francese, französ. Maler der 2. Hälfte des 17. Jahrh., tätig in Rom. Von ihm daselbst eine Altartafel mit dem hl. Nikolaus in der zweiten Kapelle der Kirche Gesù e Maria. Nach Zani (Enc. met. III 117) blühte der Künstler um 1710.

Meyer, Kstlerlex. III 99. *H. V.*

Basilio, Nicolò, sizilian. Miniaturist und Holzschneider, dessen Bildnis sich im Museo Gualdo zu Vicenza befindet; ebenda auch einige Arbeiten von seiner Hand. Sein Porträt trägt die Datierung 1650, aber es kann zweifelhaft sein, ob dies das Jahr der Geburt des Künstlers oder das Jahr der Entstehung des Bildes anzeigt.

Nuovo Arch. Veneto VIII, parte II, p. 424 f. *A. Baracchi.*

Basilio da Ravenna, s. *Bosani,* B. dei.

Basilio da la Ringhiera, Kunststicker in Bologna, lieferte 1460 Arbeiten für die cappella dei Notai in S. Petronio in Bologna.

Repert. f. K.-W. XXI 177.

Basilisco, Andrea, Maler in Venedig, urkundlich erwähnt 1444—1458, u. zwar mehrfach in Gemeinschaft mit dem Bildschnitzer Gasparino Moranzone.

Archivio Veneto XXXIII 401; XXXIV 204. — P. Paoletti, Archit. e Scult. etc. in Venezia (1893) p. 98. *A. Baracchi.*

Basilius (Wasyl), ruthenischer Maler in Lemberg, in der zweiten Hälfte des 17. Jahrh. Er war Hofmaler des Königs von Polen, Johanns III. Sobieski, welcher im Januar 1687 in der griechisch-katholischen Kirche zu Lemberg selbst mit der Königin Maria Casimira der Vermählung des Künstlers beiwohnte. Er malte meistens Altarbilder für ruthenische Kirchen in Lemberg, Krechów, Krasnopusty usw. Mehrere große Schlachtenbilder aus den türkischen Kriegen des Königs Sobieski, in der Pfarrkirche zu Zółkiew, sollen ebenfalls von seiner Hand sein.

Bischof Andreas Załuski, Epistolae historico-familiares I 1010, 1011. — Rastawiecki, Słownik mal. polskich I 50; III 129, 130. *Dr. Georg Graf Mycielski.*

Basille, s. *Basile.*

Basin, Maler und Vergolder zu Angers, erhält 1704 Zahlungen für im Stadthaus ausgeführte Malereien.

C. Port, Artistes angevins. 1881. *H. V.*

Basin, Pierre, Werkmeister von Noyon, 1365 zum Sachverständigen über sämtliche Bauarbeiten der Stadt ernannt.

Bérard, Dict. biogr. etc. 1872. *H. V.*

Basin, s. auch *Bazin.*

Basire, James I. Von den drei Kupferstechern dieses Namens ist der älteste, geb. am 6. 10. 1730 zu London, † daselbst am 6. 9.

1802, der Sohn des Isaak B., der hervorragendste. James besuchte Italien, zeichnete in Rom nach Raffaels Werken, wurde um 1760 Stecher der Society of Antiquaries zu London, 1770 der Royal Society daselbst. In der Free Society of Artists bekleidete er die Stelle eines Sekretärs. Richtige Zeichnung und treue Grabstichelführung werden ihm nachgerühmt. Hauptsächlich stach er Abbildungen zu Werken historischen Inhalts und Bildnisse.

Von selbständigem künstlerischem Wert sind: Orestes und Pylades, nach B. West, 1771, und die Bildnisse von Lord Camden, nach Reynolds, 1766, und Lady Stanhope als „Schöne Büßerin", nach West, 1772. Die 7 Blätter aus der Geschichte Heinrichs VIII. sind merkwürdig durch das ganz ungewöhnliche Riesenformat der dazu verwendeten Platten. Sie wurden auf Kosten der Londoner Soc. of Antiquaries nach Gemälden des 16. Jahrh. in Windsor u. a. für das Werk: Vetusta Monumenta (1747—1842, 6 Bde. Fol.) auf Platten von meist etwa ½ m Höhe und 1½ m Breite gestochen; darunter besonders das Champ de drap d'or (die Begegnung Heinrichs VIII. mit Franz I. 1520, nach Zeichnung von E. Edwards 1774). — Außerdem stach er die Raffaelschen Kartons in Hampton Court nach Zeichnungen von R. Dalton, sowie 7 Bll., davon 5 Landschaften, zu dem Faksimile-Werk nach Zeichnungen Guercinos, das Boydell um 1765 herausgab.

Basan, Dict. — Strutt, Dict. — Huber u. Rost, Handbuch IX 298. — Zani, Encicl. III 117. — Heller, Handb. — Le Blanc, Manuel. — S. Redgrave, Dictionary 1878. — Meyer, Kstlerlex. (mit Verz. der Stiche). — Graves, Soc. of Artists. *W. v. S.*

Basire, James II, Sohn des Vorigen, geb. am 12. 11. 1769 zu London, † am 13. 5. 1822 in Chigwell Wells, war ebenfalls Stecher der Society of Antiquaries und der Royal Society. Ihm gehören die 17 Bll. nach dem Teppich von Bayeux, nach den Zeichnungen von C. A. Stothard. Published by the Society of Antiquaries of London, Vol. VI. 1819—1823. gr. qu. Fol.

Strutt, Dict. — Zani, Encicl. III 117. — Le Blanc, Manuel. — Redgrave, Dict. (1878). — Meyer, Kstlerlex. *W. v. S.*

Basire, James III, Sohn des Vorigen, geb. 1796, † am 17. 5. 1869 zu London, war ebenfalls Stecher der Soc. of Antiquaries und stach für Gough's English Cathedrals.

Redgrave, Dict. 1878. *W. v. S.*

Basire, Isaac, engl. Kupferstecher, geb. 1704, † am 24. 8. 1768, der Vater des weit bekannteren Stechers James I B. — Isaac war Kartenstecher, machte aber gelegentlich auch ornamentale Stiche, z. B. das Titelkupfer zu Bailey's Dictionary 1755.

Redgrave, Dict. 1878. *W. v. S.*

Baskerville, Miß Margaret, Bildhauerin in Australien, stellte auf der Third Annual Exhibition of the Yarra Sculptors' Society, Melbourne 1901 die lebensgroße Statue eines blumenpflückenden Mädchens („Gathering Flowers") aus.

The Studio. 1901. XXIII 145. *H. V.*

Baslin, französ. Goldschmied, um die Mitte des 17. Jahrh. Von ihm die Ecken, Mittelstücke und Schließen des Einbandes einer Pergamenthandschrift des Denis Gaultier: La Rhétorique des Dieux (kl. qu. Fol., im Besitz des kgl. Kupferstich-Kabinetts Berlin). Er ist wohl identisch mit dem Goldschmied *Claude B.*, welcher für den Hochaltar von Notre-Dame zu Paris silberne Leuchter angefertigt hatte, welche jedoch im 18. Jahrh. durch vergoldete kupferne des Philippe Cafiéri ersetzt wurden.

Repert. f. Kstwissenschaft. VIII 107. — Nouv. Archiv. de l'art franç. 3e Série, VI. 1890 p. 5. Anmkg. 2. *H. V.*

Baso, D. Blas., Töpfer in Sevilla, der im 18. Jahrh. feines Steingut (Halbporzellan) fertigte.

Gestoso, Artif. Sevill. I 74. *M. v. B.*

Basoco, Diego de, span. Architekt, Bildhauer und Kunstschreiner, geb. zu Gordejuela in Biscaya, † 1621 in Valladolid. 1597 erscheint er als Kurator der minderjähr. Söhne des Isaac de Juni. 1602 erwirbt er ein Haus in der calle del Sacramento in Valladolid. 1619 erhält er eine Zahlung für den Altar (dessen bildnerischer Schmuck von Gregorio Hernandez stammte) und das Chorgestühl der Franziskanerkirche in Aranzazu in Guipuzcoa. 1620 ist er Zeuge im Testament der Anna Maria de Juni, Gattin des Benito Chamosso. 1621 übernimmt er die Ausführung des Hochaltars der Kirche S. Miguel in Fuente Ampudia, gibt aber, da er erkrankt, diesen Auftrag an Pedro Martinez de Colina ab, macht am 16. 11. 1621 sein Testament und muß unmittelbar darauf gestorben sein. Aus seiner Ehe mit Bernardina de Carvajal hatte er eine Tochter Magdalena, die 1610 den Bildhauer Agustin Castaño heiratete.

Llaguno y Amirola, Not. III 178. — Martí y Monsó, Est. hist. artist. 404. *M. v. B.*

Basoli, Antonio, Maler von Dekorationen und Architektur-Prospekten, zu Anfang des 19. Jahrh., gebürtig von Bologna. In der Akademie daselbst, dann in Rom durch eigene Studien weitergebildet, hatte er seinerzeit mit dekorativen Arbeiten in Palästen und für Theater großen Erfolg.

Meyer, Kstlerlex. III. *H. V.*

Basotti, s. *Bassotti.*

Baspré, de, französ. Maler des 18. Jahrh., nur bekannt durch ein signiertes Gemälde in der Kirche von Saint-Gondon, darstellend Maria und Johannes unter dem Kruzifix (lebensgr. Figuren).

Invent. gén. d. Richess. d'art de la France. Prov. Monum. relig. I 212. *H. V.*

Bass, Johannes, Kupferstecher, tätig in Elbing und Danzig, laut Bezeichnung auf seinen Stichen 1616—1655. Man kennt von ihm: ein Bildnis des Königs von Polen, Wladislaus Jagiello, dat. 1638, und dasjenige des Israel Hopp; eine Kopie nach dem Dürerschen Sebastianstich B. 55, eine solche nach J. Callot, Durchgang der Israeliten durch das rote Meer; ferner einige Ansichten von Danzig (1652) und Elbing (1655).

K. v. Rózycki, Die Kupferstecher Danzigs, 1893 p. 8. *H. V.*

Bassa, Ferrer, s. *Ferrer.*

Bassaeus, Nicolaus, gab um 1570 zu Frankfurt a. M. Stickmuster in Holzschnitt heraus.

Bassaget, französ. Maler und Lithograph des 19. Jahrh., stellt in seinen Genrebildern mit Vorliebe das Leben der Kinder dar. Ferner hat er nach eigener Erfindung die fünf Sinne und eine Menge architektonischer Details aus verschiedenen Stilen lithographiert, Regnier nach ihm einige weibliche Nationaltypen. — Wahrscheinlich derselbe Künstler, der im Salon von 1824 zu Paris ein größeres Gemälde, Abraham und Isaak, ausstellte.

Gabet, Dictionnaire. — Meyer, Kstlerlex. *H. V.*

Bassalectus, s. *Vassalettus.*

Bassan, Johann, Maler aus Glogau; arbeitete 1659 am Hochaltar des Domes in Glogau und wird noch 1668 urkundlich erwähnt. *C. B.*

Bassan, Israel, Blumen- u. Dekorationsmaler in Verona, † 1792, 42 Jahre alt.

Zannandreis, Le Vite dei pittori, scultori etc. Veronesi, ed. G. Biadego, Verona, 1891 p. 461. **

Bassan, Salomon, Blumen-, Frucht- und Küchenstillebenmaler in Verona, † 1770 im Alter von 74 Jahren. — Diego Zannandreis, der veroneser Lokalforscher, sah von ihm um 1825 in der dortigen Galleria Salvetti ein kleines Stilleben und rühmt an B.s Blumen- und Fruchtstücken die Grazie und Frische, an den Küchenstücken den guten Aufbau und die treue Naturnachahmung, die an niederländische Arbeiten derart erinnerte. Jetzt sind seine Bilder verschollen. — Er war der Lehrer seines Sohnes Israel, der ihn an Kunstfertigkeit nicht erreichte.

Zannandreis, Le Vite dei pitt., scult. etc. Veronesi, ed. G. Biadego, Verona 1981 p. 461. **